Langenscheidt
Business-Wörterbuch
Spanisch

W0368314

Langenscheidt
Diccionario Comercial Alemán

Español – Alemán
Alemán – Español

De nueva creación

Editado por la
Redacción Langenscheidt

Langenscheidt
Berlín · Múnich · Viena · Zúrich · Nueva York

Langenscheidt
Business-Wörterbuch
Spanisch

Spanisch – Deutsch
Deutsch – Spanisch

Völlige Neuentwicklung

Herausgegeben von der
Langenscheidt-Redaktion

Langenscheidt
Berlin · München · Wien · Zürich · New York

Autoren:

Teil Spanisch-Deutsch:
Enrique E. Rohwedder
Eberhardt Thiemer

Teil Deutsch-Spanisch:
Dr. María Teresa Fuentes Morán
Sabine Arcas

Projektleitung:
Natalie Schmöcker
Barbara Epple

Redaktionelle Mitarbeit:
Isabel Alcántara
Sigrid Brugger

Als Marken geschützte Wörter werden in diesem Wörterbuch in der Regel durch das Zeichen ® kenntlich gemacht. Das Fehlen eines solchen Hinweises begründet jedoch nicht die Annahme, eine nicht gekennzeichnete Ware oder eine Dienstleistung sei frei.

Ergänzende Hinweise, für die wir jederzeit dankbar sind, bitten wir zu richten an:
Langenscheidt Verlag, Postfach 40 11 20, 80711 München

© 2004 Langenscheidt KG, Berlin und München
Druck: Graph. Betriebe Langenscheidt, Berchtesgaden/Obb.
Printed in Germany · ISBN 3-468-06340-7

1. 2. 3. 4. 5. 08 07 06 05 04

Inhaltsverzeichnis
Índice

Prefacio

En el marco del rápido proceso de globalización y de la creación de mercados internacionales el español se ha convertido en un idioma universal de suma importancia para el mundo de la economía. Con el ***Diccionario Comercial Alemán*** Langenscheidt presenta una obra de consulta completamente nueva que tiene en cuenta justamente este proceso.

En la correspondencia con socios españoles y latinoamericanos se plantea una y otra vez la cuestión de encontrar la palabra adecuada o la expresión correcta, inequívoca y acertada en el tono.

El presente ***Diccionario Comercial Alemán*** de Langenscheidt da respuesta a muchas de esas preguntas ya que en su elaboración se ha dado importancia, por una parte, a la presentación extensa y clara del vocabulario moderno usual. Por otra, junto a las **130.000 voces y locuciones** se incluyen miles de términos técnicos y expresiones del campo de los negocios, al que pertenecen el vocabulario bancario y de los seguros, de la exportación e importación, del mundo financiero, de la informática, multimedia, organización de oficinas, administración y muchos más.

Dado que las relaciones comerciales con Sudamérica son también cada vez más importantes desde hace años, los usuarios pueden encontrar además en este diccionario todas las expresiones importantes para la comunicación con los países latinoamericanos de lengua española.

Por último, el amplio anexo ofrece numerosos servicios adicionales: ayudas valiosas para entender y escribir correspondencia comercial –ya sea en forma de cartas tradicionales o del correo electrónico moderno–, además de muchas indicaciones prácticas y cuadros esquemáticos útiles, p. ej. sobre los prefijos de otros países, los signos internacionales de los países o los códigos postales españoles.

El ***Diccionario Comercial Alemán*** proporciona a sus usuarios la competencia necesaria en el contacto diario con la lengua española por motivos laborales. En otras palabras, con este diccionario Langenscheidt pone en sus manos un asistente personal para la comunicación profesional en español comercial.

LANGENSCHEIDT

Vorwort

Im Rahmen der rasch fortschreitenden Globalisierung und der Entstehung internationaler Märkte hat sich das Spanische zu einer wichtigen Welt- und Wirtschaftssprache entwickelt. Mit dem völlig neuen ***Business-Wörterbuch Spanisch*** präsentiert Langenscheidt nun ein Nachschlagewerk, das dieser Entwicklung Rechnung trägt.

Bei der Korrespondenz mit spanischen und lateinamerikanischen Geschäftspartnern stellt sich immer wieder aufs Neue die Frage nach dem richtigen Begriff oder der korrekten, unmissverständlichen und auch vom Ton her treffenden Formulierung.

Mit dem vorliegenden ***Business-Wörterbuch Spanisch*** gibt Langenscheidt die Antwort auf viele dieser Fragen, denn bei seiner Erarbeitung wurde zum einen darauf Wert gelegt wurde, den modernen Alltagswortschatz möglichst umfassend und benutzerfreundlich darzustellen. Zum anderen wurden unter den insgesamt **rund 130.000 Stichwörtern und Wendungen** tausende von Fachbegriffen und Wendungen aus dem Bereich „Business" aufgenommen. Dazu gehört der Wortschatz aus dem Bank- und Versicherungswesen, aus Ex- und Importhandel, aus der Finanzwelt, aus EDV und Multimedia, Büroorganisation, Verwaltung u.v.a.m.

Da gerade auch die Geschäftsbeziehungen mit Südamerika seit Jahren stetig an Bedeutung gewinnen, finden die Benutzer in diesem Wörterbuch außerdem alle wichtigen Ausdrücke für die Kommunikation mit den spanischsprachigen Ländern Lateinamerikas.

Der besonders umfangreiche Anhang schließlich bietet zahlreiche Extras: wertvolle Hilfen zum Verstehen und Verfassen von Geschäftskorrespondenz - sei es in der herkömmlichen Briefform oder moderner als E-Mail -, dazu viele praxisbezogene Tipps und Informationen sowie nützliche Übersichten, z. B. über Vorwahlen anderer Länder, Landeskennzeichen oder spanische Postleitzahlen.

Das ***Business-Wörterbuch Spanisch*** stellt seinen Benutzern die Kompetenz zur Verfügung, die man braucht, wenn man aus beruflichen Gründen täglich mit der spanischen Sprache arbeitet - Langenscheidt gibt Ihnen mit diesem Wörterbuch also Ihren ganz persönlichen Assistenten für den professionellen Umgang mit Business-Spanisch an die Hand.

LANGENSCHEIDT VERLAG

Hinweise für die Benutzer
Indicaciones de uso

1. Die alphabetische Anordnung ist (mit Ausnahme einiger bei der männlichen Form abgehandelter Feminina) überall streng eingehalten. Die deutschen Umlaute ä, ö, ü sind hierbei den Buchstaben a, o, u gleichgestellt.

An alphabetischer Stelle stehen auch orthographische Varianten, Länder- und Eigennamen, Abkürzungen sowie die wichtigsten spanischen unregelmäßigen Verbformen.

1. El orden alfabético se respeta rigurosamente (a excepción de ciertas formas femeninas tratadas con la voz masculina). Las metafonías alemanas ä, ö, ü han sido tratadas como si fueran las vocales simples a, o, u.

Las variantes ortográficas, los nombres geográficos y propios, así como las formas irregulares más importantes de los verbos españoles están ordenadas también alfabéticamente.

2. Rechtschreibung. Für die Schreibung der spanischen Wörter gelten die Normen der Real Academia Española, für die deutschen Wörter die Neuregelung der deutschen Rechtschreibung von 1998.

2. Ortografía. Para las voces españolas han servido de base las normas ortográficas de la Real Academia Española; para las voces alemanas, las nuevas normas ortográficas de 1998.

3. Gleichberechtigte **Varianten** eines Worts werden mit Komma oder einem *od* verbunden wie auch durch Einklammerung des fakultativen Teils dargestellt.

3. Las variantes de una palabra que son equivalentes aparecen separadas por comas, o con *od*, o bien la parte facultativa se halla entre paréntesis.

inter|view, ~viú …
período *od* **periodo** …
'abnutzen, 'abnützen …
Hämorr(ho)iden …

4. Die Lautschrift im deutsch-spanischen Teil steht in eckigen Klammern jeweils direkt nach dem fett gedruckten Stichwort (→ auch S. 16).

4. La transcripción fonética en la parte alemán-español entre paréntesis cuadrados acompaña cada voz-guía impresa en negrita (→ también p. 16).

Geschäft [gə'ʃɛft] …

Abgeleitete oder zusammengesetzte Wörter erhalten keine eigene Lautschrift. In diesem Fall steht das Betonungszeichen (') vor der betonten Silbe.

Las palabras derivadas o compuestas no tienen transcripción fonética. Las palabras llevan en este caso una tilde (') delante de la sílaba tónica.

Kringel ['krɪŋəl] *m* ⟨-s; -⟩ …
'kringeln *v/r* ***sich ~*** *Haare* rizarse, enredarse; …

5. Lexikographische Zeichen
Abgeleitete und zusammengesetzte Wörter sind oft zu Gruppen vereinigt.

5. Signos lexicográficos
Las palabras derivadas y compuestas se presentan casi siempre en grupos.

Der **senkrechte Strich** (|) im ersten Stichwort trennt den Teil ab, der allen folgenden Wörtern gemeinsam ist.

La **raya** (|) separa la parte común de la voz-guía y de todas las demás voces del grupo.

Die **Tilde** (~) vertritt entweder das erste Stichwort einer Gruppe oder den vor dem senkrechten Strich (|) stehenden Teil des Stichworts.

La **tilde** (~) sustituye la primera voz-guía entera de un grupo o bien la parte de la primera voz-guía que precede a la raya (|).

ciclo ...; **~motor** (= **ciclomotor**)
carg|abilidad ...; **~adero** (= **cargadero**)

Auch in Beispielen ersetzt die **Tilde** (~) das vorhergehende Stichwort:

También en los ejemplos, la **tilde** (~) sustituye a la voz entera que precede:

'gabeln *v/r* ***sich*** ~ bifurcarse
carrera *f* ... ***hacer*** ~ Karriere machen

Wenn sich der Anfangsbuchstabe ändert (groß in klein und umgekehrt), steht die **Kreistilde** °~:

El cambio de mayúscula a minúscula o viceversa de las voces se indica con el signo °~:

'Reihen|folge *f* sucesión *f*; (*Ordnung*) orden *m*; **~haus** *n* chalet *m* adosado; **°~weise** (= reihenweise) *adv* en filas

domingo *m* Sonntag *m* ...; °~ (= Domingo) ***de Pascua*** *od* ***Resurrección*** Ostersonntag *m*

Wörter von gleicher Schreibung, aber von verschiedener Abstammung oder verschiedener Wortart sind mit Hochzahlen ([1,2]) gekennzeichnet:

Voces de igual ortografía, pero de etimología diferente o pertenecientes a distintas categorías gramaticales están marcadas por exponentes ([1,2]):

Acht[1] *f* ⟨-; -en⟩ *Zahl* ocho *m*
Acht[2] *f* ⟨-⟩ HIST proscripción *f*
Acht[3] *f* **1** ~ ***geben*** (***auf*** *+acus*) ...

mango[1] *m* Griff *m*; Stiel *m*, ...
mango[2] *m* BOT Mango *f*, ...

6. Das Genus der Substantive beider Sprachen ist stets angegeben.

6. El género de los sustantivos de ambos idiomas se indica en todos los casos.

Im spanisch-deutschen Teil stehen andere Wortartangaben nur, wenn Ausgangs- und Zielsprache nicht

En la parte español-alemán las advertencias gramaticales aparecen sólo cuando las dos lenguas no coinciden o

übereinstimmen oder eine weitere grammatische Gliederung (mit **I**, **II** usw.) notwendig war.

cuando es necesaria una diferenciación gramatical (con **I**, **II**, etc.).

oposi|cionista **I** *Adj* Oppositions- **II** *m* Oppositionspolitiker *m*; …
practicable durchführbar; …
practicante **I** *Adj* praktizierend **II** *m(f)* Praktikant(in) *m(f)*; Volontär(in) *m(f)*; Apothekengehilfe(-in) *m(f)*; *etwa* Arzthelfer(in) *m(f)*

Im deutsch-spanischen Teil steht bei allen Stichwörtern eine Wortartangabe.

En la parte alemán-español todas las voces reciben una indicación gramatical.

7. Die spanischen Femininformen werden bei regelmäßiger Bildung abgekürzt dargestellt:

7. Las formas femeninas españolas regulares están representadas de forma abreviada:

diputado *m*, **-a** *f* Abgeordnete(r) *f(m)* (= **diputada**)
inspector *m*, **~a** *f* Inspektor(in) *m(f)* (= **inspectora**)

Bei den spanischen Adjektiven ist nur die männliche Form verzeichnet, da sich die weibliche leicht bilden lässt.

Sólo aparece la forma masculina de los adjetivos españoles, pudiéndose derivar de ella sin dificultad la femenina.

español **I** *adj* spanisch … (→*f*: **española**)

klein [klaın] **I** *adj* **1** … pequeño; F chico; … minúsculo; … (→ *f*: pequeña, chica, minúscula)

8. Grammatische Hinweise
In spitzen Klammern stehen hilfreiche Hinweise auf die Konjugation der Verben (vgl. auch Anhang S. 1384) bzw. auf die Deklination der deutschen Substantive.

8. Indicaciones gramaticales
Entre paréntesis agudos se incluyen indicaciones útiles sobre la conjugación de los verbos (v. también el anexo, página 1384) y la declinación de los sustantivos alemanes.

atrancar ⟨-c/qu-⟩ **I** *tr Tür, Fenster* verriegeln; …
fregar ⟨-ie-, -g/gu-⟩ **I** *tr/intr* abwaschen; spülen; …
traer ⟨*unreg*⟩ *tr jmdm etw* (hin)bringen; …

'anziehen ⟨*irr, sep*⟩ …
Salami [za'la:mi] *f* ⟨-; -(s)⟩ *etwa* salchichón *m*
'sprudeln *v/i* **1** ⟨*+indicación de dirección* sn⟩ …

9. Präpositionen und Kasus werden vor allem angegeben, wenn sich beide Sprachen hierin unterscheiden. Auch bei deutschen Präpositionen, denen verschiedene Kasus folgen können, ist der jeweilige Kasus angegeben:

9. El uso de las preposiciones y de los casos se indica siempre que hay diferencias entre las dos lenguas. También se indica qué caso rige una preposición alemana cuando ésta puede regir varios casos.

abstenerse ⟨→ ***tener***⟩ sich enthalten (***de*** *Gen*); verzichten (***de*** auf); nicht teilnehmen (***de*** an); entsagen (***de*** *Dat*)
gravitar *intr* PHYS zum Schwerpunkt streben; ruhen, lasten (***sobre*** auf + *Dat*) …

'klagen *v/i* **1** quejarse (***über*** + *acus* de); (*weh~*) lamentarse; **2** poner un pleito (***gegen*** a; ***wegen*** por)

10. Reflexive Verben. Die reflexive Form des spanischen Verbs wird stets angegeben, wenn sie eine abweichende Bedeutung im Deutschen hat, z. B.:

10. Verbos reflexivos. La forma reflexiva del verbo español se especifica cuando tiene un sentido diferente en alemán, p. ej.:

abrir …; **~se** *Blume* aufblühen; *Tür* aufgehen; sich eröffnen *od* anvertrauen (***a, con*** *Dat*); sich *etw* erschließen

Die Grundbedeutung des spanischen Verbs in reflexiver Form wird nicht immer explizit angegeben.

El significado básico de un verbo español en la forma reflexiva no se indica siempre explícitamente.

abrirse (= *auch* sich öffnen)

11. Die Übersetzungen stehen in Normalschrift. Sinnverwandte Wörter sind durch Komma getrennt, verschiedene Bedeutungen durch Strichpunkt oder Nummerierung.

Erläuternde Hinweise in kursiver Schrift erleichtern die Wahl der richtigen Übersetzung.

11. Las traducciones están en letra normal. Los sinónimos se separan con coma, los significados distintos aparecen separados con punto y coma o por numeración árabe.

Las notas explicativas en letra cursiva facilitan la selección de la traducción más adecuada.

grün [gryːn] *adj* **1** verde (*a Salat*, *Tee*, *Obst*); *fig* (*unerfahren*) inexperto, verde; (…)

anticipar *tr* vorwegnehmen, voraus-, vorwegschicken; *Termin* vorverlegen; *Wahlen* vorziehen; *Geld* vorschießen; *Lohn* vorauszahlen; …

derribar *tr Reiter* abwerfen; *Gebäude* abreißen; *Tür* einschlagen; *Baum* fällen; *Flugzeug* abschießen; *jmdn* zu Boden werfen; umkippen; umstürzen, -werfen; *Regierung* stürzen; *Kranke* entkräften; *Schwächen* bezwingen

12. Sachgebiete sind, meistens abgekürzt, in Großbuchstaben angegeben.

12. Las especialidades o campos de aplicación suelen indicarse con abreviaturas en versalitas.

Falke ['falkə] *m* ZO, POL halcón *m*
'Zuspiel *n* SPORT pase *m*

colgar … **I** *tr* …; TEL *Hörer* auflegen

13. Angaben zum Sprachgebrauch (z. B. umgangssprachliche Wörter oder Lateinamerikanismen) sind mit Abkürzungen gekennzeichnet. Im spanisch-deutschen Teil wird auf eine umgangssprachliche Kennzeichnung verzichtet, wenn das spanische Ausgangswort und die deutsche Übersetzung der gleichen Sprachebene angehören.

13. Las indicaciones sobre el uso de la lengua (p. ej. palabras coloquiales o americanismos) aparecen señaladas con abreviaturas. En la parte español-alemán no se indica si la palabra es de uso coloquial, si el término español y la traducción alemana pertenecen al mismo registro.

'ausgepumpt *adjt* F *fig* hecho polvo
'massig I … **II** F *adv* (*viel*) en masa; F a manta; ***er hat ~ Geld*** F tiene dinero a manta

celular I … **II** *m Am TEL* Handy *n*
guay: ***¡~!*** … super!, spitze!, klasse!
melón I *adj* bescheuert, doof …

14. Verweise von einem Stichwort auf die Hauptform sind am Verweispfeil erkennbar.

14. Las remisiones de una voz a la forma principal están indicadas con una flecha.

fue → ***ir*** *u* ***ser***
Fön® → ***Föhn 1***

15. Verkleinerungs- und Vergrößerungsformen (*casita*, *casón*, *Häuschen*, *Häuslein* usw.) sowie Wortformen mit abwertender Bedeutung (z. B. Wörter mit den Endungen *-aco*, *-astro*, *-ucho*) sind nur dann im Wörterbuch berücksichtigt, wenn sie

15. Los diminutivos y los aumentativos (*casita*, *casón*, *Häuschen*, *Häuslein*, etc.), así como las voces de sentido peyorativo (p. ej. las palabras con los sufijos *-aco*, *-astro*, *-ucho*) sólo han sido considerados en el diccionario, si son muy frecuentes o si tienen

sehr gebräuchlich sind oder sich ihre Bedeutung nicht direkt erschließen lässt, z. B.

un sentido propio difícil de deducir del sentido original, p.ej.

casilla *f* Häuschen *n*; (Bau)Bude *f*; *Blatt Papier* Kästchen *n*, Karo *n*; *Schachbrett* Feld *n*; *Tabelle* Spalte *f*; …

16. Verbale Wendungen/Verbkollokationen werden im Teil Spanisch-Deutsch am Ende des Eintrages durch eine Raute (◇) eingeleitet. Zur Veranschaulichung der Grundbedeutung einer Übersetzung werden in einigen Fällen zusätzliche spanische Wendungen in Klammern hinter der Grundübersetzung gegeben.

16. Las locuciones verbales aparecen en la parte español-alemán al final de la entrada precedidos por un rombo (◇). En algunos casos y a modo de aclaración del significado básico de una traducción se indican entre paréntesis detrás de la traducción básica distintas locuciones españolas adicionales.

coco[1] *m* Kokosnuss *f*; … ◇ ***¡no te comas el ~!*** mach dir keinen Kopf!
paquete *m* … ◇ ***adquirir un ~ de acciones*** ein Aktienpaket übernehmen
demanda *f* … ◇ ***la ~ baja*** die Nachfrage geht zurück *od* sinkt; ***cubrir la ~*** den Bedarf decken; ***hay mucha ~*** es herrscht große Nachfrage (***de*** nach); ***hacer una ~*** bestellen (***de*** *Akk*); ***ir en ~ de alg*** jmdn suchen; ***presentar la ~*** Klage erheben
cortar I *tr* (ab-, durch-, zer)schneiden; … **II** *intr* schneiden (***este cuchillo corta muy bien***); …

Zur Aussprache des Spanischen

A. Die Vokale

Die spanischen Vokale werden weder extrem offen noch extrem geschlossen, weder sehr lang noch sehr kurz gesprochen. Sie sind von mittlerer Dauer, also **halblang** zu sprechen. Unbetonte Vokale haben dieselbe Klangfarbe wie die betonten, nur ist die Tonstärke geringer; das e in tonlosen Endsilben darf also nicht dumpf gesprochen werden wie das deutsche e in „bitt**e**n, bad**e**t“.

B. Die Diphthonge

Bei den Diphthongen **ai, ay, au, ei, ey, eu, oi, oy** und **ou** behält jeder Vokal seinen vollen Lautwert. Sie werden wie zwei getrennte Vokale, jedoch dabei verschliffen, nicht abgehackt gesprochen. Das i bzw. y und das u bilden den unbetonten Teil des Diphthongs; der Ton liegt auf den Vokalen **a, e** und **o** (*fallender Diphthong*): b**ai**le *Tanz*, h**ay** *es gibt*, c**au**sa *Ursache*, p**ei**ne *Kamm*, l**ey** *Gesetz*, d**eu**da *Schuld*, b**oi**na *Baskenmütze*, s**oy** *ich bin*, Port B**ou** (*Ort in Katalonien*).

Bei den Diphthongen **ia, ie, io, ua, ue** und **uo** liegt der Ton gleichfalls auf den Vokalen **a, e** und **o**, d. h. auf dem zweiten Teil des Diphthongs, während i und u unbetont bleiben, bei den Diphthongen **iu** und **ui** wird ebenfalls der zweite Teil betont (*steigender Diphthong*): camb**ia**r *wechseln*, p**ie**za *Stück*, p**io**jo *Laus*, c**ua**dro *Bild*, c**ue**nca *Becken*, c**uo**ta *Quote*, v**iu**da *Witwe*, c**ui**da *er besorgt*.

C. Die Konsonanten

b wird im absoluten Anlaut sowie nach **m** und **n** wie deutsches **b** in „Baum“ gesprochen: **b**ueno *gut*, **b**lanco *weiß*, tam**b**ién *auch*, u**n b**anco *eine Bank*. Zwischen Vokalen sowie vor und nach Konsonanten (außer **m** und **n**) wird **b** als stimmhafter, mit beiden Lippen gebildeter (bilabialer) Reibelaut gesprochen: escri**b**ir *schreiben*, a**b**uelo *Großvater*, cu**b**rir *bedecken*, ár**b**ol *Baum*.

c wird vor den dunklen Vokalen **a, o, u** sowie vor **Konsonanten** wie deutsches **k** in „Käfig“ (jedoch ohne Behauchung!) gesprochen: **c**asa *Haus*, **c**ola *Schwanz*, **c**uña *Keil*, **c**lavo *Nagel*, **c**ruz *Kreuz*, la**c**a *Lack*, la**c**re *Siegellack*, o**c**tubre *Oktober*. Vor den hellen Vokalen **e** und **i** wird **c** als stimmloser Lispellaut etwa wie englisches stimmloses **th** in „thing“ gesprochen: **c**entro *Mitte*, **c**inco *fünf*. In Lateinamerika und in Teilen Südspaniens wird **c** vor **e** und **i** wie scharfes **s** in „Messer“ gesprochen: **c**ielo *Himmel*, **c**elo *Eifer*.

ch wird wie **tsch** in „Pritsche“ gesprochen: **ch**ico *Junge*, mu**ch**o *viel*.

d wird im absoluten Anlaut sowie nach **l** und **n** wie deutsches **d** in „Dorf“ gesprochen: **d**ólar *Dollar*, **d**roga *Droge*, cal**d**era, *Kessel*, cuan**d**o *als*. In allen übrigen Fällen – besonders zwischen Vokalen – wird **d** als stimmhafter Reibelaut ähnlich dem englischen stimmhaften **th** in „other“ gesprochen: na**d**a *nichts*, pa**d**re *Vater*. Im Wortauslaut wird **d** nur schwach artikuliert, oder es verstummt ganz: Madri**d**, amabilida**d** *Liebenswürdigkeit*.

g wird im absoluten Anlaut vor den dunklen Vokalen **a, o, u** und vor **Konsonanten** so wie nach **n** wie deutsches **g** in „Gast“ (jedoch ohne Behauchung!) gesprochen: **g**anancia *Gewinn*, **g**olpe *Schlag*, **g**usto *Geschmack*, **g**loria *Ruhm*, **g**rado *Grad*, ten**g**o *ich habe*. Zwischen den dunklen Vokalen **a, o, u** sowie vor Konsonanten wird **g** als stimmhafter Reibelaut wie das deutsche **g** in „Pegel“ gesprochen: a**g**ua *Wasser*, si**g**no *Zeichen*, ale**g**re *fröhlich*. Vor den hellen Vokalen **e** und **i** wird **g** wie **ch** in „Dach“ gesprochen: **g**ente *Leute*, **g**iro *Kreislauf*. **ü** zwischen **g** und **i** oder **e** bedeutet, dass das **u** mit ausgesprochen werden muss: lin**gü**ista *Linguist*, ci**gü**eña *Storch*.

h ist immer **stumm**.

j wird wie **g** vor den hellen Vokalen **e** und **i** gesprochen, also wie **ch** in „Dach“: **j**abón *Seife*, **j**efe *Chef*, Mé**j**ico, Don Qui**j**ote, **j**unta *Versammlung*.

ll wird, in sehr gepflegter Aussprache, wie eine Verschmelzung vom **l** + **j** zu einem Einheitslaut gesprochen, ähnlich der deutschen Endung **-lie** in „Fami**lie**": ca**ll**e *Straße*, Ma**ll**orca, Sevi**ll**a. In großen Teilen Spaniens und Lateinamerikas wird **ll** wie **j** in „Koje" artikuliert: ma**ll**a *Masche*; in einigen Gegenden vor allem Lateinamerikas wird **ll** wie das stimmhafte **j** in „Journalist" gesprochen: mi**ll**ón *Million*.

n wird meist wie deutsches **n** gesprochen (**n**adie *niemand*, ma**n**o *Hand*), vor den Lippenlauten **b, p, f, v** dagegen wie **m**: **un b**alón *ein Ball*, **un p**ié *ein Fuß*, e**nf**ermo *krank*, tra**nv**ía *Straßenbahn*. Vor **g, c** (außer **ci** und **ce**) und **j** wird **n** ungefähr wie deutsches **n** in „Anker, Ring" gesprochen: te**ng**o *ich habe*, ba**n**co *Bank*, je**ng**ibre *Ingwer*, mo**nj**a *Nonne*.

ñ wird wie die französische Konsonantenverbindung **gn** in „Champagner" gesprochen: Espa**ñ**a, ni**ñ**o *Kind*.

qu kommt nur vor den hellen Vokalen **e** und **i** vor und wird wie deutsches **k** in „Keim" (jedoch ohne Behauchung!) gesprochen: **qu**edar *bleiben*, **qu**inta *Landhaus*.

r ist im Anlaut sowie nach **l, n** und **s** ein **stark gerolltes Zungenspitzen-r** (**r**ascar *kratzen*, al**r**ededor *ringsherum*, hon**r**a *Ehre*, is**r**aelí *Israeli*); ebenso **rr** (pe**rr**o *Hund*). In allen übrigen Fällen ist **r** ein **einmalig gerolltes Zungenspitzen-r**: seño**r** *Herr*, t**r**es *drei*, cuat**r**o *vier*.

s wird in der Regel, vor allem zwischen Vokalen, **scharf** (stimmlos) wie in „Messer" gesprochen: ca**s**a *Haus*, **s**ol *Sonne*, a**s**í *so*. Vor den stimmhaften Konsonanten **b, d, g, l, m, n, r** und **v** dagegen wird **s weich** (stimmhaft) wie in „Hase" gesprochen: Li**s**boa *Lissabon*, de**s**de *seit*, mi**s**mo *selbst*.

v wird wie **b** ausgesprochen: Im absoluten Anlaut sowie nach **m** und **n** wie deutsches **b** in „Baum": **v**ino *Wein*, **v**oz *Stimme*, tran**v**ía *Straßenbahn*, en**v**iar *schicken* (s. Aussprache von **n**). Zwischen Vokalen sowie nach Konsonanten wird **v** als stimmhafter, mit beiden Lippen gebildeter (bilabialer) Reibelaut gesprochen: gra**v**e *schwer*, cal**v**a *Glatze*, Cer**v**antes.

x wird vor Vokalen meist wie **gs** gesprochen (é**x**ito *Ausgang*, e**x**amen *Prüfung*), vor Konsonanten meist als **stimmloses s**: e**x**clamar *ausrufen*, e**x**tremo *äußerst*, in sehr gehobener Aussprache als **ks**: e**x**presar *ausdrücken*.

y wird am Wortende wie **i** gesprochen (ha**y** *es gibt*, re**y** *König*), in allen übrigen Fällen als Konsonant wie **j**: a**y**er *gestern*, **y**ugo *Joch*. In einigen Gebieten Spaniens und Lateinamerikas wird das intervokalische **y** ähnlich wie **j** in „Journal" ausgesprochen: ma**y**o *Mai*, a**y**er *gestern*.

z wird vor stimmhaften Konsonanten als stimmhafter Lispellaut ähnlich dem englischen stimmhaften **th** in „other" gesprochen: ju**z**gado *Gerichtshof*. In allen anderen Fällen wird **z** wie **c** vor den hellen Vokalen **e** und **i** gesprochen, also als stimmloser Lispellaut wie englisches stimmloses **th** in „thing": **Z**aragoza, Aranjue**z**,Veláz**q**uez. In Teilen Südspaniens und in Lateinamerika wird **z** wie **s** in „Messer" gesprochen: cora**z**ón *Herz*.

Das spanische Alphabet

A a	B b	C c	Ch ch	D d	E e	F f	G g	H h	I i	J j	K k
a	be	θe	tʃe	de	e	'efe	xe	'atʃe	i	'xota	ka
		Am. se	*Am.* se 'atʃe								

L l	Ll ll	M m	N n	Ñ ñ	O o	P p	Q q	R r	S s	T t	U u
'ele	'eʎe	'eme	'ene	'eɲe	o	pe	ku	'ere *oder* 'erre	'ese	te	u

V v	W w	X x	Y y	Z z
Span. 'uƀe	*Span.* 'uƀe 'đoƀle	'ekis	i 'gɾiega	'θeđa *oder* 'θeta
Am. be ('korta)	*Am.* 'đoƀle ƀe *oder* ƀe 'đoƀle			

Beim Nachschlagen im spanisch-deutschem Wörterbuch ist darauf zu achten, dass im spanischen Alphabet **ñ** als eigener Buchstabe auf n folgt.

Hingegen gelten seit 1994 **ch** und **ll** nicht mehr als eigene Buchstaben und sind hier dementsprechend wie im Deutschen in c und l eingeordnet.

Pronunciación del alemán

A. Vocales

iː	más larga que la **i** en **salida**	Dieb, ihnen, mir
i	parecida a la **i** española	Diplom, Antiquität
ɪ	más breve y abierta que la **i** en **circo**	Kinn, List, binden
eː	más cerrada y larga que la **é** en **José**	Lehm, See, regnen
e	cerrada y breve como la **e** en **debido**	elegant, Reflex
ə	parecida a la **e** francesa en **autre**	Stille, Bezirk, rosten
ɛː	abierta y larga como la **è** francesa en **mère**	Mähne, Bär, quälen
ɛ	abierta y breve como la **e** en **perro**	messen, Kern, fällen
aː	más larga que la **a** en **madre**	Zahl, Paar, haben
a	más breve que la **a** en **barco**	zappeln, Ast, Dach
oː	más cerrada y larga que la **o** en **cola**	hohl, Moor, toben
o	cerrada y breve como la **o** en **costa**	monoton, Oase
ɔ	abierta y breve como la **o** en **gorda**	voll, Stock, Post
øː	más cerrada y larga que la **eu** francesa en **queue**	hören, Öfen, Goethe
ø	parecida a la **eu** francesa en **meuble**	möblieren, ökonomisch
œ	abierta y breve como la **eu** francesa en **neuf**	können, Götter, löschen
uː	más larga que la **u** en **nube**	Huhn, gut, du
u	parecida a la **u** en **nube**	Musik, Ruine
ʊ	breve como la **u** en **suspiro**	Mutter, Busch, Hund
yː	más larga que la **u** francesa en **cure**	rühmen, müde, Wüste
y	parecida a la **u** francesa en **sud**	amüsieren, Büro
ʏ	más breve y abierta que la **u** francesa	füllen, Hütte, Büchse

B. Diptongos

aɪ	como **ai** en **baile**	Mai, Eisen
aʊ	como **au** en **aula**	Aufbau, Baum
ɔʏ	como **oi** en **boina**	euch, läuten

C. Consonantes

p	como la **p** en **padre, mapa**	Panne, Sumpf, Lob[1)]
t	como la **t** en **tía, pata**	Tinte, Platz, Geld[1)]
k	como la **k** en **kilo** o la **c** en **coco**	Kino, Ochse, Weg[1)]
b	como la **b** en **embargo**	Bach, blau, beben
d	como la **d** en **aldea**	Dame, Handy, Felder
g	como la **g** en **¡gracias!**	Gans, Sorge, gleich
f	como la **f** en **falta**	Fach, Harfe, Vogel
v	como la **v** en **uva**	was, Löwe, Vase
s	como la **s** sorda en **santo**	aus, lassen, Maß

z	como la **s** sonora en **Lisboa**	Saal, sausen, Felsen
ʃ	como la **sh** inglesa en **ship**	Busch, Stadt, spielen
ʒ 2)	como la **g** francesa en **génie**	Genie, Garage, Giro
l	como la **l** en **leche**	Land, Welt, füllen
r 3)	como la **r** francesa	Rabe, rühren, Schrank
m	como la **m** en **madre**	mit, Lampe, kommen
n	como la **n** en **noche**	Naht, Binse, Tanne
ŋ	como la **n** en **blanco, hongo**	bringen, Zeitung, Anker
h	aspiración, más suave que la **j** española	Hals, Uhu, aha
ç	sonido palatal y sordo que corresponde al sonido sonoro de la **y** en **yerro**	ich, mancher, wenig
x	como la **j** en **bajo**	Nacht, hoch, Rauch

D. Semivocal

j	como la **y** en **ayuda** o la **i** en **pierna**	Junge, jagen, Boje

E. Otros signos

ʔ	indica la recursiva alemana («Knacklaut») como p. ej. en **Beʔamter, Koʔoperation**
ˈ	marca el acento prosódico y precede la sílaba acentuada
~ 4)	indica la nasalisación (en palabras procedentes del francés como p. ej. **Bassin, Chanson**)

1) Al principio de una sílaba tónica **p, t, k** se pronuncian con una ligera aspiración: [pʰ], [tʰ], [kʰ].
Las oclusivas **b, d, g** se transforman en sordas al final de una palabra. Se pronuncian respectivamente como [p], [t], [k]. Esto vale también para los grupos de consonantes del tipo **-bt-, -gd-, -gt-**:
ab [ap], **und** [ʊnt], **Tag** [taːk], **ablaufen** [ˈaplaʊfən], **endgültig** [ˈɛntgʏltɪç], **Jagd** [jaːkt], **gesagt** [gəˈzaːkt], **gibt** [giːpt].

2) Sobre todo en palabras procedentes del francés. La pronunciación popular es [ʃ].

3) La **r** alemana se suaviza mucho delante de una consonante y al final de palabra, hasta casi vocalizarse p. ej. en el sufijo **-er**:
für [fyːr], **stark** [ʃtark], **Lehrer** [ˈleːrər].

4) Se oye también la pronunciación [aŋ], [ɛŋ], [ɔŋ]: **Balkon** [balˈkɔŋ], **Satin** [zaˈtɛŋ].

El alfabeto alemán

A a	B b	C c	D d	E e	F f	G g	H h	I i	J j	K k
aː	beː	tseː	deː	eː	ɛf	geː	haː	iː	jɔt	kaː
L l	M m	N n	O o	P p	Q q	R r	S s	(ß)	T t	U u
ɛl	ɛm	ɛn	oː	peː	kuː	ɛr	ɛs	ɛs-ˈtsɛt	teː	uː
			V v	W w	X x	Y y	Z z			
			faʊ	veː	iks	ˈypsilɔn	tsɛt			

Im Wörterbuch verwendete Abkürzungen und Zeichen

Abreviaturas y signos empleados en el diccionario

=	gleich, *igual a*
→	siehe, *véase*
→ A	wird wie ein Adjektiv dekliniert, *se declina como el adjetivo*
a	auch, *también*
Abk	Abkürzung, *abreviatura*
Abl	Ableitung, *derivación*
a/c	*alguna cosa*, etwas
acus	*acusativo*, Akkusativ
adj, Adj	*adjetivo*, Adjektiv
adjt	adjektivisch, *en uso adjetivo*
ADM	*administración*, Verwaltung
adv, Adv	*adverbio*, Adverb
advl	adverbial, *en uso adverbial*
AGR	*agricultura*, Landwirtschaft
Akk	Akkusativ, *acusativo*
alg	*alguien, alguno*, jemand
allg	allgemein, *general*
alt	altertümlich, *arcaismo*
Am	*América, americanismo*, Amerika(nismus)
AmC	*América Central*, Mittelamerika
Am reg	*América regional*, in Amerika regional
AmS	*América del Sur*, Südamerika
amtl	amtlich, *oficial*
ANAT	Anatomie, *Anatomía*
And	*Andalucía*, Andalusien
Angl	Anglizismus, *anglicismo*
Ant	*Antillas*, Antillen
ARCH	Architektur, *arquitectura*
ARCHÄOL	Archäologie, *arqueología*
Arg	*Argentina*, Argentinien
art, Art	*artículo*, Artikel
Ast	*Asturias*, Asturien
ASTR	Astronomie, *astronomía*
AUTO	*automovilismo*, Kfz-Wesen
AVIA	*aviación*, Flugwesen
BAHN	Eisenbahn, *ferrocarril*
BAKT	Bakteriologie, *bacteriología*
BAU, BAUW	Bauwesen, *construcción*
BERGB	Bergbau, *minería*
bes	besonders, *especialmente*
Bez	Bezeichnung, *denominación*
BILDH	Bildhauerei, *escultura*
BIOL	Biologie, *biología*
Bol	*Bolivia*, Bolivien
BOT	*botánica*, Botanik, Pflanzenkunde
BUCHW	Buchwesen, *bibliología*
BÜRO	Bürowesen, *ofimática, oficina*
Bras	*Brasilia*, Brasilien
bsd	besonders, *especialmente*
bzw	beziehungsweise, *respectivamente*
Can	*Islas Canarias*, Kanarische Inseln
Chi	*Chile*, Chile
CHEM	Chemie, *química*
cj	conjunción, Konjunktion
Col	*Colombia*, Kolumbien
COM	*comercio*, Handel
comp	*comparativo*, Komparativ
CR	*Costa Rica*, Costa Rica
Cu	*Cuba*, Kuba
dat, Dat	*dativo*, Dativ
def	*defektiv*, defectivo
Dem Adj	Demonstrativadjektiv, *adjetivo demostrativo*
Dem Pron	Demonstrativpronomen, *pronombre demostrativo*
desp	*despectivo*, abwertend
dgl	desgleichen, *igualmente*
d.h.	das heißt, *es decir*
Dim	Diminutiv, *diminutivo*
dir Obj	direktes Objekt, *complemento directo*
Dtschld	Deutschland, *Alemania*
Ec	*Ecuador*, Ecuador
ECOL	*ecología*, Ökologie
ECON	*economía*, Wirtschaft
EISENB	Eisenbahn, *ferrocarril*
e-e	eine, *una*
ehem	ehemals, ehemalig, *antiguamente*
EL	Elektrotechnik, Elektronik *electrotecnia*
e-m	einem, *a un(o) (dat)*
e-n	einen, *(a) un(o) (acus)*
e-r	einer, *de (od a) una*
Esp	*España*, Spanien
e-s	eines, *de un(o)*
etc	*etcétera*, und so weiter
etw	etwas, *algo, alguna cosa*
F	familiär, umgangssprachlich, *familiar*
f	Femininum, *femenino*
fig	figürlich, *en sentido figurado*
FILM	Film, *filme*
FIN	Finanzwesen, *financería*
FORSTW	Forstwesen, *silvicultura*
FOT, FOTO	Fotografie, *fotografía*
FLUGW	Flugwesen, *aviación*
f/pl, f/Pl	*femenino plural*, Femininum Plural
Fut	Futur, *futuro*
Gall	Gallizismus, *galicismo*
GASTR	Gastronomie, Kochkunst, *arte culinario*
geh	gehobener Stil, *estilo elevado*
gen, Gen	*genitivo*, Genitiv
GEOGR	Geographie, *geografía*
GEOL	Geologie, *geología*
Ger	Gerundium, *gerundio*
GESCH	Geschichte, *historia*

GRAM, GRAMM *gramática*, Grammatik
Guat *Guatemala*, Guatemala
HANDW Handwerk, *artesanía*
HAUSW Hauswirtschaft, *economía doméstica*
HDL Handel, *comercio*
Hilfsv Hilfsverb, *verbo auxiliario*
hist, HIST historisch, *histórico*
hochspr hochsprachlich, *lenguaje culto*
Hond *Honduras*, Honduras
i e S im engeren Sinn, *en sentido más estricto*
Imp Imperativ, *imperativo*
Imperf Imperfekt, *imperfecto*
ind, *Ind* *indicativo*, Indikativ
IND Industrie, *industria*
Indef Pron Indefinitpronomen, *pronombre indefinido*
inf, *Inf* *infinitivo*, Infinitiv
INFORM Informatik, *informática*
insep *inseparable*, untrennbar
int, *Interj* *interjección*, Interjektion
interr, *Interr Pron* *interrogativo*, Fragepronomen
intr intransitiv, *intransitivo*
inv *invariable*, unveränderlich
iron ironisch, *irónico*
irr *irregular*, unregelmäßig
i w S im weiteren Sinn, *en sentido más amplio*
JAGD Jagdwesen, *montería*
j-d, *jmd* jemand, *alguien*
Jh. Jahrhundert, *siglo*
j-m, *jmdm* jemandem, *a alguien* (*dat*)
j-n, *jmdn* jemanden, (*a*) *alguien* (*acus*)
j-s, *jmds* jemandes, *de alguien* (*gen*)
JUR *jurisprudencia*, Rechtswesen
KART Kartenspiel, *juego de naipes*
KARTOGR Kartographie, *cartografía*
KATH katholisch, *católico*
KFZ Kraftfahrzeugtechnik, *automóvil, automovilismo*
Kinderspr Kindersprache, *lenguaje infantil*
KINO Kino, *cinema*
KOCHK Kochkunst, *gastronomía*
Komp Komparativ, *comparativo*
KUNST Kunst, *arte*
Kurzf Kurzform, *forma abreviada*
LANDW Landwirtschaft, *agricultura*
LING Linguistik, Sprachwissenschaft, *lingüística*
lit literarisch, *literario*
LIT Literaturwissenschaft, *literatura*
m Maskulinum, *masculino*
MAL Malerei, *pintura*
MAR Marine, Schifffahrt, *navegación, marina*
MASCH Maschinenbau, *construcción mecánica*
MAT, MATH *matemática*, Mathematik
m-e meine, *mi, mis*

MECH Mechanik, *mecánica*
MED Medizin, *medicina*
MET, METEO Meteorologie, *meteorología*
Méx *México, Méjico*, Mexiko
MIL Militär, *milicia*
MIN *minería*, Bergbau
MINER Mineralogie, *mineralogía*
MODE Mode, *moda*
m-m meinem, *a mí* (*dat*)
m-n meinen, (*a*) *mí* (*acus*)
m/pl, *m/Pl* *masculino plural*, Maskulinum Plural
m-r meiner, *de* (*od a*) *mí*
m-s meines, *de mí*
mst meistens, *por lo común*
MUS Musik, *música*
MYTH Mythologie, *mitología*
n Neutrum, *neutro*
NAHR Ernährungswesen, *nutrición y bromatología*
neg! wird oft als beleidigend empfunden, *está considerado como negativo*
Nic *Nicaragua*, Nicaragua
nom, *Nom* *nominativo*, Nominativ
nordd norddeutsch, *del norte de Alemania*
n/pl, *n/Pl* *neutro plural*, Neutrum Plural
NUCL Nukleartechnik, *técnica nuclear*
núm/c *número cardinal*, Grundzahl
núm/o *número ordinal*, Ordnungszahl
Num Numerale, *Numerales*
o, *od* *o*, oder
on onomatopoetisch, *onomatopéyico*
OPT, OPTIK Optik, *óptica*
österr österreichisch, *austríaco*
P populär, *popular*
PÄD Pädagogik, *pedagogía*
Pan *Panamá*, Panama
Par *Paraguay*, Paraguay
PARL Parlament, *parlamento*
Part Partizip, *participio*
Pe *Perú*, Peru
Perf Perfekt, *perfecto*
perfs *perfecto simple, indefinido*, Präteritum
pers persönlich, *personalmente*
Pers Person, *persona*
Pers Pron Personalpronomen, *pronombre personal*
PHARM Pharmazie, Arzneikunde, *farmacia*
PHIL Philosophie, *filosofía*
PHON Phonetik, *fonética*
PHYS Physik, *física*
PHYSIOL Physiologie, *fisiología*
pl, *Pl* *plural*, Plural
poet poetisch, *poético*
POL Politik, *política*
Poss Pron Possessivpronomen, *pronombre posesivo*
POST Post, *correos*

p/p	*participio pasivo o pasado*, Partizip Perfekt
p/prs	*participio presente*, Partizip Präsens
PR	*Puerto Rico*, Puerto Rico
Präf	Präfix, *prefijo*
Präp	Präposition, *preposición*
pr/dem	*pronombre demostrativo*, Demonstrativpronomen
pr/indef	*pronombre indefinido*, Indefinitpronomen
pron, *Pron*	*pronombre*, Pronomen
PROT	protestantisch, *protestante*
prp	*preposición*, Präposition
pr/pers	*pronombre personal*, Personalpronomen
pr/pos	*pronombre posesivo*, Possessivpronomen
pr/refl	*pronombre reflexivo*, Reflexivpronomen
pr/rel	*pronombre relativo*, Relativpronomen
PSYCH	Psychologie, *psicología*
®	Marke, *marca registrada*
RADIO	Radio, *radio*
RAUMF	Raumfahrt, *astronáutica*
RD	*República Dominicana*, Dominikanische Republik
Refl Pron	Reflexivpronomen, *pronombre reflexivo*
reg	*regionalismo*, Regionalismus
REL	Religion, *religión*
Rel Pron	Relativpronomen *pronombre relativo*
Rpl	*rioplatense*, Rio de la Plata-Staaten
Salv	*El Salvador*, El Salvador
Sammelbez	Sammelbezeichnung, *conjunto*
scherzh	scherzhaft, *en broma*
schweiz	schweizerisch, *suizo*
s-e	seine, *su(s)*
S.	Seite, *página*
sg, *Sg*	*singular*, Singular
s-m	seinem, *a su (dat)*
sn	sein, *ser*
s-n	seinen, *(a) su (acus)*
SOZIOL	Soziologie, *sociología*
Span	Spanien, *España*
SPORT	Sport, *deporte*
Sprichw	Sprichwort, *proverbio*
s-r	seiner, *de su*
s-s	seines, *de su*
su, *Subst*	*sustantivo*, *uso substantivado*, Substantiv, substantivisch
subj	*subjuntivo*, Konjunktiv
südd	süddeutsch, *del sur de Alemania*
Suff	Suffix, *sufijo*
Sup	Superlativ, *superlativo*
Symb	Symbol, *símbolo*
TAUR	*tauromaquia*, Stierkampf
TEC, TECH	*tecnología*, Technik
TEL	Telekommunikation, *telecomunicación*
TEXTIL	Textilindustrie, *industria textil*
THEA, THEAT	*Theater*, *teatro*
tr	transitiv, *transitivo*
TV	Fernsehen, *televisión*
TYP, TYPO	Typographie, *tipografía*
u	und, *y*
u.a.	und andere(s), *entre otras cosas*
u.Ä.	und Ähnliche(s), *y cosas semejantes*
übertr	übertragen, *en sentido figurado*
u/c	*una cosa*, eine(r) Sache
u dgl	und dergleichen, *y semejantes*
umg	umgangssprachlich, *familiar*
UNIV	Universität, *universitario*
unpers	unpersönlich, *impersonal*
unreg	unregelmäßig, *irregular*
unv	unveränderlich, *invariable*
Ur	*Uruguay*, Uruguay
usw	und so weiter, *etcétera*
v	von, vom, *de*
V	vulgär, *vulgar*
v/aux	*verbo auxiliario*, Hilfsverb
Ven	*Venezuela*, Venezuela
verächtl	verächtlich, *despectivo*
VERK	Verkehrswesen, *transportes*
VERW	Verwaltung, *administración*
VET	Veterinärmedizin, *veterinaria*
vgl	vergleiche, *compárese*
v/i	*verbo intransitivo*, intransitives Verb
v/imp	*verbo impersonal*, unpersönliches Verb
v/modal	*verbo modal*, Modalverb
v/r	*verbo reflexivo*, reflexives Verb
v/t	*verbo transitivo*, transitives Verb
vulg	vulgär, *vulgar*
WIRTSCH	Wirtschaft, *economía*
wiss	wissenschaftlich, *científico*
WISS	Wissenschaft, *ciencia*
ZAHNMED	Zahnmedizin, *odontología*
z.B.	zum Beispiel, *por ejemplo*
ZO, ZOOL	Zoologie, *zoología*
Zssgn	Zusammensetzungen, *compuestos*
ZTGSW	Zeitungswesen, *periodismo*, *prensa*
Zus	Zusammensetzungen, *compuestos*

A

a, **A** *f* a, A *n*

a[1]: *~ por ~ y be por be* eins nach dem andern, Punkt für Punkt

a[2] *Präp mit vielen verschiedenen deutschen Entsprechungen*: *temporal*: nach (***~ los tres días***); um (***~ las dos***); bis (***de diez ~ once***); mit (***~ los diez años***); an (***al día siguiente***); (***~ doce de mayo***); bei (***~ su llegada***); *Gleichzeitigkeit*: als (***al salir de casa me encontré con Gómez***); *lokal*: *Richtung*, *Ziel*, *Nähe* zu; nach; in (***~ la estación***; ***~ la derecha***; ***al norte***; ***al extranjero***); an (***~ la entrada***); von … (entfernt) (***~ diez kilómetros de León***); *modal*: auf (***~ la francesa***); nach (***~ la casera***); mit (***~ máquina***); zu (***~ pie***); (***de ~ dos***); *numeral*: *Preis*, *Prozent* zu (***¿~ qué precio?***), (***¿~ cómo?***), (***¿~ cuánto (está)?***); (***de ~ dos pesos***); (***~ uno o a(l) tres por ciento***); (***~ millares***); *final*: wozu? (***¿~ qué?***); SPORT zu (***tres ~ uno***); *kausal*: auf (***~ petición de los jurados***); SPORT zu (***tres ~ uno***); *direktes u indirektes Objekt*: ***vi ~ tu hermano*** ich sah deinen Bruder; ***mató al gato*** er tötete die Katze; ***se lo di ~ ella*** ich gab es ihr; *Vergleich*: ***huele ~ manzana*** es riecht nach Apfel; *obligatorisch nach vielen Verben*, *Substantiven u Adjektiven* (***aprender ~ escribir***); (***decidirse ~ pagar***); (***jugar al fútbol***); (***monumento ~ los caídos***); (***corte al hilo***); ***inferior ~*** geringer als; *Aufforderung*, *Befehl* (***¡al trabajo!***); (***¡~ callar!***); *unübersetzt als Fügungselement*: ***avión ~ chorro*** Strahltriebflugzeug *n*; ***barco ~ vapor*** Dampfschiff *n*

a[3] (*Abk für* ***área***) a

a[4] *Abk für* ***alias***

@ (*Symb für* ***arroba***); *Internet* at-Zeichen *n*; Arroba *f Gewicht von 11,5 kg*

A (*Symb für* ***amperio***) A; (*Abk für* ***autopista***) A

Å (*Symb für* ***angström***) Å

AA.EE. *ohne Art* (*Abk für* ***Asuntos Exteriores***) AA *n*

abacial Abt(s)-; Abtei-

ábaco *m* (Kinder-)Rechenbrett *n mit Kugeln*; Abakus *m*

abad *m* Abt *m*; *reg* (Gemeinde-)Pfarrer *m*

abad|engo Abt(s)-; **~esa** *f* Äbtissin *f*; *Chi* Puffmutter *f*; **~ía** *f* Abtei *f*; Abtwürde *f*

abaj|eño, **~ero**, **~ino** *Am reg* **I** *Adj* aus dem Tiefland (kommend *od* stammend) **II** *m* Tieflandbewohner *m*

abajo **I** *Adv* herunter, herab; hinunter, hinab; (nach) unten; unter (***de seis para ~***); ***de ~ arriba*** von unten nach oben; ***más ~*** *Text* weiter unten **II** *Interj* nieder (mit) …! (***¡~ el fascismo!***)

abalanzar ⟨-z/c-⟩ *tr Waage* ins Gleichgewicht bringen, (aus)tarieren; **~se** sich stürzen (***sobre*** auf; ***a*** in); herfallen, sich hermachen (***sobre, a*** über); *Rpl Pferd* (sich auf)bäumen

abale|ar *tr Am* beschießen; schießen auf; **~o** *m Am* Schießerei *f*, Schusswechsel *m*

abalizar ⟨-z/c-⟩ *tr* MAR mit Bojen kennzeichnen, bebaken; betonnen

abander|ado *m* Fahnenträger *m*; Anführer *m*; Schiedsrichterassistent *m*, Linienrichter *m*; **~ar** *tr Gebäude* beflaggen; mit Fahnen schmücken; *Schiff* registrieren lassen; *Schiff* mit Flaggenpapieren versehen; anführen, leiten; **~izarse** ⟨-z/c-⟩ *Am* sich einer Gruppierung *od* Partei anschließen

abandon|ado verlassen, einsam; vernachlässigt; verwahrlost; *Haus* leer stehend; **~ar** *tr* verlassen; aufgeben; verzichten auf; im Stich lassen; *Tiere* aussetzen; überlassen; *übertr* aussteigen; **~arse** sich gehen lassen; den Mut verlieren; *Laster*, *Schmerz*, *Verzweiflung* sich hingeben; **~ismo** *m* Verzichtspolitik *f*; **~ista** **I** *Adj* Verzichts- **II** *m* Verzichtspolitiker *m*

abandono *m* Aufgabe *f*, Verzicht *m*; JUR Verlassen *n*; *übertr* Ausstieg *m*; Aussetzen *n*; Hingabe *f*; Mutlosigkeit *f*; Verwahrlosung *f*; Vernachlässigung *f*; ***~ de la energía nuclear*** Atomausstieg *m*; ***~ del trabajo*** Fernbleiben *n* von der Arbeit

abanico Fächer *m*; Säbel *m*; Pfauenschwanz *m*; *AmC*, *Méx* Ventilator *m*; ***~ de ofertas*** Angebotspalette *f*; ***~ de posibilidades (productos)*** Vielfalt *f* an Möglichkeiten (WIRTSCH Produktlinie *f*); ***en ~*** fächerförmig

abaniqu|eo *m* Fächeln *n*; **~ero** *m* Fächermacher *m*; Fächerverkäufer *m*

abarajar *tr Rpl Ball*, *Schlag*, *Worte* auffangen

abarat|amiento *m* Verbilligung *f*; **~ar** **I** *tr* verbilligen; *Preis* herabsetzen **II** *intr u* **~ar-**

se billiger werden

abarcar ⟨-c/qu-⟩ *tr* umfassen; umschließen; umspannen; überblicken; enthalten; JAGD umstellen; *Méx* horten, hamstern; ***fácil de ~*** übersichtlich

abarquillarse *Papier* sich rollen; *Holz* sich verwerfen

abarraganarse in wilder Ehe leben

abarrancar ⟨-c/qu-⟩ **I** *tr Boden durch Regen* auswaschen *od* wegspülen; Rinnen bilden **II** *intr* MAR auflaufen, stranden; **~se** sich in Händel einlassen

abarrot|ado I *Adj* voll gestopft; voll gepfropft; gerammelt voll *umg* **II** *m Chi* Krämerladen *m*; **~ar** *tr* festbinden; verkeilen; MAR (ver)zurren; *Schiff* voll stauen; füllen *z.B. die Straßen*; *Laden* voll stopfen; (an)füllen; voll machen; *Am Ware* monopolisieren; **~arse** *Am* im Preis sinken; **~ería** *f AmC* Eisenwarenhandlung *f*; **~ero** *m Am* Krämer *m*; **~es** *m/Pl Am* Lebensmittel *Pl*; *Am* Krämerladen *m*

abast|amiento *m* → ***~ecimiento***; **~ar** *tr* → ***~ecer***; **~arse** → ***~ecerse***

abastecedor *m* Lieferant *m*; ***~ de sí mismo*** Selbstversorger *m*

abastecer ⟨-c/zc-⟩ *tr* versorgen, beliefern (***con, de*** mit); anliefern; MAR bunkern; **~se** sich versorgen, sich eindecken (***de*** mit)

abastecimiento *m* Versorgung *f*; Belieferung *f*; Verproviantierung *f*; Catering *n*; MAR Bunkerung *f*, Bunkern *n*; ***~ de agua*** Wasserversorgung *f*

abasto *m* Proviant *m*; Verproviantierung *f*; Überfluss *m*; ***~ de víveres*** Lebensmittelversorgung *f* ◇ ***dar ~*** *Nachfrage* (ab)decken; ***no dar ~ a u/c*** einer Sache nicht gerecht werden; etw nicht schaffen

abatatar *tr Rpl* einschüchtern; **~se** *Rpl* sich schämen

abate *m* Abbé *m*; *nichtspanischer* Geistlicher *m*

abati|do niedergeschlagen, mutlos; kleinmütig; abgeschlagen; verächtlich; *Ware* im Preis gesunken; **~miento** *m* Niedergeschlagenheit *f*; Niederreißen *n*

abatir I *tr* niederreißen; niederwerfen; einreißen; zu Boden werfen; umlegen; umwerfen; *Baum* fällen; *Flugzeug* abschießen; *Flugwild* schießen; *Segel, Flagge* streichen; demütigen; entmutigen; ***no se deja ~*** er lässt sich nicht unterkriegen **II** *intr Schiff* vom Kurs abkommen; **~se** *Greifvogel* herabstoßen (***a, sobre*** auf); *Flugzeug* abstürzen; mutlos werden, verzagen

abdic|ación *f* Abdankung *f*; Verzicht *m*; **~ar** ⟨-c/qu-⟩ *tr* abdanken; *Rechte* aufgeben; *Krone* niederlegen; **~ativo** Abdankungs-

abdom|en *f* Unterleib *m*; *Insekten, Krebse* Hinterleib *m*; **~inal I** *Adj* Unterleibs-, Bauch-; **~inales II** *m/Pl* SPORT Liegestütze *m/Pl*

abecé *m* Alphabet *n*, Abc *n auch übertr*

abecedario *m* Alphabet *n*; Fibel *f*; ***~ manual*** Fingeralphabet *n für Taubstumme*

abedul *m* Birke *f*; Birkenholz *n*; **~ar** *m* Birkenwald *m*

abeja *f* Biene *f*, *poet* Imme *f*; ***~ albañila*** Mauerbiene *f*; ***~ reina*** Bienenkönigin *f*, Weisel *f*, *m*; ***~ neutra*** *od* ***obrera*** Arbeitsbiene *f* ◇ ***estar como ~ en flor*** sich sehr wohl fühlen

abej|ar *m* Bienenstock *m*, -korb *m*; **~arrón** *m* → ***abejorro***; **~ear** *intr* schwirren; **~ero** *m* Imker *m*; **~ón** *m* Drohne *f*; → ***abejorro***; **~orreo** *m* Summen *n*; Gewimmel *n*

abejorro *m* Hummel *f*; Maikäfer *m* ◇ ***ser un ~*** aufdringlich sein

aberración *f* Abweichung *f*; *Moral* Verirrung *f*; ASTR, BIOL, OPT Aberration *f*; ***~ de la aguja (magnética)*** Missweisung *f*; ***~ cromática*** Farbabweichung *f*; ***~ mental*** Sinnesstörung *f*

aberr|ado abartig; **~ar** *intr* abweichen; sich irren

abertura *f* Öffnung *f*; Loch *n*; Öffnen *n*; Eröffnung *f*; Spalt *m*; Offenherzigkeit *f*, Freimütigkeit *f*; GEOGR Bucht *f*; ***~ de mallas*** Maschenweite *f*; ***~ del mercado*** Markterschließung *f*

abetal *m* Tannenwald *m*

abeto *m* Tanne *f*; Tannenholz *n*; ***~ albar*** *od* ***blanco*** Weiß-, Edeltanne *f*; ***~ falso*** *od* ***rojo, ~ del Norte*** Fichte *f*, Rottanne *f*

abierto *Part von* → ***abrir***; offen (***a*** für); frei; offenherzig; aufgeschlossen (***a*** für); *Veranstaltung* öffentlich

abigarr|ado bunt(scheckig); *Publikum* bunt zusammengewürfelt; verworren; **~amiento** *m* Buntheit *f*

abisal Tiefsee-

Abisinia *f* Abessinien *n*

abism|ado gedankenversunken; **~al** abgrundtief; himmelweit, immens; **~ante** erdrückend; **~ar** *tr* treiben, stürzen; verwirren; *Am* verwundern; **~arse** versinken (***en*** in) *auch übertr*; sich vertiefen; **~o** *m* Abgrund *m*; Hölle *f*

abjur|ación *f* Abschwören *n*; Widerruf *m*; **~ar** *tr* abschwören; widerrufen

ablación *f* Ablation *f*, Amputation *f*

abland|adura *f*, **~amiento** *m* Aufweichen *n*; **~ar I** *tr* aufweichen, weich machen; erweichen; *Zorn* besänftigen, beschwichtigen **II** *intr Wind* nachlassen; **~arse** weich werden; **~ecer** ⟨-c/zc-⟩ *tr* weich machen

abneg|ación *f* Selbstverleugnung *f*; Entsagung *f*; Opferbereitschaft *f*; **~ado** selbstlos; opferbereit; **~ar** ⟨-ie-, -g/gu-⟩ *tr* verzichten auf; entsagen; **~arse** sich aufopfern
abob|ado dumm, beschränkt; **~ar** *tr* verdummen; **~arse** verblöden
aboc|ado *Wein* lieblich; **~ar** ⟨-c/qu-⟩ **I** *tr* mit dem Maul packen; mit dem Mund ergreifen; *Flüssigkeit* umfüllen; *Geschütz* richten **II** *intr Reede* ansteuern; *Hafen* anlaufen; **~arse** sich nähern; sich besprechen *od* beraten
abocetar *tr* skizzieren
abochorn|ado schwül; beschämt; **~ar** *tr* erhitzen; beschämen; *Hitze* zu schaffen machen; **~arse** sich schämen (***de*** wegen; *Gen*; ***por alg*** für jmdn, jmds); schwül werden
abofetear *tr* ohrfeigen
aboga|cía *f* Anwaltschaft *f*; Anwaltsberuf *m*, -laufbahn *f*; **~dillo** *m* Winkeladvokat *m*
abogado *m*, **-a** *f* (Rechts-)Anwalt *m*, -wältin *f*, Advokat *m*; Fürsprecher(in) *m*(*f*); ***~ defensor*** JUR Verteidiger *m*; ***~ de oficio*** Pflicht-, Offizialverteidiger *m*; ***~ querellante*** Klägeranwalt *m*; ***~ de secano*** Winkeladvokat *n* ◇ ***acudir a un ~*** sich einen Anwalt nehmen
abogar ⟨-g/gu-⟩ *intr* vor Gericht verteidigen; eintreten *od* sich einsetzen (***por*** für); JUR plädieren (***por*** für); dafürhalten; *Gründe* sprechen (***por*** für)
abolengo *m* Abstammung *f*, Herkunft *f*; Familienbesitz *m*
abol|ición *f* Abschaffung *f*; *Urteil* Aufhebung *f*; **~icionismo** *m* Bewegung *f* zur Aufhebung der Sklaverei *f*; **~ir** ⟨*def*⟩ *tr* abschaffen; *Urteil* aufheben
aboll|adura *f* Beule *f*; Verbeulung *f*; Delle *f*; **~ar** *tr* verbeulen; *Metall* treiben
abolsarse sich bauschen
abomb|ado gewölbt; bauchig; *Wasser* abgestanden; benommen; **~amiento** *m* Wölbung *f*; *Konserven* Bombage *f*; Benommenheit *f*; **~ar** *tr* ausbauchen; wölben; (auf)blähen; betäuben; **~arse** *Am* (ver)faulen; *Am* sich beschwipsen
abomin|able abscheulich; grässlich; scheußlich; widerlich; verabscheuungswürdig; **~ación** *f* Abscheu *m*; Gräuel *m*; **~ar I** *tr* missbilligen; verabscheuen; verdammen; verfluchen **II** *intr* Abscheu haben (***de*** vor)
abonable zahlbar; *Wechsel* fällig
abonado I *Adj* glaubwürdig; abonniert **II** *m* Abonnent *m*; Bezieher *m*; *Strom*, *Gas* Abnehmer *m*; Fernsprechteilnehmer *m*; Düngung *f*; ***~ a la telefonía móvil*** (***telefónica***) Mobilfunk-(Telefon)kunde *m*
abonador *m* Bürge *m*
abonanzar ⟨-z/c-⟩ *intr Wetter* sich aufheitern; *Sturm*, *Situation* sich legen, sich beruhigen
abon|ar *tr* verbürgen; bürgen für; gutheißen; *Zeitung* abonnieren; düngen; anrechnen; *Rechnung* begleichen; *Betrag* gutschreiben; **~arse** abonnieren *od* bestellen (***a u/c*** etw); ein Abonnement *od* Anrecht nehmen; **~aré** *m* Schuldschein *m*
abono *m* Gutschrift *f*; (Be-)Zahlung *f*; Vergütung *f*; Bürgschaft *f*; Verbesserung *f*; Abonnement *n*; THEAT Anrecht *n*; Zeitkarte *f*; Düngung *f*; Dünger *m*; Dung *m*; ***~ anual*** Jahresabonnement *n*; ***~ joven*** (***tercera edad***) Abo(nnement) *n* für Jugendliche (Rentner); ***~ mensual*** VERK Monatskarte *f*; ***~ mineral*** *od* ***químico*** Kunst-, Mineraldünger *m*; ***~ al teléfono*** Telefonanschluss *m*
abordar I *tr* MAR entern; rammen; zusammenstoßen mit; *Problem* anschneiden, zur Sprache bringen; *etw* in Angriff nehmen; *Verkehrsmittel* besteigen; sich wenden (***a*** an) **II** *intr* MAR anlegen, festmachen; an Bord gehen
aborigen I *Adj* einheimisch **II** *m* Ureinwohner *m*
aborrascarse ⟨-c/qu-⟩ stürmisch werden *auch übertr*; *Sturm* aufkommen
aborrec|er ⟨-c/zc-⟩ *tr* verabscheuen, hassen; *Brut* verlassen; **~ible** abscheulich
abort|ar I *intr* eine Fehlgeburt haben; vor der Zeit entbinden; abtreiben; *Vieh* verwerfen; *Pflanze* keine Früchte ansetzen; scheitern **II** *tr Aktivitäten*, *Computer*, *Start* abbrechen; *Kind* abtreiben; **~ivo I** *Adj* abtreibend; vorzeitig geboren **II** *m* Abtreibungsmittel *n*
aborto *m* Fehlgeburt *f*, Abort *m*; *Vieh* Verwerfen *n*; Ausgeburt *f*; *Aktivitäten* Abbruch *m*; ***~ criminal*** Abtreibung *f*; ***~ provocado*** Schwangerschaftsunterbrechung *f*
abota|gado, **~rgado** (auf)gedunsen; **~garse**, **~rgarse** ⟨-g/gu-⟩ anschwellen
abotonar I *tr* (zu)knöpfen; anknöpfen **II** *intr* knospen, Knospen treiben
abovedar *tr* ARCH überwölben; wölben
abr. (*Abk für* ***abreviatura***) Abk.
abra *f* ⟨***el***⟩ Bucht *f*; Engpass *m*; Schlucht *f*; Erdspalte *f*; *Am* Lichtung *f*; MAR Mastenabstand *m*; *Am* Tür- *od* Fensterflügel *m*
abracadabra *m* Abrakadabra *n*; **~nte** toll, hinreißend; rätsel-, schleierhaft
abras|ador sengend; **~ar I** *tr* verbrennen; niederbrennen; versengen **II** *intr Speisen* heiß sein; *Sonne* stechen; *Gewürze* brennen; **~arse** verbrennen; *übertr* vergehen (***de, en*** vor); **~ión** *f* GEOL Abrasion *f*;

MED Ausschabung *f*; TECH Abrieb *m*; **~ivo** *m* Schleifmittel *n*

abraz|adera *f* Zwinge *f*; Rohrschelle *f*; TYP eckige Klammer *f*; **~ar** ⟨-z/c-⟩ *tr* umarmen; umfassen *auch übertr*; *einer Partei* beitreten; *Laufbahn* einschlagen; *Beruf* ergreifen; **~arse** sich umarmen; sich klammern (***a*** an)

abrazo *m* Umarmung *f*; ***un fuerte ~*** *Briefschluss etwa* herzlichst ◇ ***dar un ~ a alg*** jmdn umarmen

abre|botellas *m* (**~cartas** *m*; **~latas** *m*) Flaschen-(Brief-; Dosen)öffner *m*; **~lotodo** *m* Dietrich *m*

abrev|adero *m* Tränke *f*; **~ar** *tr* tränken

abrevi|ación *f* Kürzung *f*; Abkürzung *f*; **~adamente** kurz gefasst; **~ar** *tr* kürzen; abkürzen; verkürzen; **~atura** *f* Abkürzung *f*; Kürzel *n*

abridor *m* Öffner *m*

abrig|adero *m* windgeschützte Stelle *f*; *Am* Zufluchtsort *m*; **~ado** windstill; warm angezogen; **~ador I** *Adj Kleidung* warm **II** *m Méx* Hehler *m*; **~ar** ⟨-g/gu-⟩ **I** *vor Kälte, Wind* schützen (***de*** vor, gegen); zudecken; beschützen; *Hoffnung* hegen **II** *intr* warm halten; **~arse** sich warm anziehen; sich zudecken; sich schützen

abrigo *m* Obdach *n*; Schutz *m auch übertr*; Tuchmantel *m*; Wintermantel *m*; ***~ de alta montãna*** Berg-, Schutzhütte *f*; ***~ de entretiempo*** (***piel***) Übergangs-(Pelz)mantel *m*; ***al ~ de*** geschützt vor *od* gegen

abril *m* April *m*; ***~es*** *m/Pl* Jugendjahre *n/Pl*; Lenze *m/Pl Jahre*; **~eño** April-

abrillant|ador *m*, **~adora** *f* Edelsteinschleifer(in) *m(f)*; Spülmittel *n*; **~ar** *tr Steine* schleifen; *Schuhe* blank putzen; auf Hochglanz bringen

abrir ⟨*Part* ***abierto***⟩ **I** *tr* öffnen; aufmachen; EL ein-, anschalten; aufdrehen; aufschlagen; durchbrechen; *Schneise* schlagen; *Kanal* bauen; *Appetit* anregen; umackern; erschließen; *Umzug* anführen; *Konto* eröffnen; *Wettbewerb* ausschreiben; *Weg* anlegen; *Weg* bahnen; *Am Wald* roden, lichten; beginnen; ***~ cortando*** aufschneiden **II** *intr Wetter* aufklaren; **~se** *Blume* aufblühen; *Tür* aufgehen; sich eröffnen *od* anvertrauen (***a, con*** *Dat*); sich *etw* erschließen

abrochar *tr* zuknöpfen; zuschnüren; zuhaken; *Gurt* anlegen

abrog|ación *f* Aufhebung *f*; Abschaffung *f*; **~ar** ⟨-g/gu-⟩ *tr* aufheben; abschaffen

abroj|al *m* Distelfeld *n*; **~o** *m* Sterndistel *f*; Fußangel *f*; **~os** *m/Pl* Klippen *f/Pl*; Kummer *m*; Mühsal *f*

abroncar ⟨-c/qu-⟩ *tr* anpfeifen *anfahren*; *Redner* auspfeifen

abrum|ado diesig; bedrückt, niedergeschlagen; **~ador** drückend *auch übertr*; belastend; **~ar** *tr* belasten *bedrücken*; lasten auf; überhäufen, -schütten (***con, de*** mit); *mit Arbeit* überlasten; **~arse** diesig werden

abrupto steil; abrupt; schroff

abrutado roh, brutal; vertiert

ABS *m* (*Abk für* ***sistema antibloqueo de frenos***) KFZ, TECH ABS *n*

abs|ceso *m* Abszess *m*; **~cisa** *f* MATH Abszisse *f*

absentismo *m* Absentismus *m Abwesenheit der Latifundisten von ihren Gütern*; ***~ laboral*** Arbeitsbummelei *f*; Arbeitsausfall *m*

absentista *m(f)* Arbeitsbummelant(in) *m(f)*

ábside *m* ARCH Apsis *f*

absolución *f* REL Absolution *f*; Lossprechung *f*; JUR Freispruch *m*; ***~ por falta de pruebas*** JUR Freispruch aus Mangel an Beweisen

absolut|ismo *m* Absolutismus *m*; **~ista I** *Adj* absolutistisch **II** *m* Absolutist *m*; **~ividad** *f* Absolutheit *f*; **~izar** ⟨-z/c-⟩ *tr* verabsolutieren

absoluto absolut; unumschränkt, allumfassend; gebieterisch; ***en ~*** ganz und gar; keineswegs, durchaus nicht

absolver ⟨-ue-; *Part* ***absuelto***⟩ *tr von Verpflichtungen* entbinden; JUR freisprechen; REL absolvieren

absorb|ente absorbierend; Saug(e)-; *Roman* fesselnd; einnehmend, bestrickend; belastend *anstrengend*; **~er** *tr* aufsaugen, absorbieren; einsaugen; TECH dämpfen, abfangen; *Lärm* schlucken; in Anspruch nehmen; *Markt* aufnehmen; sich *etw* einverleiben; *Firma* aufkaufen; **~erse** sich vertiefen (***en*** in); **~ible** aufsaugbar; **~imiento** *m* → ***absorción***

absorción *f* Aufnahme *f*, Absorption *f*; Übernahme *f von Unternehmen*

absorto hingerissen; versonnen; versunken

abstemio I *Adj* abstinent **II** *m* Abstinenzler *m*

absten|ción *f* Verzicht *m* (***de*** auf); Enthaltung *f*; POL Stimmenthaltung *f*; Heraushalten *n* aus der Politik, Abstentionismus *m*; **~cionista** *m* Nichtwähler *m*; politischer Tätigkeit fernbleibende Person *f*; **~erse** ⟨→ ***tener***⟩ sich enthalten (***de*** *Gen*); verzichten (***de*** auf); nicht teilnehmen (***de*** an); entsagen (***de*** *Dat*)

abstinencia *f* Abstinenz *f*; Enthaltsamkeit *f*; ***~ de consumo*** Konsumverzicht *m*

abstinente I *Adj* enthaltsam; abstinent **II** *m* Abstinenzler *m*

abstracción *f* Abstraktion *f*; Abstrahieren *n*; **~ hecha de** abgesehen von
abstracto I *Adj* abstrakt; **en ~** abstrakt betrachtet *od* genommen **II** *Subst*: **lo ~** das Abstrakte
abstra|er ⟨→ **traer**⟩ **I** *tr* abziehen; abstrahieren **II** *intr* absehen (**de** von); **~erse** sich vertiefen; **~ído** gedankenverloren; zerstreut; weltentrückt
abstruso verworren, abstrus; schwer verständlich
absuelto *Part von* → **absolver**; *Adj* frei; JUR freigesprochen
absurdidad *f* Absurdität *f*, Widersinn(igkeit *f*) *m*, Unsinn *m*
absurdo I *Adj* absurd **II** *Subst*: **lo ~** das Absurde ◇ **reducir al ~** ad absurdum führen
abubilla *f* ZOOL Wiedehopf *m*
abuche|ar *tr* auszischen; auspfeifen; ausbuhen; **~o** *m* Auszischen *n*; Pfeifkonzert *n*, Auspfeifen *n*; Ausbuhen *n*
abuela *f* Großmutter *f* ◇ **¡cuénteselo a su ~!** das können Sie Ihrer Großmutter erzählen *od* weismachen
abuelo *m* Großvater *m*; alter Herr *m*; **~s** Großeltern *Pl*; Vorfahren *m/Pl*
ab|ulia *f* Willenlosigkeit *f*; Willensschwäche *f*; **~úlico** willenlos; willensschwach
abult|ado dick; *Gepäck* sperrig; *Lippen* aufgeworfen; **~ar I** *tr Volumen* vergrößern; aufbauschen *übertreiben* **II** *intr* sperrig sein, viel Raum einnehmen
abundamiento *m* → **abundancia**; **a mayor ~** um so mehr, noch dazu; mit umso größerer Berechtigung
abundancia *f* Überfluss *m*, Fülle *f*; **~ de peces** Fischreichtum *m*; **en ~** in Hülle und Fülle ◇ **nadar en la ~** im Überfluss schwelgen
abund|ante reichlich; reichhaltig; stark vertreten; *Haar* üppig; **~ar** *intr* reichlich vorhanden sein; reich sein (**en** an); sich lang und breit auslassen; *Meinung* teilen; **~oso** → **~ante**
abur: **¡abur!** ade!, leb wohl!, tschüs!
aburgues|ado spießig, spießbürgerlich; **~amiento** *m* Verbürgerlichung *f*; Verspießerung *f*; **~arse** verbürgerlichen; verspießern
aburrido langweilig ◇ **estar ~** Langeweile haben; **ser ~** langweilig sein
aburr|imiento *m* Langeweile *f*; Überdruss *m*; **~ir** *tr* langweilen; belästigen; **~irse** sich langweilen (**con** bei); *einer Sache* satt sein
abusar *intr* zu weit treiben; **~ de u/c** (**de alg**) etw (jmdn) missbrauchen *od* ausnutzen; *Frau* vergewaltigen
abusivo missbräuchlich; *Preis* überzogen; JUR widerrechtlich
abuso *m* Missbrauch *m*; **~s** *Pl* Übergriffe *m/Pl*; **~ de autoridad** Amtsmissbrauch *m*; **~ de confianza** Vertrauensbruch *m*; Veruntreuung *f*; **~s deshonestos** JUR schwere Unzucht *f*; unzüchtige Handlungen *f/Pl*; **~ de menores** Kindesmissbrauch *m*; **~ de poder** Machtmissbrauch *m*; **~ sexual** sexueller Missbrauch *m*
abusón *m* Nassauer *m*, Schmarotzer *m*
Ac (*Symb für* → **actinio**) CHEM Ac
a/c (*Abk für* **a cargo**) zulasten; (*Abk für* **a cuenta**) auf Rechnung
a. c. *Abk für* **año corriente**
a. C. (*Abk für* **antes de Cristo**) v. Chr.
acá her, hierher; heran; hierzulande; *Am* → **aquí**; **más ~** näher heran; **~ y a(cu)llá** hier und da; hüben und drüben; **de ~ para allá** von hier nach dort; hin und her; **de ayer ~** seit gestern; **desde entonces ~** seit damals; **por ~** hier entlang; hier durch; **¡ven ~!** komm her
acabado I *Adj* fertig, vollendet *auch übertr*; vollkommen; abgewirtschaftet, am Ende; **~ de llegar** gerade angekommen; **~ de pintar** frisch gestrichen **II** *m* TECH End-, Schlussbearbeitung *f*; Fertigstellung *f*; Verarbeitung *f*
acabar I *tr* beschließen, beenden; fertig machen; fertig stellen; vollenden; TECH nachbehandeln; erschöpfen, verbrauchen **II** *intr* enden; (ab)schließen; vergehen; aufhören, zu Ende gehen; zur Neige gehen, alle werden; **~ bien** (**mal**) gut ausgehen (ein schlimmes Ende nehmen); **~ de** (**llegar**; **comer**) soeben (angekommen sein; gegessen haben); **~ de escribir** zu Ende schreiben; **~ con alg** (**u/c**) jmdn erledigen *töten*; jmdn (eine Sache) ruinieren; **~ con u/c** einer Sache ein Ende bereiten; **~ por comprender, ~ comprendiendo** es schließlich *od* endlich verstehen *od* einsehen; **acabó diciendo que** er schloss mit den Worten, dass; **~se** zu Ende gehen; **¡y se acabó!** Schluss! fertig!; nichts mehr zu machen!; kein Wort mehr!
acabóse *m übertr* Gipfel *m*, Höhe *f*
acacia *f* Akazie *f*
academia *f* Akademie *f*, *auch* Privatschule *f*; MAL Akt *m*; **~ de baile** Tanzschule *f*; **~ de ciencias** Akademie der Wissenschaften; **~ de idiomas** Fremdsprachenschule *f*; **~ militar** Militärakademie *f*; Kriegsschule *f*; **~ de noche** Abendschule *f*; **Real ♀ Española** Königlich Spanische Akademie *f*
académico I *Adj* akademisch; Hochschul-; theoretisch; *übertr* steif **II** *m* Akademiemitglied *n*
acaec|er ⟨-c/zc-⟩ **I** *intr unpers* sich ereignen, geschehen **II** *m*; **~imiento** *m* Ereignis

f, Begebenheit *f*
acallar *tr* zum Schweigen bringen; beruhigen, beschwichtigen; verschweigen; *Appetit* zügeln; **~se** sich beruhigen
acalor|ado erhitzt; hitzig; gereizt; **~amiento** *m* Hitzigkeit *f*, Hitze *f*; (Auf-)Wallung *f*; Anwandlung *f*; **~ar** *tr* erwärmen; erhitzen; erregen; *übertr* anfeuern; antreiben; **~arse** warm werden; *übertr* sich erhitzen; sich ereifern; in Wut geraten
acamp|ada *f* Lagern *n*; Zelten *n*, Campen *n*; Zeltlager *n*; **~ador** *m* Zelt(l)er *m*, Camper *m*; **~amento** *m* → ***~ada***
acampanado glockenförmig
acamp|ar *intr Truppen* Lager aufschlagen; lagern; kampieren; zelten, campen; **~e** *m Am* Zelten *n*, Campen *n*
acanal|adura *f* Auskehlung *f*; Rinne *f*; Rille *f*; **~ar** *tr* auskehlen; riefeln; rillen
acanallado schurkenhaft; niederträchtig, gemein
acantilado I *Adj* steil, abschüssig **II** *m* Steilküste *f*; Steilwand *f*
acanton|amiento *m Truppen* Einquartierung *f*; Belegung *f*; **~ar** *tr* einquartieren, unterbringen; **~arse** Quartier beziehen; ins Quartier rücken
acapar|ador I *Adj* Aufkauf-; *übertr* Hamster- **II** *m*, **~adora** *f* Aufkäufer(in) *m*(*f*); Hamsterer *m*; **~amiento** *m* Hamstern *n*; Horten *n*; **~ar** *tr* aufkaufen; hamstern; horten; *etw* an sich reißen; *etw* mit Beschlag belegen; für sich in Anspruch nehmen; *Aufmerksamkeit* auf sich lenken
acaramel|ado mit Karamell überzogen; *übertr* zuckersüß; sehr galant; verknallt *verliebt*; **~ar** *tr* mit Karamell überziehen
acare|amiento *m* JUR Gegenüberstellung *f*; Konfrontierung *f*; **~ar** *tr* JUR *jmdn einem anderen* gegenüberstellen, konfrontieren mit; trotzen
acariciar *tr* streicheln; liebkosen, hätscheln; *Brise* umschmeicheln; *Plan* hegen; spielen mit *z.B. Gedanken*
acáridos *m/Pl* Milben *f/Pl*
ácaro *m* Milbe *f*
acarre|ador *m* Fuhrmann *m*; **~ar** *tr* befördern, transportieren; führen *enthalten*; anliefern, anfahren; LANDW einfahren; *Schaden* verursachen; zur Folge haben; *Gefahren* mit sich bringen
acarreo *m* Beförderung *f*, Transport *m*; LANDW Einfahren *n*; Anlieferung *f*; Zufuhr *f*; Rollgeld *n*; ***~ de basuras*** Müllabfuhr *f*
acaso I *m* Zufall *m*; ***al ~*** aufs Geratewohl **II** *Adv* etwa; möglicherweise; zufälligerweise; ***por si ~*** wenn etwa; für alle Fälle; ***si ~*** falls; höchstens
acat|amiento *m* Ehrfurcht *f*, Hochachtung *f*; *Gesetze* Befolgung *f*; Folgsamkeit *f*; Gehorsam *m*; **~ar** *tr* verehren; huldigen; *Gesetze, Normen* einhalten, befolgen; gehorchen; *Am* bemerken, wahrnehmen
acatarrarse sich erkälten
acaudal|ado reich, wohlhabend, begütert; **~ar** *tr Reichtum* anhäufen, zusammentragen
acaudillar *tr* anführen, befehligen
acceder *intr Bitte* entsprechen; zustimmen; nachgeben (***a*** *Dat*); *zu Daten* Zugang *od* Zugriff haben, *auf Daten* zugreifen
acce|sibilidad *f* Zugänglichkeit *f*; Erreichbarkeit *f*; **~sible** zugänglich *auch übertr*; umgänglich; *Preis* erschwinglich; *Daten* abrufbar; **~sión** *f Pakt* Beitritt *m*; Beischlaf *m*
accésit *m* Neben-, Trostpreis *m*; *Lotterie* Zusatzgewinn *m*
acceso *m* Zutritt *m*; Zugang *m* (***a*** zu); Zufahrt(sstraße) *f*; (Autobahn-)Zubringer *m*; Auffahrt *f*; Anfall *m*; INFORM Zugriff *m* (***a*** auf); ***~ al conocimiento*** Zugang *m* zur Bildung; ***~ a Internet*** Internetzugang *m*, -anschluss *m*; ***libre ~ al mercado*** freier Zugang *m* zum Markt ◇ ***tener ~ a Internet*** Zugang zum Internet haben
accesorio I *Adj* zugehörig, Neben-; Zusatz- **II** *m* Zubehörteil *n*; ***~s*** *Pl* TECH Zubehör *n*; TECH Armaturen *f/Pl*; MODE Accessoires *n/Pl*; THEAT Requisiten *n/Pl*; ***~s de pesca*** (Fisch-)Fanggerät *n*
accident|ado I *Adj Leben* bewegt; verunglückt; *Gelände* hügelig; uneben, holperig; zerklüftet **II** *m* Verunglückter *m*; Unfallopfer *n*; **~al I** *Adj* zufällig; unwesentlich; ungewöhnlich; amtierend *stellvertretend*; kommissarisch **II** *m* MUS Vorzeichen *n*; **~alidad** *f* VERK Unfallquote *f*; **~almente** *Adv* gelegentlich; **~ar** *tr* einen Unfall verursachen; **~arse** verunglücken; einen Unfall haben
accidente *m* Zufall *m*; Unfall *m*; Unglück *n*; Ohnmachtsanfall *m*; *seelische* Erregung *f*; GRAMM Flexion *f*, Beugung *f*; MUS Vorzeichen *n*; ***~s*** *Pl Gelände* Unebenheiten *f/Pl*; *geographische* Hindernisse *n/Pl*; ***~ aéreo, ~ de aviación*** Flugzeugunglück *n*; Flugzeugabsturz *m*; ***~ automovilístico, ~ de coche*** Autounfall *m*; ***~ múltiple, ~ en cadena*** Massenkarambolage *f*; ***~ de circulación*** *od* ***tráfico*** *od* ***tránsito*** Verkehrsunfall *m*; ***~ ferroviario*** Eisenbahnunglück *n*; ***~ laboral*** Arbeits-, Betriebsunfall *m*; ***~ minero*** Grubenunglück *n*; ***~ de trabajo*** Arbeits-, Betriebsunfall *m*; ***de*** *od* ***por ~*** (rein) zufällig *ungewollt*; unbeabsichtigt ◇ ***sufrir un ~*** einen Unfall haben

acción *f* Tat *f*; Werk *n*; Aktion *f*, Handlung *f*; Einfluss *m*; Wirkung *f*; Einwirkung *f*; Gefecht *n*; JUR Klage *f*; Aktie *f*; **~ *civil*** Zivilklage *f*; **~ *cotizable*** börsenfähige Aktie *f*; **~ *por daños y perjuicios*** Schadenersatzklage *f*; **~ *con derechos de voto*** Stimmrechtsaktie *f*; **~ *desembolsada*** eingezahlte Aktie *f*; **~ *de divorcio*** Scheidungsklage *f*; **~ *explosiva*** Sprengwirkung *f*; **~ *indemnizatoria*** Schadenersatzklage *f*; **~ *de inventariar*** Inventur *f*, Lagerbestandsaufnahme *f*; **~ *nominativa*** Namensaktie *f*; **~ *ordinaria*** (***preferente***) Stamm-(Vorzugs)aktie *f*; **~ *penal*** Strafverfahren *n*; **~ *popular*** Nebenklage *f*; **~ *al portador*** Inhaberaktie *f*; **~ *promotora de ventas*** verkaufsfördernde Maßnahme *f*; **~ *publicitaria*** Werbemaßnahme *f*; **~ *y reacción*** Wirkung und Gegenwirkung *f*; **~ *sin voto*** Aktie *f* ohne Stimmrecht; ***dispuesto a la ~*** einsatzbereit ◇ ***las acciones bajan*** (***suben***) die Aktien fallen (steigen); ***emitir acciones*** Aktien ausgeben *od* auflegen; ***entablar una ~*** (***judicial***) eine Anklage einreichen; ***entrar en ~*** losschlagen; beginnen; ***negociar con acciones*** mit Aktien handeln; ***someter a la ~ del vapor*** dämpfen; ***suscriber acciones*** Aktien zeichnen

accion|amiento *m* Betätigung *f*; TECH Antrieb *m*; **~ar I** *intr* gestikulieren; einwirken (***sobre*** auf) **II** *tr Am* gerichtlich belangen; *etw* einklagen; TECH antreiben; betätigen

accionariado *m* Aktionäre *m/Pl*

accionista *m(f)* Aktionär(in) *m(f)*; **~ *mayoritario*** (***minoritario***; ***principal***) Mehrheits-(Minderheits-; Haupt)aktionär *m*; ***gran*** (***pequeño***) **~** Groß-(Klein)aktionär *m*

accisa *f* Akzise *f*

acech|adera *f*, **~adero** *m* JAGD Anstand *m*; **~ador I** *Adj* lauernd; spähend **II** *m* Späher *m*; Aufpasser *m*; **~amiento** *m*, **~anza** *f* → ***acecho***; **~ar** *tr* auflauern; ausspähen, -spionieren; belauern; abpassen; **~arse** sich belauern

acecho *m* Lauern *n*; Auflauern *n*; Hinterhalt *m* ◇ ***ponerse al ~*** auflauern

acechón I *Adj* → ***acechador*** **II** *m* Horcher *m*, Lauscher *m*

acéfalo ANAT kopflos; *übertr* führerlos

aceit|ado *m* Ölen *n*; Schmieren *n*; Schmierung *f*; **~ar** *tr* (ein)ölen; schmieren *auch übertr*

aceite *m* Öl *n*; **~ *alimenticio*** *od Am* ***comestible*** Speiseöl *n*; **~ *de cacao*** Kakaobutter *f*; **~ *combustible*** Heizöl *n*; **~ *de engrase*** *od* ***lubrificante*** Schmieröl *n*; **~ *esencial*** *od* ***etérico*** ätherisches Öl *n*; **~ *de hígado de bacalao*** Lebertran *m*; **~ *de oliva*** Olivenöl *n*; **~ *de ricino***, *Cu* **~ *de palmacristi*** Rizinusöl *n*; **~ *solar*** Sonnenöl *n*; **~ *de trementina*** Terpentinöl *n*; **~ *usado*** Altöl *n*; **~ *vegetal*** Pflanzenöl *n*

aceitera *f* Ölkanne *f*; **~s** *Pl* Menage *f*

aceit|ero I *Adj* Öl- **II** *m* Ölhändler *m*; **~oso** ölig; ölhaltig

aceitun|a *f* Olive *f*; **~ado** olivenfarben; **~ero** *m* Olivenpflücker *m*; Olivenhändler *m*; **~o** *m* Öl-, Olivenbaum *m*

aceleración *f* Beschleunigung *f*

acelerado rasch, flott; ***estar ~*** *Cu* es sehr eilig haben

aceler|ador I *Adj* beschleunigend **II** *m* KFZ Gaspedal *n*; **~ar I** *tr* beschleunigen; vorantreiben; erhöhen **II** *intr* KFZ Gas geben

acelga *f* BOT Mangold *m*

acémila *f* Maultier *n*; *übertr* Esel *m*

acento *m* Akzent *m*; Betonung *f*; Betonungszeichen *n*; *übertr* Nachdruck *m*; **~ *principal*** (***secundario***) Haupt-(Neben)ton *m* ◇ ***poner el ~ en*** besonders hervorheben *od* betonen; das Hauptgewicht legen auf

acentu|ación *f* Betonung *f*; Akzentsetzung *f*; **~ar** ⟨-úo⟩ *tr* GRAMM *u übertr* betonen; hervorheben; **~arse** sich verschärfen; stärker in Erscheinung treten; sich verschlimmern

acepción *f* LING Bedeutung *f*; Bevorzugung *f*; ***sin ~ de personas*** ohne Ansehen der Person

acepillar *tr* (ab)hobeln; (aus)bürsten

aceptable annehmbar

aceptación *f* Annahme *f*, Entgegennahme *f*; Anerkennung *f*, Billigung *f*; Zusage *f*; Zustimmung *f*; HDL Akzept *n*; **~ *del pedido*** Auftragsannahme *f* ◇ ***presentar para la ~*** zum Akzept vorlegen

acept|ador *m*, **~ante** *m* HDL Akzeptant *m*; **~ar** *tr* annehmen; zulassen; akzeptieren; billigen; einwilligen in; anerkennen; WIRTSCH *Vertretung* übernehmen; *Wechsel* mit Akzept versehen; *Scheck* in Zahlung nehmen

acequia *f* Bewässerungsgraben *m*, -kanal *m*

acera *f* Geh-, Bürgersteig *m*; Häuserreihe *f*

acerado stählern; beißend; scharf; stahlblau; *Augen* stechend

acerar *tr* stählen; in Stahl verwandeln

acerb|idad *f* Herbheit *f*; Strenge *f*; **~o** herb; grausam; streng; erbittert

acerca: **~ *de*** in Bezug auf, bezüglich, hinsichtlich, über

acerc|amiento *m* Annäherung *f*; **~ar** ⟨-c/qu-⟩ *tr* näher rücken; näher bringen; nähern; **~arse** sich nähern; sich wenden an; kommen, sich begeben

ace|rería *f* Stahlwerk *n*; **~rero** Stahl-; **~ría** *f* Stahlwerk *n*

acerico *m* Nadelkissen *n*

acero *m* Stahl *m*; **~ *afinado*** *od* **fino** Edelstahl *m*; **~ *colado*** *od* **moldeado** Stahlguss *m*; **~ *fundido*** Gussstahl *m*; ***de ~*** stählern *auch übertr* ◇ ***tener buenos ~s*** Mut haben; ***tener valientes ~s*** Appetit haben
acérrimo *Sup von* → ***acre*** erbittert; hartnäckig; entschieden; herb; begeistert *Anhänger*
acertadamente zu Recht; treffend
acertado I *Adj* treffend; zutreffend; richtig; trefflich; geschickt; ***poco ~*** wenig glücklich *z.B. Entscheidung* **II** *Subst*: ***lo ~*** die Richtigkeit
acertante *m Wettspiel* Gewinner *m*; ***máximo ~*** Hauptgewinner *m*
acertar ⟨-ie-⟩ **I** *tr Ziel* treffen; *Gesuchtes* finden; erraten **II** *intr* das Richtige treffen; richtig urteilen; gelingen; erfolgreich sein; ***~ a*** + *Inf* zufällig etw sein *od* tun; ***~ en*** + *Inf* recht daran tun, zu + *Inf*
acervo *m* Haufen *m*; gemeinsames Erbe *n*; JUR Erbmasse *f*; Konkursmasse *f*; Kulturgut *n einer Gemeinschaft*; ***~ bibliográfico*** Sammlung *f* bibliografischer Angaben; ***~ cultural*** kulturelles Erbe *n*; ***~ familiar*** Familienbesitz *m*
acet|ileno *m* Azetylen *n*; **~ona** *f* Azeton *n*
achacar ⟨-c/qu-⟩ *tr* zuschreiben; anlasten; *Schuld* zuschieben, zuweisen
achacoso anfällig; unpässlich; kränklich
achaparrado *Baum* Krüppel-; stämmig, untersetzt
achaque *m* Unpässlichkeit *f*; Tage *m/Pl Menstruation*; Kränklichkeit *f*; Anfall *m*; *verhüllend* Schwangerschaft *f*; Vorwand *m*; üble Angewohnheit *f*; ***~s de la edad*** Altersbeschwerden *f/Pl*
achatado platt; abgeflacht
achatarrar *tr* verschrotten
achicar ⟨-c/qu-⟩ *tr* verkleinern; kleiner machen; auspumpen, MAR lenzen; einschüchtern; **~se** kleiner werden; klein beigeben
achicharrar *tr* scharf anbraten; auf den Wecker fallen; **~se** *Braten* anbrennen
achicoria *f* Zichorie *f*
achisparse sich beschwipsen
achuchar *tr* aufhetzen; zerdrücken; zerquetschen; stoßen; **~se** sich drängeln
acíbar *m* Aloe *f*; Aloesaft *m*; Verbitterung *f*; Unannehmlichkeit *f*
acical|ado geschniegelt; **~ar** *tr* blank putzen, polieren; *Wand* verputzen; **~arse** sich herausputzen, sich zurechtmachen
acicate *m* maurischer Sporn *m*; Ansporn *m*, Anreiz *m*; **~ar** *tr Am* anspornen
acíclico azyklisch
acid|ez *f* Säure *f*; Säuregehalt *m*; **~ia** *f* Trägheit *f*, Faulheit *f*; **~ificar** ⟨-c/qu-⟩ *tr* säuern, Säure zugeben; **~imetría** *f* Säuremessung *f*; **~ioso** träge, faul
ácido I *Adj* sauer **II** *m* Säure *f*; ***~ carbónico*** Kohlensäure *f*; ***~ clorhídrico*** Salzsäure *f*; ***~ nítrico*** Salpetersäure *f*; ***~ sulfúrico*** Schwefelsäure *f* ◇ ***grabar al ~*** TYP ätzen
acidorresistente säurefest, -beständig
acientífico unwissenschaftlich
acierto *m Ziel* Treffen *n*; *Schießen, auch Lotterie* Treffer *m*; Klugheit *f*; Erfolg *m*; Geschicklichkeit *f*; Treffsicherheit *f*; ***con ~*** treffend, richtig; geschickt
aclam|ación *f* Zuruf *m*, Akklamation *f*; Beifall(srufen *n*)*m*; **~ador I** *Adj* Beifalls-; jubelnd **II** *m* Beifallsrufer *m*; **~ar** *tr* zujubeln; Beifall spenden; *jmdn* durch Zuruf wählen
aclar|ación *f* Aufklärung *f*; Klärung *f*; Erläuterung *f*; **~ado** *m Wäsche* Spülen *n*; **~ar I** *tr* klar machen; klarstellen; (auf)klären; aufhellen; *Getränk* verdünnen; lichten; *Widersprüche* ausräumen; MED abklären; *Wäsche* spülen **II** *unpers u* **~arse** hell *od* Tag werden; *Wetter* aufklaren, heller werden; **~atorio** (auf)klärend; erläuternd
aclimat|ación *f* Akklimatisierung *f*; Eingewöhnung *f*; **~ar** *tr* akklimatisieren; *an etw* gewöhnen; **~arse** sich eingewöhnen; heimisch werden
ACNUR *m* (*Abk für* ***Alto Comisariato*** *bzw* ***Comisariado de las Naciones Unidas***) UNHCR *n*
acobard|ado verzagt, kleinmütig; eingeschüchtert; **~amiento** *m* Verzagtheit *f*; Einschüchterung *f*; **~ar** *tr* einschüchtern; **~arse** verzagen; eingeschüchtert werden (***de*** von, durch); zurückschrecken (***ante, por*** vor)
acod|ado knieförmig; gebogen; geknickt; aufgestützt; **~ar** *tr Ableger* einsenken; TECH kröpfen; **~arse** sich auf den *od* die Ellbogen stützen; den *od* die Ellbogen stützen (***en, sobre*** auf)
acog|edizo, ~edor gast(freund)lich; gemütlich, einladend; liebenswürdig, einnehmend
acoger ⟨-g/j-⟩ *tr Gast, Nachricht* aufnehmen; **~se** sich richten (***a*** nach); sich halten (***a alg*** an jmdn); sich anschließen (***a*** *Dat*); flüchten (***a*** auf, in); sich retten (***a*** auf, in)
acogida *f* Aufnahme *f*; Zuflucht *f*; Zufluchtsort *m*; FIN *Wechsel* Honorierung *f* ◇ ***dispensar buena ~*** einen freundlichen Empfang bereiten, freundlich aufnehmen; ***tener buena ~*** *beim Publikum* gut ankommen
acogido *m Asyl, Heim etc* Insasse *m*; **~s** *Pl* JUR Nutznießer *m/Pl*; ***los ~s a la ley*** die unter dieses Gesetz fallenden Personen
acojinar *tr* polstern; durchsteppen

acolch|ado *m* Polster *n*; Steppzeug *n*; **~ar** *tr* polstern; wattieren; steppen; **~onar** *tr Am* → ***acolchar***
acomedido *Am* dienstbeflissen; gefällig
acomet|edor **I** *Adj* angriffslustig **II** *m*, **~edora** *f* Angreifer(in) *m(f)*; **~er** **I** *tr* angreifen; sich stürzen auf, anfallen; *Schlaf, Krankheit* überkommen, befallen; herangehen an, in Angriff nehmen **II** *intr* angreifen (***contra*** *Akk*); TECH münden (***en*** in); **~ida** *f* Angriff *m*; Anfall *m*; TECH *Gas, Licht, Wasser* Anschluss *m*; **~imiento** *m* Angriff *m*; **~ividad** *f* Angriffs-, Streitlust *f*
acomod|ación *f* Anpassung *f*; Einordnung *f*; Einrichtung *f*, Gestaltung *f*; Unterbringung *f*; **~adizo** anpassungsfähig; leicht anzupassen; gefügig; **~ado** geeignet; bequem; wohlhabend; wohl situiert; *Preis* günstig; **~ador** *m*, **~adora** *f* Platzanweiser(-in) *m(f)*; **~amiento** *m* Angepasstheit *f*; Fügsamkeit *f*; Übereinkunft *f*, Vergleich *m*; *Am* Vetternwirtschaft *f*; **~ar** **I** anpassen (***a*** an); *Gerät* zurechtmachen (***para*** für); unterbringen; (an)ordnen; versorgen *od* eindecken *umg* (***de*** mit); THEAT Platz anweisen; *Streit* schlichten, beilegen **II** *intr* zupass *od* gelegen kommen; **~arse** sich anpassen (***a u/c*** einer Sache); es sich bequem machen; sich einrichten; sich fügen *od* schicken (***a*** in); JUR sich vergleichen (***con*** mit); sich verdingen (***de*** als); *Am* sich zurechtmachen *od* putzen; **~aticio** → ***acomodadizo***; opportunistisch; versöhnlerisch; **~o** *m* (An-)Stellung *f*, Stelle *f*; Auskommen *n*; Unterkommen *n*
acompañ|ado beiliegend; *Straße* belebt; **~ador** *m* Begleiter *m*; **~amiento** *m* Begleitung *f auch* MUS; KOCHK Beilage; Gefolge *n*; THEAT Statisten *m/Pl*; **~anta** *f* Begleiterin *f*; Kinderfrau *f*; **~ante** **I** *Adj* begleitend, Begleit- **II** *m* Begleiter *m*; Beifahrer *m*
acompañar *tr* begleiten *auch* MUS; Gesellschaft leisten; *Dokumente* beifügen
acompas|ado rhythmisch, nach dem Takt; gemessen, langsam; **~ar** *tr* rhythmisch anpassen; TECH justieren
acomplej|ado gehemmt, verklemmt; **~ar** *tr* Komplexe verursachen; **~arse** Komplexe bekommen
acomunarse sich verbünden (***con*** mit)
acondicionado klimatisiert, mit Klimaanlage ausgestattet; ***bien ~*** gut gelaunt; in gutem Zustand; ***mal ~*** missmutig, schlecht gelaunt; in schlechtem Zustand
acondicionador *m* Klimaanlage *f*
acondicionamiento *m* Aufbereitung *f*; Zubereitung *f*; **~ (*de aire*)** Klimatisierung *f*; (Ausstattung *f* mit einer) Klimaanlage *f*
acondicionar *tr* bilden, gestalten; herrichten; zubereiten; klimatisieren
acongoj|ado vergrämt; **~ar** *tr* betrüben, bekümmern, traurig machen
aconsejable empfehlenswert, ratsam
aconsejado: ***mal ~*** schlecht beraten
aconsej|ador *m* Ratgeber *m*; **~ar** *tr jmdm* raten; *jmdn* beraten; **~arse** sich Rat holen, sich beraten (***con, de*** mit, bei)
acontecer **I** *m* Geschehen *n*; ***~ internacional*** Weltgeschehen *n* **II** ⟨-c/zc-⟩ *intr* sich ereignen, geschehen; vorkommen
acontecimiento *m* Ereignis *n*; Geschehnis *n*; Begebenheit *f*
acopi|ador *m* Aufkäufer *m*; **~amiento** *m* → ***acopio***; **~ar** *tr* anhäufen; zusammentragen; sammeln; LANDW aufkaufen; *Daten, Produkte* erfassen
acopio *m* Anhäufung *f*; Vorrat *m*; Aufkauf *m*; Aufkommen *n*; *Daten, Produkte* Erfassung *f*; ***~ de ropas*** Kleidersammlung *f* ◇ ***hacer ~ de valor*** seinen ganzen Mut zusammennehmen
acoplado *m Chi, Rpl Fahrzeug* Anhänger *m*
acoplamiento *m* Kupplung *f*; Schaltung *f*; RAUMF (An-)Kopp(e)lung *f*, Andocken *n*; ***~ por reacción, ~ regenerativo*** INFORM Rückkopplung *f*; ***~ del remolque*** Anhängerkupplung *f*
acoplar *tr* zusammenfügen; INFORM koppeln; RAUMF ankoppeln, andocken; anpassen; *Zugvieh* anschirren; zusammenkoppeln; versöhnen; *Tiere* belegen, decken lassen; *Batterie* schalten; TECH kuppeln; **~se** sich zusammentun; sich lieb gewinnen; sich paaren
acoquinar *tr* einschüchtern; **~se** sich einschüchtern lassen
acorazado **I** *Adj* gepanzert, Panzer- **II** *m* Panzerkreuzer *m*; Panzerschiff *n*
acorazar ⟨-z/c-⟩ *tr* panzern
acorch|ado schrumpfig; **~amiento** *m* Schrumpfung *f*; **~ar** *tr* mit Kork beziehen; **~arse** korkartig werden; (ein)schrumpfen; *Glieder* einschlafen; *Sinne, Gewissen* abstumpfen
acordar ⟨-ue-⟩ **I** *tr* beschließen; vereinbaren; bewilligen; *Am* gewähren; *Instrument* stimmen; *Farben* aufeinander abstimmen **II** *intr* übereinstimmen; **~se** sich erinnern (***de*** an); sich einigen (***con*** mit); ***si mal no me acuerdo*** wenn ich mich recht entsinne
acorde **I** *Adj* übereinstimmend, im Einklang (***con*** mit); MUS harmonisch; ***~ con*** in Übereinstimmung mit, entsprechend **II** *m* MUS Akkord *m*; **~s** *Pl* Klänge *m/Pl*
acorde|ón *m* Akkordeon *n*, Ziehharmonika *f*; **~onero** *m Am reg*, **~onista** *m* Zieh-

harmonikaspieler *m*
acordon|amiento *m* Einschnürung *f*; Verschnürung *f*; *Münzen* Rändelung *f*; Absperrung *f*, -riegelung *f durch Truppen*; **~ar** *tr* (ein)schnüren; verschnüren; abriegeln; *Münzen* rändeln
acorral|amiento *m* Einpferchung *f*; Einkreisung *f*; **~ar** *tr* einpferchen; in die Enge treiben; den Weg verstellen; einkreisen; einschüchtern
acortamiento *m* Kürzung *f*; Verkürzung *f*; *Weg* Abkürzung *f*
acortar *tr* kürzen; verkürzen; abkürzen; *Weg* abschneiden; **~se** kürzer werden; *beim Reden* stocken
acos|ador *m* unnachgiebiger Verfolger *m*; **~ar** *tr* verfolgen, hetzen; bedrängen
acoso *m* Hetze *f auch übertr* Hetzjagd *f*; JAGD Hatz *f*; Bedrängung *f*; **~ *moral*** Mobbing *n*; **~ *sexual*** sexuelle Belästigung *f*
acost|ado liegend; **~ar** ⟨-ue-⟩ **I** *tr* hinlegen, zu Bett bringen **II** *intr Schiff* anlegen; **~arse** sich hin- *od* niederlegen; ins Bett *od* schlafen gehen; sich anlehnen (***a*** an); schlafen (***con*** mit); *AmC*, *Méx* gebären
acostumbrar I *tr jmdn* an *etw* gewöhnen; *jmdm etw* angewöhnen **II** *intr* gewohnt sein, pflegen; **~se** sich gewöhnen(***a*** an); vertraut werden (***a*** mit)
acot|ación *f* Randbemerkung *f*, Glosse *f*; Bühnenanweisung *f*; *Karte* Höhenangabe *f*; **~amiento** *m* Abgrenzung *f*, Einfriedung *f*; **~ar** *tr* mit Randbemerkungen versehen; *Karte* Höhenziffern eintragen; *Bäume* kappen, stutzen; *Angebot* annehmen; *etw* für sich auswählen; einfrieden, abgrenzen
acre scharf; beißend, stechend; schroff, unwirsch; *Säure* ätzend
acrecentar ⟨-ie-⟩ *tr* vermehren, steigern; vergrößern; **~se** zunehmen, anwachsen; größer werden; sich steigern
acrec|er ⟨-c/zc-⟩ *tr* vermehren; **~imiento** *m* Anwachsen *n*, Vermehrung *f*
acredit|ación *f* Akkreditierung *f*; **~ado** geachtet; *Lokal* renommiert; bewährt; *Diplomat* akkreditiert; JUR bewiesen
acreditar *tr* Ansehen verleihen; glaubhaft machen; *Diplomat* akkreditieren; *Betrag* gutschreiben ◇ ***querer ~ u/c a alg*** jmdm etw andichten wollen; **~se** sich Ansehen erwerben; sich bewähren; sich ausweisen; sich den Ruf zuziehen (***de*** *Gen*)
acreedor I *Adj* anspruchsberechtigt; würdig; Gläubiger- ◇ ***hacerse ~ de u/c*** etw gewinnen *od* erlangen **II** *m*, **~a** *f* Gläubiger(in) *m*(*f*); **~ *cambiario*** Wechselgläubiger *m*; **~ *preferente*** bevorrechtigter Gläubiger *m*
acribillar *tr* durchlöchern; durchsieben; *Insekten* zerstechen; *jmdn* bedrängen
acr|ilato *m* Acrylat *n*; **~ílico** Acryl-
acrimin|ación *f* Beschuldigung *f*; **~ar** *tr* beschuldigen, bezichtigen
acrimoni|a *f* Schärfe *f*; Bitterkeit *f auch übertr*; **~oso** scharf; bitter; beißend; unfreundlich, schroff
acriollarse *Am* sich der Lebensweise des Landes anpassen
acrisolar *tr Metalle* läutern *auch übertr*; auf die Probe stellen; **~se** sich bewähren
acritud *f* Schärfe *f auch übertr*; Bitterkeit *f*, Bitternis *f*, Herbheit *f*; ***con ~*** unwirsch
acr|obacia *f* Akrobatik *f*; **~óbata** *m* Akrobat *m*; **~obático** akrobatisch, Akrobaten-
acromático achromatisch, farblos
acromat|ismo *m* Achromatismus *m*; **~opsia** *f* Farbenblindheit *f*, Achromatopsie *f*; **~óptico I** *Adj* farbenblind **II** *m* Farbenblinder *m*
acrónimo *m* INFORM Akronym *n*
acta *f* ⟨***el***⟩ Protokoll *n*; Akte *f*; Urkunde *f*; **~ *de acusación*** Anklageschrift *f*; **~ *final*** Schlussakte *f*; **~ *de juicio*** Prozessakte *f*; **~ *notarial*** notarielle Beurkundung *f*; **~ *de la sesión*** Sitzungsprotokoll *n*; **~ *sumaria*** Kurzprotokoll *n*; **~ *taquigráfica*** stenografische Niederschrift *f*; **≗ *Unica Europea*** Einheitliche Europäische Akte *f* ◇ ***hacer constar en ~*** zu Protokoll geben; ***hacer constar en el ~*** im Protokoll vermerken; ***levantar ~*** beurkunden; zu Protokoll nehmen; ***redactar el ~*** (das) Protokoll führen
actinio *m* CHEM Actinium *m*
actitud *f* Haltung *f*; Gebaren *n*; *Körper u übertr* Stellung *f*; Verhalten *n*, Benehmen *n*; *übertr* Einstellung *f*; **~ *dialogante*** Gesprächsbereitschaft *f* ◇ ***deponer su ~*** seine Haltung aufgeben; ***mudar de ~*** das Verhalten ändern
activ|ación *f* Aktivierung *f auch* INFORM; **~ar** *tr* beleben; aktivieren; beschleunigen
actividad *f* Aktivität *f*; Arbeit *f*, Beschäftigung *f*, Tätigkeit *f*; Geschäftigkeit *f*; Veranstaltung *f*; **~ *adicional*** Nebenbeschäftigung *f*; **~ *comercial*** Geschäftstätigkeit *f*; **~ *comercial*** *od* ***industrial*** gewerbliche Tätigkeit *f*; **~ *constructora*** (***empresarial***) Bau-(Unternehmer)tätigkeit *f*; **~ *profesional*** (***secundaria***) Berufs-(Neben)tätigkeit *f*; **~*es inversoras*** Investitionstätigkeit *f*; **~ *investigativa*** Forschungstätigkeit *f*; **~ *publicitaria*** Werbemaßnahme *f* ◇ ***cesar su ~ comercial*** seine Geschäftstätigkeit beenden; ***entrar en ~*** wirksam werden
activista *m* Aktivist *m*
activo I *Adj* tätig, aktiv; erwerbstätig; sofort wirkend; tatkräftig **II** *m* HDL Aktiv-

vermögen *n*, Aktiva *Pl*; POL Aktiv *n*; Berufstätiger *m*; **~ *circulante* (*fijo*; *financiero*)** WIRTSCH Umlauf-(Anlage-; Finanz)vermögen *n*; ***en* ~** im Dienst (stehend) ◇ ***estar en* ~** noch aktiv *od* tätig sein
acto *m* Tat *f*, Handlung *f*; Feier *f*; Veranstaltung *f*; THEAT Akt *m*, Aufzug *m*; **~ *administrativo*** Verwaltungsakt *m*; **~ *carnal*** *od* ***sexual*** *od* ***venéreo*** Geschlechtsakt *m*; **~ *de clausura*** Abschlussveranstaltung *f*; **~ *de conciliación*** Vergleichsverfahren *n*; **~ *continuo*** *od* ***seguido*** sofort danach, anschließend; **~ *delictivo*** Straftat *f*; **~*s deshonestos*** unzüchtige Handlungen *f*/*Pl*; **~ *informativo*** Informationsveranstaltung *f*; **~ *jurídico*** Rechtshandlung *f*; **~ *oficial*** Amtshandlung *f*; ***en el* ~** auf frischer Tat; auf der Stelle, sofort; ***responsable de sus* ~*s*** zurechnungsfähig ◇ ***hacer* ~ *de presencia*** sich sehen lassen, erscheinen
actor *m* Schauspieler *m*, Darsteller *m*; JUR Kläger *m*; **~ *de cine*** Filmschauspieler *m*; **~ *dramático*** Tragöde *m*
actriz *f* Schauspielerin *f*
actuación *f* Tätigkeit *f*; Handeln *n*; Auftreten *n*; THEAT Auftritt *m*; Amtsführung *f*; ***actuaciones*** *Pl* JUR Prozessführung *f*
actual gegenwärtig, aktuell
actualidad *f* Gegenwart *f*; Aktualität *f*; **~*es*** *Pl Film* Wochenschau *f*; ***de* ~** modern; ***en la* ~** gegenwärtig ◇ ***cobrar* ~** aktuell werden
actualizar ⟨-z/c-⟩ *tr* aktualisieren; fortschreiben
actuante *m* handelnde Person *f*
actuar ⟨-úo-⟩ **I** *tr* in Gang setzen, betätigen; TECH antreiben **II** *intr* wirken, tätig sein; sich betätigen (***de*** als); handeln; auftreten (***de*** als); tätig werden
actuario *m* Gerichtsschreiber *m*; Protokollführer *m*; **~ *de seguros*** Versicherungssachverständiger *m*
acuacultura *f* Aquakultur *f*
acua|fortista *m* Ätzgrafiker *m*; **~*rela*** *f* Aquarell *n*; **~*relista*** *m* Aquarellmaler *m*
acuario *m* Aquarium *n*; ♀ ASTR Wassermann *m*
acuartel|amiento *m* Einquartierung *f*; Kasernierung *f*; Quartier *n*; **~*ar*** *tr* einquartieren; kasernieren
acuáti|co, ~l im Wasser lebend; Wasser-
acuchill|ado I *Adj* gewitzt, mit allen Wassern gewaschen; *Kleid* geschlitzt **II** *m* Parkettabziehen *n*; **~*ar*** *tr* niederstechen; erstechen; *Parkett* abziehen; *Kleidung* (auf)schlitzen; **~*arse*** mit Messern aufeinander losgehen; sich erstechen
acuci|a *f* Eifer *m*; Begierde *f*; **~*ar*** *tr* antreiben; auf-, anstacheln; begehren, verlangen; **~*osidad*** *f* Eifer *m*; Akribie *f*; *Am* Begierde *f*; **~*oso*** emsig, fleißig; strebsam; sorgfältig, gründlich; gierig; begierig; *Problem* brennend, dringend
acuclillarse sich (hin-, nieder-, zusammen)kauern, sich (nieder)hocken
acudir *intr* herbeieilen, kommen; *Pferd* gehorchen
acueducto *m* Wasserleitung *f*, *hist* ARCH Aquädukt *m*
acuerdo *m* Vereinbarung *f*, Abmachung *f*; Abkommen *n*; Übereinkunft *f*; Übereinstimmung *f*; Verständigung *f*; Einigung *f*; Einvernehmen *n*; Erinnerung *f*; Beschluss *m*; JUR Vergleich *m*; **~ *aduanero* (*comercial*)** Zoll-(Handels)abkommen; **~ *de caballeros*** Gentleman's Agreement *n*; **~ *común*** beidseitiges Übereinkommen *n*; **~ *de disolución* (*fusión*)** Auflösungs-(Fusions)vereinbarung *f*; **~ *económico*** Wirtschaftsabkommen *n*; **♀ *General sobre Aranceles y Comercio*** Allgemeines Zoll- und Handelsabkommen *n*; **~ *intergubernamental*** Regierungsabkommen *n*; **~ *marco*** Rahmenabkommen *n*; **~ *monetario*** Währungsabkommen *n*; **~ *sobre los precios*** Preisabsprache *f*; **~*s salariales*** Lohnabschlüsse *m*/*Pl*; **~ *de tránsito*** Transitabkommen *n*; **~ *verbal*** mündliche Vereinbarung *f*; ***¡de* ~!** einverstanden!; ***de* ~ *con*** *od Am auch* ***a*** gemäß, entsprechend; ***de* ~ *con su orden*** auftragsgemäß; ***de común* ~** einmütig; ***de mutuo* ~** im gegenseitigen Einvernehmen *n* ◇ ***estar de* ~** einverstanden sein (***con, en*** mit); ***ponerse de* ~** sich einigen
acuitar *tr* betrüben; **~*se*** sich Sorgen machen, Kummer haben
acumulación *f* Anhäufung *f*; Akkumulation *f*; Aufschüttung *f*; **~ *de calor* (*datos*)** Wärme-(Daten)speicherung *f*; **~ *de intereses*** Auflaufen *n* der Zinsen; **~ *de riesgos*** Risikohäufung *f*
acumul|ador *m* EL Sammler *m*, Speicher *m*; Akku(mulator) *m*; **~*ar*** *tr* anhäufen; TECH speichern; akkumulieren; *Funktionen* auf sich vereinen; **~*arse*** sich anhäufen; sich ansammeln; *Zinsen* auflaufen
acuñ|ación *f* (Münz-)Prägung *f*; **~*ar*** *tr* prägen *auch Wörter*; stempeln; TECH verkeilen
acuo|cultivo *m* Hydrokultur *f*; **~*sidad*** *f* Wässrigkeit *f*; Wasserreichtum *m*; **~*so*** wässrig; wasserreich; *Obst* saftig
acupuntura *f* Akupunktur *f*
acusación *f* Anklage *f*; Beschuldigung *f*; Bezichtigung *f*; **~ *constitucional*** POL Verfassungsklage *f* ◇ ***proferir acusaciones*** Anschuldigungen erheben
acusado I *Adj* ausgeprägt, klar; *Eigen-*

schaft herausragend **II** *m* Angeklagter *m*; Beschuldigter *m*
acusador I *Adj* Kläger-; anklagend **II** *m*, **~a** *f* Ankläger(in) *m(f)*; Kläger(in) *m(f)*; ***~ privado*** Nebenkläger *m*
acusar *tr* anklagen; beschuldigen; bezichtigen; *Messgeräte* anzeigen; aufweisen; *Empfang* bestätigen
acus|ativo *m* Akkusativ *m*; **~atorio** (An-) Klage-
acuse *m* KART Ansagen *n*; ***~ de recibo*** Empfangsbestätigung *f*; POST Rückschein *m*
acústic|a *f* Akustik *f*; **~o** akustisch; Hör-; Gehör-
AD (*Abk für* ***alojamiento y desayuno***) Ü/F
adagio *m* Sprichwort *n*; MUS Adagio *n*
adalid *m* Anführer *m*; Vorkämpfer *m*
adamascado damastartig
adán *m* Liederjan *m*; Faulenzer *m*; Tagedieb *m*; ***como* ♀ *en el paraíso*** im Adamskostüm
adapt|abilidad *f* Anpassungsfähigkeit *f*, -vermögen *n*; **~able** anpassungsfähig
adaptación *f* Anpassung *f*; Angleichung *f*; MED, PHYS Adaptation *f*; MUS Adaption *f*; Umbau *m*; FILM, THEAT, TV Bearbeitung *f*; ***~ a la carretera*** *Auto* Straßenlage *f*; ***~ cinematográfica*** Verfilmung *f*
adaptador *m* EL Zwischenstecker *m*, Adapter *m*; TECH Vorsatz(gerät *n*)*m*; **~ RDSI** TEL ISDN-Karte *f*; ISDN-Adapter *m*
adaptar *tr* anpassen; aufsetzen; anbringen; einfügen; adaptieren; *Buch* bearbeiten *z.B. für den Film*; **~se** sich anpassen (***a*** *Dat*)
adecentar *tr* herrichten; *Raum* aufräumen; **~se** sich zurechtmachen
adecu|ado angemessen; passend; adäquat; **~ar** *tr* ⟨-úo⟩ anpassen; angleichen
adefesio *m* Unsinn *m*; lächerlicher Aufzug *m* ◇ ***decir ~s*** Blödsinn reden; ***ir hecho un ~*** wie eine Vogelscheuche herumlaufen; ***ser un ~*** hässlich sein
a. de J.C. (*Abk für* ***antes de Jesucristo***) v. Chr.
adelantado I *Adj* fortgeschritten; frühreif; Voraus- ◇ ***pagar por ~*** im Voraus (be)zahlen **II** *m hist* Statthalter *m*
adelant|amiento *m* Aufschwung *m*; Vorrücken *n*; VERK Überholen *n*; MIL Beförderung *f*; **~ar I** *tr* vorausschicken; vorschieben; vorrücken; überholen; *Uhr* vorstellen; *Betrag* auslegen; *Geld* vorschießen; *Arbeit* vorantreiben; vorverlegen; *Col* durchführen **II** *intr* Fortschritte machen; voran-, vorwärtskommen; fortschreiten; *Uhr* vorgehen; **~arse** vorangehen; vortreten; früher (als erwartet) eintreffen; sich vordrängeln; *jmdn* überholen; *jmdm* zuvorkommen; *jmdn* übertreffen
adelante vor(wärts); (nach) vorn; voran; voraus; ***¡~!*** vorwärts!, los!; herein!; ***más ~*** weiter vorne; später; *Buch* weiter unten; ***de allí en ~*** von da an; (***de hoy, de aquí***) ***en ~*** von nun *od* jetzt an
adelanto *m* Vorsprung *m*; Errungenschaft *f*; Fortschritt *m*; Vorschuss *m*; *Uhr* Vorgehen *n*; *Auto* Überholvorgang *m*; *Wahlen* Vorverlegung *f*; **~(*s*)** (*Pl*) *bes* TECH neueste Entwicklung(en *Pl*) *f*
adelfa *f* Oleander *m*
adelgaz|amiento *m* Abmagerung *f*; Verschlankung *f*; **~ante** *m* Schlankmacher *m*; **~ar** ⟨-z/c-⟩ **I** *tr* dünner machen; *an Gewicht* abnehmen; *Teig* auswalzen; VERW verschlanken **II** *intr* dünner *od* schlank werden
ademán *m* Gebärde *f*; Bewegung *f*; Geste *f*; *äußere* Haltung *f*; ***ademanes*** *Pl* Manieren *f/Pl*; ***en ~ de*** bereit zu ◇ ***hacer ademanes*** Anstalten treffen
además außerdem, ferner; auch, ebenfalls; überdies, weiterhin, desgleichen; ***~ de*** außer; über … hinaus; nicht nur
adentrarse hineingehen; eindringen (***en*** in); sich vertiefen
adentro I *Adv* hinein, *umg* rein; darin; drinnen; innen; ***¡~!*** herein! **II** *m/Pl* ***en sus ~s*** innerlich ◇ ***decir para sus ~s*** vor sich hin murmeln
adepto *m* Adept *m*; Anhänger *m*
aderez|amiento *m* Zubereitung *f*; **~ar** ⟨-z/c-⟩ *tr* zurechtmachen; herrichten; *Speisen* (zu)bereiten, anrichten; würzen; *Stoff* appretieren; **~arse** sich zurechtmachen; **~o** *m* Zubereitung *f*; Würze *f*; Appretur *f*; **~os** *Pl* Schmuck *m*
adeud|amiento *m* Verschuldung *f*; **~ado** verschuldet; **~ar** *tr Betrag* schulden; *Konto* belasten; **~arse** Schulden machen; sich verschulden, in Schulden geraten; **~o** *m* Schulden *Pl*; Zoll(abgabe *f*) *m*; Lastschrift *f*
adher|encia *f* (An-)Haften *n*; Anhänglichkeit *f*; Zusammenhängen *n*; Klebrigkeit *f*; Beitritt(serklärung *f*) *m*; MED Verwachsung *f*; **~ente I** *Adj* (an)haftend; Haft-; Klebe-; angewachsen; *Regierung* beitretend **II** *m* Anhänger *m*; **~entes** *m/Pl* Zubehör(teile *Pl*) *n,m*
adherir ⟨-ie/i-⟩ **I** *tr* aufkleben; zusammenkleben **II** *intr* haften, kleben (***a*** an); hängen (***a*** an); **~se** haften, kleben; zustimmen, beipflichten, sich anschließen (***a*** *Dat*); beitreten
adhes|ión *f*, Anschluss *m*; Beitritt *m*; Zustimmung *f*; Klebung *f*; PHYS Adhäsion *f*; **~ivo I** *Adj* (an)haftend, Heft-; Klebe-;

Klett- **II** *m* Klebstoff *m*, Kleber *m*; Aufkleber *m*
adicción *f* Abhängigkeit *f Sucht*; **~ *al trabajo*** Arbeitssucht *f*, Workaholismus *m*; **~ *a las drogas*** Drogenabhängigkeit *f*
adici|ón *f* Beifügung *f*; Zusatz *m*; Addition *f*; Addieren *n*; *Testament* Nachtrag *m*; **~onal** zusätzlich; Zusatz-; **~onar** *tr* hinzufügen; *etw* beigeben; addieren
adicto I *Adj* ergeben; zugetan; süchtig; abhängig **II** *m* Anhänger *m einer Partei*; Parteigänger *m*; Süchtiger *m*
adiestr|ador *m* Ausbilder *m*; Dompteur *m*; **~amiento** *m* Unterweisung *f*; Schulung *f*; Dressur *f*; **~ar** *tr* unterweisen; anlernen; ausbilden; dressieren; abrichten; drillen; *Pferd* zureiten
Adigio *m* GEOGR Etsch *f*
adiner|ado vermögend; **~ar** *tr* zu Geld machen; **~arse** zu Geld kommen
adiós I *Interj* **¡~!** tschüs(s)! **II** *m* Abschied *m*, Lebewohl *n* ◇ ***decir* ~** Abschied nehmen (***a*** von), Adieu *od* Tschüs(s) sagen
adiposo fetthaltig, Fett-; MED adipös
adit|amento *m* Zusatz *m*; Nachtrag *m*; Zulage *f*; *Speise* Beilage *f*; Zubehör *n*; **~ivo I** *Adj* zusätzlich, Zusatz- **II** *m* Zusatz(stoff) *m*
adivin|ar *tr* erraten; wahrsagen; vorhersehen; (er)ahnen; **~atorio** seherisch; **~o** *m* Wahrsager *m*; Hellseher *m*
adjetiv|ación *f* Adjektivierung *f*; **~ar** *tr* adjektivieren; mit einem Adjektiv versehen; **~o** *m* Adjektiv *n*
adjudic|ación *f* Zuschlag *m*; Vergabe *f eines Auftrages*; Zuerkennung *f*; **~ar** ⟨-c/qu-⟩ *tr Auftrag* erteilen; zuerkennen; zusprechen; *Mittel* vergeben; zuschlagen; **~arse** sich *etw* anmaßen; sich *etw* aneignen; *Preis*, *Sieg* erringen; **~atario** den Zuschlag erhaltend
adjunt|ar *tr* beifügen; beiliegend senden; **~o I** *Adj/Adv* beiliegend; angefügt **II** *Adj* stellvertretend; Hilfs-; Neben- **III** *m* Anlage *f*; Stellvertreter *m*; INFORM Zusatzgerät *n*
administración *f* Verwaltung *f*; Regierung *f*, Administration *f*; MED Verabreichung *f*; **~ *de la empresa*** Geschäftsführung *f*; Unternehmensleitung *f*, Management *n*; **~ *de justicia*** Rechtspflege *f*, -sprechung *f*; **~ *patrimonial*** Vermögensverwaltung *f*
administrador *m*, **~a** *f* Verwalter(in) *m(f)*; Geschäftsführer(in) *m(f)*; Leiter(in) *m(f)*, Manager(in) *m(f)*; **~ *de archivos*** (***programas***) INFORM Datei-(Programm)-manager *m*
administr|ar *tr* verwalten; *Staat* leiten; *Medikament* verabreichen; *Sakramente* spenden; **~ativista** *m(f)* Verwaltungsfachmann *m*, -frau *f*; **~ativo I** *Adj* Verwaltungs-; verwaltungstechnisch **II** *m*, **-a** *f* Verwaltungsangestellte(r) *f(m)*; Sachbearbeiter(in) *m(f)*
admirable wunderbar; bewundernswert, -würdig
admiración *f* Bewunderung *f*; Verwunderung *f*, Staunen *n*
admir|ador *m* Bewunderer *m*, Verehrer *m*; **~ar** *tr* bewundern; bestaunen; in Erstaunen versetzen; **~arse** sich wundern; staunen
admi|sible zulässig, statthaft; **~sión** *f* Zulassung *f*; Aufnahme *f*; Annahme *f*; Geständnis *n*; **~tir** *tr* zulassen; dulden; aufnehmen; *etw* einräumen, zugeben; nehmen; annehmen; anerkennen
admón. *Abk für* ***administración***
admoni|ción *f* (Er-)Mahnung *f*; (Ver-)Warnung *f*; **~torio** Mahn-; Warn-
admor. *Abk für* ***administrador***
ADN *m* (*Abk für* ***ácido desoxirribonucleico***) DNA *f*, DNS *f*
a.d.n.e. (*Abk für* ***antes de nuestra era***) v.u.Z.
adobar *tr* zu-, herrichten; *Speise* anrichten, zubereiten; *Leder* gerben; pökeln; *Gurken* einlegen; marinieren
adobo *m* Zubereitung *f*; Gerben *n*; Marinade *f*; Pökelbrühe *f*; *Am* Schmorbraten *m*
adocenado Dutzend-; Alltags-; alltäglich; mittelmäßig
adoctrinar *tr* unterweisen; POL schulen
adolecer ⟨-c/zc-⟩ *intr* krank werden; erkranken (***de*** an); leiden (***de*** an); kranken *auch übertr* (***de*** an)
adolescen|cia *f* Jünglingsalter *n*; Jugend(-zeit) *f*; **~te I** *m* Jüngling *m*, Knabe *m*; Jugendlicher *m* **II** *f* Mädchen *n*; **~tes** *m/Pl* Jugendliche *Pl*, Jugend *f*
adonde[1] (*auch* **a donde**) wohin; **~quiera** wohin auch immer; wo auch immer
adónde[2] wo; wohin; **¿~?** wohin?
adop|ción *f* Adoption *f*; *Gesetz* Verabschiedung *f*; Ergreifen *n von Maßnahmen*; **~tado** *m* Adoptivkind *n*; **~tador** *m* Adoptivvater *m*; **~tante** *m(f)* Adoptivvater *m*, -mutter *f*; **~tantes** *m/Pl* Adoptiveltern *Pl*; **~tar** *tr* adoptieren; *Maßnahme* ergreifen; *Gesetz* bestätigen; *Meinung* annehmen; *Beschluss* fassen; **~tivo** Adoptiv-
adoqu|ín *m* Pflasterstein *m*; Dummkopf *m*; **~inado** *m* Pflaster *n*; Pflastern *n*; **~inar** *tr* pflastern
ador|able anbetungswürdig; **~ador** *m* Anbeter *m*; Verehrer *m*; **~ar** *tr* anbeten; verehren; vergöttern
adormec|edor einschläfernd; schläfrig; **~er**

⟨-c/zc-⟩ *tr* einschläfern; beschwichtigen; *Schmerzen* stillen; **~erse** einschlafen *auch Gliedmaßen*
adorm|idera *f* Schlafmohn *m*; **~ilarse, ~itarse** einnicken; vor sich hin dämmern
adorn|ar *tr* schmücken, dekorieren, verzieren; **~o** *m* Schmuck *m*; Ornament *n*; Zierat *m*; Verzierung *f*; Zierde *f*; Dekoration *f*
adqui|rente *od* **~ridor** *od* **~riente** *m* Erwerber *m*; **~rir** ⟨-ie/i-⟩ *tr* erwerben; erlangen; aufkaufen; (sich) anschaffen; *Unternehmen* übernehmen; *Gewohnheit* sich zu eigen machen; *Kunden, Aufträge* akquirieren
adquisición *f* Erwerb *m*; Erwerbung *f*; An-, Aufkauf *m*; Kauf *m*, Anschaffung *f*; Akquisition *f*; Errungenschaft *f*; *Aktienpaket* Übernahme *f*; **~ *hostil*** WIRTSCH feindliche Übernahme *f*
adquisitivo Erwerbs-; Kauf-
adrede absichtlich, mit Absicht
adrenalina *f* Adrenalin *n*
adriático adriatisch; ♀ *m* Adria *f*
adscribir ⟨*Part* ***adscrito***⟩ *tr* zuschreiben; *Personal* zuteilen, -weisen
aduana *f* Zoll *m*; Zollamt *n*; Zollgebühr *f*; **~ *protectora*** Schutzzoll *m*; ***exento de*** (***sujeto a***) **~** zollfrei(-pflichtig) ◇ ***declarar en* ~** verzollen; ***pagar* ~** Zoll bezahlen *od* entrichten; ***sin pagar* ~** unverzollt
aduan|ar *tr* verzollen; **~ero I** *Adj* Zoll- **II** *m*, **-a** *f* Zollbeamter(-in) *m(f)*, Zöllner(in) *m(f)*
aducir ⟨→ ***conducir***⟩ *tr Begründung* anführen; *Beweis* beibringen
adueñarse sich bemächtigen (***de*** *Gen*)
adul|ación *f* Schmeichelei *f*, Lobhudelei *f*; Liebedienerei *f*; **~ador I** *Adj* schmeichlerisch **II** *m* Schmeichler *m*; Liebediener *m*; **~ar** *tr* schmeicheln; liebedienern; katzbuckeln
adulter|ación *f Lebensmittel* Verfälschung *f*; **~ar I** *tr* verfälschen; *Wein* pan(t)schen **II** *intr* Ehebruch begehen; **~io** *m* Ehebruch *m*
adúltero I *Adj* ehebrecherisch; verfälscht **II** *m* Ehebrecher *m*
adulto I *Adj* erwachsen; volljährig; *Tier* voll entwickelt **II** *m* Erwachsener *m*
adusto mürrisch; *Landstrich* sehr heiß; *Gebäude, Miene* finster
adven|edizo I *Adj* zugereist; dahergelaufen **II** *m* Fremder *m*, Fremdling *m*; Emporkömmling *m*; *Cu, PR* Neuling *m*; **~imiento** *m* Ankunft *f*; Thronbesteigung *f*; **~tista** *m* REL Adventist *m*
adverbio *m* Adverb *n*, Umstandswort *n*
advers|ario *m* Gegner *m*, Widersacher *m*; **~idad** *f* Missgeschick *n*; Widrigkeit *f*; **~o** widrig; gegenüberliegend; *Richtung* entgegengesetzt, Gegen-
advertencia *f* Bemerkung *f*; Hinweis *m*; Mahnung *f*; Warnung *f*; **¡~!** zur Beachtung *f*; **~ *sobre recursos*** Rechtsmittelbelehrung *f*
advert|ido gewitzt, schlau; erfahren; **~ir** ⟨-ie/i-⟩ *tr/intr* bemerken, feststellen; warnen (***de*** vor); aufmerksam machen
adviento *m* Advent *m*
adyacente angrenzend, anliegend; Neben-
AELC *f* (*Abk für* ***Asociación Europea de Libre Comercio***) EFTA *f*
aeración *f* Lüftung *f*; Durchlüftung *f*; Belüftung *f*
aéreo Luft-; luftig; Flug-; Luftfahrt-; oberirdisch; Schwebe-
aer|óbicos *m/Pl*, **~obismo** *m* Aerobic *n, f*
aero|bús *m* Airbus *m*; **~club** *m* Ausbildungszentrum *n* für Zivilflieger; **~deslizador** *m* Luftkissenfahrzeug *n*; **~dinámico** stromlinienförmig, aerodynamisch
aeródromo *m* Flugplatz *m*
aero|foto *f* Luftbild *n*; **~generador** *m* Windkraftanlage *f*; **~grama** *m* Luftpostleichtbrief *m*
aerolínea *f* Fluglinie *f*; **♀s *Argentinas*** *argentinische Fluggesellschaft*
aerómetro *m* Aerometer *n*
aero|modelismo *m* Flugmodellbau *m*; **~motor** *m* Windkraft-, Luftmotor *m*; **~moza** *f Am* Stewardess *f*; **~náutica** *f* Luftfahrt *f*; **~náutico** Luftfahrt-; **~naval** Seeflug-; **~nave** *f* Luftfahrzeug *n*; **~navegación** *f Am* Luftfahrt *f*; **~pirata** *m* Flugzeugentführer *m*; **~plano** *m alt* Flugzeug *n*; **~portuario** Flughafen-; **~postal** Luftpost-; **~puerto** *m* Flughafen *m*; **~sol** *m* Aerosol *n*; **~stática** *f* Aerostatik *f*
aeróstato *m* Luftballon *m*
aero|taxi *m* Lufttaxi *n*; **~tecnia, ~técnica** *f* Flugtechnik *f*; **~terrestre** Luft-Boden-; **~transportado** MIL Luftlande-; **~trén** *m* Magnetschwebebahn *f*; **~turbina** *f* Windturbine *f*; **~vía** *f* Fluglinie *f*, -strecke *f*
a/f. (*Abk für* ***a favor***) zugunsten von
afa|bilidad *f* Leutseligkeit *f*; Freundlichkeit *f*; **~ble** leutselig; freundlich (***con, para con*** zu, gegenüber)
afam|ado berühmt; **~ar** *tr* berühmt machen
afán *m* Streben *n*; Mühe *f*; Plackerei *f*; Eifer *m*; Drang *m*; Gier *f*; Sucht *f*; **~ *de aprender*** Lerneifer *m*; Bildungsdrang *m*; **~ *de aventuras*** Abenteuerlust *f*; **~ *de lucro*** Gewinnsucht *f*; **~ *de notoriedad*** Geltungsbedürfnis *n*; **~ *de viajar*** Reiselust *f* ◇ ***poner todo su* ~ *en*** alle Mühe verwenden auf; ***tener* ~** *Col* es eilig haben
afan|ado eifrig; **~adora** *f Méx* Reinigungs-

kraft *f*; **~ar I** *intr* schwer arbeiten; sich ins Zeug legen **II** *tr* mausen; ermüden; **~arse** sich plagen, sich (ab)mühen; sich bemühen, sich anstrengen; **~oso** mühevoll; eifrig; arbeitsam; strebsam
afear *tr* verunstalten; entstellen; verschandeln; tadeln
afección *f* Gemütserregung *f*, Affekt *m*; Zuneigung *f*; Leiden *n*, Krankheit *f*
afect|able erregbar; **~ación** *f* Gehabe *n*; MED Schädigung *f*; **~ado I** *Adj* betroffen (***por*** von); gekünstelt, affektiert **II** *m* Betroffener *m*, Benachteiligter *m*; JUR Geschädigter *m*
afectar *tr* vortäuschen; MED angreifen; betreffen, angehen; in Mitleidenschaft ziehen; Schaden anrichten; sich auswirken (***a*** auf)
afect|ibilidad *f* Erregbarkeit *f*; Empfindlichkeit *f*; **~ividad** *f* Erregbarkeit *f*; **~ivo** Gemüts-; empfindsam; **~o I** *Adj* gewogen, zugetan; ergeben; MED befallen (***de*** von) **II** *m* Zuneigung *f*; Gemütsbewegung *f*; Affekt *m*; **~uosidad** *f* Herzlichkeit *f*; Zärtlichkeit *f*; **~uoso** herzlich; zärtlich; liebevoll
afeit|ado *m* Rasieren *n*; Rasur *f*; **~adora** *f* Trockenrasierer *m*; **~ar** *tr* rasieren; *Mähne, Hörner* stutzen; putzen; schminken; **~e** *m* Putz *m*; Schminke *f*
afeminado I *Adj* weibisch; verweichlicht **II** *m* femininer Mann *m*; Weichling *m*
aferr|ado hartnäckig; halsstarrig; **~ar** ⟨-ie-⟩ *tr* anpacken; festhalten; sichern; **~arse** sich klammern (***a*** an); beharren (***a, en*** auf); sich versteifen (***a, en*** auf)
Afganistán *m* Afghanistan *n*
afgano I *Adj* afghanisch **II** *m*, **-a** *f* Afghane(-in) *m(f)*
afianz|ador *m* Bürge *m*; **~amiento** *m* Bürgschaft *f*; Sicherung *f*; Befestigung *f*; Festigung *f*; Stärkung *f*; **~ar** ⟨-z/c-⟩ *tr* befestigen *auch übertr*; festigen; sichern; bürgen (***por*** für); bestärken; **~arse** sich festigen; fest werden; sich festhalten (***a*** an)
afiche *m Am* Plakat *n*; *Am* Poster *n,m*; *Am* Aushang *m am schwarzen Brett*
afición *f* Zuneigung *f*, Liebe *f*; Liebhaberei *f*, Steckenpferd *n*; Anhänger *m/Pl*, Fans *m/Pl*; ***aficiones*** *Pl* Freizeitvergnügen *n*, Hobbys *n/Pl*
aficionado I *Adj* zugetan; Laien-; Hobby-; aufgelegt (***a*** zu) **II** *m* Amateur *m*; Anhänger *m eines Sports*, Fan *m*; ***~ al arte*** Kunstfreund *m*; ***~ a la fotografía*** Fotoamateur *m*; ***~ a la música*** Musikliebhaber *m*
aficionar *tr* Liebe wecken (***a*** zu); begeistern (***a*** für); **~se a u/c** etw mit Begeisterung betreiben; sich an etw gewöhnen; etw gern mögen
afilad|o *m* Schliff *m*; Schärfen *n*; Schleifen *n*; **~or** *m* (Scheren-)Schleifer *m*; Wetzstahl *m*; Streichriemen *m*; *Pe* Schleifstein *m*; *Par, Rpl* Schürzenjäger *m*; **~ora** *f* Schleifmaschine *f*; **~ura** *f* Schleifen *n*; Wetzen *n*
afilar *tr* schärfen; *Sense* dengeln; schleifen; spitzen; **~se** spitz *od* schmal werden
afili|ación *f* Zugehörigkeit *f* (***a*** zu); Eintritt *m* (***a*** in); Aufnahme *f* (***a*** in); **~ado** *m* Mitglied *n*; **~arse** Mitglied werden, eintreten (***a*** in); beitreten (***a*** *Dat*)
afiligranado filigranartig; zierlich; fein
afín verwandt; ähnlich; angrenzend
afin|ador *m* Klavierstimmer *m*; Stimmschlüssel *m*; **~ar** *tr* verfeinern; abstimmen *koordinieren*; *Metalle* läutern; *Instrumente* stimmen; **~arse** feiner werden, sich verfeinern
afincar ⟨-c/qu-⟩ *tr* verschlagen (***en*** nach); **~se** sich niederlassen; ansässig werden
afinidad *f* Ähnlichkeit *f*; Verwandtschaft *f*; Verschwägerung *f*; Affinität *f*
afirm|ación *f* Versicherung *f*; Behauptung *f*; Feststellung *f*; Bejahung *f*; **~ado** *m Straße* Befestigung *f*; Pflasterweg *m*; **~ante** bejahend; **~ar** *tr* behaupten, versichern; bejahen, bestätigen; bekräftigen; befestigen; *Chi übertr jmdm* unter die Arme greifen; **~arse** sich stützen (***en*** auf); **~ativa** *f* Bejahung *f*; Zusage *f*; **~ativo** bejahend
aflic|ción *f* Betrübnis *f*, Kummer *m*; **~tivo** traurig (stimmend)
aflig|ido betrübt; bekümmert, bedrückt; **~ir** ⟨-g/j-⟩ *tr* betrüben; quälen; **~irse** sich grämen (***con, de, por*** wegen, über)
aflojar I *tr* lockern; *Geld* lockermachen; entspannen; mindern, verringern; nachgeben **II** *intr* nachlassen (***en*** in); erschlaffen; **~se** abflauen; locker werden
aflu|encia *f* Zufluss *m*; Zulauf *m*; Andrang *m*; Wortschwall *m*; **~ente I** *Adj* zufließend; einmündend **II** *m* Nebenfluss *m*; Zufluss *m*; **~ir** ⟨-uy-⟩ *intr* zufließen; einmünden; *Menschenmenge* herbeiströmen; **~jo** *m* Andrang *m*; Zustrom *m*; Zufluss *m*
afor|ismo *m* Aphorismus *m*, Sinnspruch *m*; **~ístico** aphoristisch
aforo *m* Eichung *f*; Bestimmung *f* der Durchflussmenge; Zollwertermittlung *f*; *Kino*, THEAT zugelassene Gesamtplatzzahl *f*
afortun|adamente glücklicherweise; **~ado** glücklich; vom Glück begünstigt; erfolgreich; wohlhabend; **~ar** *tr* beglücken; glücklich machen
afrances|ado französisch gesinnt; **~amiento** *m* Nachahmung *f* französischer Art
afrecho *m* Kleie *f*

afrenta *f* Schande *f*; Affront *m*; Beleidigung *f*; Schmähung *f* ◇ ***aguantar una ~*** eine Beschimpfung über sich ergehen lassen

afrent|ar *tr* beschimpfen; schmähen; beleidigen; **~arse** sich schämen (***de, por*** wegen, für; *Gen*); **~oso** schimpflich; ehrenrührig

Africa *f* Afrika *n*

african|ista *m* Afrikanist *m*; **~o I** *Adj* afrikanisch **II** *m*, **-a** *f* Afrikaner(in) *m(f)*

afro|americano afroamerikanisch; **~asiático** afroasiatisch; **~cubano** afrokubanisch

afrodis|iaco *od* **~íaco I** *Adj* aphrodisisch **II** *m* Aphrodisiakum *n*

afrontar *tr* gegenüberstellen; gegenüberliegen; *der Konkurrenz* gegenübertreten; *Feind, Gefahr* trotzen; sich *den Anforderungen* stellen

aftershave *m* Aftershave *n*

aftoso → ***fiebre***

afuera I *Adv* draußen; außen; hinaus; heraus; ***de*** (***hacia***) **~** von (nach) draußen **II** *f/Pl* **~s** Umgebung *f*; Außenbezirke *m/Pl*

Ag (*Symb für* → ***plata***) CHEM Ag

agach|ada *f* Ducken *n*; Bücken *n*; List *f*; Trick *m*; **~ar** *tr Kopf* senken; *Kopf, Körper* ducken; **~arse** sich bücken; sich kauern; sich ducken, *Am auch übertr*

agache: ***de ~*** *Ec* zweitrangig; *Ec* wertlos

agalla *f* Gallapfel *m*; Kieme *f*; ANAT Rachenmandel *f*; ***~s*** *Pl* Angina *f* ◇ ***coger a uno por las ~s*** jmdn am Kragen packen; ***tener ~s*** Mumm haben

agar-agar *m* MED Agar-Agar *m,n*

agarr|ada *f* Krach *m Wortwechsel*; **~adera** *f Am* Griff *m*; Henkel *m*; **~aderas** *f/Pl* gute Beziehungen *f/Pl*; **~adero** *m* Griff *m*; Henkel *m*; Halt *m*; Ankergrund *m*; gute Beziehung *f*; **~ado** geizig; **~ador** *m* Topflappen *m*; Greifer *m Häscher*; **~afar** *tr* derb anfassen *od* -packen

agarrar I *tr* ergreifen; greifen; anpacken; packen; sich *eine Krankheit* holen; *Am reg statt* ***coger, tomar*** **II** *intr Pflanze* (an)wurzeln; *Reifen* haften; *Anker* greifen; **~se** sich klammern (***a, de*** an); sich festhalten (***a, de*** zu); sich raufen; ***¡agárrense!*** *Warnung* festhalten!

agarr|o *m* Ergreifen *n*; Zupacken *n*; **~ón** *m Am* kräftiges Zupacken *n*; Wortwechsel *m*; Zank *m*, Streit *m*

agarrotar *tr* knebeln; stark zusammendrücken; **~se** *Glieder* steif werden; TECH sich festfressen

agasajar *tr* freundlich aufnehmen; bewirten; beschenken; *jmdn* feiern, ehren

agasajo *m* Bewirtung *f*; Geschenk *n*; Ehrung *f*; freundlicher Empfang *m*; ***~s*** *Pl Méx* Konfetti *n* ◇ ***brindar un ~*** ein Essen geben

ágata *f* ⟨***el***⟩ Achat *m*

agave *m,f* Agave *f*

agencia *f* Agentur *f*; Vertretung *f*; Büro *n*; **≗** ***Central de Inteligencia*** CIA *m,f USA-Geheimdienst*; ***~ de cobro*** Inkassobüro *n*; ***~ de colocaciones*** *od* ***empleos*** Stellenvermittlungsbüro *n*; ***~ de detectives*** Detektei *f*; **≗** ***Europea del Espacio*** Europäische Weltraumbehörde *f*; ***~ fiduciaria*** *od* ***privatizadora*** Treuhand(anstalt) *f*; ***~ gestora*** *Esp* Agentur *f* zur raschen Erledigung amtlicher Formalitäten; ***~ de informaciones*** *od* ***informes*** Auskunftei *f*; ***~ de marketing*** Marketingagentur *f*; ***~ matrimonial*** Heiratsvermittlung *f*, Eheanbahnungsinstitut *n*; ***~ de noticias, ~ noticiosa*** Nachrichtenagentur *f*; ***~ de publicidad, ~ publicitaria*** Werbeagentur *f*; ***~ de traducción*** Übersetzungsbüro *n*; ***~ de transportes*** Spedition *f*, Fuhrunternehmen *n*; ***~ tributaria*** Finanzamt *n*; ***~ de turismo*** Touristikunternehmen *n*; ***~ de viajes*** Reisebüro *n*, -unternehmen *n*

agen|ciar *tr* betreiben; erreichen; schaffen *vollbringen*; beschaffen, besorgen; bekommen; **~cioso** betriebsam, rührig

agenda *f* Terminkalender *m*; Taschenkalender *m*; Tagesordnung *f*; ***~ electrónica*** elektronischer Taschenkalender *m*; ***~ de notas*** Notizbuch *n*, -kalender *m*

agente *m(f)* Agent(in) *m(f)*; Vertreter(in) *m(f)*; Makler(in) *m(f)*; Erreger *m*; CHEM Agens *n*; ***~ de aduana*** Zollagent *m*; ***~ de aduanas*** Zollbeamter *n*; ***~ de cambio y bolsa*** (***marítimo*** *od* ***naviero***) Börsen-(Schiffs)makler *m*; ***~ comercial*** Handelsvertreter *m*; ***~ comercial multicartera*** Mehrfirmenvertreter *m*; ***~ de compras*** Einkäufer *m*; ***~s contaminantes*** Schadstoffe *m/Pl*; ***~ de distribución*** Absatzvermittler *m*; ***~ financiero*** Börsenmakler *m*, Broker *m*; ***~ marítimo*** Schiffsmakler *m*; ***~ patógeno*** Krankheitserreger *m*; ***~*** (***de policía***) Polizist *m*; ***~ de propiedad industrial*** Patentanwalt *m*; ***~ de propiedad inmobiliaria*** Grundstücks-, Immobilienmakler *m*; ***~ de publicidad*** Akquisiteur *m*; ***~ de seguros*** Versicherungsvertreter *m*; ***~ de tráfico*** Verkehrspolizist *m*; ***~ de transportes*** Spediteur *m*, Fuhrunternehmer *m*; ***~ de viajes*** Reiseveranstalter *m*

agigantado riesig, riesenhaft

ágil gewandt; beweglich, flink

agili|dad *f* Gewandtheit *f*; Behändigkeit *f*; Wendigkeit *f*; **~zar** ⟨-z/c-⟩ *tr Angelegenheiten* voranbringen, -treiben; erleichtern; beschleunigen

agio *m* Agio *n*, Aufgeld *n*; **~tador** *m* → ***~tista***; **~taje** *m* Agiotage *f*; **~tista** *m* Agioteur

m; Börsenspekulant *m*
agitación *f* Agitation *f*; *Meer* Wogen *n*; Aufregung *f*, Unruhe *f*; **~ del ánimo** Gemütsbewegung *f*
agitador I *Adj* TECH Rühr-; agitatorisch **II** *m* Agitator *m*; Rührwerk *n*
agitar *tr* schütteln; rütteln; (um)rühren; winken; *Fahne* schwenken; *Schwanz* wedeln; beunruhigen; in Unruhe versetzen; **~se** sich aufregen
aglomeración *f* Anhäufung *f*; Zusammenballung *f*; Auflauf *m*; Gedränge *n*; **~ urbana** Ballungsgebiet *n*
aglomer|ado I *Adj* zusammengepresst; zusammengedrängt **II** *m* Brikett *n*; **~ar** *tr* anhäufen; brikettieren; **~arse** zusammenlaufen; zusammenballen; TECH binden
aglutin|ante I *Adj* agglutinierend; Binde-; Klebe- **II** *m* Bindemittel *n*; **~ar** *tr* agglutinieren; verkleben; vereinen; **~arse** *Wunde* zusammenwachsen; zusammenkleben
ag|nosticismo *m* Agnostizismus *m*; **~nóstico I** *Adj* agnostisch **II** *m* Agnostiker *n*
agobi|ar *tr* beugen; be-, niederdrücken; überhäufen (**de** mit); überlasten (**de** mit); **~o** *m* Druck *m einer Last*; Last *f*, Mühsal *f*; Angst *f*; Erschöpfung *f*
agolp|amiento *m* Auflauf *m*; Andrang *m*; **~ar** *tr* anhäufen; **~arse** sich drängen; sich überstürzen; überkommen
agonía *f* Todeskampf *m*, Agonie *f*; Verfall *m*; verzehrende Hingabe *f*
agoniz|ante I *Adj* sterbend; dem Tode geweiht **II** *m* Sterbender *m*; **~ar** ⟨-z/c-⟩ *intr* mit dem Tode ringen, im Sterben liegen; verlöschen; aufs Ende zugehen, verfallen; sehnlichst herbeiwünschen; sich abmühen
agor|ar ⟨-üe-⟩ *tr* voraussagen; **~ero I** *Adj* Unheil verkündend **II** *m* Zeichendeuter *m*; Schwarzseher *m*; Wahrsager *m*
agosto *m* August *m*; Ernte(zeit) *f* ◇ **hacer su ~** seine Schäfchen ins Trockene bringen, seinen Reibach machen
agot|ado erschöpft; abgespannt; *Buch* vergriffen; *Eintrittskarten, Waren* ausverkauft; **~ador** erschöpfend, kräftezehrend; anstrengend; **~amiento** *m* Erschöpfung *f*; **~ar** *tr* erschöpfen; ausschöpfen; *Gesetz* auszehren; *Vorräte* aufbrauchen; **~arse** versiegen; *Vorräte* ausgehen; sich überarbeiten
agraciado I *Adj* anmutig, gefällig; begünstigt **II** *m* Begünstigter *m* ◇ **salir ~** *Lotterie* gewinnen
agrad|able angenehm; gefällig; anmutig; gemütlich; **~ar** *intr* gefallen; zusagen; angenehm sein
agradecer ⟨-c/zc-⟩ *tr* dankbar sein; *jmdm für etw* danken; *jmdm etw* verdanken
agradecido dankbar (**por** für); **mal ~** undankbar; **estar ~** *jmdm* zu Dank verpflichtet sein; **ser ~** dankbar sein
agradecimiento *m* Dank *m*; Dankbarkeit *f*; Erkenntlichkeit *f* ◇ **aceptar con ~** dankbar *od* dankend annehmen
agrado *m* Anmut *f*; Gefallen *m*; gefälliges *od* einnehmendes Wesen *n*; **con ~** gern, mit Vergnügen ◇ **ser del ~ de alg** jmdm gefallen *od* zusagen
agrandar *tr* vergrößern; erweitern; *übertr* erhöhen; **~se** sich vergrößern; sich verschlimmern
agrario Agrar-; Boden-; landwirtschaftlich; Landwirtschafts-
agrarismo *m Méx Bewegung „Das Land demjenigen, der es bearbeitet"*
agravación *f* Verschlechterung *f*; Verschlimmerung *f*; Verschärfung *f*; **~ del riesgo** Risikoerhöhung *f*
agrav|ante I *Adj* erschwerend; strafverschärfend **II** *m od f* gravierender Umstand *m*; **~ar** *tr* erschweren; verschlimmern; verschlechtern; verschärfen; zuspitzen; *Steuern* erhöhen; **~arse** sich verschlimmern; sich verschlechtern; sich verschärfen
agraviar *tr* beleidigen; beschimpfen; *jmdm* unrecht tun; **~se** sich beleidigt fühlen (**de uno** durch jmdn; **por algo** durch etw)
agravio *m* Beleidigung *f*; Beschimpfung *f*; **sin ~ de nadie** ohne jmdm zu nahe treten zu wollen
agred|ido *m* Überfallener *m*; **~ir** ⟨*def*⟩ *tr* angreifen; anfallen, überfallen
agregación *f* Hinzufügung *f*; Attachéstelle *f*; **de ~** Aggregat-
agregado *m* Attaché *m*; Hinzufügung *f*; *Am* Pächter *m*; **lo ~** das Hinzugefügte; **~s** *Pl* Zusatzgeräte *n*/*Pl*
agregar ⟨-g/gu-⟩ *tr* hinzufügen; nachtragen; anmerken; beigeben; *einer Dienststelle* zuteilen; **~se** sich anschließen; hinzukommen; sich hinzugesellen
agremiarse *hist* eine Zunft bilden; sich in einer Innung *od* einem Verband *od Am* einer Gewerkschaft zusammenschließen
agres|ión *f* Überfall *m*, Aggression *f*; **~ividad** *f* Aggressivität *f*, Angriffslust *f*; Aggressionsbereitschaft *f*; Streitsucht *f*; Feindseligkeit *f*; **~ivo** aggressiv; Aggressions-; feindselig; herausfordernd; **~or I** *Adj* angreifend; aggressiv; Aggressor- **II** *m*, **~ora** *f* Aggressor(in) *m*(*f*), Angreifer(in) *m*(*f*)
agreste ländlich; *Landschaft* unwirtlich; *übertr* grob, ungeschliffen
agri|amente hart; *übertr* bitter; **~ar** *tr auch* ⟨-ío-⟩ säuern; erbittern, verbittern; **~arse** sauer werden; sich ärgern

agrícola landwirtschaftlich; Agrar-
agricultor *m*, **~a** *f* Landwirt(in) *m(f)*; Bauer *m*, Bäuerin *f*
agricultura *f* Ackerbau *m*; Landwirtschaft *f*; **~ *cañera*** Zuckerrohranbau *m*; **~ *cerealera*** Getreideanbau *m*
agri|dulce süßsauer; **~era** *f Chi*, **~eras** *f/Pl Col* Sodbrennen *n*
agrietarse rissig werden; Risse bekommen
agrimensor *m* Land(ver)messer *m*
agringarse ⟨-g/gu-⟩ *Am* europäische, *heute bes* nordamerikanische Sitten annehmen
agrio I *Adj* sauer; *Metall* spröde; *Farben* schreiend, grell; mürrisch **II** *m* saurer Obstsaft *m*; **~s** *Pl* Zitrusfrüchte *f/Pl*
agripado *Am* an Grippe erkrankt
agro *m* Land *n im Gegensatz zur Stadt*; **~alimentario**, **~alimenticio** Nahrungsgüter-; **~industria** *f* Agrarindustrie *f*; Nahrungsgüterwirtschaft *f*; **~mercado** *m Cu* Bauernmarkt *m*; **~nomía** *f* Agronomie *f*; **~nómico** landwirtschaftlich; Landwirtschafts-
agrónomo *m*, **-a** *f* Agronom(in) *m(f)*, Landwirt(in) *m(f)*
agro|pecuario Ackerbau und Viehzucht betreffend, Landwirtschafts-, landwirtschaftlich; **~tecnia** *f* Agro-, Landtechnik *f*; **~turismo** *m* Urlaub *m* auf dem Bauernhof, Agrotourismus *m*
agrupación *f* Gruppierung *f*; Gruppe *f*; Zusammenschluss *m*, Vereinigung *f*; Abteilung *f*; **~ *de intereses*** Interessengemeinschaft *f*; **~ *intermunicipal*** Gemeindeverband *m*
agrupar *tr* gruppieren; zusammenstellen; *Mitglieder* in sich vereinen; **~se** sich zusammenschließen
agua *f* ⟨*el*⟩ Wasser *n*; *Dach* Neigung *f*; *Edelstein* Glanz *m*; *Stoff* Changieren *n*, Schillern *n*; *Holz*, *Marmor* Maserung *f*; **~s** *Pl* Gewässer *n(/Pl)*; MAR Kielwasser *n*; Wasser *Pl Fluten*; **~s *abajo*** (***arriba***) flussabwärts (-aufwärts); **~ *de cañería*** *Am*, **~ *corriente*** Leitungswasser *n*; **~ *de Colonia*** Kölnisch Wasser *n*; **~ *dentífrica*** Mundwasser *n*; **~s *depuradas*** Klärwasser *n*; **~ *destilada*** destilliertes Wasser *n*; **~ *dulce*** (***salada***) Süß-(Salz)wasser *n*; **~s *estancadas*** stehendes Gewässer *n*; **~ *gaseosa*** Sodawasser *n*; **~ *hirviendo*** *od* ***hirviente*** kochendes Wasser *n*; **~s *interiores*** (***jurisdiccionales*** *od* ***territoriales***) Binnen-(Hoheits-, Territorial)gewässer *n*; **~ (*de*) *lluvia***, **~ *pluvial*** (***de manantial*** *od* ***pie, natural***; ***mineral***) Regen-(Quell-; Mineral)wasser *n*; **~s *mayores*** (***menores***) Stuhl *m Kot* (Urin *m*); **~s *negras*** *od* ***residuales*** *od Am* ***servidas*** Abwässer *n/Pl*; **~ *nieve*** Schneeregen *m*; **~ *potable*** (***de pozo***) Trink-(Brunnen)-wasser *n*; **~ *de Seltz*** Selter(s)wasser *n*; **~s *subterráneas*** Grundwasser *n*; ***con*** *od* ***de*** **~s** geflammt *z.B. Kachel*; ***de dos*** **~s** *Haus* mit Satteldach; ***falto de*** **~** wasserarm; ***pasado por*** **~** *El* weich gekocht; ***resistente al*** **~** wasserbeständig ◇ ***bailar el*** **~ *a alg*** sich bei jmdm lieb Kind machen; ***botar*** *od* ***echar al*** **~** ins Wasser werfen; MAR zu Wasser lassen, vom Stapel laufen lassen; ***cambiar el*** **~** Wasser lassen; ***sin decir*** **~ *va*** mir nichts, dir nichts; ***echar*** **~ *en el mar*** *übertr* Eulen nach Athen tragen; ***hacer*** **~s** urinieren; in die Brüche gehen; ***hacerse*** **~ *en la boca*** auf der Zunge zergehen *z.B. Birne*; ***se me hace la boca*** **~** mir läuft das Wasser im Munde zusammen; ***llevar el*** **~ *a su molino*** seine Schäfchen ins Trockene bringen *sich Gewinn verschaffen*; ***nadar entre dos*** **~s** lavieren; ***pescar en*** **~s *turbias*** *übertr* im Trüben fischen; ***saber nadar en todas las*** **~s** mit allen Wassern gewaschen sein; ***seguir las*** **~s *de alg*** jmdm nachspüren; ***es*** **~ *pasada*** das ist längst vorbei; ***volver las*** **~s *a su nivel*** die Wogen wieder glätten; ***las*** **~s *vuelven a su cauce*** die Dinge kommen wieder ins rechte Lot; ***Guárdate del*** **~ *mansa*** Stille Wasser sind tief
aguacate *m* Avocado(birne) *f*, Aguacate *f*; Avocado- *od* Aguacatebaum *m*
agua|cero *m* Platzregen *m*; Regenguss *m*, -schauer *m*; **~chirle** *m* Tresterwein *m*; *umg* Gesöff *n*
aguada *f* Wasserstelle *f*; MAR Wasservorrat *m*; Wasserfarbe *f*; Gouachemalerei *f*; *Am* Tränke *f* ◇ ***hacer*** **~** *Lok*, *Schiff* Wasser (über)nehmen
aguad|ero I *Adj Kleidung* wasserdicht **II** *m* Tränke *f*; *Fluss* Tränkstelle *f*; **~o** mit Wasser verdünnt; verwässert; wässerig; Wasser-; **~or** *m* Wasserträger *m*; Wasserverkäufer *m*; **~ucho** *m* Getränkestand *m*
aguafiestas *m(f)* Störenfried *m*; Spielverderber(in) *m(f)*
aguafuerte *m* MAL Radierung *f*
aguaitar *tr Am* auflauern; belauern
aguaje *m* Tränke *f*; hoher Seegang *m*; Springflut *f*; *Am reg* Platzregen *m*
agua|marina *f* MINER Aquamarin *m*; **~miel** *m* Honigwasser *n*; Met *m*; *Am* Getränk *n* aus Wasser und Zuckerrohrsaft; *Méx* Agavensaft *m*; **~nieve** *f* Schneeregen *m*
aguantable auszuhalten, erträglich
aguantaderas *f/Pl* Geduld *f*, Ausdauer *f* ◇ ***tengo malas*** **~** mir reißt der Geduldsfaden
aguantar I *tr* aushalten; durchhalten; ertragen; tragen; verkraften; hinnehmen; *etw* halten; *Atem* anhalten; zurückhalten; *Pflanze* befestigen; **~ *mucho*** *übertr* einen

breiten Rücken haben **II** *intr* (**no**) **~** (nicht) halten *z.B. Anker*; **¡aguanta!** warte, halt ein!; **~se** an sich halten, sich beherrschen
aguante *m* Geduld *f*; Ausdauer *f*; Widerstandskraft *f*; ***de mucho ~*** sehr widerstandsfähig; sehr geduldig
aguar *tr* mit Wasser verdünnen; *Freude* verderben
aguard|adero *m* JAGD Anstand *m*; **~ar I** *tr* erwarten; warten auf; abwarten; *jmdm* eine Frist geben **II** *intr* warten
aguardiente *m* Branntwein *m*, *umg* Schnaps *m*; ***~ de arroz*** Arrak *m*; ***~ de caña*** Rum *m*; ***~ de cereales*** *od* ***trigo*** Korn *m* ◇ ***macerar en ~*** *Früchte*, *Rumtopf* ansetzen
aguatado *m* Wattierung *f*
agua|tero *m Am* Wasserträger *m*; **~tinta** *f* Tuschezeichnung *f*; **~zal** *m* Wasserlache *f*; Morast *m*
agudeza *f* Schärfe *f auch übertr*; Heftigkeit *f*; Scharfsinn *m*; **~s** *Pl* Spitzen *Pl*; ***~ auditiva*** Hörschärfe *f*; ***~ visual*** Sehschärfe *f*, -kraft *f*
agud|izar ⟨-z/c-⟩ *tr* schärfen; verschärfen; **~izarse** schlimmer werden; *Krankheit u übertr* akut werden; *Situation* sich zuspitzen; **~o** spitz *auch übertr*; *Geruch* stechend, scharf; *Ton*, *Stimme* schrill, gellend; *Krankheit* akut; *Farbe* grell, lebhaft; *Tonlage* hoch; GRAMM endbetont; geistreich, scharfsinnig
agüero *m* An-, Vorzeichen *n*
aguerrido kriegserfahren; abgehärtet
aguijar I *tr* antreiben; *Last-*, *Zugtiere* anstacheln, anspornen **II** *intr* munter ausschreiten, schneller gehen; **~ón** *m* Stachel *m*; Sporn *m*; Dorn *m*; **~onear** *tr* stacheln; stechen; anspornen; antreiben; beunruhigen
águila *f* ⟨***el***⟩ Adler *m*; ***~ blanca*** *od* ***pesquera*** *od* ***de río*** Fischadler *m*; ***~ caudal*** *od* ***real*** Steinadler *m* ◇ ***ser un ~*** *übertr* mit allen Wassern gewaschen sein
aquil|eño Adler-; Raubvogel-; **~era** *f* Adlerhorst *m*; **~ucho** *m* Adlerjunges *n*
aguinaldo *m* Geldprämie *f zu besonderen Anlässen*; ***~ pascual*** Weihnachtsgeld *n*
agüista *m* Kur-, Badegast *m*
aguja *f* Nadel *f*; Anstecknadel *f*; Zeiger *m*; Kompass *m*; *Berg*, *Kirchturm* Spitze *f*; *Waage* Zünglein *n*; *Schienen* Weiche *f*; ZOOL Schnepfe *f*; ***~ de brújula*** Kompassnadel *f*; ***~ de calcetar*** *od* ***tejer***, ***~ de media*** *od* ***punto*** Stricknadel *f*; ***~ de coser***, ***~ de costura*** Nähnadel *f*; ***~ de gancho*** Häkelnadel *f*; ***~ horaria*** *Uhr* Stundenzeiger *m*; ***~ imantada*** *od* ***magnética*** Magnetnadel *f*; ***~ de inyectar*** Kanüle *f*; **~** (***de reloj***) Uhrzeiger *m*; ***~ de zurcir*** Stopfnadel *f* ◇ ***alabar sus ~s*** seine Ware loben; ***buscar una ~ en un pajar*** eine Nadel in einem Heuhaufen suchen; ***meter ~ y sacar reja*** *übertr* mit der Wurst nach der Speckseite werfen
agujer|ar(se) → **~*ear*(*se*)**; **~eado** durchlöchert; löcherig; **~ear** *tr* lochen, durchlöchern; **~earse** löcherig werden
agujero *m* Loch *n*; ***~ de*** (***la capa de***) ***ozono*** Ozonloch *n*; ***~s en el presupuesto*** POL, WIRTSCH Haushaltslöcher *n*/*Pl*
agujeta *f Ec* Näh- *bzw* Stricknadel *f*; **~s** *Pl* Muskelkater *m*; Seitenstechen *n*
agusan|ado madig; verwurmt; **~arse** von Maden durchsetzt werden; wurmstichig werden
aguz|adura *f* Schleifen *n*; Schärfen *n*; **~anieves** *f* Bachstelze *f*; **~ar** ⟨-z/c-⟩ *tr* schleifen; schärfen; spitzen
ah: ***¡~!*** *Bewunderung*, *Überraschung*, *Schmerz* ah!, ach!, oh!
aherr|ojar *tr* in Ketten legen; anketten; unterdrücken, -jochen; **~umbrarse** rosten
ahí da, dort; dahin, dorthin; *in Am wird* ***ahí*** *häufig anstelle von* ***allí*** *verwendet*; *Am* gleich, sofort; ***~ mismo***, *Arg Chi* ***~ no más*** gleich dort; ***de ~*** *folgernd* daraus; ***de*** *od* ***desde ~*** von dort; ***de ~ que*** deshalb, -wegen, aus diesem Grunde; daher kommt es, dass; hieraus folgt, dass; ***hacia ~*** dorthin, in jene Richtung; ***por ~*** dort lang; (dort) irgendwo; ***por ~, por ~*** ungefähr
ahij|ado *m* Patenkind *n*; Schützling *m*; **~ar I** *tr* adoptieren **II** *intr* Junge werfen
ahilar ⟨*Präs Ind* ***ahílo***⟩ *tr* in Reihe aufstellen; *Cu Zuckerrohr* in Reihen ablegen; **~se** nur noch ein Strich sein *abmagern*; *Hefe*, *Wein* Fäden ziehen; *Bäume* in die Höhe schießen
ahínco *m* Eifer *m*; Nachdruck *m*; ***con ~*** eifrig; nachdrücklich
ahistórico un-, ahistorisch
ahíto I *Adj* (***estar***) **~** übersättigt (sein); überdrüssig (***de*** Gen); angeekelt (***de*** von) **II** *m* Magenüberladung *f*
ahog|ado I *Adj* ertrunken; erstickt; *Raum* eng und stickig; *Schrei* dumpf, unterdrückt **II** *m* Ertrunkener *m*; Ertränkter *m*; Erstickter *m*; **~ar** ⟨-g/gu-⟩ *tr* ertränken; ersäufen; ersticken; (aus)löschen; abwürgen; **~arse** ertrinken; ersaufen; ersticken; umkommen; **~o** *m* Ersticken *n*; Atemnot *f*; Bedrängnis *f*
ahond|ar I *tr* vertiefen; abtragen **II** *intr* (tief) eindringen (***en*** in); tiefer loten, ergründen (***en*** *Akk*); **~e** *m* Vertiefen *n*
ahora I *Adv* gleich; soeben; jetzt; ***~ bien*** also, nun (gut); aber; ***~ como antes*** nach wie vor; wie eh und je; ***~ mismo*** sofort; eben erst; ***~ que*** obwohl; ***de ~*** jetzig, heutig;

de ~ en adelante, desde ~ von nun an, von jetzt ab; ***hasta ~*** bisher; erst jetzt; ***por ~*** einstweilen; vorerst; bis auf weiteres; **~ ..., ~ ...** bald ..., bald ... **II** *Adj* ⟨*unv*⟩ jetzig; heutig
ahorc|ajarse sich rittlings setzen (***en*** auf); **~ar** ⟨-c/qu-⟩ *tr* (auf)hängen, henken; **~arse** sich erhängen (***de*** an)
ahorita *Am* jetzt gleich, sofort; soeben
ahorquillarse sich gabeln
ahorrador I *Adj* sparsam **II** *m*, **~a** *f* Sparer(in) *m(f)*
ahorrar *tr* sparen; ansparen; einsparen; *übertr* ersparen; verschonen; **~se** sich *etw* ersparen; ***no ahorrárselas con nadie*** niemanden verschonen
ahorratividad *f* Sparsamkeit *f*
ahorrativo sparsam; geizig; ***ser ~*** haushalten, sparsam sein; geizen
ahorrista *m Am reg* Sparer *m*
ahorro *m* Sparen *n*; Einsparung *f*; Sparsamkeit *f*; **~s** *Pl* Ersparnisse *f/Pl*; ***~ energético*** *od* ***de energía*** Energieeinsparung *f*; ***~ en materias primas*** Rohstoffersparnis *f*; ***~ por primas*** Prämiensparen *n*; ***~ de tiempo*** Zeitersparnis *f*
ahuecar ⟨c/qu⟩ *tr* aushöhlen; weiten; auflockern; *Erde* lockern; **~se** sich aufplustern, sich großtun; *Tapeten* Blasen ziehen
ahumado I *Adj* geräuchert, Räucher-; Rauch-; rauchig; verräuchert **II** *m* Räuchern *n*; **~s** *Pl* Räucherwaren *f/Pl*
ahumar *tr* räuchern; ausräuchern; **~se** Rauchgeschmack annehmen; vom Rauch schwarz werden; sich beschwipsen
ahuyentar *tr* verjagen; verscheuchen; *Insekten* vertreiben; **~se** flüchten
aimará I *Adj* Aimará- **II** *m(f)* Aimará(indianer(in)) *m*; das Aimará *n*
aindiado *Am* indianerähnlich
air|ado zornig, zornerfüllt; aufbrausend; *Lebenswandel* liederlich; **~ar** *tr* erzürnen; **~arse** aufbrausen; zornig werden
air|bag *m* Airbag *m*; **~bus** *m* Airbus *m*
aire *m* Luft *f*; Luftzug *m*; Wind *m*; Melodie *f*, Weise *f*; Gestalt *f*, Aussehen *n*; Anmut *f*; ***~ acondicionado*** klimatisierte Luft *f*; Klimaanlage *f*; ***~ comprimido*** Druckluft *f*; Pressluft *f*; ***~ enrarecido*** *od* ***viciado*** schlechte *od* verbrauchte Luft *f*; ***~ a favor*** (***en contra***) Rücken-(Gegen)wind *m*; ***~ popular*** Volksweise *f*; ***~ de suficiencia*** anmaßendes Wesen *n*; ***a su ~*** auf seine Art; ***al ~ libre*** unter freiem Himmel; ***con ~*** lebhaft; ***de buen ~*** gutgelaunt ◇ ***cambiar de ~s*** eine Luftveränderung vornehmen; ***corre ~*** es zieht; ***darse ~s de gran señor*** den großen Herrn spielen; ***estar en el ~*** noch nicht entschieden sein; ***fabricar en el ~*** Luftschlösser bauen; ***hablar al ~*** in den Wind reden; ***hace ~s*** es zieht; ***ir*** *od* ***salir al ~*** RADIO, TV gesendet werden; ***tener ~ de persona decente*** Vertrauen erweckend aussehen
aire|ar *tr* lüften *auch übertr*; auslüften; belüften; **~arse** sich der frischen Luft aussetzen; sich an der frischen Luft aufhalten; sich erkälten; **~o** *m* (Be-)Lüftung *f*
airoso luftig; anmutig; schmuck, elegant; ***salir ~*** glänzend abschneiden
aisl|acionismo *m* Isolationismus *m*, Abschottung(spolitik) *f*; **~ado** einzeln; isoliert *auch übertr*; vereinzelt; **~ador I** *Adj* Isolier-, isolierend **II** *m* Isolator *m*
aislamiento *m* Isolierung *f auch übertr*; Zurückgezogenheit *f*; Abgeschiedenheit *f*; ***~ térmico*** Wärmedämmung *f*
aisl|ante → ***aislador***; **~ar** *tr* isolieren *auch übertr*; **~arse** sich zurückziehen; sich abkapseln
ajá: ***¡ajá!*** richtig!, stimmt!, so ist es!; aha!
ajamonarse mollig werden, ansetzen
ajedrea *f* Bohnenkraut *n*
ajedre|cista *m* Schachspieler *m*; **~cístico** Schach-; **~z** *m* Schach(spiel) *n*; **~zado** schachbrettartig
ajenjo *m* Wermut *m*; Absinth *m*
ajeno I *Adj* fremd; anderen gehörend; ***~ de*** frei von **II** *Subst*: ***lo ~*** fremdes Gut *n* ◇ ***ser ~ a u/c*** mit einer Sache nichts zu tun haben
ajetre|arse sich plagen *od* abrackern; sich abhetzen; **~o** *m* Plackerei *f*; Hektik *f*
ají *m Am* Cayennepfeffer *m*, Chil(l)i *m* ◇ ***ponerse como un ~*** (puter)rot werden
ajiaco *m Am* Eintopf *m* mit Paprika und Fleisch
ajirdan|amiento *m* Begrünung *f*; **~ar** *tr* begrünen
ajo *m* Knoblauch *m*; Kraftausdruck *m*; ***~ cebollino*** Schnittlauch *m* ◇ ***andar en el ~*** seine Hand *od* Finger mit im Spiele haben; ***¡bueno anda el ~!*** das ist eine schöne Bescherung!; ***soltar ~s y cebollas*** fluchen wie ein Droschkenkutscher; *Sprichw* ***quien se pica, ~s come*** getroffene Hunde bellen
ajolote *m* ZOOL Axolotl *m*
ajonjolí *m* Sesam *m*
ajornalar *tr* gegen Tagelohn einstellen
ajuar *m* Hausrat *m*; Babyausstattung *f*; *Braut* Aussteuer *f*; ***~ invernal*** *Konfektion* Wintermodelle *n/Pl*
ajuiciar I *intr* zur Vernunft kommen **II** *tr jmdn* zur Vernunft bringen
ajust|able einstellbar; verstellbar; **~ado** gerecht; passend; eng anliegend; eng bemessen; **~ador** *m* Schlosser *m*; Monteur *m*; TYP Metteur *m*; *Cu* Büstenhalter *m*; **~ar I** *tr* einrichten; einpassen; *Kleid* anpassen;

TECH justieren; zusammenfügen; TYP umbrechen; abgleichen; *Personal* einstellen; *Preise* angleichen; *Preis* vereinbaren; *Konto* ausgleichen; *Schlag* versetzen; *Rechnung* begleichen; *zeitlich* abstimmen **II** *intr* genau passen; *Fenster* richtig schließen; **~arse** sich richten (***a*** nach); sich halten (***a*** an)

ajuste *m* Anpassung *f*; Anpassen *n*; Einrichten *n*; Einstellung *f*; Justieren *n*; Abgleichung *f*; Korrektur *f*; Übereinkunft *f*; Vergleich *m*; TYP Umbruch *m*; Schlichtung *f*; ***~ de cuentas*** *übertr* Abrechnung *f*; ***~ de salarios*** Lohnanpassung *f*; *Sprichw* ***más vale mal ~ que buen pleito*** lieber ein magerer Vergleich als ein fetter Prozess

ajustici|ado *m* Hingerichteter *m*; **~ar** *tr* hinrichten

al ⟨***a + el***⟩ → ***a***

Al (*Symb für* → ***aluminio***) CHEM Al

ala *f* ⟨***el***⟩ Flügel *m auch übertr*; *Hut* Krempe *f*; *Fußball* Flügelstürmer *m*; ***~ del hélice*** (***rotor***) Propeller-(Rotor)blatt *n* ◇ ***ahuecar el ~*** die Mücke machen *abhauen*; ***arrastrar el ~*** den Hof machen; ***cortarle las ~s a alg*** jmdm die Flügel stutzen; ***dar ~s a alg*** jmdn ermutigen; ***quemarse las ~s*** *übertr* sich die Finger verbrennen; ***tomar ~s*** Mut fassen; dreist werden

Alá *m* Allah *m*

alab|anza *f* Lob *n*; Loblied *n*; **~ar** *tr* loben, rühmen; **~arse** sehr zufrieden sein (***de*** mit); sich *einer Sache* rühmen

alabard|a *f* Hellebarde *f*; **~ero** *m* Hellebardier *m*; THEAT Claqueur *m*

alabastro *m* Alabaster *m*

alabe|arse *Holz* sich verwerfen; sich verziehen; krumm werden; sich durchbiegen; **~o** *m* Verwerfen *n*; Verziehen *n*

alacena *f* Wandschrank *m*

alacrán *m* Skorpion *m*; Öse *f* ◇ ***ser un ~*** *Arg* ein Lästermaul sein

alada *f* Flügelschlag *m*

aladar *m*, *meist* **~es** *m/Pl* Schläfenhaar *n*; ***~es grises*** graue Schläfen *f/Pl*

aladeltis|mo *m* SPORT Drachenfliegen *n*; **~ta I** *Adj* Drachenflug- **II** *m* Drachenflieger *m*

alado geflügelt; beschwingt; beflügelt; schnell; *Hut* breitkrempig

ALALC *f Abk für* ***Asociación Latinoamericana de Libre Comercio***

alambi|cado spärlich, knapp; geziert; gekünstelt; **~car** ⟨-c/qu-⟩ *tr* destillieren; *Stil* übermäßig ausfeilen; tüfteln (*dir Obj* an); FIN scharf kalkulieren; **~que** *m* Destillierkolben *m*

alambr|ada *f* Drahtverhau *m*; Einzäunung *f*; **~ado I** *Adj* Draht- **II** *m* Drahtzaun *m*; → ***alambrera***; **~ar** *tr* mit Draht einzäunen

alambre *m* Draht *m*; ***~ de malla*** Maschendraht *m*; ***~ de*** *od* ***con púas*** Stacheldraht *m*

alambrera *f* Drahtgitter *n*; Fliegenfenster *n*; Gazehaube *f zum Schutz von Lebensmitteln*; ***~ protectora*** Schutzgitter *n*

alameda *f* Pappelpflanzung *f*; Pappelallee *f*; *i w S* Allee *f*

álamo *m* Pappel *f*; ***~ blanco*** Silberpappel *f*; ***~ temblón*** Zitterpappel *f*, Espe *f*

alar I *Adj* Flügel- **II** *m* überhängendes Dach *n*; *Col* Gehsteig *m*

alarde *m* Prahlerei *f* ◇ ***hacer ~*** angeben, prahlen, protzen (***de*** mit)

alard|ear *intr* prahlen (***de*** mit); **~oso** prahlerisch, großtuerisch

alargar ⟨-g/gu-⟩ *tr* verlängern; hinauszögern; *jmdm etw* (zu- *od* weiter)reichen; *Kleid* auslassen, länger machen; strecken; *Hals* recken; *Leine* geben; *Rede* in die Länge ziehen; *Hand* reichen, ausstrecken; *Schritt* beschleunigen; *Lohn* erhöhen; **~se** länger werden *in Raum und Zeit*; langatmig werden; *Versammlung* sich hinziehen

alarm|a *f* Alarm *m*; Alarmanlage *f*; → ***alerta***; **~ante** Schreckens-; alarmierend; **~ar** *tr* alarmieren; aufschrecken; erschrecken; **~arse** sich beunruhigen; unruhig werden; **~ismo** *m* Panikmache *f*; **~ista I** *Adj* Panik- **II** *m* Angstmacher *m*

alba *f* ⟨***el***⟩ Morgendämmerung *f*; REL Albe *f*, Chorhemd *n* ◇ ***al clarear*** *od* ***rayar*** *od* ***romper el ~*** bei Tagesanbruch

albacea *m,f* Testamentsvollstrecker *m*

albahaca *f* Basilikum *n*

albanés I *Adj* albanisch **II** *m*, **-esa** *f* Albaner(in) *m(f)*; ***~ kosovar*** Kosovo-Albaner *m*

Albania *f* Albanien *n*

albañal *m* Abwasserkanal *m*; *übertr* Saustall *m*

albañil *m(f)* Maurer(in) *m(f)*; **~ería** *f* Maurerhandwerk *n*; Mauerwerk *n*

albarán *m* Lieferschein *m*; Aushang *m*

albaricoqu|e *m* Aprikose *f*; **~ero** *m* Aprikosenbaum *m*

albatros *m* Albatros *m*

albedrío *m* Ermessen *n*; Laune *f*; ***libre ~*** freier Wille *m*; ***a tu*** (***su***) ***~*** nach deinem (seinem; Ihrem) Belieben; deiner (seiner; Ihrer) Laune entsprechend; ***sin ~*** willenlos

alberca *f* Zisterne *f*; *AmC*, *Ant*, *Méx* Schwimmbecken *n*, -bad *n*, Pool *m*

albergar ⟨-g/gu-⟩ *tr* beherbergen; unterbringen; aufnehmen; *Hoffnung, Zweifel* hegen; **~se** sich einquartieren, Logis nehmen

albergue *m* Herberge *f*; Unterkunft *f*; Obdach *n*; *Cu* Internat *n*; ***~ alpino*** Berghütte *f*, Baude *f*; ***~ estudiantil*** *Cu* Studentenwohnheim *n*; ~ ***juvenil*** Jugendherberge *f*; ~ ***nocturno*** *etwa* Obdachlosenasyl *n*; ~ ***de peticionarios de asilo*** Asylbewerberheim *n* ◇ ***tomar*** ~ sich einmieten, Quartier nehmen

alberguero *m* Herbergsvater *m*; Gastwirt *m*

albino *m* Albino *m*

albóndiga *f* Bulette *f*, Frikadelle *f*

albor|ada *f* Tagesanbruch *m*; Morgenständchen *n*; Morgenliedchen *n*; MIL Weckruf *m*; **~ear** *intr unpers* dämmern, tagen; *Vorfall* sich ankündigen

albornoz *m* Burnus *m*; Bademantel *m*

alborot|ado aufgeregt; unbesonnen und übereilt; **~ador** *m* Unruhestifter *m*; Ruhestörer *m*; **~ar I** *tr* beunruhigen; aufwiegeln **II** *intr* lärmen; **~arse** in Zorn geraten; *Meer* stürmisch werden; **~ero** *m*, **~ista** *m Am* Randalierer *m*; **~o** *m* Lärm *m*; Radau *m*; Krach *m*; Aufruhr *m*; **~oso** *Am* → ***~ador***

alboroz|ar ⟨-z/c-⟩ *tr* mit großer Freude erfüllen; **~arse** jubeln; **~o** *m* Fröhlichkeit *f*; große Freude *f*

álbum *m* Album *n*; ~ ***de sellos postales*** *Esp od* ***estampillas*** *Am* Briefmarkenalbum *n*; ~ ***de fotos*** Fotoalbum *n*

alb|úmina *f* Eiweiß *n*; **~uminoso**, **~uminúrico** eiweißhaltig

albur *m*: ***al*** ~ aufs Geratewohl ◇ ***correr un*** ~ Gefahr laufen

alc. (*Abk für* ***alcalde***) Bürgermeister *m*

alcachofa *f* Artischocke *f*; *Pumpe* Saugkorb *m*; *Dusche* Brause *f*

alcahuet|a *f* Kupplerin *f*; Hehlerin *f*; **~e** *m* Kuppler *m*; Zuhälter *m*; Hehler *m*; Klatschmaul *n*; **~ear I** *tr* verkuppeln **II** *intr* Kuppelei treiben; **~ería** *f* Kuppelei *f*; Hehlerei *f*; Trick *m*, List *f*

alcalde *m* Bürgermeister *m*; *hist* Dorfrichter *m*, -schulze *m*; ~ ***de barrio*** (Stadt-)Bezirksbürgermeister *m*; ~ ***mayor*** Oberbürgermeister *m*; ~ ***del mes de enero*** übereifriger Anfänger *m*

alcald|esa *f* Bürgermeisterin *f*; **~ía** *f* Bürgermeister-, Gemeindeamt *n*

álcali *m* Alkali *n*; ~ ***caústico*** Ätzkali *n*; ~ ***volátil*** Salmiakgeist *m*

alcal|ino alkalisch; **~oide** *m* Alkaloid *n*

alcance *m* Reichweite *f*; Ausmaß *n*; Bereich *m*; Einholen *n*, Erreichen *n*; Tragweite *f*, Bedeutung *f*; ***al*** ~ ***de todos los bolsillos*** für jedermann erschwinglich; ***de gran*** *od* ***mucho*** ~ bedeutend; ***de poco*** ~ belanglos; ***de pocos ~s*** beschränkt, engstirnig ◇ ***dar*** ~ ***a alg*** jmdn einholen; ***estar al*** ~ (***de la mano***) in Reichweite *od* griffbereit sein; ***poner al*** ~ zugänglich machen

alcancía *f* Sparbüchse *f*; *Nic* Sammelbüchse *f*; Zahlbox *f im Verkehrsmittel*

alcanfor *m* Kampfer *m*; **~ar** *tr* kampfern

alcantarill|a *f* Abwasserleitung *f*; Abwasserkanal *m*; Gully *m*,*n*; *Méx* Trinkwasserzisterne *f*; **~ado** *m* Kanalisation *f*; **~ar** *tr* mit einer Kanalisation versehen

alcanz|able erreichbar; **~ado** verschuldet; knapp bei Kasse; *Col* müde

alcanzar ⟨-z/c-⟩ **I** *intr* (aus)reichen **II** *tr jmdn od etw* erreichen; *mit einer Waffe* treffen; *Platz od Preis* erringen; erzielen; *jmdn* einholen; *jmdn etw* reichen

alcaparra *f* Kapernstrauch *m*; Kaper *f*

alcaravea *f* Kümmel(pflanze *f*) *m*

alcázar *m* Festung *f*; maurisches Schloss *n*; *auch* Burg *f*

alce[1] *m* Elch *m*

alce[2] *m* abgehobene Karten *f*/*Pl*; *Am* KART Abheben *n*; *Cu* Verladen *n* des Zuckerrohrs; TYP Abzug *m*

alción *m* Eisvogel *m*

alcista I *Adj* Auftriebs- **II** *m Börse* Haussespekulant *m*

alcoba *f* Alkoven *m*; Schlafzimmer *n*

alcohol *m* Alkohol *m*; ~ ***absoluto*** reiner Alkohol *m*; ~ ***de quemar*** (***sólido*** *od* ***solidificado***) Brenn-(Hart)spiritus *m*

alcohólico I *Adj* alkoholisch; trunksüchtig **II** *m* Alkoholiker *m*, Trinker *m*

alcohol|ismo *m* Trunksucht *f*; **~izar** ⟨-z/c-⟩ *tr* alkoholisieren; mit Alkohol versetzen; betrunken machen; **~izarse** zum Alkoholiker werden

alcorán *m* Koran *m*

alcornoque *m* Korkeiche *f*; Dummkopf *m*

alcurnia *f* Herkunft *f*, Abstammung *f*

aldea *f* Dorf *n*; ~ ***infantil*** SOS-Kinderdorf *n*

aldean|iego → ***~o***; **~ismo** *m* Dorfcharakter *m*; Abgeschiedenheit *f*; Engstirnigkeit *f*; geistige Enge *f*; **~o I** *Adj* Dorf-; ländlich **II** *m* Dorfbewohner *m*, Dörfler *m*

aldehído *m* Aldehyd *n*

aleación *f* Legierung *f*; ~ ***industrial*** technische Legierung *f*

alear[1] *tr* legieren

alear[2] *intr* flattern; die Arme schwingen

aleatorio vom Zufall abhängig

aleccion|ador lehrreich; **~ar** *tr* lehren, unterweisen; *Tier* abrichten

aledaño I *Adj* angrenzend; Anlieger-, Anrainer- **II** *m* Anlieger *m*; **~s** *Pl* Umgebung *f*

alegación *f* Behauptung *f*; Zitat *n*; ***alegaciones*** *Pl* Einwände *m*/*Pl*; Einsprüche *m*/*Pl*

aleg|ar ⟨-g/gu-⟩ **I** *tr* behaupten; anführen; *Dokumente* beibringen; zitieren; JUR sich berufen auf; *Am* → ***altercar*** **II** *intr* JUR plädieren; **~ato** *m* Verteidigungsschrift *f*; Plä-

doyer *n*; *Am* Streit *m*, Zank *m*
aleg|oría *f* Allegorie *f*; **~órico** allegorisch
alegrar *tr* erfreuen; erheitern; ein heiteres Gepräge geben; *Feuer* anfachen; *Stier* reizen; **~se** sich freuen (**de, con, por** über); sich beschwipsen; ***me alegro de verte*** ich freue mich, dich zu sehen; ***me alegra verte*** es freut mich, dich zu sehen
alegr|e fröhlich; heiter; lustig, vergnügt; beschwipst, angeheitert; leichtfertig; *Farbe* lebhaft; *Mädchen* leicht; **~ía** *f* Freude *f*; Heiterkeit *f*, Fröhlichkeit *f*; Leichtsinn *m*; **~ón I** *Adj Am* recht beschwipst; *Am* freudig erregt, entflammt **II** *m* Riesenfreude *f auch iron*; Auflodern *n des Feuers*; **~ona** *f Rpl*, *Guat* Kokette *f*; *Am* Freudenmädchen *n*
alej|amiento *m* Entfernung *f*; Zurückgezogenheit *f*; Abkehr *f*; Entfremdung *f*; **~ar** *tr* entfernen; wegrücken; *Gefahr* abwenden; **~arse** sich entfernen *auch übertr*; sich zurückziehen; sich abkehren; fort-, weggehen
alel|ado einfältig; verblödet; **~arse** verblöden, verdummen
aleluya I *m,f* Halleluja *n*; Lobgesang *m* **II** *m* Osterzeit *f* **III** *f Am* faule Ausrede *f*; *übertr* Bohnenstange *f*; Klepper *m*
alemán I *Adj* deutsch **II** *m*, **-ana** *f* Deutsche(r) *f*(*m*); das Deutsche; ***~ étnico*** Deutschstämmiger *m*; ***alto*** (***bajo***) ***~*** Hoch-(Nieder-, Platt)deutsch *n*
Alemania *f* Deutschland *n*
alemanizar ⟨-z/c-⟩ eindeutschen
alent|ada *f* Atemzug *m*; **~adamente** beherzt; **~ado** mutig; stolz, hochmütig; *Am* wiederhergestellt, wieder wohlauf; **~ador** ermutigend; **~ar** ⟨-ie-⟩ **I** *intr* atmen **II** *tr* ermutigen; bestärken; ermuntern; *AmC*, *Col* gebären; **~arse** Mut fassen; *Am* sich erholen
alerce *m* Lärche *f*
alergia *f* Allergie *f*
alérgico I *Adj* allergisch (***a*** gegen) *auch übertr* **II** *m* Allergiker *m*
alergólogo *m* Allergologe *m*
alerón *m Flugzeug* Querruder *n*
alerta I *Adv u im Genus meist unv Adj* wachsam ◇ ***andar*** *od* ***estar ~*** auf der Hut sein **II** *f* Alarm *m*; ***¡~!*** Vorsicht!; ***~ aérea*** Luft-, Fliegeralarm *m*; ***~ de ozono*** Ozonalarm *m* ◇ ***dar la ~*** Alarm schlagen; ***poner ~ a alg*** jmdn alarmieren
alertar *tr* alarmieren; warnen (***contra*** vor)
aleta *f* ZOOL, MAR Flosse *f*; ARCH Anbau *m*; ANAT Nasenflügel *m*; KFZ Kotflügel *m*; FLUGW Querruder *n*; ***~s*** *Pl* SPORT Schwimmflossen *f Pl*
aletargar ⟨-g/gu-⟩ *tr* einschläfern; **~se** schläfrig werden; erschlaffen; *Tiere* in Winterschlaf verfallen; willenlos werden
alet|azo *m* Flügelschlag *m*; Flossenschlag *m*; *Cu*, *Chi* Ohrfeige *f*; **~ear** *intr* flattern; mit den Flossen schlagen; zappeln; die Arme auf und nieder bewegen; **~eo** *m* Flügelschlagen *n*; Herzflattern *n*
Aleutianas *f/Pl* GEOGR Alëuten *Pl*
alev|e → ***~oso***; **~osía** *f* Hinterlist *f*; Heimtücke *f*; **~oso** heimtückisch; hinterlistig; Meuchel-
alfab|ético alphabetisch; **~etización** *f* Alphabetisierung *f*; **~etizador** *m* Alphabetisator *m*, Lehrer *m* zur Überwindung des Analphabetentums; **~etizar** ⟨-z/c-⟩ *tr* alphabetisch ordnen; *jmdm* (das) Lesen und Schreiben beibringen; **~etizarse** Lesen und Schreiben lernen; **~eto** *m* Alphabet *n*
alfalfa *f* Luzerne *f*
alfanumérico alphanumerisch
alfar *m* Töpferwerkstatt *f*; (Töpfer-)Ton *m*; **~ería** *f* Töpferei *f*; Töpferwaren *f/Pl*; **~ero** *m* Töpfer *m*
alférez *m* Leutnant *m*; *hist* Fähnrich *m*, Fahnenträger *m*; *Bol*, *Pe in Indiogemeinden* Stellvertreter *m* des Ortsältesten
alfil *m Schach* Läufer *m*
alfiler *m* Stecknadel *f*; Anstecknadel *f*; *Col*, *Cu* Rindslende *f*; ***~ de corbata*** Krawattennadel *f*; ***~ de criandera*** *od* ***nodriza*** *od Am* ***gancho*** Sicherheitsnadel *f*; ***de veinticinco ~es*** geschniegelt und gebügelt ◇ ***no caber un ~*** *Raum* gerammelt voll sein
alfilerazo *m* Nadelstich *m auch übertr*
alfombr|a *f* Teppich *m*; Läufer *m*; **~ado** *m* Teppichbelag *m*; *Am* Auslegeware *f*; Verlegen *n* von Auslegeware; **~ar** *tr* mit Teppichen auslegen; **~ero** *m* Teppichwirker *m*, -knüpfer *m*; **~illa** *f* Bettvorleger *m*; Fußmatte *f*; MED Röteln *f/Pl*; INFORM Mauspad *n*; **~ista** *m* Teppichhändler *m*; Teppichleger *m*
alfón|cigo, **~sigo** *m* Pistazie *f*; Pistazienbaum *m*
alforfón *m* Buchweizen *m*
alga *f* ⟨***el***⟩ Alge *f*; ***~ marina*** Meeresalge *f*, Tang *m*
algarabía *f selten* Arabisch *n*; Kauderwelsch *n*; Gezeter *n*
algarroba *f* Johannisbrot *n*
álgebra *f* ⟨***el***⟩ Algebra *f*
algebraico algebraisch
álgido MED eisig; Frost-; Gefrier-
algo *Pron/Adv* etwas, ein wenig; ***por ~*** aus gutem Grund; nicht umsonst ◇ ***~ es ~, más vale ~ que nada*** besser etwas als gar nichts
algodón *m* Baumwolle *f*; Baumwollstrauch *m*; Watte *f*; ***~ de azúcar, ~ dulce*** Zucker-

watte *f*; ~ ***en crudo*** *od* ***rama*** Rohbaumwolle *f*; ~ ***pólvora*** Schießbaumwolle *f*; ***criado entre algodones*** verhätschelt
algodon|al *m* Baumwollfeld *n*; **~ar** *tr* wattieren; **~ero I** *Adj* Baumwoll- **II** *m* Baumwollstrauch *m*; Baumwollpflanzer *m*; Baumwollhändler *m*
algoritmo *m* Algorithmus *m*
alguacil *m* Gerichtsdiener *m*; Gerichtsvollzieher *m*; Büttel *m*, Scherge *m*
alguien (irgend)jemand, irgendwer, irgendeiner
alguno I *Adj* (vor *m*: ***algún***) jemand; (irgend)einer; mancher; irgendein (***algún día***); *in Verneinungssätzen nachgestellt, Verstärkung der Negation*: ***sin decir cosa alguna*** ohne etwas zu sagen; *in positiven Sätzen hat es verneinende Wirkung*: ***en parte alguna*** nirgendwo; ***~s*** *Pl* einige, etliche **II** *Pron* jemand; einer; ~ ***que otro*** der eine oder andere; ***~s*** *Pl* einige, etliche
alhaj|a *f* Schmuck *m*; Kleinod *n*; *übertr* Schmuckstück *n*; wertvolles Möbelstück *n*; **~ar** *tr* schmücken; *Wohnung* möblieren
alharaca *f* Gezeter *n*
alhelí *m* Levkoje *f*; Goldlack *m*
ali|ado I *Adj* verbündet; POL alliiert **II** *m* Verbündeter *m*; POL Alliierter *m*; **~ancista** Bündnis-; **~anza** *f* Bund *m*; Bündnis *n*, Allianz *f*; Verbindung *f*; Ehering *m*; **~arse** ⟨-ío-⟩ sich verbünden
alias I *Adv* alias, auch … genannt **II** *m* Deckname *m*; Spitzname *m*; Beiname *m*
alicaído flügellahm *auch übertr*; schwach, kraftlos; mutlos; heruntergekommen
alicat|ado *m* Fliesenbelag *m im maurischen Stil*; **~ar** *tr* mit Fliesen auslegen
alicates *m*/*Pl* Flachzange *f*; ~ ***universales*** Kombizange *f*
aliciente *m* Köder *m*; Anreiz *m*
alienación *f* Entfremdung *f*; Veräußerung *f*; Geisteskrankheit *f*; Verfremdung *f*
alien|ado I *Adj* veräußert; geisteskrank **II** *m* Irrer *m*, Geisteskranker *m*; **~amiento** *m* → ***alienación***; **~ar** *tr* veräußern; PHIL verfremden; POL entfremden; **~ígena I** *Adj* fremd; außerirdisch **II** *m* Fremder *m*; Außerirdischer *m*; **~ista** *m* Irrenarzt *m*
aliento *m* Atem *m*; Hauch *m*; Mut *m*, Kraft *f*; ***de un ~*** in einem Atemzug; ***sin ~*** atemlos ◇ ***cobrar ~*** Mut fassen; ***infundir ~*** Mut verleihen; ***tomar ~*** Atem holen
aliger|amiento *m* Erleichterung *f*; **~ar** *tr* erleichtern; *Schiff* leichtern; *Schritt* beschleunigen; *Schmerzen* lindern
alimentación *f* Ernährung *f*; Verpflegung *f*; Fütterung *f*; TECH (Ein-)Speisung *f*, Beschickung *f*; Zufuhr *f*; ESP Lebensmittelgeschäft *n*; ~ ***de aceite*** Ölzuführung *f*; ~ ***de agua*** Wasserzufuhr *f*; ~ ***disociada*** *Diätprogramm* Trennkost *f*; ~ ***natural*** Naturkost *f*; ~ ***de papel*** Papierzuführung *f*; ~ ***vegatariana*** vegetarische Kost *f*
aliment|ado *m* Unterhaltsempfänger *m*; **~ador** *m* Ernährer *m*; EISENB Fahrdraht *m*; **~ante** *m* Ernährer *m*; Unterhaltspflichtiger *m*; **~ar I** *tr* ernähren; verpflegen; füttern; beköstigen; TECH speisen; versorgen; INFORM *Daten* eingeben; *übertr* nähren **II** *intr* nahrhaft sein; **~arse** sich ernähren (***con, de*** von); **~ario** Ess-; Futter-; Nahrungsmittel-; **~icio I** *Adj* Nähr-; Nahrungs- **II** *m* **~icios** *Pl* Lebensmittel *n*/*Pl*; **~ista** *m* Unterhaltsberechtigter *m*
alimento *m* Nahrung *f*; Kost *f*; Speise *f*; Lebensmittel *n*; Futter *n*; Ernährung *f*; ***~s*** *Pl* Alimente *Pl*; ~ ***básico*** *od* ***completo*** LANDW Konzentratfutter *n*; ***~s infantiles*** Kindernahrung *f*; ***obligado a dar ~s*** unterhaltspflichtig
alineación *f* Ausrichtung *f*; *Mannschaft* Aufstellung *f*; *Computer* Zeileneinstellung *f*
alineado I *Adj* INFORM bündig; ***no ~*** POL nicht Pakt gebunden **II** *m* ***no ~s*** *Pl* Nichtpaktgebundene *m*/*Pl*, nicht Pakt gebundene Staaten *m*/*Pl*
alinear *tr* ausrichten; einfügen, -ordnen; *jmdn* binden *od* festlegen; *Mannschaft* aufstellen; MIL ***¡~!*** richt' euch!; **~se** MIL antreten; *Pakt* beitreten, sich anschließen
aliñ|ar *tr* schmücken; *Speisen* anrichten; würzen; *Chi Knochen* einrenken; **~arse** sich zurechtmachen; **~o** *m* Schmuck *m*, Putz *m*; Zubereitung *f*; Würze *f*; Dressing *n*
alisar *tr* glätten; *Haar* glatt streichen
aliso *m* Erle *f*
alist|amiento *m* Einschreibung *f*; MIL Anwerbung *f*; Aushebung *f*; MAR Anheuerung *f*; Bereitstellung *f*; **~ar** *tr Liste* eintragen; auf die Liste setzen; HDL listen; MIL anwerben; *Wehrpflichtige* erfassen; bereitstellen; **~arse** sich einschreiben (lassen); sich anwerben lassen; anheuern; *Am* sich fertig machen, sich vorbereiten
alivi|ar *tr* erleichtern; *Schmerzen* lindern; *Schritt* beschleunigen; **~arse** sich erholen; **~o** *m* Erleichterung *f*; Linderung *f*; Besserung *f*
aljibe *m* Zisterne *f*; *Col* Brunnen *m*; MAR Wassertank *m*
allá I *Adv* dort, da; da-, dorthin; drüben; damals; ~ ***abajo*** (***arriba***) dort unten (oben); ~ ***tú*** das ist deine Sache; ***de ~*** von dort(her); ***hacia ~*** dorthin; ***más ~*** weiter weg; jenseits; ***muy ~*** sehr weit weg; ***por ~*** dort vorbei; dort; ungefähr dort; ***tan ~*** so weit **II**

Subst ***el más ~*** das Jenseits
allanamiento *m* Einebnen *n*; Überwindung *f einer Schwierigkeit*; Anerkenntnis *f einer Forderung*; ***~ de morada*** Hausfriedensbruch *m*
allanar *tr* planieren; ebnen; *Gebäude* abreißen; gleichmachen; schlichten; *Schwierigkeit* überwinden; **~se** sich fügen; einstürzen
alleg|ado I *Adj* nächstgelegen; nahe (stehend) **II** *m* Angehöriger *m*, Verwandter *m*; Anhänger *m*; **~ar** ⟨-g/gu-⟩ *tr* sammeln, zusammenbringen; zusammentragen; (an)nähern; **~arse** sich anschließen; *Finanzen* beschaffen, auftreiben
allende jenseits *Gen dir Obj*
allí da, dort; dahin, dorthin; ***aquí y ~*** hier und dort; ***de ~*** daher; von dort; ***desde ~*** von dort aus; ***hacia ~*** dahin, dorthin; ***hasta ~*** bis dahin *od* dorthin; ***por ~*** dortherum; dahinaus
alma *f* ⟨***el***⟩ Seele *f auch übertr für Person, Mensch*; *auch bei Feuerwaffen*; Gemüt *n*; *übertr* Herz *n*; *übertr* Brust *f*; ***~ de caballo*** skrupelloser Mensch *m*; ***~ de Dios*** guter Kerl *m*; ***~ mater*** Alma *f* Mater *Universität*; ***~ mía*** mein Liebling *m*; ***con ~ y vida*** mit Leib und Seele; ***con toda mi ~*** von ganzem Herzen ◇ ***arrancársele a uno el ~*** jmdn zutiefst treffen; ***atravesar el ~*** *übertr* das Herz zerreißen; ***caérsele a uno el ~ a los pies*** jmdm angst und bange werden; ***entregar*** *od* ***rendir el ~*** (***a Dios***) den Geist aufgeben *sterben*; ***llegarle al ~*** sehr zu Herzen gehen; ***llevar a uno en el ~*** jmdn von Herzen lieben; ***salir del ~*** von Herzen kommen; ***tener el ~ bien puesta*** das Herz auf dem rechten Fleck haben; ***tener el ~ en la mano*** offen(herzig) sein; ***no tener ~*** herzlos sein
almacén *m* Lager *n*, Magazin *n*; Lagerhaus *n*; Lagerhalle *f*; *Am* Lebensmittelgeschäft *n*; *Schusswaffe* Kammer *f*; ***~ de la Aduana*** Zolllager *n*, -schuppen *m*; ***~ al aire libre*** Freilager *n*; ***~ de entrega*** (***piezas de recambio***) Auslieferungs-(Ersatzteil)lager *n*; ***en ~*** vorrätig; ***franco en ~*** ab Lager; (***gran***) ***~***, (***grandes***) ***almacenes*** *Pl* Kauf-, Warenhaus *n* ◇ ***estar en ~*** lagern *intr*; ***tener en ~*** auf Lager haben
almacenado INFORM gespeichert, gesichert; ***estar ~*** lagern *intr*
almacenaje *m* (Ein-)Lagerung *f*; Lagergebühr *f*; Lagerhaltung *f*; ***~ en bloque*** (***estanterías***) Stapel-(Hochregal)lagerung *f*
almacenamiento *m* (Ein-)Lagerung *f*; Lagerhaltung *f*; Lagerbevorratung *f*; Speicherung *f auch* INFORM; ***~ de datos*** Datenspeicherung *f*
almacen|ar *tr* (ein)lagern; speichern; einen Vorrat anlegen; aufbewahren; INFORM (ab)speichern; **~ero** *m* Lagerverwalter *m*; *Rpl* Lebensmittelhändler *m*; **~ista** *m* Lagerverwalter *m*; Grossist *m*, Großhändler *m*; Lagerhalter *m*
almáciga *f* Mastix *m*; Glaserkitt *m*; Frühbeet *n*
almanaque *m* Almanach *m*, Kalender *m*
almeja *f* Miesmuschel *f*
almendra *f* BOT Mandel *f*; Mandelkern *m*; *Steinobst* Kern *m*; ***~ amarga*** Bittermandel *f*; ***~ de cacao*** Kakaobohne *f*; ***~s garapiñadas*** gebrannte Mandeln *f/Pl*
almendr|ada *f* Mandelmilch *f* mit Zucker; **~ado I** *Adj* mandelförmig **II** *m* süßer Mandelteig *m*; **~o** *m* Mandelbaum *m*; **~uco** *m* grüne Mandel *f*
alm|íbar *m* Sirup *m*; **~ibarar** *tr Obst* in Sirup einkochen; versüßen; *mit Worten* betören
almid|ón *m* Stärke(mehl *n*) *f*; **~onado** geschniegelt; **~onar** *tr Wäsche* stärken; **~onería** *f* Stärkefabrik *f*
alminar *m* Minarett *n*
almirant|azgo *m* Admiralsrang *m*; Admiralität *f*; **~e** *m* Admiral *m*
almirez *m* HAUSW Mörser *m*
almizcle *m* Moschus *m*; **~ro** *m* Moschustier *n*
almohada *f* Kissen *n*; Kopfkissen *n*; Kopfkissenbezug *m*
almohadilla *f* kleines Kissen *n*; Sitzkissen *n*; ***~ eléctrica*** elektrisches Heizkissen *n*; ***~ de tinta*** Stempelkissen *n*
almohazar ⟨-z/c-⟩ *tr* striegeln
almoneda *f* Versteigerung *f*; Versteigerungslokal *n*; Ausverkauf *m*
almorzar ⟨-ue-, -z/c-⟩ *intr* (zu) Mittag essen
almuerzo *m* Mittagessen *n*; ***~ campestre*** Picknick *n*; ***~ escolar*** Schulspeisung *f*; ***~ de trabajo*** Arbeitsessen *n*
alocarse ⟨-c/qu-⟩ verrückt werden
alocución *f* kurze Ansprache *f*
áloe, aloe *m* Aloe *f*
alojamiento *m* Quartier *n*; Einquartierung *f*; Unterkunft *f*; Unterbringung *f*; TECH Einbau *m*; TECH Lager(ung *f*) *n*; ***~ y desayuno*** GASTR Übernachtung *f* mit Frühstück
alojar *tr* unterbringen; beherbergen; einquartieren; einpassen; TECH einbauen; TECH lagern; **~se** Quartier beziehen; *Hotel* absteigen; logieren
alondra *f* Lerche *f*
al|ópata *m* Allopath *m*; **~opatía** *f* Allopathie *f*; **~opático** allopathisch
alopecia *f* Haarausfall *m*
alpaca *f* ZOOL Alpaka *n*; Alpakasilber *n*
alpargat|a *f* Leinenschuh *m* mit Hanfsohle;

~ería *f* Hanfschuhfabrik *f*; Hanfschuhgeschäft *n*
Alpes *m/Pl*: ***los ~*** die Alpen
alp|estre Alpen-; **~inismo** *m* Alpinismus *m*, Alpinistik *f*, Bergsteigen *n*; **~inista** *m* Alpinist *m*, Bergsteiger *m*; **~ino I** *Adj* Alpen-; Hochgebirgs- **II** *m* MIL Gebirgsjäger *m*
alquil|able mietbar; vermietbar; **~adizo** Miet-; käuflich, bestechlich; **~ador** *m*, **~adora** *f* Vermieter(in) *m(f)*; Mieter(in) *m(f)*; **~ar** *tr* mieten; vermieten; **~arse** sich verdingen (***con*** bei)
alquiler *m* Vermietung *f*; Miete *f*, Mietpreis *m*; Anmietung *f*; Verleih *m*; ***~es atrasados*** Mietrückstand *m*; ***~ de coches*** Autoverleih *m*; ***~ con opción de compra*** Leasing *n*; ***de ~*** Miet-; Leih-
alquitara *f* Destillierkolben *m*; ***por ~*** spärlich, tropfenweise
alquitrán *m* Teer *m*
alrededor I *Adv* rings(her)um; rundherum **II** *Präp* ***~ de*** (rings)um; um … (herum) (***~ de la casa***); ungefähr, etwa, zirka (*Abk* ca.) (***~ de 30***); (so) gegen, ungefähr um (***~ de las nueve de la mañana***) **III ~es** *m/Pl* Umgebung *f*, Umgegend *f*
Alsacia *f* Elsass *n*
alsaciano I *Adj* elsässisch **II** *m*, **-a** *f* Elsässer(in) *m(f)*
alta *f* ⟨***el***⟩ Gesundschreibung *f*; Anmeldung *f*; MIL Dienstantrittsschein *m*; Steueranmeldung *f*; Entlassung *f* ◇ ***dar de ~*** MIL den Dienstantritt bescheinigen; *jmdn* anmelden; als Mitglied eintreten; ***causar ~*** Mitglied werden; ***dar de*** *od* ***el ~ a alg*** jmdn gesundschreiben; jmdn (aus dem Krankenhaus) entlassen; ***darse de ~*** sich anmelden (***en*** bei); ***solicitar el ~*** die Aufnahme beantragen
altaner|ía *f* Höhe *f*; Höhenlagen *f/Pl*; Hochmut *m*; *Vogel* Höhenflug *m*; **~o** hochfliegend; hochmütig
altar *m* Altar *m*; ***~ mayor*** Hochaltar *m*
altavoz *m* Lautsprecher *m*
alterable veränderlich; leicht verderblich
alteración *f* Veränderung *f*; Störung *f*; *Öl, Wein* Verfälschung *f*; Aufregung *f*; Ärger *m*; Streit *m*; ***alteraciones monetarias*** Wechselkursschwankung *f*
alterado aufgeregt; ganz durcheinander, verstört; gepanscht; ***~ genéticamente*** gentechnisch manipuliert
alterar *tr* verändern; entstellen; verfälschen, denaturieren; aufregen; **~se** sich aufregen (***por*** über)
alterc|ado *m* Wortwechsel *m*; Streit *m*; **~ados** *m/Pl* Ausschreitungen *f/Pl*; **~ar** ⟨-c/qu-⟩ *intr* streiten, zanken
altern|ación *f* Abwechslung *f*; Wechsel *m*; **~ador** *m* Wechselstromerzeuger *m*
alternancia *f* Wechsel *m*; ***~ en el poder*** POL Machtwechsel *m*; ***~ vocálica*** Umlaut *m*
alternar I *tr* abwechseln; abwechselnd tun; wechseln **II** *intr* wechseln; (sich) ablösen; (sich) abwechseln (***en*** bei); ***~ con alg*** mit jmdm verkehren
alternativa *f* Alternative *f*; Schicht *f Dienst* ◇ ***poner ante la ~*** vor die Alternative *od* Entscheidung stellen
altern|ativo abwechselnd; Wechsel-; alternativ; **~o** Wechsel-; im Wechsel; jedes zweite Wochenende; BOT wechselständig
alteza *f* Hoheit *f*; Würde *f*
Alteza *f Titel* Durchlaucht *f*; ***~ Real*** Königliche Hoheit *f*
altibajo *m Börse* Einbruch *m*; **~s** *Pl Gelände* Unebenheiten *f/Pl*; *Börse* Kursschwankungen *f/Pl*; Auf und Ab *n*; Wechselfälle *m/Pl des Lebens*
altillo *m* Anhöhe *f*; Zwischengeschoss *n*; *Am* Bodenkammer *f*; Schrankaufsatz *m*; *Arg* (Dach-)Boden *m*
altímetro *m* Höhenmesser *m*
altiplan|icie *f*, **~o** *m* Hochfläche *f*, -ebene *f*; Tafelland *n*
alt|isonante, **~ísono** hochtönend; hochtrabend; lautstark
altitud *m* Höhe *f*; Höhe *f* über NN
altiv|ez *f* Hochmut *m*; **~o** hochmütig
alto[1] **I** *Adj* hoch; Ober-; groß; hoch stehend; spät, vorgerückt; laut; ***a lo ~*** nach oben; ***en lo ~*** oben ◇ ***hablar ~*** laut sprechen; ***pasar por ~*** übergehen; übersehen, nicht erwähnen **II** *m* Höhe *f*; Anhöhe *f*; Obergeschoss *n*; **~s** *Pl Am* Obergeschoss *n*; Hochland *n*; ***℞s de Golán*** Golan-Höhen *f/Pl*
alto[2] *m* Halt *m*; Rast *f*; VERK Haltegebot *n*; ***¡~!*** halt!; ***~ al*** *od* ***el fuego*** Feuerpause *f*, -einstellung *f*; Waffenruhe *f* ◇ ***hacer ~*** Halt machen; eine Rast einlegen
altoparlante *m Am* Lautsprecher *m*
altramuz *m* Lupine *f*
altruista I *Adj* selbstlos, altruistisch **II** *m* Altruist *m*
altura *f* Höhe *f*; (Körper-)Größe *f*; Gipfel *m*; Erhabenheit *f*; Vortrefflichkeit *f*; ***~ de carga*** Belastungshöhe *f*; Ladehöhe *f*; ***~ libre sobre el suelo*** *Auto* Bodenfreiheit *f*; ***~ de paso*** *Brücke* lichte Höhe *f*, Durchfahrtshöhe *f* ◇ (***no***) ***estar a la ~ de u/c*** einer Sache (nicht) gewachsen sein; (nicht) ebenbürtig sein; ***tomar ~*** *Flugzeug* Höhe gewinnen, steigen
alubia *f* (Brech-)Bohne *f*; weiße Bohne *f*
alucin|ación *f* Halluzination *f*, Sinnestäuschung *f*; **~ado** an Halluzinationen leidend; **~ar I** *tr* blenden, täuschen; den Ver-

stand trüben, benebeln; *jmdn* für sich einnehmen **II** *intr* ausflippen; **~ógeno** *m* Halluzinogen *n*

alud *m* Lawine *f*; **~ de palabras** Wortschwall *m*

aludido I *Adj* erwähnt, genannt ◇ **darse por ~** auf sich beziehen; **(no) se dio por ~** er fühlte sich (nicht) angesprochen **II** *m* (Vor-)Erwähnter *m*

aludir *tr* anspielen (**a** auf); andeuten; hinweisen (**a** auf)

alumbrado I *Adj* beschwipst **II** *m* Beleuchtung *f*; MAR Befeuerung *f*; **~ de estacionamiento** *Auto* Parkleuchte *f*; **~ intensivo** *Auto* Fernlicht *n*; **~ de posición** Standlicht *n*; **~ público** Straßenbeleuchtung *f*

alumbramiento *m* Entbindung *f*

alumbrar I *tr* beleuchten; erleuchten; *jmdm* leuchten; anleuchten; aufklären; *Quelle* erschließen; verprügeln; *Am Ei* durchleuchten; *ein Kind* zur Welt bringen **II** *intr* leuchten; niederkommen, entbinden; **~se** sich beschwipsen

alumbre *m* Alaun *m*

alúmina *f* Tonerde *f*, Aluminiumoxid *n*

aluminio *m* Aluminium *n*

alumnado *m* Schülerschaft *f*; *Am* Alumnat *n*

alumno *m* Schüler *m*; Student *m*; Zögling *m*; **~ externo** Externer *m*; **~ interno** Internatsschüler *m*; **~ de primaria** Grundschüler *m*

alunado mondsüchtig

aluniz|aje *m* Mondlandung *f*; Raubüberfall *m bei dem ein Schaufenster mit einem Auto eingedrückt wird*; **~ar** ‹-z/c-› *intr* auf dem Mond landen

alusión *f* Anspielung *f* (**a** auf); Andeutung *f*; Erwähnung *f* ◇ **hacer ~** anspielen (**a** auf); erwähnen

alusivo anspielend (**a** auf)

aluvión *m* Überschwemmung *f*; Schwemmland *n*; Ablagerung *f*; Riesenmenge *f*; **~ de carcajadas** Lachsalve *f*; **~ de improperios** Schimpfkanonade *f*

alv|eolar zellenförmig; alveolar; **~eolo** *od* **~éolo** *m* Alveole *f*; Zahnfach *n*; Bienenzelle *f*

alverj|a *f AmS* Erbse *f*; **~ón** *m* Wicke *f*

alza *f* ‹**el**› *Preis* Steigerung *f*, Erhöhung *f*; Hausse *f*; Aufschwung *m*; *Temperatur* Anstieg *m*; **~ del cambio, ~ de las cotizaciones** Kursanstieg *m* ◇ **continuar al ~** sich weiter im Aufwärtstrend befinden; **corregir** *od* **revisar al ~** *Zahlen* nach oben korrigieren; **especular sobre el ~, jugar al ~** auf Hausse spekulieren

alza|coches *m* Wagenheber *m*; **~cristales** *m/Pl Auto* Fensterheber *m/Pl*

alzada *f* JUR Berufung *f*

alzado I *Adj* erhaben; *in betrügerischer Absicht* bankrott; pauschal; aufständisch; *Am Haustier* verwildert; *Am* unverschämt; *AmS Tier* brünstig; *Méx* schüchtern; *Méx* grob **II** *m Gebäude* Aufriss *m*; Aufhängen *n* der Druckbogen; *Am reg* Aufständischer *m*; **de poco ~** *Schiff* Niedrigbord-

alzamiento *m* Emporheben *n*; Anhebung *f*; Heben *n*; Erhebung *f*, Aufstand *m*; *Versteigerung* Mehrgebot *n*; betrügerischer Bankrott *m*; **~ de bienes** Vermögenshinterziehung *f*

alzaprima *f* Hebel *m*; Brechstange *f*; Keil *m*; *Geige* Steg *m*

alzar ‹-z/c-› *tr* heben; aufheben; anheben; erheben; emporheben; *Karten* abheben; hochhalten; aufrichten; *Segel* setzen; MED *Verband* abnehmen; *Ernte* einbringen; *Bauten* errichten; **~se** sich erheben; überragen (**sobre** *Akk*)

Alzheimer *m* Alzheimer(krankheit *f*) *m*

Am (*Symb für* → **americio**) CHEM Am

a.m. *Abk für lateinisch* **ante meridiem**

ama *f* ‹**el**› Herrin *f*; Gebieterin *f*; Frau *f* des Hauses; **~ de casa** Hausfrau *f*; **~ de cría** *od* **leche** Amme *f*; **~ de llaves** Haushälterin *f*, Wirtschafterin *f*

amabilidad *f* Liebenswürdigkeit *f*, Freundlichkeit *f* ◇ **tenga (Vd.) la ~** seien Sie so nett *od* freundlich (**de** zu)

amable liebenswürdig (**con, para con** zu); zuvorkommend, gütig

amado *m* Geliebter *m*; Liebster *m*

amaestr|ador *m* Dompteur *m*; **~ar** *tr* schulen, unterweisen; ausbilden; *Tiere* abrichten; dressieren; *Pferd* einreiten

amagar ‹-g/gu-› **I** *intr* drohen, bevorstehen; sich andeuten; SPORT Finten schlagen **II** *tr* bedrohen

amago *m* Drohung *f*; drohende Gebärde *f*; Anzeichen *n*; SPORT Finte *f*; **~ de una enfermedad** Vorbote *m* einer Krankheit

amainar I *tr jmdn* beschwichtigen **II** *intr* nachlassen; *Wind* abflauen; *Ärger* sich legen

amalgam|a *f* Amalgam *n*; Gemenge *n*, Gemisch *n*; Mischen *n*; Verquickung *f*; **~ar** *tr* amalgamieren; vermengen, vermischen

amamantar *tr* stillen; säugen

amancebado: **vivir ~** in wilder Ehe leben

amanceb|amiento *m* wilde Ehe *f*, Konkubinat *n*; **~arse** in wilder Ehe leben

amanecer ‹-c/zc-› **I** *intr unpers* tagen, Tag werden, hell werden; *pers* bei Tagesanbruch ankommen; zum Vorschein kommen; aufwachen; **¿cómo amaneció Vd.?** wie haben Sie geschlafen?; *Col* Begrü-

ßung am Vormittag wie geht's? **II** *m* Tagesanbruch *m*
amaner|ado gekünstelt; geziert; geschraubt; manieriert; **~amiento** *m* Geziere *n*; Affektiertheit *f*; **~arse** geziert tun; sich gekünstelt geben
amans|ador *m* Dompteur *m*; *Am* Zureiter *m*; **~amiento** *m* Zähmung *f*; Bändigung *f*; Besänftigung *f*; **~ar** *tr* zähmen; bändigen; besänftigen; **~arse** zahm werden; sanft werden
amante I *Adj* liebevoll **II** *m* Liebhaber *m*; Geliebter *m*; **~s** *Pl* Liebende *Pl*, Liebespaar *n*
amanzanar *tr Rpl Gelände* in Häuserblockgröße parzellieren
amañ|ado gewandt; geschickt; gefälscht; **~ar** *tr* geschickt verrichten; *etw* hinkriegen; *Bericht* frisieren; **~arse** Geschicklichkeit entwickeln; **~o** *m* Geschick *n*; Geschicklichkeit *f*; Kniff *m*; **~os** *m/Pl* Arbeitsgerät *n*
amapola *f* Klatschmohn *m*
amar *tr meist lit u abstr* lieben; → ***querer***
amar|aje *m* FLUGW Wasserung *f*; **~ar** *intr* auf dem Wasser niedergehen
amargar ⟨-g/gu-⟩ **I** *tr* bitter machen; verbittern **II** *intr* bitter sein *od* schmecken; **~se** bitter werden; verbittern; *Leben, Abschied* schwer machen
amarg|o I *Adj* bitter; bitterlich **II** *m* Magenbitter *m*; *Rpl* ungesüßter Mate *m*; **~or** *m* bitterer Geschmack *m*; **~ura** *f* Bitterkeit *f*; Verbitterung *f*; Kummer *m*, Verdruss *m*
amaric|ado, **~onado** weibisch; schwul
amarill|ear I *tr* gelb färben **II** *intr* gelb werden; vergilben; gelblich *od* gelb sein; **~ecer** ⟨-c/zc-⟩ *intr* gelb werden; **~ento** gelblich; vergilbt; fahlgelb; **~eo** *m* Vergilben *n*; Gelbwerden *n*; **~ez** *f* gelbe Färbung *f*; **~ismo** *m Medien* Sensationsmache **~o I** *Adj* gelb **II** *m* Gelb *n*
amarra *f* Trosse *f*; Ankertau *n* ◇ ***tener buenas ~s*** gute Beziehungen haben
amarr|ado *m* Anlegeplatz *m*; Zurrring *m*; **~adura** *f* Vertäuen *n*; Zurren *n*; Festmachen *n*; Festbinden *n*; **~aje** *m* Ankergeld *n*; **~ar I** *tr* binden; vertäuen; mit Ketten *od* Tauen festbinden; festzurren; fesseln; festmachen; festschnallen; *Gelegenheit* beim Schopfe packen **II** *intr* büffeln, pauken; **~arse** sich festschnallen; *Am* sich binden; **~ársela** *AmC, Col* sich betrinken; **~e** *m* Festbinden *n*; Verankerung *f*
amartel|ado sehr verliebt; **~arse** sich innig verlieben; miteinander turteln
amas|adera *f* Backtrog *m*; → ***~adora***; **~adero** *m* Backstube *f*; **~ador I** *Adj* Knet- **II** *m* Bäcker *m*; **~adora** *f* Knetmaschine *f*; **~adura** *f* Kneten *n*; Knetmasse *f*; Teig *m*; **~amiento** *m* Kneten *n*; Massage *f*; **~andería** *f Am* Bäckerei *f*; **~andero** *m Am* Bäcker *m*; **~ar** *tr Teig* kneten; *Gips* anrühren; *Geld* anhäufen; massieren; *etw* aushecken
amasijo *m* Kneten *n*; Teig *m*; Knetmasse *f*; Mörtel *m*; Wirrwarr *m von Ideen*; Sammelsurium *n umg*; Machenschaften *f/Pl*
amateur *bes* SPORT **I** *Adj* Amateur- **II** *m* Amateur *m*; **~ismo** *m* Amateursport *m*
amatista *f* Amethyst *m*
amat|ividad *f* Liebestrieb *m*; **~ivo** der Liebe zugetan; **~orio** Liebes-
amauta *m Bol, Pe* Weiser *m*; Lehrer *m*
amazacotado zusammengepfercht; langatmig
amazona *f* Amazone *f*; Reiterin *f*; Reitkleid *n*
Amazonas *m* Amazonas(strom) *m*
Amazonia *f* Amazonien *n*
amaz|ónico, **~onio** Amazonen-; Amazonas-
ambages *m/Pl* Umschweife *m/Pl*
ámbar *m* Bernstein *m*; ***~ gris*** Ambra *n*
ambarino Bernstein-; Ambra-
Amberes *f* Antwerpen *n*
amberino *m* Antwerpener *m*
ambi|ción *f* Ehrgeiz *m*; Streben *n*; **~cionado** ambitioniert; **~cionar** *tr* erstreben; sehnlich wünschen
ambicioso strebsam; ambitiös; ehrgeizig ◇ ***estar ~ de*** begierig sein auf *od* nach
ambient|ación *f* FILM Milieugestaltung *f*; **~ador** *m* Raumspray *m*; **~al** Umwelt(s)-; Milieu-; umweltbedingt; **~alista** Umweltschutz-; **~ar** *tr* die entsprechende Atmosphäre schaffen; LIT *Thema* ansiedeln
ambiente I *Adj* umgebend **II** *m* Umwelt *f*; Umgebung *f*; umgebende Luft *f*; Milieu *n*; Ambiente *n*; *Am reg* Zimmer *n*, Raum *m*; ***~ laboral*** Arbeitsumfeld *n*; ***~ de trabajo*** Arbeitsklima *n* ◇ ***crear ~*** Stimmung machen; ***estar en su ~*** in seinem Element sein; ***necesito cambiar de ~*** ich brauche einen Tapetenwechsel *umg*
ambig|üedad *f* Zweideutigkeit *f*; Doppelsinn *m*; **~uo** zweideutig; doppelsinnig; mehrdeutig; zwiespältig; GRAMM doppelgeschlechtig
ámbito *m* Bereich *m*; Umkreis *m*; Umfeld *n*; ***~ de acción*** Spielraum *m*; ***en todos los ~s*** auf allen Gebieten ◇ ***sobrepasar su ~ de responsabilidad*** seine Befugnisse überschreiten
ambo *m Am reg* Anzug *m*; *Chi* Sakko *m,n*
ambos beide; ***~ a dos*** beide zusammen
ambrosía *f* MYTH Ambrosia *f*, Götterspeise *f*; köstliche Speise *f*
ambulancia *f* Krankenwagen *m*; MIL Sani-

tätskraftwagen *m*; Feld-, Frontlazarett *n*; **~ de correos** Bahnpost *f*; **~ de depósito** Etappenlazarett *n*; **~ volante** fliegendes Feldlazarett *n*
ambula|nte umherziehend; wandernd; Wander-; Straßen-; **~torio I** *Adj* Bewegungs-; MED ambulant **II** *m* Ambulanz *f*
ameba *f* Amöbe *f*
amedrantar, amedrentar *tr* einschüchtern; ängstigen; **~se** verzagen
amén[1] *m* Amen *n* ◇ ***en un decir*** **~** im Handumdrehen, im Nu; ***decir a todo*** **~** zu allem Ja (und Amen) sagen
amén[2]: **~ *de*** *Adv* außer; ausgenommen, mit Ausnahme von; neben
amenaza *f* Drohung *f*; Bedrohung *f*; Androhung *f*; **~ *de*** *od* ***con bomba*** Bombendrohung *f*; **~ *de guerra*** Kriegsgefahr *f*; **~ *de muerte*** Morddrohung *f*; **~ *a la paz*** Friedensbedrohung *f*
amenaz|ante drohend; bedrohlich; **~ar** ‹-z/c-› **I** *tr* drohen (*dir Obj Dat*); androhen (***con*** *Akk*); bedrohen **II** *intr* drohen (***con*** zu; ***de*** mit)
amen|idad *f* Annehmlichkeit *f*; Lieblichkeit *f*, Reiz *m*; Gemütlichkeit *f*; **~izar** ‹-z/c-› *tr* gemütlich gestalten; verschönern; **~o** lieblich; lauschig; reizend; anregend; unterhaltsam; Unterhaltungs-
América *f* Amerika *n*; **~ *Central*** Mittelamerika *n*; **~ *Hispana*** (***Latina***) Spanisch-(Latein-)Amerika *n*; **~ *del Norte*** Nordamerika *n*; **~ *del Sur*** (*Am auch* ***del Sud***) Südamerika *n*
american|a *f* Sakko *n*, Jackett *n*; Amerikanerin *f*; **~ismo** *m* amerikaspanischer Ausdruck *m*; **~ista** *m* Lateinamerikawissenschaftler *m*; **~izar** ‹-z/c-› *tr/intr* amerikanisieren; **~o I** *Adj* (latein)amerikanisch; (nord)amerikanisch **II** *m* Amerikaner *m*
americio *m* CHEM Americium *n*
amer|icoespañol amerikaspanisch; **~indio I** *Adj* indianisch **II** *m*, **-a** *f* Indianer(in) *m(f)*
amerizar ‹-z/c-› *intr* → ***amarar***
ametrall|adora *f* Maschinengewehr *n*; **~amiento** *m* Maschinengewehrfeuer *n*, MG-Beschuss *m*; Beschießung *f*; Schusswechsel *m*; **~ar** *tr* unter MG-Beschuss nehmen; durch Splitter beschädigen
amianto *m* Asbest *m*
amida *f* Amid *n*
amig|a *f* Freundin *f*; Bekannte *f*; Geliebte *f*; **~able** freundschaftlich; gütlich; **~acho** *m* Kumpan *m*; **~arse** ‹-g/gu-› in wilder Ehe leben; **~azo** *m Am* (guter *od* lieber) Freund *m*, Kumpel *m*
amígdala *f* ANAT Mandel *f*, Tonsille *f*
amigdalitis *f* Mandelentzündung *f*
amigo I *Adj* befreundet **II** *m* Freund *m*; Kumpel *m*; Bekannter *m*; Geliebter *m*; Liebhaber *m*; **~ *entrañable,*** **~ *íntimo,*** **~ *de gancho*** *Rpl* Busenfreund *m* ◇ ***ser*** **~ *de u/c*** etw gern haben
amigo|cracia *f* Vetternwirtschaft *f*; **~te** *m* dicker Freund *m*, Kumpel *m*
amilanar *tr* einschüchtern; **~se** verzagen
amilasa *f* Amylase *f*
amílico I *Adj* Amyl- **II** *m* Fusel *m*
aminoácido *m* Aminosäure *f*
aminorar *tr* vermindern
amistad *f* Freundschaft *f*; Bekanntschaft *f*; Zuneigung *f*; Gunst *f*; Freund *m*; Freundin *f*; Bekannter *m*; Bekannte *f*; **~es** *Pl* Bekannte(nkreis) *m/Pl*; **~ *entre los pueblos*** Völkerfreundschaft *f* ◇ ***hacer*** **~es** Freundschaft schließen; Bekanntschaften machen; ***hacer las*** **~es** sich aussöhnen; ***romper*** (***las***) **~es** sich verfeinden
amist|arse sich anfreunden; **~oso I** *Adj* freundschaftlich; gütlich; gemütlich **II** *m* SPORT Freundschaftsspiel *n*
amnistía *f* Amnestie *f*, Begnadigung *f*; **♀ Internacional** *ohne Art* Amnesty International *ohne Art*
amnistiar ‹-ío-› *tr* amnestieren, begnadigen
amo *m* Herr *m*; Gebieter *m*; Familienoberhaupt *n*; Dienstherr *m*; Eigentümer *m*; **~ *de casa*** Hausmann *m*; **~ *de la casa*** Hausherr *m* ◇ ***ser el*** **~ *del cotarro*** das Sagen haben
amoblado *m* Mobiliar *n*
amoblamiento *m* Möblierung *f*; **~ *urbano*** Stadtmöblierung *f*
amoblar ‹-ue-› *tr* möblieren
amodorr|ado schlaftrunken, müde; benommen; **~amiento** *m* bleierne Müdigkeit *f*; Schlaftrunkenheit *f*; Benommenheit *f*; **~arse** schläfrig werden
amojonar *tr* mit Grenzsteinen markieren; *Gelände* abstecken
amol|adera *f* Schleifstein *m*; **~ado I** *Adj* geschliffen; lästig, zudringlich; ruiniert, erledigt *umg* **II** *m* Schliff *m*; **~adura** *f* Schleifen *n*; Wetzen *n*; **~ar** ‹-ue-› *tr* schleifen; wetzen; auf den Geist gehen
amoldar *tr* formen; gestalten; anpassen; **~se** sich anpassen (***a*** an)
amonarse sich beschwipsen
amonedar *tr* zu Münzen prägen
amonestación *f* Mahnung *f*; Ermahnung *f*; Abmahnung *f*; Verweis *m*, Verwarnung *f*; ***amonestaciones*** *Pl* (Heirats-)Aufgebot *n* ◇ ***correr las amonestaciones*** *Brautpaar* aufgeboten werden
amonest|ador I *Adj* Mahn-, mahnend **II** *m* Mahner *m*; **~ar** *tr* ermahnen; mahnen; ver-

warnen; *Brautpaar* aufbieten; **~arse** aufgeboten werden
amon|iacal ammoniakhaltig; **~iaco, ~íaco** *m* Ammoniak *n*; **~io** *m* Ammonium *n*
amontonador *m* Stapler *m*
amontonamiento *m* Anhäufung *f*, Ansammlung *f*; Stapelung *f*; ***~s de nieve*** Schneeverwehungen *f/Pl*
amontonar *tr* anhäufen; zusammentragen; stapeln; **~se** sich häufen; sich türmen; sich auftürmen; *Menschen* zusammenlaufen; sich sammeln; in wilder Ehe leben; *Méx* sich zusammenrotten
amor *m* Liebe *f*; Zuneigung *f*; *übertr* Schatz *m*; ***~es*** *Pl* Liebelei *f*; Liebschaften *f/Pl*; ***~ de las artes*** Kunstbegeisterung *f*; ***~ de madre, ~ materno*** Mutterliebe *f*; ***~ mío, mi ~*** (mein) Liebling, mein Liebes; ***~ de sí mismo*** *od* ***~ propio*** Eigenliebe *f*; ***~-odio*** *m* Hassliebe *f*; ***~ a*** *od* ***de la patria*** Vaterlandsliebe *f*; ***al ~ de la lumbre*** am Feuer *od* Kamin; ***con mil ~es*** sehr gern, mit Freuden; ***por ~ al arte*** für nichts, umsonst; ***por ~ de*** *od* ***a alg*** jmdm zuliebe; ***¡por ~ de Dios!*** um Gottes willen! ◇ ***hacer el ~*** flirten (***a*** mit); schlafen *d.h. koitieren* (***con*** mit); *Sprichw* ***los primeros ~es suelen retoñar*** alte Liebe rostet nicht
amoral amoralisch; **~idad** *f* Amoralität *f*
amoratado dunkelviolett
amorcillo *m* Cupido *m*
amordazar ⟨-z/c-⟩ *tr* knebeln; *übertr* einen Maulkorb anlegen; mundtot machen
amorf|ía *f*, **~ismo** *m* Formlosigkeit *f*; Missbildung *f*; **~o** formlos, amorph
amor|ío *m* Liebelei *f*; **~oso** liebevoll (***con, para, para con*** zu); Liebes-; *Boden* locker; *Wetter* mild
amortajar *tr* ins Leichentuch hüllen
amortiguación *f* → ***amortiguamiento***
amortiguado gedämpft; erloschen; ***no ~*** RADIO mit voller Lautstärke
amortiguador *m* Dämpfer *m*; ***~*** (***de choques***) Stoßdämpfer *m*; ***~ de fogonazo*** *Waffen* Schalldämpfer *m*
amortigu|amiento *m* Dämpfung *f*; Abschwächung *f*; langsames Nachlassen *n*; **~ar** ⟨-gu/gü-⟩ *tr* dämpfen; mindern; *Lärm* verringern; *Feuer, Aufruhr* eindämmen; lindern; mildern; *Scheinwerfer* abblenden; **~arse** *Schwingungen* abklingen; *Farben* verblassen
amortizable amortisierbar, tilgbar
amortización *f* Tilgung *f*; Abschreibung *f*, Amortisierung *f*; ***~ constante*** (***creciente***) lineare (progressive) Abschreibung *f*; ***~*** (***in***)***directa*** (in)direkte Abschreibung *f*
amortizar ⟨-z/c-⟩ *tr* tilgen, ablösen; abschreiben, absetzen; amortisieren; *Stellen* abbauen
amos|cado pikiert; **~carse** ⟨-c/qu-⟩, **~tazarse** ⟨-z/c-⟩ einschnappen; ärgerlich werden
amotin|ado I *Adj* meuternd **II** *m* Meuterer *m*; **~ador I** *Adj* aufwieglerisch **II** *m* Aufwiegler *m*; **~amiento** *m* Aufwiegelung *f*; Aufruhr *m*, Meuterei *f*; Zusammenrottung *f*; **~ar** *tr* aufwiegeln; **~arse** sich zusammenrotten; meutern
amov|er ⟨-ue-⟩ *tr* absetzen; **~ible** absetzbar; abnehmbar; *Futter* ausknöpfbar
ampar|ador I *Adj* Schutz-; schützend **II** *m* Beschützer *m*; **~ar** *tr* (be)schützen (***de, contra*** vor); beistehen; **~arse** sich schützen; sich verteidigen (***de, contra*** gegen); Schutz suchen (***con*** bei; ***bajo*** unter); **~o** *m* Schutz *m*, Hilfe *f*; Zuflucht *f*; Beistand *m*
amper|aje *m* Stromstärke *f*; **~ímetro** *m* Amperemeter *n*; **~io** *m* Ampere *n*
ampliación *f* Erweiterung *f*; Ausdehnung *f*; Ausbau *m*; Ausweitung *f*; FOTO Vergrößerung *f*; *zeitliche* Verlängerung *f*; ***~ de capital*** Kapitalerhöhung *f*; ***~ al*** *od* ***hacia el Este*** POL Osterweiterung *f*; ***~ de memoria*** *Computer* Speichererweiterung *f*; ***~ de personal*** Personalaufstockung *f*; ***~ posterior*** *Computer* Nachrüstung *f*; ***~ de la producción*** Produktionsausweitung *f*; ***~ de RAM*** RAM-Erweiterung *f*; ***~ del surtido*** Sortimentserweiterung *f*
ampli|adora *f* Vergrößerungsapparat *m*; **~ar** ⟨-ío⟩ *tr* erweitern; ausdehnen; ausbauen; ausweiten FOTO vergrößern; *Kleid* weiter machen; *Ring* weiten; *Nachricht* verbreiten; *Kapital* erhöhen, aufstocken; *Vertrag* verlängern; **~ficación** *f* Erweiterung *f*; RADIO Verstärkung *f*; **~ficador** *m*; TECH Verstärker *m*; **~ficar** ⟨-c/qu-⟩ *tr* erweitern; ausweiten; *Ton* verstärken; **~o** weit; weitläufig; geräumig; umfassend; ausführlich
amplitud *f* Weite *f*; Ausdehnung *f*; Ausführlichkeit *f*; Amplitude *f*; ***~ del surtido*** Sortimentsbreite *f*
ampoll|a *f* *Haut, Wasser* Blase *f*; Ampulle *f*; **~arse** Blasen ziehen; **~eta** *f* Sanduhr *f*; Eieruhr *f*; MAR Stundenglas *n*
ampuloso schwülstig, hochtrabend
amput|ación *f* Amputation *f*; **~ado** *m* Amputierter *m*; **~ar** *tr* amputieren, abnehmen
amu|chachado knaben-, jungenhaft; **~eblar** *tr* möblieren; **~jerado** weibisch; frauenhaft; **~latado** mulattenhaft; **~leto** *m* Amulett *n*; **~ñecado** puppenhaft; **~rallar** *tr* mit Mauern umgeben
anabolizante *m* PHARM Anabolikum *n*
anacardo *m* Cashewbaum *m*; Cashewnuss *f*
anaconda *f* Anakonda(schlange) *f*
anacr|ónico anachronistisch; **~onismo** *m*

Anachronismus *m*
ánade *m* Ente *f*
anaerobio I *Adj* anaerob **II** *m* Anaerobier *m*
an|afrodisíaco *m* Anaphrodisiakum *n*; **~afrodita** frigid; zeugungsunfähig
anagrama *m* Anagramm *n*
anal After-, Anal-, anal
anales *m/Pl* Annalen *Pl*
analfabet|ismo *m* Analphabetentum *n*; **~o I** *Adj* analphabetisch **II** *m* Analphabet *m*
analg|esia *f* Analgesie *f*; **~ésico I** *Adj* schmerzstillend **II** *m* Schmerztablette *f*, Analgetikum *n*
análisis *m* Analyse *f*; Untersuchung *f*; (Über-)Prüfung *f*; **~ clínico** Laboruntersuchung *f*; **~ coste-beneficio** Kosten-Nutzen-Analyse *f*; **~ del mercado** (**sistema**) Markt-(System)analyse *f*
analista[1] *m* Chronist *m*; Beobachter *m*
analista[2] *m(f)* Analytiker(in) *m(f)*; *Börse* Analyst *m*; **~-programador** INFORM Softwareentwickler *m*; **~ de sistemas** INFORM Systemanalytiker *m*
anal|ítica *f* Analytik *f*; **~ítico** analytisch; **~izar** ⟨-z/c-⟩ *tr* analysieren; untersuchen; (über)prüfen
analogía *f* Analogie *f*, Entsprechung *f*; Ähnlichkeit *f*
analógico, **análogo** analog, entsprechend; ähnlich
anam|nesia *f*, **~nesis** *f* Anamnese *f*
ananá, **~s** *m* Ananas *f*
anaquel *m* Regalbrett *n*; Schrankbrett *n*; **~ería** *f* Regal *n*
anaranjado orangefarben
anar|cosindicalismo *m* Anarchosyndikalismus *m*; **~quía** *f* Anarchie *f*
anárquico anarchisch, gesetzlos
anarqu|ismo *m* Anarchismus *m*; **~ista I** *Adj* anarchistisch **II** *m* Anarchist *m*; **~izar** ⟨-z/c-⟩ *intr* Anarchismus verursachen; Anarchismus verbreiten
anastasia *f* BOT Beifuß *m*
anatema *m* Bannfluch *m*; **~lizar** ⟨-z/c-⟩ *tr* mit dem Kirchenbann belegen; verfluchen
anat|omía *f* Anatomie *f*; **~ómico I** *Adj* anatomisch **II** *m* Anatom *m*; **~omista** *m* Anatom *m*
anca *f* ⟨**el**⟩ *Tier* Hinterbacken *m*; Hintern *m*; **~s** *Pl* Kreuz *n*; Kruppe *f*; **~ de rana** Froschschenkel *m*
ancestral Ahnen-; seit vielen Generationen bestehend
ancestro *m* Urahn *m*; **~s** *Pl* Ahnen *m/Pl*, Vorfahren *m/Pl*, Altvorderen *m/Pl*
ancho I *Adj* breit; weit ◇ **estar a sus anchas** *od* **~s** sich wohl fühlen; **estar** *od* **ponerse muy ~** großtun; **quedarse tan ~** nichts ausmachen; **venir** *od* **estar muy ~** *Anzug, Schuhe* zu groß sein **II** *m* Breite *f*; **~ de vía** Spurweite *f*
anchoa *f* Anschovis *f*, Sardelle *f*
anchur|a *f* Breite *f*; Weite *f*; Zwanglosigkeit *f*; **~ar** *tr* erweitern; **~oso** weit; geräumig
ancian|ato *m* Altersheim *n*; **~idad** *f* Greisenalter *n*; **~o I** *Adj* (hoch)betagt **II** *m* Greis *m*
ancla *f* ⟨**el**⟩ MAR Anker *m*; **~ de respeto** Ersatz-, Notanker *m* ◇ **echar ~s** ankern; **levar ~s** die Anker lichten
ancl|adero *m* Ankerplatz *m*; **~aje** *m* Verankerung *f*; Ankerplatz *m*; Ankerfeld *n*; **~ar** *intr/tr* ankern
ancón *m*, **anconada** *f* kleine Bucht *f*
áncora *f* ⟨**el**⟩ Anker *m auch Uhr*; **~ de salvación** *übertr* Rettungsanker *m*
andadas *f/Pl*: **volver a las ~** einem Laster *od* alten Gewohnheiten wieder verfallen
and|adero I *Adj* gut begehbar **II** *m* Herumtreiber *m*; **~ado I** *Adj Straße* begangen; *Kleidung* abgetragen; alltäglich, gewöhnlich **II** *m AmC* Gang(art *f*) *m*; **~ador I** *Adj* leichtfüßig **II** *m* Fußgänger *m*; Bote *m*; Gehhilfe *f*; **~adores** *m/Pl* Laufgurt *m*; **~adura** *f* Gang *m*; *Pferd* Gangart *f*; **~arín** *m* SPORT Geher *m*
Andalucía *f* Andalusien *n*
andalu|cismo *m* andalusischer Ausdruck *m*; **~z I** *Adj* andalusisch **II** *m*, **~za** *f* Andalusier(in) *m(f)*; das Andalusische; **~zada** *f* andalusische Übertreibung *f*
andami|ada *f*, **~aje** *m* Baugerüst *n*; **~o** *m* Baugerüst *n*; Schaugerüst *n*
andanada *f Salve* Breitseite *f*; **~ de insultos** Schimpfkanonade *f* ◇ **soltar a alg una ~** jmdm kräftig die Leviten lesen
andan|te I *Adj* wandernd **II** *Adv* MUS andante **III** *m* Andante *n*; **~za(s)** *f(Pl)* Schicksal *n*; Abenteuer *n*; abenteuerliche Reise *f*
andar I *unreg Verb* **a)** *intr im Gegensatz zu* **ir** *u* **venir** *drückt* **andar** *oft eine nicht gerichtete Bewegung aus*: gehen, schreiten, laufen, zu Fuß gehen, *aber auch* fahren; fliegen; gleiten; reisen; segeln *usw*; *Gerät, Maschine* gehen, laufen, funktionieren; **¡anda !** nur zu!; los!; nanu!, sag bloß!; **¡ándele!** *Méx* schnell!; los!; **~ de acá para allá** umhergehen, hin und her gehen; **~ alegre** (**preocupado**; **triste**) fröhlich (besorgt; traurig) sein; **~ con alg** mit jmdm gehen *od* verkehren *auch übertr*; **~ con algo** etw haben *auch übertr*; **~** + *Ger verleiht durative Bedeutung z.B.* **~ buscando** gerade suchen; **~ en** stecken in *z.B. Schwierigkeiten*; befasst sein mit; **~ en ello** seine Hand im Spiele haben; **~ en** + *Inf* darauf verfallen

zu + *Inf*; **~ tras alg** *od* **algo** jmdn *od* etw verfolgen, hinter jmdm *od* etw her sein; **~ mal de** kaum noch *etw z.B. Geld* haben; **~ suelto** umgehen *z.B. Spuk*; **¿cómo andas?** wie geht's (dir)?; **hacer ~** in Gang setzen **b)** *tr Strecke* gehen, zurücklegen **c)** **~se**: **todo se andará** alles wird gut werden **II** *m* Gang *m*; Gang(art *f*) *m*; Gehen *n*; **a más ~** höchstens; **a todo ~** eiligen Schrittes; TECH mit voller Kraft

anda|riego I *Adj* wanderlustig; gut zu Fuß **II** *m* Fußgänger *m*; Wanderer *m*; **~rín** *m* Fußgänger *m*; SPORT Geher *m*; **~rivel** *m* Fährseil *n*; Fahrkorb *m*; **~rríos** *m* Bachstelze *f*

andas *f/Pl* Sänfte *f*; Bahre *f*; Tragegestell *n*

andén *m* Bahnsteig *m*; Bürgersteig *m*

Andes *m/Pl*: **los ~** die Anden

andin|ismo *m* Bergsteigen *n in den Anden*; **~ista** *m* Bergsteiger *m*; **~o I** *Adj* Anden-; andin **II** *m*, **-a** *f* Andenbewohner(in) *m(f)*

Andorra *f* Andorra *n*

andorrano I *Adj* andorranisch **II** *m*, **-a** *f* Andorraner(in) *m(f)*

andraj|o *m* Lumpen *m*, Fetzen *m*; Schurke *m*, Lump *m*; **~oso** zerlumpt, abgerissen

anduve → **andar**

anécdota *f* Anekdote *f*

anecdótico anekdotisch

aneg|ación *f* Überschwemmen *n*; Überschwemmung *f*; Ertränken *n*; **~adizo** Überschwemmungs-; Überschwemmungen ausgesetzt; **~amiento** *m* → **~ación**; **~ar** ⟨-g/gu-⟩ *tr* überschwemmen; unter Wasser setzen; ertränken; ersäufen; **~arse** ertrinken; *Schiff* untergehen

anejo I *Adj* beiliegend; Neben-; verbunden **II** *m Gemeinde* Ortsteil *m*; *Zeitschrift* Anhang *m*; Beiheft *n*; JUR Nebensache *f*; **~(s)** *Brief* Anlage(n) *f(Pl)*

an|emia *f* Anämie *f*; **~émico** blutarm

anemómetro *m* Anemometer *n*, Windmesser *m*

anémona, **anemona**, **anemone** *f* Anemone *f*

anes|tesia *f* Anästhesie *f*; Unempfindlichkeit *f*; **~tesiar** *tr* anästhesieren; **~tésico** *m* Narkosemittel *n*; **~tesiólogo** *m*, **~tesista** *m* Anästhesist *m*

anex|ar *tr* → **~ionar**; **~ión** *f*, *Am* **~ionamiento** *m* Annexion *f*; **~ionar** *tr* annektieren; **~ionismo** *m* Annexionismus *m*; **~ionista I** *Adj* Annexions- **II** *m* Vertreter *m* des Annexionismus; **~o I** *Adj* angeschlossen; beiliegend **II** *m Brief* Anlage *f*; Beilage *f*; Anbau *m*; Nachtrag *m*

anfib|io I *Adj* amphibisch; Amphibien-; MIL Land- und-Wasser- **II** *m* Amphibie *f*, Lurch *m*; **~ología** *f* Zweideutigkeit *f*

anfiteatro *m* Amphitheater *n*; großer Hörsaal *m*; THEAT Rang *m*; **~ anatómico** Seziersaal *m*

anfitrión I *Adj* gastgebend, Gast- **II** *m*, **-ona** *f* Gastgeber(in) *m(f)*

ánfora *f* ⟨**el**⟩ Amphora *od* Amphore *f*; *Méx* Wahlurne *f*

angarillas *f/Pl* Trage *f*; Traggestell *n*; Menage *f für Essig, Öl u Gewürze*

ángel *m* REL *u übertr* Engel *m*; **~ custodio, ~ de la guarda** Schutzengel *m*; **~ patudo** Bengel *m*, Flegel *m*; **~ de tinieblas, ~ malo** Teufel *m* ◇ **tener ~** Charme haben

ang|elical engelhaft; engelrein; Engel(s)-; **~élico** engelhaft; himmlisch; **~elito** *m* kleines Kind *n*; Unschuldsengel *m*

angina *f* Angina *f*, Halsentzündung *f*; **~ de pecho** Angina *f* Pectoris

angi|ólogo *m* Spezialist *m* für Gefäßkrankheiten; **~ospermas** *f/Pl* BOT Bedecktsamer *m/Pl*

angl|icanismo *m* Anglikanismus *m*; **~icano I** *Adj* anglikanisch **II** *m*, **-a** *f* Anglikaner(in) *m(f)*; **~icista** *m* → **anglista**; **~icismo** *m* Anglizismus *m*; **~ista** *m(f)* Anglist (-in) *m(f)*; **~ística** *f* Anglistik *f*; **~ístico** anglistisch; **~oamericano I** *Adj* angloamerikanisch **II** *m* Angloamerikaner *m*; **~ocanadiense I** *Adj* anglokanadisch **II** *m* Anglokanadier *m*; **~ófilo** englandfreundlich; **~ófobo** englandfeindlich; **~ófono** englischsprachig, Englisch sprechend; **~ohablante I** Englisch sprechend **II** *m* Englischsprecher *m*; **~omanía** *f* Anglomanie *f*; **~oparlante** → **~ohablante**; **~osajón I** *Adj* angelsächsisch **II** *m*, **-ona** *f* Angelsachse, *m*, -sächsin *f*

Angola *f* Angola *n*

angol|ano, **~eño**, **~és I** *Adj* angolanisch **II** *m*, **-ana** *f*, **-eña** *f*, **-esa** *f* Angolaner(in) *m(f)*

angost|ar *tr* verengen; schmaler machen; **~arse** enger werden; schmaler werden; **~o** eng; knapp; schmal; **~ura** *f* Verengung *f*; Enge *f*; Meerenge *f*; Engpass *m*

angström *m* Ångström *n*

anguila *f* Aal *m*; **~ ahumada** Räucheraal *m*

angular eckig; Eck-; winklig; Winkel-

ángulo *m* Winkel *m*; Ecke *f*; Kante *f*; Stand-, punkt *m*; **~ agudo** (**muerto**; **obtuso**; **recto**) spitzer (toter; stumpfer; rechter) Winkel *m*

angulos|idad *f* Winkligkeit *f*; **~o** (viel-) winklig; eckig; kantig

angustia *f* Angst *f*; Beklemmung *f*; Betrübnis *f*; Leid *n*; **~ escénica** Lampenfieber *n*; **~ existencial** Existenzangst *f*

angusti|ado ängstlich; verängstigt; **~ar(se)** *tr* (sich) ängstigen; (sich) quälen; **~osamente** angstvoll; **~oso** beängstigend;

angstvoll, ängstlich; verängstigt
anhel|ación *f* Keuchen *n*; Sehnsucht *f*; **~ante** keuchend; sehnsüchtig; **~ar I** *tr* trachten nach; erstreben; ersehnen **II** *intr* keuchen; **~o** *m* Sehnsucht *f*; Trachten *f*; Verlangen *n* (***de*** nach); **~oso** keuchend, schweratmig; sehnsüchtig
anhídrido *m* Anhydrid *n*; **~ *carbónico*** Kohlendioxid *n*
anidar I *tr* beherbergen, aufnehmen **II** *intr* nisten; **~se** sich einnisten
anilina *f* Anilin *n*
anilla *f* Ring *m*; **~*s*** *Pl* SPORT Ringe *m*/*Pl*; **~ *de llavero*** Schlüsselring *m*
anillar *tr* mit Ringen versehen; *Vögel* beringen; *Cu Zigarre* mit Bauchbinde versehen
anillo *m* Ring *m*; Fingerring *m*, Reif *m*; **~ *anual*** Jahresring *m*; **~ *de boda***, **~ *nupcial*** Trau-, Ehering *m*; **~ *de sellar*** Siegelring *m* ◇ ***venir como ~ al dedo*** wie gerufen kommen; wie angegossen sitzen
ánima *f* ⟨***el***⟩ Seele *f auch Geschütz*
anim|ación *f* Beseelung *f*; Belebung *f*; Lebhaftigkeit *f*; bewegtes Treiben *n*; Betrieb *m*; Animation *f auch* INFORM; **~ado** beseelt; belebt; lustig; lebhaft; **~ador I** *Adj* anregend **II** *m* Conférencier *m*; Moderator *m*; Spaßmacher *m*; Animateur *m*; FILM Animator *m*; **~adora** *f bunter Abend* Ansagerin *f*, Moderatorin *f*; Animierdame *f*
animadversión *f* Abneigung *f*; Groll *m*; Feindschaft *f*
animal I *Adj* tierisch; Tier-; animalisch; duss(e)lig **II** *m* Tier *n*, Vieh *n*; Grobian *m*; Dummkopf *m*; **~ *de caza*** Wild *n*; **~ *dañino od nocivo*** Schädling *m*; **~ *doméstico*** Haustier *n*; **~ *de experimentación***, **~ *experimental*** Versuchstier *n*; **~ *útil*** Nutztier *n*
animalada *f* Eselei *f*; Tölpelei *f*
animalizarse ⟨-z/c-⟩ vertieren
animar *tr* beseelen; beleben; ermuntern; ermutigen; animieren; *jmdn* aufrichten
animarse Mut fassen; Lust bekommen; ***no ~*** keine Lust haben
ánimo *m* Geist *m*; Seele *f*; Gemüt *n*; Absicht *f*; ***¡~!*** nur Mut!; ***con ~ de*** in der Absicht zu ◇ ***caer(se) de ~*** den Mut verlieren; ***cobrar ~*** Mut fassen; ***estar bajo de ~*** bedrückt sein; ***desfallecer de ~***, ***perder el ~*** den Mut verlieren; ***infundir ~*** Mut einflößen, ermutigen; ***tranquilizar los ~s*** die Gemüter beruhigen
animos|idad *f* Abneigung *f*; Animosität *f*; Feindschaft *f*; Groll *m*; **~o** mutig; beherzt, tatkräftig
aniñ|ado kindlich; kindisch; **~arse** kindisch werden; sich ein kindliches Aussehen geben
aniquil|ador vernichtend, Vernichtungs-; Ausrottungs-; **~ar** *tr* vernichten; ausrotten
anís *m* Anis *m*; Anislikör *m*
anis|ado *m* Anisbranntwein *m*; **~ar** *tr* mit Anis versetzen; **~ete** *m* Anislikör *m*
aniversario I *Adj* alljährlich **II** *m* Jahres-, Gedenktag *m*; Jubiläum *n*; Geburtstag *m*; **~ *de la empresa*** Betriebs-, Firmen-, Geschäftsjubiläum *n*; **~ *luctuoso*** Todestag *m*
ano *m* After *m*; **~ *artificial*** künstlicher Darmausgang *m*
anoche gestern Abend; gestern Nacht
anochecer ⟨-c/zc-⟩ **I** *intr unpers* Abend *od* dunkel werden; *pers* bei Einbruch der Dunkelheit eintreffen *od* sein **II** *m* Dunkelwerden *n*; Abenddämmerung *f*; ***al ~*** bei Einbruch der Dunkelheit
anódico Anoden-
anodino schmerzstillend; unscheinbar; unbedeutend; nichts sagend
ánodo *m* Anode *f*
anófeles *m* Anophelesmücke *f*
anomalía *f* Anomalie *f*; Unregelmäßigkeit *f*
anómalo regelwidrig, anomal; unregelmäßig
anonadar *tr* vernichten; *übertr* niederschmettern; bedrücken; (ver)wundern; verblüffen
anonimato *m* Anonymität *f* ◇ ***guardar el ~*** die Anonymität wahren; ***pedir permanecer en el ~*** nicht genannt sein wollen
anónimo I *Adj* anonym, namenlos **II** *m* unbekannter Autor *m*, Anonymus *m*; anonymer Brief *m*; Anonymität *f*
anorak *m* Anorak *m*
anorexia *f* Appetitlosigkeit *f*; **~ *nerviosa*** Magersucht *f*
anorexígeno *m* Appetitzügler *m*
anormal ano(r)mal; krankhaft; abnorm; **~idad** *f* Abnormität *f*, Anomalie *f*
anot|ación *f* Notiz *f*; Aktennotiz *f*; **~ar** *tr* aufschreiben; notieren; eintragen; verzeichnen; buchen; *Bestellung* vormerken; **~arse u/c** etw für sich verbuchen
anovulatorio *m* MED Ovulationshemmer *m*
anquilos|arse *Gelenk* sich versteifen; **~is** *f* Gelenkversteifung *f*
ánsar *m* Wildgans *f*; Gans *f*
ansia *f* ⟨***el***⟩ Sehnsucht *f*; Begierde *f*; Angst *f*; Beklemmung *f*; **~*s*** *Pl* Brechreiz *m*; **~*s de libertad*** Freiheitsdrang *m*; **~*s de poder*** Machtgier *f*; **~*s de saber*** Wissbegierde *f*
ansi|ar ⟨-ío-⟩ *tr* ersehnen, sich sehnen nach; **~edad** *f* Angst *f*; Unruhe *f*; Beklemmung *f*; **~olítico** *m* Suchtstoff *m*; **~oso** begierig (***de*** auf); sehnsüchtig; beklommen
anta *f* ⟨***el***⟩ Elch *m*; BOL Tapir *m*
antag|ónico antagonistisch; gegensätzlich;

~onismo *m* Antagonismus *m*; Gegensätzlichkeit *f*; Widerstreit *m*; **~onista I** *Adj* antagonistisch; Gegen- **II** *m* Widersacher *m*; Antagonist *m*; Gegenspieler *m*
antaño voriges Jahr; früher, einst
antártico antarktisch, südpolar
Antártida *f* Antarktika *f*
ante[1] *m* Elen *n*; Büffel *m*; Wildleder *n*
ante[2] vor (***~ el pueblo***); angesichts (***~ tamaña injusticia***); bei (***embajador ~ el gobierno de Suiza***); ***~ todo*** vor allem
ante|anoche vorgestern Abend; **~ayer** vorgestern; **~brazo** *m* Unterarm *m*; **~cama** *f* Bettvorleger *m*; **~cámara** *f* Vorzimmer *n*
antecedente I *Adj* vorhergehend **II** *m* Präzedenzfall *m*; ***~s*** *Pl* Vorleben *n*; Vorgeschichte *f*; (***sin***) ***~s penales*** (ohne) Vorstrafen *f/Pl* ◇ (***no***) ***estar en ~s*** (nicht) im Bilde sein; ***ponerse en ~s*** sich über den neuesten Stand informieren; ***tener ~s*** vorbestraft sein
antece|der *tr/intr* → ***preceder***; **~sor I** *Adj* vorhergehend **II** *m* Vorgänger *m*; Vorfahr *m*
ante|data *f* Zurückdatierung *f*; **~datar** *tr* (zu)rückdatieren; **~dicho** vorgenannt, oben genannt; **~diluviano** vorsintflutlich
antefechar *tr* rückdatieren
antelación *f* Vorwegnahme *f*; ***con ~*** im Voraus; vorzeitig; vorfristig; ***con*** (***sin***) ***la ~ debida*** (nicht) rechtzeitig; ***con la mayor ~ posible*** so zeitig wie möglich
antemano: ***de ~*** im Voraus, vorher
antena *f* Antenne *f*; ZOOL Fühler *m*; ***~ aérea*** (***colectiva***) Hoch-(Gemeinschafts)antenne *f*; ***~ emisora*** Sendeantenne *f*; ***~ exterior*** (***interior***) Außen-(Zimmer)antenne *f*; ***~ parabólica*** Parabolantenne *f*, *umg* Satellitenschüssel *f*; ***~ de recepción*** Empfangsantenne *f*
antenombre *m* dem Namen vorangestellte Anredeform *f* (*z.B.* ***Don***)
anteojeras *f/Pl* Scheuklappen *f/Pl*
anteojo *m* Fernrohr *n*; ***~s*** *Pl* Brille *f*; Feldstecher *m*; Theaterglas *n*
ante|pasado I *Adj* voran-, vorhergegangen **II** *m* Vorfahr *m*, Ahn *m*; **~patio** *m* Vorhof *m*; **~pecho** *m* Geländer *n*; Brüstung *f*; Fensterbank *f*, -brett *n*; **~penúltimo** vorvorletzter; **~poner** *tr* ⟨→ ***poner***⟩ voranstellen; den Vorrang geben; **~portada** *f* TYP Schmutztitel *m*; **~posición** *f* Voranstellung *f*; Bevorzugung *f*; **~proyecto** *m* Vorprojekt *n*, -entwurf *m*; **~puerta** *f* Türvorhang *m*; **~puerto** *m* Vor-, Außenhafen *m*
anterior vorhergehende(r, -s), vorige(r, -s); frühere(r, -s); Vorder-; ***~ a*** vor (***el día ~ a tu boda***); ***lo ~*** das Obige
anterioridad *f* Vorzeitigkeit *f*; ***con ~*** vorzeitig, vorher, früher; ***con ~ a*** vor
anteriormente weiter oben; vorher; früher
antes vordem; vorher; vorhin; früher; ***~ de*** binnen, vor Ablauf von; ***~ de*** + *Inf* vor; ***~*** (***de***) ***que*** + *subj* bevor, ehe; ***~ que*** + *Subst* früher als; ***ahora como ~*** nach wie vor; ***como ~*** wie früher; wie gehabt; ***cuanto ~*** baldmöglichst; ***desde mucho ~*** seit langem; ***poco ~*** kurz zuvor
antesala *f* Vorzimmer *n* ◇ ***hacer ~*** im Vorzimmer warten; antichambrieren
anti|aéreo Fliegerabwehr-, *Kurzf* Flak-; Luftschutz-; **~alcohólico I** *Adj* alkoholfeindlich; Antialkohol- **II** *m* Antialkoholiker *m*
antiarranque *m*: ***~ electrónico*** KFZ elektronische Wegfahrsperre *f*
anti|artístico kunstfeindlich; geschmacklos; **~atómico** Antiatom-; **~autoritario** antiautoritär; **~belicista I** *Adj* Antikriegs- **II** *m* Kriegsgegner *m*; **~biótico I** *Adj* antibiotisch **II** *m* Antibiotikum *n*; **~bloqueo** Antiblockier-; **~canceroso I** Krebs verhütend; Krebsbekämpfungs- **II** *m* Krebsbekämpfungsmittel *n*; **~cíclico** antizyklisch; **~científico** unwissenschaftlich; wissenschaftsfeindlich
anticipación *f* Vorwegnahme *f*; Voraus(be)zahlung *f*; Vorschuss *m*; Vorverlegung *f*; ***con ~*** im Voraus; vorzeitig
anticipado vorausgehend; Vorschuss-; vorzeitig; vorauseilend; verfrüht; vorgezogen *z.B. Wahlen*; ***por ~*** im Voraus
anticipar *tr* vorwegnehmen, voraus-, vorwegschicken; *Termin* vorverlegen; *Wahlen* vorziehen; *Geld* vorschießen; *Lohn* vorauszahlen; **~se** sich verfrühen; vorauseilen; vorausgehen; zuvorkommen
anticipo *m* Vorschuss *m*; Vorauszahlung *f*; Vorgriff *m*; ***~ electoral*** vorgezogene Wahlen *f/Pl*; ***~ sobre los honorarios*** (***de sueldo***) Honorar-(Gehalts)vorschuss *m*
anti|cívico staatsfeindlich; **~clerical** kirchenfeindlich; **~colonialismo** *m* Antikolonialismus *m*; **~colonialista** antikolonialistisch; **~competitivo** wettbewerbsfeindlich; **~comunismo** *m* Antikommunismus *m*; **~concepción** *f* Empfängnisverhütung *f*; **~conceptivo I** *Adj* empfängnisverhütend **II** *m* Schwangerschaftsverhütungsmittel *n*; **~congelante** *m* Frostschutzmittel *n*; **~constitucional** verfassungswidrig; verfassungsfeindlich; **~corrosivo I** *Adj* Rostschutz-; nicht rostend **II** *m* Rostschutzmittel *n*; **~crisis** Krisenbekämpfungs-; **~cristo** *m* Antichrist *m*
anticu|ado veraltet; altmodisch; **~ario** *m* Antiquar *m*; **~arse** ⟨-úo⟩ veralten
anti|cuerpo *m* Antikörper *m*; **~cultura** *f*

Unkultur *f*; Kulturfeindlichkeit *f*; **~democrático** undemokratisch; **~deportivo** unsportlich; **~depresivo I** *Adj* antidepressiv **II** *m* Antidepressivum *n*; **~deslizante** rutschfest; **~detonante I** *Adj* klopffrei **II** *m* Klopfzusatz *m*; **~dogmático** antidogmatisch

antídoto *m* Gegengift *n*; Gegenmittel *n*

antidrogas ⟨*unv*⟩ Drogenbekämpfungs-

anti|económico unökonomisch; wirtschaftsfeindlich; **~estatal** staatsfeindlich; **~estético** unästhetisch; **~fascismo** *m* Antifaschismus *m*; **~fascista I** *Adj* antifaschistisch **II** *m* Antifaschist *m*; **~faz** *m* Gesichtsschleier *m*; Gesichtsmaske *f*; Mundschutz *m zur Hygiene*; **~febril** fiebersenkend; **~franquista** Anti-Franco-; **~gás** Gasschutz-

antígeno *m* Antigen *n*

antiglobalización *f* ⟨*nur Sg*⟩ WIRTSCH Antiglobalisierung *f*

antigu|alla *f* alter Plunder *m*; altes Gerümpel *n*; alter Schmöker *m*; alter Zopf *m*; **~amente** früher, einst

antigubernamental regierungsfeindlich

antigüedad *f* Alter *n eines Werkes*; Dienstalter *n*; Betriebszugehörigkeit *f*; **~es** *Pl* Antiquitäten *f/Pl*; **~ (*clásica*)** Antike *f*

antiguo I *Adj* alt; althergebracht; antik; ehemalig; ***a la antigua*** nach althergebrachter Weise; ***de ~*** von alters her **II** *Subst*: ***lo ~*** das Altertümliche; **~*s*** *Pl* Altvordere *m/Pl*

anti|helmíntico *m* Wurmmittel *n*; **~higiénico** unhygienisch; **~histamínico** *m* MED Antihistaminikum *n*; **~humanitario** gegen die Menschlichkeit; **~humano** menschenfeindlich; unmenschlich; **~imperialista** antiimperialistisch; **~inflamatorio** entzündungshemmend; **~jurídico** rechtswidrig; **~legal** ungesetzlich

antillano I *Adj* Antillen- **II** *m* Antillenbewohner *m*

Antillas: ***las ~*** die Antillen

antílope *m* Antilope *f*

anti|magnético antimagnetisch; **~materia** *f* Antimaterie *f*; **~militarismo** *m* Antimilitarismus *m*; **~militarista I** *Adj* antimilitaristisch **II** *m* Antimilitarist *m*

antimon|ial antimonhaltig; **~io** *m* Antimon *n*

antimonopol|ista, **~ístico** antimonopolistisch

antimoral sittenwidrig; unmoralisch

anti|nacional antinational; **~natural** unnatürlich; widernatürlich; **~neurálgico I** *Adj* schmerzstillend **II** *m* schmerzstillendes Mittel *n*; **~nomia** *f* Antinomie *f*, Unvereinbarkeit *f*; **~nuclear I** *Adj* Antiatom- **II** *m* Kernkraftgegner *m*; **~oficialismo** *m* gegen die Regierung gerichtete Politik *f*; **~otanista** NATO-feindlich; **~oxidante I** *Adj* oxidationsverhindernd; oxidationshemmend; Rostschutz- **II** *m* Rostschutzmittel *n*; Oxidationshemmer *m*; **~palabra** *f* Unwort *n*

anti|palúdico I *Adj* gegen Malaria; Malariaschutz- **II** *m* Malariamittel *n*; **~papista I** *Adj* papstfeindlich **II** *m* Papstgegner *m*; **~parasitario** *m* Schädlingsbekämpfungsmittel *n*; **~parásito** RADIO Entstörungs-; funkentstört; **~parlamentario I** *Adj* antiparlamentarisch **II** *m* Parlamentsgegner *m*; **~partícula** *f* Antiteilchen *n*

antipatía *f* Abneigung *f*, Antipathie *f* ◇ ***granjearse la ~ de todos*** sich bei allen unbeliebt machen

anti|pático I *Adj* widerwärtig, unsympathisch; abscheulich; zuwider **II** *m* unsympathischer Kerl *m*; **~patizar** ⟨-z/c-⟩ *intr Am* Widerwillen empfinden

anti|pedagógico unpädagogisch; **~pinchazo** *Autoreifen* pannensicher; **~pirético I** *Adj* fiebersenkend **II** *m* Antipyretikum *n*

antípoda I *Adj* GEOGR Antipoden-; entgegengesetzt **II** *m* Antipode *m auch übertr*; Gegenteil *m*

anti|polo *m* Gegenpol *m*; **~polución** gegen Umweltverschmutzung *f*; **~popular** volksfeindlich; unpopulär; **~profesional** unprofessionell; berufswidrig; **~progresista** fortschrittsfeindlich; **~pútrido** fäulnisverhütend

anti|rradar I *Adj* Antiradar-, Radarstör- **II** *m* Radarschutz *m*; **~rreflector** *Glas* entspiegelt; **~rreformista** reformfeindlich; **~rrégimen** ⟨*unv*⟩ regierungsfeindlich; **~rreglamentario** vorschriftswidrig; dienstwidrig; VERK verkehrswidrig; **~rreligioso** antireligiös; **~rrobo I** *Adj* gegen Diebstahl **II** *m* Diebstahlsicherung *f*; *Auto* Lenkradschloss *n*

anti|satélite I *Adj* Satellitenbekämpfungs- **II** *m* Killersatellit *m*; **~semita I** *Adj* antisemitisch **II** *m* Antisemit *m*; **~semítico** antisemitisch; **~semitismo** *m* Antisemitismus *m*; **~séptico I** *Adj* antiseptisch **II** *m* Antiseptikum *n*; **~sísmico** *Bauten* erdbebensicher; **~social I** *Adj* unsozial; asozial **II** *m* Asozialer *m*

antiterrorista Antiterror-

antítesis *f* Antithese *f*

anti|tetánico Tetanusschutz-; **~tífico** Typhusschutz-; **~totalitario** antitotalitär; **~tóxico I** *Adj* antitoxisch **II** *m* Gegengift *n*; **~toxina** *f* Antitoxin *n*; **~tuberculoso** Tuberkulosebekämpfungs-; Tuberkuloseschutz-

antitusivo I *Adj* MED husten(reiz)stillend **II**

m Hustenstiller *m*; Antitussivum *n*
antiunesquiano UNESCO-feindlich; gegen die UNESCO gerichtet
anti|variólico gegen Pocken; Pockenschutz; **~venéreo** gegen Geschlechtskrankheiten; **~virus I** *Adj* Antivirus- **II** *m* INFORM (Anti-)Virusprogramm *n*
antojadizo launenhaft; ausgefallen
antojarse *unpers*: ***se me antoja*** ich habe Lust zu; es kommt mir so vor, als ob; es fällt mir ein; es kommt mir in den Sinn; es scheint mir
antojo *m* Gelüst(e *Pl*) *n*; Laune *f*, Grille *f*; Muttermal *n*; ***a su ~*** nach Gutdünken ◇ ***actuar a su ~*** nach Gutdünken vorgehen *od* verfahren
antología *f* Anthologie *f*; ***de ~*** hervorragend
ant|onimia *f* Antonymie *f*; **~ónimo** *m* Antonym *n*
antonomasia *f* Antonomasie *f*, Umschreibung *f*; ***por ~*** schlechthin
antorcha *f* Fackel *f*; Richtmaß *n*
antracita *f* Anthrazit *m*
antracosis *f* Kohlenstaublunge *f*
ántrax *m* ⟨*Pl unv*⟩ Karbunkel *m*; Milzbrand *m*
antro *m* Höhle *f*; Spelunke *f*; Bruchbude *f*; ***~ de corrupción*** *od* ***perdición*** Sündenpfuhl *m*, Lasterhöhle *f*
antrop|ofagia *f* Kannibalismus *m*; **~ofobia** *f* Menschenscheu *f*; **~ología** *f* Anthropologie *f*; **~omorfo** menschenähnlich; **~onimia** *f* Namenskunde *f*; **~onímico** anthroponymisch; **~ónimo** *m* Anthroponym *n*, Personenname *m*
anu|al jährlich; Jahres-; alljährlich; einjährig; **~alidad** *f* Jahresbeitrag *m*; Jahresgebühr *f*; Jahresrate *f*; Jahresbetrag *m*; Annuität *f*; Jahreseinkommen *n*; **~alizar** ⟨-z/c-⟩ *tr* auf das Jahr umlegen; **~ario** *m* Jahrbuch *n*; Adressbuch *n*
anub|a(rra)do, ~lado bewölkt, wolkig; wolkenartig; **~larse** sich bewölken; *übertr* sich trüben; (dahin)welken
anud|adura *f*, **~amiento** *m* Verknotung *f*; Verknüpfung *f*; **~ar** *tr* zu-, (ver)knoten; verbinden; knüpfen, anbinden; *Schlips* binden; *Gespräch* wieder aufnehmen; *Freundschaft* (an)knüpfen; **~arse** *Stimme* versagen
anuen|cia *f* Einverständnis *n*, Zustimmung *f*; **~te** zustimmend; willfährig
anulación *f* Annulierung *f*; Streichung *f*; Aufhebung *f*; Außerkraftsetzung *f*; Absage *f*; Abbestellung *f*; Stornierung *f*, Storno *m*,*n*; ***~ del pedido*** Stornierung *f* des Auftrags
anular[1] *tr* annullieren; außer Kraft setzen; stornieren; aufheben; löschen; tilgen; abbestellen; rückgängig machen; absagen; *Erlaubnis* entziehen
anular[2] **I** *Adj* Ring-; ringförmig **II** *m* Ringfinger *m*
anulativo annullierend, aufhebend
anunci|ación *f* Ankündigung *f*; Verkündung *f*; REL Verkündigung *f*; **~ador I** *Adj* Anzeige-; Ankündigungs- **II** *m* Verkünder *m*; **~ante** *m*(*f*) Inserent(in) *m*(*f*); Werbetreibende(r) *f*(*m*); **~ar I** *tr* ankündigen; bekannt geben, verkünden; anzeigen; (an)melden; vorhersagen **II** *intr* inserieren, annoncieren; **~arse** sich anmelden; sich ankündigen; HDL *in Zeitschriften* werben
anuncio *m* Anzeige *f*; Inserat *n*, Annonce *f*; Ankündigung *f*; Ansage *f*; Mitteilung *f*; Bekanntmachung *f*; Meldung *f*; Vorhersage *f*; **~s** *Pl* RADIO, TV Werbung *f*; ***~s breves*** *od* ***clasificados*** *od* ***económicos*** Kleinanzeigen *f*/*Pl*; (***~s***) ***comerciales*** Werbe-, Reklamespots *m*/*Pl*; ***~ luminoso*** Leuchtreklame *f*; ***~ publicitario*** Werbeanzeige *f*; Werbespot *m*; ***~ televisivo*** TV-Spot *m* ◇ ***insertar*** *od* ***poner un ~*** (***publicitario***) eine (Werbe-)Anzeige schalten
anverso *m* *Münze* Bildseite *f*, Avers *m*; *Stoff* rechte Seite *f*
anzuelo *m* Angelhaken *m*; *übertr* Köder *m* ◇ ***caer*** *od* ***picar en el ~, morder*** *od* ***tragar el ~*** auf etw hereinfallen, anbeißen; ***echar el ~*** die Angel auswerfen; ködern
añadidura *f* Beigabe *f*, Zusatz *m*; Ergänzung *f*; Hinzufügung *f*; Zugabe *f* *beim Einkauf*; ***de ~*** als Zugabe; ***por ~*** außerdem
añadir *tr* dazugeben; beilegen, -fügen; nachtragen; an-, hinzufügen; einfügen; hinzurechnen; vergrößern
añej|ar *tr* *Wein* lagern lassen; **~arse** *Lebensmittel* qualitätsmäßig besser werden durch Alterung; **~o** einjährig; langjährig; *Wein* abgelagert; alt; *Nachricht* überholt
añicos *m*/*Pl* Scherben *f*/*Pl*; Splitter *m*/*Pl*; Fetzen *m*/*Pl* ◇ ***hacer ~*** zerfetzen; zerbrechen
añil *m* Indigo *m*,*n*
año *m* Jahr *n*; Jahrgang *m*; ***~ académico*** (***de aprendizaje***) Studien-(Lehr)jahr *n*; ***~s antes*** in früheren Jahren; ***~ bisiesto*** Schaltjahr *n*; ***~ civil*** Kalenderjahr *n*; ***~ corriente*** *od* ***en curso*** laufendes Jahr *n*; ***~ económico*** Wirtschafts-, Geschäfts-, Rechnungsjahr *n*; ***~ escolar*** (***lectivo***) Schul-(Studien)-jahr *n*; ***~ de fabricación*** Bau-, Fertigungsjahr *n*; ***~ fiscal*** Finanz-, Steuerjahr *n*; ***♀ Nuevo*** Neujahr *n*; ***~ de referencia*** Vergleichsjahr *n*; ***~s de seguro*** Versicherungsjahre *n*/*Pl*; ***~ tras ~*** Jahr für Jahr; ***al ~*** pro

Jahr; ***a los dos ~s*** nach zwei Jahren; ***de ~s*** betagt; ***de un ~*** einjährig; ***el ~ venidero*** *od* ***que entra*** *od* ***que viene*** das kommende Jahr; ***en lo que va del ~*** seit Jahresbeginn; ***entrado en ~s*** schon älter, betagt; ***¡próspero ~ Nuevo!*** ein glückliches neues Jahr!; prosit Neujahr!; ***sin ~*** ohne Jahresangabe ◇ ***¿cuántos ~s tienes?*** wie alt bist du?; ***cumplir ~s*** Geburtstag haben; ***cumplir 50 ~s*** 50 Jahre (alt) werden; ***pasar*** (***perder***) ***~*** die Abschlussprüfung (nicht) bestehen; ***quitarse ~s*** sich für jünger ausgeben

añorar *tr* sich sehnen nach; sehnsüchtig warten auf; nachtrauern

añoso *Bäume* sehr alt

a|orta *f* Aorta *f*; **~órtico** Aorta-

aov|ado oval; **~ar** *intr* Eier legen

apabullar *tr* ganz wirr machen; verunsichern; *mit Fragen* bedrängen; *Probleme* erdrücken; entmutigen; fertig machen, heruntерputzen

apacent|adero *m* Weideplatz *m*, (Vieh-) Weide *f*; **~amiento** *m* Weiden *n*; *Tiere* Hüten *n*; **~ar** ⟨-ie-⟩ *tr Vieh* weiden; hüten; *Wünsche* wecken; *übertr* nähren

apaci|bilidad *f* Sanftmut *f*; *Wetter* Milde *f*; Friedfertigkeit *f*; **~ble** sanftmütig; mild(e); ruhig, still; **~guador I** *Adj* besänftigend **II** *m* Friedensstifter *m*; **~guamiento** *m* Besänftigung *f*; Befriedung *f*; Beruhigung *f*; **~guar** ⟨-g/gü-⟩ *tr* beruhigen; besänftigen, beschwichtigen; befrieden; Frieden stiften

apadrinar *tr* Pate sein bei; Patenschaft übernehmen; Trauzeuge sein bei; fördern

apag|ada *f Am* Löschen *n*; **~adizo** *Feuer, Zigarre* schlecht brennend; *Feuer* müde; **~ado I** *Adj* erloschen; verloschen; *Geräusch* dumpf; *Farbe*, *Ton* gedämpft; *Stimme* fast verloschen; *Schalterstellung* aus; schüchtern **II** *m* schüchterner Mensch *m*; Löschen *n*; Abschaltung *f*; Ausschaltung *f*; **~amiento** *m* Auslöschen *n*; Verlöschen *n*; Erlöschen *n*; Löschen *n*; Löschung *f*

apagar ⟨-g/gu-⟩ *tr* löschen; auslöschen; *Gas*, *Licht* ausmachen; *Gerät*, *Motor* abstellen, ausschalten; *Durst*, *Hunger* stillen; *Groll* mildern; *Farbe*, *Licht* dämpfen; ***~ soplando*** *Kerze* ausblasen; ***apaga y vámonos*** Schluss, aus!, lass es sein!; **~se** erlöschen; verlöschen; verklingen; *Farben* verblassen; ausgehen *z.B. Feuer*

apagón *m* Stromausfall *m*; ***~ informativo*** Nachrichtensperre *f*

apaisado im Querformat

apalabrar *tr* vereinbaren; verpflichten *vertraglich binden*; **~se** sich absprechen; sich verabreden

apalanc|amiento *m* Aushebeln *n*; **~ar** ⟨-c/qu-⟩ *tr* aushebeln; mit der Brechstange bewegen

apale|ador I *Adj* Schlag-; Klopf- **II** *m* Raufbold *m*, Rowdy *m*; **~ar** *tr* niederknüppeln; (ver)prügeln, schlagen; *Teppich* klopfen

apandillarse eine Bande bilden

apantanarse *Boden* versumpfen, sumpfig werden

apañado[1] tuchähnlich; tuchartig

apañado[2] schick; geschickt, umsichtig; passend, geeignet ◇ ***estar ~*** schief gewickelt sein *irren*; aufgeschmissen sein *in Bedrängnis sein*

apañar *tr etw* ergreifen; *etw* beiseite bringen *stehlen*; *Speisen* zubereiten; schön anziehen; instand setzen; flicken, ausbessern; *Geld* zusammenbringen; *Arg*, *Pe* decken, in Schutz nehmen; *Cu etw* vertuschen; **~se** sich geschickt anstellen; ***apañárselas*** sich zu helfen wissen

apaño *m* Flicken *n*; Flicken *m*; Reparatur *f*; Geschick *n*; Zugreifen *n*; Stehlen *n*; Liebhaber *m*; Liebelei *f* ◇ ***llegar a un ~*** zu einem Kompromiss gelangen

aparador *m* Geschirrschrank *m*; Büfett *n*; Anrichte *f*; Schanktisch *m*; HDL Auslage *f*; Schaufenster *n*; Werkstatt *f*

aparato *m* Apparat *m auch Telefon*; Gerät *n auch* SPORT; Vorrichtung *f*; Maschine *f Flugzeug*; Prunk *m*, Pomp *m*; MED Verband *m*; ANAT System *n*; ***~ administrativo*** Verwaltungsapparat *m*; ***~ de arranque*** KFZ Anlasser *m*; ***~ de calefacción*** Heizgerät *n*; ***~ electrodoméstico*** elektrisches Haushaltsgerät *n*; ***~ emisor*** Sendegerät *n*; ***~ del Estado*** Staatsapparat *m*; ***~ fotográfico*** Fotoapparat *m*; ***~ heliográfico*** Lichtpausgerät *n*; ***~ de mando*** Steuergerät *n*; ***~ radiológico, ~ de rayos X*** Röntgengerät *n*; ***~ de televisión*** Fernsehgerät *n*, Fernseher *m*; ***~ volante cósmico*** Raumflugkörper *m*; ***al ~*** TEL am Apparat

aparatos|amente umständlich; mit viel Aufwand; **~o** aufwändig; prunkvoll; protzig; *übertr* lautstark

aparcadero *m* Parkplatz *m*

aparcamiento *m* Parken *n*; Parkplatz *m*; ***~ subterráneo*** Tiefgarage *f*

aparcar ⟨-c/qu-⟩ *tr*/*intr* parken; KFZ *u Kampftechnik* abstellen

aparcer|ía *f* Teilpacht *f*; **~o** *m* Teilpächter *m*; *Am* Kumpel *m*

apare|amiento *m* ZOOL Verpaarung *f*; Aufstellung *f* zu zweit; **~ar** *tr* zu zweit aufstellen; ZOOL (ver)paaren; paarweise anordnen; zusammenkommen; **~arse** sich paaren

aparec|er ⟨-c/zc-⟩ *intr* erscheinen; zum Vorschein kommen; *Gesuchtes* sich anfinden; *Buch* erscheinen, veröffentlicht werden; **~erse** unvermutet auftauchen; **~ido** *m* Gespenst *n*; **~imiento** *m* Erscheinung *f*

aparejado passend, geeignet ◇ ***llevar*** *od* ***traer ~*** mit sich bringen; zur Folge haben

aparejar[1] *tr paarweise* zusammenbringen; **~se** sich paarweise aufstellen

aparej|ar[2] *tr* herrichten; vorbereiten; *Pferd* anschirren; satteln; MAR (auf)takeln; *Schiff* ausrüsten; **~o** *m* Flaschenzug *m*; **~os** *m/Pl* Gerät *n*

aparentar *tr* vortäuschen; **~** + *Inf* so tun, als ob; den Anschein erwecken

apar|ente scheinbar; Schein-; gespielt; sichtbar; äußerlich; geeignet; **~ición** *f* Erscheinen *n*; Auftritt *m*; Auftauchen *n*; Erscheinung *f auch übertr*; Gespenst *n*

apariencia *f* Anschein *m*; Aussehen *n*; Erscheinung *f*; Wahrscheinlichkeit *f*; ***~s*** *Pl* (äußerer) Schein *m*; ***en ~*** nach außen hin; ***muerto de ~*** scheintot; ***según todas las ~s*** allem Anschein nach ◇ ***las ~s engañan*** der Schein trügt; ***guardar*** *od* ***salvar las ~s*** den Schein wahren

apartadero *m* Ausweichstelle *f*; Ausweichgleis *n*; Abstellgleis *n*

apartado I *Adj* abgelegen; entlegen; abstehend; ***~s entre sí*** *Augen* auseinander liegend **II** *m* Hinterzimmer *n*; *Gesetz* Absatz *m*; *Text* Abschnitt *m*; *Gold*, *Silber* Scheidung *f*; ***~ aéreo*** *od* ***postal, ~ de correos*** Post(schließ)fach *n*

apartamento *m* Appartement *n*

apartar *tr* trennen; aussondern; entfernen; *Glas* absetzen; *Gefahr*, *Gesicht* abwenden; aus *dem Kopf* schlagen; *Edelmetalle* scheiden; sortieren; *Geld* zurücklegen; abrücken; ***~ a alg de u/c*** jmdn von etw abbringen; ***~ de sí*** von sich weisen; **~se** sich zurückziehen; Platz machen; sich abkehren; gehen, sich entfernen; *vom Weg* abkommen; (***no***) **~se** (nicht) abgehen (***de*** von)

aparte I *Adv* für sich, zur Seite; beiseite; ***~ de ello*** außerdem; davon abgesehen; ***~ de que*** abgesehen davon, dass ◇ ***dejar ~*** außer Acht lassen; ***hablar ~ con*** separat sprechen mit **II** *Adj* ⟨*unv*⟩ Sonder-, Spezial-; gesondert; Neben- **III** *m* TYP Absatz *m*; THEAT Apartes *n*; *Rpl Vieh* Aussonderung *f*; ***~ estudio*** *Col* Einraumwohnung *f*

apartheid *m* Apartheid *f*

apartidismo *m* Parteilosigkeit *f*

apasion|ado I *Adj* leidenschaftlich; begeistert; passioniert; eingenommen (***por*** für) **II** *m* begeisterter Anhänger *m*, Fan *m umg*; Liebhaber *m der Musik*; **~ante** begeisternd; aufwühlend; **~ar** *tr* begeistern; **~arse** sich begeistern

apatía *f* Apathie *f*; Gleichgültigkeit *f*; Stumpfsinn *m*; ***~ electoral*** Wahlverdrossenheit *f*

apático apathisch; gleichgültig; stumpfsinnig

apátrida *m* Staatenloser *m*

Apdo. *m* (*Abk für* ***Apartado postal***) PF *n*

ape|adero *m* EISENB Haltepunkt *m*; Bleibe *f*; **~ador** *m* Feldmesser *m*; **~ar** *tr vom Pferd* herunterheben; *Wagen mit Hemmschuh* sichern; *Baum* fällen; *Rind*, *Pferd* fesseln; *Feld* vermessen; *von einer Meinung* abbringen; *von einem Amt* absetzen; *Titel bei Anrede* weglassen; *Schwierigkeit* beheben; *Stollen* verstreben; *Ruine* abstützen; **~arse** absitzen; absteigen; abtreten; aussteigen; steigen (***de*** von)

apechugar ⟨-g/gu-⟩ **I** *intr* sich *mit etw* abfinden; einstehen *od* geradestehen (müssen) (***con*** für) **II** *tr* an die Brust drücken; *Am etw* mitgehen lassen; *Am jmdn* durchschütteln

apedazar ⟨-z/c-⟩ *tr Textilien* ausbessern

apedrear I *intr unpers* hageln **II** *tr* steinigen; mit Steinen werfen auf; **~se** durch Hagel vernichtet werden

apegado verbunden *od* verwachsen (***a*** mit); anhänglich ◇ ***estar ~ a algo*** an etw hängen *z.B. an einer Tradition*

apegarse ⟨-g/gu-⟩ sich halten (***a*** an) *z.B. Vorschriften*; hängen (***a*** an), lieben

apego *m* Anhänglichkeit *f* (***a*** an); Zuneigung *f* (***a*** zu); Einhaltung *f*; Wahrung *f*; Festhalten *n z.B. an Werten*

apelable berufungsfähig; anfechtbar

apelación *f* Berufung *f*, Appellation *f*; JUR Anrufung *f*; Appell *m*; Protest *m*, Beschwerde *f* ◇ ***interponer ~*** Berufung einlegen

apelado *m* Berufungsbeklagter *m*

apel|ante *m* Berufungskläger *m*; **~ar** *intr* appellieren (***a*** an); sich berufen (***a*** auf); JUR anrufen (***a, ante*** *Akk*); Berufung einlegen (***de*** gegen); um Hilfe ersuchen; zurückgreifen (***a*** auf); greifen (***a*** zu)

apelativo *m* Appellativ *n*, Gattungsname *m*; *Am* Familienname *m*; ***~ cariñoso*** Kosename *m*

apellid|ar *tr* (be)nennen; ernennen, ausrufen; **~arse** mit Familiennamen heißen; **~o** *m* Familienname *m*

apenar *tr* bekümmern, betrüben; **~se** sich sorgen (***por*** um); traurig werden; *Am* sich schämen

apenas kaum; mit Mühe; knapp; ***~ si*** kaum

apencar ⟨-c/qu-⟩ *intr* auf sich nehmen

apéndice *m* Anhang *m*; Nachtrag *m*; Ergänzungsband *m*; ***~ (cecal*** *od* ***vermicular***

od **vermiforme**) Wurmfortsatz *m Blinddarm*
apendicitis *m* Blinddarmentzündung *f*
Apeninos: ***los ~*** die Apenninen
apeo *m* Feldvermessung *f*; Fällen *n*; *Gebäude* Abstützen *n*; Stützwerk *n*; Absteigen *n*
apercib|imiento *m* Vorbereitung *f*; Mahnung *f*; Aufforderung *f*; Ermahnung *f*; **~ir** *tr* vorbereiten; (er)mahnen; rügen, verwarnen; warnen (***de*** vor); bewusst wahrnehmen; **~irse** sich fertig machen (***a, para*** für); sich versehen (***de*** mit); merken, gewahr werden
apergamin|ado pergamentartig; *Gesichtshaut* ledern; **~ar** *tr* verschrumpeln; **~arse** schrumpelig werden
aperitivo I *Adj* appetitanregend **II** *m* Aperitif *m*; appetitanregende Speise *f*; ***~ matinal*** Frühschoppen *m*
apero *m*, *meistens* ***~s*** *Pl* Gerät(e *Pl*) *n*; Schäferei *f*; *Am reg* Pferdegeschirr *n*
apersonado: ***muy ~*** gut aussehend
apertrechamiento *m* Versorgung *f* mit Waffen und Munition
apertura *f* Öffnung *f*; Beginn *m*; Eröffnung *f*; ***~ de la Bolsa*** Börsenbeginn *m*; ***~ de la casa comercial*** *od* ***tienda*** Geschäftseröffnung *f*; ***~ de la cuenta*** (***quiebra***) Konto-(Konkurs)eröffnung *f*; ***~ de nuevos mercados*** Öffnung *f* neuer Märkte; ***~ al tráfico*** Freigabe *f* für den Verkehr
apesadumbr|ado niedergedrückt; bekümmert; tief betrübt; **~ar** *tr* bekümmern; **~arse** sich grämen (***con, de, por*** wegen, um)
apesar → ***apesadumbrar***
apest|ar I *tr* verpesten; *übertr* überschwemmen (***de*** mit); auf den Wecker fallen *umg* **II** *intr* schlecht riechen; stinken (***a*** nach); **~oso** stinkend; widerlich
apetecedor appetitlich; verlockend
apetecer ⟨-c/zc-⟩ **I** *tr* begehren; streben nach **II** *intr* zusagen; gefallen; ***¿qué te apetece?*** was möchtest du?; ***no me apetece*** es reizt mich nicht; ich habe keine Lust
apetecible wünschens-, begehrenswert
apetencia *f* Appetit *m*; Verlangen *n* (***de*** nach); ***~ de poder*** Machtstreben *n*
apetito *m* Appetit *m* (***de*** auf); Gelüst *n*; Trieb *m*; Begierde *f*; ***~ de poder*** Machthunger *m*; ***~ sexual*** sexuelle Gelüste *Pl*
apetitoso appetitlich; schmackhaft; ***poco ~*** unappetitlich
apiadar *tr* Mitleid erregen; **~se** sich erbarmen (***de*** *Gen*); Mitleid haben (***de*** mit)
ápice *m* Spitze *f*; Gipfel *m*; ***~ de la lengua*** Zungenspitze *f* ◇ ***no ceder un ~*** keinen Fingerbreit nachgeben
apicult|or *m* Bienenzüchter *m*, Imker *m*; **~ura** *f* Bienenzucht *f*, Imkerei *f*
apil|ador I *Adj* Stapel- **II** *m* Stapler *m*; **~ar** *tr* aufschichten; stapeln; LANDW schobern; **~arse** sich türmen
apiñ|ado zapfenähnlich; *Salat, Kohl* geschlossen; (zusammen)gedrängt; **~amiento** *m* Gedränge *n*; **~ar** *tr* zusammendrängen; zusammenpferchen; **~arse** sich zusammendrängen; VERK sich stauen
apio *m* Sellerie *m*
apisonado *m* Stampfen *n*; ***~ del terreno*** Bodenverdichtung *f*
apison|adora *f* Straßenwalze *f*; **~ar** *tr* festwalzen; (fest)stampfen; verdichten
aplacar ⟨-c/qu-⟩ *tr* besänftigen; beschwichtigen; beruhigen; *Schmerzen* lindern; **~se** *Sturm* nachlassen, sich legen
aplanar *tr* (ein)ebnen, planieren; *Straße* walzen; glätten; *jmdn* verwirren; mutlos machen; **~se** *Gebäude* einstürzen; mutlos werden
aplast|ante erdrückend; überwältigend; **~ar** *tr* platt drücken; zertreten; zerschmettern; erdrücken; MIL niederschlagen; GEOL zusammenschieben; *Zigarette* ausdrücken; zerdrücken *töten*
aplatanarse *Ant* sich den Gepflogenheiten des Landes anpassen; gleichgültig werden; träge werden
aplaudir *tr/intr* Beifall klatschen; *eine Sache* begrüßen; beklatschen
aplauso *m* Applaus *m*; Lob *m*; ***~ atronador*** (***cerrado***) stürmischer (lang anhaltender) Beifall *m*
aplaz|amiento *m* Vorladung *f*; Vertagung *f*; Aufschub *m*; FIN Stundung *f*; *zeitliche* Verschiebung *f*; **~ar** ⟨-z/c-⟩ *tr* anberaumen; vorladen; vertagen; *Termin* verlegen; verschieben; aufschieben; *Rpl, Salv Prüfling* durchfallen lassen; *Zahlung* stunden; *Wechsel* verlängern
aplicación *f* Anwendung *f*; Verwendung *f*; Fleiß *m*; Lerneifer *m*; *Farbe* Auftragen *n*; *Recht* Handhabung *f*; TEXTIL Besatz *m*; *Verband* Anlegen *n*; *Spritze* Verabreichung *f*; ***~ multimedia*** Multimediaanwendung *f*; ***de ~ práctica*** praxisnah, -orientiert
aplic|ado fleißig; *Wissenschaft* angewandt; **~ar** ⟨-c/qu-⟩ *tr* anbringen; anlegen; auflegen; *Farbe* auftragen; anwenden (***a*** auf); *Schlag* versetzen; **~arse** fleißig sein; zur Anwendung kommen; sich *einer Sache* widmen *od* hingeben; gelten (***a*** für); sich beziehen (***a*** auf)
aplomar *tr Mauer* loten; verbleien; **~se** einstürzen; vernünftig werden; selbstbewusst werden; *Am reg* sich schämen
aplomo *m* Selbstsicherheit *f*; Vernünftigkeit *f*; Umsicht *f*; Ernst *m* ◇ ***perder el ~***

die Fassung verlieren

apocado kleinmütig, verzagt; karg; einfach

Apocalipsis *m* Apokalypse *f*

apocalíptico apokalyptisch

apoc|amiento *m* Verzagtheit *f*; **~ar** ⟨-c/qu-⟩ *tr* demütigen; verringern; **~arse** verzagen; schüchtern werden

apodar *tr* einen Spitznamen geben

apoder|ado *m*, **-a** *f* Bevollmächtigte(r) *f*(*m*); Prokurist(in) *m*(*f*); Disponent(in) *m*(*f*); **~amiento** *m* Bevollmächtigung *f*; Vollmacht *f*; Prokuraerteilung *f*; Aneignung *f*; **~ante** *m* Vollmachtgeber *m*; **~ar** *tr* bevollmächtigen; Prokura erteilen; **~arse** sich bemächtigen (**de** *Gen*); Besitz ergreifen (**de** von); MIL erobern

apodo *m* Spitzname *m*; Spottname *m*

apogeo *m* Apogäum *n*, Erdferne *f*; Höhepunkt *m*; *übertr* Blütezeit *f* ◇ **estar en su ~** *Ruhm* den Gipfel erreicht haben

apolill|ado mottenzerfressen; *Ansichten* verstaubt; **~adura** *f* Mottenloch *n*; Mottenfraß *m*; **~arse** von Motten zerfressen werden

apolítico unpolitisch

apolog|ética *f* Apologetik *f*; **~ético** apologetisch, rechtfertigend; **~ía** *f* Apologie *f*, Verteidigungsrede *f od* -schrift *f*; **~ista** *m* Apologet *m*, Verteidiger *m*; Ehrenretter *m*

apoltronarse träge werden; es sich bequem machen

apoplejía *f* Schlaganfall *m*

aporcar ⟨-ue-, -c/qu-⟩ *tr* anhäufeln

aporre|ado armselig; schuftig; **~ar** *tr* verprügeln; hämmern gegen *Tür*; **~arse** sich prügeln

aportación *f* Einlage *f*, Anteil *m*; Beitrag *m*; Entrichtung *f*; eingebrachtes Gut *n in die Ehe*; **~ de capital** Kapitaleinlage *f*; **~ dineraria** (**no dineraria** *od* **en especie**) Geld-(Sach)einlage *f* ◇ **realizar aportaciones** Anteile einbringen

aport|ante *m* Steuerzahler *m*; Einzahler *m*; **~ar** *tr Argumente* liefern; *Grund* anführen, vorbringen; *Geld* entrichten; *Kapital, Güter* einbringen; beisteuern, -tragen; *Beweis* beibringen

aport|e *m Am* → **aportación**; **~illar** *tr* eine Bresche schlagen (*dir Obj* in); *etw* einreißen; **~illarse** *Mauer* einfallen; entzweigehen

aposentar *tr* unterbringen; beherbergen; einquartieren; **~se** Quartier nehmen; sich einquartieren; sich niederlassen

aposento *m* Zimmer *n*; Unterkunft *f*; Herberge *f*; Quartier *n* ◇ **dar ~ a alg** jmdn bei sich aufnehmen

aposición *f* Apposition *f*, Beisatz *m*

apósito *m* Wundverband *m*

aposta(damente) absichtlich

apostante *m* Wettspielteilnehmer *m*

apostar[1] ⟨-ue-⟩ *tr*/*intr* wetten; setzen (**por** auf); **¿qué apostamos?** worum wollen wir wetten?; (**apuesto**) **a que no lo haces** wetten, dass du es nicht machst

apostar[2] ⟨-ue-⟩ *tr Posten* aufstellen; postieren; **~se** sich aufstellen; sich stellen

apostasía *f* Abtrünnigkeit *f*; Abfall *m von einem Glauben od einer Anschauung*

apostatar *intr* abtrünnig werden (**de** von); *von einem Glauben* abfallen

apostill|a *f* Randbemerkung *f*, Glosse *f*; **~ar** ⟨*perfs* **apostilló**⟩ *tr* mit Randbemerkungen versehen, glossieren

ap|óstol *m* Apostel *m*; **~ostolado** *m* Apostolat *n*; Apostelamt *n*; Apostelrunde *f*; **~ostólico** apostolisch; päpstlich; Papst-; **~ostolizar** ⟨-z/c-⟩ *tr* bekehren

apostrofar *tr jmdn* hart anfahren

apóstrof|e *m,f* Schmähung *f*; **~o** *m* GRAMM Apostroph *m*

apostura *f* gutes Aussehen *n*; Anstand *m*

apote|ósico großartig, grandios; **~osis** *f* Vergötterung *f*; Lobpreisung *f*; Verherrlichung *f*; Höhepunkt *m*

apoyar *tr* stützen; aufstützen (**en** auf); ruhen (**sobre** auf); *jmdn* unterstützen; **~se** sich lehnen (**contra** an, gegen); sich stützen (**en** auf); ruhen (**sobre** auf)

apoyo *m* Stütze *f*; Lehne *f*; TECH Stützlager *n*; Lagerung *f*; Unterstützung *f*, Hilfe *f*; Beistand *m*; **~ financiero** Finanzhilfe *f*; **~ de ventana** Fensterbank *f* ◇ **acudir en ~ de alg** jmdm zu Hilfe eilen

APRA *f* ⟨**el**⟩ (*Abk für* **Alianza Popular Revolucionaria Americana**) *peruanische Partei*

apreci|able bemerkenswert; wahrnehmbar; (ab)schätzbar; schätzenswert; beträchtlich; beachtlich; merklich; **~ación** *f* Preisbestimmung *f*; Abschätzung *f*; Wertschätzung *f*; Beurteilung *f*; Einschätzung *f*; **~ado** geachtet, angesehen; geschätzt; *in Briefen* (sehr) geehrter; werter; **~ador** *m* Taxator *m*, Schätzer *m*

apreciar *tr* taxieren; schätzen *auch übertr*; feststellen *sehen*; abschätzen; *Diskussion* einschätzen; beurteilen; aufwerten; bemerken; **~ en mucho** hoch schätzen; **como se puede ~** wie man sehen kann

apreciativo Schätz(ungs)-; abschätzend; Wert-

aprecio *m* Schätzung *f*; Bewertung *f*, Einschätzung *f*; Achtung *f*, Wertschätzung *f* ◇ **no hacer ~** *Am* gering schätzen; **tener a uno en gran ~** jmdn hoch schätzen

aprehen|der *tr* fassen; einfangen; festnehmen; gefangen nehmen; beschlagnahmen;

erfassen; PHIL wahrnehmen; **~sible** fasslich; begreiflich; wahrnehmbar; **~sión** *f* Ergreifung *f*, Festnahme *f*; Gefangennahme *f*; Wahrnehmung *f*; **~sivo** ängstlich, besorgt

apremi|ante drückend; dringend; **~ar I** *tr* bedrängen; drängen; gerichtlich mahnen **II** *intr* dringend sein, drängen

apremio *m* Zwang *m*, Druck *m*; Dringlichkeit *f*; *amtliche* Aufforderung *f*; Mahnung *f*; VERW Verzugssteuern *f/Pl*; ***por ~ de dinero*** (***tiempo***) aus Geld-(Zeit)mangel; ***por ~ físico*** JUR *Aussage* unter Zwang

aprender *tr/intr* lernen; erlernen

aprendiz *m* Lehrling *m*, Auszubildender *m*; ***~ de brujo*** LIT *u übertr* Zauberlehrling *m*

aprendiza *f* Auszubildende *f*

aprendizaje *m* Lehre *f*; Lehrzeit *f*; Erlernen *n*; Lernen *n* ◇ ***concluir su ~*** seine Lehre abschließen

aprens|ión *f* Furcht *f*; Besorgnis *f*; Rücksicht(nahme) *f*; Misstrauen *n*; **~ivo** überängstlich; furchtsam

apresar *tr* fassen; (ein)fangen; ergreifen; gefangen nehmen; MAR kapern, aufbringen

aprestar *tr* vorbereiten; bereitstellen; herrichten; rüsten; TEXTIL appretieren; **~se** sich bereitmachen (***a*** zu)

apresur|ado eilig; hastig; beschleunigt; **~amiento** *m* Eile *f*; Hast *f*; Eilfertigkeit *f*; Beschleunigung *f*; **~ar** *tr* beschleunigen; antreiben; drängen; **~arse** sich beeilen

apretado dicht; eng; fest; straff; festgeknüpft; beengt; dicht gedrängt; *Schrift* gedrängt; knauserig; *Situation* schwierig, verfahren ◇ ***andar*** *od* ***estar ~*** knapp bei Kasse sein

apretar ⟨-ie-⟩ **I** *tr* (zusammen)drücken; (zusammen)pressen; andrücken; *Schraube* anziehen; *Sporen* geben; *Speichen* nachspannen; *Zähne* zusammenbeißen; *Faust* ballen; *Schritte* beschleunigen; *jmdn* bedrängen **II** *intr Zeit* drängen; *Regen, Sturm* heftiger *od* stärker werden; sich mehr anstrengen *z.B. in Mathematik*; *Prüfung* viel verlangen; ***¡aprieta!*** los!, mach!; sachte!, langsam!; ***~ a correr*** losrennen

apret|ón *m Hände* kräftiger Druck *m*; Gedränge *n*; kurzer schneller Lauf *m*; **~ujar** *tr* drängeln; zerknüllen; **~ura** *f* Gedränge *n*; Enge *f*; Bedrängnis *f*; Mangel *m*

aprieto *m* → ***apretura***; Bedrängnis *f*; Klemme *f*, Verlegenheit *f* ◇ ***estar en ~*** in Schwierigkeiten sein, in einer Klemme stecken; ***poner a alg en un ~*** jmdn in Verlegenheit bringen; jmdn in die Enge treiben

aprisa schnell, geschwind

aprisionar *tr* gefangen nehmen; einkerkern; binden (***contra*** an); fesseln

aprob|ación *f* Bestätigung *f*; MED Approbation *f*; Billigung *f*; Zustimmung *f*; *Gesetz* Verabschiedung *f*; Genehmigung *f*; günstige Aufnahme *f*; **~ado** *Prüfungsnote* bestanden; zugelassen; **~ar** ⟨-ue-⟩ **I** *tr* bestätigen; genehmigen; billigen; *Gesetz* verabschieden; *Prüfung* bestehen; *Beschluss* annehmen; *Rechnung* für richtig befinden **II** *intr* Prüfung bestehen

aprobat|ivo, ~orio beifällig; zustimmend

aprontar I *tr* fertig machen; vorrichten; bereitstellen; *Geld* sofort geben; *Waren* sofort ausliefern **II** *intr Ur* ankommen, auftauchen

apropiación *f* Aneignung *f*; ***~ indebida*** Unterschlagung *f*

apropi|ado geeignet; richtig; passend; **~ar** *tr* zurechtmachen; anpassen; zueignen; **~arse** sich aneignen ((***de***) *Akk*)

aprovechable verwertbar; nutzbar; brauchbar; verwendbar

aprovechado I *Adj* nützlich; tüchtig, fleißig; aufgeweckt; findig; berechnend; *Hausfrau* wirtschaftlich; *Prüfungsnote* befriedigend; ***bien ~*** gut genutzt **II** *m* Nutznießer *m*; Nassauer *m* ◇ ***ser un ~*** ein Schmarotzer sein

aprovechamiento *m* Ausnutzung *f*; Nutzung *f*; Verwertung *f*; Vorankommen *n*; ***~ de basuras*** (***desperdicios*** *od* ***residuos***) Müll-(Abfall)verwertung *f*; ***~ de la capacidad*** Kapazitätsauslastung *f*; ***~ del espacio*** Raumausnutzung *f*; ***~ pacífico de la energía nuclear*** friedliche Nutzung *f* der Kernenergie

aprovechar I *tr* nutzen; ausnutzen; verwerten **II** *intr* nützen; von Nutzen sein; vorankommen; profitieren (***de*** von); ***¡que aproveche!*** guten Appetit!; wohl bekomm's!; **~se** sich zunutze machen (***de*** *Akk*)

aprovisionar *tr* versorgen; verproviantieren; **~se** sich eindecken (***de*** mit)

aproxim|adamente annähernd; **~ar** *tr* (an)nähern; näher (heran)rücken; **~arse** sich nähern; nahen; anfliegen; MIL anrücken; **~ativo** annähernd; Näherungs-

apt|itud *f* Fähigkeit *f*; Eignung *f*; Tauglichkeit *f*; Tüchtigkeit *f*; Geschick *n*; Qualifizierung *f*; **~o** fähig; geschickt; geeignet (***para*** für); tauglich

apuesta *f* Wette *f*; *Wette* Einsatz *m*; Herausforderung *f* ◇ ***cruzar ~s*** jede Wette eingehen; ***hacer una ~*** wetten, eine Wette eingehen

apuesto schmuck, adrett; gut aussehend

apunt|ado spitz; angespitzt; angeheftet;

~ador *m* Souffleur *m*; **~adora** *f* Souffleuse *f*
apuntalar *tr* abstützen; absteifen
apuntamiento *m* JUR Aktenauszug *m*; Verhandlungsprotokoll *n*; Soufflieren *n*
apuntar I *tr* notieren; zu Papier bringen; aufschreiben; anmerken; anschreiben *Schulden eines Kunden notieren*; *Ärmel* einheften; *Waffe* in Anschlag bringen; (an)spitzen; hinweisen (*dir Obj* auf); *Ziel* anvisieren; auf *etw* zeigen; erwähnen; zur Sprache bringen; andeuten; THEAT soufflieren; vorsagen **II** *intr Bart* sprießen; *Tag* anbrechen; *Knospe* aufbrechen; sich zeigen; *übertr* hindeuten (**a** auf, darauf); zum Vorschein kommen; es abgesehen haben (**a** auf); abzielen (**a** auf); zielen; ***¡apunten!*** MIL legt an!; ***~ alto*** hoch hinaus wollen; ***~ y no dar*** versprechen und nicht halten; **~se** sich anschließen; sich eintragen; sich melden (**a** zu); *etw* für sich verzeichnen *od* verbuchen (können)
apunte *m* Notiz *f*; Aufzeichnung *f*; Anmerkung *f*; Aktennotiz *f*; Vermerk *m*; MAL Skizze *f*; THEAT Souffleur *m*; ***~s Pl*** Nachschriften *f/Pl* ◇ ***tomar ~s*** sich Notizen machen; *Vorlesung* mitschreiben; MAL skizzieren
apuñalar *tr* erdolchen, erstechen
apurado eilig; *mit Arbeit* überhäuft; ärmlich; in Geldnöten; schwierig, heikel; bedrängt; erschöpft; ***bien ~*** glatt rasiert
apurar I *tr* läutern; erschöpfen; austrinken; *Flasche* leeren; ergründen; bedrücken; bedrängen; antreiben; *Hunger* treiben; belästigen **II** *intr* eilen, drängen; **~se** sich grämen; sich Sorgen machen (***por*** um); sich *etw* zu Herzen nehmen; stören; *Am* sich beeilen
apuro *m* Not *f*; Mittellosigkeit *f*; Dürftigkeit *f*; Verlegenheit *f*; Kummer *m*; Bedrängnis *f*; *Am* Eile *f* ◇ ***me da ~*** es ist mir peinlich; ***poner en un ~*** in arge Verlegenheit bringen
aquej|ado geplagt (***de*** von); **~ar** *tr* bekümmern; belasten; plagen *od* quälen
aquel, aquella I *Dem Adj* jener, jene, jenes; der *od* die *od* das … dort **II** *Dem Pron* jener, jene, jenes; der *od* die *od* das dort; der-, die-, dasjenige; ***todo aquel que*** *bzw* ***toda aquella que*** jeder, der *od* jede, die *od* jedes, das **III aquel** *m* das „gewisse Etwas" *Reiz od Anmut*; Hinweis: *Beim Dem Pron kann in m und f der Akzent entfallen, sobald eine Verwechslung nicht möglich ist.*
aquello *Dem Pron* jenes, das dort ◇ ***¡ya apareció ~!*** da haben wir's!; ***¿qué hay de ~?*** was ist aus der Sache geworden?
aquerenci|ado *Méx* verliebt; **~arse** *Tier* sich gewöhnen (***a*** an)
aquí hier; hierher; ***~ y allí*** hier und dort; ***~ cerca*** hier in der Nähe; ***de ~ a*** *od* ***en ocho días*** heute in acht Tagen; ***de ~ allá*** bis dahin; ***de ~ en adelante*** von nun an; ***desde ~*** von hier ab *od* aus; ***hacia ~*** hierher; ***hasta ~*** bis hierher; bis jetzt; ***por ~*** hier; hierher; hierdurch; hier entlang; hier in der Umgebung; ***¡he ~!*** sieh(e) da!; ***he ~*** hier ist *od* sind
aquiescen|cia *f* Zustimmung *f* (***a, en, para*** zu, mit); **~te** zustimmend
aquiet|ador, ~ante beruhigend; **~ar** *tr* beruhigen, besänftigen; lindern
aquilatar *tr Gold* den Feingehalt bestimmen; richtig einschätzen
aquillado kielförmig
Aquisgrán *m* Aachen *n*
Ar (*Symb für* → ***argón***) CHEM Ar
ara *f* ⟨***el***⟩ Altar *m*; Opferstein *m*; ***en ~s de*** mit dem Ziel; zum Wohle von; zu Nutzen von; angesichts; ***en ~s de la justicia*** um der Gerechtigkeit willen
árabe I *Adj* arabisch **II** *m*(*f* ⟨***el***⟩) Araber(in) *m*(*f*); das Arabische
arabesco I *Adj Stil* arabisch **II** *m* Arabeske *f*
Arabia *f* Arabien *n*; ***~ Saudita*** *od* ***Saudí*** Saudi-Arabien *n*
arábi|co, ~go I *Adj* GEOGR, *Ziffern* arabisch **II** *m* das Arabische
arabista *m*(*f*) Arabist(in) *m*(*f*)
arabizar ⟨-z/c-⟩ *tr* arabisieren
arácnidos *m/Pl* Spinnentiere *n/Pl*
arad|a *f* Pflügen *n*; **~o** *m* Pflug *m*; **~or** *m* Pflüger *m*; Krätzmilbe *f*
Aragón *m* Aragonien *n*
aragonés I *Adj* aragon(es)isch **II** *m*, **-esa** *f* Aragonese(-in) *m*(*f*), Aragonier(in) *m*(*f*)
arancel *m* amtlicher Tarif *m*; Gebühr *f*; ***~(es)*** (*Pl*) ***de aduanas*** Zolltarif *m*; ***~es de exportación*** (***importación***; ***tránsito***) Ausfuhr-(Einfuhr-; Transit)zoll *m*; ***~ exterior*** (***común***) (gemeinsamer) Außenzoll *m*; ***~es fiscales*** Steuersätze *m/Pl*; ***~es interiores*** (***preferentes***) Binnen-(Vorzugs)-zölle *m/Pl*; ***~ proteccionista*** *od* ***protector*** Schutzzoll *m* ◇ ***fijar*** (***suprimir***) ***los ~es aduaneros*** die Zollgebühren festlegen (aufheben)
arancelario Gebühren-; Zoll-
arandela *f* Unterlegscheibe *f*; TECH Scheibe *f*; *Am* Halskrause *f*
araña *f* Spinne *f*; Lüster *m*, Kronleuchter *m*; ***~ crucera*** (***peluda***) Kreuz-(Vogel)-spinne *f*
arañ|ada *f*, **~amiento** *m* → ***~azo***; **~ar** *tr* kratzen; zerkratzen; (zer)schrammen; *Glas* ritzen; zusammenkratzen; **~azo** *m* Kratzer

m; Kratzwunde *f*; Schramme *f*
arar *tr* pflügen; umpflügen; beackern; durchfurchen
araucano I *Adj* araukanisch **II** *m*, **-a** *f* Araukaner(in) *m(f)*; das Araukanische
arbitr|ador *m* Schiedsmann *m*; **~aje** *m* Schiedsspruch *m*; Schlichtung *f*; Schiedsverfahren *n*; Schiedsgerichtsbarkeit *f*; **~al** schiedsrichterlich; **~ar I** *tr* selbstständig entscheiden; schlichten; schiedsrichterlich entscheiden **II** *intr* einen Schiedsspruch fällen; Schiedsrichter sein; **~ariedad** *f* Willkür *f*; Eigenmächtigkeit *f*; Übergriff *m*; **~ario**, **~ativo** willkürlich; eigenmächtig
arbitrio *m* freier Wille *m*; Gutdünken *n*; Ermessen *n*; Schlichtung *f*; **~s** *Pl* Abgaben *f/Pl*, Gebühren *f/Pl*; ***~s municipales*** Gemeindesteuern *f/Pl*
árbitro *m* Schiedsmann *m*; Schlichter *m*; Schiedsrichter *m auch* SPORT
árbol *m* Baum *m*; TECH Welle *f*; *Wendeltreppe* Spindel *f*; MAR Mast *m*; ***~es en flor*** Baumblüte *f*; ***~ de fronda*** Laubbaum *m*; ***~ frutal*** Obstbaum *m*; ***~ genealógico*** Stammbaum *m*; ***~ de impulsión, ~ motor*** Antriebs-, Getriebewelle *f*; ***~ de levas*** Nockenwelle *f*; ***~ de Navidad*** Weihnachtsbaum *m*; ***poblado de ~es*** bewaldet ◇ ***despoblar de ~es*** Kahlschlag betreiben; ***pegar contra un ~*** gegen einen Baum fahren
arbol|ado I *Adj* bewaldet **II** *m* Baumbestand *m*; **~ar** *tr Flagge* hissen; MAR bemasten; Bäume pflanzen (*dir Obj* auf); **~eda** *f* Allee *f*; Baumpflanzung *f*; Gehölz *n*; Hain *m*; Auenwäldchen *n*; **~ista** *m* Baumhändler *m*; Baumzüchter *m*
arbor|icultor *m* Baumzüchter *m*, *schweizerisch* Baumschulist *m*; **~icultura** *f* Baumzucht *f*; **~iforme** baumartig; **~ización** *f Gestein* baumähnliche Maserung *f*; *Blutgefäße* Verästelung *f*
arbusto *m* Strauch *m*; Busch *m*
arca *f* ⟨***el***⟩ Truhe *f*; **~s** *Pl* Schatzkammer *f*; ANAT Weichen *f/Pl*; ***~ de agua*** Wasserspeicher *m*; ***~ de caudales*** Geldschrank *m*; ***~ cerrada*** verschlossener Mensch *m*; ***~s comunitarias*** EU-Kassen *f/Pl*; ***~ congeladora*** Gefriertruhe *f*; ***~ del diluvio*** *od* ***de Noé*** Arche *f* Noah; ***~s públicas*** öffentliche Kassen *f/Pl*
arcada *f* Arkade *f*; Brückenbogen *m*
Arcadia *f* Arkadien *n*
arcaduz *m* Wasserrohr *n*; Tonröhre *f*; *Wasserrad* Schöpfeimer *m*; Trick *m*, Kniff *m*
arca|ico I *Adj* altertümlich; veraltet **II** *m* GEOL Archaikum *n*; **~ismo** *m* veralteter Ausdruck *m*; **~izante** altertümelnd; **~izar** ⟨-z/c-⟩ *intr* eine altertümelnde Ausdrucksweise verwenden
arcángel *m* Erzengel *m*
arcano I *Adj* geheim **II** *m* Geheimnis *n*
arce *m* Ahorn *m*
arcén *m Autobahn* Randstreifen *m*; Standspur *f*; Mittelstreifen *m*
arcediano *m* Archi-, Erzdiakon *m*
archi|diácono *m* Erzdiakon *m*; **~diócesis** *f* Erzdiözese *f*; **~ducado** *m* Erzherzogtum *n*; **~ducal** erzherzoglich; **~duque** *m* Erzherzog *m*; **~enemigo** *m* Erzfeind *m*; **~millonario** *m* Multimillionär *m*; **~piélago** *m* Archipel *n*, Inselgruppe *f*; **~rreaccionario** erzreaktionär
archivador I *Adj* Archiv- **II** *m* Briefordner *m*; Aktenschrank *m*; Karteischrank *m*; Aktenordner *m*; → ***archivero***; ***~ colgante*** Hängemappe *f*
archiv|ar *tr* archivieren; INFORM speichern; *Akten* ablegen; abheften; zu den Akten legen; ad acta legen *auch übertr*; **~ero** *m*, **~ista** *m* Archivar *m*; **~o** *m* Archiv *n*; Registratur *f*; Ablage *f*; INFORM Datei *f*; **~ología** *f* Archivkunde *f*
arcilla *f* Ton *m*, Tonerde *f*; ***~ acética*** essigsaure Tonerde *f*; ***~ de porcelana*** Porzellanerde *f*; ***~ refractaria*** feuerfester Ton *m*
arcilloso tonhaltig; tonartig
arcipreste *m* Erzpriester *m*
arco *m* ARCH, GEOM, MUS Bogen *m auch Waffe*; Fassreifen *m*; *Arg Fußballplatz* Tor *n*; ***~ apuntado*** (***crucero***) Spitz-(Kreuz)-bogen *m*; ***~ detector*** *Flughafen* Torsonde *f*; ***~ iris*** *od* ***de San Martín*** Regenbogen *m*; ***~ de medio punto*** Halbkreis-, Rundbogen *m*; ***~ ojival*** (***de puente***) Spitz-(Brücken)bogen *m*
arcón *m* große Truhe *f*; ***~ congelador*** Gefriertruhe *f*
Ardenas *f/Pl*: ***las ~*** die Ardennen
ardentía *f* Sodbrennen *n*; Meeresleuchten *n*
arder I *intr* brennen; lodern; *Liebe* entbrennen (***de, en*** in); *Berge, Meer* leuchten; glühen (***de*** vor) *z.B. Begeisterung*; ***estar que arde*** brenzlig sein; wütend sein **II** *tr* verbrennen; **~se** *Pflanzen* verbrennen
ardid *m* List *f*; Kunstgriff *m*, Trick *m*
ard|ido *AmS, Guat, Hond* erzürnt, zornig; *Pflanzen* verbrannt, versengt; **~iente** brennend; heiß *auch übertr*; feurig *auch übertr*; leidenschaftlich; feuerrot
ardilla *f* Eichhörnchen *n*
ardimiento *m* Brand *m*; Brennen *n*; Kühnheit *f*
ardite *m alte kastilische Scheidemünze* ◇ ***no me importa un ~*** das ist mir völlig gleich *od* egal; ***no valer un ~*** keinen Deut *od* Pfifferling wert sein
ardor *m* Hitze *f*; Ungestüm *n*; (Feuer-)Eifer

m; ***~ de estómago*** Sodbrennen *n*; ***~ de sol*** Sonnenbrand *m*; ***en el ~ de la disputa*** *übertr* in der Hitze des Gefechts

ardoroso heiß; feurig; hitzig; leidenschaftlich; ungestüm

arduo sehr schwierig; mühselig

área *f* ⟨***el***⟩ Fläche *f*; Gelände *n*; Areal *n*; Bereich *m*; Gebiet *n*; Raum *m*; Ar *m,n*; ***~ bancaria*** Bankgewerbe *n*; ***~ del Caribe*** Karibik *f*; ***~ de castigo*** SPORT Strafraum *m*; ***~ de cultivo*** Anbaufläche *f*; ***~ de descanso*** VERK Rastplatz *m*; ***~ del dólar*** HDL Dollargebiet *n*, Bereich *m* mit Dollarwährung; ***~ económica*** Wirtschaftsraum *m*; ***~ de emplazamiento*** Standort *m*; ***~ de no fumar*** Nichtraucherzone *f*; ***~ de libre comercio*** Freihandelszone *f*; ***~ monetaria*** Währungsgebiet *n*; ***~ protegida*** Landschaftsschutzgebiet *n*; ***~ de reposo*** VERK Rastplatz *m*; ***~ de servicio*** Raststätte *f*; ***~s verdes*** Grünflächen *f/Pl*

arena *f* Sand *m*; Arena *f*, Kampfplatz *m*; ***~ fina*** (***gruesa***) Fein-(Grob)sand *m*; ***~ movediza*** Flugsand *m*; ***~ vitrificable*** Glassand *m* ◇ ***edificar sobre ~*** *übertr* auf Sand bauen

arenal *m* Sandfläche *f*; Sandgrube *f*

arengar ⟨-g/gu-⟩ *intr* eine Ansprache halten

arenisca *f* Sandstein *m*; ***~ abigarrada*** (***colorada***) Bunt-(Rot)sandstein *m*

aren|isco sandhaltig; sandig; **~oso** sandig, Sand-; sandreich

arenque *m* Hering *m*; ***~ ahumado*** Bückling *m*; ***~ enrollado*** Rollmops *m*; ***~ en escabeche*** *od* ***a la marinera*** marinierter Hering *m*; ***~ salado*** *od* ***en salmuera*** Salzhering *m*

arepa *f Am* Maisbrötchen *n*; *verschiedene Arten Maisgebäck*

arete *f* Zierring *m*; Ohrring *m*

argad|ijo *m*, **~illo** *m* Haspel *f*; Zappelphilipp *m*

argamas|a *f* Kalkmörtel *m*; **~ar** *intr* Mörtel mischen

Argel *m* Algier *n*

Argelia *f* Algerien *n*

argelino I *Adj* algerisch **II** *m*, **-a** *f* Algerier (-in) *m(f)*

argentar *tr* versilbern

argénteo silbern; versilbert, mit Silberauflage; silberglänzend; silberfarben

argent|ería *f* Silberarbeit *f*; Silberstickerei *f*; **~ero** *m*, **-a** *f* Silberschmied(in) *m(f)*; **~ífero** Silber-; silberhaltig

Argentina *f* Argentinien *n*

argent|inismo *m* Argentinismus *m*; **~ino I** *Adj* silbern; Silber-; argentinisch **II** *m*, **-a** *f* Argentinier(in) *m(f)*

argolla *f* dicker Ring *m*; Zugöse *f*; *Am* Ehering *m*; *Ec* Clique *f*; *übertr* Fessel *f*

argón *m* CHEM Argon *n*

argot(e) *m* ⟨*Pl* ***argot(e)s***⟩ Argot *n*

Argovia *f* Aargau *m*

argucia *f* (Arg-)List *f*; Spitzfindigkeit *f*

argüir ⟨-uy-⟩ **I** *tr* entnehmen, folgern; erkennen lassen, deuten auf; ***~ a alg de u/c*** jmdm etw vorwerfen **II** *intr* anführen; argumentieren

argumentación *f* Argumentation *f*

argumentar *intr* argumentieren; ***se nos puede ~ que*** man kann uns mit dem Argument kommen, dass

argumentista *m* Drehbuchautor *m*

argumento *m* Argument *n*; Beweisgrund *m*; Handlung *f eines Werkes*; MUS Thema *n*; FILM Drehbuch *n*; *Theaterstück* Text *m*

aria *f* ⟨***el***⟩ Arie *f*

aridez *f* Dürre *f*; Langweiligkeit *f*

árido I *Adj* dürr; trocken; *Landschaft* kahl; unfruchtbar; trocken; langweilig **II** *m* ***~s*** *Pl Sammelbezeichnung für* Getreide(körner *Pl*) *n* und Hülsenfrüchte *f/Pl*; *Mörtel* Zuschlagstoffe *m/Pl*

Aries *m* ASTR Widder *m*

ariete *m hist* Sturmbock *m*; TECH Ramme *f*

ario *m* **I** *Adj* arisch; ***no ~*** nichtarisch **II** *m* Arier *m*

arisco widerborstig, -spenstig; barsch, schroff; unverzüglich

arista *f* Granne *f*; Kante *f*; Schnittlinie *f zweier Ebenen*; Schneide *f*; Grat *m*; Gebirgskamm *m*; GEOL Kammlinie *f*

arist|ocracia *f* Aristokratie *f*; **~ócrata** *m* Aristokrat *m*; **~ocrático** aristokratisch

aritmétic|a *f* Arithmetik *f*; **~o I** *Adj* arithmetisch, Rechen- **II** *m* Arithmetiker *m*

arlequín *m* Harlekin *m*; Hanswurst *m*

arma *f* ⟨***el***⟩ Waffe *f*; ***~s*** *Pl* Wappen *n*; Streitkräfte *f/Pl*; ***~ de artillería*** *Waffengattung* Artillerie *f*; ***~ atómica*** Atomwaffe *f*; ***~ automática*** *od* ***de tiro rápido*** automatische *od* Schnellfeuerwaffe *f*; ***~ de aviación*** *Waffengattung* Luftwaffe *f*; ***~ blanca*** Stoßwaffe *f*; ***~ de caballería*** *Waffengattung* Kavallerie *f*; ***~s de la ciudad*** Stadtwappen *n*; ***~ cortante*** Hiebwaffe *f*; ***~ cortopunzante*** Hieb- und Stichwaffe *f*; ***~ de destrucción en masa*** *od* ***de exterminio masivo*** Massenvernichtungswaffe *f*; ***~ de dos filos*** *od* ***de doble filo*** *übertr* zweischneidiges Schwert; ***~ de fuego*** Schusswaffe *f*; ***~ láser*** Laserwaffe *f*; ***~ negra*** Fechtwaffe *f*; ***~s nucleares*** Kernwaffen *f/Pl*; ***~ punzante*** Stichwaffe *f*; ***~ reglamentaria*** Dienstwaffe *f*; ***~s termonucleares*** thermonukleare Waffen *f/Pl*; ***las distintas ~s*** die Teilstreitkräfte; ***las tres ~s*** die drei Waffengattungen ◇ ***alzarse en ~s*** zu den Waffen greifen; ***estar*** (***mantener***) ***sobre las ~s*** unter Waffen ste-

hen (halten); ***pasar por las ~s*** (standrechtlich) erschießen; über die Klinge springen lassen; ***poner en ~s*** zu den Waffen rufen; ***presentar ~s*** das Gewehr präsentieren; ***rendir ~s*** die Waffen strecken; ***tomar (las) ~s*** zu den Waffen greifen
armad|a *f* Kriegsflotte *f*; **~ijo** *m* Falle *f*; Schlinge *f*; **~illo** *m* Gürteltier *n*
armado I *Adj* gerüstet; TECH armiert, bewehrt **II** *m* MAR Ausrüsten *m*; *Méx* Montage *f*; *Arg* Selbstgedrehte *f*; *Guat* Gürteltier *n*
armador I *Adj Méx Esel* störrisch **II** *m*, **~a** *f* Reeder(in) *m(f)*; *Schiff* Ausrüster *m*; MAR Heuerbaas *m*; Monteur(in) *m(f)*; *Ec* Kleiderständer *m*; ***~ de textos*** Setzer *m*
armadura *f* Ritterrüstung *f*; Gestell *n*; Gerüst *n*; *Kabel* Bewehrung *f*; Knochengerüst *n*; *Brille* Fassung *f*; ***~ de tejado*** Dachstuhl *m*
armaduría *f* Montagewerk *n*
armament|ismo *m* Wettrüsten *n*; Aufrüstung *f*; **~ista** Rüstungs-; **~o** *m* Rüstung *f*; Bewaffnung *f*; Bestückung *f*; Ausrüstung *f*
armar *tr* bewaffnen; ausstatten; ausrüsten *auch* MAR *u übertr* (***con*** mit); *Schlinge* legen; *Bett*, *Falle* aufstellen; *Zelt* aufbauen; *Maschine* montieren; *Auseinandergenommenes* (wieder) zusammensetzen; TECH bewehren, armieren; *Tisch* an-, herrichten; *Möbel* zusammenbauen; *Zünder* scharf machen; *Seitengewehr* aufpflanzen; *Pistole* laden; veranstalten, verursachen; *Am Zigarette* drehen; ***~la*** Streit vom Zaun brechen; **~se** sich bewaffnen; sich rüsten; sich wappnen (***de*** mit); sich ausstatten, sich *etw* zulegen; *Gewitter* heraufziehen
armario *m* Schrank *m*; ***~ de documentos*** (***~ empotrado***) Akten-(Einbau-, Wand)-schrank *m*; ***~ de luna*** (***persiana***; ***~ rinconero***) Spiegel-(Roll-; Eck)schrank *m*; ***~ ropero*** Kleiderschrank *m* ◇ ***salir del ~*** *umg* sich outen
armazón I *f* Gerüst *n auch übertr*; Gestell *n*; Rahmen *m auch übertr*; (Maschinen-) Ständer *m*; Schiffsgerippe *n*; Montage *f*, Aufstellung *f*; *Brille* Fassung *f*; Struktur *f* **II** *m Am Laden* Regale *n/Pl*
Armenia *f* Armenien *n*
armenio I *Adj* armenisch **II** *m*, **-a** *f* Armenier(in) *m(f)*; das Armenische
armer|ía *f* Waffenhandlung *f*; *hist* Zeughaus *n*, Rüstkammer *f*; Waffenmeisterei *f*; Waffenschmiede *f*; Waffenschmiedekunst *f*; **~o** *m* Waffenschmied *m*; Waffenfabrikant *m*; Waffenhändler *m*; Gewehrständer *m*; Gewehrschrank *m*
ARMH *f Abk für* ***Asociación para la Recuperación de la Memoria Histórica***
armisticio *m* Waffenstillstand *m*
armonía *f* Harmonie(lehre) *f*; Eintracht *f*; Einklang *m*; Wohlklang *m*
armónic|a *f* Mundharmonika *f*; **~o** harmonisch
armoni|o *m* Harmonium *n*; **~oso** harmonisch *auch übertr*; wohlklingend; **~zar** ⟨-z/c-⟩ **I** *tr* harmonisieren; angleichen; in Einklang bringen **II** *intr* harmonieren, zusammenpassen; in Einklang stehen
arnés *m* Harnisch *m*; ***arneses*** *Pl* Pferdegeschirr *n*; Reitzeug *n*; ***~ de escalada*** Kletterausrüstung *f*
árnica *f* ⟨***el***⟩ Arnika *f*
aro *m* Ring *m*; Reif *m*; *Geige* Zarge *f*; *Spielzeug* Reifen *m*; *Am* → ***sortija***; *Chi*, *Rpl* Ohrring *m* ◇ ***hacer pasar por el ~*** *jmdn* zur Vernunft bringen
arom|a I *m* Aroma *n*; Duft *m*; *Wein* Bukett *n* **II** *f* Blüte *f* der Duftakazie; **~aticidad** *f* Duft *m*, Odeur *n*; Würze *f*; **~ático** aromatisch; Gewürz-; würzig; Kräuter-; **~atizar** ⟨-z/c-⟩ *tr* aromatisieren; würzen; **~o** *m* Duftakazie *f*
arpa *f* ⟨***el***⟩ Harfe *f*
arpegio *m* MUS Arpeggio *n*
arpía *f* MYTH Harpye *f*; Drachen *m*, Xanthippe *f*; Krauthexe *f*
arpillera *f* Sackleinen *n*
arpista *m* Harfenist *m*; *Méx* Dieb *m*
arp|ón *m* Harpune *f*; **~onado** harpunenförmig; **~onar**, **~onear** *tr* harpunieren; **~onero** *m* Harpunier *m*; Harpunenfischer *m*
arque|ada *f* MUS Bogenstrich *m*; **~adas** *f/Pl* Brechreiz *m*; **~ado** gewölbt; *Beine* krumm; **~ador** *m* MAR Eichmeister *m*; **~aje** *m*, **~amiento** *m* MAR Eichung *f*; **~ar I** *tr* biegen; wölben; *Schiff* eichen; *Augenbrauen* hochziehen **II** *intr Am* den Kassenbestand prüfen *od* feststellen; **~arse** sich krümmen; sich wölben; sich durchbiegen
arqueo *m* Wölbung *f*, Krümmung *f*; Eichung *f*; ***~ bruto*** (***neto***) Brutto-(Netto)tonnage *f*; Kassensturz *m*
arque|olítico steinzeitlich; **~ología** *f* Archäologie *f*; **~ológico** archäologisch; **~ólogo** *m* Archäologe *m*
arquería *f* Bogenwerk *n*; Arkaden *f/Pl*
arquero *m*, **-a** *f* Schatzmeister(in) *m(f)*; Bogenschütze(-in) *m(f)*; *AmS* SPORT Torhüter *m*, -wart *m*, -frau *f*
arqueta *f* Schatulle *f*
arquetipo *m* Urbild *n*; Archetyp(us) *m*
arqui|diócesis *f* Erzdiözese *f*; **~episcopal** erzbischöflich
Arquímedes *m* Archimedes *m*
arquitecto *m*, **-a** *f* Architekt(in) *m(f)*; Bau-

meister(in) *m(f)*; **~ *decorador*** *od* ***de interiores*** (***jardines***) Innen-(Garten)architekt *m*; **~ *paisajista*** Landschaftsgestalter *m*; **~ *técnico*** Fach(hoch)schularchitekt *m*

arqui|tectónico architektonisch; **~tectura** *f* Architektur *f*, Baukunst *f*; Bauart *f*; **~trabe** *m* Architrav *m*, Säulenbalken *m*

arrabal *m* Vorstadt *f*; **~era** *f* Lästermaul *n*; **~ero I** *Adj* Vorstadt-; vorstädtisch; vulgär **II** *m* Vorstädter *m*

arraigar ⟨-g/gu-⟩ **I** *intr* Wurzeln schlagen; wurzeln; *Gewohnheiten* sich einschleifen **II** *tr* Wurzeln schlagen lassen; *Ec*, *Guat*, *Méx*, *Pe* unter Ortsarrest stellen; **~se** Fuß fassen; heimisch werden; sich niederlassen

arraigo *m* Verwurzelung *f*; Anwurzeln *n*; Wurzelschlagen *n*; Sesshaftwerden *n*; Liegenschaften *f/Pl* ◇ ***tener* ~** verwurzelt sein; Einfluss haben; wurzeln (***en*** in)

arrancada *f* Start *m*; Anfahren *n*; Losfahren *n*; ***de una* ~** mit einem Ruck

arranc|adero *m* Start(platz) *m*; **~ado** abgebrannt *verarmt*; heruntergekommen; **~ador** *m* Anlasser *m*; **~ar** ⟨-c/qu-⟩ **I** *tr* entreißen; losreißen; ausreißen; herausreißen; abreißen; entlocken; *Zusage* abringen; *Geständnis* erpressen; *Zahn* ziehen; *Hackfrüchte* roden; INFORM, *Motor* starten; *Motor* anlassen; *jmdn* freikämpfen; *Gewichtheben* reißen **II** *intr* losrennen; losgehen; sich in Bewegung setzen; starten; *Fahrzeug* anfahren; *Motor* anspringen; *Zugtier* anziehen; *Tradition* zurückgehen (***de*** auf); **~arse** sich *z.B. Haare* ausreißen

arranque *m* Ausreißen *n*; Entreißen *n*; ANAT Ansatz *m*; Anlaufen *n*; Start *m*; Anfahren *n*; Anlassen *n*; Anlasser *m*; *AmC* Mittellosigkeit *f*; Anwandlung *f*; plötzlicher Einfall *m*; rascher Entschluss *m*; *Gewichtheben* Reißen *n*; **~ *de celos*** Anfall *m* von Eifersucht

arrapiezo *m* Lumpen *m*; Lausbub *m*

arras *f/Pl* Anzahlung *f*; Handgeld *m*

arras|adura *f* Zerstörung *f*; **~amiento** *m* Einebnen *n*; Abstreichen *n*; (völlige) Zerstörung *f*; *Festung* Schleifen *n*; **~ar I** *tr* einebnen; ausradieren *zerstören*; dem Erdboden gleichmachen; *Festung* schleifen; bis zum Rand füllen **II** *intr u* **~arse** *Himmel* sich aufheitern; *in Tränen* zerfließen

arrastr|adera *f* Schleppseil *n*; **~ado I** *Adj* armselig; kümmerlich; niederträchtig **II** *m* Strolch *m*; KART Ramsch *m*

arrastrar I *tr* ziehen, schleppen; treiben *z.B. in den Ruin*; *mit sich* schleifen; *übertr* mit sich bringen; nach sich ziehen; mit sich fortreißen; mitreißen; **~ *a alg tras sí*** jmdn hinter sich her ziehen; (***no***) ***dejarse* ~** sich (nicht) hinreißen lassen (***a*** zu) **II** *intr* KART Trumpf ausspielen; *Vorhang*, *Kleid* schleppen; *Reptil* kriechen; *Méx* eggen; **~se** kriechen *auch übertr*; sich erniedrigen; sich (fort)schleppen

arrastre *m* Abschleppen *n*; Zugkraft *f*; angeschwemmte Erde *f*; **~ *de la película*** Filmtransport *m* ◇ ***estar para el* ~** schrottreif sein; *Person* zum alten Eisen gehören

arre: ***¡arre!*** hü!, vorwärts!

arrear I *tr Pferd* anschirren; *Lasttiere* antreiben; treiben *auch übertr*; *Fußtritt* geben; *AmC*, *Méx*, *Rpl Vieh* stehlen **II** *intr* sich beeilen, schnell gehen

arrebañ|aduras *f/Pl* Essenreste *m/Pl*; **~ar** *tr* zusammenraffen; *Teller* leeren, leer essen; *etw* aufessen

arrebatado ungestüm; übereilt; voreilig; *Fantasie* überschäumend; *Wangen* glühend ◇ ***estar* ~** ganz aus dem Häuschen sein

arrebatar *tr* reißen (***de, de entre*** aus); winden (***de*** aus); entreißen; rauben; *Land* abringen; *Tod* hinwegraffen; mit sich reißen; *jmdn* begeistern; *Blicke* auf sich ziehen; entzücken; **~se** aufbrausen; außer sich geraten; ganz hingerissen sein; vor Wut rot anlaufen; sich ereifern; *Ernte* verdorren; *Brot*, *Fleisch* durch zu große Hitze äußerlich verbrennen

arrebato *m* Erregung *f*; Anwandlung *f*; Verzückung *f*; Entzücken *n*; **~ *de cólera*** Wutanfall *m*

arrebol *m* Morgenrot *n*; Abendrot *n*; Wangenrot *n*; *Kosmetik* Rouge *n*; **~arse** Rouge auflegen; erröten

arrebujar *tr Papier*, *Wäsche* zusammenknüllen; einhüllen, -wickeln; **~se** sich gut zudecken

arrechucho *m* Rappel *m*; Koller *m*; Anwandlung *f*; Unpässlichkeit *f*

arreciar *intr Fieber*, *Wind* zunehmen; festhalten (***en*** an); sich hineinsteigern

arrecife *m* Riff *n*; RD Klippen *f/Pl*

arredilar *tr* (zusammen)pferchen

arredrar *tr* zurückwerfen; zum Rückzug zwingen; einschüchtern; Angst einjagen; **~se** zurückweichen; zurückschrecken; verzagen; Angst bekommen

arregl|adamente ordnungsgemäß; **~ado** ordentlich; in Ordnung gebracht; geregelt; erledigt; *Preis* genehm; **~ador** *m* Arrangeur *m*; **~ar** *tr* in Ordnung bringen; ordnen; regeln; regulieren; reparieren; ausbessern; überholen; *Konflikt* schlichten, beilegen; vermitteln; *Musikstück u übertr* arrangieren; *Wohnung* herrichten; *Rechnung* begleichen; *Zimmer* aufräumen;

Bett machen; *Sache* vereinbaren; *Speisen* anrichten; *Uhr* stellen; *Preis* festsetzen; *Futurformen*: *jmdn* auf Vordermann bringen; *Am* kastrieren; *Kleidung* ändern; **~arse** sich herrichten, sich hübsch machen; sich regeln; *z.B. sich das Haar* ordnen, zurechtmachen; ***~arse a*** *od* ***con lo suyo*** sich nach der Decke strecken; ***~arse con*** sich mit *jmdm* arrangieren *od* JUR vergleichen; mit *einer Sache* zurechtkommen; ***~árselas*** sich zu helfen wissen
arreglista *m* Arrangeur *m*
arreglo *m* Aufstellung *f*; Einrichtung *f*; Regelung *f*; Abmachung *f*, Vereinbarung *f*; Ausbesserung *f*, Reparatur *f*; *Rechnung* Bezahlung *f*; *Werk* Bearbeitung *f*; Arrangement *n*; JUR Vergleich *m*; *Konflikt* Beilegung *f*; Verrechnung *f*; Vermittlung *f*; wilde Ehe *f*; ***~ (extra)judicial*** (außer)gerichtlicher Vergleich *m*; ***con ~ a*** entsprechend, gemäß ◇ ***llegar a un ~ amistoso*** zu einer gütlichen Einigung gelangen
arrellanarse es sich bequem machen; sich bequem setzen
arremangar ⟨-g/gu-⟩ *tr Ärmel* hochstreifen; *Kleid*, *Lippen* schürzen; *Kleid* raffen; *Hosen* hochkrempeln
arremet|er I *tr Pferd* treiben; angreifen, angehen **II** *intr* vorgehen (***contra*** gegen); herfallen (***contra*** über); sich stürzen (***contra*** auf); angreifen (***contra*** *Akk*); beleidigen (***a*** *Akk*) *z.B. das Auge*; **~ida** *f* Ansturm *m*; Anrennen *n*; Anlauf *m*; Angriff *m*; Überfall *m*
arrendador *m* Verpächter *m*; Vermieter *m*; Pächter *m*; Mieter *m*; Leasing-Geber *m*
arrendamiento *m* Verpachtung *f*; Vermietung *f*; Pacht *f*; Anmietung *f*; Pacht(geld *n*) *f*; Mietgeld *n*; ***~ de bienes en equipo, ~ financiero*** Leasing *n* ◇ ***ceder*** *od* ***dar en ~*** verpachten; vermieten; ***tomar en ~*** pachten; (an)mieten
arrendar ⟨-ie-⟩ *tr* verpachten; vermieten; pachten; (an)mieten; *auch* leasen
arrendat|ario *m* Pächter *m*; Mieter *m*; Leasingnehmer *m*; **~icio** Pacht-; Miet-
arreo *m* Putz *m*, Schmuck *m*; *Am* Koppel *f Lasttiere*; *Am Vieh* Treiben *n*; ***~s*** *Pl* (Pferde-)Geschirr *n*; Reitzeug *n*; Zubehör *n*
arrepentido I *Adj* reumütig; bußfertig ◇ ***estar ~ de u/c*** eine Sache bereuen **II** *m* Reumütiger *m*
arrepent|imiento *m* Reue *f*; Buße *f*; MAL Korrektur *f*; **~irse** ⟨-ie/i-⟩ Reue fühlen; bereuen (***de*** *Akk*)
arrest|ado I *Adj* kühn **II** *m* Verhafteter *m*; **~ar** *tr* verhaften; **~arse** sich wagen (***a*** an); nicht zurückschrecken (***a*** vor)
arresto *m* Verhaftung *f*; Arrest *m*; Haft *f*; Kühnheit *f* ◇ ***someter a ~ domiciliario*** unter Hausarrest stellen; ***tener ~s*** Mut besitzen
arrevistado THEAT Revue-
arriar ⟨-ío⟩ *tr Fahne*, *Segel* einholen
arriat|a *f*, **~e** *m* Rabatte *f*; Randbeet *n*
arriba oben, obenan; hinauf; nach oben; auf(wärts); ***¡~!*** auf(stehen)!; hoch!; es lebe ...!; ***~ de*** über; ***de ~*** von oben; Ober-; ***de ~ abajo*** von oben nach unten; ***de 10*** (***para***) ***~*** ab *od* über 10; ***desde ~*** von oben (aus); ***hacia ~*** nach oben; hinauf; ***lo de ~*** das Obere; ***más ~*** *im Text* weiter oben *od* vorn; ***por ~*** oben (entlang); oberhalb; von oben
arribada *f* MAR Einlaufen *n* ◇ ***entrar de ~ forzosa*** einen Nothafen anlaufen
arrib|aje *m* → ***arribada***; **~ano** *m Chi* Südchilene *m*; *Arg*, *Pe* Hochländer *m*
arrib|ar *intr* ankommen; MAR einlaufen; **~ismo** *m* Strebertum *n*; **~ista** *m* Emporkömmling *m*; **~o** *m* Ankunft *f*, Eintreffen *n*; MAR Einlaufen *n*
arriendo *m* Pacht *f*; Pachtzins *m*; Verpachtung *f*; Miete *f*; Vermietung *f*
arriero *m* Maultiertreiber *m*
arriesg|ado riskant; waghalsig; gewagt; **~ar** ⟨-g/gu-⟩ *tr* riskieren; **~arse** sich einer Gefahr aussetzen; sich wagen (***a*** + *Inf* zu; ***en*** + *Subst* an)
arrim|ar *tr* nähern; heranrücken; lehnen (***contra*** an); *Tritt usw* versetzen; *Sporen* geben; *Beschäftigung* aufgeben; beiseite legen, weglegen; **~arse** sich anlehnen; sich nähern; näher heranrücken; näher treten; dicht herantreten (***a*** an); sich aneinander schmiegen; zusammenrücken; sich stellen (***a*** an); sich heranmachen (***a*** an); sich anschließen (***a*** *Dat*); **~o** *m* Annäherung *f*; Stütze *f*; Halt *m*, Schutz *m*; Brandmauer *f*
arrincon|ado abgelegen; *Möbel* abgestellt; **~amiento** *m* Zurückgezogenheit *f*; Abgeschiedenheit *f*; **~ar** *tr* in die Ecke stellen; *Kleid* ablegen *nicht mehr tragen*; beiseite legen, weglegen; *jmdn* in die Enge treiben; beiseite drängen; vernachlässigen; **~arse** sich zurückziehen
arritmia *f* Ar(r)hythmie *f*
arroba *f* Arroba *f Gewicht von 11,5 kg*; INFORM @-Zeichen *n*, Klammeraffe *m umg*; ***por ~s*** scheffelweise, in großer Menge
arrob|amiento *m* Verzückung *f*; Entzücken *n*; **~ar** *tr* entzücken; verzücken; **~arse** in Verzückung geraten; **~o** *m* Verzückung *f*
arrocer|ía *f* Reismühle *f*; **~o I** *Adj* Reisanbau-; Reis-; *Ven* grob **II** *m* Reisbauer *m*; *Pe* Kurpfuscher *m*
arrodillar *tr* niederknien lassen; **~se** niederknien; sich auf die Knie werfen
arrogación *f* Annahme *f* an Kindes Statt;

Anmaßung *f*; ~ ***de funciones*** Amtsanmaßung *f*
arrog|ancia *f* Arroganz *f*; Anmaßung *f*; Dünkel *m*; **~ante** arrogant; überheblich; nassforsch; *Figur* stattlich; **~ar** ⟨-g/gu-⟩ *tr* an Kindes statt annehmen; **~arse u/c** sich etw anmaßen
arroj|adizo Wurf-; Schleuder-; **~ado** mutig, unternehmungslustig; verwegen; **~ar** *tr* werfen; schleudern; wegwerfen; hinauswerfen; *vom Thron* stürzen; *Bomben* (ab)werfen; *Gewinn* abwerfen; *Defizit* aufweisen; *Ergebnisse* zeitigen; *Rauch* ausstoßen; *Gestank* verbreiten; **~arse** sich stürzen (***a*** auf; in; ***sobre*** auf); sich hinausstürzen (***de, por*** aus); sich (hinunter)stürzen (***por*** von); herfallen (***sobre*** über); sich erdreisten (***a*** zu); den Mut aufbringen (***a*** zu); **~o** *m* Verwegenheit *f*; Kühnheit *f*
arrollar *tr* zusammenrollen; *Garn* (auf)wickeln; fortrollen; mit sich reißen *auch übertr*; überfahren *auch übertr*; überrollen; niederwerfen; überwältigen; sich hinwegsetzen über *z.B. Gesetze*; *jmdn* verwirren; *Kind* einlullen; *AmC, Pe* → ***arremangar***
arropar *tr* bekleiden; einkleiden; bedecken; **~se** sich warm anziehen; ***¡arrópese con ello!*** das können Sie sich an den Hut stecken! *darauf lege ich keinen Wert!*
arrostrar *tr* trotzen; die Stirn bieten; begegnen; entgegentreten; hinnehmen; sich abfinden mit; wagen
arroyarse *Pflanzen* vom Rost befallen werden
arroyo *m* Bach *m*; Gosse *f auch übertr*, Rinnstein *m*; Fahrdamm *m* ◇ ***parar en el*** ~ *übertr* in der Gosse landen; ***plantar*** *od* ***poner a alg en el*** ~ *übertr* jmdn auf die Straße setzen
arroz *m* Reis *m*; ~ ***casulla*** *od* ***integral*** *od* ***macho*** Naturreis *m*; ~ ***descascarillado*** *od* ***sin cáscara*** geschälter Reis *m*; ~ ***con leche*** Milchreis *m*; ~ ***picón*** *od* ***quebrantado*** Bruchreis *m*; ~ ***pulido*** polierter Reis *m*; ~ ***con tenedor*** sehr affektiert ◇ ***hubo*** ~ ***y gallo muerto*** es gab ein Schlemmeressen
arrozal *m* Reisfeld *n*
arruga *f* Runzel *f*; Falte *f*; Knitter *m*; ***lleno de*** **~*s*** runzlig; ***surcado de*** **~*s*** zerfurcht, verknittert
arrug|ado runzlig; faltig; zerknittert; knitterig; zerknüllt; **~ar** ⟨-g/gu-⟩ *tr* runzeln; falten; zerknittern; zerknüllen; *Nase* rümpfen; **~arse** runzlig werden; knittern; (zusammen)schrumpfen
arruinar *tr* ruinieren; verwüsten; zerstören; **~se** verfallen; sich zugrunde richten; zugrunde gehen; vergehen; sich verausgaben
arrullar I *intr* gurren *auch übertr*; turteln **II** *tr* in den Schlaf singen; einschläfern; *übertr* den Hof machen; schäkern mit
arrullo *m* Gurren *n*; Glucksen *n*; Säuseln *n*; Wiegenlied *n*; Liebesgeflüster *n*; Schäkern *n*
arrumaco *m*, *meist* **~s** *Pl* Geschmuse *n*
arrumbar I *tr* wegstellen; ausrangieren, in die Ecke stellen; *jmdn* isolieren **II** *intr* MAR den Kurs abstecken
arsenal *m* Arsenal *n auch übertr*; Waffenlager *n*; Marinewerft *f*; Zeughaus *n*
ars|enical arsenhaltig; Arsen-; **~énico I** *Adj* Arsen- **II** *m* Arsen *n*; Arsenik *n*
art., **art°** (*Abk für* ***artículo***) Art.
arte *m*, **~s** *f/Pl* Kunst *f*; Kunstfertigkeit *f*; Geschick *n*; List *f*; ~ ***cinematográfico*** Filmkunst *f*, -schaffen *n*; ~ ***culinario*** Kochkunst *f*; ~ (***no***) ***figurativo*** *od* ***imitativo*** gegenständliche (gegenstandslose) Kunst *f*; **~*s gráficas*** grafisches Gewerbe *n*; **~*s industriales*** Kunstgewerbe *n*; ~ ***de magia*** Zauberei *f*; **~*s marciales*** Kampfsportarten *f/Pl*; **~*s mecánicas*** Kunsthandwerk *n*; ~ ***militar*** Kriegskunst *f*; ~(***s***) ***de pesca*** Fischereigerät *n*; **~*s plásticas*** bildende Künste *f/Pl*; ~ ***poética*** (***popular***) Dicht-(Volks)-kunst *f*; ***bellas*** **~*s*** schöne Künste *f/Pl*; ***con*** (***sin***) ~ geschickt (ungeschickt); kunstvoll (unbeholfen); (***como***) ***por*** ~ ***de magia*** (wie) durch ein Wunder; ***malas*** **~*s*** List *f* und Tücke *f* ◇ ***ser del*** ~ Fachmann sein; *Sprichw* ***quien tiene*** **~*s*, *va por todas partes*** Handwerk hat goldenen Boden
artefacto *m* Apparat *m*; Gerät *n*; ~ ***espacial*** Raumflugkörper *m*; ~ ***explosivo*** Sprengkörper *m*
Artemis, **~a** *f* MYTH Artemis *f*, Diana *f*
artemis|a, **~ia** *f* Beifuß *m*
artería *f* Hinterlist *f*
arteria *f* Arterie *f*; Hauptverkehrsstraße *f*
arteri|al arteriell; Arterien-; **~oesclerosis**, **~osclerosis** *f* Arterienverkalkung *f*; **~oso** arterienreich; arteriell
artero listig; hinterhältig; berechnend
artesa *f* Backtrog *m*; Trog *m*
artesan|ado *m* Handwerkerstand *m*; Handwerker *m/Pl*; **~al** handwerklich; Handwerks-; **~ía** *f* Handwerk *n*; *auch* Kunsthandwerk *n*; → **~*ado***; **~o** *m* Handwerker *m*
artesiano artesisch
arte|són *m* Scheuerfass *n*; Aufwaschbecken *n*; Trog *m*; ARCH Kassettendecke *f*; **~sonado I** *Adj Zimmerdecke* mit Stuckarbeit verziert **II** *m* Täfelung *f*; Kassettendecke *f*
ártico arktisch; Nord-, nördlich
articulación *f* Gelenk *n auch* TECH; Verbin-

dung *f*; PHON Artikulation *f*; Gliederung *f*; **~ *artificial*** Lippensprache *f* der Taubstummen
articul|ado I *Adj* Glieder-, gegliedert; Gelenk-; artikuliert **II** *m* die Paragraphen *eines Gesetzes*; **~ar I** *Adj* Gelenk- **II** *Verb tr* gliedern; durch Gelenke verbinden; in Paragraphen unterteilen; artikulieren; **~atorio** artikulatorisch; **~ista** *m* Artikelschreiber *m*, -verfasser *m*
artículo *m* Artikel *m auch* GRAMM *u* HDL; Ware *f*; Paragraph *m*; **~ *adicional*** Zusatzartikel *m*; **~ *de consumo*** Konsumartikel *m*; **~ *difamatorio*** Hetzartikel *m*; **~*s de escritorio*** Schreibwaren *f*/*Pl*; Bürobedarf *m*; **~ *de exportación*** (***importación***) Export-(Import)ware *f*, -artikel *m*; **~ *de fondo*** Leitartikel *m*; **~ *de gran consumo*** Massenbedarfsartikel *m*; **~ *invendible*** Ladenhüter *m*; **~ *líder*** Spitzenerzeugnis *n*, Markenführer *m*; **~ *de lujo*** (***marca***) Luxus-(Marken)-artikel *m*; **~*s de mercería*** (***piel***) Kurz-(Leder)waren *f*/*Pl*; **~ *de oferta*** (***en oferta***) Sonderposten *m* (Sonderangebot *n*); **~ *de primera calidad*** erstklassiges Erzeugnis *f*; **~ *de primera necesidad*** Grundnahrungsmittel *n*; **~ *de punto*** Wirkware *f*; **~*s de punto*** Trikotagen *Pl*; **~*-reclamo*** Werbegeschenk *n*; **~ *de regalo*** (***en serie***) Geschenk-(Serien)artikel *m*; **~*s de tocador*** Toilettenartikel *m*/*Pl*; Kosmetika *n*/*Pl*; **~*s de uso doméstico*** Haushaltwaren *f*/*Pl* ◇ ***tenemos*** *od* ***vendemos este ~*** wir führen diesen Artikel
artífice *m* Künstler *m*; Kunsthandwerker *m*; Urheber *m*; Erbauer *m*
arti|ficial Kunst-, künstlich; **~ficiario** *m*, **~ficiero** *m* Feuerwerker *m*; Sprengstoffexperte *m*; **~ficio** *m* Apparat *m*, Mechanismus *m*; Kunstfertigkeit *f*; Kunstgriff *m*; **~ficioso** kunstvoll; hinterhältig; listig; gekünstelt; **~lugio** *m* Machwerk *n*; übler Trick *m*
artillería *f* Artillerie *f*; **~ *antiaérea*** Flakartillerie *f*; **~ *de a bordo*, ~ *naval*** Schiffsartillerie *f*; **~ *a caballo*** bespannte Artillerie *f*; **~ *de campaña*** Feldartillerie *f*
artillero *m* Artillerist *m*, Kanonier *m*
artimaña *f* JAGD Falle *f*; Trick *m*; List *f*
artista *m* Künstler *m*; **~ *de cine*** Filmschauspieler *m*; **~ *de circo*** Artist *m*
artístico Kunst-, künstlerisch; artistisch
artr|itis *f* Gelenkentzündung *f*; **~ópodos** *m*/*Pl* Gliederfüßer *m*/*Pl*; **~osis** *f* Arthrose *f*
arveja *f Esp* Wicke *f*; *Am reg* Erbse *f*
arzobisp|ado *m* Erzbistum *n*; erzbischöfliches Amt *n*; erzbischöfliches Palais *n*; **~al** erzbischöflich; **~o** *m* Erzbischof *m*
as *m* KART Ass *n*, Daus *n*; *übertr* Meister *m*; SPORT, *Beruf usw u übertr* Ass *n* ◇ ***tener los ~es en la mano*** *übertr* alle Trümpfe in der Hand haben
As (*Symb für* → ***arsénico***) CHEM As
asa *f* ⟨***el***⟩ Henkel *m*; Griff *m*; Vorwand *m*
asá → ***así***
asado I *Adj* Brat- **II** *m* Braten *m*; Gebratenes *n*; **~ *al asador*, ~ *criollo*** *Rpl* Spießbraten *m*; **~ *de buey*** *od* ***vaca*** Rinderbraten *m*; **~ *de carnero*** (***cerdo***; ***ternera***) Hammel-(Schweine-; Kalbs-)braten *m*; **~ *a la parrilla*** Rostbraten *m*
asad|or *m* Bratspieß *m*; Grill(gerät *n*) *m*; Grillrestaurant *n*; **~uras** *f*/*Pl* Innereien *f*/*Pl*
asaetear *tr* mit Pfeilen beschießen; mit Pfeilen töten; *mit Fragen* bombardieren
asalari|ado I *Adj* lohnabhängig; erwerbstätig **II** *m* Lohn- *od* Gehaltsempfänger *m*; Arbeitnehmer *m*; Erwerbstätiger *m*; Lohnabhängiger *m*; **~ar** *tr* gegen Lohn einstellen
asaltador → ***asaltante***
asaltante I *Adj* angreifend; Sturm- **II** *m* Angreifer *m*; Stürmer *m*; **~ *bancario*** Bankräuber *m*; **~ *de viviendas*** Hausbesetzer *m*
asaltar *tr* angreifen; stürmen; überfallen; anfallen, anspringen; bestürmen; *Krankheit*, ereilen; *Gefühl* überkommen
asalto *m* Angriff *m*; Sturm(angriff) *m* (***a*** auf); Überfall *m*; Ansturm *m*; *Boxen* Runde *f*; *Fechten* Gang *m*, Ausfall *m* ◇ ***tomar por ~*** im Sturm erobern
asamblea *f* Versammlung *f*; MIL Sammeln *n auch Signal*; **~ *de balance*** Wahlberichtsversammlung *f*; **≗ *Federal*** Bundesversammlung *f*; **~ *general*** *Am* Hauptversammlung *f*; **≗ *General de la ONU*** UNO-Vollversammlung *f*; **≗ *Nacional*** Nationalversammlung *f*; **≗ *del Poder Popular*** *Cu* Oberste Volksvertretung *f*
asambleísta *m* Versammlungsmitglied *n*; *Am* Parlamentarier *m*
asar *tr* braten; **~ *bien*** (gut) durchbraten; **~ *ligeramente*** anbraten; **~*se vivo*** vor Hitze umkommen *od* vergehen
asbesto *m* Asbest *m*
ascend|encia *f* Vorfahren *m*/*Pl*; Abstammung *f*; **~ente** steigend; Steig-; ansteigend; aufsteigend; aufwärts verlaufend; zunehmend
ascender ⟨-ie-⟩ **I** *intr* steigen; hinaufsteigen; aufsteigen *auch* SPORT; zunehmen **II** *tr* **~ *a alg*** jmdn befördern (***a*** zu); *Summe* betragen, sich belaufen (***a*** auf), in Höhe von … anfallen
ascendiente I *Adj* → ***ascendente*** **II** *m* Vorfahr *m*; (moralischer) Einfluss *m*; **~*s*** *Pl*

Ahnen *m/Pl*
ascensión *f* Aufstieg *m*; Aufsteigen *n*; *Berg* Besteigung *f*; MAR Auftauchen *n*; ♀ (***del Señor***) (Christi) Himmelfahrt *f*; **~ *al trono*** Thronbesteigung *f*
ascensional aufsteigend; Auftriebs-
ascenso *m* Aufstieg *m*; *Rang* Beförderung *f* ◇ ***postergar el ~ de alg*** jmdn bei der Beförderung übergehen
ascens|or *m* Lift *m*; **~orista** *m* Aufzug(s)-führer *m*; Liftboy *m*
asc|eta *m* Asket *m*; **~ético I** *Adj* asketisch **II** *m* Asket *m*; **~etismo** *m* Askese *f*
asco *m* Ekel *m*; ***¡qué ~!*** pfui (Teufel)! ◇ ***dar ~*** anekeln; ***estar hecho un ~*** sehr dreckig aussehen
ascua *f* ⟨*el*⟩ Glut *f* ◇ ***arrimar el ~ a su sardina*** *übertr* seine Schäfchen ins Trockene bringen; ***estar en*** *od* ***sobre ~s*** wie auf glühenden Kohlen sitzen
ase|ado reinlich *auch übertr*; **~adora** *f* Raumpflegerin *f*; **~ar** *tr* sauber machen; säubern; **~arse** *Körperpflege* sich zurechtmachen
asechanza *f* Falle *f*; Hinterlist *f*; Hinterhalt *m* ◇ ***armar*** *od* ***tender ~s*** *übertr* Fallen stellen, einen Hinterhalt legen
ased|iar *tr* belagern; *mit Bitten* bestürmen; bedrängen; **~io** *m* Belagerung *f*
asegurable versicherungsfähig
asegurado I *Adj* versichert; gesichert; ***~ insuficientemente*** unterversichert **II** *m* Versicherter *m*, Versicherungsnehmer *m*
asegur|ador *m* Versicherer *m*; **~adora** *f* Versicherung(sgesellschaft) *f*; **~amiento** *m* Versicherung *f*; Behauptung *f*; Sicherung *f*; Zusicherung *f*; **~ar** *tr* sichern; absichern; versichern; behaupten; zusichern; **~arse** sich sichern (***de*** vor); sich vergewissern (***de*** *Gen*); sich versichern
asemejar *tr* aussehen lassen (***a*** wie); das Aussehen geben (***a*** von); **~se** ähneln, ähnlich sehen; ähnlich sein
asendere|ado *Weg* ausgetreten; geplagt; erfahren, versiert; **~ar** *tr* jagen, verfolgen; Schneisen schlagen
asenso *m* Zustimmung *f*
asentado *Ort* gelegen; gesetzt, ruhig; ansässig; vernünftig; ***bien ~*** wohl situiert ◇ ***dar por ~*** als gegeben voraussetzen
asent|ador *m Markthalle* Zwischenhändler *m*; Abzieh-, Streichriemen *m*; **~amiento** *m* Niederlassung *f*; Siedlung *f*; Vernunft *f*; *Batterie* Stellung *f*
asentar ⟨-ie-⟩ **I** *tr* (hin)setzen; *jmdn* ansiedeln; festsetzen; FIN buchen; *Niederlassung* gründen; *Schlag* versetzen; eintragen; aufschreiben; *Fundament* legen; *Lager* aufschlagen **II** *intr Kleidung* passen; *Möbel* nicht wackeln; *Speise* gut tun; **~se** sich niederlassen; *Wein* sich setzen; sich stützen (***en*** auf); sich gründen; aufliegen
asent|imiento *m* Einwilligung *f*; Zustimmung *f*; **~ir** ⟨-ie/i-⟩ *intr* zu-, beistimmen; einwilligen; **~ista** *m* Lieferant *m an Großabnehmer*
aseo *m* Sauberkeit *f*; Putz *m*, Zierat *m*; Bad(ezimmer) *n*; Waschraum *m*; ***~ personal*** Körperpflege *f*
aséptico aseptisch; trocken, nüchtern
asequible erreichbar; erschwinglich
aserción *f* Aussage *f*; Behauptung *f*
aserr|adero *m* Sägewerk *n*; **~adizo** Säge-; **~ado I** *Adj* Schnitt-; *Blatt* gezackt **II** *m* Sägen *n*; **~adura** *f* Sägeschnitt *m*; **~aduras** *f/Pl* → **~ín**; **~ar** ⟨-ie-⟩ *tr* sägen; absägen; **~ín** *m* Sägemehl *n*; **~uchar** *tr Am* sägen
asert|ivo bejahend; **~o** *m* Behauptung *f*; Aussage *f*
asesinar *tr* morden, umbringen
asesinato *m* Mord *m*; ***~ con estupro*** Lustmord *m*; ***~ judicial*** Justizmord *m*; ***~ en masa*** Massenmord *m*; ***~ por robo*** Raubmord *m*
asesino I *Adj* Mörder-; mörderisch; tötend **II** *m* Mörder *m*; ***~ masivo*** (***múltiple***) Massen-(Serien)mörder *m*
asesor I *Adj* beratend, Berater- **II** *m*, **~a** *f* Berater(in) *m(f)*; Beisitzer(in) *m(f)*; ***~ de empresas*** Unternehmensberater *m*; ***~ espiritual*** Seelsorger *m*; ***~ financiero*** (***fiscal***; ***de inversiones***) Finanz-(Steuer-; Anlagen)berater *m*; ***~ jurídico*** Justitiar *m*, Syndikus *m*, Rechtsberater *m*
asesoramiento *m* Beratung *f*; ***~ de empresas*** (***inversión***) Unternehmens-(Anlage)-beratung *f*
asesorar *tr jmdn* beraten, *jmdm* mit Rat beistehen; **~se** sich beratschlagen; sich Rat holen (***con*** bei); sich beraten lassen
asesoría *f* Amt *n* des Beraters; Beratung *f*; Gehalt *n* des Beraters; Beratungsstelle *f*; ***~ fiscal*** Steuerberaterkammer *f* ◇ ***contar con la ~ de*** betreut werden durch
asestar *tr Schlag* versetzen; *Waffe* richten (***contra*** auf); *Schuss* abgeben
aseverar *tr* versichern; behaupten
asexu|ado, **~al** ungeschlechtlich
asf|altado *m* Asphalt(decke *f*) *m*; Asphaltieren *n*; **~altar** *tr* asphaltieren; **~áltico** Asphalt-; **~alto** *m* Asphalt *m*
asfixia *f* Erstickung *f*; Ersticken *n* ◇ ***morir de ~*** ersticken
asfixi|ante erstickend; Stick-; schwül; **~ar** *tr jmdn* ersticken; **~arse** *selber* ersticken
así I *Adv* so, derart; ***~ ~*** leidlich, so recht und schlecht; ***~ como ~*** so nebenbei; jeden-

falls; sowieso; ohne weiteres; auf jeden Fall; **~ no más** *Am* so ohne weiteres; so mir nichts, dir nichts; **~ o asá, ~ o asado, ~ o ~, ~ que asá, ~ y asá** gehupft wie gesprungen *auf eins hinauslaufend*; **~ y todo** dessen ungeachtet, trotzdem; **aún ~** trotz all(e)dem; **¿cómo ~?** wieso? **II** *Adj* solcher (**un hombre ~**) **III** *Konj* **~ … como** sowohl … als auch; **~ como** sowie; **~ mismo** ebenso, auch; gleichermaßen, genauso; **~ pues, ~ que** sodass; also; **~ que** sobald; **por ~** deswegen *als Antwort auf*: weswegen?

Asia *f* ⟨*el*⟩ Asien *n*; **~ Central** Mittelasien *n*; **~ Menor** Kleinasien *n*

asiático I *Adj* asiatisch **II** *m*, **-a** *f* Asiate(-in) *m(f)*

asidero *m* Griff *m*; Henkel *m*; Halt *m*; Vorwand *m* ◇ **tener buenos ~s** einflussreiche Beziehungen haben

asidu|idad *f* Emsigkeit *f*; Fleiß *m*; Pünktlichkeit *f*; Häufigkeit *f*; **~o I** *Adj* emsig; *Besuch* häufig **II** *m* Stammgast *m*

asiento *m* Sitz *m auch* TECH; Sitzgelegenheit *f*; Sitzplatz *m*; Gesäß *n*; *Institution* Stelle *f*; Aufenthaltsort *m*; Lage *f*; Senkung *f*; Lager(ung *f*) *n*; Fundament *n*; Unterlage *f*; *Gefäß* Basis *f*; Bodensatz *m*; HDL Eintrag *m*; Buchung *f*; Rechnungsposten *m*; Gesetztheit *f*, Reife *f*; **~ de apertura** (**cierre**) Eröffnungs-(Jahresabschluss)buchung *f*; **~s bibliográficos** bibliografische Daten *Pl*; **~ catapulta** *od* **eyectable** *od* **lanzable** Schleudersitz *m*; **~ conductor ajustable** verstellbarer Fahrersitz *m*; **~ delantero** (**trasero**) Vorder-(Rück)sitz *m*; **~ en el haber** Habenbuchung *f*; **~ de la pena** Straffestsetzung *f*; **~ plegable** Klappsitz *m*; **~ reclinable** VERK Liegesitz *m*; **~ reservado** Platzkarte *f*; **de ~** ansässig; vernünftig; **de un ~** einsitzig ◇ **cancelar el ~** den Eintrag löschen; **ceder el ~ a alg** jmdm den Platz frei machen; **estar de ~** ansässig sein; **tomar ~** Platz nehmen; (**tome**) **~** nehmen Sie Platz

asignación *f* HDL Anweisung *f*; Zuweisung *f*; Bereitstellung *f von Mitteln*; Zuteilung *f*; Zuwendung *f*; Zulage *f*; *Rente, Gehalt* Bezüge *m/Pl*; **~ de almacenamiento** INFORM Speicheradresse *f*; **~ familiar** Kindergeld *n*; **~ de vivienda** Wohnungszuweisung *f*

asign|ar *tr* anweisen; zuweisen; *Finanzmittel* bereitstellen *od* bewilligen; zuteilen; *Amt* übertragen; zuwenden; *Befugnisse* erteilen; *Preis* zuerkennen; *Geld* überweisen; *Gehalt* festsetzen; **~atario** *m Am reg* gesetzlich anerkannter Erbe *m*

asignatura *f* (Lehr-)Fach *n*; Kurs *m*; **~ básica** *od* **principal** Hauptfach *n*; **~ facultativa** (**obligatoria**) Wahl-(Pflicht)fach *n*; **~ secundaria** Nebenfach *n*

asil|ado *m* Asylant *m*; Insasse *m* eines Asyls *od* Heimes; **~ar** *tr* in ein Heim aufnehmen; unterbringen; Asyl gewähren; **~arse** Asyl suchen (**en** bei); (sich) flüchten (**en** in); in ein Heim gehen

asilo *m* Asyl *n*; Heim *n*; **~ de ancianos** Altersheim *n*; **~ de bebedores** Trinkerheilanstalt *f*; **~ para desamparados** Obdachlosenasyl *n*; **~ eclesiástico** Kirchenasyl *n*; **~ (de huérfanos)** Waisenhaus *n*; **~ de trabajo** Arbeitshaus *n* ◇ **solicitar ~ político** politisches Asyl beantragen

asim|etría *f* Asymmetrie *f*; **~étrico** asymmetrisch, unsymmetrisch

asimil|ación *f* Assimilation *f*; Angleichung *f*; (geistige) Aneignung *f*; **~ar** *tr* assimilieren; gleichstellen; angleichen; *geistig* verarbeiten; **~arse** sich *etw* zu eigen machen; sich ähnlich sehen

asimismo → **así mismo**

asimplado einfältig, beschränkt

asir ⟨*unreg*⟩ **I** *tr* fassen, packen (**de, por** an, bei) **II** *intr* Wurzeln schlagen; **~se** sich festhalten; sich klammern (**a, de** an) *Hinweis: umgangssprachlich wenig gebräuchliches Verb; an seiner Stelle verwendet man* → **coger**, **agarrar**, **trabar**

asísmico erdbebensicher

asistencia *f* Teilnahme *f*; Teilnehmer *m/Pl*; Anwesenheit *f*; Anwesende *m/Pl*; Beistand *m*; Unterstützung *f*; **~ en carretera** KFZ Pannendienst *m*; **~ a las embarazadas** Schwangerenfürsorge *f*; **~ espiritual** geistlicher Beistand *m*; **~ judicial** Rechtshilfe *f*; **~ médica** ärztliche Betreuung *f*; **~ pública** öffentliche Fürsorge *f*; **~ social** Sozialfürsorge *f*; Wohlfahrt *f*; Sozialhilfe *f*; **~ técnica** Kundenbetreuung *f*, Service *m*; **~ al voto** Wahlbeteiligung *f*; **no ~ a persona en peligro** JUR unterlassene Hilfeleistung *f*

asistenta *f* Aufwartefrau *f*; Raumpflegerin *f*; Pflegerin *f*; **~ social** (Sozial-)Fürsorgerin *f*; Sozialarbeiterin *f*

asistente *m(f)* Teilnehmer(in) *m(f)*; Anwesende(r) *f(m)*; (wissenschaftliche(r)) Assistent(in) *m(f)*; Gehilfe(-in) *m(f)*; Betreuer(in) *m(f)*; Wärter(in) *m(f)*; (Offiziers-)Bursche *m*; **~ de dirección** Direktionsassistent *m*; **~ social** Sozialarbeiter *m*

asistir I *tr* helfen (**a alg** jmdm) **II** *intr* teilnehmen (**a** an); anwesend sein (**a** bei); KART Farbe bekennen; (hin)gehen (**a** zu)

asma *f* ⟨*el*⟩ Asthma *n*

asn|ada *f*, **~ería** *f* Eselei *f*

asno *m* Esel *m auch übertr*

asociación *f* Vereinigung *f*; POL Assoziierung *f*; Verein *m*; Verband *m*; WISS Assoziation *f*; **~ *de consumidores*** Verbraucherzentrale *f*; **~ *de contribuyentes*** Bund *m* der Steuerzahler *m*; **~ *de defensa del consumidor*** Verbraucherverband *m*; **~ *delictuosa*** kriminelle Vereinigung *f*; **≗ *de Estados Independientes*** Gemeinschaft *f* Unabhängiger Staaten; **≗ *Europea de Libre Cambio*** *od* ***Comercio*** Europäische Freihandelsassoziation *f*; **~ *industrial*** (***profesional***) Industrie-(Berufs)verband *m*; **≗ *de Inversión Colectiva y Fondos de Pensiones*** *Esp* Verband *m* der Investment- und Pensionsfonds-Gesellschaften; **~ *de intereses*** Interessengemeinschaft *f*; **≗ *Internacional de Universidades*** Internationaler Hochschulverband *m*; **≗ *Latinoamericana de Libre Comercio*** Lateinamerikanische Freihandelsvereinigung *f*; **~ *patronal*** *od* ***de patronos*** Unternehmerverband *m*; **≗ *para la Recuperación de la Memoria Histórica*** Organisation *f* zur Wiederbelebung des Historischen Gedächtnisses *die während des spanischen Bürgerkriegs ermordeten Republikaner betreffend*; **~ *registrada*** eingetragener Verein *m*

asoci|ado I *Adj* POL assoziiert; *Medikament* kombiniert **II** *m*, **-a** *f* Partner(in) *m(f)*; Teilhaber(in) *m(f)*; Sozius *m*; Gesellschafter(in) *m(f)*; Mitglied *n*; **~ar** *tr jmdn* als Teilhaber aufnehmen; verbinden; *Kräfte* vereinen; *jmdn* beteiligen (***a*** an); *Erinnerungen* in Verbindung bringen (***a, con*** mit); assoziieren; *Medikament* kombinieren; **~arse** sich zusammenschließen (***a, con*** mit); sich anschließen (***a*** an); mithelfen (***a*** bei)

asol|ador verwüstend; verheerend; **~amiento** *m* Verwüstung *f*; Zerstörung *f*; **~ar**[1] ⟨-ue-⟩ *tr* verwüsten; verheeren; **~arse** veröden

asol|ar[2] *tr Pflanzen* versengen; verdorren; **~eada** *f Am* Sonnenstich *m*; **~ear** *tr* der Sonne aussetzen; **~earse** sich sonnen; *Pflanzen* verdorren

asom|ada *f* Auftauchen *n*; Stippvisite *f*; **~ar I** *tr* zeigen **II** *intr* erscheinen; zum Vorschein kommen; hervorgucken; *Sonne* herauskommen; hervorlugen; **~arse** sich zeigen; sich hinauslehnen (***a, por*** aus)

asombr|adizo furchtsam; schreckhaft; **~ar** *tr* (ver)wundern; erschrecken; beschatten; *Farben* dunkler tönen; **~arse** sich wundern (***con, de*** über); **~o** *m* Erstaunen *n*; Staunen *n*; Bestürzung *f*; **~osamente** erstaunlicherweise; **~oso** erstaunlich

asomo *m* Anschein *m*; (An-)Zeichen *n*; Schimmer *m*; Spur *f*; Ahnung *f*, Vermutung *f*; ***ni por ~*** nicht die Spur; auch nicht andeutungsweise; auf keinen Fall; ***sin ~ de duda*** ohne auch nur einen Zweifel zu hegen

asonada *f* (Menschen-)Auflauf *m*; Zusammenrottung *f*

asordar *tr* taub machen

asotanar *tr* unterkellern

asp|a *f* ⟨***el***⟩ Haspel *f*, *m*; Windmühlenflügel *m*; **~adera** *f* Haspel *f*, *m*; **~ar** *tr* haspeln; quälen, peinigen; **~arse** sich winden *vor Schmerzen*; **~as** *f/Pl Am reg* Hörner *n/Pl*; **~aventero** *m* Faxenmacher *m*; Zeterer *m*; **~aviento** *m* aufgeregtes Getue *n*; Fuchteln *n*

aspecto *m* Anblick *m*; Aussehen *n*; Aspekt *m*; **~ *sombrío*** *übertr* Schattenseite *f*; ***a(l) primer ~*** auf den ersten Blick (hin); ***de ~ inocente*** unverfänglich; ***de buen ~*** gut aussehend; ***de poco ~*** unauffällig

aspereza *f* Rauheit *f auch übertr*; Herbheit *f*; Strenge *f*; mürrisches Wesen *n*; **~(s)** *f(Pl) Gelände* Unebenheit *f*

asperjar *tr* besprühen; mit Weihwasser besprengen

áspero *Fläche*, *Stimme* rau; *Frucht* herb; *Gelände* holperig; barsch; *Ausdruck* hart

aspers|ión *f* Besprengung *f auch* REL; **~or** *m* Rasensprenger *m*; Sprühgerät *n*; **~orio** *m* Weihwedel *m*

áspid *m* (Aspis-)Viper *f*

aspillera *f* Schießscharte *f*; TECH Schürloch *n*

aspiración *f* Atemholen *n*; MUS Atempause *f*; TECH Ansaugen *n*; PHON Aspirieren *n*; Streben *n*, Sehnen *n* (***a*** nach); **~ *a la unidad*** Einheitsbestrebungen *f/Pl* ◇ ***tener grandes aspiraciones*** sehr ehrgeizig sein

aspirad|o Hauch-, behaucht; **~or** *m* Staubsauger *m*; TECH Sauger *m*, Sauggerät *n*

aspiradora *f* Staubsauger *m* ◇ ***pasar la ~*** staubsaugen

aspir|ante I *Adj* ansaugend; Saug- **II** *m* Bewerber *m*; Anwärter *m*; Kandidat *m*; **~ar I** *tr* einatmen; ansaugen; einsaugen; PHON aspirieren **II** *intr* einatmen; trachten (***a*** nach); **~atorio** Einatmungs-; Ansaug-

aspirina *f* Aspirin *n*

asque|ar *tr* anwidern; **~arse** sich ekeln (***de*** vor); **~rosidad** *f* Schweinerei *f umg*; **~roso** ekelhaft; unflätig; sehr dreckig

asta *f* ⟨***el***⟩ (Lanzen-)Schaft *m*; Fahnenstange *f*; Fahnenmast *m*; Pinselstiel *m*; *Rind* Horn *n*; ***a media ~*** *Fahne* (auf) halbmast ◇ ***dejar a uno en las ~s del toro*** jmdn im Stich lassen

astato *m* CHEM Astat *n*, Astatin *n*

astenia *f* Kraftlosigkeit *f*

asterisco *m* BUCHW Sternchen *n*

astigm|ático astigmatisch; **~atismo** *m* Astigmatismus *m*

astil *m* Stiel *m*; Schaft *m*; Federkiel *m*; Waagebalken *m*

astilla *f* Splitter *m*; Span *m*; **~ *resinosa*** Kienspan *m* ◇ ***hacer ~s*** zersplittern; Holz spalten; kurz und klein schlagen; ***hacerse ~s*** zersplittern; ***sacar ~ de u/c*** aus einer Sache Nutzen ziehen

astill|ar *tr* zersplittern; spalten; **~arse** *Holz* sich spalten; splittern; **~ero(s)** *m(Pl)* Werft *f*; *Méx* Holzschlag *m*

Astracán *m* Astrachan *n*; ꞈ *m Fell u Gewebe* Astrachan *m*; Persianer(mantel) *m*

astracanada *f* Schmierenkomödie *f*

astral Stern(en)-

astring|ente I *Adj* zusammenziehend **II** *m* Adstringens *n*, zusammenziehendes Mittel *n*; **~ir** ⟨-g/j-⟩ *tr* zusammenziehen; nötigen, zwingen (***a*** zu)

astr|o *m* Gestirn *n*; Stern *m auch übertr*; Star *m*; **~ofísica** *f* Astrophysik *f*; **~ología** *f* Astrologie *f*; **~ológico** astrologisch; **~ólogo** *m* Astrologe *m*; **~onauta** *m* Astronaut *m*; **~onáutica** *f* Astronautik *f*, Raumfahrt *f*; **~onave** *f* Raumschiff *n*; **~onomía** *f* Astronomie *f*; **~onómico** astronomisch; **~ónomo** *m* Astronom *m*; **~oso** schmutzig; schlampig; schäbig

astucia *f* List *f*; Schlauheit *f*; Arglist *f*; Verschlagenheit *f*

asturiano I *Adj* asturisch **II** *m*, **-a** *f* Asturier(-in) *m(f)*

Asturias *f/Pl* Asturien *n*

astuto listig; schlau; verschlagen

asueto *m* schulfreier Nachmittag *m od* Tag *m*; freier Tag *m*; Kurzurlaub *m* ◇ ***dar ~*** freigeben

asumir *tr Amt, Verantwortung usw* übernehmen; *abwartende Haltung* einnehmen; *Ausmaße* annehmen

asunción *f* Übernahme *f*; **~ *del poder*** Machtübernahme *f*

Asunción Mariä Himmelfahrt *f*

asunto *m* Angelegenheit *f*; Tagesordnungspunkt *m*; VERW Vorgang *m*; Affäre *f*; Geschäft *n*; Stoff *m*, Gegenstand *m*; MAL Motiv *n*; LIT Thema *n*, Sujet *n*; "**~**" *Brief* Betreff: ***¡~ concluido!*** Schluss damit!; ***~ en cuestión*** besagte Angelegenheit *f*; ***ꞈs Exteriores*** *ohne Art* Außenministerium *n*; Auswärtiges Amt *n*; ***~ de honor*** Ehrensache *f*; ***~ judicial*** *od* ***jurídico*** Rechtssache *f*; ***~ de negocios*** geschäftliche Angelegenheit *f*; ***~ oficial*** Dienstsache *f*; ***~ penal*** Strafsache *f*; ***~ principal*** Hauptsache *f*; ***~s de trámite*** Routineangelegenheiten *f/Pl* ◇ ***dormir sobre un ~*** eine Sache überdenken; ***eso es otro ~*** das ist etwas ganz anderes; ***volver sobre el ~*** auf die Angelegenheit zurückkommen

asust|adizo schreckhaft; **~ar** *tr* erschrecken; ängstigen; **~arse** aufschrecken; erschrecken (***con, de, por*** vor, wegen); sich fürchten

At (*Symb für* → ***astato***) CHEM At

atabal *m* (Kessel-)Pauke *f*; Paukenschläger *m*; **~ear** *intr Pferd* stampfen; mit den Fingern trommeln

atac|ado verzagt; knauserig; **~ador** *m* Angreifer *m*; **~ante I** *Adj* angreifend; Angriffs- **II** *m* Angreifer *m*; **~ar** ⟨-c/qu-⟩ **I** *tr* angreifen *auch übertr*; anfallen; überfallen; *Schlaf, Krankheit* befallen; *Problem* angehen, -packen; zu *etw* greifen; MUS *Ton* anschlagen; *Gesang* anstimmen; *Lust* bekommen; in Angriff nehmen, beginnen; *Koffer* voll stopfen; *auf die Nerven* gehen **II** *intr* reinhauen *tüchtig essen*

atachear *tr* INFORM *Datei* anhängen

atad|eras *f/Pl* Strumpfhalter *m/Pl*; **~ero** *m* Band *n*; Ring *m zum Festbinden*; *Méx* Strumpfhalter *m*; **~ijo** *m* liederlich geschnürtes Bündel *n*; **~o I** *Adj* befangen; zaghaft; verlegen **II** *m* Bündel *n*; Bund *n*; *Arg* Päckchen *n Zigaretten*; Verzagter *m*; **~ora** *f* LANDW (Garben-)Binder *m*

atadura *f* Binden *n*; Verschnüren *n*; Band *n*; TECH, *Schi* Bindung *f*; **~s** *Pl* Fesseln *f/Pl auch übertr*

atafagar ⟨-g/gu-⟩ *tr Geruch* betäuben; löchern

atajar I *tr jmdm* den Weg abschneiden; schneiden *z.B. Wurst*; ins Wort fallen; stoppen; unterbinden; *durch Wind, Damm, Gitter* abtrennen; *Wasser* (ab-, ein)dämmen; *Manuskript*: *zu streichende Stellen* markieren; *Brand* eindämmen **II** *intr* den kürzesten Weg nehmen

atajo *m* Abkürzung(sweg *m*) *f*; ***~ de pillos*** Gaunerbande *f* ◇ ***echar por el ~*** den kürzesten Weg einschlagen *od* nehmen *auch übertr*; *Sprichw* ***no hay ~ sin trabajo*** ohne Fleiß kein Preis; ***salir al ~*** das Wort abschneiden

atalay|a I *f* ⟨***el***⟩ Wach(t)turm *m*; Aussichtsturm *m*; Aussichtspunkt *m* **II** *m* Turmwächter *m*; **~ar** *tr/intr* Ausschau halten; beobachten; erspähen; auskundschaften

atañer ⟨*def, nur 3. Pers*⟩ *intr*: ***en lo que atañe a*** hinsichtlich, betreffs; ***esto no me atañe*** das betrifft mich nicht

ataque *m* Angriff *m*; Schlag *m*; Überfall *m*; Anfall *m*; ***~ aéreo*** (***bajo***) Luft-, Bomben-(Tief)angriff *m*; ***~ cardíaco*** *od* ***al corazón*** Herzanfall *m*; Herzstillstand *m*; ***~ de diversión*** Ablenkungsangriff *m*; ***~ de fiebre*** Fieberanfall *m*; ***~ fingido*** *od* ***simulado*** Scheinangriff *m*; ***~ de hongos*** Pilzbefall *m*; ***~ de nervios*** Nervenzusammenbruch *m*; ***~ de ri-***

sa Lachanfall *m*; ***~ por sorpresa*** Überraschungsangriff *m*

atar *tr* binden; anbinden; festbinden; zusammenbinden; zubinden; schnüren; verschnüren; zuschnüren; fesseln; bündeln *z.B. Ideen*; behindern; ***~ corto a alg*** jmdn kurz halten; ***no ~ ni desatar*** weder ein noch aus wissen; **~se** in Verlegenheit geraten; sich anschnallen; sich *etw* umbinden

atarazana *f* Arsenal *n*; Seilerei *f*

atardecer ⟨-c/zc-⟩ **I** *intr unpers* Abend *od* dunkel werden **II** *m* Abenddämmerung *f*; ***al ~*** gegen Abend; bei Sonnenuntergang

atare|ado viel beschäftigt; **~ar** *tr jmdm* eine Aufgabe übertragen; *jmdn* mit Arbeit überhäufen; **~arse** sich abrackern

atarugar ⟨-g/gu-⟩ *tr* verdübeln; mit Stiften versehen; spunden; *jmdm* den Mund verbieten; *Säcke* voll stopfen; *jmdn* mit Essen voll stopfen; **~se** sich überessen; sich verschlucken; sich verheddern; verlegen schweigen

atascadero *m* Schlammloch *n*; Hindernis *n*

atascado: ***quedar ~*** KFZ stecken bleiben

atasc|ar ⟨-c/qu-⟩ *tr Loch, Rohr* verstopfen; *Riss* zustopfen; *Schiffswand* abdichten; hemmen; **~arse** *Rohr* sich verstopfen; *Fahrzeug, Rede* stecken bleiben; TECH sich festlaufen; **~o** *m* Hindernis *n*; Verstopfung *f*; VERK Stau *m*

ataúd *m* Sarg *m*

ataviar(se) ⟨-ío⟩ *tr* (sich) putzen, (sich) schmücken

atávico atavistisch; uralt

atavío *m* Putz *m*, Schmuck *m*; Aufmachung *f*; **~s** *Pl* Schmuck(sachen *f/Pl*) *m*

ateís|mo *m* Atheismus *m*; **~ta** *Adj u Subst* → ***ateo***; **~tico** atheistisch

atemorizar ⟨-z/c-⟩ *tr* einschüchtern; Angst machen; **~se** erschrecken, sich ängstigen (***de, por*** vor)

atemper|ado *Col, Ec* genesen; **~ar** *tr* mäßigen; anpassen (***a*** an); *Licht* dämpfen; **~arse** sich anpassen (***a*** an); sich richten (***a*** nach); sich fügen (***a*** in)

Atenas *f* Athen *n*

atención *f* Aufmerksamkeit *f auch übertr*; Augenmerk *n*; Achtsamkeit *f*; Gefälligkeit *f*; Achtung *f*; Betreuung *f*; Wartung *f*; ***¡~!*** Achtung!; ***atenciones*** *Pl* Verpflichtungen *f/Pl*; ***~ al cliente*** Kundenbetreuung *f*, ***~ hospitalaria*** Krankenhausbetreuung *f*; stationäre Behandlung *f*; ***~ médica*** ärztliche *bzw* medizinische Betreuung *f*; ***~ al público*** *Behörde* Publikumsverkehr *m*; Sprechzeit(en *Pl*) *f*; ***a la ~ de*** zu Händen von; ***digno de ~*** beachtenswert; ***en ~ a*** angesichts; in Würdigung + *Gen*; ***falto de ~*** unaufmerksam ◇ ***acaparar la ~*** das Augenmerk auf sich lenken; ***llamar la ~*** auffallen; ***llamar la ~ a alg*** jmdn zur Ordnung rufen; ***llamar la ~ de alg sobre u/c*** jmdn auf etw aufmerksam machen; ***prestar ~*** aufmerksam sein; aufpassen (***a*** auf); ***proporcionar ~*** Fürsorge angedeihen lassen

atender ⟨-ie-⟩ **I** *tr* beachten; berücksichtigen; zuhören; hören auf; MED versorgen; *Angelegenheit, Patient* behandeln; *Auftrag* bearbeiten; *Bestellung* ausführen; *Kunden* bedienen; sich kümmern um; *Bitte* entsprechen; *Wechsel* einlösen; *Verpflichtungen* nachkommen; *Gespräch* annehmen **II** *intr* aufpassen (***a*** *Akk*); berücksichtigen (***a*** *Akk*); ans Telefon gehen

ateneo *m* wissenschaftliche *od* literarische Gesellschaft *f in Spanien u Amerika*

atenerse ⟨→ ***tener***⟩ sich halten (***a*** an); ***~ a lo dicho*** dabeibleiben; (***no***) ***saber a qué ~*** (nicht) wissen, woran man ist

ateniense **I** *Adj* athenisch **II** *m* Athener *m*

atentado *m* Attentat *n* (***a, contra*** auf); ***~ con explosivos*** (***~ incendiario***) Spreng-stoff-(Brand)anschlag *m*; ***~ suicida*** POL Selbstmordanschlag *m*; ***~ al pudor*** unzüchtige Handlung *f*

atentamente *Briefschluss* hochachtungsvoll

atentar *intr* sich vergreifen (***contra*** an); einen Anschlag verüben (***contra*** auf); verletzen (***contra*** *Akk*); zuwiderlaufen (***contra*** *Dat*)

atento aufmerksam (***con*** zu); achtsam (***con*** gegenüber)

atenu|ación *f* Linderung *f*; Milderung *f*; Abschwächung *f*; Verdünnung *f*; **~ante** **I** *Adj* mildernd; strafmildernd **II** *f* mildernder Umstand *m*; **~ar** ⟨-úo⟩ *tr* mildern; (ab)schwächen; dämpfen; **~arse** nachlassen

ateo **I** *Adj* atheistisch **II** *m* Atheist *m*

aterirse ⟨*def, nur Inf u Part*⟩ vor Kälte erstarren

aterr|ador erschreckend; entsetzlich; niederschmetternd; **~ar**[1] *tr* erschrecken; niederschmettern; **~arse** sich entsetzen

aterrar[2] ⟨-ie-⟩ *tr* zu Boden werfen; mit Erde bedecken; *Antenne* erden

aterrizaje *m* FLUGW Landung *f*; ***~ con avería(s)*** Bruchlandung *f*; ***~ a ciegas, ~ instrumental*** Blindlandung *f*; ***~ de emergencia, ~ forzoso*** Notlandung *f*

aterrizar ⟨-z/c-⟩ *tr/intr* FLUGW landen, aufsetzen; ***~ forzosamente*** notlanden

aterrorizar ⟨-z/c-⟩ *tr* terrorisieren

atesorar *tr Geld, Wertobjekte* ansammeln; horten; anhäufen; *Tugenden* in sich vereinigen

atestación *f* Zeugenaussage *f*; Beglaubi-

gung *f*; Bescheinigung *f*; **~ documental** Beurkundung *f*
atestado[1] *m* Bescheinigung *f*; Attest *n*
atestado[2] dickköpfig, stur
atestado[3] dicht gedrängt; gedrängt voll
atestar[1] ⟨-ie-⟩ *tr Lokal* füllen; voll stopfen (**de** mit); hineinstecken (**en** in); **~se** sich voll stopfen (**de** mit)
atest|ar[2] *tr*, **~iguar** ⟨-gu/gü-⟩ *tr* bezeugen; bescheinigen
atezar ⟨-z/c-⟩ *tr Haut* bräunen
atiborrar *tr* voll stopfen, voll pfropfen *auch mit Essen*; **~se** sich voll stopfen (**de** mit)
Ática *f* ⟨**el**⟩ Attika *f*
ático I *Adj* attisch; athenisch **II** *m* ARCH Attika *f*; Dachgeschoss *n*; Dachwohnung *f*; Penthaus *n*
atiesar *tr* steifen
atild|ado herausgeputzt; adrett; **~adura** *f*, **~amiento** *m* Putz *m*; Zierlichkeit *f*; **~ar** *tr* GRAMM mit Tilde versehen; herausputzen; tadeln; **~arse** sich schmuck machen
atinado treffend; zutreffend, richtig; klug
atinar I *tr* erraten **II** *intr Schießen u übertr* treffen; **~ a** *od* **con algo** auf etw treffen, etw finden; etw ausfindig machen; **no ~ a** + *Inf* nicht gelingen zu + *Inf*; **~ a hacer u/c** etw richtig machen können
atípico atypisch, untypisch
atiplarse schrill werden; *Stimme* umkippen
atisb|ar *tr* heimlich beobachten; erspähen; belauern; ausfindig machen; **~arse** sich abzeichnen *od* andeuten; **~o** *m* Anzeichen *n*; Funke *m Hoffnung*
atizador *m* Schür-, Feuerhaken *m*; Hetzer *m*
atizar ⟨-z/c-⟩ *tr Feuer*, *Hass* schüren; anheizen; *Docht* putzen; *Tritt* versetzen; *Konflikte* heraufbeschwören; **¡atiza!** *Verwunderung*, *Überraschung* nanu!; auwei(a)!; sag bloß!; was du nicht sagst!; **~se** sich herumschlagen
atlante *m* ARCH Trägerfigur *f*; Stütze *f*
atlántico atlantisch
Atlántico *m* Atlantik *m*
atlas *m* Atlas *m Kartenwerk u oberster Halswirbel*; **~ anatómico** anatomischer Atlas *m*; **~ de bolsillo** (**~ básico, elemental** *od* **escolar**) Taschen-(Schul)atlas *m*; **~ caminero** (**universal**) Straßen-(Welt)atlas *m*; **~ lingüístico** (**portátil**) Sprach-(Hand)atlas *m*
Atlas *m* MYTH Atlas *m*; GEOGR Atlas(gebirge *n*) *m*
atl|eta *m* Athlet *m*; **~ético** athletisch
atletismo *m* Athletik *f*; **~ de campo y pista** Leichtathletik *f*; **~ pesado** Schwerathletik *f*
atmósfera *f* Atmosphäre *f auch übertr*; *übertr* Klima *n*; **~ viciada** verbrauchte Luft *f* ◇ **entrar** *od* **penetrar en la ~** in die Atmosphäre eintauchen
atmosférico atmosphärisch; Luft-
atocha *f* Espartogras *n*
atocin|ado rund *feist*; **~ar** *tr* abmurksen; **~arse** aus der Haut fahren; sich maßlos verlieben
atol(e) *m AmC*, *Méx*, *Cu* Maismehlgetränk *n*
atolladero *m* (Schlamm-)Pfütze *f*; *übertr* Patsche *f* ◇ **encontrarse** *od* **estar en un ~** sich in einer Zwickmühle befinden; **sacar a alg del ~** jmdm aus der Patsche helfen; **salir del ~** aus der Klemme herauskommen
atollarse sich festfahren *auch übertr*
atolón *m* Atoll *n*, Koralleninsel *f*
atolondr|ado leichtsinnig; unbesonnen; **~ar** *tr* betäuben; verwirren; **~arse** benommen sein *od* werden; verwirrt werden
atómico atomar, Atom-
atom|ización *f* Atomisierung *f*; Zerstäubung *f*; **~izador** *m* Zerstäuber *m*; Sprühgerät *n*; **~izar** ⟨-z/c-⟩ *tr* atomisieren; zerstäuben; sprühen; radioaktiv verseuchen; *Problem* in allen Einzelheiten erörtern
átomo *m* Atom *n*; **ni un ~** nicht eine Spur, nicht einen Deut
aton|al MUS atonal; **~ía** *f* Atonie *f*, Erschlaffung *f*; Abgespanntheit *f*; Lustlosigkeit *f*
atónito erstaunt, verblüfft; betroffen
átono GRAMM unbetont, tonlos
atont|ado perplex, verblüfft; dumm; benommen; **~ar** *tr* verblüffen; betäuben; verdummen; verwirren; **~arse** verdummen; einfältig werden; verblüfft sein
atormentador I *Adj* quälend **II** *m* Folterknecht *m*; **~ar** *tr* quälen; foltern *auch übertr*; **~arse** sich quälen; sich zermartern
atornill|ado *m* Verschraubung *f*; **~ador** *m* Schraubendreher *m*; **~ar** *tr* schrauben; anschrauben; einschrauben; festschrauben; verschrauben; zusammenschrauben; unter Druck setzen *Zwang ausüben*; *Am* belästigen
atorr|adero *m AmS* Absteige *f*, Penne *f umg*; **~ante** *m AmS* Pennbruder *m*
atortolar *tr* einschüchtern; verwirren; **~se** sich verknallen
atosigar ⟨-g/gu-⟩ *tr* vergiften; bedrängen; antreiben; **~se** sich abhetzen
atrabiliario mürrisch, griesgrämig
atrac|ada *f* MAR Anlegen *n*; **~adero** *m* Pier *f*, *m*; MAR Liegeplatz *m*; **~ado** *Chi* streng; *Chi*, *Guat* knaus(e)rig; **~ador** *m* Straßenräuber *m*; Wegelagerer *m*; **~ar** ⟨-c/qu-⟩ **I** *intr* MAR anlegen; längsseit gehen; *Raumschiff* andocken, ankoppeln **II** *tr* überfallen; *mit Speisen* voll stopfen; *Schiff* fest-

machen; **~arse** sich voll stopfen; sich voll trinken; *Rpl* sich nähern; *Ant, Col, Hond* sich prügeln

atracción *f* Anziehung(skraft) *f*; Anziehungspunkt *m*; Glanznummer *f*; ***atracciones*** *Pl* Varietee-, Kabarettvorstellung *f*; ***~ de mano de obra*** Abwerbung *f* von Arbeitskräften; ***~ de taquilla, ~ taquillera*** FILM, THEAT Kassenschlager *m*; ***~ terrestre*** *od* ***de la tierra*** Erdanziehung *f*; ***~ turística*** touristische Sehenswürdigkeit *f*; ***~ universal*** Schwerkraft *f*

atraco *m* Raubüberfall *m*; *Col* Übergriff *m*; *Am reg* Anschlag *m verbrecherisches Unternehmen*; ***~ a mano armada*** bewaffneter Raubüberfall *m*

atractivo **I** *Adj* Anziehungs-; anziehend; charmant **II** *m* Reiz *m*; Charme *m*; Anziehungspunkt *m*; ***~ de invertir*** Investitionsanreiz *m*; ***~ sexual*** Sexappeal *m*

atraer *tr* ⟨→ ***traer***⟩ anziehen; anlocken; *jmdn* für sich einnehmen; **~se** sich gegenseitig anziehen *auch übertr*; sich *etw* zuziehen

atragantarse sich verschlucken (***con*** an); stecken bleiben

atrancar ⟨-c/qu-⟩ **I** *tr Tür, Fenster* verriegeln; *Text* überfliegen; *Leitung* verstopfen **II** *intr* weit ausschreiten; **~se** stecken bleiben; sich verrennen; sich verschanzen

atranco *m* → ***atolladero***; Klemme *f*, *umg* Patsche *f* ◇ ***no saber cómo salir del ~*** sich nicht mehr zu helfen wissen

atranque *m* → ***atranco***

atrap|amoscas *m* BOT Sonnentau *m*; **~ar** *tr* fangen; erwischen *auch übertr*; auffangen; *übertr* einwickeln; einfangen

atraque *m Schiff* Anlegen *n*; *Raumschiff* (An-)Kopplung *f*, Andocken *n*

atrás hinten; nach hinten; rückwärts; zurück; früher; weiter oben *im Text*; ***¡~!*** zurück(treten)!; ***de ~*** von hinten; seit einiger Zeit; Hinter-; ***hacia ~*** zurück; rückwärts; ***por ~*** von hinten; vor (***meses ~***) ◇ ***dejar ~*** hinter sich lassen; ***ir para ~*** rückwärts gehen

atras|ado zurückgeblieben; rückständig; verschuldet; ausstehend; *Nachricht* veraltet; **~ar** **I** *tr* verzögern; *Uhr* zurückstellen **II** *intr Uhr* nachgehen; **~arse** sich verspäten; in Rückstand geraten; **~o** *m* Verspätung *f*; Rückständigkeit *f*; Rückstand *m*

atravesado **I** *Adj* leicht schielend; *Blick* heimtückisch; schräg stehend; durchbohrt ◇ ***lo tengo ~*** ich kann ihn nicht mehr ausstehen **II** *m Tier* Bastard *m*; *And* Mischling *m* **III** *Adv* quer; MAR querschiffs

atravesar ⟨-ie-⟩ *tr* überqueren; überschreiten; durchqueren; *Fluss* durchwaten; (quer) durchfahren; übersetzen; durchfließen; durchbohren; *Krise* durchmachen; durchschlagen; (hindurch)dringen; durchfliegen; durchstecken; *Herz* zerreißen; *Pläne* durchkreuzen; quer stellen (***en*** zu); quer legen (***sobre*** über); durchdringen; **~se** sich quer legen (***en*** in; auf); in die Quere kommen; *Schwierigkeiten* sich ergeben; *Bissen, Worte* im Halse stecken bleiben; sich einmischen

atrev|erse es wagen; sich erdreisten (***a*** zu); sich unterstehen; sich heranwagen (***a*** an); es aufnehmen (***con*** mit); *jmdm* gewachsen sein; **~ido** **I** *Adj* verwegen; kühn; dreist; gewagt; riskant; *Rpl* unverschämt **II** *m* Flegel *m*; **~imiento** *m* Verwegenheit *f*; Wagemut *m*; Kühnheit *f*; Dreistigkeit *f*; Gewagtheit *f*; Unverfrorenheit *f*; Frechheit *f*

atribución *f* Zuerkennung *f*; Zuständigkeit *f*; ***atribuciones*** *Pl* Obliegenheiten *f/Pl*; Aufgaben(bereich *m*) *f/Pl*; Vollmacht *f* ◇ ***salir de las atribuciones de alg*** nicht unter jmds Zuständigkeit fallen

atribuir ⟨-uy-⟩ *tr* zuschreiben; zuerkennen; beimessen; *Amt* übertragen; *Wert* legen auf; **~se** sich *etw* anmaßen; sich bekennen *z.B. zu einem Anschlag*

atribular *tr* betrüben; *jmdm* Kummer bereiten; **~se** sich Sorgen machen

atributo *m* Eigenschaft *f*; GRAMM Attribut *n*; (Kenn-)Zeichen *n*, Merkmal *n*

atril *m* (Lese-)Pult *n*; Notenständer *m*

atrincherar *tr* verschanzen; **~se** sich verschanzen (***en*** in; ***tras*** hinter) *auch übertr*

atrio *m* Atrium *n*; *Kirche* Vorhalle *f*; Vorplatz *m*; Vorsaal *m*, Diele *f*; Vorhof *m*

atrocidad *f* Scheußlichkeit *f*; Grausamkeit *f*; Unmenge *f*, -masse *f*; ***¡qué ~!*** wie grässlich!; nicht zu glauben! ◇ ***decir ~es*** die unglaublichsten Dinge sagen

atrofi|a *f* Atrophie *f*, Schwund *m auch übertr*; **~ar** *tr* zur Verkümmerung führen; **~arse** verkümmern *auch übertr*

atrófico atrophisch, verkümmert

atron|ado kopflos; unbedacht; **~ador** donnernd; dröhnend; ohrenbetäubend; **~ar** ⟨-ue-⟩ **I** *tr* durch Lärm betäuben **II** *intr* dröhnen

atropell|ar *tr* umrennen; über den Haufen rennen; überfahren; Gewalt anwenden, tätlich werden; über *jmdn* herfallen; *etw* überstürzen; sich hinwegsetzen über; **~arse** sich überschlagen; **~o** *m* Umrennen *n*; Übergriff *m*; Zusammenstoß *m*; Anschlag *m*; Ausschreitung *f*; Beschimpfung *f*

atropina *f* Atropin *n*

atroz scheußlich, grässlich; riesig

ATS *f* (*Abk für* ***ayudante técnico-sanitario***) MTA *m*

atte. *Abk für* → ***atentamente***
atuendo *m* Prunk *m*; Tracht *f*; Kleidung *f*, Outfit *n*
atuf|ar *tr* in Rage bringen (***con, de, por*** mit); **~arse** *Speisen, Getränke* einen Stich bekommen; *von Kohlengasen* benommen sein; einschnappen *böse werden* (***con, de, por*** über); **~o** *m* Rage *f*, Zorn *m*
atún *m* Thunfisch *m*
atunero *m* Thunfischfangschiff *n*; Thunfischer *m*; Thunfischverkäufer *m*
aturd|ido benommen (***con*** von); unüberlegt; leichtsinnig; unvorsichtig; **~idor** verwirrend; betäubend; **~imiento** *m* Betäubung *f*; Taumel *m*; Bestürzung *f*; Verwirrung *f*; **~ir** *tr* betäuben; verblüffen; **~irse** betäubt *od* benommen werden; außer Fassung geraten *staunen*
atur|ullarse, **~rullarse** aus der Fassung geraten
atusar *tr Haar* scheren; stutzen; glätten; *Hecke* beschneiden; **~se** sich herausputzen
Au (*Symb für* ***Aurum***) CHEM Au, → ***oro***
auda|cia *f* Kühnheit *f*; **~z** kühn
audible hörbar; vernehmbar
audición *f* Hören *n*; Abhören *n*; Anhören *n*; Anhörung *f*; Gehör(sinn *m*) *n*; TEL Verständigung *f*; Aufführung *f*; Lesung *f*; Rezitationsabend *m*; MUS Vorspielen *n*; Abspielen *n von Kassetten*; **~ *de cantos*** Liedervortrag *m*; **~ *de testigos*** Zeugenvernehmung *f*
audiencia *f* JUR Anhörung *f*; Audienz *f*; Gerichtssaal *m*; Gerichtshof *m*; Gericht *n*; Gerichtsbezirk *m*; Gerichtsverhandlung *f*; Zuhörer *m/Pl*; TV Zuschauer *m/Pl*; **~ *adulta*** Erwachsenenpublikum *n*; **≗ *Nacional*** *Esp höchstes spanisches Strafgericht*; **~ *privada*** Privataudienz (***con*** bei); **~ *provincial*** *etwa*: Landgericht *n*; **~ *territorial*** *etwa*: Oberlandesgericht *n*; ***de mayor ~*** *Sender* meistgehört ◇ ***conceder*** *od* ***dar ~ a alg*** jmdm eine Audienz gewähren; ***recibir en ~*** in Audienz empfangen
aud|ífono, **~iófono** *m* Hörgerät *n*; Kopfhörer *m*; Ohrhörer *m*; **~iofrecuencia** *f* Tonfrequenz *f*; Hörfrequenz *f*; **~iolibro** *m* Hörbuch *n*; **~iometría** *f* Gehörmessung *f*; **~iovisual** audiovisuell; **~itar** *tr* FIN, HDL (über)prüfen; **~itivo** Gehör-; Hör-
auditor *m*, **~a** *f* Beisitzer(in) *m(f)*; **~ (*de cuentas*)** Buch-, Rechnungsprüfer *m*; Wirtschaftsprüfer *m*; **~ *de guerra*** Militärrichter *m*
auditoría *f* Befragung *f*; Anhörung *f*; **~ (*de cuentas*)** Buch-, Rechnungsprüfung *f*; Wirtschaftsprüfung *f*
auditorio *m* Zuhörer(schaft *f*) *m/Pl*; THEAT Zuschauerraum *m*; **~** Saal *m für Konzerte, Lesungen usw*
auge *m* Höhepunkt *m*; *übertr* Blüte(zeit) *f*; ASTR Erdferne *f*; Aufschwung *m*; **~ *coyuntural*** Konjunkturaufschwung *f* ◇ ***estar en ~*** *Geschäft* blühen, einen Aufschwung erleben
augurar *tr* prophezeien; ankündigen
augurio *m* Vorzeichen *n*, Omen *n*; Vorhersage *f*; ***de mal*** (***buen***) **~** unheil-(verheißungs)voll
augusto I *Adj* erhaben; vornehm, erlaucht, edel **II** *m* August *m im Zirkus*
aula *f* ⟨***el***⟩ Hörsaal *m*; Unterrichtsraum *m*; Seminarraum *m*; **~ (*de clases*)** Klassenraum *m*, -zimmer *n*; **~ *magna*** Aula *f*
aull|ar *stammbetonte Formen*: ⟨-ú-⟩ *intr* heulen; jaulen; brüllen; **~ido** *m*, **aúllo** *m* Heulen *n*, Geheul *n*; Jaulen *n*
aument|ar I *tr* vergrößern *auch* OPT; verstärken; erweitern; (ver)mehren; heraufsetzen; *Löhne, Preise u übertr* erhöhen; steigern **II** *intr* zunehmen; *Preise* anziehen, (an)steigen (***en un 5%*** um 5%); *Applaus* sich steigern; **~ativo I** *Adj* GRAMM Vergrößerungs- **II** *m* GRAMM Vergrößerungsform *f*
aumento *m* Vergrößerung *f auch* OPT; Zunahme *f*; Zuwachs *m*; Vermehrung *f*; Erhöhung *f*; Steigerung *f*; Zulage *f*; Aufschlag *m*; **~ *abusivo de los precios*** Preistreiberei *f*; **~ *de alquiler*** Mieterhöhung *f*; **~ *de la capacidad*** (***de producción***) Kapazitätserweiterung *f*; **~ *de capital propio*** Eigenkapitalerhöhung *f*; **~ *de ganancia*** Gewinnsteigerung *f*; **~ *de gastos*** Mehraufwendungen *f/Pl*; **~ *de impuestos,*** (***precios***) Steuer-(Preis)erhöhung *f*; **~ *de rendimiento*** Leistungsanstieg *m*; **~ *de rentabilidad*** Rentabilitätssteigerung *f*; **~ *de salario*** Lohnerhöhung *f*; **~ *de valor*** Wertzuwachs *m*; ***en ~*** wachsend ◇ ***ir en ~*** zunehmen, anwachsen; *übertr* aufwärts gehen
aun I *Adv* sogar, selbst, auch; **~ *así*** auch so; selbst dann; bei alledem; ***ni ~*** nicht einmal **II** *Konj* **~ *cuando*** wenn auch; selbst wenn; **~ *cuando*** *od* **~** + *Ger* obgleich, obwohl
aún noch; noch immer; **~ *no*** noch nicht
aunar *stammbetonte Formen*: ⟨-ú-⟩ *tr* vereinigen; verbinden; zusammenbringen; vereinen; **~se** sich zusammentun (***con*** mit); sich einen
aunque obgleich, obwohl; selbst *od* auch wenn; wenngleich, wennschon, wenn auch *od* wenn … auch
aupa: ***¡aupa!, ¡aúpa!*** auf, auf!, hoch!; ***de ~*** großartig, prima; mächtig, enorm
aupar *stammbetonte Formen*: ⟨-ú-⟩ *tr* heben; hochheben; emporhelfen; rühmen;

an die Macht hieven; **~se** sich stützen (**en** auf)

aura *f* ⟨***el***⟩ (Luft-)Hauch *m*, Lüftchen *n*

áureo golden, *poet* gülden

aureol|a, *selten* **auréola** *f* Heiligenschein *m*, Nimbus *m*; ASTR, PHYS Aureole *f*, Lichthof *m*; **~ar** *tr* mit einem Nimbus umgeben

aurícula *f* Ohrmuschel *f*; *Herz* Vorkammer *f*; BOT Aurikel *f*

auricular I *Adj* Ohren-; Gehör- **II** *m* Hörmuschel *f*; TEL Hörer *m*; Kopfhörer *m*; kleiner Finger *m* ◇ ***descolgar el ~*** den Hörer abnehmen

aurífero goldhaltig

aurora *f* Morgenröte *f*; Beginn *m*; ***~ austral*** (***boreal***) Süd-(Nord)licht *n*; ***~ de la vida*** Jugendzeit *f*; *Sprichw* ♀ ***es la amiga de las musas*** Morgenstund hat Gold im Mund

auscultar *tr* MED auskultieren, abhorchen; befragen

ausencia *f* Abwesenheit *f*; Fehlen *n*; Mangel *m* (***de*** an); MED Bewusstseinstrübung *f*; Zerstreutheit *f*; ***~ no justificada*** ungerechtfertigtes Fernbleiben *n*; ***~ de principios*** Prinzipienlosigkeit *f*; ***en ~ de algo mejor*** in Ermangelung eines Besseren ◇ ***brillar por su ~*** durch Abwesenheit glänzen; ***guardar a uno buenas*** (***malas***) ***~s*** gut (schlecht) von jmdm reden; ***tener buenas*** (***malas***) ***~s*** einen guten (schlechten) Leumund haben

ausent|arse verreisen; weggehen; sich entfernen; **~e I** *Adj* abwesend; fehlend; verschollen **II** *m* Abwesender *m*; Verschollener *m*; **~ismo** *m* Fernbleiben *n*, Fehlen *n*; *Cu* Fortbleiben *n* von der Arbeit

auspici|ado unter der Schirmherrschaft (***de*** von *od Gen*); **~ador** *m*, **~adora** *f* Schirmherr(in) *m(f)*; **~ar** *tr* die Schirmherrschaft übernehmen (*dir Obj* über); **~o** *m* Vorzeichen *n*; Vorbedeutung *f*; **~os** *m*/*Pl* Schutz *m*; **~oso** verheißungsvoll, viel versprechend

auster|idad *f* Strenge *f*; Härte *f*; Maßhalten *n*; Sparsamkeit *f*; **~o** streng; hart; ernst; zurückgezogen; schlicht

austral südlich, Süd-

Australia *f* Australien *n*

australiano I *Adj* australisch **II** *m*, **-a** *f* Australier(in) *m(f)*

Austria *f* Österreich *n*

austr|íaco, **~iaco I** *Adj* österreichisch **II** *m*, **-a** *f* Österreicher(in) *m(f)*; **~o-** *in Zusammensetzungen* österreichisch-

aut|arquía *f* Autarkie *f*; **~árquico** autark

aut|éntica *f* beglaubigte Abschrift *f*; **~enticar** ⟨-c/qu-⟩ *tr* beglaubigen, beurkunden; **~enticidad** *f* Echtheit *f*; Glaubwürdigkeit *f*; **~éntico** echt, authentisch; glaubwürdig; wahr; **~entificar** ⟨-c/qu-⟩, **~entizar** ⟨-z/c-⟩ *tr* → ***~enticar***

auto[1] *m* richterliche Verfügung *f*; **~s** *Pl* Prozessakten *f*/*Pl*; ***~ definitivo*** Beschluss *m* zur Einstellung des Verfahrens; ***~ de entrada y registro*** Haus(durch)suchungsbefehl *m*; ***~ de fe*** Ketzerverbrennung *f*, Autodafé *n*; ***~ de prisión*** Haftbefehl *m*; ***~ de sobreseimiento*** Einstellungsbeschluss *m*, -urteil *n*; ***de ~s*** besagt, erwähnt

auto[2] *m* Auto *n*; ***~ de alquiler*** Mietwagen *m*

auto|abastecerse sich selbst versorgen; **~acusación** *f* Selbstanklage *f*; **~adhesivo** selbstklebend; **~aprendizaje** *m* Selbststudium *n*; **~atribuirse** sich selbst *etw* zuerkennen; **~ayuda** *f* Selbsthilfe *f*

auto|biografía *f* Autobiografie *f*; **~bombo** *m* Selbstbeweihräucherung *f*

autobús *m* Omnibus *m*; ***~ alimentador*** Zubringerbus *m*; ***~ articulado*** Gelenkbus *m*; ***~ escolar*** Schulbus *m*; ***~ de dos pisos*** Doppelstockbus *m*; ***~ de trayecto fijo*** Linienbus *m*

auto|car *m* Reisebus *m*; **~caravana** *f* Wohnmobil *n*; Campingbus *m*

autocarril *m Am reg* Schnellstraße *f*

autocensura *f* FILM Selbstzensur *f auch übertr*

auto|cine *m* Autokino *n*; **~cisterna** *m Lkw* Tankwagen *m*

auto|complacencia *f* Selbstgefälligkeit *f*; **~compromiso** *m* Selbstverpflichtung *f*; **~confianza** *f* Selbstvertrauen *n*; **~conocimiento** *m* Selbsterkenntnis *f*; **~conservación** *f* Selbsterhaltung *f*; **~consumo** *m* Eigenverbrauch *m*; **~control** *m* Selbstbeherrschung *f*; Selbstkontrolle *f*; **~convencerse** sich selbst überzeugen; sich selbst klar werden (***de*** über); **~cracia** *f* Autokratie *f*

autócrata *m* Autokrat *m*

auto|crático autokratisch, selbstherrlich; **~crítica** *f* Selbstkritik *f*; **~criticarse** ⟨-c/qu-⟩ sich einer Selbstkritik unterziehen; **~crítico** selbstkritisch

aut|octonía *f* Autochthonie *f*; **~óctono I** *Adj* bodenständig; einheimisch; Ur- **II** *m* Ureinwohner *m*

auto|defensa *f* Selbstverteidigung *f*; Selbstschutz *m*; **~definido** *m* Kreuzworträtsel *n*; **~denominarse** sich selbst ernennen; **~denuncia** *f* Selbstanzeige *f*; **~depuración** *f* Selbstreinigung *f*; **~determinación** *f* Selbstbestimmung *f*; **~didacta I** *Adj* autodidaktisch **II** *m* Autodidakt *m*; **~disciplina** *f* Selbstdisziplin *f*; **~disparador** *m* FOTO Selbstauslöser *m*; **~dominio** *m* Selbstbeherrschung *f*

autódromo *m* Autorennbahn *f*

auto|edición *f* INFORM Desktoppublishing *n*; **~educación** *f* Selbsterziehung *f*; **~engaño** *m* Selbstbetrug *m*, -täuschung *f*; **~escuela** *f* Fahrschule *f*; **~estima** *f* Selbstachtung *f*
auto(e)stop *m* → ***autostop***
auto-expreso *m* Autoreisezug *m*
autofecundación *f* Selbstbefruchtung *f*
autofinanci|ación *f* Eigenfinanzierung *f*; **~arse** sich selbst finanzieren
autógeno autogen
autogestión *f* Selbstverwaltung *f*; **~ *financiera*** Eigenfinanzierung *f*
auto|gobernarse sich selbst regieren; sich selbst verwalten; **~gobierno** *m* Selbstverwaltung *f*; **~gol** *m* Eigentor *n*
autógrafo I *Adj* eigenhändig geschrieben **II** *m* Urschrift *f*; Autogramm *n*
autoinculpación *f* Selbstbezichtigung *f*
autoinflable selbstaufblasbar
autolimitar *tr etw* selbst begrenzen
autómata *m* Automat *m auch übertr*; willenloses Werkzeug *n*
auto|mática *f* Automatik *f*; Automatisierungstechnik *f*; **~mático I** *Adj* automatisch *auch übertr*; selbsttätig **II** *m* Druckknopf *m*; **~matismo** *m* Automatismus *m*; Automatik *f*; **~matización** *f* Automatisierung *f*; **~matizar** ⟨-z/c-⟩ *tr* automatisieren; **~medicarse** sich selbst behandeln; **~moción** *f* Kraftfahrzeugwesen *n*; **~motor I** *Adj* selbstfahrend; *Am* Auto-, Kraftfahrzeug- **II** *m* EISENB Triebwagen *m*; Selbstfahrlafette *f*; **~motora**, **~motriz** → ***~motor I***
automóvil I *Adj* sich selbst bewegend **II** *m* Auto(mobil) *n*; → ***carro***; ***coche***; **~ *de carreras*** Rennauto *n*, -wagen *m*; **~ *deportivo*** Sportwagen *m*; **~ *eléctrico*** Elektroauto *n*; **~ *oficial*** Dienstwagen *m*; **~ *todo terreno*** Geländefahrzeug *n*
auto|moviliario *Col* → ***~vilístico***; **~movilismo** *m* Auto-, Kraftfahrsport *m*; Kraftfahrzeugwesen *n*; **~movilista** *m* Auto-, Kraftfahrer *m*; **~movilístico** Auto(mobil)-, Kraftwagen-, Kfz-
autonomía *f* Autonomie *f*; Eigenständigkeit *f*; *Flugzeug*, *Schiff* Reichweite *f*; *Esp* Autonome Region *f*; **~ *administrativa*** Selbstverwaltung *f*
auton|ómico *Esp* Regional-; **~omista** *m* Autonomist *m*
autónomo I *Adj* autonom; selbstständig; eigenständig; INFORM offline **II** *m* Selbstständiger *m*; Freiberufler *m*
autopiloto *m* Autopilot *m*
autopista *f* Autobahn *f*; **~ *elevada*** Hochstraße *f*; **~ *de la información*** INFORM Datenautobahn *f*; **~ *de peaje*** gebührenpflichtige Autobahn *f*; **~ *urbana*** Stadtautobahn *f*
auto|proclamarse sich selbst ernennen (*dir Obj* zu); **~promoción** *f* Werbung *f* in eigener Sache; **~protegerse** ⟨-g/j-⟩ sich selbst schützen; **~psia** *f* Autopsie *f*, Obduktion *f*; **~publicidad** *f* Eigenwerbung *f*
autor *m*, **~a** *f* Autor(in) *m(f)*; Verfasser(in) *m(f)*; Urheber(in) *m(f)*; Täter(in) *m(f)*; Verursacher(in) *m(f)*; **~ *del atentado*** Attentäter *m*; **~ *del gol*** SPORT Torschütze *m*; **~ *de la moción*** PARL Antragsteller *m*
autoría *f* Urheberschaft *f*; Autorschaft *f*; Täterschaft *f*
autoridad *f* Ansehen *n*; Autorität *f*; (Amts-)Gewalt *f*; Machtbefugnis *f*; Behörde *f*; Obrigkeit *f*; Amtsperson *f*; anerkannte Persönlichkeit *f*; **~ *bursátil*** Börsenaufsicht *f*; **~ *ejecutiva*** Vollzugsbehörde *f*; **~ *del Estado*** Staatsgewalt *f*; **~ *hacendaria*** Finanzbehörde *f*; **~ *inferior*** nachgeordnete Behörde *f*; **~ *judicial*** Justizbehörde *f*; **~ *paterna*** elterliche Gewalt *f*; **~ *sanitaria*** Gesundheitsbehörde *f*
autorit|ario autoritär; **~arismo** *m* autoritäre Politik *f bzw* Amtsführung *f*
autorización *f* Vollmacht *f*; Bevollmächtigung *f*; Berechtigung *f*; Genehmigung *f*; *auch* Konzession *f*; Bewilligung *f*; Befürwortung *f*; Billigung *f*; Beglaubigung *f*; ***por* ~** im Auftrag
autorizado befugt; zuständig; berechtigt; **~ *para firmar*** (***recibir***) unterschrifts-(empfangs)berechtigt
autorizar ⟨-z/c-⟩ *tr* bevollmächtigen (***para*** zu); berechtigen (***para*** zu); *Dokument* beglaubigen; zulassen; genehmigen; **~ *oficialmente*** von Amts wegen genehmigen
auto|rradio *f* Autoradio *n*
auto|rrealización *f* Selbstverwirklichung *f*; **~rreplicable** *Computervirus* selbstreproduzierend; **~rrepuesto** *m* KFZ Pannendienst *m*; **~rretrato** *m* Selbstbildnis *n*, -porträt *n*; **~rriel** *m* Schienenbus *m*
auto|sacrificio *m* Selbstaufopferung *f*; **~satisfacción** *f* Selbstzufriedenheit *f*; **~servicio** *m* Selbstbedienung(sladen *m*) *f*
autostop *m* Trampen *n* ◇ ***hacer* ~, *viajar por* ~** trampen, per Anhalter fahren
autostopista *m* Tramper *m*; Anhalter *m*
auto|suficiencia *f* Selbstgefälligkeit *f*; Selbstgenügsamkeit *f*; Selbstversorgung *f*; **~sugestión** *f* Autosuggestion *f*; **~superación** *f* Selbstüberwindung *f*
autoteléfono *m* Autotelefon *n*
autotipia *f* TYP Autotypie *f*
autotrén *m* Lastzug *m*; Auto(reise)zug *m*; **~ *para transportes a larga distancia*** Fernlastzug *m*
autotrineo *m* Motorschlitten *m*
autovalorización *f* Selbsteinschätzung *f*;

Selbstüberschätzung *f*
autovía I *f* Schnellstraße *f* **II** *m Esp* Schienenbus *m*; Triebwagen *m*
auxiliador I *Adj* helfend **II** *m* Helfer *m*
auxiliar I *Adj* helfend, Hilfs- **II** *m* Gehilfe *m*; Hilfskraft *f*; Assistent *m*; *bei Behörden etwa*: Referent *m*, Sachbearbeiter *m*; PHARM Adjuvans *n*; **~ de vuelo** FLUGW Flugbegleiter *m* **III** *f* Gehilfin *f*; **~ de médico** Arzthelferin *f* **IV** *tr jmdm* helfen *od* beistehen; *Sterbendem* Beistand leisten
auxilio *m* Hilfe *f*; Unterstützung *f*; **¡~!** (zu) Hilfe!; **~ en carretera** VERK Pannenhilfe *f*; **~ judicial** JUR Rechtshilfe *f*; **~ social** Sozialhilfe *f* ◇ **acudir en ~ de alg** jmdm zu Hilfe kommen; **pedir ~** um Hilfe bitten *od* rufen; **prestar ~** helfen
Av. *Abk für* → **Avenida**
aval *m* Aval *m*, Wechselbürgschaft *f*; Bürgschaft *f*, Garantie *f*; Bürge *m*; **~ bancario** Bankbürgschaft *f*
avalancha *f* Lawine *f auch übertr*; Ansturm *m*; *übertr* Flut *f*; **en ~s** in Schüben *in unregelmäßigen Abständen*
avalar I *tr Wechsel* Bürgschaft leisten; bürgen für *jmdn*; *etw* befürworten **II** *intr* Wechselbürgschaft übernehmen
avalent|ado, **~onado** großmäulig, prahlerisch
avalista *m(f)* Wechselbürge(-in) *m(f)*; Bürge(-in) *m(f)*
aval|orar *tr* Wert verleihen; Wert erhöhen; ermutigen; **~uar** ⟨-úo⟩ *tr* bewerten; **~úo** *m* Bewertung *f*
avance *m* Vormarsch *m*; Vordringen *n*; (Weiter-)Entwicklung *f*; TECH Vorschub *m*; Vorschuss *m*; Fortschritt *m*; Errungenschaft *f*; Voranschlag *m*; FILM, TV Vorschau *f*; Anzahlung *f*; **~ de la cinta** *Schreibmaschine* Farbbandtransport *m*; **~ editorial** Vorabdruck *m*; **~ del encendido, ~ de la ignición** Früh-, Vorzündung *f*; **~ informativo** Nachrichtenüberblick *m*; **~ de línea** Zeilenvorschub *m*; **~ de (la) película** Filmtransport *m*; **~ de presupuesto** Haushaltvoranschlag *m*; **~ de programas** Programmvorschau *f*; **~ tecnológico** technologischer *bzw* technischer Fortschritt *m*
avanz|ada *f* Vorhut *f*; Vorposten *m*; **~ado** *Alter, Krankheit* vorgeschritten; MIL vorgeschoben; fortschrittlich; weiterentwickelt
avanzar ⟨-z/c-⟩ **I** *intr* voranschreiten; vorankommen; weitergehen; fortschreiten; Fortschritte machen; vorrücken; vordringen; *Feuer* sich ausbreiten; *Zeit* vergehen **II** *tr* vorschieben; vorausschicken *andeuten*; SPORT *Mannschaft* aufsteigen; *Geld* vorstrecken; *Vorschlag* vorbringen; *CD, Kassette* vorspulen; **hacer ~** *etw* voranbringen
avar|icia *f* Geiz *m*; Habsucht *f*; Geldgier *f*; **~icioso**, **~iento**, **~o I** *Adj* habsüchtig; geizig **II** *m* Geizhals *m*
avasall|ador überwältigend; knechtend; **~ar** *tr* unterjochen; überwältigen; **~arse** sich unterwerfen
Avda. *Abk für* → **Avenida**
ave *f* ⟨**el**⟩ Vogel *m*; **~ acuática** Wasservogel *m*; **~ canora** *od* **cantora** Singvogel *m*; **~s** *Pl* **de corral** Geflügel *n*; **~ corredora** Laufvogel *m*; **~ de mal agüero** *od* **augurio** Unglücksrabe *m*; **~s marinas (ornamentales)** See-(Zier)vögel *m/Pl*; **~ nocturna** Nachtvogel *m*; *übertr* Nachtschwärmer *m*; **~ del paraíso** Paradiesvogel *m*; **~ de paso, ~ migratoria** Zugvogel *m*; **~ rapaz, ~ de rapiña** *od* **presa** Greifvogel *m*
AVE *m* (*Abk für* **Alta Velocidad Española**) *etwa* ICE *m*
Ave María: **¡Ave María (Purísima)!** *Erstaunen, Bestürzung, Protest* um Gottes willen!; *Gruß auf dem Lande* grüß Gott!
avecin|arse sich nähern; zukommen auf; → **~darse**; **~dado** ansässig; eingesessen; **~dar** *tr* einbürgern; **~darse** sich niederlassen
avejent|ado gealtert, alt geworden; **~ar** *tr* älter machen; **~arse** vorzeitig altern
avellan|a *f* Haselnuss *f*; **~ado** haselnussfarben; faltig; **~arse** zusammenschrumpfen; runzlig werden; **~o** *m* Haselnussstrauch *m*
avemaría *f* ⟨**el**⟩ Ave-Maria *n*; Abendläuten *n*; **al ~** bei Dunkelwerden; **en un ~** im Nu
avena *f* Hafer *m*; **~ arrollada** *od* **en copos** Haferflocken *f/Pl*; **~ molida** Hafermehl *n*; **~ mondada** Hafergrütze *f*
avenar *tr* entwässern, dränieren
aven|encia *f* Übereinkunft *f*; Vereinbarung *f*; Eintracht *f*; **~ible** verträglich; **~ida** *f* Überschwemmung *f*; Hochwasser *n*; Allee *f*; Avenue *f*; Boulevard *m*; Zufahrt *f*; Zustrom *m*
avenido: **bien (mal) ~** (un)einig; (un)glücklich; (un)zufrieden (**con** mit)
avenir ⟨→ **venir**⟩ *tr* versöhnen; **~se** sich versöhnen; sich einig werden *od* sein (**con** mit; **en** über); sich vertragen; sich abfinden (**a** mit); sich anpassen (**a** an); sich bequemen (**a** zu); sich schicken (**a** in); *Betragen, Prinzipien* übereinstimmen (**con** mit); passen (**con** zu)
aventaj|ado tüchtig; vorzüglich; *Gestalt* stattlich; **~ar** *tr* überragen; übertreffen (**en** an); überholen; **~arse** sich hervortun; *Position* sich verbessern
aventar ⟨-ie-⟩ *tr* Luft zufächeln *od* zuführen; belüften; *Feuer* anfachen; *Getreide, Kaffee* worfeln; *Blätter* fortwehen; *übertr*

an die Luft setzen; *Cu Zucker* der Einwirkung von Sonne und Luft aussetzen; *Rock, Kleid* lüpfen; **~se** sich aufblähen; sich davonmachen

aventura *f* Abenteuer *n*; Erlebnis *n*; Wagnis *n*; zufällige Begebenheit *f*; **~ *amorosa*** Liebesabenteuer *n*, -affäre *f*; **~ *bélica*** Kriegsabenteuer *n*; ***a la* ~** aufs Geratewohl ◇ ***embarcarse*** *od* ***meterse en ~s*** sich auf Abenteuer einlassen

aventur|ado vermessen; **~ar** *tr* wagen, riskieren; **~arse** (sich) wagen; **~ero I** *Adj* abenteuerlich; Abenteuer- **II** *m* Abenteurer *m*; **~ismo** *m* Abenteuertum *n*

avergonz|ado schamhaft, verschämt; beschämt; **~ar** ⟨-üe-, -z/c-⟩ *tr* beschämen; **~arse** sich schämen

avería *f* Havarie *f*; Schaden *m*; KFZ Panne *f*; TECH Störung *f*; **~ *gruesa*** große Havarie *f*; ***~s telefónicas*** TEL Störungsannahme *f*

averi|ado havariert; Havarie-; beschädigt; *Ware* verdorben; kränklich, siech; **~ar** ⟨-ío⟩ *tr* beschädigen; **~arse** havarieren; beschädigt werden; *Ware* verderben

averiguar ⟨-gu/gü-⟩ *tr* untersuchen; ermitteln; in Erfahrung bringen; ergründen

aversión *f* Abneigung *f*, Widerwille *m*, Aversion *f* (***a, hacia, por*** gegen)

avestr|ucismo *m* Vogel-Strauß-Politik *f*; **~uz** *m* (Vogel) Strauß *m*; Dummkopf *m*

avezar ⟨-z/c-⟩ *tr* gewöhnen

aviación *f* Luftfahrt *f*; Flugwesen *n*; **~ *civil*** *od* ***comercial*** Zivil-, Verkehrsluftfahrt *f*; **~ *deportiva*** Sportfliegerei *f*; **~ *militar*** Luftwaffe *f*; **~ *a vela*** Segelflugwesen *n*; Segelfliegen *n*

AVIACO *Abk für* ***Aviación y Comercio, S.A.*** *spanische Fluggesellschaft*

aviado: ***estar* ~** übel dran sein; *übertr* auf dem Holzweg sein

aviador *m* Flieger *m*; **~ *de caza*** Jagdflieger *m*; **~ *civil*** Verkehrsflieger *m*; **~ *de combate*** Kampfflieger *m*

AVIANCA *Abk für* ***Aerovías Nacionales de Colombia*** *kolumbianische Fluggesellschaft*

aviar ⟨-ío-⟩ *tr für die Reise* fertig machen, vorbereiten; *Essen* bereiten; versehen (***de*** mit); herausputzen, -staffieren; sich beeilen; *Schritt* beschleunigen; *Am* Geld verleihen; ***¡vamos aviando!*** nur zu!

avícola Geflügel-

avicult|or *m* Geflügelhalter *m*; Vogelzüchter *m*; **~ura** *f* Vogelzucht *f*; Geflügelhaltung *f*; Geflügelwirtschaft *f*

avidez *f* Gier *f*; Begierde *f*; **~ *de lucro*** Gewinnsucht *f*

ávido gierig (***de*** auf); **~ *de aprender*** lernbegierig, -eifrig, -beflissen

aviejar *tr jmdn* auf alt machen; **~se** vorzeitig altern; altmodisch werden

avieso schief; boshaft; ungeraten

avifauna *f* Vogelwelt *f*

avilant|arse unverschämt *od* übermütig werden; **~ez** *f* Unverfrorenheit *f*

avinagr|ado essigsauer; mürrisch, sauertöpfisch; **~ar** *tr jmdn* verbittern; **~arse** sauer werden; verbittern

avío *m* Ausrüstung *f*; Mundvorrat *m*; *Am* Darlehen *n*; **~s** *Pl* Werkzeug *n*, Gerät *n*; ***~s de afeitar*** (***coser***; ***escribir***) Rasier-(Näh-; Schreib)zeug *n*; ***~s de pesca*** Angelgerät *n*; ***¡al ~!*** ans Werk!

avión *m* Flugzeug *n*, *umg* Flieger *m*; (~) ***bombardero*** Bombenflugzeug *n*, Bomber *m*; **~ *de carga*** Frachtflugzeug *n*; (**~ *de***) ***caza*** *m* Jagdflugzeug *n*, Jäger *m*; (~) ***cazabombardero*** *m* Jagdbomber *m*; **~ *cohete*** Raketenflugzeug *n*; **~ *comercial*** Verkehrsflugzeug *n*; **~ *espía*** Spionageflugzeug *n*; **~ *de línea*** Linienmaschine *f*; **~ *nodriza*** Tankflugzeug *n*; (~) ***planeador*** *m* Segelflugzeug *n*; **~ *de*** *od* ***a reacción*** (*Am* ***a chorro***) Düsenflugzeug *n*; **~ *de reconocimiento*** *od* ***exploración*** Aufklärungsflugzeug *n*; **~ *supersónico*** Überschallflugzeug *n*; **~ *de turbohélices*** Turbopropflugzeug *n*; ***por* ~** (mit *od* per) Luftpost

avion|azo *m Méx* Flugzeugunglück *n*; **~eta** *f* Kleinflugzeug *n*; Sportflugzeug *n*

aviónica *f* Avionik *f*, Flugzeugelektronik *f*

avisado klug; erfahren; vorsichtig, behutsam; umsichtig; ***mal* ~** unbedacht; leichtfertig

avisador *m* Bote(ngänger) *m*; Laufbursche *m*; *Am* Inserent *m*; TECH Meldegerät *n*; **~ *de incendios*** Feuermelder *m*

avisar *tr* benachrichtigen; mitteilen; melden; Bescheid geben; *Arzt, Handwerker, Taxi* bestellen; warnen; hinweisen; aufmerksam machen; ankündigen; anzeigen; *Am* inserieren; kündigen; **~se** *PR* sich anmelden

aviso *m* Benachrichtigung *f*; Nachricht *f*; Bescheid *m*; Bekanntmachung *f*; Durchsage *f*, Mitteilung *f*; Anzeige *f*; Meldung *f*; Ankündigung *f*; Wink *m*; *Am* Inserat *n*; Warnung *f*; Kündigung *f*; FIN, HDL Avis *m,n*; **~ *de abono*** (***adeudo***) Gutschrift-(Lastschrift)avis *m,n*; **~ *de accidente*** Unfallmeldung *f*; **~ *de apertura*** Eröffnungsanzeige *f*; **~ *de bomba*** Bombenalarm *m*; **~ *de desahucio*** Kündigung *f durch Vermieter*; **~ *de desalojamiento*** Kündigung *f durch Mieter*; **~ *de embarque*** Verschiffungsanzeige *f*; **~ *de envío*** Versandanzeige *f*; **~ *de error*** INFORM Fehlermeldung *f*; **~ *fúnebre*** (***de siniestro***) Todes-(Schadens)anzeige *f*; **~ de recepción** POST Rückschein *m*; **~ de tormenta** Sturmwarnung *f*; **con ~ previo** TEL mit Voranmeldung *f*; **hasta nuevo ~** bis auf Widerruf; **previo ~** auf Abruf; nach vorheriger Anmeldung; **salvo ~ contrario** vorbehaltlich anders lautender Mitteilungen; **salvo ~ en contrario** Widerruf vorbehalten; **sin ~** fristlos; **sin previo ~** unangemeldet ◇ **cursar ~** benachrichtigen; **estar sobre ~** auf der Hut sein; **poner sobre ~** warnen; **recibir ~** Bescheid erhalten; **servir de ~** eine Lehre sein

avisp|a *f* Wespe *f*; **~ado** gewitzt, aufgeweckt; **~ar** *tr Pferd* antreiben; auf Trab bringen; *Guat jmdn* sticheln; **~arse** sich beunruhigen; **~ero** *m* Wespennest *n auch übertr*; Wespenschwarm *m*; Furunkel *n*; **~ón** *m* Hornisse *f*

avistar *tr* sichten; (von weitem) erblicken

avitaminosis *f* Vitaminmangel *m*

avituallar *tr* verproviantieren, mit Proviant versorgen

avivar *tr* beleben; *Feuer, Leidenschaften* anfachen; aufmuntern, anfeuern; *Farben* auffrischen; *Schritt* beschleunigen; **~se** *Geschäfte* sich beleben; *Pflanzen* sich kräftig entwickeln; *Flamme* aufflackern; *Seidenraupen* ausschlüpfen; munter werden

avizorar *tr/intr* Ausschau halten; lauern; *Gelände* erkunden

axial, **axil** Achs(en)-, axial

axila *f* Achsel(höhle) *f*

axio|ma *m* Axiom *n*; **~mático** axiomatisch

ay I *Interj* **¡~!** ach!, oh!; au!; **¡~ de mí!** wehe mir! **II** *m*, meist **~es** *Pl* Gewimmer *n*; Gestöhne *n*; **con ~es y gemidos** mit Weh und Ach

ay|a *f* ⟨*el*⟩ Kinderfrau *f*; Erzieherin *f*; **~ar** *tr Col Kind* beaufsichtigen

ayer I *Adv* gestern; **antes de ~** vorgestern; **de ~** gestrig; **de ~ acá, de ~ a hoy** seit kurzem **II** *m* Gestern *n*

ayuda I *f* Hilfe *f*; Unterstützung *f*; Beistand *m*; Beihilfe *f*; Klistier *n*; **~ comunitaria** Gemeinschaftshilfe *f*; **~ de costa** Kostenbeitrag *m*; **~ a la exportación** (**al desarrollo**; **~ financiera**) Export-(Entwicklungs-; Finanz)hilfe *f*; **~ familiar por los hijos** Erziehungsgeld *n* ◇ **acudir en ~ de alg** jmdm zu Hilfe eilen; **llamar a alg en su ~** jmdn zu Hilfe rufen **II** *m* Gehilfe *m*; **~ de cámara** Kammerdiener *m*

ayudante *m(f)* Helfer(in) *m(f)*; Gehilfe(-in) *m(f)*; Hilfslehrer(in) *m(f)*; Assistent(in) *m(f)*; MIL Adjutant(in) *m(f)*; **~ de dirección** Regieassistent *m*; Direktionsassistent *m*; **~ de laboratorio** Laborant *m*; **~ de montes** Forstgehilfe *m*; **~ de operador** Kameraassistent *m*; **~ técnico-sanitario** medizinisch-technischer Assistent *m*

ayud|antía *f* Adjutantenstelle *f*; Adjutantenzimmer *n*; **~ar** *tr* helfen; beistehen; unterstützen; beitragen; **~arse** sich (gegenseitig) helfen; sich zu helfen wissen; zu Hilfe nehmen

ayunador *m* Fastender *m*; **~ de profesión** Hungerkünstler *m*

ayunar *intr* fasten; nüchtern bleiben; enthaltsam leben

ayunas: **en ~** nüchtern; mit nüchternem Magen ◇ **estar en ~** ahnungslos sein

ayuno I *Adj* nüchtern ◇ **estar ~ de** keine Ahnung haben von **II** *m* Fasten *n*; Hungerstreik *m*

ayuntamiento *m* Rathaus *n*; Magistrat *m*; Gemeinderat *m*; Versammlung *f*; Vereinigung *f*; **~ carnal** Beischlaf *m*

azad|a *f* Hacke *f*; **~ón** *m* Breithacke *f*

azafata *f* FLUGW Flugbegleiterin *f*, Stewardess *f*; *ehem* Kammerfrau *f*; Hostess *f*

azafr|án *m* Safran *m*; Safrangelb *n*; **~anado** safrangelb; **~anar** *tr* mit Safran färben

azahar *m* Zitrusblüte *f*

azalea *f* Azalee *f*

azar *m* Zufall *m*; Schicksalsschlag *m*; **al ~** aufs Geratewohl; **por ~** zufällig ◇ **verificar al ~** eine Stichprobe machen

azar|arse schief gehen, danebengehen; außer Fassung geraten, erschrecken; **~oso** gefährlich; voller Tücken; zufällig

Azerbaidján *od* **Azerbaiyán** *m* Aserbaidschan *n*

ázimo *Brot* ungesäuert

azo|ado stickstoffhaltig, Stickstoff-; **~ar** *tr* mit Stickstoff behandeln; **~ato** *m* Nitrat *n*

ázoe *m* Stickstoff *m*

azogado quecksilberhaltig; unruhig, *umg* zappelig ◇ **temblar como un ~** wie Espenlaub zittern

azogar ⟨-g/gu-⟩ *tr Spiegelglas* mit Quecksilberbelag überziehen; *Kalk* löschen; **~se** eine Quecksilbervergiftung erleiden

azogue *m* Quecksilber *n auch übertr*; Zappelphilipp *m*

azonzar ⟨-z/c-⟩ *tr Am* → **atontar**

azorado bestürzt; erschrocken; verwirrt ◇ **estar ~** Lampenfieber haben; **quedar ~** ganz aufgeregt sein (**con** wegen)

azorar *tr* erschrecken; bestürzen; in Rage bringen; **~se** in Bestürzung geraten; kopflos werden; Lampenfieber bekommen

Azores *f/Pl*: **las ~** die Azoren

azorrarse benommen sein

azot|acalles *m* Bummler *m*; **~ado** buntscheckig; *Chi* gestreift; **~ador** *m* Auspeitscher *m*; **~aina** *f* Tracht *f* Prügel; **~ar** *tr* geißeln, (aus)peitschen *auch übertr*; schla-

gen; heimsuchen, plagen; verwüsten; **~azo** *m* Peitschenhieb *m*; Klaps *m* auf den Hintern
azote *m* Geißel *f auch übertr*; Peitsche *f*; Peitschenhieb *m*; Klaps *m* auf den Hintern; Plage *f*; Prügelknabe *m*; **~s** *Pl* Prügel *Pl*; ***~s y galeras*** immer der gleiche Fraß ◇ ***dar ~s*** auspeitschen; verprügeln; ***no salir de ~s y galeras*** auf keinen grünen Zweig kommen
azotea *f* Dachterrasse *f*; *Rpl* Haus *n* mit flachem Dach; Oberstübchen *n Kopf*
azteca **I** *Adj* aztekisch **II** *m(f)* Azteke(-in) *m(f)*
azúcar *m*, *vor Adj meist f* Zucker *m auch* MED; **~es** *Pl* HDL Zuckersorten *f/Pl*; ***~ (en) bruto*** Rohzucker *m*; ***~ cande*** *od* ***candi*** Kandiszucker *m*; ***~ de caña*** Rohrzucker *m*; ***~ cortadillo*** *od* ***cuadradillo*** *od* ***en terrones*** Würfelzucker *m*; ***~ de flor*** *od* ***superior*** feinster Raffinadezucker *m*; ***~ glasé, ~ de lustre, ~ en polvo*** Staub-, Puderzucker *m*; ***~ morena*** brauner Zucker *m*; ***~ de remolacha*** Rübenzucker *m*; ***~ sanguíneo*** Blutzucker *m*
azucar|ado gezuckert; süß *auch übertr*; **~ador** *m* Zuckergussspritze *f*; **~ar** *tr* zuckern; überzuckern; kandieren; versüßen; **~era** *f* Zuckerdose *f*; Zuckerfabrik *f*; *Méx* Zuckerladen *m*; **~ero** **I** *Adj* Zucker- **II** *m Cu*, *Méx*, *Pe* Arbeiter *m* in der Zuckerindustrie; Zuckerdose *f*
azucena *f* (weiße) Lilie *f*
azufr|ado **I** *Adj* schwefelgelb; Schwefel- **II** *m* Ausschwefeln *n*; **~ar** *tr* schwefeln; **~e** *m* Schwefel *m*; **~era** *f* Schwefelgrube *f*; **~oso** schwefelhaltig
azul **I** *Adj* blau; ***~ añil*** indigoblau; ***~ celeste, ~ claro*** hellblau; ***~ marino*** marineblau; ***~ turquí*** türkisfarben; ***~ ultramarino*** *od* ***de ultramar*** ultramarinblau **II** *m* Blau *n*
azul|ado bläulich; **~ar** *tr* blau färben; **~ear** *intr* blau getönt sein; ins Bläuliche spielen; **~ejar** *tr* fliesen; **~ejero** *m* Fliesenhersteller *m*; Fliesenleger *m*
azulejo **I** *Adj Am* bläulich **II** *m* Kachel *f*; Fliese *f* ◇ ***cubrir de ~s*** kacheln
azuz|ador *m* Hetzer *m*, Scharfmacher *m*; **~ar** ⟨-z/c-⟩ *Hunde u übertr* hetzen, reizen; *Lage* anheizen; aufhetzen; necken; **~ón** *m* Necker *m*, Spötter *m*; Hetzer *m*

B

b, **B** *f* b, B *n*
B (*Symb für* → **boro**) CHEM B
Ba (*Symb für* → **bario²**) CHEM Ba
baba *f* Schleim *m*; Geifer *m*; Speichel *m* ◇ ***caérsele a uno la ~*** *verblüfft* mit offenem Munde dastehen; ***echar ~s*** geifern
bab|aza *f* Schleim *m*; Geifer *m*; → **~osa**; **~ear** *intr* sabbern; geifern; bis über beide Ohren verliebt sein; *um eine Frau* herumscharwenzeln
babel *m*,*f* Wirrwarr *m*, Durcheinander *n*; Tollhaus *n*; Unordnung *f*; Stimmengewirr *n*
Babia *f*: ***estar en ~*** nicht bei der Sache sein; ahnungslos sein
babieca einfältig
Babilonia *f* Babylonien *n* ◇ ***estar en ~*** → ***estar en Babia***
babil|ónico, **~onio** babylonisch
babilla *f* Keule *f vom Rind, Schwein*
bable *m* Bable *n Dialekt der Asturier*
babor *m* MAR Backbord(seite *f*) *n*
babos|a *f* Nacktschnecke *f*; **~ada** *f AmC*, *Méx* Dussel *m*; Dummheit *f*; **~ear** *tr* begeifern; besabbern; **~o** **I** *Adj* voll gesabbert; geifernd; übermäßig galant; sinnlos verliebt; *Am reg* dämlich; schlapp **II** *m* Grünschnabel *m*, Rotznase *f*; Charmeur *m*
baca *f* KFZ Dachgepäckträger *m*
bacaladero *m* Kabeljaufangschiff *n*
bacalao *m* Kabeljau *m*; ***~ pequeño (seco)*** Dorsch *m*; (Stockfisch *m*) ◇ ***cortar el ~*** *übertr* den Ton angeben
bacán **I** *Adj Cu* nett; *Am* vortrefflich; *Arg*, *Bol* reich **II** *m Cu* netter Kerl *m*; *Bol*, *Cu*, *Rpl* (reicher) Macker *m Freund eines Mädchens bzw Mann, der eine Frau aushält*; *Arg*, *Bol* reicher Knilch *m*
bacanal *f* wüstes Gelage *n*
bacar|á, **~rá** *m* Bakkarat *n*
bach|e *m* Schlagloch *n*; FLUGW Luftloch *n*; Tief *n deprimierte Stimmung*; Lücke *f in der Erinnerung*; **~ado** voller Schlaglöcher; **~ar** *tr* Schlaglöcher ausbessern
bachiller **I** *Adj* schwatzhaft **II** *m* Abiturient *m*; Schwätzer *m* ◇ ***(no) ser ~*** (kein) Abitur haben
bachillerarse *umg* das Abitur machen, die Reifeprüfung ablegen
bachillerato *m Esp etwa* Abitur *n*; *etwa* Sekundarstufe II *f* ◇ ***cursar*** *od* ***estudiar el ~*** aufs Gymnasium gehen

bacía *f* Napf *m*; (Barbier-)Becken *n*
bacil|ar Bazillen-; Bakterien-; **~iforme** BAKT stäbchenförmig
bacilo *m* Bazillus *m*; **~ de Koch** Tuberkelbazillus *m*
bac|ín *m* Nachttopf *m*; **~inilla** *f* Almosenschale *f*; *Am* Nachttopf *m*
back-up *m* INFORM Sicherheitskopie *f*, Back-up *n*
Baco *m* MYTH Bacchus *m*
bacon *m* Bauch-, Frühstücksspeck *m*
bacteria *f* Bakterie *f*; **~ de putrefacción (del suelo**; **de tubérculos)** Fäulnis-(Boden-; Knöllchen)bakterie *f*; **~ patógena** krankheitserregende Bakterie *f*
bacter|ial, **~iano** bakteriell, Bakterien-; **~icida** bakterientötend
bacteri|ología *f* Bakteriologie *f*; **~ológico** bakteriologisch; **~ólogo** *m* Bakteriologe *m*
báculo *m* Stab *m*, Stock *m*; Stütze *f auch übertr*; Trost *m*; **~ pastoral** Hirten-, Bischofsstab *m*
badaj|ada *f* Glockenschlag *m*; Ungereimtheit *f*; **~ear** *intr* Unsinn reden; **~o** *m* Glockenschwengel *m*; Schwätzer *m*
badana I *m* Faulpelz *m* **II** *f minderwertiges* gegerbtes Schafleder *n*; **media ~** BUCHW Halbfranzband *m* ◇ **zurrar la ~** *jmdm* das Fell gerben; *jmdm* den Marsch blasen *gehörig zurechtweisen*
badén *m* VERK *Straße* Querrinne *f*
Baden-Wurtemberg *m* Baden-Württemberg *n*
badil *m*, **~a** *f* Schürhaken *m*, -eisen *n*
badminton *m* Federball(spiel *n*)*m*
badulaque *m* Einfaltspinsel *m*
bafle *m* Lautsprecherbox *f*
bafío *m Esp* Bulle *m Polizist*
bagacera *f Ant* Lager *n* zum Trocknen der Zuckerrohrbagasse *f*
bagaje *m* Gepäck *n*; MIL Feldgepäck *n*; **~ de conocimientos** Wissensschatz *m*; **~ intelectual** geistiges Rüstzeug *n*
bagatela *f* Kleinigkeit *f*, Bagatelle *f*
bagazo *m* Bodensatz *m*; Pressrückstände *m*/*Pl*; Trester *Pl*; Bagasse *f*
bagre *m eine wohlschmeckende Welsart*; *Am reg* Klette *f lästiger Mensch*
bagual *Am* **I** *Adj Pferde*, *Rinder* unbändig, wild; flegelhaft **II** *m* Flegel *m*
Bahamas *f*/*Pl* Bahamas *f*/*Pl*
baham|eño *m*, **-a** *f*, **~és** *m*, **~esa** *f* Bahamaer(in) *m*(*f*)
bahía *f* Bucht *f*, Bai *f*
Bahrein *m* Bahrein *n*
bail|able I *Adj* zum Tanzen; Tanz- **II** *m* THEAT Tanz *m*; Tanzstück *n*; **~adero** *m* Tanzboden *m*; **~ador I** *Adj* tanzend; Tanz-; tanzlustig **II** *m*, **~adora** *f* Tänzer(in) *m*(*f*)
bailar I *intr* tanzen; *Möbel* wackeln; *Kreisel* sich drehen; *Pferd* tänzeln; schlackern; **otro que tal baila** *iron* noch einer von der gleichen Sorte **II** *tr Tanz* tanzen
bailarín *m* (Ballett-)Tänzer *m*; **(primer) ~** Solotänzer *m*
bailarina *f* Tänzerin *f*; **primera ~** Primaballerina *f*
baile *m* Tanz *m*; Ball *m*; Tanzen *n*; Tanzkunst *f*; MUS, THEAT Ballett *n*; **~ de botón** *od* **candil** volkstümliches Tanzvergnügen *n*, *umg* Schwof *m*; **~ de disfraces** *od* **máscaras (mamarrachos)** Masken-(Lumpen)ball *m*; **~ de puntas (salón)** Spitzen-(Gesellschafts)tanz *m*
bailote|ar *intr* herumhopsen; *Schiff* tänzeln; *Räder* flattern; **~o** *m* Schwof *m*
Baires *m Rpl Abk für* Buenos Aires
baja *f* Fallen *n*, Sinken *n*; Abnahme *f*; *Preis* Rückgang *m*; *Börse* Baisse *f*; Abmeldung *f*; Krankschreibung *f*; MIL Entlassung *f*; Ab-, Weggang *m*, Ausscheiden *n aus einem Betrieb*; Austritt *m*; Entlassungsschein *m*; Exmatrikulation *f*; Außerbetriebsetzung *f*; MAR Ebbe *f*; **~s** *Pl* MIL Verluste *m*/*Pl bes an Menschenleben*; **~ del descuento** Diskontsenkung *f*; **~ estacional** saisonbedingter Rückgang *m*; **~ de exportaciones** Exportrückgang *m*; **~ en la fecundidad, ~ de natalidad** Geburtenrückgang *m*; **~ por maternidad** Erziehungsurlaub *m*; **~ de ventas** Absatzrückgang *m* ◇ **abrir (cerrar) a la ~** *Börse* mit einem Minus eröffnen (schließen); **corregir** *od* **revisar a la ~** *Statistik* nach unten korrigieren; **dar ~, ir de** *od* **en ~** im Wert sinken; im Preis nachlassen; **dar de ~** als fehlend vermerken; entlassen; *Mitgliedschaft* streichen; abmelden; krankschreiben *auch* **dar la ~**; **darse de ~** *aus Organisation* austreten; sich streichen lassen; sich abmelden; **darse de ~ por enfermo** sich krankmelden; **especular** *od* **jugar a la ~** auf Baisse spekulieren; **estar de ~** nachgeben, -lassen; **estar de ~ (por enfermedad)** krankgeschrieben sein; **estar en ~** *Konjunktur* abflauen; **seguir en ~** weiter fallen; **solicitar la ~** die Entlassung beantragen; **tender a la ~** *Kurse*, *Preise* fallende Tendenz zeigen
bajá *m* Pascha *m auch übertr*
bajada *f* Abstieg *m*; Abhang *m*; Weg *m* nach unten; Hinabsteigen *n*; BERGB Einfahrt *f*; Rückgang *m*; Talfahrt *f auch Börse*; SPORT Abfahrt *f*; *Verkehrsmittel* Ausstieg *m*; **~ de azúcar** MED Unterzuckerung *f*, Unterzucker *m umg*; **~ (de bandera)** *Taxi* Einstellen *n* des Grundpreises; **~ de 2%** Rückgang *m* um 2%; **~ de impuestos (ti-**

pos de interés) Steuer-(Zins)senkung *f*
bajamar *f* Ebbe *f*, Niedrigwasser *n*
baj|ante *f Am Wasserstand* Sinken *n*; **~ar I** *tr* herabnehmen; hinunterbringen; (he)runterlassen; runterreichen; (he)runterklappen; umlegen; *Preise* herabsetzen; RADIO leise(r) stellen; *Motor, Tempo* drosseln; *Stimme* dämpfen; *Ausgaben, Preise* senken; *Augen* niederschlagen; *Flagge* einholen; *jmdn* freistellen *od* von *etw* befreien; INFORM herunterladen **II** *intr* senken; (hin)absteigen; hinab-, hinuntergehen; aussteigen; *Preise, Barometer* fallen; *an Gewicht* abnehmen; nachlassen; *Stimme* leiser werden; abfließen; **~arse** aussteigen; *vom Pferd* absitzen; sich herablassen; sich bücken; *Hosen, Rock* ausziehen; *Arg im Hotel* absteigen
bajativo *m Am* Verdauungsschnaps *m*
bajel *m* Schiff *n*
bajeza *f* Gemeinheit *f*; Erbärmlichkeit *f*; **~ *de ánimo*** Kleinmut *m*; **~ *intelectual*** beschränkter Horizont *m*
baj|ío *m* Untiefe *f*; *Am* Tiefland *n*; *auch* Niederung *f*; **~ista I** *Adj* fallend *z.B. Preistendenz* **II** *m Börse* Baissespekulant *m*, Baissier *m*
bajo I *Adj* niedrig; Nieder-; Unter-; niedere(r); flach; *Stimme, Ton* leise; *Qualität* gering; tief (liegend); Tief-; *Wolken* tief hängend; *Höhe, Wuchs* klein; *Blick, Kopf* gesenkt; *Farbton* matt; minderwertig; niederträchtig ◇ ***dar*** *od* ***ir de*** *od* ***en ~*** zurückgehen *geringer werden* **II** *Adv* leise; tief; ***por lo ~*** heimlich **III** *Präp* unter (***bajo ciertas condiciones***); auf (***bajo palabra***) **IV** *m* Niederung *f*; Untiefe *f*; Erdgeschoss *n*; Bass *m*; Bassist *m*; **~s** *Pl Am* Erdgeschoss *n*; **~ *cantante*** Bassbariton *m*; **~ *profundo*** tiefer Bass *m*
bajón *m* Kontrafagott *n*; Bass *m Stimme u Sänger*; Niedergang *m*; Einbuße *f*; starker Rückgang *m*; Schlappe *f*; **~ *de azúcar*** MED Unterzuckerung *f*, Unterzucker *m umg*; **~ *de precios*** Preissturz *m*
bajorrelieve *m* Flachrelief *n*
bajuno *Adj* gemein, niedrig; rüpelhaft
bajura *f* Untiefe *f*; ***de ~*** Küsten-
bakalao *m* MUS Techno *n,m*
bala *f* (Kanonen-, Gewehr-)Kugel *f*; Geschoss *n*; HDL (Waren-)Ballen *m*; **~s** *Pl* Munition *f*; **~ *de fogueo*** Platzpatrone *f*; **~ *de goma*** Gummigeschoss *n*; **~ *luminosa*** *od* ***trazadora*** Leuchtkugel *f*; **~ *perdida*** verirrte Kugel *f*; **~ *de rebote*** Querschläger *m*; ***como una ~*** blitzschnell; ***ni a ~*** *Am* unter keinen Umständen
balac|ear *Am* **I** *tr* (durch Schüsse) niederstrecken **II** *intr* (herum)schießen; **~eo**, **~era** *f Am reg* Schießerei *f*
balada *f* Ballade *f*
baladí nichtig; belanglos
baladron|ada *f* Prahlerei *f*; **~ear** *intr* prahlen, aufschneiden
balalaica *f* MUS Balalaika *f*
balance *m* (Hin- und Her-)Schwanken *n*; *Tanz* Wiegen *n*; MAR Schlingern *n*; Bilanz *f*; Rechenschaftslegung *f*; Auswertung *f*; Ausgewogenheit *f*; **~ *activo*** Aktivbilanz *f*, -saldo *m*; **~ *anual*** *od* ***de fin de año*** Jahresabschluss *m*, -bilanz *f*; **~ *de apertura*** (***de cierre*** *od* ***final***) Eröffnungs-(Abschluss)bilanz *f*; **~ *de energía*** (***provisional*** *od* ***intermedio***) Energie-(Zwischen)bilanz *f*; **~ *mensual*** Monatsabschluss *m*; **~ *nuevo*** Saldovortrag *m*; **~ *de pérdidas*** Schadensbilanz *f*; **~ *térmico*** Wärmehaushalt *m*; **~ *trimestral*** Quartalsabschluss *m* ◇ ***establecer*** *od* ***hacer*** (***el***) **~** Bilanz ziehen; einen Kassensturz machen
balance|ado bilanziert; ausgewogen; **~ar I** *intr* schaukeln; schwanken *auch übertr*; balancieren; MAR schlingern **II** *tr* wiegen *schaukelnd hin- und herbewegen*; schaukeln; ausbalancieren; *Am* KFZ *Räder* auswuchten; **~arse** sich hin- und herbewegen; schunkeln; (sich) schaukeln; schwingen; sich die Waage halten; *Pendel* ausschlagen
balancín *m* Schaukelstuhl *m*; Hollywoodschaukel *f*; Wippe *f*; Ortscheit *n*; Balancierstange *f*
balandr|a *f* MAR Kutter *m*; **~o** *m* Jolle *f*
balanza *f* Waage *f*; Waagschale *f auch übertr*; Bilanz *f*; *Am* Balancierstange *f*; *Col* Schaukelstuhl *m*; **~ *de astil*** Brückenwaage *f*; **~ *automática*** Schnellwaage *f*; **~ *de bienes y servicios*** Leistungsbilanz *f*; **~ *de cocina*** Küchenwaage *f*; **~ *comercial exterior*** Außenhandelsbilanz *f*; **~ *de cruz***, **~ *cuadrante*** Balkenwaage *f*; **~ *de divisas*** Devisenbilanz *f*; **~ *electrónica*** Computerwaage *f*; **~ *de laboratorio*** (***con peso corredizo***; ***de platillos***; ***de precisión***) Labor-(Laufgewichts-; Teller-; Fein)waage *f*; **~ *de mercancías y servicios*** Waren- und Dienstleistungsbilanz *f*; **~ *de pagos*** Zahlungsbilanz *f*; **~ *postal*** Briefwaage *f*; **~ *de resorte*** Federwaage *f*; **~ *romana*** Laufgewichtswaage *f* ◇ ***la ~ cae*** *od* ***se inclina a su favor*** *übertr* die Waage neigt sich zu seinen Gunsten; ***estar en ~*** in Gefahr sein
balar *intr Schaf* blöken; *Ziege* meckern
balasto *m* Schotter *m*
balaustrada *f* Balustrade *f*; Geländer *n*; Brüstung *f*
balazo *m* Schuss *m*; Schusswunde *f* ◇ ***freír a ~s*** *jmdn* abknallen
balboa *m* Balboa *m Währungseinheit in*

Panama
balbuc|ear *intr* stammeln; lallen; **~eo** *m* Gestammel *n*; Lallen *n*; **~ir** ⟨-c/z-; *def*⟩: *nur Formen mit* -i- *in der Endung üblich*; *sonst Formen von* → **~ear**
Balcanes: ***los ~*** der Balkan
balcánico Balkan-
balcón *m* Balkon *m*
balda *f* Schrankbrett *n*; Türriegel *m*
baldaqu|ín *m*, **~ino** *m* Baldachin *m*; Thron-, Altarhimmel *m*
baldar *tr* lähmen; schaffen *erschöpfen*
balde[1] *m* Eimer *m*
balde[2] *Adv* ***de ~*** unentgeltlich; ***en ~*** vergeblich ◇ ***estar de ~*** überflüssig sein
baldear *tr/intr* MAR *Deck* scheuern
baldío I *Adj* brachliegend; zwecklos; vagabundierend **II** *m* Brachland *n*
bald|ón *m* Beschimpfung *f*; Schimpf *m*; **~ar**, **~ear** *tr* beschimpfen
baldos|a *f* (Boden-)Fliese *f*; **~ado** *m Am* Fliesenboden *m*; **~ar** *tr* mit Fliesen belegen; **~ín** *m* Fliese *f*; Kachel *f*
balear[1] **I** *Adj* balearisch **II** *m(f)* Baleare(-in) *m(f)*
bal|ear[2] *tr Am* schießen (*dir Obj* auf); *jmdn* beschießen; *jmdn* anschießen; *jmdn* erschießen; **~eo** *m Am* Schießerei *f*
balido *m* Blöken *n*; *Ziege* Meckern *n*
balín *m* kleinkalibriges Geschoss *n*; *Kugellager* Kugel *f*
balístic|a *f* Ballistik *f*; **~o** ballistisch
baliza *f* FLUGW, MAR Bake *f*; ***~ (flotante)*** MAR Boje *f*; ***~ iluminada*** Leuchtboje *f*
baliz|amiento *m* Auslegen *n* von Bojen; FLUGW, MAR Befeuerung *f*; **~ar** ⟨-z/c-⟩ *tr* MAR bebaken; FLUGW Baken installieren; MAR Bojen auslegen, betonnen; FLUGW, MAR befeuern
ballena *f* Wal *m*; Barte *f*; Korsettstange *f*; Kragenstäbchen *n*
Ballena ASTR Walfisch *m*
ballen|ato *m* Waljunges *n*; **~ero I** *Adj* Walfang-; *Industrie* Wal verarbeitend **II** *m* Walfänger *m*; Walfangschiff *n*
ballesta *f* Armbrust *f*; TECH Blattfeder *f*; ***~ de eje*** Achsfeder *f* ◇ ***armar la ~*** die Armbrust spannen
ballet *m* (***ballets*** *Pl*) Ballett *n*
balneario *m* Kurort *m*; Kurhaus *n*; Freibad *n*; ***~ climatológico*** Luftkurort *m*
balneo|logía *f* Bäderkunde *f*; **~terapia** *f* Heilbadbehandlung *f*
balompié *m* Fußball *m*
balón *m* Ball *m*; großer Warenballen *m*; Gasflasche *f*; Glasballon *m*; ***~ medicinal*** Medizinball *m*
balon|cesto *m* Basketball(spiel *n*) *m*; **~cestista** *m* Basketballspieler *m*; **~manista** *m* Handballspieler *m*; **~mano** *m* Handball (-spiel *n*) *m*; **~volea** *m* Volleyball(spiel *n*) *m*
balot|a *f* Kugel *f zum Abstimmen*; **~aje** *m* Stichwahl *f*; Ballotage *f*
balsa[1] *f* Tümpel *m*; Pfütze *f*; Zisterne *f für Bewässerung* ◇ ***ser una ~ de aceite*** *Versammlung* sehr ruhig zugehen; eine Oase des Friedens sein
balsa[2] *f* Floß *n*; Fähre *f*; Balsaholz *f*; ***~ para automóviles*** Autofähre *f*; ***~ de ferrocarril*** (Eisenbahn-)Fährschiff *n*; ***~ neumática*** Schlauchboot *n*; ***de salvamento, ~ salvavidas*** Rettungsfloß *n*
bálsamo *m* Balsam *m auch übertr*
bals|ear *tr* mit der Fähre übersetzen; mit einem Floß fahren; **~eo** *m* Fährbetrieb *m*; **~ero** *m* Fährmann *m*; Flößer *m*; **~eros** *m/Pl* Bootsflüchtlinge *m/Pl*, Boatpeople *Pl*
Báltico *m* Ostsee *f*
báltico baltisch; Ostsee-; Balten-
baluarte *m* Bollwerk *n*; Schutzwall *m*
balumba *f* Wust *m*; Krempel *m*; Durcheinander *n*; *Am reg* Krach *m*
bambalina *f* THEAT Soffitte *f*; *Méx* Spruchband *n bei Demonstrationen*; ***entre ~s*** hinter den Kulissen *auch übertr*
bambolear *intr*, **~se** schaukeln; schwingen; baumeln; schlenkern; schwanken; wackeln
bambolla *f* Protz *m*; Pomp *m*
bambú *m* Bambus *m*
bambuco *m kolumbianischer Volkstanz*
banal banal; **~idad** *f* Banalität *f*; **~izar** ⟨-z/c-⟩ *tr* banalisieren; herunterspielen
banan|a *f Am reg* Banane *f*; Bananenstaude *f*; EL Bananenstecker *m*; **~al** *m* Bananenpflanzung *f*; **~era** *m Am* Bananenanbaugesellschaft *f*; **~ero I** *Adj* Bananen- **II** *m* Bananenstaude *f*; Bananenfrachter *m*; **~o** *m Am reg* → **~a**
banca *f* Bank *f ohne Rückenlehne*; *Markt* Verkaufstisch *m*; Bankwelt *f*; Bankwesen *n*; Banken *f/Pl*; Bank *f im Spiel*; *Am reg* Spielbank *f*; ***~ digital*** Digital Banking *n*; ***~ de diputado*** *Arg* Abgeordnetensitz *m*; ***~ electrónica*** Elektronic Banking *n*; ***~ de hielo*** Eisscholle *f*; ***~ por Internet*** Internet-Banking *n*; ***~ online*** Onlinebanking *n*; ***~ privada*** Privatbanken *f/Pl*; ***~ telefónica*** Tele(fon)banking *n* ◇ ***hacer saltar la ~*** *übertr* die Bank sprengen; ***tener ~*** *Arg* einflussreich sein
bancada *f Am reg* PARL Fraktion *f*
banc|al *m* Beet *n*; LANDW Terrasse *f*; Düne *f*; **~ario I** *Adj* Bank- **II** *m* Bankangestellter *m*
bancarrota *f* Bankrott *m auch übertr*; ***~ de la Hacienda*** Staatsbankrott *m* ◇ ***entrar en ~***

Bankrott gehen; ***hacer ~*** Bankrott machen; ***llevar a ~*** in den Bankrott führen

bancarrot|ero, ~ista **I** *Adj* bankrott **II** *m* Bankrotteur *m*, Pleitier *m*

banco *m* (Sitz-)Bank *f*; Bank *f Institution u Gebäude*; Untiefe *f*; BERGB Flöz *m*; Schwarm *m Fische*; ***~ de arena (grava)*** Sand-(Kies)bank *f*; ***~ avisador*** *od* ***notificador*** avisierende Bank *f*; ***~ azul*** *Esp*, ***~ de Gobierno*** Ministerbank *f*; ***~ de carpintero*** Hobelbank *f*; ***~ en casa*** INFORM Homebanking *n*; ***♀ Central de Alemania*** Deutsche Bundesbank *f*; ***♀ Central Europeo*** Europäische Zentralbank *f*; ***♀ Central Hispano*** *eine spanische Bank*; ***~ comercial, ~ de negocios*** Handels-, Geschäftsbank *f*; ***~ de comercio exterior (crédito; depósitos; descuentos)*** Außenhandels-(Kredit-; Depositen-; Diskont)bank *f*; ***~ de datos*** Datenbank *f*; ***~ de emisión, ~ emisor*** Notenbank *f*; ***~ de ensayos*** *od* ***pruebas*** Prüfstand *m*; ***♀ de España*** Spanische Zentralbank *f*; ***♀ Europeo de Inversión*** Europäische Investitionsbank *f*; ***~ de esperma*** *od* ***semen (genes; riñones; sangre)*** Samen-(Gen-; Nieren-; Blut)bank *f*; ***~ de hielo*** Packeis *n*; ***~ hipotecario (industrial)*** Hypotheken-(Gewerbe)bank *f*; ***♀ Interamericano de Desarrollo*** Interamerikanische Entwicklungsbank *f*; ***♀ Internacional para la Reconstrucción y el Desarrollo*** Weltbank *f* für Wiederaufbau und Entwicklung; ***♀ Mundial*** Weltbank *f*; ***~ privado*** Privatbank *f*; ***~ por teléfono*** Telefonbanking *n*; ***~ (de trabajo)*** Werkbank *f*; ***~ vitalicio*** Rentenbank *f* ◇ ***ir al ~*** auf die *od* zur Bank gehen

banda[1] *f* Band *n*; Gurt *m*; Schärpe *f*; (Fluss-)Ufer *n*; *Sportplatz* Absperrung *f*; Fahrspur *f*; *Billard* Bande *f*; ***~ engomada*** Klebeband *n*; ***~ de fluctuación*** Bandbreite *f*; ***~ de frecuencia*** PHYS, RUNDF Frequenzband *n*; Wellenlänge *f*; ***~ horaria*** TV Sendeplatz *n*; ***~ magnética*** Magnetstreifen *m*; ***~ metálica de protección*** VERK Leitplanke *f*; ***~ perforada*** Lochstreifen *m*; ***~ presidencial*** Präsidentenschärpe *f*; ***~ de rodadura*** *Reifen* Lauffläche *f*; ***~ sonora*** FILM Tonspur *f*; MUS Soundtrack *m*; ***~ transportadora*** Förderband *n*; ***~ verde*** VERK Grün-, Mittelstreifen *m*; ***de ~ a ~*** durch und durch

banda[2] *f* Bande *f*; Schar *f*; (Musik-)Kapelle *f*; MUS Band *f*; Breitseite *f eines Schiffes*; ***~ de ladrones*** Räuberbande *f*; ***~ militar*** Militärkapelle *f*; ***~ terrorista*** Terrorgruppe *f*; ***~ traficante*** Schieberbande *f* ◇ ***cerrarse a la*** *od* ***en ~*** hartnäckig bei etw bleiben; ***reunirse en ~*** sich zusammenrotten

bandada *f* Schwarm *m Vögel*, *Fische*

bande|ado streifenförmig; ***~ar*** *tr Boot* hin- und herschlingern; ***~arse*** hin- und hergeschleudert werden; sich durchschlagen; lavieren *auch übertr*

bandeja *f* Tablett *n*; *Koffer* Einlegefach *n*; *Schrank* Schub *m*; KFZ Ölwanne *f*; ***~ del correo, ~ de (la) correspondencia*** Briefablage *f*; ***~ de plata*** *bes übertr* Silbertablett *n*; ***~ (apilable) portadocumentos*** Ablagekorb *m*; ***~ de salida de correo*** Postausgangskorb *m*

bandera *f* Fahne *f*, Flagge *f* ***~s de conveniencia*** MAR Billigflaggen *f/Pl*; ***~ nacional*** Landesfahne *f*; ***a ~s desplegadas*** mit fliegenden Fahnen *auch übertr* ***bajo ~ falsa*** unter falscher Flagge *auch übertr*; ***de ~*** prima, super ◇ ***arriar ~*** die Flagge streichen; ***batir ~s, rendir la ~*** MAR die Flagge dippen; die Fahne senken; ***colocar la ~ a media asta*** die Fahne auf halbmast setzen; ***desertar de su ~*** fahnenflüchtig werden; ***llevarse*** *od* ***tener puesta la ~*** den Sieg an seine Fahnen heften

banderazo *m Col Taxi* Einstellen *n* des Grundpreises ◇ ***dar el ~*** das Startzeichen geben *mit der Fahne*

bander|ero *m Wegebau* Signalmann *m*; ***~ía*** *f* POL Anhängerschaft *m*; Clique *f*; ***~illa*** *f* TAUR Banderilla *f*; GASTR Spießchen *n*; ***~ín*** *m* Fähnchen *n*; Signalflagge *f*; Wimpel *m*

banderita *f* Fähnchen *n*; ***~ de salida*** SPORT Startflagge *f*

banderola *f* Absteckwimpel *m*; Signalflagge *f*; Lanzenwimpel *m*

bandid|aje *m* Banditentum *n*; ***~o*** *m* Bandit *m*; Halsabschneider *m Wucherer*

bando[1] *m* öffentliche Bekanntmachung *f*; Erlass *m*

bando[2] *m* Lager *n*, Seite *f Partei*; Schwarm *m Vögel*, *Fische*; Volk *n Wachteln*, *Rebhühner*

bandolera[1] *f* Schulterriemen *m*; Schultertasche *f*; ***en ~*** umgehängt

bandoler|a[2] *f alt u übertr* Räuberbraut *f*; ***~esco*** Räuber-; ***~o*** *m* Räuber *m*, Bandit *m*

bandone|ón *m* Bandonion *n*, Bandoneon *n*; ***~onista*** *m* Bandoneonist *m*

bandoteca *f* Tonbandarchiv *n*

BANESTO *m* (*Abk für* ***Banco Español de Crédito***) *spanische Bank*

Bangladesh *m* Bangladesch *n*

bangladesí **I** *Adj* bangalisch, bangladeschisch **II** *m* Bangale *m*, Bangladescher *m*

banjo *m* MUS Banjo *n*

banquero *m* Bankier *m*, Banker *m*; *Glücksspiel* Bankhalter *m*

banqueta *f* Bank *f ohne Lehne*; Schemel *m*; Fußbank *f*; TECH Bankett *n*; *Guat*,

Méx Gehsteig *m*
banquet|azo *m* Riesenbankett *n*; **~e** *m* Festessen *n*, Bankett *n*; **~ear I** *intr* an einem Festessen teilnehmen **II** *tr* ein Festessen geben; **~earse** sich einen Festschmaus gönnen
banquillo *m* Bank *f ohne Lehne*; Schemel *m*; SPORT Reservebank *f*; **~ (*de los acusados*)** Anklagebank *f auch übertr* ◇ ***sentar en el ~*** auf die Anklagebank bringen
banquina *f Straße* Standstreifen *m*
banquisa *f Polarregion* Eisbank *f*
bantú *m* Bantu *m*
bañ|a *f* Suhle *f*; **~adera** *f Arg* offener Reisebus *m*; *Am* Badewanne *f*; **~adero** *m* Suhle *f*; **~ado** *m Am* Sumpfland *n*; **~ador** *m* Badehose *f*; Badeanzug *m*; **~ar** *tr* baden; spülen; *Ufer* bespülen; (ein)tauchen; FOTO wässern; *mit Alkohol* abreiben; überziehen (***de, en*** mit); *Sonne* bescheinen; **~arse** (sich) baden; **~era** *f* Badefrau *f*; Badewanne *f*; **~ero** *m* Bademeister *m*; **~ista** *m* Badender *m*; Badegast *m*; Kurgast *m*
baño *m* Bad *n auch* TECH; Baden *n*; Bad(ezimmer) *n*; Badewanne *f*; *auch* Toilette *f* WC; Anstrich *m auch übertr*; *Färberei* Waschflotte *f*; **~s** *Pl* Heilbad *n*; Badeanstalt *f*; ***~ de agua madre*** (***aire***) Sol-(Luft)-bad *n*; ***~ de asiento*** (***en bañera*** *od* ***pila***) Sitz-(Wannen)bad *n*; ***~ de azúcar*** Zuckerglasur *f*; ***~*** (***de cuerpo***) ***entero*** Vollbad *n*; ***~ fijador*** FOTO Fixierbad *n*; ***~ María*** KOCHK Wasserbad *n*; ***~ de masas, ~ en la multitud*** POL Bad *n* in der Menge; ***~s minerales*** *od* ***termales*** Thermal-, Heilbad *n*; ***~ revelador*** (***de sumersión***) FOTO Entwicklungs-(Tauch)bad *n*; ***~ de sangre*** *übertr* Blutbad *n*; ***~ sauna*** Sauna *f*; ***~ turco*** türkisches Bad *n*; ***~ de vapor*** Dampfbad *n* ◇ ***dar un ~ a alg*** *Schule* jmdm über(legen) sein; ***darse un ~*** baden; ***darse un ~ de multitudes*** *übertr* ein Bad in der Menge nehmen; ***tomar ~s*** eine Badekur machen
baptis|ta *m* Baptist *m*; **~terio** *m* Taufbecken *n*; Taufkapelle *f*
baquelita *f* Bakelit® *n*
baqueta *f* Gerte *f*, Rute *f*; Stab *m des Streichinstrumentenbogens*; Zierleiste *f*; Wünschelrute *f*; **~s** *Pl* Trommelschlegel *m*/*Pl*; ***a*** (***la***) ***~*** rücksichtslos
baquet|eado vom Schicksal verfolgt; **~ear** *tr* Spießruten laufen lassen *auch übertr*; quälen
baquiano *Am* **I** *Adj* orts- *bzw* geländekundig; (sach)kundig **II** *m* orts- *bzw* geländekundiger Führer *m*
bar[1] *m* Bar *f*; Gaststätte *f*; Café *n*; *reg* Imbissstube *f*; ***~ de alterne*** Animierlokal *n*; ***~ americano*** Nachtbar *f*
bar[2] *m* PHYS Bar *n*
barahúnda *f* Krach *m*; Tumult *m*
baraja *f* Spiel *n* Karten; Vielfalt *f* ◇ ***entrar en ~*** ins Spiel kommen *auch übertr*; ***jugar a la ~*** Karten spielen; ***jugar con dos ~s*** ein doppeltes Spiel treiben
barajar I *tr Karten* mischen; *i w S etw* durcheinander bringen; *mit Zahlen od Zitaten* um sich werfen; *etw* erwägen; *Gründe* anführen; *Pferd* zügeln; *Am Schlag* abfangen; *Rpl geworfenen Gegenstand* auffangen; *etw* in Erwägung ziehen **II** *intr* sich zanken; **~se** *als Kandidat für ein Amt* im Gespräch sein; ***barajárselas*** zurechtkommen
baranda *f* Geländer *n*; *Billardtisch* Bande *f*; ***~ policial*** *Am reg Zeitungsspalte* Polizeiberichte *m*/*Pl*
barand|al *m* Geländerholm *m*; Geländer *n*; **~illa** *f* Geländer *n*; MAR Reling *f*
barat|ear *tr* verramschen; **~ería** *f* Betrug *m*; **~ija** *f* Billigware *f*; **~ijas** *f*/*Pl* Ramsch *m*; Nippes *Pl*; **~illero** *m* Trödler *m*; **~illo** *m* Trödel *m*; Trödelgeschäft *n*; Trödelmarkt *m*
barato I *Adj* billig, preiswert; leicht *ohne Mühe*; ***de ~*** umsonst **II** *Adv* billig **III** *m* Ausverkauf *m*
baratura *f* Billigkeit *f*
barba I *f* Kinn *n*; Bart *m auch der Vogelfeder*; *Ähre* Granne *f*; **~(s)** Bart(haare *n*/*Pl*) *m z.B. bei Ziege, Gämse, Mais*; Wurzelfasern *f*/*Pl*; Bewachsung *f am Schiffsboden*; ***~ en abanico, ~ inglesa*** Backenbart *m*; ***~ de ballena*** Barte *f*; ***~ a ~*** von Angesicht zu Angesicht; ***~ cerrada*** *od* ***corrida*** *od* ***entera*** Vollbart *m*; ***~s de coco*** Kokosfasern *f*/*Pl*; ***~ honrada*** ehrenwerte Person *f*; ***~ en punta*** Spitzbart *m*; ***a ~ regalada*** reichlich; ***a*** *od* ***bajo*** *od* ***en las ~s de alg, en sus propias ~s*** in jmds Gegenwart; unter jmds Augen; ***con toda la ~*** mit allen Schikanen; ***por ~*** pro Nase *pro Person* ◇ ***dejarse la ~*** sich einen Bart wachsen lassen; ***echar ~*** einen Bart bekommen; ***estar con la ~ en remojo*** in Bedrängnis sein; ***hacer*(*se*) *la ~*** (sich) rasieren; ***mentir con toda la ~*** *od* ***por la ~*** wie gedruckt lügen; ***subirse a las ~s de alg*** sich jmdm gegenüber etw herausnehmen **II** *m Theaterrolle* der Alte; **♀ Azul** Ritter *m* Blaubart
barbacoa *f* Rost *m zum Braten*; Grillparty *f*; Rostbraten *m*; *Am reg* Lagerstatt *f aus Zweig- od Schilfgeflecht*; *AmC, Ant, Méx* hölzerner Bratrost *m*
barbadense I *Adj* aus Barbados **II** *m(f)* Einwohner(in) *m(f)* von Barbados
barbado I *Adj* bärtig **II** *m* Setzling *m*; Wurzeltrieb *m*

B

Barbados *f* Barbados *n*
barbar *intr* einen Bart bekommen
barbaridad *f* Barbarei *f*; Grausamkeit *f*; Ungeheuerlichkeit *f*; Unsinn *m*; Heidengeld *f*; **¡qué ~!** na so was! *Erstaunen*; welch ein Unsinn!; so ein Quatsch! ◇ **decir ~es** Blödsinn reden; **gastar una ~** eine Unmenge ausgeben
barbar|ie *f* Barbarei *f*; Grausamkeit *f*; Unbildung *f*; **~ismo** *m* Sprachwidrigkeit *f*, Barbarismus *m*; **~izar** ⟨-z/c-⟩ **I** *tr Sprache* verunstalten; verrohen **II** *intr* Unsinn reden
bárbaro I *Adj* barbarisch; grausam; GRAMM sprachwidrig; toll, stark; furchtbar; **¡qué ~!** unglaublich! **II** *m* Barbar *m*; toller Bursche *m*
barbechar *tr* brachlegen
barbecho *m* Brachland *n* ◇ **estar de ~** brachliegen; **firmar en ~** unbesehen unterschreiben
barber|ía *f alt* Barbier(stube *f*) *m*; *auch* Friseur(geschäft *n*) *m*; **~o I** *Adj Méx* schmeichlerisch **II** *m* Barbier *m*; *reg* Herrenfriseur *m*
barbián I *Adj* stramm, knackig; beherzt **II** *m* kecker Bursche *m*
barbi|cano graubärtig; **~lampiño** bartlos; mit spärlichem Bartwuchs
barbilla *f* Kinn *n*
barbitúrico *m* Barbiturat *n*
barb|oso bärtig; **~otar**, **~otear** *intr* in den Bart murmeln; **~oteo** *m* Brumme(l)n *n*; **~udo I** *Adj* bärtig **II** *m* Bärtiger *m*
barbullar *intr* brabbeln
barca *f* Kahn *m*; Fischerboot *n*; **~ de pasaje** Fährboot *n* ◇ **estar en la misma ~** *übertr* im gleichen Boot sitzen
barc|aje *m* Fährgeld *n*; **~arola** *f* Gondellied *n*; Seemannslied *n*
barcaza *f* Barkasse *f*; Leichter *m*; **~ vivienda** Hausboot *n*
barcelonés aus *bzw* von Barcelona
barco *m* Schiff *n*; *auch* → **buque**; **~ de alto bordo** Hochseeschiff *n*; **~ de aprovisionamiento** Versorgungsschiff *n*; **~-bomba** Feuerlöschboot *n*; **~ de cabotaje** Küstendampfer *m*, -fahrzeug *n*; **~ carbonero** Kohlefrachter *m*; **~ de carga (general)** Frachtschiff *n* (Stückgutfrachter *m*); **~ de empuje** Schubboot *n*; **~-escuela (-escolta; fluvial; frigorífico)** Schul-(Geleit-; Binnen-, Fluss-; Kühl)schiff *n*; **~ insignia (madre)** Flagg-(Mutter)schiff *n*; **~ nodriza ballenero** Walfangmutterschiff *n*; **~ patrulla** Patrouillenboot *n*; **~ pesquero** Fischereifahrzeug *n*; **~ portacontenedores** Containerschiff *n*; **~ de recreo** Vergnügungsdampfer *m*; **~ sin ruta (de salvamento)** Tramp-(Bergungs)schiff *n*; **~ transbordador** Fährschiff *n*; **~ de un (de dos) palo(s)** Ein-(Zwei)master *m*; **~ de vapor** Dampfer *m*; **~ varado** *od* **zozobrado** gestrandetes Schiff *n*; **~ de vela** Segelschiff *n*; **por ~** per Schiff ◇ **poner a punto el ~** (das Schiff) fertig machen zum Auslaufen
barcomodelismo *m* Schiffsmodellbau *m*
barda *f* Abdeckung *f* aus Zweigen, Stroh *od* Gestrüpp; Dornenhecke *f*; MAR Nebelwand *f*; **~guera** *f* Korbweide *f*; **~na** *f* BOT Klette *f*
bardo *m hist* Barde *m*
baremo *m* Rechentafel *f*; Verrechnungsschlüssel *m*; Tariftabelle *f*; Tarifordnung *f*; Bareme *m*; Frachttafel *f*
bario[1] *m* MET Bar *n*
bario[2] *m* CHEM Barium *n*
barítono *m* Bariton *m Stimme u Sänger*
barlovent|ear *intr* MAR kreuzen *gegen den Wind segeln*; **~o** *m* MAR Luv *f*
barman *m* Barmixer *m*
Barna *Abk für* **Barcelona**
barniz *m ohne Pigmente* Firnis *m auch übertr*; *mit Pigmenten* Lack *m*; *übertr* Anstrich *m*; *Töpferwaren* Glasur *f*; Schminke *f*; **~ al aceite (alcohol)** Öl-(Spiritus)lack *m*; **~ de fondo (al fuego)** Grundier-(Einbrenn)lack *m*; **~ para muebles** Möbellack *m*; Möbelfirnis *m*; **~ nitrocelulósico** Nitrolack *m*
barnizada *f Am* → **barnizado**
barnizado *m* Lackieren *n*; Lackierung *f*; Lacküberzug *m*; Firnissen *n*; Firnisüberzug *m*; *Töpferwaren* Glasieren *n*; **~ con soplete** Spritzlackierung *f*
barniz|ador *m* Lackierer *m*; **~ar** ⟨-z/c-⟩ *tr* firnissen; lackieren; *Holz* beizen; *Parkett* versiegeln; *Keramik* glasieren
barómetro *m* Barometer *n auch übertr*; **~ bursátil** FIN Börsenbarometer *n*; **~ de la coyuntura** FIN, HDL Konjunkturbarometer *n*
bar|ón *m* Baron *m*, Freiherr *m*; **~onesa** *f* Baronin *f*, Freifrau *f*
barqu|ero *m* Bootsführer *m*; Fährmann *m*; **~illa** *f* kleiner Kahn *m*; Nachen *m*; *Ballon* Korb *m*; *Luftschiff* Gondel *f*; Waffeleisen *n*; **~illero** *m* Waffelverkäufer *m*; Waffeleisen *n*; **~illo** *m* Waffel *f*; *Eis* Waffelbecher *m*
barquinazo *m* Umkippen *n eines Fahrzeugs*; Rütteln *n*; Gepolter *n*
barra *f* Stab *m*; Stange *f*; *Schokolade* Riegel *m*; Schiene *f*; METAL Barren *m*; Streifen *m Webfehler*; *Bar* Theke *f*; *Gericht* Schranken *f/Pl*; MUS Taktstrich *m*; Wiederholungszeichen *n*; TYP Querstrich *m*; INFORM Leiste *f*; Sandbank *m*; *Schulterstück*, *Wappen* Balken *m*; *Am Gerichtssaal* Publikum *n*; *Arg* Clique *f Freundeskreis*;

Am SPORT Fans *m/Pl*; **~ de abogados** Rechtsanwaltskollegium *n*; **~ de acoplamiento** Kuppelstange *f*; KFZ Spurstange *f*; **~ adhesiva** BÜRO Klebestift *m*; **~ alta** Hochreck *n*; **~ americana** Nachtbar *f*; **~ antivuelco** KFZ Überrollbügel *m*; Kippschutz *m*; **~s asimétricas** Stufenbarren *m*; **~ de barrenar** *od* **taladrar** Bohrstange *f*; **~ de carbón** (**uranio**) Kohle-(Uran)stab *m*; **~ de cierre** *Tor* Vorlegestange *f*; **~ de cobre** (**estaño**; **oro**) Kupfer-(Zinn-; Gold)-barren *m*; **~ de comandos** *Computer* Befehlsleiste *f*; **~ cortante** *od* **segadora** *Mähmaschine* Schneidbalken *m*; **~ desodorante** Deostift *m*; **~ de desplazamiento** *Computer* Bildlaufleiste *f*; **~ diagonal** *Computer* Schrägstrich *m*; **~ de direcciones** INFORM Adressenverzeichnis *n*; **~ de enganche** Zugstange *f*; **~ de equilibrios** Schwebebalken *m*; **~ espaciadora** *Computer* Leertaste *f*; **~ fija** Reck *n*; **~ de herramientas** *od* **trabajo** *Computer* Symbolleiste *f*; **~ de labios** Lippenstift *m*; **~ de menús** *Computer* Menüleiste *f*, -zeile *f*; **~ de navegación** *Computer* Menüleiste *f*; **~ de pan** Baguette *f*, *n*, Stangenbrot *n*; **~s paralelas** SPORT Barren *m*; **~ vertical** Kletterstange *f*; **~ de vidrio** Glasstab *m*; **a ~s derechas** ohne Lug und Trug ◇ **llevar a la ~** *jmdn* vor die Schranken des Gerichts bringen; **sin mirar** *od* **pararse** *od* **reparar** *od* **tropezar en ~s** rücksichtslos; **me tiene mala ~** *Am reg* er hat was gegen mich

barrab|ás *m* Bösewicht *m*; Schlingel *m*; **~asada** *f* (böser) Bubenstreich *m*

barraca *f* Baracke *f*; *Am* Lager *n*; Schuppen *m*; *Esp* Elendsquartier *n*; **~ de feria** (**tiro al blanco**) Jahrmarkts-(Schieß)bude *f*

barracuda *f* ZOOL Barrakuda *m*

barrado *Tuch*, *Wappen* gestreift

barraganería *f* wilde Ehe *f*

barranca *f Am reg* → **barranco**

barrancal *m* zerfurchtes Gelände *n*

barranco *m Am Fluss* Steilufer *n*; Steilhang *m*; Schlucht *f*; Engpass *m*; Klamm *f*; Klemme *f Schwierigkeit* ◇ **salir del ~** sich aus der Affäre ziehen; *Sprichw* **no hay ~ sin atranco** ohne Fleiß kein Preis

barrancoso zerklüftet

barraqu|ero *m* Barackenbauer *m*; **~ista** *m Esp* Slumbewohner *m*

barredera *f* Straßenkehrmaschine *f*; Schleppnetz *n*; Teppichkehrer *m*

barre|dor *m* HAUSW Feger *m*, Kehrer *m*; **~dora** *f* Straßenkehrmaschine *f*; **~dura** *f* Fegen *n*; **~duras** *f/Pl* Kehricht *m*; **~minas** *m* Minenräumboot *n*

barrena *f* Bohrer *m*; FLUGW Trudeln *n*; **~ de cola** Stangenbohrer *m*; **~ hueca** *od* **tubular** Hohlbohrer *m*, Sonde *f*; **~ de minero** Bohrmeißel *m*, Gesteinsbohrer *m* ◇ **caer en ~** FLUGW trudeln

barren|ado I *Adj* durchgedreht, verrückt **II** *m* Bohren *n*; Bohrung *f*; **~adora** *f* Bohrmaschine *f*; **~ar I** *tr* bohren; anbohren; ausbohren; durchbohren; vereiteln *z.B. Vorhaben*; *Geschäft*, *Brauch*, *Gesetz* missachten **II** *intr* FLUGW trudeln

barrendero *m* Straßenkehrer *m*

barreno *m* Bohrloch *n*; Sprengloch *n*; großer Bohrer *m für Sprenglöcher*

barreñ|a *f*, **~o** *m* Aufwaschschüssel *f*; Waschschüssel *f*; Waschtrog *m*

barrer I *tr* fegen; wegfegen *z.B. Schnee*; hinwegfegen; verjagen; *Spuren* verwischen; *mit Fernglas* absuchen; mit sich (fort)reißen; *Zweifel* beseitigen **II** *intr* kehren, fegen; **~ hacia dentro** auf seinen Vorteil bedacht sein; **~ con todo** sich alles aneignen

barrera *f* Schranke *f auch übertr*; Sperre *f*; Hindernis *n*; Barriere *f*; *übertr* Trennwand *f*; **~s aduaneras** *od* **arancelarias** Zollschranken *f/Pl*; **~ antitanques** Panzersperre *f*; **~ comercial** Handelsschranke *f*, -barriere *f*; **~ coralina** Korallenriff *n*; **~ fiscal** Steuergrenze *f*; **~ idiomática** *od* **lingüística** Sprachbarriere *f*; **~ levadiza** Schlagbaum *m*; **~ de luz** Lichtschranke *f*; **~ de paso a nivel** (Eisen-)Bahnschranke *f*; **~ de peaje** *Autobahn* Zahlschranke *f*; **~ psicológica** *übertr* Schmerzgrenze *f*; **~ del sonido** Schallmauer *f*

barretina *f Art phrygische Mütze der Katalanen*

barriada *f* Stadtviertel *n*; Kietz *m*

barrial *m Arg*, *Méx* Lehmboden *m*; *Am reg* Morast *m*; *Chi* morastige Straße *f*; **~es** *Pl Chi* Elendsviertel *n*

barrica *f* mittelgroßes Fass *n*

barricada *f* Barrikade *f*

barrido *m* Kehren *n*; Kehrricht *m*; Spülung *f z.B. Gas*; **~ de la nieve** Schneeräumen *n*; **~ transversal** TV Zeilenabtastung *f*

barriga *f* Bauch *m*; *verächtl* Wanst *m*; *Gefäß* Bauchung *f*; Ausbuchtung *f*; **~ pendular** Hängebauch *m* ◇ **echar ~** (Bauch) ansetzen; **hinchar la ~** sich aufblasen *angeben*; **rascarse** *od* **tocarse la ~** Däumchen drehen *nichts tun*

barrig|ón, **~udo I** *Adj* dick(bäuchig, -bauchig) **II** *m* Dickwanst *m*

barril *m* Fass *n*; *Erdöl* Barrel *n*; **~ de pólvora** Pulverfass *n auch übertr*

barrilero *m* Böttcher *m*; **~te** *m* kleines Fass *n*; *Revolver* Trommel *f*; *AmC* Drachen *m*

barrillo *m*, *meist* **~s** *Pl* Pickel *m/Pl Haut*

barrio *m* Stadtviertel *n*; Ortsteil *m*; Wohngebiet *n*; **~s bajos** *Esp* Armenviertel *n/Pl*; **~ de chabolas** *Esp*, **~ indigente** *Cu* Slums *Pl*, Elendsviertel *n*; **~ chino (comercial)** Chinesen-(Einkaufs)viertel *n*; **≈ Latino** Quartier Latin *n in Paris*; **~ obrero** Arbeiterviertel *n*; **~ periférico** Vorstadt *f*; **~ residencial** Wohngebiet *n*, -ort *m*

barrista *m* Barrenturner *m*; Reckturner *m*; Artist *m* am Reck

barrita *f* Stäbchen *n*; Lippenstift *m*

barritar *intr Elefant* trompeten

barrizal *m* Morast *m*

barro[1] *m* Schlamm *m*; Lehm *m*; **~ de alfarero, ~ plástico** Töpferton *m*; **~ de la calle** Straßendreck *m*; **~ cocido** Steingut *n*; Terrakotta *f*

barro[2] *m* Pickel *m*; VET Beule *f*

barroco I *Adj* barock **II** *m* Barock *m,n*

barroso[1] lehmig; tonhaltig; lehmfarben; *Arg*, *Par*, *Per* aschfarben, fahl

barroso[2] pickelig

barruntar *tr* fühlen *ahnen*; *etw* kommen sehen; schwanen, so sein als käme *etw*

barrunto *m* Ahnung *f*; Anzeichen *n*; Spur *f*; **~ de esperanza** Hoffnungsschimmer *m*

bartola *f*: **a la ~** lässig, ohne Hemmungen ◇ **echarse** *od* **tenderse** *od* **tumbarse a la ~** sich auf die faule Haut legen

bartol|illo *m* Fleischtasche *f Pastete*; **~ina** *AmC*, *Ant*, *Mex* Gefängnis *n*

bártulos *m/Pl* Siebensachen *f/Pl* ◇ **liar sus ~** sein Bündel schnüren

barullo *m* Durcheinander *n*; Wirrwarr *m*; Verwirrung *f*; Krach *m*, Lärm *m*

basa *f* Sockel *m*, Basis *f*

basado: **estar ~ en** beruhen auf

basalto *m* Basalt *m*

basamento *m* Unterbau *m*, Sockel *m*

basar *tr* gründen, stützen; abstützen; **~se en** beruhen auf; *übertr* bauen auf; fußen auf; *übertr* sich stützen auf

basca *f* Übelkeit *f*; Wutanfall *m*

báscula *f* Waage *f*; Wippe *f*; **~ dosificadora** Gattierungswaage *f*; **~ instantánea** Schnellwaage *f*; **~ de palanca (para personas)** Hebel-(Personen)waage *f*; **~ de puente** Brückenwaage *f*

bascul|ador *m* EISENB, KFZ Kipper *m*; Kippvorrichtung *f*; **~ante** *m* KFZ Kipper *m*; **~ar** *intr* wippen; neigen; auf und ab bewegen

base *f* Grundlage *f*; MIL Stützpunkt *m*; Untersatz *m*; Basis *f*; MATH Grundfläche *f*; **~ aérea (militar; naval)** Luft-(Militär-; Flotten-, Marine)stützpunkt *m*; **~ alimentaria** Ernährungsbasis *f*; LANDW Futterbasis *f*; **~ de arranque** Ausgangsbasis *f*; **~ de cálculo** Berechnungsgrundlage *f*; **~ carbonera** Kohlenstation *f*; **~ comercial** Geschäftsgrundlage *f*; **~ de cotización** Beitragsbemessungsgrenze; **~ del cráneo** Schädelbasis *f*; **~ de datos** INFORM Datenbank *f*; Datenbestand *m*; **~ de discusión** Diskussionsgrundlage *f*; **~ de fieltro** Filzunterlage *f*; **~ de fuego** Brandherd *m*; **~ imponible (jurídica)** Besteuerungs-(Rechts)-grundlage *f*; **~ de lanzamiento** *Raketen* Abschussbasis *f*; **~ de masas (negociaciones; operaciones)** Massen-(Verhandlungs-; *auch übertr* Operations)basis *f*; **~ reguladora de la prestación** Leistungsberechnungsgrundlage *f*; **a ~ de, en ~ a, sobre la ~ de** auf der Grundlage von; auf Grund von, wegen; aus, von (**a ~ de lignito**); **a ~ de bien** sehr gut, sehr gelungen; **a ~ de que** unter der Bedingung, dass; **sobre la ~ de reciprocidad** auf Gegenseitigkeit; **sobre ~s paritarias** auf paritätischer Grundlage ◇ **caer por su ~** *Behauptung*, *Theorie* in sich zusammenfallen; **partiendo de la ~ de que** ausgehend davon, dass; **sentar las ~s** die Voraussetzungen *od* Grundlagen schaffen (**para** für)

básico grundlegend, Grund-; wesentlich; CHEM basisch, alkalisch

Basilea *f* Basel *n*

basílica *f* Basilika *f*

basil|ense, **~iense** *m* Bas(e)ler *m*

basilisco *m* MYTH Basilisk *m*; **hecho un ~** wutschnaubend ◇ **estar** *od* **quedar hecho un ~** zur Furie werden, Gift und Galle speien

basket-ball *m Am* Basketball *m*

Basora *m* Basra *n*

basquear I *tr* Übelkeit hervorrufen bei **II** *intr* Übelkeit verspüren

basta *f* Heftnaht *f*; Reihnaht *f*; Steppnaht *f*

bastante I *Adj* genügend, ausreichend **II** *Adv* genug; ziemlich; allerhand ◇ **ser ~** ausreichen; **tener ~ con** auskommen mit

bastantear *tr* eine Vollmacht anerkennen *bzw* bestätigen

bastar *intr* genügen, (aus)reichen; **¡basta!** genug!, basta!; **basta con** + *Inf* es genügt zu + *Inf*; **¡basta ya!** jetzt ist aber Schluss!

bastard|ear I *tr* verfälschen **II** *intr*, **~earse** degenerieren; entarten; **~ía** *f* Entartung *f*; außereheliche Geburt *f*; Gemeinheit *f*; **~illa** *f* Kursivschrift *f*; **~o I** *Adj* außerehelich; schändlich, gemein **II** *m* Bastard *m*

bast|edad *f*, **~eza** *f* Grobheit *f*; Grobschlächtigkeit *f*; Plumpheit *f*

bastidor *m Fenster*, *Tür* Rahmen *m*; Stickrahmen *m*; KFZ Fahrgestell *n*; Gestell *n*; Gerüst *n*; THEAT Kulisse *f*; **entre ~es** *übertr* hinter den Kulissen

bastión *m* Bastion *f*; POL Hochburg *f*

basto[1] grob; plump

basto[2] *m*: **~s** *Pl* KART *höchste spanische Spielfarbe, entspricht* Eicheln *f/Pl*
bastón *f* Spazierstock *m*; Stab *m*; Feldherrenstab *m*; FLUGW Steuerknüppel *m*; **~ *de esquiar*** Skistock *m* ◇ ***arrimar el ~*** die Befehlsgewalt abgeben; ***empuñar el ~*** das Zepter in die Hand nehmen; ***recoger el ~ de mando*** die Befehls- *bzw* Regierungsgewalt übernehmen
baston|ada *f* Stockschläge *m/Pl*; **~azo** *m* Stockschlag *m*; **~cillo** *m* (Ohr-, Nasen-)Tupfer *m*; **~ear** *tr* durchhauen; **~era** *f* Schirmständer *m*; **~ero** *m* Stockmacher *m*; Stockhändler *m*
basura *f* Müll *m*; Unrat *m auch übertr*; Mist *auch übertr*; **~ *domiciliaria* (*orgánica*; *radiactiva*)** Haus-(Bio-; Atom)müll *m* ◇ ***separar la ~*** den Müll trennen; ***verter ~s*** Müll deponieren
basur|al *m Am* Müllkippe *f*; **~ear** *tr Am reg jmdn* wie ein Stück Dreck behandeln; *Rpl* niederwerfen; **~ero** *m* Abfallhaufen *m*; Müllkippe *f*; Müllfahrer *m*
bata *f* Morgenrock *m*; Hausrock *m*; (Arbeits-)Kittel *m*; Kinderkleidchen *n*; **~ *blanca*** weißer Kittel *m Ärzte u Apotheker*; **~ *de dormir*** Schlafrock *m*
batacazo *m* Klatsch *m*, Schlag *m*; *Am reg* Glückstreffer *m* ◇ ***pegarse un ~*** der Länge nach hinfallen; stürzen
batahola *f* Krach *m*, Radau *m*
batalla *f* Schlacht *f*; Kampf *m*; Streit *m*; *Fahrzeug* Abstand *m* zwischen den Achsen; **~ *campal*** Feldschlacht *f*; **~ *defensiva* (*decisiva*; *de desgaste*)** Abwehr-(Entscheidungs-; Material)schlacht *f*; **~ *de flores*** Blumenkorso *m*; ***de ~*** *Kleidung* für alle Tage, Alltags- ◇ ***dar*** *od* ***librar una ~*** eine Schlacht liefern; einen Kampf führen
batall|ador I *Adj* kämpferisch; kriegerisch **II** *m* Kämpfer *m*; **~ar** *intr* kämpfen; streiten
batallón I *Adj* Streit-, Zank- **II** *m* Bataillon *n*; große Gruppe *f*; **~ *de comunicaciones*** Nachrichtenabteilung *f*; **~ *disciplinario*** Strafbataillon *n*; **~ *de estudio* (*zapadores*)** Ausbildungs-(Pionier)bataillon *n*
batan|ar, **~ear** *tr* durchwalken *verprügeln*
batat|a *f* Batate *f*, Süßkartoffel *f*; *Arg* Schreck *m*; Schüchternheit *f*; *PR*, *Rpl* Trottel *m*; **~al** *m*, **~ar** *m* Batatenfeld *n*
batayola *f* (Schiffs-)Reling *f*
bate *m Ant*, *Col* Schlagstock *m*, Schläger *m einiger Ballspiele*
batea *f* Tablett *n*; Schubfach *n*; flacher Trog *m*; EISENB Niederbordwagen *m*; MAR Prahm *m*; *Am* Waschtrog *m*
bate|ador *m* Schläger *m Spieler*; **~ar** *tr Ball* schlagen; **~bifes** *m Arg* Fleischklopfer *m*; **~o** Schlag *m beim Baseballspiel*
batería I *f* EL, MIL Batterie *f*; Reihe *f von Geräten*; *Hühnerhaltung* Legebatterie *f*; THEAT Rampenlicht *n*; MUS Schlagzeug *n*; **~ *de acumuladores*** Akkumulatorenbatterie *f*; **~ *de caldeo*** *od* ***calefacción*** Heizbatterie *f*; **~ *de calderas*** Kesselgruppe *f*; **~ *de cocina*** Satz *m* Kochtöpfe; **~ *recargable*** wieder aufladbare Batterie *f*; ***en ~*** nebeneinander; *Parken* schräg zur Straße **II** *m* Schlagzeuger *m*
baterista *m* Schlagzeuger *m*
batey *Ant m Häuser, Lager u Werkzeugschuppen der Zuckerfabriken*; *Wohn- u Arbeitslager der Zuckerrohrarbeiter*; (kleiner) Platz *m einer Ortschaft*; Vorplatz *m einer ländlichen Behausung*
bati|borrillo *m*, **~burrillo** *m* Wust *m*; Sammelsurium *n*
batica *f Col* Strandkleid *n*
batida[1] *f* Treibjagd *f auch übertr*; Razzia *f*
batida[2] *f* Shake *m*, Mixgetränk *n*
batido I *Adj Weg* ausgetreten **II** *m* TEXTIL Klopfen *n*; *Eiweiß* Schlagen *n*; geschlagene Eier *n/Pl*; geschlagenes Eigelb *n*; Eierschnee *m*; Teig *m für Biskuit u Oblaten*; Mixgetränk *n*
batidor *m* Schneebesen *m*; Frisierkamm *m*; JAGD Treiber *m*
batid|ora *f* Mixer *m*, Rührgerät *n*; TECH Rührwerk *n*; **~uras** *f/Pl* Zunder *m*
batiente I *Adj* schlagend; klappernd **II** *m Fenster, Tür* Flügel *m*; Klosettbrille *f*; ***de dos ~s*** *Tür* zweiflüglig
batimetría *f* Tiefseemessung *f*; Tiefseeforschung *f*
batimiento *m* Schlagen *n*; MIL Beschuss *m*
batín *m* Kittel *m*; Morgenmantel *m*
batintín *m* Gong *m*
batir *tr* schlagen; auf *etw* hauen; klopfen; *Münzen* prägen; *Teig* rühren; *Beifall* klatschen; MIL bestreichen *beschießen*; *Gelände* durchkämmen; *Fahne* senken; *Wild* treiben; *Sonne* bescheinen; *Wellen* bespülen; besiegen; *Zelt* abbauen; **~se** kämpfen
batiscafo *m* Bathyskaph *m,n*
batista *f* TEXTIL Batist *m*
batracios *m/Pl* Froschlurche *m/Pl*
Batuecas: ***estar en las ~*** in den Wolken schweben *geistesabwesend sein*
batuque *m Arg* Krawall *m*
baturr|ada *f* Rüpelei *f*; **~illo** *m* Mischmasch *m*; **~o** starrköpfig
batuta *f* Taktstock *m*; ***bajo la ~ de*** *Orchester* unter der Leitung von *od Gen* ◇ ***llevar la ~*** die führende Rolle spielen
baúl *m* großer Koffer *m*; Truhe *f*; Wanst *m*; *Col* KFZ Kofferraum *m*; **~ *mundo*** Schrank-

koffer *m* ◇ **henchir** *od* **llenar el ~** sich den Wanst voll hauen
baulera *f Wohnung* Abstellkammer *f*
bauprés *m* MAR Bugspriet *n,m*
bautismo *m* Taufe *f*; **~ de aire** Erstflug *f*; **~ de fuego** (**de la línea**) Feuer-(Äquator)taufe *f*
bautist|a *m* Täufer *m*; **~erio** *m* Taufbecken *n*; Taufkapelle *f*
bautiz|ado *m* Täufling *m*; Getaufter *m*; **~ar** ⟨-z/c-⟩ *tr* taufen (**con** auf) *auch übertr*; *Wein* panschen; **~o** *m* Taufe *f*; Tauffeier *f*
bauxita *f* Bauxit *m*
bávaro I *Adj* bay(e)risch **II** *m* Bayer *m*
Baviera *f* Bayern *n*; **Alta** (**Baja**) **~** Ober-(Nieder)bayern *n*
baya *f* Beere *f*
bayadera *f* Bajadere *f*
bayet|a *f* grober Flanell *m*; Scheuerlappen *m*; *Am reg* Staublappen *m*; **~ón** *m* flauschiger Putzlappen *m*
bayo I *Adj Pferd* falb **II** *m* Falber *m*
bayoneta *f* Bajonett *n*
baza *f* KART Stich *m*; Trumpf *m auch übertr* ◇ **conseguir la ~ definitiva** *übertr* den endgültigen Wurf machen; **meter ~** *übertr* seinen Senf dazugeben
bazar *m* Basar *m*; Warenhaus *n*
bazo I *Adj* gelb-, goldbraun **II** *m* ANAT Milz *f*; **~fia** Fraß *m schlechtes Essen*; Schund *m*
baz|ooka *f*, **~uca** *f* Panzerfaust *f*
bazu|car ⟨-c/qu-⟩, **~quear** *tr bes Flüssigkeit* schütteln
BCE *m* (*Abk für* **Banco Central Europeo**) EZB *f*
Bco. *Abk für* → **banco**
Be (*Symb für* → **berilio**) CHEM Be
beata *f* Laienschwester *f*; (bigotte) Betschwester *f*; *Am reg* alte Jungfer *f*
beat|ería *f* Frömmelei *f*; Scheinheiligkeit *f*; **~ificación** *f* Seligsprechung *f*; **~ificar** ⟨-c/qu-⟩ *tr* selig sprechen; **~ífico** REL selig; beseligend; **~itud** *f* REL Glückseligkeit *f*; **~o I** *Adj* (glück)selig; fromm; frömmelnd; scheinheilig **II** *m* Seliger *m*, Seliggesprochener *m*; Betbruder *m*; Frömmler *m*
bebe *m Pe, Rpl*, **bebé** *m* Baby *n*; **~ prematuro** Frühgeburt *f*; **~-probeta** Retortenbaby *n*
bebed|ero I *Adj* trinkbar **II** *m* Trinknapf *m*; Tränke *f*; Wasserstelle *f für Vieh u Wild*; Tülle *f an Kannen*; **~izo I** *Adj* trinkbar **II** *m* Heiltrank *m*; Liebes-, Zaubertrank *m*; Gifttrank *m*
bebedor *m* Trinker *m*; **~ empedernido** unverbesserlicher Trinker *m*; **~ habitual** Gewohnheitstrinker *m*
beber *tr/intr* trinken; *Tiere* saufen; austrinken; hintertrinken; wegtrinken; sich zu eigen machen *z.B. Ideen*; **~ fresco** sorg-, arg- *bzw* ahnungslos sein; **~ por** anstoßen auf; **dar de ~** zu trinken geben; *Tiere* tränken; **~se** *etw* austrinken
beb|errón *m* Saufbold *m*; **~ible** trinkbar
bebida *f* Getränk *n*; Trunk *m*; Trinken *n*; **~** (**no**) **alcohólica** alkoholisches (alkoholfreies) Getränk *n*; **dado a la ~** trunksüchtig
bebido angetrunken ◇ **estar ~** einen sitzen haben *angetrunken sein*
bebistrajo *m* Gesöff *n*
beca *f* Stipendium *n*; Freistelle *f*; Schärpe *f*; *Cu* Internatsplatz *m*
becado I *Adj* ◇ **estar ~** *Cu* im Internat wohnen **II** *m* Stipendienempfänger *m*; Stipendiat *m*
becar ⟨-c/qu-⟩ *tr jmdm* ein Stipendium gewähren; **~io** *m* → **becado** II; *auch* Praktikant *m*
becerr|a *f* Kuhkalb *n*; BOT Löwenmaul *n*; **~ada** *f* Jungstierkampf *m*; **~ear** *intr* blöken; **~illo** *m* gegerbtes Kalbsleder *n*
becerro *m* Stier-, Bullenkalb *n*; Kalbsleder *n*; *Kirche od Kloster* Urkundenbuch *n*; **~ marino** Seehund *m*; **~ de oro** das Goldene Kalb *auch übertr*
bechamel *f* Béchamelsoße *f*
bedel *m* Pedell *m*
beduino *m* Beduine *m*
befa *f* Hohn *m*, Spott *m* ◇ **hacer ~ de u/c** über etw spotten
befo I *Adj* dicklippig; krummbeinig **II** *m Pferd* Lefze *f*; Hängelippe *f*
begonia *f* Begonie *f*
beige beige
béisbol *m* Baseball *m*
bejuc|ada *f Am*, **~al** *m* Lianendickicht *n*; **~o** *m* Liane *f*
Belcebú *m* Beelzebub *m*
beldad *f* Schönheit *f schöne Frau*
belén *m* (Weihnachts-)Krippe *f*; Durcheinander *n*; **~** *od* **belenes** *Pl* unsicheres Geschäft *n* ◇ **estar en ~** geistesabwesend sein; **meterse en belenes** sich auf windige Geschäfte einlassen
Belén *m* Bethlehem *n*
belga I *Adj* belgisch **II** *m(f)* Belgier(in) *m(f)*
Bélgica *f* Belgien *n*
bélgico belgisch
belgradense *m* Belgrader *m*
Belice *m* Belize *n*
beliceño I *Adj* belizisch **II** *m*, **-a** *f* Belizer(in) *m(f)*
belic|ismo *m* Kriegslust *f*; Kriegstreiberei *f*, -hetze *f*; **~ista I** *Adj* kriegslüstern; Kriegstreiber- **II** *m* Kriegstreiber *m*, -hetzer *m*

bélico kriegerisch, Kriegs-
belicos|idad *f* Kriegs-, Kampfeslust *f*; **~o** kriegerisch; kriegslüstern; streitbar
beligerancia *f* Kriegszustand *m*; *Nic* Schlagkraft *f*; Aktivität *f*; Schwung *m* *Elan*; ***no ~*** JUR Nichtkriegsführung *f* ◇ ***conceder*** *od* ***dar ~*** Bedeutung beimessen
beligerante Krieg führend
belitre *m* Strolch *m*
bellaco **I** *Adj* gemein; niederträchtig; *Am reg Pferd* störrisch **II** *m* Schuft *m*
belladona *f* Tollkirsche *f*, Belladonna *f*
bellaqu|ear *intr* Bubenstreiche verüben; *Bol, Rpl Pferd, Arg Person* bocken; **~ería** *f* Gemeinheit *f*; Bubenstreich *m*; Schuftigkeit *f*
belleza *f* Schönheit *f*; Anmut *f*; ***~ exterior, ~ de línea*** Formschönheit *f*; ***de*** (***una***) ***~ escultural*** bildschön
bello schön; nett *z.B. Geste*
bellota *f* Eichel *f auch* ANAT; Nelkenknospe *f* ◇ ***si lo sacuden da ~s*** er ist dumm wie Bohnenstroh
bemb|a *f Ant, Col, Ven, Cu auch* **~o** *m* dicke Lippe *f*
benceno *m* Benzol *n*
bencina *f* Waschbenzin *n*; *reg* Benzin *n*
bencinero *m* KFZ Benziner *m*
bendecir ⟨→ ***decir***⟩ *Fut, Kond, Part u Imp weisen keine Unregelmäßigkeiten auf tr* segnen; weihen; einweihen; loben
bendición *f* Segnung *f*; Segen *m*; Segensspruch *m*; Weihe *f*; ***~ de la mesa*** Tischgebet *n*; ***~ nupcial*** Trauung *f*; ***~ papal*** *od* ***pontifical*** päpstlicher Segen *m* ◇ ***dar su ~*** seinen Segen geben *auch übertr*; absegnen *genehmigen*; ***echar la ~*** segnen; *von jmdm* nichts mehr wissen wollen; ***impartir su ~*** seinen Segen erteilen
bendito **I** *Adj* gesegnet; gebenedeit; einfältig; Weih- **II** *m* Einfaltspinsel *m*
benedictino *m* Benediktiner(mönch) *m*; Benediktiner(likör) *m*
benefactor *m* Wohltäter *m*
beneficencia *f* Wohltätigkeit *f*; ***~ pública*** öffentliche Fürsorge *f*
beneficiación *f* CHEM Veredelung *f*
beneficiado **I** *Adj* begünstigt ◇ ***salir ~*** einen Nutzen haben (***de*** von) **II** *m* Begünstigter *m*; Nutznießer *m*
benefici|ador **I** *Adj* wohltuend; Verarbeitungs- **II** *m* Wohltäter *m*; **~ar** *tr* nutzen; zugute kommen; begünstigen; wohl tun; *Land* anbauen; düngen; *Erze* abbauen; *Obst, Gemüse* verarbeiten; verbessern; CHEM veredeln; *Wertpapiere* unter dem Wert verkaufen; *Amt* erkaufen; *Am reg* schlachten; *Schlachtvieh* zerlegen; **~arse** Nutzen ziehen (***de*** aus); profitieren (***de*** von); in den Genuss kommen (***de*** von); *Gewinn* abschöpfen
beneficiario *m* Nutznießer *m*; Begünstigter *m*; Anspruchsberechtigter *m*; ***~ del crédito*** Kreditnehmer *m*; ***~ del pago*** Zahlungsempfänger *m*; ***~ de la pensión*** Rentenempfänger *m*
beneficio *m* Wohltat *f*; Nutzung *f*; Nutzen *m*, Ertrag *m*; Vorteil *m*; Gewinn *m*; Profit *m*; Verdienst *m*; Verarbeitung *f*; *Wald* Einschlag *m*; BERGB Abbau *m*; LANDW Anbau *m*; Düngung *f*; Veredelung *f*; *Am reg* Schlachten *n*; **~s** *Pl* Segnungen *f*/*Pl*; Erlös *m*; ***~ antes de impuestos*** *Buchhaltung* Gewinn *m* vor Abzug von Steuern; ***~ arrocero*** *AmC* Reismühle *f*; Reisverarbeitung *f*; ***~ bruto*** (***contable***) Brutto-(Buch)gewinn *m*; ***~ de la empresa*** (***de explotación***) Unternehmens-(Betriebs)gewinn *m*; ***~ extraordinario*** außerordentlicher Gewinn *m*; ***~s fiscales*** Steuervergünstigungen *f*/*Pl*; ***~ neto*** Netto-, Reingewinn *m*; ***~ no distribuido*** nicht ausgeschütteter Gewinn *m*; ***~ procedente del inmovilizado*** (***in***)***material*** *Buchhaltung* Gewinn *m* aus Sachanlagen (aus immateriellen Vermögensgegenständen); ***~s sociales*** *Beruf* Sozialleistungen *f*/*Pl*; ***en ~ de*** zugunsten von *od Gen*; zum Vorteil von; zum Besten von ◇ ***arrojar ~s*** Gewinne abwerfen; ***generar*** *od* ***obtener*** *od* ***realizar ~s*** Gewinne erwirtschaften *od* erzielen; ***redundar en ~*** zum Vorteil gereichen (***de*** von)
beneficioso vorteilhaft; einträglich
benéfico wohltätig; Wohltätigkeits-; wohltuend; *Klima* mild
Benelux *m* Beneluxstaaten *Pl*
benemérita *f*: ***la*** ♀ *Esp* → ***Guardia Civil***
bene|mérito verdienstvoll; verdient (***de*** um); **~plácito** *m* Einwilligung *f*; Plazet *n*; **~volencia** *f* Wohlwollen *n*
Bengala *f* Bengalen *n*
bengalí **I** *Adj* bengalisch **II** *m(f)* Bengale(-in) *m(f)*; das Bengali
benign|idad *f* Güte *f*; Sanftmut *f*; *Klima* Milde *f*; MED Gutartigkeit *f*; **~o** gütig; *Klima* mild; MED gutartig
Benín *m* Benin *n*
beninés **I** *Adj* beninisch **II** *m*, **-esa** *f* Beniner(in) *m(f)*
benjamín *m* Nesthäkchen *n*
beod|ez *f* Trunkenheit *f*; **~o** betrunken
bequista *m Am reg* Stipendiat *m*
berberisco **I** *Adj* berberisch, Berber- **II** *m* Berber *m auch Pferd*
berbiquí *m* Drillbohrer *m*; Brustleier *f*; ***~ para tuercas de ruedas*** KFZ Radmutterkurbel *f*
beréber, **berebere** → ***berberisco***

berenjena *f* Eierfrucht *f*, Aubergine *f*
berenjenal *m* Auberginenfeld *n*; *übertr* Klemme *f* ◇ ***nos metimos en un ~*** da haben wir uns auf etwas eingelassen!
bergant|e *m* Spitzbube *m*, Strolch *m*; **~ín** *m* Brigg *f*; Brigantine *f*
beriberi *m* MED Beriberi *f*
berilio *m* CHEM Beryllium *n*
berilo *m* MINER Beryll *m*
Berlín *m* Berlin *n*
berlina *f* viertürige Limousine *f*; *alt* Berline *f Reisekutsche* ◇ ***poner en ~*** lächerlich machen
berlinés I *Adj* berlin(er)isch; Berliner ◇ ***hablar ~*** berlinern **II** *m*, **-esa** *f* Berliner(in) *m(f)*
bermej|ear *intr* rot schimmern; ins Rötliche spielen; **~izo** rötlich; **~o** rot; rotblond; *Vieh* rotbraun
bermellón *m* Zinnober(rot *n*) *m*
Bermudas *f/Pl* Bermudas *Pl*
bermudas *m/Pl* Bermudas *Pl Hosen*
Berna *f* Bern *n*
bernardina *f* Aufschneiderei *f*
bernardo *m* Bernhardiner(mönch) *m*; Bernhardiner(hund) *m*
bernés I *Adj* Berner **II** *m*, **-esa** *f* Berner(in) *m(f)*
berre|a *f* Hirschbrunft *f*; **~ar** *intr* blöken *auch übertr*; *Ziege* meckern; *Elefant* trompeten; brüllen; plärren; grölen
berrido *m* Blöken *n*; *Ziege* Meckern *n*; *Elefant* Trompeten *n*; *Hirsch* Röhren *n*; Brüllen *n*; Gebrüll *n*; Grölen *n*; Quiekser *m*
berrinche *m* Wutanfall *m*; Geplärr *n*; *Ec* Schlägerei *f* ◇ ***coger un ~*** einen Wutanfall bekommen; plärren
berro *m* echte Brunnenkresse *f*
berro|cal *m* felsiges Gelände *n*; **~queño** graniten
berz|a *f* Kohl *m*, Kraut *n*; → ***col***; → ***repollo***; **~al** *m* Kohlfeld *n*
berzotas *m übertr* Flasche *f*, Niete *f*
besamanos *m* Handkuss *m*
besamel, ~a *f* Béchamelsoße *f*
besar *tr* küssen; **~se** sich küssen
besito *m* Küsschen *n*; *Am reg* Art Brötchen mit Kokosraspeln
beso *m* Kuss *m*; **~s** *Pl* Küssen *n* ◇ ***aventar od tirar un ~*** eine Kusshand zuwerfen
bestia I *f* Vieh *n*, Tier *n auch übertr*; Bestie *f*; Biest *n*; ***~ de carga*** (***tiro***) Last-(Zug)tier *n*; ***mala ~*** Mistvieh *n*, -stück *n* **II** *m*, *f* Rüpel *m*; Dummkopf *m* **III** *Adj* rüpelhaft
bestial viehisch; *übertr* wahnsinnig; *übertr* Mords-; toll *fabelhaft*; **~idad** *f* Gemeinheit *f*; Bestialität *f*; *umg* Unmenge *f hochspr*; **~izar** ⟨-z/c-⟩ *tr* verrohen; verdummen; **~izarse** vertieren
besu|car ⟨-c/qu-⟩, **~quear I** *tr* abküssen **II** *tr/intr* knutschen; **~queo** *m* Abküssen *n*; Knutscherei *f*
betabloqueante *m* PHARM Beta-(Rezeptoren)blocker *m*
betamax *m Am* Videorekorder *m*
beta|rraga *f*, **~rrata** *f* Rübe *f*; *Chi* Rote Be(e)te *f*
betatrón *m* Betatron *n*, Elektronenbeschleuniger *m*
betel *m* Betelpfeffer *m*; Betel *m*
bétula *f* Birke *f*
betún *m* Bitumen *n*, Erdpech *n*; Klempnerkitt *m*; MAR Kalfatermasse *f*; Schuhcreme *f*; Stiefelwichse *f* ◇ ***dar ~ al calzado*** die Schuhe eincremen
betunero *m* Schuhcremehersteller *m*; Schuhcremeverkäufer *m*
bey *m* Bei *m*, Bey *m türkischer Titel*
bez|o *m* dicke Lippe *f*; Hängelippe *f*; *Wunde* wildes Fleisch *n*; **~udo** mit wulstigen Lippen
Bi (*Symb für* → ***bismuto***) CHEM Bi
biaba *f Rpl* Überfall *m*
bianual zweimal im Jahr
bi|athlón *m* SPORT Biathlon *n*; **~atómico** zweiatomig; **~axial** zweiachsig
biberón *m* Saugflasche *f für Säuglinge*
Biblia *f* Bibel *f*
bíblico biblisch; Bibel-
bibli|obús *m* fahrbare Bücherei *f*; **~ofilia** *f* Bibliophilie *f*; **~ófilo I** *Adj* bibliophil **II** *m* Bücherliebhaber *m*; **~ografía** *f* Bücherkunde *f*; Bibliographie *f*; **~ográfico** bibliografisch; **~ógrafo** *m* Bibliograf *m*; **~ología** *f* Bücherkunde *f*; Bibelkunde *f*; **~ómano** *m* Büchernarr *m*, Bibliomane *m*; **~orato** *m Arg* BÜRO Aktenordner *m*
biblioteca *f* Bibliothek *f*; Büchersaal *m*; Bücherschrank *m*; ***~ ambulante*** fahrbare Bibliothek *f*; *übertr* wandelndes Lexikon *n*; ***~ circulante*** Leihbücherei *f*; ***~ de consulta*** Präsenzbibliothek *f*; ***≗ Nacional*** Staatsbibliothek *f*; ***~ rodante*** fahrbare Bibliothek *f*
bibliotec|ario *m* Bibliothekar *m*; **~ología** *f Studienfach* Bibliothekswesen *n*; **~onomía** *f* Bibliothekswissenschaft *f*
bicameral POL Zweikammer-; **~ismo** *m* Zweikammersystem *n*
bicarbonato *m* Bikarbonat *n*; ***~ sódico*** Natriumbikarbonat *n*, *umg* Natron *n*
bicéfalo doppelköpfig
bicentenario I *Adj* Zweihundertjahr-; zweihundertjährig **II** *m* Zweihundertjahrfeier *f*; zweihundertster Jahrestag *m*
biceps *m* Bizeps *m*
bicha *f reg* Schlange *f*; BAUW fantastische Tiergestalt *f als Ornament*

bicharraco *m* eigenartiges Vieh *n*; Viehzeug *n*; Mistvieh *n*; Scheusal *n*
bicho *m* Vieh *n*, kleines Tier *n*; *auch* Getier *n*; MIL Rekrut *m*; **~s** *Pl* Ungeziefer *n*; Viecher *n/Pl*; **~ raro** komischer Kauz *m*; **cualquier** *od* **todo ~ viviente** jeder(mann); **mal ~** gemeiner Kerl *m*; *übertr* hässlicher Vogel *m*
bici *f umg* → **bicicleta**
bicicleta *f* Fahrrad *n*; *Col* Schweinsohr *n Gebäck*; **~ acuática** Wassertreter *m*; **~ de** *od* **para carreras** (**de carretera** *od* **paseo** *od* **turismo**) Renn-(Touren)rad *n*; **~ estática** Heimtrainer *m*; **~ de montaña, ~ montañesa** *Am reg od* **todo terreno** Mountainbike *n*; **~ con motor** Motorfahrrad *n*, Mofa *n*; **~ plegable** Klappfahrrad *n*; **~ de** *od* **para señora** (**tándem**) Damen-(Tandem)fahrrad *n* ◇ **ir en** *od* **montar** (**en**) **~** Rad fahren, radeln
bicoca *f* Lappalie *f*; lächerliche Summe *f*; *iron* Kleinigkeit *f*; Schnäppchen *n*; *übertr* Goldgrube *f* ◇ **me costó una ~** das war spottbillig
bicolor zweifarbig
BID *m Abk für* **Banco Interamericano de Desarrollo**
bidé *m* Bidet *n*
bidireccional VERK in beide Richtungen
bidón *m* Kanister *m*; Blechbehälter *m*; Kanne *f*; **~ de gasolina** Benzinkanister *m*; **~ de leche** Milchkanne *f*
biela *f* TECH Pleuel(stange *f*) *m*; Kurbelstange *f*; *Fahrrad* Tretkurbel *f*; **~ directriz** *od* **de mando** Steuerstange *f*
Bielorrusia *f* Weiß-, Belorussland *n*
bien I *Adv* gut; richtig; recht; wohl; schön; ebenso gut, genauso gut; gerne; alles in allem (**~ se gastaron 100 pesos**); *als Steigerung* sehr, ganz; recht, tüchtig; **¡~!** gut!, in Ordnung!, einverstanden!; **más ~** eher, lieber; vielmehr; **por ~** gern; **pues ~** nun gut; also; somit **II** *Konj* **~ …** (**o**) **~ …** entweder … oder …; **~ que** *od* **si ~** wenn auch, obgleich, obschon; **no ~** kaum dass **III** *Adj* wohlhabend, fein (**una chica de casa ~**) **IV** *m* Gutes *n*; Wohl *n*; Nutzen *m*; **~**(**es** *Pl*) Gut *n materieller Besitz*; **~es** *Pl* Habe *f*; Vermögen(swerte *m/Pl*) *n*; Güter *n/Pl*; Mittel *n/Pl*; **~es de capital** Kapitalgüter *n/Pl*; **~ común** Gemeinwohl *n*; **~es comunales** Gemeindeeigentum *n*; **~es de consumo** (**no**) **duraderos** lang-(kurz)lebige Konsumgüter *n/Pl*; **~es dotales** Heiratsgut *n*; **~es de equipo** *od* **inversión** Investitions-, Ausrüstungsgüter *n/Pl*; **~es del Estado** Staatsvermögen *n*; **~es gananciales** in der Ehe erworbene Güter *n/Pl*; **~es** (**in**)**muebles** (un)bewegliches Vermögen *n*; **~es inmuebles** *od* **raíces** *od* **sedientes** Immobilien *Pl*, Liegenschaften *f/Pl*; **~es de lujo** *od* **suntuarios** Luxusartikel *m/Pl*; **~es muebles** bewegliche Güter *n/Pl*; **~es nacionales** Staatsbesitz *m*; **~es particulares** *od* **privados** Privatvermögen *n*; **~es perecederos** verderbliche Güter *n/Pl*; **~es de producción** Produktionsmittel *n/Pl*; **~ público** öffentliches Wohl *n*; **~es relictos** Hinterlassenschaft *f*, Nachlass *m*; **de ~** rechtschaffen; **por el ~ de** zum Wohle von *od Gen*
bienal I *Adj* zweijährig; Zweijahr-; zweijährlich **II** *f* Biennale *f*
bienaventurado selig; glücklich ◇ *Sprichw* **más ~ es dar que recibir** Geben ist seliger denn Nehmen
bienestante wohlhabend
bienestar *m* Wohlergehen *n*; (Wohl-)Behagen *n*; Wohl *n*; Wohlstand *m*; **~ comunitario** Gemeinwohl *n*
bien|hechor I *Adj* wohltuend **II** *m* Wohltäter *m*; **~intencionado** wohl gemeint; wohlmeinend; wohlgesinnt
bienio *m* (Zeitraum *m* von) zwei Jahre(n) *n/Pl*, Biennium *n*; **por ~s** zweijährlich
bien|mandado gehorsam; *Kind* folgsam; **~oliente** wohlriechend; **~querencia** *f* Zuneigung *f*; **~temperado** MUS wohltemperiert
bienvenida *f* Willkommen *n* ◇ **dar la ~ a** *jmdn* willkommen heißen
bien|venido willkommen (**a** in); **~vivir** *intr* sein gutes Auskommen haben
bies *m* Schrägband *n*; Schrägstreifen *m Besatz am Rock*; **al ~** schräg
bifásico EL zweiphasig; Zweiphasen-
bife *m Rpl* (Rinder-)Steak *n*
bi|filar zweidrähtig; **~focal** OPT bifokal; **~frontal** Zweifronten-
biftec *m* (Rinder-)Steak *n*
bifurc|ación *f* Gabelung *f*; Abzweigung *f*; ANAT Bifurkation *f*; Verzweigung *f*; **~ado** gabelförmig; **~arse** ⟨-c/qu-⟩ sich gabeln; abzweigen
bigamia *f* Bigamie *f*
bígamo I *Adj* in Bigamie lebend **II** *m* Bigamist *m*
bigard|o *m*, *Arg* **~ón** *m* Liederjan *m*
bigote *m* Schnurrbart; **~ de morsa** Schnauzbart *m*; **de ~s** ausgezeichnet, fantastisch ◇ **dejarse ~**(**s**) sich einen Schnurrbart wachsen lassen
bigot|era *f* Schnurrbartbinde *f*; KFZ Klappsitz *m*; **~udo** schnurrbärtig
bigudí *m* Lockenwickler *m*
bikini *m* Bikini *m*
bilateral bilateral, zweiseitig
bilbaíno aus *bzw* von Bilbao

biliar Gallen-
bilingüe zweisprachig
bili|oso gallig; Gallen-; cholerisch; **~rrubina** *f* Bilirubin *n*
bilis *f* Galle *f*; Zorn *m* ◇ ***se le exaltó la ~*** ihm lief die Galle über *er wurde zornig*
billar *m* Billard *n Spiel u Tisch*; Billardlokal *n*; **~ista** *m* Billardspieler *m*
billete *m* Fahrkarte *f*, Ticket *n*; Eintrittskarte *f*; Zettel *m*, Briefchen *n*; → ***boleto***; Anweisung *f*, Order *f*; ***~ abierto*** offenes Ticket *n*; ***~ de abono*** Zeitkarte *f*; ***~ de asiento reservado*** Platzkarte *f*; ***~ de avión*** Flugticket *n*; ***~ (de banco)*** Banknote *f*, Geldschein *m*; ***~ de correspondencia*** Umsteigefahrkarte *f*; ***~ gratuito*** Freikarte *f*; Freifahrtschein *m*; ***~ de ida, ~ sencillo*** einfache Fahrkarte *f*; ***~ de ida y vuelta*** Hin- und Rückfahrkarte *f*; ***~ de lotería*** Lotterielos *n*; ***~ mensual (semanal)*** Monats-(Wochen)karte *f*; ***~ de metro*** U-Bahn-Fahrkarte *f*; ***~ suplementario*** Zuschlagkarte *f*; ***~ del Tesoro*** Schatzanweisung *f*; ***medio ~*** halbe Fahrkarte *f*; Kinderfahrkarte *f* ◇ ***sacar un ~*** eine Fahrkarte lösen; eine Eintrittskarte kaufen
billeter|a *f* Geldtasche *f*, Portmonee *n*; *Am reg* Brieftasche *f*; **~o** *m* Kartenverkäufer *m*; Portmonee *n*
billón *m* Billion *f*; *Am reg* Milliarde *f*
bimano *od* **bímano** zweihändig
bimba *f* Angströhre *f Zylinderhut*; Hieb *m*; *Méx* Affe *m Rausch*
bimensual vierzehntäglich; zweimal monatlich
bimestr|al zweimonatig; Zweimonats-; alle zwei Monate, zweimonatlich; **~e** *m* (Zeitraum *m* von) zwei Monate(n)
bi|metal *m* Bimetall *n*; **~metalismo** *m* FIN Bimetallismus *m*; **~motor I** *Adj* zweimotorig **II** *m* zweimotoriges Flugzeug *n*; **~nacional** zwei Staaten gehörend; zwischen zwei *bzw* beiden Staaten
binario binär; zweigliedrig; Zweier-
bingarrote *m Méx* Agavenschnaps *m*
binocular I *Adj* binokular, Binokular- **II** *m* ***~es*** *Pl* Opernglas *n*
binóculo *m* Kneifer *m*, Zwicker *m*
binomio I *Adj* binomisch **II** *m* Binom *n*
bio|basura *f* Biomüll *m*; **~degradable** biologisch abbaubar; **~diversidad** *f* Artenvielfalt *f*; **~física** *f* Biophysik *f*; **~gás** *m* Biogas *n*; **~génesis** *f* Biogenese *f*; **~genético** biogenetisch; **~geografía** *f* Biogeographie *f*; **~grafía** *f* Biografie *f*, Vita *f*; Lebenslauf *m*; **~grafiar** ⟨-ío⟩ *tr jmds* Biografie schreiben; **~gráfico** biografisch
biógrafo *m*, **-a** *f* Biograf(in) *m(f)*
biología *f* Biologie *f*; ***~ marina*** Meeresbiologie *f*
biológico biologisch; leiblich
biólogo *m*, **-a** *f* Biologe(-in) *m(f)*
biomasa *f* Biomasse *f*
biombo *m* spanische Wand *f*
bio|mecánica *f* Biomechanik *f*; **~medicina** *f* Biomedizin *f*; **~meteorología** *f* Biometeorologie *f*; **~metría** *f* Biometrie *f*
biónica *f* Bionik *f*
bio|psia *f* MED Biopsie *f*; **~química** *f* Biochemie *f*; **~rritmo** *m* Biorhythmus *m*; **~sfera** *f* Biosphäre *f*; **~tecnia** *f* Biotechnik *f*; **~tecnología** *f* Biotechnologie *f*
biótopo *m* Biotop *m,n*; ***~ húmedo*** Feuchtbiotop *m,n*
bipartid|ismo *m* Zweiparteiensystem *n*; **~ista** Zweiparteien-; **~o** zweigeteilt
bipartito POL zweiseitig; Zweier-
bíped|e, ~o I *Adj* zweifüßig; Zweibein-; zweibeinig **II** *m* Zweifüß(l)er *m*
bi|personal Zweipersonen-; **~plano** *m* Doppeldecker *m*; **~planto** *Gebäude* zweistöckig; **~plaza** *m* Zweisitzer *m*
biquini *m* Bikini *m*
B.I.R.D. *m Abk für* ***Banco Internacional para la Reconstrucción y el Desarrollo***
birlar *tr* wegschnappen; klauen; *Freundin* ausspannen; niederschlagen; umlegen *töten*
Birmania *f* Birma *n*
birmano I *Adj* birmanisch **II** *m*, **-a** *f* Birmane(-in) *m(f)*
birome *m Rpl* Kugelschreiber *m*
birreactor *m* zweistrahliges Flugzeug *n*
birreta *f* (***~ cardinalicia***) Kardinalshut *m*
birrete *m* Barett *n*
birria *f übertr* Vogelscheuche *f*; Lächerlichkeit *f*; *übertr* Mist *m*; Plunder *m*
bis I *Adv* noch einmal; MUS, THEAT da capo; *bei Hausnummern*: ***el número 150 bis*** Nummer 150 A **II** *m* Zugabe *f bei einem Konzert*
bisabuel|a *f* Urgroßmutter *f*; **~o** *m* Urgroßvater *m*
bisagra *f* Scharnier *n*
bisar *tr* MUS, THEAT wiederholen
bisbis|ar, ~ear *intr* tuscheln; murmeln
bisec|ar ⟨-c/qu-⟩ *tr* GEOM halbieren; **~ción** *f* Halbierung *f*; **~tor** Halbierungs-; **~triz** *f* Winkelhalbierende *f*
bisel *m* TECH Schrägkante *f*; Abschrägung *f*; **~ado** abgeschrägt; gefast; **~ar** *tr* abfasen; *Glas* facettieren
bi|semanal *Periodika* zweimal wöchentlich erscheinend; **~sexual** bisexuell; **~silábico, ~sílabo** zweisilbig
bismuto *m* Wismut *n*
bis|nieto *m* Urenkel *m*; **~ojo** *m* Schieler *m*
bisonte *m* Bison *m*; ***~ europeo*** Wisent *m*
bisoñé *m* Halbperücke *f*, Toupet *n*

bisoño I *Adj* unerfahren; MIL neu *gerade eingezogen* **II** *m* Rekrut *m*; Neuling *m*
bisté *od* **bistec** *m* (Rinder-)Steak *n*
bisturí *m* Skalpell *n*
bisutería *f* Modeschmuck *m*
bit *m* INFORM Bit *n*; **~ de parada** Stoppbit *n*
bitácora *f* MAR Kompasshaus *n*
bíter *m* Magenbitter *m Kräuterlikör*
bitio *m* INFORM Bit *n*
bitón *m* MAR Poller *m*
bitongo kindisch
bitoque *m Fass* Spund *m*; *Am Klistier* Spritze *f*; *Méx* Wasserhahn *m*
bituminoso bituminös; Bitumen-
bi|valencia *f* Zweiwertigkeit *f*; **~valente** zweiwertig; **~valvo** *Muschel, Frucht* zweischalig; **~vitelino** *Zwillinge* zweieiig
Bizancio *m* Byzanz *n*
bizantino I *Adj* byzantinisch; spitzfindig **II** *m* Byzantiner *m*
bizarr|ía *f* Tapferkeit *f*; Edelmut *m*; **~o** tapfer; freig(i)ebig; edelmütig; seltsam
bizcar ⟨-c/qu-⟩ *intr* schielen
bizco I *Adj* schielend ◇ **dejar ~** in Erstaunen versetzten; **quedarse ~** erstaunt *od umg* platt sein **II** *m* Schieler *m*
bizcochada *f* Zwieback *m* in Milch
bizcocho I *Adj Méx* minderwertig **II** *m* Zwieback *m*; Biskuit *n*; Tortenboden *m*; **~ de porcelana** Bisquitporzellan *n*
biznieto *m* Urenkel *m*
bizque|ar *intr* schielen; **~ra** *f* Schielen *n*
blanca *f* MUS halbe Note *f*; *verschiedene alte spanische Münzen*; KART Karte *f* ohne Bild; *Domino* Null *f* ◇ **estar sin ~, no tener ~** blank sein *kein Geld mehr haben*
Blancanieves *f* Schneewittchen *n*; **la ♀** die „grüne Minna" *Transportwagen für Verhaftete*
blanco I *Adj* weiß; hell; blank; Weiß-; *Blatt* unbeschrieben; unbedruckt; **~ amarillento** (**brillante**; **grisáceo**; **mate**; **puro**) gelblich (blendend; grau-; matt-; rein)weiß; **~ verdoso** weißgrün; **en ~** unbeschrieben; unbedruckt; HDL blanko; Blanko-; *Wahlschein* nicht angestrichen ◇ **dejar en ~** unausgefüllt lassen; *jmdn* reinlegen *einen Streich spielen*; *jmdn* sitzen lassen; **estar en ~** keinen blassen Schimmer haben *von einem Fach od einer Sache*; **quedarse en ~** nichts verstehen; einen Black-out haben **II** *m* Weißer *m*; Weiß *n*; Ziel *n*, Zielscheibe *f*; *Schuss* Treffer *m*; *Pferd* Schimmel *m*; Lücke *f*; Leer-, Zwischenraum *m*; THEAT Zwischenaktpause *f*; TYP Schöndruck *m*; **~ de cal, ~ opaco** (**de cinc**; **de plomo**) Deck-(Zink-; Blei)weiß *n*; **~ de España** Schlämmkreide *f*; Schminkweiß *n* ◇ **atinar al ~, dar en el ~** ins Schwarze treffen; **cargar el ~ a alg** jmdm die Schuld zuschieben; **errar el ~** das Ziel verfehlen *auch übertr*; **hacer ~** einen Volltreffer erzielen (**en** bei); **es el ~ de las miradas** alle Blicke sind auf sie gerichtet
blanc|or *m*, **~ura** *f Wäsche* blendendes Weiß *n*; Weiße *f*
blancuzco weißlich; schmutzig weiß
blande|ar I *tr jmdn* erweichen **II** *intr*, **~arse** weich werden *nachgeben*; **~ngue I** *Adj* sehr nachgiebig; weichlich; willensschwach **II** *m* Weichling *m*, *umg* Schlappschwanz *m*
blando I *Adj* weich, zart; sanft; nachgiebig; leicht *ohne Anstrengung*; kraftlos; gar *z.B. Braten*; *Wind* schwach; *Klima* mild **II** *m* Schwächling *m* ◇ **dar en ~** auf keinen Widerstand stoßen **III** *Adv* sanft
blandura *f* Weichheit *f*; Weichlichkeit *f*; Sanftmut *f*; Milde *f*; Schmeichelei *f*
blanquillo *m Guat, Méx* (Hühner-)Ei *n*
blanque|ador I *Adj* Bleich- **II** *m* Tüncher *m*; Bleicher *m*; CHEM Aufheller *m*; Weißmacher *m*; *übertr* Geldwäscher *m*; **~ar I** *tr* weißen, tünchen; weiß machen; *Haar* weiß werden lassen; bleichen; *Gemüse* blanchieren; TEXTIL aufhellen; METAL putzen; *übertr Geld* waschen **II** *intr* weiß schimmern; weiß *od Haare* grau werden; **~ante** *m* Bleichmittel *n*; **~cer** ⟨-c/zc-⟩ *tr* blank reiben, polieren; *Wäsche* bleichen; **~cino** *Adj* weißlich; *Haut* blass
blanqueo *m* Bleichen *n*; Bleiche *f*; Tünchen *n*; Tünche *f*; Aufhellen *n*; Weißmachen *n*; weißer Anstrich *m*; **~ de dinero** *übertr* Geldwäsche *f*
blanque|ría *f* Bleicherei *f*; **~te** *m* weiße Schminke *f*
blanquinegro schwarz-weiß
blasfem|ador *m* (Gottes-)Lästerer *m*; **~ar** *intr* fluchen; lästern (**de** über; **contra** *Akk*); **~ia** *f* Blasphemie *f*; Fluch *m*
blasón *m* Wappen *n*; Wappenschild *n*
blason|ador angeberisch; **~ar** *intr* prahlen (**de** mit); sich aufspielen (**de** als); gelten wollen (**de** als); **~ería** *f* Prahlerei *f*; **~ista** *m* Heraldiker *m*
blázer *m* Blazer *m*
bledo *m*: **se me da un ~, me importa un ~, me vale un ~** es ist mir völlig gleich, es ist mir absolut schnuppe
blind|ado I *Adj* Panzer-; KFZ kugelsicher **II** *m* Panzer *m*; gepanzertes Fahrzeug *n*; **~aje** *m* Panzerung *f*; EL Abschirmung *f*; **~ar** *tr* panzern; TECH kapseln; EL abschirmen
bloc *m* (**blocs** *Pl*) INFORM (Text-)Block *m*; (Schreib-)Block *m*; **~ para dibujo** (**de notas**) Zeichen-(Notiz)block *m*; **~ de taquigrafía** Stenoblock *m*

blondo blond

bloque *m* Block *m auch* POL; Klotz *m*; **~ de apuntes** (**carta**) Notiz-(Schreib)block *m*; **~ de cilindros** Zylinderblock *m*; **~ comercial** (**económico**) Handels-(Wirtschafts)block *m*; **~ de hielo** Eisberg *m*; **~ oriental** *hist* Ostblock *m*; **~ de texto** INFORM Textblock *m*; **~ de pisos** *od* **viviendas** Wohnblock *m*; **en ~** insgesamt; in Bausch und Bogen

bloque|ado eingeschlossen (**por** von); **~ar** *tr* blockieren; abriegeln; sperren; *Bremse* anziehen; *Ball* stoppen; EISENB blocken; **~arse** festsitzen; sich sperren, blockieren

bloqueo *m* Blockade *f*; Sperre *f*; Blockierung *f*; Sperrung *f*; Abriegelung *f*; Verriegelung *f*; Stoppen *n*; Stopp *m*; EISENB (Strecken-)Block *m*; **~ de alquileres** (**salarios**) Miet-(Lohn)stopp *m*; **~ del diferencial** KFZ Ausgleichssperre *f*; **~ de fondos presupuestarios** FIN Haushaltssperre *f*; **~ general del ordenador** Computerabsturz *m*; **~ informativo** Informations-, Nachrichtensperre *f*; **~ marítimo** Seeblockade *f*; **~ de pagos** Zahlungseinstellung *f*; **~ del sistema** *Computer* (System-)Absturz *m* ◇ **imponer** (**levantar**; **quebrantar** *od* **romper**) **el ~** die Blockade errichten (aufheben; brechen)

bluff *m* Bluff *m*; **~ear** *intr* bluffen

blumer *m Cu* Schlüpfer *m*(*Pl*)

blusa *f* Bluse *f*; **~** (**de trabajo**) Arbeitskittel *m*

blusón *m* Blouson *n,m*

bluyín(**s** *Pl*) *m Am reg* Bluejeans *Pl*

boa *f* ZOOL Boa *f auch Federboa*

boato *m* Prunk *m*, Gepränge *n*

bob|ada *f* Dummheit *f*; **~alías** *m* Dummkopf *m*; **~alicón I** *Adj* strohdumm **II** *m* Dussel *m*, Schwachkopf *m*; **~ear** *intr* blödeln; (herum)albern

bobina *f* Spule *f*; Rolle *f Papier*; Filmrolle *f*; Garnrolle *f*

bóbilis: **de ~** (**~**) mit links *mühelos*; umsonst *gratis*

bobin|ado *m* EL Wicklung *f*; **~ar** *tr* wickeln; spulen; *Film* aufspulen

bob|o I *Adj* dumm **II** *m* Dummkopf *m*; THEAT Narr *m*; **~ón**, **~ote I** *Adj* mehr als blöd **II** *m* Schwachkopf *m*

boca *f* Mund *m*; Maul *n auch* TECH *u übertr*; Schnauze *f auch umg*; *übertr* Schnabel *m*; Einguss *n Öffnung*; Schere *f der Krebse*; *Wein* Bukett *n*, Blume *f*; Mundstück *n*; Esser *m Kind*; Eingang *m*; *Hafen* Einfahrt *f*; Mündung *f*; *Vulkan* Schlund *m*; *Hacke, Meißel* Schneide *f*; **~ abajo** auf dem Bauch; mit dem Bauch nach unten; **~ de alcantarillas** Gully *m*; **~ de alto horno** *Hochofen* Gicht *f*; **~ arriba** auf dem Rücken; **~ de aspiración** Saugstutzen *m*; **~ de dragón** BOT Löwenmaul *n*; **~ del estómago** Mageneingang *m*; **~ de expendio** Tanksäule *f*; **~ de galería** BERGB Stolleneingang *m*; **~ del hogar** Ofenloch *n*; **~ contra** *od* **de incendios** Hydrant *m*; **~ del metro** Eingang *m* zur U-Bahn; **~ de la pistola** Pistolenmündung *f*; **~ de riego** Schlauchanschluss *m*; Hydrant *m*; **~ de risa** freundlicher Mensch *m*; **~ de tobera** Düsenmundstück *n*; **~ del túnel** Tunneleingang *m*; **~ de verdades** aufrichtiger Mensch *m*; **a ~** mündlich; **a ~ de jarro** aus nächster Nähe; unversehens; **a ~ de jarro, a ~ llena** geradeheraus, unverblümt; **a pedir de ~** nach Herzenslust; ganz nach Wunsch; zuvorkommend; **con ~ chica** *od* **pequeña** halbherzig; **de ~** mit dem Munde *nur Gerede*; **de ~ en ~** *Nachricht* von Mund zu Mund; **por ~ de** *wissen* von, über ◇ **abrir ~** den Appetit anregen; **abrir la ~** gähnen; den Mund aufmachen *sprechen*; **abrir tamaña ~** *AmS* sprachlos sein; **andar en ~ de todos** in aller Munde sein; **aplicar el ~ a ~** die Mund-zu-Mund-Beatmung anwenden; **callarse** *od* **cerrar la ~** den Mund halten *schweigen*; **decir lo que se le viene a la ~** *übertr* kein Blatt vor den Mund nehmen; **dejar a alg con la ~ abierta** Mund und Augen aufreißen; **estar colgado** *od* **pendiente de la ~ de alg** an jmds Mund hängen; **no descoser la ~** keinen Piep sagen; **gobierna tu ~ según tu bolsa** man muss sich nach der Decke strecken; **hablar por ~ de ganso** *od* **por ~ de otro** dumm nachplappern; **írsele la ~** gesprächig werden; **poner u/c en ~ de alg** *übertr* jmdm etw in den Mund legen; **quedarse con la ~ abierta** ganz erstaunt sein; **me lo quité de la ~** ich habe es mir vom Munde abgespart; **saber de ~ de otro** vom Hörensagen wissen; **ser blando** (**duro**) **de ~** klatschhaft (verschlossen) sein; **taparle la ~ a alg** jmdm das Maul stopfen; *Sprichw* **en ~ cerrada no entran moscas** Reden ist Silber, Schweigen ist Gold; *Sprichw* **que tu ~ sea un ángel** dein Wort in Gottes Ohr

bocacalle *f* Straßeneinmündung *f*

bocadillo *m Esp* belegtes Brot *n bzw* Brötchen; Frühstücksbrot *n*; Imbiss *m*; *Comics* Sprechblase *f*; *Am reg* Süßigkeit *f*

bocado *m* Bissen *m*; Happen *m*; Biss *m*; *Pferd* Kandare *f*; **~ de Adán** ANAT Adamsapfel *m*; **~ exquisito** Leckerbissen *m*; **~ sin hueso** *od* **buen ~** gutes Essen *n*; *übertr* gefundenes Fressen *n*; süße Biene *f hübsches Mädchen*; **caro ~** *übertr* teures Vergnügen *n* ◇ **comer en un** (*od* **en dos**) **~**(**s**) *etw* im Nu vertilgen; **dar un ~** zuschnappen; **no pro-**

bar **~** keinen Bissen anrühren; ***no tener para un*** **~** nichts zu beißen haben; ***tomar un*** **~** einen Imbiss nehmen

bocal *m Blasinstrument* Mundstück *n*

bocallave *f* Schlüsselloch *n*

boca|manga *f* unteres Ärmelloch *n*; MIL (Mantel- *bzw* Jacken-)Aufschlag *m*; **~mina** *f* Schachteinfahrt *f*

bocanada *f* Mundvoll *m*; **~ *de aire frío*** Schwall *m* Kaltluft; **~ *de espectadores*** Zuschaueransturm *m*; **~ *de humo*** *Rauchen* Zug *m*; **~ *de leche*** Schluck *m* Milch; **~ *de sangre*** Stoß *m* Blut

bocat|a *f Esp* belegtes Brötchen *n*; **~eja** *f* BAUW Traufziegel *m*

boc|atero *m Am*, **~azas** *m* Angeber *m*; Klatschmaul *n*; Schwätzer *m*

bocera *f* Rand *m am Mund, z.B. von Schokolade*, *umg* Schnurrbart *m*

boceto *m* Skizze *f*; Entwurf *m*

bocha *f* Bocciakugel *f*; **~*s*** *Pl* Bocciaspiel *n*

bochinche *m* Tumult *m*; Durcheinander *n*; *Am reg* Gerede *n*; *Méx* Fete *f*; Party *f*

bochorn|o *m* heißer Sommerwind *m*; Schwüle *f*; (Scham-)Röte *f*; Schamgefühl *n*; **~oso** schwül, (drückend) heiß; peinlich; beschämend

bocin|a *f* KFZ Hupe *f*; Schalltrichter *m*; Megaphon *n*; MAR Nebelhorn *n*; Posthorn *n*; *Am reg* Hörrohr *n*; **~ar** *intr* hupen; ins Horn stoßen; **~azo** *m* Hupsignal *n*; Hornstoß *m*

bocio *m* MED Kropf *m*

bock *m* Bierseidel *n*; kleines Glas *n* Bier

bocón *m* Großmaul *n*

boda *f*, *auch* **~s** *Pl* Hochzeit *f*; **~ *civil*** standesamtliche Hochzeit *f*; **~*s de diamante*** (***oro***; ***plata***) diamantene (goldene; silberne) Hochzeit *f*

bodega *f* (Wein-)Kellerei *f*; Weinkeller *m auch Lokal*; Weinlager *n*; Weinhandlung *f*; Abstellraum *m*; Vorratskammer *f Speicher*; *Am reg* Lagerschuppen *m*; *Am reg* Lebensmittelgeschäft *n*; Weinproduktion *f eines Anbaugebietes*; **~ (*de carga*)** FLUGW, MAR Laderaum *m*; **~ *fiscal*** Zollspeicher *m*; ***en*** **~** HDL am Lager

bodeg|ón *m* Garküche *f*; Schenke *f*; MAL Stillleben *n*; **~onero** *m* Garkoch *m*; Schankwirt; **~uero** *m*, **-a** *f* Kellermeister(in) *m(f)*; *Am reg* Lebensmittelhändler(in) *m(f)*

bod|ijo *m*, **~orrio** *m* Missheirat *f*; *hist* Mesalliance *f*; armselige Hochzeit *f*

bodrio *m* Fraß *m schlechtes Essen*; *Film, Buch* Schmarren *m*; Schinken *m schlechtes Gemälde*

BOE, B.O.E. *m Abk für* ***Boletín Oficial del Estado***

bóer I *Adj* burisch **II** *m* Bure *m*

bofe *m*, *oft* **~*s*** *Pl* Lunge *f vor allem von Schlachtvieh* ◇ ***echar el*** **~** *od* ***los*** **~*s*** sich einen abbrechen *sich gewaltig anstrengen*; außer Atem kommen

bofet|ada *f* Ohrfeige *f*; Schlag *m* ins Gesicht *schwere Kränkung*; **~ear** *tr Am reg* ohrfeigen; **~ón** *m* kräftige Backpfeife *f*

boga *f* Rudern *n*; Ruderer *m/Pl eines Bootes* ◇ ***estar en*** **~** Mode sein

bogar ⟨-g/gu-⟩ *intr* rudern; *Segelschiff* dahingleiten

bogavante *m* Hummer *m*

bogotano *m*, **-a** *f* Bogotaner(in) *m(f)*

Bohemia *f* Böhmen *n*

bohem|io I *Adj* böhmisch; zigeunerisch *neg!*; Bohemien- **II** *m* Böhme *m*; Zigeuner *m neg!*; Bohemien *m*; **~o I** *Adj* böhmisch **II** *m* Böhme *m*

bohío *m Ant* Rohr- *od* Schilfhütte *f mit Palmenblätterdach*

boicot *m* → **~*eo***; **~ear** *tr* boykottieren; **~eo** *m* Boykott *m*; Boykottierung *f*

boina *f* Baskenmütze *f*

boite *f* Nachtlokal *n*, Kabarett *n*

boj *m* Buchsbaum *m*; Buchsbaumholz *n*

bojeo *m* Umfahren *n bzw* Umsegeln *n eines Kaps, einer Insel*; Umfliegen *n*

bol[1] *m* (Trink-)Schale *f*

bol[2] *m* Fischzug *m*, Fang *m*

bola *f* Kugel *f auch für Kegel- u Billardspiel*; Ball *m bes Tennis, Golf*; *vulg* Ei *n vulg Hoden*; Schwindelei *f*; Ente *f Falschmeldung*; Giftbrocken *m für streunende Tiere*; Schuhcreme *f*; *Am* Krach *m*, Streit *f*; **~*s*** *Pl Am* → ***boleadoras***; **~ *antipolilla*** Mottenkugel *f*; **~ *de gente*** Menschenknäuel *m*; **~ *de nieve*** Schneeball *m*; **~ *portatipos*** *Schreibmaschine* Kugelkopf *m*; **~ *de seguimiento*** *Computer* Trackball *m* ◇ ***corre la*** **~** *Am reg* es geht das Gerücht um; ***¡dale*** **~*!*** das ist nicht mehr auszuhalten!; (***no***) ***dar***(***le***) **~** *Am* (nicht) dergleichen tun; ***dar*** **~ *al calzado*** die Schuhe eincremen; ***dejar rodar*** *od* ***que ruede la*** **~** den Dingen ihren Lauf lassen; ***hacer*** **~*s*** die Schule schwänzen; ***pasar la*** **~** *AmC* weitersagen

bolad|a *f* Wurf *m* mit der Kugel; *Billard* Stoß *m*; *Cu, Méx* Schwindel *m*; *Rpl, Ven* günstige Gelegenheit *f*; **~o** *m* Schaumzucker *m*; *Am reg* Angelegenheit *f*; *Am reg* Liebelei *f*; *AmC* Gerücht *n*

bolchevi|que *m* Bolschewik *m*; **~quismo**, **~smo** *m* Bolschewismus *m*

bole|ada *f Rpl* Jagd *f* mit Schleuderkugeln *z.B. auf Strauße*; **~ador** *m Méx* Schuhputzer *m*; **~adoras** *f/Pl Am* Schleuderkugeln *f/Pl*; **~ar** *tr Ball* werfen; *Netze* auswerfen; *Am reg Tiere* mit den Schleuderkugeln zu

Fall bringen *fangen*; *Kandidaten*, *Vorschläge* zu Fall bringen; *Méx Schuhe* putzen; *Rpl jmdm* eins auswischen **~arse** *Am Pferd* bocken; *Rpl* sich verheddern; sich schämen; **~ra** *f* Kegelbahn *f*

bolero[1] *m* Schulschwänzer *m*; Aufschneider *m*; *Esp* Lügner *m*; *Méx* Schuhputzer *m*

bolero[2] *m* MUS Bolero *m*; Bolerotänzer *m*; Bolerojäckchen *n*; *AmC* Zylinder(hut) *m*

boleta *f* Passierschein *m*; *Am* Stimmzettel *m*; Gutschrift *f*; **~ anulada (en blanco)** ungültiger (leerer) Stimmzettel *m*; **~ de citación** *Am* Vorladung *f*; **~ (de préstamo)** *Bibliothek* Leihschein *m*; **~ para retirar dinero** FIN Abhebungsformular *n*

boleter|ía *f Am* (Kino-, Theater- *usw*) Kasse *f*; Fahrkartenschalter *m*; **~o** *m Am* Kartenverkäufer *m*; EISENB Schaffner *m*

boletín *m* Mitteilungsblatt *n*, Bulletin *n*; Schein *m*, Zettel *m*; Formular *n*; **≗ Comercial** Handelsblatt *n*; **~ de cotizaciones** *Börse* Kurszettel *m*; **~ de defunción** Totenschein *m*; **~ del día** Tagesbericht *m*; **~ de entrega** Lieferschein *m*; **~ informativo, ~ de noticias** RADIO, TV Nachrichten *f*/*Pl*; **~ de inscripción** Anmeldeformular *n*; **~ literario** Literaturanzeiger *m*; **~ del mercado** Marktbericht *m*; **~meteorológico** Wetterbericht *m*; **~ médico** ärztliches Bulletin *m*; **≗ Oficial del Estado** Regierungsanzeiger *m*; Amtsblatt *n*; Gesetzblatt *n*; **~ de pedido** HDL, ZTGSW, **~ de suscripción** Bestellschein *m*, -zettel *m*; **≗ Naviero** Schifffahrtsanzeiger *m*; **~ de reintegro** FIN Rückzahlungsschein *m*

boleto *m Esp* Los *n z.B. Tombola*; *Am* Fahrkarte *f*, Ticket *n*; Eintrittskarte *f* ◇ **no darle ~ a alg** *Am* nicht auf jmdn hören (wollen)

boli *m* Kuli *m Kugelschreiber*

bolich|e *m* kleine Bocciakugel *f*; Kegelspiel *n*; Kegeln *n*; Kegelbahn *f*; *Am* Kramladen *m*; *Am reg* Kneipe *f*; **~ero** *m* Kegelbahnbesitzer *m*; *Am reg* Kneipwirt *m*; Krämer *m*

bólido *m* Bolid *m*, Meteor *m*; Flitzer *m schneller Wagen*; **como un ~** wie ein geölter Blitz

bolígrafo *m* Kugelschreiber *m*

bolillo *m* Spitzenklöppel *m*; *Am reg* Nudelholz *n*; *Méx* Brötchen *n*; **~s** *Pl Am reg* Trommelschlegel *m*/*Pl*

bolín *m* kleine Bocciakugel *f*

bolívar *m* Bolivar *m Währungseinheit in Venezuela*

Bolivia *f* Bolivien *n*

bolivian|o I *Adj* bolivianisch **II** *m* Bolivianer *m*; Boliviano *m Währungseinheit*

bollar *tr Kleidung* mit dem Fabrikzeichen versehen; *Metall* treiben

boller|a *f Esp* Lesbe *f*; **~ía** *f* Feinbäckerei *f*; **~o** *m* Feinbäcker *m*

bollo *m Esp* Milchbrötchen *n*; Berliner (Pfannkuchen) *m*; *Méx* Brötchen *n*; Beule *f*; TEXTIL Noppe *f*; *Hond* Fausthieb *m*; wüstes Durcheinander *n*; **~ con frutas** Früchtebrot *n*

bolo *m* Kegel *m*; *Wendeltreppe* Spindel *f*; THEAT Wandertruppe *f*; *AmC*, *Méx* Betrunkener *m*; **~s** *Pl* Kegelspiel *n*; Kegeln *n*; **~ alimenticio** Speisebrei *m z.B. für Röntgenaufnahme*; **~ de masilla** Klumpen *m* Kitt ◇ **echar a rodar los ~s** Streit vom Zaune brechen; **hacer ~s** THEAT Wandervorstellungen geben; **jugar a los ~s** kegeln

Bolonia *f* Bologna *n*

boloñés Bologneser, aus Bologna

bolsa *f* Sack *m*; Beutel *m*; Tasche *f*; Papiertüte *f*; Geldsack *m*; Börse *f*; ANAT (Frucht-)Blase *f*; (Hoden-)Sack *m*; Tränensack *m*; **~ de agua caliente** Wärmflasche *f*; **~ de aire** FLUGW Luftloch *n*; Luftsack *m in Leitungen*; **~ de basura** Müllbeutel *m*; **~ de compras** Einkaufstasche *f*; **~ para conservación fresca** Frischhaltebeutel *m*; **~ de divisas (mercancías)** Devisen-(Waren)börse *f*; **~ de estudios** Stipendium *n*; **~ de hielo** Eisbeutel *m*; **~ de horas** Arbeitszeitkonto *n*; **~ isotérmica** Kühltasche *f*; **≗ del Motor** *Annoncenteil* Kraftfahrzeugmarkt *m*; **~ negra** schwarzer Markt *m*; **~ plástica** *od* **de plástico** Plastikbeutel *m*, Plastiktüte *f*; **~ de títulos valores** Effektenbörse *f*; **~ de trabajo** Stellen-, Arbeitsmarkt *m*; Jobbörse *f*; *Am reg* Arbeitsamt *n*; **~ transparente** Klarsichtbeutel *m*; **~ de transporte** Tragetasche *f*; **~ de valores** Wertpapierbörse *f*; **~ de viaje** Reisetasche *f* ◇ **aflojar la ~** Geld lockermachen; **alargar** *od* **estirar la ~** tief in den Beutel greifen *viel Geld ausgeben*; **cotizar** *od* **entrar** *od* **poner en ~** *Unternehmen* an die Börse gehen; **especular en ~, jugar a la ~** an der Börse spekulieren; **tener buena ~** gut bei Kasse sein

bolsilibro *m* Taschenbuch *n*

bolsillo *m* Tasche *f von Kleidungsstücken*; Geldbörse *f*; **~ público** FIN öffentliche Hand *f* ◇ **costear de su ~** *etw* aus der eigenen Tasche bezahlen; **no echarse nada en el ~** nichts in die eigene Tasche wirtschaften; **meterse a alg en el ~** *übertr* jmdn in die Tasche stecken

bolsín *m*: **~ de la mañana** FIN Vor-, Nebenbörse *f*

bols|ista *m* Börsianer *m*; Börsenspekulant *m*; *AmC*, *Méx* Taschendieb *m*

bolsita *f* Tüte *f*; kleiner Beutel *m*; Säck-

chen *n*; **~ *filtrante*** Aufgussbeutel *m*
bolso *m* Damenhandtasche *f*; Beutel *m*; Schulranzen *m*; **~ *a la bandolera*** Umhängetasche *f*; **~ *de viaje*** Reisetasche *f*
bolud|ez *f Rpl* Blöd-, Unsinn *m*; **~o** *Rpl* **I** *Adj* blöd, behämmert **II** *m* Blödmann *m*, Blödian *m*
bomba[1] *f* Pumpe *f auch übertr*; *Chi* Feuerwache *f*; *Am reg* Ente *f Falschmeldung*; **~ *para abono líquido*** (***de agua***; ***de aire***) Jauche-(Wasser-; Luft)pumpe *f*; **~ *aspiradora*** *od* ***aspirante*** (***de calor***; ***centrífuga***; ***de circulación***; ***de elevación***) Saug-(Wärme-, Kreisel-; Umwälz-; Förder)pumpe *f*; **~ *automóvil*** Motorspritze *f*; **~ *de gasolina*** Benzinpumpe *f*; *Am reg* Tankstelle *f*; **~ *impelente*** Druckpumpe *f*; **~ *de incendio*** Feuerlöschpumpe *f*; **~ *inyectora*** *Motor* Einspritzpumpe *f*; **~ *para lejía*** Laugenpumpe *f*; **~ *de trasiego*** Abfüllpumpe *f*; Umfüllpumpe *f* ◇ ***dar a la ~*** pumpen
bomba[2] *f* Bombe *f*; Lampenglocke *f*; Spraybehälter *m*; Stegreiflied *n*; *Am reg* Rausch *m*; Seifenblase *f*; *Pe* Glühlampe *f*; **~ *atómica*** (***bacteriológica***; ***explosiva***; ***fétida***) Atom-(Bakterien-; Spreng-; Stink)bombe *f*; **~ *de aviación*** (***cobalto***) Flieger-(Kobalt)-bombe *f*; **~ *fragmentaria*** (***fumígena***; ***de hidrógeno***, **~ *termonuclear***; ***incendiaria***; ***madre***) Splitter-(Rauch-; Wasserstoff-; Brand-; Kugel)bombe *f*; **~ *de implosión*** *od* ***vacío*** Vakuumbombe *f*; **~ *lapa*** Haftbombe *f*, -sprengsatz *m*; **~*s lógicas*** Computerviren *m*/*Pl*; **~ *de mano*** Handgranate *f*; **~ *de neutrones*** (***plástico***; ***plutonio***) Neutronen-(Plastik-; Plutonium)bombe *f*; **~ *de papas*** *Arg* Kartoffelkloß *m*; **~ *de profundidad*** *od* ***submarina*** MAR Wasserbombe *f*; **~ *de relojería***, **~ *retardada***, **~ *de tiempo*** Zeitbombe *f auch übertr u Computer*; **~ *sexual*** Sexbombe *f*; **~ *trampa*** Bombenfalle *f* ◇ ***caer como una ~*** *Nachricht* wie eine Bombe einschlagen; ***lanzar*** *od* ***tirar ~s*** Bomben (ab)werfen; ***lo pasamos ~*** es war bombig
bombach|as *f*/*Pl Arg* Pumphose *f der Gauchos*; **~os** *m*/*Pl* Pluderhosen *f*/*Pl*
bombardear *tr* bombardieren *auch übertr*; beschießen, unter Feuer nehmen
bombardeo *m* Bombardierung *f*; Beschuss *m*; **~ *aéreo*** Luftangriff *m*; **~ *en alfombra*** *od* ***tapiz*** Flächenbombardement *n*; Bombenteppich *m*; **~ *con láser*** (**~ *nuclear***) Laser-(Kern)beschuss *m*; **~ *naval*** Beschuss *m* vom Fluss *bzw* von See aus; ***damnificado por los ~s*** ausgebombt
bombardero *m* Bombenflugzeug *n*, Bomber *m*; **~ *ligero*** (***pesado***) leichtes (schweres) Kampfflugzeug *n*; **~ *en picada*** Sturzkampfflugzeug *n*
bombástico bombastisch
bombazo *m* Bombeneinschlag *m*; Artillerieeinschlag *m* ◇ ***ser un ~*** *Nachricht* wie eine Bombe einschlagen
bombear[1] *tr mit Artillerie* beschießen; *Col* feuern *auf die Straße setzen*; **~se** sich gegenseitig auf die Schulter klopfen
bombear[2] *tr Flüssigkeit* pumpen
bombeo[1] *m* Wölbung *f*; Ausbauchung *f*
bombeo[2] *m* Pumpen *n*
bombero *m* Feuerwehrmann *m*; Pumpenwärter *m*; *Am reg* Kundschafter *m*; *Am reg* Tankstellenwart *m*; **~*s*** *Pl* (***voluntarios***) (freiwillige) Feuerwehr *f*
bómbice *m* Seidenspinner(raupe *f*) *m*
bombill|a *f* Glühlampe *f*; *Par*, *Pe*, *Rpl* Saugröhrchen *n zum Matetrinken*; *Méx* Schöpfkelle *f*; **~o** *m WC* Geruchsverschluss *m*; Saugheber *m*; *Col*, *Cu*, *Pan* Glühlampe *f*
bombín *m* Fahrradpumpe *f*; Melone *f Hut*
bombo **I** *Adj* verdattert **II** *m* MUS (Kessel-) Pauke *f*; Paukenspieler *m*; Trommel *f z.B. Waschmaschine*; Angeberei *f*; **~ *publicitario*** Reklamerummel *m*; ***a ~ y platillo*** *übertr* mit Pauken und Trompeten ◇ ***anunciar a ~ y platillo*** in großer Aufmachung ankündigen; ***dar ~*** über den grünen Klee loben
bombón *m* Praline *f*; *umg* hübsches Mädchen *n*
bombona *f* Korbflasche *f*; Gasflasche *f*
bomboner|a *f* Pralinenschachtel *f*; Schmuckkästchen *n Wohnung*; **~ía** *f Am* Süßwarengeschäft *n*
bómper *m Am Auto* Stoßstange *f*
bonachón gutmütig; gutgläubig
bonaerense aus Buenos Aires
bonancible *Charakter*, *Wind* sanft; *Klima* mild; *Meer* ruhig; friedlich
bonanza *f* Windstille *f*; Wohlergehen *n*; BERGB reiche Fundstelle *f*; günstige Konjunktur *f*
bondad *f* Güte *f*; Vorteil *m*, Vorzug *m* ◇ ***tenga la ~*** (***de ayudarlo***) seien Sie so nett(, ihm zu helfen)
bondadoso gütig
bonete *m* Barett *n*; Birett *n*; Doktorhut *m*; ZOOL Netzmagen *m*; Einmachglas *n*; ***a tente*** (***y***) **~** auf Teufel komm raus
bongó *m Ant*, *Col* Bongo *n*, *f Trommel*
boniato *m* Batate *f*, Süßkartoffel *f*
bonificación *f* Vergütung *f*; Rückvergütung *f*; Gutschrift *f*; Rabatt *m*; Prämie *f Belohnung*; Melioration *f*, Verbesserung *f des Bodens*; EISENB Ermäßigung *f*; **~ *por no siniestralidad*** Schadenfreiheitsrabatt *m*
bonificar ⟨-c/qu-⟩ *tr* vergüten; gutschreiben; Rabatt gewähren; meliorieren; ver-

bessern

bonito I *Adj* hübsch, schön; nett **II** *m* Bonito *m Thunfischart*

bono *m* Bon *m*; Berechtigungsschein *m*; Schuldverschreibung *f*; Bonus *m*; Voucher *m*; **~ de comida** Essenmarke *f Sozialhilfe*; **~ de disfrute** Genussschein *m*; **~s de empréstito** Anleihepapiere *n*/*Pl*; **~ metro** *Esp* Sammelfahrschein *m für die U-Bahn*; **~ del tesoro** Schatzanweisung *f*

bono-bús *m Esp* Mehrfahrtenkarte *f für den Bus*

bonzo *m* Bonze *m buddhistischer Priester u übertr*

boñig|a *f* Kuhmist *m*; Pferdemist *m*; **~o** *m* Kuhfladen *m*; Pferdeapfel *m*

boom *m* Boom *m*

boqueada *f*: **dar** *od* **estar dando las ~s** *od* **la última ~** in den letzten Zügen liegen; *Fest* sich dem Ende nähern

boquear *intr* nach Luft ringen; in den letzten Zügen liegen *sterben*; zu Ende gehen *z.B. Film*

boqu|erón *m* Sardelle *f*; **~ete** *m* Spalt *m zu einer Höhle*; Bresche *f*; Mauerdurchbruch *m*; Bombentrichter *m*

boqui|abierto mit offenem Mund; mit offenem Maul; sprachlos; **~fresco** unverblümt *kein Blatt vor den Mund nehmend*

boquilla *f* MUS, TECH Mundstück *n auch Pfeife*; Zigarettenspitze *f*; Gasbrenner *m*; Düse *f*; Tülle *f*; Nippel *m*; **~ filtrante** *Zigarette* Filtermundstück *n*; **~ del inyector** Einspritzdüse *f*; **de ~** leer *wertlos, z.B. Versprechung*

boquita *f* kleiner Mund *m*; **~ de piñón** süße Krabbe *f hübsches Mädchen*

borato *m* CHEM Borat *n*

bórax *m* Borax *m*

borboll|ar, ~ear *intr* sprudeln; wallen; köcheln; brodeln; drängen

borbollón *m*, *meist* **borbollones** *Pl* Sprudeln *n*; Aufwallen *n*; Brodeln *n*; **a borbollones** hastig; sprudelnd

Borbón *m* Bourbone *f Dynastie*

borbónico bourbonisch

borbot|ar, ~ear *intr* → **borbollar**; **~eo** *m* Sprudeln *n*; Hervorsprudeln *n*; Brodeln *n*; Wallen *n*; Aufwallen *n*

borbotón *m* → **borbollón**; **a borbotones** stoßweise *z.B. bluten* ◇ **brotar a borbotones** (hervor)sprudeln; **hablar a borbotones** hastig sprechen

borceguí *m* hoher Schnürschuh *m*

borda¹ *f* Hütte *f in den Pyrenäen*

borda² *f Schiff* Bordwand *f*; **fuera de ~** Außenbord- ◇ **arrojar** *od* **echar** *od* **lanzar** *od* **tirar por la ~** über Bord werfen *auch übertr*; *jmdn* ausbooten; **caerse por la ~** über Bord gehen

bordado I *Adj*: **le ha quedado** *od* **le ha salido ~** es ist ihm tadellos gelungen **II** *m* Stickerei *f*; Sticken *n*; **~ en blanco (a mano)** Weiß-(Hand)stickerei *f*; **~ de realce** erhabene Stickerei *f*

bordadora *f* Stickerin *f*; **~ (mecánica)** Stickmaschine *f*

bordadura *f* Sticken *n*; Stickerei *f*

bordar *tr* sticken; besticken; *Erzählung* mit Ausschmückungen versehen; *Rolle* (voll) ausspielen

borde¹ *m* Rand *m*; Saum *m*; Bord *m*; Kante *f*; Krempe *f*; Ufer *n*; **~ de acera** Bordkante *f*; Bordstein *m*; **~ achaflanado** *od* **biselado** Fase *f*; **~ del mar** Meeresufer *n*; **~ de la mesa** Tischkante *f*; **al ~ del abismo (de la ruina)** am Rande des Abgrunds *auch übertr* (des Ruins) ◇ **estar al ~ de** + *Inf* nahe dran sein zu + *Inf*

borde² *Obstbaum* wild; *Kind* un-, außerehelich; gemein *übel wollend* ◇ **estar ~ con** sauer sein auf

bordear *tr* umfahren; umgehen; umsegeln; umfliegen; am Rand entlanggehen *z.B. der Wüste*; entlangfahren an; umranden; einfassen; bördeln; nahe dran sein *z.B. am Erfolg*; grenzen an; an der Grenze *seiner Möglichkeiten* anlangen; *Straße*, *Weg* säumen

bordillo *m* Bordstein *m*; Bordsteinkante *f*; **~ guía** VERK Leitplanke *f*

bordo *m* FLUGW, MAR Bord *m*; **a ~** an Bord; **al ~** längsseits; **de a ~** Bord-; **de alto ~** seetüchtig, Hochsee-; einflussreich; **franco a ~** HDL, MAR frei an Bord; **franco ~** Freibord *m*; **fuera de ~** außenbords ◇ **subir a ~** an Bord gehen

bordó bordeauxfarben, weinrot

bord|ón *m* Pilgerstab *m*; Stütze *f Helfer*; Kehrrein *m*; stereotype Wendung *f*; MUS Basssaite *f*; *Col* Benjamin *n* der Familie; **~ona** *f Arg* Basssaite *f*

bordoncillo *m* Kehrreim *m*

bordon|ear *intr Blinde* mit dem Stab herumtappen; bettelnd durch die Lande ziehen; brummen; **~ería** *f* Landstreicherei *f*; **~ero** *m* Landstreicher *m*; Bettler *m*

boreal nördlich, Nord-, boreal

Borgoña *f hist* Burgund *n*

borgoñ|a *m* Burgunder(wein) *m*; **~és** *m*, **~esa** *f* Burgunder(in) *m*(*f*)

bórico Bor-; borhaltig

bori|cua, ~ncano *m*, **-a** *f*, **~nqueño** *m*, **-a** *f* Puerto-Ricaner(in) *m*(*f*)

borla *f* Quaste *f*; Troddel *f* ◇ **tomar la ~** den Doktor machen *promovieren*

borlarse *AmS* seinen Doktor machen

borlilla *f* BOT Staubbeutel *m*, -gefäß *n*; Wei-

denkätzchen *n*
borne *m* EL Klemme *f*; Klemmschraube *f*; **~ de antena** (**araña**) Antennen-(Lüster)-Klemme *f*; **~ de carga** *Batterie* Ladeklip *m*
bornear I *tr* verbiegen; umbiegen; *Quadersteine* setzen und zurechtrücken; *Säule* ringsum behauen **II** *intr* MAR schwoien, schwojen; *Wind* umschlagen; *Wagen* sich um die eigene Achse drehen; **~se** *Holz* sich verziehen
boro *m* CHEM Bor *n*
borona *f* Hirse *f*; Mais *m*; *Esp* Maisbrot *n*; *Am* Brotkrümel *m,n*
borra *f* einjähriges Lamm *n*; Grobwolle *f*; Füllwolle *f zum Polstern*; Ziegenhaar *n als Füllmaterial*; Fussel *f/Pl*; Flusen *f/Pl*; *Öl*, *Tinte* Bodensatz *m*; **~ de café** Kaffeesatz *m* ◇ **meter ~** *übertr* leeres Stroh dreschen
borrachera *f* Rausch *m auch übertr*; Sauferei *f*; **~ de placeres** (**triunfo**) Freuden-(Sieges)taumel *m* ◇ **agarrarse** *od* **coger una ~** sich betrinken
borrach|ería *f Méx*, *Rpl* Kneipe *f*; **~ín** *m* Zechbruder *m*; **~o I** *Adj* betrunken; berauscht *auch übertr*; besessen (**de** von); *Möhre*, *Aubergine*, *einige Blumen* violett **II** *m* Betrunkener *m*; Trunkenbold *m*
borrado I *Adj* (durch)gestrichen ◇ **están ~s** *Am reg* sie sind (wie vom Erdboden) verschwunden **II** *m* INFORM, *Tonband* Löschen *n*; Löschung *f*
borrad|or *m* Konzept *n*, schriftlicher Entwurf *m*; VERW Vorlage *f*; Kladde *f*; Skizze *f*; Tafellappen *m*; *Am reg* Radiergummi *m*; **~ura** *f* Radieren *n*; Löschung *f*; Streichung *f*
borraja *f* Borretsch *m*
borrajear *intr* kritzeln
borrar *tr* radieren; wegradieren; wegwischen; verwischen; *Wort* streichen; INFORM, *Tonband* löschen; *Spuren* verwehen; *Spuren* beseitigen; *im Formular* durchstreichen; **~se** entschwinden; schwinden
borras|ca *f* Sturm *m auch übertr*; Sturmtief *n*; Unwetter *n*; **~coso** stürmisch *auch übertr*; *Leben* bewegt; **~quero** Lotter-, liederlich
borratintas *m* Tintenkiller *m*
borrego *m* ein- bis zweijähriger Schafbock *m*; Schaf(skopf *m*) *n*; **~s** *Pl* Schäfchenwolken *f/Pl*
borric|o *m* Esel *m auch übertr*; **~ón** *m*, **~ote** *m übertr* geduldiges Schaf *n*
borriqu|ero *m* Eselstreiber *m*; **~ete** *m* Sägebock *m*
borrón *m* Tintenklecks *m*; Radierstelle *f*; Schandfleck *m*; *übertr* Fleck *m*; Skizze *f* ◇ **hacer ~ y cuenta nueva** einen Schlussstrich ziehen
borr|onear *tr* hinkritzeln; **~osidad** *f* Verschwommenheit *f*; Unschärfe *f*; **~oso** verschwommen, undeutlich; *Flüssigkeit* trübe; *Kaffee* voller Satz
boscaje *m* Holz *n*, Gehölz *n*
Bosco: **El ~** *hispanisierte Form von* Hieronymus Bosch
boscoso waldig, Wald-; bewaldet
Bósforo: **el ~** der Bosporus
Bosnia y Herzegovina *f* Bosnien-Herzegowina *n*
bosn|íaco *od* **~iaco**, **~io I** *Adj* bosnisch **II** *m*, **~íaca** *f*, **~iaca** *f*, **~ia** *f* Bosnier(in) *m(f)*
bosque *m* Wald *m*; Gehölz *n*; **~ artificial** (**natural**) Kultur-(Natur)wald *m*; **~ claro** *od* **ralo** (**espeso**) lichter (dichter) Wald *m*; **~ de coníferas** (**de fronda, ~ frondoso**) Nadel-(Laub)wald *m*; **~ primitivo** Urwald *m*
bosquej|ar *tr* skizzieren; *Thema* andeuten; **~o** *m* Skizze *f*; Entwurf *m*
bosquim|án *od* **~ano** *m* Buschmann *m*
bosta *f* Pferdemist *m*; Kuhmist *m*
bostezar ⟨-z/c-⟩ *intr* gähnen
bota[1] *f* kleiner Weinschlauch *m*
bota[2] *f* Stiefel *m*; **~ alta** Schaftstiefel *m*; **~ de botones** (**esquiar**; **fieltro**; **goma** *od Méx* **hule**) Schnür-(Ski-; Filz-; Gummi)stiefel *m*; **~ de lluvia** Überschuh *m*; **~ de media caña** Stiefelette *f*, Halbstiefel *m*; **~ de montar** Reitstiefel *m* ◇ **ponerse las ~s** die Stiefel anziehen; seinen Schnitt machen *einen guten Gewinn erzielen*
botad|a *f Am reg* Rausschmiss *m*; **~ero** *m Am reg* Müllkippe *f*; **~o I** *Adj Am reg* fast geschenkt *sehr billig* **II** *m Am* Findelkind *n*; **~or** *m* Bootshaken *m*; Stake *f*; *Am reg* Verschwender *m*; **~ura** *f* Stapellauf *m*
bota|fuego *m* Hitzkopf *m*; **~fumeiro** *m* Weihrauchkessel *m*
botánic|a *f* Botanik *f*; **~o I** *Adj* botanisch **II** *m* Botaniker *m*
botar I *tr* rausschmeißen; *Schiff* vom Stapel (laufen) lassen; *Am* werfen; wegwerfen; abwerfen; *Am reg* umwerfen; *Ruder* umlegen; *Col* verschleudern **II** *intr Ball* springen; *Pferd* ausschlagen; *Gefährt* hoppeln; **~se** sich hinwerfen; *Pferd* sich aufbäumen
botarat|ada *f* poltriges Benehmen *n*; **~e** *m* poltriger Kerl *m*; *Am reg* Verschwender *m*; **~ear** *intr Am* poltern; mit vollen Händen ausgeben
bote[1] *m* Büchse *f*; Dose *f*; Glas *n Konserven*; TEXTIL Topf *m*; Kanne *f*; **~ de humo** *Polizei* Rauchgeschoss *n*; **~ de lata** Blechdose *f*; **~ de pintura** Farbtopf *m*; **~ de propina** Büchse *f* fürs Trinkgeld; **~ pulveriza-**

dor Sprühdose *f* ◇ ***estar de ~ en ~*** gerammelt voll sein *z.B. ein Lokal*
bote[2] *m* Satz *m*, Sprung *m*; Abprallen *n eines Geschosses*; Stoß *m*; *Am reg* Wegwerfen *n*, -schütten *n*; ***de ~ y voleo*** auf der Stelle, sofort ◇ ***pegar un ~*** aufspringen
bote[3] *m* Boot *n*, Kahn *m*; ***~ automóvil*** Motorboot *n*; ***~ de desembarco*** Landungsboot *n*; ***~ neumático*** (***plegable***; ***de remolque***) Schlauch-(Falt-; Bei)boot *n*; ***~ de remos*** (***salvamento***; ***~ salvavidas***) Ruder-(Rettungs)boot *n*
botella *f* Flasche *f*; *Ant* bezahlter Posten *m* ohne zu arbeiten; ***~ forrada*** Korb- *bzw* Bastflasche *f*; ***~ de Leyden*** PHYS Leydener Flasche *f*; ***~ recuperable*** *od* ***retornable*** (***no recuperable*** *od* ***de un solo uso***) Mehrweg-(Einweg-, Wegwerf)flasche *f*; ***media ~*** Dreikäsehoch *m* ◇ ***pedir ~, viajar en ~*** *Cu* trampen
botell|azo *m* Schlag *m* mit der Flasche; **~ero** *m* Flaschenfabrikant *m*; Flaschenständer *m*; **~ín** *m* Fläschchen *n*; **~ón** *m* große Flasche *f*; *Méx* Karaffe *f*; *Esp umg* Besäufnis *f Jugendlicher auf der Straße*
botero[1] *m* Bootseigner *m*
botero[2] *m Am reg* Schuhmacher *m*
botic|a *f* Apotheke *f auch übertr*; *reg* Krämerladen *m*; **~ario** *m* Apotheker *m*
botija I *f* bauchige Vase *f*; *Am* Wanst *m Bauch* ◇ ***estar hecho una ~*** *Kind* ein Dickerchen sein **II** *m Ur* Kleiner *m Kind*
botijo *m* bauchiger Wasserkrug *m*
botín[1] *m* Beute *f*; ***~ de guerra*** Kriegsbeute *f* ◇ ***coger ~*** Beute machen; ***repartirse el ~*** sich die Beute teilen *auch übertr*
bot|ín[2] *m* Gamasche *f*; Schnürstiefel *m*; **~ina** *f* Halbstiefel *m*, Stiefelette *f*
botiquín *m* Hausapotheke *f*; Reiseapotheke *f*; Verbandskasten *m*
botón *m Kleidung*, TECH Knopf *m*; Knauf *m*; Taste(r *m*) *f*; Knospe *f*; *Blasinstrumente* Klappe *f*, Ventil *n*; TEXTIL Noppe *f*; ***~ de alto*** Ausschalttaste *f*; ***~ de arranque*** Starter-, Anlasserknopf *m*; ***~ automático*** *od* ***de presión*** Druckknopf *m*; ***~ derecho*** (***izquierdo***) ***del ratón*** INFORM rechte (linke) Maustaste *f*; ***~ de disparo*** FOTO Auslöserknopf *m*; ***~ de mando*** Steuerknopf *m*; ***~ de muestra*** *übertr* Kostprobe *f*; Glanzstück *n*; ***~ de parada*** *CD-Player, Kassettenrekorder* Stopptaste *f*; ***~ sintonizador*** Abstimmknopf *m*; ***~ de timbre*** Klingelknopf *m*; ***al ~*** *Am reg* vergebens
boton|adura *f* Satz *m* Knöpfe; Knopfreihe *f*; **~ero** *m* Knopfmacher *m*; Knopfhändler *m*; **~es** *m* Hotelboy *m*, Page *m*; Botenjunge *m*
Bots|uana *od* **~wana** *f* Botswana *n*
bots|uanés *od* **~wanés I** *Adj* botswanisch **II** *m*, **-esa** *f* Botswaner(in) *m(f)*
botulismo *m* Botulismus *m*
bouquet *m Wein* Bukett *n*, Blume *f*
boutique *f* (Mode-)Boutique *f*
bóveda *f* Gewölbe *n*; Wölbung *f*; Gruftgewölbe *n*, Krypta *f*; *Nic Bank* Tresor(raum) *m*; ***~ de arista*** *od* ***crucería*** Kreuzgewölbe *n*; ***~ en cañón*** Tonnengewölbe *n*; ***~ celeste*** *od* ***celestial*** Himmelsgewölbe *n*; ***~ craneal*** *od* ***craneana*** Schädeldach *n*; ***~ ojiva*** (***de sótano***; ***de techo***) Spitzbogen-(Keller-; Decken)gewölbe *n*; ***~ palatina*** harter Gaumen *m*
bovino I *Adj* Rinder- **II** *m* **~s** *Pl* Rinder *n/Pl*; **~cultura** *f* Rinderhaltung *f*
box *m Am* → ***boxeo***; **~eador** *m* Boxer *m*; **~ear** *intr* boxen
boxeo *m* Boxen *n*; ***~ de simulacro*** Schattenboxen *n*
bóxer *m* Boxer *m Hund*; Boxershorts *Pl*
boya *f* MAR Boje *f*, Tonne *f*; ***~ acústica*** (***de amarre***) Heul-(Anker)boje *f*; ***~ de aviso*** (***de canal***; ***flotante***; ***luminosa***) Warn-(Fahrrinnen-; Schwimm-; Leucht)boje *f*
boyada *f* Ochsenherde *f*
boy|ante Schwimm-; *Schiff* mit geringem Tiefgang; erfolgreich; florierend; glücklich; **~ar** *intr* MAR wieder flott werden; *Am* schwimmen, treiben
boyer|iza *f* Ochsenstall *m*; **~o** *m* Ochsentreiber *m*
boy-scout *m* Pfadfinder *m*
bozal I *Adj* unerfahren; dumm; wild; ungebändigt; *Am* das Spanische radebrechend **II** *m* Maulkorb *m*; ***~ obligatorio*** Maulkorbzwang *m*
bozo *m* Flaumbart *m*; Lippenregion *f*; *Pferd* Führ-, Halfterstrick *m*
Br (*Symb für* → ***bromo***) CHEM Br
Brabante *m* Brabant *n*
braban|te *m* Brabanter Linnen *n*; **~zón I** *Adj* brabantisch **II** *m*, **-ona** *f* Brabanter(in) *m(f)*
brac|ear I *tr* MAR brassen; *Metallschmelze* umrühren **II** *intr* die Arme schwenken; mit den Armen fuchteln; kraulen *schwimmen*; um sich schlagen
bracero *m* Tagelöhner *m*; Stütze *f Halt*; ***de ~*** Arm in Arm, untergehakt ◇ ***servir de ~ a alg*** jmdn am Arm führen
bracete: ***de ~*** → ***de bracero***
bracista *m* Brustschwimmer *m*
braga *f*, *meist* **~s** *Pl* Schlüpfer *m*; Windelhöschen *n* ◇ ***calzar las ~s*** *übertr* die Hosen anhaben; ***estar en ~s*** auf dem letzten Loch pfeifen *kein Geld (mehr) haben*; ***pillar a alg en ~s*** jmdn unversehens erwischen
bragad|o verschlagen, tückisch; resolut;

~ura *f* Schenkelinnenseite *f von Menschen, Großvieh*; *Hose* Schritt *m*
brag|azas *m* Pantoffelheld *m*; **~uero** *m* Bruchband *n*; **~ueta** *f* Hosenschlitz *m*
braguetazo *m* Geldheirat *f* ◇ ***dar*** **(*el*)** **~** eine gute Partie machen *eine reiche Frau heiraten*
braguetero I *Adj* lüstern **II** *m* Lüstling *m*; Schürzenjäger *m*; *Am reg* Mitgiftjäger *m*
brahm|án *m* Brahmane *m*; **~anismo** *m* Brahmanismus *m*
braille *m* Blindenschrift *f*
bram|a *f* Brunst *f*; *Schalenwild* Brunft *f*; Brunst- *bzw* Brunftzeit *f*; **~adero** *m* Brunftplatz *m*; **~ador I** *Adj* Brüll-; röhrend **II** *m CR* Brüllaffe *m*
bramante *m* Bindfaden *m*; **~ *para agavillar*** LANDW Bindegarn *n*
bram|ar *intr* brüllen; *Hirsch* röhren; *Wind* heulen; *Brandung u übertr* toben; **~ido** *m* Brüllen *n*; *Hirsch* Röhren *n*; Gebrüll *n*; Heulen *n*; Toben *n*, Wüten *n*; Tosen *n*
Brandenburgo *m* Brandenburg *n*
brandenburgués *m*, **-esa** *f* Brandenburger(in) *m(f)*
brandy *m* Brandy *m*, Weinbrand *m*
branqui|a *f* Kieme *f*; **~al** Kiemen-
brasa *f* (Kohlen- *bzw* Holz-)Glut *f*; **~ *caliente*** *übertr* heißes Eisen *n*; ***a la*** **~** gegrillt ◇ ***estar como en*** **~*s*** wie auf glühenden Kohlen sitzen; ***sacar la*** **~ *con mano de gato*** *übertr* sich von anderen die Kastanien aus dem Feuer holen lassen
bras|ear *tr* grillen; **~ero** *m* Kohlenbecken *n für Heizzwecke*; *übertr* Backofen *m*; *hist* Scheiterhaufen *m*
Brasil: ***el*** **~** Brasilien *n*
brasil|eño, *Am* **~ero I** *Adj* brasilianisch **II** *m*, **-a** *f* Brasilianer(in) *m(f)*
brav|amente tüchtig, viel *z.B. essen*; gut, prima; **~ata** *f* Großsprecherei *f*; prahlerische Drohung *f*; **~eza** *f* Wildheit *f*; Ungestüm *n*; Wut *f*; **~ío I** *Adj* wild, ungebärdig; BOT wild (wachsend); ungebildet; widerspenstig **II** *m* Wildheit *f bes der Stiere*; **~o I** *Adj* tapfer; mutig; wild *Tier, Meer, Fluss*; ungezähmt; BOT (wild) wachsend; *Gebirge* wild zerklüftet; *Meer* stürmisch, aufgewühlt; aufbrausend *im Wesen*; brav, prächtig *z.B. Frau*; *Am* böse *beleidigt*; wütend **II** *Interj* **¡~!** bravo!; **~ucón** *m* Maulheld *m*; **~ura** *f* Wildheit *f*; Tapferkeit *f*, Mut *m*; → **~ata**
braza *f* MAR Faden *m unterschiedliches Längenmaß zur Angabe der Wassertiefe*; MAR Brasse *f*; **~ *de espalda*** **(*mariposa*; *de pecho*)** Rücken-(Schmetterlings-; Brust)schwimmen
brazad|a *f* Armbewegung *f*; *Schwimmen* Armschlag *m*; (Ruder-)Schlag *m*; **~o** *m* Arm voll *z.B. Heu, Reisig*
brazalete *m* Armband *n*; Armbinde *f*; **~ *de luto*** Trauerflor *m*
brazo *m i e S* Oberarm *m*; *i w S* Arm *m*; *Vierfüßer* Vorderbein *n*; Waagebalken *m*; *Stuhl* Armlehne *f*; *Plattenspieler* Tonarm *m*; *Baum* Ast *m*; **~*s*** *Pl* Arbeitskräfte *f/Pl*; **~ *agitador*** *od* ***batidor*** TECH Rührarm *m*; **~ *articulado*** **(*de fuerza*; *de palanca*)** Gelenk-(Kraft-; Hebel)arm *m*; **~ *a*** **~** Mann gegen Mann; **~ *de compás*** Zirkelschenkel *m*; **~ *derecho*** *übertr* die rechte Hand; **~ *giratorio*** *od* ***movible*** Schwenkarm *m*; **~ *de gitano*** Creme-Sahne-Rolle *f Kuchen*; **~ *de grúa*** Kranausleger *m*; **~ *de la ley*** Arm *m* des Gesetzes; **~ *de mar*** Meeresarm *m*; **~ *político*** *übertr* politischer Arm *m*; **~ *secular*** weltliche Gerichtsbarkeit *f bzw* Macht *f*; ***a*** **~ *partido*** nur mit den Armen *ohne Waffen*; mit großem Kraftaufwand; ***a todo*** **~** mit aller Gewalt; aus Leibeskräften; ***cogidos del*** **~** Arm in Arm ◇ ***abrirle los*** **~*s a alg*** jmdn herzlich aufnehmen; ***cruzar los*** **~*s*** die Arme verschränken; ***cruzarse de*** **~*s*** die Hände in den Schoß legen *untätig zusehen*; ***dar el*** **~ *a alg*** jmdm den Arm reichen; ***no dar su*** **~ *a torcer*** nicht nachgeben; ***echarse en*** **~*s de alg*** sich jmdm an den Hals werfen
brea *f* Teer *m*, Pech *n*; **~ *de coque*** **(*haya*; *hulla*)** Kokerei-, Zechen-(Buchenholz-; Steinkohlen)teer *n*; **~ *vegetal*** Holzkohlenteer *m*
breakdance *m* Breakdance *m*
brebaje *m* (widerliches) Gesöff *n*
brecha *f* Bresche *f*; Platzwunde *f*; Kluft *f Abstand* ◇ ***abrir una*** **~** eine Bresche schlagen; ***estar siempre en la*** **~** stets zur Verteidigung bereit sein; ***hacer*** **~** Eindruck machen (***en*** auf); ***lanzarse en la*** **~** in die Bresche springen *für jmdn eintreten*; ***seguir en la*** **~** unermüdlich tätig sein
brécol *m*, **~es** *Pl* Brokkoli *Pl*, *auch m*
brega *f* Kampf *m*; Auseinandersetzung *f*, Streit *m* ◇ ***andar a la*** **~** sich abrackern
bregar ⟨-g/gu-⟩ **I** *intr* kämpfen; sich abrackern **II** *tr Teig* auswalzen
Brema *f* Bremen *n Stadt u Land*
breña *f* mit Gestrüpp bestandenes felsiges Gelände *n*
breque *m AmS* EISENB Gepäckwagen *m*; *Am reg* Bremse *f*
Bretaña *f* Bretagne *f*; ***Gran*** **~** Großbritannien *n*
brete *m* Klemme *f schwierige Lage*; *Cu* Tratscherei *f*; *Arg* Pferch *m zum Markieren od Schlachten von Rindern* ◇ ***estar en un*** **~** in der Klemme sitzen; ***poner en un*** **~** in Bedrängnis bringen

bretón I *Adj* bretonisch II *m* Bretone *m*; das Bretonische
breva *f* Frühfeige *f*, erste Feige *f*; frühreife Eichel *f*; flache Zigarre *f*; *Am reg* Kautabak *m*; ***más blando que una ~*** so klein mit Hut *z.B. nach einer Schelte* ◇ ***coger buena ~*** *übertr* gut abschneiden
breve I *Adj* kurz; ***en ~*** bald ◇ ***es ~ de contar*** es ist schnell erzählt; ***ser ~*** sich kurz fassen II *f* MUS Brevis *f Note*; ***~s*** *Pl* Kurznachrichten *f/Pl*
brevedad *f* Kürze *f zeitlich*; ***a*** *od* ***con la mayor ~ posible*** schnellstmöglich; ***para mayor ~*** der Kürze halber ◇ ***le ruego ~*** bitte fassen Sie sich kurz!
brevemente mit wenigen Worten
breviario *m* REL Brevier *n*; Abriss *m*; *auch* Leitfaden *m*
brezo *m* Bruyère-Strauch *m*
briba *f* Vagabunden-, Lotterleben *n*
brib|ón I *Adj* Gauner-; nichtsnutzig II *m* Gauner *m*, Spitzbube *m*; Taugenichts *m*; Schurke *m*; Strolch *m*; **~onada** *f* Gaunerei *f*; Schurkenstück *n*; Schelmenstreich *m*; **~onear** *intr* ein Gaunerdasein führen; herumstrolchen; **~onzuelo** *m meist liebevoll* kleiner Gauner *m*
bricol|ador *m* Heimwerker *m*, Bastler *m*; **~aje** *m* Basteln *n*, Heimwerken *n*
brida *f* Zaum(zeug *n*) *m*; Flansch *m*; *Schlauch* Schelle *f*; Lasche *f*; ***~ de acoplamiento*** (***de la caja de velocidades***) Kupplungs-(Getriebe)flansch *m*; ***a toda ~*** in vollem Galopp
bridge *m* Bridge *n*
brigada I *f* Brigade *f*; Rotte *f*; Trupp *m*; MAR Wache *f*; ***~ de bomberos*** *Feuerwehr* Löschzug *m*; ***~ antiestupefacientes, ~ de narcóticos*** Rauschgiftdezernat *n*; Drogenfahndung *f*; ***~ de homicidios*** Mordkommission *f*; ***~ mundana*** Sittenpolizei *f*; ***~ municipal*** städtische Arbeiter *m/Pl*; ***~ de salvamento de mina*** Grubenwehr *f*; ***~ sanitaria*** Sanitätszug *m* II *m* Feldwebel *m*
brigadista *m Cu, Nic* Alphabetisator *m*
brik *m* Tetrapak *m Getränkekarton*
brillan|te I *Adj* strahlend; leuchtend; glänzend *auch übertr*; hervorragend; vortrefflich; Glanz-; FOTO Hochglanz- II *m* Brillant *m*; **~tez** *f* Glanz *m*; FOTO *u übertr* Brillanz *f*; **~tina** *f* Brillantine *f*
brillar *intr* strahlen; leuchten; glänzen; *Sonne* scheinen; *Sterne* funkeln
brillo *m* Glanz *m auch übertr*; Schein *m*; Funkeln *n*; ***~ del sol*** Sonnenschein *m*; ***pulido al ~*** hochglanzpoliert; ***sin ~*** glanzlos; unscheinbar ◇ ***dar*** *od* ***sacar ~ a u/c*** etw polieren *od* blank putzen
brincar ⟨-c/qu-⟩ I *intr* hüpfen, springen; ***está que brinca*** er geht gleich in die Luft *vor Freude od Zorn* II *tr etw od jmdn absichtlich* überspringen
brinco *m* Sprung *m*, Satz *m* ◇ ***dar*** *od* ***pegar un ~*** aufspringen, hochschnellen; einen Satz machen; ***dar ~s de alegría*** Freudensprünge vollführen
brindar I *intr* trinken, anstoßen (***por*** auf) II *tr* anbieten; *Unterstützung* geben; *Beitrag, Hilfe* leisten; schenken; *Gelegenheit* bieten; *Schatten* spenden; *Vortrag* halten; *Ven* spendieren; ***~se a*** + *Inf* sich erbieten zu + *Inf*
brindis *m* Trinkspruch *m*, Toast *m* ◇ ***hacer un ~*** einen Trinkspruch ausbringen
brío *m*, *häufig* **~s** *Pl* Kraft *f*, Stärke *f*; Mut *m*, Schneid *m*; Feuer *n Begeisterung*; Schwung *m Elan*; Anmut *f*
brioso mutig; kraftvoll; schwungvoll; feurig, temperamentvoll
briquet|a *f* Brikett *n*; **~ear** *tr* brikettieren
brisa *f* Nordostwind *m*; Brise *f*; **~s** *Pl Ven* Passatwinde *m/Pl*; ***~ marina*** (***de tierra***) leichter See-(Land)wind *m*
británico I *Adj* britisch II *m*, **-a** *f* Brite(-in) *m*(*f*)
brizna *f* Faser *f*; Fädchen *n*; *Bohnen* Faden *m*; Krümel(chen) *n*; Splitter *m*; ***~ de algodón*** Baumwollfaser *f*; ***~ de paja*** Strohhalm *m*; ***~ de tabaco*** Krümel *m* Tabak ◇ ***no corre ni una ~ de aire*** es regt sich kein Lüftchen
broca *f* Bohrer *m*; ***~ avellanadora*** (***espiral***) Senk-(Spiral)bohrer *m*; ***~ dental*** MED Zahnbohrer *m*
brocado *m* Brokat *m*
brocal *m* Brunnenrand *m*; *Weinschlauch* Mundstück *n*
brocha *f* Pinsel *m auch zum Rasieren*; ***~ de albañil*** Maurerbürste *f*, -pinsel *m*
brochazo *m* Pinselstrich *m*
broche *m* TEXTIL Haken *m* und Öse *f*; Bücherschloss *n*; Brosche *f*; *Col* Druckknopf *m*; *Ec, PR* Manschettenknopf *m*; *Am reg* Büroklammer *f*; Heftklammer *f*; ***~ de oro*** *übertr* Krönung *f*
bróc|oli, ~uli *m* Brokkoli *Pl*, *auch m*
broker *m* Broker *m*, Börsenmakler *m*
broma *f* Spaß *m*, Scherz *m*; Unfug *m*; ***~s aparte*** Scherz beiseite; ***~ de mal gusto, ~ pesada*** übler *od* schlechter Scherz *m*; grober Unfug *m*; ***de, en*** *od* ***por ~*** aus, im *od* zum Spaß, im Scherz; ***entre ~s y veras*** halb scherzhaft, halb ernsthaft ◇ ***admitir una ~*** einen Spaß verstehen; ***echar*** *od* ***tomar a ~*** *etw* nicht ernst nehmen; (***no***) ***estar para ~s*** (nicht) zum Scherzen aufgelegt sein; ***gastar ~s*** *od* ***una ~*** → ***bromear***; ***salir por una ~*** teuer zu stehen kommen
bromatología *f* Ernährungswissenschaft *f*

brom|azo *m* übler Scherz *m*; **~eador** → ***bromista***
bromear *intr*, **~se** scherzen, Spaß machen; ***¡no bromees!*** mach keine Späße!
brom|ista I *Adj* zum Spaßen aufgelegt, fidel **II** *m* Spaßmacher *m*, -vogel *m*; **~ístico** spaßig, witzig, scherzhaft
brom|o *m* Brom *n*; **~uro** *m* Bromid *n*
bronca *f* Zoff *m*; Krach *m*; Groll *m* ◇ ***armar una ~*** Krach schlagen; ***se armó una ~*** (*od* ***la ~ padre***) es hat Krach (einen Mordskrach) gegeben; ***buscar ~*** Streit suchen; ***echar una ~ a alg*** jmdm den Marsch blasen *gehörig zurechtweisen*; ***tener ~ a alg*** auf jmdn Groll haben
bronce *m* Bronze *f*; Bronzefigur *f*; ***~ de aluminio*** (***de campanas***; ***para cojinetes***) Aluminium-(Glocken-; Lager)bronze *f*; ***~ fundido*** Gussbronze *f*
bronce|ado I *Adj* bronzefarben; braun gebrannt *sonnengebräunt* **II** *m* Bronzieren *n*; (Sonnen-)Bräune *f*; **~ador I** *Adj* Bräunungs- **II** *m* Sonnenschutzmittel *n Öl, Creme*; **~ar** *tr* bronzieren; bräunen; **~arse** sich bräunen; **~ría** *f* Bronzewaren *f/Pl*
bronco *Metall* roh, unbearbeitet; *Metall* spröde, brüchig; *Husten*, *Stimme* rau; *Stimme* heiser; dumpf; *Wesen* barsch; *Felsen* schroff
bronquedad *f* Rauheit *f*; Sprödigkeit *f*
bronqu|ial Bronchial-; **~io** *m* ANAT Bronchie *f*; **~íolo** *m* Bronchiole *f*; **~itis** *f* Bronchitis *f*
broqueta *f* Bratspieß *m*
brotar I *intr Saat* keimen; hervorspringen; *Saat* aufgehen; *Baum* ausschlagen; treiben; (hervor)quellen (***de*** aus); *Quelle* (hervor)sprudeln; *Fontäne*, *Rauchsäule* hervortreten; entspringen (***de*** *Dat*) *auch übertr*; *Krankheit* ausbrechen; aufkommen *entstehen*; sich bilden *z.B. Pickel* **II** *tr Idee* ausbrüten; ***hacer ~*** erzeugen *z.B. Funken*
brote *m* Knospe *f*; Keim *m auch übertr*; Spross *m*; Sprießen *n*; Ausbruch *m plötzlicher Beginn*; ***~ de violencia*** Gewaltausbruch *m*; ***un nuevo ~ de cólera*** ein neuer Choleraausbruch ◇ ***ahogar en ~*** im Keim ersticken; ***echar ~s*** Knospen treiben
browser *m* INFORM Browser *m*
broz|a *f* Gestrüpp *n*; dürres Laub *n*; Reisig *n*; Schmutz *m*; TYP Setzerbürste *f*; **~oso** voller Gestrüpp; verschmutzt
bruces: ***de ~*** auf dem Bauche (liegend) ◇ ***caer*** *od* ***dar de ~*** auf die Nase fallen; ***darse de ~ con*** zusammenstoßen mit; *jmdm* unerwartet begegnen
bruja *f* Hexe *f auch übertr*; alte Vettel *f*
Brujas *f* Brügge *n*
bruj|ear *intr* hexen; **~ería** *f* Hexerei *f*; **~esco**, **~eril** Hexen-; **~o I** *Adj* bezaubernd, verführerisch *z.B. Augen*, *Lachen* **II** *m* Hexenmeister *m*, Zauberer *m*
brújula *f* Magnetnadel *f*; Kompass *m*; ***~ giroscópica*** (***magnética***; ***de marcación***; ***marina***; ***de minero***) Kreisel-(Magnet-; Peil-; Schiffs-; Markscheider)kompass *m* ◇ ***perder la ~*** die Orientierung verlieren
brum|a *f* MAR Nebel *m*; Dunst *m*; **~azón** *m* MAR dichte Nebelwand *f*; **~oso** neblig, diesig
brunch *m* Brunch *m*
Brunei *m* Brunei *n*
Brunswick *m* Braunschweig *n*
bruñ|ido *m* Polieren *n*; Brünieren *n*; **~ir** *tr* brünieren; polieren; polierschleifen
brusco *Adj* jäh, plötzlich; ruckartig; unvermittelt; barsch, brüsk
Bruselas *f* Brüssel *n*
bruselense *m(f)* Brüsseler(in) *m(f)*
brusquedad *f* Schroffheit *f*; ***con ~*** unvermittelt; schroff; ruckartig
brutal brutal, roh; viehisch; enorm; toll; **~idad** *f* Brutalität *f*, Rohheit *f*; Gewalttätigkeit *f*; Rücksichtslosigkeit *f*; Dussligkeit *f*; Riesenhaufen *m*, Unmasse *f*
bruto I *Adj* dumm; ungebildet, grob; unvernünftig; ungeschliffen *unhöflich*; roh; unbearbeitet; verdammt *z.B. Hitze*; FIN brutto, Brutto-; ***en ~*** Roh- ◇ ***ponerse ~*** *Esp* geil werden **II** *m* Dussel *m*; *übertr* Rohling *m*
bto. *Abk für* → ***bulto***
bruza *f* Kardätsche *f*; TYP Setzerbürste *f*
bu *m* Buhmann *m*; **~cal** Mund-
bucanero *m hist* Bukanier *m Seeräuber*
Bucarest *m* Bukarest *n*
bucarestino *m* Bukarester *m*
buce|ador *m*, **~adora** *f* (Sport-)Taucher(in) *m(f)*; **~ar** *intr* tauchen; (nach)forschen
buceo *m* Tauchen *n*; Sporttauchen *n*
buche *m Vögel* Kropf *m*; *auch* Magen *m*; Schluck *m*; ***a ~s espaciados*** schlückchenweise ◇ ***no le cabe en el ~*** er kann den Mund nicht halten; er ist übersatt; ***guardar algo en el ~*** etw für sich behalten *schweigen*; ***hacer ~s*** den Mund *mit etw* (aus)spülen; ***sacar el ~ a alg*** jmdm etw entlocken *zum Sprechen bringen*
bucle *m* Locke *f*; TECH Schleife *f*; Kehre *f*, Kurve *f*
bucólica *f* Hirtendichtung *f*
Buda *m* Buddha *m*
Budapest *m* Budapest *n*
budapestino *m* Budapester *m*
budín *m* Pudding *m*
budismo *m* Buddhismus *m*
buen *Kurzf von* → ***bueno*** *vor m/Sg*
buena *elliptische Form in mehreren Wen-*

dungen, z.B. **a ~s o malas, por las ~s o por las malas** wohl oder übel; im Guten oder im Bösen; **a la ~** aufrichtig; **de ~s a primeras** auf den ersten Blick, sofort; (so) mir nichts, dir nichts; **en las ~s y en las malas** in guten und in schlechten Zeiten; **¡(muy) ~s!** guten Morgen!; guten Tag!; guten Abend!; gute Nacht!; **por las ~s** im guten; gütlich; freiwillig; gern ◇ **dar una ~ a alg** jmdn zur Schnecke machen *rügen*; **darse a ~s** vernünftig werden; **estar de ~s** gut gelaunt sein; **¡~ es esa!** *iron* das ist gelungen!; **¡~ la he hecho!** da habe ich was angerichtet!; **tenerlas ~s y gordas** in den fetten Jahren leben

buenamente ohne Anstrengung; gut-, freiwillig

buenaventura *f* Glück *n*

buenísmo sehr gut

bueno gut; geeignet; lieb; brav; freundlich; *Zeit* angenehm; *Wetter* schön; *Mensch* gut(mütig); *Frau* seelengut; *Mädchen* anständig; *Hände* geschickt; *Fest* gelungen; *Menge* beträchtlich; **¡~!** *Zustimmung* einverstanden; gut!, in Ordnung!; *Einverständnis* gut, von mir aus!; *Warnung, Tadel* na, na!, das fehlte noch!; **¡~ ya!** jetzt ist aber Schluss!, jetzt reicht's mir!; **de ~ a mejor** immer besser; **más ~** besser; **muy ~** sehr gut; gelungen; auf Draht *tüchtig* ◇ **¿qué me cuentas** *od* **dices de ~?** was gibt's Neues?; **dar por ~** billigen; **está ~** er ist wohlauf; das ist gut; gut so; **¡~ está!** *Einverständnis, Überraschung* das ist gut!; **¡estaría ~!** so weit kommt's noch; **estaría ~ que** jetzt würde nur noch fehlen, dass; **hace ~** es ist schönes Wetter; **poner ~ a alg** jmdn zur Schnecke machen *herunterputzen*; **es un ~ para nada** er ist ein Taugenichts; **lo ~ es que** das Schöne dabei ist, dass; **seas ~** sei nett; sei friedlich; **~ soy yo para eso** mit mir könnt ihr's ja machen

buey *m* Ochse *m*; Rind *n*; *Am reg* Hahnrei *m*; **~ de ceba** *od* **engorde** Mastochse *m*

bufado *Glas* geblasen

búfalo *m* Büffel *m*

bufanda *f* Schal *m*; Halstuch *n*

bufar *intr* schnauben *auch übertr*; fauchen; **está que bufa** er schnaubt vor Wut; **~se** *Méx Putz* abblättern

bufé *m* Anrichte *f*; Büffet *n Tafel zur Selbstbedienung, auch* schwedisches Büffet *n*; Bahnhofsrestaurant *n*

bufete *m* Schreibtisch *m*; Kanzlei *f*; Klientel *f*; **~ (de abogados)** Anwaltskanzlei *f* ◇ **abrir ~** sich als Rechtsanwalt niederlassen; **hacerse ~** Klienten gewinnen

buffet *m* → **bufé**

bufido *m* Schnauben *n* ◇ **dar ~s** schnauben; **lanzar ~s** anranzen

buf|o I *Adj* komisch; grotesk **II** *m* MUS Buffo *m*; **~ón** *m* Hofnarr *m*; Possenreißer *m*; Hanswurst *m*

bufon|ada *f*, **~ería** *f* Narrenstreich *m*, Posse *f*

bug *m* ⟨*Pl* **bugs**⟩ Bug *m Fehler in Soft- od Hardware*

bugui-bugui *m* Boogie-Woogie *m*

buhard|a, ~illa *f* Dachboden *m*; Dachluke *f*; Boden-, Dachkammer *f*; Mansarde *f*

búho *m* Uhu *m*; Griesgram *m*; Nachtbus *m*

buhoner|ía *f* Hausierwaren *f/Pl*; Hausierhandel *m*; **~o** *m* Hausierer *m*; Krämer *m*

buido scharf, spitz; geriffelt

buitre *m* (Aas-)Geier *m auch übertr*

buje *m* Radnabe *f*; Buchse *f*; **~ría** *f* billige Zinn-, Eisen- *oder* Glaswaren *f/Pl*

bujía *f* Kerze *f auch Lichtstärkemaß*; **~ (de encendido)** KFZ Zündkerze *f*

bula *m* päpstliche Bulle *f*; Ablass *m* ◇ **tener ~ (para todo)** sich etw (alles) herausnehmen *anmaßen*

bulbo *m* BOT (Blumen-)Zwiebel *f*; Knolle *f*; ANAT Bulbus *m*; **~ dentario** MED Pulpa *f*; **~ incandescente** KFZ Glühkopf *m*; **~ raquídeo** ANAT verlängertes Mark *n*

buldog *m* Bulldogge *f*

buld|ozer *od* **~ócer** *m* Bulldozer *m*; **~ocero** *m* Bulldozerfahrer *m*

bulerías *f/Pl andalusische Weise mit Tanzbegleitung*

bulevar *m* Boulevard *m*

Bulgaria *f* Bulgarien *n*

búlgaro I *Adj* bulgarisch **II** *m*, **-a** *f* Bulgare(-in) *m(f)*

bulimia *f* MED Bulimie *f*

bulla *f* Radau *m*; Menschenauflauf *m* ◇ **armar** *od* **meter ~** Krach machen

bullabesa *f* Bouillabaisse *f Suppe aus Fischen u Schalentieren*

bulla|nguero I *Adj* laut **II** *m* Radaubruder *m*; **~ranga** *f Am* Tumult *m*

bull|icio *m* Lärm *m*, Getöse *n*; **~icioso** laut(stark); lärmend; unruhig; aufrührerisch; **~idor** unruhig; Unruhe-; ruhelos; **~ir** ⟨*perfs* **bulló**⟩ *intr* kochen *auch übertr*; aufkochen; sieden; sprudeln; wallen; hervorsprudeln; überschäumen; schwirren; sich regen; wimmeln; herumschwirren; WIRTSCH boomen

bulo *m* Ente *f Falschmeldung*

bul|ón *m* Bolzen *m*; **~onería** *f Arg* Schraubenhandlung *f*

bulto *m* Bündel *n*; Ballen *m*; Paket *n*; Pack *m*; Gepäckstück *n*; Beule *f*; *Am* Schulmappe *f*; **~s** *Pl* Stückgut *n*; **~ (de carga)** Handgepäck *n*; **~ postal** Postpaket *n*; **a ~** annähernd; über den Daumen gepeilt;

de ~ offensichtlich; voluminös; ***de gran ~*** *Ware* sperrig ◇ ***buscar el ~ a alg*** es auf jmdn abgesehen haben; ***escurrir*** *od* ***guardar*** *od* ***huir el ~*** kneifen, sich verdünnisieren; ***hacer ~*** aufbauschen; sich abheben, sich abzeichnen; viel Platz einnehmen; sperrig sein

bumer|án *od* **~ang** *m* Bumerang *m auch übertr*

bungal|ó *od* **~ow** *m* Bungalow *m*

bunker *od* **búnker** *m* MIL Bunker *m*; *Esp* Ultrarechte *f*

buñuelo *m krapfenähnliches Ölgebäck*; Pfusch *m*; ***~ de crema*** (***viento***) Creme-(Wind)beutel *m*

B.U.P. *hist* PÄD (*Abk für* ***Bachillerato Unificado Polivalente***) *Esp etwa: die letzten drei Schuljahre in der Oberstufe*

buque *m* Schiff *n*; *auch* → ***barco***; ***nave***; ***~ de altura*** Seeschiff *n*; ***~ bananero*** *od* ***platanero*** Bananenfrachter *m*; ***~ cablero*** Kabelleger *m*, -schiff *n*; ***~ de carga general*** (***a granel***) Stückgut-(Massen- *od* Schüttgut)-frachter *m*; ***~ cisterna*** Tanker *m*; ***~ escolta*** (***factoría***) Geleit-(Fabrik)schiff *n*; ***El ♀ Fantasma*** MUS Der Fliegende Holländer; ***~ faro*** (***frigorífico***; ***gemelo***; ***de guerra***; ***hospital***) Feuer-(Kühl-; Schwester-; Kriegs-; Lazarett)schiff *n*; ***~ maderero*** (***mineralero***) Holz-(Erz)frachter *m*; ***~ de línea*** Linienschiff *n auch* MIL; ***~ madrina*** (***mercante***) Mutter-(Handels)schiff *n*; ***~ multipropósito*** Mehrzweckfrachter *m*; ***~ naufragado*** *od* ***perdido*** (Schiffs-)Wrack *n*; ***~ de pasajeros*** (***servicio regular***) Fahrgast-, Passagier-(Linien)schiff *n*; ***~ de prácticas*** Ausbildungsschiff *n*; ***~ pesquero a arrastre*** Trawler *m*; ***~ portatrenes*** Eisenbahnfähre *f*; ***~ vagabundo*** *od* ***volandero*** Trampschiff *n*; ***entregada sobre ~*** HDL geliefert ab Schiff; ***por ~*** per Schiff ◇ ***matricular un ~*** ein Schiff registrieren lassen

buqué *m Wein* Bukett *n*, Blume *f*

burbuja *f* Blase *f*; *Wasserwaage* Libelle *f*; ***~ de agua*** (***aire***; ***jabón***) Wasser-(Luft-; Seifen)blase *f* ◇ ***estallar como una ~ de jabón*** *Lüge* wie eine Seifenblase zerplatzen

burbuje|ado blasig; **~ar** *intr* sprudeln; brodeln; perlen; blubbern

burdégano *m* Maulesel *m*

burdel *m* Bordell *n*, Freudenhaus *n*

Burdeos *m* Bordeaux *n*

burdeos *m* Bordeaux(wein) *m*; Bordeauxrot *n*

burdo *Material u übertr* grob; plump; ungeschickt

bureo *m* Vergnügen *n* ◇ ***ir de ~*** sich einen vergnügten Tag machen

bureta *f* Bürette *f*; *Am auch* Messkolben *m*; ***~ de titulación*** Titrierbürette *f*

burga *f* Thermalquelle *f*

burgalés aus *bzw* von Burgos

burgo *m* Flecken *m*, Weiler *m*; **~maestre** *m* Bürgermeister *m in Gemeinden einiger europäischer Länder*

burgos *m* Schafskäse *m* aus Burgos

burgués I *Adj* bürgerlich, Bürger-; bourgeois; ***pequeño ~*** kleinbürgerlich **II** *m*, **-esa** *f hist* Stadtbürger(in) *m(f)*; *umg* Bürgerliche(r) *f(m)*, *verächtl* Bourgeois *m*; ***~ de miras estrechas*** Spießbürger *m*, Philister *m*

burguesía *f* Bürgertum *n*; Mittelstand *m*; POL Bourgeoisie *f*; ***~ comercial*** Handelsbürgertum *n*; ***gran ~*** Großbürgertum *n*; ***pequeña ~*** Kleinbürgertum *n*

buril *m* Gravierstichel *m*; **~ar** *tr/intr* gravieren, stechen *z.B. in Kupfer*

Burkina Fasso *m* Burkina Faso *n*

burla *f* Spott *m*; Hohn *m*; Spöttelei *f*; Neckerei *f*; Verspottung *f*; **~s** *Pl* Spaß *m*; Späße *m/Pl*; ***¡~s aparte!*** Spaß beiseite!; ***de*** *od* ***en ~s*** im *od* zum Spaß; ***entre ~s y veras*** halb im Ernst, halb im Spaß ◇ (***no***) ***aguantar ~s,*** (***no***) ***entender de ~s*** (keinen) Spaß verstehen; ***hacer ~ de todo*** alles ins Lächerliche ziehen

burlad|ero *m* Verkehrsinsel *f*; Mittelstreifen *m bei breiten Straßen*; **~or** *m übertr* Don Juan *m*

burlar I *tr* verlachen; verspotten; enttäuschen; täuschen; *jmdn* hintergehen; vereiteln; *etw* umgehen; nicht befolgen; *Fußball Gegner* umspielen **II** *intr* spotten; ***~se de*** verlachen; spotten über, sich lustig machen über; ***~se de alg*** seinen Spott mit jmdm treiben

burlesco spaßig; schnurrig

burlete *m* Filzstreifen *m zum Abdichten von Fenstern u Türen*

burlón I *Adj* spöttisch; Spott- **II** *m* Spaßvogel *m*; Spötter *m*

buró *m* Schreibtisch *m*; *Am reg* Nachttisch *m*

bur|ocracia *f* Bürokratie *f*; Beamtenapparat *m*; **~ócrata** *m(f)* Angestellte(r) *f(m)* im öffentlichen Dienst; Bürokrat(in) *m(f)*; **~ocrático** bürokratisch; Bürokraten-

burocrat|ismo *m* Bürokratismus *m*; → ***burocracia***; **~ización** *f* Bürokratisierung *f*; **~izar(se)** ⟨-z/c-⟩ *tr* (ver)bürokratisieren

burótica *f* Bürokommunikation *f*

burra *f* Eselin *f*; *Frau* Arbeitstier *n*; *Frau* dumme Pute *f*; Drahtesel *m Fahrrad* ◇ ***írsele la ~*** aus der Schule plaudern

burrada *f* Eselsherde *f*; Dummheit *f*, Eselei *f*; Schnitzer *m Fehler* ◇ ***costar una ~*** ein

Heidengeld kosten
burr|ajo *m* Mist *m vom Esel od Pferd*; **~ero** *m Méx* Eselstreiber *m*; **~illo** *m* Merkbüchlein *n*
burro I *Adj* dumm, dusslig **II** *m* Esel *m auch übertr*; Sägebock *m*; **~ de carga** Packesel *m*; **~ para el trabajo** *übertr* Arbeitstier *n* ◇ **apearse** *od* **caer del ~** seinen Irrtum einsehen
bursátil Börsen-
burundés I *Adj* burundisch **II** *m*, **-esa** *f* Burunder(in) *m(f)*
Burundi *m* Burundi *n*
bus *m Am reg* Bus *m*; **~ de datos** INFORM Datenbus *m*; **~ escolar** (**de ruta**) Schul-(Linien)bus *m*; **~ turismo** *Chi* Reisebus *m*
busca I *f* Suche *f* (**de, por** nach); **~s** *Pl Ant, Méx* Nebeneinnahmen *f/Pl*; **a la ~ de, en ~ de** auf der Suche von *od* nach *od Gen* **II** *m* Piepser *m Gerät*
buscado: **muy ~** *Ware* stark gefragt
buscador *m* Sucher *m*; *Internet* Suchmaschine *f*; **~ automático de dirección** FLUGW automatischer Peiler *m*; **~ de averías** EL, TEL Störungssucher *m*; **~ de oro** Goldsucher *m*; **~ de tesoros** Schatzgräber *m*; **~ de trabajo** Arbeitssuchender *m*
busca|minas *m* Minensucher *m*, -suchboot *n*; **~personas** *m* Pager *m*, *umg* Piep(s)er *m Funkrufempfänger*
buscapié *m* hingeworfenes Wort *m um jmdm etw zu entlocken*; **~s** *m* Schwärmer *m*, Knallfrosch *m*
busca|pleitos *m* Streithammel *m*; **~polos** *m* EL Polsucher *m*
buscar ⟨-c/qu⟩ **I** *tr* suchen; aufspüren; nachsuchen; nachforschen; *Ziel* verfolgen; beabsichtigen; **enviar** *od* **mandar a ~** holen lassen, schicken nach; *Am reg* (**ir** *bzw* **venir a**) **~** abholen **II** *intr* JAGD suchen; **quien busca, halla** wer sucht, der findet; **~se**: **buscárselas** sich recht und schlecht durchschlagen
busca|rruidos *m* Krakeeler *m*; Streithammel *m*; **~vidas** *m* Schnüffler *m*; Lebenskünstler *m*; *Méx* Petzer *m*
busc|ón *m* Dieb *m*; **~ona** *f* Diebin *f*; Dirne *f Strichmädchen*
bus|ero *Am reg* Busfahrer *m*; **~eta** *f Am reg* Kleinbus *m*
busilis *m übertr* springender Punkt *m* ◇ **dar en el ~** ins Schwarze treffen
búsqueda *f* Suchaktion *f*; **~ (automática)** (automatische) Suche *f auch* INFORM; **~ de empleo** Arbeitssuche *f*; **~ de petróleo** Erdölsuche *f*; **~ en el texto entero** INFORM Volltextsuche *f*
busto *m* Oberkörper *m*; Busen *m*; Büste *f*
butaca *f* Lehnsessel *m*; *Kino*, THEAT Parkettplatz *m*; *Col* Hocker *m*; **~ de auto** Auto-Kindersitz *m*; **~ de mimbre** Korbsessel *m*; **~ de playa** Strandkorb *m*; **~ de platea** Parterresitz *m*; **~ reclinable** VERK Liegesitz *m*; **~ de tijera** Klappstuhl *m*
butacón *m* Klubsessel *m*; *Cu* Armsessel *m*
butano *m* Butan *n*
butifarra *f* katalanische Bratwurst *f*
butrón *m Dach, Mauer* Loch *n*, Durchbruch *m für einen Einbruch*
buzo *m* (*bes* Berufs-)Taucher *m*; *Col* Rollkragenpullover *m*
buzón *m* Briefkasteneinwurf *m*; Briefkasten *m*; Verbindungsmann *m bei illegalen Organisationen*; **~ de alcance** Briefkasten *m* mit Spätleerung; **~ de correos** Postbriefkasten *m*; **~ electrónico** INFORM Mailbox *f*, elektronischer Briefkasten *m*; **~ de voz** Voicebox *f* ◇ **echar al ~** *Brief* in den Kasten werfen
buzonero *m Am reg* Briefkasten(ent)leerer *m*
bypass *m* Bypass *m*
byte *m* INFORM Byte *n*; **~ de control** Prüfbyte *n*

C

c, C *f* c, C *n*
C I (*Symb für* **carbono**) CHEM C; **~.** (*Abk für* **Celsio** *u* **centígrado**) C **II** *f Abk für* → **ciudad**; **~ + Zahl** (*Abk für* **carretera comarcal**) L *f* + *Zahl*
c/ *f* (*Abk für* **calle**) Str. *f*
Ca (*Symb für* → **calcio**) CHEM Ca
C.ª *f* → **C.ía**, **Cía.**
c.a. *f* (*Abk für* **corriente alterna**) Wechselstom *m*
cabal I *Adj* richtig; passend; vollständig; *übertr* vollendet **II** *Adv* vollkommen; **por sus ~es** wie es sich gehört ◇ **no estar en sus ~es** nicht ganz bei Trost sein
cábala *f* Intrige *f*, Ränke *Pl* ◇ **hacer ~s** Vermutungen anstellen (**acerca de** über)
cabalg|ar ⟨-g/gu-⟩ *intr* reiten (**en** auf); **~ata** *f* Reiterschar *f*; Kavalkade *f*, Festumzug *m*; Ritt *m*, Reiten *n*
cabal|ista *m* Ränkeschmied *m*, Intrigant *m*;

~ístico mystisch, geheimnisvoll
cabalito *Adv umg* völlig richtig
caball|a *f* ZOOL Makrele *f*; **~ada** *f* Trupp *m* Pferde; *Am reg* Unsinn *m*; **~ar** Pferde-; **~eresco** ritterlich; **~ería** *f* Reittier *n*; Reitpferd *n*; MIL Reiterei *f*, Kavallerie *f*; Ritterschaft *f*; *Flächenmaß Cu* 13,4 ha; *Guat, Méx* 42,7 ha; *Nic* 45,5 ha; *PR* 78,5 ha; **~eriza** *f* Pferdestall *m*
caballero *m* Reiter *m*; (Ordens-)Ritter *m*; Kavalier *m*; Herr *m*; *Anrede* mein Herr; **~ de (la) industria** Hochstapler *m*; *Sprichw* **poderoso ~ es Don Dinero** Geld regiert die Welt
caballeros|idad *f* Groß-, Edelmut *m*; **~o** *Mann Handlungsweise* großmütig, anständig; galant
caballete *m* Dachfirst *m*; Gestell *n*, (Rüst-)Bock *m*; Staffelei *f*; Nasenrücken *m*; *Saiteninstrument* Steg *m*; **~ de bicicletas** Fahrradständer *m*
caballista *m* Pferdekenner *m*; guter Reiter *m*
caballito *m* Pferdchen *n*; **~s** *Pl* Karussell *n*; **~ del diablo** ZOOL Libelle *f*; **~ de mar** ZOOL Seepferdchen *n*
caballo *m* ZOOL, *Sportgerät* Pferd *n*; Hengst *m*; *Schach* Springer *m*; KART Königin *f bzw* Dame *f*; *übertr* Arbeitstier *n*; *übertr* Rohling *m*; Stoff *m Heroin*; *Cu* As *n Könner*; **~ de batalla** Schlachtross *n*; *übertr jmds* Stärke *f*, starke Seite *f*, Steckenpferd *n*; Knack- *umg*, Kernpunkt *m eines Problems*; Hauptschwierigkeit *f*; **~ blanco** ZOOL Schimmel *m*; *Esp umg* Geldgeber *m*; **~ de carreras** Rennpferd *n*; **~ (de fuerza** *od* **de vapor)** Pferdestärke *f*, PS *f*; **~ semental** Zuchthengst *m*; **~ de silla (tiro)** Reit-(Zug)pferd *n*; **a (mata) ~** zu Pferd, beritten (pfeilschnell; in Windeseile); **de ~** *Esp umg Krankheit* hartnäckig, tückisch ◇ **ir** *od* **montar** *od* **pasear a ~** reiten; **meterse como un ~ en una cacharrería** *scherzh* sich wie ein Elefant im Porzellanladen benehmen; **salir en ~ blanco** *Guat* einen Reibach machen; *Sprichw* **a ~ regalado, no hay que mirarle el diente** *od* **dentado** einem geschenkten Gaul sieht man nicht ins Maul
cabaña *f* Hütte *f*; Bungalow *m*; Herde *f*; Schar *f*; *Arg* Tierzuchtbetrieb *m*
cabaré *m*, **cabaret** *m* Kabarett *n*; Nachtlokal *n*, -klub *m*
cabece|ar I *intr* mit dem Kopf nicken; den Kopf schütteln; *vor Müdigkeit* einnicken **II** *tr Ball* köpfen; **~o** *m* Kopfnicken *n*; Kopfschütteln *n*; *Müdigkeit* Einnicken *n*; SPORT Kopfball *m*
cabecera *f* Hauptpunkt *m einer Angelegenheit*; Hauptort *m*; Kreis-, Bezirks- *od* Provinzhauptstadt *f*; Ehrenplatz *m am Tisch*; *Bett* Kopfende *n*; INFORM Kopfzeile *f*; Titelvignette *f*; *Fluss* Oberlauf *m*; *übertr* Anfang *m*; Kopfkissen *n*; **~ de puente** MIL Brückenkopf *m*
cabeci|duro *Col, Cu* starrköpfig; **~lla** *m* Anführer *m*, Haupt *n*, führender Kopf *m einer Gruppierung*; Rädelsführer *m*; Boss *m umg*
cabellera *f* Haupthaar *n*, Haare *n*/*Pl*; Mähne *f*
cabello *m* Haar *n*; Haare *n*/*Pl*; **~(s** *Pl*) **de ángel** Fasermelonenkonfitüre *f* (*Chi, Cu, Pe, Rpl* Fadennudeln *f*/*Pl*); **de ~ negro (rizado; rubio)** schwarz-(kraus-; blond)haarig; **por un ~** um ein Haar ◇ **abrir** *od* **hender un ~ en el aire** Haarspaltereien betreiben; **estar colgado** *od* **pendiente de un ~** *übertr* an einem Haar *od* seidenen Faden hängen; **los ~s se me pusieron de punta** mir standen die Haare zu Berge; **no tocarle a alg (ni) un ~** niemandem ein Haar krümmen; **traer algo por los ~s** etw an den Haaren herbeiziehen
cabelludo langhaarig; dicht behaart
caber ⟨*unreg*⟩ *intr* hineingehen, -passen, Platz finden; hinein(gehen) dürfen; passen (**los zapatos no me caben**); *jmdm etw* zufallen *od* zuteil werden (**no me cupo tal suerte**); **no cabe más** *übertr* das ist die Höhe!; **cabe preguntarse** man muss sich fragen; **no ~ en sí** stolz *od* eingebildet *od* dünkelhaft sein; außer sich sein vor Freude; **todo cabe (en él)** alles ist möglich (ihm ist alles zuzutrauen); → **duda**
cabestr|ante *m* → **cabrestante**; **~illo** *m* MED (Arm-)Schlinge *f*
cabestro *m* Halfter *n* ◇ **llevar del ~** am Halfter führen; *übertr jmdn* um den Finger wickeln
cabeza I *f* Kopf *m auch* TECH; Schädel *m*; Anfang *m*; *Berg u übertr* Spitze *f*; Stück *n Vieh*; oberer Teil *m*; → **~ II**; **~ atómica** *od* **nuclear** Atomsprengkopf *m*; **~ de chorlito** Windbeutel *m leichtfertiger Mensch*; Wirrkopf *m*; **~ cuadrada** Dickschädel *m*; **~ de puente** Brückenkopf *m*; **~ de turco** Sündenbock *m*; Prügelknabe *m*; **a la ~** an der Spitze; **por ~** pro Kopf; **por su ~** aus eigenem Antrieb ◇ **abrirle la ~ a alg** *umg* jmdm den Schädel einschlagen; **aprender de ~** auswendig lernen; **aprobar con la ~** zustimmend nicken; **asomar la ~** sich hinauslehnen; *übertr* zum Vorschein kommen; **no me cabe en la ~** es will mir nicht in den Kopf; **dar con la ~ contra la pared** *übertr* mit dem Kopf durch die Wand rennen; **le dolía la ~** er hatte Kopfschmerzen; **esconder la ~ bajo el ala** *od*

en la arena *übertr* den Kopf in den Sand stecken; ***no estar bien de la ~*** nicht ganz bei Trost sein; ***inclinar la ~*** sich verneigen; ***jugarse la ~*** Kopf und Kragen riskieren; ***meterle a alg algo en la ~*** jmdm etw einreden; ***meterse algo en la ~*** *übertr* sich etw in den Kopf setzen; ***mover la ~*** den Kopf schütteln; ***perder la ~*** *übertr* den Kopf *od* Verstand verlieren; ***ponerse a la ~*** *z.B. in einer Tabelle* an die Spitze rücken; ***romperse*** *od* ***quebrarse la ~*** sich den Kopf zerbrechen *umg*, grübeln **II** *m(f)* (Ober-) Haupt *n*, (An-)Führer(in) *m(f)*, Leiter(in) *m(f)*; ***~ de familia*** Familienoberhaupt *n*; ***~ de lista*** *Wahlen* Spitzenkandidat *m*; ***~ rapada*** Skinhead *m*, *verächtl übertr* Glatze *f umg*

cabezada *f* Stoß *m* mit dem Kopf; Kopfnicken *n*; Kopfnuss *f*; → ***cabezadita*** ◇ ***dar ~s*** *vor Müdigkeit* einnicken

cabezadita *f* Nickerchen *n* ◇ ***echar una ~*** ein Nickerchen machen

cabez|al *m* Sofakissen *n*; Kopfkissen *n*; *Operationsstuhl*, KFZ Kopfstütze *f*; TECH Kopf(stück *n*) *m*; **~azo** *m* Kopfstoß *m*; Kopfnicken *n*; SPORT Kopfball *m*; **~ón I** *Adj* starr-, querköpfig, eigensinnig **II** *m* Dick-, Querkopf *m*; **~ota** *m,f* Starrkopf *m*, Dickschädel *m*; **~udo** großköpfig; dickköpfig, halsstarrig

cabida *f* Fassungsvermögen *n*; Tragfähigkeit *f*; Flächeninhalt *m*; MAR Ladefähigkeit *f* ◇ ***dar ~ a alg*** *od* ***u/c*** jmdm *od* einer Sache Platz einräumen, jmdn *od* etw berücksichtigen; (***no***) ***tener ~*** *räumlich* (nicht) hineingehen *od* hineinpassen; (nicht) statthaft sein

cabild|ada *f* übereilter Beschluss *m*; **~ante** *m AmS* Gemeinderatsmitglied *n*, Stadtrat *m*; **~ear** *intr innerhalb einer Gemeinschaft* intrigieren; PARL die Abgeordneten *durch Interessengruppen* zu beeinflussen versuchen; **~eo** *m* Intrige *f*; PARL Lobbyismus *m*; **~ero** *m* Intrigant *m*, Ränkeschmied *m*; PARL Lobbyist *m*; **~o** *m* Gemeinde- *bzw* Stadtrat *m als Körperschaft od Versammlung*; Gemeinderatssitzung *f*; Rathaus *n*; Ratssaal *m*

cabina *f* Kabine *f*; Wahlkabine *f*; FLUGW Kanzel *f*, Cockpit *n*; ***~ del conductor*** Fahrerhaus *n*, -kabine *f*; ***~ de presión, ~ presurizada*** Druckkabine *f*; ***~ de proyección*** FILM Vorführraum *m*; ***~*** (***telefónica***) Telefonzelle *f*; ***~ de traducción*** Dolmetscherkabine *f*; ***~ de transformación*** Transformatorenzelle *f*

cabizbajo *übertr* niedergeschlagen

cable *m* EL, MAR Kabel *n*; MAR Tau *n*, Seil *n*; Trosse *f*; EL Schnur *f*; EL Leitung(sdraht *m*) *f*; Überseetelegramm *n*; ***~ aéreo*** Oberleitung *f*; Freileitungsdraht *m*; ***~ de alta tensión*** Starkstromkabel *n*; ***~ Bowden*** Bowdenzug *m*; ***~ de conexión*** *od* ***empalme*** Anschluss-, Verbindungskabel *n*; ***~ metálico*** Stahltrosse *f*; Drahtseil *n* ◇ ***se le habían cruzado los ~s*** *übertr* (bei) ihm *bzw* ihr sind *bzw* waren die Sicherungen durchgebrannt; ***tender un ~*** ein Kabel legen

cable|ado *m* Kabelanschluss *m*; Verkabelung *f*; **~ar** *tr* verkabeln; verdrahten; **~grafiar** ⟨-ío⟩ *tr* kabeln, drahten; → ***telegrafiar***; **~grama** *m* Kabel *n*, Überseetelegramm *n*; **~o** *m* Verkabelung *f*; **~visión** *f* Kabelfernsehen *n*

cabo *m räumlich u übertr* Ende *n*; Rand *m*; Spitze *f*; *Werkzeug* Stiel *m od* Griff *m*; *Zoll* kleiner Warenballen *m*; Tau *n*, Leine *f*; MIL Gefreiter *m*; Vorarbeiter *m*; Anführer *m*; GEOGR Kap *n*; ***♀ de Buena Esperanza*** Kap *n* der Guten Hoffnung; ***♀ Cañaveral*** Kap *n* Canaveral; ***♀ de Hornos*** Kap *n* Hoorn; ***~ de remolque*** MAR Schlepptrosse *f*; KFZ Abschleppseil *n*; ***♀ Verde*** Kapverden *Pl*, Kapverdische Inseln *f/Pl*; ***al ~*** (***de***) endlich (nach Verlauf von, nach); ***al ~ de un rato*** kurz darauf; ***de ~ a ~*** *od* ***de ~ a rabo*** vom Anfang bis zum Ende, von A bis Z; ***el ♀*** Kapstadt *n* ◇ ***estar al ~*** *übertr* gut unterrichtet sein (***de*** über); ***estar*** (***muy***) ***al ~*** *übertr* auf dem letzten Loch pfeifen *umg*; ***llevar algo a ~*** etw durchführen; etw vollbringen *od* zu Ende führen; *übertr* etw zum Äußersten treiben; ***no tener ~ ni cuerda*** *übertr* weder Hand noch Fuß haben

cabotaje *m* Küstenschifffahrt *f*

caboverdiano I *Adj* kapverdisch **II** *m* Kapverdier *m*

cabra *f* Ziege *f* ◇ ***cargar*** *od* ***echar a uno las ~s*** jmdm die Schuld in die Schuhe schieben; ***ordeñar la ~*** die Kuh melken *jmdn ausnutzen*; *Sprichw* ***la ~ siempre tira al monte*** die Katze lässt das Mausen nicht

cabré → ***caber***

cabre|ado wütend; verärgert; **~ar** *tr jmdn* auf die Palme bringen *ärgern*; **~arse** *umg* wütend werden; *übertr* einschnappen; **~o** *m* Ärger *m*; Wut *f*, Zorn *m*

cabrestante *m* TECH Winde *f*; Ankerwinde *f*, -spill *n*

cabrío I *Adj* Ziegen- **II** *m* Ziegenherde *f*

cabriola *f* Luftsprung *m*; Kapriole *f*

cabriolé *m* → ***descapotable***

cabr|itilla *f* Ziegen-, Chevreau-, Glacéleder *n*; **~ito** *m* Zicklein *n*, Ziegenlamm *n*; **~ón** *m* Ziegenbock *m*; *vulg* Esel *m*, blöder Kerl *m*; gemeiner Kerl *m*; **~onada** *f*, **~onazo** *m vulg* Sauerei *f*, Hundsgemeinheit *f*; übler

Streich *m*; **~uno** Ziegen-
cábula *f Am* List *f*; Trick *m*; *Arg übertr* Falle *f*
cabul|ear *intr Arg umg* Ränke schmieden, intrigieren; **~ero** *Am reg* **I** *Adj* durchtrieben, gerissen *schlau* **II** *m* gerissener Kerl *m*
cabuya *f Am* BOT Pita *f*, Agave *f*; Pitafaser *f*; (Hanf-)Seil *n*; Strick *m*; *Col* Bindfaden *m*
caca *f vulg* Kacke *f*; *übertr* Mist *m umg*
cacahual *m* → ***cacaotal***
cacahuate *m*, **cacahuete** *m* Erdnuss *f* ◇ ***no valer un ~*** *Méx* keinen Pfifferling wert sein
cacao *m* Kakaobaum *m*; Kakaobohne *f*; *Getränk* Kakao *m*, Schokolade *f*; ***~ en polvo*** Kakaopulver *n*
cacaotal *m* Kakaoplantage *f*, -pflanzung *f*
cacaraña *f* Pockennarbe *f*; *AmC* Gekritzel *n*
cacare|ar *intr* gackern; aufschneiden, prahlen, angeben; **~o** *m* Gackern *n*; Aufschneiderei *f*, Angabe *f*
cacatúa *f* Kakadu *m*
cacería *f* Jagd *f*; Jagdpartie *f*; Jagdwesen *n*; erlegtes Wild *n*; Hetzjagd *f*; Verfolgung *f auch übertr*; ***~ de brujas*** POL *übertr* Hexenjagd *f* ◇ ***ir de ~*** auf Jagd gehen
cacerola *f* Kasserolle *f*, Schmortopf *m*; **~zo** *m* POL *bes Arg* Kochtopfdemonstration *f Protestkundgebung, bei der auf Kochtöpfe und Pfannen geschlagen wird*
cacha *f Messer* Grillhälfte *f*; *Pistole* (Griff-)Schale *f*; ***hasta las ~s*** *umg* voll und ganz; bis über beide Ohren, über alle Maßen
cacha|faz *Arg, Chi* spitzbübisch; hemmungslos; unverschämt; **~lote** *m* Pottwal *m*
cachaña *f Chi* Rauferei *f*; Belästigung *f*; Streich *m*
cachar *tr* zerbrechen, zerstückeln; *Holz* spalten; *AmC umg* besorgen, ergattern; *Am* ertappen; *Arg* kriegen, erwischen; *Chi umg* annehmen, vermuten
cacharr|ería *f* Töpferladen *m*; Töpferware(n) *f(Pl)*; **~o** *m* irdener Topf *m*; wertloses Zeug *n*; *verächtl für Fahrzeug* Karre *f*, alte Mühle *f*; *AmC* Knast *m Gefängnis*; **~os** *Pl* Kram *m*, Plunder *m*
cachaz|a *f umg* Phlegma *n*; Gelassenheit *f*; *Am* Zuckerrohrschnaps *m*; **~udo** *umg* phlegmatisch; gelassen, kaltblütig
caché *m* INFORM Zwischenspeicher *m*
cache|ar *tr jmdn* nach Waffen untersuchen; filzen *umg durchsuchen*; **~mir** *m*, **~mira** *f* TEXTIL Kaschmir(tuch *n*, -stoff) *m*; **♀mira** *f* GEOGR Kaschmir *n*; **~o** *m* Filzen *n umg Leibesvisitation*
cachet|ada *f Am* Ohrfeige *f*; **~e** *m* Pausbacke *f*; Schlag *m ins Gesicht*; Klaps *m mit der Hand*; *bes* TAUR Dolchmesser *n*; **~ina** *f umg* Prügelei *f*; **~ito** *m* Klaps *m leichter Schlag*; **~udo** pausbäckig
cachifollar *tr umg* blamieren
cachimb|a *f*, *Am* **~o** *m umg* Tabakspfeife *f*
cachiporr|a *f* Keule *f*; Knüttel *m*; Schlagstock *m*; **~azo** *m* Keulenhieb *m*; Knüppelschlag *m*
cachivache *m* Kram *m*, Plunder *m*, Gerümpel *m*; Hanswurst *m*; Nichtsnutz *m*
cacho *m* Brocken *m*; Stück *n*; *Zitrone, Brot, Wurst* Scheibe *f*; *Rpl* Büschel *n Bananen*; ***un ~*** *umg* ein bisschen; ***por un ~*** *umg* spottbillig
cachond|earse sich *über jmdn od etw* lustig machen; **~eo** *m* Ulk *m*, Unfug *m*; **~o I** *Adj vulg* geil; spaßig, ulkig **II** *m* Spaßvogel *m*
cachorro *m* Junges *n von Raubtieren*; Welpe *m*; Taschenpistole *f*
cachudo *Chi* gerissen, gerieben *schlau*
caciqu|e *m* Kazike *m*, Stammeshäuptling *m*, POL Ortsgewaltiger *m*; *verächtl* Bonze *m*; *übertr* hohes Tier *n*; **~ismo** *m verächtl* Bonzentum *n*; Amtsmissbrauch *m*
caco *m umg* Meisterdieb *m*; Taschendieb *m*; *vulg* Memme *f*, Hosenscheißer *m*
caco|fonía *f* Missklang, -ton *m*; Kakophonie *f*; **~fónico** misstönend; falsch (klingend); kakophonisch; **~grafía** *f* falsche *od* fehlerhafte Schreibweise *f*
cactáceas *f/Pl*, **cácteas** *f/Pl* Kakteen *f/Pl*, Kaktusgewächse *n/Pl*
cact|o *m*, **~us** *m* Kaktus *m*, Kaktee *f*
cada ⟨*unv*⟩ jeder, jede, jedes; ***~ cual*** *od* ***~ uno*** (ein) jeder; ***~ día*** täglich; ***~ vez más*** immer mehr; unaufhörlich; ***a ~ paso*** *od* ***rato*** alle(r) nase(n)lang *umg*, unaufhörlich, fortwährend; ***uno de ~ tres*** (***cuatro*** *usw*) ***habitantes*** jeder dritte (vierte *usw*) Einwohner
cadalso *m* Schafott *n*
cadañero jährlich
cadáver *m* Leichnam *m*, Leiche *f*; Kadaver *m*; *Sprichw* ***antes pasarán por encima de mí ~*** nur über meine Leiche!
cadavérico Leichen-; leichenblass
CAD/CAM *m* (*Abk für* ***Computer Assisted Design/Computer Assisted Manufacturing***) CAD/CAM *n*
cadena *f* Kette *f auch übertr*; Förderband *n*; Aufeinanderfolge *f*, Serie *f*; *übertr* Verkettung *f*, Verbindung *f*; TV Kanal *m bzw* RADIO, TV Programm *n* (***la primera ~ de la televisión pública alemana***); ***~ antideslizante, ~ antirresbalante*** KFZ Gleitschutzkette *f*, Schneekette *f*; ***~ autonómica*** *Esp*

TV Regionalprogramm *n*; **~ de fabricación** Fertigungsstraße *f*; **~ sin fin, ~ de montaje** Fließband *n*; **~ hotelera, ~ de hoteles** (**tiendas**) Hotel-(Laden)kette *f*; **~ humana** *übertr* Menschenkette *f*; **~ de montañas** Gebirgszug *m*; **♀ de Ondas Populares Españolas** *private spanische Rundfunkgesellschaft*; **~ de producción** Fließ-, Fertigungsreihe *f* ◇ **condenar a ~ perpetua** zu lebenslänglicher Haft verurteilen; **fabricar**(**se**) **en ~** *Produkt* in Serie herstellen (gehen)

cadencia *f* Rhythmus *m*; MUS Takt *m*; Kadenz *f*; **~ de imágenes** TV Bildfolge *f*

cadera *f* Hüfte *f*

cadete *m* Kadett *m*; Offiziersschüler *m*; *Rpl* Lehrling *m*; Volontär *m*, Praktikant *m*

cadmio *m* Kadmium *n*

caducación *f* JUR Verfall *m*, Erlöschen *n*

cadu|car ⟨-c/qu-⟩ *intr alte Menschen* hinfällig werden; *Frist* ablaufen; *Vertrag* auslaufen; verfallen, nicht mehr gelten, erlöschen; veralten; **~cidad** *f* Hinfälligkeit *f*; Ungültigkeit *f*; JUR Verfall *m*; Vergänglichkeit *f*; **~co** hinfällig, gebrechlich; baufällig; verblüht, verwelkt; JUR verfallen, abgelaufen, ungültig; vergänglich

caer ⟨*unreg*⟩ *intr* fallen *auch* MIL *u übertr z.B. Börsenkurs*; stürzen; hinfallen; umfallen; FLUGW abstürzen; herfallen (**sobre** über); sich stürzen (**sobre** auf); (her)abfallen, her- *od* hinunterfallen; zurückgehen *sich verringern*; *Preise* sinken; *Unglück* hereinbrechen; *Tage* fallen (**en** auf); verfallen, eingehen; *plötzlich* eintreffen, ankommen; **~ bien** (**mal**) *Kleidung* gut (schlecht) sitzen *od* stehen; *Person* (un)sympathisch sein; (un)gelegen kommen; **~ a la calle** *Tür, Fenster* auf die Straße hinausgehen, zur Straße zeigen; **~ desmayado** in Ohnmacht fallen; **~ enfermo** krank werden; **~ fulminado** dahingerafft werden; **~ pesado** lästig werden; **¡ahora caigo!** jetzt begreife ich (es)!; **al ~ el día** *od* **al ~ de la tarde** am Spätnachmittag; **estar al ~** unmittelbar bevorstehen; **~se** hinfallen; umfallen; (um)stürzen; *Haare, Zähne* ausfallen; *Sportmannschaft* zurückfallen

café *m* Kaffee *m*; Café *n*; **~ cargado** *od* **fuerte** (**flojo**) starker (schwacher *od* dünner) Kaffee *m*; **~ colado** *od* **filtrado** (**descafeinado**) Filterkaffee *m*, gefilterter (koffeinfreier) Kaffee *m*; **~ completo** (**cortado**; **negro** *od* **puro** *od* **solo**) Kaffee *m* komplett (mit einem Schuss Milch; schwarz); **~ exprés** Espresso *m*; **~ frío** kalter Kaffee *m längst Bekanntes*; *Unsinn*; **~ con helado** (**leche**) Eis-(Milch)kaffee *m*; **~ instantáneo** *od* **~ en polvo** *od* **~ soluble** Pulverkaffee *m*; **~ de malta** Malzkaffee *m*; **~ moca** Mokka *m*; **~ torrefacto** Röstkaffee *m*; (**de**) **color ~** kaffeebraun ◇ **estar de mal ~** *umg* schlechte Laune haben; **tomar** (**una taza de**) **~** (eine Tasse) Kaffee trinken

cafe|cito *m* Tässchen *n* Kaffee; **~ína** *f* Koffein *n*; **~lito** *m* → **~cito**; **~tal** *m* Kaffeepflanzung *f*, -plantage *f*; **~talero** *m* Kaffeepflanzer *m*

cafetera *f* Kaffeekanne *f*; **~** (**automática** *od* **eléctrica** *od* **exprés**) Kaffeemaschine *f*

cafetería *f* Café *n*; Cafeteria *f*; Imbissstube *f*; Kantine *f*; Grill- *od* Snackbar *f*

cafetero I *Adj* Kaffee- ◇ **ser muy ~** *umg* sehr gern Kaffee trinken **II** *m* Cafébesitzer *m*; Kaffeepflücker *m*; Kaffeehändler *m*

caficult|or *m* Kaffeepflanzer *m*; **~ura** *f* Kaffeeanbau *m*

cag|ar ⟨-g/gu-⟩ **I** *intr vulg* kacken, scheißen **II** *tr vulg* versauen, verpfuschen; **~atinta(s)** *m* Federfuchser *m*, Schreiberling *m*, Bürohengst *m*; **~azo** *m* Schiss *m Angst*

caída *f* Fall *m*, Sturz *m auch übertr*; *Börse* Kurssturz *m*, Einbruch *m*; FLUGW Absturz *m*; Fallen *n auch übertr, z.B. der Währung*; Zerfall *m*; *übertr* Zusammenbruch *m*, Untergang *m*; Rückgang *m Sichverringern*; Abhang *m*; **~ de cabello(s)** *od* **pelo** Haarausfall *m*; **~ libre** freier Fall *m*; **~ del muro** GESCH *Dtschld* Mauerfall *m*; **~ de precios** *od* **en los precios** Preissturz *m*, -verfall *m*; **~ de temperatura** Temperatursturz *m*, -rückgang *m*; **~ de presión** (**tensión**) Druck-(Spannungs)abfall *m*; **a la ~ del sol** (**de la tarde**) bei Sonnenuntergang (bei Einbruch der Nacht)

caído *m Krieg, Kampf* Gefallener *m*; **~s** *Pl* fällige Zinsen *m/Pl*

caigo → **caer**

caimán *m* Kaiman *m*

Cairo *m*: **el ~** Kairo *n*

cairota I *Adj* Kairoer, aus Kairo **II** *m* Kairoer *m*

caja *f* Schachtel *f*; Kiste *f*; Kasten *m*; Büchse *f*; Dose *f*; Futteral *n*; HDL, FIN Kasse *f*; Kassenschalter *m*; Zahlstelle *f*; Kassenbestand *m*; Truhe *f*; Sarg *m*; Gehäuse *n*; **~ acústica** Stereolautsprecher *m*, Box *f*; **~ de ahorros** Sparkasse *f*; **~ automática** KFZ Automatik *f*; **~ de bombones** Bonbon(n)iere *f*; **~ de cambios** *od* **velocidades** (**manual**) KFZ (Handschalt-)Getriebe *n*; **~ de cartón** Pappkarton *m*; **~ de caudales** *od* **fondo** *od* **seguridad, ~ fuerte** Geldschrank *m*, Tresor *m*, Panzerschrank *m*; Safe *m,n*; **~ central** (**chica**) Haupt-(Hand-; Laden-; Porto)kasse *f*; **~ de compases** Reißzeug *n*, Zirkelkasten *m*; **~ de distribu-**

C

ción EL Schalt-, Verteilerkasten *m*; **~ *de enchufe*** (***con puesta a tierra***) (Schuko-) Steckdose *f*; **~ *de enfermedad*** (***de la empresa***) (Betriebs-)Krankenkasse *f*; **~ *de escalera*** Treppenhaus *n*, Schacht *m*; **~ *de herramientas*** (***imprenta***) Werkzeug-(Setz)-kasten *m*; **~ *negra*** FLUGW Flugschreiber *m*, Blackbox *f*; **~ *de noche***, **~ *nocturna*** Nachttresor *m*; **~ *de pensiones*** (***para la vejez***) (Alters-)Versorgungs-, Pensionskasse *f*; **~ *registradora*** Registrierkasse *f*; **~ *de resistencia*** Streikkasse *f*, -fonds *m*; **~ *de seguridad de un banco*** Bankschließfach *n*; **~ *de socorro*** Verbandskasten *m* ◇ ***hacer* ~** Kasse machen *umg*, abrechnen

cajero *m* Kassierer *m*; **~ *automático*** Geldautomat *m*

cajetilla *f* Schachtel *f*; **~ *de cerillas*** *od* ***fósforos*** (***cigarrillos***) Streichholz-(Zigaretten)schachtel *f*

caj|ista *m* (Schrift-)Setzer *m*

cajita *f* Kästchen *n*; Kassette *f*; → ***cajetilla***; **~ *de bombones*** Pralinenschachtel *f*

cajón *m* Kasten *m*; große Kiste *f*; Schubfach *n*, -lade *f*; *Regal* Fach *n*; *Am* Sarg *m*; **~ *de sastre*** Krimskrams *m*, Sammelsurium *n*, heilloses Durcheinander *n*; *verächtl* Wirrkopf *m*

cal[1] *f* (*Abk für* ***caloría***) cal *f*

cal[2] *f* Kalk *m*; ***cerrado a* ~ *y canto*** verriegelt und verrammelt; ***de* ~ *y canto*** *umg übertr* felsenfest

cala[1] *f* MAR kleine Bucht *f*

cala[2] *f* BOT Kalla *f*

calabac|ín (**~*ines*** *Pl*)*m* Zucchino *m* (Zucchini *Pl*)

calabaza *f* Kürbis *m*; Birne *f Kopf*, *Schädel*; Dummkopf *m* ◇ ***dar* ~(*s*) *a alg*** *übertr* jmdm einen Korb geben; ***salir* ~** *umg* sich als unbrauchbar erweisen, nichts taugen

calabozo *m* Gefängnis *n*; Kerker *m*; Arrestzelle *f*; **~*s*** *Pl* Kasematten *f*/*Pl*

calado I *Adj* durchnässt **II** *m* Lochstickerei *f*; MAR Tiefgang *m*; *Motor* Absaufen *n umg*, Aussetzen *n*, Versagen *n*; Kaliber *n Art*, *Bedeutung*, *Größenordnung*, *Umfang*; ***de mayor* ~** *übertr* größeren Kalibers

calad|or *m* Kalfatereisen *n*; MED *u Am zur Warenkontrolle des Zolls* Sonde *f*; **~*ura*** *f Obst* Scheibe *f*, Anschnitt *m*

calafatear *tr* MAR kalfatern

calamar *m* gemeiner Kalmar *m*, Art Tintenfisch

calambre *m Wade*, *Magen* Krampf *m*; elektrischer Schlag *m*

calambur *m* Wortspiel *n*; Kalauer *m*

calamidad *f* Katastrophe *f*, Unglück *n*, Unheil *n*; Not *f*; Plage *f*; Missgeschick *n*; Unglücksfall *m*; Pechvogel *m*; Niete *f Versager*; **~*es naturales*** Naturkatastrophen *f*/*Pl* ◇ ***es una* ~** das ist verheerend *od* katastrophal

calamitoso unheilvoll, katastrophal; erbärmlich, elend

cálamo *m poet u umg* Feder *f zum Schreiben*; **~ *currente*** *od* ***currente* ~** aus dem Stegreif ◇ ***empuñar el* ~** *poet u umg* zur Feder greifen

calaña *f* Muster *n*, Vorbild *n*; Sorte *f*; Art *f*; *übertr* Schlag *m*, Charakter *m*; Fächer *m*; ***de mala* ~** (von) schlimmster *od* übelster Sorte

calar[1] *m* Kalksteinbruch *m*

calar[2] **I** *tr* durchnässen; durchbohren; anbohren; ausschneiden; *Melone u.Ä. Obst* anschneiden; schnitzen; KFZ *Motor* abwürgen; *Zoll* filzen *umg*; *Rpl* aufmerksam ansehen; *Col umg* zum Schweigen bringen; platt drücken; **~ *hondo*** *übertr* tiefe Spuren hinterlassen; zu Herzen gehen **II** *intr Flüssigkeit* eindringen; *übertr* Fuß fassen; MAR Tiefgang haben, eintauchen; **~*se*** *Flüssigkeit* eindringen; nass werden; *Motor* absaufen *umg*, wegbleiben, aussetzen; sich einschleichen; *Brille*, *Hut* aufsetzen

calaver|a I *f* Schädel *m*; Totenkopf *m*, -schädel *m* **II** *m umg* Hohlkopf *m*; *übertr* Windhund *m*; Bummler *m*, Leichtfuß *m*

calcado *m* Pause *f durchgepauste Zeichnung*

calcañ|al *m*, **~*ar*** *m*, **~*o*** *m* ANAT Ferse *f*

calcar *tr* durch-, abpausen; LING kalkieren, entlehnen; genau nachahmen

calcáreo Kalk-; kalkartig; kalkig, kalkhaltig

calce *m Unterlage* Keil *m*, Klotz *m*; *AmC*, *Méx*, *PR* Fuß *m od* unterer Rand *m eines Schriftstückes*

calcet|a *f* (Knie-)Strumpf *m*; **~*ín*** *m* Socke *f*

cálcico Kalzium-; kalziumhaltig

calc|ificación *f* Verkalkung *f auch* MED; Kalkablagerung *f*; **~*ificar*** ⟨-c/qu-⟩ *intr* verkalken *auch* MED; **~*inación*** *f Porzellan*, *Kalk* Brennen *n*; *Erze* Rösten *n*; **~*inar*** *tr Porzellan*, *Kalk* brennen; *Erze* rösten; ausbrennen, abbrennen; anöden, *jmdm* auf die Nerven gehen; **~*io*** *m* Kalzium *n*

calc|o *m* Pause *f durchgepauste Zeichnung*; Nachahmung *f*; Abklatsch *m umg*; LING Lehnübersetzung *f bzw* Lehnbildung *f*; **~*omanía*** *f* Abziehbild *n*; KFZ Prägemarke *f*

calcul|able berechenbar; zählbar; **~*ación*** *f* Berechnung *f*, Kalkulation *f*

calculador I *Adj übertr* berechnend **II** *m Person* (ein guter) Rechner *m*; Rechnungsführer *m*; → ***calculadora***; **~ *analógi-***

co Analogrechner *m*
calculadora *f* Rechengerät *n*, Rechner *m*; **~ automática** Rechenautomat *m*; **~ de bolsillo** (**escritorio**) Taschen-(Tisch)rechner *m*; **~ electrónica** Elektronenrechner *m*
calcular I *tr/intr* rechnen **II** *tr* berechnen; ausrechnen; kalkulieren *auch übertr*; veranschlagen; ausdenken; bedenken
cálculo *m* Rechnen *n*; Berechnung *f*, Kalkulation *f*; Schätzung *f*; Vermutung *f*; Überlegung *f*; MED Stein *m*; **~ algebraico** Algebra *f*; **~ aproximado** *od* **aproximativo** *od* **estimativo** *od* **provisional** *od* **prudencial** Voranschlag *m*, -kalkulation *f*, Überschlag *m*; Hochrechnung *f*, Schätzung *f*; **~ aritmético** Arithmetik *f*; **~ biliar** (**renal**; **vesical**) Gallen-(Nieren-; Blasen)stein *m*; **~s estimativos, ~ por extrapolación, ~ de probabilidad** Hochrechnung *f*; **~ de fracciones** Bruchrechnung *f*; **~ de intereses** Zins(be)rechnung *f*; **~ mental** Kopfrechnen *n*; **~ de probabilidades** Wahrscheinlichkeitsrechnung *f*; **~ de los salarios** Lohnabrechnung *f als Vorgang* ◇ **hacer ~s** Berechnungen anstellen
cald|ear *tr* erwärmen; erhitzen *auch übertr*; *übertr* anheizen; **~earse** heiß werden; erglühen; *Situation* sich aufheizen; **~eo** *m* Erhitzung *f*; Erwärmung *f*
caldera *f* Kessel *m auch* GEOL; Boiler *m*; Kessel *m* voll; **~ de agua caliente** Warmwasserspeicher *m*; Durchlauferhitzer *m*
caldo *m* (Fleisch-, Kraft-)Brühe *f*, Bouillon *f*; klare Suppe *f*; CHEM Lösung *f*; *Am* Zuckerrohrsaft *m*; **~ de cultivo, ~ nutricio** BAKT *u übertr* Nährboden *m*; **~ ilustre** edler Tropfen *m Qualitätswein bzw Qualitätsspirituose*; **~ de papas** (**pollo**) Kartoffelsuppe *f* (Hühnerbrühe *f*) ◇ **revolver el ~** *übertr* etw wieder aufrühren
calefacción *f* Heizung *f*; **~ central** Zentralheizung *f*; **~ a distancia** Fernheizung *f*; **~ a fuel, ~ de petróleo** Ölheizung *f*; **~ de** *od* **por gas** Gasheizung *f*; **~ individual, ~ por pisos** Etagenheizung *f*; **~ bajo pavimento** Fußbodenheizung *f*; **~ de rayos infrarrojos** Infrarotheizung *f*
calefactor *m* Heizungsmonteur *m*
caleidoscopio *m* → **calidoscopio**
calendario *m* Kalender *m*; Terminkalender *m auch übertr*; Zeitplan *m*; **~ de actos** Veranstaltungskalender *m*; **~ (en) bloque, ~ exfoliador, ~ en hojas, ~ de taco** Abreißkalender *m*; **~ de bolsillo** Taschenkalender *m*; **~ laboral** Arbeitstagekalender *m*; **~ mural, ~ de pared** Wandkalender *m*; **~ vacacional** Urlaubsplan *m*
calendas *f/Pl*: **dejar algo para las ~ griegas** etw auf den Sankt-Nimmerleins-Tag verschieben
calentable (be)heizbar
calentador *m* HAUSW Kocher *m*; Heizgerät *n*, -ofen *m*; **~ de acumulación, ~ continuo** Warmwasserspeicher *m*, Boiler *m*; **~ de agua** Tauchsieder *m*; *auch* **~ de caldeo instantáneo** Durchlauferhitzer *m*; **~ eléctrico** elektrischer Heizstrahler *m*; → **~ de acumulación**
calentamiento *m* Erhitzen *n*; Erwärmung *f*; Wärmen *n*; **~ global** *od* **terrestre** ÖKOL Erderwärmung *f*
calent|ar *tr* ⟨-ie-⟩ (er)wärmen; (be)heizen; erhitzen; anheizen *auch übertr*; *umg Geschäft* beleben; *jmdn* versohlen; **~arse** *umg* sich ereifern, sich erhitzen; TECH heiß-, warmlaufen; *sexuell* sich erregen; *AmC* sich ärgern; **~ito** noch warm; schön warm; **~ura** *f* Fieber *n*, (erhöhte) Temperatur *f*; Unruhe *f*; *Chi* Schwindsucht *f*; **~uriento I** *Adj* fiebrig *auch übertr*, fiebernd; hitzig *erregt*; *Phantasie* übersteigert; *Chi* schwindsüchtig; **~uroso** → **~uriento**
calibr|ación *f* Eichung *f*; Maß-, Gradeinteilung *f*; **~ador** *m* MECH Messlehre *f*; Schublehre *f*; **~ar** *tr* eichen, das Kaliber ausmessen, kalibrieren; einschätzen (*wertend*) *beurteilen*
calibre *m* Kaliber *n auch übertr*; TECH Dicke *f*, Stärke *f*; TECH *u übertr* Größe *f*; *übertr* Format *n*, Bedeutung *f*; **de buen** (**mal**) **~** *übertr* von guter (schlechter) Qualität
calich|e *m Geschirr* Sprung *m*; Fehler *m an Gegenständen*; *Chi* ungereinigter Salpeter *m*; **~era** *f Bol*, *Chi*, *Pe* Salpeterlager *n*; **~oso** *Bol*, *Chi*, *Pe* salpeterhaltig
calidad *f* Qualität *f*; Eigenschaft *f*, Beschaffenheit *f*; Güte *f*; Charakter *m*, Art *f*, Wesen *n*; Sorte *f*, Klasse *f*; **~ de vida** Lebensqualität *f*; **de alta** (**baja**) **~** hoch-(minder)-wertig; **de primera ~** erstklassig; **en ~ de** als (**en** (**su**) **~ de presidente**); **primerísima ~** Spitzenqualität *f* ◇ **aminorar la ~** die Qualität mindern
cálido warm; heiß
calidoscopio *m* Kaleidoskop *n*
caliente warm; glühend; heiß *auch übertr*; *Gemüt*, *Streit* hitzig, erregt; geil
califa *m* Kalif *m*; **~to** *m* Kalifat *n*
calificación *f* Eignung *f*; Qualifizierung *f*, Qualifikation *f*; Bewertung *f*; Benotung *f*; *Examen* Note *f*, Zensur *f*; Beurteilung *f*
calificado angesehen, bedeutend; fähig; befähigt, qualifiziert, geeignet; geschult, gelernt; **altamente** *od* **muy ~** hoch qualifiziert; **no ~** *Arbeitskraft* ungelernt
calific|ar ⟨-c/qu-⟩ *tr* bezeichnen (**de** als); be-

nennen, kennzeichnen; qualifizieren; beurteilen; begutachten; erklären (**de** für); bewerten; benoten; einstufen; **~arse** sich qualifizieren (***como*** als); die Befähigung nachweisen (***para*** für); sich bezeichnen (**de** als); **~ativo** **I** *Adj* bestimmend; bezeichnend **II** *m* Bezeichnung *f*; Beiname *m*

California *f* Kalifornien *n*

calif|orni(an)o, **~órnico** **I** *Adj* kalifornisch **II** *m*, **-a** *f* Kalifornier(in) *m(f)*

caligrafía *f* Schönschrift *f*, Kalligraphie *f*

calistenia *f* Turnen *n*, Gymnastik *f*; *übertr* Klimmzug *m*, Kraftakt *m*

caliz|a *f* Kalkstein *m*; **~o** kalkhaltig, Kalk-

callada *f* Schweigen *n*; ***de ~*** *umg* stillschweigend, heimlich ◇ ***dar la ~ por respuesta*** *umg* mit Stillschweigen (be)antworten, nicht antworten

callad|ito mucksmäuschenstill; **~o** schweigend; schweigsam; verschwiegen

callampa *f Chi, Ec, Pe* BOT Pilz *m*; **~s** *Pl Chi umg* Elendsviertel *n*

callar **I** *tr* verschweigen; verheimlichen; schweigend übergehen; → ***hacer ~*** **II** *intr* schweigen; nichts mehr sagen; ***¡a ~!*** *umg* Ruhe!; ***¡calla!*** *bzw* ***¡calle!*** *umg* nanu!, unglaublich! ***hacer ~*** zum Schweigen bringen; *Sprichw* ***quien calla, otorga*** wer schweigt, stimmt zu; **~se** (plötzlich) verstummen, zu sprechen aufhören, im Sprechen innehalten

calle *f innerhalb von Ortschaften* Straße *f*; *Schwimmen, Leichtathletik* Bahn *f*; ***~ animada*** belebte *od* verkehrsreiche Straße *f*; ***~ de circunvalación*** Umgehungsstraße *f*; ***~ comercial*** (***elevada***; ***lateral***; ***mayor*** *od* ***principal***; ***preferencial***; ***transversal***) Geschäfts- *od* Laden-(Hoch-; Seiten-; Haupt-; Hauptverkehrs-; Quer)straße *f*; ***~ de dirección única*** *od* ***~ de una sola dirección*** Einbahnstraße *f*; ***~ de tránsito acelerado*** Schnell(verkehrs)straße *f*; ***en plena ~*** mitten auf der Straße ◇ ***dejar*** *od* ***poner a alg en la ~*** *od* ***echar a alg a la ~*** *übertr* jmdn auf die Straße setzen, jmdn hinauswerfen; jmdm kündigen; ***doblar la ~*** um die Ecke biegen, ein-, abbiegen; ***hacer la ~*** *umg übertr* auf den Strich gehen; ***sacar a la ~*** *übertr* unter die Leute bringen, bekannt machen; ***volcarse a la ~*** auf die Straße gehen *od* strömen *um zu demonstrieren*

callej|ear *intr* durch die Straßen bummeln *od* flanieren; **~ero** **I** *Adj* Straßen-; herumstreunend **II** *m* Straßenverzeichnis *n*

callejón *m* Gasse *f*; ***~ sin salida*** Sackgasse *f auch übertr*

callo *m* Schwiele *f*; Hornhaut *f*; Hühnerauge *n*; *umg* Vogelscheuche *f hässliche Frau*; ***~s*** *Pl* Kaldaunen *f/Pl*, Kuttelflecke *m/Pl*; **~sidad** *f* Hornhaut *f*; Hautverdickung *f*

calma *f* MAR Flaute *f*, Windstille *f*; Ruhe *f*, Stille *f*; MED Linderung *f*; Gelassenheit *f*, Gleichmut *m*; Gemütsruhe *f*; Geduld *f*; Gleichgültigkeit *f*, Phlegma *n*; ***~ precursora de la tempestad*** *übertr* Ruhe *f* vor dem Sturm ◇ ***¡tómalo con ~!*** immer mit der Ruhe!; *Sprichw* ***gran ~, señal de agua*** stille Wasser sind tief

calm|ante **I** *Adj* beruhigend; schmerzlindernd **II** *m* MED schmerzlinderndes Mittel *n*; **~ar** **I** *tr* beruhigen; *Schmerz* lindern; besänftigen; *Durst* stillen **II** *intr Wind* abflauen; **~arse** sich beruhigen; *Wind* nachlassen, sich legen; **~o**, **~oso**, **~udo** still, ruhig; *übertr umg* langsam; bedächtig; gelassen

caló *m* Gaunersprache *f*

calor *m* Wärme *f auch übertr*; Hitze *f*; Fieber *n*; Eifer *m*; Lebhaftigkeit *f*; Herzlichkeit *f*; ***~ sofocante*** drückende Hitze *f*; ***al ~ de*** im Zuge + *Gen* (***al ~ de la reforma universitaria***); ***resistente al ~*** wärme-, hitzebeständig ◇ ***hace*** (***mucho***) ***~*** es ist warm (es ist heiß); ***tengo ~*** mir ist warm *od* heiß

calor|ía *f* Kalorie *f*; **~ífero** *m* Heizkörper *m*

calote *m*, **~ada** *f Rpl* Schummelei *f*, Betrug *m*, Gaunerei *f*; **~ador** *m Rpl umg* Betrüger *m*, Gauner *m*; **~ar** *tr Rpl* beschummeln, betrügen, prellen

calumni|a *f* Verleumdung *f*, falsche Beschuldigung *f*; Lüge *f*; **~ador** *m* Verleumder *m*; **~ar** *tr* verleumden; **~oso** verleumderisch

caluroso heiß *auch übertr*; hitzig; lebhaft; herzlich

calv|a *f* Glatze *f*; *übertr* kahle Stelle *f*; **~ario** *m* Leidensweg *m*; **~ero** *m* Kahlschlag *m*; Lichtung *f*; **~ez** *f*, **~icie** *f* Kahlköpfigkeit *f*; Haarausfall *m*; **~o** **I** *Adj* kahl(köpfig) **II** *m* Glatz-, Kahlkopf *m*

calza *f* Keil *m*; *Arg* Strumpfhose *f*; **~s** *Pl* Kniestrümpfe *m/Pl*

calzada *f* Fahrbahn *f*; breite Straße *f*; ***~ contraria*** Gegenfahrbahn *f*; ***~ peatonal*** Fußgängerzone *f* ◇ ***invadir la ~ contraria*** KFZ auf die Gegenfahrbahn geraten

calzad|o *m* Schuhwerk *n*, Schuhe *m/Pl*; **~or** *m* Schuhanzieher *m*, -löffel *m*; *Arg, Bol* Bleistifthalter *m bzw* -hülse *f*

calzar *tr Schuhe, Strümpfe, Handschuhe* anziehen *bzw* anhaben, tragen; ***~ el cuarenta y dos*** Schuhgröße 42 haben; **~se** sich (die) Schuhe *bzw* Strümpfe anziehen; (sich) *die Skier* anschnallen

calz|ón *m* Kniehose *f*; *AmS* Unterhose *f*; **~oncillo(s** *Pl*) *m* Unterhose(n *Pl*) *f*

cama *f* Bett *n*; Bettstelle *f*; ***armario*** *od* ***mue-***

ble (**giratoria** *od* **plegable**; **litera**; **matrimonial**) Schrank-(Klapp-; Doppelstock- *bzw* Etagen-; Ehe-, Doppel)bett *n*; **postrado en ~** bettlägerig ◇ **guardar** (**la**) **~** *übertr* das Bett hüten; **ir a la ~** ins Bett gehen

camada *f* ZOOL Wurf *m junger Säugetiere*

camaleón *m* ZOOL *u übertr* Chamäleon *n*

camama *f umg* Schwindel *m*, Betrug *m*

camándula *f umg* List *f*; Heuchelei *f*; **~s** *Pl* Schliche *m/Pl* ◇ **gastar muchas ~s** es faustdick hinter den Ohren haben, durchtrieben sein

camandul|ear *intr umg* heucheln; verschlagen sein; **~ero I** *Adj umg* scheinheilig, frömmlerisch **II** *m umg* Scheinheiliger *m*, Frömmler *m*; Heuchler *m*

cámara I *f* Kammer *f auch* HDL, IND, PARL, TECH; FOT Kamera *f*; *Waffe* Magazin *n*; *Bereifung* Schlauch *m*; ≗ **Alta** (**Baja**) **del Parlamento alemán** *Dtschld* PARL Bundesrat *m* (Bundestag *m*); ≗ **Baja** *od* **de** (**los**) **Diputados** PARL Abgeordnetenhaus *n*; **~ cinematográfica** Filmkamera *f*; **~ de comercio** (**e industria**) (Industrie- und) Handelskammer *f*; ≗ **de Comercio Internacional** Internationale Handelskammer *f*; **~ de compensación** WIRTSCH Abrechnungs-, Clearingstelle *f*; ≗ **de los Comunes** (**Lores**) *Großbritannien* PARL Unter-(Ober)haus *n*; **~ digital** Digitalkamera *f*; **~ de formato pequeño** *od* **~ miniatura** Kleinbildkamera *f*; **~** (**fotográfica**) Fotoapparat *m*; **~ frigorífica** *od* **~ de refrigeración** *od* **~ refrigerante** Gefrier-, Kühlraum *m*; Gefrier-, Kühlkammer *f*; ≗ **Legislativa** Parlament *n*; **~ lenta** Zeitlupe(nverfahren *n*) *f*; **~ o**(**b**)**scura** Dunkelkammer *f*; **~ oculta** *übertr* versteckte Kamera *f*; **~ rápida** Zeitraffer(verfahren *n*) *m*; **~ réflex** Spiegelreflexkamera *f*; **~ en ristre** mit gezückter Kamera; **~ de televisión** Fernsehkamera *f*; **~ de vídeo** Videokamera *f* **II** *m* Kameramann *m*

camar|ada *m* Kamerad *m*; POL Genosse *m*; **~adería** *f* Kameradschaft *f*; **~aderil** kameradschaftlich; **~era** *f Hotel* Zimmermädchen *n*; Serviererin *f*; Kellnerin *f*; MAR Stewardess *f*; **~ero** *m* Ober *m*, Kellner *m*; MAR Steward *m*; **~illa** *f* Clique *f*, Kamarilla *f*; **~ín** *m* THEAT Garderobe *f für Schauspieler*; → **camerín**

camarógrafo *m* Kameramann *m*

camar|ón *m* Garnele *f*; Krabbe *f*; **~ote** *m* (Schiffs-)Kabine *f*, Kajüte *f*, Kammer *f*

camastr|o *m* Pritsche *f bzw* Liege *f*; **~ón I** *Adj* gerissen, abgefeimt **II** *m* gerissener Kerl *m*

cambalach|e *m* Kuhhandel *m*, Schacher *m*; **~ear I** *tr* verhökern **II** *intr* schachern, Kuhhandel treiben; **~ero** *m* Schacherer *m*, Pfennigfuchser *m*

cambiable auswechselbar; veränderlich

cambiador *m* Wickeltisch *m für Säuglinge*; **~ de CDs** HIFI CD-Wechsler *m*

cambiante *Adj Wetter*, *Charakter* wechselhaft, unbeständig; launenhaft; unstet

cambiar I *tr* wechseln *auch Geld*; (ver)ändern; (aus-, ein-, um)tauschen (**por** für, gegen); *irrtümlich* vertauschen; verwandeln; *Termin* verlegen; umgestalten; TECH, SPORT auswechseln; ersetzen; *Beamte* versetzen (**a** nach; an) **II** *intr Wetter* umschlagen; *Personen*, *Zeiten* sich (ver)ändern *od* wandeln; *Wind* sich drehen; die Wohnung wechseln, umziehen; überwechseln (**a** zu); VERK umsteigen; KFZ schalten; **~se** sich umziehen; **~io** Tausch-; Wechselkurs-

cambio *m* (Ver-)Änderung *f*; Wandlung *f*; Wandel *m*; Wende *f*; Wechsel *m*; Umschwung *m*; (Aus-, Um-)Tausch *m*; *irrtümliches* Vertauschen *n*; TECH, SPORT Auswechslung *f*; EL Umschaltung *f*; KFZ Gang(schaltung *f*) *m*; Versetzung *f in eine andere Tätigkeit*; (Wechsel-)Kurs *m*; Wechsel-, Rückgeld *n*; Kleingeld *n*; **¡~!** over! *Anweisung an Partner im Sprechfunkverkehr*; → **casa de cambio**; **~ de aceite** (**marcha**) KFZ Öl-(Gang)wechsel *m*; **~ de actitud** Sinneswandel *m*; **~ de año** Jahreswechsel *m*; **~ automático** (**manual**) KFZ Automatik *f* (Handschaltgetriebe *n*); **~ climático** (**estructural**) Klima-(Struktur)veränderung *f*; **~ del día** Tageskurs *m*; **~ de domicilio** (**gobierno**; **moneda**; **turno**) Wohnungs-(Regierungs-; Geld-; Schicht)wechsel *m*; **~ de hora** Umstellung *f* der Uhrzeit (*z.B. auf die Sommerzeit*); **~** (**de**) **horario** Zeitverschiebung *f beim Flug*; **~ de marchas** *od* **velocidades** KFZ Gangschaltung *f*; **~ medio** FIN Mittelkurs *m*; **~ de milenio** (**siglo**) Jahrtausend-(Jahrhundert)wende *f*; **~ de parejas** Partnertausch *m*; **~ de rasante** VERK Straßenkuppe *f*; **~ de reserva** *Reise* Umbuchung *f*; **~ de rumbo** (**político**) (politischer) Kurswechsel *m*; **~ de tendencia** Trendwende *f*; **~**(**s** *Pl*) **de tiempo** Wetterumschwung *m*; **a ~ de** für, gegen *als Gegenleistung* (**petróleo a ~ de material de guerra**); **en ~** stattdessen; dafür; da-, hingegen; **sin ~s** unverändert, gleich bleibend

cambista *m* Geldwechsler *m*; Devisenhändler *m*

Camboya *f* Kambodscha *n*

camboyano I *Adj* kambodschanisch **II** *m*, **-a** *f* Kambodschaner(in) *m*(*f*)

cambullón *m Am reg* Wirrwarr *m*; Verschwörung *f*; *Chi*, *Col*, *Méx*, *Pe*, *PR*, *Ven* List *f*

C

camcórder *m* Camcorder *m*, → ***videocámara***
camel|ador *m umg* Schmeichler *f*, Schöntuer *m*; **~ar** *tr jmdm* um den Bart gehen; *jmdn* bezirzen; **~ia** *f* BOT Kamelie *f*
camello *m* Kamel *n*; Dealer *m von Drogen*; *Cu umg* (langer) Bus *m*
cámera *f* Kamera *f*; Fotoapparat *m*
cameraman *m* → ***camarógrafo***
camer|ín *m* Fahrstuhlkorb *m*, -kabine *f*; **~ino** *m* → ***camarín***
Camerún *m* Kamerun *n*
camerunés I *Adj* kamerunisch, aus Kamerun **II** *m*, **-esa** *f* Kameruner(in) *m(f)*
camilla *f* (Kranken-)Trage *f*
camillero *m* Krankenträger *m*; Sanitäter *m*; **~ *de la Cruz Roja*** Rote-Kreuz-Helfer *m*
camin|ante *m* Fußgänger *m*; Wanderer *m*; **~ar I** *intr* (zu Fuß) gehen, laufen; wandern **II** *tr Strecke* zurücklegen; **~ata** *f* Wanderung *f*, Fußmarsch *m*; **~ero** Straßen-; Weg(e)-
camino *m* Weg *m auch übertr*; (Weg-)Strecke *f*; Reise *f*; (Land-)Straße *f*; Bahn *f*; Methode *f*, Mittel *n*; *Pe Fußboden* Läufer *m*; **~ *alcista*** Aufwärtstrend *m*; **~ *crítico*** TECH kritischer Weg *m*; **~ *de* (*Berlín*)** Richtung (Berlin) *od* auf dem Weg(e) *od* unterwegs nach (Berlin); **~ *de desviación*, ~ *de desvío*** Umgehungsstraße *f*; **~ *equivocado*** Irrweg *m auch übertr*; **~ *de mesa*** Tischläufer *m*; **~ *sin salida*** VERK Sackgasse *f*; **~(*s Pl*) *trillado*(*s*)** *verächtl übertr* ausgetretener Pfad *m*, ausgefahrenes Gleis *n*; ***a medio* ~** auf halbem Weg(e); ***de* ~ *od por el* ~** unterwegs ◇ ***abrir* ~** *übertr* Bahn brechen, einen Weg bahnen; *übertr zu etw* führen; ***abrir nuevos* ~*s*** neue Wege weisen, bahnbrechend wirken, Pionierarbeit leisten; ***abrirse* ~** *übertr* sich einen Weg bahnen; ***allanar el* ~** den Weg ebnen *od* frei machen *auch übertr* (***hacia*** für, zu); **(*no*) *cruzarse en el* ~** *od* **(*no*) *detenerse a medio* ~** *od* ***a mitad del* ~** *übertr* (nicht) auf halbem Weg(e) stehen bleiben; ***equivocar el* ~** sich verlaufen; ***hacer de un* ~ *dos mandados*** *übertr* zwei Fliegen mit einer Klappe schlagen; ***llevar* (*buen*; *mal*) ~** auf dem (rechten; falschen) Weg(e) sein; ***ponerse en* ~** sich auf den Weg machen; ***quedar en el* ~** *übertr* auf der Strecke bleiben; ***tomar el* ~** den Weg einschlagen *auch übertr* (***de*** nach); *Sprichw* ***todos los* ~*s llevan a Roma*** alle Wege führen nach Rom
camión *m* Last(kraft)wagen *m*, Lkw *m od* LKW *m*, Laster *m umg*; *Méx* Bus *m*; **~ *basculante*** *od* ***volquete*** *od* **~ *de volteo*** Kipper *m*; **~ *basurero*** Müllfahrzeug *n*; **~ *cisterna*** *od* ***tanque* (*frigorífico*)** Tankwagen *m*, -fahrzeug *n* (Kühltransporter *m*); **~ *de mudanza*(*s*)** Möbelwagen *m*; **~*-tienda*** Verkaufswagen *m*; **~ *tractor*** Sattelschlepper *m*
camion|ada *f* Lkw-Ladung *f*; **~aje** *m* Lkw-Transport *m*; Fuhrlohn *m*; Rollgeld *n*; **~ero** *m* Lkw-Fahrer *m*, Fernfahrer *m*; *Méx* Busfahrer *m*; **~eta** *f* Lieferwagen *m*; *Am reg* Kleinbus *m*
camisa *f* Hemd *n*; *Buch* Schutzumschlag *m*; Buchhülle *f*; TECH Überzug *m*; TECH Mantel *m*, Futter *n*; **~ *de caballero*** *od* ***vestir*** Oberhemd *n*; **~ *de deportes*** Sportdress *m*; **~ *de fuerza*** Zwangsjacke *f*; **~ *interior* (*polo*)** Unter-(Polo)hemd *n* ◇ ***cambiar de* ~** *übertr* sein Mäntelchen nach dem Wind hängen; ***dejar a uno sin* ~** *übertr* jmdn bis aufs Hemd ausziehen; ***meterse en* ~ *de once varas*** sich um ungelegte Eier kümmern; sich übernehmen; ***vender hasta la* ~** *übertr* bis aufs letzte Hemd alles verkaufen
camis|ería Hemdengeschäft *n*; *Geschäft für* Herrenoberbekleidung *f*, Herrenausstatter *m*; **~eta** Unterhemd *n*; T-Shirt *n*; SPORT Trikot *n*; **~ón** *m* Nachthemd *n*; *Am reg* (langes, ärmelloses) Kleid *n*
camorr|a *f* Streit *m*, Zank *m*; Rauferei *f*; **~ista I** *Adj* streitsüchtig **II** *m* Raufbold *m*; Streithammel *m umg*
camp|al Feld-; **~amental** Lager-
campamento *m* Lager *n organisierte Unterbringung von Menschen*; Campingplatz *m*; Arbeitslager *n*; Lagerplatz *m*; **~ *de carpas*** Zeltlager *n*; **~ *vacacional*, ~ *de vacaciones*** Ferienlager *n*
campana *f* Glocke *f*; Glasglocke *f*; **~ *extractora de humos*** HAUSW Dunstabzugshaube *f*
campanada *f* Glockenschlag *m*; Getöse *n*, Lärm *m*, Skandal *m* ◇ ***dar una* ~** Krach schlagen
campan|ario *m* Glockenturm *m*; **~eo** *m* Glockengeläut *n*; **~il** *m* ARCH Kampanile *m*
campanilla *f* Glöckchen *n*; Klingel *f*; Glockenschale *f*; *Wasser* Blase *f*, Bläschen *n*; **~ *blanca*** *Am* BOT Schneeglöckchen *n*; ***de* ~*s*** *Person* hoch angebunden ◇ ***tener muchas* ~*s*** *übertr* ein hohes Tier sein
campanill|azo *m*, **~eo** *m* Klingeln *n*; Geklingel *n*, Gebimmel *n umg*
campan|te hervorragend; übermütig; hochnäsig, selbstherrlich; **~udo** *Sprache*, *Stil*, *Gehabe* bombastisch, hochtrabend; schwülstig
campánula *f* Glockenblume *f*
campaña *f* MIL *u übertr* Feldzug *m*, Kampagne *f*; Aktion *f*; Expedition *f*; POL Hetze *f*, Hetzkampagne *f*; *poet* Flur *f*; *Am* ländliches Gebiet *n*, Land *n*; **~ *de acoso y derri-***

bo *umg* POL Schmutzkampagne *f*; ~ ***electoral*** (***informativa***) Wahlkampagne *f*, -kampf *m* (Aufklärungskampagne *f*); ~ ***de imagen*** WIRTSCH Imagekampagne *f*; ~ ***orquestada*** *übertr* abgekartetes Spiel *n*; ~ ***de persecución*** POL Verfolgungsjagd *f*; ~ ***de prensa*** Pressefeldzug *m*; ~ ***promocional*** *od* ***publicitaria*** Werbekampagne *f*, -feldzug *m*; ~ ***de propaganda*** Propagandarummel *m umg* ◇ ***desatar*** *od* ***lanzar*** (***orquestar***) ***una*** ~ *übertr* eine Kampagne starten *od* auslösen (inszenieren)

camp|ar *intr* lagern, kampieren; zelten; *umg* sich hervortun; *übertr* die Nase hoch tragen; **~atedije** *m Ant*, *Méx umg* Herr *m* Soundso, (Herr *m*) Dingsda *m*; **~ear** *intr Tiere* auf die Weide gehen; **~echano** *Charakter* gemütlich; *Charakter* einfach, natürlich, ungezwungen; großzügig; spendabel

campeón *m*, **-ona** *f übertr* Vorkämpfer(in) *m(f)*; Kämpfer(in) *m(f) auch übertr*; SPORT Meister(in) *m(f)*, Champion *m*; ~ ***europeo*** (***internacional*** *od* ***mundial***; ***nacional***) SPORT Europa-(Welt-; Landes)meister *m*; ~ ***olímpico*** Olympiasieger *m*; ~ ***por puntos*** SPORT Punktsieger *m*

campeonato *m* Wettkampf *m auch* SPORT; SPORT Meisterschaft(skampf *m*) *f*; ~ ***de fútbol*** Fußballmeisterschaft *f*; ~ ***internacional*** SPORT Länderkampf *m*; ~ ***mundial*** (***nacional***) SPORT Welt-(Landes)meisterschaft *f*

camper|a *f Arg* Anorak *m*; **~o I** *Adj* → ***campestre*** **II** *m Am reg* Geländewagen *m*, Jeep *m*

campesin|ado *m* Bauernschaft *f*; Bauern *m/Pl*; **~o I** *Adj* ländlich, Land- **II** *m*, **-a** *f* Bauer *m*, Bäuerin *f*; Landwirt(in) *m(f)*

campestre Land-; im Freien

camping *m* Camping *n*, Zelten *n*; Camping-, Zeltplatz *m* ◇ ***hacer*** ~, ***practicar el*** ~ zelten, Camping machen, campen

camp|ismo *m* Zelten *n*, Camping *n*; **~ista** *m* Zeltler *m*, Camper *m*

campo *m* Feld *n*, Acker *m*; Land *n Gegensatz zur Stadt*; *übertr* Bereich *m*, Gebiet *n*; Sportplatz *m*, Spielfeld *n*; Fläche *f*; *übertr* POL Lager *n*, Block *m*; → ***campamento***; **~s** *Pl* Ländereien *f/Pl*; ~ ***de acción*** (***actividades***; ***aplicación***) Wirkungs-(Arbeits- *od* Aufgaben- *od* Geschäfts- *od* Tätigkeits-; Anwendungs)bereich *m*; ~ ***de acogida*** Auffang-, Sammellager *n für Flüchtlinge*, *Asylanten*; ~ ***de aterrizaje*** Landeplatz *m*; ~ ***de concentración*** Konzentrationslager *n*, KZ *n*; ~ ***de cultivo*** LANDW Anbaufläche *f*; ~ ***deportivo*** Sportplatz *m*; ~ ***de exterminio*** Vernichtungslager *n*; ~ ***de fútbol*** (***golf***; ***tenis***) Fußball-(Golf-; Tennis)platz *m*; ~ ***de internamiento*** Internierungslager *n*; ~ ***negativo*** Minusbereich *m*; ~ ***y pista*** Leichtathletik *f*; ~ ***de pruebas*** TECH Prüffeld *n*; ~ ***de refugiados*** Flüchtlingslager *n*; ~ ***visual*** Blickfeld *n*; ***en todos los*** **~s** *übertr* auf allen Gebieten ◇ ***dar*** ~ ***a*** führen zu, zur Folge haben; ***dejar el*** ~ ***libre*** *übertr* das Feld räumen; ***levantar el*** ~ MIL *u übertr* das Lager abbrechen; ***salir al*** ~ *von der Stadt* aufs Land gehen

CAMPSA *f Abk für* ***Compañía Arrendataria del Monopolio de Petróleos, S.A.***

campus *m* Campus *m*, Universitätsgelände *n*

camufl|aje *m* MIL *u übertr* Tarnung *f*; Verschleierung *f*; **~ar** *tr* MIL *u übertr* tarnen (***de*** als); verdecken, verheimlichen; verbergen

cana *f* weißes Haar *n* ◇ ***echar una*** ~ ***al aire*** sich einen flotten Tag machen, einen draufmachen; ***echar*** **~s** graue Haare bekommen

Canadá *m*: (***el***) ~ Kanada *n*

canadiense I *Adj* kanadisch **II** *m(f)* Kanadier(in) *m(f)*

canal *m* Kanal *m auch* ANAT, INFORM, TV *u übertr*; *Bewässerung* Graben *m*; TV, RADIO Programm *n Sender*; → ***canalón***; ~ ***de aproximación*** FLUGW Einflugschneise *f*; ~ ***infantil*** TV Kinderkanal *m*; ≗ ***de Kiel*** Nord-Ostsee-Kanal *m*; ≗ ***de la Mancha*** (***de Panamá***; ***de Suez***) Ärmel-(Panama-; Suez)kanal *m*

canal|ero *Am* Kanal- *bes in Bezug auf den Panamakanal*, **~izable** kanalisierbar; **~ización** *f* Kanalisierung *f*; Kanalisation *f*, Leitungssystem *n*; **~izar** ⟨-z/c-⟩ *tr* kanalisieren *auch übertr*; weiterleiten, zustellen; regulieren; *übertr* lenken, richten

canall|a I *f umg verächtl* Gesindel *n*, (Lumpen-)Pack *n* **II** *m* Kanaille *f*, Lump *m*; **~ada** *f umg* Lumperei *f*, Gemeinheit *f*; **~esco** *umg* gemein, abgefeimt, schuftig

canal|ón *m* Dachrinne *f*; **~ones** *Pl* GASTR → ***canelones***

canapé *m* Kanapee *n*, Sofa *n*; Couch *f*; Kanapee *n belegte geröstete Weißbrotscheibe*

Canarias *f/Pl*: ***las*** (***Islas***) ~ die Kanarischen Inseln

canario I *Adj* kanarisch, von den Kanarischen Inseln **II** *m*, **-a** *f* Kanarier(in) *m(f)*; Kanarienvogel *m*

canasta *f* (Henkel-)Korb *m*; KART Canasta *n*; *Basketball* Punkt *m*; ~ ***familiar*** *umg* Familienbudget *n*

canastilla *f* Körbchen *n*; Babyausstattung *f* ◇ ***hacer la*** ~ *werdende Mutter* Babysachen fertig machen

C

canasto *m* (Trag-)Korb *m*
cancán *m Tanz* Cancan *m*
cancel|ación *f* Tilgung *f*, Aufhebung *f*; *Schulden* Streichung *f*, Löschung *f*; *Dokument* Außerkraftsetzung *f*; INFORM Abbruch *m*; Absage *f*; Entwertung *f*; Stornierung *f*, Storno *m,n*; Abbestellung *f*; Annullierung *f*; Widerruf *m eines Auftrages*; Begleichung *f od* (Be-)Zahlung *f einer Rechnung*; **~ado** ungültig; *Pass* abgelaufen; **~ador** *m Verkehrsmittel* Entwerter *m*; **~ar** *tr* tilgen, löschen; (durch-, aus)streichen; außer Kraft setzen, aufheben, rückgängig machen; INFORM *Anwendung*, *Programm* abbrechen; absagen; stornieren; annullieren; abbestellen; *Konto* auflösen; entwerten; FLUGW *Flug* streichen *bzw* einstellen, canceln; *Rechnung* begleichen
cáncer *m* MED *u* ASTR Krebs *m*; Krebsgeschwulst *f auch übertr*, Karzinom *n*; **~ bronquial** Bronchialkarzinom *n*; **~ (del cuello) uterino** Gebärmutter(hals)krebs *m*; **~ del estómago** Magenkrebs *m*; **~ intestinal (pulmonar)** Darm-(Lungen)krebs *m*; **~ de la laringe** Kehlkopfkrebs *m*; **~ de mama** Brust(drüsen)krebs *m*; **~ de piel** Hautkrebs *m*
cancer|ígeno karzinogen, Krebs erregend; **~oso** krebsartig, Krebs-
canch|a *f* Sportplatz *m*; Spielplatz *m*; Spielsaal *m*; *Pferdesport* Rennbahn *f*; Tennisplatz *m*; (Hahnen-)Kampfplatz *m*; *Am* Lagerplatz *m*; **~ar** *intr Pe umg* Geschäfte machen; *übertr* Geld scheffeln; **~ear** *intr Am* faulenzen, sich vor der Arbeit drücken; **~ero** *Am* versiert, bewandert
canciller *m(f)* (Bundes-)Kanzler(in) *m(f)*; Konsulatsmitarbeiter(in) *m(f)*; *bes Am* Außenminister(in) *m(f)*; **~esco** Kanzlei-; **~ía** *f* (Staats-)Kanzlei *f*; Kanzleramt *n*; *Konsulat*, *Botschaft* Büro *n*; *bes Am* Außenministerium *n*, Auswärtiges Amt *n*
canción *f* Lied *n*; Gesang *m*; Chanson *n*; Song *m*; Schlager *m*; **♀ Nacional** *Chi* Nationalhymne *f*; **~ pegadiza** Ohrwurm *m eingängiges Lied*; **~ popular** Volkslied *n*; **~ de protesta** Protestsong *m* ◇ **¡siempre la misma ~!** *übertr* immer die alte Leier!
candado *m* (Vorhänge-)Schloss *n*; **~ de combinación (seguridad)** Kombinations-(Sicherheits)schloss *n*
candar *tr* zumachen, (zu)schließen
cande Kandis-(**azúcar ~**)
candela *f* Kerze *f auch* BOT; Candela *f Maßeinheit des Lichts*; *übertr* heißes Eisen *n*; *Am umg* Brand *m*, Feuer *n* ◇ **dar (pedir) ~** *Am jmdm* Feuer geben (*jmdn* um Feuer bitten); **pegar ~ a u/c** *Am* etw in Brand setzen *od* stecken
candel|abro *m* Kandelaber *m*, Armleuchter *m*; **~ada** *f* Freudenfeuer *n*; Lagerfeuer *n*; **~aria** *f* BOT Königskerze *f*; **~ero** *m* Kerzenhalter *m*
cand|ente brennend *auch übertr*, *z.B. Problem*; Brenn-; **~i** → **cande**; **~idatizar** ⟨-z/c-⟩ **I** *tr* als Kandidat(en) vorschlagen **II** *intr* kandidieren
candidato *m*, **-a** *f* Kandidat(in) *m(f)*, Bewerber(in) *m(f)*; Prüfling *m*; **~ a canciller** POL *Dtschld*, *Österreich* Kanzlerkandidat *m*; **~ al diploma** Diplomand *m*; **~ a diputado** Kandidat *m* für die Wahl zum Abgeordneten; **~ a doctor** Doktorand *m*, Aspirant *m*; **~ al hoyo** *Arg*, *Pe*, *PR*, *Ur* Todeskandidat *m*; **~ presidencial, ~ a la presidencia** Präsidentschaftskandidat *m*; **~ rival** Gegenkandidat *m* ◇ **postularse ~** sich als Kandidat aufstellen lassen; **presentar ~s** Kandidaten aufstellen; **presentarse (como) ~** kandidieren
candidatura *f* Kandidatur *f*, Bewerbung *f* ◇ **presentar su ~** kandidieren (**a** für); sich bewerben (**para** um)
candidez *f* schneeiges Weiß *n*; Arglosigkeit *f*; Redlichkeit *f*; Einfalt *f*, Naivität *f*
cándido arglos; offen(herzig); naiv, einfältig
candil *m* Öllampe *f*, -funzel *f* ◇ **pescar al ~** *übertr* im Trüben fischen
candilejas *f/Pl* THEAT Rampenlicht *n*
candomb|e *m Rpl* POL Misswirtschaft *f*; **~ero** *Rpl* unmoralisch
candong|o I *Adj umg* falsch, unaufrichtig **II** *m* falscher Fuffziger *m unaufrichtige Person*; Drückeberger *m*, Faulenzer *m*; **~uear I** *tr jmdn* verfrotzeln **II** *intr umg* sich vor der Arbeit drücken; **~uero** *umg* arbeitsscheu, faul, bequem
candor *m* strahlendes Weiß *n*; *übertr* Unschuld *f*; Redlichkeit *f*; Aufrichtigkeit *f*; **~oso** harmlos; aufrichtig
canela *f* Zimt *m*; *umg übertr* sehr feine Sache *f*; **¡de ~!** *umg* großartig; einfach wundervoll!
canel|o zimtfarben; **~ón** *m* Eiszapfen *m*; MIL Raupe *f geflochtene Schnur am Schulterstück*; **~ones** *Pl* Zierrat *m aus Glas*; GASTR Canneloni *m/Pl*
canfín *m CR* Erdöl *n*
cangilón *m* Schöpfeimer *m*; Wasserkrug *m*; Kübel *m*
cangrejo *m* ZOOL Krebs *m*; Krabbe *f*
canguro *m* ZOOL Känguru *n*
can|íbal I *Adj* kannibalisch, grausam **II** *m* Kannibale *m*, Menschenfresser *m*; **~ibalismo** *m* Kannibalismus *m*; Grausamkeit *f*; **~ibalización** *f* WIRTSCH Kannibalisierung *f*
canícula *f* Hundstage *m/Pl Hitzeperiode*

canijo I *Adj* mick(e)rig **II** *m* mickriger Kerl *m*
canilla *f* Schienbein *n*; ANAT Elle *f*; Zapfhahn *m*; TEXTIL Spule *f*; *Arg* Wasserhahn *m*; *Méx* Kraft *f*; ***a la ~*** *Méx* mit aller Gewalt ◇ ***irse de ~*** *umg* Durchmarsch *Durchfall* haben; wie ein Wasserfall reden
canill|era *f* *Col* Panik *f*, Schrecken *m*; *Ec* Zittern *n*, Beben *n*; **~ita** *m* *Pe*, *Rpl* Zeitungsjunge *m*
canino Hunde-, Hunds-
canje *m* Tausch *m*; Aus-, Umtausch *m*; Auswechseln *n*; Einlösen *n*, -lösung *f*; ***~ de libros*** Buchaustausch *m*; ***~ de notas diplomáticas*** POL Notenwechsel *m*; ***~ de prisioneros*** Gefangenenaustausch *m*
canjear *tr* (aus-, um)tauschen; auswechseln; einlösen
cannabis *m* Hanf *m*; *Bez für* → ***hachís***
cano *Haar* grau *bzw* weiß; *übertr* alt(ertümlich)
canoa *f* Kanu *n*; (Paddel-)Boot *n*; *Am* Dachrinne *f*; Trog *m*; ***~ automóvil, ~ a motor*** Motorboot *n*; ***~ neumática*** (***plegadiza***) Schlauch-(Falt)boot *n*
canon *m* *bes* REL Kanon *m*, *auch* MUS, Vorschrift *f*, Richtlinie *f*, Beschluss *m*; Katalog *m*, Verzeichnis *n*; FIN *u* JUR Abgabe *f*, Gebühr *f*; *übertr* Leitbild *n*; ***~ de arrendamiento*** Pachtzins *m* ◇ ***actuar dentro de los cánones internacionales*** sich an die internationalen Gepflogenheiten halten
canónico kanonisch
canoniz|ación *f* Heiligsprechung *f*; *übertr* Kanonisierung *f*; **~ar** ⟨-z/c-⟩ *tr* heilig sprechen, kanonisieren; lobpreisen; gutheißen
canoso grau- *bzw* weißhaarig
canot|aje *m* Kanusport *m*; **~ero** *m* Kanute *m*
cansada *f*: ***a las ~s*** *Arg*, *PR* *übertr* auf den letzten Drücker
cans|ado müde; abgespannt, erschöpft; *umg* satt *überdrüssig*; verbraucht *abgekämpft*; langweilig, lästig; **~ancio** *m* Müdigkeit *f*; Erschöpfung *f*; Überdruss *m*; **~ar** *tr* ermüden, müde machen; *übertr* fertig machen, aufreiben; stören, irritieren, belästigen; langweilen; **~arse** müde werden; *übertr* müde sein (***de, con***, zu *od* Gen); *Gliedmaßen* lahm *od* müde werden; *übertr* sich fertig machen, sich aufreiben; überdrüssig werden; **~era** *f* Belästigung *f*; **~ino** langsam, schleppend, träge; mühsam; lästig; abgehetzt, erschöpft
Cantabria *f* Kantabrien *n*
cantábrico kantabrisch
cántabro I *m*, **-a** *f* Kantabrer(in) *m*(*f*) **II** *Adj* → ***cantábrico***
cantado: ***estar ~*** gelaufen (*d.h. bereits entschieden*) sein (***el asunto está ~***)
canta|dor *m*, **~dora** *f* Volks(lied)sänger(in) *m*(*f*); **~mañanas** *m* Windbeutel *m*, Hallodri *m* *reg unzuverlässiger Mensch*
cantante *m*(*f*) Sänger(in) *m*(*f*); ***~ de cámara*** (***ópera***; ***~ pop***) Kammer-(Opern-; Pop)-sänger(in) *m*(*f*)
cantaor *m*, **~a** *f* Flamencosänger(in) *m*(*f*)
cantar I *tr*/*intr* singen *auch umg übertr gestehen*; besingen, rühmen, preisen; *übertr Kriminelle* auspacken; *Tür* quietschen; *Hahn* krähen; *Frosch* quaken; *Grille* zirpen; *Vogel* zwitschern; trillern; *umg vor Freude* schreien; für sich sprechen *keines Kommentars bedürfen*; *etw* aufsagen; *Messe* lesen; ***~ alto*** *Arg*, *PR*, *Ur* einen hohen Preis fordern; ***se las cantó claras*** *umg* er sagte *jmdm* (gründlich) die Meinung **II** *m* Lied *n*; Gesang *m*; MUS Weise *f*; *Chi umg* Geschwätz *n*, Gerede *n*; *Cu umg* Klatsch *m*; Schwindel *m* ◇ ***es otro ~*** *umg* das ist etwas ganz anderes
cantar|ada *f* Krug *m* voll, Kanne *f* voll; **~ela** *f* BOT Pfifferling *m*
cántaro *m* Krug *m*; Krug *m* voll; ***a ~s*** in Hülle und Fülle ◇ ***llover a ~s*** in Strömen *od* wie mit *od* aus Kübeln gießen *stark regnen*; *Sprichw* ***tanto va el ~ a la fuente que alguna vez se quiebra*** der Krug geht so lange zum Brunnen, bis er bricht
cant|ata *f* MUS Kantate *f*; **~atriz** *f* → ***cantante*** *f*; **~autor** *m* Liedermacher *m*
cante *m*: ***~ flamenco*** *od* ***hondo*** *od* ***jondo*** *Formen des* Flamenco *m andalusisches Tanzlied*
cantear *tr* BAUW abschrägen; hochkant stellen; abkanten; Kanten hobeln; *Stein* behauen; **~se** sich verkanten
cantegril *m* *Ur* Elendsviertel *n*
canter|a *f* Steinbruch *m*; SPORT Nachwuchs *m*, Nachwuchsspieler *m*/*Pl*; Kaderschmiede *f umg*; **~ía** *f* Steinmetzkunst *f*; Quadersteine *m*/*Pl*; **~o** *m* Steinbrucharbeiter *m*; Steinmetz *m*; langes und schmales Stück *n* Land; Kanten *m* *z.B. vom Brot*; *Ec*, *Méx*, *Pe* Zuckerrohrfeld *n*
cantidad *f* Menge *f*, Quantität *f*; Anzahl *f*; Zahl *f*; Quantum *n*; MATH Größe *f*; Summe *f*; Betrag *m*; ***~ alzada*** veranschlagte Summe *f*; ***~ conocida*** (***desconocida, incógnita***) MATH bekannte Größe *f* (unbekannte Größe *f*, Unbekannte *f*); ***~ de …*** *ohne Art* sehr viel(e) …, eine Menge …; ***~ entregada*** (***a entregar***) Liefermenge *f* (zu liefernde Menge *f*); ***~ extraída*** BERGB Fördermenge *f*; ***~ global*** Pauschalsumme *f*; ***~ máxima*** (***mínima***) Höchst-(Mindest)menge *f bzw* -betrag *m*; ***~ parcial*** Teilmenge *f bzw* -summe *f*; ***~ de producción*** Produktionsmenge

C

f, Ausstoß m; **~ de trabajo** Arbeitsaufwand m

cantil m Steilklippe f; *Am Abgrund* Rand m; **~ena(s** *Pl*) f *verächtl übertr* alte Leier f

cantin|a f Kantine f; Speisesaal m; (Bahnhofs-)Gaststätte f, Ausschank m; Weinkeller m; Proviantkorb m; **~ero** m (Kantinen-)Wirt m; *Cu* Barkeeper m; **~flas** m *verächtl* Witzbold m, komischer Kerl m

canto¹ m Gesang m; Lied n; *Hahn* Krähen n; *Grille* Zirpen n; *Vogel* Zwitschern n, Trillern n; *Nachtigall* Schlagen n; **a ~** unaufhörlich ◇ **hacer un ~** *übertr* ein Loblied singen (**a** auf)

canto² m Rand m; Kante f; *Brot* Kanten m; *Buch* Schnitt m; *Messer* Rücken m; Kieselstein m; *Brett* Dicke f; **~s rodados** Geröll n ◇ **colocar** *od* **volver algo de ~** etw hochkant stellen; **tener dos dedos de ~** zwei Finger dick sein

cant|ón m Ecke f; VERW Kanton m; MIL Quartier n; *Hond* Bodenerhebung f; **~onal** kantonal, Kantonal-; **~onear** *intr* herumlungern; umherschlendern; **~onero I** *Adj* träge, untätig **II** m Bummler m

cantor I *Adj* Sing- **II** m, **~a** f Sänger(in) m(f); **~as** *Pl* Singvögel m/Pl

cantur|ía f Singsang m; *verächtl* Geleier n; **~rear** *intr Vögel* zwitschern; trällern; → **~riar** ⟨-ío⟩ **I** *intr* vor sich hin summen *od* trällern **II** *tr etw* herunterleiern

cánula f dünnes Rohr n; MED Kanüle f

canut|ero m *Am reg* Federhalter m; Füllfederhalter m, Füller m; **~illo** m Trinkhalm m, -röhrchen n; **~o I** *Adj* klasse, super **II** m Haschischzigarette f, Joint m; → **~ero**

caña f *Getreide* Halm m; (Schilf-)Rohr n; Stange f; (Spazier-)Stock m; (Glas n) Bier n; TECH Schaft m; Stiel m; BERGB Stollen m; *Arg, Ven* Zuckerrohrschnaps m; *Col umg* Prahlerei f; *Col, Ec, Ven übertr* Ente f; **~ (de azúcar)** Zuckerrohr n; **~ de pescar** Angelrute f; **~ de vidrio** Glasrohr n ◇ **pescar con ~** angeln

cáñamo m Hanf m; Hanfleinen n; Hanffaser f; *Am* (Hanf-)Strick m

caña|r m Röhricht n; **~veral** m Rohrfeld n; Zuckerrohrfeld n, -plantage f

cañazo m Stockhieb m; *Am* Zuckerrohrschnaps m; *Cu, Pe, PR umg* kräftiger Schluck m *Schnaps* ◇ **dar ~ a alg** *umg* jmdm Kummer bereiten *od übertr* einen Schlag versetzen

cañ|ería f *Gas, Wasser* (Rohr-)Leitung f; **~ero I** *Adj* Zuckerrohr- **II** m Zuckerrohrarbeiter m; Arbeiter m in der Zuckerindustrie; Zuckerrohrpflanzer m; Rohrleger m; **~o** m Rohr n; Abwassergraben m; Kühlkeller m; Orgelpfeife f; BERGB Stollen m; *And, Arg, Pe* Wasserhahn m; *Pe* Bewässerungsgraben m; *Col* Wasserlauf m

cañón¹ m Kanone f; Geschütz n; Geschützrohr n; *Handfeuerwaffe* Lauf m; Cañon m, Flusstal n, Schlucht f; *Am umg* Knüller m; *Col* Baumstamm m; **de ~ recortado** *Flinte* mit abgesägtem Lauf; **ni a ~ rayado** *Chi, PR umg* unter keinen Umständen

cañón² *Adj unv u Adv umg* toll, umwerfend, sagenhaft

cañon|azo m Schuss m *auch Fußball*; Kanonenschuss m; *Am* Hit m *Schlager*; *Arg, Pe, PR, Ur* unerwartet eintreffende Nachricht f; **~eo** m Geschützfeuer n; Beschuss m; **~ero** m Kanonenboot n; Kanonier m; *Fußball* (Tor-)Schütze m

cañut|azo m Gerede n, Klatsch m; **~o** m Spitzel m; Petzer m

caoba f Mahagoni n; Mahagonibaum m

caolín m Kaolin n, Porzellanerde f

caos m Chaos n, Unordnung f; Wirrwarr m; **~ circulatorio** Verkehrschaos n

caótico chaotisch, ungeordnet; verworren

cap. m (*Abk für* **capítulo**) Kap. n

capa f Umhang m, Cape n; Belag m; KOCHK Guss m; MINER, POL Schicht f; MINER Lage f; BERGB Flöz n; Decke f, Hülle f *auch übertr*; Vorwand m; **~ de agua** *Cu* Regenmantel m; **~ aislante** Isolierschicht f; **~ atmosférica** (**terrestre**) Luft-(Erd)schicht f; **~ de grasa** Fettschicht f; **~ intermedia** Zwischenschicht f; **~ de ozono** Ozonschicht f; **~ de petróleo** Ölteppich; Ölpest f; **de ~ única** einschichtig; **de dos ~s** zwei-, doppelschichtig; **so ~ de** unter dem Vorwand von *od Gen* ◇ **andar de ~ caída** *übertr* auf dem letzten Loch pfeifen

capacho m Tragkorb m *bzw* Strohtasche f; *Am verächtl* Deckel m *alter Hut*

capacidad f Rauminhalt m; Fassungsvermögen n; (Leistungs-)Fähigkeit f; Eignung f; Können n; Leistung f; Kapazität f *auch übertr*; **~ de actuación** Handlungsfähigkeit f; **~ adquisitiva, ~ de compra** Kaufkraft f; **~ de aguante** (**análisis**) Steh-(Urteils)vermögen n; **~ de almacenamiento** HDL Lagerkapazität f; → **~ de memoria**; **~ de arrastre** *übertr* Anziehungs-, Zugkraft f; **~ auditiva** (**visual**) Hör-(Seh)vermögen n; **~ competitiva** (**funcional** *od* **de rendimiento**) Wettbewerbs-(Leistungs)fähigkeit f; **~ exportadora** Exportkapazität f; **~ de gestión** (**trabajo**) Geschäfts-(Arbeits)fähigkeit f; **~ de liderazgo** POL, WIRTSCH Führungskraft f *als Eigenschaft*; **~ de memoria** INFORM Speicherkapazität f; **~ de producción, ~ productiva** Produktionskapazität f

C

capacitación *f* Befähigung *f*; Einarbeitung *f*; Fort-, Weiterbildung *f*, Qualifizierung *f*; Schulung *f*; **~ *profesional*** Berufsausbildung *f*

capacit|ado geeignet (***para*** für *od* zu); **~ar** *tr* befähigen; einarbeiten; qualifizieren; *Chi* bevollmächtigen; **~arse** sich fort-, weiterbilden *od* qualifizieren; sich einarbeiten

capar *tr* verschneiden, kastrieren; *Bäume*, *übertr Mittel* beschneiden; *Ansehen* mindern; *Am z.B. Käse* anschneiden; **~azón** *m Schildkröte*, *Krebs* Panzer *m*

caparrosa *f* Vitriol *n*

capataz *m* Vorarbeiter *m*; Aufseher *m*; (Werk-)Meister *m*; (Maurer-)Polier *m*; BERGB Steiger *m*

capaz fähig, imstande (***de*** zu); befähigt, tüchtig; geeignet; *räumlich* fassend

capcioso verfänglich

cape|ador *m* Schulschwänzer *m*; (Arbeits-)Bummelant *m*; Drückeberger *m*; **~ar** *tr* TAUR den Stier mit dem Mantel reizen; *jmdn mit Versprechungen* hinhalten; *Verpflichtungen* aus dem Wege gehen; *einer Gefahr* ausweichen; *übertr jmdn* an der Nase herumführen; *die Schule* schwänzen; sich *vor einer Arbeit* drücken

capellán *m* Kaplan *m*

Caperucita *f*: **~ *Roja*** *Märchen* Rotkäppchen *n*

caperuza *f* Kapuze *f*; *Kopfbedeckung u* TECH Kappe *f*

capigorr|ista *m*, **~ón** *m umg* Tagedieb *m*

capilar Haar-; Kapillar-; haar-, hauchdünn

capilla *f* kleine Kirche *f*, Kapelle *f*; Kapuze *f*, Kappe *f*; Gruppe *f*, Clique *f*; BUCHW Aushängebogen *m*; **~ *ardiente*** (Raum *m* für die) feierliche Aufbahrung *f* ◇ ***estar en ~*** *Gefangener* in der Todeszelle sein; *umg* in tausend Ängsten schweben

cápita: ***per ~*** **I** *Adj* Pro-Kopf- **II** *m* Pro-Kopf-Verbrauch *m*

capital[1] **I** *Adj* hauptsächlich, Haupt-; wesentlich; von wesentlicher Bedeutung; schwer wiegend; Kapital-; **~ *intensivo*** kapitalintensiv **II** *m* Kapital *n*; Vermögen *n*; Geldmittel *n*/*Pl*; **~ *en acciones*** Aktienkapital *n*; **~ *circulante*** Umlaufvermögen *n*; **~ *de explotación*** Betriebskapital *n*; **~ *extranjero*** Auslandskapital *n*; **~ *fijo*** *od* ***inmovilizado*** Anlagekapital *n*; **~ *foráneo*** Fremdkapital *n*; **~ *fundacional*** (***inicial***; ***social***) Gründungs-(Start-; Stamm)kapital *n*; **~ *monopolista*** Monopolkapital *n*; **~ *nativo*** (***original***) einheimisches (ursprüngliches) Kapital *n*; **~*es a plazo fijo*** Festgelder *n*/*Pl*; **~ *propio*** Eigenkapital *n*; **~*-riesgo***, **~ *de riesgo*** Risikokapital *n*; ***gran ~*** Großkapital *n*; ***lo ~*** das Wesentlichste ◇ ***invertir ~ en acciones*** Kapital in Aktien anlegen

capital[2] *f* Hauptstadt *f*; **~idad** *f* Hauptstadtrolle *f*, -funktion *f*; **~ino** **I** *Adj* hauptstädtisch **II** *m* Hauptstädter *m*, Bewohner *m* der Hauptstadt

capitalismo *m* Kapitalismus *m*; **~ *monopólico*** Monopolkapitalismus *m*

capitalista **I** *Adj* kapitalistisch **II** *m* Kapitalist *m*

capitaliz|ación *f* Kapitalisierung *f*; Kapitalbildung *f*; Kapitalzuführung *f*; **~ar** ⟨-z/c-⟩ *tr* kapitalisieren; Kapital zuführen; in Kapital verwandeln, zu Geld machen; *übertr aus etw* Kapital schlagen, *etw* ausschlachten *umg*; *etw* für sich verbuchen (können)

capitán *m* MIL Hauptmann *m*; (Schiffs- *bzw* Flug-)Kapitän *m*; SPORT Mannschaftskapitän *m*; *Cu*, *Méx* Ober(kellner) *m*; **~ *general*** *Esp* Oberbefehlshaber *m* der Miliz; Wehrbereichskommandant *m*; **~ *de industria*** Großindustrieller *m*, Industrieritter *m umg*; **~ *del puerto*** Hafenkapitän *m*

capitanear *tr* (an)führen; befehligen

capitanía *f* MIL Hauptmannsposten *m*; MAR Kapitänsposten *m*; **~ *del puerto*** Hafenamt *n*, -behörde *f*

capitel *m* ARCH Kapitell *n*

capitolio *m* Kapitol *n*

capitoné *m Esp gepolsterter* Möbelwagen *m*

capitoste *m übertr* Bonze *m*, hohes Tier *n*; *verächtl* Boss *m*

capitulación *f* Vertrag *m*, Übereinkunft *f*; Kapitulation *f*, Übergabe *f*; ***capitulaciones Pl matrimoniales*** Ehevertrag *m*

capitular **I** *intr* kapitulieren (***con*** vor), sich ergeben; *übertr* aufgeben **II** *tr*/*intr* vertraglich regeln

capítulo *m* Kapitel *n*, Abschnitt *m*; (Dom-)Kapitel *n*, Stift *n*; JUR, REL Beschuldigung *f*; **~ *de cargos*** *od* ***culpas*** Sündenregister *n* ◇ ***abrir un nuevo ~*** *übertr* ein neues Kapitel einleiten; ***llamar a ~*** *jmdn* zur Rechenschaft ziehen

capó *m* KFZ Kühler-, Motorhaube *f*

caporal *m* MIL Korporal *m*; Aufseher *m*; Anführer *m*

capot|a KFZ *rückklappbares* Verdeck *n*; **~ar** *intr Auto* sich überschlagen; *Flugzeug* aufschlagen

capote *m* Uniformmantel *m*; Umhang *m*; gelb-rosa Mantel *m des Stierkämpfers*; *Chi*, *Méx* Tracht *f* Prügel; **~ *de lluvia*** Regencape *n*; ***a od para mi ~*** *umg* so wie ich das sehe ◇ ***decir algo para su ~*** *umg* etw für sich sagen, etw bei sich denken

capotear *tr jmdn* hinhalten

capricho *m* Laune *f*; Einfall *m*; Flausen *f*/*Pl umg*, Grillen *f*/*Pl*; MUS Capriccio *n*;

C

~s de diva Starallüren *f/Pl*

caprich|oso, ~udo launenhaft, launisch; eigenwillig; kapriziös; wechselhaft

cápsula *f* Kapsel *f*; ***~ detonante*** *od* ***explosiva*** Sprengkapsel *f*; ***~ espacial*** RAUMF Raumkapsel *f*; ***~ suprarrenal*** Nebenniere *f*

capsular I *Adj* kapselförmig, Kapsel- **II** *tr* verkapseln; einkapseln

captación *f unrechtmäßige* Aneignung *f*; Erschleichung *f*; *Mitglieder* Gewinnung *f*; EL, TEL Anzapfen *n*; *Gelder, Produkte* Erfassung *f*; TEL Empfang *m*; ***~ de clientes*** Kundenfang *m*; ***~ de datos*** INFORM *u allg* Datenerfassung *f*; ***~ de divisas*** Deviseneinnahme *f*; ***~ de fondos*** Kapitalbeschaffung *f*

captaojos *m Bild, Plakat* Blickfang *m*

capt|ar *tr* gewinnen *auch Freunde, Sympathie, Mitglieder*; *übertr* (sich) *etw* erschleichen; *Wasser, Nachricht* auffangen; EL, TEL anzapfen; anpeilen; RADIO, TV *Sender, Programm* hereinbekommen, hören *od* sehen können; TEL abhören; *Gelder, Produkte* erfassen; *Devisen* einnehmen; *Kunden* werben; merken, mitbekommen, -kriegen *umg*; **~or** *m* Entführer *m*, Geiselnehmer *m*

captur|a *f* MIL Gefangennahme *f*; Festnahme *f*; Fang *m*; Beute *f*; MAR Aufbringen *n*, Kapern *n*; **~ar** *tr* verhaften; festnehmen; fangen; erbeuten; MIL gefangen nehmen; MIL einnehmen; MAR aufbringen, kapern

capuch|a *f* Kapuze *f*; **~ina** *f* Kapuzinerkresse *f*; **~ino I** *Adj* Kapuziner- **II** *m* Kapuzinermönch *m*; Kapuzineraffe *m*; GASTR Cappuccino *m*; **~o** *m* → **~a**; **~ón** *m* große Kapuze *f*; Mantel *m* mit Kapuze; Verschlusskappe *f*

capullo *m Seidenraube* Kokon *m*; (Blüten-)Knospe *f*; ANAT Vorhaut *f*

caqui I *Adj* khakifarben; Khaki- **II** *m* Khaki(stoff) *m*; Khakifarbe *f*

cara *f* Gesicht *n*, Antlitz *n*; Miene *f*; Aussehen *n*; Oberfläche *f*; *Blatt Papier, Münze, Schallplatte* (Vorder-)Seite *f*; Zifferblatt *n*; ***~ de beato con uñas de gato*** *übertr* Wolf *m* im Schafspelz; ***~ a ~*** von Angesicht zu Angesicht; ***~ larga*** *übertr* langes Gesicht *n*; ***~ de perro*** (***póquer***) grimmiges Gesicht *n* (Pokerface *n*, -gesicht *n*); ***a ~ descubierta*** *übertr* vor aller Welt *od* Augen; ***de ~ a*** gegenüber; angesichts; zugewandt (***de ~ a la muchedumbre***); ***de dos ~s*** (***de una ~***) *Kopien* doppel-(ein)seitig; ***la otra ~ de la moneda*** *übertr* die Kehrseite der Medaille; ***por su bella ~*** um ihrer *bzw* seiner schönen Augen willen; aus purer Gefälligkeit ◇ ***dar la ~*** für etw einstehen; ***dar la ~*** *od* ***hacer ~ a alg*** *übertr* jmdm die Stirn bieten; ***echarle a alg algo en ~*** jmdm etw vorwerfen; ***fotocopiar en ambas ~s*** *Schriftstücke u.Ä.* beid- *od* doppelseitig kopieren; ***plantar ~ a la enfermedad*** der Krankheit trotzen; ***poner buena*** (***mala***) ***~*** ein (un)freundliches Gesicht machen; ***poner buena ~ al mal tiempo*** gute Miene zum bösen Spiel machen; ***saltar a la ~*** *übertr* in die Augen springen; ***salvar la ~*** *übertr* das Gesicht wahren; ***tener ~*** *übertr* die Stirn haben, sich trauen, wagen (***de*** zu); ***tener dos ~s*** *übertr* zwei Seiten haben; *übertr* doppelzüngig sein; ***tiene ~ de pocos amigos*** *übertr* mit ihm *bzw* ihr ist nicht gut Kirschen essen

carabina *f* Karabiner *m*; *umg* Anstandswauwau *m* ◇ ***es la ~ de San Ambrosio*** *umg* er *bzw* sie ist völlig unbrauchbar

carabinero *m* Karabiniere *m*; Grenz-, Zollwächter *m*; *Chi, Col* Polizist *m*; ***~s*** *Pl Chi, Col* Polizei *f*

caracol *m* ZOOL, *auch* ANAT *Ohr* Schnecke *f*; Schneckenhaus *n*; ***¡~es!*** Donnerwetter!

carácter *m* 〈*Pl* ***caracteres***〉 Charakter *m*, Wesen *n*; Art *f*; (Charakter-)Zug *m*; (Wesens-)Merkmal *n*; Schriftart *f*; INFORM Zeichen *n*; *übertr* Natur *f*; Beschaffenheit *f*; ***caracteres*** *Pl* Schrift(zeichen *n/Pl*) *f*, Lettern *Pl*; Anschläge *m/Pl auf einer Zeile*; ***~ confidencial*** Vertraulichkeit *f einer Angelegenheit*; ***caracteres de control*** INFORM Steuerzeichen *n/Pl*; ***caracteres especiales*** INFORM, TYP Sonderzeichen *n/Pl*; ***caracteres hereditarios*** Erbanlagen *f/Pl*; ***caracteres de imprenta*** Druckbuchstaben *m/Pl*; ***~ sexual primario*** (***secundario***) primäres (sekundäres) Geschlechtsmerkmal *n*; ***con ~ retroactivo*** rückwirkend *Adv* ◇ ***revestir un ~ especial*** *übertr* ein besonderes Gepräge haben, einen besonderen Charakter tragen

característica *f* (Wesens-; Unterscheidungs-)Merkmal *n*; Kennzeichen *n*; Charakteristik *f*; Charakteristikum *n*; Besonderheit *f*; MATH Kennziffer *f*; THEAT Charakterdarstellerin *f*; *Arg* TEL Vorwahlnummer *f*; ***~ principal*** Hauptmerkmal *n*; ***~s técnicas*** technische Daten *n/Pl*

caracter|ístico I *Adj* charakteristisch, Charakter-; Wesens-; kennzeichnend, merkmalhaft; bezeichnend **II** *m* THEAT Charakterdarsteller *m*; **~ización** *f* Charakterisierung *f*; **~izar** 〈-z/c-〉 *tr* kennzeichnen; charakterisieren; *übertr* bestimmen; THEAT darstellen, verkörpern; **~izarse** *übertr* sich darstellen; sich auszeichnen (***por*** durch); *Schauspieler* sich *für die Rolle* zurechtmachen

carado: ***bien*** (***mal***) ***~*** *Gesicht* gut (schlecht) aussehend

C

caradura *m(f)* unverschämte Person *f*
carajillo *m Esp* Kaffee *m* französisch *d.h.* mit einem Schuss Kognak
carajo *m vulg* Schwanz *m Penis*; **¡~!** *vulg* verdammt!, verflucht! ◇ ***irse al ~*** *vulg Vorhaben u.Ä.* in den Sand setzen *zum Scheitern bringen*; ***¡vete al ~!*** *vulg* scher dich zum Teufel!
caramba: **¡~!** *Überraschung* Donnerwetter!; *Ärger* Verdammt!
carámbano *m* Eiszapfen *m*
carambola *f Billard*, VERK Karambolage *f* ◇ ***obtener algo por ~*** *umg* etw auf Umwegen *bzw* durch Zufall bekommen
caramelo *m* Bonbon *m,n*; Karamell(zucker) *m*; ***de ~*** prima, dufte
carantoñ|as *f/Pl* Lobhudeleien *f/Pl*; **~ero** *m* Schmeichler *m*
caraqueño I *Adj* aus Caracas **II** *m*, **-a** *f* Einwohner(in) *m(f)* von Caracas
carátula *f* Maske *f*; Deck-, Titelblatt *n*; *Am Schallplatte* Hülle *f*; Buchhülle *f*, Umschlag *m*; ***por la ~ y la contracarátula*** *Zeitschrift* auf der Vorder- und Rückseite
caravana *f* Karawane *f*; Campinganhänger *m*, Caravan *m*, Wohnwagen *m*; ***~s*** *Pl Méx umg* Geschmeichel *n*, Artigkeiten *f/Pl*; *Am reg* Ohrringe *m/Pl*; ***~ de automóviles*** Wagen-, Autokolonne *f*
caray: **¡~!** → ***¡caramba!***
carbohidrato *m* CHEM Kohle(n)hydrat *n*
carbón *m* Kohle *f*; MAL Kohlestift *m*; (***~ de) hulla*** *f*, ***~ de piedra*** Steinkohle *f*; ***~ de leña, ~ vegetal*** Holzkohle *f* ◇ ***¡se acabó el ~!*** Schluss damit!
carbonada *f* Ladung *f* Kohlen *im Ofen*; Art Rostbraten; *Chi, Pe, Rpl Nationalgericht aus Fleisch, Mais, Kürbis, Kartoffeln u Reis*
carbonato *m* Karbonat *n*; ***~ de cal, ~ cálcico*** Kalziumkarbonat *n*; ***~ potasico*** Kaliumkarbonat *n*, Pottasche *f*; ***~ sódico*** Natriumkarbonat *n*, Soda *f, n*
carbon|cillo *m* Kohlestift *m*, Zeichenkohle *f*; **~era** *f* Kohlenmeiler *m*; Kohlengrube *f*; Kohlenbunker *m*; **~ería** *f* Kohlenhandlung *f*; **~ero I** *Adj* Kohle(n)- **II** *m* Köhler *m*; Kohlenhändler *m*; Kohlenfrachter *m*
carbónico kohlenstoffhaltig; CHEM kohlensauer
carbon|illa *f* Kohlenstaub *m*; Grus *m*; **~ización** *f* Karbonisieren *n*, Verkohlung *f*; **~izado** völlig verbrannt; **~izar** ⟨-z/c-⟩ *tr* karbonisieren; verkohlen; ver-, abbrennen; mit Kohlenstoff verbinden; **~o** *m* Kohlenstoff *m*
carbunc(l)o *m* MED Karbunkel *m*; VET Milzbrand *m*
carbur|ador *m* Vergaser *m*; **~ante** *m* Treib-, Kraftstoff *m*; → ***gasolina***; **~ar** *tr* (auf-, ver)kohlen; vergasen
carca ⟨*unv m u f*⟩ *umg* reaktionär, stockkonservativ; engstirnig
carcajada *f* Gelächter *n* ◇ ***reír(se) a ~s*** lauthals *od* aus vollem Hals lachen
carcajear *intr*, **~se** laut (auf)lachen
cárcel *f* Gefängnis *n*, Justizvollzugsanstalt *f*, JVA *f*; *alt* Kerker *m*; ***~ de máxima seguridad*** Hochsicherheitsgefängnis *n* ◇ ***meter (zambullir) en la ~*** ins Gefängnis bringen, inhaftieren (*umg jmdn* einlochen, -buchten)
carcelero *m* Gefängniswärter *m*, Wachmann *m*
carcinoma *m* Karzinom *n*, Krebsgeschwulst *f*
carcom|a *f* Holzwurm *m*; nagender Kummer *m*; **~er** *tr* zernagen, -fressen; *Gesundheit* untergraben; *Vermögen* durchbringen; **~erse** wurmstichig werden; **~ido** wurmstichig
card|án *m* TECH Kardangelenk *n*; **~ar** *tr* TEXTIL krempeln, kardieren, (auf)rauen; *Pferd* striegeln; *Haar* toupieren; *umg* verdreschen
cardenal[1] *m* REL Kardinal *m*; ***~ primado*** REL Primas *m*
cardenal[2] *m Haut* blauer Fleck *m*; Strieme *f*
cardenillo I *Adj* hellgrün **II** *m* Grünspan *m*; Hellgrün *n*
cárdeno maulbeerfarben, dunkelviolett; *Flüssigkeit* opalisierend
card|iaco, **~íaco I** *Adj* Herz-; herzleidend; herzstärkend **II** *m* herzstärkendes Mittel *n*; Herzkranker *m*
cardinal I wesentlich, hauptsächlich; Haupt-, Kardinal-; MATH Kardinal-, Grund- **II** *m* → ***número ~***
cardi|ocirugía *f* Herzchirurgie *f*; **~ocirujano** *m* Herzchirurg *m*; **~ografía** *f* Kardiographie *f*; **~ógrafo** *m* Kardiograph *m*; **~ograma** *m* Kardiogramm *n*; **~ología** *f* Kardiologie *f*, Herzforschung *f*; **~ólogo** *m*, **-a** *f* Kardiologe(-in) *m(f)*, Herzspezialist(in) *m(f)*; **~ópata** *m(f)* Herzpatient(in) *m(f)*; **~opatía** *f* Herzkrankheit *f*, -leiden *n*; **~otomía** *f* Herzschnitt *m*; **~ovascular** Herz-Kreislauf-; **~tis** *f* Karditis *f*, Herzentzündung *f*
card|o I *Adj* barsch, kratzbürstig; widerspenstig **II** *m* Distel *f*; **~ume(n)** *m* (Fisch-)Schwarm *m*; *Am reg* Unmenge *f*, Fülle *f*
carear *tr Personen* gegenüberstellen; *Schriftstücke* vergleichen; **~se** *zum Zwiegespräch* zusammenkommen; energisch auftreten (***con alg*** vor jmdm)
carecer ⟨-zc-⟩ *intr* nicht haben (***de*** *Akk*);

C

Mangel leiden (**de** an)
caren|a *f* MAR Schiffskörperreparatur *f*; *umg* Ulk *m*, Schabernack *m*; **~ado I** *Adj* stromlinienförmig **II** *m* stromlinienförmige Verkleidung *f*; **~ar** *tr* MAR *Schiffskörper* reparieren, ausbessern; FLUGW, KFZ stromlinienförmig verkleiden
carencia *f* Fehlen *n*, Mangel *m*, Nichtvorhandensein *n*
carente: **~ de** in Ermang(e)lung von, mangels; -los; ohne
careo *m Personen, Zeugen* Gegenüberstellung *f*; *Aussagen* Vergleich *m*; Vergleichen *n*
carero mit hohen Preisen, sehr teuer
carestía *f* (Ver-)Teuerung *f*; Not(zeit) *f*, schlechte Zeiten *f/Pl*; *Nahrungsmittel* Mangel *m*, Knappheit *f*
careta *f* Maske *f*, Larve *f*; Taucherbrille *f*; Imkermaske *f*; Fechtmaske *f*; **~ antigás** (**protectora**) Gas-(Schutz)maske *f* ◇ **arrancarle od quitarle la ~ a alg** *übertr* jmdm die Maske herunterreißen, jmdn entlarven; **quitarse la ~** *übertr* die Maske fallen lassen
carey *m* Karettschildkröte *f*; Schildpatt *n*; *Schildkröte* Panzer *m*, Schale *f*
carga *f* Ladung *f auch* EL *u* MIL; Beladung *f*; Verladung *f*; Last *f*, Belastung *f auch übertr*; Bürde *f*; Beschuldigung *f*; Pflicht *f*; Fracht(gut *n*) *f*; MIL Attacke *f*, Sturm *m*; EL Aufladung *f bzw* -laden *n*; FOTO Einlegen *n eines Films*; *Hochofen* Beschickung *f*, Charge *f*; **~ aérea** Luftfracht *f*; **~ contenedorizada** Containerladung *f*; **~ efectiva** *od* **útil** Nutzlast *f*; **~ explosiva** Sprengladung *f*, -satz *m*; **~ fiscal** *od* **impositiva** *od* **tributaria** FIN Steuerlast *f*, -belastung *f*; **~ general** (**a granel**) Stück-(Massen-, Schütt)gut *n*; **~ de la**(**s**) **prueba**(**s**) JUR Beweislast *f*; **~ de retorno** *od* **vuelta** Rückfracht *f*; **~s sociales** Sozialabgaben *f/Pl*, -lasten *f/Pl*; **~ de trabajo** Arbeitsbelastung *f*; **a ~s** haufenweise ◇ **echar la ~ a alg** (**de sí**) *übertr* jmdm alles aufbürden (*etw* zurück- *od* von sich weisen); **echar las ~s a alg** jmdm die Schuld in die Schuhe schieben; **llevar la ~ de u/c** *übertr* alles auf sich nehmen; **volver a la ~** auf etw bestehen
carg|abilidad *f* Belastbarkeit *f*; **~adero** *m* (Ver-)Ladeplatz *m*; Ladebühne *f*; **~ado** (voll) beladen; überladen *auch übertr*; EL *u übertr vor Wut* geladen; *Getränke* stark; *Speisen, Farben* kräftig; *Wetter* schwül, drückend
cargador *m* Be-, Verlader *m*; MAR Befrachter *m*; EL Ladegerät *n*; TECH *u Schusswaffe* Ladevorrichtung *f*; FILM Kassette *f*; *Schusswaffe* Magazin *n*; *Am* Gepäckträger *m*; **~ de red** TECH Netzgerät *n*
carg|amento *m* Schiffsladung *f*; Fracht *f*; *Transportwesen* Ladung *f*; Beladen *n*; **~ante** lästig; eingebildet
cargar ⟨-g/gu-⟩ **I** *tr* laden *auch* EL *u Waffe*; aufladen *auch* EL; *Computer* booten *laden*; beladen, MAR -frachten (**de** mit); verladen; HDL in Rechnung stellen, berechnen; TECH, *mit Ausgaben, Konto* belasten; TECH beschicken, füllen; *Treibstoff* tanken, nehmen; FOTO *Film* einlegen; aufbürden; beschuldigen; *Schuld* abwälzen (**a** auf); bei sich haben, mitführen; (weg)schleppen; **~ algo sobre sí** etw auf sich nehmen **II** *intr* sich drängen *od* stauen; lasten, liegen (**en, sobre** auf); **~ con alg** *übertr* sich jmdn aufladen, sich mit jmdm belasten; **~ con algo** etw angeschleppt bringen; etw übernehmen; etw tragen; etw mit sich nehmen; **~se** *Himmel* sich beziehen; *übertr* sich belasten (**de** mit)
cargo *m* Ladung *f*; Last *f auch übertr*; (Auf-, Be-)Laden *n*; Anklage *f*, -schuldigung *f*; JUR Vorhalt *m*; Anklagepunkt *m*; Amt *n*, Funktion *f*, Stelle *f*, Stellung *f*, Posten *m*; Amtsinhaber *m*, -träger *m*; Charge *f Person mit Dienstgrad*; Auftrag *m*; Pflicht *f*; HDL Debet *n*, Soll *n*; **~ de confianza** Vertrauensstellung *f*, -posten *m*; **~ en cuenta** FIN Lastschrift *f*; **~ de dirección** Leitungsfunktion *f*; **~ fijo** EL, TEL Grundgebühr *f*; **a ~ de** unter der Leitung von; zulasten von; **a nuestro ~** HDL zu unseren Lasten; **alto ~** Funktionsträger *m*, leitender Angestellter *m bzw* Beamter *m*; **con ~ a nosotros** auf unsere Kosten; **librado a ~** *Wechsel* gezogen (**de** *od* **contra alg** auf jmdn); **sin ningún ~ extra** ohne Aufpreis *od* Aufgeld ◇ **cesar en el ~, dejar el ~** aus dem Amt scheiden; **correr a ~ de alg** jmdm obliegen; zu jmds Lasten gehen, *Kosten* tragen; **eso corre a mi ~** das übernehme ich; **cubrir el ~ de alg** jmds Stelle einnehmen; **desempeñar un ~** eine Stellung innehaben; ein Amt ausüben; **estar a ~ de u/c** etw leiten; **formular un ~** beschuldigen; **hacerse ~ de u/c, tomar u/c a su ~** etw übernehmen; **jurar** *od* **prometer su ~** den Amtseid leisten; **relevar de su ~** *jmdn* seines Amtes entheben; **renunciar a su ~** sein Amt niederlegen, zurücktreten; **tener a su ~ u/c** (**a alg**) für etw sorgen; etw leiten, für etw (jmdn) die Verantwortung tragen, für etw (jmdn) verantwortlich sein (*Arbeit* jmdn unter sich haben)
carguero *m* Frachter *m*; *Am* Gepäckträger *m*; *Méx* Laster *m*; **~ frigorífico** Kühlschiff *n*; **~ a granel** Schüttgut-, Massengutfrach-

C

ter *m*
cari|ado *Zahn* kariös, hohl, faul; **~arse** von Karies befallen werden
caribe I *Adj* karibisch, Kariben- **II** *m* Karibe *m*; ***el* ≈** Karibik *f*, karibischer Raum *m*; Karibische See *f*, Karibisches Meer *n*
caribeño I *Adj* → ***caribe* I II** *m*, **-a** *f* Bewohner(in) *m(f)* der Karibik
caricatur|a *f* Karikatur *f*; **~ista** *m(f)* Karikaturist(in) *m(f)*; **~izar** ⟨-z/c-⟩ *tr* karikieren *auch übertr*
caricia *f* Zärtlichkeit *f*, Liebkosung *f*; Streicheln *n*
caridad *f* Nächstenliebe *f*; Wohltätigkeit *f*; Almosen *n* ◇ ***hágame la ~*** *Guat*, *Méx* tun Sie mir den Gefallen, seien Sie so nett; *Sprichw* ***la ~ bien ordenada empieza por uno mismo*** jeder ist sich selbst der Nächste
caries *f* Karies *f*
carilla *f* Seite *f*, Blatt *n*
Carintia *f* Kärnten *n*
carintio I *Adj* kärntnerisch **II** *m* Kärntner *m*
cariño *m* Liebe *f*, Zuneigung *f*; Zärtlichkeit *f*; Sorgfalt *f*; *Anrede* Liebling ◇ ***tenerle*** (***tomarle***) ***~ a alg*** jmdn lieb haben (lieb gewinnen)
cariñoso lieb(evoll); zärtlich; herzlich
carioca I *Adj* aus Rio de Janeiro; *i w S* brasilianisch **II** *m(f)* Einwohner(in) *m(f)* von Rio de Janeiro; *i w S* Brasilianer(in) *m(f)*
cari|parejo mit unbewegtem Gesicht(sausdruck); **~rraído** *umg* unverschämt
carísimo sehr teuer; überteuert; sehr lieb
carism|a *m* Charisma *n*, (persönliche) Ausstrahlung(skraft) *f*; **~ático** charismatisch
carit|a *f* *E-Mail* Smiley *n*; **~ativo** wohl-, mildtätig (***con, para, para con*** gegenüber, zu); Wohltätigkeits-; karitativ
cariz *m* Wetterlage *f*; *Angelegenheit*, *Geschäft* Stand *m*, Lage *f* ◇ ***la cosa toma mal ~*** die Sache wird brenzlig
carlinga *f* Cockpit *n*, Pilotenkanzel *f*
carm|elita *Am Gegenstände* braun; **~esí** ⟨*Pl unv od* ***~esíes***⟩ karmesinrot; **~ín** ⟨*unv*⟩ karminrot
carnal Fleisch-, fleischlich *auch übertr*; sinnlich, wollüstig; *Verwandtschaft* leiblich
carnaval *m* Karneval *m*, Fasching *m*, Karnevalsvergnügen *n*; **~ada** *f* Karnevalsscherz *m*; Karnevals-, Fastnachtstreiben *n*; **~ear** *intr Ec*, *Pe*, *PR* Fasching *od* Karneval feiern; **~esco** Faschings-, Karnevals-
carne *f* Fleisch *n*; Fruchtfleisch *n*; ***~ de cañón*** Kanonenfutter *n*; ***~ de carnero*** *od* ***ovino*** Hammelfleisch *n*; ***~ de cerdo, ~ porcina, ~ de puerco*** Schweinefleisch *n*; ***~ congelada*** Gefrierfleisch *n*; ***~ en conserva, ~ enlatada, ~ en lata*** Büchsen-, Dosenfleisch *n*; ***~ de gallina*** Hühnerfleisch *n*; *übertr* Gänsehaut *f*; ***~ picada*** Hackfleisch *n*, Gehacktes *n*; ***~ rallada*** Schabefleisch *n*; ***~ de res*** *od* ***vaca*** *od* ***vacuno*** (***ternera***) Rind-(Kalb)fleisch *n*; ***~ salada*** Pökelfleisch *n*; ***de ~ y hueso*** *übertr* aus Fleisch und Blut, leibhaftig ◇ ***poner toda la ~ en el asador*** *übertr* alles auf eine Karte setzen; *übertr* alle Hebel in Bewegung setzen; alle Trümpfe ausspielen; ***se me pone ~ de gallina*** ich bekomme eine Gänsehaut; ***probar en ~ propia*** am eigenen Leibe spüren; ***no ser ~ ni pescado*** *übertr* weder Fisch noch Fleisch sein
carné *m* → ***carnet***
carne|ar *tr Am reg* schlachten; *Arg*, *Méx* niederstechen; **~cería** *f* → ***carnicería***; **~ro** *m* Hammel *m*; Widder *m*, Schafbock *m*; *Arg*, *Chi verächtl übertr* Schafskopf *m*
carnet *m* ⟨*Pl* ***carnets, carnés***⟩ Mitgliedsausweis *m*; Mitgliedsbuch *n*; ***~ de becario*** *od* ***estudiante*** Studentenausweis *m*; ***~ de conducir*** (***internacional***) (internationaler) Führerschein *m*; ***~*** (***de identidad***) Personalausweis *m*; Kennkarte *f*; ***~ de periodista*** Presseausweis *m*; ***~ de salud*** Gesundheitspass *m*; ***~ de socio*** Mitgliedskarte *f*
carnetiz|ación *f* Ausgabe *f* von Mitgliedsbüchern *bzw* Ausweisen; **~ar** ⟨-z/c-⟩ *tr* mit einem Ausweis *bzw* Mitgliedsbuch versehen; ein Mitgliedsbuch *bzw* einen Ausweis ausstellen
carnicer|ía Fleischerei *f*, Metzgerei *f reg*, Schlachterei *f reg*, Schlächterei *f reg*; Schlachthof *m*; Gemetzel *n*; **~o** *m*, **-a** *f* Fleischer(in) *m(f)*, Schlachter(in) *m(f) reg*, Schlächter(in) *m(f) reg*, Metzger(in) *m(f) reg*
cárnico Fleisch-
carn|ívoro I *Adj* Fleisch fressend **II** *m* Fleischfresser *m*; **~ívoros** *m/Pl* Raubtiere *n/Pl*; **~ización** *f* Fleischverarbeitung *f*; **~oso** fleischig
caro teuer *auch übertr*, kostspielig; lieb ◇ ***eso te costará*** *od* ***saldrá ~*** das wird dir *od* dich teuer zu stehen kommen
carótida *f* Kopf-, Halsschlagader *f*
carpa[1] *f* Karpfen *m*
carpa[2] Zirkuszelt *n*; *Am* Zelt(plane *f*) *n*; *Chi*, *Méx*, *Pe*, *PR* Marktbude *f*, Verkaufsstand *m*
carpático Karpaten-; karpatisch
Cárpatos: ***los ~*** die Karpaten
carpeta *f* (Akten-)Ordner *m*; (Schreib-)Mappe *f*; (Schnell-)Hefter *m*, Aktendeckel *m*; Schreibunterlage *f*; Tisch-, Kaffeedecke *f*; *Cu Hotel* Empfang *m*, Rezeption

f; ~ ***de anillas*** Ringbuch *n*; ~ ***de asuntos pendientes*** Wiedervorlagemappe *f*
carpetazo *m*: ***dar*** ~ ***a u/c*** (***al asunto***) etw unerledigt liegen lassen; etw zu den Akten legen (VERW den Vorgang abschließen)
carpetero *m Cu Hotel* Empfangschef *m*
carpetilla *f*: ~ ***de anillas*** Ringbuch *n*, -hefter *m*
carpint|ear *tr/intr* zimmern, tischlern, schreinern; **~ería** *f* Tischlerei *f*, Schreiner-, Tischlerwerkstatt *f*; Tischler-, Schreinerhandwerk *n*
carpintero *m*, **-a** *f* Schreiner(in) *m(f)*, Tischler(in) *m(f)*; Zimmermann *m*; ZOOL Specht *m*; ~ ***de obra*** Bautischler *m*
carpo *m* Handwurzel *f*
carraco *umg* kränklich, klapprig
carrasc|a *f* Steineiche *f*; **~os** *m/Pl* Gehölz *n*, Dickicht *n*
carrasp|ada *f ein Getränk aus Rotwein, Wasser, Honig u Gewürzen*; **~ear** *intr* hüsteln; sich räuspern; **~eo** *m*, **~era** *f übertr* Frosch *m* im Hals; Räuspern *n*; **~oso** heiser; *Am* rau
carrera *f* Lauf(en *n*) *m*; Rennen *n*; Wettlauf *m*, -rennen *n*; Lauf-, Rennstrecke *f*; SPORT Bahn *f*, Piste *f*; Weg(strecke *f*) *m*; Beruf *m*; Laufbahn *f*, Karriere *f*; Studiengang *m*; ~ ***alcista*** *z.B. Börse* Auftrieb *m*, -schwung *m*; ~ ***armamentista,*** ~ ***de armamentos*** Wettrüsten *n*, Rüstungswettlauf *m*; ~ ***de automóviles*** (***caballos***; ***ciclistas***; ***motocicletas***) Auto-(Pferde-; Rad-; Motorrad)-rennen *n*; ~ ***de baquetas*** Spießrutenlaufen *n*; ~ ***cabeza a cabeza*** Kopf-an-Kopf-Rennen *n*; ~ ***de esquíes*** Skilaufen *n*; ~ ***de obstáculos*** Hindernislauf *m*; ~ ***de relevos*** (***vallas***) Staffel-, Stafetten-(Hürden)lauf *m*; ~ ***contra reloj*** (***por equipo***) Wettlauf *m* mit der Zeit; SPORT (Mannschafts-)Zeitfahren *n* ◇ ***echar una*** ~ einen Wettlauf machen, um die Wette laufen; ***hacer*** (***tomar***) ~ Karriere machen (Anlauf nehmen); ***seguir la*** ~ studieren (***de*** + *Bez des Fachs od spätere Berufsbez*); die Laufbahn einschlagen (***de*** *Gen*)
carrer|ista *m(f)* Rennfahrer(in) *m(f)*; Rennsportler(in) *m(f)*; Pferdesportanhänger(in) *m(f)*; **~o** *m* → ***carretero II***
carreta *f* Karren *m*, *zweirädriger* Wagen *m*
carretada *f* Wagenladung *f*, Fuhre *f*; ***a*** **~s** *umg übertr* haufen-, massenweise
carrete *m* Spule *f*; FOTO, FILM Filmrolle *f*, -spule *f*; ~ ***de alambre*** (***hilo***) Drahtspule *f* (Garnrolle *f*); ~ ***de cinta adhesiva*** BÜRO Klebeband-, Klebestreifenabroller *m*
carretera *f* Landstraße *f*, Chaussee *f*; ~ ***de circunvalación*** *od* ***desviación*** Umgehungsstraße *f*; ~ ***comarcal*** *Esp* Staats-, Landstraße *f* ~ ***elevada*** Hochstraße *f*; ~ ***nacional*** *Esp* Nationalstraße *f*, *in Dtschld etwa* Bundesstraße *f*; ~ ***radial*** *Esp Bez für die von Madrid ausgehenden großen Fernstraßen*; ~ ***de salida*** Ausfallstraße *f*
carretero I *Adj* Straßen- **II** *m* Stellmacher *m*; Wagenführer *m*, Fuhrmann *m* ◇ ***jurar como un*** ~ wie ein Bierkutscher fluchen
carretilla *f* Schubkarre *f*; Elektrokarren *m*; ~ ***elevadora*** (***de horquilla***) Hub-(Gabel)-stapler *m* ◇ ***saber de*** ~ *übertr etw* aus dem Effeff *od* im Schlaf können
carri|coche *m* KFZ *verächtl übertr* Klapperkasten *m*; **~cuba** *f Straßenreinigung* Sprengwagen *m*; Tank-, Wasserwagen *m*
carril *m* EISENB Schiene *f*; Rad- *bzw* Wagenspur *f*; VERK Fahrbahn, -spur *f*; SPORT Bahn *f*; *Chi*, PR Eisenbahn *f*; *Chi* Ausflucht *f*; ~ ***para adelantar*** VERK Überholspur *f*; **~-*bici*,** ~ ***para bicicletas*** Rad(fahr)-weg *m*; **~-*bus*** VERK Busspur *f*; ~ ***contrario*** VERK Gegenfahrbahn *f*; ~ ***de la derecha*** (***izquierda***) rechte (linke) Fahrspur *f*; ~ ***protector*** *Autobahn* Leitplanke *f* ◇ ***entrar en el*** ~ *übertr* ins richtige Gleis kommen; ***levantarse*** *od* ***tirarse un*** ~ *Chi* Ausflüchte machen
carrillo *m* Backe *f*, Wange *f*; TECH Laufrad *n*, -katze *f* ◇ ***comer a dos*** **~s** mit vollen Backen kauen, mampfen; *übertr* zwei Eisen im Feuer haben
carrilludo pausbäckig
carrito *m Dim von* → ***carro***; Teewagen *m*; *Supermarkt* Einkaufswagen *m*; EISENB, FLUGW Kofferkuli *m*; Selbstfahrer *m für Gehbehinderte*; TECH Laufkatze *f*; → ***cochecito***; ~ ***por puesto*** *Ven* Linien-, Sammeltaxi *n*
carro *m* Wagen *m auch Schreibmaschine*, *Am reg auch* EISENB; Fuhrwerk *n*; Fuhre *f*, Wagenladung *f*; *Am* Pkw *m*, Auto *n*; ~ ***basculante*** KFZ Kipper *m*; ~ ***de basura*** Müllfahrzeug *n*; ~ ***blindado,*** ~ ***de combate*** (Kampf-)Panzer *m*; ~ ***elevador*** (***de horquilla***) Hub-(Gabel)stapler *m*; ~ ***de equipajes*** EISENB Gepäckwagen *m*; ~ ***hidrante,*** ~ ***manguera*** Wasserwerfer *m*; ~ ***de mudanzas*** Möbelwagen *m*; ~ ***patrullero*** (Funk-)Streifenwagen *m*; ~ ***de riego*** *Straßenreinigung* Sprengwagen *m*; (~) ***quitanieves*** *m* Schneepflug *m*; **~-*vivienda*** Wohnwagen *m* ◇ ***aguantar*** **~s *y carretas*** *umg* alles über sich ergehen lassen; (***no estar interesado en***) ***sumarse al*** ~ *übertr* sich (nicht) vor den Wagen spannen (lassen); ***poner el*** ~ ***delante de las mulas*** das Pferd hinter den Wagen spannen *etw verkehrt anfangen*; ***untar el*** ~ schmieren *bestechen*
carro|bomba *m Am* Autobombe *f*; **~cería** *f*

Karosserie *f*, Aufbau *m*; Karosseriewerkstatt *f*; Karosseriebau *m*
carroñ|a *f* Aas *n auch übertr*; **~o** verdorben, verfault; *Col* feige, ängstlich; **~oso** aasig, (nach Aas) stinkend
carro|tanque *m Am* Tank-, Wasserwagen *m*; **~za I** *f* (Staats-)Karosse *f*; Leichenwagen *m*; *verächtl übertr* alte Schachtel *f* **II** *m verächtl* alter Knacker *m*, Grufti *m*; alter Lustmolch *m* **III** *Adj* ⟨*unv*⟩ *umg* altmodisch, alt
carruaj|e *m* Kutsche *f*; Fuhrwerk *n*; Wagen(park *m*) *m/Pl*
carrusel *m* Karussel *n*
carta *f* Brief *m*, Schreiben *n*; (Spiel-)Karte *f*; (Speise-)Karte *f*; FLUGW, MAR Karte *f*; POL Charta *f*; **~ *adjunta*** Begleitschreiben *n*; **~ *de ajuste*** TV Testbild *n*; **~ *amenazadora*** *od* ***amenazante*** Drohbrief *m*; **~ *amorosa*, ~ *de amor*** Liebesbrief *m*; **~ *por avión*** Luftpostbrief *m*; **~ *de aviso*** Benachrichtigungsschreiben *n*; Mahnbrief *m*; **~ *blanca*** Blankovollmacht *f*; **~*-bomba*, ~ *explosiva*** Briefbombe *f*; **~ *certificada*** *od* ***registrada*** *od Méx* ***recomendada*** Einschreiben *n*, Einschreibebrief *m*; **~ *comercial*** Geschäftsbrief *m*; **~ *credencial*** Beglaubigungsschreiben *n*; **~ *de crédito*** Kreditbrief *m*, Akkreditiv *n*; **~ *de despido*** Kündigungsschreiben *n*; **~ *al director*** ZTGSW Leserbrief *m*, -zuschrift *f*; **~ *estándar* (*modelo*)** Standard-(INFORM Serien)brief *m*; **~ *de felicitación* (*pésame*)** Glückwunsch-(Beileids-, Kondolenz)schreiben *n*; **♀ *Magna*** POL Grundgesetz *n*, Verfassung *f*; **~ *marina*** *od* ***náutica*, ~ *de navegación*** MAR Seekarte *f*; **♀ *de las Naciones Unidas*** Charta *f* der Vereinten Nationen; **~ *de naturaleza*, ~ *de naturalización*** Einbürgerungsurkunde *f*; **~ *de orden*** Auftrag(sschreiben *n*) *m*, Bestellung *f*; **~ *de pago*** Zahlkarte *f*; Empfangsbestätigung *f*, Quittung *f*; **~ *de porte* (*aéreo*)** (Luft-)Frachtbrief *m*; **~ *de reclamación*** Beschwerdebrief *m*; **~ *de recomendación* (*reivindicación*)** Empfehlungs-(Bekenner)schreiben *n*; **~ *requisitoria*** JUR Rechtshilfeersuchen *n*; Steckbrief *m*; Fahndungsblatt *n*; **~ *tarjeta*** Briefkarte *f*; **~*-telegrama*** Brieftelegramm *n*, LT *n*; **~ *urgente*** Eilbrief *m*; **(~ *con*) *valores*** *m/Pl* ***declarados*** Wertbrief *m*; ***a ~ cabal*** makellos, vollkommen; ***su ~ del …*** Ihr Schreiben vom …; ***su última ~ de valor*** sein *bzw* ihr *bzw* Ihr letzter Trumpf *auch übertr* ◇ ***abrir* (*expedir*) *una ~ de crédito*** ein Akkreditiv eröffnen (ausstellen); ***comer a la ~*** à la carte essen; ***dar ~ blanca a alg*** jmdm freie Hand lassen; jmdm Vollmacht geben; ***echar las ~s*** *Wahrsager* Karten legen; ***jugar a las ~s*** Karten spielen; ***jugar a ~s abiertas*** *übertr* mit offenen Karten spielen; ***poner las ~s sobre el tapete*** *übertr* die Karten auf den Tisch legen, Farbe bekennen; ***recoger las ~s*** den Briefkasten leeren; ***tomar ~s* (*en un asunto*)** (in eine Angelegenheit) eingreifen
cartabón *m* Winkelmaß *n*; Zeichendreieck *n*; *Am* Messlatte *f*; ***a ~*** im rechten Winkel
cartagenero I *Adj* aus Cartagena **II** *m*, **-a** *f* Einwohner(in) *m(f)* von Cartagena
cartapacio *m* Notizbuch *n*; (schriftliche) Unterlagen *f/Pl*; Schreibunterlage *f*
cartearse sich schreiben, im Briefwechsel stehen
cartel[1] *m* Plakat *n*; Poster *n,m*; Transparent *n*; (Verkehrs-)Schild *n*; Aushang *m*; Wandbild *n*; **~ *de advertencia*** VERK Warn-, Hinweisschild *n*; **~ *publicitario*** Werbeplakat *n*; Reklametafel *f* ◇ ***anunciar por ~es*** plakatieren; ***estar en ~*** THEAT *u.Ä.* auf dem Spielplan stehen; ***se prohíbe fijar ~es*** das Anbringen von Plakaten ist verboten; ***tener ~*** *übertr* einen (guten) Namen haben
cartel[2] *m od* **cártel** *m* WIRTSCH Kartell *n*; Vereinbarung *f*; **~ *de la droga*** Drogenkartell *n*; **~ *de precios*** Preisabsprache *f*
cartel|era *f* Spiel-, Veranstaltungsplan *m*; schwarzes Brett *n*; Anschlag-, Litfaßsäule *f*; **~ero** *m* Plakatkleber *m*; **~ón** *m* Riesenplakat *n*; Poster *n,m*
carteo *m* Briefwechsel *m*, Korrespondenz *f*
cárter *m* TECH Gehäuse *n*; KFZ Ölwanne *f*
cartera *f* Brieftasche *f*; Aktentasche *f*; (Akten- *bzw* Schreib- *bzw* Zeichen-)Mappe *f*; Postbotin *f*; Ministeramt *n*; Ministerposten *m*; Ressort *n*, Geschäftsbereich *m*; WIRTSCH Bestand *m an Produkten, Wertpapieren usw*; *Esp* Schulmappe *f*, -ranzen *m*; *Am* Handtasche *f*; ***sin ~*** POL ohne Geschäftsbereich, ohne Portefeuille
carter|ía *f* POST Briefabfertigung *f*; **~ista** *m(f)* Taschendieb(in) *m(f)*; **~o** *m* Briefträger *m*, Postbote *m*
cartílago *m* ANAT Knorpel *m*
cartilla *f* Fibel *f*; Lesebuch *n*; **~ *de ahorro*, ~ *de la Caja de Ahorros*** Spar(kassen)buch *n*; **~ *militar*** Wehrpass *m*; **~ *de parado*** Arbeitslosenausweis *m*; **~ *de racionamiento*** Lebensmittelkarte *f*; **~ *de la Seguridad Social*** *Esp* Sozialversicherungsausweis *m* ◇ ***cantarle*** *od* ***leerle a alg la ~*** *umg übertr* jmdm die Leviten lesen; ***no saber* (*ni*) *la ~*** *umg übertr* keine Ahnung haben
cartograf|ía *f* Kartographie *f*, **~iar** ⟨-ío⟩ *tr* kartographieren
cart|ográfico kartographisch, Landkarten-; **~ógrafo** *m*, **-a** *f* Kartograph(in) *m(f)*, Kar-

C

tenzeichner(in) *m(f)*; **~omancia** *f*, **~omancía** *f* Kartenlegen *n*
cartón *m* Pappe *f*; Pappschachtel *f*, Karton *m*; Pappdeckel *m*; Pappschild *n*; Cartoon *m,n* *Karikatur*; Stange *f* *Zigaretten*; **~ corrugado** *od* **ondulado** Wellpappe *f*; **~ piedra** Pappmaschee *n*; **~ plegable** Faltkarton *m*
cartonaje *m* Kartonage *f*
carton|é *m*: **en ~** TYP kartoniert; **~ería** *f* Kartonagenfabrik *f*; Kartonagenherstellung *f*; Kartonagengeschäft *n*
cartuchera *f* Futteral *n*; Patronentasche *f*
cartucho *m* *Munition*, *Filme*, *Füllhalter* Patrone *f*; Patronenhülse *f*; Geldrolle *f*; Tüte *f*; **~ con (sin) bala** scharfe Patrone *f* (Platzpatrone *f*); **~ de impresión (tinta)** INFORM Druck-(Tinten)patrone *f*; **~ del tóner** INFORM Tonerkartusche *f*, -kassette *f*
cartulina *f* *Papier* dünner, feiner Karton *m*; **~ amarilla (roja)** SPORT gelbe (rote) Karte *f*
carura *f* *Am* Teuerung *f*
casa *f* Haus *n*, Gebäude *n*; Haushalt *m*; Wohnung *f*; Heim *n*; Familie *f*; Firma *f*, Betrieb *m*, Unternehmen *n*; **~ abandonada** leer stehendes Haus *n*; **~ de acogida, ~ refugio (para mujeres maltratadas)** Frauenhaus *n*; **~ adosada** Reihenhaus *n*; **~ de alquiler** *od* *Am* **apartamentos** Mietshaus *n*; **♀ Blanca** Weißes Haus *n* *in Washington*; **(~ de) cambio** *m* Wechselstube *f*; **~ de campo** Landhaus *n*, Villa *f*; **~ central** *od* **matriz** Stammhaus *n*, Hauptniederlassung *f*; **~ de citas** Stundenhotel *n*; **~ de compra venta** Gebrauchtwaren(handlung *f*) *f/Pl*; **~ cuna** Kinderkrippe *f*; Säuglingsheim *n*; **~ editora** Verlag *m*; **~ de empeños** Pfandhaus *n*, -leihe *f*; **~ exportadora (importadora)** Export-(Import)firma *f*; **~ de huéspedes** Pension *f*; **~ de juego** Spielkasino *n*, *verächtl* Spielhölle *f*; **~ de locos** Irrenanstalt *f*; **~ mayorista** Großhandelsunternehmen *n*; **~ de modas** Modehaus *n* *bzw* -geschäft *n*; **~ multifamiliar (unifamiliar)** Mehrfamilien-(Einfamilien)haus *n*; **~-museo** Geburts-, Wohn-, Sterbehaus *n* *einer berühmten Persönlichkeit*; Gedenkstätte *f*; Haus *n* unter Denkmalschutz; **~ particular (propia)** Privathaus *n* (Eigenheim *n*); **~ prefabricada** Fertighaus *n*; **~ de protocolo** *od* **visita(s)** Gästehaus *n*; **~ pública** Freudenhaus *n*; **♀ Rosada** *Präsidentenpalast in Buenos Aires*; **~ de socorro** Unfallstation *f*, Sanitätsstelle *f*; **~ de venta(s) por catálogo** HDL Versandhaus *n*; **a ~** nach Hause; **en ~** zu Hause, daheim; **en ~ de alg** bei jmdm (zu Hause); **fuera de ~** außer Haus, außerhalb; **hecho en ~** selbst zubereitet, Hausmacher-; **para andar por ~** für den Hausgebrauch ◇ **barrer en su propia ~** *übertr* vor der eigenen Tür kehren; **la ~ se me cae encima** mir fällt die Decke auf den Kopf *ich halte es zu Hause nicht mehr aus*; **cambiar** *od* **mudar(se) de ~** umziehen; **echar** *od* **tirar la ~ por la ventana** *übertr* das Geld zum Fenster hinauswerfen, ordentlich auf den Putz hauen *umg*; **está Vd. en su ~** fühlen Sie sich wie zu Hause; **ir a ~** nach Hause gehen *od* fahren; **ir a ~ de alg** jmdn (zu Hause) besuchen; **llevar la ~** den Haushalt führen; **recoger la ~** HAUSW aufräumen; **recoger a alg en su ~** jmdn bei sich aufnehmen
casaca *f* (Uniform-)Rock *m*; *Pe* Anorak *m*
casación *f* JUR Kassation *f*, (Urteils-)Aufhebung *f* ◇ **recurrir en ~** JUR Revision einlegen
casadero (im) heiratsfähig(en Alter)
casado I *Adj* verheiratet ◇ **estar bien (mal) ~** gut (schlecht) verheiratet sein; **ser ~** verheiratet (*und nicht mehr ledig*) sein **II** *m* Verheirateter *m*; **los recien ~s** das junge Paar
casal *m* Landhaus *n*; *Rpl umg* Pärchen *n*
casamata *f* Kasematte *f*
casamiento *m* Heirat *f*; Trauung *f*; Eheschließung *f*; Hochzeit *f*; **~ civil (religioso)** standesamtliche (kirchliche) Trauung *f*
casar[1] **I** *tr* trauen, verheiraten; *Mädchen* unter die Haube bringen *umg*; (passend) zusammenfügen, -stellen (**con** mit) **II** *intr* im Einklang stehen, zueinander passen; → **~se** heiraten (**con alg** jmdn); *Sprichw* **antes que te cases mira lo que haces** drum prüfe, wer sich ewig bindet
casar[2] *tr* JUR *Urteil* aufheben, kassieren, für ungültig erklären
casateniente *m* Hausbesitzer *m*
cascabel *m* Schelle *f*, Glöckchen *n*; **~ada** *f* *umg* Dummheit *f*, Torheit *f*; **~eo** *m* Geklapper *n*; Schellengeläut *n*; **~ero** *m* *umg* Hohlkopf *m*, Schwätzer *m*
cascaciruelas *m,f* *umg* Taugenichts *m*
cascada *f* Wasserfall *m*, Kaskade *f*; **como ~ de agua fría** *übertr* wie eine kalte Dusche
cascado hinfällig, altersschwach; *Stimme* brüchig; *Gefäß* gesprungen
casc|anueces *m* Nussknacker *m*; **~ar** ⟨-c/qu-⟩ **I** *tr* zerschlagen, -brechen; *Nüsse* knacken; verprügeln; *jmdm* zusetzen; *Gesundheit* untergraben; *Prüfling* durchfallen lassen **II** *intr umg* schwatzen; **~arla** abkratzen, verrecken; **~arse** *Gefäß* (zer)springen
cáscara *f* *Nuss*, *Ei*, *Kartoffel*, *Zwiebel*, *Obst* Schale *f*; *Baum*, *Käse* Rinde *f*; **¡~s!** *Interj Überraschung* Donnerwetter!

cascar|ada *f umg* Lärm *m*, Krach *m*; **~illa** *f* Metallfolie *f*, -plättchen *n*; BOT Schale *f* *bzw* Häutchen *n*

casca|rrabias *m umg* Hitzkopf *m*, Wüterich *m*; **~rrón** *umg übertr* kurz angebunden; *Wind* rau

casco *m* Helm *m*; Scherbe *f*; *Obst* Scheibe *f*; *Schiff, Flugzeug* Rumpf *m*; (Pferde-)Huf *m*; Stadtkern *m*; Kasko(versicherung *f*) *m*; **~s** *Pl* Schädel *m*; Grips *m* *Verstand*; **~ antiguo** (**de la ciudad**) Altstadt *f*; **~s azules** Blauhelme *m*/*Pl* *Angehörige der UNO-Friedenstruppe*; **~ doble** MAR Doppelrumpf *m*; **~ de motoclicista** (**~ protector**) Sturz-(Schutz)helm *m*; **caliente de ~s** *umg* leicht erregbar ◇ **calentarse** *od* **romperse los ~s** seinen Grips anstrengen; **romperle los ~s a uno** jmdm den Schädel einschlagen

cascote *m*, **~s** *Pl* (Bau-)Schutt *m*

case|ación *f*, **~ificación** *f* Verkäsung *f auch* MED; Käsezubereitung *f*; *Milch* Gerinnen *n*; **~ína** *f* CHEM Kasein *n*

caser|ío *m* Häuser *n*/*Pl*; Weiler *m*; Gehöft *n*; **~o I** *Adj* KOCHK haus(ge)backen *bzw* -gemacht, Hausmacher-; selbst gebastelt; selbst gemacht; Haus-; häuslich **II** *m* Hausbesitzer *m*, -wirt *m*; Hausherr *m*; Hausverwalter *m*; Pächter *m*; *Am reg* Stammkunde *f*; **~ón** *m umg* Kasten *m großes, oft auch baufälliges Haus*

caseta *f* Häuschen *n*; (Umkleide-)Kabine *f*; (Markt-)Bude *f*, Stand *m*; (Bahn-)Wärterhäuschen *n*; *Am* Zöllnerhäuschen *n*; **~ de perro** (**tiro**) Hundehütte *f* (Schießbude *f*)

casete *m*,*f* → **cassette**; **~ra** *f Cu* Kassettenrekorder *m*

casi fast, beinahe; annähernd, nahezu, nicht ganz; **~ ~** um ein Haar; nicht ganz; **~ que ...** beinahe ..., um ein Haar ...

casilla *f* Häuschen *n*; (Bau-)Bude *f*; *Blatt Papier* Kästchen *n*, Karo *n*; *Schachbrett* Feld *n*; *Tabelle* Spalte *f*; *Akten-, Fächerschrank* (Post-, Ablage-)Fach *n*; **~** (**de correo**), **~** (**postal**) *Am* Postschließfach *n*; **~** (**electoral**) *Méx* Wahllokal *n* ◇ **se lo pongo en su ~** BÜRO ich lege es in Ihr Fach; **salir** (**-se**) **de sus ~s** *übertr* aus dem Häuschen geraten

casillero *m* Akten-, Fächerschrank *m*; Schließfach *n*; **~ de equipajes** Gepäckaufbewahrungsautomat *m*

cas|ino *m* Kasino *n*, Klub(haus *n*) *m*, Gesellschaftshaus *n*; Spielkasino *n*; Kurhaus *n*; **~ís** *f* Schwarze Johannisbeere *f*; **~ita** *f* *Dim von* → **casa**; *Chi* Örtchen *n* *WC*

caso *m* Fall *m*; Vorfall *m*, Ereignis *n*; Umstand *m*; Anlass *m*, Veranlassung *f*; Angelegenheit *f*, Affäre *f*; GRAMM Fall *m*, Kasus *m*; (Krankheits-)Fall *m*; (Rechts-)Fall *m*, -sache *f*; **~ aislado** (**excepcional**; **límite**; **litigioso**; **particular**) Einzel-(Ausnahme-; Grenz-; Streit-; Sonder)fall *m*; **~ de conciencia** Gewissensfrage *f*; **~ de emergencia** *od* **urgencia** Not-, Dringlichkeitsfall *m*; **~ perdido** hoffnungsloser Fall *m*; **dado el ~ que ...** + *subj* vorausgesetzt, dass ...; (**en**) **~** (**de**) **que ...** + *subj od* **~ de** + *Inf* falls, im Falle, dass ...; **en ~ de fuerza mayor** bei höherer Gewalt; **en ~ de muerte** (**siniestro**) im Todes-(Schadens)fall; **en ~ necesario, en último ~** notfalls, falls nötig; **en el peor de los ~s** schlimmstenfalls; **en ningún** (**todo**) **~** auf gar keinen (jeden) Fall, keinesfalls (jedenfalls); **yo en el ~ de Vd.** ich an Ihrer Stelle ◇ (**él**) **no me hace ~** er hört nicht auf mich; er beachtet mich nicht; (**no**) **hacer** *od* **venir al ~** (nicht) zur Sache gehören; (nicht) angebracht sein, (nicht) passen; (**no**) **hacer ~ de** (keine) Rücksicht nehmen auf; sich (nicht) kümmern um; **hacer ~ omiso de u/c** etw außer Acht lassen; etw weg-, auslassen; absehen von etw; **no hay ~** es gibt *od* besteht keine Veranlassung (**para** zu); **si llega el ~** gegebenenfalls; **¡(vamos) al ~!** zur Sache!; (**no**) **viene al ~** das ist hier der Fall, das trifft hier zu (das ist unerheblich)

casp|a *f Haar* Schuppen *f*/*Pl*; **~icida** *m* Schuppenhaarwasser *n*

Caspio *m* Kaspisches Meer *n*

casposo *Haar* schuppig; grindig

casqu|etada *f* Blödsinn *m*; **~ijo** *m* Schotter *m*; Kies *m*, Mörtelsand *m*; **~illo** *m* leere Patronenhülse *f*; TECH Hülse *f*, Buchse *f*; *Lampe, Röhre* Sockel *m*; **~ivano** *umg* unbesonnen, leichtsinnig

cassette *m*,*f* FOTO, EL Kassette *f*; *i w S* Kassettenrekorder *m*; **~ pregrabada** (**de vídeo**) bespielte (Video-)Kassette *f*

casta *f* ZOOL Herkunft *f*; Stamm *m*, Geschlecht *n*; Kaste *f*; **de ~** reinrassig, Rasse-

castaña *f* Kastanie *f*; Marone *f*; **~ americana, ~ del Brasil, ~ del Marañón** Paranuss *f* ◇ **sacar las ~s del fuego** *übertr* die Kastanien aus dem Feuer holen

castañeteo *m Kastagnetten, Zähne* Klappern *n*; *Finger* Schnipsen *n*; *Gelenke* Knacken *n*

castaño I *Adj* (kastanien)braun; **~ claro** (**oscuro**) hell-(dunkel)braun ◇ **eso pasa de ~ oscuro** das ist nicht zu fassen!, das ist die Höhe! **II** *m* Kastanie(nbaum *m*) *f*

castañuela *f* Kastagnette *f* ◇ **estar como unas ~s** quietschvergnügt *od übertr* aufgekratzt sein

castellano I *Adj* kastilisch; *Sprache* Spa-

nisch **II** *m*, **-a** *f* Kastilier(in) *m(f)*
castidad *f* Keuschheit *f*
castig|ado *Stil* gepflegt; **~ar** ⟨-g/gu-⟩ **I** *tr* (be)strafen; züchtigen, kasteien; ahnden; *Geschriebenes* ausfeilen; Schaden anrichten; *mit Katastrophen u.Ä.* heimsuchen; *übertr jmdm* den Kopf verdrehen **II** *intr Sonne* (heiß) brennen
castigo *m* Strafe *f*, Bestrafung *f*; Ahndung *f*; Rüge *f*; Züchtigung *f*, Kasteiung *f*; *Stil* Aus-, Verbesserung *f*; *Schule* Strafarbeit *f*; **~ *disciplinario*** Disziplinarstrafe *f*; **~ *físico*** Prügelstrafe *f*; körperliche Züchtigung *f*; ***máximo* ~** SPORT Elfmeter *m*
Castilla *f* Kastilien *n*; **~ *la Nueva*** (***Vieja***) Neu-(Alt)kastilien *n*
castillejo *m* BAUW Hebegerüst *n*
castillete *m* BAUW Stützgerüst *n*; BERGB Turm *m*; **~ *de elevación*** *od* ***extracción*** (***sondeo***) Förder-(Bohr)turm *m*
castillo *m* Schloss *n*; Burg *f*; *Schachspiel* Turm *m*; **~ *de popa*** (***proa***) MAR Achterdeck *n* (Vorschiff *n*, Back *f*) ◇ ***construir*** *od* ***hacer ~s en el aire*** Luftschlösser bauen, Hirngespinsten nachhängen; ***derrumbarse como un ~ de naipes*** wie ein Kartenhaus zusammenfallen
cast|izo herkömmlich, althergebracht; unverfälscht, rein, echt; *Sprache* geschliffen; **~o** keusch, ehrbar, sittsam; *übertr* rein
castor *m* Biber *m*; Biberfell *n*, -pelz *m*
castr|a *f*, **~ación** *f* Kastration *f*, Kastrieren *n*, Verschneidung *f*; *Bäume* Beschneiden *n*; **~ado** *m* Kastrat *m*; **~ar** *tr* kastrieren, verschneiden; entmannen; *Bäume* beschneiden; *übertr* verstümmeln; schwächen
castrense militärisch, Militär-; Heeres-; Kriegs-; MIL Feld-
castr|ismo *m* Castrismus *m Sozialismus in der Prägung durch den kubanischen Politiker Fidel Castro*; **~ista I** *Adj* Castro- **II** *m(f)* Castro-Anhänger(in) *m(f)*
casual zufällig
casualidad *f* Zufall *m*; ***por* ~** zufällig(erweise) ◇ ***dio la ~ que*** der Zufall wollte es, dass
casualmente → ***por casualidad***
casu|ista *m* Kasuist *m*; Haarspalter *m*; Wortverdreher *m*; **~ística** *f* Kasuistik *f*; Haarspalterei *f*; **~ísticamente** von Fall zu Fall; **~ístico** kasuistisch; spitzfindig
cata *f* Verkosten *n*, -kostung *f von Getränken, Obst*; Kostprobe *f*; ARCHÄOL, BERGB Schürfbohrung *f*, -loch *n*, -probe *f*; **~ (*de vinos*)** Weinprobe *f*
cataclism|al *übertr* umwälzend; **~o** *m* Erdumwälzung *f*; Kataklysmus *m*; Naturkatastrophe *f*; POL Erschütterung *f*, Umsturz *m*
catacumbas *f/Pl* Katakomben *f/Pl*
cat|ador *m* Verkoster *m von Getränken*; **~adura** *f* Verkosten *n*, -kostung *f*; Aussehen *n*, Gesichtsausdruck *m*; *Person* Beschaffenheit *f*; *übertr* Haltung *f*
catafalco *m* Katafalk *m*
catalán I *Adj* katalanisch **II** *m*, **-ana** *f* Katalane(-in) *m(f)*, Katalonier(in) *m(f)*
catalejo *m* Fernrohr *n*
catalizador *m* Katalysator *m*
catalog|ación *f* Katalogisierung *f*; BUCHW (Titel-)Aufnahme *f*; **~ar** ⟨-g/gu-⟩ *tr* katalogisieren, (in den Katalog) aufnehmen; erfassen; einstufen *zuordnen*
catálogo *m* Katalog *m*, Verzeichnis *n*; Bestellliste *f*; **~ *alfabético*** (***temático***) alphabetischer (systematischer) Katalog *m*; **~ *de libros de ocasión*** Antiquariatsangebot *n*; **~ *de piezas de repuesto*** Stückliste *f*; **~ *de venta por correspondencia*** Versandhauskatalog *m*
Cataluña *f* Katalonien *n*
catamarán *m* Katamaran *m*, Doppelrumpfschiff *n*
cataplasma *f* (warmer, heißer) Umschlag *m*; *umg* Klette *f lästige Person*
catapult|a *f* Katapult *m,n*; FLUGW Schleuder *f*; **~aje** *m* (Heraus-)Katapultieren *n*, (Heraus-)Schleudern *n*; **~ar** *tr* katapultieren; (heraus)schleudern
catar *tr z.B. Getränke* (ver)kosten; *Speisen, Getränke* probieren; beobachten; Ausschau halten, spähen
catarata *f* Wasserfall *m*, Katarakt *m*; MED grauer Star *m*; **~ *verde*** MED grüner Star *m*
catarro *m* Katarrh *m*; Erkältung *f*
catarsis *f* Katharsis *f*; *übertr u* MED Reinigung *f*
catastr|al Grundbuch-, Kataster-; **~o** *m* Grundbuch *n*, Kataster *m,n*; Grund-, Katastersteuer *f*; Katasteramt *n*
catástrofe *f* Katastrophe *f*; **~ *climática*** (***ecológica***) Klima-(Umwelt)katastrophe *f*
catastr|ófico katastrophal, verheerend, unheil-, verhängnisvoll; **~ofismo** *m* Katastrophentheorie *f*; Miesmacherei *f*, Schwarzmalerei *f*; **~ofista I** *m* Miesmacher *m*, Schwarzseher *m*; Panikmacher *m* **II** *Adj* → **~ófico**
catatar *tr Am* bezaubern, betören
catauro *m Cu kastenförmiger* Korb *m für Fleisch, Obst usw*; *übertr* Sammlung *f*, Zusammenstellung *f*
catavino *m* Probierglas *n*; *Fass* Probierloch *n*; **~s** *m* Weinverkoster *m*; Weinkenner *m*; *umg* Saufaus *m*; *übertr* Schmarotzer *m*
cate *m* Schlag *m*; Ohrfeige *f* ◇ ***dar un ~*** *Prüfling* durchfallen lassen (***en*** bei, in)
cate|ada *f* → ***cateo***; **~ar** *tr Prüfling* durchfallen lassen; *Am Haus, Person* durchsuchen, filzen *umg*; *Arg, Chi, Col, Pe* BERGB,

GEOL schürfen; *Chi* belauern; **~cismo** *m* Katechismus *m*
cátedra *f* Lehrstuhl *m*, Professur *f*; (Lehr-) Fach *n*, Fachgebiet *n*, -bereich *m*; Ordinariat *n* ◇ ***sentar ~ (de)*** *übertr* Schule machen
catedral *f* Kathedrale *f*; Dom *m*, Münster *n*
catedrático *m*, **-a** *f* (Universitäts-)Professor(in) *m(f)*, Hochschullehrer(in) *m(f)*; Lehrstuhlinhaber(in) *m(f)*; ***~ de instituto*** *etwa* Studienrat *m*; ***~ invitado*** *od* ***visitante*** Gastprofessor *m*; ***~ numerario*** *od* ***de número, ~ ordinario*** *od* ***titular*** (***supernumerario***) (außer)ordentlicher Professor *m*, Ordinarius *m*
categoría *f* Kategorie *f*; *übertr* Stand *m*, Rang *m*, Stufe *f*; *übertr* Gruppe *f*; Gehaltsgruppe *f*; Art *f*, Gattung *f*; Preis-, Qualitätsklasse *f*; ***~ de calidad*** (***~ fiscal***) Güte-(Steuer)klasse *f*; ***de ~*** (***mundial***) von Rang, angesehen; gewichtig; niveauvoll (von Weltrang) ◇ ***tener ~*** Niveau haben
categ|órico kategorisch; bestimmt; unmissverständlich, eindeutig; **~orización** *f* Kategorisierung *f*; **~orizar** ⟨-z/c-⟩ *tr* kategorisieren, einordnen
cateo *m Am Haus u Person* Durchsuchung *f*; *Arg*, *Chi*, *Col*, *Pe* BERGB, GEOL Schürfen *n*; Schürfung *f*
caterva *f umg* Bande *f*, Rotte *f*; ***~ de pillos*** Gaunerpack *n*
catéter *m* MED Katheter *m*, Sonde *f*
cateter|ismo *m*, **~ización** *f* Katheterisieren *n*; **~izar** ⟨-z/c-⟩ *tr/intr* katheterisieren
cateto *m* GEOM Kathete *f*
catgut *m* MED Katgut *n*
catinga *f Am* schlechter Körpergeruch *m*
cátodo *m* Kat(h)ode *f*
catolicismo *m* Katholizismus *m*
católico I *Adj* katholisch ◇ ***no estar muy ~*** *umg* sich nicht wohl fühlen; ***no ser muy ~*** nicht ganz astrein sein **II** *m*, **-a** *f* Katholik(in) *m(f)*
cator|ce vierzehn; **~ceavo** → ***~zavo***; **~ceno I** *Adj* vierzehnter **II** *m* Vierzehnter *m*; Vierzehnjähriger *m*; **~zavo** *m* Vierzehntel *n*
catre *m* Feldbett *m*, Pritsche *f*; *Am reg* Liegestuhl *m*; ***~ de balsa*** *Rpl* Floß *n*; ***~ de tijera*** *od Am* ***viento*** Klappbett *n*; Klappstuhl *m*
catricofre *m* Bettkasten *m*; Art Schrankbett
catrín I *Adj Méx* geschniegelt und gebügelt **II** *m Méx* (Mode-)Geck *m*, Lackaffe *m*
catsup *m* KOCHK Ketschup *m,n*
cauc|áseo, **~asiano**, **~ásico I** *Adj* kaukasisch, Kaukasus- **II** *m* Kaukasier *m*
Cáucaso *m* Kaukasien *n*; ***el ~*** der Kaukasus
cauce *m* (Fluss-, Strom-)Bett *n*; *übertr* Richtung *f*; *übertr* Strömung *f*; ***por el ~ legal*** auf dem Rechtsweg ◇ ***salirse de su ~*** über die Ufer treten; *übertr* ausufern; ***volver a su ~*** *übertr* wieder ins normale Gleis kommen
cauch|ero Kautschuk-, Gummi-; **~o** *m* Kautschuk *m*, Gummi *m*; Kautschukbaum *m*; *Am reg* KFZ Rad *n*
cauci|ón *f* Bürgschaft *f*, Kaution *f*; Vorsicht(smaßregel) *f*; **~onamiento** *m* JUR Sicherheitsleistung *f*, Stellung *f* einer Kaution; **~onar** *tr* eine Kaution stellen (***a*** für); bürgen (***a*** für)
caudal *m* Wassermenge *f*; Durchfluss *m*; Wasserführung *f*; Ausbeute *f*, Ertrag *m*; Vermögen *n*, Reichtum *m*; Fülle *f*, Unmenge *f*; ***~ de experiencias*** Erfahrungsschatz *m*; ***~es públicos*** öffentliche Gelder *n/Pl*
caudaloso wasserreich; reichlich, reich (-haltig); vermögend
caudill|aje *m*, **~ismo** *m* Führerschaft *f*; Herrschaft *f* eines Caudillo; **~o** *m* Caudillo *m*, Einzel-, Alleinherrscher *m*; Anführer *m*
causa *f* Grund *m*; Ursache *f*, Anlass *m*; *übertr* Sache *f*, Anliegen *n*; JUR Rechtssache *f*, Prozess *m*; Verfahren *n*; ***~ civil*** (***penal***) Zivil-(Straf)sache *f*; ***~ del contrato*** Vortragsgegenstand *m*; ***~ del despido*** Entlassungs-, Kündigungsgrund *m*; ***~ pendiente*** JUR schwebendes Verfahren *n*; ***~ pública*** öffentliches Wohl *n*, Gemeinwohl *n*; ***a*** *od* ***por ~ de*** wegen; ***en ~ propia*** in eigener Sache; ***¿por qué ~?*** weshalb?, aus welchem Grunde?; ***sin ~*** grundlos, ohne Grund ◇ ***formar ~ a alg*** jmdn verklagen, gegen jmdn gerichtlich vorgehen; ***hacer ~ común con alg*** mit jmdm gemeinsame Sache machen; *Sprichw* ***pequeñas ~s, grandes efectos*** kleine Ursachen, große Wirkung
caus|ador *m* → ***~ante***; **~ahabiente** *m* Rechtsnachfolger *m*; **~al** kausal, Kausal-; ursächlich; **~alidad** *f* Kausalität *f*, Zusammenhang *m*; **~ante** *m* JUR Urheber *m*; Verursacher *m eines Schadens*; Rechtsvorgänger *m*; Erblasser *m*; **~ar** *tr* verursachen; hervorrufen; *Schaden* anrichten; *Unheil* stiften; *Freude*, *Kummer* bereiten; *Eindruck* machen; **~ear I** *intr Chi* einen Imbiss zu sich nehmen, vespern; **II** *tr Chi mit jmdm* spielend fertig werden; **~eo** *m Chi* Imbiss *m*
causticidad *f* Ätzkraft *f*; *übertr* Schärfe *f*, Bissigkeit *f*
cáustico I *Adj* ätzend, beizend; *übertr* beißend **II** *m* Ätz-, Beizmittel *n*; MED Zugpflaster *n*
cautela *f* Vorsicht *f*, Umsicht *f*, Behutsamkeit *f*; Zurückhaltung *f Vorbehalt* ◇ ***obrar***

C

con ~ umsichtig zu Werke gehen
cautel|ar vorbeugend; Vorbeugungs-, Schutz-; vorübergehend, einstweilig; **~arse** sich hüten (***de*** vor); **~oso** vorsichtig, behutsam
cautín *m* Lötkolben *m*
cautiv|ador, **~ante** *Darstellung* fesselnd, packend; **~ar** *tr* gefangen nehmen *auch übertr*; *Publikum* fesseln, packen; **~erio** *m*, **~idad** *f* Gefangenschaft *f*; Sklaverei *f auch übertr*; **~o I** *Adj* gefangen **II** *m* Gefangener *m*; Sklave *m auch übertr*
cauto vorsichtig, behutsam; schlau
cav|a I *f* Sekt- *bzw* Weinkellerei *f* **II** *m spanischer* Sekt *m*; **~ar I** *tr/intr* (um)graben; *Grab* schaufeln; (be)hacken **II** *tr einen Graben* ausheben *od* anlegen; aushöhlen
cavern|a Höhle *f*; MED Kaverne *f*; **~ícola** Höhlen-; *übertr* zurückgeblieben; reaktionär; **~oso** Höhlen-; unterhöhlt, ausgehöhlt; MED kavernös; *Stimme* hohl
caviar *m* Kaviar *m*
cavidad *f* Hohlraum *m*; Vertiefung *f*; ANAT Höhle *f*
cavil|ación *f* Grübelei *f*; **~ar** *intr* grübeln, nachdenken; **~oso** argwöhnisch; nachdenklich, grüblerisch
Cayena *f* Cayenne *n*
cayo *m* Felsenklippe *f*; *Ant* flache Felseninsel *f*
cayuco *Cu* **I** *Adj* dumm, hinfällig **II** *m* Dummkopf *m*; alter Schwachkopf *m*
caza I *f* Jagd *f auch übertr*; (Jagd-)Wild *n*; Verfolgung *f*; Beute *f*; ***~ de brujas*** POL *übertr* Hexenjagd *f*; ***~ furtiva*** Wilderei *f*; ***~ de gangas*** HDL Schnäppchenjagd *f beim Schlussverkauf*; ***~ mayor*** (***menor***) Hoch-(Nieder)wild *n* ◇ ***estar de ~*** auf (der) Jagd sein; ***ir*****(*se*)** *od* ***salir de ~*** auf (die) Jagd gehen **II** *m* Jagdflugzeug *n*, Jäger *m*; ***~ de combate*** (***reacción***) Kampfflugzeug *n* (Düsenjäger *m*)
caza|autógrafos *m* Autogrammjäger *m*; **~bombardero** *m* Jagdbomber *m*, Jabo *m*; **~brujismo** *m* POL *übertr* Hexenjagd *f*; **~cerebros** *m* Headhunter *m*, Abwerber *m von Führungskräften*; **~dero** *m* Jagdgebiet *n*, -revier *n*
cazador *m* Jäger *m*; ***~ de cabezas*** (***dotes***; ***fortuna***; ***gangas***) Kopf-(Mitgift-; Glücks-; HDL Schnäppchen)jäger *m*; ***~ furtivo*** Wilderer *m*
caza|dora *f* Leder- *bzw* Windjacke *f*, Blouson *n,m*; Jägerin *f*; **~dotes** *m* Mitgiftjäger *m*; **~noticias** *m* Sensationsjäger *m*
cazar ⟨-z/c-⟩ **I** *tr/intr* jagen *auch übertr* **II** *tr* erlegen; erwischen, kriegen; ***~ furtivamente*** wildern ◇ ***ir a ~*** auf (die) Jagd gehen
caza|rreactor *m* Düsenjäger *m*; **~talentos** *m* → ***cazacerebros***
cazc|alear *intr umg* zwecklos hin und her rennen; **~arria(s** *Pl*)*f* Schmutzspritzer *m* (*Pl*) *am unteren Rand der Bekleidung*; **~arriento** mistig, dreckig
cazuela *f* Kasserolle *f*, (Schmor-)Topf *m*; THEAT *umg* Olymp *m*, Trampelloge *f*; *Chi*, *Esp reg Eintopfgericht aus Fleisch*, *Gemüse u Mais*
c/c *f* (*Abk für* ***cuenta corriente***) Girokonto *n*
c. c. *f* (*Abk für* ***corriente continua***) Gleichstrom *m*; (*Abk für* ***centímetro*****(*s*)** ***cúbico*****(*s*)**) cm³ *m,n*
C C *m* (*Abk für* ***Código Civil***) StGB *n*
CCI *f* (*Abk für* ***Cámara de Comercio Internacional***) IHK *f*
CC. OO. *f/Pl Abk für* ***Comisiones Obreras***
Cd *m* (*Symb für* ***cadmio***) CHEM Cd
CD *m* (*Abk für* ***cuerpo diplomático***) CD *n*; (*Abk für englisch* ***Compactdisc***) CD(-Platte) *f Kompaktschallplatte*; ***~ interactivo*** interaktive CD *f*; ***~-ROM*** *m* ⟨*Pl* ***-ROMS***⟩ CD-ROM *f*
ce: ***~ por be*** *Adv* umständlich, haarklein; ***por ~ o por be*** so oder so
CE *f* (*Abk für* ***Comisión Europea***) Europäische Kommission *f*; (*Abk für ehem* ***Comunidad Europea***) EG *f*
ceb|a *f* Mast *f*; Mastfutter *n*; *Hochofen* Beschickung *f*; **~ada** *f* Gerste *f*; **~adura** *f* Fütterung *f*; Mast *f*; Mästen *n*; Ködern *n*; **~ar I** *tr* mästen; füttern; locken; ködern *auch übertr*; *Angel* beködern; *Zündsatz* anbringen; *Hochofen* beschicken; *Leidenschaft* nähren, schüren; *Pfeife* stopfen; *Rpl Mate* zubereiten **II** *intr Schraube* hineingehen, fassen; **~arse** sich weiden (***en*** an); seine Wut auslassen (***contra*** *od* ***en*** an)
cebellin|a → ***marta***; **~o** Zobel-
cebiche *m Am reg kaltes Gericht aus rohem*, *zerkleinertem Fisch*, *Zwiebel*, *Salz*, *Pfeffer*, *Zitrone*
cebo *m* (Mast-)Futter *n*; Köder *m*; *übertr Leidenschaft* Nahrung *f*, Anreiz *m* ◇ ***morder el ~*** *Fisch u übertr* anbeißen; ***poner ~*** Köder auslegen *auch übertr*
ceboll|a *f* Zwiebel *f*; Blumenzwiebel *f*; *umg* Birne *f*, Dez *m Kopf*; **~ada** *f* Zwiebelgericht *n*; **~eta** *f* Steckzwiebel *f*
cebollino *m* Schnittlauch *m* ◇ ***enviar*** *od* ***mandar a alg a escardar ~s*** *umg* jmdn zum Teufel jagen
cebr|a *f* Zebra *n*; VERK Zebrastreifen *m*; **~ado** *Fellfarbe* gestreift, zebrafarben
cebú *m* Zebu(rind) *n*
Ceca *Moschee in Córdoba* ◇ ***andar*** *od* ***ir de la ~ a la Meca*** *übertr* von Pontius zu Pilatus laufen

C

CECA *f* (*Abk für* ***Comunidad Europea del Carbón y del Acero***) EGKS *f*
cece|ar *intr* das spanische s wie spanisches c *od* z aussprechen; lispeln; **~o** *m* Aussprache des spanischen s wie spanisches c *od* z; Lispeln *n*
cecina *f* Rauchfleisch *n*; *Rpl* Dörrfleisch *n*; **~s** *Pl Chi* Wurstwaren *f/Pl*
cedazo *m* Sieb *n*, Rost *m* ◇ ***pasar algo por el ~*** etw durchsieben
cedé *m* CD *f*
CEDE *f* (*Abk für* ***Compañía Española de Electricidad***) *spanische Elektrizitätsgesellschaft*
ceder I *tr* abtreten, überlassen; *Recht(e)* übertragen; abgeben *z.B. Wärme, auch liefern*; *Informationen* weitergeben; *Vortritt od Vorfahrt* lassen; *Besitz* überschreiben; veräußern; MIL *Terrain* aufgeben **II** *intr* (zurück)weichen; *übertr* sich beugen; nachgeben *auch Börsenkurse*; abnehmen, nachlassen; sich biegen; ***no ~ a nadie*** vor niemandem zurückstehen (***en*** in)
cederrón *m* → ***CD-ROM***
cedilla *f* GRAMM, TYP Cedille *f*
cedizo *Speisen* leicht verdorben
cedro *m* Zeder *f*; Zedernholz *n*
cédula *f* Schein *m*, Zettel *m*; Bescheinigung *f*; Schuldschein *m*; Urkunde *f*; Ausweis *m*; ***~ hipotecaria*** Pfandbrief *m*; ***~ de identidad, ~ personal*** *bes Am* Personalausweis *m*; Kennkarte *f*; ***~ de residencia od vecindad*** Aufenthaltsgenehmigung *f*
CEEA *f* (*Abk für* ***Comunidad Europea de (la) Energía Atómica***) Euratom *f*
cefal|algia *f* Zephalalgie *f*, Kopfschmerz *m*; **~ea** *f* heftiger Kopfschmerz *m*
cefálico Kopf-, Haupt-
ceg|ador *Licht* blendend; **~ar** ⟨-ie-, -g/gu-⟩ **I** *tr* blenden *auch übertr*; *übertr* blind machen; *Leck* abdichten; *Leitung* verstopfen; *Graben* zuschütten **II** *intr* erblinden; **~arse** *vor Liebe od Wut* blind werden (***de*** vor); **~ato** kurzsichtig
cegesimal Zentimeter-Gramm-Sekunden-, CGS-
ceguedad *f* → ***ceguera***
ceguera *f* Blindheit *f*; Erblindung *f*; Verblendung *f*; Wahn *m*; ***~ a od para los colores, ~ cromática*** Farbenblindheit *f*; ***~ nocturna*** Nachtblindheit *f* ◇ ***estar herido con ~*** *übertr* mit Blindheit geschlagen sein
CEI *f* (*Abk für* ***Comunidad de Estados Independientes***) GUS *f*
ceiba *f* BOT Ceiba *f*, Kapokbaum *m*
Ceilán *m ehem* Ceylon *n*, *jetzt* → ***Sri Lanka***
ceja *f* Augenbraue *f*; *Bucheinband, Rad* hervorstehender Rand *m*; Bergspitze *f*; ***endeudado hasta las ~s*** bis über die Ohren verschuldet ◇ ***fruncir las ~s*** die Stirn runzeln
cejar *intr* nachgeben; ablassen (***en*** von); ***no ~*** nicht nachlassen (***en*** in; bei); nicht abgehen (***en*** von); nicht aufgeben (***en u/c*** etw); ***sin ~*** unermüdlich
cej|ijunto mit zusammengewachsenen Augenbrauen; düster *od* finster blickend; **~udo** mit dichten *od* buschigen Augenbrauen
celada *f* MIL Hinterhalt *m*; *übertr* Falle *f* ◇ ***caer en una ~*** *übertr* in die Falle gehen; ***preparar*** *od* ***tender una ~ a alg*** *übertr* jmdm eine Falle stellen; jmdn reinlegen *umg*
celad|or *m*, **~ora** *f* Aufseher(in) *m(f)*; Wächter(in) *m(f)*, Wachmann *m*, -frau *f*; Wärter(in) *m(f)*; *Zoll* Aufsichtsbeamter (-in) *m(f)*; **~uría** *f* Wachlokal *n*; Wärterhäuschen *n*
celaje *m* → ***celajería***; **~s** *Pl* (bunte) Schleierwolken *f/Pl*; ***como un ~*** *Am reg* blitzschnell, in Windeseile
celajería *f* Wolkenmasse(n *Pl*) *f*, Gewölk *n*
celar[1] *tr/intr Gefangene* be-, überwachen; *über etw* eifersüchtig wachen; eifersüchtig sein (***a*** auf); sich eifrig bemühen (***de*** um, wegen)
celar[2] *tr* verhehlen, verbergen
celda *f* TECH, *Gefängnis, Kloster* Zelle *f*; ***~ acolchada*** Gummizelle *f*; ***~ de aislamiento (castigo)*** Isolier-(Straf)zelle *f*; ***~ individual*** Einzelzelle *f*
celebracion *f Veranstaltung, Konferenz* Durchführung *f*, Abhaltung *f*; Vollzug *m*; *Vertrag* Abschluss *m*; REL *Messe* Zelebrieren *n*; Beifall *m*, Lob *n*; ***celebraciones*** *Pl* Feierlichkeiten *f/Pl*; ***~ de la boda, ~ del matrimonio*** Eheschließung *f*, Trauung *f*; ***~ del juicio*** JUR Prozess(führung *f*) *m*
celebrar *tr Veranstaltung* durchführen, abhalten; feiern; (feierlich) begehen; *Geschäft, Vertrag* abschließen; REL *Messe* zelebrieren; loben, preisen; ***lo celebro mucho*** es freut mich sehr (***que*** + *subj* dass *od Inf*); **~se** stattfinden; SPORT ausgetragen werden
célebre berühmt; bekannt, namhaft; witzig, ulkig; *AmC, Col, Ven Frau* nett, anmutig; ***tristemente ~*** (berühmt-)berüchtigt
celebridad *f* Ruhm *m*; Ruf *m*; berühmte Persönlichkeit *f*, Berühmtheit *f*
celeridad *f* Schnelligkeit *f*
celest|a *f* MUS Celesta *f*; **~e** himmlisch; Himmel(s)-; **~ina** *f* Kupplerin *f*
celibato *m* Zölibat *n,m*, Ehelosigkeit *f*; Junggesellenleben *n*
cellisca *f* Schneegestöber *n*; Schneeregen *m*
celo[1] *m* Eifer *m*, Hingabe *f*; Inbrunst *f*; Neid *m*, Missgunst *f*; Brunst(zeit) *f*; **~s**

Pl Eifersucht *f* ◇ ***dar ~s*** eifersüchtig machen; ***tener ~s*** eifersüchtig sein (***de*** auf)
celo®² *m* Klebeband *n*
celofán *m* Zellophan *n*
celos|ía *f* Eifersucht *f*; Jalousie *f*, Fensterladen *m*; **~o** eifersüchtig (***de*** auf); eifrig
Celsio *m* PHYS Celsius *m*
celta I *Adj* keltisch **II** *m(f)* Kelte(-in) *m(f)*
céltico keltisch, Kelten-
célula *f* BIOL, EL, POL Zelle *f*; ***~ cancerosa*** (***fotoeléctrica***; ***germinal***; ***indiferenciada*** *od* ***potencial***; ***nerviosa***) MED Krebs-(EL Foto-; BIOL Keim-; Stamm-; Nerven)zelle *f*; ***~ solar*** Solarzelle *f*, Sonnenbatterie *f*
celul|ado zellenförmig; **~ar I** *Adj* Zell-, Zellen-, Zellular- **II** *m Am* TEL Handy *n*; **~itis** *f* MED Zellulitis *f*; **~oide** *m* Zelluloid *n*
celulosa *f* Zellulose *f*; Zellstoff *m*; ***sin ~*** *Papier* holzfrei
címbalo *m* → ***clavicémbalo***
cementera *f* Zementfabrik *f*
cementerio *m* Friedhof *m*; ***~ de guerra*** Soldatenfriedhof *m*; ***~ nuclear*** Atommüllendlager *n*, Atommülldeponie *f*
cementero Zement-
cemento *m* Zement *m*; Zahnzement *m*; (Stein-)Kitt *m*; ***~ armado*** (***fundido***) Stahl-(Guss)beton *m*; ***~ portland*** (***siderúrgico***) Portland-(Hütten)zement *m*
cena *f* Abendbrot *n*, -essen *n*; ***~ de trabajo*** Arbeitsessen *n*
cenáculo *m* *Künstler*, *Literaten* Kreis *m*, Vereinigung *f*
cenagal *m* Moor *n*; Morast *m*, Sumpf *m* ◇ ***estar metido en un ~*** *übertr* in der Tinte sitzen
cenagoso morastig, sumpfig
cenar *tr/intr* Abendbrot *od* zu Abend essen
cencerr|ada *f* Gebimmel *n*; Klamauk *m*; Katzenmusik *f*; **~eo** *m* Geklingel *n*; Geklimper *n*; Krach *m*; **~o** *m* Schelle *f* *Glöckchen*
cenic|ero *m* Aschenbecher *m*; **Ձienta** Aschenbrödel *n*, -puttel *n auch übertr*; **~iento** aschfarben, -grau
cenit *m* Zenit *m auch übertr*
ceniza *f* Asche *f*; **~s** *Pl* sterbliche Überreste *m/Pl* ◇ ***reducir a ~s*** in Schutt und Asche legen
cenizo I *Adj* → ***ceniciento*** **II** *m* Pechvogel *m*; Unglücksbringer *m*; Spielverderber *m*
cenotafio *m* Kenotaph *n od* Zenotaph *n*, Ehrenmal *n*
cens|al *Am* → ***censual***; **~ar** *tr Einwohner*, *Vieh* zählen
censo *m* Volkszählung *f*; Viehzählung *f*; (statistische) Erhebung *f*; (Pacht-, Erb-) Zins *m*; ***~*** (***electoral***) Wählerliste *f* ◇ ***hacer el ~*** *Einwohner*, *Vieh* zählen (***de*** *Akk*); ***ser un ~*** *übertr* ein Fass ohne Boden sein
cens|or *m* Zensor *m*; (strenger) Kritiker *m*; VERW Prüfer *m*; **~ual** (Volks-)Zählungs-; Zins-; **~ualista** *m(f)* *Pacht* Rentenempfänger(in) *m(f)*, (Erb-)Zinsberechtigte(r) *f(m)*
censura *f* *Veröffentlichungen*, *Massenmedien*, POST, POL Zensur *f*; Zensurbehörde *f*; Tadel *m*, Rüge *f*; ***~ cinematográfica*** Filmzensur *f*, -kontrolle *f*; ***~ previa*** Vorzensur *f*; ***~ pública*** öffentlicher Tadel *m* ◇ ***someter a la ~*** der Zensur vorlegen
censurar *tr* (kritisch) beurteilen; zensieren; tadeln, kritisieren, beanstanden, rügen, verurteilen, bemängeln (***a*** *od* ***en alg*** bei jmdm)
centavo *m* Hundertstel *n*; *Am*, *Portugal Münzeinheit* Centavo *m*; *Australien*, *Kanada*, *USA usw* Cent *m*
centell|a *f* Blitz(strahl) *m auch übertr*; Funke *m auch übertr*; **~ar**, **~ear** *intr unpers* funkeln; flimmern; glänzen
centelleo *m* Funkeln *n*; (Augen-)Flimmern *n*; Glänzen *n*; ***libre de ~*** *Bildschirm* flimmerfrei
centenar *m* Hundert *n*; ***~es de*** hunderte von; ***a ~es*** zu hunderten; in Hülle und Fülle
centenario I *Adj* hundertjährig, Hundertjahr- **II** *m* Hundertjähriger *m*; Hundertjahrfeier *f*; hundertster Jahres- *bzw* Geburts- *bzw* Todestag *m*
centeno *m* Roggen *m*, Korn *n*
cent|esimal zentesimal; **~ésimo I** *Adj* hundertster **II** *m* Hundertster *m*; Hundertstel *n*; **~ígrado** *in Verbindung mit* → ***grado***: Celsius; **~ilitro** *m* Zentiliter *m,n*
centímetro *m* Zentimeter *m,n*; ***~ cuadrado*** (***cúbico***) Quadrat-(Kubik)zentimeter *m,n*
céntimo *m* Hundertstel *n*; *Münzeinheit* Cent *m 1/100 Euro*; ***al ~*** auf den Pfennig genau
centinela *f u als wachhabende Person m* MIL Wache *f*, (Wach-)Posten; Schildwache *f*; Aufpasser *m*; Hüter *m* ◇ ***estar de ~***, ***hacer ~*** Posten *od* (auf) Wache stehen
central I *Adj* zentral; Zentral-; Mittel-; Haupt- **II** *f* Zentrale *f auch* TEL, Hauptstelle *f*; Kraftwerk *n*; TEL Amt *n*, Vermittlung *f*; ***~ de abastos*** *Méx* Zentralmarkthalle *f*; ***~ atómica***, ***~*** (***electro***)***nuclear*** Atom-, Kernkraftwerk *n*, AKW *n*, KKW *n*; ***~ de compensación*** Verrechnungsstelle *f*; ***~ de compra*** (***medios***) Einkaufszentrale *f* (Media-Markt® *m*); ***~ de Correos*** Hauptpostamt *n*; ***~ eléctrica*** *od* ***de energía*** Elektrizitäts-, Kraftwerk *n*; ***~ hidroeléctrica*** (***maremotriz***) Wasser-(Gezeiten)kraftwerk *n*; ***~ interurbana***, ***~ de teléfonos***, ***~ telefónica*** Fern-

(-sprech)amt *n*; **~ (*interurbana*) *automática*** TEL Selbstwähl(fern)amt *n*; **~ *sindical*** Gewerkschaftszentrale *f*; **~ *télex*** Fernschreib-, Telexzentrale *f*; ***térmica*** *od* ***termoéléctrica*** Wärmekraftwerk *n* **III** *m Ant, Pe, Méx* Zuckerfabrik *f*

central|illa *f* → ***~ita***; **~ismo** *m* Zentralismus *m*; Zentralgewalt *f*; **~ista** zentralistisch; **~ita** *f* (Telefon-)Zentrale *f*, Hausvermittlung *f*; **~ización** *f* Zentralisierung *f*; **~izar** ⟨-z/c-⟩ *tr* zentralisieren; *Daten* zentral erfassen

centrar *tr* zentrieren, auf Mitte einstellen; *übertr* in den Mittelpunkt rücken *od* stellen; konzentrieren (***en*** auf); **~se** sich konzentrieren (***en*** auf)

céntrico zentrisch; zentral gelegen; → ***central*** I

centr|ífuga *f* Zentrifuge *f*, Schleuder *f auch Wäsche*; **~ifugadora** *f* → ***~ífuga***; *Flugtraining* Schleudertrommel *f*; **~ifugar** ⟨-g/gu-⟩ *tr* schleudern *auch Wäsche*; **~ismo** *m* POL Zentrismus *m*, Politik *f* der Mitte; **~ista I** *Adj* POL zentristisch, Zentrums-, dem Zentrum nahe stehend **II** *m* Zentrumsanhänger *m*, -politiker *m*

centro *m* Zentrum *n*, Mitte *f auch* POL *u übertr*; Mittelpunkt *m auch übertr*; *bes übertr* Vordergrund *m*; Stelle *f*; Anstalt *f*; Stätte *f*; Einrichtung *f*; Verein(igung *f*) *m*; *Fußball* Mittelstoß *m*, Flanke *f*; **~ *de abasto*** HDL Versorgungszentrum *n*; **~ *de acogida*** Auffanglager *n*, Aufnahmezentrum *n für Aussiedler, Flüchtlinge u.Ä.*; **~ *de acopio*** HDL Aufkauf-, Sammelstelle *f*; **~ *de atención al cliente*** Kundendienstzentrum *n*; **~ *de cálculos*** *od* ***computación*** *od* ***cómputo*** Rechenzentrum *n*; **~ *de capacitación*** *od* ***formación*** Ausbildungsstätte *f*; **~ *comercial*** *od* ***de comercio*, ~ *de compras*** Einkaufsstätte *f*, -zentrum *n*; **~ *contable*** *Buchhaltung* Kostenstelle *f*; **~ *deportivo*** *od* ***de deporte*** Sportstätte *f*; **~ *de desintoxicación*** Entziehungsanstalt *f*; **~ *docente*** *od* ***de enseñanza*** Bildungseinrichtung *f*, -stätte *f*; **~ *de estudios*** *od* ***investigación*** *od* ***investigaciones*** Forschungsstätte *f*, -zentrum *n*; **~ *fabril*** Produktionsstätte *f*; **~ *de formación profesional*** Berufsschule *f*; **~ *para fotocopias*** Copyshop *m*; **~ *de gravedad*** PHYS Schwerpunkt *m*; **~ *laboral*** *od* ***de trabajo*** (Industrie-)Betrieb *m*; **~ *médico*** Arztpraxis *f*; **~ *de menores*** Kinderheim *n*; **~ *de orientación profesional*** Berufsberatung(sstelle) *f*; **~ *penitenciario*** Justiz-, Strafvollzugsanstalt *f*, JVA *f*; **~ *de proceso de datos*** Datenverarbeitungsanlage *f*; **~ *recreativo*** Vergnügungszentrum *n*, Freizeitpark *m*; **~ *de rehabilitación*** Rehabilitationszentrum *n*, -klinik *f*, Rehaklinik *f*; **~ *residencial* (*para la tercera edad*)** (Alten-)Wohnanlage *f*; **~ *tecnológico*** Technologiezentrum *n*; **~ *termal*** Thermalbad *n*; Thermalzentrum *n*; **~ *termolúdico*** (thermales) Erlebnisbad *n*; **~ *turístico*** Touristenzentrum *n*, -hochburg *f* ◇ ***estar en su ~*** *übertr* in seinem Element sein

centroafricano zentralafrikanisch

Centroamérica *f* Mittelamerika *n*

centro|americano I *Adj* mittelamerikanisch **II** *m*, **-a** *f* Mittelamerikaner(in) *m(f)*; **~asiático** mittel-, zentralasiatisch; **~campista** *m(f)* SPORT Mittelfeldspieler(-in) *m(f)*; **~europeo I** *Adj* mitteleuropäisch **II** *m*, **-a** *f* Mitteleuropäer(in) *m(f)*

centroizquierda *f*: ***de ~*** POL Mitte-links-(***el bloque de ~***)

centuplicar ⟨-c/qu-⟩ *tr* verhundertfachen

céntuplo I *Adj* hundertfach **II** *m*: ***el ~*** das Hundertfache

centuria *f* Jahrhundert *n*

ceñ|ido *Kleidung* eng anliegend, hauteng; eingeschränkt, sparsam; **~ir** ⟨-i-, *3. Pers perfs Sg* **ciñó**, *Pl* **ciñeron**; *subj Imperf* **ciñera** *u* **ciñese** *usw*; *Ger* **ciñendo**⟩ *tr* (um)gürten, umschnallen; einfassen; *Ausgaben* ein-, beschränken

ceñirse sich be-, einschränken; **~ *a u/c*** *übertr* sich an etw halten

ceñ|o *m* Stirnrunzeln *n*; finsterer Blick *m*; **~oso**, **~udo** finster blickend; mürrisch

CEOE *f* (*Abk für* ***Confederación Española de Organizaciones Empresariales***) *Dachverband der spanischen Arbeitgeberorganisationen*

cepa *f* Baumstrunk *m*, -stumpf *m*; Wein-, Rebstock *m*; Herkunft *f*, Abstammung *f*; ***de buena od pura ~*** *übertr* (wasch)echt, unverfälscht

CEPAL *f* (*Abk für* ***Comisión Económica para América Latina y el Caribe***) UN-Wirtschaftskommission *f* für Lateinamerika und die Karibik

cepill|ar *tr* hobeln; (aus)bürsten; *Prüfling* durchfallen lassen; umlegen, abmurksen; **~ito** *m* (Nagel- *bzw* Zahn-)Bürste *f*

cepillo *m* Hobel *m*; Bürste *f*, **~ *de dientes*** Zahnbürste *f* ◇ ***pasar el ~ por u/c*** etw (ab- *bzw* aus)bürsten

cepo *m* Ast *m*; (Holz-)Klotz *m*; Bremsklotz *m*; Fangeisen *n*; *übertr* Falle *f*; KFZ Parkkralle *f*; *übertr* grober Klotz *m*

CEPSA *f* (*Abk für* ***Compañía Española de Petróleos, S.A.***) *spanische Erdölgesellschaft*

cera *f* Wachs *n*; Wachslicht(er *Pl*) *n*; **~ *de lustrar*** Bohnerwachs *m*

C

cer|ámica *f* Keramik(artikel *m*) *f*; Keramikindustrie *f*; Töpferkunst *f*; **~ámico** keramisch; Töpfer-; **~amista** *m(f)* (Kunst-)Keramiker(in) *m(f)*
cerca[1] **I** *Adv* nahe, in der Nähe; ***de** od **desde** ~* aus der Nähe ◇ ***estar** ~* nahe sein; in der Nähe liegen **II** ***~ de** Präp* bei, neben, an; kurz vor (***nos despedimos ~ de mi casa***); ungefähr, fast, annähernd, etwa, ca. (= zirka), um … herum (***~ del 10 por ciento***) ◇ ***son ~ de las dos*** es ist ungefähr zwei (Uhr)
cerc|a[2] *f* Zaun *m*, Einfriedung *f*; Hecke *f*; Umzäunung *f*; Gehege *n*; **~ado** *m* umzäuntes Grundstück *n*; → ***~a***[2]
cercanía *f* Nähe *f*; ***~s** Pl* Umgebung *f*
cercano nahe (***a*** bei *od Dat*) *auch übertr*; *Freunde*, *Verwandte* nahe stehend
cercar ⟨-c/qu-⟩ *tr* um-, einzäunen; umgeben (***de*** mit); MIL belagern *bzw* einkreisen, umzingeln
cercenar *tr* ab-, beschneiden *auch übertr*; *übertr* kürzen; schmälern, einschränken
cerciorarse sich vergewissern (***de*** von, über)
cerco *m* (Um-)Kreis *m*; TECH Ring *m*; *Fass* Reif(en) *m*; Absperrung *f*; MIL Belagerung *f*, Einkreisung *f*, Umzingelung *f*; Zaun *m*, Hecke *f*; ***~s** Pl Baum* Jahresringe *m/Pl*
cerd|a *f* Sau *f*; Mutterschwein *n*; (Schweins-)Borste *f*; **~ada** *f* Gemeinheit *f*, Schweinerei *f*; **~ear** *intr* sich schweinisch *od* gemein benehmen; kneifen *umg*, sich *vor einer Aufgabe* drücken
Cerdeña *f* Sardinien *n*
cerdo *m* Schwein *n auch vulg übertr*; ***~ asado*** Schweinebraten *m*
cerdoso borstig; *Barthaare* struppig
cereal *m*, *meist* ***~es** Pl* Getreide *n*, Korn *n*; Cornflakes *Pl*; ***~es forrajeros*** (***panificables***; ***de siembra***) Futter-(Brot-; Saat)getreide *n*
cerealista **I** *Adj* Getreide-; Getreide anbauend *od* produzierend **II** *m* Getreideanbauer *m*; Getreideexporteur *m*, -händler *m*
cereb|elo *m* Kleinhirn *n*; **~ral** Hirn-, Gehirn-, zerebral
cerebro *m* (Groß-)Hirn *n*, Gehirn *n*; Verstand *m*; *übertr* (führender) Kopf *m*, Geist *m*, Denker *m*; ***~ electrónico*** Elektronengehirn *n*, -speicher *m*
ceremonia *f* Zeremonie *f*, Feier(lichkeit) *f*; Pomp *m*, Gepränge *n*; Förmlichkeit *f*; ***~ de apertura** od **inauguración, ~ inaugural*** (***de clausura***) Eröffnungs-(Abschluss)feier *f*, -veranstaltung *f*; ***~ civil*** standesamtliche Trauung *f*; ***~ de juramento*** MIL Vereidigung *f*; ***~ oficial*** (feierlicher) Staatsakt *m*; ***~ religiosa*** Gottesdienst *m*; ***sin ~(s)*** ohne Umstände, zwanglos
ceremoni|al **I** *Adj* zeremoniell, feierlich; förmlich **II** *m* Zeremoniell *n*, (feierlicher) Brauch *m*; Förmlichkeiten *f/Pl*; **~oso** feierlich, festlich; *übertr* steif, förmlich
céreo wächsern, Wachs-
cerez|a *f* Kirsche *f*; **~o** *m* Kirschbaum *m*
cerilla *f* Streich-, Zündholz *n*; dünnes Wachslicht *n*
cern|er ⟨-ie-⟩ *tr Mehl* (durch)sieben, beuteln; ausfindig machen; sieben *aussondern*; **~erse** sich in den Hüften wiegen; *Vögel* flattern; *Raubvogel* rütteln; *Unheil* drohen, im Anzug sein; **~ícalo** *m* Turmfalke *m*; *umg übertr* Esel *m*; Schwips *m*; **~idillo** *m* Niesel-, Sprühregen *m*; **~ir** ⟨-ie-⟩ → ***cerner***
cero **I** *Adj* null; ***~ grados*** null Grad **II** *m* Null *f*; Nullpunkt *m*; nichts; ***bajo*** (***sobre***) ~ MET unter (über) null; ***desde ~*** aus dem Nichts ◇ ***empezar** od **partir de ~*** bei null *od* ganz von vorn anfangen; ***ese hombre es un ~ a la izquierda*** dieser Mensch ist eine absolute Niete; ***poner en ~*** auf null (ein)stellen
cer|ografía *f* Wachsmalerei *f*; Wachsgravierung *f*, Zerographie *f*; **~omancia** *f od* **~omancía** *f* Wachsgießen *n zum „Wahrsagen“*; **~oso** Wachs-; wachsweich; wachsartig; *Am Ei* weich gekocht
cerquita *Adv* ganz nahe
cerr|able (ver)schließbar; **~adero** **I** *Adj* → ***~able*** **II** *m* Schließblech *n*, Kappe *f*; *Tasche* Verschluss *m*
cerrado geschlossen *auch Stromkreis*, zu; verschlossen *auch übertr*; *übertr* zugeknöpft; *Inhalt*, *Formulierung* unergründlich, rätselhaft; *Beifall* stürmisch, lang anhaltend; *Kurve* scharf; *Himmel* dicht bewölkt, tiefschwarz; *Nacht* stockfinster; *Wald*, *Pflanzenreihen*, *Bart* dicht (bewachsen); *Schrift* eng; *Person*, *Dialekt* echt, unverfälscht; *umg* stockdumm, beschränkt; ***~ desde dentro*** (***fuera***) *Tür* von innen (außen) verschlossen; ***~ herméticamente*** luftdicht verschlossen, hermetisch abgeschlossen *auch übertr* ◇ ***estar ~ para*** keinen Sinn *od* kein Verständnis haben für; ***oler a ~*** muffig *od* abgestanden *od* nach verbrauchter Luft riechen
cerradura *f* Schloss *n*; Verschluss *m*; → ***cerramiento***; ***~ antirrobo y de contacto*** KFZ Zünd- und Lenkradschloss *n*; ***~ de golpe** od **resorte*** (***seguridad***) Schnapp-(Sicherheits)schloss *n*
cerraj|ería Schlosserwerkstatt *f*; Schlosserhandwerk *n*; **~ero (mecánico)** *m* (Maschinen-)Schlosser *m*; **~ón** *m* steile Anhöhe *f*

C

cerramiento *m* (Ab-, Ver-, Zu-)Schließen *n*; Verschluss *m*; Abdeckung *f*

cerrar ⟨-ie-⟩ **I** *tr* (ab-, ver-, zu)schließen; zumachen; *Leitung* absperren; EL aus-, abschalten; *Hahn* zudrehen; *Öffnung* zu-, verstopfen; *Graben, Loch* zuschütten; *Rechnung, Konto in der Buchführung, Abkommen* (ab)schließen; *Buch, Messer, Regenschirm* zuklappen; *Schublade* zuschieben; *Kuvert* zukleben; *Faust* ballen; *Gelände, Zugang* (ab-, ver)sperren; *Wettbewerb* für geschlossen erklären; *Veranstaltung* (be)enden, (ab)schließen; *Tätigkeit* aufgeben, beenden; *übertr* abbrechen; *Einrichtung, Betrieb* stilllegen, schließen **II** *intr* schließen, verschließbar sein; *Wunde* (ver)heilen, vernarben; *Frist* ablaufen; ***al ~ el día*** bei Anbruch der Nacht; ***algo no cierra*** etw geht nicht zusammen *od* haut nicht hin *umg*

cerrarse *Tür* zugehen, -schlagen; *Himmel* sich beziehen; *Wunde* sich schließen; ***~ a u/c*** *übertr* sich einer Sache verschließen, sich gegenüber etw sperren; ***se cerró en callar*** er schwieg hartnäckig; ***se cerró en su opinión*** er beharrte auf seiner Meinung

cerr|azón *f* Wolkenwand *f*, Gewitter-, Regenwolken *f/Pl*; dichter Bodennebel *m*; Engstirnigkeit *f*, Borniertheit *f*; **~ero** *Am übertr* grob, ungehobelt; **~il** bergig, zerklüftet; *Gelände* rau, uneben; stur; *übertr* grob, ungeschliffen; **~ilidad** *f* Sturheit *f*; **~ilismo** *m* Engstirnigkeit *f*; **~ilmente** *Adv übertr* kurz angebunden *umg*; **~o** *m* Hügel *m*; Anhöhe *f*; *Am* Berg *m*

cerrojo *m* Riegel *m*; ***~ de pestaña*** Steckschloss *n*, *übertr* Kobold *m umg* ◇ ***correr*** (***echar***) ***el ~*** entriegeln (verriegeln)

cert|amen *m* Wettstreit *m*, -bewerb *m*; Leistungsschau *f*; Preisausschreiben *n*; **~ero** sicher; genau, treffend; *Information(squelle)* zuverlässig; gut *od* genau unterrichtet; **~eza** *f*, **~idumbre** *f* Gewissheit *f*; Bestimmtheit *f*; Sicherheit *f*; **~ificación** *f* Bestätigung(svermerk *m*) *f*; Bescheinigung *f*; Beglaubigung *f*; Nachweis *m*

certificado I *Adj Postsendung* eingeschrieben, Einschreib- **II** *m* Bescheinigung *f*, Schein *m*; Bestätigung *f*; Zeugnis *n*; Urkunde *f*; Gütezeichen *n*; Zertifikat *n*; MED, JUR Attest *n*; Nachweis *m*, Beleg *m*; POST Einschreiben *n*; ***~ de aptitud*** (***preempleo***) Befähigungsnachweis *m* (Tauglichkeitsbefund *m*); ***~ de asistencia*** Teilnahmebescheinigung *f*; ***~ de buena conducta*** polizeiliches Führungszeugnis *n*; ***~ de calidad*** Qualitätszeugnis *n*; ***~ de defunción*** Totenschein *m*; ***~ de efectos fiscales*** Steuerbescheinigung *f*; ***~ de estudios*** (***examen***) Studienbescheinigung *f* (Examens-, Prüfungsbescheinigung *f bzw* -zeugnis *n*); ***~ facultativo, ~*** (***del***) ***médico*** ärztliches Attest *n*; ***~ de garantía*** HDL Garantieschein *m*, -urkunde *f*; ***~ de nacimiento*** Geburtsurkunde *f*; ***~ de obrero especializado*** Facharbeiterbrief *m*; ***~ de sueldo*** Lohnbescheinigung *f*; ***~ a término fijo*** *Col* Sparbrief *m*, Spar(kassen)zertifikat *n über eine Termingeldanlage*; ***~ de trabajo*** (***transporte***) Arbeitszeugnis *n* (Transportbescheinigung *f*); ***~ de vacunación internacional*** internationale Impfbescheinigung *f* ◇ ***dar*** *od* ***extender un ~*** eine Bescheinigung *od* ein Zeugnis ausstellen; ***mandar por ~*** per Einschreiben schicken

certificar ⟨-c/qu-⟩ *tr* bescheinigen; bestätigen; beglaubigen, beurkunden, zertifizieren; (***hacer***) ***~*** *Postsendung* einschreiben (lassen); **~se** sich vergewissern

certísimo *Sup von* → ***cierto***

cerumen *m* Ohrenschmalz *n*

cervecer|a *f Cu* Kneipe *f*; **~ía** *f* Brauerei *f*; Bierstube *f*; **~o I** *Adj* Bier-; Brauerei- **II** *m* (Bier-)Brauer *m*; (Schank-)Wirt *m*

cerveza *f* Bier *n*; ***~ sin alcohol*** alkoholfreies Bier *n*; ***~ añeja*** Lagerbier *n*; ***~ de barril, ~ de grifo*** Fassbier *n*; ***~ en botellas*** (***latas***) Flaschen-(Dosen-, Büchsen)bier *n*; ***~ de Pilsen*** Pils(e)ner (Bier) *n*; ***~ rubia*** (***de malta***) helles Bier *n*, Helles *n* (Malzbier *n*) ◇ ***subirse como la ~*** aus der Haut fahren, aufbrausen

cerviz *f* Genick *n*, Nacken *m*

CES *m* (*Abk für* ***Consejo Económico y Social***) Wirtschafts- und Sozialrat *m* der UNO

cesación *f* Beendigung *f*; Stillstand *m*; *Arbeit, Feindseligkeiten* Einstellung *f*; *Zahlungen, Aktionen* Aufhebung *f*, Wegfall *m*; ***~ del trabajo*** Arbeitsniederlegung *f*

cesant|e I *Adj* entlassen; amtsenthoben; arbeitslos; *Beamte* im Wartestand **II** *m* Arbeitsloser *m*; Entlassener *m*; **~ear** *tr Arbeitskräfte* entlassen; **~ía** *f* Abbau *m von Arbeitskräften*; Entlassung *f bzw* Amtsenthebung *f*; (Versetzung *f* in den) Wartestand *m*; Überbrückungsgeld *n*; Arbeitslosigkeit *f*

cesar I *tr Arbeitskräfte* entlassen; *jmdn* seines Amtes entheben; *Betrieb* stilllegen; *Tätigkeit* beenden; MIL *Feuer* einstellen **II** *intr* aufhören (***de*** zu); ausscheiden, aus dem Amt scheiden; sich legen *aufhören*; ***no ~ de hacer algo*** weitermachen; ***sin ~*** unaufhörlich, dauernd, fortwährend

César *m*: ***o ~ o nada*** *umg* entweder alles oder nichts

cesárea *f* MED Kaiserschnitt *m*

C

cese *m* → ***cesación***; *Aktionen* Stopp *m*; Schluss *m*; Ausscheiden *n aus dem Amt*; Entlassung *f bzw* Amtsenthebung *f*; (Geschäfts-)Aufgabe *f*; Einstellung *f der Produktion*; **~ *de actividades*** *od* ***del trabajo*** Arbeitsniederlegung *f*; **~ *el fuego*** MIL Feuereinstellung *f*

cesio *m* CHEM Zäsium *n*

cesión *f* JUR, HDL Überlassung *f*; Übertragung *f von Rechten*; Abtretung *f*; Weitergabe *f von Informationen*

césped *m* Rasen *m*

cesta *f* Korb *m auch Basketball*, TECH; Korb *m* voll; *Basketball* Punkt *m*; **~ *de la compra*** HDL *übertr* Warenkorb *m*; **~ *de correspondencia*** BÜRO Ablagekorb *m*

cesto *m* (großer, hoher) Korb *m*; **~ *de*** (***los***) ***papeles*** Papierkorb *m* ◇ ***echar al ~ de papeles*** in den Papierkorb werfen *auch übertr*

cesura *f* LIT *u übertr* Zäsur *f*

ceta *f* → ***zeta***

cetáceos *m/Pl* ZOOL Wale *m/Pl*

cetr|ino zitronen-, grüngelb; *Miene* sauer, griesgrämig; **~o** *m* Zepter *n auch übertr*

ceutí I *Adj* aus Ceuta **II** *m(f)* Bewohner(in) *m(f)* Ceutas

ceviche *m* → ***cebiche***

cf (*Abk für* ***confiérase***) vgl (= vergleiche)

CFC *m* (*Abk für* ***clorofluorocarbono***) FCKW *m*; ***sin* ~** FCKW-frei

c.f.s. (*Abk für* ***coste, flete y seguro***) cif

cgo. (*Abk für* ***a cargo de***) zulasten von

cgr (*Abk für* ***centígrado***) hundertgradig

CGT *f Abk für* ***Confederación General del Trabajo*** *bzw* ***de Trabajadores***, → ***confederación***

ch, **Ch** *f* ch, Ch *n*; **~.** *Abk für* → ***cheque***

chabacan|ada *f*, **~ería** *f* Geschmacklosigkeit *f*, Taktlosigkeit *f*; Pfuschkram *m umg*; Schluderei *f*; **~o** *übertr* geschmacklos; ordinär, gewöhnlich; geistlos, platt; kitschig

chabol|a *f* Bruchbude *f umg*; Baracke *f*, Hütte *f bes in Elendsvierteln u auf dem Lande*; **~ismo** *m* (Ansammlung *f* von) Elendsquartiere(n) *n/Pl*; Unterbringung *f* in Elendsquartieren; **~ista** *m(f)* Bewohner(in) *m(f)* eines Elendsquartiers

chacal *m* ZOOL *u übertr* Schakal *m*

chacar|ero *m AmS reg* Bauer *m*; Landwirt *m*; Pächter *m* einer → ***chacra***; **~itas** *f/Pl Par Bez für Elendsviertel in Asunción*

chacha *f umg Kurzf von* → ***muchacha***, Mädchen *n*, Kleine *f*; Kindermädchen *n*; *i w S* Dienstmädchen *n*, Hausangestellte *f*; **~s** *Pl Am reg* Handschellen *f/Pl*

cha-cha-chá *m*, **chachachá** *m Tanz* Cha-Cha-Cha *m*

cháchara *f umg* dummes Gerede *n*, Gequatsche *n*, Geschwätz *n*; Schwätzchen *n*, Plauderei *f*; **~s** *f/Pl* Plunder *m*, Trödel *m*

chachar|achas *f/Pl Am reg umg* Geschwätz *n*, Unsinn *m*; *Méx* Kram *m*, Trödel *m*; **~ear** *intr umg* schwatzen; **~ón** *umg* schwatzhaft

chacho *m umg Kurzf von* → ***muchacho***

chacina *f* gedörrtes *bzw* gepökeltes Schweinefleisch *n*

chacota *f* Mordsspaß *m*, Klamauk *m*; Gelächter *n*; Unfug *m* ◇ ***echar algo a ~*** *od* ***hacer ~ de algo*** (***alg***) etw (jmdn) nicht ernst nehmen, sich über etw (jmdn) lustig machen; ***gastar ~*** → ***chacotear***

chacot|ear *intr* Unfug treiben, Spaß machen; **~earse** sich lustig machen (***de*** über); **~eo** *m* Spaß *m*; **~ería** *f* → ***chacota***; **~ero I** *Adj* lustig, spaßig, ausgelassen **II** *m* Spaßvogel *m*

chacr|a *f AmS reg* (kleiner) Bauernhof *m*; *bes Ec, Pe* Acker *m*, Feld *n*; **~ero** *AmS reg* → ***chacarero***

Chad *m* Tschad *m Republik u See*

chadiano I *Adj* tschadisch **II** *m*, **-a** *f* Tschader(in) *m(f)*

chafado: ***estar*** *od* ***quedarse ~*** sprachlos sein; deprimiert *od* niedergeschlagen sein

chafall|ar *tr etw* verpfuschen; **~o** *m* Pfuscherei *f*, Stümperei *f*; **~ón** *m* Pfuscher *m*, Stümper *m*

chafar *tr* zerdrücken; *Kleidung* zerknittern, zerknautschen; zertreten, zerquetschen; *absichtlich* beschädigen; *jmdm etw* vermasseln *umg*; mundtot machen

chafarrin|ada *f* Fleck *m*, Klecks *m*; Schandfleck *m*; **~ar** *tr* beklecksen, bekleckern *umg*, beflecken

chafl|án *m* TECH Schräge *f*; TECH Kante *f*; Abschrägung *f*, -kantung *f*; (Haus- *bzw* Straßen-)Ecke *f*; **~ar** *tr Chi jmdn* rausschmeißen *umg od* entlassen; *Arg*, *Chi* verhöhnen

chagolla *f Méx* Falschgeld *n*; abgegriffene Münze *f*

chagr|én *m*, **~ín** *m* Chagrin-, Saffianleder *n*

chal *m* Schal *m*; Schultertuch *n*

chalaco *Pe* **I** *Adj* aus Callao **II** *m*, **-a** *f* Bewohner(in) *m(f)* von Callao

chalado I *Adj* bekloppt, beknackt; *übertr* beschränkt ◇ ***estar ~*** *übertr* spinnen, eine Meise *od* Macke haben; verknallt sein (***por*** in) **II** *m verächtl übertr* Spinner *m*

chalán I *Adj übertr* gerissen *umg*, mit allen Wassern gewaschen; geschäftstüchtig **II** *m geschäftstüchtiger* (*bes* Pferde-)Händler *m*; *verächtl* Rosstäuscher *m*

chalan|ear *tr/intr* schachern, feilschen; **~eo** *m* Gefeilsche *n*; **~esco** gerissen, gewieft, abgebrüht

chalarse durchdrehen *verrückt werden*; sich verknallen (***por*** in)

chalé *m* → ***chalet***

chaleco *m* Weste *f*; Strickjacke *f*; *vulg* Nutte *f*; **~ *antibalas*** kugelsichere Weste *f*; **~ *de fuerza*** *Am* Zwangsjacke *f*; **~ *salvavidas*** Schwimmweste *f*; ***a* ~** *Méx* gewaltsam; unumgänglich, zwangsläufig ◇ ***decir*** (***algo***) ***para su* ~** (etw) vor sich hin sagen

chalet *m* Villa *f*; Land-, Wochenendhaus *n*; Bungalow *m*; **~ *adosado*** (***piloto***) Reihen-(BAUW Muster)haus *n*

chalote *m* BOT Schalotte *f*

chalupa[1] *f* Schaluppe *f*; kleines Kanu *n*; *Am reg* würzige Tortilla

chalupa[2] → ***chalado I***

cham|a *m,f Cu umg* → ***~aca*** *u* ***~aco***

cham|aca *f Am reg* (kleines) Mädchen *n*; **~aco** *m Am reg* (kleiner) Junge *m*; Kind *n*

chamagoso *Méx* schmudd(e)lig *umg*, schmutzig; heruntergekommen, verkommen

chamal *m Am reg*, *Bol*, *Chi* schwarzer Umhang *m der Indianerinnen*

cham|án *m* Schamane *m*; **~anismo** *m* Schamanentum *n*

chamar *tr Esp umg* kaupeln *reg*, (ver)tauschen; **~il(l)ero** *m Esp* Alt-, Gebrauchtwarenhändler *m*, Trödler *m*

chamas *m,f/Pl Cu umg* Kinder *n/Pl*

chamba *f umg* Schwein *n unverhofftes Glück*; Glücks-, Zufallstreffer *m*; *AmC* (Gelegenheits-)Geschäft *n*; *Méx* Gelegenheitsarbeit *f*, (schlecht bezahlter) Job *m*; ***por* ~** nur durch (einen glücklichen) Zufall ◇ ***estar de* ~** *übertr* Schwein haben

chambergo *m* Schlapphut *m*, breitkrempiger Hut *m*

chamb|ón I *Adj umg* stümperhaft **II** *m umg* Pfuscher *m*, Stümper *m*; *übertr* Glückspilz *m*; **~onada** *f* Pfuscherei *f*; Zufallstreffer *m*

chamorr|a *f* Platte *f Glatze*; **~o** kahl (geschoren)

champ|án *m*, **~aña** *f* Sekt *m*, Champagner *m*; **~ar** *tr umg jmdm etw* vorwerfen, *jmdm* Vorhaltungen machen; **~iñón** *m* Champignon *m*

champú *m* ⟨*Pl* ***~es*** *od* ***~s***⟩ Shampoo(n) *n*; **~ *anticaspa*** Shampoo *n* gegen Schuppen

chamusc|ado *von einer Unsitte, Ideologie, Nachricht* infiziert (***con*** von, durch); **~ar** ⟨-c/qu-⟩ *tr* absengen, abbrennen; versengen; *Geflügel* sengen; *Méx Waren unter Wert* verschleudern

chamusquina *f* Sengen *n*; Brandgeruch *m*; *umg übertr* heißes Eisen *n*; Rauferei *f*, Zank *m* ◇ ***huele a* ~** es riecht angebrannt *od* brenzlig; es braut sich (et)was zusammen; es sieht brenzlig aus

chancar ⟨-c/qu-⟩ *tr Am* METAL, MINER brechen, zerkleinern, grob mahlen; *Chi* misshandeln

chanc|e *m* Chance *f*, (günstige) Gelegenheit *f*; **~ear** *intr* scherzen, spaßen; **~se** (***con alg***) sich (über jmdn) lustig machen; ***~se de alg*** *übertr* jmdn auf den Arm nehmen; **~ero I** *Adj* spaßig **II** *m* Spaßvogel *m*, Witzbold *m*

chanch|a *f Am* ZOOL *u vulg übertr* Sau *f*; Schlampe *f*; **~ada** *f Am vulg* Schweinerei *f*, Sauerei *f*, Gemeinheit *f*

cháncharras máncharras *f/Pl*: ***andar en* ~** *umg* faule Ausreden gebrauchen

chancher|ía *f Am reg vulg* Schweinerei *f*, Sauerei *f*; Wurstfabrik *f*; Fleischerei *f*, Wursthandlung *f*; **~o** *m Am reg* Schweinehalter *m*; Fleischer *m*

chancho I *Adj Am reg vulg* schweinisch; *Am* dreckig, schmutzig **II** *m Am* ZOOL *u vulg übertr* Schwein *n*; *Am reg* ZOOL *u vulg übertr* Sau *f*; **~ *de monte*** *AmC* Wildschwein *n*

chanchull|(e)ar *intr* schieben *illegale Geschäfte betreiben*; **~ería** *f* Schiebertum *n*, -unwesen *n*; **~ero** *m übertr* Schieber *m*

chanchullo *m* Schiebergeschäft *n*, Schieberei *f*, Schiebung *f*; ***¡menos ~s!*** *umg* zur Sache! ◇ ***andar en ~***(***s***) *od* ***hacer* ~** ein Schiebergeschäft (*bzw* Schiebergeschäfte) betreiben

chancla *f* Latsch *m umg od* Latsche *f umg abgetretener Schuh bzw Hausschuh*; → ***chancleta***; ***~s de playa*** Badelatschen *Pl umg*

chancleta I *f* Hausschuh *m*, Schlappen *m umg*; Pantoffel *m*; Sandale *f*; ***en ~s*** mit schief gelaufenen Absätzen **II** *m AmS* Nichtsnutz *m*; Einfaltspinsel *m*

chanclet|ear *intr beim Gehen* mit den Sandalen *bzw* Pantoffeln klappern; *Cu umg* davonstürzen *schnell weggehen*; **~eo** *m* Geklapper *n* mit Sandalen *bzw* Pantoffeln; **~ero** *Ant*, *Col*, *Méx* **I** *Adj soziale Stellung* niedrig, gemein **II** *m verächtl* einer vom Lande, einer vom Dorfe, (Bauern-)Tölpel *m*

chándal *m od* **chandal** *m* ⟨*Pl* ***chandals***⟩ *Esp* Trainingsanzug *m*; Jogginganzug *m*

chanfaina *f* KOCHK *Bez für einige regionale Gerichte*; *verächtl übertr* Schlangenfraß *m*; *Col* gutes Geschäft

chang|a *f* Gelegenheitsgeschäft *n*; *Méx*, *Rpl reg* Mädchen *n*; *Bol*, *Rpl* Trägerdienst *m*, *i w S* Gelegenheitsjob *m umg*; *AmS*, *Ant* Neckerei *f*, Spaß *m*; *Chi* Menschenauflauf *m*; **~ar** ⟨-g/gu-⟩ *tr etw* kaputtmachen

C

chantaj|e *m* Erpressung *f*; **~ear** *tr jmdn* erpressen, unter Druck setzen; **~ista** *m(f)* Erpresser(in) *m(f)*
chantar *tr Kleidung* anziehen; befestigen; *Nagel* einschlagen; *jmdm* gehörig die Meinung sagen; *Chi umg übertr jmdn* auf die Straße setzen
chanza *f* Spaß *m*, Witz *m*; **de** *od* **en ~** aus Spaß
chao: **¡~!** tschüs(s)!
chapa *f* Blech *n*; Schild *n*; Platte *f*; Furnier *n*; Blechmarke *f eines Polizisten*; Kron(en)korken *m*; TECH Beschlag *m*; *Am* (Tür-)Schloss *n*; KFZ Nummernschild *n*; *Chi* Deckname *m*; **~ ondulada** Wellblech *n* ◇ **estar sin ~** blank sein *kein Geld haben*
chapado I *Adj*: **~ a la antigua** altmodisch **II** *m* Furnieren *n*
chapalear *intr* klappern, scheppern; plan(t)schen; plätschern
chapapote *m* Schweröl *n*; Asphalt *m*
chapar *tr* TECH → **chapear I**; *Worte* an den Kopf werfen *od* schleudern
chaparrón *m* Platzregen *m*, Regenschauer *m*; *umg übertr* kalte Dusche *f*; Rüffel *m umg*, Verweis *m* ◇ **aguantar el ~** *umg Moralpredigt u.Ä.* über sich ergehen lassen; **llueve a chaparrones** es regnet in Strömen
chapeado I *Adj mit Platten* belegt; *mit (Edel-)Metall* überzogen; furniert; *umg* (wohl) betucht; **bien ~** *Chi* gut gekleidet **II** *m* → **chapado II**; Furnier *n*; Überzug *m*; Plattierung *f*; **~ protector** Schutzüberzug *m*
chap|ear I *tr* plattieren; mit Platten belegen; *mit Metall* überziehen; furnieren **II** *intr* klappern, scheppern; **~ería** *f* Furnierarbeit *f*; **~ero** *m umg* Stricher *m*, Strichjunge *m*; **~etón** *m* Regenguss *m*; *Am* Neuling *m*; neu Eingewanderter *m*; **~etonada** *f AmS reg* Stümperei *f*, Pfuscherei *f*; *Am* Unerfahrenheit *f*
chapist|a *m(f)* Karosserieschlosser(in) *m(f)*; **~ear** *tr* KFZ ausbeulen; **~ería** *f* Karosseriewerkstatt *f*
chapit|as *f/Pl Nic umg* Ohrringe *m/Pl*; **~el** *m* ARCH Kapitell *n*; Turmspitze *f*
chapotear I *tr* anfeuchten **II** *intr* plätschern; plan(t)schen; im *od* durch Schlamm waten
chapuc|ear *tr/intr* (ver)pfuschen, verhunzen; **~ería** *f* Pfuscherei *f*, Schluderei *f*; Murks *m Ausschuss*; *reg* Aufschneiderei *f*; **~ero I** *Adj* liederlich, nachlässig; unfähig; stümperhaft **II** *m* Pfuscher *m*, Stümper *m*; *reg* Aufschneider *m*, Lügner *m*
chapurr|(e)ado *Sprache* gebrochen; **~(e)ar** *tr/intr Sprache* radebrechen; **~(e)o** *m* Radebrechen *n*, Kauderwelsch *n*
chapuza *f* Pfusch(arbeit *f*) *m*; Gelegenheitsjob *m*; → **chapucería** ◇ **hacer ~s** kleine Gelegenheitsarbeiten verrichten
chapuzón *m* Untertauchen *n* ◇ **darse un ~** *umg* kurz ins Wasser gehen, schnell eintauchen, ein erfrischendes Bad nehmen
chaqué *m* MODE Cut(away) *m*
chaqueta *f* (Herren-)Jacke *f*, Sakko *m,n*, Jackett *n*; **~ de punto** Strickjacke *f* ◇ **cambiar** *od* **volver la ~** die Meinung ändern, *übertr* umschwenken
chaquet|ear *intr* einen Rückzieher machen, die Meinung ändern, *übertr* kalte Füße bekommen, umfallen; sich aus dem Staub machen, türmen; **~eo** *m* Rückzieher *m* (*teilweise*) *Zurücknahme von Äußerungen, Forderungen usw*; **~ero** *m* Wendehals *m Opportunist*; **~ón** *m* Joppe *f*; (große, weite) Jacke *f*
char|ada *f* Silbenrätsel *n*, Scharade *f*; **~anga** *f* Blaskapelle *f*; Militärkapelle *f*; Blasmusik *f*; Lärm *m*; *Am reg* Tanzveranstaltung *f*
charca *f* Teich *m*, Tümpel *m*
charco *m* Pfütze *f*; (Wasser-)Lache *f*; **~ de sangre** Blutlache *f* ◇ **cruzar** *od* **pasar** *od* **saltar el ~** *scherzh* über den großen Teich (*d.h. über den Atlantik nach Amerika bzw von Amerika nach Europa*) *übertr* gehen *bzw* fahren *bzw* fliegen
charcutería *f* Wurstwaren(handlung *f*) *f/Pl*
charla *f* Gespräch *n*, Unterhaltung *f*; Plauderei *f*; Schwätzchen *n umg*; Geschwätz *n*; Vortrag *m*, Referat *n*; → **chat**; **~-coloquio** Kolloquium *n*
charl|ador I *Adj* schwatzhaft **II** *m* Schwätzer *m*; **~aduría** *f* Geschwätzigkeit *f*; **~ar I** *intr* quatschen *umg*, schwatzen; plaudern; sich unterhalten; → **chatear**[1] **II** *tr* ausplaudern; **~atán I** *Adj* geschwätzig; angeberisch **II** *m* Scharlatan *m*; Quacksalber *m*; Schwätzer *m*; **~atanear** *intr* quasseln *umg*, salbadern *umg*; **~atanería** *f* Scharlatanerie *f*; Geschwätzigkeit *f*; Schaumschlägerei *f*; **~atanismo** *m bes Esp* Wortgeklingel *n*; leere Versprechungen *f/Pl od* Schönrednerei *f von Politikern*; **~ista** *m* Vortragender *m*, Redner *m*
charnela *f* Scharnier *n*; Türangel *f*; *bei Muscheln* Schließband *n*
charol *m* Lack *m*; Lackleder *n*; *Am reg* Tablett *n*; **~ado** blank, glänzend; **~ar** *tr* lackieren; *Schuhe* wienern *blank putzen*
charr|ada *f* Kitsch *m*, Geschmacklosigkeit *f*; **~án** *m* Flegel *m*; Gauner *m*; **~anada** *f* Flegelei *f*; Gaunerei *f*; **~etera** *f* MIL Schulterstück *n*, Achselklappe *f*
chárter I *Adj* ⟨*unv*⟩ Charter- **II** *m* ⟨*Pl* **chárters**⟩ FLUGW, MAR Charter *f*; Charter-

flug *m*
chasc|ar ⟨-c/qu-⟩ *intr* knistern, krachen; knacken *auch* TECH; *Peitsche* knallen; *Zunge* schnalzen; schmatzen; **~arrillo** *m* Witz *m*; Spottvers *m*
chasco *m* Streich *m*; Enttäuschung *f*, Reinfall *m* ◇ ***dar un ~ a alg*** jmdn reinlegen; ***llevarse un ~*** reinfallen *enttäuscht werden*
chasis *m* Chassis *n*, Fahrgestell *n*; KFZ, TECH Rahmen *m*; FILM, FOTO Kassette *f*
chasponazo *m* Streifschuss *m*; Streifen *m am Körper nach Schlag od Reibung*
chasqueado: ***dejar ~*** *jmdm* einen Streich spielen, *jmdn* reinlegen; *jmdn* versetzen *Versprechen nicht einhalten*; ***quedar(se) ~*** einen Reinfall erleben
chasquear I *tr* → ***dejar chasqueado II*** *intr* → ***chascar***
chasquido *m* Knistern *n*, Knacken *n*; Knarren *n*; Schnalzen *n*; Schmatzen *n*; Knallen *n*; Peitschenknall *m*; TEL Knackstörung *f*
chat *m* Chat *m im Internet*
chata *f* Becken *n*, Schieber *m Bettgeschirr für Kranke*; *umg Bez für* kleine untersetzte Frau *f*; *Kosewort* Kleines *n*; *AmS reg* MAR Schute *f*; ***~ de carga*** *AmS reg* Lastkahn *m*
chatarr|a *f* Schrott *m*; *scherzh od verächtl* Lametta *n*, Klempnerladen *m Abzeichen, Orden*; **~ear** *tr* verschrotten; TECH *übertr* ausschlachten; **~ería** *f* Schrotthandel *m*
chatarr|ero *m*, **-a** *f*, **~ista** *m(f)* Schrotthändler(in) *m(f)*
chatear[1] *intr im Internet* chatten
chatear[2] *intr* (einen) picheln; Wein trinken
chateo *m* ◇ ***andar*** *od* ***ir(se) de ~*** *umg* einen Kneipenbummel machen, von Kneipe zu Kneipe ziehen
chato I *Adj* flach; *Körperbau* untersetzt; platt (gedrückt); stumpf; stupsnasig ◇ ***quedarse ~*** Pech haben, schlecht abschneiden **II** *m* niedriges Weinglas *n*; *Kosewort* Schatz *m* ◇ ***tomar un ~*** sich ein Gläschen genehmigen
chau: ***¡~!*** → ***¡chao!***
chauvin|ismo *m* Chauvinismus *m*; **~ista I** *Adj* chauvinistisch **II** *m* Chauvinist *m*
chaval *m umg* Junge *m*, junger Kerl *m*, Bursche *m*, Bengel *m*; **~a** *f umg* Mädchen *n*, Mädel *n*; **~illo** *m AmC, Ven* → ***chaval***; **~ina** *f* → **~a**; **~o** *m AmC, Ven* → ***chaval***
chavea *m umg* Junge *m*, Bürschchen *n*
chaveta *f* Bolzen *m*; Keil *m*; Splint *m* ◇ ***estar*** *od* ***ser ~*** geistig weggetreten sein; ***perder la ~*** durchdrehen *den Verstand verlieren*
che[1] *AmS, Esp reg im Reden häufig eingeflochtene Partikel* hör mal!; weißt du?; ***¡~!*** he!, hallo!; ***¡pero ~!*** *Arg, Bol Missbilligung* was soll das! ◇ ***¡vamos ~!*** *Arg, Bol* Unsinn!; lass das (, Mensch)!, nun hör schon auf!
che[2] *m Am reg umg Bez für Argentinier*
ché → ***che***[2]
Chechenia *f* Tschetschenien *n*
checheno I *Adj* tschetschenisch, Tschetschenen- **II** *m*, **-a** *f* Tschetschene(-in) *m(f)*
chécheres *m/Pl AmC, Col* Plunder *m*, Trödelkram *m*; *billige* Klamotten *f/Pl umg reg*
checo I *Adj* tschechisch **II** *m*, **-a** *f* Tscheche(-in) *m(f)*
chef *m Hotel* Chefkoch *m*, Küchenchef *m*
chele *AmC* **I** *Adj* blond; hellhäutig, *übertr* weiß **II** *m* Blonder *m*; *übertr* Weißer *m*; **~s** *Pl PR, RD umg* → ***centavo***
chel|i *m Esp Bez für* Teenager-Jargon *m*; **~ín** *m Münze* Schilling *m*; **~ista** *m(f)* Cellist(in) *m(f)*; **~o** *m* → ***violonchelo***
cheque *m* Scheck *m*; ***~ abierto (adulterado)*** offener (gefälschter) Scheck *m*; ***~ para abonar en cuenta, ~ cruzado*** Verrechnungsscheck *m*; ***~ bancario*** Bankscheck *m*; ***~ en blanco (al portador)*** Blanko-(Inhaber-, Überbringer)scheck *m*; ***~ bloqueado*** gesperrter Scheck *m*; ***~ al contado, ~ de ventanilla*** Barscheck *m*; ***~ cubierto (sin fondos)*** gedeckter (ungedeckter) Scheck *m*; ***~ para regalo, ~-regalo*** Geschenkgutschein *m*; ***~ de viaje*** Reisescheck *m* ◇ ***cobrar (extender*** *od* ***librar) un ~*** einen Scheck einlösen (ausstellen); ***pagar con ~*** mit (einem) Scheck bezahlen
chequ|ear *tr* prüfen; kontrollieren; untersuchen *auch* MED; durchsuchen; KFZ durchsehen; MIL mustern; FLUGW *Gepäck* einchecken; **~eo** *m* Kontrolle *f*; Prüfung *f*; Untersuchung *f auch* MED; Durchsuchung *f*; MED Reihenuntersuchung *f*; ärztliche Kontrolle *f od* Überwachung *f*; Leibesvisitation *f*; KFZ Durchsicht *f*; MIL Musterung *f*; FLUGW Einchecken *n*; *Am reg* Leistungsvergleich *m*, Prüfung *f*; **~era** *f Am* Scheckheft *n*
Chequia *f* Tschechien *n*
chévere I *Adj Cu, Méx, PR* adrett, elegant, fesch *reg*, schick; *Col, Cu, Méx, PR* prima, dufte **II** *m Cu, Méx, PR* Fatzke *m*, Geck *m*; *Cu, PR, Ven* Aufschneider *m*, Großmaul *n*
chevy *m Cu umg Bez für* Pkw *m od* Taxi *n* (*ehem Kurzf für* Chevrolet)
chic I *Adj* schick, elegant **II** *m* Eleganz *f*, Schick *m*
chica *f* (junges) Mädchen *n*, Kleine *f*; Haus-, Dienstmädchen *n*; *umg* kleines Glas *n bzw* kleine Flasche *f* (Wein *bzw* Bier)
chican|a *f bes Am* Schikane *f*; **~ear I** *tr bes*

Am schikanieren **II** *intr bes Am* Kniffe anwenden; **~o** *m* Chicano *m Angehöriger der mexikanischen Minderheit in den Südstaaten der USA*

chicha *f Am* Chicha *f alkoholisches Getränk aus vergorenem Mais od Früchten*; ***de ~ y nabo*** *umg* unbedeutend, nur durchschnittlich; ***ni ~ ni limonada*** *umg übertr* weder Fisch noch Fleisch, undurchsichtig, nichts Halbes und nichts Ganzes

chícharo *m* Erbse *f*

chicharra *f* Zikade *f*; *Kinderspielzeug* Knarre *f*, Schnarre *f*; Quasselkopf *m*, -strippe *f umg*; EL Summer *m* ◇ ***hablar como una ~*** wie ein Wasserfall reden

chicharr|ear *intr Grille* zirpen; **~ón** *m* gebratene Griebe *f*; Angebranntes *n*; Beule *f Schwellung*; **~ones** *m/Pl* KOCHK Grieben *f/Pl*; *Am* gebratene Speckschwarte *f*; kross gebratene Speck- *bzw* Schweinefleischstreifen *m/Pl*

chichería *f Am* Kneipe *f*; Chichaausschank *m*

chichisbeo *m umg* Hausfreund *m*, Verehrer *m*; galante Schmeichelei *f*

chichón *m* Beule *f Schwellung*

chicl|e *m* Kaugummi *m*; **~ear** *intr Am reg* Kaugummi kauen

chico I *Adj* klein; jung; *vor Subst Am reg umg* gehörig, groß **II** *m* Junge *m*; Kleiner *m*; junger Mann *m*; *Am umg* Gläschen *n* (Wein); ***~ de los recados*** Laufbursche *m*

chic|olear *intr umg* schmeicheln, Süßholz raspeln; **~oleo** *m umg* Kompliment *n*; Schmeichelei *f*; **~uela** *f* kleines *bzw* junges Mädchen *n*; **~uelo** *m* (kleiner) Junge *m*; Halbstarker *m*

chifl|a *f* Pfeifen *n*; Zischen *n*; Pfiff *m*; Auspfeifen *n*; *Méx* schlechte Laune *f*; **~ado I** *Adj umg* verrückt, übergeschnappt, nicht ganz bei Trost; närrisch; verschossen, -knallt, -liebt **II** *m umg* Verrückter *m*; Querkopf *m*; **~adura** *f* Pfeifen *n*; Zischen *n*; *umg* Marotte *f*, Fimmel *m*; **~ar I** *intr* pfeifen; zischen; *Méx Vogel* singen **II** *tr jmdn* auspfeifen, -zischen; einen hinter die Binde gießen; *umg übertr* verrückt machen; ***me chifla ...*** ich schwärme (*dir Obj* für ...); **~arse** *umg* verrückt werden, überschnappen; sich lustig machen (***de*** über); (ganz) vernarrt sein (***por*** in), (ganz) verrückt sein (***por*** nach); **~eta** *f AmC, Ant, Méx* Spaß *m*, Witz *m*; **~ido** *m* Pfiff *m*; **~ón** *m Am* Luftzug *m*

chigre *m* MAR Winde *f*, Winsch *f*

chi|í → ***chiíta***; **~ísmo** *m* REL Schiismus *m*; **~íta I** *Adj* schiitisch, Schiiten- **II** *m* Schiit *m*

chilango *m Méx umg Bez für Einwohner von* → ***México D.F.***

chile[1] *m* Cayenne-, Chilepfeffer *m*, Chili *m*

chile[2] *m AmC* → ***chiste***

Chile *m* Chile *n*

chilear *intr AmC* Witze erzählen *bzw* Witze machen (***de*** über)

chileno I *Adj* chilenisch **II** *m*, **-a** *f* Chilene (-in) *m(f)*

chilindr|ina *f umg* Lappalie *f*; Witz *m*, Neckerei *f*; *Méx* Kleines *n Kosewort für Frau od Mädchen*; **~ón** *m AmC* Herr *m* Soundso

chill|ado *m* Schindeldach *n*; **~ante** *Farbe* grell; **~ar I** *intr* kreischen, schreien; quietschen; *Farben* zu grell sein **II** *tr jmdn* anschreien; **~ería** *f*, **~ido** *m* Gekreisch(e) *n*, Geschrei *n*; **~ón I** *Adj umg* schreiend, schrill, kreischend; frech, vorlaut, gern widersprechend; *Farbe* schreiend, grell **II** *m* Schreihals *m*, Großmaul *n*

chimar *tr/intr CR, Hond, Nic* schmerzen; **~se** CR, *Hond, Nic* sich wehtun, sich Schürfungen zuziehen

chimbo I *Adj Col* wertlos; *Scheck* ungedeckt **II** *m Méx vulg* Schwanz *m Penis*

chimenea *f* Schornstein *m*; Kamin *m*; Rauchfang *m*, -abzug *m*; BERGB Wetterschacht *m*; ***~ de aire*** Luftkanal *m*, Abzug *m*; ***~ de ventilación*** *Gebäude* Luftschacht *m*

chimpancé *m* Schimpanse *m*

chin: ***¡~!*** prost!

china[1] *f* Chinesin *f*; *Am* Indio- *od* Mestizenmädchen *n*; *AmC* Dienst- *bzw* Kindermädchen *n*; Amme *f*; *Am Kosewort* Liebling *m*; *Arg, Chi* Frau *f* des Gaucho; *Chi* Marienkäfer *m*; Putzfrau *f*

china[2] Kieselstein *m*; Kies *m umg Geld* ◇ ***poner ~s*** *jmdn* in Schwierigkeiten bringen; ***tocarle a uno la ~*** *übertr* Pech haben, *aber auch* eine Glückssträhne haben

china[3] *f* Chinaseide *f*; (chinesisches) Porzellan *n*; Tusche *f*

China *f* China *n*

chinch|ar *tr* piesacken, triezen; umlegen *töten*; **~arse** sich fuchsen *sich ärgern*; ***¡chínchate!*** das hast du nun davon!, geschieht dir recht!; ***¡para que te chinches!*** ätsch!

chinche[1] **I** *f* ZOOL Wanze *f auch übertr Bez für Abhörgerät* ◇ ***caer*** *od* ***morir como ~s*** *übertr* wie die Fliegen sterben **II** *m u f umg* Quälgeist *m*; *Méx* asozialer Typ *m*

chinch|e[2] *m*, *Esp* **~eta** *f* Reißzwecke *f*; **~illa** *f* Chinchilla(pelz *m*) *f*, *n*

chincho|rrería *f umg* Klatsch *m*, Tratsch *m*; Aufdringlichkeit *f*; **~rrero I** *Adj* klatschsüchtig **II** *m umg* Klatschbase *f*, -maul *n*; aufdringlicher Mensch *m*; **~so** lästig, aufdringlich; *Am reg* empfindlich, zimperlich

chin|ear *AmC tr Kinder* auf dem *od* im Arm *bzw* auf dem Rücken tragen; *Kinder* beaufsichtigen; bemuttern; bemitleiden; verwöhnen; **~ela** *f* Hausschuh *m*, Pantoffel *m*

ching|ada *f AmS umg* Schuss *m* in den Ofen *Fehlschlag*; *Méx* Beleidigung *f*, Belästigung *f*; **~adera** *f vulg* Vögeln *n*, Bumserei *f*; *Méx* Gemeinheit *f*, Niederträchtigkeit *f*; **~ado** *AmS umg* misslungen; *Existenz* gescheitert; *Méx vulgäres Beiwort*: verflucht, Scheiß…, Mist…; **~ana** *f AmS* Pressluftschuppen *m*, Bumslokal *n billige Tanzkneipe*; (billiges) Tanzvergnügen *n*, Tingeltangel *m,n*; **~ar** ⟨-g/gu-⟩ **I** *tr/intr vulg* saufen *stark trinken*; *vulg* vögeln, bumsen **II** *tr Am reg umg* ärgern, belästigen; veralbern, *übertr* anführen; **~arse** *vulg* sich besaufen; *Am reg* misslingen, fehlschlagen, keinen Erfolg haben; *AmC*, *AmS übertr* reinfallen, sich anführen lassen; **~o** *Am reg* kurz *bzw* gestutzt; falsch, gefälscht; *AmS* klein, winzig

chingu|e I *Adj Chi* stinkend **II** *m Chi* ZOOL Stinktier *n*; **~ear** *tr/intr AmC* → ***chingar***

chinita *f Am* Liebste *f*; schönes Mädchen *n*; → ***china²***; *Arg* indianisches Dienstmädchen *n*

chino¹ I *Adj* chinesisch **II** *m* Chinese *m*; das Chinesische ◇ ***esto me parece ~*** *übertr* das kommt mir spanisch vor

chino² I *Adj Am reg* grob, hässlich, *übertr* ungeschliffen; *AmC* ärgerlich, wütend **II** *m Am* Mischling *m*, Farbiger *m*; *Rpl*, *Ven* Indio *m*; *Col* Junge *m*; *Chi verächtl* Dienstbote *m*; *Arg*, *Chi Koseform* Schatz *m*, Liebling *m*; *Am reg* Grobian *m*, ungehobelter Patron *m*

chip *m* ⟨*Pl* ***chips***⟩ INFORM Chip *m*

Chipre *m* Zypern *n*

chipriota I *Adj* zyprisch, zypriotisch **II** *m(f)* Zyprer(in) *m(f)*, Zypriot(in) *m(f)*

chiquilicuatr|e *m*, **~o** *m umg* Knirps *m*, Kleiner *m*; Naseweis *m*; *verächtl* Laffe *m*, Fatzke *m*

chiquilín I *Adj* klein; unansehnlich **II** *m umg* Kleiner *m*

chiquill|a *f* kleines Mädchen *n*; *Koseform* Liebling *m*, Schatz *m*; **~ada** *f* Kinderei *f*; Kinder- *bzw* (dummer) Jungenstreich *m*; **~o I** *Adj* klein **II** *m* Kind *n*; (kleiner) Junge *m*; *Tier* Junges *n*; *übertr* Kindskopf *m*

chiquita *f* → ***chiquilla*** ◇ (***no***) ***andarse con ~s*** *umg* Ausflüchte suchen; um den heißen Brei herumgehen (keine Umstände machen; aufs Ganze gehen, nicht lange fackeln *umg*; Nägel mit Köpfen machen)

chiquito → ***chiquillo***; ***un ~*** *Rpl* ein bisschen, ein wenig

chirigota *f* Jux *m*, Scherz *m*

chirimbolos *m/Pl* Zeug *n*, Krempel *m*, Sachen *f/Pl*

chirim|ía *f* Schalmei *f*; **~oya** *f Am* Zuckerapfel *m*; **~oyo** *m Am* Zuckerapfelbaum *m*; *Chi* ungedeckter Scheck *m*

chiringuito *m Esp umg* Snack-Bar *f*; Getränke- und Imbissstand *m bzw* -bude *f*

chirinola *f* Lappalie *f*, Kleinigkeit *f*; Auseinandersetzung *f*; Palaver *m*

chiripa *f* Zufallstreffer *m*; Schwein *n Glück*; ***de od por ~*** zufällig

chiri|pero *m übertr* Glückspilz *m*; **~vía** *f* BOT Pastinake *f*

chirona *f* Kittchen *n*, Knast *m Gefängnis* ◇ ***estar en ~*** *im Knast* sitzen; ***meter en ~*** *jmdn* einbuchten *od* -lochen *ins Gefängnis stecken*

chirrear *intr* → ***chirriar***

chirri|ante knisternd; knarrend; quietschend; **~ar** ⟨-ío *od* -io⟩ *intr* knistern; knarren; quietschen; brutzeln; zirpen; zwitschern, (t)schilpen; krächzen *falsch od schlecht singen*; **~do** *m* Knarren *n*; Quietschen *n*; Krächzen *n*; Kreischen *n*; Schilpen *n od* Tschilpen *n*, Zwitschern *n*

chirumen *m übertr* Köpfchen *n*, Grips *m*

chis: ***¡~!*** pst!, Ruhe!; → ***chsss***

chisgarabís *m* Naseweis *m*; Hansdampf *m* in allen Gassen ◇ ***dar en el ~*** *übertr* den Nagel auf den Kopf treffen

chisme *m* Tratsch *m*, Klatsch *m*, Gerede *n*; Kram *m*, Ding *n*; **~s** *Pl* Zeug *n*, Sachen *f/Pl* ◇ ***propalar ~s*** Klatsch verbreiten

chism|ear *intr* → ***~orrear***; **~ería** *f* → ***chisme***; **~ero** → ***~oso***; **~ografía** *f* Klatschsucht *f*; → ***chisme***; **~ógrafo** *m* ZTGSW Klatschkolumnist *m*; **~orrear** *intr* klatschen, tratschen; **~osa** *f verächtl* Klatschbase *f*, -tante *f*; **~oso I** *Adj* klatschsüchtig **II** *m verächtl* Klatschmaul *n*

chispa *f* Funke(n) *m auch* EL; Esprit *m*, (Mutter-)Witz *m*; Geistesblitz *m Einfall*; Spritzer *m*, (kleiner) Tropfen *m*; Teilchen *n*; *übertr* Spur *f von etw*; Schwips *m*; *Col übertr* Ente *f*, Schwindel *m*; ***una ~ de*** ein bisschen ◇ ***coger una ~*** sich einen (Schwips) antrinken; (***no***) ***dar ~s*** erfolgreich sein; gewitzt sein (langweilig sein); ***echar ~s*** Funken sprühen *auch übertr*; vor Wut schäumen; ***salta la ~*** der Funken springt über *auch übertr*; ***tener la ~ apagada*** *od* ***atrás*** (***encendida***) *Cu* schwer von Kapee sein (pfiffig sein, *übertr* schnell schalten); ***tener mucha ~*** helle *od* ein helles Köpfchen sein

chisp|azo *m* Funke(n) *m*; EL Entladung *f*; *umg* Blitz *m*; Klatsch *m*, Histörchen *n*;

Geist *m*, Witz *m*; **~eante** Funken sprühend; geistsprühend; **~ear** *intr* (auf)funkeln, (-)blitzen; Funken sprühen; vor Witz sprühen; nieseln, tröpfeln; **~orrotear** *intr* Funken sprühen; *brennendes Reisig* prasseln; *Motor* knattern; **~orroteo** *m* Funkenflug *m*, -regen *m*; Prasseln *n*; *Mikrophon* Rauschen *n*
chistar *intr*: ***no ~*** keinen Ton *od* nicht ein einziges Wort sagen; ***sin ~*** (***ni mistar***) mucksmäuschenstill, ohne einen Mucks
chiste *m* Witz *m*; Scherz *m*; Pointe *f*; ***un ~ de mal gusto*** (***~ de salón***) ein schlechter (salonfähiger) Witz ◇ ***caer en el ~*** etw richtig verstehen; *Absicht* erraten; *übertr* hinter etw kommen; ***dar en el ~*** begreifen; *übertr* den Nagel auf den Kopf treffen; ***¡tiene ~ el asunto!*** das kann doch nicht wahr sein!
chistoso komisch, witzig, spaßig
chita *f*: ***¡(a las) ~s!*** *Chi* oh!, nanu!; ***a la ~ callando*** klammheimlich, heimlich, still und leise
chito: ***¡~!*** *umg* → ***chis***
chitón: ***¡~!*** *umg* → ***chis***
chiv|a *f* Geißlein *n*, (junge) Ziege *f*; **~ar** *tr jmdn* verpfeifen; *Am jmdm* auf den Wecker fallen; **~arse** *Am reg* sich ärgern, in Wut geraten; **~atear I** *tr Am reg* petzen, ausplaudern **II** *intr Chi* schreien, Lärm *od* Krach machen; **~ateo** *m Chi* Geschrei *n*, Lärm *m*
chivato *m* kleiner Ziegenbock *m*; Warnsignal *n bzw* Hinweis *m*; Spitzel *m*, Denunziant *m*; *Esp* Stechuhr *f*; Spion *m Guckloch an der Tür*; ***~ de aceite*** KFZ Ölstandsanzeiger *m*
chivo *m* junger Ziegenbock *m*; ***~ emisario*** *od* ***expiatorio*** Sündenbock *m*, *übertr* Prügelknabe *m* ◇ ***poner al ~ a cuidar un jardín*** *iron* den Bock zum Gärtner machen
chocant|e anstößig, empörend; schockierend; befremdend, sonderbar; *Am* widerwärtig, abstoßend; unverschämt; *Méx* dreist, lästig; **~ería** *f Am reg* Frechheit *f*, Unverschämtheit *f*
chocar ⟨-c/qu-⟩ **I** *intr* zusammenstoßen, -prallen (***con, contra*** mit) *auch übertr*; MAR kollidieren; anstoßen (***con, contra*** an); auftreffen, -schlagen, -prallen; aufeinander stoßen, - treffen, - prallen; Befremden verursachen, Anstoß erregen **II** *tr jmdn* verwundern; herausfordern, reizen; schockieren; beleidigen, verletzen; *übertr jmdn* rühren *od* erschüttern; *mit den Gläsern* anstoßen; ***¡chócala!*** Hand drauf!, schlag ein!; ***¡choquemos!*** *beim Zutrinken* stoßen wir an!; ***eso me choca*** das wundert mich; ***no es de ~*** das ist kein Wunder; ***no me choca*** er *bzw* sie liegt (*d.h.* gefällt) mir nicht
chocarr|ería *f* Zote *f*, derber Witz *m*; **~ero** derb, *übertr* saftig
choch|ar *intr Am*, **~ear** *intr* vergreisen, verkalken; faseln; kindisch werden; *umg übertr* durchgedreht sein; **~ez** *f im Alter* Blödheit *f*, Verkalkung *f*; *übertr* Spinnerei *f*; **~o I** *Adj im Alter* kindisch; verkalkt, senil, vertrottelt **II** *m* (alter) Schwachkopf *m*; *übertr* Spinner *m*, Blödian *m*
chocl|o *m Am reg* junger Maiskolben *m*; Art Maisbrei (in Maisblätter gewickelt); **~ón** *Chi*, *Pe* (politischer) Verein *m*, Klub *m*; politische Zusammenkunft *f*; **~onero I** *Adj Chi*, *Pe* geschäftig; heftig diskutierend; plump vertraulich **II** *m Chi*, *Pe* Chef *m* vom Ganzen (*verächtl für* Versammlungsleiter *m*)
chocolat|e *m* Schokolade *f*; Kakao *m als Getränk*; Hasch *n Haschisch*; **~ería** *f* Schokoladengeschäft *n*, -handlung *f*; Schokoladenfabrik *f*; Café *n*
chófer *m*, *selten*, *bes Am reg* **chofer** *m* (Kraft-)Fahrer *m*, Chauffeur *m*
choferil Berufskraftfahrer-; Kraftfahrer-
chol|ar *tr/intr* klauen, mitgehen lassen; **~ita** *f Am Kosewort* Herzchen *n*
choll|a *f* Schädel *m*; *übertr* Köpfchen *n*; **~o** *m* Schnäppchen *n Gelegenheitskauf*; einträgliches Geschäft *n*; einträgliche Arbeit *f*
cholo *m Am verächtl* Cholo *m*, Mestize *m*; *meist verächtl* Spanisch sprechender Indianer *m od* Indio *m*; *Kosewort* Liebling *m*, Schatz *m*
chom|ba *f Chi*, **~pa** *f Arg*, *Bol*, *Chi*, *Pe* Pullover *m*
chop *m* ⟨*Pl* ***chops***⟩ *AmS Bier* Schoppen *m*; **~ear** *intr Am reg* einen Einkaufsbummel machen, einkaufen gehen
chopo *m* Knarre *f Gewehr* ◇ ***cargar con el ~*** als Soldat dienen
choque *m* Stoß *m*; Zusammenstoß *m auch übertr*, Kollision *f*, Zusammenprall *m*, Crash *m*; Aufprall *m*, -schlag *m*; MED Schock *m*; ***~ en cadena, ~ múltiple*** Massenkarambolage *f*; ***~ callejero*** Straßenschlacht *f*; ***~ de corriente, ~ eléctrico*** Stromstoß *m*; ***~ frontal*** Frontalzusammenstoß *m*; ***a ~s*** stoßweise
chorb|a *f Esp umg* Mädchen *n*; Ische *f*, Tussi *f Freundin eines Jungen*; **~o** *m Esp umg* Kerl *m*, Typ *m*; junger Spund *m*; Macker *m*
chore|ado *Chi* verärgert; schlecht gelaunt; ärgerlich; **~ar** *Chi tr jmdn* ärgern; *etw* mitgehen lassen *stehlen*; **~arse** *Chi* sich ärgern; sich *mit jmdm* überwerfen; **~o** *m Chi* Ärger *m*; heiße Ware *f*, Sore *f Diebes-*

C

gut

chori|cear, **~zar** ⟨-z/c-⟩ *tr/intr Esp* klauen, stiebitzen, mopsen; **~zo** *m* rote Paprikawurst *f*; Knackwurst *f*; Bratwurst *f*; Balancierstange *f*; Langfinger *m Dieb*; Gauner *m*; *Esp vulg* Pimmel *m Penis*; *Col* Dummkopf *m*, Hanswurst *m*; *Méx* Geldrolle *f*

chorr|a **I** *f* Schwein *n Glück*; *vulg* Schwanz *m Penis* **II** *m* Blödmann *m*, blöder Kerl *m*; **~ada** *f bei Flüssigkeiten* Schuss *m Zugabe*; Gerede *n*, Unsinn *m*; **~ear** **I** *tr* verspritzen; bespritzen; *Rpl* stehlen **II** *intr* strömen, im Strahl geschossen kommen; rieseln; spritzen; triefen; **~era** *f* Rinne *f*; Rinnsal *n*; Stromschnelle *f*; *Am reg* Folge *f od* Reihe *f od* Menge *f von Dingen*; **~ina** *f* Schwein *n Glück*

chorro *m* (Wasser-)Strahl *m*, Guss *m*; Schwall *m*, Menge *f*, *übertr* Strom *m*; *AmC* Wasserhahn *m*; *Arg*, *Col umg* Dieb *m*; ***~ de sangre*** Blutstrom *m*; ***a ~ continuo*** unaufhörlich, ununterbrochen; ***a ~s*** *übertr* in Strömen ◇ ***beber a ~s*** *übertr Glasinhalt* hinunterstürzen; ***hablar a ~s*** wie ein Wasserfall reden; ***llueve a ~s*** es regnet *od* gießt *umg* in Strömen; ***sudar a ~s*** stark schwitzen

chot|earse *umg* spotten, sich lustig machen (***de*** über); **~eo** *m umg* Gaudium *n*, Spektakel *n*, Spaß *m*

choucroute *f* → ***chucrut***

chovin|ismo *m* → ***chauvinismo***; **~ista** → ***chauvinista***

choza *f* Hütte *f*; Bude *f*; Baude *f*

christmas *m* ⟨*Pl unv*⟩ Weihnachtskarte *f*

chsss: ***¡~!*** pst!; hallo!, Sie da!

chubas|co *m* (Regen-)Schauer *m*, Platzregen *m*, Regenbö(e) *f*; Unwetter *n auch übertr*; Missgeschick *n*; Schicksalsschlag *n*; **~coso** böig und regnerisch; stark bewölkt; **~quear** *intr* stürmen und regnen; **~quero** *m* Wettermantel *m*, Regenumhang *m*

chuch|ear *intr* tuscheln, zischeln; **~ería(s)** *f* (*Pl*) Flitterkram *m*; Süßigkeiten *f/Pl*; **~ero** *m Am reg umg* Asozialer *m*; *Col* Hausierer *m*

chucho[1] *m Am reg* EISENB Weiche *f*; *Cu* Lichtschalter *m*; KFZ Zündschlüssel *m*; *Cu*, *Ven* Gerte *f bzw* Peitsche *f*

chucho[2] *m Arg* Malaria *f*; *Arg*, *Chi* Fieberschauer *m*; Schauder *m*, Angst *f*

chuchumec|a *f Am reg* Straßendirne *f*; Kupplerin *f*; **~o** **I** *Adj AmS reg*, *Esp* alt, hinfällig; *Chi* unzuverlässig, unaufrichtig **II** *m AmS reg*, *Esp* alter Knilch *m*, alter Knacker *m*; Gnom *m kleiner*, *hässlicher Mensch*

chucrut *m* Sauerkraut *n*

chufa *f* BOT Erdmandel *f*; Prahlerei *f*, Übertreibung *f* ◇ ***echar ~s*** *umg* prahlen; ***tirarse una ~*** *umg Prüfung* schlecht bestehen

chuf|ar *intr* spotten; **~eta** *f*, **~la** *f Am*, *And*, **~leta** *f* Spaß *m*, Witz *m*, Jux *m*; **~letear** *intr* scherzen; **~letero** **I** *Adj* scherzhaft, spöttisch **II** *m* Spaßvogel *m*, Spötter *m*

chul|a *f* Madrider Kind *n selbstbewusstes*, *schlagfertiges Madrider Mädchen*; **~ada** *f* Derbheit *f*; Frechheit *f*; Unflätigkeit *f*, Zote *f*; **~apa** *f* Göre *f*, freches Ding *n*; **~apo** *m*, **~apón** *m* Flegel *m*, Großmaul *n*; **~ear** **I** *tr* bespötteln **II** *intr* angeben; als Zuhälter leben; **~earse** sich lustig machen; angeben, prahlen; **~ería** *f* Angeberei *f*; Ungeniertheit *f*; Gewitztheit *f*; **~esco** dreist; großmäulig; **~eta** *f* Kotelett *n*; Ohrfeige *f*; **~o** **I** *Adj* frech, dreist; angeberisch; *übertr* gerieben, gerissen; verwegen; hübsch, nett; zierlich; *Am* stattlich, ansehnlich **II** *m* Madrider Junge *m*; dreister Kerl *m*; Angeber *m*; Gauner *m*; Zuhälter *m*; Gigolo *m*; Messerheld *m*; Dieb *m*; *Am* Liebling *m*, *übertr* Schatz *m*

chull|a **I** *Adj Bol*, *Ec*, *Pe bei Paaren von Dingen* einzeln; *Zahl* ungerade **II** *f Bol*, *Ec*, *Pe* ungerade Zahl *f*; *Chi* krummbeinig; **~o** *m Col*, *Ec* Gernegroß *m*, Habenichts *m verächtl Bez für Angehörigen der Mittelklasse*

chumacera *f* TECH (Zapfen-)Lager *n*

chuminada *f* Dummheit *f*, Bagatelle *f*

chunga *f umg* Neckerei *f*, Spaß *m*, Scherz *m*; ***en ~*** im Scherz ◇ ***estar de ~*** Witze machen; ***tomar a ~*** *etw* als Scherz auffassen

chunguearse (herum)albern, Blödsinn treiben

chuño *AmS* Stärke(mehl *n*) *f*; Maizena® *f*, Maisstärke *f*; *Chi* Saft *m Sperma*

chup|ada *f beim Rauchen bzw beim Trinken* Zug *m bzw* Schluck *m*; **~ado** hager; *Gesicht* eingefallen; feige, ängstlich; *Am* angesäuselt; **~ar** *tr/intr* saugen; aufsaugen; aussaugen *auch übertr*; einsaugen; *übertr etw* in sich aufnehmen; sich *mit etw* voll saugen *auch übertr*; *Bonbons* lutschen; rauchen, *an der Zigarre od Zigarette* ziehen; (ab- *bzw* auf)lecken; *übertr jmdn* ausnehmen; *jmdm etw* aus dem Kreuz leiern *umg*; *Am* picheln *trinken*; *Chi etw* hochziehen *stehlen*; **~arse** abmagern; etw hinnehmen *od* schlucken *ertragen*; es mit der Angst zu tun bekommen; ***¡chúpate esa!*** das geht dich an!; das musst du schon einstecken!, da hast du's!; merk dir das!; **~asangre** *m übertr* Blutsauger *m*; **~atintas** *m umg* Sesselfurzer *m vulg*, Federfuchser *m*; **~etada** *f* → ***~ada***; **~ete** *m* Sauger *m*, Schnuller *m*; Lutscher *m*; *Am*

Eis *n* am Stiel; *Arg* Daumenlutscher *m*; **~etear** *tr/intr* lutschen; **~i** geil *großartig, fantastisch*; **~ón** *m* → **~ada**; → **~óptero** *m übertr* Schmarotzer *m*, Nassauer *m*
churras|co *m Am am offenen Feuer od in der Glut zubereitetes* Röstfleisch *n*, (Rinds-)Steak *n*; **~quear** *intr Am* ein Steak essen *bzw* zubereiten
churr|e *m* Fett- *bzw* Schmierfleck *m*; Schmiere *f*; **~etoso** voller Fett-, Schmier- *od* Schmutzflecken, schmierig; **~o I** *Adj Wolle* grob, kratzend **II** *m ein in Öl ausgebackenes Spritzgebäck*; Murks *m*, Pfuschwerk *n*
chus: **¡~!** *Anruf an Hunde* komm her!, hierher! ◇ **no decir ni ~ ni mus** keinen Mucks sagen
chuscada *f* Lausbubenstreich *m*
chusco[1] **I** *Adj* witzig, drollig, spaßig; *Pe* gewöhnlich, unerzogen, flegelhaft; *Hund* mischrassig **II** *m* Spaßvogel *m*, Witzbold *m*; *Pe Hunde* Promenadenmischung *f*
chusco[2] *m umg* (Stück *n*) Brot *n*
chusma *f* Mob *m*, Pack *n*, Gesindel *n*
chut *m Fußball* Schuss *m*; **~a** *f* Spritze *f*, Nadel *f zur Drogeninjektion*; **~ar** *tr/intr Fußball* schießen; **~arse** fixen, an der Nadel hängen; **~e I** *Adj Chi* elegant; geckenhaft **II** *m Am Fußball, Droge* Schuss *m*; *Guat, Salv* Spitze *f*, Stachel *m*; zudringliche *od* vorlaute Person *f*; **~ear** *tr/intr Am reg* → **~ar**; **~ona** *f* → **~a**
C.[ía], **Cía.** *f* (*Abk für* **Compañía**) Ges. *f*
CIA *f* CIA *m,f*, *Abk für* **Central Intelligence Agency**, USA-Geheimdienst *m*
cian *m* CHEM Zyan *n*; **~ita** *f* MINER Zyanit *m*; **~ógeno** *m* CHEM Zyan(gas) *n*; **~osis** *f* MED Zyanose *f*, Blausucht *f*
cianuro *m* CHEM Zyanid *n*; **~ potásico** *od* **de potasio** Zyankali *n*
ciátic|a *f* Ischias *m,n*, Ischialgie *f*; **~o** Ischias-, Hüft-
cibercafé *m* Internetcafé *n*
ciberespacio *m* INFORM Cyberspace *m* ◇ **navegar por el ~** im Cyberspace *bzw* Internet surfen
ciber|nauta *m(f)* INFORM Surfer(in) *m(f)* im Cyberspace *bzw* Internet, (Inter-)Netsurfer(in) *m(f)*; **~nética** *f* Kybernetik *f*; **~nético I** *Adj* kybernetisch **II** *m* Kybernetiker *m*; **~sexo** *m* Cybersex *m*, Sex *m* im Internet; **~tienda** *f Internet* Online-Shop *m*
cicádidos *m/Pl* ZOOL Zykaden *f/Pl*
cicat|ear *intr* knausern; **~ería** *f* Knauserei *f*; **~ero** knauserig; kleinlich
cicatriz *f* Narbe *f*; *übertr* Spur *f*; **~ación** *f* Vernarbung *f*; **~ar** ⟨-z/c-⟩ **I** *tr Wunde u übertr* heilen; vergessen machen **II** *intr*, **~arse** vernarben *auch übertr*; *Wunde* sich schließen, abheilen
cícero *m* TYP Cicero *f*
cicerone *m* (Fremden-, Stadt-, Museums-, Reise-)Führer *m*, *scherzh* Cicerone *m*
ciclam|en *m*, **~ino** *m* Alpenveilchen *n*; **~or** *m* BOT Sykomore *f*
cíclico zyklisch
cicl|ismo *m* Radsport *m*; **~ista I** *Adj* Rad-, Radrenn- **II** *m* Radfahrer *m*; Radsportler *m*
ciclo *m* Zyklus *m*; *übertr* Reihe *f*; Ablauf *m*, Prozess *m*; *Waschmaschine* Programm *n*; **~ de conferencias** Vortrags- *bzw* Vorlesungsreihe *f*; **~ coyuntural** Konjunkturzyklus *m*; **~ inicial** (**medio**; **superior**) *Schule* Unter-(Mittel-; Ober)stufe *f*; **~ menstrual** Menstruationszyklus *m*, Periode *f*
ciclo|grama *m* IND Zyklogramm *n*; Übersichtstafel *f*; **~motor** *m* Moped *n*
ciclón *m* Zyklon *m*, Wirbelsturm *m*, Orkan *m*; **peor que un ~** *übertr* wie ein Elefant im Porzellanladen
ciclo|paseo *m* Radfahrt *f bzw* -tour *f*; **~rama** *m* FILM, THEAT Panorama *n*, Rundsicht *f*; **~trón** *m* PHYS Zyklotron *n*; **~turismo** *m* Radwandern *n*
cicuta *f* BOT Schierling *m*
ciegamente blindlings, aufs Geratewohl
ciego I *Adj* blind *auch übertr*; geblendet *auch übertr*; verblendet; (*Rohr-*)*Leitung* verstopft ◇ **estar ~** *übertr* blind sein (**de** vor, **para** für), nicht sehen wollen; **quedar(se) ~** erblinden; **ser ~** blind sein, nicht sehen können; **ser ~ para colores** farbenblind sein **II** *m* Blinder *m*; Blinddarm *m*; **a ciegas** blindlings ◇ **lo ve un ~** *übertr* das sieht doch ein Blinder
cielo *m* Himmel *m*; Gott *m*, Vorsehung *f*; **a ~ abierto** unter freiem Himmel; BERGB im Tagebau; **como caído** *od* **llovido del ~** unvorhergesehen; wie gerufen ◇ **eso clama al ~** das schreit zum Himmel!; (**re**)**mover** *od* **revolver ~ y tierra** *übertr* alles *od* alle Hebel in Bewegung setzen; **ser un ~** *übertr* ein Engel sein
ciempiés *m* ZOOL Tausendfüß(l)er *m*; *übertr* Sache *f* ohne Hand und Fuß
cien → **ciento** *vor Subst/Adj u als Multiplikator vor Num* (*z.B.* **~ mil**), *umg auch allein stehend* hundert ◇ **correr a ~** *übertr* mit achtzig *od* hundert Sachen fahren; **es ~ por ~ español** *od* **es español ~ por ciento** er ist ein hundertprozentiger Spanier; **eso me pone a ~** das bringt mich in Rage
ciénaga *f* Sumpf *m*, Moor *n*; Morast *m*
ciencia *f* Wissenschaft *f*; Wissen *n*; Theorie *f*, Lehre *f*; **~s** *Pl* (*oft für* **~s naturales**) Naturwissenschaften *f/Pl*; (*oft für* **~s exactas**)

exakte Wissenschaften *f/Pl*; **~s agropecuarias** Landwirtschaftswissenschaften *f/Pl*; **~s de la comunicación** Kommunikationswissenschaft *f*; **~s económicas y sociales** Wirtschafts- und Sozialwissenschaften *f/Pl*; **~s empresariales** Betriebswirtschaft(slehre) *f*, BWL *f*; **~-ficción** LIT Science-Fiction (-Literatur) *f*; **~s políticas** Politikwissenschaften *f/Pl*, Politologie *f*; **~s sociales** Sozialkunde(unterricht *m*) *f*; **a ~ cierta** mit absoluter Sicherheit, ganz bestimmt

Cienci|ología® *f Sekte* Scientology® *f*; **~ólogo** *m* Scientologe *m*

cienmilésimo I *Adj* hunderttausendster **II** *m* Hunderttausendstel *n*; Hunderttausendster *m*

cieno *m* Schlamm, Schlick *m*

científico I *Adj* wissenschaftlich, Wissenschafts-; **~-técnico** wissenschaftlich-technisch **II** *m*, **-a** *f* Wissenschaftler(in) *m(f)*

cientista *m(f) Am reg* → **científico II**; **~ político** *Am reg* Politikwissenschaftler *m*, Politologe *m*

ciento I *Adj allein stehend u vor Num, außer* **mil, millones, trillones** hundert; **~ por ~** *Adv* hundertprozentig *auch übertr*; **por ~** Prozent *n* (**el** *od* **un cinco por ~**); **por debajo** (**encima**) **del 2 por ~** unter (über) 2% **II** *m* Hundert *n*; **~s** *Pl* hunderte (**de** von); **~s y ~s** hunderte und aberhunderte; **a ~s** zu hunderten

ciernes *m/Pl*: **en ~** angehend, zukünftig, in spe ◇ **estar en ~** *übertr* noch in den Kinderschuhen stecken, ganz am Anfang stehen

cierre *m* Schließen *n*, Schließung *f auch übertr*; Abschließen *n*; RADIO, TV Sendeschluss *m*; Redaktionsschluss *m*; Geschäfts-, Ladenschluss *m*; Büroschluss *m*; (Geschäfts-)Aufgabe *f*; IND Stilllegung *f*; *Tür* (hydraulische) Schließvorrichtung *f*, Türschließer *m*; *Brief, Vertrag* Abschluss *m*; Verschluss *m*; MECH Schloss *n*; **~ adhesivo** TEXTIL Klettverschluss *m*; **~ centralizado** KFZ Zentralverriegelung *f*; (**~ de**) **cremallera** *f*, *Arg* **~ relámpago** Reißverschluss *m*; **~ de ejercicio, ~ financiero** HDL, VERW, FIN Jahresabschluss *m*; **~ metálico** Metallrollladen *m*; Metallverschluss *m*; **~ patronal** Aussperrung *f*; **al ~ de la edición** *od* **redacción** bei Redaktionsschluss; **después del ~** (**de la Bolsa**) nachbörslich ◇ **declarar el ~ patronal** *Arbeiter* aussperren

cierto I *Adj nach Subst u allein stehend* sicher; wahr; bestimmt; *vor Subst* gewiss, *d.h.* unbestimmt ◇ (**no**) **es ~** es stimmt (nicht), es ist (nicht) wahr; **lo ~ es que …** so viel steht fest, dass …, jedenfalls …; **está en lo ~** er *bzw* sie hat (vollkommen) Recht, er *bzw* sie hat es genau getroffen; **estar ~ de u/c** von etw überzeugt sein; **estoy ~ de encontrarlo** ich werde es *bzw* ihn bestimmt finden **II** *Adv* gewiss, sicher, bestimmt; *als Antwort* ja (-wohl), sicher; **de ~** (ganz) gewiss; **por ~** gewiss, wohl; zwar; **sí, por ~** aber sicher, freilich, natürlich, selbstverständlich

ciervo *m* Hirsch *m*

c.i.f. *od* **CIF** (*Abk für englisch* **cost, insurance, freight**) cif, → **c.f.s.**

cifra *f* Ziffer *f*, Zahl *f*; Betrag *m*, Summe *f*; Chiffre *f*; (verschlungene) Initialen *f/Pl eines Namens*; **~ anual** Jahresumsatz *m*; **~ arábiga** (**romana**) arabische (römische) Zahl *f*; **~ de control** Kontrollziffer *f*; **~ decimal** Dezimalstelle *f*; **~ desconocida** (**récord**) Dunkel-(Rekord)ziffer *f*; **~ de desempleados** Zahl *f* der Arbeitslosen; **~ de exportaciones** (**importaciones**) Exportzahlen *f/Pl* (Einfuhrquote *f*); **~ global** Pauschalbetrag *m*; **~ de negocios** *od* **transacciones** HDL Umsatz *m*; **~ de ventas** HDL Absatz *m*; **de una sola ~** (**de dos ~s**) ein-(-zwei)stellig; **en ~** verschlüsselt, chiffriert; **en ~s redondas** in runden Zahlen, rundgerechnet ◇ **alcanzar la ~** *z.B. Rechnung* sich belaufen (**de** auf); **la ~ se queda corta** die Zahl *z.B. von Ausgaben* ist zu niedrig veranschlagt

cifr|ado I *Adj* chiffriert, verschlüsselt **II** *m* Chiffrieren *n*, Verschlüsselung *f*; chiffrierte Nachricht *f*; **~ador** *m* Chiffrierbeamter *m*, Chiffrierer *m*; **~ar** *tr* beziffern (**en** auf); verschlüsseln, chiffrieren, kodieren; *übertr* zusammendrängen, kürzen; **~se en** letztlich hinauslaufen auf; sich beschränken auf; *z.B. Rechnung, Verluste* sich belaufen auf; bestehen in

cigarra *f* ZOOL Zikade *f*

cigarrer|a *f* Zigarren-, Zigarettenarbeiterin *f*, Zigarrenwicklerin *f*; Zigarren-, Zigarettenverkäuferin *f*; Zigarrenkiste *f*; *Am* Zigarettenetui *n*; **~ía** *f Am* Tabakladen *m*; **~o** *m* Zigarren-, Zigarettenarbeiter *m*, Zigarrenwickler *m*; Zigarren-, Zigarettenverkäufer *m*

cigarrillo *m* Zigarette *f*; **~ de** *od* **con filtro** Filterzigarette *f*; **~ fuerte** (**suave**) starke (leichte *od* milde) Zigarette *f* ◇ **liar un ~** sich eine Zigarette drehen

cigarro *m* Zigarre *f*, → **puro II**; Zigarette *f*

cigüeña *f* Storch *m*; **~ común** (**negra**) Weiß-(Schwarz)storch *m*

cigüeñ|al *m* Kurbelwelle *f*; **~o** *m* (männlicher) Storch *m*, Storchenvater *m umg*

cilantro *m* Koriander *m*

cil|indrada *f* KFZ Hubraum *m*; **~indrar** *tr* TECH walzen, plätten; eine zylindrische

Form geben; kalandrieren; **~índrico** zylindrisch, Zylinder-; walzen-, rollenförmig
cilindro *m* GEOM, *Hut*, MASCH, *Motor, Uhr* Zylinder *m*; Walze *f auch* TYP, Rolle *f*; TECH Trommel *f*; **~ de cartón** *Behälter, Verpackung* Papphülse *f*
cima *f Berg* Gipfel *m auch übertr*, Spitze *f*; *Baum* Wipfel *m*; Höhepunkt *m*; **~rrón** *Am Pflanzen* wild wachsend; *Tier* verwildert, (herum)streunend; *Rpl Mate* bitter, ungesüßt
cimb|orio *m*, **~orrio** *m* Kuppel(bau *m*, -gewölbe *n*) *f*
cimbr|ar I *tr Stock* schwingen; schlagen; biegen; wölben; *Am reg den Körper vor Schmerz od Mitgefühl* durchzucken **II** *intr Gerte, Peitsche* schwirren; **~arse** sich krümmen; *Am reg* in Schwingung(en) geraten, wackeln; **~eante** geschmeidig, biegsam; schlank; **~ear** → ***cimbrar***; *tr Baum* schütteln; **~ón** *m Ec* Stich *m*, stechender Schmerz *m*; *Am* → **~onazo** *m* Hieb *m*; *Am reg* nervöses Zucken *n*; Zusammenschrecken *n*; *Ven* Erdstoß *m*
ciment|ación *f* Fundamentierung *f auch übertr*; Fundament *n*; *übertr* Festigung *f*; **~ar** ⟨-ie-⟩ *tr* das Fundament legen (*dir Obj* von) *auch übertr*; *übertr* festigen; *übertr* verankern
cimero oberster, höchster, Ober-; *übertr* hervorragend
cimiento *m meist* ***~s*** *Pl* ARCH *u übertr* Fundament *n*; *übertr* Quelle *f*, Wurzel *f*; ***~s*** *Pl übertr* Grundfesten *f/Pl* ◇ ***echar*** *od* ***poner*** *od* ***sentar los ~s de u/c*** *übertr* das Fundament für etw legen
cinabrio *m* Zinnober *m*
cinc *m* ⟨*Pl* ***cines***⟩ Zink *n*; **~ar** ⟨-c/qu-⟩ *tr* verzinken
cincel *m* Meißel *m*; **~ar** *tr* meißeln, mit dem Meißel (aus)stechen; ziselieren
cinco I *Adj* fünf; *Datum* fünfter ◇ ***decirle a alg cuántas son ~*** *umg* jmdm (gehörig) die Meinung sagen; ***no está en sus ~*** er ist nicht bei Trost; ***estar sin ~*** *od* ***no tener ni ~*** blank *od* pleite sein; ***saber cuántas son ~*** *übertr* nicht auf den Kopf gefallen sein **II** *m* Fünf *f*; KART, *Geld umg* Fünfer *m*; *Méx* Popo *m* ◇ ***chocarle los ~ a alg*** *umg* jmdm die Hand geben *od* drücken, jmdm die Flosse drücken *umg*; ***¡choque*** *od* ***vengan esos ~!*** *umg* Hand drauf!, abgemacht!; ***no vale un ~*** *Am umg* das ist keinen Pfifferling wert
cinco|grafía *f*, **~tipia** *f* Zinkographie *f*, Zinkdruck *m*, -ätzung *f*
cincuent|a I *Adj* fünfzig; fünfzigster **II** *m* Fünfzig *f*; **~avo I** *Adj* → ***~eno*** **II** *m* Fünfzigstel *n*; **~ena** *f* ungefähr fünfzig; **~enario** *m* fünfzigster Jahrestag *m*; **~eno** fünfzigster; **~ón** *m* Fünfzig(jährig)er *m*
cine *m* Kino *n*, Filmtheater *n*; Filmkunst *f*, -wesen *n*; *Berufszweig, Kunstgattung* Film *m*; **~ *mudo*** (***sonoro***, *Am* ***parlante***) Stumm-(Ton)film *m*; ***de ~*** ganz große Klasse *hervorragend* ◇ ***adaptar*** *od* ***llevar al ~*** verfilmen
cin|easta *m(f)* Filmschaffende(r) *f(m)*, -produzent(in) *m(f)*; Filmtechniker(in) *m(f)*; **~eclub** *m* Filmklub *m*; **~éfilo I** *Adj* filmbegeistert; kinobegeistert **II** *m*, **-a** *f* Filmfreund(in) *m(f)*; eifrige(r) Kinogänger(in) *m(f)*; **~efórum** *m* FILM Voraufführung *f bzw* Film(vorführung *f*) *m* mit anschließender Diskussion; **~emascopio®** *m* Cinemascope® *n Breitwand- u Raumtonverfahren beim Film*; **~emateca** *f* Filmarchiv *n*, Filmothek *f*; **~ematografía** *f* Filmkunst *f*; **~ematográfico** Film-; **~erama®** *m* Cinerama® *n besonderes Breitwand- u Raumtonverfahren*
cinétic|a *f* Kinetik *f*; **~o** Bewegungs-, kinetisch
cingalés I *Adj ehem* ceylonesisch, → ***srilankés I***; *Sprache* singhalesisch **II** *m*, **-esa** *f ehem* Ceylonese(-in) *m(f)*, → ***srilankés II***
cínico I *Adj* zynisch, hämisch **II** *m* Zyniker *m*
cinismo *m* Zynismus *m*; Unverfrorenheit *f*; Hohn *m*
cinquer|ía *f* Zinkgießerei *f*, -hütte *f*; **~o** *m* Zinkarbeiter *m*
cinta *f* Band *n*; Streifen *m*; *Schreibmaschine* Farbband *n*; Tonband *n*; Film(streifen) *m*; Schleife *f*; *Straße* (Bord-)Kante *f*; Patronengurt *m*; **~ *adhesiva*** *od* ***engomada*** *od Am* ***pegante*** Klebeband *n*, Kleb(e)-streifen *m*; **~ *aislante*** Isolierband *n*; **~ *bicolor*** schwarz-rotes Farbband *n*; **~ *continua*** *od* ***sin fin*** Fließband *n*; **~ *correctora*** *Schreibmaschine* Korrekturband *n*; **~ *elástica*, ~ *de goma*** Gummiband *n*; **~ *magnética*** Magnetband *n*; **~ *de medición*, ~ *métrica*** Bandmaß *n*, Messband *n*; **~ *perforada*** INFORM Lochband *n*, -streifen *m*; **~ *transportadora*** Förder-, Lauf-, Transportband *n*; **~ *de vídeo*** Videoband *n* ◇ ***grabar en ~*** auf (Ton-)Band aufnehmen; ***parar*** (***hacer retroceder***) ***la ~*** das (Ton-)Band anhalten *od* stoppen (zurücklaufen lassen)
cint|ateca *f* Sammlung *f* von *od* mit Tonbändern; **~o** *m* Gürtel *m*; → ***hueco***
cintura *f* Gürtel(linie *f*) *m*; Taille *f*; ***de ~ para abajo*** unterhalb der Gürtellinie *auch übertr*
cinturón *m* Gurt *m*; Riemen *m*, Gürtel *m*; MIL Koppel *n*; FLUGW, KFZ Sicherheitsgurt *m*; VERK Ring *m*, Umgehungsstraße *f*; **~ re-**

tractil KFZ Rollgurt *m*; **~ verde** *übertr* grüner Gürtel *m od* Grüngürtel *m einer Stadt* ◇ **abrocharse** *od* **ajustarse** *od* **ponerse el ~** den Sicherheitsgurt anlegen, sich anschnallen; **apretarse el ~** *übertr* den Gürtel *od* Riemen enger schnallen

cíper *m Ant, Méx* Reißverschluss *m*

cipote I *Adj* dumm, beschränkt; rundlich, untersetzt; *Hond* gerissen, gewieft **II** *m* Blödian *m*; rundlicher Kerl *m*; *vulg* Schwanz *m Penis*; *AmC* Bengel *m*, Knirps *m*

ciprés *m* Zypresse *f*

circense Zirkus-, zirzensisch; artistisch, Artisten-

circo *m* Zirkus *m*; GEOL Krater *m*; Talkessel *m*; **~ lunar** Mondkrater *m*

circuito *m* Umfang *m*; Umkreis *m*; Kreisbewegung *f*; Rundfahrt *f*; Pauschalreise *f*; Strom-, Schaltkreis *m*; PHYS Schaltung *f*; EL Leitung *f*; **~ abierto** (**cerrado**) offener (geschlossener) Stromkreis *m*; **~ impreso** gedruckte Schaltung *f*; **~s de** (**alta**) **integración, ~s integrados** (hoch) integrierte Schaltkreise *m/Pl*; **~ de jogging** Joggingpfad *m*; **~ de tiempo** EL Zeitschaltung *f*; **corto ~** Kurzschluss *m*, Kurzer *m umg* ◇ **abrir** (**cerrar**) **un ~** einen Stromkreis öffnen (schließen); **poner en corto ~** kurzschließen

circulación *f* Kreislauf *m auch* MED; Kreisbewegung *f*; *Geld*, VERK, *Waren* Verkehr *m*; HDL, FIN, TECH Umlauf *m*; ZTGSW Verbreitung *f*; **~ de automóviles, ~ automovilística** Auto-, Kraftfahrzeugverkehr *m*; **~ de bienes** (**cargas**) Güterverkehr *m* (MAR Güterumschlag *m*); **~ de dinero** *od* **efectivo, ~ monetaria** Geldumlauf *m*, -zirkulation *f*; **~ ferroviaria** (**marítima**) Eisenbahn-(Schiffs)verkehr *m*; **~ fiduciaria** Banknotenumlauf *m*; **~ giratoria** VERK Kreisverkehr *m*; **~ de información** Informationsfluss *m*; **~ mercantil** Warenzirkulation *f*; **~ de la sangre, ~ sanguínea** Blutkreislauf *m*; **de gran ~** ZTGSW weit verbreitet, viel gelesen, mit hoher Auflagenziffer; **excepto ~ local** VERK frei für Anlieger; **fuera de ~** FIN außer Kurs; **libre ~** Freizügigkeit *f von Personen*; freier (Waren-, Kapital- *usw*) Verkehr *m* ◇ **abrir a la ~** für den Verkehr freigeben; **estimular la ~** den Kreislauf anregen; **poner en ~** verbreiten; FIN in Umlauf setzen *od* bringen; **poner fuera de ~** FIN, HDL aus dem Verkehr ziehen; **quitar de la ~** FIN außer Kurs setzen; **regular la ~** den Verkehr regeln; **retirar de la ~** FIN aus dem Umlauf ziehen; → **sacar de** (**la**) **~** *Fahrzeuge* aus dem Verkehr ziehen

circulante I *Adj* in Umlauf befindlich, zirkulierend, von Hand zu Hand gehend **II** *m* Umlaufmittel *m/Pl Geld*

circular[1] *intr* zirkulieren, umlaufen, kreisen; FIN *u übertr* kursieren, in Umlauf sein; EISENB verkehren; *Fahrzeuge* fahren; *Personen* gehen; sich bewegen; *Luft* strömen; EL, *Fluss* fließen; **¡circulen!** weitergehen!; **hacer ~** FIN *u übertr* in Umlauf setzen *od* bringen; *Nachrichten*, *Gerüchte* verbreiten; *etw* versenden; *etw* herumreichen

circul|ar[2] **I** *Adj* kreisförmig, Kreis- **II** *m Madrid*: *Bus im städtischen Ringverkehr* **III** *f* Rundschreiben *n*, Serienbrief *m*; *schriftlicher* Umlauf *m*; *Madrid*: *Ringbahnlinie der U-Bahn*; **~atorio** Kreis-; Kreislauf-; Verkehrs-

círculo *m* Kreis(fläche *f*) *m*; Kreisbahn *f*; Bereich *m*; *übertr* Kreis *m*, Zirkel *m*; *geselliger* Verein *m*, Klub *m*; **~ anual, ~ de crecimiento** BOT Jahresring *m*; **~s dominantes** (**influyentes**; **bien informados**) *übertr* herrschende (einflussreiche; gut unterrichtete) Kreise *m/Pl*; **~** (**polar**) **ártico** nördlicher Polarkreis *m*; **~** (**polar**) **antártico** südlicher Polarkreis *m*; **~ vicioso** *übertr* Circulus *m* vitiosus, Teufelskreis *m*; **en ~s bancarios** in Bankkreisen

circun|caribe rings um die Karibik; aus dem karibischen Raum; Karibik-; **~cisión** *f* MED, REL Beschneidung *f*; **~dante** umgebend, -liegend; **~dar** *tr* umgeben; einfassen; **~ferencia** *f* Umkreis *m*, Peripherie *f*; **~flejo** *m* GRAMM Zirkumflex *m*; **~locución** *f Stil* Umschreibung *f*; **~loquios** *m/Pl* Umschweife *Pl*; Drumherumgerede *n*; **~scribir** ⟨*Part* **circunscri**(**p**)**to**⟩ *tr* eingrenzen; beschränken (**a** auf); *Brand* lokalisieren, eindämmen, unter Kontrolle bringen; *Kreis* umschreiben; **~scribirse** sich beschränken (**a** auf)

circunscripción *f* Ein-, Begrenzung *f*; MATH Umschreibung *f*; VERW Bezirk *m*; **~ electoral** Wahlkreis *m*, -bezirk *m*; **~ militar** Wehrbezirk *m*

circunscri(**p**)**to** *Part von* → **circunscribir**

circunspec|ción *f* Umsicht *f*; Vorsicht *f*; **~to** umsichtig; vorsichtig

circunstancia *f* Umstand *m*, Lage *f*, Situation *f*; **~s** *Pl* Sachverhalt *m*; Verhältnisse *n/Pl*; **~s agravantes** (**atenuantes**) erschwerende *od* belastende (mildernde) Umstände *m/Pl*; **~s concomitantes** Begleitumstände *m/Pl*; **en estas** (**tales**) **~s** unter diesen (solchen) Umständen ◇ **adaptarse a las ~s** sich den Verhältnissen anpassen

circun|stanciado umständlich; **~stancial** den Umständen entsprechend; bedingt, eingeschränkt; **~valación** *f* VERK Umge-

C

hungsstraße *f*, Ring *m*
cirílico kyrillisch
cirio *m* (große) Altar- *bzw* Wachskerze *f* ◇ ***se armó un ~*** es gab ein wüstes Durcheinander
cirro *m* Zirrus-, Federwolke *f*; **~sis** *f* MED Zirrhose *f*, Schrumpfung *f*
ciruela *f* Pflaume *f*, Zwetsch(g)e *f reg*; ***~ amarilla*** *od* ***mirabela*** (***claudia***; ***pasa*** *od* ***tostada***) Mirabelle *f* (Reneklode *f*; Backpflaume *f*)
ciruelo *m* Pflaumenbaum *m*
cirugía *f* Chirurgie *f*; ***~ estética*** (***maxilar***; ***con rayos láser***; ***traumática***) kosmetische Chirurgie *f*, Schönheits-(Kiefer-; Laser-; Unfall)chirurgie *f*
cirujano *m* Chirurg *m*; ***~ cardiaco*** (***estético***) Herz-(Schönheits)chirurg *m*
cis|ión *f* POL (Auf-)Spaltung *f*; **~ionar** *tr* POL (auf)spalten
Cisjordan|ia *f* Westjordanland *n*, -gebiet *n*; **≈o** westjordanisch, Westjordan-
CISL *f* (*Abk für* ***Confederación Internacional de Sindicatos Libres***) IBFG *m*
cism|a *m* Schisma *n*, Kirchenspaltung *f*; *bes* POL Spaltung *f*, Trennung *f*, Bruch *m*; Misshelligkeit *f*, Uneinigkeit *f*, Meinungsverschiedenheit *f*; **~ático** schismatisch, Spaltungs-, Spalter-; POL ketzerisch; abtrünnig
cisne *m* Schwan *m*
cisterna *f* Zisterne *f*; (Wasser-)Behälter *m*; (Wasser-)Tank *m*; *WC* Spülkasten *m*
cistitis *f* Blasenentzündung *f*
cisura *f bes* MED (Ein-)Schnitt *m*; Riss *m*
cita *f* Verabredung *f*, Rendezvous *n*, Date *n umg*; Treffen *n*, Treff *m*; Termin *m*; Zitat *n*; Urnengang *m Wahlen*; ***~*** (***judicial***) (gerichtliche) Vorladung *f*; ***~ textual*** Originalton *m*, O-Ton *m* ◇ ***acudir a una ~*** einen Termin wahrnehmen; ***anular*** (***aplazar***; ***concertar***) ***una ~*** einen Termin absagen (verschieben; vereinbaren); ***dar ~ a alg*** sich mit jmdm verabreden; jmdm einen Termin geben; ***darse ~*** sich treffen; ***tener ~ con alg*** mit jmdm verabredet sein; einen Termin haben
citación *f* JUR Vorladung *f*, Termin *m*; Einbestellung *f*; Zitieren *n*
citadino *m* **I** *Adj* städtisch, Stadt- **II** *m*, **-a** *f* Stadtbewohner(in) *m(f)*, Städter(in) *m(f)*
citar *tr* JUR vorladen; einbestellen; *zu einer Zusammenkunft* bestellen; zitieren; erwähnen, anführen; **~se** sich verabreden; sich treffen (***con*** alg mit jmdm)
cítara *f* Zither *f*
citófono *m* Wechselsprechanlage *f*; *Chi* TEL Hausapparat *m*
cítricos *m/Pl* Zitrusfrüchte *f/Pl*
ciudad *f* Stadt *f*; ***~es amigas*** *od* ***gemelas*** *od* ***hermanadas*** *od* ***homólogas*** *od* ***unidas*** Partnerstädte *f/Pl*; ***~ cabecera de provincia*** Provinzhauptstadt *f*; ***≈ del Cabo*** Kapstadt *n*; ***~(-)dormitorio*** *verächtl* Schlafstadt *f*; ***~-estado*** Stadtstaat *m*; ***≈ Libre*** (***y***) ***Hanseática*** Freie (und) Hansestadt *f*; ***~ marítima*** *od* ***portuaria*** (***satélite***) Hafen-(Satelliten)stadt *f*; ***la ≈ Santa*** die Heilige Stadt (*je nach Religion Rom*, *Jerusalem*, *Mekka*, *Medina*); ***~ sede*** SPORT Austragungs- *bzw allg* Veranstaltungsort *m*; ***~ universitaria*** Universitätsstadt *f*; Universitätsviertel *n*; ***≈ Vaticano*** Vatikan(stadt *f*) *m*
ciudadanía *f* Staatsbürgerschaft *f*, -angehörigkeit *f*; Bürger *m/Pl*, Bewohner *m/Pl*; Bürgerrecht *n auch übertr*; ***~ doble*** doppelte Staatsangehörigkeit *f*
ciudadano I *Adj* städtisch; staatsbürgerlich **II** *m*, **-a** *f* (Mit-)Bürger(in) *m(f)*; Staatsbürger(in) *m(f)*, -angehörige(r) *f(m)*; Städter(in) *m(f)*; ***~ de honor, ~ honorario*** *od* ***ilustre*** Ehrenbürger *m*; ***~ medio*** Durchschnittsbürger *m*
ciudadela *f* Zitadelle *f*; *Can*, *Cu* Mietshaus *n*, -kaserne *f*
cívic|a *f* PÄD Bürger-, Gemeinschaftskunde *f*; **~o** (staats)bürgerlich; patriotisch; (Staats-)Bürger-; aufrichtig, ehrlich
civ|il I *Adj* zivil, Zivil-; bürgerlich, Bürger-; standesamtlich; gesittet **II** *m(f)* Zivilist(in) *m(f)*; Zivilangestellte(r) *f(m) in der Armee*; *Esp* Polizist(in) *m(f)*, Angehörige(r) *f(m)* der → ***Guardia Civil***; **~ista** *m(f)* Zivilrechtler(in) *m(f)*; **~ilización** *f* Zivilisation *f*; Kultur *f*; **~ilizado** zivilisiert; kultiviert, kulturvoll; Kultur-; **~ilizar** ⟨-z/c-⟩ *tr* zivilisieren; zur Kultur erziehen; **~ilizarse** Kultur annehmen; kultivierte Sitten annehmen; **~ismo** *m* staatsbürgerliche Verantwortung *f*, Bürgersinn *m*
cizalla(s) *f/*(*Pl*) Blech-, Metallschere *f*; Metallspäne *m/Pl*
cizaña *f übertr* Unkraut *n*; Zwietracht *f* ◇ ***sembrar ~*** Zwietracht säen
cizañ|ar *intr* Zwietracht säen; Unruhe stiften; **~ero, ~ista I** *Adj* aufwiegelnd, streitsüchtig, zänkisch **II** *m* Unruhestifter *m*
Cl *m* (*Symb für* ***cloro***) CHEM Cl *n*
clamar I *intr* schreien; rufen (***por*** nach); gebieterisch fordern (***por*** *Akk*); flehen (***por*** um); jammern **II** *tr* fordern
clamor *m* Schrei *m*; Ruf *m bes übertr*; Jammergeschrei *n*; Klagen *n*; Totengeläut *n*; **~oso** (weh)klagend, jammernd; flehend; *Erfolg* durchschlagend, Bomben-
clan *m* Clan *m od* Klan *m*; Sippe *f*
clandestin|idad *f* POL Illegalität *f*, Untergrund *m*; Heimlichkeit *f*; **~o** POL illegal,

Untergrund-; geheim, heimlich; *übertr* Schwarz-

clar|a *f* Eiweiß *n*; *Haar, Stoff* dünne Stelle *f*; Lichtung *f*; MET (kurze) Aufheiterung *f*; *Esp reg umg für Getränk aus Bier u Limonade, etwa* Alsterwasser *n reg od* Radlerbier *n reg*; **~aboya** *f* Dachfenster *n*, -luke *f*; Oberlicht(fenster) *n*; **~ear I** *tr Farben* aufhellen; *Wald* lichten; jäten; *Méx mit einer Kugel* durchbohren **II** *intr* MET sich aufklären, sich aufheitern; *unpers* Tag werden; **~earse** hell werden; *Stoff* durchsichtig werden; **~ecer** ⟨-zc-⟩ *intr unpers* Tag werden, tagen

clareo *m Wald* (Aus-)Lichten *n*; Jäten *n* ◇ **dar un ~** *Esp umg* einen (kleinen) Bummel machen

clarete *m* Rosé *m*, heller Rotwein *m*

claridad *f* Helle *f*; Klarheit *f auch übertr*; Licht(schein *m*) *n*; FOTO, RADIO, TV Schärfe *f*; **~es** *Pl* unangenehme Wahrheiten *f/Pl* ◇ **se lo digo con toda ~** ich sage es Ihnen ganz offen

clarific|ación *f* Klärung *f*; **~ar** ⟨-c/qu-⟩ *tr* klären; erläutern; **~ativo** klärend, erläuternd

clarín *m* Signalhorn *n od* -trompete *f*; Fanfare *f*; Fanfarenbläser *m*; dünne Leinwand *f*

clarin|ada *f* Horn- *bzw* Trompeten- *bzw* Warnsignal *n*; *umg* Unsinn *m*, Quatsch *m*; **~ete** *m* Klarinette *f*; Klarinettist *m*; **~etista** *m(f)* Klarinettist(in) *m(f)*

clarividen|cia *f* Scharf-, Weitblick *m*; **~te** scharf blickend, weit blickend

claro I *Adj Licht, Farbe, Stimme, Ton, Vokal* hell; *Flüssigkeit*, MET, *übertr* klar; MET heiter; *Haar, Gewebe* dünn; deutlich; verständlich; eindeutig; übersichtlich; **a las claras** *übertr* deutlich, unverblümt; **poco ~** undurchschaubar, undurchsichtig (**negocios poco ~s**) ◇ **cantarlas claras** *jmdm* deutlich die Meinung sagen; **dejar clara u/c** etw klarstellen **II** *m* Helle *f*, Licht *n*; lichte *od* helle *bzw* dünne *od* kahle Stelle *f*; Lücke *f*, Zwischenraum *m*; (Fenster-, Tür-)Öffnung *f*; *Wald* Lichtung *f*; *Landkarte* weißer Fleck *m*; **~s** *Pl* MET Aufheiterungen *f/Pl*; **~ de luna** Mondschein *m* ◇ **poner** *od* **sacar en ~** richtig stellen **III** *Adv* klar, deutlich; verständlich ◇ **dejar ~** verdeutlichen; klarstellen; **¡está ~!** das ist klar!; **~ está** natürlich, freilich **IV** *Interj* selbstverständlich!; **~ que sí** aber natürlich

claroscuro I *Adj* helldunkel **II** *m* MAL Helldunkel *n*; **en ~** zwielichtig

clase *f* Art *f*, Sorte *f*; POL, SOZIOL, *Schule*, EISENB, FLUGW *u allg* Klasse *f*; Unterricht(sstunde *f*) *m*; Lehrveranstaltung *f*; Jahrgang *m*; **~s activas** (**pasivas**) erwerbstätige (nicht erwerbstätige) Bevölkerung *f*; **~ business** *od* **comercial** *od* **negocios** (**económica** *od* **turista**) FLUGW, MAR Business-(Economy- *od* Touristen)klasse *f*; **~ elevada** (**media**) SOZIOL Oberschicht *f* (Mittelstand *m*); **~ médica** Ärzteschaft *f*; **~s nocturnas** → **escuela nocturna**; **~ obrera, ~ trabajadora** Arbeiterklasse *f*; **~ particular** Privatunterricht *m*; **~** (**social**) Schicht *f* (der Bevölkerung); **~s** (**de tropa**) MIL einfache Soldaten *m/Pl*; **de esta** *od* **tal ~** derartig, solch ein(e); **de la ~ media** mittelständisch; **de primera ~** erstklassig, hervorragend; **de todas ~s** jeder Art; allerhand; **sin ~s** SOZIOL klassenlos ◇ **asistir a ~** am Unterricht teilnehmen; in die Schule gehen; **cursar** *od* **dar ~ con alg** bei jmdm Unterricht haben; **dar ~ a alg** jmdm Unterricht geben; **faltar a** (**la**) **~** (im Unterricht *od* in der Schule) fehlen; **hoy no hay** *od* **tenemos ~, hoy se suspenden las ~s** heute fällt der Unterricht aus *bzw Universität*: heute fallen die Lehrveranstaltungen aus; **todavía hay ~s** man lernt nie aus; man lernt immer wieder dazu; **tener ~** *übertr* Klasse *od* Stil haben

clasic|ismo *m* Klassik *f*; Klassizismus *m*; **~ista** klassizistisch

clásico I *Adj* klassisch *auch übertr* **II** *m*, **-a** *f* Klassiker(in) *m(f)*

clasificación *f* Klassifizierung *f*; Klassifikation *f*; Einteilung *f*; Einstufung *f*; Einordnung *f*; Bewertung *f*; BÜRO Ablage *f als Vorgang*; SPORT Wertung *f*; SPORT Tabelle *f*; Sortieren *n*; Schiffsklassifikation *f*; **~ decimal** Dezimalklassifikation *f*

clasific|ador *m* (Akten-)Ordner *m*; Aktenschrank *m*; Sortierer *m*; **~ados** *m/Pl Am* ZTGSW Anzeigen(teil *m*) *f/Pl*, Annoncen (-teil *m*) *f/Pl*, Inserate(nteil *m*) *n/Pl*; **~ar** ⟨-c/qu-⟩ *tr* klassifizieren; (ein)ordnen, sortieren; einteilen; einstufen; werten; *Akten, Briefe* ablegen; **~atorio** Klassifizierungs-

clasista POL, SOZIOL Klassen-; klassenmäßig

claudic|ación *f* Wankelmut *m*; Nachgeben *n*; **~ante** schwankend, wankelmütig; **~ar** ⟨-c/qu-⟩ *intr übertr* wanken, umfallen *umg*, nachgeben (**ante** *Dat*)

Claus *m*: (**el**) **Santa ~** *übertr* der Nikolaus; *Am* der Weihnachtsmann

claustr|o *m* ARCH Kreuzgang *m*; Lehrkörper *m*; *Universität* Senat *m*; **~ofobia** *f* Klaustrophobie *f*, Platzangst *f*

cláusula *f* Klausel *f*; (Vor-)Bedingung *f*; GRAMM Satz *m*; **~ adicional** (**contractual**; **especial**) Zusatz-(Vertrags-; Sonder)klausel *f*; **~ de nación más favorecida** Meistbegünstigungsklausel *f*; **~ penal** Vertrags-, Konventionalstrafklausel *f*; **~ de rescisión** (**revocación**) Aufhebungs-(Widerrufs)-klausel *f* ◇ **insertar una ~** eine Klausel einfügen

claus|ular *tr* verklausulieren; **~ura** *f* (Ab-)Schluss *m*; Schließung *f*; Klausur *f*; **~urar** *tr Veranstaltung* (ab)schließen; *Einrichtung* schließen

clav|adista *m(f) Méx Schwimmsport* Turmspringer(in) *m(f)*; Klippenspringer(-in) *m(f)*; **~ado I** *Adj* pünktlich, genau; *Anzug* wie angegossen **II** *m* Zu-, Vernageln *n*; Sprung *m* ins Wasser; **~s** *Pl Méx Schwimmsport* Turmspringen *n*; **~ar** *tr* (an-, fest-)nageln (**a, en** an); ver-, zunageln; befestigen; *Nagel* einschlagen; *mit Nägeln* beschlagen; *Nadel* einstechen; *Strafe* auferlegen; *Blick* richten, heften (**en** auf); *umg übertr* anführen, -schmieren, (he)reinlegen; *jmdn* ausnehmen; **~se u/c** sich etw unter den Nagel reißen *sich etw widerrechtlich aneignen*

clave[1] **I** *Adj* ⟨*unv*⟩ *übertr* Schlüssel-, Zentral- **II** *f* Kode *m*; Kennwort *n*; INFORM Passwort *n*; *übertr Lösung einer Frage u Lösungsheft eines Lehrbuchs*, MUS Schlüssel *m*; **~ bancaria** FIN Geheimzahl *f*; **~ de distribución** BÜRO Verteiler(schlüssel) *m*; **~ de reparto** WIRTSCH Verteilerschlüssel *m*; **~ de seguridad** Sicherheitskode *m*; **en ~** verschlüsselt

clave[2] *m*, **~cín** *m* → **clavicémbalo**

clavel *m* Nelke *f*

clavetear *tr* mit Nägeln beschlagen *od* verzieren; *Geschäft* unter Dach und Fach bringen

clavi|cembalista *m(f)* Cembalist(in) *m(f)*; **~cémbalo** *m* Cembalo *n*; **~cordio** *m* Klavichord *n*

clavícula *f* ANAT Schlüsselbein *n*

clavija *f* Stift *m*, Bolzen *m*; Splint *m*; EL Stecker *m*, Stöpsel *m*; **~ de conexión** *od* **enchufe** *od* **unión** Anschluss-, Verbindungsstecker *m*, Anschlussstöpsel *m* ◇ **apretarle a uno las ~s** *übertr* jmdm die Daumenschrauben an- *od* aufsetzen

clav|illo *m* Stift *m*, Dorn *m*; Gewürznelke *f*; **~ista** *m* Geheimschriftspezialist *m*; **~ito** *m* → **~illo**

clavo *m* Nagel *m*, (Draht-)Stift *m*; *übertr* Ladenhüter *m*; Kreuz *n Plage*; *Am* Trottel *m*; *Chi* Unannehmlichkeit *f*, Schaden *m*; **~s** SPORT Spikes *m/Pl*; **~** (**de especia** *od* **olor**) Gewürznelke *f*; **como un ~** wie eine Klette *aufdringlich*, *lästig*; pünktlich (wie immer) ◇ **agarrarse a un ~ ardiente** sich an einen Strohhalm klammern; **dar en el ~** *übertr* den Nagel auf den Kopf treffen; **no dejar ni un ~ en la pared** alles mitnehmen, was nicht niet- und nagelfest ist; **sacar un ~ con otro** den Teufel mit Beelzebub austreiben

claxon *m* ⟨*Pl* **claxons**⟩ Hupe *f* ◇ **tocar el ~** hupen

clearing *m* HDL Clearing *n*, Verrechnung *f*

clemen|cia *f* Gnade *f*, Güte *f*; Milde *f*; **~te** mild *auch Klima*; gütig, gnädig

clept|omanía *f* Kleptomanie *f*; **~ómano I** *Adj* kleptomanisch **II** *m* Kleptomane *m*

clerical klerikal, geistlich; **~icalismo** *m* Klerikalismus *m*

clérigo *m* Geistlicher *m*

clero *m* Klerus *m*, Geistlichkeit *f*

clic *m on* Klicken *n eines Mechanismus*; INFORM Klick *m*; **~** (**de ratón**) Mausklick *m*; **doble ~** Doppelklick *m* ◇ **hacer ~** *on* klicken; INFORM *mit der Maus* anklicken (**en, sobre** *Akk*); **hacer** (**doble**) **~** INFORM (zweimal; doppel)klicken

cliché *m* TYP *u übertr* Klischee *n*; Vorlage *f*; FOTO Negativ *n*; abgedroschene Redensart *f*, Gemeinplatz *m*

clienta *f* Kundin *f*; → *auch* **cliente**

cliente *m* Kunde *m*; GASTR, *Hotel* Gast *m*; JUR Mandant *m*, Klient *m*; Auftraggeber *m*; **~ asiduo** *od* **fijo** *od* **habitual** Stammkunde *m*; Stammgast *m*; **orientado al ~** kundenfreundlich ◇ **alternar con los ~s** die Gäste animieren

clientela *f* Kundschaft *f*, Kunden(kreis *m*) *m/Pl*, Klientel *f*; *Arzt*, *Rechtsanwalt* Praxis *f*; Patientenkreis *m*; **~ fija** *od* **habitual** (**no fija, ~ ocasional** *od* **de paso**) Stamm-(Lauf)kundschaft *f*

clientelismo *m* Kungelei *f*; Vetternwirtschaft *f*; Filzokratie *f*

clima *m* Klima *n auch übertr*; Wetter *n*, Witterung(sverhältnisse *Pl*) *f*; *übertr* Atmosphäre *f*; *Méx umg* Klimaanlage *f*; **~terio** *m* MED Wechseljahre *n/Pl*, Klimakterium *n*

clim|ático klimatisch, Klima-; **~atizado** klimatisiert, mit Klimaanlage; **~atizador** *m* Klimaanlage *f*; **~atizar** ⟨-z/c-⟩ *tr* klimatisieren; **~atológico** klimatologisch; klimatisch (bedingt), Klima-

clímax *m* ⟨*Pl unv*⟩ *übertr* Höhepunkt *m*

clinch *m Boxen* Clinch *m*; **~ar** *tr* fest umklammern, in den Clinch nehmen

clínex® *m* Papiertaschentuch *n*

clínica *f* Klinik *f*; **~ de cirugía** chirurgische Klinik *f*; **~ estomatológica** (**ginecológica** *od* **obstétrica**; **pediátrica**; (**p**)**siquiátrica**; **veterinaria**) Zahn-(Frauen-; Kinder-; Nerven-; Tier)klinik *f*; **~ de urgencia** Unfallklinik *f*

clínico **I** *Adj* klinisch **II** *m* Kliniker *m*
clinker *m*, **clínquer** *m* BAUW Klinker *m*
clip *m* ⟨*Pl* ***clips***⟩ *Modeschmuck, Kugelschreiber, Füllhalter,* EL Klipp *m*; BÜRO Büro-, Heftklammer *f*
clis|ar *tr* TYP klischieren, ein Klischee anfertigen; abkupfern *umg*; **~é** *m* → ***cliché***
clítoris *m* Klitoris *f*
cloaca *f* Kloake *f auch* ZOOL, Sicker-, Schlammgrube *f*; Abwasserkanal *m*; *übertr* Schweine-, Saustall *m*
cloasma *f* MED Chloasma *n fleckige Pigmentstörung meist im Gesicht*
cloche *m Am reg* Kupplung(spedal *n*) *f*
clon *m* BIOL Klon *m*; **~ación** *f* Klonen *n*; **~ar** *tr* klonen, klonieren
clónico BIOL geklont
clor|ación *f Wasser* Chloren *n*; CHEM Chlorieren *n*; **~ado** chlorhaltig; **~ar** *tr* → ***clorurar***; **~ización** *f* → ***~ación***
cloro *m* Chlor *n*; ***sin ~*** *Papier* chlorfrei
cloro|fila *f* Chlorophyll *n*, Blattgrün *n*; **~fluorocarbono** *m* CHEM Fluorchlorkohlenwasserstoff *m*; **~formar**, **~formizar** ⟨-z/c-⟩ *tr* chloroformieren; **~formo** *m* Chloroform *n*
clorur|ar *tr* chloren, chlorieren, mit Chlor versetzen; **~o** *m* Chlorid *n*
closet *m* ⟨*Betonung auf der 1. Silbe*⟩ *Col, Méx, Pe* Wandschrank *m*
clown *m* Clown *m*; **~esco** clownesk
club *m* ⟨*Pl* ***clubs***, *Am* ***clubes***⟩ Klub *m*; Bar *f*; Verein *m*; ***~ deportivo*** Sportklub *m*, -verein *m*; ***~ juvenil*** Jugendklub(haus *n*) *m*; ***~ náutico*** Jacht-, Segelklub *m*; ***~ nocturno*** Nachtlokal *n*, -klub *m*
clubista *m*(*f*) Klubmitglied *n*
cm(s) *m* (*Pl*) (*Abk für* ***centímetro(s)***) cm *m,n*
CN *f* (*Abk für* ***carretera nacional***) *Dtschld etwa* B *f*
CNMV *f Abk für* ***Comisión Nacional del Mercado de Valores***, → ***comisión***
CNT *f Abk für* ***Confederación Nacional del Trabajo*** *bzw* ***de Trabajadores***, → ***confederación***
co. *m od* **Co.** *m* (*Abk für* ***compañero***) Koll. *m*
coa *f Chi Bez für* Gaunersprache *f*
coacci|ón *f* Nötigung *f*, Zwang *m*; **~onar** *tr* nötigen, unter Druck setzen, Druck ausüben (*dir Obj* auf)
coact|ar *tr* mit Gewalt zwingen; **~ivo** Zwangs-
co|acusado *m* Mitangeklagter *m*; **~adyuvar** *tr*/*intr* beitragen (***a*** zu); mithelfen (***a*** bei); unterstützen
coagul|ación *f* Gerinnen *n*; **~ador**, **~ante** gerinnend; **~ar** *intr*, **~arse** gerinnen
coágulo *m*: ***~ (de sangre)*** (Blut-)Gerinnsel *n*
coalición *f bes* POL Bündnis *n*, Bund *m*, Koalition *f*; ***~ bipartidista*** Zweiparteienbündnis *n*; ***~ de centro-derecha (centro-izquierda)*** Mitte-rechts-(-links-)Bündnis *n bzw* Koalition *f*; ***~ gubernamental*** Regierungskoalition *f*; ***~ rojiverde*** rot-grüne Koalition *f*; ***gran ~*** große Koalition *f*
coalicion|ar *intr*, **~arse** sich verbünden, koalieren, ein Bündnis *od* eine Koalition eingehen; **~ista** **I** *Adj* Koalitions- **II** *m* Bündnis-, Koalitionspartner *m*
coart|ada *f* Alibi *n*; **~ar** *tr Freiheit, Willen* einschränken; einengen, hemmen
coasegur|ar *tr* mitversichern; **~o** *m* Mitversicherung *f*
coautor *m*, **~a** *f* Ko-, Mitautor(in) *m*(*f*); Mittäter(in) *m*(*f*)
coba *f umg* Flunkerei *f*; Schmus *m*; Lobhudelei *f* ◇ ***darle ~ a alg*** jmdm um den Bart gehen *jmdm schmeicheln*; *Cu* jmdm in den Ohren liegen, jmdn beknien *od* beschwatzen
cobalto *m* Kobalt *n*
cobard|e **I** *Adj* feige **II** *m* Feigling *m*; **~ía** *f* Feigheit *f*
cobaya *f*, *m* Meerschweinchen *n*; **~s** *Pl* Versuchstiere *n*/*Pl*
cobert|izo *m* Vordach *n*; Schuppen *m*; MIL Unterstand *m*; **~ón** *m*, **~or** *m* (Bett-)Decke *f*; Schutzhülle *f*
cobertura *f* Decke *f*; (Schutz-)Hülle *f*; HDL, FIN, SPORT *u allg* Deckung *f*; SPORT Versicherungsschutz *m*; Bereitstellung *f*, Versorgung *f*; RADIO, TV *Sender* Reichweite *f*; TEL *Handy* Empfang *m*; Schützenhilfe *f*; *übertr* Deckmantel *m*; *Medien* Berichterstattung *f*; ***~ de costes od gastos*** Kostendeckung *f*; ***~ del desempleo*** Arbeitslosenversicherungsfonds *m*; ***~ legal*** *iron* legales Mäntelchen *n*; ***~ nubosa*** Wolkendecke *f*; ***~ sanitaria*** medizinische Versorgung *f* ◇ ***dar ~*** *Medien* berichten, Bericht erstatten (***a*** über)
cobij|a *f AmC, Arg, Bol* warme Kleidung *f*; *Am* Decke *f*; *Ant* Palmblätterdach *n*; **~s** *Pl Am* Bettzeug *n*, Wäsche *f*; **~ar** *tr* be-, zudecken; *übertr* decken, beschützen; beherbergen; beinhalten; **~arse** Unterschlupf finden (***con, en*** bei, in); sich unterstellen
cobijo *m* Unterschlupf *m*; Bleibe *f*, Unterkunft *f* ◇ ***dar ~*** Unterschlupf gewähren
Coblenza *f* Koblenz *n*
cobra *f* ZOOL Kobra *f*
cobr|able, **~adero** zahlbar; *Geldforderung* einziehbar; **~ador** *m*, **~adora** *f* VERK Schaffner(in) *m*(*f*); HDL Kassierer(in) *m*(*f*); Zahlungsempfänger(in) *m*(*f*); **~anza**

C

f Kassierung *f*; (Steuer-)Erhebung *f*; Einziehung *f von Geldern*, Inkasso *n*, Einkassieren *n*
cobrar *tr/intr Geld* abholen; *Gehalt, Geld* beziehen, erhalten, bekommen, verdienen; *Gewinn, Scheck* einlösen; *Schulden, Steuern* (ein)kassieren, eintreiben; sich etw bezahlen (*d.h.* vergüten) lassen; *Steuern, Zinsen* erheben; *Atem, Mut* schöpfen; *Ausmaße* annehmen; *Preis* verlangen, fordern; ***¿cuánto cobras?*** wie viel verdienst du?; ***¿cuánto te cobraron?*** wie viel hast du dafür bezahlt?; **~se** sich bezahlt machen; HDL, FIN sich erholen
cobr|e *m* Kupfer *n*; Kupferstich *m*; *Am* Kupfermünze *f*; MUS Blechbläser *m/Pl*; **~izo** kupferhaltig; kupferfarben
cobro *m* FIN Einnahme *f*; Bezug *m von Geld(ern)*; *Steuern, Gebühren* Erhebung *f*; *Schulden, Steuern* Eintreibung *f*; *Scheck* Einlösung *f*; Kassierung *f*, Kassieren *n*; Inkasso *n*; ***~s atrasados, ~s pendientes*** FIN Außenstände *m/Pl* ◇ ***pasar al ~*** *Geld* einziehen
coca[1] BOT Koka *f*; Kokastrauch *m*; *umg* → ***coca-cola®***; Schnee *m*, Koks *m Kokain*
coca[2] *f* Kopfnuss *f*; ***de ~*** *Méx* umsonst, unentgeltlich, gratis
coca-cola® *f* Coca-Cola® *f*
cocacolo *m Col* Halbstarker *m*
coca|ína *f* Kokain *n*; **~ísmo** *m* → ***cocainomanía***
cocain|izar ⟨-z/c-⟩ *tr* mit Kokain betäuben; **~omanía** *f* Kokainsucht *f*; **~ómano** *m* Kokainsüchtiger *m*
cocción *f* (Ab-, Aus-)Kochen *n*; *Brot* Backen *n*
cocear *intr Huftier* ausschlagen, treten; *umg* sich sträuben
cocer ⟨-ue-, -c/z-⟩ **I** *tr* kochen, sieden, garen; backen; braten, rösten; *Ziegel* brennen; MED *Instrumente* auskochen *bzw* -glühen; *Bier* brauen; aushecken **II** *intr* kochen, sieden; gären *auch übertr*; *übertr* brodeln; (anfangen zu) eitern; ***a medio ~*** halb gar; ***poner a ~*** *Speise* ansetzen
cochambr|e *m,f umg* Schmutz *m*, Dreck *m*; **~ero**, **~iento**, **~oso** *umg* schmutzig, dreckig, schmierig
cochazo *m* KFZ Straßenkreuzer *m*, *übertr* Schlitten *m*
coche *m* (Kraft-)Wagen *m*, Pkw *m*, Auto *n*; Waggon *m*, Eisenbahnwagen *m*; ***~ de alquiler*** Mietwagen *m*; ***~(-)bomba*** Autobombe *f*; ***~ (de caballos)*** Kutsche *f*; ***~-cama(s), ~ dormitorio (de dos pisos)*** EISENB Schlaf-(Doppelstock)wagen *m*; ***~ celular*** *Polizei* Gefangenentransportwagen *m*, grüne Minna *f umg*; ***~ combinado*** *od* ***familiar*** Kombi(wagen) *m*; ***~ comedor, ~ restaurante (directo)*** Speise-(Kurs)wagen *m*; ***~ fúnebre*** Leichenwagen *m*; ***~ de línea*** Überland-, Regional-, Linienbus *m*; ***~-literas*** EISENB Liegewagen *m*; ***~ de ocasión, ~ usado*** Gebrauchtwagen *m*; ***~ oficial, ~ de servicio (~ particular)*** Dienst-(Privat)wagen *m*; ***~ (radio) patrulla*** *Polizei* (Funk-)Streifenwagen *m*; ***~ siniestrado*** Unfallwagen *m*; ***(~ de) turismo*** *m* Pkw *m*; ***~ utilitario*** KFZ ökonomischer Wagen *m*, Wagen *m* mit niedrigem Kraftstoffverbrauch; ***segundo ~*** Zweitwagen *m* ◇ ***ir en ~*** mit dem Wagen fahren; ***llevar en ~*** *Sachen* weg-, abfahren; *Personen* mitnehmen; ***tener ~*** einen Wagen haben
coch|ecito *m* Kinder- *bzw* Sportwagen *m bzw* Buggy *m*, Kinder-, Sportkarre *f*; Puppenwagen *m*; Spielzeugauto *n*; **~era** *f* Torweg *m*, Einfahrt *f*; Wagenschuppen *m*; **~ero** *m* Kutscher *m*
cochin|a *f* Sau *f auch vulg übertr*; **~ada** *f* Schweinerei *f*; Schmutz *m*; **~ear** *intr umg* schweinigeln; **~ería** *f* → ***~ada***; **~illa** *f* Koschenille(schildlaus) *f*; Koschenille *f*, roter Farbstoff *m* (der Koschenille); (Keller-)Assel *f*
cochin|illo *m*, **~ito** *m* Ferkel *n*; ***~ asado*** KOCHK Spanferkel *n*
cochino **I** *Adj übertr* schweinisch; schmutzig, dreckig *auch übertr*; verflucht, verdammt; *vulg übertr* beschissen, sau-, Scheiß-; lumpig, wertlos **II** *m* Schwein *n auch vulg übertr*; *übertr* Ferkel *n*, Schmutzfink *m*; *vulg* Schweinehund *m*, Drecks-, Saukerl *m*
cochi|quera *f* Schweinestall *m auch übertr*; **~te hervite** **I** *Adv* Hals über Kopf, übereilt **II** *m übertr* Heißsporn *m*; **~tril** *m* Schweinestall *m auch übertr*; *vulg übertr* Saustall *m*; (Bruch-)Bude *f*, Loch *n elendes Zimmer*
cocido **I** *Adj*: ***estar muy ~*** *vulg* stinkbesoffen sein **II** *m* Eintopf(gericht *n*) *m*
cociente *m* Quotient *m*; ***~ intelectual*** Intelligenzquotient *m*
cocimiento *m bes* MED, CHEM (Ab-, Aus-)Kochen *n*; ***~ final*** Fertigkochen *n von Halbfertiggerichten*
cocina *f* Küche *f auch übertr für* Kochkunst *f*; MAR Kombüse *f*; (Koch-, Küchen-)Herd *m*; Küchenpersonal *n*; ***~ de campaña*** MIL Feldküche, Gulaschkanone *f*; ***~ casera*** *od* ***doméstica*** Hausmannskost *f*; ***~ eléctrica (de gas)*** Elektro-(Gas)herd *m*; ***~ funcional*** *od* ***integrada*** Einbauküche *f*; ***~ de vitrocerámica*** Glaskeramikherd *m*; Herd *m* mit Glaskeramikkochfeld
cocin|ar **I** *tr/intr* kochen, Speisen zuberei-

C

ten **II** *intr* sich in Dinge einmischen, die einen nichts angehen; **~era** *f* Köchin *f*; **~ero** *m* Koch *m*
cocinilla *f*: **~** (***de alcohol***) (Spiritus-)Kocher *m*
cocinita *f* Kochecke *f*, -nische *f*
coco[1] *m* Kokosnuss *f*; → ***cocotero***; *umg* Schädel, *übertr* Birne *f*; **~s** *Pl Cu* Moneten *f/Pl* ◇ ***¡no te comas el ~!*** mach dir keinen Kopf!
coco[2] *m* Buhmann *m*, Kinderschreck *m* ◇ ***hacer ~s*** Grimassen *od* Fratzen schneiden; ***parecer*** *od* ***ser un ~*** abschreckend hässlich sein
coco[3] *m* ZOOL Made *f*, Wurm *m*; **~s** *Pl* Kokken *f/Pl*, Kugelbakterien *f/Pl*
cocodrilo *m* Krokodil *n*
cócora *m(f) Person* Nervensäge *f*
cocoso *Obst* wurmstichig
cocot|a *f* Kokotte *f*, Dirne *f*; Dez *m*, Birne *f Kopf*; **~azo** *m umg* Kopfnuss *f*; **~ero** *m* Kokospalme *f*
cóctel *m* Cocktail *m* (*Getränk*, *aus Früchten*; *-empfang bzw -party*); ***~ molotov*** *übertr* Molotowcocktail *m*
cocteler|a *f* Mixbecher *m*; **~o** *m* Barmixer *m*, -keeper *m*
coda *f* MUS Koda *f*; ***~ silábica*** Silbenende *n*
codazo *m* Stoß *od* Knuff *umg m* mit dem Ell(en)bogen; *Fußball* Rempler *m*; ***a ~s*** unter Einsatz der Ell(en)bogen, mit Ell(en)bogenstößen *auch übertr* ◇ ***dar un ~ a alg*** jmdm einen (heimlichen) Wink geben
codear *intr/tr* rempeln, mit den Ell(en)bogen stoßen; *jmdn* (mit dem Ellbogen) anstoßen *aufmerksam machen*; ***~se con*** freundschaftlich verkehren mit; ***poder ~se con alg*** sich mit jmdm messen können
codeína *f* PHARM Kodein *n*
co|delincuencia *f* Mittäterschaft *f*; **~delincuente** *m* Mittäter *m*, Komplize *m*; **~demandado** *m* Mitangeklagter *m*; **~demandante** *m* Mitkläger *m*; **~determinación** *f* Mitbestimmung *f*; **~determinar** *tr* mitbestimmen; **~deudor** *m* Mitschuldner *m*
códice *m* alte Handschrift *f*, Kodex *m*
codicia *f* Habsucht *f*; (Geld-)Gier *f*; Begierde *f*; Verlangen *n*; ***~ de saber*** Wissensdurst *m*
codici|able begehrenswert; **~ar** *tr* begehren; **~lo** *m* Testamentsnachtrag *m*, Kodizill *n*; **~oso** (hab-, geld-)gierig; lüstern (***de*** nach); strebsam
codific|ación *f* Kodifizierung *f*; Chiffrieren *n*, Kodieren *n*, Kodierung *f*, Verschlüsselung *f*; **~ar** ⟨-c/qu-⟩ *tr* kodifizieren; chiffrieren, kodieren, verschlüsseln
código *m* Gesetzbuch *n*; Kodex *m*, Verhaltensnormen *f/Pl*; Gesetze *n/Pl*, Normen *f/Pl*; Kode *m*; *übertr* Schlüssel *m*; ***~ alimentario*** Lebensmittelgesetz(gebung *f*) *n*; ***~ ASCII*** (***binario***) INFORM ASCII-Code *m* (Binärcode *m*); ***~ bancario*** Bankleitzahl *f*; ***~ de barras*** HDL Strichkode *m*; ***~ BIC*** (*Abk für* ***Código de identificación bancario internacional***, *englisch*: ***Bank Identifier Code***) FIN BIC *m*; ***~ de la circulación, ~ del tránsito*** Straßenverkehrsordnung *f*, StVO *f*; ***~ civil*** *od* ***penal*** *bzw* ***℃ Civil*** *od* ***Penal*** Strafgesetz(buch) *n*; ***℃ de Comercio*** Handelsgesetzbuch *n*; ***~ deontológico*** Ehrenkodex *m*; ***~ (interno)*** TEL Kurzwahl *f*; ***~ genético*** genetischer Kode *m*; ***~ Morse*** Morsealphabet; ***~ de país*** TEL internationale Vorwahl *f*; ***~ postal*** Postleitzahl *f*; ***℃ de Procesamiento*** Strafprozessordnung *f*; ***~ provincial*** *Esp* TEL Vorwahl(nummer) *f*; ***℃ del Trabajo*** Arbeitsgesetzbuch *n*
codo *m* Ell(en)bogen *m*; *Rohr* Kniestück *n*, (Rohr-)Krümmer *m*; Knick *m*, Biegung *f*, Krümmung *f auch Straße*; ***~ a ~*** *od* ***~ con ~*** *übertr* Seite an Seite, Schulter an Schulter, miteinander; ***con los ~s sobre la mesa*** auf die Ell(en)bogen gestützt ◇ ***alzar*** *od* ***empinar*** *od* ***levantar el ~*** *übertr* einen heben (gehen), einen zwitschern; ***comerse*** *od* ***roerse los ~s de hambre*** am Hungertuch nagen; ***estar metido hasta los ~s en u/c*** *übertr* bis zum Hals in einer Sache stecken; ***mentir hasta por los ~s*** wie gedruckt lügen; ***pelarse*** *od* ***romperse los ~s*** (***estudiando***) *übertr* pauken, büffeln
codorniz *f* ZOOL Wachtel *f*
coeducación *f* Koedukation *f*
coeficiente *m* Koeffizient *m*, Faktor *m auch* MATH; Rate *f*, Zahl *f*
coerc|er ⟨-c/z-⟩ *tr* zwingen, nötigen; *übertr* unter Druck setzen; einschränken, zügeln; **~ión** *f* Zwang *m*, Druck *m*; Beschränkung *f*; **~itivo** Zwangs-
coetáneo I *Adj* gleichaltrig; zeitgenössisch **II** *m* Zeit-, Altersgenosse *m*
coexistencia *f* Koexistenz *f*; Zusammenleben *n*; Nebeneinanderbestehen *n*; ***~ pacífica*** friedliche Koexistenz *f*
coexist|ente gleichzeitig *od* nebeneinander bestehend; koexistent; zusammenlebend; **~ir** *intr* koexistieren; zusammenleben; nebeneinander bestehen *od* leben
cofia *f* (Schwestern-)Haube *f*
cofrad|e, *Am meist* **cófrade** *m* Mitglied *n* einer religiösen Sekte *od* Gemeinschaft, *Freimaurer* Logenbruder *m*; **~ía** *f* religiöse Laienbruderschaft *f od* Gemeinschaft *f*; (Freimaurer-)Loge *f*; Zunft *f*, Berufsvereinigung *f*
cofre *m* Kasten *m*; Schatulle *f*; Truhe *f*; **~**

C

fuerte → ***caja de caudales***

cofundador *m* Mitbegründer *m*

coged|ero *m* Griff *m*, Stiel *m*; **~or** *m* Kehrichtschaufel *f*, Aufnehmer *m*, Müllschaufel *f*, -schippe *f reg*; Pflücker *m*, Erntearbeiter *m*

coger ⟨-g/j-⟩ *tr* nehmen *auch Verkehrsmittel*; (er)greifen; packen, fassen; (auf)fangen; (auf)lesen, ernten; pflücken; überraschen, erwischen, ertappen; *jmdm etw* wegnehmen; *Zuneigung* empfinden; *Krankheit* sich holen; MAL treffen; ZOOL decken; *Verkehrsmittel* kriegen; *übertr* mitkriegen *umg*, begreifen; *etw* in den Griff bekommen *umg z.B. ein Problem meistern*; *Wasser* schöpfen; *Angelegenheit* anpacken; gefangen nehmen; *vom Fahrzeug* erfassen; über-, einholen; *Cu, Méx, Rpl vulg* vögeln; ***esto no me coge*** das betrifft mich nicht; ***ya la ha cogido*** er hat schon einen sitzen; ***nadie lo coge*** TEL niemand nimmt ab; **~se** *übertr* sich einlassen *od* verwickeln; sich verfangen, hängen bleiben; sich verraten; ***~ a alg*** sich an jmdn schmiegen; jmdn umarmen

cogestión *f* POL Mitbestimmung(srecht *n*) *f*

cogida *f* Obsternte *f*

cogn|ado *m* Blutsverwandter *m bes mütterlicherseits*; **~ición** *f* Erkenntnis(vermögen *n*) *f*; **~itivo** kognitiv; Erkenntnis-

cogot|azo *m* Schlag *m* auf den Hinterkopf *od* ins Genick; **~e** *m* Hinterkopf *m*; Nacken *m*; **~ero** *m umg* Raubmörder *m*; **~udo I** *Adj Cu, RD* einflussreich, mächtig; *Am reg* neureich **II** *m Am reg* Neureicher *m*, Protz *m*

cogu|jada *f* Haubenlerche *f*; **~lla** *f* Mönchskutte *f*, -kapuze *f*

cohabit|ación *f* Beischlaf *m*; (eheliches *bzw allg* friedliches) Zusammenleben *n*, friedliches Miteinander *n*; **~ar** *intr* den Beischlaf ausüben; (*Mann u Frau bzw allg* friedlich) zusammenleben

cohech|able bestechlich, *übertr* käuflich; **~ar** *tr* bestechen, *übertr* kaufen; **~o** *m* Bestechung *f*; Schmiergeld *n*

coheredero *m* Miterbe *m*

coheren|cia *f* Zusammenhang *m*; *übertr* Geschlossenheit *f*; Kohärenz *f*; **~te** zusammenhängend; *übertr* geschlossen; kohärent

cohes|ión *f* PHYS Kohäsion *f*; *übertr* Geschlossenheit *f*, Zusammenhalt *m*; **~ionado** *übertr* geschlossen, geeint; **~ionar** *tr übertr z.B. Kräfte* zusammenhalten; *übertr* (zusammen)schließen

cohete *m Feuerwerk*, FLUGW, MIL, RAUMF Rakete *f*; ***~ aire-suelo*** *od* ***aire-tierra*** Luft-Boden-Rakete *f*; ***~ antiaéreo*** Luftabwehrrakete *f*; ***~ balístico intercontinental*** interkontinentale ballistische Rakete *f*; ***~ de dos*** (***varias***) ***etapas*** Zwei-(Mehr)stufenrakete *f*; ***~ luminoso*** Leuchtrakete *f*; ***~ mar-aire*** (***mar-tierra***; ***tierra-mar***) Wasser-Luft-(Wasser-Boden-; Boden-Wasser-)Rakete *f*; ***~ portador*** *od* ***portasatélites*** Trägerrakete *f*; ***~ de propulsión, ~ propulsor*** Antriebsrakete *f*; ***~ sonda, ~ de sondeo cósmico*** Weltraumsonde *f*; ***~ suelo-aire*** (***suelo-suelo***) Boden-Luft-(Boden-Boden-)Rakete *f*; ***al ~*** *Rpl* vergeblich; ***como un ~, más ligero que un ~*** blitz-, pfeilschnell

cohetería *f* Raketentechnik *f*; Raketen *f/Pl*

cohib|ición *f* Verbot *n*; Einschränkung *f*; Hemmung *f*; Einschüchterung *f*; Hindernis *n*, Schranke *f*; **~ido** gehemmt, befangen, schüchtern

cohonestar *tr* beschönigen

COI *m* (*Abk für* ***Comité Olímpico Internacional***) IOK *n od* IOC *n*

coim|a *f Chi, Rpl umg* Schmiergeld *n*; **~ero** *Chi, Rpl* **I** *Adj* käuflich *bestechlich* **II** *m* käufliches Subjekt *n*

coincid|encia *f Ereignisse, Umstände* Zusammentreffen *n*; Gleichzeitigkeit *f*; Übereinstimmung *f*; **~encias** *f/Pl* Gemeinsamkeiten *f/Pl*; **~ente** gleichzeitig eintretend *od* erfolgend; übereinstimmend; **~ir** *intr* übereinstimmen (***en*** darin); *Ereignisse, Umstände* zusammentreffen, gleichzeitig geschehen *od* auftreten *od* erfolgen; *übertr etw mit etw anderem bzw jmd mit jmdm* gemeinsam haben; koinzidieren; sich (zeitlich) überschneiden; *Personen* beisammen *od* zusammen sein

coin|quilino *m* Mitbewohner *m*; **~teresado** mitbeteiligt; mitinteressiert; **~versión** *f* Gemeinschaftsinvestition *f*

coipo *m* ZOOL Nutria *f*, Sumpfbiber *m*

coito *m* Koitus *m*

coj|ear *intr* hinken *auch übertr*; lahmen (***de*** mit); *Möbelstück* wackeln; Fehler haben *auch Person*, Mängel aufweisen; **~era** *f* Hinken *n*

cojín *m* (großes Sofa-, Ruhe-)Kissen *n*; ***~ de aire*** KFZ Airbag *m*

cojinete *m* kleines Kissen *n*; TECH Lager *n*; ***~ de bolas***, *Am auch* ***~ a bolillas*** Kugellager *n*; ***~ de deslizamiento*** *od* ***fricción*** Gleitlager *n*

cojo I *Adj* lahm, hinkend *auch übertr*; *Möbelstück* wack(e)lig ◇ ***estar ~*** *Möbelstück* wackeln **II** *m* Lahmer *m*

cojones *m/Pl vulg* Eier *n/Pl*, Sack *m Hoden*; ***¡~!*** → ***¡caramba!*** ◇ (***no***) ***tener ~*** Schneid *od* Mumm haben (*übertr* ein Waschlappen sein)

cojonudo super, toll, spitze *od* Spitze

cok *m* → ***coque***

col *f* Kohl *m*; **~ *agria*** *od* ***escabechada*** *od* ***fermentada*** Sauerkraut *n*; **~ *blanca*** (***común*** *od* ***verde***; ***lombarda***) Weiß-(Grün-; Rot)kohl *m*; **~ *de Bruselas*** Rosenkohl *m*; **~ *de Milán***, **~ *rizada*** Wirsingkohl *m*; ***entre ~ y ~*** Abwechslung muss sein; *Zeitungsüberschrift* Allerhand Wissenswertes *od* Wussten Sie schon?

cola[1] *f Tier, Flugzeug* Schwanz *m*; *Tier, Komet* Schweif *m*; *Vögel* Sterz *m*; *Kleid* Schleppe *f*; *übertr* Ende *n*, Schluss *m*; Schlange *f*, Reihe *f wartende Menschen*; **~ *de caballo*** Pferdeschwanz *m auch Frisur*; BOT Schachtelhalm *m*; **~ *de zorra*** *Gras, Säge* Fuchsschwanz *m*; ***a la ~*** ganz hinten; nach hinten ◇ ***apearse por la ~*** Blödsinn von sich geben *umg*; ins Fettnäpfchen treten; ***hacer ~*** sich anstellen, Schlange stehen; ***ir a la ~*** der Letzte sein; ***ser ~*** *übertr* das Schlusslicht bilden; ***tener*** *od* ***traer ~*** *übertr* ein Nachspiel haben

cola[2] *f* Leim *m*; Klebstoff *m*; **~ *universal*** Alleskleber *m* ◇ ***eso no pega ni con ~*** *umg* das ist reiner Unsinn, das macht überhaupt keinen Sinn

cola[3] *f* Cola *f Coca-Cola®*

colaboración *f* Zusammenarbeit *f*; Mitarbeit *f*; **~ *capital-trabajo***, **~ *de clases*** Sozialpartnerschaft *f*; **~ *entre empresas*** überbetriebliche Zusammenarbeit *f*; ***en ~ con*** in Zusammenarbeit mit

colaboracion|ismo *m* POL Kollaboration *f*; **~ista I** *Adj* landesverräterisch; Kollaborations- **II** *m* POL Kollaborateur *m*

colaborador I *Adj* hilfsbereit **II** *m*, **~a** *f* Mitarbeiter(in) *m(f)*; **~ *libre*** freier Mitarbeiter *m*; **~ *social*** Sozialpartner *m*

colaborar *intr* zusammenarbeiten; mitarbeiten, -wirken (***en*** bei, an); POL kollaborieren

colac|ión *f* Imbiss *m*, leichte Mahlzeit *f*; (Text-)Vergleich *m von Handschriften, Urkunden* ◇ ***sacar*** *od* ***traer a ~*** das Gespräch *auf etw* bringen; *etw* (gegenüber Dritten) erwähnen; als Beispiel anführen

colacionar *tr Texte* vergleichen, kollationieren

colad|a *f* Waschen *n*; (Grob-)Wäsche *f*; Waschlauge *f*; *Hochofen* Abstich *m*; **~ero** *m* Sieb *n*; Seihe *f*; *übertr* Engpass *m*; BERGB Aufhau *m*, Durchbruch *m* zum Hauptstollen; **~o** *m* Durchseihen *n*, Passieren *n*; Sieben *n*; **~or** *m* Sieb *n*; *Kaffee* Filter *m*; Seihe *f*, Durchschlag *m*

colapsar I *tr* VERK, HDL *usw* zum Erliegen bringen, lahm legen **II** *intr* VERK, HDL *usw* zum Erliegen kommen; zusammenbrechen, scheitern; → **~se** kollabieren

colapso *m* Kollaps *m*, Schwächeanfall *m*; übertr, *bes* WIRTSCH, HDL, FIN Zusammenbruch *m*, Ruin *m*, Crash *m*; **~ *cardíaco*** (***circulatorio***) Herz-(Kreislauf)kollaps *m* ◇ ***sufrir un ~*** einen Kollaps erleiden, kollabieren; zusammenbrechen

colar ⟨-ue-⟩ **I** *tr* filtern; (durch)sieben; (durch)seihen, passieren; filtrieren; *Wäsche* in der heißen Waschlauge bleichen; METAL *Eisen* (in Form) gießen; *umg* ein-, durchschmuggeln; **~ *u/c a alg*** jmdm etw andrehen; ***a mí no me cuelas*** *umg* mir kannst du nichts erzählen *od* vormachen **II** *intr Flüssigkeit* ein-, durchsickern; *Luft* hindurchkommen, -strömen; *umg übertr* durchkommen; *umg* zechen; ***eso no cuela*** das haut nicht hin

colarse *umg* sich einschleichen; *übertr* danebenhauen, sich danebenbenehmen; **~ *por alg*** *umg* sich in jmdn verknallen; ***¡me colé!*** *umg übertr* da bin ich ganz schön reingefallen!

colateral an der Seite, Seiten-; nebensächlich; Neben-

colcha *f* Bett-, Tagesdecke *f*; **~ *guateada*** Steppdecke *f*; **~ *de plumas*** Federbett *n*

colchón *m* Matratze *f*; **~ *acuático*** *od* ***inflable*** *od* ***neumático*** Luftmatratze *f*; **~ *de goma espuma*** (**~ *de muelles***) Schaumgummi-(Sprungfeder)matratze *f*

colchon|ería *f* Polsterei *f*; Polsterwaren *f/Pl*; **~ero** *m* Polsterer *m*; **~eta** *f* Sitz-, Polsterkissen *n*; SPORT Matte *f*

cole *m* Penne *f umg verächtl für Schule*; **~ada** *f Schweif* Wedeln *n*; KFZ Schleudern *n*; **~ar** *intr mit dem Schwanz* wedeln; KFZ ins Schleudern geraten; *umg Geschäft, Verhandlung* sich hinziehen; ***todavía colea*** *übertr* der *bzw* die ist nicht kleinzukriegen; *übertr* das kann sich noch hinziehen

colección *f* Sammlung *f*; Auswahl *f*; HDL Kollektion *f*; BUCHW Reihe *f*; **~ *de datos*** INFORM Datenerfassung *f*; **~ *de muestras*** HDL Musterkollektion *f*

coleccion|ar *tr bes Briefmarken, Münzen u.Ä.* sammeln; **~ismo** *m* Sammlerleidenschaft *f*; **~ista** *m(f)* Sammler(in) *m(f)*

colect|a *f* (Geld-, Spenden-)Sammlung *f*; Kollekte *f*; **~ar** *tr Geld, Spenden* einsammeln; **~ivamente** gemeinsam, gemeinschaftlich; **~ivero** *m Bol, Rpl* Busfahrer *m*

colectividad *f* Gemeinschaft *f*; Gesamtheit *f*; gemeinsamer Besitz *m*; **~ *de derecho público*** öffentlich-rechtliche Körperschaft *f*

colectiv|ismo *m* Kollektivismus *m*; Zusammenarbeit *f*, -wirken *n*; **~ista** kollektivistisch; **~ización** *f* Kollektivierung *f*; **~izar** ⟨-z/c-⟩ *tr* kollektivieren; vergenossenschaftlichen; **~o I** *Adj* kollektiv, gemeinsam, Gemeinschafts-; Sammel-; Kollektiv-; *Verhandlungen, Verträge* Tarif- **II** *m* Kollektiv *n*, (Arbeits-)Gemeinschaft *f*; *Am* Linientaxi *n*; *Bol, Rpl* Kleinbus *m*

colector I *Adj* Sammel- **II** *m* Sammler *m auch* EL *u* TECH; Steuer- *bzw* Lotterieeinnehmer *m*; *Wasserabfluss* Sammelbecken *n*; EL Kollektor *m*; **~ de basuras** Müllschlucker *m*; **~ de humos** Rauchfang *m*; **~ solar** Sonnenkollektor *m*

coleg|a *m(f)* Kollege *m*, Kollegin *f*; **~iado I** *Adj Anwälte, Ärzte einem Kollegium bzw einer Kammer* angehörend, *dort* registriert (sein) **II** *m* SPORT Schiedsrichter *m*; **~ial I** *Adj* Kollegiums-, Kammer- **II** *m Anwälte, Ärzte* Mitglied *n* eines Kollegiums bzw einer Kammer; (Ober-)Schüler *m*, Gymnasiast *m*; Schuljunge *m auch verächtl*; **~iala** *f* Schulmädchen *n*; **~iarse** ein Kollegium *bzw* eine Kammer bilden; einem Kollegium *bzw* einer Kammer beitreten

colegio *m* Schule *f*; *Anwälte; Ärzte u.Ä.* Kollegium *n*, Kammer *f*, (Berufs-)Verband *m*, (-)Vereinigung *f*; *Am auch* Gymnasium *n*; **~ de abogados (médicos)** Anwalts-(Ärzte)kammer *f*; **~ concertado** subventionierte Privatschule *f*; **~ electoral** Wahllokal *n*; **~ de enseñanza media (primera enseñanza**; **~ primario)** höhere Schule *f*, Gymnasium *n* (Volks-, Elementarschule *f*; Grundschule *f*); **~ interno** Internatsschule *f*; **~ mayor** *Esp* Studenten(-wohn)heim *n*; **~ de minería** Bergakademie *f* ◇ **ir al ~** zur *bzw* in die Schule gehen

colegir ⟨-i-;-g/j-⟩ *tr* folgern, ersehen (**de, por** aus); *übertr* zusammentragen, -bringen

coleópteros *m/Pl* Käfer *m/Pl*

cólera[1] *f* Wut *f*, Zorn *m*, Unwille *m*; ◇ **descargar la ~** seine Wut auslassen (**en** an); **montar en ~** in Wut geraten, aufbrausen

cólera[2] *m* Cholera *f*

colérico[1] **I** *Adj* cholerisch, jähzornig; zornig, wütend **II** *m* Choleriker *m*; *Chi* Halbstarker *m*; Beatnik *m*

colérico[2] *m* Cholerakranker *m*

colester|ina *f* Cholesterin *n*; **~ol** *m* Cholesterol *n*; → **~ina**

coleta *f* Nackenschopf *m*; Zopf *m*; *umg* kurzer Nachtrag *m Anmerkung*; **~ de caballo** *Frisur* Pferdeschwanz *m* ◇ **cortarse la ~** sich vom Stierkampf zurückziehen; den Beruf an den Nagel hängen

coletazo *m* Schlag *m* mit dem Schwanz; KFZ Schleudern *n*, Wegrutschen *n*

colg|adero *m* Kleider-, Wandhaken *m*; **~adizo** *m* Vor-, Wetter-, Schutzdach *n*

colgado aufgehängt, hängend (**de** an); behängt, geschmückt (**de** mit) ◇ **dejar ~** *Prüfling* durchfallen lassen; **dejar ~ a alg (u/c)** *umg* jmdn in seinen Erwartungen enttäuschen; jmdn im Stich *od* sitzen lassen (etw an den Nagel hängen *aufgeben*); **quedar ~** *umg* im Ungewissen schweben

colg|ador *m* (Kleider-)Bügel *m*; → **colgadero**; **~adura** *f* Wandbehang *m*; **~ajo** *m*, *Cu, PR* **~alejo** *m* Fetzen *m*, *auch verächtl für Kleid*; zum Trocknen aufgehängte Früchte *f/Pl*; **~ante I** *Adj* (herab-, heraus-, über)hängend, Hänge- **II** *m Schmuck* Anhänger *m*; *Am* Ohrring *m*

colgar ⟨-ue-; -g/gu-⟩ **I** *tr* anhängen; (auf)hängen (**de** *od* **en** an *od* auf); henken *alt*; *mit Schmuck* behängen; TEL *Hörer* auflegen; *umg im Examen* durchfallen lassen; **~ algo a alg** jmdm etw anhängen *beschuldigen* **II** *intr* (herab)hängen (**de** an); TEL auflegen; **¡no cuelgue!** legen Sie nicht auf!, bleiben Sie am Apparat!; **~se** sich auf-, erhängen; INFORM *Programm* abstürzen

colibacilo *m* MED Kolibazillus *m*, -bakterie *f*

colibrí *m* Kolibri *m*

cólico *m* Kolik *f*; **~s** *Pl* (heftige) Bauchschmerzen *m/Pl*; **~ bilioso** Gallenkolik *f*

coliflor *f* Blumenkohl *m*

colig|ación *f* Verbindung *f*; Verbund *m*; Bündnis *n*; **~ado** Verbündeter *m*, Bundesgenosse *m*; **~arse** ⟨-g/gu-⟩ sich verbünden

colilla *f* (Zigarren-, Zigaretten-)Stummel *m*, Kippe *f*

colina *f* Hügel *m*, Anhöhe *f*; **~bo** *m* Kohlrabi *m*

colindante angrenzend, Nachbar-; Anlieger-; Anrainer-

colirio *m* PHARM Augentropfen *m/Pl*

colirrojo *m* ZOOL Rotschwänzchen *n*

colisión *f* Kollision *f*, Zusammenstoß *m auch übertr*; Auseinandersetzung *f*; Auf-, Zusammenprall *m*; **~ en cadena, ~ múltiple** Massenkarambolage *f*; **~ frontal** Frontalzusammenstoß *m*

colision|ado *Fahrzeug* Unfall-; **~ar** *intr* kollidieren, zusammenstoßen *auch übertr*; aufprallen, aufeinander prallen, zusammenprallen *auch übertr*; VERK auffahren (**con** auf), fahren (**con** gegen)

colista *m umg* Schlusslicht *n Letzter in der Wertung*; SPORT Tabellenletzter *m*

colitis *f* MED Kolitis *f*, Dickdarmentzündung *f*

collado *m* Hügel *m*, Anhöhe *f*; Bergpass *m*

coll|ar *m* Halsband *n auch für Hunde*; (Hals-)Kette *f*, Kollier *n*; Ordenskette *f*; Halskrause *f*; **~arín** *m* MED Halsmanschette *f*

collera *f* Kumt *n*; *Am Zugtiere* Gespann *n*; *umg* dicke Freunde *m/Pl*; *Am*, *And Tiere* Paar *n*; **~s** *Pl Arg*, *Chi* Manschettenknöpfe *m/Pl*

coll|ón I *Adj umg* feige; gemein, niederträchtig **II** *m* Memme *f*; Schurke *m*; **~onada** *f umg* Niedertracht *f*

colm|ado I *Adj* voll, reichlich versehen (**de** von *od* mit); *Tisch* reich gedeckt **II** *m Esp reg* Imbissstube *f*; Lebensmittelgeschäft *n*; **~ar** *tr* (an-, auf)füllen (**de** mit); *übertr* überschütten, -häufen

colmen|a *f* Bienenkorb *m*, -kasten *m*; Bienenstock *m*; *übertr* Bienenschwarm *m*, Gewimmel *n*; **~ero** *m* Bienenzüchter *m*, Imker *m*; **~illa** *f* BOT Morchel *f*

colmillo *m* Eck-, Augenzahn *m*; Reiß-, Fangzahn *m*; *Wildschwein* Hauer *m*; Stoßzahn *m* ◇ **enseñar los ~s** *übertr* die Zähne zeigen

colmo I *Adj* randvoll **II** *m* Über-, Höchstmaß *n auch übertr*; *übertr* Gipfel *m*, Höhe *f*; *übertr* Fülle *f*; **a ~** in Hülle und Fülle; **con ~** gehäuft; **¡(eso** *od* **esto) es el ~!** *übertr* das ist die Höhe!; **(y) para ~** und zu alledem

colocación *f* Aufstellung *f*; Anordnung *f*; Aufstellen *n*, Anbringen *n*; Legen *m von Sprengkörpern*; Platzierung *f*; Lage *f*; *Arbeitskräfte* Ein-, Anstellung *f*; (Arbeits-) Stelle *f Beschäftigung*; (Geld-, Kapital-) Anlage *f*; *Waren* Absatz *m*; *Kabel*, *Leitung*, *Gleise* Verlegen *n*; **colocaciones** *Pl Arbeitsmarkt* Stellenangebote *n/Pl*; **~ en bolsa** FIN Börsengang *m*; **~ de parados, de trabajadores sin empleo** Arbeitslosenvermittlung *f*; **~ de la primera piedra** Grundsteinlegung *f*

colocar ⟨-c/qu-⟩ *tr Personen*, *Sachen* (auf)stellen; *Sachen* setzen; anordnen; anbringen; platzieren; (ab-, hin)legen; *Geld*, *Datei* anlegen; *Waren* absetzen; *übertr Personen*, *Waren auf dem Markt* unterbringen; *Bomben*, *Minen* legen; TECH *z.B. Kabel* (ver)legen; *Arbeitskräfte* ein-, anstellen; **difícil de ~** *Arbeitskräfte* schwer zu vermitteln; **~se** sich aufstellen; sich platzieren; eine Anstellung finden (**con, en** bei); HDL Absatz finden; SPORT Aufstellung nehmen

colofón *m* Abschluss *m*; Kolophon *m*, Druckvermerk *m*; Impressum *n*; **y, como** *od* **para ~** und zum Abschluss, abschließend, und schließlich

Colombia *f* Kolumbien *n*

colombiano I *Adj* kolumbianisch **II** *m*, **-a** *f* Kolumbianer(in) *m(f)*

colombino Kolumbus-, auf Kolumbus bezüglich, kolumbisch

colon *m* Kolon *n*, Grimmdarm *m*, (Teil *m* vom) Dickdarm *m*

colón *m CR*, *Salv Währung* Colón *m*

Colón *m* Kolumbus *m*

colonia *f* Kolonie *f ausländischer Besitz eines Staates*; *Ausländergruppe in fremdem Staat od fremder Stadt*; *auch* BIOL *u* ZOOL; (An- *bzw* Wohn-)Siedlung *f*; Niederlassung *f*; Pflanzung *f*; Kölnischwasser *n*; *Col*, *Cu*, *Méx* neuer Stadtteil *m*; **~ de huertos** Kleingartenanlage *f*; **~ residencial** Wohnsiedlung *f*

Colonia[1] spanische Kolonialzeit *f*

Colonia[2] *f* Köln *n*

colon|iaje *m* Fremd-, Kolonialherrschaft *f*; Kolonialzeit *f*; **~ial** kolonial, Kolonial-; Siedlungs-; **~ialismo** *m* Kolonialismus *m*, Kolonialpolitik *f*; **~ialista I** *Adj* kolonialistisch, Kolonial- **II** *m* Kolonialist *m*; Kolonialherr *m*; Kolonialpolitiker *m*; **~ización** *f* Kolonisierung *f*; Besiedlung *f*; **~izar** ⟨-z/c-⟩ *tr* besiedeln; kolonisieren; (territorial) erschließen; **~o** *m* Kolonist *m*; (An-)Siedler *m*; Pächter *m*

coloqui|al umgangssprachlich; **~o** *m* (Zwie-)Gespräch *m*; Kolloquium *n*

color *m* Farbe *f auch übertr*; Gesichts-, Hautfarbe *f*; Kolorit *n*; *übertr* Anstrich *m*, Nuance *f*; Färbung *f auch* POL; **~ autoluminoso (vivo)** selbstleuchtende (grelle) Farbe *f*; **~ café (castaño; cereza; metálico; plateado)** kaffeebraun (kastanienbraun; kirsch-, dunkelrot; metallicfarben; silbern); **~es complementarios** Komplementärfarben *f/Pl*; **~ de fondo** Grundfarbe *f*; Grundierung *f*; **~ local** Lokalkolorit *n*; **~es nacionales** *od* **patrios** Staats-, Landesfarben *f/Pl*; **~ de señalización** *Arbeitsschutz* Sicherheitsfarbe *f*; **de** (*Bild*, *Foto* **en**) **~** farbig *auch Hautfarbe*; **de ~ beige (malva; naranja; de oro; de rosa)** beige- (malven-; orange-; gold-; rosa)farben; **de (muchos** *od* **varios) ~es, en ~es** bunt; **de un solo ~** einfarbig, uni(farben); **de ~ que no pierde** farbecht; **sin ~** abgeschmackt; farblos *auch übertr*; **so ~** unter dem Vorwand, unter Vorspiegelung (**de** von); **subido de ~** *Witz*, *Erzählung* nicht ganz stubenrein ◇ **cambiar de ~** *übertr* umsatteln; die Farbe wechseln, erbleichen *bzw* erröten; **pintarlo (verlo) todo de color de rosa** schönfärben (alles in einem rosigen Licht sehen)

color|ación *f* Färbung *f*; Färben *n*; Verfärbung *f*; MAL und *übertr* Farbe *f*, Farbgebung *f*, Kolorit *n*; **~ado** farbig; farbenfroh; (hell)rot; *Witz*, *Erzählung* pikant, deftig; **~ante** *m* Farbstoff *m*; **~ativo** färbend, Farb-; **~atura** *f* MUS Koloratur *f*; **~ear** *tr* fär-

ben; be-, ausmalen, kolorieren; *übertr* schönfärben, beschönigen
colorete *m* Rouge *n* ◇ ***ponerse ~*** Rouge auflegen
color|ido I *Adj* geschönt **II** *m* Kolorit *n*; Farbe *f*, Färbung *f*; *übertr* Vorwand *m*; **~ir** ⟨*def*⟩ *tr* → ***colorear***
colos|al riesig, riesenhaft; enorm, kolossal; fabelhaft, ausgezeichnet; **~o** *m* Koloss *m auch übertr*; Riesenstandbild *n*
colostomía *f* MED künstlicher Darmausgang *m*, Kolotomie *f*
cólquico *m* BOT Herbstzeitlose *f*
colúbridos *m/Pl* ZOOL Nattern *f/Pl*
columbr|ar *tr* (von weitem) ausmachen, sichten, erspähen, *übertr* entdecken; ahnen, befürchten; **~arse** sich abzeichnen, (undeutlich) sichtbar werden
columna *f* ARCH, *Thermometer u übertr* Säule *f*; Stützpfeiler *m*; TYP Spalte *f*, Kolumne *f*; Rubrik *f*; (Zahlen-)Reihe *f*, (Zahlen-)Kolonne *f*; CHEM Kolonne *f*, Turm *m*; MIL (Marsch-)Kolonne *f*; Stapel *m Haufen*; ***~ de afiches*** *Am*, ***~ anunciadora, ~ de anuncios, ~ de carteles*** Anschlag-, Plakat-, Litfaßsäule *f*; ***~ de automóviles, ~ automóvil*** (Kraft-)Fahrzeug-, (Kraft-)Wagenkolonne *f*; ***~ de dirección*** *od* ***mando*** Steuer-, Lenksäule *f*, -stock *m*, -spindel *f*; ***~ de humo*** Rauchsäule *f*; ***~ vertebral*** Wirbelsäule *f*; Rückgrat *n*; ***en una*** (***cuatro***) **~(*s*)** TYP ein-(vier)spaltig; ***quinta ~*** POL *übertr* fünfte Kolonne *f*
column|ata *f* Säulengang *m*, Kolonnade *f*; **~ista** *m(f)* ZTGSW Kolumnist(in) *m(f)*
columpi|iar *tr jmdn* schaukeln; **~iarse** schaukeln; sich (beim Gehen) hin und her wiegen, einen wiegenden Gang haben; **~io** *m* Schaukel *f*
colza *f* Raps *m*
coma[1] *m* MED Koma *n*, Bewusstlosigkeit *f* ◇ ***entrar*** (***estar***) ***en ~*** in tiefe Bewusstlosigkeit fallen (im Koma liegen)
coma[2] *f* GRAMM, MATH Komma *n* ◇ ***sin faltar una ~*** bis aufs i-Tüpfelchen, haargenau
comadr|e *f umg Anrede* Frau Nachbarin; Taufpatin *f*; Kuppelmutter *f*; Klatschbase *f*, -tante *f*; Tunte *f*, Schwuler *m*; → ***comadrona***; **~ear** *intr übertr* klatschen, tratschen; **~eja** *f* Wiesel *n*; *AmC*, *AmS* Opossum *n*, Beutelratte *f*; **~eo** *m* Klatsch *m*, Tratsch *m*; **~ero** *umg* klatschsüchtig; **~ón** *m* Geburtshelfer *m*; **~ona** *f* Hebamme *f*
comandancia *f* MIL Kommandantur *f*; Majors- *bzw* Kommandeursrang *m*; ***~ general*** Oberkommando *n*
comandante *m* Major *m*; Kommandant *m*; Kommandeur *m*, Befehlshaber *m*; Kapitän *m eines Kriegsschiffes*; Flugkapitän *m*; ***~ bomberil, ~ de fuego*** *Feuerwehr* Einsatzleiter *m*; ***~ de guardia*** Wachhabender *m*; ***~ en jefe*** Oberkommandierender *m*, -befehlshaber *m*; ***~ de plaza*** (***~ del puerto***) Standort-(Hafen)kommandant *m*
comandar *tr/intr* kommandieren, befehligen, das Kommando führen
comandita *f* HDL Kommanditisteneinlage *f*; ***en ~*** → ***comanditario I***
comandit|ar *tr als stiller Teilhaber* finanzieren; **~ario I** *Adj* Kommandit- **II** *m*, **-a** *f* Kommanditist(in) *m(f)*
comando *m* MIL *u* POL Kommando *n*; Befehl *m auch* INFORM; Befehlsgewalt *f*; Stoßtrupp *m*; Stoßtrupp-, Kommandounternehmen *n*; ***~ suicida*** Himmelfahrtskommando *n*; ***~ supremo*** Oberkommando *n*; ***~ por voz*** INFORM Sprachsteuerung *f*
comarc|a *f* Landstrich *m*; Gegend *f*; VERW Kreis *m*; **~al** Landschafts-; VERW Kreis-; **~ano** *Boden*, *Terrain* anliegend, -stoßend, benachbart; umliegend; **~ar** ⟨-c/qu-⟩ *intr* (an)grenzen (***con*** an), aneinander grenzen
comatoso komatös, bewusstlos
comba *f* Krümmung *f*, Biegung *f*; *Seil*, *Balken* Durchhang *m*; Seilspringen *n*; Sprungseil *n* ◇ ***jugar*** *od* ***saltar a la ~*** seilspringen; ***no perder ~*** die Gelegenheit beim Schopfe packen, nichts auslassen
comb|ado krumm, schief, verbogen; durchhängend; *Holz* verworfen, -zogen; **~ar** *tr* biegen; krümmen; **~arse** durchhängen; *Holz* sich verwerfen *od* verziehen
combate *m* Kampf *m auch übertr* und SPORT; Bekämpfung *f*; Gefecht *n*; *übertr* Ringen *n*; (Wider-)Streit *m*, Auseinandersetzung *f*; ***~ aéreo*** (***naval***) Luftkampf *m*, -gefecht *n* (Seeschlacht *f*, -gefecht *n*); ***~ antiinflacionario*** Inflationsbekämpfung *f*; ***~ de ideas*** Ideenstreit *m* ◇ ***dejar*** *od* ***poner fuera de ~*** außer Gefecht setzen
combatiente *m* Kämpfer *m*; Kriegsteilnehmer *m*; ***ex(-)~*** → ***excombatiente***
combat|ir I *tr* MIL, POL, *Krankheit*, *Brand*, *übertr* bekämpfen; *übertr* anfechten **II** *intr* kämpfen, streiten, *übertr* ringen (***contra*** gegen; ***por*** für, um); **~irse** sich schlagen; **~ividad** *f* Kampfkraft *f*; Kampfgeist *m*; Kampfentschlossenheit *f*; Kampf(es)lust *f*; **~ivo** kämpferisch; kampf(es)lustig; streitbar; Kampf(es)-; Gefechts-
combi *f*, **~na** *f umg übertr* Plan *m*, Trick *m*; *Glücksspiel* Kombination *f*; **~nabilidad** *f* Kombinierbarkeit *f*; **~nable** kombinierbar, verbindungsfähig
combinación *f* Zusammenstellung *f*; Kombination *f auch* MATH *u* TEXTIL; Verbindung *f auch* CHEM; EISENB Anschluss *m*; Arbeits- *bzw* Schutz- *bzw* Sportanzug

C

m; Unterrock *m* → ***combi(na)***; ~ ***alpina*** (***nórdica***) → ***combinada***; ~ ***de seis cifras*** *Sicherheitsschloss* Sechserkombination *f* ◇ ***me estropearon la*** ~ (*od* ***combina***) man hat mir den ganzen Plan vermasselt; ***hacer una*** ~ Vorkehrungen treffen, Maßnahmen ergreifen

combinada *f* Kombine *f*, Vollerntemaschine *f*; ~ ***alpina*** (***nórdica***) SPORT alpine (nordische) Kombination *f*; ~ ***cañera*** *Cu* Zuckerrohrkombine *f*

combin|ado I *Adj* gemeinsam; CHEM gebunden **II** *m* (Produkt *n* einer) Verbindung *f*; Mixgetränk *n*; **~ar I** *tr* zusammenstellen, -fügen; verbinden *auch* CHEM; kombinieren *auch übertr*; in Einklang bringen **II** *intr* SPORT zusammenspielen; sich verbinden; *Personen* sich zusammentun; **~atorio** kombinatorisch; Verbindungs-; Kombinations-

combo[1] → ***combado***

combo[2] *m* MUS Combo *f*

combustibilidad *f* Brennbarkeit *f*

combustible I *Adj* brennbar; feuergefährlich; Heiz- **II** *m* Brenn-, Heizmaterial *n*; Brennstoff *m*; Kraft-, Treibstoff *m*; ~ ***atómico*** *od* ***nuclear*** Kernbrennstoff *m*; ~ (***de motor***) ***Diesel*** Dieselkraftstoff *m*; ~ ***fósil*** *od* ***mineral*** (***sólido***) fossiler (fester) Brennstoff *m*; ~ ***de propulsión*** Raketentreibstoff *m*; ~ ***sintético*** synthetischer Kraftstoff *m* ◇ ***reabastecer de*** ~ FLUGW, KFZ wieder auftanken, neu auftanken

combustión *f* Verbrennung *f*, Verbrennen *n*; Abbrennen *n*; Ausbrennen *n*; Verheizung *f*, -feuerung *f*, ~ ***de aceite*** (***carbón***) Öl-(Kohlen)feuerung *f*; ~ ***lenta*** langsame Verbrennung *f*; Glimmen *n*, Schwelen *n*

comebolas *m* *Col* Faulpelz *m*; *Cu* Einfaltspinsel *m*, Trottel *m*

comedero I *Adj* essbar **II** *m* Futterplatz *m*; Futter-, Fressnapf *m* ◇ ***limpiarle a alg el*** ~ *umg* jmdn brotlos machen

comedia *f* Komödie *f* *auch übertr*, Lustspiel *n*; *i w S* Schauspiel *n*; ~ ***en un acto*** Einakter *m*; (~) ***musical*** *m* Musical *n* ◇ ***todo es*** (***pura***) ~ das ist alles nur Mache; ***hacer la*** ~ eine Komödie vorspielen, Theater spielen *sich verstellen*

comediant|a *f*, **~e** *m* Schauspieler(in) *m(f)*; Komödiant(in) *m(f)* *auch übertr*

comed|ido höflich, anständig; zurückhaltend, bescheiden; zuvorkommend; **~imiento** *m* Anstand *m*, Höflichkeit *f*; Zurückhaltung *f*; Bescheidenheit *f*

comediógrafo *m* Komödienschreiber *m*; Bühnenautor *m*

comedirse ⟨-i-⟩ sich mäßigen *od* zurückhalten; *AmS* äußerst zuvorkommend sein; *Arg*, *Ec* sich einmischen

comed|ón *m* Pickel *m*, Mitesser *m*; **~or I** *Adj* gefräßig **II** *m* Ess-, Speisezimmer *n* *auch Möbel*; Speiseraum *m*, -saal *m*; Kantine *f*; Mensa *f*; *Schiff* Messe *f*

come|lata *f* *Cu umg* Gelage *n*, Fresserei *f*; **~mierda** *m(f)* *vulg* Vollidiot(in) *m(f)*

comensal *m* Tischgast *m*, -genosse *m*

comentar *tr* kommentieren; berichten; bemerken; LIT, WISS *Werk* besprechen, rezensieren

comentario *m* Kommentar *m*; Bericht *m*; LIT, WISS Besprechung *f*, Rezension *f*; **~s** *Pl* Bemerkungen *f/Pl* ◇ ***sobran los ~s*** Kommentar überflüssig

comentarista *m(f)* Kommentator(in) *m(f)*; ~ ***televisivo*** Fernsehkommentator *m*

comenzar ⟨-ie-,-z/c-⟩ **I** *tr* anfangen, beginnen; einleiten; in Angriff nehmen; *Reise* antreten **II** *intr* anfangen, beginnen, einsetzen (***a*** zu); ***comenzó por decir …*** zunächst *od* anfangs sagte er …; ***ni comienza ni acaba*** *umg* er kommt nie zum Ende

comer I *tr/intr* essen, speisen; *Tiere u vulg Menschen* fressen; (zu) Mittag essen; *Am reg* Abendbrot essen; ~ ***y callar*** wes Brot ich ess', des Lied ich sing'; ***dar de*** ~ zu essen geben; füttern; ***no tener qué*** ~ nichts zu essen haben **II** *tr* zu sich nehmen; verspeisen, -zehren; jucken, beißen; *Rost* (zer)fressen; *Vermögen* durchbringen, verjubeln; ***¿con qué se come eso?*** *umg* was soll das bedeuten *od* heißen?; **~se** aufessen, *übertr* verputzen *umg*; verschlingen *auch übertr*; *Tiere* auffressen; *Buchstaben, Zeilen* auslassen; *Laute, Silben* verschlucken; *vor Schmerz, Kummer* vergehen, sich verzehren (***de*** vor); ***se lo comió todo*** er aß (*Tier* fraß) alles auf **III** *m* Essen *n*, Speise *f*; Mahlzeit *f* ◇ ***ser de buen*** ~ ein starker Esser sein; kein Kostverächter sein; *Essen* schmackhaft sein

comerciable HDL ab-, umsetzbar, verkäuflich, marktgängig, -fähig

comercial[1] **I** *Adj* Handels-, Geschäfts-, kaufmännisch, geschäftlich, kommerziell; gewerblich; handelsüblich; marktgerecht; ***no*** ~ nichtkommerziell **II** *m(f)* Außendienstmitarbeiter(in) *m(f)*, Handelsvertreter(in) *m(f)*

comercial[2] Werbespot *m*; **~es** *Pl* RADIO, TV Werbung *f*

comercial|idad *f* Absatz-, Marktfähigkeit *f*, Verkäuflichkeit *f*; **~ismo** *m* Geschäftssinn *m*, -tüchtigkeit *f*; *verächtl* Geschäftemacherei *f*; **~izable** vermarktungsfähig; **~ización** *f* Vermarktung *f*, Absatz *m*, Vertrieb *m*, Kommerzialisierung *f*; **~izar** ⟨-z/c-⟩ *tr* vermarkten, ab-, umsetzen, vertreiben, kommerzialisieren, zu Geld machen; *jmds Ansehen* ausbeuten, -schlachten; **~izarse** *Ware* auf dem Markt sein, gehandelt *od* verkauft werden

comerciante I *Adj* Handel treibend **II** *m(f)* Kauf-, Geschäftsmann *m*, -frau *f*, Händler (-in) *m(f)*; **~s** *Pl* Kauf-, Geschäftsleute *Pl*; **~ comisionista** Kommissionshändler *m*, Kommissionär *m*; **~ detallista, ~ al por menor, ~ minorista (privado)** (privater) Einzelhändler *m*; **~ de divisas** Devisenhändler *m*; **~ al por mayor, ~ mayorista** Großhändler *m*, Grossist *m*; **~ en vinos** Weinhändler *m*; **~ de víveres** Lebensmittelhändler *m*

comerciar I *intr* handeln, Handel treiben (**con, en** mit); feilschen; *Personen miteinander* verkehren **II** *tr* in den Handel *od* auf den Markt bringen

comercio *m* Handel *m*; Handels-, Warenverkehr *m*; Laden *m*, Geschäft *n*; Geschäftswelt *f*; (Handels-)Gewerbe *n*; *Personen* Umgang *m*, Verkehr *m*; **~ ambulante** ambulanter Handel *m*; **~ de cabotaje, ~ costero** Küstenhandel *m*; **~ clandestino, ~ ilícito** Schleichhandel *m*; **~ de** *od* **a comisión** Kommissionshandel *m*; **~ electrónico** E-Commerce *m Vertrieb von Waren u Dienstleistungen über das Internet*; **~ especializado** Fachhandel *m*; Spezialgeschäft *n*; **~ de exportación (importación)** Export-(Import)handel *m*; **~ exterior (interior** *od* **nacional)** Außen-(Binnen)handel *m*; **~ de inmuebles** Immobilienhandel *m*; **~ intermediario (internacional** *od* **mundial; libre; marítimo)** Zwischen-(Welt-; Frei-; See)handel *m*; **~ justo** fairer Handel *m*; **~ mayorista, ~ al por mayor** Großhandel *m*; **~ al por menor, ~ minorista (privado)** (privater) Einzelhandel *m*; **~ de ultramar** Überseehandel *m*; **~ de ventas por correspondencia** Versandhandel *m*; **usual en el ~** handelsüblich

comestible I *Adj* essbar **II** *m*: **~s** *Pl* Lebensmittel *n/Pl*; **~s y bebidas finos** *etwa* Genussmittel *n/Pl*; **~s finos** Delikatessen *f/Pl*, Feinkost(geschäft *n*) *f*; **~s pre-preparados** Halbfertiggerichte *n/Pl*

cometa I *m* Komet *m* **II** *f* (Papier-)Drachen *m* ◇ **echar** *od* **hacer subir una ~, volar la ~** einen Drachen steigen lassen

comet|er *tr Verbrechen, Irrtum, Niederträchtigkeit* begehen; *Dummheit, Fehler* machen; *Aufgabe* übertragen, *jmdn* beauftragen (*dir Obj* mit); **~ido** *m* Auftrag *m*; Aufgabe *f*; Pflicht *f*, Obliegenheit *f*

comezón *f* Juckreiz *m*; Kitzel *m*, Gelüst *n*, heimliches Verlangen *n*; **~ (interna)** (innere) Unruhe *f*, (inneres) Unbehagen *n*

comible (gerade noch) ess- *bzw* genießbar

cómic *m* ⟨*Pl* **cómics**⟩ Comic(strip) *m*

comicidad *f* Komik *f*

comicios *m/Pl* Wahlen *f/Pl*; **~ locales** *od* **municipales** Gemeinde-, Bürgerschaftswahlen *f/Pl*

cómico I *Adj* komisch; spaßig, lustig, drollig, witzig; Lustspiel-, Komödien- **II** *m* Komiker *m*; Witzbold *m umg*, Spaßmacher *m*

comida *f* Essen *n*, Speise *f*; Gericht *n*, Mahl(zeit *f*) *n*; Kost *f*; (Vieh-)Futter *n*; *bes Esp* Mittagessen *n*; *Am reg* Abendbrot *n*, -essen *n*; **~ abundante** *od* **rica** reichhaltiges Essen *n*; **~ campestre** Essen *n* im Freien, Picknick *n*; **~ congelada** Tiefkühlkost *f*; **~ de dieta, ~ dietética** Diätessen *n*, -kost *f*; **~ de negocios (trabajo)** Geschäfts-(Arbeits)essen *n*; **~ para perros** Hundefutter *n*, -nahrung *f*; **~ principal** Hauptmahlzeit *f*; **~ rápida** Fastfood *n*; **sobre ~** nach Tisch ◇ **cambiar la ~** sich übergeben *od* erbrechen; **dar ~ (a los animales)** (Tiere) füttern; **dar una ~** ein Essen geben (**a** für); **hacer la ~** das Essen machen *od* (zu)bereiten; **hacer tres ~s diarias** dreimal täglich essen; **tener ~ y alojamiento** Unterkunft und Verpflegung *od* Kost und Logis frei haben; *Sprichw* **~ hecha, compañía deshecha** der Mohr hat seine Schuldigkeit getan, der Mohr kann gehen; aus den Augen, aus dem Sinn

comidilla *f* Lieblingsbeschäftigung *f*; Hauptgesprächsthema *n*; **~s** *Pl* Klatsch *m* ◇ **ser la ~ de la ciudad** Stadtgespräch *od* in aller Munde sein

comido satt (gegessen), gesättigt; *Material* durchlöchert, zerfressen, angenagt; **~ por servido** das ist *bzw* war für die hohle Hand, es springt *bzw* sprang nichts dabei heraus; ◇ **estar ~ y bebido** sich satt gegessen und getrunken haben; sein Auskommen haben

comienzo *m* Anfang *m*, Beginn *m*; *Handlung* Einsetzen *n*; *übertr* Auftakt *m*; *Zustand* Eintritt *m*; Start *m*; *Reise, Kur* Antritt *m*; Ursprung *m*, Wurzel *f*; **~ de la mayoría de edad** Eintritt *m* in die Volljährigkeit; **a ~s de mayo (de nuestro siglo)** Anfang Mai (dieses Jahrhunderts); **al ~** mit Beginn; am Anfang; anfangs, anfänglich; **desde el ~, desde los propios ~s** von Anfang *od* Anbeginn an ◇ **dar ~** beginnen, in Angriff nehmen (**a** *Akk*); *Sprichw* **los ~s son siempre difíciles** aller Anfang ist schwer

comillas *f/Pl* Anführungszeichen *n/Pl*; **~ angulares** INFORM Steuerzeichen *n/Pl* ◇ **(poner) entre ~** in Anführungszeichen (setzen) *auch übertr*

comilón I *Adj umg* gefräßig **II** *m umg*

übertr Vielfraß *m*, Schlemmer *m*
comin|ear *intr verächtl* sich mit Kleinigkeiten abgeben; *verächtl Mann* sich mit Weiberkram abgeben; **~ería** *f verächtl* Kleinigkeiten *f/Pl*; *verächtl* Weiberkram *m*; **~ero** *m verächtl* Kleinigkeitskrämer *m*; *verächtl* Schnüffler *m*; *verächtl übertr* Topfgucker *m*
comino *m* BOT und KOCHK Kümmel *m*; *umg übertr* Knirps *m*, kleiner Wicht *m* ◇ ***eso (no) me importa un ~*** das ist mir vollkommen schnuppe; ***no vale un ~*** das ist keinen Pfifferling wert
comisar *tr* JUR einziehen, beschlagnahmen
comisaría *f* Kommissariat *n*; ***~ (de policía)*** (Polizei-)Revier *n*, (-)Wache *f*; ***alta ~*** *od* ***Alta ~ → Alto Comisariato***
comisariato *m* → ***comisaría***; ***Alto ~ (de las Naciones Unidas para los Refugiados)*** POL (UN-)Hochkommissariat *n* (für Flüchtlinge, UN-Flüchtlingshilfswerk *n*)
comisario *m*, **-a** *f* VERW, *Polizei*, POL Kommissar(in) *m(f)*; Beauftragte(r) *f(m)*; amtliche(r) *od* behördliche(r) Vertreter(in) *m(f)*; Treuhänder(in) *m(f)*; ***Alto ~*** POL Hochkommissar *m*
comiscar ⟨-c/qu-⟩ *tr/intr* naschen
comisión *f* Kommission *f auch* HDL, Ausschuss *m*; Abordnung *f*; Provision *f*, Vermittlungsgebühr *f*; Bearbeitungsgebühr *f*; Maklergebühr *f*; Auftrag *m*; *Verbrechen* Verübung *f*; ***~ administrativa*** Verwaltungsausschuss *m*; ***~ de arbitraje*** Schiedskommission *f*, Schlichtungsausschuss *m*; ***~ asesora*** beratender Ausschuss *m*, Beirat *m*; ***~ de asuntos constitucionales (exteriores)*** PARL Verfassungsausschuss *m* (außenpolitischer Ausschuss *m*); ***~ de Asuntos Sociales*** *UNO* Sozialausschuss *m*; ***~ conjunta (mixta)*** gemeinsame (gemischte) Kommission *f*, gemeinsamer Ausschuss *m*; ***~ de credenciales*** POL Mandatsprüfungskommission *f*; ***~ de defensa (del presupuesto)*** PARL Verteidigungs-(Haushalts)ausschuss *m*; ***~ de Derechos Humanos de la ONU*** UNO-Menschenrechtskommission *f*; ***~ de desarme*** Abrüstungsausschuss *m*; ***~ directiva*** Vorstand *m*; ***~ económica (financiera; gestora; jurídica)*** PARL Wirtschafts-(Finanz-; Vermittlungs-; Rechts)-ausschuss *m*; ***~ Económica para América Latina y el Caribe*** UN-Wirtschaftskommission *f* für Lateinamerika und die Karibik; ***~ electoral*** Wahlkommission *f*; ***~ de encuesta*** *od* ***estudios*** Enquête-, Studienkommission *f*; ***~ de Energía Atómica*** *UNO* Atomenergie-Kommission *f*; ***~ Europea*** Europäische Kommission *f*; ***~ de examen de cuentas*** Rechnungsprüfungsausschuss *m*; ***~ de expertos*** Sachverständigenausschuss *m*, -kommission *f*; ***~ investigadora, ~ de investigación*** Untersuchungsausschuss *m*; ***~ médica consultiva*** Ärzteberatungskommission *f*; ***~ mercantil*** HDL Kommissionsgeschäft *n*; ***~ Nacional del Mercado de Valores*** *Esp* Staatliche Kommission *f* des Wertpapiermarktes; ***Comisiones Obreras*** *Esp Gewerkschaft* Arbeiterkommissionen *f/Pl*; ***~ paritaria (permanente)*** paritätischer (ständiger) Ausschuss *m*; ***~ de redacción, ~ redactora*** Redaktionskommission *f*; ***~ rogatoria*** Rechtshilfeersuchen *n*; ***libre de ~, sin ~*** provisionsfrei ◇ ***dar (tomar; vender) en ~*** HDL in Kommission geben (nehmen; auf Kommission verkaufen); ***venir en ~*** beauftragt sein (***de*** von)
comisionado *m bes* JUR, HDL Bevollmächtigter *m*, Beauftragter *m*; *bes Am* POL Kommissar *m*; ***~ de apremio*** Vollzugs-, Vollstreckungsbeamter *m*; ***Alto ~ (de las Naciones Unidas para los Refugiados)*** POL (UN-)Hochkommissar *m* (für Flüchtlinge)
comisionar *tr* beauftragen (*dir Obj* mit; ***para*** zu), *jmdm* einen Auftrag geben; bevollmächtigen; *etw* in Auftrag geben; *Beauftragte* entsenden
comisionista I *Adj* HDL Kommissions- **II** *m(f)* Kommissionshändler(in) *m(f)*, Kommissionär(in) *m(f)*; Zwischenhändler(in) *m(f)*, Agent(in) *m(f)*; (Handels-)Vertreter (-in) *m(f)*; ***~ de transportes*** Spediteur *m*
comiso *m* JUR Einziehung *f*, Beschlagnahme *f*
comité *m* Komitee *n*; Ausschuss *m*; ***~ ad hoc*** Ad-hoc-Ausschuss *m*; ***~ Central*** Zentralkomitee *n*; ***~ de conflictos (coordinación)*** Disziplinar-(Koordinierungs)ausschuss *m*; ***~ (directivo)*** Leitung *f*, Vorstand *m*; ***~ ejecutivo*** Exekutivkomitee *n*; geschäftsführender Ausschuss *m*; ***~ electoral*** Wahlausschuss *m*; ***~ de empresa*** Betriebsrat *m*; ***~ de huelga*** Streikleitung *f*, -komitee *n*; ***~ de normalización*** Normenausschuss *m*; ***~ Olímpico Internacional (Nacional)*** Internationales (Nationales) Olympisches Komitee *n*; ***~ organizador*** Organisationskomitee *n*, vorbereitender Ausschuss *m*
comit|ente *m* HDL Auftraggeber *m*, Kommittent *m*; **~iva** *f* Begleitung *f*, begleitende Personen *f/Pl*; Abordnung *f*
como I *Adv* (so) wie (***~ siempre***); als ob (***Pablo salió ~ en defensa de su hermano***); fast *od* beinahe wie (***está ~ muerto***); ***~ para*** + *Inf* so (beschaffen), dass man (am liebsten) (***la casita estaba ~ para vivir en ella toda su vida***); als ob (***lo dejaron ~ para tirarlo***); ~

quien dice gewissermaßen, sozusagen; ~ quiera od ~quiera wie auch immer, egal wie (y llámense ~ quiera); ~ quiera usted od ~ usted quiera wie Sie wollen, das ist mir egal; ~ si tal cosa (so) mir nichts, dir nichts od so ohne weiteres **II** *Präp Eigenschaft* als (Pedro trabaja ~ mecánico); ungefähr (cobramos ~ mil pesos) **III** *Konj Vergleich* wie (lo haremos ~ lo acordábamos); *Art, Weise* wie (Pablo es, ~ se sabe, una persona muy resuelta); *Grund* da, weil (~ no lo sabía, iba muy tranquilo); + *subj Bedingung* falls, wenn; ~ que *Anschein* als ob (hace ~ que llora); ~ que, ~ quiera que *Grund* da, weil (~ que od ~ quiera que no estaba dispuesto a traicionar a su amigo, lo golpearon); ~ quiera que + *subj Einräumung* wie auch immer (~ quiera que sea, lo hecho no merece disculpa); ~ si + *subj Imperf Anschein* als ob (no nos saludamos, ~ si no nos conociéramos)

cómo *Interr Pron* **I** *direkte Fragen* ¿~? wie?, wie bitte?, was? *auch Erstaunen, Entrüstung*; warum? (¿~ no viniste ayer?); ¿~ así? od pues? od qué? wieso? ◇ ¿~ andas? od estás? od vas? wie geht es dir? ¿~ ha dicho usted? wie bitte?, was sagten Sie (bitte)?; ¿a ~ está el cambio (pan)? wie steht der Kurs (wie viel kostet das Brot)? **II** *indirekte Fragen* wie (no sé ~ lo ha hecho) **III** *Ausruf: des Befremdens, Ärgers* ¡~! wie denn!, nanu!; ¡~ no! jawohl!, natürlich!, selbstverständlich!; gern!; ¡~ que no! wieso nicht! **IV** *m*: el ~ y el cuándo (por qué) das Wie und das Wann (Warum)

cómoda *f* Kommode *f*

comodidad *f* Bequemlichkeit *f*; Lässigkeit *f*; Wohlstand *m*; (persönlicher) Gewinn *m* od Nutzen *m*; **~es** *Pl* Annehmlichkeiten *f/Pl*; con todas las ~es (modernas) mit allem (modernen) Komfort

comod|ín I *Adj Am* → comodón I **II** *m* Universalwort *n*, Ausdruck *m* für alles Mögliche; INFORM Platzhalter *m*; KART Joker *m*; *übertr* Mädchen *n* für alles; *Chi* Kissen *n*; *Pe* einer, der sich anpasst *Opportunist*; **~ista** → comodón I und II

cómodo bequem; behaglich; lässig; leicht, mühelos ◇ estar ~, sentirse ~ sich wohl fühlen, es gemütlich haben; póngase ~ machen Sie es sich bequem, fühlen Sie sich wie zu Hause

comodón I *Adj* träge; verwöhnt **II** *m übertr* Faultier *n*

comoquiera → como I

Comores *m/PL* Komoren *Pl*

comp. *od* ♀ *m bzw f* (*Abk für* compañero *bzw* compañera) Koll. *m bzw* Kolln. *f*; ♀ → C.ía

compa *m(f) Esp umg übertr* Kumpel *m*; *Am* → compadre; *Nic Kurzf von* → compañero

compac|idad *f* Kompaktheit *f*, Dichte *f*; *Material* Festigkeit *f*; **~to I** *Adj* kompakt, dicht; fest, massiv; *Menschenmenge* dicht gedrängt; TYP ungesperrt **II** *m* CD *f*

compadecer ⟨-c/zc-⟩ *tr* bemitleiden; Mitleid erregen; **~se** Mitleid haben *od* empfinden (de mit); *übertr* sich vertragen, zusammenpassen (con mit)

compadr|aje *m* Clique *f*; Cliquenwirtschaft *f*; Kumpanei *f*; **~ar** *intr* gut auskommen, gut Freund sein; sich einlassen (con mit); **~azgo** *m* → compadraje; *AmC, Méx* Vetternwirtschaft *f*, Kungelei *f*

compadr|e *m* Taufpate *m*; Freund *m*; *meist umg Anrede* Kumpel *m*, Herr *m* Nachbar; **~ear** *intr* → compadrar; **~eo** *m*, **~ería** *f* → compadraje

compagin|ación *f* TYP Paginierung *f*; Seitenbezeichnung *f*; (Zusammen-)Heften *n von Seiten*; TYP Umbruch *m*; *Umstände* Verkettung *f*; **~ador** *m* TYP Metteur *m*; **~ar** *tr* TYP paginieren, Seiten ordnen; Seiten (zusammen)heften, zusammenlegen; TYP umbrechen; in Einklang bringen (con mit); **~arse** (zusammen)passen, in Einklang stehen (con mit)

compaña *f verächtl* → compañia; *umg* Pack *n*; la ~ *verächtl übertr* der ganze Verein, alle miteinander

compañer|a *f* → compañero; **~ismo** *m* Kameradschaft *f*; Kollegialität *f*; *verächtl* Kumpanei *f*

compañero I *Adj*: (no) ser ~s *Gegenstände* (nicht) zusammengehören, (nicht) zueinander passen **II** *m* Kollege *m*; Mitarbeiter *m*; Genosse *m*; Begleiter *m*; Kamerad *m*, Kumpel *m*, Freund *m*; Gatte *m*, (Ehe-) Partner *m*; Gegenstück *n*, Pendant *n*; ~ de aula od clase Klassenkamerad *m*, Schulfreund *m*; ~ de cautiverio Mitgefangener *m*, -häftling *m*; ~ de estudios Kommilitone *m*; Mitschüler *m*; ~ de generación Altersgenosse *m*; ~ de ideas Gleichgesinnter *m*; ~ de juego (viaje) Mitspieler *m* (-reisender *m*; POL -läufer *m*); ~(s *Pl*) de trabajo Arbeitskollege *m* (Kollegenkreis *m*); ~ de vida Lebensgefährte *m*

compañía *f* Begleitung *f*; Begleiter *m(/Pl)*, Freund(e) *m(/Pl)*; WIRTSCH *u übertr* Gesellschaft *f*; Unternehmen *n*; Firma *f*; MIL Kompanie *f*; THEAT Ensemble *n*; ~ aérea od ~ de aviación Luftfahrt- od Luftverkehrsgesellschaft *f*, Fluggesellschaft *f*; ♀ Arrendataria del Monopolio de Petróleos, S.A. *spanische Erdölgesellschaft*; ~ asegu-

radora *od* **de seguros** Versicherungsgesellschaft *f*; **~ chárter** FLUGW Chartergesellschaft *f*; **~ eléctrica** Elektrizitätsunternehmen *n*; **≗ Española de Electricidad** (**Española de Petróleos, S.A.**) *spanische Elektrizitäts-(Erdöl)gesellschaft*; **~ fantasma** WIRTSCH Schein-, Schwindelunternehmen *n*, Briefkasten-, Scheinfirma *f*; **~ ferroviaria** (**inmobiliaria**; **petrolera**; **telefónica**) Eisenbahn-(Immobilien-; Erdöl-; Telefon)-gesellschaft *f*; **~ de gran tamaño** Großunternehmen *n*; **≗ de Jesús** Jesuitenorden *m*; **~-madre, ~ matriz** WIRTSCH Muttergesellschaft *f*; **~ multinacional** multinationales Unternehmen *n*, Multi *m umg*; **~ de navegación, ~ naviera** Schifffahrtsgesellschaft *f*, Reederei *f*; **~ pública** Staatsunternehmen *n*; **~ de transporte** Verkehrsgesellschaft *f*, -betrieb *m*; **en ~ de** in Begleitung von; **la ≗** *umg Bez für* CIA *m,f*, USA-Geheimdienst *m*; **malas ~s** *übertr* schlechte Gesellschaft *f*, schlechter Umgang *m*; **y ~** u. Co., & Co. ◇ **hacer ~ a alg** jmdm Gesellschaft leisten

comparab|ilidad *f* Vergleichbarkeit *f*; **~le** vergleichbar, komparabel

comparación *f* Vergleich *m*; Gegenüberstellung *f*; GRAMM Steigerung *f*, Komparation *f*; **en ~ con** im Vergleich mit *od* zu; **por ~** vergleichsweise ◇ **hacer comparaciones** Vergleiche anstellen; **ser superior a toda ~, no tener ~** unvergleichlich sein; *Sprichw* **toda ~ es odiosa** (alle) Vergleiche hinken

compar|ador *m* PHYS, INFORM, TECH Komparator *m*; INFORM Vergleicher *m*; Messgerät *n*; **~ar** *tr* vergleichen, gegenüberstellen; *übertr* gegeneinander halten; **~ativamente** vergleichsweise; **~ativo I** *Adj* vergleichend, Vergleichs-; Komparativ- **II** *m* GRAMM Komparativ *m*

compar|ecencia *f* Erscheinen *n vor einem Gremium*; Auftreten *n*; **~ecer** ⟨-c/zc-⟩ *intr vor einem Gremium* (*Ausschuss*, *Gericht usw*) erscheinen; auftreten; *iron* auftauchen *endlich erscheinen*

compars|a I *f* → **~ería II** *m(f)* Statist(in) *m(f)*, Komparse(-in) *m(f)*; **~ería** *f* Statisten *m/Pl*, Kleindarsteller *m/Pl*, Komparserie *f*

compartim|ento *m*, **~iento** *m* EISENB Abteil *n*; TECH Abteilung *f*; TECH Zelle *f*; TECH Raum *m*; *Schrank*, *Portmonee*, *Tasche* Fach *n*; **~ de congelación** Tiefkühl- *bzw* Gefrierfach *n*

compartir *tr etw mit jmdm* teilen *auch Meinung*; auf-, einteilen; verteilen

compás *m Mess-*, *Zeicheninstrument* Zirkel *m*; *übertr* Richtschnur *f*, Leitlinie *f*, Maß *n*; MUS *u allg* Takt *m*, Rhythmus *m*; Kompass *m*; **~ de tres por cuatro** Dreivierteltakt *m*; **a ~** im Gleichschritt; **al ~** im *od* zum Takt (**de** *Gen*); nach Maßgabe (**de** von *od Gen*) ◇ **llevar** *od* **marcar** (**perder**) **el ~** den Takt angeben; *übertr* den Ton angeben, das Wort führen (aus dem Takt kommen); **salirse del ~** *übertr* das Maß überschreiten; *übertr* aus der Reihe tanzen

compas|ado *übertr* gemessen, maßvoll; klug, angemessen; **~ar** *tr* abzirkeln; ab-, ausmessen; *übertr* bemessen, einteilen

compasión *f* Mitleid *n*, -gefühl *n*; **sin ~** mitleid(s)-, erbarmungs-, rücksichtslos ◇ **dar** *od* **despertar** (**sentir** *od* **tener**) **~** Mitleid erwecken (Mitleid haben *od* zeigen)

compasivo mitleidig, -fühlend

compatibili|dad *f* Vereinbarkeit *f*, Kompatibilität *f*; Verträglichkeit *f*; **~zar** ⟨-z/c-⟩ *tr* in Übereinstimmung *od* Einklang bringen, vereinbaren (können) (**con** mit); *übertr* unter einen Hut bringen

compatible vereinbar, kompatibel; verträglich; zusammenpassend; **~ con DOS** (**IBM**) INFORM DOS-(IBM-)kompatibel

compatriota *m(f)* Mitbürger(in) *m(f)*, Landsmann *m*, -männin *f*; **~s** *Pl* Mitbürger *m/Pl*, Landsleute *Pl*

compeler *tr* nötigen, zwingen (**a** zu)

compend|iar *tr* zusammenfassen; im Auszug bringen; **~io** *m übertr* Leitfaden *m*, Abriss *m*, Kompendium *n*; Auszug *m*; Lehr-, Handbuch *n*; **~izar** ⟨-z/c-⟩ *tr* → **~iar**

compenetr|ación *f übertr* gegenseitige Durchdringung *f*; *übertr* Eindringen *n in od* Aufnahme *f von Einzelheiten*; Einfühlungsvermögen *n*; WIRTSCH Verflechtung *f*; **~arse** *übertr* sich gegenseitig durchdringen; ineinander aufgehen; *übertr* in sich aufnehmen, durchdrungen werden; sich einfühlen; WIRTSCH sich verflechten

compensable ersetzbar; ausgleichbar

compensación *f* Ausgleich *m*; TECH, WIRTSCH, FIN Kompensation *f*; Ersatz *m*; Entschädigung *f*, Vergütung *f*; Gegenleistung *f*; WIRTSCH Clearing *n*, Verrechnung *f*; Abfindung *f*; **~ capacitativa** (**financiera**) Kapazitäts-(Finanz)ausgleich *m*; **~ de cargas** (**energía**; **precios**; **presión**; **salario**) Lasten-(Energie-; Preis-; Druck-; Lohn)-ausgleich *m*; **~ económica** Ausgleichszahlung *f*; **~ global** Pauschalabfindung *f*

compens|ar *tr* ausgleichen; TECH, WIRTSCH, FIN *u allg* kompensieren; ersetzen; entschädigen, vergüten; verrechnen; abgelten; *jmdn* abfinden; **~arse** (einander) aufwiegen; **~ativo**, **~atorio** ausgleichend, Ausgleichs-; Kompensations-; Abfindungs-

competencia *f* Konkurrenz(kampf *m*) *f*;

C

Wettbewerb *m*, -streit *m*; Kompetenz *f*; Zuständigkeit *f*, Aufgabenbereich *m*; (Entscheidungs-)Befugnis *f*; Fähigkeit *f*; Sachkenntnis *f*; *Am* SPORT Wettkampf *m*; **~ desleal, ~ ilegal, ~ ilícita** unlauterer Wettbewerb *m*; **a** *od* **en ~** um die Wette, konkurrierend; **fuera de ~** außer Konkurrenz; **libre ~** freie Konkurrenz *f*, freier Wettbewerb *m* ◇ **eso no es de mi ~** dafür bin ich nicht zuständig, das gehört nicht zu meinem Aufgabenbereich; **estar en ~** konkurrieren, im Wettbewerb stehen; **hacer la ~** Konkurrenz machen (**a** *Dat*), in Konkurrenz treten, konkurrieren (**a** mit); **sufrir la ~** dem Wettbewerb ausgesetzt sein

compet|ente zuständig; befugt, berechtigt (**para** für, zu); sachkundig, kompetent (**en** in, für); fähig; maßgebend; **~er** *intr* obliegen (**a** *Dat*); **~ición** *f* Konkurrenzkampf *m*; SPORT Wettkampf *m*, Spiel *n*; **~idor I** *Adj* im Wettbewerb stehend, konkurrierend; Konkurrenz- **II** *m* Wettbewerb(steilnehm)er *m*; Konkurrent *m*; (Mit-)Bewerber *m*

competir ⟨-i-⟩ *intr* konkurrieren; wetteifern; sich mitbewerben (**para** um); an einem Wettbewerb teilnehmen; rivalisieren; **capaz de ~** konkurrenzfähig; **(no) poder ~** (nicht) konkurrieren können; es (nicht) aufnehmen können (**con alg** mit jmdm)

competitiv|idad *f* Konkurrenz-, Wettbewerbsfähigkeit *f*; **~o** konkurrenz-, wettbewerbsfähig; wettbewerblich, Wettbewerbs-, Konkurrenz-; konkurrierend

compi *m* → **compinche**

compil|ación *f* Zusammenstellung *f*; Sammelwerk *n*, Sammlung *f*; Zusammentragen *n*, -stellen *n*; *verächtl* Sammelsurium *n*; **~ador** *m* Herausgeber *m eines Sammelwerks*; **~ar** *tr* zusammenstellen, -tragen, sammeln; *verächtl* zusammenstoppeln *umg*

compinche *m übertr* Kumpel *m*, Spezi *m*; *verächtl* Kumpan *m*, Spießgeselle *m*

complac|edor gefällig, entgegen-, zuvorkommend; **~encia** *f* Gefallen *n*, Freude *f*, Zufriedenheit *f*; Entgegenkommen *n*, Kulanz *f*; Gefälligkeit *f*, Zuvorkommenheit *f*; **~er** ⟨→ **placer**[1]⟩ *tr jmdm* gefallen; gefällig sein, *übertr jmdm* entgegenkommen; *dem Ideal* entsprechen; *jmdn od jmds Wünsche* zufrieden stellen; **~erse** Gefallen finden (**en** an); sich freuen; **nos complacemos en comunicarles** *od* **nos complace comunicarles** es freut uns, Ihnen mitteilen zu können; **~ido** zufrieden (gestellt); **~iente** bereitwillig, gefällig, zuvor-, entgegenkommend; nachsichtig, kulant

complejidad *f* Vielschichtigkeit *f*, Komplexität *f*; Schwierigkeit *f*, Kompliziertheit *f*

complejo I *Adv* vielschichtig, komplex; *übertr* verwickelt; kompliziert, schwierig; vielgestaltig **II** *m* PSYCH, TECH *u allg* Komplex *m*; Gesamtheit *f*; Ganzes *n*; Verbindung *f*; *Cu* WIRTSCH Kombinat *n*; **~ de edificios** Gebäudekomplex *m*; **~ industrial** Industriekomplex *m*; **~ de inferioridad** Minderwertigkeitskomplex *m*; **~ residencial** Wohnanlage *f*; **~ turístico** (neu errichtetes) Fremdenverkehrszentrum *n*; *auch* Feriendorf *n*; **~ vitamínico B** Vitamin-B-Komplex *m*

complement|ar *tr* → **completar**; **~ario I** *Adj* ergänzend; Ergänzungs- **II** *m Lotterie* Zusatzzahl *f*

complemento *m* Ergänzung *f*, Vervollständigung *f*; GRAMM Objekt *n*, Ergänzung *f*; **~ circunstancial** adverbiale Bestimmung *f*; **~ directo (indirecto)** direktes Objekt *n*, Akkusativobjekt *n* (indirektes Objekt *n*, Dativobjekt *n*); **~ salarial** Lohn-, Gehaltszulage *f*

complet|amente völlig, voll und ganz, ganz (und gar); **~amiento** *m* Vervollständigung *f*, Ergänzung *f*; **~ar** *tr* ergänzen, vervollständigen, komplettieren; vollenden

completo vollständig, -kommen, ganz, komplett; flächendeckend; *Hinweis* Besetzt; THEAT, *Kino* ausverkauft; **por ~** → **completamente** ◇ **¿estamos ~s?** sind alle da?, sind wir vollzählig?; **estar al ~** *bes Hotel* ausgebucht sein

complexidad *f* → **complejidad**

complexionado: **bien (mal) ~** von kräftigem Wuchs, gut gebaut (von schmächtigem Wuchs)

complexo → **complejo I**

complic|ación *f* Komplikation *f*; Schwierigkeit *f*, Kompliziertheit *f*; *übertr* Verwicklung *f*, -kettung *f*; **~ado** kompliziert, schwierig; verwickelt, -worren; knifflig

complic|ar ⟨-c/qu-⟩ *tr* komplizieren, erschweren; **~ a alg en u/c** *übertr* jmdn in etw verwickeln; **~arse** schwierig(er) *od* schlimm(er) werden; sich verschlimmern

cómplice I *Adj* mitschuldig (**en** bei); *Blick, Geste* aufmunternd, des Einverständnisses, verständnisinnig, verschwörerisch **II** *m* Mitschuldiger *m*; Mittäter *m*; Komplize *m*, Helfershelfer *m*, Spießgeselle *m*

complicidad *f* Mitschuld *f*; Mittäterschaft *f*, Tatbeteiligung *f*; Mitwisserschaft *f*; Beihilfe *f*; geheimes Einverständnis *n*

compló *m od* **complot** *m* ⟨*Pl* **complots**⟩ Komplott *n*, Verschwörung *f* ◇ **tramar un ~** ein Komplott schmieden, eine Verschwörung anzetteln

C

complot|ado *m*, *Nic* **~ador** *m* Verschwörer *m*, am Komplott Beteiligter *m*; **~ar** *intr*, **~arse** sich verschwören, ein Komplott schmieden

componedor *m* TYP Setzer *m*; *Am* Kurpfuscher *m*; (**amigable**) **~** Vermittler *m*, Schlichter *m*

compon|edora *f* TYP Setzmaschine *f*; **~enda** *f verächtl* Kuhhandel *m*; *verächtl* Schiebung *f*; (*verächtl* fauler) Kompromiss *m*; Absprache *f*; **~ente** *m* Komponente *f*, Bestandteil *m*; Mitglied *n z.B. einer Delegation*; *übertr* Element *n*; Einzelteil *n eines Ganzen*; Bauelement *n*, -teil *n*; INFORM (Text-)Baustein *m*; *Wind* Richtung *f*; **~er** ⟨→ **poner**⟩ **I** *tr* zusammensetzen, -fügen; Ordnung bringen (*dir Obj* in); reparieren, ausbessern; TYP setzen; *ein Ganzes* bilden, ausmachen; *Essen*, *Getränk* zubereiten; *Getränke*, *Flüssigkeiten* mischen, mixen; *Werk* verfassen, schaffen; *Streit* beilegen, schlichten; *Am Knochen* einrenken **II** *tr/intr* komponieren; LIT schreiben; **~erse** bestehen, sich zusammensetzen (**de** aus); sich gütlich einigen; sich schmücken *od* (heraus)putzen; **componérselas** sich zu helfen wissen, einen Ausweg finden; **¿cómo te las compones?** wie willst du das anstellen?; **¡allá te las compongas!** sieh zu, wie du zurechtkommst!

comportamiento *m* Verhalten(sweise *f*) *n*, Betragen *n*, Benehmen *n*

comportar *tr* verursachen, bewirken; **~se** sich benehmen *od* betragen *od* aufführen; sich verhalten

composición *f* Zusammensetzung *f*; Zusammenstellung *f*; MUS Komposition *f*; Kompositionslehre *f*; Aufbau *m*, Bildung(sweise) *f*; TYP Satz *m*; CHEM Verbindung *f*; **~ a mano, ~ manual** (**a máquina**) TYP Hand-(Maschinen)satz *m*

compositor *m*, **~a** *f* Komponist(in) *m*(*f*)

compost *m* Kompost *m*; **~aje** *m* Kompostierung *f*; **~ar** *tr* kompostieren

compostelano I *Adj* aus Santiago de Compostela **II** *m*, **-a** *f* Einwohner(in) *m*(*f*) von Santiago de Compostela

compostura *f* Zusammensetzung *f*; Instandsetzung *f*; Einrichtung *f*, Anordnung *f*; Zierde *f*, Putz *m*, Staffage *f*; Anstand *m*; Bescheidenheit *f*, Zurückhaltung *f*; Beimischung *f z.B. zum Verdünnen von Wein* ◇ **guardar** (**perder la**) **~** sich mäßigen; den Anstand wahren (die Fassung verlieren, außer Fassung *od* aus der Fassung geraten)

compota *f* Kompott *n*

compra *f* (An-, Ein-, Auf-)Kauf *m*, (Ein-)Kaufen *n*; Gekauftes *n*; Abnahme *f Kauf*; Anschaffung *f*; **~s** *Pl* Shopping *n Einkaufsbummel*; **~ de lance** *od* **ocasión** Gelegenheitskauf *m*; **~ a plazos** Kredit-, Raten-, Teilzahlungskauf *m*; **~ por referencia** TEL *Handy* Call-by-Call-Abrechnung *f* ◇ **hacer ~s** einkaufen, Einkäufe machen; **ir** *od* **salir de ~s** einkaufen gehen

compr|able käuflich *auch übertr*; bestechlich; **~ador** *m*, **~adora** *f* Käufer(in) *m*(*f*), Abnehmer(in) *m*(*f*); Kunde(-in) *m*(*f*); Einkäufer(in) *m*(*f*)

comprar *tr* kaufen *auch übertr*, abnehmen, erwerben, beziehen, erstehen *umg*; (an-, ein-, auf)kaufen; bestechen; (sich) *etw durch Bestechung* erkaufen; **~ algo a alg** jmdm etw abkaufen, bei jmdm etw kaufen; jmdm *od* für jmdn etw kaufen; **~ barato** (**caro**) billig (teuer) kaufen; **lo compré por 3000 pesos** ich habe es für 3000 Peso(s) gekauft

compraventa *f* HDL An- und Verkauf *m*; JUR, WIRTSCH Kauf(vertrag) *m*; **~ de recién nacidos** Babyhandel *m*

comprehensivo umfassend

comprender I *tr/intr* verstehen, nachvollziehen, begreifen; einsehen **II** *tr übertr* umfassen; *übertr* einschließen; enthalten; *übertr* mitrechnen, einbeziehen; **~ bien** (**mal**) richtig verstehen (falsch verstehen, missverstehen); **sin ~ el seguro** ausschließlich (der) Versicherung; **hacer ~ algo a alg** jmdm etw begreiflich machen; **hacerse ~** sich verständlich machen

comprendido *Part von* → **comprender**; **¡~!** ich habe verstanden *od* kapiert *umg*; **todo ~** *Preis* alles ein- *od* inbegriffen

comprensibilidad *f* Verständlichkeit *f*

comprensible verständlich, nachvollziehbar, begreiflich; **~ para todos** allgemein verständlich

comprensión *f* Verständnis *n*, Einsicht *f*; Verstehen *n*, Begreifen *n*, Erfassen *n*; Auffassungsgabe *f*; **tardo de ~** begriffsstutzig

comprensivo verständnisvoll, einsichtig; *Preis* enthaltend (**de** *Akk*), einschließlich (**de** *Gen*); → **comprehensivo**

compresa *f* MED Umschlag *m*, Kompresse *f*; Damen-, Monatsbinde *f*

compresión *f* Zusammendrücken *n*, -pressen *n*; Komprimierung *f*, Verdichtung *f*; Kompression *f*; Druck *m*; MED Abbinden *n*; **~ de datos** INFORM Datenkomprimierung *f*

compresor *m* Kompressor *m*, Verdichter *m*

comprimido I *Adj* dicht; *übertr* (zusammen)gedrängt, zusammengefasst, komprimiert; *Stimme* gepresst **II** *m* Tablette *f*

comprimir *tr* zusammendrücken, -pressen;

komprimieren *auch* INFORM *Daten*, verdichten; *übertr* zusammendrängen, -fassen; *Tränen, Gefühl* unterdrücken, zurückdrängen; **~se** an sich halten, sich mäßigen *od* zurückhalten
comprobable feststellbar; nachweisbar; nach-, überprüfbar
comprobación *f* Bestätigung *f*, Beweis *m*; Nachweis *m*; Kontrolle *f*, Nach-, Überprüfung *f*; Feststellung *f auch* JUR, FIN *einer Zahlung*; (Nach-)Messung *f*; **~ *de materiales*** Materialprüfung *f*
comprobante *m* Nachweis *m*, Beleg *m*; Kassenbon *m*, -beleg *m*; Kontrollabschnitt *m*; Empfangsbescheinigung *f*; Buchungsbeleg *m*; **~ *de desembolso* (*pago*)** FIN Ausgabe-(Zahlungs)beleg *m*
comprobar ⟨-ue-⟩ *tr* feststellen; be-, nachweisen; (nach-, über)prüfen, kontrollieren; nachmessen; bestätigen; ***difícil de* ~** schwer nachweis-, nachprüfbar, schwer nachzuprüfen(d)
compromet|edor kompromittierend; *z.B. Situation* heikel; riskant; **~er** *tr* verpflichten (***a*** zu); *jmdn vertraglich* binden; kompromittieren, bloßstellen; *Komplizen* verpfeifen *umg*, verraten; *übertr jmdn in etw* hineinziehen *od* verwickeln; *übertr* aufs Spiel setzen, riskieren; *Rechte, Geschäfte z.B. einem Dritten* überantworten, überlassen; **~erse** sich verpflichten (***a*** zu); *übertr* sich binden; sich festlegen (***a*** auf); sich engagieren; sich kompromittieren *od* bloßstellen; sich verloben; **~ido** heikel, gefährlich, riskant; engagiert; verabredet; verlobt
compromisario *m* Vermittler *m*; **~(*s Pl*)** *USA* POL Wahlmann *m* (-männer *Pl*)
compromiso *m* Verpflichtung *f*, Verbindlichkeit *f*; Engagement *n*; Kompromiss *m*; JUR Vergleich *m*, Übereinkunft *f*; Zugeständnis *n*; Verlegenheit *f*; Termin *m*; Verabredung *f*; **~ *contractual* (*precontractual*)** vertragliche Verpflichtung *f* (Vorvertrag *m*); **~*s de entrega* (*pago*)** Lieferungs-(Zahlungs)verpflichtungen *f/Pl*; **~ (*matrimonial*)** Verlobung *f*; ***libre de* ~** HDL freibleibend; ***sin* ~** unverbindlich ◇ ***arrancar* ~*s a alg*** jmdm Zugeständnisse abringen; ***asumir*** *od* ***contraer un* ~** eine Verpflichtung eingehen *od* übernehmen; ***faltar a su* ~** sein Wort *bzw* seine Verpflichtung nicht (ein)halten; ***no poder satisfacer todos sus* ~*s*** nicht allen seinen Verpflichtungen nachkommen können; ***zafarse de un* ~** sich einer Verpflichtung entziehen
compuesto *Part von* → ***componer*** **I** *Adj* ordentlich; umsichtig ◇ ***estar* ~** zusammengesetzt sein, bestehen (***de*** aus) **II** *m* Verbindung *f*; Mischung *f*, Gemisch *n auch* CHEM
compuls|a *f* beglaubigte Abschrift *f*; **~ación** *f* Beglaubigung *f*; Vergleich(ung *f*) *m von Schriftstücken*; **~ar** *tr Dokumente, Schriftstücke* vergleichen; eine beglaubigte Abschrift anfertigen; *Am* → ***compeler***; **~ión** *f* JUR Zwang *m*; **~ivo** Zwangs-
compun|gido zerknirscht; betrübt, betroffen; **~girse** ⟨-g/j-⟩ Reue empfinden, zerknirscht sein (***por*** wegen)
computable berechenbar
computación *f* → ***cómputo***; Berechnung *f bzw* Bearbeitung *f* durch den Computer; Computertechnik *f* ◇ ***enseñar* ~** im Umgang mit dem Computer unterweisen, in die Arbeit mit dem Computer einweisen
computacionalmente computermäßig; mit Hilfe des Computers
computador *m Am* Computer *m*, Rechner *m*, (elektronische) Rechenanlage *f*; Zählwerk *n*, Zähler *m*; *Esp meist* → ***ordenador***; **~ *analógico*** Analogrechner *m*; **~ *automático*** automatische Rechenanlage *f*; **~ *de a bordo*** KFZ Bordcomputer *m*; **~ *de consola*** Tischrechner *m*; **~ *digital* (*electrónico*)** Digital-(Elektronen)rechner *m*; **~ *personal* (*portátil*)** Personalcomputer *m*, PC *m* (Laptop *m*); **~ *para el procesamiento de datos*** Datenverarbeitungsanlage *f*; **~ *de procesos*** Prozessrechner *m*; ***asistido por* ~** computerunterstützt
comput|adora *f Am* → ***computador***; **~adorización** *f* Computerisierung *f*, Umstellung *f* auf Computerbetrieb; **~adorizado** computergesteuert; rechnergestützt; **~adorizar** ⟨-z/c-⟩ *tr* Daten eingeben; computerisieren, auf Computer umstellen *bzw* mit Computern ausstatten; mit dem Computer be- *od* errechnen
comput|ar *tr* ausrechnen; errechnen; *etw* an-, berechnen; (aus)zählen; **~arización** *f*, **~erización** *f* → ***~adorización***
comput|arizar ⟨-z/c-⟩ *tr*, **~erizar** ⟨-z/c-⟩ *tr* → ***~adorizar***
cómputo *m* Be-, Ausrechnung *f*; Überschlag *m*; Voranschlag *m*; (Aus-)Zählung *f*; **~ *de* (*los*) *gastos*** Kostenüberschlag *m*, Kostenvoranschlag *m*; **~ *de votos*** Stimmenauszählung *f*
computoriz|ación *f* → ***computadorización***; **~ar** ⟨-z/c-⟩ *tr* → ***computadorizar***
comulgar ⟨-g/gu-⟩ *intr* zur Kommunion gehen; einer Meinung sein (***con alg*** mit jmdm)
común **I** *Adj* gemeinsam; gemeinschaftlich; Gemeinschafts-; allgemein; gemein *auch* MATH *Bruch*, gewöhnlich; weit ver-

breitet, häufig; **~ a todos** allen gemeinsam; **en ~** *Adv* gemeinsam; gemeinschaftlich, zusammen; **fuera de lo ~, nada ~, poco ~** außer-, ungewöhnlich; **por lo ~** gemeinhin, üblicherweise, im Allgemeinen **II** *m* Gemeinwesen *n*; Allgemeinheit *f*

comun|a *f* Kommune *f*; Wohngemeinschaft *f*, WG *f*; *Arg, Chi* Gemeinde *f*; Rathaus *n*; **~al** gemeinschaftlich, Gemein-; *Arg, Chi* Gemeinde-, kommunal

comunicación *f* Mitteilung *f*; Bekanntmachung *f*, -gabe *f*; Verbindung *f auch* TEL *u* VERK, Kontakt *m*, Umgang *m*; Verkehr *m auch übertr*; TEL Anschluss *m*; Telefongespräch *n*; Kommunikation *f*; (Nachrichten-)Übermittlung *f*; **comunicaciones** *Pl* Nachrichtenverbindungen *f/Pl*; Post- und Fernmeldewesen *n*; **~ aérea (ferroviaria)** Flug-(Bahn)verbindung *f*; **~ internacional (interurbana; local** *od* **urbana)** TEL Auslands-(Fern-; Orts)gespräch *n*; **~ de masas, ~ masiva** Massenkommunikation *f*; **~ oficial** Amtsschreiben *n*; **~ por radio** Funkverbindung *f*, -verkehr *m* ◇ **no hay ~** TEL die Verbindung ist unterbrochen; **ponerse en ~** sich in Verbindung setzen (**con** mit); **póngame (en ~) con …** TEL verbinden Sie mich bitte mit …

comunicado I *Adj*: **bien (mal) ~** verkehrsgünstig, mit guten Verkehrsverbindungen (*Gegend* abgelegen) **II** *m* Kommuniqué *n*, Verlautbarung *f*; (offizielle *od* amtliche) Mitteilung *f*, Meldung *f*; **~ común** *od* **conjunto** gemeinsames Kommuniqué *n*; **~ de prensa** Pressemitteilung *f*

comunic|ante *m(f)* ZTGSW Einsender(in) *m(f) einer Zuschrift*; TEL Anrufer(in) *m(f) bzw* Teilnehmer(in) *m(f)*; Gesprächs-, Kommunikationspartner(in) *m(f)*; Referent(in) *m(f)*; **~ar** ‹-c/qu-› **I** *tr* mitteilen; benachrichtigen, in Kenntnis setzen; berichten (*dir Obj* über, von); *Nachricht* übermitteln; *Krankheit* übertragen; TEL *u allg* verbinden; *Méx* jmds Einzelhaft aufheben **II** *intr* PHYS, LING *u allg* kommunizieren; in Verbindung stehen *auch übertr*; **está(n) comunicando** TEL es wird gesprochen, besetzt!; **~arse** sich *mit jmdm* in Verbindung setzen; miteinander verkehren *od* Umgang haben; Briefe wechseln, korrespondieren; im Gedankenaustausch stehen; **~ativo** gesprächig, mitteilsam; kommunikativ; Gesprächs-, Kommunikations-; *z.B. Lachen* ansteckend; **~ólogo** *m* Kommunikationswissenschaftler *m*, -forscher *m*

comunidad *f* Gemeinschaft *f*; Gemeinsamkeit *f*; Gemeinde *f*; ≗ **Autónoma** *Esp* VERW POL autonome Region *f*; **~ de bienes** JUR Gütergemeinschaft *f*; ≗ **Británica de Naciones** Britisches Commonwealth *n*; ≗ **de Estados Independientes** Gemeinschaft *f* Unabhängiger Staaten; ≗ **Europea** *ehem* Europäische Gemeinschaft *f*; ≗ **Europea del Carbón y del Acero** Europäische Gemeinschaft *f* für Kohle und Stahl, Montanunion *f*; ≗ **Europea de (la) Energía Atómica** Europäische Atomgemeinschaft *f*; **~ internacional** Weltöffentlichkeit *f*; **~ matrimonial** (eheliche) Gütergemeinschaft *f*; **~ monetaria** Währungsgemeinschaft *f*; **~ de vida** Lebensgemeinschaft *f*; **~ virtual** *Internet* virtuelle Gesellschaft *f od* Community *f*; **en ~ con** gemeinsam mit

comunismo *m* Kommunismus *m*

comunista I *Adj* kommunistisch; **no ~** nichtkommunistisch **II** *m* Kommunist *m*

comunitario gemeinschaftlich, Gemein-; EG- *ehem bzw* EU-, der Europäischen Gemeinschaft *ehem bzw* Union (*als Gen*); *in präpositionalen Fügungen, z.B.* durch die Europäische Union, aus der Europäischen Union

comúnmente (für) gewöhnlich, im Allgemeinen; häufig

con mit (**café ~ leche**); bei (**vive ~ sus padres**); bei, wegen (**~ el mal tiempo quedábamos en casa**); mit, durch (**~ su ayuda**); trotz, bei (**~ todos sus defectos es muy amable**); *Richtung* zu (**lo enviaron ~ un tío suyo que vivía en Madrid**); **~** + *Inf* obwohl (**~ ser tan amigos, disputan siempre**); **(para) ~** *Beziehung* zu (**estaba muy amable (para) ~ nosotros**); **~ que …, ~ tal que …** + *subj* vorausgesetzt *od* unter der Bedingung, dass …; **~ todo** dennoch, trotzdem

CON *m* (*Abk für* **Comité Olímpico Nacional**) NOK *n*

conato *m bes* JUR Versuch *m*, Absicht *f*; **~ de robo** versuchter *od* beabsichtigter Diebstahl *m*

concaten|ación *f* Verkettung *f auch übertr*; **~ar** *tr* verketten *auch übertr*

cóncavo konkav, nach innen gewölbt

conceb|ible leicht fasslich, verständlich; denk-, vorstellbar; **~ir** ‹-i-› *tr* konzipieren, entwerfen; ausdenken; *Plan* fassen; begreifen, verstehen; *Hoffnung, Verdacht* schöpfen; **~irse**: **(no) se concibe que …** es ist (un)begreiflich *od* (un)vorstellbar, dass …

conceder *tr Rechte* gewähren, zubilligen; bewilligen, genehmigen; *Konzession, Lizenz* erteilen; *Titel, Ehren* verleihen; *übertr* zugeben, einräumen *auch Kredit, Frist*; *Interview, Garantie, Audienz* geben

concej|al *m* (*f od* **~ala** *f*) Stadtverordneter *m*, -rat *m* (Stadtverordnete *f*, -rätin *f*); **~o** *m*

C

Stadt-, Gemeinderat *m*; Gemeinderatssitzung *f*; Rathaus *n*
concenso *m* Konsens *m*
concentración *f* Konzentration *f auch* CHEM, HDL; Aufmerksamkeit *f*; Ansammlung *f auch von Truppen*, Zusammenrottung *f*; Kundgebung *f*; Zusammenschluss *m*; CHEM, MED Gehalt *m*, Spiegel *m*; **~ alcohólica en la sangre** Blutalkoholgehalt *m*; **~ de empresas** Unternehmenszusammenlegung *f*, -zusammenschluss *m*, Konzernbildung *f*; **~ de masas** Massenkundgebung *f*; **~ salina** Salzgehalt *m*; **de alta** *od* **gran** *od* **máxima ~** *Säure* hoch konzentriert, hochgradig; hochprozentig
concentr|ado I *Adj* CHEM *Lösung* gesättigt, hochprozentig; *Hass* glühend; *Wut* verhalten; *Charakter* verschlossen; *Ladung* geballt **II** *m* Konzentrat *n*; **~ar** *tr* konzentrieren; *übertr* richten *od* lenken (**sobre, a** auf); zusammenschließen, -legen; MIL *Truppen* zusammenziehen; **~arse** sich konzentrieren (**en** auf); *übertr* sich verschließen *od* abkapseln; MIL aufmarschieren; *Menschen* sich an-, versammeln; sich zusammenrotten
concéntrico konzentrisch
concep|ción *f* Auffassung *f*, Anschauung *f*; Konzeption *f*; Plan *m*; Planung *f*, Gestaltung *f*; BIOL, REL Empfängnis *f*; **~cional** Begriffs-; konzeptionell; **~tista** *Stil* geschraubt
concepto *m* Auffassung *f*, Meinung *f*; Begriff *m*; Gedanke *m*, Vorstellung *f*; Konzept *n*; **~ de marketing** Marketingkonzept *n*; **bajo ningún ~** unter keinen Umständen; **bajo todos los ~s** unter allen Umständen; **en ~ de** als (**en ~ de amigo**; **230 000 euros en ~ de indemnización**) für (**en ~ de estancia**); in Sachen (**los pagos en ~ de reparaciones**); **en mi ~** meines Erachtens; **por todos los ~s** in jeder Hinsicht ◇ **tener en buen ~ a alg, tener un alto ~ de alg** von jmdm eine hohe Meinung haben
concerniente: **~ a** betreffend, bezüglich; hinsichtlich; **en lo ~ a** was … (an)betrifft, hinsichtlich
concernir ⟨-ie-; *def*⟩ an(be)langen, angehen, betreffen
concert|ación *m* Vereinbarung *f*; **~ar** ⟨-ie-⟩ **I** *tr Vertrag, Geschäft, Versicherung* abschließen; aushandeln; festsetzen; vereinbaren; *Texte* abstimmen; absprechen; *Musikinstrument* stimmen **II** *intr* übereinstimmen, (zueinander) passen; **~arse** übereinkommen (**para** zu); *Am* den Dienst antreten
concesión *f* Konzession *f*, Bewilligung *f*, Genehmigung *f*; Zugeständnis *n*; Gewährung *f*; Lizenz *f*; Überlassung *f*; Vergabe *f*; **~ de anticipo** (**créditos**) Vorschuss-(Kredit)gewährung *f*; **~ de divisas** Devisenzuteilung *f*; **sin concesiones** kompromisslos ◇ **hacer concesiones** Zugeständnisse machen; **otorgar una ~** eine Konzession erteilen
concesion|ado (behördlich) zugelassen, konzessioniert; **~ario** *m* Konzessionsinhaber *m*, Lizenzträger *m*, -nehmer *m*; Vertragswerkstatt *f bzw* -händler *m*; **~ista** *m* Lizenzgeber *m*
concha *f* Muschel *f*; *Muschel* Schale *f*; *Schildkröte* Panzer *m*; Schneckenhaus *n*; Schildpatt *n*; *vulg* Muschi *f Vulva*; **~ de perla** Perlmutt(er *f*) *n*
conchab|anza *f* (günstige) Gelegenheit *f*; Anstellung *f*, Arbeitsstelle *f*; **~o** *m AmS*, *Méx* Job *m umg*, Anstellung *f*, Arbeit *f*
conciencia *f* Bewusstsein *n*; Gewissen *n*; Gewissenhaftigkeit *f*; **~ ambiental** *od* **ecológica** *od* **ecologista** Umweltbewusstsein *n*; **~ del deber** Pflichtbewusstsein *n*; **~ de sí** (**mismo**) Selbstbewusstsein *n*; **a ~** gewissenhaft; bewusst *willkürlich*; **en ~** mit gutem Gewissen; **sin ~** gewissenlos ◇ **apelar a la ~ de alg** jmdm ins Gewissen reden; **perder la ~** das Bewusstsein verlieren; **tener la ~ limpia** (**mala**) ein reines Gewissen *od* eine reine Weste *umg* haben (ein schlechtes Gewissen *od* keine reine Weste *umg* haben); **tener sobre la ~** *etw* auf dem Gewissen haben *schuldig sein*
concienciación *f* Bewusstmachen *n*; Bewusstwerden *n*; Bewusstseinsprozess *m*, -bildung *f*
concienciado: **~ ecológicamente** umweltbewusst
concienciar *tr jmds* Bewusstsein schärfen (**acerca de** für); *jmdm etw* bewusst machen; *jmdn* politisch bilden; **~se de u/c** sich einer Sache bewusst werden
concientización *f* → **concienciación**
concientizar(se) *tr* ⟨-z/c-⟩ → **concienciar** (**-se**)
concienzudo gewissenhaft
concierto *m* Konzert *n*; Übereinkunft *f*, Vereinbarung *f*
concil|iable vereinbar; **~iábulo** *m* Geheimtreff(en *n*) *m*; Geheimbund *m*; **~iación** Aus-, Versöhnung *f*; Schlichtung *f*; JUR Vergleich *m*; **~iador I** *Adj* versöhnlich, konziliant, nachgiebig, entgegenkommend; vermittelnd, schlichtend, ausgleichend **II** *m* Vermittler *m*, Schlichter *m*; **~iar** *tr* aussöhnen; in Übereinstimmung bringen (**con** mit); **~iarse** sich aus-, versöhnen; **~io** *m* Konzil *n*, (Kirchen-)Versammlung *f*

conciso *Stil, Ausdruck* kurz (gefasst), bündig, knapp; konzis
concitar *tr* aufwiegeln, -hetzen; auf-, anstacheln; *übertr* antreiben
conciudadano *m* Mitbürger *m*; Landsmann *m*
cónclave *m od* **conclave** *m Papstwahl* Konklave *n*; Treffen *n*, Zusammenkunft *f*; Beratung *f* hinter verschlossenen Türen, Geheimsitzung *f*
concluir ⟨-uy-⟩ **I** *tr* beenden; *Vertrag, Geschäft, Lehre* (ab)schließen, zum Abschluss bringen *od* führen; beschließen; folgern, den Schluss ziehen, erkennen (**por** aus) **II** *intr* enden; aufhören (**de** zu); fertig sein (**de** mit); **~ con alg** *übertr* mit jmdm brechen
conclusión *f* Schluss *m*; Beschluss *m*; *Vertrag, Geschäft, Ausbildung* Abschluss *m*; Schluss(folgerung *f*) *m*; Erkenntnis *f*; **~ del contrato** Vertragsabschluss *m* ◇ **llegar a la ~** zu der Erkenntnis gelangen (**de que** dass); **sacar la ~** die Lehre *bzw* Schlussfolgerung ziehen (**de** aus)
conclu|so *unreg Part von* → **concluir**; **~yente** *Beweis* schlüssig, *übertr* schlagend; überzeugend
concord|ancia *f* Übereinstimmung *f*; **~ante** übereinstimmend; **~ar** ⟨-ue-⟩ **I** *tr* in Übereinstimmung *od* Einklang bringen; *Gegensätze* ausgleichen; *Streitende* versöhnen **II** *intr* übereinstimmen, sich in Übereinstimmung befinden (**con** mit); entsprechen (**con** *Dat*); **~atario** *m* POL Konkordats-; **~ato** *m* POL Konkordat *n*; **~ia** *f* Eintracht *f*, gutes Einvernehmen *n*
concre|ción *f* Konkretisierung *f*; **~cionarse** sich deutlich abzeichnen; **~tar** *tr* konkretisieren; **~tarse** sich beschränken (**a** auf); **~to I** *Adj* konkret; bestimmt; genau; *übertr* klar, deutlich **II** *m Am* Beton *m*
concubin|a *f* Konkubine *f*, Nebenfrau *f*; **~ato** *m*, *Am reg* **~eo** Konkubinat *n*, wilde Ehe *f*
conculc|ación *f übertr Gesetz, Recht* Verletzung *f*, Bruch *m*; **~ar** ⟨-c/qu-⟩ *tr Recht, Gesetz* verletzen, brechen
concurr|encia *f* Andrang *m*, Zulauf *m*; Publikum *n*, Teilnehmer *m/Pl*, Zuhörer *m/Pl bzw.* -schauer *m/Pl*, Besucher(zahl *f*) *m/Pl*; *Umstände* Zusammentreffen *n*; *Ereignisse* Zusammenwirken *n*; **~ente** *m Veranstaltung* Besucher *m*, Teilnehmer *m*; **~ido** *Platz, Ort* stark besucht, belebt; **~ir** *intr Teilnehmer* sich einfinden, zusammenströmen, -kommen, erscheinen; teilnehmen (**a** an); sich um die Teilnahme bewerben
concurs|ante *m Prüfung, Wettbewerb, Preisausschreiben* Teilnehmer *m*, Bewerber *m*; **~ar** *intr an Preisausschreiben, Prüfung, Wettbewerb* teilnehmen; sich bewerben
concurso *m* Zulauf *m*, Gedränge *n*; *Umstände* Zusammentreffen *n*; Wettbewerb *m*; Preisausschreiben *n*; *Ämter* Ausschreibung *f*; Mitwirkung *f*, Teilnahme *f*; Wettkampf *m*; Konkurs *m*; **~ de acreedores** Gläubigerversammlung *f*; **~ de salto** *Reitsport* Springturnier *n*, -reiten *n*; **~ televisivo** TV Spielshow *f*, Gameshow *f* ◇ **sacar a ~** *Stellen öffentlich* ausschreiben
cond|ado Grafschaft *f*; *USA, England* County *f*, *ein Verwaltungsbezirk*; **~e** *m* Graf *m*
condecor|ación *f* Orden *m*; Ehrenzeichen *n*; *Orden* Verleihung *f*, Auszeichnung *f*; **~ar** *tr mit Orden* auszeichnen, *Orden* verleihen
condena *f* Strafe *f*; JUR *u übertr* Verurteilung *f*; Strafmaß *n*; Verdammung *f*; **~ anterior** Vorstrafe *f*; **~ condicional** JUR Strafaussetzung *f* zur Bewährung; **~ a muerte** Todesurteil *n*; **~ perpetua** lebenslängliche Freiheitsstrafe *f* ◇ **cumplir** *od* **pagar ~** eine Strafe verbüßen
conden|able verwerflich; strafbar; **~ación** *f* JUR *u übertr* Verurteilung *f*; Verdammung *f*; **~ado I** *Adj* verflixt, verflucht; *Chi, CR, Pe übertr* gerissen, durchtrieben **II** *m* Abgeurteilter *m*, Verurteilter *m*; *Chi, CR, Pe* Schlaukopf *m*; **~ar** *tr* JUR *u übertr* verurteilen; JUR aburteilen; ablehnen, verwerfen, missbilligen; *übertr* brandmarken; verdammen; *Tür* vermauern *od* (mit Möbeln) verstellen
condens|ación *f* PHYS Verdichtung *f*; Kondensierung *f*; Kompression *f*; **~ado** *m* CHEM Kondensat *n*, Niederschlag *m*; **~ar** *tr* kondensieren, verdichten *auch übertr*; verdicken; *Rede, Bericht* knapp ausdrücken; INFORM *Daten* komprimieren
condesa *f* Gräfin *f*
condescend|encia *f* Nachgiebigkeit *f*; Gefälligkeit *f*; Herablassung *f*; **~er** ⟨-ie-⟩ *intr* einwilligen (**a** in); nachgeben (**con alg** jmdm); sich herablassen (**a** zu); **~iente** nachgiebig; entgegenkommend, gefällig; herablassend (**con** gegenüber *od* zu)
condición *f* Bedingung *f*; Voraussetzung *f*; Kondition *f*, Beschaffenheit *f*; Stand *m*, Rang *m*; *übertr* Natur *f*, Charakter *m*, Eigenschaft *f*, (Wesens-)Art *f*; Anforderung *f*; Auflage *f Verpflichtung*; Klausel *f*, Bestimmung *f*; (Zu-)Stand *m*, Lage *f*, Situation *f*; **condiciones** *Pl* Verhältnisse *n/Pl*; **~ adicional, ~ complementaria** Ergänzungs-, Zusatzbestimmung *f*; **condiciones de ad-**

C

misión Übernahmebedingungen *f/Pl*; Zulassungs-, Aufnahmebedingungen *f/Pl*; ***condiciones ambientales*** Umweltbedingungen *f/Pl*; ***condiciones climáticas adversas*** Wetterunbilden *Pl*; ***condiciones climatológicas*** (***meteorológicas***) Klima-(Witterungs)verhältnisse *n/Pl*; ***condiciones contractuales*** Vertragsbedingungen *f/Pl*; ***condiciones de convergencia*** Konvergenzkriterien *n/Pl*; ***condiciones de entrega*** Lieferbedingungen *f/Pl*; ***condiciones especiales*** Sonderbedingungen *f/Pl*, -konditionen *f/Pl*; ***condiciones de existencia*** (***trabajo***) Existenz-(Arbeits)bedingungen *f/Pl*; ***condiciones fundamentales*** (***marco***) Grundbedingungen *f/Pl*, Hauptvoraussetzungen *f/Pl* (Rahmenbedingungen *f/Pl*); ***condiciones habitacionales*** Wohnverhältnisse *n/Pl*, -bedingungen *f/Pl*; ***condiciones del mercado*** Marktlage *f*, Konjunktur *f*; ***~ mínima*** Mindestvoraussetzung *f*; ***~ necesaria, ~ sine qua non*** notwendige *od* unerlässliche Bedingung *f*, Conditio *f* sine qua non; ***condiciones de pago*** (***reembolso***) Zahlungs-(Rückzahlungs)bedingungen *f/Pl*; ***condiciones penitenciarias*** Haftbedingungen *f/Pl*; ***~ preliminar, ~ previa*** Vorbedingung *f*, Voraussetzung *f*; ***condiciones del transporte*** Beförderungsbedingungen *f/Pl*; ***condiciones de venta*** Verkaufsbedingungen *f/Pl*; ***condiciones de vida*** Lebensverhältnisse *n/Pl*, -bedingungen *f/Pl*; ***a ~ de que, bajo la*** *od* ***con la ~ de que ...*** + *subj* unter der Bedingung *od* Voraussetzung, dass ..., falls ...; ***en condiciones desventajosas*** unter nachteiligen Bedingungen, unter ungünstigen Voraussetzungen; ***en ~ de servicio*** betriebsfähig, -bereit; ***en buenas condiciones*** in gutem Zustand; gut erhalten; ***en estas*** *od* ***tales condiciones*** unter diesen *od* solchen Umständen; ***sin condiciones*** bedingungslos ◇ ***ceder u/c en condiciones favorables*** etw zu vorteilhaften Bedingungen überlassen; ***crear*** *od* ***preparar las condiciones*** (die) Voraussetzungen schaffen (***para*** für); ***estar en condiciones*** imstande *od* fähig *od* in der Lage sein (***de*** zu *od* Dat); ***no estar en condiciones*** nicht gut (*d.h. nicht in gutem Zustand*) sein, nicht in Ordnung sein; ***hacer*** *od* ***(im)poner condiciones*** Bedingungen stellen; ***poner a alg en condiciones*** jmdm ermöglichen (***de*** zu); ***reunir las condiciones*** den Anforderungen entsprechen; ***someterse a condiciones*** sich Bedingungen unterwerfen

condicion|al I *Adj* bedingt; JUR auf *od* mit Bewährung **II** *m* GRAMM Konditional *m*; **~amiento** *m* Konditionierung *f*; Vorbedingung *f*; → ***acondicionamiento***; **~ar** *tr* konditionieren; bedingen, bewirken; bilden, prägen *z.B. den Geschmack*; *z.B. seine Hilfe* knüpfen (***a*** an), (von der Bedingung) abhängig machen (***a*** von); → ***acondicionar***

condiment|ado würzig, scharf (gewürzt) *auch übertr*; **~ar** *tr* würzen *auch übertr*; **~o** *m* Gewürz *n*; Würze *f*

condiscípulo *m* Mitschüler *m*, Schulkamerad *m*, -freund *m*

condolencia *f* Anteilnahme *f*; Mitgefühl *n*; Beileid *n* ◇ ***entregar*** *od* ***presentar sus ~s*** sein Beileid aussprechen, kondolieren

condo|lido betrübt; **~minio** *m* Mitbesitz *m*; BAUW Gemeinschaftseigentum *n*; POL Kondominium *n*

condón *m* Präservativ *n*, Kondom *n,m*

condon|ación *f* Straferlass *m*; Tilgung *f*, Erlass(en *n*, -ung *f*) *m einer Strafe, von Schulden*; **~ar** *tr Strafe, Schulden* erlassen

cóndor *m* ZOOL Kondor *m*

conducción *f* Überführung *f*, Transport *m*; EL, TECH *u übertr* Leitung *f*; Führung *f auch übertr*; KFZ Lenkung *f*, Steuerung *f*; KFZ Fahren *n*; Lenken *n*; ***~ de(l) papel*** TYP Papierführung *f*; ***bajo la ~*** *übertr* unter der Führung *od* Leitung (***de*** von *od Gen*)

conducente zweckmäßig, dienlich, erforderlich (***para*** für)

conducir ⟨*unreg*⟩ **I** *tr* TECH, EL *u übertr* leiten, führen; KFZ lenken, steuern; (zu)führen, (über)leiten; *Strom, Wasser* ableiten; (herbei)führen; fort-, wegschaffen; *Leiche, Gefangene* überführen; transportieren **II** *intr Kfz-Fahrer* fahren, am Lenkrad sitzen; *übertr* führen (***a*** zu); ***apto*** (***inepto***) ***para ~*** fahrtüchtig (fahruntüchtig); ***eso no conduce a nada*** *übertr* das führt zu nichts *od* dabei kommt nichts (he)raus; **~se** sich benehmen *od* aufführen (***con*** gegenüber)

conducista PSYCH Verhaltens- (***psicología ~***)

conducta *f* Benehmen *n*; Verhalten(sweise *f*) *n*; Lebenswandel *m* ◇ ***cambiar de ~*** sein Verhalten ändern

conduct|ibilidad *f* PHYS Leitfähigkeit *f*; **~ismo** *m* PHIL, SOZIOL Behaviorismus *m*; **~ista** behavioristisch

conducto *m* Röhre *f*; TECH Leitung *f*; PHYS, ANAT Kanal *m*; Rinne *f*; ANAT Gang *m*; Zuführung(sleitung) *f*; ***~ auditivo*** (***biliar***) Gehör-(Gallen)gang *m*; ***~ de combustible*** KFZ Kraftstoffleitung *f*; ***por ~*** durch Vermittlung (***de*** von *od Gen*), über; ***por ~ regular*** VERW auf dem normalen Weg, auf dem Dienstweg

conductor *m*, **~a** *f* (Kraft-)Fahrer(in) *m*(*f*);

Fahrzeugführer(in) *m(f)*; Wagenführer(in) *m(f)*; PHYS Leiter *m*; EL Ader *f*, Leitungsdraht *m*; *Am* Schaffner(in) *m(f)*; **~ novel** KFZ Fahranfänger *m*

condueño *m* Mitbesitzer *m*, -eigentümer *m*

conect|ar I *tr* EL an-, einschalten; TECH verbinden; verknüpfen; *ein Gerät* anschließen; *Wecker* stellen **II** *intr* RADIO, TV *Sendung* umschalten (**con** auf); *übertr* Anschluss finden *bzw* suchen; sich in Verbindung setzen (**con alg** mit jmdm); in Verbindung stehen; **~arse** *Internet* sich einloggen (**a** in); **~or** *m* EL Verbindungsstück *n*; Stecker *m*

conej|a *f Kaninchen* Weibchen *m*; **~era** *f* Kaninchenbau *m*; Kaninchenstall *m*; Höhle *f*, Spelunke *f*, (enges) Loch *n zum Wohnen*; *umg* Schlupfwinkel *m*

conejillo *m*: **~** *od* **conejito** *od* **conejo de Indias** Meerschweinchen *n*; *übertr* Versuchskaninchen *n*

conejo *m* Kaninchen(bock *m*) *n*; *vulg* Schamritze *f*; **~s** *m/Pl vulg* Eier *n/Pl Hoden*

conexión *f* Verbindung *f auch* TECH; Verknüpfung *f*; Zusammenhang *m*; EL (Ein-)Schaltung *f*; EL, TEL Anschluss *m*; **conexiones** *Pl* Zusammenhänge *m/Pl*, Beziehungen *f/Pl*; **~ directa** TEL Direktwahl *f*; **~ de(l) fax** Faxanschluss *m*; (**con**) **~ a Internet** (mit) Internetanschluss *m od* -zugang *m*; **~ RDSI** INFORM ISDN-Anschluss *m*; **~ a la red, ~ en red** INFORM Vernetzung *f*

conex|ionarse zusammenhängen; Verbindungen anknüpfen; **~o** verbunden

confabul|ación *f* Verschwörung *f*; **~arse** sich verschwören; sich einlassen (**con** mit)

confecci|ón *f* Anfertigung *f*, Herstellung *f*; Verarbeitung *f*; (schriftliche) Ausarbeitung *f*; Ausfertigung *f*; *Liste*, *Programm* Zusammen-, Aufstellung *f*; TYP Umbruch *m*; Gestaltung *f*; Konfektion *f*, Fertigkleidung *f*, Kleidung *f* von der Stange *umg*; **~onar** *tr* anfertigen, herstellen; verarbeiten; *Schriftstück* ausarbeiten, -fertigen; *Liste*, *Programm* auf-, zusammenstellen; gestalten; **~onista** *m(f)* Konfektionsschneider(in) *m(f)*; Textilhersteller(in) *m(f)*

confederación *f* Verband *m Vereinigung*; Konföderation *f*, Staatenbund *m*; POL Bund *m*; POL Bündnis *n*; **≗ Alemana de Sindicatos** Deutscher Gewerkschaftsbund *m*, DGB *m*; **≗ Española de Organizaciones Empresariales** *Dachverband der spanischen Arbeitgeberorganisationen*; **≗ General del Trabajo** *bzw* **de Trabajadores** *Gewerkschaftsorganisation in Spanien bzw in verschiedenen lateinamerikanischen Ländern*; **≗ Helvética** *od* **Suiza** Schweizer Eidgenossenschaft *f*; **≗ Internacional de Sindicatos Libres** Internationaler Bund *m* Freier Gewerkschaften; **≗ Nacional de Trabajo** *bzw* **Trabajadores** *Gewerkschaftsorganisation in Spanien bzw in einigen lateinamerikanischen Ländern*

confederar *tr* zusammenschließen, einen Bund schließen; POL eine Konföderation eingehen

confeder|arse sich verbünden *Personen*, *Staaten*; **~ativo** POL Bundes-

conferencia *f* Konferenz *f*, Beratung *f*, Sitzung *f*; Tagung *f*; Besprechung *f*; Vortrag *m*; Vorlesung *f*; Telefongespräch *n*; → **~ interurbana**; **~ cimera** *od* (**en la**) **cumbre** POL Gipfelkonferenz *f*; **~ de cobro revertido** TEL R-Gespräch *n*; **~ de delegados** (**desarme**) Delegierten-(Abrüstungs)konferenz *f*; **~ con diapositivas** *od* **proyecciones** Lichtbildervortrag *m*, Diavortrag *m*; **~ económica** (**mundial**) (Welt-)Wirtschaftskonferenz *f*; **~ episcopal** (**monetaria**) Bischofs-(Währungs)konferenz *f*; **~ internacional** (**interurbana**; **local** *od* **urbana**; **particular**) TEL Auslands-(Fern-; Orts-; Privat)gespräch *n*; **~ de paz** (**prensa**) Friedens-(Presse)konferenz *f*; **≗ sobre Seguridad y Cooperación en Europa** *od* **≗ de Seguridad Europea** Konferenz *f* über Sicherheit und Zusammenarbeit in Europa, Europäische Sicherheitskonferenz *f*; **~ (de) vídeo** Videokonferenz *f* ◇ **celebrar** (**convocar**) **una ~** eine Konferenz abhalten *od* durchführen (einberufen); **dar** *bzw* **dictar una ~** eine Vorlesung *bzw* einen Vortrag halten; **pedir una ~ con alg** TEL ein Gespräch mit jmdm anmelden

conferenci|ante *m(f)* Redner(in) *m(f)*, Referent(in) *m(f)*, Vortragende(r) *f(m)*; (Gast-)Dozent(in) *m(f)*; **~ar** *intr* verhandeln, konferieren; in einer Besprechung sein; **~sta** *m(f) Am* Konferenzteilnehmer(-in) *m(f)*

conferir ⟨-ie-, -i-⟩ **I** *tr Rang*, *Titel*, *Orden u übertr z.B. Eigenschaften* verleihen; *Vollmachten* erteilen; vergleichen; *Bedeutung* beimessen; **II** *intr* → **conferenciar**

confes|ar ⟨-ie-⟩ **I** *tr* (ein)gestehen, zugeben; beichten; *Beichte* abnehmen; bekennen *auch* REL **II** *intr* geständig sein; beichten; **~arse** beichten (**con** bei; **de** *Akk*); *Schuld* bekennen; sich aussprechen (**ante alg** gegenüber jmdm); **~ión** *f* (Ein-)Geständnis *n*; Beichte *f*; Bekenntnis *n*; Konfession *f*, Glaubensbekenntnis *n*; **~ional** konfessionell; **~ionario** *m* Beichtstuhl; **~o** JUR geständig; **~or** *m* Beichtvater *m*

confeti *m* Konfetti *n*

C

confia|ble zuverlässig, vertrauenswürdig; **~do** vertrauensvoll; vertrauensselig, leichtgläubig; selbstbewusst
confianza *f* Vertrauen *n*; Zutrauen *n*; Zuversicht *f*; Vertrauensseligkeit *f*; falsches Selbstvertrauen *n*, Vermessenheit *f*; ***~ propia, ~ en sí mismo*** Selbstvertrauen *n*; ***con toda ~*** rückhaltlos; zuversichtlich; ***de ~*** *Person* zuverlässig; Vertrauens-; ***digno de ~*** zuverlässig, vertrauenswürdig; ***en ~*** unter uns *od* im Vertrauen (gesagt) ◇ ***poner*** (***tener***) ***~ en*** Vertrauen setzen in (vertrauen auf)
confi|anzudo allzu vertraulich; plump vertraulich; **~ar** ⟨-ío⟩ **I** *tr jmdm etw* anvertrauen; *Aufgabe, Amt, Angelegenheit* übertragen; *jmdn mit etw* betrauen **II** *intr* trauen (***en alg*** jmdm); vertrauen (***en*** auf); seine Hoffnung setzen (***en*** auf); **~arse** sich anvertrauen; sich verlassen (***en*** auf)
confidencia *f* Vertrauen *n*; vertrauliche Mitteilung *f*; Vertraulichkeit *f*
confidencial: (***estrictamente***) ***~*** (streng) vertraulich
confiden|cialidad *f* Vertraulichkeit *f*, vertraulicher Charakter *m einer Mitteilung*; Diskretion *f*; **~te I** *Adj* zuverlässig, treu **II** *m* Vertrauter *m*, Vertrauensperson *f*; (Polizei-)Spitzel *m*, V-Mann *m*, Informant *m*
configuración *f* Gestaltung *f*; Zusammensetzung *f eines Gremiums*; (Heraus-)Bildung *f*; äußere Form *f od* Gestalt *f*; Formgebung *f*; Konfiguration *f*; ***~ espacial, ~ de interiores*** Innen-, Raumgestaltung *f*
configurar(se) *tr* (sich heraus)bilden; (sich) gestalten *od* formen
confin|ación *f* → ***~amiento***; **~ado** *m* Verbannter *m*, (Zwangs-)Deportierter *m*; **~amiento** *m* Verbannung *f*, Deportation *f*; Zwangsaufenthalt *m*, Aufenthaltsbeschränkung *f*; Ausgangssperre *f*; *Schiff* Landgangverbot *n*; Haft *f*, polizeilicher Gewahrsam *m*; **~ar I** *tr* verbannen (***en*** nach); *jmdm* einen Zwangsaufenthalt zuweisen; in Haft nehmen, festhalten, -setzen **II** *intr* grenzen (***con*** an)
confirmación *f* Bestätigung *f*; Bekräftigung *f*; Zusage *f*; REL Firmung *f*; REL Konfirmation *f*; ***~ de cita** od **hecha*** Terminbestätigung *f*; ***~ del pedido*** Auftragsbestätigung *f*
confirmado: (***no***) ***~*** (un)bestätigt
confirm|ar *tr* bestätigen; bekräftigen; beweisen; bestärken (***en*** in); REL firmen; REL konfirmieren; **~ativo, ~orio** bestätigend
confisc|ación *f* Beschlag-, Wegnahme *f*, Einziehung *f*, Konfiskation *f*; **~ar** ⟨-c/qu-⟩ *tr* beschlagnahmen, konfiszieren, einziehen
confit|era *f* Konfektschale *f*; Konditorin *f*; **~ería** *f* Süßwarenhandlung *f*, -geschäft *n*; Konditorei *f*; **~ero** *m* Süßwarenhändler *m*; Konditor *m*; **~es** *m/Pl* Süßwaren *f/Pl*, Konfekt *n*; **~ura** *f* Konfitüre *f*; Eingemachtes *n*
conflagración *f übertr* Brand *m*; kriegerische Auseinandersetzung *f*; ***~ mundial*** *lit* Weltkrieg *m*, Weltenbrand *m*
conflictiv|idad *f* Konfliktsituation *f*; **~o** konfliktreich, -geladen; Konflikt-; Streit-
conflicto *m* Konflikt *m*, Auseinandersetzung *f*; Kampf *m*; Streit(igkeit *f*) *m*; Zwiespalt *m*; ***~ armado*** bewaffnete Auseinandersetzung *f*; ***~ generacional*** Generationskonflikt *m*; ***~ jurídico*** Rechtsstreit(igkeit *f*) *m*; ***~ laboral** od **de trabajo*** Arbeitskampf *m*; Arbeitskonflikt *m*; ***~ salarial** od **tarifario*** Tarifkonflikt *m* ◇ ***conciliar un ~*** einen Streit beilegen; ***entrar** od **verse en ~*** in Konflikt geraten
conflu|encia *f* Zusammenfluss *m*; *Flüsse, Wege* Vereinigung *f*; **~ir** ⟨-uy-⟩ *intr Flüsse* zusammenfließen; *Wege u übertr* zusammenlaufen, sich vereinen; *Menschen* zusammenströmen
conform|ación *f* Bildung *f*; (Auf-)Bau *m*, Anordnung *f*, Gestaltung *f*; Beschaffenheit *f*; Formung *f*; **~ar** *tr* gestalten; formen, Gestalt *od* Form geben; in Übereinstimmung *od* Einklang bringen; angleichen, -passen (***con*** an); **~arse** sich abfinden *od* begnügen *od* zufrieden geben (***con*** mit)
conforme I *Adj* übereinstimmend (***a** od **con*** mit); entsprechend (***a*** *Dat*); konform; gleich lautend; ***¡~!*** einverstanden! ◇ ***estar ~*** einverstanden sein (***con*** mit); sich zufrieden geben (***con*** mit); ***ser ~*** entsprechen (***a** od **con*** *Dat*) **II** *Präp* in Übereinstimmung (***a** od **con*** mit), gemäß (***a** od **con*** *Dat*) **III** *Konj* (so) wie (***todo queda ~ estaba***) **IV** *m* Billigung *f*, Genehmigung *f*
conformidad *f* Übereinstimmung *f*; Einwilligung *f*, Zustimmung *f*; ***de*** (***total***) ***~*** in (völliger) Übereinstimmung (***con*** mit) ◇ ***dar** od **prestar su ~*** seine Zustimmung geben, einwilligen; ***obrar de ~*** in Übereinstimmung handeln (***con*** mit)
conformismo *m* Konformismus *m*, Anpassung(sdenken *n*) *f*; ***no ~*** Nonkonformismus *m*, Nichtanpassung *f*
conformista I *Adj* konformistisch, Anpassungs-; ***no ~*** nonkonformistisch **II** *m* Konformist *m*; ***no ~*** Nonkonformist *m*
confort *m* Komfort *m*, Bequemlichkeit *f*; **~able** komfortabel, bequem; **~ación** *f*, **~amiento** *m* Stärkung *f*; Tröstung *f*, Trost

m; **~ar** *tr* stärken; trösten, Trost bringen *od* spenden, aufrichten
confratern|al *Freundschaft* brüderlich, innigst; **~ar** *intr* → **~izar**; **~idad** *f* innige *od* brüderliche Freundschaft *f*; Verbrüderung *f*; Verbundenheit *f*, Zusammengehörigkeit *f*; **~izar** ‹-z/c-› *intr* sich verbrüdern
confront|ación *f* JUR Gegenüberstellung *f*; *Schriftstücke* Vergleich *m*; POL Konfrontation *f*, Auseinandersetzung *f*; SPORT Begegnung *f*; **~amiento** *m* MIL Zusammenstoß *m*; **~ar** *tr* JUR gegenüberstellen, konfrontieren; *Schriftstücke* vergleichen
confund|ido verworren; durcheinander, verwirrt; **~ir** *tr* durcheinander bringen; verwechseln; verunsichern, aus der Fassung bringen; irreführen; (ver)mischen; **~irse** unsicher werden; sich täuschen *od* irren; sich in der Menge verlieren; *Umrisse, Linien, Farben* ineinander übergehen, verschwimmen
confus|ión *f* Durcheinander *n*, Unordnung *f*; Verwechslung *f*; Missgriff *m*; Bestürzung *f*, Verlegenheit *f*; Verunsicherung *f*, Verwirrung *f*; Konfusion *f*; **~ionismo** *m* Begriffsverwirrung *f*; **~o** verworren, durcheinander; verwirrt, verunsichert; fassungslos, betroffen, bestürzt; verlegen; konfus; unklar, dunkel; beschämt
conga *f Ant* Conga *f afrokubanische Trommelmusik*; *ein Tanz nach afrokubanischer Musik*
congelación *f* Einfrieren *n auch übertr*, Gefrieren *n*; Vereisung *f*; Erfrieren *n*; Unterkühlung *f*; *Konto* Sperrung *f*; **~ de precios** (**~ salarial, de los salarios**) Preis-(Lohn)stopp *m*
congelado I *Adj* Gefrier- (**pescado ~**) **II** *m*: **~s** *Pl* Gefriergut *n*
congelador *m* Gefrier-, Tiefkühlfach *n*; Gefrierschrank *m*; Tiefkühltruhe *f*; Gefrieranlage *f*; Kühlschiff *n* ◇ **poner en el ~** *übertr* auf Eis legen
congelar *tr* einfrieren *auch übertr z.B. Gehälter*; tiefkühlen; *übertr Gesetz, Projekt usw* auf Eis legen; *Konto* sperren; **~se** gefrieren; vereisen; *übertr* im Sande verlaufen
congénere *m* Artgenosse *m*; Mitmensch *m*; **entre sus ~s** unter seinesgleichen
congeni|al geistesverwandt; geistig *od* künstlerisch ebenbürtig; **~ar** *intr Personen* zusammenpassen, harmonieren
congénito angeboren
congest|ión *f* Blutandrang *f*, -stauung *f*; **~ionamiento** *m* (Verkehrs-)Stau *m*; **~ionarse** VERK sich stauen
conglomeración *f* Anhäufung *f*, Zusammenballung *f*; *übertr* (*meist* willkürliche) Vermengung *f*
conglomerado *m* GEOL *u übertr* Konglomerat *n*; *übertr* Anhäufung *f*, Sammelsurium *n umg*; WIRTSCH Mischkonzern *m*; **~ urbano** Ballungsgebiet *n*
congl|omerarse sich anhäufen *od* zusammenballen; **~utinarse** zusammenkleben
Congo *m Staat u Fluss* Kongo *m*; **República Demócrata del Congo** Demokratische Republik Kongo
congoj|a *f* Kummer *m*; Angst *f*; Beklemmung *f*, Beklommenheit *f*; **~oso** bekümmert, betrübt; ängstlich
congol|eño, ~és I *Adj* kongolesisch **II** *m*, **-a** *f*, **-esa** *f* Kongolese(-in) *m*(*f*)
congraciarse sich anbiedern *od* lieb Kind machen (**con** bei)
congratul|ación *f* Glückwunsch *m*, Gratulation *f*; Kompliment *n*; **~ar** *tr* beglückwünschen, gratulieren; **~arse** sich beglückwünschen; sich freuen (**de** *od* **por algo** über etw)
congreg|ación *f* Zusammenkunft *f*, Versammlung *f*; REL Gemeinde *f*, Kongregation *f*; **~ar** ‹-g/gu-› *tr Teilnehmer od Mitwirkende auf einer Veranstaltung* zusammenführen, vereinen; **~arse** zusammenkommen
congres|al Kongress-; **~ista** *m*(*f*) Kongress-, Tagungsteilnehmer(in) *m*(*f*); Parteitagsdelegierte(r) *f*(*m*); *USA* Kongressabgeordnete(r) *f*(*m*)
congreso *m* Kongress *m*, Tagung *f*; Parteitag *m*
Congreso POL Kongress *m*, Abgeordnetenhaus *n bzw* -kammer *f*; **~ de los Diputados** PARL Abgeordnetenhaus *n*; **~ extraordinario** Sonderparteitag *m*
congruen|cia *f* Kongruenz *f*; Übereinstimmung *f*; Zweckmäßigkeit *f*; **~te** kongruent; übereinstimmend; passend, zweckdienlich
cónico GEOM konisch, kegelförmig; Kegel-
coníferas *f*/*Pl* Nadelbäume *m*/*Pl*, -hölzer *n*/*Pl*, Koniferen *f*/*Pl*
conjetur|a *f* Vermutung *f*, Annahme *f*, Mutmaßung *f*; **~ar** *tr* vermuten, annehmen
conjug|ación *f* BIOL, GRAMM Konjugation *f*; Verbindung *f*, -knüpfung *f*; Bündelung *f z.B. unterschiedlicher Interessen*; **~ar** ‹-g/gu-› *tr* konjugieren; *verschiedene Interessen od Tätigkeiten* (miteinander) verbinden *od* vereinbaren *in Übereinstimmung bringen*; **~arse** übereinstimmen
conjunción *f* Bindewort *n*, Konjunktion *f auch* ASTR; *übertr* Zusammentreffen *n*; Verbindung *f*, -knüpfung *f*; **en ~ con** gemeinsam mit
conjunt|amente zusammen, miteinander;

C

~iva *f* ANAT Bindehaut *f*; **~ivitis** *f* Bindehautentzündung *f*
conjunto I *Adj* verbunden; gemeinsam; zusammenhängend **II** *m* Ganzes *n*; Gesamtheit *f*, Komplex *m*; Ensemble *n auch* THEAT, MODE, MUS; TECH Anlage *f*; Aggregat *n*; SPORT Auswahl *f*, Mannschaft *f*; MATH Menge *f*, Anzahl *f*; *Herrenbekleidung* Kombination *f*; *Damenbekleidung* Komplet *n*; Twinset *n,m Pullover u Strickjacke von gleicher Farbe u aus gleichem Material*; **~ de aparatos** Apparatur *f*; **~ de problemas** Fragenkomplex *m*; **~ del reactor** Reaktoranlage *f*; **~ residencial** Wohnensemble *n* -komplex *m*; **en ~** zusammen; **en su ~** insgesamt
conjur|a *f*, **~ación** *f* Verschwörung *f*; **~ado** *m* Verschwörer *m*; **~amentar** *tr* den Eid *od* Schwur abnehmen; **~ar I** *tr* beschwören; *Gefahr* bannen; *Streik* abwenden **II** *intr*, **~arse** konspirieren; sich verschwören
conllevar *tr* mittragen *auch Arbeit, Mühe*; *jmdn* dulden, ertragen; *übertr* mit sich bringen, zur Folge haben
conmemoración *f* Erinnerung *f*, Gedenken *n*, Andenken *n*; Gedenktag *m*; -feier *f*; **en ~** zum Gedenken (**de** an)
conmemor|ar *tr* erinnern an, gedenken; *Jahrestag* feiern, feierlich begehen; **~ativo**, **~atorio** Gedenk-, Gedächtnis-, Erinnerungs-
conmigo mit mir; bei mir ◇ ***¿es ~?*** meinen Sie *od* meinst du mich?
conmi|nar I *tr* androhen; auffordern (**a** zu) **II** *intr* drohen (**con** mit); **~seración** *f* Mitleid *n*, Erbarmen *n*
conmoción *f* Erschütterung *f auch übertr*; Schreck *m*, Bestürzung *f*; **~ cerebral** Gehirnerschütterung *f*
conmo|cionar *tr übertr* bewegen, erschüttern; **~vedor** rührend, erschütternd, ergreifend, bewegend; **~ver** ⟨-ue-⟩ *tr* bewegen *auch übertr*; erschüttern *auch übertr*, ergreifen, rühren; beunruhigen; *übertr etw* in Bewegung setzen; **~vido** gerührt, ergriffen; erschüttert
conmut|ación *f* Aus-, Umtausch *m*; EL (Um-)Schaltung *f*; *Strafe* Umwandlung *f*; *Strafmaß* Milderung *f*
conmutador *m* EL (Um-)Schalter *m*; *Am reg* TEL Vermittlung *f*, (Telefon-)Zentrale *f*; **~ giratorio** *od* **rotatorio** (**horario** *od* **intermitente**; **de palanca**) Dreh-(Zeit-; Kipp)-schalter *m*
conmutar *tr* (um-, aus-)tauschen (**con** *od* **por** mit, gegen); *Strafe* umwandeln; *Strafmaß* mildern; EL umschalten
connivencia *f* (sträfliche) Duldung *f*, Nachsicht *f*; (strafbare) Begünstigung *f*; geheimes Einvernehmen *n*; **en ~ con** gemeinsam *od* Hand in Hand mit ◇ ***estar en ~ con alg*** *übertr* mit jmdm unter einer Decke stecken
connot|ación *f* LING Nebenbedeutung *f*, Konnotation *f*; **~ado** *Persönlichkeit* angesehen
cono *m* TECH, GEOM, *allg u übertr* Kegel *m*; TECH Trichter *m*; *Nadelbäume* Zapfen *m*; **♀ Sur** *Umschreibung für die südlichen Länder Südamerikas od auch Afrikas*
conocedor *m* Kenner *m*; **~ de hombres** Menschenkenner *m*
conocer ⟨-c/zc-⟩ **I** *tr* kennen; erkennen; kennen lernen; erfahren; wissen; ***dar a ~ algo a alg*** jmdm etw bekannt geben; jmdn mit etw bekannt machen; ***darse a ~*** sich zu erkennen geben; ***llegar a ~*** kennen lernen **II** *intr über jmdn od etw* befinden; ein Urteil abgeben (**de, en** über); **~se** sich kennen; sich kennen lernen, bekannt werden; zu erkennen *od* merken sein
conocid|amente bekanntermaßen; **~o I** *Adj* bekannt; berühmt **II** *m*, **-a** *f* Bekannte(r) *f*(*m*); Freund(in) *m*(*f*)
conocimiento *m* Kenntnis *f*; Erkenntnis *f*; Erfahrung *f*; Bildung *f Kenntnisse*; Kenntnisnahme *f*; Bekanntschaft *f*; MED Bewusstsein *n*; HDL MAR Konnossement *n*; **~s** *Pl* Wissen *n*; **~ aéreo** (**de embarque**) Luftfracht-(Seefracht)brief *m* (Verschiffungskonnossement *n*); **~s básicos** (**previos**) Grund-(Vor)kenntnisse *f/Pl*; **~ a bordo** HDL MAR Bordkonnossement *n*; **~ de causa** Sachkenntnis *f*; **~s de inglés** Englischkenntnisse *f/Pl*; **~ de sí mismo** Selbsterkenntnis *f*; ***para su ~*** zu Ihrer Kenntnisnahme; ***sin ~*** bewusst-, besinnungslos; ***sin nuestro ~*** ohne unser Wissen ◇ ***ampliar ~s*** sich weiterbilden; ***dar ~*** zur Kenntnis geben, bekannt machen (**de** *Akk*); ***hacer*** *od* ***trabar ~ con*** *od* ***de alg*** jmds Bekanntschaft machen; ***perder*** (***recobrar***) ***el ~*** das Bewusstsein verlieren (wiedererlangen); ***poner en ~*** in Kenntnis setzen (**de** von *od* über); ***no tener ~ de u/c*** von etw nichts wissen
conque *Konj* also, folglich, daher; nun; ***~ ya ves que para mí no es un negocio*** du siehst also, das ist für mich kein Geschäft
conquista *f* Eroberung *f auch übertr Liebschaft*, Einnahme *f*; Erkämpfung *f*; Erschließung *f von Märkten*; **La ♀** *Zeitalter der Besitznahme Amerikas durch die Spanier*
conquist|ador I *Adj* Eroberungs-; *umg* draufgängerisch **II** *m* Eroberer *m*; *hist* Konquistador *m*; Frauenheld *m*; Draufgänger *m*; **~ar** *tr* erobern *auch übertr*, ein-

nehmen; erkämpfen, -ringen; *Märkte* erschließen

consabido I *Adj* (zur Genüge *od* sattsam) bekannt; *verächtl übertr* abgedroschen **II** *Subst*: **lo ~** das Übliche; *verächtl übertr* die alte Leier

consabidor *m* Mitwisser *m*

consagr|ación *f* REL Weihe *f*; *übertr* Widmung *f*; Bestätigung *f*; **~ar** *tr* REL weihen; *übertr* widmen; bestätigen; *übertr* verankern; **~arse** sich widmen *od* hingeben (**a** *Dat*)

consangu|íneo blutsverwandt; **~inidad** *f* Blutsverwandtschaft *f*

consciente bewusst ◇ **estar ~** sich bewusst sein (**de** *Gen*)

conscrip|ción *f bes Am* Einberufung *f*, Rekrutierung *f*; **~to** *m bes Am* Rekrut *m*

consecución *f* Erlangung *f*, Erreichung *f*; **de difícil (fácil) ~** schwer (leicht) zu erreichen(d)

consecuencia *f* Folge *f*; (Schluss-)Folgerung *f*; Konsequenz *f*; Standhaftigkeit *f*; **a ~ de** infolge von, wegen; **en** *od* **por ~** folglich ◇ **asumir** *od* **llevar** *od* **sufrir las ~s** die Folgen tragen; **echar las ~s sobre** die Folgen abwälzen auf; **sacar la(s) ~(s)** den Schluss ziehen (die Konsequenzen ziehen); **tener** *od* **traer ~s** Folgen haben *od* nach sich ziehen

consecuente folgerichtig; konsequent

consecutivo aufeinander folgend; nach-, hintereinander (**por siete veces consecutivas**); in der Folge (**agosto es el sexto mes ~ en el que se ha reducido el paro**)

conseguir ⟨-i-, -g/gu-⟩ *tr durch Bemühungen* bekommen, erhalten; erlangen; besorgen; erreichen *schaffen*; *etw* können *od* vermögen; erzielen; **consiguió persuadirme** es gelang ihm, mich zu überreden; **difícil (fácil) de ~** *Waren* schwer (leicht) erhältlich; **sin haber conseguido nada** unverrichteter Dinge, erfolglos

consejería *f Esp* Ministerium *n in einer autonomen (Regional-)Regierung*

consejero *m*, **-a** *f* Berater(in) *m(f)*, *in Zus* Rat *m*; Ratgeber(in) *m(f)*; Vorstandsmitglied *n*; Mitglied *n* des Aufsichts- *bzw* Verwaltungsrats; Ratsmitglied *n*; **~ de embajada** Botschaftsrat *m*; **~ jurídico (legal; técnico)** Rechtsberater *m*, Justitiar *m od* Justiziar *m* (Rechtsbeistand *m*; Fachberater *m*)

consejo *m* Rat(schlag) *m*; Rat(sversammlung *f*) *m*; Kollegium *n*; **♀ Académico** *od* **Científico** *Universität* Senat *m*; **~ de administración** Verwaltungsrat *m*, Vorstand *m*; *Esp* → **~ de vigilancia**; **~ de conciliación** Schlichtungsausschuss *m*; **~ consultivo (de extranjeros)** (Ausländer-)Beirat *m*; **~ de dirección** Leitung(sgremium *n*)*f*; **♀ Económico y Social** Wirtschafts- und Sozialrat *m* der UNO; **~ de empresa, ~ laboral** Betriebsrat *m*; **♀ de Estado (Europa** *od* **~ Europeo; Ministros; del Reino; Seguridad)** Staats-(Europa- *od* Europäischer Rat *m*; Minister-; *Esp* Kron-; Sicherheits)rat *m*; **~ de facultad** Fakultätsleitung *f*; **~ de guerra** Militärgericht *n*; **♀ de Ministros de Economía y Finanzas de los países de la UE** Rat *m* der Wirtschafts- und Finanzminister der EU-Staaten, ECOFIN(-Rat) *m*; **♀ Superior de Investigaciones Científicas** *Esp*, *Méx* (Oberster) Forschungsrat *m*; **~ de vigilancia** Aufsichtsrat *m* ◇ **dar (pedir) ~ a alg** jmdm raten (jmdn um Rat bitten)

consen|so *m* (allgemeine *od* ungeteilte) Zustimmung *f*, Konsens *m*; Einvernehmen *n*; **~suado** einvernehmlich; **~suar** ⟨-úo⟩ *tr* einvernehmlich regeln; mehrheitlich vereinbaren; **~tidor** *m* Mitwisser *m*

consentimiento *m* Einwilligung *f*, Zustimmung *f*, -sage *f*, Billigung *f*; Duldung *f*; **~ silencioso** stillschweigendes Einverständnis *n*; (stillschweigende) Duldung *f*; **por mutuo ~** in gegenseitigem Einverständnis

consentir ⟨-ie-, -i-⟩ **I** *tr* billigen; dulden; *etw* durchgehen lassen; gestatten; zulassen **II** *intr* zustimmen (**en** *Dat*); einwilligen (**en** in)

conserj|e *m(f)* Pförtner(in) *m(f)*; Hausmeister(in) *m(f)*; *Hotel* Portier *m*; **~ería** *f* Pförtner- *bzw* Hausmeister- *bzw* Portiersloge *f*, Pforte *f*

conserva *f* NAHR Konserve *f*; Eingemachtes *n*; **~ de sangre** Blutkonserve *f*; **en ~** Konserven-, Büchsen- ◇ **poner en ~** NAHR konservieren; *Gemüse*, *Obst* einmachen

conserv|able NAHR haltbar; **~ación** *f* Erhaltung *f*; Beibehaltung *f*; Instandhaltung *f*, Pflege *f*; NAHR Frischhaltung *f*; Konservierung *f*; Aufbewahrung *f*; Beibehaltung *f*; **~acionista** *m(f)* Natur- *bzw* Umweltschützer(in) *m(f)*; **~ador I** *Adj* konservativ **II** *m* Konservator *m*; Kustos *m*; Konservativer *m*; **~ante** *m* Konservierungsmittel *n*; **~ar** *tr* erhalten; beibehalten, bewahren; aufrechterhalten; instand halten, warten; *Entfernung* einhalten; aufheben, -bewahren; konservieren, *Früchte*, *Gemüse* einmachen *od* -legen; **~arse** sich jung *od* gesund *od* rüstig halten; sich pflegen; *übertr* *etw* auf die hohe Kante legen; **~atorio** *m* Konservatorium *n*

considerable beachtlich; erheblich, nennenswert, beträchtlich, umfangreich; *Summe* namhaft

consideración *f* Betrachtung *f*; Beachtung

f; Erwägung *f*, Überlegung *f*; Umsicht *f*; Berücksichtigung *f*; Rücksicht(nahme) *f*; Ansehen *n*; Wertschätzung *f*, Hochachtung *f*; **consideraciones** *Pl* Gedanken *f/Pl*; **con la mayor ~** *Briefschluss* mit vorzüglicher Hochachtung; **de ~** nennenswert; **de mi** *od* **nuestra ~**: *Briefanrede* Sehr geehrte (Damen und) Herren!; **en ~** in Anbetracht (**a** *Gen*); **madura ~** reifliche Überlegung *f*; **no ~** Nichtberücksichtigung *f*, Außerachtlassung *f*; **por ~ a ...** aus Rücksicht auf ...; **sin ~** rücksichtslos ◇ **entrar en ~** in Betracht kommen; **tener ~ a** *od* **con alg** auf jmdn Rücksicht nehmen; **tomar en ~** etw berücksichtigen; etw in Erwägung ziehen

considerado besonnen, überlegt, umsichtig; **bien ~** *als Floskel* eigentlich ◇ **estar** (**ser**) **~** angesehen (rücksichtsvoll) sein

consider|ando angesichts, unter Berücksichtigung der Tatsache (**que** dass); **~ar** *tr* bedenken, erwägen; berücksichtigen; einbeziehen; überlegen; betrachten *meist übertr*, meinen, der Ansicht sein; halten für; erörtern; mit Rücksicht behandeln; (hoch) achten; **~arse** sich gegenseitig achten; sich für etw halten

consigna *f* MIL *u* POL Losung *f*; *übertr* Parole *f*; Passwort *n*; Weisung *f*; Gepäckaufbewahrung *f*, -schalter *m*; **~ (automática)** *Gepäck* Schließfach *n*

consign|ación *f* (Geld-)Anweisung *f*; *Kaution* Hinterlegung *f*; *Staatshaushalt* Zahlung *f*; *Geld*, *Waren* Aufbewahrung *f*; **~ador** *m* HDL Ab-, Versender *m*; **~ar** *tr Geld* anweisen; *Tatsache* feststellen; an-, vermerken; angeben *z.B. Postleitzahl*; *Güter* adressieren; JUR (schriftlich) hinterlegen; *Waren* deponieren; *(Hand-)Gepäck* zur Aufbewahrung geben; **~atario** *m*, **~ataria** *f* HDL Empfänger(in) *m*(*f*); (Schiffs-)Makler(in) *m*(*f*), Agent(in) *m*(*f*)

consigo mit sich; bei sich ◇ **traer ~** mitbringen; *Folgen* mit sich bringen

consiguiente entsprechend; sich daraus ergebend; **por ~** demzufolge; folglich, deshalb

consist|encia *f* Bestand *m*, Dauer *f*; Festigkeit *f*, Haltbarkeit *f*; Konsistenz *f*; **~ente** fest, haltbar; beständig, dauerhaft; stabil *druckfest*; **~ir** *intr* bestehen, sich zusammensetzen (**en** aus); beruhen, sich gründen (**en** auf); **~orio** *m* Konsistorium *n*; *Esp reg* Rathaus *n*

consola *f* Konsole *f auch* TECH, Wandtisch *m*; TECH Träger *m*, Untersatz *m*; Gerätetisch *m*; **~ de control** Bedienungs-, Schaltpult *n*, Steuerkonsole *f*

consol|ación *f* Trost *m*; **~ador** tröstlich, tröstend; **~ar** ⟨-ue-⟩ *tr* trösten; *seelisch* aufrichten; **~arse** Trost finden (**con** *od* **en** bei, in); sich abfinden (**con** mit); hinwegkommen (**de algo** über etw)

consolid|ación *f* Festigung *f*, Stärkung *f*, Ausbau *m*, Konsolidierung *f*; **~ar** *tr* festigen, stärken, ausbauen, konsolidieren

consomé *m* Fleisch-, Kraftbrühe *f*

consonancia *f* Übereinstimmung *f*; Gleichklang *m*, Harmonie *f auch übertr* ◇ **estar en ~ con** im Einklang *od* in Übereinstimmung stehen mit

consonante *f* Konsonant *m*

consorcio *m* Konzern *m*; Konsortium *n*; Firmengruppe *f*; (Interessen-)Gemeinschaft *f*

consorte I *m* Schicksals-, Leidensgenosse *m* **II** *m*(*f*) Ehepartner *m*, -partnerin *f*; **~s** *Pl* Eheleute *Pl*; *verächtl* Konsorten *m/Pl*

conspicuo hervorragend, berühmt; *übertr* in die Augen fallend

conspiración *f* Verschwörung *f*; Konspiration *f* ◇ **tramar una ~** eine Verschwörung anzetteln

conspir|ado *m*, **~ador** *m* Verschwörer *m*; **~ar** *intr* sich verschwören, konspirieren (**contra** gegen); gemeinsam hinwirken (**a** auf); **~ativo** verschwörerisch, Verschwörer-; konspirativ; Geheim-

constancia *f* Beständigkeit *f*, Beharrlichkeit *f*, Ausdauer *f*; Standhaftigkeit *f*; Gewissheit *f*; *Am* Bestätigung *f*, Bescheinigung *f*; **~ de recepción** (**sueldo**) *Am* Empfangs-(Gehalts)bestätigung *f*; **~ de trabajo** *Am* Arbeitsbescheinigung *f* ◇ **dar ~ de algo** *bes Am etw* bescheinigen; **dejar ~ de algo** etw fest-, klarstellen; etw bestätigen; *übertr* etw festhalten *od* zum Ausdruck bringen

constante I *Adj* beständig, -harrlich, ausdauernd; stetig; standhaft; fortwährend; konstant, unveränderlich; gleich bleibend **II** *f* MATH Konstante *f*

Constanza *f* Konstanz *n*

constar ⟨*def*⟩ *intr* feststehen, gewiss sein; bekannt sein; ersichtlich sein, hervorgehen (**de** aus); verzeichnet sein (**en** in); **~ de** bestehen aus; **me consta que ...** es ist mir bekannt, dass ...; **hacer ~** feststellen, konstatieren; *in Dokumenten* festhalten, vormerken, aufnehmen

constat|ación *f* Feststellung *f*; **~ar** *tr* feststellen, konstatieren

constelación *f* Gestirn *n*, Sternbild *n*; ASTR *u übertr* Konstellation *f*

constip|ado I *Adj* erkältet, verschnupft **II** *m* Erkältung *f*, Schnupfen *m*; **~arse** sich erkälten

constitución *f* (körperliche *od* physische) Beschaffenheit *f*, Verfassung *f auch* POL, Zustand *m*, Konstitution *f*; Bildung *f*, Gründung *f*, Konstituierung *f*; POL Grundgesetz *n*; Aufbau *m*, Zusammensetzung *f*; ~ ***de capitales*** Kapitalbildung *f*; ***hostil a la*** ~ verfassungsfeindlich

constitucional verfassungsgemäß, -mäßig, konstitutionell; Verfassungs-; ***no*** ~ verfassungswidrig

constitucional|idad *f* Verfassungsmäßigkeit *f*; **~ista I** *Adj* verfassungstreu; verfassungsrechtlich **II** *m* Verfassungsrechtler *m*

constitu|ir ⟨-uy-⟩ *tr übertr* bilden, darstellen, ausmachen, sein; bedeuten; (be)gründen, ein-, errichten, schaffen; *Gremium* einsetzen; **~irse** sich konstituieren; *Gremium* zusammentreten; gegründet werden; **~tivo I** *Adj* wesentlich, hauptsächlich, Wesens-, Haupt- **II** *m* Hauptbestandteil *m*; **~yente** verfassung(s)-, gesetzgebend, konstituierend; Gründungs-

constreñimiento *m* Zwang *m*, Nötigung *f*

construcción *f* Bau *m*; (Auf-)Bauen *n*; BAUW *u übertr* Aufbau *m*; Errichtung *f*; Bauwerk *n*; Gebäude *n*; Bauwesen *n*; Bauweise *f*; GRAMM, MATH, TECH Konstruktion *f*; ~ ***adicional*** *od* ***aneja*** Anbau *m*; ~ ***en bloque(s grandes)*** (Groß-)Blockbauweise *f*; ~ ***de buques***, ~ ***naval*** Schiff(s)bau *m*; ~ ***ligera*** Leichtbau(weise *f*) *m*; ~ ***de maquinaria***, ~ ***de máquinas***, ~ ***mecánica*** Maschinenbau *m*; ~ ***metálica ligera*** Metall-, Stahlleichtbau *m*; ~ ***nueva*** Neubau *m*; Neukonstruktion *f*; ~ ***prefabricada*** (***tipificada***) Fertig-(Typen)bau *m*; ***construcciones químicas*** Chemieanlagenbau *m*; ~ ***de reactores*** Reaktorbau *m*; ~ (***social***) ***de viviendas*** (sozialer) Wohnungsbau *m*; ***buena*** ~ Solidität *f qualitative Güte einer Ware*; ***en*** ~ im Bau (befindlich)

constructivo konstruktiv *auch übertr*

constructor *m* Baumeister *m*, -fachmann *m*; Erbauer *m auch übertr*; Bauunternehmer *m*; Konstrukteur *m*; ***~es*** *Pl* Bauleute *Pl*

constructora *f* Bauunternehmen *n*, -firma *f*

construir ⟨-uy-⟩ *tr* (auf-, er-)bauen, errichten *auch übertr*; gestalten; GRAMM *u übertr* bilden; ARCH, TECH, GRAMM konstruieren

consubstancial → ***consustancial***

consuelo *m* Trost *m*, *übertr* Erleichterung *f*; ***sin*** ~ trostlos; untröstlich

consuetudinario gewohnheitsmäßig, Gewohnheits-

cónsul I *m* Konsul *m*; ~ ***general*** (***honorario*** *od Am* ***honorífico***) General-(Honorar-, Wahl)konsul *m* **II** *f auch* ***consulesa*** *f weiblicher* Konsul *m*, *selten* Konsulin *f*

consul|ado *m* Konsulat *n Amt u Gebäude*; **~ar** konsularisch, Konsular-, Konsulats-; **~esa** *f* → ***cónsul II***

consulta *f* (An-)Frage *f*; Beratung *f*; Nachschlagen *n in einer Publikation*; POL Anhörung *f*; Befragung *f*; Rücksprache *f*; INFORM Abfrage *f von Daten*; Einholung *f* eines Gutachtens; Konsultation *f*; Anwaltspraxis *f*; (Arzt-)Praxis *f*; Arzt-, Behandlungszimmer *n*; MED Behandlung *f*; *Arzt* Sprechstunde *f*; ~ ***externa*** ambulante Behandlung *f*; Ambulanz *f*; Poliklinik *f eines Krankenhauses*; ~ ***de seguimiento*** MED Nachuntersuchung *f* ◇ ***hacer una*** ~ ***a alg*** jmdn befragen *od* konsultieren; jmdn um eine Auskunft bitten, jmdn etw fragen; ***pasar*** *bzw* ***tener*** ~ *Arzt* Sprechstunde halten *bzw* haben

consult|ación *f* Konsultation *f*; **~ante** *m* Konsultationspartner *m*; Fragesteller *m*; **~ar I** *tr* um Rat fragen, *jmdn* (be)fragen; *Angelegenheit* beraten, erörtern; konsultieren; *in einer Publikation* nachschlagen, suchen; *auf die Uhr* sehen; *ein Schriftstück* einsehen **II** *intr* sich beraten (***con alg*** bei *od* mit jmdm); sich beraten lassen (***con*** von *od* durch); Rücksprache nehmen; **~ing** *m* → ***~oría***; **~ivo** beratend, Beratungs-, Konsultativ-; **~or** *m*, **~ora** *f* (wissenschaftliche(r)) Berater(in) *m(f)*, Konsultant(in) *m(f)*; Gutachter(in) *m(f)*; **~oría** *f* Consulting-Unternehmen *n*, *Firma* Unternehmensberatung *f*; **~orio** *m* Beratungsstelle *f*; (Arzt-)Praxis *f*; Sprechzimmer *n*; Ambulanz *f*; *Am* Büro *n*

consum|ación *f* Vollziehung *f*; Vollendung *f*; **~ado I** *Adj* vollendet *auch übertr ausgezeichnet* **II** *m* → ***consomé***; **~ar** *tr* vollziehen; vollbringen; vollenden; *Verbrechen* begehen; **~ición** *f* GASTR Verzehr *m*, Zeche *f*; **~ido** abgezehrt, *übertr* verbraucht

consumidor *m*, **~a** *f* Verbraucher(in) *m(f)*, Konsument(in) *m(f)*, Abnehmer(in) *m(f)*; GASTR Gast *m*; INFORM User(in) *m(f)*; ~ ***final*** Endverbraucher *m bzw* -benutzer *m*; ***gran*** ~ Großverbraucher *m*

consum|ir *tr* verbrauchen, konsumieren; verzehren; *Drogen od allg etw* zu sich nehmen; *Medikamente* einnehmen; vernichten, zerstören; **~irse** *übertr* sich aufreiben (***de*** vor); dahinsiechen; zugrunde gehen; zu Ende gehen; verbrennen, -glühen; **~ismo** Konsum-, Verbraucherdenken *n*; Verbraucherverhalten *n*; Konsumzwang *m*; Konsumrausch *m*; **~ista I** *Adj* konsumorientiert; verbraucherpolitisch **II** *m* Konsument *m*

consumo *m* WIRTSCH Verbrauch *m*, Konsum *m*; Bedarf *m*; Entnahme *f*; GASTR Verzehr *m*; Genuss *m von Drogen*; **~ abusivo de medicamentos** Arzneimittelmissbrauch *m*; **~ de corriente** *od* **energía** (**eléctrica**) Stromverbrauch *m*; Energiebedarf *m*; **~ de drogas** Drogenkonsum *m*; **~ interior** *od* **nacional** Inlandsverbrauch *m*; Inlandsbedarf *m*; **~ per cápita** Pro-Kopf-Verbrauch *m*; **~ propio** Eigenverbrauch *m*; Eigenbedarf *m*; **~ de tiempo** Zeitaufwand *m*

consunción *f* Auszehrung *f*, Konsum(p)tion *f*

consustancial *übertr* eng verwoben *od* verbunden (**a** mit); wesensgleich

contabilidad *f* (Finanz-)Buchhaltung *f*, -führung *f*, Rechnungsführung *f*; Rechnungswesen *n*; Kontoführung *f*; **~ de costos** Kostenrechnung *f*; **~ fiscal** Steuerbuchführung *f*; **~ informatizada** Buchführung *f* per Computer; **~ mecánica** maschinelle Buchführung *f*, Maschinenbuchhaltung *f*; **~ por partida doble** (**simple, ~ sencilla**) doppelte (einfache) Buchführung *f*; **~ de salarios** Lohnbuchhaltung *f* ◇ **consultar la ~** die Bücher einsehen; **llevar la ~** Buch führen (**de** über); die Buchhaltung *bzw* das Rechnungswesen führen

contabiliz|ación *f* (Ver-)Buchung *f*; **~ar** ‹-z/c-› *tr* (ver)buchen; zählen, rechnen; *in den Büchern* erfassen, verzeichnen

contable I *Adj* zählbar; buchhalterisch; erzählbar, erzählenswert **II** *m(f)* Buchhalter (-in) *m(f)*, Rechnungsführer(in) *m(f)*; **~ de balance** Finanzbuchhalter *m*

contactar *intr* in Kontakt treten, Kontakt aufnehmen, sich in Verbindung setzen (**con** mit)

contacto *m* EL, PHYS, MED, *übertr* Kontakt *m*, Verbindung *f*; Berührung *f*; Beziehung *f*, Fühlungnahme *f*; MED Übertragung *f*; Kontaktmann *m*, -person *f*; **~ flojo** Wackelkontakt *m*; **~ radial, ~ de radio** Funkverbindung *f* ◇ **dar el ~** KFZ die Zündung einschalten; **entrar en ~, hacer ~, ponerse en ~, tomar ~** Verbindung *od* Kontakt aufnehmen, sich in Verbindung setzen (**con** mit); **establecer ~s** *übertr* Kontakte *od* Verbindungen herstellen (**con** mit); **estar en ~** in Verbindung sein (**con** mit)

contado selten, rar; *übertr* gezählt; vereinzelt; **al ~** bar; **por de ~** sicher, gewiss, selbstverständlich ◇ **pagar al** *od Am* **de ~** bar (be)zahlen

contador *m Strom, Gas, Wasser usw* Zähler *m*; *Am* Buchhalter *m*; **~ de agua** (**gas**) Wasser-(Gas)uhr *f*; **~ del aparcamiento** VERK Parkuhr *f*; **~ (de) Geiger** Geigerzähler *m*; **~ público** *Am* Buch-, Wirtschaftsprüfer *m*; **~ de tasas de conferencias** Fernsprechgebührenzähler *m*

contaduría *f* Rechnungsamt *n*; Buchhaltung *f Abteilung u Tätigkeit*; Zahlstelle *f*; Vorverkauf(skasse *f*) *m*

contagi|ar *tr Krankheit, Stimmung* anstecken; *durch negative Beispiele* verderben; **~arse** *Krankheit u übertr* sich anstecken; angesteckt werden *auch übertr* (**con, de, por** von *od* durch); *Freude, Erregung* sich übertragen; **~o** *m Krankheit u übertr* Ansteckung *f*; *Krankheit u übertr* Übertragung *f*, Umsichgreifen *n*; **~oso** ansteckend *auch übertr*, Ansteckungs-; übertragbar

contaminación *f* Verseuchung *f*, -unreinigung *f*, -schmutzung *f*; *übertr* Vergiftung *f*; **~ acuática, ~ de** (**las**) **aguas** Wasser- *od* Gewässerverseuchung *f*; Verschmutzung *f* der See; **~ acústica** Lärmbelästigung *f*; **~ del agua dulce** (**potable**) Süßwasser-(Trinkwasser)verseuchung *f*; **~ del aire, ~ atmosférica** (**ambiental, ~ del medio ambiente**) Luft-(Umwelt)verschmutzung *f*; **~ blanca** Elektrosmog *m*; **~ radiactiva** radioaktive Verseuchung *f od* Verstrahlung *f*; **la no ~ del agua** die Reinhaltung des Wassers

contaminador *m*: **~** (**del medio ambiente**) Umweltverschmutzer *m*

contaminante I *Adj* umweltfeindlich, - verschmutzend; schadstoffhaltig; **no** (**poco**) **~** umweltfreundlich, -verträglich; schadstofffrei (schadstoffarm) **II** *m* (**~s** *Pl*) Schadstoff(e *Pl*) *m*

contamin|ar *tr* verschmutzen, verunreinigen, verseuchen (**con** *od* **de** mit); (radioaktiv) verstrahlen; *übertr* besudeln; *übertr* verderben; **~ativo** verunreinigend

contante I *Adj* bar **II** *m* Bargeld *n* ◇ **pagar en ~ y sonante** in klingender Münze (be)zahlen

contar ‹-ue-› **I** *tr* rechnen *auch übertr*; abrechnen; errechnen; ausrechnen; berechnen; anrechnen; *übertr* zählen (**entre** zu: **a Pablo le cuento entre mis amigos**); *Jahre* alt sein; erzählen; *verächtl* weismachen; **¿qué me cuentas?** wie geht's? **II** *intr* zählen *auch übertr*; rechnen *auch übertr*; gehören (**entre** zu); **~ con** verfügen über, haben, besitzen; **~ con algo** auf etw gefasst sein; *übertr* mit etw rechnen (müssen); **~ mal** sich verzählen; **sin ~** ganz abgesehen von; nicht ein- *od* mitgerechnet; **poder ~ con alg** auf jmdn zählen können; **volver a ~** nachrechnen; **~se**: **se cuenta que** man sagt *od* es heißt (, dass); **eso no se cuenta** das wird nicht berechnet *od* mitgerechnet; das sagt man nicht

contemplación *f* Betrachtung *f*; Nachsinnen *n*; **sin ~** *od* **contemplaciones** rücksichtslos ◇ **no andarse de contemplaciones** nicht lange fackeln *umg*

C

contempl|ar I *tr* betrachten, ansehen, -schauen; vorhaben, beabsichtigen **II** *intr* nachsinnen; **~ativo** beschaulich; entgegenkommend, aufmerksam
contempor|áneo I *Adj* gleichzeitig; zeitgenössisch; gegenwärtig, heutig **II** *m* Zeitgenosse *m*; **~izar** ⟨-z/c-⟩ ***con alg*** *intr* sich jmdm anpassen *od* fügen
conten|ción *f* Mäßigung *f*, Beherrschung *f*; *bes* POL Einstellung *f*, -dämmung *f*; *Kosten* Beschneidung *f*; (Wett-)Kampf *m*, (-)Streit *m auch* SPORT; **~cioso I** *Adj* Streit- *auch* JUR, strittig **II** *m* Streit(fall) *m*; (Rechts-)Streit(igkeiten *f/Pl*) *m*; **~der** ⟨-ie-⟩ *intr* kämpfen, streiten; **~diente I** *Adj* streitend, sich bekämpfend **II** *m* Widersacher *m*, Kontrahent *m*; *bes* JUR Mitstreiter *m*
contenedor *m* Container *m*, (Groß-, Sammel-)Behälter *m*; **~ *de basura*** (***papel***; ***vidrio***) Müll- *bzw* Abfall-(Papier-; Altglas)-container *m*; **~ *de residuos biológicos*** ÖKOL Biotonne *f*
conten|edorización *f* Containerisierung *f*; **~edorizado** Container-; in Containern verstaut; **~edorizar** ⟨-z/c-⟩ *tr* containerisieren *im Container verschicken*; **~er** ⟨→ ***tener***⟩ *tr* enthalten, umfassen; entgegenwirken (*Dat*); *übertr* in Schranken halten; (ein)dämmen; *Aktionen* einstellen; *Chi* besagen, bedeuten; **~erse** sich beherrschen *od* mäßigen, an sich halten (***en*** in *od* bei)
contenido I *Adj* beherrscht, gelassen; *Freude, Wut* verhalten **II** *m* Inhalt *m*; Gehalt *m*; **~ *en sal*** Salzgehalt *m*
content|a *f* MAR Solvenzbescheinigung *f für den Ladungsoffizier*; *Am* Quittung *f des Gläubigers*; **~ar** *tr* zufrieden stellen; *Wechsel* indossieren; *Am* aus-, versöhnen; **~arse** sich zufrieden geben *od* begnügen (***con*** mit)
contento I *Adj* froh; zufrieden (***con, de*** mit) ◇ ***dejar*** *od* ***poner ~ a alg*** jmdn zufrieden stellen; ***estar ~*** froh sein; ***estoy ~*** mir geht's gut **II** *m* Freude *f*, Behagen *n*, Vergnügen *n*; ***para mí ~*** zu meiner Freude
conteo *m* Auszählen *n*; Berechnung *f*; **~ *inverso*** RAUMF, TECH Countdown *m*
contertulio *m* Talkshowgast *m*; Teilnehmer *m* an einer → ***tertulia***
contest|a *f Am* → **~*ación***; *Am reg* Gespräch *n*; **~able** anfechtbar; strittig; fragwürdig; **~ación** *f* Antwort *f*; Antwortschreiben *n*; (*meist* heftige) Entgegnung *f*; Wortwechsel *m*, -gefecht *n*; Protest *m z.B. gegen das Establishment*; **~ado** umstritten
contestador *m*: **~ *automático*** TEL (automatischer) Anrufbeantworter *m*
contest|ar I *tr* beantworten; bestreiten, anfechten **II** *intr* antworten (***a*** auf); entgegnen; erwidern *auch Gruß* (***a*** *Akk*); *am* TEL abnehmen, sich melden; **~atario I** *Adj* protestierend; streitbar; aufmüpfig, -begehrend; Gegen- **II** *m verächtl* Gegner *m*, Protestler *m*; Aufbegehrender *m*, Aufmüpfiger *m*; **~ón I** *Adj* rechthaberisch; schnippisch; vorlaut **II** *m* Widerspruchsgeist *m*; *verächtl* Besserwisser *m*
contexto *m* Zusammenhang *m*; Kontext *m*; ***en el ~ de*** im Zusammenhang mit
context|ual Kontext-; aus dem Kontext; im Kontext; **~ualizar** ⟨-z/c-⟩ *tr* in einen Kontext bringen; in einen Zusammenhang stellen; **~ura** *f übertr* Aufbau *m*, Anordnung *f*; Körperbau *m*
contienda *f* Kampf *m*, Streit *m*, Auseinandersetzung *f*; **~*s judiciales*** JUR Streitfälle *m/Pl*
contig|o mit dir; bei dir; **~uo** benachbart; angrenzend; Neben-, Nachbar-; INFORM fortlaufend
continen|cia *f* Enthaltsamkeit *f*; Mäßigung *f*; **~tal** kontinental; Festlands-; **~te I** *Adj* mäßig; enthaltsam **II** *m* Kontinent *m*, Erdteil *m*; (Körper-)Haltung *f*; Auftreten *n*, Gebaren *n*
contingen|cia *f* Möglichkeit *f*; Zufälligkeit *f*; **~tación** *f* Kontingentierung *f*, Bewirtschaftung *f*; **~tar** *tr* kontingentieren, bewirtschaften, zuteilen; **~te I** *Adj* möglich **II** *m* Kontingent *n*; Quote *f*, Anteil *m*; → ***contingencia***
continuación *f* Fortsetzung *f*; Fortdauer *f*; Weiterführung *f*; Weiter-, Fortbestehen *n*; SPORT zweite Halbzeit *f*; **~ *del pago*** (***del salario***) Lohnfortzahlung *f*; **~ *del pago en caso de enfermedad*** Lohnfortzahlung *f* im Krankheitsfall; ***a ~*** dann, darauf; nachstehend, anschließend ◇ ***que a ~ se describe*** *Vertragsfloskel* nachbezeichnet
continuadamente fortwährend, ständig; durchgängig
continuar ⟨-úo⟩ **I** *tr* fortsetzen; weiter-, fortführen; beibehalten **II** *intr* an-, fortdauern, *übertr* weitergehen, anhalten; weitermachen; *z.B. im Amt* (ver)bleiben, noch immer sein; ***continuará*** Fortsetzung folgt; *mit Ger* (***~ hablando, ~ leyendo*** *usw*) weiter(sprechen, -lesen *usw*); ***eso no puede ~*** so geht das nicht weiter!
continu|idad *f* Kontinuität *f*, Stetigkeit *f*; An-, Fortdauern *n*, Weiterbestehen *n*; Verbleiben *n z.B. im Amt*; **~ismo** *m* Fortbestand *m*; *Am* unbegrenztes Verbleiben *n* im Amt *od* an der Macht; **~o I** *Adj* ständig, laufend, ununterbrochen; stetig; kontinu-

C

ierlich; zusammenhängend; *Öffnungszeiten* durchgehend; *Produktion* fließend **II** *Adv* hintereinander weg, in Folge
contonearse sich in den Hüften wiegen
contorn|ar, **~ear** *tr* umkreisen; umgehen; umfahren; MAL konturieren; **~eo** *m* Umkreisung *f*; MAL Umreißen *n*, Konturieren *n*
contorno *m* Kontur *f*, Umriss; **~(s** *Pl*) Umgebung *f*
contorsión *f Muskeln* Zerrung *f*; MED *u Artistik* Verrenkung *f*
contra I *Präp* gegen (***manifestar ~ la guerra***; ***apoyarse ~ la pared***); zu, nach, (***esta habitación está ~ el Norte***); wider, gegen (***~ mi voluntad***); gegen, auf (***pagar ~ recibo***); entgegen, wider, trotz, ungeachtet (***~ toda previsión***) ◇ ***estar en ~ de alg*** (***algo***) gegen jmdn (etw) sein **II** *Adv*: ***en ~*** dagegen; entgegen; ***por ~*** da-, hingegen ◇ ***ir en ~ de alg*** *od* ***u/c*** sich gegen jmdn *od* etw richten *schaden*; ***tener en ~*** *jmdn* gegen sich (*d.h. zum Feind*) haben; ***votar en ~*** dagegen stimmen **III** *m* Gegenspieler *m*; POL Gegner *m*; ***el*** (***los***) ***pro***(***s***) ***y el*** (***los***) ***~***(***s***) das Für und Wider **IV** *f* Schwierigkeit *f*, Hindernis *n*; Widerrede *f*; ◇ ***hacerle*** *od* ***llevarle la ~ a alg*** jmdm widersprechen *od* Kontra geben *umg*
contra|argumento *m* Gegenargument *n*; **~atacar** ⟨-c/qu-⟩ *intr* zum Gegenangriff übergehen; *übertr* zurückschlagen; *übertr* entgegentreten; **~ataque** *m* Gegenangriff *m*; **~aviso** *m* Gegenbescheid *m*; Gegenbefehl *m*; **~bajo** *m* Kontrabass *m*; Kontrabassist *m*; **~balanza** *f* Gegengewicht *auch übertr*; **~bandear** *intr*/*tr* schmuggeln, Schleichhandel treiben; **~bandeo** *m Am* Schmuggel *m*, Schleichhandel *m*; **~bandista** *m*(*f*) Schmuggler(in) *m*(*f*)
contrabando *m* Schmuggelware *f*; Schmuggel *m*, Schleichhandel *m*; ***~ de divisas*** Devisenschiebung *f*, -schmuggel *m*; ***de ~*** geschmuggelt, Schmuggel- ◇ ***hacer ~*** schmuggeln; ***introducir de ~*** *etw* einschmuggeln
contra|bloqueo *m* Gegenblockade *f*; **~carátula** *m Zeitschrift* Rückseite *f*
contracción *f* Zusammenziehung *f*, Verkürzung *f*; Schrumpfung *f*, Schwund *m*, Rückgang *m*, Abnahme *f*; ***contracciones*** *Pl* MED Wehen *f*/*Pl*; ***~ productiva*** Produktionsrückgang *m*
contra|cepción *f* Empfängnisverhütung *f*; **~ceptivo I** *Adj* empfängnisverhütend **II** *m* (Empfängnis-)Verhütungsmittel *n*; **~chapado** *m* Sperrholz *n*
contractual vertraglich; **~mente** vertragsgemäß, laut Vertrag
contra|decir ⟨→ ***decir***⟩ **I** *tr* widersprechen; bestreiten; im Widerspruch stehen (*dir Obj* zu), nicht übereinstimmen (*dir Obj* mit) **II** *intr* Einwände machen; **~declaración** *f* Gegenerklärung *f*; **~denuncia** *f* JUR Gegenklage *f*
contradicción *f* Widerspruch *m*; Gegensatz *m*; Widerrede *f*; ***sin ~*** widerspruchslos; unstreitig ◇ ***estar en ~*** im Widerspruch stehen (***a*** zu); ***incurrir en contradicciones*** sich in Widersprüche verstricken
contradictorio widersprüchlich; einander widersprechend
contradirección *f*: ***conducir en ~*** VERK in Gegenrichtung fahren
contraefecto *m* Gegenwirkung *f*
contraer ⟨→ ***traer***⟩ *tr* zusammenziehen, kontrahieren; zusammenfassen; (ver)kürzen, raffen; *Ehe*, *Freundschaft*, *Vertrag* schließen (***con*** mit); *Krankheit* bekommen *od* sich zuziehen; *Verhältnis* anknüpfen; *Gewohnheit*, *Laster* annehmen; *Verpflichtung* eingehen, übernehmen; *Schulden* machen, *in Schulden* geraten; **~se** sich zusammenziehen; sich verkürzen; schrumpfen
contra|espionaje *m* (Spionage-)Abwehr *f*; Gegenspionage *f*; **~firma** *f* Gegenzeichnung *f*, Kontrollunterschrift *f*; **~firmar** *tr ein Schriftstück* gegenzeichnen; **~flujo** *m* Gegenverkehr *m*; **~fuero** *m* Rechtsbruch *m*; **~fuerte** *m* ARCH, BAUW Strebepfeiler *m*; *Berg*, *Gebirge* Ausläufer *m*; **~gobierno** *m* Gegenregierung *f*; **~golpe** *m* Gegenschlag *m bes übertr*; Gegenputsch *m*
contragusto *m*: ***a ~*** gegen *jmds* Willen
contra|hacer ⟨→ ***hacer***⟩ *tr* fälschen; widerrechtlich nachdrucken; nachahmen, -machen; **~hecho** gefälscht; verwachsen; missgestaltet; buck(e)lig; **~indicación** *f* MED, PHARM Kontraindikation *f*; **~indicado** kontraindiziert; **~inteligencia** *f* Gegenaufklärung *f Spionageabwehr*; **~lor** *m Am* oberster staatlicher Finanz- *od* Rechnungsprüfer *m*; **~loría** *f Am* Oberster Rechnungshof *m*; **~lto I** *m* MUS *Stimme* Alt *m* **II** *f* Altistin *f*
contraluz *f*, *m* MAL Gegenlicht *n*; FOTO Gegenlichtaufnahme *f*; ***a ~*** bei Gegenlicht
contra|maestre *m* HANDW, IND Meister *m*; MAR Bootsmann *m*, Obermaat *m*; **~mandar** *tr* absagen; abbestellen; einen Befehl widerrufen; **~mandato** *m* Abbestellung *f*; Absage *f*; Gegenbefehl *m*; **~manifestación** *m* Gegendemonstration *f*; **~marca** *f* Kontrollmarke *f*; Zollplombe *f*; **~marcar** ⟨-c/qu-⟩ *tr* mit einer Kontrollmarke *bzw* Zollplombe versehen; **~medida** *f* Gegenmaßnahme *f*; **~minar** *tr etw* vereiteln; **~na-**

tural widernatürlich; **~ofensiva** *f* Gegenoffensive *f*, -angriff *m*; **~oferta** *f* Gegenangebot *n*; **~orden** *f* Gegenbefehl *m*; Widerruf *m*; Abbestellung *f*; **~parte** *f* JUR Gegenpartei *f*; Partner *m*; Amtskollege *m*; **~partida** *f* HDL Gegenposten *m*; *übertr* Gegengewicht *n*, Ausgleich *m*; Gegenleistung *f*

contrapelo *m*: ***a ~*** *beim Streichen über Haar od Fell, beim Rasieren* gegen den Strich; widerwillig; trotz *Präp* (***a ~ de obstáculos***)

contra|peso *m* Gegengewicht *n auch übertr*; Ausgleich *m*; **~poner** ⟨→ ***poner***⟩ *tr Meinung, Willen* entgegenstellen; einwenden; entgegenhalten; gegeneinander halten, vergleichen; gegenüberstellen (***a, con*** einander, *Dat*); **~portada** *f Zeitschrift* Rückseite *f*

contraposición *f* Gegenüberstellung *f*; ***en ~ a*** im Gegensatz zu

contra|prestación *f* Gegenleistung *f*; **~producente** kontraproduktiv; fehl am Platz, unzweckmäßig; hemmend; **~proposición** *f*, **~propuesta** *f* Gegenvorschlag *m*; PARL Gegenantrag *m*; **~proyecto** *m* Gegenentwurf *m*; **~prueba** *f* Gegenprobe *f*; Gegenbeweis *m*; TYP Kontrollabzug *m*; **~publicidad** *f* Gegenwerbung *f*; **~puerta** *f* Flurtür *f*; Doppeltür *f*; **~puesto** entgegengesetzt; **~punteo** *m* Stichelei *f*; Streit *m*; Streitgespräch *n*; **~punto** *m* MUS Kontrapunkt *m*; *übertr* Gegengewicht *n* (***a*** zu)

contraria *f*: ***llevar la ~ a alg*** jmdm widersprechen; sich jmdm widersetzen; ***venir en ~*** VERK entgegenkommen *entgegengesetzt fahren*

contrari|ado verärgert, verdrossen; **~amente** *übertr* gegen (***a*** *Akk*); im Widerspruch (***a*** zu); **~ar** ⟨-ío⟩ *tr* sich widersetzen *od* entgegenstellen; *übertr* widersprechen; behindern; *Vorhaben* durchkreuzen; (ver)ärgern; **~arse** *etw* übel nehmen; **~edad** *f* Hindernis *n*; Ärger *m*, Unannehmlichkeit *f*

contrario **I** *Adj* entgegengesetzt *auch übertr*; Gegen-; gegen… (gerichtet) (***a*** *Akk*), zuwiderlaufend (***a*** *Dat*); gegenteilig, widrig; gegnerisch; feindlich (gesinnt), abgeneigt; schädlich, nachteilig (***a*** für); ***lo ~*** das Gegenteil; ***de lo ~*** sonst, andernfalls; ***en ~*** dagegen; ***por lo ~*** → ***al*** *od* ***por el ~***; ***todo lo ~*** ganz im Gegenteil ◇ ***ser ~ a u/c*** gegen etw sein *ablehnen* **II** *m* Gegner *m auch* JUR, Feind *m*; Hindernis *n*; ***al ~, por el ~*** im Gegenteil

contra|rreacción *f* Gegenreaktion *f*; **~rrestar** *tr* hemmen; aufhalten, Einhalt gebieten; entgegenwirken; wettmachen, aufwiegen; **~rrevolución** *f* Konter-, Gegenrevolution *f*; **~sentido** *m* Sinnentstellung *f*; Sinnwidrigkeit *f*, Wider-, Unsinn *m*; **~seña** *f* Kennwort *n*; INFORM Passwort *n*; Kontrollmarke *f od* -schein *m*; THEAT *usw* Garderobenmarke *f*; MIL Losung(swort *n*) *f*; KFZ polizeiliches Kennzeichen *n*; ***protegido con*** *od* ***por ~*** passwortgeschützt; **~señar** *tr*, *Am* **~signar** *tr* gegenzeichnen; **~star** **I** *intr* einen Kontrast bilden, im Widerspruch stehen (***con*** zu), sich unterscheiden (***con*** von, ***entre sí*** von-, untereinander); sich (deutlich) abheben (***con*** von, gegenüber), kontrastieren **II** *tr* widerstehen, sich widersetzen; *Edelmetalle auf Gehalt* prüfen; eichen

contraste *m* Gegensatz *m*, Kontrast *m*; *übertr* Kluft *f*; MED Kontrastmittel *n*; Eichung *f*; Eichamt *n* ◇ ***formar ~*** einen Gegensatz bilden (***con*** zu)

contrata *f* (Dienstleistungs- *bzw* Werk-) Vertrag *m*; THEAT Engagement *n*, Bühnenvertrag *m*

contratación *f* Vertragsabschluss *m*; *Arbeitskräfte* An-, Einstellung *f*; Vergabe *f von Aufträgen, Bauarbeiten usw*; Abschluss *m z.B. einer Versicherung*; HDL Abschlüsse *m/Pl*; ***~ excesiva*** Überbelegung *f mit Personal*; ***~ de nuevo personal*** (***nuevas contrataciones***) Neueinstellung(en *Pl*) *f von Arbeitskräften*

contrat|ados *m/Pl* Vertragsangestellte *m/Pl im öffentlichen Dienst*; **~ante** **I** *Adj* vertragschließend **II** *m* vertragschließende Partei *f*; Vertragspartner *m*; Auftragnehmer *m*; Versicherungsnehmer *m*; **~ar** *tr* vertraglich festlegen; *Versicherung, Vertrag usw* abschließen; (vertraglich) verpflichten; *Arbeitskräfte* ein- *od* anstellen; *Künstler* engagieren; chartern; **~arse** sich vertraglich verpflichten; vereinbart werden; **~iempo** *m* Missgeschick *n*; Zwischenfall *m*; Unannehmlichkeit *f*, Widrigkeit *f*; unangenehme Überraschung *f*; Schwierigkeit *f*

contratista *m(f)* Auftragnehmer(in) *m(f)*; Unternehmer(in) *m(f)*; (***~ de obras***) Bauunternehmer *m*; ***~ principal*** Hauptauftragnehmer *m*

contrato *m* Vertrag *m*; ***~ de alquiler*** *od* ***locación*** (***aprendizaje*** *od* ***formación***; ***arrendamiento***; ***capacitación*** *od* ***perfeccionamiento***) Miet-(Lehr- *od* Ausbildungs-; Pacht-; Qualifizierungs)vertrag *m*; ***~ basura*** *umg Vertrag für einen Billigjob mit schlechten Konditionen*; ***~ colectivo*** (***global***) (Rahmen-)Kollektivvertrag *m*; ***~ de comisión*** (***compraventa***) Kommissions-(Kauf)vertrag *m*; ***~ de delegación*** Delegierungsvertrag *m in einen anderen Be-*

trieb; **~ editorial (modificatorio)** Verlags-(Änderungs)vertrag *m*; **~ de fletamento** *od* **flete** *od* **transporte** Betrachtungs-, Frachtvertrag *m*, Charterpartie *f*; **~ generacional** Generationenvertrag *m*; **~ laboral, ~ de trabajo (indefinido)** (unbefristeter) Arbeitsvertrag *m*; **~ de mantenimiento** TECH Wartungsvertrag *m*; **~ matrimonal** Ehevertrag *m*; **~ a plazo fijo** befristeter Vertrag *m*; **~ de seguro** Versicherungsvertrag *m*; **~ temporal (a tiempo parcial)** (Teil-)Zeitvertrag *m*; **~ tipo** Standardvertrag *m*; Manteltarif *m*; **de acuerdo con el ~, conforme al ~** vertragsgemäß; **contrario al ~** vertragswidrig; **por ~** vertraglich ◇ **anular** *od* **revocar (concluir) un ~** einen Vertrag aufheben *od* -lösen (schließen); **estar bajo ~** vertraglich gebunden sein; **estipular por ~** vertraglich festlegen; **incluir en el ~** in den Vertrag(stext) aufnehmen; **incumplir (infringir; rescindir; romper)** einen Vertrag nicht einhalten (vertragsbrüchig werden; einen Vertrag kündigen; einen Vertrag brechen)

contravalor *m* Gegenwert *m*

contravención *f* JUR Übertretung *f*, Zuwiderhandlung *f*; Vergehen *n*, -stoß *m*; (Vertrags-)Verletzung *f*; **~ administrativa** Ordnungswidrigkeit *f*; **~ del tránsito** Verkehrsdelikt *n*

contra|veneno *m* Gegengift *n*; Gegenmittel *n*; **~venir** ⟨→ **venir**⟩ *intr*, *auch tr* zuwiderhandeln (**a** Dat); *Gesetz* verletzen, übertreten (**a** *Akk*); JUR verstoßen (**a** *od dir Obj* gegen); **~ventor** *m* Zuwiderhandelnder *m*; **~vidriera** *f* Doppelfenster *n*

contrayentes *m/Pl* Eheschließende *Pl*; Brautpaar *n*

contribución *f* Beitrag *m* (**a** zu, für); Umlage *f Sonderbeitrag*; Unterstützung *f*; Steuer *f*, Abgabe *f*; **~ a los bienes** *Am*, **~ territorial** Grundsteuer *f*; **~ a los gastos** Unkostenbeitrag *m*; **~ sobre la herencia (propiedad; renta)** Erbschafts-(Vermögens-; Einkommens)steuer *f*; **contribuciones indirectas** indirekte Abgaben *f/Pl od* Steuern *f/Pl*; **~ de usos y consumos** *Esp etwa* Verbrauchssteuer *f*; **libre de contribuciones** beitragsfrei; → *auch* **impuesto II** ◇ **aportar** *od* **rendir una ~ constructiva** einen konstruktiven Beitrag leisten (**a** zu, für); **imponer contribuciones** besteuern (**a** *Akk*)

contribu|ir ⟨-uy-⟩ **I** *intr* beitragen, mithelfen (**a** zu); helfen (**a** zu, **con** mit); beisteuern (**con** mit); mitwirken (**para, a** bei); Abgaben entrichten, Steuern zahlen **II** *tr Summe* zahlen, beisteuern, abgeben; **~tivo** Steuer-; *Sachen* steuerpflichtig; *Rente* beitragsbezogen; **~yente I** *Adj Personen* steuerpflichtig **II** *m* Steuerpflichtiger *m*, -zahler *m*; Beitragszahler *m*

contrincante *m* Mitbewerber *m bei Wahlen, ausgeschriebenen Ämtern*; Gegner *m auch* SPORT; Gegenspieler *m*; SPORT Herausforderer *m*

control *m* Kontrolle *f*, Überwachung *f*; (Über-)Prüfung *f*, Durchsicht *f*; Beaufsichtigung *f*; Regelung *f*; Steuerung *f*; *übertr* Lenkung *f*; Steuerungstaste *f*; Beherrschung *f der Lage*; Kontrollpunkt *m*; **~ aduanero (antidopaje** *od* **antidoping; fronterizo)** Zoll-(Doping-; Grenz)kontrolle *f*; **~ aéreo** Flugsicherung *f*; **~ de calidad, ~ cualitativo** Qualitäts-, Gütekontrolle *f*; **~ de cambios (divisas)** Devisenkontrolle *f* (-bewirtschaftung *f*); **~ de cuentas** Rechnungsprüfung *f*; **~ de derrapada** *Auto* Schleuderkontrolle *f*; **~ a distancia, ~ remoto** Fernkontrolle *f*, -überwachung *f*; Fernsteuerung *f*; Fernbedienung *f*; **~ de las existencias (en almacén), ~ de inventarios** (Lager-)Bestandskontrolle *f*; **~ de (las) exportaciones (importaciones)** Ausfuhr-(Einfuhr-)kontrolle *f*; **~ de identificación (pasaportes)** Ausweis-(Pass)kontrolle *f*; **~ de nacimientos, ~ de la natalidad** Geburtenkontrolle *f*, -regelung *f*; **~ permanente preventivo** MED Dispensairebetreuung *f*; **~ de los precios** Preiskontrolle *f*, -überwachung *f*; **(férreo) ~ presupuestario, ~ del presupuesto** (rigorose) Haushalts-, Finanzkontrolle *f*; **~ por radar (voz)** VERK Radarfalle *f* (INFORM Sprachsteuerung *f*); **~ de tracción** *Auto* Traktionskontrolle *f*; **bajo ~ médico** unter ärztlicher Aufsicht ◇ **perder el ~** *übertr* die Beherrschung verlieren; **tener el ~ completo de la situación** alles unter Kontrolle *od* im Griff *umg* haben

controlador *m*: **~ (aéreo** *od* **de vuelo)** Fluglotse *m*

controlar *tr* kontrollieren, überwachen; nach-, überprüfen; beaufsichtigen; regeln; EL steuern; *übertr* lenken; bewirtschaften; *übertr* beherrschen; *Feuer, Situation* unter Kontrolle haben *bzw* bringen; **~se** sich beherrschen *od* in der Gewalt haben

controver|sia *f* Auseinandersetzung *f*, Kontroverse *f*; **~sial** kontrovers; **~tible** bestreitbar; **~tido** umstritten, strittig

contubernio *m* (illegales) Zusammenwohnen *n*; wilde Ehe *f*; Cliquenwirtschaft *f*; *übertr verächtl* Zusammenspiel *n*

contumacia *f* Halsstarrigkeit *f*; *vor Gericht* Nichterscheinen *n*, Säumnis *f* ◇ **condenar por ~** JUR in Abwesenheit verurteilen

contumaz halsstarrig; aufsässig; JUR *vor Gericht* säumig
contund|encia *f* Schlagkraft *f auch übertr*; **~ente** Schlag-; *Argument, Beweis* schlagend, schlagkräftig, überzeugend; deutlich, klar; *Bemerkung u.Ä.* treffend; *Stimme* scharf, schneidend; *Essen* reichhaltig; **~ir** *tr* (zer)quetschen; zerschmettern
conturb|ación *f* Beunruhigung *f*; Bestürzung *f*; **~ar** *tr* innerlich aufwühlen
contus|ión *f* Quetschung *f*, Prellung *f*; **~ionar** *tr* quetschen, prellen; **~o** gequetscht, verletzt
conurb|ano *m* eingemeindeter Ort *m*; *Arg* Ballungsgebiet *n*; **~ar** *tr* eingemeinden
convalec|encia *f* Genesung *f*, Rekonvaleszenz *f*; Genesungsheim *n*; **~er** ⟨-z/c-⟩ *intr* genesen; sich erholen *auch übertr*; **~iente I** *Adj* rekonvaleszent **II** *m* Genesender *m*, Rekonvaleszent *m*
convalid|ación *f* Bestätigung *f*, Anerkennung *f*; *Titel* Attestation *f*; **~ar** *tr* bestätigen, anerkennen; attestieren
convecino I *Adj* benachbart **II** *m* Mitbewohner *m*; Hausgenosse *m*
convenc|edor überzeugend; **~er** ⟨-c/z-⟩ **I** *tr* überzeugen; überreden; JUR überführen (**de** *Gen*) **II** *intr Gründe* einleuchten, überzeugen; **~erse** sich überzeugen; **~imiento** *m* Überzeugung *f*; JUR Überführung *f*
convención *f* Übereinkunft *f*; Abkommen *n*; Konvention *f*; *Am* Tagung *f*; ***convenciones colectivas*** Tarifvereinbarungen *f/Pl*; **≈ *de Ginebra*** Genfer Konvention *f*; **~ *postal universal*** Weltpostvertrag *m*; **~ *universal sobre derechos de autor*** Welturheberrechtsabkommen *n*
convencional herkömmlich, konventionell; vertrags- *bzw* vereinbarungsgemäß; Vertrags-, Konventional-
convenido vereinbart; **¡~!** abgemacht! ***según lo ~*** vereinbarungsgemäß
conveniencia *f* Übereinstimmung *f*; Zweckmäßigkeit *f*; Nutzen *m*, Vorteil *m*; Übereinkunft *f*
conveniente ratsam; zweckmäßig; erforderlich, nötig; nützlich ◇ ***estimar, tener por ~*** es für angebracht halten
convenio *m* Abkommen *n*; Übereinkommen *n*; Vertrag *m*; Abmachung *f*, Vereinbarung *f*; JUR Aus-, Vergleich *m*; **~ *colectivo* (*tipo*)** (Mantel-)Tarifvertrag *m*; Lohn-, Tarifabschluss *m*, -abkommen *n*; **~ *comercial* (*cultural*; *económico*)** Handels-(Kultur-; Wirtschafts)abkommen *n*; **~ *marco*** Rahmenabkommen *n*; Rahmenvertrag *m*; **~ *tácito*** stillschweigende Übereinkunft *f* ◇ ***concluir*** *od* ***hacer un ~*** ein Übereinkommen treffen
convenir ⟨→ ***venir***⟩ **I** *intr* sich einigen; beschließen (***convinieron en salir***); *jmdm* recht sein, passen (***eso no me conviene***); *mit etw* einverstanden sein (***convengo en ello***); *mit jmdm* übereinstimmen (***convengo contigo en que el problema requiere una solución***); *einer Sache* bedürfen, *etw* brauchen (***al enfermo le conviene reposo***); *zu jmdm* gehören, *jmdm* gebühren (***al sabio conviene la sensatez***) **II** *tr* vereinbaren; *unpers* ***conviene*** + *Inf* es ist angebracht, es empfiehlt sich, man sollte *od* muss; ***~se con alg en u/c*** sich mit jmdm über etw einigen
convent|illo *m Am verächtl* Mietskaserne *f*, -haus *n*; **~o** *m* Kloster *n*
converg|encia *f* Konvergenz *f*; Zusammenlaufen *n von Linien*; Übereinstimmung *f*; *übertr* Zusammenwirken *n*, -spiel *n*; **~ente** konvergierend; das gleiche Ziel anstrebend
converger, **~ir** ⟨-g/j-⟩ *intr* MATH *u übertr* konvergieren; *Linien* zusammenlaufen; übereinstimmen; gleichziehen *einholen* (**con** mit; **en** in); *Kräfte, Strömungen* sich vereinen *od* treffen; gemeinsam streben (***hacia*** nach)
convers|a *f* Schwatz *m*; **~able** umgänglich, gesellig
conversación *f* Gespräch *n auch* TEL, Unterhaltung *f*; Konversation *f*; Besprechung *f*; **~ *a solas*** Gespräch *n* unter vier Augen; ***conversaciones de sondeo*** Sondierungsgespräche *n/Pl*; **~ *telefónica*** Telefongespräch *n*, Telefonat *n* ◇ ***dirigir la ~ a alg*** jmdn ansprechen; ***entablar* (*trabar*) *~ con alg*** sich mit jmdm in ein Gespräch einlassen (mit jmdm ein Gespräch anknüpfen); ***estar en conversaciones*** im Gespräch sein *allgemein besprochen werden*; ***hacer caer la ~ sobre*** das Gespräch bringen auf; ***mantener conversaciones*** Gespräche führen
convers|ador gesprächig; **~ar I** *intr* sprechen, sich unterhalten (***sobre*** *od* ***de u/c*** über etw); ein Gespräch führen, sich *mit jmdm* besprechen **II** *tr etw* besprechen
conversión *f* Ver-, Umwandlung *f*; Veränderung *f*; Wandel *m*; TECH *Anlagen, Verfahren* Umstellung *f*; HDL Umtausch *m*; INFORM, FIN Konvertierung *f*; Umrechnung *f*; **~ *de una deuda*** Umschuldung *f*; **~ *del dinero efectivo*** Bargeldumstellung *f*
convertibilidad *f* FIN Konvertibilität *f*, Konvertierbarkeit *f*
convertible I *Adj* INFORM *Datei*, FIN konvertierbar, konvertibel; austauschbar; umrechenbar; ***libremente ~*** FIN frei konvertierbar **II** *m Am* KFZ Kabrio(lett) *n*
convertidor *m* INFORM, EL, METAL Konver-

ter *m*; EL Umformer *m*; INFORM, EL Wandler *m*; INFORM Umrechner *m*; **~ de imagen** *od* **imágenes** TV Bildwandler *m*

convertir ⟨-ie-, -i-⟩ *tr* um-, verwandeln; verändern; INFORM *Datei*, FIN konvertieren; umrechnen; TECH umstellen; CHEM, METAL überführen; EL umformen; **~se** (**a**) REL konvertieren, übertreten (zu); **~se en** sich verwandeln *n*; werden *od* sich entwickeln zu

convexo OPT (nach außen) gewölbt, konvex

convicción *f* Überzeugung *f*

convicto I *Adj von der Richtigkeit* überzeugt ◇ **estar** (**ser**) **~** JUR überführt sein (werden) (**de** *Gen*) **II** *m bes Am* (verurteilter) Verbrecher *m*, Sträfling *m*

convidada *f*: **dar una ~** *umg* zu ein paar Gläschen einladen

convid|ado *m* Tischgast *m*; **~ar** *tr* zu Tisch *od* zum Essen bitten; einladen (**a** zu); bewirten (**con** mit); anbieten (**con** *Akk*); *etw abgeben mit jmdm etw teilen*; **~arse a** *übertr* sich anbieten für *od* zu

convincente überzeugend; triftig

convite *m* Einladung *f bes zum Essen*; Festessen *n*

conviv|encia *f* Zusammenleben *n*; → **coexistencia**; **~iente** *m(f)* Mitbewohner(in) *m(f)*; **~ir** *intr* zusammenwohnen; zusammenleben

convoc|ación *f Versammlung* Einberufung *f*; **~ar** ⟨-c/qu-⟩ *tr Versammlung* einberufen; zusammenrufen; *zur Teilnahme* aufrufen; (vor)laden, zitieren; *Arbeitsplätze, Wahlen, Wettbewerb* ausschreiben; *Termin* ansetzen, anberaumen

convocatoria *f Arbeitsplätze, Wahlen, Wettbewerb* Ausschreibung *f*; *Termin* Anberaumung *f*; Einladungsschreiben *f*; → **convocación**; **~ de huelga** Streikaufruf *m*

convoy *m Menschen, Fahrzeuge*, EISENB Zug *m*; (Auto-, Wagen-)Kolonne *f*; Konvoi *m*

convuls|ión *f* Zuckung *f*, Krampf *m*; Erschütterung *f auch übertr*; **convulsiones** *Pl* **políticas** politische Wirren *Pl*; **~ionar** *tr übertr* erschüttern; **~ivo** krampfartig; krampfhaft

conyugal ehelich, Ehe-, Gatten-

cónyuge *m bzw f* (*fälschlich* **cónyugue**) Ehemann *m bzw* Ehefrau *f*; **~s** *m/Pl* Eheleute *Pl*

coña *f verächtl* Witz *m*; Schweinerei *f*; **~c** *m* Kognak *m*, Schnaps *m umg*

coño *m vulg* Fotze *f*; **¡~!** *vulg* Scheiße!

cooper|ación *f* Zusammenarbeit *f*, Kooperation *f*; Mitarbeit *f*; JUR Beihilfe *f*; **~ador** *m*, **~adora** *f* Mitarbeiter(in) *m(f)*; **~ante** *m(f)* Entwicklungshelfer(in) *m(f)*; **~ar** *intr* zusammenarbeiten, kooperieren; mitwirken (**a, en u/c** bei, für etw); **~ativa** *f* Genossenschaft *f*, Kooperative *f*; **~ativismo** *m* Genossenschaftswesen *n*; **~ativista** *m(f)* Genossenschaft(l)er(in) *m(f)*; **~ativizar** ⟨-z/c-⟩ *tr* vergenossenschaftlichen; **~ativo** kooperativ, hilfsbereit; Genossenschafts-

coop|ositor *m* Mitbewerber *m z.B. um ein Amt*; **~tación** *f* Kooptierung *f*; Ergänzungs-, Zuwahl *f*; **~tar** *tr* kooptieren, hinzuwählen

coord|enada *f* Koordinate *f*; **~inación** *f* Koordinierung *f*, Koordination *f*, Abstimmung *f*; Leitung *f*; *übertr* Vernetzung *f*; MATH Zuordnung *f*; **~inador I** *Adj* koordinierend; leitend **II** *m* Koordinator *m*; Leiter *m eines Projekts od innerhalb eines Gremiums*; **~inadora** *f* Leitung *f*, Vorstand *m*; WIRTSCH Dachverband *m*; Koordinatorin *f*; **~inante** → **~inador I**; **~inar** *tr* koordinieren, abstimmen, in Übereinstimmung bringen; *übertr* vernetzen; MATH zuordnen; (an)leiten

copa *f* (Stiel-)Glas *n*; Becher *m*; SPORT Pokal *m*; (Baum-)Krone *f*; **~ ambulante** Wanderpokal *m*; **⁓ Davis** (**de Europa**) Davis-(Europa)pokal *m od* -cup *m*; **~ graduada** Messbecher *m*; **~ de honor** Ehrenpokal *m*; **~ del mundo** SPORT Weltmeisterschaft *f*; **una ~ de vino** ein Glas *od* Becher (voll) Wein; **una ~ para vino** ein Weinglas ◇ **colmar la ~** *übertr* das Fass zum Überlaufen bringen, das Maß voll machen; **echar** *od* **tomar unas ~s** *umg* ein paar Gläschen trinken

cop|ado *Am umg* brechend voll *überfüllt*; *Plätze* dicht besetzt; **~ar** *tr* alles (*od etw* allein) für sich in Anspruch nehmen; horten; *Kandidat* alle Stimmen auf sich vereinen; MIL einkesseln, umzingeln

copart|icipación *f* Mitbeteiligung *f*; **~icipar** *intr* mitwirken, sich mitbeteiligen; (**en** bei); **~ícipe** *m* Mitteilhaber *m*; HDL, POL Partner *m*

COPE *f Abk für* **Cadenas de Ondas Populares Españolas**, → **cadena**

copear *intr* picheln *trinken*

copec *m* ⟨*Pl* **copeques**⟩ Kopeke *f*

Copenhague *m* Kopenhagen *n*

copet|e *m* (Haar-)Schopf *m*; *Bier* Blume *f*; *Getränk* Schaum *m*; Stolz *m*, Hochmut *m*; **~era** *f Am* Bardame *f*; Animiermädchen *n*; **~ín** *m Am* ein Gläschen *n* Schnaps *od* Likör *als Aperitif*; **~ón** → **~udo**; **~uda** *f* Haubenlerche *f*; **~udo** stolz, hochnäsig

copia *f* Kopie *f auch* FILM, Durchschrift *f*, -schlag *m*; Abschrift *f*; Duplikat *n*; Doppel *n*, (zweite) Ausfertigung *f*; FOTO, TYP Abzug *m*; *nur bei Manuskript* Exemplar *m*;

TECH Nachbau *m*; *übertr* Abbild *n*; Ebenbild *n*; **~ auténtica** *od* **autorizada** *od* **certificada** *od* **fehaciente** beglaubigte Abschrift *f*; **~ calcada** TYP Pause *f*; **~ en color** Farbkopie *f*, FOTO Farbabzug *m*; **~ por contacto** FOTO Kontaktabzug *m*; **~ original** Erstausfertigung *f*; **~ pirata** Raubkopie *f*; **~ de reserva** *od* **seguridad** Sicherheits-, Sicherungskopie *f*, INFORM *auch* Back-up *m* ◇ **hacer** *od* **sacar ~s** Abzüge *od* Durchschläge machen; Kopien ziehen

copiadora *f* Kopier-, Vervielfältigungsgerät *n*, Kopierer *m*; **~ en color** Farbkopierer *m*

copiar *tr/intr* kopieren *auch* FILM, TECH *u übertr*; abschreiben *auch Schule*; eine Abschrift *od* Kopie anfertigen; abziehen *auch* FOTO, vervielfältigen; abmalen, -zeichnen; nachbauen; ins Reine schreiben; abtippen; nachmachen, (sklavisch) nachahmen

copiloto *m* FLUGW Kopilot *m*; *bes* KFZ SPORT Beifahrer *m*

copios|idad *f* Fülle *f*, Reichhaltigkeit *f*; Überfluss *m*; **~o** reichlich, üppig, *Vorkommen u.Ä.* ergiebig

copist|a *m(f)* Kopist(in) *m(f)*; Notenschreiber(in) *m(f)*; Nachahmer(in) *m(f)*; **~ería** *f* Copy-Shop *m*

copita *f* Gläschen *n* ◇ **tomar una ~** sich einen *od* ein Gläschen genehmigen

copla *f* (volkstümliches) Lied *n*; Strophe *f*; **~s** *Pl* Verse *m/Pl*

copo *m* Flocke *f auch* TEXTIL; **~s de avena** (**nieve**) Hafer-(Schnee)flocken *f/Pl*

copra *f* Kopra *f getrocknete Kokosnusskerne*

coproduc|ción Gemeinschafts-, Koproduktion *f*; **~tor** *m*, **-a** *f* Koproduzent(in) *m(f)*

copropie|dad *f* Miteigentum *n*; **~tario** *m* Miteigentümer *m*, -inhaber *m*

cópula *f* Band *n*, Verknüpfung *f*; Begattung *f*; → **copulación**; GRAMM Kopula *f*

copul|ación *f* BIOL Kopulation *f*, Paarung *f*; **~arse** BIOL sich paaren

copyright *m* Copyright *n*

coque *m* Koks *m*; **~facción** *f* Verkokung *f*; **~ría** *f* Kokerei *f*

coquet|ear *intr* kokettieren; flirten; liebäugeln; **~eo** *m* Flirt *m*; **~ería** *f* Koketterie *f*; Gefallsucht *f*; Putzsucht *f*; **~o** ansprechend, nett, reizend; **~ón I** *Adj* → **coqueto**; *verächtl* herausgeputzt, -staffiert **II** *m verächtl* Lackaffe *m umg*

coraj|e *m* Wut *f*, Zorn *m*; Mut *m*, Courage *f*; **~inoso**, **~oso** wütend, zornig; **~udo** jähzornig; *Am* mutig, tapfer; verwegen

coral[1] **I** *Adj* korallenrot **II** *m* Koralle *f*

coral[2] **I** *Adj* Chor- **II** *m* Choral *m*, Chor-, Kirchenlied *n*; Chorwerk *n*

corambre *f* Felle *n/Pl*, Häute *f/Pl*

corán *m* (*auch* ♀) Koran *m*

coraza *m* (Brust- *od* Rücken-)Panzer *m auch von Schildkröten*, Harnisch *m*, Rüstung *f*; TECH Panzerung *f*

corazón *m* ANAT, *Kosewort*, *Figur*, *übertr* Herz *n*; Seele *f*; Mut *m*; Gemüt *n*; Wohlwollen *n*; *übertr* Inneres *n*; Gefühl *n*; Gewissen *n*; *Frucht* Kerngehäuse *n*; *Kosewort* Schatz *n*, Liebling *m*; Mittelfinger *m*; **~ artificial** künstliches Herz *n*; **blando** (**duro**) **de ~** *übertr* weich-(hart)herzig; **de todo ~, muy de ~** von ganzem Herzen, ganz herzlich; **en el ~ de** mitten in; in der Mitte, *übertr* im Herzen; **sin ~** *übertr* herzlos, hartherzig ◇ **abrirle el ~ a alg** jmdm das Herz ausschütten; **me lo anuncia** *od* **da** *od* **dice el ~** ich ahne es, mir schwant (etw); **eso me arranca el ~** *übertr* das zerreißt mir das Herz; **no le cabía el ~ en el pecho** *Freude*, *Kummer* er konnte nicht an sich halten; **el ~ me dio un vuelco** das Herz schlug mir bis zum Hals; **llegar al ~** ans Herz gehen *Mitleid fühlen*; **llevar** *od* **tener el ~ en la mano** offenherzig *od* ehrlich sein, reden, wie einem ums Herz ist; *übertr* das Herz auf der Zunge tragen; **padecer del ~** herzkrank sein; **eso te lo pongo al ~** das lege ich dir ans Herz; **probar los corazones y los riñones** *übertr* auf Herz und Nieren prüfen; **eso le sale del ~** das kommt ihm *bzw* ihr von Herzen; **ser de un ~ y un alma** ein Herz und eine Seele sein; (**no**) **tener** (**el**) **~** (nicht) den Mut haben (**para** zu); **tener el ~ en su sitio** *od* **bien puesto** das Herz auf dem rechten Fleck haben; *Sprichw* **lo que en el ~ fragua, por la boca se desagua** *od* **cuando el ~ rebosa, la boca habla** wes das Herz voll ist, des geht der Mund über

corazonada *f* Anwandlung *f*; schneller und mutiger Entschluss *m*; Eingebung *f*, (Vor-)Ahnung *f*

corazoncillo *m* BOT Johanniskraut *n*

corbata *f* Krawatte *f*, Binder *m*, Schlips *m umg*; *Arg* Halstuch *n des Gauchos* ◇ **anudar la ~** die Krawatte *od* den Schlips binden

corbeta *f* Korvette *f*

Córcega *f* Korsika *n*

corchete *m* Schnalle *f*, Spange *f*; Haken *m*; Klammer *f*; TYP geschweifte *bzw* eckige Klammer *f*; *Am reg* Heftklammer *f*; **~ angular** TYP Winkelklammer *f*

corchet|era *f Am reg* Heftmaschine *f*, Hefter *m*, *übertr* Klammeraffe *m umg*; **~ear** *tr Am reg Manuskriptblätter* zusammenklammern, heften

C

corcho *m* Kork(rinde *f*) *m*; Korken *m*, Pfropfen *m*; Korkmatte *f*; Korkuntersatz *m*; Korkeiche *f*; **~s de baño, ~s para nadar** Schwimmkorken *m*, -gürtel *m*; **más ligero que un ~** *übertr* federleicht ◇ **tapar con ~(s)** verkorken, zustöpseln
corcov|a *f* Buckel *m*; Höcker *m*; **~ado** bucklig; höckerig
cord|ada *f Bergsteiger* Seilschaft *f*; **~aje** *m* MAR Takelage *f*, Takelwerk *n*
cordel *m* Leine *f*; Schnur *f*; (Bind-)Faden *m*; Kordel *f*; *Maß* fünf Schritte *m/Pl* lang; **~ para tender ropa** Wäscheleine *f*; **a ~** schnurgerade
cordero *m* Lamm *n auch übertr sanftmütiger Mensch*; Lammfell *n*; Lammfleisch *n*
cordial I *Adj* herzlich, freundlich; herz- *od* magenstärkend **II** *m* Mittelfinger *m*; herz- *od* magenstärkendes Getränk *n*; **~idad** *f* Herzlichkeit *f*, Freundlichkeit *f*
cordillera *f* Gebirgskette *f*, -zug *m*; **la ♀ (de los Andes)** die Anden; **~no** *m Am* Andenbewohner *m*
corditis *f* MED Chorditis *f*, Entzündung *f* der Stimmbänder
córdoba *m Nic Währung* Córdoba *m*
Córdoba *f* Córdoba *n Stadt u Provinz*
cordobense *Col* **I** *Adj* aus Córdoba (*Kolumbien*) **II** *m(f)* Einwohner(in) *m(f)* von Córdoba (*Kolumbien*)
cordobés I *Adj* aus Córdoba **II** *m*, **-esa** *f* Einwohner(in) *m(f)* von Córdoba
cordón *m* Schnur *f auch* EL; Litze *f*; Band *n*; Schnürsenkel *m*; MIL, *Polizei* Kordon *m*, Absperrung *f*; *Am reg Straßenrand* Bordkante *f*; **~ detonante** (**prolongador**; **umbilical**) Zünd-(EL Verlängerungs-; ANAT Nabel)schnur *f*; **~ (de embalaje)** Packschnur *f*; **~ sanitario** MIL, *Polizei u übertr* Sperrgürtel *m*
cordura *f* Klugheit *f*, Vernunft *f*, Umsicht *f*; Verstand *m*
Corea *f* Korea *n*; **~ del Norte** (**Sur**) Nord-(Süd-)Korea *n*
coreano I *Adj* koreanisch **II** *m* Koreaner *m*; das Koreanische
core|ar *tr* (mit)singen; *etw* im Chor singen *od* sprechen; laut *od* begeistert zustimmen; im Sprechchor rufen *bzw* ausrufen; **~ografía** *f* Choreografie *f*; **~ógrafo** *m* Choreograf *m*
corifeo *m* Koryphäe *f*, Sachkenner *m*, Leuchte *f* (der Wissenschaft) *umg*; *oft verächtl übertr* Sprecher *m*, Anführer *m*
corindón *m* MINER Korund *m*
corintio I *Adj* aus Korinth; ARCH korinthisch **II** *m* Korinther *m*
Corinto *m* Korinth *n*
corista I *m* Chorsänger *m*; Chorknabe *m* **II** *f* Chorsängerin *f bzw* -mädchen *n*; *verächtl* Balletthäschen *n*; Revuegirl *n*
cormorán *m* ZOOL Kormoran *m*
corn|ada *f* Stoß *m* mit dem Horn; Verletzung *f* (durch einen Hornstoß); **~amenta** *f* Geweih *n*; Gehörn *n*; **~amusa** *f* Jagdhorn *n*; Dudelsack *m*
córnea *Auge* Hornhaut *f*
cornear I *intr Stier* mit den Hörnern stoßen **II** *tr Stier jmdn* mit dem Horn aufspießen
corneja *f* Krähe *f*
cornejo *m Baum u Frucht* Kornelkirsche *f*
córneo hörnern; hornartig; Horn-
córner *m* ⟨*Pl* **corners**⟩ SPORT Eckball *m*
corneta I *f* Signalhorn *n*; Jagdhorn *n*; MUS Kornett *n*; Wimpel *m*; Lautsprecherbox *f* **II** *m* (Horn-)Bläser *m*; MIL Trompeter *m*
cornisa ARCH Sims *m,n*; **~ de nieve** Schneewehe *f*
corno *m* → **cornejo**; **~ inglés** MUS Englischhorn *n*
cornudo I *Adj* gehörnt *in der Ehe betrogen* **II** *m* Hahnrei *m*
coro *m* ARCH, MUS, THEAT Chor *m*; Chorgesang *m*; Chorwerk *n*; Empore *f*; **~ hablado** Sprechchor *m*; **~ mixto, ~ de voces mixtas** gemischter Chor *m*; **a ~** im Chor, zugleich, einstimmig ◇ **hacer ~ con alg** jmdm bei-, zustimmen *od* beipflichten
corona *f Münze*, *Währungseinheit*, *Zahn*, *Baum*, *Uhr*, ARCH, TECH, *Monarch übertr* Krone *f*; Kranz *m auch* TECH; Tonsur *f*; *Sonne* Korona *f*; *Mond* Hof *m*; Monarchie *f*; *übertr* Thron *m*; (krönender) (Ab-)Schluss *m*; **~ de oro** *Zahn* Goldkrone *f* ◇ **abdicar la ~** *Monarch* abdanken; **depositar una ~** einen Kranz niederlegen
coron|ación *f*, **~amiento** *m* Krönung *f auch übertr*; ARCH Bekrönung *f*, Abschluss *m*; **~ar** *tr* krönen *auch übertr*; bekränzen (**con** *od* **de** mit); vollenden; ehren, belohnen; **~ario** Kronen-; Koronar-, Herzkranz-
coronel *m* MIL Oberst *m*; *oft verächtl* Obrist *m*
coronilla *f Haar* Scheitel *m*; *Haupt* Wirbel *m* ◇ **estar hasta** (*od* **más allá de**) **la ~ de u/c** etw (endgültig) satt haben
corotos *m/Pl AmC*, *Col*, *Ven* Kram *m*, Plunder *m*
corpiño *m* Mieder *n*, Leibchen *n*; *Bikini* Oberteil *n*; *Arg* Büstenhalter *m*, BH *m*
corpografía *f*: **realizar ~s** *Sportstadion* Bilder legen
corpor|ación *f* Körperschaft *f*; (Berufs-)Verband *m od* Vereinigung *f od* Genossenschaft *f*; (Studenten-)Verbindung *f*, Korporation *f*; *oft ungenau für* WIRTSCH Gesellschaft *f*, Konzern *m*; **~al** körperlich, Körper-, Leibes-; **~ativo** Körperschafts-,

C

Verbands-

corp|udo → ***~ulento***; **~ulencia** *f* Beleibtheit *f*, Korpulenz *f*; **~ulento** beleibt, korpulent, *übertr Person* stark (gebaut)

corpus *m Text* Korpus *n*; **~ *delicti*** JUR Corpus Delicti *n*, Beweisstück *n*

Corpus *m* REL Fronleichnam(sfest *n*) *m*

corpúsculo *m* BIOL, PHYS (kleinstes *od* Elementar-)Teilchen *n*, Korpuskel *n*

corral *m* Hof(raum) *m*; Hühner-, Geflügelhof *m*; (Vieh-)Koppel *f*; Gehege *n*; **~ *de madera*** Holzlager *n*; **~ *de niño*** Laufgitter *n*, Laufställchen *n*; **~ *de vacas*** *vulg übertr* Schweine-, Saustall *m*

corral|ero *m* Geflügelhalter *m*; **~ito** *m* → ***corral de niño***; **~ón** *m Am* Holzlager *n*; *Rpl* Verkaufslager *n*

correa *f* (Schulter-)Riemen *m*; Gurt *m*; TECH Band *n*; Treibriemen *m*; (Hunde-) Leine *f*; Dehnbarkeit *f*; *Am* Gürtel *m*; **~ *transportadora*** Förder-, Transportband *n*; **~ *del ventilador*** KFZ Keilriemen *m* ◇ ***tener ~*** *Material* sich dehnen *od* ziehen *od* biegen lassen; ***tener mucha*** (***poca***) **~** (keine) Ausdauer haben; (keinen) Spaß verstehen

corre|aje *m* Riemenwerk *n*; Lederzeug *n*; **~calles** *m* Herumtreiber *m*, Bummelant *m*

corrección *f* Berichtigung *f*, Verbesserung *f*, Korrektur *f*; Korrekturzeichen *n*, -vermerk *m*; Verweis *m*, Tadel *m*, Strafe *f*; Korrektheit *f*; Richtigkeit *f*; Richtigstellung *f*; **~ *de altura*** (***trayectoria***) FLUGW Höhen-(RAUMF Kurs)korrektur *f*; **~ *disciplinaria*** Disziplinarstrafe *f*; **~ *de errores*** (***pruebas***) Fehler (TYP Fahnen)korrektur *f*; ***con toda ~*** ganz korrekt, tadellos; einwandfrei

correccional *m* Strafanstalt *f*; Besserungsanstalt *f*

correcorre *m* (*od* ***corre-corre*** *m*) *Cu umg* wilde Flucht *f*; Gerenne *n*, Lauferei *f*; Hektik *f*, Hast *f*

correctivo *m* Korrektiv *n*; PHARM Linderungsmittel *n*; Straf-, Disziplinarmaßnahme *f*; **~s** *Pl* Möglichkeiten *f/PL* der *od* zur Überwindung *einer Schwierigkeit*

correcto korrekt, einwandfrei; fehlerfrei; richtig; höflich; untadelig; (***lo***) ***políticamente ~*** politisch korrekt (die Political Correctness)

corrector *m* TYP Korrektor *m*; Korrekturlack *m*; **~ *ortográfico*** INFORM Rechtschreibprüfung *f*

corred|era *f* Schiebetür *f bzw* -fenster *n*; TECH Schieber *m*; TECH (Gleit-, Führungs-)Schlitten *m*; TECH Gleitbahn *f*, Führung *f*; **~izo** verschiebbar, Schiebe-; TECH Lauf- *bzw* Roll-

corredor *m*, **~a** *f* SPORT, TECH Läufer(in) *m(f)*; KFZ, SPORT Rennfahrer(in) *m(f)*; Rennpferd *n*; HDL Vertreter(in) *m(f)*, Agent(in) *m(f)*; Makler(in) *m(f)*; Korridor *m*, (Durch-)Gang *m*; Veranda *f*; MIL Laufgraben *m*; **~ *aéreo*** Luftkorridor *m*; **~ *de apuestas*** Buchmacher *m*; **~ *de bolsa*** (***buques*** *od* **~ *marítimo***; ***fincas*** *od* ***propiedades***; **~ *inmobiliario***; ***seguros***) Börsen-(Schiffs-; Grundstücks-; Immobilien-; Versicherungs)makler *m*; **~** (***ciclista***) Radsportler *m*, Fahrer *m*; **~ *a corta distancia***, **~ *de velocidad*** Kurzstreckenläufer *m*, Sprinter *m*; **~ *de distancias*** *od* ***fondo*** (***maratón***; ***relevo***; ***vallas***) Langstrecken-(Marathon-; Staffel-; Hürden)läufer *m*; **~ *de entrada*** FLUGW Einflugschneise *f*; **~ *de footing*** Jogger *m*

correduría *f* Makleragentur *f*, -büro *n*, Maklerei *f*; Maklergebühr *f*, Provision *f*

corregir ⟨-i-, -g/j-⟩ *tr* berichtigen, verbessern, korrigieren; *Manuskript* durchsehen; richtig stellen; rügen, tadeln; abändern; mildern; **~se** sich bessern (***en*** in); *schlechte Gewohnheiten*, *Fehler* ablegen (***de*** *Akk*)

correlación *f* Wechselbeziehung *f*; (Wechsel-)Verhältnis *n*; **~** (***internacional***) ***de fuerzas*** POL (internationales) Kräfteverhältnis *n*

correla|cionar *tr* in Beziehung bringen, in ein Verhältnis setzen; **~tivo** wechselseitig; einander bedingend; sich aufeinander beziehend; fortlaufend, (nach)folgend; **~to** *m* Korrelat *n*, Gegenstück *n*

correligionario *m* Glaubensgenosse *m*; *i w S* Gesinnungsgenosse *m*

corren|cia *f umg für* MED Durchfall *m*; Verlegenheit *f*, Beschämung *f*; **~tino I** *Adj* aus der argentinischen Stadt *bzw* Provinz Corrientes **II** *m* Bewohner *m* der argentinischen Stadt *bzw* Provinz Corrientes

correo *m* Post *f*, Postein- *od* ausgang *m*, Korrespondenz *f*; Kurier *m*; Postzug *m*; *Esp* Personenzug *m*; **~ *aéreo*** Luftpost *f*; **~ *basura*** *Internet* Junkmail *f/Pl*; Werbemüll *m*; **~ *de las brujas*** *scherzh* Buschfunk *m*; **~ *electrónico*** *System u Nachricht* E-Mail *f*; **~-e** *m umg* E-Mail *f* **~ *interno*** VERW Hauspost *f*; **~ *militar*** MIL Feldpost *f*; **~ *neumático*** Rohrpost *f*; **~s *y telecomunicaciones*** Post- und Fernmeldewesen *n*; **~ *urgente*** POST Eilsendung *f*; **~ *de voz*** INFORM, TEL Voicemail *f*; ***por ~*** (***aparte*** *od* ***separado***; ***certificado***; ***ordinario***) mit der Post (mit getrennter Post; per Einschreiben; mit Normalpost) ◇ ***echar*** (***llevar***) ***al ~*** *Brief* einwerfen (zur Post bringen, auf die Post tragen)

C

Correos *m/Pl* Post(amt *n*) *f*; ***en ~*** auf der Post ◇ ***ir a ~*** zur *od* auf die Post gehen

correoso biegsam; dehnbar; *Fleisch u übertr Person* zäh; *Brot* schwammig

correr I *intr* laufen, rennen, eilen; sich beeilen; schnell fahren, *Kraftfahrer* rasen; fließen; *Zeit* vergehen; *Wind* wehen; *Gerücht* umgehen; *Richtung angebend* verlaufen, gehen; *Zahlung, Gehalt* gezahlt werden, laufen (***desde, a partir de*** von … an, ab); *Geld, Münzen* im Umlauf sein; *Besorgung, Amt, Kosten* übernehmen (***con*** *Akk*) ***déjalo ~*** *übertr* lass es laufen; Schluss damit! **II** *tr* durchfahren, bereisen; *Gegenstand* schieben, rücken; *Vorhang, Schleier auch übertr* ziehen (***sobre*** über); *Riegel* vorschieben; *Gardine* vorziehen; *Gefahr* laufen; *Risiko* eingehen; *Geschäfte* betreiben; *Waren* absetzen, an den Mann bringen *umg*; *etw* mitgehen lassen *stehlen*; *Schicksal mit jmdm* teilen; *Mex, Nic, Ven jmdn* hinauswerfen *entlassen*; ***~la*** einen draufmachen *sich amüsieren*; ***~se*** (zur Seite) rücken *od* rutschen; *Zeit* verfließen; sich verschieben; *Tinte* verlaufen; sich übereilen; *vulg* kommen *einen Orgasmus haben*; *Am* sich aus dem Staube machen **III** *m*: ***a todo ~*** in vollem Lauf; schnellstens; ***con el ~ de los años*** im Laufe der Jahre

correría *f* (feindlicher) Einfall *m*, Raub-, Streifzug *m*; ***~s*** *Pl übertr* Streifzüge *m/Pl*, Wanderung(en *Pl*) *f*

correspondencia *f* Übereinstimmung *f*; Korrespondenz *f*, Brief-, Schriftwechsel *m*, -verkehr *m*; *ein- und ausgehende* Post *f*; *bes* MATH, GEOM Verhältnis *n*; VERK Verbindung *f*, Anschluss *m*; *Wortbedeutung* Entsprechung *f*; ***~ comercial*** (***privada***) Handels-(Privat)korrespondenz *f*; ***~ entrante*** (***saliente***) Eingangs-(Ausgangs)post *f*; ***en ~*** als Gegenleistung; ***en ~ con*** in Übereinstimmung mit, entsprechend; ***por ~*** brieflich ◇ ***estar en ~, sostener ~*** korrespondieren, im Briefwechsel stehen (***con*** mit); ***hacer*** *od* ***llevar la ~*** die Korrespondenz *od* den Briefwechsel führen

correspond|er I *intr* entsprechen (***a*** *Dat*); übereinstimmen (***a*** mit); passen (***a*** zu); *Einladung* annehmen; *jmdm* zukommen, -stehen, gebühren; *jmdn* angehen *zuständig sein*; in Verbindung *od* Briefwechsel stehen; *Teile eines Ganzen* entfallen (***a*** auf); *Liebe, Zuneigung* erwidern (***a*** *Akk*); *übertr* gehören (***a*** zu) **II** *tr* sich erkenntlich zeigen (*dir Obj* für); ***~erse*** einander entsprechen; übereinstimmen; sich mögen; im Briefwechsel stehen, sich schreiben; ***~iente*** entsprechend; übereinstimmend; mit Bezug (***a*** auf); (da)zugehörig; jeweilig; angemessen; zuständig; *Akademiemitglied* korrespondierend

corresponsab|ilidad *f* Mitverantwortung *f*; ***~le*** mitverantwortlich

corresponsal *m* ZTGSW Korrespondent *m*, Berichterstatter *m*; Geschäftsfreund *m*; ***~ía*** *f* ZTGSW Korrespondentenbüro *n Redaktionsvertretung im In- od Ausland*

corret|aje *m* Maklergeschäft *n*; Maklergebühr *f*, Courtage *f od* Kurtage *f*; Vermittlung(sprovision) *f*; ***~ear*** **I** *intr* umherlaufen; *Kinder* herumtollen **II** *tr Am jmdn* jagen *od* verfolgen; *Geld* eintreiben; verjagen, -scheuchen

correve(i)dile *m verächtl* Klatschmaul *n*, -base *f*, Zuträger *m*; *Schülersprache* Petze(r *m*) *f*

corrida *f* Lauf *m*; (Tier-)Hatz *f*, Jagd *f*; → ***~ (de toros)***; *Erzader* Verlauf *m*; *umg vulg* Orgasmus *m*; *Am umg* Runde *f z.B. Bier*; ***~ (de toros)*** Stierkampf *m*; ***de ~*** schnell, schleunigst; *sprachlicher Ausdruck* fließend, fehlerfrei; ***en una ~*** blitzschnell

corrido *Maß, Gewicht, Alter* reichlich; beschämt; aneinander gereiht; *verächtl* abgefeimt, durchtrieben; weit herumgekommen, weltgewandt; *Am z.B. Sitzung* ununterbrochen, pausenlos; *z.B. Balkon, Öffnungszeiten* durchgehend; ***de ~*** *Sprechen, Lesen* fließend, einwandfrei; *Sprechweise* schnell; hintereinander weg, in einem *od* auf einen Zug; *AmS* ständig, ununterbrochen

corrientazo *m* elektrischer Schlag *m*

corriente I *Adj* laufend *auch Zeit, Rechnung, Konto u dgl*; fließend; *Stil* flüssig; (allgemein) bekannt, verbreitet; üblich; (markt)gängig, handelsüblich; gebräuchlich; gewöhnlich; alltäglich, Alltags-; durchschnittlich, Durchschnitts-; *Geld* gültig, im Umlauf befindlich; ***~ y moliente*** fix und fertig (zubereitet); gang und gäbe ◇ ***todo salió ~ y moliente*** alles ist glatt verlaufen **II** *f* EL *u Gewässer* Strom *m*; MET, PHYS *und übertr* Strömung *f*; ***~ abajo*** (***arriba***) stromabwärts (-aufwärts); ***~ de aire*** Luftzug *m*; ***~ de alta intensidad, ~ fuerte*** (***de baja tensión***) Stark-(Schwach)strom *m*; ***~ alterna*** (***continua***; ***universal***) Wechsel-(Gleich-; All)strom *m*; ***♀ del Golfo*** Golfstrom *m*; ***~ marginal*** EL Grenzstrom *m*; *übertr* Randerscheinung *f*; ***bajo*** (***sin***) ***~*** unter Strom (stromlos) ◇ ***cortar la ~*** den Strom abschalten; ***dejarse llevar de*** *od* ***por la ~*** sich treiben lassen *auch übertr*; *bes übertr* mit dem Strom schwimmen; ***ir*** *od* ***marchar*** *od* ***navegar contra la ~*** *bes* *übertr* gegen den Strom schwimmen; ***quedar sin ~*** keinen Strom haben, ohne Strom sein; ***tomar la ~ desde la fuente*** *übertr* der Sache auf den Grund gehen **III** *m* laufender Monat *m* ◇ ***estar*** (***mantener***) ***al ~*** Bescheid wissen, auf dem Laufenden *od* informiert sein (*jmdn* auf dem Laufenden halten); ***poner al ~ a alg*** *jmdn* informieren

corrigend|a *f* Druckfehlerberichtigung *f*; Druckfehlerverzeichnis *n*; **~o** *m* Fürsorgezögling *m*; Strafgefangener *m*

corrillo *m* Gruppe *f* von Plaudernden, Stehkonvent *m umg*

corrimiento *m* Rutsch *m*, Abgleiten *n*; Verrutschen *n*; Scham *f*, Verlegenheit *f*; MED Fluss *m*; ***~ de tierras*** Erdrutsch *m*

corro *m* Runde *f*, Kreis *m* (von Menschen); Reigen *m*; **~boración** *f* Bekräftigung *f*, -stätigung *f*; MED Kräftigung *f*; **~borante** *m* MED Stärkungsmittel *n*; **~borar** *tr* bekräftigen, -stätigen; *mit stichhaltigen Argumenten* untermauern; *jmdn* bestärken; MED kräftigen

corroer ⟨→ ***roer***⟩ *tr* zernagen; anfressen; GEOL korrodieren, zerstören; *Kummer* nagen an; **~se** verwittern, -fallen; *vor Kummer* sich verzehren (***de*** vor)

corromp|er *tr* verderben *auch übertr*; korrumpieren; bestechen; verführen; **~erse** verfaulen; verwesen; **~ido** verkommen; morsch; korrupt

corros|ión *f* Korrosion *f*; *i w S* Zerstörung *f*; **~ivo I** *Adj* ätzend, beizend; *übertr* beißend, scharf; korrosiv; Korrosions- **II** *m* Ätz-, Beizmittel *n*, Beize *f*

corrupción *f* Korruption *f*; Bestechung *f*; Misswirtschaft *f*; Verfall *m*; Verderb(en *n*) *m*; Fäulnis *f*, Verwesung *f*; Verführung *f*; Entstellung *f*, Verfälschung *f*; ***~ de funcionarios*** Beamtenbestechung *f*; ***~ de menores*** Verführung *f* Minderjähriger; Kinderschändung *f*

corrupt|ela *f* → ***corrupción***; JUR Missbrauch *m*; **~ibilidad** *f* Bestechlichkeit *f*; **~ible** bestechlich; verderblich; **~o** *Part von* → ***corromper***; korrupt; verwest

corruptor *m* Verderber *m*; Verführer *m*; Bestecher *m*; ***~ de menores*** Verführer *m* von Minderjährigen; Kinderschänder *m*

corsario *m* Seeräuber *m*, Freibeuter *m*

cors|é *m* Korsett *n*, Mieder *n*; **~etería** *f* Miederwaren(geschäft *n*) *f/Pl*

corso[1] **I** *Adj* korsisch **II** *m*, **-a** *f* Korse(-in) *m*(*f*)

corso[2] *m* Korso *m*; ***~ de flores*** Blumenkorso *m*

corta *f* Holzfällen *n*, -schlagen *n*; **~alambres** *m* Drahtzange *f*; Drahtschere *f*; **~césped** *m* Rasenmäher *m*; **~circuito(s)** *m* EL (Schmelz-)Sicherung *f*; **~cristales** *m* Glasschneider *m*; **~da** *f* Schnittwunde *f*; *Am reg* (Weg-)Abkürzung *f*

cortado I *Adj Stil* knapp, bündig; *Milch* sauer; *Straße*, *Weg* ge-, versperrt; scheu, verlegen ◇ ***andar*** *od* ***ir ~*** blank sein, knapp bei Kasse sein *kein Geld haben* **II** *m* (eine Tasse) Kaffee *m* mit wenig Milch; TECH Schneiden *n*

cortador *m* Schneider *m d.h.* Schneidwerkzeug *n*, -gerät *n*; *Nic* Baumwollpflücker *m*

cortadora *f* Schneidemaschine *f*; ***~ de cocina*** *od* ***pan*** Brotschneidemaschine *f*

corta|dura *f* (Ein-)Schnitt *m*; Schnittwunde *f*; Gebirgseinschnitt *m*; **~s** *Pl* Papierschnitzel *n,m/Pl*; Abfälle *m/Pl*; **~fuego(s)** *m* Brandmauer *f*; **~lápices** *m* Bleistift(an)spitzer *m*; **~nte** scharf, schneidend *auch Stimme*; Schneid(e)-; Schnitt-, Hieb-; **~papel(es)** *m* Brieföffner *m*; TYP Papiermesser *n*

cortapisa *f* Vorbehalt *m*, Einschränkung *f*; Hindernis *n*; Charme *m*; ***sin ~s*** vorbehaltlos; ungehemmt ◇ ***poner ~s*** *übertr* Steine in den Weg legen

cortaplumas *m* Federmesser *n*

cortar I *tr* (ab-, durch-, zer)schneiden; aufschneiden; ausschneiden; (ab-, los)trennen; *Kleidung* zuschneiden; *Bäume* fällen; *Holz* schlagen; *Getreide*, *Zuckerrohr* schneiden; *Baumwolle*, *Kaffee* pflücken; *Gras*, *Rasen* mähen; *Weg*, *Entfernung* abkürzen; *Wort*, *Weg*, *Zufuhr* abschneiden; *Telefongespräch* unterbrechen, trennen; *Gas*, *Wasser*, *Strom* abschalten, -stellen; *Beziehungen* abbrechen; kastrieren, verschneiden; *Schafe* scheren; *Energiezufuhr*, *Telefon*, *Straße* sperren; MAR *u allg* kappen; *Fleisch* (ab)hauen; *Wein mit Wasser* mischen; *Bleistift* anspitzen; *Absichten*, *Pläne* durchkreuzen; KFZ *Gas* wegnehmen; *Textstelle* (weg)streichen, kürzen; *Streit* beilegen, schlichten **II** *intr* schneiden (***este cuchillo corta muy bien***); TEL auflegen; KART abheben; Schluss machen (***con alg*** mit jmdm); *Chi* sich aus dem Staub machen; ***¡corto!*** *Funksprechverkehr* Ende!; ***¡no corte!*** TEL legen Sie nicht auf!; bleiben Sie am Apparat!; **~se** *Verletzung*, GEOM sich schneiden; *beim Sprechen* ins Stocken geraten, stecken bleiben; *Haut* aufspringen; *Milch* gerinnen, sauer werden; ***se ha cortado*** TEL das Gespräch *od* die Verbindung wurde unterbrochen; wir wurden unterbrochen *od* getrennt

corte[1] *m* (Ein-)Schnitt *m auch übertr*; Schneiden *n*; (Holz-)Fällen *n*; *Getreide* Mahd *f*; Schur *f*; *Kleid* (Zu-)Schnitt *m*; *Messer usw* Schneide *f*; FIN, WIRTSCH, *Text-*

C

stelle Streichung *f*; *Gas*, *Wasser*, *Strom* Abschaltung *f*; Unterbrechung *f*, Sperre *f*; Schnitt(verletzung *f*) *m*; *übertr* Prägung *f*, Anstrich *m*, Machart *f*; *Chi* Gelegenheitsarbeit *f*; **~s** *Pl* FIN, WIRTSCH Kürzungen *f/Pl*, Abstriche *m/Pl*; **~ de caja** *Méx* Kassensturz *m*; **~ de corriente** Stromsperre *f*; **~ a la navaja** *Frisur* Messerformschnitt *m*; **~ de pelo** (**al cepillo**) (Bürsten-) Haarschnitt *m*; **~ televisivo** TV Programmunterbrechung *f*; **el ♀ Inglés®** *Esp eine Kaufhauskette*

corte² *f* (königlicher) Hof *m*; *Am* Gericht(shof *m*) *n*; → *auch* **tribunal**; (**las**) **♀s** *Pl Esp* (die) Cortes *Pl*, Parlament *n*; **~ de apelaciones** *Am* Berufungsgericht *n*, -instanz *f*; **♀ Internacional de Justicia** *Am* Internationaler Gerichtshof *m*; **~ de justicia social** *Am* Schiedskommission *f*; **~ marcial** *Am* Kriegs-, Standgericht *n*; **♀ Suprema** *Am* Oberstes Gericht *n*; **fuera de la ~** *Am* außergerichtlich ◇ **hacer la ~ a alg** *übertr* jmdm den Hof machen

cortedad *f* Kürze *f*; *geistige od finanzielle* Beschränktheit *f*; Kleinmut *m*; Befangenheit *f*; Verlegenheit *f*; **~ de vista** Kurzsichtigkeit *f*

cortejar *tr* schmeicheln; *jmdm* den Hof machen, *jmdn* umwerben, umgarnen *umg*

cortejo *m* Gefolge *n*, Zug *m*; Schmeichelei *f*; (Um-)Werben *n*; **~ fúnebre** Trauerzug *m*

cort|és höflich; zuvorkommend; **~esana** *f hist* Kurtisane *f*

cortesía *f* Höflichkeit *f*; Aufmerksamkeit *f*, freundliche Geste *f*; Gefälligkeit *f*; (höfliche) Anrede *f*; *Brief* Höflichkeits-, Schlussformel *f*; (**por**) **~ de** dank, mit Hilfe von *od Gen*, durch ◇ **hacer una ~** sich verbeugen; einen Knicks machen

córtex *m* → **corteza cerebral**

cortez|a *f Baum*, *Brot* Rinde *f*; Kruste *f*; *Frucht* Schale *f bzw* Haut *f*; (Speck-) Schwarte *f*; das Äußere *einer Sache*; **~ cerebral** Hirnrinde *f*

cortina *f* Vorhang *m*, Gardine *f*; Store *m*; → **cortinilla**; **~ de hierro** *Am* POL *übertr* Eiserner Vorhang *m* ◇ **correr la ~** den Vorhang auf- *bzw* zuziehen; **descorrer la ~** den Vorhang auf- *bzw* zuziehen; *übertr* den Schleier (des Geheimnisses) lüften

cortinaje *m* Gardinen *f/Pl*, Vorhänge *m/Pl*; Vorhangstoffe *m/Pl*

cortinilla *f*: **~ automática, ~ de resorte** Rollo *n*

cortisona *f* PHARM Kortison *n*

corto I *Adj* kurz; klein; gering; knapp, kärglich, spärlich; scheu, befangen; (geistig) beschränkt; **a la corta o a la larga** über kurz oder lang, früher oder später, bald; **ni ~ ni perezoso** mir nichts, dir nichts *plötzlich* ◇ (**no**) **quedarse ~** nicht dahinter kommen; zu kurz kommen (keine Antwort schuldig bleiben) **II** *m umg* → **cortometraje**

corto|circuito *m* → **circuito** (**corto circuito**); **~metraje** *m* Kurzfilm *m*; **~placista** kurzzeitig; kurzfristig

corv|ado → **~o**; **~adura** *f* Krümmung *f*, Biegung *f*; **~ar** *tr* krümmen, biegen; **~o** krumm, gekrümmt, -bogen

corz|a *f* ZOOL Ricke *f*; **~o** *m* Reh(bock *m*) *n*

cosa I *f* Sache *f auch* JUR, Ding *n*; Gegenstand *m*; Angelegenheit *f*; **~s** *Pl* (fixe) Ideen *f/Pl*, *verächtl* Einfälle *m/Pl*; *übertr verächtl* Grillen *f/Pl*; **~ de** + *Num* ungefähr, etwa; (**¡**)**~ hecha**(**!**) vollendete Tatsache *f* (abgemacht!); **~ de** (**poca**) **importancia** etw Wichtiges (Unwichtiges, Unbedeutendes); **~ parecida** so ähnlich; **~ principal** (**secundaria**) Haupt-(Neben)sache *f*; **¡**(**qué**) **~ más** *od* **tan rara!** wie seltsam!; **~ nunca vista** etwas nie Dagewesenes; **alguna ~** → **algo**; **cada ~ en su tiempo** alles zu seiner Zeit; **como si tal ~** so mir nichts, dir nichts; als ob nichts geschehen wäre; ganz einfach; **entre otras** (**~s**) unter anderem; **ninguna ~** → **nada**; **otra ~** etw anderes; **poca ~** wenig ◇ **corran las ~s como corrieren** mag geschehen, was will; **no decir ~** nichts sagen; **decir una ~ por otra** sich falsch ausdrücken; lügen, die Tatsachen verdrehen; **no dejar ~ por ~** alles auf den Kopf stellen *alles in Unordnung bringen*; **no es ~ de juego** das ist nicht auf die leichte Schulter zu nehmen; (**no**) **es ~ mía** das geht mich (nichts) an, das ist (nicht) meine Sache; **no es menuda ~** das ist keine Kleinigkeit; **no es ~ del otro jueves** *od* **mundo** das ist nichts Besonderes *od* Welterschütterndes; **¡ahí está la ~!** das ist es!; da liegt der Hase im Pfeffer!; das ist des Pudels Kern!; **estando las ~s como están** wenn *od* da sich die Dinge so verhalten; **no hay tal ~** davon kann nicht die Rede sein; dem ist nicht so; **poner las ~s en su lugar** *od* **sitio** die Sache richtig stellen *berichtigen*, *aufklären*; **son ~s de** + *Personenbezeichnung od Pers Pron*; das ist typisch (für) …, das ist echt …; **son ~s del mundo** das ist nun mal so, das ist der Lauf der Welt; **son ~s del pasado** das sind alte Geschichten, das ist vorbei; **todas las buenas ~s son tres** aller guten Dinge sind drei; **¡qué ~s tienes!** was für Einfälle *od* komische Ideen du (schon wieder) hast!, was du schon wieder daherredest!; *Sprichw* **las ~s de palacio van despacio** Gottes Mühlen mahlen langsam **II** *Konj*: **~ que** + *subj Am umg* damit (**vente temprano, ~ que no faltes a la reunión**); sodass (***comamos aquí el sábado y allí el domingo, ~ que tengamos dos fiestas***)

cosaco *m* Kosak *m*

coscón schlau; verschmitzt

cosecha *f* Ernte(zeit) *f*; (Wein-)Lese *f*; Ertrag *m*, Ausbeute *f*; ***~ récord*** Rekordernte *f*; ***mala ~*** Missernte *f*

cosech|adora *f* Erntemaschine *f*; Mähdrescher *m*; **~ar** *tr/intr* (ab)ernten; *Ernte u übertr* einbringen; *Wein* lesen; *Beifall* ernten; einheimsen; *z.B. Erfolg* (für sich) verbuchen (können); **~ero** *m* Erntearbeiter *m*; Pflücker *m*; Weinleser *m*

coseno *m* GEOM, MATH Kosinus *m*

coser *tr/intr* nähen; annähen; festnähen; zunähen; zusammennähen; zusammenfügen; TYP heften; *mit Schüssen od Stichen* durchlöchern *od* -bohren; ***es*** (***cosa de***) ***~ y cantar*** *umg* das ist kinderleicht

cosido *m* Nähen *n*; Näharbeit *f*; TYP Heften *n*

cosific|ación *f* Versachlichung *f*; **~ar** ⟨-c/qu-⟩ *tr* versachlichen

cosmética *f* Kosmetik *f*, Schönheitspflege *f*

cosmético I *Adj* kosmetisch; Schönheits- **II** *m* Schönheits(pflege)mittel *n*, Kosmetikum *n*; ***~s*** *Pl* Kosmetika *n/Pl*

cósmico kosmisch; (Welt-)Raum-

cosmo|dromo *m* Kosmodrom *n*; **~física** *f* Kosmo-, Raumphysik *f*; **~nauta** *m(f)* Kosmonaut(in) *m(f)*, (Welt-)Raumfahrer(in) *m(f)*; **~náutica** *f* Raumfahrt *f*, Kosmonautik *f*; **~náutico** kosmonautisch; **~nave** *f* Raumschiff *n*, Raumflugkörper *m*; **~polita I** *Adj* kosmopolitisch, weltbürgerlich **II** *m* Kosmopolit *m*, Weltbürger *m*; **~politismo** *m* Kosmopolitismus *m*, Weltbürgertum *n*

cosmo|s *m* Kosmos *m*, Weltall *n*; *i w S* Welt *f*; **~vagar** ⟨-g/gu-⟩ *intr* sich frei im Weltraum bewegen; **~visión** *f* Weltanschauung *f*

cospel *m Arg* Telefonmünze *f*

cosquillar *tr* → ***cosquillear***

cosquillas *f/Pl* Kitzeln *n*; Kitzel *m auch übertr* ◇ ***hacer ~ a alg*** jmdn kitzeln *auch übertr*; jmds Neugierde *od* Lust wecken; ***no sufrir ~, tener malas ~*** keinen Spaß verstehen; ***tengo ~*** ich bin kitzlig; es kitzelt mich

cosquill|ear *tr* kitzeln; jucken; *übertr* reizen, locken; **~eo** *m* Kitzeln *n*; Kitzel *m auch übertr*; Juckreiz *m*; **~oso** kitzlig; reizbar

costa[1] *f* Küste *f*; *i e S auch* Strand *m*; ***~ abierta*** (***acantilada***) Flach-(Steil-)Küste *f*; ***la* ♀ *Azul*** die Côte d'Azur; ***♀ de Marfil*** Elfenbeinküste *f*; ***♀ Rica*** Costa Rica *n* ◇ ***dar a la ~, irse a la ~*** MAR stranden

costa[2] *f* Kosten *Pl*; FIN Aufwand *m*; → *auch* ***coste, costo***[2], ***gasto***; ***~s accesorias*** Nebenkosten *Pl*; ***~s*** (***judiciales*** *od* ***procesales***) Gerichts-, Prozess-, Verfahrenskosten *Pl*; ***a ~ de*** auf Kosten von *od Gen*; ***a ~ de los demás*** auf anderer Leute Kosten; ***a ~ mía*** auf meine Kosten; ***a toda ~*** *übertr* um jeden Preis

costado *m Gegenstände*, *Körper* Seite *f*; Schiffs-, Breitseite *f*, Bord(wand *f*) *m*; ***al ~*** (***del buque***) längsseits (des Schiffs); ***franco al ~ del buque*** HDL, MAR frei Längsseite Seeschiff

costal[1] Rippen-

costal[2] *m* (Mehl- *od* Getreide-)Sack *m*; ***~ de mentiras*** Erzlügner *m*; ***como ~ de paja*** unbeholfen, schwerfällig ◇ ***vaciar el ~*** auspacken *ausplaudern*

costan|a *f* Ufer-, Küstenstraße *f*; **~ero** abschüssig, steil; Küsten-

costar ⟨-ue-⟩*intr/tr Preis*, *Mühe*, *Überwindung* kosten; schwer fallen, nicht leicht sein (***a alg*** jmdm *od* für jmdn); *jmdn* zu stehen kommen; ***~ caro*** teuer sein; ***cueste lo que cueste*** koste es, was es wolle; um jeden Preis; ***me cuesta*** (***mucho***) + *Inf* es fällt mir (sehr) schwer *zu* + *Inf*

costarricense I *Adj* costa-ricanisch **II** *m(f)* Costa-Ricaner(in) *m(f)*

coste *m* Kosten *Pl*; Preis *m*; Wert *m*; → *auch* ***costa***[2], ***costo***[2], ***gasto***; ***~ adicional*** Mehrausgabe *f*, -kosten *Pl*, Zusatz-, Extrakosten *Pl*, zusätzliche *od* weitere Kosten *Pl*; ***~s adicionales a los salarios, ~s no salariales*** Lohnnebenkosten *Pl*; ***~s directos*** *od* ***propios*** Selbstkosten *Pl*; ***~ de entretenimiento*** (***fabricación***; ***mantenimiento***; ***producción***) Unterhalts-(Herstellungs-; Wartungs-; Produktions- *od* Gestehungs)kosten *Pl*; ***~, flete*** *m* ***y seguro*** *m* HDL Kosten *Pl*, Fracht *f* und Versicherung *f*; ***~s laborales*** *od* ***salariales*** (***unitarios***) Lohn(stück)-kosten *Pl*; ***~ total*** Gesamtkosten *Pl*; ***~ del transporte*** Transportkosten *Pl*; ***~ por unidad*** Stückkosten *Pl*; ***~*** (***general***) ***de la vida*** Lebenshaltungskosten *Pl*; ***a ~ bajo*** kostengünstig ◇ ***abaratar*** *od* ***bajar los ~s*** (***en un 4%***) die Kosten (um 4%) senken; ***cubrir*** (***reducir***) ***los ~s*** die Kosten decken (reduzieren)

costear[1] *tr* die Kosten tragen *od* bestreiten (*dir Obj* für); die Kosten decken, aufbringen, -wenden; bezahlen, finanzieren; ***~se*** *Arbeit*, *Geschäft* die Kosten decken, sich rentieren; ***~se algo*** sich etw (*z.B. Studium*) finanzieren

costear[2] *intr/tr* MAR die Küste entlang *od* längs der Küste fahren

cost|eño → ***~ero***; **~era** *f* Seite(nwand) *f eines Behälters*; Abhang *m*; **~ero I** *Adj* Küs-

C

ten-, an der Küste (gelegen); Seiten- **II** *m* Küstenbewohner *m*; Küstenschiff *n*, -fahrzeug *n*

costilla *f* ANAT, BOT, KOCHK, TECH Rippe *f*; *Am reg* Kotelett *n*; **~ de cerdo ahumada** *Am reg* Kassler Kotelett *n*; **mi (cara) ~** *übertr* meine bessere Hälfte

costo[1] *m* Hasch *n Haschisch*

costo[2] *m* Kosten *Pl*; Aufwand *m*; Preis *m*; → *auch* **costa**[2], **coste, gasto**; **~s** *Pl* Gebühren *f/Pl*; **~s de administración** Verwaltungskosten *Pl*; **~ de adquisición** Einkaufspreis *m*; **~s de inversión** Investitionskosten *Pl*; **~ efectivo, ~s de (la) producción** Selbstkosten *Pl*; **~s de explotación** *od* **operación** Betriebskosten *Pl*; **~s fijos (variables)** Festkosten *Pl*, feste (variable) Kosten *Pl*; **~ material (medio)** Material-(Durchschnitts)kosten *Pl*; **~ de la obra** Baukosten *Pl*; **~ original** Selbstkostenpreis *m*; **a ~ de** mit einem Kostenaufwand von

costoso teuer, kostspielig; aufwändig; mühsam

costr|a *f* Kruste *f*; Rinde *f*; MED Schorf *m*; **~oso** krustig; verkrustet; MED schorfig

costumbre *f* Gewohnheit *f*; Sitte *f*, Brauch *m*; Angewohnheit *f*; Gewohnheitsrecht *n*; **~s alimentarias** Essgewohnheiten *f/Pl*; **como de ~** wie üblich; **de ~** gewöhnlich, üblicherweise; **mala ~** Unsitte *f* ◇ **adquirir** *od* **coger** *od* **tomar la ~** sich angewöhnen (**de** zu); **obrar contra las buenas ~s, violar las buenas ~s** gegen die guten Sitten verstoßen; **ser ~** üblich sein; **tiene la ~ de comer poco** gewöhnlich isst er wenig

costura *f* Naht *f auch* TECH; Nähen *n*; Näharbeit *f*; TECH Fuge *f*; TYP Heftung *f*; **alta ~** MODE Haute Couture *f*; **sin ~** nahtlos

costur|(e)ar *tr/intr Am* nähen; schneidern; **~era** *f* Schneiderin *f*; Näherin *f*; **~ero** *m* Nähkasten *m bzw* -tisch *m*

cota *f* Marke *f Markierung* (**el termómetro había alcanzado la ~ de los 42 grados**); MIL Höhe *f*; *technische Zeichnung u allg* Maß(angabe *f*) *n*; → **cuota, parte**[1]; **~s y tolerancias de fabricación** Fertigungsvorgabe *f*

cotangente *f* GEOM, MATH Kotangens *m*

cotejar *tr* ver-, abgleichen, gegenüberstellen

cotejo *m* Vergleich *m*, Gegenüberstellung *f*; **~ de conocimientos** *bzw* **rendimientos** *z.B. Schule* Leistungsvergleich *m*; **~ de escrituras** Schriftvergleich *m*

coterráneo *m* Landsmann *m*

cotidiano I *Adj* (all)täglich; Alltags- **II** *m* Tageszeitung *f*

cotilleo *m* Klatsch *m*, Tratsch *m*

cotillón *m* Ball *m Tanzvergnügen*, Tanzparty *f*; *Am* Partyset *n* (*z.B. Luftschlangen, Partyhüte, Pappnasen usw*)

cotizable FIN, HDL notierbar; **~ y negociable en (la) Bolsa** börsenfähig

cotización *f* FIN (Wechsel-)Kurs *m*, Umrechnungssatz *m einer Aktie*; *Börse* Notierung *f*; Einstufung *f für finanzielle Abgaben*; Bewertung *f*; Beitragszahlung *f*; Beitragskassierung *f*; Beitragsbemessung *f*, Beitrag(ssatz) *m*; **~ de acciones** Aktiennotierung *f*, -kurs *m*; **~ anterior (final** *od* **de última hora)** *Börse* Vortags-(Schluss)notierung *f*; **~ de apertura (cierre)** FIN Anfangs-(Schluss)kurs **~ en Bolsa, ~ bursátil** Börsenkurs *m*, -notierung *f*; **~ del día** FIN Tageskurs *m*; **~ firme** FIN fester Kurs *m*; **~ media oficial** FIN amtlicher Mittelkurs *m*; **~ oficial** *Börse* amtliche Notierung *f*; **de ~ extraofical** vorbörslich

cotizante *m* Beitragszahler *m*

cotizar ⟨-z/c-⟩ **I** *tr* FIN *Kurs* festsetzen; *Börsenkurs* notieren (**cotizan el dólar a setecientos pesos**); *Preis* angeben *od* festsetzen; bewerten **II** *intr* Beitrag zahlen; Beiträge kassieren; **empezar a ~** *Unternehmen* an die Börse gehen

cotizarse an der Börse notiert werden; *Ware auf dem Markt bzw zu einem Preis* gehandelt werden; FIN *u übertr* gut *od* hoch im Kurs stehen

coto *m* abgegrenztes Stück *n* Land, Revier *n*; Gehege *n*; Grenze *f*, Grenzlinie *f*; Grenzstein *m*; **~ de caza** Jagdrevier *n auch übertr* ◇ **poner ~ a u/c (alg)** einer Sache ein Ende bereiten; etw zunichte machen; Einhalt gebieten

cot|ón *m* TEXTIL Kattun *m*, grober Kattun- *od* Baumwollstoff *m*; **~ona** *f Am reg* (Arbeits-)Hemd *n bzw* -jacke *f*; *AmC* Baumwollkittel *m*; *Am* → **~ón**

cotorr|a *f* Wellensittich *m*; *verächtl* Klatschbase *f*; **~ear** *intr* schwatzen; klatschen, tratschen; **~eo** *m* Tratsch *m*, Geschwätz *n*; **~o** *m Arg verächtl* Bude *f Zuhause*; **~ón I** *Adj* (noch) den Jugendlichen spielend **II** *m*, **~ona** *f verächtl* Plappermaul *n*

COU *m hist* PÄD (*Abk für* **Curso de Orientación Universitaria**) *Esp Voruniversitätsjahr*

covacha *f verächtl* Bruchbude *f*, Loch *n*; *Am reg* Rumpelkammer *f*

cox|al Hüft-; **~is** *m* Hüfte *f*; Steißbein *n*; **~itis** *f* Hüftgelenkentzündung *f*

coyot|aje *m Méx* Geldspekulation(sgeschäft *n*) *f*; Schleichhandel *m*; **~e** *m* Kojote *m*; *Méx* Geschäftemacher *m*, Schieber *m*; **~eo** *m* → **~aje**

coyuntura *f* ANAT Gelenk *n*; Konjunktur *f*;

günstige Gelegenheit *f*; (Gesamt-)Lage *f*, Stand *m* der Dinge, Umstände *m/Pl*; → ***situación***; ***alta*** (***mala***) **~** Hochkonjunktur *f* (schwache Konjunktur *f*)

coyuntural Konjunktur-, konjunkturell; konjunkturabhängig, -bedingt; zeitweilig

coz *f Pferd* Ausschlagen *n*; Fußtritt *m*; *Gewehr* Rückstoß *m*; Grobheit *f* ◇ ***pegar** od **soltar una* ~** eine grobe Antwort geben; ***tirar coces*** *Pferd* nach hinten ausschlagen

C.P. *m* (*Abk für* ***código postal***) PLZ *f*

CPD *m* (*Abk für* ***centro de proceso de datos***) Datenverarbeitungsanlage *f*

Cr *m* (*Symb für* ***cromo***) CHEM Cr *n*

crac *m* (Banken- *bzw* Börsen-)Krach *m*, Crash *m*

crack *m* Crack *m hervorragender Sportler*; Crack *n Rauschgift*; **~er** *m* INFORM Hacker *m*, Cracker *m*

Cracovia *f* Krakau *n*

cracovian|o I *Adj* aus Krakau, Krakauer **II** *m* Krakauer *m*

cráneo *m* Schädel *m*; Hirnschale *f*

crápula I *f* Lotterleben *n liederliches, ausschweifendes Leben* **II** *m* Wüstling *m*, Lustmolch *m*

crapuloso I *Adj* liederlich; ausschweifend **II** *m* Bummler *m*, Nachtschwärmer *m*; liederlicher Mensch *m*

craquear *tr* CHEM kracken, spalten

craso fett; plump; *Fehler* grob, krass

cráter *m* Krater *m*; **~** ***lunar*** (***meteorítico***) Mond-(Meteoriten)krater *m*

crawl *m* → ***crol***

creación *f* Schöpfung *f*, Schaffung *f*; Errichtung *f*, Gründung *f*; (Kunst-)Werk *n*; **~ *de empleo(s)*** Schaffung *f* von Arbeitsplätzen, Arbeitsbeschaffung(smaßnahme) *f*; **~ *de empresas*** Firmen-, Unternehmensgründung *f*; **~ *de valor*** WIRTSCH Wertschöpfung *f*; ***última* ~ *de la moda*** neueste Modeschöpfung *f*

cre|acionismo *m* PHIL, REL Schöpfungstheorie *f*; **~ador** *m*, **~adora** *f* Schöpfer(in) *m(f)*; Urheber(in) *m(f)*; Künstler(in) *m(f)*; **~ar** *tr* (er)schaffen; kreieren; *übertr* errichten, gründen; *Geld* schöpfen; herstellen; ins Leben rufen; **~atividad** *f* Kreativität *f*, Schöpferkraft *f*; **~ativo** schöpferisch, kreativ; Schaffens-

crec|edero (noch) im Wachstum begriffen; *Kinderkleider* zum Hineinwachsen; **~er** ⟨-c/zc-⟩ *intr* wachsen; anwachsen; aufwachsen; größer *od* stärker werden; *Fluss* anschwellen; *Nachfrage, Preis, Leistung, Fluss* steigen; zunehmen *auch Mond*; *übertr* sich vermehren; sich entwickeln; gedeihen; *Tage* länger werden

creces *f/Pl* Zunahme *f*; Übermaß *n*; ***con* ~** reichlich; mit Zinseszinsen; bei weitem; in zunehmendem Maß

crec|ida *f* Hochwasser *n*; Überschwemmung *f*; Zunahme *f*; **~idamente** in erhöhtem Maße; **~ido** erwachsen, *Kind* groß; ansehnlich, zahlreich; *Nachfrage* zunehmend, gesteigert

creciente I *Adj* wachsend *auch übertr*; zunehmend; *übertr* steigend **II** *f Gewässer* Anschwellen *n*, Steigen *n*; **~ *de la luna*** Mondsichel *f des zunehmenden Mondes*

crecimiento *m* Wachstum *n*; Ansteigen *n*; Anwachsen *n*; Steigerung *f*; Erhöhung *f*; Zunahme *f*; Zuwachs *m*; **~ *cero*** *od* ***nulo*** (***demográfico***; ***económico***) Null-(Bevölkerungs-; Wirtschafts)wachstum *n* ◇ ***registrar un*** (***pequeño***) **~** ein (geringes) Wachstum verzeichnen

credencial *f* Ernennungsurkunde *f*; Mandat *n*, Delegiertenkarte *f*; Teilnehmerkarte *f*, -ausweis *m*; *bes Esp* Kreditkarte *f*; **~es** *Pl* Beglaubigungsschreiben *n*; **~ *de elector*** Wählerbescheinigung *f*

credi|bilidad *f* Glaubwürdigkeit *f*; **~ticio** Kredit-

crédito *m* Kredit *m*; Guthaben *n*; Anleihe *f*; Akkreditiv *n*; Gutschrift *f*; Vertrauen *n*; Ansehen *n*, (guter) Ruf *m*; Glaubwürdigkeit *f*; -haftigkeit *f*; **~s** *Pl* Kreditsummen *f/Pl*; **~ *abierto*** *od* ***en blanco*** Blankokredit *m*; offener Kredit *m*; **~ *de adquisición*** (***inversión***; ***pago***) Anschaffungs-(Investitions-; Zahlungs)kredit *m*; **~ *atado*** gebundener Kredit *m*; **~ *bancario*** Bankkredit *m*; **~ *en*** (***por***) ***descubierto*** Überziehungs-(Dispositions)kredit *m*; **~ *exento de intereses*, ~ *sin interés*** zinsloser Kredit *m*; **~ *a la exportación*** Exportkredit *m*; **~ *a largo*** (***corto***) ***plazo*** lang-(kurz)fristiger Kredit *m*; **~ *de pago a plazos*** Abzahlungskredit *m*; **~ *pasivo*** Schuld *f*; **~ *pignoraticio*** Lombardkredit *m*; **~ *puente*** Überbrückungskredit *m*; **~** (***no***) ***vencido*** fälliger (laufender) Kredit *m*; ***digno de* ~** kreditwürdig; glaubwürdig ◇ ***abrir*** (***anular***) ***un* ~** einen Kredit eröffnen (streichen); ***comprar*** (***dar***; ***tomar***; ***vender***) ***a* ~** auf Kredit kaufen (geben; nehmen; verkaufen); ***conceder*** *od* ***dar*** *od* ***hacer*** *od* ***otorgar un* ~ *a alg*** jmdm einen Kredit gewähren; ***concertar*** *od* ***tomar un* ~** einen Kredit aufnehmen; ***contratar* ~s** Kredite geben; ***dar* ~ *a alg*** jmdm Glauben schenken; ***exceder un* ~** ein Guthaben überziehen; ***facilitar*** (***gestionar*** *od* ***solicitar***; ***reembolsar***) ***un* ~** einen Kredit bereitstellen (beantragen; abdecken); ***gozar de* ~** angesehen sein, Ansehen genießen; ***no poder dar* ~ *a sus oídos*** (***ojos***) *übertr* seinen Ohren (Augen) nicht trauen

cred|o *m* POL, REL Kredo *n od* Credo *n*, Glaubensbekenntnis *n*; Überzeugung *f*; **~ulidad** *f* Leichtgläubigkeit *f*

crédulo leichtgläubig

creencia *f* Glaube *m*; Meinung *f*; Überzeugung *f*; Glaubensbekenntnis *n*, Religion(szugehörigkeit) *f*; ***falsa ~*** Irrglaube(n) *m*

creer ⟨*3. Pers Sg u Pl perfs, subj Imperf u Ger* -ey-⟩ **I** *tr etw od jmdm* glauben; *jmdm* Glauben schenken; meinen; annehmen, vermuten; halten für; ***lo creo conveniente*** ich halte es für angebracht; ***creo que no*** (***sí***) ich glaube nicht (ja); ***le creímos en Madrid*** wir glaubten, er sei in Madrid; ***según creo*** (***yo***) meines Erachtens, meiner Meinung *od* Ansicht nach; ***¡ya lo creo!*** selbstverständlich!, das ist doch klar!; ***hacer ~*** den Eindruck erwecken; ***hacer ~ u/c a alg*** jmdm etw weismachen *od* einreden **II** *intr* glauben (***en alg*** *od* ***u/c*** an jmdn *od* etw); **~se** sich halten für; sich einbilden; ***¿qué te crees?*** was bildest du dir ein?; was fällt dir ein?

cre|íble glaubhaft, -würdig; **~ído** von sich eingenommen; arrogant, eingebildet

crema[1] **I** *Adj* cremefarben, mattgelb **II** *f Kosmetik u übertr Gesellschaft* Creme *f*; Cremesuppe *f*, legierte Suppe *f*; Sahne *f*; *dickflüssiger* Likör *m*; KOCHK Süßspeise *f*; ***~ de afeitar*** Rasiercreme *f*; ***~ bronceadora*** *od* ***solar*** (***dental***) Sonnen-(Zahn)-creme *f* ◇ ***echarse ~*** sich eincremen

crem|a[2] *f* GRAMM Trema *n*; **~ación** *f Leiche* Verbrennung *f*; Feuerbestattung *f*; **~allera** *f* Reißverschluss *m*; **~ar** *tr Leiche* verbrennen; **~atorio** *m* Krematorium *n*; **~ería** *f Cu* Milch- und Eisbar *f*; **~oso** sahnig; cremig; voller Creme

crep *m*, **crepé** *m Schuhsohle u* TEXTIL Krepp *m*

crepitar *intr* knistern, prasseln; sprühen; knattern; *in der Pfanne* brutzeln *umg*; *Atem* rasseln

crepuscul|ar, **~ino** dämmerig; *übertr* untergehend, Untergangs-

crepúsculo *m* (*bes* Abend-, *auch* Morgen-)Dämmerung *f*; *übertr* Unter-, Niedergang *m*, Ende *n*

cresa *f* Made *f*; ***lleno de ~s*** madig

creso *m* Krösus *m*

crespo *Haar, Blatt* kraus, gekräuselt; *Stil* verschnörkelt; erregt, zornig

crespón *m* TEXTIL Krepp *m*; Flor *m*; ***~ de luto*** Trauerflor *m*

crest|a *f Hahn, Gebirge, Welle* Kamm *m*; *Gebirge* Grat *m*; Scheitelwert *m*, Spitze *f*; Deichkrone *f*; Schaumkrone *f*; *Vögel* Schopf *m*; Hochmut *m*; **~ón** *Gebirge* Kamm *m*; Grat *m*; **~udo** stolz, eingebildet

Creta *f* Kreta *n*

creta *f* GEOL Kreide *f*; ***~ lavada*** Schlämmkreide *f*

cretense **I** *Adj* aus Kreta **II** *m* Kreter *m*

cretin|ismo *m* MED Kretinismus *m*; *übertr* Blödsinn *m*, Idiotie *f*; **~o** *m* MED *u umg* Kretin *m*; Schwachkopf *m*, Trottel *m*

creyente **I** *Adj* REL gläubig **II** *m* REL Gläubiger *m*, Glaubender *m*

creyón *m Cu* Zeichenkohle *f*, -stift *m*; Lippenstift *m*; Kohlezeichnung *f*

cría *f* (Auf-)Zucht *f*, Züchtung *f*, Tierhaltung *f*; Fortpflanzung *f*; *Tiere* Junges *n*, Jungtier *n*; ***~ de animales en gran escala*** Massentierhaltung *f*; ***~ de ganado*** Viehzucht *f*; ***~ de ganado menor*** (***ovino***; ***porcino***; ***vacuno***) Kleintier-(Schaf-; Schweine-; Rinder)Zucht *f*

criad|a *f* Dienstmädchen *n*, Haushaltshilfe *f*; **~ero** *m* Baumschule *f*; BIOL *u übertr* Brutstätte *f*; Tierzuchtbetrieb *m*; MINER Erzlager(stätte *f*) *n*

criado **I** *Adj*: ***bien*** (***mal***) ***~*** gut (schlecht) erzogen; *Kind* artig (unartig) **II** *m* Diener *m*, Dienstbote *m*

cri|ador *m* Züchter *m*; Tierhalter *m*; **~anza** *f Kinder* Aufziehen *n*, Erziehung *f*; Aufzucht *f*; Stillzeit *f*; **~ar** ⟨-ío⟩ **I** *tr Tiere* züchten; *Tiere*, *Kinder* aufziehen; (*Klein-*)*Tiere* halten *bzw* füttern; säugen; stillen; erzeugen, (er)schaffen; *übertr* hervorbringen, verursachen; hervorrufen, *Probleme* schaffen; *Schimmel*, *Fleisch* ansetzen **II** *intr Tiere* Junge bekommen; **~arse** aufwachsen; gedeihen

criatura *f* Geschöpf *n*, Wesen *n*, Kreatur *f*; (kleines) Kind *n*; *verächtl* Ausgeburt *f*; ***~ de pecho*** Säugling *m*

criba *f* Sieb *n*; Rost *m*, Siebvorrichtung *f*; ***como una ~*** *übertr* (total) durchlöchert; *iron Gedächtnis* wie ein Sieb ◇ ***pasar por la ~*** sieben *streng auswählen*

crib|ado *m* (Aus-, Durch-)Sieben *n*; Siebgut *n*; **~ar** *tr* (aus-, durch)sieben; *Gebiet* durchkämmen

cric *m* Schrauben-, Hebewinde *f*; KFZ Wagenheber *m*

cricket *m* SPORT Kricket(spiel) *n*

Crimea *f*: (***la***) ***~*** die Krim(halbinsel)

crimen *m* Verbrechen *n*, Straftat *f*; ***~ de guerra*** Kriegsverbrechen *n*; ***~ contra la humanidad***, ***~ de lesa humanidad*** Verbrechen *n* gegen die Menschlichkeit; ***~ de incendiario*** Brandstiftung *f*; ***~ de lesa majestad*** Majestätsbeleidigung *f auch übertr*; ***~ por omisión*** Unterlassungsdelikt *n*; ***~ organizado*** organisiertes Verbrechen *n auch Gattungsbegriff*; ***~ pasional*** (***sexual***) im

Affekt begangenes Verbrechen *n* (Sexualdelikt *n*, -verbrechen *n*) ◇ ***cometer*** *od* ***perpetrar un ~*** ein Verbrechen begehen

criminal **I** *Adj* verbrecherisch, kriminell; frevelhaft; *Handlungen* strafbar; JUR Straf-, Kriminal- **II** *m* Verbrecher *m*; ***~ de cuello y corbata, ~ de oficina*** Schreibtischmörder *m*, -täter *m*; ***~ de guerra*** Kriegsverbrecher *m*; ***~ habitual*** Gewohnheitsverbrecher *m* **III** *f umg* Kripo *f Kriminalpolizei*

criminalidad *f* Kriminalität *f*; Strafbarkeit *f*; Verbrechertum *n*; ***~ organizada*** organisierte Kriminalität *f*

crimin|alista *m*(*f*) Kriminalist(in) *m*(*f*); Strafrechtler(in) *m*(*f*); **~alística** *f* Kriminalistik *f*; **~alístico** Kriminal-; kriminalistisch; **~ología** *f* Kriminologie *f*; **~ológico** kriminologisch; **~ólogo** *m* Kriminologe *m*; **~oso** → ***criminal I***

crío *m* Knirps *m*, Bengel *m*; Säugling *m*; **~s** *Pl* Kinder *n*/*Pl*, Gören *f*/*Pl umg*

crio|desecación *f* Gefriertrocknung *f*; **~genización** *f* NAHR Einfrosten *n*

criollo **I** *Adj* kreolisch; *auf Am bezogen* einheimisch; (typisch) südamerikanisch; volkstümlich; in Lateinamerika geboren **II** *m* Kreole *m*; kreolische Sprache *f*; von Europäern (*bes Spaniern*) abstammender Lateinamerikaner *m*; *auf Am bezogen* Einheimischer *m*

cripta *f* Krypta *f*; Gruft *f*, Grabgewölbe *n*

críptico *Aussage*, *Text* verschwommen, undurchsichtig, kryptisch

cripto|grafía *f* Geheimschrift *f*; **~gráfico** geheimschriftlich, in Geheimschrift

críquet *m* → ***cricket***

crisantem|a *f*, **~o** *m* Chrysantheme *f*

crisis *f* Krise *f auch* MED; Mangel *m*; ***~ cíclica*** WIRTSCH zyklische Krise *f*; ***~ de confianza*** Vertrauenskrise *f*; ***~ coyuntural*** (***ecológica***; ***energética***; ***estructural***) Konjunktur-(Umwelt-; Energie-; Struktur)krise *f*; ***~ económica*** (***mundial***) (Welt-)Wirtschaftskrise *f*; ***~ de gobierno, ~ gubernamental*** *od* ***ministerial*** Regierungs-, Kabinettskrise *f*; ***~ latente*** (***patente***) verdeckte (offene) Krise *f*; ***~ monetaria*** (***nerviosa***; ***social***) Währungs-(Nerven-; Gesellschafts)-krise *f*; ***~ de suministro*** Versorgungskrise *f*; ***~ de las vacas locas*** *umg* BSE-Krise *f*; ***~ de venta, ~ en la venta*** Absatzkrise *f*; ***~ de viviendas*** Wohnungsnot *f*; ***en época de ~*** in Krisenzeiten; ***exento de ~*** krisenfrei; ***sacudido por una ~*** von einer Krise geschüttelt ◇ ***atravesar una ~, pasar por una ~*** eine Krise durchmachen *od* -laufen *od* erleiden; ***desatar*** *od* ***desencadenar*** *od* ***provocar una ~*** eine Krise auslösen *od* hervorrufen; ***estar en ~*** sich in der *od* einer Krise befinden; ***salir de la ~*** aus der Krise herauskommen; ***sumir en una ~*** *jmdn, die Gesellschaft* in eine Krise stürzen

crisma *f umg* Schädel *m* ◇ ***romper la ~ a alg*** jmdn den Schädel einschlagen; ***romperse la ~*** *umg übertr* sich den Hals brechen

crisol *m* Schmelztiegel *m auch übertr*; Prüfstein *m* ◇ ***pasar por ~*** *etw* auf Herz und Nieren prüfen

crisp|ación *f* Verkrampfung *f auch übertr*; *übertr* Spannung *f*; **~ado** verkrampft *auch übertr*; **~adura** *f*, **~amiento** *m* → ***~atura***; **~ar** *tr durch Kälte* zusammenziehen; *Faust* ballen; zusammenkrampfen; kräuseln; auf die Nerven gehen, in Wut bringen, aufregen; **~arse** *vor Ärger, Wut* außer sich sein; sich ver- *od* zusammenkrampfen; **~atura** *f* Zusammenziehen *n*, -schrumpfen *n*; Kräuseln *n*; Ver-, Zusammenkrampfen *n*

cristal *m* Kristall *n*; Glas *n auch* OPT; (Fenster-)Scheibe *f*, Fensterglas *n*; Spiegel *m auch übertr*; *Am*, *And* (Trink-)Glas *n*; ***~ de aumento*** Vergrößerungsglas *n*, Lupe *f*; ***~ coloreado*** (***opalino***) Farbglas *n*; Bunt-(Milch)glas *n*; ***~ de observación*** Schauglas *n*, Guckloch *n*; ***~ de seguridad*** Sicherheitsglas *n*; ***~ tintado*** getönte (Fenster-)Scheibe *f*; ***~ trasero*** KFZ Heckscheibe *f* ◇ ***poner los ~es*** *Fenster* verglasen, Scheiben einsetzen; *Brille* Gläser einsetzen; ***romper los ~es*** die Scheiben einschlagen; ***verlo todo con ~es ahumados*** ein Schwarzseher sein *pessimistisch sein*

cristal|era *f* Gläserschrank *m*, Vitrine *f*; Glastür *f*; breite Glasscheibe *f*; **~ería** *f* Glashütte *f*, -fabrik *f*; Glaswaren(handlung *f*) *f*/*Pl*; Gläser *n*/*Pl*; **~ero** *m* Glaser *m*; *Rpl* → **~era**; **~ino** **I** *Adj* kristallinisch; kristallen; kristallklar; *Stimme* klar, hell **II** *m* Linse *f des Auges*; **~ización** *f* Kristallisation *f*, Kristallbildung *f*; Herausbildung *f von Merkmalen*; **~izarse** ⟨-z/c-⟩ kristallisieren, Kristalle bilden; *übertr* sich herauskristallisieren *od* -bilden; sich ausprägen

cristian|idad *f* Christenheit *f*, christliche Welt *f*; **~ismo** *m* Christentum *n*; **~izar** ⟨-z/c-⟩ *tr* christianisieren, zum Christentum bekehren

cristiano **I** *Adj* christlich ◇ ***hablar en ~*** *umg* sich klar ausdrücken; (richtig) Spanisch sprechen **II** *m* Christ *m*; *umg* Mensch *m oft im Gegensatz zum Tier* ◇ ***no se ve un ~*** es ist kein Mensch *od* Schwanz *umg* zu sehen

cristianodemócrata POL **I** *Adj* christdemokratisch **II** *m* Christdemokrat *m*

cristo *m* Kruzifix *n*; Christusbild *n*; ***estar***

C

sin ~ *Chi* blank sein *kein Geld haben*
Cristo Christus *m*; ***anterior a ~*** vorchristlich; ***antes*** (***después***) ***de ~*** vor (nach) Christi Geburt; ***¡por ~!*** bei Gott!, um Himmels willen! ◇ ***donde ~ dio las tres voces*** ganz weit, wo sich die Füchse gute Nacht sagen
criterio *m* Kriterium *n*, Merkmal *n*; Auffassung *f*; Meinung *f*, Ansicht *f*; Urteil *n*; Stand-, Gesichtspunkt *m*; Prüfstein *m*; *übertr* Maßstab *m*; ***~s de adhesión*** (***convergencia***) Beitritts-(Konvergenz)kriterien *n/Pl für den Beitritt zur Europäischen Währungsunion*; ***~s de evaluación*** (***selección***) Bemessungsgrundlagen *f/Pl* (Auswahlkriterien *n/Pl*); ***con ~ selectivo*** gezielt; ***según mi ~*** nach meiner Meinung *od* Auffassung ◇ ***cambiar de ~*** die Meinung ändern; ***dejar al ~ de alg*** jmdm *etw zur Entscheidung* überlassen; ***hacer a alg cambiar de ~*** jmdn von seiner Meinung abbringen
crítica *f* Kritik *f* (***a*** *Gen*, an); Beurteilung *f*; Bewertung *f*; Tadel *m*; Rezension *f*, (Buch-)Besprechung *f* ◇ ***hacer la ~*** kritisieren
critic|able tadelnswert; kritikwürdig; **~ar** ⟨-c/qu-⟩ *tr/intr* kritisieren; Kritik üben; beurteilen, bewerten; tadeln, bemängeln; rezensieren, besprechen; **~astro** *m verächtl* Kritikaster *m*, Kritt(e)ler *m umg*
crítico I *Adj* kritisch *auch* MED, PHYS; streng (im Urteil); bedenklich; gefährlich; ernst, entscheidend; krisenhaft, Krisen- **II** *m* Kritiker *m*; Rezensent *m*
criti|cón I *Adj verächtl* nörglerisch **II** *m* → ***criticastro***; **~conería** *f umg* Krittelei *f*; **~quizar** ⟨-z/c-⟩ *tr/intr umg* (be)kritteln; nörgeln, (herum)meckern
cro. *m* (*Abk für* ***compañero***) Koll. *m*
Croacia *f* Kroatien *n*
croar *intr Frösche* quaken
croata I *Adj* kroatisch **II** *m*(*f*) Kroate(-in) *m*(*f*)
croco *m* Krokus *m*
croissant *m Gebäck* Hörnchen *n*, Croissant *n*
crol *m* Kraulen *n*, Kraulschwimmen *n*
crom|ado *m* Verchromung *f*; **~ar** *tr* verchromen; **~ático** MUS, OPT chromatisch; Farb-
cromo *m* Chrom *n*; TYP Farbdruck *m*; FOTO *umg* Bild *n*; *Chi* etw Wertvolles *od* Exquisites; **~grafía** *f* Bunt-, Mehrfarbendruck *m als Erzeugnis*; **~litografía** *m* Bunt-, Mehrfarbendruck *m als Verfahren*; **~soma** *m* BIOL Chromosom *n*; **~tipia** *f* → ***~grafía***; **~tipografía** *f* → ***~litografía***
crónica *f* Chronik *f*; ZTGSW Bericht *m*; ***~ bursátil*** (***local***) ZTGSW Börsenbericht *m* (Lokalnachrichten *f/Pl*)
crónico MED *u übertr* chronisch, langwierig
cron|ista *m*(*f*) Chronist(in) *m*(*f*); Reporter (-in) *m*(*f*); Berichterstatter(in) *m*(*f*); **~ograma** *m* Zeit-, Termin-, Ablaufplan *m*; **~ología** *f* Chronologie *f*; Zeitrechnung *f*; **~ológico** chronologisch, zeitlich geordnet; **~ometraje** *m* Zeitnahme *f*, -erfassung *f*, -messung *f*; **~ometrar** *tr* die Zeit abnehmen *od* stoppen; **~ometría** *m* Chronometrie *f*, Zeitmessung *f*; **~ómetro** *m* Stoppuhr *f*; Chronometer *n*, Präzisionsuhr *f*
cróquet *m* SPORT Krocket *n*
croqu|eta *m* KOCHK Krokette *f*, gebackenes Fleisch-, Kartoffel- *od* Fischklößchen *n*; **~is** *m* erster Entwurf *m*, Skizze *f*; Faustskizze *f*
cross-country *m* SPORT Crosscountry *n*, Geländelauf *m*
crótalo *m* Klapperschlange *f*
cruce *m* BIOL, VERK Kreuzung *f*; Straßenübergang *m*; Überquerung *f*; ***~ ferroviario***, ***~ de vía*** Bahnübergang *m*
crucero *m* ARCH Querschiff *n*; MAR Kreuzer *m*; MAR Kreuzfahrt *f*; Kreuzfahrtschiff *n*; ***~ acorazado*** Panzerkreuzer *m*; ***~ de placer***, ***~ turístico*** MAR Kreuz-, Vergnügungsfahrt *f*
crucial kreuzförmig, Kreuz-; *Situation*, *Moment* entscheidend; *Angelegenheit* kritisch
cruci|ficar ⟨-c/qu-⟩ *tr* kreuzigen; quälen, peinigen; **~fijo** *m* Kruzifix *n*; **~fixión** *f* Kreuzigung *f*; **~forme** kreuzförmig
crucigrama *m* Kreuzworträtsel *n*; ***~ silábico*** Silbenrätsel *n*
crud|a *f Guat*, *Méx* Kater *m nach Alkoholgenuss*; *Guat* faustdicke Lüge *f*; **~eza** *f* Rohzustand *m*; Unverdaulichkeit *f*; Härte *f auch übertr*, Schroffheit *f*; Strenge *f*, Rohheit *f*; ***~s*** *Pl* Derb-, Grobheiten *f/Pl*; Zoten *f/Pl*; schwer verdauliche Speisen *f/Pl*; **~ívoro** *m* Rohköstler *m*; **~o I** *Adj Obst*, *Speisen*, *Material* roh; ungebraten; ungekocht, nicht zubereitet; *Obst* unreif, grün; im Rohzustand, unbearbeitet; hart *auch übertr*; schwer verdaulich; grob, streng, schroff; *Wetter*, *Mensch* unfreundlich; *Farbe*, *Ton* grell; *Guat*, *Méx* verkatert **II** *m* Rohöl *n*; Sackleinwand *f*
cruel grausam; rücksichts-, erbarmungslos; **~dad** *f* Grausamkeit *f*; Gräueltat *f*; Unbarmherzigkeit *f*; **~ísimo** *Sup von* → ***cruel***
cruento *Aktionen*, *Krieg usw* blutig
cruj|iente knirschend; knarrend; knackend; krachend; knisternd; *Essware* knusprig; **~ir** *intr* knirschen; knarren; knacken; krachen; knistern
crup *m* MED Krupp *m*, Kehlkopfdiphterie *f*; **~ier** *m* Croupier *m*
crustáceos *m/Pl* ZOOL Schalen-, Krebs-,

Krustentiere *n/Pl*, Krustazeen *f/Pl*

cruz *f Figur*, *Orden*, REL, *Symb*, *übertr* Kreuz *n*; Kruzifix *n*; Kreuz(es)zeichen *n*; *Tiere* Bug *m*; *Pferde* Widerrist *m*; Crux *f Kummer*, *Last*; *Münze* Schrift-, Rückseite *f*; **2 *Federal al Mérito*** *Dtschld* Bundesverdienstkreuz *n*; **~ *gamada*** Hakenkreuz *n*; **¡~ *y raya!*** (und damit) Schluss *od* basta!, Genug (davon)!; **2 *Roja* (*Internacional*)** (Internationales) Rotes Kreuz *n*; **2 *del Sur*** ASTR Kreuz *n* des Südens; ***desde la ~ hasta la fecha*** *übertr* von A bis Z, von Anfang bis Ende ◇ ***marcar*** *od* ***señalar con una ~*** ankreuzen

cruz|ada *f hist u übertr* Kreuzzug *m*; Kampagne *f gegen etw od jmdn*; **~ado I** *Adj* kreuzweise übereinander gelegt; *Arme* verschränkt; kreuzförmig; Kreuz-; *Anzug* zweireihig **II** *m* ZOOL *Produkt einer* Kreuzung *f*; *hist* Kreuzfahrer *m*, -ritter *m*; **~amiento** *m* BIOL, VERK Kreuzung *f*; **~ar** ‹-z/c-› **I** *tr Straße*, *Weg* überqueren; BIOL, *Linien*, *Straßen*, *Wege* kreuzen; *Arme* verschränken; *Beine* übereinander schlagen; *übertr Pläne* durchkreuzen; *Briefe*, *Worte* wechseln; SPORT *Hürden* überwinden, meistern **II** *intr* MAR kreuzen; **~arse** begegnen (***con alg*** jmdm); aneinander vorbeigehen, -fahren; *Briefe* sich kreuzen; *Linien* sich schneiden

Cs *m* (*Symb für* ***cesio***) CHEM Cs *n*

CSCE *f* (*Abk für* ***Conferencia sobre Seguridad y Cooperación en Europa***) KSZE *f*

CSIC *m Abk für* ***Consejo Superior de Investigaciones Científicas***, → ***consejo***

cta. *f Abk für* → ***cuenta***, **~ *cte.*** *Abk für* ***cuenta corriente***, → ***cuenta***

Ctra. *f* (*Abk für* ***carretera***) Landstraße *f*

cts. *m/Pl* (*Abk für* ***centavos od céntimos***) ct *m*, Ct. *m*, cts *m/Pl*

Cu *m* (*Symb für* ***cobre***) CHEM Cu *n*

cuadern|a *f* MAR, FLUGW Spant *m*,*n*; **~illo** *m* Lage *f* (von 5 Bogen Papier)

cuaderno *m* (Schreib-)Heft *n*; TYP Bogen *m 16 Seiten*; Aktenband *m*; **~ *de anillas*** Ringbuch *n*; **~ *de bitácora*** Logbuch *n*, Schiffstagebuch *n*; **~ *de notas*** Notizbuch *n*, -heft *n*

cuadr|a *f* (Pferde-)Stall *m*; Rennstall *m*; Schlafsaal *m*; Halle *f*, Saal *m*; *Am* Straßenzug *m bzw* Häuserblock *m als Maß der Entfernung zwischen zwei Querstraßen*; **~s** *Pl* Stallungen *f/Pl*; **~adillo** *m* Vierkantlineal *n*; Vierkantstab *m*

cuadrado I *Adj* viereckig; quadratisch, Quadrat-; *übertr* vollkommen; *übertr* engstirnig; *z.B. Blatt Papier* gekästelt **II** *m* Quadrat *n*; Viereck *n* ◇ ***elevar al ~*** ins Quadrat erheben

cuadr|agésimo I *Adj* vierzigster **II** *m* Vierzigstel *n*; Vierzigster *m*; **~angular** viereckig, -kantig; **~ángulo I** *Adj* → **~angular II** *m* Viereck *n*

cuadrar I *tr* ins Quadrat erheben; → ***cuadricular*** **II** *intr* übereinstimmen, im Einklang stehen, zusammenpassen (***con*** mit); passen (***a alg*** jmdm, ***con algo*** zu etw); *Datum auf einen Tag* fallen (***el 10 de febrero cuadró en viernes aquel año***)

cuadrarse MIL Haltung annehmen; strammstehen; *übertr* sich auf die Hinterbeine stellen *umg*; *umg* offiziell werden; **~ *con u/c*** *Chi umg* etw beisteuern, etw spendieren

cuadrático quadratisch

cuadratura *f* Quadratur *f*; **~ *del círculo*** *übertr* Quadratur *f* des Kreises

cuadr|ícula *f* TECH *Zeichnen* Quadrat-, Gitter-, Liniennetz *n*; Raster *m*; MIL Planquadrat *n*; **~iculado** *Adj* gekästelt; kariert; **~icular** *tr Fläche*, *Papier* quadrieren, mit Kästchen versehen; **~iga** *f* Quadriga *f*; **~ilateral** GEOM viereckig, -seitig; **~ilátero I** *Adj* → **~ilateral II** *m* Viereck *n*; *Boxsport* Ring *m*; **~illa** *f Menschen* Trupp *m*, Schar *f*; Leute *Pl*; (Räuber-)Bande *f*; TAUR Mannschaft *f*; Aufzug *m* der Stierfechter; Meute *f von Jagdhunden*; MUS Quadrille *f*; **~ito** *m Blatt Papier* Kästchen *n*, Karo *n*

cuadro *m* Bild *n auch* THEAT *u übertr*; Gemälde *n*; Tabelle *f*, Aufstellung *f*; Übersicht *f*; *Bild*, *Fenster*, *Fahrrad u übertr* Rahmen *m*; Quadrat *n*; Viereck *n*; Karo *n*; SPORT Kader *m*; Beet *n*; Mannschaft *f auch* SPORT; *Fußball* Elf *f umg*; *Chi* Schlachthof *m*; **~s** *Pl* Führungskräfte *f/Pl*; Stammpersonal *n*; **~ *de actores*** THEAT Ensemble *n*; **~ *clínico*** Krankheitsbild *n*; MED Befund *m*; **~ *de diálogo*** INFORM Dialogfenster *n*, -feld *n*; **~s *directivos*** Führungsetage *f organisatorische Spitze od Leitung z.B. eines Unternehmens*; **~ *de distribución* (*principal*)**, **~ *eléctrico* (*principal*)** (Haupt-)Schalttafel *f*; **~ *hemático*** Blutbild *n*; **~ *indicador*, ~ *de llamadas*** Anzeige-, Ruftafel *f*; **~ *luminoso*** Leuchttafel *f*; **~ *mágico*** WIRTSCH magisches Viereck *n als bildhafter Ausdruck für vier konjunkturpolitische Ziele*: *Stabilität des Preisniveaus*, *hoher Beschäftigungsstand*, *Zahlungsbilanzausgleich u wirtschaftliches Wachstum*; **~ *de mandos*** Armaturenbrett *n*; Schalttafel *f*, -pult *n*; **~ *mural*** *Schule* Wandbild *n*; **~ *sinóptico*** Übersicht(stabelle) *f*; ***a ~s*** kariert ◇ ***hacer ~s*** Gruppensex treiben; ***ordenar en ~s*** übersichtlich *od* in Tabellen zusammenstellen

cuadrúpedo *m* ZOOL Vierfüß(l)er *m*; *ver-*

ächtl übertr Esel *m*, Dummkopf *m*

cuádruple vierfach

cuadruplicar ⟨-c/qu-⟩ *tr* vervierfachen, um das Vierfache steigern

cuádruplo I *Adj* → **cuádruple II el ~** das Vierfache

cuajada *f* Sauer-, Dickmilch *f*

cuajado geronnen; fest eingeschlafen; *übertr* starr, wie angewurzelt *vor Schreck od Staunen*; **~ de** wimmelnd von, bedeckt *od* übersät mit, voller ◇ **estar ~ de** strotzen, von etw wimmeln *od* voll sein

cuaj|ar I *tr* zum Gerinnen bringen; verdicken; dicht besetzen, bedecken (**de** *mit*); *übertr* füllen (**de** mit) **II** *intr* gerinnen; dick *od* fest werden; *umg* Erfolg haben; klappen *umg glücken*; *umg* gefallen, behagen; **~arse** gerinnen; *Milch* zusammenlaufen; *übertr* sich füllen (**de** mit); sich bedecken (**de** mit)

cuajo *m* Lab(ferment) *n*; Gerinnen *n*; Eindicken *n*; *übertr* dickes Fell *n* ◇ **arrancar** *od* **cortar de ~** mit Stumpf und Stiel ausrotten

cual I *Rel Pron mit Art* **el** *od* **la** *od* **lo ~** *bzw Pl* **los** *od* **las ~es** der, die *Sing u Pl*, das; was; welcher, welche *Sing u Pl*; welches; **por lo ~** weswegen; *ohne Art* wie (**lo detuvieron sucesos imprevistos, ~es a menudo ocurren**); **tal ~**, *Pl* **tales ~es** (so) wie (**sus hechos fueron tales ~es yo me suponía**); **a ~ más** → **cuál** (**a cuál más**) ◇ **sea ~ sea** *od* **fuere** wie *od* welches auch immer (**sean ~es fueren los motivos que lo indujeron a mentirme, nunca le voy a perdonar**) **II** *Konj* **~ si** + *Imperf subj* als ob (**lo están tratando ~ si fuese un niño**)

cuál *Interr Pron* **¿~?** welche(r, -s)? (**¿~ de los dos libros es tuyo? no sé ~ es**); wer? (**¿~ es el más inteligente de los dos?**); **¿~es?** *Pl* welche?; wer (alles)?; **a ~ más** eine(r, -s) immer mehr als der *od* die *od* das andere, ganz besonders (**tenía un repertorio de historias a ~ más extrañas y sugestivas**); miteinander wetteifernd, um die Wette

cualesquier(a) *Pl von* → **cualquier** *u* → **cualquiera**

cuali|dad *f Personen u Sachen übertr* Qualität *f*, Eigenschaft *f*; Fähigkeit *f*; *Material* Güte *f*; **~ficación** *f* Qualifikation *f*, Befähigung *f*; **~ficado** qualifiziert; Fach-; **~ficar** ⟨-c/qu-⟩ *tr* qualifizieren; bewerten, begutachten; **~ficarse** sich qualifizieren (**para** für, zu); **~tativo** qualitativ; Qualitäts-, Güte-, Wert-

cualquier *Indef Adj nur vor Subst od Adj* irgendein(e); jede(r, -s) beliebige; x-beliebige(r, -s) (**~ hombre**; **~ otra cosa**)

cualquiera I *Indef Adj nur nach Subst* → **cualquier** (**un pretexto ~**; **otra mujer ~**) **II** *Indef Pron* irgendwer, irgendeine(r), eine (ein) x-Beliebige(r); jemand; **~ de los dos** einer von beiden; **un ~** jemand, irgendwer; *verächtl* ein gewisser Jemand ◇ **¡~ lo entiende!** *iron* das soll einer verstehen!; **~ que sea** *od* **fuese** wer es auch (immer) sei; **¡~ lo puede hacer!** das kann doch jeder!

cuan *Kurzf von* → **cuanto III** *vor Adj u Adv außer Komp u* **antes** so … wie (**se tendió ~ largo era**)

cuán *Kurzf von* → **cuánto III** *vor Adj u Adv außer Komp u* **antes ¡~ …!** wie…! (**¡~ despacio caminan!**)

cuando I *Konj* als (**~ lo vimos, se lo dijimos**); *zeitlich* wenn (**~ lo veas, salúdalo de mi parte**); immer *od* jedes Mal wenn (**~ llovía, no salíamos**); *selten konditional* wenn *od kausal* da (**~ él lo dice, será verdad**); **aun ~** obwohl (**aun ~ no tengo tiempo, voy a salir contigo**); selbst wenn, wenngleich, wenn … auch (**aun ~ quisiera, no podría hacerlo**) **II** *Präp* während, zur Zeit (**se fue a Europa en 1963, ~ la revolución**) **III** *Adv*: **~ más** (**menos**) höchstens, wenn überhaupt, allen-, bestenfalls (wenigstens, mindestens); **~ no** wenn nicht gar; ja sogar (**es colaborador, ~ no autor del libro**); **~ quiera** jederzeit; **de ~ en ~, de vez en ~**, *Am* **de ~ en vez** von Zeit zu Zeit, dann und wann, ab und zu *od* an, hin und wieder

cuándo I *Interr Pron* **¿~?** wann? (*jedoch nicht für die Frage nach der Uhrzeit*); **¿desde ~?** seit wann?; **¿hasta ~?** bis wann?; wie lange (noch)?; **¿para ~?** bis wann?, bis zu welchem Termin? **II** *Konj* **~ … ~** bald … bald (**~ el uno, ~ el otro**)

cuant|ía *f* Menge *f*; Summe *f*, Betrag *m*; *Summe* Höhe *f*; Wert *m*, Bedeutung *f*; **~iar** ⟨-ío⟩ *tr Wert* (ab)schätzen; **~idad** *f* MATH Größe *f*; MATH Menge *f*; **~ificable** quantifizierbar; **~ificación** *f* Mengen- *od* Zahlenangabe *f*, Quantifizierung *f*; **~ificar** ⟨-c/qu-⟩ *tr für etw* eine Zahl angeben *od* nennen, *für etw* eine Zahlen- *od* Mengenangabe machen, *etw* beziffern *od* bemessen; Zahl(en) angeben; sagen, wie viel *od übertr* wie groß *od übertr* wie hoch …; quantifizieren; **~ioso** reichlich, beträchtlich, umfang-, zahlreich; *Menge* groß, bedeutend; **~itativo** quantitativ, mengenmäßig; Quantitäts-, Mengen-

cuanto I *Rel Pron, auch nach* **todo** (alles) was … (**¡coman Vds. ~ quieran!**; **todo ~ decía me parecía interesante**); *Pl* **~s**, auch nach **todos** alle, die …, (alle) diejenigen, welche …, jeder, der … (**~s lo conocen**

C

lo consideran un hombre seguro*; *cerraron el paso a todos ~s venían en dirección contraria*) **II** *Adj* ***tantos ~s so viel(e) wie (***te daré tantos libros ~s necesites***); ***unos ~s*** ein paar, einige (***caminamos unos ~s kilómetros***) **III** *Adv* (***tanto***) ~ so viel wie (***los niños pueden dormir tanto ~ quieran***; ***trabajo ~ puedo***); ~ ***antes*** so bald wie möglich, möglichst bald; ~ ***antes, mejor*** je eher, desto besser; ~ ***más*** (***menos***) umso mehr (weniger); ~ *Komp* ... (***tanto***) *Komp* ... je ... desto *od* umso ... (~ ***más tiempo tiene uno, menos*** *od* ***tanto menos obra***); ***tanto más ... ~ que ...*** umso mehr, da *od* zumal ... (***esa actitud es tanto más de apreciar ~ que no lo ayudaba nadie***) **IV** *Konj* ***en ~*** kurz nachdem, kaum (***en ~ sacaron los naipes empezaron a pelearse***); sobald (***iré en ~ tenga tiempo***); ***por ~*** da, weil **V** *Präp* ***en ~ a*** was ... (an)betrifft *od* anbelangt, hinsichtlich, zu, bezüglich

cuánto (***cuánta*** *f*, ***cuántos*** *m/Pl*, ***cuántas*** *f/Pl*) *Interr Adj* ***¿~?*** wie viel(e)? (***¿~ dinero cobraste?***; ***¿cuántas libras pesa?***) **I** *Interr Pron* ***¿~?*** wie viel(e)? (***¿por ~ lo compraste?***) ◇ ***¿~ es?*** was *od* wie viel macht (*d.h.* kostet) das? ***¿a ~ está(n) ...?*** wie viel *od* was kostet (kosten) ...? ***¿a ~s estamos?*** den Wievielten haben wir heute? **II** *beim direkten u indirekten Ausruf* ***¡~ ...!*** wie ...!, wie sehr ...! (***¡~ han envejecido!***; ***diles ~ lo siento***)

cuarenta vierzig; vierzigster

cuarentena *f* (ungefähr) vierzig; Quarantäne *f*; gesellschaftliche Isolierung *f*, Nichtbeachtung *f* ◇ ***imponer*** (***levantar***; ***sufrir***) ~ unter Quarantäne stellen (die Quarantäne aufheben; in *od* unter Quarantäne liegen); ***poner en ~*** mit Vorbehalt aufnehmen; bezweifeln

cuaresma *f* REL Fastenzeit *f*

cuart|eadura *f* (Mauer-)Riss *m*; **~ear** *tr* vierteilen; zerlegen; **~earse** *Wand, Mauer* Risse *od* Sprünge bekommen

cuartel *m* Kaserne *f*; MIL Quartier *n*, Standort *m*, Lager *n*; Beet *n*; Stück *n* Land; (abgeteiltes) Viertel *n*; ~ ***de bomberos*** Feuerwache *f*; ~ ***general*** MIL Hauptquartier *n*; ***sin ~*** erbarmungslos; *Kampf* auf Leben und Tod ◇ (***no***) ***dar ~*** (keinen) Pardon geben

cuart|elada *f* Militärputsch *m*; **~elazo** *m Am* → ***~elada***; **~eo** *m* → ***cuarteadura***; **~eto** *m Komposition u Solistenvereinigung* Quartett *n*; **~illa** *f* (DIN-A4-, Viertel-)Blatt *n od* Bogen *m* (Papier); TYP Quartbogen *m*; Manuskriptseite *f*; *verschiedene Flächen bzw Flüssigkeitsmaße*; **~illo** *m ein Flüssigkeits- bzw Getreidemaß*; Schoppen *m*

cuarto I *Adj* vierte(r, -s) **II** *m* Viertel *n*; Mondviertel *n*; Raum *m*, Kammer *f*, Zimmer *n*, Stube *f*; TYP Quartformat *n*; ***~s*** *Pl* Moneten *f/Pl*; ~ ***de aduana*** *Zoll* Verschlussraum *m*; ~ ***de aseo*** (***baño***) Waschraum *m* (Bad *n*, Badezimmer *n*)); ~ ***contiguo*** Nebenraum *m*, -zimmer *n*; ~ ***de estar*** (***estudio***) Wohn-(Arbeits)zimmer *n*; ~ ***de estar-cocina*** Wohnküche *f*; ~ ***exterior*** (***interior***) Außen-, Vorder-(Hinter-, Innen)zimmer *n*; ***~s de final*** SPORT Viertelfinale *n*; ~ ***de hora*** Viertelstunde *f*; ~ ***para huéspedes*** Gästezimmer *n*; ~ ***intermedio*** PARL Unterbrechung *f*; ~ ***de máquinas*** *Schiff* Maschinenraum *m*; ~ ***de los niños*** Kinderzimmer *n*; ~ ***oscuro*** Dunkelkammer *f*; ~ ***de vestir*** Umkleideraum *m*; ***tres ~s*** *m* kurzer Mantel *m* ◇ ***gastarse los ~s alegremente*** sein Geld so ohne weiteres ausgeben

cuart|ucho *m*, **~uco** *m verächtl übertr* Loch *n*, (Bruch-)Bude *f*

cuarzo *m* Quarz *m*

cuate *Méx* **I** *Adj* ähnlich, gleich; Zwillings- **II** *m* Zwilling *m*; Kumpel *m Freund*

cuatr|ero *m* Pferde- *od* Viehdieb *m*; *Am* Schurke *m*, Gauner *m*; *AmC* Verräter *m*; **~illizos** *m/Pl* Vierlinge *m/Pl*; **~imotor** *m* viermotoriges Flugzeug *n*; **~ipartito** *Vertrag übertr* vierseitig; POL Vierer-, Viermächte-

cuatro I *Adj* vier; *Datum* vierter; ein paar, einige (wenige) ◇ ***íbamos ~*** wir waren zu viert **II** *m* (die Zahl) Vier *f*; ***en un ~*** ehe man sich's versieht

cuatro|cientos vierhundert; vierhundertster

cuba I *f* Fass *n*; Bottich *m*, Kübel *m*; Fass *n* voll; *umg* (starker) Trinker *m*; Dickwanst *m*; ~ ***de basura*** Mülltonne *f* ***borracho como una ~*** voll wie eine Haubitze *betrunken* **II** *m*: ~ ***libre*** *od* ***~libre*** *m ein Mixgetränk aus Rum, Coca-Cola od anderem Erfrischungsgetränk, Eis, Zitrone* Cuba libre *m*

Cuba *f* Kuba *n*

Cubana *f*: ~ ***de Aviación*** *kubanische Luftverkehrsgesellschaft*

cuba|no I *Adj* kubanisch **II** *m*, **-a** *f* Kubaner(-in) *m(f)*; **~ta** *f Esp* → ***cuba libre***

cubert|ería *f* HAUSW Besteck *n*; **~ura** *f* → ***cobertura***

cubeta *f Dim von* → ***cuba I***; Wassereimer *m*; Becken *n*, Napf *m*, Schale *f*; CHEM Wanne *f*, Küvette *f*; TECH Pfanne *f*

cubic|aje *m* KFZ Hubraum *m*; **~ar** ⟨-c/qu-⟩ *tr* den Rauminhalt ausmessen; das Volumen berechnen; MATH in die dritte Potenz

erheben, kubieren
cúbico kubisch, würfelförmig; GEOM, MATH Kubik-
cubículo *m* Nische *f*; (abgeteilter) kleiner Raum *m*, Kabuff *n reg umg*
cubierta *f* Decke *f*; Plane *f*; (Schutz-)Hülle *f*; *Buch, Heft* Umschlag *m*; Überdachung *f*, (Schutz-)Dach *n*; KFZ Verdeck *n*; Motorhaube *f*; *Schiff* Deck *n*; *Bereifung* Mantel *m*; TECH Verkleidung *f*; Buchdeckel *m*, Einband *m*; ZTGSW Titelseite *f*; *übertr* Deckmantel *m*, Vorwand *m*; *~ alta od superior* (*baja*; *principal*) MAR Ober-(Unter-; Haupt)deck *n*; *~ de paseo* (*popa*; *proa*) MAR Promenaden-(Achter-; Vorder)deck *n*; *so ~ de übertr* unter dem Deckmantel + *Gen*; *sobre ~* MAR an *od* auf Deck ◇ *subir a ~* MAR an Deck gehen
cubierto *Part von* → *cubrir* **I** *Adj Himmel* bedeckt; *Kosten* gedeckt; *Summe* eingezahlt; überdacht **II** *m* HAUSW Besteck *n*; GASTR Gedeck *n*; Menü *n*; Schutzdach *n* ◇ *estar a ~* in Sicherheit *od* geschützt sein (*de* vor); *ponerse a ~* sich *z.B. vor Nässe* schützen
cubil *m* Lager *n der Raubtiere u übertr*; Flussbett *n*
cubilet|e *m* Becher *m* (*auch Würfel-*); *~eo m übertr* Taschenspielerei *f*, Trick *m*, Dreh *m umg*
cub|ismo *m* Kubismus *m*; *~ista* kubistisch; *~ito m* (Brüh- *od* Eis- *od* Fleisch- *od* Suppen-)Würfel *m*; *~o*[1] *m* GEOM Würfel; Kubikzahl *f*
cubo[2] *m* Eimer *m*, Bottich *m*, Kübel *m*; *~ de basura(s)* Mülleimer *m*; Abfall-, Mülltonne *f* ◇ *llover a ~s* (wie aus Kübeln) gießen, schütten *stark regnen*
cubre|asientos *m* KFZ Schonbezug *m*; *~cadena m Fahrrad* Kettenschutz *m*; *~objeto(s) Mikroskop* Deckglas *n*; *~pisos m Chi Fußboden* Auslegeware *f*
cubr|ición *f* ZOOL Decken *n*; Deckzeit *f*; *~imiento m* (Be-)Decken *n*; *Bedarf, Kosten* Deckung *f*
cubrir ⟨*Part* *cubierto*⟩ *tr* (ab- *auch übertr z.B. Risiko*, be-, zu)decken; *Bedarf, Kosten*, MIL, ZOOL decken *u übertr bemänteln*; *Entfernung* zurücklegen; *Sicht* nehmen, verdecken; *übertr* überschütten, -häufen (*de* mit); *Ziel* erreichen; übertönen; *in den Medien über etw* berichten; *freie Stelle* besetzen; *Posten* ausfüllen; *Amt* ausüben; verbergen, -stecken; *Loch* auffüllen, zuschütten; *Lücke* schließen; *~se* sich be- *od* zudecken; sich schützen; den Hut (wieder) aufsetzen; sich (mit Wolken) beziehen; MIL in Deckung gehen
cucaracha *f* (Küchen-)Schabe *f*, Kakerlak(e *f*) *m*
cuchara *f* (Ess-)Löffel *m* ◇ *meter su ~ od cucharada übertr* seinen Senf dazugeben
cuchar|ada *f* Löffel *m* voll; *~adita f* Kaffee- *od* Teelöffel *m* voll; *~illa f*, *~ita f* Kaffee- *od* Teelöffel *m*; *~ón m* Koch-, Schöpflöffel *m*; Kelle *f*
cuch|e *m*, *~i m Am* Schwein *n*
cuchich|ear *tr/intr* flüstern, tuscheln; *~eo m* Geflüster *n*, -tuschel *n*; Geheimnistuerei *f*
cuchill|a *f* Fleischer-, Hackmesser *n*; Schlächterbeil *n*; MED Seziermesser *n*; Schneide *f*, Klinge *f auch Rasier-*; Pflugschar *f*; *~ada f*, *~azo m* Hieb *m*, Stich *m mit dem Messer*; Schnitt *m*; *~ería f* Messerschmiede *f*; Stahlwaren(handlung *f*) *f/Pl*
cuchillo *m* Messer *n* ◇ *pasar a ~ übertr* über die Klinge springen lassen
cuchi|panda *f umg* Umtrunk *m*; Gelage *n*; *~tril m* → *cochitril*
cuchuflet|a *f umg* Spaß *m*, Scherz *m*, Ulk *m*; *~ero m* Spaßvogel *m*, Witzbold *m*
cuclillas *f/Pl* SPORT Kniebeugen *f/Pl* (◇ *estar*) *en ~* hockend, niedergekauert (hocken, kauern)
cuclillo *m* Kuckuck *m*
cuco[1] **I** *Adj iron übertr z.B. Situation* nett, reizend; schlau, verschlagen, aalglatt **II** *m* Kuckuck *m*; Gauner *m*
cuco[2] *m Bez für übertr* Schreckgespenst *n als Kinderschreck* ◇ *parecer un ~* abstoßend hässlich sein
cucurucho *m* (Spitz-)Tüte *f*
cueca *f AmS* Cueca *f ein Volkstanz*
cuelg|acapas *m* Kleiderständer *m*; *~ue m* INFORM Absturz *m*; *umg* Drogenrausch *m*
cuello *m* Hals *m nur als sichtbarer Teil des Körpers*; *übertr* (Flaschen-, Kolben-, Schrauben- *usw*, TECH)Hals *m*; TECH Ansatz *m*; (Hemd-, Mantel-)Kragen *m*; *~ de botella übertr* HDL, VERK, WIRTSCH Engpass *m*; *übertr* Nadelöhr *n*; *~ femoral, ~ del fémur* (*~ uterino*) Oberschenkel-(Gebärmutter)hals *m*
cuenca *f* GEOL Becken *n*; Tal *n*, Senke *f*; Holznapf *m od* -schüssel *f*, Trog *m*; Augenhöhle *f*; *~ de carbón, ~ carbonífera* GEOGR Kohlenbecken *n*; *~ hullera* Steinkohlenrevier *n*; *~ industrial* (*~ del Ruhr*) Industrie-(Ruhr)gebiet *n*
cuenco *m* Napf *m*, Schale *f*; ein Napf voll, eine Schale voll; Höhlung *f*
cuenta *f* Rechnung *f*; → *auch* *factura*; Rechnen *n*; (Aus-)Zählen *n*, Zählung *f*; Konto *n*; Rechenschaft *f*; *Rosenkranz* Kugel *f*, Perle *f*; *~ abierta* (*pagada*; *no pagada*) offenes Konto *n*; offene (bezahlte; unbezahlte) Rechnung *f*; *~ de ahorro* Spar-

C

konto *n*; ~ ***anónima*** *od* ***cifrada*** *od* ***numerada*** Nummernkonto *n*; ~***s anuales*** FIN Geschäfts-, Jahresabschluss *m*; ~***(-)atrás***, ~ ***descendiente*** *od* **(*a la*)** ***inversa*** Countdown *m*; ~***s atrasadas*** *od* ***pendientes*** FIN Außenstände *m/Pl*, unbezahlte *od* offene Rechnungen *f/Pl*; ~ ***bancaria*** **(*bloqueada*** *od* ***congelada*)** Bank-(Sperr)konto *n*; ~ ***clandestina*** *od* ***oculta*** *od* ***secreta*** verdecktes *od* schwarzes Konto *n*, Geheimkonto *n*; ~ ***corriente*** Kontokorrent(konto) *n*; laufende Rechnung *f*; → ~ ***de giros***; ~ ***en divisas*** Devisenkonto *n*; ~ ***de gastos*** Spesenrechnung *f*; ~ ***de giros*** **(*plazo*)** Giro-(Festgeld)konto *n*; ~***s de la lechera*** *übertr* Milchmädchenrechnung *f*; ~ ***de pérdidas y ganancias*** Gewinn- und Verlustrechnung *f*; ~ ***postal*** Postscheckkonto *n*; ~***-vivienda*** Bausparkonto *n*; ***a*** ~ ***de alg*** auf jmds Rechnung *od* Verantwortung; ***a través de*** ~***s*** bargeldlos, unbar; ***en resumidas*** ~***s*** kurz und gut, (kurz) zusammengefasst; ***habida*** ~ angesichts (***de*** *Gen od* von); ***¡la*** ~***, por favor!*** *Aufforderung an den Kellner* zahlen, bitte!; ***más de la*** ~ übermäßig; mehr als sonst (üblich); über das Normalmaß hinaus; über Gebühr; zu viel; ***por*** ~ ***de*** auf Rechnung von; im Dienste von *od Gen*; ***por mi*** **(*su*)** ~ auf meine Rechnung (von sich aus; selbstständig; auf eig(e)ne Faust); ***por*** ~ ***propia*** auf eigene Rechnung *auch übertr*; selbstständig; ***por*** *od* ***de su*** ~ ***y riesgo*** auf eigene Rechnung und Gefahr; *Am* aus dem Stegreif; ***sin*** ~ zahllos, unzählig ◇ ***abonar*** *od* ***acreditar en*** ~ auf dem Konto verbuchen, (einem Konto) gutschreiben; ***para abonar*** *od* ***acreditar en*** ~ zur Verrechnung *od* Gutschrift auf das Konto; ***abrir*** **(*cancelar*)** ***una*** ~ ein Konto eröffnen (löschen *od* auflösen; eine Rechnung begleichen); ***adeudar*** *od* ***cargar*** *od* ***poner en*** ~ ***a alg*** jmdm in Rechnung stellen, jmdn *od* jmds Konto belasten (*dir Obj* mit), abbuchen; ***ajustarle las*** ~***s a alg*** *übertr* mit jmdm abrechnen, es jmdm heimzahlen; ***anotar en la*** ~ ***deudora*** auf der Debet-Seite verbuchen; ***bloquear la*** ~ das Konto sperren; ***caí en la*** ~ ***de que*** ... ich merkte, dass ..., mir fiel auf, dass ...; mir fiel ein, dass ...; ***cerrar una*** ~ *Buchführung* ein Konto schließen; ***eso corre de*** *od* ***por mi*** ~ das geht auf meine Rechnung *od* Kosten; *übertr* das ist meine Sache; ***dar*** ~ *od* ***rendir*** ~**(*s*)** ***de*** *od* ***sobre algo*** über etw Bericht erstatten; Rechenschaft ablegen über etw; ***darse*** ~ ***de algo*** etw merken; ***debitar en*** ~ das Konto belasten (*dir Obj* mit); ***no dejar de tener en*** ~ nicht außer Acht lassen; ***echar*** ~***s*** Berechnungen machen *od* anstellen; abrechnen; **(*eso no*)** ***es*** ~ ***mía*** das ist meine Sache (das geht mich nichts an); ***establecerse*** *od* ***instalarse por su*** ~ sich selbstständig machen; ***girar a la*** ~ auf das Konto überweisen; ***ingresar en una*** ~ auf ein Konto einzahlen; ***llevar*** *od* ***manejar*** *od* ***mantener*** *od* ***tener*** ~***s*** Konten führen *od* haben; ***pagar a*** ~ anzahlen; ***pasar la*** ~ die Rechnung präsentieren *auch übertr*; ***pedir algo a*** ~ um etw Vorschuss bitten; ***pedir*** ~***s a alg*** jmdn zur Rechenschaft *od* Verantwortung ziehen; ***perder la*** ~ den Faden verlieren *sich nicht mehr erinnern od zurechtfinden*; ***rebasar*** *od* ***sobregirar una*** ~ ein Konto überziehen; ***retirar*** *od* ***sacar de la*** ~ vom Konto abheben; ***saldar la*** ~ die Rechnung begleichen; ***no le salió la*** ~ *übertr* seine *bzw* ihre Rechnung ging nicht auf, er *bzw* sie hatte sich verrechnet; ***tener*** *od* ***tomar en*** ~ berücksichtigen, beachten, in Betracht ziehen, bedenken; ***no tener que dar*** ~ ***a nadie*** niemandem rechenschaftspflichtig sein; ***lo tomó por su*** ~ er nahm es auf die eigene Kappe *er übernahm die Verantwortung*; ***trabajar por*** ~ ***propia*** selbstständig (*d.h. nicht im Angestelltenverhältnis*) arbeiten

cuentacorrentista *m(f)* Kontokorrentinhaber(in) *m(f)*

cuentagotas *m* MED Tropfglas *n*; Pipette *f*; ***con*** *od* ***por*** ~ *übertr* tröpfchen-, scheibchenweise; *iron* wohl dosiert

cuenta|imágenes *m* FILM, FOTO Bildzählwerk *n*; ~**kilómetros** *m* Kilometerzähler *m*; ~**rrevoluciones** *m*, ~**vueltas** *m* Tourenzähler *m*, Drehzahlmesser *m*

cuent|ear I *tr übertr jmdm* einen Bären aufbinden **II** *intr Chi übertr* klatschen, tratschen; ~**ero** *m* Schwätzer *m*; ~**ista** *m(f)* LIT Erzähler(in) *m(f)*; Novellenschreiber (-in) *m(f)*, -dichter(in) *m(f)*, Novellist(in) *m(f)*; Hochstapler(in) *m(f)*, Angeber(in) *m(f)*; Klatschmaul *n*

cuento *m* Erzählung *f*, (Kurz-)Geschichte *f*; Märchen *n auch verächtl übertr*; Novelle *f*; Schwank *m*; *übertr* Klatsch *m*; ~***s*** *Pl verächtl* Mumpitz *m*, Unsinn *m*; Gerede *n*; ~ ***colorado*** *od* ***picaresco*** *od* ***verde*** pikante Geschichte *f*; ~ ***de hadas***, ~ ***infantil*** Märchen *n*; ~ ***de horror*** Gruselgeschichte *f*; ~ ***de viejas*** Ammenmärchen *n* ◇ ***déjese Vd. de*** ~***s*** lassen Sie das Gerede!, zur Sache!; ***estar en el*** ~ dahinter gekommen sein; ***irse con el*** ~ ***a alg*** jmdm etw (brühwarm) erzählen; ***sabe su*** ~ *übertr verächtl* er *bzw* sie versteht sich darauf; ***son*** ~***s chinos para mí*** *übertr* das sind für mich böhmische Dörfer; ***todo eso son*** ~***s*** das ist alles Blödsinn!; ***no me vengas con*** ~***s*** *übertr*

C

erzähl mir bloß keine Märchen!; das kannst du einem anderen erzählen!; **(no) venir a ~** (un)gelegen kommen; (nicht) zur Sache gehören

cuerda *f* Strick *m*, Seil *n*; Leine *f*; Tau *n*; (Pack-)Schnur *f*; Bindfaden *m*; Saite *f*; ANAT, *Bogen*, MATH Sehne *f*; *Uhr* Feder *f*; Kette *f im Uhrwerk*; *Am ein Flächenmaß*; **~s** *Pl* Saiteninstrumente *n/Pl*; **~ de apertura** *Fallschirm* Reiß-, Zugleine *f*; **~ metálica** Draht *m*; MUS Stahlsaite *f*; **~ para tender ropa** Wäscheleine *f*; **~s vocales** Stimmbänder *n/Pl* ◇ **aflojar (apretar) la ~** *übertr* mildere (strengere) Saiten aufziehen; **bailar en la ~ floja** lavieren, einen Eiertanz aufführen *umg*; **dar(le) ~ (al reloj)** (die Uhr) aufziehen; **la ~ está tirante** die Lage ist gespannt; **pulsar las ~s (de un arpa)** die Saiten (einer Harfe) anschlagen; **ser de la misma ~** *übertr* vom gleichen Schlag sein, zur gleichen Sippschaft gehören; **tener ~** *Uhr* aufgezogen sein; **tener ~ para rato** noch lange andauern, sich noch lange hinziehen; **tirar de la ~** *jmdn* zügeln, zurückhalten; jmds Geduld missbrauchen; **tocar la ~ sensible** *übertr* den wunden Punkt berühren

cuerdo klug, gescheit, vernünftig

cuerna *f* Geweih *n*; Gehörn *n*

cuerno *m* ZOOL *u Substanz* Horn *n*; Jagd-, Waldhorn *n*; (äußerste) Spitze *f*; **~s** *Pl* Geweih *n*; *übertr* Hörner *m/Pl des betrogenen Ehemanns*; **♀ de Africa, ♀ Africano** Horn *n* von Afrika ◇ **no entender un ~ de u/c** von etw überhaupt nichts verstehen, von etw keine Ahnung haben; **todo se le ha ido al ~** *übertr* alles ist schief gelaufen *od* gegangen; **levantar** *od* **poner a alg hasta los ~s de la luna** jmdn über den grünen Klee loben; **llevar (los) ~s** Hörner tragen *Hahnrei sein*; **mandar al ~** *jmdn* zum Teufel jagen; **poner (los) ~s** *dem Ehemann* (die) Hörner aufsetzen

cuero *m* Leder *n auch übertr für Fußball*; (Tier-)Haut *f*; **~s** *Pl* (Roh-)Häute *f/Pl*; **~ artificial** *od* **imitado** Kunstleder *n*; **~ de becerro (cabra; cabritilla; cerdo; vaca** *od* **buey)** Kalbs-(Ziegen-; Chevreau-; Schweins-; Rinds)leder *n*; **~ cabelludo** Kopfhaut *f*; **en ~s** splitternackt

cuerpo *m* Körper *m auch* PHYS, GEOM, MASCH; Leib *m*; Rumpf *m*; Figur *f*, Gestalt *f*; Leichnam *m*; Haupt(bestand)teil *m*; Körperschaft *f*; MIL Korps *n*; CHEM Stoff *m*; Größe *f*, Masse *f*; Umfang *m*; *Kleid* Oberteil *n*; MASCH Gehäuse *n*; MAR Schiffskörper *m*, -rumpf *m*; **~ de abogados (~ facultativo; ~ de funcionarios)** Rechtsanwalt-(Ärzte-; Beamten)schaft *f*; **~ de baile** THEAT Corps *n* de Ballet, Ballettgruppe *f*; **~ de bienes** Gesamtvermögen *n*; **~ de bomberos** Feuerwehr *f*; Löschmannschaft *f*; **~ celeste** Himmelskörper *m*; **~ del delito** JUR Beweisstück *n*, Corpus *n* Delicti; **~ diplomático** diplomatisches Korps *n*; **~ docente (explosivo; extraño; sólido)** Lehr-(Spreng-; MED Fremd-; PHYS Fest)körper *m*; **~ de ejército (~ expedicionario)** Armee-(Expeditions)korps *n*; **~ de guardia** MIL Wachstube *f*; Wachmannschaft *f*, Wache *f*; MED Notdienst *m*, -aufnahme *f*; Bereitschaftsdienst *m*; **~ de la letra** TYP, INFORM Schriftgrad *m*; **~ de leyes** Gesetzessammlung *f*; **~ médico** Ärztekollegium *n*; **en ~ y alma** *übertr* mit Leib und Seele; **pegado al ~** *Kleidung* hauteng ◇ **dar ~ a u/c** verwirklichen; **hacer del ~** seine Notdurft verrichten; **no quedarse con nada en el ~** *umg* alles sagen, nichts verschweigen; **tomar ~** Gestalt annehmen; deutlich werden; **tratarle a alg a ~ de rey** jmdn fürstlich behandeln

cuervo *m* (Kolk-)Rabe *m* ◇ **tomar la del ~** sich aus dem Staube machen; *Sprichw* **~s con ~s no se sacan jamás los ojos** eine Krähe hackt der anderen kein Auge aus; *Sprichw* **cría ~s, y te sacarán los ojos** Undank ist der Welten Lohn

cuesta *f* (Ab-)Hang *m*; Berg *m*, Anhöhe *f*; VERK Steigung *f bzw* Gefälle *n*; **~ abajo (arriba)** bergab(-auf); **a ~s** auf dem Rücken; huckepack; *scherzh übertr* auf dem Buckel **(con sus setenta años a ~s)** ◇ **hacer ~** *Gelände, Straße* steil abfallen; abschüssig sein

cuestación *f* Wohltätigkeitssammlung *f*; Spendenaktion *f*

cuestión *f* Frage *f*, Problem *n*; Sache *f*, Angelegenheit *f*; **~ básica (clave; disputada; vital)** Grund-(*übertr* Schlüssel-; Streit-; Lebens)frage *f*; **en ~** fraglich, betreffend; **en ~ de** in der Angelegenheit *od* in Dingen des *od* der; **en ~ de 5 minutos** in etwa *od* ungefähr 5 Minuten; **por ~ de negocios** geschäftlich, *d.h. aus geschäftlichen Gründen* ◇ **entrar en ~** in Frage kommen; **eso es otra ~** das ist etwas anderes; **es ~ de** + *Inf* **...** es geht darum, zu ..., es gilt ..., man muss ...; **la ~ es que ...** es handelt sich darum, dass ...; **plantear la ~ de confianza** POL die Vertrauensfrage stellen; **poner en ~** *etw* in Frage stellen

cuestion|able fraglich, zweifelhaft, strittig; **~amiento** *m* Fragestellung *f*; Infragestellung *f*; Erörterung *f*

cuestionar *tr* erörtern; *etw* infrage stellen, anzweifeln; **~ a alg** jmdn befragen; **no puede ~se** es steht außer Frage

C

cuestionario *m* Fragebogen *m*; Fragenkatalog *m*
cueva *f* Höhle *f*, Grotte *f*; (Keller-)Gewölbe *n*; *Chi* Schwein *n Glück*; ***la ~ del león*** *übertr* die Höhle des Löwen ◇ ***tener más ~ que alma*** *Chi* mehr Glück als Verstand haben; *Sprichw* ***cae en la ~ el que a otro lleva a ella*** wer andern eine Grube gräbt, fällt selbst hinein
cuezo → ***cocer***
cuidado *m* Sorgfalt *f*; Sorge *f*; Wartung *f*, Pflege *f*; Besorgnis *f*, Angst *f*; Vorsicht *f*; Eifer *m*; ***~s*** *Pl* Fürsorge *f*, Pflege *f*, Betreuung *f*; ***¡~!*** Achtung!, Vorsicht!, aufgepasst!; ***¡~ con hablar!*** kein Wort mehr!; ***¡~ conmigo!*** nehmt euch in Acht vor mir!; ***~ de la imagen*** Imagepflege *f*; ***al ~ de*** per Adresse, zu Händen von; ***con*** (***sin***) ***~*** behutsam (unbesorgt; nachlässig; achtlos); ***libre de ~s*** sorglos ◇ ***lo dejo a su ~*** ich überlasse es Ihnen; ***poner ~ en*** Sorgfalt verwenden auf; ***tener ~*** aufpassen, Acht geben (***de, en*** auf *od* dass); vorsichtig sein; sich hüten (***de*** vor); sich vorsehen (***con*** bei, mit); Sorge tragen (***de*** für); ***tomar a su ~*** in seine Obhut nehmen; ***eso me trae sin ~*** das lässt mich kalt
cuidad|or I *Adj* äußerst *od* peinlichst bemüht *od* besorgt; aufmerksam **II** *m* SPORT Trainer *m*, Betreuer *m*; *Am* Aufseher *m*; -sicht (Führender *m*) *f*; (Haus-)Verwalter *m*; *Rpl* Krankenpfleger *m*; ***~ora*** *f* PÄD Hortnerin *f*; *Méx* Kindermädchen *n*; ***~oso*** sorgfältig; rücksichtsvoll (***con, para con*** zu, gegenüber)
cuid|ar I *tr* pflegen *auch Kleidung*, warten, versorgen; *für jmdn od etw* sorgen; betreuen, behandeln *auch* MED; *Haushalt* führen; aufbewahren; *Tiere* hüten; *z.B. Natur* schützen **II** *intr* sorgen (***a, de*** für), sich kümmern (***a, de*** um), betreuen (***a, de*** *Akk*); Acht geben (***de*** auf *od* dass...), sich in Acht nehmen (***de*** dass); ***~arse*** sich pflegen; sich schonen; sich in Acht nehmen *od* sich hüten (***de*** vor); sich scheren (*d.h.* kümmern) (***de*** um); ***¡cuídese Vd.!*** schonen Sie sich!; ***¡cuídate de meterte en este asunto!*** misch dich bloß nicht in die Angelegenheit ein! ***~o*** *m* Sorge *f*, Pflege *f von Sachen*
culat|a *f* (Gewehr-)Kolben *m*; TECH Zylinderkopf *m*; ***~azo*** *m* Kolbenhieb *m*; *Gewehr* Rückstoß *m*
culebr|a *f* Schlange *f*; TECH Kühl-, Heizschlange *f*; ***~ear*** *intr* sich schlängeln; im Zickzack gehen *bzw* fahren; *Betrunkener* torkeln; ***~eo*** *m* Schlängeln *n*
culebrón *m* große Schlange *f*; gerissener Kerl *m*; TV *verächtl* Seifenoper *f*, Soap *f* *umg*; ***~ de verano, ~ veraniego*** Sommertheater *n Skandalmeldungen als Ersatz für seriöse Nachrichten aus* POL *u* WIRTSCH *während der Sommerpause*
culero *m umg* Nachzügler *m*, Bummelant *m*, *übertr* Schlusslicht *n*
culinario kulinarisch; *in einigen Zus* Koch-
culito *m Dim von* → ***culo***, Popo *m*; Schlückchen *n Wein, Schnaps*
culmin|ación *f* Höhepunkt *m*; Beendigung *f*, Fertigstellung *f*; *Wunsch* Erfüllung *f*; ***~ante*** überragend; → ***punto***; ***~ar*** *intr übertr* den Höhepunkt erreichen (***con*** mit), gipfeln (***con*** in)
culo *m vulg* Hintern *m*, Po(po) *m umg*, Arsch *m*; *Gefäß* Boden *m* ◇ ***besarle el ~ a alg*** *vulg übertr* jmdm in den Hintern kriechen; ***caer de ~*** auf den Hintern fallen; ***dejar a alg con el ~ en el aire*** jmdn (in der Patsche) sitzen lassen; ***enseñar el ~*** ausreißen *sich feige zurückziehen*; ***ser ~ de mal asiento*** kein Sitzfleisch haben
culombio *m* EL Coulomb *n*
culpa *f* Schuld *f*; Verschulden *n*; *übertr* Fehler *m*; Fahrlässigkeit *f*; ***~ contractual*** Vertragsbruch *m*; ***~ grave*** (***leve***) grobe (leichte) Fahrlässigkeit *f*; ***por ~ de ...*** durch Schuld des ..., wegen ... ◇ ***echar la ~ a alg*** jmdm die Schuld geben; die Schuld auf jmdn schieben; (***no***) ***es ~ suya*** er *bzw* sie ist daran schuld (es ist nicht seine *bzw* ihre Schuld, er *bzw* sie kann nichts dafür); ***tener la ~*** schuld sein (***de*** an), *etw* verschulden
culpabili|dad *f* Strafbarkeit *f*; JUR Schuld *f*; Verschulden *n*; ***~zación*** *f* Beschuldigung *f*; ***~zar*** ⟨-z/c-⟩ *tr* beschuldigen; *jmdm* die Schuld zuschieben
culpable I *Adj* schuldig; strafbar; straffällig ◇ ***hacerse ~*** Schuld auf sich laden; Schuld haben (***de*** an); sich schuldig machen (***de*** Gen); ***ser hallado ~*** für schuldig befunden werden **II** *m* Schuldiger *m*
culp|ado schuldig; ***~ar*** *tr* beschuldigen; die Schuld geben (***de*** für); anklagen; zur Last legen (***a alg de algo*** jmdm etw); ***~oso*** JUR fahrlässig; schuldhaft
culti|parlar *intr* geschraubt *od* schwülstig (daher)reden; ***~parlista*** *m(f) verächtl* Schönredner(in) *m(f)*
cultiv|able anbaufähig; urbar; Acker-; ***~ador*** *m* Züchter *m*; LANDW *Gerät* Kultivator *m*; Förderer *m z.B. der Künste od Wissenschaft*; ***~ar*** *tr* LANDW an-, bebauen, bestellen; *Pflanzen* ziehen; *Bakterien, Pflanzen* züchten; (an)pflanzen; bilden, vervollkommnen; *Sprache, Sitten* (aus)bilden; *Freundschaft, Umgang* pflegen; *z.B. Künste* (be)treiben; ***~o*** *m* LANDW

C

Anbau *m*; Bebauung *f*; *Mikrobiologie, Pflanzen* Kultur *f*, Züchtung *f*; (Auf-)Zucht *f*; *Sprache, Sitten* Ausbildung *f*, Pflege *f*

culto I *Adj* gebildet, kultiviert; *Sprache* gehoben **II** *m* Kult *m*; Religion *f*; Religionsausübung *f*; Gottesdienst *m*; **~ *a la personalidad*** Personenkult *m*

cultura *f* Kultur *f auch* LANDW; Bildung(sgrad *m*) *f*; **~ *alimentaria*** Essgewohnheiten *f*/*Pl*, -kultur *f*; **~ *física* (*pop*)** Körper-(Pop)-kultur *f*; **~ *general*** Allgemeinbildung *f*; ***de escasa* (*gran*) ~** ungebildet (sehr gebildet) ◇ ***tener* ~** gebildet sein

cultur|al kulturell, Kultur-; Bildungs-; **~ismo** *m* Bodybuilding *n*; **~ista** *m*(*f*) Bodybuilder(in) *m*(*f*); **~ología** *f* Kulturwissenschaft *f als Lehrfach*

cumbre *f Berg u übertr* Gipfel *m*; Gipfeltreffen *n*, -konferenz *f*; **~ *del clima*** Weltklimagipfel *m*; **~ *económica mundial*** Weltwirtschaftsgipfel *m*; **~ (*euro*)*comunitaria*** EU-Gipfel *m*

cumbrera *f* Dachfirst *m*

cumpa *m Am umg* Kumpel *m*, Freund *m*; *AmS* Pate *m*

cúmplase *Vermerk auf Dokumenten* genehmigt

cumpleaños *m* Geburtstag *m*

cumplido I *Adj* vollkommen, -ständig; vollendet; reichlich; höflich; *Antwort* gehörig, -bührend ◇ ***tengo 50 años* ~s** ich bin (volle) 50 Jahre alt **II** *m* Höflichkeit *f*; Aufmerksamkeit *f*; Kompliment *n*; Glückwunsch *m*; Erledigungsvermerk *m*; **~s** *Pl* Umstände *m*/*Pl Förmlichkeiten, Mühen*; ***por* ~** aus Höflichkeit; ***sin* ~s** ohne Umstände; frei von der Leber weg *umg*, offen, frei heraus ◇ ***no gastar* ~s** sich keine Umstände machen, nicht viel Federlesens machen

cumpli|dor I *Adj* zuverlässig, gewissenhaft **II** *m* gewissenhafter *od* pflichtbewusster *od* zuverlässiger Mensch *m*; einer, der Wort hält; **~mentación** *f* Begrüßung *f*; → ***cumplimiento***; **~mentar** *tr Befehl* ausführen, vollziehen; *etw* erledigen; *Urteil* vollstrecken; begrüßen; beglückwünschen; *einer Einladung* Folge leisten; *Fragebogen* ausfüllen

cumplimiento *m* Vollzug *m*, Ausführung *f eines Befehls*; Erfüllung *f*; Erledigung *f*; *Vertrag, Versprechen* Einhaltung *f*, -lösung *f*; *Strafe* Verbüßung *f*; Vollendung *f*; Kompliment *n*; *Gesetz* Befolgung *f*; **~ *parcial*** Teilerfüllung *f*; **~ *de acuerdo a los plazos fijados*** termingerechte Erfüllung *f*; ***en* ~** in Einhaltung (***de*** von *od* Gen); ***por* ~** der Form halber, aus Höflichkeit

cumplir I *tr* erfüllen; *Befehl* vollziehen, ausführen; *Urteil* vollstrecken; erledigen; beenden; vollenden; realisieren, verwirklichen; *z.B. Wunsch* befriedigen; *Gesetz* befolgen; *Vertrag* einhalten; *Strafe* verbüßen, absitzen *umg*; *Dienstzeit* ableisten; ***cumplió 30 años*** er wurde 30 Jahre alt **II** *intr* seiner Pflicht nachkommen, seine Pflicht tun (***con alg*** gegenüber jmdm); *Versprechen* (ein)halten, einlösen (***con*** *Akk*); *Frist* zu Ende gehen, ablaufen; *Bescheinigung, Wechsel* verfallen; ***me cumple decirle*** ich muss Ihnen sagen; **~se** *Wunsch* in Erfüllung gehen; sich vollenden; *Frist* ablaufen

cúmulo *m* Haufen *m* (*Dinge*); Menge *f* (*Sachen*); Kumuluswolke *f*

cuna *f* Wiege *f auch übertr*; Abstammung *f*; ***de* ~ *humilde*** aus einfacher Familie (stammend)

cundir *intr* sich ausbreiten; *Nachricht, Gerücht* sich verbreiten; (***no***) **~** *Arbeit* (nicht) gut von der Hand gehen

cuneta *f* Straßengraben *m* ◇ ***dejarle a alg en la* ~** *übertr* jmdn überrunden *od* überholen; jmdn in der Patsche sitzen lassen

cuña *f* Keil *m*; **~ *de altas presiones*** MET Hochdruckkeil *m*; **~ (*publicitaria*)** RADIO, TV Werbespot *m* ◇ ***meter una* ~ (*entre dos personas*)** *übertr* (zwei Personen) auseinander bringen; ***tener* ~s** *od* ***una* ~** gute Beziehungen *zu einer einflussreichen Person* haben

cuñad|a *f* Schwägerin *f*; **~o** Schwager *m*

cuño *m* Prägestempel *m für Münzen*; Gepräge *n*; ***de nuevo* ~** (ganz) neu; *übertr* neuer Prägung, neu geprägt

cuociente *m* → ***cociente***

cuota *f* Quote *f*; (An-)Teil *m*; Rate *f auch* HDL; Betrag *m*; Höhe *f eines Betrags*; (Mitglieds-)Beitrag *m*; Beitragssatz *m*; Unkostenbeitrag *m*; Gebühr *f*; **~ *de abono*, ~ *mensual*** TEL (monatliche) Grundgebühr *f*; **~ *de amortización*** Tilgungsquote *f*, Abschreibungsbetrag *m*; **~ *de conexión*** TEL Anschlussgebühr *f*; **~ *de crecimiento*** Wachstums-, Zuwachsrate *f*; **~ *del empleado* (*patrono*, ~ *patronal*)** Arbeitnehmer-(Arbeitgeber)anteil *m*; **~ *de inscripción*** Teilnahme-, Einschreibgebühr *f*; **~ *de mercado*** Marktanteil *m*; **~ *de pantalla*** TV *od* ***sintonía*** RADIO, TV Einschaltquote *f*; **~s *a la Seguridad Social*, ~s *del seguro social*** Sozialversicherungsbeiträge *m*/*Pl*; **~ *de*(*l*) *seguro*** Versicherungsbeitrag *m*; **~s *tributarias*** Steuerbeträge *m*/*Pl* ◇ ***abonar*** *od* ***pagar su* ~** seinen *bzw* ihren Beitrag (be)zahlen; ***mantener su* ~ *de mercado*** seinen *bzw* ihren Marktanteil halten

cupe → ***caber***
cupl|é *m* Couplet *n*, (volkstümliches *od* scherzhaftes) Lied *n*; **~etista** *m(f)* Schlager-, Chansonsänger(in) *m(f)*
cupo *m* Anteil *m*, Quote *f*; Kontingent *n auch* MIL; Zulassungskontingent *n an Universitäten*; verfügbare Plätze *m/Pl z.B. im Flugzeug bzw* Zimmer *n/Pl z.B. im Hotel*; *Am* Fassungsvermögen *n*, Kapazität *f*; ***~ de importación*** Einfuhrkontingent *n*
cupón *m* Kupon *m*, Abschnitt *m*; Schein *m*; *Lotterie* Los *n*; ***~ de pedido*** Bestellschein *m*; ***~-respuesta*** POST Rückantwortschein *m*
cúprico kupfern; Kupfer-
cúpula *f* ARCH Kuppel *f*; ***~*** (***dirigente*** *od* ***política***) POL (Führungs-)Spitze *f z.B. einer Partei*; ***~ eclesial*** oberste Kirchenleitung *f*
cuquillo *m* → ***cuclillo***
cura[1] *m* Geistlicher *m*; Pfarrer *m*; Priester *m*; **~s** *Pl verächtl* Pfaffen *m/Pl*
cura[2] *f* MED Kur *f*; Heilung *f*; Behandlung *f*; *Cu* Pflaster *n für Wunden*; *Am reg* Schwips *m*, Rausch *m*; ***~ de adelgazamiento*** Abmagerungs-, Schlankheitskur *f*; ***~ de almas*** Seelsorge *f*; ***~ antialcohólica*** (***~ de desintoxicación***) Entziehungskur *f für Alkoholiker* (*für Drogenabhängige*); ***~ de burro*** *od* ***caballo(s)*** *übertr* Pferde-, Rosskur *f*; ***~ de cama*** *od* ***reposo*** (***recuperación***) Liege-(Genesungs)kur *f*; ***~ suplementaria*** (***terapéutica***; ***termal***) Nach-(Heil-; Bade-)kur *f* ◇ ***eso no tiene ~*** da ist nichts mehr zu machen *das ist unheilbar*
cur|able heilbar; **~ación** *f* Heilung *f*, Genesung *f*
Curaçao *m* → ***Curasao***
cur|ado *übertr* abgehärtet; heil; *Am reg* betrunken; **~ador** *m*, **~adora** *f* JUR Pfleger(in) *m(f)*, Fürsorger(in) *m(f)*; **~aduría** *f* Pflegschaft *f*; **~alotodo** *m umg* Allheilmittel *n*
curand|erismo *m* Kurpfuscherei *f*; **~ero** *m* Kurpfuscher *m*, Quacksalber *m*; *Naturvölker* Medizinmann *m*
curar **I** *tr* (ärztlich) behandeln; pflegen; heilen; *Wunde* verbinden; *Fleisch*, *Fisch* einsalzen *od* räuchern *od* pökeln **II** *intr* genesen, gesund werden; heilen; **~se** geheilt werden, genesen; sich einer Behandlung unterziehen; *Am reg* sich betrinken
curare *m* Kurare *n Pfeilgift*
curasao *m Likör* Curaçao *m*; ♎ *m* GEOGR Curaçao *n*
curat|ela *f* JUR Pflegschaft *f*; **~ivo** heilend, Heil-; Kur-
curato *m* Pfarramt *n*
curazao *m*, **Curazao** *m* → ***curasao***, ***Curasao***
curazoleño **I** *Adj* aus Curaçao **II** *m* Bewohner *m* von Curaçao
curda **I** *f* Schwips *m*, Rausch *m* **II** *m* Schluckspecht *m Säufer* ◇ ***estar ~*** blau *od* besoffen sein
Curdistán *m*, **curdo** → ***Kurdistán***, ***kurdo***
curia *f* Kurie *f*; **~lesco** kurial; Gerichts-; *verächtl* Kanzlei-, Amts- (***estilo ~***)
curie *m* PHYS Curie *n*
curiosear **I** *intr* neugierig sein; herumschnüffeln *bzw* -stöbern; einen Schaufensterbummel machen **II** *tr* neugierig betrachten; *z.B. in einem Buch* blättern
curiosidad *f* Neugier(de) *f*; Wissbegier(de) *f*; Sehenswürdigkeit *f*; Merkwürdigkeit *f*; Kuriosität *f*; Seltenheit *f*, Rarität *f*; Kuriosum *n*; ***por ~*** aus Neugier(de) ◇ ***me picó la ~*** mich packte die Neugier
curioso **I** *Adj* neugierig; wissbegierig; sehenswürdig; merkwürdig, sonderbar, eigenartig, seltsam ◇ ***estoy ~ por saber si ...*** ich möchte gerne wissen, ob ... **II** *m* Neugieriger *m*; Schaulustiger *m*, Gaffer *m umg*
curr|ante *m Esp umg verächtl* Prolet *m*; **~ar** *intr Esp* schuften *hart arbeiten*; **~e** *m*, **~elo** *m Esp* Schufterei *f*, Knochenarbeit *f*
currícul|o *m* Lehrplan *m*, Curriculum *n*; *geschriebener* Lebenslauf *m*; **~um** (**vitae**) *m* ⟨*Pl* ***currícula***⟩ *geschriebener* Lebenslauf *m*
curro *m Esp* Job *m Arbeit(sstelle)*
curry *m* Curry *m,n*
curs|ado bewandert, geübt (***en*** in); **~ante** *m* Kurs-, Lehrgangsteilnehmer *m*, Kursant *m*; **~ar** *tr Schule*, *Universität*, *Vorlesung* besuchen; *Fach*, *Wissenschaft* studieren; *Kurs* absolvieren; *Ort usw* häufig aufsuchen; VERW weiterleiten; POL *Note* zuleiten; *Bericht* in Umlauf setzen; *Telegramm* aufgeben; *Auftrag* erteilen
curs|ería *f* → ***~ilería***; **~i** **I** *Adj* kitschig, geschmacklos; affig **II** *m* Laffe *m*, Lackaffe *m Geck* **III** *f* Zierpuppe *f*; **~ilería** *f* vornehmes Getue *n*; Kitsch *m*, Talmi *n*
cursillista *m(f)* Teilnehmer(in) *m(f)* an einem (Kurz-)Lehrgang; → ***cursista***
cursillo *m* (Kurz-)Lehrgang *m*, Kurs *m*; ***~ acelerado*** Schnell-, Crashkurs *m*; ***~ de capacitación*** (***formación***; ***perfeccionamiento***; ***refresco***) Fort-, Weiterbildungs-(Schulungs-; Qualifizierungs-; Auffrischungs)-kurs *m*
curs|ista *m(f)* Kurs-, Lehrgangsteilnehmer (-in) *m(f)*; **~iva**(**s** *Pl*) *f* Kursivschrift *f*; **~ivo** TYP kursiv
curso *m übertr* Bahn *f auch Gestirne*, Richtung *f*; Strömung *f*; (Wasser-, Fluss-)Lauf *m*; *Kurve u übertr* Verlauf *m*; *übertr* Weg *m*, Lauf *m*, Gang *m*; FIN Umlauf *m*;

Kurs(us) *m*, Lehrgang *m*; Vorlesung *f*; Seminar *n*, Übung *f*; Schuljahr *n*; Studienjahr *n*; Semester *n*; Lehrjahr *n*; *Esp* Klasse *f Schuljahr*; **~ acelerado (intensivo)** Schnell-(Intensiv)kurs *m*; **~ de actualización** *Méx od* **perfeccionamiento** *od Cu* **superación** Weiter-, Fortbildungskurs *m*; **~ alto** *od* **superior (bajo** *od* **inferior)** *Fluss* Ober-(Unter)lauf *m*; **~ por correspondencia, ~ a distancia** Fernkurs *m bzw* -studium *n*; **~ elemental, ~ para principiantes** Anfängerkurs *m*; **~ de idiomas** Sprachlehrgang *m*; **~ magistral** KUNST Meisterklasse *f*; **~ preparatorio** Vorbereitungslehrgang *m*; **~ de reconversión profesional** Umschulungskurs *m*; **~ televisivo** Telekolleg *n*; **~ de vacaciones (verano)** Ferien-(Sommer)-kurs *m*; **en ~** *Monat, Jahr* laufend; FIN, HDL im Umlauf ◇ **dar ~ a u/c** etw in Gang setzen *vorantreiben*; **dar ~ (a la botella)** (die Flasche) herumgehen lassen *od* herumreichen; **dar ~ (a una solicitud)** (ein Gesuch) weiterleiten; **estar en ~ de construcción** im Bau sein; **impartir ~s** Kurse leiten (*d.h.* erteilen)

cursor *m* INFORM Cursor *m*

curt|ido I *Adj Haut* gegerbt *auch vom Wetter*; erfahren, bewandert (**en** in); abgehärtet; (sonnen)gebräunt **II** *m* Gerben *n*; **~idor** Gerber *m*; **~ir** *tr Felle u übertr* gerben; *Haut* bräunen; *übertr* abhärten

curul *m Am* Sitz *m im Parlament*

curva *f* Kurve *f*; Krümmung *f*, Bogen *m*; **~s** *Pl übertr* Kurven *f/Pl einer Frau*; **~ a la derecha (izquierda)** VERK Rechts-(Links)kurve *f*; **~ de la fiebre** Fieberkurve *f*; **~ de ventas** HDL Absatzdiagramm *n* ◇ **tomar una ~** VERK eine Kurve nehmen

curv|ado gekrümmt; geschweift; Rund-; **~ar** *tr bes* TECH biegen, krümmen; **~atura** *f* Krümmung *f*; **~ígrafo** *m* Kurvenlineal *n*; **~o** krumm, gebogen; rund; geschwungen

cusca *f Méx* leichtes Mädchen *n* ◇ **hacer la ~ a alg** *Esp umg* jmdm das Leben schwer machen, jmdn ärgern; *übertr* jmdn auf die Palme bringen

cúspide *f* (Berg-)Spitze *f*, Gipfel *m auch übertr*; POL Führungsspitze *f*

custodia *f* Wache *f*; Aufbewahrung *f*; Haft *f*; Gewahrsam *m*; Obhut *f*; Bewachung *f*; Monstranz *f*; *Chi* EISENB, FLUGW Gepäckaufbewahrung *f*; **~ (de los hijos)** Sorgerecht *n*; **bajo ~** in Gewahrsam ◇ **dar en ~** in Verwahrung geben

custodiar *tr* aufbewahren; verwahren; bewachen; wachen über

custidio *m* **I** *Adj* Schutz- (**ángel ~**) **II** *m* Hüter *m*, Wächter *m*; Kustos *m*; *übertr* Sachwalter *m*

cúter *m* Fischerboot *n*, Kutter *m*

cutis *m* (*bes* Gesichts-)Haut *f*

cutre I *Adj* knickerig, geizig; *z.B. Lokal* halbseiden, mies **II** *m* Geizhals *m*, -kragen *m*

cuy *m AmS* Meerschweinchen *n*

cuya, **cuyo** *Rel Adj* deren, dessen

CV *m* (*Abk für* **caballo de vapor**) PS *f*

czardas *f Tanz* Csárdás *m*

D

d, D *f* d, D *n*

D (*Abk für* **domingo**) So.

D. *Abk für* **Don**; → **don**

Dª *od* **Da.** *Abk für* **Doña**; → **doña**

dable tunlich; durchführbar ◇ **no es ~ a nosotros** es ist uns nicht gegeben

dación *f* JUR Abtretung *f*, Hergabe *f*

dactil|ógrafa *f* Maschinenschreiberin *f*; **~ografía** *f* Maschinenschreiben *n*; **~ografiar** ⟨-ío⟩ *tr/intr* mit der Maschine schreiben; **~ográfico** maschinenschriftlich; **~ógrafo** *m* Maschinenschreiber *m*

dactilo|logía *f* Fingersprache *f*; **~scopia** *f* Daktyloskopie *f*; **~scópico** daktyloskopisch

dádiva *f* Gabe *f*; Spende *f*; Geschenk *n*

dadivos|idad *f* Freigiebigkeit *f*; **~o** freigebig, -giebig

dado[1] *m* Würfel *m* ◇ **cortar a ~s** in Würfel schneiden; **echar** *od* **tirar los ~s, jugar a (los) ~s** würfeln; **conforme diere el ~** (so) wie es sich gerade ergibt

dado[2] ergeben; vergönnt; **~** + *Subst* in Anbetracht + *Subst*; angesichts + *Subst*; aufgrund + *Subst*; **~ que** + *Ind* da, weil; **~ que** + *subj* falls; **~ que sea así ...** angenommen, es verhält sich so ...; **era muy ~** es war üblich

dador *m* Geber *m*; Überbringer *m*; *Wechsel* Aussteller *m*

daga *f* Dolch *m*

Dalai Lama *m* REL Dalai Lama *m*

dale → **dar**; **¡~ (fuerte)!** gib ihm Saures!; **¡~, ~!** weiter, weiter!

dalia *f* Dahlie *f*
Dalmacia *f* Dalmatien *n*
dálmata I *Adj* dalmatinisch **II** *m* Dalmatiner *m*
daltonismo *m* Farbenblindheit *f*
dama¹ *f* Dame *f auch Brettspiele*, KART; Geliebte *f*; **~s** *Pl* Damespiel *n*; **~ joven** THEAT jugendliche Liebhaberin *f*; **primera ~** Hauptdarstellerin *f*; Primaballerina *f*; First Lady *f*
damajuana *f* Korbflasche *f*; (Glas-)Ballon *m*
damas|ceno I *Adj* Damaszener; damaszenisch **II** *m* Damaszener *m*; **~co** *m* Damast *m*; *Am* Aprikose *f*; Aprikosenbaum *m*; **Ωco** *m* Damaskus *n*; **~ina** *f* Halbdamast *m*; **~quinar** *tr* tauschieren
damero *m* Damebrett *n*
damnificado I *Adj* geschädigt; beschädigt **II** *m* Geschädigter *m*, Opfer *n*; **~ de guerra** (**por las inundaciones**) Kriegs-(Hochwasser)geschädigter *m*
damnificar ⟨-c/qu-⟩ *tr* schädigen, Schaden zufügen; beschädigen
danés I *Adj* dänisch **II** *m* Däne *m*; das Dänische
dantesco dantisch; Dante-; dantesk
danubiano Donau-
Danubio *m* Donau *f*
danza *f* Tanz *m*; Tanzen *n*; Tanzkunst *f*; **~ sobre hielo** Eistanz *m*; **~ macabra** (**del vientre**) Toten-(Bauch)tanz *m* ◇ **armar una ~** eine Rauferei vom Zaun brechen; **estar siempre en ~** immer auf Achse sein; **meter a alg en la ~** jmdn in eine nicht ganz astreine Angelegenheit verwickeln
danz|ador tanzend; **~ante I** *Adj* Tanz- **II** *m* Tänzer *m*; Angeber *m*, Schaumschläger *m*; **~ar** ⟨-z/c-⟩ *tr*/*intr* tanzen; herumhüpfen; sich bewegen; mitmischen (**en, entre** bei); **~arín I** *Adj* tanzfreudig **II** *m* Tänzer *m von Beruf*; Leichtfuß *m*; **~ario** tänzerisch; Tanz-
dañ|ado schlecht; tückisch; verdorben; beschädigt; *Obst* wurmstichig; *Col* homosexuell; **~ar** *tr* schaden; schädigen; beschädigen; verderben; **~arse** verderben; Schaden nehmen
dañino Schad-; schädlich
daño *m* Schaden *m*; Verletzung *f*; Beschädigung *f*; Verlust *m*; **~ ambiental** *od* **ecológico** Umweltschaden *m*; **~ colateral** (**corporal** *od* **físico**) Kollateral-(Personen)-schaden *m*; **~ por incendio** Feuerschaden *m*; **~ material** Sachschaden *m*; KFZ Blechschaden *m*; **~ de transporte** Transportschaden *m*; **a ~ de alg** zu jmds Lasten ◇ **causar** *od* **hacer ~** Schaden verursachen *od* anrichten; Schaden zufügen; **denunciar** (**sufrir**) **un ~** einen Schaden melden (erleiden); **hacerse ~** sich verletzen; sich wehtun; **pedir ~s y perjuicios** Schadenersatz fordern
dañoso schädlich; nachteilig
dar ⟨*unreg*⟩ **I** *tr*/*intr* geben; abgeben; hergeben; verabreichen; gewähren; schenken; eingeben; Bedeutung beimessen; *Ekel* erregen; *Gewinn* bringen; *Quittung* ausstellen; *Früchte* tragen; *Amt* übertragen; *Vortrag* halten; *Antrag* erteilen; *am Unterricht* teilnehmen; *Spaziergang* machen; *Glückwünsche* aussprechen; *Sprechstunde* abhalten; *Film* zeigen, bringen; *Angst* haben; **~ de beber** *jmdm* zu trinken geben; *Vieh* tränken; **~ de comer** *jmdm* zu essen geben; *Vieh* füttern; **~ a conocer** bekannt geben; **~ a entender** zu verstehen geben; **a mal ~** wenigstens; **ahí me las dan todas** das geht mich nichts an; das ist mir alles gleich!; **me da igual** *od* **lo mismo** das ist mir gleich; **no da una** er macht alles verkehrt; **~ por concluido** als abgeschlossen erklären; als beendet betrachten; **~ por perdido** *etw od jmdn* aufgeben *od* als verloren erachten; **~ que decir** zur Widerrede herausfordern; **~ que hacer** Arbeit machen; **¡qué más da!** was liegt schon daran! **II** *intr* **~ a** *Fenster, Zimmer zur Straße* hinausgehen *od* hin liegen; **~ con** treffen *od* stoßen auf; *etw od jmdn* finden *od* treffen; zusammenstoßen mit; **~ con ello** darauf kommen; **~ contra** stoßen an; **~ de** *Prügel* verabreichen; **~ de más** dazugeben; zu viel geben; **~ de sí** leisten; *Leder, Stoff* sich weiten; **~ en** stoßen *od* treffen auf; fallen auf *od* in; führen in; **~ en** + *Inf* darauf verfallen, zu + *Inf*; **~ para** ausreichen(d sein) für; **no da para más** zu mehr reicht's nicht; **~le a uno por** + *Inf od Subst* auf etw erpicht sein; **~ sobre** hauen auf; auf *jmdn* einschlagen; **~ tras** hinter *etw od jmdm* her sein; **~se** geschehen; vorkommen; gedeihen; sich ergeben; *Konferenz* stattfinden; **se me da muy bien** es fällt mir nicht schwer; **no se le da** es fällt ihm schwer; **~se a** sich widmen; sich hingeben; **~se a** + *Inf* darauf verfallen, zu + *Inf*; **dársela a/u** jmdn an der Nase herumführen; **~se uno a buenas** klein beigeben; **~se a conocer** sich zu erkennen geben; Farbe bekennen; sich bekannt machen; **~se a ver** sich sehen lassen; **dárselas de** sich aufspielen als; sich hinstellen als; **dárselas de tanto** angeben, protzen; **dársele poco a alg** jmdm wenig ausmachen; **~se por aludido** sich betroffen fühlen; **~se por vencido** sich ergeben; **tanto se me da** das ist mir egal **III** *m* Geben *n*; **~es** *Pl* **y tomares** Geben *n* und Nehmen;

Wortwechsel *m* ◇ ***andar en ~es y tomares*** streiten

Dardanelos *m/Pl* Dardanellen *Pl*

dardo *m* Speer *m*; Spieß *m*; Dart *m*, Wurfpfeil *m*; ARCH Pfeilspitzenornament *n*; Stich(elei *f*) *m bissige Bemerkung*; ***~ de llama*** Stichflamme *f*

dársena *f* Hafenbecken *n*; Dock *n*

darvin|ismo *m* Darwinismus *m*; **~ista I** *Adj* darwinistisch **II** *m* Darwinist *m*

dátil *m* Dattel *f*

dat|a *f* Datum *n in Schriftstücken*; **~ación** *f* Altersbestimmung *f*; Datierung *f*; **~ador** *m* Datumsstempel *m*; **~ar I** *tr* datieren **II** *intr temporal* zurückgehen (***de*** auf); herrühren, stammen (***de*** aus)

datilera *f* Dattelpalme *f*

dativo *m* Dativ *m*

dato *m* Angabe *f*; Beleg *m*, Dokument *n*; **~s** *Pl* Angaben *f/Pl*, Daten *Pl*; INFORM Daten(bestand *m*) *Pl*; ***~s estadísticos*** (***numéricos***) statistische (numerische) Daten *Pl*; ***~s fijos*** INFORM Stammdaten *Pl*; ***~s filiatorios*** *od* ***personales*** Personalien *Pl*, Angaben *f/Pl* zur Person; ***~s técnicos*** technische Daten *Pl* ◇ ***almacenar*** (***guardar***) ***~s*** INFORM Daten (ab)speichern (sichern); ***introducir*** (***teclear***) ***~s*** Daten eingeben *od* erfassen (eintippen); ***procesar*** *od* ***tratar ~s*** Daten verarbeiten; ***recoger ~s*** Angaben einholen

d.C. (*Abk für* ***después de Cristo***) n.Chr.

dcha., **Dcha.** (*Abk für* ***a*** *od* ***por la derecha***) r., → ***derecha***

dcho. *Abk für* ***derecho***

DDP (*Abk für englisch* ***delivered duty paid*** *spanisch* ***libre de derechos***) verzollt geliefert

D.D.T. *m* CHEM DDT *n*

DDU (*Abk für englisch* ***delivered duty unpaid*** *spanisch* ***derechos aduaneros a cargo del comprador***) unverzollt geliefert

de *Präp Besitz, Zugehörigkeit* von (***~ mis padres***); *Ursprung, Abstammung, Herkunft* aus (***~ Grecia***); von (***~ allí***); *Art u Weise* auf (***caer ~ espaldas***); *nähere Angaben* mit (***la muchacha ~ los ojos azules***); von (***un hombre ~ carácter***); *als Verbindungsglied mehrgliedriger lexikalischer Einheiten zur Wiedergabe deutscher Komposita* (***asilo ~ ciegos***; ***máquina ~ escribir***); *zur Erweiterung des Inf* zu (***este dispositivo es fácil ~ manejar***; ***le dieron ~ beber***); *Schlussfolgerung* aus (***~ lo dicho se infiere***); *partitive Verwendung* von (***uno ~ ellos***); *Zweck, Inhalt* von *od* über (***hablar ~ política***); über (***manual ~ física***); um (***Ana se ocupa ~ él***); *Grund, Ursache* vor (***temblar ~ frío***); an (***padecer ~ hipertensión***); über (***quejarse ~ ella***); wegen (***vengarse ~ un agravio***); aus (***~ pura envidia***); *Richtung* nach (***la carretera ~ Córdoba***); zu (***camino ~ la feria***); *Tätigkeit, Beruf* als (***trabajar ~ intérprete***); *in erstarrten Fügungen in appositiver u attributiver Verwendung* (*wobei im Deutschen meist keine Präp steht*): ***dar ~ bofetadas*** *jmdn* ohrfeigen; ***el 31 ~ diciembre*** am 31. Dezember; ***el año*** (***~***) ***1988*** im Jahre 1988; ***la isla ~ Cuba*** die Insel Kuba; ***la calle ~ Alcalá*** die Alcalá-Straße; *bei Interj* ***¡pobre ~ mí!*** ich Ärmster!; *zur Verstärkung* ***el tonto ~ marido*** dieser Dussel von einem Ehemann; *bei Verehelichung* ***Mercedes Rodríguez ~ Castillo*** Mercedes Rodríguez verehelichte Castillo; *zur Bildung von Adv*: *temporal* ***~ noche*** bei Nacht, nachts(über); ***~ ayer*** gestrig, von gestern; *lokal* ***~ este lado*** von *od* auf dieser Seite; *modal* ***~ pie*** stehend; *konditional* ***~ ser así*** wenn dem so ist; *im Passiv* ***querido ~*** *od* ***por muchos*** von vielen geliebt; *nach* → ***deber*** *u* → ***haber***, *um eine Verpflichtung auszudrücken*; ***has*** (***habrías***) ***~ pagarlo*** du musst (solltest) ihn bezahlen; *Am reg umg oft in Futurfunktionen* ***lo hemos ~ ayudar*** wir werden *od* wollen ihm helfen; ***deberían*** (***~***) ***estar en Roma*** sie müssten (eigentlich) in Rom sein

dé → ***dar***

deambul|ar *intr* wandeln; schlendern; **~atorio** *m* Chorumgang *m in Kirchen*

debajo I *Adv* darunter; unten; unterhalb **II** *Präp* ***~ de*** unter; ***por ~ de*** unter

debate *m* Debatte *f*, Streit *m*; Auseinandersetzung *f*; Besprechung *f*; **~s** *Pl* Verhandlungen *f/Pl*

debatir I *tr* erörtern, besprechen **II** *intr* verhandeln

debe *m* FIN Soll *n*, Debet *n*; ***~ y haber*** Soll *n* und Haben *n*

deber I *tr/intr Dank, Geld* schulden, schuldig sein; *Modalverb*: ***~*** + *Inf* müssen (***debes preguntar***); sollen (***debieras decírselo***); dürfen (***no debe escribírselo***); ***~ de*** + *Inf drückt Vermutung, Zweifel, Möglichkeit, aber auch Verpflichtung aus* ***debe*** (***de***) ***estar en Roma*** er muss *od* müsste in Rom sein (*oft wird umgangs- u zT auch schriftsprachlich kein Unterschied gemacht zwischen* ***~*** + *Inf u* ***~ de*** + *Inf*); **~se** sich gehören, sich ziemen; zu verdanken haben *od* sein; zuzuschreiben sein (***a*** *Dat*); zurückzuführen sein (***a*** auf); beruhen (***a*** auf; ***a que*** darauf, dass); verpflichtet sein (***a*** *Dat*) **II** *m* Verpflichtung *f*; Pflicht *f*; Schuldigkeit *f*; **~es** *Pl* Aufgaben *f/Pl*; Hausaufgaben *f/Pl*; ***~ de alimentos*** Unterhaltspflicht *f*; ***~ cívico, ~ de ciudadano***

Staatsbürgerpflicht *f*; **~ *de conciencia*** moralische Verpflichtung *f*; ***olvidado de su ~*** pflichtvergessen ◇ ***cumplir con su ~*** seine Pflicht tun; seine Verpflichtung erfüllen; ***hacer sus ~es*** seine Hausaufgaben machen *auch übertr*; ***tener muchos ~es*** viel aufhaben

debido richtig; gebührend; **~ *a*** wegen; dank ◇ ***como es ~*** wie es sich gehört; ***ser ~ a*** eine Folge sein von

débil kraftlos; schwach *auch Vokal*; *Stimme* leise; *Farbe* matt, blass

debilidad *f* Schwäche *f auch übertr*; **~ *mental*** (***senil***; ***visual***) Geistes-(Alters-; Seh)-schwäche *f*

debilitamiento *m* Schwächung *f*; *Wachstum* Abschwächung *f*; **~ *del dólar*** Schwächung *f* des Dollars

debi|litar *tr* schwächen; abschwächen; entkräften; **~litarse** kraftlos werden, ermatten; **~tar** *tr Konto* belasten

débito *m* FIN Soll *n*; Schulden *Pl*; Lastschrift *f*; Sollbuchung *f*; **~s** *Pl* Verbindlichkeiten *f*/*Pl*; **~ *automático*** automatische Abbuchung *f*; **~ *conyugal*** eheliche Pflicht *f* ◇ ***reprogramar los ~s*** die Umschuldung vornehmen

debut *m* Debüt *n auch übertr*; Erstaufführung *f*; **~ante** *m* Debütant *m*; **~ar** *intr* debütieren *auch übertr*

década *f* Dekade *f*; Jahrzehnt *n*; zehn Stück *n*; ***la ~ del 70*** die 70er-Jahre

decaden|cia *f* Dekadenz *f*; Niedergang *m*, Verfall *m*; Niedergeschlagenheit *f*; **~te** dekadent; entartet; im Verfall begriffen; *Preis* fallend

decaer *intr* ⟨→ ***caer***⟩ in Verfall geraten; zurückgehen *abnehmen*; nachlassen; herunterkommen; MED verfallen

deca|ído schwach; kraftlos; mutlos; heruntergekommen; **~imiento** *m* Abgeschlagenheit *f*; Niedergeschlagenheit *f*; Verfall *m*

decálogo *m* REL die Zehn Gebote; Zehnpunkteplan *m*, -programm *n*

decamerón *m* Dekameron *n*

decan|ato *m* Dekanat *n*, *nur* REL Dechanat *n*; **~o** *m* Dekan *m auch Universität*; *nur* REL Dechant *m*; Ältester *m*; Alterspräsident *m*; Nestor *m*; DIPL Doyen *m*

decantado *meist iron* viel gepriesen

decantar *tr* abgießen, dekantieren; **~se** neigen (***a*** nach; ***por*** zu)

decapitar *tr* enthaupten, köpfen

decelerar *tr* TECH *Geschwindigkeit* vermindern, verlangsamen

decena *f* MATH Zehner *m*; MUS Dezime *f*; zehn Stück *n*/*Pl*; **~s** *Pl* zig, -zig; ***una ~ de huevos*** zehn Eier; **~s** *Pl* ***de miles*** Zehntausende *n*/*Pl*, Zigtausende *n*/*Pl*

decen|al zehnjährig; zehnjährlich; **~cia** *f* Anstand *m*; Schicklichkeit *f*; **~io** *m* Jahrzehnt *n*; **~tar** *tr Brot*, *Käse usw* anschneiden

decente anständig; schicklich; ehrbar; unauffällig; unaufdringlich; sittsam; *Leben* menschenwürdig; leidlich; *Preis* angemessen; ***medio ~*** halbwegs anständig

decepc|ión *f* Enttäuschung *f*; **~ionante** enttäuschend; **~ionar** *tr* enttäuschen

deceso *m* Tod *m*, Ableben *n*

dechado *m* Vorlage *f*; *Handarbeit* (Stick-) Muster *n*; **~ *de maldades*** (***virtudes***) Ausbund *m* von Schlechtigkeit (an Tugend)

decibel, **~io** *m* Dezibel *n*

decidido entschieden; entschlossen

decidir I *tr* entscheiden; *etw* beschließen; **~** + *Inf* sich entschließen zu + *Inf od Dat* **II** *intr* **~ *sobre*** *od* ***de*** über *etw* entscheiden; für *etw* entscheidend sein; **~ *a alg a hacer u/c*** jmdn veranlassen, etw zu tun; **~se** entschieden werden; sich entschließen; sich entscheiden

decidor gesprächig, redselig

décima *f* Zehntel *n*; MUS Dezime *f* ◇ ***tener ~s*** erhöhte Temperatur haben

decimal I *Adj* zehntel; Zehner-, Dezimal- **II** *m* Dezimale *f*, Dezimalstelle *f*

decímetro *m* Dezimeter *m,n*

décimo I *Adj* zehnter **II** *m* Zehnter *m*; Zehntel *n*; Zehntellos *n*

decimo|cuarto vierzehnter; **~nónico** aus dem 19. Jahrhundert; **~nono**, **~noveno** neunzehnter; **~octavo** achtzehnter; **~quinto** fünfzehnter; **~séptimo** siebzehnter; **~sexto** sechzehnter; **~tercero**, **~tercio** dreizehnter

decir I ⟨*unreg*⟩ *tr*/*intr* sagen; reden; aufsagen; lehren, besagen; lauten; anordnen; nennen; KART ansagen; **~ *maquinalmente*** *etw* heruntersagen; **~ *entre*** *od* ***para sí*** vor sich hinreden; **~ *por* ~** belangloses Zeug reden; **~ *que no*** (***que sí***) verneinen, Nein sagen (bejahen, Ja sagen; das Jawort geben); ***dicen que ...*** es heißt *od* verlautet, dass ...; ***dicho y hecho*** gesagt, getan; ***¡diga!*** TEL ja, bitte!; ***¡dígame!*** → ***¡diga!***; *Verkäufer* Sie wünschen, bitte?; ***... digamos ...*** ... nehmen wir einmal an, ...; zum Beispiel; ***... digo ...*** *nach Versprecher* ... ich meine ...; ***como quien dice*** sozusagen, gewissermaßen; ***es ~*** das heißt; ***eso ni que ~lo*** das versteht sich ganz von selbst; ***es más fácil de ~ que de hacer*** das ist leichter gesagt als getan; ***no es*** + *Adj* ***que digamos*** er ist nicht gerade + *Adj*; ***¡no me digas!*** was du nicht sagst!, sag bloß!; ***por ~lo así*** sozusagen, gewissermaßen; ***¿qué me dices de ...?*** was meinst du zu ...?; ***querer ~*** sagen wollen; bedeuten; **¡usted dirá!** ganz wie Sie wünschen!; sagen Sie nur, wie Sie es haben möchten!; *Sprichw* **quien mal dice, peor oye** wie man in den Wald hineinruft, so schallt es wieder heraus; **~se** heißen; sagen; **¿cómo se dice en ...?** wie sagt man das auf ...?; **se dicen ser ...** sie geben vor, ... zu sein **II** *m* Redensart *f*; **~es** *Pl* Gerede *n*; **al ~ de muchos** wie vielfach behauptet wird

decisión *f* Entscheidung *f*; Entschluss *m*; Beschluss *m*; Entschlossenheit *f*; Entschiedenheit *f*; **~ de compra (venta)** Kauf-(Verkaufs)entscheidung *f*; **~ judicial** richterliche Entscheidung *f*; **falto de ~** unentschlossen; **por ~ de la mayoría** durch Mehrheitsbeschluss ◇ **adoptar una ~** eine Entscheidung treffen; **dejar u/c a la ~ de alg** jmdm etw anheim stellen; **tomar una ~** einen Entschluss fassen

decis|ivo, ~orio entscheidend; ausschlaggebend; *Auftreten* entschieden

declam|ación *f* Vortrag *m*; Vortragkunst *f*; **~ar** *tr/intr* vortragen; hochtrabend reden; wettern (**contra** gegen)

declaración *f* Erklärung *f*; Aussage *f*; Angabe *f*; *Zoll* Aufstellung *f*, Verzeichnis *n*; **~ de accidente** Unfallmeldung *f*; **~ de aduana** Zollanmeldung *f*; Zolldeklaration *f*; **~ de bienes** Vermögenserklärung *f*; **~ de culpabilidad** Geständnis *n*; **~ final** Schlusskommuniqué *n*; **~ fiscal, ~ de la renta** Steuererklärung *f*; **~ del impuesto sobre la renta** Einkommensteuererklärung *f*; **~ jurada** eidesstattliche Erklärung *f*; **~ de mayoría de edad** Mündigkeitserklärung *f*; **~ de quiebra** Konkursanmeldung *f*; Bankrotterklärung *f auch übertr*; **~ telemática de la renta** elektronische Steuererklärung *f* ◇ **emitir una ~** eine Erklärung abgeben; **hacer una ~, prestar ~** aussagen; **presentar la ~ a Hacienda** die Steuererklärung abgeben; **tomar ~** vernehmen

declarante *m* Aussagender *m*

declarar *tr/intr* angeben; aussagen; anmelden; *Zoll* deklarieren; verzollen; *Konkurs* eröffnen; **~se** sich erklären (**por** für); eine Liebeserklärung machen; *Feuer, Krankheit* ausbrechen

declaratorio JUR Feststellungs-

declin|ación *f* ASTR, GEOGR, GRAMM Deklination *f*; Abstieg *m*, Verfall *m*; Ablehnung *f*; **~ar I** *intr Sonne* sinken; *Tag* sich neigen; *Fieber* abklingen; sich verringern; verfallen **II** *tr* GRAMM deklinieren; ablehnen; abschlagen; abweisen; zurückweisen; **~atorio** ablehnend

declive *m* (Ab-)Hang *m*; Gefälle *n*; Neigung *f*; Verfall *m*; **~ de los cambios** Kursverfall *m*; **~ económico** wirtschaftlicher Verfall *m*; **de pronunciado ~** ziemlich steil; **en ~** abschüssig; geneigt ◇ **estar en ~** sich im Abschwung befinden

decocción *f* Abkochen *n*; Absud *m*

decodific|ación *f* Dechiffrierung *f*; **~ador** *m* INFORM Decoder *od* Dekoder *m*; Dechiffrierer *m*; **~ar** ⟨-c/qu-⟩ *tr* dekodieren *od* decodieren

decolaje *m* FLUGW Start *m*

decolonizar ⟨-z/c-⟩ *tr* entkolonialisieren

decolor|ación *f* Bleichen *n*; Entfärben *n*; **~ante I** *Adj* Bleich- **II** *m* Bleichmittel *n*; Entfärber *m*; **~ar** *tr* entfärben; bleichen

decomisar *tr* einziehen; konfiszieren, beschlagnahmen

decontaminar *tr* entseuchen

decoración *f* Dekoration *f*; Bühnenbild *n*; **~ del escaparate** Schaufensterdekoration *f*; **~ de interiores** Innenausstattung *f*

decorado *m* Bühnenausstattung *f*; → **decoración**; **~s** *Pl* FILM, TV Bauten *Pl*

decorador *m*, **~a** *f* Dekorateur(in) *m(f)*; THEAT Bühnenbildner(in) *m(f)*; **~ de escaparates** Schaufensterdekorateur *m*; **~ de interiores** Innenarchitekt *m*

decor|ar *tr* schmücken; dekorieren; verzieren; **~ativista** Dekorations-; **~ativo** dekorativ; schmückend, Schmuck-

decoro *m* Ehrerbietung *f*; Würde *f*; Anstand *m*; Schicklichkeit *f* ◇ **guardar el ~** den Anstand wahren

decoroso ehrerbietig; anständig, ehrbar; schicklich; würdig; dezent

decrecer ⟨-zc-⟩ *intr* abnehmen; kürzer werden; langsamer werden; nachlassen; schwinden, geringer werden; sinken, zurückgehen, fallen

decr|épito altersschwach; siech; **~epitud** *f* Hinfälligkeit *f*; Altersschwäche *f*; Verfall *m*

decrescendo *m* MUS Decrescendo *n*

decretar *tr* anordnen; verfügen; *Befehl* erlassen; *Konkurs* eröffnen

decreto *m* Erlass *m*, Dekret *n*; Verfügung *f*; Verordnung *f*; **~-ley** *m* Gesetzesverordnung *f*; **~ reglamentario** Durchführungsverordnung *f*; **por ~** auf Anordnung *od* Beschluss (**de** *Gen*)

decúbito *m* (Körper-)Lage *f*; **~ prono (supino)** Bauch-(Rücken)lage *f*

decupl|ar, ~icar ⟨-c/qu-⟩ *tr* verzehnfachen

décuplo zehnfach

decurso *m zeitlich* Ab-, Verlauf *m*

dedada *f* Prise *f*; **~ de miel** Trostpflästerchen *n*

dedal *m* Fingerhut *m*

dédalo *m übertr* Labyrinth *n*, Irrgarten *m*; Wirrwarr *m*

dedic|ación *f* Widmung *f*; Hingabe *f*; Fleiß *m*; **~ar** ⟨-c/qu-⟩ *tr* weihen; widmen; *Zeit* auf-, verwenden; *Aufmerksamkeit* richten (***a*** auf); **~arse** sich widmen (***a*** *Dat*); *einem Beruf* nachgehen; **~atoria** *f* Widmung *f*; **~atorio** Widmungs-

dedillo *m*: ***al ~*** aus dem Effeff

dedo *m* Finger *m*; Zehe *f*; ***~ anular*** Ringfinger *m*; ***~ auricular,*** (~) ***meñique*** *m* kleiner Finger *m*; ***~ del corazón*** Mittelfinger *m*; ***~ gordo,*** (~) ***pulgar*** Daumen *m*; (~) ***índice,*** *Rpl* ***~ mostrador*** Zeigefinger *m*; ***a ~*** aufs Geratewohl; beliebig; nach Gutdünken; ***a dos ~s*** sehr nah ◇ ***atar bien su ~*** seine Vorkehrungen treffen; ***comerse los ~s por*** ganz erpicht sein auf; ***chuparse*** *od* ***mamarse el ~*** sich dumm stellen; ***hacer ~*** per Anhalter fahren; ***no mover un ~*** keinen Finger krumm machen *nichts tun*; ***poner el ~ en la llaga*** an die wunde Stelle rühren

deducción *f* Ableitung *f*; (Schluss-)Folgerung *f*, Deduktion *f*; FIN Abzug *m*; ***~ fiscal*** steuerliche Abschreibung *f*; ***deducciones en la fuente*** Quellensteuer *f*; ***~ hecha de, previa ~ de*** nach Abzug von; ***~ de impuestos pagados, ~ del IVA*** Vorsteuerabzug *m*; ***con ~ de*** abzüglich

deducible ableitbar; FIN abzugsfähig; *steuerlich* absetzbar

deducir ⟨→ ***conducir***⟩ *tr* ableiten; schlussfolgern; *von der Steuer* absetzen; *Ausgaben* abziehen; ***de ello se deduce que*** daraus folgt, dass; daraus ist zu schließen, dass

deductivo deduktiv

defecar ⟨-c/qu-⟩ *intr* Stuhlgang haben

defección *f* Abfall *m*, Abtrünnigkeit *f*; Ausscheiden *n aus einer Partei*

defecto *m* Fehler *m*; Schaden *m*; Beschädigung *f*; Makel *m*; Mangel *m auch übertr*; ***~ de fabricación*** Fabrikationsfehler *m*; ***~ físico*** Gebrechen *n*; ***~ de forma*** (***material***) Form-(Material)fehler *m*; ***~ genético*** Erbschaden *m*; ***~ oculto*** verdeckter Mangel *m*; ***~ de programación*** INFORM Programmier-(ungs)fehler *m*; ***con*** (***sin***) ***~s*** mangelhaft (fehlerfrei; makellos); ***en ~ de*** aus Mangel an; ***en su ~*** falls nicht vorhanden; bei Verhinderung ◇ ***notificar un ~*** einen Mangel anzeigen; ***remediar*** *od* ***subsanar*** *od* ***suplir un ~*** einen Fehler beheben

defectuoso mangelhaft; fehlerhaft; defekt, schadhaft; lückenhaft; minderwertig

defend|er ⟨-ie-⟩ *tr* verteidigen *auch* JUR; beschützen (***de*** gegen); schützen (***de*** vor); *Interessen* vertreten; **~erse** sich verteidigen (***de, contra*** gegen); sich wehren; sich rechtfertigen; sich schützen; zurechtkommen, sich durchschlagen; **~ido** *m* JUR Mandant *m*

defensa I *f* Verteidigung *f auch* JUR *u* SPORT; Schutz *m auch Hauer, Hörner, Stoßzähne etc*; Abwehr *f*; Schutzvorrichtung *f*; ***~s*** *Pl* Verteidigungsanlagen *f/Pl*; ***~ antiaérea*** *od* ***contra aviones*** Luftabwehr *f*; ***~ civil*** Zivilverteidigung *f*; ***~ al consumidor*** Verbraucherschutz *m*; ***~ propia*** Selbstschutz *m*; ***legítima ~*** Notwehr *f*; ***en ~ personal*** aus Notwehr ◇ ***asumir*** (***renunciar a***) ***la ~*** die Verteidigung übernehmen (niederlegen); ***salir en ~*** verteidigen *od* in Schutz nehmen **II** *m* SPORT Verteidiger *m*; ***~ central*** *Fußball* Stopper *m*

defensiva *f* Verteidigung *f* ◇ ***estar a la ~*** sich in der Defensive befinden

defensivo Abwehr-; Defensiv-, Verteidigungs-; defensiv; Schutz-

defensor *m*, **~a** *f* Verteidiger(in) *m*(*f*) *auch* JUR; Verfechter(in) *m*(*f*); ***~ de oficio*** Pflicht-, Offizialverteidiger *m*

defer|encia *f* Ehrerbietung *f*; Entgegenkommen *n*; Willfährigkeit *f*; **~ente** ehrerbietig; zuvorkommend; willfährig; nachgiebig; **~ir** ⟨-ie/i-⟩ **I** *tr Rechte* übertragen; übertragen; überlassen **II** *intr* nachgeben

deficiencia *f* Mangel *m*; Unzulänglichkeit *f*; Fehlerhaftigkeit *f*; Fehler *m*; ***~ de porte*** unzureichende Gebühr *f*; ***~ técnica*** technischer Mangel *m*

deficiente I *Adj* mangelhaft; fehlerhaft; minderwertig; unzureichend; unzulänglich; *Gesundheit* schwach **II** *m* ***~*** (***físico***) (Körper-)Behinderter *m*; ***~ mental*** Geistesschwacher *m*

déficit *m* Defizit *n*; *auch* Verschuldung *f*; Verlust *m*; Fehlen *n*; FIN Minus(betrag *m*) *n*; ***~ de la balanza comercial*** (***de pagos***) Handels-(Zahlungs)bilanzdefizit *n*; ***~ de comercio exterior*** Außenhandelsdefizit *n*; ***~ presupuestario*** Haushaltsdefizit ◇ ***liquidar con ~*** mit einem Defizit abschließen

deficitario defizitär

definible definierbar; erklärbar

definición *f* Definition *f*; Erklärung *f*; Entscheidung *f*; INFORM, FOTO, TECH, TV, *Bild* Auflösung *f*; ***~ del puesto de trabajo*** Arbeitsplatzbeschreibung *f*; ***de alta ~*** *Bildschirm* hochauflösend

definir *tr* bestimmen, definieren; erklären; entscheiden (über); **~se** sich entscheiden; sich festlegen; Stellung nehmen

definitiva: ***en ~*** letztendlich; endgültig; alles in allem

definitivo endgültig; abschließend; entscheidend; definitiv

defl|ación *f* Deflation *f*; **~acionista** deflationär; **~ector** *m* Windabweiser *m*

D

defoli|ación *f* vorzeitiger Laubfall *m*; Entlaubung *f durch chemische Kriegsführung*; **~ante** *m* Entlaubungsmittel *n*; **~ar** *tr* entlauben
deforest|ación *f* Kahlschlag *m*; Abholzung *f*; Entwaldung *f*; **~ar** *tr* entwalden; abholzen
deformación *f* Entstellung *f*; Verzerrung *f auch Ton*, TV; Verwerfung *f*; Verformung *f*; Missbildung *f*; Formveränderung *f*; **~ de la columna vertebral** Rückgratverkrümmung *f*
deform|ante Zerr-; verzerrend; **~ar** *tr* entstellen; verunstalten; verzerren; verformen; umformen; **~arse** sich verformen; sich verziehen *od* verwerfen; **~atorio** entstellend; **~e** unförmig; verzerrt; entstellt; **~idad** *f* Unförmigkeit *f*; Missbildung *f*; Missgestalt *f*; grober Irrtum *m*
defraud|ación *f* Veruntreuung *f*; Unterschlagung *f*; Hinterziehung *f*; Betrug *m*; **~ador** *m* Betrüger *m*; **~ar** *tr/intr* veruntreuen; unterschlagen; hinterziehen; betrügen; enttäuschen
defunción *f* Ableben *n*, Hinscheiden *n*
degener|ación *f* Entartung *f*; Verfall *m*; **~ar** *intr* entarten; *übertr* herunterkommen; ausarten (**en** in); sich auswachsen (**en** zu)
deglutir *tr/intr* (ver-, hinunter)schlucken; (ver-, hinunter)schlingen
degoll|ación *f* Enthauptung *f*; Schlachten *n*; Gemetzel *n*; **~ar** ⟨-üe-⟩ *tr* den Hals abschneiden; die Kehle durchschneiden; köpfen; *Tiere* schlachten; niedermetzeln; *Halsausschnitt* ausschneiden; **~ina** *f* Gemetzel *n*; Blutbad *n*
degradación *f* Absetzung *f*; Degradierung *f*; Entwürdigung *f*; Erniedrigung *f*, Abkanzelung *f*; CHEM, *Hemmnisse* Abbau *m*; MAL (perspeptivische) Verkürzung *f*; *Farbton* Abstufung *f*; **~ del medio ambiente** Umweltzerstörung *f* ◇ **sufrir una ~** in Verfall geraten
degrad|ante demütigend; kränkend; entwürdigend; erniedrigend; **~ar** *tr* des Amtes entheben, absetzen; degradieren; demütigen; erniedrigen; CHEM abbauen; MAL perspektivisch verkürzen; **~arse** verkommen; sich erniedrigen; *Licht* allmählich schwächer werden; PHYS zerfallen
degüello *m* Köpfen *n*; Gemetzel *n*
degust|ación *f* Kosten *n*; Verkosten *n*; **~ador** *m* Verkoster *m*; **~ar** *tr* kosten, probieren; verkosten
dehes|a *f* (Vieh-)Weide *f*; Koppel *f*; Gehege *n*; Dorfanger *m*; **~ero** *m* Heger *m*
dei|dad *f* Gottheit *f*; **~ficar** ⟨-c/qu-⟩ *tr* vergöttern
dej|ación *f* Überlassung *f*; Abtretung *f*; Verzicht *m*; Vernachlässigung *f*; *AmC*, *Col* → **~adez**; **~ada** *f* Lassen *n*; → **~ación**; **~adez** *f* Nachlässigkeit *f*; Sich-gehen-lassen *n*; Lässigkeit *f*; Trägheit *f*; Schlaffheit *f*; **~amiento** *m* Liederlichkeit *f*; Nachlässigkeit *f*; → **~ación**
dejar I *tr* lassen (*dir Obj* **von**); *Familie* verlassen; *Beruf* aufgeben; *jmdn* zurücklassen; *Fahrgast* absetzen; *Nachricht*, *Erbschaft* hinterlassen; überlassen; *Schlüssel* abgeben, hinterlegen; *etw* dalassen; liegen lassen; stehen lassen; sitzen lassen; **~ de** + *Inf Gewohnheit* aufgeben; **~ abierto** offen (stehen) lassen; **~ atrás** hinter sich lassen; **~ caer** fallen lassen; **~ correr** laufen lassen; **~ a deber** anschreiben lassen; **~ fresco a/u** *übertr* jmdn sitzen lassen; **~ fuera** außen vor lassen **II** *intr* zulassen, erlauben; dulden; (**no**) **~ de** + *Inf* (nicht) aufhören zu + *Inf*: *z.B.* **~ de funcionar** *Motor* stehen bleiben; **~ de producir** die Produktion einstellen; **~ que desear** zu wünschen übrig lassen; **~se abatir** sich von Mutlosigkeit übermannen lassen; **~se llevar por** *od* **de** sich hinreißen lassen von; **~se sentir** spürbar werden; **~se ver** sichtbar werden; sich zeigen; zum Vorschein kommen
dej|e *m reg*, **~illo** *m* → **dejo**
dejo *m* Nachgeschmack *m auch übertr*; *dialektaler* Tonfall *m*; *besonderer* Akzent *m*; Spur *f*, Überbleibsel *n*; → **dejación**; **con un ~ de** mit einem Anflug von
del *Kontraktion von* **de + el**
delación *f* Anzeige *f*; Denunziation *f*
delantal *m* Schürze *f*; Schurz *m*
delante I *Adv nicht temporal* davor; voraus; vorn; voran; **de ~** von vorn (**la fachada de ~**); vordere, Vorder- (**el coche de ~**); **hacia ~** nach vorn (**inclinado hacia ~**); **por ~** (nach) vorn(e) (zu) (**abierto por ~**); **por ~ de** vor *in der Rangfolge* ◇ **estar ~** davor stehen; davor liegen; voraus sein; **poner ~** davor stellen; davor legen **II** *Präp* **~ de** vor (**~ de la puerta**); vor, in Gegenwart von (**~ de señoras**)
delantera *f Kleidungsstück*, *Wagen* Vorderteil *m*; *Kino*, THEAT erste Parkettreihe *f*; *Ballsport* Stürmerreihe *f* ◇ **coger** *od* **tomar la ~ a alg** jmdn überholen; jmdm zuvorkommen
delantero I *Adj* vordere(r, -s), Vorder- **II** *m Kleid* Vorderteil *n*; SPORT Stürmer *m*
delat|ar *tr* denunzieren; verraten; **~arse** sich *ungewollt* verraten; **~or** *m* Denunziant *m*; Zuträger *m*; *Schülersprache* Petze(r *m*) *f*
dele, deleátur *m* TYP Deleatur *n*
delect|ación → **deleite**; **~ar(se)** → **deleitar (-se)**

delegación *f* Delegation *f*; Abordnung *f*; Delegierung *f*; *Befugnis* Übertragung *f*; Amt *n*; Außenstelle *f*; Büro *n Außenstelle od Vertretung einer Institution*; Niederlassung *f Zweigstelle*; *Behörde* Nebenstelle *f*; *Méx* Stadtbezirk *m der Hauptstadt*; ***por ~*** im Auftrag; in Vertretung; *Bez vieler öffentlicher Stellen*: **& de Abastos** Amt *n* für Versorgung; ***& de Hacienda*** Finanzamt *n*; ***~ del personal*** Belegschaftsvertretung *f*; ***& Provincial de Hacienda*** *Esp* Oberfinanzdirektion *f*; ***& del Trabajo*** Arbeitsamt *n*; ***& de Turismo*** *staatl* Reisebüro *n*

delegado *m*, **-a** *f* Delegierte(r) *f*(*m*); Delegat *m*; Abgesandte(r) *f*(*m*); Gesandte(r) *f*(*m*); Abgeordnete(r) *f*(*m*); Beauftragte(r) *f*(*m*); ***~ apostólico*** päpstlicher Gesandter *m*; ***~ del gobierno*** Regierungsbeauftragter *m*; ***~ del personal*** Personalvertreter *m*

delegar ⟨-g/gu-⟩ *tr* delegieren; entsenden; abordnen; *Befugnisse* übertragen (***en*** auf); bestellen *ernennen z.B. einen Richter*; *Arbeit, Aufgaben* verteilen

deleit|able ergötzlich; **~ar** *tr* ergötzen; genießen; **~arse** sich ergötzen; Vergnügen finden (***con*** an); genießen *Akk*; **~e** *m* Ergötzen *n*; Wonne *f*, Lust *f*; Genuss *m*; Vergnügen *n*; Wollust *f*; **~oso** wollüstig; genussvoll; wonnevoll

deletéreo tödlich; giftig, Gift-

deletrear *tr/intr* buchstabieren

deleznable zerbrechlich; bröckelig; glatt, rutschig; vergänglich; nichtig

delf|ín *m* Delphin *m*; *hist* Dauphin *m*; *designierter* Nachfolger *m*, *übertr* Kronprinz *m*; **~inario** *m* Delphinarium *n*

Delfos *m* Delphi *n*

delgad|ez *f* Dünne *f*; Feinheit *f*; Schlankheit *f*; **~o** schlank; dünn; fein; *Boden* mager; *Wasser* weich

deliber|ación *f* Beratung *f*; Überlegung *f*; **~adamente** absichtlich; **~ado** willentlich; wohl überlegt; **~ante** beratend; **~ar I** *intr* beraten (***sobre*** über) **II** *tr* überlegen, erwägen; beratschlagen

delicadez *f* Schwächlichkeit *f*; Kraftlosigkeit *f*; Empfindlichkeit *f*; Reizbarkeit *f*; → ***delicadeza***

delicadeza *f* Zärtlichkeit *f*; Zartgefühl *n*; Empfindsamkeit *f*; Feinfühligkeit *f*; ***sin ~*** taktlos

delicado zart, fein; kränklich; *Gesundheit* angegriffen; schwächlich; *Problem* delikat; zerbrechlich; empfindlich; zärtlich; empfindsam; taktvoll; köstlich; erlesen; reizbar; heikel; schwierig; gewissenhaft

delici|a *f* Lust *f*, Wonne *f*; Entzücken *n*; **~oso** köstlich; wonnevoll; *Wetter* heiter; allerliebst, lieblich; bezaubernd

delict|ivo, ~uoso kriminell, verbrecherisch; strafbar, Straf-

delimitar *tr* begrenzen; abgrenzen; eingrenzen

delincuencia *f* Verbrechen *n*; Kriminalität *f*; ***~ ambiental*** *od* ***ecológica*** Umweltkriminalität *f*; ***~ económica*** (***informática***) Wirtschafts-(Computer)kriminalität *f*; ***~ juvenil*** *od* ***de menores*** (***pequeña***) Jugend-(Klein)kriminalität *f*; ***~ organizada*** organisierte Kriminalität *f*

delincuente I *Adj* verbrecherisch **II** *m* Verbrecher *m*; Rechtsbrecher *m*; ***~ ambiental*** Umweltsünder *m*; ***~ habitual*** Gewohnheitsverbrecher *m*

deline|ante *m*(*f*) technische(r) Zeichner (-in) *m*(*f*); **~ar** *tr* aufreißen; zeichnen; skizzieren; umreißen; **~arse** sich abzeichnen

delinqu|imiento *m* Rechtsbruch *m*; Gesetzesverletzung *f*; **~ir** ⟨-qu/c-⟩ *intr* straffällig werden; sich vergehen (***contra*** gegen)

delir|ante irreredend; irr *auch übertr*; *Beifall* rasend; **~ar** *intr im Fieber* fantasieren; Unsinn reden; toben; schwärmen (***por*** für)

delirio *m* Delirium *n*; Raserei *f*; rasende Begeisterung *f*; ***~ alcohólico*** Säuferwahn *m*; ***~ furioso*** Tobsucht *f*; ***~ de grandeza*** (***persecución***) Größen-(Verfolgungs)-wahn *m* ◇ ***lo quiere con ~*** sie ist ganz verrückt nach ihm; ***esto roza el ~*** das grenzt an Wahnsinn

delito *m* Delikt *n*; Straftat *f*; ***~ de caballero*** Kavaliersdelikt *n*; ***~ fiscal*** Steuervergehen *n*; ***~ contra el medio ambiente*** Umweltvergehen *n*; ***~ por omisión*** (***~ contra la propiedad***) Unterlassungs-(Eigentums)delikt *n*; ***~ de sangre*** Bluttat *f*

delta *m* (Fluss-)Delta *n*

demacr|ado ausgemergelt; **~arse** abmagern; *Gesicht* schmal werden

demag|ogia *f* Demagogie *f*; **~ógico** demagogisch; **~ogo** *m* Demagoge *m*

demanda *f* JUR Klage *f*; (An-)Frage *f*; Gesuch *n*; Ersuchen *n*; Forderung *f*; Verlangen *n*; Bedürfnis *n*; Nachfrage *f*; Bedarf *m* (***de*** an); Bestellung *f*; ***~ acumulada*** Nachholbedarf *m*; ***~ agregada*** Gesamtnachfrage *f*; ***~ de brazos*** Arbeitskräftebedarf *m*; ***~ de los consumidores*** Verbrauchernachfrage *f*; ***~ creciente*** (***decreciente***) wachsende (sinkende) Nachfrage *f*; ***~ de divorcio*** Scheidungsklage *f*; ***~ de empleo*** (***en el mercado***) Nachfrage *f* auf dem Arbeitsmarkt; Stellengesuch *n* (Marktnachfrage *f*); ***~ interna*** Inlandsnachfrage *f*; ***~ de pago*** Zahlungsaufforderung *f*; ***~ de trabajo*** Arbeitssuche *f*; ***a ~*** auf Anfrage; auf Abruf ◇ ***la ~ baja*** die Nachfrage geht zurück *od* sinkt;

cubrir la ~ den Bedarf decken; ***hay mucha ~*** es herrscht große Nachfrage (***de*** nach); ***hacer una ~*** bestellen (***de*** *Akk*); ***ir en ~ de alg*** jmdn suchen; ***presentar la ~*** Klage erheben

demand|adera *f* Aufwartefrau *f*; **~adero** *m* Bote(ngänger) *m*; Laufbursche *m*; **~ado** *m* Beklagter *m*; Verklagter *m*

demandante *m* Kläger *m*; Antragsteller *m*; ***~ de empleo*** Arbeitssuchender *m*

demandar I *tr/intr* (an)fragen; klagen, Klage erheben (***a*** gegen) **II** *tr* ersuchen; bitten; fordern; *jmdn* verklagen; *etw* gerichtlich geltend machen

demarc|ación *f* Abgrenzung *f*; Bezirk *m*; **~ar** ⟨-c/qu-⟩ *tr/intr* abgrenzen; markieren

demás I *Adj* übriger, and(e)rer *selten vor Subst/f* (***la ~ gente***), *sonst Pl* (***los ~, las ~***); ***lo ~*** das Übrige; (***todo***) ***lo ~*** das (alles) Weitere; ***y ~*** und so weiter, und so fort ◇ ***estar ~*** überflüssig sein; sich erübrigen **II** *Adv* ***por ~*** umsonst, vergebens; überaus; überreichlich; ***por lo ~*** übrigens, nebenbei gesagt; ansonst(en)

demasía *f* Übermaß *n*; Übertreibung *f*; Übergriff *m*; Dreistigkeit *f*; Wagnis *n*; ***en ~*** zu viel, im Übermaß

demasiadamente allzu sehr, zu sehr

demasiado *Adj u Adv* zu viel; (all)zu; zu sehr

demen|cia *f* Schwachsinn *m*; Irresein *n*; **~cial** *übertr* verrückt; **~te I** *Adj* schwach-, wahnsinnig **II** *m* Geistesgestörter *m*; Wahnsinniger *m*

demérito *m* kein Ruhmesblatt *n*; Nachteil *m*

democracia *f* Demokratie *f*; ***~ popular*** Volksdemokratie *f*

dem|ócrata I *Adj vorwiegend bei Parteinamen* demokratisch **II** *m* Demokrat *m*; **~ocristiano I** *Adj* christdemokratisch **II** *m* Christdemokrat *m*; **~ocrático** demokratisch; **~ocratizar** ⟨-z/c-⟩ *tr* demokratisieren

demogr|afía *f* Demographie *f*; **~áfico** demographisch; Bevölkerungs-

demógrafo *m* Demograph *m*

demol|edor zerstörerisch; *Niederlage, Kritik* vernichtend; **~er** ⟨-ue-⟩ zerstören *auch übertr*; abreißen; zertrümmern; **~ición** *f* Zerstörung *f auch übertr*; *Gebäude* Abriss *m*, Abbruch *m*; Zertrümmerung *f*

demon|iaco, **~íaco** Teufels-; teuflisch; dämonisch

demonio *m* Teufel *m*; Dämon *m*; ***~ de mujer*** Teufelsweib *n*; ***¡(que) ~ (s)!*** zum Teufel! ◇ ***darse a todos los ~s, ponerse hecho un ~*** fuchsteufelswild werden; grauenhaft fluchen; ***saber a ~s*** scheußlich schmecken; ***tener el ~ en el cuerpo*** den Teufel im Leib haben

demonizar ⟨-z/c-⟩ *tr* verteufeln

demontre *m* Teufel *m*; ***¡~!*** zum Teufel!

demora *f* Verzögerung *f*; Verspätung *f*; HDL Verzug *m*; Aufschub *m*; ***~ en la entrega*** (***en el pago***) Liefer-(Zahlungs)verzug *m*; ***de ~*** Verzugs-; ***sin ~*** unverzüglich ◇ ***no admitir ~*** keinen Aufschub dulden; ***avisar la ~ en el suministro*** den Lieferverzug ankündigen

demorar *tr* verzögern; *jmdn* aufhalten; *jmdn* hinhalten; *Zahlung* aufschieben; **~se** sich aufhalten (lassen); sich verspäten

demosc|opia *f* Demoskopie *f*, Meinungsforschung *f*; **~ópico** demoskopisch

demostrable nachweisbar; beweisbar

demostración *f* Beweis *m*; Beweisführung *f*; Nachweis *m*; Bekundung *f*; Kundgebung *f*; Schau *f*; Vorführung *f*; Darlegung *f*; ***~ aeronáutica*** (***naval***) Flug-(Flotten)-schau *f*; ***demostraciones de amistad*** Freundschaftsbezeugungen *f/Pl*

demostrado: ***está ~*** es ist erwiesen

demostr|ador *m* Vorführer *m bes von Neuheiten*; **~ar** ⟨-ue-⟩ *tr* beweisen; nachweisen; bekunden; vorführen; **~ativo** beweisend; anschaulich; demonstrativ; Demonstrativ-, hinweisend

demudar *tr* verfärben; entstellen; **~se** *Gesicht* sich verfärben; *Gesicht* sich verzerren; aus der Fassung geraten

deneg|ación *f* Leugnen *n*; Verweigerung *f*; Ablehnung *f*; Aberkennung *f*; Versagung *f*; **~ar** ⟨-ie-, -g/gu-⟩ *tr* verneinen; verweigern; *etw* abschlagen; *Antrag*, JUR *Einspruch* ablehnen; nicht genehmigen; aberkennen; **~atorio** abschlägig

dengoso geziert; zimperlich

dengue *m* Geziertheit *f*; Zimperlichkeit *f*; Denguefieber *n* ◇ ***hacer ~s*** sich zieren, sich anstellen

denigrar *tr* anschwärzen; schlecht machen; verunglimpfen

denodado unverzagt; ungestüm; unerschrocken

denominación *f* Benennung *f*; Name *m*; Bezeichnung *f*; ***~ comercial*** Handelsname *m*; ***~ de las mercancías*** Warenkennzeichnung *f*; ***~ de origen*** Herkunftsbezeichnung *f*; ***~ social*** Firmenname *m*; Gesellschaftsname *m*

denominado benannt; so genannt

denominador *m* Nenner *m* ◇ ***reducir al mínimo común ~*** auf den kleinsten gemeinsamen Nenner bringen

denominar *tr* (be)nennen; **~se** heißen

denostar ⟨-ue-⟩ *tr* beschimpfen

denotar *tr* bezeichnen; bedeuten; anziehen; hinweisen auf; ein Zeichen sein für

densidad *f* Dichte *f auch* PHYS; Dichtigkeit

f; **~ de población** (**tráfico**) Bevölkerungs-(Verkehrs)dichte *f*
dens|ificar ⟨-c/qu-⟩ *tr* verdichten; **~o** dicht; *Konsistenz* dick; *Menge* dicht gedrängt; eng
dentado I *Adj* gezackt; gezähnt; Zahn- **II** *m* TECH (Ver-)Zahnung *f*
dentadura *f* Gebiss *n*; → **dentado** *II*; **~ de leche** Milchzähne *m/Pl*
dent|al Zahn-; Dental-; **~alizar** ⟨-z/c-⟩ *tr* dentalisieren; **~ar** ⟨-ie-⟩ **I** *tr* (ver)zahnen **II** *intr* zahnen
dentellada *f* Biss *m*; Bisswunde *f* ◇ **partir a ~s** durchbeißen
dentell|ado gezähnt; gezackt; **~ar** *intr* mit den Zähnen klappern
dentición *f* Zahnen *n*; Zahndurchbruch *m* ◇ **estar con la ~** Zähne bekommen
dent|ífrico *m* Zahnpasta *f*; **~ista** *m(f)* Zahnarzt *m*, -ärztin *f*
dentro I *Adv*, *in Am meist* **adentro** darin; drinnen (**estar ~**); inwendig; innerlich (**sentirlo ~**); **a ~** → **adentro I**; **de ~** innere (**la parte de ~**); **desde ~** von innen aus (**lo vi desde ~**); **hacia ~** nach innen (**muestra hacia ~**); **hasta ~** bis ins Innere (**perseguir hasta ~**); **por ~** im Innern; innen (**esmaltado por ~**) ◇ **salir de ~** *etw* kommt von Herzen **II** *Präp* **~ de** in, innerhalb, im Innern (**~ de la casa**); binnen, innerhalb von (**~ de dos horas**); **~ de poco** bald, demnächst; **~ de lo posible** im Rahmen des Möglichen
dentudo großzahnig
denuedo *m* Unverzagtheit *f*; Unerschrockenheit *f*
denuesto *m* Beschimpfung *f*, Schmähung *f*
denuncia *f* Anzeige *f*; Denunzierung *f*; Angabe *f*; Anprangerung *f*; *Vertrag* Kündigung *f* ◇ **presentar ~ contra desconocidos** Anzeige gegen Unbekannt erstatten
denunci|ante *m* Anzeigeerstatter *m*; Kläger *m*; Denunziant *m*; **~ar** *tr* anzeigen, melden; denunzieren; *Vertrag* kündigen; anprangern; *übertr* brandmarken
deparar *tr* bescheren, bringen; bereiten; bieten; entgegenbringen
departamental Abteilungs-; Bezirks-; Departements-
departamento *m* Abteilung *f*; *Universität* Fachbereich *m*; Abteil *n*; Ministerium *n*; Department *n*; Bezirk *m*; *Am häufig* → **apartamento**; **~ de arbitraje** (**comercio exterior**) Arbitrage-(Auslands)abteilung *f*; **~ de compras** (**contabilidad**) Einkaufs-(Buchhaltungs)abteilung *f*; **≗ de Estado** State Department *n US-Außenministerium*; (**~ de**) **expedición** Versandabteilung *f*; **~ de identificación** (**pruebas**) *Polizei* Erkennungsdienst *m* (Spurensicherung *f*); **~ de informática** EDV-Abteilung *f*; **~ jurídico** (**de planificación**) Rechts-(Planungs)-abteilung *f*; **~ de máquinas** Maschinenhalle *f*, -raum *m*; **~ de marketing** (**pedidos**) Marketing-(Bestell)abteilung *f*; **~ de personal** *od* **recursos humanos** Personalabteilung *f*, -büro *n*; **~ de prensa** Presseabteilung *f*, -stelle *f*; **~ de publicidad** (**reclamaciones**) Werbe-(Reklamations)-abteilung *f*; **~ de relaciones públicas** (**siniestros**; **ventas**) PR-(Schaden-; Verkaufs)abteilung *f*
departir *intr* plaudern (**acerca de, de, sobre** über; **con** mit)
depauperar *tr* auspowern; *Gesundheit* untergraben, schwächen; **~se** verelenden; MED schwächer werden
dependencia *f* Abhängigkeit *f*; Abteilung *f*; Geschäftsniederlassung *f*; Zweigbetrieb *m*, Filiale *f*; *Geschäft* Verkäufer *m/Pl*; Angestellte *m/Pl*; Untergebene *m/Pl*; Belegschaft *f*; **~s** *Pl* Nebengebäude *n/Pl*; *Landgut*, *Schloss* Wirtschaftsgebäude *n/Pl*
depender *intr* abhängig sein (**de** von); ankommen (**de** auf); **¡depende!** das kommt darauf an; je nachdem!
dependiente I *Adj* abhängig **II** *m*, **-a** *f* Angestellte(r) *f(m)*; Verkäufer(in) *m(f)*; kaufmännische(r) Angestellte(r) *f(m)*
depil|ar *tr* enthaaren; **~atorio** *m* Enthaarungsmittel *n*
deplorar *tr* bedauern; beklagen
depolitiz|ación *f* Entpolitisierung *f*; **~ar** ⟨-z/c-⟩ *tr* entpolitisieren
deponer ⟨→ **poner**⟩ **I** *tr* deponieren; entfernen; *Waffen* niederlegen; *jmdn* seines Amtes entheben; ablösen *ersetzen*; ablassen von; *Verhalten* ändern **II** *tr/intr* aussagen (**en contra de** gegen)
deport|ación *f* Zwangsumsiedlung *f*; Vertreibung *f*; **~ar** *tr* deportieren; verschleppen; verbannen; abschieben; zwangsweise umsiedeln, vertreiben
deporte *m* Sport *m*; **~s** *Pl* Sportarten *f/Pl*; **~ acuático** (**de esquí**) Wasser-(Ski)sport *m*; **~ de aparatos gimnásticos** Geräteturnen *n*; **~ de base** (**élite**) Breiten-, Massen-(Spitzen)sport *m*; **~ de competencia** *od* **rendimiento** Leistungssport *m*; **~ de equipo** Mannschaftssportart *f*; **~ futbolístico** (**hípico**) Fußball-(Pferde-, Reit)sport *m*; **~ de invierno** *od* **nieve** Wintersport *m*; **~ de natación** (**náutico** *od* **de vela**) Schwimm-(Segel)sport *m*; **~ olímpico** olympische Sportart *od* Disziplin; **~ de la pesca** (**con anzuelo** *od* **caña**) Angelsport *m*
deport|ismo *m* Sportbegeisterung *f*; Sportbetrieb *m*; **~ista** *m(f)* Sportler(in) *m(f)*; **~ividad** *f*, **~ivismo** *m* Sportlichkeit *f*;

~ivo sportlich; Sport-
deposición *f* Niederlegung *f*; Ablegen *n*; Amtsenthebung *f*; Aussage *f*; Stuhlgang *m*; **~ *final*** ÖKOL Endlagerung *f*
deposit|ante *m* Hinterleger *m*; Einzahler *m*; Geldgeber *m*; **~ar** *tr* hinterlegen, deponieren; *Vase* hinstellen; *Stimmzettel* abgeben; *Geld* einlegen, einzahlen; *Gegenstände* einlagern; aufbahren; *Kranz* niederlegen; *Vertrauen* setzen (**en** in); *Schädlinge Eier* ablegen; **~arse** *Schwebstoffe* sich absetzen; **~aría** *f* Niederlage *f*; Depot *n*; Hinterlegungsstelle *f*; Depositenkasse *f*
depositario *m* Depositar *m*; Verwahrer *m*; Depositenkassenvorsteher *m*; **~ *de secretos*** Geheimnisträger *m*
depósito *m* Speicher *m*; Lager *n*; Depot *n*; Behälter *m*; Tank *m*; *Handfeuerwaffen* Magazin *n*; FIN Einlage *f*; Anzahlung *f*; Einzahlung *f*; Hinterlegung *f*; Hinterlegtes *n*; GEOL, MED Ablagerung *f*; **~ *de armas*** Waffenlager *n*; **~ *de basuras*** Mülldeponie *f*; **~ *de cadáveres*** Leichenhalle *f*; **~ *de chatarra*** Schrottplatz *m*; **~ *de consignación*** Kommissionslager *n*; **~ *de equipajes*** Gepäckraum *m*; **~ *frigorífico*** Kühlhaus *n*; Kühlraum *m*, -lager *n*; **~ *de gasolina*** Benzintank *m*; **~ *legal*** *Druckerzeugnisse* Abgabe *f* der Pflichtexemplare; alle Rechte vorbehalten; **~ *de locomotoras*** Lok(omotiv)schuppen *m*; **~ *de mercancías*** Warenlager *n*; **~ *mínimo*** Mindestanzahlung *f*; **~*s a término*** Festgelder *n*/*Pl*; **~ *a plazo*** FIN Termineinlage *f* ◇ (***queda***) ***hecho el ~ que fija*** *od* ***marca la ley*** *Buch* alle Rechte vorbehalten; ***tomar en ~*** *Waren* auf Lager nehmen
deprav|ación *f* Verderbtheit *f*; Sittenlosigkeit *f*; **~ado** verworfen, verkommen; lasterhaft; **~ar** *tr* verderben; zerrütten *auch Gesundheit*; **~arse** verkommen; verderben
depreciación *f* Entwertung *f*; Abwertung *f*; Sinken *n* der Preise; FIN Abschreibung *f*; Kursverfall *m*; Wertminderung *f*; **~ *de la moneda*, ~ *monetaria*** Geldentwertung *f*
depreciar *tr* abwerten; *Preis* herabsetzen; **~se** entwertet werden; an Wert verlieren
depredar *tr* plündern; veruntreuen
depresión *f* (Ab-)Senkung *f*; *Boden* Senke *f*; Vertiefung *f*; Delle *f*; Unterdruck *m*; MET Tief *n*; MED, WIRTSCH Depression *f*; Flaute *f*; **~ *de ánimo*** Niedergeschlagenheit *f*; **~ *atmosférica*** Tiefdruck *m*; **~ *cíclica*** zyklische Krise *f*; **~ *coyuntural*** Konjunktureinbruch *m*, -tief *n*; **~ *económica*** Wirtschaftskrise *f*
depresivo bedrückend; depressiv
deprim|ente deprimierend; **~ido** bedrückt; gedrückt; **~ir** *tr* drücken *z.B. Preise*; niederdrücken; eindrücken; *Fläche, Gleise* absenken; zu schaffen machen; schwächen; deprimieren; demütigen; **~irse** *Volumen* abnehmen; deprimiert werden
deprisa *Adv* schnell; eilig
depuesto *Part von* → ***deponer***
depuración *f* Reinigung *f*; METAL Läuterung *f*; POL Säuberung *f*; Bereinigung *f*; **~ *de aguas residuales*** Abwasseraufbereitung *f*; **~ *étnica*** ethnische Säuberung *f*
depur|adora *f* Kläranlage *f*; **~ar** *tr* reinigen; läutern; *bes* POL säubern; klarstellen; bereinigen; *Computer Fehler* beseitigen
DEQ (*Abk für englisch* ***delivered ex quay*** *spanisch* ***sobre muelle***) geliefert ab Kai
derby *m* Derby *n*
derecha I *f* rechte Hand *f*, Rechte *f auch* POL; rechte Seite *f*; ***a la ~, por la ~*** rechts; nach rechts; rechts herum; ***alineado a la ~*** INFORM rechtsbündig; ***de ~*** rechte(r), Rechts- *auch* POL ◇ ***andar a ~s*** rechtschaffen handeln; ***conservar*** *Rpl od* ***llevar la ~*** sich rechts halten **II** *Adv* ***a ~s*** ordentlich ◇ ***no hacer nada a ~s*** alles falsch machen
derech|amente gerade(n)wegs; stracks; rechtschaffen; **~era** *f* gerader Weg *m*; **~ero** rechtschaffen; **~ista I** Rechts-, rechtsgerichtet **II** *m* Rechter *m*; **~ito** direkt, gerade(n)wegs; genau; **~ización** *f* POL Rechtsdrall *m*, Rechtsrutsch *m od* -ruck *m*; **~izarse** ⟨-z/c-⟩ POL nach rechts driften
derecho I *Adj* rechte; gerade; aufrecht *auch übertr*; aufrichtig **II** *Adv* gerade; geradeaus **III** *m* Recht *n*; Rechtswissenschaft *f*; (Rechts-)Anspruch *m*; Anrecht *n*; Gebühr *f*; Abgabe *f*; Steuer *f*; *Stoff* rechte Seite *f*; **~*s de aduana*** Zoll(gebühr *f*) *m*; **~ *de asilo*** (***asociación***) Asyl-(Vereins)recht *n*; **~ *a la*** *od* ***de autodeterminación*** Selbstbestimmungsrecht *n*; **~*s del autor*** Urheberrechte *Pl*; **~ *a circular libremente*** Recht *n* auf Freizügigkeit; **~ *de ciudadanía*** Staatsbürgerrecht *n*; **~*s cívicos*** *od* ***humanos*** Menschenrechte *f*/*Pl*; **~ *civil*** Zivilrecht *n*; **~ *consuetudinario*** (***contractual***) Gewohnheits-(Vertrags)recht *n*; **~*s de desembarque*** *Hafen* Löschgebühr *f*; **~*s de depósito*** Lagergebühr *f*; **~ *de devolucion*** Rückgaberecht *n*; **~*s de distribución exclusiva*** Alleinvertriebsrechte *n*/*Pl*; **~*s de entrada en almacén*** Einlagerungsgebühren *f*/*Pl*; **~*s de estadía*** Liegegeld *n*; **~*s de explotación*** Verwertungsrechte *n*/*Pl*; **~ *fiscal*** Steuerrecht *n*; **~ *fundamental*** Grundrecht *n*; **~ *de guarda y custodia*** Sorge- und Obhutsrecht *n*; **~ (*in*)*alienable*** (un)veräußerliches Recht *n*; **~ *a indemnización*** Regressanspruch *m*; **~ *inmobiliario*** Liegenschaftsrecht *n*; **~ *internacional*, ~ *de***

gentes Völkerrecht *n*; **~ *interno*, ~ *nacional*** Innen-, Staatsrecht *n*; **~ *laboral*** Arbeitsrecht *n*; **~ *de licencia*** Lizenzgebühr *f*; **~ *del más fuerte*** Faustrecht *n*; **~*s de mediación*** Vermittlungsprovision *f*; **~ *mercantil*** Handelsrecht *n*; **~ *de opción*** Optionsrecht *n*; **~*s de pago de indemnizaciones*** Schadensersatzansprüche *m/Pl*; **~ *patrimonial*** Vermögensrecht *n*; **~ *penal*** Strafrecht *n*; **~ *de preferencia*** Vorkaufsrecht *n*; **~ *de prestación*** Leistungsanspruch *m*; **~ *procesal*** (***de propiedad intelectual***) Prozess-(Urheber)recht *n*; **~*s de representación*** Aufwandsentschädigung *f*; **~ *de sindicación*** Recht *n* auf gewerkschaftlichen Zusammenschluss; **~ *de suscripción*** Bezugsrecht *n auf Aktien*; **~ *al trabajo*** Recht *n* auf Arbeit; **~*s de tramitación*** Bearbeitungsgebühr *f*; **~*s de tránsito*** Straßenbenutzungsgebühr *f*; **~ *al*** *od* ***de voto*** Stimmrecht *n*; ***con* ~** zu Recht, mit Fug und Recht; ***con plenos* ~*s*** vollberechtigt; ***con* ~ *a voz*** (***y voto***) mit beratender (und beschließender) Stimme; ***conforme a* ~, *según* ~** von Rechts wegen, rechtlich; ***contrario al* ~** rechtswidrig; ***de* ~** rechtmäßig; ***franco de* ~*s*** gebührenfrei; ***por su propio* ~** kraft seines Amtes; ***sin* ~** rechtlos ◇ ***arrogarse el* ~** sich das Recht anmaßen; ***dar* ~ *a alg a*** jmdn berechtigen zu; ***ejercer el* ~ *del sufragio*** *od* ***al voto*** vom Wahlrecht Gebrauch machen; ***estar en su* ~** im Recht sein, Recht haben; ***ser de* ~** rechtens sein; ***tener el* ~** das Recht haben, berechtigt sein (***de*** + *Inf* zu + *Inf*; ***a*** + *Subst* auf + *Subst*); ***tiene perfecto* ~ *a*** + *Inf* es ist sein gutes Recht zu + *Inf*; ***quedan reservados todos los* ~*s*** JUR alle Rechte vorbehalten

derechohabiente *m* Rechtsnachfolger *m*; Berechtigter *m*

derechura *f* Richtigkeit *f*; Geradheit *f*; Geradlinigkeit *f*; ***en* ~** geradezu, direkt

deriva *f* Abdrift *od* Abtrift *f* ◇ ***ir a la* ~** *Schiff* abgetrieben werden; driften, dahintreiben; sich treiben lassen

deriv|ación *f* Ableitung *f auch* GRAMM; Abstammung *f*; *Kanal, Leitung, Rohr etc* Abzweigung *f*; *Autobahn* Anschlussstelle *f*, Abzweig *m*; EL Nebenschluss *m*; **~ado** *m* abgeleitetes Wort *n*; CHEM Derivat *n*; **~ar I** *tr* ab-, herleiten (***de*** von); entnehmen, abzweigen; VERK umleiten; *Gespräch* lenken (***hacia*** auf) **II** *intr* hervorgehen (***de*** aus); rühren (***de*** von); abgleiten *auch übertr* (***hacia*** auf; in); *Schiff* abtreiben; **~arse** abstammen (***de*** von); abzweigen; abschweifen

dermat|ología *f* Dermatologie *f*; **~ológico** dermatologisch; **~ólogo** *m* Dermatologe *m*

dermo|hidratante feuchtigkeitsspendend; **~protector** hautschützend

derog|ar ⟨-g/gu-⟩ *tr Gesetz* aufheben; abschaffen; **~atorio** Aufhebungs-; aufhebend

derram|a *f Geld, Steuer* Umlage *f*; **~adamente** reichlich; verschwenderisch; **~amiento** *m* Vergießen *n*; Ausgießen *n*; Überlaufen *n*; Verschwendung *f*; **~ar** *tr* verschütten; vergießen *auch Blut, Schweiß, Tränen*; wegschütten; ausgießen (***al, en, por*** auf); verspritzen; verschwenden; *Steuern* umlegen; *Nachricht* verbreiten; **~arse** sich ergießen; *Fluss* münden (***en*** in)

derrame *m* Ausgießen *n*; *Flüssigkeit* Auslaufen *n*; MED Erguss *m*; Überlaufen *n*; Verschwendung *f*; **~*s de petróleo*** auslaufendes Erdöl *n*

derredor *m* Umkreis *m*; ***al*** *od* ***en* ~** ringsherum; ***al*** *od* ***en* ~ *de*** (rings) um

derrengarse ⟨-g/gu-⟩ sich abrackern; sich verrenken

derretir ⟨-i-⟩ *tr* schmelzen; auftauen; durchbringen; vergeuden; **~se** *Schnee* tauen; zergehen; schmelzen; vergehen (***de*** vor); verliebt sein (***por*** in)

derrib|ado entkräftet, kraftlos; *Brust* schlaff; **~ar** *tr Reiter* abwerfen; *Gebäude* abreißen; *Tür* einschlagen; *Baum* fällen; *Flugzeug* abschießen; *jmdn* zu Boden werfen; umkippen; umstürzen, -werfen; *Regierung* stürzen; *Kranke* entkräften; *Schwächen* bezwingen; **~arse** sich fallen lassen; **~o** *m* Abriss *m*; Abbruch *m*; Abschuss *m*; Sturz *m einer Regierung*; **~os** *Pl* Bauschutt *m*

derroc|adero Felshang *m*; **~amiento** *m* Hinabstürzen *n*; Herabstürzen *n*; Absturz *m*; Sturz *m*; Zerstörung *f*; **~ar** ⟨-c/qu-⟩ *tr* hinabstürzen; herabstürzen; abreißen; *Regierung* stürzen; *Denkmal* zerstören

derroch|ador I *Adj* verschwenderisch **II** *m* Verschwender *m*; **~ar** *tr* verschwenden; **~e** *m* Verschwendung *f*

derrota[1] *m* Pfad *m*, Weg *m*; FLUGW, MAR Kurs *m* ◇ ***trazar la* ~** den Kurs abstecken

derrota[2] *f* Niederlage *f* ◇ ***infligir*** *od* ***propinar*** (***sufrir***) ***una* ~** eine Niederlage bereiten (erleiden)

derrotado zerlumpt ◇ ***ser* ~** eine Niederlage erleiden; geschlagen werden; *Wahl* durchfallen

derrotar *tr* (vernichtend) schlagen; *Regierung* stürzen; **~se** vom Kurs abkommen

derrotero *m* MAR (abgesteckter) Kurs *m*; Fahrtrichtung *f*; *übertr* Weg *m*; See- *od* Segelhandbuch *n* ◇ ***mudar de* ~** den Kurs

wechseln
derrubiar *tr Ufer* auswaschen; unterhöhlen; unterspülen
derruir ⟨-uy-⟩ *tr* abreißen
derrumb|adero *m* Abgrund *m auch übertr*; **~amiento** *m* (Ab-)Sturz *m auch übertr*; Einsturz *m*; Erdrutsch *m*; Zusammenbruch *m*; **~ar** *tr* hinunterstürzen; → ***derribar***; **~arse** einstürzen; einfallen; abstürzen *auch Computer*; *Hoffnungen* zusammenbrechen; **~e** *m* Einsturz *m*; Abgrund *m*; Grubeneinsturz *m*; *Méx* Steinschlag *m*
DES (*Abk für englisch* ***delivered ex ship*** *spanisch* ***sobre buque***) geliefert ab Schiff
desabastec|er ⟨-zc-⟩ *tr* unterversorgen; **~ido** unterversorgt; nicht versorgt; **~imiento** *m* Unterversorgung *f*, ungenügender Nachschub *m*
desaborido geschmacklos *auch übertr*; fade; langweilig
desabotonar *tr* aufknöpfen
desabrido fade; abgestanden; übel schmeckend; *Benehmen*, *Wetter* wechselhaft; barsch; mürrisch
desabrigar ⟨-g/gu-⟩ *tr jmdn* (*auch teilweise*) entkleiden; **~se** sich *etw* ausziehen; ablegen; sich sommerlich kleiden
desabr|imiento *m* Fadheit *f*; Wechselhaftigkeit *f*; Groll *m*; **~irse** ärgerlich werden
desabrochar *tr* aufhaken; aufknöpfen; aufschnallen; abschnallen; aufmachen
desacat|amiento *m* → ***~o***; **~ar** *tr* unehrerbietig behandeln; *Gesetze* nicht befolgen; **~o** *m* Unehrerbietigkeit *f*; *Gesetze* Nichtbefolgung *f*; Missachtung *f*
desaceleración *f* Verlangsamung *f*; WIRTSCH Abschwächung *f*
desacert|ado verfehlt; ungeschickt; unangebracht; irrig; **~ar** ⟨-ie-⟩ *intr* sich irren, fehlgehen; fehlgreifen
desacierto *m* Missgriff *m*; Fehler *m Irrtum*; Fehlhandlung *f*
desaconsejar *tr* abraten (*dir Obj* von)
desacopl|amiento *m* Ab-, Loskoppeln *n*; Entkopp(e)lung *od* -kupp(e)lung *f*; Abkopp(e)lung *f auch* RAUMF; **~ar** *tr* ent-, loskuppeln, abhängen; auskuppeln; abkoppeln *od* -kuppeln; RAUMF abdocken, -legen; **~e** *m* → ***~amiento***
desacostumbr|ado ungewohnt; aus der Übung; **~ar** *tr* entwöhnen; abgewöhnen
desacredit|ado verrufen; diskreditiert; **~ar** *tr* in Verruf bringen; **~arse** in Verruf kommen
desactivar *tr* außer Dienst stellen; *Werk* außer Betrieb setzen; CHEM, TECH desaktivieren; *Bergwerk* stilllegen; *Sprengkörper u übertr* entschärfen; *Soldaten* entwaffnen
desactualizado nicht mehr aktuell
desacuerdo *m* Meinungsverschiedenheit *f*; Uneinigkeit *f*; Zerwürfnis *n*; Dissens *m*; Unstimmigkeit *f*; Missfallen *n*; Einwand *m*; Vergesslichkeit *f* ◇ ***estar*** (***seguir***) ***en ~*** (weiter) uneins sein
desadaptado unangepasst
desafección *f* Abneigung *f* (***a, por*** gegen); **~ *por la política*** Politikverdrossenheit *f*
desafecto I *Adj* abgeneigt **II** *m* → ***desafección***
desafi|ar ⟨-ío⟩ *tr* herausfordern; trotzen; **~lado** *Schneidwerkzeug* stumpf; **~nar** *intr* unrein klingen; falsch singen; einen Misston hervorbringen
desafío *m* Herausforderung *f*
desfor|ado gewaltig; unersättlich; ungeheuer; rabiat; widerrechtlich; **~ar** ⟨-ue-⟩ *tr jmdn* seiner Rechte entheben; PARL *jmds* Immunität aufheben; **~arse** ausfallend werden
desafortunado unglücklich; unselig
desafuero *m* Frevel *m*; Widerrechtlichkeit *f*; Gewalttat *f*; PARL Aufhebung *f od* Aberkennung *f* der Immunität
desagotar *tr Am reg* leeren; entleeren
desagrad|able unangenehm; ungemütlich; peinlich; **~ar** *intr* missfallen; **~ecido I** *Adj* undankbar (***a*** für; ***para con*** gegenüber) **II** *m* Undankbarer *m*; **~ecimiento** *m* Undankbarkeit *f*; **~o** *m* Missfallen *n*; Widerwillen *m*; Unzufriedenheit *f*
desagraviar ⟨-ío⟩ *tr* entschädigen; wieder gutmachen; Genugtuung angedeihen lassen; *Schaden* ersetzen; **~se** sich schadlos halten (***de*** an); sich erholen (***de*** von)
desagu|adero *m* Abzugskanal *m*; Entwässerungsrohr *n*; **~ar** ⟨-gu/gü-⟩ **I** *tr* entwässern; auspumpen; dränieren **II** *intr* münden (***en*** in); abfließen
desagüe *m* Entwässerung *f*; Dränage *f*; Abwasserleitung *f*; Abfluss *m*; Trockenlegen *n*; **~ *de avenida*** Hochwasserbecken *n*
desahog|ado bequem, behaglich; frei, leer; zwanglos; dreist; *Kleidung* weit; geräumig; sorgenfrei; **~ar** ⟨-g/gu-⟩ *tr Wut* auslassen (***contra, en*** an); aus einer Bedrängnis befreien; **~arse** sich Luft machen; *einer Sache* freien Lauf lassen; sich erholen (***de*** von); es sich bequem machen; sich aussprechen; **~o** *m* Erleichterung *f*; Entspannung *f*; Geräumigkeit *f*; Erweiterung *f*; Zwanglosigkeit *f*; Dreistigkeit *f*; Auskommen *n*
desahuciar *tr jmdm* die Hoffnung nehmen; *Kranke* aufgeben; *Mieter*, *Pächter* kündigen; JUR zwangsräumen
desair|ado linkisch; **~ar** *tr* kränken; zurückweisen; herabsetzen; abweisen; nicht beachten

D

desaire *m* Kränkung *f*; Blamage *f*; Unannehmlichkeit *f*; **¡qué ~!** wie unangenehm! ◇ **dar** *od* **hacer un ~** kränken; **para no hacer el ~** um nicht unhöflich zu sein

desajust|ar *tr* durcheinander bringen; *Graduierung* verstellen; **~e** *m* Unordnung *f*; *Gerät* Verstellung *f*

desaladora *f Meereswasser* Entsalzungsanlage *f*; **~r** *tr* entsalzen; *Gesalzenes* wässern

desal|entar ⟨-ie-⟩ *tr* entmutigen; außer Atem bringen; **~entarse** den Mut verlieren; **~iento** *m* Entmutigung *f*; Mutlosigkeit *f*

desaliñ|ado nachlässig *in der Kleidung*; verwahrlost; liederlich

desalmacenar *tr Waren* auslagern

desalmado I *Adj* herzlos; gewissenlos; grausam **II** *m* Rowdy *m*; Schurke *m*; Unmensch *m*

desalojamiento *m* (Zwangs-)Räumung *f*; Evakuierung *f*; Exmittierung *f*; *Feind* Vertreibung *f*; Verdrängung *f* ◇ **avisar el ~** *Mieter* kündigen

desaloj|ar I *tr* vertreiben; verdrängen; *Wohnung* räumen; exmittieren; *Raum* verlassen **II** *intr* ausziehen; **~o** *m* → **~amiento**

desalterar *tr* besänftigen, beruhigen

desamarrar *tr* Vertäuung *od* Bindfaden lösen

desampar|ado I *Adj* schutzlos; verlassen; sich selbst überlassen **II** *m* Obdachloser *m*; **~ar** *tr jmdn* sich allein überlassen; im Stich lassen; Anspruch *m auf eine Sache* aufgeben; **~o** *m* Hilfs-, Schutzlosigkeit *f*; Verlassenheit *f*

desamueblar *tr Wohnung* ausräumen

desandar (→ **andar**) *tr Weg* zurückgehen

desangrar I *intr* verbluten; ausbluten **II** *tr* ausbluten lassen; *übertr jmdn* bluten lassen; **~se** verbluten

desanim|ación *f* Mutlosigkeit *f*; gedrückte Stimmung *f*; Leere *f*, Öde *f*; **~ado** mutlos; lustlos; wenig frequentiert; wenig belebt; *Veranstaltung* langweilig; **~ar** *tr* entmutigen; **~arse** mutlos werden

desánimo *m* Entmutigung *f*

desanudar *tr* aufknoten; entwirren; **~se** *Missverständnis* sich klären

desapacible unangenehm; unfreundlich *auch Wetter*; unleidlich; unbehaglich

desaparecer ⟨-zc-⟩ **I** *tr intr* verschwinden; abhanden kommen; *Duft* verfliegen **II** *tr jmdn* beseitigen *töten*; **hacer ~** beseitigen *z.B. Müll*; verschwinden lassen; vertuschen

desaparecido I *Adj* verstorben; vermisst **II** Verschwundener *m*; Vermisster *m*; Verschollener *m* ◇ **dar por ~** als vermisst erklären

desaparición *f* Verschwinden *n*; Ableben *n*

desapasionado leidenschaftslos, kühl, gelassen; nüchtern *abgeklärt*

desapeg|arse ⟨-g/gu-⟩ *übertr* sich lösen; **~o** *m* Abneigung *f* (**a, hacia, para con** gegen)

desapercibido unbemerkt; unvorbereitet ◇ **pasar ~** unbeachtet bleiben; nicht auffallen

desaplicado nachlässig; faul

desapreciar *tr* gering schätzen

desapren|der *tr* verlernen; **~sión** *f* Unvoreingenommenheit *f*; Rücksichtslosigkeit *f*; **~sivo** vorurteilslos; rücksichtslos; unvoreingenommen

des|aprobar ⟨-ue-⟩ *tr* missbilligen; ablehnen; **~apropiar** *tr* enteignen; **~aprovechado I** *Adj* ungenutzt; brachliegend; zurückgeblieben **II** *m* Nichtsnutz *m*; **~aprovechar** *tr* ungenutzt vergehen lassen; *Gelegenheit* verpassen; **~aprovecho** *m* Nichtausnutzung *f*; Versäumnis *n*

desarm|ado unbewaffnet; **~ador** *m AmC*, *Méx* Schraubendreher *m*; **~ar I** *tr* entwaffnen *auch übertr*; *Truppen* demobilisieren; *Zelt* abbauen; zerlegen; auseinander nehmen; MAR abtakeln; besänftigen **II** *intr* abrüsten; **~arse** die Waffen niederlegen

desarme *m* Entwaffnung *f*; Abrüstung *f*; Abtakelung *f*; **~ aduanero** *od* **arancelario** Abbau *m* der Zollschranken

desarmonía *f* Disharmonie *f auch übertr*

desarraigar ⟨-g/gu-⟩ *tr* entwurzeln *auch übertr*; mit den Wurzeln ausreißen; ausrotten; abbringen (**de** von)

desarregl|ado ungeregelt; liederlich; *Bett* zerwühlt; **~ar** *tr* in Unordnung bringen; *Schrank* durchwühlen; **~o** *m* Störung *f*; Panne *f*; Unordnung *f*, Liederlichkeit *f*; Ausschweifung *f*

desarroll|able ausbaufähig; **~ar** *tr* entwickeln *auch Foto u Gedanken*; entfalten; *Beziehungen* ausbauen; aufrollen; abwickeln; abspulen; darlegen; **~arse** sich entwickeln; sich abspielen; **~ista** *m* Entwicklungspolitiker *m*

desarrollo *m* Entwicklung *f*; *Beziehungen* Ausbau *m*; Ablauf *m*; Entfaltung *f*; Abrollen *n*, -wickeln *n*; Entrollen *n*; Aufrollen *n*; Abspulen *n*; Darlegung *f*; **~ económico** (**industrial**) wirtschaftliche (industrielle) Entwicklung *f*; **~ del mercado** (**de productos**) Markt-(Produkt)entwicklung *f*; **~ profesional** beruflicher Aufstieg *m*

desarrugar ⟨-g/gu-⟩ *tr Falten* glätten

desarticular *tr* zerlegen; zergliedern; zerfallen; *Organisation*, *Truppen* zerschlagen; *Plan* zum Scheitern bringen; *Arm* auskugeln, -renken; *Bombe* entschärfen

D

desase|ado unsauber; ungepflegt; **~ar** *tr* verunreinigen; in Unordnung bringen; **~o** *m* Unsauberkeit *f*
desas|imiento *m* Loslassen *n*; Ablassen *n* (**de** von) *auch übertr*; Entsagung *f*; **~ir** ⟨→ **asir**⟩ *tr* loslassen; ablassen (**de** von); aufhaken; **~irse** sich losreißen; verzichten (**de** auf); **~istir** *tr* im Stich lassen
desasos|egado unruhig; ruhelos; **~egar** ⟨-ie-, -g/gu-⟩ *tr* beunruhigen; die Ruhe nehmen; **~egarse** sich sorgen; **~iego** *m* Beunruhigung *f*; Sorge *f*; Unruhe *f*; Ruhelosigkeit *f*
desastrado zerlumpt; verwahrlost
desastre *m* schweres Unglück *n*; Desaster *n*; Reinfall *m*; schwerer Schlag *m*; **~ ecológico** Umweltkatastrophe *f*
desastroso unheilvoll; unglückselig; grauenvoll; schrecklich
desat|ado ungebunden; unverschnürt; zwanglos; **~ar** *tr* losbinden; *Paket* aufschnüren; lösen *auch übertr*; *Krieg* entfesseln; verursachen; **~arse** sich lösen (**de** von); *Unwetter u übertr* losbrechen; *Unglück* hereinbrechen (**sobre** über); ausbrechen (**en** in)
desatasc|ador *m* Abflussreiniger *m*; **~ar** ⟨-c/qu-⟩ *tr* aus dem Dreck ziehen; *jmdm* aus der Patsche helfen; *Fahrzeug* flottmachen; *Leitung* Verstopfung beseitigen; **~arse** VERK *Stau* sich auflösen
desaten|ción *f* Unaufmerksamkeit *f*; Vernachlässigung *f*; Ungefälligkeit *f*; Unhöflichkeit *f*; Missachtung *f*; **~der** ⟨-ie-⟩ *tr* vernachlässigen; missachten; nicht beachten; sich nicht kümmern um; **~to** unaufmerksam; zerstreut
desatin|ar I *tr* aus der Fassung bringen **II** *intr* Unsinn reden; kopflos handeln; **~o** *m* Verwirrung *f*; *Zielen* Unsicherheit *f*; Unsinn *m*; Missgriff *m*
desatomiz|ación *f* Schaffung *f* einer atomwaffenfreien Zone; **~ado** atomwaffenfrei
desatornill|ador *m Am* Schraubendreher *m*; **~ar** *tr* aufschrauben; los-, abschrauben
desatracar ⟨-c/qu-⟩ *intr* MAR ablegen; RAUMF abkoppeln, sich lösen
desautoriz|ación *f* Entziehung *f* der Befugnis; Verbot *n*; Außerkraftsetzung *f*; **~ado** unbefugt; **~ar** ⟨-z/c-⟩ *tr* für nicht zuständig erklären; für nicht zutreffend erklären; außer Kraft setzen; *jmdm* die Genehmigung entziehen; verbieten
desavenencia *f* Uneinigkeit *f*; Zwist *m*
desavenir ⟨→ **venir**⟩ *tr* entzweien; **~se** uneins werden; uneins sein (**consigo mismo** mit sich selbst; **entre sí** untereinander); sich entzweien
desaventajado benachteiligt; von Nachteil
desayunar *tr*/*intr*, **~se** frühstücken; **~ de u/c** von etw erfahren
desayuno *m* (erstes) Frühstück *n*
desaz|ón *f* Fadheit *f*; Juckreiz *m*; Unwohlsein *n*; LANDW Unreife *f*; Verdruss *m*; Unbehagen *n*; **~onar** *tr Speise* nicht schmackhaft zubereiten; verdrießen; Sorgen bereiten; **~onarse** sich unpässlich fühlen
desbancar ⟨-c/qu-⟩ *tr* verdrängen; ausbooten *verdrängen*; ausstechen *verdrängen*; SPORT auf die Plätze verweisen; aus dem Sattel heben *entmachten*; *Spielkasino* die Bank sprengen
desbandada *f* (wilde) Flucht *f*; Massenflucht *f*; ungeordneter Rückzug *m*; **a la ~** in wilder Flucht; in völliger Auflösung ◇ **abandonar en ~** fluchtartig verlassen
desbandarse auseinander stieben
desbarajust|ar *tr* durcheinander bringen; verwirren; **~e** *m* Durcheinander *n*
desbaratado wirr; ausschweifend, liederlich
desbaratar I *tr* in Unordnung bringen; zerstören; durcheinander bringen; *Plan* durchkreuzen; *Gelder* durchbringen; *Kundgebung* sprengen **II** *intr* Unsinn reden; **~se** *Pläne* sich zerschlagen
desbarr|ar *intr* ausrutschen *auch übertr*; alles falsch machen; kopflos handeln; unüberlegt reden; **~o** *m* Ausrutschen *n auch übertr*
desbaste *m* Grobbearbeitung *f*; erster Schliff *m auch übertr*
desbloquear *tr Konto*, *Kredit* freigeben; die Sperre aufheben; Hemnisse beseitigen
desboc|ado I *Adj Pullover*, *Schraubenschlüssel* ausgeleiert; unverfroren; hemmungslos **II** *m* Lästermaul *n*; **~arse** ⟨-c/qu-⟩ *Pferd* scheuen, durchgehen; ausfällig werden, ausrasten; loslegen, auspacken
desbord|amiento *m* Überschwemmung *f*; Ausufern *n auch übertr*; *übertr* Überschäumen *n*; **~ante** überquellend; übermäßig; überschäumend; überschwänglich; überströmend; **~ar I** *tr* überfluten; *Gefäß* zum Überlaufen bringen *auch übertr*; an den Rand drängen; *Vorstellung* übersteigen; *jmdn* überfordern **II** *intr*, **~arse** über die Ufer treten; *übertr* ausufern; überlaufen; *übertr* überquellen (**de** von); überschäumen (**de** vor); **~e** *m* → **~amiento**
desbrav|ador *m* Zureiter *m*; **~ar I** *tr Pferde* ein-, zureiten **II** *intr*, **~arse** zahm werden, sich beruhigen *auch übertr*
desbrochar *tr* aufknöpfen
desbrozar ⟨-z/c-⟩ *tr Gelände* von Gestrüpp befreien; *Weg* frei machen
desburocratizar ⟨-z/c-⟩ *tr* entbürokratisie-

ren
descabalgar ⟨-g/gu-⟩ *intr* vom Pferd steigen
descabell|ado sinnlos; wahnwitzig; verworren; unsinnig; **~ar** *tr Haar* zerzausen; TAUR *Stier* mit einem Genickstoß töten
descabez|ado kopflos *auch übertr*; **~ar** ⟨-z/c-⟩ *tr* köpfen *auch übertr*; **~arse** sich den Kopf zerbrechen
descafein|ado entkoffeiniert; **~ar** *tr* das Koffein entziehen; *übertr* verwässern
descalabazarse ⟨-z/c-⟩ sich den Kopf zerbrechen (***en, para*** um zu)
descalabrado übel zugerichtet ◇ ***salir ~ de*** übel wegkommen bei
descalabr|adura *f* Kopfverletzung *f*; **~ar** *tr* (am Kopf) verletzen; Schaden zufügen; **~arse** sich verletzen; **~o** *m* Verlust *m*; Reinfall *m*; Schlappe *f*; Missgeschick *n*
descal|cificar ⟨-c/qu-⟩ *tr* entkalken; MED Kalk entziehen; **~ificar** ⟨-c/qu-⟩ *tr* disqualifizieren; aberkennen; kritisieren, verurteilen
descalz|ador *m* Stiefelknecht *m*; **~amiento** *m Zahnfleisch* Zurückgehen *n*; **~arse** ⟨-z/c-⟩ sich die Schuhe *bzw* Strümpfe ausziehen; **~o I** *Adj* barfuß **II** *m* Barfüß(l)er(-mönch) *m*
descaminado verirrt; irrig; abwegig ◇ ***andar*** *od* ***estar*** *od* ***ir ~*** sich auf dem falschen Weg befinden; irren
descaminar *tr* vom Weg abbringen *auch übertr*; **~se** sich verlaufen; sich verfahren; auf den falschen Weg geraten
descamis|ado I *Adj* ohne Hemd; zerlumpt; bettelarm **II** *m Arg* Proletarier *m*; *hist* Perón-Anhänger *m*; **~ar** *tr jmdm* das Fell über die Ohren ziehen
descampado *m* offenes Gelände *n*; freies Feld *n*; ***al*** *od* ***en ~*** im Freien
descans|adero *m* Rastplatz *m*; **~ado** mühelos; unbesorgt; *Leben* geruhsam; **~apiés** *m* Fußstütze *f*
descansar *intr* ruhen *auch übertr*; ausruhen *auch Boden*; rasten; schlafen; TECH aufliegen (***en*** auf); stehen (***sobre*** auf); sich stützen (***en*** auf); *Annahme* beruhen (***en, sobre*** auf); ***¡que descanse!*** schlafen Sie gut!; ***sin ~*** rastlos, unaufhörlich; unermüdlich
descans|illo *m* Treppenabsatz *m*; **~o** *m* Erholung *f*; Rast *f*; Ruhe *f*; Arbeitspause *f*; Ruhepause *f*; Marschpause *f*; *Konzert*, THEAT Pause *f*; SPORT Halbzeit(pause) *f*; TECH Unterlage *f*; Messerbank *f*; Treppenabsatz *m*
descantillar *tr* abkanten; *Rechnung* nach unten abrunden; *Betrag* abziehen; *Geld* unterschlagen
descapitalización *f* Kapitalabwanderung *f*
descapot|able *m Auto* Kabriolett *n*; **~ado** KFZ offen *ohne bzw mit zurückgeklapptem Dach*
descar|ado unverschämt, frech; **~arse** frech *od* dreist werden (***con*** zu)
descarga *f* Entladung *f auch* EL; Entladen *n*; Abladen *n*; MAR Löschen *n*; HDL Entlastung *f*; *Tank* Entleerung *f*; *Kanone* Abfeuerung *f*; Salve *f*; *auch* Schuss *m*; EL Schlag *m*; *Cu* Standpauke *f*; ***~ atmosférica*** Blitzschlag *m*; ***~ cerrada*** Salvenfeuer *n*; ***~ de combustibles*** Treibstofflieferung *f*; ***~ de palos*** Tracht *f* Prügel
descargad|ero *m* Entladeplatz *m*; MAR Löschplatz *m*; **~or** *m* Entlader *m*; Schauermann *m*
descargar ⟨-g/gu-⟩ **I** *tr* abladen; MAR löschen; *Gewehr* feuern; EL, *Waffe* entladen; INFORM downloaden, herunterladen; *Hieb* versetzen; *Wut* abreagieren (***en, contra, sobre*** an); *Gewissen* erleichtern; freisprechen (***de*** von); *Schuld* abwälzen (***en, sobre*** auf) **II** *intr Fluss* münden; *Gewitter* niedergehen; **~se** *Gewitter* sich entladen; *Waffe* von selbst losgehen; *Verkehrsmittel* leer werden; sich frei machen; seinen Zorn auslassen (***contra*** an)
descarg|o *m* Entledigung *f*; MAR Leichtern *n*; FIN, HDL, JUR, VERW Entlastung *f*; **~ue** *m* Abladen *n*; MAR Löschen *n*
descarnar *tr* Fleisch *vom Knochen* lösen; *Zahn u übertr* freilegen; **~se** abmagern
descaro *m* Unverschämtheit *f*
descarriar ⟨-ío⟩ *tr* vom rechten Weg abbringen *auch übertr*; irreführen; **~se** sich verlaufen
descarrilar I *tr Zug* zum Entgleisen bringen **II** *intr*, **~se** entgleisen; abschweifen
descartar *tr Hindernisse* beseitigen; *Möglichkeit* ausschließen; *Behauptung* zurückweisen; abweisen; **~se** (Karten) ablegen; sich drücken (***de*** um, vor)
descarteliz|ación *f* Entkartellisierung *f*; **~ar** ⟨-z/c-⟩ *tr* entkartellisieren
descas|amiento *m* Scheidung *f*; **~ar** *tr Eheleute* scheiden
descasc|adora *f Getreide*, *Kaffee* Schälmaschine *f*; **~ar** ⟨-c/qu-⟩ *tr* → **~arar**; **~arse** in Stücke gehen; **~arar** *tr* (ab)schälen; enthülsen; entrinden; *Nüsse* knacken; **~ararse** *Bäume* sich schälen
descast|ado aus der Art geschlagen; missraten, ungeraten; gleichgültig; **~ar** *tr* ausrotten
descaudalado mittellos
descend|encia *f* Nachkommen(schaft *f*) *m/Pl*; Abstammung *f*; **~ente** (ab)fallend; absteigend

D

descender ⟨-ie-⟩ **I** *intr* herabsteigen; hinuntersteigen; absteigen; aussteigen; herunterfließen; hinunterfließen; niedergehen; *Flugzeug* an Höhe verlieren; sinken, fallen, zurückgehen; abstammen (***de*** von) **II** *tr Bild* abnehmen; herunterbringen; hinunterbringen; *Treppe* hinuntersteigen; ***hacer ~*** *Druck* senken

descend|iente *m* Nachkomme *m*; **~imiento** *m* Herabsteigen *n*; Herabnehmen *n*; REL Kreuzabnahme *f*; **~ista** *m(f)* SPORT Abfahrtsläufer(in) *m(f)*

descenso *m* Abstieg *m*; *Ski* Abfahrtslauf *m*; Talfahrt *f*; Rückgang *m*; Heruntersteigen *n*; Sinkflug *m*; Fallen *n*; SPORT Abstieg *m einer Mannschaft*; VERW Zurückstufung *f*; MIL Degradierung *f*; Gefälle *n*; MED Vorfall *m*; Senkung *f*; *Druck* Abfall *m*; ***~ de tipos de interés*** FIN Senkung *f* des Zinssatzes, Zinssenkung *f*; ***~ de votos*** Verlust *m* an Stimmen *bei Wahlen*

descentra|do **I** *Adj* unrund *laufend* **II** *m* KFZ Unwucht *f*; **~lizado** dezentral; **~lizar** ⟨-z/c-⟩ *tr* dezentralisieren; **~miento** *m Fotoapparat* unscharfe Einstellung *f*; Verrücktheit *f*

descerraj|ado *übertr* zügellos; **~ar** *tr Schloss* aufbrechen, -sprengen

descifr|ado *m* Dechiffrieren *n*; **~ador** *m* Entzifferer *m*; **~ar** *tr* entziffern; entschlüsseln; dechiffrieren; enträtseln

desclasificar ⟨-c/qu-⟩ *tr Geheimdokumente* freigeben

desclav|ador *m* TECH Geißfuß *m*; **~ar** *tr Nägel* herausziehen aus; *Zusammengenageltes* auseinander nehmen *od* trennen

desclorurado salzlos; *Diät* salzarm

descobijar *tr* aufdecken

descoc|ado frech, unverschämt; **~o** *m* Dreistigkeit *f*; vorlautes Mundwerk *n*

descodific|ación *f* INFORM, TV Dekodierung *f*; **~ador** *m* Decoder *m*; **~ar** ⟨-c/qu-⟩ *tr* dekodieren, entschlüsseln

descolgar ⟨-ue-, -g/gu-⟩ *tr* aus-, loshaken; *Bild, Telefonhörer* abnehmen; abhängen *auch übertr*; **~se** sich abseilen; sich abkoppeln; SPORT sich absetzen; aufkreuzen *unvermutet erscheinen*

descoll|ado überlegen; selbstbewusst; **~ar** ⟨-ue-⟩ *intr* herausragen; überragen; **~arse** sich hervortun

descoloc|ación *f* fehlende Anstellung *f*; **~ado** stellungslos

descolonizar ⟨-z/c-⟩ *tr* entkolonialisieren

descolor|amiento *m* Entfärbung *f*; Verfärbung *f*; Blässe *f*; **~ante** **I** *Adj* bleichend; Bleich- **II** *m* Entfärber *m*; Bleichmittel *n*; **~ar** *tr* entfärben; bleichen; **~arse** *Farbe* verblassen

descolorido verschossen, ausgewaschen ◇ ***estar ~*** blass sein; ***ser ~*** farblos sein

descombrar *tr* enttrümmern

descomed|ido unmäßig; übermäßig; taktlos; unhöflich; **~irse** ⟨-i-⟩ sich ungebührlich betragen; beleidigend werden

descompaginar *tr etw* durcheinander bringen; *Plan* vereiteln

descompas|ado übermäßig; *Zeit* unmöglich; *Format* außergewöhnlich; ausgefallen; unverschämt; **~arse** aus der Rolle fallen

descompensación *f* MED Dekompensation *f*

descomponer ⟨→ ***poner***⟩ *tr* zerlegen; auseinander nehmen; zergliedern; zersetzen; zerrütten; entzweien; in Unordnung bringen; aus der Fassung bringen; **~se** faulen; verwesen; sich zersetzen; *Speise* verderben; die Fassung verlieren; sich überwerfen (***con*** mit); *übertr* zerfallen

descompos|ición *f* Verwesung *f*; Zersetzung *f*; Zerrüttung *f*; Zerlegung *f auch* PHYSIOL; Zerfall *m*; **~tura** *f* ungepflegtes Äußeres *n*; Unwohlsein *n*; Unverfrorenheit *f*

descompr|esión *f* Druckminderung *f*; **~esor** *m* Dekompressionsgerät *n*; **~imir** *tr* den Druck verringern; INFORM entpacken

descompuesto *Part von* → ***descomponer***; unordentlich; frech; verstört; *Gesicht* verzerrt; entzwei; zerfallen; verfault; zornig; unwohl; zerrüttet; fassungslos; verwegen; *Am* angesäuselt

descomunal außerordentlich; ungeheuer; riesig; ungewöhnlich

desconcentrar *tr* HDL entflechten

desconcert|ado durcheinander gebracht; perplex; verwirrt; verblüfft; bestürzt; ratlos; zügellos; **~ador** beunruhigend; verwirrend; **~ante** verblüffend; **~ar** ⟨-ie-⟩ *tr* durcheinander bringen; stören; aus der Fassung bringen; verunsichern; bestürzen; verlegen machen; verblüffen; *Gliedmaßen* verrenken; *Plan* vereiteln; **~arse** sich entzweien; die Fassung verlieren; verblüfft sein

desconchado *m* Abbröckeln *n*; Abblättern *n*; abgeblätterte Stelle *f*

desconcierto *m* Unordnung *f*; Bestürzung *f*; Ratlosigkeit *f*; Verblüffung *f*; Verwirrung *f*; Uneinigkeit *f*

descone|ctar *tr/intr* aus-, abschalten *auch übertr*; EL abklemmen; → ***desacoplar***; **~ctarse** *Computer* sich ausloggen; **~xión** *f* Abschaltung *f*; Abklemmung *f*

desconf|iado misstrauisch; zweifelnd (***de*** an); **~ianza** *f* Misstrauen *n*; Argwohn *m*;

Zweifel *m*; **~iar** ⟨-ío⟩ *intr* misstrauen (***de*** *Dat*); zweifeln (***de*** an *Dat*)
descongel|ación *f Kühlschrank* Enteisen *n*; Abtauen *n*; *Tief- u Zugefrorenes* Auftauen *n*; *Backwaren*, *Fenster* Entfrostung *f*; *Konto* Freigabe *f*; **~ador** *m* Enteiser *m*; Entfroster *m*; **~ar** *tr Kühlschrank* enteisen; auftauen; entfrosten; *Konto* freigeben; **~arse** abtauen; auftauen
descongest|ión *f* VERK Stauauflösung *f*; **~ionar** *tr* entstauen; VERK entlasten
desconocer ⟨-c/zc-⟩ *tr* nicht wissen; nicht kennen; nicht wieder erkennen; ignorieren, nicht anerkennen; leugnen; nicht zur Kenntnis nehmen; *Sprache* nicht können; *Werk* verleugnen; sich nicht bekennen zu; verkennen
desconocerse unbekannt sein; ***no puede ~*** es darf nicht außer Acht gelassen werden
desconocido unbekannt (***de, para*** *Dat*); unerkannt; verkannt; undankbar; ***totalmente ~*** wildfremd ◇ ***estar ~*** nicht wieder zu erkennen sein
desconocimiento *m* Unkenntnis *f*; Undankbarkeit *f*; Nichtanerkennung *f*
desconsider|ación *f* Missachtung *f*; Rücksichtslosigkeit *f*; **~ado** rücksichtslos; unbesonnen, -überlegt
desconsol|ado trostlos; trübselig; untröstlich; *Magen* flau; **~ador** hoffnungslos; betrüblich; jämmerlich; **~ar** ⟨-ue-⟩ *tr* betrüben; **~arse** untröstlich sein
desconsuelo *m* Trostlosigkeit *f*; tiefe Betrübnis *f*; Flauheit *f im Magen* ◇ ***llorar con ~*** schmerzvoll *od* bitterlich weinen
descontado: ***¡~!*** ausgeschlossen!; ***por ~*** selbstverständlich ◇ ***dar por ~*** als sicher annehmen
descontamin|ación *f* Dekontaminierung *f*; **~ar** *tr* entseuchen, dekontaminieren
descontar ⟨-ue-⟩ *tr Betrag* abziehen (***de*** von); *Wechsel* diskontieren; HDL skontieren; ***descontando que*** wenn man davon absieht, dass; abgesehen davon, dass; ***¡descuente usted!*** das ist zu dick aufgetragen!
descontentadizo missmutig; missvergnügt; wählerisch; nicht zufrieden zu stellen
descontent|ar *tr* unzufrieden machen; missfallen; **~o I** *Adj* unzufrieden (***con, de*** mit); missvergnügt **II** *m* Unzufriedenheit *f*; Missvergnügen *n*
descontrol *m* fehlende Kontrolle *f*; **~ado** kopflos *verwirrt*; außer Kontrolle; unkontrolliert; **~arse** außer Kontrolle geraten; die Kontrolle über sich verlieren
desconvocar ⟨-c/qu-⟩ *tr Veranstaltung* absagen; rückgängig machen; *Streik* abblasen
descoordinación *f* mangelnde Koordinierung *f*
descorazon|ado verzagt; **~ar** *tr* entmutigen; **~arse** den Mut verlieren
descorch|ador *m* Korkenzieher *m*; **~ar** *tr Korkeiche* schälen; *Flasche* entkorken
descorrer I *tr Vorhang* aufziehen; *Riegel* zurückschieben; *Bücherreihe* durchgehen; *Weg* zurückgehen **II** *intr*, **~se** abfließen
descort|és ⟨*auch f*⟩ unhöflich; **~esía** *f* Unhöflichkeit *f*, Ungezogenheit *f*
descortezar ⟨-z/c-⟩ *tr* schälen; entrinden; *Brot* Rinde abschneiden; *übertr* abschleifen
descos|er *tr Kleidung*, *Naht* auftrennen; **~erse** *Naht* aufgehen; sich verplappern; **~ido I** *Adj* schwatzhaft; unzusammenhängend; unordentlich **II** *m* aufgetrennte Naht *f*; Plaudertasche *f*
descoyuntar *tr* verrenken; ausrenken; Gewalt antun
descrédito *m* Misskredit *m*; Verruf *m* ◇ ***caer en ~*** in Verruf kommen; in Misskredit geraten; an Ansehen verlieren; ***ir en ~ de*** *od* ***poner en ~ a*** in Verruf bringen
descre|ído I *Adj* ungläubig *auch* REL **II** *m* Ungläubiger *m*; **~imiento** *m* Ungläubigkeit *f*, Unglaube *m*
descremar *tr Milch* entrahmen
describir (*Part* ***descrito***, *Am auch* ***descripto***) *tr* beschreiben; schildern; darstellen; *Kurve* ziehen
descripción *f* Beschreibung *f*; Schilderung *f*; ***~ física*** Personenbeschreibung *f*; ***~ de patente*** Patentschrift *f*; ***~ del puesto de trabajo*** Arbeitsplatzbeschreibung *f*
descript|ivo beschreibend; darstellend; **~or** *m* Beschreiber *m*; Schilderer *m*
descrismar *tr* eins über den Schädel geben; **~se** sich den Schädel einschlagen; sich den Kopf zerbrechen; aus der Haut fahren *zornig werden*
descrito *Part von* → ***describir***
descuadrar *tr* durcheinander bringen
descuaj|ar *tr Geronnenes* verflüssigen; *Fett* zerlassen; den Mut nehmen; *Bäume* entwurzeln; *Gestrüpp* mit der Wurzel ausreißen; **~aringar** ⟨-g/gu-⟩ *tr* auseinander nehmen; **~aringarse** sich kaputtlachen; ermatten; *Am* aus dem Leim gehen; **~e** *m*, **~o** *m* Roden *n*
descuartizar ⟨-z/c-⟩ *tr* vierteilen; zerlegen; zerteilen; in Stücke schlagen; zerstückeln
descubierto *Part von* → ***descubrir***; **I** *Adj* unbedeckt; barhäuptig; wolkenlos; *Gelände*, *Rechnung* offen; BERGB über Tage; ***al ~*** im Freien; ***en ~*** *Konto* überzogen; *Scheck*

D

ungedeckt ◇ ***estar en ~*** verschuldet sein; ***hablar en ~*** offen sprechen; ***poner al ~*** freilegen; preisgeben; *Komplott* aufdecken; ans Tageslicht bringen; ***quedar al ~*** entlarvt werden; ***quedar en ~*** sich nicht rechtfertigen können; *übertr* enthüllt werden; *Konto* überziehen **II** *m* Rückstand *m*; Defizit *n*; ungedeckte Verbindlichkeiten *f/Pl*; ***~ en cuenta*** Fehlbetrag *m*, Kontoüberziehung *f*

descubr|idor *m* Entdecker *m*; Kundschafter *m*; **~imiento** *m* Entdeckung *f*; Enthüllung *f*; **~ir** ⟨*Part* ***descubierto***⟩ *tr* aufdecken *auch übertr*; bloßlegen; *Denkmal* enthüllen; *Geheimnis* lüften; entdecken; dahinterkommen; *Wahrheit* ermitteln; offenbaren; MIL entblößen; **~irse** die Kopfbedeckung abnehmen; *Oberkörper* sich frei machen; *Himmel* sich aufklären; sich offenbaren (***a*** *od* ***con alg*** jmdm); sein Herz ausschütten

descuello *m* herausragende Stellung *f*; Hochmut *m*

descuento *m* FIN Abzug *m*; Nachlass *m*, Rabatt *m*; Diskont *m*; Diskontierung *f*; VERK Ermäßigung *f*; Disagio *n*; Skonto *m,n*; ***~ por cantidad*** Mengenrabatt *m*; ***~s comerciales*** Handelsspanne *f*; ***~ de comerciante*** Händlerrabatt *m*; ***~ sobre la ganancia*** Gewinnabführung *f*; ***~ al por mayor*** (***menor***) Groß-(Einzel)handelsrabatt *m*; ***~ de lanzamiento*** (***letras***) Einführungsrabatt *m* (Wechseldiskontierung *f*); ***~ por pago al contado*** Kassenskonto *m*; ***~ de pena*** Strafminderung *f*; ***~ de precio*** (***reventa***) Preisabschlag *m* (Wiederverkäuferrabatt *m*) ◇ ***conceder un ~*** (einen) Rabatt einräumen *od* gewähren

descuidado: *mit* ***ser*** nachlässig, liederlich; *mit* ***estar*** vernachlässigt; *Person* ungepflegt; fahrlässig; unvorsichtig; unachtsam; *Kleidung* salopp ◇ ***coger ~ a alg*** jmdn überraschen

descuidar I *tr* vernachlässigen; außer Acht lassen; *jmdn* ablenken; nicht beachten **II** *intr* unbesorgt sein; ***¡descuida!*** mach dir keine Sorgen; **~se** nachlässig sein; unvorsichtig sein

descuidero *m* Taschendieb *m*; ***~ de coches*** Automarder *m*

descuido *m* Nachlässigkeit *f*; Fahrlässigkeit *f*; Versehen *n*; Unachtsamkeit *f*; ***con ~*** nachlässig; ***en un ~*** *Am reg* unverhofft; ***por ~*** versehentlich; fahrlässig

desde I *Präp* aus (***llegó ~ Madrid***); seit (***~ hace dos días***; ***~ aquel día***); von (***~ lejos***); von … an (***~ ahora en adelante***); von … aus (***~ aquí***); von … nach (***~ arriba hacia abajo***) **II** *Adv* ***~ ahora***, *Am reg* ***~ ya*** sofort; ***~ entonces*** seither; seit damals; ***~ luego*** selbstverständlich **III** *Konj* ***~ que*** seit(dem) (***~ que lo vi***); solange (***~ que se puede recordar***)

desdecir ⟨→ ***decir***⟩ *intr* abweichen (***de*** von); im Widerspruch stehen (***de*** zu); nicht passen (***zu*** zu); geraten (***de*** nach); ***~se de u/c*** etw widerrufen; etw zurücknehmen; etw nicht (ein)halten

desdén *m* Geringschätzung *f*; Verachtung *f*; ***al ~*** (nach)lässig, leger; ***con ~*** geringschätzig; verächtlich

desdeñar *tr* gering schätzen; verachten; verschmähen; außer Acht lassen; ***no desdeñó dar algo*** er hielt es nicht für unter seiner Würde etwas zu geben

desdeñoso verächtlich; wegwerfend

desdibuj|ado *Grenze*, *Scheidelinie* verschwommen; **~ar** *tr* verwischen; undeutlich werden; verzerrt darstellen

desdicha *f* Unglück *n*; Elend *n*; **~damente** unglücklicherweise; elend(iglich); **~do I** *Adj* unglücklich; erbärmlich; einfältig **II** *m* armer Teufel *m*, Pechvogel *m*; Einfaltspinsel *m*

desdinerar *tr* von Geld entblößen; **~se** sich finanziell völlig verausgaben

desdoblar *tr* entfalten; ausbreiten; aufbiegen; gerade biegen; CHEM, PHYSIOL, PSYCH spalten; BIOL teilen, verdoppeln; **~se** sich entfalten

desdramatizar ⟨-z/c-⟩ *tr* entdramatisieren; herunterspielen; entschärfen

desear *tr* wünschen; sich *etw* wünschen; wollen; mögen; ***deseo que se vaya*** ich möchte, dass er geht; ***deseo que vengan*** sie sollen herkommen; ***dejar mucho que ~*** viel zu wünschen übrig lassen; ***es de desear que*** + *subj* es ist wünschenswert *od* zu wünschen, dass + *Ind*

desecar ⟨-c/qu-⟩ *tr* trocknen; austrocknen; *Sumpf* trockenlegen; dörren

desech|able Wegwerf-; **~ar** *tr Bücher* aussondern; *schlechtes Obst* aussortieren; *alte Schuhe* ablegen; TECH zum Ausschuss werfen; wegwerfen; *jmdn des Lokals* verweisen; *Posten*, *Stelle* ausschlagen; *Bergwerk* aufgeben; *Einwände*, *Vorschläge* verwerfen; *etw* von der Hand weisen; *Verdacht* von sich weisen; *Klage* abweisen; *Riegel* zurückschieben; *Schlüssel zum Öffnen* umdrehen

desecho *m* Abfall *m*; TECH Ausschuss *m*; *Am Tabak* bestes Blattgut *n*; ***~ atómico*** *od* ***nuclear*** *od* ***radioactivo*** Atommüll *m*; ***~ reciclable*** Wertstoff *m*; ***~s de la sociedad*** Abschaum *m* der Gesellschaft; ***~s tóxicos*** Giftmüll *m*; ***de ~*** TYP Makulatur-; *Gerät* ausrangiert ◇ ***transformar*** *od* ***tratar los ~s*** die Abfälle entsorgen

desellar *tr* entsiegeln
desembalar *tr* auspacken
desembaraz|ado ungehemmt; ungezwungen; *Raum*, *Weg* frei (gemacht); *Zimmer* (aus)geräumt; **~ar** ⟨-z/c-⟩ **I** *tr von Hindernissen* frei machen; ausräumen; *Zimmer* räumen **II** *intr Am* entbinden; **~arse** sich frei machen (***de*** von); *Hemd* ausziehen; *etw* loswerden (wollen); sich *einer Sache* entledigen; **~o** *m* Beseitigung *f* von Hindernissen; Ungezwungenheit *f*; *Am* MED Entbindung *f*
desembarc|adero *m* Anlegestelle *f*; Landungsbrücke *f*; Bootssteg *m*; Pier *m* MAR *f*; Löschplatz *m*; **~ar** ⟨-c/qu-⟩ **I** *tr Passagiere*, *Truppen* ausschiffen; *Fische*, *Passagiere*, *Truppen* anlanden; *Waren* ausladen, löschen; an Land setzen **II** *intr* landen; an Land gehen; *i w S* aussteigen; MAR abheuern; FLUGW auschecken; **~arse** von Bord gehen; **~o** *m* Ausschiffung *f*; Landung *f*; Treppenabsatz *m*
desembarg|ar ⟨-g/gu-⟩ *tr Beschlagnahmtes* freigeben; das Embargo aufheben; **~o** *m* Aufhebung *f* des Embargos; JUR Freigabe *f*
desembarque *m* Ausladen *n*, Löschen *n*; Landung *f*; Anlandung *f*
desemboc|adero *m*, **~adura** *f Fluss* Mündung *f*; Einmündung *f*; *Bucht* Ein- *bzw* Ausfahrt *f*; TECH Auslauf *m*; **~ar** ⟨-c/qu-⟩ *intr* münden (***en*** in); führen (***en*** zu); einmünden
desembolsar *tr Geld* ausgeben; *Geld* auslegen; auszahlen; FIN *Gewinne* ausschütten; *Kapital* einzahlen
desembolso *m* (Aus-)Zahlung *f*; (Gewinn-)Ausschüttung *f*; Ausgabe *f*; *Kapital* Einzahlung *f*; Auslage *f*; **~ *en efectivo*** Barauszahlung *f*; **~ *inicial*** Anzahlung *f*
desemboz|ado nackt, unverhüllt *auch übertr*; **~ar** ⟨-z/c-⟩ *tr* enthüllen *auch übertr*; offenbaren; **~arse** sein Antlitz enthüllen; sein wahres Gesicht zeigen
desembragar ⟨-g/gu-⟩ *tr* TECH ausrücken; KFZ auskuppeln
desembrollar *tr* entwirren *auch übertr*
desembuchar *tr/intr Vogel* sich kröpfen; *übertr* auspacken, ausplaudern; herausplatzen mit; ***¡desembuche usted!*** schießen Sie los! *erzählen Sie*
desemejar I *intr* unähnlich sein (***de*** *Dat*) **II** *tr* entstellen
desempacar ⟨-c/qu-⟩ *tr* auspacken
desempach|arse die Schüchternheit ablegen; **~o** *m* Zwanglosigkeit *f*; Unbefangenheit *f*; Dreistigkeit *f*
desempañador *m*: **~ *trasero*** KFZ Heckscheibenheizung *f*
desem|pañar *tr* aus den Windeln nehmen; *beschlagene Brille od Fenster* abwischen; **~papelar** *tr* Tapete entfernen; **~paquetar** *tr* auspacken; INFORM entpacken; **~patar** *tr* SPORT *unentschiedenes Spiel durch Punktwertung* entscheiden; **~pedrar** *tr Straße* das Pflaster aufreißen; **~pate** *m* POL Stichentscheid *m*; SPORT Stichkampf *m*, Stechen *n*; **~peñar** *tr Pfand* einlösen; *Amt* ausüben; *Pflicht* erfüllen; *Auftrag* erledigen; *Rolle* spielen; **~peñarse** *Am reg* tätig sein (***como*** als)
desempleado *m* Arbeitsloser *m*; **~ *de larga data*** Langzeitarbeitsloser *m*
desemplear *tr* arbeitslos machen
desempleo *m* Arbeitslosigkeit *f*; **~ *de larga duración*** Langzeitarbeitslosigkeit *f*; **~ *estacional*** saisonbedingte Arbeitslosigkeit *f*; **~ *masivo*** Massenarbeitslosigkeit *f*
desempolvar *tr* abstauben; entstauben
desenamorar *tr* die Liebe erkalten lassen; **~se** einander gleichgültig werden
desencaden|ante *m* auslösender Faktor *m*; Auslöser *m*; **~ar** *tr* losketten; *übertr* entfesseln; entfachen; **~arse** *übertr* ausbrechen; *Sturm* losbrechen
desencajar *tr* TECH ausrasten; herausziehen; ausklinken; aus der Fuge *od* dem Loch ziehen; MED ausrenken; **~se** ausrasten; aus den Fugen gehen; *Gesicht* sich verzerren; *Augen* sich schreckhaft weiten; außer Fassung geraten
desencantar *tr* entzaubern; ernüchtern; enttäuschen
desencapotar *tr jmdm* den Umhang abnehmen; aufdecken; **~se** *Himmel*, *Stimmung* sich aufhellen; *Himmel* aufklaren
desencaprichar *tr* zur Vernunft bringen; **~se** vernünftig werden
desencarcelar *tr* aus der Haft entlassen
desencarecer ⟨-zc-⟩ *tr* verbilligen; **~se** billiger werden
desencargar ⟨-g/gu-⟩ *tr* abbestellen
desenchufar *tr* den Stecker herausziehen
desencoger ⟨-g/j-⟩ *tr* auseinander breiten; strecken; **~se** die Beine ausstrecken; *übertr* auftauen
desencolarse aus dem Leim gehen
desencolerizar(se) ⟨-z/c-⟩ *tr* (sich) beruhigen
desenconar *tr Entzündung* kühlen; beschwichtigen; **~se** ruhig werden
desencuadernar *tr Buch* auseinander heften; *Einband* auseinander nehmen; **~se** sich aus dem Einband lösen, auseinander fallen
desencuentro *m* Zerwürfnis *n*; Auseinanderleben *n*
desenfadaderas *f/Pl*: ***tener buenas ~***

D

übertr die Kurve kriegen
desenfad|ado locker, zwanglos; ausgelassen; ungeniert; heiter; geräumig; **~ar** *tr* aufheitern; beschwichtigen; **~o** *m* Ungezwungenheit *f*; Unverschämtheit *f*
desenfo|car ⟨-c/qu-⟩ *tr* OPT unscharf einstellen; **~que** *m* falsche Einstellung *f auch übertr*; OPT Unschärfe *f*
desenfren|ado hemmungslos; ausschweifend; **~ar** *tr Pferd* abzäumen; *etw* lostreten; **~arse** sich gehen lassen; ein Lotterleben führen; jeden Halt verlieren; *Sturm* losbrechen
desenganch|ar *tr* aushaken; loshaken; *Segelflugzeug* ausklinken; TECH lösen; *Hänger, Waggon* loskoppeln; *Pferde* ausspannen; **~arse** POL sich abkoppeln, sich lösen; **~e** *m* TECH Ausrücken *n*; *Waggon* Loskoppeln *n*; Ausspannen *n*; Ausklinken *n*; POL Auseinanderrücken *n der verfeindeten Mächte*
desengañar *tr* enttäuschen; ernüchtern; *übertr* die Augen öffnen (***de*** über); **~se** eine Enttäuschung erleben; seinen Irrtum einsehen; Illusionen aufgeben
desengrasar I *tr* entfetten; TECH entölen **II** *intr* schlanker werden
desenlace *m* Lösen *n*; Lösung *f einer Schwierigkeit*; Erlösung *f*; *Drama, Roman* Ausgang *m*; **~ *fatal*** (***feliz ~***) bitteres Ende *n* (glücklicher Ausgang *m*); **~ *funesto*** tödlicher Ausgang *m*
desenlazar ⟨-z/c-⟩ *tr* losbinden; aufschnüren; *übertr* lösen; **~se** *Drama* ausgehen, enden
desenmarañar *tr Haar* entfilzen; *Wolle* entfitzen; entwirren *auch übertr*
desenmascarar *tr* demaskieren; *übertr* entlarven; *übertr etw* aufdecken; (auf)klären
desenojar *tr* besänftigen
desenredar *tr* entwirren; *Ordnung* hineinbringen in; **~se** sich herausfitzen
desenrollar *tr* entrollen; abspulen; ab-, aufwickeln; **~se** sich aufrollen; *Band, Film* sich abspulen
desenroscar ⟨-c/qu-⟩ *tr* abschrauben; aufdrehen; aufschrauben; **~se** sich losschrauben, sich lösen
desensamblar *tr Zusammengefügtes* auseinander nehmen, zerlegen
desensi|bilizar ⟨-z/c-⟩ *tr* desensibilisieren; **~llar** *tr* absatteln
desentenderse ⟨-ie-⟩ sich unwissend stellen; sich fern halten (***de*** von); sich überwerfen
desentendido: ***hacerse el ~*** sich unwissend stellen; den Ahnungslosen spielen; so tun, als ob es einen nichts anginge
desentendimiento *m* Zerwürfnis *n*
desenterrar ⟨-ie-⟩ *tr* ausgraben *auch übertr*; freilegen; *Schatz* heben
desenton|ar *intr* MUS unrein klingen; falsch singen; nicht passen (***con*** zu); **~arse** ausfällig werden; **~o** *m* Misston *m auch übertr*; Ungehörigkeit *f*
desentornillar *tr* losschrauben; aufschrauben; abschrauben; (her)ausschrauben
desentrañar *tr* ausweiden; ergründen; **~se** alles *für jmdn* hergeben
desentren|ado aus der Übung gekommen; **~amiento** *m* Abtrainieren *n*; ungenügendes Training *n*; **~arse** aus der Übung kommen
desentronizar ⟨-z/c-⟩ *tr* entthronen
desentumecer ⟨-zc-⟩ *tr Muskeln* lockern; **~se** Lockerungsübungen machen; sich lösen *Starre der Gliedmaßen*
desenvainar *tr Degen* zücken *od* (aus der Scheide) ziehen; *Krallen* zeigen; *Verborgenes* herausrücken
desenvoltura *f* Ungezwungenheit *f*; Unbefangenheit *f*; Unverfrorenheit *f*
desenvolver ⟨→ ***volver***⟩ *tr* entwickeln; auswickeln; abwickeln; aufdecken; auspacken; entfalten; darlegen; **~se** sich aufwickeln; sich aufrollen; sich entwickeln; verlaufen; ablaufen
desenvuelto *Part von* → ***desenvolver***; ungezwungen; gewandt
desenzarzar ⟨-z/c-⟩ *tr Streitende* trennen
deseo *m* Wunsch *m*; Verlangen *n*; Begehren *n*; Drang *m*; Sehnen *n*; ***~s*** *Pl* Gelüste *n*/*Pl*; **~ *ardiente*** brennender Wunsch *m*; **~ *de poder*** (***saber***) Machtgelüste *n*/*Pl* (Wissensdurst *m*); ***a ~*** auf Wunsch; ***conforme a los ~s*** wunschgemäß
deseoso begierig (***de*** nach); **~ *de*** + *Inf* von dem Wunsch beseelt zu + *Inf*
desequilibr|ado unausgeglichen; nicht ganz bei Trost; **~ar** *tr* aus dem Gleichgewicht bringen; **~arse** aus dem Gleichgewicht geraten; verwirrt werden
desequilibrio *m* Gleichgewichtsstörung *f*; gestörtes Gleichgewicht *n*; Ungleichgewicht *n*; Unausgewogenheit *f*; **~ (*mental*)** Geistesverwirrung *f*
desertar *intr* abtrünnig werden; *zum Feind* überlaufen; fahnenflüchtig werden, desertieren; *Arbeitsplatz* eigenwillig verlassen; *von der Schule* vorzeitig abgehen; nicht mehr teilnehmen (***de*** an); *Verpflichtungen* nicht nachkommen; *auf Rechtsmittel* verzichten
desértico wüstenartig; Wüsten-; trostlos; verlassen *unbewohnt*
deserti|ficación *f*, **~zación** *f* Vordringen *n* der Wüste, Wüstenausbreitung *f*

D

desertor *m* Abtrünniger *m*; Überläufer *m*; Fahnenflüchtiger *m*, Deserteur *m*
desescombrar *tr* enttrümmern
desesperación *f* Verzweiflung *f*; Trostlosigkeit *f*; Hoffnungslosigkeit *f* ◇ ***es una ~*** es ist zum Verzweifeln; ***ser la ~ de alg*** jmdn zur Verzweiflung bringen
desesperado **I** *Adj* trostlos; hoffnungslos; verzweifelt; von der Verzweiflung getrieben **II** *m* Verzweifelter *m*; Desperado *m*; Bandit *m*; Hoffnungsloser *m* ◇ ***correr como un ~*** wie ein Besessener rennen
desesper|ante zum Verzweifeln; zur Verzweiflung treibend; entmutigend; trostlos; **~anza** *f* → ***desesperación***; **~anzar** ⟨-z/c-⟩ *tr jmdn* mutlos machen; *jmdm* jegliche Hoffnung nehmen; **~ar** **I** *tr* zur Verzweiflung bringen **II** *intr* verzweifeln (***de*** an); keine Hoffnung haben; **~arse** verzweifeln; in Verzweiflung geraten; alle Hoffnung aufgeben
desestabilizar ⟨-z/c-⟩ *tr* destabilisieren; verunsichern; *Front u ideologisch* aufweichen
desestacionalizado saisonbereinigt
desestalinización *f* POL Entstalinisierung *f*
desestatizar ⟨-z/c-⟩ *tr* reprivatisieren
desestimar *tr* verachten; gering schätzen; *etw* verwerfen, zurückweisen; *Klage* abweisen; *Angebot* ausschlagen; *Antrag* ablehnen; *Hinweise* missachten; verneinen
desfachatado unverschämt, frech; unverfroren
desfalc|ar ⟨-c/qu-⟩ *tr Gelder* veruntreuen; *jmdn* um *etw* bringen; **~o** *m* Unterschlagung *f*; Hinterziehung *f*
desfallecer ⟨-zc-⟩ **I** *tr* schwächen **II** *intr* ohnmächtig werden; matt werden; *Kräfte* nachlassen; *vor Angst, Schreck* vergehen; *Mut* verlieren; ***sin ~*** unermüdlich; ***me siento ~*** mir wird übel; mir schwinden die Kräfte
desfallecimiento *m* Nachlassen *n der Kräfte*; Ohnmacht *f*; Mattigkeit *f*, Schwäche *f*; Mutlosigkeit *f*
desfas|ado TV *Bild* unscharf; TECH phasenverschoben; zurückgeblieben; veraltet; altmodisch; *Gesetz* überholt; unzeitgemäß; *Ablauf* gestört, unregelmäßig; POL, WIRTSCH unausgeglichen; **~amiento** *m* PHYS Phasenverschiebung *f*; **~ar** *tr* in der Phase verschieben; **~e** *m* PHYS, TECH Phasenverschiebung *f*; Verschiebung *f*; Abweichung *f*; mangelnde Abstimmung *f*; ungleichmäßige Entwicklung *f*; *zeitliche* Staffelung *f*; Missverhältnis *n*
desfavor *m* Nachteil *m*; Bärendienst *m*; **~able** ungünstig; nachteilig; abfällig; **~ecer** ⟨-zc-⟩ *tr jmdm* seine Gunst entziehen; benachteiligen; *Frisur, Kleidung* nicht zum Vorteil gereichen; *Farbe, Kostüm* nicht kleiden
desfibrar *tr Holz, Faserpflanzen, Zuckerrohr* zerfasern; *Stoff* zerreißen
desfigurar *tr* entstellen; verunstalten; verzerren; unkenntlich machen; **~se** *Gesicht* sich verziehen; sich verzerren; *vor Wut* außer Fassung geraten
desfil|adero *m* (Eng-)Pass *m*; Hohlweg *m*; Schlucht *f*; **~ar** *intr* vorbeimarschieren; MIL (vorbei)defilieren; vorbeiziehen
desfile *m* Parade *f*; Vorbeimarsch *m*; Umzug *m*; ***~ de antorchas*** Fackelzug *m*; ***~ de modas*** *od* ***modelos*** Modenschau *f*; ***~ naval*** Flottenparade *f*
desflecar ⟨-c/qu-⟩ *tr* ausfransen
desflor|ación *f*, **~amiento** *m* Verblühen *n*; Entjungferung, JUR, MED Defloration *f*; **~ar** *tr* entjungfern, deflorieren; entehren; *Thema* streifen; *einer Sache* den Reiz des Neuen nehmen; **~ecer** ⟨-zc-⟩ *intr* verblühen
desfogar ⟨-ue-, -g/gu-⟩ **I** *tr Kalk* löschen; *Launen* auslassen (***con, en*** an) **II** *intr Sturm, Gewitter* losbrechen; **~se** sich Luft machen; sich austoben; seine Wut auslassen (***en*** an)
desforestación *f* → ***deforestación***
desgaire *m* gespielte Nachlässigkeit *f*, Nonchalance *f*; verächtliche Geste *f*; ***al ~*** betont (nach)lässig
desgajar *tr Ast* abreißen; *Seiten* herausreißen; zerschlagen; *Zitrusfrucht* zerlegen; *Menschen* entwurzeln; *Verfahren, Landesteil* abtrennen; **~se** *Fels* sich lösen; *Ast* abbrechen
desgalichado schlampig; verlottert
desgana *f* Unlust *f*; Appetitlosigkeit *f*; ***con ~*** un-, widerwillig; ***~ política*** Politikverdrossenheit *f*
desgan|ar *tr jmdm* den Appetit verleiden; *jmdm* die Lust nehmen; **~arse** den Appetit *bzw* die Lust verlieren; **~o** *m* → ***desgana***
desgañitarse sich heiser schreien; heiser werden
desgarbado weniger hübsch; ohne Anmut; *Benehmen* ungehobelt; *Bewegungen* ungelenk; tollpatschig; schlaksig
desgarr|ado frech; *Hände* abgearbeitet; **~ador** herzzerreißend; **~ar** *tr* zerreißen *auch übertr*; zerfetzen; abhusten; **~arse** reißen; zerreißen; bersten *auch übertr*; **~e** *m Papier* Zerreißfestigkeit *f*; **~o** *m* Riss *m auch* MED; Einriss *m*; Bruch *m*; *Am* Abhusten *n*; Frechheit *f*; Prahlerei *f*; **~ón** *m* Riss *m*; Fetzen *m*
desgasificar ⟨-c/qu-⟩ *tr* entgasen

desgast|ado *Einband, Münzen* abgegriffen; *Kleidung* zerschlissen; *Reifen* abgefahren; abgetragen; *Absätze* schief gelaufen; *Batterie* leer; **~ar** *tr* abnutzen; verschleißen *auch Kräfte*; *Schuhe* ablaufen; zermürben; **~arse** sich abnutzen; sich *physisch* verausgaben; **~e** *m* Abnutzung *f*; Verschleiß *m*

desglosar *tr aus einer Akte Dokumente* entnehmen; *Kosten, Pläne* aufschlüsseln; unterteilen, -gliedern

desglose *m* Ausradieren *n* von Anmerkungen; Untergliederung *f*; *Kosten, Pläne* Aufschlüsselung *f*; *Drehbuch* Gliederung *f* ◇ ***hacer un ~*** ein Exzerpt anfertigen

desgobern|ado liederlich; *Betragen* unbeherrscht; **~ar** ⟨-ie-⟩ *tr* schlecht regieren; schlecht verwalten; durcheinander bringen; herunterwirtschaften; MAR schlecht führen *od* steuern; nicht in den Griff bekommen

desgobierno *m* Misswirtschaft *f*; Liederlichkeit *f*; Unbeherrschtheit *f*; Chaos *n*

desgracia *f* Unglück *n*; Unheil *n*; Missgeschick *n*, Pech *n*; Unfall *m*; Ungnade *f*; Unbeholfenheit *f*; ***~ natural*** Naturkatastrophe *f*; ***~s personales*** Personenschaden *m*; ***por ~*** leider ◇ ***caer en ~*** in Ungnade fallen

desgraciado I *Adj* unglücklich; unheilvoll; unbeholfen; benachteiligt; armselig; unselig ◇ ***estar ~*** vom Pech verfolgt sein **II** *m umg* Unglückswurm *m*; Pechvogel *m*; Nichtsnutz *m*; *Am reg starke Beleidigung* Hurensohn *m*

desgraciar *tr jmdm* missfallen; verschandeln; verunstalten; ins Unglück stürzen; *eine Frau* schänden; **~se** *Freundschaft* auseinander gehen; *Geschäft* scheitern; sich überwerfen (***con*** mit); in Ungnade fallen; *Fetus* verlieren

desgranar *tr* entkernen; entkörnen; *Lein* riffeln, entsamen; *Trauben* abbeeren; *Hülsenfrüchte* aus den Hülsen lösen; **~se** *Körnerfrüchte* ausfallen

desgrasar *tr* entfetten

desgravación *f* Entlastung *f*; ***desgravaciones fiscales*** Steuererleichterungen *f/Pl*

desgravar I *tr etw* (von der Steuer) absetzen **II** *intr* sich von der Steuer absetzen lassen, steuerlich absetzbar sein

desgreñar *tr Haare* zerzausen; **~se** sich in die Haare geraten

desguace *m* Verschrottung *f*; *Schiff* Abwracken *n*; ***para ~*** schrottreif

desguaz|amiento *m* → ***desguace***; **~ar** ⟨-z/c-⟩ *tr Stamm* behauen; abwracken; *Motor* auseinander nehmen; *Auto* ausschlachten; TECH verschrotten

deshabit|ado unbewohnt; **~ar** *tr Wohnung* verlassen, aufgeben; *Land* entvölkern

deshabituar ⟨-úo⟩ *tr jmdn* entwöhnen; *jmdm etw* abgewöhnen; **~se** sich *etw* abgewöhnen

deshacer ⟨→ ***hacer***⟩ *tr* auseinander nehmen; einreißen; zerstören; *übertr* aufräumen (*dir Obj* mit); abbauen; zerteilen; abreißen; zerreißen; aufbinden; *Naht, Kleid* auftrennen; *Koffer* auspacken; (zer-)schmelzen; zerlassen; auflösen; *Knoten, Verlobung* lösen; MIL entscheidend schlagen; *Vereinbarung,* INFORM *Befehl* rückgängig machen; *etw* ungeschehen machen; durchbringen; **~se** betrüben; sich anstrengen; sich verletzen; entzweigehen, auseinander gehen; verschwinden; sich auflösen; sich zerschlagen; zerbrechen; *Naht* aufgehen; sich entledigen (***de*** *Gen*); sich frei machen (***de*** von); vergehen (***de*** vor); ***~se por*** + *Inf* alle Hebel in Bewegung setzen, um zu + *Inf*

desharrapado zerlumpt, abgerissen

deshechizar ⟨-z/c-⟩ *tr* entzaubern

deshecho *Part von* → ***deshacer***; *Regen* strömend; *Sturm* heftig; erschöpft ◇ ***dejar ~ a alg*** jmdn fertig machen

deshelar ⟨-ie-⟩ **I** *tr* auftauen; enteisen; entfrosten **II** *unpers* tauen; **~se** (auf)tauen

desherbar ⟨-ie-⟩ *tr* jäten

desheredar *tr* enterben; **~se** sich von seiner Familie lossagen

desherrumbrar *tr* entrosten

deshidrat|ante I *Adj* wasserentziehend **II** *m* Entwässerungsmittel *n*; **~ar** *tr* das Wasser entziehen

deshielo *m* Tauen *n*; Abtauen *n*; Auftauen *n*; Tauwetter *n auch* POL *übertr*; Entfrosten *n*; Enteisung *f*; *übertr* Entkrampfung *f*

deshierbar *tr* jäten

deshilachar *tr* ausfasern; auszupfen; zerfransen; **~se** zerfransen; ausfasern

deshilvan|ado zusammenhanglos; **~ar** *tr* die Heftfäden ziehen

deshinchar *tr* zum Abschwellen bringen; *Ballon, Schlauch* die Luft ablassen; **~se** abschwellen; kleinlaut werden; klein beigeben

deshipotecar ⟨-c/qu-⟩ *tr* die Hypothek löschen

deshoj|ar *tr* entlauben; abblättern; *Blütenblätter* (aus)zupfen; *Kalenderblatt* abreißen; **~arse** das Laub verlieren; **~e** *m* Entlaubung *f*; Laubfall *m*

deshollin|ador *m* Schornsteinfeger *m*; Kratzeisen *n*; **~ar** *tr Schornstein* fegen; entrußen

deshon|estidad *f* Unehrlichkeit *f*; Unanständigkeit *f*; Unkeuschheit *f*; Unzucht *f*; **~esto** unanständig; unzüchtig; un-

keusch; unehrlich; schamlos; **~or** *m* Unehre *f*; Entehrung *f*; Schande *f*; Schmach *f*
deshonra *f* Entehrung *f*; Schande *f* ◇ ***tener a ~*** als entehrend betrachten
deshonr|ante entehrend; ehrverletzend; **~ar** *tr* entehren; schänden; Schande bereiten; entwürdigen; **~oso** entehrend; schändlich; unanständig
deshora: ***a ~*** (völlig) ungelegen; ***a ~(s)*** zur Unzeit
deshu|esar *tr* die Knochen herauslösen; *Obst* entsteinen, -kernen; **~manizar** ⟨-z/c-⟩ *tr* entmenschlichen, verrohen
desideologizar ⟨-z/c-⟩ *tr* entideologisieren
desider|able wünschenswert; **~ata** *f* Wunschliste *f*; **~ativo** Wunsch-; **~átum** *m* Wunsch *m*
desidi|a *f* Fahrlässigkeit *f*; Nachlässigkeit *f*; Trägheit *f*; **~oso** **I** *Adj* nachlässig; träge **II** *m* Liederjan *m*
desierto **I** *Adj* wüst; öde; (menschen)leer; unbewohnt; *Wettbewerbspreis* verwaist ◇ ***permanecer ~*** *Büro* unbesetzt *d.h. geschlossen* bleiben **II** *m* Wüste *f*; Wildnis *f*; Einöde *f* ◇ ***clamar*** *od* ***predicar en el ~*** tauben Ohren predigen
design|ación *f* Bezeichnung *f*; Designierung *f*; **~ar** *tr* bezeichnen; designieren; ernennen zu; benennen; bestimmen zu; *Zeitpunkt* festlegen; **~io** *m* Vorhaben *n*; Absicht *f*; Wille *m*
desigual ungleich; uneben; ungleichmäßig; *Wetter* unbeständig; wankelmütig; **~dad** *f* Ungleichheit *f*; Ungleichmäßigkeit *f*; Verschiedenheit *f*; Unebenheit *f*
desilus|ión *f* Enttäuschung *f*; **~ionado** enttäuscht; ernüchtert; *übertr* nüchtern; **~ionar** *tr* enttäuschen; ernüchtern; **~ionarse** eine Enttäuschung erleben; jegliche Illusion verlieren
desincorporar *tr Integriertes* herauslösen; herausnehmen; entfernen
desincrustar *tr* den Kesselstein entfernen aus *od* von
desindustrializar ⟨-z/c-⟩ *tr* de-, entindustrialisieren
desinencia *f* GRAMM Endung *f*
desinfec|ción *f* Desinfektion *f*; **~tante** **I** *Adj* Desinfektions- **II** *m* Desinfektionsmittel *n*; LANDW Beizmittel *n*; **~tar** *tr* desinfizieren; *Saatgut* beizen
desinflación *f* Deflation *f*
desinfl|amarse *Entzündung* zurückgehen *od* abklingen; **~ar** *tr Ballon*, *Schlauch* Gas *bzw* Luft ablassen; vermindern; entmutigen; **~arse** *Reifen* Luft verlieren
desinforma|ción *f* Fehlinformation *f*; Desinformation *f*; Mangel *m* an Information; **~do** ahnungslos
desinformar *tr* falsch informieren
desin|sectación *f* Insektenvernichtung *f*; **~stalar** *tr Computer* deinstallieren
desintegración *f* Zerlegung *f*; Trennung *f*; Zersetzung *f*; Zerfall *m*; Verwitterung *f*; PHYSIOL Abbau *m*; CHEM Spaltung *f*; Aufschluss *m*; Auseinanderbrechen *n*; ***~ nuclear*** Kernspaltung *f*
desintegrar *tr* zerlegen, trennen; auflösen; CHEM aufschließen; zersetzen; abbauen; *Atom* spalten; **~se** zerfallen; auseinander brechen; auseinander gehen; sich auflösen
desinterés *m* Uneigennützigkeit *f*; Selbstlosigkeit *f*; Desinteresse *n*; fehlendes Interesse *n* (***por*** an, für); Teilnahmslosigkeit *f*
desintonizar ⟨-z/c-⟩ *tr* RADIO unscharf einstellen
desintoxic|ación *f* Entgiftung *f*; Drogenentzug *m*; **~ar** ⟨-c/qu-⟩ *tr* entgiften; **~arse** sich einer Entziehungskur unterwerfen
desistimiento *m* Verzicht(leistung *f*) *m* (***de*** auf); *Vertrag* Rücktritt *m*
desistir *intr* Abstand nehmen (***de*** von); verzichten (***de*** auf); *Absicht* aufgeben; *Klage* zurücknehmen; ***hacer ~ de*** *jmdn* von *etw* abbringen
desjuiciado unbesonnen
deslabonar *tr Kette* Glieder trennen
deslastrar *tr* Ballast abwerfen aus *od* von
deslav|ado *Farbe* verwaschen; frech; **~azado** *Stoff* lappig; *Vortrag* zusammenhanglos; *Suppe* dünn, wässrig
desleal treulos; illoyal; unlauter; unredlich; unaufrichtig; ungetreu; **~tad** *f* Treulosigkeit *f*; Illoyalität *f*; Untreue *f*; Unehrlichkeit *f*
desle|ído *Person* wenig *od* nicht belesen; **~idura** *f*, **~imiento** *m* Auflösung *f*; Lösung *f*; **~ír** ⟨-i-⟩ *tr* (auf)lösen (***en*** in); zergehen lassen; *Medikament* verrühren; *Farben* anreiben; *Problem* auswalzen; *Vorstellungen* zerreden; **~írse** zergehen
deslengu|ado **I** *Adj* unverschämt; vulgär **II** *m* Lästerzunge *f*; **~arse** ⟨-gu/gü-⟩ schamlose Reden führen; seine Zunge wetzen über
desli|ar ⟨-ío-⟩ *tr* aufbinden; **~arse** *Bündel*, *Knoten* aufgehen; **~gar** ⟨-g/gu-⟩ *tr* losbinden; aufbinden; trennen; loslösen; entwirren; *von einer Pflicht* entbinden
deslind|adora *f* Grenze *f*; **~ar** *tr* abstecken; abgrenzen *auch übertr*; *übertr* trennen; *Land* vermarken; **~e** *m* Grenze *f*; Abgrenzung *f*; Vermarkung *f*
desliz *m* Ausrutschen *n*; Missgriff *m*; Ausrutscher *m* ◇ ***incurrir en*** *od* ***tener un ~*** einen Fehltritt begehen
desliz|able leicht gleitend; **~adero** **I** *Adj* → ***~adizo*** II *m* Rutsche *f*; Rutschbahn *f*; glitschige Stelle *f*; **~adizo** glitschig, schlüpfrig

deslizador *m* Gleit-, Tragflächenboot *n*; *Col* Rutschbahn *f*; ~ ***acuático*** Luftkissenfahrzeug *n*

deslizar ⟨-z/c-⟩ **I** *tr* schieben; rutschen; (dahin)gleiten; schweben (***por*** über); gleiten lassen; SPORT abseilen; *Geld* zustecken; *Wort* fallen lassen; *Gespräch* lenken (***en*** auf) **II** *intr*, **~se** ausgleiten; abrutschen; ausrutschen; dahingleiten; gleiten (***sobre*** über); rollen; herabgleiten; unterlaufen; *Gewässer* sich verlaufen; sich wegschleichen; schlüpfen (***por entre*** durch); sich danebenbenehmen

deslomar *tr* lendenlahm schlagen; strapazieren; **~se** sich abrackern

desluc|ido des Glanzes beraubt; *Kleidung* abgetragen; unscheinbar; **~ir** ⟨-zc-⟩ *tr* den Glanz nehmen; beeinträchtigen; *Farben* ausbleichen; **~irse** den Glanz verlieren; *Farben* verschießen; den Reiz verlieren; seinem Ruf schaden

deslumbr|ador blendend; schimmernd; **~ante** → ***~ador***; trügerisch

deslumbramiento *m* Blendung *f auch übertr*; Verblendung *f*; ***sin ~*** blendfrei

deslumbr|ar *tr/intr* blenden *auch übertr*; verblenden; **~arse** geblendet werden; sich blenden lassen (***por*** von, durch); **~e** *m* Schimmer *m*

deslustr|ar *tr* den Glanz nehmen *auch übertr*; *Oberfläche* abstumpfen; Schande bereiten; **~e** *m* Glanzlosigkeit *f*; Mattierung *f*; Schande *f*; **~oso** glanzlos; stumpfblickend; schäbig

desmadej|ado schlapp, schlaff; **~arse** kraftlos werden

desmán *m* Gewaltakt *m*, Übergriff *m*; Ausschreitung *f*; Unglück *n*; Ausschweifung *f*

desmand|ado ungehorsam; **~arse** Gehorsam verweigern; *Tiere* widerspenstig werden

desmantelado verwahrlost; baufällig

desmantelamiento *m Industrieanlage* Demontage *f*; Abbau *m von Arbeitsplätzen*; Räumung *f*; Abwicklung *f*; *Festung* Schleifen *n*; Auflösung *f*; Abwracken *n*; ~ ***arancelario*** (***social***) Zoll-(Sozial)abbau *m*

desmantelar *tr* zerschlagen; *Werk* demontieren; *etw* auseinander nehmen; *Bombe* entschärfen; *Maschinen* abbauen; *Festung* schleifen; abwracken; *Stützpunkt* auflösen; *illegales Geschäft* räumen

desmaña *f* Unbeholfenheit *f*; Ungeschick *n*; **~do** unbeholfen; ungeschickt

desmaquillar *tr* abschminken

desmay|ado ohnmächtig; *Farbe* blass; ausgehungert; **~ar I** *tr Nachricht* niederschmettern **II** *intr* verzagen; **~arse** ohnmächtig werden; **~o** *m* Ohnmacht *f*; Schwäche *f*; Mutlosigkeit *f*

desmed|ido maßlos; unangemessen; übermäßig; **~irse** das Maß überschreiten; maßlos sein

desmedr|ar I *tr* herunterwirtschaften **II** *intr*, **~arse** verfallen; verkümmern; *gesundheitlich*, *wirtschaftlich* herunterkommen; **~o** *m* Verkümmern *n*; Rückgang *m*; Schaden *m*; Verfall *m*; Nachteil *m*

desmejorar I *tr* verschlechtern; beeinträchtigen **II** *intr*, **~se** dahinsiechen; sich verschlechtern; verfallen

desmelenado zerzaust; *Haar* verfilzt; durcheinander (gebracht)

desmembrar ⟨-ie-⟩ *tr* zerlegen; zergliedern; abtrennen; loslösen; *Land* (auf)teilen; zerstückeln *auch übertr*

desmemori|a *f* Gedächtnisschwäche *f*; Gedächtnisschwund *m*; Erinnerungslosigkeit *f*; Vergesslichkeit *f*; **~arse** vergesslich werden; das Gedächtnis verlieren

desmentida *f* Leugnen *n*; Widerlegung *f*; POL Dementi *n* ◇ ***dar una ~ a alg*** jmdn widerlegen; jmdn Lügen strafen

desmentir ⟨-ie/i-⟩ *tr* (ab)leugnen; *sein Wesen* verleugnen; widerlegen; dementieren; Lügen strafen; **~se** sich selbst widersprechen; *etw* zurücknehmen

desmenuzar ⟨-z/c-⟩ *tr* zerkleinern; zerstückeln; *übertr* auseinander nehmen; zerpflücken; **~se** zerbröckeln

desmerec|edor unwürdig; **~er** ⟨-zc-⟩ **I** *tr* nicht verdienen **II** *intr* Schaden nehmen; abfallen (***de*** gegenüber); nicht nachstehen (***de*** *Dat*)

desmesur|ado riesengroß; unmäßig; übermäßig; maßlos; unhöflich; frech; **~arse** unverschämt werden

desmigajar *tr* zerkrümeln; **~se** abbröckeln; zerbröckeln

desmilitariz|ación *f* De-, Entmilitarisierung *f*; **~ar** ⟨-z/c-⟩ *tr* de-, entmilitarisieren

desminar *tr* Minen räumen, entminen

desmirriado ausgemergelt

desmochar *tr* kappen; stutzen; *Äste* zurückschneiden; LIT *Werk* verstümmeln

desmonetizar ⟨-z/c-⟩ *tr* FIN demonetisieren

desmont|able abnehmbar; ausbaubar; zerlegbar; zusammenklappbar; **~ado** abgesessen; unberitten; gerodet; **~adura** *f* Rodung *f*; *Wald* Auslichtung *f*; **~aje** *m* Demontage *f*; Abbau *m auch übertr*; Ausbau *m*; Zerlegung *f*; **~ar I** *tr* abholzen; roden; auslichten; *Gelände* abtragen; *i w S* planieren; *Gebäude* abreißen; abmontieren; ausbauen; demontieren; auseinander nehmen; *Reiter* abwerfen **II** *intr*, **~arse** absitzen

desmonte *m* Abtragungsarbeiten *f/Pl*; Planierung *f*; Rodung *f*; Demontage *f*; Abbau *m*; **~s** *Pl* Aushub *m*; **~ completo** Kahlschlag *m*
desmoraliz|ación *f* Sittenverfall *m*; **~ador** demoralisierend; **~ar** ⟨-z/c-⟩ *tr* demoralisieren; **~arse** den Mut verlieren
desmoron|adizo bröckelig; einsturzgefährdet; baufällig; **~ar** *tr* zum Einsturz bringen; **~arse** zerfallen *auch übertr*; zerbröckeln; zusammenfallen; baufällig werden; abbröckeln
desmotivar *tr* demotivieren
desmovilizar ⟨-z/c-⟩ *tr* demobilisieren
desnacionalizar ⟨-z/c-⟩ *tr* entnationalisieren; reprivatisieren
desnatar *tr/intr* *Milch* entrahmen; den Rahm abschöpfen *auch übertr*
desnaturaliz|ado unnatürlich; ungeraten; *Alkohol* denaturiert; **~ar** ⟨-z/c-⟩ *tr* ausbürgern; aus der Staatsangehörigkeit entlassen; *Alkohol* vergällen; *Lebensmittel* ungenießbar machen; entstellen; **~arse** entarten; auf die Staatsangehörigkeit verzichten
desnazific|ación *f* Entnazifizierung *f*; **~ar** ⟨-c/qu-⟩ *tr* entnazifizieren
desnivel *m* Abweichung *f* von der Waagerechten; Höhenunterschied *m*; Gefälle *n* *auch übertr*; Ungleichheit *f*; Unterschied(e *Pl*) *m*
desnivelar *tr* aus der Horizontalen bringen; uneben machen; **~se** uneben werden
desnucleariz|ación *f* MIL Denuklearisierung *f*, Entnuklearisierung *f*; POL Bildung *f* einer atomwaffenfreien Zone; Ausstieg *m* aus der Atomenergie; **~ado** kernwaffenfrei; **~ar** ⟨-z/c-⟩ *tr* die Kernwaffen abziehen aus
desnud|amente offen, ungeschminkt; **~ar** *tr* ausziehen *auch übertr*, entkleiden; entblößen; aufdecken, bloßlegen; **~arse** sich entkleiden; sich *einer Sache* entledigen; sich *von etw* frei machen; **~ez** *f* Nacktheit *f*; *Bäume*, *Berge* Kahlheit *f*; Entblößung *f*; **~ismo** *m* Nudismus *m*, Freikörperkultur *f*; **~ista** *m(f)* FKK-Anhänger(in) *m(f)*
desnudo I *Adj* nackt *auch übertr*; *Draht* blank; *Stil* schlicht; *Baum* blattlos ◇ ***exponer al ~*** *Körperteile* entblößen; ***poner al ~*** bloßstellen, anprangern; ***quedarse ~*** nackt dastehen; mittellos dastehen **II** *m* Nackter *m*; MAL Akt *m*
desnutr|ido unterernährt; **~irse** *wegen Unterernährung* abmagern
desobed|ecer ⟨-zc-⟩ *tr/intr* nicht gehorchen; nicht befolgen; *Vorschriften* nicht beachten; **~iente** ungehorsam; unfolgsam
desobligar ⟨-g/gu-⟩ *tr* entpflichten; **~se** sich frei machen
desobstruir ⟨-uy-⟩ *tr* räumen, frei machen; Verstopfung beseitigen
desocup|ación *f* Untätigkeit *f*; Arbeitslosigkeit *f*; **~ado I** *Adj* untätig; beschäftigungslos; arbeitslos; unbesetzt; *Wohnung* leer stehend; *Sitzplatz* frei **II** *m* Arbeitsloser *m*; **~ar I** *tr* *Platz* frei machen; *Wohnung* ausziehen; *Zimmer* ausräumen **II** *intr* *Am reg* entbinden; **~arse** *Zimmer* frei werden; sich *einer Sache* entledigen
desodorante I *Adj* desodorierend **II** *m* Deodorant *n*; ***~ de bola*** Deoroller *m*; ***~ en spray*** Deospray *m,n*
desoír ⟨→ ***oír***⟩ *tr* kein Gehör schenken; *absichtlich* überhören; nicht hören auf; *Warnung* in den Wind schlagen
desojarse sich die Augen verderben; sich die Augen ausgucken (***por*** nach)
desol|ación *f* Verwüstung *f*; Trostlosigkeit *f*; **~ado** trostlos, desolat; **~ador** verheerend; **~ar** ⟨-ue-⟩ *tr* verwüsten; **~arse** untröstlich sein (***por*** über); sich grämen
desolidarización *f* Entsolidarisierung *f*
desoll|adero *m* Abdeckerei *f*; **~ado** unverfroren; **~ador** *m* Abdecker *m*; Leuteschinder *m*; Halsabschneider *m*; **~adura** *f* Abdecken *n*; Scheuerwunde *f*
desollar ⟨-ue-⟩ *tr* abdecken; das Fell abziehen; *jmdn* schlecht machen; ***~la*** seinen Rausch ausschlafen; ***~lo a uno*** (***vivo***) es von den Lebendigen nehmen; **~se** sich wund laufen; sich wund reiben
desorbit|ado *Auge* weit aufgerissen; abwegig; *Ansprüche* maßlos; *Arg* verrückt; **~ar** *tr* *Satellit* aus der Umlauf-, Kreisbahn bringen; maßlos übertreiben; *Problem* aufbauschen; *etw* hochspielen; **~arse** aus der Umlaufbahn geraten; außer Kontrolle geraten
desorden *m* Unordnung *f*; Liederlichkeit *f*; Durcheinander *n*; Verwirrung *f*; Störung *f*; ***desórdenes*** *Pl* Ausschweifungen *f/Pl*; Tumulte *m/Pl*; ***desórdenes menstruales*** (***sociales***) Menstruationsstörungen *f/Pl* (soziale Unruhen *f/Pl*); ***en ~*** *Haar* wirr ◇ ***estar en ~*** unaufgeräumt sein
desorden|ado unordentlich; ungeordnet; unaufgeräumt; ausschweifend; zerzaust; **~ar** *tr* durcheinander bringen *auch übertr*; in Unordnung bringen; verwirren; zerrütten; **~arse** gegen die Ordnung verstoßen; durcheinander geraten; über die Stränge schlagen
desorganiz|ación *f* Desorganisation *f*; Chaos *n*; Zerrüttung *f*; Auflösung *f*; **~ar** ⟨-z/c-⟩ *tr* desorganisieren; zerrütten, auflösen
desorient|ación *f* Verwirrung *f*; Orientie-

D

rungslosigkeit *f*; Verirrung *f*; Irreführung *f*; **~ado** verwirrt; desorientiert; irregeleitet; verirrt; *übertr* kopflos; nicht im Bilde; **~ar** *tr* irreführen; verwirren; desorientieren; **~arse** die Orientierung verlieren; sich verlaufen; verwirrt werden

desovillar *tr Faden* abwickeln; entwirren *auch übertr*

desoxidar *tr* desoxidieren; entrosten

despabilar I *tr* wachrütteln, aufmuntern; *jmdm* die Augen öffnen; klauen; fertig machen *z.B. einen Bericht*; erledigen *töten* **II** *intr* (**no**) **~** *in einem Fach* (nicht) vorankommen; **¡despabila!** verschwinde!; **~se** munter werden; *Am reg* sich verdünnisieren *weggehen*

despach|ado dreist; keck; **~ante** *m Arg* Handlungshilfe *m*; Zollagent *m*

despachar I *tr Aufgabe* erledigen; *Arbeit* ausführen; ausfertigen; verkaufen, absetzen; *Eintrittskarten usw* ausgeben; *Getränke* ausschenken; abfertigen; HDL *Kunden* bedienen; *Brief* (ab)schicken, (ab)senden; *Kurier* senden; *jmdn* entlassen; *jmdn* hinauswerfen; *jmdn* abweisen; ins Jenseits befördern; *Stier* töten; verdrücken *aufessen*; austrinken; **sin ~** unerledigt **II** *intr Minister* amtieren; *im Laden* bedienen; Sprechstunden haben *auch Rechtsanwalt usw*; die laufenden Geschäfte *auch amtliche* erledigen; konferieren; **~se** sich *einer Sache* entledigen; fertig sein *mit der Arbeit*; drauflosreden

despacho *m* Versand *m*; Beförderung *f*; Verkauf *m*, Vertrieb *m*; Erledigung *f*; Abfertigung *f auch amtlich*; Abfertigungsschalter *m*; Publikumsverkehr *m*, Schalterstunden *f/Pl*; Arbeitszimmer *m auch Möbel*; Kontor *n*; Büro *n*; Dienstzimmer *n*; Sekretariat *n z.B. eines Ministers*; Geschäftsstelle *f*; Mitteilung *f*; Depesche *f*; DIPL Note *f*; Beförderungsurkunde *f*; VERW Beschluss *m*; Besprechung *f*, Unterredung *f*; *Chi* Kramladen *m*; **~s** *Pl* Arbeits-, Büroräume *m/Pl*; **~ aduanero** Zollabfertigung *f*; **~ de billetes** Fahrkartenschalter *m*; **~ de equipajes** Gepäckabfertigung *f*; **~ de localidades** Theaterkasse *f*; **~ de mercancías** Güterabfertigung *f*; **~ de prensa** Pressenotiz *f* ◇ **tener buen ~** sich gut verkaufen (lassen)

despachurrar *tr* platt drücken; zerquetschen; *Eier* zerschlagen; zerschellen; *Ereignis* auswalzen; verwirren; *jmdn* fertig machen

despacio langsam; gemächlich; *Am* leise; **¡~!** sachte!; immer schön ruhig!

despa|cioso gemächlich; **~cito** ganz sachte, nun mal ganz langsam

despampan|ante *oft humorvoll* erstaunlich; fabelhaft; fantastisch; überwältigend; **~ar** *tr Reben* zurückschneiden, entspitzen; *Pflanzen* ausgeizen; aus der Fassung bringen

desparasitar *tr* von Ungeziefer befreien; RADIO entstören

desparejado: **estar ~s** nicht zusammengehören; falsch zusammengelegt sein

desparej|ar *tr paarige Artikel* durcheinander bringen; **~o** ungleich; nicht zusammengehörig; *Fliesen* uneben

desparpajo *m* Zungenfertigkeit *f*; Forschheit *f*; Unverfrorenheit *f*; *AmC* Durcheinander *n*

desparram|ado (weit) verstreut; ausgedehnt; offen, weit; ausschweifend; **~ador I** *Adj* verschwenderisch **II** *m* Verschwender *m*; **~ar** *tr* verbreiten; zerstreuen; ausstreuen; verschütten; verschwenden; verschleudern; *Kräfte* verzetteln; **~arse** sich ausbreiten; sich verteilen; sich verstreuen; sehr ausgelassen sein

despatarr|ado mit gespreizten Beinen; breitbeinig; entsetzt; verdattert; **~arse** die Beine spreizen

despavorido entsetzt, schaudernd

despech|ado ärgerlich; verärgert; wütend; erbittert; **~arse** sich entrüsten

despecho *m* Trotz *m*; Zorn *m*; Groll *m*; Erbitterung *f*; Verzweiflung *f*; **a ~ de** *jmdm* zum Trotz; **por ~** aus Trotz

despechugarse ⟨-g/gu-⟩ den Oberkörper entblößen; ein tiefes Dekolletee tragen

despectivo geringschätzig, abfällig, verächtlich; GRAMM pejorativ

despedazar ⟨-z/c-⟩ *tr* zerstückeln; zerschneiden; zerlegen; zerreißen

desped|ida *f* Abschied *m*; Verabschiedung *f*; *Brief* Schlussformel *f*; **~ir** ⟨-i-⟩ *tr* verabschieden; entlassen; kündigen, freisetzen; MIL wegtreten lassen; *Wärme* abgeben; *jmdn* wegschicken; *Strahlen* aussenden; ausstrahlen; *Duft* entströmen; ausströmen; *Reflexe* werfen; **~irse** sich verabschieden; *etw* abschreiben *als verloren betrachten*; *die Hoffnung* aufgeben

despeg|ado barsch, schroff; rau; **~ar** ⟨-g/gu-⟩ **I** *tr* ablösen; loslösen; auftrennen **II** *intr Flugzeug vom Boden od Wasser* abheben; FLUGW *u übertr* starten; *übertr* in die Höhe schießen; **~arse** sich (ab)lösen; auseinander fallen; sich zurückziehen; sich abwenden; **~o** *m* Abneigung *f*; Desinteresse *n*

despegue *m Flugzeug u übertr* Start *m*

despein|ado ungekämmt; **~ar** *tr Haar* durcheinander bringen *od* zerzausen

despej|ado *Himmel*, *Tag* klar, wolkenlos;

aufgeweckt, munter; *Feld*, *Stirn* frei; weit, offen; geräumig; *Platz* geräumt; *Person* klug; sich ungezwungen gebend; **~ar** *tr Raum*, *Straße* räumen; aufräumen; abräumen; wegräumen; *Situation* klären; *Zweifel* zerstreuen; MATH *Unbekannte* bestimmen; **~arse** *Wetter* aufklaren; *Situation* sich klären; sich vergnügen; einen klaren Kopf kriegen; fieberfrei werden; **~o** *m* Räumung *f*; Gewandtheit *f*, Ungezwungenheit *f*

despellejar *tr* (ab)häuten; das Fell abziehen; *Wild* abbalgen; ausnehmen *jmdm etw abnehmen*; kein gutes Haar *an jmdn* lassen

despeluznante haarsträubend, entsetzlich

despenalizar ⟨-z/c-⟩ *tr* für straffrei erklären; nicht (mehr) unter Strafe stellen; freigeben

despenar *tr* die Sorgen nehmen; den Garaus machen, umbringen

despensa *f* Speisekammer *f*; MAR Pantry *f*; Lebensmittelvorrat *m*, Vorräte *m/Pl*

despeñ|adero *m* steiler Abhang *m*; Felswand *f*; gewagtes Unternehmen *n*; **~ar** *tr* hinabstürzen; herabstürzen; **~arse** abstürzen; sich hinabstürzen; sich *in etw* stürzen; verfallen (***a*** *Dat*) *z.B. einem Laster*; **~o** *m* Absturz *m*; Sturz *m*; Durchmarsch *m Durchfall*

despepitar *tr Kirsche* entkernen; *Melone* Kerne entfernen; **~se** viel Getöse *um etw* machen; sich die Seele aus dem Leib schreien; schwärmen (***por*** für)

desperdiciar *tr* vergeuden, verschwenden; *Gelegenheit* verpassen

desperdicio *m* Verschwendung *f*; Vergeudung *f*; **~s** *Pl* Abfälle *Pl*; Reste *m/Pl*; TECH Ausschuss *m*, Bruch *m*; ***~s biológicos*** biologische Abfälle *m/Pl*, Biomüll *m*; ***~s industriales*** Industriemüll *m*; ***~ de tiempo*** Zeitverschwendung *f*

desperdigar ⟨-g/gu-⟩ *tr* verstreuen; zerstreuen *auflösen*; auseinander treiben; **~se** auseinander gehen; sich verzetteln; sich zerstreuen

desperezarse ⟨-z/c-⟩ sich rekeln

desperfecto *m* Beschädigung *f*; Fehler *m*; ***~ de fabricación*** Fabrikations-, Fertigungsfehler *m*; ***leve ~*** kleiner Schönheitsfehler *m*; ***sin ~s*** unbeschädigt ◇ ***sufrir ligeros ~s*** leicht beschädigt werden

despert|ador I *Adj* aufmunternd; ermunternd; Weck- **II** *m Uhr*, TEL Wecker *m*; **~ar** ⟨-ie-⟩ **I** *tr* wecken *auch Gelüste*, *Verdacht*; aufmuntern; erwecken; *Appetit* anregen; *Aufmerksamkeit* erregen; *Erinnerungen* wachrufen **II** *intr*, **~arse** wach werden *auch übertr*

despiadado erbarmungslos; unbarmherzig

despido *m* Entlassung *f*; Kündigung *f*; ***~s colectivos, ~ en masa, ~ masivo*** Massenentlassungen *f/Pl*; ***~ improcedente*** unzulässige Kündigung *f*; ***~ sin preaviso*** fristlose Kündigung *f* ◇ ***avisar el ~*** kündigen

despierto wach; aufgeweckt; findig

despilfarr|ado abgerissen, zerlumpt; **~ador I** *Adj* verschwenderisch **II** *m* Verschwender *m*; **~ar** *tr* vergeuden; **~o** *m* Verschwendung *f*

despintar I *tr* die Farbe auswaschen; entfärben, bleichen; entstellen **II** *intr* aus der Art schlagen; **~se** *Farben* verblassen, verschießen ◇ ***no despintársele a uno u/c*** jmdm etw nicht aus dem Sinn gehen

despiojar *tr* entlausen

despistado zerstreut; nicht im Bilde; vom Weg abgekommen; abwegig ◇ ***estar ~*** von Sinnen sein; ***ser ~*** weltfremd sein

despistar *tr/intr* von der Fährte abbringen, abschütteln; ablenken; irreführen; aus dem Konzept bringen; *Verfolger* abhängen; verunsichern, durcheinander bringen; ***¡no despistes!*** lenk nicht ab!; **~se** *Auto* von der Straße abkommen; sich verirren; sich verlaufen; sich verrennen

despiste *m* Unaufmerksamkeit *f*; Geistesabwesenheit *f*; Abkommen *n* von der Straße; Ausbrechen *n* aus der Spur

desplantar *tr* verpflanzen; umtopfen

desplante *m* Frechheit *f*

desplazado I *Adj* deplatziert **II** *m* Vertriebener *m*, Zwangsumsiedler *m*

desplazamiento *m* Verschiebung *f*; Verdrängung *f*; MAR Wasserverdrängung *f*; Abwanderung *f*; Umsiedlung *f*; Fahrt *f*; Fortbewegung *f*; Reise *f*, Ortsveränderung *f*; Verschleppung *f*; Vertreibung *f*; Verlegung *f*; Verlagerung *f*; ***~ compulsivo*** Zwangsumsiedlung *f*; ***~ de la producción*** Produktionsverlagerung *f*; ***~ de tropas*** Truppenverschiebung *f*; ***~ útil*** MAR Tragfähigkeit *f*

desplazar ⟨-z/c-⟩ *tr* an eine andere Stelle bringen; zur Seite schieben; verschieben *auch* INFORM *u* TECH; verlagern; verstellen; MAR *Wasser u übertr* verdrängen; beseitigen; vertreiben; verschleppen; umsiedeln; MIL verlegen; **~se** sich fortbewegen; anreisen (***desde*** aus, von); *Strecke* zurücklegen; fahren; vorbeigleiten; *Flugzeug* rollen; (ver)rutschen

desplegable *m* Faltprospekt *n*

desplegar ⟨-ie-, -g/gu-⟩ *tr* auseinander falten; entfalten; ausbreiten; *Fahne* entrollen; *Polizei* aufbieten; *Truppen* ausschwärmen lassen; *Falte* glätten; *Umsicht*

D

entwickeln; erläutern; **~se** MIL ausschwärmen

despliegue *m* Entfaltung *f auch übertr*; Auftreten *n*, Erscheinen *n*; WIRTSCH Aufschwung *m*; Aufmarsch *m*; Glätten *n einer Falte*; *Fahrwerk* Ausfahren *n*; Zurschaustellung *f*; Aufgebot *n an Menschen od Material*; ***con gran ~ de*** mit großem Aufwand an

desplom|arse aus dem Lot geraten; zusammenfallen; zusammenstürzen; einstürzen; zusammenbrechen; *Thron* ins Wanken geraten; **~e** *m* Abweichung *f* von der Senkrechten; Einsturz *m*; Zusammenbruch *m*

desplumar *tr Geflügel u übertr* rupfen; *Chi* schlecht machen; **~se** Federn lassen

despobl|ación *f* Entvölkerung *f*; **~ado I** *Adj* unbewohnt; menschenleer **II** *m* unbewohnter Ort *m*; **~ar** ⟨-ue-⟩ *tr* entvölkern; *übertr* entblößen (***de*** von); **~arse** sich entvölkern, menschenleer werden

despojar *tr* berauben (***de*** *Gen*); ausplündern; *von einem Amt* entfernen; entblößen (***de*** *Gen*); **~se** *etw* ablegen *auch übertr*; sich *einer Sache* entledigen; sich *eines Besitzes* entäußern

despojo *m* Ausplünderung *f*; Beraubung *f*; Beute *f*; Auswertung *f*; Besitzentäußerung *f*; ***~s*** *Pl Schlachtvieh* Abfälle *m/Pl*; *Speisen* Reste *m/Pl*; Abbruchsteine *m/Pl*; ***~s mortales*** sterbliche Hülle *f*

despolitizar ⟨-z/c-⟩ *tr* entpolitisieren

despolvorear *tr Teppich* klopfen; Staub ausschütteln; entstauben; Staub wischen

desportillado angeschlagen *z.B. Geschirr*; schartig

despos|ada *f* Braut *f*; Neuvermählte *f*; **~ado I** *Adj* mit Handschellen gefesselt; verlobt **II** *m* Bräutigam *m*; **~ados** *m/Pl* Brautpaar *n*; Neuvermählten *Pl*; **~ar** *tr* trauen; **~arse** sich verloben; heiraten

desposeer ⟨-ey-⟩ *tr* enteignen; entziehen; wegnehmen; *jmdn* aus *dem Amt* entfernen; *jmdn seines Postens* entheben; entmachten; **~se** sich entäußern (***de*** *Gen*)

despose|imiento *m* Enteignung *f*; **~sión** *f* Entsagung *f*; Entäußerung *f*

desposorio *m*, *meist* ***~s*** *Pl* Verlobung *f*; Eheschließung *f*, Trauung *f*

déspota *m* Despot *m*

desp|ótico despotisch; **~otismo** *m* Despotismus *m*; Despotie *f*

despotricar ⟨-c/qu-⟩ *intr* lospoltern, wettern; schimpfen, *umg* meckern; herziehen (***contra*** über)

despreciable verächtlich; verwerflich; ***nada ~*** keineswegs zu verachten(d); *Argument* durchaus ernst zu nehmen(d)

despreci|ar *tr* verachten; gering schätzen; geringschätzig behandeln; geringschätzig abtun; verschmähen; **~ativo** verächtlich; geringschätzig; abfällig

desprecintar *tr* die Zollplombe entfernen (*dir Obj* an)

desprecio *m* Verachtung *f*; Geringschätzung *f*

desprejuiciado unvoreingenommen

desprender *tr* losmachen; loslassen; loslösen; ablösen; abstoßen; **~se** sich losmachen; sich (ab)lösen; sich (los)lösen; abplatzen; sich *einer Sache* entledigen; *etw* aufgeben; sich frei machen (***de*** von); *Gerüche* entströmen; ***de esto se desprende*** daraus leitet sich ab; daraus ist zu entnehmen

desprendido uneigennützig; freigebig

desprendimiento *m* Loslösung *f*; Abheben *n*; Losmachen *n*; Ab-, Lostrennung *f einer Raketenstufe*; CHEM, TECH Abgabe *f*; Freiwerden *n*; Lösung *f* (***de*** von); Großzügigkeit *f*; Uneigennützigkeit *f*; ***~ de calor*** Wärmeentwicklung *f*; ***~ de gas(es)*** Gasausbruch *m*; ***~ de la retina*** Netzhautablösung *f*; ***~ de tierras*** Erdrutsch *m*

despreocup|ación *f* Vorurteilslosigkeit *f*; Leichtfertigkeit *f*; Sorglosigkeit *f*; **~ado** sorglos; leichtfertig; unvoreingenommen; **~arse** sich nicht (mehr) kümmern (***de*** um)

desprestigi|ado *Regierung* abgewirtschaftet; **~ar** *tr* in Misskredit bringen; **~arse** sich um seinen (guten) Ruf bringen; in Misskredit *od* in Verruf geraten; **~o** *m* Prestigeverlust *m*; Verlust *m* des guten Rufes; Misskredit *m*

desprevención *f* mangelnde Vorsorge *f*; Leichtfertigkeit *f*

desprevenido unvorbereitet; unvorhergesehen, -erwartet; unvoreingenommen ◇ ***coger ~*** überraschen

desproporc|ión *f* Missverhältnis *n*; **~ionado** unverhältnismäßig; unangemessen; unproportioniert; disproportioniert; ungleich; **~ionar** *tr* verzerren

despropósito *m* Unsinn *m*; Ungereimtheit *f*; Abgeschmacktheit *f*

desprote|cción *f* Schutzlosigkeit *f*; **~gido** ungeschützt; schutzlos; unbeschützt

desprovisto *Part von* → ***desproveer***; entblößt (***de*** von *od Gen*) ◇ ***estar ~*** *etw* nicht haben

después I *Adv* danach; dann; darauf; hinterher; nachträglich; später (***un año ~***); dahinter; weiter (***tres filas ~***); ***hasta ~*** bis gleich, bis dann **II** *Präp* ***~ de*** *lokal* nach (***~ de esta calle***); nach, hinter (***~ de ella***); *temporal* nach (***~ de una hora***); danach (***~ de ello***); hinterher (***~ del hecho***); worauf (***~ de lo que***); schließlich (und endlich) (***~***

de todo*)** **III** *Konj* **~ *que, *Esp meist* **~ *de que*** nachdem, als; seit (→ ***desde que***)
despunt|ado stumpf; **~ar I** *tr* die Spitze abbrechen; *Blattspitzen* abreißen **II** *intr Pflanzen* sprießen; knospen; *Bäume* ausschlagen; zum Vorschein kommen; erscheinen, sich zeigen; *Knospe* aufbrechen; *Sonne* aufgehen; *Tag* anbrechen; herausragen (***en*** in; ***por*** durch); sich hervortun (***de*** durch)
desquici|ado *Personen, Sachen* völlig durcheinander gebracht; entwurzelt, aus der Bahn geworfen; zerrüttet; **~amiento** *m Fenster, Tür* Aushängen *n*; Zerrüttung *f*; Sturz *m*; Durcheinander *n*; **~ar** *tr* aus den Angeln heben *auch übertr*; *Fenster, Tür* aushängen; durcheinander bringen; verunsichern; zerrütten; **~arse** aus den Fugen geraten; erschüttert sein; den Halt verlieren; **~e** *f* Aus-den-Angeln-Heben *n*; Aushebelung *f*; Verunsicherung *f*; **~o** *m Am reg* → ***~amiento***
desquitar *tr* entschädigen; **~se** sich schadlos halten (***de*** für); sich rächen (***de*** für; ***en*** an); sich revanchieren *auch übertr*
desramar *tr* die Äste entfernen an
desregularizar ⟨-z/c-⟩ *tr* deregulieren
destac|able bemerkenswert; **~ado** herausragend; führend; namhaft
destac|amento *m* MIL Abteilung *f*; **~ar** ⟨-c/qu-⟩ **I** *tr Soldaten* abkommandieren; hervorheben; betonen; herausstellen; *Verdienste* herausstreichen **II** *intr*, **~arse** herausragen; hervortreten, sich abheben; hervorragen, sich auszeichnen; sich hervortun
destaj|ero *m*, **~ista** *m(f)* Akkordarbeiter (-in) *m(f)*
destajo *m* Akkordarbeit *f*; ***a ~*** im Akkord; Akkord- ◇ ***hablar a ~*** reden, als ob man es bezahlt bekäme; ***trabajar a ~*** gegen Leistungslohn arbeiten
destap|ado *Straßen* ohne Fahrbahndecke; **~ador** *m* Flaschenöffner *m*; **~ar** *tr* aufdecken *auch übertr*; den Deckel abnehmen von; *Flasche* öffnen; enthüllen; ausziehen; **~arse** sich aufdecken; sich anvertrauen (***con*** *Dat*); **~e** *m* Striptease *m,n*; **~ista** *f* Stripteasetänzerin *f*; **~onar** *tr* entkorken; den Stöpsel herausziehen
destaque *m* Hervorhebung *f*
destarar *tr* HDL das Verpackungsgewicht abziehen
destartalado *Gebäude* baufällig; *Auto* klapprig; verkommen; verwahrlost
destech|ado *m* Obdachloser *m*; **~ar** *tr Haus* abdecken; das Dach abtragen
destellar *intr* aufblitzen; funkeln
destello *m* Aufleuchten *n*; Glitzern *n*; Funkeln *n*; Blinken *n*; *übertr* Funke(n) *m*; **~ *de alegria*** Freudenstrahl *m*; **~ *de inteligencia*** Geistesblitz *m*; **~ *láser*** Laserblitz *m*
destempl|ado misstönend; disharmonisch *auch Farben*, MUS; unbeherrscht; barsch; *Wetter* unwirtlich; *Stimme* rau; **~anza** *f* Heftigkeit *f*; Disharmonie *f auch Farben*, MUS; Unpässlichkeit *f*; *Klima, Wetter* Rauheit *f*; **~ar** *tr bes Saiteninstrumente* verstimmen; *Ordnung* stören; **~arse** unpässlich werden; **~e** *m Saiteninstrument u übertr* Verstimmung *f*
desteñir ⟨-i-⟩ **I** *tr* entfärben; (aus)bleichen; verfärben **II** *intr*, **~se** ausbleichen; *Farbe* verblassen; abfärben
desterr|ado *m* Verbannter *m*; **~ar** ⟨-ie-⟩ *tr* in die Verbannung schicken; des Landes verweisen; *Sorgen* vertreiben; *Brauch* verdrängen; sich *von einem Verdacht* befreien; sich *etw* aus dem Kopf schlagen
destetar *tr Säugling* abstillen; *Tier* absetzen; **~se** den Busen zeigen
destiempo *m*: ***a ~*** zur Unzeit
destierro *m* Deportation *f*; Verbannung *f*; ◇ ***estar*** *od* ***vivir en un ~*** in einer sehr abgelegenen Gegend leben
destil|ación *f* Destillation *f*; **~adera** *f* Destillierapparat *m*; **~ado** *m* Destillat *n*; **~ador I** *Adj* Destillier- **II** *m* Destillateur *m*; Destillierkolben *m*; **~ar I** *tr* destillieren; absondern; filtrieren; *Schnaps* brennen; *Kräuter* ausziehen; durchtropfen lassen; *Güte, Grausamkeit* erkennen lassen **II** *intr* tropfen (***por*** von); triefen; **~atorio I** *Adj* Destillier- **II** *m* Destilliergerät *n*; Destillierkolben *m*; **~ería** *f* Destillieranlage *f*; Brennerei *f*
destinación *f* Bestimmung *f*
destinado: ***estar ~ a*** *od* ***para*** bestimmt *od* berufen sein zu; ***ir ~ a*** *Sendung* bestimmt sein für; gehen nach
destinar *tr* bestimmen; zuweisen; VERW versetzen; schicken
destinatario *m* Adressat *m*, Empfänger *m*; ***~ del pago*** Zahlungsempfänger *m* ◇ ***remítase al ~*** POST bitte nachsenden
destino *m* Bestimmung *f*; Ziel *n*; Bestimmungsort *m*; VERK Richtung *f*; Schicksal *n*; Geschick *n*; Anstellung *f* (***de*** als); (Verwendungs-)Zweck *m*; ***~ fatal*** Verhängnis *n*; ***con ~ a X*** nach X ◇ ***cobrar en ~*** *Postaufschrift* gegen Nachnahme; ***dar ~ a u/c*** eine Sache verwenden *od* gebrauchen für; ***a franquear en su ~*** Porto zahlt Empfänger
destituir ⟨-uy-⟩ *tr* des Amtes entheben
destorcer ⟨→ ***torcer***⟩ *tr Seil usw* aufdrehen; *Verbogenes* gerade biegen
destornill|ado kopflos; unbesonnen; **~ador** *m* Schraubendreher *m*; **~ar** *tr* aufschrau-

ben; abschrauben; herausschrauben; **~arse** sich aufschrauben; den Kopf verlieren
destrabar *tr* die Fesseln lösen; *Waffe* entsichern; entriegeln; *Verbot* aufheben; *Zunge* lösen; **~se** sich losmachen
destrenzar ⟨-z/c-⟩ *tr* entflechten
destreza *f* Geschicklichkeit *f*; Gewandtheit *f*; **~ de los dedos** Fingerfertigkeit *f*; **con ~** geschickt
destripar *tr Wild* ausweiden; *Bauch, Polster* aufschlitzen; zerquetschen; die Pointe verderben
destrísimo äußerst geschickt
destrizar ⟨-z/c-⟩ *tr* zerfetzen; zerstückeln; **~se** vor Wut in die Luft gehen; vor Schmerz vergehen
destron|amiento *m* Entthronung *f*; POL Entmachtung *f*, Sturz *m*; **~ar** *tr* entthronen *auch übertr*; POL entmachten, stürzen
destroncar ⟨-c/qu-⟩ *tr Baum* fällen; Schaden zufügen; verstümmeln; *Gespräch* unterbrechen; *Chi, Méx, Nic Pflanzen* ausreißen; **~se** sich überanstrengen
destrozado *Herz* gebrochen; zerlumpt ◇ **estar ~** hundemüde sein
destrozar ⟨-z/c-⟩ *tr* zerstückeln; zerstören; zerreißen; verwüsten; MIL vernichtend schlagen; **~se** in Stücke gehen
destrozo *m* Riss *m*; Zerreißen *n*; Zertrümmerung *f*; vernichtende Niederlage *f*; Zerstörung *f*; **~s** *Pl* Trümmer *Pl* ◇ **causar ~s** Zerstörungen anrichten
destrozón *m*: **ser un ~** alles kaputtmachen
destrucción *f* Zerstörung *f*; Zerschlagung *f*; Verheerung *f*; MIL Sprengung *f*; *übertr* Untergang *m*; **~ ecológica** *od* **del medio ambiente** Umweltzerstörung *f*; **~ de empleo(s)** Arbeitsplatzvernichtung *f*
destruct|ividad *f* zerstörerische Gewalt *f*; Zerstörungswut *f*; **~ivo** zerstörerisch; zerstörend; zersetzend; destruktiv; **~or I** *Adj* → **~ivo II** *m* MAR Zerstörer *m*
destructora *f*: **~ de documentos** Reißwolf *m*
destruir ⟨-uy-⟩ *tr* zerstören; zerschlagen *auch übertr*; verheeren; zugrunde richten; *Argumente* erledigen
desubicarse ⟨-c/qu-⟩ *Am* die Orientierung verlieren, nicht zurechtkommen
desuello *m* Abhäuten *n*, Abbalgen *n*; Unverschämtheit *f*; *umg* Nepp *m*
desulfurar *tr* entschwefeln
desun|ido getrennt; uneins; **~ión** *f* Trennung *f*; Uneinigkeit *f*; Zwietracht *f*; Zwiespalt *m*; **~ir** *tr* trennen; *übertr* spalten; (los)lösen; entzweien; verfeinden
desusado ungebräuchlich; ungewohnt
desuso *m* Nichtanwendung *f*; Ungewohntheit *f*; **caído en ~** veraltet
desvaído hoch aufgeschossen und schlaksig; verschwommen; *Farbe* blass, verwaschen
desvalido hilflos; schutzlos; mittellos
desvalij|ador *m* Plünderer *m*; Straßenräuber *m*; **~ar** *tr* plündern; ausplündern; *Glückspiel* ausnehmen; ausrauben
desvalor|ar *tr* → **~izar**; **~ización** *f* Wertminderung *f*; FIN Abwertung *f*; Entwertung *f*; **~izar** ⟨-z/c-⟩ *tr* abwerten; entwerten, den Wert mindern
desván *m* Dachboden *m*; Bodenkammer *f*; Rumpelkammer *f*
desvanec|er ⟨-zc-⟩ *tr* auflösen; verwischen; verschwimmen lassen; *Bedenken* zerstreuen; zunichte machen; *Trauma* überwinden; **~erse** verfliegen; *übertr* verblassen; zerrinnen, sich in Wohlgefallen auflösen; ohnmächtig werden; **~ido** hochmütig; **~imiento** *m* Auflösung *f*, Verflüchtigung *f*; EL Schwund *m*; Dünkel *m*, Hochmut *m*; Ohnmacht *f*
desvarar *tr* MAR (wieder) flottmachen
desvar|iar ⟨-ío⟩ *intr* irrereden; *im Fieber* fantasieren; **~ío** *m* Wahnsinn *m*; Fieberfantasien *f/Pl*; Albernheit *f*; **~íos** *Pl* Wahnvorstellungen *f/Pl*
desvel|ado schlaflos; wach, munter; **~ar** *tr* nicht schlafen lassen; wach halten; den Schlaf rauben; beunruhigen; enthüllen, aufdecken; **~arse** nicht schlafen können; wachsam sein; besorgt sein (**por** um; wegen); **~o** *m* Schlaflosigkeit *f*; Fürsorge *f*; **~os** *m/Pl* Sorgen *f/Pl*
desvencij|ado klapprig; wacklig *auch übertr*; *Maschine* ausgeleiert; **~arse** auseinander fallen; aus den Fugen gehen
desvendar *tr* den Verband abnehmen
desventaj|a *f* Nachteil *m*; **~oso** nachteilig; unvorteilhaft
desventur|a *f* Unglück *n*; Unheil *n*; **~ado I** *Adj* unglücklich; unheilvoll; einfältig; geizig **II** *m* Unglücksmensch *m*; Trottel *m*; Geizhals *m*
desver|gonzado schamlos; unverschämt; **~gonzarse** ⟨-üe-, -z/c-⟩ die Scham überwinden; unverschämt werden (**con** zu, gegen, gegenüber); **~güenza** *f* Unverschämtheit *f*; Schamlosigkeit *f*
desvertebrar *tr Drogenkartell, Fälscherbande* zerschlagen
desvestir(se) ⟨-i-⟩ *tr* (sich) entkleiden
desviación *f* PHYS, TECH, *auch übertr* Abweichung *f*; *übertr* Verschiebung *f*; Ablenkung *f*; *Zeiger* Ausschlag *m*; Umleitung *f*; Abzweigung *f*; **desviaciones** *Pl* (sexuelle) Verirrungen *f/Pl*; **~ de la columna vertebral** Rückgratverkrümmung *f*; **~ (del tráfico)** (Verkehrs-)Umleitung *f*

desviacionista *m(f)* POL Abweichler(in) *m(f)*

desvi|ador *m Am* Weiche *f*; **~ar** ⟨-ío⟩ *tr* ablenken; umleiten; *Gelder* abzweigen; *jmdn von etw* abbringen; *Gespräch* in eine andere Richtung lenken; umlenken; auf eine falsche Fährte lenken; den Kurs *eines Flugzeugs* ändern; *Lichtstrahlen* brechen; *Fechten* parieren; **~arse** abweichen; *Zeiger* ausschlagen; abschwenken; FLUGW, MAR abgetrieben werden; vom Weg abkommen *auch übertr*; auf Abwege geraten

desvinculado: ***estar ~*** allein stehen; keine Verbindungen haben; ohne Bindungen sein

desvincul|ación *f* Auflösung *f*; Entflechtung *f*; **~ar** *tr aus dem Zusammenhang* lösen; auflösen; entflechten; *der Verantwortung* entheben; *Arg* → ***amortizar***; **~arse** die Verbindung verlieren; *Paar* sich trennen

desvío *m* Abweichung *f*; Ablenkung *f*; FLUGW Kursänderung *f*; VERK Umleitung *f*; Umgehung *f*; *Autobahn* Abfahrt *f*; MED Bypass *m*; *Am reg* Ausweichgleis *n*; Widerwille *m*; Abneigung *f*; ***~ de llamadas*** TEL Rufumleitung *f*

desvirginizar ⟨-z/c-⟩ *tr* entjungfern

desvirilizar ⟨-z/c-⟩ *tr* entmannen

desvirtuar ⟨-úo⟩ *tr Argument* entkräften; *etw* (ver)fälschen; **~se** an Kraft verlieren; *Nahrungsmittel* verderben

desvivirse: ***~ por*** vor Sehnsucht vergehen nach; mächtig verliebt sein in; sehr erpicht sein auf; alles tun für

desyerbar *tr* jäten

detall|ado ausführlich; detailliert; in allen Einzelheiten; genau; **~ar** *tr* einzeln aufführen; einzeln auflisten; ausführlich beschreiben; im Einzelhandel verkaufen

detalle *m* Einzelheit *f*, Detail *n*; HDL Spezifikation *f*; FOTO Teilansicht *f*; ***~s*** *Pl* Teile *m,n/Pl eines Ganzen*; ***al ~*** Einzelhandels-; im Einzelhandel; ***con todo ~*** in allen Einzelheiten; ***en ~*** im Einzelnen ◇ ***entrar en ~(s)*** zu den Einzelheiten kommen; sehr ausführlich werden

detallista **I** *m* Detailmaler *m*; Einzelhändler *m*, Einzelhandelskaufmann *m* **II** *f* Einzelhandelskauffrau *f*

detección *f* EL Detektion *f*, Gleichrichtung *f*; Erkennung *f*; Ortung *f von Fischschwärmen*; ***~ precoz*** MED Früherkennung *f*; ***~ previa*** MIL Frühortung *f*; ***~ de virus*** INFORM Viruserkennung *f*

detect|able nachweis-, erkennbar; **~ación** *f* Aufdeckung *f*; Aufspüren *n*; **~ar** *tr* auffinden; aufspüren; TECH feststellen, entdecken; *Mängel* aufdecken; **~ive** *m* Detektiv *m*; **~ivesco** Detektiv-; Kriminal-

detector *m* Detektor *m*; ***~ de mentiras*** Lügendetektor *m*; ***~ de movimientos*** Bewegungsmelder *m*

detención *f* Festnahme *f*; Ergreifung *f*; Haft *f*; Verzögerung *f*; Verzug *m*; Zurückhalten *n*; Anhalten *n*; VERK Halt *m*; Stillstand *m*; Gründlichkeit *f*; ***~ domiciliaria*** Hausarrest *m*; ***~ ilegal*** Freiheitsberaubung *f*; ***~ precautoria*** (***preventiva*** *od* ***provisional***) Schutz-(Untersuchungs)haft *f*

deten|er ⟨→ ***tener***⟩ *tr* verhaften; zurück-, einbehalten; aufhalten; anhalten; *Aktion* stoppen, einstellen; abstellen; **~erse** stehen bleiben; verweilen; stocken, innehalten; zum Stillstand kommen; anhalten; aufgehalten werden (***con*** bei; von); viel Zeit benötigen (***en*** für); **~ida** *f* Verzögerung *f*; **~idamente** gründlich; lange; ausführlich; aufmerksam; **~ido** **I** *Adj* unentschlossen; ängstlich, gehemmt; zurückgeblieben *im Wachstum*; gründlich; langsam; bedächtig; geizig **II** *m* Verhafteter *m*; Gefangener *m*, Inhaftierter *m*, Häftling *m*; **~imiento** *m* Verweilen *n*; Gründlichkeit *f*; Ausführlichkeit *f*

detentar *tr* sich *etw* unrechtmäßig aneignen; *Posten* unrechtmäßig einnehmen; *etw* vorenthalten

detergente *m* Reinigungsmittel *n*; Waschmittel *n*; TECH Spülmittel *n*

deterior|ado fehlerhaft; schadhaft; ramponiert; **~amiento** *m* Verschlechterung *f*; **~ar** *tr* beschädigen; verderben; ramponieren; abnutzen; verschlechtern; **~arse** verderben; *Lage* sich verschlechtern; *Ware* beschädigt werden

deterioro *m* Beschädigung *f*; Schaden *m*; Verderb *m*; Verfall *m*; Verschlechterung *f*; Wertminderung *f*; ***~ ambiental*** Umweltzerstörung *f*; ***~ en el traslado*** *Möbel* Transportschaden *m*; ***~ debido al almacenamiento*** Lagerschaden *m*; ***de fácil ~*** leicht verderblich

determinación *f* Festlegung *f*; Entscheidung *f*; Festsetzung *f*; Bestimmung *f*; Beschluss *m*, Entschließung *f*; Entschluss *m*; Entschlossenheit *f*; PHIL Determiniertheit *f*; ***~ de los daños*** (***del precio***) Schadens-(Preis)festsetzung *f* ◇ ***mostrar ~*** Entschlossenheit zeigen; ***tomar una ~*** einen Entschluss fassen; eine Entscheidung treffen

determin|ado bestimmt; entschlossen; entschieden; **~ante** **I** *Adj* bestimmend (***de*** für); Bestimmungs-; entscheidend **II** *m* Bestimmung *f*; Regel *f*; GRAMM Bestimmungswort *n*

determinar *tr* bestimmen; entscheiden; festlegen; anberaumen; festsetzen; feststellen; Anlass sein (***a*** zu); bestimmend sein (***a*** für); *übertr* prägen; ~ ***hacer u/c*** etw zu tun beschließen; ~***se*** einen Entschluss fassen (***a*** zu)

D

determin|ativo *bes* GRAMM bestimmend; Bestimmungs-; ~**ismo** *m* PHIL Determinismus *m*

detest|able abscheulich; verabscheuungswürdig; ~**ación** *f* Abscheu *m*; ~**ado** verhasst; unbeliebt; nicht gern gesehen; ~**ar** **I** *tr* verabscheuen; nicht ausstehen können **II** *intr* verabscheuen (***de*** *Akk*), zuwider sein

deton|ación *f* Detonation *f*; Knall *m*; ~**ador** *m* Zünder *m*; Sprengkapsel *f*; auslösendes Moment *n*; ~**ar** *intr* detonieren; krachen; knallen

detrac|tar *tr* verleumden; herabsetzen; schlecht machen; ~**tor** *m* Verleumder *m*; Lästerer *m*; Ehrabschneider *m*

detrás **I** *Adv* hinten; hinterher; dahinter; ***por*** ~ von hinten; hinter *jmds* Rücken **II** ~ ***de*** *Präp* hinter (~ ***de la puerta***); hinter, nach (~ ***de mí***) **III** *Adj* ***de*** ~ hintere(r)

detrimento *m* Schaden *m*; ***en*** ~ ***de*** zum Schaden von *od Gen*; zulasten von *od Gen* ◇ ***redundar en*** ~ ***de alg*** jmdm zum Nachteil gereichen

detrito *m*, *meist* ~***s*** *Pl*, BIOL, GEOL, MED Detritus *m*; Trümmer *Pl*; Abfall *m*; Bodensatz *m*; ~***s animales*** (***vegetales***) tierische Abfälle *m/Pl* (pflanzliche Zerfallsprodukte *n/Pl*)

detritus *m* → ***detrito***

deuda *f* Schuld *f auch übertr*; Schulden *f/Pl*; Verpflichtung *f*; Verschuldung *f*; ~***s*** *Pl* FIN Verbindlichkeiten *f/Pl*; ~ ***acumulada*** aufgelaufene Schulden *f/Pl*; ~ ***antigua*** (***cambial***) FIN Alt-(Wechsel)schuld *f*; ~***s con entidades de crédito*** Verbindlichkeiten *f/Pl* gegenüber Kreditinstituten; ~ ***del Estado*** Staatsschulden *f/Pl*; ~ ***externa***, ~***s exteriores*** *od* ***internacionales*** Auslandsschulden *f/Pl*; ~ ***fiscal*** *od* ***impositiva*** *od* ***tributaria*** Steuerschuld *f*; ~ ***pública*** Verschuldung *f* der öffentlichen Hand; ***libre de*** ~***s*** schuldenfrei ◇ ***cancelar*** (***pagar***) ***las*** ~***s*** die Schulden begleichen (bezahlen); ***cobrar*** ~***s*** Schulden eintreiben; ***contraer*** ~***s, llenarse de*** ~***s*** Schulden machen; ***convertir la*** ~ umschulden; ***estar en*** ~ ***con alg*** in jmds Schuld stehen; ***honrar*** (***liquidar*** *od* ***saldar***) ~***s*** Schulden einlösen *od* honorieren (begleichen *od* tilgen)

deudo *m* Angehöriger *m*; ~***s*** *Pl* Verwandte *m/Pl*; *auch* Hinterbliebene *m/Pl*

deudor **I** *Adj* schuldend; schuldig; Schuldner-; FIN Soll-, Debet- **II** *m* Schuldner *m*; ~ ***cambiario*** Wechselschuldner; ~ ***hipotecario*** Hypothekennehmer *m*; ~ ***solidario*** (***tributario***) Gesamt-(Steuer)schuldner *m*

deuterio *m* CHEM Deuterium *n*

devalu|ación *f Geld* Abwertung *f*; ~**ar** ⟨-úo⟩ *tr* abwerten; *Immobilie* im Wert mindern

devan|adera *f* Haspel *f*; Spule *f*; Aufspulgerät *n*; Garnwinde *f*; *Kabel* Trommel *f*; ~**ar** *tr* abspulen, -wickeln; *Faden*, *Draht* haspeln

devaneo *m* Gefasel *n*; Hirngespinst *n*; ~***s*** *Pl* Spielerei *f*; Liebelei *f*

devastación *f* Verwüstung *f*; ~ ***ambiental*** Umweltzerstörung *f*

devast|ador verheerend; ~**ar** *tr* verwüsten, verheeren

develar *tr Geheimnis* enthüllen; entdecken; offenbaren; aufdecken; *Vorhang* beiseite ziehen

deveng|ado *Zinsen* aufgelaufen; ~**ar** ⟨-g/gu-⟩ *tr Gehalt* beziehen; *Zinsen* bringen, abwerfen; einbringen; ein Anspruch *od* Anrecht haben auf

devengo *m* Nutzen *m*, Gewinn *m*; ~***s*** *Pl* Auslagen *f/Pl*; ~***s arancelarios*** Zollgebühren *f/Pl*; ~ ***extrasalarial*** *Esp* Teuerungszuschlag *m*; ***con*** ~ ***de interés*** verzinslich

devenir ⟨→ ***venir***⟩ **I** *intr* geschehen, kommen; vorkommen; werden (zu) **II** *m* Werden *n*

devoción *f*, Anbetung *f*; Verehrung *f*; Andacht *f*; Frömmigkeit *f*; *i w S* Ergebenheit *f*; Zuneigung *f*; ~ ***afectada*** *od* ***fingida*** Frömmelei *f*; ***con*** ~ andächtig; hingebungsvoll ◇ ***estar a la*** ~ ***de alg*** jmdm bedingungslos ergeben sein; ***fingir*** ~ frömmeln

devocionario *m* Gebetbuch *n*

devolución *f* Rückgabe *f*; (Zu-)Rückerstattung *f*; Erwiderung *f eines Besuchs*; *Brief* Rücksendung *f*; ~ ***anual de impuestos sobre salarios*** Lohnsteuerjahresausgleich *m*; ~ ***del crédito*** Kreditrückzahlung *f*; ~ ***de cuotas*** Beitragsrückerstattung *f*; ~ ***fiscal*** Steuerrückerstattung *f*; ~ ***del material de embalaje*** Rücknahme *f* des Verpackungsmaterials ◇ ***reclamar la*** ~ zurückverlangen

devolver ⟨→ ***volver***⟩ **I** *tr* zurückgeben; wiedergeben; (zurück)erstatten; *Geld* herausgeben; zurückzahlen; zurückschicken; zurückstellen; wieder *an seinen Platz* stellen; zurückbringen; heimzahlen, vergelten; *Besuch* erwidern **II** *intr* brechen, speien; ~***se*** *Am* umkehren; zurückgehen

devor|ador verzehrend; verschlingend; ~**ar** *tr* (auf)fressen; hinunterschlingen; hinunterschlucken *auch übertr*; verzehren *auch übertr*

devot|ería *f* Bigotterie *f*; ~**o** **I** *Adj* fromm; andächtig, Andachts-; ergeben; devot **II**

m Andächtiger *m*; Verehrer *m*; Anhänger *m* (**de** von) *auch verächtl*

devuelto *Part von* **devolver**

dextr|ina *f* Dextrin *n*; **~osa** *f* Dextrose *f*

deyecciones *f/Pl* Stuhl(gang) *m*

d/f *Abk für* **días fecha**

D.F. *Méx Abk für* **Distrito Federal**

DGT *Abk für* **Dirección General de Turismo**

día *m* Tag *m*; **~ abonable** freier Tag *m mit Arbeitszeitvergütung*; **~s atrás** in den letzten Tagen, während der zurückliegenden Tage; **~ de boda** Hochzeitstag *m*; **~ de carencia** Karenztag *m*; **~ civil** Kalendertag *m*; **~ de cobro** *od* **pago** Zahltag *m*; **~ D** Tag X; **~ a ~** *Am*, **~ tras ~** Tag für Tag; **~ de los difuntos** Allerseelentag *m*; **~s enteros** tagelang; **~s fecha** FIN Tage *m/Pl* nach Sicht; **~ festivo** *od* **de fiesta** Feiertag *m*; **~ fijado** Stichtag *m*; **~ hábil** *od* **laborable** Werk-, Arbeitstag *m*; **~ de la Hispanidad** *Esp*, **~ de la Raza** *Am* Tag *m* der Entdeckung Amerikas (*12. Oktober*); **~ de la Infancia** *od* **del Niño** (**de la Madre**; **de la Mujer**) Kinder-(Mutter-; Frauen)tag *m*; **~ libre** freier Tag *m*; **~ límite** letzter Termin *m*; **~ de oración y penitencia** Buß- und Bettag *m*; **~s plazo** Tage *m/Pl* Frist; **~s para profesionales** *Messe* Fachbesuchertage *m/Pl*; **~ de puertas abiertas** Tag *m* der offenen Tür; **~s de respiro** FIN Verzugstage *m/Pl*; **~ del santo** Namenstag *m*; **~ de vencimiento** Fälligkeitstag *m*; **~s vista** Tage *m/Pl* nach Sicht; **a ~s** gelegentlich; **a ~s alternos** einen Tag um den anderen; **algún** *od* **un ~** eines Tages; einst(mals); **al entrar el ~** bei Tagesanbruch; **al otro ~** am nächsten Tag; **¡buenos ~s!** guten Morgen!; guten Tag! *bis 12 Uhr*; **cada quince ~s** vierzehntäglich; **cualquier ~** irgendwann; **de ~** tagsüber; **de ~ en ~** Tag für Tag; **del ~** vom Tage; soeben fertig; (tau)frisch; aktuell; **dentro de unos ~s** in einigen Tagen; **el ~ antes** (**después**) tags zuvor (darauf); **el ~ menos pensado** eines schönen Tages; **el ~ 3 de marzo** *Vollform der Datumsangabe* am 3. März; **el mejor ~** eines schönen Tages; **el otro ~** neulich; **en el ~ de hoy** am heutigen Tage; **en nuestros ~, hoy en ~** heutzutage; **hoy en ocho ~s** heute in acht Tagen; **los ~s por venir** an den kommenden Tagen; **otro ~** ein andermal; **todos los ~s** jeden Tag; **un ~ de marcha de ...** einen Tagesmarsch *od* eine Tagesreise entfernt von ...; **un ~ sí y otro no** einen Tag um den anderen ◇ **dar los buenos ~s** einen guten Tag wünschen; **estar al ~** auf dem Laufenden sein; **mantenerse al ~** sich auf dem Laufenden halten; **poner al ~** aktualisieren, auf den neuesten Stand bringen; **ponerse al ~** sich einarbeiten; sich mit etw vertraut machen; **tener ~s** betagt sein; **tomarse un ~ libre** sich einen Tag freimachen; *Sprichw* **hay más ~s que longanizas** Eile mit Weile

diab|etes *f* Diabetes *m*; **~ético I** *Adj* zuckerkrank **II** *m* Diabetiker *m*

diabl|a *f* Teufelin *f auch übertr*; **~esa** *f* Teufelsweib *n*; **~illo** *m* Teufelchen *n*; Lausejunge *m*

diablo *m* Teufel *m*; TECH Reißwolf *m*; *Am* Nagelzieher *m*; TYP Zwiebelfisch *m*; **¡~(s)!** Donnerwetter!; **¡qué ~(s)!** zum Teufel!; verflucht noch mal!; das fehlte noch!; **~s azules** *Am reg* Säuferwahn *m*; **~ (de hombre)** Teufelskerl *m*; **un pobre ~** ein armer Teufel; **el ~ predicador** der Teufel als Sittenprediger ◇ **anda el ~ suelto** der Teufel ist los; **echar** *od* **enviar** *od* **mandar a alg al ~** jmdn zum Teufel jagen; **¡el ~ que lo entienda!** das soll der Teufel verstehen!; **¡que el ~ cargue con él!** der Teufel soll ihn holen!; **¡que se lo lleve el ~!** hols der Teufel!; **donde el ~ perdió el poncho** *Chi*, *Rpl* jwd *weit abgelegen*; *Sprichw* **no es tan feo el ~ como lo pintan** es wird nichts so heiß gegessen, wie es gekocht wird

dia|blura *f* Teufelei *f*; Streich *m*; Ungezogenheit *f*; **~bólico** teuflisch

di|aconado *m*, **~aconato** *m* Diakonat *n*; **~aconisa** *f* Diakonisse *od* Diakonissin *f*; **~ácono** *m* Diakon *m*

dia|crítico LING diakritisch; **~dema** *f* Diadem *n*; Stirnband *n*; Herrscherkrone *f*

di|afanidad *f* Durchsichtigkeit *f*; Lichtdurchlässigkeit *f*; **~áfano** durchsichtig; durchscheinend; offen, klar; hell

diafragma *m* Zwerchfell *n*; Membran *f*; durchlässige Zwischenwand *f*; FOTO Blende *f*; **~ giratorio** (**iris**; **ranurado**) Revolver-(Iris-; Schlitz)blende *f*

diafragmado *m* Blendeneinstellung *f*; Abblenden *n*; **~ automático** Blendenautomatik *f*

diagnosticar ⟨-c/qu-⟩ *tr* diagnostizieren; feststellen

diagnóstico I *Adj* diagnostisch **II** *m* Diagnostik *f*; Diagnose *f*; Befund *m*; **~ por el iris** Augendiagnose *f*; **~ precoz** Früherkennung *f*

diagonal I *Adj* diagonal; **en ~** schräg verlaufend **II** *f* Diagonale *f*

diagrama *m* Diagramm *n*, Schaubild *n*; **~ de barras** INFORM Balkendiagramm *n*; **~ de flujo** (**flujos**) Fluss-(Ablauf)diagramm *n*

dial *m* RADIO Skala *f*; TEL Nummern- *od* Buchstabenscheibe *f bzw* -feld *n*

dial|ectal mundartlich; Dialekt-; **~ectalismo** *m* dialektale Besonderheit *f*; **~éctica** *f* Dialektik *f*; **~éctico** dialektisch; **~ecto**

m Dialekt *m*, Mundart *f*; **~ectología** *f* Dialektologie *f*
diálisis *f* Dialyse *f*
dialog|ante dialog-, gesprächsbereit; **~ar** ⟨-g/gu-⟩ *intr* miteinander sprechen; ein Zwiegespräch führen; **~ístico** dialogisch, Dialog-; **~izar** ⟨-z/c-⟩ → **~ar**
diálogo *m* Dialog *m*, Zwiegespräch *n*; **~ *Norte-Sur*** Nord-Süd-Dialog *m*
diamant|e *m* Diamant *m*; TYP Brillant *f* *3-Punkt-Schrift*; **~ífero** diamantenhaltig; Diamanten-; **~ino** diamanten; stahlhart, ehern; unerschütterlich; **~ista** *m(f)* Diamant-, *auch* Edelsteinschleifer(in) *m(f)*; Diamanten-, *auch* Edelsteinhändler(in) *m(f)*
diametral diametral
diámetro *m* Durchmesser *m*; **~ *de giro*** KFZ Wendekreis(durchmesser) *m*
diana *f* MIL Wecken *n*; Schwarze *n der Zielscheibe* ◇ ***dar en la* ~, *hacer* ~** ins Schwarze treffen *auch übertr*
diapasón *m* Tonumfang *m*; *Geige* Griffbrett *n*; Stimmpfeife *f*; **~ (*normal*)** Stimmgabel *f*; *i w S* Kammerton *m* ◇ ***bajar* (*subir*) *el* ~** leiser (lauter) sprechen
diapositiva *f* Dia(positiv) *n*
diarero *m Am reg* Zeitungsverkäufer *m*
diario I *Adj* täglich; Tages- **II** *Adv AmC, AmS reg, Méx, PR* täglich **III** *m* (Tages-) Zeitung *f*; Tagebuch *n*; HDL Journal *n*; Tageskosten *Pl*, -aufwand *m*; **~ *amarillista*** Boulevardblatt *n*; **~ *hablado*** RADIO, **~ *televisado*** TV Nachrichten *f/Pl*; **~ *de navegación* (*operaciones*)** Schiffs-(Kriegs)tagebuch *n*; **~ *oficial*** Amtsblatt *n*; ***a* ~** täglich; ***de* ~** *z.B. Kleidung* Alltags-
diaris|mo *m Am* Journalismus *m*; **~ta** *m(f)* *Am* Journalist(in) *m(f)*; Zeitungsverleger (-in) *m(f)*
diarrea *f* Durchfall *m*, Diarrhöe *f*
diáspora *f* POL, REL Diaspora *f*
dia|tónica *f* MUS Diatonik *f*; **~triba** *f* Schmährede *f*; Schmähschrift *f*
dibujante *m(f)* Zeichner(in) *m(f)*; **~ (*de artes gráficas*)** Grafiker *m*; **~ *de productos industriales y comerciales*** Gebrauchsgrafiker *m*; **~ *publicitario*** Werbegrafiker *m*
dibuj|ar *tr/intr* zeichnen; **~arse** allmählich hervortreten; sichtbar werden; **~ístico** zeichnerisch
dibujo *m* Zeichnen *n auch Schule*; Zeichnung *f*; Entwurf *m*, Skizze *f*; Dessin *n*; Grafik *f als Abdruck*; Schilderung *f*; **~** *od* **~s** *Pl* KFZ *Reifen* Profil *n*; **~s *animados*** Zeichentrickfilm *m*; **~ *difuminado*** Radierung *f*; **~ *industrial*** *od* ***técnico*** technisches Zeichnen *n*; technische Zeichnung *f*; **~s *preparatorios*** MAL Entwürfe *m/Pl*; **~ *publicitario*** Werbegrafik *f*; ***con* ~s** gemustert; ***sin* ~s** uni(farben) ◇ ***no meterse en* ~s** sich keinen Unannehmlichkeiten aussetzen (wollen)
dicción *f* Diktion *f*, Art *f* des Vortrags
diccionario *m* Wörterbuch *n*, Lexikon *n*; **~ *de bolsillo* (~ *manual*)** Taschen-(Hand)-wörterbuch *n*; **~ *ideológico*, ~ *de ideas*** Begriffs-, Definitionswörterbuch *n*; **~ *inverso*** rückläufiges Wörterbuch *n*; **~ *del usuario*** Benutzerwörterbuch *n* ◇ ***consultar el* ~** im Wörterbuch nachschlagen; ***ser un* ~** ein wandelndes Lexikon sein
díceres *m/Pl Am, And* Gerüchte *n/Pl*
dicha *f* Glück *n*; Glückseligkeit *f*; ***por* ~** glücklicherweise; *Sprichw* ***nunca es tarde si la* ~ *es buena*** besser spät als nie
dicho *Part von* → ***decir***; **I** *Adj* besagt; **~ *y hecho*** gesagt, getan; im Handumdrehen; ***como queda* ~** wie gesagt; ***lo* ~** das Gesagte; ***propiamente* ~** eigentlich; genau gesagt ◇ ***lo* ~, ~** sein Versprechen muss man halten; es bleibt dabei; ***dejar* ~** mündlich hinterlassen; ***lo* ~ ... ¡~ *está!*** gesagt ist gesagt!; ***¡téntelo por* ~!** lass es dir gesagt sein! **II** *m* Ausdruck *m*; (Aus-)Spruch *m*; Sinnspruch *m*; (Zeugen-)Aussage *f* ◇ ***es un* ~** das sagt man so; es ist nur so eine Redensart; ***tomarse los* ~s** sich das Eheversprechen geben; *Sprichw* ***del* ~ *al hecho hay gran trecho*** Versprechen und Halten ist zweierlei
dichoso glücklich; leidig; *iron* verflixt
diciembre *m* Dezember *m*
dicotomía *f* BOT, PHIL Dichotomie *f*; Zwiespalt *m*, Widerspruch *m*
dictado *m* Diktat *n*; Beiname *m*; **~ *de la conciencia*** Stimme *f* des Gewissens ◇ ***escribir al* ~** nach Diktat schreiben
dict|ador *m* Diktator *m*; **~adura** *f* Diktatur *f*; **~áfono** *m* Diktiergerät *n*
dictamen *m* Meinung *f*; Gutachten *n*; **~ *facultativo*** ärztliches Gutachten *n*; **~ *judicial*** Gerichtsurteil *n*; **~ *pericial*** Expertise *f*, Sachverständigengutachten *n* ◇ ***dar*** *od* ***emitir un* ~** → ***dictaminar***
dictamin|ador *m* Gutachter *m*; **~ar I** *intr* ein Gutachten abgeben; begutachten (***sobre*** *Akk*) **II** *tr* feststellen *ermitteln*
dictar *tr* diktieren; *Gesetze* erlassen; *Urteil* fällen; *Vorlesung, Vortrag* halten; *bes Am Unterricht* geben; eingeben, suggerieren; **~ *telefónicamente*** telefonisch übermitteln
dictatorial diktatorisch
dicterio *m* Schmähung *f*
didacta *m(f)* Didaktiker(in) *m(f)*
didáct|ica *f* Didaktik *f*; **~ico** didaktisch; Lehr-
dieci|nueve neunzehn; **~nueveavo** *m*

Neunzehntel *n*; **~ochavo** *m* Achtzehntel *n*; **~ocheno** achtzehnter; **~ochesco** → **~ochista**; **~ochismo** *m Möbel, Mode, Stil usw* Eigenart *m* des 18. Jh; **~ochista** des 18. Jh; typisch 18. Jh; **~ocho** achtzehn; **~séis** sechzehn; **~seisavo** Sechzehntel *n*; **~seiseno** sechzehnter; **~siete** siebzehn; **~sieteavo** *m* Siebzehntel *n*

diente *m* Zahn *m auch* TECH; TECH Zacken *m*, Zinke *f*; Zacke *f*; ***~s*** *Pl* Gebiss *n*; *Schlüssel* Bart *m*; *Briefmarke* Zähnung *f*; ***~ de ajo*** Knoblauchzehe *f*; ***~ canino*** (***incisivo***; ***molar***) Eck-(Schneide-; Backen)-zahn *m*; ***~s de embustero*** auseinander stehende Zähne *m/Pl*; ***~ empotrado*** Stiftzahn *m*; ***~ del juicio*** Weisheitszahn *m*; ***~ de leche*** Milchzahn *m*; ***~ de león*** BOT Löwenzahn *m*; ***~ permanente*** bleibender Zahn *m*; ***~ postizo*** Zahnprothese *f*; ***~ venenoso*** Giftzahn *m*; ***de ~s*** (***para***) ***afuera*** heuchlerisch ◇ ***alargársele a uno los ~s*** etw schrecklich gern haben wollen; ***crujir*** *od* ***rechinar los ~s*** mit den Zähnen knirschen; ***dar ~ con ~*** mit den Zähnen klappern; ***decir*** *od* ***hablar entre ~s*** *etw* in seinen Bart murmeln; ***le duelen los ~s*** er hat Zahnschmerzen; ***echar*** (***los***) ***~s*** Zähne bekommen; ***enseñar*** *od* ***mostrar los ~s*** die Zähne fletschen; ***hincarle el ~*** reinhauen *essen*; ***mellarse los ~s*** sich die Zähne ausbeißen; ***pelar el ~*** *Am reg* kokett lächeln; ***tener buen ~*** ein guter Esser sein; *Sprichw* ***primero son mis ~s que mis parientes*** das Hemd ist mir näher als der Rock

diesel *m* Diesel(motor) *m*; → ***~oil***; **~eléctrico** dieselelektrisch; **~ización** *f* Umstellung *f* auf Dieseltraktion; **~izar** ⟨-z/c-⟩ *tr* auf Dieseltraktion umstellen; **~oil** *m* Diesel(-kraftstoff) *m*

diestra *f* rechte Hand *f*, Rechte *f*

diestro **I** *Adj* rechter; rechtshändig; geschickt; wendig; gewandt; schlau **II** *m* Rechtshänder *m*; Halfter *n,m*, Zaum *m*; TAUR Matador *m*

dieta *f* Kost *f*; *i w S* Ernährung *f*; Futter(ration *f*) *n*; Diät *f*; Reichstag *m auch hist*; Landtag *m*; ***~s*** *Pl* Tagegelder *n/Pl*; Spesen *f/Pl*; Diäten *f/Pl*; ***~ de asistencia*** Sitzungsgeld *n*; ***~ cruda*** (***disociativa***) Roh-(Trenn)-kost *f*; ♀ ***Federal*** Bundestag *m*; ***~ láctea*** Milchdiät *f*; ***~ vegetal*** vegetarische Kost *f* ◇ ***estar a ~*** (***rigurosa***) (strenge) Diät halten (müssen); ***poner a ~*** *jmdn* auf Diät setzen

diet|ario *m* Haushalts-, Abrechnungsbuch *n*; **~ética** *f* Diätetik *f*; Ernährungslehre *f*; Ernährung *f als Wissenschaftszweig*; **~ético** **I** *Adj* Diät- **II** *m* Diätassistent *m*; Ernährungswissenschaftler *m*; **~ista** *m(f)* Ernährungsberater(in) *m(f)*

diez **I** *Adj* zehn **II** *m* Zehn *f*; **~mar** *tr hist u übertr* dezimieren; *durch Epidemien, Krieg* lichten; aufräumen unter

dif. *Abk für* ***diferencia***

difam|ación *f* Verleumdung *f*; **~ador** **I** *Adj* verleumderisch **II** *m* Verleumder *m*; Ehrabschneider *m*; **~ar** *tr* verleumden; verketzern; **~atorio** verleumderisch

diferencia *f* Unterschied *m*; Verschiedenheit *f*; Abstand *m*; Differenz *f*; MATH Rest *m*; FIN Rest(betrag) *m*; Fehlbetrag *m*; Streit *m*; ***~ de*** *od* ***entre aranceles*** Zollgefälle *n*; ***~ de cambio*** Kursdifferenz *f*; ***~ en cantidades*** Mengenabweichung *f*; ***~ de coste*** Preisspanne *f*; ***~ a favor*** *od* ***en más*** Überschuss *m*; ***~ horaria*** *geographischer* Zeitunterschied *m*; ***~ de*** *od* ***en la medida*** Maßabweichung *f*; ***~ de opiniones*** Meinungsverschiedenheit *f*; ***~ de precio*** Preisunterschied *m*; ***~ de los precios*** Verschiedenheit *f* der Preise; ***~ salarial*** Lohngefälle *n*; ***a ~ de*** im Unterschied zu ◇ ***hacer*** (***una***) ***~*** (***entre***) unterscheiden (zwischen)

diferenci|ación *f* Differenzierung *f*; **~al** **I** *Adj* Ausgleichs-; Differenzial-; Differenz- **II** *m* KFZ, MATH Differenzial *n*; **~ar** *tr* unterscheiden; differenzieren; abwechslungsreich gestalten; **~arse** BIOL sich differenzieren; abweichen (***de*** von); sich unterscheiden (***de*** von; ***por*** durch)

diferendo *m Am reg* Meinungsverschiedenheit *f*; Streit(igkeit *f*) *m*

diferente unterschiedlich; verschieden; anders; abweichend (***de*** von)

diferido: ***en ~*** RADIO, TV in einer Aufzeichnung

diferir ⟨-ie/i-⟩ **I** *tr* aufschieben; verschieben (***a*** auf); verzögern; vertragen **II** *intr* verschieden sein; differieren; abweichen (***de*** von); anders sein (***de*** als)

difícil schwierig; beschwerlich; *Situation* heikel; *Person* spröde; unzugänglich; ***~ de*** + *Inf* schwer zu + *Inf*; ***~ de colocar*** schwer zu vermitteln ◇ ***es ~*** + *Inf* es ist schwierig zu + *Inf*

difícilmente schwerlich, kaum

dificultad *f* Schwierigkeit *f*; Mühe *f*; Erschwerung *f*; Erschwernis *f*; ***~ de pago*** Zahlungsschwierigkeit *f*; ***~ respiratoria*** Atembeschwerden *f/Pl*; ***~ de visibilidad*** Sichtbehinderung *f*; ***con ~*** kaum; nur schwer; ***sin ~ alguna*** *od* ***sin la menor ~*** ohne jegliche Schwierigkeit ◇ ***debatirse en ~es*** sich mit Schwierigkeiten herumschlagen; ***encontrar ~es*** auf Schwierigkeiten stoßen; ***poner ~es a alg*** jmdm Schwierigkeiten bereiten; ***superar las ~es de pago*** die Zahlungsschwierigkeiten überwinden

dificult|ar *tr* erschweren; schwierig(er) ma-

chen; behindern; **~oso** schwierig; mühsam; umständlich
dift|eria *f* Diphtherie *f*; **~érico** Diphtherie-, diphtherisch
difundir *tr Licht, Nachrichten* verbreiten; *Sendung* übertragen; **~se** sich ausbreiten; bekannt werden
difunto I *Adj* verstorben **II** *m* Vertorbener *m*
difusión *f* Verbreitung *f*; Streuung *f auch* PHYS; PHYSIOL Diffusion *f*; PHYS Ausbreitung *f*; Weitschweifigkeit *f*; **~ *nacional*** landesweite Verbreitung *f*; **~ *de productos*** Produktstreuung *f*; **~ *de programas*** Programmübertragung *f*
difus|o PHYS diffus; weitschweifig; verschwommen; **~or** *m* Zerstäuber *m*; KFZ Vergaserdüse *f*
digerir ⟨-ie/i-⟩ **I** *tr/intr* verdauen *auch übertr* **II** *tr* (innerlich) verarbeiten; *etw* genau überdenken; ***no* ~ *u/c*** eine Sache nicht verwinden
digestión *f* Verdauung *f*; CHEM Auslaugen *n*; ***de fácil* (*difícil*) ~** leicht (schwer) verdaulich ◇ ***cortarse la* ~** sich den Magen verderben; ***ser de mala* ~** unausstehlich sein
digestivo I *Adj* Verdauungs- **II** *m* verdauungsförderndes Mittel *n*
digit|al I *Adj* Digital-, digital; Finger- **II** *f* BOT Fingerhut *m*; **~alización** *f* Digitalisierung *f*; **~alizar** ⟨-z/c-⟩ *tr* digitalisieren
digitar *tr Preise in die Kasse* tippen; TEL wählen; **~ *directamente*** durchwählen
dígito I *Adj* einstellig; ***en dos* ~*s*** zweistellig **II** *m* einstellige Zahl *f*; **~ *de verificación*** Prüfziffer *f*
diglosia *f* Zweisprachigkeit *f*
dign|arse sich herablassen; geruhen; die Güte haben (***de*** + *Inf* zu + *Inf*); **~atario** *m* Würdenträger *m*
dignidad *f* Würde *f*; Anstand *m*; Ehrenamt *n*; (Amts-)Würde *f*; Würdenträger *m*; **~ *humana* od *del hombre*** Menschenwürde *f*; ***con* ~** würdevoll
dign|ificación *f* Würdigung *f*; **~ificar** ⟨-c/qu-⟩ *tr* würdig machen; in einen würdigen Zustand versetzen; **~o** würdig; ehrenwert; angemessen
digo → ***decir***
digrafía HDL doppelte Buchführung *f*
digresión *f* Abschweifung *f*
dije[1] → ***decir***
dije[2] *m Schmuck* Anhänger *m* ◇ ***eres un* ~** du bist ein Schmuckstück
dilacerar *tr* zerfleischen, -reißen
dilación *f* Verzögerung *f*; Aufschub *m*; ***sin* ~** unverzüglich; ***sin más dilaciones*** ohne weiteren Verzug
dilapid|ador I *Adj* verschwenderisch **II** *m* Verschwender *m*; **~ar** *tr* verschwenden
dilat|able dehnbar; **~ación** *f* Erweiterung *f auch* MED; Ausweitung *f*; PHYS Ausdehnung *f*; **~ar** *tr* ausdehnen; TECH (aus)weiten; *Herz* erheben; *etw* hinauszögern; aufschieben; verbreiten; **~arse** sich (aus)dehnen; sich erstrecken; sich erweitern; weitschweifig werden; länger ausfallen
dilatoria *f* Aufschub *m* ◇ ***andar con* od *en* ~*s*** etw auf die lange Bank schieben
dilatorio aufschiebend; Verzögerungs-
dilema *m* Dilemma *n*
diletant|e I *Adj* dilettantisch **II** *m* Dilettant *m*; **~ismo** *m* Dilettantismus *m*
diligencia *f* Fleiß *m*; Sorgfalt *f*; Emsigkeit *f*; Bemühung *f*; Schnelligkeit *f*; Besorgung *f*; Erledigung *f*; behördliche Maßnahme *f*; *hist* Postkutsche *f*; **~*s judiciales*** gerichtliche Schritte *m/Pl*; **~*s policíacas* od *policiales*** polizeiliche Ermittlungen *f/Pl* ◇ ***tengo que hacer una* ~** ich muss noch etw erledigen
diligen|ciar *tr etw* in die Wege leiten; *Vorgang* bearbeiten; **~te** fleißig; sorgfältig; zuverlässig; rasch
dilucid|ación *f* Erläuterung *f*; Aufklärung *f*; **~ar** *tr/intr* erläutern; (auf)klären
dilu|ente *m* Verdünnungsmittel *n*; **~ir** ⟨-uy-⟩ *tr* auflösen; verdünnen; **~irse** sich auflösen
diluviar *unpers* in Strömen regnen
diluvio *m* Sintflut *f auch übertr*; Flut *f Schwall*; **~ *de balas*** Kugelhagel *m*; **~ *de injurias*** Schimpfkanonade *f*; ***detrás de mí el* ~** nach mir die Sintflut
dimanar *intr* hervorquellen; herrühren (***de*** von); ausgehen (***de*** von)
dimensión *f* Ausdehnung *f*; Ausmaß *n*; *übertr* Größe *f*; ***dimensiones*** *Pl* Abmessungen *f/Pl*; ***de grandes dimensiones*** großformatig; sehr umfangreich ◇ ***adquirir* (*mayores*) *dimensiones*** (größere) Ausmaße annehmen
dimension|al Ausdehnungs-; **~ar** *tr* bemessen, dimensionieren
dimes: **~ *y diretes*** *m/Pl* Rede *f* und Widerrede ◇ ***andar en* ~ *y diretes*** sich herumstreiten
diminu|tivo GRAMM **I** *Adj* verkleinernd **II** *m* Diminutiv(um) *n*; **~to** winzig
dimisión *f* Rücktritt *m*, Demission *f* ◇ ***presentar la* ~** den Rücktritt einreichen
dimi|sionario, ~tente (aus dem Amt) scheidend; zurückgetreten; **~tir I** *tr Amt* niederlegen, aufgeben **II** *intr* zurücktreten (***de*** von)
Dinamarca *f* Dänemark *n*
dinamarqués I *Adj* dänisch **II** *m*, **-esa** *f* Däne(-in) *m*(*f*)

dinámic|a *f* PHYS Dynamik *f*; **~o** dynamisch *auch übertr*, kraftvoll; schwungvoll
dinamismo *m* Dynamismus *m*; Dynamik *f*, Schwung *m*
dinamit|a *f* Dynamit *n*; **~ar** *tr* mit Dynamit in die Luft sprengen; **~ero I** *Adj* Dynamit- **II** *m*, **-a** *f* Sprengmeister(in) *m(f)*; Sprengstoffattentäter(in) *m(f)*
dinamiz|ación *f* Dynamisierung *f*; **~ar** ⟨-z/c-⟩ *tr Prozess* beschleunigen, vorantreiben
dinamo *f*, *Am auch m*, *od* **dínamo** *f* Dynamo *m*; KFZ Lichtmaschine *f*
dinamómetro *m* Dynamometer *n*, Kraftmesser *m*
din|astía *f* Dynastie *f auch übertr*, (Herrscher-)Haus *n*; **~ástico** dynastisch
dinerada *f* Menge *f* Geld
dineral *m* große Menge *f* Geld ◇ ***valer un ~*** eine Stange Geld kosten
dinerillo *m* kleine Summe *f* Geld
dinero *m* Geld *n*; ***~ bancario*** *od* ***en cuentas*** (***blanco***) Buch-(Silber)geld *n*; ***~ en caja*** Kassenbestand *m*; ***~ contante*** *od* ***al contado*** *od* ***en efectivo*** *od* ***en metálico*** Bargeld *n*; ***~ contante y sonante*** klingende Münze *f*; ***~ falso*** (***ilegal***) Falsch-(Schwarz)-geld *n*; ***~ menudo*** *od* ***suelto*** (***metálico***) Klein-(Hart)geld *n*; ***~ a plazo fijo*** FIN Festgeld *n*; ***~ de reserva*** Notgroschen *m*; ***~ de soborno*** (***para vacaciones***) Bestechungs-(Urlaubs)geld *n*; ***forrado de ~*** wohlhabend, gut betucht ◇ ***allegar ~*** Geld aufbringen; ***andar escaso*** *od* ***mal de ~, estar mal de ~, ir corto de ~*** knapp bei Kasse sein; ***blanquear*** (***cambiar***) ***~*** Geld *übertr* waschen (wechseln); ***el ~ lo compra todo*** für Geld ist alles zu haben; ***convertir en*** *od* ***reducir a ~*** zu Geld machen; ***estar mal con su ~*** schlecht mit seinem Geld umgehen; ***estar podrido en ~*** in Geld schwimmen; ***forrarse de ~*** Geld wie Heu verdienen; ***ingresar ~*** Geld einzahlen; ***producir ~*** Geld einbringen; einträglich sein; ***retirar*** *od* ***sacar*** Geld abheben; ***soltar ~*** Geld locker machen; ***tomar prestado ~*** eine Anleihe aufnehmen; *Sprichw* ***los ~s del sacristán, cantando se vienen y cantando se van*** wie gewonnen, so zerronnen
dinosaurio *m* Dinosaurier *m*
dintel *m* Fenstersturz *m*; Oberschwelle *f*, Türsturz *m*; *AmC u AmS reg* Türschwelle *f*
diñar *tr*: **~*la*** abkratzen, ins Gras beißen
diócesis *f* Diözese *f*
diodo *m* Diode *f*
dioptría *f* Dioptrie *f*
diorama *m* Diorama *n*
Dios *m* Gott *m*; ***el Buen ~*** der liebe Gott; ***¡por ~!*** um Gottes Willen!; aber ich bitte dich *bzw* Sie! ◇ ***armar la de ~*** Radau schlagen; ***~ dirá*** das liegt in Gottes Hand; ***estaba de ~*** Gott hat es so gewollt; ***¡~ nos libre!*** Gott behüte!; ***como ~ manda*** wie es sich gehört; ***¡~ te oiga!*** dein Wort in Gottes Ohr!; ***~ se lo pague*** vergelt's Gott! ***¡válgame ~!*** Gott steh' mir bei!; ***¡vaya con ~!*** ade!, behüte Sie Gott!; ***vivir como ~*** (***en Francia***) wie Gott in Frankreich leben
diosa *f* Göttin *f*
dióxido *m* Dioxid *n*; ***~ de azufre*** (***carbono***) Schwefel-(Kohlen)dioxid *n*
dioxina *f* Dioxin *n*; ***contaminado con*** *od* ***de ~*** dioxinverseucht
diploma *m* Diplom *n*; Urkunde *f*; Zeugnis *n*; *nautisches Personal* Patent *n*; ***~ de bachillerato*** Reifezeugnis *n*; ***~ de obrero calificado*** Facharbeiterbrief *m*; ***~ universitario*** Hochschulabschluss *m*
diplomacia *f* Diplomatie *f*; Verhandlungsgeschick *n*; diplomatischer Dienst *m*; ***~ del cañonero, ~ de las cañoneras*** Kanonenbootdiplomatie *f*
diplom|ado I *Adj* staatlich geprüft; Diplom- **II** *m* Diplomand *m*; **~ar** *tr* diplomieren; **~arse** das Diplom erwerben; **~ático I** *Adj* diplomatisch; urkundlich; Diplomaten- **II** *m* Diplomat *m*
dipolo, **dípolo** *m* Dipol *m*
dips|omanía *f* Trunksucht *f*; **~ómano I** *Adj* trunksüchtig **II** *m* Trinker *m*
diptong|ar ⟨-g/gu-⟩ *intr* diphthongieren; **~o** *m* Diphthong *m*
diputación *f* Abordnung *f*; Abgeordnetenversammlung *f*; Abgeordnetenmandat *n*; Dauer *f* des Mandats; Abgeordnetenhaus *n*; *Méx* Rathaus *n*; ***~ provincial*** *Esp* Abgeordnetenversammlung *f* der Provinz …
diputado *m*, **-a** *f* Abgeordnete(r) *f(m)*; ***~ a*** *od* ***en Cortes*** *Esp* Abgeordneter *m* der Cortes, Parlamentsabgeordneter *m*; ***~ independiente*** Fraktionsloser *m*
diputar *tr* abordnen; entsenden; ernennen (***como*** zu); halten (***por*** für)
dique *m* Deich *m*; Dock *n*; Damm *m auch übertr*; *Am reg* Talsperre *f*; Schutzwall *m*; ***~ de carena, ~ seco*** (***flotante***) Trocken-(Schwimm)dock *n*; ***~ rompeolas*** Wellenbrecher *m*
diré → ***decir***
dirección *f* (Geschäfts-)Leitung *f*, Geschäftsführung *f*, Management *n*; Oberaufsicht *f*; Direktion *f*; *auch* Direktorat *n*; Führung *f*; Vorstand *m*; MUS Dirigieren *n*; MUS Dirigat *n*; Steuerung *f*; KFZ Lenkung *f*; Adresse *f*; Richtung *f*; ***~ asistida*** *Auto* Servolenkung *f*; ***~*** (***artística***) FILM, THEAT Regie *f*; ***~ comercial*** Geschäfts-

adresse *f*; ~ ***a distancia*** Fernlenkung *f*; ~ ***electrónica*** E-Mail-Adresse *f*; ♀ ***de Empresas*** *Studiengang* Unternehmensführung *f*; ~ ***de la empresa*** Firmenanschrift *f*; Unternehmensleitung *f*; ~ ***de escena,*** ~ ***escénica*** Inszenierung *f*; Regie *f*; ~ ***ilegible*** POST Anschrift unleserlich; ~ ***en Internet*** Internetadresse *f*; ~ ***particular*** (***profesional***) Privatadresse *f* (Dienstanschrift *f*); ~ ***de proyectos*** Projektmanagement *n*; ~ ***superior*** übergeordnete Leitung *f*; ~ ***de ventas*** Vertriebsleitung *f*; ***bajo la*** ~ unter der Führung *od* Leitung (**de** von *od Gen*); ***en*** ~ ***de los agujeros del reloj*** im Uhrzeigersinn ◇ ***enviar a la nueva*** ~ POST nachsenden; ***poner la*** ~ adressieren; ***salir con*** ~ ***a*** abreisen nach

direct|a *f* KFZ direkter Gang *m*; **~iva** *f* Direktive *f*, Weisung *f*; Anleitung *f*; Richtlinie *f*; Vorstand *m*; Managerin *f*; leitende Angestellte *f*; **~ivo I** *Adj* leitend; Leitungs-; Leit-; geschäftsführend; richtungsweisend **II** *m* Leitungsmitglied *n*; Vorstandsmitglied *n*; leitender Angestellter *m*; Führungskraft *f*; Manager *m*

directo gerade; geradlinig; geradeaus; direkt; unmittelbar; ohne Umschweife; *Zug* durchgehend; ***en*** ~ RADIO, TV live; Direkt-

director I *Adj* leitend **II** *m*, **~a** *f* Direktor(in) *m*(*f*); Leiter(in) *m*(*f*); Vorsteher(in) *m*(*f*); ~ ***adjunto*** stellvertretender Direktor *m*; ~ ***artístico*** Regisseur *m*; ~ ***de banco*** Bankdirektor *m*; ~ ***de cine*** Filmregisseur *m*; ~ ***comercial*** kaufmännischer Direktor *m*; ~ ***escénico*** THEAT Regisseur *m*; ~ ***espiritual*** Beichtvater *m*; ~ ***de fábrica*** Werkleiter *m*; ~ ***general*** Generaldirektor *m*; ~ ***gerente*** Betriebsdirektor *m*; ~ ***de márketing*** Marketingleiter *m*; ~ ***de publicidad*** Anzeigenleiter *m*; ~ ***de la obra*** Bauleiter *m*; ~ (***de la orquesta***) Dirigent *m*; Kapellmeister *m*; ~ ***técnico*** technischer Leiter; ~ ***de ventas*** Vertriebsleiter *m*, Verkaufsleiter *m*, Salesmanager *m*

director|ado *m* Direktorat *n*; **~al** Direktoren-

directorio I *Adj* → ***directivo*** **II** *m* Direktorium *n*; Leitung *f*; Verwaltungsrat *m*; Anleitung *f*; Adressbuch *n*; INFORM Verzeichnis *n*; ~ ***raíz*** Hauptverzeichnis *n*; ~ ***telefónico*** Telefonregister *n*; Telefonverzeichnis *n*; *Am reg* Telefonbuch *n* ◇ ***crear un*** ~ ein Verzeichnis erstellen

directriz *f* Richtlinie *f*; Leitlinie *f*; Direktive *f*; Vorgabe *f*; Leiterin *f*; Vorsteherin *f*; *Modesalon* Direktrice *f*

dirigencia *f* Führung *f*

dirigente I *Adj* leitend; Leitungs- **II** *m* Leiter *m*; Führer *m*; Manager *m*; führende Persönlichkeit *f*; ~ ***sindical*** Gewerkschaftsführer *m*

dirig|ible *m* (lenkbares) Luftschiff *n*; **~ido** gezielt *z.B. Ernährung*; **~ir** ⟨-g/j-⟩ **I** *tr* leiten; führen; managen; lenken; steuern; richten (***a*** an; auf); *Brief* adressieren (***a*** an); *wissenschaftliche Arbeit* betreuen; **II** *tr/intr* FILM, THEAT, TV Regie führen; MUS dirigieren; **~irse** sich wenden (***a*** an); sich begeben (***a*** nach); sich richten (***por*** nach); **~ismo** *m* Dirigismus *m*

dirim|ente die Ehe aufhebend; **~ir** *tr Problem* lösen; *Ehe* auflösen; *Streitfrage* schlichten

disagio *m* Disagio *n*

discado *m Am* TEL (An-)Wählen *n*; ~ ***automático*** Selbstwählverkehr *m*; ~ ***directo*** Direkt-, Durchwahl *f*

discante *m* Diskant *m*

discapacidad *f* Behinderung *f*; ~ ***física*** Körperbehinderung *f*

discapacitado *m* Behinderter *m*; ~ ***intelectual*** geistig Behinderter *m*

discar ⟨-c/qu-⟩ *tr/intr Am* TEL *Rufnummer* wählen

discern|imiento *m* Unterscheidung *f*; Urteilskraft *f*; Unterscheidungsvermögen *n*; **~ir** ⟨-ie-⟩ *tr* auseinander halten (können); herausbekommen, -kriegen; gewähren

disciplina *f* Disziplin *f auch* SPORT *u* WISS; Zucht *f*; Zuchtrute *f*; ~ ***laboral*** (***presupuestaria***) Arbeits-(Haushalts)disziplin *f*

disciplin|al disziplinarisch; **~ar** *tr* disziplinieren; maßregeln; geißeln; **~arse** sich der Disziplin unterwerfen; Disziplin annehmen; sich kasteien; **~ario** disziplinarisch; Disziplinar-; Straf-

discípulo *m* Schüler *m*; REL *u übertr* Jünger *m*; Anhänger *m*

discman® *m* Discman® *m*

disco I *m* Schallplatte *f*; Diskus *m*; Scheibe *f*; ANAT Bandscheibe *f*; Verkehrsschild *n*; TEL Wählerscheibe *f*; ~ ***agujereado*** TECH Lochplatte *f*; ~ ***compacto*** *od* ***duro*** *od Am* ***rígido*** INFORM CD(-Platte) *f*, Compact Disc *f*, Festplatte *f*; ~ ***de control,*** ~ ***horario*** VERK Parkscheibe *f*; ~ ***flexible*** INFORM Diskette *f*; ~ ***de larga duración,*** ~ (***de***) ***long***(-)***play,*** ~ ***microsurco*** Langspielplatte *f*; ~ ***óptico*** Foto-CD *f*; (~) ***sencillo*** *m* MUS Single *f*; ~ (***de señales***) EISENB Signalscheibe *f* ◇ ***poner otro*** ~ eine andere *od* neue Platte auflegen *auch übertr* **II** *f* Disko *f*

díscolo widerspenstig; ungehorsam

disconform|e uneins; nicht einverstanden; nicht (zusammen)passend; **~idad** *f* Missbilligung *f*; Missfallen *n*

discontinu|ar ⟨-úo⟩ *tr* unterbrechen; **~o**

unterbrochen; aussetzend; ohne Zusammenhang; *Linie* gestrichelt

discord|ancia *f* MUS Missklang *m*; Meinungsverschiedenheit *f*; Nichtübereinstimmen *n*; Misston *m*; **~ante** abweichend; misstönend; störend; **~ar** ⟨-ue-⟩ *intr* nicht übereinstimmen (**de** mit); nicht zusammenpassen; ungleich sein; anderer Meinung sein; MUS verstimmt sein; disharmonisch klingen; **~e** MUS verstimmt; uneinig; **~ia** *f* Zwietracht *f*

discote|ca *f* Schallplattensammlung *f*; Disko(thek) *f Lokal u Veranstaltung*

discreción *f* Verschwiegenheit *f*, Diskretion *f*; Takt *m*; Ermessen *n*; ***a ~*** nach Belieben; HDL wahlweise; ***bajo ~*** vertraulich; ***con ~*** taktvoll ◇ ***confiar a la ~ de alg*** jmds Gutdünken überlassen; ***entregarse a ~*** sich auf Gnade *od* Ungnade ergeben

discrecional beliebig; VERK Bedarfs-; **~idad** *f* Willkür *f*, Beliebigkeit *f*

discrep|ancia *f* Meinungsverschiedenheit *f*; Diskrepanz *f*; Unstimmigkeit *f*; Zwiespalt *m*; Unterschied *m*; Abweichung *f*; **~ante** abweichend (**de** von); divergierend; auseinander gehend; zwiespältig; **~ar** *intr* sich unterscheiden; voneinander abweichen; anderer Meinung sein

discreto gescheit; geistreich; diskret; taktvoll; *Linie* gestrichelt

discrimin|ar *tr* unterscheiden; diskriminieren; **~atorio** diskriminierend

disculp|a *f* Entschuldigung *f*; Rechtfertigung *f*; **~adamente** aus verzeihlichen Gründen; **~ar** *tr jmdn* entschuldigen; sich *für etw* entschuldigen (lassen); *jmdm etw* verzeihen; Nachsicht haben mit; **~arse** sich entschuldigen (***con*** bei; ***de, por*** wegen)

discurrido: ***no está mal ~*** das ist nicht unvernünftig gedacht

discurrir I *intr* umherlaufen, hin und her laufen; *Fluss* dahinfließen; verlaufen; *Leben, Zeit* vergehen, verstreichen; referieren, sich auslassen (***sobre*** über); nachdenken; ***~ menos que*** seinen Verstand weniger gebrauchen als **II** *tr* sich *etw* ausdenken; *Schlussfolgerung* ableiten

discurs|ear *intr* sülzen, seimen; **~ista** *m(f)* Schwätzer(in) *m(f)*; **~ivo** redselig; Rede-; nachdenklich; schlussfolgernd

discurso *m* Rede *f*; Ansprache *f*; Diskurs *m*; Abhandlung *f*; ***~ de año nuevo*** Neujahrsansprache *f*; ***~ de apertura, ~ inaugural*** Eröffnungsrede *f*; ***~ final*** *od* ***resumen*** Schlusswort *n*; ***~ laudatorio*** Laudatio *f*; ***~ de posesión*** (***sobremesa***) Antritts-(Tisch)rede *f* ◇ ***echar*** (***pronunciar***) ***un ~*** eine Rede schwingen (halten)

discusión *f* Diskussion *f*; Streit *m*, Wortwechsel *m*; Beratung *f*; Besprechung *f* ◇ ***concluir*** (***entablar***) ***la ~*** die Diskussion abschließen (beginnen); ***poner a ~*** zur Diskussion stellen

discutible fraglich

discutido: ***ser muy ~*** sehr umstritten sein

discut|idor I *Adj* diskussionsfreudig **II** *m* Diskutierer *m*; Rechthaber *m*; **~ir I** *tr* besprechen; diskutieren; bestreiten **II** *intr* verhandeln (***de, por, sobre*** über)

disec|ar ⟨-c/qu-⟩ *tr* sezieren; *Pflanzen, Tiere* präparieren; *Pflanzen* trocknen; *Tiere* ausstopfen; **~ción** *f* Zergliederung *f*; Sezieren *n*; ANAT Sektion *f*; **~cionar** *tr* sezieren; **~tor** *m* Prosektor *m*; Präparator *m*

disemin|ación *f* Ausstreuung *f*; Verstreuung *f*; Verbreitung *f*; **~ar** *tr* (aus)streuen; verbreiten; **~arse** sich ausbreiten

disens|ión *f* Zerwürfnis *n*; Streitigkeit *f*; Unfrieden *m*; Zwist(igkeit *f*) *m*; Meinungsverschiedenheit *f*; Uneinigkeit *f*; **~o** *m* JUR, POL Dissens *m*

disentería *f* Dysenterie *f*, Ruhr *f*

disent|imiento *m* Meinungsverschiedenheit *f*; JUR, POL Dissens *m*; **~ir** ⟨-ie/i-⟩ *intr* anderer Meinung sein (**de** als)

diseñ|ador *m*, **~adora** *f* Zeichner(in) *m(f)*; Grafiker(in) *m(f)*; Designer(in) *m(f)*; Modegestalter(in) *m(f)*; TECH Konstrukteur(-in) *m(f)*; **~ar** *tr/intr* zeichnen; skizzieren; entwerfen

diseño *m* Entwurf *m*; Skizze *f*; Zeichnung *f*; Grafik *als Abdruck*; Dessin *n*; Design *n*; Gestaltung *f*; ***~ asistido por ordenador*** CAD/CAM *n*; ***~ industrial*** industrielle Formgestaltung *f*, Industriedesign *n*; ***~ interno*** Innengestaltung *f*; ***~ de oficina*** Bürogestaltung *f*; ***~ del producto*** Produktdesign *n*; ***~ publicitario*** Werbegestaltung *f*

disert|ación *f* (wissenschaftliche) Abhandlung *f*; Vortrag *m*; **~ar** *intr* einen Vortrag halten; eine Abhandlung schreiben; **~o** redegewandt; sachkundig

disform|ar *tr* verformen; verunstalten; **~e** missgestaltet; unförmig; plump

disfraz *m* Verkleidung *f*; Vermummung *f*; Maskierung *f*; Maskenkostüm *n*; Tarnung *f*; ***sin ~*** unverblümt ◇ ***presentarse sin ~*** sein wahres Gesicht zeigen

disfraz|ado vermummt (**de** als); verkappt (**de** als); *übertr* verdeckt; **~ar** ⟨-z/c-⟩ *tr* verkleiden; maskieren; tarnen; **~arse** sich verkleiden (**de** als)

disfrut|ar I *tr/intr* genießen (**de** *Akk*); sich erfreuen (**de** an *od Gen*); haben (**de** *Akk*); *Amt* innehaben **II** *intr* sich wohlfühlen; genießen; **~e** *m* Genuss *m*; Nutzung *f*

disfunción *f* MED Funktionsstörung *f*

disgreg|ación *f* Zersprengung *f*; Zerstreuung *f*; Abschweifen *n* (vom Thema); Zersetzung *f*; Zerfall *m*; GEOL Verwitterung *f*; BIOL, CHEM Zerlegung *f*, Aufschließung *f*; Zersetzung *f*; **~ar** ⟨-g/gu-⟩ *tr* zersprengen; zerlegen; zerstreuen; *Nahrung* aufschließen; *Massen* auflösen; trennen; *Truppen* auseinander ziehen; **~arse** sich auflösen; zerfallen; sich zersetzen; verwittern

disgustado unwillig; ungehalten; verdrießlich ◇ ***estar ~*** verärgert sein; böse sein (***con*** auf)

disgustar *tr* (ver)ärgern, verstimmen; verprellen; **~se** sich ärgern; sich überwerfen

disgusto *m* Widerwillen *m*; Missfallen *n*; Unmut *m*; Ärger *m*; Kummer *m*; Unannehmlichkeit *f*; Zank *m*; ***a*** *od* ***con ~*** widerwillig ◇ ***dar un ~ a alg*** jmdm eine Enttäuschung bereiten; ***estar*** *od* ***sentirse a ~*** sich unbehaglich fühlen; ***llevarse*** *od* ***tener un ~*** Ärger bekommen

disid|encia *f* Abtrünnigkeit *f*; Zwistigkeit *f*; Dissidentenbewegung *f*; Dissidententum *n*; **~ente I** *Adj* abtrünnig **II** *m* Abtrünniger *m*; Dissident *m*; **~ir** *intr* sich trennen; abfallen, sich lossagen (***de*** von)

disim|etría *f* Asymmetrie *f*; **~ilación** *f* BIOL, LING Dissimilation *f*; **~ar** *tr* dissimilieren; **~ilitud** *f* Verschiedenheit *f*; **~ulación** *f* Verstellung *f*; Verheimlichen *n*

disimulado hinterhältig; verstohlen; verhohlen; verstellt; getarnt; ***no ~*** unverhohlen ◇ ***hacerse el ~*** sich dumm stellen; ***ser ~*** hinterhältig sein

disimular I *tr* verstecken; verheimlichen; *etw* überdecken; vertuschen; tarnen; JUR verschleiern **II** *intr* sich nichts anmerken lassen; sich verstellen, heucheln

disimulo *m* Verstellung *f*; Verschleierung *f*; Verheimlichung *f*; Duldung *f*; Nachsicht *f*; Beschönigung *f*; ***con ~*** heimlich; unauffällig

disipación *f* Zerstreuung *f auch übertr*; *Nebel* Verflüchtigung *f*; Verschwendung *f*; flottes Leben *n*; Ausschweifung *f*; ***~ de esfuerzos*** *übertr* Verzettelung *f*

disip|ado, ~ador I *Adj* verschwenderisch; ausschweifend **II** *m* Verschwender *m*; **~ar** *tr* auflösen; zerstreuen *auch Zweifel*, *Verdacht*; verschwenden; *Müdigkeit* verscheuchen; **~arse** sich auflösen; sich zerstreuen; sich verflüchtigen

dislate *m* Unsinn *m*

disl|exia *f* Legasthenie *f*; **~éxico** *m* Legastheniker *m*

dislocado verlegt; losgelöst; *Person* überspannt ◇ ***ser ~*** *Betriebe* verlegt werden

dislo|car ⟨-c/qu-⟩ *tr* verlegen; ausrenken; *Tatsachen* entstellen; **~carse** sich *etw* ausrenken; *zwei Teile* sich verschieben; sich verzetteln; **~que** *m* Höhepunkt *m*, Gipfel *m*

disminución *f* Verminderung *f*; Minderung *f*; Senkung *f*; Rückgang *m*; *Fieber* Abklingen *n*; Nachlassen *n z.B. Kraft*; *Gewicht* Abnahme *f*; ***~ de la actividad económica*** Konjunkturrückgang *m*; ***~ de costos*** Kostensenkung *f*; ***~ de los precios*** Preissenkung *f*; ***~ de la producción*** Produktionsdrosselung *f*; ***~ del riesgo*** Risikominderung *f* ◇ ***ir en ~*** sich verringern

disminuido *m* Behinderter *m*; ***~ físicamente, ~ físico*** Körperbehinderter *m*; ***~ mental*** geistig Behinderter *m*

disminuir ⟨-uy-⟩ **I** *tr* vermindern; *Preise* senken; herabsetzen **II** *intr* abnehmen; zurückgehen; nachlassen; abflauen; *im Preis* sinken; ***ir disminuyendo*** *Tage* kürzer werden

disne|a *f* Atemnot *f*; **~ico** kurzatmig

disociar *tr* trennen; auseinander halten; **~se** zerfallen

disolu|ble löslich; **~ción** *f* Auflösung *f*; CHEM Lösung *f*; Trennung *f auch Scheidung*; Ausschweifung *f*; (sittlicher) Verfall *m*; Gummilösung *f*; **~tivo** auflösend; **~to I** *Adj* ausschweifend; zügellos **II** *m* Wüstling *m*; Lebemann *m*

disolv|ente I *Adj* Lösungs-; auflösend; Auflösungs-; zersetzend **II** *m* Lösungsmittel *n*; **~er** ⟨-ue-⟩ *tr* lösen; auflösen; trennen; zersetzen; **~erse** sich auflösen

dison|ancia *f* Missklang *m*; Nichtübereinstimmung *f*; **~ante** dissonant; unharmonisch; abstoßend; **~ar** ⟨-ue-⟩ *intr* hässlich tönen; nicht übereinstimmen; nicht passen

dispar ungleich; unterschiedlich

disparadero *m* Abzug *m* ◇ ***estar en el ~*** *übertr* sich in der Schusslinie befinden; ***poner a alg en el ~*** jmdn zum Äußersten treiben

disparado: ***salir ~*** wie ein (geölter) Blitz davonrennen

disparador *m* Schütze *m*; *Waffe* Abzug *m*; Auslöser *m*; ***~ automático*** Selbstauslöser *m*

disparar I *tr Waffe* abschießen *auch Pfeil*; abdrücken; abfeuern; *Schuss* abgeben; *Ball* schießen; *Krise* auslösen; *Preise* in die Höhe treiben **II** *intr* schießen; feuern; FOTO knipsen; losschießen *sprechen*; **~se** *Waffe* losgehen; *Motor*, *Pferd* durchgehen; plötzlich davonrennen; aufbrausen, ausrasten; losbrüllen; *Preise* in die Höhe schnellen; ***se disparó hacia ella*** er rannte auf sie zu

disparat|ado ungereimt; absurd; widersin-

nig; unvernünftig; unbedacht; großartig; **~ar** *intr* Unsinn reden; töricht handeln
disparate *m, meist* **~s** *Pl* Blödsinn *m*; ***gentil ~*** blühender Unsinn *m*; ***¡qué ~!*** welch ein Irrsinn! ◇ ***gastar un ~ en*** Unsummen ausgeben für
disparejo → ***dispar***
disparidad *f* Ungleichheit *f*; Verschiedenheit *f*; Abweichung *f*; FIN Disparität *f*, Gefälle *n*; ***~ de precios*** Preisgefälle *n*
disparo *m* Schuss *m*; Abfeuern *n*; Abdrücken *n*; Abschießen *n*; FOTO, TECH Auslösung *f*; ***~ intimidatorio*** *od* ***al aire*** (***de salida***) Warn-(Start)schuss *m*
dispendi|o *m* Verschwendung *f*; Aufwand *m*; **~oso** kostspielig; aufwändig; verschwenderisch; Zeit raubend
dispens|a *f* Dispens *m,f*; Befreiung *f*, Erlassung *f*; **~able** erlassbar; entschuldbar
dispensador *m Person* Verteiler *m*; Spender *m*; ***~ automático*** *Briefmarken* Automat *m*
dispensar I *tr etw* gewähren; zuteil werden lassen; *Lob* spenden; *Wohltaten* erweisen; *Medikamente* abgeben; ***~ a alg de*** jmdm *etw* erlassen; jmdn befreien von; jmdn *vom Militärdienst* freistellen **II** *tr/intr* verzeihen, entschuldigen; durchgehen lassen; ***~se de u/c*** auf etw verzichten; ***no poder ~se de*** + *Inf* nicht umhinkönnen zu + *Inf*
dispens|aría *f Chi, Pe*, **~ario** *m* Ambulanz *f*; Poliklinik *f*; Unfallstation *f*
dispers|ar *tr* zerstreuen; CHEM, MIL, PHYS streuen; *Feind* auseinander jagen; *Kräfte* verzetteln; **~arse** sich zerstreuen; MIL ausschwärmen; *Menge* auseinander gehen; **~ión** *f* Vertreibung *f*; Streuung *f*; **~o** verstreut; versprengt
display *m* INFORM Display *n*; Anzeige *f*
displicencia *f* Unfreundlichkeit *f*; Unlust *f*; ***con ~*** unfreundlich; verdrießlich
displicente unfreundlich; mürrisch; verdrießlich; gleichgültig
disponer ⟨→ ***poner***⟩ **I** *tr* verteilen; einordnen; ordnen; *Stühle* aufstellen; vorbereiten; herrichten; *etw* festlegen; anordnen **II** *intr* verfügen (***de*** über); *etw* zur Verfügung haben; **~se** sich vorbereiten (***a*** auf); sich aufstellen; sich anschicken
disponibilidad *f* Verfügbarkeit *f*; Engagement *n*; ***~es*** *Pl* Vorräte *m/Pl*; *Geld, Ware* Bestand *m*; ***~es en efectivo*** Barbestand *m*; ***~es líquidas*** liquides Barvermögen *n*; ***~ de servicio*** Betriebsbereitschaft *f*; ***en ~*** verfügbar
disponible verfügbar; *Ware* vorrätig, auf Lager; *Geld* flüssig; einsatzbereit
disposición *f* Verfügung *f*, Anordnung *f*; Bestimmung *f*; Verordnung *f*; Bereitschaft *f*; Aufstellung *f*; Gliederung *f*; *Gebäude* Lage *f*; Veranlagung *f*; *gesundheitliche* Verfassung *f*; ***~ de ánimo*** Stimmung *f*; ***~ clara*** Übersichtlichkeit *f*; ***disposiciones comunitarias*** EU-Verordnungen *f/Pl*; ***disposiciones contractuales*** *od* ***del contrato*** Vertragsbestimmungen *f/Pl*; ***disposiciones legales sobre divisas*** Devisenbestimmungen *f/Pl*; ***disposiciones de seguridad laboral*** Arbeitsschutzbestimmungen *f/Pl*; ***~ testamentaria, última ~*** letztwillige Verfügung *f*; ***de libre ~*** zur freien Verfügung; *Sparbuch* für den Freizügigkeitsverkehr ◇ ***estar a ~*** zur Disposition stehen; *jmdm* zur Verfügung stehen; ***estar en ~ de*** + *Inf* bereit sein zu + *Inf*; ***pasar a ~ judicial*** den Rechtsorganen überstellt werden; ***poner a ~*** *Amt* zur Verfügung stellen; ***tomar las disposiciones necesarias*** die notwendigen Vorkehrungen treffen
dispositivo *m* Vorrichtung *f*; Apparat *m*; ***~ de almacenamiento masivo*** INFORM Massespeicher *m*; ***~ intrauterino*** MED Intrauterinpessar *n*, *umg* Spirale *f*; ***~ de mando*** Steuergerät *n*; ***~ "manos libres"*** TEL Freisprecheinrichtung *f*; ***~ periférico*** Peripheriegerät *n*; ***~ policial*** Polizeiaufgebot *n*
dispuesto *Part von* → ***disponer***; bereit; geneigt; entschlossen; fähig ◇ ***estar ~*** bereit sein; entschlossen sein
disputa *f* Disput *m*; Austragung *f von Wettkämpfen*; ***~ fronteriza*** Grenzstreitigkeit *f*; ***sin ~*** unbestreitbar; unbestritten
disputado: ***no ~*** unbestritten
disputar I *tr* bestreiten; streitig machen; SPORT *Meisterschaft* austragen **II** *intr* debattieren; streiten (***de, sobre*** über; ***por*** wegen); disputieren; **~se** sich streiten (*dir Obj* um); sich *etw* streitig machen; SPORT um *etw* kämpfen
disque|ra Schallplattenfirma *f*; **~ría** *f Am* Schallplattengeschäft *n*
disquete *m* INFORM Diskette *f*; ***~ de seguridad*** Sicherungsdiskette *f* ◇ ***almacenar en ~*** auf Diskette abspeichern
disquetera *f* Diskettenlaufwerk *n*
distancia *f* Entfernung *f*; Abstand *m*; Ferne *f*; Weite *f*; Zeitraum *m*; Unterschied *m*; Distanz *f*; ***~ entre ejes*** KFZ Radstand *m*; ***~ focal*** Brennweite *f*; ***~ de frenado*** Bremsweg *m*; ***~ prudencial*** *od* ***de seguridad*** VERK Sicherheitsabstand *m*; ***~ visual*** Sehweite *f*; Sichtweite *f*; ***a ~*** in der Ferne; fern; auf Distanz; ***a corta ~*** Kurzstrecken-; in *od* aus der Nähe; aus kurzer Entfernung; ***a larga ~*** Weitstrecken-; in weiter Entfernung
distan|ciamiento *m* Distanzierung *f*; LIT Verfremdung *f*; Entfremdung *f*; **~ciar** *tr*

trennen; auseinander bringen; (voneinander) entfernen; fern halten *auch übertr*; **~ciarse** sich entfernen; sich distanzieren; einander fremd werden; auseinander kommen; sich *vom Feind* absetzen; **~te** entfernt; fern *auch zeitlich*; distanziert

distar *intr* entfernt sein (***de*** von); verschieden sein; dazwischen liegen

disten|der ⟨-ie-⟩ *tr* entspannen; entkrampfen; lockern; strecken; zerren; **~sión** *f* POL, TECH Entspannung *f*; Streckung *f*; MED Zerrung *f*

destinción *f* Unterscheidung *f*; Unterschied *m*; Bestimmtheit *f*; Achtung *f*; Auszeichnung *f*; Vornehmheit *f*; ***a ~ de*** zum Unterschied von; ***de ~*** distinguiert; hervorragend; ***sin ~*** blindlings; ohne Unterschied; ohne Rücksichten ◇ ***hacer (una) ~*** unterscheiden; ***tratar a alg con ~*** jmdn zuvorkommend behandeln

disting|o *m* Unterscheidung *f*; Einwand *m*, Vorbehalt *m*; **~uible** unterscheidbar; **~uido** vornehm, distinguiert; *Anrede Brief* verehrt

distinguir ⟨-gu/g-⟩ **I** *tr* unterscheiden (können); erkennen; kennzeichnen; zuvorkommend behandeln; auszeichnen (***con*** mit) **II** *intr* unterscheiden (können); sich auskennen; ***saber ~*** zu unterscheiden wissen; **~se** sich unterscheiden; sich abheben (***de*** von); sich hervortun; herausragen; sich auszeichnen; sichtbar *od* deutlich werden; sich abzeichnen

distintivo **I** *Adj* unterscheidend; Unterscheidungs- **II** *m* Kennzeichen *n*; Abzeichen *n*; Erkennungszeichen *n*; MIL Rangabzeichen *n*; ***~ honorífico*** Ehrenzeichen *n*; ***~ de nacionalidad*** Hoheitszeichen *n*

distinto verschieden; andersartig; unterschiedlich; ***~s*** *Pl vor Subst* mehrere ◇ ***estar ~*** anders (geworden) sein; verändert aussehen; ***ser ~ de*** anders sein als; ***eso es ~*** das ist etwas (ganz) anderes

distorsión *f* Verzerrung *f*; Verstauchung *f*; Entstellung *f der Wahrheit*; ***~ de competencia*** Wettbewerbsverzerrung *f*

distracción *f* Zerstreutheit *f*; Geistesabwesenheit *f*; Gedankenlosigkeit *f*; Unachtsamkeit *f*; Zerstreuung *f*; Unterschlagung *f*, Veruntreuung *f*; ***~ popular*** Volksbelustigung *f*; ***por ~*** aus Versehen; Flüchtigkeits-

distraer ⟨→ ***traer***⟩ *tr* zerstreuen; ablenken (***de*** von); auf andere Gedanken bringen; veruntreuen; **~se** sich ablenken *od* entspannen; sich vergnügen; unaufmerksam sein; sich ablenken lassen

distraído geistesabwesend; zerstreut; fahrig; unaufmerksam; achtlos; *Spiel* unterhaltsam; *Am reg* zerlumpt; liederlich, verwahrlost

distribución *f* Verteilung *f auch* EL (***en*** auf); Aufteilung *f*; Austeilung *f*; Zuteilung *f*; (Post-)Zustellung *f*; HDL Auslieferung *f*; Vertrieb *m*; *Gas, Wasser* Versorgung *f*; ***~ exclusiva*** Alleinvertrieb *m*; ***~ (in)directa*** (in)direkter Absatz *m*; ***~ (de películas)*** (Film-)Verleih *m*; ***~ de la renta*** Einkommensverteilung *f*

distribuidor *m* Verteiler *m auch* TECH; HDL Vertreter *m*; Auslieferer *m*; Vertriebshändler *m*; TECH Schieber *m*; EL Schalter *m*; ***~ (automático)*** Automat *m z.B. für Zigaretten*; ***~ de droga(s)*** Drogenhändler *m*, Dealer *m umg*; ***~ de gasolina*** Tankstelle *f*; ***~ oficial*** Vertragshändler *m*

distribu|idora *f* Filmverleih *m*; Vertriebsgesellschaft *f*; HDL Vertreterin *f*; **~ir** ⟨-uy-⟩ *tr* verteilen (***en*** auf); aufteilen; austeilen; zuteilen; *Post* zustellen; *Filme* verleihen; *Dividende* ausschütten; einteilen; anordnen; HDL ausliefern

distrital VERW Kreis-

distrito *m* VERW Kreis *m*; Stadtbezirk *m*; Distrikt *m*; ***♀ Federal*** *Méx* Bezirk *m* der Bundeshauptstadt

disturbio *m* Störung *f*; **~s** *Pl* Wirren *Pl* Empfangsstörungen *f/Pl*; POL Unruhen *f/Pl*

disua|dir *tr* abbringen; ausreden; abraten; **~sión** *f* Abraten *n*; Ausreden *n*; POL Abschreckung *f*; **~sorio** Abschreckungs-

disuelto *Part von* ***disolver***

disyun|ción *f* Trennung *f*; **~tiva** *f* Alternative *f*; **~tivo** trennend

diurético harntreibend

diurno täglich; Tages-; Tag-

diva *f* Diva *f*; **~gar** ⟨-g/gu-⟩ *intr* abschweifen; ungereimt daherreden

diván *m* Diwan *m*

divergencia *f* Abweichung *f*; Divergenz *f*; Unstimmigkeit *f*; Auseinanderstreben *n*; Uneinigkeit *f*; ***~s (de opiniones)*** Meinungsverschiedenheiten *f/Pl*

diverg|ente auseinander gehend; abweichend; **~ir** ⟨-g/j-⟩ *intr* voneinander abweichen; auseinander gehen; auseinander streben; verschiedener Meinung sein

diversidad *f* Mannigfaltigkeit *f*; Vielfalt *f*; Verschiedenartigkeit *f*; Verschiedenheit *f*; ***~ de especies*** Artenvielfalt *f*

diversificación *f* Diversifikation *f*; ***~ de capitales*** Anlagenstreuung *f*; ***~ de productos*** Produktdiversifizierung *f*

divers|ificado breit gefächert; abwechslungsreich; mannigfaltig; **~ificar** ⟨-c/qu-⟩ *tr* diversifizieren; Abwechslung bringen in; abwechslungsreich gestalten; **~ión** *f* Zeitvertreib *m*; Vergnügen *n*; Belustigung

f; Lustbarkeit *f*; MIL u *übertr* Ablenkung *f*; POL Diversion *f*
divers|ionismo *m* Diversion *f*; Diversantentum *n*; **~ionista I** *Adj* Diversions-, Zersetzungs- **II** *m* Diversant *m*
diverso verschieden; vielfältig; verschiedenartig; anders; *Fall* anders gelagert; **~s** *Pl* einige, mehrere
divert|ido vergnügt; lustig; spaßig; unterhaltsam; **~imento** *m* MUS Divertimento *n*; **~imiento** *m* Vergnügen *n*
divertir ⟨-ie/i-⟩ *tr* aufheitern; erheitern; unterhalten; ablenken *auch* MIL; **~se** sich amüsieren; sich vergnügen ***¡que te diviertas!*** viel Vergnügen!
divid. *Abk für* ***dividendo***
divid|endo *m* MATH Dividend *m*; Dividende *f*; **~ir** *tr* unterteilen; trennen; abteilen; dividieren; teilen; entzweien; spalten; **~irse** sich teilen; **~uo** JUR teilbar
divieso *m* Furunkel *m*
divin|amente großartig; **~idad** *f* Gottheit *f*; Göttlichkeit *f*; göttliche Schönheit *f*; wunderschönes Stück *n*; **~izar** ⟨-z/c-⟩ *tr* vergöttlichen; heiligen; vergöttern; **~o** göttlich; himmlisch; heilig; großartig
divisa *f* Kennzeichen *n*; Rangabzeichen *n*; Wahlspruch *m*; Slogan *m*; Währung *f*; ***~ única*** Einheitswährung *f*; **~s** *Pl* Devisen *Pl*, Valuta *Pl* ◇ ***captar ~s*** Devisen einnehmen
divisar *tr* (in der Ferne) erblicken; (noch) wahrnehmen; erspähen; **~se** zu sehen sein
divisible teilbar; trennbar
división *f* Teilung *f*; Einteilung *f*; VERW Abteilung *f*; POL Spaltung *f*; Gliederung *f*; Trennung *f auch* GRAMM; MATH, MIL Division *f*; ***~ de carreteras*** Straßenmeisterei *f*; ***~ celular*** Zellteilung *f*; ***~ de competencias*** Kompetenzverteilung *f*; ***divisiones** Pl **del día*** Tageszeiten *f/Pl*; ***~ del poder*** PARL Gewaltenteilung *f*; ***~ en sílabas*** Silbentrennung *f*; ***~ del trabajo*** Arbeitsteilung *f*; ***primera ~*** SPORT Bundesliga *f*
divis|ionismo *m* POL Spaltertätigkeit *f*; **~ionista** POL **I** *Adj* Spaltungs-; Spalter- **II** *m* Spalter *m*; **~or** *m* MATH Divisor *m*; Teiler *m auch* TECH
divisoria *f* Scheidelinie *f*; ***~ de aguas*** (***~ meteorológica***) Wasser-(Wetter)scheide *f*
divisorio Trenn-; teilend; Grenz-
divo *m* FILM, THEAT, TV Star *m*
divorciado: ***ser ~*** geschieden werden
divorci|ar *tr Ehe u übertr* scheiden; trennen; **~arse** sich scheiden lassen; sich trennen; nicht übereinstimmen (***de*** mit); **~o** *m* (Ehe-)Scheidung *f*; Trennung *f*
divulgación *f* Verbreitung *f*; Popularisierung *f*; ***de ~ científica*** populärwissenschaftlich
divulgar ⟨-g/gu-⟩ *tr* verbreiten; popularisieren; in Umlauf bringen; *Gerüchte* weitergeben; **~se** bekannt werden
Dn. *Abk für* ***Don***
dna. *Abk für* ***docena***
DNI, D.N.I. *m Abk für* ***documento nacional de identidad***
dobl|adillo *m* (Kleider-)Saum *m*; **~ado I** *Adj* klein und stämmig; *Gelände* wellig; falsch **II** *m* TECH Biegen *n*; Falzen *n*; TEXTIL Doppelung *f*; Doubeln *n*; **~aje** *m* FILM Synchronisation *f*
doblar I *tr* verdoppeln; (zusammen)falten; biegen; beugen; falzen; *Kopf* neigen; *Glocke* läuten; umklappen; FILM synchronisieren; (durch)biegen; um *die Ecke* biegen; *Kap* umschiffen; *Méx* niederschießen; gefügig machen **II** *intr* THEAT eine Doppelrolle spielen; abbiegen (***a, hacia*** nach); *Sprichw* ***antes ~ que quebrar*** der Klügere gibt nach; **~se** sich beugen; sich (durch)biegen; sich krümmen
doble I *Adj* doppelt; Doppel- **II** *m* Doppeltes *n*; Doppelgänger *m*; FILM, THEAT Double *n*; Doppel *n*; **~s** *Pl Glocken* Geläut *n*; ***al ~*** noch einmal so viel **III** *Adv* doppelt
dobleg|able biegsam; faltbar; **~adizo** nachgiebig
doblegar ⟨-g/gu-⟩ *tr* biegen; beugen; *übertr* auf *od* in die Knie zwingen; gefügig machen; ***difícil de ~*** unnachgiebig; **~se** sich beugen; nachgeben; zu Kreuze kriechen
doblez I *m* TYP Falz *m*; Bruch *m*; Falte *f* **II** *m,f* Falschheit *f*; ***sin ~*** ohne Falsch
doce I *Adj* zwölf; ***a las ~*** (***del día*** *od* ***del meridiano***) um zwölf Uhr (mittags); *nach dem Subst* zwölfter **II** *m* Zwölf *f*
doceavo I *Adj* zwölfter **II** *m* Zwölftel *n*
docena *f* Dutzend *n*; ***a ~s*** dutzendweise
docen|cia *f* Lehrtätigkeit *f*; **~te I** *Adj* lehrend; Lehr-; Lehrer- **II** *m* Lehrkraft *f*; Dozent *m*; Lehrer *m*
dócil gelehrig; gefügig; gutwillig; folgsam; fügsam; gehorsam (***a*** *Dat*); geschmeidig; gut zu bearbeiten(d); schmiegsam; zahm; nachgiebig
docilidad *f* Gelehrigkeit *f*; Fügsamkeit *f*; Folgsamkeit *f*; Nachgiebigkeit *f*; Geschmeidigkeit *f*
docto gelehrt; kenntnisreich; bewandert
doctor *m* Doktor *m*; Arzt *m*; ***~ honoris causa*** Ehrendoktor *m*; ◇ ***hacerse ~*** *umg* seinen Doktor machen; ***investir a alg ~ "honoris causa"*** jmdm die Ehrendoktorwürde verleihen
doctor|a *f* Frau *f* Doktor; *i w S* Ärztin *f*; **~ado** *m* Promotion *f*; Doktortitel *m*; **~al** Doktor-; **~amiento** *m* Promotion *f*; **~ando**

Doktorand *m*; **~ar** die Doktorwürde verleihen; **~arse** promovieren (***por*** an)

doctrina *f* Doktrin *f*; Lehrmeinung *f*; Katechismus *m*; **~ *cristiana*** Glaubenslehre *f*

doctrin|al belehrend, Lehr-; **~ario I** *Adj* doktrinär **II** *m* Doktrinär *m*; Prinzipienreiter *m*; **~ero** *m* Katechet *m*

documentación *f* Beurkundung *f*; Dokumentation *f*; Begleitpapiere *n/Pl*; Konferenzmaterial *n*; Unterlagen *f/Pl*; Ausweispapiere *n/Pl*; **~ *de candidatura*** Bewerbungsunterlagen *f/Pl*; **~ *técnica*** technische Dokumentation *f*

document|ado mit Ausweispapieren versehen; **~al I** *Adj* urkundlich (belegt) **II** *m* Dokumentarfilm *m*; Kulturfilm *m*; **~alista** *m(f)* Dokumentarist(in) *m(f)*; Dokumentalist(in) *m(f)*; **~ar** *tr* beurkunden; mit Dokumenten ausstatten; (urkundlich) nachweisen; dokumentarisch belegen; **~arse** sich ausweisen; sich die Unterlagen verschaffen (***sobre*** über); sich sachkundig machen; **~ario** dokumentarisch; Dokumenten-

documento *m* Urkunde *f*, Unterlage *f*; Ausweis *m*; Schriftstück *n*, Dokument *n*; **~s** *Pl* Papiere *n/Pl*; ***~s contra aceptación*** (***pago***) Dokumente *n/Pl* gegen Akzept (Zahlung); ***~s de aduana*** (***envío***) Zoll- (Versand)papiere *n/Pl*; **~ *ASCII*** ASCII-Datei *f*; **~ *de consignación*** Frachtbrief *m*; **~ *de embarque*** Verschiffungsdokument *n*; **~ *nacional de identidad*** Personalausweis *m*; ***~s de porte*** Versandpapiere *n/Pl*; ***~s de trabajo*** Arbeitsunterlagen *f/Pl*; **≗ *Unico Aduanero*** *Zoll* Europäisches Einheitspapier *n*; **~ *Word*** Word-Dokument *n* ◇ ***archivar un ~*** einen Vorgang ablegen

dogm|a *m* Dogma *n*; Lehrsatz *m*; **~ática** *f* Dogmatik *f*; **~ático I** *Adj* dogmatisch; lehrhaft **II** *m* Dogmatiker *m*; **~atismo** *m* Dogmatismus *m*; **~atizar** ⟨-z/c-⟩ **I** *tr* zum Dogma erheben **II** *intr* wie ein Schulmeister reden; Dogmen aufstellen

dogo *m* Dogge *f*; Rausschmeißer *m*

dólar *m* Dollar *m*

dolariza|ción *f* Dollarisierung *f*; **~do** an den Dollar gebunden, vom Dollar abhängig; **~r** ⟨-z/c-⟩ *tr* FIN, WIRTSCH auf den Dollar umstellen

dolencia *f* Leiden *n*, Krankheit *f*

doler ⟨-ue-⟩ *intr* schmerzen, wehtun; leid sein; ***ahí*** (***le***) ***duele*** *übertr* dort drückt (ihn) der Schuh; **~se** klagen (***de*** über); *etw* bereuen; bedauern

dolido schmerzerfüllt; betrübt ◇ ***estar ~ de*** *od* ***por*** sich beleidigt fühlen durch

dolo *m* JUR Vorsatz *m*; Arglist *f*

dolor *m* Schmerz *m*; Leid *n*; Pein *f*; Betrübnis *f*; Reue *f*; **~ *de cabeza*** Kopfschmerzen *m/Pl*; **~ *de costado*** Seitenstechen *n*; ***~es Pl expulsivos*** Presswehen *f/Pl*; ***~es de parto*** Wehen *Pl*; **~ *de vientre*** Bauchweh *n*; ***aquejado*** (***postrado***) ***de ~*** schmerzgeplagt (-gebeugt) ◇ ***acompañar a alg en su ~*** jmdm in seinem Schmerz beistehen; ***estar con ~es*** in den Wehen liegen; ***rabiar de ~*** vor Schmerz brüllen

dolor|ido schmerzend; schmerzerfüllt; traurig; **≗osa** *f* REL Schmerzensmutter *f*; **~oso** schmerzhaft; schmerzlich; kläglich; beklagenswert

dom|a *f* Zähmung *f auch übertr*; **~able** zähmbar; **~ador** *m* Dompteur *m*

dom|adura *f* Dressur *f*; → ***doma***; Bezwingung *f*; **~ar** *tr* zähmen; bezwingen; *Fohlen* zureiten

domestic|able zähmbar; bezwingbar; **~ación** *f* Zähmung *f*; Abrichtung *f*; **~ar** ⟨-c/qu-⟩ *tr* zähmen; dressieren; bändigen

doméstico I *Adj* Haus-; häuslich; Heim-; Inland(s)- **II** *m* Hausdiener *m*; Dienstbote *m*

domiciliación *f* Domizilierung *f*; Dauerauftrag *m*; **~ *de pagos*** *Bank* Einzugsermächtigung *f*; **~ *de recibos*** *Bank* Abbuchungsverfahren *n*

domiciliado wohnhaft, ansässig ◇ ***estar ~ en*** seinen Wohnsitz haben in

domiciliar *tr jmdn* unterbringen; FIN *Wechsel* domizilieren; **~se** seinen Wohnsitz nehmen

domiciliario I *Adj* Haus-; Heim-; Wohnsitz-; ortsansässig **II** *m* Ortsansässiger *m*

domicilio *m* Wohnung *f*; Wohnort *m*; Domizil *n*; Anschrift *f*; *Wechsel* Zahlungsort *m*; **~ *habitual*** ständiger Wohnsitz *m*; **~ *social*** Geschäftsadresse *f*; Sitz *m einer juristischen Person*; ***a ~, franco ~*** frei Haus; ***segundo ~*** Zweitwohnung *f* ◇ ***establecer su ~*** sich niederlassen; ***trasladar el ~ de la sociedad*** den Gesellschaftssitz verlegen

dominación *f* Beherrschung *f*; Herrschaft *f*; BIOL Dominanz *f*; **~ *extranjera*** Fremdherrschaft *f*

domin|ante I *Adj* (vor)herrschend; beherrschend **II** *f* ARCH, MUS Dominante *f*; **~ar I** *tr* beherrschen; bezwingen; meistern; *übertr* eindämmen; überragen **II** *intr* herrschen; vorherrschen; SPORT führen (***por*** mit); *Berg, Burg* hoch aufragen; **~arse** sich beherrschen

domingo *m* Sonntag *m*; **~ *de Adviento*** Adventssonntag *m*; ***los ~s y días festivos*** sonn- und feiertags; **≗ *de Pascua*** *od* ***Resurrección*** Ostersonntag *m* ◇ ***hacer ~*** sich einen freien Tag nehmen

dominguero I *Adj* sonntäglich; Sonntags-

II *m* Sonntagsfahrer *m*
dominguillo *m* Stehaufmännchen *n*
dominical sonntäglich; Sonntags-
dominic|ano I *Adj* dominikanisch **II** *m*, **-a** *f* Bewohner(in) *m(f)* der Dominikanischen Republik; **~o** *m* Dominikaner(mönch) *m*
dominio *m* Macht *f*; Herrschaft *f*; Gewalt *f*; Eigentum(sgewalt *f*) *n*; Beherrschung *f*; Domäne *f*; Dominion *n*; INFORM Domain *f*; Bereich *m*; Gebiet *n*; **~ *colonial*** Kolonialreich *n*; **~ *extranjero*** Fremdherrschaft *f*; **~ *público*** Staatseigentum *n*; **~ *de sí mismo*** Selbstbeherrschung *n*; **~*s ultramarinos*** überseeische Besitzungen *f/Pl* ◇ ***perder el ~*** die Gewalt verlieren (***de*** über)
dómino *od* **dominó** *m Maske* Domino *m*; Domino(spiel) *n*
don[1] *m* Don *m*, Herr *m immer in Verbindung mit dem Vornamen als respektvolle Anrede; auf Briefen auch mit Vor- und Familiennamen*; **~ *Juan*** Don *m* Juan; **~ *Nadie*** Habenichts *m*
don[2] *m* Gabe *f*; Begabung *f*; **~ *de gentes*** Gewandtheit *f* im Umgang mit Menschen; **~ *de la palabra*** Wortgewandtheit *f*
donación *f* Schenkung *f*; Stiftung *f*; Spende *f*; **~ *de órganos*** (***sangre***; ***semen***) Organ-(Blut-; Samen)spende *f*
donador *m* Spender *m*; Geber *m*; Schenkender *m*; → ***donante***
donaire *m* Anmut *f*; Gewandtheit *f*; (geistreicher) Witz *m*
donante *m* Stifter *m*; Geber *m*; Spender *m*; **~ *de órgano*(*s*)** Organspender *m*
don|ar *tr* stiften; schenken; spenden *auch* MED; **~atario** *m* Beschenkter *m*; **~ativo** *m* milde Gabe *f*; Spende; Schenkung *f*; Stiftung *f*; Geschenk *n*
doncel *m hist* Edelknabe *m*; Jüngling *m*; Knappe *m*
doncell|a *f* Jungfrau *f*; Zofe *f*; **~ez** *f* Jungfräulichkeit *f*
donde I *Adv* wo; ***a* ~** → ***adonde***; ***de* ~** woher; woraus; **~ *quiera*** → ***dondequiera***; ***en* ~** wo; ***hacia*** *od* ***para* ~** wohin; *Richtung* wohinaus; ***hasta* ~** wohin *Ziel*; dorthin, wo; ***por* ~** woher; (wor)über **II** *Präp* bei (***está ~ su madre***)
dónde I *Adv in direkter od indirekter Frage* ***¿~?*** wo?; ***¿a ~?*** wohin?; ***¿de ~?*** woher?; woraus? ***¿en ~?*** wo?; wohin?; worauf?; ***¿hacia ~?*** wohin?, in welche(r) Richtung?; wohinaus?; ***¿hasta ~?*** bis wohin?; ***¿para ~?*** wohin?; ***¿por ~?*** wodurch?; woher?; wo? **II** *Subst*: ***el ~ y el cuándo*** das Wo und Wann
dondequiera überall; **~ *que*** wo *od* wohin auch immer
donos|idad *f* → **~*ura***; **~o** anmutig; witzig; *vor dem Subst iron* verrückt; **~ura** *f* Anmut *f*; Witz *m*, Drolligkeit *f*
doña *f* Frau *f vor dem Vornamen*; *siehe Bemerkungen unter* → ***don***
dop|ante I *Adj* Doping- **II** *m* Dopingmittel *n*; **~ar(se)** *tr* (sich) dopen; **~ing** *m* Doping *n*
dorado I *Adj* golden, Gold-; vergoldet; goldgelb **II** *m* Vergoldung *f*; ***El*** ☊ Eldorado *n*
dor|ador *m* Vergolder *m*; **~adura** *f* Vergoldung *f*; **~ar** *tr* vergolden; KOCHK bräunen; goldbraun backen; rösten; beschönigen; **~arse** KOCHK goldbraun werden; sich bräunen; golden *in der Sonne* aufleuchten
dormida *f Vieh*, *Vögel* Nachtlager *n*; *Am reg* Schlafstätte *f*; Beischlaf *m*
dormidera *m* Mohnpflanze *f*; *Cu*, *PR* Mimose *f*
dormido schlafend; schlaftrunken; ***medio* ~** halb im Schlaf ◇ ***estar* ~** schlafen; ***quedarse* ~** einschlafen
dormil|ón I *Adj* schläfrig; verschlafen **II** *m* Langschläfer *m*; **~ona** *f* Ohrgehänge *n*; Schlummersessel *m*
dormir ⟨-ue/u-⟩ **I** *intr* schlafen; übernachten; **~ *sobre u/c*** eine Sache überschlafen; ***dejar* ~** *Angelegenheit* ruhen lassen; ***¡que duermas bien!*** schlaf schön! **II** *tr* einschläfern; *Rausch* ausschlafen; *etw* verpassen; **~se** einschlafen *auch Gliedmaßen n*
dormit|ar *intr* vor sich hin dämmern; **~orio** *m* Schlafzimmer *n*; Schlafsaal *m*
dorsal Rücken-, MED dorsal
dorso *m* Rücken *m*; Rückseite *f*; ***al*** *od* ***en el* ~** auf der *bzw* die Rückseite
dos I *Adj* zwei; *Datum*, *Kapitel* zweiter; **~ *a* ~** SPORT zwei zu zwei; jeweils zwei; (***a***) ***cada* ~ *por tres*** alle Augenblicke (lang), ***de* ~ *en* ~** paarweise; ***en un* ~ *por tres*** im Nu; ***entre los* ~** wir *od* ihr *od* sie zu zweit; ***los* ~** beide **II** *m* Zwei *f*; **~ *por cuatro*** MUS Zweivierteltakt *m*
DOS *m* INFORM DOS *m*; ***compatible con* ~** DOS-kompatibel
doscientos I *Adj* zweihundert **II** *m* Zweihundert *f*
dosel *m* Baldachin *m*; Betthimmel *m*
dosific|able dosierbar; **~ar** ⟨-c/qu-⟩ *tr* dosieren
dosis *f* Dosis *f*; Gabe *f*; Menge *f*; **~ *excesiva*** Überdosis *f*; **~ *letal*** tödliche Dosis *f*; **~ *de radiactividad*** Strahlenbelastung *f*; (***en***) ***pequeñas* ~** (in) kleine(n) Gaben *f/Pl*
dossier *m* Akte(nbündel *n*) *f*, Dossier *n*; VERW Vorgang *m*
dotación *f* Ausstattung *f*; Aussteuer *f*; Stiftung *f*; (Geld-)Zuwendung *f*; Dotierung *f*; MAR, MIL Mannschaft *f*; Besatzung *f*, MIL Bemannung *f*; Personal *n*; Belegschaft *f*; Begabung *f*; **~ *financiera*** Mittelausstat-

tung *f*
dotar *tr* ausstatten (***con, de*** mit); versehen (***de*** mit); ausrüsten; bestücken; MAR, MIL bemannen; *Preis, Auszeichnung* dotieren (***en*** mit); stiften
dote I *meist f* Aussteuer *f*; Mitgift *f* **II** ***~s*** *Pl nur f* Gabe *f Begabung*; ***~s de mando*** Führungsqualitäten *f/Pl*, -geschick *n*
doy → ***dar***
dozavo *m* Zwölftel *n*
d/p *Abk für* ***días plazo***
D/P *Abk für* ***documentos contra pago***
Dpto. *Abk für* ***departamento***
Dr., Dra. *Abk für* ***doctor, doctora***
dracma *f hist* Drachme *f ehem griechische Münze*
draconiano drakonisch
draga *f* MAR Bagger *m*; ***~do*** *m* Ausbaggerung *f*; ***~minas*** *m* Minensuchboot *n*
dragar ⟨-g/gu-⟩ *tr* (aus-, nass)baggern
drag|ón *m* Drachen *m*; MIL *hist* Dragoner *m*; ***~oncillo*** *m* Estragon *m*
dram|a *m* Drama *n*; Schauspiel *n*; ***~ática*** *f* dramatische Dichtkunst *f*; ***~ático I*** *Adj* dramatisch; Schauspiel-; aufrüttelnd; erschütternd **II** *m* Dramatiker *m*; ***~atismo*** *m* Dramatik *f auch übertr*; ***~atizar*** ⟨-z/c-⟩ *tr* für die Bühne bearbeiten; ***~aturgia*** *f* → ***~ática***; ***~aturgo*** *m* → ***~ático II***
drástico drastisch, krass
drenaje *m* LANDW, MED Dränage *f*; ***~ de cerebros*** Abwanderung *f* von Wissenschaftlern
drenar *tr* LANDW, MED dränieren
driblar *tr/intr Fußball* dribbeln
dril *m* TEXTIL Drillich *m*
driver *m Computer* Treiber *m*
droga *f* Droge *f*; Schwindel *m*; Unannehmlichkeit *f*; *Can, Méx, Pe* (Geld-)Schuld *f*; ***~ (alucinógena)*** Rauschgift *n*; ***~s blandas (duras)*** weiche (harte) Drogen *f/Pl*; ***~ de diseño, ~ sintética*** Designerdroge *f*
drogadic|ción *f* Drogenabhängigkeit *f*; ***~to*** **I** *Adj* drogensüchtig **II** *m*, ***-a*** *f* Drogensüchtige(r) *f(m)*; -abhängige(r) *f(m)*
drogado I *Adj*: ***estar ~*** unter Drogen stehen **II** *m* Dopen *n*, Doping *n*
drog|ar ⟨-g/gu-⟩ *tr* Drogen verabreichen; ***~arse*** Drogen nehmen; ***~ata*** *m(f) umg* → ***drogadicto***; ***~odependencia*** *f* → ***drogadicción***; ***~ota*** *m(f) umg* → ***drogadicto***
droguería *f* Drogerie *f*; ***~ de descuento*** Drogeriemarkt *m*
drogu|ero *m*, ***~ista*** *m(f)* Drogist(in) *m(f)*
dromedario *m* Dromedar *n*
drupa *f* Steinfrucht *f*; ***~s*** *Pl* Steinobst *n*
dual dual; ***~idad*** *f* Dualität *f*
duc|ado *m* Herzogtum *n*; Herzogwürde *f*; *hist* Dukaten *m*; ***~al*** herzoglich, Herzogs-
ducentésimo I *Adj* zweihundertster **II** *m* Zweihundertstel *n*; Zweihundertster *m*
ducha *f* Dusche *f*; ***~ de agua fría*** kalte Dusche *f auch übertr* ◇ ***darse*** *od umg* ***pegarse una ~*** sich duschen
duchar(se) *tr/intr* (sich) duschen
dúctil dehnbar; hämmerbar; biegsam; *Draht* ziehbar; *übertr* lenk-, führbar; gefügig; geschmeidig
ducto *m Am reg* Rohrleitung *f*
duda *f* Zweifel *m*; Ungewissheit *f*; Unklarheit *f*; ***sin ~ (alguna)*** (ganz) ohne Zweifel ◇ ***abrigar ~s*** Zweifel hegen; ***no albergar la menor ~*** nicht den geringsten Zweifel hegen; ***no cabe la menor ~*** es steht ganz außer Zweifel; ***estar en ~*** zweifeln; unschlüssig sein; ***estar fuera de toda ~*** es steht außer Zweifel; ***no hay ~*** es ist gewiss; ***poner en ~*** in Zweifel ziehen; in Frage stellen; ***salir de ~s*** Gewissheit erlangen; ***tener sus ~s*** seine Bedenken haben
dudar I *tr* bezweifeln; ***lo dudo*** ich zweifle daran **II** *intr* zweifeln (***de*** an); unschlüssig sein; Bedenken haben; ***~ de alg*** jmdn verdächtigen
dudoso bedenklich, zweifelhaft; zwielichtig; verdächtig; unschlüssig; fraglich; fragwürdig
duelista *m(f)* Duellant(in) *m(f)*
duelo[1] *m* Duell *n* ◇ ***batirse en ~*** sich duellieren
duelo[2] *m* Trauer *f*; Traurigkeit *f*; Trauerzug *m*; Leichenbegängnis *n*; ***~s*** *Pl* Leid *n*; ***~ nacional*** Staatstrauer *f* ◇ ***estar de ~*** trauern (***por*** um)
duende *m* Gespenst *n*, Spukgestalt *f*; Kobold *m*; Irrwisch *m*; ***~s*** *Pl* Heinzelmännchen *n/Pl* ◇ ***andan*** *od* ***hay ~s*** es spukt
dueña *f* Eigentümerin *f*; Wirtin *f*; Herrin *f*; ***~ de honor*** Anstandsdame *f*
dueño *m* Eigentümer *m*; Wirt *m*; Herr *m* (***de*** über); ***~ de la casa*** Hausherr *m*; ***~ de tienda*** Geschäftsinhaber *m* ◇ ***ser ~ de la situación*** Herr der Lage sein; ***no ser ~ de sí mismo*** sich nicht beherrschen können
duermevela *m* Halbschlaf *m*
Duero *m Fluss* Duero *m*
dulce I *Adj* Süß-; süß *auch übertr*; lieblich; sanft; zart *auch Farbe*; weich *auch Eisen*; ***entre ~ y amargo*** bittersüß **II** *m* Kompott *n*; Marmelade *f*; Nachtisch *m*; Süßspeise *f*; Zuckerwerk *n*; ***~s*** *Pl* Konfekt *n*; Süßwaren *f/Pl*; ***~ de membrillo (guayaba)*** Quitten-(Guajava)marmelade *f* ◇ ***a nadie le amarga un ~*** etw Angenehmes hört man immer gern; ***el mucho ~ empalaga*** allzu viel ist ungesund
dulc|edumbre *f* → ***dulzura***; ***~era*** *f* Marme-

ladengefäß *n*; Konfektschale *f*; **~ería** → **confitería**; **~ero I** *Adj* naschhaft **II** *m* Nascher *m*; Zuckerbäcker *m*; **~ificar** ⟨-c/qu-⟩ *tr* süßen; versüßen; mildern; **~ificarse** *Gesicht* einen sanften Ausdruck annehmen; **~ina** *f* Süßstoff *m*; **~inea** *f* Herzensdame *f*; Dulzinea *f*

dulz|aino widerlich süß; süßlich; **~arrón**, **~ón** süßlich *auch übertr*; übersüß; *Musik* schmalzig; **~or** *m*, **~ura** *f* Süßigkeit *f*; Süße *f auch übertr*; Lieblichkeit *f*; Anmut *f*; Milde *f*; Sanftmut *f*; süßes Wort *n*; Wärme *f Güte*

duma *f* POL Duma *f*

dumper *m* KFZ Kipper *m*

dumping *m* HDL Dumping *n*; **~ *salarial*** Lohndumping *n*

duna *f* Düne *f*; **~ *movediza*** Wanderdüne *f*; **~ *de nieve*** Schneewehe *f*

dund|eco *AmC*, *Col* → **~o**; **~era** *f Am* Dummheit *f*; **~o** dumm

Dunquerque *m* Dünkirchen *n*

dúo *m Instrumente* Duo *n*; *Gesang* Duett *n*; ***a* ~** im Duett

duod|écima *f* MUS Duodezime *f*; **~écimo I** *Adj* zwölfter **II** *m* Zwölftel *n*; **~enal** Zwölffingerdarm-; **~eno** *m* Zwölffingerdarm *m*

dúplex *m* Maison(n)ette *f*

duplicación *f* Verdoppelung *f*; Überschneidung *f*

duplicado I *Adj* (ver)doppelt **II** *m* Duplikat *n*, Zweitschrift *f*; **~ *de la carta de porte*** Frachtbriefdoppel *n*; ***por* ~** in doppelter Ausfertigung

duplic|ador *m* Duplikator *m*; **~ar** ⟨-c/qu-⟩ **I** *tr* verdoppeln; um das Doppelte steigern **II** *intr* sich verdoppeln (***a*** gegenüber, im Vergleich zu); auf die Replik antworten; **~arse** sich verdoppeln; sich überschneiden

duplicidad *f* Duplizität *f*; Doppelzüngigkeit *f*; Überschneidung *f*; **~ *de los sucesos*** Duplizität *f* der Ereignisse

duplo I *Adj* doppelt **II** *m* Doppeltes *n*

duque *m* Herzog *m*; ***los* ~s** *Pl* Herzogspaar *n*; ***Gran* ♀** Großherzog *m*; *hist Russland* Großfürst *m*

duquesa *f* Herzogin *f*

dura *f*: ***pasar las ~s y las maduras*** schwierige Zeiten durchstehen

dur|abilidad *f* Dauerhaftigkeit *f*; Haltbarkeit *f*; **~able** dauerhaft; haltbar; *Konsumgüter* langlebig

duración *f* Dauer *f*; Zeit(dauer) *f*; TECH Haltbarkeit *f*; Lebensdauer *f*; **~ *del contrato*** Laufzeit *f* des Vertrages; **~ *de despacho*** Abfertigungszeit *f*; **~ *de la trayectoria*** *Geschoss*, *Rakete* Flugzeit *f*; **~ *de usufructo*** Nutzungsdauer *f*; ***de* ~ *ilimitada*** unbegrenzt haltbar; ***de alguna* ~** von einiger Dauer; ***de larga* ~** langwierig; TECH langlebig

dur|adero dauerhaft; dauernd; nachhaltig; **~aluminio** *m* Duraluminium *n*

dur|ante *Präp* während; im Verlaufe von; über … hinweg; **~ar** *intr* dauern; andauern; fortdauern; (aus)reichen; vorhalten *z.B. Vorrat*; halten *z.B. Kleidung*; sich halten können *in einer Position*

durazno *m* Herzpfirsich *m auch Baum*; *Am reg* Pfirsich *m auch Baum*

dureza *f* Härte *f*; Derbheit *f*; Hartherzigkeit *f*; Strenge *f*; **~ *de oído*** Schwerhörigkeit *f*

durmiente I *Adj* schlafend **II** *m* Schlafender *m*; Tragbalken *m*; *Am reg* Eisenbahnschwelle *f*; ***la Bella* ♀** Dornröschen *n*

duro I *Adj* hart; abgehärtet; fest; schwierig, *übertr* schwer; streng, hartherzig; rau *auch Klima*; schroff; hartnäckig **II** *m hist* Duro *m 5-Peseten-Münze bzw -Schein*; ***más falso que un* ~ *de plomo*** *übertr* ein falscher Fuffziger ◇ ***¡lo que faltaba para el ~!*** das hat gerade noch gefehlt!

d/v *Abk für* ***días vista***

DVD *m* DVD *f*; **~-ROM** *m* DVD-ROM *f*

E

e[1], **E** *f* e, E *n*

e[2] und (*statt* ***y*** *vor nicht diphthongiertem* ***i-*** *u* ***hi-***, *jedoch nicht zur Einleitung von Frage- od Ausrufesätzen*)

e/ *f* (*Abk für* ***esquina***) Ecke *f*

€ (*Symb für* ***euro***) €

E *m* (*Abk für* ***este***[1]) O *m*

ebanist|a *m(f)* Möbeltischler(in) *m(f)*; **~ería** *f* Möbeltischlerei *f*; Tischlerarbeit(en *Pl*) *f*; Möbel *n*/*Pl*

ébano *m* Ebenholz *n*

ebonita *f* Ebonit *n*, Hartgummi *m*

ebri|edad *f* Trunkenheit *f*, Rausch *m auch übertr*; **~o** berauscht, betrunken; trunken (***de*** vor); *übertr* blind (***de*** vor)

ebullición *f* Sieden *n*, Kochen *n*; Aufruhr *m*; ***en* ~** brodelnd *auch übertr* ◇ ***entrar en* ~** den Siedepunkt erreichen *auch*

übertr; ***estar en ~*** sieden, kochen; ***llevar a la ~*** zum Kochen *od* Sieden bringen
eccema *m* (*selten f*) Ekzem *n*
echadizo zum Wegwerfen, Wegwerf-; unbrauchbar
echado liegend ◇ ***estar ~*** liegen
echar I *tr* werfen *auch übertr Blick*; *Brief*, *Münze* einwerfen; hinauswerfen *auch übertr*; wegwerfen; *Geruch* verbreiten; *Bart*, *Haare*, *Zähne* bekommen; *Riegel* vorschieben; *verächtl Rede* schwingen; *Fluch*, *Beleidigung* ausstoßen; *Schuld* zuschreiben *od* zuschieben *umg*; *Urteil* fällen; *Alter* schätzen; KART, *Gesellschaftsspiel* spielen; *einen Schluck* tun; *Zigarette* rauchen; *Trinkspruch* ausbringen; ***~ abajo*** *Gebäude* ab-, niederreißen; *Absichten*, *Pläne* zunichte machen; ***~ adelante*** *Vorhaben* voranbringen; ***~ fuera*** *jmdn* rausschmeißen; ***~ de menos*** vermissen; sich sehnen (*dir Obj* nach); ***~ a perder*** *etw od jmdn* verderben, *etw* versauen *vulg* **II** *tr/intr* eingießen, -schenken; einschütten **III** *intr*: ***~ a andar*** (***correr***; ***volar***) losgehen (-laufen; -fliegen); ***~ por la derecha*** (***izquierda***) nach rechts (links) gehen *od* abbiegen, den Weg nach rechts (links) einschlagen; ***~se*** sich stürzen (***a*** auf, in; ***sobre*** auf); sich hinlegen; sich hinwerfen; (sich) *eine Zigarette* anstecken; sich einen (Schluck) genehmigen; sich hermachen (***a*** über); sich *etw* anschaffen *od* zulegen; ***~se atrás*** einen Rückzieher machen; ***echárselas*** sich aufspielen (***de*** als), so tun, als ob; ***~se a*** + *Inf* anfangen zu (***se echó a llorar***); ***~se a perder*** verderben, schlecht werden
eclecticismo *m* Eklektizismus *m*; Durcheinander *n*
ecléctico eklektisch; unsystematisch
eclesiástico I *Adj* geistlich; kirchlich, Kirchen- **II** *m* Geistlicher *m*
eclipsar *tr* ASTR verfinstern, *übertr* in den Schatten stellen; **~se** ASTR in den Erdschatten treten; *übertr* sich aus dem Staub machen
eclipse *m* ASTR Finsternis *f*; *umg übertr* Verschwinden *n*; ***~ de luna, ~ lunar*** (***de sol, solar***) Mond-(Sonnen)finsternis *f*
eco *m* Echo *n*, Widerhall *m auch übertr*; Nachhall *m auch übertr*; Aufnahme *f Anklang*, *Zustimmung* ◇ ***encontrar*** *od* ***hallar*** *od* ***tener*** (***un***) ***~*** Anklang finden; ***hacer ~*** Aufsehen erregen; ***hacerse ~ de u/c*** *übertr* etw weiterverbreiten, etw weitergeben
eco|cidio *m* Ökozid *m*; **2fín** *m* (*Abk für* ***Consejo de Ministros de Economía y Finanzas de los países de la UE***) ECOFIN *m*; **~grafía** *f* MED Ultraschallaufnahme *f*; **~logía** *f* Ökologie *f*; Umweltforschung *f*; **~lógico** ökologisch; umweltfreundlich, -verträglich; Umwelt-; **~logismo** *m* Umweltschutz *m*; Umweltschutz-, Ökobewegung *f*; **~logista I** *Adj* Umweltschutz-, Öko-; umweltbewusst; POL *übertr* grün **II** *m* Umweltschützer *m*; POL *übertr* Grüner *m*
ecólogo *m* Ökologe *m*; Umweltforscher *m*
economía *f* Wirtschaft *f*, Ökonomie *f*; Wirtschaftswissenschaft *f*; Einsparung *f*; Sparsamkeit *f*; Wirtschaftlichkeit *f*; ***~s*** *Pl* Ersparnisse *f/Pl*; ***~ agraria*** *od* ***agrícola*** Agrar-, Landwirtschaft *f*; ***~ agropecuaria*** Land- und Viehwirtschaft *f*; ***~ del dinero*** (***~ financiera***) Geld-(Finanz)wirtschaft *f*; ***~ de la(s) empresa(s)*** Betriebswirtschaft(slehre) *f*, BWL *f*; ***~ energética*** Energiewirtschaft *f*; ***~ industrial*** gewerbliche Wirtschaft *f*; ***~ informal*** *od* ***subterránea*** *od* ***sumergida*** Schattenwirtschaft *f*; ***~ internacional*** *od* ***mundial*** Weltwirtschaft *f*; ***~ de*** (***libre***) ***mercado*** (freie) Marktwirtschaft *f*; ***~ de mercado con responsibilidad social, ~ social de mercado*** soziale Marktwirtschaft *f*; ***~ nacional*** Volkswirtschaft *f*; einheimische Wirtschaft *f*; ***~ planificada*** (***privada***) Plan-(Privat)wirtschaft *f*; ***~ política*** Volkswirtschaft(slehre) *f*; ***~ de tiempo*** Zeitersparnis *f*
económico ökonomisch; rationell; wirtschaftlich, Wirtschafts-; volkswirtschaftlich; finanziell; sparsam, Spar-; billig, preisgünstig, -wert; Zeit sparend
econom|ista *m(f)* Ökonom(in) *m(f)*, Volkswirt(in) *m(f)*, Volkswirtschaftler(in) *m(f)*; Wirtschaftswissenschaftler(in) *m(f)*, -fachmann *m*, -fachfrau *f*; **~izar** ⟨-z/c-⟩ *tr/intr* (ein)sparen, sparsam umgehen (*dir Obj* mit)
eco|parque *m* Recyclinghof *m*, Wertstoffhof *m*; **~producto** *m* Ökoprodukt *n*; **~sistema** *m* Ökosystem *n*; **~tasa** *f umg* Ökosteuer *f*; **~test** *m* Ökotest *m Umweltverträglichkeitsprüfung*; **~turismo** *m* Ökotourismus *m*; **~turista** *m(f)* Ökotourist(in) *m(f)*
ecu *m od* **ECU** *m* Ecu *m od* ECU *m*, *europäische Verrechnungseinheit bis zur Einführung des Euro*
ecuación *f* MATH Gleichung *f*
ecuador *m* Äquator *m*; (***el***) **2** Ecuador *n*
ecuánime gleichmütig, gelassen; ruhig, ausgeglichen
ecuatoguineano aus Äquatorialguinea
ecuator|ial Äquatorial-; **~iano I** *Adj* ecuadorianisch **II** *m*, **-a** *f* Ecuadorianer(in) *m(f)*
ecuménico REL ökumenisch

Ed. *f* (*Abk für* ***edición***) Aufl. *f*
edad *f* (Lebens-)Alter *n*; Altersstufe *f*; Zeitabschnitt *m*; Zeitalter *n*; GEOL, GESCH Zeit *f*; ***♀ Antigua*** Altertum *n*; ***♀ Contemporánea*** *od* ***Moderna*** Neuzeit *f*; ***~ crítica*** Wechseljahre *n/Pl*; ***~ de jubilación*** Renten- *bzw* Pensionsalter *n*; Altersgrenze *f*; ***♀ Media*** Mittelalter *n*; ***♀ de Piedra*** Steinzeit *f*; ***~ promedio*** Durchschnittsalter *n*; ***~ promedio-hombre*** mittlere Lebenserwartung *f*; ***a la ~ de*** im Alter von; ***avanzado de ~*** vorgerückten Alters; ***de ~*** alt *od* älter (***un hombre de ~***); ***de cierta*** *od* ***mediana ~*** im mittleren *od* reifen Alter; ***de corta ~*** (noch) sehr jung; ***la tercera ~*** die Senioren, die ältere Generation; ***mayor*** (***menor***) ***de ~*** **I** *Adj* voll-(minder)jährig **II** *m* Voll-(Minder)jähriger *m* ◇ ***aparentar más*** (***menos***) ***~*** älter (jünger) aussehen; ***entrar en ~*** alt werden; ***es de mi ~*** er ist in meinem Alter; ***no tener aún ~*** noch zu jung sein *für etw*; ***¿qué ~ tiene Vd.?*** wie alt sind Sie?
edecán *m* Adjutant *m*; *übertr* rechte Hand *f*
edelweiss *m* BOT Edelweiß *n*
edema *m* MED Ödem *n*
edición *f* Ausgabe *f*; Auflage *f*; Herausgabe *f*, Druck *m*; ZTGSW Nummer *f*; Verlagswesen *n*; ***~ ampliada*** *od* ***aumentada*** (***completa*** *od* ***entera*** *od* ***no abreviada***; ***refundida*** *od* ***revisada***) erweiterte (vollständige *od* ungekürzte; überarbeitete *od* durchgesehene) Ausgabe *f*; ***~ especial*** *od* ***extraordinaria*** Sonderausgabe *f*; ZTGSW Sondernummer *f*; ***~ facsimilar*** (***original***) Faksimile-(Original)ausgabe *f*; ***~ pirata*** Raubdruck *m*; ***nueva ~*** Neuauflage *f auch übertr*; Neuausgabe *f*
edicto *m* Erlass *m*, Verordnung *f*
edific|ación *f* BAUW *u übertr* Errichtung *f*; Aufbau *m*; Bau *m*, Gebäude *n*; *übertr* Erbauung *f*; ***~aciones*** *Pl* Bauten *m/Pl*
edificante erbaulich, lehrreich; ***poco ~*** unangenehm, unerquicklich; *Scherz*, *Witz* nicht ganz stubenrein
edificar ⟨-c/qu-⟩ **I** *tr* aufbauen, errichten *auch übertr*; *jmdn* erbauen, besinnlich stimmen **II** *intr* bauen
edificio *m* Gebäude *n auch übertr*; Bau(-werk *n*) *m*; (***~ de la***) ***administración*** *f* Verwaltungsgebäude *f*; ***~ de apartamentos*** Miets- *bzw* Apartmenthaus *n*; ***~ de muchos pisos, alto ~*** Hochhaus *n*; ***~ de oficinas*** Büro(hoch)haus *n*
edil *m*(*f*) *Person* Stadt-, Gemeinderat *m*, -rätin *f*; ***~es*** *Pl* Stadtväter *m/Pl*
Edimburgo *m* Edinburg(h) *n*
edit|ar *tr* herausgeben, veröffentlichen; verlegen; INFORM *Daten* editieren, bearbeiten; ***~or*** *m* Verleger *m*; Herausgeber *m*; INFORM Editierprogramm *n*, Editor *m*; ***~orial*** **I** *Adj* Verlags-; verlegerisch **II** *m* Leitartikel **III** *f* Verlag *m*; ***~orialista*** *m*(*f*) Leitartikler(in) *m*(*f*); ***~orializar*** ⟨-z/c-⟩ *tr/intr* im Leitartikel schreiben *od* bringen; ***según editorializa "El Comercio"*** wie es in einem Leitartikel des „El Comercio" heißt
edredón *m* Federbett *n*; Daunendecke *f*; Steppdecke *f*
educación *f* Bildung *f*; Bildungswesen *n*; Ausbildung *f*; Erziehung *f*; Schulwesen *n*; (gutes) Benehmen *n*; ***~ nacional*** *od* ***pública*** Volksbildung *f*; ***~ preescolar*** Vorschulerziehung *f*; ***~ universitaria y técnica*** Hoch- und Fachschulwesen *n*; ***~ vial*** *od* ***viaria*** Verkehrserziehung *f*; → ***enseñanza*** *u* ***escuela***
educacional schulpolitisch; *bes Am* Bildungs-
educador *m* Erzieher *m*; ***~ social*** Sozialpädagoge *m*
educ|ar ⟨-c/qu-⟩ *tr* erziehen (***a*** zu); unterrichten (***en*** in); unterweisen; ausbilden; schulen; ***~ativo*** erzieherisch; (Aus-)Bildungs-; Erziehungs-; Lehr-
EEB *f* (*Abk für* ***Encefalopatía Espongiforme Bovina***) BSE *f*
EE. UU. *m/Pl* (*Abk für* (***los***) ***Estados Unidos***) USA *Pl*
efe *f Name des Buchstabens* **f, F**
EFE *od* **Efe** ⟨*ohne Art*⟩ *staatliche spanische Presseagentur*
efect|ismo *m* Effekthascherei *f*; ***~ivamente*** tatsächlich, in der Tat
efectividad *f* Effektivität *f*, (Aus-)Wirkung *f*; Wirksamkeit *f*; ***~ publicitaria*** Werbewirksamkeit *f*
efectivo I *Adj* effektiv; Effektiv-; tatsächlich *od* wirklich (vorhanden); reell; real, Real-; sicher; wirksam; FIN *u* HDL bar, Bar-; *Mitglied* aktiv *bzw* ordentlich, regulär; ***no ~*** bargeldlos, unbar ◇ ***hacer ~*** verwirklichen; vollziehen; *Geld* einziehen; *Scheck* einlösen; ***ser ~*** in Kraft sein *bzw* treten **II** *m* Bestand *m an Menschen*; Vorrat *m*; HDL Barbestand *m*; ***~s*** *Pl* HDL Deckung *f*; MIL, *Polizei* Einheiten *f/Pl*, Kräfte *f/Pl*; ***~ electrónico*** Electronic Cash *n*; ***en ~*** (in) bar
efecto *m* Wirkung *f*, Effekt *m*; Auswirkung *f*; Nutzeffekt *m*; Einwirkung *f*, Wirkungsweise *f*; Ergebnis *n*; Erfolg *m*; Eindruck *m*; ***~s*** *Pl* Artikel *m/Pl*, Waren *f/Pl*; Sachen *f/Pl*, Habseligkeiten *f/Pl*; HDL Wertpapiere *n/Pl*; ***~ dominó*** FIN, POL, WIRTSCH Dominoeffekt *m*; ***~ invernadero*** ÖKOL Treibhauseffekt *m*; ***~s personales*** Effekten *m/Pl persönliche Habe*; ***~s posteriores*** Nachwirkungen *f/Pl*; ***~s públicos*** Staats-

E

papiere *n/Pl*; **~ *recíproco*** Wechselwirkung *f*; **~*s secundarios*** (***nocivos***) (schädliche) Nebenwirkungen *f/Pl*; **~ *sinérgico*** WIRTSCH Synergieeffekt *m*; **~ *tardío*** Nach-, Spätwirkung *f*; **~ *útil*** Nutzleistung *f*, -effekt *m*; ***al ~, a tal ~, para el ~*** zu diesem Zweck, dazu; ***a los ~s de ...*** um zu ... *od* um ... zu ...; ***con ~ retroactivo*** rückwirkend; ***en ~*** in der Tat; ***sin ~*** wirkungslos; nichtig ◇ ***hacer ~*** wirken, Wirkung haben (***a, sobre*** auf); Eindruck machen; ***llevar a ~*** verwirklichen, in die Tat umsetzen; ***producir*** *od* ***surtir ~*** wirken, Auswirkung haben, Erfolg zeitigen; greifen *wirksam werden*; ***sufrir los ~s*** unter den Auswirkungen leiden, die Auswirkungen hinnehmen

efectuar ⟨-úo⟩ *tr* ausführen, vornehmen; zustande bringen; verwirklichen; bewerkstelligen; bewirken; tätigen; *Arbeit, Zahlung* leisten; **~se** sich vollziehen, geschehen, erfolgen; stattfinden; zustande kommen

efemérides *f/Pl* (*aber auch f*: ***una ~ singular***) Jahres-, Gedenktag(e *Pl*) *m*

efervesc|encia *f* CHEM *u übertr* Aufbrausen *n*, Brodeln *n*; Auf-, Erregung *f*; **~ente** CHEM *u übertr* aufbrausend, brodelnd

eficacia *f* Wirksamkeit *f*, Wirkung *f*; Effektivität *f*; Leistungsfähigkeit *f*; ***de gran ~ publicitaria*** sehr werbewirksam ◇ ***probar su ~*** sich bewähren

eficaz wirksam, erfolgreich; effektiv; leistungsfähig, -stark; nachhaltig

eficiencia *f* Wirksamkeit *f*, Effizienz *f*; Tatkraft *f*; Leistung(sfähigkeit) *f*; Wirkungsgrad *m*; Nutzeffekt *m*; **~ *económica*** Wirtschaftsleistung *f*; Wirtschaftlichkeit *f*; Rentabilität *f*

eficient|e wirksam, effizient; nutzbringend; leistungsfähig, tüchtig; **~izar** ⟨-z/c-⟩ *tr* leistungsfähiger machen

efigie *f* Bild(nis) *n*, Abbild(ung *f*) *n*

efímero kurzlebig, vergänglich; Eintags-

EFTA *f* (*Abk für englisch* ***European Fair Trade Association***) EFTA *f* (*Europäische Freihandelsassoziation*); → ***AELC***

efusivo überschwänglich; herzlich

EGB *f Abk für* ***Enseñanza General Básica***, → ***enseñanza***

égida *f od* **egida** *f* Ägide *f*; ***bajo la ~ de*** unter der Schirmherrschaft von *od Gen*

egipcio I *Adj* ägyptisch **II** *m*, **-a** *f* Ägypter(-in) *m*(*f*); das Ägyptische *Sprache der alten Ägypter*

Egipto *m* Ägypten *n*

ego|céntrico I *Adj* egozentrisch **II** *m* Egozentriker *m*; **~ísmo** *m* Egoismus *m*; **~ísta I** *Adj* egoistisch **II** *m* Egoist *m*

egres|ado *m Am* Absolvent *m*; Schulabgänger *m*; **~ar** *intr Am* eine Schule *bzw* Hochschule absolvieren; die Schul- *bzw* Hochschulausbildung abschließen; **~o** *m* FIN, HDL, WIRTSCH Ausgabe *f*; *Am* Schul- *od* Studienabschluss *m*

eh: ***¡~!*** he!; ***¿~?*** wie?, was?

EIA *m* (*Abk für* ***estudio de impacto ambiental***) UVP *f*

eje *m* KFZ, MASCH, MATH, OPT, POL Achse *f*; TECH Welle *f*; *übertr* Angelpunkt *m*; **~ *de Cardán*** Kardanwelle *f*; **~ *cigüeñal*** Kurbelwelle *f*; **~*s de coordenadas*** Koordinatensystem *n*; **~ *delantero*** (***trasero***) Vorder-(Hinter-)achse *f*; **~ *terrestre*** *od* ***de la Tierra*** Erdachse *f*

ejecución *f*, Aus-, Durchführung *f*, Erledigung *f*, Abwicklung *f*; Verwirklichung *f*; *Urteil* Vollstreckung *f*; Hinrichtung *f*; MIL Exekution *f*; Anfertigung *f*, (Art *f* der) Ausführung *f*; *i w S* Bau *m*; Ablauf *m z.B. eines Programms*; THEAT Aufführung *f*; MUS Darbietung *f*, Vortrag *m*, Spiel *n*; **~ *forzosa*** Zwangsvollstreckung *f*; **~ *judicial*** Pfändung *f durch den Gerichtsvollzieher*; ***en ~*** im Bau (befindlich); ***no ~*** Nichterfüllung *f* ◇ ***poner en ~*** ausführen

ejecut|able aus-, durchführbar; **~ar** *tr* aus-, durchführen, erledigen, abwickeln; verwirklichen; *Urteil* vollstrecken; hinrichten; MIL *standrechtlich* erschießen; THEAT aufführen; MUS spielen, darbieten; **~iva** *f* Vorstand *m*, Leitung *f*, Führungsmannschaft *f*; Management *n*; Managerin *f*; **~ivo I** *Adj* ausübend; vollziehend, Vollzugs-; Vollstreckungs-; Exekutiv-; Chef-; Haupt- **II** *m* POL Exekutive *f*; leitender Mitarbeiter *m bzw* Angestellter *m*; Leitungsmitglied *n*; Manager *m*, Führungskraft *f*; Regierungschef *m*

ejecutor *m*, **~a** *f* Vollstreckungsbeamter(-in) *m*(*f*); Gerichtsvollzieher(in) *m*(*f*); **~ *testamentario*** Testamentsvollstrecker *m*

ejecutori|a *f* Vollstreckungsbefehl *od* -bescheid *m*; **~o** vollstreckbar; *Urteil* rechtskräftig; Vollstreckungs-

ejemplar I *Adj* beispielhaft, vorbildlich; Modell-; Muster-; *Strafe* exemplarisch **II** *m* Exemplar *n*; Stück *n einer Sammlung od Gattung*; Muster *n*; **~ *para la crítica*** *od* ***reseña*** Rezensionsexemplar *n*; **~ *gratuito*** *od* ***gratis*** *od* ***libre*** Freiexemplar *n*; **~ *de muestra*** (***propaganda*** *od* ***publicidad***) Ansichts-, Probe-(Werbe)exemplar *n*; ***por ~ duplicado*** *Schriftstück* in doppelter Ausfertigung

ejempl|arizante beispielgebend; Muster-; abschreckend; **~ificación** *f* Exemplifizierung *f*; **~ificar** ⟨-c/qu-⟩ *tr* exemplifizieren, durch Beispiele belegen

ejemplo *m* Beispiel *n auch übertr*; Vorbild *n*, *übertr* Muster *n*; Beleg *m*, **~ *contrastante*** Gegenbeispiel *n*; ***por*** (***sin***) **~** zum Beispiel (beispiellos; unvergleichlich; unerhört) ◇ ***predicar con el* ~** mit gutem Beispiel vorangehen

ejercer ⟨-c/z-⟩ **I** *tr Druck*, *Einfluss*, *Recht*, *Tätigkeit* ausüben; *Amt* bekleiden; *Geschäft* betreiben; *von seinem Recht* Gebrauch machen **II** *intr* wirken, tätig sein (***como*** *od* ***de*** als); *Arzt* praktizieren

ejercicio *m* Übung *f*; Ausübung *f*; Beschäftigung *f*; (Haus- *od* Prüfungs-)Aufgabe *f*; VERW Geschäfts-, Haushalts-, Rechnungs-, Wirtschaftsjahr *n*; **~*s*** *Pl* (körperliche) Bewegung *f*; **~ *de alerta*** Probealarm *m*; **~*s a manos libres*** Bodenturnen *n*; **~*s matutinos*** Frühsport *m*; ***en* ~ *de su cargo*** in Ausübung seines Dienstes ◇ ***hacer* ~(*s físicos*)** sich Bewegung verschaffen (Frühsport *od* Gymnastik *od* Sport treiben)

ejercitar *tr* üben, schulen; unterweisen; *Tätigkeit*, *Macht*, *Recht* ausüben; *Amt* bekleiden; **~*se en u/c*** sich in etw üben

ejército *m* Armee *f*; Heer *n*; **~*s*** *Pl* Truppen *f/Pl*; **~ *de desocupados*** *od* ***parados*** Arbeitslosenheer *n*; **♀ *Federal*** *Dtschld* Bundeswehr *f*; **~ *industrial*** *od* ***social de reserva*** industrielle Reservearmee *f*; **~ *profesional*** Berufsarmee *f*; **♀ *de Salvación*** Heilsarmee *f*; **~*s de tierra, mar y aire*** Land-, See- und Luftstreitkräfte *f/Pl*

el *Art m Sg* der; die; das, *auch vor Subst/f mit betontem* (***h***)***a*** *im Anlaut*

él *Pers Pron* er; *nach Präp* ihm *od* ihn

elaboración *f* Bearbeitung *f*; Verarbeitung *f*; Herstellung *f*; Aufbereitung *f*; schriftliche Ausarbeitung *f*; **~ *electrónica de datos*** elektronische Datenverarbeitung *f*, EDV *f*; **~ *ulterior*** Weiterverarbeitung *f*

elabor|ado *Stil* geschliffen, ausgefeilt; **~ador** verarbeitend, Verarbeitungs-; **~ar** *tr* bearbeiten; verarbeiten; herstellen; aufbereiten; *schriftlich* ausarbeiten

elasticidad *f* Elastizität *f*, Spannkraft *f auch übertr*; Dehnbarkeit *f auch übertr*

elástico I *Adj* elastisch *auch übertr*; dehnbar *auch übertr*; geschmeidig **II** *m* Gummiband *n*

Elba *m Fluss* Elbe *f*

Eldorado *m* Eldorado *n*

ele *f Name des Buchstabens* ***l, L***

elección *f allg u* POL Wahl *f*; Auswahl *f*; ***elecciones anticipadas*** vorgezogene Wahlen *f/Pl*; **~ *de desempate*, ~ *de segunda vuelta*** Stichwahl *f*; ***elecciones europeas*** Europawahlen *f/Pl*; ***elecciones fraudulentas*** Scheinwahlen *f/Pl*; **~ *general, igual y secreta*** allgemeine, gleiche und geheime Wahl *f*; ***elecciones legislativas*** *od* ***parlamentarias*** (***municipales***; ***presidenciales***) Parlaments-, *Dtschld* Bundestags-, *auch* Landtags-(Kommunal- *od* Gemeinde-; Präsidentschafts)wahlen *f/Pl*; **~ *preliminar*** *od* ***primaria*** POL Vorwahl *f*; ***elecciones regionales*** Regional-, Landtagswahlen *f/Pl*; ***a* ~** wahlweise, nach Belieben, nach Wunsch; ***segunda* ~** POL Nachwahl *f*, zweiterWahlgang *m* ◇ ***celebrar*** (***convocar***) ***elecciones*** Wahlen abhalten (ausschreiben); ***hacer una* ~** eine Auswahl treffen; ***presentarse a las elecciones*** sich zur Wahl stellen; ***surgir de elecciones*** aus Wahlen hervorgehen

elec|cionario *Am* → **~*toral***; **~tividad** *f* Wählbarkeit *f*; **~to** gewählt (*aber noch nicht im Amt*); **~tor** *m* Wähler *m*; Wahlberechtigter *m*; **~torado** *m* Wähler(schaft *f*) *m/Pl*; **~toral** Wahl-; Wähler-; Wahlrechts-

electric|idad *f* Elektrizität *f*, (elektrischer) Strom *m*; **~ista** *m*(*f*) Elektriker(in) *m*(*f*)

eléctrico elektrisch; Elektro-; Elektrizitäts-

electrific|ación *f* Elektrifizierung *f*; **~ar** ⟨-c/qu-⟩ *tr* elektrifizieren

electriz|ante elektrisierend *auch übertr*; mitreißend, **~ar** ⟨-z/c-⟩ *tr* elektrisieren *auch übertr*; begeistern

electro *m* Bernstein *m*; **~acústico** elektroakustisch; **~cardiograma** *m* Elektrokardiogramm *n*, EKG *n*; **~choque** *m* MED Elektroschock *m*; **~cutar** *tr* durch elektrischen Strom töten; **~dinámico** elektrodynamisch

electrodo *m* EL, MED Elektrode *f*; **~ *negativo*** Kat(h)ode *f*; **~ (*positivo*)** Anode *f*

electro|domésticos *m/Pl* elektrische Haushaltsgeräte *n/Pl*; **~encefalograma** *m* Elektroenzephalogramm *n*, EEG *n*

electr|ógeno Strom erzeugend; Strom-; **~oimán** *m* Elektromagnet *m*; **~ólisis** *f* Elektrolyse *f*

electro|magnético elektromagnetisch; **~maquinaria** *f* Elektromaschinen *f/Pl*; **~mecánico** elektromechanisch; **~motor** *m* Elektromotor *m*

electrónica *f* Elektronik *f*; **~ *de ocio*** Unterhaltungselektronik *f*

electr|ónico elektronisch; **~onizar** ⟨-z/c-⟩ *tr* elektronisieren

electro|químico elektrochemisch; **~tecnia** *f* Elektrotechnik *f*; **~técnico** elektrotechnisch

elefante *m* Elefant *m*

elegan|cia *f* Eleganz *f*, Schick *m umg*; Anmut *f*; *übertr* Geschmack *m*; **~te** elegant, schick *umg*; geschmackvoll; anmutig; fein; vornehm

E

eleg|ible wählbar; **~ido** auserwählt; *übertr* ausgesucht; **~ir** ⟨-i-, -g/j-⟩ *tr allg u* POL wählen (*dir Obj* zum *od* zur); auswählen, -suchen
elemental elementar, grundlegend, Grund-
elemento *m* CHEM, EL, PHYS, TECH *u übertr* Element *n*; Grundstoff *m*; Bestandteil *m*; Grundlage *f*; Bauteil *n*, -element *n*; EL Zelle *f*; INFORM (Text-)Baustein *m*; **~s** *Pl* Naturgewalten *f/Pl*; Grundbegriffe *m/Pl*; **~ *combustible*** PHYS Brennelement *n*; **~ *físico*** (***lógico***) INFORM Hard-(Soft)ware *f*; **~ *de memoria*** INFORM Speicherelement *n*; **~(*s*) *prefabricado*(*s*)** BAUW Fertigteil(e *Pl*) *n*; **~ *regulador*** Regulativ *n* ◇ ***estar en su ~*** *übertr* in seinem Element sein
elenco *m* THEAT Ensemble *n*; *Am* THEAT Besetzung *f*; SPORT Mannschaft *f*
elepé *m* LP *f*, *Abk für* Langspielplatte *f*
elevación *f* Anhöhe *f*, (Boden-)Erhebung *f*; Heben *n*; *übertr* (An-)Hebung *f*; Steigerung *f*, Erhöhung *f*; Verbesserung *f*; Aufstieg *m*; **~ *de precios*** Preissteigerung *f*
elevado hoch *auch übertr*; überhöht *übermäßig hoch*; *Stil* gehoben; ***tres ~ a la cuarta*** MATH drei hoch vier
elevador *m* (Waren-)Aufzug *m*; Hebegerät *n*; Hebebühne *f*; *Am* Fahrstuhl *m*, Lift *m*; **~ *de carga*** Lastenaufzug *m*; **~ *de rosario*** Paternoster(aufzug) *m*
elevalunas *m*: **~ *eléctrico*** KFZ elektrischer Fensterheber *m*
elevar *tr* (an)heben *auch übertr*; erhöhen, heraufsetzen (***a*** auf); *übertr* steigern; **~*se*** sich erheben; aufsteigen; **~*se a*** *Summe* sich belaufen auf, betragen
eliminación *f* Beseitigung *f auch übertr*; Ausmerzung *f*, -rottung *f*; Abschaffung *f*; *übertr* Entfernung *f*, Ausschaltung *f*; Aussonderung *f*; Ausmusterung *f eines Produkts*; INFORM Löschen *n*; SPORT Ausscheiden *n*; Streichung *f von Arbeitsstellen*; MATH, WISS Eliminierung *f*, Eliminieren *n*; **~ *de averías*** *od* ***defectos*** *od* ***errores*** Fehlerbeseitigung *f*; **~ *de basuras*** *od* ***residuos*** Abfall- *od* Müllentsorgung *f*, -beseitigung *f*; **~ (*de desechos*)** ÖKOL Entsorgung *f*
elimin|ar *tr* beseitigen *auch übertr*; ausmerzen, -rotten; abschaffen; *Arbeitsstellen* streichen; *jmdn* entfernen, *jmdn od übertr etw* ausschalten; aussondern; SPORT schlagen *besiegen*; *Produkt* ausmustern; ÖKOL entsorgen; INFORM *Datei* löschen; MATH, WISS eliminieren; **~atoria** *f* SPORT Vorrunde *f*, Ausscheid(ungskampf) *m*
elipse *f* Ellipse *f*
elíptico elliptisch; ellipsenförmig, Ellipsen-
elite *f od* **élite** *f* Elite *f*
elitista elitär, Elite-
elixir *m* Elixier *n*; **~ *de larga vida*** Lebenselixier *n*
ella *Pers Pron Sg f* sie; *nach Präp* ihr *od* sie; **~*s*** *Pers Pron Pl f* sie; *nach Präp* ihnen *od* sie
ello *Pron n* es, das, dies(es); ***a ~*** dazu; ***con ~*** da-, somit; ***de ~*** davon; ***para ~*** dafür; dazu; ***por ~*** darum, deshalb ◇ ***estar por ~*** dafür sein *zustimmen*
ellos *Pers Pron Pl m* sie; *nach Präp* ihnen *od* sie
elocu|encia *f* Beredsamkeit *f*, Eloquenz *f*; **~ente** beredt, aussage-, beweiskräftig
elogiar *tr* loben, belobigen
elogio *m* Lob *n*, Belobigung *f*; ***digno de ~*** lobenswert ◇ ***cosechar*** *od* ***recibir ~s*** Lob ernten
elogioso lobend, anerkennend
elucubrar *tr/intr* → ***lucubrar***
eludir *tr Problemen* aus dem Wege gehen, ausweichen; *Gesetz* umgehen; sich *einer Verantwortung* entziehen; *Steuern* hinterziehen
e-mail *m Nachricht* E-Mail *f* ◇ ***mandar un ~*** mailen, als *od* eine E-Mail senden
eman|ación *f* Ausströmen *n*, Entweichen *n z.B. von Gas*; *übertr* Ausstrahlung(skraft) *f*; **~ar** *intr* ausströmen, entweichen; *Geruch u übertr* ausgehen (***de*** von)
emancip|ación *f* Emanzipation *f*, Gleichstellung *f*; Befreiung *f*; POL Selbstbestimmung *f*; Mündigsprechung *f*; Volljährigkeitserklärung *f*; (**no**) **~ado** volljährig; mündig (minderjährig; unmündig); **~ador** emanzipatorisch, Emanzipations-; Befreiungs-; Unabhängigkeits-; **~ar** *tr* emanzipieren, (juristisch) gleichstellen; befreien; mündig sprechen; für volljährig erklären; **~arse** sich emanzipieren, die Gleichberechtigung erringen *od* erkämpfen; sich selbstständig *od* unabhängig machen; sich befreien *od* frei machen
embadurnar *tr* beschmieren
embajada *f* Botschaft *f diplomatische Vertretung u ihr Gebäude*
embajador *m*, **~a** *f* Botschafter(in) *m*(*f*); (diplomatische(r)) Vertreter(in) *m*(*f*); **~ *extraordinario y plenipotenciario*** außerordentlicher und bevollmächtigter Botschafter *m*; ***≈ Permanente ante la ONU*** Ständiger Vertreter *m* bei der UNO
embal|ador *m* Packer *m*; **~adura** *f Chi, Pe* Verpackung *f*
embalaje *m* Verpackung *f Tätigkeit u Material*; Verpackungsmaterial *n*; *i w S* Verpackungskosten *Pl*; Leergut *n*; Packerei *f*; **~ *incluido*** *od* ***incluso ~*** einschließlich Verpackung; **~ (*no*) *recuperable*** *od* ***retor-***

nable** od **reutilizable Mehrweg-(Einweg)-verpackung *f*; **~ *resistente a roturas*** bruchfeste Verpackung *f*; **~ *transparente*** Klarsichtpackung *f*; ***sin*** **~** unverpackt, lose
embalar *tr* packen; ein-, verpacken
embaldos|ado *m* Fliesenfußboden *m*; Fliesenbelag *m*; Fliesenlegen *n*; **~ador** *m* Fliesenleger *m*; **~ar** *tr* mit Fliesen *od* Platten auslegen
embals|amar *tr* einbalsamieren; **~arse** *Wasser u übertr* sich (an)stauen; **~e** *m* Stausee *m*, -becken *n*; Staudamm *m*, Talsperre *f*
embanderar *tr* beflaggen
embaraz|ada I *Adj* schwanger **II** *f* Schwangere *f*; **~ado** verwirrt; verlegen; gehemmt; **~ar** ⟨-z/c-⟩ *tr jmdn* in Verlegenheit bringen; *jmdn* verwirren; *jmdn* (be)hindern; *Weg* versperren; hemmen; schwängern; **~o** *m* Hemmung *f*, Hemmnis *n*; Verlegenheit *f*; Verwirrung *f*; Schwangerschaft *f*; **~oso** hinderlich, lästig; peinlich
embarc|ación *f*, MAR Fahrzeug *n*; kleines *od* leichtes Schiff *n*; Boot *n*; Übernahme *f* an Bord; Einschiffung *f*; **~adero** *f* MAR Anlegestelle *f*; MAR Liegeplatz *m*, Pier *f,m*; MAR Lade- *od* Löschplatz *m*; *Am* (Ver-)Laderampe *f*; **~ador** *m* MAR Verlader *m*; **~ar** ⟨-c/qu-⟩ **I** *tr* MAR, FLUGW (mit) an Bord nehmen; verschiffen; MAR bunkern; EISENB, MIL verladen **II** *intr u* **~arse** FLUGW, MAR an Bord gehen, FLUGW einchecken, MAR sich einschiffen; **~o** *m* Einschiffung *f von Passagieren*; Verschiffung *f von Truppen od* Waren; EISENB, MIL Verladen *n*
embarg|able JUR pfändbar; **~ar** ⟨-g/gu-⟩ *tr* (ver)pfänden; beschlagnahmen; mit einem (Handels-)Embargo belegen; blockieren; hindern; *Konto* sperren
embargo *m* JUR Pfändung *f*; Beschlagnahme *f*; (Handels-)Embargo *n*, (Wirtschafts-)Blockade *f*; Ausfuhrverbot *n*; Sperrung *f von Konten*; **~ *del salario*** *od* ***sueldo*** Lohn- *od* Gehaltspfändung *f*; ***sin*** **~** dennoch; jedoch; trotzdem; dessen ungeachtet ◇ ***decretar*** *od* ***imponer*** (***levantar***) ***el*** **~** das Embargo verhängen (aufheben)
embarnizar ⟨-z/c-⟩ *tr* firnissen; lackieren; beizen
embarque *m* → ***embarco***
embarrar *tr* beschmieren, beschmutzen; **~*la*** *etw* verbocken *od* versauen *vulg*
embarrilar *tr etw* in Fässer füllen
embarull|adamente Hals über Kopf; **~ador I** *Adj* stümperhaft, Pfusch- **II** *m* Pfuscher *m*, Stümper *m*; **~ar** *tr etw* hastig *od* unordentlich erledigen; *etw od jmdn* durcheinander bringen
embate *m übertr* Ansturm *m*; heftiger Angriff *m*; **~s** *Pl* Schicksalsschläge *m/Pl*
embauc|ador I *Adj* betrügerisch **II** *m* Betrüger *m*, Schwindler *m*; **~amiento** *m* Schwindel *m*, Betrug *m*; **~ar** ⟨-c/qu-⟩ *tr jmdn* betrügen *od* beschwindeln *od* hintergehen
embeleco *m* Betrug *m*, Schwindel *m*; Flitterkram *m*; lästige Person *f*
embellec|edor verschönernd, Verschönerungs-; **~er** ⟨-c/zc-⟩ *tr* verschönern, auf Hochglanz bringen; **~imiento** *m* Verschönerung *f*
embest|ida *f* Angriff *m auch* MIL; Ansturm *m*; **~ir** ⟨-i-⟩ *tr/intr jmdn* anfallen *od* angreifen; sich stürzen (***contra*** auf); *jmdm* heftig zusetzen; *jmdm* in den Ohren liegen
emblem|a *m* Emblem *n*; Sinnbild *n*; Wahrzeichen *n*; POL Hoheitszeichen *n*; Kennzeichen *n*; **~ático** sinnbildlich; symbolträchtig
embob|ar *tr jmdn* verblüffen *od* verwirren; *jmdn* in Staunen versetzen; *jmdn* verdummen; *jmdm* den Kopf verdrehen *verliebt machen*; *verwirren*; **~arse** verblüfft sein *od* werden; vernarrt *od* verschossen *umg* sein (***en, con*** in); **~ecer** ⟨-zc-⟩ *tr/intr*, **~ecerse** verblöden; sich *in jmdn* verknallen *sich verlieben*
emboc|ado *Wein* süffig; **~adura** *f Fluss* Mündung *f*; *Meerenge* Einfahrt *f*; *Wein* Geschmack *m*
embodegar ⟨-g/gu-⟩ *tr* einkellern, -lagern
embolada *f* TECH Kolbenspiel *n*; (Doppel-)Hub *m*; KFZ Hubraum *m*
embolia *f* MED Embolie *f*
émbolo *m* TECH Kolben *m*
embols|ar *tr etw* in einen Beutel *od* in die Tasche stecken; einsacken; **~arse** *Geld* einstecken; *Geld* einnehmen *od* bekommen; **~illarse** *Geld* einstecken; **~o** *m* Einstecken *n*; Einnehmen *n od* Einnahme *f von Geld*
emborrachar *tr jmdn* betrunken machen; berauschen; betäuben *die Sinne verwirren*; **~se** sich betrinken
emborronar *tr etw* beklecksen *od* beschmieren; *etw* hinkritzeln
embosc|ada *f* Hinterhalt *m*; Falle *f*; **~ar** ⟨-c/qu-⟩ *tr* aus dem Hinterhalt angreifen; in einen Hinterhalt führen *od* locken; **~arse** sich in einen Hinterhalt *od* auf die Lauer legen; sich einen Drückebergerposten verschaffen
embot|ado stumpf, abgestumpft *auch übertr*; **~amiento** *m* Abstumpfen *n*, Abstumpfung *f auch übertr*; **~ar** *tr* stumpf machen, abstumpfen *auch übertr*; **~arse**

stumpf werden, abstumpfen *auch übertr*
embotell|ado I *Adj* in *od* auf Flaschen (gefüllt) **II** *m* Abfüllung *f*; Abfüllen *n*; **~adora** *f* (Flaschen-)Abfüllmaschine *f*, -automat *m*; Abfüllfirma *f*; **~amiento** *m* Verkehrsstau(ung *f*) *m*; **~ar** *tr* in Flaschen füllen, auf Flaschen ziehen, abfüllen; *Verkehr* aufhalten, behindern; *Geschäft* stören, hemmen; *jmdn* in die Enge treiben; *jmdm etw* einhämmern *od* eintrichtern; **~arse** KFZ *im Verkehrsgewühl* stecken bleiben
embotijarse *umg* in Harnisch geraten, wütend werden; *übertr* sich aufblähen
emboz|ar ⟨-z/c-⟩ *tr Teil des Gesichts* verhüllen; vermummen; *übertr* verschleiern; bemänteln; **~arse** sich vermummen; **~o** *m* Hülle *f*, Verhüllung *f auch übertr*; Zurückhaltung *f im Reden*; Geheimniskrämerei *f*
embrag|ar ⟨-g/gu-⟩ *tr/intr* die Kupplung einschalten; KFZ (ein)kuppeln; **~ue** *m* KFZ, TECH Kupplung *f*; KFZ Kuppeln *n*
embravecido zornig, wütend; tobend *auch Naturgewalten*
embriag|ado betrunken; berauscht *auch übertr*; trunken (***de*** vor); **~ante** berauschend *auch übertr*; entzückend; verführerisch; **~ar** ⟨-g/gu-⟩ *tr* berauschen *auch übertr*; entzücken, hinreißen; **~arse** sich betrinken; sich berauschen *auch übertr*
embriaguez *f* Trunkenheit *f*; Rausch *m auch übertr*; **~ *del consumismo*** Konsumrausch *m*
embri|ología *f* Embryologie *f*; **~ón** *m* Embryo *m,n*; Keim(ling) *m*, Keimzelle *f auch übertr*; **~onario** embryonal, Keim-; Anfangs-; *übertr* noch nicht (voll) ausgereift
embroll|ado wirr; **~ador I** *Adj* störend; verwirrend **II** *m* Störenfried *m*; Wirrkopf *m*; **~ar** *tr* verwirren, durcheinander bringen; verwickeln; stören; **~arse en** sich verstricken in; **~o** *m* Verwirrung *f*, Durcheinander *n*; Unordnung *f*; Wirrwarr *m*; Patsche *f umg komplizierte Situation*; Betrug *m*, Schwindel *m*; ***~s*** *Pl* Ränke *Pl*, Machenschaften *f/Pl*; **~ón** Lügner *m*, Schwindler *m*; Intrigant *m*; **~oso** verworren; verwirrend; Unruhe stiftend
embromar I *tr jmdn* verulken *od* necken *od* zum Narren halten; *Am jmdn* belästigen, *jmdm* die Zeit stehlen **II** *intr* Spaß *od* Späße treiben
embrujar *tr* verhexen, -zaubern; bezirzen
embrutec|er ⟨-c/zc-⟩ *tr jmdn* verrohen; **~erse** (geistig) abstumpfen, stumpf(sinnig) werden; verrohen; verblöden; **~ido** brutal; **~imiento** *m* Verrohung *f*; Verdummung *f*; Stumpfsinn *m*; Verblödung *f*; *Geist, Gefühl* Abstumpfung *f*
embud|ado trichterförmig; **~o** *m* Trichter *m auch Bomben-, Granat-*; *umg* Mogelei *f*, Schwindel *m*
embull|ar I *intr Am* viel Lärm machen *bes übertr*; die Werbetrommel rühren, für etw Stimmung machen **II** *tr Am* antreiben, ermuntern, in Begeisterung versetzen; **~o** *m Am* Klamauk *m*, Werberummel *m*, Stimmungsmache *f*
emburujar *tr alles* auf einen Haufen legen; *Papier* zusammenknüllen; *etw* durcheinander bringen
embust|e *m*, **~ería** *f* Betrügerei *f*, Lug *m* und Trug *m*, Schwindel *m*; Flunkerei *f*; Geprahle *n*; **~erías** *Pl* Flitterkram *m*; **~ero I** *Adj* verlogen; lügnerisch; betrügerisch **II** *m* Schwindler *m*, Betrüger *m*; Angeber *m*
embutido *m* eingelegte Arbeit *f*, Intarsie *f*; Wurst *f*; ***~s*** *Pl* Wurstwaren *f/Pl*, Aufschnitt *m*
eme *f Name des Buchstabens* **m, M** ◇ ***¡váyase a la ~ (grande)!*** *vulg* scheren Sie sich zum Teufel
emergencia *f* Notlage *f*, -stand *m*; Notfall *m*; Auftauchen *n auch übertr*; (unerwartetes) Vorkommnis *n od* Ereignis *n*; Dringlichkeit *f*; ***~ de primer (segundo, tercer) grado*** Alarmstufe I (II, III) *f*; ***de ~*** Not-; TECH Reserve-, Hilfs-, Ersatz- ◇ ***aterrizar de ~*** notlanden
emerger ⟨-g/j-⟩ *intr* auftauchen *auch übertr*; zum Vorschein kommen; hervorgehen (***de*** aus)
emérito im Ruhestand; *Professor* emeritiert
emigr|ación *f* Auswanderung *f*; POL Emigration *f*; Auswanderer *m/Pl*; Gastarbeiter *m/Pl*; **~acionista** → ***~atorio***; **~ado** *m* POL Emigrant *m*; politischer Flüchtling *m*; **~ante** *m* Auswanderer *m*; Gastarbeiter *m*; **~ar** *intr* auswandern; das Land verlassen; POL emigrieren; **~atorio** Auswanderungs-; Emigrations-
emilio *m scherzh umg* → ***correo electrónico u e-mail***
eminencia *f* Anhöhe *f*; Eminenz *f*; hervorragende Persönlichkeit *f*; ***~ gris*** *übertr* graue Eminenz *f*
eminente eminent, hervorragend
emir *m* Emir *m*
emirato *m* Emirat *n*; ***≈s Árabes Unidos*** *Pl* Vereinigte Arabische Emirate *n/Pl*
emisario *m* Emissär *m*, Sendbote *m*; Entwässerungskanal *m*, Abfluss *m*
emisión *f* RADIO, TV Sendung *f*; RADIO Übertragung *f*; PHYS Ausstrahlung *f*, Abgabe *f z.B. Wärme*; Emission *f*; *Banknoten, Briefmarken, Wertpapiere* Ausgabe *f*; MED Ausscheidung *f*; *Schadstoffe* Ausstoß

m; ***emisiones*** *Pl* Abgase *n/Pl*; ***emisiones de*** CO_2 CO_2-Ausstoß *m*; **~ *contaminante*** *od* ***de sustancias nocivas*** Schadstoffausstoß *m*; **~ *del crédito*** Eröffnung *f* des Akkreditivs; **~ *parcial*** WIRTSCH Tranche *f*; **~ *del pensamiento*** Meinungsäußerung *f*; **~ *sonora*** Geräuschemission *f*

emisor I *Adj* Sende-; FIN, HDL Ausgabe-; FIN Noten- **II** *m* Sendeanlage *f*, -gerät *n*, Sender *m*; FIN Ausgeber *m*, Emittent *m*; **~a** *f* RADIO TV Sender *m*

emitir I *tr/intr* RADIO, TV senden **II** *tr* RADIO TV übertragen, ausstrahlen; HDL, FIN *z.B. Banknoten, Briefmarken, Wertpapiere* ausgeben, in Umlauf bringen; *Wärme* ausstrahlen, abgeben; *Dokument* ausstellen; *Erklärung, Meinung, Stimme, Gutachten, Urteil* abgeben, verkünden; *Blut, Schleim, Schadstoffe* ausstoßen; *Urin* ausscheiden; VERW *Verordnung* erlassen; **~ *en abierto*** TV im offenen Kanal (*d.h. nicht verschlüsselt*) übertragen

emoci|ón *f* (Gemüts-, Gefühls-)Bewegung *f*, Ergriffenheit *f*, Emotion *f*; Auf- *f*, Erregung *f*; **~onal** Gemüts-; Gefühls-; emotional; **~onante** bewegend, packend, ergreifend; erschütternd; rührend; aufregend; **~onar** *tr übertr jmdn* rühren *od* packen *od* ergreifen *od* erschüttern; auf-, erregen; **~onarse** *übertr* gerührt werden; sich auf-, erregen

emolumentos *m/Pl* (Neben-)Einnahmen *f/Pl od* (-)Einkünfte *Pl*; Entgelt *n*; (Bar-)Bezüge *m/Pl*

emotiv|idad *f* Erregbarkeit *f*; **~o** → ***emocional, emocionante***; leicht erregbar; empfindsam

empac|ador *m* Packer *m*; **~adora** *f* Verpackungsmaschine *f*; **~ar** ⟨-c/qu-⟩ *tr* ein-, verpacken; abpacken

empachado: ***estar ~*** einen verdorbenen Magen haben; ***estoy ~ con ello*** ich hab' das satt *od* ich mag davon nichts mehr hören *od* sehen

empacho *m* Magenverstimmung *f*

empadron|amiento *m* Eintragung *f* in die (*z.B. Steuer-*; *Volkszählungs-*; *Wähler-*) Liste; (listenmäßige) Erfassung *f*; **~ar** *tr* eintragen, erfassen

empalagoso ekelhaft; widerlich süß; lästig; zudringlich

empalizada *f* Palisade *f*; Schneezaun *m*

empalm|ar I *tr* TECH zusammenfügen, verbinden **II** *intr* VERK, *z.B.* EISENB, *Straßen* Anschluss *od* Verbindung haben (***con*** mit); *Straßen* sich treffen; **~e** *m* Zusammenfügung *f*; TECH Verbindungsstelle *f*; EISENB Knotenpunkt *m*; Anschluss-, Umsteigebahnhof *m*; VERK Abzweigung *f*

empan|ada (Fisch-, Fleisch-)Pastete *f*, Teigtasche *f*; Betrug *m*, Schwindel *m*; **~ar** *tr*, *Cu* **~izar** ⟨-z/c-⟩ *tr* KOCHK panieren; in Teig (ein)wickeln

empantanarse *Gelände* versumpfen; im Sumpf stecken bleiben; *übertr* sich festfahren; *Verhandlung* ins Stocken geraten

empañar *tr* trüben *auch übertr*; *Ehre, Ruf* schmälern; **~se** *Glas* anlaufen, beschlagen

empapado *umg* klitschnass

empapar *tr etw mit einer Flüssigkeit* tränken; *etw in eine Flüssigkeit* (ein)tauchen; durchnässen; ***~se de u/c*** sich mit etw (*Flüssigkeit*) voll saugen; ***~se en u/c*** sich in etw (*z.B. Lehrstoff*) vertiefen

empapel|ado *m* Tapezieren *n*; Tapeten *f/Pl*; **~ador** *m* Tapezierer *m*; **~ar** *tr* tapezieren; in Papier einwickeln; *umg jmdm einen Prozess* anhängen

empapirotarse sich aufdonnern, sich herausputzen

empaque *m* Ein-, Verpacken *n*; Verpackung *f*; Packmaterial *n*; **~tado I** *Adj* abgepackt **II** *m* Verpacken *n*; **~tador** *m* Packer *m*; **~tadora** *f* Verpackungsmaschine *f*; **~tar** *tr* (ein-, ver)packen; MECH abdichten

emparedado *m* belegtes Brot *n*, Sandwich *n,m*

emparejamiento *m* Partnerschaft(sbeziehung) *f*; SPORT Paarung *f*

emparejar I *tr* paaren; paarweise zusammensetzen, -stellen, -legen; ausrichten; angleichen *Gelände* (ein)ebnen **II** *intr* gleichartig *od* ähnlich sein; ***~ con alg*** jmdm gleichkommen; jmdn einholen

emparent|ado verschwägert; verwandt; **~ar** ⟨-ie-⟩ *intr* sich verschwägern (***con*** mit)

emparrillar *tr* auf dem Rost braten, grillen

empast|ar *tr* eine Paste auftragen; einschmieren; *Zähne* plombieren; *Buch* kartonieren, *Am auch* binden; **~e** *m* Auftragen *n* einer Paste; Einschmieren *n*; *Zahn* Plombe *f*, Füllung *f*; *Zahn* Plombieren *n*; **~elar** *tr Angelegenheit* heillos verwirren, durcheinander bringen; TYP *Satz* quirlen

empatado *Spiel*, SPORT, *Wahl* unentschieden; SPORT *Rennen* tot

empatar I *intr Spiel*, SPORT *Wahl* unentschieden enden *od* ausgehen **II** *tr* SPORT ein Unentschieden erzielen (***a*** gegen); hemmen, aufhalten; *Entschließung* aussetzen; ***~se con alg*** *Cu umg* jmdn erwischen *antreffen*

empate *m* SPORT Unentschieden *n*; *Wahl* Stimmengleichheit *f*; POL Patt *n*, Gleichstand *m*

empaves|ado *Schiff* Fest-, Flaggenschmuck *m*; **~ar** *tr* MAR (über die Toppen) beflaggen, Flaggenschmuck anlegen;

Denkmal verhüllen
empavorecido erschrocken; voller Furcht
empecin|ado hartnäckig, zäh; **~amiento** *m* Hartnäckigkeit *f*
empecinar: ***~se en u/c*** (eisern) auf etw beharren
enpedernido hartherzig, unerbittlich; grausam; *Spieler, Trinker* leidenschaftlich, unverbesserlich; *Junggeselle* eingefleischt
empedr|ado *m* (Straßen-)Pflaster *n*; Pflasterung *f*; **~ar** ⟨-ie-⟩ *tr* pflastern; *übertr* voll stopfen, spicken (***de*** mit, *z.B. Buch mit Zitaten*)
empeine *m* ANAT Leistengegend *f*; *Fuß* Spann *m*, Rist *m*
empellón *m* heftiger Stoß *m*, Ruck *m*, Schubs *m*
empelotarse in Streit geraten
empeñado *Kampf, Streit* heftig, erbittert ◇ ***estar ~ en u/c*** auf etw versessen sein; ***estar ~ en*** + *Inf* beharrlich *od* hartnäckig darauf bestehen zu + *Inf*; ***estar*** *od* ***hallarse ~*** (***hasta los ojos***) (bis über die Ohren) verschuldet sein
empeñar *tr* verpfänden; *sein Wort* geben; *jmdn* als Vermittler gebrauchen; *jmdn* verpflichten *od* nötigen (***a, para*** zu)
empeñarse Schulden machen (***en*** in Höhe von); sich verpflichten (***a*** zu); ***~ en algo*** auf etw bestehen; sich in *od* auf etw einlassen; etw beginnen; ***~ por alg*** *od* ***algo*** sich für jmdn *od* etw einsetzen *od* verwenden
empeño *m* Verpfändung *f*; Mühe *f*; Bemühung *f*; Eifer *m*; Beharrlichkeit *f*; Zwangslage *f*; Verpflichtung *f*; Unternehmen *n*, -fangen *n*; ***con ~*** beharrlich, voller Eifer; ***en ~*** als Pfand ◇ ***tengo ~ en acabar mi trabajo esta noche*** heute Abend muss ich unbedingt mit der Arbeit fertig sein
empeor|amiento *m* Verschlimmerung *f*, -schlechterung *f*; **~ar I** *tr* verschlimmern, -schlechtern **II** *intr u* **~arse** sich verschlimmern *od* verschlechtern, schlimmer *od* schlechter werden
empequeñecer ⟨-c/zc-⟩ *tr* verkleinern *auch übertr*; *übertr* herabsetzen; *übertr* herunterspielen
emperador *m* Kaiser *m* ◇ ***ir adonde el ~ va sin escolta*** *scherzh* dorthin gehen, wohin auch der Kaiser zu Fuß geht *austreten gehen*
emperatriz *f* Kaiserin *f*
emperejilar(se) *tr* (sich) herausputzen *od* aufdonnern *umg*
empero *lit* indes, hingegen, dagegen; aber, (je)doch
emperr|amiento *m* Sturheit *f*; **~arse** *übertr* sich quer stellen
empezar ⟨-ie-, -z/c-⟩ *tr/intr* anfangen, beginnen (***a*** zu); *Brot* anschneiden; ***empieza*** es geht los; ***~ por u/c*** mit etw beginnen; ***~ por hacer u/c*** zunächst *od* zuerst etw tun; ***para ~*** zunächst einmal; erstens, als Erstes
empin|ado hoch(ragend); steil, schroff, abschüssig; *umg übertr* aufgeblasen, hochnäsig; **~ar** *tr* empor-, hochheben; steil aufrichten
empíric|amente erfahrungsgemäß; **~o I** *Adj* empirisch **II** *m* Empiriker *m*
empirismo *m* PHIL Empirismus *m*; Empirie *f*, Erfahrung(swissen *n*) *f*
emplane *m* TYP Gestaltung *f*, Layout *n*, (Klebe-)Umbruch *m*
emplantillamiento *m* Registrierung *f*; Benennung *f*; Aufstellung *f*, Einsetzung *f von Personen*
emplasto *m*, MED Pflaster *n*
emplazamiento *m* (Stand-)Ort *m*, Stelle *f*, Platz *m*; Lage *f*; INFORM Speicherplatz *m*, -stelle *f*; IND, MIL Aufstellung *f*; Montieren *n*, Anbringen *n*; MIL Stationierung *f*; Aufforderung *f*; JUR Vorladung *f*; Anberaumung *f*; ***~ industrial*** Industriestandort *m*; ***~ de producto*** *Werbemaßnahme* Productplacement *n*
emplazar ⟨-z/c-⟩ *tr* IND ansiedeln; IND, MIL aufstellen; montieren, anbringen; auffordern (***a*** zu); MIL stationieren; anberaumen, ansetzen; JUR vorladen
empleado *m*, **-a** *f* Angestellte(r) *f*(*m*); **~s** *Pl* Personal *n*, Beschäftigte *m*/*Pl*; Arbeitnehmer *m*/*Pl*; (**~**) ***administrativo*** *m* Verwaltungsangestellter *m*; ***~ de almacén*** Lagerarbeiter *m*, Lagerist *m*; ***~ de banca*** *od* ***banco*** (***oficina***) Bank-(Büro)angestellter *m*; ***~ fijo*** Festangestellter *m*; ***~ con jornada reducida, ~ a tiempo parcial*** Teilzeitbeschäftigter *m*, -kraft *f*
emple|ador *m*, **~adora** *f* Arbeitgeber(in) *m*(*f*); *i w S auch* Unternehmer(in) *m*(*f*)
emplear *tr* an-, verwenden, benutzen, gebrauchen; verwerten; *Arbeitskräfte* anstellen, beschäftigen; *Mittel* einsetzen; *Geld* anlegen, verwenden; *Zeit* zubringen (***en*** mit); *Kräfte* aufbieten
emplearse sich verdingen (***como*** als); ***~ en u/c*** sich einer Sache befleißigen; sich mit etw beschäftigen; ***~ para alg*** (*od* ***u/c***) sich für jmdn verwenden, sich für jmdn (*od* etw) einsetzen; *übertr* sein Bestes geben
empleo *m* An-, Verwendung *f*, Gebrauch *m*, Benutzung *f*; Verwertung *f*; *Geld, Kräfte, Mittel*, TECH Einsatz *m*, Aufwand *m*; *Geld* Anlage *f*; Verwendungszweck *m*, Bestimmung *f*; Anstellung *f*, Beschäftigung *f*, Arbeit(splatz *m*) *f*, (Arbeits-)Stelle *f*, Amt *n*; Posten *m*; ***~ comunitario*** *Esp* Gemein-

schaftsarbeiten *f/Pl als Arbeitsbeschaffungsmaßnahme*; **~ de jornada completa** *od* **entera** (**~ de media jornada**) Ganztagsarbeit *f*, -beschäftigung *f* (Halbtagsstelle *f*); **~ ocasional** Gelegenheitsarbeit *f*; **~ a prueba** Anstellung *f* auf Probe; **con ~ fijo** fest angestellt; **pleno ~** Vollbeschäftigung *f* ◇ **buscar** (**encontrar**) **~** Arbeit suchen (finden); **cambiar de ~** den Arbeitsplatz wechseln; **crear ~s** Arbeitsplätze schaffen; **dar ~ fijo a alg** jmdn fest anstellen; **solicitar un ~** sich um eine Stelle bewerben; **tener ~ para algo** für etw Verwendung haben

empleomanía *f* Stellenjagd *f*

emplom|ado *m*, **~adura** *f* HDL, VERW Verplombung *f*, Plombierung *f*; **~ar** *tr* HDL, VERW verplomben, plombieren

empobrec|er ⟨-zc-⟩ **I** *tr* arm machen **II** *intr u* **~erse** verarmen, arm werden; verelenden; **~imiento** *m* Verarmung *f*; Verelendung *f*

empollar *tr/intr* (be)brüten; ausbrüten; *übertr* pauken, büffeln, ochsen

empolv|ado staubig; **~arse** staubig werden, ein-, verstauben; sich pudern

emponzoñador *m* Giftmischer *m*; *übertr* Brunnenvergifter *m*

emporcar(se) ⟨-ue-, -c/qu-⟩ *tr* (sich) beschmutzen *od* besudeln

emporio *m* (**comercial**) Handelszentrum *n*; Handelsplatz *m*; **~ cultural** kulturelles Zentrum *n*; **~ económico** Wirtschaftsmetropole *f*

empotr|ado I *Adj* Einbau- **II** *m* Einbauen *n*; **~ar** *tr* (in die Wand) einlassen

emprendedor unternehmerisch; unternehmungslustig

emprender *tr* unternehmen; *übertr* in Angriff nehmen, *an etw* herangehen; *Auftrag* übernehmen; *Weg* beschreiten *auch übertr*; **~la con alg** mit jmdm Streit anfangen

empresa *m* Betrieb *m*, Firma *f*; Unternehmen *n Firma u Aktion*; Vorhaben *n*; **~ adjudicatoria** (bau)ausführender Betrieb *m*; **~ armadora** *od* **naviera** *od* **de navegación** Reederei *f*; **~ asociada** *od* **gemela** (**buzón**; **familiar**; **filial**) Partner-, Schwesterfirma *f od* -unternehmen *n* (Briefkastenfirma *f Schwindelunternehmen*; Familienbetrieb *m*, -unternehmen *n*; Tochterfirma *f*, Filialunternehmen *n*); **~ constructora** Bauunternehmen *n*; Konstruktionsfirma *f*; **~ encuestadora** Meinungsforschungsinstitut *n*; **~ estatal** *od* **nacional** Staatsbetrieb *m od* -unternehmen *n*; **~ exportadora** Exportfirma *f*, -betrieb *m*, -unternehmen *n*; **~ industrial** Industrieunternehmen *n*; **~ líder** führendes Unternehmen *n*; Marktführer(in) *m*(*f*); **~ modelo** Musterbetrieb *m*; **~ multinacional** multinationales Unternehmen *n*; **♀ Municipal de Transporte** *Esp* Städtischer (Nah-)Verkehrsbetrieb *m*; **♀ Nacional de Electricidad, S.A.** Staatliche Elektrizitätsgesellschaft *f in Chi u Esp*; **~ de** (**prestación de**) **servicios** Dienstleistungsunternehmen *n*; **~ privada** (**pública**) Privatunternehmen *n*, -betrieb *m* (öffentliches Unternehmen *n*; → **~ estatal** *od* **nacional**); **~ subsidiaria** Zulieferbetrieb *m*, Zulieferer *m*; **~ de trabajo temporal** Zeitarbeitsfirma *f*; **~ transportista** *od* **de transportes** Fuhr-, Transportunternehmen *n*; **~ de transportes públicos** öffentliche Verkehrsbetriebe *m/Pl* **~ de venta por correo** Versandhaus *n*; **específico de la ~** firmenspezifisch; **gran ~** Großbetrieb *m*; **libre ~** freies Unternehmertum *n*; **pequeñas y medianas ~s** kleine und mittelständische Betriebe *m/Pl* ◇ **asesorar una ~** eine Unternehmensberatung durchführen

empresari|ado *m* Unternehmerschaft *f*, -tum *n*, Unternehmer *m/Pl*; Arbeitgeber *m/Pl*; **~al** Unternehmer-; Unternehmens-, Betriebs-, betrieblich; unternehmerisch

empresario *m* Unternehmer *m*; Arbeitgeber *m*; Manager *m*; THEAT Impresario *m*; **~ mediano** (**pequeño**) mittlerer *od* mittelständischer Unternehmer *m* (Kleinunternehmer *m*)

empréstito *m* Anleihe *f*; Darlehen *n*; Kredit *m*; **~ del Estado, ~ estatal, ~ público** Staatsanleihe *f* ◇ **conceder** (**contraer**) **un ~** eine Anleihe bewilligen *od* gewähren (aufnehmen)

empujar I *tr/intr* (fort)stoßen; (weg)schieben; drücken; drängen, (an)treiben; (weg-, weiter-, fort)rücken; *Schwangere* pressen; **~ hacia adelante** nach vorn stoßen *od* schieben *od* drücken; **~ hacia arriba** hinaufschieben; hochrücken; **~ hacia atrás** zurückstoßen **II** *tr jmdn* vertreiben *od* verdrängen; *jmdn* anstoßen *ermuntern*

empuje *m* Stoß *m*; Druck *m*; Ruck *m*, Schwung *m auch übertr Tatkraft*; *übertr* Auftrieb *m*; **de ~** tatkräftig, energisch

empujón *m* heftiger Stoß *m*; Schubs *m umg*; Schwung *m*, Ruck *m rasches Fortschreiten einer Tätigkeit*; **a empujones** stoßweise; mit Unterbrechungen; rücksichtslos, mit Gewalt

empuñ|adura *f* (Hand-)Griff *m*; *Schirm, Stock* Knauf *m*; **~ar** *tr* (er)greifen; (an)packen; *übertr etw* in den Griff bekommen

EMT *f Abk für* **Empresa Municipal de Transporte**; → **empresa**

E

emul|ación *f* Wettbewerb *m*; Wetteifer *m*, -streit *m*; **~ar I** *intr* im Wettbewerb stehen, wetteifern **II** *tr jmdm* nacheifern; **~ativo** Wettbewerbs-, wettbewerblich

emuls|ión *f*, CHEM, FOTO, PHARM Emulsion *f*; **~ionar** *tr* emulgieren

en *Präp Ort* in (**~ la provincia**); auf (**~ la calle**); an (**~ la pared**); aus (**beber ~ un vaso**); **~ casa** zu Hause; *Richtung* in (**entraron ~ la alcoba**; **lo pusieron ~ el armario**); auf (**cayó ~ tierra**); *Zeit* in (**~ la noche**); in(nerhalb) (**~ cinco minutos**); bei (**~ otra oportunidad**); zu, an (**~ Navidades**); im Jahre (**nació ~ 1950**); *Art u Weise* im, zum (**lo dijo ~ broma**); in (**salió ~ mangas de camisa**); auf (**contestó ~ español**); mit (**viajar ~ tren**); *Beziehung, Inhalt* in (**experto ~ matemáticas**); für (**especialista ~ niños**); an (**un país rico ~ cobre**); auf (**calcular ~ cien euros**); *Steigen bzw Sinken* um (**los precios al consumo aumentaron ~ un 0,4 por 100**); *umg statt* **de** *zur Angabe des Herstellungsmaterials* aus (**una bolsa ~ plástico**); *Grund* an (**se le notaba ~ la manera de contestar**; **lo conocí ~ el andar**); *nach bestimmten Verben u anderen Wortarten zur Erweiterung des folgenden Inf* zu (**insistió ~ acompañarme**); *nach Ordnungszahlen u* **último(s)** *statt Rel Pron zur Einleitung eines Relativsatzes* der (*bzw* die) (**Juan fue el primero ~ levantarse**)

E.N. *f Abk für* **empresa nacional**, → **empresa**

enajen|abilidad *f* JUR Veräußerlichkeit *f*; **~able** JUR veräußerlich; **~ación** *f* Veräußerung *f*; Entfremdung *f*; Geistesabwesenheit *f*; **~ar** *tr* veräußern, weggeben; entfremden; vom Wesentlichen ablenken; **~se** sich entäußern (**de** *Gen*); sich entfremden

enaltec|er ⟨-c/zc-⟩ *tr* verherrlichen; **~erse** *übertr* sich über andere erheben; **~imiento** *m* Verherrlichung *f*

enamor|adizo leicht entflammt; **~ado I** *Adj* verliebt (**de** in); eingenommen (**de** für) **II** *m* Liebhaber *m*; *übertr* Freund *m*, Bewunderer *m* (**de** *Gen*); **los ~s** das Liebespaar

enamorar: **~se de alg** (**u/c**) sich in jmdn verlieben; (an etw Gefallen finden)

enamoriscar: **~se de alg** ⟨-c/qu-⟩ *übertr* für jmdn Feuer fangen, bei jmdm anbeißen, sich Hals über Kopf in jmdn verlieben

enano *m* Zwerg *m*

enardec|er ⟨-c/zc-⟩ *tr* entzünden *auch übertr*; *Leidenschaft* in Wallung *od* Aufruhr bringen; *jmdn* anfeuern; **~erse** sich erhitzen *auch übertr*; **~ido** aufgebracht *wütend*

encabez|ado *m* INFORM Kopfzeile *f*; **~amiento** *m* (Brief-)Kopf *m*; *Brief* Anrede *f*, Eingangsformel *f*; **~ar** ⟨-z/c-⟩ *tr* leiten, (an)führen, an der Spitze *von etw* stehen, sich an die Spitze *von etw* stellen; *Schriftstück* einleiten, mit einer Überschrift versehen; an erster Stelle *auf einer Liste* stehen, *eine Liste* anführen

encaden|ación *f*, **~amiento** *m* Anketten *n*; TECH *u übertr* Verkettung *f*; **~ar** *tr* anketten; fesseln; *übertr* verketten, miteinander verbinden *od* verknüpfen; **~arse** *Ereignisse* ineinander greifen

encaj|adura *f* Einfügung *f*; Einpassung *f*; *Edelstein* Fassung *f*; **~ar I** *tr* TECH einfügen, -lassen; TECH anpassen; ineinander fügen; *umg jmdm etw* andrehen; *jmdm etw* aufschwatzen; *jmdm etw* zuschieben *aufbürden*; *Kritik, Schläge u.Ä.* einstecken; *etw* schlucken *Unangenehmes ertragen*; *einen unangebrachten Witz* loslassen; *iron jmdn mit etw* beglücken **II** *intr* passen *auch übertr*; übereinstimmen (**con** mit); *Fenster, Tür gut od schlecht* schließen; *Schloss* einschnappen; einrasten

encaje *m* Einfügen *n*, -fügung *f*, -passen *n*; (Ein-)Fassung *f*; HDL Kassenbestand *m*; **~s** *Pl* TEXTIL Spitzen *f/Pl*; **~s de bolillos** Klöppelspitzen *f/Pl*; **~s de Bruselas** Brüsseler Spitzen *f/Pl*; **~(s) de oro** Goldreserve(n *Pl*) *f*

encalabrinarse sich *etw* in den Kopf setzen, erpicht sein (**de** auf)

encal|ado *m*, Kalken *n*, Weißen *n*, Tünchen *n*; **~ar** *tr* kalken, weißen, tünchen

encallar *intr Schiff* auflaufen, stranden; *Geschäft* ins Stocken geraten

encalm|ado windstill; *Börse, Geschäft* flau; **~arse** *Wind* sich legen; *Menschen, Wetter, Börse* sich beruhigen; *Tiere bei Hitze, Menschen vor Überanstrengung* schlappmachen

encam|ado bettlägerig; *Getreide* Lager-; **~ar** *tr*: **aquella enfermedad lo encamó un buen tiempo** diese Krankheit fesselte ihn eine ganze Weile ans Bett

encaminado: **estar** *od* **ir ~ a** *übertr* gerichtet sein auf, darauf abzielen

encaminar *tr* auf den (rechten) Weg bringen; (hin)leiten, (hin)lenken; POST befördern; *etw* in die Wege leiten *od* in Gang bringen; **~se** sich aufmachen, sich begeben (**a, hacia** nach, zu); sich anschicken, beginnen (**a** zu)

encamotarse *Am reg* sich verknallen *sich verlieben*

encanallarse *moralisch* verlottern, -kommen

encandilar *tr* blenden *auch* KFZ *u übertr*; faszinieren, beeindrucken; *übertr jmdn*

hinters Licht führen
encanecer ⟨-c/zc-⟩ *intr Haar* ergrauen; alt und grau werden
encantado begeistert, hingerissen; bezaubert; verzaubert, Zauber-; verhext, verwunschen; **¡~!** sehr gern!, mit Vergnügen!; **¡~ (de conocerlo)!** freut mich(, Sie kennen zu lernen)!
encant|ador I *Adj* reizend, zauberhaft, charmant, bezaubernd **II** *m* Zauberer *m*; **~amiento** *m* Zauber *m auch übertr*; Bezauberung *f*; Zauberei *f*; **~ar** *tr* verzaubern, -hexen; bezaubern, reizen, (sehr) gefallen, faszinieren, einnehmen, entzücken; **~se con alg** *od* **algo** von jmdm *od* von etw eingenommen sein
encanto *m* Charme *m*, (Lieb-)Reiz *m*; Entzücken *n*; **¡~ mío!** mein Liebling!; **como por ~** wie durch Zauberhand ◇ **ser un ~** reizend sein
encañonar *tr auf jmdn* zielen *od* anlegen *od* die (Schuss-)Waffe richten; *jmdn* aufs Korn nehmen
encaprichamiento *m* (Augenblicks-) Laune *f*, verrückte Idee *f umg*
encaprichar: **~se con algo** sich etw in den Kopf setzen, auf etw erpicht sein, sich auf etw kaprizieren; **~se de alg** an jmdm einen Narren gefressen haben
encapsulado I *Adj* eingekapselt *auch übertr* **II** *m* Einkaps(e)lung *f*
encapuch|ado I *Adj* vermummt, maskiert; mit übergezogener Kapuze **II** *m* Vermummter *m*, Maskierter *m*; Kapuzenmann *m*; **~ar(se)** *tr* (sich) maskieren *od* vermummen; (sich) eine Kapuze überziehen
encarado: **bien (mal) ~** hübsch *od* schön (hässlich)
encaramar *tr* empor-, hinaufheben; übermäßig loben; *jmdm einen hohen Posten* zuschanzen *umg*; **~se** ersteigen, -klimmen, (hinauf)klettern *od* (-)steigen (**a, en, sobre** auf); *übertr* ein Senkrechtstarter sein, sehr hoch steigen
encarar *tr jmdn* starr anblicken *od* fixieren; *Personen einander* gegenüberstellen; *übertr etw* in Angriff nehmen *od Problem* anpacken *umg*; *Problem* ins Auge fassen; *Waffe* anlegen (**a** auf); **~se con alg** jmdm gegenübertreten; jmdm widerstehen
encarcel|ado I *Adj* eingesperrt, im Gefängnis **II** *m* Inhaftierter *m*; **~amiento** *m* Inhaftierung *f*; Haft(strafe) *f*, **~ar** *tr* inhaftieren, ins Gefängnis sperren
encarec|er ⟨-c/zc-⟩ **I** *tr* verteuern; *Preis* steigern; *jmdn* loben *od* preisen *jmdm etw* empfehlen **II** *intr u* **~erse** (im Preis) steigen, teurer werden, sich verteuern; **~idamente** inständig(st); *übertr* wärmstens; **~ido** überteuert; **~imiento** *m* (Ver- *bzw* Über-)Teuerung *f*; *Preis* Anhebung *f*, Preissteigerung *f*; Lob *n*; Anpreisung *f*
encargado *m*, **-a** *f* Beauftragte(r) *f*(*m*); Sachwalter(in) *m*(*f*); Sachbearbeiter(in) *m*(*f*); Geschäftsführer(in) *m*(*f*); **~ de curso** Lehrbeauftragter *m*; **~ de negocios** Bevollmächtigter *m*; POL Geschäftsträger *m*; **~ de relaciones públicas** PR-Mann *m Verantwortlicher für Öffentlichkeitsarbeit*
encargar ⟨-g/gu-⟩ *tr* beauftragen; *jmdm etw* übertragen; *jmdn mit etw* betrauen; bestellen, in Auftrag geben; **~se de u/c** etw übernehmen; zuständig sein (**de** für); etw machen *od übertr* besorgen *umg*
encargo *m* Auftrag *m auch* HDL; Beauftragung *f*; Bestellung *f*; Amt *n*, Stelle *f*; **como (hecho) de ~** *umg* wie gerufen; tadellos; **nuevo ~** Nachbestellung *f*; **por ~ de** auf Veranlassung *od* im Auftrag von; auf Bestellung von ◇ **efectuar** *od* **hacer ~s** Aufträge *od* Besorgungen erledigen; **hacer un nuevo ~** nachbestellen; **tener ~ de** beauftragt sein zu
encariñarse: **~ con alg** *od* **algo** jmdn *od* etw lieb gewinnen, sich mit jmdm *od übertr* etw an-, befreunden
encarn|ación *f*, Verkörperung *f*, Inkarnation *f*; **~ado** fleischfarben; (hell)rot; *Gesicht* hochrot; **~ar** *tr* verkörpern; **~izado** *Kampf* erbittert, heftig; blutgierig; **~izamiento** *m* Erbitterung *f*; Grausamkeit *f*, Blutgier *f*
encaro *m* aufmerksames Beobachten *n*, Anstarren *n*, Fixieren *n*; *Waffe* Anlegen *n*, Anschlag
encarpetar *tr* VERW *etw* einheften; VERW *etw* zu den Akten *od* ad acta legen; *Am einen Vorgang* unerledigt liegen lassen
encarrilar *tr* in die Wege leiten, einfädeln; *übertr* einrenken *umg*; **~arse** *übertr* sich einrenken *umg*
encarton|ado *m* BUCHW Kartonieren *n*; **~ar** *tr Buch* kartonieren
encasillado *m* Fächer(werk *n*) *n/Pl eines Schranks*
encasill|amiento *m* Einordnung *f*; Einteilung *f* in Fächer *od* Felder; **~ar** *tr* einordnen, -reihen (**entre** unter); *jmdn auf etw* festlegen *od übertr* in ein Klischee pressen
encastill|ado hochmütig; *übertr* verbohrt, versessen (**en** auf); **~arse** sich verschanzen *auch übertr*; hartnäckig bestehen (**en** auf)
encaus|ado *m* Angeklagter *m*; Beklagter *m*, Beschuldigter *m*; **~ar** *tr jmdn* ver-, anklagen *od* gerichtlich belangen
encauz|amiento *m* (Fluss-)Regulierung *f*; Eindämmung *f*; *Ereignisse* Lenkung *f*; *Maßnahmen* Einleitung *f*; **~ar** ⟨-z/c-⟩ *tr*

Fluss regulieren; eindämmen; *übertr etw in eine bestimmte Richtung* lenken; *Maßnahmen* in die Wege leiten

encef|álico Gehirn-; **~alitis** *f* Gehirnentzündung *f*, Enzephalitis *f*

encéfalo *m* Gehirn *n*

encefalo|grafía *f* MED Enzephalographe *f*; **~patía** *f*: ♀ ***Espongiforme Bovina*** VET bovine spongiforme Enzephalopathie *f wissenschaftliche Bez für* Rinderwahn(sinn) *m*

encendedor *m* Zünder *m*, Zündvorrichtung *f*; Feuerzeug *n*; **~ *de gas* (*gasolina*)** Gas-(Benzin)feuerzeug *n*; Gasanzünder *m*

encender ⟨-ie-⟩ *tr* an-, entzünden; zünden; in Brand stecken *od* setzen; *Feuer, Licht* anmachen; *Licht*, RADIO, TV an-, einschalten; *Zigarette* anstecken, -zünden; *Motor* starten, *übertr* entflammen, anfachen; *Gemüt* erhitzen

encenderse sich entzünden, zünden; *übertr* sich erhitzen *od* erregen; **~ *de nuevo*** aufflackern, glimmen; ***empezar a ~*** Feuer fangen, zu brennen anfangen; *Wut, Empörung* aufflammen

encendido I *Adj* brennend; glühend *auch übertr*; stark gerötet, hochrot; *übertr* hitzig, erhitzt; *übertr* zündend, anfeuernd; mitreißend; *Schalterstellung* ein, an **II** *m* KFZ *Motor*, TECH Zündung *f*; Anheizen *n*, **~ *automático od espontáneo*** Selbst(-ent)zündung *f*; **~ *defectuoso* (*prematuro, retardado*)** Fehl-(Früh-, Spät)zündung *f*

encer|ado Wachstuch *n*; Wand-, Schultafel *f*; HAUSW Wachsen *n*, Bohnern *n*; **~adora** *f* HAUSW (elektrisches) Bohnergerät *n*, Bohnermaschine *f*; **~ar** *tr* HAUSW (ein)wachsen, bohnern

encerr|ar ⟨-ie-⟩ *tr* ein-, verschließen; einsperren; MIL umzingeln, einschließen; *übertr* ein-, umschließen; *Brettspiel u übertr* matt setzen; **~arse** in Klausur gehen; **~ona** *f* Klausur(tagung) *f*; Zwangslage *f*, Zwickmühle *f umg*

enchap|ado *m* Furnier *n*; Furnierarbeit *f*; **~ar** *tr* furnieren

enchil|ada *f Guat, Méx* Maispastete *f od* -fladen *m mit Chilipfeffer*; *Méx mit Fleisch, Gemüse od Käse gefüllte und in Tomatensoße gedünstete gerollte* Tortilla *f*; **~ar** *AmC, Méx tr* mit Chilipfeffer würzen

enchironar *tr jmdn* einlochen, -buchten

enchufado *m verächtl* Protegé *m*, Günstling *m*; **~ *de retaguardia*** MIL *umg* Etappenhengst *m bzw allg* Drückeberger *m*

enchufar *tr Rohre, Röhren* miteinander verbinden, flanschen; EL *Gerät* anschließen; EL (ein)stöpseln; *Geschäfte* kombinieren, (miteinander) verbinden; *jmdm* ein Pöstchen verschaffen; **~se** sich ein Pöstchen ergattern

enchufe *m* TECH Ansatz-, Verbindungsstück *n*, Flansch *m*, Muffe *f*; EL Buchse *f*; EL, TECH Verbinden *n*; **~ *del alumbrado*** Lichtsteckdose *f*; **~ *del aparato*** Gerätestecker *m*; **~ *de conexión*** Anschlussstecker *m*; Anschluss(steck)dose *f*; **~ *doble*** Doppelstecker *m*; **~ (*hembra*)** Steckdose *f*; **~ (*macho*)** Stecker *m*; **~ *con puesta a tierra*** Schukostecker *m*; Schukosteckdose *f* ◇ ***tener ~s*** *umg übertr* gute Beziehungen haben

encía(s *Pl*) *f* Zahnfleisch *n*

encíclica *m* Enzyklika *f*

enciclopedia *m* Enzyklopädie *f*; (Konversations-)Lexikon *n*; **~ *andante*** *übertr* wandelndes Lexikon *n*

enciclopédico *Wissen* enzyklopädisch, umfassend

encierro *m* Ein-, Verschließen *n*; Einsperren *n*; Klausur *f*; Zurückgezogenheit *f*; Weltabgeschiedenheit *f*

encima I *Adv* oben; über *auch übertr* (***tiene ~ a otro jefe***; ***teníamos ~ la Osa Mayor***); darauf, darüber (***hay una consola arrimada a la pared y ~ un reloj***); *Gegenstände* bei sich (führen) (***fue detenido con tres pistolas ~***); außerdem, darüber hinaus, obendrein, noch dazu (***le quitaron todo lo que llevaba y ~ lo molieron a palos***); ***de ~*** von oben; ***el*** (***la, lo***) ***de ~*** der (die, das) Obere; ***por ~*** oberflächlich (***han hecho la limpieza de la casa por ~***) ◇ ***andar con muchas cosas ~*** sehr *od* stark eingespannt sein; ***la casa se me cayó ~*** *übertr* zu Hause fiel mir die Decke auf den Kopf; ***echarse ~ u/c*** etw auf sich nehmen; etw übernehmen; ***estar ~*** *übertr* in Sicht sein, bevorstehen; *Gefahr* ganz nahe sein; oben(auf) sein; ***llevar ~ u/c*** etw bei sich haben; *Kleidung* anhaben; ***ponerse ~ u/c*** sich etw (*Kleidung*) überziehen; ***tener a alg ~*** *übertr* jmdn auf dem Hals haben; ***la noche se venía ~*** die Nacht brach herein; ***nos vinieron ~*** *Angreifer* sie fielen über uns her, sie überraschten uns **II** *Präp*: ***~ de*** auf (***~ del armario había una maleta***); über (***~ de nosotros***); ***por ~ de*** über ... hinweg (***el avión pasó por ~ de la casa***); über *auch übertr* (***antes tienes que pasar por ~ de mi cadáver***; ***por ~ del 2 por ciento***); trotz (***le hablaré por ~ de todo***); ***por ~ de todo*** trotz alledem; in erster Linie, vor allem ◇ ***estar por ~ de alg*** über jmdm stehen *d.h. jmds Vorgesetzter sein od jmdm überlegen sein*; ***eso está por ~ de mis fuerzas*** das geht über meine Kräfte

encina *f* (Stein-)Eiche *f*

encinta schwanger, in anderen Umständen
enclav|ar *tr* ver-, zunageln; an-, festnageln; verriegeln, sperren; einfügen; durchbohren; *in ein Gebiet* einschließen; *umg übertr jmdn* hinters Licht führen; **~e** *m* POL Enklave *f*; **~ijar** *tr* (ver-, zusammen)-stöpseln; ineinander stecken; ver-, zusammenklammern
enclenque schwächlich, kränklich, hinfällig; schmächtig
encochinar *tr* dreckig machen; **~se** dreckig werden
encog|er ⟨-g/j-⟩ **I** *tr z.B. Arm* an-, ein-, zurückziehen **II** *intr u* **~erse** *Stoff* eingehen, -laufen; **~erse** (zusammen)schrumpfen; sich zusammenziehen; schüchtern *od* kleinlaut werden; verzagen; **~ido** scheu, verlegen; gehemmt; linkisch; **~imiento** *m Stoff* Einlaufen *n*, Krumpfen; Zusammenziehen *n*; (Zusammen-)Schrumpfen *n*; Ängstlichkeit *f*; Schüchternheit *f*, Befangenheit *f*
encol|ado *m* (Auf-)Kleben *n*; (Auf-, Ver-) Leimen *n*; **~ar** *tr* (an)leimen; (an)kleben; ver-, zusammenleimen; *Papier* leimen
encoleriz|ado aufgebracht *wütend*; **~ar** ⟨-z/c-⟩ *tr jmdn* in Wut bringen; **~arse** zornig *od* wütend werden
encomend|ar ⟨-ie-⟩ *tr Aufgaben* übertragen; *jmdn mit etw* beauftragen; bestellen, in Auftrag geben (***a*** bei) *jmdm etw* anvertrauen; *jmdm etw* übergeben, -lassen; **~arse** sich *jmdm* anvertrauen; sich in *jmds* Schutz begeben
encomienda *f* Auftrag *m*; Bestellung *f*; Schutz *m*, *AmS* Postpaket *n*; *Am* GESCH *ein von den spanischen Kolonisatoren eingerichtetes System der Ausbeutung der Indianer*
encon|ado *Kampf* heftig, erbittert; verbissen; **~ar** *tr jmds Zorn* reizen; **~arse** in Zorn geraten; **~o** *m* Groll *m*, Erbitterung *f*; Verbissenheit *f*; **~oso** *Charakter* empfindlich, nachtragend
encontrado sich gegenüberstehend; entgegengesetzt
encontrar ⟨-ue-⟩ *tr etw* finden *auch übertr meinen*; *jmdn* antreffen; *jmdm* begegnen, (zufällig) stoßen auf *jmdn*; *etw* vorfinden; *z.B. Arbeit* bekommen, kriegen *umg*; herausfinden, -bekommen; *auf Schwierigkeiten* stoßen
encontrarse sich befinden, sein *auch gesundheitlich*; zusammentreffen, sich begegnen; sich (zufällig) treffen (***con alg*** mit jmdm); aufeinander stoßen, zusammenstoßen; *vor einer Tatsache* stehen; *übertr hinter einer Sache* stecken; sich einfinden; ***~ con u/c*** einer Sache begegnen; ***no ~ entre nosotros*** nicht unter uns weilen; ***~ mal*** *Am od* ***malo*** *Esp* sich unwohl *od* schlecht fühlen; ***~ presente*** anwesend sein, beiwohnen
encontrón *m*, **~onazo** *m* Zusammenstoß *m z.B. zweier Wagen, auch übertr Streit*
encopet|ado hochnäsig, eingebildet; **~arse** *übertr* sich aufblähen, dick(e)tun *umg*
encor|char *tr Flaschen* ver-, zukorken; **~delar** *tr* verschnüren
encorv|ado krumm; mit gebeugtem Rücken; **~adura** *f*, **~amiento** *m* Biegen *n*, Krümmen *n*; Beugung *f*; **~ar** *tr* krümmen, biegen; **~arse** sich beugen *od* krümmen; *vor Alter* krumm werden
encresp|ado *Haar* kraus
encriptación *f* INFORM Verschlüsselung *f*
encrucijada *f* (Straßen-, Weg-)Kreuzung *f*; *übertr* Scheideweg *m*
encrudecer ⟨-c/zc-⟩ *tr* verrohen; erbittern
encuadernación *f* BUCHW (Ein-)Binden *n*; Einband *m*; Buchbinderei *f*; ***~ en cartón*** Pappband *m*; ***~ de od en cuero, ~ de piel*** Leder(ein)band *m*; ***~ de lujo*** Pracht(ein)-band *m*; ***~ de media pasta*** Halbledereinband *m*; ***~ en rústica*** Broschur *f*
encuadern|ador *m*, **~adora** *f* Buchbinder (-in) *m*(*f*); **~ar** *tr Bücher* (ein)binden
encuadr|ar **I** *tr Bild* (ein)rahmen; *übertr* umrahmen, in einen Rahmen stellen, einen Rahmen geben; einpassen; *in eine Epoche od Kategorie* einordnen, *in ein Schema* bringen; einbeziehen; TV *Bildausschnitt* einstellen **II** *intr* hineinpassen; **~arse** sich einfügen; **~e** *m* FILM, FOTO, TV Bildausschnitt *m*; FILM, FOTO Einstellung *f*
encub|ado *m* Abfüllen *n od* Einlagerung *f von Wein*; **~ar** *tr Wein* in *od* auf Fässer füllen
encubierto *übertr* verdeckt, verschleiert, verkappt; heimlich
encubr|idor *m* Hehler *m*; **~imiento** *m* Verheimlichen *n*, Verhehlen *n*, Vertuschen *n*; Hehlerei *f*; **~ir** *tr* ⟨→ ***cubrir***⟩ *übertr* verdecken, bemänteln, vertuschen; verheimlichen, verhehlen, verschweigen; *übertr* verbergen; *übertr etw* überspielen; *jmdn* decken *begünstigen*
encuentro *m* Begegnung *f*, Treffen *n*, Zusammenkunft *f*, Treff *m umg*; (militärische) Auseinandersetzung *f*; Zusammenstoß *m*, Streit *m*; Aufeinanderprallen *n von Meinungen*; SPORT Spiel *n*, Begegnung *f*; ***~ en la cima*** POL Gipfeltreffen *n*; ***~ consultivo*** POL Konsultativtreffen *n*; ***~ de ida*** (***vuelta***) SPORT Hin-(Rück)spiel *n*; ***~ en órbita*** Rendezvous *n* im Weltraum; ***~ taller*** THEAT Werkstatttreffen *n*; ◇ ***ir od salir al ~ de alg*** jmdm entgegengehen; jmdn abho-

len (gehen); *übertr* sich jmdm entgegenstellen, jmdm entgegentreten
encuesta *f* Befragung *f*, (Meinungs-)Umfrage *f*; Untersuchung *f*, Ermittlung *f*, Enquête *f*; *Statistik* Erhebung *f*; **~ *demoscópica*, ~ *de opinión*** Meinungsumfrage *f*, -befragung *f* ◇ ***hacer*** *od* ***realizar una* ~** eine Befragung *od* Umfrage durchführen; eine Erhebung anstellen
encuest|ado *m* Befragter *m*; **~ador** *m* Meinungsforscher *m*; **~adora** *f* Meinungsforschungsinstitut *n*; **~ar** *tr jmdn* befragen
encumbr|ado erhaben, stolz; glänzend, hervorragend; **~amiento** *m* Erhöhung *f*; *übertr* Aufstieg *m*; Verherrlichung *f*; **~ar** *tr* erhöhen; rühmen, preisen, *verächtl* lobhudeln; **~arse** emporragen; sich erheben *auch übertr sich mehr dünken*; sich aufspielen *od* wichtig machen; *übertr* aufsteigen, vorankommen
ende: ***por* ~** *lit* deswegen; folglich, daher
endebl|e schwach *auch übertr*, schwächlich; *Stoff* empfindlich; **~ucho** mickerig
endémico endemisch; BIOL einheimisch
endemoniado I *Adj* (vom Teufel) besessen; teuflisch; verdammt, verflixt *umg*; *Angelegenheit* verzwickt **II** *m* (ein vom Teufel) Besessener *m*
enderez|ado I *Adj* günstig, zweckmäßig **II** *m* TECH Richten *n*; **~ar** ⟨-z/c-⟩ *tr* (wieder) gerade richten *od* biegen; ausrichten; aufrichten; in Ordnung bringen; *Unrecht* gutmachen, korrigieren; berichtigen; *Handlung*, *Schritte* richten *od* lenken (***a, hacia*** auf); **~arse** sich (wieder *od* gerade) aufrichten
ENDESA *f Abk für* ***Empresa Nacional de Electricidad, S.A.***, → ***empresa***
endeudado I *Adj* verschuldet; → ***ceja*** **II** *m* Verschuldeter *m*
endeudamiento *m* Verschuldung *f*; **~ (*excesivo*)** Überschuldung *f*; **~ *exterior* (*interno*)** Auslands-(Inlands)verschuldung *f*; ***nuevo* ~** Neuverschuldung *f*
endeudarse Schulden machen, sich in Schulden stürzen, sich verschulden
endiablado teuflisch; verdammt, -flixt *umg*, -teufelt; grässlich; (verdammt) gefährlich *od* schwierig; unangenehm; verdammt gut *umg*
endibia *f* Chicorée *m,f*
endilgar ⟨-g/gu-⟩ *tr umg übertr* einfädeln, in die Wege leiten; *Lügen* auftischen; *jmdm etw* aufhalsen; *jmdm* eins verpassen
endios|ado hochmütig, von sich eingenommen; **~amiento** *m* Vergötterung *f*, Verherrlichung *f*; Hochmut *m*; **~ar** *tr* vergöttern, verherrlichen; **~arse** sich aufspielen; sich über alles erhaben fühlen
endocrinología *f* Endokrinologie *f*
endomingado sonntäglich angezogen; herausgeputzt; Sonntags-
endos|able FIN, HDL indossierbar, durch Indossament übertragbar; **~ante** *m* FIN, HDL Indossant *m*; **~ar** *tr* FIN, HDL indossieren, durch Indossament übertragen; *umg jmdm etw* aufbürden; **~atario** *m* FIN, HDL Indossatar *m*
endoscopia *f* Endoskopie *f*
endoso *m* FIN, HDL Indossament *n*, Indosso *n*, Übertragungsvermerk *m*; Indossierung *f*; Überschreibung *f*
endrin|a *f* BOT Schlehe *f*; **~o** *m* Schlehdorn *m*
endulzante *m* Süßstoff *m*
endulzar ⟨-z/c-⟩ *tr* süßen; *übertr* versüßen; *Leiden* mildern; ***sin* ~** ungesüßt, -gezuckert
endurec|er ⟨-c/zc-⟩ *tr* hart machen, härten *auch* TECH; *Strafen* verschärfen; **~erse** hart werden *auch übertr*; sich abhärten (***con, en, por*** durch); *übertr* sich verhärten; **~imiento** *m* Härte *f*; TECH Härten *n*, Härtung *f*; *übertr* Verhärtung *f*; Verfestigung *f*; Erstarrung *f*; Abhärtung *f*
ene I *Adj umg* -zig (**~ *euros***) **II** *f Name des Buchstabens* ***n, N***
ENE. *m* (*Abk für* ***estenordeste***) ONO *m*
enebro *m* Wacholder(strauch *m u* -holz *n*) *m*
eneldo *m* Dill *m*
enema *m* Einlauf *m*, Klistier *n*
enemiga *f* Feindin *f*
enemigo I *Adj* feindlich, Feindes-; feindselig; verfeindet **II** *m* Feind *m*; **~ *del Estado*** Staatsfeind *m*; **~ *mortal*** Todfeind *m* ◇ ***ganar* ~s** sich Feinde *od* unbeliebt machen; ***ser* ~ *de u/c*** etw nicht lieben *od* mögen, gegen etw sein
enemistad *f* Feindschaft *f*
enemistar: **~*se con alg*** sich mit jmdm verfeinden *od* überwerfen
energético I *Adj* Energie-; Energie spendend; energiereich **II** *m* Energieträger *m*; Energiewirtschaftler *m*
energía *f* PHYS *u übertr* Energie *f*, Kraft *f*; Tatkraft *f*; Zielstrebigkeit *f*; **~*s alternativas* (*renovables*)** ÖKOL alternative (erneuerbare) Energien *f/Pl*; **~ *atómica*** *od* ***nuclear*** Atom-, Kernenergie *f*; **~ *calorífica*** Wärmeenergie *f*; **~ *consumida*** EL Stromverbrauch *m*; **~ *eléctrica* (*eólica*; *primaria*; *solar*)** Elektro-(Wind-; Primär-; Sonnen-, Solar)energie *f*; **~ *geotérmica*** Erdwärme *f*; **~ *hidráulica*** Wasserkraft *f*; **~ *de radiación*, ~ *radiante*** Strahlungsenergie *f*; ***con* ~** tatkräftig; zielstrebig; nachdrücklich; ***desbordante*** *od* ***lleno de* ~** ener-

giegeladen, voller Energie; ***sin ~*** kraftlos; ohne Nachdruck ◇ ***abastecer con ~*** mit Energie versorgen; ***ahorrar*** (***desperdiciar***) **~** Energie sparen (verschwenden); ***obrar con ~*** (energisch) durchgreifen
enérgico energisch, entschieden; tatkräftig; zielstrebig; nachdrücklich; *Maßnahmen* drastisch; *Stil* kraftvoll
energúmeno *m* Rasender *m*, Besessener *m*
enero *m* Januar *m*
enerv|ación *f*, **~amiento** *m* nervöse Erschöpfung *f*; **~ante** nervenaufreibend; **~ar** *tr* entnerven; auf die Nerven gehen, nerven *umg*
enésimo *verächtl od scherzh* soundsovielter (***su ~ plan de reactivación económica***); ***por enésima vez*** zum x-ten Mal
enfadado: ***estar ~ con alg*** jmdm *od* auf jmdn böse sein
enfad|ar *tr* ärgern, erzürnen; **~arse** sich ärgern (***con alg*** über jmdn, ***de algo*** über etw); böse werden (***con, contra*** auf); **~o** *m* Ärger *m*, Unwille(n) *m*, Verdruss *m*; **~oso** *Angelegenheit* ärgerlich, unangenehm
enfangar ⟨-g/gu-⟩ *tr* beschmutzen *auch übertr*, mit Schmutz *od* Schlamm bedecken; **~se** verschlammen; (sittlich) verkommen, herunterkommen
enfardelar *tr* bündeln; zu Ballen pressen
énfasis *m* Emphase *f*; Nachdruck *m*, Eindringlichkeit *f* ◇ ***poner ~ en u/c*** auf etw Wert legen, *übertr* etw betonen *od* in den Mittelpunkt stellen, besonders hervorheben
enf|ático emphatisch; nachdrücklich, eindringlich; *Stil* hochtrabend; **~atizar** ⟨-z/c-⟩ **I** *intr* nachdrücklich verweisen (***en*** auf) **II** *tr* hervorheben, betonen
enfermar I *tr* krank machen **II** *intr u Am, Esp reg* **~se** krank werden, erkranken (***de*** an)
enfermedad *f* Krankheit *f*; Erkrankung *f*; (***~ de***) ***Alzheimer*** *m* Alzheimer(krankheit *f*) *m*; ***~ cardíaca, ~ del corazón*** Herzleiden *n*, -krankheit *f*; ***~es cardiovasculares*** Herz-Kreislauf-Krankheiten *f/Pl*; ***~ de la civilización*** Zivilisationskrankheit *f*; ***~ contagiosa*** *od* ***infecciosa*** ansteckende Krankheit *f*; ***~ de Creutzfeldt-Jacob*** Creutzfeldt-Jakob-Krankheit *f*; ***~ hereditaria*** (***profesional***; ***venérea***) Erb-(Berufs-; Geschlechts)krankheit *f*; ***~ orgánica*** Organerkrankung *f*; organisches Leiden *n*; ***~ de Parkinson*** Parkinsonkrankheit *f*, Schüttellähmung *f*; ***~ de las vacas locas*** *umg* Rinderwahn(sinn) *m*; ***~ viral*** *od* ***vírica*** Viruserkrankung *f*; ***por ~*** krankheitshalber ◇ ***contraer*** *od umg* ***coger*** *bzw* ***pescar una ~*** krank werden, sich ein Leiden zuziehen
enfermera *f* (Kranken-)Schwester *f*; Krankenpflegerin *f*; ***~ jefa*** Oberschwester *f*
enferm|ería *f* Krankenzimmer *n*, -station *f*; MIL Revier *n*; **~ero** *m* Krankenpfleger *m*; **~izo** kränklich; *Leidenschaft* krankhaft
enfermo I *Adj* krank ◇ ***caer ~*** krank werden; erkranken (***de*** an) **II** *m* Kranker *m*; Patient *m*; ***~ (p)síquico*** Gemütskranker *m*
enfilar I *tr* auf-, aneinander reihen; auf-, einfädeln; visieren, anpeilen **II** *intr in eine bestimmte Richtung* gehen *bzw* KFZ fahren (***hacia*** nach); **~se** sich einreihen; VERK sich einordnen
enfisema *m* MED Emphysem *n*
enfla|car ⟨-c/qu-⟩ *intr Am* → **~quecer** ⟨-c/zc-⟩ **I** *intr u* **~quecerse** abmagern, mager werden; erschlaffen **II** *tr* schwächen, auszehren; **~quecido** mager; **~quecimiento** *m* Entkräftung *f*, Mattigkeit *f*; Abmagerung *f*
enflorar *tr* mit Blumen schmücken *od* verzieren
enfocado I *Adj*: ***bien*** (***mal***) **~** FOTO scharf (unscharf) ◇ ***estar ~*** gerichtet sein, abzielen (***a*** auf) **II** *m* FOTO Einstellung *f*
enfocar ⟨-c/qu-⟩ *tr* FOTO, OPT (scharf *od* richtig) einstellen; *übertr* unter die Lupe nehmen; *Problem* richtig anpacken; *Angelegenheit* beleuchten, untersuchen; *übertr etw* in Angriff nehmen, *an ein Problem* herangehen; *Problem* betrachten
enfoque *m* Anschauung *f*, Auffassung *f*, Betrachtungsweise *f*, Standpunkt *m*; FOTO *u übertr* Einstellung *f*; Herangehen(sweise *f*) *n*; Behandlung *f eines Problems*; Ansatz(punkt) *m*; Sichtweise *f*; ***~ (de la cuestión)*** Fragestellung *f*; ***~ del problema*** Problemstellung *f*; ***estrecho ~ departamental de los asuntos*** *etwa* Ressortgeist *m*
enfrascado; ***estar ~ en u/c*** *übertr* (ganz) in etw vertieft sein; von etw (*z.B. einer Idee*) besessen sein; sich auf etw einlassen
enfrascar ⟨-c/qu-⟩: ***~se en u/c*** *übertr* sich in etw vergraben *od* versenken *od* vertiefen; *übertr* ganz in etw aufgehen; sich auf etw einlassen
enfrentado: ***verse ~ con u/c*** sich mit etw konfrontiert sehen, vor etw (*Aufgaben, Problemen*) stehen
enfrentamiento *m* POL Konfrontation *f*; (bewaffnete) Auseinandersetzung *f*, *übertr* Zusammenstoß *m*
enfrentar *tr* (einander) gegenüberstellen; konfrontieren; *einer schwierigen Situation* gegenüberstehen; *einer Sache* begegnen; *Problem* angehen; *Krise* durchmachen; ***~se a u/c*** vor etw (*Aufgaben, Problemen*)

stehen, mit etw konfrontiert sein; sich gegen etw auflehnen; **~se con alg** *übertr* jmdm entgegentreten *od* die Stirn bieten; **~se con algo** sich mit etw auseinander setzen

enfrente I *Adv* gegenüber, vis-a-vis (**Jorge vive en la casa de ~**) **II** *Präp*: **~ de** gegenüber (**Jorge vive en la casa ~ de la iglesia**)

enfr|iador *m* Kühlbox *f*, -truhe *f*; **~iamiento** *m* Abkühlung *f auch übertr*; Erkalten *n*; Auskühlung *f*; (leichte) Erkältung *f*; *übertr* Einfrieren *n von Verhandlungen*; **~iar** ⟨-ío⟩ *tr/intr* (ab)kühlen; **~iarse** sich abkühlen, erkalten *auch übertr*; kalt werden; *Wetter* kühler werden

enfundar *tr* in eine (Schutz-)Hülle stecken; **~se** sich *etw* (*z.B. Handschuhe, Hemd*) überstreifen

enfurec|er ⟨-c/zc-⟩ *tr* wütend machen, erbosen; **~erse** wütend werden (**contra alg** über jmdn, **de algo** über etw, **por** wegen); toben, wüten *auch Meer*; **~ido** wütend, rasend

engaitar *tr jmdn* einwickeln *od* beschwatzen; *jmdn* beschummeln

engalanarse sich herausputzen *od* schön machen

enganch|ar *tr* an-, einhaken; anhängen; TECH an-, verkoppeln; EISENB koppeln; *jmdn* abwerben; *jmdn* ködern, überreden, verleiten; *übertr* sich *jmdn* kapern *umg*; **~arse** sich festhaken, hängen bleiben; sich an- *od* abwerben lassen; **~e** *m* Festhaken *n*; Ankoppeln *n*; Abwerben *n*, Abwerbung *f*

engañ|abobos *m* Bauernfänger *m Betrüger*; **~ador I** *Adj* täuschend; betrügerisch **II** *m u* **~amundo(s)** *m* Betrüger *m*; Hochstapler *m*; **~ar I** *tr* betrügen; täuschen; hintergehen; anführen *jmdn zum Besten haben*; *jmdm etw* vormachen *vorspiegeln, -lügen*; an-, beschwindeln, anlügen; *jmdn* reinlegen; veralbern *umg* **II** *intr* trügen; **~arse** sich täuschen *od* irren; sich *etw* vormachen

engaño *m* Betrug *m*, Schwindel *m*, Betrügerei *f*; Täuschung *f*, Irreführung *f*; Irrtum *m* ◇ **es ~** *umg* das ist erlogen

engañoso (be)trügerisch; täuschend

engast|ar *tr Edelsteine* (ein)fassen; TECH *Teile* ein- *od* ineinander passen; **~e** *m* Einfassen *n von Schmuck*; Fassung *f eines Edelsteins*

engatus|amiento *m* Bezirzen *n*; **~ar** *tr übertr jmdn* einwickeln *od* einseifen; *Mann* bezirzen

engavetar *tr etw* (zunächst) beiseite legen, *etw* auf die lange Bank schieben; ad acta legen

engendr|amiento *m* Zeugung *f*; **~ar** *tr* zeugen; erzeugen *auch übertr*; hervorbringen; verursachen; schaffen; **~o** *m übertr* Ausgeburt *f*; Hirngespinst *n*; Missgeburt *f*

englobar *tr* einbegreifen; umfassen; zusammenfassen

engolado schwülstig, hochtrabend

engolfarse: **~ en u/c** *übertr* sich in etw versenken *od* vertiefen

engolondrin|ado anmaßend; *scherzh* verliebt; **~arse** vornehm tun; sich verlieben, Feuer fangen

engolosinar *tr jmdn* (an)locken; *jmdm* den Mund wäss(e)rig machen; **~se con u/c** an etw Geschmack *od* Gefallen finden; auf etw erpicht sein

engom|ado I *Adj* gummiert; Klebe-; Gummierung *f* **II** *m* **~adura** *f* Gummieren *n*; Gummierung *f*; **~ar** *tr* gummieren; leimen; kleben; **~inado** *AmS* geschniegelt und gebügelt, wie aus dem Ei gepellt

engord|ar I *tr* mästen; dick machen **II** *intr* dick(er) werden, zunehmen; **~e** *m* Mast *f*, Mästung *f*, Mästen *n*

engorr|o *m* Hemmnis *n*, Hindernis *n*; Schwierigkeit *f*, Unannehmlichkeit *f*; **~oso** unangenehm; hinderlich, lästig; mühselig

engrampar *tr Cu etw* ergattern; *jmdn* erwischen; *Cu, Pe* → **engrapar**

engran|aje *m* Getriebe *n*, Räderwerk *n auch übertr*; TECH *u übertr* Verzahnung *f*; Ineinandergreifen *n*, Zusammenhang *m*; **~ar I** *tr* TECH *u übertr* verzahnen; zusammenfügen, vereinigen **II** *intr* TECH *u übertr* ineinander greifen

engrandec|er ⟨-c/zc-⟩ *tr* vergrößern *auch übertr*; *übertr* erhöhen; verherrlichen; aufbauschen; **~erse** aufsteigen *Karriere machen*; **~imiento** *m* Vergrößerung *f*; Verherrlichung *f*; *übertr* Aufstieg *m*

engrapar *tr* heften, mit Klammern befestigen; TECH verklammern

engras|ado *m* → **~e**; **~ar** *tr* (ein)fetten, ölen, schmieren; KFZ abschmieren; **~e** *m* Ölen *n*, Ölung *f*, Einfetten *n*; KFZ Abschmieren *n*; Schmiermittel *n*; TECH Öl *n*; TECH Fett *n*

engre|ído stolz; eingebildet; **~imiento** *m* Einbildung *f*, Dünkel *m*; **~ír** ⟨-i-⟩ *tr* stolz *od* dünkelhaft machen; *Am* verhätscheln; **~írse** angeben, prahlen (**con, de** mit); *Am* lieb gewinnen (**con alg** jmdn)

engrescar ⟨-c/qu-⟩ *tr* aufhetzen, -stacheln; anfeuern, -spornen

engrosar ⟨-ue-⟩ **I** *tr* dick machen; aufbauschen; *übertr z.B. Reihen* stärken; vermehren, -größern **II** *intr* dick(er) werden, zunehmen

engrud|ar *tr* (an-, ver)kleistern; **~o** *m* Kleis-

ter *m*
enguatar *tr* (aus)wattieren
engullir ⟨*perfs* ***engulló***⟩ *tr* hinunter- *od* verschlingen, fressen *vulg*
enhebrar *tr Nadel* einfädeln; auffädeln; *umg* (wahllos) aneinander reihen
enhorabuena I *f* Glückwunsch *m*; ***¡~!*** ich gratuliere!, (meinen) herzlichen Glückwunsch! ◇ ***dar la ~ a alg*** jmdm gratulieren, jmdn beglückwünschen **II** *Adv* meinetwegen, von mir aus ◇ ***Vd. está de ~*** *umg* Sie haben Glück, Sie können sich gratulieren; ***llegar ~*** (sehr) gelegen kommen
enhoramala: ***¡~!*** zum Teufel!
enigm|a *m* Rätsel *n auch übertr*; **~ático** rätselhaft; geheimnisvoll
enjabonar *tr* einseifen; *übertr jmdm* Honig ums Maul schmieren; *übertr jmdm* den Kopf waschen, *jmdn* zusammenstauchen
enjalbeg|ado *m* Weißen *n*, Tünchen *n*, Kalken *n*; **~ar** ⟨-ie-, -g/gu-⟩ *tr Wand* weißen, tünchen, kalken; **~arse** sich schminken; *übertr* sich auftakeln *umg*
enjambr|ar I *intr Bienen* schwärmen; *Menschenmenge* wimmeln **II** *tr* in Mengen hervorbringen *od* produzieren; **~e** *m Bienen, Meteoriten* Schwarm *m*; *Menschen, Tiere* Gewimmel *n*, Schwarm *m*; Unmenge *f*
enjaular *tr* in einen Käfig sperren; *jmdn* einbuchten *umg ins Gefängnis stecken*
enjoyar *tr* mit Juwelen besetzen *bzw* schmücken; verschönern
enjuag|adientes *m* Mundwasser *n*; **~ar** ⟨-g/gu-⟩ *tr Mund* (aus)spülen; *Geschirr* (ab)spülen; (kurz) durchwaschen; **~ue** *m* → ***~adientes***; Intrigen *f/Pl*, dunkle Machenschaften *f/Pl*
enjugar ⟨-g/gu-⟩ *tr* (ab)trocknen; *Schuld* löschen; **~se** sich (ab)trocknen; *Schweiß, Tränen* sich abwischen
enjuici|amiento *m* Beurteilung *f*; JUR Prozess *m*; Aburteilung *f*; Einleitung *f* des Gerichtsverfahrens; **~ar I** *tr jmdn od etw* beurteilen, ein Urteil abgeben (*dir Obj* über); JUR das Urteil fällen (*dir Obj* über); aburteilen; *jmdm* den Prozess machen; JUR das Verfahren eröffnen; verurteilen *missbilligen* **II** *tr/intr* vor Gericht verhandeln
enjundi|a *f* tierisches Fett *n*; Gehalt *m*, Kraft *f*; Grundlage *f*, Substanz *f*; **~oso** fettreich; markig, kräftig; bedeutend; gehaltvoll
enjuto trocken; *Person* dürr, hager; **~s** *m/Pl Esp* kleine pikante Happen *m/Pl als Imbiss beim Trinken*
enlabiar *tr jmdn* beschwatzen
enlace *m* Verbindung *f*, Verflechtung *f*, Verknüpfung *f*; Zusammenhang *m*; EL Anschluss *m*; INFORM Link *m*; EISENB, VERK Anschluss(linie *f*, -bahn *f*) *m*; Fügung *f*, Wortverbindung *f*; CHEM, PHON Bindung *f*; *allg u* MIL Verbindungsmann *m*; ***~ aéreo*** Flugverbindung *f*; ***~*** (***matrimonial***) Eheschließung *f*; ***~ de radio*** Funkverbindung *f*; ***~ radiofónico*** Funksprechverbindung *f*; ***~*** (***sindical***) *Gewerkschaft* Vertrauensmann *m*; *Esp* Betriebsratsmitglied *n*; ***~ telefónico*** Telefonanschluss *m*, -verbindung *f*; ***de ~*** Verbindungs-, Anschluss-
enlat|ado in Konserven *od* Büchsen *od* Dosen, Konserven-, Büchsen-, Dosen-, konserviert; aus der Konserve *vom Tonband*; **~ados** *m/Pl* (Lebensmittel-)Konserven *f/Pl*; **~ar** *tr* in Büchsen *od* Konservendosen füllen; konservieren *auch übertr*
enlazar ⟨-z/c-⟩ **I** *tr* verbinden, -knüpfen, -flechten, *Internet* (ver)linken (***a, con*** mit); verschnüren; EL, TEL, VERK anschließen; *Am* mit einer Schlinge *od* einem Lasso (ein)fangen; **II** *intr* EISENB, VERK Anschluss haben (***con*** an, mit)
enllavar *tr Fahrrad* anschließen, sichern
enlodar *tr* beschmutzen *auch übertr z.B. Ehre*, besudeln; **~se** sich schmutzig machen
enloquecer ⟨-c/zc-⟩ **I** *tr jmdn* verrückt machen, um den Verstand bringen; betören, bezirzen **II** *intr u* **~se** den Verstand verlieren *auch übertr*, durchdrehen *umg*
enloquecido verrückt, wahnsinnig
enlos|ado *m* Fliesenfußboden *m*; Bodenplatten *f/Pl*; **~ador** *m* Fliesenleger *m*; **~ar** *tr* mit Fliesen *od* Bodenplatten auslegen, fliesen
enlut|ado in Trauer(kleidung); *Papier* mit Trauerrand; **~arse** Trauerkleidung anlegen
enmarañ|ado verworren, wirr; **~ar** *tr* verwirren; verwickeln *auch übertr*
enmarcar ⟨-c/qu-⟩ *tr* (ein)rahmen; begrenzen; ***sin ~*** *Bild* ungerahmt, ohne Rahmen; **~se** sich einfügen; sich einordnen (***en*** in)
enmascar|ado *m* Maskierter *m*; **~amiento** *m* Maskierung *f auch übertr Verschleierung*; **~ar** *tr* maskieren *auch übertr*; bemänteln, beschönigen; verdecken *verbergen*; **~arse** sich eine Maske aufsetzen
enmasillar *tr Glasscheiben* verkitten
enmendar ⟨-ie-⟩ *tr Fehler* verbessern; *Mängel* beseitigen; *Fehler* wieder gutmachen; *Schaden* gutmachen; JUR *Urteil* abändern; berichtigen, richtig stellen; **~se** sich *moralisch* bessern
enmienda *f* (Ver-)Besserung *f*; Entschädigung *f*; *Dokument* Änderung *f*; *Dokument* Ergänzung *f*, Zusatz *m*; JUR *Urteil* Abänderung *f*; POL Abänderungs- *bzw* Er-

gänzungsantrag *m od* -vorschlag *m*; **~s** *Pl* Mineraldünger *m od m/Pl*

enmohec|erse ⟨-c/zc-⟩ rosten; schimmeln; **~ido** rostig; schimmlig; modrig; **~imiento** *m* Verrosten *n*; (Ver-)Schimmeln *n*

enmudec|er ⟨-c/zc-⟩ **I** *tr* zum Schweigen bringen **II** *intr u* **~erse** verstummen; schweigen, nichts sagen

enmugrar(se) *tr Am*, **enmugrecer(se)** ⟨-c/zc-⟩ *tr* (sich) beschmutzen

ennegrecer ⟨-c/zc-⟩ *tr* schwarz färben

ennoblec|er ⟨-c/zc-⟩ *tr* veredeln *auch* TECH, TEXTIL; adeln *auch übertr*; verherrlichen; **~imiento** *m* Vered(e)lung *f auch* TECH, TEXTIL; Adeln *n*; Verherrlichung *f*

enoj|ada *f Am* Verärgerung *f*; **~adizo** reizbar; jähzornig; **~ar** *tr* ärgern; erzürnen; aufbringen; erbosen; **~arse** in Zorn geraten; sich ärgern, böse sein (***con** od **contra alg*** auf jmdn, ***de algo*** über etw); **~o** *m* Ärger *m*, Verdruss *m*; Zorn *m*, Unwille *m*; **~oso** unangenehm, unerfreulich; lästig; ärgerlich; zornig, aufgebracht

enorgullec|erse ⟨-c/zc-⟩ stolz sein *od* werden (***de*** auf)

enorm|e gewaltig, enorm, von großem Ausmaß, außerordentlich; ungeheuer(lich); *Summe* horrend; *Gewinn* saftig; *Wunde* klaffend; **~idad** *f* Übermaß *n*; Ungeheuerlichkeit *f*; Riesenmenge *f*

enrabiarse wütend werden, in Wut geraten

enranciarse ranzig werden

enrarec|er ⟨-c/zc-⟩ *tr Stimmung, übertr Atmosphäre* verschlechtern, vergiften; **~erse** knapp *bzw* selten(er) werden; sich verschlechtern; **~ido** *Beziehungen* getrübt, gespannt; *Luft* verdünnt *bzw* verbraucht; **~imiento** *m* Verknappung *f*; Trübung *f od* Verschlechterung *f der Beziehungen*

enred|ado verwickelt, -worren, -zwickt *umg*, knifflig; zwielichtig; heikel; **~ador** *m*, **~adora** *f* Intrigant(in) *m(f)*; Quertreiber(in) *m(f)*; **~ar** *tr* verwickeln, -stricken; durcheinander bringen; *übertr jmdn* umgarnen; *übertr jmdn* hineinziehen (***en*** in); **~arse** sich verfangen, hängen *od* stecken bleiben (***en, entre*** in); sich verheddern, sich verwickeln (***con, en*** mit, in); sich verstricken (***en*** in); sich *in einen Streit, außerehelich mit einer Frau* einlassen; **~ijo** *m umg* → ***enredo***; **~ista** *m(f) Am* → ***~ador***

enredo *m* Verwicklung *f*; Verwirrung *f*; Wirrwarr *m*; Schikane *f*; *übertr* Umgarnung *f*; *übertr* Patsche *f umg*; Techtelmechtel *n umg*; **~s** *Pl* Kram *m*, Sachen *f/Pl*, Zeug *n*, Plunder *m umg*

enrevesado verzwickt *umg*, -worren; *Kind* ungezogen

enriquec|er ⟨-c/zc-⟩ **I** *tr* reich machen; bereichern *auch übertr*; CHEM anreichern; *Kenntnisse* erweitern **II** *intr* reich werden; **~erse** → ***~er II***; sich bereichern; **~ido I** *Adj* reich geworden **II** *m* Neureicher *m*; **~imiento** *m* Bereicherung *f*; CHEM Anreicherung *f*

enrojec|er(se) ⟨-c/zc-⟩ *intr* erröten, rot werden; **~ido** *vor Scham od Zorn* rot (im Gesicht); rot glühend

enrolar *tr Personen zum Dienst*, *auch* MIL erfassen, mustern; MAR in die Musterrolle eintragen; **~se** MAR anheuern (***en*** auf, bei); sich anwerben lassen

enrollar *tr* (ein-, auf)rollen; zusammenrollen

enronquec|er(se) ⟨-c/zc-⟩ *intr* heiser werden; **~imiento** *m* Heiserkeit *f*

enrostrar *tr Am jmdm etw* vorwerfen

enrudec|er(se) ⟨-c/zc-⟩ *intr* verrohen; **~imiento** *m* Verrohung *f*; Abstumpfung *f*

ensac|ado *m* Einsacken *n*; **~ar** ⟨-c/qu-⟩ *tr* einsacken, in Säcke füllen

ensalada *f* KOCHK *u übertr* Salat *m*; Mischmasch *m*; **~ *de lechuga*** grüner Salat *m*; *Am* **~ *de papas***, *Esp* **~ *de patatas*** Kartoffelsalat *m* ◇ ***armar** od **hacer una ~*** ein heilloses Durcheinander anrichten

ensaladilla *f* Kartoffel- *od* Gemüsesalat *m* mit Majonäse; Kleinkram *m*

ensalz|amiento *m* Verherrlichung *f*; **~ar** ⟨-z/c-⟩ *tr* rühmen; verherrlichen

ensambl|ador *m* **I** *Adj* Montage- **II** *m* Monteur *m*; INFORM Assembler *m*; **~adura** *f*, **~aje** *m* TECH Verbindung *f*; Verzapfung *f*; Zusammenbau *m*, Montage *f*; **~ar** *tr* verbinden; zusammenbauen, -fügen, -setzen, montieren

ensanch|amiento *m* Ausdehnung *f*; Verbreiterung *f*, Ausweitung *f*; **~ar** *tr* erweitern *auch übertr*; ausdehnen; verbreitern; **~arse** weiter *od* größer werden; sich ausdehnen; *übertr* sich breit machen; den großen Mann markieren *umg*; **~e** *m* → ***~amiento***; Stadtrand *m*, Außenbezirk *m*

ensangrent|ado blutüberströmt; blutverschmiert; blutrünstig; **~ar** ⟨-ie-⟩ *tr* mit Blut beflecken

ensañ|amiento *m* Erbitterung *f*; verbissene Wut *f*; **~ar** *tr jmdn* in Rage bringen; ***~se con** od **en alg*** seine Wut an jmdm auslassen

ensartar *tr Perlen auf eine Schnur* (auf)reihen

ensay|ar I *tr* (aus)probieren; TECH erproben; prüfen, testen **II** *tr/intr* proben, üben *auch* MUS, THEAT; MUS, THEAT eine Probe abhalten; **~ista** *m(f)* Essayist(in) *m(f)*

ensayo *m* Versuch *m*; Probe *f auch* MUS, THEAT; Test *m*; Erprobung *f*; LIT Essay *m,n*, Abhandlung *f*; ~ ***en gran escala*** Großversuch *m*; ~ ***general*** MUS, THEAT *u übertr* Generalprobe *f*; ~ ***nuclear*** Kernwaffen- *bzw* Nukleartest *m*

enseguida gleich, sofort

ensenada *f* MAR Bucht *f*

enseña *f* Banner *n*, Fahne *f*; Emblem *n*

enseñado: ***bien*** (***mal***) ~ gut (schlecht) erzogen

enseñanza *f* Lehre *f auch übertr*; Ausbildung *f*; Unterricht *m*; Ausbildungs- *od* Unterrichtswesen *n*; ~ ***de adultos*** Erwachsenenbildung *f*; ~ ***por correspondencia*** Fernunterricht *m*; ~ ***elemental*** (***especial***) Grund-(Sonder)schulwesen *n*; ♀ ***General Básica*** *Esp* Gesamt- und Hauptschule *f als Bildungsgang vom 6.-12. Lebensjahr*; ~ ***obligatoria*** Schulpflicht *f*; ~ ***primaria*** *od* ***primera*** ~ Grundschule *f als Bildungsgang*; ~ ***profesional*** Berufsschulwesen *n*; ~ ***pública*** Ausbildungs-, Unterrichtswesen *n*; ♀ ***Secundaria*** *od* ***Obligatoria*** ~ höheres Schulwesen *n*; höhere Schule *f als Bildungsgang vom 13.-16. Lebensjahr*; ~ ***superior*** *od* ***universitaria*** Hochschulwesen *n*; Hochschul-, Universitätsausbildung *f*; ~ ***técnica*** Fachschulwesen *n*; Fachschulunterricht *m*

enseñar **I** *tr jmdm etw* zeigen; vorzeigen; *jmdn etw* lehren, *jmdm etw* beibringen **II** *intr* unterrichten, Unterricht geben

enseñorearse: ~ ***de u/c*** sich einer Sache bemächtigen, sich etw aneignen

enseres *m/Pl* Geräte *n/Pl*; Gerät(schaften *Pl*) *n*; Einrichtungsgegenstände *m/Pl*; *allg* Sachen *f/Pl*; ~ ***de casa***, ~ ***domésticos*** Hausrat *m*, Hausgerät *n alt*

ensil|ado *m*, **~aje** *m* Silierung *f*; Silage *f*; **~ar** *tr* (ein)silieren; *Getreide* im Silo lagern

ensillar *tr* satteln

ensimism|ado in sich gekehrt; kontaktarm, menschenscheu; nachdenklich; **~arse** sich absondern, *übertr* sich verkriechen *umg*; grübeln

ensoberbecido hochmütig; von sich eingenommen

ensobrar *tr* in einen (Brief-)Umschlag stecken, kuvertieren

ensombrec|er ⟨-c/zc-⟩ **I** *tr übertr* überschatten, verdüstern; *übertr* in den Schatten stellen **II** *intr* dunkler werden, nachdunkeln; **~erse** trübsinnig *od* traurig werden; **~ido** dunkel; *übertr* düster

ensop|ado *Arg*, *Cu*, *Hond*, *PR*, *Ven* klatschnass, nass bis auf die Haut; **~arse** *Arg*, *Cu*, *Hond*, *PR*, *Ven* bis auf die Haut nass werden

ensordec|edor ohrenbetäubend; **~er** ⟨-c/zc-⟩ **I** *tr* taub machen; *Geräusch* dämpfen **II** *intr u* **~erse** taub werden, ertauben, das Gehör verlieren

ensortij|ado *Haar* lockig *od* kraus

ensuci|ado schmutzig; **~amiento** *m* Beschmutzen *n*; *Umwelt* Verschmutzung *f*, Verunreinigung *f*; **~ar** *tr* beschmutzen *auch übertr*; **~arse** sich schmutzig machen

ensueño *m* Traum *m auch übertr*; Täuschung *f*, Wahn *m*; **~s** *Pl* Traumbilder *n/Pl*; Wahngebilde *n/Pl*; ***de*** ~ traumhaft (schön)

entabl|ación *f*, **~ado** *m* Täfelung *f*; Bretterboden *m*; BAUW Gerüst *n*; **~ar** *tr* dielen; täfeln; *Gespräch*, *Verhandlungen*, *Beziehungen* aufnehmen; *Klage*, *Verfahren* anstrengen, einleiten; *Frage* anschneiden; *Diskussion* eröffnen *od* entfachen; *Schachfiguren usw* aufstellen; → **~illar**; **~e** *m* → **~ación**; Aufstellung *f bzw* Stellung *f der Figuren beim Brettspiel*; *Col* Geschäft *n*, Unternehmen *n*; **~illar** *tr* MED *Fraktur* schienen

entallado tailliert, auf Taille gearbeitet; *Kleidung* gut sitzend

entallar[1] **I** *tr Kleidung* auf Taille arbeiten **II** *intr Kleidung* eng *od* in der Taille anliegen; *Kleidung* sitzen *od* passen

entallar[2] *tr* (ein)kerben, einen Einschnitt machen

entapizar ⟨-z/c-⟩ *tr* mit Teppichen auslegen; *Wand* mit Teppichen behängen

entarimado *m* Täfelung *f*; Parkett(boden *m*) *n*; Podium *n*

ente *m* Wesen *n*; Amt *n*, Behörde *f*, *staatliche* Stelle *f*; Körperschaft *f*; ~ ***público*** öffentliche Einrichtung *f*

entendederas *f/Pl* Grips *m*, scharfer Verstand *m* ◇ ***ser corto de*** ~, ***tener malas*** ~ schwer von Begriff sein, eine lange Leitung haben

entender ⟨-ie-⟩ **I** *tr/intr* verstehen; begreifen, kapieren *umg*; hören; einsehen; *Fremdsprache* können; meinen, glauben, annehmen; *Schrift* lesen *od* entziffern können; ~ (***el***) ***alemán*** Deutsch verstehen *od* können; ~ ***mal*** schlecht verstehen; *jmdn* schlecht hören; missverstehen; ***entiendo por ello que ...*** ich meine damit *od* ich verstehe darunter, dass ...; ***a mí*** ~ *od* ***por lo que yo entiendo*** soweit ich weiß, meiner Meinung nach; ***como*** ~, ***entiendo*** *od* ***por lo que es*** ~, ***entiendo***(, ***pero***) verstehen tue ich es schon(, aber); ***eso se entiende*** (***por sí mismo***) das versteht sich (von selbst); ***no lo entiendo así*** ich bin anderer Meinung; so meine ich das nicht; ***no*** ~ ***nada*** nicht klug werden aus etw *umg*; ***¿qué entiende Vd. por eso?*** was verstehen Sie darunter?, was meinen Sie damit? (***yo***)

te entiendo ich kann dich (gut) verstehen; ich höre dich (gut); ich weiß, worauf du hinauswillst; ***dar a ~*** zu verstehen geben, verlauten lassen; ***hacerse ~*** sich verständlich machen **II** *intr* **~ (*mucho*) *de u/c*** viel von etw verstehen, ein guter Kenner von etw sein; **~ *en u/c*** sich auf etw verstehen; **~se** sich verstehen *auch Preise u übertr*; auskommen, sich vertragen; sich verständigen (***acera de, sobre*** über); *umg* ein sexuelles *od* (Liebes-)Verhältnis *mit jmdm* haben; ***¡cómo se entiende!*** *empört* was soll das heißen?; ***eso no se entiende conmigo*** das geht mich nichts an; ***¡yo me entiendo!*** ich weiß schon Bescheid; ich weiß (genau), was ich will *od* sage *od* tue; ich habe meine Gründe

entendido I *Adj* (sach)verständig; sachkundig, erfahren; beschlagen *umg*; gescheit; ***¿~?*** verstanden?; ***¡~(s)!*** einverstanden!, gut!; ***bien ~ que ...*** *od* ***queda ~ que ...*** es ist selbstverständlich *od* es versteht sich von selbst, dass ... ◇ **(*no*) *darse por ~*** sich einverstanden erklären (sich dumm stellen); ***eso lo doy por ~*** das halte ich für selbstverständlich **II** *Part von* → ***entender***; ***tengo ~ que ...*** ich habe gehört *od* man hat mir gesagt, dass ...; ***según tengo ~*** soviel ich weiß **III** *m*, **-a** *f* Sachverständige(r) *f(m)*, Fachmann *m*, -frau *f*; Kenner(in) *m(f)*

entendimiento *m* Verstand *m*; Verständnis *n*; Verständigung *f auch* POL; Vereinbarung *f*; ***buen ~*** Eintracht *f*, gutes Einvernehmen *n*; ***grueso de ~*** begriffsstutzig, schwer von Begriff

enterado erfahren, gewandt ◇ ***no darse por ~*** angeblich *etw* nicht wissen, sich unwissend *od* dumm stellen; ***estar ~*** auf dem Laufenden *od* im Bilde sein (***de*** über); Bescheid wissen (***de*** über, in)

enteramente (voll und) ganz; einzig und allein; gänzlich; vollständig; ingesamt

enterar *tr jmdn* benachrichtigen, unterrichten, in Kenntnis setzen; *Arg, Chi Geldbetrag* ergänzen, voll machen; *AmC, Chi, Col, Méx, Pe Geldbetrag* einzahlen; **~se *de u/c*** von etw Kenntnis erhalten, etw erfahren, über etw informiert *od* benachrichtigt werden; sich über etw Kenntnis verschaffen; ***¡para que te enteres!*** damit du (das) endlich kapierst!; ***¿se entera Vd.?*** *Am* verstehen Sie?

entereza *f* Vollständigkeit *f*; Vollkommenheit *f*; Rechtschaffenheit *f*; Integrität *f*; (Charakter-)Festigkeit *f*, Standhaftigkeit *f*; Unbescholtenheit *f*; **~ *de ánimo*** Geistesgegenwart *f*; ***con ~*** fest, beharrlich

enteritis *f* MED Enteritis *f*

enternecido *übertr* gerührt; zärtlich

entero I *Adj* ganz *auch Zahl*, gesamt; völlig; vollständig; vollzählig; ungeteilt, in einem Stück; *Summe* voll; rechtschaffen; integer; standhaft; unversehrt, heil; charakterfest **II** *m* ganze Zahl *f*, Ganzes *n*; **~ *postal*** postalische Ganzsache *f*

enterr|amiento *m* → ***entierro***; **~ar** ⟨-ie-⟩ *tr* begraben *auch übertr Hoffnungen, Feindschaft*, beerdigen, beisetzen, bestatten; vergraben

entibar *tr* BAUW, BERGB abstützen, verzimmern

entibiar *tr Wasser u übertr Leidenschaften* abkühlen

entidad *f* Körperschaft *f*, Vereinigung *f*; Firma *f*; Einrichtung *f Institution*; **~ *asociativa*** genossenschaftliche Vereinigung *f*; **~*es estatales autónomas*** öffentliche Körperschaften *f/Pl*

entierro *m* Begräbnis *n*, Beerdigung *f*, Beisetzung *f*, Bestattung *f*

entintar *tr* mit Tinte beschmieren; TYP einfärben, Farbe auftragen; *übertr* abfärben (***a*** auf)

entomología *f* Entomologie *f*, Insektenkunde *f*

enton|ación *f* MUS, PHON Intonation *f*; *Sprache* Tonfall *m*; MUS Anstimmen *n*, Intonieren *n*; Anmaßung *f*, Dünkel *m*; **~ado** *übertr* anmaßend, dünkelhaft; **~ar** *tr/intr* MUS, PHON intonieren; MUS anstimmen; den Ton halten; den Ton angeben; harmonieren (***con*** mit); **~arse** *übertr* sich aufblasen *od* aufblähen *umg*

entonces I *Adv* damals; dann; *Floskel* also, nun; in diesem Falle, unter solchen Umständen; ***de ~*** damalig; ***desde ~*** seitdem, von da an *od* ab, seit jener Zeit; ***en*** *od* ***por aquel ~*** zur damaligen Zeit, in *od* zu jener Zeit, damals; ***hasta ~*** bis dahin **II** *Adj* ⟨*unv*⟩ *bes vor Funktionsbezeichnungen* damalig (***el ~ Presidente de la República***)

entonelar *tr* in Tonnen schütten; auf *od* in Fässer füllen

entono *m* Dünkel *m*, Stolz *m*; → ***entonación***

entontec|edor Verdummungs-; **~er** ⟨-c/zc-⟩ **I** *tr jmdn* verdummen **II** *intr u* **~erse** verblöden *vulg*

entorn|ado *Tür, Augen* halb offen; **~ar** *tr Tür, Augen* halb öffnen; *Tür, Fenster* anlehnen; **~o** *m* Umgebung *f*; (natürliche *od* soziale) Umwelt *f*; Umfeld *n*

entorpec|er ⟨-c/zc-⟩ *tr* behindern, erschweren; *Angelegenheit* verschleppen; *Sinne* trüben; **~erse** *übertr* abstumpfen; **~imiento** *m* Behinderung *f*, Erschwerung *f*; *übertr*

Verschleppen *n*; *übertr* Abstumpfung *f*; *übertr* Trübung *f*

entrada *f* Eintritt *m auch Gebühr für Veranstaltung*, Eintreten *n*; Einlass *m*; (Eintritts-)Karte *f*; Ein-, Zugang *m Öffnung, Weg*; Einstieg *m als Handlung u Ort*; Auf-, Ein-, Zufahrt *f*; Zutritt *m*; Zufuhr *f*; *Schiff* Einlaufen *n*; MIL Einmarsch *m*; Einreise *f*; Beitritt *m*; HDL Aufnahme *f eines Partners*; FILM, THEAT Zuschauer-, Besucher(zahl *f*) *m*/*Pl*; *bes Jahr, Saison* Beginn *m*; Vorspeise *f*; FIN, HDL, POST Eingang *m*; FIN, HDL Buchung *f*, Eintragung *f*; FIN, HDL, POST Eingangsdatum *n*; FIN, HDL Einnahme *f*; Anzahlung *f*, erste Rate *f*; INFORM Eingabe *f*; **~s** *Pl* Zugänge *m*/*Pl von Patienten im Krankenhaus*; **~ de agua** Wassereinbruch *m*; **~ a** *od* **de la autopista** Autobahnauffahrt *f*; **~ delantera** (**trasera**) Vorder-(Hinter)eingang *m*; **~ en funciones** Amtsübernahme *f*; **~ gratuita** *als Aufschrift* Eintritt frei!; THEAT Freikarte *f*; **~ libre** *als Aufschrift* Ein- *od* Zutritt frei!; HDL freie Einfuhr *f*; **~ prohibida** *als Aufschrift* Ein- *od* Zutritt verboten!; **~s y salidas** HDL Ein- und Ausgänge *m*/*Pl*; FIN Einnahmen *f*/*Pl* und Ausgaben *f*/*Pl*; **~ en vigor** Inkrafttreten *n*; **de ~** zunächst, vorläufig; von vornherein; als Erstes; Anfangs-; **de primera ~** im ersten Anlauf, auf Anhieb ◇ **dar ~ a alg** jmdn *als Mitglied* aufnehmen; **no hay ~** *od* **se prohíbe la ~** → **~ prohibida**; **tener ~ con alg** (jederzeit) Zutritt haben bei jmdm

entrador *AmS* waghalsig, tollkühn

entramado *m* ARCH Fachwerk *n*; *übertr* Verflechtung *f*; **~ del tejado** Dachstuhl *m*

entramb|os *m* (**~as** *f*) *Adv* zu zweit, (alle) beide, (beide) zusammen *od* gemeinsam

entramp|ado verschuldet; **~arse** *umg* sich in Schulden stürzen; *übertr* in etw hineinschlittern

entrante I *Adj* kommend, nächste(r, -s) **II** *m* Vorspeise *f*

entrañ|able *Freundschaft, Liebe* herzlich, innig, tief; **~ar** *tr übertr* mit sich bringen, in sich bergen; *übertr* umfassen, um-, einschließen

entrañas *f*/*Pl* Eingeweide *n od n*/*Pl*; *übertr* Inner(st)es *n*; **de buenas** (**malas**) **~**, (**sin ~**) herzensgut (herzlos) ◇ **echar las ~** alles herausbringen *sich stark erbrechen*; **sacarle las ~ a alg** *übertr* jmdm das Herz aus dem Leibe reißen; *umg übertr* jmdn bis aufs Hemd ausziehen; **no tener ~** *übertr* kein Herz haben

entrar I *intr* (*präpositionale Ergänzung durch* **a** *od* **en**) eintreten; hinein-(*bzw* rein- *umg*)gehen *bzw* -laufen; (he)reinkommen; (*präpositionale Ergänzung durch* **en**) hinein-(*bzw* rein- *umg*)fahren; einsteigen; einreisen; *örtlich u übertr in Leidenschaft* geraten; EISENB, BERGB einfahren; einmarschieren; eindringen; *Schiff* einlaufen; *übertr* hinein-(*bzw* rein- *umg*)gehen, (-)passen; beitreten, aufgenommen werden; EL *Strom, Geld, Postsendung* eingehen; *Beziehungen* aufnehmen; INFORM sich *ins Internet* einwählen *od* einloggen; **~ por alto** *Waren* eingeschmuggelt werden; **¡entre!** herein!; **eso no me entra** (**en la cabeza**) das will mir nicht in den Kopf; **los zapatos me entran bien** (**no me entran**) die Schuhe passen mir gut (passen mir nicht); **~ y salir** kommen und gehen **II** *tr* buchen, eintragen; TYP *Zeile* einziehen; INFORM *Daten* eingeben

entre zwischen (**~ las hojas del libro**); unter (**~ las víctimas hubo muchos niños**); von … bis, zwischen (**~ el 2 y el 8 de mayo**); bei (**es costumbre ~ muchos españoles dormir la siesta**); zu (**lo contaron ~ sus amigos**); *Esp reg u Am reg umg örtlich u zeitlich* in *bzw* innerhalb (**está ~ el baúl**; **~ un mes iré a verte**); **~** *Adj* **y** *Adj* halb … halb (**~ agradecido y quejoso**); teils … teils (**~ difícil y costoso**); **~ cuatro, ~ cinco** *usw* zu viert, zu fünft *usw*; **~ dulce y agrio** süßsauer; **~ ellos** unter ihnen; untereinander; **~ nosotros**, *umg* **~ nos** unter uns; bei uns; wir beide (zusammen); **~ otros, ~ otras** (**cosas**) unter anderem; **~** *Subst* **y** *Subst* sowohl … als auch; beide zusammen (**~ el padre y el hijo me lo han robado todo**); **~ tú y yo** wir beide (zusammen); zwischen uns beiden

entre|abierto *Tür, Knospe* halb offen; **~abrir** *tr* halb *od* ein wenig öffnen *od* aufmachen; **~acto** *m* THEAT Pause *f*

entrecejo *m* Stirnrunzeln *n* ◇ (**mirar**) **con ~** stirnrunzelnd, mürrisch (ansehen)

entre|comar *tr* zwischen Kommas setzen; **~comillar** *tr* in *od* zwischen Anführungszeichen setzen; **~cortado** *Stimme, Worte* stockend, abgehackt

entredicho *m*: **poner en ~** zweifeln, Zweifel hegen (*dir Obj* an); **quedar en ~** in Zweifel gezogen werden

entrega *f* Übergabe *f auch* MIL; Aushändigung *f*; Überreichung *f*; Einreichung *f*, Abgabe *f*; (An-)Lieferung *f*; Auslieferung *f auch* JUR; Herausgabe *f*; Ablieferung *f*; Zustellung *f*; Abtretung *f*; Einsatzbereitschaft *f*, -freudigkeit *f*, Hingabe *f*; *Produktion* Ausstoß *m*, Leistung *f*; FILM, TV, ZTGSW Folge *f einer Serie*; **~ a** (**según**) **demanda** Lieferung *f* auf Abruf (Lieferung *f* wie gewünscht); **~ a** (**franco**) **domicilio** Lie-

E

ferung *f od* Zustellung *f* ins Haus (Lieferung *f* frei Haus); **~ *desde la fábrica*, ~ *en fábrica*** Lieferung *f* ab Werk; **~ *inmediata*** sofortige Zustellung *f*; sofort lieferbar; **~ *llave en mano*** schlüsselfertige Übergabe *f*; **~ *parcial*** Teillieferung *f*; ***a la ~ de …*** bei Empfang von …; ***contra ~*** gegen Aushändigung ◇ ***hacer ~ de u/c*** etw überreichen; etw abgeben, -liefern, zustellen

E

entregable lieferbar
entregada: **~, *derechos pagados*** HDL geliefert verzollt, *Abk* DDP
entregar ⟨-g/gu-⟩ *tr* übergeben *auch* MIL; aushändigen; überreichen; *Dokument* ausstellen; einreichen, abgeben; (an)liefern; *Waren, Bücher u* JUR ausliefern; überbringen; einzahlen; *etw* herausgeben; abliefern; zustellen; *jmdm etw* überlassen; *etw* abtreten; *Position* aufgeben; verabfolgen; **~se** MIL sich ergeben; sich ganz widmen (***a*** Dat); *einem Laster* verfallen (***a*** Dat); *Verbrecher* sich stellen; *Frau* sich hingeben
entregu|ismo *m* Auslieferungspolitik *f*; POL Nachgiebigkeit *f*; **~ista I** *Adj* POL weich, nachgiebig, allzu kompromissbereit **II** *m* Politiker *m* der weichen Linie
entrelaz|amiento *m* Verflechtung *f auch übertr*; **~ar** ⟨-z/c-⟩ *tr* verflechten *auch übertr*; TYP *Durchschuss* verschränken; **~arse** *übertr* ineinander greifen; *übertr* eng (miteinander) verbunden *od* verflochten sein
entre|leer ⟨→ ***leer***⟩ *tr etw* zwischen den Zeilen lesen; **~líneas** → ***entre líneas***, → ***línea***; **~medio** *m Am* Zwischenzeit *f*; Zwischenraum *m*; **~més** *m* (***entremeses*** *Pl*) Zwischengericht(e *Pl*) *n*; Vorspeise(n *Pl*) *f*; **~meterse** sich einmischen; **~metido** aufzudringlich
entrenador *m*, **~a** *f* SPORT Trainer(in) *m*(*f*), Coach *m*
entrenamiento *m* Training *n*; Ausbildung *f*, Schulung *f*; Drill *m*; **~ *de autosugestión*** autogenes Training *n*
entrenar *tr/intr* trainieren; üben; ausbilden; **~se** trainieren, sich üben
entre|oír ⟨→ ***oír***⟩ *tr* undeutlich hören; munkeln hören *umg*; **~planta** *f* Zwischengeschoss *n*, -stock *m*; **~rrenglonar** *tr/intr* zwischen die Zeilen *eines Textes* schreiben; **~sacar** ⟨-c/qu-⟩ *etw aus etw* (her)aussuchen *od* entnehmen; **~sijos** *m/Pl* Geflecht *n auch übertr*; **~suelo** *m* Hochparterre *n*; **~tanto** unterdessen, inzwischen
entreten|er ⟨→ ***tener***⟩ *tr* aufhalten; *jmdn* hinhalten *od* vertrösten; *etw* hinauszögern; ablenken, zerstreuen; unterhalten, belustigen; *Geräte, Maschinen* warten; *Frau* aushalten; **~erse** sich die Zeit vertreiben (***con, en*** mit); sich unterhalten *od* vergnügen; sich ablenken lassen; sich aufhalten lassen, aufgehalten werden; **~ido** unterhaltsam; langwierig; **~imiento** *m* Unterhaltung *f*; Zeitvertreib *m*; Unterhalt *m*; Verzögerung *f*, Hinhalten *n*; Wartung *f*
entre|tiempo *m* Übergangszeit *f d.h. Frühjahr od Herbst*
entrever ⟨→ ***ver***⟩ *tr* undeutlich sehen; ahnen; *Absichten* durchschauen; ***dejar*** *od* ***hacer ~*** *übertr etw* durchblicken lassen
entrever|arse *Arg* in Unordnung geraten; **~o** *m Arg, Chi* Unordnung *f*
entrevista *f* Interview *n* (***a, con*** mit); Treffen *n*, Begegnung *f*; Besprechung *f*, Unterredung *f*, Gespräch *n*; (Gesprächs-)Termin *m*; **~ *personal*** (**~ *de trabajo***) Bewerbungs-, Vorstellungs-(Einstellungs)gespräch *n* ◇ ***conceder una ~*** ein Interview geben; ***concertar una ~*** einen Termin vereinbaren; ***hacer una ~ a alg, tener una ~ con alg*** jmdn interviewen; ***sostener una ~*** ein Gespräch führen
entrevist|ado *m* Gesprächs- *bzw* Interviewpartner *m*; *Umfrage* befragte Person *f*; **~ador** *m* Interviewer *m*; **~ar** *tr* interviewen; befragen; **~arse** *zum Gespräch* sich treffen; konferieren, Gespräche führen; **~ *con alg*** sich mit jmdm besprechen
entristec|er ⟨-c/zc-⟩ *tr* traurig machen; **~erse** traurig werden (***con, de, por*** wegen)
entromet|erse, **~ido** → ***entremeterse***, ***entremetido***
entuerto *m* Unrecht *n*; Beleidigung *f*
entumec|erse ⟨-c/zc-⟩ *Glied* starr werden; *Glied* taub werden, einschlafen; **~ido** *Glied* starr, steif; *Glied* taub
enturbiar(se) *tr Flüssigkeit u übertr* (sich) trüben
enturcado *Nic* knifflig
entusi|asmar *tr* begeistern; entzücken; **~asmarse** schwärmen *od* sich begeistern (***por*** für); **~asmo** *m* Begeisterung *f*, Enthusiasmus *m*; **~asta I** *Adj nur auf Personen bezogen* begeistert, enthusiastisch **II** *m* begeisterter Anhänger *m*, Enthusiast *m*; **~ástico** *Handlungen* begeistert, enthusiastisch
enumeración *f* Aufzählung *f auch* GRAMM; **~ *censal*** Volkszählung *f*
enumer|ador *m* Zähler *m für statistische Ermittlungen*; **~ar** *tr* aufzählen; HDL aufführen; *Statistik* zählen
enunci|ación *f* Äußerung *f*; Mitteilung *f*; **~ado** *m* (kurze) Darlegung *f*; Wortlaut *m*; LING Aussage *f*; **~ar** *tr* vorbringen, kurz

darlegen
envalentonar *tr jmdm* Mut machen
envalentonarse frech werden; sich (als Held) aufspielen; **~ *con alg*** sich mit jmdm anlegen, Streit anfangen
envanecer ⟨-c/zc-⟩ *tr* stolz machen; **~se** stolz sein *bzw* sich etw einbilden (***con, de, en, por*** auf)
envasar *tr bes Flüssigkeiten* ab-, einfüllen; in Behälter abpacken *bzw* einfüllen; *auf (Video-)Kassette* aufzeichnen
envase *m* Ab-, Einfüllen *n*; Verpackung *f*; Behälter *m*; Gefäß *n*; HDL (leere) Flasche *f bzw* leeres Glas *n*; **~*-calendario*** PHARM Kalenderpackung *f*; **~ *de cartón* (*plástico*)** Karton-(Kunststoff-, Plastik)verpackung *f*; **~ *de grandes dimensiones*** Großpackung *f*; **~ *original*** Originalverpackung *f*; **~ (*no*) *recuperable*** *od* ***retornable*** *od* ***reutilizable*** Mehrweg-(Einweg)behältnis *n bzw* -flasche *f bzw* -verpackung *f*; **~*s vacíos*** *od* ***de vuelta*** Leergut *n*
envejec|er ⟨-c/zc-⟩ **I** *tr* alt machen **II** *intr u* **~erse** alt werden; **~ido** gealtert; veraltet; **~imiento** *m* Altern *n*, Altwerden *n*; Überalterung *f*; TECH Alterung *f*
envenen|amiento *m* Vergiftung *f*; **~ar** *tr* vergiften *auch übertr*
envergadura *f* Spannweite *f*; Ausmaß *n*; *übertr* Umfang *m*; ***de gran* ~** sehr wichtig *od* bedeutend; von großer Tragweite
envés *m* Rück-, Kehrseite *f*
enviado *m* Abgesandter *m*, Sendbote *m*; **~ *especial*** Sonderberichterstatter *m*, -korrespondent *m*; POL Sonderbeauftragter *m*; **~ *extraordinario*** außerordentlicher Gesandter *m*
enviar ⟨-ío⟩ *tr* ab-, versenden, (ab)schicken; *Brief u.Ä.* aufgeben; entsenden; (über)senden; liefern; schicken; zuschicken, -senden; *Fax* senden; abordnen; **~ *por alg*** jmdn holen lassen, nach jmdm schicken; **~ *por algo*** etw holen lassen
envidia *f* Neid *m*, Missgunst *f*; **~ *profesional*** Brot-, Konkurrenzneid *m* ◇ ***tener* ~ *a alg*** jmdn beneiden (***de, por*** um)
envidiable beneidenswert
envidiar *tr*: **~ *algo a alg*** *od* ***a alg por u/c*** jmdn um etw beneiden; **~ *u/c*** auf etw neidisch sein; ***no se lo envidio*** *iron* ich gönne es ihm; ***no tener nada que* ~ *a …*** nicht nachstehen, nicht schlechter sein als …
envidioso I *Adj* neidisch, missgünstig **II** *m* Neider *m*
envilec|er ⟨-c/zc-⟩ *tr* herabwürdigen, erniedrigen; **~erse** *übertr* sich wegwerfen; *moralisch* verkommen; **~imiento** *m* Erniedrigung *f*; Verkommenheit *f*; *Preise* Verfall *m*, Rückgang *m*
envío *m* HDL, POST Sendung *f*; Ab-, Über-, Versendung *f*, Versand *m*; Lieferung *f*; Entsendung *f*; WISS Verweis *m*; **~ *colectivo*** (Post-)Wurfsendung *f*; **~ *por correo aéreo* (*contra reembolso*)** Luftpost-(Nachnahme)sendung *f*; **~ *parcial*** Teillieferung *f*; **~ *de regreso*** POST Rücksendung *f*; **~ *rehusado*** Annahme verweigert; **~ *suplementario*** Nachlieferung *f*; **~ *con valor declarado*** Wertsendung *f*; ***listo para el* ~** versandfertig
envite *m übertr* Angebot *n*, Einladung *f*; Stoß *m*; Sprung *m*; ***al primer* ~** von Anfang an
enviudar *intr* Witwe *bzw* Witwer werden
envol|tijo *m reg u Ven*, **~torio** *m* Bündel *n*; Packen *m*; (Um-)Verpackung *f*; **~tura** *f* Verpackung *f*; Umschlag *m*; Hülle *f auch* TECH *u übertr*; TECH Umhüllung *f*; **~ver** ⟨→ ***volver***⟩ *tr* einwickeln, -packen, -schlagen; *Kleinkind* wickeln, windeln; verhüllen *auch übertr*; *übertr* verdecken; verwickeln; verwirren; *übertr jmdn* hineinziehen (***en*** in); bedeuten, beinhalten; **~verse** sich einhüllen (***en, entre*** in); sich einlassen (***en*** in)
envuelt|a *f* Hülle *f*, Umhüllung *f auch* TECH; **~o** *Part von* → ***envolver***
enyes|ado *m* (Ein-)Gipsen *n*; Gipsverband *m*; **~ar** *tr* (ein)gipsen *auch* MED; aus-, vergipsen
enzarzar ⟨-z/c-⟩ *tr jmdn* in Schwierigkeiten bringen; *jmdn in Auseinandersetzungen* verwickeln; **~se** sich in Ungelegenheiten bringen; aneinander geraten, sich streiten
enzima *f* CHEM Enzym *n*
eñe *f Name des Buchstabens* **ñ, Ñ**
eólico Wind- (***energía eólica***)
epicentro *m* Epizentrum *n*; *übertr* Mittelpunkt *m*
épico episch, erzählend
epi|demia *f* Epidemie *f*, Seuche *f*; **~démico** epidemisch, Seuchen-; **~demiología** *f* Epidemiologie *f*; **~demiólogo** *m* Epidemiologe *m*; **~dérmico** Oberhaut-; äußerlich; *übertr* oberflächlich; **~dermis** *f* Epidermis *f*, Oberhaut *f*; **~diascopio** *m*, **~diáscopo** *m* Epidiaskop *n*, Bildwerfer *m*
epí|gono *m* Epigone *m*; Nachahmer *m*; **~grafe** *m* Inschrift *f*; Aufschrift *f*; Motto *n*, Leitgedanke *m*, -spruch *m*
epi|grama *m* Epigramm *n*, Sinn-, Spottgedicht *n*; **~lepsia** *f* Epilepsie *f*; **~léptico I** *Adj* epileptisch **II** *m* Epileptiker *m*
epílogo *m* Epilog *m*, Nachwort *n*; *übertr* Nachspiel *n*
episcop|ado *m* Episkopat *n,m*; **~al** bischöflich, Bischofs-; **~io** *m* Episkop *n*, Bildwerfer *m*
epis|ódico episodisch; vorübergehend, ge-

E

legentlich; nebensächlich; **~odio** *m* Episode *f auch übertr*; *Fernsehserie* Folge *f*, Teil *m*

epí|stola *f* Epistel *f*; **~teto** *m* GRAMM, *Stil* Beiwort *n*, Epitheton *n*

e.p.m. *od* **EPM** *Abk für en propia mano*, → ***mano***

E

época *f* Epoche *f*, Zeitabschnitt *m*, -raum *m*; Zeit(alter *n*) *f*; **~ *actual*** (***lluviosa***; ***moderna***) Jetzt-(Regen-; Neu)zeit *f*; **~ *de bonanza*** Konjunkturperiode *f*; **~ *de calmas*** HDL Flaute *f*; **~ *de transición*** Übergangszeit *f*; **~ *vacacional*** Urlaubszeit *f*; ***en aquella*** **~** damals, zur damaligen Zeit; ***en la*** **~ *contemporánea*** (***reciente***) zum gegenwärtigen Zeitpunkt (in jüngster Zeit) ◇ ***que hace*** **~** epochal, Epoche machend; Aufsehen erregend

epopeya *f*, **epos** *m* Epos *n*

equidad *f* Gleichmut *m*; Mäßigung *f*; Gerechtigkeit *f*; Verhältnismäßigkeit *f*; ***con*** **~** verhältnismäßig

equilibr|ado I *Adj* ausgeglichen *auch Konto* **II** *m* Ausgleichen *n*; **~ar** *tr* ausgleichen *auch Konto*; ausbalancieren, ins Gleichgewicht bringen *auch übertr*; *Waage* tarieren; FLUGW, MAR trimmen

equilibrio *m* Gleichgewicht *n auch übertr*, Balance *f*; Ausgewogenheit *f*; Ausgleich *m*; Ausgeglichenheit *f*; **~s** *Pl* Ausgleichsversuche *m*/*Pl*; *verächtl übertr* Seiltänzerkunststücke *n*/*Pl*; **~ *ecológico*** (***económico***) ökologisches (wirtschaftliches) Gleichgewicht *n*; **~ *de fuerzas*** POL Gleichgewicht *n* der Kräfte ◇ ***guardar*** (***perder***) ***el*** **~** das Gleichgewicht behalten (aus dem Gleichgewicht kommen) *auch übertr*; ***sacar del*** **~** aus dem Gleichgewicht bringen *auch übertr*

equilibrista *m*(*f*) Seiltänzer(in) *m*(*f*) *auch verächtl übertr*

equino Pferde-

equinoccio *m* Tagundnachtgleiche *f*

equipaje *m* Gepäck *n*; MIL Ausrüstung *f*; **~ *de mano*** Handgepäck *n* ◇ ***chequear*** *od* ***facturar el*** **~** FLUGW (das Gepäck) einchecken

equipamiento *m* (technische) Ausrüstung *f*, -stattung *f*; **~ *base*** KFZ *u* TECH *allg* Grundausstattung *f*; **~ *de serie*** TECH Serienausstattung *f*

equipar *tr* ausrüsten, -statten, versehen (***con, de*** mit); **~ *posteriormente*** *z.B. Computer* nachrüsten; **~able** vergleichbar; **~ación** *f* Angleichung *f*; Gleichstellung *f*; **~ar** *tr* vergleichen (***a, con*** mit), gegeneinander halten; angleichen; gleichsetzen, -stellen (***a*** mit)

equipo *m* Ausrüstung *f*, -stattung *f*; Gerät *n*, Apparat *m*; TECH Ein-, Vorrichtung *f*; TECH Anlage *f*; *allg u* SPORT Mannschaft *f*; Gruppe *f*; Team *n*; Schicht *f* (*d.h. zur gleichen Tageszeit arbeitender Teil der Belegschaft*); **~ *de alta fidelidad***, **~ *de audio***, **~ *estério***, **~ *de sonido*** Hi-Fi-Anlage *f*, Stereoanlage *f*; **~ *amplificador*** EL Verstärkeranlage *f*; **~*-base*** (***especial***) Grund-(Sonder)ausstattung *f*; **~ *de colaboradores*** Mitarbeiterstamm *m*; **~ *de dirección***, **~ *dirigente*** POL Führungsmannschaft *f*; **~ *estático*** stationäre Anlage *f*; **~ *facultativo*** *od* ***médico*** Ärzteteam *n*; **~ *informático*** Computerausrüstung *f*; **~ *de investigación*** Forschungsteam *n*; **~ *de la limpieza*** Putzkolonne *f umg*; **~ *de norma***, **~ *standard*** Standardausrüstung *f*; **~ *periférico*** INFORM Peripherie(gerät *n*) *f*; **~*s pesados*** schwere Technik *f*, schweres Gerät *n*; **~ *protector*** TECH Schutzvorrichtung *f*; **~ *de radio*** Funkanlage *f*; Funkgerät *n*; **~ *de rescate*** Rettungs-, Bergungsmannschaft *f*; **~ *rodante*** Fuhr-, Wagenpark *m*; **~ *de salida*** INFORM Ausgabegerät *n*; **~*s sanitarios*** Sanitäranlagen *f*/*Pl*; **~ *de señalización*** Meldeanlage *f*; ***en*** **~** gemeinsam, alle zusammen

equis I *Adj* x-beliebig **II** *f Name des Buchstaben* ***x, X***

equitación *f* Reiten *n*; Reitsport *m*

equi|tativo gerecht; ausgewogen; recht und billig; **~valencia** *f* Äquivalenz *f*, Gleichwertigkeit *f*; Entsprechung *f*

equivalente I *Adj* gleichwertig (***a*** mit *od* Dat); äquivalent; entsprechend (***a*** Dat); GEOM, MATH gleich **II** *m* Gegenwert *m*; Äquivalent *n*; Entsprechung *f*; Gegenstück *n*; Ersatz *m*; ***por el*** **~ *de*** zum *od* zu einem Gegenwert von

equivaler ⟨→ ***valer***⟩ *intr* gleichwertig sein (***a*** mit *od* Dat), gleichkommen (***a*** Dat); ebenso viel bedeuten, auf das Gleiche hinauslaufen (***a*** wie); äquivalent sein, *wertmäßig* entsprechen (***a*** *Dat*)

equivocación *f* Irrtum *m*; Verwechslung *f*; Versehen *n*; Missverständnis *n*; Täuschung *f*; ***por*** **~** → ***equivocadamente*** ◇ ***sufrir una*** **~** einem Irrtum verfallen, sich irren

equivocadamente irrtümlich(erweise); versehentlich, aus Versehen

equivocado falsch, irrig, unrichtig ◇ ***estar*** **~** (sich) irren; ***¡se ha*** **~ *Vd.*** (***de número***)***!*** TEL falsch verbunden!

equivocar ⟨-c/qu-⟩ *tr* verwechseln; verfehlen; missdeuten

equivocarse sich irren *od* täuschen (***de*** *od* ***en algo*** in etw); fehlgehen; sich verrechnen *auch übertr*; TEL sich verwählen; **~ *al escribir*** (***al hablar***; ***leyendo*** *od* ***al leer***) sich verschreiben *bzw* sich vertippen (sich ver-

sprechen; sich verlesen)
equívoco **I** *Adj* zweideutig *auch übertr Witz*; unklar; zwielichtig *verdächtig* **II** *m* Zweideutigkeit *f*; Doppelsinn *m*; *Esp umg u Am* → ***equivocación***
era[1] → ***ser***
era[2] *f* GEOL, GESCH Zeitalter *n*; GESCH, POL Ära *f*; Zeitraum *m*, -abschnitt *m*; Zeitrechnung *f*; **~ *atómica*** Atomzeitalter *n*; **~ *cristiana*** christliches Zeitalter *n*; **~ *industrial*** Industriezeitalter *n*; **~ *moderna*** Neuzeit *f*; **(*antes*) *de nuestra* ~** (vor) unserer Zeitrechnung
erario *m* Staatskasse *f*, Fiskus *m*; **~ *público*** öffentliche Gelder *n/Pl*
ere *f Name des Buchstabens* ***r, R***
erección *f* Errichtung *f*, Schaffung *f*, Gründung *f*; PHYSIOL Erektion *f*
eremita *m* → ***ermitaño***
eres → ***ser***
erg|ogénico *z.B. Pharmakon* leistungssteigernd; **~ómetro** *m* MED, TECH Ergometer *n*
ergon|omía *f* Ergonomie *f*, Ergonomik *f*; **~ómico** ergonomisch
erg|uido aufrecht; eingebildet; **~uir** ⟨*unreg*⟩ *tr Kopf*, *Hals* auf-, emporrichten; *Hals* (hervor)strecken; (er)heben; **~uirse** sich aufrichten; sich erheben; *übertr* sich aufblähen *od* aufblasen
erigir ⟨-g/j-⟩ *tr* errichten, -bauen; schaffen, gründen; aufrichten; aufstellen; umwandeln (***en*** in); **~se** errichtet werden; sich aufspielen (***en*** als); PHYSIOL erigieren
erisipela *f* MED (Gesichts- *bzw* Wund-)Rose *f*, Erysipel *n*
erizado *Haar* borstig; stachelig; *Haar*, *Stacheln* gesträubt; **~ *de*** starrend *od* strotzend von *od* vor, gespickt mit, voller *z.B. Schwierigkeiten*, *Hindernisse*
erizarse ⟨-z/c-⟩ *Haare* sich sträuben
erizo *m* Igel *m*; **~ *de mar*** Seeigel *m*
ermit|a *f* Wallfahrtskapelle *f*; Einsiedelei *f*; **~año** *m* Einsiedler *m auch übertr*, Eremit *m*
erog|ación *f* Verteilung *f von Gütern od Sachen*; (Geld-)Ausgabe *f zur Deckung von Unkosten*; *Pe*, *Ven* Spende *f*, Beitrag *m*; **~ar** ⟨-g/gu-⟩ *tr Geld* ausgeben; *Güter*, *Sachen* aus-, verteilen; *Méx* Ausgaben verursachen; *Unkosten* bestreiten; *Pe*, *Ven mit Geld* beitragen, spenden
erógeno MED erogen
eros|ión *f* GEOL Erosion *f*; Hautabschürfung *f*; **~ionar** *tr* erodieren, abtragen, auswaschen; *Haut* abschürfen; *übertr* durchlöchern, aushöhlen
erótico erotisch; Liebes-
erot|ismo *m* Erotik *f*; **~omanía** *f* Erotomanie *f*; **~ómano** *m* Erotomane *m*
erradamente fälschlich, irrtümlicherweise
erradic|ación *f* Ausrottung *f*, Beseitigung *f*; **~ar** ⟨-c/qu-⟩ *tr* entwurzeln, ausreißen; ausrotten, beseitigen
errado irrig, unrichtig ◇ ***andar*** *od* ***estar* ~** im Irrtum sein
err|ante umherirrend, -schweifend, -ziehend; **~ar** ⟨*Präs* ***yerro***⟩ **I** *intr* umherirren, -schweifen, -ziehen; (sich) irren; *Schlag usw* danebengehen **II** *tr Ziel* verfehlen *auch übertr*; *etw* falsch *od* nicht recht machen; **~ata** *f* Druck- *bzw* Tipp- *bzw* Rechtschreibfehler *m*
erre: **~ *que* ~** *umg* halsstarrig; immer wieder
errónе|amente fälschlich(erweise); **~o** irrig, falsch; fehlerhaft; irrtümlich; Fehl-; Miss-
error *m* Irrtum *m*; Fehler *m*; Versehen *n*; Fehl-, Missgriff *m*; Verfehlung *f*; *übertr* Verirrung *f*; **~ *de bulto*** *od* ***calibre*** grober Fehler *m bzw* Irrtum *m*; **~ *de cálculo*** Rechenfehler *f*; **~ *de diagnóstico*** Fehldiagnose *f*; **~ *fundamental*** Grundfehler *m*, -irrtum *m*; **~ *humano*** menschliches Versagen *n*; **~ *de imprenta*, ~ *tipográfico*** Druckfehler *m*; **~ *de lectura*** (***máquina***; ***ordenador***; ***programación***; ***sistema***; ***transmisión***) Ablese-(Tipp-; Computer-; INFORM Programmierungs-; System-; INFORM Übertragungs)fehler *m*; ***por* ~** irrtümlich, versehentlich; ***salvo* ~ *u omisión*** Irrtum vorbehalten; ohne Gewähr ◇ ***caer*** *od* ***dar*** *od* ***incurrir en un* ~** einem Irrtum verfallen; ***cometer un* ~** einen Fehler begehen *od* machen; ***se me ha deslizado un* ~** mir ist ein Fehler unterlaufen; ***estar en un* ~** im Irrtum sein; ***inducir a alg a* ~** jmdn irreführen, -leiten; ***padecer*** (***rectificar***) ***un* ~** sich irren, einem Irrtum unterliegen (einen Fehler *od* Irrtum wieder gutmachen)
eruct|ar *intr* aufstoßen, rülpsen *umg*; **~o** *m* Aufstoßen *n*, Rülpsen *n umg*; Rülpser *m umg*
erud|ición *f* Gelehrsamkeit *f*; **~ito** **I** *Adj* gelehrt **II** *m* Gelehrter *m*
erupción *f* (Vulkan-)Ausbruch *m auch übertr*, Eruption *f*; Hautausschlag *m* ◇ ***entrar en* ~** *Vulkan* ausbrechen
es → ***ser***
esa → ***ese***[2]
ESA *f* (*Abk für englisch* ***European Space Agency***; *spanisch* ***Agencia Europea del Espacio***) ESA *f*
esbelt|ez *f* Schlankheit, schlanker Wuchs *m*; **~o** schlank
esbirro *m* Scherge *m*
esboz|ar ⟨-z/c-⟩ *tr* entwerfen, skizzieren; *übertr* entwickeln, konzipieren; *Geste*, *Lä-*

cheln andeuten; **~o** *m* Entwurf *m*, Skizze *f*; Andeutung *f eines Lächelns*
escabech|ar *tr* KOCHK marinieren, einlegen; **~e** *m* Marinade *f*; marinierter Fisch *m*
escab|el *m* Schemel *m*, Hocker *m*; **~ino** *m* JUR Schöffe *m*, Beisitzer *m*
escabroso uneben *auch übertr*, rau, holprig; schwierig, heikel, knifflig *umg*; *übertr* schlüpfrig, anstößig
escabull|arse *Ant*, *Col*, *Ven*, **~irse** entwischen *umg*, -kommen
escafandra *f* RAUMF Raumanzug *m*, -kombination *f*; SPORT Taucheranzug *m*; Tauchgerät *n*
Escafusa *f* Schaffhausen *n*
escala *f* Leiter *f*; *übertr* Stufenleiter *f*; Rangordnung *f*; Reihenfolge *f*; Maßstab *m auch übertr*; *übertr* Umfang *m*, Ausdehnung *f*, (Aus-)Maß *n*; Skala *f*; Einteilung *f*; *übertr* Gruppe *f*, Stufe *f*; FLUGW Zwischenlandung *f*; Zwischenaufenthalt *m*; **~ *aritmética*** arithmetische Reihe *f*; **~ *de colores*** Farb(en)skala *f*; **~ (*móvil*) *de salarios*** (gleitende) Lohnskala *f*; **~ *de Richter*** Richter-Skala *f Seismograph*; **~ *de valores*** Wert(e)skala *f*; ***a ~ de 1:25000*** im Maßstab von 1:25000; ***a*** *od* ***en ~ industrial*** großtechnisch; industriemäßig; ***a*** *od* ***en ~ internacional*** auf internationaler Ebene, international; ***a ~ mundial*** im Weltmaßstab, weltweit; ***a*** *od* ***en gran ~*** in großem Umfang *od* Maße, Massen-; ***sin ~*** FLUGW ohne Zwischenlandung, Nonstop- ◇ ***hacer ~*** FLUGW zwischenlanden (***en*** in); einen Zwischenhafen anlaufen; einen Zwischenstopp einlegen, (Zwischen-)Station machen; Aufenthalt haben
escalación *f* MIL, POL Eskalation *f*
escalada *f* → ***escalación***; Ersteigen *n*, Erklettern *n*; (gewaltsames) Einsteigen *n*; **~ *de los precios*** Preisanstieg *m*; Preistreiberei *f*
escal|ador *m* Bergsteiger *m*; *Radsport* Bergfahrer *m*; Fassadenkletterer *m*, Einsteigedieb *m*; **~afón** *m* Rang-, Beförderungsliste *f*; *übertr* Stufen-, Karriereleiter *f*; Gehaltsstufe *f*, Besoldungsgruppe *f*; **~amiento** *m* → ***escalada***; **~ar I** *tr* (mit Leitern) ersteigen; erklettern, -klimmen *lit*, besteigen; *Einbrecher* (gewaltsam) einsteigen; *einen Posten* erlangen *od* ergattern *umg*; *Konflikt* ausweiten; *übertr* auf die Spitze treiben, hochschaukeln *umg* **II** *intr übertr* aufsteigen (***a*** zu) **III** *tr/intr* MIL, POL eskalieren
Escalda *m Fluss* Schelde *f*
escald|ado *umg* gewitzt; *durch Schaden* klug geworden; *übertr* ausgekocht, durchtrieben; **~adura** *f*, **~amiento** *m* Abbrühen *n*; Verbrühung *f*; wund geriebene Stelle *f*; **~ar** *tr* (ab)brühen; verbrühen; **~arse** sich verbrühen; sich wund reiben *bzw* laufen
escalera *f* Treppe *f*; Treppenhaus *n*; Treppe *f*, Stufe *f unregelmäßiger Haarschnitt*; **~ (*de acceso*)** FLUGW Gangway *f*; MAR Fallreep *n*; **~ *autómatica*** *od* ***mecánica*** *od* ***rodante*** Rolltreppe *f*; **~ *de caracol*** Wendeltreppe *f*; **~ *doble*** (***plegable*** *od* ***plegadiza***) Steh-(Klapp)leiter *f*; **~ *de incendio*** Feuerleiter *f*; **~ (*de mano*)** Leiter *f*; **~ *de servicio*** Dienstbotenaufgang *m*; Hintertreppe *f* ◇ ***bajar*** *bzw* ***subir*** (***por***) ***la ~*** die Treppe hinab- *bzw* hinaufgehen
escalerilla *f* Trittleiter *f*; FLUGW Gangway *f*
escalinata *f* Freitreppe *f*; Vortreppe *f*
escalofriante haarsträubend, schaurig, Schauder-
escalofrío *m* Schüttelfrost *m*; Schauder(n *n*) *m* ◇ ***siento*** *od* ***tengo ~s*** ich habe Schüttelfrost; mich schaudert's; es überläuft mich heiß und kalt
escalón *m Treppe u übertr* Stufe *f*; *Leiter u übertr Karriere* Sprosse *f*; SPORT (Tabellen-)Platz *m*; ***en escalones*** stufenweise; treppen-, stufenförmig *auch übertr unregelmäßiger Haarschnitt*
escalon|ado abgestuft, gestaffelt; stufenförmig; stufen-, schrittweise; Stufen-; Staffel-; **~amiento** *m* Abstufung *f*; Staffelung *f*; **~ar** *tr übertr* abstufen; *Arbeitszeit* staffeln; gestaffelt *od* in Abständen aufstellen
escalop|a *f*, **~e** *m* (paniertes Kalbs- *od* Rinds-)Schnitzel *n*
escalpelo *m* Skalpell *n*
escam|a *f Fisch*, *Haut* Schuppe *f*; Argwohn *m*, Misstrauen *n*; **~ado** misstrauisch; gewitzt, gerissen; → ***~oso***; **~ar** *tr Fisch* (ab)schuppen; argwöhnisch *od* stutzig machen; **~arse** Argwohn schöpfen, misstrauisch *od* stutzig werden; **~oso** schuppig, geschuppt
escamot|ear *tr* wegzaubern, verschwinden lassen; *Schwierigkeiten* mit Leichtigkeit umgehen; **~eo** *m* Taschenspielertrick *m*; Umgehen *n einer Schwierigkeit*
escamp|ar I *tr Ort* räumen **II** *unpers*: ***escampa*** es klart auf; *übertr* die Luft ist rein; **~avía** *f* Zollfahndungsschiff *n*
escandal|era *f* Lärm *m*, Radau *m*; **~izado** entrüstet; **~izar** ⟨-z/c-⟩ **I** *tr* Anstoß *m od* Ärgernis erregen (***a*** bei *jmdm*); in Aufruhr *od* Unruhe versetzen **II** *intr* Krach *od* Lärm schlagen; **~izarse** Anstoß nehmen (***a, con, de, por*** an); sich aufregen *od* empören (***de*** über)
escándalo *m* Skandal *m*; Tumult *m*, Aufruhr *m*; *bes übertr* Krach *m*; Empörung *f*; Ärger(nis *n*) *m*; **~ *público*** öffentliches

Ärgernis *n* ◇ **armar (un) ~** Krach schlagen *umg*; einen Streit vom Zaune brechen; *jmdm* eine Szene machen
escandaloso skandalös, Skandal-; anstößig, unanständig; Aufsehen erregend; unerhört; empörend; lärmend
Escandinavia *f* Skandinavien *n*
escandinavo I *Adj* skandinavisch **II** *m*, **-a** *f* Skandinavier(in) *m(f)*
escan|ear *tr* INFORM (ein)scannen; **~eo** *m* Scannen *n*
escáner *m* INFORM Scanner *m*
escantillón *m* TECH Schablone *f*
escaño *m* (Sitz-)Bank *f mit Lehne*; PARL Sitz *m Mandat*; **~ de diputado(s)** Abgeordnetenbank *f*
escapada *f* Ausbruch *m*, (heimliche) Flucht *f*; Eskapade *f*; Ausflucht *f*; Abstecher *m*
escapar *intr* ausbrechen, -reißen *umg*, *auch Radsport*, (ent)fliehen; entwischen *umg*, entkommen; *übertr* durchbrennen *umg*; *der Aufmerksamkeit*, *einer Strafe* entgehen (**a** *Dat*); *Flüssigkeit* auslaufen, -treten; *dem Tod*, *einer Gefahr* entrinnen (**a** *Dat*); → **~se** *Wort* entfahren, -schlüpfen; *Dampf*, *Gas* entweichen, ausströmen; *aus den Händen* gleiten; *Gelegenheit* durch die Lappen gehen *umg*; **escapársele algo a alg** etw übersehen; etw vergessen
escaparat|e *m* Schaufenster *n*; **~s** *Pl* (Schaufenster-)Auslagen *f/Pl*; **~ismo** *m* Schaufenstergestaltung *f*, -dekoration *f*; **~ista** *m(f)* Schaufensterdekorateur(in) *m(f)*
escapatoria *f* → **escapada**; *übertr* Seitensprung *m*; Fluchtweg *m*; **~ fiscal** Steuerschlupfloch *n*
escape *m* (überstürzte) Flucht *f*; Entrinnen *n*; *Dampf*, *Gas* Entweichen *n*, Ausströmen *n*; *Flüssigkeit* Auslaufen *n*, Austreten *n*, -tritt *m*; undichte Stelle *f*, Leck *n*; KFZ Auspuff *m Ausströmen der Abgase*; **a (todo) ~** eilig(st), schleunigst ◇ **no hay** *od* **tiene ~** es gibt kein Entrinnen; **tener un ~** undicht sein, Wasser durchlassen, lecken
escapismo *m* Eskapismus *m*, *übertr* Ausweichen *n*, Flucht(bewegung) *f*
escápula *f* Schulterblatt *n*
escara *f Wunde* Schorf *m*; **~bajear** *intr* krabbeln; kribbeln
escara|bajo *m* Käfer *m auch übertr* KFZ; **~s** *Pl* Gekritzel *n*; **~mujo** *m* Hagebutte(nstrauch *m*) *f*, Heckenrose *f*, **~muza** *f* Geplänkel *n*
escarb|adientes *m bes Am* Zahnstocher *m*; **~ar I** *tr den Boden* aufwühlen; auskundschaften **II** *intr* herumstochern *od* -schnüffeln; **~arse** sich *die Ohren od Zähne* säubern
escarcha *f* (Rau-)Reif *m*; **cubierto de ~** bereift; **la ~ de las ventanas** bereifte Fensterscheiben *f/Pl*, Eisblumen *f/Pl* ◇ **se ha formado ~, hay ~** es hat gereift
escarch|ar *tr* mit Reif bedecken; **~illa** *f* Graupel *m*; **~illar** *intr* graupeln
escardar *tr* jäten; *übertr* säubern, auslesen
escarlat|a scharlachfarben; **~ina** *f* MED Scharlach *m*
escarmenar *tr Haar* toupieren
escarmentado gewitzt, klug *od* vorsichtig geworden ◇ **han quedado ~s** sie haben daraus gelernt; *Sprichw* **de los ~s salen los avisados** durch Schaden wird man klug
escarmentar ⟨-ie-⟩ **I** *tr* hart *od* exemplarisch (be)strafen **II** *intr* aus Erfahrung lernen, *übertr* Lehrgeld zahlen
escarmiento *m* harte *od* abschreckende Strafe *f*; (schlimme) Erfahrung *f*, *übertr* Lehre *f* ◇ **hacer un ~** ein Exempel statuieren (**en alg** an jmdm); **esto te servirá de ~** das wird dir eine Lehre sein
escarn|ecer ⟨-c/zc-⟩ *tr* verhöhnen, -spotten; **~io** *m* Spott *m*, Hohn *m*; Verhöhnung *f*
escarola *f* Endivie(nsalat *m*) *f*
escarp|a *f* Ab-, Steilhang *m*; **~ado I** *Adj* abschüssig, steil **II** *m u* **~adura** *f* → **~a**
escasear I *tr etw* knapp bemessen, *mit etw* geizen **II** *intr* knapp sein *od* werden; *an etw* mangeln *od* Mangel herrschen; fehlen, nicht vorrätig sein
escasez *f* Mangel *m*, Knappheit *f*; Verknappung *f*; Not *f*; Geiz *m*; **~ de mano de obra** Arbeitskräftemangel *m*
escaso knapp, sparlich; selten; gering; *übertr z.B. Nachfrage* schwach; karg, wenig; dürftig, ärmlich; geizig
escatimar *tr* schmälern, kürzen; sparen *od* geizen mit; *jmdm etw* vorenthalten; *Worte*, *Sinn* verdrehen
escayol|a *f* Feingips *m*; Stuckgips *m*; Gips(-verband) *m*; **~ar** *tr* (ver)gipsen; stuckieren; MED (ein)gipsen; **~ista** *m(f)* Stuckateur(in) *m(f)*
escena *f* THEAT Bühne *f*; Schauplatz *m*; THEAT Szene *f auch übertr*, Auftritt *m*; Bühnenbild *n*; Bühnen-, Schauspielkunst *f*; **~ final** Schlussszene *f*, -akt *m* ◇ **desaparecer de (la) ~** (von der Bühne *u übertr*) abtreten; **entrar en ~, salir a la ~** THEAT auftreten, auf die Bühne kommen; **hacer una ~ a alg** jmdm eine Szene machen; **llevar a la ~, poner en ~** auf die Bühne bringen; inszenieren; *übertr* in Szene setzen; durchführen, verwirklichen
escenario *m* THEAT Bühne *f*, Bühnenraum *m*; Bühnendekoration *f*, Szenerie *f auch*

übertr; Szenarium *n*; Schauplatz *m*; Austragungsort *m*; POL *übertr* Arena *f*; **~ del crimen** Tatort *m*
escénico szenisch; Bühnen-; Theater-
escen|ificación *f* Inszenierung *f*; **~ificar** ⟨-c/qu-⟩ *tr* THEAT *u übertr* inszenieren; *übertr* in Szene setzen, durchführen; **~ografía** *f* Bühnenbild *n*, -malerei *f*; THEAT Ausstattung *f*; **~ógrafo** *m* Bühnenbildner *m*; **~otecnia** *f* Bühnentechnik *f*
escepticismo *m* Skepsis *f*; **con ~** skeptisch
escéptico I *Adj* skeptisch, zweifelnd **II** *m* Skeptiker *m*
escind|ible spaltbar; **~ir** *tr* CHEM, PHYS, POL (auf)spalten
escisión *f* CHEM, PHYS, POL Spaltung *f*; BIOL Teilung *f*; **~ nuclear** PHYS Kernspaltung *f*
escisionista POL Spaltungs-
esclarec|edor aufschlussreich; **~er** ⟨-c/zc-⟩ **I** *tr* (auf)klären *auch Verbrechen*; verdeutlichen, klar machen; beleuchten, erleuchten, -hellen; *übertr* Glanz verleihen **II** *intr unpers* Tag werden, dämmern, tagen
esclarecido: (**no**) **~** (un)geklärt
esclarecimiento *m* (Auf-)Klärung *f*; Erklärung *f*
esclav|a *f* Sklavin *f*; Zwangsarbeiterin *f*; glatter Armreif *m*; **~ismo** *m* → **~itud**; **~ista** *m(f)* Anhänger(in) *m(f)* der Sklaverei; **~itud** *m* Sklaverei *f*; Knechtschaft *f*; **~ización** *f*, **~izamiento** *m* Versklavung *f auch übertr*; Knechtung *f*; **~izar** ⟨-z/c-⟩ *tr* versklaven; knechten; **~o I** *Adj* sklavisch **II** *m* Sklave *m*; Zwangsarbeiter *m*; Knecht *m auch übertr*
escler|osado MED verkalkt *auch übertr*, sklerotisch; **~osis** *f* MED Verkalkung *f*, Sklerose *f*
esclus|a *f* Schleuse *f*; **~ar** *tr* (durch)schleusen; **~ero** *m* Schleusenwärter *m*
escoba *f* Besen *m*; → **escobillón** ◇ **pasar la ~** (mit dem Besen) auskehren; *Sprichw* **la nueva ~ barre bien** neue Besen kehren gut
escobada *f*: **dar una ~** flüchtig (aus)kehren *od* überwischen
escob|illa *f* Scheuerbürste *f*; Klo(sett)bürste *f*; **~illón** *m* Schrubber *m*, Scheuerbesen *m*; **~ón** *m* Handfeger *m*
escocer ⟨-ue-, -c/z-⟩ **I** *intr/tr Schmerz* brennen; jucken **II** *tr* kränken, reizen, ärgern
escocés I *Adj* schottisch, Schotten- **II** *m*, **-esa** *f* Schotte(-in) *m(f)*; das Schottische
Escocia *f* Schottland *n*
escogencia *f Col, Nic, Ven* Auswahl *f*; Wahl *f*; **~** (**de carrera**) **profesional** Berufswahl *f*
escog|er ⟨-g/j-⟩ **I** *tr/intr* (aus)wählen, aussuchen (**de, entre** aus, unter) **II** *tr* LANDW, TECH (aus)sortieren, aus-, verlesen; **~ido I** *Adj* (aus)erlesen; auserwählt, -erkoren **II** *m* Auswahl *f*; Auslese *f*; **~imiento** *m* → **~ido II**
escolar I *Adj* Schul-; schulpflichtig **II** *m(f)* Schüler(in) *m(f)*
escolaridad *f* Schulbildung *f*; Schulzeit *f*; **~ obligatoria** Schulpflicht *f*
escol|arización *f* Einschulung *f*; Schulbildung *f*; Schulpflicht *f*; **~arizar** ⟨-z/c-⟩ *tr* einschulen; **~ero** *m Pe* Schüler *m*; **~ino** *m Bol* Schüler *m*
escoll|ar *intr* (auf ein Riff) auflaufen, stranden; *Arg* scheitern, misslingen; **~o** *m* Klippe *f auch übertr*, Riff *n*
escolt|a I *f* Eskorte *f*, Begleitmannschaft *f*; Leibwache *f*; MAR Geleitschutz *m*; Gefolge *n*; Begleitung *f* **II** *m* Begleitperson *f*, ständiger Begleiter *m*, Schatten *m umg Personenschützer*; **~s** *Pl* Personenschutz *m als Abordnung*; **~ar** *tr* geleiten, eskortieren; decken *schützen*; bewachen; begleiten
escombr|era *f* Schutthalde *f*, -abladeplatz *m*, Müllkippe *f*; BERGB Halde *f*; **~os** *m/Pl* Trümmer *Pl*, Ruinen *f/Pl*; (Bau-) Schutt *m*; BERGB Abraum *m*
escond|er *tr* verstecken, -bergen; verheimlichen; verdecken; **~erse** sich verstecken *od* verbergen (**de** vor)
escondidas *f/Pl*: **a ~** heimlich, insgeheim; **a ~ de alg** ohne jmds Wissen
escond|imiento *m* Verstecken *n*, -bergen *n*; **~ite** *m* Versteck *n auch Spiel*; **~rijo** *m* Versteck *n*; Schlupfwinkel *m*
escopet|a *f* Flinte *f*, (Jagd-)Gewehr *n*; **~azo** *m* Schuss *m* (mit der Flinte); Bombe *f* (die platzt) *unangenehme Nachricht*
escorbuto *m* Skorbut *m*
escori|a *f* Schlacke *f*; Ramsch *m*, Schund *m*; *verächtl übertr* Abschaum *m*, Auswurf *m*; **~ación** *f* → **excoriación**
escorial Schlackenhalde *f bzw* -haufen *m*; **el ≗** der Escorial *Schloss u Kloster bei Madrid*; **~arse** *tr* → **excoriarse**
escorpión *m* ZOOL, ASTR Skorpion *m*
escot|ado *Kleid* (weit) ausgeschnitten, dekolletiert; **~ar I** *tr Kleid* ausschneiden; TECH aussparen **II** *tr/intr bei gemeinsamem Kauf* seinen Anteil (be)zahlen *od* beisteuern
escote *m Kleid* Ausschnitt *m*, Dekolletee *n*; TECH Aussparung *f*; Anteil *m an einer gemeinsamen Ausgabe*, *übertr* Zeche *f* ◇ **pagar a ~** *Geld* zusammenlegen und bezahlen
escotilla *f Schiff* Luke *f*
escotillón *m* THEAT Versenkung *f*; Falltür *f* ◇ **aparecer** *od* **entrar** (**desaparecer**) **por el**

~ aus der Versenkung auftauchen (in der Versenkung verschwinden) *auch übertr*
escozor *m* Brennen *n*, brennender Schmerz *m*; Jucken *n*; *übertr* Schmerz *m*, Gram *m*
escrib|a *m hist u* REL Schriftgelehrter *m*; *hist* Schreiber *m*; *umg verächtl* Schreiberling *m*; **~anía** *f* Schreibzeug *n*; Schreibtischgarnitur *f*; *Arg, CR, Ec, Par, Ur* Notariat *n*; **~ano** *m* (Amts- *bzw* Gerichts-) Schreiber *m*; *Arg, CR, Ec, Par, Ur* Notar *m*; **~idor** *m umg verächtl* Schreiberling *m*; **~iente** *m* Schreiber *m*, Kopist *m*; **~ir** ⟨*Part* ***escrito***⟩ **I** *tr/intr* schreiben **II** *tr* niederschreiben; aufschreiben; verfassen; komponieren; **~irse** sich schreiben, (miteinander) im Briefwechsel stehen; ***¿cómo se escribe eso?*** wie wird das geschrieben?
escrito *Part von →* ***escribir***; **I** *Adj Beweis, Prüfung u dgl* schriftlich *Adj*; *Papier* beschrieben; ***no ~*** *Papier* unbeschrieben; ungeschrieben *auch übertr, z.B. Regeln*; ***por ~*** schriftlich *Adv*; brieflich **II** *m* Schriftstück *n*; (amtliches) Schreiben *n*; Anschreiben *n*; JUR Schriftsatz *m*; VERW Vorgang *m*; Antrag *m*, Gesuch *n*; **~s** *Pl* LIT Schriften *f/Pl*; ***~ de acusación*** Anklageschrift *f*
escritor *m*, **~a** *f* Schriftsteller(in) *m(f)*; ***~ de discursos*** Redenschreiber *m*, Redenverfasser *m*
escritorio *m* Schreibtisch *m*; Büro *n*
escritura *f* Schrift *f grafisches Zeichensystem u veröffentlichtes Werk*; Schriftart *f*; Handschrift *f*; Schriftstück *n*, Urkunde *f*; ***~ de Braille, ~ de*** *od* ***para (los) ciegos*** Blindenschrift *f*; ***~ de compraventa (constitución; propiedad)*** Verkaufs-(Gründungs-; Besitz)urkunde *f*; ***~ de fusión*** Fusionsvertrag *m*; ***~ pública*** notarielle Urkunde *f bzw* Beurkundung *f*; ***protegido contra ~*** INFORM schreibgeschützt; ***Sagrada ♀*** Heilige Schrift *f*; ***sólo ~*** INFORM lesegeschützt
escritur|ación *f* (schriftliche) Ausfertigung *f*; Beurkundung *f*; Beglaubigung *f*; **~ar** *tr* schriftlich ausfertigen; beurkunden; beglaubigen
escroto *m* Hodensack *m*
escrúpulo *m* Skrupel *m*, Bedenken *n*; Gewissenhaftigkeit *f*; Widerwille *m*; **~s** *Pl übertr* Gewissensbisse *Pl*; ***carente de ~s, sin ~s*** skrupel-, gewissenlos; ***sin el menor ~*** ganz unbedenklich ◇ ***me da ~*** ich ekle mich (ein wenig) davor (*Inf* zu); ***no tener ~s*** keine Skrupel *od* Bedenken haben (***en*** zu)
escrupulosidad *f* Genauigkeit *f*; Skrupel *m/Pl*
escrupuloso gewissenhaft, peinlich genau, akkurat ◇ ***ser (demasiado) ~*** (zu viele) Skrupel haben
escrut|ador I *Adj Blick* forschend **II** *m bei Wahlen* Stimmen(aus)zähler *m*; **~ar** *tr Wahl* Stimmen zählen; genau untersuchen; durchforschen
escrutinio *m Wahl* Auszählung *f* der Stimmen; Wahl(gang *m*) *f*, Abstimmung *f*; Untersuchung *f*; **~s** *Pl Wahl* ausgezählte *bzw* abgegebene Stimmen *f/Pl*
escuadra *f* MAR, FLUGW Geschwader *n*; MIL Trupp *m*; Winkelmaß *n*; Zeichendreieck *n*; ***a od de ~*** rechtwinklig
escuadr|illa *f* MAR Flottille *f*; FLUGW Staffel *f*; MIL Trupp *m*; **~ón** *m* MIL Schwadron *f*; FLUGW Geschwader *n*
escuálido verwahrlost, schmutzig; abgemagert, schwach
escucha I *f* Abhören *n*; Lauschen *n*; Lausch-, Abhöraktion *f*; Abhörgerät *n*, *übertr* Wanze *f umg*; ***~s telefónicas*** Telefonüberwachung *f Abhören von Telefongesprächen* ◇ ***estar a la ~ od de ~*** (mit)hören, horchen, auf der Lauer stehen *od* liegen **II** *m* Horcher *m*
escuchar I *tr mit Aufmerksamkeit* hören; anhören; sich *etw* anhören; Gehör schenken (***a alg*** jmdm), erhören; *auf jmdn od etw* hören; belauschen; *Gespräch, Sendung* abhören; *Am reg, And →* ***oír*** *tr* **II** *intr* (zu)hören; (auf)horchen; mithören; ***¡escucha!*** hör mal!; pass auf!; *Sprichw* ***quien escucha, su mal oye*** der Lauscher an der Wand hört seine eigene Schand; **~se** sich gern reden hören
escuch|ita(s) *f/(Pl)* Tuscheln *n*, Getuschel *n*; **~ón** *m* unerwünschter Zuhörer *m*
escud|ar *tr* (be)schützen; *übertr* beschirmen; **~arse** sich wappnen (***con, de*** mit); *übertr* sich verschanzen (***con, en, tras*** hinter); **~ería** *f Motorsport* Rennstall *m*; **~o** *m* (Staats-)Wappen *n*; MIL, TECH, *übertr* (Schutz-)Schild *m*; Escudo *m Währungseinheit auf den Kapverden u früher in Portugal*
escudriñar *tr/intr* (durch)forschen; (durch)suchen, *übertr* durchwühlen; auskundschaften; ergründen
escuela *f* Schule *f auch übertr* KUNST: *Stil*; PHIL, WISS: *Lehrmeinung*; Schulgebäude *n*; (Schul-)Unterricht *m*; Schulwesen *n*; Schulung *f*, Ausbildung *f*; *übertr* Übung *f*; ♀ *bes Am auch Bez für* Fakultät *f bzw* Institut *n bzw* Akademie *f*; ***~ de(l) arte dramático*** Schauspielschule *f*; ***~ de artes y oficios*** Gewerbeschule *f*; ***♀ de Bellas Artes*** Kunstakademie *f*; ***~ para ciegos y am-***

bliopos Blinden- und Sehschwachenschule *f*; ~ ***de conductores*** *od* ***chóferes*** *od* ***manejo*** Fahrschule *f*; ~ ***de EGB*** *Esp* Gesamt- und Hauptschule *f*; ~ ***elemental*** (***especial***) Grund-(Sonder)schule *f*; ~ ***formadora de maestros***, *Esp* ≗ ***Universitaria del Profesorado de EGB*** Lehrerbildungsinstitut *n*; ~ ***de hostelería*** Hotelfachschule *f*; ~ ***de ingeniería*** *od* ***ingenieros*** Technikum *n*, Ingenieurschule *f*; ~ ***de minas*** *od* ***montes*** Bergakademie *f*; ~ ***nocturna*** Abendschule *f*; ~ ***normal*** Lehrerseminar *n bzw Dtschld etwa* pädagogische Hochschule *f*; ~ ***parvularia*** Vorschule *f*; ≗ ***de Periodismo*** journalistische Fakultät *f*; ~ ***preuniversitaria*** (***vespertina***) (Abend-)Oberschule *f*; ~ ***primaria*** Grundschule *f*; ***profesional*** (***superior***; ***técnica***) berufliche Schule *f*, Berufs-(Hoch-; Fach)schule *f*; ***de la vieja*** ~ von der alten Schule *wohlerzogen* ◇ ***crear*** *od* ***hacer*** *od* ***formar*** ~ *übertr* Schule machen; ***cursar la*** ~ die Schule besuchen, *übertr* zur Schule gehen; ***ir a la*** ~ zur *od* in die Schule gehen; ***no tener*** ~ (schul)frei haben

escuet|amente kurz und bündig, in knappen Worten; schlicht und einfach, schlichtweg; **~o** schlicht, einfach; *Worte* knapp; *Stil* trocken

escuincle *m Méx* Junge *m*

escul|pir *tr/intr* eine Skulptur schaffen; *Stein* aus-, behauen; *Holz* schnitzen; **~tor** *m*, **~tora** *f* Bildhauer(in) *m(f)*; Bildschnitzer(in) *m(f)*; **~tórico** Bildhauer-; plastisch; **~tura** *f* Skulptur *f*; Plastik *f*; Schnitzwerk *n*; Bildhauerei *f*, Bildhauerkunst *f*; **~tural** → **~tórico**

escupidero *m*: ***estar en el*** ~ in der Tinte (*d.h. missliche Lage*) sitzen

escupir **I** *intr* speien, (aus) spucken **II** *tr* speien *auch übertr Flammen, Geschosse, Lava*; *etw* (aus)spucken; *jmdn* anspucken; *Worte* ins Gesicht schleudern **III** *tr/intr umg* ausplaudern, -packen

escurr|idizo *Fußboden* glatt, glitschig; *übertr* aalglatt; *Person* nicht aufzufinden; **~ir** **I** *tr* abfließen *od* -laufen lassen; ab-, austropfen lassen; auswringen **II** *intr u* **~irse** ausrutschen *auch übertr*; *Flugzeug* abrutschen, (ab)sacken; entwischen, entschlüpfen, verduften *umg*; sich verplappern *umg*

esdrújulo *Wort* auf der drittletzten Silbe betont

ese[1] *f Name des Buchstabens* **s, S**

ese[2] ⟨*Pl* ***esos***⟩, *mit Subst f* **esa** **I** *Dem Adj* **a**) *einem Subst bzw Adj vorangestellt* diese *bzw* dieser *bzw* dieses (... da), der *bzw* die *bzw* das ... da *d.h. beim Angeredeten befindlich od auf ihn bezogen* (***esas flores que te regalaron***); jene(r) *bzw* jenes; ***en esa Universidad*** *im Brief* an *od* auf Ihrer Universität ◇ ***choca*** *od* ***dame esa*** (***mano***) *umg* reich mir die Hand **b**) *dem Subst nachgestellt, häufig verächtl*: ***el tipo*** ~ dieser Kerl da **II** *Dem Pron, auch* **ése** ⟨*Pl* **ésos**⟩, **ésa** (*die Akzentsetzung kann nach den Orthographienormen der Spanischen Akademie von 1959 entfallen, wenn Verwechslungen ausgeschlossen sind*) diese *bzw* dieser *bzw* dies(es) da, der *bzw* die *bzw* das da; jene(r) *bzw* jenes; ~ ***mismo*** ebender; derselbe; ***esa sí que es buena*** das ist gelungen!, das ist wirklich köstlich!; ***¡ni por esas!*** keinesfalls!, unter gar keinen Umständen! ◇ ***llegaré a esa el sábado próximo*** *im Brief* ich komme dort (*d.h. in Ihrer Stadt*) am nächsten Sonnabend an; ***no soy uno*** (*bzw* ***una***) ***de esos*** (*bzw* ***esas***) ich bin nicht so einer (*bzw* eine)

ESE *m* (*Abk für* ***estesudeste***) OSO *m*

esencia *f* Wesen *n*; Sein *n*; CHEM Essenz *f*; Benzin *n*; ***la quinta*** ~ die Quintessenz; der Kern *od* das (innerste) Wesen *einer Sache*

esencial wesentlich; (unbedingt) notwendig, unerlässlich; ***en lo*** ~ → **~*mente***; ***lo*** ~ ***es que ...*** (die) Hauptsache ist, dass ...; ***no*** ~ unwesentlich; nicht unbedingt notwendig; **~mente** im Wesentlichen; dem Wesen nach

esfera *f* Kugel *f*; Sphäre *f*, Bereich *m*; Zifferblatt *n*; ~ ***de acción*** *od* ***actividad***(***es***) Wirkungsbereich *m od* -kreis *m*, Tätigkeitsbereich *m*; ~ ***celeste*** (***terrestre***) Himmels-(Erd)kugel *f*; ~ ***de influencia*** Einflusssphäre *f*, -bereich *m*; ~ ***íntima*** Intimsphäre *f*; ~ ***luminosa*** Leuchtzifferblatt *n*; ~ ***de poder*** Machtbereich *m*; ~ (***no***) ***productiva*** WIRTSCH (nicht)produktiver Bereich *m*; ~ ***de la vida*** Lebensbereich *m*

esf|érico kugelförmig, (kugel)rund; **~ero** *m*, **~erográfica** *f Am reg* Kugelschreiber *m*

esfinge *f* (*selten m*) MYTH *u übertr* Sphinx *f*

esfínter *m* ANAT Schließmuskel *m*

esforz|ado beherzt, mutig, tapfer; **~ar** ⟨-ue-, -z/c-⟩ *tr* kräftigen, stärken; **~arse** sich anstrengen *od* bemühen (***por, en*** zu)

esfuerzo *m* Anstrengung *f*; Einsatz *m*, Mühe *f*, Bemühung *f*; Kraftakt *m*; Beanspruchung *f*; MECH Belastung *f*; **~s** ***Pl*** *übertr* Kraft *f bzw* Kräfte *Pl*; ~ (***económico***) (finanzielles) Opfer *n*; ~ ***excesivo*** Überbeanspruchung *f*, -belastung *f*; ***sin*** ~ mühelos ◇ ***me cuesta poco*** (***mucho***) ~ es bereitet mir wenig Mühe, es macht mir wenig aus (ich muss mich sehr überwinden); ***no escatimar*** **~s** keine Anstrengungen *od* Mühen scheuen, alles dransetzen *umg*; ***hacer un*** ~ sich anstrengen; sich zusammenreißen *umg* ***hacer un ~*** (***económico***) *übertr* tief in die Tasche greifen müssen; ***hacer ~s*** sich bemühen *od* anstrengen

esfumarse verschwimmen, verlaufen; in der Ferne entschwinden; *z.B. Lächeln* verfliegen; schwinden; *übertr* sich (in Luft) auflösen; *Zeit* vergehen, -fliegen; verschwinden, verduften *umg*

esgrim|a *f* Fechten *n*; Fechtsport *m*; **~ir I** *intr* fechten **II** *tr blanke Waffe* schwingen; *mit etw* herumfuchteln; *Pistole* ziehen; *Gründe* anführen, ins Feld *od* Treffen führen

esguince *m* ausweichende Bewegung *f des Körpers*; abweisende *bzw* verächtliche Gebärde *f*; *Gelenk* Verrenkung *f*; Verstauchung *f*

eslab|ón *m* Kettenglied *n auch übertr*; *übertr* Verbindung *f*, -kettung *f*, Bindeglied *n*; **~onar** *tr* verbinden, -ketten, -knüpfen *auch übertr*; **~onarse** sich aneinander fügen *auch übertr*, im Zusammenhang stehen

eslálom *m*, **eslalon** *m* Slalom *m*; ***~ gigante*** Riesenslalom *m*

eslavo I *Adj* slawisch, Slawen- **II** *m* Slawe *m*

eslogan *m* Slogan *m*, Werbespruch *m*

eslora *f* Schiffslänge *f*

eslovaco I *Adj* slowakisch **II** *m*, **-a** *f* Slowake(-in) *m*(*f*); das Slowakische

Eslovaquia *f* Slowakei *f*

Eslovenia *f* Slowenien *n*

esloveno I *Adj* slowenisch **II** *m*, **-a** *f* Slowene(-in) *m*(*f*); das Slowenische

esmaltar *tr* emaillieren; ausschmücken (***con, de*** mit)

esmalte *m* Emaille *f*; Glasur *f*; *übertr* Glanz *m*; *übertr* Schmuck *m*; **~s** *Pl* Emaillearbeiten *f*/*Pl*; **~** (***dental***) Zahnschmelz *m*; ***~ para uñas*** Nagellack *m*

esmerado hervorragend, tadellos; sorgfältig, gewissenhaft; gepflegt

esmeralda I *Adj* ⟨*unv*⟩ smaragdgrün **II** *f* Smaragd *m*

esmer|ar *tr* polieren; putzen; **~arse** sich große *od* die größte Mühe geben (***en*** bei); Hervorragendes leisten; **~il** *m* Schmirgel *m*; **~ilar** *tr* (ab)schmirgeln; (ab)schleifen

esmero *m* Sorgfalt *f*, Gewissenhaftigkeit *f*; Gründlichkeit *f*; ***con ~*** sorgfältig, gewissenhaft

esmoquin *m* Smoking *m*

esnif|ador *m* Sniffer *m*; **~ar** *tr z.B. Kokain* sniffen

esnob *m* ⟨*Pl* ***esnobs***⟩ Snob *m*; **~ismo** *m* Snobismus *m*; **~ista** snobistisch

esnórquel *m* → ***snorkel***

eso *Dem Pron* dies(es) (da), das (da); es; ***¡~!*** *od* ***¡~ es!*** so ist es!, das stimmt!, ganz *od* sehr richtig!, genau!, jawohl!; ***~ sí*** das allerdings; ***~ sí, pero ...*** das stimmt schon, aber ...; ***a ~*** hierauf; hierzu; ***a ~ de*** (***las ocho***) etwa *od* ungefähr um (acht Uhr); ***aun con ~*** trotzdem; ***con ~*** damit; hiermit; ***con ~ de*** wegen; weil; ***en ~*** dar-, hierin; inzwischen; da; ***¡nada de ~!*** keineswegs!, auf gar keinen Fall!; ***ni ~*** nicht einmal das; ***no por ~*** nichtsdestoweniger; ***para ~*** dafür; ***por ~*** deshalb, deswegen; ***y ~ ¿qué?*** na und? ◇ ***¿cómo es ~?*** wieso?; ***¿qué es ~?*** was soll das?; was geht hier vor?; was ist (denn) das?

ESO *f Abk für* ***Enseñanza Secundaria Obligatoria***, → ***enseñanza***

esófago *m* ANAT Speiseröhre *f*

eso|térico esoterisch; **~terismo** *m* Esoterik *f*

espabil|ado munter, aufgeweckt, clever; **~arse** sich beeilen, schnell machen

espaci|adamente in Abständen; **~ado I** *Adj* TYP gesperrt (gedruckt); *Zeilen* mit Durchschuss **II** *m* INFORM Leerschritt *m*; **~ador** *m PC* Leertaste *f*; **~al** räumlich, Raum-; (Welt-)Raum-; **~ar I** *tr* räumlich *od* zeitlich auseinanderziehen; *Meldung* verbreiten **II** *tr*/*intr* TYP sperren, gesperrt drucken *od* schreiben; *Zeilen* durchschießen; **~arse** *übertr* sich verbreiten (***en u/c*** über etw)

espacio *m* Raum *m*; *übertr* Platz *m*; Weltraum *m*, (Welt-)All *n*; Fläche *f*; Zwischenraum *m*, Abstand *m*; INFORM Leerschritt *m*; TYP Spatium *n*; RADIO, TV Sendezeit *f*; Programm *n*, Sendung *f*; ***~ aéreo*** Luftraum *m*; ***~ en blanco*** Lücke *f*; Leerstelle *f z.B. in einem Formular*; TYP Leerzeile *f*; INFORM Leerzeichen *n*; ***~ libre*** freier Raum *m*; Lücke *f*; ***~ entre líneas*** Zeilenabstand *m*; ***~ muerto*** *übertr* toter Winkel *m*; ***~ necesario, ~ requerido*** Platz-, Raumbedarf *m*; ***~ publicitario*** RADIO, TV Reklamesendung *f*, -spot *m*; **~** (***de tiempo***) Zeitraum *m*, -spanne *f*; ***~ vacío*** luftleerer Raum *m*, Vakuum *n*; **~**(***s***) ***verde***(***s***) Grünfläche(n *Pl*) *f*; ***~ vital*** BIOL Lebensraum *m*; ***con ~s compensados*** *Schreibmaschine* mit automatischem Randausgleich; ***por ~ de muchos años*** während vieler Jahre ◇ ***escribir a un ~*** (***a ~ y medio*** *od* ***medias***; ***a doble ~***) einzeilig (anderthalbzeilig; zweizeilig) schreiben; ***que ocupa muy poco ~*** Platz sparend; ***poner ~s*** TYP sperren, spationieren

espacios|idad *f* Geräumigkeit *f*; **~o** geräumig, weit(räumig); gemächlich

espada I *f* Degen *m*; Schwert *n*; ***~ de dos filos*** zweischneidiges Schwert *n auch übertr*; ***~ de la justicia*** (die ganze) Schärfe *f* des Gesetzes ◇ ***colgar la ~*** *umg* in den Ruhestand treten; ***estar entre la ~ y la pared*** *übertr* zwischen Baum und Borke stehen; ***pender como la ~ de Damocles*** wie ein Damoklesschwert schweben; ***poner(le) a alg entre la ~ y la pared*** *übertr* jmdn in die Enge treiben; ***ser buena ~*** *beim Reden* eine scharfe Klinge führen **II** *m* erster Stierkämpfer *m*, Matador *m*; Könner *m*, Meister *m* (seines Fachs)

E

espagueti(s *Pl*) *m*/*Pl* Spaghetti *Pl*

espalda *f* Rücken *m*; Schulter *f auch* KOCHK; *Anzug, Kleid* Schulter(stück *n*) *f*, Rücken(teil *n*) *m*; → ***espaldar***; ***a ~s de alg*** *übertr* hinter jmds Rücken; ***a la(s) ~(s)*** auf dem Rücken; im Rücken; auf der Rückseite; ***de ~s a*** mit dem Rücken nach *od* zu, abgekehrt von; ohne Rücksicht auf; ***de ~s al muro*** *übertr* mit dem Rücken an der Wand; *übertr* in die Enge getrieben; (***... metros) de ~*** SPORT (... Meter) Rücken(schwimmen); ***por la ~*** von hinten, hinterrücks ◇ ***caer(se)*** *od* ***dar de ~s*** auf den Rücken fallen *auch übertr*; ***cubrirle las ~s a alg*** *übertr* jmdm Rückendeckung geben; ***dar*** *od* ***volver la ~ a alg*** jmdm die kalte Schulter zeigen; ***echarse u/c sobre las ~s*** (freiwillig) etw übernehmen, sich etw aufhalsen *umg*; ***hablar por las ~s de alg*** hinter jmds Rücken reden, jmdn schlecht machen; ***tener anchas*** *od* ***buenas ~s*** *übertr* einen breiten Rücken haben; ***tener muchos años sobre las ~s*** viele Jahre auf dem Buckel haben; ***volver las ~s a alg*** jmdm den Rücken kehren; ***volver la ~ a la realidad*** sich der Wirklichkeit verschließen; *Sprichw* ***a ~s vueltas, memorias muertas*** *Am* aus den Augen, aus dem Sinn

espald|ar *m Stuhl* Rückenlehne *f*; **~arazo** *m übertr* Rückenstärkung *f*; Rückhalt *m*; **~era** *f Gymnastik* Sprossenwand *f*; **~illa** *f* Schulterblatt *n*; **~ista** *m(f)* Rückenschwimmer(in) *m(f)*

espant|adizo schreckhaft, furchtsam; *Tiere* scheu; **~ajo** *m* Vogelscheuche *f auch übertr*; Schreckgespenst *n*; Schlampe *f vulg*; **~apájaros** *m* Vogelscheuche *f auch übertr*; **~ar** *tr* erschrecken, Furcht *od* einen Schreck einjagen; verjagen, -scheuchen, -treiben; in Erstaunen (ver)setzen; **~arse** erschrecken (***ante, por*** vor; ***de*** über); erstaunen; **~o** *m* Schrecken *m*; Entsetzen *n*; Grauen *n*; Erstaunen *n*; *Am reg* Gespenst *n*; **~oso** schrecklich, furchtbar, entsetzlich; ungeheuer; erstaunlich

España *f* Spanien *n*

español I *Adj* spanisch **II** *m*, **~a** *f* Spanier(-in) *m(f)*; **~izar** ⟨-z/c-⟩ *tr Fremdwort* eine spanische Form geben; *jmdm* den Status eines Spaniers geben *od* gewähren *od* verleihen

esparadrapo *m* (Heft-, Wund-)Pflaster *n*

esparc|idamente stellenweise, hier und da; **~ido** vergnügt, aufgeräumt; **~imiento** *m* Ausstreuen *n*; Verteilen *n*; *Meldung* Verbreitung *f*; Vergnügen *n*, Zerstreuung *f*; **~ir** ⟨-c/z-⟩ *tr* aus-, verstreuen; verteilen; auflockern; *Nachricht* verbreiten; **~irse** sich aus-, verbreiten; sich vergnügen *od* zerstreuen

espárrago *m* Spargel *m*; Zeltstange *f*; Stiftschraube *f*; Stift *m*, Bolzen *m*; Bohnenstange *f hoch aufgeschossene Person* ◇; ***vete a freír ~s!*** scher dich zum Teufel!

espartano spartanisch

esparto *m* Espartogras *n*; ***como un ~*** *od* ***más seco que un ~*** knochentrocken

espasm|o *m* Krampf *m*; **~ódico** krampfartig

espástico I *Adj* spastisch **II** *m* Spastiker *m*

espato *m* MINER Spat *m*

espátula *f* Spachtel *m,f*; Spatel *m*; Lanzette *f*; KOCHK (Braten-)Wender *m* ◇ ***estar como una ~*** sehr dürr sein

especia(s *Pl*) *f* Gewürz(e *Pl*) *n*

especial besonderer, spezieller; Spezial-, Sonder-; fachlich, Fach-; vortrefflich; eigenartig; ***en ~*** → ***especialmente***

especialidad *f* Besonderheit *f*; Spezialität *f*; Spezialgebiet *n*; Fach(gebiet) *n*; Fachrichtung *f*; Geschäftszweig *m*; Eigentümlichkeit *f*

especialista *m(f)* Spezialist(in) *m(f)*, Sachverständige(r) *f(m)*; Experte(-in) *m(f)*; Fachmann *m*, -frau *f*; Facharzt *m*, -ärztin *f*; **~s** *Pl* Fachwelt *f*

especial|ización *f* Spezialisierung *f*; Lehrbereich *m*, -gebiet *n*; Profilierung *f*; **~izado** Fach-; **~izarse** ⟨-z/c-⟩ sich spezialisieren (***en*** in, auf); sich profilieren; **~mente** insbesondere, besonders

especie *f* Gattung *f*; Art *f auch* BIOL; Spezies *f*; Sorte *f*; Angelegenheit *f*, Sache *f*; Gegenstand *m*, Stoff *m*; ***~s amenazadas (autóctonas), ~s en peligro*** BIOL vom Aussterben bedrohte Arten *f*/*Pl* (einheimische Arten *f*/*Pl*); ***la ~ humana*** das Menschengeschlecht ◇ ***pagar en ~s*** in Naturalien *bzw* Sachwerten bezahlen

especiería *f* Gewürzhandlung *f*

especific|ación *f* Spezifikation *f*, Spezifizierung *f*, Einzelangabe *f*; Aufstellung *f*, Verzeichnis *n*, Liste *f*; TECH Stückliste *f*; ***especificaciones*** *Pl* Einzelheiten *f*/*Pl*; **~ado** einzeln (aufgeführt); detailliert; **~ar** ⟨-c/qu-⟩ *tr* (genau) festlegen, bestimmen, vorsehen; spezifizieren; einzeln an-, aufführen, aufstellen, angeben; erläutern;

~ativo bezeichnend
específico I *Adj* spezifisch; kennzeichnend; → **especial** II *m* MED, PHARM Spezifikum *n*; PHARM Fertigpräparat *n*
espécimen *m* ⟨*Pl* **especímenes**⟩ Muster *n*; Exemplar *n*; TYP Beleg- *od* Probeexemplar *n*
espect|able aussichtsreich; **~acular** Aufsehen erregend, spektakulär, *übertr* gewaltig
espectáculo *m* Schauspiel *n auch übertr*; Darbietung *f*, Vorstellung *f*; Anblick *m*; Aufsehen *n*; **~s** *Pl* Veranstaltungen *f/Pl*; **~ multimedia** Medienspektakel *n*; **~s públicos** öffentliche Vergnügungsstätten *f/Pl* ◇ **dar** (**el** *od* **un**) **~** Aufsehen erregen; (unliebsam) auffallen; Skandal machen
especta|dor *m* Zuschauer *m*; Betrachter *m*; **~tiva** *f* → **expectativa**
espectr|al PHYS Spektral-; geisterhaft, Geister-; gespenstisch, Gespenster-; **~o** *m* PHYS *u übertr* Spektrum *n*; Gespenst *n*, Geist *m*
especulación *f* HDL, PHIL *u übertr* Spekulation *f*; Mutmaßung *f*; Schiebergeschäft *n*, Schiebung *f umg*; **~ de bolsa, ~ bursátil** Börsenspekulation *f*; **~ inmobiliaria** (**~ del suelo, ~ en terrenos**) Grundstücks-(Boden)spekulation *f* ◇ **hacer especulaciones** Vermutungen *od* Mutmaßungen anstellen
especul|ador *m* HDL, PHIL *u übertr* Spekulant *m*; Schieber *m umg*, Geschäftemacher *m*; **~ar** *intr* nachdenken, -sinnen, grübeln (**en, sobre** über); HDL *u übertr* spekulieren; handeln, schieben *umg* (**con, en** mit); *übertr* rechnen (**con algo** mit etw); **~ativo** spekulativ *auch* HDL, theoretisch; Spekulations-, Schieber- *umg*
espej|ismo *m* Luftspiegelung *f*; Sinnestäuschung *f*; Spiegelfechterei *f*; **~ito** *m* Taschenspiegel *m*
espejo *m* Spiegel *m auch* JAGD *u übertr*; (**~**) **retrovisor** *m* KFZ Rückspiegel *m*; **reluciente como un ~** spiegelblank
espejuelo *m Holz* Maserung *f*; **~s** *Pl* Brille *f*; Brillengläser *n/Pl*
espel|eología *f* Höhlenforschung *f*; **~eólogo** *m* Höhlenforscher *m*
espeluznante haarsträubend, grauenhaft
espera *f* (Ab-)Warten *n*; Erwartung *f*, Hoffnung *f*; Geduld *f*; Ruhe *f*; Aufschub *m*; **en ~ de sus noticias** *Briefstil* in Erwartung Ihrer Nachrichten ◇ **estar a la ~ de** warten *od* lauern *umg* auf; **estar en ~ de algo** etw abwarten; **eso** (**no**) **tiene ~** damit hat es Zeit (das duldet keinen Aufschub)
esperant|ista I *Adj* Esperanto-, Esperantisten- II *m* Esperantist *m*; **~o** *m* Esperanto *n*
esperanza *f* Hoffnung *f*; Erwartung *f*; **~ (in)fundada** (un)begründete Hoffnung *f*; **~ de vida** Lebenserwartung *f*; **sin ~s** hoffnungslos ◇ **alentar ~s** sich Hoffnungen hingeben; **cumplir** *od* **llenar la ~** der Erwartung entsprechen; günstig ausfallen; **dar ~(s) a alg** jmdm Hoffnungen machen; **perder la ~** die Hoffnung aufgeben; **poner ~s en alg** auf jmdn Hoffnungen setzen; **superar las ~s** die Erwartungen übertreffen
esperanzador verheißungsvoll, viel versprechend
esperar I *tr/intr* hoffen; (*auf jmdn od etw*) warten; **~ sentado** *umg* vergeblich warten; **cuando menos se esperaba** unverhofft *Adv*; **¡espérate!** warte (mal)!; **espero que venga** hoffentlich kommt er *bzw* sie; **hacer ~ a alg** jmdn warten lassen; (**no**) **hacerse ~** (nicht) lange auf sich warten lassen *auch übertr*; *Sprichw* **quien espera, desespera** Hoffen und Harren macht manchen zum Narren II *tr* erwarten; erhoffen; **contra todo lo que podía ~se** wider (alles) Erwarten; **es de ~ que …** es ist anzunehmen, dass …, voraussichtlich; hoffentlich; **según es de ~** *od* **como fue** *od* **era de ~** erwartungsgemäß; **me lo esperaba** das hatte ich erwartet
esperma *m* Sperma *n*
esperp|éntico blödsinnig, unsinnig; **~ento** *m* komischer Kauz *m*; Unsinn *m*, Quatsch *m*
espes|o dicht; dicht gedrängt; massig, fest; dick(-), zähflüssig; *Luft* stickig; **~or** *m Material* Dicke *f*, Stärke *f*; **~ura** *f* Dicke *f*; Dichtigkeit *f*; Dickicht *n*
espetar *tr* aufspießen; *übertr jmdn etw* an den Kopf werfen; *übertr jmdn* festnageln
esp|ía *m*(*f*) Spion(in) *m*(*f*); **~iar** ⟨-ío⟩ I *tr* ausspionieren; auskundschaften; bespitzeln; *Telefongespräche* abhören; belauschen II *intr* spionieren
esp|ich(e) *m Am umg* Speech *m Unterhaltung od kurze Ansprache*; **~id** *m Droge* Speed *n*
espig|a *f* Ähre *f*; Stift *m*, Bolzen *m*; TECH Dorn *m*; Zapfen *m*; **~ar** ⟨-g/gu-⟩ *tr z.B. Daten aus Büchern* zusammentragen; verdübeln
espín[1] *m* → **puerco espín**
espín[2] *m* PHYS Spin *m*
espina *f* BOT Dorn *m*, Stachel *m*; (Holz-)Splitter *m*; (Fisch-)Gräte *f*; **~ dorsal** Rückgrat *n* ◇ **me da mala ~ eso** (**ese hombre**) ich traue der Sache (dem Mann) nicht; **sacarse la ~** seinen Verlust wieder wettmachen, sich rächen; **tener una mala ~ en el corazón** großen Kummer haben
espinaca(**s** *Pl*) *f* Spinat *m*
espinazo *m* → **espina dorsal**
espinilla *f* Schienbein *n*; **~s** *Pl* MED *u umg*

Pickel *m/Pl*, Mitesser *m/Pl*
espino *m*: **~ (*albar* od *blanco*)** BOT Weißdorn *m*; **~ *negro*** Schwarzdorn *m*
espinoso dornig; stach(e)lig; Dorn(en)-; Stachel-; voller Gräten; *übertr* dornenreich; heikel

E

espionaje *m* Spionage *f*; **~ *industrial*** Industrie-, Werkspionage *f*
espiración *f* Ausatmung *f*; Ausdünstung *f*
espiral I *Adj* spiralförmig; Spiral- **II** *f* Spirale *f*; **~ *armamentista*** Rüstungsspirale *f*
espir|ar I *intr/tr* ausatmen **II** *tr Geruch* ausströmen; **~itismo** *m* Spiritismus *m*; Geisterglaube *m*; **~itista I** *Adj* spiritistisch **II** *m* Spiritist *m*; **~itoso** lebhaft, feurig; geist(es)sprühend; alkohol-, sprithaltig
espíritu *m* Geist *m auch* CHEM, PHARM *u übertr*; Verstand *m*; Witz *m*, Esprit *m*; Scharfsinn *m*; Spiritus *m*, Sprit *m umg*; **~ *detectivesco*** Spürsinn *m*; **~ *dialogante*** Dialogbereitschaft *f*; **~ *emprendedor*, ~ *de iniciativa*** Unternehmungsgeist *m*; ***en el* ~ *de*** im Geist(e) *od* im Sinne von *bzw Gen*; ***pobre de* ~** arm an Geist; ängstlich; schüchtern ◇ ***cobrar* ~, *levantar el* ~** Mut fassen; ***entregar* od *exhalar el* ~** *übertr* den Geist aufgeben; *Sprichw* ***el* ~ *está pronto, pero la carne es débil*** der Geist ist willig, aber das Fleisch ist schwach
espiritual geistig; geistlich; geistreich
espl|éndido pracht-, prunkvoll, prächtig; *übertr* glänzend; freigebig; **~endor** *m übertr* Glanz *m*; Pracht *f*, Prunk *m*; **~endoroso** → ***~éndido***
esplín *m* Schrulle *f*, Spleen *m*
espol|ear *tr* anspornen; **~eta** *f Sprengwaffe* Zünder *m*
espondilosis *f* MED Spondylose *f*
esponja *f* Schwamm *m auch* ZOOL; *übertr* Schmarotzer *m* ◇ ***pasar la* od *una* ~ *sobre algo*** etw vergeben und vergessen, es dabei bewenden lassen
esponsales *m/Pl* Verlobung *f*
espont|áneamente aus freien Stücken; von selbst; aus eigenem Antrieb; **~anearse** aus sich herausgehen, sich *gegenüber jmdm* öffnen *od* offenbaren; freiwillig ein Geständnis ablegen; **~aneidad** *f* Spontaneität *f*; Freiwilligkeit *f*; Ursprünglichkeit *f*; **~áneo** spontan; unwillkürlich; von selbst entstanden; Selbst-; BOT wild wachsend
esporádico sporadisch, vereinzelt, -streut (auftretend)
esposa *f* Gattin *f*, Ehefrau *f*; **~s** *Pl* Handschellen *f/Pl*
esposar *tr* Handschellen anlegen
esposo *m* Gatte *m*, Ehemann *m*; **~s** *Pl* Ehepaar *n*, -leute *Pl*
esp|ot *m*, **~ray** *m*, **~rint** *m*, **~rintar** *intr/tr*, **~rínter** *m* → ***spot*, *spray*, *sprint*, *sprintar*, *sprínter***
espuela *f Reitsport*, *Vögel* Sporn *m*; Antrieb *m*; Ansporn *m*, -reiz *m*; **~ *de caballero*** BOT Rittersporn *m* ◇ ***aplicar las* ~s, *dar* (*de*) ~s** die Sporen geben
espum|a *f* Schaum *m*; Gischt *f*; Schaumgummi *m*, -stoff *m*; **~ados** *m/Pl* Schaumstoffe *m/Pl*; **~ajear** *intr* schäumen *auch übertr vor Wut*; geifern; **~ar** *intr* (auf)schäumen; **~oso** schaumig; schäumend, Schaum-
esput|ar *tr/intr* (aus)spucken; aushusten; Auswurf haben; **~o** *m* Auswurf *m*, Sputum *n*
esquash *m* → ***squash***
esquela *f* kurzes (Hand-)Schreiben *n*; gedruckte Anzeige *f*; **~ *de defunción*, ~ *fúnebre* od *mortuoria*** Todesanzeige *f*
esqueleto *m* Skelett *n*, Gerippe *n auch* TECH *u übertr*; *schriftlicher* Entwurf *m*; *Am reg* Vordruck *m zum Ausfüllen*
esquem|a *m* Schema *n*; Plan *m*; *übertr* Bild *n*; Übersicht(stafel) *f*; schematische Darstellung *f*; EL Schaltplan *m*, Schaltung *f*; **~ático** schematisch; **~atismo** *m* Schematismus *m*; **~atizar** ⟨-z/c-⟩ *tr* schematisieren
esquí *m* ⟨*Pl* ***-íes*** *od* ***-ís***⟩ Ski *m*; Skisport *m*, -laufen *n*; **~ *acuático*** Wasserski(laufen *n*) *m*
esqui|ador *m*, **~adora** *f* Skiläufer(in) *m(f)*; **~ar** ⟨-ío⟩ *intr* Ski laufen
esquilar *tr Schafe* scheren; *Hunde* trimmen
esquilm|ar *tr* (ab)ernten; *Boden* auslaugen; *jmdn* aussaugen *arm machen*; **~o** *m* Ertrag *m*, Ernte *f*
esquimal I *Adj* eskimoisch, Eskimo- **II** *m* Eskimo *m*, Inuk *m*; das Eskimoische
esquina *f* Ecke *f*; Kante *f*; ***a la vuelta de la* ~** (gleich) um die Ecke ◇ ***doblar la* ~** um die Ecke biegen; *Chi reg* ins Gras beißen *sterben*
esquinado eckig, kantig; barsch; verstimmt, misslaunig
esquinar: ***~se con alg*** sich mit jmdm überwerfen
esquiner|a *f Am* Ecktisch *m*; **~o I** *Adj Am* Eck- **II** *m Am* Eckschrank *m*
esquirla *f Knochen*, *Glas*, *Stein* Splitter *m*
esquirol *m* Streikbrecher *m*; **~aje** *m* Streikbruch *m*
esquisto *m* MINER Schiefer *m*
esquiv|ar *tr z.B. einem Schlag* ausweichen; *Problem* umgehen; (ver)meiden; **~arse** sich heimlich davonschleichen; sich *vor etw* drücken *umg*; **~ez** *f* Sprödigkeit *f*; Schroffheit *f*; Verachtung *f*; **~o** spröde; abweisend, schroff
esquizo|frenia *f* Schizophrenie *f*; **~frénico**

schizophren
esta → ***este***[2]
estabilidad *f* TECH *u übertr* Stabilität *f*; Haltbarkeit *f*; Beständigkeit *f*; Standfestigkeit *f*; **~ *de moneda* (*precios*), ~ *monetaria*** Währungs-(Preis)stabilität *f*; ***de gran* ~** KFZ mit guter Straßenlage ◇ ***tener* ~** Bestand haben
estabilización *f* Stabilisierung *f*
estabilizador *m* Stabilisator *m*; EL (Spannungs-)Regler *m*; **~*es*** *Pl* FLUGW Leitwerk *n*
estabilizar ⟨-z/c-⟩ *tr* stabilisieren, festigen, ausgleichen; **~se** *Lage* sich beruhigen
estable stabil *auch übertr*; beständig, fest; *Situation* ruhig; **~cer** ⟨-c/zc-⟩ *tr* errichten, (be)gründen; etablieren; einrichten; *Beziehungen* aufnehmen, herstellen; *Termin* festlegen, -setzen; *durch Gesetz* bestimmen; *Gesetz*, MODE einführen; *Gesetze, Rekord* aufstellen; **~cerse** sich niederlassen; sich ansiedeln; sich etablieren
establecimiento *m* Errichtung *f*; Aufnahme *f von Beziehungen*; Einrichtung *f*, Anstalt *f*; Geschäft *n*, Laden *m*; Unternehmen *n*, Firma *f*; Niederlassung *f*; Etablissement *n*; Bestimmung *f*, Festlegung *f*; **~ *comercial*** *od* ***industrial*** gewerblicher Betrieb *m*; **~ *público*** Anstalt *f* des öffentlichen Rechts; **~ *receptor*** (*z.B.* Toto-)Annahmestelle *f*; **~ *de venta por correo*** Versandhaus *n*
estab|lo *m* Stall *m*; **~ulación** *f* Stallhaltung *f von Großvieh*
estac|a *f* (Zaun-)Pfahl *m*; Pflock *m*; Stock *m*, Knüppel *m*; Stange *f*, Latte *f*; **~ada** *f* Einhegung *f*, -zäunung *f*; Latten-, Stangenzaun *m*; *Am* Stich *m* mit blanker Waffe; **~ado** *m* abgestecktes Gebiet *n*; **~ar** ⟨-c/qu-⟩ *tr Gelände* abstecken *bzw* einzäunen; **~arse** *Am* sich stechen *od* verletzen; sich einen Splitter einziehen
estación *f* Bahnhof(sgebäude *n*) *m*; (Bahn-)Station *f*; Jahreszeit *f*; Saison *f*; (Beobachtungs-)Station *f*; Anlage *f*; **~ *de autobuses*** *Esp* Busbahnhof *m*; **~ *de carga* (*destino*; *mercancías*; *origen*)** Verlade-(Bestimmungs-; Güter-; Abgangs)bahnhof *m*; **~ *central*** Hauptbahnhof *m*; **~ *cósmica*** *od* ***espacial* (*orbital*)** RAUMF Raum-(Orbital)station *f*; **(~) *depuradora*** *f* Kläranlage *f*; **~ *de inspección técnica de vehículos*** technische Fahrzeugüberprüfungsstelle *f*, → ***inspección*** *u* ***ITV***; **~ *de las lluvias*** Regenzeit *f*; **~ *meteorológica*** Wetterwarte *f*; **~ *móvil de control de humos y gases*** Schadstoffmobil *n*; **~ *de peaje*** *Autobahn* Mautstelle *f*; **~ *de rastreo de satélites*, ~ *de seguimiento*** Satellitenbeobachtungsstation *f*; **~ *de servicio(s)*** Tankstelle *f*; **(~) *terminal*** *f* Endstation *f*; **~ *de trabajo*** Bildschirm-, Computerarbeitsplatz *m*, Workstation *f* ◇ ***hacer* ~** Halt *od* Rast machen
estacional der Jahreszeit entsprechend; saisonal, saisonbedingt, jahreszeitlich (bedingt); Saison-
estacionamiento *m* KFZ Parken *n*; Parkplatz *m*; MIL Stationierung *f*; **~ *subterráneo*** Tiefgarage *f*
estacionar *tr* KFZ parken; MIL stationieren; **~se** stehen bleiben; ins Stocken geraten, stagnieren; *bes Am* bleiben, verweilen; **~io** MED stationär; ortsfest, -gebunden; stockend, stagnierend
estad|a *f* Aufenthalt *m*; **~ía** *f Schiff* Liegezeit *f*; Liegezeitgebühr(en *Pl*) *f*; *Am* → **~a**; **~illo** *m* Aufstellung *f Liste*
estadio *m* Stadion *n*; Stadium *n*
estadista *m(f)* Staatsmann *m*, -frau *f*; Politiker(in) *m(f)*
estadístic|a *f* Statistik *f*; **~o I** *Adj* statistisch **II** *m* Statistiker *m*
estado *m* Lage *f*, (Zu-)Stand *m*; Beschaffenheit *f*; Stadium *n*; Aufstellung *f Liste*; *meist* ♀ Staat *m*; *Méx u bezogen auf Bras, USA* Bundesstaat *m*; **~ *de alarma*** *od* ***alerta*** Alarmzustand *m*; Alarmbereitschaft *f*; **~ *de ánimo*** seelische Verfassung *f*; **♀ *del bienestar*** Wohlfahrtsstaat *m*; **~ *de (las) carreteras*** Straßenzustand *m*; **~ *civil*** Personen-, Familienstand *m*; **♀ *colindante*** Anlieger-, Anrainerstaat *m*; **~ *de cosas*** Sachlage *f*, -verhalt *m*; **~ *de cuenta*** Kontoauszüge *m*; Kontostand *m*; **♀ *de derecho*** Rechtsstaat *m*; **~ *de emergencia*** Notstand *m*; **~ *de excepción* (*guerra*; *sitio*)** Ausnahme-(Kriegs-; Belagerungs)zustand *m*; **♀ (*federado*)** *Dtschld, Österreich* (Bundes-) Land *n*; **~ *de gastos*** Kostenaufstellung *f*; **♀ *Libre*** Freistaat *m*; **♀ *Mayor*** MIL Stab; **~ *mental*** Geisteszustand *m*; **♀ *miembro* (*policial*; *social*; *vecino*)** Mitglieds-(Polizei-; Sozial-; Nachbar)staat *m*; **~ *de salud*** Gesundheitszustand *m*; **~ *sanitario*** Krankenstand *m*; **~ *del tiempo*** Wetterlage *f*; **(*los*) ♀*s Unidos*** Vereinigte Staaten *m/Pl*; ***en buen* ~** in gutem Zustand; unbeschädigt; ***en perfecto* ~ *de funcionamiento*** TECH betriebssicher ◇ ***actuar en* ~ *de emoción violento*** im Affekt handeln; ***encontrarse en* ~ *alcohólico*** unter Alkoholeinfluss stehen; ***encontrarse en* ~ *de declarar*** JUR vernehmungsfähig sein; ***estar en* ~ *interesante*** *od* ***de buena esperanza*** *Frau* in anderen Umständen sein; ***poner en* ~ *de alarma*** in Alarmzustand versetzen
estadounidense USA-, US-amerikanisch

E

estaf|a *f* Betrug *m*; Schwindel *m*; Hochstapelei *f*; **~ador** *m* Betrüger *m*; Schwindler *m*; Hochstapler *m*; **~ar** *tr/intr* betrügen; (an-, be)schwindeln; ergaunern
estafeta *f* Postamt *n*; Poststelle *f*; Stafette *f*; Kurierpost *f*; **~ *de correo móvil*** fahrbares Postamt *n*
estagnación *f* Stagnation *f*, Stockung *f*
estalinista stalinistisch
estallar *intr* explodieren; bersten, platzen *auch übertr vor Lachen, Neid, Wut*; in die Luft fliegen *od* gehen *auch übertr*; *Krieg, Krise, Feuer* ausbrechen; knallen; krachen; ***hacer* ~** (in die Luft) sprengen
estall|ido *m*, **~o** *m* Explosion *f*; Knall(en *n*) *m*; Krach(en *n*) *m*; *Krieg, Krise, Feuer* Ausbruch *m*
estambre *m* Kammgarn(stoff *m*) *n*
Estambul *m* Istanbul *n*
estamento *m* SOZIOL Stand *m*, Schicht *f*
estampa *f* Bild *n*; TYP Druck *m*; Spur *f*, Abdruck *m*; TECH Stanze *f*, Presse *f*; *übertr* Gestalt *f*, Gepräge *n*; ***de buena* ~** stattlich, gut aussehend ◇ ***dar* (*ir*) *a la* ~** in Druck geben (gehen)
estamp|ado **I** *Adj Stoff* bedruckt **II** *m* (Ab-)Drucken *n*; Prägen *n*; Stanzen *n*; **~ar** *tr* (ab)drucken; prägen; stanzen; auf-, bedrucken; *Stempel* aufdrücken; *Spur* abdrücken; *Spur* hinterlassen; *übertr* (ein)prägen; *Ohrfeige* verpassen; *etw* werfen *od* knallen *umg* (***contra*** gegen); **~ida** *f Am* wilde Flucht *f*; **~ido** *m* Knall *m*, Krachen *n*; Donner(rollen *n*) *m*; **~illa** *f* (Namens-)Stempel *m*; *Am* Briefmarke *f*; Wertmarke *f*; **~illar** *tr* stempeln; *Am Brief* frankieren; *Dokument* mit einer Wertmarke versehen
estanc|ación *f bes* MED Stauung, *f*, Stockung *f*; → ***estancamiento***; **~ado** stockend, stagnierend; *Luft* stickig, abgestanden
estancamiento *m* Stagnation *f*, Stillstand *m*, Flaute *f*; TECH Abdichtung *f*; (An-)Stauung *f*; HDL Monopolisierung *f*; **~ *coyuntural* (*económico*)** Konjunktur-(Wirtschafts)flaute *f*; **~ *de las reformas pendientes*** POL Reformstau *m* ◇ ***terminar en* ~** ins Stocken geraten
estanc|ar ⟨-c/qu-⟩ *tr* (an)stauen; hemmen, zum Stillstand bringen; aufhalten *stoppen*; TECH abdichten; *Waren* monopolisieren; **~arse** sich stauen; stocken, stagnieren; **~ia** *f* Aufenthalt(szeit *f*) *m*; Aufenthaltskosten *Pl*; Verbleib *m*; *Am* Landgut *n bzw* Viehfarm *f*; **~iero** *m Am* Großgrund-, Gutsbesitzer *m bzw* Viehzüchter *m*; **~o** **I** *Adj* wasserdicht **II** *m bes Esp* Tabakwaren- (und Briefmarken)geschäft *n bzw* -kiosk *m*; monopolisierter *od* staatlich kontrollierter Handel *m*
estándar *m* **I** *Adj* Standard-, standardisiert **II** *m* Standard *m*
estandar|(d)ización *f* Standardisierung *f*, Normung *f*, Vereinheitlichung *f*; **~(d)izar** ⟨-z/c-⟩ *tr* standardisieren, normen, vereinheitlichen; **~te** *m* Standarte *f*
estanflación *f* Stagflation *f*
estanqu|e *m* Teich *m*; Wasserbecken *n*; *Am reg* Schwimmbecken *n*; **~ero** *m bes Esp* Tabakwarenhändler *m*; **~illo** *m Am* Kiosk *m*, (Verkaufs-)Stand *m*
estante *m* Regal *n*; Bücherbord *n*, -brett *n*
estantería *f* Gestell *n*, Stellage *f*; Regal(e *Pl*) *n*; **~ *de colgar*** Hängeregal *n*
estaño *m* Zinn *n*
estar ⟨*unreg*⟩ *intr* sein; sich befinden; zu *od Arbeitsstelle* im Hause *od* am Platz sein, zu sprechen sein; liegen *bzw* stehen (***el libro*** *bzw* ***la taza está en la mesa***); *Kleidung* sitzen, stehen; ***¿estamos?*** verstanden?; einverstanden?; ***¿cómo estás?*** wie geht es dir?; ***estoy bien*** (***mal***) mir geht es gut (schlecht); ***¡ya está!*** fertig!, erledigt!; Schluss!; *mit Ger*: *bezeichnet als Verlaufsform einen gerade stattfindenden od länger andauernden Vorgang*: ***están comiendo*** sie sind (gerade) beim Essen; ***ambas partes están negociando*** beide Seiten stehen in *od* führen Verhandlungen; *mit Part*: *bezeichnet als Zustandspassiv das Ergebnis eines abgeschlossenen Vorgangs*: ***la ventana está abierta*** (***cerrada***) das Fenster ist offen (geschlossen); *mit Präp od Adv*: ***estamos a 13*** (***de febrero***) wir haben den 13. (Februar); ***los limones están a 30 céntimos*** die Zitronen kosten 30 Cent; **~ *con alg*** bei jmdm sein *bzw* wohnen; *übertr* auf jmds Seite stehen; mit jmdm einer Meinung sein; **~ *de*** arbeiten *od* beschäftigt sein als; **~ *detrás de algo*** (***alg***) hinter etw (jmdm) her sein; auf etw (jmdn) erpicht sein; **~ *fuera*** außen vor sein *reg u umg unberücksichtigt bleiben*; **~ *para*** + *Inf* im Begriff sein zu + *Inf*; ***no* ~ *para u/c*** nicht gut zu etw aufgelegt sein; **~ *por alg*** (***u/c***) für jmdn (etw) sein; **~ *por*** (***sin***) ***hacer*** noch zu tun sein (noch nicht erledigt sein); **~ *sin algo*** etw nicht haben; **~se** bleiben, verweilen
estarc|ido *m* Schablone *f*; **~ir** ⟨-c/z-⟩ *tr* mit einer Schablone zeichnen *bzw* schreiben
estatal staatlich, Staats-; *Méx u bezogen auf Bras, USA* bundesstaatlich; **~ización** *f* → ***estatización***; **~izar** ⟨-z/c-⟩ *tr* → ***estatificar***
estátic|a *f* Statik *f*; **~o** **I** *Adj* statisch; *übertr* starr **II** *m* Statiker *m*
estat|ificar ⟨-c/qu-⟩ *tr* verstaatlichen; **~is-**

mo *m* Unbeweglichkeit *f*; POL Dirigismus *m*
estatiz|ación *f* Verstaatlichung *f*; **~ador** Verstaatlichungs-; **~ar** ⟨-z/c-⟩ *tr* → ***estatificar***
estatu|a *f* Statue *f*; **~ra** *f* Statur *f*; *Körper* Größe *f*; **~s** *m* Status *m*; **~ *de culto*** Kultstatus *m z.B. einer Popgruppe*; **~tario** *m* im Statut *od* in den Statuten festgelegt *od* verankert; satzungsgemäß
estatuto *m* Status *m*; **~s** *Pl* Statut(en *Pl*) *n*, Satzung *f*
este[1], *bes* POL *auch* ♀ Osten *m*; Ostwind *m*; ***al ~ de*** östlich von
este[2] ⟨*Pl* ***estos***, *f* ***esta***⟩ **I** *Dem Adj* dieser, diese, dieses (hier) (***~ muchacho***); ***esta mañana*** heute früh *od* Vormittag; ***en esta Universidad*** an unserer *od* der hiesigen Universität **II** *Dem Pron, auch* **éste** (*der Akzent kann entfallen*) dieser *od* diese *od* dieses (hier) (***~ es nuestro amigo***); ***¡ésta sí que es buena!*** das ist einfach *od* wirklich toll!
estel|a *f* MAR Kielwasser *n*; Spur *f*; FLUGW Kondensstreifen *m*; **~ar** Stern(en)-
esténcil *m bes Am* Wachsmatrize *f*
esten|ografía *f* → ***taquigrafía***; **~ográfico** → ***taquigráfico***; **~ógrafo** *m* → ***taquígrafo***
estenordeste *m* Ostnordost(wind) *m*
estenotip|ia *f* Maschinenkurzschrift *f*, Stenotypie *f*; **~ista** *m(f)* Stenotypist(in) *m(f)*
estepa *f* Steppe *f*
estera *f* (Fuß-)Matte *f*
estéreo Stereo-
estereo|fonía *f* Stereophonie *f*, Raumton *m*; **~fónico** stereophon(isch); Stereo-; **~tipado** TYP *u übertr* stereotyp; **~tipia** *f* Stereotypie *f*; **~típico** TYP stereotyp; **~tipo** *m* Stereotypplatte *f*; *übertr* Klischee *n*; PSYCH Stereotyp *n*
estéril unfruchtbar; steril, keimfrei; nutz-, sinnlos; *Ergebnis* mager
esteril|idad *f* Unfruchtbarkeit *f*; Zeugungsunfähigkeit *f*; Sterilität *f*; **~ización** *f* Sterilisation *f*, Sterilisierung *f*; **~izar** ⟨-z/c-⟩ *tr* sterilisieren; keimfrei machen
esterlina *f Münze* Sterling *m*; → ***libra***
estesudeste *m* Ostsüdost(wind) *m*
est|eta Ästhet *m*; **~ética** *f* Ästhetik *f*; **~eticista** *m(f)* Kosmetiker(in) *m(f)*; **~ético** ästhetisch; musisch
estetoscopio *m* Stethoskop *n*
estiba *f* MAR (Ver-)Stauen *n*; MAR Trimmen *n*
estibador *m* MAR Stauer *m*; ***~es*** *Pl* MAR Schauerleute *Pl*
estibar *tr* MAR stauen; MAR trimmen; *Am* stapeln
estiércol *m* Mist *m*, Dung *m*
estigm|a *m* Stigma *n auch übertr*; Wundmal *n auch übertr*; **~atizar** ⟨-z/c-⟩ *tr* stigmatisieren; *übertr* brandmarken, geißeln
estil|ar *tr Schriftstück* abfassen, formulieren; **~arse** üblich *od* gebräuchlich *od* Usus sein; **~ista** *m(f)* Stilist(in) *m(f)*; **~ística** *f* Stilistik *f*; **~ístico** stilistisch; Stil-; **~izar** ⟨-z/c-⟩ *tr* stilisieren; *bes* MODE stylen *formen, gestalten*
estilo I *Adj* ⟨*unv*⟩ im Stil von … (***casas ~ californiano***) **II** *m* Stil *m auch übertr*; Art *f*, Weise *f*; Brauch *m*, Mode *f*; ***~ comunicador*** Plauderton *m*; ***~ de dirección*** POL, *Management* Leitungs-, Führungsstil *m*; ***~ directo*** (***indirecto***) GRAMM direkte *od* wörtliche (indirekte) Rede *f*; ***~ libre*** SPORT Freistil *m*; ***~ periodístico*** (***telegráfico***) Zeitungs-(Telegramm)stil *m*; ***al ~ de*** (ganz) nach Art von *od Gen*; ***y así por el ~*** und so weiter; ***y otras cosas por el ~*** und dergleichen mehr
estil|ográfica *f* Füll(federhalt)er *m*; **~ográfico** *m Am reg* Drehbleistift *m*; **~ógrafo** *m Col, Nic* → ***~ográfica***
estima *f* (Hoch-)Achtung *f*, Wertschätzung *f*; Ansehen *n*
estimación *f* → ***estima***; (Ab-)Schätzung *f*; Einschätzung *f*; ***~ de costes*** (***ventas***) Kostenkalkulation *f* (HDL Absatzerwartung *f*)
estimado I *Adj Anrede* sehr geehrt, wert; *Anrede* geschätzt; Schätz- **II** *m* Schätzung *f*, Berechnung *f*
estimar *tr* (hoch) achten; würdigen; (ab)schätzen; einschätzen, der Auffassung sein; ***~ en alto*** (***en poco***) *übertr* hoch einschätzen (gering schatzen); ***~ conveniente*** + *Inf* es für angebracht halten; **~se** sich gegenseitig achten; Selbstachtung haben
estimativa *f* Einschätzung *f*, Bewertung *f*
estimativo I *Adj* Schätz(ungs)- **II** *m*: ***según ~s*** Schätzungen zufolge
estimul|ante I *Adj* anregend; fördernd **II** *m* Anregungs-, Aufputschmittel *n*; ***~s*** *Pl* Genussmittel *n*/*Pl*; **~ar** *tr* stimulieren; fördern; anspornen, ermutigen; *Produktion, Wirtschaft* ankurbeln *umg*
estímulo *m* Anregung *f*, -reiz *m*; Ansporn *m*; Triebfeder *f*; ***~ a las exportaciones*** Exportförderung *f*; ***~s fiscales*** Steueranreize *m*/*Pl*
estipendio *m* Besoldung *f*; Stipendium *n*
estipul|ación *f* Festlegung *f*; Vereinbarung *f*; Klausel *f*; ***estipulaciones*** *Pl* (Vertrags-) Bestimmungen *f*/*Pl*; **~ar** *tr* (vertraglich) festlegen, bestimmen, vorsehen, vereinbaren
estira *m*: ***~ y encoge*** Hickhack *m,n*; Gerangel *n*

E

estirar *tr* (aus)dehnen, strecken; *Arme* recken; **~se** sich dehnen; sich recken (und strecken); sich rekeln
Estiria *f* Steiermark *f*
estirio I *Adj* steirisch **II** *m* Steiermärker *m*, Steier *m*
estirón *m* Ruck *m*
estirpe *f* Stamm *m*, Geschlecht *n*
estival Sommer-, sommerlich
esto *Dem Pron* dies(es); ***en ~*** unterdessen, mittlerweile; darin ◇ ***~ es*** das heißt, nämlich; → ***eso***
Estocolmo *m* Stockholm *n*
estof|ado *m* Schmorbraten *m*, -fleisch *n*; Gulasch *n,m*; **~ar** *tr* KOCHK schmoren, dünsten
estoic|amente *übertr* (ruhig und) gelassen; **~ismo** *m* Stoizismus *m*; Gleichmut *m*; **~o** stoisch; *übertr* unerschütterlich
estola *f* Stola *f*
estomacal I *Adj* Magen-; magenstärkend **II** *m* Magenbitter *m*
estómago *m* Magen *m*, Bauch *m umg* ◇ ***me ladra el ~*** mir knurrt der Magen; ***se me revuelve el ~*** mir dreht sich der Magen um
estomat|ología *f* Stomatologie *f*; **~ológico** stomatologisch; Zahn-; **~ólogo** *m* Stomatologe *m*
Estonia *f* Estland *n*
estoni|ano, ~o I *Adj* estnisch, estländisch **II** *m*, **-a** *f* Este(-in) *m(f)*, Estländer(in) *m(f)*
estorb|ar I *tr* stören; behindern **II** *intr* stören; hinderlich sein; **~o** *m* Störung *f*; Hindernis *n*
estornino *m* ZOOL Star *m*
estornud|ar *intr* niesen; **~o** *m* Niesen *n*
estoy → ***estar***
estrabismo *m* Schielen *m*
estrado *m* Estrade *f*; Podium *n*
estrafalario nachlässig *unordentlich*; ausgefallen; verschroben
estrago *m* Verheerung *f*, -wüstung *f*; Schaden *m* ◇ ***causar*** *od* ***hacer ~s*** Unheil anrichten
estragón *m* BOT Estragon *m*
estrambótico sonderbar; bizarr
estrangul|ación *f* Erdrosseln *n*, -würgen *n*; MED, TECH Abschnüren *n*; TECH Drosseln *n*; **~amiento** *m* TECH, WIRTSCH Drosselung *f*; **~ar** *tr* erdrosseln, -würgen; MED abbinden, -klemmen, -schnüren; TECH, WIRTSCH drosseln
estraperl|ista *m(f)* *Esp* Schwarzhändler(-in) *m(f)*; **~o** *m* *Esp* Schwarzhandel *m*, schwarzer Markt *m*
Estrasburgo *m* Straßburg *n*, *französisch* Strasbourg *n*
estrat|agema *f* (Hinter-)List *f*; **~ega** *m(f)* Stratege(-in) *m(f)*; **~egia** *f* Strategie *f*; **~égico** strategisch
estrat|ificación *f* GEOL *u übertr* Schichtung *f*; **~o** *m* ANAT, GEOL *u übertr* Schicht *f*; **~osfera** *f* Stratosphäre *f*
estrech|amente dürftig, kärglich; strikt; **~amiento** *m* Verengung *f*; Festigung *f*, Vertiefung *f von Beziehungen*; **~ar** *tr* ein-, verengen; enger machen; *Beziehungen* enger gestalten, festigen; *Hand* drücken; umfassen, -klammern; *jmdn* in die Enge treiben; **~arse** sich zusammenziehen; zusammenrücken; sich einschränken
estrechez *f* Enge *f*; Knappheit *f*; enge Freundschaft *f*; ***~ de miras*** Engstirnigkeit *f* ◇ ***vivir en*** *od* ***con gran ~*** sehr karg leben
estrecho I *Adj* eng *auch übertr*; schmal; beschränkt, eingeschränkt; engstirnig; *übertr* streng **II** *m* Bedrängnis *f*, Not *f*; MAR Straße *f*, Meerenge *f*; ***el ♀*** (***de Bering***) die Straße *od* Meerenge von Gibraltar (die Beringstraße)
estregar ⟨-ie-, -g/gu-⟩ *tr* (ab)reiben; bürsten; scheuern; kratzen
estrella *f* Stern *m*; (Film-)Star *m*; Riesenrad *n*; Glanzstück *n*; Windrose *f*; ***~ ascendente*** Senkrechtstarter *m*, Shootingstar *m*; ***~ fugaz*** Sternschnuppe *f* ◇ ***nació con buena*** (***mala***) ***~*** er wurde unter einem günstigen (ungünstigen) Stern geboren; ***ver las ~s*** *vor Schmerz* Sterne sehen
estrell|amar *m* Seestern *m*; **~ar I** *Adj* Stern(en)- **II** *tr* zerschlagen, -schmettern **III** *intr umg* glänzen *eine Glanzleistung vollbringen* (***en*** bei); **~arse** *Flugzeug* abstürzen; zerschellen; KFZ *gegen etw* fahren *od* rasen; scheitern; grob werden (***con*** gegen)
estremec|edor *übertr* erschütternd; **~er** ⟨-c/zc-⟩ *tr* erschüttern *auch übertr*; zum Beben bringen; **~erse** zusammenfahren, schaudern; zittern; beben; sich schütteln; **~imiento** *m* Erschütterung *f auch übertr*; Schauder *m*; Zittern *n*
estren|ar *tr etw* zum ersten Mal tun (*Kleidung* anziehen; KFZ fahren; FILM, THEAT aufführen); *übertr* einweihen; **~arse** FILM, THEAT *u übertr* debütieren; uraufgeführt werden; ein Amt *od* eine Arbeit antreten; **~o** *m* erster Versuch *m*; Erst-, Uraufführung *f*, Premiere *f*; Debüt *n*; *übertr* Einweihung *f*
estreñ|ido MED verstopft; **~imiento** *m* MED Verstopfung *f*
estr|épito *m* Getöse *n*; **~epitoso** lärmend; tosend
estreptomicina *f* PHARM Streptomyzin *n*
estr|és *m* Stress *m*; **~esado** gestresst; **~esante** stressig; **~esar** *tr* stressen, überbeanspruchen

estribación *f* (*meist* ***estribaciones*** *Pl*) *Gebirge* Ausläufer *m* (*Pl*)
estrib|ar: ~ ***en*** *intr übertr* bestehen in, beruhen auf; **~arse** sich stützen (***en*** auf); **~illo** *m* Kehrreim *m*, Refrain *m*; *verächtl übertr* alte Leier *f*
estribo *m* Steigbügel *m auch* ANAT; Trittbrett *n*; Fußraste *f*; Strebe-, Stützpfeiler *m*; → ***estribación*** ◇ (***hacer***) ***perder los ~s*** die Beherrschung *od* Nerven verlieren; aus der Haut fahren; Unsinn reden (*jmdm* auf die Nerven gehen)
estribor *m* MAR Steuerbord *n*
estricnina *f* PHARM Strychnin *n*
estrict|ez *f Am übertr* Strenge *f*; Genauigkeit *f*; **~o** *übertr* streng; strikt
estridente schrill, gellend; schockierend
estrip|tís *m*, **~tisera** *f* → ***strip-tease***, ***striptisera***
estrofa *f* Strophe *f*
estroncio *m* CHEM Strontium *n*
estrop|ajoso zerlumpt, heruntergekommen; *Aussprache* undeutlich; **~eado** kaputt; zerschlissen; **~ear** *tr* beschädigen; verletzen; zerreißen; kaputtmachen; *Plan* vereiteln; **~earse** kaputtgehen; verderben
estructura *f* Struktur *f*; *übertr* (Auf-)Bau *m*; → ***estructuración***; ~ ***empresarial*** (***financiera***) Unternehmens-(Finanz)-struktur *f*; ~ ***de ingresos*** (***mando***) Einkommens-(Führungs)struktur *f*; ~ ***de la oferta*** Angebotsstruktur *f*; ~ ***orgánica***, ~ ***de organización*** Organisationsstruktur *f*; ~ ***de los precios*** Preisgefüge *n*
estructur|ación *f* Strukturierung *f*; Gestaltung *f*; Gliederung *f*; **~al** strukturell; Struktur-; **~ar** *tr* strukturieren; gliedern; gestalten
estruend|o *m* Donnern *n*; Krach(en *n*) *m*; Getöse *n*; Pomp *m*; **~oso** donnernd; lärmend, tosend; pompös
estrujar *tr* aus-, zerdrücken; auspressen, -quetschen *auch übertr*; zusammendrücken
estuario *m* Flussmündung *f*
estuc|ado *m* Stuckatur *f*; Stuckieren *n*; **~ador** *m* → ***estuquista***; **~ar** ⟨-c/qu-⟩ *tr* stuckieren; **~o** *m* Stuck *m*
estuchado: ***bien*** ~ *übertr* gut verpackt
estuche *m* Futteral *n*; Etui *n*; Geigenkasten *m*; *Zigaretten* Packung *f*; MED Besteck *n*; ~ ***de compases*** *od* ***dibujo*** Reißzeug *n*; ~ ***para las gafas*** Brillenetui *n*
estudian|do *m* Studierender *m*; **~tado** *m* Studenten(schaft *f*) *m/Pl*
estudiante *m*(*f*) Student(in) *m*(*f*); Schüler(in) *m*(*f*); ~ ***de bachillerato*** Oberschüler *m*; ~ ***graduado***, ~ ***de investigación***, ~ ***investigador*** (***obrero***; ***pregraduado***) Forschungsstudent *m* (Werkstudent *m*; Diplomand *m*)
estudi|antil studentisch, Studenten-; **~ar I** *tr/intr* studieren; lernen **II** *tr Rolle u übertr* einstudieren; erlernen; (ein)üben; auswendig lernen; durcharbeiten; untersuchen, (über)prüfen
estudio *m* Studium *n*; Studie *f*, Bericht *m*; wissenschaftliche Arbeit *f*, Untersuchung *f*; Entwurf *m*; Studio *n*; FILM, FOTO, MAL Atelier *n*; MUS Etüde *f*; **~s** *Pl* Ausbildung *f*; Studium *n*; ~ ***de campo*** *od* ***terreno*** (***caso***) Feld-(Fall)studie *f*; **~*s por correspondencia***, **~*s dirigidos*** Fernstudium *n*; ~ ***de grabaciones*** RADIO Aufnahmestudio *n*; ~ ***de impacto ambiental*** Umweltverträglichkeitsprüfung *f*; ~ ***individual*** Selbststudium *n*; ~ ***del mercado*** Marktforschung *f*; Marktstudie *f*; **~*s nocturnos*** *od* ***vespertinos*** (***técnicos***; ***universitarios***) Abend-(Fachschul-; Hochschul-, Universitäts)-studium *n* ◇ ***cursar ~s*** studieren; lernen; ***tener ~s*** studiert haben, Akademiker sein
estudioso I *Adj* lern-, wissbegierig **II** *m* Forscher *m*; Fachmann *m*
estufa *f* Ofen *m*; Treib-, Gewächshaus *n*; ~ ***eléctrica*** elektrischer Heizofen *m*
estulticia *f* Dummheit *f*; *ärztlicher* Kunstfehler *m*
estupefacción *f* Erstaunen *n*; Bestürzung *f*
estup|efaciente I *Adj* betäubend **II** *m* Rauschgift *n*; **~s** *Pl* Suchtmittel *n/Pl*; **~efacto** bestürzt, entsetzt, sprachlos; **~endo** erstaunlich; großartig, fantastisch, toll *umg*, klasse *umg*
estupid|ez *f* Dummheit *f*; **~izante** dümmlich
estúpido I *Adj* dumm; stumpfsinnig **II** *m* Dummkopf *m*
estupor *m* Benommenheit *f*; Betäubung *f*; Verblüffung *f*; (maßloses) Entsetzen *n*
estuquista *m*(*f*) Stuckateur(in) *m*(*f*)
esturión *m* ZOOL Stör *m*
estuve → ***estar***
ETA *f* ⟨*ohne Art*⟩ (*Abk für baskisch* ***Euskadi ta Askatasuna*** Baskenland und Freiheit) ETA *f*, *baskische Untergrundorganisation*
etapa *f* Etappe *f auch* MIL; Abschnitt *m*; *übertr* Stufe *f*, Phase *f*; ***por ~s*** stufenweise; nach und nach ◇ ***pasar una ~ bien*** *od* ***muy difícil*** eine sehr schwere Zeit durchmachen
etarra I *Adj* der ETA, ETA- **II** *m* Mitglied *n* der baskischen Untergrundorganisation ETA
etc. *Abk für* ***etcétera*** und so weiter, usw.
éter *m* CHEM *u übertr* Äther *m*
etern|idad *f* REL *u übertr* Ewigkeit *f*; **~izar-**

E

se ⟨-z/c-⟩ ewig dauern, sich in die Länge ziehen; kein Ende finden (können) (***se eternizaba al teléfono***); **~o** ewig; unsterblich; unendlich lang
ética *f* Ethik *f*; Ethos *n*; ***~ laboral, ~ del trabajo*** Arbeitsmoral *f*; ***~ profesional*** Berufsethos *n*

E

ético ethisch; moralisch
etil|eno *m* Äthylen *n*; **~o** *m* Äthyl *n*
etimol|ogía *f* Etymologie *f*; **~ógico** etymologisch
etíope I *Adj* äthiopisch **II** *m(f)* Äthiopier (-in) *m(f)*
Etiopía *f* Äthiopien *n*
etiqueta *f* Etikette *f*; Etikett *n*; Preisschild *n*; ***~ adhesiva*** Aufkleber *m*, Klebeetikett *n*; ***~ de calidad*** Gütezeichen *n*, -siegel *n* ◇ ***poner ~(s)*** etikettieren, *mit Etikett* beschriften (*Waren* aus-, kennzeichnen, auspreisen)
etiquet|ado *m* Etikettieren *n*; Aus-, Kennzeichnung *f einer Ware*; **~ar** *tr übertr* jmdn abstempeln *bzw* einstufen; → ***poner etiqueta(s)***
etnia *f* Völkerschaft *f*, Ethnie *f*
étnico ethnisch, Volks-
etno|cidio *m* Völkermord *m*; **~grafía** *f* Ethnographie *f*; **~logía** *f* Ethnologie *f*
et|ología *f* Ethologie *f*, Verhaltensforschung *f*; **~ólogo** *m* Verhaltensforscher *m*
ETT *f Abk für* ***empresa de trabajo temporal***, → ***empresa***
eucalipto *m* Eukalyptus *m*
eucar|istía *f* Eucharistie *f*; **~ístico** eucharistisch
eufemismo *m* Euphemismus *m* ◇ ***no emplear ~s*** *übertr* kein Blatt vor den Mund nehmen
eu|femístico euphemistisch, beschönigend; **~foria** *f* Euphorie *f*, Hochstimmung *f*; **~fórico** euphorisch, beschwingt
eunuco *m* Eunuch *m*
euro *m Währung* Euro *m*; ◇ ***calcular*** *od* ***convertir en ~s*** in Euro umrechnen; **~calculadora** *f* Euro(um)rechner *m*; **♀Cent** *m*, *auch* **~cent** *m* Eurocentmünze *f*; → ***céntimo***; **~cheque** *m* Eurocheque *m*; **~comisario** *m* EU-Kommissar *m*; **~comunismo** *m* Eurokommunismus *m*; **~comunitario** EU-, der EU *od* Europäischen Union; **~conector** *m* TV Eurostecker *m*; **~convertidor** *m* Euroumrechner *m*; **♀copa** *f* SPORT Europapokal *m*; **♀cuerpo** *m* MIL Eurokorps *n*; **~diputado** *m* Europaabgeordneter *m*; **~dólar** *m* Eurodollar *m*; **~escepticismo** *m* Euroskepsis *f*; **~escéptico** *m* Euroskeptiker *m*; **~mercado** *m* Euromarkt *m*; **~millonario** *m* Euromillionär *m*; **~occidental** westeuropäisch
Europa *f* Europa *n*; ***en toda ~*** europaweit
euro|parlamentario *m* → ***eurodiputado***; **♀parlamento** *m* Europaparlament *n*; **~peísmo** POL Europabewegung *f*; Europagedanke *m*; **~peísta** *m(f)* POL Europäer (-in) *m(f)*; Anhänger(in) *m(f)* der Europabewegung; Verfechter(in) *m(f)* des Europagedankens; **~peización** *f* Europäisierung *f*; **~peizar** ⟨-z/c-⟩ *tr* europäisieren
euro|peo I *Adj* europäisch, Europa- **II** *m*, **-a** *f* Europäer(in) *m(f)*; **♀pol** *f* (*Abk für* ***Oficina Europea de Policía***) Europol *f*; **♀stat** ⟨*ohne Art*⟩ (*Abk für* ***Oficina*** *f* ***Europea de Estadística***) Eurostat ⟨*ohne Art*⟩; **♀túnel** *m* Euro-, Kanaltunnel *m*; **♀visión** *f* TV Eurovision *f*; **~zona** *f* Euroland *n*, -zone *f*
Eus|kadi *m* Baskenland *n*; **♀kera** *od* **♀quera I** *Adj Sprache* baskisch **II** *m* das Baskische
eutanasia *f* Euthanasie *f*; Sterbehilfe *f*
Euzkadi *m* → ***Euskadi***
evacu|ación *f* Räumung *f*; Evakuierung *f*; Ausweisung *f*, Vertreibung *f*; Beseitigung *f*, Entsorgung *f*; *Wasser* Ablassen *n*, -führen *n*; **~ar** ⟨-úo⟩ *tr* (aus)räumen; beseitigen, entsorgen; evakuieren; ausweisen, vertreiben; *Wasser* ablassen, -führen; *Angelegenheit* erledigen
evadir *tr etw* umgehen; *einer Gefahr od Schwierigkeit* ausweichen; sich *vor od um etw* drücken *umg*; *Geld* verbringen (***hacia*** nach *od* in); **~se** *aus der Haft* ausbrechen; entkommen; sich drücken *umg*
evalu|ación *f* (Be-)Wertung *f*; Auswertung *f*; Einschätzung *f*; Beurteilung *f*, Evaluation *f*; **~ar** ⟨-úo⟩ *tr* (be)werten; auswerten; einschätzen; beurteilen, evaluieren
evangélico evangelisch
evapor|ación *f* Verdampfen *n*; Verdunstung *f*; **~arse** verdunsten; verdampfen; *übertr* sich in Luft auflösen; *übertr* verduften, sich verziehen *od* aus dem Staub machen
evasión *f* Flucht *f auch übertr*, Ausbruch *m*; → ***evasiva***; ***~ de capitales*** Kapitalflucht *f*; ***~ fiscal*** Steuerflucht *f*, -hinterziehung *f*
evas|iva *f* Ausrede *f*, -flucht *f*; **~ivo** *Antwort* ausweichend
evasor *m* Ausbrecher *m*; ***~ fiscal*** Steuerhinterzieher *m*, -flüchtling *m*
event|o *m* Ereignis *n*, *umg* Event *n*; **~ual I** *Adj* eventuell, etwaig, möglich; Gelegenheits-; Hobby- **II** *m* Gelegenheitsarbeiter *m*; **~ualidad** *f* Eventualität *f*, Möglichkeit *f*
evidencia *f* Evidenz *f*; Aussagekraft *f*; *Am* Beweis *m* ◇ ***poner en ~*** *übertr* ans Licht bringen; klar beweisen, darlegen; blamieren, bloßstellen; ***rendirse a*** *od* ***ante la ~*** sich vom Augenschein überzeugen lassen, sich den Tatsachen beugen

eviden|ciar *tr* eindeutig beweisen; *etw* klar *od* deutlich machen; **~te** offensichtlich; evident, einleuchtend; deutlich, klar
evit|able vermeidbar; **~ar** *tr* vermeiden; verhindern; verhüten; *Gefahr* abwenden; meiden; *übertr* aus dem Wege gehen
evocar ⟨-c/qu-⟩ *tr* *Erinnerungen* wecken; heraufbeschwören
evolu|ción *f* Evolution *f*; Entwicklung *f*; Wandel *m*; Verlauf *m*, Gang *m*; **~cionar** *intr* sich (weiter)entwickeln
ex *vor Pers Bez* ehemalig (***~ miembro***); Ex- (***su ~ marido***); **~acción** *f* *Gebühren* Erhebung *f*; Eintreibung *f*; Erpressung *f*
exactitud *f* Genauigkeit *f*; Richtigkeit *f* ◇ ***no respondemos de la ~ de la información*** für die Richtigkeit der Angabe(n) übernehmen wir keine Gewähr
exacto exakt, genau; richtig
exager|ación *f* Übertreibung *f*; **~ado** überspitzt; **~ar** *intr/tr* übertreiben; aufbauschen
exalt|ación *f* Verherrlichung *f*; Exaltiertheit *f*; **~ado** *übertr* überspannt, exaltiert; überschwänglich; **~ar** *tr* verherrlichen, (lob)preisen; **~arse** in Begeisterung geraten, schwärmen (***por*** für)
examen *m* Prüfung *f*, Examen *n*; Untersuchung *f auch* MED; Kontrolle *f*; ***~ de conducir*** Fahrprüfung *f*; ***~ (por) escrito (~ oral)*** schriftliche (mündliche) Prüfung *f*; ***~*** (*od* ***exámenes*** *Pl*) ***estatal(es), ~ de licenciatura*** Staatsexamen *n*; ***~ final*** Abschlussprüfung *f*; ***~ de ingreso*** Aufnahmeprüfung *f*; ***exámenes intermedios*** Zwischenprüfungen *f/Pl*; ***~ de maestría*** Meisterprüfung *f*; ***exámenes en serie*** MED Reihenuntersuchung *f* ◇ ***aprobar (desaprobar) el ~*** die Prüfung (nicht) bestehen; ***dar*** *od* ***hacer*** *od* ***pasar*** *od* ***presentar un ~*** eine Prüfung ablegen *od* machen
examin|ador *m* Prüf(end)er *m*; **~ando** *m* Prüfling *m*; **~ar** *tr* prüfen; erwägen; nach-, überprüfen, kontrollieren; untersuchen; *mit den Blicken* mustern; **~arse** geprüft werden, eine Prüfung ablegen
exangüe blutleer; leblos; ausgelaugt *erschöpft*
exantema *m* Hautausschlag *m*, Exanthem *n*
exasper|ación *f* Erbitterung *f*; **~ante** *übertr* bitter; **~ar** *tr* (v)erbittern; zur Verzweiflung bringen; **~arse** in Wut geraten
Exca. *f* (*Abk für* ***Excelencia***) Exz. *f*
excarcel|ación *f* Entlassung *f* aus der Haft; **~ado** *m* Haftentlassener *m*; **~ar** *tr* aus der Haft entlassen
excav|ación *f* Ausgrabung *f*; Ausschachtung *f*; (Aus-)Baggerung *f*; **~adora** *f* Bagger *m*; **~ar** *tr/intr* ausgraben; ausschachten; (aus)baggern
excedencia *f* Beurlaubung *f*, Freistellung *f*; ***~ por cuidado de hijo*** *etwa* Erziehungsurlaub *m*; ***~ de*** *od* ***por maternidad*** Mutterschaftsurlaub *m* ◇ ***conceder la ~*** *jmdn von der Arbeit* freistellen *od* beurlauben
excedente I *Adj* überzählig; überschüssig; *als Reserve* noch vorhanden; *übertr* hinausgehend (***de*** über) **II** *m* Überschuss *m*, Überhang *m*; Mehrbetrag *m*; ***~ de la balanza comercial (~ de la balanza de pagos)*** Handelsbilanz-(Zahlungsbilanz)-überschuss *m*; ***~ de demanda (oferta)*** Nachfrageüberhang *m* (Überangebot *n*); ***~ de exportación (importación; mercancías; producción)*** Export-(Import-; Waren-; Produktions)überschuss *m*; ***~ de ingresos*** Mehreinnahmen *f/Pl*; ***~ de mano de obra*** Überangebot *n* an Arbeitskräften; überschüssige Arbeitskräfte *f/Pl*; ***~ monetario*** Geldüberhang *m*, -überschuss *m* ◇ ***lograr*** *od* ***realizar ~s*** Überschüsse erzielen
exceder I *tr übertr* überschreiten, -steigen (***de*** um); *Konto* überziehen; übertreffen (***en*** an); (***no***) ***~*** *Gewichts-bzw Geschwindigkeitsangabe* (nicht) mehr wiegen als *bzw* (nicht) schneller fahren als **II** *intr übertr* hinausgehen (***a*** über), übersteigen
excederse *übertr* zu weit gehen; *übertr* sich zu viel herausnehmen; ***~ a sí mismo*** sich selbst übertreffen
Excelencia *f* Exzellenz *f*; ***por ~*** im wahrsten Sinne des Wortes, par excellence; ***Su (Vuestra) ~*** Seine (Eure *od* Euer) Exzellenz *f*
excelente vortrefflich, ausgezeichnet
excelentísimo: ***el ~ Señor Don …*** Seine Exzellenz, Herr …
excéntrico *Charakter u* TECH exzentrisch; *übertr* überspannt
excepción *f* Ausnahme *f*; ***a*** *od* ***con ~ de*** ausgenommen; ***por (sin) ~*** ausnahmsweise (ausnahmslos) ◇ ***hacer ~ de u/c*** *übertr* etw ausnehmen; ***hacer una ~*** eine Ausnahme machen; *Sprichw* ***las excepciones confirman la regla*** Ausnahmen bestätigen die Regel
excep|cional Ausnahme-; außergewöhnlich; **~to**, **~tuando** ausgenommen, außer; **~tuar** ⟨-úo⟩ *tr* ausnehmen, -schließen; **~tuarse** *übertr* sich ausschließen; nicht mitmachen wollen
excesivo übermäßig; maßlos; überhöht, zu hoch; übertrieben
exceso *m* Übermaß *n*; Überschuss *m*, -hang *m*; Exzess *m*; **~s** *Pl* Ausschreitungen *f/Pl*, Übergriffe *m/Pl*; Ausschweifungen *f/Pl*; ***~ de capacidad (celo; deudas; equipaje; peso; producción)*** Überkapazität *f*; (-ei-

fer *m*; -schuldung *f*; FLUGW -gepäck *n*; -gewicht *n*; -produktion *f*); **~ *de gastos*** Mehrausgaben *f/Pl*, -aufwendungen *f/Pl*; **~ *de trabajo*** Arbeitsbelastung *f*, -druck *m*; **~ *de velocidad*** überhöhte Geschwindigkeit *f*; ***con** od **en ~*** übermäßig; ***con ~ de personal*** *mit Arbeitskräften* überbesetzt

E

excit|able reizbar; **~ación** *f* Erregung *f*; Aufhetzung *f*; **~ante** anregend; aufregend; **~ar** *tr* auf-, erregen; anregen; aufhetzen, -stacheln; *Leidenschaften* schüren; **~arse** sich aufregen, in Zorn geraten

exclam|ación *f* Ausruf *m*; **~ar** *tr/intr* (aus)rufen, schreien

excluir ⟨-uy-⟩ *tr* ausschließen; *übertr* ausschalten

exclusión *f* Ausschluss *m*; *übertr* Ausschaltung *f*; ***con ~ de*** unter Ausschluss *od* mit Ausnahme von

exclusiva *f* Alleinvertretung *f*; Alleinvertrieb(srecht *n*) *m*; Exklusivrecht *n*; **~ *de venta*** Alleinverkauf(srecht *n*) *m*; ***en ~*** Exklusiv-

exclusiv|e ausschließlich, nicht inbegriffen; **~ividad** *f* Einzelfall *m*, Besonderheit *f*; **~o** ausschließlich; exklusiv; Allein-; Exklusiv-

excluyente(s) (*z.B. Zielsetzungen*) sich gegenseitig ausschließend

Excmo. *Abk für* ***Excelentísimo***, → ***excelentísimo***

excombatiente *m* (ehemaliger) Kriegsteilnehmer *m*, Kriegsveteran *m*

excom|ulgar ⟨-g/gu-⟩ *tr* exkommunizieren; **~unión** *f* Exkommunikation *f*

excori|ación *f* (Haut-)Abschürfung *f*; **~arse** sich (die Haut) wund scheuern, wund werden

excremento *m* Kot *m*; **~s** *Pl* Ausscheidung(en *Pl*) *f*, Exkrement(e *Pl*) *n*

exculpar *tr von Schuld od Verantwortung* freisprechen, entlasten

excursión *f* Ausflug *m*, Wanderung *f*; **~ *científica*** WISS Exkursion *f*; **~ *de día completo*** *Tourismus* Tagestour *f*

excursionista *m(f)* Ausflügler(in) *m(f)*, Wanderer(-in) *m(f)*; Exkursionsteilnehmer(in) *m(f)*

excusa *f* Entschuldigung(sgrund *m*) *f*; Ausflucht *f*; **~ *frívola*** faule Ausrede *f* ◇ ***dar** od **presentar sus ~s a alg*** sich bei jmdm entschuldigen

excus|able entschuldbar; **~ado** *m*, *meist* **~ados** *Pl* Toilette(n *Pl*) *f*, WC *n*; **~ar** *tr* entschuldigen; **~arse** sich entschuldigen (***con alg*** bei jmdm; ***de, por*** + *Inf* ... dafür, dass ...; ***por*** wegen)

ex|égesis *f*, **~egesis** *f* Auslegung *f*, Deutung *f*

exención *f* Befreiung *f*, Entlastung *f* *von Verpflichtungen*; **~ *fiscal*** Steuerfreiheit *f*; **~ *de impuestos***, **~ *tributaria*** Steuerbefreiung *f*; **~ *del IVA*** Mehrwertsteuerbefreiung *f*

exento frei *bzw übertr* befreit (***de*** von)

exequias *f/Pl* Begräbnisfeierlichkeiten *f/Pl*

exhalar **I** *tr Geruch* ausströmen; *Seufzer* ausstoßen **II** *intr* ausatmen

exhaust|ivo ausführlich; *übertr* erschöpfend; **~o** erschöpft *auch übertr*

exhib|ición *f* Ausstellung *f*, Schau *f*; **~icionismo** *m* Exhibitionismus *m*; Zurschaustellung *f*; **~icionista** **I** *Adj* exhibitionistisch **II** *m(f)* Exhibitionist(in) *m(f)*; **~ir** *tr* ausstellen; vorlegen, -zeigen; *Erfolge, Ergebnisse* zei(ti)gen; aufweisen; *Film* vorführen

exhort|ación *f* (Er-)Mahnung *f*; Aufforderung *f*; **~ar** *tr* (er)mahnen; auffordern (***a*** zu); **~o** *m* Rechtshilfeersuchen *n*

exhum|ación *f* Exhumierung *f*; **~ar** *tr* exhumieren; *Leiche u übertr Vergessenes* (wieder) ausgraben

exigencia *f* (An-)Forderung *f*; Anspruch *m*; Erfordernis *n*; **~*s salariales*** Lohnforderungen *f/Pl* ◇ ***plantear ~s*** Forderungen stellen

exigente anspruchsvoll ◇ ***ser ~*** Ansprüche stellen; ***ser más ~*** höhere Anforderungen stellen

exigir ⟨-g/j-⟩ **I** *tr* fordern, verlangen; erfordern **II** *intr* Ansprüche *od* (An-)Forderungen stellen

exiguo winzig; geringfügig

exil|iado *m* Emigrant *m*; **~iarse** außer Landes gehen, emigrieren; **~io** *m* Exil *n*; Emigration *f*

eximir *tr von einer Verpflichtung* befreien, *aus einer Verpflichtung* entlassen; **~se** sich *einer Verpflichtung* entziehen

existencia *f* Existenz *f*; Dasein *n*; Vorhandensein *n*; **~s** *Pl* (Waren-)Bestand *m*, Bestände *m/Pl*, Vorrat *m*; **~*s en almacén*** Lagerbestand *m*, -bestände *m/Pl*; **~*s restantes*** Restbestand *m*; **~*s de seguridad*** Mindestbestand *m* ◇ ***hasta que se agoten las ~s** od **en tanto que haya ~s** od **mientras queden ~s*** solange der Vorrat reicht; ***liquidar** (**reponer**) **~s*** HDL ausverkaufen, das Lager räumen (Bestände ergänzen, das Lager auffüllen)

exist|ente bestehend; vorhanden; vorliegend; **~ir** *intr* existieren, bestehen, da sein; leben; vorhanden sein

éxito *m* Erfolg *m*; **~ *de audiencia*** TV Quotenhit *m*; **~ *de taquilla***, **~ *taquillero*** Kassenschlager *m*; **~ *universal*** Welterfolg *m*; **~ *de venta*** Verkaufsschlager *m*, Renner *m* *umg*;

con ~ erfolgreich ◇ ***tener (mal) ~*** Erfolg (einen Misserfolg) haben
exitoso erfolgreich
éxodo *m* Abwanderung *f*; Exodus *m*; ***~ masivo (rural)*** Massen-(Land)flucht *f*
exonerar *tr jmdn von einer Verpflichtung od übertr Last* befreien; *jmdn von einer Anklage od Anschuldigung* entlasten, freisprechen
exorbitante un-, übermäßig; übertrieben; *Preise* Wucher-, unerschwinglich, saftig *umg*
exorc|ismo *m* Exorzismus *m*; **~ista** *m(f)* Exorzist(in) *m(f)*
exótico exotisch, fremdartig
expansión *f* Ausdehnung *f auch* CHEM, PHYS, -weitung *f*, -breitung *f z.B. einer Seuche*, Expansion *f*; ***~ coyuntural*** konjunktureller Aufschwung *m*; ***en (plena) ~*** *Firma* (stark) expandierend, wachsend ◇ ***estar en ~*** expandieren
expans|ionismo *m* Expansionsdrang *m*; **~ionista** expansionistisch, Expansions-; **~ivo** expansiv, Ausdehnungs-; gesprächig, mitteilsam
expatri|ación *f* Ausbürgerung *f*, Expatriierung *f*; **~ado** *m* Ausgebürgerter *m*, Expatriierter *m*; **~ar** *tr* des Landes verweisen; ausbürgern, expatriieren; **~arse** außer Landes gehen
expect|ación *f* Erwartung *f*; Abwarten *n*; **~ante** abwartend; Erwartungs-
expectativa *f* Erwartung *f*; Anwartschaft *f*; ***~ de vida*** Lebenserwartung *f* ◇ ***estar*** *od* ***quedarse a la ~*** sich abwartend verhalten, etw an sich herankommen lassen; ***estar en la ~ de*** Anwärter sein auf; ***no hacerse falsas ~s*** sich keinen falschen Hoffnungen hingeben; ***superar todas las ~s*** alle Erwartungen übertreffen; ***tener buenas ~s*** gute Aussichten haben
exped|ición *f* Versand *m*, Ver-, Übersendung *f*; Verfrachtung *f*; Beförderung *f*; Spedition *f*; Versandabteilung *f*; Expedition *f*; *Urkunden* Ausfertigung *f*, -stellung *f*; **~idor** *m* Ab-, Versender *m*; Spediteur *m*; Aussteller *m von Dokumenten*; **~ientar** *tr* JUR ein Verfahren einleiten *od* eröffnen (***a*** gegen)
expediente *m* Akte(n *Pl*) *f*, Vorgang *m*, Unterlagen *f/Pl*; ***~ personal*** Personalakte *f* ◇ ***abrir*** *od* ***levantar un ~*** eine Akte anlegen; ***abrir (un) ~ (disciplinario; sancionador)*** ein (Disziplinar-; Straf-)Verfahren einleiten (***a*** gegen); ***dar ~ a u/c*** etw weiterleiten *od* rasch erledigen
exped|ienteo *m* Papierkrieg *m*; Aktenkram *m*; langsame, bürokratische Erledigung *f*; **~ir** ⟨-e/i-⟩ *tr* befördern; ab-, versenden, abschicken; verfrachten; *Dokument* ausstellen, -fertigen; **~itivo** Versand-
expendedor *m* Verkäufer *m mit Konzession für bestimmte Erzeugnisse*; *Rauschgift* Dealer *m*; Verbreiter *m* von Falschgeld; ***~ de combustibles*** Tank(stellen)wart *m*
expend|edora *f*: ***~ automática*** *Waren, Fahrscheine u.Ä.* Automat *m*; **~er** *tr Waren* vertreiben; ausgeben, verteilen; *Falschgeld* in Umlauf setzen
expensas *f/Pl* (Un-)Kosten *Pl*, Ausgaben *f/Pl*; ***a ~ de*** *übertr* auf Kosten von
experiencia *f* Erfahrung *f*, Praxis *f*; Erlebnis *n*; Versuch *m*, Experiment *n auch übertr*; ***~ laboral*** *od* ***profesional*** Berufserfahrung *f*, -praxis *f*; ***por ~*** aus Erfahrung; ***según nuestra ~*** erfahrungsgemäß; ***sin ~*** *Arbeitskraft* ungelernt, ohne Berufserfahrung ◇ ***tener ~*** erfahren sein
experiment|ación *f* Experimentieren *n*; Erprobung *f*; → **~o**; **~ado** erfahren (***en*** in); **~al** experimentell; Versuchs-; **~ar I** *tr* erfahren, -leben; erleiden; empfinden, fühlen; *etw* erproben *od* ausprobieren **II** *intr* experimentieren; **~o** *m* Versuch *m*, Experiment *n auch übertr*
expertizar ⟨-z/c-⟩ *tr* eine Expertise erstellen *über etw*, begutachten
experto I *Adj* sachkundig, erfahren **II** *m* Fachmann *m*, Experte *m*, Sachverständiger *m*; ***~ en derecho internacional*** Völkerrechtler *m*; ***~ en problemas del medio ambiente*** Umweltspezialist *m*
expir|ación *f Frist* Ablauf *m*, Erlöschen *n*; **~ar** *intr Frist* ablaufen, erlöschen; *Vertrag* auslaufen
explanada *f* Esplanade *f*, Vorplatz *m*
explayarse sich ausdehnen; sich aus-, verbreiten *beim Reden*; sich *gegenüber jmdm* aussprechen, sein Herz ausschütten
explic|able erklärbar, -lich; **~ación** *f* Erläuterung *f*, -klärung *f*
explic|ar ⟨-c/qu-⟩ *tr* erläutern, -klären; schildern; *jmdm etw* vorlesen; **~arse** sich *etw* erklären können, begreifen; ***¿me explico?*** verstehen Sie mich?, habe ich mich klar ausgedrückt?
expl|icativo erläuternd, -klärend; **~ícito** ausdrücklich, explizit
exploración *f* Erforschung *f*; Nachforschung *f*; EL Abtastung *f*; MED Untersuchung *f*; *übertr* Sondierung *f*; ***~ del cosmos (mercado) ~ espacial*** Weltraumforschung *f* (Markterkundung *f*)
explor|ador *m* Forscher *m*; MIL Aufklärer *m*; Kundschafter *m*; EL (Ab-)Taster *m*; INFORM Browser *m*; **~ar** *tr* erforschen; MIL erkunden; auskundschaften; EL abtasten; MED untersuchen; *übertr* sondieren;

~atorio Forschungs-; Untersuchungs-; Erkundungs-; *übertr* Sondierungs-
explosión *f* Explosion *f auch übertr*; Knall *m*; Ausbruch *m Entstehung*; ***~ de costes*** Kostenexplosion *f*; ***~ demográfica*** *od* ***poblacional*** Bevölkerungsexplosion *f* ◇ ***hacer ~*** explodieren
explos|ionar I *intr* explodieren, detonieren **II** *tr* zur Explosion bringen; **~ividad** *f* Explosivität *f auch übertr*; Sprengkraft *f*; Explosionsgefahr *f*
explosivo I *Adj* explosiv *auch übertr*; Spreng- **II** *m* Sprengstoff *m*; Sprengkörper *m*; ***~ plástico*** (***postal***) Plastiksprengstoff *m* (Paketbombe *f*)
explotación *f* Ausbeutung *f*; Nutzung *f*; Verwertung *f*; BERGB Abbau *m*; Betrieb *m von Anlagen*; ***~ abusiva*** Raubbau *m*, Übernutzung *f*; ***~ agrícola*** (***ganadera***) Landwirtschafts-(Viehzucht)betrieb *m*; ***~ a cielo abierto*** BERGB Tagebau *m*; ***en ~*** in Betrieb; *Grundstück* bewirtschaftet
explotar I *tr* ausbeuten; ausnützen; nutzen; verwerten; *Fabrik, Gewerbe* betreiben; bewirtschaften **II** *intr* explodieren, detonieren ◇ ***hacer ~*** zur Explosion bringen, zünden
Expo *f* (*Abk für* ***exposición universal***) Expo *f*
expol|iar *tr* berauben; ausplündern; **~io** *m* Beraubung *f*; Ausplünderung *f*
expon|ente *m* MATH *u übertr* Exponent *m*; *übertr* Vertreter *m*, Abgesandter *m*; Vortragender *m*; **~er** ⟨→ ***poner***⟩ **I** *tr* darlegen, erklären, äußern; *Kind u übertr jmdn einer Gefahr* aussetzen; *Film* belichten **II** *tr/intr Waren(muster)* ausstellen; **~erse** sich *einer Gefahr* aussetzen
exportable I *Adj* exportfähig **II** **~s** *m/Pl* exportfähige Güter *n/Pl*
exportación *f* Export *m*, Ausfuhr *f*; ***exportaciones*** *Pl* Export *m*, ausgeführte Güter *n/Pl*; ***orientado a la ~*** exportorientiert
export|ador I *Adj* Ausfuhr-, Export- **II** *m* Exporteur *m*; **~ar** *tr* exportieren, ausführen
exposición *f* Ausstellung *f*, Leistungsschau *f*; Darlegung *f*; Vortrag *m*; Exposee *n*; Aussetzen *n*, Aussetzung *f eines Kindes sowie Gefährdung*; Bloßstellung *f*; FOTO Belichtung *f*; ***~ ambulante*** *od* ***itinerante*** Wanderausstellung *f*; ***~ colectiva*** (***monográfica***) Gemeinschafts-(Fach)ausstellung *f*, Kollektiv-(Fach)schau *f*; ***~ de muestras*** Musterschau *f*, -ausstellung *f*; ***~ universal*** Weltausstellung *f*
exposímetro *m* Belichtungsmesser *m*
expósito *m* Findelkind *n*
expositor *m* Aussteller *m*; Buch- *bzw* Zeitschriftenständer *m*
expres|amente ausdrücklich; **~ar** *tr* ausdrücken, äußern; *Dank* aussprechen; **~arse** sich äußern; sich ausdrücken
expresión *f* Ausdruck *m*; Gebärde *f*; Äußerung *f*; ***~ de las ideas*** Meinungsäußerung *f*
expres|ionista expressionistisch; **~ivo** ausdrucksvoll
expreso I *Adj* ausdrücklich **II** *Adv* absichtlich **III** *m* Eil-, Schnellzug *m*, Express *m* ◇ ***mandar por ~*** als Eilgut versenden, per Express schicken; als Eilbrief *od* durch Eilboten schicken
exprim|idera *f*, **~idor** *m* HAUSW Obst-, Saftpresse; **~ir** *tr* auspressen *auch übertr*
expropi|ación *f* Enteignung *f*; **~ar** *tr* enteignen
expuesto *Part von* → ***exponer***; *Stellung* exponiert; (***no***) ***~*** *Film* (un)belichtet
expuls|ado *m* Vertriebener *m*; Ausgewiesener *m*; Abschiebehäftling *m*; **~ar** *tr* vertreiben; *jmdn aus einer Gemeinschaft* ausschließen, -stoßen; ausweisen, *des Landes* verweisen, abschieben *umg*; hinauswerfen *umg*; **~ión** *f* Vertreibung *f*; Ausweisung *f*, Abschiebung *f*, Abschieben *n umg*; Ausschluss *m aus einer Partei od Organisation*
exquisito vortrefflich, -züglich; *Speisen, Getränke* (aus)erlesen, köstlich, lecker *umg*
extasiarse ⟨-ío⟩ in Ekstase geraten; *übertr* schwärmen
éxtasis[1] *m* Ekstase *f*; Schwärmerei *f*
éxtasis[2] *m* (die Droge) Ecstasy *f*
exten|der ⟨-ie-⟩ *tr* ausdehnen, erweitern; ausweiten; *über etw* (aus)breiten; (aus)strecken; *Farbe* verstreichen; *Brotbelag* streichen; *Scheck, Urkunde* ausstellen, -fertigen; **~derse** sich ausdehnen *od* erstrecken, GEOGR liegen; sich ausbreiten; sich verbreiten; dauern, sich hinziehen; sich (weitschweifig) auslassen; **~dido** weit; ausführlich; **~sible** dehnbar; ausziehbar
extensión *f* Ausdehnung *f*; Erweiterung *f*; Ausweitung *f*; Umfang *m*; Länge *f*; Ausfertigung *f*, -stellung *f einer Rechnung od Urkunde, eines Schecks*; TEL (Haus-)Apparat *m Nebenanschluss einer Sammelnummer*, Durchwahl *f*; EL Verlängerungsschnur *f*; ***por ~*** im weiteren Sinne
extenso ausgedehnt *auch übertr*, weit; ausführlich; ***en*** *od* ***por ~*** in allen Einzelheiten; umständlich
extenu|ación *f* Entkräftung *f*, Erschöpfung *f*; **~ado** matt; **~arse** ⟨-úo⟩ *übertr* sich aufreiben
exterior I *Adj* äußere(r); äußerlich; Außen-

II *m* Äußeres *n*; Aussehen *n*; Ausland *n*; **~izar** ⟨-z/c-⟩ *tr* äußern, zum Ausdruck bringen
extermin|ación *f* → **~io**; **~ar** *tr* vernichten, ausrotten; **~io** *m* Vernichtung *f*, Ausrottung *f*
externaliz|ación *f* Outsourcing *n Auslagerung gewisser Dienstleistungen an externe Firmen*; **~ar** ⟨-z/c-⟩ *tr Dienstleistungen* outsourcen; *Produktion* auslagern
externo extern *auch* INFORM *Speicher usw*; äußerlich; äußere(r); Außen-; außerhalb (*a Gen od* von)
exterritorial → ***extraterritorial***
extin|ción *f Feuer, Vertrag, Schulden*, Löschen *n*, Löschung *f*; Tilgung *f*; *Vertrag* Aufhebung *f*, -lösung *f*; Aussterben *n*; **~guir** ⟨-gu/g-⟩ *tr Feuer, Vertrag, Schulden* löschen; tilgen; *Flamme* ersticken; **~guirse** verlöschen *auch übertr*; HDL, JUR, WIRTSCH *u übertr* erlöschen; aussterben; zugrunde gehen; **~to I** *Adj Vulkan* erloschen; *Arg, Chi* verstorben **II** *m Arg, Chi* Verstorbener *m*; **~tor** *m* (***de incendios***) Feuerlöscher *m*
extirp|ación *f* Ausrottung *f*; *Chirurgie* völlige Entfernung *f eines Organs*; **~ar** *tr* ausrotten; *Organ* entfernen
extorsi|ón *f* (*auch* Schutzgeld-)Erpressung *f*; **~onador** *m*, **~onadora** *f* (*auch* Schutzgeld-)Erpresser(in) *m*(*f*); **~onar** *tr* (*auch Schutzgeld*) erpressen; **~onista** *m*(*f*) → ***~onador***
extra I *Adj* ⟨*meist unv*: ***artículos~***⟩ Sonder-, Extra-; → ***extraordinario*** **II** *m* (Lohn-)Zulage *f*; ZTGSW Extrablatt *n*; Aushilfskraft *f*; *Am* Sonderausgabe *f an Geld*; Extraspesen *f/Pl*; **~s** *Pl umg* Extras *n/Pl*; KFZ Sonderausstattung *f* **III** *Präp*: **~ de** außer, neben (***~ del sueldo, tiene muchas ganancias***)
extracción *f* Herausziehen *n*; Ziehen *n eines Zahns*; BERGB Förderung *f*, Gewinnung *f*; ***~ de sangre*** Blutentnahme *f*
extra|comunitario außerhalb der Europäischen Union, nicht zur EU gehörend; ***~conyugal*** → ***extramatrimonial***
extract|ar *tr* exzerpieren; **~o** *m* Exzerpt *n*; (Bank-, Konto-, Text-)Auszug *m*; Extrakt *m*; **~or** *m* Lüfter *m*, Rauchabzug *m*
extrad|ición *f* Auslieferung *f von Straftätern, fremden Staatsangehörigen*; **~itado** *m* Ausgewiesener *m*; Abschiebehäftling *m*; **~itar** *tr* JUR ausliefern
extraer ⟨→ ***traer***⟩ tr herausnehmen, -ziehen; *Zahn*, MATH *Wurzel* ziehen; *Blut* ab-, entnehmen; BERGB, CHEM gewinnen; BERGB fördern; exzerpieren
extra|escolar außerschulisch; **~europeo** außereuropäisch; **~íble** herausnehmbar
extraje → ***extraer***
extra|judicial außergerichtlich; **~limitación** *f* Überschreitung *f* (der Befugnisse); **~limitarse** die Grenzen (des Anstands, des Erlaubten *usw*) überschreiten; **~matrimonial** außerehelich
extranjer|ía *f* Ausländerstatus *m*; Behörde *f* für Ausländerwesen; **~ismo** *m* Fremdwort *n*; **~ización** *f* Überfremdung *f*
extranjero I *Adj* ausländisch; Auslands- **II** Ausländer *m*; Ausland *n*; ***hostil a todo ~*** ausländerfeindlich
extrañ|amiento *m* POL Verbannung *f*; → ***~eza***; **~ar** *tr über etw* erstaunt *od* verwundert sein; *übertr jmdn od etw* vermissen; *nach jmdm od etw* Sehnsucht haben; POL verbannen; **~arse** sich wundern (***de*** über); **~eza** *f* Erstaunen *n*; Befremden *n*
extraño I *Adj* sonderbar, seltsam; komisch *eigenartig*; fremd; fremdartig ◇ (***no***) ***es ~ que*** + *subj* es ist eigenartig (es ist kein Wunder), dass …; ***no tiene de ~*** es ist nicht verwunderlich **II** *m* Fremder *m*
extra|oficial inoffiziell, offiziös; nachbörslich; **~ordinario** außerordentlich, -gewöhnlich; Sonder-; → ***excelente***; **~parlamentario** außerparlamentarisch; **~proporcional** überproportional; **~rradio** *m* Außenbezirk *m einer* (*Groß-*)*Stadt*; **~terrestre I** *Adj* außerirdisch **II** *m* Außerirdischer *m*; **~territorial** exterritorial; **~vagante I** *Adj* extravagant; (ur)komisch **II** *m* Spinner *m umg*; **~viado** *Ort* abgelegen; **~viar** ⟨-ío⟩ *tr Gegenstand* verlegen; *Gepäck* fehlleiten; **~viarse** sich verlaufen *od* verirren; abhanden kommen, verloren gehen; *Haustier* entlaufen
extrem|adamente überaus; **~ado** übermäßig; übertrieben
Extremadura *f* Estremadura *f*
extrem|ar *tr* aufs Äußerste *od* auf die Spitze treiben; *Maßnahmen* verschärfen; **~eño I** *Adj* aus der Estremadura **II** *m*, **-a** *f* Bewohner(in) *m*(*f*) der Estremadura
extremidad *f* Äußerstes *n*; Spitze *f*; **~es** *Pl* Gliedmaßen *Pl*, Extremitäten *f/Pl*
extremismo *m* Extremismus *m*; ***~ de derecha*** (***izquierda***) Rechts-(Links)radikalismus *m*, -extremismus *m*
extremista I *Adj* extremistisch **II** *m*(*f*) Extremist(in) *m*(*f*)
extremo I *Adj* äußerst, extrem **II** *m übertr* äußerste Grenze *f*; Extrem *n*; ***~ derecha*** (***izquierda***) SPORT Rechts-(Links)außen *m*; ***en ~*** äußerst; ***en el ~ inferior*** (***superior***) am unteren (oberen) Rand *eines Schreibens*
extrover|sión *f* Aufgeschlossenheit *f*; **~tido**

extra- *od* extrovertiert; *übertr* aufgeschlossen
exuberan|cia *f* Überfülle *f*; **~te** üppig; strotzend
eyaculación *f* Ejakulation *f*, Samenerguss *m*

F

f, F *f* f, F *n*
f *Abk für* ***factura***; ***favor***; ***fecha***; ***femenino***; ***fin***; ***franco***; ***fuerte***
F (*Symb für* ***flúor***) CHEM F; (*Abk für* ***Fahrenheit***) F, → ***grado***
fa *m* MUS F *n*; ***~ sostenido*** Fis *n*
fabada *f* asturischer Bohneneintopf *m*
fábrica *f* Fabrik *f*, Betrieb *m*; Mauerwerk *n*; ***~ de cal*** Kalkbrennerei *f*; ***~ de cerveza*** Brauerei *f*; ***~ de coque*** Kokerei *f*; ***~ de gas*** Gaswerk *n*; ***~ matriz*** Stammwerk *n*; ***~ proveedora*** Zulieferwerk *n*; ***de ~*** gemauert; ***franco ~*** frei ab Werk; (***puesto***) ***en ~*** ab Werk; ***recién salido de la ~*** fabrikneu ◇ ***cerrar la ~*** die Fabrik schließen; ***instalar una ~*** eine Fabrik errichten; ***rellenar con ~*** zumauern
fabricación *f* Herstellung *f*, Produktion *f*; (An-)Fertigung *f*; Fabrikation *f*; ***~ en gran escala*** Massenproduktion *f*; ***~ a medida*** Anfertigung *f* nach Maß; ***~ en serie*** Serienfertigung *f*; ***de ~ casera*** selbst gemacht
fabricante *m* Fabrikant *m*, Hersteller *m*; ***~ de automóviles*** (***envases***; ***muebles de oficina***; ***ordenadores***) Automobil-(Verpackungs-; Büromöbel-; Computer)hersteller *m*; ***~ de papel y cartón*** (***terminales***; ***vehículos utilitarios***) Papier- und Karton-(Endgeräte-; Nutzfahrzeug)hersteller *m*
fabri|car ⟨-c/qu-⟩ *tr* herstellen, produzieren, fertigen; anfertigen; fabrizieren *auch übertr*; *Bier* brauen; *Lügen* aushecken; *Story* erfinden; *Wand* hochziehen; *Zigaretten* drehen; **~l** Fabrik(s)-; fabrikmäßig
fábula *f* Fabel *f*; Gerücht *n*, Märchen *n*
fabular *tr etw* zusammenfaseln
fabul|ista *m(f)* Fabeldichter(in) *m(f)*; **~oso** fabelhaft; märchenhaft; erdichtet; unerhört
facción *f* Rotte *f*, Bande *f*; Zusammenrottung *f*; *politische* Gruppierung *f*; Meuternde *m/Pl*; Splittergruppe *f*; **facciones** *Pl* Gesichtszüge *m/Pl*
faccioso I *Adj* aufrührerisch **II** *m* Aufrührer *m*; Parteigänger *m*
faceta *f* Facette *f*; Aspekt *m* ◇ ***tener muchas ~s*** *übertr* viele Seiten haben
facha[1] *f* Aussehen *n* ◇ ***estar hecho una ~*** lächerlich aussehen; ***tener buena*** (***mala***) ***~*** gut (verdächtig) aussehen
facha[2] *m Esp* Fascho *m*
fachada *f* Fassade *f auch übertr*; Aussehen *n*; Vorderseite *f*; *Buch* Titelseite *f*; ***~ principal*** *Gebäude* Straßenseite *f* ◇ ***dar una ~ de legalidad*** einen Anstrich von Legalität geben
fachado: ***bien*** (***mal***) ***~*** hübsch (hässlich) aussehend; *Figur* wohl gestaltet
fachend|a I *f* Prahlerei *f*; Eitelkeit *f* **II** *m* Angeber *m*; **~o** *Am*, **~ón**, **~oso I** *Adj* prahlerisch **II** *m* Angeber *m*
facial Gesichts-
fácil leicht (zu machen); mühelos, einfach; gefügig (***con, para, para con*** gegenüber); leicht(fertig) ◇ ***es ~ que*** es ist gut möglich, dass
facilidad *f* Leichtigkeit *f*; Talent *n* (***para*** für, zu); ***~es*** *Pl* Erleichterungen *f/Pl*; Vergünstigungen *f/Pl*; ***~ por los idiomas*** Sprachbegabung *f*; ***~ de manejo*** Benutzerfreundlichkeit *f*; ***~es de pago*** Zahlungserleichterungen *f/Pl*; ***~ de palabra*** Zungenfertigkeit *f*; ***con gran ~*** ohne große Mühe
facil|illo *iron* alles andere als leicht; **~ísimo** kinderleicht; **~ismo** *m Am reg übertr* Dünnbrettbohrerei *f*; **~ista I** *Adj übertr* flach; anspruchslos **II** *m Am reg übertr* Dünnbrettbohrer *m*; **~itación** *f* Gewährung *f*; Beschaffung *f*; *Kapital* Bereitstellung *f*; **~itar** *tr* erleichtern; *Verdauung* fördern; ermöglichen; bereitstellen; erteilen; zur Verfügung stellen; besorgen
facineroso I *Adj* ruchlos **II** *m* Verbrecher *m*; Missetäter *m*
facistol I *m* Chorpult *n*; *Cu*, *PR* Witzbold *m* **II** *Adj Ant*, *Méx*, *Ven* eingebildet; **~ería** *f Ant*, *Méx*, *Ven* Einbildung *f*
facón *Am reg* großes Messer *n der Gauchos* ◇ ***pelar el ~*** das Messer zücken
facs|imilar Faksimile-; **~ímil**, **~ímile** *m* Faksimile *n*
facti|bilidad *f* Durchführbarkeit *f*; **~ble** machbar; möglich; **~cio** künstlich
fáctico tatsächlich, faktisch
facto: ***de ~*** de facto; ***ipso ~*** sofort
factor *m* Faktor *m*; Umstand *m*, Aspekt *m*; HDL Bevollmächtigter *m*; EISENB Gepäckmeister *m*; ***~es ambientales*** Umweltfakto-

ren *m/Pl*; **~ clave** Schlüsselfaktor *m*; **~ de crecimiento** (**producción**) Wachstums-(Produktions)faktor *m*; **~ Rhesus** MED Rhesusfaktor *m*; **~ sede** Standortfaktor *m*; **~ sorpresa** Überraschungsfaktor *m*; **~ de tiempo** Zeitfaktor *m*

factor|ía *f* Faktorei *f*; Fabrik(anlage) *f*, Produktionsstätte *f*; **~ial** *f* MATH Fakultät *f*; **~ing** *m* Factoring *n*

factótum *n* Faktotum *n*; Vertrauensperson *f*; *übertr* rechte Hand *f*

factura *f* (Waren-)Rechnung *f*, Faktur(a) *f*; BILDH, MAL Gestaltung *f*, Ausführung *f*; Machart *f auch übertr*; Gestalt *f*, Aussehen *n*; **~ comercial** (**de envío** *od* **expedición**) Handels-(Versand)rechnung *f*; **~ de compra** Kaufbeleg *m*; **~ consular** Konsulatsfaktura *f*; **~ original** Originalrechnung *f*; **~ pendiente** offene Rechnung *f*; unerledigte Rechnung *f*; **~ pro forma** Pro-forma-Rechnung *f*; **~ con el recibí**, **~ saldada** quittierte Rechnung *f* ◇ **la ~ está pendiente de pago** die Rechnung steht offen; **extender la ~** die Rechnung ausstellen

facturación *f* Berechnung *f*, Fakturierung *f*; Umsatz *m*; Rechnungsausstellung *f*; *Gepäck*, *Güter* Abfertigung *f*; **~ anual** (**interior**) Jahres-(Inlands)umsatz *m*

facturar *tr* eine Rechnung ausstellen; berechnen, fakturieren; ab-, verrechnen; *Gepäck*, *Güter* abfertigen; FLUGW einchecken; *Gepäck*, *Brief* aufgeben; *Waren* umsetzen

facultad *f* Fähigkeit *f*; Kraft *f*; Befugnis *f*; Berechtigung *f*; *Universität* Fakultät *f*; **~es** *Pl* Geistesgaben *f/Pl*; geistige Kräfte *f/Pl*; **~ de Ciencias** (**de Ciencias Económicas y Comerciales**) naturwissenschaftliche (wirtschaftswissenschaftliche) Fakultät *f*; **~ de concentración** Konzentrationsfähigkeit *f*; **~ de dar instrucciones** Weisungsbefugnis *f*; **~ de Derecho** juristische Fakultät *f*; **~es disciplinarias** Disziplinarbefugnis *f*; **~ discrecional** Ermessen(sfreiheit *f*) *n*; **~ discursiva** Urteilskraft *f*; **~ de Filosofía y Letras** philosophische Fakultät *f* ◇ **tener ~ para** *od* **de** + *Inf* befugt sein zu + *Inf od Dat*

facultado: **estar ~ para** ermächtigt *od* befugt sein zu

facult|ar *tr jmdn* ermächtigen (**para** zu); **~ativo I** *Adj* fakultativ; freiwillig, wahlfrei; *Preis* freibleibend; ärztlich; Fakultäts-; Ermächtigungs- **II** *m* Arzt *m*; Kliniker *m*

facund|ia *f* Redseligkeit *f*; Beredsamkeit *f*; **~o** redselig; beredt; redegewandt

faena *f körperlich od geistig* anstrengende Arbeit *f*; *Rpl Vieh* Schlachten *n*; **~s** *Pl* **agrícolas** *od* **del campo** Feldarbeit(en *f/Pl*) *f*; **~s** (**domésticas**) Hausarbeit *f* ◇ **hacerle a uno una ~** jmdm einen üblen Streich spielen

faen|ar I *tr Chi*, *Rpl* schlachten **II** *intr* arbeiten; *Esp* MAR fischen; *Fischer* ihren Fang einbringen; **~ero** *m And*, *Am* Landarbeiter *m*

faetón *m* Kremser *m*

fagot, **~e** *m* Fagott *n*

fais|án *m* Fasan *m*; **~anería** *f* Fasanerie *f*

faja *f* Leibbinde *f*; Hüftgürtel *m*; Korsett *n*; Gurt *m*; Schärpe *f*; *Buch*, *Zigarre* Bauchbinde *f*; POST Kreuzband *n*; Abschnitt *m*; Streif *m*; Streifen *m*; *Cu* Gürtel *m*; **~ de aparcamiento** Parkspur *f*; **~ litoral** Küstenstreifen

faj|ada *f Am*, *Can* Angriff *m*; **~ar I** *tr* mit Binden umwickeln; *Säugling* wickeln; *Am reg* schlagen; *Am reg jmdn um Geld* anhauen; *Cu eine Frau* umgarnen **II** *intr* angreifen (**con** *Akk*); herfallen (**con** über); *Am* **~arse** sich schlagen; **~ a u/c** sich an etw machen *eine Arbeit beginnen*

fajín *m* Schärpe *f*; POST Streifband *n für Zeitungssendung*

fajo *m* Bündel *n*; **~s** *Pl* Windeln *f/Pl*

fajol *m* Buchweizen *m*

falacia *f* Betrug *m* ◇ **obrar con ~** betrügerisch handeln

falange *f hist u übertr* Phalanx *f*; ANAT Finger- *od* Zehenglied *n*; ♀ **Española** *hist Partei* Spanische Falange *f*

falang|ismo *m Ideologie u Politik der* → **Falange Española**; **~ista I** *Adj* falangistisch **II** *m* Falangist *m*

falaz (be)trügerisch

falda *f* Frauenrock *m*; Rockschoß *m*; *übertr* Rockzipfel *m*; breite Hutkrempe *f*; Berghang *m*; KOCHK Bauchfleisch *n*; **~ acampanada** Glockenrock *m*; **~-pantalón** Hosenrock *m*; **~ plegada** *od* **a pliegues** (**plisada**) Falten-(Plissee)rock *m* ◇ **ser muy aficionado a las ~s** ein Schürzenjäger sein

faldero I *Adj* Schoß- **II** *m* Charmeur *m*

faldón *m Frack*, *Kleid*, *Rock* Schoß *m*; Saum *m* ◇ **agarrarse** *od* **asirse a los faldones de alg** sich an jmds Rockzipfel hängen

fal|encia *f* Irrtum *m*; *Am reg* Bankrott *m*, Konkurs *m*; **~ible** fehlbar

fal|ismo *m* Phalluskult *m*; **~o** *m* Phallus *m*

falla *f* (Verarbeitungs-)Fehler *m*; *Waffe* Ladehemmung *f*; Versagen *n*; Schwachstelle *f*; GEOL Verwerfung *f*; *Am reg* Nichteinhaltung *f eines Versprechens*; **~s** *Pl* Mängel *m/Pl*; ♀**s** *Pl Volksfest in Valencia*; **~ humana** (**técnica**) menschliches (technisches) Versagen *n*; **~ de tejido** Webfehler *m*

fallar I *tr* entscheiden über; *Streit* beilegen;

F

KART mit Trumpf stechen; *jmdn* im Stich lassen; *eine Prüfung* verhauen; *Chance* vergeben **II** *intr* ein Urteil fällen (***en contra de*** gegen); *Ast*, *Stütze* nachgeben; *Kräfte*, *Freund* versagen; *Bremse* nicht funktionieren; *Schuss* danebengehen; misslingen; ***no falla*** das funktioniert; ***no falla nunca*** das versagt nie; auf ihn ist Verlass; ***sin ~*** zuverlässig, tadellos

fall|ecedero vergänglich; sterblich, **~ecer** ⟨-c/zc-⟩ *intr* (ver)sterben; tot sein; **~ecido** *m* Verstorbener *m*; **~ecimiento** *m* Tod *m*; Sterbefall *m*; **~ero** arbeitsscheu; *Chi* unzuverlässig

fallido I *Adj* gescheitert; *Schulden* nicht eintreibbar; bankrott **II** *m* Bankrott *m*; Konkurs *m*; Bankrotteur *m*

fallo *m* Fehlschlag *m*; Irrtum *m*; Lücke *f*; Fehler *m*; Auslassung *f*; Unterlassung *f*; Ausfall *m*; TECH Defekt *m*; Störung *f*, Panne *f*; Versagen *n*; Richterspruch *m*, Urteil *n*; KART Fehlkarte *f*; ***~ arbitral*** Schiedsspruch *m*; ***~ por atascamiento*** Ladehemmung *f*; ***~ de fabricación*** Fabrikationsfehler *m*; ***~ general*** *Computer* Absturz *m*; ***~ humano*** menschliches Versagen *n*; ***~ judicial*** Gerichtsentscheid *m*; ***~ por mayoría*** JUR Mehrheitsentscheidung *f*; ***~ del mercado*** Marktversagen *n*; ***~ renal*** Nierenversagen *n* ◇ ***dictar*** (***emitir***) ***el ~*** das Urteil fällen (verkünden)

falsario I *Adj* verleumderisch; Fälscher- **II** *m* Fälscher *m*; Lügner *m*

false|ador I *Adj* verfälschend **II** *m* Fälscher *m*; **~ar I** *tr* verfälschen; *Tatsache* verdrehen **II** *intr Beine* den Dienst versagen; *Wand* vom Lot abweichen; *Untergrund* sich senken; *Saiteninstrument* verstimmt sein

falsedad *f* Falschheit *f*; Unehrlichkeit *f*; Unwahrheit *f*; Verlegenheit *f*; Unechtheit *f*; ***~ en documentos*** Urkundenfälschung *f*

falsete *m* Tapetentür *f*

falsía *f* Falschheit *f*; Scheinheiligkeit *f*

falsificación *f* Fälschung *f*; Verfälschung *f*; ***~ de árticulos de marca*** Fälschung *f* von Markenartikeln; ***~ de billetes*** Falschgeldherstellung *f*; ***~ de cheque*** Scheckbetrug *m*; ***~ de documentos*** Urkundenfälschung *f*

falsificador *m* Fälscher *m*; ***~ de moneda*** Falschmünzer *m*

fals|ificar ⟨-c/qu-⟩ *tr* fälschen; *Nahrungsmittel* verfälschen; **~illa** *f* Linienblatt *n*

falso falsch, unwahr; unecht; Schein-; trügerisch; unaufrichtig; ***¡~!*** das ist nicht wahr!; ***en ~*** *Schlag* ins Leere; nur zum Schein ◇ ***jurar en ~*** einen Meineid schwören

falta *f* Fehlen *n*; Mangel *m* (***de*** an); Manko *n*; Entbehrung *f*; Fernbleiben *n*; Nichtvorhandensein *n*; Fehler *m auch* SPORT; Schuld *f*; Verschulden *n*; Vergehen *n*; Unterlassung *f*; Verstoß *m*; Irrtum *m*; Foul *n*; ***~ de agua*** Wassermangel *m*; ***~ de amor*** (***armonía***) Lieblosigkeit *f* (Unausgeglichenheit *f*); ***~ de aprecio*** Nichtachtung *f*; ***~ de atención*** Unaufmerksamkeit *f*; Unachtsamkeit *f*; ***~ de calidad*** mangelnde Qualität *f*; ***~ de carácter*** Charakterlosigkeit *f*; ***~ de claridad*** fehlende Klarheit *f*; ***~ de confianza*** Misstrauen *n*; ***~ de consideración*** Rücksichtslosigkeit *f*; Unhöflichkeit *f*; ***~ de costumbre*** Ungewohntheit *f*; ***~ de cultura*** Unkultur *f*; ***~ de delicadeza*** Taktlosigkeit *f*; ***~ de disciplina*** Disziplinlosigkeit *f*; ***~ de dinero*** Geldmangel *m*; ***~ de educación*** Ungezogenheit *f*; ***~ de equilibrio*** Unausgeglichenheit *f*; ***~ de escrúpulos*** Skrupellosigkeit *f*; ***~ de especialización*** fehlende Spezialisierung *f*; ***~ de experiencia laboral*** mangelnde Berufserfahrung *f*; ***~ de franqueo*** POST ungenügende Freimachung *f*; ***~ de fuerzas*** Kraftlosigkeit *f*; ***~ de gratitud*** Undank *m*; ***~ de ingresos*** Einnahmeausfall *m*; ***~ de interés*** Desinteresse *n*; ***~ de juicio*** Unvernunft *f*; ***~ de liderazgo*** Führungsschwäche *f*; ***~ de mano de obra*** Arbeitskräftemangel *f*; ***~ de medios*** *od* ***recursos*** Mittellosigkeit *f*; Illiquidität *f*; ***~ de memoria*** Vergesslichkeit *f*; ***~ de mercado*** Absatzmangel *m*; ***~ de motivación*** fehlende Motivierung *f*; ***~ de ortografía*** Schreibfehler *m*; ***~ de palabra*** Wortbrüchigkeit *f*; ***~ de peso*** *Münzen*, *Waren* Fehlgewicht *n*; ***~ de principios*** Prinzipienlosigkeit *f*; ***~ de puntualidad*** Unpünktlichkeit *f*; ***~ de razón*** Unvernunft *f*; ***~ de respeto*** Respektlosigkeit *f*; Rücksichtslosigkeit *f*; ***~ de sitio*** Platzmangel *m*; ***~ de sueño*** Schlaflosigkeit *f*; Schlafdefizit *n*; ***~ de trabajo*** Arbeitsmangel *m*; Erwerbslosigkeit *f*; ***~ de transparencia*** fehlende Transparenz *f*; ***~ de valor*** Mutlosigkeit *f*; ***~ de voluntad*** Willenlosigkeit *f*; Nichtwollen *n*; ***a*** *od* ***por ~ de, debido a la ~ de*** mangels + *Gen*, aus Mangel an; ***por ~ de pruebas*** aus Mangel an Beweisen ◇ ***caer en ~*** einen Fehler machen; ***echar en ~*** vermissen; ***hacer ~*** fehlen; ***no hace ~*** das ist nicht nötig

faltante *m* FIN, HDL Fehlbetrag *m*; fehlende Menge *f*; **~s** *Pl* HDL Schwund *m*

faltar I *intr* fehlen; mangeln; abwesend sein (***de*** von); ausbleiben; *Schusswaffe* versagen; das Ziel verfehlen; einen Fehler machen; ***~ a*** bei *etw* fehlen; *Unterricht* versäumen; verstoßen gegen; sich vergehen gegen; (*Ehren-*)*Wort* brechen; *Versprechen* nicht halten; *Pflicht* verletzen; ***¡no faltaba***

od **faltaría más!** das wäre ja noch schöner! **II** *tr* **~ a alg** jmdn beleidigen; es jmdm gegenüber an Achtung fehlen lassen; *seine Frau* hintergehen
falto unzureichend; **~ de** in Ermangelung von
falt|ón unzuverlässig; säumig; unverschämt; *Arg* einfältig; **~oso** nicht ganz bei Sinnen; *Am* respektlos; locker; *Col* streitsüchtig
faltriquera *f* Tasche *f an Kleidungsstücken*; Geldtasche *f am Gürtel* ◇ **rascarse la ~** ein Filz sein *geizig sein*
falúa *f* Hafenbarkasse *f*
fama *f* Ruf *m*; Ruhm *m*; Gerücht *n*; **de ~** bekannt; berühmt; **de buena ~** renommiert; **de mala ~** übel beleumundet; berüchtigt; anrüchig; **de ~ mundial** *od* **universal** weltberühmt ◇ **alcanzar ~** berühmt werden; **corre la ~** es kursiert das Gerücht; **dar ~ a alg** jmdn bekannt *od* berühmt machen
famélico ausgehungert; hungrig
familia *f* Familie *f auch* BOT, ZOOL; **~ humana** Menschengeschlecht *n*; **~ numerosa** kinderreiche Familie *f*; **~ política** angeheiratete Familie *f*; **~ de productos** Produktfamilie *f*; **en ~** in (der) Familie ◇ **estar esperando ~** (Familien-)Zuwachs erwarten; **ser de buena ~** aus gutem Hause stammen; **tener mucha ~** viele Kinder haben
familiar I *Adj* familiär; Familien-; Haus-; ungezwungen; vertraulich; bekannt **II** *m* Familienmitglied *n*; **~idad** *f* Vertraulichkeit *f*; Vertrautheit *f*; **~izar** ⟨-z/c-⟩ *tr jmdn* an *etw* gewöhnen; *jmdn* mit *etw* vertraut machen; *jmdn* in *etw* einweihen; **~izarse** sich vertraut machen; vertraut werden; sich einarbeiten; sich hineinfinden (**con** in)
famoso berühmt, großartig; berüchtigt
fámul|a *f* Hausmädchen *n*; **~o** *m* Hausknecht *m*; Famulus *m*; *Kloster* Gehilfe *m*
fan *m* ⟨*Pl* **fans**⟩ Fan *m*
fanal *m* Schiffslaterne *f*; Leuchtfeuer *n*; Glasglocke *f*; Fanal *n*
fan|ático I *Adj* fanatisch **II** *m* Fanatiker *m*; Glaubenseiferer *m*; Schwärmer *m*; → **fan**; **~atismo** *m* Fanatismus *m*; **~atizar** ⟨-z/c-⟩ *tr* fanatisieren
fandango *m* Fandango *m spanischer Tanz*
fanega *f altes Getreidemaß, regional unterschiedlich* (*z.B. Kastilien*: *55,5 l*), *entspricht etwa dem Scheffel*; **~ de tierra** *altes Feldmaß, regional verschieden* (*z.B. Kastilien*: *64,6 Ar*)
fanfarr|ia *f* Geldprotzerei *f*; MIL Blaskapelle *f*; **~ón I** *Adj* prahlerisch **II** *m* Aufschneider *m*; **~onada** *f* → **~onería**; **~onear** *intr* prahlen; **~onería** *f* Aufschneiderei *f*, Protzerei *f*
fang|al *m*, **~ar** *m* Morast *m*
fango *m* Schlamm *m*; Schlick *m*; **~ medicinal** Heilschlamm *m*, Fango *m* ◇ **arrastrar por el ~** durch den Dreck ziehen *verunglimpfen*; **cubrir** *od* **llenar a uno de ~** *übertr* jmdn mit Schmutz bewerfen
fang|oso schlammig; *Meeresboden* schlickig; **~uizal** *m* Schlammpfütze *f*
fantasear I *intr* fantasieren *auch* MED; der Fantasie freien Lauf lassen; faseln (**de** von); sich *etw* einbilden **II** *tr* träumen (*dir Obj* von)
fantasía *f* Fantasie *f auch* MUS; Einbildung(skraft) *f*; Traumbild *n*; **de ~** Mode-; Galanterie-; modisch ◇ **dejar correr la ~** der Fantasie freien Lauf lassen; **tener una ~ desbordada** eine überschäumende Fantasie haben
fantasm|a *m* Geist *m*; Trugbild *n*; Erscheinung *f*; Schreckgespenst *n*; Angeber *m*; **~agoría** *f* Phantasmagorie *f*; Blendwerk *n*; **~al**, **~ático** Geister-, gespenstisch; Gespenster-; **~ón I** *Adj* eingebildet **II** *m* Prahler *m*; Fantast *m*
fant|ástico fantastisch; prima, fabelhaft, super; Gespenster-; eingebildet; Fantasie-; **~oche** *m* Marionette *f*; Hampelmann *m auch übertr*
FAO *f* FAO *f Welternährungsorganisation*
faqu|ín *m* Dienstmann *m*; **~ir** *m* Fakir *m*
faralá *m* Falbel *f*; Firlefanz *m*
farallón *m* Klippe *f*; *Am* steiler Fels
farándula *f* Komödiantentum *n*; *hist* wandernde Schauspielertruppe *f*; Beschwatzen *n*; Dummenfang *m*
farandul|ear *intr* wichtig tun; **~ero I** *Adj* betrügerisch **II** *m* Betrüger *m*
faraón *m hist* Pharao *m*; **~ico** pharaonisch; Pharaonen-
fard|aje *m* Gepäck(stücke *n*/*Pl*) *n*; EISENB, MAR Stückgut *n*; **~el** *m* Hirtentasche *f*; Beutel *m*
fardo *m* Ballen *m*; **~s** *Pl* Stückgut *n*; **a** *od* **por ~s** ballenweise
farero *m* Leuchtturmwärter *m*
farfant|e, **~ón I** *Adj u* **II** *m* → **fanfarrón I** *u* **II**
farfullar *tr*/*intr* stottern; stammeln; *etw* überstürzt machen, pfuschen
farináceo I *Adj* mehlig; Mehl- **II** *m* **~s** *Pl* Mehlerzeugnisse *n*/*Pl*; Mehlspeisen *f*/*Pl*
far|inge *f* Rachen *m*; Schlund *m*; **~íngeo** Rachen-; **~ingitis** *f* Rachenentzündung *f*
faris|aico pharisäisch; **~eismo** *m* Pharisäertum *n*; **~eo** *m* Pharisäer *m*
farlopa *f umg* Koks *m Kokain*
farmac|éutico I *Adj* pharmazeutisch **II** *m*, **-a** *f* Pharmazeut(in) *m*(*f*); Apotheker(in) *m*(*f*); **~ia** *f* Apotheke *f*; Pharmazie *f*
fármaco *m* Arzneimittel *n*, Medikament *n*,

F

Pharmakon *n*
farmac|odependencia *f* Medikamentenabhängigkeit *f*; **~ofilia** *f* Arzneimittelsucht *f*; **~ología** *f* Pharmakologie *f*; **~ólogo** *m* Pharmakologe *m*; **~ológico** pharmakologisch; **~omanía** *f* Medikamentensucht *f*; **~opea** *f* Arzneimittelbuch *n*
faro *m* Leuchtturm *m*; Leuchtfeuer *n*; VERK Leucht- *od* Feuerbake *f*; KFZ Scheinwerfer *m*; **~ *antiniebla*** Nebelscheinwerfer *m*; **~ *flotante*** Feuerschiff *n*; **~ *giratorio*** KFZ Rundumleuchte *f*; **~ *halógeno*** *od* ***de yodo*** Halogenscheinwerfer *m*
farol *m* Laterne *f*; Straßenlaterne *f*; KART Bluff *m*; Prahlerei *f*; Angeber *m*; Handstand *m*; **~ *de papel*** Lampion *m,n* ◇ ***echarse un ~*** prahlen; ***hacer de ~*** den Aufpasser *bzw* die Anstandsdame spielen
farol|a *f* (*meist* mehrarmige) Straßenlaterne *f*; Lichtmast *m*; COL KFZ Scheinwerfer *m*; **~ear** *intr* angeben; **~ero** *m* Laternenanzünder *m*; Angeber *m*
farolillo *m* Lampion *m,n*; Glockenblume *f*; **~ *rojo*** Schlusslicht *n Letzter*
farra *f* Sause *f lärmendes Vergnügen* ◇ ***ir de ~*** einen draufmachen *feiern*
fárrago *m* Durcheinander *n*, Wust *m*
farrag|oso verworren; *übertr* überladen; **~uista** *m* Wirrkopf *m*
farr|ear *intr* einen draufmachen *feiern*; **~uco** furchtlos; aufsässig
farsa *f* THEAT Schwank *m*; Posse *f*; Farce *f*; Komödie *f*; **~ *electoral*** Wahlfarce *f*
fars|ante I *Adj* betrügerisch **II** *m* Komödiant *m*; Betrüger *m*; Aufschneider *m*; **~ista** *m* Verfasser *m* von Schwänken
FAS *Abk für* ***Fuerzas Armadas***; *Abk für free alongside ship* ***franco al costado del buque*** frei Längsseite Seeschiff
fasc|ículo *m* TYP Faszikel *m*, Heft *n*; ANAT Strang *m*; **~inación** *f* Faszination *f*; **~inador**, **~inante** faszinierend; bezaubernd; **~inar** *tr* faszinieren; **~ismo** *m* Faschismus *m*; **~ista I** *Adj* faschistisch **II** *m* Faschist *m*; **~islización** *f* Faschisierung *f*; **~istizante** faschistenfreundlich; **~istoide** faschistoid
fase *f* Phase *f auch* ASTR *u* EL; Stadium *n*; Abschnitt *m*; (Entwicklungs-)Stufe *f*; TECH Ausbaustufe *f*; **~ *conclusiva*** Abschluss-, Endphase *f*; **~ *de crecimiento*** (***desarrollo***; ***recuperación***) Wachstums- (Entwicklungs-; Erholungs)phase *f*; **~ *de trabajo*** Arbeitsgang *m*; Arbeitstakt *m*
fastidiar *tr* auf die Nerven gehen; belästigen; langweilen; ärgern; **~se** sich ärgern (***con, de*** über); sich langweilen; *Am* sich schaden
fastidio *m* Ekel *m*; Überdruss *m*; Verdruss *m*; Unannehmlichkeit *f*; ***¡qué ~!*** so ein Ärger!; wie unangenehm! ◇ ***es un ~*** es ist widerwärtig
fastidioso widerwärtig; ekelhaft; lästig; langweilig; ärgerlich; beschwerlich
fasto I *Adj* glücklich, Glücks- **II** *m* Prunk *m*; **~s** *Pl* Annalen *Pl* ◇ ***pasar a los ~s de la historia*** in die Annalen der Geschichte eingehen
fastuos|idad *f* Prunk *m*; **~o** prunkvoll
fatal I *Adj* verhängnisvoll; unselig; entscheidend; unausweichlich; JUR nicht aufschiebbar; *Schrift* miserabel; Todes-; tödlich **II** *Adv* widerwärtig, übel; **~ismo** *m* Fatalismus *m*; **~ista I** *Adj* fatalistisch **II** *m* Fatalist *m*; **~izarse** ⟨-z/c-⟩ *Chi* schweren körperlichen Schaden nehmen; *Col* sich schwer vergehen
fatamorgana *f* Fata Morgana *f*
fatídico Unheil verkündend; unselig, unheilvoll; *Zahl* Unglücks-
fatiga *f* Müdigkeit *f*; Ermüdung *f auch* TECH; Übermüdung *f*; Atemnot *f*; **~(s)** *meist Pl* Strapaze(n *Pl*) *f*; Mühen *f/Pl*; **~ *excesiva*** Überanstrengung *f*; **~ *primaveral*** Frühjahrsmüdigkeit *f* ◇ ***no pases ~*** plage dich nicht; ***rendirse de ~*** sich überanstrengen
fatig|ado müde; abgespannt; **~ador**, **~ante** ermüdend; anstrengend; **~ar** ⟨-g/gu-⟩ *tr* ermüden *auch* TECH; anstrengen; belästigen; zermürben; strapazieren; **~arse** ermüden; müde werden; **~oso** ermüdend; mühsam; beschwerlich; lästig
fatu|idad *f* Albernheit *f*; Einbildung *f*, Aufgeblasenheit *f*; **~o I** *Adj* eitel; eingebildet; aufgeblasen; albern **II** *m* eitler Geck *m*; Trottel *m*
fauces *f/Pl* Schlund *m der Säugetiere*
fauna *f* Fauna *f*, Tierwelt *f*; **~ *abismal*** Tiefseefauna *f*; **~ *alada*** Vogelwelt *f*
fauno *m* Faun *m*
fausto I *Adj* Glück bringend; Glücks- **II** *m* Pomp *m*, Prunk *m*
favor *m* Gunst *f*; Gefälligkeit *f*; Gefallen *m*; Bevorzugung *f*; Begünstigung *f*; **~es** *Pl* Gunstbeweis *m/Pl*; ***a ~ de*** im Schutze + *Gen*; ***a nuestro ~*** zu unseren Gunsten; ***a*** *od* ***en ~ de*** zugunsten von; ***por ~*** aus Gefälligkeit; ***por ~*** bitte … ◇ ***declararse a ~ de*** Partei ergreifen für; ***estar a ~*** dafür sein (***de que*** + *subj* dass); ***estar a ~ de alg*** auf jmds Seite stehen; ***haga el ~*** wären *od* seien Sie so nett; ***tener a alg en su ~*** jmdn auf seiner Seite haben
favor|able günstig (***a, para*** für); gewogen (***a*** *Dat*); wohlwollend; **~ecedor I** *Adj* vorteilhaft; begünstigend **II** *m* Gönner *m*; **~ecer** ⟨-c/zc-⟩ *tr* begünstigen; zugute kommen; *jmdn* bevorzugen; *Schüler* vorziehen;

Kleidung gut stehen; *Bild* schmeicheln; *mit Aufträgen* beehren; **~ecerse** Profit schlagen (**de** aus)
favorecido I *Adj* begünstigt; bevorzugt; *Foto* gut getroffen **II** *m* Günstling *m*; Schützling *m*; ***~ por la suerte*** Glückskind *n*
favorit|a *f* Favoritin *f*; Mätresse *f*; **~ismo** *m* Günstlingswirtschaft *f*; Bevorzugung *f*; **~o I** *Adj* Lieblings- **II** *m* Favorit *m auch* SPORT; (Publikums-)Liebling *m*
fax *m* Fax *n Schreiben u Gerät*; ***~-módem*** *m* Faxmodem *n*; ***por ~*** per Fax ◇ ***mandar por ~*** *etw* faxen; ***mandar un ~*** ein Fax schicken, faxen
faxear *tr* faxen
fayenza *f* Fayence *f*
faz *f* Antlitz *n*; Vorderseite *f*; *Stoff* rechte Seite *f*; *Münze* Bildseite *f*
F.C. (*Abk für* ***ferrocarril***) Eisenbahn *f*
FCA (*Abk für englisch* ***free carrier*** *spanisch* ***libre fletador*** frei Frachtführer) FCA
fe *f* Glaube *m auch* REL; Vertrauen *n*; Versprechen *n*; Treue *f*; Urkunde *f*; ***~ de bautismo*** Taufschein *m*; ***~ de erratas*** Druckfehlerverzeichnis *n*; ***~ de nacimiento*** Geburtsurkunde *f*; ***a ~ mía, a ~ por mí ~*** auf mein Wort; ***buena ~*** Ehrlichkeit *f*; guter Glaube *m*; Leichtgläubigkeit *f*; ***de buena ~*** aufrichtig; gutgläubig; ***de mala ~*** unredlich; böswillig; ***digno de ~*** glaubwürdig; ***en ~ de lo cual*** VERW, JUR zu Urkund dessen; ***mala ~*** Unredlichkeit *f*; böse Absicht *f*; böser Wille *m* ◇ ***dar ~ de u/c*** etw beglaubigen *od* beurkunden; etw bezeugen; ***no dar ~ a sus ojos*** seinen Augen nicht trauen; ***hacer ~*** beweiskräftig sein; gelten; ***tener ~ en*** *jmdm* vertrauen
Fe (*Symb für* ***hierro***) CHEM Fe
fealdad *f* Hässlichkeit *f*; Gemeinheit *f*
febrero *m* Februar *m*
febr|icitante fieberkrank; **~ífugo I** *Adj* fiebersenkend **II** *m* fiebersenkendes Mittel *n*; **~il** Fieber-; fiebrig; fieberartig; fieberhaft *auch übertr*
fecal Kot-; Fäkal-
fecha *f* Datum *n*; Tag *m*; Termin *m*; ***~ de adquisición*** Kaufdatum *n*; ***~ aniversario*** Jahrestag *m*; ***~ de caducidad*** Verfallsdatum *n*; Ablaufdatum *n*; Haltbarkeitsdatum *n*; *Dosenprägung* zu verwenden bis; ***~ de entrada*** Eingangsdatum *n*; ***~ de entrega*** Einsende-, Abgabetermin *m*; Liefertermin *m*; ***~ de expedición*** *Pass, Rechnung* Ausstellungsdatum *n*; ***~ límite*** *od* ***tope*** äußerster *od* letzter Termin *m*; ***~ de liquidación*** Abrechnungstag *m*; ***~ de nacimiento*** *bei Dokumenten* Geburtstag *m*; ***~ de pago*** Zahlungstermin *m*; ***~ patria*** Nationalfeiertag *m*; ***~ de vencimiento*** Fälligkeitsdatum *n*; Stichtag *m*; ***a la ~*** zum Zeitpunkt; ***a partir de esta ~*** von nun an; ***con esta ~, con*** (***la***) ***~ de hoy*** mit heutigem Datum; ***de larga ~*** seit langem; ***en la ~ fijada*** termingerecht; ***hasta la ~*** bis heute; ***pasada esta ~*** nach Ablauf dieser Frist; ***sin ~*** undatiert ◇ ***aplazar*** (***dejar pasar***) ***la ~*** den Termin verschieben (überschreiten); ***dar otra ~*** umdatieren; ***poner ~ adelantada*** (***atrasada***) vordatieren (zurückdatieren); ***poner ~ posterior*** nachdatieren; ***postergar la ~*** zurückdatieren; ***¿cuál es la ~ de hoy?*** der Wievielte ist heute?
fech|ado (mit Datum) vom; **~ador** *m* Datumsstempel *m*; Poststempel *m*; **~ar** *tr* datieren; zeitlich einordnen
fechoría *f* (Misse-)Tat *f*, Untat *f*; Streich *m*
fécula *f* Stärke(mehl *n*) *f*
fecul|ar *tr* mit Stärkemehl vermengen; zu Stärkemehl verarbeiten; **~ento** stärkehaltig
fecund|ación *f* Befruchtung *f*; **~ador, ~ante** befruchtend; Befruchtungs-; **~ar** *tr* befruchten; fruchtbar machen; **~idad** *f* Fruchtbarkeit *f*; Ergiebigkeit *f*; Fülle *f*; **~izar** ⟨-z/c-⟩ *tr Boden* fruchtbar machen; **~o** fruchtbar; fortpflanzungsfähig; ertragreich; *Autor* produktiv; reich (***en*** an)
federación *f* Föderation *f*; Bund *m*; Verband *m*; Zusammenschluss *m*; ***♀ Alemana de Sindicatos*** Deutscher Gewerkschaftsbund *m*; ***~ central*** Dach-, Spitzenverband *m*; ***♀ Sindical Mundial*** Weltgewerkschaftsbund *m*
feder|ado I *Adj* Bundes- **II** *m* Mitglied *n z.B. eines Sportklubs*; **~al I** *Adj* föderativ; *Schweiz* eidgenössisch; Bundes- **II** *m* Föderativer *m*; **~alismo** *m* Föderalismus *m*; **~alista I** *Adj* föderalistisch **II** *m* Föderalist *m*; **~alizar** ⟨-z/c-⟩ *tr* in einen Bundesstaat umwandeln; **~ar** *tr* → ***confederar***; **~arse** sich in einem Bund zusammenschließen; einen Bundesstaat bilden; sich verbinden; **~ativo** föderativ; Bundes-
fehaciente glaubhaft; beweiskräftig; *Beweis* überzeugend
feldespato *m* Feldspat *m*
felicidad *f* Glück *n*; Glückseligkeit *f*; Freude *f*; ***¡~es!*** herzlichen Glückwunsch *m*; ***colmado de ~*** überglücklich ◇ ***le deseamos muchas ~es*** wir wünschen Ihnen alles Gute
felicitación *f* Glückwunsch *m*
felicitar *tr* gratulieren (***por*** zu); ***felicito que*** ich freue mich, dass
feligr|és *m*, **~esa** *f* REL Gemeindeglied *n*; Kirchgänger(in) *m*(*f*); **~eses** *Pl* (Pfarr-) Gemeinde *f*; **~esía** *f* Gemeinde *f*; Kirchspiel *n*, Sprengel *m*

F

feliz glücklich; froh; erfolgreich; fröhlich; *Gedächtnis* gut; **~mente** glücklicherweise, zum Glück
fel|ón treubrüchig; **~onía** *f* Treulosigkeit *f*; gemeiner Verrat *m*
felp|a *f* Plüsch *m*; (Tracht *f*) Prügel *Pl*; Anpfiff *m*; Rüffel *m*; **~ado** plüschen, Plüsch-; **~ar** *tr* mit Plüsch überziehen; **~eada** *f Rpl* Anpfiff *m*; **~oso** plüschen; plüschartig; **~udo I** *Adj* → ***~oso*** **II** *m* Fußabtreter *m*, -matte *f*
femen|idad *f* Weiblichkeit *f*; das Weibliche; **~il** fraulich; weiblich; Frauen-; Mädchen-; **~ino I** *Adj* weiblich, feminin; Frauen-, SPORT Damen- **II** *m* GRAMM Femininum *n*; **~tido** unglaubwürdig; wortbrüchig; falsch
fémina *f* (moderne) Frau *f*; **~s** *Pl* SPORT Damen *f*/*Pl*
femin|idad *f* → ***femenidad***; **~ismo** *m* Frauenbewegung *f*; **~ista I** *Adj* frauenrechtlerisch; feministisch; Feministen- **II** *m* Frauenrechtler *m* **III** *f* Feministin *f*; **~izar** ⟨-c/zc-⟩ *tr Amt* mit Frauen besetzen
fémur *m* Oberschenkelknochen *m*
fenec|er ⟨-z/c-⟩ **I** *tr* abschließen, beenden **II** *intr* sterben, verscheiden; aufhören; enden; ablaufen; **~ido** *m* Verschiedener *m*; **~imiento** *m* Ableben *n*; Beendigung *f*; Abschluss *m*
Fenicia *f* Phönizien *n*
fenicio I *Adj* phönizisch **II** *m* Phönizier *m*; das Phönizische
fénix *m* ⟨*Pl unv*⟩ MYTH Phönix *m*
fenol *m* Phenol *n*
fenomenal wunderbar, toll; phänomenal
fenómeno I *m* Erscheinung *f*; Vorgang *m*; Phänomen *n auch übertr*; Erscheinungsform *f*; Naturerscheinung *f*; Monstrum *n*; Genie *n* **II** *Adj* ⟨*unv*⟩ enorm, toll **III** *Adv* ausgezeichnet; wunderbar, toll
fenomenología *f* Phänomenologie *f*
feno|plástico *m*, **~plasto** *m* Phenoplast *m*
fenotipo *m* äußeres Erscheinungsbild *n*
feo I *Adj* hässlich; schändlich; gemein; unangenehm; schlimm ◇ ***dejar ~ a alg*** jmdn blamieren; ***ponerse ~*** *Sache* schlecht aussehen; brenzlig werden **II** *m* Hässlicher *m*; Kränkung *f* ◇ ***hacer un ~ a alg*** jmdm eine Kränkung zufügen
fer|acidad *f Boden* Fruchtbarkeit *f*; **~az** fruchtbar
féretro *m* Sarg *m*; Bahre *f*
feria *f* Messe *f*; Kirchweih *f*; Jahrmarkt *m*; *i w S* Volksfest *n*; *CR*, *Salv* Trinkgeld *n*; *Méx* Kleingeld *n*; ***~ agraria*** *od* ***del campo*** Landwirtschaftsausstellung *f*; ***~ caballar*** (***de ganado***) Pferde-(Vieh)markt *m*; ***~ comercial*** Handelsmesse *f*; ***~ industrial*** (***de la informática***; ***monográfica*** *od* ***especial***; ***de muestras***) Industrie-(Computer-; Fach-; Muster)messe *f*; ***~ del libro*** Buchbasar *m*; Buchmesse *f*
feri|ado *Tag* Feier-, Ruhe-; **~al I** *Adj* Jahrmarkts-; Messe- **II** *m* Rummelplatz *m*; Jahrmarkt *m Platz*; **~ante** *m* Jahrmarktsbesucher *m*; Messebesucher *m*; Schausteller *m*; Messeaussteller *m*; **~ar I** *tr* auf dem (Jahr-)Markt handeln *kaufen*, *tauschen*, *verkaufen*; *Col*, *Guat*, *PR* verschleudern **II** *intr* feiern; freinehmen (**en** *Akk*)
fermentable gärbar, -fähig
fermentación *f* Gärung *f*; *Kakao*, *Tabak* Fermentation *f*; Vergärung *f*; ***~ del suelo*** Bodengare *f*
fermentado ausgegoren; *Brot* gesäuert; ***no ~*** unvergoren
ferment|ante *m* Gärmittel *n*; **~ar I** *tr* gären lassen; säuern; *Kakao*, *Tabak* fermentieren **II** *intr* gären *auch übertr*; *Teig* aufgehen; säuern; **~o** *m* Ferment *n*; Gärstoff *m*; Hefe *f*
fer|ocidad *f* Wildheit *f*; Grausamkeit *f*; **~oz** wild; grausam; fürchterlich
férreo eisern *auch übertr*; Eisen-
ferrería *f* Eisenhütte *f*; → ***herrería***
ferret|e *m* Stempeleisen *n*; **~ear** *tr* mit dem Stempeleisen markieren; mit Eisenbeschlägen versehen; **~ería** *f* Eisenwaren(-handlung *f*) *f*/*Pl*; **~ero** *m* Eisenwarenhändler *m*
ferrobús *m* Schienenbus *m*
ferrocarril *m* Eisenbahn *f*; ***~ aéreo, colgante*** *od* ***suspendido*** Schwebebahn *f*; ***~ de cremallera*** Zahnradbahn *f*; ***~ elevado*** Hochbahn *f*; ***~ metropolitano*** Stadtbahn *f*; U- *od* S-Bahn *f*; ***~ subterráneo*** U-Bahn *f*; ***~ suburbano*** Stadtbahn *f*; ***~ de vía ancha*** (***estrecha***; ***normal***) Breit-(Schmal-; Normal)spurbahn *f*
ferro|carrilero *Am* → ***ferroviario*** **I**; **~moza** *f* Serviererin *f* im Speisewagen
ferroso eisenhaltig; ***no ~*** Nichteisen-
ferroviario I *Adj* Eisenbahn-; Eisenbahner- **II** *m* Eisenbahner *m*; Eisenbahnarbeiter *m*
ferruginoso *Wasser* eisenhaltig; rotbraun
ferry *m* Fähre *f*
fértil fruchtbar; schöpferisch
fertilidad *f* Fruchtbarkeit *f*; Ergiebigkeit *f*
fertilización *f* Düngung *f*; Befruchtung *f*; ***~ in vitro*** MED In-vitro-Fertilisation *f*
fertilizante I *Adj* Dung-; Dünge- **II** *m* Düngemittel *n*; ***~ mineral*** Mineraldünger *m*
fertilizar ⟨-z/c-⟩ *tr* düngen; fruchtbar machen
férula *f* Stock *m*; MED (Verbands-)Schiene *f*
férvido, **ferviente** → ***fervoroso***
ferv|or *m* Eifer *m*; Glut *f*; Hingabe *f*; In-

brunst *f*; **~oroso** eifrig; *übertr* glühend; hingebungsvoll; leidenschaftlich; inbrünstig; *übertr* feurig

festej|ar *tr* feiern; (festlich) bewirten; *eine Frau* umwerben; **~arse** sich amüsieren; **~o** *m* Fest *n*; festliche Bewirtung *f*; **~os** *m/Pl* Feierlichkeiten *f/Pl*; öffentliche Lustbarkeiten *f/Pl*

fest|ín *m* Festschmaus *m*; Bankett *n*; **~inar** *tr Am reg* überstürzen

festival *m* Festival *n*; Festspiele *n/Pl*; **~ aeronáutico** Flugtag(e *Pl*) *m*; **~ de la canción** Schlagerfestival *n*; **~ de cine** Filmfestspiele *n/Pl*; **~ de gimnasia y deportes** Turn- und Sportfest *n*

festiv|idad *f* Festakt *m*; Festlichkeit *f*; Festtag *m*; **~o** festlich, Fest-; witzig; lustig; humoristisch

fest|ón *m* Girlande *f*; **~onado**, **~oneado** gekerbt; *Saum* gebogt; **~onar**, **~onear** *tr* mit Girlanden schmücken; bekränzen

fetal MED fötal, fetal, Fötus-

fetén I *Adj* großartig; ehrlich; echt **II** *f* Wahrheit *f*

fetich|e *m* Fetisch *m*; **~ismo** *m* Fetischkult *m*; Götzendienst *m*; Fetischismus *m auch* MED; **~ista I** *Adj* Fetisch-; fetischistisch **II** *m* Fetischist *m*

fetidez *f* übler Geruch *m*, Gestank *m*

fétido stinkend, übel riechend

feto *m* Fötus *od* Fetus *m*, Leibesfrucht *f*

feud|al feudal; **~alismo** *m* Feudalismus *m*; Lehnswesen *n*; **~atario I** *Adj* Feudal-; lehnspflichtig **II** *m* Lehnsmann *m*; **~o** *m* Leh(e)n *n*; Lehnsgut *n*; Stammsitz *m*; Lehnspflicht *f*; *übertr* Bollwerk *n*

FEVE *f Abk für* ***Ferrocarriles de Vía Estrecha***

fez *m* Fes *od* Fez *m rote Filzkappe*

FF.AA. *Abk für* ***Fuerzas Armadas***

FF.CC. *Abk für* ***Ferrocarriles***

fiab|ilidad *f* Zuverlässigkeit *f*; **~le** Vertrauen erweckend; zuverlässig; verlässlich

fiado I *Adj* zuversichtlich; zuverlässig **II** *Adv* (***al***) **~** auf Borg; HDL auf Kredit; ***deme ~*** *Einkauf* schreiben Sie es an

fiador *m* Bürge *m*; *Tür* Riegel *m*; *Armband* Sicherheitskettchen *n* ◇ ***dar ~*** einen Bürgen stellen; ***salir ~ por alg*** für jmdn bürgen

fiambre I *Adj Speisen* kalt; *übertr* abgestanden; *Nachricht* überholt **II** *m* kalte Küche *f*; ***~s Pl*** Aufschnitt *m*

fiambr|era *f* Frischhaltebox *f*; Picknickkorb *m*; *Am* Fliegenschrank *m*; **~ería** *f And*, *Rpl* Laden *m* für Braten- und Wurstaufschnitt

fianza *f* Bürgschaft *f*; Sicherheit *f*; Kaution *f*; Bürge *m*; ***bajo ~*** gegen Kaution ◇ ***consignar la ~*** die Kaution hinterlegen; ***dar ~*** Bürgschaft leisten; ***prestar una ~*** eine Kaution stellen

fiar ⟨fío⟩ **I** *tr* sich verbürgen für; bürgen für; auf Kredit geben, anschreiben; *jmdm etw* anvertrauen **II** *intr* vertrauen (***en*** auf); Vertrauen haben (***en*** zu); ***ser de ~*** Vertrauen verdienen; sich verlassen (***de*** auf); vertrauen (***de*** *Dat*); **~se** sich verlassen (***de*** auf), *jmdm* vertrauen

fiasco *m* Misserfolg *m*, Fiasko *n*

fibra *f* Faser *f*; Faserwurzel *f*; Wurzelfaser *f*; Kraft *f*; Energie *f*; ***~ artificial*** *od* ***química*** *od* ***sintética*** Kunst- *od* Chemie- *od* synthetische Faser *f*; ***~ óptica*** *od* ***de vidrio*** TEL Glasfaser *f*; ***~ textil*** (***vegetal***) Textil-(Pflanzen)faser *f*

fibr|ocemento *m* Asbestplatte *f*; **~oso** fas(e)rig; faserartig; Faser-; MED fibrös

ficción *f* Fiktion *f*; Vorspiegelung *f*

ficha *f* Spielmarke *f*; Stein *m z.B. Domino*; Zahlmarke *f*; Münze *f für Automaten*; Karteikarte *f*; Zettel *m einer Kartei*; Bon *m*; *Mikroelektronik* Chip *m*; ***~ antropométrica*** *Polizei* Erkennungsbogen *m*; ***~-guía*** *Kartei* Leitkarte *f*; ***~ nominal*** Stechkarte *f*; ***~ perforada*** Lochkarte *f*; ***~ de sonido*** INFORM Soundkarte *f* ◇ ***mover ~*** sich bewegen *etw tun*; ***tener una ~*** *erkennungsdienstlich* erfasst *od* registriert sein

fichado: ***estar ~*** in der Kartei stehen; *i w S* vorbestraft sein; ***lo tengo ~*** ich habe ihn mir vorgemerkt

fich|aje *m* SPORT Verpflichtung *f eines Spielers*; SPORT Transfer *m*, Wechsel *m*; Transfersumme *f*; Übernahme *f*; **~ar I** *tr* kartei- *od* datenmäßig erfassen; *i w S jmdn* überwachen; *Stechkarte* lochen; unter Vertrag nehmen, verpflichten; *Bestellung* bongen; *Dominostein* anlegen; Argwohn fassen gegen **II** *intr Sportler* wechseln (***por*** zu); sich verpflichten (***por*** bei); *Sportler* sich *von einer Mannschaft* aufstellen lassen

fichero *m* Kartei *f*, Kartothek *f*; Zettelkasten *m*; Polizeiregister *n*; INFORM Datei *f*; ***~ ASCII*** ASCII-Datei *f*; ***~ de clientes*** (***suministradores***) Kunden-(Lieferanten)-datei *f*; ***~ maestro*** Hauptdatei *f*

ficticio I *Adj* fiktiv; fingiert; erfunden **II** *m* Attrappe *f*

fide|digno glaubwürdig; **~icomisario** *m* UNO Treuhänder *m*; **~icomiso** *m* unveräußerliches Erbgut *n*; Treuhandschaft *f*

fidelidad *f* Treue *f*; Redlichkeit *f*; Genauigkeit *f*; ***~ a una marca*** Markentreue *f*; ***~ de reproducción*** Klangtreue *f*; ***alta ~*** Hi-Fi *f*, Highfidelity *f*

fideli|sta *m(f)* Anhänger(in) *m(f)* Fidel Castros; **~zación** *f* Kundenbindung *f*

fideo *m* (Faden-)Nudel *f*; Hopfenstange *f lange dürre Person*

F

fiduciario I *Adj* treuhänderisch, Treuhand- **II** *m* Treuhänder *m*
fiebre *f* Fieber *n*; **~ aftosa** Maul- und Klauenseuche *f*; **~ amarilla** Gelbfieber *n*; **~ del heno** Heuschnupfen *m*; **~ del oro** Goldrausch *m*; **~ palúdica** Malaria *f*; **~ puerperal** Kindbettfieber *n*; **~ tifoidea** Typhus *m*
fiel I *Adj* treu (**a, con, para con** zu); redlich; zuverlässig; wahrheitsgemäß; *Übersetzung* sinngetreu; *Wiedergabe* genau; getreu; gläubig **II** *m* Anhänger *m*; Zünglein *n an der Waage*; *Messinstrument* Zeiger *m*; **~es** *Pl* REL Gläubigen *m/Pl*; **~ contraste** Eichmeister *m*; **~ de muelle** Hafenwaagemeister *m*
fieltro *m* Filz *m*
fiera *f* Raubtier *n*; Bestie *f auch übertr*; **hecho una ~** fuchsteufelswild
fier|eza *f* Wildheit *f*; Grausamkeit *f*; **~o I** *Adj* wild; ungestüm; grausam; schrecklich; riesig; hässlich **II** *m* **~os** *m/Pl* Drohungen *f/Pl*
fierro *m alt, Am reg* → **hierro**; *Am reg* Brandeisen *n*; **~s** *Pl Am* Werkzeug *n*
fiesta *f* Fest *n*; Feier *f*; Party *f*; Liebkosung *f*; **~ de aniversario** Jahrestag *m*; **~ de disfraces** Kostümfest *n*; **~ del Ecuador** Äquatortaufe *f*; **~ nacional** Nationalfeiertag *m*; **~s de Navidad** *od Am reg* **de Pascua** Weihnachtsfeiertage *m/Pl*; (**~**) **onomástica** Namenstag *m*; **~ del racimo** Winzerfest *n*; **~ tecno** Rave *m,n*; **~ de los tijerales** *Chi* BAUW Richtfest *n*; **de ~** festlich ◇ **aguar la ~** den Spaß verderben; **estar de ~** feiern; **no estar para ~s** nicht zum Scherzen aufgelegt sein; **hacer ~** feiern; blaumachen *umg*
fi|fí *m Méx* Fatzke *m*; RD Glasmurmel *f*; **~firiche I** *Adj AmC, Méx* schwächlich; kränklich **II** *m CR, Méx* Fatzke *m*
figón *m* Garküche *f*
figulino tönern, aus Ton
figura *f* Figur *f*; Gestalt *f*; Aussehen *n*; Sinnbild *n*; Bild *n auch* KART; Person *f*; Persönlichkeit *f*; Gesicht *n*; **~ de cerámica** Keramik *f*; **~ cimera** herausragende Persönlichkeit *f*; **~ clave** Schlüsselfigur *f*; **~ decorativa** THEAT stumme Rolle *f*; **~ de nieve** Schneemann *m*; **~ de yeso** Gipsfigur *f*; **en ~** bildhaft; als Bilddarstellung ◇ **hacer ~s** Grimassen schneiden; **hacer buena** (**mala**) **~** eine gute (schlechte) Figur machen *od* abgeben
figur|ación *f* Gestaltung *f*; Vorstellung *f*; Einbildung *f falsche Vorstellung*; Statisten *m/Pl*; *Arg* Stellung *f in der Gesellschaft*; **~ado** sinnbildlich; figürlich; *Bedeutung* übertragen; **~ante** *m* Statist *m*
figurar I *tr* darstellen; *etw* vortäuschen; **figura no conocerlo** er tut so, als kenne er ihn nicht **II** *intr* gehören (**entre** zu); *auf einer Liste* stehen; **él figura mucho** er stellt etwas dar; **~se u/c** sich etw vorstellen; sich etw einbilden; **¡figúrate!** stell dir (nur) vor!; **¡qué te has figurado!** wo denkst du hin!
figur|ativo (sinn)bildlich, figürlich; *Sprache* bildhaft; KUNST gegenständlich; **~illa** *f* Statuette *f*; Knirps *m*; **~ín** *m* THEAT Figurine *f*; Modeschnitt *m*; Modegeck *m*; **~inista** *m(f)* Kostümbildner(in) *m(f)*
fijacarteles *m* Plakatkleber *m*
fijación *f* Anbringung *f*; Festlegung *f*; FOTO Fixierung *f*; CHEM, *Ski* Bindung *f*; **~ de cuotas** Quotenfestsetzung *f*; **~ del plazo** Terminfestlegung *f*; **~ de precios** Preisfestsetzung *f*; Preisbindung *f*
fij|ado *m* Fixieren *n*; **~ador I** *Adj* Fixier- **II** *m* Fixiermittel *n*; MAL, *Friseur* Fixativ *n*; *Schreibmaschine* Umschaltfeststeller *m*; **~apelo** *m* Haarfestiger *m*; **~ar** *tr* befestigen; anbringen; fixieren; festmachen; *etw* einspannen; *Augenmerk* richten (**en** auf); *Aushang*, *Ärmel* anheften; *Plakate* anschlagen *od* (an)kleben; *Preis* festsetzen; *Termin* festlegen; *Frist* setzen; *Zeitpunkt* bestimmen; *etw* vereinbaren; **~arse** *Schmerz* sich festsetzen; Acht geben (**en** auf); aufpassen; *Arg* sich vergewissern
fijeza *f* Festigkeit *f*; Sicherheit *f*; **con ~** starr *anblicken*; fest; beharrlich
fijo I *Adj* fest; (ge)sicher(t); unbeweglich; starr; fix, Fix-; Fest-; TECH ortsfest, stationär; **de ~** sicher, eindeutig **II** *m* TEL Festnetztelefon *n*; → **teléfono fijo**
fila *f* Reihe *f auch übertr*; MIL Glied *n*; Visage *f*; **~ de espera** Warteschlange *f*; **en ~** der Reihe nach; in Reih und Glied; **en ~s** beim Militär; **en ~ india** im Gänsemarsch; MIL in Einerreihe; **por ~s** reihenweise ◇ **circular en ~ india** VERK (in) Kolonne fahren; **coger** *od* **tener ~ a alg** jmdn auf dem Kieker haben; **entrar en ~s** Soldat werden; **hacer ~** *Menschen* anstehen; sich (in der Reihe) anstellen; **llamar a ~s** MIL einberufen; **¡rompan ~s!** MIL weggetreten!
Filadelfia *f* Philadelphia *n*
filament|o *m* Faser *f*; Faden *m*; BOT Staubfaden *m*; EL Glühfaden *m*; **~oso** faserig
fil|antrópico menschenfreundlich; **~ántropo** *m* Philantrop *m*, Menschenfreund *m*
filarm|onía *f* Philharmonie *f*; **~ónica** *f* philharmonisches Orchester *n*; **~ónico** philharmonisch
filatel|ia *f* Philatelie *f*; **~ista** *m(f)* Philatelist(in) *m(f)*, Briefmarkensammler(in) *m(f)*
filatura *f Am* Spinnerei *f Fabrik*

file *m Cu* (Schnell-)Hefter *m*; Aktenordner *m*; Akte *f*; INFORM Datei *f*
filete *m Handarbeit*, KOCHK Filet *n*; Steak *n*; Schnitzel *n*; TYP Zierlinie *f*; TECH Gewinde(gang *m*) *n*; ARCH Leiste *f*; **~ *empanado*** Wiener Schnitzel *n*; **~ *de lomo*** Rumpsteak *n*; **~ *ondulado*** Wellenlinie *f*; **~ *ruso*** Frikadelle *f*
filetear *tr* Gewinde schneiden; *Fisch* filetieren; *Buch* mit Leisten verzieren
filfa *f* Betrug *m*; Ente *f Lüge*
filiación *f* Herkunft *f*; Abstammung *f*; Personenbeschreibung *f*; Personalien *Pl*; Stammdaten *Pl*; MIL Eintragung *f* in die Stammrolle; **~ *política*** Parteizugehörigkeit *f* ◇ ***tomar la ~*** die Personalien aufnehmen; die Stammdaten erfassen
fili|al I *Adj* Kindes-; kindlich; Tochter-; Sohnes **II** *f* Tochterfirma *f*, -gesellschaft *f*, -unternehmen *n*; Außenstelle *f*; **~ar** ⟨-ío *od* -io⟩ *tr jmds* Personalien aufnehmen
filicid|a *m(f)* Kindesmörder(in) *m(f)*; **~io** *m* Kindesmord *m*, -tötung *f*
fili|forme fadenförmig; **~grana** *f* Filigranarbeit *f auch übertr*; *Banknoten*, *Briefmarken* Wasserzeichen *n*
filípica *f* Philippika *f*
Filipinas: ***las ~*** die Philippinen
filipino I *Adj* philippinisch **II** *m*, **-a** *f* Philippiner(in) *m(f)*, Filipino *m*, -a *f*
filisteo *m hist* Philister *m*; Kulturbanause *m*; Hüne *m*, Schlagetot *m*
film *m* Film *m*; **~ *de cocina*** Backpapier *n*; **~ *en competición*** (**~ *musical***) Wettbewerbsfilm *m* (Musical *n*); → ***película***
film|ación *f* FILM Aufnahme *f Vorgang*, Dreharbeit *f*; Filmen *n*; Verfilmung *f*; TV Aufzeichnung *f*; TV Filmbericht *m*; **~ador I** *Adj* Film- **II** *m* Filmemacher *m*; **~adora** *f* (Film-)Kamera *f*; **~ar I** *tr/intr* filmen **II** *tr* verfilmen; **~e** *m* → ***film***
fílmico Film-; filmisch
filmlet *m* kurzer Werbefilm *m*, Spot *m*
filmo|grafía *f* Filmgeschichte *f*; Filmschaffen *n*; **~teca** *f* Filmothek *f*, Filmarchiv *n*
filo *m* Schneide *f*; Schärfe *f*; Halbierungslinie *f*; Rand *m*; *Am reg* Hunger *m*; **~ *cortante*** Schneidkante *f*; **~ *del viento*** Windrichtung *f*; ***al ~ de*** *od* ***por ~*** *Zeitangabe* genau; ***al ~ de*** kurz zuvor, am Rande + *Gen*; ***de ~*** *Col* geradezu; ***de dos ~s*** zweischneidig *auch übertr*; ***sin ~*** stumpf ◇ ***darse un ~ a la lengua*** scharf *od* energisch werden; ***estar en el ~ de la navaja*** auf des Messers Schneide stehen; ***sacar ~*** schärfen
filofascista I *Adj* faschistenfreundlich **II** *m* Freund *m* der Faschisten
filo|genia *f*, **~génesis** *f* Phylogenese *f*; **~genético** phylogenetisch
filología *f* Philologie *f*; **~ *clásica*** (***moderna***) Alt-(Neu)philologie *f*; **~ *germánica*** (***románica***) Germanistik *f* (Romanistik *f*)
fil|ológico philologisch; **~ólogo** *m* Philologe *m*
filo|mela *f*, **~mena** *f* Nachtigall *f*
filón *m* Erzader *f*; Flöz *n,m*; Fund-, Goldgrube *f*
filoso *Am reg* scharf, geschliffen
filosof|ador philosophierend; **~al** → ***piedra***; **~ar** *intr* philosophieren; grübeln; **~astro** *m* philosophischer Schwätzer *m*
filosofía *f* Philosophie *f*; Lebensweisheit *f*
fil|osófico philosophisch; **~osofismo** *m* Pseudophilosophie *f*; **~ósofo** *m* Philosoph *m*
filtr|ación *f* Filtrieren *n*; Filtern *n*; Einsickern *n*; Unterschlagung *f*; **~ar I** *tr* filtern; durchsickern lassen; heimlich passieren lassen; *etw* herausbekommen *erfahren* **II** *intr*, **~arse** versickern; einsickern; sickern (***por*** durch); *Licht* durchscheinen; *Nachricht* durchsickern; sich einschleichen; *Geld* zerrinnen
filtro *m* Filter *m auch* INFORM, OPT; **~ *de aceite*** (***aire***) Öl-(Luft)filter *m*; **~ *amarillo*** Gelbfilter *m*; **~ *de color*, ~ *cromático*** Farbfilter *m*; **~ *de gasolina*** Benzinfilter *m*; **~ *mágico*** Liebes-, Zaubertrank *m*
fin *m* Ende *n auch Tod*; Beendigung *f*; Abschluss *m*; Schluss *m*; Absicht *f*; Ziel *n*; **~ *de alarma*** Entwarnung *f*; **~ *de año*** (***semana***) Jahres-(Wochen)ende *n*; ***~es de otoño*** Spätherbst *m*; **~ *del trayecto*** Endstation *f*; **~ *en sí mismo*** Selbstzweck *m*; ***a*** *od* ***para ~ del mes*** am *bzw* bis zum Monatsende; ***a ~es de marzo*** Ende Marz; ***a ese ~*** zu diesem Zweck; ***al*** *od* ***por ~*** endlich; ***a*** *od* ***con el ~ de que*** + *subj* damit + *Ind*; ***al ~ y al cabo, al ~ y a la postre*** schließlich und endlich; ***con ~es lucrativos*** gewinn-, profitorientiert; ***¿con qué ~?*** wozu?; ***en ~*** kurz und gut; → ***al ~ y al cabo***; ***para ~es inadecuados*** zweckentfremdet; ***sin ~*** endlos; ***sin ~es de lucro*** gemeinnützig ◇ ***dar*** *od* ***poner ~ a u/c*** etw beenden; ***poner ~ a*** Einhalt gebieten + *Dat*; Schluss machen mit + *Dat*; ***tocar a su ~*** zu Ende gehen
finado *m* Verstorbener *m*
final I *Adj* End-; Schluss-; schließlich; abschließend; final *auch* GRAMM **II** *m* Schluss *m*; Endstück *n*; MUS, SPORT Finale *n*; **~ *desastroso*** schreckliches Ende *n*; ***al ~*** am Ende; zu guter Letzt **III** *f* Endspiel *n*; Schlussrunde *f*
final|idad *f* Zweck *m*; **~ista** *m(f)* SPORT Finalist(in) *m(f)*; **~izar** ⟨-z/c-⟩ **I** *tr* beend(ig)en **II** *intr* enden; **~mente** endlich;

F

am Ende
finamente elegant; schlau
financiación *f* Finanzierung *f*; **~ *ajena*** Fremdfinanzierung *f*; **~ *crediticia*, ~ *a crédito*** Kreditfinanzierung *f*; **~ *con fondos propios*** Eigenfinanzierung *f*; **~ *interina*** Zwischenfinanzierung *f*; **~ *mixta*** Mischfinanzierung *f*; **~ *de los partidos*** POL Parteienfinanzierung *f*; **~ *sucesiva*** Anschlussfinanzierung *f*

F

financiar *tr* finanzieren
finan|ciero I *Adj* finanziell; Finanz-; finanzwirtschaftlich **II** *m*, **-a** *f* Financier *m*; Finanzsachverständige(r) *f(m)*; **~cista** *m(f) Am* → ***financiero***; **~zas** *f/Pl* Finanzen *f/Pl*
finar *intr* zu Ende gehen; enden; *Frist* ablaufen; sterben; **~se** sonst etw geben (***por*** für)
finca *f* Grundstück *n*; (Bauern-)Gehöft *n*; *Am reg* Plantage *f*; **~ *de recreo*** Wochenendhaus *n* mit großem Grundstück; **~ *rústica*** Landgut *n*; **~ *urbana*** Wohnhaus *n*, -gebäude *n*
finc|ado *m Arg* Landgut *n*; **~ar** ⟨-c/qu-⟩ *intr* Grundstücke erwerben; *Am reg* beruhen (***en*** auf); **~arse** *AmS reg Haltung*, *Meinung usw* sich festsetzen
finés I *Adj* finnisch **II** *m*, **-esa** *f* Finne(-in) *m(f)*
fineza *f* Feinheit *f*; Zartgefühl *n*; Liebenswürdigkeit *f*, Güte *f*; Aufmerksamkeit *f kleines Geschenk*; Dünne *f*
fing|ido Schein-; fiktiv; **~idor** *m* Simulant *m*; **~imiento** *m* Verstellung *f*; Vortäuschung *f*; Vorspiegelung *f*; Heuchelei *f*
fingir ⟨-g/j-⟩ *tr* vortäuschen; heucheln; *Stimme* verstellen; ***finge escuchar*** er tut so, als hörte er zu; **~*se enfermo*** sich krank stellen
finiquit|ar *tr Rechnung*, *Schulden* begleichen; *etw* beilegen, beenden; erledigen *töten*; **~o** *m* Endabrechnung *f*
finisecular aus der *od* zur Zeit der Jahrhundertwende
finito beendet; begrenzt; endlich *z.B. Zahl*
finlandés → ***finés***
Finlandia *f* Finnland *n*
fino[1] **I** *Adj* fein; dünn; zart; zierlich; auserlesen; *Sinne* scharf; feinfühlig; taktvoll; schlau **II** *m trockener* Sherry *m*
fino[2] *in Zusammensetzungen* finnisch-
finolis I *Adj* fein *elegant* ◇ ***estar* ~** picobello angezogen sein; ***ser* ~** einen feinen Pinkel markieren **II** *m* Gespreiztheit *f vermeintliche Vornehmheit*
finquero *m Am reg* Pflanzer *m*
fint|a *f* Finte *f*; **~ar I** *tr* mit einer Finte täuschen **II** *intr* SPORT eine Finte anwenden
finura *f* Feinheit *f*; Zierlichkeit *f*; **~ *de espíritu*** Feinfühligkeit *f*; Feinsinnigkeit *f*; ***con gran* ~** mit ausgesuchter Höflichkeit
fiordo *m* Fjord *m*
fique *m Am* Agavenfaser *f*
firma *f* Unterschrift *f*; Unterschriftsleistung *f*; Unterzeichnung *f*; Signum *n*; Signieren *n von Büchern*; (Handels-)Firma *f*; **~ *en blanco*** Blankounterschrift *f*; **~ *digital*** INFORM digitale Unterschrift *f*; **~ *electrónica*** INFORM elektronische Unterschrift *f*; ***media* ~** Unterschrift *f* ohne Vornamen ◇ ***dar*** (***llevar***) ***la* ~** HDL Prokura erteilen (haben); ***poner su* ~** seine Unterschrift setzen (***en*** unter); ***recoger* ~s** Unterschriften sammeln
firmamento *m* Firmament *n*
firmante *m(f)* Unterzeichner(in) *m(f)*, *Papierdeutsch* Unterzeichnete(r) *f(m)*; ***el abajo* ~** der Unterzeichnete
firmar *tr/intr* unterschreiben, -zeichnen; *Vertrag* (ab)schließen; *Buch* signieren
firme I *Adj* fest, beständig; sicher; entschieden *Verfechter*; *Urteil* rechtskräftig; unentwegt; standhaft; **¡~s!** MIL stillgestanden!; ***de* ~** *als Verstärkung* tüchtig, sehr; ***en* ~** verbindlich; fest ◇ ***estar en lo* ~** seiner Sache sicher sein; ***estar* ~ *en*** bei *einer Sache* bleiben; ***mantenerse* ~ *en*** fest bleiben bei; ***poner* ~** ruhig stellen; ***ponerse* ~** fester werden; erstarken **II** *m* Straßendecke *f*; *Straße* Belag *m*; **~ *asfáltico*** Asphaltdecke *f*
firmeza *f* Festigkeit *f*; Gewissheit *f*; Beständigkeit *f*; Beharrlichkeit *f*; Standhaftigkeit *f*; Fassung *f*; Sicherheit *f*; Entschlossenheit *f*; Entschiedenheit *f*
fiscal I *Adj* fiskalisch; Finanz-; Steuer-; steuerlich; Staatsanwalts- **II** *m(f)* Staatsanwalt *m*, -wältin *f*; Beamter(-in) *m(f)* der Finanzkontrolle; **~ *general del Estado*** Generalstaatsanwalt *m*; ***primer* ~** Oberstaatsanwalt *m*
fisc|alía *f* Staatsanwaltschaft *f*; **~alidad** *f* Steuerwesen *n*; **~alizar** ⟨-z/c-⟩ **I** *intr* als Staatsanwalt tätig werden **II** *tr* staatlich kontrollieren; kritisieren; tadeln; steuerlich prüfen; zugunsten der Staatskasse einziehen; **~o** *m* Fiskus *m*
fisg|a *f* drei- *od* mehrzackige Harpune *f*; Grinsen *n*; *Guat*, *Méx* → ***banderilla***; **~ador** *m* Schnüffler *m*; **~ar** ⟨-/gu-⟩ **I** *tr* mit der Harpune fischen; ausspähen; herausbekommen *in Erfahrung bringen*; verhohnepipeln **II** *intr Hund u übertr* schnüffeln; **~ón I** *Adj* herumschnüffelnd; spöttisch **II** *m* Schnüffler *m*; Spötter *m*; **~onear** *tr/intr* herumschnüffeln; **~oneo** *m* Schnüffelei *f*

fisible PHYS spaltbar
física *f* Physik *f*; **~ nuclear** Kernphysik *f*; **~ de partículas** Teilchenphysik *f*
físico I *Adj* physikalisch; physisch; materiell **II** *m* Physiker *m*; Aussehen *n*; **~ nuclear** Kernphysiker *m* ◇ **tener un ~ agradable** nett aussehen
fisi|oculturismo *m* Bodybuilding *n*; **~ología** *f* Physiologie *f*; **~ológico** physiologisch; **~ólogo** *m* Physiologe *m*
fisión *f* PHYS Spaltung *f*; BIOL Teilung *f*; **~ nuclear** Kernspaltung *f*
fisioterap|euta *m(f)* Physiotherapeut(in) *m(f)*; Heilgymnast(in) *m(f)*; **~ia** *f* Physiotherapie *f*; **~ista** *m(f)* → **~euta**
fisonomía *f* Physiognomie *f*; Gesichtsausdruck *m*; Gepräge *n*
fístula *f* MED Fistel *f*; Rinne *f*; Röhre *f*
fisura *f* Spalt *m*; Riss *m*; Sprung *m im Gestein*; MED Fissur *f*
fitó|fago ZOOL **I** *Adj* Pflanzen fressend **II** *m* Pflanzenfresser *m*
fito|geografía *f* Phytogeographie *f*; **~logía** *f* Phytologie *f*, Pflanzenkunde *f*; **~parásito** *m* Phytoparasit *m*; **~patología** *f* Phytopathologie *f*; **~sanitario** Pflanzenschutz-; **~tecnia** *f* Pflanzenzucht *f*
fixing *m* WIRTSCH Fixing *n*
Fiyi *m* Fidschi *n*
fiyiano I *Adj* fidschianisch **II** *m* Fidschianer *m*
fláccido schlaff; erschlafft; *Haut* welk
flaco I *Adj* mager, dürr; schwach; dürftig **II** *m* Dürrer *m*; Schwäche *f*, schwache Seite *f*; *Arg* Kerl *m*
flac|ón *Am* sehr mager; **~uchento** *Am*, **~ucho** klapper-, spindeldürr; **~ura** *f* Magerkeit *f*
flagel|ación *f* Geißelung *f*; **~ado I** *Adj* geißeltragend; Geißel- **II** *m* Geißeltierchen *n*; **~ador** *m* Auspeitscher *m*; **~ar** *tr* geißeln *auch übertr*; **~iforme** geißelartig; **~o** *m* Geißel *f auch übertr*
flagrante *übertr* glänzend ◇ **coger** *od* **sorprender en ~** *jmdn* auf frischer Tat ertappen
flam|ante funkelnagelneu; glänzend; **~ear I** *intr* flammen; aufflammen; *Fahne* im Winde flattern **II** *tr* flambieren; abflammen; MED ausglühen
flamen|ca *f* Flämin *f*; *etwa gesunde, robuste, unbefangene Frau*; **~co I** *Adj* flämisch; Flamenco-; *i w S* andalusisch; dreist, kess; *Kleidung* volkstümlich elegant; *Méx*, *PR* hager **II** *m* Flame *m*; das Flämische; Flamenco *m andalusische Volksweise u Tanz*; ZOOL Flamingo *m*
flan *m* (*bes* Karamell-)Pudding *m*; KOCHK Auflauf *m*
flanco *m* Flanke *f auch* MIL; Seite *f*
Flandes *m* Flandern *n*
flaner|a *f*, **~o** *m* Puddingform *f*
flanque|ar *tr* flankieren; seitlich decken; über die Flanke(n) angreifen; *Artillerie* von der Seite aus beschießen; **~o** *m* Flankendeckung *f*; Flankenangriff *m*
flaqu|ear *intr Kräfte* nachlassen; wanken; schwächer werden; nachgeben; verzagen; *Kenntnisse* geringer *od* spärlicher werden; **~eza** *f* Magerkeit *f*; Schwäche *f bes übertr*; *übertr* Fehler *m*
flash *m* FOTO Blitzlicht(gerät) *n*; Blitzmeldung *f*; **~-back** *m* Rückblende *f* **~ electrónico** Elektronenblitz(gerät *n*) *m*
flat|o *m* Blähung *f*; *Am reg* Trübsinn *m*; *Am reg* Furcht *f*; **~oso** an Blähungen leidend; **~ulento** blähend; → **~oso**
flauta *f* Flöte *f*; großer Happen *m umg*; → **flautista**; **~ alemana** *od* **travesera** Querflöte *f*; **~ dulce** Blockflöte *f*
flaut|ado I *Adj* flötenähnlich **II** *m Orgel* Flötenregister *n*; **~ero** *m* Flötenbauer *m*; **~illo** *m* einpfeifige Hirtenflöte *f*; **~ín** *m* Pikkoloflöte *f*; Pikkolospieler *m*
flautista *m(f)* Flötenspieler(in) *m(f)*; **el ~ de Hamelín** der Rattenfänger von Hameln
flébil *Laute* traurig, kläglich
flecha I *f* Pfeil *m*; ARCH Turmspitze *f*; Bogenhöhe *f*; Ordinate *f im Koordinatensystem*; KFZ *ehem* Winker *m*; **en ~** steil **II** *m ehem Esp* Mitglied *n* der falangistischen Jugendorganisation
flechado *Adj*: **está flechada** sie hat sich verliebt
flech|ar I *tr/intr* den Bogen spannen; sich (durch)biegen **II** *tr* mit Pfeilen beschießen; *jmds* Herz entflammen; **~azo** *m* Pfeilschuss *m*; Pfeilwunde *f*; Liebe *f* auf den ersten Blick
fleje *m* Bandeisen *n*; Stahlband *n*
fleco *m* Franse *f*; Troddel *f*, Quaste *f*; → **flequillo**; ausgefranster Saum *m*
flema *f* Auswurf *m Rachenschleim*; Phlegma *n*; Behäbigkeit *f* ◇ **gastar ~** phlegmatisch sein
flem|ático I *Adj* schleimig; phlegmatisch **II** *m* Phlegmatiker *m*; **~ón** *m* Zahngeschwür *n*; **~oso** schleimverursachend; schleimig; **~udo** phlegmatisch
flequillo *m* Pony *m Damenfrisur*
flet|a *f Am reg* Tracht *f* Prügel; **~ador** *m* FLUGW, MAR Befrachter *m*; Charterer *m*; **~amento** *m* Befrachtung *f*; Charter *f*; Chartervertrag *m*; MAR Vermietung *f*; **~ante** *m* Schiffseigner *m bzw* Reeder *m im Chartervertrag*; Verfrachter *m*; → **~ador**; *Am reg* Vermieter *m von Kfz, Schiffen, Lasttieren*; **~ar** *tr* chartern; befrachten;

Am reg Kfz, Schiffe, Lasttiere vermieten; **~arse** *AmC* → ***fastidiarse***; *Arg* sich einschmuggeln; *Chi, Cu, Méx* plötzlich abhauen *gehen*

flete *m* Chartergebühr *f*; Schiffsfracht *f*; Fracht(gut *n*) *f*; Ladung *f*; Charterung *f*; Frachtgebühr *f*; *Am* Mietpreis *m für ein Beförderungsmittel*; **~s** *Pl* Fuhren *f/Pl z.B. Sand*; ~ ***aéreo*** (***marítimo***) Luft-(See)-fracht *f*; ~ ***mínimo*** (***parcial***) Mindestfracht *f* (Teilcharter *m*); ~ ***pagado hasta*** frachtfrei bis

F

flet|ear *Ant intr* anschaffen *auf den Strich gehen*; **~era** *f Ant* Strichmädchen *n*; **~ero I** *Adj* Charter-, Miet- **II** *m Arg* Wagenvermieter *m*; *Ec, Guat* Dienstmann *m*; *Chi, Pe* Fährkahn *m*, -boot *n*

flexibil|idad *f* Biegsamkeit *f*; Flexibilität *f*; Anpassungsfähigkeit *f*; **~ización** *f* Flexibilisierung *f*; Lockerung *f*; **~izar** ⟨z/c⟩ *tr* flexibilisieren

flexible I *Adj* biegsam; anpassungsfähig; flexibel; *Arbeitszeit* gleitend; GRAMM flektierbar; ***no*** ~ unflexibel; GRAMM ungebeugt **II** *m* EL Leitungsschnur *f*; Schlapphut *m*

flexión *f* Biegung *f auch* TECH; Beugung *f auch* GRAMM; MED, LING Flexion *f*; **flexiones** *Pl* Liegestütze *m/Pl*; ~ ***de cintura*** (***rodillas***) Rumpf-(Knie)beuge *f*

flexo *m* Tischlampe *f* mit biegsamem Arm

flirt *m* → ***~eo***; **~ear** *intr* flirten; **~eo** *m* Flirt *m*; Flirten *n*

floj|ear *intr Beine* wackeln; *übertr* faul sein; → ***flaquear***; *Schraube* sich lockern; **~edad** *f* Kraftlosigkeit *f*; Mattigkeit *f*; Flauheit *f*; Faulheit *f*; **~era** *f* → ***~edad***; *Col* Faulenzer *m Liegestuhl*; **~o I** *Adj* locker *auch* TECH; schlott(e)rig; schlaff; schlapp; *Gewebe, Papier* lappig; *Boden* nachgiebig; *Wind* flau; matt; kraftlos; *Anzug* leger; *übertr* faul; arbeitsscheu; *Kaffee* dünn; *Wein* leicht; *Buch, Schüler, Theaterstück* schwach; *Am* feige; *Arbeit* schlecht ausgeführt **II** *m* Faulpelz *m*

flor *f* Blume *f*; Blüte *f*; Blüte(zeit) *f*; Redeschmuck *m*; Kompliment *n*; das Beste; *Wein* Kahmhaut *f*; *Leder* Haarseite *f*; *Steinobst* wachsähnlicher Überzug *m*; Jungfräulichkeit *f*; Menstruation *f*; ~ ***de azahar*** Zitrusblüte *f*; ***~es de Bach*** Bachblüten *f/Pl*; Bachblütentherapie *f*; ~ ***campestre*** Feldblume *f*; ~ ***de corte*** Schnittblume *f*; ~ ***de*** (***la***) ***harina*** Auszugmehl *n*; ~ ***y nata de la sociedad*** Creme *f* der Gesellschaft; ***a*** ~ TECH bündig; ***a*** ~ ***de*** dicht über + *Dat*; ***a*** ~ ***de agua*** an der Wasseroberfläche; ***a*** ~ ***de labios*** auf den Lippen; ***a*** ~ ***de tierra*** dicht über der Erdoberfläche; BERGB zutage liegend; ***como mil ~es*** vortrefflich; ***en*** ~ blühend; ***en la*** ~ ***de su edad*** in seinen besten Jahren ◇ ***echar ~es*** Blüten treiben; Komplimente machen; ***estar en*** ~ in der Blüte stehen; gedeihen, florieren; ***pasársela en ~es*** keine Sorgen kennen; ***segar en*** ~ zunichte machen

flor|a *f* Flora *f*; **~ación** *f* Blühen *n*; Blüte (-zeit) *f*; **~al** Blumen-; Blüten-; **~ar** *intr* blühen

flore|ado *Stoff* geblümt; **~ar I** *tr* mit Blumen schmücken; *einer Frau* Komplimente machen; *Auszugmehl* sieben **II** *intr* (auf der Gitarre) tremolieren; *Am reg* blühen, Blüten treiben; **~cer** ⟨-c/zc-⟩ *intr* blühen *auch übertr*; aufblühen; florieren; **~cerse** schimmeln; **~cido** schimmelig; *Fantasie* blühend; **~ciente** blühend; aufstrebend; florierend; gut gehend; **~cilla** *f* Blümchen *n*; **~cimiento** *m* Blühen *n*; Wachsen *n*, Aufblühen *n*, Gedeihen *n*

Florencia *f* Florenz *n*

florentino I *Adj* florentinisch **II** *m* Florentiner *m*

flor|eo seichtes Gespräch *n*; Floskel *f*, Dahergerede *n*; *Gitarre* Tremolieren *n*; **~era** → ***florista***; **~ería** *f* Blumenladen *m*; **~ero** *m* Komplimentemacher *m*; (Blumen-)Vase *f*; → ***florista***; **~escencia** *f* Blühen *n*; Blütezeit *f*; **~esta** *f* Hain *m*, Holz *n*

floret|e *m* Florett *n*; **~ear I** *tr* mit Blumen schmücken; *Arg* flirten; *PR, RD* schmeicheln **II** *intr* mit dem Florett fechten; **~ista** *m(f)* Florettfechter(in) *m(f)*

flor|ícola gärtnerisch; Blumenanbau-; Gartenbau-; Blumenzucht-; **~icultor** *m*, **~icultora** *f* Blumenzüchter(in) *m(f)*; **~icultura** *f* Blumenzucht *f*; Blumenanbau *m*; Gartenbau *m Ziergarten*; **~idamente** anmutig; **~idano I** *Adj* aus Florida **II** *m* Einwohner *m* Floridas; **~ido** blühend; blumenreich *auch übertr*; blumig; blumengeschmückt; erlesen; *Ausdruck, Stil* schwülstig; **~ín** *m hist* Gulden *m*; **~ista** *m(f)* Blumenhändler(in) *m(f)*; Blumenbinder(in) *m(f)*; Florist(in) *m(f)*; Kunstblumenhersteller(in) *m(f)*; **~istería** *f* Blumenladen *n*; **~ón** *m* ARCH Rosette *f*

flota *f* Flotte *f*; Fuhrpark *m*; *Chi* Menge *f*; ~ ***aérea*** (***de alta mar*** *od* ***altura***) Luft-(Hochsee)flotte *f*; ~ ***de guerra*** (***mercante***) Kriegs-(Handels)flotte *f*; ~ ***de ómnibus*** Omnibuspark *m*; ~ ***pesquera*** (***petrolera***) Fischerei-(Tanker)flotte *f*

flot|abilidad *f* Schwimmfähigkeit *f*; PHYS Auftrieb *m*; **~able** schwimmfähig; *Gewässer* flößbar

flotación *f* Treiben *n*; Flößen *n*; FIN Floating *n*; ~ ***de madera en rollo*** Holzflößerei *f*

flot|ador *m* FLUGW, MAR, TECH Schwimmer *m*; Schwimmreif *m*; Schwimmgürtel *m*; **~ante** schwimmend, Schwimm-; schwebend; treibend; Treib-; Wander-; *Wechselkurs* gleitend; **~ar I** *intr* schwimmen, treiben (***sobre*** auf); schweben (***en*** in; ***sobre*** über); flattern; FIN floaten **II** *tr Holz* flößen; *Erze* flotieren

flote *m* Treiben *n*; ***a ~*** *Adv* flott ◇ ***mantenerse a ~*** sich über Wasser halten; durchkommen *Schwierigkeiten überstehen*; ***poner*** *od* ***sacar a ~*** *Schiff* flottmachen; ***salir a ~*** *Schiff* freikommen; aus einer schwierigen Lage herauskommen; ans Licht kommen *z.B. die Wahrheit*

flotilla *f* Flottille *f*; FLUGW Verband *m*; ***~ de camiones*** LKW-Park *m*; ***~ a*** *od* ***en remolque*** MAR Schleppzug *m*

fluctuación *f* Schwankung *f*; Fluktuation *f*; Schwanken *n*; ***fluctuaciones coyunturales*** (***de divisas***) Konjunktur-(Währungs-)schwankungen *f/Pl*

fluctu|ante schwankend; unschlüssig; fluktuierend; *Grenzen* fließend; **~ar** ⟨-úo⟩ *intr* auf den Wogen schaukeln; *übertr* schwanken (***entre*** zwischen); wanken; Schwankungen unterliegen; Gefahr laufen; fluktuieren; **~oso** → **~ante**

fluidez *f* Flüssigkeit *f auch Stil*; Fließen *n*; ***~ del tráfico*** Verkehrsfluss *m*

fluidificar ⟨-c/qu-⟩ *tr* verflüssigen; flüssiger machen; **~se** flüssig werden

flu|ido I *Adj* fließend; PHYS gasförmig; flüssig *auch Stil*; *Verkehr* zügig **II** *m* Flüssigkeit *f*; MED, PHYS Strom *m*; PHYS Fluid *n*; **~ir** ⟨-uy-⟩ *intr* fließen; fluten; strömen; entströmen; rinnen; rieseln; *Flüssigkeit* ausströmen

flujo *m* Fluss *m auch* TECH; (Zu-)Strom *m von Personen*; Fließen *n*; MAR Strömung *f*; MED (Aus-)Fluss *m*; Verkehr(sstrom) *m*; ***~ de caja*** FIN Cashflow *m*; ***~ de datos*** INFORM Datenfluss *m*; ***~ de ideas*** Ideenfülle *f*; ***~ de la información, ~ de informaciones*** Informationsfluss *m*; ***~ de palabras*** Wortschwall *m*; ***~ de producción*** Produktionsablauf *m*; ***~*** (***y reflujo***) (Ebbe *f* und) Flut *f*; ***~ de vientre*** Durchfall *m*

fluminense aus Rio de Janeiro

flúor *m* CHEM Fluor *n*

fluor|ar *tr* mit Fluor versetzen; **~escencia** *f* Fluoreszenz *f*; **~escente I** *Adj* fluoreszierend **II** *m* Leuchtstofflampe *f*

flus *m Am reg* Herrenanzug *m* mit Weste

fluvi|al Fluss-; **~ómetro** *m* Pegel *m Fluss*

Fm (*Symb für* ***fermio***) CHEM Fm

FM (*Abk für* ***frecuencia modulada***) UKW

F.M.I., **FMI** *m* (*Abk für* ***Fondo Monetario Internacional***) IWF *m*

FN *Abk für* ***Fuerzas Navales***

fo: ***¡fo!*** pfui!

F.O.B. *od* **f.o.b.** (*Abk für englisch* ***free on bord*** *spanisch* ***franco a bordo***) frei an Bord

fobia *f* MED Phobie *f*, krankhafte Angst *f*, Abneigung *f*; ***~ al agua*** Wasserscheu *f*; ***~ al avión*** Flugangst *f*

foca *f* Robbe *f*; Seehund *m*; Dickwanst *m*; Seal *m,n Pelzwerk*

focal fokal; Brennpunkt-; MED Herd-

foco *m* Brennpunkt *m auch übertr*; Wärmequelle *f*; KFZ, THEAT Scheinwerfer *m*; *Arg*, *Col*, *Méx*, *Ven* Glühbirne *f*; *Nic* Taschenlampe *f*; MED *u übertr* Herd *m*; Brutstätte *f*; ***~ infeccioso*** (***de tensión*** *od* ***tirantez***) Infektions-(Spannungs)herd *m*; ***~ luminoso, ~ de luz*** Lichtquelle *f*

fof|adal *m Arg* Morast *m*; **~o** schwammig, weich; schwabbelig *umg*

fog|ata *f* loderndes Feuer *n*; Lagerfeuer *n*; **~ón** *m* Herdfeuer *n*; Feuerstelle *f*; Küchenherd *m*; *Kessel* Feuerung *f*; *Am reg* → ***~ata***; **~onadura** *f* MAR Mastloch *n*; **~onazo** *m* Aufblitzen *n*; (jähes) Abbrennen *n*; Stichflamme *f*; Mündungsfeuer *n*; **~onero** *m* Heizer *m*; **~osidad** *f* Feurigkeit *f*; Ungestüm *n*; **~oso** feurig; ungestüm; hitzig; heißblütig

fogue|ado kampferprobt; **~ar** *tr* MIL an das (Mündungs-)Feuer gewöhnen; an die Strapazen *z.B. des Berufes* gewöhnen

fogueo *m* MIL Gewöhnung *f* ans Feuer; SPORT Training *n*; ***~ combativo*** Kampferfahrung *f*

foie-gras *m* Leberpastete *f*

foja *f Am* Blatt *n* Papier; *Am* JUR, VERW Blatt *n einer Akte*

foli|áceo blattartig; blätt(e)rig; **~ación** *f* Belaubung *f*; TYP Paginieren *n*; **~ado** belaubt; blätt(e)rig; Blätter-; **~ar I** *tr* TYP paginieren **II** *Adj* Blatt-

folículo *m* ANAT Follikel *n*; Samenkapsel *f*; ***~ piloso*** Haarfollikel *n*

folio *m* TYP Folio *n*, Großformat *n*; (Buch-)Blatt *n*; ***~ atlántico*** *od* ***imperial*** *od* ***mayor*** Großfolio *n*; ***de a ~*** riesengroß *auch übertr*; ***en ~*** im Folioformat

folk|lore *m* Folklore *f*; Folkloristik *f*; **~lórico** folkloristisch; **~lorista** *m(f)* Folklorist(in) *m(f)*

foll|ada *f* Blätterteigpastete *f*; **~aje** *m* Laub *n*; Laubschmuck *m*; überflüssiges Beiwerk *n*; Geprassel *n leeres Gerede*; **~ar** ⟨-ue-⟩ *tr* mit dem Blasebalg anfachen; *Prüfling* durchfallen lassen; *vulg* bumsen *koitieren*

follet|ín *m* Feuilleton *n*; **~inesco** feuilletonartig; Feuilleton-; **~inista** *m(f)* Feuilletonist(in) *m(f)*; **~ista** *m* Broschürenschreiber *m*; **~o** *m* Broschüre *f*, Heft *n*; Faltblatt

n; Merkblatt *n*; *Geräte* Prospekt *n,m*; Traktat *n,m*
follisca *f Am reg* Zank *m*, Schlägerei *f*
follón *m* Faulenzer *m*; geräuschloser Feuerwerkskörper *m*; Spektakel *m*; Durcheinander *n*; Tumult *m*; *Ec* Rock *m* ◇ **armar un ~** Krach schlagen
fomentar *tr* fördern; begünstigen; unterstützen; (weiter)entwickeln
fomento *m* Förderung *f*; Unterstützung *f*; (Weiter-)Entwicklung *f*; **~ de empleo** *od* **trabajo** Arbeitsförderung *f*
fon *m* Phon *n*, Fon *n*; **~ación** *f* Lautbildung *f*
fonda *f* Gasthaus *n*; Bahnhofswirtschaft *f*; *Chi* Getränkestand *m*; *Arg* Spelunke *f*
fond|eadero *m* Ankerplatz *m*; **~ear I** *tr Schiff* festmachen; MAR ausloten *auch übertr*; *Schiff* auf Konterbande durchsuchen **II** *intr* ankern; **~earse** *Am reg* reich werden; **~eo** *m* Ankern *n*; Durchsuchung *f nach Schmuggelgut*; Zollkontrolle *f auf dem Schiff*
fondero *m Am* Kneipier *m*
fondis|mo *m* Langstreckenlauf *m*; **~ta¹** *m(f)* Langstreckenläufer(in) *m(f)*
fondista² *m(f)* Gastwirt(in) *m(f)*
fondo *m Meer, Tal, Anstrich, Gewebe* Grund *m*; *Behälter aller Art* Boden *m*; *Fluss* Sohle *f*; *Gebäude* Tiefe *f*; Wesen(sart *f*) *n*; (Grund-)Veranlagung *f*; Kern *m*, Gehalt *m*; MAL, THEAT Hintergrund *m*; MAL Untergrund *m*; Fonds *m*; Grundlage *f*; Bestand *m an Büchern*; **~s** *Pl* Geldmittel *Pl*; **~ de acciones** (**amortización**) Aktien-(Tilgungs)fonds *m*; **~ amargo** bitterer Unterton *m*; **~ de desarrollo** Entwicklungsfonds *m*; **~ de huelga** Streikkasse *f*; **~ de inversión** (**de inversión inmobiliaria**) Investment-(Immobilien)fonds *m*; **~s marinos** Meeresgrund *m*; **♀ Monetario Internacional** Internationaler Währungsfonds *m*; **~ musical** musikalische Untermalung *f*; **~ pensiones** (**reserva**) Pensions-(Rücklage)fonds *m*; **~s públicos** öffentliche *od* Staatsgelder *n/Pl*; **~s recaudados** Steueraufkommen *n*; **~s de reposición** FIN Rückstellungen *f/Pl*; **~s de reserva** Rücklagen *f/Pl*; **~ reservado** Geheimfonds *m*; **~ de solidaridad** Solidaritätsfonds *m*; **a ~** gründlich; von Grund auf; **a ~ perdido** à fonds perdu, auf Verlustkonto; **bajo ~** Untiefe *f*; **bajos ~s** Asozialen *m/Pl*; **de doble ~** hinterhältig; zweideutig; *Koffer* mit doppeltem Boden; **de ~** grundlegend; **de poco ~** *Gewässer* flach, seicht; **sin ~** bodenlos; unergründlich; grundlos; *Scheck* ungedeckt ◇ **alzarse con los ~s** mit der Kasse durchbrennen; **dar ~** ankern; **echar a ~** versenken; **irse a ~** *Schiff* untergehen; **hacer un ~ común** Geld *für gemeinsame Ausgaben* zusammenlegen; **ir al ~ de u/c** einer Sache auf den Grund gehen; zum Kern einer Sache kommen; **pasar al ~** nach hinten durchtreten; hintergehen; **renovar a ~** von Grund auf erneuern; **tocar el ~** MAR auflaufen *auch übertr*; **vivir a ~** das Leben in vollen Zügen genießen; *etw* ausleben
fon|ema *m* LING Phonem *n*; **~ética** *f* Phonetik *f*; **~ético** phonetisch; **~etismo** *m* Buchstabenlautschrift *f*; **~etista** *m(f)* Phonetiker(in) *m(f)*
fon|io *m* PHYS Phon *n*, Fon *n*; **~o** *m* LING Laut *m*; *Am reg* Telefon *n*; → **~io**
fono|absorbente schallschluckend; **~amplificador** *m* Schallverstärker *m*; **~captor** *m* Tonabnehmer *m*; **~grafía** *f* Schallaufnahme *f*
fonógrafo *m* Grammophon *n*
fono|grama *m* Laut- *bzw* Schallaufzeichnung *f*; **~localización** *f* Schallortung *f*; **~logía** *f* Phonologie *f*
fon|ómetro *m* Schallmessgerät *n*; **~oteca** *f* Phonothek *f*
font|ana *f* Quell *m*; Springbrunnen *m*; **~anela** *f* ANAT Fontanelle *f*; **~anería** *f* Klempnerei *f*; **~anero** *m*, **-a** *f* Klempner(in) *m(f)*
footing *m* Jogging *n* ◇ **hacer** *od* **practicar el ~** joggen
for|áneo fremd; *Am reg Postbriefkasten* auswärts *für Inlands- u Auslandsbriefe* (*im Gegensatz zu* → **local I**) **~astero I** *Adj* ortsfremd; fremd; auswärtig; fremdländisch **II** *m* Fremder *m*; Auswärtiger *m*; Fremdling *m*; Ankömmling *m*
forcej|ar, **~ear** *intr* alles daransetzen; alle Anstrengungen unternehmen (**para** um); sich abmühen; gegen Wind und Wetter ankämpfen; miteinander ringen; sich wehren; **~eo**, **~o** *m* Aufbietung *f* aller Kräfte; Ringen *n*; Gerangel *n*; Kraftakt *m*; Auseinandersetzung *f*; Widerstand *m*; **~ón** *m* Ruck *m*; **~udo** kräftig
forense Gerichts-, gerichtlich; Rechts-
forest|ación *f* Aufforstung *f*; **~al** Forst-
forj|a *f* Schmiede *f*; Eisenhütte *f*; Schmieden *n*; **~ado** *m* Schmieden *n*; *Fachwerk* Füllung *f*; **~ador** *m* Schmied *m auch übertr*; Urheber *m*; **~ar** *tr* schmieden *auch übertr*; stählen; ersinnen
forma *f* Form *auch* TECH; Gestalt *f*; (Art *f* und) Weise *f*; **~s** *Pl* Manieren *f/Pl*; *Frau* Formen *f/Pl*, Figur *f*; Formular *n*; Format *n*; **~ de organización empresarial** Unternehmensform *f*; **~ de pago** Zahlungsmodus *m*, -weise *f*; **~s no personales** GRAMM infinite Formen *f/Pl*; **~ pronominal** reflexive Form *f des Verbs*; **~ respectuosa** *Anre-*

de Höflichkeitsform *f*; **~ *de ser*** (Wesens-)Art *f* **~ *de tributación*** FIN *Steuer* Veranlagungsart *f*; ***de cualquier* ~** auf jeden Fall; ***de bellas* ~*s*** von schöner Gestalt; ***de* ~ *cautelar*** vorsichtshalber; ***de* ~ *que*** sodass; ***de cualquier* ~, *de todas* ~*s*** auf jeden Fall; ***en* ~** formgerecht; ***en* ~ *escrita*** schriftlich; ***en debida* ~** ordnungsgemäß; ***en toda* ~** regelrecht; ***en* ~ *de tabla*** tabellarisch; ***pro* ~** pro forma ◇ ***cubrir*** *od* ***guardar las* ~*s*** die Form wahren; ***dar* ~ *a u/c*** etw formen; einer Sache Gestalt geben; ***estar en* ~** SPORT *u allg* in Form sein; ***hay que enseñarle* ~*s*** man muss ihm Manieren beibringen; ***no hay* ~ *de*** + *Inf* es ist unmöglich zu + *Inf*; ***mantenerse en* ~** sich fit halten

formación *f* Bildung *f*; Herausbildung *f*; Gestaltung *f*; Gebilde *n*; Zusammenstellung *f eines Zuges*; GEOL, SOZIOL, MIL Formation *f*; MIL Aufstellung *f*; (Aus-)Bildung *f*; Schulung *f*; Heranbildung *f*; *Parlament, Partei* Gruppe *f*; **~ *académica*** Hochschulausbildung *f*; **~ *de aprendices*** Lehrlingsausbildung *f*; **~ *de capital*** Vermögensbildung *f*; **~ *complementaria*** Zusatzausbildung *f*; **~ *en la empresa*** innerbetriebliche Ausbildung *f*; **~ *de precios*** Preisgestaltung *f*; **~ *profesional*** *od* ***vocacional*** Berufsausbildung *f*; **~ *social*** Gesellschaftsformation *f*; **~ *técnica*** Fach(schul)ausbildung *f*

form|ado reif, erwachsen; **~al** formal; förmlich; formell; sich streng an die Formen haltend; ausdrücklich; ernsthaft; zuverlässig; anständig; *Kind* artig; HDL seriös

formalidad *f* Formalität *f*; Zuverlässigkeit *f*; Ehrlkichkeit *f*; Pünktlichkeit *f*; Anständigkeit *f*; Ernsthaftigkeit *f*; Solidität *f*, Seriosität *f eines Unternehmens*; **~*es aduaneras*** Zollformalitäten *f/Pl*

formal|ismo *m* Formalismus *m*; **~ista** *m(f)* Formalist(in) *m(f)*; Umstandskrämer(in) *m(f)*

formalización *f* Formalisierung *f*; **~ *del acuerdo*** Vertragsabschluss *m*

formalizar ⟨-z/c-⟩ *tr einer Sache* die offizielle Form geben, offiziell machen; *etw* ordnungsgemäß erledigen; *Vertrag* ordnungsgemäß ausfertigen; *Auftrag, Befehl* ausführen; **~se** ernst werden; förmlich werden; zuverlässig werden; sich beleidigt fühlen; *Gewohnheit* sich einbürgern

formar I *tr* formen, gestalten; ausbilden; schulen; *Zug* zusammenstellen; MIL formieren **II** *intr*, **~se** MIL antreten; Aufstellung nehmen; sich entwickeln; sich heranbilden; zusammentreten; ausgebildet werden; seine Ausbildung erhalten

formate|ar *tr* INFORM formatieren; **~o** *m* Formatierung *f*

formato *m* Format *n*; Formular *n*; **~ *alto*** (***de bolsillo***) Hoch-(Taschen)format *n*; **~ *de caracteres*** (***datos***; ***impresión***; ***página***; ***párrafo***) Zeichen-(Daten-; Druck-, Seiten-; Absatz)format *n*; **~ *oblongo*** (***vertical***) Quer-(Hoch)format *n*

formidable furchtbar, schrecklich; riesig, außerordentlich; großartig, wunderbar

formol *m* Formol *n*

formón *m* Stecheisen *n*, Stechbeitel *m*

fórmula *f* BOT, CHEM; MATH Formel *f*; Rezept(ur *f*) *n*; Formular *n*; **~ *de cheque*** Scheckvordruck *m*; **~ *de cortesía*** Anrede *f*; **~ *final*** *Brief* Schlussformel *f*; **~ *mágica*** Zauberformel *f*; **~ *uno*, ~ *1*** *Autorennen* Formel 1; ***por* ~** der Form halber

formular *tr* formulieren; *etw* abfassen; *Beschwerde* vorbringen; *Rezept* ausschreiben

formulario *m* Formelheft *n*; *Buch* Formelanhang *m*; Arznei(mittel)buch *n*; **~ *en blanco*** Blankoformular *n*; **~ *para giro postal*** Zahlkarte *f*; **~** (***impreso***) Formular *n*, Vordruck *m*; **~ *de inscripción*** Anmeldeformular *n*; **~ *de modelos*** Mustersammlung *f*; **~ *de pedidos*** (***recibo***) Auftrags-; Bestell-(Quittungs)formular *n*; **~ *de reintegro*** (***solicitud de seguro***) Auszahlungs-(Versicherungsantrags)formular *n* ◇ ***llenar*** *od* ***rellenar un* ~** ein Formular ausfüllen

fornic|ación *f* Hurerei *f*; **~ador** *m* Hurenbock *m*; **~ar** ⟨-c/qu-⟩ *intr* huren

fornido stämmig; kräftig, stramm

foro *m* Forum *n auch übertr*; Gericht(ssaal *m*) *n*; Anwaltschaft *f*; THEAT Hintergrund *m*; **~ *cívico*** Bürgerforum *n* ◇ ***desaparecer por el* ~** unauffällig verschwinden

forofo *m* SPORT Schlachtenbummler *m*, Fan *m*

forrado I *Adj* TECH ausgekleidet; bespannt; umhüllt (***de*** mit); gut betucht *reich* **II** *m* BAUW Schalung *f*

forraje *m Esp* (Grün-)Futter *n*; *Am bes* Trockenfutter *n*; **~ *concentrado*** Kraftfutter *n*; **~ *ensilado*** Silage *f* ◇ ***echar* ~ *al ganado*** das Vieh füttern

forraj|ear *intr* Futter mähen; Futter holen; **~ero** LANDW Futter-

forrar *tr Kleidung* füttern; TECH verkleiden; *Buch* einschlagen; ausschlagen; umwickeln; *Kabel* ummanteln; *mit etw* auslegen; **~se** sich gesundstoßen *sich bereichern*; *Am reg* tüchtig essen *vor dem Ausgehen*

forro *m Kleidung, Ofen* Futter *n*; Bezug *m*; Überzug *m*; Hülle *f*; *Buch* Umschlag *m*; TECH Ausfütterung *f*; **~ *de freno*** Bremsbelag *m*; **~ *polar*** *etwa* Fleece-Jacke *f*; Fleece-Pullover *m*; ***ni por el* ~** nicht im Geringsten

F

fortachón kräftig, handfest
fortalec|er ⟨-c/zc-⟩ *tr* stärken; kräftigen; verstärken; (be)festigen; ermutigen; **~erse** erstarken; **~imiento** *m* Stärkung *f*; Festigung *f*; Kräftigung *f*; Abhärtung *f*; Verstärkung *f*; Erstarkung *f*
fortaleza *f* Kraft *f*; Mut *m*; Charakterstärke *f*; Festung *f*; *Währung* Stärke *f*; **~ de ánimo** Seelenstärke *f*
fortific|ación *f* Befestigung *f*; Festung(swerk *n*) *f*; Festungsbau *m*; **~ar** ⟨-c/qu-⟩ *tr* stärken, bestärken; MIL befestigen; **~arse** sich abhärten
fort|ín *m* kleine Befestigungsanlage *f*; Schanze *f*; **~ísimo** äußerst stark
fortuit|amente versehentlich; **~o** zufällig
fortuna *f* Glück *n*; Schicksal *n*; Vermögen *n*; **~ de las armas** Kriegsglück *n*; **buena ~** gütiges Geschick *n*; **mala ~** Unglück *n*; **con (buena) ~** glücklich; **de ~** Not-; **por ~** glücklicherweise; eventuell, möglicherweise ◇ **amasar una ~** ein Vermögen zusammentragen; **hacer ~** sein Glück machen
forúnculo *m* Furunkel *m,n*
forz|adamente mit Gewalt; gezwungenermaßen; **~ado I** *Adj* Zwangs-; zwangsweise; Gewalt-; zwangsläufig *auch* TECH; notgedrungen; erzwungen *z.B. Lächeln* **II** *m* Sträfling *m*
forzar ⟨-ue-, -z/c-⟩ *tr* zwingen (**a** zu); bezwingen; erzwingen; *Tür* aufbrechen; einbrechen in; forcieren *auch* MIL; *Festung* einnehmen; *Preise, Wechselkurs* in die Höhe treiben; *Stimme* überanstrengen; TECH überlasten; *Schlüssel* hineinzwängen; *Frau* vergewaltigen; *Blockade* (durch)brechen; **~se** sich zwingen
forz|oso notwendig; zwingend; notgedrungen; Not-; zwangsläufig; Zwangs-; unumgänglich; **~udo I** *Adj* kraftstrotzend **II** *m* kräftiger Kerl *m*
fosa *f* Grube *f auch* ANAT; GEOL Graben *m*; Grab *n*; **~ común** *od* **comunitaria** Massengrab *n*; **~ marina** Tiefseegraben *m*; **~s nasales** Nasenhöhlen *f/Pl*; **~ séptica** Klärgrube *f*
fosfat|ar *tr* phosphatieren; mit Phosphaten anreichern; **~o** *m* Phosphat *n*
fosfor|ecer ⟨-c/zc-⟩ *intr* phosphoreszieren; **~era** *f* Streichholzschachtel *f*; *Cu* Gasfeuerzeug *n*; Zündholzfabrik *f*; **~escente** phosphoreszierend
fósforo *m* Phosphor *m*; Streichholz *n*; ASTR Morgenstern *m*
fósil I *Adj* fossil; versteinert; antiquiert **II** *m* Versteinerung *f*; Fossil *n auch übertr*
fosiliz|ación *f* Versteinerung *f*; **~arse** ⟨-z/c-⟩ versteinern; *übertr* verknöchern
foso *m* Graben *m*; SPORT Sprunggrube *f*; THEAT Orchestergraben *m*; Versenkung *f*; *Tierpark* Absperrgraben *m*; **~ de engrase** *Werkstatt* Abschmiergrube *f*
foto *f* Foto *n*; **~calco** *m* Lichtpause *f*; **~célula** *f* Photozelle *f*; **~color** *f* Farbfoto *n*; **~composición** *f* Fotosatz *m*; Fotomontage *f*; **~copia** *f* Fotokopie *f*; **~copiadora** *f* Kopiergerät *n*, Kopierer *m*; **~copiar** *tr/intr* fotokopieren; **~degradable** photochemisch abbaubar; **~eléctrico** fotoelektrisch; **~fobia** *f* Lichtscheu *f*
fot|ófono *m* Lichttongerät *n*; **~ogénico** fotogen; **~ógeno** lichterzeugend; **~ograbado** *m* Lichtdruck *m*; Fotogravüre *f*
fotografía *f* Foto(grafie *f*) *n*; Lichtbildnerei *f*; **~ aérea** Luftbild *n*; **~ de aficionado** Amateurfoto *n*; **~ en blanco y negro** Schwarz-Weiß-Fotografie *f*; **~ colectiva** Gruppenbild *n*; **~ en color** *od* **de colores** Farbfotografie *f*; **~ al desnudo** Aktaufnahme *f*; **~ de frente (perfil)** Aufnahme *f* von vorn (von der Seite); **(~) instantánea** *f* Momentaufnahme *f*; **~ de llegada** Zielfoto *n*; **~ submarina** Unterwasserfotografie *f* ◇ **ganar por ~** SPORT durch Zielfotoentscheid siegen; **hacer** *od* **sacar** *od* **tomar una ~** ein Bild machen, fotografieren, *umg* knipsen
fot|ografiar ⟨-ío⟩ *tr/intr* fotografieren; **~ografiarse** sich fotografieren lassen; **~ográfico** Foto-, Photo-; **~ógrafo** *m*, **-a** *f* Fotograf(in) *m(f)*; **~olisis** *f* Photolyse *f*; **~omecánico** photomechanisch; **~ometría** *f* Fotometrie *f*; **~ómetro** *m* Belichtungsmesser *m*; **~omontaje** *m* Fotomontage *f*; **~ón** *m* PHYS Photon *n*; **~onovela** *f* Bildergeschichte *f*; **~operiodismo** *m* Bildjournalismus *m*; **~oprotector** *m* Sonnenschutzmittel *n*; **~oquímica** *f* Photochemie *f*; **~orreportaje** *m* Fotoreportage *f*; **~orreportero** *m* Bildreporter *m*; **~osensible** lichtempfindlich; **~osíntesis** *f* Photosynthese *f*; **~osintético** photosynthetisch; **~oteca** *f* Fotothek *f*; **~otienda** *f* Fotoladen *m*, -geschäft *n*; **~otipia** *f* Lichtdruck *m*
fox|terrier *m* Foxterrier *m*; **~trot** *m* Foxtrott *m*
FP *f Abk für* ***formación profesional***
Fr (*Symb für* **francio**) CHEM Fr
frac *m* ⟨*Pl* **fraques**⟩ Frack *m*; **~asado I** *Adj* verkracht **II** *m* Versager *m*; Blindgänger *m Person*; Verlierer *m*
fracasar *intr* misslingen; zerschellen; scheitern; zunichte werden; *Prüfung*, THEAT durchfallen; **hacer ~** zum Scheitern bringen; zunichte machen
fracaso *m* Misserfolg *m*, Niederlage *f*; Fiasko *n*; Flop *m*, Reinfall *m*; Misslingen *n*; Versagen *n*; THEAT Durchfall *m*; Schlappe

f auch MIL; ***abocado al ~*** zum Scheitern verurteilt ◇ ***estar condenado al ~*** zum Scheitern verurteilt sein
fracción *f* Brechen *n z.B. von Brot*; Bruchstück *n*; Bruchteil *n*; CHEM, *Flügel einer Partei* Fraktion *f*; MATH Bruch *m*
fraccion|alismo *m*, **~amiento** *m* Zerlegung *f*; Zersplitterung *f*; Gliederung *f*; *Geld* Stückelung *f*; CHEM Fraktionieren *n*; **~ar** *tr* in Brüche zerlegen; zerstückeln; *Geld* stückeln; *übertr* spalten; CHEM fraktionieren; **~arse** POL Gruppierungen bilden *sich aufspalten*; **~ario** MATH Bruch-; Fraktions-
fractur|a *f* Fraktur *f*; Bruch *m*; *Verschluss* Aufbrechen *n*; **~ar** *tr* zerbrechen; *Kasse, Tresor* aufbrechen; **~arse** sich *etw* brechen
fragante wohlriechend
fragata *f* Fregatte *f*; Fregattvogel *m*
frágil zerbrechlich; schwach; gebrechlich; brüchig; spröde; zart
fragilidad *f* Zerbrechlichkeit *f*; Brüchigkeit *f*; Sprödigkeit *f*; Zartheit *f*; Schwäche *f*; Vergänglichkeit *f*
fragment|ación *f* Abbröckeln *n*; Zerfall *m*; (Unter-)Teilung *f*; **~ar** *tr* zerstückeln; *Eis, Gewürze* stoßen; (unter)teilen; *Erosion* sprengen; **~arse** zerbröckeln; sich teilen; **~ario** fragmentarisch; Trümmer-; **~o** *m* Fragment *n*, Bruchstück *n*; Splitter *m*
fragor *m* Krachen *n*; Klirren *n*; Getöse *n*; Gedröhn *n*; *Waffen* Lärm *m*, Geklirr *n*; **~oso** krachend; klirrend; dröhnend
fragoso *Gelände* zerklüftet; unwegsam
fragua *f* Schmiede *f*; ***~ de mentiras*** Lügenfabrik *f*; ***~ de tempestades*** Wetterküche *f*
fraguador *m* Anstifter *m*; ***~ de embustes*** *od* ***mentiras*** Lügenbold *m*; ***~ de enredos*** Ränkeschmied *m*
fraguar ⟨-gu/gü-⟩ **I** *tr* schmieden *auch übertr*; ausdenken, *umg* aushecken; anstiften **II** *intr Mörtel* abbinden; *Kunststoff* härten
fraile *m* Mönch *m*
frambues|a *f* Himbeere *f*; **~o** *m* Himbeerstrauch *m*
francachela *f* Zechgelage *n*
francamente offen gesagt; (ganz) offen
francés I *Adj* französisch; ***a la francesa*** auf französische Art ◇ ***despedirse*** *od* ***irse*** *od* ***marcharse a la francesa*** sich sang- und klanglos davonmachen **II** *m*, **-esa** *f* Franzose *m*, Französin *f*
Francfort *m*: ***~ del Meno*** (***Oder***) Frankfurt *n* am Main (an der Oder)
francfortés *m*, **-esa** *f* Frankfurter(in) *m(f)*
Francia *f* Frankreich *n*
francio *m* CHEM Francium
franciscano I REL franziskanisch; Franziskaner-; *Am* franziskanerbraun **II** *m* Franziskaner *m*
francmas|ón *m* Freimaurer *m*; **~onería** *f* Freimaurerei *f*
franco I *Adj* frei; Frei-; frei(mütig), offen (-herzig); freigebig (***a, con, para, para con*** gegenüber); *in Zus* französisch-; fränkisch **II** *m hist* Franke *m*; das Fränkische; MIL Ausgang *m*; *Münzen*: *Schweiz* Franken *m*; *Belgien, Frankreich hist* Franc *m*; **~canadiense I** *Adj* frankokanadisch **II** *m* Frankokanadier *m*
francó|filo I *Adj* frankophil **II** *m* Franzosenfreund *m*; **~fobo I** *Adj* franzosenfeindlich **II** *m* Franzosenfeind; **~fono** frankophon
Franconia *f* Franken *n*; ***Alta*** (***Baja***) ~ Ober-(Unter)franken *n*
franco|te sehr offenherzig; **~tirador** *m* Freischärler *m*; Heckenschütze *m*
franela *f* Flanell *m*
frangoll|ar *tr Getreide* schroten; *etw* verpfuschen; **~o** *m Méx* (Schlangen-)Fraß *m*; *Ant reg* Süßspeise *f* aus gemusten Bananen; Pfusch *m*; **~ón** *m Am, And* Pfuscher *m*
franja *f* Streifen *m*; Franse *f*; ***♀ de Gaza*** Gazastreifen *m*
franj|ar, **~ear** *tr* mit Fransen besetzen
franque|adora *f* Frankiermaschine *f*; **~able** passierbar; überwindbar
franquear *tr Brief* frankieren, freimachen; befreien (***de*** von); *Durchgang* freigeben; *Fluss* überqueren; *Hindernis* überwinden; **~se** willfährig sein; sein Herz ausschütten (***a, con*** *Dat*)
franqueo *m Brief* Frankierung *f*; Porto *n*; ***~ adicional*** Nachporto *n*; ***~ interior*** Inlandsporto *n*; ***~ obligatorio*** Portopflicht *f*; ***~ de vuelta*** Rückporto *n*; ***exento de ~*** portofrei; ***sometido*** *od* ***sujeto a ~*** portopflichtig
franqueza *f* Freimütigkeit *f*; Offenheit *f*; Freigebigkeit *f*; Großzügigkeit *f*; Befreiung *f von Abgaben*; ***con toda ~*** in aller Offenheit
franquicia *f* Befreiung *f von Gebühren*; Franchise *f*; WIRTSCH Franchising *n*; ***~ aduanera*** *od* ***arancelaria*** Zollbefreiung *f*; Zollfreiheit *f*; ***~ dominical*** freier Sonntag *m z.B. Polizei*; ***~ de equipaje*** Freigepäck *n*; ***~postal*** Portofreiheit *f*; ***en ~*** *Postsendung* zollfrei
franquiciad|o *m* Franchisenehmer *m*; **~or** *m* Franchisegeber *m*
franqu|ismo *m* Franco-Herrschaft *f*; Franco-Ära *f*; Franco-Regime *n*; **~ista I** *Adj* Franco- **II** *m* Franco-Anhänger *m*
frasc|a *f* dürres Laub *n*; Reisig *n*; *Am reg* Rummel *m*; Krach *m*, Getöse *n*; **~o** *m* kleine Flasche *f*; Flakon *m,n*

frase *f* Satz *m*; Sinneinheit *f*; *meist* **~s** *Pl* Phrasen *f/Pl leeres Gerede*; **~ hecha** Redensart *f*, stehende Wendung *f*; Schlagwort *n*; **~ hueca** hohle Phrase *f* ◇ **gastar ~s** Phrasen dreschen
frase|ología *f* Phraseologie *f*; *eigene* Ausdrucksweise *f z.B. eines Schriftstellers*; Phrasendrescherei *f*; **~ológico** phraseologisch
fratern|al Bruder-; geschwisterlich; **~idad** *f* Brüderlichkeit *f*; Kameradschaftlichkeit *f*; **~ización** *f* Verbrüderung *f*; **~izar** ⟨-z/c-⟩ *intr* sich verbrüdern; **~o** → **~al**
fratricida *m(f)* Brudermörder(in) *m(f)*
fraude *m* Betrug *m*; Unterschlagung *f*; **~ alimenticio** (**electoral**) Lebensmittel-(Wahl)-fälschung *f*; **~ aseguratorio** (**de subvenciones**) Versicherungs-(Subventions)betrug *m*; **~ fiscal, ~ de hacienda** Steuerhinterziehung *f*, -betrug *m*
fraudulento (in) betrügerisch(er Absicht); irreführend; Schwindel-; unrechtmäßig
fray *m* Bruder *m Mönchstitel in Verbindung mit dem Vornamen, z.B.* **≗ Bartolomé**
frazada *f* Wolldecke *f*; Bettdecke *f*; **~ de piso** *Cu* Scheuerlappen *m*
frecuencia *f* Häufigkeit *f*; Frequenz *f auch* MED, PHYS; **~ modulada** RADIO Ultrakurzwelle *f*; **~ del pulso** Pulsfrequenz *f*; **~ respiratoria** Atemfrequenz *f*; **~ de trenes** Zugfolge *f*; **alta** (**baja**) **~** Hoch-(Nieder)frequenz *f*; **con** (**mucha**) **~** (sehr) häufig
frecuent|ado *Straße* belebt; *Lokal* gut besucht; **~ador** *m* häufiger Kunde *m*; Stammgast *m*; häufiger Besucher *m*; **~ar** *tr* häufig besuchen; häufig aufsuchen; oft *an einem Ort* sein; *die Schule* besuchen; *einen Weg* oft gehen; sich treffen *od* besuchen; verkehren; **~e** häufig; *Puls*, *Schwingungen* schnell
fregadero *m* Aufwaschbecken *n*, Spüle *f*; *Chi* Waschbrett *n*
fregado I *Adj Am reg* unverschämt; *Am reg* zäh; *Am* lästig; *Col* eigensinnig ◇ **estar ~** *Col* aufgeschmissen sein **II** *m* Abwaschen *n*; (Auf-)Wischen *n*; *Fußboden* Scheuern *n*; Streiterei *f*
fregador *m* Aufwaschlappen *m*; Wischlappen *m*; Tellerwäscher *m*; Reinigungskraft *f*; *Am reg* lästige Person *f*; → **fregadero**
fregadora *f* Reinigungskraft *f*; **~ automática** Geschirrspülmaschine *m*
fregar ⟨-ie-, -g/gu-⟩ **I** *tr/intr* abwaschen; spülen; (auf)wischen; kräftig reiben **II** *tr Am* ärgern, nerven
fregona *f* Reinemachefrau *f*; ordinäres Frauenzimmer *n*; Scheuerlappen *m*
frei|dera *f*, **~dora** *f* Fritteuse *f*; **~dura** *f* Braten *n*; **~duría** *f* Fischbratküche *f*; Fischrestaurant *n*
freír ⟨-i-; *Part* **frito**⟩ *tr* braten; *in Öl* backen; frittieren; abknallen *erschießen*; nerven; **~ ligeramente** anbraten; **~se** braten *auch übertr*
fréjol *m* Bohne *f*
frenado *m* Bremsen *n*; **~ de emergencia** Notbremsung *f*
frenar I *tr/intr* bremsen *auch übertr*; *Maschine* anhalten; *Preiserhöhung* stoppen; **~ en seco** scharf bremsen **II** *tr* aufhalten, hemmen, stoppen; **~se** sich zügeln
frenazo *m* scharfe Bremsung *f*
fren|esí *m* Tobsucht *f*; Wahn(sinn) *m*; Irresein *n*; Taumel *m*; *übertr* Raserei *f*; **~ético** rasend; tobsüchtig; **~etismo** *m* irre Begeisterung *f*
freno *m* Zügel *m*; Kandare *f*; Zaum *m auch übertr*; Zahnspange *f*; Bremse *f*; *Arg* Hunger *m*; **~ aerodinámico** FLUGW Bremsklappe *f*; **~ de alarma** *od* **urgencia** Notbremse *f*; **~ de contrapedal** (**disco**) Rücktritt-(Scheiben)bremse *f*; **~ de mano** (**pedal** *od* **pie**) Hand-(Fuß)bremse *f*; **~ motor** (**neumático**) Motor-(Druckluft)bremse *f*; **sin ~** zügellos ◇ **aplicar** *od* **poner el ~** die Bremse (an)ziehen; bremsen; **morder** *od* **tascar el ~** seinen Ärger hinunterschlucken; **poner ~ a u/c** einer Sache Einhalt gebieten; **soltar el ~ a su imaginación** seiner Fantasie freien Lauf lassen
frente[1] *f* Stirn *f*; Antlitz *n*; **con la ~ levantada** erhobenen Hauptes; mit dreister Stirn; **~ a ~** von Angesicht zu Angesicht; **~ por ~** genau gegenüber ◇ **bajar la ~** sich schämen
frente[2] *m*, BAUW *auch f* Frontseite *f*; *übertr* Spitze *f*; Vorderteil *n*; *Münze* Vorderseite *f*; MET, MIL, POL Front *f*; POL Frontabschnitt *m*; **~ cálido** (**frío**) Warm-(Kalt)luftfront *f*; **≗ Nacional de Liberación** Nationale Befreiungsfront *f*; **≗ Popular** Volksfront *f*; **~ único** Einheitsfront *f*; **al ~** an der Spitze; *Zimmer* nach vorn; **de ~** von vorn; nach vorn; frontal; **¡de ~!** MIL im Gleichschritt, marsch! *marschieren*; **en ~** gegenüber ◇ **acometer u/c de ~** eine Sache mutig in Angriff nehmen; **hacer ~** Widerstand leisten (**a** *Dat*); *Konkurrenz* gegenübertreten; entgegentreten (**a** *Dat*); *einer Verpflichtung* nachkommen; *übertr* gegenüberstehen; **ponerse al ~** sich an die Spitze stellen; die Leitung übernehmen; **seguir de ~** geradeaus (weiter)gehen *od* (-)fahren
frente[3] *Präp*: **~ a** vor (**~ a la casa**); gegenüber (**~ a ella**); **en ~** gegenüber (**de** *Dat*)
freón *m* CHEM Freon *n*
fresa[1] *f* Erdbeere *f*

fres|a[2] *f* BAUW, LANDW Fräse *f*; Fräser *m* *Werkzeugmaschine*; *Zahnarzt* Bohrer *m*; **~ado** *m* Fräsen *n*; Fräsarbeit *f*; **~adora** *f* Fräsmaschine *f*; **~ar** *tr/intr* fräsen

fresca *f morgendliche od abendliche* Frische *f od* Kühle *f*; Unverschämtheit *f*; freche Rede *f* ◇ **soltar la ~** *jmdm* die Meinung sagen

fresc|achón gesund aussehend; **~ales** *m* Frechdachs *m*

fresco I *Adj* kühl; frisch; *Nachrichten* neueste; *Aussehen* blühend; ausgeruht; *Stoff* leicht; gelassen, cool; unverfroren; unverschämt; dreist ◇ **estar** *od* **quedar(se) ~** sich verrechnet haben *irren*; **hace ~** es ist kühl; **quedarse tan ~** sich nicht aus der Ruhe bringen lassen **II** *m* Kühle *f*; Brise *f*; MAL Freske *f*; Frechdachs *m*; *Am*, *And* Erfrischung *f*; *Am reg* → **refresco**; **al ~** im Freien ◇ **tomar el ~** frische Luft schnappen

fresc|or *m* Kühle *f*, Frische *f*; **~ote** blühend; pausbäckig; **~ura** *f* → **~or**; Frechheit *f*, Unverfrorenheit *f*

fres|era *f* Erdbeerpflanze *f*; **~ia** *f* BOT Freesie *f*; **~illa** *f* Walderdbeere *f*

fresno *m* Esche *f*

fresón *m* große Gartenerdbeere *f*

fresqu|era *f* Fliegenschrank *m*; Speiseschrank *m*; **~ito** angenehm kühl

frez|a *f* Laichen *n der Fische*; Laichzeit *f*; Laich *m*; Fischbrut *f*; Losung *f von Wild*; **~ar** <-z/c-> *intr* laichen; misten; *Wild* den Boden aufwühlen

fría *f* kühle Blonde *f kaltes Bier*

friable bröcklig, brüchig

frialdad *f* Kälte *f auch übertr*; Kühle *f*; Gleichgültigkeit *f*; MED Frigidität *f*

Friburgo *m*: **~ en Brisgovia** Freiburg *n* im Breisgau

fricasé *m* Frikassee *n*

fricativo *m* PHON Reibelaut *m*, Frikativ *m*

fricción *f* Einreibung *f*; Abreibung *f*; TECH *u übertr* Reibung *f*; Massage *f*; **fricciones** *Pl* Reibereien *Pl*; **sin ~** reibungslos ◇ **dar una ~** *jmdn* einreiben (**con** mit); *jmdn* abreiben

friccionar *tr* abreiben; einreiben; MED, TECH reiben; frottieren

friecillo *m* (angenehme) Kühle *f*

friega *f* Abreiben *n*; Einreiben *n*; Einreibung *f*; *Am reg* Ärger *m*; Belästigung *f*; *Méx* Abreibung *f Schelte*; *Am reg* Tracht *f* Prügel; **~platos** *m* Tellerwäscher *m*; Geschirrspülmaschine *f*; **~suelos** *m(f)* Gebäudereiniger(in) *m(f)*

frigidez *f* Kälte *f*; MED Frigidität *f*

frígido kalt; MED frigid

frigorífico I *Adj* Kühl-; Kälte-; Kälte erzeugend **II** *m* Kühlschrank *m*; Kühlhaus *n*; *Rpl* Gefrierfleischfabrik *f*; **~ eléctrico** *Am reg* Kühltruhe *f*

frijol, **fríjol** *m* Bohne *f Hülsenfrucht* ◇ **no ganar para los ~es** *Méx* nicht einmal das Notwendigste zum Leben verdienen

frío I *Adj* kalt *auch übertr*; frostig *auch übertr*; kaltherzig; MED frigid; kühl *auch übertr*; **en ~** kalt **II** *m* Kälte *f*; **amoratado de ~** blau vor Kälte ◇ **coger ~** sich erkälten; **me da ~, paso ~, tengo ~** mir ist kalt; **hace ~** MET es ist kalt; **pelarse de ~** vor Kälte umkommen *sehr frieren*

friol|ento verfroren; kälteempfindlich; **~era** *f* Kleinigkeit *f auch iron*; **~ero** → **~ento**

fris|a *f* Flausch *m*; **~ar I** *tr* TEXTIL aufrauen; abreiben; MAR abdichten **II** *intr Altersangabe* nahe sein (**con, en** an)

frisca *f Chi* Tracht *f* Prügel

Frisia *f* Friesland *n*

fris|io → **~ón**; **~o** *m* BAUW Fries *m*; **~ón I** *Adj* friesisch **II** *m*, **-ona** *f* Friese(-in) *m(f)*; das Friesische; Friesenpferd *n*

frit|ada *f Gemüsegericht aus Paprikaschoten, Tomaten, Kürbis, Zwiebeln u Eierfrüchten*; **~ar** *tr Am* braten; *in Öl* backen; TECH fritten; **~ería** *f Col* Garküche *f*

frito *Part von* → **freír I** *Adj* gebacken; gebraten ◇ **estar ~** *etw* satt haben; *Am reg* erledigt *d.h. erschöpft* sein; *übertr* wie auf glühenden Kohlen sitzen; *Am reg* übel dran sein; angeschmiert *od* gelackmeiert *od* aufgeschmissen sein; **tener** *od* **traer ~ a alg** jmdm auf die Nerven gehen **II** *m* → **fritura**

fritura *f* Gebackenes *n*; *Cu* Krokette *f*

frivolidad *f* Leichtfertigkeit *f*; Frivolität *f*; Gehaltlosigkeit *f*

frívolo leichtfertig; frivol; nichtig

frond|a *f* BOT Blatt *n*; Farnwedel *m*; **~as** *Pl* Blattwerk *n*, Laub(werk) *n*; **~osidad** *f* dichte Belaubung *f*; **~oso** dicht belaubt; buschig

frontal I *Adj* Stirn- *auch* ANAT, TECH; MIL, WISS frontal **II** *m* Stirnband *n*

frontera *f* Grenze *f*; **~ aduanera** (**lingüística**) Zoll-(Sprach)grenze *f*; **~ internacional** (**terrestre**) Staats-(Land)grenze *f*; **~ triple** Dreiländereck *n* ◇ **cruzar la ~** die Grenze überschreiten

front|erizo Grenz-; (an)grenzend (**de** an); **~ero** gegenüberliegend; **~is** *m*, **~ispicio** *m* Giebelseite *f*; Giebelwand *f*; TYP Frontispiz *n*; **~ón** *m* Giebel *m*; SPORT Pelota-Spielfeld *n*

frot|ación *f*, **~amiento** *m* Reiben *n*; MED Einreibung *f*; Reibung *f*; Aneinanderreiben *n*; **~ar** *tr/intr* reiben; abreiben; einreiben; frottieren; **~arse** aneinander reiben; sich reiben; sich scheuern

frot|e *m* Reiben *n*; **~is** *m* MED Abstrich *m*

fruct|ífero Frucht bringend *auch übertr*; brauchbar, nützlich; Frucht-; fruchtbar; ertragreich; **~ificación** *f* Fruchtbildung *f*
fructificar ⟨-c/qu-⟩ *intr* Früchte tragen *auch übertr*; einträglich sein; ***hacer ~*** *Vermögen* Gewinn bringend anlegen
fruct|osa *f* Fruchtzucker *m*; **~uoso** ertragreich; einträglich; Frucht bringend; fruchtbar
frugal einfach; bescheiden; frugal
fruición *f* Genuss *m*, Vergnügen *n*; ***~ maliciosa*** Schadenfreude *f*; ***con ~*** genussvoll
frunc|e *m*, **~ido** *m* Fältelung *f*; Rüschen *f/Pl*; **~imiento** *m Stoff* Fältelung *f*; Kräuseln *n*; Stirnrunzeln *n*; Verstellung *f*; **~ir** ⟨-c/z-⟩ *tr* fälteln; kräuseln; *Stirn* runzeln; *Brauen* hochziehen; **~irse** *Stoff* zerknittern
frusl|ería *f* Lappalie *f*; Plunder *m*; Nichtigkeit *f*; Belanglosigkeit *f*
frustración *f* Enttäuschung *f*, Frustration *f*, *umg* Frust *m*
frustrado frustriert; gescheitert; misslungen ◇ ***quedar ~*** enttäuscht sein; enttäuscht werden; ***sentirse ~*** sich überflüssig vorkommen
frustr|ante frustrierend; enttäuschend; **~ar** *tr* vereiteln; verhindern; enttäuschen; frustrieren; nicht erfüllen; **~arse** fehlschlagen, misslingen, sich zerschlagen; nicht aufgehen; **~e** *m* Frust *m*
fruta *f essbar u übertr* Frucht *f*; Obst *n*; ***~ bomba*** *Ant* Papaya *f*; ***~ caediza*** Fallobst *n*; ***~s confitadas*** kandierte Früchte *f/Pl*; ***~ escarchada*** kandiertes Obst *n*; ***~ de hueso*** (***pepita***) Stein-(Kern)obst *n*; ***~s del mediodía*** *od* ***meridionales*** *od* (***sub***)***tropicales*** Südfrüchte *f/Pl*; ***~ pasa*** *od* ***seca*** Dörrobst *n*; ***~ de sartén*** Pfannengericht *n*; ***~ del tiempo*** frisches Obst *n der Saison*
frut|al I *Adj* Obst- **II** *m* Obstbaum *m*; **~ería** *f* Obstladen *m*; Obststand *m*; **~ero** *m* Obsthändler *m*; Obstschale *f*
frut|ícola Obstbau-; **~icultor** *m* Obstbauer *m*; **~icultura** *f* Obst(an)bau *m*; **~illa** *f* Rosenkranzperle *f*; *Am reg* Erdbeere *f*; **~illar** *m* Erdbeerfeld *n*
fruto *m* Frucht *f sämtlicher Kulturen* u *übertr*; Ertrag *m*; Nutzen *m*; Folge *f*; ***sin ~*** ergebnislos ◇ (***no***) ***dar ~***(***s***) (nichts) hervorbringen
FSM (*Abk für* ***Federación Sindical Mundial***) WGB *m*
fu *m* Fauchen *n der Katze*; ***¡~!*** pfui!, pff!; ***ni ~ ni fa*** weder Fisch noch Fleisch; nichts Halbes und nichts Ganzes ◇ ***hacer ~*** Reißaus nehmen
fucilazo *m* Wetterleuchten *n*
fue → ***ir*** *u* ***ser***
fuego *m* Feuer *n*; Brand *m*; Leuchtfeuer *n*; Feuerzeichen *n*; Feuer(eifer *m*) *n*; *übertr* Hitze *f*; ***~ acelerado*** Schnellfeuer *n*; ***~s artificiales*** Feuerwerk *n*; Feuerwerkskörper *m/Pl*; ***~ de Bengala*** bengalisches Feuer *n*; ***~ fatuo*** Irrlicht *n*; ***a ~ y hierro*** mit Feuer und Schwert; ***a ~ lento*** bei mäßigem Feuer; auf kleiner Flamme; ***en el ~ de la disputa*** *übertr* im Eifer *od* in der Hitze des Gefechts; ***zincado al ~*** feuerverzinkt ◇ ***apagar el ~ con aceite*** *übertr* Öl ins Feuer gießen; ***asar a ~ lento*** *Fleisch* schmoren; ***estar entre dos ~s*** zwischen zwei Feuer geraten; ***grabar al ~*** einbrennen; ***matar a alg a ~ lento*** jmdm das Leben zur Hölle machen; ***padecer el ~ eterno*** im Fegefeuer schmachten; ***pegar*** *od* ***prender ~ a*** *etw* anzünden *od* in Brand setzen; ***prender ~*** zünden, Feuer fangen; ***tocar a ~*** Feueralarm geben
fueguino I *Adj* feuerländisch **II** *m* Feuerländer *m*
fuel *m* Heizöl *n*; ***~ pesado*** Schweröl *n*
fuelle *m* Blasebalg *m*; *Akkordeon*, *Fotoapparat*, *Orgel* Balg *m*; *D-Zug-Wagen* Faltenbalg *m*; *Kutsche* Klappverdeck *n*
fueloil *m* Heizöl *n*
fuente *f* Quelle *f*; Brunnen *m*; Springbrunnen *m*; Taufbecken *n*; Schüssel *f*; INFORM Schriftart *f*, (Schrift-)Font *m*; ***~s artificiales*** Wasserspiele *n/Pl*; ***~ de dinero*** (***energía***) Geld-(Energie)quelle *f*; ***~ de ensalada***(***s***) Salatschüssel *f*; ***~ de errores*** Fehlerquelle *f*; ***~ de*** *od* ***para fiambres*** Aufschnittplatte *f*; ***~ de financiación*** (***ingresos***) Finanzierungs-(Einnahme)quelle *f*; ***~ medicinal*** Heilquelle *f*; ***~ rejuvenecedora*** Jungbrunnen *m*; ***~ de suministro*** Bezugsquelle *f*; ***~ True Type*** True-Type-Schriftart *f*; ***de buena ~***, ***de ~ fidedigna*** aus zuverlässiger Quelle
fuer: ***a ~ de*** als
fuera[1] → ***ir*** *u* ***ser***
fuera[2] **I** *Adv* draußen; außerhalb; auswärts; außen; heraus; hinaus; ***¡~ de …!*** raus aus …!; ***de ~*** von draußen; von außerhalb; aus dem Ausland; ***por ~*** äußerlich; außerhalb ◇ ***dejar*** (***estar***; ***quedar***) ***~*** außen vor lassen (sein; bleiben); ***echar ~*** hinauswerfen **II** *Präp* ***~ de*** außer + *Dat* (***~ de casa***); (***~ de sí***); außerhalb + *Gen* (***~ de tiempo***); ausgenommen + *Akk* (***~ de él***) **III** *Konj* ***~ de que*** abgesehen davon, dass **IV** *m* ***~ de banda*** SPORT Aus *n*; ***~ de combate*** SPORT Knockout *m*; ***~ de juego*** SPORT Abseits *n*; ***~ de lugar*** Fauxpas *m*; etwas Unpassendes; SPORT Verweis *m* vom Spielfeld
fueraborda *m* Außenbordmotor *m*
fuero *m* Rechtsprechung *f*; Gerichtsbarkeit *f*; Vorrecht *n*; Überheblichkeit *f*; ***~ de la***

conciencia Gewissen *n*; **~ *diplomático*** diplomatische Immunität *f*; **~ *eclesiástico*** (***secular***) kirchliche (weltliche) Gerichtsbarkeit *f*; **~ *federal*** Bundesrecht *n*; **~ *de mar*** Seerecht *n*; **~ (*municipal*)** Stadtrecht *n*; ***contra* ~** wider Recht und Gesetz; ***de* ~** von Rechts wegen; ***en su* ~ *interno*** im Herzen, im Innern

fueron → ***ir*** *u* ***ser***

fuerte I *Adj* stark *auch* PHON; kräftig; (sehr) laut; *Knoten* fest(gezogen); *Schlag, Wein* schwer; *Unglück* groß; *Währung* hart; *hist* Silber- *im Gegensatz zu Kupfermünzen*; *Arznei* stark (wirkend); *Ausdruck* grob; *Argument* gewichtig ◇ ***está* ~ *en*** er ist sehr gut in **II** *m übertr* Stärke *f*; Starker *m*; **~ (*militar*)** Fort *n*

fuerza *f* Kraft *f*; Stärke *f*; Macht *f*; Gewaltsamkeit *f*; *Kran* Hubkraft *f*; **~ *aceleratriz*** (***retardatriz***) Beschleunigungs-(Verzögerungs)kraft *f*; **~ *activa*** *od* ***efectiva*** Iststärke *f*; **♀(*s*) *Aérea*(*s*)** Luftstreitkräfte *f/Pl*; **~ *de las armas*** Waffengewalt *f*; **♀(*s*) *Armada*(*s*)** Armee *f*, Streitkräfte *f/Pl*; **~ *ascencional*** FLUGW Auftrieb *m*; **~ *atractiva*** Anziehungskraft *f auch übertr*; **~ *de carácter*** Charakterstärke *f*; **~ *de costumbre*** Macht *f* der Gewohnheit; **~ *creadora*** Schöpferkraft *f*; **~ *de destrucción*** Sprengkraft *f*; **~ *económica*** Wirtschaftskraft *f*; **~ *elemental*** Urkraft *f*; **~*s de élite*** MIL Eliteeinheiten *f/Pl*; **~ *de impacto*** MIL *u übertr* Schlagkraft *f*; **~ *mayor*** höhere Gewalt *f*; **~*s en el mercado*** Marktkräfte *f/Pl*; **~*s navales*** (***terrestres***) See-(Land)streitkräfte *f/Pl*; **~*s de orden público*** Sicherheitskräfte *f/Pl*; **~ *de penetración*** *Geschoss* Durchschlagskraft *f*; **~ *rápida de desplazamiento*** schnelle Eingreiftruppe *f*; **~*s superiores*** Übermacht *f*; **~ *de tarea especial*** MIL Spezial-, Sondereinheit *f*; **~ *de voluntad*** Willenskraft *f*; ***a la*** *od* ***por* ~** mit Gewalt; zwangsläufig; notgedrungen; ***a* ~ *de*** + *Inf od Subst* durch viel + *Akk*, mit viel + *Dat*; ***a viva* ~, *con toda la* ~** mit aller Kraft; ***por*** (***la***) **~** mit Gewalt ◇ ***cobrar* ~*s*** stärker werden; ***por lo que esté en mi* ~** soweit es in meiner Macht steht; ***hacer* ~** sich anstrengen; ***hacer* ~ *a alg*** jmdn zwingen; jmdm Gewalt antun; ***imponer a la* ~** aufzwingen; ***recobrar*** (***las***) **~*s*** (wieder) zu Kräften kommen; ***respirar con más* ~** tief einatmen; ***restar* ~** *Argument* entkräften (***a*** *Akk*)

fuete *m Am* Peitsche *f*; Reitgerte *f*

fuga *f* Flucht *f*; Entfliehen *n*; MUS Fuge *f*; TECH Leck *n*; **~ *adelante*** Flucht *f* nach vorn; **~ *de agua*** Wasserleck *n*; **~ *de capitales*** Kapitalflucht *f*; **~ *de cerebros*** Abwanderung *f* von Wissenschaftlern; **~ *en caso de accidente*** Unfallflucht *f*; **~ *de gas*** Entweichen *n* von Gas ◇ ***darse a la* ~** flüchten; ***poner en* ~** in die Flucht schlagen; ***tener* ~*s*** undicht sein

fug|acidad *f* CHEM *u übertr* Flüchtigkeit *f*; **~arse** ⟨-g/gu-⟩ fliehen; entweichen *auch* TECH; durchbrennen; **~az** flüchtig; vergänglich; *Freude* kurz; **~itivo I** *Adj* flüchtig; fliehend; vergänglich **II** *m* Flüchtling *m*; Flüchtiger *m*

fui → ***ir*** *u* ***ser***

fula *m Cu umg* Dollar *m*

ful|ana *f* Nutte *f*; Geliebte *f*; **~aneo** *m* Auf-den-Strich-Gehen *n*; Hurerei *f*

fulano *m* Dingsda *m*; Geliebter *m*; **~, *Don* ♀ *de Tal*** Herr Soundso; ***un* ~ *de tal*** ein Herr Dingsda *od* Soundso; **♀ *y Mengano, Zutano y Perengano,* ♀ *y Zutano, Mengano y Perengano*** Hinz und Kunz

fulero I *Adj* pfuscherhaft; verlogen; betrügerisch **II** *m* Betrüger *m*; Spinner *m*, Angeber *m*; *Col* Aufschneider *m*

fulgente, fúlgido schimmernd; leuchtend; → ***fulgurante***

fulg|ir ⟨-g/j-⟩ *intr* → **~*urar***; **~or** *m* Funkeln *n*; Aufleuchten *n*; Schimmern *n*; Glanz *m*; **~uración** *f* MET Aufleuchten *n*, Blitzen *n*; Blitzschlag *m als Unfall*; **~urante** blitzend; Blitz-; glänzend; funkelnd; *Schmerz* stechend; blitzschnell; **~urar** *intr* aufleuchten; funkeln

fuliginoso schwärzlich; rußig

full|ería *f* Falschspielerei *f*; Mogelei *f*; *Col* Prahlerei *f*; **~ero I** *Adj* betrügerisch *im Spiel*; *Col* geschniegelt; affektiert; *Kind* ausgelassen; *Ec* leichtsinnig **II** *m* Falschspieler *m*; Mogler *m*; *Am reg* Aufschneider *m*; **~ona** *f* Zank(erei *f*) *m*

fulminación *f* (Auf-)Blitzen *n*; Blitzschlag *m*; Detonation *f*; Strahlentod *m*; Verdammung *f*

fulminante I *Adj* Zünd-; Blitz-; blitzartig; schlagartig; *Krankheit* plötzlich auftretend; schnell zum Tode führend; Spreng-; Knall-; Verdammungs-, *übertr* Donner-; *Blick* zornfunkelnd **II** *m* Zündmittel *n*; Zündhütchen *n*

fulminar I *tr Blitz* erschlagen; *vom Blitz* getroffen werden; dahinraffen; *Blitz* einschlagen in; *übertr* niederschmettern; *jmdn* zornig anfunkeln; *Strafe* verhängen; *etw* sprengen **II** *intr* in die Luft gehen *toben*

fum|ada *f* Zug *m beim Rauchen*; *Arg* Spott *m*; **~adero** *m* Raucherzimmer *n*; Raucherinsel *f*; **~ador I** *Adj* rauchend **II** *m* Raucher *m*; **~ *pasivo*** Passivraucher *m*; **~ante** CHEM rauchend

fumar I *tr/intr* rauchen; *Am reg übertr jmdn* fertig machen **II** *m* Rauchen *n als Angewohnheit*; **~se** *Schule* schwänzen; *etw* verjubeln; EISENB ***no* ~** Nichtraucher(abteil *n*); ***para* ~** Raucher(abteil *n*)
fumarada *f* Rauchwolke *f*
fum|ífero Räucher-; **~igación** *f* Ausräuchern *n*; Vernebelung *f*; Schädlingsbekämpfung *f*; **~igador** *m* Schädlingsbekämpfer *m*; **~igar** ⟨-g/gu-⟩ *tr* ausräuchern; vergasen; vernebeln; einnebeln; **~igatorio I** *Adj* Räucher-; Nebel- **II** *m* Räucherschale *f*; **~ista** *m* Ofensetzer *m*; **~ívoro I** *Adj* rauchverzehrend **II** *m* Rauchverzehrer *m*; **~oso** rauchig; qualmend
funámbulo *m* Seiltänzer *m*
función *f* Funktion *f*; Amt *n*; Tätigkeit *f*; Veranstaltung *f*; *Kino*, THEAT, *Zirkus* Vorstellung *f*; TECH Aufgabe *f*; ***~ de abono*** Anrechtsvorstellung *f*; ***~ de beneficencia*** Wohltätigkeitsveranstaltung *f*; ***~ divina*** Gottesdienst *m*; ***~ extra*** (***infantil***) Sonder-(Kinder)vorstellung *f*; ***~ de gala*** Galaaufführung *f*; ***~ de tarde*** (***trasnoche***) Nachmittags-(Nacht)vorstellung *f*; ***en funciones*** amtierend; ***en ~ de*** als; entsprechend; ***en su ~ de*** in seiner Eigenschaft als ◇ ***acumular varias funciones*** mehrere Ämter *auf sich* vereinen; ***cesar en sus funciones*** die Tätigkeit einstellen; sein Amt niederlegen; ***ejercer una ~*** ein Amt ausüben; ***entrar en funciones*** ein Amt antreten
funcional funktional; zweckmäßig; funktionell *auch* MED; Funktions-; ARCH Zweck-; **~idad** *f* Funktionstüchtigkeit *f*; **~ismo** *m* Funktionalismus *m*
funcionamiento *m* TECH Arbeitsweise *f*; TECH Lauf *m*; Arbeit *f*; Betrieb *m*; Funktion *f Funktionieren*; ***~ con batería*** Batteriebetrieb *m* ◇ ***dejar sin ~*** außer Betrieb setzen; ***entrar en ~*** den Betrieb aufnehmen; *Motor* anspringen; ***poner en ~*** in Gang setzen
funcionar *intr* funktionieren; laufen, in Betrieb sein; sein Amt ausüben; ***¿funcionó?*** hat es geklappt?; ***~ sin parar*** *Motor* ununterbrochen laufen; ***hacer ~*** betätigen; ***no funciona*** außer Betrieb
funcionariado *m* Funktionäre *m/Pl*; Beamtenschaft *f*; Beamtentum *n* ◇ ***ingresar en el ~*** ins Beamtenverhältnis übernommen werden
funcionario *m*, **-a** *f* Beamter(-in) *m(f)*; Funktionär(in) *m(f)*; ***~ gubernativo*** Regierungsbeamter *m*; ***~*** (***público***) Staatsbeamter *m*
funcionarismo *m* Bürokratie *f*
funda *f Federbett*, *Kissen* Bezug *m*; Hülle *f*; Futteral *n*, Etui *n*; Zahnkrone *f*; *Pistole* Tasche *f*; *Am reg* Rock *m*; ***~s*** *Pl Ven* Unterrock *m*; ***~ de plástico*** Plastikhülle *f*; ***~ portadocumentos*** Prospekthülle *f*; ***~ transparente*** Klarsichthülle *f*
fundación *f* Gründung *f auch* TECH; Stiftung *f*; TECH Fundament *n*; ***~ de la empresa*** Unternehmensgründung *f*; ***~ simultánea*** (***sucesiva***) Simultan-(Stufen)gründung *f*
fundad|o berechtigt; (wohl) begründet; stichhaltig; **~or I** *Adj* Gründungs- **II** *m* Gründer *m*; Begründer *m*; Stifter *m*
fundamental I *Adj* grundlegend; wesentlich; Haupt-; Grund- **II** ***lo ~*** das Wesentliche
fundamental|ismo *m* POL, REL Fundamentalismus *m*; **~ista** *m(f)* Fundamentalist(in) *m(f)*
fundamentar *tr* BAUW *u übertr* gründen; stützen; eine feste Grundlage geben; untermauern; begründen; **~se** beruhen, sich gründen (***en*** auf)
fundamento *m* Grundlage *f*; Fundament *n*; Grund *m*; ***~s*** *Pl* Grundmauern *f/Pl*; Grundlagen *f/Pl*; ***sin ~*** grundlos; unbegründet ◇ ***carecer de ~*** jeder Grundlage entbehren
fundar *tr* (be)gründen; errichten; *Preis* stiften; gründen; *Firma* aufbauen; stützen (***en*** auf); **~se** BAUW, TECH ruhen (***en*** auf); beruhen (***en*** auf)
fund|ente *m* TECH Schmelzmittel *n*; **~ería** *f* Gießerei *f*; **~ible** schmelzbar
fundición *f* Schmelzen *n*; Gießen *n*; Guss *m*; Gießereiwesen *n*; Gießerei(werkstatt) *f*; Gussstücke *n/Pl*; ***~ de acero*** (***fino***) (Edel-)Stahlwerk *n*; ***~ amarilla*** Gelbguss *m*; ***~ gris*** Grauguss *m*; ***~*** (***de hierro***) Gusseisen *n*; ***~ de plata*** Silberhütte *f*; ***~ de precisión*** Feingießen *n*
fundido I *Adj* Schmelz-; *Am* pleite; *Bild* verschwommen ◇ ***estar ~*** EL durchgebrannt sein **II** *m* ***~*** (***encadenado***) FILM Überblendung *f*
fundidor *m* Gießer *m*; Schmelzer *m*
fundillos *m/Pl* Hosenboden *m*; *Méx* Hintern *m*; *Chi* Unterhose(n) *f(Pl)*
fundir *tr/intr* schmelzen; einschmelzen; abschmelzen; gießen; vereinigen; verschmelzen; **~se** schmelzen; verschmelzen (***con*** mit); abschmelzen; EL durchbrennen; sich zusammenschließen; HDL fusionieren; *Am* sich ruinieren
fúnebre Leichen-; Grab-; Trauer-; Toten-
funeral I *Adj* Begräbnis- **II** *m* Beisetzung *f*, Begräbnis(zeremoniell) *n*; **~es** *Pl* Bestattungsfeierlichkeiten *f/Pl*; Trauergottesdienst *m*; Totenfeier *f*
funerari|a *f* Beerdigungsinstitut *n*; **~o** Begräbnis-; Grab-

F

funesto verhängnisvoll; todbringend
fungicida *m* Fungizid *n*
fungir ‹-g/j-› *intr* fungieren; *Ant*, *Méx* sich aufspielen (**de** als, wie ein)
funicular *m* (Draht-)Seilbahn *f*
furcia *f* Nutte *f*
furgón *m* KFZ Transporter *m*; EISENB Gepäckwagen *m*; geschlossener Güterwagen *m*; **~ de cola** Schlusswagen *m*; **~ de correos, ~ postal** Postwagen *m*; **~ fúnebre** Leichenwagen *m*; **~ de mudanzas** Möbel-, Umzugswagen *m*
furgoneta KFZ Lieferwagen *m*; Kleintransporter *m*; *Chi* Kleinbus *m*
furia *f* Wut *f*; Furie *f*; **~ destructora** Zerstörungswut *f*; **a** *od* **con toda ~** mit aller Kraft; in Windeseile ◇ **estar hecho una ~** vor Wut rasen(d sein)
furi|bundo wütend; **~osidad** *f* Wut *f*
furioso wütend (**contra** auf); bitterböse; rasend; tobend; tobsüchtig; unbändig ◇ **ponerse ~** wütend werden
furor *m* Raserei *f*; Grimm *m*; Wüten *n*; Toben *n*; Begeisterung *f*; **~ del juego** Spielwut *f*; **~ popular** Volkszorn *m* ◇ **hacer ~** Furore machen
furri|el *m*, **~er** *m* MIL Furier *m*
furris *Esp u Am reg* miserabel; Pfusch-
furtiv|ismo *m* Wilderei *f*, Wilddiebstahl *m*; **~o** verstohlen; JAGD wildernd
furúnculo *m* Furunkel *m,n*
fusco schwärzlich, dunkel
fuselaje *m* FLUGW Rumpf *m*
fusibilidad *f* Schmelzbarkeit *f*
fusible I *Adj* schmelzbar; Schmelz- **II** *m* EL Sicherung *f*; **~ automático** Sicherungsautomat *m*
fusil *m* Gewehr *n*; **~ ametrallador** leichtes Maschinengewehr *n*; **~ automático ligero** Sturmgewehr *n*; **~ neumático** Luftgewehr *n*; **~ submarino** Harpunen-, Unterwassergewehr *n*
fusil|ada *f*, **~amiento** *m* Erschießung *f*; **~ar** *tr* (standrechtlich) erschießen; plagiieren; **~azo** *m* Gewehrschuss *m*; **~ero** *m* Schütze *m*
fusión *f* Schmelzen *n*; Einschmelzen *n*; Schmelze *f*; Verschmelzung *f*; Fusion *f*, Zusammenschluss *m z.B. von Firmen*; HDL, POL Fusion(ierung) *f*; **~ por absorción** (**integración** *od* **unión**) Fusion *f* durch Übernahme (Integration); **~ de acciones** Aktienzusammenlegung *f*; **~ bancaria** (**de empresas**) Banken-(Firmen)fusion *f*; **~ nuclear** PHYS Kernfusion *f*
fusionar *tr* verschmelzen; fusionieren; **~se** sich zusammenschließen
fusta *f* Peitsche *f*; Reisig *n*
fuste *m Lanze*, *Säule* Schaft *m*; Holzstange *f*; Gerte *f*; Deichselstange *f*; Kern *m*, Gehalt *m*; *Person* Bedeutung *f*, Format *n*; **de ~** wichtig; gewichtig; **de poco ~** unbedeutend
fustigar ‹-g/gu-› *tr* (aus)peitschen; anpeitschen *auch übertr*; *übertr jmdm etw* einpeitschen; geißeln *auch übertr*; hart kritisieren
fútbol, *auch* **futbol** *m* Fußball *m Ball u Spiel*; **~ sala** Hallenfußball *m*
futbol|ero *Am* Fußball-; **~ín** *m* Tischfußball(spiel *n*) *m*; **~ismo** *m* Fußballsport *m*; **~ista** *m(f)* Fußballspieler(in) *m(f)*; **~ístico** Fußball-
futesa *f* Lappalie *f*
fútil nichtig; belanglos; geringfügig
futil|eza *f Col*, *Chi*, **~idad** *f* Belanglosigkeit *f*; Geringfügigkeit *f*
futre *m Arg*, *Chi* Geck *m*, Fatzke *m*
futur|a *f* Anwartschaft *f*; *Schrifttype* Futura *f*; Zukünftige *f Braut*; **~ible** zukunftsfähig; **~ismo** *m* Futurismus *m*; **~ista I** *Adj* futuristisch **II** *m* MAL Futurist *m*
futuro I *Adj* (zu)künftig; später *zukünftig* **II** *m* Zukunft *f*, GRAMM *auch* Futur *n*; Zukünftiger *m Bräutigam*; **a ~** *Méx* zukünftig; **en el** *od* **en lo ~** in Zukunft; **en un próximo ~** in naher Zukunft ◇ **tener un buen ~** zukunftsträchtig sein
futur|ología *f* Futurologie *f*; **~ólogo** *m* Futurologe *m*

G

g, **G** *f* g, G *n*
g *m* (*Abk für* **gramo**) g *n*
G/ *Abk für* → **giro**
G-7: **el ~** die G-7-Staaten
Ga (*Symb für* **galio**) CHEM Ga
gabacho *m verächtl* Franzmann *m*; mit Gallizismen gespicktes Spanisch *n*
gabán *m* Mantel *m*, Überzieher *m*; *Méx* Joppe *f*
gabardina *f* Gabardine *m,f Stoff*; Trenchcoat *m*
gabarra *f* Lastkahn *m*; Leichter *m*
gabela *f* Abgabe *f*, Steuer *f*; *Am reg* Vorteil *m*, Nutzen *m*; **~s extraordinarias** Extra-,

Sonderausgaben *f/Pl*

gabinete *m* Arbeitszimmer *n auch Möbel*; *Anwalt* Kanzlei *f*, Büro *n*; *Arzt* Sprechzimmer *n*; Kabinett *n Regierung od kleinerer Ausstellungsraum*; **~ de crisis** Krisenstab *m*; **~ de estampas** Kupferstichkabinett *n*; **~ fantasma** POL Schattenkabinett *n*; **~ de figuras de cera** Wachsfigurenkabinett *n*; **~ de lectura** Lesesaal *m* ◇ **sentar ~** eine Praxis eröffnen

Gabón *m* Gabun *n*

gabonés I *Adj* gabunisch **II** *m*, **-esa** *f* Gabuner(in) *m(f)*

G

gacela *f* Gazelle *f auch übertr*

gaceta *f* Amtsblatt *n*; Anzeiger *m*; Fachblatt *n*; *auch* Zeitung *f*; Klatschmaul *n*; **~ oficial** Gesetzblatt *n*

gacet|ero *m* Zeitungsschreiber *m*; Zeitungsverkäufer *m*; **~illa** *f Zeitung* Kurznachricht(enteil *m*) *f*; **~illero** *m*, **~illera** *f* Kurznachtichtenredakteur(in) *m(f)*; **~ista** *m(f)* Zeitungsleser(in) *m(f)*

gacha *f* (Mehl- *bzw* Milch-)Brei *m*; Pampe *f*; *Col*, *Ven* irdener Napf *m*

gaché *m unter Sinti u Roma* Andalusier *m*

gachí *f* hübsche Biene *f Mädchen*

gacho *Ohren* hängend, Schlapp-; *Kopf* gesenkt; *Hörner* nach unten gebogen; PR, RD einohrig

gachó *m* Kerl *m*, Heini *m*; Macker *m*

gachón niedlich, hübsch, reizend, süß

gachup|ín *m*, **~o** *m AmC*, *Méx hist* eingewanderter Spanier *m*; *Am reg* Spanier *m oft verächtl*

gaditano I *Adj* Cadizer **II** *m* Cadizer *m*

gaélico I *Adj* gälisch **II** *m* Gäle *m*; das Gälische

gafa *f* Bauklammer *f*; Brillenbügel *m*

gafas *m/Pl* Brille *f*; **~ ahumadas** dunkle Brille *f*; **~ de cerca** Lesebrille *f*; **~ de pinza** Kneifer *m*; **~ protectoras (de sol; submarinas)** Schutz-(Sonnen-; Taucher)brille *f* ◇ **gastar** *od* **llevar ~** Brille tragen

gafe *m* Unglücksbringer *m* ◇ **¡no seas ~!** hör auf zu unken!

gag *m* Gag *m*

gagá kindisch; vertrottelt; blöde

gaguear *intr Am reg*, *Can* stottern

gaita I *f* Schalmei *f*; **~ gallega** Dudelsack *m*; **alegre como una ~** fidel, vergnügt ◇ **templar ~s** sich Zurückhaltung auferlegen; Frieden stiften **II** *m Arg i e S* Galicier *m*; *i w S* Spanier *m oft verächtl*

gaitero I *Adj* grellfarbig; aufgekratzt, fidel **II** *m* Dudelsackpfeifer *m*

gajes *m/Pl Lohn* Zuschläge *m/Pl*; **~ del oficio** *iron* Freuden *f/Pl* des Berufs

gajo *m* (abgerissener) Zweig *m*; Stückchen *n Apfelsine*; Büschel *n Bananen*, *Kirschen*; *Gebirge* Ausläufer *m*; *Am reg* Kinn *n* ◇ **ser del ~ arriba** *Col* zu den oberen Zehntausend gehören

gala *f* Festkleidung *f*; Prunk *m*; Zierde *f*; **~s** *Pl* (Fest-)Schmuck *m*; Gepränge *n*; Festkleidung *f*; **de ~** festlich, Fest-; Gala-; Parade- ◇ **hacer ~ de** sich *einer Sache* rühmen; angeben mit

galáctico ASTR Milchstraßen-

galán *m* hübscher Kerl *m*; Liebhaber *m*, Galan *m*; **~ joven** THEAT jugendlicher Liebhaber *m*; **~ de noche** stummer Diener *m Garderobenständer*; **más ~ que Mingo** geschniegelt und gebügelt

galan|cete *m* THEAT jugendlicher Liebhaber *m*; **~o** schön geschmückt; schmuck; geschmackvoll; *Cu Vieh* gefleckt; **~te** galant; kokett; Liebes-; **~tear** *tr* den Hof machen; *jmdn* umschmeicheln; **~teo** *m* Umwerbung *f*; Liebeswerben *n*; **~tería** *f* Zuvorkommenheit *f*; Galanterie *f*; *Sachen* Schick *m*; **~ura** *f* Anmut *f*; Eleganz *f im Ausdruck*

galápago *m* (Süßwasser-)Schildkröte *f*; Dachziegelform *f*; METAL Barren *m*; *Am reg* Damenreitsattel *m*

galard|ón *m* Auszeichnung *f*, Preis *m*; **~onar** *tr* auszeichnen; würdigen, ehren

galaxis *f* Galaxis *f*, Milchstraße *f*

galban|a *f* Trägheit *f*; **~oso** faul; träge

galena *f* Bleiglanz *m*

galeno *m* Arzt *m*

gale|ote *m hist* Galeerensträfling *m*; **~ra** *f hist* Galeere *f*; vierrädriger Planwagen *m*; Frauengefängnis *n*; Langhobel *m*; TYP Setzschiff *n*; *Chi*, *Rpl* Zylinder(hut) *m*; *Hond*, *Méx* Schuppen *m*

galerada *f* TYP Druckfahne *f*; Korrekturfahne *f* ◇ **ajustar las ~s** die Druckfahnen umbrechen

galería *f* bedeckter Gang *m*; Geschäftspassage *f*; Galerie *f auch* THEAT; BERGB, MIL Stollen *m*; Trinkhalle *f in Kurorten*; Omnibusverdeck *n*; **~ central** *Gebäude* Mittelgang *m*; **~ de pinturas** Gemäldegalerie *f*; **~ de ventilación** Lüftungsschacht *m*

galerista *m(f)* Galerist(in) *m(f)*

galerón *m Am reg* Romanze *f*; *Ven Tanzweise*; *CR*, *Salv* Schuppen *m*

Gales *f* GEOGR Wales *n*

galés I *Adj* walisisch **II** *m*, **-esa** *f* Waliser(in) *m(f)*

galga *f* Felsbrocken *m bei Steinschlag*; Mühlstein *m*, Läufer *m*; MED Halskrätze *f*; TECH Lehre *f*, Kaliber *n*

galgo I *Adj Col*, *provinziell* naschhaft **II** *m* Windhund *m* ◇ **¡échale un ~!** *Geld*, *Buch* das kannst du in die Esse schreiben!; das *od* den siehst du nicht mehr!

galg|ón *Ec* naschhaft; **~uear** *intr Am reg* Verlangen haben nach
Galia *f hist* Gallien *n*; *i w S* Frankreich *n*
gálibo *m* EISENB Lademaß *n*; *Tunnel, Brücke* Durchfahrtsprofil *n*; Ausmaß *n*; Eleganz *f*
galicado mit Gallizismen gespickt *umg*
Galicia *f* Galicien *n in Spanien*; → ***Galitzia***
galicismo *m* Gallizismus *m*
gálico *bei Sachen* gallisch, *sonst* → ***galo***
Galilea *f hist* Galiläa *n*
galileo I *Adj* galiläisch **II** *m* Galiläer *m*
galimatías *m* Kauderwelsch *n* ◇ ***ser un verdadero ~*** ein einziges Durcheinander sein
galio *m* CHEM Gallium *n*
galipote *m* MAR Kalfaterteer *m*
Galitzia *f* Galizien *n in Polen*
gallard|a *f* TYP Petit *f 8-Punkt-Schrift*; **~ear** *intr* Mut zeigen; prahlen; **~ete** *m* Wimpel *m*; Stander *m*; **~ía** *f* Anmut *f*; Mut *m*; Würde *f*; Mannhaftigkeit *f*; **~o** stattlich; würdevoll; schneidig, mannhaft; schmuck; ausgezeichnet, großartig
gallear I *tr Hahn* treten **II** *intr* (wie ein Gockel) angeben; (sich) großtun
galleg|ada *f* Gruppe *f* von Galiciern; galicischer Volkstanz *m*; galicischer Brauch *m*; **~o I** *Adj* galicisch, galegisch; feige **II** *m*, **-a** *f* Galicier(in) *m*(*f*); das Galicische *od* Galegische; Geizhals *m*; *Esp* Nordwestwind *m*; *Am reg umg* (*auch verächtl*) Spanier *m*; **~opurtugués** galicischportugiesisch; **~uismo** *m* galicische Spracheigentümlichkeit *f*
gall|era *f* Hahnenkampfplatz *m*; **~ero** *m* *Am* Kampfhahnzüchter *m*; Liebhaber *m* von Hahnenkämpfen
galleta *f* Zwieback *m*; Keks *m*; INFORM Cookie *n*; Maulschelle *f*; *Chi* Anpfiff *m Schelte*; ***~s para perros*** Hundekuchen *m*; ***~s del tráfico*** *Ven* Verkehrsstau *m* ◇ ***colgar la ~*** *Arg jmdn* feuern *entlassen*; ***dar ~*** *übertr* einen Korb geben
gallet|era *f* Keksfabrik *f*; **~ería** *f* Keksfabrik *f*; Keksgeschäft *n*
galletero *m* Kekshersteller *m*; Keksverkäufer *m*; Keksdose *f*; Schale *f* für Gebäck
gallina I *f* Huhn *n*; ***~ ciega*** Blindekuh *f Spiel*; ***~ clueca*** Glucke *f*; ***~ de Guinea*** gemeines Perlhuhn *n* ◇ ***acostarse con las ~s*** mit den Hühnern *d.h. sehr früh* schlafen gehen **II** *m* Hasenfuß *m Feigling*
gallin|aza *f* Hühnermist *m*; **~ería** *f* Hühnervolk *n*; Hühnermarkt *m*; Ängstlichkeit *f*; **~ero** *m* Hühnerstall *m*; Hühnerhändler *m*; THEAT Olymp *m Gallerieplätze*
gallipavo *m* Gickser *od* Kickser *m Überschnappen der Stimme*
gallo *m* Hahn *m*; *verächtl* Vogel *m Mensch*; Kickser *m*, Gickser *m falscher Ton*; *Esp* Anführer *m*; *Am* stärkster Mann *m*; ***a escucha ~*** *Esp* äußerst vorsichtig und angespannt; ***como ~ entre gallinas*** wie der Hahn im Korb(e); ***en menos que canta un ~*** im Nu; ***engreído como ~ de cortijo*** stolz wie ein Hahn ◇ ***alzar*** *od* ***levantar el ~*** sich aufspielen (***a*** gegenüber); herumstolzieren; ***bajarle el ~ a alg*** jmdn vom Ross herunterholen; ***aquí hay ~ tapado*** an der Sache ist etw faul; ***se le fue un ~*** seine Stimme ist umgekippt; ***mamar ~*** *Am reg übertr jmdn* auf den Arm nehmen; ***matarle a alg el ~*** jmdm den Wind aus den Segeln nehmen; ***ser muy ~*** *Am* ein Draufgänger sein; *Mann* sehr hübsch sein
gallofa *f* Suppen-, *auch* Salatgemüse *n*; leeres Gerede *n*, Gewäsch *n*
galo I *Adj* gallisch; *i w S* französisch **II** *m* Gallier *m*; das Gallische; Franzose *m*
gal|ófilo I *Adj* franzosenfreundlich **II** *m* Franzosenfreund *m*; **~ofobia** *f* Franzosenhass *m*; **~ófobo I** *Adj* franzosenfeindlich **II** *m* Franzosenfeind *m*
galón¹ *m* Gallone *f Hohlmaß*
galón² *m* Borte *f*, Paspel *f*; MIL Tresse *f*, Litze *f*; Hosen- *bzw* Ärmelstreifen *m*
galop *m*, **~a** *f* Galopp *m Tanz*; **~ada** *f* Galopp(reiten *n*) *m*; **~ar** *intr* galoppieren; *Motor* stottern
galope *m* Galopp *m*; ***a(l) ~*** im Galopp; ***a ~ tendido*** im gestreckten Galopp
galopeado I *Adj* auf die Schnelle; Pfusch- **II** *m* Abreibung *f Prügel*
galopín *m* Straßenjunge *m*; Spitzbube *m*; Küchenjunge *m*; Schiffsjunge *m*
galorromano galloromanisch
galpón *m Am reg* Schuppen *m*; *Am reg* Scheune *f*; *Col* Ziegelei *f*
galv|ánico galvanisch; **~anismo** *m* Galvanismus *m*
galvan|izar ⟨-z/c-⟩ *tr* MED, TECH galvanisieren; TECH *i w S* verzinken; verzinnen; **~o** *m* TYP Galvano *n*; **~oplastia** *f*, **~oplástica** *f* TECH, TYP Galvanoplastik *f*; **~otecnia** *f* Galvanotechnik *f*
gama *f* Tonleiter *f*; Skala *f*; Breite *f*, Vielfalt *f*; Bereich *m*; → ***gamma***; ***~ alta*** (***baja***) ***de productos*** Produktpalette *f* für gehobene Ansprüche (Billigartikel *m*/*Pl*, -produkte *n*/*Pl*); ***~ audible*** *od* ***de audición*** (***de medición***) Hör-(Mess)bereich *m*; ***~ de colores*** Farbskala *f*; ***~ de productos*** Erzeugnispalette *f*
gamba *f* ZOOL große Garnele *f*
gamberr|ada *f* Halbstarkenstreich *m*; **~o** *m* Halbstarker *m*; Rowdy *m*
gambeta *f Tanz* Kreuzsprung *m*; *Reitsport* Kurbette *f*; *Am* Ausweichbewegung *f*;

Fußball, JAGD Haken *m*; *Rpl* Ausrede *f*
Gambia *f* Gambia *n*
gambiano I *Adj* gambisch **II** *m*, **-a** *f* Gambier(in) *m(f)*
gambito *m Schach* Gambit *n*
gambuza *f* MAR Kombüse *f*
gamella *f* Trog *m*; Kübel *m*; Kochgeschirr *n*
gamín *m Col* Straßenkind *n*
gamma *f* Gamma *n griechischer Buchstabe*; **~globulina** *f* MED Gammaglobulin *n*
gamo *m* Damhirsch *m*
gamonal I *Adj Guat, Salv* verschwenderisch; *Am reg* bonzenhaft **II** *m Am reg* Ortsgewaltiger *m*, Bonze *m*; *Guat, Salv* Verschwender *m*; **~ismo** *m Am* Bonzentum *n*
gamuz|a *f* Gämse *f*; Wildleder *n*; Fensterleder *n*; **~ado** gämsfarben; wildlederartig
gana *f* Lust *f*; Begehren *n*; Wunsch *m*; Appetit *m*; **~s de vomitar** Brechreiz *m*; **de ~** willig; eifrig; herzlich; **de buena ~** gerne; willig; **de mala ~, sin ~s** ungern; widerwillig ◇ **se me están abriendo las ~s** ich bekomme allmählich Lust; mir kommt der Appetit; **ella hace lo que le da la ~** sie macht, was sie will; **se me pasaron las ~s** mir ist die Lust vergangen; **quedarse con las ~s** leer ausgehen; **tener ~s de** Lust haben zu; *Sprichw* **donde hay ~, hay maña** wo ein Wille, ist auch ein Weg
ganadería *f* Viehzucht *f*; Viehhandel *m*; Viehwirtschaft *f*; **~ biológica** artgerechte Viehhaltung *f*
ganadero I *Adj* Vieh-; viehwirtschaftlich; Tier- **II** *m* Tierhalter *m*; Viehzüchter *m*; Viehfarmer *m*
ganado *m* Vieh *n*; Bien(envolk *n*) *m*; **~** (**bovino** *od* **vacuno**) *Am* Rinder *n/Pl*, Rindvieh *n*; **~ bravo** Kampfstiere *m/Pl*; **~ caballar** *od* **equino** Pferde *n/Pl*; **~ cabrío** *od* **caprino** Ziegen *f/Pl*; **~ de carne** *od* **matadero** *od* **matanza** Schlachtvieh *n*; **~ de cerda, ~ porcino** *od* **moruno** Schweine *n/Pl*; **~ de cría** Zuchtvieh *n*; **~ lanar** *od* **ovejuno** *od* **ovino** Schafe *n/Pl*; **~ lechero** Milchvieh *n*; **~ mayor** (**menor**) Rinder und Pferde *Pl* (Schweine, Schafe und Ziegen *Pl*); **~ mular** Maulesel und -tiere *Pl*; **~ en pie** Lebendvieh *n*; *Am auch* Lebendgewicht *n*
ganador I *Adj* siegreich; Gewinn- **II** *m* Gewinner *m*; Sieger *m*
ganancia *f* Gewinn *m*; Profit *m*; Ertrag *m*; Verdienst *m*; **~s** *Pl* Einkünfte *f/Pl*; Erlös *m einer Sammlung*; **~ adicional** Nebenverdienst *m*; **~ bruta** Bruttoeinnahmen *f/Pl*; **~ de la empresa** Unternehmensgewinn *m*; **~ líquida** *od* **neta** Reingewinn *m*; Nettoverdienst *m*; **~ máxima** Höchstprofit *m* ◇ **andar de ~** eine Glückssträhne haben; **no le arriendo la ~** ich möchte nicht in seiner Haut stecken; **arrojar** *od* **dar ~s** Gewinn abwerfen
gananci|al Gewinn-; Zugewinn-; **~oso** Gewinn bringend; erfolgreich; einträglich
ganapán *m* Gelegenheitsarbeiter *m*; Grobian *m*
ganar I *tr* gewinnen (**para** für); *jmdn* besiegen; *jmdm* zuvorkommen; *Stadt* erobern; *etw* verdienen; *Gunst* erlangen; *Grenze, Ufer* erreichen; *jmdn* übertreffen (**en** in, bei; an) **II** *intr* siegen, gewinnen; *Sprichw* **como ganado, así gastado** wie gewonnen, so zerronnen
ganarse sich *etw* verdienen; **~ una** *od* **ganársela** Prügel *od* Keile beziehen
ganchero *m Arg, Chi* Helfer *m*; *Ec* Damenreitpferd *n*; *Chi* Gelegenheitsarbeiter *m*; *Chi* Kuppler *m*
ganchillo *m* Häkelnadel *f*; *Am reg* Haarnadel *f* ◇ **tejer en ~** häkeln
gancho *m* Haken *m*; Bootshaken *m*; *Am* Haarnadel *f*; *Am reg* Büroklammer *f*; *übertr* Lockvogel *m*; Kundenfang *m*; Blickfangartikel *m*; Klette *f lästiger Mensch*; anziehende Art *f bei Frauen* ◇ **echar a uno el ~** jmdn umgarnen; **hacer ~** *Arg jmdm* zur Hand gehen; **tener ~** sehr attraktiv sein; **tener dos ~s en el fuego** *übertr* zwei Eisen im Feuer haben
ganch|oso hakenförmig; mit Haken versehen; *Ec* anmutig; **~udo** hakenförmig; Haken-; gebogen
gandido ausgehungert; *Am* gefräßig
gandu|l I *Adj* faul **II** *m* Faulenzer *m*; Liegestuhl *m*; **~lear** *intr* faulenzen; **~lería** *f*, **~litis** *f* Faulenzerei *f*; **~mbas** ⟨*unv*⟩ **I** *Adj* faul **II** *m* Faulenzer *m*
ganga *f* BERGB taubes Gestein *n*; Schnäppchen *n*
ganglio *m* MED Lymphknoten *m*; Nervenknoten *m*
gangoso näselnd ◇ **hablar ~** näseln
gangrena *f* MED Brand *m*, Gangrän *n*; Holzfäule *f*; Krebsschaden *m*; Sittenverfall *m*; **~ gaseosa** MED Gasbrand *m*; **~ de la papa** *od Esp* **patata** *Kartoffeln* Knollenfäule *f*
gangren|arse MED brandig werden; **~oso** MED brandig, gangränös
gángster *od* **gangster** *m* Gangster *m*
gangster|il Gangster-; **~ismo** *m* Gangsterunwesen *n*
gangu|ear *intr* näseln; **~eo** *m* Näseln *n*; **~ero** *m* Glückspilz *m*
ganoso begierig; *Chi Pferd* feurig
gansa *f* weibliche Gans *f*
gans|ada *f* Eselei *f*, Blödsinn *m*; **~arón** *m* Junggans *f*; lange Latte *f Person*; **~ear** *intr*

Unsinn reden; blödeln; **~ería** *f* → **~ada**

ganso *m* Gans *f* (*bei weibl. Geschlechtsangabe* **gansa**); **~ (macho)** Ganter *m*; Flegel *m*; Blödling *m*; **~ bravo** *Am od* **silvestre** Wildgans *f* ◇ **hacer el ~** herumalbern, blödeln; **ser un ~** ein Blödian sein; *Cu* homosexuell sein

Gante *m* Gent *n*

gantés I *Adj* Genter **II** *m* Genter *m*

ganzúa *f* Dietrich *m*, Nachschlüssel *m*; Einbrecher *m*

gañán *m hist* Knecht *m*, Landarbeiter *m*; grobschlächtiger Kerl *m*

gañ|iles *m/Pl* Kehle *f von Tieren*; *Thunfisch* Kiemen *f/Pl*; **~ir** ⟨*perfs* -ñó⟩ *intr* winseln, jaulen; wimmern; krächzen *auch Personen*; schnaufen *Personen*; heiser sein

gañón *m*, **gañote** *m* Gurgel *f*; Kehle *f*

garabat|ear I *intr* Haken (aus)werfen; um den heißen Brei herumreden **II** *tr/intr* kritzeln; **~o** *m* Haken *m*; Feuerhaken *m*; Fleischerhaken *m*; Liebreiz *m*; **~os** *Pl* Gekritzel *n*; heftiges Gestikulieren *n*; **~oso** kritzelig

garaje *m* Garage *f*; **~ subterráneo** Tiefgarage *f*

garambaina *f* Flitterkram *m*; Klimbim *m*; **~s** *Pl* Gekritzel *n*; Grimassen *f/Pl*

garante *m* Garant *m*; Gewährsmann *m*

garantía *f* Garantie *f*; Gewähr *f*; HDL Sicherheit *f*; **~ de calidad** Qualitätssicherung *f*; **~ por defectos** Mängelhaftung *f*; **~ de devolución** *od* **recuperación de su dinero** Geld-Zurück-Garantie *f*; **~ federal** Bundesbürgschaft *f*; **~ de riesgo a la exportación** Ausfuhrgarantie *f*; **~ in situ** HDL Vor-Ort-Garantie *f*; **con ~ pupilar** *Gelder* mündelsicher; **sin ~** ohne Gewähr ◇ **se ha acabado la ~** die Garantie ist abgelaufen; **dar en** *od* **como ~** als Sicherheit *od* Garantie geben; **suspender las ~s constitucionales** die verfassungsmäßigen Garantien außer Kraft setzen

garant|ista Garantie-; **~izar** ⟨-z/c-⟩ *tr* gewährleisten, *etw* garantieren; bürgen (*dir Obj* dafür); verbriefen

garañón *m* Hengst *m*; Deckhengst *m*

garapiñ|a *f Ant*, *Chi*, *Méx* Erfrischungsgetränk *n* aus Ananasschalen; **~ar** *tr* → **~a** ansetzen; glasieren; kandieren

garbancero I *Adj* Kichererbsen-; *Benehmen* ungehobelt **II** *m* Kichererbsenhändler *m*

garbanzo *m* Kichererbse *f* ◇ **contar los ~s** knausern; **ganarse los ~s** seine Brötchen verdienen; **un ~ más no revienta la olla** auf etw mehr oder weniger kommt es nicht an; **son ~s de a libra** das ist keine Kleinigkeit; **ser el ~ negro** *übertr* das schwarze Schaf sein; **tropezar en un ~** an jeder Kleinigkeit Anstoß nehmen

garb|eo *m* kurzer Spaziergang *m*; **~o** *m Gehen* Anmut *f*; Grazie *f*; Stattlichkeit *f*; **~oso** anmutig; graziös; stattlich

garete: **al ~** *Cu Familie*, *Betrieb*, *Schule* ohne Führung; unkontrolliert ◇ **ir(se) al ~** MAR (steuerlos) treiben; sich treiben lassen

garfio *m* Haken *m*; Steigeisen *n*; FORSTW Sapine *f*

gargaj|ear *intr* abhusten; **~o** *m* Schleim *m*, Auswurf *m*

garganta *f* Kehle *f*; Schlund *m*; Gurgel *f*; Hals *m*; Engpass *m*; Schlucht *f*; **~ del pie** Fußrücken *m*; Rist *m* ◇ **aclararse la ~** sich räuspern; **me duele la ~** ich habe Halsschmerzen

gargantear *intr* trillern; jodeln; kehlig singen; Koloratur singen

gargantilla *f* Halsband *n*; **~ de perlas** eng anliegende Perlenkette *f*

gárgaras *f/Pl* Gurgeln *n*

gargar|ismo *m* Gurgeln *n*; Gurgelmittel *n*; **~izar** ⟨-z/c-⟩ *intr* gurgeln

gárgola *f Brunnen*, *Dächer* Wasserspeier *m*; Samenkapsel *f des Leins*

garguero *m* Gurgel *f*; Rachen *m*

garita *f* MIL Schilderhaus *n*; Kontrollhäuschen *n*; Pförtnerloge *f*; Bahnwärterhäuschen *n*; Marktbude *f*; Örtchen *n Abort im Freien*; **~ (de espera)** Wartehäuschen *n*; **~ (del guardafrenos)** Bremserhäuschen *n*;: **~ de señales** EISENB Stellwerk *n*

garito *m* Spielhölle *f*

garlito *m* (Fisch-)Reuse *f*; Falle *f* ◇ **caer en el ~** in die Falle gehen; **lo cogí** *od* **sorprendí en el ~** ich habe ihn auf frischer Tat erwischt

garlop|a *f* Langhobel *m*; **~ín** *m* Kurzhobel *m*

garra *f* Tatze *f*; Pfote *f auch übertr*; *Raubtiere*, *Greifvögel* Kralle *f auch* TECH *u übertr*; Spannbacke *f*; **~s** *Pl Am* Lumpen *Pl*; **~ de astracán** Persianerklaue *f Pelz* ◇ **caer en las ~s de alg** in jmds Klauen geraten

garraf|a *f* Karaffe *f*; Korbflasche *f*; *Arg* Gasflasche *f*; **~al** ungeheuer, riesig

garrafiñar *tr* grapschen *greifen*

garrafón *m* große Korbflasche *f*

garrapat|a *f* Zecke *f*; alter Gaul *m*, Klepper *m*; **~ear** *intr/tr* kritzeln; *etw* hinschmieren; **~os** *m/Pl* Gekritzel *n*

garr|ear *intr Arg* auf Kosten anderer leben; **~ido** hübsch; fesch

garroch|a *f* TAUR Pike *f*; *Stabhochsprung* Stab *m*; **~ista** *m(f)* Stabhochspringer(in) *m(f)*

garrot|azo *m* Schlag *m* mit dem Knüppel; **~e** *m* Knüppel *m*; Knebel *m*; Garrotte *f*, Würgschraube *f*; **~ero I** *Adj Am reg* knauserig **II** *m Cu* Wucherer *m*; **~illo** *m* Diphterie *f*

garrucha *f* Blockrolle *f*; Flaschenzug *m*

garrul|ador I *Adj* schwatzhaft **II** *m* Schwätzer *m*; **~ería** *f* Geschwätz *n*

gárrulo zwitschernd; geschwätzig; *Bach* plätschernd; *Wind* flüsternd; *Quelle* murmelnd

gar|úa *f Am reg u* MAR Nieselnebel *m*; **~uar** ⟨-úa⟩ *unpers* ganz fein nieseln

G

garu|fa *f Rpl* feuchtfröhliches Vergnügen *n*; **~fear** *intr Rpl* einen draufmachen; **~ga** *f*, **~ja** *f Am reg* → ***garúa***; **~fería** *f* Geschwätz *n*

garull|a *f* entkernte Weinbeere *f*; Gauner *m*; **~ada** *f* Menschenauflauf *m*; Gesindel *n*; *Col* Rummel *m*

garz|a *f* Reiher *m*; **~o** *Augen* blau

garz|ón *m Chi* Kellner *m*; **~ona** *f* Serviererin *f*

gas *m* Gas *n*; **~ *de alumbrado***, *Am* **~ *iluminante*** Leuchtgas *n*; **~ *asfixiante*** *od* ***sofocante*** *od* ***tóxico*** Gift-, Stickgas *n*; **~ *de botellón*, ~ *embotellado*** Flaschengas *n*; **~ *butano*** Butangas *n*; **~ *de la calle*, ~ *público*** *od* ***urbano*** Stadtgas *n*; **~ *carbónico*** Kohlendioxid *n*; **~*es de efecto invernadero*** ÖKOL Treibhausgase *n*/*Pl*; **~ *de escape*** Abgas *n*; KFZ Auspuffgas *n*; **~ *de estiércol*** Biogas *n*; **~ *hilarante*** Lachgas *n*; **~ *lacrimógeno*** Tränengas *n*; **~ *licuado*** Flüssiggas *n*; **~ *natural*** Erdgas *n*; **~ *noble*** *od* ***raro*** Edelgas *n*; **~ *de los pantanos*** Sumpfgas *n*; **~ *propano*** (***sarín***) Propangas *n* (CHEM Sarin *n*); **~ *suministrado a gran distancia*** Ferngas *n*; ***a medio*** **~** TECH *u übertr* mit halber Kraft; ***a todo*** **~**, ***con pleno*** **~** mit Vollgas; blitzschnell ◇ ***cortar*** *od* ***quitar el*** **~** das Gas abschalten; KFZ Gas wegnehmen; ***dar*** (***más***) **~** Gas geben; ***dar pleno*** **~**, ***pisar el*** **~** ***a fondo*** Vollgas geben

gasa *f* Gaze *f*; (Verbands-)Mull *m*; (Trauer-)Flor *m*

gasc|ón I *Adj* gascognisch **II** *m* Gascogner *m*; das Gascognische; **~onada** *f* Aufschneiderei *f*

Gascuña *f* Gascogne *f*

gase|ado gasvergiftet; *Gelände* gasverseucht; TEXTIL abgesengt; **~amiento** *m* Vergasung *f*; *verseuchter Raum* Ausgasung *f*; **~ar I** *tr* vergasen *mit Gas behandeln*; *Raum* ausgasen; *Getränke* mit Kohlensäure versetzen; TEXTIL gasen, sengen **II** *intr* gasen; **~ro** Gas-; **~iforme** gasförmig; **~oducto** *m* → ***gasoducto***; **~osa** *f* Brause (-limonade) *f*; **~oso** gashaltig; gasförmig

gas|fíter, **~fiter** *od* **~fitero** *m Am reg* Gasklempner *m*

gas|ificar ⟨-c/qu-⟩ *tr* vergasen *in Gas umwandeln*; mit Kohlensäure versetzen; **~ista I** *Adj* Gas- **II** *m* Gasklempner *m*; **~oducto** *m* Erdgasleitung *f*; **~ógeno I** *Adj* gasbildend **II** *m* Gasgenerator(anlage *f*) *m*

gasoil *od* **gasóleo** *m* Diesel-, Gasöl *n*, Diesel(kraftstoff) *m*; **~ *de calefacción*** Heizöl *n*

gasolina *f* Benzin *n*; **~ *de aviación*** (***encendedores***) Flugzeug-(Feuerzeug)-benzin *n*; **~ *con plomo*, ~ *supercarburante*** (***sin plomo***) verbleites (bleifreies) Benzin *n*; **~ *súper*** Super(benzin) *n* ◇ ***echar*** **~** tanken

gas|olinera *f* Tankstelle *f*; Motorboot *n*; **~olinero** *m* Tankwart *m*; **~ometría** *f* Gasanalyse *f*; **~ómetro** *m* Gasometer *m*; Gasbehälter *m*; Gasuhr *f*

gast|able verwendbar; **~ado** abgetragen; durchgescheuert; fadenscheinig *auch übertr*; mitgenommen; *Münze* abgegriffen; *Schraube* ausgeleiert; *Vorwand* strapaziert; *Witz* abgedroschen; *Regierung* abgewirtschaftet; **~ador I** *Adj* verschwenderisch **II** *m* Verschwender *m*; MIL Pionier *m*; zu Bauarbeiten abkommandierter Strafgefangener *m*; **~adura** *f*, **~amiento** *m* Verschleiß *m*; Abnutzung *f*

gastar *tr* verbrauchen; abnutzen; *Geld* ausgeben; aufwenden (***en*** für); verwenden; *Scherze* machen; *Bart*, *Brille*, *Kleidung* tragen; *Auto* haben; **~se** verschleißen

gasto *m* Ausgabe *f*; Aufwand *m*; Verbrauch *m*; Verschleiß *m*; **~*s*** *Pl* Kosten *Pl*; Kostenaufwand *m*; Auslagen *f*/*Pl*; Unkosten *Pl*; Spesen *Pl*; Aufwendungen *f*/*Pl*; **~*s de acarreo*** Rollgeld *n*; **~*s adicionales*** Mehraufwendungen *f*/*Pl*; **~*s de adquisición*** Übernahmekosten *Pl*; **~*s de anulación*** Stornogebühren *f*/*Pl*; **~*s de la casa*** Haushalts-, Wirtschaftsgeld *n*; **~*s de correo*** Portokosten *Pl*; **~*s corrientes*** laufende Unkosten *Pl*; laufende Ausgaben *f*/*Pl*; **~*s de descarga*** Ablade-, MAR Löschgebühr *f*; **~*s de embarque*** MAR Verladungskosten *Pl*; **~*s de formación*** Ausbildungskosten *Pl*; **~*s de envío*** (***explotación***) Versand-(Betriebs)-kosten *Pl*; **~*s de flete*** *od* ***transporte*** Frachtkosten *Pl*; **~*s de franqueo*** Portokosten *Pl*, Postgebühren *f*/*Pl*; **~*s generales*** *od* ***indirectos*** Gemeinkosten *Pl*; **~*s de gestión*** Betriebskosten *f*/*Pl*; **~*s de mantenimiento*** (***manutención***) Wartungs-(Unterhalts)-kosten *Pl*; **~*s de personal*** Lohn-, Personalkosten *Pl*; **~*s profesionales*** berufliche Aufwendungen *f*/*Pl*; **~*s publicitarios*** Werbekosten *Pl*; **~(s) público(s)** Ausgaben *f/Pl* der öffentlichen Hand; **~s de representación** Repräsentationsaufwand *m*; *auch* Aufwandsentschädigung *f*; **~s de requerimiento** Mahngebühr *f*; **~s de residencia** Wohnungsgeld *n*; **~ de tiempo (trabajo)** Zeit-(Arbeits)aufwand *m*; **~s de tramitación** Bearbeitungsgebühren *f/Pl*; **~s de viaje** Reisespesen *Pl*, Tagegeld *n*; Fahr(t)-kosten *Pl*; **libre de ~s** spesenfrei; **sin ~s** kostenlos ◇ **sin atender a los ~s** ohne auf die Kosten zu sehen; **correr con los ~s** die Kosten übernehmen; **cubrir los ~s** die Unkosten decken; **meterse en ~s** sich in Unkosten stürzen; **pagar el ~** die Zeche bezahlen; **reducir los ~s** die Unkosten einschränken; die Ausgaben kürzen *od* senken; **reembolsar los ~s** die Auslagen zurückerstatten; **se reintegran los ~s de viaje** die Reisekosten werden erstattet; **no reparar en los ~s** keine Kosten scheuen; **suponer ~s** mit Kosten verknüpft sein

gástrico Magen-

gastr|itis *f* Gastritis *f*; **~ointestinal** Magen-Darm-

gastr|onomía *f* Gastronomie *f*; **~onómico** gastronomisch; **~ónomo** *m* Gastronom *m*; Feinschmecker *m*

gastroscopia *f* MED Gastroskopie *f*, Magenspiegelung *f*

gástrula *f* BIOL Gastrula *f*

gata *f* Katze *f*; Madriderin *f*; *Chi* Wagenheber *m*; *Méx* Dienstmädchen *n*; **a ~s** auf allen vieren; *Rpl* gerade noch ◇ **hacer la ~ muerta** *od* **ensogada** sich bescheiden geben; **paga, que es ~** *Esp* du bist dran mit bezahlen

gat|eado I *Adj* katzenfarbig; *Marmor* getigert **II** *m Am* stark gemustertes Holz *n*; **~ear I** *tr/intr* kratzen; mausen *stehlen* **II** *intr* klettern; krabbeln; *Méx* hinter den Dienstmädchen her sein; **~era I** *f* Katzentante *f*; Katzenloch *n Einlass*; Taschendiebin *f* **II** *m* Taschendieb *m*; **~ería** *f* Katzen *f/Pl*; Halbstarkenansammlung *f*; **~ero I** *Adj* Katzen- **II** *m* Katzenhalter *m*; Katzenverkäufer *m*

gatillo *m Gewehr* Abzug(shahn) *m*

gato *m* Kater *m*; *alt* Geldkatze *f*; *i w S* Geldbeutelinhalt *m*; Madrider *m*; Schraubzwinge *f*; TECH Hebezeug *n*, Wagenheber *m*; *Méx* Diener *m*; *Méx* Trinkgeld *n*; **~ de Angora** Angorakatze *f*; **~ (de automóvil)** Wagenheber *m*; **~ montés** *od* **silvestre (persa)** Wild-(Perser)katze *f*; **~ de tracción** Zugwinde *f*; **~ viejo** *übertr* alter Fuchs ◇ **dar** *od* **vender ~ por liebre** *übertr jmdn* übers Ohr hauen; **no había ni un ~** *übertr* kein Schwanz war da; **allí** *od* **aquí hay ~ encerrado** da stimmt (doch) was nicht; **jugar al ~ y al ratón** Katz und Maus spielen; **esto es para el ~** das ist für die Katz!

G.A.T.T. *m* HDL, WIRTSCH GATT *n allgemeines Zoll- u Handelsabkommen*

gatuno Katzen-

gatuperio *m* Mischmasch *m*; Intrige *f*

gauch|ada *f Rpl* Gauchostreich *m*; *Rpl* Freundschaftsdienst *m*; *Rpl* Stegreifdichtung *f*; **~aje** *m Rpl* Gauchos *m/Pl*; **~ear** *intr Rpl* sich wie ein Gaucho verhalten; sich auf Liebesabenteuer einlassen; **~esco** Gaucho-; **~ismo** *m Rpl* Gaucholiteratur *f*; Gauchomusik *f*; **~ita** *f Rpl* Gauchoweise *f*

gaucho I *Adj* Gaucho-; **a lo ~** gauchohaft; *Chi*, *Rpl* verwegen; *Rpl* rau(beinig); *Am reg* hübsch; *Chi*, *Rpl* schlau; *Rpl* geschickt; stattlich **II** *m* Gaucho *m*; *Chi*, *Rpl* guter Reiter *m*; *Ec* breitkrempiger Strohhut *m* ◇ **ser buen ~** *Rpl* ein zuverlässiger Freund sein

gaveta *f* Schublade *f*, -fach *n*

gavill|a *f* LANDW Garbe *f*; *Cu* Bündel *n* Tabakblätter; Bande *f*; **~ero** *m Feld* Garbenreihe *f*; Getreideschober *m*

gaviota *f* Möwe *f*; **~ argéntea** Silbermöwe *f*

gay ⟨*unv*⟩ **I** *Adj* gay **II** *m* Gay *m Schwuler*

gayo fröhlich; (farben)prächtig

gayón *m* Lude *m Zuhälter*

gazap|a *f* Flunkerei *f*; **~era** *f* Kaninchenbau *m*; Schlupfwinkel *m*; **~o** *m* junges Kaninchen *n*; Ente *f Falschmeldung*; Schlaumeier *m*; Versprecher *m*; (sprachlicher) Schnitzer *m*

gazmoñ|ada *f*, **~ería** *f* Scheinheiligkeit *f*; Heuchelei *f*; Frömmelei *f*, Bigotterie *f*; **~ero**, **~o I** *Adj* scheinheilig; heuchlerisch; prüde; frömmelnd **II** *m* Heuchler *m*; Frömmler *m*

gaznápiro *m* Einfaltspinsel *m*; Halbstarker *m*

gaznate *m* Kehle *f*; Schlund *m*; *Méx* Kokos-Ananas-Marmelade *f*

gazpacho *m kalte Suppe aus geriebenem Brot, Gurken, Tomaten, Zwiebeln, Knoblauch, Essig, Öl*

gazuza *f* Kohldampf *m großer Hunger*

Ge (*Symb für* **germanio**) CHEM Ge

geiser, **géiser** *m* Geysir *m*

gel *m* PHARM Gel *n*

gelatin|a *f* Gelatine *f*; Gallert *n*, Aspik *m,n*; Sülze *f*; **~ar I** *tr* mit Gelatine überziehen **II** *intr* gelieren; **~izante** *m* Geliermittel *n*; **~oso** gallertartig; gelatinereich

gélido eisig, eiskalt; Eises-

gelificante *m* Geliermittel *n*

gema *f* Gemme *f*; Edelstein *m*; BOT Knospe *f*
gemebundo wimmernd; stöhnend
gemelación *f* (**de ciudades**) Städtepartnerschaft *f*
gemel|ado Doppel-; *übertr* Zwillings-; **~ar** Zwillings-; **~as** *f/Pl* Zwillingsschwestern *f/Pl*
gemelo I *Adj* Doppel-; Zwillings-; Mehrlings- **II** *m* Zwilling *m*; **~s** *Pl i e S* Zwillinge *m/Pl*; *i w S* Mehrlinge *m/Pl*; Manschettenknöpfe *m/Pl*; ***~s de campaña, ~s prismáticos*** Fernglas *n*, Feldstecher *m*; ***~s quíntuplos*** Fünflinge *m/Pl*; ***~s de teatro*** Opernglas *n*
gemido *m* Stöhnen *n*; Ächzen *n*; Wimmern *n*; Winseln *n*; *übertr* Heulen *n*
gemin|ación *f* Verdoppelung *f*; **~ado** paarweise angeordnet; ARCH Doppel-, Zwillings-
Géminis *m* ASTR Zwillinge *Pl*
gemir ⟨-i-⟩ *intr* stöhnen; ächzen; wimmern; jaulen; *übertr* heulen
gen *m* BIOL Gen *n*; **~ciana** *f* Enzian *m*
gendarm|e *m* Gendarm *m*; *hist* Landjäger *m*; **~ería** *f* Gendarmerie *f*
geneal|ogía *f* Genealogie *f*; Familien-, Ahnenforschung *f*; **~ógico** genealogisch; familienkundlich; **~ogista** *m(f)* Genealoge(-in) *m(f)*; Ahnenforscher(in) *m(f)*
genemutación *f* BIOL Genmutation *f*
generación *f* BIOL Zeugung *f*; TECH Erzeugung *f*; Hervorbringen *n*; Generation *f*; Jahrgang *m*; ***~ alternante*** Generationswechsel *m*; ***~ de electricidad*** Stromerzeugung *f*; ***~ de empleo*** *od* ***puestos de trabajo*** Schaffung *f* von Arbeitsplätzen; ***~ de energía*** Energieerzeugung *f*; ***~ espontánea*** Urzeugung *f*; ***~ sexual*** (***vegetativa***) geschlechtliche (ungeschlechtliche) Fortpflanzung *f*; ***la nueva ~ de científicos*** der wissenschaftliche Nachwuchs *m*
generacional Generations-
generador I *Adj* erzeugend (**de** *Akk*); Zeugungs- **II** *m* Erzeuger *m*; TECH Generator *m*; Dynamo *m*; Stromaggregat *n*; ***~ (eléctrico)*** KFZ Lichtmaschine *f*; ***~ de empleo*** Arbeitsbeschaffer *m*
general I *Adj* allgemein; generell; General-; Haupt- **II** *m* General *m*; ***~ en jefe*** Oberbefehlshaber *m*; Feldherr *m*; ***en*** *od* ***por lo ~*** im Allgemeinen
generalato *m* Generalsrang *m*; Generalität *f*; *Ordensgemeinschaft* Generalswürde *f*
generalidad *f* Allgemeinheit *f*; **la** ♀ *autonome Regierung Kataloniens*; **~es** *Pl* Allgemeinheiten *f/Pl*; *Prospekte* Allgemeines *n*
generalísimo *m Esp* Generalissimus *m*; Oberbefehlshaber *m*
generaliz|able verallgemeinerungsfähig; **~ar** ⟨-z/c-⟩ *tr* verallgemeinern; verabsolutieren; verbreiten; **~arse** allgemein werden; sich allgemein verbreiten *od* ausbreiten
gener|ar *tr* erzeugen; zeugen; hervorrufen; erwirtschaften, erreichen; *Arbeitsplätze* schaffen; zu etw führen; *übertr* auslösen; **~ativo** BIOL Zeugungs-
genérico I *Adj* Gattungs-; Allgemein-; GRAMM Genus- **II** *m* **~s** *Pl* FILM Vorspann *m*; ***~s de fin*** Abspann *m*
género *m* Gattung *f auch* LIT; Geschlecht *n*; Ware *f*; Gewebe *n*, Stoff *m*; Art *f*; Sorte *f*; BILDH, LIT, MAL Genre *n*; LING Genus *n*; ***~ ambiguo*** Doppelgeschlecht *n* (***el, la azúcar***); ***~ común*** gemeinsame Form *f für Maskulinum u Femininum* (***el, la testigo***); ***~ chico*** LIT Schwank *m*; ***~ humano*** Menschengeschlecht *n*; ***~ invendible*** Ladenhüter *m*; ***~s de moda*** Modeartikel *m/Pl*; ***~s de pacotilla*** Ramschwaren *f/Pl*; ***~s de primera calidad*** Qualitätswaren *f/Pl*; ***~s de punto*** Strickwaren *f/Pl*; ***~s de punto corridos*** Trikotagen *Pl*, Wirkwaren *f/Pl*; ***~ sin salida*** unverkäufliche Ware *f*; ***~ de vida*** Lebensart *f* ◇ ***le deseo todo ~ de felicidades*** ich wünsche Ihnen alles Gute
generos|idad *f* Großmut *m*; Hochherzigkeit *f*, Edelmut *m*; Großmütigkeit *f*; Freigebigkeit *f*; **~o** großmütig; edelmütig; großzügig; freigebig (***con, para, para con alg*** jmdm gegenüber); *Pferd* feurig; *Blut* edel; *Erde* fruchtbar; reich (***en*** an); *Wein* Dessert-
genésico Geschlechts-; Zeugungs-; genetisch; Genus-
génesis I *f* Entstehung *f*; Entwicklung(sgeschichte) *f*; Werdegang *m* **II** ♀ *m* REL Schöpfungsgeschichte *f*, Genesis *f*
genética *f* Vererbungslehre *f*, Genetik *f*
genéticamente der Entstehung nach; ***~ alterado*** gentechnisch verändert *od* manipuliert
gen|ético genetisch; **~etista** *m(f)* Genetiker(in) *m(f)*
Gengis Kan *m* Dschingis Khan *m*
genial genial; eigentümlich; **~idad** *f* Genialität *f*; Eigentümlichkeit *f*
genio *m* Gemüt *n*; Gemütsart *f*; geniale Veranlagung *f*; Genie *n*; innerstes Wesen *n*, Geist *m*, REL *auch* Genius *m*; ***~ alegre*** *od* ***vivo*** lebhaftes Temperament *n*; ***~ tutelar*** Schutzgeist *m*; ***corto de ~*** geistig minderbemittelt; ***de buen ~*** gutmütig; ***de mal ~*** jähzornig; mürrisch ◇ ***tener el ~ de los negocios*** ein geborener Geschäftsmann sein; ***tener mal ~*** einen schlechten Charakter haben; ***tener mucho ~*** *Kind*

trotzig sein
genit|al I *Adj* Geschlechts-, Genital- II *m* **~ales** *Pl* Genitalien *Pl*; **~ivo**[1] zeugungsfähig
genit|ivo[2] *m* GRAMM Genitiv *m*; **~or** *m* Erzeuger *m*; Schöpfer *m*; männliches Zuchttier *n*
geno|cidio *m* Völkermord *m*; Rassenmord *m*; **~ma** *m Genetik* Genom *n*; **~terapia** *f* Gentherapie *f*
Génova *f* Genua *n*
genovés I *Adj* genuesisch II *m* Genueser *m*
gente *f* (*auch* **~s** *Pl*) Leute *Pl*; Volk *n*; Menschen *m/Pl*; Angehörige *m/Pl*; Personal *n*; MAR Besatzung *f*; **~ *baja*** *od* ***de escaleras abajo*** Gesinde *n*; niederes Volk *n*; Pöbel *m*; **~ *bien*** *od* ***copetuda*** *od* ***gorda*** Hautevolee *f*; **~ *buena*, ~ *de bien*** rechtschaffene Leute *Pl*; **~ *de color*** Farbige *m/Pl*; **~ *de cuidado*** *od* ***mala vida*, ~ *maleante*** *od* ***non sancta*, ~ *de seguido*** *od* ***vida airada*** liederliches Volk *n*; Land- *bzw* Stadtstreicher *m/Pl*; **~ *de chape*** *Chi* bessere Leute *Pl*; **~ *decente*** anständige Leute *Pl*; **~ *del hampa*** Ganoven *m/Pl*; Unterwelt *f*; **~ *de medio pelo*** niederer Mittelstand *m*; ***la* ~ *menuda*** die Kinder; das einfache Volk; **~ *de pelo*** *od* ***pelusa*** betuchte Leute *Pl*; **~ *de poco más o menos*** Durchschnittsmenschen *m/Pl*; **~ *de trato*** Geschäftsleute *Pl*; **~ *de la vida*** (***airada***) Lebemänner *m/Pl*; ***de* ~s** Völker-; ***mi* ~** meine Verwandten *m/Pl* ◇ ***conocer a su* ~** seine Pappenheimer kennen; ***hacer* ~** Leute anlocken; ***ser* ~** zur Gesellschaft gehören *etw darstellen*; *auch* gesellschaftsfähig sein; ***es buena* ~** er ist ein prima Kerl; ***ser mucha* ~** ein einflussreicher Mensch sein
gente|cilla *f*, **~zuela** *f* Gesindel *n*
gentil I *Adj* hübsch; anmutig; liebenswürdig; heidnisch II *m* Heide *m*; **~eza** *f* Liebenswürdigkeit *f*; Anstand *m*; Schicklichkeit *f*; **~hombre** *m hist* Edelmann *m*; **~icio** *m* Volks-, Herkunftsname *m*; Nationalitätsbezeichnung *f*
gent|ílico heidnisch; **~ío** *m* Menschenmenge *f*; Menschengewühl *n*; **~ualla** *f*, **~uza** *f* Pack *n*, Gesindel *n*
genuflexión *f* Kniebeuge *f*
genuin|idad *f* Echtheit *f*; Unverfälschtheit *f*; **~o** echt; unverfälscht, rein
GEO *Abk für* ***grupo especial de operaciones***
geod|esia *f* Geodäsie *f*; **~ésico** geodätisch; **~esta** *m* Geodät *m*
geo|estratégico geostrategisch; **~fagia** *f* Geophagie *f*; **~física** *f* Geophysik *f*; **~físico** I *Adj* geophysikalisch II *m* Geophysiker *m*
geografía *f* Erdkunde *f*; **~ *económica*** Wirtschaftsgeographie *f*; **~ *física*** (***política***) physische (politische) Geographie *f*
geográfico Erdkunde-, geographisch
geógrafo *m* Geograph *m*
geo|logía *f* Geologie *f*; **~lógico** geologisch
geólogo *m* Geologe *m*
geom|etría *f* Geometrie *f*; **~étrico** geometrisch
geopolítica *f* Geopolitik *f*
Georgia *f* Georgien *n*
georgiano I *Adj* georgisch II *m*, **-a** *f* Georgier(in) *m*(*f*)
geotérmico geothermisch
geranio *m* Geranie *f*
gerencia *f* Geschäftsführung *f*
gerente *m*(*f*) Geschäftsführer(in) *m*(*f*); Disponent(in) *m*(*f*); Leiter(in) *m*(*f*); Prokurist(in) *m*(*f*); **~ *de producción*** Produktionsmanager *m*; **~ *de ventas*** Absatzleiter *m*
geri|atra *m*(*f*) Geriater(in) *m*(*f*); **~atría** *f* Geriatrie *f*, Altersheilkunde *f*; **~átrico** I *Adj* geriatrisch II *m* Altenheim *n*
germanesco Gauner-
Germania *f hist* Germanien *n*; *übertr auch* Deutschland *n*
germanía *f* Gaunersprache *f*
germánico I *Adj* germanisch; *i w S* deutsch II *m* das Germanische
german|ismo *m* Germanismus *m*; **~ista** I *Adj* germanistisch II *m* Germanist *m*; **~ística** *f* Germanistik *f*; **~ización** *f* Germanisierung *f*; Eindeutschung *f*; **~izar** ⟨-z/c-⟩ *tr* germanisieren; eindeutschen; **~o** I *Adj* germanisch; deutsch II *m* Germane *m*; Deutscher *m*; **~ofederal** bundesdeutsch; **~ófilo** deutschfreundlich; **~ófobo** deutschfeindlich; **~ófono** deutschsprachig; **~o(o)ccidental** westdeutsch; **~o(o)riental** ostdeutsch
germ|en *m* Keim *m*; Keimling *m*; Ursprung *m*; **~icida** keimtötend; **~inación** *f* Keimen *n*; Entstehen *n*; Werden *n*; **~inal** Keim-; **~inar** *intr* keimen; sprießen; sich entwickeln; werden
gerundio *m* GRAMM Gerundium *n*
gesta *f* Heldentat *f*
gestación *f* Schwangerschaft *f*; *Tier* Trächtigkeit *f*; Entstehen *n*, Werden *n*; **~ *fortuita*** ungewollte Schwangerschaft *f*; ***en* ~** trächtig; schwanger; im Werden; im Entstehen begriffen
gest|ágeno *m* MED Gestagen *n*; **~ante** I *Adj* schwanger; trächtig II *f* Schwangere *f*; **~arse** sich anbahnen
gesticul|ación *f* Gestikulieren *n*; Gebärden-, Mienenspiel *n*; **~ar** *intr* gestikulieren
gestión *f* Leitung *f*; Führung *f*; Betreibung *f einer Angelegenheit*; Unterfangen *n*;

Formalität *f*; ~ ***de crisis*** Krisenmanagement *n*; ~ ***empresarial*** Betriebs-, Unternehmensführung *f*; ~ ***gerencial*** Management *n*; ~ ***de recursos humanos*** Mitarbeiterführung *f*; ~ ***de residuos*** Abfallmanagement *n*; ~ (***de la sociedad***) Geschäftsführung *f*; ~ ***de ventas*** Verkaufsleitung *f*; ***mala*** ~ Missmanagement *n* ◇ ***hacer las gestiones pertinentes*** die entsprechenden Schritte einleiten

gestionar *tr jmdm etw* vermitteln; betreiben; verhandeln; sich um *etw* bemühen; angehen *in Angriff nehmen*; *z.B. Pass* ausstellen lassen; *etw* in die Wege leiten; beantragen; *Angelegenheit* vorbringen; *einen Betrieb* führen

gesto *m* Geste *f auch übertr*; Miene *f* ◇ ***estar de buen*** (***mal***) ~ gut (schlecht) aufgelegt sein; ***hacer*** **~s** gestikulieren; Grimassen ziehen; ***hacer un*** ~ ein Zeichen machen; ***torcer el*** ~ die Augen verdrehen

gestor I *Adj* Vermittler- **II** *m* Geschäftsführer *m*; Leiter *m eines Unternehmens*; Geschäftsführer *m*; geschäftsführender Teilhaber *m*; Vermittler *m bei Behörden*; *auch* Steuer- *od* Finanzberater *m*; ~ ***de correo*** INFORM Mailmanager *m*; ~ ***de redes*** INFORM Netzwerkadministrator *m*

gestoría *f Esp* Agentur *f* zur schnellen Erledigung amtlicher Formalitäten

Ghana *f* Ghana *f*

ghanés I *Adj* ghanaisch, ghanesisch **II** *m*, **-esa** *f* Ghanaer(in) *m(f)*, Ghanese(-in) *m(f)*

ghetto *m* G(h)etto *n*

giba *f* Höcker *m*; Unannehmlichkeit *f*

gibos|idad *f* Buckel *m*; **~o** bucklig

Gibraltar *m* Gibraltar *n*

gibraltareño aus *od* von Gibraltar

gigabyte *m* Gigabyte *n*

gigant|a *f* Riesin *f*; Riesenweib *n*; Sonnenblume *f*; **~e I** *Adj* riesig **II** *m* Riese *m auch übertr*, Hüne *m*; **~esco** gigantisch *auch übertr*; riesig, riesengroß; **~ismo** *m* Riesenwuchs *m*; **~omanía** *f* Gigantomanie *f*; **~ón** *m* Riesenfigur *f*

gigoló *m* Gigolo *m*

gil, ~í, ~ipichas → ***gilipollas***

gilipoll|as I *Adj* dusslig **II** *m* Blödmann *m*; **~ear** *intr* sich dämlich anstellen

gimnasia *f* Turnen *n*; Gymnastik *f*; ~ ***con aparatos*** Geräteturnen *n*; ~ ***sin aparatos***, ~ ***sueca*** Freiübungen *f/Pl*; ~ ***para embarazadas*** Schwangerschaftsgymnastik *f*; ~ ***laboral*** Pausengymnastik *f*; ~ ***matutina*** Frühsport *m*; ~ ***mental*** geistiges Training *n*; Gedächtnisübung *f*; ~ ***rítmica deportiva*** künstlerische Gymnastik *f*; ~ ***terapéutica*** Heilgymnastik *f* ◇ ***hacer*** ~ turnen

gimn|asio *m* Turnplatz *m*; Turnhalle *f*; Fitnesscenter *n*; **~asta** *m(f)* Turner(in) *m(f)*; **~ástica** *f* Gymnastik *f*; **~ástico** Turn-

gimote|ar *intr* heulen; wimmern; winseln; **~o** *m* Geheule *n*; Gewinsel *n*

Ginebra *f* Genf *n*

ginebr|a *f* Gin *m*, Wacholderbranntwein *m*; **~ino I** *Adj* Genfer **II** *m* Genfer *m*

ginec|ología *f* Gynäkologie *f*; **~ológico** gynäkologisch; **~ólogo** *m* Gynäkologe *m*, Frauenarzt *m*

Gioconda *f* MAL Mona Lisa *f*

gira *f* Rundreise *f*; THEAT Tournee *f*; ~ ***promocional*** Promotionstour *f* ◇ ***estar*** (***salir***) ***de*** ~ auf Tournee sein (gehen)

gir|ada *f* Pirouette *f*; **~ado** *m* FIN Bezogener *m*; **~ador** *m* FIN Trassant *m*

giralda *f* Wetterfahne *f in Tier- od Menschengestalt*

girar I *tr* wenden; *Geld* überweisen; *Zahlung* leisten; *Wechsel* ausstellen **II** *intr* sich drehen (***sobre*** um, *auch übertr* ***en torno a*** um; ***hacia*** nach); abbiegen; *Schiff* abdrehen; kreisen; (um)laufen; rotieren; ~ ***redondo*** TECH rund laufen

gira|sol *m* Sonnenblume *f*; **~torio** kreisend; Dreh-, Kreis-

giro *m* Drehung *f*; Wendung *f auch* MIL; Kreisbewegung *f*; Redewendung *f*; *Wechsel* Ziehung *f*; FIN Überweisung *f*; Tratte *f*; HDL Umsatz *m*; *übertr* Wende *f*; ~ ***anual*** Jahresumsatz *m*; ~ ***bancario*** Banküberweisung *f*; ~ ***en blanco*** FIN Blankotratte *f*; ~ ***a*** *od* ***hacia la derecha*** POL Rechtsruck *m*; ~ ***obligatorio*** Kreisverkehr *m*; ~ ***postal*** Postanweisung *f*; ~ ***telegráfico*** telegrafische Geldanweisung *f* ◇ ***efectuar un*** ~ eine Überweisung vornehmen; ***mandar un*** ~ Geld überweisen; ***tomar otro*** ~ eine andere Wendung nehmen

girocompás *m* Kreiselkompass *m*

girola *f* ARCH Chorumgang *m*

giro|piloto *m* Selbststeuergerät *n*; **~plano** *m* FLUGW Tragschrauber *m*; **~scópico** Kreisel-; **~scopio** *m* → ***giróscopo***

giróscopo *m* TECH Kreisel *m*; ~ ***de buque*** Schiffskreisel *m*

gitan|ada *f* Zigeunerstreich *m neg!*; listige Schmeichelei *f*; **~ear** *intr* schmeicheln; mit List vorgehen *od* handeln; **~ería** *f* Zigeunertruppe *f neg!*; Zigeunervolk *n neg!*; Schmeichelei *f*; Zigeunerstreich *m neg!*; **~esco** zigeunerhaft *neg!*; Zigeuner- *neg!*; listig; **~ismo** *m* Zigeunerart *f neg!*; Zigeunertum *n neg!*; LING Zigeunerausdruck *m neg!*; **~o I** *Adj* zigeunerhaft *neg!*; verführerisch; *Wesen* einnehmend **II** *m* Zigeuner *m neg! auch übertr*

glaci|ación *f* Eiszeit *f*; Vergletscherung *f*;

Vereisung *f*; **~al** glazial; Eiszeit-; Eis-; **~ar** *m* Gletscher *m*
glad|iador *m hist* Gladiator *m*; **~iolo** *od* **~íolo** *m* BOT Gladiole *f*
glándula *f* ANAT Drüse *f*; **~ *lagrimal*** (***mamaria***) Tränen-(Brust)drüse *f*; **~ *mucosa*** (***salival***) Schleim-(Speichel)drüse *f*; **~ *sebácea*** (***sudorípara***) Talg-(Schweiß)-drüse *f*
glandular ANAT Drüsen-
glas|é *m* Glanztaft *m*; *Am* Glanz-, Lackleder *n*; **~ear** *tr Gebäck* glasieren; *Papier* satinieren
glasnost *f* POL Glasnost *f*, Offenheit *f*
glauco meergrün; BOT hellgrün; **~ma** *m* MED grüner Star *m*
gleba *f* (Erd-)Scholle *f auch übertr*
gli|cemia *f* Blutzucker *m*; **~cerina** *f* Glyzerin *n*; **~santina** *f* KFZ Glysantin *n*
global global, weltweit; umfassend; Gesamt-; Pauschal-; **~ización** *f* Globalisierung *f*; **~izar** ⟨-z/c-⟩ *tr* globalisieren; HDL insgesamt nehmen
globo *m* Kugel *f*; Luftballon *m*; Gasballon *m*; Lampenglocke *f*; *Comics* Sprechblase *f*; **~ *aerostático tripulado*** bemannter Ballon *m*; **~ *de aire*** KFZ Airbag *m*; **~ *de barrera*** (**~ *cautivo***) MIL Sperr-(Fessel)ballon *m*; **~ *celeste*** Himmelskugel *f*; **~ *ocular*** *od* ***del ojo*** Augapfel *m*; **~ *sonda*** MET Sonde *f*; Versuchsballon *m auch übertr*; **~ *terráqueo*** *od* ***terrestre*** Erdball *m*; Globus *m*; ***en* ~** alles zusammen, im Ganzen; in Bausch und Bogen ◇ ***lanzar un* ~ *de ensayo*** einen Versuchsballon steigen lassen *auch übertr*
glóbulo *m* Kügelchen *n*; **~ *sanguíneo*** Blutkörperchen *n*
gloria *f* Ruhm *m*; REL *ewige* Seligkeit *f*; MAL Heiligenschein *m*; THEAT „Vorhang" *m für den Beifall*; ***ávido de* ~** ruhmsüchtig; ***sin* ~*s*** ruhmlos ◇ ***cubrirse de* ~** berühmt werden; ***ella da* ~** sie ist unser Stolz; ***estar en sus* ~*s*** sich äußerst wohl fühlen; ***saber a* ~** wunderbar schmecken; ***ser la* ~ *de*** der Stolz sein von; ***es una* ~** es ist ein Vergnügen; es macht Freude; ***tocar a* ~** Ostern einläuten; *i w S* einen Sieg feiern
glori|ado *f Am* Art Punsch aus Schnaps; **~ar** ⟨-ío⟩ *tr* → **~*ficar***; **~arse** sich rühmen (***de*** *Gen*); stolz sein (***de*** auf + *Akk*); **~eta** *f* Rundplatz *m oft mit Grünanlagen*; Gartenlaube *f*; *Rpl* Pavillon *m*; VERK Kreisverkehr *m*; **~ficar** ⟨-c/qu-⟩ *tr* verherrlichen; rühmen; **~ficarse** → **~*arse***; **~oso** glorreich; ruhmreich; ehrenvoll; rühmlich
glosa *f* Glosse *f*; Erläuterung *f*; **~ *marginal*** Randbemerkung *f*
glos|ar *tr/intr* glossieren; auslegen; (be)kritteln; **~ario** *m* Glossar *n*
glos|e *m* Glossierung *f*; Glossieren *n*; **~illa** *f* TYP Kolonel *f 7-Punkte-Schrift*; **~opeda** *f* Maul- und Klauenseuche *f*
glótico Stimmritzen-
glotis *f* Stimmritze *f*, Glottis *f*
glot|ón I *Adj* verfressen **II** *m* ZOOL *u übertr* Vielfraß *m*; **~onear** *intr* große Mengen essen, *umg* fressen; **~onería** *f* Gefräßigkeit *f*; Fressgier *f*
gluc|emia *f* Blutzucker *m*; **~ógeno** *m* Glykogen *n*; **~osa** *f* Traubenzucker *m*; **~ósido** *m* Glykosid *n*
gluten *m* Klebstoff *m*; BIOL, CHEM Kleber *m*, Gluten *n*
glúteo ANAT Gesäß-
glutinoso klebrig
gneis *m* Gneis *m*
Gob. *Abk für* ***Gobierno***
gobelino *m* Gobelin *m*
gobern|abilidad *f* Regierbarkeit *f*; Lenkbarkeit *f*; MAR Steuerbarkeit *f*; **~able** regierbar; lenk-, leitbar; **~ación** *f* Regieren *n*; Statthalterschaft *f*
gobern|ador *m*, **~adora** *f* Gouverneur(in) *m*(*f*); Statthalter(in) *m*(*f*); **~anta** *f Rpl* Gouvernante *f*; *Esp Internat* Wirtschaftsleiterin *f*; **~ante I** *Adj* regierend **II** *m* Herrscher *m*; **~antes** *m/Pl* Regierenden *m/Pl*; Herrschenden *m/Pl*; die regierenden Kreise; **~ar** ⟨-ie-⟩ **I** *tr* regieren; lenken; leiten; *Schiff*, TECH steuern; *Haushalt* führen; anführen **II** *intr* regieren; **~arse** *mit dem Geld* zurechtkommen; sich in der Gewalt haben
gobiernista *Am* **I** *Adj* Regierungs- **II** *m* Anhänger *m* der Regierungspartei
gobierno *m* Regierung *f*; Verwaltung *f*; *übertr* Richtschnur *f*; MAR, TECH Steuerung *f*; **~ *absoluto*** Alleinherrschaft *f*; **~ *autonómico*** *Esp* Regionalregierung *f*; **~ *de la casa,* ~ *doméstico*** Haushalt(ung *f*) *m*; Haushaltsführung *f*; **~ *civil*** Zivilverwaltung *f*; **~ *de coalición*** Koalitionsregierung *f*; **~ *de la embarcación*** Manövrierfähigkeit *f* des Schiffes; **~ *en la emigración*** *od* ***en el exilio*** Exilregierung *f*; **~ *fantasma,* ~ *en la sombra*** Schattenregierung *f*, -kabinett *n*; **~ *fantoche*** *od* ***títere*** Marionettenregierung *f*; **~ *mayoritario*** (***minoritario***) Mehrheits-(Minderheits)regierung *f*; **~ *militar*** Militärregierung *f*; **~ *de la nación*** Zentralregierung *f*; **~ *provisional*** provisorische Regierung *f*; **~ *de transición*** Übergangsregierung *f*; ***de buen* ~** manövrierfähig; ***para su* ~** zu ihrer Orientierung ◇ ***asumir el* ~** die Regierung(sgewalt) übernehmen; ***mirar contra el* ~** *umg* schielen; ***protestar cerca de un* ~ *contra*** bei einer Regierung Protest *bzw* Einspruch erheben gegen

goce *m* Genuss *m*; Lust *f*; Nutznießung *f* ◇ ***entregarse al ~ de*** schwelgen in
Gocia *f* Gotland *n Insel*
godo I *Adj* gotisch; *Am reg verächtl* spanisch; *Col* konservativ **II** *m* Gote *m*; das Gotische; *Am reg verächtl* Spanier *m*; *Col* Konservativer *m*
gol *m* SPORT Tor *n*; ***~ de empate*** (***penalti***) Ausgleichs-(Elfmeter)tor *n* ◇ ***marcar un ~*** ein Tor schießen
gola *f* Kehle *f*; Schlund *m*; (enge) Hafeneinfahrt *f*; *hist* Halskrause *f*
goldre *m* Köcher *m*
gole|ada *f* große Anzahl *f* von Toren; **~ador** *m* Torschütze *m*; **~ar I** *tr nach Toren* schlagen, besiegen **II** *intr* ein Tor schießen
golf *m* SPORT Golf *n*
golf|a *f* Nutte *f*; **~ante** schurkisch; **~ear** *intr* ein liederliches Leben führen; herumstrolchen; **~ería** *f* Gaunerei *f*; Gaunerpack *n*; Straßenjugend *f*
golfista *m(f)* Golfspieler(in) *m(f)*
golfo[1] *m* Straßenjunge *m*; Strolch *m*; Gauner *m*; Lümmel *m*
golfo[2] *m* Golf *m*, Meerbusen *m*
Goliat *m* REL der Riese Goliath
golista I *Adj* gaullistisch **II** *m* Gaullist *m*
gollería *f* Leckerbissen *m auch übertr* ◇ ***pedir ~s*** zu viel verlangen
golletazo *m Verhandlung* abrupter Abbruch *m* ◇ ***dar ~ a u/c*** etw mittendrin abbrechen
gollete *m* Kehle *f*; Flaschenhals *m*; HANDW Zapfen *m*; *AmC Stiefel* Schaft *m* ◇ ***estar hasta el ~*** *übertr* die Nase voll haben
golondrina *f* Schwalbe *f*; *Esp* Hafenrundfahrtboot *n*; ***~ de mar*** Seeschwalbe *f*; *Sprichw* ***una ~ no hace verano*** eine Schwalbe macht noch keinen Sommer
golondrino *m* Schwalbenjunges *n*; Landstreicher *m*; Überläufer *m*
golos|ear *intr* → ***~inear***; **~ina** *f* Nascherei *f*; Leckerbissen *m auch übertr*; **~inas** *f/Pl* Süßigkeiten *f/Pl*; **~inear** *intr* naschen; schleckern; **~o I** *Adj* naschhaft; mit Appetit (***de*** auf + *Akk*); *Speise* verlockend **II** *m* Leckermaul *n*; Feinschmecker *m*
golp|ada *f* heftiger Schlag *m*; **~azo** *m* Staatsstreich *m*, Umsturz *m*; → ***~ada***
golpe *m* Schlag *m auch* MIL *u übertr*; Stoß *m*; Hieb *m*; Aufschlag *m*; Stich *m*; Putsch *m*; SPORT Treffer *m*; genialer Einfall *m*; Eindruck *m*; Taschenklappe *f*; Besatz *m an der Kleidung*; *Col* Revers *m,n*; ***~ de agua*** Wasserschwall *m*; ***~ de arco*** MUS Bogenführung *f*; ***~ de cuartel, ~ militar*** Militärputsch *m*; ***~ duro*** *übertr* schwerer Schlag *m*; ***~ de Estado*** Staatsstreich *m*; ***~ en falso*** *od* ***en vago*** Schlag *m* ins Leere; ***~ de mano*** MIL Handstreich *m*; ***~*** (***de máquina***) *Schreibmaschine* Anschlag *m*; ***~ de mar*** Sturzsee *f*; ***~ de pincel*** Pinselstrich *m*; ***~ de tos*** Hustenanfall *m*; ***~ de viento*** Windstoß *m*; ***a ~s*** mit Schlägen; stoßweise; ***a ~ seguro*** ganz bestimmt, sicher; ***al primer ~ de vista*** auf den ersten Blick; ***de ~*** plötzlich; sofort; ***de ~ y porrazo*** urplötzlich; unversehens; kurzerhand; ***de un ~*** schlagartig; zugleich; ohne abzusetzen; ***duro ~*** *übertr* harter Schlag *m*; ***primer ~*** MIL Erstschlag *m* ◇ ***abrir a ~s*** (gewaltsam) aufschlagen; *etw* einschlagen; ***andar a ~s*** sich dauernd schlagen; ***cerrar de ~*** *Tür* zuschlagen; ***dar ~ en bola*** Erfolg haben; ***dar*** (***de***) ***~s a alg*** jmdn verprügeln; ***dar*** (***el***) ***~*** Eindruck machen; ***dar el último ~ a*** letzte Hand anlegen an; ***dar un ~*** einen Coup landen; einen Putsch durchführen; ***dar un buen ~ a la comida*** kräftig zulangen (beim Essen); ***no dar ni ~*** keinen Handschlag tun; ***darse ~s en el pecho*** sich an die Brust schlagen *Reue zeigen*; ***entrarle a ~s a alg*** *Cu, Méx* jmdn verprügeln; ***erró*** *od* ***falló el ~*** der Schlag ging daneben *misslingen*
golpe|ador *m Am* Türklopfer *m*; **~adura** *f* Schlagen *n*; Klopfen *n*; **~ar I** *tr/intr* schlagen; stoßen; (ab)klopfen; *jmdn* bestürmen **II** *intr* schlagen *z.B. Achse im Lager*; **~arse** sich stoßen; sich schlagen
golpe|o *m Diesel* Tuckern *n*; → ***golpeadura***; **~tear** *intr Motor* klopfen; *übertr* hämmern
golp|ismo *m* Putschunwesen *n*; **~ista I** *Adj* Putsch- **II** *m* Putschist *m*
goma *f* Gummi *m auch Kondom*; *Polizei* Gummiknüppel *m*; *Bereifung* Decke *f*; *AmC übertr* Kater *m*; **~s** *Pl Cu* Bereifung *f*; ***~*** (***de borrar***) Radiergummi *m*; ***~-dos*** *f* Plastiksprengstoff *m*; ***~ elástica*** Gummiband *n*; ***~ espuma*** *od* ***espumosa, ~ esponjosa*** -Schaumgummi *m*; ***~ laca*** Schellack *m*; ***~ líquida*** Gummilösung *f*; ***~ de mascar*** Kaugummi *m*; ***~*** (***para pegar***) Klebstoff *m*
gomal *m Am* Kautschukpflanzung *f*
gom|ero I *Adj* Gummi- **II** *m Am* Kautschukzapfer *m*; Gummihändler *m*; Gummi-, Kautschukbaum *m*; **~ífero** Gummi-; **~ina** *f* Haarpomade *f*; **~ista** *m(f)* Gummiwarenhändler(in) *m(f)*; **~oso I** *Adj* gummihaltig; gummiartig **II** *m* Fatzke *m*
góndola *f* Gondel *f*; *Am reg* Omnibus *m*; *Nic* offener Eisenbahnwaggon *m*
gondolero *m* Gondoliere *m*
gong, ~o *m* Gong *m*
goniómetro *m* OPT Winkelmesser *m*; FLUGW Peilkompass *m*; MIL Richtkreis *m*; MED Goniometer *n*
gono|coco *m* MED Gonokokkus *m*; **~rrea** *f*

MED Tripper *f*
gorda *f Méx* dicker Maisfladen *m*; ***sin ~*** mittellos ◇ ***se va a armar la ~*** es wird zu einem Mordsskandal kommen; ***¡esta sí que es gorda!*** das ist wirklich ein starkes Stück!
gordinflón *umg* schwabb(e)lig; pummelig; pausbäckig; mollig
gordo I *Adj* dick; *Lüge* faustdick; fett; feist; *übertr* grob *auch Gewebe* ◇ ***caerle ~ a alg*** jmdm auf den Wecker fallen; ***hablarle ~ a alg*** jmdn anschnauzen; ***pasa*** *od* ***sucede algo ~*** da ist etw Tolles im Gange **II** *m* Dicker *m*; *Lotterie* Haupttreffer *m*; Fett *n*, Schmer *n,m*; Talg *m*
gord|ote beleibt; **~ura** *f* Fett *n*; Dickleibigkeit *f*; *PR, Rpl* Sahne *f*
gorgojo *m* Kornkäfer *m*; Knirps *m*
gorgoritear *intr* trillern; trällern
gorgorito *m* Triller *m*; **~s** *Pl* Trillern *n Stimme* ◇ ***hacer ~s*** trillern; trällern; *Wasser* brodeln; gurgeln
gorgot|ear *intr Moor, Teich* gluckern; brodeln; gurgeln; **~ero** *m* Hausierer *m*
gorigori *m* Stimmengewirr *n*
goril|a *m* Gorilla *m auch übertr Leibwächter*; *Am* Militärdiktator *m*; **~aje** *m Am* reaktionäre Generalskamarilla *f*
gorj|a *f* Kehle *f*; **~ear** *intr* zwitschern; trillern; tirilieren; **~earse** *Kleinkind* plappern, brabbeln; **~eo** *m* Gezwitscher *n*; Triller *m*; Trällern *n*; *Kleinkind* Plappern *n*, Brabbeln *n*
gorra I *f i e S* Schirmmütze *f*; *i w S* Mütze *f auch* MIL; ***~ de béisbol*** Baseballmütze *f*; ***~ de piel*** Pelzkappe *f*; ***~ de plato*** Tellermütze *f*; ***de ~*** auf anderer Kosten ◇ ***andar*** *od* ***vivir de ~*** schmarotzen, schnorren **II** *m* Schmarotzer *m*, Nassauer *m*
gorr|ear *intr* schmarotzen, nassauern; schnorren; **~ero** *m* Mützenmacher *m*; Mützenverkäufer *m*; Schmarotzer *m*
gorrin|era *f* Schweinestall *m*; **~ería** *f* Schweinerei *f*; Zote *f*; **~o** *m* Spanferkel *n*; Schwein *n auch übertr*
gorrión *m* Spatz *m*; *AmC* Kolibri *m* ◇ ***comer como un ~*** wie ein Spatz essen; ***es conocido como un ~*** er ist bekannt wie ein bunter *od* scheckiger Hund
gorro *m* runde Kappe *f*; Kindermütze *f*; Zipfelmütze *f*; MIL Feldmütze *f*; ***~ de bufón (natación)*** Narren-(Bade)kappe *f*; ***~ de piel*** Pelzmütze *f* ◇ ***apretarse el ~*** *Am reg* die Beine unter die Arme nehmen *ausreißen*; ***estar hasta el ~*** *eine Sache* satt haben; ***poner el ~*** die Mütze aufsetzen; *jmdn* hereinlegen; *dem Mann* die Hörner aufsetzen
gorr|ón *m Achse, Lager* Zapfen *m*; Nassauer *m*, Schmarotzer *m*; *AmC* Egoist *m*; **~ona** *f* Nutte *f vulg*
gorron|ear *intr* nassauern, schnorren; **~ería** *f* Nassauern *n*; Zechprellerei *f*
gota *f* Tropfen *m*; MED Gicht *f*; ***a ~s, ~ a ~*** tropfenweise; ***cuatro ~s*** Husche *f Regen*; ***ni ~*** nichts, keine Spur von ◇ ***la ~ que desbordó el vaso*** *übertr* der Tropfen, der das Fass zum Überlaufen brachte; ***parecerse como dos ~s de agua*** einander ähneln wie ein Ei dem andern; ***es una ~ de agua en el mar*** das ist nur ein Tropfen auf den heißen Stein; ***sudar la ~ gorda*** *vor Anstrengung, Aufregung* Blut und Wasser schwitzen; ***no ver (ni) ~*** absolut nichts sehen
gote|ado bespritzt; gesprenkelt; **~ar** *intr* tropfen; tröpfeln *auch übertr*
gotera *f* Dachtraufe *f*; *Dach* undichte Stelle *f*; eindringendes Regenwasser *n*; *Zimmerdecke* Wasserflecken *m(Pl)*; **~s** *Pl* Gebrechen *n/Pl* ◇ ***es una ~*** es ist schon ein Kreuz; *Sprichw* ***el que no compone la ~, compone la casa entera*** wer nicht hören will, muss fühlen
gotero *m* MED Tropf *m Infusion*
gótica *f* TYP Fraktur *f*; gotische Schrift *f*
gótico I *Adj* gotisch; TYP Fraktur- **II** *m* Gotik *f*; das Gotische; ***~ florido*** Schnörkelgotik *f*
Gotinga *f* Göttingen *n*
gotoso gichtkrank; gichtisch
gozad|a *f* mächtiges Vergnügen *n*; Hochgenuss *m*; **~or** *m* Genießer *m*
gozar ⟨-z/c-⟩ *tr/intr* genießen; sich erfreuen (***de*** *Gen*); ***~ a*** *Frau* beschlafen; ***~ de u/c*** etw haben; ***~*** + *Ger*, ***~ con*** + *Subst* sich freuen an + *Dat*; froh sein über + *Akk*; ***hay que ~la*** man muss es genießen; ***~se en*** + *Subst od* + *Inf* seine Freude haben an (*Dat*)
gozne *m Fenster, Tür* Angel *f*; Scharnier *n*, Gelenk *n*
gozo *m* Freude *f*; Jubel *m*; Vergnügen *n*; *Feuer* Aufflackern *n*; **~s** *Pl* REL Lobgesang *m*; ***mi ~ en un pozo*** *übertr* alles (ist) im Eimer ◇ ***no cabía en sí de ~*** er war ganz außer sich vor Freude
gozoso fröhlich; vergnügt; wonniglich; erfreut (***con*** über)
gozque Kläffer *m Hund*
gr. *m* (*Abk für* ***gramo***) g *n*
grabable aufnehmbar; *CD* beschreibbar
grabación *f* Aufnahme *f*, Mitschnitt *m*; TV Aufzeichnung *f*; TYP Abbildung *f*; ***~ de alta fidelidad*** Hi-Fi-Aufnahme *f*; ***~ en disco, ~ fonográfica (estereofónica)*** Schallplatten-(Stereo)aufnahme *f*; ***~ de la imagen*** TV Bildspeicherung *f*; ***~ magnetofónica*** Tonbandaufnahme *f*; ***~ del sonido (en vídeo)*** Ton-(Video)aufzeichnung *f*

grabado *m* Gravur *f*; Gravierkunst *f*; Stich *m Bild*; Abbildung *f*; **~ en acero (cobre)** Stahl-(Kupfer)stich *m*; *i w S* Bild *n*; **~ al agua fuerte** Radierkunst *f*; Radierung *f*; TYP Ätzung *f*; **~ hueco (en relieve)** TYP Tief-(Hoch)druck *m*; **~ en madera (piedra)** Holzschneidekunst *f*; Holzschnitt *m* (Steindruck *m*)
grabador *m* Graveur *m*; **~ de cinta** *Am* Tonbandgerät *n*; *auch* Kassettenrekorder *m*; **~ de mapas (música)** Karten-(Noten)stecher *m*; **~ de vuelo** Flugschreiber *m*
grabadora *f* Tonbandgerät *n*; Kassettenrekorder *m*; Graveurin *f*; **~ de CD** CD-Brenner *m*; **~ de voz** TEL Voice-Recorder *m*
grabar *tr/intr* gravieren; schneiden; (ein)ritzen; *Bild* stechen; *CD* brennen; *auf Tonband* aufnehmen, mitschneiden; INFORM, TV aufzeichnen; **~se** sich *etw* einprägen
gracejo *m* Mutterwitz *m*; Gewandtheit *f* im Ausdruck; *Guat, Méx* Blödian *m*; **con ~** scherzhaft
gracia I *f* Gnade *f*; Gunst *f*; Begnadigung *f*; Verzeihung *f*; Anmut *f*; Scherzwort *n*; **~s** Dank(sagung *f*) *m*; **¡~s!** danke!; **¡muchas ~s!** vielen Dank!; **¡qué ~!** was für eine Zumutung!; *iron* das ist ja reizend! ◇ **anticipar las ~s** im Voraus danken; **caer en ~** gefallen; **dar en la ~ de** in die Gewohnheit verfallen, zu; **dar las ~s** sich bedanken; **decir ~s** Witze *od* Späße machen; **es una triste ~** es ist zum Heulen; **tener ~** gefallen; reizend sein *auch iron*; gelungen sein *auch iron*; **no tiene ~** es fehlt das gewisse Etwas **II** *Adv* **con ~** anmutig, reizend; schalkhaft; spaßig; geistreich, mit Esprit; **de ~** umsonst; **lleno de ~** anmutsvoll **III** *Präp* **~s a** dank + *Gen od Dat* (**~s a su ayuda**); **en ~ a** in Anbetracht + *Gen*
grácil zierlich, grazil
graci|osa *f* THEAT Naive *f*; Soubrette *f*; **~osidad** *f* Grazie *f*, Anmut *f*; Liebreiz *m*; Witzigkeit *f*
gracioso I *Adj* graziös; reizend; spaßig; komisch; gnädig; kostenlos **II** *m* Witzbold *m*; THEAT Spaßmacher *m* ◇ **hacer el ~** den Hanswurst spielen
grada[1] *f* Treppenstufe *f*; Altarstufe *f*; THEAT Rangreihe *f*; *Stadion* Stufensitz *m*; TAUR Sitzreihe *f*; **~s** *Pl* Freitreppe *f*; **~ del Estado** *Esp* Marinewerft *f*
grada[2] *f* LANDW Egge *f*
grad|able abstufbar; **~ación** *f* Abstufung *f*; Reihenfolge *f*; Stufenfolge *f*; GRAMM, MUS Steigerung *f*; **~ado** gestaffelt; gestuft; **~ar** *tr* eggen
grad|eo *m* Eggen *n*; **~ería** *f*, **~erío** *m* *Amphitheater, Stadion* Stufenbänke *f/Pl*; **~illa** *f* Trittleiter *f*
grado *m* Grad *m auch* MATH; Stufe *f*; GRAMM Steigerungsgrad *m*; Gehalt *m*; MIL Dienstgrad *m*; Klasse *f Schuljahr*; **~ académico** akademischer Titel *m*; **~ Celsio** *od* **centígrado (Fahrenheit)** Grad *m* Celsius (Fahrenheit); **~s bajo cero** Kälte-, Minusgrade *m/Pl*; **~ de cobertura (divulgación; endeudamiento)** Deckungs-(Bekanntheits-; Verschuldungs)grad *m*; **~ de doctor (maestría** *Méx*) Doktor-(Magister)titel *m*; **~ de latitud (longitud)** Breiten-(Längen)grad *m*; **~ por mil** Promillegehalt *m*; **~ preliminar** Vorstufe *f*; **con un alto ~ de toxicidad** hochgiftig; **de buen (mal) ~** gut-(wider)willig; **de 90 ~s** *Alkohol* 90-prozentig ◇ **sacar un ~** → **graduarse**
graduación *f* Gradeinteilung *f*; Abstufung *f*; Graduierung *f*; TECH Einstellung *f*; MIL Rang *m*; *Preise, Noten* Staffelung *f*
graduado I *Adj* graduiert; stufenweise; mit einer Gradeinteilung versehen; Grad- **II** *m* Absolvent *m*; Abgänger *m*; MIL Dienstgrad *m*; **~ en ingeniería** Diplomingenieur *m*; **~ escolar** Schulabgänger *m*; **~ de nivel superior** *od* **universitario** Hochschulabsolvent *m*
gradu|al gradweise; graduell; schritt-, stufenweise; **~ando** *m* Promovend *m*; Diplomand *m*; **~ar** ⟨-úo⟩ *tr* in Grade einteilen; abstufen, graduieren; TECH einstellen; verstellen; einen akademischen Grad verleihen; **~arse** das Studium (mit dem Diplom) abschließen; einen akademischen Grad erlangen
grafía *f* Schrift(zeichen *n/Pl*) *f*; Schreibweise *f*
gráfica *f* Grafik *f*; grafische Darstellung *f*; Schaubild *n*; MED, *Statistik* Kurve *f*; ZTGSW Bild *n*; **~ circular** Kreisdiagramm *n*
gráfico I *Adj* grafisch; Schrift-; Schreib-; illustriert; bildhaft; bildlich; zeichnerisch; anschaulich; Bild- **II** *m* Bild *n*; Schautafel *f*; Zeichnung *f*; grafische Darstellung *f*; Grafiker *m*
graf|ila *f Münze* Rändelung *f*; **~ismo** *m* Schreibweise *f*; Grafik *f*; grafische Gestaltung *f*; **~ista** *m(f)* Grafiker(in) *m(f)*; **~itero** *m* Sprayer *m*; **~iti** *m(Pl)* Graffiti *Pl, n*; **~ítico** graphitartig; Graphit-; **~ito** *m* Graphit *m*; Graffito *m,n gespraytes Bild*; **~ología** *f* Graphologie *f*; **~ológico** graphologisch; **~ólogo** *m* Graphologe *m*
gragea *f auch* PHARM Dragee *n*
graj|ear *intr Rabenvögel* krächzen; **~o** *m* Saatkrähe *f*; Schwätzer *m*
gral. *Abk für* **general**
gram|ática *f* Grammatik *f*; **~atical** grammati(kali)sch; **~ático I** *Adj* gramma-

ti(kali)sch **II** *m* Grammatiker *m*
gramíne|as *f/Pl* Gräser *n/Pl*; **~o** Gras-
gram|o *m* Gramm *n*; **~ófono** *m* Grammophon *n*
gran *Kurzf von* **grande** *vor Subst im Sg* (**un ~ hotel, una ~ tormenta**)
grana *f* BOT Samen *m*; Koschenille *f*; Scharlachfarbe *f*; Scharlachrot *n*
granada *f* Granatapfel *m*; MIL Granate *f*; **~ no estallada** MIL Blindgänger *m*
Granada *f* Granada *f Stadt u Region in Spanien*; Grenada *n Karibikinsel*
granadero *m* MIL Grenadier *m*
granadina *f* Granatapfelsaft *m*
Granad|inas *f/Pl*, **~illas** *f/Pl* Grenadinen *f/Pl Karibikinseln*
granadino I *Adj* aus Granada; grenadisch **II** *m*, **-a** *f* Einwohner(in) *m(f)* Granadas
granado I *Adj* körnig; reif, erfahren; vornehm **II** *m* Granatapfelbaum *m*
granangular *m* Weitwinkelobjektiv *n*
gran|ar *intr* Körner ansetzen; **~ate** *m* Granat(stein) *m*; **~azón** *f Getreide* Körneransatz *m*; BOT Samenbildung *f*
grande I *Adj* ⟨*vor Subst im Sg* **gran**⟩ groß *auch übertr*; bedeutend; wichtig; erwachsen; großartig; großzügig; schon älter; **en ~** im Großen und Ganzen; en gros; großartig ◇ **hacer u/c en ~** etw im großen Stil betreiben *od* aufziehen; **ir para ~** groß *d.h.* erwachsen werden; **pasarlo en ~** sich großartig amüsieren; **es ~ que** es ist die Höhe *od* der Gipfel, dass; **vivir a lo ~** auf großem Fuß leben **II** *m* Großer *m*; **~s y chicos** *od* **pequeños** Groß und Klein; **꠸ de España** spanischer Grande *m*
grandeza *f auch übertr* Größe *f*; Wichtigkeit *f*; Pracht *f*; Grandezza *f*; Grandenwürde *f*; Erhabenheit *f*
grand|ilocuencia *f* geschwollene Ausdrucksweise *f*; **~ilocuente** hochtrabend, *übertr* geschwollen; **~iosidad** *f* Großartigkeit *f*; Erhabenheit *f*; **~ioso** großartig; **~ísimo** sehr groß; **~ísono** hochtönend; **~or** *m* Größe *f*; **~ote** riesengroß; **~ullón** *m* langer Lulatsch *m*
grane|ado *Leder* genarbt; gesprenkelt; **~ar** *tr* (aus)säen; *Pulver* körnen; *Am Leder* narben
granel: **a ~** unverpackt; Schütt-; massenhaft; in Bausch und Bogen ◇ **vender a ~** lose *bzw* unverpackt verkaufen
granelero *m* Schüttgutfrachter *m*
granero *m* Kornspeicher *m*; Kornkammer *f auch übertr*; **~ de votos** Wählerreservoir *n*
granítico Granit-; granitartig
granito *m* Granit *m*; Körnchen *n* ◇ **aportar su ~ de arena** sein Scherflein beitragen
gran|izada *f* Hagelschauer *m*; *übertr* Hagel *m*; **~izado** *m* Getränk *n* aus zerstoßenem Eis und Obstsaft; **~izar** ⟨-z/c-⟩ *unpers* hageln
granizo *m* Hagel *m* ◇ **cae ~** es hagelt
granja *f* Bauernhof *m*, Gehöft *n*; Farm *f*; *auch* Gutshof *m*; Molkereiwaren(geschäft *n*) *f/Pl*; Milchbar *f*; **~ avícola** (**de pollos**) Geflügel-(Hühner)farm *f*; **~ escolar** Landschulheim *n*; **~ experimental** Versuchsgut *n*; **~ marina** Fischzuchtbetrieb *m*
granj|ear I *intr* MAR in Fahrt kommen **II** *tr z.B. Sympathie* einbringen; **~earse u/c** etw gewinnen; sich etw einhandeln; **~ería** *f* Ertrag *m* des landwirtschaftlichen Betriebs; **~ero** *m*, **~era** *f* Landwirt(in) *m(f)*; Farmer(in) *m(f)*
grano *m Getreide, Hagel, Leder, Papier, Foto u.a.* Korn *n*; Samenkorn *n*; *Frucht u übertr* Kern *m*; *Film* Körnung *f*; *Leder* Narben *m*; Mitesser *m*; Feilenschlag *m*; PHARM Gran *n*; **~s** *Pl* Sämereien *f/Pl*; Getreide *n*; *Am reg* Hülsenfrüchte *f/Pl*; **~ de café** (**cacao**) Kaffee-(Kakao)bohne *f*; **~ de polen** (**polvo**) Pollen-(Staub)korn *n*; **~ de siembra** Saatgut *n*; **~ de uva** Weinbeere *f*; **¡al ~!** zur Sache!; **de ~ fino** (**grueso** *od* **basto**) fein-(grob)körnig ◇ **apartar el ~ de la paja** die Spreu vom Weizen trennen; **aportar su ~ de arena** sein Scherflein beisteuern; **echar un ~ de sal** *Unterhaltung* durch einen Witz auflockern; **ir al ~** zur Sache kommen
granoso körnig; *Oberfläche* rau
granuja I *f* Kerne *m/Pl z.B. von Weinbeeren* **II** *m* Lausejunge *m*; Spitzbube *m*
granuj|ada *f* Schurkenstreich *m*; Lumperei *f*; **~ería** *f* Gesindel *n*; → **~ada**; **~lento** *Oberfläche* rau; pickelig
granul|ación *f* Granulierung *f*; **~ado I** *Adj* körnig; *Leder* narbig **II** *m* Granulat *n*; **~ar I** *Adj* körnig **II** *tr* körnen; **~arse** Pickel kriegen
granuloso körnig, gekörnt
granza *f* BOT Färberkrapp *m*; Feinkohle *f Nussgröße*; **~s** *Pl* Spreu *f*
grap|a *f* Heftklammer *f*; Krampe *f*; **~adora** *f* Heftmaschine *f*, Hefter *m*; Tacker *m*; **~ar** *tr* heften; anheften
grasa *f* Fett *n auch* TECH; Schmiere *f*; Schmiermittel *n*; **~ alimenticia** Speisefett *n*; **~ de cerdo** Schweineschmalz *n* ◇ **echar ~s** Fett ansetzen
gras|iento fettig; schmierig; speckig; **~o I** *Adj* fett; fettig; schmierig; **~oso** fettgetränkt; → **~iento**
gratén KOCHK: **al ~** gratiniert
gratificación *f* Belohnung *f*; Sondervergütung *f*; Zuwendung *f*; Gratifikation *f*; Bonus *m*; Prämie *f*; Zulage *f*; Finderlohn *m*; **~**

de Navidad Weihnachtsgeld *n*
gratific|ador, **~ante** lohnend; erfreulich; **~ar** ⟨-c/qu-⟩ *tr* belohnen; vergüten; eine Sondervergütung gewähren; eine Freude bereiten
gratin|ado *m* KOCHK Gratin *n*; **~ador** *m* Grill *m* zum Überbacken; **~ar** *tr* gratinieren
gratis I *Adj* unentgeltlich, Gratis-, kostenlos **II** *Adv* zum Nulltarif
gratitud *f* Dankbarkeit *f*; Dank *m*
grato angenehm; erwünscht ◇ ***me es ~ comunicarle*** *Brief* ich freue mich, Ihnen mitteilen zu können
gratuidad *f* Unentgeltlichkeit *f*; ***~ de la enseñanza*** (***de los libros de texto***) Schulgeld-(Lernmittel)freiheit *f*
gratu|ito gebührenfrei; kostenlos, gratis, unentgeltlich; grundlos; unbegründet; **~lación** *f* Glückwunsch *m*; **~lar** *tr* beglückwünschen; **~latorio** Glückwunsch-
grav|a *f* Kies *m*; Schotter *m*; **~able** steuerpflichtig; **~ación** *f* FIN Belastung *f*; **~amen** *m* Last *f*, Belastung *f auch* JUR; **~ámenes** *m*/*Pl* Abgaben *f*/*Pl Steuern*; **~ar** *tr* belasten *auch übertr*; bedrücken; besteuern; **~ativo** belastend; lästig
grave schwer; ernst; wichtig; schwerwiegend; gefährlich; schlimm; *Stil* feierlich; *Ton* tief; ***herido de ~*** schwer verwundet ◇ ***estar ~*** schwer krank sein
gravedad *f* Schwere *f*; Ernst *m*; Wichtigkeit *f*; Würde *f*; PHYS Schwerkraft *f*; *Stil* Strenge; ***de ~*** schwer, Schwer-; ***~*** (***terrestre***) Erdanziehung *f*; ***con afectada ~*** mit gespieltem Ernst ◇ ***franquear la ~*** RAUMF die Erdanziehung überwinden; ***subestimar la ~ de la situación*** den Ernst der Lage unterschätzen
gravidez *f* Schwangerschaft *f*
grávido schwanger *auch übertr*; trächtig; (rand)voll
gravilla *f* Kies *m*; Rollsplitt *m*
gravitación *f* Schwerkraft *f*; Massenanziehung *f*; ***~ terrestre*** Erdanziehung *f*
gravitar *intr* PHYS zum Schwerpunkt streben; ruhen, lasten (***sobre*** auf + *Dat*); ***~ alrededor de*** um *Akk* (herum)kreisen
gravoso drückend; lästig; kostspielig
grazn|ar *intr* krächzen; schnattern; **~ido** *m* Krächzen *n*; Schnattern *n*
Grecia *f* Griechenland *n*
greco|hispano griechisch-spanisch; **~latino** griechisch-lateinisch; **~rromano** griechisch-römisch
greda *f* (Schlemm-)Kreide *f*
greg|al, **~ario** Herden-; *übertr* Massen-
gregoriano gregorianisch
greguería *f* Gezeter *n*
gremial I *Adj* Innungs-; genossenschaftlich; *auch* gewerkschaftlich, Gewerkschafts-; *hist* Zunft- **II** *m* Zunftgenosse *m*; Innungsmitglied *n*; Verbandsmitglied *n*
gremio *m* Innung *f*; Genossenschaft *f*; *hist u übertr* Zunft *f*; Körperschaft *f*; Verband *m*; *Rpl* Gewerkschaft *f*; ***~*** (***docente***) *Universität* Lehrkörper *m* ◇ ***ser del ~*** von der anderen Fakultät *d.h. homosexuell* sein
greña *f* verfilztes Haarbüschel *n*; *meist* **~s** *Pl* zerzaustes Haar *n*
gres *m* Steingut *n*
gresca *m* Krach *m*, Radau *m*; Prügelei *f* ◇ ***armar*** *od* ***meter ~*** Krach schlagen, randalieren
grey *f* Herde *f auch übertr*; *christliche* Gemeinde *f*; Gruppe *f*, Klub *m oft verächtl*
griego I *Adj* griechisch **II** *m*, **-a** *f* Grieche(-in) *m*(*f*); ***~ antiguo*** *od* ***clásico*** (***moderno***) das Alt-(Neu)griechische ◇ ***hablar en ~*** unverständlich reden
griet|a *f* Spalt(e *f*) *m*; Riss *m*; Sprung *m*; Schrunde *f*; **~arse** rissig werden
grifa *f* Haschisch *n*,*m*
grifería *f* Armaturen *f*/*Pl*
grifo I *Adj Haar* kraus; *Col* angeberisch; *Méx Alkohol*, *Narkotika* abhängig; *Méx* verärgert **II** *m* (Wasser-)Hahn *m*; *Chi* Hydrant *m*; *Pe* Tankstelle *f*; *Pe* Chicha-Kneipe *f*; *PR* Mulatte *m* ◇ ***abrir*** (***cerrar***) ***el ~*** den Wasserhahn auf-(zu)drehen
grillo *m* Grille *f auch übertr*; BOT Keim *m*, Spross *m*; ***~s Pl*** Fußschellen *f*/*Pl*; ***~ doméstico*** Heimchen *n* ◇ ***andar a ~s*** die Zeit vertrödeln
grima *f* Grimm *m*; Schauder *m*; *Col* ***en ~*** allein ◇ ***dar ~*** wütend machen
gringo I *Adj* ausländisch **II** *m verächtl* Ausländer *m*; *AmS reg* Ausländer *m nichtromanischer Abkunft*; *AmS reg* Engländer *m*; *AmC*, *Ant*, *Méx* Yankee *m*
grip|al grippal; **~e** *f* Grippe *f*; **~oso** grippekrank
gris I *Adj* grau *auch übertr*; trüb; gedämpft; ***~ acero*** (***azulado***) stahl-(blau)grau; ***~ negro*** (***perla***; ***pizarra***) schwarz-(perl-; schiefer)grau **II** *m* Grau *n*; ZOOL Feh *n*; eisiger Wind *m*; **~es** *Pl Esp verächtl frühere* kasernierte Polizei *f*
gris|áceo gräulich; **~ón I** *Adj* graubündnerisch **II** *m* Graubündner *m*; das Graubündnerische
Grisones *m*/*Pl* Graubünden *n*
grisú *m* Grubengas *n*
grit|ar I *intr* schreien; (laut) rufen **II** *tr jmdn* anschreien; *jmdm etw* zurufen; **~ería** *f*, **~erío** *m* Geschrei *n*
grito *m* Schrei *m*; Ruf *m*; ***~ de*** (***la***) ***libertad***

Freiheitsruf *m*; **~ de socorro** Hilferuf *m*; **a ~ herido** *od* **limpio** *od* **pelado, a ~s** laut schreiend; lauthals; **el último ~** MODE der letzte Schrei ◇ **alzar** *od* **levantar el ~** losschreien; Lärm schlagen; **andar a ~s** sich dauernd anschreien; **dar ~s** schreien; **dar un ~** aufschreien; einen Schrei ausstoßen
gritón *m* Schreihals *m*; Ausrufer *m*
groenlandés I *Adj* grönländisch **II** *m*, **-esa** *f* Grönländer(in) *m(f)*
Groenlandia *f* Grönland *n*
grog *m* Grog *m*; **~ui** SPORT *u übertr* benommen; groggy
grosella *f* Johannisbeere *f*; *Chi* Stachelbeere *f*; **~ espinosa** Stachelbeere *f*
gros|ería *f* Grobheit *f*; Plumpheit *f*; Flegelei *f*; **~ero I** *Adj* grob; plump; flegelhaft **II** *m* Flegel *m*; Grobian *m*
gros|or *m* Dicke *f*, Stärke *f*; **~ura** *f* Fett *n*
grotesc|a *f* TYP Groteskschrift *f*; **~o** grotesk
grúa *f* Kran *m*; MAR Winsch *f*; KFZ Kran-, Abschleppwagen *m*; **~ de a bordo** MAR (**de carga**) Bord-(Lade)kran *m*; **~ corredera** Laufkran *m*; **~ flotante** (**para obras**) Schwimm-(Bau)kran *m*; **~ de pórtico** Portalkran *m*
grueso I *Adj* dick; *Hals* stark; beleibt; grob *auch See*; *Saite* tief **II** *m* TECH Dicke *f*; MIL Gros *n*; *Schrift* Grundstrich *m*; **en ~** HDL en gros
gru|ista *m(f)* Kranführer(in) *m(f)*; **~lla** *f*, ASTR **♀lla** *f* Kranich *m*; *Méx* Schlauberger *m*
grullo I *Adj Méx Pferd* aschgrau **II** *m Am reg hist* Silberpeso *m*; *Arg* Zuchthengst *m*
grumete *m* Schiffsjunge *m*
grumo *m* Flocke *f in Flüssigkeiten*; Klümpchen *n*; **~ de sangre** Blutgerinnsel *n* ◇ **hacerse ~s** gerinnen; verklumpen
grumoso klumpig; flockig
gruñ|ir ⟨*perfs* -ó⟩ *intr* grunzen *auch übertr*; brummen; knurren; murren; *Katze* schnurren; *Tür* knarren; **~ón** *m* **I** *Adj* mürrisch; brummig **II** *m übertr* Brummbär *m*
grup|al, **~ista** Gruppen-
grupo *m* Gruppe *f*; Zirkel *m Interessengemeinschaft*; Gruppierung *f*; Konzern *m*; Abteilung *f*; Verband *m*; EL, TECH Aggregat *n*; **~ de acción** Einsatzgruppe *f*; **~ de ayuda mutua** Selbsthilfegruppe *f*; **~ de cabeza, ~ vanguardia** Spitzengruppe *f*, -reiter *m*; **~ de cotización** Beitragsklasse *f*; **~ de debate** *od* **noticias** *Internet* Newsgroup *f*; **~ destinatario** Zielgruppe *f*; **~ de élite** MIL Eliteeinheit *f*; **~ electrógeno Diesel** Dieselaggregat *n*; **~ escolar** *Esp* einklassige Volksschule *f*; **~ especial de operaciones** *Sondereinheit der spanischen Polizei*; **~ étnico** Volksgruppe *f*; **~ de exploradores** MIL Spähtrupp *m*; **~ frigorífico** Kühlaggregat *n*; **~ industrial** Industriekonzern *m*; **~ marginal** SOZIOL Randgruppe *f*; **~ multimedia** Medienkonzern *m*; **~ parlamentario** (Parlaments-)Fraktion *f*; **~ de presión** POL *übertr* Lobby *f*; **~ de riesgo** Risikogruppe *f*; **~ sanguíneo** Blutgruppe *f*; **~ de los 7** G-7-Staaten *m/Pl*; **~ de trabajo** Arbeitsgruppe *f*, -kreis *m*; **~ de turistas** Reisegruppe *f*; **en ~s** gruppenweise
grupúsculo *m* Grüppchen *n*; Splittergruppe *f*
gruta *f* Grotte *f*; Höhle *f*
gta. *Abk für* **glorieta**
guaca|mayo *m* Ara *m*; **~mol** *od* **~mole** *m Am reg* Avocado-Creme *f*
guachapear *tr/intr* mit den Füßen im Wasser plätschern; pfuschen
guach|e *m Col*, *Ven* Flegel *m*, Rüpel *m*; **~inango I** *Adj Cu*, *Méx*, *PR* verschlagen **II** *m Esp Filmsynchronisation* lateinamerikanisches Spanisch *n*; **~o I** *Adj AmS* verwaist **II** *m Am* Waisenkind *n*; *Am* Findelkind *n*; *Ec* Furche *f*; Vogeljunges *n*
guadañ|a *f* Sense *f*; **~ador** *m* → **~ero**; **~adora** *f* Mähmaschine *f*; **~ar** *tr/intr* mähen; **~ero** *m* Schnitter *m*
guagua *Arg*, *Bol*, *Chi*, *Pe f*; *Ec m*, *f* Baby *n*, Säugling *m*; *Ant*, *Can* Bus *m*; **de ~** *Ant* umsonst
guagüero *m Can*, *Cu*, *PR* Busfahrer *m*
guaj|ira *f Cu* Bäuerin *f*; *Cu typische ländliche Weise*; **~iro** *Cu* **I** *Adj* Bauern-; bäurisch **II** *m* Landmann *m*, Bauer *m*; **~olote** *m Méx* Truthahn *m*
gualdo goldgelb
guámpara *f Cu* Machete *f* zum Zuckerrohrhauen
guan|aco *m* ZOOL Guanako *n*; *Am reg* Dummkopf *m*; **~ajo I** *Adj Ant* dumm **II** *m Ant* Truthahn *m*; Blödhammel *m*; **~che** *m* Guanche *m Ureinwohner der Kanaren*
guan|ear I *intr Am Tiere* koten **II** *tr Pe* mit Guano düngen; **~era** *f* Guanolager *n*; **~o** *m* Guano *m*; *Ant* Zaster *m*
guant|ada *f*, **~azo** *m* Ohrfeige *f*
guante *m* Handschuh *m*; **~ de datos** INFORM Datenhandschuh *m*; **como un ~** sanft, fügsam ◇ **echar el ~** zu fassen kriegen; **poner a alg más suave que un ~** jmdn um den Finger wickeln; **quedar como un ~** wie angegossen passen; **recoger el ~** die Herausforderung annehmen; **tratar a alg con ~ de seda** jmdn mit Samthandschuhen anfassen
guant|era *f* KFZ Handschuhfach *n*; **~ería** *f*; Handschuhmacherei *f*; Handschuhgeschäft *n*; **~ero** *m* Handschuhmacher *m*; → **~era**

guap|a *f* Hübsche *f*; **~ería** *f* Protzerei *f*; **~erío** *m* Schickeria *f*; **~etón** *Kerl* schneidig; fesch; **~etona** *Frau* sehr hübsch; **~eza** *f* Schönheit *f*; Angeberei *f*; Putzsucht *f*; Geckenhaftigkeit *f*; Tapferkeit *f*
guapo I *Adj* hübsch; schick; protzig; mutig; *Am* tapfer; *Chi* wütend **II** *m* Draufgänger *m*; Messerheld *m*; Raufbold *m*; Kerl *m* *Liebhaber*; *auch als nette Anrede* Süßer *m* ◇ ***echarla de ~*** den starken Mann markieren; ***meterse a ~*** *Cu* Streit suchen
guap|ota *Frau* von robuster Schönheit; **~ote** sehr hübsch; gutmütig; **~ura** *f* Schönheit *f*

G

guaraní ⟨*Pl* **-íes, -ís**⟩ **I** *Adj* Guaraní- **II** *m* Guaraní(indianer) *m*; Guaraní *m* *Währung in Paraguay*; das Guaraní
guarapo *m* *Am* Zuckerrohrsaft *m*; Zuckerrohrschnaps *m*
guarda I *m* Wächter *m*; Aufseher *m*; Aufsicht *f*; *Feld, Wald* Hüter *m*; Wachmann *m*; *Arg* Straßenbahnschaffner *m*; ***~ forestal*** Forstwart *m* **II** *f* TYP Vorsatz *m*; ***~ y cuidado*** Sorgerecht *n* **III** *Interj* ***¡~!*** Vorsicht!
guarda|agujas *m(f)* → ***~gujas***; **~almacén** *m(f)* → ***~lmacén***; **~barrera** *m(f)* Schrankenwärter(in) *m(f)*; **~barros** *m* KFZ Kotflügel *m*; *Fahrrad* Schutzblech *n*; **~bicicletas** *m* Fahrradständer *m*; **~bosque** *m* Forstwart *m*; **~brisa** *m* Sturmlaterne *f*; KFZ Windschutzscheibe *f*; **~cadena** *m* Kettenschutz *m*; **~calor** *m* Kaffeewärmer *m*; Eierwärmer *m*; **~cantón** *m* Prellstein *m*; **~coches** *m(f)* Parkplatzwächter(in) *m(f)*; **~costa** *f* Küstenwacht *f*; **~costas** *m* Küstenschutzboot *n*; **~dor** *m* Hüter *m*; **~esclusa** *m(f)* Schleusenwärter(in) *m(f)*; **~espaldas** *m(f)* Leibwächter(in) *m(f)*; **~faldas** *m* Fahrradnetz *n*; **~fango** *m* *Am* → ***~barros***; **~faros** *m(f)* Leuchtturmwärter(in) *m(f)*; **~frenos** *m* EISENB Bremser *m*; **~frontera(s) I** *Adj* MIL Grenz- **II** *m(f)* Grenzsoldat(in) *m(f)*; **~gujas** *m(f)* Weichenwärter(in) *m(f)*; **~joyas** *m* Schmuckschatulle *f*; **~lado** *m* Brückengeländer *n*; **~lmacén** *m* Lagerverwalter *m*; **~lodos** *m* *Am* → ***~barros***; **~materiales** *m* Material-, Magazinverwalter *m*; **~meta** *m(f)* SPORT Torwart(in) *m(f)*; **~monte** *m* Wetterumhang *m*; *Arg, Bol* Lederschutz *m für die Beine des Reiters*; **~muebles** *m* Möbellager *n*; **~pesca** *m* Fischereischutzboot *n*; **~polvo** *m* (Möbel-)Überzug *m*; Staubmantel *m*; (Arbeits-)Kittel *m*; *Am reg* Schulkittel *m als Uniform*; **~puntas** Bleistiftkappe *f*
guardar *tr* aufbewahren; verwahren; INFORM abspeichern; sichern; aufsparen; bewahren; *Gegenstand, Wort* halten; *Gebot* einhalten; hüten; *Geheimnis* für sich behalten; wahren; bewachen; (be)schützen (***de*** vor *Dat*); KFZ abstellen; ***~lo para saborearlo*** das Beste für zuletzt; **~se** sich hüten (***de*** vor *Dat*); sich verwahren (***contra*** gegen *Akk*); ***¡guárdatelo para ti!*** bewahre Schweigen darüber
guardarrail *m* Leitplanke *f*
guardarraya *f* *Cu, PR* Feldrain *m*; Feldweg *m*; *Gut* Anfahrtsweg *m*; Grenzlinie *f*; ***~ fronteriza*** Grenzstreifen *m*
guarda|rrayar *intr Col* angrenzen; **~rropa I** *f* Garderobenfrau *f* **II** *m* Garderobe *f Kleiderablage*; Kleiderkammer *f*; Kleiderschrank *m*; **~rropía** *f* THEAT Requisiten (-kammer *f*) *Pl*; **~rruedas** *m* Prellstein *m*; Radkasten *m*; **~temperaturas** *m* TECH Temperaturwächter *m*; **~trén** *m* *Arg* Zugführer *m*; **~valla** *m(f)* SPORT *Am* Torwart (-in) *m(f)*; **~vía** *m(f)* EISENB Streckenwärter(in) *m(f)*; **~vidas** *m(f)* *Arg Badestrand* Rettungsschwimmer(in) *m(f)*
guardería *f* (Säuglings-)Krippe *f*; Wächteramt *n*; Heim *n*, Anstalt *f*; ***~ escolar*** Schulhort *m*; ***~ infantil*** Kinderkrippe *f*
guardia I *f* Wehr *f*; Garde *f*; Wache *f*; Dienst *m*; MED *u allg* Bereitschaftsdienst *m*; MED Nachtdienst *m*; Schutz *m*; Wachsamkeit *f*; (Wach-)Posten *m*; Obhut *f*; Bewachung *f*; Wachlokal *f*; ***♀ Civil*** *Esp* Landpolizei *f*; ***~ de honor*** Ehrenwache *f*; ***~ municipal*** *od* ***urbana*** Stadt- *bzw* Gemeindepolizei *f*; ***♀ Nacional*** *Am reg* Nationalgarde *f*; *päpstliche* Schweizergarde *f*; ***de ~*** dienstbereit; Dienst habend; ***¡en ~!*** Vorsicht! ◇ ***dar ~ a*** Wache halten an; ***estar de ~*** *Arzt, Apotheke* (Nacht-)Dienst haben; MIL Wache haben *auch* MAR; ***estar en ~*** auf der Hut sein (***contra*** vor *Dat*); ***poner en ~*** *jmdn* warnen; ***ponerse en ~*** Vorsichtsmaßnahmen treffen; ***revistar la ~ de honor*** die Ehrenformation abschreiten **II** *m* Posten *m*; Schutzmann *m*; ***~ civil*** *Esp* Gendarm *m*; ***~ municipal*** *od* ***urbano*** Schutzpolizist *m*; ***~ de tráfico*** Verkehrspolizist *m*
guardián *m*, **-ana** *f* Wächter(in) *m(f)*; Aufseher(in) *m(f)*; Wärter(in) *m(f)*; Behüter(in) *m(f)*; ***~ de accesorios*** THEAT Requisiteur *m*
guarecer ⟨-c/zc-⟩ *tr* aufbewahren; bewahren (***de*** vor); Schutz gewähren; Obdach gewähren; **~se** Schutz suchen (***de*** vor)
guarida *f* Bau *m*, Höhle *f eines Tieres*; *Raubtier* Lager *n*; Schlupfwinkel *m*; ***~ de bandoleros*** Räuberhöhle *f*
guarismo *m* Ziffer *f*, Zahl *f*
guarnec|er ⟨-c/zc-⟩ *tr* versehen (***de*** mit); ausstaffieren; *Schneiderpuppe* bekleiden;

auslegen; KOCHK garnieren; schmücken; TECH beschlagen; *Raum* tünchen; *Festung, Schiff* ausrüsten; MIL in Garnison liegen *od* stehen (*dir Obj* in); **~ido** *m* Verputz *m*

guarnición *f Hut* Besatz *m*; Verzierung *f*; KOCHK Garnierung *f*; (Gemüse-)Beilage *f*; TECH Beschlag *m*; Zubehör *n*; Einlage *f*; TECH (Ab-)Dichtung *f*; MIL Garnison *f*; (Truppen-)Standort *m*; *Pferd* Geschirr *n*; ***guarniciones*** *Pl* TECH Beschläge *m/Pl*; Armaturen *f/Pl*; Zaumzeug *n*; ***~ de caucho*** Gummidichtung *f*; ***~ de freno*** (***fricción***) Brems-(Kupplungs)belag *m*

guar|nicionero *m* Sattler *m*; Geschirrmacher *m*; **~o** *m AmC* Zuckerrohrschnaps *m*

guarr|ada *f*, **~ería** *f* Dreck *m*; Sauerei *f*; Saustall *m*; **~ero** *m* Schweinehirt *m*; **~o I** *Adj* schweinisch *auch übertr*; dreckig; Dreck- **II** *m* Schwein *n auch übertr*; Schlampe *f*

guarte: ***¡guarte!*** Vorsicht!

guasa *f* Scherz *m*, Spaß *m*; Schwerfälligkeit *f*; ***de ~*** im Scherz ◇ ***tener mucha ~*** ein Spaßvogel sein

guasca *f AmS, Ant* (Leder-)Riemen *m zum Schlagen von Kindern od Tieren* ◇ ***dar ~ a alg*** jmdn mit dem Riemen schlagen

guas|o I *m Chi* Landmann *m*, Bauer *m* **II** *Adj* bäuerlich; *Am reg übertr* ungehobelt; ungebildet; **~ón I** *Adj* scherzhaft; spaßig; spöttelnd **II** *m* Spaßvogel *m*

guasquear *tr* mit dem Riemen schlagen

guata *f* Watte *f*; Wattierung *f*; *Cu* Lüge *f*, Schwindel *m*; *Am reg* Bauch *m*

guate|ado gemäßigt; **~ar** *tr* wattieren

Guatemala *f* Guatemala *n* ◇ ***salir de ~ y entrar en Guatepeor*** *übertr* vom Regen in die Traufe kommen

guatemalteco I *Adj* guatemaltekisch **II** *m*, **-a** *f* Guatemalteke(-in) *m(f)*

guateque *m* Party *f*, Fete *f*; **~ar** *intr* einen draufmachen *feiern*

guay: ***¡~!*** wehe!; *Esp* super!, spitze!, klasse! ◇ ***tener muchos ~es*** *iron* viele Wehwehchen haben

guayaba *f* BOT Guajave *f*; *Am reg* Teenager *m*; *Am reg* Schwindel *m*; *Pan* wertloser Kram *m* ◇ ***meter una ~*** *Cu* flunkern

guayab|ear I *intr* mit Teenagern gehen; *Am reg* lügen **II** *tr Guat* küssen; **~eo** *m Am* Teenager *m/Pl*; **~era** *f Am reg* Buschhemd *n*, Guayabera *f*; **~ero** *Am reg* **I** *Adj* verlogen **II** *m* Lügenbold *m*; **~o** *m* Guajavenbaum *m*; hübscher Käfer *m junges Mädchen*; *Col* Kater *m Katzenjammer*

Guayana *f* Guayana *n*

guayanés I *Adj* guayanisch **II** *m* Guayaner *m*

guberna|mental I *Adj* Regierungs-; regierungsfreundlich **II** *m* **~mentales** *Pl* Regierungsanhänger *m/Pl*; **~tivo** Regierungs-; Staats-; **~tura** *f Méx* Gouverneursamt *n in einem Bundesstaat*; Amtszeit *f* als Gouverneur

guedeja *f* (Haar-)Strähne *f*; (Löwen-)Mähne *f*

guepardo *m* Gepard *m*

guerra *f* Krieg *m auch übertr*; Streit(igkeiten *Pl*) *m*; ***~ aérea*** (***atómica***) Luft-(Atom)-krieg *m*; ***~ de agresión, ~ ofensiva*** (***defensiva***) Angriffs-(Verteidigungs)krieg *m*; ***~ biológica*** biologische Kriegsführung *f*; ***~ de los bóeres, ~ del Transvaal*** Burenkrieg *m*; ***~ caliente*** (***fría***) heißer (kalter) Krieg *m*; ***~ civil*** Bürgerkrieg *m*; ***~ comercial*** Handelskrieg *m*; ***~ de las galaxias*** Sternenkrieg *m*; ***~ de guerillas*** Partisanenkampf *m*; Guerillakrieg *m*; Kleinkrieg *m*; ***~ larvada*** verdeckter Krieg *m*; ***~ marítima*** *od* ***naval*** Seekrieg *m*; ***~ nuclear*** Kernwaffenkrieg *m*; ***~ de posiciones*** *od* ***trincheras*** Stellungs-, Grabenkrieg *m*; ***~ de precios*** Preiskrieg *m*; ***~ relámpago*** Blitzkrieg *m*; ***~ psicológica*** psychologische Kriegsführung *f*; ***~ submarina*** U-Boot-Krieg *m*; ***Gran ♀, ♀ Europea, Primera ♀ Mundial*** 1. Weltkrieg *m*; ***Segunda ♀ Mundial*** 2. Weltkrieg *m* ◇ ***dar ~ a alg*** jmdm Ärger bereiten; jmdm zu schaffen machen; ***declarar la ~*** den Krieg erklären

guerr|ear *intr* Krieg führen; **~era** *f* Uniformjacke *f*; Waffenrock *m*; Feldbluse *f*; **~erista I** *Adj* kriegstreiberisch **II** *m* Kriegstreiber *m*; **~ero I** *Adj* kriegerisch; Kriegs-; Kampf- **II** *m* Krieger *m*

guerrill|a *f* Partisaneneinheit *f*; Guerilla *f*; Partisanenkampf *m*; **~ear** *intr* als Partisan kämpfen; Kleinkrieg führen; **~ero I** *Adj* Partisanen- **II** *m* Partisan *m*; Guerillakämpfer *m*; Freischärler *m*

gueto *m* G(h)etto *n*

guía I *m(f)* Führer(in) *m(f) auch* POL; Wegweiser *m*; Schrittmacher *m*; Reiseleiter (-in) *m(f)*; Betreuer(in) *m(f)*; Lehrmeister (-in) *m(f)*; Leittier *n*; ***~ escolar de tráfico*** Schülerlotse *m*; ***~*** (***de forasteros, ~ turístico***) Fremdenführer *m*; ***~ intérprete*** sprachkundiger Reiseführer *m*; ***~ de montaña*** Bergführer *m* **II** *f* Richtschnur *f*; Anleitung *f*; Leitfaden *m Buch*; Reiseführer *m Buch*; *Kartei* Leitkarte *f*; Anweisung *f Plan*; *Fahrrad* Lenkstange *f*; TECH Führung *f*; Leitschiene *f*; ***~*** (***de bolsillo***) (Taschen-)Fahrplan *m*; ***~ de carga*** Frachtbrief *m*; ***~ comercial*** Branchentelefonbuch *n*; Firmenadressbuch *n*; Werbefunk *m*; ***~ de engrase*** KFZ Schmierplan *m*; ***~ de ferrocarriles*** Kursbuch *n*; Eisenbahnfahrplan *m*; ***~ de hoteles*** Hotelführer *m*; ***~ telefónica*** Te-

lefonbuch *n*; ***bajo la ~*** unter der Führung *od* Leitung (***de*** von *od Gen*)
guiar ⟨guío⟩ **I** *tr* führen; leiten *auch übertr*; anführen; anleiten; lenken **II** *intr* vorangehen; voranfahren; **~se** sich leiten lassen (***por*** von); sich richten (***por*** nach)
guij|a *f*, **~arro** *m* Kiesel(stein) *m*; kleiner Feldstein *m*; **~o** *m* Kies *m*; Schotter *m*; **~oso** geröllreich; Kiesel-
guill|adera *f Cu* Drückebergerei *f*; **~ado** bescheuert; verknallt (***por*** in); **~adura** *f* Verrücktheit *f*
guillarse durchdrehen *verrückt werden*; abhauen; sich *vor etw* drücken; sich verknallen (***de*** in)
guillotin|a *f* Guillotine *f*; Papierschneidemaschine *f*; TYP Tafelschere *f*; **~ar** *tr* köpfen; *Papier* beschneiden
guimbalete *m* Pumpenschwengel *m*
guimbarda *f* Nuthobel *m*
guinche *m Am* MAR Winsch *f*, Winde *f*
guinda *f Esp* Sauerkirsche *f*; *Am* Kirsche *f*; ***~ garrafal*** Herzkirsche *f*
guind|ar *tr* hissen, MAR heißen, hieven; hochziehen *auch übertr*; *jmdn* hängen; *etw* aufhängen; *Stelle* wegschnappen; klauen; **~arse** sich abseilen; **~aste** *m* Schiffsladewinde *f*
guindilla *f* Art Sauerkirsche; Cayennepfeffer *m*, Chili *m*; Bulle *m Polizist*
guindo *m* Sauerkirschbaum *m*
guindón *m Esp* Langfinger *m*
guinea *f Münze hist* Guinee *f*
Guinea *f* Guinea *n*; ***~-Bissau*** Guinea-Bissau *n*; ***~ Ecuatorial*** Äquatorialguinea *n*
guine|ano I *Adj* guineisch **II** *m*, **-a** *f* Guineer(in) *m(f)*; **~o** *m AmC*, *Ant* Guineabanane *f*
guiñada *f* (Zu-)Zwinkern *n*; (Zu-)Blinzeln *n*; MAR Gieren *n*; FLUGW Schrauben *n*
guiñapo *m* Lumpen *m* ◇ ***estar hecho un ~*** völlig heruntergekommen sein; ***poner como un ~*** *jmdn* herunterputzen
guiñaposo zerlumpt; heruntergekommen
guiñar I *tr/intr* blinzeln; zwinkern **II** *intr* MAR gieren
guiño *m* Zwinkern *n*; Blinzeln *n*; Wink *m verdecktes Zeichen*; ***~ de ojo*** Augenzwinkern *n* ◇ ***hacerse ~s con los ojos*** sich anblinzeln; sich zuzwinkern
guiñol *m* Kasperletheater *n*; Marionette *f*; Kasper *m kindischer Mensch*
guión *m* Leitfaden *m*; Konzept *n*; Trennungsstrich *m*; Bindestrich *m*; Gedankenstrich *m*; Leittier *n*; Leitvogel *m*; RADIO, TV Manuskript *n*, Skript *n*; FILM Drehbuch *n*; MIL Standarte *f*; MAR Stander *m*; Kirchenfahne *f*; ***~ radiofónico*** Hörspiel *n* ◇ (***no***) ***salirse del ~*** (nicht) vom Konzept abweichen
guionista *m* Drehbuchautor *m*; Skriptverfasser *m*
guipuzcoano I *Adj* aus Guipúzcoa **II** *m* Guipuzcoaner *m*; das Guipuzcoanische *baskischer Dialekt*
guiri|gay *m* Kauderwelsch *n*; Gebrüll *n*, Gegröle *n*; **~sapa** *f Ven* Krawall *m*
guirlache *m* Krokant *m*
guirnalda *f* Girlande *f*
guisa *f*: ***a ~ de*** als; wie; (an)statt; ***de esta ~*** auf diese Weise; ***de tal ~*** derart
guisado *m* Braten *m* mit Soße; Schmorfleisch *n* mit Kartoffeln; Gericht *n* mit Soße; ***~ picante a la húngara*** ungarischer(-es) Gulasch *m (n)*
guisante *m Esp* Erbse *f*; → ***alverja***, ***arveja***, ***chícharo***; ***~ de olor*** Gartenwicke *f*; ***~s secos*** (***verdes***) getrocknete (grüne) Erbsen *f/Pl*
guisar *tr/intr* kochen; schmoren; garen
guiso *m* → ***guisado*** ◇ ***el ~ está cocinado*** da kann man nichts mehr machen *es ist nicht mehr rückgängig zu machen*
guisote *m* Fraß *m schlechtes Essen*
guita *f* (Bind-)Faden *m*; Piepen *Pl Geld*
guitarra *f* Gitarre *f*; ***~ baja*** (***solista***) Bass-(Solo)gitarre *f*
guitarr|ear *intr* auf der Gitarre klimpern; **~ería** *f* Gitarrengeschäft *n*; **~ero** *m* Gitarrenbauer *m*; → ***~ista***; **~esco** Gitarren-; **~ista** *m* Gitarrist *m*; **~ístico** Gitarren-; **~ón** *m* Bassgitarre *f*; Spitzbube *m*
güero *Méx* blond; lieb
güichichi *m Méx* Kolibri *m*
güil|a *f Méx* Drahtesel *m Fahrrad*; Dirne *f*; **~iche** *m CR* Benjamin *m jüngster Sohn*; **~o** *m Méx* Puter *m*; **~ón** *Am* feig
güin *Cu m* Stängel *m*; ***alto como un ~*** lang wie eine Bohnenstange ◇ ***ser más flaco que un ~*** spindeldürr sein
güinche *m* → ***guinche***
güira *Ant f* Kürbisbaum *m*; Baumkürbis *m*; Birne *f Kopf*
güisqui *m* Whisky *m*
gula *f* Völlerei *f*; Trinkerei *f*; Gefräßigkeit *f*; Schlemmerei *f*
gulden *m hist* Gulden *m*; *auch* → ***florín***
gumífero Gummi-
gurbia *f Col* Hunger *m*; *CR* Geld *n*
gur|í *m Rpl* Indiojunge *m*; **~ipa** *m Esp* Ganove *m*; Subjekt *n Person*; Dussel *m*; Landser *m*; Polizist *m*; **~isa** *f Rpl* Indiomädchen *n*
gurrufero *m* Schindmähre *f*
gurrumino I *Adj* erbärmlich; *Bol*, *Pe* kleinmütig; *Hond* schlau **II** *m* Pantoffelheld *m*; *Am* Schwächling *m*; *Bol*, *Pe* Feigling *m*; *Méx*, *Salv* Säugling *m*
gurú *m* REL *u übertr* Guru *m*; *übertr* Papst

m
gusan|era *f* Gewürm *n*; Raupennest *n*; Brutstätte *f*; **~iento** wurmstichig
gusanillo *m* Würmchen *n*; Gewissenswurm *m Gewissensbisse*; *Textilien* Besatz *m* ◇ ***me está picando el ~*** ich habe (einen) tüchtigen Hunger; ***matar el ~*** Schnaps auf nüchternen Magen trinken
gusano *m* Wurm *m auch übertr*; Raupe *f*; Made *f*; Regenwurm *m*; ***~ de seda*** Seidenraupe *f* ◇ ***matar el ~*** einen Happen zu sich nehmen
gusa|noso wurm(stich)ig; **~rapiento** voller Würmer; voller Maden
gust|ación *f* Verkostung *f*; Schmecken *n*; **~ador** *m* Liebhaber *m*, Genießer *m*; **~adura** *f* Kosten *n*; Auskosten *n*
gustar I *tr* kosten; verkosten; schmecken; abschmecken; auskosten **II** *tr/intr* schmecken; gefallen; Anklang finden; Geschmack finden (***de*** an); ***~ de*** + *Inf* gern + *Inf*; ***¡así me gusta!*** so gefällt es mir!; *iron* das habe ich gern!; ***como Vd. guste*** (ganz) wie Sie wollen; ***cuando guste*** wann Sie wollen; ***esto gusta*** das gefällt; ***me gusta*** es gefällt mir; ***me gusta*** + *Inf* ich + *Verbform* gerne; ich finde Behagen an + *Dat*; ***me gustaría*** + *Inf* ich möchte *od* würde gerne + *Inf*; ***si Vd. gusta*** wenn es Ihnen recht ist; ***¿Vd. gusta?*** möchten Sie etwas (essen)?, darf ich Ihnen etw anbieten?
gustativ|idad *f* Geschmacksempfinden *n*; **~o** Geschmacks-
gustazo *m* Heidenspaß *m* ◇ ***me daré el ~*** ich werde mir das Vergnügen leisten
gustillo *m* Beigeschmack *m*
gusto *m* Geschmack *m auch übertr*; Vergnügen *n*; Vorliebe *f*; Behagen *n*; Gefallen *m* (***por*** an); ***a ~*** nach Belieben; behaglich; gern; ***a su ~*** nach Herzenslust; ***apetecible al ~*** schmackhaft; ***con*** (***mucho***) ***~*** (sehr *od* von Herzen) gern; ***de buen*** (***mal***) ***~*** geschmackvoll (geschmacklos; taktlos); ***mucho*** *od* ***tanto ~*** *beim Vorstellen* sehr angenehm!, sehr erfreut!; ***por ~*** (nur so) zum Spaß; grundlos ◇ ***mucho ~ en conocerlo*** es freut mich, Ihre Bekanntschaft zu machen; ***dale el ~*** tu ihm den Gefallen; ***da ~ hacerlo*** das macht Spaß; ***da ~ oírlo*** das hört man gern; ***me dáre el ~*** ich werde es mir leisten; ***despacharse a su ~*** nach Belieben schalten und walten; ohne jede Hemmung sprechen; ***estar a*** (***su***) ***~*** sich wohl fühlen; ***hablar al ~ de alg*** jmdm nach dem Munde reden; (***no***) ***es de mi ~*** das gefällt mir (nicht); das schmeckt mir (nicht); ***el ~ es mío*** *Höflichkeitsformel* ganz meinerseits!; ***tener el ~ de*** + *Inf* das Vergnügen haben zu + *Inf*; ***tener ~ en*** *etw* gern tun; ***tomar ~ a u/c*** sich an etw gewöhnen; Gefallen an etw finden; auf den Geschmack kommen
gustoso wohlschmeckend; bereitwillig
gutapercha *f* Guttapercha *f*, *n*
gutural I *Adj* guttural, Kehl-; kehlig **II** *f* Kehllaut *m*
Guyana *f* Guyana *n*
guyanés I *Adj* guyanisch **II** *m*, **-esa** *f* Guyaner(in) *m*(*f*)
g/v *Abk für* ***gran velocidad***, → ***velocidad***

H

h, H *f* h, H *n*
h. I *m/Pl* (*Abk für* ***habitantes***) Einw. *m/Pl* **II h** *f*/(*Pl*) (*Abk für* ***hora***(***s***)) Std. *f*, h *f*
H (*Symb für* ***hidrógeno***) CHEM H
ha → ***haber***
ha. *f* (*Abk für* ***hectárea***(***s***)) ha *n,m*
haba *f* ⟨*el*⟩ (Acker-, Sau-)Bohne *f*; ***~ de soja*** Sojabohne *f* ◇ ***en todas partes cuecen ~s*** *übertr* es wird überall (nur) mit Wasser gekocht
Habana *f*: ***La ~*** Havanna *n*
haban|ero I *Adj* aus Havanna **II** *m*, **-a** *f* Einwohner(in) *m*(*f*) Havannas; **~o** *m* Havanna(zigarre) *f*
haber I *Hilfsv* ⟨*unreg*⟩ haben (***han cantado***); sein (***han venido***); ***~ de*** + *Inf Notwendigkeit, Wahrscheinlichkeit, vor allem in der Schriftsprache* müssen, sollen; ***no ~ de*** + *Inf* nicht sollen; nicht dürfen **II** *unpers* geben (***debe ~ una solución***); → ***hay***; **~se**: ***habérselas con alg*** es mit jmdm zu tun haben *od* bekommen; sich mit jmdm anlegen *Streit anfangen* **III** *m* Habe *f*, Besitz *m*; Vermögen *n*; FIN Haben *n*; *Konto* Guthaben *n*; **~es** *Pl* Hab und Gut *n*; Einkünfte *Pl*, Bezüge *Pl*; Gehalt *n*; ***~ disponible*** verfügbares Guthaben *n* ◇ ***bloquear ~es*** Guthaben sperren
habichuela *f Am* (Garten-)Bohne *f*, grüne Bohne *f*
habido: ***los niños ~s en el primer matrimonio*** JUR die Kinder aus erster Ehe
hábil geschickt, fähig; gewandt; geeignet; berechtigt (***para*** zu); tüchtig

habilidad *f* Geschick(lichkeit *f*) *n*; Gewandtheit *f*; Tüchtigkeit *f*; Kunstgriff *m*, Kniff *m umg*; **~ diplomática** *od* **negociadora** Verhandlungsgeschick *n*

habili|doso → **hábil**; begabt; **~tación** *f* Befähigung *f*; Befugnis *f*; Bevollmächtigung *f*; Ermächtigung *f*; Einrichtung *f eines Gebäudes*

habilitado I *Adj* befugt ◇ **estar ~ para votar** stimmberechtigt sein **II** *m* Bevollmächtigter *m*

habilitar *tr* befähigen; ermächtigen, das Recht *od* die Erlaubnis erteilen (**para** zu); ausstatten, -rüsten (**de** mit); (*Geld-*)*Mittel* bereitstellen; ein-, herrichten; *Schiff* klarieren; *Dokument* ausfertigen, -stellen; **~se** sich qualifizieren (**para** für)

habitable bewohnbar

habitación *f* Zimmer *n*; **~ doble** (**individual** *od* **sencilla**) Zweibett- *od* Doppel-(Einzel- *od* Einbett)zimmer *n*; **~ de invitados** Gästezimmer *n* ◇ **se alquilan habitaciones** Zimmer zu vermieten

habit|acional Wohnungs-; Wohnungsbau-; **~áculo** *m* FLUGW, RAUMF Kabine *f*, Raum *m*; KFZ Wageninneres *n*; **~ador** *m*, **~adora** *f* Ansässige(r) *f*(*m*), Bewohner(in) *m*(*f*); **~ante** *m*(*f*) Einwohner(in) *m*(*f*); Bewohner(in) *m*(*f*); **~ar I** *tr* bewohnen **II** *intr* wohnen, leben

hábitat *m* ⟨*Pl* **hábitats**⟩ natürlicher Lebensraum *m*, Habitat *n*

hábito *m* (An-)Gewohnheit *f*; REL Kutte *f* *bzw* Ordenskleid *n*; **~s de consumo** Konsumgewohnheiten *f*/*Pl*; **~ de pensar** Denkweise *f*, -gewohnheit *f* ◇ **ahorcar** *od* **colgar los ~s** *übertr* die Kutte *bzw* das Ordenskleid ablegen; den Beruf an den Nagel hängen; sich umorientieren, umsatteln *den Beruf wechseln*; **tomar el ~** sich angewöhnen (**de** zu); **tomar los ~s** sich angewöhnen (**de** zu); ins Kloster gehen, in einen Orden eintreten

habitu|ación *f* Gewöhnung *f*; **~al I** *Adj* gewöhnlich; üblich; Gewohnheits- **II** *m* Stammgast *m bzw* -kunde *m*; **~ar(se)** ⟨-úo⟩ *tr* (sich) gewöhnen (**a** an)

habla *f* ⟨**el**⟩ Sprache *f*; Sprechweise *f*; Sprachgebrauch *m*; Mundart *f*; **¡al ~!** TEL am Apparat!; **de ~ española** spanischsprachig ◇ **estar** (**ponerse**) **al ~ con alg** mit jmdm sprechen *auch* TEL (sich mit jmdm in Verbindung setzen, mit jmdm Rücksprache nehmen)

habl|ador I *Adj* gesprächig; geschwätzig **II** *m* Schwätzer *m*; **~aduría** *f* Geschwätz *n*; **~s** *Pl* Gerede *n*

hablante *m*(*f*) Sprecher(in) *m*(*f*) *einer Sprache*; **~ nativo** Muttersprachler *m*

hablar I *tr*/*intr* sprechen, reden; besprechen **II** *intr* (miteinander) sprechen *od* reden; *Zeitung* schreiben (**de, sobre** über); *Thema* behandeln; **~ alto** (**bajo**; **claro**) laut (leise; deutlich) sprechen; **¿con quién hablo?** TEL wer ist am Apparat?; **dar que ~** für Gesprächsstoff sorgen; **¡**(**de eso**) **ni ~!** davon kann gar keine Rede sein!; kommt nicht in Frage!; selbstverständlich!; **es el** (*bzw* **la**) **que habla** TEL am Apparat; **hacer ~** *jmdn* zum Sprechen bringen; **no ~se** nicht (mehr) miteinander sprechen, verkracht sein *umg*

habré → **haber**

hacedor *m* Macher *m*

hacend|ado I *Adj* begütert **II** *m* Guts- *bzw* Großgrundbesitzer *m*; *Rpl* Viehzüchter *m*; **~ario** Finanz-; **~ero** *m Am* Farmer *m*; **~ista** *m* Finanzfachmann *m*; **~osidad** *m* Geschäftigkeit *f*; **~oso** geschäftig; tüchtig; haushälterisch *sparsam*

hacer ⟨*unreg*⟩ **I** *tr* machen; tun; anfertigen, herstellen; erledigen; *Geschäft* tätigen; (er)schaffen; (zu)bereiten; kochen; backen; verwandeln in; *Frage* stellen; *Koffer* packen; *Zimmer* aufräumen; *Rechnung* ausstellen; *Anzahl*, *Summe* betragen, ergeben; *Prüfung* ablegen; *Wehrdienst* ableisten; *Dienst*, *Gefälligkeit bzw Gefallen* erweisen *bzw* tun; *Besuch* abstatten; *übertr Rolle* spielen; *Dummheit*, *Irrtum* begehen; *Vertrag*, *Frieden* schließen; *Pflicht* erfüllen; lassen *d.h. veranlassen* (**el director me hizo llamar**); **~ difícil** (**fácil**; **patente**; **posible**; **público**) erschweren (erleichtern; erkennen lassen, verdeutlichen, beweisen; ermöglichen; bekannt geben *od* machen); **esto hace que ...** + *subj* das hat zur Folge, dass ... **II** *intr* arbeiten *bzw* fungieren, tätig sein, wirken (**de** als); *verschiedene Dinge zueinander* passen; **~ bien** (**mal**) richtig (falsch) handeln; **dar que ~ a alg** jmdm Arbeit machen; **¡qué le vamos a ~!** da kann man nichts machen, daran lässt sich nichts ändern!; **¿**(**te**) **hace?** ist das o.k.?; **tener** (**mucho**) **que ~** (viel) zu tun haben **III** *unpers* (**hace**) **a**) *Wetter*, *Temperatur* es ist (**hace buen** *bzw* **mal tiempo**; **hace calor** *bzw* **frío**) **b**) es ist *eine Zeit* her, *als Präp* vor (**hace muchos años**); **hace poco** vor kurzem; **desde hace** + *Zeitraum* seit; **~se** werden (**se hizo republicano**; **se hicieron ricos**; **se hizo tarde**); sich stellen *so tun, als ob* (**se hizo el tonto**); sich etw machen *od* anfertigen lassen (**me tendría que ~ un traje**); **~se con u/c** sich etw aneignen; sich mit etw versorgen; etw übernehmen (**se hizo con la gestión del local**); **~se patente** zum Ausdruck kommen, sich zeigen; ***se me hace que …*** mir scheint *od* ich glaube, dass …; ***~se responsable de u/c*** die Verantwortung für etw übernehmen

hacha *f* ⟨*el*⟩ Axt *f*; Beil *n* ◇ ***ser un ~*** *übertr* ein Ass sein

hache *f Name des Buchstabens* **h, H**

hachís *m* Haschisch *n,m*

hacia *Präp örtlich* in Richtung, nach (… hin), zu (***mira ~ el norte***); *zeitlich* ungefähr um (***~ las nueve***); *zeitlich* gegen (***~ la tarde***); ***~ abajo*** (***arriba***) hinab (hinauf); ***~ adelante*** (***atrás***) vorwärts (rückwärts); ***~ (a)dentro*** (***(a)fuera***) nach innen (nach außen); ***~ allá*** in der Richtung, dort ungefähr

hacienda *f* Landgut *n*, Farm *f*, Hazienda *f*; Viehzuchtbetrieb *m*; Besitz *m*; Vermögen *n*; 2 Finanzwesen *n*; Finanzamt *n*; → ***Ministerio de 2***; ***~ pública*** Staatsfinanzen *f/Pl*; öffentliche Hand *f*; ***~ vacuna*** *Am* Rinderbestände *m/Pl*

hacin|a *f Getreide, Heu, Holz, Stroh u allg* Haufen *m*, Schicht *f*; **~ado** zusammengepfercht; **~ar** *tr* aufeinander schichten; zusammenpferchen; zusammentragen; **~arse** *Personen auf engem Raum* sich (zusammen)drängen

hack|ear *tr/intr* INFORM hacken *in ein Computersystem eindringen*; **~er** *m* ⟨*Pl* ***hackers***⟩ INFORM Hacker *m*

hado *m* Schicksal *n*, Los *n*; Verhängnis *n*

hago → ***hacer***

Haití *m* Haiti *n*

haitiano I *Adj* haitianisch **II** *m*, **-a** *f* Haitianer(in) *m(f)*

halag|ador schmeichlerisch; → ***~üeño***; **~ar** ⟨-g/gu-⟩ **I** *tr* schmeicheln **II** *intr* Süßholz raspeln *umg*; **~o** *m* Schmeichelei *f*; **~üeño** schmeichelhaft; verlockend; viel versprechend; verheißungsvoll

halar *tr AmS, And* ziehen, zerren; → ***jalar***

halcón *m* Falke *m auch übertr* POL

hall *m* (Hotel-)Halle *f*

hallar *tr* finden; ausfindig machen; MATH ermitteln; vorfinden, (an)treffen; sich *etw* ausdenken; ***~ y sustituir*** *Computermenü* suchen und ersetzen; ***~se*** sich befinden; sich einfinden; sich (*z.B. wohl, unwohl, krank usw*) fühlen, sein; ***~se con u/c*** *übertr* auf etw (*z.B. eine Schwierigkeit*) stoßen

hallazgo *m* ARCHÄOL *u übertr* Fund *m*; MED Befund *m*

hal|o *m* ASTR, FOTO (Licht-)Hof *m*; Nimbus *m*; Aura *f*; **~ógeno I** *Adj* halogen **II** *m* CHEM Halogen *n*

halter|a *f* SPORT Hantel *f*; **~ofilia** *f* Gewichtheben *n*; **~ofilista** *m* Gewichtheber *m*

hama|ca *f* Hängematte *f*; Liegestuhl *m*; *Am reg* Schaukel *f*; **~ca-columpio** *m* Hollywoodschaukel *f*

hambre *f* ⟨*el*⟩ Hunger *m*; heftiges Verlangen *n* (***de*** nach) ◇ ***matar el ~*** den Hunger stillen; ***pasar*** (***tener***) ***~*** hungern, Hunger leiden (hungrig sein)

hambr|iento hungrig; gierig (***de*** auf, nach); **~una** *f Am* Hungersnot *f*

Hamburgo *m* Hamburg *n*

hamburgu|és I *Adj* Hamburger; hamburgisch **II** *m* Hamburger *m*; **~esa** *f* Bulette *f*, Frikadelle *f*, Hamburger *m*, deutsches Beefsteak *n*

hamp|a *f* ⟨*el*⟩ Unterwelt *f*; Ganoven *m/Pl*; **~ón** *m* Strolch *m*, Ganove *m*; Raufbold *m*

hámster *m* Hamster *m*

handicap *m* SPORT *u übertr* Handikap *n*; **~ado** gehandikapt

hangar *m* Hangar *m*, Flugzeughalle *f*

Hannóver *m* Hannover *n*

hannoveriano I *Adj* Hannoveraner; hannover(i)sch **II** *m* Hannoveraner *m*

harag|án I *Adj* faul; Faulenzer- **II** *m*, **~ana** *f* Faulenzer(in) *m(f)*; **~anear** *intr* faulenzen; **~anería** *f* Faulenzerei *f*

harap|iento zerlumpt; **~o** *m* Lumpen *m*, Fetzen *m*

haraquiri *m* Harakiri *n*

hardware *m* INFORM Hardware *f*

haré → ***hacer***

harén *m* Harem *m*

harina *f* Mehl *n*; ***~s animales*** Tiermehl *n*; ***~ de pescado*** (***trigo***) Fisch-(Weizen)mehl *n* ◇ (***eso***) ***es ~ de otro costal*** das ist etw ganz anderes; ***estar metido en ~*** bis über die Ohren in (der) Arbeit stecken

harin|ero Mehl-; Mehl verarbeitend; Getreide-; **~oso** mehlig

harmonía *f u Abl* → ***armonía*** *u Abl*

hartar *tr* sättigen; *übertr* überhäufen (***de*** mit); ***me harta*** (***con algo*** *od Inf*) ich habe genug (von etw *od* davon, … zu + *Inf*); ***~se de algo*** sich an etw satt essen; sich an etw überessen; *übertr* etw satt haben *od* kriegen

hartazgo *m* Übersättigung *f*; Völlerei *f*

harto I *Adj* (über)satt; überdrüssig ◇ ***estar ~*** (***de u/c***) *übertr* es satt haben (einer Sache überdrüssig sein, von etw genug haben) **II** *Adv* genug; ziemlich, recht *sehr* (***~ difícil***)

hasta I *Präp* bis (***fuimos ~ Madrid***; ***trabajaron ~ las diez***); ***~ ahora*** (***aquí***) bis jetzt (bis hierher; bis jetzt); ***¿~ cuándo?*** wie lange?; bis wann?; ***¡~ luego*** *od* ***pronto!*** bis gleich *od* nachher!; auf Wiedersehen!; ***no … ~*** erst (***no las descubrí ~ después***) **II *~ que*** *Konj* (solange, sosehr, soviel *usw*) bis **III** *Adv* sogar, selbst

hastiado: ***estar ~ de u/c*** *übertr* etw satt haben
hast|ial *m* Giebel(wand *f*, -seite *f*) *m*; **~iar** ⟨-ío⟩ *tr* langweilen; anekeln; **~iarse** *einer Sache* überdrüssig werden; **~ío** *m* Ekel *m*, Widerwille *m*; Überdruss *m*
hato *m* Herde *f*; Weideplatz *m*; *umg übertr* Haufen *m*; *umg übertr in Zus* Pack *n*; Bündel *n*
Hawai *m* Hawaii *n*
hawaiano **I** *Adj* hawaiisch **II** *m*, **-a** *f* Hawaianer(in) *m(f)*
hay *unpers Abl von* → ***haber II*** es gibt; es ist (vorhanden); es sind, es befinden sich; es findet statt; ***~ más*** *übertr* es geht noch weiter; ***~ que*** + *Inf* man muss, man soll + *Inf*; ***no ~ que*** + *Inf* man braucht nicht (zu) + *Inf*; man darf nicht + *Inf*; ***¡no ~ de qué!*** bitte!, keine Ursache!, gern geschehen!; ***no ~ más que*** + *Inf* man braucht nur (zu) + *Inf*; ***¿qué ~?*** was gibt's?; was ist los?; wie steht's (***de u/c*** mit etw); ***ya no ~*** es ist alle
haya *f* ⟨***el***⟩ Buche *f*
Haya: ***La ~*** Den Haag *n*
hay|al *m* Buchenhain *m*; Buchenwald *m*; **~uco** *m* Buchecker *f*
haz[1] *m Getreide, Licht, Strahlen* Bündel *n*; EL Strahl *m*; Garbe *m*, Bund *n*; ***~ nervioso*** Nervenbahn *f*, -strang *m*
haz[2] *Imp von* ***hacer***
hazaña *f* (Helden-)Tat *f auch iron*, (hervorragende) Leistung *f*; ***~ pionera*** *übertr* Pionierleistung *f*
hazmerreír *m* (Dorf-)Trottel *m*, Zielscheibe *f* des Spotts, *übertr* Witzfigur *f*
HB *hist Abk für* → ***Herri Batasuna***
he → ***haber***; ***~ aquí ...*** hier ist ..., hier habe ich ...; nachfolgend ...; ***¡~me (~nos) aquí!*** da bin ich! (da sind wir!)
He (*Symb für* ***helio***) CHEM He
hebdomadario *m* Wochenschrift *f*, -zeitung *f*
hebilla *f* Schnalle *f*
hebra *f* Faden *m*; ***~ de carne*** Fleischfaser *f* ◇ ***pegar la ~*** plaudern, klönen *reg*
hebreo **I** *Adj* hebräisch; *i w S* jüdisch **II** *m* Hebräer *m*; *i w S* Jude *m*; das Hebräische
Hébridas *f/Pl* Hebriden *Pl*
hecatombe *f* Gemetzel *n*, Blutbad *n*; Katastrophe *f*
hechi|cera *f* Zauberin *f*, Hexe *f*; **~cería** *f* Zauberei *f*, Hexerei *f*; **~cero** *m* Zauberer *m*, Hexenmeister *m*; **~zar** ⟨-z/c-⟩ *tr* verzaubern, -hexen *auch übertr*; bezirzen; **~zo** **I** *Adj* künstlich, falsch; gefälscht; *Am Produkt* einheimisch **II** *m* Zauber *m*; Zauberspruch *m*
hecho *Part von* → ***hacer***; **I** *Adj* vollendet; fertig; geschaffen (***para*** für); JUR *Dokument* ausgefertigt; *Fleisch* durchgebraten; ***¡~!*** in Ordnung!; erledigt!; ***a lo ~ pecho*** geschehen ist geschehen; ***bien (mal) ~*** gut, gelungen; *Körper* gut gebaut (schlecht, misslungen; *Körper* unproportioniert); ***¡bien (mal) ~!*** recht so!, richtig! (falsch!) ◇ ***estar ~ (hecha) un(a)*** + *Subst* aussehen wie ein(e) + *Nom* **II** *m* Tatsache *f*, Fakt *m*; Tat *f*; Geschehnis *n*, Ereignis *n*, Vorfall *m*; JUR Tatbestand *m*; **~s** *Pl* JUR Sachverhalt *m*; ***~ consumado*** vollendete Tatsache *f*; ***~s al desnudo*** *übertr* nackte Tatsachen *f/Pl*; ***~ punible*** strafbare Handlung *f*; ***~ de sangre*** Bluttat *f*; ***de ~*** tatsächlich, in der Tat; eigentlich; faktisch; JUR de facto; ***de ~ y de derecho*** von Rechts wegen; ***el ~ de que ...*** + *subj* die Tatsache *od* der Umstand, dass ...; ***por el mero ~ de*** + *Inf od* ***de que*** + *Ind* schon allein durch *od* wegen ◇ ***esclarecer los ~s*** JUR Sachaufklärung geben
hechura *f* Anfertigung *f*; Machart *f*; Äußeres *n*, Aussehen *n*; Macherlohn *m*; Geschöpf *n*
hect|área *f* Hektar *n,m*; **~ografía** *f* Hektographie *f*, Vervielfältigung *f*; **~ografiar** ⟨-ío⟩ *tr* hektographieren, vervielfältigen; **~olitro** *m* Hektoliter *m,n*
hed|er ⟨-ie-⟩ **I** *intr* stinken **II** *tr vulg* anstinken *unerträglich sein*; **~iondez** *f* → **~or**; **~iondo** stinkend; *übertr* ekelhaft, gemein; **~or** *m* Gestank *m*
hegem|onía *f* Hegemonie *f*, Vorherrschaft *f*; Führung(srolle) *f*; **~ónico** hegemon(ist)isch, Vorherrschafts-; führend, Führungs-
hel|ada *f* Frost *m*; Raureif *m*; **~adera** *f Ec, Rpl* Kühlschrank *m*; **~adería** *f* Eisdiele *f*, -laden *m*; **~adero** *m* Eishändler *m*, -verkäufer *m*; *umg* Eiskeller *m kühler Raum*
helado **I** *Adj* vereist; eiskalt, eisig, frostig *auch übertr*; *vor Schreck* starr; *Lächeln* erstarrt **II** *m* (Speise-)Eis *n*; ***~ en barquilla*** Waffeleis *n*, Eiswaffel *f*; ***~ de café*** Eiskaffee *m*
hel|ador eiskalt; **~adora** *f* Eismaschine *f*; **~ar** ⟨-ie-⟩ **I** *tr/intr* einfrieren (lassen); vereisen; *übertr* erstarren (lassen) (***de*** vor) **II** *unpers* ***hiela*** *od* ***está helando*** es friert, es herrscht Frost; **~arse** gefrieren; zufrieren; erfrieren; vereisen
helecho *m* Farn(kraut *n*) *m*
helénico → ***heleno I***
heleno **I** *Adj* hellenisch; griechisch **II** *m* Hellene *m*; Grieche *m*
helero *m* Gletscher *m*
hélice *f* (Schiffs-)Schraube *f*; Propeller *m*
helicóptero *m* Hubschrauber *m*, Helikopter *m*; ***~ de salvamento*** Rettungshub-

schrauber *m*
heli|o *m* Helium *n*; **~ograbado** *m* Lichtdruck(verfahren *n*) *m*; **~puerto** *m* Hubschrauberlandeplatz *m*; **~tecnia** *f* Solartechnik *f*
Helsinki *m* Helsinki *n*
Helvecia *f* Helvetien *n*; → ***Suiza***
helv|ecio, ~ético I *Adj* helvetisch; schweizerisch **II** *m* Helvetier *m*; Schweizer *m*; → ***suizo I** u **II***
hemático Blut-
hemat|ología *f* Hämatologie *f*; **~oma** *m* Hämatom *n*, Bluterguss *m*
hembra I *Adj* weiblich **II** *f als Auskunft über Geschlecht von Kindern* Mädchen *n*; (schöne) Frau *f*; Weib *n*; ZOOL Weibchen *n*; Öse *f*; Buchse *f*, Loch *n*
hemeroteca *f* Zeitschriftenbibliothek *f*; *Bibliothek* Zeitschriftenabteilung *f*; Zeitungsarchiv *n*
hemi|ciclo *m* Halbkreis *m*; Halbrund *n*; **~plejía** *f* halbseitige Lähmung *f*; **~sferio** *m* Hemisphäre *f*, Halbkugel *f auch* GEOGR
hemo|diálisis *f* MED Blutwäsche *f*; **~filia** *f* Bluterkrankheit *f*; **~fílico** *m* Bluter *m*; **~globina** *f* Hämoglobin *n*; **~patía** *f* Blutkrankheit *f*; **~rragia** *f* Blutung *f*; **~rroides** *f/Pl* Hämorrhoiden *f/Pl*; **~stático I** *Adj* blutstillend **II** *m* blutstillendes Mittel *n*
hench|ido bauschig; prall gefüllt; geschwollen *auch übertr*; strotzend (***de*** vor); **~idura** *f*, **~imiento** *m* Schwellung *f*; Ausstopfen *n*; **~ir** ⟨-i-⟩ *tr* füllen, ausstopfen (***de*** mit); **~irse** anschwellen
hend|er ⟨-ie-⟩ *tr* spalten; zerteilen *auch übertr*; aufreißen *bzw* -schlitzen; **~erse** (auf)reißen; bersten; **~idura** *f* Spalt *m*; Riss *m*, Sprung *m*; Spalte *f*; Schlitz *m*; Einschnitt *m*; **~ija** *f Am* → ***~idura***; **~ir** ⟨-ie, -i-⟩ *tr* → ***~er***
henequén *m* Henequen *m Bez für mexikanische Agavenarten u daraus gewonnener Blattfaser*
heno *m* Heu *n*
hep|ática *f* Leberblümchen *n*; **~ático** leberkrank; Leber-; **~atitis** *f* Hepatitis *f*, Leberentzündung *f*
heráldica *f* Wappenkunde *f*, Heraldik *f*
herb|ario *m* Herbarium *n*; **~icida** *m* Herbizid *n*, Unkrautvertilgungsmittel *n*; **~ívoro** Pflanzen fressend; **~olario** *m* Kräutersammler *m*; *übertr* Spinner *m*; Kräuterhandlung *f*; *Esp* Diätgeschäft *n*; **~orista** *m* Kräutersammler *m*; Kräuterkenner *m*
heredad *f* Stamm-, Erbgut *n*
heredar *tr* erben; *jmdm etw* vererben *od* hinterlassen *od* weitergeben; ***~ a alg*** jmdn beerben; jmdn als *od* zum Erben einsetzen
heredero I *Adj* erbberechtigt; Erb- **II** *m* Erbe *m*; ***~ de la corona, ~ al trono*** Thronerbe *m*, -folger
hered|ípeta *m* Erbschleicher *m*; **~itario** erblich; Erb- *auch übertr*
herej|e *m* Ketzer *m*; **~ía** *f* Ketzerei *f auch übertr*, Häresie *f*; Irrlehre *f*; Unsinn *m*
herencia *f* Erbe *n*, Hinterlassenschaft *f auch übertr*; Nachlass *m*; Erbschaft *f*; Erbanlage *f*; MED Vererbung *f* ◇ ***adquirir por ~*** (er)erben; ***dejar en ~*** hinterlassen, vererben; ***repudiar la ~*** das Erbe *od* die Erbschaft ausschlagen
herético ketzerisch *auch übertr*
her|ida *f* Verletzung *f auch übertr*; Wunde *f auch übertr*; Kränkung *f*; Verwundung *f*; **~ido** *m* Verletzter *m*, Verwundeter *m*; Versehrter *m*; **~ir** ⟨-ie-, -i-⟩ *tr* verletzen, -wunden *auch übertr*; *durch Strahl, Gefühl* treffen; schlagen; kränken; *übertr in die Augen* stechen; *Auge, Ohren* beleidigen; **~irse** sich verletzen; sich schneiden
hermafrodita *m* Hermaphrodit *m*, Zwitter *m*
herman|a *f* Schwester *f auch* REL; *vgl* ***hermano II***; **~ado** zusammenpassend
hermanamiento *m* Verbrüderung *f*; ***~ de ciudades*** Städtepartnerschaft *f*
herman|arse sich verbrüdern *od* (brüderlich) vereinen; **~astra** *f* Halb-, Stiefschwester *f*; **~astro** *m* Halb-, Stiefbruder *m*; **~dad** *f* Brüderlichkeit *f*; Bruderschaft *f*; Bruderbund *m*; Verbrüderung *f*
hermano I *Adj* Bruder-; Schwester-; *Städte, Universitäten* Partner- **II** *m* Bruder *m auch übertr*; ***~s*** *Pl* Geschwister *Pl*; ***2s*** HDL Gebrüder *Pl*; ***~ carnal*** leiblicher Bruder *m*; ***~ consanguíneo*** (***~ de madre, ~ uterino***) Halbbruder *m* väterlicher-(mütterlicher)-seits; ***~ gemelo*** Zwillingsbruder *m*; ***~ mayor*** (***menor***) älterer (jüngerer) Bruder *m*; ***~ político*** Schwager *m*; ***~s siameses*** siamesische Zwillinge *m/Pl*; ***medio ~*** Halbbruder *m*
herm|eticidad *f* Dichte *f*; Undurchlässigkeit *f*; → ***hermetismo***; **~ético** hermetisch *auch übertr*, wasser- *bzw* luftdicht (verschlossen); undurchlässig; undurchdringlich; *übertr* unzugänglich, verschlossen
hermetismo *m* Unnahbarkeit *f*, Verschlossenheit *f*; Stillschweigen *n*; Geheimhaltung *f*; Nachrichtensperre *f* ◇ ***guardar*** *od* ***mantener un ~ total*** strengstes Stillschweigen bewahren; sich in absolutes Schweigen hüllen
hermos|eamiento *m* Verschönerung *f*; **~ear** *tr* verschönern, schön(er) machen; **~ísimo** bild-, wunderschön; **~o** schön; stattlich; großartig; **~ura** *f* Schönheit *f*;

H

Pracht *f*
hernia *f* MED Bruch *m*; **~ *discal*** *od* **_intervertebral_** Bandscheibenvorfall *m*; **~ *estrangulada*** eingeklemmter Bruch *m*; **~ *inguinal*** Leistenbruch *m*
herniarse sich einen Bruch heben *bzw* zuziehen; ***no ~*** *scherzh übertr* sich kein Bein ausreißen
héroe *m* Held *m*
hero|ico heldenhaft, -mütig, heroisch; Helden-; **~ína** *f* Heldin *f*; PHARM Heroin *n*; **~inómano** *m* Heroinsüchtiger *m*; **~ísmo** *m* Heldentum *n*, Heroismus *m*
herpe *m,f, meist* **~s** *m* MED Herpes *m*
herr|ador *m* (Huf-)Schmied *m*; **~adura** *f* Hufeisen *n*; Hufbeschlag *m*; **~aje** *m* (*meist* **~s** *Pl*) TECH Beschlag *m* (Beschläge *m/Pl*)
herramienta *f* Werkzeug *n*; **~s** *Pl* Handwerkszeug *n*, Arbeitsgerät *n*
herr|ar ⟨-ie-⟩ *tr allg mit Eisen u Pferde* beschlagen; *Vieh* mit dem Brandeisen stempeln; **~ería** *f* Schmiede *f*; Schmiedehandwerk *n*, -kunst *f*; Getöse *n*; **~erillo** *m* Kohlmeise *f*; Blaumeise *f*; **~ero** *m* Schmied *m*
Herri Batasuna *baskisch* Vereinigung *f* des Volkes, *hist baskische Partei, politischer Arm der* → ***ETA***
herrumbr|ar *intr* rosten, Rost ansetzen; **~e** *f* Rost *m*; **~oso** rostig
hertzio *m* EL Hertz *n*
herv|idero *m* Brodeln *n*, Sieden *n*; Gewimmel *n*; **~idor** *m* Kocher *m*; **~ir** ⟨-ie-, -i-⟩ **I** *intr* kochen, sieden; *Leidenschaft* in Wallung geraten; wimmeln **II** *tr* (auf)kochen (lassen); *Milch* abkochen
hesit|ación *f* Unschlüssigkeit *f*; Zögern *n*; **~ar** *intr* zaudern, zögern; *übertr* schwanken
Hesse *f* Hessen *n*
hetero *m,f* → ***heterosexual II***
hetero|geneidad *f* Heterogenität *f*, Verschiedenartigkeit *f*; ungleichmäßige Zusammensetzung *f*; **~géneo** anders-, verschiedenartig, heterogen; **~sexual I** *Adj* heterosexuell **II** *m(f)* Heterosexuelle(r) *f(m)*; **~sexualidad** *f* Heterosexualität *f*
hevea *m* Kautschuk-, Gummibaum *m*
hez *f* Bodensatz *m*; *übertr verächtl* Abschaum *m*; ***heces*** *Pl* Fäkalien *Pl*; ***hasta las heces*** *übertr* bis zur Neige
Hezbolá *f* ⟨*ohne Art*⟩ Hisbollah *f Gruppe extremistischer schiitischer Moslems*
Hg (*Symb für* ***mercurio***) CHEM Hg
hibernación *f* BIOL Winterschlaf *m*; MED Heil-, Dauerschlaf *m*; Unterkühlung(stherapie) *f*
hibisco *m* BOT Hibiskus *m*, Eibisch *m*
hibridación *f* BIOL Kreuzung *f*
híbrido I *Adj* hybrid; Misch- **II** *m* Hybride *f*, Mischbildung *f*; Mittel-, Zwischending *n umg*
hice → ***hacer***
hidalgo *m* Adliger *m*, Edelmann *m*
hidrato *m* Hydrat *n*; **~ *de carbono*** Kohle(n)hydrat *n*
hidr|áulica *f* Hydraulik *f*; **~áulico** hydraulisch, Wasser-; Wasserbau-
hidro|ala *m* Tragflächen-, Tragflügelboot *n*; **~avión** *m* Wasserflugzeug *n*, Flugboot *n*
hidrocarburo *m* Kohlenwasserstoff *m*; **~s** *Pl* CHEM Treib-, Kraftstoffe *m/Pl*
hidro|cultivo *m* Hydrokultur *f*; **~deslizador** *m* → **~*ala***; **~dinámica** *f* Strömungslehre *f*; **~economía** *f* Wasserwirtschaft *f*; **~eléctrica** *f* Wasserkraftwerk *n*; **~energía** *f* Wasserkraft *f*; **~fobia** *f* Wasserscheu *f*; **~foil** *m* → **~*ala***
hidrógeno *m* Wasserstoff *m*
hidro|grafía *f* Hydrographie *f*, Gewässerkunde *f*; Gewässer *n/Pl*; **~gráfico** hydrographisch, Gewässer-; See-; **~pesía** *f* Wassersucht *f*; **~soluble** wasserlöslich; **~terapia** *f* MED Wasserheilverfahren *n*, Hydrotherapie *f*
hiedra *f* Efeu *m*
hiel *f* Galle *f*; Erbitterung *f*; Groll *m*; **~es** *Pl* Unannehmlichkeiten *f/Pl* ◇ ***echar*** *od* ***sudar la ~*** sich plagen *od* abmühen
hielera *f Chi* Eisschrank *m*, *i w S* Kühlschrank *m*
hielo *m* (Wasser-)Eis *n*; Frost *m*; Kälte *f auch übertr*; **~ *flotante*** (***resbaladizo***; ***seco***) Treib-(Glatt-; Trocken)eis *n* ◇ ***romper el ~*** *übertr* das Eis brechen
hiena *f* Hyäne *f auch übertr*
hierba *f* Gras *n auch umg für* → ***marihuana***; Kraut *n*; **~*s aromáticas*** Küchen-, Würzkräuter *n/Pl*; **~ *mate*** Mate(tee) *m*; Matestrauch *m*; **~*s medicinales*** Heilkräuter *n/Pl*; ***mala ~*** *umg übertr* Früchtchen *n*; → ***malas ~s*** Unkraut *n* ◇ ***pisar una mala ~*** einen schlechten Tag haben; *Sprichw* ***mala ~ nunca muere*** Unkraut vergeht nicht
hierbabuena (wilde) Minze *f*
hierro *m* Eisen *n auch als Bez für Werkzeuge in Zus*; Erz *n*; **~s** *Pl übertr* Fesseln *f/Pl*, Ketten *f/Pl*; **~ *bruto*** *od* ***crudo*** (***colado*** *od* ***fundido***; ***forjado***) Roh-(Guss-; Schmiede)-eisen *n*; **~ *de*** *od* ***en T*** T-Eisen *n*; **~ *viejo*** Schrott *m*, Alteisen *n*; ***de ~*** eisern *auch übertr* ◇ ***quitar ~*** (***al asunto***) *übertr* (die Angelegenheit) entschärfen; *Sprichw* ***al ~ caliente, batir de repente*** schmiede das Eisen, solange es heiß ist
hígado *m* Leber *f*
higiene *f* Gesundheitspflege *f*, Hygiene *f*; **~ *alimenticia*** (***laboral***) Lebensmittel-

(Arbeits)hygiene *f*; ~ ***corporal*** *od* ***física*** Körperpflege *f*
higi|enizar ⟨-z/c-⟩ *tr* hygienische Bedingungen schaffen; **~énico** hygienisch
higo *m* Feige *f* ◇ ***no se me da un ~*** das ist mir schnuppe
higr|ómetro *m*, Hygrometer *n*, Feuchtigkeitsmesser *m*; **~oscopio** *m* Hygroskop *n*; Wetterhäuschen *n*
higuera *f* Feigenbaum *m*
hij|a *f* Tochter *f*; *umg Anrede* Kind(chen) *n*; *vgl auch* ***hijo***; **~astra** *f* (**~astro** *m*) Stieftochter *f* (-sohn *m*)
hijo *m* Sohn *m*; *i w S u übertr* Kind *n*; *umg Anrede* Junge *m*; ***~s*** *Pl* Kinder *n*/*Pl*; ~ ***adoptivo*** *od* ***ilustre*** *od* ***predilecto*** (***de la ciudad***) Ehrenbürger *m* (der Stadt); ~ ***de*** (*z.B.* ***Madrid***) geboren in (*z.B.* Madrid); ~ ***ilegítimo*** *od* ***natural*** (***legítimo***) uneheliches (eheliches) Kind *n*; ~ ***de papá*** *od* ***papi*** Herrensöhnchen *n*; ~ ***de perro*** (***puta***) *vulg* Hunde-(Huren)sohn *m*; ~ ***único*** einziges Kind *n*; Einzelkind *n*; ***sin ~s*** kinderlos
hil|a *f* Reihe *f*; Spinnen *n*; **~ado** *m* Spinnen *n*; **~andería** *f Fabrik* Spinnerei *f*
hilar *tr*/*intr* spinnen *auch übertr Ränke*; *Gespräch* führen; ~ ***delgado*** (***largo***) *etw* sehr genau nehmen (*übertr etw* auf die lange Bank schieben)
hilar|ante erheiternd; **~idad** *f* Heiterkeit *f*
hil|era *f* Reihe *f*, Linie *f*; MIL Glied *n*; **~illo** *m* Rinnsal *n*
hilo *m* Faden *m auch übertr*; Garn *n*; Leinen *n*; EL Draht *m*; *Flüssigkeit* feiner Strahl *m*; *Messer* Schneide *f*; ~ ***conductor*** Leitungsdraht *m*; *übertr* roter Faden *m*; *übertr* Richtschnur *f*; ~ ***retorcido*** Zwirn *m* ◇ ***se me cortó*** *od* ***perdió el ~*** *übertr* ich habe den Faden verloren; ***estar colgado de un ~*** *übertr* am seidenen Faden hängen; ***mover los ~s*** *übertr* alle Fäden in der Hand haben; ***perder*** (***recobrar*** *od* ***retomar***) ***el ~*** *übertr* den Faden verlieren (wieder aufnehmen)
hilv|án *m* Heftnaht *f*; **~anar** *tr* heften; *umg etw* überstürzen; entwerfen; *Gespräch* anknüpfen
himen *m* Hymen *n*,*m*, Jungfernhäutchen *n*
himno *m*: ~ (***nacional***) (National-, Staats-) Hymne *f*
hincapié *m*: ***hacer ~ en*** *übertr* Nachdruck legen auf, betonen
hincar ⟨-c/qu-⟩ *tr Nagel*, *Pfahl* einschlagen; **~se** *Am* niederknien
hincha *m* Fan *m*, Anhänger *m*; ~ ***forastero*** SPORT Schlachtenbummler *m* ◇ ***tener ~ a alg*** jmdm nicht (mehr) riechen *ausstehen* können
hinch|ada *f* Anhängerschaft *f*, Fans *m*/*Pl*; **~ado** eingebildet; **~ar** *tr* aufblasen, -pumpen (***de*** mit); anfüllen; aufbauschen; *Arg jmdn* belästigen *od* stören; **~arse** anschwellen; sich aufblasen *angeben*; sich *beim Essen* voll stopfen; *umg* es zu Geld bringen
hinchazón *f* Anschwellung *n*; Schwellung *f*, Beule *f*; *Rede*, *Stil* Schwulst *m*; ~ ***de la burocracia*** Aufblähung *f* der Bürokratie
hind|i *m Sprache* Hindi *n*; **~ú I** *Adj* indisch; hinduistisch **II** *m* Inder *m*; Hindu *m*; **~uismo** *m* Hinduismus *m*
hinojo *m* Fenchel *m*
hinterland *m bes* POL Hinterland *n*
híper *m umg* → ***hipermercado***; ~ ***de bricolaje*** Baumarkt *m*
hiper|función *f* MED Überfunktion *f*; **~glucemia** *f* MED Überzuckerung *f*; Hyperglykämie *f*; **~gol** *m* Hypergol *n Raketentreibstoffkombination*; **~mercado** *m* HDL Groß-, Verbrauchermarkt *m*; **~sensibilidad** *m* Überempfindlichkeit *f*; **~sensible** überempfindlich; **~tensión** *f* Bluthochdruck *m*, Hypertonie *f*; **~tensivo** Bluthochdruck-; **~tenso** an Bluthochdruck leidend; **~texto** *m* INFORM Hypertext *m*; **~trofia** *f* Hypertrophie *f*; **~trofiado**, **~trófico** hypertroph, zu stark entwickelt
hípic|a *f* Pferderennen *n*; Reitsport *m*; **~o** Pferde-; Reit-
hipismo *m* Pferde-, Reitsport *m*
hipn|osis *f* Hypnose *f*; **~ótico I** *Adj* hypnotisch **II** *m* Schlafmittel *n*; **~otismo** *m* → ***~osis***; **~otizador I** *Adj* hypnotisierend **II** *m* Hypnotiseur *m*; **~otizar** ⟨-z/c-⟩ *tr* hypnotisieren
hipo *m* Schlucken *m*, Schluckauf *m*; Wut *f* (***con*** auf) ◇ ***eso le quitó el ~*** das verschlug ihm die Sprache
hipo|condría *f* Hypochondrie *f*; **~condriaco**, **~condríaco** hypochondrisch; **~corístico** *m* Kose-, Verkleinerungsform *f eines Namens*; **~crático** hippokratisch; **~cresía** *f* Heuchelei *f*, Scheinheiligkeit *f*
hipó|crita I *Adj* heuchlerisch, scheinheilig **II** *m* Heuchler *m*; **~dromo** *m* Reit-, Rennbahn *f*
hipoglucemia *f* MED Überzuckerung *f*; Hypoglykämie *f*
hipopótamo *m* Fluss-, Nilpferd *n*; *übertr Schimpfwort* Rhinozeros *n*
hipo|teca *f* Hypothek *f auch übertr*; **~tecar** ⟨-c/qu-⟩ *tr* mit einer Hypothek belasten; *Situation* überschatten, belasten, gefährden; **~tecario** hypothekarisch, Hypotheken-; **~tensión** *f* (zu) niedriger Blutdruck *m*; **~termia** *f* Untertemperatur *f*; Unterkühlung *f*
hipótesis *f* Hypothese *f*, Annahme *f*; ~ ***de***

H

partida Ausgangshypothese *f*
hipotético hypothetisch, angenommen
hippie *m od* **hippy** *m* ⟨*Pl* ***hippies***⟩ Hippie *m*
hiriente *bes übertr* verletzend
hirsut|ismo *m* starke Behaarung *f*; **~o** struppig, borstig, zott(e)lig
hirviente kochend, siedend
hisp|alense → ***sevillano I***; **~ánico** *lit* spanisch; **~anista** *m* Hispanist *m*
hispano I *Adj* spanisch; hispanisch *bezogen auf in den USA lebende spanischsprachige Einwanderer aus Lateinamerika*; *bei Zus mit Bindestrich, wenn die Selbstständigkeit jedes Adj erhalten werden soll*: ***~-alemán*** spanisch-deutsch **II** *m* Spanier *m*; *in den USA*: *Bez für Einwanderer bzw USA-Bürger lateinamerikanischer Herkunft*; **2américa** *f* Spanisch-Amerika *n*; **~americano** hispanoamerikanisch; **~-(norte)americano** spanisch-(nord)amerikanisch; **~hablante**, **~parlante** Spanisch sprechend, spanischsprachig
hist|eria *f* MED Hysterie *f*; **~érico** hysterisch; **~erismo** *m bes übertr* Hysterie *f*
hístico MED Gewebe-
histología *f* Histologie *f*
historia *f* WISS *u Erzählung* Geschichte *f*; ***~s*** *Pl* Klatsch *m* (und Tratsch *m*); Vorwände *m*/*Pl*; ***~ del arte*** (***de la civilización***) Kunst-(Kultur)geschichte *f*; ***~ clínica*** Krankengeschichte *f*; ***~ contemporánea*** (***universal***) Zeit-(Welt)geschichte *f* ◇ ***haber pasado a la ~*** längst überholt sein
historiador *m*, **~a** *f* Historiker(in) *m*(*f*)
historial *m* Werdegang *m*; (Angaben *f*/*Pl* zum) Lebenslauf *m*; Firmengeschichte *f*; ***~ clínico*** *od* ***médico*** Krankengeschichte *f*; ***~ delictivo*** Strafregister *n*; Vorstrafen *f*/*Pl*; ***~ profesional*** beruflicher Werdegang *m*
histórico historisch, geschichtlich, Geschichts-; personengebunden (***salario ~***)
historiografía *f* Geschichtsschreibung *f*
hit *m* Hit *m*, (Erfolgs-)Schlager *m*
hito *m* Grenzstein *m*; Meilenstein *m auch übertr*, *übertr* Markstein *m*; *übertr* Wendepunkt *m*; ***~ kilométrico*** Kilometerstein *m* ◇ ***constituir*** *od* ***marcar un ~*** einen Markstein *od* Wendepunkt *od* Höhepunkt darstellen; ***dar en el ~*** *übertr* den Nagel auf den Kopf treffen; ***mirar de ~ en ~*** unverwandt ansehen
hizo → ***hacer***
hl. *m*, **Hl.** *m* (*Abk für* ***hectolitro***) hl *m*,*n*
Hnos. *m*/*Pl* (*Abk für* ***Hermanos***) Gebr. *Pl*
hobby *m* Hobby *n*, Freizeitbeschäftigung *f*; *übertr* Steckenpferd *n*
hocico *m Schwein* Rüssel *m*; Maul *n*, Schnauze *f auch vulg übertr* (*oft* ***~s*** *Pl*) ◇ ***meter el ~ en todo*** *übertr* seine Nase überall hineinstecken; ***poner*** *od* ***torcer el ~*** die Nase rümpfen
hociquear *tr* abknutschen; *einer Person sich näherndes Tier* beschnuppern
hockeísta *m* Hockeyspieler *m*
hockey *m* Hockey *n*; ***~ sobre hielo*** (***hierba***; ***patines***) Eis-(Rasen-; Rollschuh)hockey *n*
hogar *m* Heim *n*; Haushalt *m*; Familienleben *n*; Herd *m*; ***~ de*** *od* ***para ancianos*** Altenheim *n*; ***~ unipersonal*** Einpersonenhaushalt *m*; ***~ universitario*** Studentenwohnheim *n*; (***los***) ***sin ~*** obdachlos (die Obdachlosen)
hog|areño häuslich; Haus-; **~uera** *f* Scheiterhaufen *m*; offenes Feuer *n zum Verbrennen von Abfall*; Lagerfeuer *n*
hoja *f* BOT, *Papier*, *Säge* Blatt *n*; Formular *n*; Bogen *m* (Papier); Ringbucheinlage *f*; Folie *f*; *Messer*, *Schwert* Klinge *f*; Rasierklinge *f*; *Speck* Seite *f*; *Altar*, *Fenster*, *Tür* Flügel *m*; ***~s*** *Pl* Laub *n*; ***~ de calco*** Kohlebogen *m zur Anfertigung von Kopien*; ***~ de cálculo*** INFORM Tabellenkalkulation *f*; ***~ clínica*** MED (Patienten-)Akte *f*; ***~ informativa*** PHARM Beipackzettel *m*, Packungsbeilage *f*; ***~ de instrucciones*** Merkblatt *n*, PHARM Beipackzettel *m*; ***~ de paga*** *od* ***salario*** Lohnabrechnung *f als Lohnstreifen*; ***~ de pedido*** Bestellschein *m*, -zettel *m*; Auftragsschein *m*; ***~ penal*** Strafregister *n*; ***~ personal*** *od* ***de servicios*** Personalakte *f*; ***~ de ruta*** Warenbegleitschein *m*; ***~ de traslado*** MED Überweisung(sschein *m*) *f*; ***~ volante*** Flugblatt *n* ◇ ***doblar*** *od* ***volver la ~*** seine Meinung ändern; das (Gesprächs-)Thema wechseln
hojalat|a *f* (Weiß-)Blech *n*; **~ería** *f* Klempnerwerkstatt *f*; **~ero** *m* Klempner *m*
hoj|aldre *m* Blätterteig *m*; **~arasca** *f* dürres, herstlich gelbes Laub *n*; dummes Gerede *n od* Zeug *n*; **~ear** *tr Buch* durchblättern; **~uela** *f* Blättchen *n*; (Metall-)Folie *f*
hola: ***¡hola!*** Hallo!; *umg* guten Tag!; nanu!, so was!
Holanda *f* Holland *n*
holandés I *Adj* holländisch **II** *m*, **-esa** *f* Holländer(in) *m*(*f*); *Dialekt* das Holländische; ***a la holandesa*** BUCHW kartoniert
holding *m* WIRTSCH Holding(gesellschaft) *f*, Dachgesellschaft *f*
holg|ado *Kleidung* bequem, weit; müßig; geräumig; *übertr* ausgedehnt; **~anza** *f* Müßiggang *m*; Muße *f*; Behaglichkeit *f*; Vergnügen *n*
holgar ⟨-ue-, -g/gu-⟩ *intr* müßig sein; *übertr* feiern, blaumachen *umg*; stillstehen *nicht in Betrieb sein*; sich erübrigen, überflüssig *od* unnötig sein; ***~se con*** *od* ***de u/c*** sich

über etw freuen
holg|azán I *Adj* faul **II** *m*, **~azana** *f* Faulenzer(in) *m(f)*; **~azanear** *intr* faulenzen; **~azanería** *f* Faulenzerei *f*, Nichtstun *n*; **~orio** *m* (*gesprochen wie* → **jolgorio**) lärmendes Vergnügen *n*, Rummel *m umg*
hollejo *m Hülsenfrüchte*, *Weinbeere* Schale *f* ◇ ***sacarle el ~ a alg*** jmdn in den Dreck ziehen *in üble Nachrede bringen*
hollín *m* Ruß *m*; ***lleno de ~*** verrußt ◇ ***cubrirse de ~*** verrußen
holocausto *m* Holocaust *m*, Massenvernichtung *f*
hombre *m* Mann *m auch umg für Ehemann*; Mensch *m*; ***¡~!*** *Vorwurf od Vertraulichkeit* Mann!; mein Lieber!; *Unwillen* Mensch!; *Empörung*, *Erstaunen* nicht zu fassen!; **~s** *Pl* MIL Mannschaften *f/Pl*; ***~ de acción*** Mann *m* der Tat; ***~ de bien, ~ honrado*** rechtschaffener Mensch *m*, Ehrenmann *m*; ***~ de ciencias*** (***letras***; ***negocios***) Wissenschaftler *m* (Literat *m*; Geschäftsmann *m*); ***~ clave*** *übertr* Schlüsselfigur *f*; ***~ de color*** Farbiger *m*; ***~ de Estado*** Staatsmann *m*; ***~ hecho*** erwachsener Mann *m*; erfahrener Mann *m*; ***~ hecho a sí mismo*** Selfmademan *m*; ***~ de mala pata*** Pechvogel *m*; ***~ de mar*** Schiffer *m*, Seemann *m*; ***~ de mundo*** Weltmann *m*; ***~ de pelo en pecho, ~ de rompe y rasga*** Draufgänger *m*; ***~ político*** Politiker *m*; ***~ rana*** MAR, MIL Froschmann *m*; ***buen*** (***pobre***) ***~*** guter Kerl *m* (armer Schlucker *m*); ***de ~ a ~*** unter vier Augen; ***el ~ de la calle*** der Mann von der Straße, der *od* Otto *m* Normalverbraucher ◇ ***ser ~ de pocas palabras*** (ein) wortkarg(er Mensch) sein; ***ser muy*** (***poco***) ***~*** ein ganzer Mann (wenig mannhaft) sein; *Sprichw* ***~ precavido vale por dos*** Vorsicht ist besser als Nachsicht
hombría *f* Männlichkeit *f*; ***~ de bien*** Rechtschaffenheit *f*
hombro *m* Schulter *f*; ***~ a*** *od* ***con ~*** *übertr* Schulter an Schulter, Seite an Seite ◇ ***arrimar el ~*** ranklotzen, sich ins Zeug legen *angestrengt arbeiten*; ***echarse al ~ u/c*** etw auf sich nehmen; ***encogerse de ~s*** die Achseln zucken; ***mirar a alg por encima del ~*** jmdn scheel anblicken; ***pesar sobre sus ~s*** *Verantwortung* auf seinen Schultern lasten *od* ruhen
hombruno *Stimme*, *Frau* männlich (wirkend)
homenaje *m* Huldigung *f*, Ehrung *f*; Festakt *m für jmdn*; Festschrift *f*; ***en ~ a*** *od* ***de*** zu Ehren von *od Gen* ◇ ***rendir ~ a alg*** jmdn ehren *od* feiern *od* würdigen
homenaje|ado *m* Jubilar *m*; Geehrter *m*, Gefeierter *m*; **~ar** *tr* ehren, feiern, würdigen
home|ópata *m* Homöopath *m*; **~opatía** *f* Homöopathie *f*; **~opático** homöopathisch
Home Page *f* INFORM Homepage *f*
homicida I *Adj* mörderisch; Mord- **II** *m* Totschläger *m*; *i w S* Mörder *m*
homicidio *m* Totschlag *m*, Tötungsdelikt *n*; **~s** *Pl umg* → ***brigada de homicidios***; ***~ por imprudencia, ~ involuntario*** fahrlässige Tötung *f*
homilía *f* Predigt *f*; *umg* Moralpredigt *f*
hom|inización *f* Menschwerdung *f*; **~ofóbico** menschenscheu; **~ófobo** schwulenfeindlich; **~ogeneidad** *f* Homogenität *f*, Gleichartigkeit *f*; *übertr* Geschlossenheit *f*, Einheit *f*; **~ogéneo** homogen, gleichartig; *übertr* geschlossen, einheitlich; **~ologación** *f* Bestätigung *f*; (staatliche) Anerkennung *f*, Zulassung *f*; Angleichung *f*; **~ologar** ‹-g/gu-› *tr* bestätigen; anerkennen, zulassen, freigeben; angleichen (***con*** an); **~ólogo I** *Adj* übereinstimmend; *Organisationen*, *Städte*, *Universitäten* Partner- **II** *m* POL Amts-, Ressortkollege *m*; *Organisation*, *Institution* Partner *m*; Gesprächspartner *m*, Gegenüber *n*; Gegenstück *n*; **~ónimo I** *Adj* gleich lautend, homonym; gleichnamig **II** *m* LING Homonym *n*; Namensvetter *m*; **~osexual I** *Adj* homosexuell **II** *m* Homosexueller *m*; **~osexualidad** *f*, **~osexualismo** *m* Homosexualität *f*
homúnculo *m* Homunkulus *m*; *umg verächtl* Wicht *m*
hond|a *f* (Stein-)Schleuder *f*; **~o I** *Adj* tief *auch übertr* **II** *m* Tiefe *f*; → ***fondo***
hondura *f* Tiefe *f* ◇ ***meterse en ~s*** sich an Dinge wagen, denen man nicht gewachsen ist
Honduras *f* Honduras *n*
hondureño I *Adj* honduranisch **II** *m*, **-a** *f* Honduraner(in) *m(f)*
honest|idad *f* Ehrbarkeit *f*; Rechtschaffenheit *f*; Ehrlichkeit *f*, Aufrichtigkeit *f*; **~o** rechtschaffen; anständig; ehrlich, aufrichtig
hongkonés I *Adj* aus Hongkong, Hongkonger **II** *m* Hongkonger *m*, Hongkong-Chinese *m*, Einwohner *m* von Hongkong
Hong Kong *m* Hongkong *n*
hongo *m* BOT, *auch parasitär* Pilz *m*; Melone *f steifer Hut*; *Am* Sonnenschutz *m am Strand*; ***~ nuclear*** Atompilz *m* ◇ ***brotar*** *od* ***crecer como ~s*** wie Pilze aus der Erde schießen
honor *m* Ehre *f*; Ehrgefühl *n*; **~es** *Pl* Ehrenbezeigung *f*; Ehrerbietung *f*; Ehrentitel *m* (*Pl*); ***en ~ de*** zu Ehren von *od Gen*; ***en ~ de la verdad*** um der Wahrheit die Ehre zu ge-

H

ben ◇ ***hacer el ~*** die Ehre erweisen; ***rendirle a alg el postrer ~, tributarle a alg los últimos ~ es*** jmdm die letzte Ehre erweisen; ***tengo el ~*** ich habe die Ehre (***de*** zu)

honor|able ehrenwert, -haft; **~ario I** *Adj* ehrenamtlich; Ehren-, Honorar- **II** *m* Honorar *n*; **~ífico** ehrenvoll; ehrenamtlich

honra *f*, Ehrgefühl *n*; Ehre *f*; Ansehen *n*; ***~s (fúnebres)*** *Pl* Trauerfeier(lichkeiten *Pl*) *f*

honr|adez *f* Redlichkeit *f*, Rechtschaffenheit *f*; Anständigkeit *f*; **~ado** redlich, rechtschaffen; anständig; **~ar** *tr* ehren; verehren; auszeichnen; in Ehren halten; *jmdm* Ehre machen; *Wechsel* einlösen; ***~se de*** *od* ***con u/c*** etw als eine Ehre ansehen; **~oso** ehrenvoll; würdig; rühmlich

hooligan *m* ⟨*Pl unv od* ***~s***⟩ Hooligan *m*, Randalierer *m*, Rowdy *m*

hora *f* Stunde *f*; Zeit(punkt *m*) *f*; Uhrzeit *f*; ***~ de cierre*** Polizeistunde *f*; Redaktionsschluss *m*; (***~ de***) ***cierre*** *m* ***de los comercios*** HDL Ladenschluss *m*; ***~ de comer*** Mittagspause *f*; ***~(s) de consulta*** Sprechstunde(n *Pl*) *f*; ***~s de despacho*** (***negocio*** *od* ***oficina***; ***taquilla***) Büro-, Sprechzeiten *f*/*Pl* (VERW Geschäftszeit *f*, -stunden *f*/*Pl*; Öffnungszeiten *f*/*Pl*; Schalterstunden *f*/*Pl*); ***~s enteras*** stundenlang; ***~s extra(s)*** *od* ***extraordinarias*** Überstunden *f*/*Pl*; ***~ feliz*** GASTR Happyhour *f*; ***~-hombre*** *Arbeitszeiteinheit* Mannstunde *f*; ***~ de invierno*** (***verano***) *Uhr* Winter-(Sommer)zeit *f*; ***~ local*** Ortszeit *f*; ***~s pico*** *od* ***punta*** Hauptverkehrs-, Stoßzeit(en *Pl*) *f*; Spitzen(belastungs)zeit(en *Pl*) *f*; *z.B.* POST, VERW Hochbetrieb *m*, Andrang *m*; ***~s de recogida*** *Briefkasten* Leerungszeiten *f*/*Pl*; ***~s semanales*** Wochenstunden *f*/*Pl*; ***~ del trajín*** Zeit *f* des Hochbetriebs *od* -drucks, Stoßzeit *f am Arbeitsplatz*; ***~ universal*** Weltzeit *f*; ***a altas ~s de la noche*** spät in der Nacht; spätabends; ***a buena*** (***última***) ***~*** rechtzeitig (im letzten Augenblick); ***a la ~*** pünktlich; ***a primera(s) ~(s)*** ganz früh; ***¿a qué ~?*** wann? (*Beantwortung durch Uhrzeit*); ***a toda ~*** jederzeit; dauernd; ***antes de ~*** vor der Zeit, vorzeitig, zu früh; ***cada dos ~s*** alle zwei Stunden; ***de última ~*** *Tourismus* Last-Minute- (***clientes de última ~***); ***desde las cero ~s*** ab null Uhr; ***¡en ~ buena!*** von mir aus!; prima! *umg*; ***en ~s de servicio*** während der Arbeits- *od* Dienstzeit; ***las 24 ~s*** rund um die Uhr; ***las 35 ~s semanales*** *Arbeitszeit* die 35-Stunden-Woche; ***no antes de la ~ reglamentaria*** nicht vor Dienstschluss; ***por ~*** pro Stunde; ***por ~s*** unaufhörlich; *Bezahlung* nach Zeit; *Arbeit* stundenweise; ***¿qué ~ es?***, *Am* ***¿qué ~s son?*** wie spät ist es?; ***ya es ~*** es ist (höchste *od* an der) Zeit; ***¿ya es ~?*** ist es (schon) so weit?; ***¡ya era ~!*** es wurde Zeit! ◇ ***dar ~*** eine Zeit bestimmen; eine Frist festsetzen; ***dar la ~*** *Uhr* schlagen; ***llegar a la ~ programada*** zur vorgesehenen Zeit ankommen; ***pedir ~*** sich anmelden; sich einen Termin holen; ***tener ~ con alg*** einen Termin bei jmdm haben, bestellt sein; ***¿usted tiene ~?*** *umg* wie spät haben Sie's?; ***trabajar ~s extra(s)*** Überstunden machen

horadar *tr* durchbohren; durchlöchern; lochen

horario *m* **I** *Adj* stündlich; Stunden- **II** *m* Zeitplan *m*; Stundenplan *m*; Fahrplan *m*; Flugplan *m*; *Uhr* Stundenzeiger *m*; ***~ de apertura*** (***cierre***) ***de los comercios*** HDL Ladenöffnungs-(Ladenschluss)zeiten *f*/*Pl*; ***~ continuo*** *od* ***corrido*** durchgehende Öffnungszeit *f*; ***~s desfasados*** gestaffelte Arbeitszeit(en *Pl*) *f*; ***~ flexible*** flexible *od* gleitende Arbeitszeit(gestaltung) *f*, Gleitzeit *f*; ***~ de invierno*** (***verano***) *Uhr* Winter-(Sommer)zeit; Winter-(Sommer)fahr- *bzw* -flugplan *m*; ***~ de máxima audiencia*** TV Haupteinschaltzeit *f*, beste Sendezeit *f*; ***~ normal*** (***reducido***) TEL Haupt-(Neben)-zeit *f*; ***~ de oficina(s)*** VERW Sprechzeiten *f*/*Pl*; ***~ rotativo*** Schichtarbeit *f*, -dienst *m*; ***~*** (***de servicios***) Öffnungszeiten *f*/*Pl*; ***~*** (***semanal***) ***de trabajo*** (Wochen-)Arbeitszeit *f*; ***en ~ ininterrumpido*** *Öffnungszeiten* durchgehend ◇ ***fijar el ~*** Termine festlegen

horca *f* Galgen *m*; ***a horcajad(ill)as*** rittlings

horchat|a *f* Erdmandelmilch *f*, *Erfrischungsgetränk aus der* → ***chufa***; **~ería** *f* Stand *m od* Halle *f* mit Erfrischungsgetränken

horda *f* Horde *f*, Bande *f*, Schar *f*

horizontal I *Adj* horizontal, waagerecht **II a)** *f* Horizontale *f*, Waagerechte *f* **b)** *m* *Fußball* Pfosten *m*, Latte *f*

horizonte *m* Horizont *m auch übertr*; Gesichtskreis *m*; ***de estrechos*** *od* ***reducidos ~s*** *übertr* engstirnig

horma *f* TECH Form *f*; *Schuh* Leisten *m*

hormiga *f* Ameise *f*

hormigón *m* Beton *m*; ***~ armado*** (***inyectado***; ***ligero***; ***pretensado***) Stahl-(Spritz-; Leicht-; Spann)beton *m*

hormigon|ado *m* Betonierung *f*; **~ar** *tr* betonieren

hormigu|ear *intr* kribbeln; jucken; wimmeln *voll sein von etw*; **~eo** *m* Kribbeln *n*; Jucken *n*; Gewimmel *n*; **~ero** *m* Ameisenhaufen *m*; Menschengewimmel *n*; **~illa** *f*, **~illo** *m* (Haut-)Jucken *n*

hormon|a *f* Hormon *n*; **~al** hormonal, hormonell, Hormon-; **~ar** mit Hormonen be-

H

handeln; **~oterapia** *f* Hormontherapie *f*
hornada *f* Backofen *m* voll, Schub *m*; Jahrgang *m*; ***de la nueva ~*** frisch gebacken *auch übertr*
hornilla *f* Kochplatte *f auf dem Küchenherd*; → ***hornillo***
hornillo *m* (Koch-, Küchen-)Herd *m*; Kocher *m*; ***~ eléctrico*** (elektrische) Kochplatte *f*
horno *m* TECH Ofen *m*; (Back-)Ofen *m*; Back-, Bratröhre *f*; Herd *m*; ***~ de convección, ~ convector*** Umluftbackofen *m*; Umluftherd *m*; ***~ de incineración de basuras*** Müllverbrennungsofen *m*; ***~ Martín*** Siemens-Martin-Ofen *m*; ***~ de panadero*** Backofen *m*; ***acabado de sacar del ~*** *Esp* funkelnagelneu; ***al ~*** KOCHK au four; ***alto ~*** Hochofen *m*
horóscopo *m* Horoskop *n*
horquilla *f* Forke *f*; LANDW, *Zweirad*, TECH, TEL Gabel *f*; Haarnadel *f*
horr|endo schrecklich, entsetzlich; ungeheuer; **~ible** schrecklich, grauenhaft, -voll, furchtbar; **~ipilante** haarsträubend
horror *m* Schrecken *m*; Entsetzen *n*; Scheußlichkeit *f*; Abscheu *m*; Schauder *m*, Grauen *n*; **~es** *Pl* Gräuel(taten *f/Pl*) *m*; Schauergeschichten *f/Pl*; ***¡qué ~!*** (wie) grässlich *od* schrecklich *od* entsetzlich! ◇ ***me da ~ pensar en …*** mir graust beim Gedanken an …; ***tener ~ a*** verabscheuen
horror|izar ⟨-z/c-⟩ *tr* mit Schrecken *od* Entsetzen erfüllen; **~izarse** sich entsetzen (**de** über); **~oso** grässlich, entsetzlich; abstoßend, scheußlich
hort|aliza(s *Pl*) *f* Gemüse *n auch roh essbar, z.B. Tomaten*; **~ensia** *f* Hortensie *f*; **~era** ⟨*m u f unv*⟩ *Esp* geschmacklos *z.B. Kleidung scheußlich*; kitschig; **~ícola** Gartenbau-; Gemüseanbau-; **~icultor** *m*, **~icultora** *f* Gemüseanbauer(in) *m(f)*; (Obst-, Gemüse-)Gärtner(in) *m(f)*; **~icultura** *f* Gartenbau(kunst *f*) *m*; Gemüse(an)bau *m*
hosco schwärzlich; *Miene* düster, finster; mürrisch, abweisend
hosped|aje *m* Beherbergung *f*; Unterkunft *f* und Verpflegung *f*; Kostgeld *n*; **~ar** *tr* beherbergen; *jmdn* unterbringen; **~arse** logieren, *in einer Unterkunft* absteigen; sich einquartieren; **~ero** *m* Gastgeber *m*, Wirt *m*
hospicio *m* Hospiz *n*; Pflegeheim *n*; Armenhaus *n*; Waisenhaus *n*
hospital *m* Krankenhaus *n*; ***~ clínico*** Klinikum *n*
hospital|ario gastfreundlich; Krankenhaus-; **~idad** *f* Gastfreundschaft *f*; **~ización** *f* Einweisung *f* (*bzw* Unterbringung *f*) in ein(em) Krankenhaus; **~izar** ⟨-z/c-⟩ *tr* in ein Krankenhaus einweisen *bzw* einliefern *bzw* aufnehmen
host|al *m* Pension *f Fremdenheim*; → ***~ería***; **~el** *m* (Autobahn-)Raststätte *f*; **~elería** *f* Hotel- und Gaststättengewerbe *n*; **~elero I** *Adj* Gaststätten- **II** *m* Gastwirt *m*; **~ería** *f* Gast-, Wirtshaus *n*
hosti|a *f* Hostie *f*; Oblate *f*; *umg* Ohrfeige *f*; (¡)***la ~***(!) Scheiße! *vulg*, so ein Mist! ◇ ***echar ~s*** fluchen
hosti|ar ⟨*im Präs nicht gebräuchlich*⟩ *tr jmdn* ohrfeigen *bzw* schlagen; **~gar** ⟨-g/gu-⟩ *tr jmdm* zusetzen; angreifen, überfallen; anfeinden
hostil feindlich; feindselig
hostilidad *f* Feindseligkeit *f*, feindselige Haltung *f*; **~es** *Pl* Feindseligkeiten *f/Pl*, Kampfhandlungen *f/Pl*
hostilizar ⟨-z/c-⟩ *tr* anfeinden; belästigen
hotel *m* Hotel *n*; ***~ de cita*** *od* ***paso, ~ rotativo*** Stundenhotel *n*; ***~ contratado*** Vertragshotel *n*; ***~ de cuatro estrellas*** Viersternehotel *n*
hotel|ería *f* Hotelgewerbe *n*, Hotellerie *f*; **~ero I** *Adj* Hotel- **II** *m* Hotelbesitzer *m*; **~ito** *m Esp* → ***chalet***; **~ucho** *m* Absteige *f*
hotline *f* TEL Hotline *f*
hoy heute; jetzt; ***~ (en) día*** heutzutage; ***~ por ~*** gegenwärtig, bis jetzt; einstweilen; ***~ mismo*** noch heute; ***de ~*** heutig; ***de ~ en adelante*** von heute an, künftig; ***de ~ a mañana*** demnächst; ***sin más por ~*** *Briefformel* das wär's einstweilen *od* für heute
hoy|a *f* Grube *f*; Grab *n*; **~o** *m* Loch *n auch Golf*; Vertiefung *f*; Startloch *n*; Blatter- *bzw* Pockennarbe *f*; **~uelo** *m* Grübchen *n*
hoz *f* Sichel *f*; ***de ~ y coz*** *umg* ohne Bedenken; unüberlegt
HP → ***CV***
hubo → ***haber***
hucha *f* Sparbüchse *f*; Ersparnisse *f/Pl*
hueco I *Adj* hohl *auch übertr Stimme*; leer; eitel; *Stil* schwülstig; *Kleidung* weit **II** *m* Loch *n*; Lücke *f auch übertr*; Hohlraum *m*; Öffnung *f*; VERK Parklücke *f*; (Fahrstuhl- *bzw* Treppen-)Schacht *m*; *Arbeit* freie Stelle *f*; TECH, TYP Aussparung *f*; *Am reg* Schlagloch *n*; ***~ en el mercado*** Marktlücke *f* ◇ ***abrir otro ~ al cinto*** *übertr* den Gürtel enger schnallen; ***cubrir*** *od* ***llenar*** (***dejar***) ***un ~*** *übertr* eine Lücke schließen (hinterlassen *od* reißen)
huecograbado *m* TYP Tiefdruck *m*
huele *Präs Ind* → ***oler***
huelga *f* Streik *m*, Ausstand *m*; ***~ de advertencia*** *od* ***aviso*** (***brazos caídos***) Warn-(Sitz)streik *m*; ***~ de brazos lentos, ~ de ce-***

H

lo Bummelstreik *m*; Dienst *m* nach Vorschrift; ~ ***espontánea*** *od* ***salvaje*** (***indefinida***) wilder (unbefristeter) Streik *m*; ~ ***general*** (***de hambre***) General-(Hunger)streik *m*; ~ ***limitada*** (***parcial***; ***patronal***) Kurz-(Teil-; Unternehmer)streik *m* ◇ ***conjurar*** (***convocar***; ***emplazar***) ***la*** ~ den Streik abwenden (zum Streik aufrufen; den Streik ansetzen); ***declararse en*** ~, ***estar de*** *od* ***en*** ~, ***ir*** *od* ***lanzarse a la*** ~ streiken, in den Streik *od* Ausstand treten
huelg|uista *m* Streikender *m*; **~uístico** Streik-
huella *f* Spur *f*; Fährte *f*; Fußstapfe *f*, -abdruck *m* ◇ ***sin dejar ~s*** spurlos; ***levantar*** *od* ***registrar*** *od* ***tomar las ~s dactilares*** *od* ***digitales*** die Fingerabdrücke nehmen; ***seguir las ~s de alg*** *übertr* in jmds Fußstapfen treten
huérfano I *Adj* verwaist; Waisen-; **II** *m* Waise *f*; ~ ***de madre*** *bzw* ***de padre*** Halbwaise *f*; ~ ***de padre y madre***, ~ ***total*** Vollwaise *f* ◇ ***quedar*** ~ verwaisen
huert|a *f* Obst- *bzw* Gemüseplantage *f*; *Esp* bewässertes Obst- und Gemüseland *n*
huerto *m* Obst- und Gemüsegarten *m*; ~ ***familiar*** *Esp etwa* Schrebergarten *m*
hueso *m* Knochen *m*, *in Zus* Bein *n*; *Steinobst* Kern *m*; *übertr* harte Nuss *f*; ***~s*** *Pl* Gebeine *n*/*Pl*; ***la sin*** ~ *scherzh für* Zunge *f* ◇ ***no dejar a alg*** ~ ***sano*** *übertr* kein gutes Haar an jmdm lassen
huésped *m* Gast *m*; ~ ***distinguido*** Ehrengast *m*; Ehrenbürger *m*
hueva *f* Fischei *n*; ***~s*** *Pl* Rogen *m*
huev|ada *f* Blödsinn *m*, Quatsch *m*; **~era** *f* Eierbecher *m*
huevo *m* Ei *n*; ***~s*** *Pl vulg* Eier *n*/*Pl Hoden*; ~ ***en cáscara*** *od* ***pasado por agua*** weich gekochtes Ei *n*; ~ ***duro*** *od* ***sancochado*** (***escalfado***) hart gekochtes (poschiertes) Ei *n*; ~ ***estrellado*** *od* ***frito***, ~ ***al plato*** Spiegel-, Setzei *n*; ~ ***de Pascua*** Osterei *n*; ***~s revueltos*** Rührei(er *Pl*) *n*; ***~s al vaso*** Eier *n*/*Pl* im Glas ◇ ***parecerse como un*** ~ ***al otro*** sich ähneln wie ein Ei dem anderen; ***tener ~s*** *vulg* Mumm haben *umg*
huevón I *Adj Am vulg* doof *umg*; *vulg* träge, faul; *Méx*, *Nic* tapfer, beherzt; **II** *m Am vulg* Dussel *m*, Quatschkopf *m umg*
hugonote *m* GESCH Hugenotte *m*
huida *f* Flucht *f*; ~ ***hacia adelante*** *übertr* Flucht *f* nach vorn; ~ ***del capital*** WIRTSCH Kapitalflucht *f*; ~ ***masiva*** Massenflucht *f*
huido scheu, ängstlich ◇ ***andar*** *od* ***estar*** ~ *jmdm bzw anderen Menschen* aus dem Wege gehen, menschenscheu (geworden) sein; flüchtig *od* auf der Flucht sein
huir ⟨-uy-⟩ **I** *intr* fliehen, flüchten; ausbrechen; *Zeit* verfliegen; ~ ***de alg*** *od* ***u/c*** jmdm *od* einer Sache aus dem Wege gehen; **II** *tr etw* (ver)meiden; *einem Schlag* ausweichen; ***~se*** → ***huir I***
hule *m* Wachstuch *n*; Ölleinwand *f*; *AmC*, *Méx* Kautschuk(baum) *m*
hulla *f* Steinkohle *f*; ~ ***blanca*** weiße Kohle *f Wasserkraft*
humanidad *f* Menschheit *f*; Menschlichkeit *f*, Humanität *f*; ***~es*** *Pl* (klassische) Philologie *f*; Geisteswissenschaften *f*/*Pl*; humanistische Bildung *f*
human|ismo *m* Humanismus *m*; **~ista I** *Adj* humanistisch; **II** *m* Humanist *m*; **~ístico** → ***~ista I***; **~itario** humanitär, menschenfreundlich; **~itarismo** *m* Menschenfreundlichkeit *f*, humanitäre Bestrebungen *f*/*Pl*; **~ización** *f* Humanisierung *f*, Vermenschlichung *f*; **~izar** ⟨-z/c-⟩ *tr* vermenschlichen, humanisieren; **~izarse** menschlich(er) werden; Kultur annehmen; **~o** human, menschlich, gütig; Menschen-; **~oide** menschenähnlich; **~os** *m*/*Pl* Menschen *m*/*Pl*
hum|arada *f* Rauchwolke *f*; **~arazo** *m* → ***~azo***; **~areda** *f* → ***~arada***; **~azo** *m* Qualm *m*; **~eante** rauchend, qualmend; dampfend; **~ear I** *intr* rauchen, qualmen; dampfen; *Feindschaft* schwelen **II** *tr Am* ausräuchern
humed|ad *f* Feuchtigkeit *f*; **~ecer** ⟨-zc-⟩ *tr* an-, befeuchten; benetzen
húmedo feucht; nass; dunstig
humero *m* Rauchabzug(skanal) *m*, Rauchfang *m*
húmero *m* Oberarmknochen *m*
humild|ad *f* Demut *f*; Bescheidenheit *f*; **~e I** *Adj* demütig; bescheiden; *Herkunft*, *Lebenslage* einfach *bzw* arm; geringfügig; **II** *m*: ***los*** ~ ***es*** die einfachen Menschen
humill|ación *f* Demütigung *f*, Erniedrigung *f*; Kränkung *f*; Unterwerfung *f*; **~ante** demütigend; beschämend; kränkend; **~ar** *tr* demütigen, erniedrigen; kränken; beschämen; (nieder)beugen *auch übertr*; unterwerfen; **~arse** sich erniedrigen; *übertr* sich ducken *od* beugen; **~o(s** *Pl*) *m* Dünkel *m*
humo *m* Rauch *m*, Qualm *m*; Dunst *m auch übertr*; ***~s*** *Pl* Allüren *f*/*Pl*; Dünkel *m*; ~ ***de palabras*** Wortschwall *m*; ***lleno de*** ~ rauchig, verräuchert ◇ ***bajarle los ~s a alg*** jmdm die Flügel stutzen *herabwürdigen*; ***convertir en*** ~ *Vermögen* durchbringen; ***echar*** *od* ***hacer*** ~ rauchen; ***¡gasta unos ~s!*** der *bzw* die hat ja (vielleicht) eine Stinklaune!; ***hacerse*** ~, ***irse en*** ~ *übertr* sich in Rauch *od* Luft auflösen
humor *m* Humor *m*; Laune *f*; Körperflüssigkeit *f*; ~ ***de perros*** Stinklaune *f* ◇ ***estar de buen*** (***mal***) ~ gut (schlecht) gelaunt sein,

gut (schlecht) drauf sein *umg*; ***gastar mal ~*** immer übler Laune sein, eine Stinklaune haben *umg*
humorado: ***bien ~*** gut gelaunt
humor|ismo *m* Humor *m*; **~ista** *m* Humorist *m*; **~ístico** humoristisch; witzig
hum|oso rauchig; **~us** *m* Humus *m*
hund|imiento *m* Versenken *n*; *Schiff* Sinken *n*; Untergang *m*; Senkung *f*; Einsturz *m*; Absacken *n*; Zusammenbruch *m*, Verfall *m*; **~ir** *tr* versenken; ein-, niederdrücken; vernichten; *übertr jmdn* erledigen; *in eine Tasche* stecken; **~irse** (ver)sinken, untergehen; zunichte werden; zusammenstürzen *auch übertr*; spurlos verschwinden
húngaro I *Adj* ungarisch **II** *m*, **-a** *f* Ungar(in) *m(f)*
Hungría *f* Ungarn *n*
hurac|án *m* Orkan *m*; **~anado** orkanartig
huraño ungesellig; menschenscheu
hurgar ⟨-g/gu-⟩ **I** *tr Feuer* schüren; *jmdn* triezen *umg*; *jmdn* aufstacheln **II** *intr verächtl* (herum)wühlen, (-)kramen; *verächtl* (herum)schnüffeln; stöbern
hurón *m* Frettchen *n*; Schnüffler *m*; *umg* Muffel *m*
hurtadillas: ***a ~*** verstohlen, heimlich
hurt|ar I *tr* stehlen; *Uferland* wegspülen, -schwemmen; Fremdes als Eigenes ausgeben; *einer Gefahr, einem Schlag od Stoß* ausweichen; **II** *intr* betrügen; stehlen; **~arse** sich drücken, kneifen; **~o** *m* Diebstahl *m*; Diebesgut *n*
husma *f* JAGD Witterung *f* ◇ ***andar a la ~ de u/c*** einer Sache (heimlich) nachgehen; ***estar a la ~ de u/c*** *übertr* einer Sache nachjagen, heimlich auf etw spekulieren
husm|ar *tr/intr* → ***~ear***; **~eador** *m verächtl* Schnüffler *m*; **~ear I** *tr* wittern *auch übertr*; beschnüffeln *auch übertr*; *übertr in etw* herumschnüffeln; **II** *tr/intr* schnuppern *auch übertr sich mit etw vertraut machen*; *Fleisch* übel zu riechen anfangen; **~eo** *m* Wittern *n*; *übertr* Schnüffelei *f*
huso *m* BIOL, MASCH, TEXTIL Spindel *f*; ***~ horario*** Zeitzone *f*
Hz *m* (*Abk für* ***hertzio***) Hz *n*

I

i, I *f* ⟨*Pl* ***íes***⟩ i, I *n*; ***~ griega*** *Name des Buchstabens* ***y, Y***; Ypsilon *n*, y, Y *n*
I (*Symb für* ***yodo***) CHEM I
ib. (*Abk für* ***ibídem***) ib., ibd.
iba → ***ir***
Iberia[1] *f alt für* → ***España*** *u* → ***Portugal***
Iberia[2] *f* Iberia *f spanische Luftverkehrsgesellschaft*
ibérico iberisch; *i e S* spanisch; Pyrenäen-
Iberoamérica *f* Iberoamerika *n*; *i w S* Lateinamerika *n*
iberoamericano I *Adj* iberoamerikanisch; *i w S* lateinamerikanisch **II** *m* Iberoamerikaner *m*; Lateinamerikaner *m*
IBEX® *m* → ***(índice) IBEX®***
IBI *m Abk für* ***impuesto sobre bienes inmuebles***, → ***impuesto II***
ibídem WISS, LIT ebenda, ibidem
IBM *f* (*Abk für* ***International Business Machines Corporation***) IBM *f USA-Großkonzern für Büromaschinen u elektronische Datenverarbeitungsanlagen*
iceberg *m* Eisberg *m*
ICEX *m*, *auch* **Icex** *m Abk für* ***Instituto Español de Comercio Exterior***, → ***instituto***
ICI *m Abk für* ***Instituto de Cooperación Iberoamericana***, → ***instituto***
icnografía *f* ARCH Grundriss *m*
ICO *m Abk für* ***Instituto de Crédito Oficial***, → ***instituto***
icono *m* MAL, REL Ikone *f*; INFORM Symbol *n*, Ikon *n*; ***~ de aplicación*** (***~ del disquete***; ***~ del fichero***) INFORM Anwendungs-(Disketten-; Datei)symbol *n*
ict|ericia *f* MED Gelbsucht *f*; **~iología** *f* Fischkunde *f*, Ichthyologie *f*; **~iólogo** *m* Fischkundler *m*, Ichthyloge *m*; **~ismo** *m* Fischvergiftung *f*
id. (*Abk für* ***ídem***) id.
ida *f* Gang *m*; Laufen *n*; Weggang *m*; Hinfahrt *f bzw* -reise *f bzw* -flug *m*; Hinweg *m*; JAGD Fährte *f*, Fußabdruck *m*; ***~s*** *Pl* ***y venidas*** Hin(-) und Her(laufen) *n*, Gelaufe *n*; ***~ y vuelta*** Hin- und Rückfahrt *f bzw* -flug *m*; Hin- und Rückweg *m*
idea *f* Idee *f*, Gedanke *m*; Vorstellung *f*; Auffassung *f*, Meinung *f*; Anschauung *f*, Ansicht *f*; Begriff *m*; *übertr* Bild *n*; Absicht *f*; Einfall *m*; Plan *m*, Entwurf *m*; Ahnung *f*; ***~s*** *Pl meist* POL Gesinnung *f*, Überzeugung *f*; ***~ fija*** fixe Idee *f*, Wahnvorstellung *f*; ***~ fundamental*** Grundgedanke *m*; ***~ general*** allgemeine *aber nicht exakte* Vorstellung *f*; Überblick *m*; ***~ preconcebida*** vorgefasste Meinung *f*; ***sin ~s preconcebidas*** unvoreingenommen; ***una ligera ~*** *od* ***~***

vaga eine vage Vorstellung ◇ ***aparta esas ~s de tu cabeza*** schlag dir das aus dem Kopf; ***cambiar de ~*** seine Meinung ändern; ***coquetear con la ~*** mit dem Gedanken spielen *od* liebäugeln; ***dar una ~*** eine Vorstellung vermitteln; ***formarse*** *od* ***hacerse una ~ de u/c*** sich von etw einen Begriff machen; ***hacerse*** *od* ***llevar la ~, tener*** (***la***) ***~*** sich vornehmen (***de*** zu); ***¡son ~s suyas!*** das bildet er *bzw* sie sich ein; ***no tener ni ~, no tener*** (***ni***) ***la menor*** *od* ***ni la más remota ~*** keinen Schimmer *od* blassen Dunst haben *umg*; nicht die leiseste Ahnung haben; ***no tienes ~*** du kannst dir nicht vorstellen (***de lo que*** wie)

ideal I *Adj* ideal, vorbildlich, vollkommen; Muster-; ideell; erdacht; ***lo ~*** das Beste **II** *m* Ideal *n*, Vorbild *n*; **~ismo** *m* PHIL *u allg* Idealismus *m*; Schwärmerei *f*; **~ista I** *Adj* idealistisch; schwärmerisch **II** *m* Idealist *m*; Schwärmer *m*; **~ización** *f* Idealisierung *f*; **~izar** ⟨-z/c-⟩ *tr* idealisieren; verklären

ide|ar *tr* sich *etw* ausdenken; vorhaben; ersinnen; entwerfen; entwickeln, erfinden *auch* TECH; **~ario** *m* Gedankengut *n*, *übertr* Geist *m*

ídem desgleichen, ebenso; dito

idéntico identisch, übereinstimmend; *Schriftstück* gleich lautend; sehr ähnlich (***a*** *Dat*); gleich; derselbe (***que*** wie)

identidad *f* Identität *f*, Übereinstimmung *f*; Gleichheit *f*; ***~ personal*** JUR Angaben *f/Pl* zur Person ◇ ***comprobar la ~*** die Personalien feststellen; *jmdn* identifizieren; ***probar su ~*** sich ausweisen *od* legitimieren

identificable identifizierbar; (***no***) ***~*** (nicht) gleichzusetzen(d) (***con*** mit)

identificación *f* Identifizierung *f*; Bestimmung *f Ermittlung*; Erkennung *f*; (Ausweis-)Papiere *n/Pl*; ***~ del fax*** INFORM Faxkennung *f*

identificar ⟨-c/qu-⟩ *tr* identifizieren; JAGD, MIL *Ziel* ausmachen; *z.B. Pflanzen* bestimmen; gleichsetzen; *jmdn od etw* ausweisen (***como*** als); erkennen; in Übereinstimmung bringen; **~se** sich ausweisen; sich zu erkennen geben; seinen *bzw* ihren Namen nennen; übereinstimmen *od* sich identifizieren (***con*** mit); sich ganz hineindenken *od* -leben (***con*** in)

ideo|logía *f* Ideologie *f*, Denkart *f*; Weltanschauung *f*; **~lógico** ideologisch; weltanschaulich; Gedanken-, gedanklich; **~logizar** ⟨-z/c-⟩ *tr* ideologisieren

ideólogo *m* Ideologe *m*; POL *auch* Theoretiker *m*

id|ílico idyllisch; beschaulich; **~ilio** *m* Idyll *n*; LIT, MAL Idylle *f*; Liebesverhältnis *n*

idioma *m* Sprache *f*; ***~ extranjero*** (***materno***) Fremd-(Mutter)sprache *f*; ***~ nacional*** *od* ***oficial*** Amts-, National-, Staatssprache *f*; ***~ patrio*** Landes-, Heimatsprache *f*; ***~ universal*** Weltsprache *f*; Welthilfssprache *f* ◇ ***dominar un ~*** eine Sprache beherrschen

idiomático idiomatisch; sprachlich, Sprach(en)-

idiosincrasia *f* MED *u allg* Idiosynkrasie *f*; (nationale *od* individuelle) Eigenart *f*; Wesen *n*; **~s** *Pl* Gewohnheiten *f/Pl*; Eigenheiten *f/Pl*

idiot|a I *Adj* idiotisch, dumm **II** *m* Idiot *m auch* MED, Schwachkopf *m*; **~ez** *f* Idiotie *f auch* MED, Dummheit *f*; *übertr* Schwachsinn *m*; **~ismo** *m* Idiom *n*, typische Redensart *f*; Dummheit *f*; MED Idiotie *f*; **~izado** verblödet; **~izar** ⟨-z/c-⟩ *tr* verdummen

ido *Part von* → ***ir***; *mit* ***estar*** *od* ***quedar*** (***se***) **~**: geistig weggetreten, beknackt *umg*; benommen, *übertr* berauscht; *Am reg* beschwipst

idolatr|ar *tr* abgöttisch lieben, vergöttern; **~ía** *f* Götzendienst *m*, Idolatrie *f*; abgöttische Liebe *f*, Vergötterung *f*

ídolo *m* Idol *n*, Abgott *m*; Götze(nbild *n*) *m*; Trugbild *n*

idoneidad *f* Eignung *f*, Fähigkeit *f*

idóneo fähig, geeignet (***para*** für); ideal

i.e. (*für lateinisch* ***id est***) d.h. *Abk für* das heißt; d.i. *Abk für* das ist

iglesia *f* Kirche *f auch übertr*; Geistlichkeit *f*; Kirchengemeinde *f*; ***~ catedral*** Münster *n*, Dom-, Stiftskirche *f*; ***~ católica*** (***evangélica***; ***protestante***) katholische (evangelische; protestantische) Kirche *f*; ***~ griega*** *od* ***ortodoxa griega*** griechisch-orthodoxe Kirche *f* ◇ ***casarse por la ~*** sich kirchlich trauen lassen

iglú *m* Iglu *m,n*, *umg* Altglascontainer *m*

ígneo feurig, Feuer-; feuerfarben

ign|ición *f* Zündung *f auch* KFZ, Zünden *n*; Verbrennung *f*, Verbrennen *n*; Glühen *n*; **~ífugo** flammensicher, feuerbeständig, -fest

ignomini|a *f* Schmach *f*, Schande *f*; **~oso** schmachvoll, schmählich, schändlich

ignorancia *f* Unwissenheit *f*, Ignoranz *f*; Unkenntnis *f*; Ahnungslosigkeit *f*; ***~ supina*** gröbste Unwissenheit *f*; ***por ~*** aus *od* wegen Unkenntnis *f*; *Sprichw* ***la ~ no quita castigo*** Unwissenheit schützt vor Strafe nicht

ignorante I *Adj* unwissend **II** *m* Unwissender *m*; Ignorant *m*

ignorar *tr* nicht wissen; verkennen; ignorieren, nicht beachten, nicht kennen wollen; ***no ~*** sehr gut *od* wohl wissen

igual I *Adj* gleich *auch* MATH (***tres menos dos, ~ a uno***); gleichmäßig; gleichförmig;

gleichwertig; gleichrangig; gleich bleibend; unverändert; egal, gleichgültig; *Gelände* eben; ebenbürtig; ebenso *od* noch so einer (***a*** wie); derselbe ◇ (***me***) ***da*** *od* ***es~*** das ist (mir) gleich *od* einerlei *od* egal; ***¡es ~!*** das macht nichts! **II** *m* Gleichberechtigter *m*; Amtskollege *m*; MATH Gleichheitszeichen *n*; ***al ~ que*** *Konj auf Subst bezogen* (ebenso) wie; ***sin ~*** ohnegleichen, unerreicht ◇ ***no tener ~*** nicht seinesgleichen haben; ***tratar de ~ a ~*** ebenbürtig *od* wie seinesgleichen behandeln **III** *Adv* → ***igualmente***; ***~ que*** *Konj auf Verben bezogen* ebenso wie

igual|a *f* vereinbarte Zahlung *f*; Pauschalhonorar *n*; Jahresbeitrag *m*, -pauschale *f für medizinische Betreuung*; **~ación** *f* Angleichung *f*; Abgleichung *f*; Ausgleich *m*; Übereinkunft *f*; Egalisierung *f*; Gleichsetzung *f*, -stellung *f*; **~ar** *tr* gleichen, gleichkommen (***a alg en u/c*** jmdm in etw); es *jmdm* gleichtun; *jmdm* nacheifern; ausgleichen; angleichen; abgleichen; *übertr* gleichmachen; gleichstellen *für gleichwertig halten*; egalisieren; *Gelände* ebnen; glatt machen *bzw* streichen; **~arse** sich *mit jmdm* gleichstellen; gleichen, gleichkommen (***a, con*** *Dat*); *übertr* sich die Waage halten; vereinbaren, übereinstimmen

igualdad *f* Gleichheit *f*; ***~ de derechos*** Gleichberechtigung *f*; ***~ de oportunidades*** *od* ***posibilidades*** Chancengleichheit *f*; ***~ de puntos*** SPORT Punktgleichheit *f*, Unentschieden *n*; ***con ~ de derechos*** gleichberechtigt; ***en ~ de condiciones*** bei *od* unter gleichen Bedingungen

igual|itario die (Politik der) Gleichheit *bzw* Gleichberechtigung verfechtend; **~itarismo** *m* (Politik *f* der) Gleichmacherei *f*; **~itarista** gleichmacherisch; **~ito** ganz genau so; **~mente** gleich-, ebenfalls; ebenso, gleichermaßen

iguana *f* ZOOL Leguan *m*

ilegal ungesetzlich, unrechtmäßig, widerrechtlich, gesetz-, rechtswidrig; illegal; unlauter; **~idad** *f* Ungesetzlichkeit *f*, Unrechtmäßigkeit *f*, Gesetz-, Rechtswidrigkeit *f*; Illegalität *f*; **~ización** *f* Verbot *n von Organisationen*; **~izar** ⟨-z/c-⟩ *tr* POL für illegal erklären

il|egible unlesbar *auch verächtl übertr*, unleserlich; **~egítimo** ungesetzlich, gesetz-, rechtswidrig, widerrechtlich, unrechtmäßig, illegitim; unehelich; *Produkt* verfälscht

íleo *m* MED Darmverschluss *m*

il|eso unverletzt, -versehrt; **~etrado I** *Adj* des Lesens und Schreibens unkundig; ungebildet **II** *m* Analphabet *m*; **~ícito** unerlaubt, verboten; rechtswidrig; unlauter; außerehelich; **~imitado** unbeschränkt, -begrenzt; uneingeschränkt, -umschränkt; unbefristet; *übertr* schrankenlos; **~iquidez** *f* Zahlungsunfähigkeit *f*; Illiquidität *f*; **~ocalizable** unauffindbar; **~ógico** unlogisch

iluminación *f* Beleuchtung *f*; Erleuchtung *f*; MAL Ausmalen *n*; FOTO, OPT Ausleuchtung *f*; FLUGW, MAR Befeuerung *f*; ***iluminaciones*** *Pl* Lichterkette *f*; ***~ artificial*** Flutlicht *n*

ilumin|ador *m*, **~adora** *f* Buchmaler(in) *m(f)*, Kolorist(in) *m(f)*; THEAT Beleuchter(in) *m(f)*; **~ar** *tr* beleuchten; erleuchten *auch übertr Klarheit verschaffen*; erhellen; FOTO, OPT ausleuchten; MAL ausmalen, kolorieren; *Gebäude* anstrahlen; illuminieren

ilusión *f* (Selbst-)Täuschung *f*, Illusion *f*; (eitle) Hoffnung *f*; Vorspiegelung *f*; Erwartung *f*, Vorfreude *f*; ***~ óptica*** optische Täuschung *f* ◇ ***forjarse*** *od* ***hacerse ilusiones*** sich Illusionen machen; sich falsche Vorstellungen machen

ilusion|ar *tr* blenden, täuschen; Freude machen; *jmdm* Hoffnungen machen (***con*** auf); **~arse** sich trügerischen *od* falschen Hoffnungen hingeben, sich Illusionen machen; **~ismo** *m* Taschenspielerei *f*, Zauberkunst *f*; **~ista** *m* Taschenspieler *m*, Zauberkünstler *m*, Illusionist *m*

ilus|o enttäuscht, betrogen; **~orio** trügerisch, illusorisch

ilustr|ación *f* BUCHW, ZTGSW Illustration *f*, Abbildung *f*; Veranschaulichung *f*; Bildung *f*; GESCH, PHIL *u allg* Aufklärung *f*; **~ado** bebildert; gebildet *kultiviert*; **~ador** *m*, **~adora** *f* Illustrator(in) *m(f)*; **~ar** *tr* illustrieren, mit Abbildungen versehen; erläutern, Aufschluss geben; veranschaulichen; *jmdn* bilden; aufklären; **~arse** sich auszeichnen (***por*** durch); sich bilden; berühmt werden; **~ativo** anschaulich; aufschlussreich; **~e** berühmt; hoch *angesehen*; edel

imagen *f* Bild *n auch übertr*; Abbildung *f*; Vorstellung *f Idee*; Aussehen *n*; ***~ borrosa*** (***nítida***) FOTO unscharfes (scharfes) Bild *n*; ***~ de un dígito*** INFORM Zeichenbild *n*; ***~ fija*** INFORM Standbild *n*; ***~ de marca*** HDL Markenimage *n*; ***~*** (***pública***) Image *n*; ***~ radárica*** Radarbild *n*; ***~ satelital*** Satellitenaufnahme *f*, -bild *n*; ***~ televisiva*** Fernsehbild *n*; ***viva ~*** Ebenbild *n*

imaginable denk-, vorstellbar

imaginación *f* Fantasie *f*, Einbildungskraft *f*; Vorstellung *f*, Einbildung *f*; ***~ creadora*** (***fértil***) schöpferische (blühende) Fantasie

I

f ◇ ***dejar volar la ~*** seiner Fantasie freien Lauf lassen; ***eso sobrepasa la ~*** das ist unvorstellbar

imaginar *tr* sich *etw* ausdenken, *übertr* erfinden; ahnen, vermuten; **~se** sich denken *od* vorstellen (können); sich einbilden (*Inf* zu); ***han tenido que imaginárselas*** sie mussten sich etw einfallen lassen; ***ya me lo imaginaba*** das habe ich mir schon gedacht

imagin|arias *f/Pl*: ***hacer ~*** MIL Wache schieben; **~ario I** *Adj* erdacht; Fantasie-, Traum-; imaginär *auch* MATH **II** *m übertr* Bild *n*, Vorstellung *f von jmdm od etw*; Vordenker *m*; **~ativa** *f* Vorstellungskraft *f*, -vermögen *n*; **~ativo** fantasievoll; einfallsreich, erfinderisch; Vorstellungs-; Einbildungs-

I

imán¹ *m* Magnet *m auch übertr*; *übertr* Anziehungspunkt *m*

imán² *m* REL *Islam* Imam *m*

iman(t)|ado magnetisch; *übertr* angezogen (***por*** von *od* durch); **~ar** *tr* magnetisieren

imbat|ible unschlagbar, unbesiegbar; **~ido** ungeschlagen, unbesiegt

imb|écil I *Adj* schwachsinnig; dumm, blöd(e) *umg* **II** *m* Schwachsinniger *m*; Idiot *m*, Dumm-, Schwachkopf *m*; **~ecilidad** *f* Schwachsinn *m*; Blödsinn *m umg*

imberbe bartlos; noch ohne Bart

imborrable nicht radierbar; unauslöschlich, unvergesslich; nicht zu tilgen(d)

imbu|ido durchdrungen (***de*** von); **~ir** ⟨-uy-⟩ *tr übertr jmdm etw* eintrichtern *od* einflößen, *jmdn* voll stopfen (***de*** mit); **~irse** *übertr* sich voll saugen, sich voll stopfen lassen (***de*** mit)

IME *m Abk für* ***Instituto Monetario Europeo***, → ***instituto***

imitable nachahmbar; nachahmenswert

imitación *f* Imitation *f*; Nachahmung *f*; Nachahmen *n*; Nachbildung *f*; ***de ~*** künstlich, Kunst-

imit|ado unecht; **~ar** *tr* imitieren; nachahmen; nacheifern; nachmachen; nachbilden

impaciencia *f* Ungeduld *f*; ***con ~*** ungeduldig

impacient|ar *tr* ungeduldig machen; beunruhigen; aufregen; **~arse** ungeduldig werden, die Geduld verlieren; sich beunruhigen; sich aufregen; **~e** ungeduldig (***por*** auf; wegen); beunruhigt

impact|ante beeindruckend; wirkungsvoll, packend; schockierend; **~ar** *tr* schockieren; → ***hacer impacto***

impacto *m Geschoss* Treffer *m*; Aufprall *m*; Einschuss *m*; Einschlag *m*; große (Aus-)Wirkung *f*; ***~ ambiental*** *od* ***ecológico*** Umweltbelastung *f*; Umwelteinfluss *m*; ***~ directo*** Volltrefer *m* ◇ ***hacer ~*** *Geschoss* treffen (***en*** *Akk*), einschlagen; aufprallen; eine große Wirkung ausüben, Auswirkung(en) haben (***en*** auf); beeindrucken

impag|able unbezahlbar; *Schulden* nicht rückzahlbar, untilgbar; **~ado** nicht entlohnt; unbezahlt

impago I *Adj* → ***impagado*** **II** *m* Nicht(be)-zahlung *f*; *AmS* Gläubiger *m*; **~s** *Pl* Rückstände *m/Pl Schulden*; ***~ de alquiler*** Mietrückstand *m*

impar ungleich; MATH ungerade; unpaarig; **~able** unaufhaltbar, -sam; SPORT unhaltbar

imparcial unparteiisch, vorurteilsfrei, objektiv; **~idad** *f* Vorurteilslosigkeit *f*, Objektivität *f*, Unparteilichkeit *f*

impartir *tr Weisungen*, *Unterricht* erteilen; *Aufgaben*, *Aufträge* verteilen, aufgeben

impasable unwegsam, unbegehbar; unpassierbar

impas|ibilidad *f* Teilnahmslosigkeit *f*; Gleichmut *m*; Unempfindsamkeit *f*; *übertr* Gefühllosigkeit *f*; **~ible** teilnahmslos; ungerührt; gleichmütig; ohne Mitgefühl, gefühllos

impasse *m* Ausweglosigkeit *f*, *übertr* Sackgasse *f*

imp|avidez *f* Unerschrockenheit *f*, Furchtlosigkeit *f*; Kaltblütigkeit *f*; *Am reg* Frechheit *f*, Unverfrorenheit *f*; **~ávido** furchtlos, unerschrocken; gelassen, unerschüttert; *Am reg* frech, unverfroren; **~ecable** tadellos, einwandfrei; fehlerfrei

impedido I *Adj körperlich* behindert (***de*** an); ***~ para trabajar*** arbeitsunfähig **II** *m*: ***~*** (***físico***) Körperbehinderter *m*

impedimento *m* Hindernis *n*, Hemmnis *n*; Behinderung *f*; Verhinderung *f*; ***~ de circulación*** *od* ***del tráfico*** Verkehrshindernis *n*; ***~ físico*** Körperbehinderung *f*

imped|ir ⟨-i-⟩ *tr* hindern, hemmen, erschweren; behindern; verhindern; *etw* unmöglich machen; *jmdm etw* verwehren; **~itivo** hemmend, störend, erschwerend; hinderlich; Hinderungs-

impeler *tr* (an)treiben; (an)stoßen; bewegen; schieben; (weg)stoßen; *übertr jmdn* drängen *od* treiben (***a*** zu); anspornen

impenetr|abilidad *f* Undurchdringlichkeit *f*; Undurchlässigkeit *f*; MIL Uneinnehmbarkeit *f*; Undurchschaubarkeit *f*; **~able** undurchdringlich; undurchlässig, dicht; MIL uneinnehmbar; undurchschaubar; unergründlich

impenitente unbußfertig, verstockt

impens|able undenkbar, -vorstellbar; **~ado** unverhofft, -erwartet

impepinable: ***eso es ~*** daran ist nicht zu

rütteln *das steht außer Zweifel*

imper|ante herrschend *bestehend*; vorherrschend; **~ar** *intr* herrschen *bestehen*; vorherrschen

imperativo I *Adj* dringend erforderlich; zwingend; gebieterisch **II** *m* GRAMM Befehlsform *f*, GRAMM *u übertr* Imperativ *m*; Erfordernis *n*, Gebot *n*; (Sach-)Zwang *m*; **~ *categórico*** PHIL kategorischer Imperativ *m*; **~ *máximo*** oberstes Gebot *n*

imper|ceptible nicht *bzw* kaum wahrnehmbar; unmerklich, *übertr* leicht; **~dible I** *Adj* unverlierbar **II** *m* Sicherheitsnadel *f*; **~donable** unverzeihlich; **~ecedero** unvergänglich, immer während

imperfec|ción *f* Unvollkommenheit *f*; Unzulänglichkeit *f*; ***imperfecciones*** *Pl* Schwächen *f/Pl*; **~to I** *Adj* unvollkommen; unzulänglich; unvollendet; mangelhaft **II** *m* GRAMM Imperfekt *n*, Vergangenheit *f*

imperial I *Adj* kaiserlich, Kaiser- **II** *f Omnibus* Oberdeck *n*; **~ismo** *m* Imperialismus *m*; **~ista** imperialistisch

impericia *f* Unerfahrenheit *f*

imperio *m* Herrschaft *f*; Reich *n*, Imperium *n*; Kaiserreich *n*; Kaiserzeit *f*; **~so** *übertr* großspurig; dringend; gebieterisch

imperito unerfahren

imperme|abilidad *f* Undurchlässigkeit *f*, Dichte *f*; **~abilización** *f* Abdichtung *f*; Imprägnierung *f*; **~abilizar** ⟨-z/c-⟩ *tr* abdichten; imprägnieren; **~able I** *Adj* wasserdicht; dicht, undurchlässig **II** *m* Trenchcoat *m Regen-*, *Wettermantel*; Sommermantel *m*; *Esp umg* Kondom *m*

impermutable unwandelbar

impersonal unpersönlich *auch* GRAMM; nicht persönlich gemeint, nicht gegen jmdn gerichtet; **~idad** *f* Mangel *m* an Persönlichkeit

impertérrito unerschütterlich; unerschrocken

impertinen|cia Unverschämtheit *f*; Dreistigkeit *f*; Aufdringlichkeit *f*; **~te I** *Adj* unverschämt; dreist, frech; auf-, zudringlich **II** *m* Flegel *m*; Frechdachs *m umg*

imperturable unerschütterlich; gelassen

ímpetu *m* Schwung *m*; Aufschwung *m*; Elan *m*; Ungestüm *n*, Heftigkeit *f*; Impetus *m*; Wucht *f*; ***con* ~** heftig; voller Schwung

impetuos|idad *f* Ungestüm *n*, Heftigkeit *f*; Schwung *m*; **~o** ungestüm, heftig; stürmisch *auch übertr*; schwungvoll; *Wasser, Wind* reißend, tobend

imp|iedad *f* Unbarmherzigkeit *f*; Ruchlosigkeit *f*; **~ío** unbarmherzig, erbarmungslos; ruchlos

implacable gnaden-, schonungslos, unerbittlich; unnachgiebig ◇ ***ser* ~** *übertr* an etw festhalten

implantación *f* BIOL, MED Einpflanzen *n*, Implantation *f*; Einsetzung *f*; Einführung *f von Gesetzen*, *Neuerungen*; POL Errichtung *f*; TECH Einrichtung *f*; **~ *de contingentes*** *od* ***cupes*** Kontingentierung *f*

implant|ar *tr* BIOL, MED einpflanzen, implantieren; einsetzen; einführen; *z.B. Diktatur* errichten; TECH einrichten; **~e** *m* MED Implantat *n*

implement|ación *f* INFORM Implementierung *f*; *Am* Einführung *f*; Aus-, Durchführung *f*; Verwirklichung *f*; Vollzug *m*; **~ar** *tr* INFORM *Anwenderprogramme* implementieren; *Am Verfahren usw* einführen; verwirklichen, aus-, durchführen; vollziehen; **~os** *m/Pl Am* Zubehör *n*, (technische) Ausstattung *f*, Geräte *n/Pl*; Sachen *f/Pl*, Zeug *n*

implic|ación *f* Verwick(e)lung *f in eine Angelegenheit*; JUR Teilnahme *f an einer Straftat*; Beteiligung *f*; Einbeziehung *f*; ***implicaciones*** *Pl* (negative) Auswirkungen *f/Pl*; **~ancia** *f Chi*, *Rpl* JUR Unvereinbarkeit *f*; Ablehnungs-, Hinderungsgrund *m wegen Befangenheit*; *Am* (negative) Auswirkung *f*; **~ar** ⟨-c/qu-⟩ *tr* mit sich bringen, zur Folge haben, bedeuten; beinhalten; implizieren, einschließen; *jmdn in etw* verwickeln; einbeziehen; **~arse** sich *in etw* hineinziehen lassen, verwickelt sein *od* werden

implícito stillschweigend, unausgesprochen; (mit) ein- *od* inbegriffen

implorar *tr* anflehen, *jmdn* inständig bitten

implos|ión *f* PHYS Implosion *f*; **~ionar** *intr* implodieren

imponder|abilidad *f* Unwägbarkeit *f*, Unberechenbarkeit *f*; **~able** unwägbar, unberechenbar; **~ables** *m/Pl* Imponderabilien *Pl*

impon|ente I *Adj* beeindruckend, imposant; imponierend, beachtlich; toll *umg*, großartig **II** *m* Einleger *m*, -zahler *m*; Sparer *m*; HDL Aufgeber *m*; **~er** ⟨→ ***poner***⟩ **I** *tr Steuern*, *Strafe* auferlegen; aufzwingen; *Auftrag* erteilen; aufbürden; *Blockade* errichten; *etw* durchsetzen; *Furcht*, *Schrecken* einjagen; *Respekt* gebieten; *Orden*, *Ehrennamen* verleihen; FIN einzahlen; *jmdn* unterweisen; *Steuern* erheben; *Maßnahme*, *Strafe* verhängen **II** *tr/intr* imponieren; **~erse** sich durchsetzen *od* behaupten; unvermeidlich sein; **~ibilidad** *f* FIN Belastbarkeit *f*; Besteuerbarkeit *f*

imponible FIN belastbar; besteuerbar, steuerpflichtig; ***no* ~** steuerfrei

impopular unpopulär, unbeliebt

import|able HDL einführbar; **~ación** *f* Import *m auch* INFORM, Einfuhr *f*; Importgut *n*, -güter *n/Pl*; **~ador I** *Adj* importierend, einführend; Import-, Einfuhr- **II** *m* Importeur *m*, Einfuhrhändler *m*

importancia *f* Bedeutung *f*, Wichtigkeit *f*, Stellenwert *m*; *übertr* Gewicht *n*; Umfang *m*, Größe *f*; Ansehen *n*; ***de*** (***sin*** *od* ***de poca***) **~** bedeutend, bedeutungsvoll, wichtig, von Belang (bedeutungs-, belanglos, unbedeutend, -wichtig); ***de ~ vital, de vital ~*** lebenswichtig; ***el segundo*** *od* ***la segunda*** (***tercero*** *od* ***tercera***) ***en ~*** der *od* die *od* das Zweit-(Dritt)größte ◇ ***adquirir*** *od* ***cobrar ~*** Bedeutung erlangen; ***atribuir*** *od* ***dar*** (***gran***) **~** (große) Bedeutung beimessen (***a*** *Dat*); großes Gewicht legen (***a*** auf); ***carecer de ~*** unbedeutend *od* unwichtig sein; ***dar ~*** Wert legen (***a*** auf); ***darse ~*** sich wichtig tun; ***restar ~ a u/c*** eine Sache nicht überbewerten; ***revestir ~*** bedeutsam *od* von Bedeutung sein; Bedeutung haben; (***no***) ***tener ~*** (un)wichtig sein

importante wichtig, bedeutend; erheblich; ansehnlich; angesehen; einflussreich; ***poco ~*** unwichtig, belanglos

importar I *tr* importieren *auch* INFORM, HDL *u übertr* einführen (***a, en*** nach, in); FIN kosten; sich belaufen auf, betragen; *Krankheiten* einschleppen **II** *intr unpers* wichtig *od* von Bedeutung *od* von Belang sein; ***no importa*** (das) macht nichts; ***no me importa*** das ist mir gleich *od* egal *od* einerlei; ***y a mí ¿qué me importa?*** was geht mich das an?

importe *m* FIN Betrag *m*, Summe *f*; Ertrag *m*, Erlös *m*; ***~ exento de impuestos*** Steuerfreibetrag *m*; ***~ de la factura*** Rechnungsbetrag *m*; ***~ faltante*** (***global***; ***máximo***; ***mínimo***; ***neto***) Fehl-(Pauschal-; Höchst-; Mindest-; Netto)betrag *m*; ***~ pendiente*** ausstehender Betrag *m*; ***~ total*** Gesamtbetrag *m*, -summe *f*, voller Betrag *m*; Endsumme *f*; ***por ~ de*** zu einem Betrag von, in Höhe von

importun|amente zur Unzeit; **~ar** *tr jmdn* belästigen, *jmdm* zur Last fallen; **~idad** *f* Auf-, Zudringlichkeit *f*; **~o** lästig; ungelegen; unangebracht; *Gast* ungebeten

imposibili|dad *f* Unmöglichkeit *f*; **~tado** (körper)behindert; gelähmt (***de*** an); arbeitsunfähig; **~tar** *tr* unmöglich machen; verhindern; vereiteln

imposible I *Adj* unmöglich *auch übertr für* unangenehm; ausgeschlossen; unglaublich **II** *m*: ***hacer lo***(***s***) **~**(***s***) alles Mögliche tun, *übertr* alle Hebel in Bewegung setzen; ***pedir un ~*** Unmögliches verlangen

imposición *f* Auferlegung *f*; Einsetzung *f einer Regierung*; Auflage *f*, Bedingung *f*; Erhebung *f von Steuern*; Besteuerung *f*, (Steuer-)Belastung *f*; (Geld-)Einlage *f*; TYP Ausschließen *n*; Verleihung *f von Orden*, *Ehrennamen*; Verhängung *f einer Maßnahme od Strafe*; ***imposiciones*** *Pl* Vorschriften *f/Pl Befehle*; Anordnungen *f/Pl*; ***imposiciones de ahorro*** (***imposiciones a plazo***) Spar-(Termin)einlagen *f/Pl*; ***doble ~*** Doppelbesteuerung *f*

imposit|ivo steuerlich, Steuer-; → ***imponible***; **~or** *m* Einleger *m*, -zahler *m*; Sparer *m*

impostergable unaufschiebbar; **~mente** unverzüglich

impost|or *m* Verleumder *m*; Hochstapler *m*; **~ura** *f* Verleumdung *f*; Hochstapelei *f*, Vorspieg(e)lung *f* falscher Tatsachen

impotable nicht trinkbar

impoten|cia *f* Unvermögen *n*; Machtlosigkeit *f*, *übertr* Ohnmacht *f*; MED Impotenz *f*, Zeugungsunfähigkeit *f*; **~te** machtlos; unfähig; impotent, zeugungsunfähig

impractic|abilidad *f* Undurchführbarkeit *f*; Unbenutzbarkeit *f*; **~able** undurchführbar; *Gelände*, *Wege* nicht befahrbar

imprec|ación *f* Verwünschung *f*; Fluch *m*; **~ar** ⟨-c/qu-⟩ *tr* verwünschen; verfluchen

imprecis|ión *f* Ungenauigkeit *f*; **~o** ungenau, -bestimmt

impredecible nicht voraussagbar

impregn|ación *f* CHEM Imprägnierung *f*; **~ar** *tr* imprägnieren

imprenta *f* (Buch-)Druckerei *f*; (Buch-) Druck *m*; Gedrucktes *n*; ***~ genética*** genetischer Fingerabdruck *m*; ***en ~*** in *od* im Druck; ***listo para la ~*** druckfertig ◇ ***dar a la ~*** in *od* zum Druck geben

impres|cindible unerlässlich, unumgänglich; unverzichtbar, unentbehrlich; **~criptible** unverjährbar; **~entable** nicht vorzeigbar

impresión *f* Eindruck *m*, Impression *f*; (Buch-)Druck *m*; Druck(werk *n*) *m*; Drucklegung *f*; Drucken *n*; INFORM (Aus-)Drucken *n*; TEXTIL Bedrucken *n*; Abdruck *m*; Aufdruck *m*; (Schallplatten- *bzw* Tonband-)Aufnahme *f*; ***~ clandestina*** *od* ***fraudulenta*** unerlaubter Nachdruck *m*; ***~ en*** (***cuatro***) ***color***(***es***) (Vier-)Farb(en)-druck *m*; ***~ dactilar*** *od* ***digital*** Fingerabdruck *m*; ***~ en letra cursiva*** *od* ***itálica*** (***gorda*** *od* ***~ en negrilla*** *od* ***negrita***) Kursiv-(Fett)druck *m*; ***~ de libros*** (***música***) Buch-(Noten)druck *m*; ***~ litográfica*** (***offset***) Stein-(Offset)druck *m*; ***~ en relieve*** Prägedruck *m* ◇ ***cambiar impresiones*** *im Gespräch* Meinungen austauschen; ***causar*** *od* ***dejar*** *od* ***hacer*** *od* ***producir buena*** (***mala***) **~** einen guten (schlechten) Eindruck machen *od* hinterlassen; ***dar la ~*** den Eindruck erwecken

impresion|ante eindrucksvoll, beeindruckend; **~ar** *tr* Eindruck machen, beeindrucken; eine Wirkung ausüben; *auf Schallplatte* bzw *Tonband* aufnehmen; FOTO belichten; **~arse** sich beeindrucken lassen (***de, por*** von, durch); **~ismo** *m* KUNST, LIT Impressionismus *m*; **~ista** impressionistisch

impres|o I *Part von* → ***imprimir***; gedruckt; bedruckt **II** *m* Druckschrift *f*, -werk *n*; VERW Vordruck *m*, Formular *n*; POST Drucksache *f*; INFORM Ausdruck *m*; ***~ para giro*** Überweisungsformular *n*, -vordruck *m*; ***~ para giro postal*** Zahlkarte *f*

impresor *m* (Buch-)Drucker *m*

impresora *f* INFORM (PC-)Drucker *m*, Printer *m*; ***~ de bandas*** (***cadena***; ***caracteres***; ***color***) Band-(Ketten-; Zeichen-; Farb)drucker *m*; ***~ de chorro*** *od* ***inyección de tinta*** Tintenstrahldrucker *m*; ***~ láser*** (***matricial*** *od* ***matrix*** *od* ***de matrices***; ***térmica***) Laser-(Matrix-; Thermo)drucker *m*

imprevis|ible unvorhersehbar, unabsehbar; **~to** unvorhergesehen; **~tos** *m/Pl* FIN, VERW unvorhergesehene Ausgaben *f/Pl*; → ***imponderables***

imprímase *m*, *seltener u bes* REL ***imprimátur*** *m* Druckreiferklärung *f*, Druckerlaubnis *f*, Imprimatur *n*

imprimir *tr* (ab)drucken; bedrucken; INFORM (aus)drucken; aufprägen *auch übertr*; einprägen *auch übertr*; *Buch* herausbringen; *übertr Kraft* verleihen, geben; *Eindruck*, *Spuren* hinterlassen

improb|abilidad *f* Unwahrscheinlichkeit *f*; **~able** unwahrscheinlich

ímprobo unredlich; *Arbeit* anstrengend, beschwerlich, Heiden-

improcedente unangebracht; unzulässig; rechtswidrig

improductiv|idad *f* Unproduktivität *f*; **~o** unproduktiv; unergiebig, keinen Gewinn bringend; *Kapital* tot

impr|olongable nicht verlängerbar; **~onta** *f* Prägedruck *m*; Abdruck *m*; Gepräge *n*, *übertr* Spur *f*; **~onunciable** unaussprechbar; *übertr* unaussprechlich

improperio *m* Schmähung *f*; **~s** *Pl* Schimpf-, Schmähworte *n/Pl*

improp|iamente ungerechtfertigterweise; **~iedad** *f übertr* Geschmacklosigkeit *f*; Unzweckmäßigkeit *f*; **~io** *übertr* geschmacklos, unangebracht, unpassend; unschicklich; unzweckmäßig; untypisch (***de*** für); MATH *Bruch* unecht

improrrogable nicht verlängerbar; unaufschiebbar

improvis|ación *f* Improvisation *f*; schneller *beruflicher* Aufstieg *m*; **~ado** behelfsmäßig; **~ar** *tr* improvisieren; *etw* aus dem Stegreif machen

improviso unvorhergesehen, unvermutet; ***de ~*** unversehens, plötzlich

imprudencia *f* Unbesonnenheit *f*; Unvernunft *f*; Leichtsinn *m*; JUR Fahrlässigkeit *f*; ***~ burda*** *od* ***temeraria*** (***simple***) grobe *od* strafbare (leichte) Fahrlässigkeit *f*

imprudente unbesonnen; unklug; unvernünftig; unvorsichtig; leichtsinnig; JUR fahrlässig

impublicable ZTGSW *anstößige Stelle* nicht wiederzugeben(d); nicht zur Veröffentlichung geeignet, unpublizierbar

impud|encia *f* Unverschämtheit *f*; **~ente** unverschämt, schamlos

impúdico anstößig, unanständig; unsittlich

impuesto I *Part von* → ***imponer*** **II** *m* FIN Steuer *f*, Abgabe *f*; Gebühr *f*; **~s** *Pl* Steuerwesen *n*; Steueraufkommen *n*, -gelder *n/Pl*; Steuerlast *f*; ***~ sobre los aceites minerales, ~ de*** *od* ***sobre*** (***los***) ***carburantes*** Mineralölsteuer *f*; ***~ sobre automóviles*** Kraftfahrzeugsteuer *f*; ***~ sobre los beneficios*** Gewinnabgabe *f*; ***~ sobre los beneficios*** *od* ***el tráfico de la empresa, ~ sobre la venta, ~ sobre el volumen de negocios*** Umsatzsteuer *f*; ***~ sobre bienes inmuebles*** *Esp*, *Am* ***~ predial*** Grundsteuer *f*; ***~ al*** *od* ***sobre el capital*** *od* ***sobre la fortuna*** *od* ***sobre el patrimonio*** Vermögenssteuer *f*; ***~ de*** *od* ***al consumo*** Verbrauchssteuer *f*; ***~ sobre donaciones*** Schenkungssteuer *f*; ***~ eclesiástico*** Kirchensteuer *f*; ***~ ecológico*** (***especial***) Öko-(Sonder)steuer *f*; ***~ por electricidad*** (***~ empresarial*** *od* ***a las empresas***; ***sobre la energía***) Strom-(Unternehmens-; Energie)steuer *f*; ***~ especial*** *od* ***suplementario de solidaridad*** *Dtschld* Solidaritätszuschlag *m*; ***~ de ganancias de capital, ~ sobre la renta del capital*** Kapitalertragssteuer *f*; ***~ sobre la gasolina*** Sprit- *umg*, Benzinsteuer *f*; ***~s*** (***in***)***directos*** (in)direkte Steuern *f/Pl*; ***~ industrial*** Gewerbesteuer *f*; ***~ sobre el ingreso, ~ sobre la renta*** (***de las personas físicas***) Einkommenssteuer *f*; ***~ al lujo, ~ sobre el lujo*** Luxussteuer *f*, Aufwandsteuer *f*; ***~*** (***de***) ***plusvalía***, *Am* ***~ al*** *od* ***sobre el valor agregado***, *Esp* ***~ sobre el valor añadido*** Mehrwertsteuer *f*; ***~ sobre el salario*** Lohnsteuer *f*; ***~ de sociedades*** Körperschaftssteuer *f*; ***~ de sucesión, ~ sucesorio*** Erbschaftssteuer *f*; ***~ de turismo*** Kurtaxe *f*; ***antes*** (***después***) ***de ~s*** FIN vor (nach) Steuern; ***deducible de los ~s*** steuerlich absetzbar; ***exento*** *od* ***libre de*** (***sujeto a***) ***~s*** steuer- *bzw* zoll-, abgabenfrei (steuer- *bzw* zoll-, abgabenpflichtig) ◇ ***cargar*** *od* ***gravar***

con ~s besteuern, Steuern erheben
impugn|able anfechtbar; **~ar** *tr* anfechten; bestreiten; *jmdm etw* streitig machen
impuls|ar *tr* Antrieb geben, antreiben *od* treiben, *jmdn* veranlassen; fördern, voranbringen; **~ividad** *f* Impulsivität *f*, Lebhaftigkeit *f*; Ungestüm *n*; **~ivo** impulsiv, lebhaft; ungestüm; unüberlegt; Trieb-; Antriebs-
impulso *m* Impuls *m*; Antrieb *m*; Drang *m*, Trieb *m*; (plötzliche) Eingebung *f*; Anregung *f*, Anreiz *m*; Aufschwung *m*, -trieb *m*; SPORT Anlauf *m*; ***al primer ~*** auf (den ersten) Anhieb ◇ ***coger*** *od* ***tomar ~*** SPORT *u übertr* Anlauf nehmen; ***dar un ~*** antreiben *auch* TECH; einen Aufschwung geben, in Schwung bringen
impulsor *m* TECH *u übertr* Förderer *m*; → ***iniciador***; TECH Rutsche *f*
impun|e straflos, -frei, ungestraft, -bestraft; **~idad** *f* Straflosigkeit *f*, Straffreiheit *f*; Nichtbestrafung *f*
impuntual unpünktlich; **~idad** *f* Unpünktlichkeit *f*
impureza *f* Verunreinigung *f als Ergebnis einer* → ***impurificación***; Unreinheit *f*; ***~s*** *Pl* (schädigende) Begleitstoffe *m*/*Pl od* Beimischungen *f*/*Pl*
impur|ificación *f* Verunreinigung *f als Handlung*; **~ificar** ⟨-c/qu-⟩ *tr* verunreinigen, beschmutzen; **~o** unrein, verschmutzt
imputabilidad *f* JUR Zurechnungsfähigkeit *f*; ***~ disminuida*** verminderte Zurechnungsfähigkeit *f*
imput|ación *f* An-, Beschuldigung *f*; Bezichtigung *f*; **~ado** *m* Beschuldigter *m*; **~ar** *tr* beschuldigen; bezichtigen; *jmdm etw* anlasten *od* zur Last legen; FIN, JUR anrechnen; *Schuld* zuschreiben; *Fehler, Mängel* zurückführen (***a*** auf)
inabordable unnahbar, *übertr* unzugänglich
inacab|able endlos; unaufhörlich; → ***inagotable***; **~ado** unvollendet; unfertig, nicht ausgereift
inacc|esible unerreichbar; unzugänglich; **~ión** *f* Untätigkeit *f*, Nichtstun *n*, Tatenlosigkeit *f*
inacept|abilidad *f* Unannehmbarkeit *f*; **~able** unannehmbar
inactiv|idad *f* Untätigkeit *f*; Stillstand *m*; Inaktivität *f*; **~o** untätig, tatenlos; nicht in Betrieb; unwirksam; inaktiv
inadapt|abilidad *f* mangelnde Anpassungsfähigkeit *f*; **~able** nicht anpassungsfähig; nicht anwendbar; **~ación** *f* → ***~abilidad***; Nichtanpassung *f*; Anpassungsschwierigkeit *f*; Kontaktarmut *f*; **~ado I** *Adj* nicht angepasst; kontaktarm; asozial; *Kind* schwer erziehbar **II** *m* Mensch *m* mit Anpassungsschwierigkeiten; Asozialer *m*
inad|ecuado unangemessen; unzweckmäßig, -geeignet; zweckentfremdet; unsachgemäß; inadäquat; **~misible** unzulässig
inadvertencia *f* Unachtsamkeit *f*; ***por ~*** aus Versehen, versehentlich
inadvertido unbemerkt ◇ ***pasar ~*** nicht beachtet werden; nicht bemerkt werden
in|agotable unerschöpflich; **~aguantable** unerträglich, nicht auszuhalten; **~ajenable** unveräußerlich; **~alámbrico** EL drahtlos; TEL schnurlos; **~alcanzable** unerreichbar
inalien|abilidad *f* Unveräußerlichkeit *f*; Unabdingbarkeit *f*; **~able** unveräußerlich; unabdingbar; unverzichtbar
inalter|able unveränderlich; beständig; unerschütterlich; unbewegt *teilnahmslos*; **~ado** unverändert
inamistoso unfreundlich; feindselig
inamov|ibilidad *f* Unkündbarkeit *f von Beamten usw*; **~ible** *Beamter* unkündbar; *übertr* unverrückbar
inan|ición *f* Auszehrung *f*, Entkräftung *f*; **~imado** leblos
inapelable *Entscheidung, Urteil* unanfechtbar; JUR *u allg* unwiderruflich; endgültig
inapetencia *f* Appetitlosigkeit *f*
inapetente: ***estar ~*** keinen Appetit haben
in|aplazable unaufschiebbar; **~aplicable** nicht anwendbar; **~apreciable** unschätzbar; geringfügig; **~apropiado** ungeeignet, unangemessen
inaprovech|able nicht verwendbar; unbrauchbar; **~ado** ungenutzt
inaptitud *f* Untauglichkeit *f*; Unfähigkeit *f*
inarrugable TEXTIL knitterfrei
inasequible unerreichbar; unerschwinglich
inasistencia *f* Fernbleiben *n*; Nichtteilnahme *f*; Nichtanwesenheit *f*; ***~ a clase*** (***a la oficina***) Fernbleiben *n* vom Unterricht (Dienst)
in|asumible inakzeptabel, unannehmbar; **~atacable** unangreifbar *auch übertr*, unanfechtbar; **~audible** unhörbar; **~audito** unerhört
inaugur|ación *f* Einweihung *f*; Eröffnung *f*; Enthüllung *f eines Denkmals*; **~ar** *tr* einweihen; (feierlich) eröffnen; *Denkmal* enthüllen
in|calculable unschätzbar; riesig (groß), ungeheuer; unermesslich; unabsehbar; unberechenbar; **~cansable** unermüdlich; unverwüstlich *umg*, unverdrossen
incapacidad *f* Unfähigkeit *f*; Untauglichkeit *f*; ***~ física*** Körperbehinderung *f*; ***~ laboral*** (***permanente***; ***temporal*** *od* ***transito-***

ria) (dauernde; vorübergehende *od* zeitweilige) Arbeitsunfähigkeit *f*; ~ ***mental*** Unzurechnungsfähigkeit *f*
incapacit|ación *f* Entmündigung *f*; **~ado I** *Adj* (körperlich) behindert; unfähig; nicht handlungsfähig; arbeitsunfähig; unzurechnungsfähig **II** *m* (Körper-)Behinderter *m*; **~ar** *tr* unfähig machen; für unfähig erklären; entmündigen
incapaz unfähig; untauglich; untüchtig; ~ ***de trabajar*** arbeitsunfähig
incaut|ación *f* Beschlagnahme *f*; JUR Einziehung *f*; **~ar** *tr*, **~arse** (***de u/c***) (etw) beschlagnahmen; *durch die Polizei* sicherstellen; JUR einziehen; **~o** naiv; unbedacht; unvorsichtig
incendiar *tr* anzünden; in Brand stecken *od* setzen; zünden *Begeisterung auslösen* (***a alg*** bei jmdm); **~io** *m* Brandstifter *m*
incendio *m* Brand *m*; Feuer(sbrunst *f*) *n*; ~ ***culposo*** (***doloso*** *od* ***intencionado*** *od* ***malicioso*** *od* ***premeditado***) fahrlässige (vorsätzliche) Brandstiftung *f*; ~ ***forestal*** Waldbrand *m* ◇ ***al declararse el ~*** bei Ausbruch des Feuers
incentivar *tr* anspornen, stimulieren; einen Anreiz schaffen; WIRTSCH ankurbeln *vorantreiben*
incentivo *m* Ansporn *m*, Stimulus *m*; Anreiz *m*; Leistungsprämie *f*, -zulage *f*, -zuschlag *m*; **~s** *Pl bes* WIRTSCH Hebel *m/Pl Anreiz*, Stimuli *m/Pl*; **~s *fiscales*** Steueranreize *m/Pl bzw* -vergünstigungen *f/Pl*
in|certidumbre *f* Ungewissheit *f*; Unsicherheit *f*; **~cesante** unaufhörlich; ununterbrochen
incest|o *m* Blutschande *f*, Inzest *m*; **~uoso** blutschänderisch, inzestuös
incidencia *f* Begleiterscheinung *f*; Auswirkung *f*; Auftreten *n einer Krankheit*, Vorkommen *n*; → ***incidente***; ***por ~*** → ***incidentalmente***
incidental gelegentlich; **~mente** (nur) gelegentlich; beiläufig; zufällig
incidente *m* Zwischenfall *m*; Vorfall *m*; Geschehen; TECH Störfall *m*; → ***incidencia***; ~ ***fronterizo*** Grenzzwischenfall *m*; ***sin ~s de importancia*** ohne besondere Vorkommnisse ◇ ***liquidar*** (***provocar***) ***un ~*** einen Zwischenfall beilegen *od* bereinigen (auslösen)
incidir *intr Ereignis* eintreten; sich auswirken (***en*** auf); beeinflussen (***en*** *Akk*); eingreifen (***en*** in); einwirken (***en*** auf); MED (ein)schneiden
incienso *m* Weihrauch *m*; Lobhudelei *f*, *übertr* Beweihräucherung *f*
incierto unsicher; ungewiss; unbestimmt
incineración *f* Einäscherung *f*; Verbrennung *f*; ~ ***de basuras*** Müllverbrennung *f*
inciner|adora *f* (Müll-)Verbrennungsanlage *f*; **~ar** *tr* einäschern; verbrennen
incipiente sich entwickelnd, beginnend, einsetzend; *übertr* aufkeimend
incis|ión *f* (Ein-)Schnitt *m auch* MED; Schnittwunde *f*; **~ivo I** *Adj* schneidend *auch übertr*; bissig, scharf **II** *m* Schneidezahn *m*; **~o** *m* Absatz *m*, -schnitt *m eines Paragraphen*; Einschub *m im Satz*; Einschnitt *m Zäsur*
incit|ación *f* Anstiftung *f*, Aufwieg(e)lung *f*, -stachelung *f*; Anregung *f*; **~ador** *m* Anstifter *m*; **~ar** *tr* antreiben; anstiften, aufwiegeln, an-, aufstacheln (***a*** zu); veranlassen; anregen
incivil ungehörig; unhöflich, grob
incl. (*Abk für* ***inclusive***) inkl.
in|clasificable nicht klassifizierbar, nicht einzuordnen(d); **~claudicable** kompromisslos, unnachgiebig; unbeugsam
inclemencia *f* Unbarmherzigkeit *f*; *Klima u übertr* Härte *f*, Strenge *f*; **~s** *Pl* Unbilden *Pl der Witterung*
inclemente *bes Klima* hart, streng, rau; unbarmherzig
inclin|ación *f* Neigung *f*; Schrägstellung *f*; *Gelände* Gefälle *n*; *Waage* Ausschlag *m*; MAR Schlagseite *f*; Zuneigung *f* (***a, por*** zu, für); Verbeugung *f*, -neigung *f*; **~ado** schief; schräg (gestellt); **~ar** *tr* neigen, schräg stellen, (seitlich) kippen *bzw* drehen; *Fenster* ankippen; beugen; *jmdn* veranlassen (***a*** zu) *od übertr* zu etw bringen; **~arse** sich verbeugen *od* verneigen; sich (zur Seite) neigen; *übertr* neigen, geneigt sein (***a*** zu); zugetan sein
inclu|ido (mit) (e)inbegriffen, mitgerechnet, inklusive; **~ir** ⟨-uy-⟩ *tr übertr* einschließen; beifügen; *z.B. einem Brief* beilegen; *z.B. in ein Kuvert* legen; beinhalten; *in ein Schriftstück* aufnehmen; einbeziehen
inclusión *f* Einbeziehung *f*; Einfügung *f*; Aufnahme *f in ein Schriftstück*; ***con ~*** unter Einbeziehung (***de*** von *od Gen*); → ***inclusive***; ***no ~*** Nichteinbeziehung *f*
inclus|ive einschließlich, zuzüglich, inklusive (*dir Obj Gen*); **~o** *Part von* → ***incluir***, VERW beiliegend, in der Anlage; sogar, selbst; *in Verbindung mit verneinten Verben* nicht einmal
inco|ación *f* JUR (Prozess-)Eröffnung *f*, Einleitung *f eines Verfahrens*; **~brable** FIN nicht einziehbar, nicht einlösbar
incógnita *f* MATH *u übertr* Unbekannte *f*, unbekannte Größe *f*
incógnito I *Adj* unbekannt **II** *m* Inkognito *n*; ***de ~*** inkognito, unerkannt, unter frem-

dem Namen
incoheren|cia *f* Zusammenhang(s)losigkeit *f*, Inkohärenz *f*; **~te** unzusammenhängend, ohne Zusammenhang, inkohärent; *Ideen* verworren, wirr
incoloro farblos *auch übertr*
incólume unversehrt ◇ ***salir ~*** *Personen u Sachen* unversehrt bleiben; *Personen* mit heiler Haut davonkommen *umg*; ***salió ~*** ihm wurde kein Haar gekrümmt *umg*
incombust|ible unbrennbar; feuerfest
incom|estible nicht essbar; **~ible** nicht essbar; ungenießbar *auch übertr*
incomodar *tr* belästigen, lästig sein; behindern; stören; **~se** sich ärgern; ***¡no se incomode!*** nehmen Sie es mir nicht übel!; bemühen Sie sich nicht!
incomodidad *f* Unbequemlichkeit *f*; Unbehagen *n*, Verdruss *m*; *körperliche* Beschwerden *f/Pl*
incómodo unbequem; unbehaglich; beschwerlich; lästig; verlegen, peinlich berührt; unangenehm
incom|parable unvergleichlich; unübertrefflich; **~parecencia** *f bes* JUR Nichterscheinen *n*
incompas|ible, ~ivo herzlos; unbarmherzig
incompatibilidad *f* Unvereinbarkeit *f*; Unverträglichkeit *f*; Inkompatibilität *f*; **~es** *Pl* Misshelligkeiten *Pl*; ***~ de caracteres*** *Scheidungsgrund* unüberwindliche Abneigung *f*
incompatible unvereinbar (***con*** mit); unverträglich; nicht zusammenpassend, inkompatibel
incompeten|cia *f* Nichtzuständigkeit *f*, Inkompetenz *f*; Unfähigkeit *f*; **~te** nicht zuständig, inkompetent; unfähig; unmaßgeblich
incompleto unvollständig; unvollkommen; unfertig; lückenhaft
incompren|dido unverstanden; verkannt; **~sible** unverständlich *auch übertr*; unbegreiflich, unfassbar; **~sión** *f* Verständnislosigkeit *f*; Unverständnis *n*; **~sivo** verständnislos
incomunic|ación *f* Unterbrechung *f* der Verbindung; JUR Einzel-, Isolierhaft *f*; Isolierung *f eines Strafgefangenen*; **~ado** ohne Verbindung; *Strafgefangener* in Einzel- *od* Isolierhaft; **~ar** ⟨-c/qu-⟩ *tr* von der Außenwelt abschneiden; *Strafgefangene* isolieren, in Einzel- *od* Isolierhaft legen; **~arse** sich *von Mitmenschen* absondern
incon|cebible unfasslich, -begreiflich; unvorstellbar; **~ciliable** unversöhnlich; unvereinbar
inconcluso unvollendet ◇ ***dejar ~*** *ein Werk* nicht abschließen *od* vollenden
inconcreto unkonkret, vag(e), *übertr* verschwommen
incondicional bedingungslos; *jmdm* treu *od* bedingungslos ergeben; JUR ohne Bewährung; **~mente** unbedingt
inconducente zu nichts führend, untauglich
inconexo zusammenhang(s)los; aus dem Zusammenhang gerissen
inconfes|able schändlich; *übertr* unaussprechlich; **~o** JUR nicht geständig
inconform|e *Meinungen* nicht übereinstimmend; nicht zustimmend; unzufrieden; nicht einverstanden; **~idad** *f* Nichtübereinstimmung *f*; Unzufriedenheit *f*; Ablehnung *f*; Auflehnung *f*; **~ismo** *m* Nonkonformismus *m*; Aufsässigkeit *f*; **~ista I** *Adj* nonkonformistisch; aufsässig **II** *m* Nonkonformist *m*; Aufsässiger *m*
incon|fortable unbequem; ohne Komfort; **~fundible** unverwechselbar
incongruencia *f* Nichtübereinstimmung *f*; Missverhältnis *n*; Inkongruenz *f*; **~s** *Pl* Ungereimtheiten *f/Pl*
incongruente ungehörig; unpassend; nicht zusammenpassend; zusammenhang(s)los; inkongruent
incon|mensurable unermesslich; nicht messbar; maßlos, außerordentlich groß, gewaltig; **~movible** *Haltung, Prinzipien* unerschütterlich, -verrückbar; **~quistable** uneinnehmbar
inconscien|cia *f* Bewusstlosigkeit *f*; Ahnungslosigkeit *f*; Leichtfertigkeit *f*, Gewissenlosigkeit *f*; **~te I** *Adj* bewusstlos; unbewusst, unwillkürlich; gewissenlos, leichtfertig **II** *m* gewissenloser *od* leichtfertiger Mensch *m*
inconsecuen|cia *f* Inkonsequenz *f*; Wankelmut *m*; **~te** inkonsequent; wankelmütig
inconsider|ación *f* Rücksichtslosigkeit *f*; Taktlosigkeit *f*; Gedankenlosigkeit *f*; **~ado** rücksichtslos; taktlos; leichtfertig, unüberlegt, -bedacht
incon|sistente unhaltbar, nicht stichhaltig, fadenscheinig; unstet; wankelmütig; **~solable** untröstlich
inconstan|cia *f* Unbeständigkeit *f*; Wankelmut *m*; Sprunghaftigkeit *f*; Treulosigkeit *f*; **~te** unbeständig; *Leistung* schwankend; unstet; MET veränderlich; *Charakter, Wesen* wenig ausdauernd, sprunghaft; wankelmütig; treulos
inconstitucional verfassungswidrig; **~idad** *f* Verfassungswidrigkeit *f*
incon|table unzählig, -zählbar, -gezählt; nicht wiederzugeben(d); **~taminado** ÖKOL sauber, rein, nicht verschmutzt *od* verseucht; **~tenible** unaufhaltsam; *übertr*

nicht zu bremsen(d) *umg*
incontest|able unbestreitbar, unstreitig; **~ado** unbeantwortet; unbestritten
incontinen|cia *f* Hemmungslosigkeit *f*; **~te** hemmungslos
incontrol|able nicht nachprüfbar, unkontrollierbar; TECH *u übertr* nicht (mehr) steuerbar *od* beherrschbar; **~ado** TECH *u übertr* unkontrolliert, außer Kontrolle geraten *Part*; hemmungslos; sich selbst überlassen
incontrovert|ible unbestreitbar; **~ido** unbestritten
inconveniencia *f* Unschicklichkeit *f*, Ungehörigkeit *f*; Unannehmlichkeit *f*; Unzweckmäßigkeit *f*
inconveniente I *Adj* unschicklich, unangemessen; unzweckmäßig; unpassend **II** *m* Nachteil *m*; Schwierigkeit *f*; *übertr* Haken *m umg*, Hindernis *n*; Unannehmlichkeit *f*; ***el ~ es que ...*** es ist nur so, dass ...; die Schwierigkeit *bzw* der Nachteil besteht darin, dass ...; ***sin ~*** (***alguno***) anstandslos, ohne (irgendwelche) Beanstandungen; ohne (irgendwelche) Schwierigkeiten, reibungslos ◇ ***no tengo ~*** ich habe nichts dagegen (***en*** zu)
inconvert|ibilidad *f* FIN Nichtkonvertierbarkeit *f*; **~ible** nicht konvertierbar
incordi|ar *tr umg jmdm* auf die Nerven gehen; **~o** *m* Beule *f*; *umg* Ärger *m*, Verdruss *m*
incorpor|ación *f* Eingliederung *f*; Einbeziehung *f*; Einstellung *f Aufnahme in ein Arbeitsverhältnis*; Aufnahme *f in eine Institution u.Ä.*; Einverleibung *f*; Einarbeitung *f*, -fügung *f in einen Text*; (Dienst-)Antritt *m auch* MIL; TECH Einbau *m*; **~ar** *tr* eingliedern; einbeziehen; *in eine Institution u.Ä., in einen (Vertrags-)Text* aufnehmen; *Arbeitsmarkt* einstellen; einverleiben; *in einen Text* einarbeiten, -fügen; *Körper* aufrichten; einpassen; TECH einbauen, integrieren; inkorporieren; **~arse** sich *anderen Personen* anschließen (***a*** *Dat*); sich einreihen; VERK sich einordnen (***a*** in); *zu etw Vorhandenem* dazu-, hinzukommen; den Dienst *auch* MIL antreten; sich aufrichten
incorrec|ción *f* Fehler *m*, Irrtum *m*; Unkorrektheit *f auch in der Handlungsweise*; Verstoß *m*; **~to** unkorrekt, nicht korrekt *auch in der Handlungsweise*, unrichtig, falsch, fehlerhaft; unvorschriftsmäßig
incorreg|ibilidad *f* Nichtkorrigierbarkeit *f*; Unverbesserlichkeit *f*; **~ible** unverbesserlich; *meist übertr* unkorrigierbar
incorrup|tibilidad *f* Unverderblichkeit *f*; Unbestechlichkeit *f*; **~tible** unverderblich; unbestechlich; **~to** *übertr* unverdorben; unbescholten; *Leiche, Mumie* gut erhalten, unverwest
incosteable unerschwinglich
Incoterms *m/Pl* (*Abk für englisch* ***International Commercial Terms*** *Internationale Handelsklauseln*) HDL Incoterms *Pl*
in|credibilidad *f* Unglaubwürdigkeit *f*; **~crédulo** ungläubig; argwöhnisch; **~creíble** unglaublich; unerhört; **~crementar I** *intr* zunehmen, (an)wachsen, ansteigen, sich erhöhen (***en*** um) **II** *tr* vermehren; verstärken; steigern, erhöhen; **~crementarse** sich verstärken, zunehmen, steigen (***en*** um)
incremento *m* Anstieg *m*, Ansteigen *n*, Zuwachs *m*, Anwachsen *n*, Zunahme *f*; Steigerung *f*, Erhöhung *f*; FIN Zuschlag *m*; Vermehrung *f*; ***~ de costes*** Kostenerhöhung *f*; ***~s fiscales*** Steuererhöhungen *f/Pl*; ***~ del poder*** Machtzuwachs *m*; ***~ de precios*** Preisanstieg *m*; ***~ salarial*** Lohn-, Gehaltserhöhung *f*; ***nuevo ~*** Wiederanstieg *m*, -anstiegen *n*
increp|ación *f* scharfe Zurechtweisung *f*, strenger Verweis *m*, Rüge *f*; **~ar** *tr* zurechtweisen, rügen, anfahren *umg*
incrimin|ación *f* An-, Beschuldigung *f*; **~ar** *tr* an-, beschuldigen, bezichtigen (***de*** *Gen*); **~atorio** anklagend, Anklage-
incruento unblutig
incrust|ación *f* Einlegearbeit *f Verzierung*; Verkrustung *f*; Ablagerung *f*; Belag *m*; Kesselsteinbildung *f*; (illegales) Einschleusen *n von Personen*; **~ar** *tr* einlegen *als Verzierung einlassen*; *mit etw* überziehen; *Personen* (illegal) einschleusen; **~arse** verkrusten; sich ablagern; Kesselstein bilden; sich einschleichen *bzw* einnisten; *Wort im Gedächtnis* sich einprägen; *Gedanke* sich festsetzen
incub|ación *f* (Aus-, Be-)Brüten *n*; Brutzeit *f*; MED Inkubation(szeit) *f*; **~adora** *f* Brutapparat *m*, -kasten *m*; MED Inkubator *m*; **~ar I** *tr Eier u übertr z.B. Krankheit* ausbrüten **II** *intr* brüten; **~arse** *z.B. Unwetter* sich zusammenbrauen
incuestionable fraglos, unbestreitbar
inculcar ⟨-c/qu-⟩ *tr* eintrichtern *umg jmdm etw beibringen*; *jmdm etw* einschärfen; **~se** *übertr* sich versteifen (***en*** auf)
inculp|abilidad *f* JUR Schuldlosigkeit *f*; **~ación** *f* An-, Beschuldigung *f*; **~ado** *m* Beschuldigter *m*; **~ar** *tr* beschuldigen, *jmdn* belasten, *jmdm etw* anlasten
incult|ivado, ~o unwissend, ungebildet; unkultiviert; LANDW unbebaut, brach; *Stil* ungeschliffen; **~ura** *f* Unwissenheit *f*; Mangel *m* an Bildung; Unkultur *f*

incumbencia *f* Zuständigkeit *f*, Kompetenz *f*; Obliegenheit *f* ◇ ***ser de (la) ~ de alg*** jmds Kompetenz unterliegen, jmds Angelegenheit sein
incumbir *intr jmdm* obliegen; ***eso no me incumbe*** dafür bin ich nicht zuständig
incumplido unzuverlässig
incumplimiento *m* Nichterfüllung *f*; Nichteinhaltung *f*; Nichtbefolgung *f*; Verletzung *f eines Abkommens*; ***~ de(l) contrato*** Vertragsbruch *m*; ***~ de obligaciones*** Pflichtverletzung *f*; ***~ de plazo(s)*** Nichteinhaltung *f* des Termins
incumplir *tr* nicht erfüllen; nicht befolgen; *Verpflichtungen* nicht nachkommen; *Abkommen* verletzen, brechen; *Abkommen, Frist* nicht einhalten
incur|able unheilbar; **~ia** *f* Nachlässigkeit *f*; Misswirtschaft *f*
incurrir *intr einem od in einen Fehler od Irrtum* verfallen (***en*** in *od Dat*); *in etw (z.B. schuldhafte Handlung)* (hinein)geraten
incurs|ión *f* MIL Einfall *m bewaffneter Angriff*; FLUGW MIL (Ein-)Flug *m in feindliches Gebiet*; **~ionar** *intr Am in fremdes Territorium* einfallen, -dringen; einfliegen; WIRTSCH einsteigen, sich neu engagieren (***en*** in)
indagación *f* Nachforschung *f*; Ermittlung *f*; Untersuchung *f*; Befragung *f*; Erkundigung *f*; INFORM Abfrage *f*; ***indagaciones*** *Pl* Recherchen *f/Pl* ◇ ***hacer indagaciones*** Nachforschungen anstellen, recherchieren
indagar ⟨-g/gu-⟩ **I** *tr* erforschen; ermitteln; untersuchen **II** *intr* befragen (***con alg*** jmdn), sich erkundigen
indebid|amente zu Unrecht, ungerechtfertigterweise; **~o** ungerechtfertigt; widerrechtlich; ungehörig
indecen|cia *f* Schamlosigkeit *f*; Gemeinheit *f*; **~te** unanständig; schamlos; gemein
indecible unsagbar, unsäglich
indecis|ión *f* Unentschlossenheit *f*; **~o** unentschlossen, unschlüssig; unentschieden; ungelöst
indeclinable unumgänglich
indefectible unvermeidlich; unausbleiblich; unwandelbar ◇ ***creerse ~*** sich für unfehlbar halten
indefenso wehrlos
indefin|ible undefinierbar; unbestimmt, vag(e); **~idamente** auf unbestimmte Zeit; **~ido** unbestimmt; unbegrenzt, -befristet
in|deleble *Eindruck* unauslöschlich; *Fleck* nicht zu entfernen(d); *Lippenstift* kussecht; **~delegable** *Befugnis* nicht übertragbar; **~deliberado** unüberlegt; **~delicadeza** *f* Taktlosigkeit *f*
indemne unbeschädigt, schadlos, heil ◇ ***salir ~*** keinen Schaden erleiden *od* davontragen, nicht zu Schaden kommen
indemnización *f* Entschädigung *f*; Schaden(s)ersatz *m*; Regress *m*; Abfindung *f*; Abstandssumme *f*; (Rück-)Erstattung *f*; ***~ por accidente*** Unfallentschädigung *f*; ***~ por desplazamiento, ~ por*** *od* ***de separación*** Trennungszulage *f*; ***~ por gastos*** Aufwandsentschädigung *f*; ***obligado a ~*** regresspflichtig; ***sin ~*** entschädigungslos
indemniz|ar ⟨-z/c-⟩ *tr* entschädigen; *Schaden* ersetzen, erstatten; *jmdn* abfinden; vergüten; **~atorio** Entschädigungs-; Abfindungs-
independencia *f* Unabhängigkeit *f*; Selbstständigkeit *f*; Freiheit *f*; Eigenständigkeit *f*; ***~ laboral aparente*** *od* ***ficticia*** WIRTSCH Scheinselbstständigkeit *f*
independent|ismo *m* POL Unabhängigkeitsbewegung *f*; **~ista I** *Adj* POL nach Unabhängigkeit strebend; Unabhängigkeits- **II** *m* Kämpfer *m* für die Unabhängigkeit, Freiheitskämpfer *m*
independiente POL *u allg* unabhängig; parteilos; frei, ungebunden; selbstständig, *auch in der Bedeutung von* freiberuflich; eigenständig; *Wohnung, Zimmer* abgeschlossen *mit eigenem Eingang*; *Gebäude* einzeln stehend; ***~(mente) de eso*** abgesehen davon ◇ ***hacerse ~*** → ***independizarse***
independizarse ⟨-z/c-⟩ unabhängig werden; selbstständig werden; sich unabhängig *od* selbstständig machen
indes|cifrable nicht zu entziffern(d), unleserlich; **~criptible** unbeschreiblich
indese|able I *Adj* unerwünscht; missliebig **II** *m* unerwünschte Person *f*; POL Persona *f* ingrata *od* non grata; **~ado** → ***~able I***; ungebeten; ungewollt
indes|montable nicht abmontierbar *od* zerlegbar *od* auseinandernehmbar; **~tructible** unzerstörbar; unauslöschlich
indeterminado unbestimmt; nicht näher bezeichnet; unschlüssig
índex *m* → ***índice***
indexar *tr* INFORM einen Index anlegen, *Daten* in einem Index erfassen, indexieren
India *f*: (***la***) ~ Indien *n*
indicación *f* Angabe *f*; Anzeige *f eines Geräts*; Anraten *n*; Anweisung *f*; Zeichen *n*; Hinweis *m*; Vermerk *m*, Anmerkung *f*; MED Indikation *f*; *Chi* Vorschlag *m*; Rat (-schlag) *m*; ***~ de averías*** Fehleranzeige *f*; ***~ del contador*** Zählerstand *m*; ***~ errónea*** *od* ***falsa*** Fehlweisung *f*, Falschanzeige *f*; ***~ del precio*** Preisangabe *f*; ***~ de tasa*** TEL Gebührenansage *f*, -angabe
indicado geeignet, passend; *Vorsicht* gebo-

ten; MED indiziert

indicador *m* Anzeige-, Messgerät *n*, *in Zus* Anzeiger *m bzw* TECH Uhr *f*; Anzeige-, Leuchttafel *f*; WIRTSCH Kennziffer *f*; Indikator *m*; Indiz *n*; BÜRO Reiter *m zur Kennzeichnung von Karteikarten*; KFZ Blinker *m*, Blinkleuchte *f*; **~ *de orientación*** Richtwert *m*

indicar ⟨-c/qu-⟩ *tr* angeben; TECH anzeigen; andeuten; *auf etw* hinweisen; *Weg* weisen; zu verstehen geben; bezeichnen; ***todo indica que ...*** alles spricht dafür, dass ...; ***todo parece ~ que ...*** alles deutet darauf hin, dass ...

indicativo *m* GRAMM Indikativ *m*; RADIO Pausenzeichen *n*; TV Erkennungszeichen *n*, -bild *n*; TEL Vorwahl(nummer) *f bzw* Auslandsvorwahl *f*, (Länder-)Kennzahl *f*; **~s** *Pl* Angaben *f/Pl*, Hinweise *m/Pl z.B. an Waggons*; **~ *de población*** TEL Ortsvorwahl(nummer) *f*

índice *m* Anzeichen *n*; Merkmal *n*; Verzeichnis *n*; Inhaltsverzeichnis *n*; HDL, MATH, LIT, REL Index *m*; *Statistik* Index (-zahl *f*, -ziffer *f*) *m*; (Kenn-)Ziffer *f*; (Richt-)Zahl *f*; IND, WIRTSCH Grad *m*; *Statistik*, WIRTSCH Rate *f*; *Messgerät* Zeiger *m*; Zeigefinger *m*; **~ *de acciones*, ~ *bursátil*, ~ *de cotización*** Aktien-, Börsenindex *m*; **~ *de audiencia*** RADIO, TV Einschaltquote *f*; **~ *comercial*** Branchenverzeichnis *n*; **~ *DAX*®** Deutscher Aktienindex *m*, DAX® *m*; **~ *de desempleo*** Arbeitslosenquote *f*, -rate *f*; **~ *de direcciones*** Adressenverzeichnis *n*; **~ *Dow Jones* (*Nikkei*)** Dow-Jones-(Nikkei-)Index *m*; **(~) *IBEX*®** *m Aktienindex der spanischen Börse*; **~ *de inflación*** Inflationsrate *f*; **~ *de materias*** Sachregister *n*, -verzeichnis *n*; **~ *de mecanización*** Mechanisierungsgrad *m*; **~ *de natalidad*** Geburtenindex *m*, -ziffer *f*; **~ *personal*** Personenkennzahl *f*; **≈ *de Precios al Consumo*** *Esp* Verbraucherpreisindex *m*; **~s *de ventas*** Verkaufszahlen *f/Pl* ◇ ***establecer*** *od* ***poner un ~*** ein Verzeichnis anfertigen *od* aufstellen; **(*no*) *figurar en el ~*** (nicht) im Verzeichnis stehen; ***poner en el ~*** auf den Index setzen; BUCHW, ZTGSW verbieten

indicio *m* Anzeichen *n*; Merkmal *n*; JUR *u allg* Indiz *n*; Vorbote *m*; ***según todos los ~s*** allem Anschein nach; allen Indizien zufolge

indiferen|cia *f* Gleichgültigkeit *f*; Teilnahmslosigkeit *f*; **~te** gleichgültig (***con*** gegenüber); teilnahmslos; egal *umg*; indifferent; blasiert

indígena I *Adj* eingeboren; einheimisch; indianisch; Indio- **II** *m* Eingeborener *m*; *iron* Einheimischer *m*; Indianer *m*; Indio *m*; Ureinwohner *m*

indigen|cia *f* Bedürftigkeit *f*, (große) Armut *f od* Not *f*; **~te I** *Adj* (äußerst) bedürftig, Not leidend; Armen- **II** *m* Bedürftiger *m*, Not Leidender *m*

indigest|ible unverdaulich; schwer verdaulich; **~ión** *f* Verdauungsstörung *f*; *i w S* Magenverstimmung *f*, Unwohlsein *n*, Übelkeit *f*; **~o** → ***~ible***; ungenießbar *auch übertr*

indign|ación *f* Empörung *f*, Entrüstung *f*; **~ado** empört, entrüstet, indigniert; **~ante** empörend; entwürdigend; **~ar(se)** *tr* (sich) empören *od* entrüsten; **~idad** *f* Würdelosigkeit *f*; Niedertracht *f*, -trächtigkeit *f*; **~o** unwürdig, würdelos; niederträchtig

índigo *m* Indigo(pflanze *f*, -strauch) *m*; Indigofarbe *f*, -blau *n*

indio I *Adj* indianisch, Indianer-; Indio-; indisch **II** *m*, **-a** *f* Indianer(in) *m(f)*; Indio *m*; Inder(in) *m(f)* → *auch* ***hindú***

indirecta *f* Wink *m*, Andeutung *f*; *übertr* Seitenhieb *m* ◇ ***echar*** *od* ***lanzar*** *od* ***soltar*** *od* ***tirar ~s*** (bissige) Anspielungen machen; ***¡vaya ~!*** das ist ein Wink mit dem Zaunpfahl!

indirect|amente *übertr* durch die Blume; **~o** indirekt, mittelbar

indisciplina *f* Disziplinlosigkeit *f*; **~ *laboral*** Verstoß *m* gegen die Arbeitsdisziplin

indisciplin|ado disziplinlos; ungehorsam; **~arse** gegen die Disziplin verstoßen; sich auflehnen

indiscre|ción *f* Unbedachtsamkeit *f*; unbedachte Äußerung *f*; Mangel *m* an Verschwiegenheit; Vertrauensbruch *m*; Indiskretion *f*; **~to** unbedacht(sam); aufdringlich; neugierig; indiskret

indiscriminad|amente ohne einen Unterschied zu machen; ohne Diskriminierung; **~o** wahl-, unterschiedslos

indis|culpable unentschuldbar, nicht zu entschuldigen(d), unverzeihlich; **~cutible** unbestritten, -bestreitbar; *Prinzip* unumstößlich, feststehend; **~cutiblemente** unweigerlich; **~oluble** unauflöslich; unauflösbar; untrennbar; unzertrennlich; **~pensable** unerlässlich, -umgänglich; unentbehrlich, -verzichtbar

indispon|erse ⟨→ ***poner***⟩ unpässlich werden; sich entzweien *od* verfeinden *od* anlegen *umg mit jmdm*; **~ibilidad** *f* Unabkömmlichkeit *f*; Nichtverfügbarkeit *f*; **~ible** unabkömmlich; nicht verfügbar

indis|posición *f* Unpässlichkeit *f*, -wohlsein *n*, Indisposition *f*; Unfähigkeit *f*, -tüchtigkeit *f*; **~puesto** unpässlich, -wohl, indisponiert; nicht aufgelegt (***para*** zu); verzankt (***con*** mit)

indistinguible nicht zu unterscheiden(d)
indistint|amente gleichermaßen, ohne einen Unterschied zu machen; **~o** gleich, unterschiedslos; undeutlich, -klar
individu|al individuell; persönlich; einzeln, Einzel-; Eigen-; **~alidad** *f* Besonderheit *f*, Eigenart *f*; **~alismo** *m* Individualismus *m*; **~alista** *m* Individualist *m*; **~alizar** ⟨-z/c-⟩ *tr*, **~ar** ⟨-úo⟩ *tr* spezifizieren, unterscheiden; gesondert betrachten; (im Einzelnen) herausarbeiten; einzeln angeben; einzeln behandeln; *etw jmdm* allein zuschreiben; **~o** *m* Einzelwesen *n*; Individuum *n auch verächtl*; *verächtl übertr* Subjekt *n*; Mensch *m*; Person *f auch verächtl*; JUR Einzelperson *f*; Angehöriger *m*, Mitglied *n eines größeren Gremiums*
indivis|ible unteilbar; untrennbar; **~o** ungeteilt
indizar ⟨-z/c-⟩ *tr Daten, Informationen* in einem Verzeichnis erfassen, indizieren
indoblegable unbeugsam
indocumentado I *Adj* ohne Ausweis(papiere); unkundig, nicht auf dem Laufenden **II** *m i w S* illegaler Einwanderer *m*
indoeuropeo indoeuropäisch, indogermanisch
índole *f* Art *f*, Beschaffenheit *f*; Gemütsart *f*; Wesen *n*; ***de buena*** (***mala***) **~** *Personen, Tiere* gut(artig) (böse, bösartig); ***de esta*** *od* ***tal*** **~** derartig
indolen|cia *f* Gleichgültigkeit *f*; Indolenz *f*; Trägheit *f*; Interesselosigkeit *f*; **~te** gleichgültig; träge, lässig; des-, uninteressiert; *Col* erbarmungslos
indoloro schmerzlos
indom|able nicht zu bändigen(d); unbeugsam; unbezähmbar; **~esticable** unzähmbar, nicht zu zähmen(d)
indómito unbändig, wild
Indonesia *f* Indonesien *n*
indonesio I *Adj* indonesisch **II** *m*, **-a** *f* Indonesier(in) *m(f)*; das Indonesische
Indostán *m* Hindustan *n*
indost|anés, **~ano I** *Adj* hindustanisch; *i e S* indisch **II** *m* Bewohner *m* Hindustans; *i e S* Inder *m*
indubitable → ***indudable***
induc|ción *f* Anstiftung *f*; EL, PHIL Induktion *f*; **~ir** ⟨→ ***conducir***⟩ *tr jmdn* anstiften *od* verleiten (***a*** zu); *jmdn* veranlassen *od übertr* führen (***a*** zu); *Logik* ableiten, folgern; *Geburt* einleiten; **~tivo** EL, PHIL induktiv; **~tor** *m* EL Induktor *m*, Induktionsapparat *m*; JUR Anstifter *m*
indudable zweifellos, zweifelsfrei, offenkundig
indulgencia *f* Milde *f*, Schonung *f*, Nachsicht *f* (***para con*** gegenüber) ◇ ***proceder sin*** **~** unnachsichtig vorgehen
indul|gente nachsichtig, milde; **~tar** *tr* begnadigen; JUR freisprechen; *jmdm eine Strafe* erlassen; **~to** *m* Begnadigung *f*; Straferlass *m*
indument|aria *f* Kleidung *f*
industria *f* Industrie *f*; Industriezweig *m*; (Industrie-)Betrieb *m*; Gewerbe *n*; **~ *aeroespacial*** (***aeronáutica***) Luft- und Raumfahrt-(Luftfahrt)industrie *f*; **~ *alimenticia*** *od* ***de productos alimenticios*** Lebensmittel-, Nahrungsmittelindustrie *f*; **~ *armamentista*** *od* ***de armamentos*** Rüstungsindustrie *f*; **~ *de artes gráficas*** Druckindustrie *f*, Druck(erei)gewerbe *n*; **~ *del automóvil***, **~ *automovilística*** Auto(mobil)industrie *f*, Kraftfahrzeugindustrie *f*; **~ *básica*** (***clave***; ***ligera***; ***pesada***) Grundstoff-(Schlüssel-; Leicht-; Schwer)industrie *f*; **~ *de bienes de consumo*** Konsum- *od* Verbrauchsgüterindustrie; **~ *del calzado*** Schuh(waren)industrie *f*; **~ *del carbón y del acero*** Montanindustrie *f*; **~ *carbonera***, **~ *minera del carbón*** Kohlenbergbau *m*; **~ *cinematográfica*** Filmindustrie *f*; **~ *y comercio*** Handel *m* und Gewerbe *n*; **~ *de computación*** (**~ *de la comunicación***) Computer-(Medien)industrie *f*; **~ *de confección*** *od* ***vestuario*** Bekleidungs-, Konfektionsindustrie *f*; **~ *conservera*** Konservenindustrie *f*; **~ *de la construcción*** Baugewerbe *n*, -industrie *f*; **~ *de construcción de máquinas***, **~ *de maquinaria*** Maschinenbau(industrie *f*) *m*; **~ *elaboradora*** *od* ***manufacturera*** *od* ***transformadora*** Verarbeitungsindustrie *f*; **~ *electrónica*** Elektronikindustrie *f*; **~ *de embalajes*** Verpackungsindustrie *f*; **~ *energética*** Energiewirtschaft *f*; **~ *farmacéutica*** Arneimittel-, Pharmaindustrie *f*, pharmazeutische Industrie *f*; **~ *del libro*** (***mueble***; ***ocio***) Buchgewerbe *n* (Möbelindustrie *f*; Freizeitbranche *f*, -industrie *f*); **~ *de máquinas-herramienta*** Werkzeugmaschinenindustrie *f*; **~ *de materiales de construcción*** Baustoffindustrie *f*; **~ *metalúrgica*** Metallindustrie *f*, Metall verarbeitende Industrie *f*; **~ *de muebles de oficina*** Büromöbelindustrie *f*; **~ *nacional***, **~ *del país*** einheimische Industrie *f*; **~ *naval*** Schiffsindustrie *f*, Schiffbau *m*; **~ *petrolera*** *od* ***petrolífera*** Erdöl-, Mineralölindustrie *f*; **~ *de productos acabados*** Fertigwarenindustrie *f*; **~ *química*** chemische Industrie *f*; **~ *siderúrgica*** (Eisen- und) Stahlindustrie *f*; **~ *subsidiaria*** *od* ***suministradora*** Zulieferindustrie *f*; **~ *textil*** Textilindustrie *f*; **~ *del transporte*** Transportgewerbe *n*; Verkehrswesen *n*; **~ *del turismo*** Fremdenverkehrsgewerbe *n*; ***gran*** **~** Groß-

industrie *f*
industrial I *Adj* industriell; Industrie-; gewerblich; Gewerbe-; technisch; Werks- **II** *m* Industrieller *m*; Fabrikant *m*; Gewerbetreibender *m*; ***gran ~*** Großindustrieller *m*
industrial|ista *m Arg* Industrieller *m*; **~ización** *f* Industrialisierung *f*; **~izar** ⟨-z/c-⟩ *tr* industrialisieren; industriell verwerten *bzw* verarbeiten; industriell erschließen
INE *m Abk für **Instituto Nacional de Estadística**,* → ***instituto***
inédito unveröffentlicht; unbekannt, neu
inefable unaussprechlich; unbeschreiblich; unsäglich
inef|ectivo → ***~icaz***; **~icacia** *f* Unwirksamkeit *f*; Wirkungslosigkeit *f*; Nutzlosigkeit *f*; → ***~iciencia***; **~icaz** unwirksam; wirkungslos; nutz-, zwecklos; *übertr* wertlos; → ***~iciente***; **~iciencia** *f* Ineffizienz *f*, Unwirtschaftlichkeit *f*; **~iciente** ineffizient, unwirtschaftlich; nicht leistungsfähig
in|ejecutable nicht aus- *od* durchführbar; **~eluctable**, **~eludible** unabwendbar; unvermeidlich
Inem *m*, *auch* **INEM** *m Abk für **Instituto Nacional de Empleo**,* → ***instituto***
inembargable unpfändbar
inen|arrable unbeschreiblich; nicht wiederzugeben(d); unsagbar; **~contrable** unauffindbar
inep|titud *f* Untauglichkeit *f*; Untüchtigkeit *f*; Unfähigkeit *f*; **~to** untauglich; untüchtig; unfähig
inequ|itativo ungerechtfertigt; unbillig; **~ívoco** eindeutig
iner|cia *f* Trägheit *f*, Untätigkeit *f*; PHYS *u übertr* Beharrungsvermögen *n*; **~me** unbewaffnet; wehrlos; **~te** träge, untätig; regungslos; leblos, tot *auch übertr*
inescrupuloso skrupellos
inesperad|amente unversehens; **~o** unerwartet, -verhofft
inest|abilidad *f* Labilität *f*; Instabilität *f*, Unbeständigkeit *f*; **~able** labil; unbeständig *auch Wetter*, instabil, schwankend; unsicher; **~imable** unschätzbar
inevitable unvermeidlich, -vermeidbar; unabwendbar
inexact|itud *f* Ungenauigkeit *f*; **~o** ungenau; falsch, unwahr; unrichtig
inexcusable unentschuldbar, unverzeihlich; unumgänglich, -verzichtbar
inexisten|cia *f* Nichtvorhandensein *n*, Fehlen *n*; Nichtbestehen *n*; **~te** nicht vorhanden, fehlend; nicht bestehend
inexor|able unerbittlich; gesetzmäßig; **~ablemente** unweigerlich
inexper|iencia *f* Unerfahrenheit *f*; **~imentado** (noch) unerprobt
inexperto I *Adj* unerfahren; **II** *m* Anfänger *m*, Neuling *m*
inex|plicable unerklärlich; **~plorado** unerforscht, -erschlossen; **~presado** *z.B. Wunsch* unausgesprochen
inexpres|ividad *f* Ausdruckslosigkeit *f*; **~ivo** ausdruckslos, nichts sagend
inextingu|ible, **~ido** unauslöschlich
inex|tirpable unausrottbar; **~tricable** unentwirrbar; verworren
infal|ibilidad *f* Unfehlbarkeit *f*; absolut sichere Wirkung *f*; **~ible** unfehlbar; von unfehlbarer Wirkung; verlässlich, nie versagend; **~iblemente** unweigerlich; **~sificable** nicht zu fälschen(d), fälschungssicher
infam|ación *f* Verunglimpfung *f*; Infamie *f*; Verleumdung *f*; **~ador** *m* Verleumder *m*; **~ante** → ***infamatorio***; **~ar** *tr* verunglimpfen; verleumden; **~atorio** entehrend, schändlich, schmählich; verleumderisch; **~e** I *Adj* infam, niederträchtig; gemein **II** *m* gemeiner Kerl *m*; **~ia** *f* Gemeinheit *f*, Niedertracht *f*, Infamie *f*; Schandtat *f*
infan|cia *f* Kindheit *f*; Kinder *n/Pl in ihrer Gesamtheit*; **~te** *m* Infant *m königlicher Prinz*; MIL Infanterist *m*; **~tería** *f* MIL Infanterie *f*; **~ticida** *m* Kindesmörder *m*; **~ticidio** *m* Kindesmord *m*, -tötung *f*; **~til** kindlich; Kinder-; Kindes-; kindisch, infantil
infarto *m* MED Infarkt *m*; ***~ cardíaco***, ***~ del corazón***, ***~ al*** *od* ***de miocardio*** Herzinfarkt *m*
infatigable unermüdlich; unverdrossen
infatu|ado selbstgefällig; eitel; eingebildet; **~ar** ⟨-úo⟩ *tr* betören; **~arse** *übertr* sich aufblasen; sich etw einbilden (***con*** auf)
infausto unglücklich, Unglücks-; unglückselig
infecc|ión *f* MED Ansteckung *f auch übertr*, Infektion *f*, Infekt *m*; **~ionar** *tr* → ***infectar***; **~ioso** ansteckend; Infektions-
infect|ar *tr* MED anstecken *auch übertr*, infizieren; vergiften, -seuchen *auch übertr*; **~o** angesteckt, infiziert; vergiftet, -seucht
infel|icidad *f* Unglückseligkeit *f*; unglücklicher Zustand *m*; **~iz** unglückselig; unglücklich; arm *bedauernswert*
inferior I *Adj* unterer, Unter-; niederer, Nieder-; niedrig; minderwertig; minderwertiger, schlechter (***a*** als); weniger, geringer (***a*** als); unter *weniger als* (***no ~ a cien euros***); unterlegen (***a*** *Dat*); nachgeordnet; untergeordnet, subaltern **II** *m* untergeordnete Person *f*, Subalterner *m*; ***~es*** *Pl* Untergebene *m/Pl*; **~idad** *f* Minderwertigkeit *f*; geringe Qualität *f*; Unterlegenheit *f*
inferir ⟨-ie-, -i-⟩ *tr* (schluss)folgern, den Schluss ziehen, schließen (***de*** aus), ablei-

ten; *Schaden* zufügen *bzw* verursachen; **~se** sich ableiten (lassen), sich ergeben, hervorgehen (***de*** aus)

in|fernal höllisch, Höllen-; **~fértil** unfruchtbar; **~fertilidad** *f* Unfruchtbarkeit *f*

infest|ación *f* Verseuchung *f*; Plage *f*; *übertr* Überflutung *f* (***de*** mit); **~ar** *tr* verseuchen; befallen; heimsuchen, verheeren; *übertr* überfluten, -schwemmen (***con, de*** mit)

inficionar *tr* → ***infectar***

infid|elidad *f* Untreue *f*; Treubruch *m*; Unzuverlässigkeit *f*; REL Unglaube *m*; **~encia** *f* Vertrauensbruch *m*; Misstrauen *n*

infiel I *Adj* treulos, untreu; unzuverlässig; ungenau; REL ungläubig **II** *m* REL Ungläubiger *m*

infierno *m* Hölle *f*; **~s** *Pl* MYTH Unterwelt *f*; ***en el*** (*bzw* ***los***) ***quinto(s)*** **~(s)** jwd *umg scherzh* (*d.h.* sehr weit entfernt) ◇ ***¡anda*** *od* ***vete al ~!*** scher' dich zum Teufel!

infiltr|ación *f* Eindringen *n*; Einsickern *n auch* POL; POL Unterwanderung *f*; Einschleusen *n unerwünschter Personen*; **~ado** *m* Eingeschleuster *m illegal ins Land od in eine Organisation gebrachte Person*; **~ar** *tr* infiltrieren *auch* POL *übertr*; einsickern lassen; *jmdm etw* eintrichtern *umg*; *illegal Personen* einschleusen; **~arse** *Flüssigkeit, Personen, auch* MIL eindringen; einsickern; durchsickern; POL unterwandern (***en*** *Akk*)

ínfimo *übertr* niedrigste(r); unterste(r); minderwertig; schlechteste(r)

infinidad *f* (Un-)Menge *f*, Viel-, Unzahl *f*; große (An-)Zahl *f*; Unendlichkeit *f*

infinit|ivo GRAMM *m* Infinitiv *m*; **~o I** *Adj* unendlich; endlos; *übertr* grenzenlos; unzählig **II** *m* MATH Zeichen *n* für unendlich

inflación *f* Inflation *f*, Geldentwertung *f*; Anschwellen *n*; Aufblähen *n*; ***~ de costos*** Kosteninflation *f*, -explosion *f*; ***~ galopante*** (***latente***) galoppierende (schleichende) Inflation *f*; ***~ por gastos excesivos*** Kostendruckinflation *f*

inflacion|ario inflationär; → ***~ista***; **~ismo** *m* Inflationspolitik *f*; **~ista** inflationistisch; Inflations-

inflamabilidad *f* Entzündbarkeit *f*

inflamable (leicht) entzündbar, (leicht) brennbar; feuergefährlich; ***no ~*** nicht entzündlich; feuerfest, nicht brennbar

inflam|ación *f* MED Entzündung *f*; Zünden *n*, Zündung *f*; **~ar** *tr* (an)zünden; entzünden *auch* MED *u übertr*; **~arse** *Gegenstände*, MED sich entzünden

inflar *tr* aufblasen; mit Luft *bzw* Gas füllen; aufblähen; aufbauschen; *Reifen, Ball* aufpumpen; **~se** sich aufblasen *od* aufblähen *sich wichtig tun*

inflex|ibilidad *f* Unbiegsamkeit *f*; Straffheit *f auch übertr*; Unnachgiebigkeit *f*; *übertr* Strenge *f*; Unbeugsamkeit *f*; **~ible** nicht biegsam; straff *auch übertr*; starr; unnachgiebig; *übertr* streng; unbeugsam

infli|gir ⟨-g/j-⟩ *tr*, *oft fälschlich* **~ngir** ⟨-g/j-⟩ *tr Strafe* auferlegen, verhängen; *Abfuhr, Verweis* erteilen; *Schaden* zufügen; *Niederlage* bereiten

influencia *f* Einfluss *m*; *übertr* Gewicht *n*; Beeinflussung *f*; Einwirkung *f*; **~s** *Pl* Beziehungen *f/Pl Bekanntschaft mit einflussreichen Personen*; ***~s ambientales*** (***atmosféricas***) Umwelt-(Witterungs)einflüsse *m/Pl*; ***de*** (***mucha***) ***~*** einflussreich ◇ ***ejercer*** *od* ***tener ~*** Einfluss haben *od* ausüben (***en, sobre*** auf); ***estar bajo la ~*** unter dem Einfluss *von jmdm od etw* stehen; ***mover sus ~s*** seine Beziehungen spielen lassen

influenciar *tr jmdn* beeinflussen; → ***influir***

influ|ir ⟨-uy-⟩ *meist intr* beeinflussen (***en alg*** *od* ***algo*** jmdn *od* etw); Einfluss ausüben (***en*** auf); Einfluss haben (***con alg*** auf jmdn *od* bei jmdm); Einfluss nehmen, einwirken (***en*** auf); **~jo** *m* → ***influencia***; **~yente** einflussreich

info|grafía *f* Computergrafik *f*; **~pista** *f* INFORM Infobahn *f*, *umg für* Datenautobahn *f*

Inforiberia® *f Esp* Flughafenauskunft *f*

información *f* Information *f*; Auskunft *f Mitteilung u Stelle, wo sie eingeholt wird*; Erkundigung *f*, Nachfrage *f*; Nachricht *f*, Meldung *f*; Bericht *m*; Aufklärung *f Erläuterung*; Kenntnis *f*; JUR einleitendes Verfahren *n*, Zeugenverhör *n*; ***~ bursátil*** Börsenbericht *m*; ***~ de*** (***la***) ***prensa*** Presseinformation *f* ◇ ***facilitar*** (***pedir***; ***recabar*** *od* ***recoger***) ***~*** *od* ***informaciones*** Auskünfte erteilen (um Auskunft ersuchen; sich Informationen verschaffen); (***no***) ***falsear ~*** (keine) falsche Auskunft geben

informador *m*, **~a** *f* Sprecher(in) *m(f) einer Institution*; Berichterstatter(in) *m(f)*; → ***informante***; ***~ gráfico*** Bildreporter *m*, -berichterstatter *m*

informal regelwidrig; unzuverlässig; zwanglos; ungezwungen, formlos; informell; **~idad** *f* Regelwidrigkeit *f*; Unzuverlässigkeit *f*; Ungezwungenheit *f*

informante *m* Informant *m*; Zuträger *m*; ***~ a la prensa*** Pressesprecher *m*

inform|ar I *tr jmdn* informieren *od* benachrichtigen *od* unterrichten *od* aufklären (***sobre, de*** über); briefen **II** *intr* melden; berichten; (einen) Bericht erstatten; JUR plädieren; **~arse** sich erkundigen, Erkundigungen einziehen; sich bekannt machen

(***de, sobre*** mit); sich sachkundig machen; rückfragen; **~ática** *f* Informatik *f*; Informatikerin *f*; **~ático** *m* Informatiker *m*
informativo I *Adj* informativ; aufklärend, Aufklärungs-; Nachrichten-, Informations-; **II** *m u* **~s** *Pl* RADIO, TV Nachrichten (-sendung *f*) *f*/*Pl*, Meldungen *f*/*Pl*
inform|atización *f* Umstellung *f* auf elektronische Datenverarbeitung *od* EDV, Informatisierung *f*; INFORM Vernetzung *f*; **~atizar** ⟨-z/c-⟩ *tr Arbeitsprozesse, Einrichtungen usw* auf elektronische Datenverarbeitung *od* EDV umstellen, informatisieren; INFORM vernetzen
informe I *Adj* unförmig, formlos; unausgewogen **II** *m* Bericht *m*; Rapport *m*; Meldung *f*; Stellungnahme *f*; Gutachten *n*; Abhandlung *f*; Mitteilung *f*, Report *m*; Vortrag *m*, Referat *n*; Rechenschaftsbericht *m*; Erkundigung *f*; Auskunft *f*; JUR Untersuchungsbericht *m*; Plädoyer *n*; **~s** *Pl* Referenzen *f*/*Pl*; **~ *de actividades*** Tätigkeitsbericht *m*; **~ *anual*** (***final***; ***financiero***; ***mensual***; ***previo*** *od* ***provisional***; ***semanal***) Jahres-(Abschluss-; Finanz-; Monats-; Zwischen-; Wochen)bericht *m*; **~ *económico anual*** *Dtschld* Jahreswirtschaftsbericht *m*; **~ *gráfico*** ZTGSW Bildbericht *m*; **~ *pericial*** Sachverständigengutachten *n* ◇ ***dar*** *od* ***presentar*** *od* ***rendir un* ~** Bericht erstatten; ***pedir*** *od* ***tomar*** (***nuevos***) **~s** Erkundigungen einziehen (rückfragen); ***solicitar* ~s** um Auskunft bitten
infortun|adamente unglücklicherweise, leider; **~ado** unglücklich
infortunio *m* Unglück *n*; Missgeschick *n*; **~s** *Pl* Schicksalschläge *m*/*Pl*
infracción *f* JUR Verletzung *f*, Verstoß *m*; strafbare Handlung *f*; Zuwiderhandlung *f*; Vergehen *n*; **~ *de la constitución*** (***del contrato***) Verfassungs-(Vertrags)bruch *m*; **~ *fiscal*** Steuervergehen *n*; **~ *de la ley*** Rechtsverletzung *f*, -bruch *m*, Gesetzesübertretung *f*
infractor *m* Zuwiderhandelnder *m*; **~ *de la ley*** Rechtsbrecher *m*
infra|estructura *f* Infrastruktur *f*; BAUW Unterbau *m*; **~humano** menschenunwürdig
infranqueable unüberwindlich
infra|rrepresentado unterrepräsentiert; **~rrojo** infrarot, Infrarot-; **~segurado** unversichert; **~seguro** *m* Unterversicherung *f*; **~utilización** *f* IND unzureichende Auslastung *f*; **~valorar** *tr* unterbewerten; **~vivienda** *f* Elendshütte *f*, -quartier *n*, menschenunwürdige Behausung *f*
infrecuente selten; nicht häufig
infringir ⟨-g/j-⟩ *tr* JUR *Gesetze, Verträge usw* verletzen, brechen, übertreten; verstoßen (*dir Obj* gegen); zuwiderhandeln
infructuoso nutz-, zwecklos, unnütz; vergeblich; erfolglos
infumable *Tabak*(*waren*) *u allg* abscheulich
infundado unbegründet, haltlos ◇ ***ser* ~** jeder Grundlage entbehren
infund|io *m* Lüge *f*; *übertr* Ente *f*; Schwindel *m*; **~ir** *tr Respekt, Furcht usw* einflößen; *Sorgen* bereiten; *Verdacht* erregen; *Mut* machen
infusión *f* Aufguss *m*; (Kräuter- *bzw* Früchte-)Tee *m*; MED Infusion *f*
ingeniar *tr* (her)austüfteln *umg*, sich *etw* ausknobeln *umg*; → **~se** sich *etw* ausdenken; ***ingeniárselas*** *etw* fertig bringen; sich etw einfallen lassen
ingeniería *f* Ingenieurwissenschaft *f*; *in Zus* Technik *f*; **~ *civil*** Bauwesen *n*, -technik *f*; **~ *espacial*** Raumfahrttechnik *f*; **~ *genética*** Gentechnik *f*, -technologie *f*; **~ *mecánica*** Maschinenbau(technik *f*) *m*; **~ *técnica forestal*** Forstwirtschaft *f*
ingeniero *m*, **-a** *f* Ingenieur(in) *m*(*f*); Techniker(in) *m*(*f*); **~ *agrónomo*** Diplomlandwirt *m*; **~ *civil*** *od* ***de construcción*** Bauingenieur *m*; **~** (***diplomado***), **~ *superior*** Diplomingenieur *m*; **~** (***en***) ***jefe*** Chef-, Oberingenieur *m*; **~ *mecánico*** (***naval***; ***técnico***) Maschinenbau-(Schiffbau-; Fachschul)ingenieur *m*; **~ *de montes*** Forstwirt *m*; **~ *de sonido*(*s*)** Toningenieur *m*; **~ *de telecomunicaciones*** Fernmeldeingenieur *m*
ingenio *m* Genie *n geistreicher Mensch u Geistesgabe*; Geist *m*; Verstand *m*; Einfallsreichtum *m*; TECH Anlage *f*, Vorrichtung *f*, Apparatur *f*; *Am* Zuckerfabrik *f*; **~sidad** *f* Scharfsinn *m*; Erfindungsgeist *m*; Genialität *f*; geistreiche Idee *f auch iron*; **~so** einfallsreich; erfinderisch; sinnreich; findig; ausgeklügelt; scharfsinnig; geistreich; witzig
ingénito angeboren
ingente riesig, gewaltig, kolossal
ingenu|idad *f* Naivität *f*; Arglosigkeit *f*; Treuherzigkeit *f*; *übertr* Blauäugigkeit *f*; **~o I** *Adj* naiv; unbedarft; arglos; kindlich; offen-, treuherzig; *übertr* blauäugig **II** *m* Naivling *m*
inger|encia *f oft fälschlich für* → ***injerencia***; **~ir** ⟨-ie-, -i-⟩ *tr Nahrung, Getränke* zu sich nehmen; *Medikamente* einnehmen; verdrücken *umg essen*; **~irse** *oft fälschlich für* → ***injerirse***
ingestión *f* Aufnahme *f von Nahrung, Getränken*; Einnahme *f von Medikamenten*
Inglaterra *f* England *n*
ingle *f* ANAT Leiste *f*

inglés I *Adj* englisch **II** *m*, **-esa** *f* Engländer (-in) *m(f)*

ingobern|able unregierbar; unlenkbar *bzw* kaum *od* schwer zu lenken(d) *auch übertr*; nicht unter Kontrolle zu bringen(d)

ingrat|itud *f* Undankbarkeit *f*; **~o** undankbar *auch übertr unergiebig*; unangenehm, *übertr* hässlich; hartherzig

ingr|avidez *f* PHYS *u übertr* Schwerelosigkeit *f*; **~ávido** schwerelos; *Bewegung* leicht; **~ediente** *m* KOCHK Zutat *f*; Bestandteil *m*; **~esar I** *intr* beitreten (**en** *Dat*); *in ein Gremium*, *in eine Ausbildungseinrichtung* aufgenommen werden; eintreten; *Amt* antreten; *ins Parlament* einziehen; *Laufbahn* einschlagen; *Gelder* hereinkommen *umg*, eingehen; *Schule*: *in die nächste Klasse* kommen **II** *tr ins Krankenhaus* einliefern *od* einweisen; *in die Haft* abführen; *jmdn in eine Vereinigung*, *Institution* aufnehmen; *Geld* einzahlen, überweisen (**en** auf); einführen, ins Land bringen; *Geld(er)* einnehmen, *Gewinn* erwirtschaften

ingreso *m* Beitritt *m*; Eintritt *m*; Aufnahme *f*; Amts-, Dienstantritt *m*; Einzug *m ins Parlament*; FIN Einkommen *n*; Eingang *m von Geldern*; HDL Einnahme *f*; Einzahlung *f*; Erlös *m*, Ertrag *m*; Aufnahmeprüfung *f*; Einlieferung *f ins Krankenhaus*; **~s** *Pl* Einkünfte *Pl*, Bezüge *m/Pl*; ***~s altos*** (***bajos***) hohes (niedriges) Einkommen *n*; ***~s anuales*** (***mensuales***) Jahreseinkommen *n*; Jahreseinnahmen *f/Pl* (Monatseinkommen *n*); ***~s brutos*** (***netos***) Brutto-(Netto)einkommen *n*, -verdienst *m* (Nettoeinnahmen *f/Pl*); ***~ per cápita*** Pro-Kopf-Einkommen *n*, -Verdienst *m*; ***~ diario*** HDL Tageseinnahmen *f/Pl*; ***~ en efectivo*** Bareinzahlung *f*; ***~s estatales*** Staatseinnahmen *f/Pl*; ***~ fijo*** festes Einkommen *n*; ***~s fiscales*** Steuereinnahmen *f/Pl*, -aufkommen *n*; ***~ medio*** Durchschnittsverdienst *m*; ***~ monetario neto*** Nettogeldeinkommen *n*; ***~ nacional*** (***real***) National-(Real)einkommen *n*

inhábil unfähig; untauglich

inhabili|tación *f* Erklärung *f* der Unfähigkeit; Verbot *n* der Berufsausübung, Berufsverbot *n*; POL Entmachtung *f*; **~tar** *tr jmdn* für unfähig *bzw* untauglich erklären; *jmdm* die Ausübung des Berufs untersagen; POL entmachten

inhabit|able unbewohnbar; **~ado** unbewohnt

inhalar *tr* einatmen; MED inhalieren

inhallable unauffindbar

inheren|cia *f* PHIL Inhärenz *f*; (enge) Verknüpfung *f*; **~te** eng verbunden *od* verknüpft (**a** mit); innewohnend, anhaftend, inhärent (**a** *Dat*)

inhib|ición *f* Hemmung *f*; Zurückhaltung *f*; JUR Ablehnung *f eines Richters als nicht zuständig*; **~ido** gehemmt, voller Hemmungen

inhibidor *m*: ***~ del apetito*** Appetitzügler *m*; ***~ de colesterol*** MED Cholesterinhemmer *m*; ***~ de corrosión*** TECH Korrosionshemmer *m*

inhib|ir *tr* hemmen; hindern; JUR ablehnen, für unzuständig erklären; **~irse** sich zurück- *od* heraushalten; JUR sich für unzuständig *bzw* befangen erklären; **~itoria** *f* JUR Unzuständigkeitserklärung *f*, Verfügungsbeschränkung *f*; **~itorio** hemmend, Hemm-; hindernd, Hinderungs-; JUR Ausschließungs-

inhospital|ario ungastlich; unwirtlich; *Region* ungeschützt; **~idad** *f* Ungastlichkeit *f*

inhóspito → ***inhospitalario***

inhum|ación *f* Beerdigung *f*; **~anidad** *f* Unmenschlichkeit *f*; **~ano** unmenschlich; **~ar** *tr* beerdigen

INI *m Abk für* ***Instituto Nacional de Industria***, → ***instituto***

iniciación *f* Beginn *m*; Aufnahme *f Beginn u Zulassung des Beitritts*; Einführung *f*; Einarbeitung *f*; ***~ sexual*** sexuelle Aufklärung *f*

iniciado *m* Eingeweihter *m*; ***no ~*** Uneingeweihter *m*

iniciador *m* Initiator *m*; Bahnbrecher *m*, Wegbereiter *m*

inicial I *Adj* anfänglich, Anfangs- **II** *f* Anfangsbuchstabe *m*, Initiale *f*; Paraphe *f*; ***~es de identificación*** Kurzzeichen *n/Pl*, Kürzel *n/Pl der Schreibkraft u des Verfassers eines Schreibens*

inici|alar *tr Abkommen* paraphieren; **~almente** anfangs, ursprünglich; **~ar** *tr* anfangen, beginnen; *übertr* eröffnen; *etw z.B. Arbeit* aufnehmen; einleiten; INFORM booten *einen Computer laden od starten*; *jmdn in etw* einweihen; *jmdn in etw* einführen; *jmdn* einarbeiten *od* einweisen; (sexuell) aufklären; **~arse** sich *mit etw* vertraut machen; sich einarbeiten (**en** in); beginnen, seinen Anfang nehmen

iniciativa *f* Initiative *f auch* PARL; Anregung *f*; Tatendrang *m*, Unternehmungsgeist *m*; Aktion *f*; ***~ legislativa, ~ de ley*** PARL Gesetzesinitiative *f*; ***~ popular*** POL Volksbegehren *n*; ***~ privada*** (***propia***) Privat-(Eigen)initiative *f*; ***de ~*** tatenfreudig, unternehmungslustig; ***por ~ de*** auf Anregung *bzw* Initiative von *od Gen* ◇ ***tomar la ~*** die Initiative ergreifen

inicio *m* Anfang *m*, Beginn *m* ◇ ***dar ~ a u/c***

etw einleiten; etw beginnen
inicuo ungerecht, gemein; *Gemeinheit* bodenlos
inigual|able unvergleichlich; **~ado** ohnegleichen
inim|aginable unvorstellbar; unglaublich; **~itable** unnachahmlich; **~pugnable** unanfechtbar
inin|teligible unverständlich; **~tencionado** unbeabsichtigt; **~terrumpido** ununterbrochen; kontinuierlich, ständig
iniquidad *f* Ungerechtigkeit *f*, Gemeinheit *f*
injerencia *f* POL Einmischung *f*; **(*no*) ~ *en los asuntos internos*** (Nicht-)Einmischung *f* in die inneren Angelegenheiten
injer|irse ⟨-ie-, -i-⟩ sich einmischen; **~tar** *tr* BOT pfropfen, veredeln; MED, TECH einsetzen; *Rohr* ansetzen; MED *Gewebe od Organteile* verpflanzen
injerto *m* BOT Pfropf(reis *n*) *m*; TECH Abzweigrohr *n*; MED Verpflanzung *f*; Transplantat *n*; **~ *de un bypass*** MED Bypassoperation *f*
injuria *f* Beleidigung *f*, Beschimpfung *f*; Schimpfwort *n*; **~ *agresiva*** *od* ***de hecho***, **~ *real*** tätliche Beleidigung *f*; **~ *a funcionarios*** Beamtenbeleidigung *f*; **~ *de palabra*** Verbalinjurie *f*
injuri|ado *m* Beleidigter *m*; Geschädigter *m*; **~ar** *tr* beleidigen, -schimpfen; verunglimpfen; schädigen; **~oso** beleidigend
injustamente zu Unrecht; ohne Grund
injusticia *f* Ungerechtigkeit *f*; Unrecht *n*; ***una ~ que clama al cielo*** eine himmelschreiende Ungerechtigkeit
injust|ificable nicht zu rechtfertigen(d); unentschuldbar; **~ificado** ungerechtfertigt; **~o** ungerecht; widerrechtlich; → **~*ificado***
inmaculado makellos
inmadur|ez *f* Unreife *f*, mangelnde Reife *f*; **~o** *Obst u übertr* unreif; unausgegoren
inma|nejable unhandlich; unlenksam; nicht manövrierfähig; **~nente** immanent, innewohnend; unlösbar *mit etw* verbunden; innerst; **~terial** immateriell; geistig
inmedia|ciones *f/Pl* unmittelbare Nähe *f*, Nachbarschaft *f*; Umgebung *f*; **~tamente** augenblicklich, sofort; umgehend; **~tez** *f* unmittelbares Bevorstehen *n eines Geschehens*; Direktheit *f*, Unmittelbarkeit *f*; **~to** unmittelbar, direkt; unverzüglich, sofortig; nächst(gelegen); nächst(folgend)
inmejorable hervorragend ◇ ***ser ~*** nicht besser sein können, *d.h.* unübertrefflich *od* sehr gut sein
inmenso unermesslich; riesig; horrend
inmerecid|amente unverdienterweise; **~o** unverdient
inmers|ión *f* Eintauchen *n*; *übertr* Einstieg *m*; **~o** *in Gedanken* versunken
inmigr|ación *f* Einwanderung *f*; Zuwanderung *f*; ***Inmigración*** *f* ⟨*ohne Art*⟩ Einwanderungsbehörde *f*; **~ante** *m* Einwanderer *m*; Zuwanderer *m*; **~ar** *intr* einwandern; zuwandern
inminencia *f* unmittelbares Bevorstehen *n*; Nähe *f*, Drohen *n einer Gefahr*
inminente bevorstehend; *Gefahr* drohend ◇ ***ser ~*** nahe bevorstehen; *Gefahr* drohen, im Verzuge sein
inmiscuirse ⟨-uy-⟩ sich einmischen; ***no ~*** sich *aus etw* heraushalten
inmisión *f* Immission *f von Schadstoffen*; **~ *sonora*** Lärmbelästigung *f*, -einwirkung *f*
inmobiliari|a *f* Grundstücksverwaltung *f*; Immobiliengesellschaft *f*; Baufirma *f*; **~o** Grundstücks-, Immobilien-; Boden-
inmod|erado unmäßig, maßlos; **~estia** *f* Unbescheidenheit *f*; Schamlosigkeit *f*; **~o** unbescheiden; schamlos; **~ificable** nicht modifizierbar
inmol|ación *f* (Auf-)Opferung *f*; *i w S* Selbstverbrennung *f*; **~arse** sich (auf)opfern; *i w S* sich anzünden *od* selbst verbrennen
inmoral unmoralisch; anstößig, unanständig; **~idad** *f* Unmoral *f*
in|mortal unsterblich; ewig, unvergänglich; **~mortalizar** ⟨-z/c-⟩ *tr* verewigen; **~motivado** grundlos, unbegründet, -motiviert; ungerechtfertigt; **~movible** *bes schwere Gegenstände* unbeweglich; **~móvil** bewegungs-, reg(ungs)los; *Gegenstand* fest stehend; feststehend *übertr*; unerschütterlich; **~movilidad** *f* Unbeweglichkeit *f*; Bewegungs-, Regungslosigkeit *f*; Starrheit *f*; Unerschütterlichkeit *f*
inmovilismo *m* Kleben *n umg od* Festhalten *n* am Alten; mangelnde Flexibilität *f*; *übertr* Stillstand *m*, Erstarrung *f*; **~ *en materia de reformas*** Reformstau *m*
inmovil|ista *Gesellschaft* verkrustet; **~ización** *f* HDL, IND Stilllegung *f*; MED Ruhigstellung *f*; *übertr* Lähmung *f*; Einschränkung *f* (der Handlungs- und Bewegungsfreiheit); Festlegung *f von Kapital*; ***inmovilizaciones*** *Pl* Anlagekapital *n*
inmovilizador *m*: **~ *antirrobo*** *od* ***electrónico*** KFZ elektronische Wegfahrsperre *f*
inmovilizar ⟨-z/c-⟩ *tr* HDL, IND stilllegen; MED ruhig stellen; *übertr* lähmen; *Kapital* fest anlegen *od* festlegen; die Handlungs- *bzw* Bewegungsfreiheit ein-, beschränken
inmueble I *Adj Güter* unbeweglich **II** *m* Grundstück *n*; Gebäude *n*; **~s** *Pl* Immobilien *Pl*, Liegenschaften *f/Pl*, unbewegliche

Güter *n/Pl*

inmund|icia *f*, **~s** *Pl* Schmutz *m*, Unrat *m*; *auch übertr*; **~o** schmutzig *auch übertr*; dreckig, unanständig; ekelhaft

inmun|e JUR, MED *u allg übertr* immun (***a*** gegen); unantastbar; frei, befreit *z.B. von Abgaben*; **~idad** *f* Immunität *f*, *übertr* Unverletzlichkeit *f*; Unantastbarkeit *f*; **~itario** Immunitäts-; **~ización** *f* Immunisierung *f*; **~izado** gefeit (***contra*** gegen); **~izar** ⟨-z/c-⟩ *tr* immunisieren; unempfänglich machen (***contra*** für); **~odeficiencia** *f* Immunschwäche *f*; **~ología** *f* Immunologie *f*; **~ológico** immunologisch; Immun-; **~ólogo** *m* Immunologe *m*; **~oterapia** *f* Immuntherapie *f*; **~oterápico** immuntherapeutisch

inmutable unabänderlich; unveränderlich, -wandelbar; unerschütterlich; ruhig, gelassen ◇ ***ser ~*** sich nicht *od* durch nichts erschüttern *od* aus der Ruhe bringen lassen

inmutar *tr* verändern; abändern; *übertr* erschüttern; **~se** *übertr* die Fassung verlieren

in|nato angeboren; eigen (***en alg*** jmdm); Erb-; **~natural** unnatürlich; **~navegable** nicht schiffbar; nicht seetüchtig; *Schiff* manövrierunfähig; **~necesario** unnötig, nicht notwendig; **~negable** unbestreitbar; nicht zu leugnen(d); **~negociable** nicht handels- *bzw* bank- *bzw* börsenfähig; nicht verhandelbar, nicht verhandlungsfähig; **~noble** gemein, *übertr* niedrig; niederträchtig; verwerflich; **~nombrable** unsagbar, -säglich; **~nocuo** → ***inocuo***

innov|ación *f* Neuerung *f*, Innovation *f*; Neuheit *f*; **~ador I** *Adj* innovativ; neuerungsfreudig **II** *m* Neuerer *m*, Wegbereiter *m*; **~ar** *tr* Neuerungen einführen

in|numerable unzählig, zahllos; unzählbar; **~obediencia** *f* Ungehorsam *m*; **~obediente** ungehorsam; **~objetable** unwiderlegbar; nicht zu beanstanden(d); unanfechtbar; **~observancia** *f* Nichtbeachtung *f*; Nichteinhaltung *f*, -befolgung *f*

inocen|cia *f* Unschuld *f*; Schuldlosigkeit *f*; Naivität *f*; Leichtgläubigkeit *f*; **~tada** *f* harmloser Scherz *m*; Aprilscherz *m*

inocente I *Adj* unschuldig; schuldlos; harmlos; naiv, blauäugig **II** *m* Unschuldiger *m*

inocular *tr* einimpfen *auch übertr*; *übertr* einflößen

in|ocuo unschädlich; harmlos; fad(e), langweilig; **~odoro I** *Adj* geruchlos **II** *m* Geruchverschluss *m*; (Klo-, Klosett-, Toiletten-)Becken *n*; **~ofensivo** harmlos; ungefährlich; unschädlich; **~olvidable** unvergesslich

inoper|able MED inoperabel; **~ado** *Betrieb* stillgelegt; TECH *Anlage* nicht betrieben; funktionsuntüchtig; **~ancia** *f* Wirkungslosigkeit *f*; Fehlschlag *m*, Erfolglosigkeit *f*, Misserfolg *m*; Funktionsuntüchtigkeit *f*; **~ante** wirkungslos; erfolglos; handlungsunfähig

inopinad|amente urplötzlich; **~o** unvermutet

inoportun|idad *f* Unzweckmäßigkeit *f*; **~o** unpassend; ungelegen; ungeeignet; nicht angebracht, unangemessen

in|orgánico anorganisch; **~oxidable** rostfrei

input *m* INFORM, WIRTSCH Input *m*, Eingabe *f*

inquebrantable unzerbrechlich; unverbrüchlich, *übertr* unzerstörbar; felsenfest *z.B. Entschluss*; *Gesundheit* eisern

inquiet|ante beunruhigend; Besorgnis erregend; **~ar** *tr* beunruhigen; **~arse** sich beunruhigen; nervös werden; **~o** unruhig; besorgt

inquietud *f* Unruhe *f*; Sorge *f*, Beunruhigung *f*; **~es** *Pl* POL *übertr* Unruhen *f/Pl*; Erwartungen *f/Pl*; Bedürfnisse *n/Pl*; Bestrebungen *f/Pl*

inquilino *m* Mieter *m*; *i w S* Hausbewohner *m*

inquina *f* Abneigung *f*, Hass *m*

inqui|rir ⟨-ie-⟩ **I** *tr* untersuchen; ermitteln **II** *intr* fragen, sich erkundigen (***por, sobre*** nach); **~sición** *f* Untersuchung *f*; Ermittlung *f*; **≗sición** *f* GESCH Inquisition *f*; **~sidor I** *Adj Blick* argwöhnisch, prüfend, lauernd **II** *m* GESCH Inquisitor *m*; **~sitivo** Ermittlungs-; → ***~sidor I***

insaciable unersättlich

insalubr|e ungesund; gesundheitsschädigend; **~idad** *f Klima, Region, Umwelt* ungesunder Charakter *m*; mangelhafte hygienische Bedingungen *f/Pl*

INSALUD *m Abk für* ***Instituto Nacional de la Salud***, → ***instituto***

in|salvable nicht zu retten(d); unüberwindlich; **~sano** irr-, wahnsinnig; *Klima, Nahrung* schädlich, ungesund

insatis|facción *f* Unzufriedenheit *f*; **~factorio** nicht zufrieden stellend; ungenügend; unzulänglich; **~fecho** unbefriedigt; unzufrieden

inscribir ⟨*Part* ***inscrito***⟩ *tr* einschreiben, -tragen; anmelden; buchen; registrieren; ***~se*** sich anmelden (***para*** zu); sich eintragen (lassen); sich immatrikulieren (lassen); ***~se entre*** ein (weiterer) Bestandteil sein von, *übertr* gehören *od* zählen zu

inscripción *f* Inschrift *f*; Eintragung *f*; Anmeldung *f*; Buchung *f*; Registrierung *f*; ~ ***en la agenda*** *od* ***en el orden del día*** Aufnahme *f* in die Tagesordnung; ~ ***catastral*** (***registral***) Eintragung *f* ins Grundbuch (Handelsregister)

in|scrito I *Part von* → ***inscribir*** **II** *m* Bezieher *m*, Abonnent *m*; **~scriptor** *m* Schreiber *m Schreibapparat*

insect|icida *m* Insektizid *n*, Insekten-, Schädlingsbekämpfungsmittel *n*; **~ífugo** *m* Insektenabwehrmittel *n*; **~o** *m* Insekt *n*

insegur|idad *f* Unsicherheit *f*; **~o** unsicher; unzuverlässig

inseminación *f*: ~ (***artificial***) künstliche Befruchtung *f bzw* VET Besamung *f*

insensat|ez *f* Unvernunft *f*; Verrücktheit *f*; Unsinn *m*; **~o** dumm, töricht; unvernünftig; unsinnig

insens|ibilidad *f* Gefühllosigkeit *f auch übertr*; Unempfindlichkeit *f*; Gleichgültigkeit *f*; Besinnungslosigkeit *f*; **~ibilizar** ⟨-z/c-⟩ *tr* gefühllos machen; betäuben; **~ibilizarse** gefühllos werden; gleichgültig werden; **~ible** gefühllos *auch übertr* (***a*** gegenüber); unempfindlich (***a*** gegen); gleichgültig; besinnungslos; unmerklich; kaum spürbar, *übertr* schwach

inseparable untrennbar; unzertrennlich

inser|ción *f* Einsetzen *n*, -fügen *n*; Einbindung *f Einbeziehung*; Eingliederung *f*; Inserieren *n*, Annoncieren *n*; **~ente** *m* ZTGSW Anzeigenkunde *m*; **~tar** *tr* einsetzen, -fügen; einbinden *einbeziehen*; eingliedern; ZTGSW einrücken (lassen); annoncieren, inserieren, *eine Anzeige* aufgeben; bringen *veröffentlichen*; *Geld(stück)* einwerfen; *(Chip-)Karte* einführen; **~to** *unreg Part von* → ***~tar***

inservible ausgedient, unbrauchbar

insidia *f* Hinterlist *f*; ***~s*** *Pl* Ränkespiel *n*

insidioso hinterlistig; *Frage* verfänglich; bösartig, tückisch; *Krankheit* schleichend

insign|e berühmt, -deutend; ausgezeichnet; Riesen-, riesig; **~ia** *f* Abzeichen *n*; (Ansteck-)Plakette *f*, Button *m*; MAR Flagge *f*; FLUGW, MAR Hoheitszeichen *n*; ***~s*** *Pl* Insignien *Pl*

insignifican|cia *f* Geringfügigkeit *f*; Belanglosigkeit *f*; Lappalie *f*; geringfügige Anzahl *f bzw* Menge *f*; *Geld* geringfügige *od* unbedeutende Summe *f*; **~te** geringfügig; unbedeutend; belanglos

insincer|idad *f* Unaufrichtigkeit *f*; **~o** unaufrichtig, falsch

insin|uación *f* Andeutung *f*; Anspielung *f versteckter Hinweis*; Anregung *f*; Unterstellung *f*, Verdächtigung *f*; ***insinuaciones*** *Pl* Einflüsterungen *f/Pl*; **~uar** ⟨-úo⟩ *tr* andeuten, durchblicken lassen, zu verstehen geben; *etw fälschlich od böswillig* unterstellen; anregen; **~uarse** sich einschmeicheln, *übertr* sich *bei jmdm* einschleichen

insípido geschmacklos *auch übertr*; fad(e); langweilig; gehalt-, geistlos

insist|encia *f* Beharrlichkeit *f*; Drängen *n*, dringende Bitte *f*; Nachdruck *m Eindringlichkeit*; **~ente** beharrlich; nachdrücklich; **~ir I** *intr* beharrlich sein; bestehen *od* beharren (***en*** auf); sich nicht abbringen lassen *von etw*; Nachdruck *bzw* Wert legen (***en*** auf); drängen (***en*** auf); dringen (***con alg*** in jmdn); nachfassen *umg hartnäckig weitere Fragen stellen* **II** *tr jmdn* beknien *umg dringend bitten*

insobornable unbestechlich

insoc|iabilidad *f* Ungeselligkeit *f*; Menschenscheu *f*; **~iable** ungesellig; menschenscheu

insol|ación *f* Sonnenstich *m*; Hitzschlag *m*; Sonnenlichteinwirkung *f*; **~arse** einen Sonnenstich *bzw* Hitzschlag bekommen

insolen|cia *f* Anmaßung *f*; Frechheit *f*; **~te I** *Adj* frech; unverschämt; rüpelhaft; anmaßend **II** *m* Flegel *m*, Rüpel *m*

in|sólito ungewöhnlich; unerhört; **~soluble** un(auf)löslich; *Problem* unlösbar

insolven|cia *f* Zahlungsunfähigkeit *f*, Insolvenz *f*; **~te** zahlungsunfähig, insolvent

insomn|e schlaflos; **~io** *m* Schlaflosigkeit *f*

insondable unergründlich

insonor|ización *f* Schalldämmung *f*, -isolierung *f*; **~izar** ⟨-z/c-⟩ *tr* schalldicht machen; das Geräusch *z.B. eines Motors* dämpfen; **~o** klang-, tonlos; schalldicht

in|soportable unerträglich; **~soslayable** unausweichlich; unvermeidlich; **~sospechado** unverhofft; unvermutet; **~sostenible** *übertr* unhaltbar

inspección *f* Inspektion *f*; Besichtigung *f*, Begehung *f*; Beaufsichtigung *f*, Überwachung *f*; Kontrolle *f*; (Über-)Prüfung *f*; Revision *f*; Aufsicht *f*; MIL Musterung *f*; ~ ***aduanera*** Zollkontrolle *f*; ~ ***contable*** Kassensturz *m*, -prüfung *f*; ~ ***fiscal*** Steuerprüfung *f*; Steuerfahndung *f*; ~ ***industrial*** Gewerbeaufsicht *f*; ~ ***de los libros*** FIN, HDL Buchprüfung *f*, Durchsicht *f* der Bücher; ~ ***del lugar del hecho*** JUR Lokaltermin *m*; ~ ***de obras*** Bauaufsicht *f*; ≗ ***de Servicio*** Dienstaufsicht(sbehörde) *f*; ≗ ***Técnica de Vehículos*** *Esp* Kraftfahrzeugüberwachungsamt *n*, *entspricht dem deutschen TÜV* ◇ ***realizar una*** ~ → ***inspeccionar***

inspeccionar *tr* inspizieren; besichtigen; beaufsichtigen, überwachen; kontrollieren; (über)prüfen; MIL mustern

inspector *m*, **~a** *f* Inspektor(in) *m(f)*; Aufseher(in) *m(f)*; Kontrolleur(in) *m(f)*; ~ ***de***

I

aduanas (***enseñanza***; ***policía***) Zoll-(Schul-; Polizei)inspektor *m*; ~ ***general*** MIL Generalinspekteur *m*; ~ ***de Hacienda***, ~ ***tributario*** Steuerprüfer *m*, -fahnder *m*; ~ ***de industrias*** Gewerbeaufsichtsbeamter *m*; ~ ***minero*** BERGB Steiger *m*

inspiración *f* Inspiration *f*, Eingebung *f*; Einfall *m Idee*; Einatmen *n*, -atmung *f*

inspirador I *Adj* inspirierend, anregend **II** *m* Inspirator *m*; Mann *m* mit Ideen *od* guten Einfällen; *übertr* Auftraggeber *m*; ~**es** *Pl* Hintermänner *m*/*Pl*

inspirar *tr* inspirieren, anregen; *übertr* einflößen, -geben; einatmen; ~**se** sich inspirieren *od* anregen lassen (***en*** durch, bei); *übertr* sich leiten lassen (***de*** von)

instado: ~ ***por mí*** auf mein Betreiben; → ***instar***

instalación *f* Einrichtung *f*; Ausstattung *f*; Unterbringung *f*; (Amts-)Einführung *f*; TECH Installierung *f*; Installation *f*; TECH Anschluss *m*; Einbau *m*; Aufstellung *f Montage*; Errichtung *f*; TECH Anlage *f*; ~ ***de aire acondicionado***, ~ ***de climatización*** Klimaanlage *f*; ~ ***avisadora de incendios*** Feuermeldeanlage *f*; ~ ***de elaboración*** (***electrónica***) ***de datos*** (elektronische) Datenverarbeitungsanlage *f*; ~ ***industrial*** (***telefónica***) Industrie-(Fernsprech-, Telefon)-anlage *f*; ~ ***de lavado*** (***producción***; ***refrigeración***) Wasch-(Produktions- *od* Fertigungs-; Kühl)anlage *f*; ~ ***sanitaria*** sanitäre Einrichtung *f*

instal|ador *m*, ~**adora** *f* Installateur(in) *m*(*f*); ~**ar** *tr* einrichten; ausstatten; *jmdn in ein Amt* einführen; installieren; *Uhrzeit* einstellen; TECH anschließen; einbauen; aufstellen, montieren; errichten; INFORM *Programm* laden; ~**arse** sich *häuslich* einrichten; sich niederlassen; es sich bequem machen; *Räumlichkeiten* beziehen

instancia *f* (dringende) Bitte *f*; Ersuchen *n*; Gesuch *n*; Drängen *n*; Eingabe *f*; JUR Instanz *f*; ***a*** ~ ***de*** auf Antrag von; ***a*** ~***s de*** auf Drängen von; ***altas*** ~***s*** hohe *od* einflussreiche Stellen *f*/*Pl*; ***en primera*** (***última***) ~ JUR in erster (letzter) Instanz (letztendlich, letzten Endes; *übertr* wenn alle Stricke reißen *umg*) ◇ ***hacer*** *od* ***presentar*** (***rechazar***) ***una*** ~ eine Eingabe machen, ein Gesuch einreichen (zurückweisen, ablehnen)

instantáne|a *f* FOTO Momentaufnahme *f*, Schnappschuss *m*; ~**o** augenblicklich; plötzlich (*übertr* eintretend)

instante *m* Moment *m*, (kurzer) Augenblick *m*; ***al*** ~ sofort, gleich; (***a***) ***cada*** ~ alle Augenblicke, ständig; ***en este*** (***mismo***) ~ *übertr* auf der Stelle

instar I *tr jmdn* drängen (***a, para*** zu); ersuchen, fordern; → ***instado* II** *intr unpers* dringend sein; eilen (***insta que te inscribas para el cursillo***)

instaur|ación *f* Errichtung *f*; Einsetzung *f*; Zustandekommen *n*; Einführung *f*; Wiederherstellung *f*; ~**ar** *tr* errichten; einsetzen; zustande bringen; einführen; wiederherstellen

instigación *f* Anstiftung *f*; ~ ***a la guerra*** Kriegshetze *f*

instigado auf Betreiben (***por*** von *od Gen*)

instigador *m* Anstifter *m*; ~**es** *Pl* Hintermänner *m*/*Pl*

instigar ⟨-g/gu-⟩ *tr* anstiften (***a*** zu); aufwiegeln, -putschen, (auf)hetzen; *übertr* schüren, anheizen

instintiv|amente von selbst, aus eigenem Antrieb; ~**o** instinktiv; unwillkürlich

instinto *m* Instinkt *m auch übertr*; (Natur-)Trieb *m*; Gespür *n*, Spürsinn *m*; ~ ***de conservación*** *od* ***preservación*** (Selbst-)Erhaltungstrieb *m*; ~ ***sexual*** Geschlechtstrieb *m*; ***por*** ~ instinktiv; unwillkürlich ◇ ***excitar los más bajos*** ~***s*** die niedrigsten Instinkte wecken

institución *f* Institution *f*, Einrichtung *f*; Anstalt *f*; Einsetzung *f in ein Amt*; Inkraftsetzung *f*; Stiftung *f von Auszeichnungen*; ~ ***pública*** öffentliche Einrichtung *f od* Anstalt *f*

institucional institutionell; ~**ización** *f* Institutionalisierung *f*; ~**izado** POL, SOZIOL etabliert, mit einem festen Platz in der Gesellschaft; ~**izar** ⟨-z/c-⟩ *tr* institutionalisieren, zum System erheben, (in der Gesellschaft) fest verankern; ~**izarse** POL, SOZIOL sich etablieren, zu einem festen Bestandteil werden

instituir ⟨-uy-⟩ *tr* errichten; schaffen; *Auszeichnungen* stiften; *jmdn z.B. als Erben* einsetzen; in Kraft setzen; ~**se** in Kraft treten

instituto *m* Institut *n*, Einrichtung *f*; Anstalt *f*; ≗ ***Alemán de Estudios Económicos*** Deutsches Institut *n* für Wirtschaftsforschung; ~ (***de bachillerato***, ~ ***de enseñanza media***, ~ ***de segunda enseñanza***) *Esp* Oberschule *f*, Gymnasium *n*, höhere Schule *f*; ~ ***bancario*** (~ ***de crédito***) Bank-(Kredit)institut *n*; ≗ ***de Cooperación Iberoamericana*** *Esp* Institut *n* für iberoamerikanische Zusammenarbeit; ≗ ***de Crédito Oficial*** *Esp* Staatliche Koordinierungsstelle *f* für Kredite; ~ ***demoscópico*** Meinungsforschungsinstitut *n*; ≗ ***Español de Comercio Exterior*** Spanisches Außenhandelsinstitut *n*; ~ ***de investigación*** Forschungsinstitut *n*; ~ ***laboral*** *Esp* Berufsfachschule *f*;

~ meteorológico Wetterdienst(stelle *f*) *m*; **♀ Monetario Europeo** Europäisches Währungsinstitut *n*; **♀ Nacional de Empleo** *Esp* Staatliches Arbeitsbeschaffungsinstitut *n*; *Dtschl* Bundesanstalt *f* für Arbeit; **♀ Nacional de Estadística** *Esp* Staatliches Amt *n* für Statistik; **♀ Nacional de Industria** *Esp* Staatliches Institut *n* für Industrie *Dachorganisation der staatlichen Industriebetriebe*; **♀ Nacional de la Salud** *zentrales spanisches* Gesundheitsinstitut *n*; **~ nocturno** *Esp* Abendgymnasium *n*

instrucción *f* (An-)Weisung *f*; Instruktion *f*; Vorschrift *f*; Anleitung *f*; Ein-, Unterweisung *f*, Belehrung *f*; Ausbildung *f*; Bildung *f*; Schulung *f*; JUR Ermittlung *f*, Untersuchung *f*; INFORM Befehl *m*; **instrucciones** *Pl* Richtlinien *f/Pl*; Verhaltens(maß)regeln *f/Pl*; **~ cívica** *Schulfach* Gemeinschaftskunde *f*; **~ de ejecución** INFORM Ausführungsanweisung *f*; **instrucciones para el manejo** (**uso**) Bedienungsanleitung *f* (Gebrauchsanweisung *f*); **~ sobre recursos** Rechtsmittelbelehrung *f*; **instrucciones de servicio** Betriebsanleitung *f* ◇ **dar instrucciones** (An-)Weisungen geben *od* erteilen; briefen

instructivo lehrreich, instruktiv; aufschlussreich; aussagekräftig

instructor *m*, **~a** *f* Instrukteur(in) *m*(*f*); MIL Ausbilder(in) *m*(*f*); **~ de vuelo** Fluglehrer *m*

instruir ⟨-uy-⟩ *tr jmdn* anweisen; ein-, unterweisen; anleiten; belehren, instruieren; *jmdn über etw* unterrichten; *jmdn* schulen; MIL ausbilden; *Lehrling* anlernen; JUR *Prozess* einleiten *bzw* führen; JUR ermitteln (*dir Obj* in)

instrument|al *m* Instrumentenausrüstung *f*; Instrumentarium *n*; MED, MUS *u allg* Instrumente *n/Pl*; MED Besteck *n*; **~alización** *f* Instrumentalisierung *f*, Missbrauch *m*, *unlautere* Ausnutzung *f von jmdm od etw*; **~alizar** ⟨-z/c-⟩ *tr jmdn* instrumentalisieren *od* ausnutzen; *etw für unlautere Zwecke* benutzen, missbrauchen; **~ar** *tr* MUS instrumentieren; bewerkstelligen, in die Wege leiten, *Geschäft* abwickeln

instrumento *m* MED, MUS, TECH, *allg u übertr* Instrument *n*; Werkzeug *n auch übertr*; Gerät *n*; (Hilfs-)Mittel *n*; JUR, POL Urkunde *f*; **~ de arco** (**cuerda**; **percusión**; **viento**) Streich-(Saiten-; Schlag-; Blas)instrument *n*; **~ de medición** Messgerät *n*; **~ de poder** POL Machtinstrument *n*; **~ de prueba** JUR Beweisstück *n*

insubordin|ación *f* Gehorsamsverweigerung *f*; Widersetzlichkeit *f*; **~ado** aufsässig; **~arse** den Gehorsam verweigern; sich auflehnen

insub|sanable nicht wieder gutzumachen(d); **~stancial**, **~stituible** → **insustancial**, **insustituible**

insuficiencia *f* Unzulänglichkeit *f*; Mangel *m*; MED Insuffizienz *f*; **~ auditiva** Hörfehler *m*, Schwerhörigkeit *f*; **~ cardíaca** Herzschwäche *f*, -insuffizienz *f*; **~ de vitaminas** Vitaminmangel *m*

insuficiente mangelhaft; ungenügend, -zulänglich; **~mente** (+ *Part*) unter- (+ *Part*) (**~ retribuido**)

insufrible unerträglich; unausstehlich

insul|ar Insel-; **~ina** *f* PHARM Insulin *n*; **~so** fad(e); geschmacklos; abgeschmackt

insult|ada *f Am* beleidigende Äußerungen *f/Pl*; Schimpfkanonade *f*; **~ante** beleidigend; **~ar** *tr* beleidigen; beschimpfen; **~o** *m* Beleidigung *f*; Beschimpfung *f*

insum|ergible unsinkbar; **~ir** *tr Zeit*, *Geld* investieren, *Geld* anlegen *verwenden*

insumis|ión *f* Aufsässigkeit *f*; **~o I** *Adj* aufsässig; widerspenstig **II** *m Esp* Wehr- und Zivildienstverweigerer *m*

insumos *m/Pl* Arbeitsmittel *n/Pl*; Produktionsmittel *n/Pl*; Betriebsstoffe *m/Pl*

in|superable unübertrefflich; unüberwindlich; **~surgencia** *f* → **insurrección**; **~surgente I** *Adj* aufständig **II** *m* Aufständischer *m*

insurrec|ción *f* Aufstand *m*, Erhebung *f*; **~cionarse** *übertr* aufstehen, sich erheben (**contra** gegen); **~to** → **insurgente**

insust|ancial gehaltlos; unwesentlich; **~ituible** unersetzbar, -ersetzlich

int. *Abk für* → **interior** *u* → **internacional**

in|tachable tadellos, einwandfrei; **~tacto** unberührt, -angetastet; unbeschädigt, -versehrt, intakt, heil *umg*; **~tangible** *übertr* unangreifbar, -antastbar

integración *f* Integration *f*, Integrierung *f*; Eingliederung *f*; **~ (inmediata)** (sofortiger) Dienstantritt *m*; **~ en una red** INFORM, EL, TECH Vernetzung *f*

integr|ado TECH eingebaut; **~ador** Integrations-; **~al** allseitig; völlig; umfassend; komplex; voll(ständig); untrennbar; *Text* ungekürzt; MATH Integral-

íntegramente voll und ganz

integr|ante I *Adj* integrierend; untrennbar; wesentlich **II** *m* Angehöriger *m*, Mitglied *n*; Mitarbeiter *m*; **~ar** *tr* integrieren; eingliedern, -fügen; ausmachen, bilden; vervollständigen; aufnehmen (**en** in); gehören (*dir Obj* zu), angehören; **~arse** *einer Gemeinschaft* beitreten; *Arbeitnehmer bzw Beamter* den Dienst antreten; **~idad** *f* Integrität *f*; Vollständigkeit *f*; Ganzheit *f*; Unantastbarkeit *f*; Unversehrtheit *f*; Red-

I

lichkeit *f*
íntegro unbescholten, integer; rechtschaffen, untadelig; vollständig; *Text* ungekürzt; gesamt, ganz; unversehrt
intelecto *m* Intellekt *m*
intelectual I *Adj* geistig, intellektuell; verstandesmäßig **II** *m* Intellektueller *m*; **~es** *Pl* → **intelectualidad**
intelectualidad *f* SOZIOL (Angehörige *m/Pl* der) Intelligenz *f*
inteligencia *f* Intelligenz *f*, Klugheit *f*; Verstand *m*; Verständnis *n*; Einsicht *f*; Einverständnis *n*, -vernehmen *n*; MIL, POL Aufklärung *f Geheim-, Nachrichtendienst*; **~ artificial** künstliche Intelligenz *f*; **~ militar** MIL (Spionage-)Abwehr *f*; **corto de ~** unbedarft, beschränkt, einfältig
intelig|ente intelligent, klug; einsichtig; verständnisvoll; gebildet; **~ible** verständlich; deutlich (hörbar)
intemper|ancia *f* Unmäßigkeit *f*, Maßlosigkeit *f*; **~ante** unmäßig, maßlos; ausschweifend
intemperie *f* Unbilden *Pl* der Witterung; Unwetter *n*; **a la ~** im Freien; dem Unwetter ausgesetzt; **resistente a la ~** wetterfest
intempestiv|amente zur Unzeit; **~o** unangebracht; unzeitgemäß
intemporal zeitlos
intención *f* Absicht *f*, Vorhaben *n*, *übertr* Ziel *n*; **con** (**sin**) **~** → **intencionadamente** (unabsichtlich); **con la ~ de** + *Inf* damit, um; **doble** *od* **segunda ~** Hintergedanke *m* ◇ **le calamos la ~** wir durchschauten ihn *bzw* sie, wir ahnten, was er *bzw* sie vorhatte; ◇ **tener la ~** beabsichtigen (**de** zu)
intencionadamente mit Absicht
intencionado absichtlich; vorsätzlich; **bien ~** wohlwollend; gut gemeint; **mal ~** → **malintencionado**
intencional bewusst; mutwillig
intenden|cia *f* Verwaltung *f*; VERW Leitung *f*, Aufsicht *f*; MIL Verwaltungsdienststelle *f*, Intendantur *f*; *Am reg* Stadtverwaltung *f*; *Chi*, *Rpl* Provinzialverwaltung *f*; **~te** *m* Verwalter *m*, Verwaltungsleiter *m*; MIL Verwaltungsoffizier *m*; *Am reg* Bürgermeister *m*; *Chi*, *Rpl* Provinzgouverneur *m*
intens|idad *f* Intensität *f*, Stärke *f*; Heftigkeit *f*; Nachdruck *m*, Schärfe *f*; VERK Dichte *f*; **~ificación** *f* Intensivierung *f*, Verstärkung *f*; Ausweitung *f*, -bau *m*; Verschärfung *f*; **~ficar** ⟨-c/qu-⟩ *tr* intensivieren, verstärken; ausweiten, -bauen; steigern; **~ificarse** zunehmen, stärker *bzw* heftiger werden; **~ivo** intensiv, Intensiv-; **~o** *übertr* stark; heftig; nachdrücklich; → **~ivo**
intentar *tr* vorhaben, beabsichtigen; versuchen; *etw* in Gang setzen; JUR *Prozess* anstrengen; *Klage* erheben
intento *m* Versuch *m*; Vorhaben *n*, Absicht *f*; **~ de asesinato** (**evasión** *od* **fuga**) versuchter Mord *m* (Fluchtversuch *m*); **de primer ~** auf Anhieb
intentona *f* gewagtes Unternehmen *n*; fehlgeschlagener Versuch *m*; vereitelter Putsch *m*
interacc|ión *f* Wechselwirkung *f*; Zusammenwirken *n*; **~ionar** *intr* zusammenwirken; **~ionarse** im Wechselverhältnis stehen (**con** mit)
interactiv|idad *f bes* INFORM Interaktivität *f*; **~o** *bes* INFORM, *z.B. CD-ROM usw* interaktiv
inter|alemán gesamtdeutsch; **~americano** interamerikanisch; **~andino** innerhalb der Andenländer; unter *od* zwischen den Andenländern; **~anual** *statistisches* (*Zwischen-*)*Ergebnis* bezogen auf die letzten 12 Monate; im Vergleich zum Vorjahr; **~calar** *tr* einfügen, -schieben; *z.B. ein Blatt zwischen andere Blätter* einlegen; (da)zwischenschieben; einflechten (**en** in); EL zwischenschalten; vorschalten; TECH einlassen
intercamb|iable austausch-, auswechselbar; **~iar** *tr* austauschen; auswechseln; *irrtümlich* vertauschen
intercambio *m* Austausch *m*; Auswechseln *n*; *irrtümliches* Vertauschen *n*; Wechselbeziehungen *f/Pl*; *i w S* Handel *m*; **~ comercial** Handelsaustausch *m*, -beziehungen *f/Pl*, -verkehr *m*; (**~ de**) **correspondencia** *f* Schriftverkehr *m*; **~ de datos** INFORM Datenaustausch *m*; **~ desigual** *od* **no equivalente** ungleicher Handel *m*; **~ de disparos** Schusswechsel *m*; **~ económico** Wirtschaftsaustausch *m*, -verkehr *m*; **~ de experiencias** (**ideas**; **informaciones**; **opiniones**) Erfahrungs-(Gedanken-; Informations-; Meinungs)austausch *m*; **~ de mercancías** Güter-, Warenaustausch *m*, -verkehr *m*
interceder *intr* eintreten, sich verwenden (**a** *od* **en favor de alg, por alg** für jmdn)
intercep|ción *f*, **~tación** *f* Abfangen *n z.B. eines Briefs u* MIL; Abhören *n*; KFZ Stoppen *n z.B. durch Polizei*; MAR Aufbringen *n*; Unterbrechung *f*; **~tar** *tr Brief, Flugzeug, Rakete* abfangen; TEL *Gespräch* ab-, mithören; unterbrechen; KFZ stoppen (*gewaltsam*) *zum Halten bringen*; *Schiff* aufbringen
inter|cesión *f* Fürbitte *f*, -sprache *f*; **~cesor** *m* Fürsprecher *m*; **&city** *m* Intercity(zug) *m*, IC *m*; **~comunicador** *m* Wechselsprechanlage *f*; *Cu* TEL (Haus-)Apparat *m*; **~conectar** *tr* untereinander verbinden;

übertr vernetzen; **~conexión** *f* Zwischenverbindung *f*; EL, TEL Verbundschaltung *f*; *übertr* Vernetzung *f*; **~continental** interkontinental; **~decir** (→ ***decir***) *tr* untersagen, verbieten; **~dependencia** *f* gegenseitige Abhängigkeit *f*, Zusammenhang *m*, Verflechtung *f*; **~dependiente** voneinander abhängig, verflochten

interdicción *f* Verbot *n*; ***~ profesional*** Berufsverbot *n*

interdicto *m* JUR einstweilige Verfügung *f* ◇ ***notificar un ~*** eine einstweilige Verfügung erlassen

inter|disciplinario interdisziplinär; **~empresarial** zwischenbetrieblich; innerbetrieblich; unternehmensintern

interés *m* Interesse *n*; Neigung *f*; Anteil (-nahme *f*) *m*; Anliegen *n*; Bedeutung *f*; Eigennutz *m*; Nutzen *m*, Vorteil *m*; Gewinn *m*; Verzinsung *f*; → ***intereses*** *Pl* Zinsen *m/Pl*; Belange *m/Pl*; ***intereses acreedores*** (***deudores***; ***moratorios***; ***usurarios***) Haben-, Passiv-(Soll-, Aktiv-; Verzugs-; Wucher)zinsen *m/Pl*; ***~ anual efectivo*** *od* ***real*** effektiver Jahreszins *m*; ***~ básico*** (***compuesto***) Leit-(Zinses)zins *m*; ***intereses crecidos*** (***devengados***; ***vencidos***) hohe Zinsen *m/Pl* (Zinsertrag *m*; fällige Zinsen *m/Pl*); ***~ directo*** *od* ***indirecto*** JUR Befangenheit *f*; ***~ fijo*** (***variable***) fester (variabler) Zins *m*; ***~ lombardo*** FIN Lombardsatz *m*; ***a ~*** verzinslich, -bar; ***con*** (***sin***) ***~*** aufmerksam, interessiert; verzinst (uninteressant; belanglos, unwichtig; des-, uninteressiert, interesselos; zinslos); ***con un ~ del tres por ciento*** verzinslich mit 3%; ***contrario a los intereses*** gegen die Interessen gerichtet, den Interessen zuwiderlaufend; ***de ~*** interessant; von Belang; ***de ~ común*** (***vital***) gemeinnützig (lebenswichtig) ◇ ***cobrar*** (***dar*** *od* ***devengar*** *od* ***producir*** *od* ***rendir***) ***~*** Zinsen nehmen *od* erheben (bringen *od* abwerfen); ***pagar intereses*** (***de demora***) verzinsen (Verzugszinsen entrichten); ***reconciliar intereses y necesidades*** Interessen und Notwendigkeiten unter einen Hut bringen *umg*; ***representar los intereses*** die Interessen vertreten (***de*** von *od* *Gen*); ***tener ~*** sich interessieren (***en*** für); ***tengo*** (***mucho***) ***~ en ello*** *bzw* ***en que*** + *subj* mir liegt (viel) daran *bzw* daran, dass + *Ind*; ***tener ~ por alg*** *od* ***algo*** an jmdm *od* etw interessiert sein; ***tomar ~ en u/c*** sich für etw interessieren; an etw Anteil nehmen; sich an etw beteiligen

interesado **I** *Adj*: ***estar ~*** interessiert sein (***en, por*** an), sich interessieren (***en, por*** für) **II** *m* Interessent *m*; Bewerber *m*; Beteiligter *m*

interesante interessant; bedeutend, wichtig; *Geschäft* Gewinn bringend

interesar **I** *tr* interessieren; *jmdn* gewinnen (***para*** für); angehen, betreffen; *jmdn* beteiligen; MED *z.B. Organ durch Krankheit* in Mitleidenschaft ziehen *bzw durch Verletzung* treffen **II** *intr* gefragt *od* von Interesse sein; **~se** sich interessieren (***por*** für); sich beteiligen (***en*** an); Wert legen (***en*** auf)

inter|estatal zwischenstaatlich; **~faz** *m,f* INFORM Schnittstelle *f auch übertr*, Interface *n*

interfer|encia *f* LING, PHYS Interferenz *f*; Überlagerung *f*; EL, RADIO Störung *f*; Eingreifen *n*, -schreiten *n*; **~ir** ⟨-ie-, -i-⟩ **I** *tr* überlagern; EL, RADIO stören **II** *intr*, **~irse** interferieren; sich überlagern; eingreifen, -schreiten, sich einmischen; **~ón** *m* MED, PHYSIOL Interferon *n*

Interflora® *f Internationale Organisation zur Vermittlung von Blumengeschenken*

inter|foliar *tr* TYP *mit leeren Seiten* durchschießen; **~fono** *m* TEL Ruf-, Sprechanlage *f*; **~gubernamental** zwischenstaatlich

ínterin *m*: ***en el ~*** unterdessen, inzwischen

interin|a *f* → **~o II**; *Am u Esp reg* Hausangestellte *f*; **~amente** einstweilen; vorübergehend; **~ato** *m Am reg* Aushilfsarbeit *f*; **~idad** *f* Zwischen-, Interimslösung *f*; Zeit *f* der vorübergehenden Beschäftigung; Aushilfsarbeit *f*

interino **I** *Adj* einstweilig; zeitweilig; amtierend, geschäftsführend; stellvertretend; zwischenzeitlich; ad interim **II** *m* Vertreter *m* im Amt, Stellvertreter *m*; Aushilfskraft *f*, Aushilfe *f vorübergehend eingestellte Arbeitskraft zur Erledigung dringender Arbeiten*

interior **I** *Adj* innere(r, -s); innerlich; Innen-; Binnen-; inländisch, Inland(s)-; einheimisch **II** *m* Inneres *n*; Inland *n*; *Am* Landesinnere *n*; ***~es*** *Pl* FILM Innenaufnahmen *f/Pl*; ***~ derecho*** (***izquierda***) SPORT Halbrechter *m* (Halblinker *m*); ***al ~ de la empresa*** unternehmensintern; ***en mi ~*** innerlich *insgeheim*

interior|idades *f/Pl* innere Angelegenheiten *f/Pl*; Interna *Pl*; Intimsphäre *f*; **~ismo** *m* Innenausstattung *f*, -einrichtung *f*, -architektur *f*; **~ista** *m* Innenausstatter *m*, -dekorateur *m*, -architekt *m*; **~izar** ⟨-z/c-⟩ *tr* verinnerlichen; innerlich verarbeiten; begreifen; **~izarse** *Am* sich informieren *od* unterrichten *od* Kenntnis verschaffen; **~mente** *übertr* im (tiefsten) Inneren

inter|jección *f* GRAMM Interjektion *f*; **~línea** *f* Zeilenabstand *m*, Zwischenraum *m*; TYP

I

Durchschuss *m*; **~lineado** *m* TYP Zwischenräume *m/Pl*; interlinear *od* zwischen den Zeilen Geschriebenes *n bzw* Gedrucktes *n*; **~lineador** *m Schreibmaschine* Zeilenschalthebel *m*; **~lineal** Interlinear-; zwischen die Zeilen geschrieben, zwischen den Zeilen; **~linear** *tr* zwischen die Zeilen schreiben; TYP durchschießen; **~locución** *f* Gespräch *n*, Unterredung *f*

interlocutor *m* (Gesprächs- *bzw* Verhandlungs-)Partner *m*; TEL Teilnehmer *m*; ***~es sociales*** Sozialpartner *m/Pl*

intermediario I *Adj* Zwischen- **II** *m* Vermittler *m*, Unterhändler *m*, Mittelsmann *m*; Zwischenhändler *m* ◇ ***servir de ~*** vermitteln

intermedio I *Adj* dazwischenliegend, Zwischen- **II** *m* Zwischenzeit *f*; Zwischenraum *m*; THEAT Pause *f*; ***por ~ de*** mittels + *Gen*; durch Vermittlung von *od Gen*

I

inter|mezzo *m* MUS *u übertr* Intermezzo *n*; **~minable** endlos, nicht enden wollend; **~ministerial** interministeriell; Regierungs- (***comisión ~ ministerial***)

intermiten|cias *f/Pl* (Versorgungs-)Lücken *f/Pl*; **~te I** *Adj* (zeitweilig) aussetzend; (kurz) unterbrochen; stoßweise; intermittierend; Blink- **II** *m* KFZ Blinker *m*, Blinkleuchte *f*; VERK Blinklicht *n*

internacional I *Adj* international; Welt-; weltweit; Auslands-; ausländisch **II** *f*: **♀** Internationale *f* POL *Organisation u Hymne*; **~idad** *f* internationaler Charakter *m*; internationaler Status *m*; Überstaatlichkeit *f*; **~ista I** *Adj* internationalistisch **II** *m* Internationalist *m*; **~ización** *f* Internationalisierung *f*; **~izar** ⟨-z/c-⟩ *tr* internationalisieren

intern|ado *m* Internat *n*, Wohnheim *n*; Tätigkeit *f bzw* Zeit *f* als Assistenzarzt; Internierter *m*; Eingewiesener *m*; **~amiento** *m* Einweisung *f*, Unterbringung *f in eine Klinik*; Internierung *f*; **~ar** *tr Patienten* einweisen; *jmdn* ins Krankenhaus *od* in die Klinik bringen; internieren; in ein Internat geben; **~arse** eindringen *auch übertr*; sich vertiefen (***en*** in)

internauta *m(f)* Surfer(in) *m(f)* im Internet, (Inter-)Netsurfer(in) *m(f)*

internet *f*, **Internet** *f* Internet *n* ◇ ***conectarse a ~*** ins Internet gehen, sich ins Internet einloggen; ***navegar por ~*** im Internet surfen; ***tener acceso a ~*** Zugang zum Internet haben; ***transmitir vía ~*** über Internet senden

intern|ista *m* MED Internist *m*; **~o I** *Adj* innere(r, -s); innerlich; innerbetrieblich; intern; Internats-; Inlands- **II** *m* Internatsschüler *m*; (Heim- *bzw* Gefängnis-)Insasse *m*; Assistenzarzt *m*

interparlamentario interparlamentarisch

interpel|ación *f* (große *od* parlamentarische) Anfrage *f*, Interpellation *f*; **~ar** *tr* eine (große *od* parlamentarische) Anfrage richten (***a*** an), interpellieren; *jmdn* befragen *od* ansprechen

inter|personal zwischenmenschlich; **~planetario** interplanetarisch, (Welt-)Raum-; **♀pol** *f* Interpol *f*; **~polar** *tr* einfügen; LING, MATH interpolieren

interponer ⟨→ ***poner***⟩ *tr* einschieben; dazwischenstellen *bzw* -setzen *bzw* -legen; *übertr Barriere* errichten; *Einfluss* geltend machen (***con*** bei); *Rechtsmittel* einlegen (***ante*** bei, vor)

interponerse vermitteln, sich ins Mittel legen; ***~ a alg*** sich jmdm in den Weg stellen; jmdm dazwischenkommen

interpretación *f* Auslegung *f*, Deutung *f*; Erläuterung *f*; Interpretation *f*; Dolmetschen *n*; MUS, THEAT, TV Darbietung *f*, Spiel *n*; ***~ bilateral*** (***consecutiva***; ***simultánea***) bilaterales Dolmetschen *n*, Gesprächsdolmetschen *n* (konsekutives Dolmetschen *n*; Simultandolmetschen *n*; Simultanübersetzung *f*)

interpretar *tr* auslegen, deuten; erläutern; interpretieren; zum Ausdruck bringen; dolmetschen; MUS, THEAT, TV spielen, darbieten

intérprete *m(f)* Dolmetscher(in) *m(f)*; Fürsprecher(in) *m(f)*; Darsteller(in) *m(f)*; MUS Interpret(in) *m(f)*; ***~ de conferencias*** (***~ judicial***; ***~ de lengua de signos***) Konferenz-(Gerichts-; Gebärdensprach)dolmetscher *m*; ***~ jurado*** verteidigter Dolmetscher *m*

inter|puesto *Part von* → ***interponer***; **~relación** *f* Zusammenhang *m*, Wechselbeziehung *f*, Verflechtung *f*; **~relacionado** *übertr* (eng) verbunden *od* verflochten (***con*** mit)

interrog|ación *f bes* GRAMM Frage(satz *m*) *f*; Fragezeichen *n*; INFORM Abfrage *f*; **~ado** *m* Befragter *m*; **~ante** *m,f* (offene, noch zu klärende) Frage *f*; Fragezeichen *n auch übertr*; Unsicherheitsfaktor *m*; **~ar** ⟨-g/gu-⟩ *tr* ausfragen; befragen; vernehmen; verhören; **~ativo** fragend, Frage-; **~atorio** *m* Verhör *n*; Vernehmung *f*; JUR Befragung *f*; Vernehmungsprotokoll *n*

interrumpir *tr* unterbrechen; *Behandlung* aussetzen; *Vorgang* abbrechen; *jmdm* das Wort abschneiden; EL ab-, ausschalten

interrupción *f* Unterbrechung *f*; Abbrechen *n eines Vorganges*; EL Abschaltung *f*; ***~*** (***del embarazo***) (Schwangerschafts-) Abbruch *m*; ***~ publicitaria*** TV Werbeunterbrechung *f*; ***~ del trabajo*** Arbeitsniederlegung *f*; Arbeitsunterbrechung *f*; ***sin ~*** ununterbrochen

interruptor *m* EL Schalter *m*; ***~ de botón, ~ pulsador*** Druck(knopf)schalter *m*, Drücker *m umg*; ***~ diferencial*** Differenzialschalter *m*; ***~ general*** Hauptschalter *m*

inter|sección *f* VERK (Straßen-)Kreuzung *f*; GEOM Schnittpunkt *m*; **~sectorial** bereichsübergreifend; **~urbano** TEL Fern-; VERK Überland-; EISENB Intercity-

intervalo *m* Zwischenzeit *f*; Zwischenraum *m*; Abstand *m*; Intervall *n*; ***a ~s*** in Abständen; von Zeit zu Zeit

intervención *f* HDL, POL Intervention *f*; Einmischung *f*; Einschreiten *n*; *i w S* Angriff *m*; Enteignung *f*; Beschlagnahme *f*; Diskussionsbeitrag *m*; *i w S* Rede *f bzw* Referat *n*; Mitwirkung *f*; Vermittlung *f*; Überwachung *f von Telefongesprächen*; (Über-)Prüfung *f*; (chirurgischer) Eingriff *m*; ***mediante la ~ de*** durch Vermittlung von *od Gen*; ***no ~*** Nichteinmischung *f*

intervencion|ismo *m* Einmischungs-, Interventionspolitik *f*; HDL, POL Interventionismus *m*, (Zwangs-)Bewirtschaftung *f*; **~ista** Interventions-; HDL, POL interventionistisch

interven|ir ⟨→ ***venir***⟩ **I** *intr* intervenieren; (mit Waffengewalt) eingreifen; sich einmischen; einschreiten; teilnehmen (***en*** an), mitwirken (***en*** bei); das Wort ergreifen, sprechen; sich einschalten, vermitteln; *jmdm etw* dazwischenkommen **II** *tr* enteignen; beschlagnahmen, *jmdm etw* ab- *od* wegnehmen; TEL abhören, überwachen; (über)prüfen; operieren, einen (chirurgischen) Eingriff vornehmen

interventor *m*, **~a** *f* Rechnungs- *bzw* Wirtschaftsprüfer(in) *m(f)*; Aufsicht(sperson) *f*; ***~ (del Estado)*** (staatlicher) Kontrolleur *m*

inter|view *m,f*, **~viú** *m,f* Interview *n*; → ***entrevista***; **~viniente** *m* Diskussionsredner *m*

intestado I *Adj* ohne ein Testament zu hinterlassen **II** *m* nicht testamentarisch verfügter Nachlass *m*

intestino I *Adj übertr Auseinandersetzungen* innere(r, -s) **II** *m* Darm *m*; ***~s*** *Pl* Eingeweide *Pl*; ***~ ciego*** (***delgado***; ***grueso***; ***recto***) Blind-(Dünn-; Dick-; Mast)darm *m*

inti *m Pe Währung* Inti *m*

intim|ar I *tr* auffordern; fordern; nötigen; verfügen; ankündigen; *jmdm etw* anvertrauen **II** *intr u* **~arse** enge Freundschaft schließen (***con*** mit); intim werden; **~idación** *f* Einschüchterung *f*

intimidad *f* enge Freundschaft *f*; Intimität *f*; enger Familien- *od* Freundes- *od* Vertrautenkreis *m*; Vertraulichkeit *f*; Privatsphäre *f*; Intimsphäre *f*; ***~es*** *Pl* intim(st)e Angelegenheiten *f/Pl*

intim|idar *tr* einschüchtern; **~idarse** sich einschüchtern lassen; Angst bekommen; **~idatorio** Einschüchterungs-; einschüchternd

íntimo I *Adj* innerste(r, -s); intim; innig(st); vertraut; *übertr* eng **II** *m* Intimus *m umg*, eng(st)er Freund *m*

intitular *tr* betiteln; bezeichnen, (be)nennen

intoc|able unberührbar; unantastbar; **~ado** unangetastet; unberührt *auch übertr*

intoler|able unerträglich; unausstehlich; **~ancia** *f* Unduldsamkeit *f*, Intoleranz *f*; **~ante** unduldsam, intolerant

intoxic|ación *f* Vergiftung *f*; **~ar** ⟨-c/qu-⟩ *tr* vergiften *auch übertr*

intra|ducible unübersetzbar; **~gable** ungenießbar *auch übertr*; unausstehlich; **~net** *f*, **Ɐnet** *f* INFORM Intranet *n*

intranquil|idad *f* Unruhe *f*; **~izar** ⟨-z/c-⟩ *tr* beunruhigen; aufregen; **~o** unruhig; ängstlich; aufgeregt

intransferible nicht *auf andere Personen* übertragbar

intransigencia *f* Unnachgiebigkeit *f*; Unversöhnlichkeit *f*; ***~ de principios*** Prinzipienfestigkeit *f*

intransi|gente I *Adj* unnachgiebig, kompromisslos; unversöhnlich; unduldsam **II** *m* POL Hardliner *m*; **~table** unwegsam; VERK nicht befahrbar

intrans|misible nicht übertragbar; **~mutable** unwandelbar; **~parente** undurchsichtig *auch übertr*; *übertr* aalglatt

intra|table *Charakter* unzugänglich, abweisend; ungesellig; ungenießbar *unausstehlich*; **~venoso** intravenös

intr|epidez *f* Verwegenheit *f*, Unerschrockenheit *f*; **~épido** unerschrocken, kühn, verwegen

intriga *f* Intrige *f*; ***~s*** *Pl* Machenschaften *f/Pl*, Ränke *Pl*

intrig|ante I *Adj* intrigierend; erregend, packend **II** *m* Intrigant *m*; **~ar** ⟨-g/gu-⟩ **I** *intr* intrigieren **II** *tr* neugierig machen; ***me intriga saber en lo que viene a parar todo eso*** ich möchte gerne wissen *od* ich bin gespannt, wie das alles enden wird

intrincado unbewegsam; *Gebiet* schwer zugänglich; *Wege* verschlungen; verwickelt, verworren

intrín|gulis *m* Kniff *m*, Trick *m*; Haken *m Schwierigkeit*; des Pudels Kern *n*; **~seco** innerlich; wesentlich; wahr *echt, eigentlich*

introduc|ción *f* Einführung *f*; Einleitung *f*; Einfuhr *f*; *übertr* Einschleusen *n*; Eindringen *n*; INFORM Eingabe *f*; **~ir** ⟨→ ***conducir***⟩ *tr* einführen *auch* HDL *u Personen*; einleiten; *jmdn* anleiten; einweisen; *Personen miteinander* bekannt machen; *z.B. Münzen in einen Automaten* stecken *od* schieben *od* einwerfen; INFORM *Befehl, Daten, Zahlen* eingeben; **~irse** eindringen; sich Zutritt verschaffen; *übertr* sich einbürgern; *Gewohnheiten* aufkommen

introductor *m* Moderator *m*; Versammlungsleiter *m*; ***~ de embajadores*** *Esp* POL Chef *m* des Protokolls

intro|ductorio einleitend, Einleitungs-; einführend, Einführungs-; **~misión** *f* Einmischung *f*; **~versión** *f* Introvertiertheit *f*; Verschlossenheit *f*; *übertr* Abkapselung *f*; **~vertido** PSYCH introvertiert, in sich gekehrt; *übertr* verschlossen; kontaktarm

intrus|ión *f* (unberechtigtes) Eindringen *n*; **~ismo** *m* Eingriff *m bzw* Übergriff *m in einen fremden Kompetenzbereich*, ständige Einmischung *f*; MED Kurpfuscherei *f*; **~o** Eindringling *m*; Störenfried *m*

intuición *f* Einfühlungsvermögen *n*; Ahnung *f*; Intuition *f*; ***por ~*** intuitiv; durch (die unmittelbare) Anschauung; → ***intuitivamente***

intu|ir ⟨-uy-⟩ *tr* unmittelbar *od* intuitiv *od* durch Anschauung erkennen; (er)ahnen; **~itivamente** gefühlmäßig; **~itivo** intuitiv

inund|ación *f* Überschwemmung *f*, -flutung *f*; Schwemme *f*; ***~aciones*** *Pl* Hochwasser *n*; **~ar** *tr* überschwemmen *auch übertr*, überfluten, unter Wasser setzen; *übertr* sich ergießen (*dir Obj* über)

inurban|idad *f* Unhöflichkeit *f*; **~o** unhöflich

inus|itado außergewöhnlich, unerhört; ungebräuchlich; **~ual** ungewöhnlich; unüblich

inútil nutz-, zwecklos; unnütz; vergeblich; untauglich; unbrauchbar

inutil|idad *f* Nutz-, Zwecklosigkeit *f*; Unbrauchbarkeit *f*; **~izable** unbrauchbar, nicht verwendbar; **~izar** ⟨-z/c-⟩ *tr* unbrauchbar machen; entwerten; zweckentfremden; vernichten

inútilmente vergebens, umsonst

invadir *tr* (gewaltsam) eindringen; überfallen; *in ein Land* einfallen; angreifen; *übertr* überfluten; *jmdn etw* überkommen, befallen; heimsuchen

invalidar *tr* ungültig machen; entwerten; aufheben, rückgängig machen; für ungültig *bzw* nichtig erklären; arbeitsunfähig erklären

invalidez *f* Ungültigkeit *f*; Nichtigkeit *f*; Arbeits-, Erwerbsunfähigkeit *f*; Invalidität *f* ◇ ***jubilar por ~*** *jmdn* invalidisieren

inválido I *Adj* ungültig; nichtig; ungeeignet; arbeits-, erwerbsunfähig; (dienst)untauglich **II** *m* Invalide *m*; ***gran ~*** Schwerbehinderter *m*

inval|orable, ~uable unschätzbar

invariable unveränderlich, invariabel; gleich bleibend

invasión *f* MIL *u übertr* Invasion *f*; Überfall *m*; Einfall *m*; (gewaltsames) Eindringen *n*; Angriff *m*; Ausbruch *m einer Krankheit od Seuche*

invasor *m* Eindringling *m*; *Am reg* Hausbesetzer *m*; ***~es*** *Pl* Invasoren *m/Pl*

invencible unbesiegbar; unüberwindlich

invención *f* Erfindung *f auch übertr* ◇ ***no es de su propia ~*** das ist nicht auf seinem Mist gewachsen *umg*

invendible HDL nicht absetzbar; unverkäuflich

inventar *tr* erfinden *auch übertr*; ***~se u/c*** sich etw ausdenken; sich etw einfallen lassen; **~iar** ⟨-ío⟩ **I** *tr/intr* den Bestand aufnehmen, inventarisieren; in einer Liste erfassen **II** *intr* Inventur machen

inventario *m* Inventar *n*; Bestand *m*; (Lager-)Bestandsaufnahme *f*, Inventur *f*; (Lager-)Bestandsverzeichnis *n* ◇ ***hacer ~*** den Bestand aufnehmen, Inventur machen

invent|iva *f* Erfindungsgabe *f*; Erfindergeist *m*; **~ivo** erfinderisch; **~o** *m* Erfindung *f*; **~or** *m*, **~ora** *f* Erfinder(in) *m(f)*

INVERCO *m od* **Inverco** *m Abk für* ***Asociación*** (***de Instituciones de***) ***Inversión Colectiva y Fondos de Pensiones***, → ***asociación***

invern|áculo *m*, **~adero** *m* Gewächs-, Treibhaus *n*; **~al** winterlich, Winter-; **~ar** ⟨-ie-⟩ *intr* überwintern

inverosímil unwahrscheinlich; unglaubwürdig; unmöglich

inversa: ***a la ~*** umgekehrt

inversión *f* Umkehrung *f*; Umstellung *f*; Investition *f*, (Geld-, Kapital-)Anlage *f*; FIN Ausgaben *f/Pl*; ***~ equivocada*** (***extranjera***) Fehl-(Auslands-, Fremd)investition *f*; ***~ a rédito fijo*** festverzinsliche Anlage *f*; ***~ de tiempo*** Zeitaufwand *m* ◇ ***realizar inversiones*** Investitionen tätigen

invers|ionista I *Adj* Investitions-, investiv, Anlage- **II** *m(f)* Investor(in) *m(f)*, Geldgeber(in) *m(f)*; **~o** umgekehrt; entgegengesetzt; **~or** → ***inversionista I u II***

invert|ebrado ZOOL wirbellos, ohne Wirbelsäule; **~ido** verkehrt; umgekehrt; **~ir** ⟨-ie-, -i-⟩ *tr* umkehren; (um)wenden; umdrehen; (Geld *od* Kapital) anlegen, investieren; *Zeit, Mittel* auf-, verwenden

investidura *f* Amtseinführung *f*; REL Investitur *f*

investigación *f* Forschung *f*; Untersuchung

f; Erforschung *f*; Nachforschung *f*; Ermittlung *f*; *statistische* Erhebung *f*; **~ antisida** (**básica** *od* **fundamental**; **espacial**; **farmacéutica**; **genética**; **nuclear**; **operativa**) MED Aids-(Grundlagen-; RAUMF Raum-; Arzneimittel-; Gen-; PHYS Kern-; Verfahrens)forschung *f*; **~ por contrato** Vertragsforschung *f*; **~ judicial** gerichtliche Untersuchung *f*; **~ del mercado** *od* **~ de mercados** Marktforschung ◇ **abrir** (**practicar**) **investigaciones** Ermittlungen einleiten (Recherchen anstellen)

investigador I *Adj* → **investigativo II** *m* Forscher *m*; JUR Ermittler *m*; **~ (científico)** Wissenschaftler *m*; **~ privado** Privatdetektiv *m*

investig|ar ⟨-g/gu-⟩ **I** *tr/intr* forschen; nachforschen; ermitteln; recherchieren, einer Sache nachgehen **II** *tr* erforschen; untersuchen; **~ativo** Forschungs-; forschend

investir ⟨-i-⟩ *tr jmdn* in ein Amt einführen *bzw* einsetzen

inveterado eingefleischt, fest *zur zweiten Natur geworden, z.B. Angewohnheit*; eingewurzelt; notorisch

invi|abilidad *f* Undurchführbarkeit *f*; **~able** undurchführbar; unannehmbar; nicht gangbar; nicht begehbar *bzw* befahrbar

in|victo unbesiegt; *übertr* ungebrochen; **~vidente I** *Adj* blind *auch übertr* **II** *m* Blinder *m*

invierno *m* Winter *m*; *tropisches u subtropisches Am* Regenzeit *f*, -periode *f* ◇ **estamos en ~** wir haben Winter; *tropisches u subtropisches Am* es ist Regenzeit

inviolabilidad *f* Unverletzbarkeit *f*, -verletzlichkeit *f*; Unantastbarkeit *f*; **~ de la correspondencia** Unverletzlichkeit *f* des Briefgeheimnisses; **~ parlamentaria** parlamentarische Immunität *f*

in|violable unverletzbar, -verletzlich; unantastbar; **~visible** unsichtbar; nicht wahrnehmbar

invitación *f* Einladung *f*; Aufforderung *f*; Einladungsschreiben *n*; **por ~ de** auf Einladung von ◇ **corresponder a una ~** einer Einladung folgen *od* Folge leisten; **recibir una ~** eingeladen werden (**para** zu)

invitado I *m geladener* Gast *m*; **~ de honor** Ehrengast *m* **II** *Adj in einigen Zus* Gast- (**profesor ~**)

in|vitar *tr* einladen (**a** zu); auffordern; veranlassen, ermuntern; *jmdn* verleiten; **~vocar** ⟨-c/qu-⟩ *tr übertr* sich *an jmdn* wenden, *jmdn* anrufen; anflehen; sich *auf etw* berufen, *übertr etw* heranziehen *od* anführen *od* vorbringen

invol|ución *f* Rückentwicklung *f*, -gang *m*; **~ucración** *f* Einbeziehung *f*; **~ucrar** *tr* vermengen; durcheinander bringen; *in ein Gespräch* einflechten; *jmdn in etw* hineinziehen *od* verwickeln; **~untario** unfreiwillig; unbeabsichtigt; unwillkürlich

invulnerable unverwundbar; gefeit (**a** gegen)

inyección *f* MED *u* FIN *übertr* Spritze *f*, Injektion *f*; KFZ, TECH Einspritzung *f* ◇ **poner una ~** *jmdm* eine Spritze geben

inyect|ar *tr* MED spritzen, injizieren; KFZ, TECH einspritzen; **~or** *m* KFZ Einspritzdüse *f*

IO *f* (*Abk für* **investigación operativa**) Verfahrensforschung *f*

ion|izar ⟨-z/c-⟩ *tr* ionisieren; **~osfera** *f* Ionosphäre *f*

IPC *m Abk für* **Índice de Precios al Consumo**, → **índice**

Ir (*Symb für* **iridio**) CHEM Ir

ir ⟨*unreg*⟩ **I** *intr* gehen *auch übertr*; fahren; reisen; sich begeben (**a** an, in); kommen (**ya voy**); zum Vorschein kommen; sein (**los vagones van atestados de turistas**; **Juan iba borracho todo el tiempo**); *Fut* werden (**¿qué vas a hacer ahora?**); wollen (**¿qué vamos a hacer esta noche?**); *Weg* führen; reichen, sich ziehen *od* ausdehnen (**de, desde** von … **a, hasta** bis); *Kleidung, Frisur* stehen; *Kleidung* passen; MIL marschieren; *in Verbindung mit Adj bzw als Adj gebrauchtem Part sowie mit Adv*: **~ adelantado** (**atrasado**) *Uhr* vor-(nach)gehen; **~ adelante** vorankommen *auch übertr*; **~ bien** auf dem richtigen Weg(e) sein *auch übertr*; **~ en contra** sich widersetzen; nicht entsprechen, zuwiderlaufen (**este proyecto va en contra de mis ideas**); **~ demasiado lejos** zu weit gehen *auch übertr*; **~ más allá de u/c** *übertr* über etw hinausgehen, etw übersteigen; **~ montado** (**sentado**) reiten (sitzen); + *Ger*: **~ corriendo** laufen; **~ diciéndolo todo** alles frei heraussagen; **~ perdiendo** den Kürzeren ziehen; **~ volando** rasen *schnell laufen*; *durch eine Sprengung* in die Luft fliegen; + *Ger zur Wiedergabe einer allmählich od langsam einsetzenden Handlung* → *finite Formen von* **ir** *in idiomatischen Wendungen*; *mit Präp*: **~ a buscar u/c** (**recoger a alg**) etw holen (jmdn abholen); **~ a dormir** schlafen *od* zu Bett gehen; **~ a hacer algo** etw jetzt (gleich) tun (werden); **~ a ver a alg** jmdn besuchen; **~ con alg** mit jmdm gehen; jmdn begleiten; es mit jmdm halten; mit jmdm übereinstimmen; **~ por algo** etw holen; etw suchen; auf etw hinarbeiten; **~ tras alg** jmdm nachgehen *od* -laufen *umg*; **~ tras u/c** auf eine Sache hinarbeiten; *finite Formen von* **ir** *in idiomatischen Wendun-*

gen: ***va amaneciendo*** es wird allmählich Tag; ***¡va por usted!*** das ist auf Sie gemünzt!; ***vamos*** *od* ***¡vamos!*** los!; vorwärts!; gehen wir!; aber ich bitte Sie!; na, hören Sie mal!; ***vamos*** (***voy***) ***bien*** (***mal***) uns (mir) geht es gut (schlecht); ***¡vamos claros!*** (***despacio!***) reden wir klar *od* offen! (immer mit der Ruhe!, immer schön langsam!); ***vamos, digo yo*** das ist zumindest meine Meinung, (so) meine ich jedenfalls; ***vaya*** *als Flickwort* na so ein(e) …; ***¡vaya!*** na!; so, so!; na so was!; was für ein(e) …! (***¡vaya una pregunta!***); ***vaya de por sí*** das ist selbstverständlich; ***¡vaya que sí!*** das glaube ich wohl!; ***¡vaya y pase! pero …*** das mag noch angehen, aber …!; ***voy comprendiendo*** langsam *od* allmählich begreife ich; ***¡a eso voy!*** darum handelt es sich (eben)!; darauf will ich hinaus!; ***¿cómo vas?*** (***¿cómo le va?***); wie geht es dir? (wie geht es Ihnen?); ***¿cuánto va?*** um was *od* wie viel wollen wir wetten?; ***en eso ni te va ni te viene*** (***¡nada le va en eso!***) das geht dich (Sie) nichts an!; ***le va a uno bien*** (***mal***) ***con u/c*** *übertr* jmd fährt gut (schlecht) bei *od* mit etw; ***ni va ni viene*** er ist unschlüssig; ***¡qué va!*** ach was!, ach wo!; ***¿qué le vamos a hacer?*** was kann *od* soll man da machen?, da kann man (halt) nichts machen; ***~se*** weg-, fortgehen; wegfahren; abreisen; sich begeben (***a*** an, in); verschwinden; *Wort* (he)rausrutschen, entfahren; *Vorrat*, *Waren* weniger werden *bzw* ausgehen, sich erschöpfen; *Flüssigkeit* (her)auslaufen; ausströmen; verdunsten; ***~se abajo*** abstürzen; einstürzen; hinunterstürzen; ***~se corriendo*** (***muriendo***) davon-, fort-, weglaufen (im Sterben liegen); ***¡vámonos!*** los!; gehen wir!; ***¡vete!*** (nun) geh (schon)!; hau ab! *umg*; ***me voy a dormir*** ich gehe schlafen **II** *m*: ***el ~ y venir*** das Kommen und Gehen

ira *f* Zorn *m*; Wut *f* ◇ ***descargar su ~*** seine Wut auslassen (***contra*** gegen)

iracundo jähzornig

Irak *m* (der) Irak *m*

Irán *m* (der) Iran *m*

iraní ⟨*unv bei f, Pl* **iraníes**⟩ **I** *Adj* iranisch **II** *m(f)* Iraner(in) *m(f)*

iraquí ⟨*unv bei f, Pl* **iraquíes**⟩ **I** *Adj* irakisch **II** *m(f)* Iraker(in) *m(f)*

iri|diagnosis *f* Augendiagnose *f*; **~dio** *m* CHEM Iridium *n*; **~s** *m* ANAT Regenbogenhaut *f*, Iris *f*; → ***arco iris***

Irlanda *f* Irland *n*; ***~ del Norte*** Nordirland *n*

irlandés **I** *Adj* irisch **II** *m*, **-esa** *f* Ire(-in) *m(f)*

ironía *f* Ironie *f*; Spott *m*; Hohn *m*; ***por*** (***la***) ***~ del destino*** durch die Ironie des Schicksals ◇ ***es una ~*** es ist ein wahrer Hohn

ir|ónico ironisch; spöttisch, spöttelnd, Spott-; höhnisch; **~onista** *m* Ironiker *m*; Spötter *m*; **~onizar** ⟨-z/c-⟩*intr/tr* (be)spötteln; ironisieren

IRPF *m Abk für* ***impuesto sobre la renta*** (***de las personas físicas***), → ***impuesto***

irracional unvernünftig; vernunftswidrig; irrational *auch* MATH; unrationell

irrad|iación *f* PHYS *u übertr* Ausstrahlung *f*; Strahlung *f*; Bestrahlung *f*; **~iado** verstrahlt; **~iar** **I** *tr* ausstrahlen; bestrahlen **II** *intr* strahlen

irrazonable unvernünftig

irreal irreal; unwirklich; **~idad** *f* Irrealität *f*; Unwirklichkeit *f*; **~izable** nicht realisierbar, nicht zu verwirklichen(d)

irre|batible unwiderlegbar; unumstößlich; **~conciliable** unversöhnlich; **~conocible** nicht zu erkennen(d); unkenntlich; **~cuperable** unwiederbringlich; nicht erneuerbar; Wegwerf-, Einweg-; **~ductible** nicht miteinander vereinbar; *Feind* nicht zu unterwerfen(d); unnachgiebig, unerbitterlich, hart; **~(e)mplazable** unersetzlich

irreflex|ión *f* Unüberlegtheit *f*, -besonnenheit *f*; **~ivo** unüberlegt, -besonnen

irre|frenable unbändig; zügellos; ungebremst *umg*; **~futable** unwiderlegbar; unumstößlich; unabweisbar

irregular unregelmäßig; ungeregelt; ordnungswidrig; irregulär; ungleichmäßig; *auch* illegal; **~idad** *f* Unregelmäßigkeit *f*; Ungleichmäßigkeit *f*; Regellosigkeit *f*; Ordnungswidrigkeit *f*; Verfehlung *f*

irre|levante irrelevant, unerheblich; **~ligioso** **I** *Adj* ungläubig, glaubenslos **II** *m* Glaubensloser *m*; Freidenker *m*; **~llenable** *Feuerzeug*, *Flasche* nicht nachfüllbar; **~mediable** nicht wieder gutzumachen(d); unabänderlich; unvermeidlich; unheilbar; **~mediablemente** unweigerlich; **~mplazable** → ***irr(e)emplazable***

irrent|abilidad *f* Unrentabilität *f*; **~able** unrentabel

irre|nunciable unverzichtbar; unabdingbar; **~parable** nicht wieder gutzumachen(d), irreparabel; unersetzlich; nicht mehr zu reparieren; unwiederbringlich; **~petible** nicht wiederholbar; **~prochable** tadellos; unbescholten; nicht zu beanstanden(d); untad(e)lig; **~sistible** unwiderstehlich

irresol|uble unlösbar; unauflöslich; **~ución** *f* Unentschlossenheit *f*; Unschlüssigkeit *f*; **~uto** unentschlossen; unschlüssig

irresp|etar *tr* missachten; nicht beachten; **~eto** *m* Miss-, Nichtachtung *f*; Respektlosigkeit *f*; **~etuoso** respektlos; unehrerbie-

tig; **~irable** nicht einzuatmen(d); *Luft u übertr* stickig
irrespons|abilidad *f* Verantwortungslosigkeit *f*; Leichtfertigkeit *f*; Unzurechnungsfähigkeit *f*; **~able** verantwortungslos; unverantwortlich; nicht verantwortlich; leichtfertig; unzurechnungsfähig
irre|stricto uneingeschränkt; vorbehaltlos; rückhaltlos; **~suelto** → ***irresoluto***; **~troactivo** *Gesetze* nicht rückwirkend; **~verencia** *f* Respektlosigkeit *f*; **~verente** respektlos; **~versible** unumkehrbar, irreversibel; unaufhaltsam; **~vocable** unwiderruflich; *Vertrag* unkündbar
irrig|ación *f* Bewässerung *f*; Berieselung *f*; MED Spülung *f*; Einlauf *m*; **~ar** ⟨-g/gu-⟩ *tr künstlich* bewässern; MED (aus)spülen
irrisorio lächerlich *unbedeutend*; spottbillig, Spott-
irrit|able reizbar; erregbar; **~ación** *f* Erregung *f*; Verärgerung *f*; Zorn *m*, Wut *f*; MED Reiz(ung *f*) *m*; Entzündung *f*; **~ado** böse, verärgert; **~ar** *tr* (auf)reizen; *jmdn* aufregen *od* -bringen *od* verärgern; wütend machen; reizen *auch* MED; MED *u übertr* entzünden; **~arse** zornig *od* wütend werden, sich aufregen; MED sich entzünden
irr|ompible unzerbrechlich; **~umpir** *intr* eindringen; stürzen, stürmen *eilen* (**en** in); MIL einfallen; *gewaltsam* einbrechen; *Tag* anbrechen; **~upción** *f* Eindringen *n*; MIL Einfall *m*; heftiger *bzw* plötzlicher Angriff *m*, Einbrechen *n*; Einbruch *m*
isla *f* Insel *f*; ***~s adyacentes*** vorgelagerte Inseln *f/Pl*; ***~ de hielo flotante*** → ***iceberg***; (***~ de***) ***refugio*** *m* Schutz-, Verkehrsinsel *f*; ***las ≈s Anglonormandas*** *od* ***del Canal*** die Kanalinseln *f/Pl* (*Guernsey u Jersey*) ***las*** (***≈s***) ***Canarias*** die Kanarischen Inseln *f/Pl*
isl|am *m* REL Islam *m*; **~ámico** islamisch; **~amismo** *m* POL, REL Islamismus *m islamischer Fundamentalismus*; → ***islam***; **~amista I** *Adj* islamistisch **II** *m* Islamist *m islamischer Fundamentalist*; **~amita** → ***mahometano*** *u* ***musulmán***; **~amizar** ⟨-z/c-⟩ *tr* islamisieren, zum Islam bekehren; die Lehre des Islams verbreiten
islandés I *Adj* isländisch **II** *m*, **-esa** *f* Isländer(in) *m(f)*
Islandia *f* Island *n*
isleño *m*, **-a** *f* Inselbewohner(in) *m(f)*; *umg Bez für* Bewohner *m* der Kanarischen Inseln; *Ant*, *Ven* Einwanderer(-in) *m(f)* von den Kanarischen Inseln
is|ótopo *m* CHEM Isotop *n*; **~quemia** *f* MED Blutleere *f*
Israel *m* Israel *n*
israelí ⟨*unv bei f*, *Pl* ***israelíes***⟩ **I** *Adj* israelisch **II** *m(f)* Israeli *m(f)*
istm|eño am Isthmus gelegen; → ***panameño I***; **~o** *m* Isthmus *m*, Landenge *f*
Italia *f* Italien *n*
italiano I *Adj* italienisch **II** *m*, **-a** *f* Italiener(-in) *m(f)*
itálic|a *f* TYP Kursivschrift *f*; **~o** Kursiv-
ítem I *Adv* desgleichen; ebenso **II** *m* ⟨*Pl* ***ítems***⟩ INFORM Datenwort *n*; HDL Posten *m*
itinerario *m* (Fahr- *bzw* Flug- *bzw* Weg-) Strecke *f*; Reiseroute *f*, -weg *m*; Reiseplan *m*; *Buch* Reiseführer *m*; Wegbeschreibung *f*; Zeitplan *m*; EISENB Fahrplan *m*
ITV *f Abk für* ***Inspeción Técnica de Vehículos***, → ***inspección***
IU *f Abk für* ***Izquierda Unida***, → ***izquierda***
IVA *m* (*Abk für* ***impuesto al*** *od* ***sobre el valor agregado*** *od* ***añadido***) MwSt. *f*; ***~ incluido*** Mehrwertsteuer inbegriffen; ***exento del ~*** mehrwertsteuerfrei
izar ⟨-z/c-⟩ *tr Flagge* hissen; *Segel*, *Flagge* setzen
izq. *od* **izqda.** (*Abk für* ***a*** *od* ***por la izquierda***) l., → ***izquierda***
izquierda *f* Linke *f auch* POL, linke Hand *f*; POL Linkskräfte *f/Pl*; ***≈ Unida*** *Esp* Vereinigte Linke *f Vereinigung von Linksparteien*; ***a*** *od* ***por la ~*** links; ***alineado a la ~*** INFORM linksbündig; ***de ~*** POL linker, Links- ◇ ***coger por*** *od* ***a la ~*** nach links gehen *bzw* fahren; ***guardar la ~*** VERK links fahren; ***tomar la ~*** sich links halten
izquierd|ismo *m* POL Linksextremismus *m bzw* -radikalismus *m*; **~ista I** *Adj* POL linke(r, -s), links(gerichtet); linksextrem *bzw* -radikal **II** *m* POL Linker *m*; Linksextremer *m bzw* -radikaler *m*; **~izante** POL linker Prägung; linksorientiert; **~o** linke(r, -s) *auch* POL; krumm

J

j, J *f* j, J *n*
J (*Symb für* ***joule***) J; (*Abk für* ***jueves***) Do.
jabalí *m* Wildschwein *n*; Keiler *m*
jabalina[1] *f* Wildsau *f*, Bache *f*
jabalin|a[2] *f* Speer *m*; **~ista** *m* Speerwerfer *m*
jabón *m* Seife *f*; *umg* Prügel *Pl*; *Arg umg*

Schreck(en) *m*; **~ (en polvo)** Waschpulver *n*; **~ de tocador → jaboncillo ◇ dar ~ a alg** jmdm um den Bart gehen; jmdm eine Abreibung verpassen
jabon|ada *f*, **~adura** *f* Einseifen *n*; Seifenschaum *m*; Rüffel *m*; Abreibung *f*; **~cillo** *m* Toilettenseife *f*; **~era** *f* Seifenschale *f*; Seifendose *f*; **~oso** seifig, Seifen-
jacar|andoso lustig, ausgelassen; **~ero I** *Adj* lustig, gut aufgelegt **II** *m* fideles Haus *n lustiger Mensch*
jacinto *m* Hyazinthe *f*
jacista *m* **→ jazzista**
jact|ancia *f* Prahlerei *f*; **~ancioso** angeberisch; **~arse** angeben, prahlen (**de** mit)
jacuzzi® *m etwa* Whirlpool® *m*
jade|ar *intr* keuchen, schnaufen; **~o** *m* Keuchen *n*
jaez *m verächtl* Sorte *f Kategorie von Menschen*; Art *f*; Eigenschaft *f*; **del mismo ~** *übertr* vom gleichen Schlag(e)
jaguar *m* Jaguar *m*
jaibol *m Cu* Highball *m Mixgetränk aus Rum, Soda, Zitrone*
jal|ado *Am umg* beschwipst; *Am reg* schlecht aussehend und mit Ringen um den Augen; **~ar I** *tr/intr* ziehen, zerren; mampfen *mit vollen Backen essen od kauen*; *AmC* flirten, poussieren; **→ ~arse**; *Pe Examen* durchfallen **II** *intr Am* abziehen, sich verziehen *weggehen* **III** *tr AmC etw od jmdn* holen; **~ar(se)** *AmC vulg mit jmdm* ficken *od* bumsen; **~arse** *Am* sich einen antrinken
jalea *f* Gelee *n*; Marmelade *f*; Konfitüre *f*
jale|ar *tr umg Instinkte* anstacheln; anfeuern; aufmuntern; Beifall klatschen; **~o** *m umg* Anfeuern *n*; Radau *m*; Krach *m*, Zoff *m umg Streit*; Trubel *m*, Rummel *m*
jalón[1] *m Am umg* Ruck *m*; *Bol*, *Méx*, *Pe*, *PR*, *Ven* Wegstrecke *f*; *AmC* Liebhaber *m*, Freund *m*; **de un ~** *Am* mit einem Ruck
jalón[2] *m* Grenzstein *m*; *übertr* Mark-, Meilenstein *m*; Messlatte *f*
jalonado: **estar ~** *übertr* gekennzeichnet sein
jalon|ar *tr Strecke* abstecken; markieren; **~ear** *tr Méx* ziehen
Jamaica *f* Jamaika *n*
jamai|cano, ~quense *Am*, **~quino I** *Adj* jamaikanisch, Jamaika- **II** *m*, **-a** *f* Jamaikaner(in) *m(f)*
jamás nie(mals); je(mals); **→ nunca**; **nunca ~** nie und nimmer
jamón *m* Schinken *m*; **~ dulce (serrano)** gekochter (roher) Schinken *m*
jangada *f* unangebrachter Scherz *m*; übler Streich *m*
Japón *m*: **el ~** Japan *n*
japonés I *Adj* japanisch **II** *m*, **-esa** *f* Japaner(in) *m(f)*
jaque *m* Schach *n beim Schachspiel*; **~ mate** Schachmatt *n* **◇ dar ~ (mate)** Schach bieten; (schachmatt setzen); **poner (tener) en ~ a alg** *übertr* jmdn in Atem (Schach) halten
jaqueca *f* Migräne *f*; starke Kopfschmerzen *m/Pl auch übertr* **◇ dar ~ a alg** jmdn belästigen *od* fertig machen; jmdm auf die Nerven gehen *od* fallen
jaquecoso an Migräne leidend; lästig
jarabe *m* Sirup *m*; Hustensaft *m*; **~ de pico** *umg* leere Worte *n/Pl od* Versprechungen *f/Pl*
jaran|a *f umg* Lärm *m*; Rummel *m lärmende Fröhlichkeit*; Krach *m*; *Am* Scherz *m*, Spaß *m*; *Am reg* Schwindel *m*, Gaunerei *f*; **~ear I** *intr* einen Rummel veranstalten; *Chi*, *Cu* spaßen, scherzen, Spaß treiben **II** *tr Am reg* betrügen, anschwindeln; **~ero I** *Adj* fröhlich, fidel; *Am reg* betrügerisch **II** *m* fideles Haus *n lustiger Mensch*; *Am reg* Schwindler *m*, Gauner *m*
jarcia *f* Haufen *m*; Durcheinander *n*
jardín *m* Garten *m*; **~ de (la) infancia, ~ infantil** Kindergarten *m*; **~ de invierno** Wintergarten *m*; **~ zoológico** zoologischer Garten *m*
jardin|era *f* Gärtnerin *f*; Blumenkasten *m*; **~ería** *f* Gärtnerei *f*; **~ero** *m* Gärtner *m*
jarra *f* ein- *od* zweihenk(e)liger Krug *m*; henkelloses Tongefäß *n*; Vase *f*; **~ termo** Thermobehälter *m*, Thermos-, Isolierkanne *f*
jarro *m* Krug *m*; Kanne *f* **◇ echarle a uno un ~ de agua fría** *übertr* jmdm eine kalte Dusche verpassen; *Sprichw* **tanto va el ~ al pozo hasta que se rompe** der Krug geht so lange zu(m) Wasser *od* zum Brunnen, bis er bricht
jarrón *m* großer Zierkrug *m*; große Vase *f*
Jartum *m* Khartoum *n*
jauja *f* Schlaraffenland *n*; *übertr* Honig(sch)lecken *n*
jaul|a *f* Käfig *m*; Vogelbauer *n*; Lattenkiste *f*; BERGB Förderkorb *m*; Fahrstuhlkorb *m*; **~era** *f Arg* grüne Minna *f umg für Gefangenenwagen*
jauría *f* Meute *f von Jagdhunden*
Java *f* Java *n*
javanés I *Adj* javanisch **II** *m* Javaner *m*
jazmín *m* Jasmin *m*
jazz *m* Jazz(musik *f*) *m*; **~ista** *m* Jazzmusiker *m*
jeep® *m* Jeep® *m*
jefa *f* Vorsitzende *f*; Chefin *f*; Leiterin *f*; **→ jefe**
jef|atura *f* Vorsitz *m*; Leitung *f*, Manage-

ment *n*; Amt *n*, (obere) Behörde *f*; ♀ *f* Polizeipräsidium *n*; **~aturar** *tr Col* leiten; **~azo** *m* Boss *m*

jefe I *Adj* ⟨*unv*⟩, *auch* **en ~** Chef-; Haupt- (**comisario ~**) **II** *m* Chef *m*; Anführer *m*; Vorsitzender *m*; Leiter *m*; Vorgesetzter *m*; MIL Befehlshaber *m*; **~ de almacén** Lagerverwalter *m*; **~ de compras** (**ventas**) Chefeinkäufer *m* (Verkaufs-, Vertriebsleiter *m*); **~ de cuadrilla** Vorarbeiter *m*; **~ electoral** POL Wahlleiter *m*; **~ de estación** EISENB Stationsvorsteher *m*; **~ de Estado** (**gabinete** *od* **gobierno**) Staatschef *m*; -oberhaupt *n* (Regierungschef *m*); **~ de exportación** (**marketing**; **publicidad**) Export-(Marketing-; Werbe)leiter *m*; **~ de** (**la**) **familia** Familienoberhaupt *n*; **~ de máquinas** MAR Chief *m*; **~ operativo** Einsatzleiter *m*; **~ de la oposición** POL Oppositionsführer *m*; **~ de personal** Personalchef *m*; **~ de prensa, ~ de relaciones públicas** Pressesprecher *m*, PR-Chef *m*; **~ de producción** Produktionsleiter *m*; **~ de producto** Produktmanager *m*; **~ de protocolo** Protokollchef *m*; **~ de proyecto** Projektleiter *m*; **~ de recepción** Empfangschef *m*; **~ de ruta** Reiseleiter *m*; **~ de sala** Stationsarzt *m*; **~ de sección** (**sucursal**) Abteilungs-(Filial)leiter *m*; **~ de taller** Werkmeister *m*; **~ de transportes** Leiter *m* der Fahrbereitschaft

jefear *tr* anführen, leiten, befehligen

jengibre *m* Ingwer *m*

jeque *m* Scheich *m*; **~ del petróleo** Ölscheich *m*

jerar|ca *m* hoher Würdenträger *m*; **~quía** *f* Hierarchie *f*; Führung *f*; Führungskräfte *f*/*Pl*; Rangfolge *f*, -ordnung *f*; *übertr* Rang *m*

jer|árquico hierarchisch; Rang-; **~arquización** *f* Rangfolge *f*; Reihenfolge *f*; **~arquizar** ⟨-z/c-⟩ *tr* einen Stellenwert einräumen; einstufen

jeremiquear *intr Am* jammern, klagen

jerez *m* Sherry *m*, Jerez(wein) *m*

jerga *f* Jargon *m*, Kauderwelsch *n*; **~ del hampa** Gaunersprache *f*; **~ profesional** Fachsprache *f*, -jargon *m*

Jericó *m* Jericho *n*

jering|a *f*, MED *Instrument* Spritze *f*; *umg* Unannehmlichkeit *f*; **~ar** ⟨-g/gu-⟩ *tr* (ein)spritzen; *jmdm* auf den Wecker fallen; **~azo** *m* Strahl *m* aus der Spritze; Einspritzen *n*; **~uear** *tr Am* → **~ar**

jeringuilla *f* Injektionsspritze *f*, (Injektions-)Nadel *f*

jeroglífico I *Adj* Hieroglyphen- **II** *m* Hieroglyphe *f*; Bilderrätsel *n*

jerosolimitano I *Adj* Jerusalemer *m* **II** *m* Jerusalemer *m*

jersey *m* ⟨*Pl* **jersey(e)s** *od häufiger* **jerseis**⟩ *Stoffart* Jersey *m*; Pullover *m*; **~ amarillo** *Radsport* gelbes Trikot *n*; **~ de cuello vuelto** Rollkragenpullover *m*

Jerusalén *f* Jerusalem *n*

Jesucristo *m* Jesus (Christus) *m*; **antes de ~** vor Christi Geburt

jesu|ita *m* Jesuit *m*; **~ítico** jesuitisch, Jesuiten-

Jesús *m* Jesus *m*; **¡~!** Gesundheit! *beim Niesen*; *Ausruf der Überraschung*, *Verwunderung usw*; **en un** (**decir**) **~** im Nu

jet I *m* Düsenflugzeug *n*, -maschine *f*, Jet *m* **II** *f*: **~ set** Jetset *m*

jeta *f* Rüssel *m*; Schnauze *f auch übertr*; *verächtl* Visage *f*; *Esp reg vulg* Fotze *f* ◇ **poner** (**la**) **~** den Mund verziehen

jibia *f* Art Tintenfisch

jícara *f* Trinkschale *f*; kleine Tasse *f*

jilguero *m* Stieglitz *m*, Distelfink *m*

jimaguas *m*,*f*/*Pl Cu* Zwillinge *m*/*Pl*

jinda(ma) *f* Schiss *m Angst*

jinet|e *m* Reiter *m*; **~era** *f Cu* Straßenmädchen *n*

jipi *m* Hippie *m*

jipijapa *m* Panamahut *m*

jira *f* Landpartie *f*, Picknick *n*; → **gira**

jirafa *f* Giraffe *f*; FILM, TV Galgen *m Stange mit Mikrofon*

jir|ón *m* Fetzen *m*; **~onado** abgerissen; zerfetzt

jitomate *m*, *Méx* Art (hochrote) Tomate

jiu-jitsu *m* Jiu-Jitsu *n*

JJ.OO. *m*/*Pl Abk für* **Juegos Olímpicos**, → **juego**

Job *m*: **ser paciente como ~** alles mit Hiobs- *od* Engelsgeduld (er)tragen

jockey *m* Jockei *m*

jocos|idad *f* Spaß *m*; Schäkerei *f*; **~o** lustig, fröhlich; scherzhaft

jocosúchil *m Méx* Tabascopfeffer *m*

jocote *m*: **~ de marañon** Cashewnuss *f*

jocund|idad *f* Fröhlichkeit *f*; **~o** fröhlich, heiter

jod|a *f*, **~edera** *f Am reg* → **jodienda**

joder *tr*/*intr immer vulg* bumsen, ficken, vögeln; *übertr jmdn* ankotzen *od* anstinken (**me jode ese asunto**); *etw* versauen; *jmdn* zur Sau machen; *übertr jmdn* anscheißen; *jmdn* fertig machen; Blödsinn machen, rumblödeln; **¡~!** verdammt noch mal!; Scheiße!; **¡no joda** *bzw* **jodas!** ach du Schande!; nun hören Sie *bzw* hör (schon) endlich auf damit!, Sie können *bzw* du kannst mich mal ...!; **¡que se jodan!** die sollen sich zum Teufel scheren!

jodido *immer vulg übertr* beschissen, Scheiß-; *übertr* lumpig

J

jodienda *f immer vulg Am übertr* Scheiße *f*; Sauarbeit *f*; Fick *m*
jogging *m* SPORT Jogging *n* ◇ ***hacer*** *od* ***practicar (el)*** ~ joggen
joint-venture *f* WIRTSCH Jointventure *n*
jolgorio *m umg* Vergnügen *n*; Rummel *m*, Trubel *m*
jolín *umg*: ***¡~!*** *od* ***¡jolines!*** *umg* verflixt!
Jordán *m Fluss* Jordan *m*
Jordania *f* Jordanien *n*
jordano I *Adj* jordanisch **II** *m*, **-a** *f* Jordanier(in) *m(f)*
jornada *f* Arbeitstag *m*; tägliche Arbeitszeit *f*; Tag *m mit besonderen Aktivitäten zu bestimmten Anlässen*; Tage(s)reise *f*; JUR *Geldstrafe* Tagessatz *m*; **~(*s*** *Pl*) Tagung *f*; ***~ continua(da)*** *od* ***intensiva (flexible)*** durchgehende (gleitende) Arbeitszeit *f*; ***~ escolar*** PÄD Schultag *m*; ***~ de 35 horas semanales*** 35-Stunden-Woche *f*; ***~ laboral (semanal)*** tägliche Arbeitszeit *f*; Arbeitstag *m*; Tagewerk *n*; (Wochenarbeitszeit *f*); ***~ lectiva*** PÄD Unterrichtszeit *f*; ***~ partida (reducida)*** Halbtags-(Kurz)arbeit *f*; ***~ de puertas abiertas*** Tag *m* der offenen Tür; ***~ técnica*** Fachtagung *f*; ***~ (de trabajo) de ocho horas*** Achtstundentag *m* ◇ ***hacer ~ reducida*** kurzarbeiten; ***prolongar (reducir) la ~ de trabajo*** die Arbeitszeit verlängern (verkürzen); ***trabajar media ~*** halbtags arbeiten
jornadista *m(f)* Tagungsteilnehmer(in) *m(f)*
jornal *m* Tagelohn *m*; Tagewerk *n*; **~es** *Pl* Lohnsätze *m/Pl*; ***~ por hora*** Stundenlohn *m*
jornalero *m* Tagelöhner *m*; ***~ eventual*** Gelegenheitsarbeiter *m*
joroba *f* Buckel *m*; Belästigung *f*
jorobado buck(e)lig ◇ ***estar ~*** in der Patsche sitzen
jota[1] *f Name des Buchstabens* **j, J**; ***no sabe ni ~*** er hat keine blasse Ahnung
jota[2] *f aragonesischer Tanz*
joule *m* PHYS Joule *n*
joven I *Adj* jung **II** *m* junger Mann *m*; Jüngling *m* **III** *f* junges Mädchen *n*; junge Frau *f*; ***jóvenes*** *Pl* Jugendliche *Pl*; **~cito** *m Dim von* → ***joven II***
jovial jovial; heiter, aufgeräumt; **~idad** *f* Heiterkeit *f*; Jovialität *f*; Gemütlichkeit *f*
joy|a *f* Juwel *n auch übertr*; Schmuckstück *n*; **~s** *Pl* Schmuck-, Wertsachen *f/Pl*; **~ería** *f* Juweliergeschäft *n*; **~ero** *m* Juwelier *m*; Schmuckkasten *m*
jubilación *f* Rente *f*; Pension *f*; Versetzung *f* in den Ruhestand; Pensionierung *f*; Emeritierung *f*; ***~ anticipada*** Vorruhestand *m*; vorzeitige Versetzung *f* in den Ruhestand, vorzeitige Pensionierung *f*
jubil|ado I *Adj* im Ruhestand, in Rente **II** *m* Rentner *m*; Rentenempfänger *m*; Pensionierter *m*; **~ar** *tr* auf Rente setzen; pensionieren, in den Ruhestand versetzen; **~arse** in Rente gehen; sich pensionieren *bzw* in den Ruhestand versetzen lassen
júbilo *m* Jubel *m*; Freude *f*
jubiloso jubelnd
juda|ico jüdisch; **~ísmo** *m* Judentum *n*; jüdischer Glaube *m*, jüdische Religion *f*; **~s** *m* Verräter *m*; Spion *m Guckloch*
jud|eoalemán I *Adj* jiddisch **II** *m* das Jiddische; **~eoespañol I** *Adj* judenspanisch; **II** *m* das Judenspanische; spanischer Jude *m*; **~ería** *f hist u Bez für Stadtviertel* Judenviertel *n*
judía *f* Jüdin *f*; *Esp* Bohne *f*; ***~s verdes*** grüne Bohnen *f/Pl* ◇ ***ganarse las ~s*** *scherzh* sich die Brötchen verdienen
judic|atura *f* Richteramt *n*; Gerichtsbarkeit *f*; → ***jurisdicción***; **~ial** gerichtlich; Gerichts-; Justiz-; Rechts-; richterlich; *Polizei* Kriminal-; **~ialmente** auf gerichtlichem Wege
judío I *Adj* jüdisch **II** *m* Jude *m*
judo *m* Judo *n*; **~ka** *m* Judoka *m*, Judosportler *m*
juego *m* Spiel *n auch* TECH; *kompletter* Satz *m bei Geschirr, Möbel usw*; Garnitur *f z.B. Polstermöbel*; ***~ de azar (naipes)*** Glücks-(Karten)spiel *n*; ***(~ de) bolos*** *m/Pl* Kegeln *n*; Kegelspiel *n*; ***~ de caracteres (datos)*** INFORM Zeichen-(Daten)satz *m*; ***~ electrónico*** *od* ***informático*** *od* ***de ordenador*** Computerspiel *n*; ***~ de escondite*** Versteckspiel *n*; ***~s malabares*** Jongleurkunststücke *n/Pl*; *verächtl, bes* POL *übertr* Seiltänzerei *f*; ***~ de mano*** Taschenspielertrick *m*; ***~ de mesa*** Tafelgeschirr *n*, Service *n*; ***≗s Olímpicos de Invierno (Verano)*** Olympische Winter-(Sommer)spiele *n/Pl*; ***~ de palabras*** Wortspiel *n*; ***a ~*** dazu passend; ***por ~*** im Scherz ◇ ***conocerle*** *od* ***verle a alg el ~*** *übertr* jmds Spiel durchschauen; ***(no) dejar entrar en ~*** *übertr* (nicht) zum Zuge kommen lassen; ***estar en ~*** *übertr* auf dem Spiel stehen; ***hacer ~*** zusammenpassen; ***hacerle el ~ a alg*** *übertr* jmdm in die Hände spielen; ***poner en ~*** *übertr Mittel* einsetzen *od* aufbieten; aufs Spiel setzen *riskieren*; *Sprichw* ***desgraciado en el ~, afortunado en amores*** Pech im Spiel, Glück in der Liebe
juerga *f* Sause *f lärmendes bzw feuchtfröhliches Vergnügen* ◇ ***ir(se)*** *od* ***salir de ~*** *umg* sich amüsieren
jueves *m* Donnerstag *m*
juez I *m* Richter *m*; Schiedsrichter *m bei*

Wettbewerben; **~ de alzadas** *od* **apelación** Berufungsrichter *m*; **~ arbitral** Schiedsrichter *m*, Schlichter *m*; **~ de instrucción, ~ instructor** Untersuchungs-, Ermittlungsrichter *m* **II** *f* → **jueza**

ueza *f* Richterin *f*

ugada *f* Zug *m im Spiel*; (übler) Streich *m* ◇ **hacer su ~** seinen Schnitt *od* Reibach machen; **hacerle una (mala) ~ a alg** jmdm einen Streich spielen (jmdm übel mitspielen)

ugador *m Glücksspiel*, SPORT Spieler *m*

ugar ⟨-ue-, -g/gu-⟩ **I** *intr/tr* spielen **II** *tr* verspielen **III** *intr Maschine* laufen; passen (**con** zu); (**no**) **~** (nicht) zusammenpassen; **~se** *übertr etw* aufs Spiel setzen

ugarreta *f* Schabernack *m*

ug|o *m* Saft *m*; *übertr* Kern *m*; **~oso** saftig; *übertr* echt; *Geschäft* lukrativ, einträglich

uguet|e *m* Spielzeug *n auch übertr*; **~ería** *f* Spielwarengeschäft *n*

uicio *m* Urteilskraft *f*; Verstand *m*; Meinung *f*; Urteil *n*; JUR Prozess *m*; (Gerichts-)Verfahren *n*; **~ global** Pauschalurteil *n*; **~ oral** JUR mündliche Verhandlung *f*; **~ sumario** MIL Standrecht *n*; JUR Schnellverfahren *n*; **~ de valor** Werturteil *n*; Wertung *f*; Bewertung *f*; **a mi ~** nach meiner Meinung; **de buen ~** vernünftig ◇ **abrir (suspender) el ~** JUR das Verfahren eröffnen (abbrechen); **citar a ~** JUR *jmdn* vorladen; **demandar en** *od* **someter a ~** (gerichtlich) belangen; **emitir un ~** ein Urteil abgeben; **entablar (un) ~** gerichtlich vorgehen; (einen Prozess anstrengen); (**no**) **estar en su ~** bei Verstand sein (von Sinnen sein); **hacerse un ~** sich ein Urteil bilden; **llamar en ~** vor Gericht laden; **perder el ~** den Verstand verlieren; **seguir un ~** einen Prozess führen

juicioso vernünftig; *Col* fleißig

jula *m vulg* Blödian *m*, Dummkopf *m*; hundsgemeiner Kerl *m*; Schwuchtel *f verächtl*; Schwuler *m*, Homosexueller *m*

juláі *m od* **julay** *m vulg* Blödian *m*, Dummkopf *m*; hundsgemeiner Kerl *m*; Schwuchtel *f verächtl*; Schwuler *m*, Homosexueller *m*

julepe *m umg* Rüffel *m*; *AmS* Angst *f*; *AmC*, *Méx* Mühe *f*, Arbeit *f*; **~ar** *tr umg AmS jmdm* Angst *bzw* einen Schreck einjagen; *AmC*, *Méx jmdn* antreiben *od* schinden

julio¹ *m* Juli *m*

julio² *m* → **joule**

jumbo *m* FLUGW Jumbojet *m*

junco¹ *m* BOT Binse *f*

junco² *m* Dschunke *f*

jungla *f* Dschungel *m*

junio *m* Juni *m*

junior *m Chi* Laufbursche *m in einem Büro*

júnior *m* ⟨*Pl* **juniores**⟩ Junior *m auch* SPORT

junípero *m* Wacholder *m*

junquillo *m* spanisches Rohr *n*; Zierleiste *f*

junta *f* (*auch* **Junta**) Rat *m*; Junta *f*; Versammlung *f*; Ausschuss *m*; Vereinigung *f*; Abordnung *f*; Regierung *f* einer → **Comunidad Autónoma**; TECH Dichtung *f*; ARCH Fuge *f*; **~ de accionistas** Aktionärsversammlung *f*; **~ de acreedores** Gläubigerversammlung *f*; **~ de administración** Aufsichtsrat *m*; Verwaltungsrat *m*; **~ calificadora** Prüfungskommission *f*; **~ directiva** Leitung *f*, Vorstand *m*; Präsidium *n*; Bundesvorstand *m*; **~ de edad** Ältestenrat *m*; **~ general (ordinaria)** General-, (Jahres-) Hauptversammlung *f*; **~ militar** Militärjunta *f*; **≗ Monetaria** Geldaufsichtsbehörde *f*; **~ de socios** Gesellschafterversammlung *f* ◇ **convocar la ~ general de accionistas** die Aktionärshauptversammlung einberufen

junt|amente zusammen; gleichzeitig; **~ar** *tr* vereinigen; einen; zusammenhalten; verbinden; *Hände* falten; *Geld* auf-, zusammenbringen; **~arse** sich versammeln; sich anschließen; sich vereinigen; **~ero** *m* Juntamitglied *n*; **~ista** Junta-

junto I *Adj* versammelt; zusammengefügt **II** *Adv* nahe; daneben; zugleich; (**de**) **por ~** im Ganzen; **~s** zusammen; miteinander; aneinander **III** *Präp*: **~ a** (dicht) bei, neben, an

juntura *f* TECH Gelenk *n*; Verbindung(sstelle) *f*; Scharnier *n*; Fuge *f*

Júpiter *m* ASTR, MYTH Jupiter *m*

jura *f* Treueid *m*, Treueschwur *m*; **~ de bandera** MIL Fahneneid *m*, öffentliches Gelöbnis *n*

jurado I *Adj* eidesstattlich; vereidigt; beeidigt **II** *m* Geschworener *m*; Schöffe *m*; Juror *m*; Jury *f*

juramentar *tr* vereidigen; **~se** sich eidlich verpflichten

juramento *m* Eid *m*, Schwur *m*; Fluch *m*; **~ declarativo de insolvencia** Offenbarungseid *m*; **~ falso** Meineid *m*; **bajo ~** unter Eid ◇ **prestar (un) ~** einen Eid leisten *od* ablegen

jurar *tr/intr* schwören; beschwören; einen Eid ablegen; fluchen; **~ en falso** einen Meineid schwören

jur|ero *m Chi*, *Ec*, *Pe* falscher Zeuge *m*; **~idicidad** *f* strenge Anwendung *f od* Einhaltung *f* des Rechts; **~ídico** rechtlich, Rechts-, juristisch; **~ídico-fiscal** steuerrechtlich

juris|consulto *m* Rechtsgelehrter *m*; Jurist *m*; **~dicción** *f* Gerichtsbarkeit *f*; Recht-

J

sprechung *f*; Gerichtsbezirk *m*; **~diccional** Gerichts-; Hoheits-; **~perito** *f* Rechtskundiger *m*; **~prudencia** *f* Rechtswissenschaft *f*; Rechtsnorm *f*; **~ta** *m* Jurist *m*; Justitiar *m*

justamente *übertr* gerade, eben; *übertr* ausgerechnet (***ha hecho buen tiempo toda la semana, pero ~ hoy llueve a cántaros***); ***~ como*** genauso wie

justeza *f* Genauigkeit *f*; Richtigkeit *f*; ***con ~*** gerechterweise

justicia *f* Gerechtigkeit *f*; Recht *n*; Justiz *f*; Justizbehörde *f*; Rechtspflege *f*; ***~ castrense*** Militärgerichtsbarkeit *f*; ***de ~*** von Rechts wegen; ***en ~*** gerechterweise ◇ ***administrar*** *od* ***dictar ~*** Recht sprechen; ***hacer ~ a alg*** jmdm Gerechtigkeit widerfahren lassen; ***pedir ~*** Gerechtigkeit fordern; ***reclamado por la ~*** steckbrieflich gesucht; ***ser de ~*** recht und billig sein

justic|iable justiziabel, der Gerichtsbarkeit *od* dem Gesetz unterworfen; **~iero** gerecht(igkeitsliebend)

justific|able zu rechtfertigen(d); nachweisbar; **~ación** *f* Rechtfertigung *f*; Begründung *f*; Nachweis *m*; TYP Justierung *f*; Satzspiegel *m*; **~ado** berechtigt, gerechtfertigt; *z.B. Abwesenheit* entschuldigt

justificante *m* Beleg *m*; Bescheinigung *f*; Beweisstück *n*; ***~ de asiento*** (***compra***) Buchungs-(Kauf)beleg *m*; ***~ médico*** ärztliche Bescheinigung *f*

justific|ar ⟨-c/qu-⟩ *tr* rechtfertigen; begründen; (dokumentarisch) belegen; nachweisen; richtig stellen; TYP justieren; **~arse** sich rechtfertigen; seine Unschuld beweisen; **~ativo** Rechtfertigungs-; Beweis-

justipreci|ar *tr* abschätzen; **~ador** *m* Taxator *m*; **~o** *m* Taxierung *f*, Abschätzung *f*

justo **I** *Adj* gerecht; genau, richtig; ***¡~!*** stimmt! **II** *Adv* → ***justamente***

juvenil jugendlich; Jugend-

juventud *f* Jugend *f*

juzgado *m* Richteramt *n*; Gericht *n*; Gerichtsbezirk *m*; ***~ municipal*** *Esp* Amtsgericht *n*

juzgar ⟨-g/gu-⟩ **I** *tr* richten, aburteilen; werten; beurteilen; halten *einschätzen* (*dir Obj od Adj* für) **II** *intr* meinen; urteilen

K

K

k, **K** *f* k, K *n*

kaki → ***caqui***

Kaláshnikov *m Schusswaffe* Kalaschnikow *f*

karat|e *m*, **kárate** *m* SPORT Karate *n*; **~eca** *m* Karatekämpfer *m*, -sportler *m*, Karateka *m*

kayak *m* Kajak *m*, *seltener n*

kazajo **I** *Adj* kasachisch **II** *m*, **-a** *f* Kasache(-in) *m(f)*

Kazajstán *m* Kasachstan *n*

kc *m* (*Abk für* ***kilociclo***) kHz *n*

kcal *f* (*Abk für* ***kilocaloría***) kcal *f*

kéfir *m* Kefir *m*

Kenia *f* → ***Kenya***

kenia|no, **~ta** → ***kenyano***

Kenya *f* Kenia *n*

kenyano **I** *Adj* kenianisch **II** *m*, **-a** *f* Kenianer(in) *m(f)*

keros|én *m*, **~eno** *m* → ***queroseno***

kg *m* (*Abk für* ***kilo***(***gramo***)) kg *n*

khmer *Kambodscha* **I** *Adj* Khmer- **II** *m* Khmer *m*; *Sprache* das Khmer

kib(b)utz *m* Kibbuz *m*

kilo *m*, **Kilo** *n* Kilo *n*, *Kurzwort für* ***kilogramo***; **~byte** *m* INFORM Kilobyte *n*; **~caloría** *f* Kilokalorie *f*; **~ciclo** *m* Kilohertz *n*; **~gramo** *m* Kilogramm *n*; **~metraje** *m* KFZ Kilometerstand *m*, -zahl *f*; Entfernung *f* in Kilometern; Kilometergeld *n*; Kilometrierung *f*; **~métrico** Kilometer-; kilometerlang *auch übertr*

kilómetro *m* Kilometer *m*; ***~ cuadrado*** Quadratkilometer *m*

kilo|pondio *m* Kilopond *n*; **~tón** *m*, **~tonelada** *f* Kilotonne *f*; **~vatio** *m* Kilowatt *n*; **~vatio-hora** *m* Kilowattstunde *f*; **~watt** *m* → ***~vatio***

kindergarten *m* Kindergarten *m*

kinesiterapia *f* Heil-, Krankengymnastik *f*

kios|co *m*, **~ko** *m* → ***quiosco***

Kirguizistán *m* Kirgisien *n*

kirsch *m* Kirschgeist *m*, -wasser *n*

kit *m* TECH Satz *m*; Bestückung *f*; ***~ de construcción*** (***herramientas***) Bau-, Bastelsatz *m zum Selbstbauen von Geräten* (Werkzeugkasten *m*, INFORM Toolbox *f*); ***~ de manos libres*** TEL Freisprecheinrichtung *f*, Car-Kit *m*

kiwi *m* BOT Kiwi *f*

km *m* (*Abk für* ***kilómetro***) km *m*

km² *m* (*Abk für* ***kilómetro cuadrado***) km^2 *m*

know-how *m* Know-how *n*

koljós *m ehem* Kolchos(e *f*) *m*

kopek *m* Kopeke *f*
kosovar I *Adj* aus dem Kosovo, Kosovo- **II** *m* Kosovare *m*
Kosovo *m* (der *od* das) Kosovo *m,n*, Amselfeld *n*
Kremlín: ***el ~*** der Kreml
Kurdistán *m* Kurdistan *n*
kurdo I *Adj* kurdisch, Kurden- **II** *m*, **-a** *f* Kurde(-in) *m(f)*
Kuwait *m* Kuwait *n od* Kuweit *n*
kuwaití I *Adj* kuwaitisch *od* kuweitisch **II** *m(f)* Kuwaiter(in) *m(f) od* Kuweiter(in) *m(f) od* Kuweiti *m(f)*
kV *m* (*Abk für **kilovoltio***) kV *n*
kW *m* (*Abk für **kilovatio od kilowatt***) kW *n*
kWh *m* (*Abk für **kilovatio(s)-hora***) kWh *f*

L

l, L *f* l, L *n*
l I *m* (*Abk für **litro***) l *m,n* **II** *f* (*Abk für **longitud***) L. *f*
L/ *f* (*Abk für **letra (de cambio)***) FIN Wechsel *m*
£ (*Symb für **libra esterlina***) £
la I *Art Sg* die (***~ cosa***) *bzw* der (***~ parte***) *bzw* das (***~ niña***) **II** *Pers Pron dir Obj Sg* sie (***y la puerta, ¿~ cerraste con llave?***) *bzw* Sie (***a Vd., señora, ~ vi ayer en el teatro***) *bzw* ihn (***la carta te ~ voy a traer mañana***) *bzw* es (***a esa muchacha ~ conozco desde hace mucho tiempo***)
LAB *m Abk für **Lloyd Aéreo Boliviano** bolivianische Fluggesellschaft*
laberinto *m* Labyrinth *n*; Wirrwarr *m*
labia *f* Zungenfertigkeit *f* ◇ ***tener mucha ~*** redegewandt sein
lábil labil; schwach; schwankend, unbeständig
labilidad *f* Labilität *f*
labio *m* Lippe *f*; ***~s*** *Pl* Mund *m*
labor *f* Arbeit *f*, Tätigkeit *f*; BERGB Abbau *m*; ***~ de equipo*** Teamwork *n*; ***~es de extinción*** (***rescate***) Lösch-(Rettungs-, Bergungs)arbeiten *f/Pl*
laborable *Tag* Arbeits-, Werk-
laboral Arbeits-; am Arbeitsplatz (***discriminación ~***)
laborante *m* → ***ayudante de laboratorio***
laborar I *intr* arbeiten; sich bemühen (***por*** um, für) **II** *tr* → ***labrar***
laboratorio *m* Labor(atorium) *n*; ***~ espacial*** (***fotográfico***) Spacelab *n*, Raumflug-, Weltraum-(Foto)labor *n*; ***~ de idiomas*** *od* ***lenguas*** Sprachlabor *n*
labor|iosidad *f* Fleiß *m*, Arbeitseifer *m*; **~ioso** fleißig, arbeitsam; emsig; schwierig; langwierig, Zeit raubend; **~ista I** *Adj* POL Labour- **II** *m* Labourpolitiker *m*; Anhänger *m bzw.* Mitglied *n* der Labour Party; **~terapia** *f* Arbeitstherapie *f*
labr|a *f* TECH Bearbeitung *f*; **~ador** *m* Landmann *m*; Land-, Feldarbeiter *m*; Bauer *m*; **~anza** *f* Ackerbau *m*; Feldarbeit *f*; Landgut *n*, Hof *m*
labrar I *tr* bearbeiten; gestalten, formen **II** *intr* stark wirken (***en alg*** auf jmdn); ***sin ~*** unverarbeitet; unbearbeitet
laburo *m Arg umg* Job *m*, (Gelegenheits-) Arbeit *f*
LAC *m Abk für **Lloyd Aéreo Colombiano** kolumbianische Fluggesellschaft*
lac|a *f* Lack *m*; Haarspray *m,n*; **~ado** *m* Lackieren *n*; Lackierung *f*; **~ar** ⟨-c/qu-⟩ *tr* → ***laquear***
lacayo *m* Lakai *m auch verächtl übertr*
lacer|ación *f* Schädigung *f*; Verletzung *f*; **~ante** *Schmerz* bohrend; *Schrei* gellend; **~ar** *tr* schädigen; verletzen; quetschen; zerreißen
lacio schlaff; welk
lac|ónico lakonisch; *Redeweise*, *Stil* knapp, kurz; **~onismo** *m* lakonische *od* knappe Ausdrucksweise *f*
lacra *f* Mangel *m*, Defekt *m*; Gebrechen *n*
lacr|ar *tr* versiegeln; **~e** *m* Siegellack *m*
LACSA *f Abk für **Líneas Aéreas Costarricenses, S.A.** Fluggesellschaft von Kostarika*
lactante *m* Säugling *m*
láct|eo I *Adj* Milch-; milchig **II** *m* Milcherzeugnis *n*, -produkt *n*
LADE *f Abk für **Líneas Aéreas del Estado** argentinische Fluggesellschaft*
lade|ado (wind)schief; seitlich geneigt; **~ar** *tr etw* zur Seite wenden *od* neigen; schief stellen; **~arse** sich zur Seite legen; sich neigen; *jmdm od etw* aus dem Wege gehen, ausweichen; ***~ a alg*** *Esp übertr* sich auf jmds Seite schlagen
ladillo *m* TYP Randtitel *m*
ladino schlau, gerieben *umg*
lado *m* Seite *f*; ***~ exterior*** (***interior***; ***inferior***; ***superior***) Außen-(Innen-; Unter-; Ober)-seite *f*; ***~ flaco*** *übertr* schwache Seite *f*, Schwachstelle *f*; ***~ al ~*** Seite an Seite; ***~ opuesto*** gegenüberliegende Seite *f*; *z.B.*

dem Wind abgewandte Seite *f*; ***a ambos*** *od* ***a los dos ~s*** zu beiden Seiten; ***al ~*** nebenan; daneben; ***al ~ de alg*** *od* ***u/c*** neben jmdm *od* etw; ***al otro ~*** jenseits (***de*** Gen), auf der anderen Seite; ***de ~*** seitlich; von der Seite; ***el ~ de abajo*** (***arriba***) die untere (obere) Seite; ***en ambos ~s*** auf beiden Seiten; ***por este ~*** diesseits; in dieser Hinsicht; ***por mi ~ ...*** was mich anbetrifft ...; ***por todos ~s*** von allen Seiten; ringsum; überall; ***por un ~ ..., por otro ~ ...*** einerseits ..., andererseits ... ◇ ***dar de ~*** *übertr jmdm* den Rücken kehren; ***dejar a un ~*** *od* ***dejar de ~ u/c*** etw beiseite lassen; *Problem* ausklammern; ***estar de ~ de alg*** auf jmds Seite stehen; ***mirar hacia otro ~*** wegsehen *auch übertr*; ***ponerse del ~ de alg*** für jmdn Partei ergreifen, für jmdn eintreten

ladr|a *f* → ***~ido***; **~ar I** *intr* bellen **II** *tr/intr* (*jmdn* an)kläffen; *übertr jmdn* anfahren *od* -fauchen; **~ido** *m* Bellen *n*; barscher Ton *m*

ladrillo *m* Ziegel(stein) *m*; ***~ recocido*** *od* ***recocho*** Klinker *m*

ladrón I *Adj* diebisch **II** *m* Dieb *m*; Einbrecher *m*; Räuber *m*; *Vorrichtung zum Anzapfen von Strom od zur Entnahme von Wasser*; *Esp* EL Zwischenstecker *m*, Adapter *m*; ***~ de bancos*** Bankräuber *m*

lagarto *m* Eidechse *f*; Echse *f*; Schlauberger *m*, Filou *m*; *Am* Kaiman *m*; ***¡~!*** unberufen!; Donnerwetter!

lago *m* See *m*; ***♀ de Constanza*** Bodensee *m*; ***♀ de Ginebra*** *od* ***♀ Lemán*** Genfer See *m*

lágrima *f* Träne *f*

laguna *f* Lagune *f*; *übertr* Lücke *f*

laic|ismo *m* Laizismus *m*, Trennung *f* von Kirche und Staat; **~ista** laizistisch; **~o I** *Adj* weltlich; REL Laien- **II** *m* REL Laie *m*

lameculos *m(f) vulg* Speichellecker(in) *m(f)*, Arschkriecher(in) *m(f)*

lamedal *m* Morast *m*

lament|able kläglich; bedauerlich; **~ablemente** leider, bedauerlicherweise; **~ación** *f* → ***~o***; ***lamentaciones*** *Pl* Gejammer *n*, Jammern *n*; **~ar I** *tr* beklagen; bedauern; ***lamento*** (***mucho*** *od* ***muchísimo***) ***que ...*** + *subj* es tut mir (sehr) Leid, dass ... **II** *intr* jammern; klagen; **~arse** jammern (***de, por*** über); sich beklagen; **~o** *m* Wehklagen *n*; **~oso** kläglich; jämmerlich; jammernd

lameplatos *m(f) umg übertr* Schmarotzer (-in) *m(f)*; Leckermaul *n*

lam|er *tr* (ab)lecken; belecken; **~ido** *m* (Ab-)Lecken *n*

lámina *f* Metallplatte *f*; (dünnes) Blech *n*; Folie *f*; (Kupfer-)Stich *m*; Blatt *n*; Lamelle *f*; (Bild-)Tafel *f in Büchern*; Bild *n*, Abbildung *f*; ***~ adhesiva*** (***transparente***) Klebe-(Klarsicht)folie *f*; ***con ~s*** illustriert

lamin|ado I *Adj* blätt(e)rig; mit Platten belegt **II** *m* Walzen *n*; **~ador** *m* Walzwerk(arbeit)er *m*; Walzwerk *n*; **~adora** *f* Walzmaschine *f*; **~ar I** *Adj* schichtartig; blätt(e)rig; plattenförmig **II** *tr* (aus)walzen; *mit Platten od Folien* beschichten

lamin|illa *f* Blättchen *n*; Folie *f*; **~oso** blätt(e)rig; geschichtet

lámpara *f* Lampe *f*, Leuchte *f*, Beleuchtungskörper *m*; Fett- *od* Ölfleck *m an der Kleidung*; ***~ de aviso*** Warnleuchte *f*; ***~ de bajo consumo*** Energiesparlampe *f*; ***~ colgante*** (***halógena***) Hänge-(Halogen)-lampe *f*; ***~ de escritorio*** (***pie***) Schreibtisch-(Steh)lampe *f*; ***~ fluorescente*** *od* ***de luz fría*** Leucht(stoff)röhre *f*

lamp|arón *m* Fettfleck *m an der Kleidung*; **~ión** *m* Lampion *m,n*; Laterne *f*; **~ista** *m* (Elektro-)Installateur *m*; **~istería** *f* Installationsgeschäft *n*; Lampengeschäft *n*

lamprea *f* ZOOL Neunauge *n*

LAN *f* (*Abk für* ***Línea Aérea Nacional***): ***LAN Chile*** *chilenische Fluggesellschaft*

lana *f* Wolle *f*; Wollstoff *m*; *AmS*, *Méx* Kies *m*, Zaster *m Geld*; ***~ de angora*** (***oveja***) Angora-(Schaf)wolle *f*; ***~ virgen*** Schurwolle *f*

lanar Woll-

lance *m* (Aus-)Werfen *n*; Wurf *m*; Gelegenheit *f*; Vor-, Zwischenfall *m*; ***~ de fortuna*** Glücksumstand *m*; ***de ~*** aus zweiter Hand; gebraucht ◇ ***comprar de ~*** gebraucht *od* aus zweiter Hand kaufen; einen Gelegenheitskauf machen; ***meterse en ~ difícil*** sich in ein schwieriges Unternehmen einlassen

lanc|ear *tr* mit einer Lanze verletzen; stechen; **~eolado** lanzenförmig; **~eta** *f* Lanzette *f*

lancha *f* großes Boot *n*; Barkasse *f*; ***~ de desembarco*** MIL Landungsboot *n*; ***~ de motor*** Motorboot *n*; ***~ neumática*** Schlauchboot *n*

lanch|ada *f* Bootsladung *f*; **~ero** *m* Bootseigentümer *m*; Bootsführer *m*

lancinante *Schmerz* stechend, bohrend

land *m* ⟨*Pl* ***laender***⟩ *Dtschld* (Bundes-) Land *n*

laner|ía *f* Wollgeschäft *n*; **~o I** *Adj* wollen, Woll- **II** *m* Wollhändler *m*

langosta *f* ZOOL Heuschrecke *f*; Languste *f*; Hummer *m*

languid|ecer ⟨-c/zc-⟩ *intr* schmachten; dahinwelken; dahinsiechen; verkümmern; **~ez** *f* Mattigkeit *f*, Schlaffheit *f*; Schmachten *n*; WIRTSCH Flaute *f*

lánguido matt, schlaff; schmachtend

LANICA *f Abk für* ***Líneas Aéreas de Nicaragua, S.A.*** *Fluggesellschaft von Nicaragua*

lan|olina *f* PHARM Lanolin *n*; **~oso**, **~udo** wollig
lanza I *f* Lanze *f*; Spieß *m*; Schaft *m*; Düse *f einer Spritze* ◇ ***romper ~s por alg*** *übertr* für jmdn eine Lanze brechen; ***ser una ~*** sehr geschickt *od* gewandt sein **II** *m Arg, Chi* Dieb *m*
lanzadera *f* Weberschiffchen *n*; *verächtl* Unruhegeist *m*; ***~ espacial*** Raumfähre *f*, Spaceshuttle *m*
lanzador *m* Werfer *m*; Schleuderer *m*; ***~ de jabalina*** (***peso***) Speerwerfer *m* (Kugelstoßer *m*)
lanzallamas *m* Flammenwerfer *m*
lanzamiento *m* Werfen *n*; Stoßen *n*; Schleudern *n*; MIL Start *m auch übertr*, Abschuss *m z.B. einer Rakete*; Abwurf *m*; Veröffentlichung *f*, Herausgabe *f*, Erscheinen *n*; HDL, WIRTSCH Einführung *f eines Produkts*; JUR Zwangsräumung *f*; ***~ de disco*** (***martillo***) Diskus-(Hammer)werfen *n*; ***~ del penalty*** *Fußball* Elfmeterschießen *n*
lanzamisiles *m* ⟨*Pl unv*⟩ MIL Raketenwerfer *m*
lanzar ⟨-z/c-⟩ *tr* (fort-, weg-, hin)werfen; schleudern; MIL *u übertr etw* starten; *z.B. Bomben* (ab)werfen; *Geschoss*, *Rakete* abfeuern, -schießen; *Druckschrift*, *Bühnenwerk*, *Film*, *unverdaute Nahrung* herausbringen; *Nachricht* aufkommen lassen, in Umlauf setzen; lancieren; *übertr etw* ins Leben rufen; HDL, WIRTSCH *einen Artikel* einführen *od* auf den Markt bringen; ***~se a*** *od* ***en u/c*** (***sobre alg***) *übertr* sich in etw (auf jmdn) stürzen
Laos *m* Laos *n*
laosiano I *Adj* laotisch **II** *m*, **-a** *f* Laote(-in) *m(f)*
lapicero *m* Schreibstiftbehälter *m*; → ***lápiz***; ***~ de bolilla*** *Arg* Kugelschreiber *m*; ***~ de presión*** Minenklemmstift *m*
lápida *f* Grab- *bzw* Gedenkstein *m*
lapidario lapidar
lapídeo steinern; steinartig; Stein-
lapislázuli *m* MINER Lapislazuli *m*, Lasurstein *m*
lápiz *m* (Blei-)Stift *m*; ***~ de cejas*** (***labios***) Augenbrauen-(Lippen)stift *m*; ***~ de color*** Farb-, Buntstift *m*; ***~ colorado*** *od* ***encarnado*** *od* ***rojo*** Rotstift *m*; ***~ de copia*** *od* ***copiar*** *od* ***tinta*** Kopier-, Tintenstift *m*; ***~ de dibujo*** (***pastel***) Zeichen-, Reiß-(Pastell)stift *m*; ***~ fieltro*** (***fluorescente***) Faser-, Filzstift *m od* -schreiber *m* (Leuchtstift *m*; Marker *m*); ***~ graso*** *od* ***vidriográfico*** Fettstift *m*; ***~ de lectura óptica, ~ óptico, ~-ratón*** INFORM Lichtgriffel *m*; ***~ pasta*** *Chi* Kugelschreiber *m* ◇ ***sacar punta al ~*** den Bleistift anspitzen
lapo *m* Hieb *m*, Schlag *m*, *i w S* Ohrfeige *f*
lapón I *Adj* lappländisch **II** *m*, **-ona** *f* Lappe(-in) *m(f)*, Lappländer(in) *m(f)*
Laponia *f* Lappland *n*
laps|o *m* Zeitabschnitt *m*, -raum *m*, -spanne *f*; Irrtum *m*; **~us** *m* Fehler *m*, Lapsus *m*
laptop *m* INFORM Laptop *m*
laquear *tr* lacken, lackieren
lard|o *m* Speck *m*; Fett *n*; **~ón** *m* TYP nicht ausdruckende Stelle *f*; TYP Korrektur *f Textzusatz*; **~oso** speckig; fett
larga *f* KFZ Fernlicht *n*; ***a la ~*** letztendlich; auf die Dauer ◇ ***dar ~s a u/c*** *übertr* etw auf die lange Bank schieben, etw schleifen lassen *umg*
larg|amente *Adv* lange; umständlich, des Langen und Breiten; **~ar** ⟨-g/gu-⟩ *tr* loslassen; losmachen; locker lassen; *etw* loswerden *über etw reden*; *Ohrfeige* verpassen; **~arse** abhauen, verschwinden, ausreißen
largo I *Adj/Adv* lang; weit; reichlich (***dos millones ~s de votos***); freigebig; ausführlich; ***a lo ~*** der Länge nach; längs, entlang; in der Ferne; ***por ~*** ausführlich; umständlich **II** *m* Länge *f*; *Schwimmhalle* Bahn *f*; *umg* → ***largometraje***; ***~ de onda*** EL, RADIO Wellenlänge *f*
largometraje *m* Spiel-, Kinofilm *m*; abendfüllender Film *m*
larg|or *m* Länge *f*; **~ueza** *f* Freigebigkeit *f*
lárice *m* BOT Lärche *f*
laring|e *f* Kehlkopf *m*; **~itis** *f* Kehlkopfentzündung *f*; **~ófono** *m* Kehlkopfmikrofon *n*
larv|a *f* BIOL *u Maske* Larve *f*; **~ado** *übertr* verdeckt (***una guerra civil larvada***)
las I *Art f/Pl* die **II** *Pers Pron dir Obj f/Pl* sie; Sie (***~ vi ayer en el cine, señoras***); *Am* euch
lasciv|ia *f* Geilheit *f*, Wollust *f*; Schlüpfrigkeit *f*; **~o I** *Adj* geil, lüstern **II** *m* Lüstling *m*
láser *m* PHYS Laser *m*
las|itud *f* Ermattung *f*; Schlaffheit *f*; **~o** matt; schlaff; *Haar* glatt
lástima *f* Mitleid *n*; Bedauern *n*; Jammer *m*; ***de*** *od* ***por ~*** aus Mitleid; ***¡qué ~!*** wie schade! ◇ ***dar ~*** Leid tun; ***es ~ que ...*** + *subj* (es ist) schade, dass ... + *Ind*
lastim|adura *f* Verletzung *f*; **~ar** *tr jmdm* wehtun, *jmdn* verletzen *auch übertr*; beleidigen; bemitleiden; **~arse** sich wehtun *od* verletzen; Mitleid haben (***de*** mit); jammern (***de*** über); **~ero** Mitleid erregend; **~oso** bedauernswert; traurig; elend; bekümmert
lastr|a *f* Steinplatte *f*; **~ar I** *tr* MAR mit Ballast versehen; belasten, -schweren; (be)schottern **II** *intr* MAR Ballast aufnehmen; **~e** *m* MAR *u übertr* Ballast *m*; Schotter *m*

L

lata *f* Blechbüchse *f*; (Konserven-, Blech-) Dose *f*; Latte *f*; *umg übertr* Blech *n*, Quatsch *m*; *verächtl* Schwarte *f*, Schmöker *m wertloses Buch*; ***¡qué ~!*** wie langweilig!; wie dumm *od* unangenehm! ◇ ***dar (la) ~ a alg*** jmdm auf den Wecker fallen; jmdn anöden *od* langweilen
latente geheim; latent, verborgen
lateral seitlich; Seiten-
látex *m* Latex *m*
latido *m* Klopfen *n*; *Herz* Schlagen *n*; *Hund* Anschlagen *n*
latifund|io *m* Großgrundbesitz *m*; **~ista** *m* Großgrundbesitzer *m*
latigazo *m* Peitschenhieb *m*; Peitschenknall *m*; Rüffel *m*
látigo *m* Peitsche *f*; *Reiten* Gerte *f*; Riemen *m od* Schnur *f zum Befestigen*; ***(política de) "~ y cebo"*** *übertr* „Zuckerbrot und Peitsche"
latín *m* Latein *n* ◇ ***saber (mucho) ~*** *umg* klug sein; *übertr* gerissen sein
latinizar ⟨-z/c-⟩ **I** *tr* latinisieren **II** *intr* viele lateinische Worte gebrauchen
latino I *Adj* lateinisch **II** *m* Lateiner *m*; *umg für* → ***latinoamericano II***; das Latein (-ische); **≈américa** *f* Lateinamerika *n*; **~americanista I** *Adj* lateinamerikanistisch **II** *m(f)* Lateinamerikanist(in) *m(f)*, Lateinamerikawissenschaftler(in) *m(f)*; **~americanística** *f* Lateinamerikawissenschaften *f/Pl*; **~americano I** *Adj* lateinamerikanisch; Lateinamerika- **II** *m*, **-a** *f* Lateinamerikaner(in) *m(f)*
latir *intr Herz*, *Puls* schlagen, klopfen, pochen; *Hund* anschlagen
latitud *f* Breite *f auch* GEOGR; Breitengrad *m*; ***~ norte*** nördliche Breite *f*
LATN *f Abk für* ***Líneas Aéreas de Transporte Nacional*** *Fluggesellschaft Paraguays*
lato breit; weit
latón *m* Messing *n*
latoso lästig; langweilig
latrocinio *m* Diebstahl *m*; Raub *m*
Latvia *f* → ***Letonia***
latvio → ***letón***
laud|able lobenswert; **~atoria** *f* Laudatio *f*; **~atorio** Lob-
laudo *m*: ***~ arbitral*** Schiedsspruch *m*
laur|eado I *Adj* preisgekrönt **II** *m* Ausgezeichneter *m*, Preisträger *m*; **~ear** *tr* auszeichnen; preisen
laurel *m* BOT *u übertr* Lorbeer *m*; Lorbeerbaum *m*; ***~ rosa*** Oleander *m* ◇ ***dormirse en*** *od* ***sobre sus ~es*** *übertr* auf seinen Lorbeeren ausruhen
laur|eola *f*, **~éola** *f* Lorbeerkranz *m*
Lausana *f* Lausanne *n*
LAV *f Abk für* ***Línea Aeropostal Venezolana*** *Fluggesellschaft Venezuelas*
lava *f* Lava *f*
lava|ble (ab)waschbar; **~bo** *m* Waschbecken *n*; Waschraum *m*; *i w S* Toilette *f*; **~coches** *m(f) Person* Wagenwäscher(in) *m(f)*; *Gerät* Wagenwaschanlage *f*; **~cristales** *m(f)* Fensterputzer(in) *m(f)*; *bes* KFZ Fensterputzmittel *n*
lavado *m Kleidung*, *Wäsche* Waschen *n*; Spülung *f auch* MED; MAL Tuschen *n*; ***~ de cerebro (dinero)*** *übertr* Gehirn-(Geld)-wäsche *f*; ***~ en seco*** chemische Reinigung *f*; ***resistente al ~*** waschecht
lavadora *f* Waschmaschine *f*; ***~ automática*** Waschautomat *m*
lava|je *m* Spülen *n*; MED Auswaschen *n*, Lavage *f*; **~manos** *m* Handwaschbecken *n*; **~miento** *m* Waschen *n*
lav|anda *f*, **~ándula** *f* Lavendel *m*
lavandería *f* Wäscherei *f*; ***~ de autoservicio*** Waschsalon *m*
lava|parabrisas *m* KFZ Scheibenwaschanlage *f*; **~platos** *m* Geschirrspülmaschine *f*; *Am* Spülbecken *n*; Tellerwäscher *m*
lavar *tr/intr* (ab)waschen; spülen; säubern; reinigen *auch übertr*; *Zähne* putzen; tuschen; ***~ en seco*** chemisch reinigen
lavarropas *m Am* Waschmaschine *f*
lava|tín *m Cu* Waschsalon *m*; **~tiva** *f* MED Einlauf *m*, Klistier *n*; Klistierspritze *f*; **~torio** *m Am* Waschbecken *n*; **~vajillas** *m* Geschirrspülautomat *m*; Spülmittel *n*
lax|ante *m*, **~ativo** *m* PHARM Abführmittel *n*; **~idad** *f*, **~itud** *f* Schlaffheit *f auch übertr*; **~o** schlaff; *Sitten* locker; lasch; lax *umg*
laya *f* Art *f*, Gattung *f*; Beschaffenheit *f*; ***de la misma ~*** *übertr* vom gleichen Schlag(e)
lazar|eto *m* Quarantänestation *f*; Leprastation *f*; **~illo** *m* Blindenführer *m*; Blindenhund *m*
lazo *m* Schlinge *f auch übertr*; Schleife *f*; Fliege *f umg Schleife statt Krawatte*; Lasso *n*; Band *n auch übertr*; Bindung *f*; ***~s familiares (humanos; sociales)*** familiäre (menschliche; gesellschaftliche) Bindungen *f/Pl* ◇ ***caer en el ~*** *übertr* in die Falle gehen; ***tender ~s*** Schlingen legen *auch übertr*; *übertr* Fallen stellen
lb. *f* (*Abk für* ***libra***) Pfd. *n*
le *Pers Pron indir Obj m u f Sg* ihm; ihr; Ihnen; *bes Kastilien dir Obj m Sg* ihn; Sie
leal treu (***a*** *Dat*); ergeben; ehrlich; loyal
lealtad *f* Treue *f*; Ehrlichkeit *f*; Loyalität *f*; ***~ a los principios*** Prinzipientreue *f*
leasing *m* Leasing *n*
lección *f* Lektion *f*; Lehre *f*; Vorlesung *f*; Unterricht(sstunde *f*) *m*; Lernaufgabe *f* ◇ ***no aprender las lecciones de la historia*** keine Lehren aus der Geschichte ziehen,

nichts dazulernen; ***dar ~ a alg*** jmdm Unterricht *od* Stunden geben; ***dar ~ con alg*** bei jmdm Unterricht nehmen; ***extraer una ~*** eine Lehre ziehen (***de*** aus)

leche *f* Milch *f*; *vulg übertr* Saft *m Sperma*; *Am reg* Schwein *n Glück*; ***¡~!*** *vulg* verdammt!; verfluchte Sauerei!; ***~ condensada*** (***desnatada***; ***entera***) Kondens-(Mager-; Voll)milch *f*; ***~ cortada*** saure Milch *f*; ***~ en polvo*** Milchpulver *n*; ***~ en tarro*** Dosenmilch *f* ◇ ***estar de mala ~, tener mala ~*** *vulg* eine Stinklaune haben; ***mamar en la ~*** *übertr etw* mit der Muttermilch einsaugen

lecher|a *f* Milchkanne *f*; Milchverkäuferin *f*; ***~ía*** *f* Molkerei *f*; Milchgeschäft *n*; ***~o*** **I** *Adj* Milch- **II** *m* Milchverkäufer *m*, -mann *m*

lecho *m* Bett *n auch* TECH; Lager *n auch* TECH; Lagerstatt *f*; Flussbett *n*; Schicht *f auch* GEOL, Lage *f*

lechón *m* Ferkel *n auch übertr*; Läufer *m Absatzferkel*; ***~ asado*** Spanferkel *n*

lechuga *f* (Kopf- *od* Blatt-)Salat *m*, grüner Salat *m*; Lattich *m*; ***~ iceberg*** Eisbergsalat *m*; ***~ roja*** Radicchio *m* ◇ ***estar fresquito como una ~*** *übertr* taufrisch sein

lechuza *f* Eule *f auch übertr*

lecitina *f* Lezithin *n*

lectivo Studien-; Schul-; ***no ~*** vorlesungs- *bzw* schulfrei

lector *m*, ***~a*** *f* Leser(in) *m(f)*; Lektor(in) *m(f)*; Dozent(in) *m(f)*; Vorleser(in) *m(f)*; INFORM Lesegerät *n*; ***~es*** *Pl* Leserschaft *f*; ***~ de caracteres*** INFORM Zeichenleser *m*; ***~ (de) CD-ROM*** INFORM CD-ROM-Laufwerk *n*; ***~ de curvas*** INFORM Kurvenabtaster *m*; ***~ de metros*** Ableser *m bzw* Kassierer *m für Strom od Gas*

lectorado *m* Dozentur *f*; Lektorat *n*

lectura *f* Lesen *n*; Lesung *f auch* PARL; Vorlesen *n*; Verlesen *n z.B. der Anklageschrift*; Lesart *f Auslegung*; Ablesen *n von Instrumenten*; Lesestoff *m*, Lektüre *f*; Belesenheit *f* ◇ ***dar ~ a u/c*** etw verlesen; INFORM einlesen

leedor: ***ser muy*** (***poco***) ***~*** gern *od* viel (wenig) lesen

leer ⟨*3. Pers Sg u Pl perfs, subj Imperf u Ger* -ey-⟩ *tr/intr* lesen; vorlesen; ablesen *auch Messinstrumente*; durchlesen; verlesen

leg|ación *f* Gesandtschaft *f*; Gesandtschaftsgebäude *n*; Amt *n Funktion* eines Gesandten; HDL, POL Vertretung *f*; ***~ado*** *m* Vermächtnis *n*; Hinterlassenschaft *f*; ***~ajo*** *m* Aktenbündel *n*

legal legal, gesetzlich, rechtmäßig; Rechts-; gerichtlich, Gerichts-; ***~idad*** *f* Gesetzlichkeit *f*, Legalität *f*; Rechtmäßigkeit *f*; ***~ista*** gesetzestreu; ***~ización*** *f* Beglaubigung *f*; Zulassung *f*, Legalisierung *f*; Wiederzulassung *f*; Freigabe *f von Drogen*; ***~izar*** ⟨-z/c-⟩ *tr* legalisieren, zulassen; wieder zulassen; beglaubigen; *amtlich* bescheinigen

legar ⟨-g/gu-⟩ *tr* JUR vermachen; hinterlassen, vererben *auch übertr*; abordnen; *Gedanken, Sitten* übertragen

legatario *m* Erbe *m*, Vermächtnisnehmer *m*; ***~ universal*** Allein-, Universalerbe *m*

legendario legendär; *übertr* sagenhaft; berühmt

legible leserlich; lesbar; ***~ por el ordenador*** computer-, maschinenlesbar

legión *f* Legion *f*; Unzahl *f*, große Menge *f*; ***≈ Extranjera*** Fremdenlegion *f*; ***≈ de Honor*** Ehrenlegion *f*

legion|ario *m* (Fremden-)Legionär *m*; ***~elosis*** *f* MED Legionärskrankheit *f*

legislación *f* Gesetzgebung *f*; Gesetze *n/Pl*; ***~ ambiental*** (***laboral***) Umwelt-(Arbeits)gesetzgebung *f*

legisl|ador **I** *Adj* gesetzgeberisch **II** *m* Gesetzgeber *m*; PARL Abgeordneter *m*; ***~ar*** *tr* Gesetze erlassen; ***~ativo*** gesetzgebend; ***~atura*** *f* Legislatur- *bzw* Amtsperiode *f*

legista **I** *Adj* Gerichts- **II** *m* Rechtsgelehrter *m*

legítima *f* JUR Pflichtteil *m,n*

legitim|ación *f* Legitimation *f*; Beglaubigung *f*; Berechtigungsnachweis *m*; Legitimierung *f*; ***~ar*** *tr* für rechtmäßig erklären; legitimieren; befähigen; ***~arse*** sich ausweisen; ***~idad*** *f* Recht-, Gesetzmäßigkeit *f*

legítimo legitim; gesetz-, rechtmäßig, gesetzlich; echt; *Kind* ehelich

lego **I** *Adj* weltlich; unwissend, -erfahren, ahnungslos **II** *m* Laie *m auch übertr* ◇ ***ser ~ en u/c*** *übertr* Laie sein in etw; nichts von einer Sache verstehen

legr|ado *m* MED Ausschabung *f*; ***~ar*** *tr* MED ausschaben

legua *f* spanische Meile *f* 5572 *m*; ***~ marina*** *od* ***marítima*** Seemeile *f* 5555 *m*

legumbre(s *Pl*) *f* Gemüse *n*; ***~s secas*** Hülsenfrüchte *f/Pl*

leí|ble → ***legible***; ***~do*** *Part von* → ***leer***; belesen; gebildet

leitmotiv *m* MUS *u übert* Leitmotiv *n*

lejan|ía *f* Entfernung *f*, Ferne *f*; ***~o*** entfernt; entlegen; weit

lejía *f* Lauge *f*

lejos weit (entfernt); ***a lo ~*** in der Ferne; ***de***(***sde***) ***~*** von weitem, aus der Ferne; ***por ~*** mit Abstand, bei weitem ◇ ***estar*** (***muy***) ***~ de*** + *Inf übertr* weit davon entfernt sein zu + *Inf*; ***ir*** (***demasiado***) ***~*** zu weit gehen *auch übertr*; ***llevar demasiado ~*** zu weit führen *auch übertr*; ***llevarlo demasia-***

L

do ~ *übertr* es zu weit treiben
lelo albern, kindisch; blöd(e); vertrottelt
lema *m* Losung *f*; Sinnspruch *m*; Motto *n*; *Transparent* Aufschrift *f*; Emblem *n*
lem(m)ing *m* ZOOL Lemming *m*
lempira *m Hond Währung* Lempira *f*
lencería *f* Wäsche-, Weißwarengeschäft *n*; Leinenwaren *f*/*Pl*; Weißwäsche *f*
lengua *f* Zunge *f auch übertr u* KOCHK; Sprache *f*; *Glocke* Schwengel *m*; ~ ***de comunicación,*** ~ ***vehicular*** Verkehrssprache *f*; ~ ***de llegada*** (***partida***) LING Ziel-(Quellen-, Ausgangs)sprache *f*; ~ ***materna*** Muttersprache *f*; **~*s modernas*** neue *od* neuere Sprachen *f*/*Pl*; ~ ***nacional*** *od* ***oficial*** Landes-, Amtssprache *f*; ~ ***de signos*** Zeichen-, Gebärdensprache *f*; ~ ***de tierra*** Landzunge *f*; ~ ***universal*** Weltsprache *f*; Welthilfssprache *f*; ***mala*** ~, ~ ***viperina*** *übertr* spitze Zunge *f*, Lästerzunge *f* ◇ ***contener*** *od* ***refrenar su*** ~ seine Zunge im Zaum halten; ***echar*** *od* ***sacar la*** ~ *jmdm* die Zunge herausstrecken; ***irse de la*** ~, ***irse la*** ~ ***a alg*** sich verplappern; (***no***) ***morderse la*** ~ sich etw zu sagen verbeißen *schweigen* (*übertr* kein Blatt vor den Mund nehmen); ***tener la*** ~ ***cargada*** *od* ***saburrosa*** *od* ***sucia*** eine belegte Zunge haben
lenguado *m* ZOOL Seezunge *f*
lenguaje *m* Sprache *f*; Ausdrucks-, Sprechweise *f*; Stil *m*; Sprachvermögen *n*; ~ ***artificial*** (***natural***) künstliche (natürliche) Sprache *f*; ~ ***coloquial*** *od* ***familiar*** Umgangssprache *f*; ~ ***escrito*** *od* ***literario*** Schriftsprache *f*; ~ ***informático*** Computersprache *f*; ~ ***mímico*** Gebärdensprache *f*; ~ ***de programación*** Programmiersprache *f*; ~ ***por señas*** *od* ***de signos*** Zeichensprache *f*; ~ ***técnico*** Fachsprache *f*; ***doble*** ~ *übertr* Doppelzüngigkeit *f*
lengua|larga *m* Schwätzer *m*; **~raz I** *Adj* geschwätzig, schwatzhaft **II** *m*(*f*) *übertr* böse Zunge *f*; Schwätzer(in) *m*(*f*)
lengüeta *f* MUS, TECH Zunge *f*; *Schuh* Lasche *f*
lengüi|corto schüchtern im Sprechen; wortkarg; **~largo** schwatzhaft; vorlaut
leni|dad *f* Milde *f*, Sanftmut *f*; **~ficar** ⟨-c/qu-⟩ *tr* lindern, mildern; **~tivo** lindernd
lente I *m* Augenglas *n*; **~*s*** *Pl* Brille *f* **II** *f* FOTO, OPT Linse *f*; ~ ***de aumento*** Vergrößerungsglas *n*; **~*s de contacto*** OPT Kontaktlinsen *f*/*Pl*
lent|eja *f* BOT Linse *f*; **~icular** BOT *u* OPT linsenförmig
lenti|ficar ⟨-c/qu-⟩ *tr z.B. die Produktion* verlangsamen; **~tud** *f* Langsamkeit *f*
lentilla *f* OPT Haftschale *f*, Kontaktlinse *f*
lento langsam; gemächlich; träge; schwerfällig ◇ ***ser*** ~ ***en resolverse*** sich nur schwer entscheiden können
leña *f* Brennholz *n* ◇ ***echar*** ~ ***al fuego*** *übertr* Öl ins Feuer gießen
leñador *m*, **~a** *f* Holzfäller(in) *m*(*f*)
leñe: ***¡~!*** *Interj umg* zum Teufel!, verdammter Mist!
leño *f Baum* abgeästeter Stamm *m*; Holzscheit *n* ◇ ***agarrarse de un*** ~ *übertr* sich an einen Strohhalm klammern
leñoso holzig; holzartig
león *m* Löwe *m auch übertr*; *Am auch* Puma *m*; ~ ***marino*** Seelöwe *m*; *Sprichw* ***no es tan fiero el*** ~ ***como lo pintan*** es wird nichts so heiß gegessen, wie es gekocht wird
leopardo *m* Leopard *m*
leotardos *m*/*Pl* Strumpfhose(n *Pl*) *f*
Lepe *m*: ***saber más que*** ~ *umg* sehr gescheit sein
lepidio *m* BOT Kresse *f*
lepr|a *f* Lepra *f*, Aussatz *m*; **~osería** *f* Leprastation *f*; **~oso I** *Adj* aussätzig, leprös **II** *m* Aussätziger *m*; **~osorio** *m* → ***leprosería***
lerdo langsam; schwerfällig; träge
les *Pers Pron indir Obj m*/*Pl u f*/*Pl* ihnen; Ihnen; *auch dir Obj m*/*Pl* sie; Sie; *Am* euch
lesbian|a I *Adj* lesbisch **II** *f* Lesbierin *f*; **~ismo** *m* lesbische Liebe *f*; weibliche Homosexualität *f*
lesión *f* Verletzung *f*; Schaden *m auch übertr*; Schädigung *f*; ~ ***cardíaca*** Herzfehler *m*; ~ ***del contrato*** JUR Vertragsverletzung *f*; ***lesiones culposas*** (***dolosas***) JUR fahrlässige (vorsätzliche) Körperverletzung *f*; ~ ***valvular*** Herzklappenfehler *m*
les|ionar *tr* verwunden; verletzen *auch übertr*; **~ionarse** sich verletzen; **~ivo** verletzend *auch übertr*; schädigend
lesnordeste *m* FLUGW, MAR, MET Ostnordost(wind) *m*
leso verletzt; verwirrt; *Am* dumm ◇ ***hacerse el*** ~ *vor etw* die Augen verschließen *nicht sehen od zur Kenntnis nehmen wollen*
Lesotho *m* Lesotho *n*
les|(s)ueste *m* FLUGW, MAR, MET Ostsüdost(wind) *m*; **~te** *m* FLUGW, MAR, MET Ost(wind) *m*
letal tödlich
letanía *f* Litanei *f*; langweilige Aufzählung *f*
letárgico lethargisch
letargo *m* Lethargie *f*
letón I *Adj* lettisch **II** *m*, **-ona** *f* Lette(-in) *m*(*f*)
Letonia *f* Lettland *n*
letra *f* Buchstabe *m*; TYP Type *f*, Letter *f*; *übertr* Wort *n*, Worte *n*/*Pl*; FILM, MUS Text

m; Handschrift *f*; Schriftzüge *m*/*Pl*; *fälschlich für* PHON → ***sonido***; **~s** *Pl* Geisteswissenschaften *f*/*Pl*; Literatur *f*; **~ *abierta*** Kreditbrief *m*; **~ (*de cambio*)** FIN Wechsel *m*; **~ *cursiva*** *od* ***itálica*** Kursivschrift *f*; **~ *doble*** Doppellaut *m*; **~ *espaciada*** TYP Sperrung *f*; **~ *de imprenta*** *od* ***molde*** Druck-, Blockschrift *f*; Druckbuchstabe *m*; **~ *mayúscula*** (***minúscula***) Groß-(Klein)buchstabe *m*; **~ *tosca*** ungelenke Handschrift *f*; **~ *vencida*** FIN fälliger Wechsel *m*; **~ *a la vista*** FIN Sichtwechsel *m*; ***a la ~*** (wort)wörtlich; ***bellas ~s*** schöngeistige Literatur *f*, Belletristik *f*; ***cuatro*** *od* ***dos ~s*** einige wenige Zeilen ◇ ***apretar la ~*** enger schreiben; ***cursar*** *od* ***estudiar ~s*** Philologie studieren; ***escribir con ~ clara*** deutlich *od* lesbar schreiben; ***escribir*** *od* ***poner con ~s espaciadas*** gesperrt schreiben *bzw* drucken; ***escribir en ~s*** *z.B. eine Zahl* ausschreiben; ***estudiar la ~ chica*** *od* ***menuda*** das Kleingedruckte (durch)lesen; ***girar*** *od* ***librar*** (***honrar***) ***una ~*** FIN einen Wechsel ausstellen (einlösen); ***presentar una ~ al cobro*** FIN einen Wechsel zur Einlösung vorlegen; ***saber*** *od* ***tener muchas ~s*** viel wissen, sehr gebildet sein; ***ser ~ muerta*** *übertr* nur auf dem Papier stehen; ***tener pocas ~s*** ziemlich ungebildet sein; *Sprichw* ***la ~ con sangre entra*** ohne Fleiß kein Preis

letrado I *Adj* gelehrt; rechtsanwaltlich **II** *m*, **-a** *f* Gelehrte(r) *f*(*m*); Rechtsgelehrte(r) *f*(*m*); JUR Anwalt *m*, -wältin *f*, Verteidiger(in) *m*(*f*)

letrero *m* In-, Aufschrift *f*; Schild *n*; Etikett *n*; Plakat *n*; **~ *luminoso*** Leuchtschrift *f*, -reklame *f*

letrina *f* Latrine *f*

letrista *m*(*f*) MUS Textdichter(in) *m*(*f*), Texter(in) *m*(*f*)

leu *m* Leu *m Währungseinheit in Rumänien*

leuc|emia *f* Leukämie *f*, Blutkrebs *m*; **~émico I** *Adj* Leukämie- **II** *m*, **-a** *f* Leukämiekranke(r) *f*(*m*)

leucocito *m* Leukozyt *m*, weißes Blutkörperchen *n*

levad|izo TECH abhebbar; **~ura** *f* Hefe *f*; *übertr* Keim *m*, Beginn *m*

levantador *m*: **~ *de pesos*** SPORT Gewichtheber *m*

levantamiento *m* Heben *n*; Aufstehen *n*; Aufstand *m*, Erhebung *f*; Meuterei *f*; Erhöhung *f*; BAUW Errichtung *f*; Aufhebung *f einer Maßnahme*; **~ *del inventario*** Inventur *f*; **~ *de pesos*** SPORT Gewichtheben *n*

levantar *tr* heben; erheben *auch übertr*; erhöhen; aufheben *auch übertr Maßnahmen*; bauen; errichten; hochheben *bzw* -stellen; hochklappen; *Liegendes* aufstellen; *Akte*, *Garten*, *Park* anlegen; *Laden*, *Geschäft* eröffnen, einrichten; *Mauer*, *Wand* hochziehen, *auch umg übertr stehlen*; *Blick* nach oben richten *od* lenken; aufwiegeln; *Truppen* ausheben; *Tisch* abräumen; *Sitzung* schließen; *Deckel*, *Maske*, *Verband* abnehmen; *Plan*, *Protokoll* aufnehmen; *z.B. Haftbefehl* erlassen; *jmdn* rühmen; **~se** aufstehen; sich erheben *auch übertr*; *Patient* wieder aufstehen, das Bett verlassen; einen Aufstand machen *od* organisieren, rebellieren

levante *m als Himmelsrichtung* Sonnenaufgang *m*, Osten *m*; Ostwind *m*; Eroberung *f Anknüpfung einer Liebesbeziehung*; **~ *callejero*** Straßenbekanntschaft *f flüchtige Liebesbeziehung*

Levante *m* Levante *f Mittelmeerländer östlich von Italien*; *Name der spanischen Mittelmeergebiete*, *bes Valencia u Murcia*

levant|ino I *Adj* levantinisch, Levantiner; aus der spanischen Levante **II** *m* Levantiner *m*; Bewohner *m* der spanischen Levante; **~isco** unruhig; aufsässig, -müpfig; unbotmäßig

leve leicht; gering(fügig); harmlos; verzeihlich; **~dad** *f* Leichtigkeit *f*; Geringfügigkeit *f*

lex|ema *m* LING Lexem *n*; **~icalizar** ⟨-z/c-⟩ *tr* lexikalisieren, ins Wörterbuch *bzw* in den Wortschatz einer Sprache aufnehmen

léxico I *Adj* lexikalisch **II** *m* Wortschatz *m*; Lexikon *n Wortschatz u Wörterbuch*

lexic|ografía *f* Lexikographie *f*; **~ográfico** lexikographisch; **~ología** *f* Lexikologie *f*; **~ológico** lexikologisch; **~ón** *m* → ***léxico II***

ley *f* Gesetz *n*; Gebot *n*; Satzung *f*; Norm *f*; Recht *n*; Feingehalt *m an Gold od Silber*; **~es** *Pl* Gesetzmäßigkeit(en *Pl*) *f*; Ordnung *f*; **~ *antidroga*** (***antihuelgas***) Antidrogen-(Antistreik)gesetz *n*; **~ *de bases*, ~ *básica*** *od* ***fundamental*, ♀ *de Leyes*, ♀ *Suprema*** POL Grundgesetz *n*, Verfassung *f*; **~ *sobre cárteles*** (***descuentos***) Kartell-(Rabatt)gesetz *n*; **~ *de cierre de comercios*** Ladenschlussgesetz *n*; **♀ *de Defensa de la Competencia*** Kartellrecht *n*; Antikartellgesetz *n*; **~ *de desarrollo*** (***excepción***; ***extranjería***; ***inmigración***) Entwicklungs-(Ausnahme-; Ausländer-; Einwanderungs)gesetz *n*; **~ *del más fuerte*** Recht *n* des Stärkeren; **~ *de indicación*** (***plazos***) *Schwangerschaftsabbruch* Indikations-(Fristen)regelung *f*; **~ *inexorable*** Gesetzmäßigkeit *f*; **~ *de la jungla*** *od* ***selva*** *übertr* Gesetz *n* des Dschungels, Faustrecht *n*; **~ *marcial*** Kriegsrecht *n*; **♀ *de patentes*** Patentrecht *n*; ~ **penal** Strafgesetz *n*; ♀ **de Procesamiento Penal** Strafprozessordnung *f*; ♀ **de Protección de Datos** (**Personales**) Datenschutzgesetz *n*; ~ **de las relaciones laborales** Betriebsverfassungsgesetz *n*; ~ **seca** *USA hist* Prohibition *f*, *allg* Alkoholverbot *n*; **con todas las de la** ~ mit allem Drum und Dran *umg*, wie es sich gehört; **contrario** *od* **violatorio a la** ~ gesetzwidrig; **de** ~ echt, wirklich; **de buena** ~ gediegen; integer; **que marca la** ~ gesetzlich vorgeschrieben ◇ **aprobar** (**promulgar**) **una** ~ ein Gesetz verabschieden (verkünden); **establecer por** ~ gesetzlich festlegen; **violar la** ~ das Gesetz übertreten; *Sprichw* **hecha la** ~**, hecha la trampa** für jedes Gesetz findet sich eine Hintertür

leyenda *f* Legende *f auch Erläuterung zu Landkarten und Abbildungen*; Sage *f*; Beschriftung *f*; *Münze* Umschrift *f*

Li (*Symb für* **litio**) CHEM Li

lía *f* Strick *m*

LÍA *f Abk für* **Línea Internacional Aérea** *Fluggesellschaft Ecuadors*

liado *Angelegenheit* kniff(e)lig *umg*; *Situation* verzwickt *umg*

liar ‹-ío› *tr* binden; einwickeln *auch übertr*; *Zigarette* drehen

libanés I *Adj* libanesisch **II** *m*, **-esa** *f* Libanese(-in) *m(f)*

Líbano *m* Libanon *m*

libel|o *m* Pamphlet *n*, Schmähschrift *f*; JUR Gesuch *n*

libélula *f* Libelle *f*

liberación *f* Befreiung *f*; Freilassung *f*; JUR Entlastung *f*; Freisetzung *f*; Freigabe *f*; ~ **condicional** JUR Entlassung *f* auf Bewährung

liber|al I *Adj* liberal; freiheitlich; frei(sinnig); freigebig; *Dtschld* FDP- **II** *m* Liberaler *m*; *Dtschld* FDP-Politiker *m bzw* -Mitglied *n*; **~alidad** *f* Freigebigkeit *f*; Großzügigkeit *f*; **~alismo** *m* Liberalismus *m*; freiheitliche Gesinnung *f*; **~alización** *f* HDL, POL Liberalisierung *f*; *Preis*, *Wechselkurs* Freigabe *f*; **~alizador** Liberalisierungs-; **~alizar** ‹-z/c-› *tr* HDL, POL liberalisieren; *Preise*, *Wechselkurs* freigeben; **~ar** *tr* befreien; freilassen, auf freien Fuß setzen; *Arbeitskräfte*, *Energie*, *Schadstoffe* freisetzen; *Dokumente*, *Preise* freigeben; JUR entlasten; bewahren (**de** vor); **~arse** sich befreien (**de** von)

Liberia *f* Liberia *n*

liberiano I *Adj* liberianisch **II** *m*, **-a** *f* Liberianer(in) *m(f)*

líbero *m Fußball* Libero *m*

libertad *f* Freiheit *f*; Befreiung *f*; Freilassung *f*; Unabhängigkeit *f*; Ungezwungenheit *f*; **~es** *f/Pl* Vertraulichkeiten *f/Pl*; (Vor-)Rechte *n/Pl*; ~ **de acción** (**asamblea** *od* **reunión**; **comercio**; **conciencia**) Handlungs-(Versammlungs-; Handels-; Gewissens)freiheit *f*; ~ **condicional** JUR bedingte Haftentlassung *f*, Entlassung *f* auf Bewährung; ~ **de culto** (**elección**; **expresión**; ~ **fundamental**; **de imprenta** *od* **prensa**; **opinión**; **pensamiento**) Glaubens- *od* Religions-(Entscheidungs-; Rede-; Grund-; Presse-; Meinungs-; Gedanken)freiheit *f*; ~ **para elegir médico** freie Arztwahl *f*; **con toda** ~ *übertr* ganz offen; völlig frei; unbefangen; **en** ~ frei ◇ **dejar en** ~ anheim stellen, überlassen; **poner en** ~ *Gefangene* entlassen; freilassen; **tomarse la** ~ sich erlauben *od* die Freiheit nehmen

libert|ador *m* Befreier *m*; **~ar** *tr* befreien; bewahren (**de** vor); **~ario I** *Adj* anarchistisch; Freiheits- **II** *m* Anarchist *m*; **~inaje** *m* Zügellosigkeit *f*; Ausschweifung *f*; **~ino I** *Adj* zügellos; ausschweifend; liederlich **II** *m* Wüstling *m*

Libia *f* Libyen *n*

libid|inoso lüstern; wollüstig; **~o** *f* Geschlechtstrieb *m*, Libido *f*

libio I *Adj* libysch **II** *m*, **-a** *f* Libyer(in) *m(f)*

libra *f* Pfund *n Gewicht u Währung*; ~ **esterlina** Pfund *n* Sterling ◇ **entrar en** ~ *übertr* ins Gewicht fallen

libr|acarro *m Schreibmaschine* Wagenauslösehebel *m*; **~ación** *f* PHYS Schwingung *f*

libraco *m verächtl* Schmöker *m bzw* Wälzer *m wenig anspruchsvolles bzw großes, dickes od altes Buch*

librado *m* FIN, HDL Bezogener *m*, Trassat *m*

librador *m* FIN, HDL Aussteller *m*, Trassant *m*; ~ **de(l) crédito** Kreditgeber *m*

libr|anza *f* (Geld-; Zahlungs-)Anweisung *f*; Ausstellung *f eines Dokuments od Schecks*; **~apapel** *m Schreibmaschine* Papierlöser *m*; **~ar** *tr* befreien; bewahren (**de** vor); retten; *Wechsel* ausstellen; *Geld* anweisen; *Hoffnungen* setzen (**en** auf); *Krieg* führen; **~arse** sich befreien; *übertr* sich *von jmdm* lösen; *übertr* sich *von etw* frei machen; sich hüten *bzw* schützen (**de** vor)

libre frei *auch übertr*; unabhängig; ledig *auch übertr*; *Arbeitsstelle* vakant; *Haus* einzeln (stehend); zügellos; schuldlos; **por la** ~ auf eigene Faust; HDL *bei Rationierung* ohne Marken, nicht auf Karte(n) *frei verkäuflich* ◇ **tener** ~ freihaben

librea *f* Livree *f*

librecambio *m* Freihandel *m*

librera *f* Buchhändlerin *f*; *Guat*, *Pan* Bücherschrank *m bzw* -regal *n*

librería *f* Buchhandlung *f*; Buchhandel *m*;

Bücherschrank *m*; Bücherwand *f*; Bücherregal *n*; **~ de lance** *od* **ocasión** *od* **segunda mano** *od* **viejo** Antiquariat *n*
librero *m* Buchhändler *m*; *Am* Bücherschrank *m bzw* -regal *n*; **~ comisionista** Sortimentsbuchhändler *m*, Sortimenter *m*; **~ de lance** *od* **viejo** Antiquar *m*
libreta *f* Oktavheft *n*; Kontobuch *n*; *Cu* Karte *f bzw* Heft *n für den Bezug von Waren des täglichen Bedarfs*; **~ de ahorros** Sparbuch *n*; **~ (de apuntes)** Notizbuch *n*; **~ cívica** *Arg* Personalausweis *m*
libro *m* Buch *n*; **~ blanco** POL Weißbuch *n*; **~ de bolsillo (cocina)** Taschen-(Koch)buch *n*; **~ científico** *od* **técnico** Fachbuch *n*; **~ de consulta** Nachschlagewerk *n*; **~ de cuentas** Rechnungsbuch *n*; **~ diario** *Buchhaltung* Journal *n*; **~ digital** Digital Book *n*; **~ electrónico** E-Book *n*; **~ de enseñanza** *od* **texto** Lehrbuch *n*; **~ de entradas (salidas)** VERW Eingangs-(Ausgangs)buch *n*; **~ de familia** Stammbuch *n*; **~ de gran éxito** Bestseller *m*; **~ Guinness®** Guinness®-Buch *n* der Rekorde; **~ de hojas sueltas** Loseblattsammlung *f*; **~ de pastas duras** Hard Cover *n*; **~ de pedidos (reclamaciones)** Auftrags-, Bestell-(Beschwerde)buch *m*; **~ sonoro** Hörbuch *n*; **~ de visitantes** *od* **visitas** Gästebuch *n* ◇ **sentar en los ~s** HDL buchen; verbuchen
lic. *m Abk für* → **licenciado**
licencia *f* Erlaubnis *f*; Genehmigung *f*; Bewilligung *f*; Urlaub *m*; Lizenz *f*; **~ de armas** Waffenschein *m*; **~ por asuntos propios** Sonderurlaub *m*; **~ de conducción**, *Am* **~ de manejar** Führerschein *m*, Fahrerlaubnis *f*; **~ por enfermedad** Krankenurlaub *m*; Krankschreibung *f*; **~ de exportación (importación)** Export-, Ausfuhrbewilligung *f*, -lizenz *f*, -erlaubnis *f* (Einfuhr-, Importgenehmigung *f*); **~ de maternidad, ~ pre- y postnatal** Mutterschutzurlaub *m*; **~ de obras** Baugenehmigung *f*; **~ poética** dichterische Freiheit *f* ◇ **dar ~** *von der Arbeit* freistellen; krankschreiben; **estar con ~** krankgeschrieben sein; Urlaub haben; **fabricar bajo ~** in Lizenz herstellen *od* produzieren; **otorgar ~ médica** *Chi jmdn* krankschreiben; **retirar la ~** die Lizenz entziehen *od* zurückziehen
licenciado *m* Lizentiat *m od* Lizenziat *m diplomierter Absolvent einer Universität*; *etwa* Magister *m akademischer Grad*; JUR, MIL Entlassener *m*; MIL Urlauber *m*; *Titel der Notare u Rechtsanwälte*; **~ en ciencias económicas (empresariales)** Diplomvolkswirt *m* (Diplombetriebswirt *m*)
licenci|amiento *m* Entlassung *f*; **~ar** *tr* genehmigen; erlauben; beurlauben; *Arbeitskräfte u aus dem Militärdienst* entlassen; den Grad eines → **licenciado** verleihen; **~arse** das Staatsexamen ablegen; das Diplom *od* den Hochschulabschluss machen; MIL den Abschied nehmen; **~atura** *f* Diplom- *bzw* Magisterstudium *n*; (Hochschul-)Diplom *n*; **~oso** ausschweifend; liederlich
liceo *m* Lyzeum *n*; *Am reg* Gymnasium *n*
licit|ación *f* Versteigerung *f*; Bieten *n bei Auktionen*; Ausschreibung *f*; **~ador** *m*, **~adora** *f* Versteigerer *m*, Versteigerin *f*; Bieter(in) *m(f) bei Auktionen*; **~ar** *tr* bieten *bei Auktionen*; *Angebot*, *Wetteinsatz* steigern; versteigern; *Projekt* ausschreiben; **~atorio** Versteigerungs-; Ausschreibungs-
lícito zulässig, erlaubt, statthaft
licitud *f* Zulässigkeit *f*
licor *m* Likör *m*; **~es** *Pl* Spirituosen *f/Pl*; **~ista** *m* Likör- *bzw* Spirituosenhersteller *m*; Likör- *bzw* Spirituosenhändler *m*
licu|ado *übertr* ausgelaugt, leer; **~adora** *f* Entsafter *m*; HAUSW Mixer *m*
líder I *Adj* ⟨*unv*⟩ führend **II** *m(f)* POL Führer(in) *m(f)*, Funktionär(in) *m(f)*; **~ (en el mercado)** Marktführer *m*
liderar *tr* POL (an)führen, leiten
lider|ato *m*, **~azgo** *m* POL Führung(srolle) *f* ◇ **ocupar el liderazgo mundial** POL, WIRTSCH an erster Stelle in der Welt stehen
lider|ear *tr* → **liderar**; **~esa** *f* → **líder** *f*
lidi|a *f* (Stier-)Kampf *m*; **~ador** *m*, **~adora** *f* (Stier-)Kämpfer(in) *m(f)*; **~ar** *intr* streiten *auch übertr*; kämpfen; sich *mit jmdm* herumschlagen
liebre *f* Hase *m* ◇ **levantar** *od* **sacar la ~** *übertr* Staub aufwirbeln
Liechtenstein *m* Liechtenstein *n*
liechtenstiense I *Adj* liechtensteinisch, Liechtensteiner **II** *m* Liechtensteiner *m*
Lieja *f* Lüttich *n*
liejés I *Adj* Lütticher **II** *m* Lütticher *m*
lienzo *m* Leinen *n*; Leinwand *f*; (Öl-)Gemälde *n*; Flaggengrund *m*
liga *f* Bund *m*; Bündnis *n*; Liga *f auch* SPORT; *übertr* Verband *m*; Legierung *f*; **♀ de las Naciones** *hist* Völkerbund *m* ◇ **hacer buena ~** gut miteinander auskommen
lig|ado *m* MUS Legato *n*; *Schrift* (Ver-)Bindung *f*; **~adura** *f* Verbinden *n*; Verbindung *f*; MED Binde *f*; MED Ab-, Unterbindung *f*; *übertr* Fessel *f*
ligamento *m* ANAT (Muskel-)Band *n*; **~ cruzado** ANAT Kreuzband *n*
lig|ar ⟨-g/gu-⟩ **I** *tr* (ver)binden; verknüpfen; *Metall* legieren; *übertr* binden **II** *intr Mädchen bzw Frau* anmachen (**con** Akk); anbändeln; **~arse** sich verbinden; sich ver-

L

bünden; CHEM *u übertr* sich binden; **~azón** *f* Verbindung *f*; Verbundenheit *f*
liger|amente leichthin; **~eza** *f* Schnelligkeit *f*; Leichtigkeit *f*; Leichtsinn *m*; Flüchtigkeit *f*
ligero leicht; Leicht-; NAHR light; flink; schnell; leichtsinnig; *übertr* oberflächlich; *übertr* flüchtig; ***a la ligera*** leicht-, obenhin; eilig, rasch; schnell; ***de ~*** unüberlegt
lignito *m* Braunkohle *f*
ligue *m umg* Geliebte *f*; Freundin *f*; Freund *m*, Macker *m umg*; Techtelmechtel *n*; Anmache *f umg*
lij|a *f* Katzenhai *m*; Sand-, Schmirgelpapier *n*; **~adora** *f* Schleifmaschine *f für Holz*; Schleifscheibe *f*; **~ar** *tr* schmirgeln; schleifen
lila I *Adj* lila; fliederfarben; *umg* dumm **II** *f* Flieder *m* **III** *m* Trottel *m* ◇ ***hacerse el ~ con alg*** *umg* sich gegenüber jmdm dumm stellen
Lila *f Stadt* Lille *n*
lilailas *f/Pl* Schliche *m/Pl*, Kniffe *m/Pl*
liliáceas *f/Pl* Liliengewächse *n/Pl*
liliputiense *m* Liliputaner *m*
lima *f* Feile *f*; (Aus-)Feilen *n auch übertr*; ***~ de uñas*** Nagelfeile *f* ◇ ***dar la última ~*** *übertr* den letzten Schliff geben
limar *tr* (aus)feilen *auch übertr*; glätten *auch übertr*; vollenden
limeño I *Adj* aus Lima **II** *m*, **-a** *f* Einwohner(in) *m(f)* Limas
limit|able begrenzbar; **~ación** *f* Einschränkung *f*; Begrenzung *f*; Beschränkung *f*; **⁀ada** HDL, JUR *Haftung* beschränkt; **~ado** beschränkt *auch übertr*; knapp; **~ar I** *tr* begrenzen; beschränken; einschränken **II** *intr* grenzen (***con*** an); **~arse** sich beschränken (***a*** auf); sich einschränken; **~ativo** einschränkend
límite I *m* Grenze *f*; Begrenzung(slinie) *f*; Grenzlinie *f*; Limit *n*; Grenzwert *m*; HDL Preisgrenze *f*; ***~ máximo*** (***superior***) zulässige Grenze *f* (Obergrenze *f*); ***sin ~s*** *übertr* grenzenlos **II** *Adj* ⟨*unv*⟩ Höchst- (***precio ~***); *übertr* Grenz- (***situación ~, situaciones ~***)
limítrofe angrenzend, Grenz-
limón I *Adj* zitronengelb **II** *m* Zitrone *f*; ***~ criollo*** *Am* Limette *f*
limonada *f* Zitronenwasser *n*
limosn|a *f* Almosen *n*; **~ero** *m Am* Bettler *m*
limpia I *f* Reinigung *f*; Säuberung(saktion) *f* **II** *m umg* → ***~botas***; **~barros** *m* Fußabtreter *m*; **~botas** *m(f)* Schuhputzer(in) *m(f)*; **~chimeneas** *m(f)* Schornsteinfeger(in) *m(f)*; **~cristales** *m(f)* Fensterputzer(in) *m(f)*; Fensterputzmittel *n*, Glasreiniger *m*; **~dientes** *m* Zahnstocher *m*
limpiador *m* Putzer *m*; *Gerät* Reiniger *m*; ***~ de tipos*** Typenreiniger *m*
limpia|dora *f* Reinigungsmaschine *f*; Reinigungskraft *f*, Putzfrau *f*; **~dura** *f* Reinigen *n*; Säubern *n*; Putzen *n*; **~mente** einfach; glattweg; **~metales** *m* Metallputzmittel *n*; **~muebles** *m* Möbelpolitur *f*; **~parabrisas** *m* KFZ Scheibenwischer *m*; **~pisos** *f* Putzfrau *f*
limpiar *tr/intr* reinigen *auch übertr*; säubern *auch übertr*; abwischen; *Zähne* putzen; ausfegen; sauber machen; *übertr jmdn* reinwaschen; stibitzen; ***~ en seco*** chemisch reinigen
limpia|uñas *m* Nagelreiniger *m*; **~ventanas** *m* Fensterputzer *m*; **~vidrios** *m* → ***limpiacristales***
limpieza *f* Reinheit *f*; Reinlichkeit *f*; Sauberkeit *f*; Reinigung *f*; Putzen *n*; Ehrlichkeit *f*; SPORT *u allg* Fairness *f*; *übertr* Säuberung(saktion) *f*; ***~ a fondo, ~ general*** Großreinemachen *n*; ***~ de manos*** Redlichkeit *f*; Unbestechlichkeit *f*; ***~ pública*** *od* ***viaria*** Straßenreinigung *f*; ***~ en seco*** chemische Reinigung *f* ◇ ***hacer la ~*** sauber machen
limpio sauber; rein; reinlich; klar; nett; ungezwungen; *Geld* bar auf die Hand (***cobra cien mil limpias al mes***); ***en ~*** netto; rein; im Reinen ◇ ***jugar ~*** ein faires Spiel treiben; ehrlich sein; ***pasar a ~, poner*** *od* ***sacar en ~*** ins Reine schreiben; ***quedarse ~*** blank sein *kein Geld mehr haben*
limusina *f* KFZ Limousine *f*
linác|eas *f/Pl* Leingewächse *n/Pl*
linaje *m* Geschlecht *n*; Abstammung *f*
linaza *f* Leinsamen *m*
lince *m* Luchs *m auch übertr*
linch|amiento *m* Lynchen *n*; Lynchjustiz *f*; **~ar** *tr* lynchen
lind|ante angrenzend; **~ar** *intr* grenzen (***con*** an), angrenzen; **~ero** Grenz-; → ***~ante***
lindeza *f* Zierlichkeit *f*; Schönheit *f*; Liebenswürdigkeit *f*; **~s** *Pl* Grobheiten *f/Pl*; *iron* Artigkeiten *f/Pl* ◇ ***decirse ~s*** sich gegenseitig beschimpfen
lindo hübsch; nett; zierlich; *Am* schön; ***de lo ~*** gründlich; *iron* gehörig, tüchtig
línea *f* Linie *f auch* VERK *u übertr*; Reihe *f auch übertr*; Zeile *f*; Strecke *f*; Strich *m*; TEL Amt(sleitung *f*) *n*; TEL Anschluss *m Gesprächsverbindung*; EL Leitung *f*; (Produktions-)Abschnitt *m*; *Produktion* Serie *f*; POL Kurs *m*; ***~ aérea*** Fluglinie *f*; ***~ aerodinámica*** PHYS Stromlinie *f*; ***~ de alta velocidad*** EISENB Hochgeschwindigkeitsstrecke *f*; ***~ caliente*** TEL Hotline *f*; ***~ de cambio de fecha*** Datumsgrenze *f*; ***~ colectiva*** TEL

L

Sammelanschluss *m*; **~s de comunicación** Verkehrswege *m/Pl*; **~ de conferencia** MAR, *Seerecht* Konferenzlinie *f*; **~ de crédito** Kreditlinie *f*; **~ curva** (**recta**) krumme Linie *f* (Gerade *f*); **~ dedicada** INFORM Standleitung *f*; **~ directa** Luftlinie *f*; **~ divisoria** Trennlinie *f*; *übertr* Nahtstelle *f*; **~ de estado** INFORM Statuszeile *f*; **~ para el fax** Faxanschluss *m*; **~ de ferrocarril** Eisenbahnlinie *f*, -strecke *f*; **~ maestra** (**~ de orientación**) *übertr* Leit-(Richt)linie *f*; **~ marítima** Schifffahrtslinie *f*; **~ mecanografiada** Schreibmaschinenzeile *f*; **~ de meta** SPORT Ziellinie *f*; **~s paralelas** Parallelen *f/Pl*; **~ de pobreza** SOZIOL Armutsgrenze *f*; **~ de quebrado** MATH Bruchstrich *m*; **en** (**fuera de**) **~** INFORM online, Online- (offline, Offline-); **en ~s generales** im Großen und Ganzen; **en toda la ~** auf der ganzen Linie *vollkommen*; **entre ~s** *übertr* zwischen den Zeilen; **por la otra ~** TEL auf der anderen Leitung ◇ **cortar la ~** das Telefon abstellen *od* sperren; **estar en la ~, guardar la ~** auf die schlanke Linie achten (müssen); **estar en primera ~** *übertr* in vorderster Reihe stehen; **no exceder de 20 ~s** *Manuskript* nicht länger als 20 Zeilen sein (dürfen), 20 Zeilen nicht überschreiten (dürfen); **se ha cortado la ~** TEL die Leitung wurde unterbrochen; **no hay ~ con este número** TEL kein Anschluss unter dieser Nummer; **poner en ~** *übertr* auf Vordermann bringen; **trazar ~s** Linien *od* Striche ziehen; **tener ~** TEL Freizeichen haben

line|al linienförmig; geradlinig; linear; **~am(i)ento** *m Zeichnung* Umriss *m*; Gesichtszug *m*; **lineamientos** *Pl Am übertr* Richt-, Leitlinie(n *Pl*) *f*; Hinweis(e *Pl*) *m*; **~ar** *tr* lin(i)ieren

linf|a *f* Lymphe *f*; **~ático** lymphatisch, Lymph-

lingote *m* METAL Rohblock *m*; **~ de oro** Goldbarren *m*

lingüista *m* Linguist *m*, Sprachwissenschaftler *m*

lingüística *f* Linguistik *f*, Sprachwissenschaft *f*; **~ textual** Textlinguistik *f*

lingüístico linguistisch, sprachwissenschaftlich; Sprach-

linim(i)ento *m* PHARM Einreib(e)mittel *n*

lin|o *m* Lein *m*, Flachs *m*; Leinwand *f*; Leinen *n*; **~óleo** *m* Linoleum *n*

linotip|ia *f* TYP Zeilensetzmaschine *f*, Linotype *f*; **~ista** *m* TYP Linotypist *m*, Maschinensetzer *m*; **~o** *m* → **~ia**

linterna *f* Laterne *f*; **~** (**de bolsillo, ~ eléctrica**) Taschenlampe *f*

lío *m* Bündel *n*; *umg* Durcheinander *n*; Techtelmechtel *n*, (Liebes-)Verhältnis *n*; *umg übertr* Ärger *m*; Gewese *n*, *übertr* Aufstand *m*; **~s** *Pl* Scherereien *f/Pl*; *übertr* schmutzige Geschäfte *n/Pl* ◇ **armar** *od* **hacer un** (**tremendo**) **~** ein (heilloses) Durcheinander anrichten; *übertr* ein Fass aufmachen, Krach schlagen; **hacerse un ~** durcheinander geraten *od* kommen

lioso verworren; wirr; streitsüchtig

lipegüe *m AmC* Zugabe *f für den Käufer*

liposucción *f* MED Fettabsaugen *n*

liquidación *f* Verflüssigen *n*; HDL Abrechnung *f*; Begleichung *f*, Tilgung *f*; Verrechnung *f*; Ausgleich *m eines Kontos*; Abwicklung *f z.B. eines Kredits, eines Unternehmens*; Liquidation *f*, Geschäftsauflösung *f*, -aufgabe *f*; Ausverkauf *m*; Liquidierung *f*, Vernichtung *f*, Zerschlagung *f*; Beseitigung *f*; **~ del crédito** Kredittilgung *f*, -rückzahlung *f*; **~ de fin de año** FIN Jahresabschluss *m*, Jahres(end)abrechnung *f*; **~ forzosa** Zwangsliquidation *f*; **~ de gastos** (**impuestos**) Spesenabrechnung *f* (Steuerbescheid *m*); **~ mensual** (**semestral**; **trimestral**) monatliche (halbjährliche; Quartals-)Abrechnung *f*; **~ total** Räumungsverkauf *m*, Totalausverkauf *m*; Gesamtabrechnung *f* ◇ **hacer la ~** abrechnen

liquid|ador *m*, **~adora** *f* HDL Konkursverwalter(in) *m*(*f*), Liquidator(in) *m*(*f*); **~ar** *tr* verflüssigen; abrechnen; *Rechnung* begleichen, -zahlen, tilgen; beseitigen; liquidieren *auch übertr*; *Geschäft* auflösen; *Konto* ausgleichen; verrechnen; vernichten, zerschlagen; *z.B. Kredit, Unternehmen* abwickeln; *übertr z.B. Widerstand* brechen; **~ez** *f* Flüssigkeit *f Zustand u* FIN; FIN, HDL Liquidität *f*

líquido I *Adj* flüssig; rein; verfügbar; FIN, HDL liquid; Rein-; Netto- **II** *m* Flüssigkeit *f*; Barbetrag *m*; Nettobetrag *m*; **~ corrector** Korrekturflüssigkeit *f*

lira *f Währung* Lira *f*

líric|a *f* Lyrik *f*; **~o I** *Adj* lyrisch **II** *m* Lyriker *m*

lirio *m* Lilie *f*; Schwertlilie *f*; **~ de los valles** Maiglöckchen *n*

lirismo *m* lyrischer Stil *m*; übertriebenes Pathos *n*

lirón *m* ZOOL *u übertr* Siebenschläfer *m* ◇ **dormir como un ~** *übertr* wie ein Murmeltier schlafen

lirondo → **mondo**

lisa: **~ y llanamente** *Adv* glattweg

Lisboa *f* Lissabon *n*

lisbo|ense, ~eta, ~nense, ~nés I *Adj* Lissaboner **II** *m* Lissaboner *m*

lisi|ado I *Adj* gebrechlich; verkrüppelt; *Gliedmaßen* lädiert; behindert **II** *m* Krüppel *m*; Behinderter *m*

liso glatt, eben; schlicht; einfarbig, uni
lisonj|a *f* Schmeichelei *f*; **~ear** *tr jmdm* schmeicheln; **~ero I** *Adj* schmeichelhaft; einschmeichelnd **II** *m* Schmeichler *m*
lista *f* Liste *f*, Verzeichnis *n*; Aufstellung *f*; HDL Bestellzettel *m*; *Stoff, Papier u Farbtönung* Streifen *m*; **~ *de asistencia*** *od* ***asistentes*** *od* ***presencia*** Anwesenheitsliste *f*; **~ *de control*** Kontroll-, Prüf-, Checkliste *f*; **~ *de correo*** Mailingliste *f*; **~ *de correos*** postlagernd; **~ *de cotizaciones*** FIN Kurszettel *m*; **~ *de destinatarios*** (***distribución***; ***espera***) *Schriftverkehr* Verteiler *m* (INFORM Mailingliste *f*; FLUGW, VERK Warteliste *f*); **~ *detallada*** (***electoral***; ***negra***; ***petitoria***) TECH Stückliste *f* (POL Wählerliste *f*, Wählerverzeichnis *n*; *übertr* schwarze Liste *f*; *übertr* Forderungskatalog *m*); **~ *de platos*** Speisekarte *f*; **~ *de precios*** Preisliste *f*; ***a ~s*** → ***listado I*** ◇ ***hacer una ~*** auflisten (***de*** *Akk*); ***pasar ~*** *Namen* aufrufen, die Anwesenheit kontrollieren; ***pasar la ~*** die Liste durchgehen
listado I *Adj* gestreift **II** *m bes Am* Liste *f*, Verzeichnis *n*; Auflistung *f*; Aufstellung *f*; INFORM Ausgabe *f*; **~ (*del ordenador*)** Computerausdruck *m*; **~ *de precios*** Preistafel *f*, -verzeichnis *n*
list|ar *tr auf einer Liste* erfassen; auflisten; → ***alistar***; **~ero** *m* Vorarbeiter *m*; **~eza** *f* Lebhaftigkeit *f*; Gewandtheit *f*; **~ín** *m* (Adressen- *bzw* Telefon- *usw*) Verzeichnis *n*
listo *in Verbindung mit* ***estar*** fertig, bereit (***para*** zu); erledigt *auch umg übertr*; FLUGW, MAR klar; ***¡~!*** fertig!; los! ◇ ***estar ~ para ser recogido*** abholbereit sein; *in Verbindung mit* ***ser*** klug; aufgeweckt; gewandt, geschickt; *übertr* gerieben, gerissen
listón *m* Seidenband *n*; Leiste *f*; Latte *f auch* SPORT; **~ *del 5%*** POL Fünfprozentklausel *f*; **~ *de símbolos*** INFORM Symbolleiste *f* ◇ ***cortar el ~ inaugural*** das (Einweihungs-)Band durchschneiden
lisura *f* Glätte *f*; Arglosigkeit *f*
litera *f* Liege *f*; Doppelstockbett *n*
liter|al wörtlich; buchstäblich; **~alidad** *f* wortgetreue Umsetzung *f einer Vereinbarung*; **~ario** literarisch; Literatur-
literatura *f* Literatur *f*; Schrifttum *n*; **~ *especial*, ~ *científica*** *bzw* ***técnica*** Fach-, Sachliteratur *f*; **~ *de ficción*** Belletristik *f*; **~ *universal*** Weltliteratur *f*
litig|ante I *Adj* JUR streitend; prozessführend **II** *m* Prozesspartei *f*; **~ar** ⟨-g/gu-⟩ *intr* streiten; prozessieren; einen Prozess führen
litigio *m* (Rechts-)Streit *m*; Prozess *m*; ***en ~*** strittig; umstritten ◇ ***entablar ~*** einen Streit anfangen
litigioso strittig, Streit-; streitsüchtig
litio *m* CHEM Lithium *n*
lit|ografía *f* Steindruck *m*, Lithographie *f*; **~ográfico** lithographisch
litoral I *Adj* Küsten- **II** *m* Küstenstrich *m*; Küste(ngebiet *n*) *f*
litro *m* Liter *m,n*
litrona *f Esp* Literflasche *f*
Lituania *f* Litauen *n*
lituano I *Adj* litauisch **II** *m*, **-a** *f* Litauer(in) *m*(*f*)
liturgia *f* Liturgie *f*
livian|dad *f* Leichtfertigkeit *f*; Lüsternheit *f*; **~o** leichtfertig; lüstern; unbedeutend; *bes Am* Leicht-; leicht *an Gewicht u übertr*; *Am reg* schnell, flink
lividez *f* Totenblässe *f*
lívido fahl; bleich
living(-room) *m* Wohnzimmer *n*
ll, Ll *f* das spanische ll, Ll (*nicht trennbar*: ***deta-lle***)
llaga *f* (offene *bzw* eiternde) Wunde *f*; *übertr* Schmerz *m*, Kummer *m* ◇ ***poner el dedo en la ~*** *übertr* den wunden Punkt berühren; ***renovar la(s) ~(s)*** *übertr* die Wunde wieder aufreißen
llama[1] *f* Lama *n*
llama[2] *f* Flamme *f*; Feuer *n Leidenschaft*; **~ *aguda*** Stichflamme *f*; **~ *directa*** *od* ***libre*** offene Flamme *f* ◇ ***arder en ~s, al estar envuelto en ~s*** in Flammen stehen; ***salir de las ~s para caer en las brasas*** vom Regen in die Traufe kommen
llamada *f* Anruf *m auch* TEL; Ausruf *m*; Zuruf *m*; Aufruf *m*, Appell *m*; Ruf *m auch übertr*; Klopfen *n an der Tür*; **~ *de conferencia*** TEL Konferenzschaltung *f*; **~ *de cobro revertido*** TEL R-Gespräch *n*; **~ *extraurbana*** *od* ***interurbana*** *od* ***a larga distancia*** (***internacional***; ***interprovincial*** *Esp od* ***nacional***; ***local*** *od* ***urbana***) TEL Fern-(Auslands-; Inlands-; Orts)gespräch *n*; **~ *con preaviso*** TEL Gespräch *n* mit Voranmeldung; **~ *sin recargo*** TEL gebührenfreier Anruf *m*; **~ *de socorro*, ~ *urgente*** TEL Notruf *m*; **~ (*telefónica*)** Telefonat *n*, Telefongespräch *n*; **~ *de vuelta*** (***automática***) TEL (automatischer) Rückruf *m* ◇ ***atender la ~*** TEL das Gespräch an-, entgegennehmen; TEL (den Hörer) abnehmen; ***hacer una ~*** TEL anrufen; ***pasar la*** (***una***) **~** TEL den (einen) Anruf durchstellen; ***rastrear la ~*** TEL eine Fangschaltung *zur Rückverfolgung von Gesprächen* legen
llamad|o I *Adj* so genannt **II** *m Am* → ***llamamiento u llamada***; **~or** *m* Rufer *m*; TEL Anrufer *m*; Klingelknopf *m*; (Tür-)Klop-

fer *m*

llamamiento *m* Aufruf *m*, Appell *m*; Ein-, Vorladung *f*; Ruf *m zur Übernahme einer Funktion*; **~ (*a* (*las*) *filas*)** MIL Einberufung *f*; ***~ a la huelga*** Streikaufruf *m* ◇ ***hacer un ~*** einen Aufruf erlassen

llamar I *tr/intr* rufen; telefonieren; ***llamo de parte de …*** ich rufe an im Auftrag von …; ***¿quién llama?*** (*u wenn das Gespräch von einer dritten Person entgegengenommen wird*: ***¿quién le llama?***) TEL wer ist am Apparat?; ***volver a ~*** TEL zurückrufen **II** *tr* nennen; aufrufen *auch* INFORM *Programm*; auffordern; TEL *jmdn* anrufen; *zur Übernahme einer Funktion* berufen; MIL, *Versammlung* einberufen; anfordern; *Arzt*, *Hilfe* (herbei)holen; wecken; *Daten* abrufen; (an-, herbei)locken **III** *intr* (an)klopfen; *an der Tür* läuten, klingeln; **~se** heißen

llam|arada *f* Lohe *f*; plötzliches Aufflackern *n des Feuers*; (Scham- *bzw* Zornes-)Röte *f*; *übertr* Strohfeuer *n*; **~ativo** auffällig; grell; **~ear** *intr* flammen; lodern; flackern

llan|ero *m* Tieflandbewohner *m*; **~eza** *f* Einfachheit *f*, Schlichtheit *f*; **~ito** *m*, **-a** *f* Einwohner(in) *m(f)* von Gibraltar; das Llanito *englisch-spanische Mischsprache in Gibraltar*

llano I *Adj* flach, eben; glatt *auch übertr*; schlicht, einfach; umgänglich; *Wort* auf der vorletzten Silbe betont **II** *m* Flachland *n*, Ebene *f*; *Am* Llano *m*; **~s** *Pl Am* Steppenland *n*, Prärie *f*

llant|a KFZ Reifen *m*; Felge *f*; EISENB Radreifen *m*; **~era** *f*, *Am* **~eria** *f*, *Am* **~erio** *m*, **~ina** *f umg* Geheul *n*, Jammern *n*; **~o** *m* Weinen *n*; Wehklagen *n*

llanura *f* Flach-, Tiefland *n*, Ebene *f*

llave *f* Schlüssel *m auch Chiffre*, MUS *u übertr*; Schraubenschlüssel *m*; (Gas- *bzw* Wasser-)Hahn *m*; Haupthahn *m*; EL (Dreh-)Schalter *m*; TYP eckige *bzw* geschweifte Klammer *f*; ***~ de contacto*** *od* ***del encendido*** KFZ Zündschlüssel *m*; ***~ de domicilio*** Wohnungsschlüssel *m*; ***~ falsa*** (***maestra***) Nachschlüssel *m*, Dietrich *m* (Hauptschlüssel *m*, Passepartout *m*); ***~ inglesa*** *Werkzeug* Engländer *m bzw* Franzose *m*; ***~ de luz*** Lichtschalter *m*; ***~ en mano*** *Wohnungsübergabe* schlüsselfertig ◇ ***abrir*** (***cerrar***) ***la ~*** den Hahn auf-(zu)drehen; ein-(aus)schalten; ***cerrar con ~*** *od* ***echar la ~*** ab-, zuschließen; ***guardar u/c bajo ~*** etw unter Verschluss aufbewahren *od* halten

llav|ero *m* Schließer *m*, Schlüsselgewaltiger *m*; Schlüsselring *m*; Schlüsselbund *n*, -tasche *f*; **~ín** *m* kleiner Schlüssel *m für Kassette, Sicherheitsschloss usw*

llegada *f* EISENB, FLUGW *u allg* Ankunft *f*; Eintreffen *n*; *Schiff* Einlaufen *n*; TECH Zufuhr *f*; SPORT Ziel *n*; ***~ al poder*** Regierungsantritt *m*

llegado *m*: ***recién ~*** (Neu-)Ankömmling *m*; *auch* Fremder *m*; (neuer) Zuzügler *m*

llegar ⟨-g/gu-⟩ *intr* ankommen *auch umg übertr Erfolg haben*; eintreffen *auch übertr geschehen*; *Schiff* einlaufen; *Truppen* anrücken; kommen *auch Zeit*, *Gelegenheit*; *Gelegenheit* sich bieten; *Vorrat*, *Kleidungsstück* reichen (***a***, ***hasta*** bis); *übertr* es bringen (***a algo*** zu etw); heranreichen (***a*** an) *auch übertr*; sich belaufen (***a*** auf); *übertr* kommen (***a u/c*** zu etw), erreichen (***a u/c*** etw) (***llegaron a un acuerdo***); (***no***) ***~*** (nicht) ausreichen; ***~*** (***a hacer algo***) es schaffen (etw zu tun); ***~ lejos*** *übertr* es weit bringen; ***~ a saber*** erfahren; ***~ a ser*** werden (***llegó a ser famoso***); ***no llegará a tanto*** so weit wird es nicht kommen; es wird nicht ganz so schlimm werden; (***no***) ***~ a viejo*** (nicht) alt werden; ***están*** *od* ***vienen llegando*** sie kommen schon, sie sind im Anmarsch; ***hacer ~ u/c a alg*** jmdm etw übersenden *od* zukommen lassen; **~se** aufeinander zukommen; sich nähern; *meist im Imp* hingehen (***llégate a casa de mi jefe y dile …***); ***~ a alg*** sich jmdm anschließen; zu jmdm stoßen; sich an jmdn heranmachen

llen|ado *m* Füllen *n*; Füllung *f*; Abfüllung *f*; *schriftliches* Ausfüllen *n*; **~adora** *f*; Abfüllanlage *f*; **~amente** reichlich, vollauf

llenar *tr* (an)füllen (***con***, ***de*** mit); *Lücke*, *Zeit*, *Formular* ausfüllen; *Pfeife* stopfen; *Aufgabe sowie mit einem Gefühl* erfüllen; *übertr* überhäufen (***de*** mit); *Tiere* decken; ***~ a rebosar*** zum Überlaufen bringen *auch übertr*; **~se** sich (an)füllen; *übertr* sich voll stopfen *od* überladen (***de*** mit); *übertr etw* satt haben *bzw* bekommen *od* kriegen; sich voll schmieren (***de*** mit)

llen|azo *m* THEAT, *allg Veranstaltungen umg* volles Haus *n*; **~ita** *Frau* stramm, kräftig

lleno I *Adj* voll *auch übertr Gesicht*, *Stimme*; (voll) besetzt; füllig; ***~ de*** voll von, angefüllt mit, voller; ***~ de sí*** von sich selbst überzeugt; ***de ~ y por entero*** voll und ganz ◇ ***estar*** *od* ***sentirse ~*** satt *od* gesättigt sein **II** *m* → ***llenazo***; Fülle *f*

llev|able, **~adero** *Kleidung* tragbar; *Schmerz*, *Klima u.Ä.* erträglich; **~ado** *Kleidung* (ab)getragen

llevar I *tr* wegbringen, (fort)schaffen; mitnehmen; *jmdn od etw woandershin* bringen; davon-, wegtragen; (bei sich) haben *bzw* tragen *bzw* führen; *etw* tragen *auch Brille, Früchte, mit Geduld, Kleidung, Kosten, Namen*; *Kleidung* anhaben; *Fahrzeug, Firma, Geschäfte, Geschäftsbücher, Korrespondenz, Leben u übertr jmdn zu etw* führen; *übertr jmdn zu etw* bringen *od* veranlassen; *Kosten* aufbringen müssen; *Geld* nehmen, *jmdm* berechnen (**¿Cuánto me lleva por el equipaje?**); *beim Addieren* im Sinn behalten; *örtlich* (schon) sein (**llevo una semana en Madrid**); älter *bzw* größer sein als … (**mi hermano me lleva 2 años** *bzw* **5 centímetros**); haben (**el tren lleva retraso**; **lleva las manos sucias**; **llevó el asunto bien estudiado**); *Zeit für etw* brauchen (**la traducción nos llevó más de 4 horas**); *Schritt, Rhythmus* halten; SPORT *gegenüber jmdm um etw* im Vorteil sein (**te llevo seis tantos**); **~ adelante** *etw* vorantreiben; weiterführen; *etw* durchsetzen; **~ la contraria** widersprechen; sich widersetzen; *übertr* gegen den Strom schwimmen; **~lo demasiado lejos** *übertr* es zu weit treiben; **~ detenido** *jmdn* abführen; **~ haciendo u/c** seit … etw tun (**llevo estudiando 3 años**); **~ en sí** *übertr* mit sich bringen; nach sich ziehen; *übertr* führen (**a** zu) **II** *intr Weg* führen (**a** in; zu; nach; auf); *Richtung* einschlagen; **dejarse ~** *übertr* sich hinreißen lassen (**de, por** von); sich gehen lassen **III** *tr/intr* **para ~** GASTR, HDL (für) außer Haus; **~se** *etw* mitnehmen; *oft gewaltsam bzw in unlauterer Absicht* wegnehmen; mit sich (fort)reißen; *Anteil, Preis, Schuld, Strafe* bekommen; *Jahre* auseinander sein (**mi hermano y yo nos llevamos 2 años**); **~ bien** (**mal**) **con alg** mit jmdm gut (schlecht) auskommen

llor|ador, **~ante** weinend

llorar I *intr* weinen; klagen; *Augen* tränen; **hacer ~** zum Weinen bringen **II** *tr* beweinen; beklagen, betrauern

llor|iquear *intr* wimmern, winseln, flennen; **~iqueo** *m* Gewimmer *n*, Gewinsel *n*, Flennen *n*; **~ón I** *Adj* weinerlich; Trauer- **II** *m bzw* **~ona** *f* Heulsuse *f umg*; **~oso** weinend; weinerlich; verweint

llover ⟨-ue-⟩ **I** *unpers* regnen; **~ sobre mojado** *Mühen, Unglück* Schlag auf Schlag kommen, sich häufen; **llueve** *od* **está lloviendo** es regnet **II** *intr übertr auf jmdn* herabhageln *od* niederprasseln; *Aufmerksamkeit* in großem Maße zuteil werden; (**sobre alg** jmdm); **~se**: (**el techo**) **se llueve** es regnet durch (die Decke)

llovizn|a *f* Sprüh-, Nieselregen *m*; **~ar** *unpers* nieseln

lluvia *f* Regen *m auch übertr*; Unmenge *f*; *Chi, Nic* Dusche *f Bad u Anlage*; **~s** *Pl* Regenfälle *m/Pl*; **~ ácida** saurer Regen *m*; **~ de estrellas** Sternschnuppen *f/Pl*; **~ de protestas** Proteststurm *m*, Hagel *m* von Protesten

lluvioso regnerisch; Regen-

lo I *Art n Sg vor substantiviertem Adj, Adv usw* das **II** *Pers Pron dir Obj m Sg* es; ihn; Sie (**ayer ~ vi a Vd. en el cine, Don Alonso**)

lo|able lobenswert; rühmlich; **~ar** *tr* loben; rühmen

lobby *m* PARL, POL, WIRTSCH Lobby *f*

lobo *m* Wolf *m*; TEXTIL Reißwolf *m*; **viejo ~** *übertr* alter Hase *m* ◇ **desollar** *od* **dormir el ~** den Rausch ausschlafen; *Sprichw* **quien con ~s anda, a aullar le enseñan** man muss mit den Wölfen heulen; *Sprichw* **¡son ~s de la misma camada!** gleiche Brüder, gleiche Kappen; sie sind alle vom selben Schlag (keiner besser als der andere)

lóbrego düster, finster *auch übertr*; *übertr* traurig

lobreguez *f* Finsternis *f auch übertr*

lóbulo *m* ANAT, BIOL Lappen *m*; **~ de la oreja** Ohrläppchen *n*

loca *f Arg* schlechte Laune *f*; Wutanfall *m*; **a ~s y a tontas** wild drauflos

locador *m*, **~a** *f Am* Verpächter(in) *m(f)*

local I *Adj* örtlich, Orts-; einheimisch; hiesig; MED lokal, Lokal- **II** *m* Ort *m*, Stelle *f*; Raum *m*; **~es** *Pl* Räumlichkeiten *f/Pl*; **~ para cambio de ropa** Umkleideraum *m*; **~es comerciales** Geschäfts-, Gewerberäume *m/Pl*; **~ de exposición** Ausstellungsraum *m*; **~ público** öffentliche Einrichtung *f*; **~ social** Sozialgebäude *n*; **~ de trabajo** Arbeitsraum *m*

localidad *f* Örtlichkeit *f*; Lokal(ität *f*) *n*; Ort(schaft *f*) *m*; WIRTSCH Standort *m*; THEAT Eintrittskarte *f*; THEAT (Sitz-)Platz *m*; **~es de asiento** (**pie**) Sitz-(Steh)plätze *m/Pl*; **~ industrial** Industriestandort *m* ◇ **no hay ~es** THEAT ausverkauft

localizable auffindbar

localización *f* Lokalisierung *f*; Ortung *f*; Eingrenzung *f*; Auffinden *n*; Standortbestimmung *f*; Ansiedlung *f von Problemen*

localiz|ado: (**muy bien**) **~** *Ort, Gebäude* (sehr günstig) gelegen; **~ar** ⟨-z/c-⟩ *tr* lokalisieren; begrenzen; örtlich bestimmen, orten; *jmdn od etw* finden *od* ausfindig machen; *jmdn* auffinden; *Probleme* ansiedeln

locamente über alle Maßen

locatario *m* Mieter *m*

loción *f* MED Waschung *f*; Spülung *f*; PHARM Flüssigkeit *f zum Einreiben*, Lotion *f*; **~ capilar** (**facial**) Haar-(Gesichts)wasser *n*

lock(-)out *m* Aussperrung *f von Arbeitskräften*

L

loco[1] **I** *Adj* wahnsinnig *auch übertr*; verrückt; närrisch; töricht; toll; irre *umg fantastisch, vortrefflich*; MECH frei; unbefestigt; lose; **~ de atar** völlig verrückt; **a lo ~** überstürzt, Hals über Kopf ◇ **estar ~** *übertr* verrückt sein; begeistert sein (**con, de, por** von, über); **estar ~ por algo** *od Inf* versessen *od* ganz wild sein auf etw *od* zu + *Inf*; **estar medio ~** eine Macke haben *umg*, *übertr* spinnen *umg*; **volverse ~ (por alg)** verrückt werden *auch übertr*, überschnappen *umg*, durchdrehen *umg* (in jmdn verknallt sein *umg bzw* sich in jmdn verknallen *umg sehr verliebt sein*) **II** *m* Wahnsinniger *m*; Verrückter *m*; Irrer *m*; Narr *m*
loco[2]: **~ citato** *lit*, WISS am angegebenen Ort
loco|moción *f* Fortbewegung *f*; Freizügigkeit *f*; **~motor** Fortbewegungs-; **~motora** *f* Lokomotive *f*; **~motriz** → **~motor**
locu|acidad *f* Geschwätzigkeit *f*; **~az** geschwätzig; redselig; **~ción** *f* Redewendung *f*; Redensart *f*; GRAMM Ausdruck *m*
locura *f* Wahn *m*; Wahnsinn *m auch übertr*; Verrücktheit *f*; **~ bovina** Rinderwahn(sinn) *m*
locutor *m*, **~a** *f* RADIO, TV Ansager(in) *m(f)*, Sprecher(in) *m(f)*
locutorio *m* Sprechzimmer *n z.B. in Gefängnissen*; **~ (público)** TEL (öffentliche) Sprechstelle *f*
lodazal *m* schlammige Stelle *f*; Morast *m*
lodo *m* Schlamm *m*; Morast *m*; Schlick *m*; Dreck *m*, Schmutz *m auch übertr*; **~ medicinal** Heilschlamm *m* ◇ **arrastrar por el ~ a alg** *übertr* jmdn durch den Dreck ziehen
lodoso schlammig; morastig; schlickig
logaritmo *m* Logarithmus *m* ◇ **tomar el ~** logarithmieren
loggia *f* ARCH Loggia *f*
logia *f* Loge *f*; Freimaurerloge *f*; Freimaurerversammlung *f*
lógic|a *f* Logik *f*; Gedankengang *m*; Denkweise *f*; **~o** logisch; gesetzmäßig; natürlich, selbstverständlich
log|ística *f* MATH, MIL, PHIL, WIRTSCH Logistik *f*; **~ístico** logistisch
logo *m* → **~tipo**; **~peda** *m* Logopäde *m*, Sprachheilpädagoge *m*; **~pedia** *f* MED Logopädie *f*, Sprachheilkunde *f*; **~pedista** *m* → **~peda**; **~tipo** *m* HDL (Firmen-)Logo *n*
lograr *tr* erreichen; *etw* schaffen; erlangen; gewinnen; erzielen; **logro** + *Inf* ich schaffe es, es gelingt mir zu + *Inf*; **~ que …** + *subj* bewirken, dass …; durchsetzen, dass …; **~se** gelingen, geraten
logr|ería *f* Wucher(geschäft *n*) *m*; **~ero** *m* Wucherer *m*; Schieber *m*; Spekulant *m*; *Am übertr* Schmarotzer *m*
logro *m* Gewinn *m*; Nutzen *m*; Gelingen *n*; Errungenschaft *f*, Erfolg *m*; **~s (científicos) tope** (wissenschaftliche) Spitzen- *od* Höchstleistungen *f/Pl* ◇ **obtener ~s** Leistungen vollbringen
LOGSE *f* (*Abk für* **Ley Orgánica del Sistema Educativo**) PÄD *Schulreformgesetz*
Loira: **el ~** *Fluss* die Loire
loma *f* Hügel *m*; *z.B. Papier* Stapel *m od* Stoß *m*; **~s** *Pl* Hügelkette *f*
lombard|a *f* Rotkohl *m*; **≈ía** *f* Lombardei *f*
lombardo I *Adj* lombardisch; FIN Lombard- **II** *m* Lombarde *m*; das Lombardische
lombriz *f* Wurm *m auch übertr*; **~ (intestinal)** Spulwurm *m*; **~ (de tierra)** Regenwurm *m*
lomo *m* Lende *f*; Filet *n*; Lendenbraten *m*; *Buch, Messer, Tier* Rücken *m* ◇ **agachar el ~** *übertr* katzbuckeln; **echarse de ~** *Cu umg* faulenzen
lona *f* Segeltuch *n*; Plane *f*; TEXTIL Leinwand *f*; **~ de bomberos** Sprungtuch *n*
lonch|a *f* Streifen *m*; *Schinken, Wurst* Scheibe *f*; **~e** *m Am reg* (kalter) Imbiss *m*; **~ería** *f Am reg* → **cafetería**
londinense I *Adj* Londoner **II** *m(f)* Londoner(in) *m(f)*
Londres *m* London *n*
loneta *f Am reg* (dünnes) Leintuch *n*; leichtes Segeltuch *n*; *Fahrzeug* Plane *f*
longaniza *f* Schlackwurst *f*
longev|idad *f* Langlebigkeit *f*; *Gerät* Lebensdauer *f*; **~o** langlebig
longitud *f* Länge *f auch* GEOGR; Ausdehnung *f*; **~ de onda** PHYS Wellenlänge *f*
longitudinal Längen-; Längs-
longui(s) *m*: **hacerse el ~** *umg* den Dummen spielen, sich dumm stellen
lonja[1] *f Schinken, Wurst* Scheibe *f*
lonja[2] *f* Handels-, Warenbörse *f*
lontananza *f* Ferne *f*; Fernsicht *f*; **en ~** von fern(e); in der Ferne
looping *m* FLUGW Looping *m*
López: **esos son otros ~** *Esp* das ist etw ganz anderes
lora *f* Papageienweibchen *n*; *Am* Papagei *m*
lord *m* (*Pl* **lores**) Lord *m*
Lorena *f* Lothringen *n*
lorenés I *Adj* lothringisch, Lothringer **II** *m* Lothringer *m*
loro *m* Papagei *m auch übertr*; Schwätzer *m*; Besen *m hässliche od zänkische Frau*; Heule *f umg für* G(h)ettoblaster *m*; **¡al ~!** *umg* aufgepasst! ◇ **estar al ~** *umg* aufpassen *Acht geben*; wissen, was läuft, in sein
los I *Art m/Pl* die **II** *Pers Pron dir Obj m/Pl* sie; Sie (**~ vi ayer en el cine, señores**); *Am* euch

losa *f* Boden- *bzw* Steinplatte *f*; Fliese *f*; **~ *funeraria*** *od* ***sepulcral*** Grabplatte *f* ◇ ***revestir de ~s*** fliesen
losange *m* Rhombus *m*, Raute *f*
lote *m* Anteil *m*; Quantum *n*; HDL Posten *m*, Partie *f*; *Lotterie* Gewinn *m*; ***~ de engorde*** Spekulationsgrundstück *n*; ***~ de productos*** Warenposten *m*; ***~ de terreno*** Parzelle *f*
lotería *f* Lotterie(spiel *n auch übertr*) *f*; ***~ primitiva*** (Zahlen-)Lotto *n* ◇ ***caerle*** *od* ***tocarle a alg la ~*** in der Lotterie gewinnen; *übertr* das große Los ziehen
lotero *m*, **-a** *f* Lotterieeinnehmer(in) *m(f)*; Losverkäufer(in) *m(f)*
loto[1] *m* Lotos(blume *f*) *m*
loto[2] *m umg* (Zahlen-)Lotto *n*
Lovaina *f* Louvain *n*, Löwen *n Stadt in Belgien*
loza *f* Steingut *n*; Tonwaren *f/Pl*; ***~ sanitaria*** Sanitärkeramik *f*; ***de ~*** irden
lozano üppig; kräftig; lustig; munter
L.S.D. *m,f* PHARM LSD *n Abk für Lysergsäurediäthylamid*
Ltda. (*Abk für* ***Limitada***) mbH
lubri(fi)c|ación *f* Einölen *n*; Einfetten *n*; Schmierung *f*; Abschmieren *n*; **~ante** *m* Schmiermittel *n*, -öl *n*; **~ar** ⟨-c/qu-⟩ *tr* abschmieren; einschmieren; einfetten
luca *f Chi umg Geldschein von* 100 Pesos
Lucerna *f Stadt* Luzern *n*
lucero *m* Abend-, Morgenstern *m*
lucha *f* Kampf *m auch übertr*; SPORT *u übertr* Ringen *n*; Ringkampf *m*; Konflikt *m*; *übertr* Bekämpfung *f* (***contra*** *Gen od* von + *Dat*); ***~ antiterrorista*** (***contra la droga***) Terroristen-(Drogen)bekämpfung *f*; ***~ de clases*** Klassenkampf *m*; ***~ codo a codo*** SPORT *u übertr* Kopf-an-Kopf-Rennen *n*; ***~ por la existencia*** Kampf *m* ums Dasein, Existenzkampf *m*; ***~ laboral*** Arbeitskampf *m*; ***~ libre*** Freistilringen *n*; ***~ por el poder*** Machtkampf *m* ◇ ***librar la ~*** den Kampf führen (***por*** um)
luchador *f* Kämpfer *m auch übertr*; SPORT Ring(kämpf)er *m*
luchar *intr* kämpfen (***por*** für, um); SPORT *u übertr* ringen; *übertr* streiten; ***~ contra algo*** etw bekämpfen *auch übertr*
lucidez *f* Klarheit *f*; Helle *f*; Deutlichkeit *f*; lichter Augenblick *m*; Klarblick *m*, -sicht *f*
lucido glanzvoll; prächtig; auserlesen ◇ ***quedarse ~*** *iron* sich (ganz schön) blamieren
lúcido strahlend; licht, klar
luci|ente strahlend, glänzend; **~érnaga** *f* Leuchtkäfer *m*, Glühwürmchen *n*
lucimiento *m* Glanz *m*; Schimmer *m*; Pracht *f*; Entfaltung *f*, Zurschaustellung *f*
lucio *m* Hecht *m*; **~perca** *f* Zander *m*
lucir ⟨-c/zc-⟩ **I** *tr* beleuchten; leuchten lassen; zur Schau stellen, zeigen, vorführen; *Kleidung* (*u allg etw* sichtbar) tragen **II** *intr* leuchten; schimmern; glänzen (*auch übertr* ***en u/c*** in etw); aussehen (***como*** wie); nützen, sich lohnen; *Sonne* scheinen; ***~ elegante*** schick aussehen; ***me luce que …*** *Cu umg* mir scheint *od* ich glaube, dass …; ***te luce*** *Kleidung, Schmuck u.Ä.* das steht dir; **~se** sich putzen *od* kleiden; sich hervortun; gelackmeiert *od* angeschmiert sein *umg*
lucr|arse sich bereichern (***con*** durch, mit); **~ativo** einträglich, lohnend; lukrativ, Gewinn bringend, profitabel; rentabel; **~o** *m* Gewinn *m*; Nutzen *m*; Profit *m*; Bereicherung *f*; Erwerb *m*
lucubrar I *tr* mühsam (nachtsüber) ausarbeiten **II** *intr* grübeln, nachdenken
lúdic|o, **~ro** Spiel-; spielerisch *d.h. die Technik des sportlichen Spiels betreffend*
lud|ópata *m* Spielbesessener *m*, -süchtiger *m*; **~opatía** *f* Spielsucht *f*; **~oteca** *f* Spielothek *f*
luego I *Adv* nachher; dann, darauf; später; gleich, sofort; schnell **II** *Konj* also, folglich; ***~ de*** + *Inf* nach(dem); ***~ que*** sobald; ***desde ~*** selbstverständlich, natürlich; ***¡hasta ~!*** bis gleich *od* nachher!; *umg* auf Wiedersehen!; TEL auf Wiederhören!
lugano *m* ZOOL Zeisig *m*
lugar *m* Ort *m auch übertr*; Platz *m auch übertr*; Stelle *f auch übertr*; Standort *m*; Ortschaft *f*; *übertr* Rang *m*; Anlass *m*; ***~ de celebración*** *Spiel, Wahl* Austragungsort *m*; ***~ cimero*** (***común***) *übertr* Spitzenstellung *f* (Gemeinplatz *m*); ***~ de cumplimiento*** (***destino***; ***entrega***) HDL Erfüllungs-(Bestimmungs-; Liefer)ort *m*; ***~ de libranza*** FIN Ausstellungsort *m*; ***~ de reunión*** (***rodaje***) Versammlungs-, Tagungs-(FILM Dreh)ort *n*; ***~ de trabajo*** Arbeitsplatz *m*, -stelle *f*; ***~ de transbordo*** HDL Umschlagplatz *m*; ***en ~ de*** statt; ***en otro ~*** woanders; ***en primer ~*** erstens; ***en todo ~*** überall ◇ ***dar ~*** Anlass geben, *übertr* führen (***a*** zu); ***declarar sin ~*** JUR für gegenstandslos erklären; ***estar en su ~*** angebracht (*d.h.* ratsam *od* angemessen) sein; ***estar fuera de ~*** unangebracht sein; ***estar en el quinto ~*** *z.B.* WIRTSCH sich auf dem 5. Platz befinden; ***no hay ~ de*** + *Inf* es liegt kein Anlass vor, zu + *Inf*; ***tener ~*** stattfinden, erfolgen; ***transportar hasta ~ seguro*** an einen sicheren Ort bringen
lugarteniente *m* Stellvertreter *m*; Statthalter *m*
lúgubre traurig; düster; schwermütig; un

heilvoll
lujo *m* Luxus *m*; Pracht *f*; Aufwand *m* ◇ (**no**) ***puedes permitirte el ~ de*** + *Inf* du kannst es dir (nicht) leisten zu + *Inf*
lujoso luxuriös, Luxus-; aufwändig; kostspielig
lujuri|a *f* Lüsternheit *f*; Geilheit *f*; Unzucht *f*; **~oso I** *Adj* lüstern; unzüchtig; ausschweifend **II** *m* Lüstling *m*
lumbago *m* MED Lumbago *f*, Hexenschuss *m*
lumbre *f* Feuer *n*; Flamme *f*; Licht *n*; Glanz *m*; Glut *f* ◇ ***dar ~*** *Raucher* Feuer geben
lumbrera *f* Leuchte *f Genie*; Dachfenster *n*, -luke *f*; Oberlicht *n*; Fenster *n in einem Werkstück*
lumen *m* PHYS Lumen *n Lichtstromeinheit*
luminiscen|cia *f* Nachleuchten *n*, Lumineszenz *f*; **~te** selbstleuchtend, lumineszierend
luminos|idad *f* Leuchten *n*; Leuchtkraft *f*; Lichtstärke *f*; Helligkeit *f*; **~o** *übertr* glänzend; leuchtend; Leucht-; Licht-
lumino|tecnia *f* Licht-, Beleuchtungstechnik *f*; **~técnico I** *Adj* licht-, beleuchtungstechnisch **II** *m* Beleuchtungstechniker *m*; FILM, THEAT Beleuchter *m*; **~tipia** *f* TYP Lichtdruck *m*
lumpenproletariado *m* Lumpenproletariat *n*
luna *f* Mond *m*; Mondphase *f*; Schrankspiegel *m*; Spiegelglas *n*; ***~ creciente*** (***menguante***) zunehmender (abnehmender) Mond *m*; ***~ llena*** (***nueva***) Voll-(Neu)-mond *m*; ***~ de miel*** Flitterwochen *f/Pl*; ***media ~*** Halbmond *m*; ***a la luz de la ~*** im Mondschein ◇ ***estar de buena*** (***mala***) ***~*** guter (schlechter) Laune sein; ***estar*** *od* ***vivir en la ~*** *übertr* in den Wolken schweben; geistesabwesend *od* nicht bei der Sache sein; ***pedir la ~*** Unmögliches verlangen
lun|ar I *Adj* Mond- **II** *m* Muttermal *n*; Schönheitsfehler *m auch übertr*; **~ático I** *Adj* mondsüchtig **II** *m* Mondsüchtiger *m*, Nachtwandler *m*
lunes *m* Montag *m* ◇ ***festejar a San ~*** *Esp*, ***hacer ~*** *Am* blauen Montag machen
luneta *f Am Kino*, THEAT Sperrsitz *m*; ***~ trasera*** (***térmica***) KFZ (heizbare) Heckscheibe *f*
lupa *f* Lupe *f*
lúpulo *m* Hopfen *m*
lupus *m* MED Lupus *m*, Hauttuberkulose *f*
lus|(itan)ismo *m* LING Lusitanismus *m*, Wort *n bzw* Wendung *f* aus dem Portugiesischen; **~(itan)o** portugiesisch
lustr|abotas *m Arg, Bol, Chi, Ur* → ***limpiabotas***; **~ación** *f* Putzen *n*; Glätten *n*; Polieren *n*; **~amuebles** *m* Möbelpolitur *f*; **~ar** *tr* putzen; polieren
lustre *m* Glanz *m*; Politur *f*; Ansehen *n* ◇ ***dar ~*** Glanz verleihen; putzen
lustre|ador *m Chi* → ***limpiabotas***; **~ar** *tr* → ***lustrar***
lustro *m* Jahrfünft *n*
lustroso glänzend
luterano I *Adj* luther(an)isch; *i w S* protestantisch, evangelisch; **II** *m* Lutheraner *m*; *i w S* Protestant *m*
luto *m* Trauer *f*; Trauerflor *m*; Trauerkleidung *f*; *Zeitung* Trauerrand *m*; ***~ nacional*** *od* ***oficial*** Staatstrauer *f*; ***~ riguroso*** tiefe Trauer *f* ◇ ***estar de ~*** trauern (***por*** um); ***ir de ~*** Trauer tragen
lux|ación *f* MED Verrenkung *f*; **~ar** *tr* ver-, ausrenken
Luxemburgo *m* Luxemburg *n*
luxemburgués I *Adj* luxemburgisch, Luxemburger **II** *m*, **-esa** *f* Luxemburger(in) *m(f)*
luz *f* Licht *auch übertr*; Schein *m auch übertr*; Lampe *f*; Lichtquelle *f*; Leuchte *f auch übertr*; Beleuchtung *f*; Erkenntnis *f*; ***luces*** *Pl* Kenntnisse *f/Pl*; Verstand *m*, Bildung *f*; ***~ del día, ~ natural*** Tageslicht *n*, natürliches Licht *n*; ***~ de emergencia*** Notbeleuchtung *f*; ***~ de esperanza*** Hoffnungsschimmer *m*; ***~ fría, ~ de neón*** Neonlicht *n*; Neonleuchte *f*; ***luces de gálibo*** (***luces posteriores*** *od* ***traseras***) KFZ Begrenzungsleuchten *f/Pl* (Rücklichter *n/Pl*); ***~ relámpago*** FOTO Blitzlicht *n*; ***~ de situación*** MAR Positionslicht *n*, -leuchte *f*; ***a la ~ de*** angesichts + *Gen*; ***a todas luces*** in jeder Hinsicht, insgesamt; offensichtlich; ***de pocas luces*** etwas beschränkt *dumm*; ***entre dos luces*** im Dämmerlicht; angesäuselt *betrunken*; ***media ~*** Zwielicht *n* ◇ ***apagar*** (***dar*** *od* ***encender***) ***la ~*** das Licht aus-(an)machen; ***arrojar ~ sobre, hacer ~ en*** Licht *in eine Angelegenheit* bringen, *übertr* beleuchten; ***cruzar con ~ roja*** *verkehrswidrig* bei Rot über die Straße gehen; ***dar*** (***obtener***) ***~ verde*** grünes Licht geben *gestatten* (grünes Licht bekommen *die Erlaubnis erhalten*); ***dar a ~ a un niño*** ein Kind bekommen; ***sacar a ~*** *Buch* veröffentlichen, herausbringen, -geben; ***sacar a la ~ u/c*** *übertr* etw ans Licht bringen; ***salir a*** (***la***) ***~*** ans Licht kommen *bekannt werden*; *Buch* erscheinen; ***ver la ~*** geboren werden; *bei einem Problem* endlich klar sehen; *Buch* erscheinen; ***ver la ~ del día*** *übertr* das Licht der Welt erblicken

L

M

m, **M** *f* m, M *n*

m (*Abk für* ***masculino***) m; **~** (*Abk für* ***metro(s)*** *bzw* ***minuto(s)***) m *n,m* (*Pl*) *bzw* min. *f* (*Pl*), Min. *f* (*Pl*); **~** (*Abk für* ***muerto***) gest.

M *m* (*Abk für* ***martes***) Di. *m*; *Abk für* → ***metro²***

M.ª *Abk für* ***María***

maca *f* Druckstelle *f am Obst*; Fehler *m im Porzellan, Stoff u moralisch*; (kleiner) Makel *m*, Schönheitsfehler *m*; Mogelei *f*, Kniff *m*; *umg für* → ***hamaca***

macabro makaber, schaurig

macaco I *Adj Am* dumm, einfältig; hässlich **II** *m* ZOOL Makak *m*; Meerkatze *f*; *Am* Einfaltspinsel *m*, Tölpel *m*

macad|am *m* → ***~án***; **~amizar** ⟨-z/c-⟩ *tr* makadamisieren, *Straße* beschottern; **~án** *m Straßenbelag* Makadam *m,n*; **~o** *Obst* angestoßen, druckfleckig

macana *f Am reg u Esp umg* Schwindel *m*, Humbug *m*; Unsinn *m*, Quatsch *m*; Unfug *m*; *übertr* Ladenhüter *m*; *AmC*, *AmS* Knüppel *m*, Keule *f* ◇ ***déjate de ~s*** lass den Blödsinn; ***no me vengas con ~s*** das kannst du einem anderen weismachen

macan|eador *m Am reg* Angeber *m*, Aufschneider *m*; Quatschkopf *m umg*; Schwindler *m*; **~ear** *intr Am reg übertr* aufschneiden, angeben; Unfug treiben; dummes Zeug (daher)reden; **~eo** *m Am reg* Angeberei *f*, Aufschneiderei *f*; **~ero** *m* → ***~eador***; **~udo** *Am reg*, *Esp reg* fabelhaft, klasse, ausgezeichnet

macareo *m* Springflut *f*

macarr|a *m Esp* Zuhälter *m*; **~ones** *m/Pl* Makkaroni *Pl*; Makronen *f/Pl*, Mandelgebäck *n*

macear I *tr* klopfen; hämmern **II** *intr* lästig werden

Macedonia *f* Mazedonien *n od* Makedonien *n*; **♀ *de frutas* (*verduras*)** Obstsalat *m* (Mischgemüse *n*)

macedonio I *Adj* mazedonisch *od* makedonisch **II** *m*, **-a** *f* Mazedonier(in) *m(f)* *od* Makedonier(in) *m(f)*

maceo *m* Klopfen *n*; Hämmern *n*

macer|ación *f* CHEM Mazeration *f*; Einweichen *n*; **~ar** *tr* CHEM mazerieren; einweichen; aufweichen

macet|a *f* Blumentopf *m*; *Chi* Blumenstrauß *m*; *Méx umg* Schädel *m*, Kopf *m*; **~ero** *m* Blumentisch *m*; Blumenständer *m*; Blumenkasten *m*

mach|aca *f* Stößel *m*; **~acado** *m* Zerkleinern *n*; Zerstoßen *n*; Stampfen *n*; Quetschen *n*; **~acadura** *f*, **~acamiento** *m* → ***~acado***; **~acar** ⟨-c/qu-⟩ **I** *tr* (zer-)stampfen; (zer)stoßen; (zer)brechen; mahlen; KOCHK *Fleisch* klopfen; *Nüsse* knacken; *übertr* eintrichtern, -hämmern, -pauken **II** *intr* zudringlich *od* lästig sein; **~acón I** *Adj* aufdringlich **II** *m* aufdringlicher Mensch *m*; **~aconería** *f* Aufdringlichkeit *f*; **~ado** *Am reg* betrunken; **~aqueo** *m* → ***~acado*** *u* → ***~aconería***; *übertr* Paukerei *f*; Belästigung *f*; **~arse** *Am reg* sich betrinken

machamartillo: ***a ~*** fest (angenagelt); solide (gebaut); eingefleischt ◇ ***creer algo a alg a ~*** jmdm etw blindlings glauben

machet|azo *m* Schlag *m mit einer Machete*; **~e** *m* Machete *f*, Buschmesser *n*; **~ear** *tr* niedersäbeln; **~ero** *m* Zuckerrohrschläger *m*

mach|ismo *m* Machismo *m*, Männlichkeitskult *m*, -gebaren *n*; **~ista I** *Adj* sich besonders männlich aufführend; Macho- **II** *m* Macho *m*, Chauvi *m umg*; **~o I** *Adj* stark; kräftig; männlich; tapfer **II** *m* männliches Tier *n*, Männchen *n*; *verächtl* Kraftprotz *m*; *Werkstück* eindringender *od* vorragender Teil *m*; *Ziegel* Mönch *m*; Bolzen *m*; TECH Dorn *m*; Stift *m*; Vorschlaghammer *m*; Gewindebohrer *m*; *Gießerei* Kern *m*; ARCH Stützpfeiler *m*; Dummkopf *m*; **~ona** *f* Mannweib *n*; **~ota** *f And*, *Méx* → ***~ona***; **~ote I** *Adj* sehr männlich **II** *m übertr* ganzer Kerl *m*; *AmC*, *Ec*, *Méx* Muster *n*, Entwurf *m*

machuc|adura *f*, **~amiento** *m* Zerquetschen *n*, -stoßen *n*; **~ante** *Col umg* Kerl *m*, *verächtl* Subjekt *n*; **~ar** ⟨-c/qu-⟩ *tr* zerstampfen, zerquetschen; *Gelenk*, *Glied* quetschen

machucho *übertr* gesetzt, reif; verständig; alt

maci|cez *f* Festigkeit *f*; Dicke *f*; Massivität

M

f; **~lento** blass; verhärmt; **~za** *Frau* gut gebaut *umg*; **~zo I** *Adj* massig; voll; dicht; fest; massiv; *Mann* groß und kräftig; *übertr* gewichtig; beharrlich; unermüdlich **II** *m* GEOL, GEOGR Massiv *n*; BERGB Pfeiler *m*; Blumenbeet *n*; Baumgruppe *f*

macolla *f* Büschel *n von Ähren, Blumen usw*

macro *f* INFORM Makro *n* ◇ **grabar una ~** ein Makro aufzeichnen

macro|biótica *f* Makrobiotik *f*; **~clima** *m* Makroklima *n*; **~cosmo(s)** *f* Makrokosmos *m*; **~economía** *f* Makroökonomie *f*, Gesamtwirtschaft *f*; **~económico** gesamtwirtschaftlich; **~scópico** makroskopisch

mácula *f* WISS, *lit* Fleck(en) *m*; Makel *m*; Betrug *m*; **~s solares** Sonnenflecken *m/Pl*; **sin ~** makellos

maculatura *f* Makulatur *f*; Altpapier *n*

macut|ada *f*, **~azo** *m Militärslang* Latrinenparole *f*; **~o** *m* Beutel *m*; Ranzen *m*; Tornister *m*

Madagascar *m* Madagaskar *n*

madeja *f* Strähne *f*; Strang *m*; Knäuel *n*; Haarbüschel *n*; Schlappschwanz *m kraftloser Mensch*; **~ sin cuenta** verworrene Angelegenheit *f*; Wirrkopf *m*

madera I *f* Holz *n*; Nutzholz *n*; *Fußball* Pfosten *m*; **~ aserrada** *od* **de sierra** Schnittholz *n*; **~ chap(e)ada** (**contrachap(e)ada** *od* **terciada**) Furnier-(Sperr)holz *n*; **~ de construcción** Bauholz *n*; **~s finas** *od* **preciosas** Edelhölzer *n/pl* ◇ **revestir de ~** mit Holz verkleiden, täfeln; **ser de buena** (**mala**) **~** einen guten (schlechten) Charakter haben; gute (schlechte) Veranlagungen haben; **ser de la misma ~** *übertr* aus dem gleichen Holz geschnitzt sein; **tener ~ de u/c** *übertr* das Zeug zu etw haben; **tocar ~** *übertr* auf Holz klopfen **II** *m* Madeira(wein) *m*

mader|able *Wald, Baum* Nutzholz liefernd; **~aje** *m*, **~amen** *m* Gebälk *n*; Fachwerk *n*; **~ería** *f* Holzlager *n*; Holzhandlung *f*; **~ero I** *Adj* Holz- **II** *m* Holzhändler *m*; **~o** *m* (Stück *n*) Holz *n*; Langholz *n*; Balken *m*; *übertr* Klotz *m*; Tölpel *m*; Bulle *m Polizist*

madrastra *f* Stiefmutter *f*; Schädliches *n*

madre I *Adj* ⟨*unv*⟩ Mutter- **II** *f* Mutter *f auch* REL; Muttertier *n*; ANAT Gebärmutter *f*; Ursprung *m*; Ursache *f*, *übertr* Quelle *f*; *Fluss* Bett *n*; BAUW, TECH (Haupt-) Träger *m*; *Essig, Wein* Bodensatz *m*, Hefe *f*; **~ alquilada** Leihmutter *f*; **~ desnaturalizada** Rabenmutter *f*; **¡~ de Dios!** um Gottes willen!; **¡~ mía!** *Entsetzen* Oh Gott!; **~ patria** Mutterland *n*; *Am* → **España**; **~ política** Schwiegermutter *f*; **~ soltera** allein Erziehende *f allein erziehende Mutter*; **¡ahí está** *od* **esa es la ~ del cordero!** *übertr* das ist des Pudels Kern!; **ciento y la ~** *umg* Himmel und Menschen *eine Menge Leute*; **como la ~ lo** *bzw* **la echó al mundo** splitternackt; **¡mi ~!** *Ärger, Entsetzen, Staunen, Überraschung* Mein Gott (nochmal)!; **¡su ~!** *grobe Antwort auf eine Beleidigung*; ◇ **estar de ~** *Cu umg Personen, Sachen, Situation* sehr schlecht sein; *gesundheitlich u allg* übel dran sein; **estar** *od* **ser de ~** *Am umg* sehr schlecht sein; ausgezeichnet *od* hervorragend sein; **sacar de ~ a alg** jmdn auf die Palme bringen *ärgern*; **salirse de ~** *Fluss* über die Ufer treten; über die Stränge schlagen; zu weit gehen *sich zu viel erlauben*; *Sprichw* **tal ~, tal hijo** der Apfel fällt nicht weit vom Stamm

madr|eperla *f* Perlmutt(er *f*) *n*; **~ero** verwöhnt; verhätschelt

Madrid *m* Madrid *n*; **⁓ista** → **madrileño**; Anhänger *m bzw* Mitglied *n* des Fußballklubs Real Madrid

madrigad|a *Frau* in zweiter Ehe verheiratet; **~o** erfahren, bewandert

madrigal *m* MUS, LIT Madrigal *n*

madriguera *f* (Kaninchen-)Bau *m*; Schlupfwinkel *m*; Spelunke *f*

madrileño I *Adj* Madrider **II** *m*, **-a** *f* Madrider(in) *m(f)*

madrina *f* (Tauf-)Patin *f auch* MAR, Patentante *f*; **~ de boda** Trauzeugin *f*

madroño *m* Erdbeerbaum *m*; Troddel *f*

madrugada *f* früher Morgen *m*; Morgengrauen *n*; frühes Aufstehen *n*; **de ~** bei Tagesanbruch; in aller Frühe; **hacia** (**hasta**) **la ~** kurz vor Morgengrauen (bis spät nach Mitternacht)

madrugador I *Adj* frühzeitig anberaumt *od* durchgeführt **II** *m* Frühaufsteher *m*

madrugar ⟨-g/gu-⟩ **I** *intr* früh aufstehen; **~ mucho** sehr früh aufstehen; *Sprichw* **a quien madruga, Dios le ayuda** Morgenstund(e) hat Gold im Mund(e) **II** *tr jmdm* zuvorkommen

madur|ación *f* (Aus-)Reifen *n*, Reifung *f auch übertr*; Altern *n*; Geschlechtsreife *f*; **~ado** ausgereift *auch übertr*; reiflich; **~amiento** *m* → **~ación**; **~ar I** *tr* zur Reife bringen; reiflich überlegen **II** *intr* (heran)reifen, reif werden *auch übertr*; altern; vernünftiger werden; **~ez** *f* Reife *f auch übertr*; Verstand *m*; reif(er)es Alter *n*; **~o** reif *auch* MED *u übertr*; (aus)gereift; reiflich; klug; ausgewachsen

maestra *f* (Grundschul-)Lehrerin *f*; Meisterin *f*; BIOL Bienenkönigin *f*; MAR Großsegel *n*; ARCH Richtlatte *f*; TECH Hauptschlüssel *m*; **~ de párvulos** Kindergärtnerin *f*

M

maestría *f* Meisterschaft *f*, *übertr* Kunst *f*, Geschick(lichkeit *f*) *n*; Meisterwürde *f*; Meistertitel *m*
maestro I *Adj* meisterhaft; ausgezeichnet; Meister-; Haupt- **II** *m* (Grundschul-)Lehrer *m*; HANDW, KUNST *u übertr* Meister *m auch als Anrede*; MUS Maestro *m Komponist od großer Musiker od Orchesterdirigent*; **~ *alumno*** Lehrerpraktikant *m*; **~ *de ceremonias*** (***cocina***) Conférencier *m* (Chefkoch *m*); **~ *concertator*** Korrepetitor *m*; **~ *de ejecutivos*** (***obras***) Managementberater *m* (Bauleiter *m*)
mafia *f* Maf(f)ia *f*; **~ *de la droga*** Drogenmaf(f)ia *f*
mafioso I *Adj* mafios, Maf(f)ia - **II** *m* Mitglied *n* der Maf(f)ia, Mafioso *m*
magacín *m*, **magazín** *m* ZTGSW Magazin *n*; Magazin *n Patronenkammer der Schusswaffe*
magazine *m* ZTGSW Magazin *n*
magdalena *f Esp ein kleines rundes Biskuitgebäck*
Magdeburgo *f* Magdeburg *n*
magia *f* Zauberkunst *f*, Magie *f*; Zauberei *f*
magiar I *Adj* madjarisch, ungarisch **II** *m* Madjar *m*, Ungar *m*
mágic|a *f* Zauberkunst *f*, Magie *f*; Zauberin *f*; **~o I** *Adj* zauberhaft; magisch; Zauber- **II** *m* Zauberer *m*, Magier *m*
magín *m umg für* ***imaginación***; *übertr* Köpfchen *n*
magisteri|al Lehramts-; Lehrer(schafts)-; **~o** *m* Lehramt *n*; Lehrerschaft *f*
magistr|ado *m*, **~ada** *f* höhere(r) Justizbeamter(-in) *m(f)*; Richter(in) *m(f)*; **~al** meisterhaft; Meister-; Präzisions-; PHARM nach ärztlicher Vorschrift bereitet
magistratura *f Richter* Amt(szeit *f*) *n*; Behörde *f*; **♀ *de(l) Trabajo*** *Esp* Arbeitsgericht *n*; ***primera* ~** *Méx* Präsidentenamt *n*
magma *m* CHEM, GEOL, MED Magma *n*
magn|animidad *f* Großherzigkeit *f*, -mut *m*; Edelmut *m*; **~ánimo** großherzig, -mütig; edelmütig; **~ate** *m* Magnat *m*
magn|esífero magnesiumhaltig; **~esio** *m* Magnesium *n*; **~ético** magnetisch; Magnet-
magnet|ismo *m* Magnetismus *m*; **~izar** ⟨-z/c-⟩ *tr* magnetisieren *auch übertr*; **~ófono** *m* Tonbandgerät *n*; **~oscopio** *m* TV Videorekorder *m*
magn|icidio *m* Präsidentenmord *m*; Ermordung *f* einer hoch gestellten Persönlichkeit; Massenmord *m*; **~ificar** ⟨-c/qu-⟩ *tr* rühmen; verherrlichen; hochspielen, aufbauschen; **~ificencia** *f* Herrlichkeit *f*; Pracht *f*; *Titel* Magnifizenz *f*; **~ífico** herrlich; großartig; **~itud** *f* MATH, WISS *u übertr* Größe *f*; *übertr* Umfang *m*; Ausmaß *n*, Trag-, Reichweite *f*; Größenordnung *f*; **~o** *nur übertr* groß
magnolia *f* Magnolie *f*
mago *m* Magier *m*; Zauberer *m*; Zauberkünstler *m*
magrear *tr vulg jmdn* befummeln
Magreb *m* Maghreb *m*, Nordwesten *m* Afrikas
magreb|í ⟨*Pl* ***magrebíes***⟩, **~ino I** *Adj* nordwestafrikanisch, Nordwestafrika-, maghrebinisch, Maghreb- **II** *m* Maghrebiner *m*, Nordwestafrikaner *m*
magr|eo *m vulg* Befummeln *n*; **~ez** *f* Magerkeit *f*; **~o** mager *auch übertr*; hager
magull|adura *f*, **~amiento** *m* Quetschung *f*; Quetschen *n*; **~ar** *tr* quetschen; **~ón** *m* Quetschwunde *f*
Maguncia *f* Mainz *n*
maguntino I *Adj* Mainzer **II** *m* Mainzer *m*
maharajá *m* Maharadscha *m*
mahometano I *Adj* mohammedanisch **II** *m* Mohammedaner *m*
mahonesa *f* → ***mayonesa***
mailbox *m* INFORM, TEL Mailbox *f*
maillot *m* ⟨*Pl* ***maillots***⟩ SPORT Trikot *n*; **~ *amarillo*** *Radsport* gelbes Trikot *n*
maíz *m* Mais *m*
maja *f* hübsches Mädchen *n*, Schöne *f*
majad|erear *tr Am* belästigen; plagen; **~ería** *f* Blödelei *f*, albernes Geschwätz *n*; **~ero I** *Adj* dumm; albern; lästig **II** *m* Stößel *m*; Klöppel *m*; Dummkopf *m*, Trottel
majareta bescheuert, -hämmert *verrückt*
majestad *f* Majestät *f*; Würde *f*; ***Su* ♀** Seine *bzw* Ihre Majestät
majestuoso majestätisch; würdevoll; herrlich
majo I *Adj* hübsch; schmuck; kess; herausgeputzt **II** *m* hübscher Kerl *m*; Stutzer *m*
mal I *Adj* → ***malo*** **II** *Adv* schlecht; schlimm; übel; falsch; schwerlich, kaum; wenig; **~ *que bien*** schlecht und recht, mit Ach und Krach *umg*; ***de* ~ *en peor*** immer schlechter *od* schlimmer; vom Regen in die Traufe; ***¡menos* ~!** zum Glück! das geht ja noch!; Gott sei Dank!; ***menos* ~ *que*** + *Ind* wenigstens; immerhin; zum Glück ◇ ***decir* ~ *de alg*** jmdm Übles nachreden; ***estar* ~** übel dran sein; ***estoy* ~** mir geht's schlecht; **~ *que le pese*** er *bzw* sie mag wollen oder nicht; gegen seinen *bzw* ihren Willen; ***no lo hizo a* ~** er *bzw* sie hat es nicht absichtlich getan; ***salir* ~** misslingen; ***no me lo tomes a* ~** nimm es mir nicht übel **III** *m* Leid *n*; Übel *n*; Schlechtes *n*; Unglück *n*; Leiden *n*, Krankheit *f*; → ***enfermedad***; **~ *de*** (***las***) ***altura(s)***, **~ *de montaña*** (***espacio***; ***mar***; ***vuelo***) Höhen-, Berg-(Raum-; See-;

Luft)krankheit *f*; **~ de cabeza (garganta)** Kopf-(Hals)weh *n umg*; **~ necesario** notwendiges Übel *n*; **~ de las vacas locas** *umg* Rinderwahn(sinn) *m*; **el ~ menor** *od* **el ~ menos peor** *übertr* das kleinere Übel; ◇ **atacar el ~ por su raíz** das Übel bei der Wurzel packen; **dar ~ por bien** Gutes mit Bösem vergelten; **no hacer ~ a nadie** niemandem etw zuleide tun; **parar en ~** schlecht ausgehen *od* enden; *Sprichw* **quien escucha, su ~ oye** der Lauscher an der Wand hört seine eigene Schand'

malabar|ismo *m* Jonglierkunst *f*; Geschicklichkeit *f*, *übertr* Kunststück *n*; *verächtl übertr* Seiltänzerei *f*, Hokuspokus *m*; **~ista** *m* Jongleur *m*; *oft verächtl übertr* Zauberkünstler *m*

mala|consejado schlecht beraten; **~costumbrado** verwöhnt; **~crianza** *f Am* schlechte Erziehung *f*; Ungezogenheit *f*

Málaga *m* Málaga *n*; ♀ *od* **vino** *m* **de ~** Malaga(wein) *m*

malagradecido undankbar

malagueño I *Adj* aus Málaga **II** *m*, **-a** *f* Einwohner(in) *m(f)* Málagas

mal|agueta *f* Tabascopfeffer *m*; **~amente** *Adv* knapp, gerade noch ausreichend; → **mal II**; **~andante** unglücklich; **~andrín** *m* Übeltäter *m*; Bösewicht *m*

mala|pata *m(f) übertr* Pechvogel *m*; **~quita** *f* MINER Malachit *m*

malari|a *f* Malaria *f*; **~o** malariakrank; **~oterapia** *f* Malariabehandlung *f*

Malasia *f* → **Malaysia**

mala|úva *f* Fiesling *m*; **~venido** uneinig; unzufrieden; **~ventura** *f* Unglück *n*; **~venturado** unglücklich

Mala|vi *m*, **~wi** *m* Malawi *n*

malawiano I *Adj* malawisch **II** *m* Malawier *m*

malayo I *Adj* malayisch **II** *m*, **-a** *f* Malaye(-in) *m(f)*

Malaysia *f* Malaysia *n*

malaysio I *Adj* malaysisch **II** *m*, **-a** *f* Malaysier(in) *m(f)*

mal|baratar *tr* unter dem Preis verkaufen; verscherbeln *umg*, -schleudern; verschwenden; vergeuden; vereiteln, *übertr* verderben; **~casado** unglücklich verheiratet; **~comido** schlecht ernährt; **~contento** unzufrieden; rebellisch; **~criadez(a)** *f Am* Ungezogenheit *f*; Flegelhaftigkeit *f*; **~criado** schlecht erzogen; ungezogen; flegelhaft; *Kind* verwöhnt; **~dad** *f* Bosheit *f*; Schlechtigkeit *f*; **~decir** ⟨→ **decir**, *aber regelmäßiges Part* **maldecido**⟩ **I** *tr* verfluchen, -wünschen **II** *intr* fluchen; lästern, schlecht reden (**de** über); **~diciente** lästerlich; verleumderisch

maldición *f* Fluch *m*, Verwünschung *f*; **¡~!** verdammt! ◇ **echar una ~** einen Fluch ausstoßen; verfluchen (**contra alg** jmdn)

mal|dispuesto abgeneigt; missmutig; → **indispuesto**; **~dito** verflucht, -dammt; verflixt

Maldivas *f/Pl*: (**las Islas**) **~** Malediven(inseln) *f/Pl*

maldivo I *Adj* maledivisch **II** *m* Malediver *m*; das Maledivische *Dialekt*

maleante I *Adj Person* böse, schlecht, übel **II** *m* Spitzbube *m*; Übeltäter *m*; **~s** *Pl* Gesindel *n*

malear *tr Person sittlich*, *Sachen* verderben

malecón *m* Uferstraße *f*; Ufer- *bzw* Flussdamm *m*; (Hafen-)Mole *f*; Kai *m*; Deich *m*

male|dicencia *f* Lästerung *f*; Verleumdung *f*; üble Nachrede *f*; **~ficencia** *f* Bosheit *f*; **~ficio** *m* Hexerei *f*, Zauber *m*; Unheil *n*; Schaden *m*

maléfico schädlich, Unheil bringend

mal|ejo *Gesundheitszustand* ziemlich mies *umg od* schlecht; **~emplear** *tr* zweckentfremden; **~entendido** *m* Missverständnis *n*

malestar *m* Unwohlsein *n*, Übelkeit *f*; Miss-, Unbehagen *n*; Befremden *n*, Unwille(n) *m*; Misere *f* ◇ **causar ~** Ärger verursachen

maleta I *f* (Hand-)Koffer *m*; *umg* KFZ Kofferraum *m*; *Am reg* Buckel *m*; (**~**) **portafolios** *m* Aktenkoffer *m* ◇ **hacer** *od* **preparar** (**deshacer**) **la(s) ~(s)** den (die) Koffer packen *auch übertr* (auspacken) **II** *m*, *f* SPORT, TAUR *verächtl* Flasche *f schlechter Spieler od Stierkämpfer*; *verächtl* Trottel *m*

malet|ero *m* Gepäckträger *m auch* KFZ; KFZ Kofferraum *m*; Kofferhändler *m*; **~ica** *f Fahrrad* Satteltasche *f*; **~ín** *m* Aktentasche *f*; Akten- *bzw* Diplomatenkoffer *m*; Arzttasche *f*; Instrumenten- *bzw* Werkzeugtasche *f*; → **~ica**

malevolen|cia *f* Böswilligkeit *f*, Niederträchtigkeit *f*; **~te** → **malévolo**

malévolo I *Adj* böswillig, niederträchtig; feindselig **II** *m* Bösewicht *m*

maleza *f* Unkraut *n*; Gesträuch *n*, Gestrüpp *n*; Dickicht *n*; *Cu*, *Nic*, *RD* → **malestar**

malform|ación *f* Missbildung *f*; **~ado** missgebildet

malgache I *Adj* madagassisch **II** *m(f)* Madagasse(-in) *m(f)*; das Madagassische

malgas|tador *m* Verschwender *m*; **~tar** *tr* verschwenden; vergeuden; **~to** *f* Verschwendung *f*; Vergeudung *f*

malgeni|ado, **~oso** *Am* jähzornig, reizbar; schlecht gelaunt

mal|habido unrechtmäßig erworben; **~hablado** verleumderisch; unverschämt (redend); unflätig (redend); **~hecho** miss-

gestaltet; **~hechor** *m* Misse-, Übeltäter *m*; **~herir** ⟨-ie/i-⟩ *tr* schwer verwunden; **~humor** *m* schlechte Laune *f*; **~humorado** schlecht gelaunt
Malí *m* Mali *n*
malici|a *f* Bosh(aftigk)eit *f*; Bösartigkeit *f*; Verschlagenheit *f*; *moralische* Verdorbenheit *f*; **~s** *Pl* Argwohn *m*, Verdacht *m*; **~arse** Schlechtes denken; Argwohn hegen; moralisch verkommen; **~oso** boshaft; bösartig; hämisch; maliziös; verschmitzt; argwöhnisch
maliense I *Adj* malisch **II** *m(f)* Malier(in) *m(f)*
malign|arse *Krankheit* bösartig werden; **~idad** *f* Bösartigkeit *f auch Krankheit*; Bosh(aftigk)eit *f*; **~o** *bes Krankheit* bösartig; gefährlich; böse; boshaft; schadenfroh; maliziös; *Winter* streng
malin|formación *f* → ***desinformación***; **~formar** *tr* → ***desinformar***; **~tencionado** böswillig; heimtückisch; **~terpretar** *tr* missdeuten, -verstehen; falsch interpretieren *od* wiedergeben
mal|ísimo *Sup von* → ***mal*** **II** *u* → ***malo*** sehr schlecht; hunde- *od* hundsübel *umg*; **~ito** → ***malejo***
malla *f* TEXTIL Masche *f*; *Akrobat, Sportler, Tänzer* Trikot *n*; *Rpl* Badeanzug *m*; *Ur* (Uhren-)Armband *n*; **~s** *Pl* SPORT (Tor-) Netz *n*
Mallorca *f* Mallorca *n*
mallorquín I *Adj* mallorquinisch **II** *f* Mallorquiner *m*; das Mallorquinische
mal|mandado ungehorsam; **~meter** *tr* vergeuden; schlecht anwenden; *jmdn* verleiten; **~mirado** *Person* schlecht angesehen, unbeliebt; rücksichtslos; **~nutrición** *f* Unterernährung *f*; **~nutrido** unterernährt
malo I *Adj* (*vor m/Sg* **mal**: ***un mal negocio***) schlecht; übel; schlimm; böse *auch übertr*; boshaft; bösartig *auch übertr*; wertlos; unbrauchbar; gefährlich; schädlich; unangenehm; *Kind* ungezogen; *Charakter, Lebensmittel* verdorben; krank; ***por las malas*** mit Gewalt ◇ ***andar*** *od* ***estar a malas con alg*** *übertr* mit jmdm auf gespanntem Fuße stehen; ***estar de malas*** Pech haben; schlechte Laune haben; sich *einander* nicht gut verstehen *verfeindet sein*; ***ponerse ~*** krank werden **II** *m*: ***el ~*** der Böse (-wicht); ***lo ~*** das Schlimme, das Übel
malogr|ado früh verstorben; verunglückt *misslungen*; **~ar** *tr* versäumen; verpfuschen; zum Scheitern bringen; **~arse** misslingen; fehlschlagen; sehr *od* zu früh sterben; *sich etw* kaputtmachen *auch übertr od* verderben; **~o** *m* Misslingen *n*; Fehlschlag *m*

mal|oliente übel riechend; **~parado** übel zugerichtet; ramponiert; beeinträchtigt
malpensado argwöhnisch; übel wollend ◇ ***ser ~*** immer gleich das Schlechte annehmen; immer an Zweideutigkeiten denken
mal|querencia *f* Abneigung *f*; **~quistar(se)** *tr* (sich) verfeinden; **~sano** ungesund; (gesundheits)schädlich; **~sonante** *Worte, Wörter* anstößig, derb
malta *f* Malz *n*; Malzkaffee *m*; *AmS* Malzbier *n* (*mit Alkohol*)
Malta *f* Malta *n*
maltés I *Adj* maltesisch **II** *m*, **-esa** *f* Malteser(in) *m(f)*
maltosa *f* CHEM Maltose *f*
maltrat|ar *tr* misshandeln; *Tiere* quälen; schlecht *od* lieblos umgehen *mit etw od jmdm*; beschädigen; anbrüllen; **~o** *m* Misshandlung *f*
maltrecho übel zugerichtet; ramponiert
maltusianismo *m* POL Malthusianismus *m*
malucho unpässlich, nicht (ganz) auf der Höhe; *Stoff* schäbig
malva I *Adj* ⟨*unv*⟩ malvenfarben **II** *f* BOT Malve *f* ◇ ***estar criando ~s*** *umg* unter der Erde liegen, tot sein; ***irse a criar ~s*** abkratzen *sterben*
malvado I *Adj* böse **II** *m* Bösewicht *m*, ruchloser Mensch *m*
malvavisco *m* BOT Eibisch *m*
mal|vender *tr* verschleudern *unter dem Preis verkaufen*; **~versación** *f* (***de fondos***) Veruntreuung *f*; Unterschlagung *f*; **~versador** *m* Betrüger *m*; **~versar** *tr* veruntreuen; unterschlagen
Malvinas *f/Pl*: ***las*** (***Islas***) **~** die Malvinen *Pl od* Falklandinseln *f/Pl*
malvin|ense, **~ero I** *Adj* Malvinen- *auf die Falklandinseln bezogen* **II** *m* Bewohner *m* der Malvinen *od* Falklandinseln
malvivir *intr* miserabel leben, dahinvegetieren
mama *f* (weibliche) Brust *f*; Brustdrüse *f*; Euter *n*; *Kindersprache u reg umg* Mama *f*
mam|á *f umg* Mama *f*, Mutti *f*; **~ada** *f* Saugen *n an der Mutterbrust*; *Am umg* vorteilhaftes Geschäft *n*; *Arg* Rausch *m Trunkenheit*; **~adera** *f Säuglingsmilchflasche* Sauger *m*; Milchpumpe *f*; *Am* Babyflasche *f*; **~ado** besoffen *umg*
mamar I *intr/tr Muttermilch* saugen; gierig schlucken *bzw* schlingen; *übertr* absahnen **II** *tr etw* mit der Muttermilch einsaugen; einheimsen; einen zischen *trinken*; ***dar de ~*** *Kind* stillen; *Jungtier* säugen; **~se** *bes Am, auch Esp* sich einen ansäuseln *sich betrinken*
mamarrach|ada *f* Dummheit *f*; Quatsch *m*;

M

Pfusch(erei *f*) *m*; Geschmiere *n*; **~esco** ausgesprochen kitschig; **~o** *m verächtl übertr* Ölgötze *m*; Stümper *m*; → **~ada**
mambo *m Tanz* Mambo *m*
mameluco *m Am reg* Hemd-, Latzhose *f*; Arbeits-, Schutzanzug *m*, Overall *m*
mam|ífero *m* Säugetier *n*; **~ita** *f* Frauchen *n vom Hund*; **~ografía** *f* Mammographie *f*; **~ón I** *Adj Säugling* noch nicht vom Stillen abgesetzt **II** *m* Säugling *m*; Tierjunges *n*; Schurke *m*; *Am* Säufer *m*
mamotreto *m* Wälzer *m dickes Buch*; Schmöker *m wertloses Buch*; Tollpatsch *m*; *übertr* Theater *n*, Riesenaufstand *m*, Gewese *n*; *verächtl übertr* Riesenapparat *m*
mampar|a *f* spanische Wand *f*; Wandschirm *m*; Gazefenster *n*; **~o** *m* MAR Schott *n*
mamporro *m* Knuff *m leichter Schlag od Stoß*
mampostería *f* Mauerwerk *n*; Mauerung *f*
maná *m* REL Manna *n*; *übertr* Segen *m* von oben
manada *f* Herde *f*; Rudel *n*
manager *m*(*f*) ⟨*Pl* ***managers***⟩ Manager(in) *m*(*f*) *auch* SPORT
man|antial *m* Quelle *f*; Kraftquell *m*; **~ar** *intr*/*tr* quellen; fließen; (aus)strömen; entspringen *stammen*
manaza *f verächtl* Pranke *f*, Pfote *f*; **~s** *m*(*f*) Tolpatsch *m*
mancar ⟨-c/qu-⟩ *tr jmdm* die Hand *od* die Hände ab- *bzw* zerschlagen; *Gliedmaßen* verstümmeln
manceb|a *f* junges Mädchen *n*; Konkubine *f*; **~o** *m* Jüngling *m*; junger Bengel *m*, Bursche *m*; Gehilfe *m*
mancha *f* Fleck *m auch übertr*, Klecks *m*; Makel *m*, Schandfleck *m*; Muttermal *n*; TEXTIL Tupfen *m*; ***~ de aceite*** (***petróleo***) Ölfleck *m* (Öllache *f*); ***~s hepáticas*** (***solares***) Leber-(Sonnen)flecken *m*/*Pl*
Mancha: ***La ~*** die Mancha *Landschaft in Spanien*
manch|ado fleckig; **~ar** *tr* beschmutzen *auch übertr*; *übertr* beflecken, schänden; **~arse** sich beschmutzen *auch übertr*; sich bekleckern *umg*; **~ego** aus der → ***Mancha***
manchú ⟨*unv bei f*, *Pl* ***manchúes***⟩ **I** *Adj* mandschurisch **II** *m* Mandschu *m*; das Mandschu
Manchuria *f* Mandschurei *f*
manchuriano → ***manchú***
mancill|a *f* Makel *m*, *übertr* Fleck *m*; **~ar** *tr Ehre* beflecken
manco einarmig; mit verkrüppelter Hand; unvollständig ◇ ***no ser ~*** goldene Hände haben *geschickt sein*
mancom|ún, **~unado**, *Chi* **~unal** gemeinschaftlich, gemeinsam, Gemeinschafts-; **~unar** *tr Aktionen*, *Interessen*, *Kräfte* vereinen; gemeinschaftlich verpflichten; **~unidad** *f* Gemeinschaft *f auch übertr*; Gemeindeverband *m*; Zweckverband *m*; Bündnis *n*
mancuernas *f*/*Pl AmC u AmS reg*, *Méx* Manschettenknöpfe *m*/*Pl*
mand|adero *f* Laufbursche *m*, Bote(ngänger) *m*; **~ado** *m* Auftrag *m*; Befehl *m*; Besorgung *f*; **~amás** *m*(*f*) *umg* Chef(in) *m*(*f*), Boss *m*; *übertr* Halsabschneider *m*
mandamiento *m* REL Gebot *n*; JUR Verfügung *f*, Weisung *f*; ***~ citario*** Vorladungsschreiben *n*; ***~ de pago*** Mahnbescheid *m*
mandanga *f* Trägheit; **~s** *Pl* (sinnloses) Getue *m*
mandante *m* Auftraggeber *m*; JUR Mandant *m*
mandar I *intr*/*tr* befehlen; anordnen **II** *tr* MIL führen; befehligen; (zu)schicken; versenden; (über-, zu)senden; entsenden; TECH steuern; ***~(se) hacer u/c*** (sich) etw machen *od* anfertigen lassen; ***~ por alg*** *od* ***algo*** jmdn *od* etw holen lassen; ***¿mande?*** wie bitte?
mandarina *f* Mandarine *f*
mandatar *tr* beauftragen
mandatario *m*, **-a** *f* Beauftragte(r) *f*(*m*); Bevollmächtigte(r) *f*(*m*); Sachwalter(in) *m*(*f*); Regierungschef(in) *m*(*f*); ***primer ~*** Staatschef *m*, -oberhaupt *n*, Präsident *m*
mandato *m* Auftrag *m*; Mandat *n*; Befehl *m*; Vollmacht *f*; Anweisung *f auch* FIN; Amtsperiode *f*, -zeit *f*, -dauer *f*; Präsidentschaft *f*; ***~ de detención*** Haftbefehl *m*; ***~ de los electores*** Wählerauftrag *m*; ***~ excedente*** POL *Wahlen* Überhangmandat *n*; ***~ de cada instante*** Gebot *n* der Stunde ◇ ***formular un ~*** einen Auftrag erteilen
mandíbula *f* ANAT Kiefer *m*; Kinnlade *f*; ***~ inferior*** (***superior***) Unter-(Ober)kiefer *m* ◇ ***reír a ~ batiente*** sich kugeln vor Lachen
mandibular Kinn-; Kiefer(n)-
mandil *m* Schürze *f*, Schurz *m bes* HANDW
mandioca *f* BOT Maniok *m*; Maniokmehl *n*
mando *m* Macht *f*, Gewalt *f*, Herrschaft *f*; MIL Oberbefehl *m*, Befehlsgewalt *f*, Kommando *n*; TECH Steuerung *f*; Schaltung *f*; Bedienungs-, Schalthebel *m bzw* -knopf *m*; **~s** *Pl* POL Führung(sspitze) *f*, Führer *m*/*Pl*; MIL Befehlshaber *m*/*Pl*; WIRTSCH Führungskräfte *f*/*Pl*; ***~ a distancia*** TECH, TV Fernbedienung *f*; ***~s intermedios*** *od* ***de nivel medio*** mittleres Management *n*; ***♀ Supremo*** MIL Oberkommando *n*; ***~ universal*** TECH, TV Universalfernbedienung *f*; ***alto ~*** MIL Führung(sspitze) *f*; MIL Oberkommando *n* ◇ ***estar al ~ de ...*** MIL das

Kommando haben über ...; ***pasar al ~*** in die Leitung aufrücken

mandolina *f* MUS Mandoline *f*

mandón I *Adj* herrisch, herrschsüchtig **II** *m*, **-ona** *f* Anführer(in) *m(f)*; Boss *m umg*

mandr|ágora *f* BOT, MYTH Alraun(e *f*) *m*; **~ia** *m* Blödian *m*, Schwachkopf *m*; *verächtl übertr* Schlappschwanz *m*; **~il** *m* ZOOL Mandrill *m*

manduc|ar ⟨-c/qu-⟩*intr*/*tr* futtern *essen*; **~arse** verputzen *aufessen*; **~atoria** *f* Futter *n Essen*

mane|a *f* Strick *m*; **~cilla** *f Messinstrument, Uhr* Zeiger *m*; Hinweiszeichen *n weisende Hand*; Hebel *m*; *Fenster, Tür* Griff *m*

manej|abilidad *f* Handlichkeit *f*; TECH Bedienbarkeit *f*; Wendigkeit *f*; **~able** handlich; bequem (zu handhaben *od* zu bedienen); wendig; **~ar I** *tr* handhaben; TECH *etw* bedienen *od* betätigen; *ein* KFZ fahren *bzw* lenken; *Geschäft, Unternehmen* leiten, managen; *Konten, Waffe* führen; *etw* verwalten; *mit etw* umgehen (können); *jmdn od übertr etw* beherrschen; *etw od jmdn* in der Gewalt haben **II** *intr* Auto fahren; **~arse** sich (gut) zurechtfinden; zurechtkommen

manejo *m* Handhabung *f*, Umgang *m mit etw*, Gebrauch *m*; TECH Bedienung *f*, Betätigung *f*; Fahren *n eines* KFZ; Leitung *f*, Führung *f*, Management *n*; Verwaltung *f als Tätigkeit*; Beherrschung *f*; Gewandtheit *f*; ***~s*** *Pl* Machenschaften *f/Pl*; ***~ de cuentas*** (***mercancías***) Kontenführung *f* (Güter-, Warenumschlag *m*); ***~ del negocio*** Geschäftsführung *f als Tätigkeit*; ***de fácil ~*** benutzerfreundlich

manera *f* Art *f*; (Art *f* und) Weise *f*; Form *f*; Manier *f*; ***~s*** *Pl* Anstand *m*; Umgangsformen *f/Pl*; ***~ de actuar*** *od* ***obrar*** (***decir***; ***pensar***; ***ser***; ***ver***) Handlungsweise *f* (Redensart *f*; Meinung *f*, Denkart *f*; Wesensart *f*; Ansicht *f*); ***a ~ de*** etwa wie; nach Art + *Gen*; ***a la ~ de*** (eben)so wie; ***de ~ que*** sodass; + *subj* damit; ***de la ~ siguiente*** folgendermaßen; ***de ninguna*** (***otra***) ***~*** keinesfalls (andernfalls); ***de tal ~*** derart(ig); ***de todas ~s*** jedenfalls; auf jeden Fall; immerhin; ***de una ~ o de otra*** so oder so; ***en ~ alguna*** keineswegs; ***sobre ~*** → ***sobremanera*** ◇ ***acabar de mala ~*** schlecht enden; ***no hay ~*** (***de hacerlo***) es ist unmöglich (es lässt sich nicht machen)

manga[1] *f* Ärmel *m*; Schlauch *m*; Seihtuch *n*; Windsack *m*; Schiffsbreite *f*; *Konditor* Spritzbeutel *m*; ***~ de agua*** Wolkenbruch *m*; ***~ de bombero*** *od* ***incendio*** (***riego***) Feuerwehr-(Garten)schlauch *m*; ***~ marina*** (***~ de viento***) MAR Wasser-(Wind)hose *f*; ***de ~ larga*** (***corta***) lang-(kurz)ärm(e)lig; ***en ~s de camisa*** in Hemdsärmeln ◇ ***allí todo anda*** *od* ***está ~ por hombro*** dort geht alles drunter und drüber; ***echar a alg de ~*** jmdn als Strohmann benutzen; ***sacar***(***se***) ***de la ~ u/c*** *übertr* (sich) etw aus dem Ärmel *od* den Ärmeln schütteln

manga[2] *Cu* BOT → ***mango***[2]; **~dera** *f Cu umg* Reibach *m*

mangan|ato *f* CHEM Manganat *n*; **~esa** *f* Manganerz *n*; **~eso** *m* Mangan *n*; **~illa** *f* Trick *m*, Kniff *m umg*

mang|ante *m* Bettler *m*; *übertr* Nassauer *m*, Schnorrer *m*; Tagedieb *m*; **~ar** ⟨-g/gu-⟩ *tr* mausen, stibitzen; schnorren *Geld, Kleinigkeiten erbetteln*

mangl|ar *m Am* Mangrovendickicht *n*; **~e** *m* Mangrovenbaum *m*

mango[1] *m* Griff *m*; Stiel *m*, Schaft *m*

mango[2] *m* BOT Mango *f*; Mangobaum *m*; *Arg, Chi umg für* Geld(schein *m*) *n*

mang|onear *intr* herumlungern; *umg* sich in fremde Angelegenheiten einmischen; **~otes** *m/Pl* Ärmelschoner *m/Pl*; **~uera** *f* (Wasser-)Schlauch *m*; **~uito** *m* Muff *m Händewärmer*; RADIO, TECH Buchse *f*, Muffe *f*; *Rohr* Hülse *f*

man|i *f Kurzf für* ***manifestación***, Demo *f*; **~í** *m* ⟨*Pl* ***maníes***⟩ *Am reg* Erdnuss *f Frucht u Pflanze*; *Cu, PR umg für* → ***dinero***

manía *f* Wahn *m auch* MED; Manie *f*, *übertr* Sucht *f*; fixe Idee *f*; Marotte *f*; ***~s*** *Pl* Flausen *f/Pl törichte Einfälle*; ***~ persecutoria*** Verfolgungswahn *m* ◇ ***tener ~ a alg*** jmdn auf dem Kieker haben *umg nicht leiden können*; ***tener ~ por u/c, tener la ~ de u/c*** für etw schwärmen, auf etw (ganz) versessen sein

man|iaco, **~íaco** MED manisch; **~iático I** *Adj* MED manisch; irre, wahnsinnig; *Mensch* eigenartig, sonderbar, *übertr* komisch **II** *m* Verrückter *m*, Irrer *m auch übertr*; Sonderling *m*, komischer Kauz *m*; **~icomio** *m* Irrenanstalt *f*; **~icorto** knick(e)rig

manicura *f* Maniküre *f Handpflege u Handpflegerin* ◇ ***hacer la ~*** maniküren → *auch* ***hacer***(***se***) ***las manos***, → ***mano***

manido *Thema* abgegriffen, -gedroschen *Esswaren* nicht mehr frisch; *Obst* überrei

manierismo *f* KUNST, LIT Manierismus *m* Affektiertheit *f*

manifest|ación *f* Kundgebung *f*, Demonstration *f*; Manifestation *f*, Äußerung *f*, Bekundung *f*, Erklärung *f*; Anzeichen *n eine Krankheit*; REL Offenbarung *f*; ***manifestaciones*** *Pl* Erscheinungsformen *f/Pl* **~ante** *f* Demonstrant *m*, Kundgebungsteilnehmer *m*

manifest|ar ⟨-ie-⟩ **I** *tr* bekunden, erklären

manifestieren, äußern; zu erkennen geben, zeigen; offenbaren **II** *intr* demonstrieren, an einer Kundgebung teilnehmen; **~arse** → ***manifestar II***; *übertr* sich zeigen, deutlich *od* sichtbar werden; sich aussprechen (***por*** *bzw* ***contra*** für *bzw* gegen); sich äußern; ***manifestar(se) públicamente*** sich outen

manifiesto I *Adj* eindeutig, offen(kundig); erwiesen ◇ ***hacer ~ u/c*** *etw* bekunden **II** *m* Manifest *n auch* MAR; *Zoll* Ladungs- *bzw* Warenverzeichnis *n* ◇ ***poner de ~*** *übertr* deutlich machen *od* zeigen; ***ponerse de ~*** *übertr* sich herausstellen

manija *f* Griff *m*

Manila *f* Manila *n*

manilargo langfingrig *diebisch*; freigebig

manil|ense, ~eño I *Adj* aus Manila **II** *m* Einwohner *m* von Manila

manill|a *f* Kurbel *f*; Griff *m*; **~ar** *m Fahrrad* Lenkstange *f*; *Fahrrad, Motorrad* Lenker *m*

maniobra *f* FLUGW, MAR, MIL, RAUMF, TECH *u übertr* Manöver *n*; Handgriff *m*, -bewegung *f*; TECH Handarbeit *f*; Handhabung *f*; TECH Bedienung *f*, -tätigung *f*; Steuerung *f*; Trick *m*; Machenschaft *f*; **~s** *Pl* EISENB Rangieren *n*; KFZ Richtungsänderung *f*; ***~ de aproximación*** (***atraque***; ***~ para desatracar***) MIL, RAUMF Annäherungs- (MAR Anlege- *bzw* RAUMF (An-)Kopp(e)lungs-; RAUMF Abkopp(e)lungs)manöver *n*; ***~ de disimulación*** *od* ***engaño*** (***distracción***) MIL *u übertr* Täuschungs-(Ablenkungs)manöver *n*; ***~ de frenado*** TECH Bremsmanöver *n*; ***~s navales*** Flottenmanöver *n* (*Pl*); ***~s de resucitación*** Wiederbelebungsversuche *m/Pl* ◇ ***hacer ~s*** manövrieren; EISENB rangieren

maniobr|abilidad *f* KFZ Wendigkeit *f*; Manövrierfähigkeit *f*; Lenkbarkeit *f*; Bedienbarkeit *f*; **~able** lenkbar; bedienbar; manövrierfähig; **~ar** *intr/tr* manövrieren *auch übertr*; lenken, steuern; betätigen, bedienen; taktieren *taktisch vorgehen*; EISENB rangieren

manipul|ación *f* Manipulation *f auch übertr*; Umgang *m od* Umgehen *n* (***con u/c*** mit etw); Umschlag *m*, Umladen *n von Gütern*; Handhabung *f*, Bedienung *f*; *Vorgang* Handgriff *m*; Bearbeitung *f*; Verarbeitung *f*; Behandlung(sweise) *f*; *übertr* Kniff *m umg*; ***manipulaciones*** *Pl* Betrug *m*, Betrügereien *f/Pl*; Unregelmäßigkeiten *f/Pl*; Machenschaften *f/Pl*; **~ador** TECH Manipulator *m*; Taste *f*; *Funk* Taster *m*; Tastbrett *n*; **~ar I** *intr* (herum)hantieren (***en*** an); umgehen (***con u/c*** mit etw) **II** *tr/intr* manipulieren *auch übertr*; *Funk* tasten, funken **III** *tr* betätigen, -dienen; verarbeiten; *Geschäfte* betreiben; *bes Hafen Güter* umschlagen; **~eo** *m umg* → ***manipulación*** *übertr*

maniqu|eísmo *m übertr* Schwarzweißmalerei *f*; **~í** ⟨*Pl* ***maniquíes***⟩ **I** *m* Schaufensterpuppe *f*; Schneiderbüste *f*, -puppe *f*; *verächtl übertr* Marionette *f*; *übertr* Strohmann *m*; Dressman *m*; Dummy *m,n Puppe für Crashtests* **II** *f* Mannequin *n*

manirroto I *Adj* verschwenderisch **II** *m* Verschwender *m*

manisero *m Am reg* Erdnussverkäufer *m*

manita *f* Händchen *n*; **~s** *m(f) umg* sehr geschickter Mensch *m* ◇ ***darle una ~ a alg*** jmdm ein wenig helfen

manivela *f* (Hand-)Kurbel *f*; (Hand-)Griff *m*

manjar *m* Speise *f*, Gericht *n*; Leckerbissen *m auch übertr*

mano I *f* Hand *f auch übertr*; Hand voll; *Tier* Vorderfuß *m bzw* Pfote *f*; *Elefant* Rüssel *m*; Handschrift *f*; *Farbe* Anstrich *m*, Schicht *f*; Beistand *m*, Hilfe *f*; *Papier* 25 Blatt *Pl*; *Gesellschaftsspiel* Partie *f*, Runde *f*; *AmC, Ant Bananen* Bündel *n*; **~(s** *Pl*) *Fußball* Handspiel *n*; ***¡~s arriba!*** Hände hoch!; ***~ derecha*** *übertr* rechte Hand *f*; ***¡~s fuera de…!*** *Losung* Hände weg von…!; ***~ a ~*** *übertr* Hand in Hand; ***¡~s a la obra!*** an die Arbeit!; *Aufforderung zum Essen* nur zugelangt! ***~ de obra*** Arbeitskräfte *f/Pl*; Arbeitskraft *f*; ***a ~*** mit der Hand, TECH von Hand; zur Hand *verfügbar*; ganz in der Nähe; ***a ~ armada*** mit Waffengewalt, bewaffnet; gewaltsam; ***a ~ derecha*** (***izquierda***) rechts, zur Rechten (links, zur Linken); ***bajo ~*** unter der Hand *heimlich*; ***con las ~s cruzadas*** (***vacías***) untätig, müßig (mit leeren Händen; ergebnislos); ***de ~*** Hand-; ***de primera*** (***segunda***) ***~*** HDL aus erster Hand (aus zweiter Hand, gebraucht, alt; antiquarisch); ***en propia ~*** *Brief* persönlich (auszuhändigen *od* zu übergeben); ***escrito a ~*** handschriftlich, -geschrieben; ***hecho a ~*** handgemacht, -gearbeitet; ***por su propia ~*** eigenhändig ◇ ***abrir la ~*** (immer gleich) die Hand aufhalten *bestechlich sein*; ***apartar de sus ~s*** aus der Hand legen, ablegen; ***apretar*** *od* ***estrechar la ~ a alg*** jmdm die Hand drücken; ***bajar la ~*** im Preis nachlassen; ***caer*** *od* ***dar en ~s de alg*** in jmds Hände fallen *od* geraten; ***coger a alg con las ~s en la masa*** jmdn auf frischer Tat ertappen; ***coger de*** *od* ***por la ~*** *jmdn* anfassen *od* bei der Hand nehmen; ***dar la ~*** die Hand geben *od* reichen; ***le dio la ~, y él se tomó el codo*** *übertr* sie reichte

M

ihm den kleinen Finger, und er nahm die ganze Hand; ***dar*** *od* ***poner la última ~ a u/c*** *übertr* letzte Hand an etw anlegen; ***dar*** *od* ***echar una ~ a alg*** jmdm zur Hand gehen, jmdm helfen; ***dejar u/c en ~s de alg*** jmdm etw anvertrauen *od* überlassen; ***echar ~ a u/c*** *übertr* an etw Hand anlegen; nach etw greifen; auf etw zurückgreifen; ***echar ~ de alg*** (***u/c***) sich jmdn greifen *od* schnappen *umg* (*übertr* sich einer Sache bedienen, zu etw greifen); ***entregarse en ~s de alg*** sich jmdm ganz anvertrauen; *übertr* sich in jmds Hand begeben; ***escapársele*** *od* ***írsele a alg u/c de*** (***entre***) ***las ~s*** etw jmdm aus den Händen gleiten *die Kontrolle verlieren*; ***está en su ~*** *übertr* es liegt ganz in seiner (*bzw* ihrer; Ihrer; eurer) Hand; ***estar en buenas ~s*** *übertr* in guten Händen sein; ***gobernar con ~ dura*** ein strenges Regime(nt) führen; ***hacer***(***se***) ***las ~s*** (sich) maniküren (lassen); ***irse a las ~s*** handgreiflich werden; ***irse*** *od* ***venirse*** *od* ***volverse con las ~s vacías*** *übertr* mit leeren Händen abziehen, leer ausgehen; ***meter la ~ al fuego por alg*** *übertr* für jmdn die Hand ins Feuer legen; ***pasar a ~s de alg*** in jmds Besitz übergehen; ***pedir la ~*** um die Hand *eines Mädchens* anhalten; ***poner ~s a la obra*** sich ans Werk machen; ***quitarse u/c de las ~s*** *übertr* sich um etw reißen, sich etw aus den Händen reißen *etw unbedingt haben wollen*; ***tener a ~*** *jmdn od etw* zur Hand haben; ***tener ~ izquierda*** sehr geschickt sein; ***tener las ~s limpias*** (***sucias***) saubere (schmutzige) Hände haben *auch übertr*; ***tener buena*** (***mala***) ***~*** eine glückliche (unglückliche) Hand haben (***en*** bei, in); eine gute (schlechte) Handschrift haben; ***traerse entre ~s u/c*** *übertr* etw im Schilde führen; ***untar la ~*** *jmdn* schmieren *bestechen*; ***¡la ~ al corazón!*** Hand aufs Herz!; *Sprichw* ***una ~ lava la otra*** eine Hand wäscht die andere **II** *m*: ***~ a ~*** *bes übertr* Schlagabtausch *m*

manojo *m* Bündel *n*; Bund *n*; Büschel *n*; Hand *f* voll; ***~ de llaves*** (***nervios***) Schlüsselbund *m,n* (*übertr* Nervenbündel *n*)

manómetro *m* Manometer *n*, Druckmesser *m*

manopla *f* Fausthandschuh *m*; *Chi* Schlagring *m*

manose|ada *Frau* verbraucht; **~ado** *Thema* abgegriffen, -gedroschen; *Buch* zerlesen; **~ar** *tr* (zu viel) anfassen; fingern; betatschen *umg reg*; befummeln *umg*

manot|ada *f*, **~azo** *m* Schlag *m* mit der Hand; **~ear** *intr* mit den Händen (herum)fuchteln *bzw* gestikulieren

mansalva: ***a ~*** ohne eigene Gefahr; mit absoluter Sicherheit; aus dem Hinterhalt

mansarda *f* Mansarde *f*

mans|edumbre *f* Sanftmut *f*, Milde *f*; **~o** sanft, mild; zahm; *Gewässer* still

manta *f* (Bett-, Schlaf-)Decke *f*; Umhang *m*; Tracht *f* Prügel; ***~ eléctrica*** Heizdecke *f bzw* -kissen *n*; ***a ~*** (***de Dios***) in Hülle und Fülle; *regnen* literweise ◇ ***tirar de la ~*** *etw Unangenehmes* aufdecken

mantec|a *f* Schmalz *n*; *tierisches od pflanzliches* Fett *n*; *Am u Esp reg* Butter *f*; *Esp* Moneten *f/Pl*

mantel *m* Tischdecke *f*, -tuch *n*; **~ería** *f* Tischwäsche *f*

manten|ción *f* → ***mantenimiento***; **~edor** *m* Sprecher *m* der Jury *bei einem Preisausschreiben, Wettbewerb usw*; **~edora** *f* *AmC* Kasten *m*, Behälter *m*; *Am reg* Kühltruhe *f*; **~encia** *f* → ***mantenimiento***; **~er** ⟨→ ***tener***⟩ *tr* halten *auch übertr*; *Bedürftige, Beziehungen* unterhalten; ernähren, beköstigen; aufrechterhalten, wahren; (bei)behalten; instand halten; TECH warten; stützen; (weiterhin) meinen *od* die Meinung vertreten, *übertr* an etw festhalten; **~erse** seinen Lebensunterhalt bestreiten (***de*** mit), *von etw* leben; *übertr* sich halten; sich behaupten; **~ida** *f* ausgehaltene Geliebte *f*; **~ido** *Bemühen* beständig; *Geschwindigkeit* gleich bleibend

mantenimiento *m* Erhaltung *f*; Aufrechterhaltung *f*; Beibehaltung *f*; Instandhaltung *f*; TECH Wartung *f*; Unterhalt *m*; ***~ de jardines*** Gartenpflege *f*; ***~ del secreto*** Geheimhaltung *f*; ***libre de ~*** TECH wartungsfrei ◇ ***hacer ~ a u/c*** etw *z.B. Maschine* warten

mantequ|era *f* Butterdose *f*; Butterfass *n*; *Esp* Lebensmittelhändlerin *f*; **~ería** *f* Molkereiwaren(geschäft *n*) *f/Pl*; *Esp* Lebensmittelgeschäft *n*, -handlung *f*; **~ero** *m* *Esp* Lebensmittelhändler *m*; **~illa** *f* Butter *f*; **~illera** → ***~era***

mantilla *f* Kopf- *bzw* Schultertuch *n*, Umhang *m*, Mantille *f*; Einschlagtuch *n für Säuglinge*; **~s** *Pl* Windeln *f/Pl* ◇ ***estar en ~s*** (***todavía***) *übertr* noch *od* erst in den Kinderschuhen *od* Anfängen stecken

manto *m* weiter Mantel *m*; MINER Schicht *f*; ***~ vegetal*** Mutterboden *m*

mantón *m* Schultertuch *n*

mantuve → ***mantener***

manual I *Adj* manuell, Hand- **II** *m* Handbuch *n*; Lehrbuch *n*; Nachschlagewerk *n*; ***~ de instrucciones*** Bedienungsanleitung *f*, Anleitungsbroschüre *f*; ***~ de urbanidad*** Buch *n* über Umgangsformen, Knigge *m umg*; ***~ de usuarios*** Benutzerhandbuch *n*

manu|almente per Hand, mit der Hand; **~brio** *m* (Hand-)Kurbel *f*; Handgriff *m*; Drehorgel *f*
manufactura *f* Manufaktur *f*; **~s** *Pl* Fertigerzeugnisse *n/Pl*, -waren *f/Pl*
manu|facturación *f*, **~facturado** *m* Erzeugung *f*, Herstellung *f*; ***manufacturados*** *Pl* Erzeugnisse *n/Pl*; **~facturar** *tr* fertigen, herstellen, fabrizieren; verarbeiten; **~facturero** Manufaktur-; gewerbetreibend; verarbeitend; **~scrito I** *Adj* handschriftlich, -geschrieben **II** *m* Manuskript *n*; *alte od wertvolle* Handschrift *f*; **~tención** *f* Unterhalt *m*; Versorgung *f*; Erhaltung *f*
manyar *tr/intr Chi, Rpl* essen
manzana *f* Apfel *m*; Häuserblock *m*; Straßenzug *m*; *AmC ein Flächenmaß (etwa 7000 qm)*; ~ (**de Adán**) *Am* ANAT Adamsapfel *m*; ~ ***de la discordia*** Zankapfel *m*; ***sano como una*** ~ *umg* kerngesund
manzan|illa *f* BOT Kamille *f*; Kamillentee *m*; *Esp* Manzanillawein *m*; **~o** *m* Apfelbaum *m*
maña *f* Geschick(lichkeit *f*) *n*; List *f*; ***malas ~s*** üble *od* faule Tricks *m/Pl* ◇ ***darse ~s para*** + *Inf* sich bei etw geschickt anstellen; ***tener*** ~ geschickt sein (***para*** in)
mañana I *f* Morgen *m*; Vormittag *m*; ***de*** ~ frühmorgens; ***desde por la*** ~ von früh an; ***en*** *od* ***por la*** ~ morgens; vormittags; ***esta*** ~ heute Morgen *od* früh; ***muy de*** ~ zeitig am Morgen **II** *Adv* morgen; ~ ***por la*** ~ morgen früh; ***pasado*** ~ übermorgen; *Sprichw* ***no dejes para ~ lo que puedes hacer hoy*** verschiebe nicht auf morgen, was du heute kannst besorgen; *Sprichw* ~ ***será otro día*** morgen ist auch noch ein Tag **III** *m*: ***el*** ~ das Morgen, die Zukunft
mañan|ero Morgen-, morgendlich; Vormittags-; **~ita** *f* früher Morgen *m*
mañ|ero geschickt, -wandt; wendig; umgänglich; listig; handlich; **~o** *Esp umg* → ***aragonés***; **~oso** geschickt; *Person* verschlagen
mao|ísmo *m* POL Maoismus *m*; **~ísta** POL maoistisch
mapa *m* Landkarte *f*; ~ ***celeste*** (***mural***; ~ ***de navegación***; ~ ***de tiempo***) Himmels- (Wand-; See-; Wetter)karte *f*; ~ ***genético*** Genomkarte *f*, Karte *f od* Bauplan *m* des menschlichen Erbguts ◇ ***desaparecer del*** ~ die *od* eine Fliege machen *sich schnell entfernen od zurückziehen*
mapache *m* ZOOL Waschbär *m*
mapamundi *m* Weltkarte *f*; Hintern *m Gesäß*
mapuche I *Adj* araukanisch, Mapuche- **II** *m* Mapuche-Indianer *m*, Araukaner *m*; das Araukanische
maquet|a *f* TECH (verkleinertes) Modell *n*; Nachbildung *f*; TYP Lay-out *n*; **~ador** → **~ista**
maquet|ar *tr* BUCHW, TYP das Lay-out erstellen für, layouten *umg*; **~ista** *m* TYP Layouter *m*
maquia|vélico, **~velista** POL machiavellistisch
maquill|ador *m* Maskenbildner *m*; **~adora** *f* Kosmetikerin *f*; Maskenbildnerin *f*; **~aje** *m* Schminke *f auch übertr*; Make-up *n*; Schminken *n*; THEAT Maske *f*; **~ar** *tr* schminken *auch übertr*; *Statistik* schönen; *übertr* tünchen, frisieren; vertuschen; **~arse** sich schminken, *Frau* ihr Make-up machen
máquina *f* Maschine *f auch* FLUGW *u für* Motorrad *n*; Lokomotive *f*; Bühnenmaschine(rie) *f*; *Schiff* Maschinenraum *m*; *Cu*, *PR* Auto *n*, Wagen *m*; ~ ***de afeitar*** Rasierapparat *m*; ~ ***de anestesia*** MED Anästhesiegerät *n*; ~ (***automática***) HDL Automat *m*; ~ ***de azar*** Spielautomat *m*; (~) ***clasificadora*** *f* Sortiermaschine *f*; ~ ***de coser*** Nähmaschine *f*; TYP Heftmaschine *f*; ~ ***destructora de documentos*** Akten-, Dokumentenvernichter *m*; ~ ***de discos*** Music- *od* Musikbox *f*; ~ ***de escribir*** (***eléctrica***) (elektrische) Schreibmaschine *f*; ~ ***de escribir portátil*** Reiseschreibmaschine *f*; (~) ***expendedora*** *f* (***de billetes***) (Fahrschein-) Automat *m*; ~ (***fotográfica***) Fotoapparat *m*, Kamera *f*; ~ ***de franquear*** Frankierautomat *m*; ~(-)***herramienta*** Werkzeugmaschine *f*; ~***-lavaplatos*** Geschirrspülautomat *m*, -maschine *f*; ~ ***de lavar*** Waschmaschine *f*; ~ ***de oficina*** (***sumar***) Büro-(Additions- *od* Addier)maschine *f*; ~ ***de tabaco*** (***trabajo***) Zigarettenautomat *m* (*übertr* Arbeitstier *n*); (~) ***tragaperras*** *f umg* → ~ ***de azar***; Münzautomat *m* ~ ***trituradora*** (***de papel***) Reißwolf *m*; ~ ***de vapor*** Dampfmaschine *f*; ***a*** ~ Maschinen-; maschinell; ***a media*** (***toda***) ~ MAR mit halber (voller *übertr auch* ganzer) Kraft; ***escrito a*** ~ maschine(n)geschrieben ◇ ***copiar*** *od* ***pasar a*** ~ abtippen *umg*, auf *od* mit der (Schreib-)Maschine abschreiben; ***equivocarse al escribir a*** ~ sich vertippen *umg*; ***escribir a*** ~ tippen *umg*, auf der (Schreib-)Maschine schreiben
maquin|ación *f* Intrige *f*; ***maquinaciones*** *Pl* Machenschaften *f/Pl*; **~ado** *m* TECH maschinelle Bearbeitung *f von Werkstücken*; **~ador** *m* Intrigant *m*; **~al** maschinell; Maschinen-; *übertr* mechanisch, gedankenlos; unwillkürlich; **~ar I** *tr* aushecken *umg*, ersinnen **II** *intr* intrigieren, Ränke schmieden

maquinaria *f* Maschinenbau(industrie *f bzw* -wesen *n*) *m*; Maschinen(park *m*) *f/Pl*; Maschinerie *f*; Mechanismus *m*; **~ estatal** Staatsapparat *m*
maquinilla *f* kleine Maschine *f*; MAR Winsch *f*, Winde *f*; **~ (de afeitar)** Rasierapparat *m*; **~ eléctrica** elektrischer Rasierapparat *m*, Elektrorasierer *m*
maquin|ismo *m* Maschinenzeitalter *n*; **~ista** *m* Maschinist *m*; EISENB Triebwagen-, Lok(omotiv)führer *m*; THEAT Bühnenarbeiter *m*
mar I *m* Meer *n*, See *f*; **≗ Báltico (Caspio; Mediterráneo; Muerto; Negro; del Norte; Rojo)** Ostsee *f* (Kaspisches Meer *n od* Kaspisee *m*; Mittelmeer *n*; Totes Meer *n*; Schwarzes Meer *n*; Nordsee *f*; Rotes Meer *n*); **~ adentro** seewärts; **~ interior** Binnenmeer *n*; **~ de leva** Spring- *bzw* Sturmflut *f*; **~ patrimonial** Hoheits-, Territorialgewässer *n(/Pl)*; *Seerecht* Patrimonialmeer *n ausschließliche Wirtschaftszone*; **~ profundo** Tiefsee *f*; **~ de sangre** *übertr* Blutbad *n*; **por ~** zur See, auf dem Seeweg; **un ~ de …** eine Unmenge von … ◇ **arar en el ~** *übertr* in den Wind reden, **es (como) arar en el ~** das ist alles umsonst *od* zwecklos; **estar en un ~ de confusiones** nicht mehr ein noch aus wissen; **verter al ~** verklappen (*Schadstoffe*) *ins Meer versenken* **II** *f* MAR → **mar I**; (Un-)Menge *f*; **~ agitada (gruesa)** MAR bewegte (grobe *bzw* schwere) See *f*; **de alta ~** Hochsee-; **en alta ~** auf (hoher) See ◇ **hacerse a la ~** in See stechen; **llorar (llover; sudar) a ~es** heftig weinen (stark regnen; stark schwitzen) **III** *Adv*: **la ~** mächtig *sehr* (**lo operaron, y ahora está la ~ de bien**)
marabú *m* ZOOL Marabu *m*
marac|a *f Am* MUS Rumbakugel *f*; Rassel *f*, Klapper *f*; *Chi umg* Straßenmädchen *n*; **~o** *m Chi* Stricher *m Strichjunge*; Schwuchtel *f verächtl*; **~uyá** *f* Maracuja *f*, Passionsfrucht *f*
marañ|a *f* Gestrüpp *n*; Dickicht *n*; Wirrwarr *m*; **~ero I** *Adj* intrigant **II** *m* Ränkeschmied *m*, Unruhestifter *m*
marasmo *m* Kräfteverfall *m*; *übertr* Erlahmen *n*, Lähmung *f*
marat|ón *m,f* SPORT Marathonlauf *m*; POL Marathonsitzung *f*; **~oniano**, **~ónico** *übertr* Marathon-, Dauer-, Mammut-; **~onista** *m* Marathonläufer *m*
maravilla *f* Wunder *n*; Bewunderung *f*; (Er-)Staunen *n*; Wunderknabe *m*; **~s** Wunderdinge *n/Pl*; Wunderwerke *n/Pl*; **a ~** *od* **a las mil ~s** ganz ausgezeichnet ◇ **estoy de ~** es geht mir blendend
maravill|ar *tr* verwundern, in Bewunderung *od* Erstaunen versetzen; **~arse** staunen *od* sich wundern (**de** über); **~oso** wunderbar
marbete *m* Aufkleber *m*, Aufklebezettel *m*; Etikett *n*; Preisschild *n*
Marburgo *m* Marburg *n*
marca *f* Marke *f*; Fabrikat *n*; Markenzeichen *n*; Warenzeichen *n*; Wasserzeichen *n*; Merkmal *n*; *Vieh* Brandzeichen *n*; Monogramm *n*, Initialen *f/Pl an Kleidung*; SPORT Ergebnis *n*, Resultat *n*; Bestleistung *f*, Rekord *m*; **~ de calidad** HDL Gütezeichen; **~ comercial** Handelsmarke *f*; **~ (distintiva)** Kennzeichen *n*; **~ de fábrica** Fabrikmarke *f*; **~ registrada** eingetragenes Warenzeichen *n*; **de ~** HDL Marken-; **de ~ mayor** *übertr* ganz groß, Erz- ◇ **batir la ~** SPORT den Rekord brechen
marcación *f* Markierung *f*; Anzeige *f z.B. eines Messgeräts*; TEL Wählen *n*; **~ directa** TEL Durch-, Direktwahl *f*
marcado *übertr* ausgesprochen, -geprägt; unverkennbar
marcador *m* SPORT Anzeigetafel *f*; TYP Anlage *f*; *Internet* Lesezeichen *n*; Eichmeister *m*; SPORT Torschütze *m*; **~ (de fibra)** Filzstift *m*; Marker *m*, Markier-, Leuchtstift *m*
marca|dora *f* Lesezeichen *n*; **~pasos** *m* MED (Herz-)Schrittmacher *m*; TEL Gebührenzähler *m*
marcar ⟨-c/qu-⟩ *tr* markieren *auch* INFORM; kennzeichnen; *in einem Text* anstreichen; ankreuzen; beschriften; *auf einer Liste* abhaken; *Briefe usw* (ab)stempeln; zeichnen *mit Zeichen od Namen versehen*; *Messinstrumente, Uhr, Zähler u allg* (an)zeigen, angeben; auspreisen *Waren mit einer Preisangabe versehen*; MODE *u allg* betonen, hervorheben; SPORT *Tor* schießen; TEL wählen; KART zinken; *Frist, Termin* festlegen; TYP *Bögen* an-, einlegen; *Takt* schlagen; **~ directamente (mal)** TEL durchwählen (sich verwählen)
marcha *f* Marsch *m auch* MIL *u* MUS; Ab-, Verlauf *m von Ereignissen, Geschäften*; TECH Lauf *m*; KFZ, TECH *u übertr* Gang *m*; Fahrt *f*; MIL Abmarsch *m*; Abreise *f*; Ausscheiden *n*, Weggang *m*; **~ adelante (atrás)** KFZ Vorwärtsfahrt *f*; KFZ Vorwärtsgang *m* (Rückwärtsfahrt *f*; Rückwärtsgang *m*); **~ (atlética)** SPORT Gehen *n*; **~ de ensayo** TECH Probe-, Testlauf *m*; **~ fúnebre (nupcial)** Trauer-(Hochzeits)marsch *m*; **~ del silencio** Schweigemarsch *m*; **~ en vacío** KFZ, MECH Leerlauf *m*; **a ~s forzadas** im Eiltempo, schnellstmöglich; **a toda ~** KFZ *u übertr* mit Vollgas; geschwind; **en ~** unterwegs ◇ **acelerar (aminorar) la ~** KFZ hoch schalten, die Fahrt beschleunigen

M

(runterschalten, die Fahrt verlangsamen); ***dar*** *od* ***hacer ~ atrás*** KFZ rückwärts fahren; *übertr* einen Rückzieher machen; *übertr* kürzer treten, eine langsamere Gangart anschlagen; ***poner en ~*** in Betrieb nehmen, in Gang setzen; *Maßnahmen* einleiten *od* ergreifen; *Produktion* aufnehmen; *Motor* anlassen; TECH *Gerät* (an)laufen lassen; ***ponerse en ~*** aufbrechen, sich auf den Weg machen; *Zug* anfahren, sich in Bewegung setzen

marchador *m*, **~a** *f* SPORT Geher(in) *m(f)*

marchamo *m Zoll* Plombe *f* ◇ ***poner ~*** verplomben (***a*** Akk)

marchant|e I *Adj* Handels- **II** *m(f)* Händler(in) *m(f)*; *Am reg* Kunde *m*; Freier *m Bordellbesucher*; **~ería** *f*, **~ía** *f Am reg* Kundschaft *f*

march|ar *intr* marschieren; gehen *auch Gerät*, SPORT *u übertr*; TECH *u übertr* laufen; funktionieren; fahren; *Ereignisse*, *Geschäfte* ab-, verlaufen, sich abwickeln; **~arse** fort-, weggehen; *aus dem Amt* ausscheiden; MIL *u allg* ab-, losmarschieren; abreisen; *Truppen* abziehen; **~ista** *m* → ***marchador***; Marschierer *m*

marchit|arse (ver)welken; *übertr* dahinwelken; **~o** welk; verwelkt; *übertr* dahinwelkend

marci|al kriegerisch; Kriegs-; martialisch; militärisch; **~ano I** *Adj* Mars- **II** *m* Marsbewohner *m*, -mensch *m*

marco[1] *m Bild*, *Fenster*, *Tür u übertr* Rahmen *m*; Einfassung *f*; ***dentro del ~ de*** *od* ***en el ~ de*** *übertr* innerhalb *od* im Rahmen von *od Gen*

marco[2] *m ehem Währung* Mark *f*; ***~ alemán*** *ehem* Deutsche Mark *f*, *Abk ehem* D-Mark *f*, *ehem* DM *f*

marea *f* Gezeiten *f/Pl*, Ebbe *f* und Flut *f*; Flut *f auch übertr*; ***~ alta*** (***baja***) Flut *f* (Ebbe *f*; Niedrigwasser *n*); ***~ negra*** MAR Ölpest *f*; Ölteppich *m*; ***~ viva*** Springflut *f*

mare|ado seekrank; schwindlig; *gesundheitlich* übel; **~ar** *tr* krank machen; schwindlig machen; *jmdm* auf die Nerven gehen, *jmdn* stören; **~arse** seekrank werden; *jmdm* schlecht *od* übel werden; sich einen kleinen Schwips antrinken; **~jada** *f* hoher Seegang *m*; **~jadilla** *f* leichter Seegang *m*; **~moto** *m* Seebeben *n*; **~o** *m* Seekrankheit *f*; Schwindel(gefühl *n*) *m*; Übelkeit *f*; *übertr* Qual *f*

marfil *m* Elfenbein *n*; **~eño I** *Adj* elfenbeinfarben; aus Elfenbein; Elfenbein-; von der Elfenbeinküste, ivorisch **II** *m*, **-a** *f* Bewohner(in) *m(f)* der Elfenbeinküste, Ivorer(in) *m(f)*

margarina *f* Margarine *f*

margarita *f* Perle *f*; Seeperlmuschel *f*; BOT Margerite *f*; Gänseblümchen *n*, Tausendschönchen *n*; *Schreibmaschine* Typenrad *n* ◇ ***echar ~s a puercos*** *übertr* Perlen vor die Säue werfen

margen I *meist f* (Fluss-)Ufer *n* **II** *m* Rand *m auch* TYP *u übertr*; TYP Abstand *m*; TECH (Toleranz-)Bereich *m*; TECH *u übertr* Spielraum *m*; FIN, HDL Spanne *f*, Marge *f*; ***~ de acción*** *od* ***maniobra*** (***negociación***) Handlungs-(Verhandlungs)spielraum *m*; ***~ de tiempo*** Zeitspanne *f*; ***al ~*** *übertr* am Rand(e); Rand-; außerhalb (***al ~ del orden***); ***al ~ de que ...*** abgesehen davon, dass ...; ***bajo*** (***elevado***) ***~ de beneficio*** *od* ***ganancia*** (***~ comercial***; ***~ de precios***) niedrige (hohe) Gewinn-(Handels-; Preis)spanne *f*; ***por escaso ~*** (*Wahl-*)*Sieg* knapp ◇ ***dar ~*** Anlass geben (***para*** zu); ***dejar ~*** *übertr* Spielraum lassen; ***mantenerse al ~*** sich aus etw (he)raushalten, nicht mitmachen

marginación *f* Abseitsstellung *f*; Abdrängen *n* in die Marginalität *od* ins soziale Abseits; POL, SOZIOL Ausgrenzung *f*

marginado I *Adj* an den Rand (ab)gedrängt; SOZIOL ausgegrenzt; *Blatt Papier* mit Rand; Rand- **II** *m* Ausgegrenzter *m*; Ausgestoßener *m*; Außenseiter *m*; ***~s*** *Pl* (***sociales*** *od* ***de la sociedad***) SOZIOL Randgruppen *f/Pl*

margin|ador *m Schreibmaschine* Randsteller *m*; **~al** am Rand(e), Rand-; marginal; nebensächlich

marginalidad *f* SOZIOL Randstellung *f*, Marginalität *f*; ***~ social*** Leben *n* am Rande der Gesellschaft; Ausgrenzung *f*; soziales Abseits *n*

margin|alización *f* POL, SOZIOL Ausgrenzung *f*; **~ar** *tr* einen Rand *auf dem Papier* lassen; *etw* am Rand an- *od* bemerken; *jmdn* ausschließen *auch aus einer Organisation*, ausgrenzen, an den Rand drängen; *jmdn* übergehen; *jmdn von etw* trennen; *jmdn* ins soziale Abseits drängen; *übertr jmdn* kaltstellen

mariach|e *m*, **~i** *m*, **~is** *m/Pl mexikanische Volksweise*(*n*); *Méx eine kleine Musikkapelle bzw mehrere Musikanten*

maric|a *m*, **~ón** *m vulg* Schwuchtel *f verächtl*; *i w S* Mistkerl *m*, Wichser *m vulg*; **~onada** *f vulg umg u verächtl* Hundsgemeinheit *f*, Sauerei *f*; **~onera** *f* Herrentasche *f am Handgelenk*

marid|aje *m* Ehe(leben *n*) *f*; Zusammengehen *n*, Bündnis *n auch* POL, (enge) Verbindung *f*; **~o** *m* (Ehe-)Mann *m*

mari|guana *f Am reg*, **~huana** *f* Marihuana *n*; **~macho** *m umg* Mannweib *n*; Lesbierin *f*

M

marimba *f* MUS Marimba *f*
marimorena *f* Streit *m*; *bes Ehe*, *Familie* Krach *m*; Krawall *m* ◇ ***armar la ~*** Krawall *od* Krach machen
marina *f* Marine *f*; Flotte *f*; Seewesen *n*; ***~ de guerra*** (***~ mercante***) Kriegs-(Handels)-marine *f*, -flotte *f*
marin|ar *tr* KOCHK marinieren; in Marinade einlegen; **~erismo** *m* Seemannsausdruck *m*
marinero I *Adj* seetüchtig; seefest; seefahrend, Seefahrer-; Seemanns-; Marine-, Matrosen- **II** *m* Matrose *m*, See-, Fahrensmann *m*; ***~s*** *Pl* Seeleute *Pl*
marines *m/Pl USA* Marineinfanteristen *m/Pl*, -infanterie *f*
marino I *Adj* See-, Meer(es)-; Seemanns- **II** *m bes* MIL → ***marinero II***
marioneta *f* Marionette *f auch übertr*; ***~s*** *Pl* Puppenspiel *n*
mariposa *f* Schmetterling *m*; SPORT Schmetterlingsstil *m*; TECH Flügelmutter *f*; *umg* Schwuler *m*
mariquita I *f* Marienkäfer *m* **II** *m* → ***marica***
marisc|al *m* Marschall *m*; **~os** *m/Pl* KOCHK Muscheln *f/Pl bzw* Krebse *m/Pl*; Meeresfrüchte *f/Pl*
marisma *f* sumpfiges Küstengebiet *n*, Marsch *f*
marisquero *m* Muschelfischer *m*
marital ehelich, Ehe-
marítimo See-, Meer(es)-; am Meer *bzw* an der Küste gelegen; seefahrend
márketing *m* Marketing *n*
marmit|a *f* (Koch-)Topf *m*; MIL Kochgeschirr *n*; **~ón** *m* Küchenjunge *m*
mármol *m* Marmor *m*; Marmorskulptur *f bzw* -statue *f*; HAUSW Arbeitsplatte *f* ◇ ***ser frío como el ~*** kalt und herzlos sein
marmóreo marmorn; Marmor-
marmota *f* ZOOL *u übertr* Murmeltier *n*; *umg* Dienstmädchen *n*; *übertr* Schlafmütze *f* ◇ ***dormir como una ~*** wie ein Murmeltier schlafen
marom|a *f* Seil *n*, Tau *n*, Strick *m*; Balanceakt *m auch übertr*; **~ero** *m bes* POL Seiltänzer *m Opportunist*; **~o** *m verächtl* Kerl *m*, Type *f*
marqués *m* Marquis *m*
marquesa[1] *f* Marquise *f*
marquesa[2] *f Am*, **marquesina** *f* Markise *f*; Glas-, Regendach *n*
marquetería *f* Intarsie *f*, eingelegte Holzarbeit *f*
marr|ajo schlau, gerissen; tückisch; **~ana** *f* Sau *f auch vulg übertr*; *vulg* Schlampe *f*; **~anada** *f* Schweinerei *f*, Sauerei *f*; **~anear I** *tr* beschmutzen, besudeln; COL betrügen, täuschen **II** *intr vulg* sich wie ein Schwein benehmen; **~ano I** *Adj* schmutzig; schweinisch **II** *m* Schwein *n auch vulg übertr*
marras: ***de ~*** üblich, sattsam bekannt, *übertr* bewusst (***el día de ~***)
marrasquino *m* Maraschino *m Kirschlikör*
marrón I *Adj* ⟨*unv bei f*: ***una falda ~***⟩ *außer Augen u Haarfarbe* (kastanien)braun **II** *m umg* (Gefängnis)Strafe *f*, *übertr* dunkler Punkt *m*; lästige Arbeit *f*, lästige Aufgabe *f* ◇ ***comerse un ~*** eine Strafe absitzen; *übertr* in den sauren Apfel beißen; ***meterse en un ~*** im Dreck sitzen
marroqu|í ⟨*unv bei f*, *Pl* ***marroquíes***⟩ **I** *Adj* marokkanisch **II** *m(f)* Marokkaner(in) *m(f)*; **~inería** *f* Lederwarenindustrie *f*; Leder-, Täschnerwaren *f/Pl*
Marruecos *m* Marokko *n*
marrull|ería *f* Schlauheit *f*, Gerissenheit *f*; *übertr* Tricks *m/Pl*; **~ero I** *Adj* schlau, gerissen **II** *m* gerissener Kerl *m*; Schlauberger *m*; Schwindler *m*
Marsella *f* Marseille *n*
marsellés I *Adj* Marseiller **II** *m* Marseiller *m*; ***la Marsellesa*** die Marseillaise
mars|op(l)a *f* ZOOL Tümmler *m Delphinart*; **~upiales** *m/Pl* Beuteltiere *n/Pl*
marta *f* Marder *m*; ***~ cebellina*** Zobel *m*
Marte *m* ASTR, MYTH Mars *m*; **≈móvil** *m* RAUMF Marsmobil *n*
martes *m* Dienstag *m*; ***≈ de Carnaval*** Fastnacht *f*
martill|ar *tr/intr* hämmern; **~azo** *m* Hammerschlag *m*; **~ear** *tr/intr* → ***~ar***; **~eo** *m* Hämmern *n*; Gehämmer *n*; *Motor* Klopfen *n*; **~ero** *m AmS* Auktionator *m*
martillo *m* Hammer *m auch* ANAT, *im Klavier u übertr für Versteigerung*; *Haus* vorspringender Flügel *m*; *AmS* Auktion *f*, Versteigerung *f*; ***~ a*** *od* ***de dos manos*** Vorschlaghammer *m*; ***~ neumático*** Pressluft-hammer *m*; ***~ pilón*** Ramme *f*
martín *m*: ***~ pescador*** Eisvogel *m*, Martinsfischer *m*, -vogel *m*
martingala *f* Kunstgriff *m*, Trick *m*, Dreh *m*
Martinica *f* Martinique *n*
mártir *m(f)* Märtyrer(in) *m(f)*; Opfer *n*; Held(in) *m(f)*
martir|io *m* Opfer-, Märtyrertod *m*; Martyrium *n*; Märtyrertum *n*; **~izar** ⟨-z/c-⟩ *tr* martern; quälen, peinigen *auch übertr*
marx|ismo *m* Marxismus *m*; **~ista I** *Adj* marxistisch **II** *m(f)* Marxist(in) *m(f)*
marzo *m* März *m*
mas *bes lit* aber
más I *Adj* ⟨*unv*⟩ mehr **II** *Adv* mehr; besser; lieber; länger; am meisten; *zur Bildung des Komp od Sup von Adj u Adv* (***~ bonito***; ***~ despacio***; ***el ~ rápido de todos los trenes***); ***~ bien*** eher, vielmehr; ***~ de*** *vor*

Num u vor Art im Vergleichssatz mit eigenem Verb mehr als (**~ de diez**; **es ~ rico de lo que piensas**); über *mehr als* (**~ de un millón de euros**); **~ y ~** immer mehr; **~ o menos** mehr oder weniger; ungefähr, etwa; **...** (**no**) **~ que...** ... (nicht) mehr *bzw* länger als...; **~ que nada** *übertr* in erster Linie (**el apoyo es ~ que nada financiero**); **a cuál ~** um die Wette; **a lo ~, cuando ~, todo lo ~** höchstens; **cuanto** *od* **mientras ~ ..., ~ ...** je mehr ..., desto mehr ...; **lo ~ pronto posible** so bald wie möglich; **mucho ~** viel mehr; **nada ~** weiter nichts; **¿nada ~?** nichts weiter?; **nadie ~** niemand weiter, sonst niemand; **ni ~ ni menos** genau; ausgerechnet; **no ~** nicht mehr; (doch) bitte (**¡siéntese no ~!**); *Am* nur, lediglich; **nunca ~** nie mehr, nie wieder; **por ~** + *Adj od Adv* **+ que** + *Verb meist subj od nur* **+ que** + *Verb* so sehr *od* so viel ... auch (**por ~ fea que sea, es una persona muy simpática**; **por ~ que insistas, no te lo diré**); **sin ~** ohne weiteres; **... tanto ~** (**cuanto**) **que ...** ... um so mehr, als ... ◇ **qué ~ da** das tut nichts zur Sache; **es ~** + *Doppelpunkt od Komma zur Hervorhebung der folgenden Aussage* mehr noch; damit nicht genug; **estar de ~** überflüssig *bzw* überzählig *bzw* übrig *bzw* zu viel sein; **de ~ está** + *Inf* es erübrigt sich zu + *Inf*; **¡(no) hay ~!** es ist noch mehr *od* viel da!; (das ist alles!; Schluss damit! *umg*); **a ~ tardar** spätestens **III** MATH *Konj* plus **IV** *m* MATH Additions-, Pluszeichen *n*; **los ~** die meisten

masa *f* Masse *f auch* EL, PHYS *u übertr*; Teig *m*; Bestand *m*, Reserven *f/Pl*; **~s** *Pl* (Volks-)Massen *f/Pl*; **~s de aire** Luftmassen *f/Pl*; **~ ganadera** Viehbestände *m/Pl*; **~ hereditaria** (**patrimonial**) Erb-(Vermögens)masse *f*; **~ monetaria** Geldmenge *f*; **~ de** (**la**) **quiebra** Konkursmasse *f*; **la ~** SOZIOL die (breite) Masse

masacr|ar *tr* massakrieren; **~e** *f* Massaker *n*

masaje *m* Massage *f*, Massieren *n*; **~ cardíaco** (**facial**; **subacuático**) Herz-(Gesichts-; Unterwasser)massage *f* ◇ **dar ~** massieren; **darse** (**un**) **~, hacerse un ~** sich massieren lassen

mas|ajear *tr/intr* massieren; **~ajista** *m(f)* Masseur(in) *m(f)*

mascar ⟨-c/qu-⟩ **I** *tr/intr* kauen **II** *tr jmdm etw* vorkauen *genau erklären*

máscara *f* Maske *f auch* INFORM, *Musterbriefe u übertr*; Larve *f*; Tarnung *f*; Vorwand *m*, *übertr* Deckmantel *m*; **~ antigás** Gas(schutz)maske *f*; **~ de inmersión, ~ de pesca submarina** Taucherbrille *f* ◇ **quitarle la ~ a alg** *übertr* jmdm die Maske vom Gesicht reißen, jmdn entlarven; **quitarse la ~** die Maske ablegen *auch übertr od übertr* fallen lassen

mascarada *f* Maskerade *f*

mascarilla *f* → **máscara**; Halbmaske *f*; *Kosmetik* (Gesichts-)Maske *f*, Packung *f*; MED Mund-Nasen-Schutz *m*; Inhalationsmaske *f*; **~ antipolvo** Staubmaske *f*

mascarón *m* Riesenmaske *f*; Fratze *f*; ARCH Maske *f*; **~** (**de proa**) MAR Gallionsfigur *f*

mascota *f* Maskottchen *n*, Talisman *m*

masculin|ización *f* Vermännlichung *f der Frau*; **~izarse** ⟨-z/c-⟩ *Frau* vermännlichen, zum Mann werden; **~o I** *Adj* GRAMM *u allg* maskulin, männlich; männlich aussehend *od* wirkend; **~o(s)** *nach Angabe der Sportart* der Männer **II** *m* GRAMM Maskulinum *n*

mascullar *tr etw* schlecht *od* hastig kauen; *etw* (vor sich hin) murmeln

máser *m* PHYS Maser *m*

masific|ación *f* SOZIOL Vermassung *f*; **~ar** ⟨-c/qu-⟩ *tr/intr*, **~arse** SOZIOL vermassen

masilla *f* Glaserkitt *m*

masiv|idad *f* Massencharakter *m*; Massenwirksamkeit *f*; **~o** massiv *auch übertr*; *Dosis* stark; Massen-

mas|oca *m umg* → **masoquista II**; **~ón** *m* Freimaurer *m*; **~onería** *f* Freimaurerei *f*

masoqu|ismo *m* Masochismus *m*; **~ista I** *Adj* masochistisch **II** *m(f)* Masochist(in) *m(f)*

master *m od* **máster** *m* ⟨*Pl* **masters** *od* **másters**⟩ *akademischer Grad* Magister *m bzw* Master *m*

mástic *m* → **mástique**

masticar ⟨-c/qu-⟩ *tr/intr* kauen; *über etw* nachdenken

mástil *m* MAR Mast(baum) *m*; Fahnenmast *m*, -stange *f*; Pfosten *m*; Pfahl *m*; BOT dicker Stiel *m*; *Saiteninstrument* Griffbrett *n*, Hals *m*; **~ transmisor** Sendemast *m*

mastín *m* großer Hirtenhund *m*

mástique *m* Mastix *m*; Kitt *m*

mastitis *f* Brustdrüsenentzündung *f*

mastuerzo *m* BOT (Garten- *bzw* Brunnen-) Kresse *f*; Blödian *m*, Dummkopf *m*

masturb|ación *f* Masturbation *f*, Selbstbefriedigung *f*; **~arse** masturbieren, onanieren

mata *f* Strauch *m*, Busch; Staude *f*; *Am reg* Baum *m*; **~s** *Pl* Gebüsch *n*, -strüpp *n*; Dickicht *n*; **~ de nervios** *Col übertr* Nervenbündel *n*; **~ de pelo** Haarbüschel *n*

mata|dero *m* Schlachthof *m*; Schinderei *f schwere Arbeit*; **~dor** *m*, **~dora** *f* Mörder(in) *m(f)*, Totschläger(in) *m(f)*; TAUR Matador(a) *m(f)*; **~moscas** *m* HAUSW Fliegenfänger *m*; Fliegenklatsche *f*

matanza *f* Töten *n*, Tötung *f*; Schlachten *n*, Schlachtung *f*; Gemetzel *n*, Blutbad *n*;

M

Schlachtfest *n*; Schlachtzeit *f*; *Schweine* Schlachtvieh *n*; *AmC* → ***carnicería***
matar *tr* töten, umbringen; schlachten; totschlagen *auch übertr Zeit*; *Pflanzen* vernichten; *Wild* erlegen; *Feuer* ersticken; *Zigarette* ausmachen; *Hunger*, *Durst* stillen; *Langeweile*, *Nervosität* überwinden; *jmdn* zur Verzweiflung bringen; ***¡que me maten (…)!*** *übertr* ich lasse mich totschlagen (…)!; **~se** sich töten *od* umbringen; umkommen, ums Leben kommen; sich abrackern; ***~ trabajando*** *od* ***a trabajar*** *übertr* sich totarbeiten; ***ese no se mata*** *übertr* der reißt sich kein Bein aus
mata|rife *m* Schlächter *m auf dem Schlachthof u übertr*
mata|rratas *m* Fusel *m*, Bretterknaller *m schlechter bzw starker Schnaps*; Rattengift *n*; **~sanos** *m(f)* Kurpfuscher(in) *m(f)*, Quacksalber(in) *m(f)*; **~sellos** *m Gerät* Poststempel *m*; **~siete** *m* Prahlhans *m*; **~zón** *f Am* Abschlachten *n von Tieren od übertr Personen*
match *m* SPORT, *Spiel* Match *n,m*
mate[1] **I** *Adj* glanzlos, matt **II** *m Schach* Matt *n*
mate[2] *m AmS* Mate *m Strauch u Teeaufguss*; *AmS reg* Matetrinkgefäß *n kleiner getrockneter Kürbis*; *Chi*, *Rpl* Birne *f*, Rübe *f*, *Kopf* ◇ ***cebar (el) ~*** *AmS reg* das Matetrinkgefäß mit Mate füllen; Mate aufgießen
matear *intr AmS reg* Mate trinken; Mate reichen *bzw* zum Mate einladen
matemátic|a(s *Pl*) *f* Mathematik *f*; **~o I** *Adj* mathematisch; (mathematisch) genau **II** *m* Mathematiker *m*
materia *f* Stoff *m*, Materie *f auch übertr*; Werkstoff *m*; Sache *f*, Angelegenheit *f*; Fach(gebiet) *n*; *übertr* Gegenstand *m*, Thema *n*; Substanz *f*; MED Eiter *m*; **~s** *Pl* Material *n*, Gut *n*; ***~s base od básicas*** Grundstoffe *m/Pl*; ***~ colorante (dañina*** *od* ***nociva)*** Farb-(Schad)stoff *m*; ***~s fecales*** Fäkalien *Pl*; ***~ gris*** *Gehirn* graue Substanz *f*; ***~ penal*** Strafsache *f*; ***~ plástica (prima)*** Kunst-(Roh)stoff *m*; ***~ prima recuperable*** Sekundärrohstoff *m*; ***~ seca*** Trockenmasse *f*; ***en ~ de*** *übertr* auf dem Gebiet + *Gen*; ***por ~s*** *Kartei*, *Katalog* systematisch, nach Sachgebiet(en)
material I *Adj* materiell, stofflich; sachlich; Sach- **II** *m* Material *n*; Werkstoff *m*; ***~ bélico, ~ de guerra*** Kriegsmaterial *n*; ***~es de construcción, ~ constructivo*** Baustoffe *m/Pl*, Baumaterial *n*; ***~ de dibujo*** Zeichenbedarf *m*, -material *n*; ***~ didáctico*** *od* ***de enseñanza*** Lehrmaterial *n*; Lehr-(und Lern)mittel *n/Pl*; ***~ documentativo (fáctico; fotográfico; informativo)*** Beleg-(Tatsachen-; Bild-; Informations-, Info)material *n*; ***~ de embalaje*** Verpackungsmaterial *n*; ***~ fisible*** *od* ***fisionable*** PHYS spaltbares Material *n*, Spaltmaterial *n*; ***~ móvil*** *od* ***rodante*** *bes* EISENB rollendes Material *n*; ***~ de oficina (trabajo)*** Büro-(Arbeits)material *n*; ***~es reutilizables*** wieder verwendbare Stoffe *m/Pl*
material|idad *f* Stofflichkeit *f*; **~ismo** *m Moral*, PHIL Materialismus *m*; **~ista I** *Adj* materialistisch **II** *m* Materialist *m*; **~ización** *f* Verwirklichung *f*; Vergegenständlichung *f*; Materialisierung *f*; **~izar** ⟨-z/c-⟩ *tr* materialisieren; verwirklichen; vergegenständlichen; KUNST gestalten; **~izarse** *übertr* Gestalt annehmen; verwirklicht werden; **~mente** faktisch; völlig
maternal → ***materno***
maternidad *f* Mutterschaft *f*; Entbindungsheim *n*; *Klinik* Entbindungsstation *f*; ***~ de alquiler, ~ comercial*** Leihmutterschaft *f*
materno mütterlich; Mutter-; mütterlicherseits
matero I *Adj AmS reg* gern Mate trinkend; gesellig, -sprächig; *AmS* Mate- **II** *m AmS reg* Matetrinker *m*; geselliger *od* gesprächiger Typ *m*
matin|al morgendlich; Morgen-; **~é(e)** *f* Matinee *f*; *Am Kino*, THEAT Nachmittagsvorstellung *f*
matiz *m* Nuance *f*; Schattierung *f*; Farbton *m*; **~ación** *f* Nuancierung *f*; **~ado** moderat, verhalten; **~ar** ⟨-z/c-⟩ *tr* nuancieren; schattieren; *Farben* abstufen; relativieren; beeinflussen
matón *m* Raufbold *m*, Schläger *m*; Killer *m*; Rocker *m*; Rowdy *m*; ***~ a sueldo*** gedungener *od* gekaufter Mörder *m*
matonismo *m* Rowdytum *n*
matorral *m* Gestrüpp *n*; Gebüsch *n*; Dickicht *n*
matraca I *f* Knarre *f*, Rassel *f*; Belästigung *f*; **~s** *Pl Schülersprache* Mathe(matik) *f* ◇ ***dar ~*** *jmdm* auf den Wecker fallen **II** *m umg übertr* Quälgeist *m*
matraqu|ear I *intr* knarren, rasseln **II** *tr/intr jmdm* auf den Wecker fallen, → ***matraca***; **~eo** *m* Knarren *n*, Rasseln *n*; Belästigung *f*, *übertr* Quälerei *f*; **~ista** *m umg übertr* Quälgeist *m*
matraz *m* CHEM Kolben *m*
matrer|ía *f* Hinterlist *f*, Tücke *f*; Verschmitztheit *f*; **~o I** *Adj* hinterlistig, tückisch; verschmitzt; *übertr* gerissen **II** *m Am reg* Flüchtiger *m nach Straftat*; *übertr* (alter) Fuchs *m*; Bandit *m*
matriarcal matriarchalisch
matricid|a *m* Muttermörder *m*; **~io** *m* Mut-

termord *m*

matrícula *f* Liste *f*, Verzeichnis *n*, Register *n*; Immatrikulation *f*; Anzahl *f* der *od* von Studenten; Anmeldung *f zur Teilnahme*; Einschreib-, Teilnahmegebühr(en *f*/*Pl*) *f*; Studiengebühr(en *f*/*Pl*) *f*; Schulgeld *n*; Kenn-, Registriernummer *f*; KFZ polizeiliches Kennzeichen *n*, Nummernschild *n*; Matrikel *f*; MAR Seerolle *f*; MIL Stammrolle *f*

matricul|ación *f* Eintragung *f*; KFZ Anmeldung *f*; KFZ Zulassung *f*; **~ado** *m* Immatrikulierter *m*; *i w S* Student *m*; **~ar** *tr* registrieren, einschreiben, -tragen (lassen); immatrikulieren; *Studienfach* belegen; KFZ zulassen; KFZ anmelden; **~arse** sich immatrikulieren lassen; sich *zur Teilnahme* anmelden

matrimonial ehelich, Ehe-

matrimonio *m* Ehe *f*; Heirat *f*; Trauung *f*; Ehepaar *n*; Eheleute *Pl*; **~ *por apariencia*** Scheinehe *f*; **~ *civil*** standesamtliche Trauung *f*; Zivilehe *f*; **~ *de conveniencia*** *od* ***interés*** *od* ***razón*** Vernunftsehe *f*; **~ *desafortunado*** (***mal avenido***) gescheiterte (zerrüttete) Ehe *f*; **~ *con dos sueldos*** *Paar* Doppelverdiener *Pl*; **~ *mixto*** Mischehe *f*; ***nacido fuera de ~*** *Kind* unehelich ◇ ***contraer ~*** die Ehe schließen; heiraten

matritense *nur auf Einrichtungen u Sachen bezogen* → ***madrileño I***

matriz I *Adj* Stamm-; *übertr* Mutter- **II** *f* ANAT Gebärmutter *f*; TECH, TYP Matrize *f*; MATH Matrix *f*; Urschrift *f*, Original *n*; *Scheckheft* Stammabschnitt *m*; **~ *al papel*** TYP Mater *f*

matron|a Matrone *f auch verächtl od scherzh*; Hebamme *f*, Geburtshelferin *f*; *Am reg* Puffmutter *f*; **~al** matronenhaft

maturrangas *f*/*Pl* Machenschaften *f*/*Pl*; Tricks *m*/*Pl*, Kniffe *m*/*Pl*

matusalén *m* Methusalem *m sehr alte Person*

matute *m* Schleichhandel *m*, Schmuggel *m*; Schmuggelware *f*; Diebesgut *n*; ***de ~*** eingeschmuggelt; heimlich, insgeheim

matutino I *Adj* morgendlich, Morgen-; früh **II** *m* Morgenzeitung *f*; *Cu* TEL Weckdienst *m*

maula *f* Trödel *m*, Schund *m*; Ausschuss *m*; Mogelei *f*; **~s** *Pl* HDL Ladenhüter *m*/*Pl*

maullar ⟨*Präs* ***maúllo***⟩ *intr* miauen

maullido *m* Miauen *n* ◇ ***dar ~s*** → ***maullar***

mauriciano I *Adj* mauritisch **II** *m*, **-a** *f* Mauritier(in) *m*(*f*)

Mauricio *m* Mauritius *n*

Mauritania *f* Mauretanien *n*

mauritano I *Adj* mauretanisch **II** *m*, **-a** *f* Mauretanier(in) *m*(*f*)

máuser *m* Mausergewehr *n*

mausoleo *m* Mausoleum *n*

maxi *m Schallplatte* Maxisingle *f*; Maxi-CD *f*

maxilar I *Adj* ANAT Kiefer- **II** *m* Kiefer (-knochen) *m*; **~ *inferior*** (***superior***) ANAT Unter-(Ober)kiefer *m*

máxim|a *f* Maxime *f*, Grundsatz *m*; Höchsttemperatur *f*; **~e** umso mehr; zumal; besonders

maximizar ⟨-z/c-⟩ *tr* maximieren; (bedeutend) erhöhen; *etw* zur Maxime erheben

máximo I *Adj* maximal, Maximal-; größter; höchster, Höchst- **II** *m* Maximum *n*; ***como ~*** höchstens; spätestens; ***un ~ de …*** ein Höchstmaß an …

maya I *Adj* Maya- **II** *m*(*f*) Maya(indianer(in)) *m*(*f*)

mayimbe *m Cu umg, auch verächtl* Boss *m*, Chef *m*

mayo *m* Mai *m*; Maibaum *m*; Mai(en)-strauß *m*

mayólica *f* Majolika *f*

mayonesa *f* KOCHK Majonäse *f*

mayor I *Adj* größer; größter; älter; ältester; bedeutend; bedeutendst; Haupt-; Ober-; Groß-; erwachsen; **~ (*de edad*)** volljährig, mündig; **~ *de*** + *Zahl* über + *Zahl*; **~ *que*** größer als *auch* MATH; ***al por ~*** en gros; im Großhandel, Großhandels- **II** *m* Bürochef *m*; Vorsteher *m*; *Am reg* MIL Major *m*; ***~es de 16 años*** Jugendliche *m*/*Pl* über 16 Jahren; ***los ~es*** die Großen *Erwachsenen*; die Älteren

mayor|al *m* Vorarbeiter *m*; **~doma** *f* Verwalterin *f*; Wirtschafterin *f*; **~domía** *f* (Guts-)Verwaltung(sposten *m*) *f*; **~domo** *m Gut, Haus* Verwalter *m*; Butler *m*; **~eo** *m* Großhandel *m*

mayoría *f* Mehrheit *f*; Majorität *f*; **~ *de edad*** (***votos***) Volljährigkeit *f* (Stimmenmehrheit *f*); ***aplastante ~*** erdrückende *od* überwältigende Mehrheit *f*; ***en la ~ de los casos*** meistens; ***la ~*** die meisten; ***la ~ de las veces*** meist(ens); ***por una ~ de dos tercios*** durch *od* mit Zweidrittelmehrheit

mayor|ista *m* Großhändler *m*, Grossist *m*; **~itario** in der Mehrheit; Mehrheits-; **~mente** hauptsächlich, besonders, vorwiegend; umso mehr

mayúscula *f* Großbuchstabe *m* ◇ ***escribir*** (***-se***) ***con ~*** GRAMM großschreiben (großgeschrieben werden)

mayusculización *f* GRAMM Großschreibung *f*

mayúsculo *Buchstabe* groß, Groß-; *übertr* groß, riesig, Riesen- (***un escándalo ~***)

maza *f* Keule *f*; Klotz *m auch übertr unge-*

M

hobelter Mensch; **~morra** *f Am* Maisbrei *m*; **~pán** *m* Marzipan *n*
mazmorra *f* (unterirdischer) Kerker *m*, Verlies *n*; Kasematte *f*
mazo *m* Schlägel *m*; Holzhammer *m*; HAUSW Fleischklopfer *m*; Bund *n z.B. Möhren, Radieschen*; lästige Person *f*; **~ de llaves** Schlüsselbund *n*
mazorca *f* Maiskolben *m*; Kakaoschote *f*
mazurca *f* MUS Mazurka *f*
mazut *m* Heizöl *n*; Masut *n*
Mbyte *m* (*Zeichen für* **megabyte**) Mbyte *n od* MByte *n*
MC *m* (*Abk für* **Mercado Común**) Gemeinsamer Markt *m*
MCCA *m* (*Abk für* **Mercado Común Centroamericano**) Zentralamerikanischer Markt *m*
me mir; mich
meadero *m vulg* Pinkelbude *f*; Pissecke *f*
meandro *m Fluss, Weg* Krümmung *f*, Schleife *f*, Windung *f*
mear *intr/tr vulg* pinkeln, pissen, schiffen
meato *m* ANAT Gang *m* (**~ auditivo**)
MEC *m* (*Abk für* **Ministerio de Educación y Cultura**) *Esp* Erziehungs- und Kulturministerium *n*
Meca *f* Mekka *n auch übertr*
meca *f* Tippse *f Schreibkraft*
mecánica *f* Mechanik *f als Teil der Physik u Geräteteil*; Maschinenbautechnik *f*; Mechanikerin *f*; **~ de precisión** Feinmechanik *f*
mecánico I *Adj* PHYS *u übertr* mechanisch; maschinell **II** *m* Mechaniker *m*; Schlosser *m*; **~ de automóviles** *od* **coches** Kraftfahrzeugmechaniker *m*, Autoschlosser *m*; **~ dentista** Zahntechniker *m*; **~ de montaje** Montageschlosser *m*
mecanismo *m* Mechanismus *m*; MECH *u übertr* Räderwerk *n*; Ein-, Vorrichtung *f*; Getriebe *n*; Vor-, Hergang *m*; **~ de cierre** Schließvorrichtung *f*; **~ de control** Kontrollmechanismus *m*; **~ financiero** Finanz- *bzw* Währungssystem *n*; **~ de relojería** (**rodadura**) Uhr-(Lauf)werk *n*; **~ de tiempo** *Sprengkörper* Zeitzünder *m*
mecaniz|ación *f* Mechanisierung *f*; mechanische *od* maschinelle Bearbeitung *f*; **~ar** ⟨-z/c-⟩ *tr* mechanisch *od* maschinell bearbeiten; mechanisieren; *Produktion* auf Maschinen umstellen
mecan|o *m* (Stabil-)Baukasten *m*; **~ógrafa** *f* Schreibkraft *f*; **~ografía** *f* Maschineschreiben *n*; **~ografiado** maschine(n)geschrieben; **~ografiar** ⟨-ío⟩ (*tr*)/*intr* (*etw*) auf *od* mit der Maschine (ab)schreiben; **~ógrafo** *m vgl* **~ógrafa**; **~otipista** *m* TYP Maschinensetzer *m*
mecate *m AmC, Méx* Leine *f*, Schnur *f*
mecedora *f* Schaukelstuhl *m*
mecen|as *m(f)* Mäzen(in) *m(f)*; **~azgo** *m* Mäzenatentum *n*
mecer ⟨-c/z-⟩ *tr* schaukeln *tr*; *jmdn in den Armen* wiegen; *Flüssigkeit* schütteln; **~se** schaukeln *intr*; sich *in den Hüften* wiegen
mecha *f* Docht *m*; Zündschnur *f*; (Haar-)Strähne *f*; **a toda ~** schleunigst; einzig und allein, ausschließlich ◇ **aguantar la ~** breite Schultern haben *alles geduldig ertragen*
mech|ar *tr* KOCHK spicken; **~ero** *m* Feuerzeug *n*; Ladendieb *m*; **~ón** *m Fasern, Haare* Büschel *n*; (Haar-)Strähne *f*
Mecklemburgo *m* Mecklenburg *n*; **~-Pomerania Anterior** *od* **Occidental, ~ Antepomerania** Mecklenburg-Vorpommern
medall|a *f* Medaille *f*; **~ar** *tr jmdn* mit einer Medaille auszeichnen; **~ero** SPORT Medaillenspiegel *m*; **~ista** *m* SPORT Medaillengewinner *m*; **~ón** *m* Medaillon *n auch* KOCHK
médano *m* Düne *f*; Sandbank *f*
media I *Adj* → **medio I**; **a ~s** zur Hälfte; nur halb; halbherzig; **... y ~** *Uhrzeit* halb... **II** *f* (Damen-)Strumpf *m*; Mittel(wert *m*) *n*; Durchschnitt *m*; mittlere Geschwindigkeit *f*; **~s** *Pl Am* Kniestrümpfe *m/Pl*; **~ aritmética** arithmetisches Mittel *n*; **~s sin costura** nahtlose Strümpfe *m/Pl*; **~ nacional** Landesdurchschnitt *m*; **~ de vida** mittlere Lebenserwartung *f* ◇ **empezamos a la ~ en punto** wir fangen Punkt halb an
media|ción *f* Vermittlung *f*; Schlichtung *f*; **~cionista** Vermittlungs-
mediado I *Adj* in zwei Hälften *od* zur Hälfte geteilt; halbfertig; halb voll; halb vergangen **II** *m/Pl*: **a ~s de ...** + *Monat, Jahrhundert* Mitte ...
media|dor I *Adj* Vermittlungs-, vermittelnd; Schlichtungs-, schlichtend **II** *m* Vermittler *m*; Schlichter *m*; Mittelsmann *m* ◇ **servir de ~** vermitteln; schlichten
media|luna *Gebäck* Hörnchen *n*; **~mbiental** → **medioambiental**; **~na** *f* Mittellinie *f*; **~namente** halbwegs
medianejo: **estoy ~** es geht mir so lala
media|nería *f* Zwischen-, Trennwand *f*; Trennmauer *f*; **~nero I** *Adj* dazwischen liegend, Zwischen-; Mittels- **II** *m* Mittelsmann *m*; Eigentümer *m* der Hälfte (eines Hauses *bzw* einer Wohnung); **~nía** *f*, **~nidad** *f* Mittelmäßigkeit *f*; Mittelmaß *n*; kleines Licht *n*, keine Leuchte *f umg mittelmäßige Person*; **~no** von mittlerer Größe; mittlere(r; -s) (**medianas empresas** *od* **empresas medianas**); mittelständisch; mittelmäßig; nicht überragend, nicht besonders gut; **~noche** *f* Mitternacht *f*

medi|ante durch; mit Hilfe (*dir Obj* von *od Gen*); mit; vermittels; **~ar** *intr* vermitteln; schlichten; *Zeit u übertr* dazwischen liegen; *Zeit* verstreichen, verflossen sein; *etw Unangenehmes* dazwischenkommen; sich einsetzen (***por alg*** für jmdn); *Umstand* von Gewicht *od* Bedeutung sein; herrschen *gegeben sein* (***median estrechas relaciones entre las dos compañías***); **~áticamente** durch *od* über die (Massen-)Medien; **~ático** Medien-; medienwirksam; seitens der Medien

media|tinta *f* Halbschatten *m*; **~tización** *f bes* POL Manipulierung *f*; POL *übertr* Bevormundung *f*; **~tizado** verfälscht; Schein-; **~tizar** ⟨-z/c-⟩ *tr bes* POL manipulieren; POL *übertr* bevormunden; **~to** mittelbar, nicht direkt

médica *f* Ärztin *f*

medic|ación *f* Arzneimittelverabreichung *f*; **~amentismo** *m* Arzneimittel-, Medikamentenmissbrauch *m*; **~amento** *m* Medikament *n*, Medizin *f umg übertr*, Arznei (-mittel *n*) *f*; **~amentoso** medikamentös; heilkräftig; Heil-; **~ar** ⟨-c/qu-⟩ *tr Medikamente* verordnen; → ***medicinar***; **~arse** sich in ärztlicher Behandlung befinden; **~astro** *m* Kurpfuscher *m*, Quacksalber *m*

medicina *f* Medizin *f*, Heilkunde *f*; Arznei(mittel *n*) *f*; **~ *aeronáutica*** (***deportiva***; ***espacial***) Luftfahrt-(Sport-; Raum)medizin *f*; **~ *general*** (***genética***) Allgemein-(Gen)medizin *f*; *auf Schildern* praktischer Arzt *m*; **~ *interna*** innere Medizin *f*; **~ *laboral*** *od* ***del trabajo*** (***legal***; ***nuclear***; ***tropical***; ***veterinaria***) Arbeits-(Gerichts-; Nuklear-; Tropen-; Veterinär)medizin *f*

medicin|al Heil-; Medizin-; **~ar** *tr* Medikamente verabreichen

medición *f* (Ab-, Aus-, Ver-)Messung *f*

médico I *Adj* ärztlich; medizinisch; Heil-; Medizin-; Arzt-, Ärzte-; Gesundheits-; **~-*espacial*** ((-)***legal***) raumfahrt-(gerichts)-medizinisch **II** *m* Arzt *m*, Mediziner *m*; **~ *asistente*** *od* ***ayudante*** Assistenzarzt *m*; **~ *de a bordo*** Schiffsarzt *m*; **~ *de cabecera*, ~ *casero*, ~ *de*** (***la***) ***familia*** Hausarzt *m*; **~ *de empresa*** Betriebsarzt *m*; **~ *especialista*** Facharzt *m*; **~ *forense*** Gerichtsmediziner *m*; **~ *general*** praktischer Arzt *m*, Allgemeinpraktiker *m*; **~ *de guardia*** *od* ***urgencia*** Notarzt *m*; **~ *jefe*** (***legista***; ***oficial***; ***rural***; ***veterinario***) Chef- *bzw* Ober-(Gerichts-; Amts-; Land-; Tier)arzt *m*; **~ *tratante*** behandelnder Arzt *m* ◇ ***ir al ~*** zum Arzt gehen **III** *f* → ***médica***

medida *f* Maßnahme *f*; Maß *n auch übertr*; Messen *n*, Messung *f*; Bedacht *m*; **~*s Pl*** Schritte *m/Pl Maßnahmen*; **~*s de ahorro*** *od* ***austeridad*** Spar-, Einsparungsmaßnahmen *f/Pl*; **~ *cautelar*** JUR einstweilige Verfügung *f*; **~ *coercitiva*** Zwangsmaßnahme *f*; **~*s de confianza*** vertrauensbildende Maßnahmen *f/Pl*; **~ *de defensa*** (**~ *disciplinaria***) Verteidigungs-(Disziplinar)maßnahme *f*; **~ *de longitud*** (***superficie***) Längen-(Flächen)maß *n*; **~ *de precaución*** Vorsichtsmaßnahme *f*; **~ *de presión*** *übertr* Druckmittel *n*; **~*s preventivas*** *od* ***de prevención*** Präventiv-, Verhütungsmaßnahmen *f/Pl*; **~ *publicitaria*** Werbemaßnahme *f*; **~ *de readaptación profesional*** Umschulungsmaßnahme *f*; **~*s a tomar*** zu ergreifende Maßnahmen *f/Pl*; ***a*** (***la***) **~** entsprechend, gemäß (***de*** *Dat*); *Kleidung u übertr* nach Maß; ***a ~ que*** während; je nachdem; in dem Maße wie; ***como ~ de prevención*** vorsichtshalber; ***en gran ~*** in hohem Maße; ***en la ~ de lo lícito*** soweit zulässig; ***en la ~ de sus fuerzas*** (***posibilidades***) nach Kräften (im Rahmen seiner *bzw* ihrer Möglichkeiten); ***en la ~ en que*** in dem Maße wie; ***sobre ~*** *Kleidung* nach Maß ◇ ***adoptar una ~ cautelar*** eine einstweilige Verfügung erlassen; ***adoptar*** *od* ***tomar ~s*** Maßnahmen ergreifen *od* treffen *od* einleiten; ***se ha colmado la ~*** *übertr* das Maß ist voll; ***emprender ~s jurídicas*** rechtliche Schritte unternehmen *od* einleiten; ***establecer ~s*** Maßnahmen festlegen; ***quedar a la ~*** *Kleidung* wie angegossen passen *umg*

medid|o maßvoll, gemäßigt, zurückhaltend; **~or** *m* Messer *m*; Messgerät *n*; *Am reg* EL, *Gas, Wasser* Zähler *m*

mediev|al mittelalterlich; **~o** *m* Mittelalter *n*

medio I *Adj* halb; Halb-; durchschnittlich, Durchschnitts-; mittlere(r; -s); Mittel- **II** *Adv* halb (***la encontraron ~ muerta de hambre***) ◇ ***a ~ abrir*** (***vestir***) halb offen (halb angezogen); ***a ~ hacer*** *od* **~ *hecho*** halbfertig **III** *m* Mitte *f*; Mittel *n*; Milieu *n*; Hälfte *f*; Sphäre *f*, Bereich *m*; Medium *n Kommunikationsmittel*; halbes Glas *n* (Wein); *Fußball* Läufer *m*, Mittelfeldspieler *m*; *Am reg Bez für Münzen mit unterschiedlichen Werten*; **~*s Pl*** *übertr* Kreise *m/Pl*; Medien *n/Pl*; (Geld-)Mittel *n/Pl*; **~ *ambiente*** Umwelt *f*; **~*s básicos*** WIRTSCH Grundmittel *n/Pl*; **~*s circulantes*** *od* ***de rotación*** WIRTSCH Umlaufmittel *n/Pl Geld*; **~*s de comunicación*** Kommunikationsmedien *n/Pl*; **~*s de comunicación masiva*** *od* ***masivos*, ~*s informativos*** Massenmedien *n/Pl*; **~ *de cultivo*** BIOL *u übertr* Nährboden *m*; **~** (***de datos***) Datenträger *m*; **~ *expresivo*** KUNST, LIT Ausdrucksmittel *n*; **~ *de extinción*** Feuerlöschmittel *n*; **~*s impresos***

Printmedien *n/Pl*; **~ de memoria** *od* **memorización** INFORM Speichermedium *n*; **~ (legal) de pago** (gesetzliches) Zahlungsmittel *n*; **~s de producción** Produktionsmittel *n/Pl*; **~ de propaganda, ~ publicitario** Werbemittel *n*; **~s de transporte (colectivo** *od* **público)** (öffentliche) Verkehrsmittel *n/Pl*; Transportmittel *n/Pl*; **acorde (compatible) con el ~ ambiente** umweltgerecht (umweltverträglich); **de ~ a ~** gründlich; vollkommen; **de por ~** dazwischen; zur Hälfte; **en ~** in der Mitte; mittendrin; **en ~ de** inmitten; trotz; mitten auf **(en ~ de la calle)**; **nocivo para el ~ ambiente** umweltschädlich; **por ~** mittendurch; dazwischen; in der Mitte; **por ~ de** *übertr* über, durch; vermittels + *Gen*; **por en ~ de** mitten durch ◇ **no ahorrar** *od* **economizar ~s** keine Mittel scheuen; **allegar ~s** Mittel auftreiben; **no hay ~ de hacerlo** es ist unmöglich; **meterse de por ~** *in einem Streit* vermitteln, dazwischengehen *umg*

medio|ambiental Umwelt-; **~cre** mittelmäßig; **~cridad** *f* Mittelmäßigkeit *f*; *übertr* Mittelmaß *n*; **~día** *m* Mittag(szeit *f*) *m*; **~fondista** *m* SPORT Mittelstreckenläufer *m*; **~teca** *f* Mediothek *f*

medir ⟨-i-⟩ **I** *tr* messen *auch übertr z.B. Kräfte*; ab-, aus-, vermessen; *Worte* abwägen; *übertr* bemessen; *übertr* ermessen **II** *intr* messen, *d.h.* groß *od* lang *od* breit *od* hoch sein; **~ poquísimo** ganz *od* sehr klein sein; **~se** sich mäßigen; sich einschränken; *übertr* sich *mit jmdm* messen

medit|abundo nachdenklich, grübelnd; **~ación** *f* Nachdenken *n*; Betrachtung *f*; **meditaciones** *Pl* Überlegungen *f/Pl*; **~ar** *intr/tr* nachdenken (*dir Obj od* **sobre** über), überlegen; grübeln (**en** *od* **sobre** über); meditieren; **~ativo** → **~abundo**

mediterráneo I *Adj* Mittelmeer-; mittelländisch **II** *m*: **♀** Mittelmeer *n* ◇ **descubrir el ♀** *übertr* das Rad neu erfinden

médium *m* ⟨*Pl unv*⟩ *Parapsychologie* Medium *n*

medr|ar *intr* gedeihen; *übertr z.B. Gesundheit* aufwärts gehen; *übertr* vorwärts kommen; **~oso** furchtsam; zaghaft; Furcht erregend, fürchterlich

médula *f Knochen, Pflanzen* Mark *n*; *übertr* Kern(stück *n*) *m*; **~ espinal (ósea)** ANAT Rücken-(Knochen)mark *n*; **hasta la ~** *übertr* durch und durch, bis ins Mark

medular ANAT Rückenmark(s)-; *übertr* Kern-

medusa *f* ZOOL Qualle *f*

mefítico *Ausdünstungen, Gase* giftig, nicht einzuatmen(d); Stick-

mega|banco *m* FIN Großbank *f*; **~byte** *m* INFORM Megabyte *n*; **~ciclo** *m* PHYS Megahertz *n*

meg|afonía *f* Verstärkeranlage *f*; **~áfono** *m* Megaphon *n*

mega|hercio *m od* **~hertzio** *m* → **megaciclo**; **~lomanía** *f* Größenwahn *m*; **~lómano** größenwahnsinnig; **~lópolis** *f* Riesenstadt *f*; **~tón** *m*, **~tonelada** *f* Megatonne *f*; **~vatio** Megawatt *n*; **~voltio** *m* Megavolt *n*

mejicano *Esp* → **mexicano**

Méjico *m Esp* → **México**

mejill|a *f* Backe *f umg*, Wange *f*; **~ón** *m* essbare Miesmuschel *f*, Pfahlmuschel *f*

mejor I *Adj* bessere(r; -s) beste(r; -s) **II** *m u f* Bessere(r *m*) *f*; Beste(r *m*) *f*; **lo ~** das Bessere; das Beste; **a lo ~** vielleicht, möglicherweise ◇ **desear lo ~** alles Gute wünschen **III** *Adv* besser; am besten; mehr; eher; lieber; **~ que ...** es ist besser *bzw* am besten, dass *od* wenn ...; **~ que ~, mucho ~, tanto ~** umso besser; **a cuál ~** um die Wette; **cuanto antes ~** je eher, desto besser; **lo ~ posible** so gut wie möglich, bestmöglich ◇ **~ dicho** besser gesagt; eigentlich; **estar ~** *Patient* sich besser *od* wohler fühlen; **como ~ pudo** so gut er konnte

mejora *f* (Ver-)Besserung *f*; Aufbesserung *f*; Vered(e)lung *f von Produkten*; Neuerung *f*; LANDW Melioration *f*; Erhöhung *f*, Vermehrung *f*; *Börsenkurs* Erholung *f*; **~ de calidad** Qualitätssteigerung *f*, -verbesserung *f*; **~ coyuntural (salarial)** Konjunkturaufschwung *m* (Lohnaufbesserung *f*, Gehalts-, Lohnerhöhung *f*); **susceptible de ~** → **mejorable** ◇ **hacer ~s** Verbesserungen vornehmen

mejor|able verbesserungsfähig; **~amiento** *m* → **mejora**; **~ana** *f* Majoran *m*; **~ar I** *tr* verbessern; aufbessern; *Produkte* veredeln; LANDW meliorieren **II** *intr* sich bessern, besser werden; FIN, HDL sich erholen; **~arse** *bes Gesundheitszustand* sich bessern, besser werden; **¡que se mejore!** *bzw* **¡que te mejores!** gute Besserung!; **~ía** *f Patient, Wetter* Besserung *f*; Erleichterung *f*; → **mejora**

melado I honigfarben, -gelb

melan|colía *f* Schwermut *f*, Melancholie *f*; **~cólico** schwermütig, melancholisch

melanoma *m* MED Melanom *n*

mel|ar Honig-; **~aza** *f* Melasse *f*; Sirup *m*

melen|a *f* Mähne *f*; langes Haar *n*; **~as** *m* → **~udo II**

melenudo I *Adj* langhaarig **II** *m*, **-a** *f* Langhaarige(r) *f*(*m*), *verächtl i w S* Gammler(in) *m*(*f*)

melindre *m* Honiggebäck *n*; **~s** *Pl* Geziertheit *f*, Ziererei *f* ◇ **andar con ~s, hacer ~s** sich zieren; **no andarse con ~s** sich nicht im Geringsten genieren; die Dinge beim Namen nennen

melindroso geziert, unnatürlich; mäk(e)lig

meliorativo Verbesserungs-; LANDW Meliorations-

melisa *f* BOT Melisse *f*

mella *f* Scharte *f auch übertr Schaden*; Lücke *f* ◇ ***hacer ~*** Eindruck machen (***en alg*** auf jmdn *od* bei jmdm); Schaden verursachen; *übertr* Spuren hinterlassen

mellar *tr* schartig machen; *Ansehen* beeinträchtigen, schmälern; *Ruf* antasten

melliz|a *f* Zwillingsschwester *f*; **~o I** *Adj* Zwillings- **II** *m* Zwillingsbruder *m*; ***~s*** *Pl* Zwillinge *m/Pl*

melocot|ón *m* Pfirsich *m*; **~onero** *m* Pfirsichbaum *m*

melodía *f* Melodie *f*; ***~ pegadiza*** eingängige Melodie *f*, Ohrwurm *m umg*; ***~s de siempre*** Evergreens *n,m/Pl*

mel|ódico melodisch, wohlklingend; **~odioso** melodiös; **~odrama** *m* Melodram(a) *n auch übertr*; THEAT Rührstück *n*; **~odramático** melodramatisch *auch übertr*; rührselig; **~omanía** *f* Melomanie *f*, Musikbesessenheit *f*; **~ómano** *m* Musikliebhaber *m*

melón I *Adj* bescheuert, doof **II** *m* (Zucker-)Melone *f auch übertr für steifer Filzhut*; Birne *f Kopf*; *verächtl* Schafskopf *m* ◇ ***estrujarse el ~*** *umg* sich einen Kopf machen *sich Gedanken machen*

melonada *f* Dummheit *f*

meloso wie Honig; *verächtl übertr* honig-, zuckersüß; schleimig *auch verächtl übertr*

membrana *f* Membran(e) *f auch* EL; Häutchen *n*; ***~ mucosa*** (***timpánica***) Schleimhaut *f* (ANAT Trommelfell *n*)

membr|esía *f* Mitgliedschaft *f*; Mitglieder *n/Pl*; **~ete** *m* Aufdruck *m*, (Brief-)Kopf *m*; (Schild *n* mit) Aufschrift *f*; **~illo** *m* Quitte *f*; Quittenstrauch *m*; *Esp* Memme *f Feigling*; **~udo** stämmig, kräftig (gebaut)

memez *f* Dumm-, Albernheit *f*

memo[1] albern, dumm, einfältig

memo[2] *m Kurzf bes Am umg* → ***memorándum***; Memo *n Aktennotiz*

memorable denkwürdig

memo|rando *m*, *meist* **~rándum** *m* ⟨*Pl* ***memoranda, memorándum*** *od* ***memorándums***⟩ Memorandum *n*, Denkschrift *f*; Aktennotiz *f*

memoria *f* Gedächtnis *n*; Erinnerungsvermögen *n*; Erinnerung *f*; Andenken *n*; INFORM Speicher *m*; Abhandlung *f*; Schrift (-stück *n*) *f*; Exposee *n*; Beschreibung *f*; Geschäfts- *bzw* Tätigkeitsbericht *m*; ***~s*** *Pl* Memoiren *Pl*; ***~ de acceso aleatorio, ~ RAM*** INFORM Speicher *m* mit wahlfreiem Zugang, RAM-Speicher *m*; ***~ adicional*** *od* ***auxiliar*** (***central*** *od* ***principal***; ***intermedia***; ***~ de trabajo***) INFORM Zusatz-(Haupt-; Zwischen-; Arbeits)speicher *m*; ***~ a corto*** (***largo***) ***plazo*** Kurz-(Lang)zeitgedächtnis *n*; ***~ disponible*** (***externa*** *od* ***periférica***; ***virtual***) INFORM verfügbarer (externer; virtueller) Speicher *m*; ***~ dura*** *od* ***fija*** *od* ***muerta*** *od* ***de sólo lectura, ~ ROM*** INFORM Festspeicher *m*, ROM-Speicher *m*; ***~ de viaje*** LIT Reisebericht *m*; ***buena*** (***mala***) ***~*** gutes (schlechtes) Gedächtnis *n*; angenehme (unangenehme) Erinnerung *f*; ***de ~*** auswendig, aus dem Kopf *umg*; ***flaco de ~*** vergesslich ◇ ***hacer ~*** nachdenken; sich erinnern (***de*** an); ***se me ha ido de la ~*** es ist mir entfallen; ***traer u/c a la ~*** etw in Erinnerung rufen

memor|ial *m* Bittschrift *f*; Eingabe *f Beschwerde, Widerspruch*; Tagebuch *n*; Ehrenmal *n*, Gedenkstätte *f*; **~izar** ⟨-z/c-⟩ *tr* auswendig lernen, sich einprägen; INFORM speichern

menaje *m* Hausrat *m*; Haushaltsartikel *m/Pl*, -waren *f/Pl*; *i e S* Kücheneinrichtung *f*; *Schule* Anschauungsmittel *n/Pl*

mención *f* Erwähnung *f*; Vermerk *m*; ***~*** (***honorífica***) *bei Preisausschreiben u.Ä.* ehrenvolle Erwähnung *f*, Anerkennung *f*, Achtungserfolg *m*; ***digno de ~*** erwähnenswert ◇ ***hacer ~ de u/c*** → ***mencionar***

mencionado: ***~ más abajo*** nachstehend; ***anteriormente*** *od* ***arriba ~*** (weiter) oben erwähnt

mencionar *tr* erwähnen; ***no dejar de ~*** nicht unerwähnt lassen

menda *Pron nur in Verbindung mit Verb in 3. Pers Sg Esp umg, auch* ***mi ~, este ~, ~ el estercolero, ~ lerenda*** *od* ***lironda*** meine Wenigkeit (*d.h.* ich)

mend|acidad *f* Verlogenheit *f*; **~az** verlogen

mendi|cidad *f* Bettelei *f*; Bettelunwesen *n*; **~gar** ⟨-g/gu-⟩ *tr/intr* betteln **II** *tr* erbetteln; **~go** *m* Bettler *m*

mendrugo *m* Stück *n* altes und hartes Brot *n*; *verächtl* Trottel *m*, Dummkopf *m*

menear *tr* (hin und her) bewegen; *Hüften* wiegen; schütteln *auch Kopf*; *mit dem Schwanz* wedeln; rühren; schwenken; ***peor es meneallo*** *od* ***más vale no meneallo*** *umg* es ist besser, nicht daran zu rühren; **~se** sich rühren, rührig sein

meneo *m* Schütteln *n*; Rühren *n*; Schwenken *n*; Wedeln *n*; *übertr* Betrieb *m*, Treiben *n*; ***¿para qué tanto ~?*** warum so viel Aufhebens? ◇ ***dar un ~ a alg*** jmdm den Kopf waschen *Vorhaltungen machen*

menester *m* Notwendigkeit *f*; Bedürfnis *n*;

M

~es *Pl* Obliegenheiten *f/Pl* ◇ ***ser ~*** nötig sein
menesteroso bedürftig; Not leidend
menestra Gemüseeintopf *m*; **~s** *Pl* Trockengemüse *n*; Dinge *n/Pl* des täglichen Bedarfs
mengano *m* → ***fulano***
mengua *f* Abnehmen *n*, Verminderung *f*; Einbuße *f*; Schaden *m*; Mangel *m*; Armut *f*; Nichtachtung *f*; ***en ~ de*** zum Schaden von *od Gen*; ***sin ~*** ohne Einbuße; unbeschadet
mengu|ado I *Adj* feige; dumm; erbärmlich; knauserig **II** *m* Feigling *m*; Dummkopf *m*; erbärmlicher Wicht *m bes als Beschimpfung*; Knauser *m*; **~ante I** *Adj Mond* abnehmend **II** *f* Abnehmen *n des Mondes*; Mondsichel *f des abnehmenden Mondes*; Rückgang *m*, Abnahme *f*; Niedrigwasser *n*; Ebbe *f*; **~ar** ⟨-gu/gü-⟩ **I** *intr* abnehmen, nachlassen, zurückgehen **II** *tr* vermindern; schmälern; einschränken; verringern
mening|e *f* ANAT Hirnhaut *f*; **~itis** *f* MED Hirnhautentzündung *f*, Meningitis *f*
menisco *m* ANAT Meniskus *m*; OPT Punktalglas *n*
Meno *m* Main *m*
menopausia *f* MED Menopause *f*, Wechseljahre *n/Pl*
menor I *Adj* geringer; geringster; kleiner; kleinster; jünger; jüngster; ***~ de*** *vor Num* unter *weniger als* (***vehículos ~es de 3,5 toneladas***); ***~ de edad*** minderjährig, unmündig; ***~ que*** kleiner als *auch* MATH; ***al por ~*** im Einzelhandel, Einzelhandels- **II** *m*: ***~es de 16 años*** Jugendliche *m/Pl* unter 16 Jahren; ***los ~es*** die Jüngeren; SPORT die Junioren
Menorca *f* Menorca *n*
menorquín I *Adj* menorquinisch, aus Menorca **II** *m*, **-ina** *f* Menorquiner(in) *m(f)*, Einwohner(in) *m(f)* Menorcas
menos I *Adj* ⟨*unv*⟩ weniger **II** *Adv* weniger; am wenigsten; schon gar nicht, am allerwenigsten (***no quiero hablar con nadie, y ~ contigo***); außer *Präp* (***~ los lunes***); ***~ de*** *vor Num u vor Art im Vergleichssatz mit eigenem Verb* weniger als (***~ de diez***; ***Pepe cobra ~ de lo que crees***); unter *weniger als* (***~ de cien euros***); ***¡~ mal!*** *bzw* ***~ mal que …*** ein Glück!; das geht ja noch! *bzw* ein Glück, dass …, zum Glück, Gott sei Dank; ***a ~ de*** knapp … vor (***a ~ de un kilometro***); ***a ~ que …*** + *subj* es sei denn, dass …; falls nicht … ***al ~, a lo ~, por lo ~*** zumindest, mindestens; wenigstens; ***cuando ~*** zumindest, mindestens; allen-, bestenfalls; ***lo ~*** das Mindeste; das wenigste; am wenigsten; wenigstens; mindestens; ***lo ~ posible*** so wenig wie möglich; ***ni mucho ~*** durchaus nicht, keinesfalls, auf gar keinen Fall; ganz im Gegenteil; (***no***) ***~ que …*** (nicht) weniger als … ◇ ***echar de ~*** vermissen; ***eso es lo de ~*** das macht nichts, darauf kommt es (gar) nicht an; ***y no es*** (***era***) ***para ~*** und das ist (war) vollkommen berechtigt; ***ir a ~*** weniger werden; zurückgehen, abnehmen; ***no poder ~ que*** + *Inf* nicht umhinkönnen zu + *Inf*; ***tratar a alg como ~*** jmdn von oben herab behandeln *anmaßend sein*; ***venir a ~*** in Verfall geraten, herunterkommen **III** *Konj* MATH minus **IV** *m* Gedankenstrich *m*; Querstrich *m*; MATH Minuszeichen *n*
menos|cabar *tr* beeinträchtigen, schmälern; schädigen; (ver)mindern; **~cabo** *m* Beeinträchtigung *f*; Nachteil *m*; Schädigung *f*; (Ver-)Minderung *f*; Wertminderung *f*, -verlust *m*; **~preciable** verachtenswert; **~preciar** *tr* verachten; gering schätzen; **~precio** *m* Verachtung *f*; Geringschätzung *f*
mensáfono *m* Pager *m Funkrufempfänger*, Piepser *m umg*
mensaje *m* Botschaft *f*; Nachricht *f*; Message *f*; INFORM (E-)Mail *f*; Durchsage *f z.B. auf Flughäfen*; POL Grußadresse *f*, -wort *n*; ***~ corto*** TEL SMS *f*; ***~ de error*** INFORM Fehlermeldung *f*; ***~ de gracias*** Dankadresse *f*; ***~ interno*** VERW Hausmitteilung *f*; ***~ personal*** RADIO Durchsage *f* (für Reisende), Reiseruf *m*; Suchmeldung *f*; ***~ publicitario*** Werbespot *m*; ***~ de radio*** Funkspruch *m*; ***~s a teléfonos móviles*** WAP *ohne Art d.h.* ***Wireless Application Protocol*** *Abruf von Internetinformationen über das Mobiltelefon*
mensajería *f* Boten-, Zustelldienst *m*; ***~ instantánea*** SMS *als Verfahren ohne Art d.h.* ***Short Message Service*** *Nachrichtenaustausch über das Display des Mobiltelefons*
mensajero *m* Bote *m*
menstru|ación *f* MED Menstruation *f*, Regel(blutung) *f*, Periode *f*; **~ar** ⟨-úo⟩ *intr* menstruieren, die Regel *od* Periode haben
mensual monatlich, Monats-; **~idad** *f* Monatsgeld *n*; Monatslohn *m*, -gehalt *n*; Monatsrate *f*
mensurable messbar
menta *f* Pfefferminze *f*; Pfeffi *m umg für Pfefferminzlikör*
mental geistig; Geistes-; Kopf-
mentalidad *f* Mentalität *f*; Denkweise *f*; ***~ de mercachifle*** *od Am* ***pulpero*** *verächtl* Krämergeist *m*; ***la nueva ~*** POL das neue Denken
ment|alizar ⟨-z/c-⟩ *tr jmdn* (seelisch) vorbe-

reiten; **~almente** innerlich; im Geiste; im Kopf; **~ar** ⟨-ie-⟩ *tr* erwähnen; **~as**: ***de ~*** *umg* vom Hörensagen
mente *f* Geist *m*; Sinn *m*; Verstand *m* ◇ ***tener en la ~*** *etw* vorhaben; ***se me viene a la ~*** mir fällt ein
mentecat|ez *f* Dummheit *f*; Unsinn *m*; **~o I** *Adj* dumm; töricht **II** *m* Dumm-, Schwachkopf *m*
ment|idero *m* ZTGSW Klatschkolumne *f*; -spalte *f*; **~ir** ⟨-ie-, -i-⟩ **I** *tr* an-, belügen, beschwindeln **II** *intr* lügen, schwindeln; ***¡miento!*** ich muss mich berichtigen!; ***miente más que habla, miente que se las pela*** er *bzw* sie lügt wie gedruckt
mentira *f* Lüge *f*, Schwindel *m*; ***~ oficiosa*** Notlüge *f* ◇ ***coger a alg en ~*** jmdn beim Lügen ertappen; ***decir ~s*** Lügen verbreiten; ***¡parece ~!*** kaum zu glauben!, nicht zu fassen!, unglaublich!; *Sprichw* ***la ~ tiene los pies muy cortos*** Lügen haben kurze Beine
mentiroso I *Adj* verlogen **II** *m* Lügner *m*
mentís *m* ⟨*Pl unv*⟩ Dementi *n* ◇ ***dar un ~*** dementieren, richtig stellen; ***dar un ~ a alg*** jmdn Lügen strafen
ment|ol *m* Menthol *n*; **~olado** Menthol- (***cigarillos ~s***); **~ón** *m* Kinn *n*; **~or** *m*, **~ora** *f* Mentor(in) *m*(*f*)
menú *m* ⟨*Pl* ***menús***⟩ Speisekarte *f*; GASTR, INFORM Menü *n*, GASTR Gedeck *n*; ***~ de ayuda*** INFORM Hilfsmenü *n*; ***~ desplegable*** (***principal***) INFORM Dropdown-Menü *n* (Hauptmenü *n*); ***~ pop-up*** INFORM Popup-Menü *n*; ***dirigido por ~*** INFORM menügesteuert
menud|amente umständlich, haarklein; **~ear I** *tr etw* häufig machen *od* wiederholen **II** *intr* sich häufen, häufig auftreten *od* vorkommen; **~encia** *f* Kleinigkeit *f*; Lappalie *f*; **~eo** *m* häufige Wiederholung *f*; Einzelhandel *m*
menudo I *Adj* klein, winzig; geringfügig, unbedeutend; *Regen*, *Staub* fein, dünn; *Geld* in Münzen, Klein-; *vor Subst Esp iron* toll, riesig, ganz schön (***~ susto me has dado***); (***demasiado***) ***a ~*** (zu) oft, häufig; ***por ~*** im Einzelnen, in allen Einzelheiten **II** *m* Kleingeld *n*
meñique *m* kleiner Finger *m*; kleiner Zeh *m*
meollo *m Knochen*, *Pflanzen* Mark *n*; *übertr* Kern *m*, Inhalt *m*; Grips *m Verstand* ◇ ***no tener ~*** *umg übertr* (etwas) beschränkt sein
meramente ausschließlich, nur, rein
merca|chifle *m verächtl* Krämer(seele *f*) *m*; **~dear** *tr* vermarkten; **~deo** *m* Vermarktung *f*; Marketing *n*; **~dería** *f* HDL Artikel *m*; → ***mercancía***
mercadillo *m*: ***~*** (***de viejo***) *übertr* Flohmarkt *m*
mercado *m* Markt *m*; Marktplatz *m*; Markthalle *f*; Absatzgebiet *n od* -markt *m*; ***~ de acciones*** (***capitales***; ***créditos***; ***divisas***; ***valores***) Aktien-(Kapital-; Kredit-; Devisen-; Wertpapier)markt *m*; ***~ central*** Großmarkt *m*; ***♀ Común*** (***Centroamericano***; ***Suramericano***) (Zentralamerikanischer; Südamerikanischer) Gemeinsamer Markt *m*; ***~ exterior*** (***financiero***; ***inmobiliario***; ***interior*** *od* ***interno*** *od* ***nacional***; ***internacional*** *od* ***mundial***; ***monetario***) Auslands- *od* Außen-(Finanz-; Immobilien-; Binnen- *od* Inlands-; Welt-; Geld)markt *m*; ***~ gris*** (***negro***) *übertr* grauer Markt *m* (schwarzer Markt *m*, Schwarzmarkt *m*; Schwarzhandel *m*); ***~ laboral*** *od* ***del trabajo*** Arbeitsmarkt *m*; ***~ de productos agrarios*** Agrarmarkt *m*; ***♀ Único Europeo*** EU- *od* Europäischer Binnenmarkt *m*; ***dominante en el ~*** marktbeherrschend; ***libre ~*** freie Marktwirtschaft *f*; ***segundo ~ de empleo*** zweiter Arbeitsmarkt *m* ◇ ***abrir*** *od* ***conquistar nuevos ~s*** neue (Absatz-)Märkte erschließen; ***desplazar del ~*** vom Markt verdrängen; ***dominar*** (***en***) ***el ~*** den Markt beherrschen (eine marktbeherrschende Stellung einnehmen); ***lanzar*** *od* ***sacar al ~, poner en el ~*** *übertr* auf den Markt bringen; ***repartir***(***se***) ***el ~*** den Markt (unter sich) aufteilen; ***retirar del ~*** *Artikel* vom Markt nehmen
mercado|logía *f* Marktforschung *f*; **~tecnia** *f* Marketing *n*
mercancía *f* Ware *f*; **~s I** *m* Güterzug *m* **II** *f/Pl* HDL Güter *n/Pl*, Gut *n*; ***~ aérea*** Luftfracht(gut *n*) *f*; ***~s almacenadas*** Lagerbestand *m*; ***~s en bultos*** *od* ***fardos, ~s sueltas*** (***~s a granel***; ***~s pesadas***) Stückgut *n* (Schüttgut *n*, Massengüter *n/Pl*; Schwergut *n*); ***~ de calidad*** (***inferior***) Qualitätsware *f* (minderwertige Ware *f*); ***~ en comisión*** Kommissionsware *f*; ***~ de contrabando*** Schmuggelware *f*; ***~ dañada*** (***defectuosa***) beschädigte (fehlerhafte) Ware *f*; ***~s escasas*** Mangelware *f*; ***~s exportables*** Exportgüter *n/Pl*; ***~ de gran*** (***primera***) ***calidad*** hochwertige (erstklassige) Ware *f*; ***~s perecederas*** verderbliche Waren *f/Pl* ◇ ***abastecerse*** *od* ***aprovisionarse de ~***(***s***) sich mit Ware(n) eindecken; ***desprenderse de la ~*** die Ware abstoßen; ***manipular*** *od* ***mover ~s*** Waren *od* Güter umschlagen; ***tomar ~ en comisión*** Ware in Kommission nehmen
mercant|e I *Adj* Handels- **II** *m* → ***buque mercante***; **~il** kaufmännisch, Kaufmanns-;

M

Handels-; **~ilización** *f* Vermarktung *f*; **~ilizar** ⟨-z/c-⟩ *tr* kommerzialisieren, vermarkten

merced I *f* Gnade *f*, Güte *f auch iron*; Gunst *f*, Gefälligkeit *f* ◇ ***estar a*** (***la***) ***~ de alg*** auf jmdn angewiesen *bzw* jmdm völlig ausgeliefert sein **II** *Präp*: ***~ a*** dank, durch (***lo hemos conseguido ~ a su ayuda***)

mercenario I *Adj* Söldner- **II** *m* MIL *u* POL *übertr* Söldner *m*

mercería *f* Kurzwarengeschäft *n*; Kurzwarenhandel *m*

Mercosur *m* (*Abk für* ***Mercado Común Suramericano***) Mercosur *m*

mercurio *m* Quecksilber *n*; ≈ ASTR Merkur *m*

merecedor würdig ◇ ***hacerse ~ de u/c*** sich einer Sache würdig erweisen

merec|er ⟨-c/zc-⟩ **I** *tr übertr* verdienen; wert *bzw* würdig sein; *übertr* lohnen **II** *intr* sich verdient machen (***de*** um); **~idamente** verdientermaßen; **~ido I** *Adj z.B. Strafe* verdient **II** *m* verdiente Strafe *f*; **~imiento** *m* Verdienst *n*

merend|ar ⟨-ie-⟩ **I** *intr* vespern *reg*, *übertr nachmittags* Kaffee trinken; Frühstückspause machen **II** *tr zum zweiten Frühstück bzw nachmittags etw* zu sich nehmen; **~ero** *m* Imbisslokal *n bzw* -stand *m*, -stube *f*, -halle *f*; Ausflugslokal *n*

merengue *m* Baiser *n Schaumgebäck*; *Ant ein Volkstanz*; ***los ~s*** *Bez für den Fußballclub Real Madrid*

meridiano *m* ASTR, GEOGR *u übertr* Meridian *m*

merídiem: ***ante*** (***post***) ~ *bes Am reg nach Angabe der Uhrzeit* vor-(nach)mittags, früh (abends)

meridional I *Adj* südlich, Süd- **II** *m*(*f*) Südländer(in) *m*(*f*)

merienda *f* Vesper *f reg*, *übertr* Kaffee(trinken *n*) *m*; Zwischenmahlzeit *f*, Imbiss *m*; Picknick *n*; Frühstückspause *f in Arbeitsstellen*, zweites Frühstück *n*

mérito *m* Verdienst *n*; Wert *m Bedeutung, Wichtigkeit*; ***de ~*** verdienstvoll; ausgezeichnet, bemerkenswert; wertvoll *nützlich* ◇ ***haber hecho ~s*** *übertr* sich die (ersten) Sporen verdient haben; ***hacer ~s*** alles d(a)ransetzen *od* tun; sich (als) diensteifrig erweisen

meritorio I *Adj* lobenswert; verdienstvoll **II** *m*, **-a** *f* Angestellte(r) *f*(*m*) auf Probe; Volontär(in) *m*(*f*); Praktikant(in) *m*(*f*)

merluza *f* Seehecht *m*; *umg* Rausch *m Trunkenheit*

merma *f* Verminderung *f*, -ringerung *f*, Schmälerung *f*; Abnahme *f*, Schwund *m*, Gewichtsverlust *m*; Fehlbetrag *m*; Verlust *m*, Einbuße *f*; Beeinträchtigung *f*; Schaden *m*; *übertr* (Ab-)Sinken *n*; ***sin ~ salarial*** ohne Lohneinbuße *od* -minderung *od* -abzug

mermar I *intr* abnehmen, schwinden **II** *tr* vermindern, -ringern, schmälern; beeinträchtigen, *übertr* Abbruch tun; *Geldzuwendung* kürzen; *übertr* herabsetzen; **~se** → ~ ***I***

mermelada *f* Marmelade *f*

mero *übertr* rein, bloß; ausschließlich; *Am reg* eigentlich, wahr (***Pedro es el ~ malo***); recht, genau (***llegó a la mera hora***); ***yo ~*** *Méx* ich selbst

merode|ador *m* Plünderer *m*, Marodeur *m*; **~ar** *intr* plündern, marodieren; herumlungern, sich herumtreiben

mes *m* Monat *m*; Monatsgeld *n*; ***al ~*** pro Monat, monatlich; ***cada seis ~es*** halbjährlich; ***de seis ~es*** halbjährig; ***Treceavo ≈*** *Nic* 13. Monatsgehalt *n*

mesa *f* Tisch *m*; Tafel *f für festliche Mahlzeit*; ***~ de centro*** (***comedor***) Couch-, Club-(Ess)tisch *m*; ***~ de despacho*** *od* ***escritorio*** (***dibujo***; ***operaciones***) Schreib-(Zeichen-; MED Operations)tisch *m*; ***~ directiva*** Vorstand *m*; Präsidium(stisch *m*) *n*; ***~ electoral*** Wahlvorstand *m*; ***~ extensible*** (***plegable***) Auszieh-(Klapp)tisch *m*; ***~ redonda*** runder Tisch *m auch* POL *übertr*; Konferenz *f* am runden Tisch; Gesprächsrunde *f*; Rundtischgespräch *n* ◇ ***alzar*** *od* ***levantar la ~*** die Tafel aufheben; ***golpear sobre la ~*** mit der Faust auf den Tisch hauen; ***limpiar*** *od* ***quitar*** *od* ***recoger*** (***poner***) ***la ~*** den Tisch abdecken *od* -räumen (decken); ***poner sobre la ~*** auf den Tisch stellen; auf den Tisch packen *umg od* legen *auch übertr*; ***retornar*** (***sentar***) ***a la ~ negociadora*** *od* ***de negociaciones*** *meist übertr* an den Verhandlungstisch zurückkehren (*jmdn* an den Verhandlungstisch bringen); ***sentarse a la ~*** sich an den *od* zu Tisch setzen

mescolanza *f* → ***mezcolanza***

meser|a *f Am* Kellnerin *f*, Serviererin *f*; **~o** *m Am* Kellner *m*

meseta *f* Hochebene *f*; ***~*** (***de escalera***) Treppenabsatz *m*

mesilla *f* Podestplatte *f*; GASTR Beistelltisch *m*; → ***mesita***

mesita *f* Tischchen *n*; ***~ auxiliar*** (***plegadiza***) Beistell-(Klapp)tisch *m*; ***~ de noche*** Nachttisch *m*; ***~ rodante*** Teewagen *m*; Servierwagen *m*

Mesoamérica *f* Mesoamerika *n wissenschaftliche Bez für Mittelamerika, die Antillen u Mexiko*

mes|ón *m* (Traditions-)Gaststätte *f*; *Ch*

Ladentisch *m*; Theke *f*; **~onero** *m* Gastwirt *m*
Mesopotamia *f* Mesopotamien *n*, Zweistromland *n*
mes|opotámico mesopotamisch; **~oriental** *bes* WISS Mittelost- *od* Nahost-, nahöstlich
mestiz|aje *m* Rassenmischung *f*; Mestizen *m/Pl*; **~o I** *Adj* Mestizen-; Mischlings- **II** *m* Mestize *m*; Mischling *m*; Bastard *m*
mesura *f* Mäßigung *f*; *übertr* Maß *n*; Gemessenheit *f*; Wohlerzogenheit *f*; ***con ~*** mit *od* in Maßen
mesur|adamente *übertr* mit Maß; **~ado** ernst, gemessen; gemäßigt; *Äußerung* maßvoll; wohlerzogen; **~ar** *tr jmdn* mäßigen; **~arse** sich mäßigen
meta *f* Ziel *n auch* SPORT; Zielsetzung *f*, -stellung *f*; SPORT Tor *n als Ziel* ◇ ***alcanzar*** *od* ***cubrir*** *od* ***ganar la ~, llegar a la ~*** das Ziel erreichen; ***imponerse*** *od* ***trazarse la ~*** sich das Ziel setzen *od* stellen
meta|bólico MED Stoffwechsel-; **~bolismo** *m* MED Stoffwechsel *m*, Metabolismus *m*; **~carpo** *m* ANAT Mittelhand *f*; **~dona** *f* PHARM Methadon *n*; **~físico** metaphysisch
metáfora *f* LING, *Stil* Metapher *f*; Bedeutungsübertragung *f*
meta|fóricamente im übertragenen Sinn(e); **~fórico** metaphorisch; *Wort* übertragen gebraucht
metal *m* Metall *n*; *i w S* Erz *n*; ***~ ligero*** (***pesado***) Leicht-(Schwer)metall *n*; ***~ monetario*** (***noble*** *od* ***precioso***) Münz-(Edel)-metall *n*; ***el vil ~*** der schnöde Mammon *Geld*
metálico I *Adj* metallen; metallisch; Metall-; → ***metalizado*** **II** *m* (Hart-)Geld *n*; ***en ~*** in klingender Münze *umg*, (in) bar
metal|ista *m* Metallhandwerker *m*; **~istería** *f* Metallhandwerksbetrieb *m*; Metallverarbeitung *f*; **~izado** metallfarben, metallic; **~izar** ⟨-z/c-⟩ *tr* metallisieren; TECH spritzen; **~urgia** *f* Metallurgie *f*, (Eisen-)Hüttenkunde *f*; **~úrgico I** *Adj* metallurgisch; Metall-; *Industriezweig* Metall verarbeitend **II** *m u* **~urgista** *m*, **~urgo** *m* Metallarbeiter *m*; Metallurge *m*; Hüttenfachmann *m*
metamorfosis *f* Metamorphose *f*, Umwandlung *f*
metan|o *m* Methan(gas) *n*, Grubengas *n*; **~ol** *m* Methanol *n*
metástasis *f* MED Metastase *f*, Tochtergeschwulst *f*
metatarso *m* ANAT Mittelfuß *m*
metedura *f*: ***~ de pata*** Fauxpas *m*; Blamage *f*; *übertr* Bockmist *m umg*; Schnitzer *m umg*
mete|órico meteorisch; *übertr Aufstieg* kometenhaft; **~orito** *m* Meteorit *m*; **~oro** *m* Meteor *m*; **~orología** *f* Meteorologie *f*, Wetterkunde *f*; **~orológico** Wetter-, meteorologisch; **~orologista** *m*, **~orólogo** *m* Meteorologe *m*
metepatas *m(f)* Tollpatsch *m*, *scherzh übertr* Elefant *m* im Porzellanladen
meter *tr* stecken; (hin)einstecken; hineintun; (hinein)bringen; (hinein)setzen; (hinein)stellen; (hinein)legen; (hinein)schieben; *Diskette, Papier in Drucker, Gang* einlegen; *umg jmdm etw* andrehen; *Instrument* ansetzen; *Angst* einjagen; *Lärm* verursachen; *etw* einreichen; *jmdn in einer Arbeitsstelle od in der Ausbildung* unterbringen (***de*** als); *Tor* schießen; ***a todo ~*** *übertr* mit aller Gewalt; in aller Eile
meterse sich begeben; anfangen *od* sich anschicken (***a*** zu + *Inf*); ***~ con alg*** sich mit jmdm anlegen *streiten*; sich mit jmdm einlassen *Umgang pflegen*; ***~ en algo*** sich in etw einmischen; sich auf etw einlassen
meticulos|idad *f* Ängstlichkeit *f*; peinliche Genauigkeit *f*, Pedanterie *f*; Gewissenhaftigkeit *f*; **~o I** *Adj* ängstlich; gewissenhaft; peinlich genau, pedantisch **II** *m* Angsthase *m umg*; Pedant *m*
metida *f*: ***~ de pata*** → ***metedura de pata***
metido I *Adj* gedrängt; voll (***en*** an *od* von), voller; *Am reg* aufdringlich, frech; ***~ para dentro*** *Person* verschlossen; ***~ en sí*** in sich gekehrt, still ◇ ***estar muy ~ con alg*** mit jmdm auf vertrautem Fuße stehen; ***estar muy ~ en u/c*** voll in etw (*z.B. Aufgabe*) drinstecken, *übertr* sich in etw hineinknien; ***¿dónde estará ~ ...?*** wo steckt bloß *jmd od etw?* **II** *m* Schlag *m*, Stoß *m*; großes Stück *n von etw*; Anranzer *m*, Rüffel *m*; *Am reg* Schnüffler *m umg*, aufdringlicher Mensch *m*
metilo *m* CHEM Methyl *n*
metódico methodisch, planmäßig, systematisch
metodizar ⟨-z/c-⟩ *tr* methodisch *od* planmäßig betreiben *bzw* gestalten
método *m* Methode *f*; Verfahren *n*; *als Lehrbuchtitel* Methodik *f*; *auch* Lehrbuch *n* (***un ~ de inglés***); ***con ~*** methodisch, systematisch, planmäßig ◇ ***apelar a ~s más sutiles*** *bes übertr* sich verfeinerter Methoden bedienen
metod|ología *f* Methodik *f*; Methodologie *f*; **~ólogo** *m* Methodiker *m*
metomentodo *m* Schnüffler *m*; Naseweis *m*
metraje *m* Länge *f eines Films*; Streifen *m Film*; laufende Meterzahl *f*
metrall|a *f* (Geschoss-, Granat-)Splitter *m*;

~eta *f* Maschinenpistole *f*, MPi *f*
métrico metrisch
metro[1] *m* Meter *n,m*; Metermaß *n*; **~ *de cinta*** Bandmaß *n*; **~ (*contador*)** EL, *Gas* Zähler *m*; **~ *cuadrado* (*cúbico*)** Quadrat-(Kubik)-meter *n,m*; *nach Num* **~*s libres*** SPORT *nach Angabe der Meterzahl* Freistil *m*; **~ (*plegable*)** Zollstock *m*; ***los cien* (*doscientos*) ~*s planos*** SPORT Hundert-(Zweihundert)meterlauf *m*; ***por* ~*s*** meterweise
metro[2] *m* U-Bahn *f*, Untergrundbahn *f*; *auch* S-Bahn *f*, Stadtbahn *f*; **~bús** *m z.B. in Madrid: kombinierter Fahrschein für U-Bahn u Omnibus*
metr|ópoli *f* Metropole *f*; Hauptstadt *f*; Weltstadt *f*; Mutterland *n*; **~opolita** *m* REL Metropolit *m*; **~opolitano** *Adj* hauptstädtisch; weltstädtisch, Weltstadt- **II** *m* → ***metro***[2]
Mexicana *f*: **~ *de Aviación*** *mexikanische Luftverkehrsgesellschaft*
mexicano I *Adj* mexikanisch **II** *m*, **-a** *f* Mexikaner(in) *m(f)*
México *m* Mexiko *n*; **~ *D. F.*** (*d.h.* ***Distrito Federal***) *offizielle Bez für* Mexico City *od* Mexiko (Stadt); ***Nuevo* ~** *USA* New Mexico *n*
mezcl|a *f* Mischung *f*; Gemisch *n*, Mix *m*; Mörtel *m*; Gemenge *n*; **~ador** *m*, **~adora** *f* Mischmaschine *f*, Mischer *m*; Mischbatterie *f*; **~adura** *f* → ***mezcla***; **~ar** *tr* (ver)mischen; beimischen; *Flüssigkeit* versetzen; *Wein* verschneiden; RADIO, TV einblenden; *übertr jmdn in etw* hineinziehen; **~arse** sich vermischen *auch übertr*; sich einmischen; **~illa** *f* TEXTIL Jeansstoff *m*
mezcolanza *f umg* Mischmasch *m*
mezquin|ar *intr AmS* geizen, knausern *umg*; **~dad** *f* Dürftigkeit *f*; Kargheit *f*; Knauserei *f umg*, Geiz *m*; Schäbigkeit *f*; **~o** dürftig; karg; geizig, knausrig *umg*; armselig; schäbig; kleinlich; winzig
mezquita *f* Moschee *f*
mezzosoprano I *m* Mezzosopran *m* **II** *f* Mezzosopranistin *f*
Mg (*Symb für* ***magnesio***) Mg
mg *m* (*Abk für* ***miligramo***) mg *n*
MHz *m* (*Abk für* ***megaciclo*** *od* ***megahercio***) MHz *n*
mi[1] ⟨*Pl* ***mis***⟩ *Poss Adj* mein *bzw* meine
mi[2] *m* MUS E *n*; **~ *bemol*** MUS Es *n*
mí *Pron nach Präp außer* ***con*** (→ ***conmigo***) mich (***para* ~**); mir (***junto a* ~**); ***¡a* ~!** Hilfe!; **(*y*) *a* ~ *qué*** das ist mir schnuppe *od* egal; ***para* ~ (*que…*)** mir scheint (dass …); ***por* ~** meinetwegen; von mir aus
mía, ~s → ***mío***
micólogo *m* Pilzkenner *m*, -sachverständiger *m*
micro I *Adj* ⟨*unv*⟩ Kleinst- (***empresas* ~**) **II** *m* Mikro *n Kurzf für Mikrofon*; *Arg, Chi* Bus *m*; **~biano** Mikroben-; **~bio** *m* Mikrobe *f*; **~biología** *f* Mikrobiologie *f*; **~biólogo** *m* Mikrobiologe *m*; **~bús** *m* Kleinbus *m*; **~chip** *m* INFORM Mikrochip *m*; **~cirugía** *f* Mikrochirurgie *f*; **~clima** *m* Mikroklima *n*; **~computador(a *f*)** *m* → ***microordenador***; **~copia** *f* Mikrokopie *f*; **~copiar** *tr* mikrokopieren; **~cosmo(s)** *m* Mikrokosmos *m*; **~crédito** *m* FIN Kleinstkredit *m*; **~economía** *f* Mikroökonomie *f*; **~económico** mikroökonomisch; **~electrónica** *f* Mikroelektronik *f*; **~electrónico** mikroelektronisch; **~empresario** *m* Klein(st)unternehmer *m*; **~-espía** *m übertr* Wanze *f umg*, Abhörmikrofon *n*; **~estructura** *f* Mikrostruktur *f*, Feingefüge *n*; **~fibra** *f* TEXTIL Mikrofaser *f*; **~ficha** *f*, **~fiche** *m* INFORM Mikrofiche *n,m*; **~filmación** *f* Mikrofilmverfahren *n*; **~filmado** *m* Mikrofilmaufnahme *f*; **~filmadora** *f* Mikrofilmgerät *n*; **~filmar** *tr* einen Mikrofilm anfertigen; auf Mikrofilm aufnehmen; **~film(e)** *m* Mikrofilm *m*
micrófono *m* Mikrofon *n*; **~ *de mesa*** Tischmikrofon *n*
micro|fotografía *f* Mikrofotografie *f*; **~lector** *m* Lesegerät *n für Mikrofilme*; **~lentilla** *f* OPT Haftschale *f*, Kontaktlinse *f*; **~metría** *f* Mikro-, Feinmesstechnik *f*; **~módulo** *m* → ***microchip***; **~noticias** *f/Pl*, **~noticiero** *m* RADIO, TV Kurznachrichten *f/Pl*; **~onda(s *m*)** *f* Mikrowelle(nherd *m*) *f*; **~ordenador** *m* Mikro-, Kleincomputer *m*; **~organismo** *m* Mikrobe *f*, Mikroorganismus *m*; **~procesador** *m* Mikroprozessor *m*; **~scopia** *f* Mikroskopie *f*; **~scópico** mikroskopisch
microscopio *m* Mikroskop *n*; **~ *electrónico*** Elektronenmikroskop *n*
microsurco *m Tontechnik* Mikrorille *f*; *i w S* Langspielplatte *f*
mideaceras *f* Strichmädchen *n*
mieditis *f* Manschetten *f/Pl*, Bammel *m*, Schiss *m Angst*
miedo *m* Angst *f*, Furcht *f*; **~ *cerval*** panischer Schrecken *m*; **~ *escénico*** *übertr* Lampenfieber *n*; **~ *existencial*** *od* ***de vivir*** (**~ *ante el futuro***; **~ *a la vida***) Existenz-(Zukunfts-; Lebens)angst *f*; ***de* ~** vor Angst; *umg* riesig; wunderbar; toll; ***por* ~ *de* (*que* +** *subj*) aus Furcht vor (davor, dass …); ***sin* ~** furchtlos ◇ ***me da* ~** das macht mir Angst, ich habe Angst davor; ***tener* ~ *a alg*** *od* ***algo*** sich vor jmdm *od* etw fürchten; ***tener* ~ *de*** *od* ***a*** + *Inf* sich fürchten vor

+ *Dat od* zu + *Inf*
miedoso furchtsam, ängstlich
miel *f* Honig *m*; **~ *de consumo*** (**~ *industrial***) Speise-(Kunst)honig *m* ◇ ***hacerse de ~*** scheißfreundlich sein *vulg*; *Sprichw* ***no hay ~ sin hiel*** keine Rose ohne Dornen
mielitis *f* MED Myelitis *f*, Rückenmark(s)-entzündung *f*
miembro I *Adj* Mitglieds- **II** *m* Mitglied *n*; Angehörige(r) *f(m) z.B. der Armee, Familie usw*; ANAT, MATH Glied *n*; **~*s*** *Pl* Gliedmaßen *Pl*; **~** (***viril***) männliches Glied *n Penis*; **~ *del consejo de administración*** Mitglied *n* des Aufsichtsrats; **~ *correspondiente*** (***de número***) korrespondierendes (ordentliches) Mitglied *n*; **~ *honorario*** Ehrenmitglied *n*; **~ *de la junta directiva*** (**~ *pleno***) Vorstands-(Voll)mitglied *n*
mientes *f/Pl*: ***ni por ~*** nicht dran zu denken!; kommt nicht in Frage! ◇ ***parar*** *od* ***poner ~ en*** auf *jmdn od etw* achten; an *jmdn od etw* denken; ***traer a las ~*** an *etw* erinnern; ***se me vino a las ~*** mir ist eingefallen
mientras I *Adv*: **~** *od* **~ *tanto*** unterdessen, inzwischen; **~** + *Komp* ..., *Komp* ... je ..., desto *od* umso ... (**~ *más trabajas, más te cansas***) **II** *Konj*: **~** *u zur Verstärkung des Gegensatzes* **~ *que*** während; **~** + *subj* solange (***te ayudaré ~ me sea posible***)
miércoles *m* Mittwoch *m*; **~ *de ceniza*** Aschermittwoch *m*
mierd|a I *f vulg* Scheiße *f auch übertr* **II** *m vulg übertr* Arschloch *n*, Scheißkerl *m*; **~*oso*** *vulg* beschissen, Scheiß-
mies *f* reifes Getreide *n auf dem Halm*; (Getreide-)Mahd *f*, (Getreide-)Ernte *f*; ***las ~es*** die Getreideaussaat; die verschiedenen Getreidearten
miga *m Brot* Krümel *m,n*, Krume *f*; Brosame *f*; innerer Gehalt *m von etw*; **~*s de pan*** (***panecillo***) geröstete Brotwürfel *m/Pl* (Semmelbrösel *m,n/Pl*); ***ni una ~*** gar nichts ◇ ***estar hecho ~s*** *übertr* völlig kaputt *od* erledigt sein; ***hacer buenas*** (***malas***) **~*s con alg*** mit jmdm gut (nicht gut) auskommen; ***eso tiene*** (***su***) **~** das hat schon seinen Sinn; das hat es in sich *das ist nicht so einfach*
migración *f* GESCH Völkerwanderung *f*; Vogelzug *m*; Migration *f*; 𝟚 *f Am reg* Einwanderungsbehörde *f*
migraña *f* Migräne *f*; **~*s*** *Pl* Kopfschmerzen *m/Pl*
migratorio Wander-; ZOOL Zug-; Einwanderungs-; Auswanderungs-
mil I *Adj* tausend; tausendste(r; -s) **II** *m* Tausend *n*; **~*es de ...*** tausende (von) ...; ***a ~es*** zu tausenden; ***por ~*** Promille *n*
milagrero *m* Wundertäter *m*
milagro *m* Wunder *n*; **~ *económico*** Wirtschaftswunder *n*; ***de ~, por un ~*** wie durch ein Wunder ◇ ***hacer ~s*** wahre Wunder vollbringen *od* tun; zaubern; ***vivir de ~*** *übertr* von der Luft leben; noch einmal davongekommen sein, der Gefahr wie durch ein Wunder entronnen sein
milagroso wunderbar; erstaunlich; wundertätig
Milán *m* Mailand *n*
milan|és I *Adj* mailändisch, Mailänder **II** *m* Mailänder *m*; **~*esa*** *f Arg, Chi*, KOCHK Schnitzel *n*; *Person* Mailänderin *f*
milen|ario I *Adj* tausendjährig, Jahrtausend- **II** *m* Jahrtausendfeier *f*; **~*io*** *m* Jahrtausend *n*, Millennium *n*
milésimo I *Adj* tausendster **II** *m* Tausendster *m*; Tausendstel *n*
mili *f* Kommiss *m*, Barras *m Militär(dienst)*; **~*bar*** *m* MET Millibar *n*; **~*cia*** *f* Miliz *f*; Wehrdienst *m*; **~*ciano*** *m* Milizionär *m*; **~*co*** *m Arg, Bol, Chi, Ur verächtl Bez für Soldat bzw Polizist*; **~*gramo*** *m* Milligramm *n*; **~*litro*** *m* Milliliter *m,n*
milímetro *m* Millimeter *n,m*
milit|ancia *f* Mitgliedschaft *f*, Zugehörigkeit *f zu einer Partei od Vereinigung*; *Partei, Vereinigung* Mitglieder *n/Pl*; Parteibasis *f*; Beteiligung *f*, Mitmachen *n*; **~*ante* I** *Adj* kämpferisch, militant; streitbar **II** *m* Vorkämpfer *m*; Mitglied *n*, Angehöriger *m einer Partei od Vereinigung*; POL Aktivist *m*
militar[1] **I** *Adj* militärisch; Militär-; Kriegs- **II** *m* Soldat *m*; Militärangehöriger *m*; **~*es*** *Pl* Militär *n*; **~ *de carrera,*** **~** (***profesional***) Berufssoldat *m*
militar[2] *intr in einer Partei od Vereinigung* organisiert sein, *einer Partei od Vereinigung* angehören; *beim Militär* dienen; *übertr* sprechen (***de, en favor de, en pro*** für); **~*ada*** *f* Militärputsch *m*, militärische Aktion *f*; **~*ismo*** *m* Militarismus *m*; **~*ista*** militaristisch; **~*ización*** *f* Militarisierung *f*
mill. *m/Pl* (*Abk für* ***millones***) Mill. *f/Pl*
milla *f* Meile *f*; **~ *marina*** *od* ***náutica*** (***terrestre***) See-(Land)meile *f*
millar *m* Tausend *n*; **~*ada*** *f*: ***a ~s*** zu tausenden
millardo *m* Milliarde *f*
millón *m* Million *f*; ***mil millones*** eine Milliarde; ***un ~ de millones*** eine Billion
millon|ario I *Adj* Millionen- **II** *m* Millionär *m*; **~*ésimo* I** *Adj* millionstel; millionster **II** *m* Millionstel *n*; Millionster *m*
milonga *f Rpl* Volksfest *n*; Volksweise *f* mit Tanz; *i w S* Tango-, Milonga-Lokal *n*; Klatsch *m umg*, Gerede *n*

M

milord *m* ⟨*Pl* **milores**⟩ *Anrede u allg* Lord *m*
mimar *tr* verhätscheln; verwöhnen
mimbr|e *m* Weidenrute *f*; Korbweide *f*; **~era** *f* Korbweide *f*
mimeograf|ía *f*, **~iado** *m Am* Vervielfältigung *f*; **~iar** ⟨-ío⟩ *tr Am* vervielfältigen
mimeógrafo *m Am* Vervielfältigungsgerät *n*
mimetismo *m* BOT, ZOOL *u übertr* Mimikry *f*; Tarnung *f auch übertr*; Wandlungsfähigkeit *f*
mímic|a *f* Mimik *f*, Gebärdenspiel *n*; **~o** mimisch; Gebärden-
mimo *m* THEAT (Panto-)Mime *m*; **~s** *Pl* Verhätschelung *f*; Liebkosung *f* ◇ ***hacer ~s a alg*** jmdn verhätscheln
mimos|a *f* BOT *u übertr* Mimose *f*; **~o** verzärtelt; zimperlich; geziert
mina *f* Bergwerk *n*, Zeche *f*; BERGB Schacht *m*, Grube *f*, Stollen *m*; *übertr* Fundgrube *f*; *übertr* Goldgrube *f*; MIL, *Kugelschreiber, Bleistift* Mine *f*; *Arg, Bol* (leichtes) Mädchen *n*; ***~ antipersonas*** (***flotante***; ***submarina***; ***terrestre***) Antipersonen-(Treib-; Unterwasser-; Land)mine *f*; ***~ a cielo abierto*** BERGB Tagebau *m* ◇ ***bajar a la ~*** (***salir de la ~***) *Bergleute* einfahren (ausfahren); ***hacer contacto con una ~*** MAR auf eine Mine laufen
min|ado *m* Verminen *n*, -minung *f*; **~ar** *tr* verminen; *übertr* unterminieren, -graben, aushöhlen; BERGB Stollen anlegen
mineral I *Adj* Mineral-; Erz-; *übertr* verkrustet **II** *m* Mineral *n*; Erz *n*; **~ero** *m* Erzfrachter *m*; **~ogía** *f* Mineralogie *f*, Gesteinskunde *f*; **~ogista** *m* Mineraloge *m*; **~urgia** *f* Erzaufbereitung *f*
minería *f* Bergbau *m*
minero I *Adj* Bergbau-, Bergwerk(s)-; bergmännisch **II** *m* Bergarbeiter *m*, -mann *m*, Kumpel *m*, Knappe *m*; **~s** *Pl* Bergleute *Pl*
miniatur|a MAL *u übertr* Miniatur *f*; *übertr* Miniaturausführung *f*; **~ización** *f* Reduzierung *f* auf das Kleinstformat; **~izado** Miniatur-, Kleinst-
mini|automóvil *m* KFZ Klein(st)wagen *m*; **~bar** *m* Minibar *f*; **~computadora** *f* Mikrocomputer *m*, Kleinrechner *m*; **~disco** *m* Minidisc® *f*; **~estado** *m* Klein-, Zwergstaat *m*; **~falda** *f* Minirock *m*; **~fundio** *m* (landwirtschaftlicher) Zwergbetrieb *m*; **~fundista** *m* Klein(st)bauer *m*; **~fútbol** *m* Kleinfeld-Fußball *m*; **~golf** *m* SPORT Minigolf *n*
mínima *f* Tiefsttemperatur *f*; MUS halbe Note *f*
mini|mercado *m* kleine Kaufhalle *f*; **~mización** *f* Minimierung *f*; **~mizar** ⟨-z/c-⟩ *tr* bagatellisieren, herunterspielen, verniedlichen, -harmlosen; minimieren
mínimo I *Adj* kleinste(r; -s); geringste(r; -s); geringfügig; winzig; minimal; Mindest-, Minimal- **II** *m* Minimum *n*; Mindestzahl *f*; ***~ de esfuerzo*** Mindestaufwand *m*; ***~ exento*** (***de declarar***) Steuerfreibetrag *m*; ***~ de subsistencia, ~ vital*** Existenzminimum *n*; ***como ~*** mindestens; ***lo ~*** das Mindeste; ***ni en lo más ~*** nicht im Geringsten, überhaupt nicht ◇ ***reducir al ~*** auf ein *od* das Mindestmaß beschränken
minio *m* CHEM Mennige *f*
ministerial ministeriell; des Ministers *bzw* Ministeriums; *i w S* eine Regierungspartei stützend; regierungstreu
ministerio *m Amt u Gebäude* Ministerium *n*; Amt *n* (***los sacerdotes que ejercen su ~***); ***♀ de Agricultura*** (***Comercio***) Landwirtschafts-(Handels)ministerium *n*; ***♀ de Asuntos*** *od* ***Relaciones Exteriores*** Ministerium *n* für Auswärtige Angelegenheiten, Außenministerium *n*, *Dtschld auch* Auswärtiges Amt *n*; ***♀ de Comunicaciones*** Ministerium *n* für Post- und Fernmeldewesen; ***♀ de Defensa*** Verteidigungsministerium *n*; ***♀ de Defensa al Consumidor*** Verbraucherschutzministerium *n*; ***♀ de Economía*** (***Educación y Cultura***; ***Instrucción Pública*** *Am reg*) Wirtschafts-(*Esp* Erziehungs- und Kultur-; *Am reg* Bildungs-, Erziehungs- *od* Unterrichts)ministerium *n*; ***~ fiscal*** *od* ***público*** Staatsanwaltschaft *f*; ***♀ de Fomento*** *Esp, auch Am reg* Entwicklungs-, (Auf-)Bauministerium *n*; ***♀ de Gobernación*** *Am reg*, ***♀ del Interior*** Innenministerium *n*; ***♀ de Hacienda*** (***Justicia***; ***Transportes***) Finanz-(Justiz-; Verkehrs)-ministerium *n*; ***♀ de Medio Ambiente, ♀ de Protección Ambiental*** Ministerium *n* für Umweltschutz; ***♀ de Salud*** *od* ***Sanidad*** Ministerium *n* für Gesundheitswesen; ***♀ de Trabajo y Asuntos Sociales*** Arbeits- und Sozialministerium *n*
ministra *f* Ministerin *f*
ministro *m* Minister *m*; ***~ de la cancillería*** (***federal***) *Dtschld* Kanzleramtsminister *m*; ***~ de*** (***sin***) ***cartera*** Ressortminister *m* (Minister *m* ohne Geschäftsbereich); ***~ de Dios*** → ***sacerdote***; ***~ de Estado*** *Dtschld* Staatsminister *m*; ***~ en funciones*** amtierender Minister *m*; ***~*** (***plenipotenciario***) Gesandter *m*; ***~ portavoz*** Regierungssprecher *m*; ***~-presidente*** *Dtschld* Ministerpräsident *m eines Bundeslandes*; *Bez von Fachministern* → ***ministerio***; ***primer ~*** Ministerpräsident *m*, Premier(minister) *m*; ***viceprimer ~*** stellvertretender Ministerpräsident *m*

minoría *f* Minderheit *f*, Minorität *f*; **~ *de bloqueo*** POL, WIRTSCH Sperrminorität *f*; **~ *de edad*** Minderjährigkeit *f*, Unmündigkeit *f* ◇ ***quedar en ~*** *bei Wahlen* überstimmt werden
minor|idad *f* → ***minoría de edad***; **~ista I** *Adj* Einzelhandels- **II** *m* Einzelhändler *m*; **~itario** Minderheits-, minoritär
minuci|a(s *Pl*) *f* Kleinigkeit(en *Pl*) *f*, Lappalie(n *Pl*) *f*; **~osidad** *f* äußerste *od* peinliche Genauigkeit *f*; Kleinlichkeit *f*; **~oso** gründlich; ausführlich; peinlich genau; fundiert
minué *m* Menuett *n*
minúscula *f* Kleinbuchstabe *m* ◇ ***escribir (-se) con ~*** GRAMM kleinschreiben (kleingeschrieben werden)
minusculización *f* GRAMM Kleinschreibung *f*
minúsculo *Buchstabe* klein, Klein-; winzig
minusvalía *f* verminderter Wert *m*; Wertminderung *f*; (Körper-)Behinderung *f*; **~ *mental* (*sensorial*)** geistige Behinderung *f* (Hör- und Sehschädigung *f*)
minus|validez *f* → ***minusvalía***; **~válido I** *Adj* körperbehindert **II** *m* (Körper-)Behinderter *m*, Leistungsgeminderter *m*; **~valoración** *f* Unterbewertung *f*; Herabwürdigung *f*; **~valorar** *tr* zu niedrig bewerten, unterbewerten; herabwürdigen
minuta *f* Entwurf *m*, Konzept *n*; Notiz *f*; Speisekarte *f*; Gebührenrechnung *f*
minuto *m* Minute *f*; **~ *de conferencia*** *od* ***llamada*** TEL Gesprächsminute *f*; **~ *de silencio*** Schweigeminute *f*; ***al ~*** schnell, sofort; auf die Minute (genau); ***a dos ~s de aquí*** ganz in der Nähe
mío ⟨*f* ***mía***, *Pl* ***míos, mías***⟩ *Pron*: **I** *Adj nach Subst* mein *bzw* meine; von mir; *nach Formen von* ***ser*** *zur Angabe des Besitzes*: ***éste es ~*** (***las dos maletas son mías***) das gehört mir (die beiden Koffer gehören mir) **II** *m*: ***el ~*** meins, meine(r); ***lo ~*** das mein(ig)e; ***los ~s*** meine Angehörigen *m/Pl*
miocardio *m* Myokard *n*, Herzmuskel *m*
mio|ma *f* MED Myom *n*; **~pe** kurzsichtig *auch übertr*; **~pía** *f* Kurzsichtigkeit *f auch übertr*
mira *f* Visier *n*; Ziel *n*, Zweck *m*; **~s** *Pl* Absichten *f/Pl*; **~ *telescópica*** Zielfernrohr *n*; ***con ~s a*** im Hinblick *od* in der Hoffnung auf; ***con la ~*** in der Absicht *od* mit dem Ziel (***de*** zu)
mirada *m* Blick *m* ◇ ***echar una ~*** einen Blick werfen (***a, sobre*** auf)
mirado umsichtig; zurückhaltend (***en*** bei); ***bien*** (***mal***) **~** gern gesehen; angesehen; genau genommen (nicht gern gesehen)
mirador *m* Aussichtsturm *m bzw* -plattform *f bzw* -punkt *m*; Wachturm *m*; verglaster Balkon *m*
miramiento *m* Anschauen *n*; Rücksichtnahme *f*; Schonung *f*; ***después de muchos ~s*** nach langer Überlegung; ***sin ~ alguno, sin ~s*** rücksichtslos; unbesehen
mirar I *tr etw od jmdn* anblicken, -schauen, -sehen *auch übertr*, betrachten; beobachten; *auf etw, auf jmdn od zu jmdm* blicken; überprüfen; bedenken; berücksichtigen; **~ *de arriba abajo*** *jmdn* von oben bis unten anschauen, kritisch mustern; **~ *bien* (*mal*) *a alg*** jmdn (nicht) mögen; **~ *por encima*** *etw* nur flüchtig ansehen *od* prüfen; ***¡mira lo que haces!*** *Vorwurf* pass doch auf!; bedenke, was du tust!; **~ *u/c retrospectivamente*** etw im Rückblick *od* zurückschauend betrachten **II** *intr* sehen; schauen, hinsehen; zusehen, -schauen; **~ *a*** + *Richtungsangabe Zimmer, Balkon usw übertr* hinausgehen auf ...; (***¡***)***mira***(***!***) *bzw* (***¡***)***mire*** (***usted***)(***!***) *Hinweis u Floskel* schau mal(!) *bzw* schauen Sie mal(!); **~ *por alg*** *od* ***algo*** nach jmdm *od* etw sehen *od* schauen, sich um jmdn *od* etw kümmern; ***si bien se mira*** im Grunde genommen; **~se** sich ansehen *od* betrachten; sich in Acht nehmen; auf sich achten
mirilla *f* Spion *m Guckloch an der Tür*; Schauglas *n* ◇ ***tener en la ~*** *übertr* im Blickpunkt *od* Visier haben
mirlo *m* Amsel *f*; **~ *blanco*** weißer Rabe *m Seltenheit*
mirón *m* Gaffer *m*; KART Kiebitz *m*; Voyeur *m*, Spanner *m*
mirra *f* Myrrhe *f Baum u Duftharz*
mirto *m* BOT Myrte *f*
misa *f* REL Messe *f*; *katholischer* Gottesdienst *m*; **~ *de*(*l*) *gallo*** Christmesse *f od* -mette *f*, Weihnachtsmesse *f*; **~ *mayor*** Hochamt *n* ◇ ***ayudar a ~*** ministrieren; ***celebrar*** *od* ***decir ~*** die Messe lesen; ***ir a ~*** zur Messe gehen; ***no saber de la ~ la media*** keine (blasse) Ahnung haben
mis|antropía *f* Menschenhass *m*; **~ántropo** *m* Misanthrop *m*
miscelánea *f* Vermischtes *n*; Miszellen *f/Pl*; **~s** *Pl* ZTGSW Verschiedenes *n*
miserable elend, ärmlich; mies *umg*, miserabel, schlecht; schäbig; verächtlich
miseria *f* Elend *n*, Armut *f*; Not *f*; *übertr* Unglück *n*; (erbärmliche) Kleinigkeit *f*; Hungerlohn *m* ◇ ***reducir a la ~*** ins Elend stürzen; ***vivir en la ~*** darben, in Not leben
misericordia *f* Barmherzigkeit *f*; Mitleid *n*, Erbarmen *n*
mísero → ***miserable***
misil *m* MIL Rakete *f*; **~ *de alcance intermedio*** *od* ***medio alcance*** (***largo alcance***) Mit-

telstrecken-(Langstrecken)rakete *f*; **~es cruceros** Cruise-Missiles *f/Pl*, Marschflugkörper *m/Pl*; **~ de defensa aérea** Luftabwehrrakete *f*
misión POL, REL *u übertr* Mission *f*; Aufgabe *f*, Auftrag *m*; Missionshaus *n bzw* -stätte *f*; MIL Einsatz *m*; **~ mediadora** POL Vermittlungsmission *f*
misi|onar *tr/intr* missionieren; **~onero** *m* Missionar *m*; **~va** *f* (Send-)Schreiben *n*; Botschaft *f Mitteilung*; Brief *m*
mismísimo höchstpersönlich
mismo I *Adj* selbst *Dem Pron* (**ella misma**; **nosotros ~s**; **eso lo dijo el ~ Pérez**); gleich (**compré las mismas postales que tú**); noch *Adv* (**lo pude hablar en la misma oficina**); **el ~** (**la misma, lo ~**) der-(die-, das)selbe ◇ **me da lo ~** das ist mir egal; (**todo**) **es lo ~** das läuft auf dasselbe hinaus; **volver sobre lo ~** *übertr* (immer wieder) auf das Gleiche zurückkommen **II** *Adv* direkt (**podemos vernos en mi casa ~**); genau (**aquí ~**); selbst (**en Francia, en Italia, en España ~ ...**); **así ~** (genau)so; **lo ~** ebenso gut; dennoch, trotzdem; **lo ~ que** ebenso wie; **por lo ~** eben deswegen; **por sí ~** von sich aus, ganz allein
mis|ógino frauenfeindlich; **~oneísmo** *m* Abneigung *f* gegen alles Neue; **~oneísta** neuerungsfeindlich
misteri|o Geheimnis *n*; **~oso** geheimnisvoll, mysteriös
místic|a *f* REL Mystik *f*; **~o** mystisch; *übertr* überspannt; *Am reg* geziert, zimperlich
mistific|ación *f* Mystifizierung *f*; Täuschung *f*, Irreführung *f*; **~ador** *m* Schwindler *m*; **~ar** ⟨-c/qu-⟩ *tr* täuschen, irreführen; mystifizieren
mistral *m* Mistral *m kalter Nordwind an der Mittelmeerküste*
mitad I *f* Hälfte *f*; Mitte *f*; **cara ~** bessere Hälfte *f Ehefrau bzw -mann*; **a ~ del camino** *übertr* auf halbem Wege; **a ~ de precio** zum halben Preis; **primera** (**segunda**) **~** SPORT erste (zweite) Halbzeit *f* ◇ **dividir por ~es** halbieren; **partido por la ~** zweigeteilt **II** *Adv* **~ ..., ~ ...** halb ..., halb ...; **la ~ ..., la ~ ...** zur Hälfte ..., zur anderen Hälfte ...
mítico mythisch
miti|ficar ⟨-c/qu-⟩ *tr* verklären, -herrlichen; **~gación** *f* Linderung *f*, Milderung *f*; Abschwächung *f*; **~gante** *m* PHARM Linderungsmittel *n*; **~gar** ⟨-g/gu-⟩ *tr* lindern, mildern; *einem Problem* beikommen
mitin *m* Meeting *n*; Kundgebung *f*; Versammlung *f*; Treffen *n*; **~ relámpago** Kurzversammlung *f*
mit|o *m* Mythos *m*; Märchen *n auch übertr*; *übertr* Erfindung *f*; **~ología** *f* Mythologie *f*
mitra *f* Mitra *f*, Bischofsmütze *f*
mixt|o I *Adj* gemischt, Misch- **II** *m* Mischung *f auch* BOT *u* ZOOL; Gemisch *n*; → **tren mixto**; **~ura** *f* PHARM Mixtur *f*; → **mezcla**
ml *m* (*Abk für* **mililitro**) ml *m,n*
ML *m* (*Abk für* **miércoles**) Mi. *m*
mm *m* (*Abk für* **milímetro**) mm *n,m*
MMS *m* (*Abk für englisch* **Multi Media Messaging**; **Mensajería Multimedia**) TEL MMS *f*
Mn (*Symb für* **manganeso**) CHEM Mn
mnemot|ecnia *f*, **~écnica** *f* Mnemotechnik *f*, Gedächtnistraining *n*
Mo (*Symb für* **molibdeno**) CHEM Mo
moaré *m* TEXTIL Moiré *n,m*
mobbing *m* Mobbing *n Schikane am Arbeitsplatz* ◇ **hacer el ~** mobben
mobiliario *m* Möbel *n/Pl*, Mobiliar *n*, Hausrat *m*; **~ de oficina** Büromöbel *n/Pl*
moca *m* Mokka *m*; *i w S* Kaffee *m*
mocasín *m* Mokassin *m*; Slipper *m bequemer Straßenschuh*
moce|dad *f*, **~dades** *f/Pl* Jugend(zeit) *f*; Jugendstreich(e *Pl*) *m*; **~río** *m* junge Leute *Pl*, *übertr* junges Volk *n*; **~tón** *m* kräftiger *od* strammer Bursche *m*
moch|a *f Cu* (kurze) Machete *f*; **~ales** behämmert *verrückt*; **~ila** *f* MIL Tornister *m*; Rucksack *m*; *Méx* Handkoffer *m*; **~o** ohne Spitze, stumpf; *Bäume* gestutzt; *umg* kahl geschoren
mochuelo *m* Steinkauz *m* ◇ **cargarle** *od* **colgarle** *od* **echarle el ~ a alg** *umg* jmdm etw (*d.h. Schuld*) anhängen (**por** wegen); jmdm etw (*d.h. Arbeit*) aufhalsen
moción *f* Bewegung *f*; innere Regung *f*; POL Antrag *m*; **~ de censura** (**confianza**) POL Misstrauens- *bzw* Tadelsantrag *m* (Vertrauensfrage *f*); **~ de urgencia** Dringlichkeitsantrag *m* ◇ **presentar una ~** einen Antrag einbringen *od* stellen
moco *m* Rotz *m vulg*, Popel *m umg*, Nasenschleim *m* ◇ **tener ~s** *umg* (einen) Schnupfen haben
mocoso *m übertr* Rotznase *f*, Grünschnabel *m*
moda *f* Mode *f auch übertr*; **~ femenina** (**masculina**) Damen-(Herren)mode *f*; **~ retro** *umg* Nostalgiewelle *f*; **de ~** modern; **última ~** letzter Schrei *m neueste Mode* ◇ **estar** (*od* **ponerse**) **de ~** modern sein (*od* werden), Mode sein (*od* werden) *auch übertr*; **estar fuera** *od* **pasado de ~** unmodern *od* nicht mehr modern sein; **vestirse a la ~** sich modisch kleiden
modales *m/Pl* Manieren *f/Pl*, Umgangsformen *f/Pl*; Benehmen *n*; Geschäftsgebahren *n*

M

modalidad *f* Modalität *f*; Eigenart *f*; *übertr* Spielart *f*; **~es de un contrato** Vertragsbestimmungen *f/Pl*; **~ de pago** Zahlungsweise *f*

mod|elado *m* Modellierung *f*; Formgestaltung *f*; **~ar** *tr/intr* formen *auch übertr*; gestalten; modellieren; **~élico** Modell-; beispielhaft, Vorzeige-; **~ista** *m(f)* (Form-)Gestalter(in) *m(f)*; Modelltischler(in) *m(f)*

modelo I *Adj* ⟨*unv*⟩ Muster- **II** *m* IND, TEXTIL *u übertr* Modell *n*; Nachbildung *f*; Muster *n auch übertr*, Vorlage *f*; Schablone *f*; Vorbild *n*; Bauart *f*; Formular *n*, Vordruck *m*; Dressman *m*; **~ estándar** (**de lujo**) Standard-(Luxus)ausführung *f*; **~ experimental** Versuchsmuster *n*; **~ de sociedad** POL Gesellschaftssystem *n*; **último ~** neu(e)ste Bauart *f* **III** *f* Model *n auch* FOTO, Mannequin *n*; MAL Modell *n*

módem *m* ⟨*Pl* **módems**⟩ INFORM Modem *m,n*; **~ fax** Faxmodem *m,n*

moder|ación *f* Mäßigung *f*, Zurückhaltung *f*; **~ado** mäßig, ruhig; gemäßigt *auch* POL; **~ador I** *Adj* mäßigend **II** *m*, **~adora** *f* RADIO, TV Moderator(in) *m(f)*; TECH Regler *m*; **~ar** *tr* mäßigen; verlangsamen, *Geschwindigkeit* herabsetzen; RADIO, TV moderieren; **~arse** sich zurückhalten *od* mäßigen

modern|amente jüngst; nach der Mode; **~ismo** *m* KUNST, LIT Modernismus *m*; Jugendstil *m*; **~ista** modernistisch; im Jugendstil; **~ización** *f* Modernisierung *f*; **~izar** ⟨-z/c-⟩ *tr* modernisieren; **~o** modern; neu; modisch; zeitgemäß

modestia *f* Bescheidenheit *f*; Schlichtheit *f*; Anspruchslosigkeit *f*; **~ aparte** ohne (falsche) Bescheidenheit glaube ich sagen zu dürfen *od* können; **con ~** bescheiden; **falsa ~** falsche Bescheidenheit *f*

modesto bescheiden; schlicht, einfach; anspruchslos ◇ **pecar de ~** untertreiben

modicidad *f* Mäßigkeit *f der Preise*

módico mäßig; *Preis* gering, niedrig; *Ware* erschwinglich

modificable veränderbar, modifizierbar

modificación *f* (Ab-)Änderung *f*; Veränderung *f*; Modifizierung *f*; Umgestaltung *f*; **modificaciones reservadas** Änderungen vorbehalten

modific|ar ⟨-c/qu-⟩ *tr* (ab)ändern; umändern; verändern; modifizieren; umgestalten; umarbeiten; **~ativo**, **~atorio** Änderungs-; Modifizierungs-

mod|ismo *m* (idiomatische) Redewendung *f*; **~ista** *f* Modistin *f*; Damenschneiderin *f*; Modedesignerin *f*; **~isto** *m* Modeschöpfer *m*; Damenschneider *m*; Modedesigner *m*

modo *m* Art *f*; (Art *f* und) Weise *f*; *übertr* Weg *m*, Mittel *n*; Form *f*, Methode *f*, Verfahren *n*; Tonart *f*; GRAMM *u allg* Modus *m*; **~s** *Pl* Manieren *f/Pl*, Umgangsformen *f/Pl*; **~ de actuar** (**escribir**) Handlungs-(Schreib)weise *f*; **~ de empleo** *od* **usar** Gebrauchsanweisung *f*; **~ de envío** Versandart *f*; **~ de funcionamiento** Wirkungsweise *f*; **~ de funcionar** (**trabajo**) Arbeitsweise *f eines Gerätes* (*von Personen*); (**~**) **imperativo** *m* (**indicativo** *m*; **subjuntivo** *m*) GRAMM Imperativ *m* (Indikativ *m*; Konjunktiv *m*); **~ mayor** (**menor**) Dur-(Moll)tonart *f*; **~ de pago** Zahlungsmodus *m*; **~ de proceder** (**producción**; **vida**) Procedere *n*, Verfahrens-(Produktions-; Lebens)weise *f*; **a ~ de ensayo** probeweise; **a mi** (**tu, nuestro** *usw*) **~** auf meine (deine, unsere *usw*) Art; **a mi ~ de ver** meines Erachtens; **de ~ que** daher, folglich; sodass; **de ~ convincente** überzeugend; **de algún** *od* **cualquier ~** irgendwie, ganz gleich wie; auf jeden Fall; **de ese ~** so, auf diese Art; dadurch; **de igual ~** gleichfalls; **de igual ~ que** ebenso wie; **de ningún ~, en ~ alguno** keinesfalls, -wegs; **de otro ~** sonst; **de tal ~** (**que**) derart (, dass); **de todos ~s** unter allen Umständen; auf alle Fälle, jedenfalls; **de un ~ o de otro** wie dem auch sei; **en cierto ~** gewissermaßen, sozusagen

modorr|a *f* Benommenheit *f*; bleierne Müdigkeit *f*; **~o** schlaftrunken; *Obst* faulig; einfältig; ungeschickt

modoso anständig; *Betragen* aufmerksam; *Frau* zurückhaltend

modulación *f* MUS, RADIO, TV Modulation *f*; **~ de frecuencia** RADIO Ultrakurzwelle(nbereich *m*) *f*

módulo *m* ARCH, MATH, RAUMF, TECH Modul *n*; *übertr* Maßstab *m*, Norm *f*; ZTGSW Seitenanteil *m für Werbung*; *Gefängnis* Flügel *m*; INFORM, EL Bauteil *n*; INFORM Baustein *m*; RAUMF Kapsel *f*; **~ de descenso** RAUMF Landekapsel *f*; **~** (**espacial**) RAUMF *autonomes* Raumfahrzeug *n*, Raumfahrtmodul *n*; **~ lunar** RAUMF Mondlandeeinheit *f*, Lunarmodul *n*; **~ de mando** Kommandoeinheit *f eines Raumschiffs*

mof|a *f* Spott *m*; Verhöhnung *f*; **~arse** sich lustig machen (**de** über)

mofeta *f* Grubengas *n*; ZOOL Stinktier *n*; **~s** *Pl* BERGB schlagende Wetter *n/Pl*

mogollón *m übertr* Schmarotzer *m*; *Esp umg übertr* Haufen *m*, Menge *f*; Durcheinander *n*, Wirrwar *m*; **de ~** umsonst, für *od* um nichts und wieder nichts; auf Kosten anderer; schludrig, liederlich

mogote *m* einzelner Hügel *m*; Kuppe *f*; *Steine* Haufen *m*; *Heu, Holz* Stapel *m*

Mogreb *m* → ***Magreb***
mogrollo *m übertr* Schmarotzer *m*; *verächtl* übles Subjekt *n*; Tollpatsch *m*
mohair *m* Mohär(wolle *f*) *m*
mohín *m* Gebärde *f*; Grimasse *f* ◇ ***hacer ~es*** Grimassen schneiden; schmollen
mohín|a *f* Verdruss *m*, Unwille(n) *m*; Groll *m*; **~o** verdrießlich, -drossen, missmutig; unwillig
moho *m* Schimmel *m*; Rost *m*; Grünspan *m*; (Haus-)Schwamm *m*; Moder *m*; **~s** *Pl* Schimmelpilze *m/Pl*; ***cubierto de ~*** schimm(e)lig; voller Grünspan; rostig ◇ ***no dejar criar ~*** etw schnell auf- *od* verbrauchen, nicht verschimmeln lassen; ***oler a ~*** modrig *od* muffig riechen
mohoso schimm(e)lig; rostig; voller Grünspan
moj|ado nass; feucht; → ***llover***; **~ador** *m* (Finger- *bzw* Marken-)Anfeuchter *m*
moj|ar I *tr* an-, befeuchten; nass machen; nass spritzen; einweichen; eintauchen, -tunken **II** *intr*: ***~ en u/c*** *umg* bei etw mitmachen; an etw teilhaben; **~arse** sich nass machen; nass werden
moji|cón *m* Faustschlag *m ins Gesicht*; Art Krapfen; Marzipangebäck *n*; **~gato** scheinheilig; bigott; **~to** *m Cu* Mojito *m ein Getränk aus Rum, Zitrone, Minze, Zucker, Sodawasser u gestoßenem Eis*
mojón *m* Grenz-, Markstein *m*; Wegweiser *m*; *Cu übertr* Grünschnabel *m*; ***~ kilométrico*** Kilometerstein *m*
molar[1] *m* Backenzahn *m*
molar[2] *intr umg* angeben, protzen; gefallen, *etw* gern machen (***me mola ir al cine***)
Moldav|a *m* Moldau *f*; **~ia** *f* Moldawien *n*
molde *m* Form *f auch* TYP; Gieß- *bzw* Gussform *f*; Backform *f*; KOCHK Assiette *f*; TECH Modell *n*; TECH Mulde *f*; TECH Matrize *f*; ***como de ~*** *übertr* wie gerufen, gerade richtig; ***de ~*** *Buchstaben* Druck-
molde|able formbar; **~ar** *tr* formen; abformen; anpassen; abgießen; modellieren
Moldova *f* → ***Moldavia***
moldura *f* Sims *m,n*; (Profil-, Zier-)Leiste *f*; ***~(s*** *Pl*) ***de protección lateral*** KFZ Seitenaufprallschutz *m*
mole[1] *m AmC*, *Méx* Schmor- bzw Pfefferfleisch *n*
mole[2] *f* (gewaltige) Masse *f*; *übertr* Koloss *m*; ***~ de hielo*** (***piedra***) Eisscholle *f* (Stein-, Gesteinsblock *m*)
mol|écula *f* Molekül *n*; **~ecular** Molekular-; **~edor** lästig, auf den Geist gehend, zermürbend; **~er** ⟨-ue-⟩ *tr* (zer)mahlen; zerreiben; zerkleinern; *umg jmdm* auf den Geist gehen *od* zur Last fallen; strapazieren; *jmdn* vertrimmen
molestar *tr* stören; behelligen; belästigen; quälen; ärgern; beunruhigen; ***no me molesta nada*** es stört mich nicht, es macht mir (gar) nichts aus
molestarse *übertr* eingeschnappt sein; (***no***) ***~*** sich (nicht) bemühen, sich (nicht) die Mühe machen (***en*** zu); ***¡no se moleste Vd.!*** machen Sie (sich) bitte keine Umstände!; lassen Sie sich nicht stören!
molestia *f* Störung *f*; Belästigung *f*; Unannehmlichkeit *f*; Unbequemlichkeit *f*; Mühe *f*; **~s** *Pl gesundheitliche* Beschwerden *f/Pl*; ***sin ~s*** beschwerdefrei ◇ ***disculpen las ~s*** *bei Betriebsstörungen, Verkehrsänderungen u.Ä.* wir bitten um Ihr Verständnis; ***no es ~*** Sie stören *bzw* du störst überhaupt nicht; es macht mir überhaupt nichts aus; ***tomarse la ~ de*** + *Inf* sich die Mühe machen zu + *Inf*
molesto lästig; beschwerlich; störend; unangenehm; unbequem; auf-, zudringlich; ärgerlich; verärgert ◇ ***me sentía*** *od* ***sentí muy ~*** es war mir sehr peinlich
molibdeno *m* Molybdän *n*
molicie *f* Weichheit *f*; Verweichlichung *f*
molido: ***estar ~*** *umg übertr* sich wie gerädert fühlen
molienda *f* Mahlen *n*; Mahlgang *m*; Vermahlung *f*; Auspressen *n* von Ölfrüchten; Zerquetschen *n* des Zuckerrohrs; Mahlmenge *f*, -quantum *n*; Plackerei *f Strapaze*
molin|ero *m* Müller *m*; **~ete** *m* (Fenster-) Lüfter *m*
molinillo *m* Quirl *m auch übertr*; HAUSW Handmühle *f*; ***~ de café*** Kaffeemühle *f*
molino *m* Mühle *f*; Windrad *n zur Energiegewinnung*; Quirl *m Unruhegeist*; ***~ de aceite*** Ölmühle *f*; ***~ de viento*** Windmühle *f*
moll|a *f Fleisch* mageres *od* mürbes Stück *n*; *Frucht* weiches *od* saftiges Stück *n*; **~ar** *Esp Fleisch* mürbe; *Obst* weich; einträglich, ergiebig; leichtgläubig
mollera *f* Schädeldach *n*; Grips *m Verstand*; ***cerrado*** (***duro***) ***de ~*** borniert, engstirnig; geistig beschränkt (starrköpfig; schwer von Begriff)
Molo|c *m*, **~ch** *m*, **~k** *m übertr* Moloch *m*
molote *m AmC*, *Cu*, *Méx* Durcheinander *n*, Aufregung *f bzw übertr* Tumult *m*
molusco *m* Weichtier *n*, Molluske *f*
momentáneo momentan; augenblicklich; (nur) für den Augenblick, Augenblicks-; unverzüglich; kurzzeitig
momentito *m* kleiner Augenblick *m*; ***¡~!*** (einen) Moment, bitte!
momento *m* Moment *m*; Augenblick *m*; Zeitpunkt *m*; PHYS *u übertr* Moment *n*; ***~ álgido*** Tiefpunkt *m*; kritischer Augen-

blick *m*; **~ estelar** *übertr* Sternstunde *f*; **a cada ~** ständig; **al ~** sofort; **de ~** im ersten Augenblick; vorübergehend; momentan, im Augenblick; zum gegenwärtigen Zeitpunkt; **de un ~ a otro** jeden Augenblick; **en determinado ~** zu einem bestimmten Zeitpunkt; **en el ~** sofort, auf der Stelle; **en el ~ menos pensado** dann, wenn man es am wenigsten erwartet; **en este ~, por el ~** jetzt; zur Zeit, im Augenblick, momentan; vorläufig; **en estos ~s** heutzutage, zum gegenwärtigen Zeitpunkt; **en su ~** zu gegebener *od* zur gegebenen Zeit; **en un ~** *übertr* im Handumdrehen; **en un primer ~** anfangs, zunächst; **hasta el ~** bisher, bis jetzt ◇ **aprovechar el buen ~** die Gunst der Stunde nutzen

momería *f* Mummenschanz *m*

momi|a *f* Mumie *f*; **~ficar** ⟨-c/qu-⟩ *tr* mumifizieren

mona I *Adj* → **mono I II** *f* Äffin *f*; *umg übertr* Rausch *m* ◇ **coger** *od* **pescar** *od* **pillar una ~** sich einen (Rausch) antrinken; **dormir la ~** seinen Rausch ausschlafen

monacal mönchisch, Mönchs-; Kloster-; Nonnen-

Mónaco *f* Monaco *n*

monada *f* Äfferei *f*; Kinderei *f*; **¡qué ~!** wie niedlich!; *Mädchen* wie hübsch *od* reizend! ◇ **¡déjate de ~s!** lass die Kindereien!

monaguillo *m* Mess-, Chorknabe *m*, Ministrant *m*

monar|ca *m* Monarch *m*; **~quía** *f* Monarchie *f*

mon|árquico I *Adj* monarchisch; monarchistisch **II** *m* Monarchist *m*; **~arquismo** *m* Monarchismus *m*; **~asterio** *m* Kloster *n*

Moncloa *f Sitz des spanischen Regierungschefs im gleichnamigen Stadtteil Madrids*

monda *f* Schälen *n von Obst*; Säubern *n von Gräben, Kanälen*; Beschneiden *n von Bäumen*; Zeit *f* des Baumschnitts; **~s** *Pl* → **~duras**; **~dientes** *m* Zahnstocher *m*; **~duras** *f/Pl Kartoffeln, Obst* Schalen *f/Pl*; Abfälle *m/Pl*; *Erbsen* Hülsen *f/Pl*; *Getreide* Spreu *f*; **~r** *tr* (ab)schälen; *Erbsen* aushülsen; *Bäume* schneiden; säubern, reinigen; *Gemüse* putzen; verprügeln

mondo sauber; rein; **~ y lirondo** *übertr* lauter, nackt, ungeschminkt

mondongo *m* Gedärm *n*; Eingeweide *n*; Innereien *f/Pl*

moneda *f* Geldstück *n*, Münze *f*; Währung *f*; Geld *n*; Zahlungsmittel *n*; ♀ Münze *f*, Münzamt *n*; **~ base** *od* **de referencia** Leitwährung *f*; **~ blanda** *od* **débil** (**convertible**; **dura** *od* **fuerte**) weiche (konvertierbare; harte) Währung *f*; **~ conmemorativa** Gedenkmünze *f*; **~ corriente** gängige Münze *f auch übertr*; **~ de curso legal** gesetzliches Zahlungsmittel *n*; **~ euro** (**extranjera**) Euromünze *f*; Eurowährung *f* (Valuta *f*, Devisen *f/Pl*); **~ falsa** Falschgeld *n*; **~ nacional** Landeswährung *f*; **~ de reserva** Währungsreserve *f*; **~ única** *od* **unitaria** einheitliche Währung *f*, Einheits- *od* Gemeinschaftswährung *f* ◇ **pagar** *od* **responder con la misma ~** *übertr jmdm etw* mit gleicher Münze heimzahlen, Gleiches mit Gleichem vergelten; **ser ~ corriente** *übertr* an der Tagesordnung sein

monedero *m* Portmonee *n*, Geldbörse *f*; *Am reg* Münzfernsprecher *m*

monegasco I *Adj* monegassisch **II** *m*, **-a** *f* Monegasse(-in) *m(f)*; das Monegassische

monería *f* Afferei *f*; Albernheit *f*; drollige Geste *f eines Kindes*

monet|ario Währungs-; Geld-; Münz-; **~arismo** *m* Monetarismus *m eine von der Geldpolitik bestimmte Wirtschaftspolitik*; **~arista** monetaristisch; **~izar** ⟨-z/c-⟩ *tr* zum öffentlichen Zahlungsmittel erklären; ausmünzen, Geld prägen; *etw* zu Geld machen

mongol I *Adj* mongolisch **II** *m*, **~a** *f* Mongole(-in) *m(f)*; das Mongolische

Mongolia *f* Mongolei *f*

mong|ólico *Gesichtszüge* mongolisch; → **~oloide**; **~olismo** *m* MED Mongolismus *m*; **~oloide** mongoloid

moni *m* ⟨*Pl* **monises**⟩ *Am reg* Kies *m*, Zaster *m*, Moneten *Pl Geld*

monigote *m* Hampelmann *m auch verächtl übertr*; (Witz-)Figur *f*; Männchen *n auch als triviale Zeichnung*; *Bez für Kind* Wicht *m*; Pfuscherei *f*; Gekritzel *n*; **~ de nieve** Schneemann *m*

monitor *m* PHYS, TECH, TV Monitor *m*, Bildschirm *m*; SPORT *u allg zeitweiliger* Betreuer *m bzw* Ausbilder *m od* Lehrer *m*; Mahner *m*; **~ LCD** *m* LCD-Bildschirm *m*, Flachbildschirm *m*

monj|a *f* Nonne *f*; **~e** *m* Mönch *m*

mono I *Adj* hübsch, reizend, nett; niedlich **II** *m* Affe *m auch verächtl übertr*; Männchen *n als triviale Zeichnung*; Figur *f als Nachbildung*; Blaumann *m umg*, Arbeitskluft *f umg*, -anzug *m*, Latzhose *f*, Overall *m*, (Arbeits-)Kombination *f*; Turkey *m Entzugserscheinung*; *Am reg* Trainingsanzug *m*; **~s antropoides** Menschenaffen *m/Pl*; **~ de nieve** Schneemann *m*; **~ porfiado** Stehaufmännchen *n jmd, der sich nach Rückschlägen immer wieder aufrafft* ◇ **ser el último ~** nichts zu sagen haben *unbedeutend sein*; **servir de ~** *übertr* sich zum Affen machen

mono|carril *m* Einschienenbahn *f*;

M

~cromático, **~cromo** INFORM *Bildschirm*, TYP einfarbig; **~cular** *Geräte, Sehvermögen* einäugig
monóculo *m* Monokel *n*
mono|cultivo LANDW Monokultur *f*; **~fásico** EL einphasig; **~gamia** *f* Monogamie *f*
monógamo monogam
mono|grafía *f* Monographie *f*, (wissenschaftliche) Einzeldarstellung *f*; **~gráfico** monographisch; thematisch; WISS Einzelfragen *od* einer Einzelfrage gewidmet; WISS Einzelthemen *od* ein Einzelthema behandelnd; **~grama** *m* Monogramm *n*; **~lingüe** einsprachig; **~lítico** monolithisch; aus einem Stein(block); *übertr* straff, ehern; *übertr* geschlossen; *übertr* wie aus einem Guss; **~lito** *m* Monolith *m*; Gedenkstein *m*; **~logar** ⟨-g/gu-⟩ *intr* monologisieren; Selbstgespräche führen
monólogo *m* Monolog *m*; Selbstgespräch *n*
mono|manía *f* Monomanie *f*, fixe Idee *f*; **~maniaco**, **~maníaco** monoman, von einer fixen Idee besessen; **~motor** *m* einmotoriges Flugzeug *n*; **~partidismo** *m* Einparteienregime *n*; Einparteiensystem *n*; **~patín** *m* Skateboard *n*; **~plano** *m* FLUGW Eindecker *m*; **~polar** EL einpolig; **~pólico** → ***monopolista I***
monopolio *m* Monopol *n*; **~ *de(l) Estado*** Staatsmonopol *n*
monopol|ista I *Adj* monopolistisch, Monopol- **II** *m* Monopolist *m*, Monopolherr *m*, -inhaber *m*; **~ístico** monopolartig; **~ización** *f* Monopolisierung *f*; alleinige Inanspruchnahme *f*; **~izar** ⟨-z/c-⟩ *tr* monopolisieren; für sich beanspruchen *od* in Anspruch nehmen, MIL requirieren
mono|silábico einsilbig; **~sílabo** *m* einsilbiges Wort *n*; **~tipia** *f* TYP Monotypsatz *m*; TYP Monotype *f Setzmaschine*; **~tipo** *m* TYP Monotype *f Setzmaschine*; **~tonía** Monotonie *f*, Eintönigkeit *f*
mon|ótono monoton, eintönig; **~ovalente** CHEM einwertig; **~ovolumen** *m* KFZ Großraumlimousine *f*
monóxido *m* CHEM Monoxid *n*; **~ *de carbono*** Kohlenmonoxid *n*
monroísmo *m* POL Monroedoktrin *f*
Mons. *m* (*Abk für* ***Monseñor*** *m*) REL *Titel* Monsignore *m bzw* Monseigneur *m*, Msgr *m bzw* Mgr. *m*
monserga *f* Kauderwelsch *n*; **~s** *Pl* Quatsch *m*, dummes Gewäsch *n*; (dumme) Ausreden *f/Pl*
monstru|o *m* Monstrum *n*, Monster *n*, Ungeheuer *n*; Unmensch *m*, Scheusal *n*; Untier *n*; Missgeburt *f*; **~osidad** *f* Ungeheuerlichkeit *f*; Scheußlichkeit *f*, Abscheulichkeit *f*; Widernatürlichkeit *f*; **~oso** ungeheuer(lich), monströs; scheußlich, abscheulich; abstoßend; widernatürlich; enorm, riesig; missgestaltet; Monster-
monta *f Reiten* Aufsitzen *n auch als Befehl*; Reiten *n*; Reitkunst *f*; VET Beschälung *f*, Decken *n*; → ***montante*** *u* ***monto***; ***de poca ~*** unbedeutend; *übertr* nicht groß, geringfügig
monta|barcos *m* Schiffshebewerk *n*; **~cargas** (Lasten- *bzw* Waren-)Aufzug *m*; **~do** beritten
montador *m*, **~a** *f* Monteur(in) *m(f)*; Maschinenschlosser(in) *m(f)*; FILM, TV Schnittmeister(in) *m(f)*, Cutter(in) *m(f)*; **~ *electricista*** Elektromonteur *m*; **~ *de tubos*** Rohrleger *m*
montaje *m* Montage *f*; Einbau *m*; Aufbau *m*; Aufstellen *n*; Zusammenbau *m*; Verlegen *n od* Verlegung *f von Rohren*; FILM, TV Schnitt *m*; THEAT *u übertr* Inszenierung *f*; abgekartetes Spiel *n*; **~ *en cadena*** Fließbandmontage *f*; **~ *fotográfico*** Fotomontage *f*
montante *m* FIN Betrag *m*; *Schulden* Höhe *f*; TECH Stütze *f*, Ständer *m*; Türfenster *n*; MAR Flut *f*
montaña *f* Berg *m auch übertr*; **~s** *Pl* Gebirge *n*; **~ *de deudas*** *übertr* Schuldenberg *m*; **~ *rusa*** Achterbahn *f*, Berg- und Talbahn *f*; ***la(s) alta(s) ~(s)*** das Hochgebirge ◇ ***prometer ~s de oro*** goldene Berge *od* das Blaue vom Himmel versprechen
montañ|ero *m* → ***~ista***; **~ismo** *m* Bergsteigen *n*; **~ista** *m* Bergsteiger *m*; **~oso** bergig; gebirgig
montar I *intr/tr* reiten; *Summe* (insgesamt) ausmachen, betragen **II** *intr* steigen; KFZ, *Boot* besteigen; einsteigen (***a, en*** *Akk*); *Summe* sich belaufen (***a*** auf); → ***bicicleta*** *u* ***caballo*** **III** *tr* montieren; einbauen; aufbauen; aufstellen; zusammenbauen; einrichten; *Geschäft, Unternehmen* aufmachen, -ziehen *gründen*; errichten; *Leitungen, Rohre* verlegen; *Waffe* spannen; *Stute* decken, beschälen; *Edelsteine* fassen; *Film* schneiden; THEAT *u übertr* inszenieren; *übertr* arrangieren, organisieren, ***~le algo a alg*** *übertr* etw für jmdn arrangieren
monte *m* Berg *m auch übertr*; Forst *m*, Wald *m*; ungerodetes Gelände *n*; Klippe *f Hindernis*; **~ *de piedad*** Leihhaus *n*, Pfandleihe *f*; ***el ♀ Blanco*** der Montblanc; ***los ♀s de los Gigantes*** das Riesengebirge; ***los ♀s Metálicos*** (***Rocallosos***) das Erzgebirge (die Rocky Mountains) ◇ ***creer que todo el ~ es orégano*** glauben, dass alles in Butter sei; ***poblar el ~*** aufforsten
Montecarlo *m* Monte Carlo *n*
montenegrino I *Adj* montenegrinisch **II**

m(f) Montenegriner(in) *m(f)*
Montenegro *m* Montenegro *n*
montepío *m Esp* Versorgungskasse *f für Hinterbliebene*; berufsgenossenschaftliche Kasse *f*; *Am* → ***monte de piedad***
monter|a *f* (Tuch-)Mütze *f*; Stierkämpfermütze *f*; **~o** *m* Jäger *m*; *Am reg* Holzfäller *m*, Waldarbeiter *m*; Berg- *bzw* Waldbewohner *m*
mont|és *Tier* Wild- *bzw* Berg-; **~evideano I** *Adj* aus Montevideo **II** *m*, **-a** *f* Einwohner(in) *m(f)* von Montevideo, Montevideaner(in) *m(f)*; **~ículo** *m* Hügel; **~o** *m* FIN Betrag *m*; Höhe *f eines Betrags*; Summe *f*
montón *m* Haufen *m auch übertr*; Stapel *m*; ***a montones*** haufen-, stapelweise; ***un ~ de cosas*** eine ganze Menge ◇ ***salirse*** (***ser***) ***del ~*** sich hervortun, hervorstechen (stinknormal *umg od* ein Dutzendmensch sein, *übertr* Dutzendware sein)
montoner|a *f Am* Freischärler *m/Pl bzw* Partisanen *m/Pl*; **~o I** *Adj AmS* Freischärler- *bzw* Partisanen- **II** *m AmS* Freischärler *m bzw* Partisan *m*
montura *f* Reittier *n*; Reitzeug *n*; Pferdegeschirr *n*; MIL Montur *f*; OPT (Brillen-)Fassung *f*, (-)Gestell *n*; TECH Halterung *f*
monumental monumental; riesig, gewaltig
monumento *m* Denkmal *n auch übertr*; Baudenkmal *n*; **~s** *Pl* Sehenswürdigkeiten *f/Pl*; ***~ funerario*** Grabmal *n* ◇ ***declarar ~ nacional*** unter Denkmalschutz stellen
monzón *m* Monsun *m*
moño *m* Dutt *m*, Haarknoten *m*; Nackenzopf *m* ◇ ***estar hasta el ~ de u/c*** von etw die Schnauze voll haben *vulg*; ***ponerse ~s*** sich aufblasen *od* -spielen
moqu|ear *intr Nase* laufen; **~eta** *f* Teppichboden *m*, Auslegware *f*; **~ete** *m* Faustschlag *m* (auf die Nase)
mora[1] *f* HDL, JUR Verzug *m*, Verzögerung *f* ◇ ***encontrarse*** (***incurrir***) ***en ~*** im Verzug sein (in Verzug geraten)
mor|a[2] *f* Maulbeere *f*; Brombeere *f*; Walderdbeere *f*; *Hond* Himbeere *f*
morada *f* Wohnung *f*, Heim *n*; Bleibe *f*; Aufenthalt *m*; Wohnsitz *m*; ***la eterna*** (***última***) ***~*** das Jenseits (die letzte Ruhestätte) ◇ ***allanar una ~*** Hausfriedensbruch begehen; eine Haussuchung vornehmen
morad|o dunkelviolett ◇ ***las pasé moradas*** *umg* es ist mir übel ergangen
morador *m*, **~a** *f* Bewohner(in) *m(f)*
moral[1] *m* Maulbeerbaum *m*
moral[2] **I** *Adj* moralisch; sittlich; Moral- **II** *f* Moral *f*; Stimmung *f*; Mut *m*, Zuversicht *f*; ***doble ~*** Doppelmoral *f*
moraleja *f* Moral *f als Nutzanwendung z.B. einer Fabel*; **~**: Und die Moral von der Geschicht(e):
moral|idad *f* Sittlichkeit *f*; Moral *f*; **~ina** *f iron* Moralin *n*; **~ista** *m* Moralist *m*; **~izador**, **~izante** moralisierend; **~izar** ⟨-z/c-⟩ *intr* moralisieren
moratori|a *f* Zahlungsaufschub *m*, Stundung *f*; (Zahlungs-)Frist *f*; POL Moratorium *n*; POL Stillhalteabkommen *n*; **~o** Verzugs-; moratorisch
Moravia *f* Mähren *n*
moravo I *Adj* mährisch **II** *m* Mähre *m*
mórbido kränklich; krankheitserregend, gesundheitsschädigend; zart; mürbe; geschmeidig
morb|ilidad *f* Krankenstand *m*; Morbidität *f*, Krankheits- *od* Erkrankungsziffer *f*; **~oso** krankhaft; krankmachend
morcilla *f* KOCHK Blut-, Topfwurst *f*; *vulg* Pimmel *m Penis*; THEAT Gag *m*, Einlage *f* ◇ ***dar ~*** *jmdn* um die Ecke bringen *töten*; ***¡que te den ~!*** scher dich zum Teufel!
mordacidad *f* Ätzkraft *f*; *übertr* beißende Schärfe *f*
mordaz beißend *auch übertr*; *übertr* bissig; *Säure* ätzend; **~a** *f* Knebel *m*; *Fördermaschine* Greifer *m*
mord|edura *f* Biss *m*; Bisswunde *f*; Beißen *n*; **~ente** *m* → ***mordiente II***; **~er** ⟨-ue-⟩ *intr/tr* beißen; abbeißen; anbeißen; ätzen; zerfressen; **~erse** *an etw* kauen *od* nagen
mordi|cante beißend, scharf; *übertr* bissig; stichelnd; **~car** ⟨-c/qu-⟩ *intr* prickeln; stechen; *übertr* sticheln; **~da** *f Col*, *Méx* Schmiergeld *n*; *Am* → ***mordedura***; **~ente I** *Adj* beißend *auch übertr* **II** *m* Beize *f*; Ätzmittel *n*; Fixiermittel *n*
mordis|car ⟨-c/qu-⟩ *tr* → ***~quear***; **~co** *m* Biss *m*; (leichte) Bisswunde *f*; Bissen *m*; **~quear** *tr an etw* knabbern, nagen
moren|a *f* ZOOL Muräne *f*; **~ez** *f* Bräune *f der Haut*; **~o** *Augen*, *Gesicht*, *Haar*, *Hautfarbe u allg* dunkelbraun; brünett
moretón *m* blauer Fleck *m blutunterlaufene Stelle auf der Haut*
morfin|a *f* Morphium *n*; **~ismo** *m* Morphiumvergiftung *f*; **~omanía** *f* Morphinismus *m*, Morphiumsucht *f*; **~ómano I** *Adj* morphiumsüchtig **II** *m* Morphinist *m*
morfología *f* BIOL, GRAMM Morphologie *f*; GRAMM Formenlehre *f*
morgue *f*, *auch* ♀ Leichenschauhaus *n*
moribundo sterbend ◇ ***estar ~*** im Sterben liegen
moriger|ado maßvoll; **~ar(se)** *tr* (sich) mäßigen
morir ⟨-ue-, -u-, *Part* ***muerto***⟩ *intr* sterben (***de*** an; *übertr* vor); umkommen, ums Leben kommen; *Pflanzen* eingehen; *Feuer*, *Licht* ausgehen; *Flussverlauf*, EL *Leitun-*

gen usw enden; **¡muera(n) ...!** nieder mit ...!

morirse → **morir**; **~ de** vergehen vor (**se mueren de ganas de ir a verlo**)

moris|co maurisch, Mauren-; **~queta** *f* (übler) Streich *m*; *Am* Fratze *f*, Grimasse *f*

morlaco *m* Kampfstier *m*; **~s** *Pl AmS reg* Moneten *f/Pl*

mormón *m* REL Mormone *m*

moro I *Adj* maurisch; *Wein* unverfälscht **II** *m* Maure *m*; *i w S* Moslem *m*; *Esp verächtl Bez für Nord(west)afrikaner*; **~s y cristianos** *Esp reg ein Volksfest*; *Cu* KOCHK *Gericht aus Reis u braunen Bohnen*; **el ~ Muza** *scherzh* irgendwer (nur nicht ich) ◇ **¡hay ~s en la costa!** *übertr* es liegt was in der Luft, da braut sich was zusammen

morocho *Am reg* kräftig, rüstig; *Rpl* → **moreno**

morondanga *f* Krimskrams *m*, Plunder *m*

moropo *m Cu umg* Schädel *m Kopf*; Köpfchen *n*, Grips *m*

moros|idad *f* Säumigkeit *f*, Saumseligkeit *f*; **~o I** *Adj* säumig, saumselig; gemächlich **II** *m* Säum(end)er *m*

morr|al *m* Jagdtasche *f*; Rucksack *m*; Grobian *m*, Flegel *m*; **~alla** *f verächtl* Pack *n*, Gesindel *n*; Ramsch *m*; *Méx* Kleingeld *n*; **~ena** *f* GEOL Moräne *f*; **~iña** *f* Heimweh *n*; Sehnsucht *f* (*bes* nach der Heimat); Schwermut *f*

morro *m Tier u verächtl allg* Maul *n*, Schnauze *f*; Flugzeugbug *m*; vorspringender Felsen *m an der Hafeneinfahrt*; **~s** *Pl* Wulstlippen *f/Pl* ◇ **beber a ~** aus der Flasche *bzw* von der Quelle trinken; **estar de ~s** verärgert sein; schmollen; **torcer el ~** einen Flunsch *od* eine Flappe ziehen

morrocotudo klasse, großartig; enorm, ungeheuer

morr|ón *m* Schlag *m*, Stoß *m z.B. ins Gesicht*; *Arg* Gemüsepaprika *m,f*; **~udo** mit wulstigen Lippen; mit großer Schnauze; *übertr* großmäulig, -schnäuzig; beeindruckend, wunderbar

morsa *f* Walross *n*

mortadela *f* Mortadella *f eine Wurstsorte*

mortal sterblich; tödlich; Tod-; Todes-; todsicher, gewiss ◇ **quedarse ~** wie vor den Kopf geschlagen *od* wie von Sinnen sein

mortalidad *f* Sterblichkeit *f*; MED Mortalität *f*; Sterblichkeitsziffer *f*, Sterberate *f*; **~ infantil** (**neonatal**) Kinder-(Säuglings)-sterblichkeit *f*

mortandad *f* Massensterben *n*; **~ forestal** Waldsterben *n*

mort|ecino *Tier* verendet; halb tot; schlaff; *Licht* fahl, trüb; *Farbe* blass; **~ero** *m* HAUSW, MIL Mörser *m*; PHARM *u allg* Reibschale *f*; Mörtel *m*; **~ífero** todbringend, tödlich

mortific|ación *f* Unannehmlichkeit *f*; Demütigung *f*; Kränkung *f*; Kasteiung *f*; **~ante** lästig; kränkend; **~ar** ⟨-c/qu-⟩ *tr jmdm* zur Last fallen, lästig werden, Unannehmlichkeiten bereiten; demütigen; plagen; kasteien; MED *u übertr* abtöten; **~arse** sich grämen *od* Gedanken machen; sich abplagen

mort|inato tot geboren; **~uorio** Toten-; Leichen-; Sterbe-; Trauer-

mor|ueco *m* Widder *m*, Schafbock *m*; **~usa** *f* Moneten *f/Pl*

mosaico I *Adj* Mosaik- **II** *m* Mosaik *n*; Mosaikarbeit *f*; Fliesenbelag *m*

mosca *f* ZOOL Fliege *f*; Moneten *f/Pl*, *übertr* Knete *f*; **~ muerta** Schleicher *m*, Duckmäuser *m*; **~ tsetsé** Tsetsefliege *f*; **por si las ~s** für alle Fälle, im Falle eines Falles ◇ **aflojar** *od* **soltar la ~** den Geldbeutel zücken, Geld lockermachen, mit dem Zaster (he)rausrücken; **estar ~** *umg* misstrauisch sein; eingeschnappt sein; **papar ~s** Maulaffen feilhalten; **¿qué ~ le habrá picado?** was mag nur in ihn gefahren sein?

moscard|a *f* (**~ón** *m*) (große) Schmeißfliege *f*

moscatel *m Wein* Muskateller *m*

Moscov|a *m* Moskwa *f*; **♀ita I** *Adj* Moskauer **II** *m(f)* Moskauer(in) *m(f)*, Moskowiter(in) *m(f) veraltend*

Moscú *m* Moskau *n*

Mosela *m* Mosel *f*

mosqu|eado getüpfelt; eingeschnappt *beleidigt*; **~earse** *übertr* eingeschnappt sein; sich getroffen fühlen; **~ero** *m* Fliegenfänger *m*; *mit Wasser gefüllte Glaskugel als* Fliegenfalle *f*; **~etón** *m* Karabiner *m*; Karabinerhaken *m*

mosquita *f*: **~ muerta** → **mosca muerta**

mosquit|ero *m* Moskitonetz *n*; **~o** *m* Moskito *m*, Stechmücke *f*; Mücke *f*

mosta|cera *f*, **~cero** *m* Senfgefäß *n*, -topf *m*; **~cho** *m* Schnurrbart *m*; **~za** *f* Senf *m Pflanze, Korn, Produkt*

mosto *m* (Wein- *u allg*) Most *m*

mostrador *m* Tresen *m*, Schanktisch *m*, Theke *f*; Ladentisch *m*; (Informations- *bzw* Verkaufs-)Stand *m*; **~ de facturación** FLUGW Abfertigungsschalter *m*

mostrar ⟨-ue-⟩ *tr* zeigen *auch übertr*; aufzeigen; beweisen; weisen; **~se** sich erweisen *od* zeigen (*dir Obj* als)

mot|a *f* Fussel *f*, *m umg*, Fädchen *n*; *Staub* Faser *f*, Flocke *f*; Staubkorn *n*; Fleck *m*; TEXTIL Noppe *f*; **~e** *m* Spitzname *m*; *Ch* Schreib- *bzw* Druckfehler *m*; **~ejar** *tr jmdn* bezeichnen (**de** als); *jmdn* verhöh-

nen; *jmdm* einen Spitznamen geben
motel *m* Motel *n*
motete[1] *m* MUS Motette *f*
motete[2] *m AmC* Bündel *n*, Packen *m*
motín *m* Meuterei *f*, Aufstand *m*
motiv|ación *f* Begründung *f*, Motivierung *f*; Motivation *f*; **~ador** motivierend; **~ar** *tr* begründen, motivieren; bewirken, verursachen, *übertr* herbeiführen, *zu etw* führen; bewegen *veranlassen*
motivo *m* Grund *m*; Motiv *n auch* MAL *u* MUS; Beweggrund *m*; Anlass *m*; Ursache *f*; LIT Anliegen *n*; **~ *de alegría*** Grund *m* zur Freude; **~ *del despido*** Kündigungsgrund *m*; Entlassungsgrund *m*; **~ *principal*** Hauptgrund *m*; ***con* ~ *de*** anlässlich + *Gen*; wegen; ***con este* ~** aus diesem Anlass; ***por este* ~** deshalb; ***sin* ~** unbegründet, grundlos ◇ ***dar* ~** Anlass geben (***a*** zu); ***no hay* ~** (***para alarmarse***) es gibt keinen Grund (zur Beunruhigung); ***no tener el menor*** *od umg* ***más mínimo* ~** (***de*** *od* ***para quejarse***) nicht den geringsten Grund (zur Klage) haben; ***tiene sus* ~*s*** *od* ***sus* ~*s tendrá*** er wird (schon) seine Gründe haben
moto *f* Motorrad *n*, Krad *n bes* MIL *u Polizei*; **~cicleta** *f* → ***moto***; **~ciclismo** *m* Motorradsport *m*; **~ciclista** *m* Motorradfahrer *m*; **~cross** *m*, **~crós** *m* SPORT Motocross *n*; **~lancha** *f* Motorboot *n*; Barkasse *f*; **~nave** *f* Motorschiff *n*; **~nieve** *f* Motorschlitten *m*; **~nivelador** *m* Planierraupe *f*
motor I *Adj* Motor-; bewegend, Bewegungs-; motorisch **II** *m* Motor *m auch übertr*; FLUGW Triebwerk *n*; *übertr* Vorreiter *m*, treibende *od* bewegende Kraft *f*; **~ *de búsqueda*** INFORM Suchmaschine *f*; **~ *de combustión interna*** (***explosión***) Verbrennungs-(Otto)motor *m*; **~ *de cuatro*** (***dos***) ***tiempos*** Viertakt-(Zweitakt)motor *m*, Vier-(Zwei)takter *m umg*; **~ *Diesel*** Dieselmotor *m*; **~ *eléctrico*** Elektromotor *m*; **~ *fueraborda*** *od* ***fuerabordo*** Außenbordmotor *n*; **~ *de reacción*** Düsenmotor *m* ◇ ***echar a andar el* ~** den Motor anwerfen
motor|a *f* (kleines) Motorboot *n*; **~icón** *m Esp* weiße Maus *f Verkehrspolizist*; **~ismo** *m* Motorsport *m*; **~ista** *m* Motorradfahrer *m*; Motorradsportler *m*; Kraftfahrer *m*; **~ización** *f* Motorisierung *f*
motorizado: ***¿andas* ~?** bist du motorisiert? (*d.h. hast du ein Kfz bzw kommst du mit einem Kfz?*)
motorizar ⟨-z/c-⟩ *tr* motorisieren; **~se** sich motorisieren *sich ein Kfz anschaffen*
moto|sierra *f* Motorsäge *f*; **~velero** *m* MAR Motorsegler *m*; **~-yate** *m* Motorjacht *f*
motriz *in Verbindung mit Subst f* (an)treibend, Trieb- (***fuerza* ~**)
mov|edizo leicht beweglich; bewegbar; versetzbar; unbeständig; wankelmütig; **~er** ⟨-ue-⟩ *tr* in Bewegung setzen *auch übertr*, bewegen *auch übertr jmdn zu etw*; *Waren, Güter* umschlagen; *Truppen* einsetzen; *Schach* ziehen; antreiben; *jmdn zu etw* treiben; anregen; **~erse** sich bewegen *od* rühren *nicht untätig sein*; **~ible** beweglich; wankelmütig; unstet; **~ida** *f* Rummel *m*, Betrieb *m*, lebhaftes Treiben *n*; Schachzug *m auch übertr*; *Esp* Szene *f* (*z.B. des Madrider Kultur- u Nachtlebens*); **~ido** *übertr* bewegt; *Veranstaltung* lebhaft; hektisch, anstrengend; FOTO *Aufnahme* verwackelt; *AmC reg* kränklich, schwächlich
móvil I *Adj* beweglich; fahrbar; verschiebbar **II** *m* PHYS in Bewegung befindlicher Körper *m*; Beweggrund *m*, Triebfeder *f*; Ursache *f*; TEL Handy *n*; **~ *perpetuo*** → ***movimiento perpetuo***
movilidad *f* Beweglichkeit *f*, Mobilität *f* ◇ ***no tener* ~** kein Fahrzeug haben
moviliz|ación *f* MIL *u übertr* Mobilisierung *f*; MIL Mobilmachung *f*; Einsatz *m*, Aufgebot *n an Menschen od Material*, Bereitstellung *f*; **~ar** ⟨-z/c-⟩ *tr* MIL *u übertr* mobilisieren; MIL mobilmachen; *Menschen, Mittel* einsetzen, aufbringen, -bieten; *Reserven* erschließen
movimiento *m* Bewegung *f auch* KUNST, LIT, POL; Veränderung *f*; HDL Umsatz *m*; MAR, HDL Umschlag *m*; Verkehr *m*; *übertr* Betrieb *m*, Treiben *n*, Getümmel *n*; POL Erhebung *f*; TECH Antrieb *m*; Getriebe *n*, (Räder- *bzw* Uhr-)Werk *n*; PSYCH Regung *f*; MUS Satz *m*; **~ *clandestino*** POL Untergrundbewegung *f*; **~ *de créditos*** Kreditentwicklung *f*; **~**(***s*** *Pl*) (***en la cuenta***) Kontenbewegung(en *Pl*) *f*, Umsatz *m od* Umsätze *m/Pl* (auf dem Konto); **~ *en pro de los derechos civiles*** Bürgerrechtsbewegung *f*; **~ *electrónico de pagos*** elektronischer Zahlungsverkehr *m*; **~ *de las existencias*** HDL Lagerumschlag *m*; **~ *huelguístico*** (***juvenil***) Streik-(Jugend)bewegung *f*; **~ *de liberación*** (***nacional***) (nationale) Befreiungsbewegung *f*; **~ *marítimo*** *Zeitungsspalte* Schiffspositionen *f/Pl*; **~ *de mercancías*** (**~ *de los precios***) Güter-, Warenumschlag *m* (Preisbewegung *f*); **~ *pacifista*** *od* ***por la paz*** Friedensbewegung *f*; **~ *perpetuo*** Perpetuum mobile *n*; **~ *de resistencia*** (**~ *sindical***) POL Widerstands-(Gewerkschafts)bewegung *f* ◇ ***estar en* ~** *übertr* auf den Beinen sein; ***poner***(***se***) ***en* ~** (sich) in Bewegung setzen
moya *m ohne Art Chi umg* sonst wer, *in Wendungen wie* ***lo paga* ~** irgendwer wird schon bezahlen; ***que lo sepa* ~** das mag

sonst wer wissen

moza *f* Hausmädchen *n*; Mädchen *n*; Geliebte *f*; **~lbete** *m übertr* junger Dachs *m*, Grünschnabel *m*; **~llón** *m* kräftiger *od* strammer Bursche *m*

mozambicano → ***mozambiqueño***

Mozambique *m* Mosambik *n*

mozambiqueño I *Adj* mosambik(an)isch **II** *m* Mosambik(an)er *m*

mozárabe mozarabisch

mozo I *Adj* jung; unverheiratet, ledig **II** *m* Junge *m*; Junggeselle *m*; erfasster Wehrpflichtiger *m*; *Rpl* Kellner *m*; ***~ apuesto*** gut aussehender junger Mann *m*; ***~ de equipajes*** *od* ***estación*** Gepäckträger *m*; ***buen ~*** braver *bzw* strammer Bursche *m*; ***real ~*** große und stattliche Person *f*

MP *f* (*Abk für* ***media pensión***, → ***pensión***) HP *f*

Mt *m od f* (*Abk für* ***megatón*** *od* ***megatonelada***) Mt *f*

mts. *m/Pl* (*Abk für* ***metros***) m *n,m/Pl*

mucam|a *f Bol, Chi, Pe, Rpl* Dienst-, Hausmädchen *n*; Zimmermädchen *n*; **~o** *m Bol, Chi, Pe, Rpl* Hausgehilfe *m*

muchacha *f* Mädchen *n*; Dienst-, Hausmädchen *n*; ***~ para todo*** *übertr* Mädchen *n* für alles

muchachada *f* Jugend- *bzw* Jungenstreich *m*; Kinderschar *f*; Schar *f* Jungen; Kinderei *f*; ***~s*** *Pl verächtl* kindisches Zeug *n*

muchachez *f* Knaben- *bzw* Mädchenalter *n*; frühe Jugend *f*

muchacho *m* Junge *m*, Knabe *m*; Bursche *m*; (junger) Mann *m*; Hausgehilfe *m*

muchedumbr|e *f* Menge *f von Personen sowie von äußerlich unterschiedlichen Gegenständen u Tieren*; *i w S übertr* Volk *n*; **~oso** in großen Mengen, massenhaft

muchísimo *Sup von* → ***mucho*** **I** *Adj* sehr viel **II** *Adv* außerordentlich, überaus

mucho I *Adj* viel; zahlreich; zu viel; ***~s*** *Pl* manche **II** *m ohne Art od nach* ***lo*** viel(es) *n* **III** *Adv* sehr; viel; oft; lange; ***~ antes*** (***después***) viel früher (viel später); ***¡~ (que sí)!*** aber ja doch!; ***como*** *od* ***cuando ~*** höchstens; allenfalls; (***ni***) ***con ~*** bei weitem (nicht); ***ni ~ menos*** durchaus nicht, keinesfalls, auf gar keinen Fall; ***por ~ que*** + *subj* wie *od* so sehr auch … ◇ (***no***) ***hace ~ que …*** vor längerer Zeit .. (vor kurzem …, unlängst …); ***tener en ~*** hoch schätzen

mucolítico I *Adj* MED schleimlösend *f* **II** *m* Schleimlöser *m*; Mukolytikum *n*

muco|sa *f* Schleimhaut *f*; **~sidad** *f* Schleim *m*; **~so** schleimig, schleimartig, Schleim-; **~viscidosis** *f* MED Mukoviszidose *f eine Erbkrankheit*

muda *f* Wechsel *m*; Wechseln *n*; *Vögel* Mauser *f*; *Pelztiere* Haarwechsel *m*; *Schlangen* Häuten *n*; (*Bett-*)*Wäsche* Garnitur *f*; KFZ Ölmenge *f zum Wechseln*; ***~ (de ropa)*** frische *od* neue Wäsche *f*, Wäsche *f* zum Wechseln ◇ ***estar de ~*** im Stimmbruch sein

mud|able veränderlich; **~ada** *f Am, And* Wohnungswechsel *m*, Umzug *m*; **~anza** *f* Veränderung *f*, Wandel *m*; Wechsel *m*; Wohnungswechsel *m*, Umzug *m*; Ortswechsel *m*; **~ar I** *tr* ändern; wechseln; *etw woanders* hin- *od* verbringen, verlagern **II** intr umziehen; den Ort wechseln; *Vögel* sich mausern; *Hunde* haaren; *Pelztiere* das Fell *od* den Pelz wechseln; *Schlangen* sich häuten; **~arse** sich umziehen, die Wäsche wechseln; die Wohnung wechseln

mud|ez *f* Stummheit *f*; (hartnäckiges) Schweigen *n*; **~o** stumm *auch übertr*; äußerst wortkarg; schweigsam

mueblaje *m* → ***mobiliario***

mueble I *Adj Güter* beweglich **II** *m* Möbel(stück) *n*; **~s** *Pl* Hausrat *m*, Einrichtung *f*, Mobiliar *n*; ***~s de acero, ~s metálicos*** Stahlmöbel *n/Pl*; ***~ bar*** Hausbar *f*; ***~s de diseño*** Designermöbel *n/Pl*; ***~s por elementos, ~s funcionales*** Anbaumöbel *n/Pl*; ***~s de hogar*** (***mimbre***; ***oficina***) Heim-, Wohn-(Korb-; Büro)möbel *n/Pl*; ***~-pared*** Schrankwand *f*; ***~s tapizados*** Polstermöbel *n/Pl* ◇ ***ser un ~ de la casa*** *Person scherzh* zum Inventar gehören

muebl|ería *f* Möbelgeschäft *n*, -handlung *f*, -waren *f/Pl*; Möbelwerkstatt *f*; **~ista** *m* Möbelhändler *m*; Möbeltischler *m bzw* -hersteller *m*

mueca *f* Grimasse *f*, Fratze *f* ◇ ***hacer una ~*** das Gesicht verziehen; ***hacer ~s*** Grimassen schneiden; durch Gesten zu verstehen geben

muela *f* Backenzahn *m*; Mühlstein *m*; Schleifscheibe *f*; (abschüssiger) Hügel *m*; ***~s*** *Pl i w S* Zähne *m/Pl*; ***~ del juicio*** Weisheitszahn *m*

muellaje *m* Hafengebühr *f*, Kaigebühren *f/Pl*

muelle[1] *m* MAR Kai *m*, Pier *f,m*; MAR Mole *f*; MAR Verladeplatz *m*; Hafendamm *m*; MAR Landungsbrücke *f*; EISENB Rampe *f*; ***entregada en ~*** HDL geliefert ab Kai, *Abk* DEQ

muelle[2] **I** *Adj* zart, mollig; weich; weichlich; wollüstig **II** *m* (Sprung-)Feder *f*; ***~s*** *Pl* KFZ Federung *f*

muérdago *m* BOT Mistel *f*

muermo *m übertr* Nervensäge *f*; ewiges Einerlei *n*

muerte *f* Tod *m auch übertr*; Untergang *m Vernichtung*; Sterben *n*; Todesfall *m*; Mord *m*; **~ aparente** Scheintod *m*; **~ de los bosques** Waldsterben *n*; **de ~** *Krankheit* tödlich; Todes-; *Ärger, Schreck* riesig, Riesen-; **hasta la ~** bis in den Tod ◇ **condenar a ~** zum Tode verurteilen; **dar ~ a alg** jmdn töten; **debatirse** *od* **luchar con la ~** mit dem Tode ringen; **estar a la ~** dem Tode nahe sein; **estar de ~** *Person* einfach toll *od* umwerfend sein; *Person übertr* ganz schön angeschlagen sein; **morir de ~ natural** (**violenta**) eines natürlichen (gewaltsamen) Todes sterben; *Sprichw* **contra la ~ no hay cosa fuerte** gegen den Tod ist kein Kraut gewachsen

muerto *Part von* → **morir I** *Adj* tot; gestorben; leblos; *Körperglied* wie abgestorben; ausgestorben ◇ **no aparecer** (**encontrarse**) **ni ~ ni vivo** nirgends aufzutreiben (aufzufinden) sein; **dar por ~ a alg** jmdn tot glauben *od* totsagen; **estar ~** tot *bzw* gestorben sein; **haber ~ a alg** jmdn getötet haben; **ser ~** getötet *bzw* ermordet *od* umgebracht werden **II** *m* Toter *m*; Verstorbener *m*; Leichnam *m*; **~ de hambre** *verächtl* Hungerleider *m*, armer Schlucker *m* ◇ **cargarle** *od* **colgarle el ~ a alg** jmdm die Schuld in die Schuhe schieben, jmdm den schwarzen Peter zuschieben; **hacerse el ~** sich tot stellen; **resucitar ~s** *übertr* Tote erwecken

muesca *f* Einschnitt *m* (*auch als Zeichen an Ohren von Rindern*); Kerbe *f*

muestra *f* (Aushänge-)Schild *n an Türen von Geschäften*; HDL *u übertr* Muster *n*; (Stich-)Probe *f*; Probeexemplar *n*; Beweis *m*; Modell *n*; Vorlage *f*; (An-)Zeichen *n*, Merkmal *n*; → **muestrario**; **~** (**al azar**) Stichprobe *f als Ergebnis*; **~s de comercio** *od* **mercancías** Warenproben *f/Pl*; **~ de confianza** Vertrauensbeweis *m*; **~ gratuita** Gratisprobe *f*; kostenloses Muster *n*; **~ sin valor** HDL Muster *n* ohne Wert; **como ~ para examen** *Waren* zur Ansicht ◇ **dar ~s de u/c** (*z.B.* **de su valentía**) sich als etw (*z.B.* mutig) erweisen, *übertr* etw (*z.B.* seinen Mut) zeigen

muestr|ario *m* HDL, IND Leistungs-, Musterschau *f*; Musterkollektion *f*; Musterbuch *n*; **~eo** *m* Probenentnahme *f*; Stichprobenerhebung *f*; Umfrage *f*, Erhebung *f*; *Wahlen* Hochrechnung *f*

muflón *m* ZOOL Mufflon *m*, Muffel *n*

mugir ⟨-g/j-⟩ *intr Rinder u allg* brüllen; *Wind* heulen; *Meer, Wind* tosen

mugr|e *f* Schmutz *m*; **~iento** schmutzig; verdreckt, dreckig; schmierig; **~oso I** *Adj* → **~iento II** *m* Schmutzfink *m umg*

muguete *m* Maiglöckchen *n*

mujer *f* Frau *f*; Ehefrau *f*, Gattin *f*; **~ alegre, ~ de carrera, ~ de mala vida, ~ del partido, ~ pública, ~** (**de vida**) **airada** Dirne *f*, Prostituierte *f*; **~ de faenas, ~ de la limpieza** Putzfrau *f*; **~ de negocios** Geschäftsfrau *f*; **~ fatal** Vamp *m*; **~ gestante** Schwangere *f*; **la ~ de hoy** (**en día**) die Frau von heute; **la ~ de mis sueños** meine Traumfrau *f*; **la ~ de mi vida** die Frau meines Lebens; **~ policía** Polizistin *f*; **~ de rompe y rasga** Powerfrau *f* ◇ **de ~ a ~** von Frau zu Frau; **ser muy ~ de su casa** eine gute Hausfrau sein; **tener nombre ~ de mujer** *übertr* weiblich sein, ein weibliches Gesicht haben

mujer|cilla *f*, **~cita** *f* Mädchen *n*; *verächtl übertr* leichtes Mädchen *n*; **~iego** *m* Schürzenjäger *m*; **~il** weiblich; Frauen-; Weiber-; weibisch; **~ío** *m* Frauen *f/Pl*; *verächtl* Weiber *n/Pl*, Weibsvolk *n*; **~zuela** *f verächtl übertr* Frauenzimmer *n*; Flittchen *n*

mul|a *f* Maultier *n*; **~ada** *f* Maultierherde *f*; **~adar** *m* Mistgrube *f*; Müllberg *m*, -kippe *f*

mulat|ero *m* → **mulero**; **~o I** *Adj* Mulatten-; *Gesicht, Körper* dunkelbraun **II** *m* Mulatte *m*

mulero *m* Maultiertreiber *m*

mulet|a *f* Krücke *f*, Gehhilfe *f*; TECH Kniestütze *f*; TAUR Muleta *f Stab mit Scharlachtuch*; TAUR rotes Tuch *n*; **~illa** *f* TAUR kleine Muleta *f*; (Spazier-)Stock *m* mit Quergriff; Floskel *f bzw* Lieblingsausdruck *m*; **~ón** *m* TEXTIL Molton *m*

mull|ido weich; geschmeidig; locker; **~ir** ⟨*3. Pers perfs Sg* **mulló**, *Pl* **mulleron**; *subj Imperf* **mullera** *u* **mullese** *usw*; *Ger* **mullendo**⟩ *tr Erde* auflockern; *etw* managen *umg od* bewerkstelligen

mulo *m* Maulesel *m*, -tier *n*; *umg* Grobian *m*, Flegel *m*; *umg* Drogenkurier *m*

multa *f* Geldstrafe *f*, -buße *f*, Bußgeld *n*; KFZ Knöllchen *n umg*, Strafzettel *m*; **~ contractual** (**convencional**) Vertrags-(Konventional)strafe *f* ◇ **clavarle** *od* **ponerle una ~ a alg** → **multar**

multar *tr jmdm* eine Geldstrafe auferlegen; KFZ mit einem Knöllchen *umg od* Strafzettel versehen

multi|centenario jahrhundertealt; **~cine(s)** *m* Multiplex *n großes Kinozentrum*; **~color** vielfarbig, bunt; TYP Mehrfarben-

multicop|iado *m* Vervielfältigen *n*, Vervielfältigung *f*; **~iadora** *f* → **~ista**; **~iar** *tr* vervielfältigen, Abzüge machen, abziehen; **~ista** *f* Vervielfältigungsgerät *n*

multi|cultural multikulturell, Multikulti- *umg*; **~espacio** *m* Multistore *m*; **~étnico** multiethnisch, Vielvölker- (**un país ~**); **~facético** umfassend, vielschichtig; vielseitig; **~familiar** *Haus* Mehrfamilien-; **~forme** vielförmig, -gestaltig; vielfältig; **~lateral**

M

multilateral, *übertr* mehrseitig; **~lingüe** mehrsprachig; **~media I** *Adj* ⟨*unv*⟩ Multimedia-, Medien-, multimedial **II** *m* INFORM Multimedia *n*; **~millonario I** *Adj* von mehreren Millionen **II** *m* Multimillionär *m*; **~nacional** multinational; **~nacionales** *f/Pl* WIRTSCH multinationale Unternehmen *n/Pl*, Multis *m/Pl umg*

multipartidismo *m* POL Mehrparteiensystem *n*

multipartidista POL Mehrparteien-; ***sistema*** *m* **~** Mehrparteiensystem *n*

multipartito *z.B. Abkommen übertr* mehrseitig

múltiple mehr-, vielfach; mehrstufig; vielschichtig

múltiplex *od* **multiplex I** *Adj* RADIO, TV Mehrfach-, Multiplex- **II** *m* ⟨*Pl unv*⟩ RADIO, TV Konferenzschaltung *f*, Mehrfachübertragung *f*; → ***multicine(s)***

multiplic|able multiplizierbar; **~ación** *f* Multiplikation *f*; Multiplizieren *n*, Malnehmen *n*; Vermehrung *f*; Fortpflanzung *f*; Vervielfältigung *f*; **~ador** *m* MATH Multiplikator *m*; EL Vervielfacher *m*; KFZ Übersetzungsgetriebe *n*; **~ar** ⟨-c/qu-⟩ *tr* multiplizieren, malnehmen; vermehren; vervielfältigen; **~arse** sich vermehren *od* fortpflanzen; *umg* überall (gleichzeitig) sein müssen, sich um alles Mögliche kümmern müssen; **~idad** *f* Mannigfaltigkeit *f*, Vielfalt *f*; Vielschichtigkeit *f*

múltiplo *m* MATH Mehr-, Vielfaches *n*

multi|procesador *m* Multiprozessor *m*; **~propiedad** *f* Time-Sharing *n*; **~propósito** ⟨*unv*⟩ Mehrzweck-; **~rracial** mehrrassig; **~secular** jahrhundertealt; **~tarea** *f* INFORM Multitasking *n*

multi|tud *f Personen u Sachen* Menge *f*; *oft verächtl* große Masse *f von Menschen od eines Volkes*; **~tudinario** Massen-; mit vielen Teilnehmern; massenweise; **~uso(s)** Mehrzweck-

mundan|al, **~o** irdisch; weltgewandt; vornehm; weltlich

mundial I *Adj* Welt-; weltweit, -umspannend, international **II** *m* ♀ SPORT Weltmeisterschaft *f*, WM *f*; **~ización** *f* Internationalisierung *f*; WIRTSCH Globalisierung *f*

mundillo *m übertr* Welt *f*; BOT Schneeball *m*; ***~ del hampa*** (***~ teatral***) Verbrecher-(Theater)welt *f*

mundo *m* Welt *f auch übertr*; *übertr* Erde *f*; Menschheit *f*; Welterfahrung *f*; ***~ de la farándula*** (***las finanzas***; ***los negocios***) Show-Business *n* (Finanzwelt *f*; Geschäftswelt *f*); ***el gran ~*** (***el ~ entero***) die große Welt *Angehörige der vornehmen Gesellschaft* (die ganze Welt); ***medio ~*** fast jeder, *übertr* die halbe Welt; ***el Nuevo*** (***Tercer***) ♀ die Neue Welt *Amerika* (die Dritte Welt *Entwicklungsländer*); ***el otro ~*** *übertr* eine bessere Welt, das Jenseits; ***nada del otro ~*** nichts Besonderes; ***por nada del*** *od* ***en el ~*** um nichts in der Welt; ***todo el ~*** jedermann, alle (Welt), *übertr* die ganze Welt; ***todo un ~ de profesionales*** ein ganzes Heer von Fachleuten ◇ ***corrió*** *od* ***ha visto mucho ~*** er *bzw* sie ist weit *od* viel in der Welt herumgekommen; ***echar al ~*** *Kinder* in die Welt setzen; ***nacer*** *od* ***venir al ~*** auf die Welt kommen; ***tener mucho*** (***poco***) ***~*** viel (wenig) Lebenserfahrung haben; ***valer un ~*** nicht mit Geld zu bezahlen sein *sehr wertvoll sein*; ***ver ~*** sich die Welt ansehen; ***virar el ~ al revés*** *übertr* die Welt auf den Kopf stellen; ***el*** *od* ***este ~ es un pañuelo*** die Welt ist doch *od* wie ein Dorf! *Ausruf beim Zusammentreffen an unerwartetem Ort*

mundo|logía *f* Lebenserfahrung *f*; Menschenkenntnis *f*; **♀visión** *f* TV Intervision *f*

Munich *m od* **Múnich** *m* München *n*

munición *f* Munition *f*; ***~ de boca*** MIL Mundvorrat *m*, Proviant *m*; ***~ de fogueo*** MIL Platzpatrone(n *Pl*) *f*

municionar *tr* MIL *u allg* mit Munition versehen *od* versorgen; *i w S* ausrüsten, beliefern

municip|al I *Adj* städtisch, Stadt-; Gemeinde-, Kommunal-, kommunal; *Cu* POL VERW Kreis- **II** *m* (Gemeinde-)Polizist *m*; **~alidad** *f* Rathaus *n*; Gemeinde- *bzw* Stadtverwaltung *f*; Gemeinderat *m*; **~alización** *f* Eingemeindung *f*; **~alizar** ⟨-z/c-⟩ *tr* eingemeinden; **~io** *m* Gemeinde *f*, Kommune *f*; Gemeinde- *bzw* Stadtrat *m*; Rathaus *n*; *Cu* POL, VERW Kreis *m*; Stadtbezirk *m*

mun|ificencia *f* (große) Freigebigkeit *f*; **~ificente**, **~ífico** (sehr) freigebig; großzügig

muniqués I *Adj* Münch(e)ner **II** *m* Münch(e)ner *m*

muñeca *f* Puppe *f*; Schaufensterpuppe *f*; Schneiderpuppe *f*; *Kosewort* Püppchen *n*; Handgelenk *n*; *Chi*, *Rpl* Geschicklichkeit *f bzw* Einfluss *m um etw zu erreichen* ◇ ***menear las ~s*** tüchtig ranklotzen *umg*, tüchtig Hand anlegen; ***tener buena ~*** *Arbeiter* zupacken können; *Boxer* zuschlagen können

muñeco *m männliche* Puppe *f*; Fatzke *m*, Lackaffe *m*; *übertr* Marionette *f*; Handskizze *f*; ***~ de nieve*** Schneemann *m*

muñequ|ear *tr Chi*, *Rpl* seinen Einfluss geltend machen, *Angelegenheit* vorantreiben; **~era** *f* Armband *n für Uhr u als Schmuck*; (Leder-)Bandage *f für Handge-*

M

lenk; **~ita** *f* (**~ito** *m*) *Dim von* → **muñeca** (**muñeco**)

muñir ⟨*3. Pers perfs Sg* **muñó**, *Pl* **muñeron**; *subj Imperf* **muñera** *u* **muñese** *usw*; *Ger* **muñendo**⟩ *tr Gremium* einberufen, zusammenrufen; *etw* managen *umg od* bewerkstelligen; **~ón** *m* Stumpf *m eines amputierten Gliedes*; TECH Zapfen *m*

mural I *Adj* Wand-; Mauer- **II** *m* Wandzeitung *f*; Aufschrift *f an Wänden od Mauern*; Wandplakat *n*; Wandgemälde *n*, -bild *n*; Wandschmuck *m*; **~ismo** *m* Wandmalerei *f als Kunstrichtung*; **~ista** *m* Wandmaler *m*

muralla *f* Festungs- *bzw* Stadtmauer *f*; **~s** *Pl* Gemäuer *n*; **la Gran** ♀ die Große (*od* Chinesische) Mauer

murar *tr* ummauern

mur|ciélago *m* Fledermaus *f*

murmu|llo *m* Gemurmel *n*; Rauschen *n*; Säuseln *n*; **~ración** *f*, *oft* **murmuraciones** *Pl* Gemunkel *n*; Gerede *n*, *übertr* Klatscherei *f umg*; **~rar I** *intr* murmeln; rauschen; säuseln **II** *intr/tr* klatschen *umg über jmdn lästern*; verleumden; munkeln *umg*; murren *umg protestieren*

muro *m* (Haus-)Mauer *f*; (Haus-)Wand *f*; **~s** *Pl* Mauerwerk *n*, Gemäuer *n*; **~ cortafuegos** Brandmauer *f*; **~s exteriores** Außenwände *f/Pl*, -mauern *f/Pl*; ♀ **de las Lamentaciones** Klagemauer *f in Jerusalem u übertr*; **~ medianero** Zwischenwand *f*; Trennmauer *f*

murri|a *f* Trübsinn *m*; schlechte Laune *f*; **~o** trübsinnig, niedergeschlagen, down *umg*; schlecht gelaunt

musa *f* Muse *f auch übertr*

musaraña *f* Spitzmaus *f*; *i w S* kleines Viech *n umg* **~**(**s** *Pl*) *übertr* Schleier *m vor den Augen* ◇ **estar** *od* **pensar en las ~s** geistesabwesend sein

muscul|ar Muskel-; **~atura** *f* Muskulatur *f*

músculo *m* ANAT Muskel *m* ◇ **entonar los** *od* **sus ~s** *übertr* die *od* seine *bzw* ihre Muskeln spielen lassen

musculos|idad *f* Muskelstärke *f*; **~o** muskulös

muselina *f* TEXTIL Musselin *m*

muse|al, **~íl**, **~ístico** museal, Museums-

museo *m* Museum *n*; Kunstsammlung *f*; *in folgenden Zus oft auch Großschreibung*: **~ de ciencias naturales** Naturkundemuseum *n*; **~ etnográfico** (**local**; **naval**; **oceanográfico**) Museum *n* für Völkerkunde, (Heimat-; Schifffahrts-; Meereskunde)-museum *n*; **~ de figuras de cera** Wachsfigurenkabinett *n*

museólogo *m* Museumskundler *m*, Museologe *m*

musgo *m* Moos *n*

música *f* Musik *f*; MUS Noten *f/Pl*; **~ ambiental, ~ de fondo** musikalische Untermalung *f*, Hintergrundmusik *f*, Musikberieselung *f umg*; **~ bailable** *od* **de baile** (**cámara**) Tanz-(Kammer)musik *f*; **~ culta** *od* **selecta** (**ligera**) *so genannte* ernste *od* E-Musik *f*, anspruchsvolle Musik *f* (leichte Musik *f*; Unterhaltungsmusik *f*); **~ de jazz** Jazzmusik *f*; **~ pop** (**rap**; **rock**) Pop-(Rap-; Rock)-musik *f*; **~ ratonera** *verächtl* Katzenmusik *f*; **~ religiosa** *od* **sacra** *od* **sagrada** Kirchenmusik *f* ◇ **componer** *od* **hacer ~** MUS komponieren; **hacer** *od* **tocar ~** Musik machen *umg od* spielen; **poner en ~** vertonen; **¡váyase con la ~ a otra parte!** das können Sie einem anderen erzählen!; verschwinden Sie!

musical I *Adj* musikalisch; Musik- **II** *m* Musical *n*; **~idad** *f* Musikalität *f*

music|ante *m* Musikant *m*; **~asete** *f Rekorder* Musikkassette *f*; **~astro** *m verächtl* Klimperfritze *m schlechter Musiker*

music-hall ⟨*Pl* **music-halls**⟩ Varietee *n Theater u Programm*

músico I *Adj* Musik- **II** *m* Musiker *m*; **~ aficionado** (**profesional**) Amateur- *od* Laienmusiker *m* (Berufsmusiker *m*); **~ ambulante** Straßenmusikant *m*

music|ología *f* Musikwissenschaft *f*; **~ólogo** *m* Musikwissenschaftler *m*

musitar *tr/intr* flüstern, murmeln; *Klage, Laute* (mühsam) hervorbringen

musl|im(e) *m* Moslem *m od* Muslim *m*; **~ímico** moslemisch *od* muslimisch, Moslem

muslo *m* ANAT (Ober-)Schenkel *m*; Keule *f der Tiere*

mustang(o) *m* ZOOL Mustang *m*

musulmán I *Adj* mohammedanisch **II** *m*, **-ana** *f* Mohammedaner(in) *m(f)*, Muslim(e) *m(f)*

mut|abilidad *f* Veränderlichkeit *f*; Unbeständigkeit *f*; Mutabilität *f*; **~able** → **mudable**

mut|ación *f* Wechsel *m*; MET Umschlagen *n*; BIOL Mutation *f*; (Ver-)Änderung *f*; THEAT Szenenwechsel *m*; **~ar** *intr* BIOL mutieren

mutilación *f* Verstümm(e)lung *f auch übertr*

mutilado *m* Krüppel *m*; **~ por accidente** Unfall- *bzw* Verkehrsopfer *n*; **~ de guerra** Kriegsversehrter *m*, -invalide *m*, Schwerkriegsbeschädigter *m*

mutilar *tr Körper u übertr* verstümmeln

mutis I *m* THEAT *u allg* Abgang *m*; **¡~!** Ruhe! ◇ **hacer ~** THEAT abgehen, -treten; sich zurückziehen; nichts sagen, schweigen **II** *Adv Szenenanweisung* „geht ab“

M

mutismo *m* (Still-)Schweigen *n*; beharrliches Schweigen *n*; Schweigsamkeit *f*; *übertr* Sprachlosigkeit *f* ◇ ***abandonar su ~, salir(se) de su ~*** sein (Still-)Schweigen brechen; ***encerrarse en un ~ absoluto*** sich in absolutes Schweigen hüllen; ***seguir en su ~*** in Stillschweigen verharren

mut|ual → ***~uo***; **~ualidad** *f* Gegenseitigkeit *f*, *übertr* wechselseitiger Charakter *m*; gegenseitige Hilfe *f*; Verein *m od* Genossenschaft *f* der gegenseitigen Hilfe; **~ualismo** *m* gegenseitige Hilfsbereitschaft *f*; Genossenschaftswesen *n* (der gegenseitigen Hilfe); **~ualista** *m* Mitglied *n* eines Vereins *od* einer Genossenschaft der gegenseitigen Hilfe; **~uo** gegen-, wechselseitig; beiderseitig

muy *vor Adj od Adv* sehr; ganz; recht *ziemlich*; *übertr* hoch; *übertr* höchst; ungemein; zu *zu sehr*; ***~ enfermo*** schwer krank; ***~ fino*** extrafein

muyahidin *m* Mudschaheddin *m islamischer Glaubenskämpfer*

MV. *m* (*Abk für* ***megavoltio***) MV *n*

mw. *m od* **MW** *m* (*Abk für* ***megavatio***) MW *n*

N

n, N *f* n, N *n*

n. I *Adj* (*Abk für* ***nacido***) geb.; (*Abk für* ***neutro***) n; (*Abk für* ***normal***) norm.; (*Abk für* ***nuevo***) n. **II** *f Abk für* → ***noche***; (*Abk für* ***nota***) Anm. *f* **III** *m Abk für* → ***nombre***; → ***No.*** *od* ***Nº*** *od* ***nº*** *od* ***núm.***

n/. *Abk für* → ***nuestra***, ***nuestro***

N (*Symb für* ***nitrógeno***) CHEM N

N. I *m* (*Abk für* ***norte***) N *m* **II** *f*: ***~*** + *Zahl Abk für* ***carretera nacional***; → ***carretera***; ***~ de la R.*** *Abk für* ***nota de la redacción***; → ***nota***

Na (*Symb für* ***sodio***) CHEM Na

nabo *m* Kohl-, Steckrübe *f*, Wruke *f reg*

nácar *m* Perlmutt *n*

nac|arado Perlmutt-; perlmuttfarben; perlmuttartig; mit Perlmutt besetzt; **~áreo** aus Perlmutt; **~arino** Perlmutt-

nac|encia *f* Auswuchs *m*, Geschwulst *f*; **~er** ⟨-c/zc-⟩ *intr* geboren werden; *aus dem Ei* (aus)schlüpfen; *Haare*, *Pflanzen* sprießen, hervorkommen; *Fluss u übertr* entspringen; *Tag* anbrechen; ASTR aufgehen; entstehen; hervorgehen (***de*** aus); seinen Ursprung haben (***de, en*** in); ***haber nacido para u/c*** für etw geboren *od* glänzend begabt sein; ***¡no he nacido ayer!*** *übertr* ich bin doch nicht von gestern!; *Sprichw* ***nadie nace sabiendo*** es ist noch kein Meister vom Himmel gefallen

nacido I *Adj* (an)geboren; gebürtig; entstanden; *übertr* geschaffen, -boren (***para*** für); ***bien*** (***mal***) ***~*** aus guter Familie (von schlechter Herkunft; ungezogen) ◇ ***venir como ~*** wie gerufen kommen; → ***nacer*** **II** *m* Geborener *m*; ***recién ~*** Neugeborenes *n*

naciente entstehend; aufkommend, *übertr* -keimend, sich entfaltend *od* entwickelnd; *Tag* anbrechend; ASTR aufgehend

nacimiento *m* Geburt *f*; Herkunft *f*, Abstammung *f*; *Fluss* Quelle *f*; *übertr* Wurzel *f*, Ansatz *m*, Anfang *m*; Ursprung *m*; Entstehung *f*; Weihnachtskrippe *f*; ***ciego de ~*** blind von Geburt an; ***de humilde ~*** aus bescheidenen Verhältnissen (stammend)

nación *f* Nation *f*; Staat *m*; Volk *n*; ***Naciones Unidas*** Vereinte Nationen *f/Pl*

nacional I *Adj* national; (inner)staatlich; einheimisch; inländisch, Inlands-; National-; Volks-; Landes-; Staats- **II** *m* (Staats-)Angehöriger *m* (***la concesión de asilo a un ~ de otro Estado miembro***); Inländer *m* **III** *f* → ***carretera nacional***

nacionalidad *f* Nationalität *f*; Staatsangehörigkeit *f*, -bürgerschaft *f*; ***doble ~*** doppelte Staatsbürgerschaft *f*

nacional|ismo *m* Nationalismus *m*; **~ista** nationalistisch; national gesinnt; **~ización** *f* Nationalisierung *f*, Verstaatlichung *f*; Einbürgerung *f*; **~izar** ⟨-z/c-⟩ *tr* nationalisieren, verstaatlichen; *jmdn* einbürgern; **~izarse** die Staatsangehörigkeit erwerben; **~socialismo** *m* GESCH Nationalsozialismus *m*; **~socialista** GESCH nationalsozialistisch

nada I *Indef Pron* nichts; *in negativem Zusammenhang* etwas (***no he dicho ~ a nadie***); ***~ en absoluto, ~ de ~*** überhaupt *od* absolut nichts; ***~ de eso*** keineswegs; kommt nicht in Frage; ***~ más*** weiter nichts; ***~ más*** + *Inf* kaum (dass) … (***nada más decirlo ya estaba arrepentido de haberlo dicho***); ***~ más que*** nur; ***~ menos que*** nichts weniger als, sogar; ***a cada ~*** *Am* jeden Augenblick, auf Schritt und Tritt; ***antes de ~*** zuallererst; ***antes que ~*** zunächst (einmal), in erster Linie; ***como si ~*** als ob (es) nichts

wäre; unversehens, schneller als man denkt; **¡de** *od* **por ~!** bitte sehr!, keine Ursache!, gern geschehen!; **por ~ del mundo** um keinen Preis ◇ **no ser ~** nichts zu bedeuten haben; **no servir para ~** nichts taugen **II** *Adv* überhaupt nicht, keineswegs (**había dicho que eso no era ~ probable**) **III** *f* Nichts *n*; *Sprichw* **de la ~ no viene ~** von nichts kommt nichts **IV** *m*: **en un ~** im Nu
nadadera *f* Schwimmgürtel *m*
nadador *m*, **~a** *f* Schwimmer(in) *m(f)*; **no ~** Nichtschwimmer *m*
nadar *intr* schwimmen *auch übertr* (**los Martínez nadan en dinero**)
nadería *f* Nichtigkeit *f*, Lappalie *f*
nadie niemand; *in negativem Zusammenhang u bei einer negativ zu beantwortenden Frage* jemand (**nunca he dicho nada a ~; ¿qúe daño le hace a ~?**)
nadir *m* ASTR Nadir *m*
nado: **a ~** schwimmend ◇ **cruzar** *od* **pasar a ~** *etw* durchschwimmen
nafta *f* CHEM Naphta *n*; *Am reg* Benzin *n*; **~leno** *m*, **~lina** *f* CHEM Naphtalin *n*
nahua *m* Nahua(indianer) *m*; → **náhuatl**
náhuatl *m* Nahuatl *n Hauptsprache der Azteken* → **azteca II**
nailon *m* Nylon *n*; *Cu* Plastikbeutel *m*, -(trage)tasche *f*
naipe *m* (Spiel-)Karte *f*; Kartenblatt *n* ◇ **barajar los ~s** die Karten mischen; **jugar** (**a los**) **~s** Karten spielen; **tener buen** (**mal**) **~** gute (schlechte) Karten haben *Glück (Pech) haben*
nalga *f* Hinterbacke *f*; **~s** *Pl* Gesäß *n*, Hintern *m umg*
Namibia *f* Namibia *n*
namibio I *Adj* namibisch **II** *m*, **-a** *f* Namibier(in) *m(f)*
nana *f umg* Oma *f*; *umg* Mutti *f*; *AmC*, *Méx* Kinderfrau *f*
Nanking *m* Nanking *n*, Nanjing *n*
napa *f* Nappa(leder) *n*
napalm *m* CHEM, MIL Napalm *n*
Nápoles *m* Neapel *n*
napolitano I *Adj* neapolitanisch **II** *m*, **-a** *f* Neapolitaner(in) *m(f)*
naranja I *Adj* orange(farben) **II** *f* Apfelsine *f*, Orange *f*; **¡~s** (**chinas**)**!**, **¡~s de la China!** kommt überhaupt nicht in Frage!; **media ~** bessere Hälfte *f Ehefrau auch -mann*
naranj|ada *f* Orangensaft *m*; **~ado** orange (-farben); **~o** *m* Orangenbaum *m*
narciso *m* Narzisse *f*
narc|odependencia *f* Drogenabhängigkeit *f*; **~osis** *f* MED Betäubung *f*, Narkose *f*; **~ótico I** *Adj* betäubend, narkotisch **II** *m* Betäubungsmittel *n*, Narkotikum *n*; *i w S* Rauschgift *n*; **~otismo** *m* Drogenmissbrauch *m*; **~otizar** ⟨-z/c-⟩ *tr* narkotisieren, betäuben, einschläfern; → **dopar**; **~otraficante** *m* Drogen-, Rauschgifthändler *m*; **~otráfico** *m* Drogen-, Rauschgifthandel *m*
nariz *f* Nase *f auch* TECH *u übertr*; Geruch(ssinn) *m*; Nasenloch *n*; ARCH Vorsprung *m*, Ansatz *m*; TECH Kopf *m*, Vorderteil *n*; **narices** *Pl* Nüstern *f/Pl*; **~ aguileña** *od* **aquilina** (**respingada** *od* **respingona**) Adler-(Stups)nase *f*; **en las** (**mismas**) **narices de alg** *übertr* (direkt) vor jmds Nase ◇ **arrugar la ~** die Nase rümpfen; **caerse** *od* **dar de narices** auf die Nase fallen; **estar hasta las narices de u/c** *übertr* die Nase voll von etw haben; **meter las narices en todo** *übertr* seine Nase in alles stecken; **sonarse las narices** (sich) die Nase schnauben, sich schnäuzen; **taparse la ~** sich die Nase zuhalten; **tener ~, tener una ~ de primera** einen guten Riecher haben; **no ver más allá de sus narices** *übertr* einen sehr engen Horizont haben; schwer kapieren *umg*
narr|ación *f* Erzählung *f*; **~ador** *m*, **~adora** *f* Erzähler(in) *m(f)*; **~ar** *tr* erzählen; **~ativo** LIT erzählend, Erzähl-
narval *m* ZOOL Narwal *m*
nasal nasal, Nasen-; **~izar** ⟨-z/c-⟩ *tr* nasalieren
nasofaringe *f* Nasen-Rachen-Raum *m*
nata *f* Sahne *f*, Rahm *m*; **~s** *Pl* → **natillas**; **~** (**batida**) Schlagsahne *f*; **la ~** das Beste *od* Erlesenste; *übertr* die Creme *f der Gesellschaft*
natación *f* Schwimmen *n*
natal Geburts-; heimatlich, Heimat-; **~icio** *m* Geburtstag *m*; **~idad** *f* Geburtenziffer *f*; **~ista** Geburtenförderungs- (**medidas ~s**)
natillas *f/Pl* Cremespeise *f aus Eiern, Mehl u Zucker*
nat|ivo I *Adj* gebürtig (**de** aus); eingeboren; angeboren, natürlich; Geburts-; Heimat-; einheimisch **II** *m* Einheimischer *m*; Eingeborener *m*; **~o** *übertr* geboren; eingefleischt; gebürtig; angeboren; POL *Mitglied* von Amts wegen, kraft Amtes
natura *f*: **contra ~** widernatürlich
natural I *Adj* natürlich *auch übertr*; normal, selbstverständlich; schlicht; ungezwungen; naturgegeben; unehelich (**hijo ~**); natürlich vorkommend; Natur-; **~ de** geboren in; (gebürtig *od* stammend) aus; wohnhaft in **II** *m* Naturtrieb *m*, (angeborene) Neigung *f*; Sinnes-, Denkart *f*; Naturell *n*, Wesen *n*; Einwohner *m*; *in einem bestimmten Land* Geborener *m*; **al ~** (in) natürlich(em Zustand); KOCHK im eigenen Saft; **del ~** MAL nach der Natur
naturaleza *f* Natur *f*; Art *f*, Beschaffenheit

f; Wesen *n*; Charakter *m*, Temperament *n*; Bürger-, Heimatrecht *n*; ~ ***muerta*** Stillleben *n*
naturalidad *f*; Natürlichkeit *f*; Schlichtheit *f*; Ungezwungenheit *f*; JUR mit der Geburt gegebenes Heimatrecht *n*; ***con toda*** ~ ganz natürlich; mit der größten Selbstverständlichkeit
natural|ismo *m* KUNST, LIT, PHIL Naturalismus *m*; **~ista** KUNST, LIT, PHIL naturalistisch **II** *m* Naturforscher *m*, -wissenschaftler *m*; KUNST, LIT, PHIL Naturalist *m*; **~ización** *f* Einbürgerung *f*, Naturalisierung *f*; **~izar** ⟨-z/c-⟩ *tr* einbürgern, naturalisieren; **~izarse** eingebürgert werden; sich einbürgern
naturismo *m* Naturreligion *f*; Naturbewegung *f*, Naturismus *m*; Freikörperkultur *f*, FKK *f ohne Art*
natur|ista I *Adj* Natur- (***productos ~s***) **II** *m* FKK-Anhänger *m*; → **~ópata** *m* Naturheilkundiger *m*; **~opatía** *f* Naturheilkunde *f*
naufrag|ar ⟨-g/gu-⟩ *intr* Schiffbruch erleiden *auch übertr*; MAR untergehen; **~io** *m* Schiffbruch *m auch übertr*; Untergang *m*; Scheitern *n*; *als nautische Mitteilung über Gefahrenstelle* Wrack *n*
náufrago I *Adj* schiffbrüchig **II** *m* Schiffbrüchiger *m*
nauseabundo Übelkeit *bzw* Ekel erregend; widerlich
náuseas *f/Pl* Übelkeit *f*; Würgen *n* im Hals; *übertr* Ekel *m* ◇ ***tengo*** *od* ***siento*** ~ mir ist übel; ***eso me da*** ~ das ekelt mich an
náuti|ca *f* Schifffahrtskunde *f*, Nautik *f*; Wassersport *m*; **~co I** *Adj* nautisch, Schifffahrts-, Seefahrts-; **II** *m* Nautiker *m*
navaja *f* Taschenmesser *n*; Klappmesser *n*; Dolchmesser *n*; *übertr* scharfe Zunge *f*; *Wildschwein* Hauer *m*; ~ (***de afeitar***) Rasiermesser *f*
navaj|ada *f*, **~azo** *m* Messerstich *m*; **~ero** *m* Messerstecher *m*
naval Marine-; See-; Schiffs-
navarro I *Adj* aus Navarra, navarresisch **II** *m*, **-a** *f* Navarrese(-in) *m(f)*
nave *f* ARCH, MAR, RAUMF Schiff *n*; (Werk-, *auch* Messe-)Halle *f*; Flügel *m eines Gebäudes*; ~ ***espacial*** Raumschiff *n* ◇ ***estar en la misma*** ~ *übertr* im gleichen Boot sitzen; ***quemar las ~s*** *übertr* alle Brücken hinter sich abbrechen
navegable schiffbar
navegación *f* Schifffahrt *f*; Seefahrt *f*; FLUGW, MAR Navigation *f*; INFORM Surfen *n*; ~ ***de altura*** Hochseeschifffahrt *f*; ~ ***espacial*** Raumfahrt *f*; ~ ***fluvial*** *od* ***interior*** Binnenschifffahrt *f*
navegador I *Adj* seefahrend; navigierend **II** *m* FLUGW Navigator *m*; INFORM Browser *m*
navegante *m* Seefahrer *m*; ~ ***por Internet*** INFORM Internetsurfer *m*
navegar ⟨-g/gu-⟩ **I** *intr* zur See fahren; MAR fahren, segeln; FLUGW, MAR navigieren; INFORM surfen **II** *tr* MAR befahren
Navidad *f* Weihnacht(en *n*) *f*; Weihnachtszeit *f*; **~ades** *Pl* → ***Navidad***
navideño weihnachtlich, Weihnachts-
nav|iera *f* Reederei *f*, Schifffahrtsgesellschaft *f*; **~iero** *m* Reeder *m*, Schiffseigner *m*; **~ío** *m* (großes See- *od* Küsten-)Schiff *n*
naz|i I *Adj* nazistisch, Nazi- **II** *m* Nazi *m*; **~ismo** *m* Nazismus *m*
n/cgo. *Abk für* ***a nuestro cargo***, → ***cargo***
n/cta. *Abk für* ***nuestra cuenta***, → ***cuenta***
Ne (*Symb für* ***neón***) CHEM Ne
NE *m* (*Abk für* ***nordeste***) NO *m*
neblin|a *f* Bodennebel *m*; Dunst *m*; **~oso** neb(e)lig; diesig
nebuliz|ador *m* Sprühflasche *f*; **~ar** ⟨-z/c-⟩ *tr* ein-, vernebeln; (ver)sprühen
nebulos|idad *f* (schwacher) Nebel *m auch übertr*; Nebelbildung *f*; leichte Bewölkung *f*; *übertr* Nebelhaftigkeit *f*, Verschwommenheit *f*; **~o** dunstig; wolkig; *übertr* nebelhaft, verschwommen, nebulös
necedad *f* Albernheit *f*, Dummheit *f*; Unsinn *m*
necesario notwendig, nötig; erforderlich (***para*** für); ***absolutamente*** ~ dringend notwendig; ***lo más*** ~ das Allernötigste ◇ ***hacer*** ~ erfordern
neceser *m* Necessaire *n*; Kulturbeutel *m*
necesidad *f* Notwendigkeit *f*; Bedarf *m* (***de*** an); Bedürfnis *n*; Not(lage) *f*; Notfall *m*; **~es** *Pl* Nöte *f/Pl*; Notdurft *f*; ~ ***energética*** *od* ***de energía*** Energiebedarf *m*; ***de primera*** ~ lebensnotwendig; ***por*** ~ zwangsweise, notgedrungen; ***por ~es de espacio*** aus Platzgründen ◇ ***hacer de la*** ~ ***virtud*** aus der Not eine Tugend machen; ***hacer sus ~es*** seine Notdurft verrichten; ***pasar*** ~ Not leiden; *Sprichw* ***la*** ~ ***hace maestro*** Not macht erfinderisch
necesit|ado I *Adj* (hilfs)bedürftig; Not leidend **II** *m* (Hilfs-)Bedürftiger *m*; Notleidender *m*; **~ar** *tr* (*auch intr* ~ ***de***) brauchen, benötigen, nötig haben, bedürfen; **~ar** + *Inf* müssen; **~arse** nötig sein; *Person* verlangt *bzw* gesucht werden
necio I *Adj* dumm, albern **II** *m* Dussel *m vulg*, Dummkopf *m*
necro|logía *f* Nachruf *m*; **~sis** *f* MED Nekrose *f*, Gewebstod *m*
néctar *m* Nektar *m*
nectarina *f* BOT Nektarine *f*

N

neerlandés I *Adj* niederländisch **II** *m*, **-esa** *f* Niederländer(in) *m(f)*; das Niederländische
nefa|ndo schändlich; **~sto** unselig, *d.h.* unheilvoll, Unheil bringend
nefr|ítico Nieren-; **~itis** *f* Nierenentzündung *f*, Nephritis *f*; **~ólogo** *m* Nephrologe *m*, Nierenspezialist *m*
neg|ación *f* Verneinung *f auch* GRAMM; Negation *f*; Ablehnung *f*; (Ab-)Leugnen *n*; Weigerung *f*; Verweigerung *f*; **~ar** ⟨-ie-, -g/gu-⟩ *tr* verneinen; negieren; *Aussage* bestreiten; (ab)leugnen; verleugnen; verweigern, -wehren; *z.B. Antrag* ablehnen; verbieten, untersagen; abschlagen; nicht anerkennen; **~arse** sich weigern, ablehnen (***a*** zu)
negativ|a *f* Verneinung *f*; Weigerung *f*; abschlägige Antwort *f*; Absage *f*; Ablehnung *f*; **~izar** ⟨-z/c-⟩ *tr etw* negativ darstellen; **~o I** *Adj* verneinend; abschlägig, negativ **II** *m* TYP Klischee *n*; Stereotypplatte *f*; FOTO Negativ *n*
negligen|cia *f* Nachlässigkeit *f*; Lässigkeit *f*; JUR Fahrlässigkeit *f*; **~s** *Pl* JUR Versäumnisse *n/Pl bei Ermittlungen usw*; **~te** nachlässig; lässig; unachtsam *od* fahrlässig (handelnd)
negociable verkäuflich; umsetzbar; HDL marktgängig, -fähig; *Wertpapier* übertragbar; verhandelbar ◇ ***no ser ~*** nicht zur Verhandlung stehen
negociación *f* Verhandlung *f*; *Bank, Börse* Umsatz *m*; ***negociaciones colectivas*** (***salariales***) Tarif-(Lohn-)Verhandlungen *f/Pl*; ***negociaciones de paz*** Friedensverhandlungen *f/Pl* ◇ ***entablar negociaciones, entrar en negociaciones*** Verhandlungen aufnehmen; ***estar en negociaciones*** Verhandlungen führen; ***reanudar*** (***romper*** *od* ***suspender***) ***las negociaciones*** die Verhandlungen wieder aufnehmen (abbrechen)
negociado I *Adj* POL auf dem Verhandlungsweg(e), durch Verhandlungen **II** *m* VERW Referat *n*; Amt *n*, Geschäftsstelle *f*; *Am reg* Schwarzhandel *m*, Schiebung *f*
negociador I *Adj* Verhandlungs- (***mesa ~a***); verhandlungsbereit **II** *m* Unterhändler *m*; Verhandlungsführer *m*
negociante *m(f)* Geschäftsmann *m*, -frau *f*; Kaufmann *m*, -frau *f*; Großhändler(in) *m(f)*; ***~ exportador*** Exportkaufmann *m*
negociar I *intr* handeln, Handel treiben; (***en*** mit); verhandeln **II** *tr Waren* verhandeln; *etw* aushandeln; *Geschäft* zustande bringen; ***a ~*** nach Vereinbarung (***retribución a ~***)
negocio *m* Geschäft *n*; Handel *m*; Geschäftslokal *n*; Sache *f*, Angelegenheit *f*; *Am* Laden *m*, Geschäft *n*; **~s** *Pl* HDL Umsatz *m*; ***~ jugoso*** *od* ***redondo*** *od* ***rentable*** (***sucio***) einträgliches (*übertr* schmutziges) Geschäft *n*; ***~ a plazos*** Ratengeschäft *n*; ***ducho en ~s*** geschäftstüchtig; ***¡mal ~!*** eine üble Sache!; ein schlechtes Geschäft! ◇ ***cerrar*** *od* ***concertar*** *od* ***concluir*** (***evacuar, liquidar***) ***un ~*** ein Geschäft abschließen (erledigen; abwickeln); ***es puro ~*** *oft verächtl* das ist reiner Kommerz; ***hacer un buen*** (***mal***) ***~*** ein gutes (schlechtes) Geschäft machen *auch übertr*; *übertr* gut (schlecht) abschneiden *od* wegkommen *bei etw*; ***¡los ~s son los ~s!*** Geschäft ist Geschäft!
negra *f* Schwarze *f*; MUS Viertelnote *f*; ◇ ***pasar*** *od* ***tener la ~, pasarlas ~s*** eine Pechsträhne haben
negr|ero *m* Sklavenhändler *m*; Leute-, Menschenschinder *m*, *übertr* Blutsauger *m*; **~illa(*s*** *Pl*) *f*, **~ita(s** *Pl*) *f* TYP (halb)fette Schrift *f*, Fettdruck *m*
negro I *Adj* schwarz; *übertr* finster ◇ ***marcar en ~*** schwarz markieren; ***pintarlo todo de ~*** *übertr* alles schwarz malen; ***poner en ~ sobre blanco*** *etw* zu Papier bringen *schriftlich fixieren*; ***verlo todo ~*** ein Schwarzseher sein **II** *m* Schwarzer *m*; Ghostwriter *m*; Schwarz *n*, schwarze Farbe *f*; ***~ de humo*** Ruß *m*
negr|oide negroid; **~ura** *f* Schwärze *f*; **~uzco** schwärzlich
nematodos *m/Pl* Fadenwürmer *m/Pl*, Nematoden *m/Pl*
nen|a *f* kleines Mädchen *n*; *Kosename für* Kind *n*, Mädchen *n*; **~e** *m* Kind *n*, kleiner Junge *m*; **~úfar** *m* Seerose *f*
neo|capitalismo *m* Neokapitalismus *m*; **~capitalista** neokapitalistisch; **~celandés** → ***neozelandés***; **~clasicismo** *m* Klassizismus *m*; **~clásico** klassizistisch; **~colonialismo** *m* Neokolonialismus *m*; **~colonialista** neokolonialistisch, Neokolonial-; **~fascismo** *m* Neofaschismus *m*; **~fascista I** *Adj* neofaschistisch **II** *m(f)* Neofaschist(in) *m(f)*
neófito *m*, **-a** *f* Neophyt *m*, Neubekehrte(r) *f(m)*; Neuling *m*
neo|liberal neoliberal; **~liberalismo** *m* Neoliberalismus *m*; **~lítico** *m* Jungsteinzeit *f*, Neolithikum *n*; **~logismo** *m* LING Neologismus *m*
neón *m* Neon *n*; *auch* Neonlicht *n*
neonato *m* Neugeborenes *n*
neonazi *m* Neonazi *m*
neo|rrealismo *m* Neorealismus *m*; **~rrealista** neorealistisch
neo|yorquino I *Adj* New Yorker, aus New

York **II** *m*, **-a** *f* New Yorker(in) *m(f)*; **~zelandés I** *Adj* neuseeländisch **II** *m*, **-esa** *f* Neuseeländer(in) *m(f)*; **~zoico** *m* Neozoikum *n*, Erdneuzeit *f*
Nepal *m* Nepal *n*
nepalés I *Adj* nepal(es)isch **II** *m*, **-esa** *f* Nepalese(-in) *m(f)*, Nepaler(in) *m(f)*
nepalí ⟨*Pl* **~es**⟩ → ***nepalés* I** *u* **II**; *m* das Nepal(es)ische
nepotismo *m* Vetternwirtschaft *f*, Nepotismus *m*
Neptuno *m* MYTH, ASTR *u übertr* Neptun *m*
nervio *m* Nerv *m auch übertr*; ARCH, BOT, FLUGW, MAR, TECH Rippe *f*; *übertr* Kraft *f*; **~ *motor*** (***óptico***) Bewegungs-(Seh)nerv *m*; ◇ ***alterar*** *od* ***atacar*** *od* ***crispar a alg los ~s*** *übertr* jmdm auf die Nerven gehen; ***tener ~s*** (***de acero***) nervös sein; Lampenfieber haben (eiserne Nerven haben)
nervios|idad *f* Nervosität *f*, Unruhe *f*; **~ismo** *m* Reizbarkeit *f*; Nervosität *f*, Aufregung *f*
nervioso nervös; unruhig; fahrig; leicht reizbar; Nerven-; → ***nervudo*** ◇ ***poner***(***se***) **~** nervös machen (nervös werden; sich aufregen; Angst bekommen)
nerv|osidad *f* → ***nerviosidad***; *übertr* Stärke *f eines Arguments u.Ä.*; **~udo** nervig; sehnig; kraftvoll
net|amente klar, eindeutig; **~o** sauber, rein *auch übertr*; HDL Netto-, Rein-
neumático I *Adj* Luft-; Pressluft-; pneumatisch **II** *m Fahrzeug* Reifen *m*; **~s** *Pl* Bereifung *f*; **~ *sin cámara*** schlauchloser Reifen *m*; **~ *clavetado*** (***radial***; ***de repuesto***) KFZ Spikes-(Radial-; Ersatz)reifen *m*
neumo|coco *m* MED Pneumokokkus *m*; **~logía** *f* Lungenheilkunde *f*; **~nía** *f* Lungenentzündung *f*; **~tórax** *m* MED Pneumothorax *m*, Pneu *m umg*
neur|algia *f* Neuralgie *f*; **~álgico** neuralgisch; **~astenia** *f* Neurasthenie *f*; **~asténico I** *Adj* neurasthenisch **II** *m* Neurastheniker *m*; **~itis** *f* Neuritis *f*, Nervenentzündung *f*; **~ocirugía** *f* Neurochirurgie *f*; **~ocirujano** *m* Neurochirurg *m*; **~ofisiología** *f* Neurophysiologie *f*; **~ofisiológico** neurophysiologisch; **~oléptico**(***s*** *Pl*) PHARM Neuroleptikum *n* (Neuroleptika *Pl*); **~ología** *f* Neurologie *f*; **~ológico** neurologisch; **~ólogo** *m* Neurologe *m*, Nervenarzt *m*; **~ona** *f* ANAT Neuron *n*; **~ópata** *m* Nervenkranker *m*; **~opatía** *f* Nervenleiden *n*; **~osis** *f* Neurose *f*; **~ótico I** *Adj* neurotisch, nervenkrank **II** *m* Neurotiker *m*; → ***~ópata***
neutral neutral *auch* CHEM; unparteiisch; **~idad** *f* Neutralität *f*; **~ismo** *m* Neutralismus *m*; Neutralitätspolitik *f*; **~ista** neutralistisch; **~ización** CHEM, POL *u übertr* Neutralisierung *f*; *übertr* Ausschaltung *f*, Beseitigung; JUR Aussetzung *f eines Urteils od Gesetzes*; **~izante** neutralisierend; **~izar** ⟨-z/c-⟩ *tr* neutralisieren; ausschalten, unschädlich machen; unwirksam machen, aufheben; *Urteil*, *Gesetzeskraft* aussetzen
neutr|o I *Adj* GRAMM sächlich; CHEM neutral, säurefrei **II** *m* GRAMM Neutrum *n*; EL Nullleiter *m*; **~ón** *m* PHYS Neutron *n*; **~ónico** Neutronen-
nevada *f* Schneefall *m*
nevar ⟨-ie-⟩ *intr unpers* schneien ***nieva*** *od* ***está nevando*** es schneit
nev|asca *f* Schneegestöber *n*, -sturm *m*; **~azo** *m* starker Schneefall *m*
nevera *f* Kühlschrank *m*; Eiskeller *m auch übertr*; **~ *portátil*** Kühlbox *f*
nexo *m* Verknüpfung *f*, Zusammenhang *m*, Nexus *m*; **~s** *Pl* Beziehungen *f/Pl*; Bindungen *f/Pl*
ni und … nicht, (und …) auch nicht (***no me entiende ~ me escucha***); und auch kein(e) (***no tienen medicamentos ~ dinero***); (und …) nicht einmal (***~ sabe leer***); *in verneintem Zusammenhang* und (***sin pasaporte ~ visa***); **~ … ~** weder … noch (***~ él ~ ella saben bailar***)
Ni (*Symb für* ***níquel***) CHEM Ni
nica *umg für* → ***nicaragüense***
Nicaragua *f* Nicaragua *n*
nicaragü|ense I *Adj* nicaraguanisch **II** *m(f)* Nicaraguaner(in) *m(f)*
nicho *m* Nische *f*; **~ *de mercado*** WIRTSCH Marktnische *f*
nicot|ina *f* Nikotin *n*; **~i(ni)smo** *m* MED Nikotinsucht *f*; Nikotinvergiftung *f*
nido *m* Nest *n auch übertr*; Horst *m*; *übertr* Herd *m*; Schlupfwinkel *m*; Unterschlupf *m*; ◇ ***hacer ~*** nisten
niebla *f* Nebel *m*; Trübung *f im Auge*; **~s *matinales*** *od* ***matutinas*** Frühnebel *m* ◇ ***hace*** *od* ***hay ~*** es ist neblig
niet|a *f* Enkelin *f*; **~o** *m* Enkel *m*; **~s** *Pl* Enkel(kinder *n/Pl*) *m/Pl*
nieve *f* Schnee *m*; Koks *m Kokain*; **~s** *Pl* Schneefall *m*; **~ *alta*** tiefer Schnee *m*; **~ *virgen*** Tiefschnee *m*; Neuschnee *m*; ***cubierto de ~*** schneebedeckt; verschneit ◇ ***cae ~*** es schneit
NIF *m* (*Abk für* ***número de identificación fiscal***) *Esp* FIN Steuernummer *f*
Níger *m* Niger *m Staat u Fluss*
Nigeria *f* Nigeria *n*
niger|iano I *Adj* nigerianisch **II** *m*, **-a** *f* Nigerianer(in) *m(f)*; **~ino I** *Adj* nigrisch **II** *m* Nigrer *m*
nigroman|cia, -cía *f* Nekromantie *f*, Totenbeschwörung *f*, schwarze Kunst *f*; **~te** *m* Nekromant *m*, Totenbeschwörer *m*; Hexer

N

m
nihil|ismo *m* Nihilismus *m*; **~ista I** *Adj* nihilistisch **II** *m(f)* Nihilist(in) *m(f)*
Nilo *m* Nil *m*
nilón *m* → ***nailon***
nil|ota, ~ótico GEOGR Nil-
nimbo *m* Heiligenschein *m*, Nimbus *m*
nimio unbedeutend; umständlich; kleinlich
ninf|a *f* Nymphe *f*; *scherzh für* Mädchen *n*; (Insekten-)Puppe *f*; **~ómana I** *Adj* mannstoll, nymphoman **II** *f* Nymphomanin *f*; **~omanía** *f* Nymphomanie *f*
ninguno (*vor Subst bzw Adj m/Sg* **ningún**) *Adj m/Indef Pron* keiner, kein einziger; niemand; irgendeiner (***no le hice daño a ~ de ustedes***)
niña *f* (kleines) Mädchen *n*, Kind *n*; *Am bes in der Anrede durch Dienstboten* (gnädiges) Fräulein; ***~ del ojo*** Pupille *f*; Augapfel *m*
niñ|ada *f* → ***~ería***; **~era** *f* Kindermädchen *n*; **~ería** *f* Kinderei *f*; Kinderstreich *m*; Belanglosigkeit *f*, Nichtigkeit *f*; **~ez** *f* Kindheit *f*; ***niñeces*** *Pl* Kinderstreiche *m/Pl*
niño *m* Kind *n*; (kleiner) Junge *m*; *Am bes in der Anrede durch Dienstboten* (junger *od* gnädiger) Herr *m*; ***~ abandonado*** *od* ***expósito*** (***deseado***) Findel-(Wunsch)kind *n*; ***~s de la calle*** Straßenkinder *n/Pl*; ***~s cantores de Viena*** Wiener Sängerknaben *m/Pl*; ***~ envuelto*** *Am reg scherzh für* Kohlroulade *f*; ***~ maravilla*** *od* ***prodigio*** Wunderkind *n*; ***~ de pecho*** Säugling *m*; ***~ prematuro*** Frühgeborenes *n*, Frühchen *n umg*; ***~s problema*** schwer erziehbare Kinder *n/Pl*; ***~ terrible*** Enfant terrible *n*; ***desde ~*** von Kindheit an; ***el*** ♀ *warme Meeresströmung aus dem Pazifik, Ursache für weltweite Klimaveränderungen u katastrophale Auswirkungen auf die Umwelt*; ***ya de ~*** schon als Kind ◇ ***tirar al ~ con el agua sucia*** *übertr* das Kind mit dem Bade ausschütten
nipón *lit* **I** *Adj* japanisch **II** *m* Japaner *m*
níquel *m* Nickel *n*; *AmC, AmS umg* → ***dinero***; *Cu, PR, Méx* 5-Centavo-Stück *n*
niquel|ado *m* Vernickeln *n*; **~ar** *tr* vernickeln; **~ífero** nickelhaltig
níspero *m* Mispel *f Baum u Frucht*
nitidez *f* Glanz *m*; Reinheit *f*; (Bild-)Schärfe *f*
nítido glänzend, hell; rein; klar; einwandfrei; *Bild* scharf
nitr|ar *tr* nitrieren; **~ato** *m* CHEM Nitrat *n*; **~ito** *m* CHEM Nitrit *n*; **~o** *m* Salpeter *m*; **~ocelulosa** *f* Nitrozellulose *f*; **~ogenado** stickstoffhaltig; **~ogenados** *m/Pl* LANDW Stickstoff(dünger *m*) *m*; **~ógeno** *m* Stickstoff *m*; **~oglicerina** *f* Nitroglyzerin *n*
nivel *m* Niveau *n*, Stand *m*; *Schule* (Klassen-)Stufe *f übertr* Ebene *f*; *übertr* Grad *m*; Pegel *m*; Höhe *f auch übertr*; Wasserwaage *f*; BERGB Sohle *f*; *Am reg* Etage *f*; ***~ acústico*** *od* ***sonoro*** *od* ***de ruido*** Lärm-, Geräuschpegel *m*; ***~ de agua*** (***nieve***) Wasserspiegel *m* (Schneegrenze *f*); ***~ de desarrollo*** Entwicklungsstand *m*; ***~ de equipamiento*** Ausstattungsgrad *m*; ***~ de formación, ~ instruccional*** Ausbildungsniveau *n*, Bildungsgrad *m*, -stand *m*; ***~ del mar*** Meeresspiegel *m*; ***~ de ozono*** Ozonwerte *m/Pl*; (***alto*** *bzw* ***bajo***) ***~ de renta*** (hohes *bzw* niedriges) Einkommensniveau *n*; ***~ salarial, ~ de salarios*** Lohnniveau *n*; ***~ de vida*** Lebensstandard *m*; ***a ~ internacional*** *od* ***mundial*** (***nacional***; ***regional***) auf internationaler (nationaler; regionaler) Ebene; weltweit; ***al máximo ~*** POL *Verhandlungen* auf höchster Ebene; ***de alto ~*** hochrangig; ***por debajo del ~ de pobreza*** unterhalb der Armutsgrenze ◇ ***alcanzar ~es*** Ausmaße erreichen; ***elevar el ~ de vida*** den Lebensstandard erhöhen *od* verbessern; ***mantener en un ~ bajo*** *Preise* niedrig halten
nivelación *f* Nivellierung *f*; Angleichung *f*; Ausgleich *m*; Planierung *f*
nivelado I *Adj*: ***estar ~*** *Gegenstand* gerade *od* waagerecht stehen **II** *m* Planieren *n*
nivel|adora *f* Planierraupe *f*; **~ar** *tr* nivellieren; angleichen; ausgleichen; planieren; (mit der Wasserwaage) abmessen
NNE *m* (*Abk für* ***nornordeste***) NNO *m*
NNO *m* (*Abk für* ***nornoroeste***) NNW *m*
NN.UU. *f/Pl* (*Abk für* ***Naciones Unidas***) UN *f/Pl*
NO *m* (*Abk für* ***noroeste***) NW *m*
No. *m od* **N°** *m od* **n°** *m* (*Abk für* ***número***) Nr. *f*
no I *Adv* nein; nicht; Nicht- (***~ fumadora***); kein (***~ quiero comer carne***); ***¿~?*** *bes Am* nicht wahr?; ***~ … hasta*** erst (***~ llegará hasta el domingo***); ***~ más*** *Am* nur, lediglich (***vale 3 pesos ~ más***); ***~ obstante*** trotzdem; → ***III***; ***~ … sino*** nur (***~ quiere sino dormir***); erst (***~ lo supe sino muy tarde***); ***aún ~*** immer noch nicht; ***¡cómo ~!*** jawohl!, natürlich!, selbstverständlich!; ***cuando ~*** wenn nicht gar; ***¡que ~!*** nein!, nicht doch!; ***ya ~*** nicht mehr (***Pedro ya ~ trabaja aquí***) ◇ ***decir que ~*** nein sagen; ***a ~ ser que …*** es sei denn, dass … **II** *Konj*: ***~ bien*** kaum (***~ bien llegó la noche, empezó a llover***) **III** *Präp*: ***~ obstante*** trotz (***~ obstante las protestas lo condenaron a muerte***) **IV** *Füllwort* ***es mejor ayunar que ~ enfermar***, *d.h.* ***es mejor ayunar que enfermar***; ***temieron ~ perdiesen el tren***, *d.h.* ***temieron que perdiesen el tren***

N

Nobel *m(f) umg* Nobelpreisträger(in) *m(f)*
nobiliario I *Adj* adlig, Adels- **II** *m* Adelsmatrikel *f*, -kalender *m*
nobl|e I *Adj* adlig; edel *auch übertr*; Edel-; edel-, großmütig; **II** *m* Adliger *m*; **~eza** *f* Adel(stand) *m*; Edelmut *m*
nocaut *m* SPORT *u übertr* Knock-out *m*
noche *f* Nacht *f*; Abend *m*; Dunkelheit *f*; **~ *blanca*** *od* ***en blanco*** schlaflose Nacht *f*; **~ *de bodas*** Hochzeitsnacht *f*; **& *de los cristales rotos*** GESCH Kristallnacht *f*; **~ *de San Silvestre*** Silvesterabend *m*; **~ *tras* ~**, *Am* **~ *a* ~** Nacht für Nacht; Abend für Abend; ***de* ~, *durante*** *od* ***en*** *od* ***por la* ~** abends; nachts; ***ayer* ~** gestern Abend; gestern Nacht; ***¡buenas ~s!*** gute Nacht!; guten Abend!; ***de la ~ a la mañana*** urplötzlich, mit einem Mal, von heute auf morgen; ***hasta bien entrada la ~*** bis spät *od* weit in die Nacht (hinein) ◇ ***hacer ~, pasar la ~*** übernachten; ***pasar buena (mala) ~*** *Patient* die Nacht gut (schlecht) verbringen; ***pasar la ~ en blanco*** *od* ***claro*** sich die Nacht um die Ohren schlagen; ***pegar la ~ con el día*** die Nacht zum Tage machen
Noche|buena *f* Heiligabend *m*; **&rniego** *m scherzh* Nachtschwärmer *m*, -bummler *m*; Nachtarbeiter *m*; **~vieja** *f* Silvester(abend *m*, -nacht *f*) *m,n*
noción *f* Begriff *m*, Idee *f*; Kenntnis *f*, Vorstellung *f von etw*; ***nociones (elementales*** *od* ***generales)*** Grundkenntnisse *f/Pl*
nociv|idad *f* Schädlichkeit *f*; **~o** schädlich
noct|ambular *intr* MED nachtwandeln; abends *od* nachts bummeln gehen; **~ámbulo** *m* MED Nachtwandler *m*; *scherzh* Nachtschwärmer *m*, Bummler *m*; **~urnidad** *f* Nachtzuschlag *m*, Zuschlag *m* für Nachtarbeit; **~urno I** *Adj* nächtlich, Nacht- **II** *m* MUS Nocturne *n,f od* Notturno *n*
nod|o *m* ASTR, MED, PHYS Knoten *m*
nodriza *f* Amme *f*
nódulo *m* MED Knötchen *n*
NOEI *m* (*Abk für* ***Nuevo Orden Económico Internacional***, → ***orden I***) NIWO *f*
nog|al *m*, **~uera** *f* Nussbaum *m*
nómad|a, ~e I *Adj* umherziehend, nomadenhaft; Nomaden- **II** *m* Nomade *m*
nomadismo *m* Nomadenleben *n*; Nomadentum *n*
nombradía *f* Ruf *m*, Ruhm *m* ◇ ***adquirir ~ mundial*** Weltruf erlangen
nombr|ado berühmt; **~amiento** *m* Ernennung *f*; Ernennungsurkunde *f*; **~ar** *tr* nennen; ernennen; bezeichnen; (besonders *od* lobend) erwähnen
nombre *m* Name *auch übertr*; *übertr* Ruf *m*; **~ *adjetivo* (*sustantivo*)** Eigenschaftswort *n*, Adjektiv *n* (Hauptwort *n*, Substantiv *n*); **~ *y apellido*** Vor- und Zuname *m*; **~ *artístico*** Künstlername *m*; **~ *de fichero*** INFORM Dateiname *m*; **~ *genérico* (*propio*)** Gattungs-(Eigen)name *m*; **~ *de guerra*** Deckname *m*; **~ (*de pila*)** Vorname *m*; ***a ~ de ...*** mit Namen ...; auf den Namen von *od Gen*; ***a*** *od* ***en ~ de*** im Namen von *od Gen*; ***¿a ~ de quién?*** auf welchen *od* wessen Namen?; ***en ~ y por cuenta ajenos (propios)*** HDL in fremdem (eigenem) Namen und für fremde (eigene) Rechnung ◇ ***no se barajaron ~s*** es wurden keine Namen gehandelt; ***conocer de ~*** dem Namen nach kennen; ***llamar u/c por su ~*** *übertr* die Dinge *od* das Kind beim (rechten) Namen nennen; ***mantener su ~ en reserva*** nicht genannt werden wollen; ***obrar en ~ de alg*** in jmds Namen *od* im Namen von jmdm handeln; ***poner ~*** einen Namen geben; ***reservar a ~ de N*** auf den Namen N reservieren; ***¡eso no tiene ~!*** das ist unerhört!
nomen|clador *m*, **~clátor** *m* Namensverzeichnis *n bes von Ortschaften*; **~clatura** *f* Nomenklatur *f*; wissenschaftliche Terminologie *f*, Fachausdrücke *m/Pl*; WISS Benennung(ssystem *n*) *f*; Verzeichnis *n*; Strichliste *f für technische Daten*; POL, SOZIOL Nomenklatura *f*
nomeolvides *f* BOT Vergissmeinnicht *n*
nómina *f* Namensliste *f*; Stellen(besetzungs)plan *m*; Gehaltsliste *f*; Gehaltsauszahlung *f bzw* -abrechnung *f*
nomin|ación *f Kandidaten* Nominierung *f*, Aufstellung *f*; → ***nombramiento***; **~al** namentlich; nominell; nominal, Nominal-, Nenn-; **~almente** (nur) dem Namen nach; **~ar** *tr Kandidaten* nominieren, aufstellen; → ***nombrar***; **~ativo I** *Adj* namentlich, Namens-; *Dokument* auf den Namen ausgestellt **II** *m* GRAMM Nominativ *m*
non I *Adj Zahl* ungerade **II** *m* ungerade Zahl *f*; **~es** *Pl* ungerade Hausnummern *f/Pl* ◇ ***andar de ~es*** ohne Beschäftigung sein; ***decir (que) ~es*** nein sagen, sich weigern
non|agésimo I *Adj* neunzigster **II** *m* Neunzigstel *n*; Neunzigster *m*; **~ingentésimo I** *Adj* neunhundertster **II** *m* Neunhundertstel *n*; Neunhundertster *m*; **~o** → ***noveno*** *in Zus* (***decimonono***)
noque|ar *tr jmdn* k.o. schlagen; **~o** *m* K.-o.-Schlag *m*
norcoreano I *Adj* nordkoreanisch **II** *m*, **-a** *f* Nordkoreaner(in) *m(f)*
nordeste *m* Nordosten *m*; Nordostwind *m*
nórdico nordisch, Nord-

noreste *m* → ***nordeste***
noria *f* Schöpfrad *n*; Tretmühle *f unangenehme Arbeit*; *Karussell* Riesenrad *n*
norirlandés I *Adj* nordirisch **II** *m*, **-esa** *f* Nordire(-in) *m(f)*, -irländer(in) *m(f)*
norma *f* Norm *f*, Standard *m*; Regel *f*; Bestimmung *f*, Vorschrift *f*, Regulativ *n*; *übertr* Richtlinie *f*, -schnur *f*, Maßstab *m*; **~ *de calidad*** Qualitätsmaßstab *m bzw* -norm *f od* -standard *m*; ***~s de circulación*** *od* ***tráfico*** (***ortografía, ~s ortográficas***) Verkehrs-(Orthographie- *od* Rechtschreib)regeln *f/Pl*; **~ *de comportamiento*** *od* ***conducta*** Verhaltensnorm *f*, -regel *f*; **~ *industrial alemana*** Deutsche Industrie-Norm *f*, DIN *f*; **~ *legal*** Rechtsnorm *f*; ***~s de seguridad*** (***trabajo***) Sicherheitsvorschriften *f/Pl* (Arbeitsnormen *f/Pl*); ***según ~*** normgerecht ◇ ***servir de ~*** als Norm gelten; *übertr* als Maßstab *od* Richtschnur dienen
normación *f* Norm(ie)rung
normal I *Adj* regelrecht, -mäßig; normal; Muster- **II** *f* Senkrechte *f*; (***escuela f***) **~** Lehrerseminar *n bzw Dtschld etwa* pädagogische Hochschule *f*
normalidad *f* Normalzustand *m*; Regelmäßigkeit *f*; ◇ ***volver a la ~*** *z.B. Lage* sich normalisieren
normal|ización *f* Normalisierung *f*; Normung *f*, Standardisierung *f*; **~izar** ⟨-z/c-⟩ *tr* normalisieren; normen, standardisieren
normalmente normalerweise
Normandía *f* Normandie *f*
normando I *Adj* normannisch **II** *m* Normanne *m*
norm|ar *tr* → ***normalizar***; *Am* festlegen; regeln; **~ativa** *f* Richtlinie *f*, Leitgedanke *m*; Normativ *n*; Festlegung *f*, Anweisung *f*; Regelungen *f/Pl*; Bestimmungen *f/Pl*; **~ativo** normativ, Regel-
nor|nordeste *m* Nordnordost(wind) *m*; **~noroeste** *m* Nordnordwest(wind) *m*; **~occidental** nordwestlich; **~oeste** *m* Nordwesten *m*; Nordwestwind *m*
norte I *Adj* Nord- **II** *m* Norden *m*; Nordwind *m*; Orientierung *f*, *übertr* Wegweiser *m*; *übertr* Ziel *n*; ***el*** ♀ *Am umg Bez für die USA*; ***al ~ de*** nördlich von; ***sin ~*** *übertr* orientierungslos ◇ ***perder el ~*** die Orientierung verlieren
Norteamérica *f* Nordamerika *n*
nort|eamericano I *Adj* nordamerikanisch **II** *m*, **-a** *f* Nordamerikaner(in) *m(f)*; **~eño** nördlich, Nord-; aus dem Norden (kommend)
Noruega *f* Norwegen *n*
noruego I *Adj* norwegisch **II** *m*, **-a** *f* Norweger(in) *m(f)*; das Norwegische
nos uns (***Pedro ~ ayuda***); ***entre ~*** *umg* unter uns; ♀ *alt als Pl majestatis* Wir
nosotros (*f*: ***nosotras***) wir; *nach Präp* uns (***eso queda entre ~***)
nostalgia *f* Sehnsucht *f* (***de*** nach); Heimweh *n*; Nostalgie *f*; Wehmut *f* ◇ ***sentir*** *od* ***tener ~*** sich sehnen (***de*** nach)
nostálgico sehnsüchtig; Heimweh-; wehmütig; nostalgisch
nota *f* Notiz *f*, Aufzeichnung *f*; *i w S* Zettel *m mit einer Mitteilung*; Anmerkung *f*, Vermerk *m*; Fußnote *f*; MUS, POL, *Schule* Note *f*; MUS *u übertr* Ton *m*; *Schule* Zensur *f*; Tadel *m*; Rechnung *f*; **~ *de adeudo*** Lastschriftanzeige *f*; **~ *circular*** Rundschreiben *n*; **~ *distintiva*** Unterscheidungsmerkmal *n*; **~ *de entrega*** (***pedido***) Liefer-(Bestell)-schein *m*; **~ *de gastos*** Kostenaufstellung *f*; Spesenrechnung *f*; **~ *al margen, ~ marginal*** Randbemerkung *f*, -notiz *f*; **~ *de no negociabilidad*** HDL Sperrvermerk *m*; **~ *de prensa*** Pressenotiz *f*, -mitteilung *f*; **~ *de quita y pon*** Haftnotiz *f abnehmbarer Zettel*; **~ *de la redacción*** (***del traductor***) Anmerkung *f* der Redaktion (des Übersetzers); **~ *remisiva*** TYP Verweis *m*; ***de*** (***mala***) **~** bedeutend, bekannt; wichtig (berüchtigt) ◇ ***dar la ~*** MUS *u übertr* den Ton angeben; (öffentliches) Ärgernis erregen; ***sacar buenas*** (***malas***) ***~s*** gute (schlechte) Zensuren bekommen; ***tomar ~(s)*** sich Notizen machen, *etw* aufschreiben; ***tomar*** (***buena***) **~ *de u/c*** etw zur Kenntnis nehmen; etw vormerken *od* notieren
not|abilidad *f* Wichtigkeit *f*; Ansehen *n*; angesehene Persönlichkeit *f*; **~able** bemerkenswert; beträchtlich, merklich, spürbar; angesehen, bedeutend; *Zensur etwa* gut; **~ación** *f* Bezeichnung(sweise) *f*; WISS Zeichen *n*, Symbol *n*; Notation *f*, Notierung *f*; CHEM, MATH Formel *f*
notado: ***muy*** (***mal***) **~** sehr angesehen (verrufen)
notar *tr* (be)merken; feststellen; bezeichnen; notieren, aufzeichnen; tadeln; *jmdm etw* vorhalten; ***se nota*** *als bestätigende Feststellung* man merkt's; ***hacerse ~*** (***lo menos posible***) sich bemerkbar machen (so wenig wie möglich auffallen)
notar|ía *f* Notariat(sbüro) *n*; **~iado I** *Adj* notariell beglaubigt **II** *m* Notariat(samt) *n*; Notariatskollegium *n*; **~ial** notariell; Notariats-
notario *m* Notar *m*; ***ante ~*** notariell *Adv*
notebook *m* INFORM Notebook *n PC im Buchformat*; → ***laptop***, ***ordenador portátil***
noticia *f* Nachricht *f*, Meldung *f*; Notiz *f*; **~ *bomba*** Knüller *m Sensationsmeldung*; ***~s breves*** (***deportivas***) Kurz-(Sport)nachrichten *f/Pl*; **~ *desconsoladora*** Hiobsbot-

schaft *f*; **~ de la prensa** Pressemeldung *f*, -notiz *f*; **¡primera ~!** davon höre ich zum ersten Mal! ◇ **dar la ~ de u/c** etw veröffentlichen *od* bekannt geben; **saber ~s de alg** von jmdm hören *Nachricht empfangen*; **tener ~s de** Kenntnis haben von; Nachricht haben von; **(volver a) ser ~** (wieder einmal) Schlagzeilen machen; (wieder einmal) von sich reden machen; ein Knüller sein *umg*

notic|iario *m*, *Am* **~iero** *m* RADIO, TV Nachrichten(sendung *f*) *f/Pl*; *ehem* FILM Wochenschau *f*

notificación *f* Benachrichtigung *f*; Bekanntmachung *f*, -gabe *f*, Ankündigung *f*; *amtlicher* Bescheid *m*, *amtliche* Zustellung *f*; **~ de impuestos** Steuerbescheid *m*; **~ de pago** Zahlungs(auf)forderung *f*; **~ previa** Vorankündigung *f*

notificar ⟨-c/qu-⟩ *tr jmdn* benachrichtigen; bekannt geben, mitteilen, ankündigen; *amtlich* zustellen; *etw*, *einen Sachverhalt* anzeigen

notori|amente auffallend, bemerkenswert; **~o** allgemein bekannt, offenkundig; notorisch

nov|ato *m* Neuling *m*, Einsteiger *m umg*; Uneingeweihter *m*; *übertr* Neuentdeckung *f* (*eines Künstlers*, *Sportlers usw*); **~ecientos I** *Adj* neunhundert; neunhundertster **II** *m Zahl* Neunhundert *f*

novedad *f* Neuheit *f*, Novität *f*; Neuigkeit *f*; Neuerscheinung *f*; Neuentwicklung *f*; Neuerung *f*; **~es** *Pl* HDL Neueingänge *m/Pl*; Neuheiten *f/Pl* (der Modebranche); (neu(e)ste) Nachrichten *f/Pl*; **~ de la feria** Messeneuheit *f*; **sin ~** nichts Neues; unverändert ◇ **no hay ~(es)** es bleibt alles beim Alten; **llegar (seguir) sin ~** wohlbehalten ankommen (weiterhin wohlauf sein)

novedoso *Am* neu(artig); auf Neuigkeiten erpicht

novela *f* Roman *m*; pure Erfindung *f Unwahrheit*; **~ de ciencia ficción, ~ futurista** Zukunfts- *od* Science-Fiction-Roman *m*; **~ corta** Novelle *f*; **~ por entregas** Fortsetzungsroman *m*; **~ policíaca** *od* **policiaca**, *Am* **~ policial** Kriminalroman *m*, Krimi *m umg*; **~ radial** Hörspiel *n*; **~ de suspense** LIT Thriller *m*

novelista *m* Romanautor *m*, -schriftsteller *m*, Romancier *m*

noven|o I *Adj* neunter **II** *m* Neunter *m*; Neuntel *n*; **~ta I** *Adj* neunzig; neunzigster **II** *m* Neunzig *f*; **~tón I** *Adj* neunzigjährig **II** *m* Neunzigjähriger *m*

novi|a *f* (feste) Freundin *f*; Verlobte *f*; *alt* Braut *f*; **~azgo** *m* Verlobung(szeit) *f*

novicio I *Adj* unerfahren; ungeübt **II** *m* Novize *m*; Anfänger *m*, Neuling *m*

noviembre *m* November *m*

novillo Jungstier *m*; *umg* Hahnrei *m*

novilunio *m* Neumond *m*

novio *m* (fester) Freund *m*; Verlobter *m*; *alt* Bräutigam *m*; **los ~s** das Brautpaar, das junge Paar

novísimo ganz neu

novocaína® *f* PHARM Novocain® *n*

n/ref. *Abk für* **nuestra referencia**, → **referencia**

nube *f* Wolke *f auch übertr*; *übertr* Pulk *m*, Haufen *m*, Schar *f*; **~ de polvo (~ tormentosa)** Staub-(Gewitter)wolke *f* ◇ **andar por** *od* **estar en las ~s** *umg* geistesabwesend *od* zerstreut sein; *übertr* keine Ahnung *von etw* haben; **estar por las ~s** *umg Preise* unerschwinglich sein, eine schwindelnde Höhe erreichen *bzw* erreicht haben; **levantar hasta** *od* **poner por** *od* **subir hasta las ~s** *jmdn od etw* über den grünen Klee loben

nubl|ado I *Adj* bewölkt; trübe *auch übertr* **II** *m* Gewölk *n*; dunkle Wolke(n *Pl*) *f* am Horizont *Gefahr*; **~s** *Pl* Wolken(ansammlungen) *f/Pl*; **~ar** *tr übertr* trüben; **~arse** sich bewölken; sich trüben *auch übertr*; **~oso** wolkig; *übertr* trüb, trist *umg*

nubos|idad *f* Bewölkung; **~o** → **nublado I** *u* **nubloso**

nuca *f* Genick *n*; Nacken *m*

nucle|amiento *m* Gruppierung *f*, Zusammenschluss *m*; **~ar I** *Adj* BIOL, PHYS Kern-; nuklear; atomar, Atom- **II** *tr übertr* vereinen, sammeln; scharen (**en torno suyo** um sich); **~arse** sich scharen (**en torno a** um); **~arización** *f* Einführung *f* der *bzw* Umstellung *f* auf Kernenergie

nuclearizado: **no ~** kernwaffenfrei

núcleo *m* BIOL, PHYS, TECH *u übertr* Kern *m*; Mitte *f*, Zentrum *n*; *übertr* Herz *n*; *übertr Personal* Stamm *m*; *Kabel* Seele *f*; Zellkern *m*; *übertr* Kernstück *n*; **~ duro** POL *übertr* harter Kern *m*; **~ familiar** Haushalt *m*; **~s nubosos** Quellbewölkung *f*

nucl|eoelectricidad *f* Atomstrom *m*, Kernelektrizität *f*; **~eoeléctrico** Kernkraft-

nudillo *m Finger*, *Zeh* Knöchel *m*; (Holz-) Dübel *m*; *Dim von* → **nudo**; **~s de acero** Schlagring *m*

nud|ismo *m* Freikörperkultur *f*, FKK *f ohne Art*; **~ista** *m* FKK-Anhänger *m*

nudo *m allg*, MAR, MED, TEXTIL *u übertr* Knoten *m*; Schlinge *f*; Schleife *f*; VERK Knotenpunkt *m*; Ast *m im Holz*; (schwer lösbares) Problem *n*; **~s** *Pl Ehe*, *Freundschaft* Bande *n/Pl*, Bindungen *f/Pl*; **~ gordiano** gordischer Knoten *m*; **~ marinero** Seemannsknoten *m* ◇ **deshacer** *od* **zafar**

un ~ einen Knoten lösen
nudoso knotig; knorrig
nuera *f* Schwiegertochter *f*
nuestr|a(s *Pl*), **~o(s** *Pl*) **I** *Poss Adj* unser *bzw* unsere (***nuestra casa***; ***nuestros amigos***; ***eso no es asunto nuestro***) ◇ *in Verbindung mit* ***ser*** uns gehören (***¿son nuestras las maletas?***) **II** *Am nach Präp als unv Bestandteil einer Adv Bestimmung* uns (***todos corrieron detrás nuestro***) **III** *Poss Pron mit bestimmtem Art* unser *bzw* unsere (***este es el carro de Carlos***; ***el nuestro se encuentra parqueado unas cuadras más arriba***); ***los nuestros*** die Uns(e)rigen, unsere Leute (*Berufskollegen, Familienangehörige, Sportkameraden usw*)
nueva *f* Neuigkeit *f*; Nachricht *f*; ♀ ***Brandeburgo*** Neubrandenburg *n*; ♀ ***Delhi*** Neu-Delhi *n*; ♀ ***Guinea*** Neuguinea *n*; ♀ ***York*** New York *n*; ♀ ***Zelanda*** Neuseeland *n*
nuevamente erneut, aufs Neue; nochmals; wiederum; unlängst, kürzlich
nueve I *Adj* neun; *Datum* neunter **II** *m* Neun *f*
nuevo I *Adj nach Subst* neu (*d.h. neu gefertigt*: ***se trasladaron a una casa nueva***); *vor Subst* neu (*d.h. neu angeschafft*), andere(r, -s) (***ya se trasladaron a la nueva casa***); modern; frisch; unerfahren; *Pflanzen, Tiere* jung; ***~ y reluciente*** funkelnagelneu; ***de ~*** wieder(um), von neuem, nochmals, erneut ◇ ***quedar(se) como ~*** *z.B. Kleid nach der Reinigung* wie neu sein *od* werden **II** *m* Neuer *m*; Neuling *m*
nuez *f* (Wal-)Nuss *f*; ***~ (de Adan*** *od* ***de la garganta***) ANAT Adamsapfel *m*; ***~ del Brasil*** Paranuss *f*; ***~ de coco*** Kokosnuss *f*; ***~ moscada*** Muskatnuss *f* ◇ ***cascar nueces*** Nüsse knacken
nul|idad *f*; Wertlosigkeit *f*; Nichtigkeit *f*, Ungültigkeit *f*; Null *f*, Niete *f Versager*; **~o** (null und) nichtig, ungültig; gleich null; wertlos; unnütz ◇ ***declarar ~ y sin valor*** für null und nichtig erklären
núm. *m* (*Abk für* ***número***) Nr. *f*
numer|able zählbar; **~ación** *f* (Auf-)Zählung *f*; Zählen *n*; Nummerierung *f*, Bezifferung *f*; **~ador** *m* MATH *Bruch* Zähler *m*; Zählwerk *n*, -vorrichtung *f*; Nummernstempel *m*; TYP Nummerierwerk *n*; **~al** *m* Zahlwort *n*; *bei Dokumenten, Verträgen usw* Ziffer *f*
numerar *tr* zählen; beziffern, nummerieren; ***¡~se!*** *bes* MIL durchzählen!
numerario I *Adj* zahlenmäßig; Zahl-; Zähl-; *Mitglied* ordentlich; *Arbeitnehmer* fest angestellt **II** *m* Bargeld *n*; Metall-, Münzgeld *n*
numérico zahlenmäßig; Zahl(en)-; numerisch
número *m* Zahl *f*; Nummer *f auch* ZTGSW *Exemplar u Auftritt im Kabarett, Zirkus*; Ziffer *f*; Menge *f*; Anzahl *f*; GRAMM Numerus *m*; Schuhgröße *f* (***¿qué ~ calza Miguel?***); ***~ del abonado*** TEL Teilnehmernummer *f*; ***~ arábigo*** (***romano***) arabische (römische) Ziffer *f*; ***~ de bultos*** *bes* HDL *od* ***piezas*** *od* ***unidades*** Stückzahl *f*; ***~ cardinal*** (***decimal***; ***ordinal***; ***quebrado***) Grund-(Dezimal-; Ordnungs-; Bruch)zahl *f*; ***~ de cinco cifras*** fünfstellige Zahl *f*; ***~ complementario*** (***ganador***) *Lotterie* Zusatz-(Gewinn)zahl *f*; ***~ de la cuenta*** Kontonummer *f*; ***~ fatídico*** (***~ de la suerte***) Unglücks-(Glücks)zahl *f*; ***~ de(l) fax*** Faxnummer *f*; ***~ gratuito*** *od* ***verde*** TEL Rufnummer *f* zum Nulltarif; ***~ de identificación fiscal*** *Esp* FIN Steuernummer *f*; ***~ (de identificación) personal, ~ secreto*** PIN-Code *m*, Geheimzahl *f*; ***~ impar*** (***par***) ungerade (gerade) Zahl *f*; (***~***) ***índice*** *m* Index(zahl *f*, -ziffer *f*) *m*; (***~ de***) ***matricula*** *f* KFZ (polizeiliches) Kennzeichen *n*; ***~ de memoria*** TEL Kurzwahlnummer *f*; ***~ de orden*** laufende Nummer *f*; Buchungsnummer *f*; ***~ de la página*** Seitenzahl *f*; ***~ de páginas*** Anzahl *f* der Seiten, Seitenzahl *f*; ***~ del pedido*** Auftragsnummer *f*; ***~ de referencia*** *od* ***registro*** BÜRO Aktenzeichen *n*; ***~ de socios*** Mitgliederzahl *f*; ***~ de teléfono*** Telefon-, Rufnummer *f*; ***de ~*** VERW ordentlich, laut Stellenplan; ***en ~ de ...*** in einer Anzahl *od* Größe *od* Stärke von ...; ***gran ~ de ...*** eine große (An-)Zahl von ...; ***sin ~*** unzählige, zahllose; ***un ~ X*** eine x-beliebige Zahl ◇ ***¡se ha equivocado Vd. (de ~)!*** TEL falsch verbunden!; ***estar en ~s rojos, hallarse en (los) ~s rojos*** WIRTSCH *übertr* rote Zahlen schreiben; ***hacer ~s*** etw durchrechnen
numeroso zahlreich; kinderreich
numismátic|a *f* Münzkunde *f*, Numismatik *f*; **~o** *m* Münzensammler *m*, Numismatiker *m*
nunca nie(mals); *in Fragesätzen od in Abhängigkeit von verneintem Hauptsatz sowie bei impliziter Verneinung auch* je (-mals) (***¿sabes si ~ volveremos a vernos?***; ***no sé si he estado ~ allí***; ***la mayor movilización antiterrorista que se haya registrado ~***, *d.h.*: ***~ se ha registrado una mayor movilización antiterrorista***); ***~ más*** nie wieder, nie mehr; ***más que ~*** mehr denn je
nunciatura *f* Nuntiatur *f*, diplomatische Vertretung *f* des Vatikans
nuncio *m*: ***~ (apostólico)*** päpstlicher Nuntius *m*
nupcial Hochzeits-; Braut-; **~idad** *f Statis-*

N

tik (Zahl *f* der) Eheschließungen *f/Pl*
nupcias *f/Pl* Hochzeit(sfeierlichkeiten *f/Pl*) *f*; ***de segundas* ~** *Kinder* aus zweiter Ehe
Nuremberg *m* Nürnberg *n*
nurembergués **I** *Adj* Nürnberger **II** *m* Nürnberger *m*
nutria *f* Fischotter *m*
nutric|ión *f* Ernährung *f*; Nahrung *f*; **~ional** PHYSIOL Ernährungs-; **~ionista** *m* Ernährungswissenschaftler *m*
nutrido zahlreich; reichlich; *Applaus*, *Feuer* stark; *Delegation* vielköpfig; **~ *de*** *übertr* reich an; *übertr* gespickt mit *umg*; ***bien* (*mal*) ~** wohlgenährt (unterernährt)
nutr|iente(s *Pl*) Nährstoff(e *Pl*) *m*; **~im(i)ento** *m* Nahrung(smittel *n*) *f*
nutrir *tr* (er)nähren; *Säugling* stillen; *Hass* schüren; TECH *Anlage z.B. mit Wasser* speisen; **~se *de*** sich ernähren von; *übertr* sich zusammensetzen aus; *übertr* sich versorgen mit; *Raum* sich füllen mit
nutritivo nahrhaft; Nahrungs-; Nähr-
nylon *m* → ***nailon***

Ñ

ñ, Ñ *f* n, N *n* mit Tilde
ñame **I** *Adj* dumm; plump, ungeschickt; **II** *m* BOT Jamswurzel *f*; Dummkopf *m*; Tollpatsch *m*
ñandú *m AmS* ZOOL Pampasstrauß *m*, Nandu *m*
ñapa *f AmS reg*, *Ant reg* HDL Zugabe *f an den Käufer*; ***de* ~** *AmS reg*, *Ant reg* als Zugabe, außerdem, darüber hinaus
ñaque *m* Gerümpel *n*; Plunder *m*
ñato **I** *Adj Am* platt-, stumpfnasig; *Arg* hässlich; schlecht gemacht; ruchlos, verdorben **II** *m Am Anrede* Alter *m*, Junge *m*; *oft verächtl* Kerl *m*
ñeque *AmC*, *AmS reg* **I** *Adj* mit Mumm in den Knochen **II** *m* Mumm *m Kraft*, *Mut*
ñiquiñaque *m* Larifari *n*; Schnickschnack *m*; *verächtl* Schlawiner *m*, Hallodri *m*
ñoñ|a *f* Zimperliese *f*; *AmS reg* Kot *m*, Mist *m*; *Chi vulg* Scheiße *f*; **~ería** *f*, **~ez** *f umg* Zimperlichkeit *f*; Ziererei *f*; Albernheit *f*; Gefasel *n*; **~o** **I** *Adj umg* zimperlich; albern, kindisch; fade *unbedeutend*; **II** *m* Zimperling *m*; Tollpatsch *m*
ñoquis *m/Pl Chi*, *Rpl* Art Klößchen *od* Nudeln
ñu *m* ZOOL Gnu *n*

O

O

o, O *f* o, O *n*
o oder (*zwischen Ziffern od Buchstaben* ***ó**: **2 ó 3**; **n ó s***); beziehungsweise; **~ … ~** entweder … oder; **~ *bien*** oder (auch); **~ *sea*** das heißt; mit anderen Worten
O (*Symb für* ***oxígeno***) CHEM O; (*Abk für* ***oeste***) W *Himmelsrichtung*
oasis *m* Oase *f auch übertr*
obcec|ación *f*, **~amiento** *m* Verblendung *f*; **~ar** ⟨-c/qu-⟩ *tr* verblenden *Vernunft rauben*; **~arse** verblendet sein; verblendet werden
obedecedor → ***obediente***
obedecer ⟨-c/zc-⟩ *tr/intr* gehorchen; herrühren (***a*** von); nachgeben (***a*** *Dat*); *Gesetz* befolgen (***a*** *Akk*); sich fügen; entsprechen; *Krankheit* reagieren (***a*** auf); ***hacerse* ~** sich Gehorsam verschaffen
obedien|cia *f* Gehorsam *m*; **~te** gehorsam, folgsam; gefügig
obelisco *m* Obelisk *m*
obertura *f* Ouvertüre *f*
obes|idad *f* Fettsucht *f*; **~o** fettleibig, adipös; (wohl)beleibt
obispado *m* Bischofswürde *f*; Bistum *n*
obispo **I** *m* Bischof *m*; **~ *auxiliar*** Weihbischof *m* ◇ ***trabajar para el* ~** umsonst *d.h. unentgeltlich* arbeiten **II** *f* Bischöfin *f*
óbito *m* Hinscheiden *n*, Ableben *n*; **~s** *Pl bes Statistik* Todesfälle *m/Pl*
objeción *f* Einwand *m*; Einwurf *m*; JUR Einspruch *m*; **~ *de conciencia*** Wehrdienstverweigerung *f* ◇ ***hacer una* ~** einen Einwand vorbringen
objet|able anfechtbar; **~ar** *tr* einwenden; **~ivar** *tr* objektivieren; vergegenständlichen; **~ividad** *f* Sachlichkeit *f*
objetivo **I** *Adj* objektiv, sachlich **II** *m* Ziel

(-setzung *f*) *n*; Objekt *n*; Zweck *m*; Absicht *f*; Vorhaben *n*; OPT Objektiv *n*; ~ ***gran angular*** Weitwinkelobjektiv *n*; ~ ***de guerra*** Kriegsziel *n*; ~ ***inmediato*** Nahziel *n*; ~***s inversionistas*** Investitionsvorhaben *n*/*Pl* ◇ ***coincidir en el*** ~ sich über das Ziel einig sein; ***tener entre sus*** ~***s*** *übertr jmdn* im Visier haben

objeto *m* Ding *n*; Sache *f*; Gegenstand *m*; Objekt *n*; Zweck *m*; Absicht *f*; Ziel *n*; ~ ***asegurado*** (***del proceso***) Versicherungs-(JUR Prozess)gegenstand *m*; ~ ***contractual*** *od* ***del contrato*** Vertragsgegenstand *m*; ~ ***expuesto*** Ausstellungsstück *m*; ~ ***hallado*** Fundstück *n*, -sache *f*; ~***s de lance*** Gebrauchtwaren *f*/*Pl*; ~***s Perdidos*** VERW Fundsachen *f*/*Pl*; ~ ***raro*** Rarität *f*; ~ ***secundario*** (***simulado***) Nebenabsicht *f* (Attrappe *f*); ~ ***de tocador*** Toilettenartikel *m*; ~ ***de trueque*** Tauschobjekt *n*; ~ ***de valor*** Wertgegenstand *m*, -sache *f*; ~ ***volador no identificado*** unbekanntes Flugobjekt *n*; ***al*** *od* ***con el*** ~ ***de*** um, mit dem Ziel zu …; ◇ ***tener por*** ~ bezwecken

objetor *m* Einsprucherhebender *m*; ~ (***de conciencia***) Wehrdienstverweigerer *m*

oblea *f* Oblate *f*; Siegelmarke *f*

oblicu|idad *f* Schräge *f*; Schiefe *f*; ~**o** schräg; schief *auch übertr*

obligación *f* Verpflichtung *f*; Pflicht *f*; Schuldigkeit *f*; FIN, HDL Obligation *f*; Schuldschein *m*; Schuldverhältnis *n*; Schuldverpflichtung *f*; ***obligaciones*** *Pl* Verbindlichkeiten *f*/*Pl*; ~ ***alimenticia*** Unterhaltspflicht *f*; ~ ***contractual*** Vertragsverpflichtung *f*; ~ ***convertible*** Wandelschuldverschreibung *f*; ~ ***en doble moneda*** (~ ***del Estado***) Doppelwährungs-(Staats)-anleihe *f*; ~ ***exigible*** *Buchhaltung* fällige Forderung *f*; ***obligaciones financieras*** finanzielle Verpflichtungen *f*/*Pl*; ~ ***perpetua*** unkündbare Schuldverschreibung *f*; ~ ***de secreto*** Schweigepflicht *f*; ~ ***del servicio militar*** Wehrpflicht *f*; ***sin*** ~ unverbindlich ◇ ***contraer*** (***imponer***) ***una*** ~ eine Verpflichtung eingehen (auferlegen); ***cumplir con*** (***faltar a***) ***sus obligaciones*** seinen Verpflichtungen (nicht) nachkommen; ***emitir obligaciones*** Obligationen auflegen; ***nos incumbe la*** ~ ***de*** + *Inf* wir haben die Pflicht zu + *Inf*; ***incumplir las obligaciones de pago*** den Zahlungsverpflichtungen nicht nachkommen

obligacionista *m*(*f*) JUR Inhaber(in) *m*(*f*) von Obligationen

obligado verbindlich; unerlässlich; Pflicht-; Zwangs-; erzwungen ◇ ***estar*** ~ ***a*** gezwungen *od* verpflichtet sein zu; ***le estoy*** *od* ***quedo muy*** ~ ich bin Ihnen sehr verbunden; ***ser*** ~ *etw* notwendig sein; ***es*** ~ ***…*** es gehört sich …; ***verse*** ~ ***a*** sich gezwungen *od* genötigt sehen zu

oblig|ar ⟨-g/gu-⟩ *tr* verpflichten (***a*** zu); zwingen, nötigen (***a*** zu); ~**arse** sich verpflichten (***a*** zu); ~**atoriedad** *f* JUR Pflicht *f*; Verbindlichkeit *f*; ~**atorio** verbindlich; verpflichtend; obligatorisch; Pflicht-; obligat; zwingend

oblongo länglich

obnubilación *f* MED Benommenheit *f*; Bewusstseinstrübung *f*

obo|e *m* Oboe *f*; Oboist *m*; ~**ísta** *m*(*f*) Oboist(in) *m*(*f*)

óbolo *m* Obolus *m*, Scherflein *n*

obra *f* Werk *n auch* LIT, WISS; Arbeit *f*; Tat *f*; Bau(stelle *f*) *m*; Wirkung *f*; MUS Opus *n*; ~***s*** *Pl Hinweisschild* Bauarbeiten *f*/*Pl*; ~ ***de arte*** Kunstwerk *n*; Glanzstück *auch iron*; ~ ***benéfica,*** ~ ***de caridad, buena*** ~ wohltätiges Werk *n*; ~***s camineras*** Straßenbauarbeiten *f*/*Pl*; ~***s completas*** gesammelte Werke *n*/*Pl*; ~***s y construcciones*** Hoch- und Tiefbau *m*; ~ ***de consulta*** Nachschlagewerk *n*; ~ ***de demoliciones*** Abrissarbeiten *f*/*Pl*; ~ ***dramática*** Drama *n Schauspiel*; ~ ***de fábrica*** Mauerwerk *n*; ~***s hidráulicas*** Wasserbauten *m*/*Pl*; ~ ***maestra*** Meisterwerk *n*; ~ ***mal hecha*** Machwerk *n*; ~ ***muerta*** (***viva***) MAR Freibord *m* (Unterwasserschiff *n*); ~***s nuevas*** Neubauten *m*/*Pl*; ~***s pías*** karitative Stiftung *f*; ~***s públicas*** öffentliche Arbeiten *f*/*Pl*; ~ ***social*** Sozial- *od* Hilfswerk *n*; ~***s subterráneas*** Tiefbau *m*; ~ (***teatral*** *od* ***de teatro***) (Theater-)Stück *n*; ~ ***de tierras*** Erdarbeiten *f*/*Pl*; ***a media*** ~ halbfertig; ***por*** ~ ***de*** vermöge, dank *Gen*; ***por*** ~ ***y gracia de*** *oft iron* dank *Dat* ◇ ***maltratar de*** ~ JUR tätlich misshandeln; ***meter en*** ~, ***poner por*** *od* ***en*** ~ bewerkstelligen, ausführen; *Sprichw* ***el fin corona la*** ~ Ende gut - alles gut

obr|ada *f* LANDW Tagewerk *n*; ~**adera** *f Am reg* Durchfall *m*; ~**ador** *m* Werkstatt *f*

obrar I *tr* tun, verrichten; arbeiten; ausüben, ausführen; bauen; bearbeiten; *Wunder* vollbringen **II** *intr* zu Werke gehen; wirken; sich auswirken, Wirkung zeigen; verstoßen; handeln *reagieren*; *Schriftstück* sich befinden; austreten *seine Notdurft verrichten*; ~ ***bien*** (***mal***) ***contra alg*** gut (schlecht) gegen jmdn handeln; ~ ***sobre*** einwirken auf; ***sin*** ~ unbearbeitet

obrer|a *f* Arbeiterin *f auch Biene*; ~**ada** *f Arg* Arbeiterschaft *f*; ~**ismo** *m* Arbeiterschaft *f*; Arbeiterherrschaft *f*; Arbeiterbewegung *f*; ~**ista I** *Adj* Arbeiter- **II** *m* Anhänger *m* der Arbeiterbewegung

obrero I *Adj* Arbeits-; Arbeiter-; werktätig

O

II *m* Arbeiter *m*, Arbeitnehmer *m*; Arbeitskraft *f*; **~ agrícola** *od* **rural** (**portuario**; **silvícola**) Land-(Hafen-; Forst)arbeiter *m*; **~ de alto horno** (**~ laminador**) Hochofenarbeiter *m* (Walzwerker *m*); **~ asalariado** (**de astillero**; **~ auxiliar**; **~ de construcción**) Lohn-(Werft-; Hilfs-; Bau)arbeiter *m*; **~ calificado** *Am od* **cualificado** *Esp*, **~ especializado** Facharbeiter *m*; **~ eventual** Gelegenheitsarbeiter *m*; **~ en huelga** (**~ industrial**) Streikender *m* (Industriearbeiter *m*); **~ siderúrgico** Hüttenwerker *m*; **~ técnico de laboratorio** Chemielaborant *m*

obscen|idad *f* Unzüchtigkeit *f*; Zote *f*; **~o** unanständig; unzüchtig; obszön

obscu- → **oscu-**

obsequiar *tr* bewirten; gastlich aufnehmen; beschenken; ehren; feiern; *Am* schenken

obsequio *m* Gefälligkeit *f*; Entgegenkommen *n*; Liebenswürdigkeit *f*; Dienstbeflissenheit *f*; Geschenk *n*; **de ~** gratis; **en ~ de** zu Ehren von *od Gen*; *jmdm* zu Gefallen ◇ **ofrecer sus ~s** *jmdm* seine Aufwartung machen

obsequioso gefällig; zuvorkommend; willfährig; dienstbeflissen; freigebig

observación *f* Beobachtung *f*; Wahrnehmung *f*; An-, Bemerkung *f*; Überwachung *f*; Befolgung *f*, Einhaltung *f*; **observaciones** *Pl* Hinweise *m/Pl*; **observaciones generales** Allgemeines *n*; **~ incidental** Zwischenbemerkung *f*; **~ del mercado** Marktbeobachtung *f* ◇ **estar** (**poner**) **en ~** unter Beobachtung stehen (stellen)

observ|ador I *Adj* beobachtend; überwachend; forschend; Beobachtungs- **II** *m* Beobachter *m*; Zuschauer *m*; Besucher *m z.B. eines Zoos*; Späher *m*; **~ancia** *f* Befolgung *f*; Wahrung *f*; Einhaltung *f*

observar *tr/intr* beobachten; aufpassen; betrachten; zusehen; bemerken; *etw* beachten; *Vorschriften* befolgen; *Frist* einhalten; *Disziplin* wahren; **es importante ~** es ist wichtig darauf hinzuweisen

observatorio *m* Warte *f*; Observatorium *n*; MIL Beobachtungsstand *m*; **~ astronómico** (**marítimo**; **meteorológico**; **sismográfico**) Stern-(See-; Wetter-; Erdbeben)warte *f*

obsesión *f* Besessenheit *f*; fixe Idee *f*

obsidiana *f* MINER Obsidian *m*

obsoleto veraltet, überlebt; historisch überholt

obstaculizar ⟨-z/c-⟩ *tr* verhindern; behindern

obstáculo *m* Hindernis *n*; SPORT *u übertr* Hürde *f*; **~ de alambre** MIL Drahtverhau *m,n*; **~ a la importación** Einfuhrbehinderung *f*; **sin ~s** unbehindert ◇ **dar con** *od* **encontrar un ~** auf ein Hindernis stoßen; **poner ~(s)** behindern; **remover los ~s** die Hindernisse beseitigen; **topar** *od* **tropezar con ~s** auf Schwierigkeiten stoßen

obstante: **no ~ I** *Adv* trotzdem; dessen ungeachtet **II** *Präp* trotz + *Gen*; entgegen + *Gen* **III** *Konj* **no ~ que** obwohl

obstar *intr unpers, meist mit* **no**: **no obsta(n)** kein Hinderungsgrund sein; nicht verhindern können; nicht entgegenstehen, nicht hinderlich sein

obst|etra *m* Geburtshelfer *m*; **~etricia** *f* Geburtshilfe *f*; **~étrico** Entbindungs-

obstin|ación *f* Starrsinn *m*; Trotz *m*, Eigensinn *m*; Hartnäckigkeit *f*; Widerspenstigkeit *f*; **~ado** hartnäckig; eigensinnig; trotzig; widerspenstig; *Regen* anhaltend; **~arse** sich versteifen; hartnäckig bestehen (**en** auf)

obstrucción *f* Hemmnis *n*; Verstopfung *f*; POL Obstruktion *f*; **~ de la justicia** Behinderung *f* der Justiz

obstruccionar *intr Am* behindern

obstruir ⟨-uy-⟩ *tr* verstopfen; versperren; behindern; erschweren; verbauen *z.B. Möglichkeiten*; **~se** sich verstopfen

obten|ción *f* Erlangung *f*; Beschaffung *f*; IND Gewinnung *f*; **~er** ⟨→ **tener**⟩ *tr* erlangen; erreichen; erzielen; bekommen; erwirken; IND gewinnen; *Preis, Sieg* erringen; *Kredit* aufnehmen

obturador *m* FOTO Verschluss *m*, Blende *f*; TECH Sperre *f*, Sperrvorrichtung *f*; Schließmuskel *m*; **~ de cortinillas** (**laminillas**) Schlitz-(Lamellen)verschluss *m*; **~ de iris** Irisblende *f*

obturar *tr* zu-, verstopfen; absperren; MED, TECH (ver)schließen; *Zahn* füllen; abdichten; FOTO abblenden; TECH dichten; verschließen

obtus|ángulo stumpfwinklig; **~o** stumpf; begriffsstutzig

obús *m* MIL Haubitze *f*; Granate *f*

obvenciones *f/Pl* Nebenverdienst *m*

obvi|ar *tr* abwenden; beseitigen; entgegentreten; vorbeugen; vermeiden, aus dem Weg gehen; **~edad** *f* Eindeutigkeit *f*; Offensichtlichkeit *f*

obvio einleuchtend; augenscheinlich ◇ **es ~** *übertr* es liegt auf der Hand

oca *f* Gans *f*; **~rina** *f* Okarina *f*

ocasión *f* Gelegenheit *f*; Chance *f*; Gelegenheitskauf *m*; Umstand *m*; Anlass *m*; **con** *od* **en ~ de** anlässlich *Gen*; **de ~** Gelegenheits-; aus zweiter Hand, Gebraucht-; **en ocasiones** gelegentlich; **en diferentes ocasiones** wiederholt ◇ **acechar una ~** eine Gelegenheit abpassen; **asir** *od* **coger la ~ por los cabellos** die Gelegenheit beim

Schopfe packen; ***dar ~ a*** Veranlassung *f* geben zu; ***desperdiciar una buena ~*** eine (gute) Chance vergeben
ocasion|al gelegentlich; Gelegenheits-; **~ar** *tr* verursachen; herbeiführen; hervorrufen; veranlassen; bereiten *z.B. Kummer*; anrichten *z.B. Schaden*
ocaso *m* ASTR *u übertr* Untergang *m*; Verfall *m*, Niedergang *m*; ***el ~ de los dioses*** MYTH die Götterdämmerung; ***hacia el ~*** gegen Sonnenuntergang *m Westen*
occident|al I *Adj* westlich *auch* POL; West-; abendländisch **II** *m* Abendländer *m*; **~alista I** *Adj* POL westlich orientiert **II** *m* Anhänger *m* des Westens; **~alización** *f* Verwestlichung *f*; **~alizar** ⟨-z/c-⟩ *tr* verwestlichen; **~e** *m u* POL **≗e** Westen *m auch* POL; Abendland *n*
OCDE *f* (*Abk für **Organización de Cooperación y Desarrollo Económico***) OECD *f*
Oceanía *f* Ozeanien *n*
oceánico ozeanisch; Ozean-
océano *m* Ozean *m*, Weltmeer *m*; große Menge *f*; ≗ ***Atlántico*** Atlantischer Ozean *m*; ≗ ***Boreal*** Nordmeer *n*; ≗ ***Glacial Antártico*** (***Ártico***) Südliches (Nördliches) Eismeer *n*; ≗ ***Indico*** (***Pacífico***) Indischer (Stiller) Ozean *m*
oceanografía *f* Ozeanographie *f*
ocelote *m* Ozelot *m*
ochavar *tr* eine achteckige Form geben
ochavo *m alte spanische Kupfermünze* ◇ ***quedarse sin un ~*** blank sein, keinen Heller mehr besitzen
ochent|a achtzig; **~avo I** *Adj* achtzigster **II** *m* Achtzigstel *n*
ocho I *Adj* acht **II** *m* Acht *f*; *Esp* Brezel *f*; **~cientos** achthundert
ocio *m* Muße *f*; Müßiggang *m*; Freizeit *f*; **~s** *Pl* Mußestunden *f*/*Pl*, Freizeit *f* ◇ ***entregarse al ~*** nichts tun
ocio|sear *intr Am* faulenzen; **~sidad** *f* Müßiggang *m*
ocioso I *Adj* müßig *auch übertr*; träge; faul; zwecklos; unnütz, nutzlos; nichtstuend; LANDW Brach-; ungenutzt ◇ ***encontrarse*** *od* ***estar ~*** (müßig) herumstehen *od* herumsitzen; faulenzen; untätig sein **II** *m* Faulenzer *m*; Nichtstuer *m*
ocluir ⟨-uy-⟩ *tr* verschließen; verstopfen
oclusión *f* Verstopfung *f auch* MED; MED, PHON Verschluss *m*; Einschluss *m*; ***~ intestinal*** Darmverschluss *m*
ocre I *Adj* ockerfarben **II** *m* Ocker *m,n*; ***~ amarillo*** Ockergelb *n*
octan|aje *m* Oktanzahl *f*; **~o** *m* CHEM Oktan *n*
octav|a *f* Oktave *f*; **~illa** *f* Flugblatt *n*; **~o I** *Adj* achter **II** *m* Achtel *n*; Oktavformat *n*
oct|eto *m* Oktett *n*; INFORM Byte *n*; **~igentésimo I** *Adj* achthundertster **II** *m* Achthundertster *m*; **~ogenario** *m* Achtzigjähriger *m*; **~ogésimo I** *Adj* achtzigster **II** *m* Achtzigster *m*; **~osílabo** *m* achtsilbiger Vers *m*
octubre *m* Oktober *m*
óctuple I *Adj* achtfach **II** *m* Achtfaches *n*
octuplicar ⟨-c/qu-⟩ *tr* verachtfachen
ocul|ar I *Adj* Augen- **II** *m* OPT Okular *n*; **~ista** *m*(*f*) Augenarzt *m* (-ärztin *f*)
ocult|ación *f* Verbergung *f*; Verheimlichung *f*; *übertr* Verschleierung *f*; Hinterziehung *f*; **~ar** *tr* verbergen, verstecken (***de, a*** vor); be-, verdecken; verheimlichen; *übertr* verschleiern; *Steuern* hinterziehen; INFORM ausblenden; **~arse** sich verstecken; sich verborgen halten; **~ismo** *m* Okkultismus *m*
oculto geheim; verdeckt; verborgen; ***de ~*** unerkannt; ***en ~*** insgeheim ◇ ***vivir ~*** im Verborgenen leben
ocupa *m umg* Hausbesetzer *m hochspr*
ocupación *f* Besetzung *f*; Besatzung *f*; Betätigung *f*; Beschäftigung *f*; Tätigkeit *f*; Besitznahme *f*; ***~ accesoria*** *od* ***secundaria*** (***completa***) Neben-(Voll)beschäftigung *f*; ***~ disfrazada*** verdeckte Arbeitslosigkeit *f*; ***~ de escasa remuneración*** geringfügiges Beschäftigungsverhältnis *n*; ***~ temporal*** vorübergehende Beschäftigung *f*; Saisonbeschäftigung *f*; ***~ de viviendas*** Hausbesetzung *f*; ***plena ~*** Vollbeschäftigung *f*; ***sin ~*** arbeitslos; unbeschäftigt
ocupacional Beschäftigungs-; Berufs-
ocupado I *Adj* geschäftig; belegt; besetzt **II** *m* Beschäftigter *m*; ***~s a tiempo parcial*** Teilzeitbeschäftigte *m*/*Pl*
ocupador *m* Besetzer *m*
ocupante *m* Besatzer *m*; Fahrgast *m*, Insasse *m*; Bewohner *m eines Hauses*; ***~ (ilegal) de viviendas*** Hausbesetzer *m*
ocupar *tr* besetzen; beschäftigen; Arbeit geben; *Amt* bekleiden; *Platz*, *Amt* einnehmen; belegen; *Wohnung* beziehen; *Haus* bewohnen; *Zeit* beanspruchen; *Sachen* beschlagnahmen; *Waffen* erbeuten; **~se** sich beschäftigen (***de, en*** mit); sich kümmern (***de*** um)
ocurren|cia *f* Vorfall *m*; Einfall *m Idee*; **~cioso**, **~te** witzig; einfallsreich
ocurrido: ***lo ~*** das Geschehene
ocurrir *intr* vorkommen, geschehen; sich ereignen; *Ereignis* eintreten; ***~ a*** *Am reg* sich einfinden; ***¿qué te ocurre?*** was ist mit dir los?; was hast du?; ***ocurrírsele u/c a alg*** jmdm etw einfallen
oda *f* Ode *f*
odiar *tr* hassen

O

odio *m* Hass *m* (*a*; *hacia* auf); *~-amor* Hassliebe *f*; *~ racial* Rassenhass ◇ *arder de ~* von Hass erfüllt sein
odios|idad *f* Gehässigkeit *f*; Verhasstsein *n*; **~o** gehässig; verhasst; widerlich
odisea *f* Irrfahrt *f*; ♀ LIT Odyssee *f*
odont|ología *f* Zahnheilkunde *f*, Odontologie *f*; **~ólogo** *m* Zahnarzt *m*; **~ómetro** *m* Zähnungsschlüssel *m für Briefmarken*
odorante duftend, wohlriechend
OEA *f* (*Abk für* ***Organización de Estados Americanos***) OAS *f*
oeste I *m* West(en) *m*; Westwind *m*; ***el ~ lejano, el salvaje ~*** der Wilde Westen; ***al ~ de*** westlich von; ***hacia ~*** westwärts **II** *Adj* West-
ofend|er I *tr* beleidigen, kränken; *Gefühle* verletzen **II** *intr* widerlich sein; **~erse** sich beleidigt fühlen (***de, por*** durch, von, wegen); *etw* übel aufnehmen; gekränkt sein
ofendido I *Adj* pikiert *gekränkt* ◇ ***darse por ~, mostrarse ~*** sich beleidigt fühlen **II** *m* Beleidigter *m* ◇ ***hacerse el ~*** schmollen, den Beleidigten spielen
ofensa *f* Beleidigung *f*, Kränkung *f*
ofens|iva *f* MIL *u übertr* Angriff *m*, Offensive *f*; **~ivo** beleidigend, kränkend; Angriffs-, Offensiv-; schädlich; **~or** beleidigend, verletzend **II** *m* Beleidiger *m*
oferente *m* Anbieter *m*; ***~ en línea*** INFORM Online-Anbieter *m*; ***~ a bajo precio*** Billiganbieter *m*
oferta *f* Angebot *n*; Vorschlag *m*; Anerbieten *n*; HDL Offerte *f*; ***~ de adquisición*** Übernahmeangebot *n*; ***~ sin compromiso*** unverbindliches Angebot *n*; ***~ de empleo*** *od* ***trabajo*** Stellenangebot *n*; ***~ por escrito*** (***~ oral***) schriftliches (mündliches) Angebot *n*; ***~ especial*** (***excesiva***) Sonder-(Über)angebot *n*; ***~ en firme, ~ vinculante*** Festangebot *n*, verbindliches Angebot *n*; ***~ limitada*** befristetes Angebot *n*; ***~ limitada en la cantidad*** mengenmäßig beschränktes Angebot *n*; ***~ de mercancías*** (***precio***) Waren-(Preis)angebot *n*; ***~ pública de adquisición*** (***de acciones***) öffentliches Übernahme- *od* Kaufangebot *n* (von Aktien); ***~ de representación*** Vertretungsangebot *n*; ***~*** (***no***) ***solicitada*** (un)verlangtes Angebot *n*; ***~ de última hora*** Last-Minute-Angebot *n*; ***~ variada*** (***ventajosa***) vielfältiges (günstiges *od* vorteilhaftes) Angebot *n*; ***la máxima ~*** das Höchstgebot *n* ◇ ***aceptar*** (***hacer***) ***una ~*** ein Angebot annehmen (abgeben *od* machen); ***la ~ es superior a la demanda*** das Angebot übersteigt die Nachfrage; ***la ~ es válida hasta*** das Angebot gilt bis
ofertante *m* Anbieter *m*
ofertar *tr* zum Verkauf anbieten; *Am* anbieten, offerieren; *freiwillig* abgeben
off-line INFORM offline
offset I *Adj* Offset- **II** *m* Offsetdruck *m*
oficial I *Adj* amtlich; Amts-; dienstlich; Dienst-; offiziell; von seiten der Regierung; förmlich, steif **II** *m* Offizier *m*; (Handwerks-)Geselle *m*; Gehilfe *m*; *Am reg* Beamter *m*; ***~ de albañil*** Maurerpolier *m*; ***~ de carrera*** (***complemento***) Berufs-(Reserve)offizier *m*; ***~ de derrota*** Navigationsoffizier *m*; ***~ de manutención*** Kundendiensttechniker *m*; ***~ de obra*** Bauhandwerker *m*; ***~ pesquisador*** Ermittlungsbeamter *m*; **~a** *f* (Handwerks-)Gesellin *f*; Gehilfin *f*
oficialía *f* Beamtenstelle *f*; Gesellenstand *m*; ***~ de partes*** *Méx* Amt *n* für Berichtswesen
oficialidad *f* Offizierskorps *n*; offizieller Charakter *m z.B. eines Schriftstückes*; ***alta ~*** Stabsoffiziere *m/Pl*
oficial|ismo *m Am* Regierungspartei(en *Pl*) *f*; (offizielle) Regierungspolitik *f*; Regierungsapparat *m*; Beamtenapparat *m*; **~ista** *Am* **I** *Adj* von der Regierungspartei; regierungstreu **II** *m* Anhänger *m* der Regierung; **~izar** ⟨-z/c-⟩ *tr* amtlichen Charakter verleihen; amtlich bestätigen; **~mente** von Amts wegen
ofici|ante *m* Zelebrant *m*; **~ar I** *intr* Dienst tun, amtieren (***de*** als); fungieren **II** *tr Messe* zelebrieren
oficina *f* Amt *n*; Büro *n*, Amts-, Geschäftszimmer *n*; Kontor *n*; Kanzlei *f*; Offizin *f*; ***~ de aduana*** (***cambio***) Zollamt *n* (Wechselstelle *f*); ***~ de asistencia social*** Sozialamt *n*; ***~ censal*** *Wahl* Zählbüro *n*; ***~ central*** VERW Zentrale *f*; ***~ de colocaciones*** (***correos***) Stellenvermittlung *f* (Postamt *n*; Poststelle *f*); ***~ de despacho*** Abfertigungsstelle *f*; ***~ de empadronamiento*** Einwohnermeldeamt *n*; ***~ de empleo*** Arbeitsamt *n*; ♀ ***Europea de Estadística*** (***Policía***) Statistisches Amt *n* der Europäischen Kommission (Europäisches Polizeiamt *n*); ***~ de intereses*** Interessenvertretung *f als diplomatische Einrichtung*; ♀ ***Internacional del Trabajo*** Internationales Arbeitsamt *n*; ***~ de matrícula*** Zulassungsstelle *f*; ***~ de objetos perdidos*** (***pagos***) Fund-(Zahlstelle *f*; Lohn)büro *n*; ***~ de obra*** Bauamt *n*; ***~ de patentes*** Patentamt *n*; ***~ de personal*** (***prensa***) Personalbüro *n* (Pressestelle *f*); ***~ de protección de menores*** Jugendamt *n*; ***~ del registro civil*** Standesamt *n*; ***~ de traducción*** Übersetzungsbüro *n*; ***~ de ubicación*** *Am*, ***~ de la vivienda*** *Esp* Wohnungsamt *n*

O

oficin|al Arznei-, Heil-; **~esco** Amts-; bürokratisch *auch abwertend*; **~ista** *m(f)* Büroangestellte(r) *f(m)*; Kontorist(in) *m(f)*; *reg* Kanzleiangestellte(r) *f(m)*
oficio *m* Handwerk *n*; Gewerbe *n*; Beruf *m*; Beschäftigung *f*; Amt *n*; amtliche Mitteilung *f*; Akte *f*, Vorgang *m*; Dossier *n*; **~ de difuntos** Totenamt *n*; **~ (divino)** Gottesdienst *m*; **~ secundario** Nebenberuf *m*, -beschäftigung *f*; **de ~** dienstlich; von Amts wegen; **el Santo ⁓** *hist* die Inquisition ◇ **aprender un ~** ein Handwerk erlernen; **ejercer un ~** ein Gewerbe ausüben; **hacer buenos ~s** gute Dienste leisten; **hacer su ~** seine Schuldigkeit tun; **interponer sus ~s** DIPL vorstellig werden, seinen Einfluss geltend machen (**ante** bei); **ofrecer sus buenos ~s** DIPL seine guten Dienste anbieten; **saber su ~** sein Handwerk verstehen; **ser del ~** auf den Strich gehen
oficiosidad *f* Diensteifer *m*; Gefälligkeit *f*; Beflissenheit *f*; Emsigkeit *f*; Geschäftigkeit *f*; **~ excesiva** *od* **exagerada** Liebedienerei *f*
oficioso diensteifrig; gefällig; emsig; geschäftig; halbamtlich, offiziös; Not-
ofidios *m/Pl* ZOOL Schlangen *f/Pl*
ofimática *f* Bürotechnik *f*
ofrecer *tr* ⟨-c/zc-⟩ anbieten; offerieren; *Opfer* bringen; *Empfang, Essen* geben; bieten; *jmdm etw* reichen; mit sich bringen; **~se** in den Sinn kommen, einfallen; sich darbieten; sich anbieten; sich zur Verfügung stellen; **¿qué se le ofrece (a Vd.)?** Sie wünschen?, womit kann ich dienen?
ofrecimiento *m* Anerbieten *n*; Angebot *n*; REL Darbringung *f*; Gelübde *n*
ofrenda *f* (Opfer-)Gabe *f*; Spende *f*; **~s** *Pl Méx* Totengaben *f/Pl*; **~ de flores** Blumengebinde *n*
ofrendar *tr* opfern; spenden
oft|almía *f* Augenentzündung *f*; **~almología** *f* Augenheilkunde *f*; **~almólogo** *m* Augenarzt *m*; **~almoscopio** *m* Augenspiegel *m*
ofusc|ación *f*, **~amiento** *m* Blendung *f*; Verdunklung *f*; Trübung *f* des Sehvermögens; Geistesverwirrung *f*; Verstörtheit *f*; **~ar** ⟨-c/qu-⟩ *tr* verdunkeln; blenden; den Verstand trüben; **~arse** betrübt werden; geblendet werden
ogro *m* Menschen fressendes Ungeheuer *n*; Scheusal *n*
ohm, ~io *m* EL Ohm *n*
oída *f* Hören *n* ◇ **saber de** *od* **por ~s** vom Hörensagen kennen *od* wissen
oído *m inneres* Ohr *n*; Gehör *n*; Gehörsinn *m*; *Feuerwaffe* Zündloch *n*; **~ externo (interno; medio)** äußeres Ohr *n* (Innenohr *n*; Mittelohr *n*); **al ~** ins Ohr; im Vertrauen; **de ~** MUS nach dem Gehör; **de ~ fino** hellhörig; **corto** *od* **duro** *od* **tardo de ~** schwerhörig; **grato al ~** wohlklingend; **perceptible al ~** hörbar ◇ **aguzar** *od* **alargar el (los) ~(s)** die Ohren spitzen; **(no) caer en ~ sordo** (nicht) auf taube Ohren stoßen; **no creer a sus ~s** seinen Ohren nicht trauen; **dar** *od* **prestar ~s** Gehör schenken; **decir al ~** ins Ohr flüstern; **hacer ~s de mercader** *od* **sordos** sich taub stellen; **hubo ~s sordos** man wollte nicht hören; **me ha llegado a ~s** mir ist zu Ohren gekommen; **pegarse al ~** MUS ins Ohr gehen; **regalarle el ~ a alg** jmdm schmeicheln; **ser todo ~(s)** ganz Ohr sein; **me suenan** *od* **zumban los ~s** mir klingen die Ohren; **tener buen ~** ein gutes Gehör haben
oigo → **oír**
oír ⟨*unreg*⟩ *tr/intr* hören; anhören *auch* JUR; *bes* REL erhören; vernehmen; zuhören; **como quien oye llover** ganz teilnahmslos; **hacerse ~** sich Gehör verschaffen; **hemos oído decir** wir haben gehört; **no ha oído** er hat es überhört *nicht gehört*; **¡oiga!** TEL hallo!; **¡oye!** hör mal!
OIT *f* (*Abk für* **Organización Internacional del Trabajo**) IAO *f od* ILO *f*
ojal *m* Knopfloch *n*; Öhr *n*; Öse *f*
ojalá: **¡ojalá!** *Interj* hoffentlich!; wenn doch nur …!
ojaranzo *m* Oleander *m*; Hainbuche *f*
ojeada *f* (flüchtiger) Blick *m* ◇ **abarcar de una ~** *etw* schnell überblicken; **echar una ~** einen Blick werfen (**a, sobre** auf)
oje|ador *m* JAGD Treiber *m*; WIRTSCH Späher *m*; Scout *m*; *bes Fußball* Talentsucher *m*; **~ar**[1] *tr Wild* aufstöbern, treiben; aufscheuchen
ojear[2] *tr* in Augenschein nehmen; beäugen
ojera *f*: **~s** *Pl* (dunkle) Augenränder *m/Pl*; Augenringe *m/Pl*
ojeriza *f* Groll *m*, Abneigung *f* ◇ **tener ~ a alg** jmdn nicht leiden können
ojeroso: **estar ~** Augenringe haben
ojete *m* Schnürloch *n*; Öse *f*; *vulg* Arschloch *n vulg*
oji|alegre mit fröhlichen Augen; **~moreno, ~pardo** braunäugig; **~negro, ~prieto** schwarzäugig
ojito *m* Äuglein *n*; **~s** *Pl* Augen *n/Pl z.B. an Kartoffeln*; **de ~** um ihrer schönen Augen willen, (für) umsonst ◇ **hacer ~s a alg** jmdm schöne Augen machen
ojituerto schielend
ojiva *f* ARCH Spitzbogen *m*; MIL Sprengkopf *m*; **en ~** bogenförmig
ojival spitzbogenförmig; ARCH gotisch
ojo *m* Auge *n*; Sehvermögen *n*; Blick *m*;

Scharfblick *m*; Öffnung *f*; Öhr *n*; Öse *f*; Schlüsselloch *n*; *Schere* Fingerloch *n*; *Netz* Masche *f*; Durchlass *m*; Brückenbogen *m*; *Käse*, *Brot* Loch *n*; Fettauge *n*; Pfauenauge *n*; Hinweis *m*, Bemerkung *f* (am Rande) *eines Manuskripts*; ***¡~!*** Achtung!; Vorsicht! ***~ de la aguja*** Nadelöhr *n*; ***~ de buey*** MAR Bullauge *n*; ARCH Ochsenauge *n*; ***~s desencajados*** vor Schreck geweitete Augen; ***~ de gallo*** *od* ***pollo*** MED Hühnerauge *n*; ***~ de gato*** Katzenauge *n Rückstrahler u Halbedelstein*; ***~ del huracán*** (***de la tempestad***) Auge *n* des Orkans (Gewitterzentrum *n*); ***~ mágico*** EL magisches Auge *n*; ***~s oblicuos*** *od* ***rasgados*** Schlitzaugen *n/Pl*; ***~s reventones*** *od* ***saltados*** *od* ***saltones*** Glotzaugen *n/Pl*; ***~ de vidrio*** MED Glasauge *n*; ***a cierra ~s, a ~s cerrados*** blindlings; ***a cuatro ~s*** unter vier Augen; ***a ~*** nach Augenmaß; aufs Geratewohl; ***a ~ de buen cubero*** über den Daumen gepeilt; ***a ~s vistas*** augenscheinlich; zusehends; ***al ~ de*** unter den Augen + *Gen*; ***con cien ~s*** äußerst wachsam *od* argwöhnisch; ***enamorado hasta los ~s*** bis über beide Ohren verliebt ◇ ***abrir los ~s a alg*** jmdm die Augen öffnen; ***alzar*** (***bajar***) ***los ~s*** die Augen auf-(nieder)schlagen; ***en un abrir*** (***y cerrar***) ***de ~s*** im Handumdrehen; ***bizcar el ~*** blinzeln; ***bizcar un ~*** auf einem Auge schielen; ***cerrar los ~s*** die Augen schließen *sterben*; ***no cerrar los ~s*** kein Auge zumachen *nicht schlafen können*; ***costar*** *od* ***valer un ~*** *od* ***los ~s de la cara*** ein Heidengeld kosten; ***no creer a sus ~s*** seinen Augen nicht trauen; ***dar en*** *od* ***saltar a los ~s*** offensichtlich sein; ***entrar en el ~*** *Fremdkörper* ins Auge fliegen; ***estar ~ avizor*** auf der Hut sein; argwöhnisch sein; ***mantener los ~s*** (***bien***) ***abiertos*** *übertr* die Augen offen halten; ***no pegar ~, no poder pegar el ~*** keinen Schlaf finden; ***poner los ~s a*** *od* ***en*** auf *etw od jmdn* ein Auge werfen, *etw od jmdn* lieb gewinnen; ***poner los ~s en blanco, torcer*** *od* ***volver los ~s*** die Augen verdrehen; ***póngale ~ a*** achten Sie auf; ***no quitar los ~s*** nicht aus den Augen lassen; ***sacarle los ~s a alg*** jmdm die Augen auskratzen; ***saltársele a alg los ~s*** jmdm die Augen übergehen; ***ser el ~ derecho de alg*** jmds rechte Hand sein; ***tener ~s como brasas*** feurige Augen haben; ***tener entre ~s*** *od* ***sobre ~*** *jmdn* auf dem Kieker haben; ***vendarse los ~s*** die Augen vor der Wirklichkeit verschließen

ojuelo *m* Äuglein *n*; ***~s*** *m/Pl reg* Brille *f*

o.k. okay, in Ordnung

ola *f* Welle *f auch übertr*; Woge *f auch übertr*; ***~ de calor*** (***frío***) Hitze-(Kälte)welle *f*; ***~ de carestía*** Teuerungswelle *f*; ***~ de compradores*** Käuferandrang *m*; ***~ de huelgas*** Streikwelle *f*; ***~ de pleamar*** (***~ rompiente***) Flut-(Brandungs)welle *f*; ***~ verde de los semáforos*** *Am* VERK grüne Welle *f*

ole: ***¡ole!*** *od* ***¡olé!*** *Interj* bravo!, recht so!

oleada *f* Sturzsee *f*; *übertr* Welle *f*; Brecher *m*; Menschenmenge *f in Bewegung*

oleaginos|as *f/Pl* Ölfrüchte *f/Pl*; **~o** *Naturwissenschaft* ölig; ölhaltig; Öl-

oleaje *m* Wellengang *m*; Wellenschlag *m*; Brandung *f*

ole|ar *tr* REL *jmdm* die Letzte Ölung geben; **~fina** *f* Olefin *n*; **~ícola** Ölfrucht- *bzw* Olivenanbau-; **~icultura** *f* Anbau *m* von Ölfrüchten; Olivenanbau *m*

óleo *m* Öl *n*; Ölgemälde *n*; ***al ~*** MAL in Öl; Öl-; ***santo ~*** REL Salböl *n*

oleo|ducto *m* Erdölleitung *f*, Pipeline *f*; **~grafía** *f* Öldruck *m*; **~so** ölhaltig; ölig

oler ⟨*unreg*⟩ **I** *tr* riechen; *Tier u übertr* wittern **II** *intr unpers* riechen (***a*** nach) *auch übertr*; ***~ bien*** (***mal***) gut (schlecht) riechen; ***no poderse ~*** sich nicht erriechen können

olfat|ear I *tr/intr* riechen; schnuppern; herumschnüffeln **II** *tr* beriechen; beschnuppern; **~eo** *m* Riechen *n*; Wittern *n*; **~o** *m* Geruchssinn *m*; Gespür *n*; **~orio** Geruchs-, Riech-

oliente: ***mal ~*** übel riechend

olig|arca *m* POL Oligarch *m*; **~árquico** oligarchisch; **~opolio** *m* WIRTSCH Oligopol *n*; **~opolista** oligopolistisch

olimp|iada *od* **~íada** *f* Olympiade *f*; ***♀s*** *Pl* Olympische Spiele *n/Pl*; ***♀ de Invierno*** (***Verano***) Olympische Winter-(Sommer)-spiele *n/Pl*

olímpicamente von oben herab

olímpico erhaben; überheblich; SPORT olympisch

olimpismo *m* SPORT olympische Bewegung *f*; *übertr* olympische Größe *f*; olympische Idee *f*

Olimpo *m* GEOGR, MYTH, THEAT Olymp *m*

olis|car ⟨-c/qu-⟩ **I** *tr* beschnuppern; beschnüffeln **II** *intr Fisch*, *Fleisch* anfangen zu stinken; (herum)schnüffeln; **~co** *Fleisch* leicht angegangen *od* stinkend; **~quear** → **~car**

oliv|a *f* Olive *f Baum u Frucht*; **~ar** *m* Olivenhain *m*; Ölbaumpflanzung *f*; **~arero** Oliven-; **~ícola** Olivenanbau-; **~icultor** *m* Olivenanbauer *m*; **~icultura** *f* Olivenanbau *m*

olivo *m* Olive(nbaum *m*) *f*; Olivenholz *n*

olla *f* (Koch-)Topf *m*; (Gemüse-)Eintopf *m*; Wasserstrudel *m*; ***~s comunes*** *Chi* Selbsthilfeküchen *f/Pl*; ***~ exprés, ~ a*** *od* ***de pre-***

O

sión Schnellkochtopf *m*; **~ *de grillos*** Tohuwabohu *n*, Wirrwarr *m*; **~ *podrida*** *Eintopf mit Schinken, Geflügel, Wurst, Gemüse, Hülsenfrüchte usw*; **~ *popular*** Armen-, Suppenküche *f*

ollares *m/Pl Pferd* Nüstern *f/Pl*

oller|ía *f* Töpferei *f*; Topfwaren *f/Pl*; Töpfe *m/Pl*; **~o** *m* Töpfer *m*

olm|a *f* große ausladende Ulme *f*; **~o** *m* Ulme *f*, Rüster *f*; Rüsterholz *n*

ológrafo handschriftlich, eigenhändig geschrieben *z.B. Testament*

olor *m* Geruch *m*; **~ *a moho*** Modergeruch *m*; ***buen*** **~** Wohlgeruch *m*; ***mal*** **~** übler Geruch *m*, Gestank *m*

oloroso wohlriechend; *Wein* lieblich

OLP *f* (*Abk für* ***Organización para la Liberación de Palestina***) PLO *f*

olvidadizo vergesslich

olvidado: ***ser*** **~** in Vergessenheit geraten

olvidar *tr/intr* vergessen; *etw* liegen lassen; verlernen; **~ *hacer*** zu tun vergessen; ***se me olvidó*** ich habe es vergessen; es ist mir entfallen

olvido *m* Vergessen *n*; Vergessenheit *f*; Vergesslichkeit *f*; **~ *de sí mismo*** Selbstlosigkeit *f* ◇ ***caer en*** *od* ***pasar al*** **~** in Vergessenheit geraten; ***rescatar*** *od* ***sacar*** *od* ***salvar del*** **~** der Vergessenheit entreißen

Omán *m* Oman *m,n*

omaní I *Adj* omanisch **II** *m(f)* Omaner(in) *m(f)*

omblig|o *m* Nabel *m auch übertr*; **~uero** *m* Nabelbinde *f*

ombudsman *m* Bürgerbeauftragter *m*

OMC *f* (*Abk für* ***Organización Mundial del Comercio***) WTO *f*

ominoso abscheulich; Unheil bringend

omisión *f* Auslassung *f*; Übergehung *f*; Unterlassung *f*; Weglassen *n*; Versäumnis *n*; TYP Leiche *f*; **~ *de aviso*** Unterlassene Anzeige *f*

omitir *tr* unterlassen; übergehen; auslassen; weglassen

ómnibus *m* Omnibus *m*; **~ *articulado*** Gelenk(omni)bus *m*; **~ *de turismo*** Reise-, Touristenbus *m*

omnímodo unumschränkt, absolut

omni|potencia *f* Allmacht *f*; **~potente** allmächtig; **~presencia** *f* Allgegenwart; **~presente** allgegenwärtig

omnívoro *m* ZOOL Allesfresser *m*

omoplato, **omóplato** *m* ANAT Schulterblatt *n*

OMS *f* (*Abk für* ***Organización Mundial de la Salud***) WHO *f*

onanismo *m* Onanie *f*

once I *Adj* elf; elfter **II** *m* Elf *f auch* SPORT **III** *f* ***hacer las*** **~** eine Frühstückspause machen; *Chi nachmittags* einen Tee *od* Kaffee trinken

onceavo I *Adj* elfter **II** *m* Elftel *n*

oncejo *m* ZOOL Mauersegler *m*

onceno I *Adj* elfter **II** *m* Elfter *m*

onc|ología *f* MED Onkologie *f*; **~ológico** onkologisch; **~ólogo** *m* Onkologe *m*

onda *f Flüssigkeit, Haar,* PHYS *u übertr* Welle *f*; Woge *f*; RADIO **~ *corta*** (***larga***; ***media***; ***ultracorta***) Kurz-(Lang-; Mittel-; Ultrakurz)welle *f*; **~ *expansiva*** (***luminosa***; ***sonora***) Druck-(Licht-; Schall)welle *f*; **~ *parásita*** *od* ***perturbadora*** Störwelle *f*; **~ *verde*** *Esp* VERK grüne Welle *f* ◇ ***captar*** *od* ***coger*** **~** *etw* kapieren; ***estar en la*** **~** en vogue sein; mit der Mode gehen; Bescheid wissen

onde|ado wellenförmig; **~ar I** *tr Fahnen* schwingen **II** *intr Fahne* wehen; flattern; wallen; wogen; Wellen schlagen; **~arse** sich schaukeln; sich wellen; **~o** *m* Flattern *n*; Wogen *n*

ondulación *f* Wellenbewegung *f*; Wogen *n*; *Fluss, Weg* Windung *f*; *Haar* Ondulieren *n*; **~ *al frío*** (**~ *permanente***) Kalt-(Dauer)-welle *f*

ondul|ado Well-; wellig; **~ante** *Weg* gewunden; **~ar I** *tr Haar* ondulieren **II** *intr Wasser* Wellen bilden; *Fluss, Schlange* sich winden; *Fahne* flattern; **~arse** *Haar* sich wellen; **~atorio** Wellen-

oneroso beschwerlich; kostspielig

ONG *f* (*Abk für* ***organización no gubernamental***) NRO *f*

ónice *m* MINER Onyx *m*

onírico traumhaft; Traum-

online *Internet* online

onomástic|a *f* Namenskunde *f*; **~o I** *Adj* Namens- **II** *m* Namenstag *m*

onomatopeya *f* Lautmalerei *f*

onto|genia *f* BIOL Ontogenese *f*; **~genético**, **~génico** ontogenetisch

ONU, **O.N.U** *f* (*Abk für* ***Organización de las Naciones Unidas***) UNO *f*

onubense aus Huelva

onusiano zur UNO gehörend; UNO-

onza[1] *f* Unze *f Gewicht*

onza[2] *f Am* Jaguar *m*

onzavo I *Adj* elfter **II** *m* Elftel *n*

OPA *f* (*Abk für* ***oferta pública de adquisición***) öffentliches Übernahme- *od* Kaufangebot *n*

opac|ar ⟨-c/qu-⟩ *tr Am* mattieren; trüben *auch übertr*; **~arse** *Himmel* sich bedecken; **~idad** *f* Undurchsichtigkeit *f*; Trübung *f*; **~o** undurchsichtig; lichtundurchlässig; matt; düster *auch übertr*; glanzlos; *übertr* farblos; *Stimme* belegt

ópalo *m* MINER Opal *m*

opción *f* Wahl *f*; Anrecht *n*; INFORM, JUR, POL Option *f*; **~ cero** POL Nulllösung *f*; **~ de compra** (**venta**) Kauf-(Verkaufs)option *f*; **a ~** nach Wahl; **en ~** *Ware* gegen Aufpreis ◇ **dar la ~ a alg** jmdn vor die Wahl stellen; **hacer su ~ por** sich entscheiden für, seine Wahl treffen für; **no tener otra ~** keine andere Wahl haben

opcion|al nach Wahl; Wahl-; **~almente** wahlweise; **~ar** *intr* optieren, sich entscheiden

open *Turnier* offen

OPEP *f* (*Abk für* **Organización de Países Exportadores de Petróleo**) OPEC *f*

ópera *f* Oper *f*; Opernhaus *n*; **~ bufa** *od* **cómica** komische Oper *f*

operable MED operierbar

operación *f* HDL, MATH, MED, MIL, Operation *f*; Geschäft *n*; Tätigkeit *f*, Vorgang *m*; TECH Bedienung *f*; MIL Kampfhandlung *f*; **operaciones** *Pl* HDL Umsatz *m*; **~ activa** (**pasiva**) Aktiv-(Passiv)geschäft *n*; **~ aritmética** Rechenoperation *f*; **~ bancaria** (**bursátil**) Bank-(Börsen)geschäft *n*; **~ de búsqueda** Suchlauf *m*; **opereciones de cambio** Devisengeschäfte *n*/*Pl*; Devisenhandel *m*; **~ cesárea** (**estética**) MED Kaiserschnitt *m* (Schönheitsoperation *f*); **operaciones de cheques** Scheckverkehr *m*; **~ comercial** Geschäftsvorgang *m*; **~ de compensación** (**crédito**; **emisiones**; **~ financiera** *od* **monetaria**) Kompensations-(Kredit-; Emissions-; Geld)geschäft *n*; **~ de doble opción** *Börse* Stellagegeschäft *n*; **~ de escuchas telefónicas** POL (großer) Lauschangriff *m*; **~ de leasing** Leasinggeschäft *n*; **~ de limpieza** MIL, POL Säuberungsaktion *f*; **operaciones de liquidación** Liquidationsabwicklung *f*; **~ de moneda extranjera** FIN Sortengeschäft *n*; **operaciones de pago** Zahlungsverkehr *m*; **~ a plazo** Termingeschäft *n*; **~ policíaca** Polizeiaktion *f*; **~** (**de trabajo**) Arbeitsgang *m*; **las cuatro operaciones** (**fundamentales de aritmética**) die vier Grundrechenarten ◇ **concertar operationes** Geschäfte tätigen; **sacar de ~** stilllegen *z.B. Ampel*

oper|acional Operations-; operativ; **~ado** *m* Operierter *m*

operador *m* Bediener *m*; Maschinist *m*; Kranführer *m*; Betreiber *m*; MED Operateur *m*; Kameramann *m*; Filmvorführer *m*; MATH, INFORM Operator *m*; INFORM Provider *m*; **~es** *Pl* TECH Bedienungspersonal *n*; **~ radar** Radarbeobachter *m*; **~ del radar** Fluglotse *m*; **~ de radio** Funker *m*; **~ de redes** INFORM Netzbetreiber *m*

oper|adora *f* Telefonistin *f*; *Daten* Typistin *f*; INFORM Operatorin *f*; INFORM Provider *m*; Betreiberin *f*, Betreiberfirma *f*; **~ar I** *tr* eingreifen; *Gerät* bedienen; bewirken; *Wunder* vollbringen; TECH betreiben; *jmdn* operieren **II** *intr* handeln; operieren; wirken; **~arse** geschehen (**en** bei, in); MED sich operieren lassen; **~ario** *m* Arbeiter *m*

operativo I *Adj* operativ; betrieblich, betriebsbedingt; betriebsbereit; Einsatz-; *Fahrzeuge*, *Waffen* einsatzbereit ◇ **estar ~** arbeits-, einsatzfähig; **ser ~** gelten, gültig sein **II** *m* MIL Operation *f*; *Polizei* Einsatzgruppe *f*; Einsatz *m*; Aktion *f*, Unternehmen *n*; Angriff(shandlung *f*) *m*

operatorio MED operativ; Operations-

oper|eta *f* Operette *f*; **~ista** *m* Opernsänger *m*; **~ístico** Opern-

operoso mühsam, beschwerlich

opiato *m* PHARM Opiat *n*

opinable denkbar; diskutierbar; strittig

opinar *intr* meinen, denken (**acerca de, sobre, en algo** zu, über etw); (s)eine Meinung äußern; **¿puedo ~?** darf ich meine Meinung dazu sagen?

opinión *f* Meinung *f*; Stellungnahme *f*; **opiniones** *Pl* Anschauung(en) *f*(*Pl*); Ideen *f*/*Pl*; **~ general** allgemeine *od* weit verbreitete Meinung *f*; **~ pública** öffentliche Meinung *f*; **~** (**pública**) **mundial** Weltöffentlichkeit *f*; **en mi ~** meiner Meinung nach; **en ~ de** nach Meinung von ◇ **abundar en la misma ~** der gleichen Meinung sein; **cambiar** *od* **mudar de ~** seine Meinung ändern; **dar** *od* **emitir su ~** seine Meinung äußern; **diferenciar** *od* **diferir en opiniones** anderer Meinung sein (**de** als)

opio *m* Opium *n*

opíparo *Essen* üppig, reichlich und gut

oponente *m* Opponent *m*; Gegner *m*

oponer ⟨→ **poner**⟩ *tr* entgegenhalten; entgegensetzen; gegenüberstellen; *Rede* entgegnen, einwenden; *Hindernis* in den Weg legen; *Widerstand* leisten; **~se** sich widersetzen; dagegen sein; sich entgegenstellen; widersprechen; entgegenstehen (**a** *Dat*); entgegengesetzt sein *z.B. Charaktere*

oporto *m* Portwein *m*

oportun|amente tunlichst; zu gegebener Zeit; rechtzeitig; wie es sich gehört; **~idad** *f* (günstige, passende) Gelegenheit *f*; Chance *f*; Zweckmäßigkeit *f*; **~idades** *f*/*Pl* Sonderangebote *n*/*Pl*; **~ismo** *m* POL Opportunismus *m*; **~ista** *m* Opportunist *m*

oportuno günstig; gelegen; passend, richtig ◇ **creer** *od* **considerar ~** für angebracht halten; **ser ~** angebracht sein

oposición *f* POL *u allg* Opposition *f*; Widerspruch *m*; Einspruch *m*; Widerstand *m*; Gegenüberstellung *f*; Gegensatz *m*; **oposi-**

ciones *Pl Esp* Auswahlprüfungen *f/Pl für Staatsstellen*; ***hacer oposiciones a*** (***una***) ***cátedra*** sich um ein Lehramt (*bzw* einen Lehrstuhl) bewerben
~ ***diametral*** diametraler Gegensatz *m*; ***en ~ a*** im Gegensatz zu ◇ ***estar en ~ a*** im Widerspruch stehen zu; ***formalizar una ~*** Einspruch erheben
oposi|cionista I *Adj* Oppositions- **II** *m* Oppositionspolitiker *m*; **~tar** *intr* an den Auswahlprüfungen *für Beamtenstellen* teilnehmen; **~tor I** *Adj* oppositionell; Oppositions- **II** *m* Widersacher *m*; Oppositioneller *m*; Bewerber *m* bei den → ***oposiciones***; Opponent *m*
opres|ión *f* Druck *m*, Zwang *m*; Unterdrückung *f*; Bedrückung *f*; Beklemmung *f auch* MED; Atemnot *f*; **~ivo** drückend; Unterdrückungs-; bedrückend; beklemmend; **~or** *m* Unterdrücker *m*
oprimido I *Adj* beklommen **II** *m* Unterdrückter *m*
oprimir *tr* drücken; bedrücken; unterdrücken; zusammendrücken; einengen
oprobi|ar *tr* schmähen, verunglimpfen; **~o** *m* Schande *f*; Schimpf *m*; Schmach *f*; Affront *m*; **~oso** schändlich; schimpflich; schmachvoll
optar *tr/intr* wählen; beschließen *sich entschließen*; sich entscheiden (***por*** für); *Amt* anstreben; *für Staatsangehörigkeit* optieren; ***poder ~*** Anspruch haben (***a*** auf)
optativo wahlweise, Wahl-; Wunsch-
óptic|a *f* Optik *f*; Optikerin *f*; **~o I** *Adj* optisch; Seh-, Augen- **II** *m* Optiker *m*
optim|ación *f* Optimierung *f*; **~ar** *tr* optimieren; **~ismo** *m* Optimismus *m*; **~ista I** *Adj* optimistisch **II** *m*(*f*) Optimist(in) *m*(*f*); **~izable** optimierbar; **~izar** ⟨-z/c-⟩ *tr* optimieren; optimal nutzen
óptimo vortrefflich; bester; optimal
opt|oelectrónica *f* Optoelektronik *f*; **~olectrónico** optoelektronisch
opuesto entgegengesetzt; gegenüberliegend; gegenüberstehend; gegnerisch; widrig; abhold (***a*** *Dat*); entgegenstehend; Gegen-; ***diametralmente ~*** grundverschieden
opulencia *f* Fülle *f*, Üppigkeit *f*; Überfluss *m*; (großer) Reichtum *m*; Opulenz *f*
opulento üppig; wohlhabend; opulent
opus *m bes* MUS Opus *n*; Werk *n*; ♀ **Dei** REL Opus *n* Dei
opúsculo *m* Broschüre *f*; kleines Werk *n*; Bändchen *n*
oqued|ad *f* Loch *n*; Aushöhlung *f*; *übertr* Hohlheit *f*; **~al** *m* Hochwald *m*
ora: **~ ..., ~** mal ..., mal; bald ..., bald
oración *f* Gebet *n*; Rede *f*; GRAMM Satz *m*; ***oraciones coordinadas*** Satzverbindung *f*; ***~ dominical*** Vaterunser *n*; ***~ exhortativa*** GRAMM Aufforderungssatz *m*; ***~ fúnebre*** Leichen-, Trauerrede *f*; ***~ mental*** (***vocal***) stilles (lautes) Gebet *n*; ***~ principal*** (***subordinada***) Haupt-(Neben)satz *m* ◇ ***romper las oraciones*** *jmdm* ins Wort fallen
oracional I *Adj* Satz-; Rede-; Gebet(s)- **II** *m* Gebetbuch *n*
oráculo *m* Orakel *n*; *iron übertr* Sprachrohr *n*; ***~ del campo*** Kamille *f*; ***~ de Delfos*** delphisches Orakel *n*
orador *m* Redner *m*
oral mündlich; Oral-
orangután *m* Orang-Utan *m*
or|ante *m bes bildende Kunst* Betender *m*; **~ar** *intr* beten (***por*** für; um)
orate *m* Verrückter *m*, Irrer *m*, Wahnsinniger *m*
oratori|a *f* Beredsamkeit *f*; Redegewandtheit *f*; Redekunst *f*; **~o I** *Adj* rednerisch; oratorisch; Rede- **II** *m* REL (Haus-)Kapelle *f*; Bethaus *n*; MUS Oratorium *n*
orbe *m* Kreis *m*; Welt *f*; ***~ católico*** katholische Welt *f*; ***~ terráqueo*** *od* ***de la tierra*** Erdenrund *n*, Erdkreis *m*
órbita *f* (Planetenlauf-)Bahn *f*; Umlaufbahn *f*, Orbit *m*; *Geschoss* (Flug-)Bahn *f*; *übertr* Laufbahn *f*; ANAT Augenhöhle *f*; ***~ circunlunar*** (***circunterrestre***) Erd-(Mond)umlaufbahn *f*; ***~ geoestacionaria*** geostationäre Umlaufbahn *f*; ***~ de influencia*** Einflusssphäre *f* ◇ ***colocar en una ~ baja*** *od* ***cercana*** (***lejana***) ***a la tierra*** auf eine erdnahe (erdferne) Umlaufbahn bringen; ***colocar*** *od* ***poner en una ~*** (***circunterrestre***) auf eine Umlaufbahn (um die Erde) bringen; ***estar fuera de ~*** hinter dem Mond leben
orbit|ador *m* Orbiter *m*; **~al** MED orbital; RAUMF Orbital-; PHYS Kreisbahn-; ASTR (Umlauf-)Bahn-; ANAT Augenhöhlen-; **~ar** *tr einen Planeten* umkreisen; RAUMF auf die Umlaufbahn bringen
orco *m* Orkus *m*, Unterwelt *f*
órdago *m*: ***de ~*** fantastisch, prima
orden I *m* Ordnung *f auch* BIOL; Regel *f*; Komplex *m*; Ordentlichkeit *f*; Reihenfolge *f*; Rang *m*; Baustil *m im antiken Griechenland*; ***~ de batalla*** MIL Schlachtordnung *f*; ***~ del día*** Tagesordnung *m*; ***~ económico*** Wirtschaftsordnung *f*; ***~ de ideas*** Gedankenkomplex *m*; ***~ de marcha*** MIL Marschordnung *f*; ***~ de las palabras*** Wortstellung *f*; ***~ de preferencia*** Rangfolge *f*; ***~ público*** öffentliche Ordnung *f*; ***~ social*** Gesellschaftsordnung *f*; ***de ~*** ordnungsliebend; ***del ~ de*** + *Mengenangabe* um die *etwa*; ***de primer ~*** erstklassig; ***en el ~ de*** in Bezug

auf; in der Größenordnung von; **en ~** ordentlich; geordnet; **en todos los órdenes** in jeder Weise; **Nuevo ♀ Económico Internacional** Neue Weltwirtschaftsordnung *f*; **por ~ alfabético** nach dem Alphabet; **por (su) ~** der Reihe nach; **sin ~** ungeordnet; **sin ~ ni concierto** wahllos ◇ **alternar el ~** Unruhe stiften; **estar en ~** in Ordnung sein; *Zimmer* aufgeräumt sein; **llamar al ~** zur Ordnung rufen; **pasar al ~ del día** zur Tagesordnung übergehen; **poner en ~** in Ordnung bringen; ordnen; regeln; **salir del ~** von der Regel abweichen; **turbar el ~ público** die öffentliche Ordnung stören **II** *f* Befehl *m auch* INFORM; Kommando *n*; Weisung *f*, Auftrag *m*; Order *f*; Bestellung *f*; An-, Verordnung *f*; Orden *m* REL *u Auszeichnung*; **~ de allanamiento** *Col*, **~ de registro domiciliario** Haussuchungsbefehl *m*; **~ de arresto** *od* **captura** *od* **detención** Haftbefehl *m*; **~ de bloqueo** Sperrauftrag *m*; **~ de busca** *od* **búsqueda y captura** Steckbrief *m*; **~ de caballería** Ritterorden *m*; **~ de cobro** Inkassoauftrag *m*; **~ de desalojo** Räumungsanordnung *f*; **~ del día (de disparar; de marcha)** Tages-(Schieß-; Marsch)befehl *m*; **~ de embargo** Pfändungsbeschluss *m*; **~ de giro** *od* **transferencia** Überweisungsauftrag *m*; **órdenes mayores (menores)** REL höhere (niedere) Priesterweihen *f/Pl*; **~ operativa** *od* **permanente** *Bank* Dauerauftrag *m*; **~ de pago** Zahlungsanweisung *f*, -auftrag *m*; **~ de pedido** Bestellformular *n*, -schein *m*; **~ penal** Strafbefehl *m*, -mandat *n*; **~ sacerdotal** Priesterweihe *f*; **~ de venta** *Börse* Verkaufsorder *f*; **¡a la ~!** *Am reg* HDL was darf es sein?, Sie wünschen?; bitte sehr! *als Antwort auf* **¡gracias!**; MIL zu Befehl!; **¡a sus órdenes!** gern geschehen!, bitte! **hasta nueva ~** bis auf Widerruf; **por ~ de** im Auftrag von; auf Anordnung von; **por ~ judicial** auf richterliche Anordnung (hin); **según la ~ recibida** auftragsgemäß ◇ **acatar una ~** einem Befehl Folge leisten; **cursar ~ de aprehensión** Haftbefehl erlassen; **estar a la ~ del día** üblich sein, (in) Mode sein; **pasar una ~** einen Auftrag geben; eine Weisung *bzw* Order erteilen; **tomar la ~** *Kellner* die Bestellung entgegennehmen

ordenación *f* Einstellung *f z.B. von Büchern*; Anordnung *f*; Verteilung; Priesterweihe *f*; VERW Zahlstelle *f*; **~ del espacio, ~ territorial** Raumordnung *f*; **~ urbana** Städteplanung *f*

ordenada *f* MATH Ordinate *f*

ordenado ordentlich; geordnet

ordenador *m* Computer *m*; **~ de a bordo** Bordcomputer *m*; **~ central** Zentralcomputer *m*, -rechner *m*; **~ (de control) de procesos** Prozess-, Verfahrensrechner *m*; **~ doméstico (personal)** Heim-(Personal)-computer *m*; **~ de mano** *od* **palma** Handheld *m*, Palmtop *m*; **~ multimedia** Multimedia-PC *m*; **~ portátil** Laptop *m*, Notebook *n*; **~ de proceso electrónico de datos** EDV-Anlage *f*, elektronische Datenverarbeitungsanlage *f*; **asistido** *od* **controlado por ~** rechnergestützt; **mandado por ~** computergesteuert ◇ **trabajar con el ~** am Computer arbeiten

ordenamiento *m* JUR (An-)Ordnung *f*; Erlass *m*; Regelung *f*; **~ y reparto** Aufbereitung *f von Informationen*

ordenanza I *f* Anordnung *f*; Verordnung *f*; VERW Dienstanweisung *f*; **~s** *Pl* Dienstordnung *f*; **de ~** vorschriftsmäßig **II** *m* MIL Ordonanz *f*; (Offiziers-)Bursche *m*; Bürobote *m*

ordenar I *tr* ordnen (**por** nach); sortieren *auch* INFORM; aufräumen; in Ordnung bringen; *Akten* sichten; *Anstrengungen* ausrichten (**a** auf); zum Priester weihen **II** *tr/intr* verfügen; anweisen; MIL befehlen; verordnen; verfügen; **ordeno y mando** *stereotype Militärverordnung* hiermit wird angeordnet; **~se** zum Priester geweiht werden

ordeñ|ador I *Adj* Melk- **II** *m* Melker *m*; **~adora** *f* Melkerin *f*; Melkmaschine *f*; **~ar** *tr* melken *auch übertr*; ausnutzen; *Blätter, Oliven, Beeren* abstreifen

ordin|al Ordnungs-; **~ariamente** (für) gewöhnlich, üblicherweise

ordinariez *f* Ungepflegtheit *f*; ordinäres Wesen *n*; Grobheit *f*; Ungeschliffenheit *f*; **¡qué ~!** wie ordinär!

ordinario I *Adj* normal, üblich; alltäglich; JUR, *Professor, Versammlung* ordentlich; gewöhnlich; gemein; ordinär; grob *auch Stoff*; **de ~** (für) gewöhnlich **II** *m Esp* Frachtunternehmer *m für den Paketdienst*; Bote *m*

orear *tr* lüften; in den Wind hängen; *Wurst* an der Luft trocknen; **~se** frische Luft schöpfen; *durch Wind* trocknen

orégano *m* Oregano *m*, Wilder Majoran *m*

oreja I *f* Ohr(muschel *f*) *n*; *Schuh* Lasche *f*; *Stiefel* Schlaufe *f*; *Mütze* Ohrenklappe *f*; *Buch* Umschlagklappe *f*; *Gefäß* Henkel *m*; *Col* Schweinsohr *n Gebäck*; **~s de burro** Eselsohren *n/Pl im Buch*; **con las ~s caídas** *od* **gachas** mit hängenden Ohren *auch übertr* ◇ **aguzar las ~s** *Tiere u übertr* die Ohren spitzen; **le estarán ardiento las ~s** ihm müssen doch die Ohren klingen; **asomar** *od* **descubrir** *od* **enseñar la ~** seine wahre Absicht verraten; **bajar las ~s** klein beigeben; ***hacer ~s de mercader*** *Esp*, ***hacerse uno de la ~ mocha*** *Col* sich taub stellen; ***jalar*** *Am od* ***tirar de las ~s*** *jmdm* die Ohren lang ziehen; ***mojarle la ~ a alg*** Händel mit jmdm suchen; jmdm über sein *stärker sein als er*; ***taparse las ~s*** sich die Ohren zuhalten; ***se le ve la ~*** man erkennt seine wahren Absichten **II** *m AmC* Spitzel *m*

orejera *f* Ohrenschützer *m*; *Mütze* Ohrenklappe *f* ◇ ***tener ~s*** auf den Ohren sitzen; sich taub stellen

orejón I *Adj Am* → ***orejudo*** **II** *m Col, Méx* Grobian *m*; *Méx wissentlicher* Hahnrei *m*; *Col* Bewohner *m* der Hochebene von Bogotá; ***orejones*** *Pl* Dörrobst *n bes Aprikosen u Pfirsiche* ◇ ***dar un ~*** die Ohren lang ziehen

orejudo groß- *bzw* langohrig

oreo *m* Lufthauch *m*; Auslüften *n*; Trocknen *n von Holz* an der Luft

orfan|ato *m*, **~atorio** *m* Waisenhaus *n*; **~dad** *f* Verwaisung *f*; Waisendasein *n*; Waisenrente *f*

orfebr|e *m* Goldschmied *m*; Juwelier *m*; **~ería** *f* Goldschmiedearbeit *f*; Juwelierarbeit *f*; Goldschmiedekunst *f*; Goldschmuck *m*

orfelinato *m* → ***orfanato***

orfeón *m* Gesang(s)verein *m*

organero *m* Orgelbauer *m*

org|anicidad *f* Organisiertheit *f*; **~ánico** organisch; Organ-; **~anigrama** *m* Stellen(besetzungs)plan *m*; Organigramm *n*

organill|ero *m* Drehorgelspieler *m*; **~o** *m* Drehorgel *f*

organismo *m* Organismus *m*; *übertr* Organ *n*; Körperschaft *f*; ***~ directivo, ~ de gestión*** Leitungsorgan *n*, -gremium *n*; ***~ oficial*** Behörde *f*

organista *m* Orgelspieler *m*; Organist *m*

organización *f* Organisation *f*; Einrichtung *f*; Gliederung *f*; Aufbau *m*; Gestaltung *f*; Anordnung *f*; Organisierung *f*; ***♀ para la Alimentación y la Agricultura*** Ernährungs- und Landwirtschaftsorganisation *f*; ***~ central*** *od* ***de tutela*** Dachorganisation *f*; ***~ de consumidores*** Verbraucherverband *m*; ***♀ de Cooperación y Desarrollo Económico*** Organisation *f* für wirtschaftliche Zusammenarbeit und Entwicklung; ***~ de derechos humanos*** Menschenrechtsorganisation *f*; ***~ ecologista*** (***empresarial***) Umweltschutzorganisation *f* (Unternehmerverband *m*); ***♀ de Estados Americanos*** Organisation *f* Amerikanischer Staaten; ***~ no gubernamental*** Nichtregierungsorganisation *f*; ***~ no lucrativa*** gemeinnützige Organisation *f*; ***~ del mercado*** Marktordnung *f*; ***♀ Mundial del Comercio*** Welthandelsorganisation *f*; ***♀ Mundial de la Salud*** Weltgesundheitsorganisation *f*; ***♀ de las Naciones Unidas*** (***para la Educación, la Ciencia y la Cultura***) Organisation *f* der Vereinten Nationen (für Erziehung, Wissenschaft und Kultur); ***♀ de Países Exportadores de Petróleo*** Organisation *f* Erdöl exportierender Länder; ***♀ de Seguridad y Cooperación Europa*** Organisation *f* für Sicherheit und Zusammenarbeit in Europa; ***~ del tiempo libre*** Freizeitgestaltung *f*; ***♀ del Tratado del Atlántico Norte*** Nordatlantikpakt (-organisation *f*) *m*; ***♀ de la Unidad Africana*** Organisation *f* für Afrikanische Einheit; ***~ de ventas*** Verkaufsorganisation *f*

organiz|ado ordnungsliebend; **~ador I** *Adj* Organisations- **II** *m* Organisator *m*; Ausrichter *m*; Veranstalter *m*

organizar ⟨-z/c-⟩ *tr* organisieren; managen; gliedern; ordnen; aufbauen; gestalten; einrichten; anordnen; ausrichten; veranstalten; ins Leben rufen; **~se** sich organisieren; sich einrichten; zustandekommen

órgano *m* Organ *n auch übertr*; Orgel *f*; ***~ de accionamiento*** TECH Antriebsorgan *n*; ***~ de ajuste*** Stellglied *n*; ***~ automático*** Musikautomat *m*; ***~ dirigente*** Leitungsorgan *n*; ***~s genitales*** *od* ***sexuales*** Geschlechtsorgane *n/Pl*; ***~ de mando*** *od* ***maniobra*** TECH Steuerorgan *n*; ***~ de manubrio*** Drehorgel *f*; ***~ de máxima potestad*** POL höchstes Machtorgan *n*; ***~s de la sociedad*** Gesellschaftsorgane *n/Pl*

org|asmo *m* Orgasmus *m*; **~ástico** orgastisch

org|ía, **~ia** *f* Orgie *f*; **~iástico** Orgien-; zügellos, wild, wüst, orgiastisch

orgullo *m* Stolz *m*; Hochmut *m*; ***~ de casta*** Standesdünkel *m*; ***~ profesional*** Berufsehre *f*; ***hinchado de ~*** stolzgeschwellt

orgulloso hochmütig, anmaßend; stolz ◇ ***estar ~ con*** *od* ***de*** stolz sein auf; ***ser ~*** hochmütig *bzw* stolz sein

orientable drehbar; verstellbar; einstellbar; schwenkbar; orientierbar

orientación *f* Orientierung *f*; Richtung *f auch* GEOL; Studienrichtung *f*; Ausrichtung *f auch* POL; *Bauwerk* Lage *f entsprechend der Himmelsrichtung*; Richtlinie *f*, Weisung *f*; Anhalt *m*; Ortsbestimmung *f*; Ortung *f*; Peilung *f*; Lenkung *f*; Beratung *f*, Führung *f*; Belehrung *f*; Übersicht *f Orientierungstafel*; ***~ política*** politische Einstellung *f*; ***~ profesional*** Berufsberatung *f*; ***~ radiogonométrica*** Funkpeilung *f*; ***bajo la ~ de*** unter der Führung von *od Gen*; ***de difícil ~*** unübersichtlich

orientador Orientierungs-, richtungsweisend

O

orient|al östlich; Ost-; orientalisch; Orient-; uruguayisch; *Cu* aus der Provinz Oriente; **~alista** *m* Orientalist *m*
orientar *tr* orientieren; richten (***hacia*** auf; zu); eine Richtung geben *auch übertr*; ausrichten; beraten; belehren; *wissenschaftliche Arbeit* betreuen; anleiten; lenken (***hacia*** auf); aufmerksam machen (***sobre*** auf); einweisen; TECH einstellen; verstellen; **~se** sich orientieren (***hacia*** nach); sich zurechtfinden; sich informieren; sich (aus)richten; sich einarbeiten; peilen; orten
oriente *m* Osten *m*; Ostwind *m*
Oriente Orient *m*, *hist* Morgenland *n*; **~ *Cercano***, **~ *Próximo*** *bzw* ***Cercano* ~**, ***Próximo* ~** Naher Osten *m*, Nahost *ohne Art*, Vorderer Orient *m*; **~ *Extremo***, **~ *Lejano*** *bzw* ***Extremo* ~**, ***Lejano* ~** Ferner Osten *m*, Fernost *ohne Art*; **~ *Medio*** *od* ***Medio* ~** Mittlerer Osten *m*
orificio *m* Loch *n*; Öffnung *f*; *auch* Bohrung *f*; **~ *de acceso*** Einstieg *m*
origen *m* Ursprung *m*; Herkunft *f*; Abstammung *f*; Entstehung *f*; Veranlassung *f*; Ursache *f*; ***orígenes sociales*** soziale Herkunft *f* ◇ ***dar* ~** hervorbringen (***a*** Akk); Anlass sein (***a*** für); ***ser de* ~ *uruguayo*** gebürtiger Uruguayer sein
origin|al **I** *Adj* ursprünglich; Ursprungs-; Original-; Ur-; originell; urschriftlich; stammend (***de*** aus) **II** *m* Original *n auch übertr*; Urbild *n*; Urtext *m*; **~alidad** *f* Eigentümlichkeit *f*; Originalität *f*; Ursprünglichkeit *f*; Urwüchsigkeit *f*; **~ar** *tr* verursachen; veranlassen; *Ungelegenheiten* bereiten; **~arse** kommen zu *z.B. Zusammenstoß*; entstehen; entspringen; herrühren
originario ursprünglich; Herkunfts-; Ur-; gebürtig, stammend (***de*** aus)
orilla *f* Saum *m*; *Blech*, *Papier*, *Tisch* Rand *m*; Webkante *f*; *Fluss*, *See* Ufer *n*, Strand *m*; **~s** *Pl Arg*, *Méx* Stadtrand *m*; **~ *escarpada*** Steilufer *n*; ***a*** *od* ***en la* ~** am Ufer; ***a* ~s *de*** am *bzw* an … (gelegen) (***a* ~s *del río Bravo***)
orill|ar *tr Stoff* (um)säumen; überwinden; *Schwierigkeit* umgehen; umfahren; *Angelegenheit* ordnen *regeln*; **~arse** *Col* an den Straßenrand (ran)fahren; **~ero** *m Am reg* Vorstadtbewohner *m*; **~o** *m* Webkante *f*
orín *m* Rost *m*; Urin *m*; ***cubierto de* ~** rostig ◇ ***tomarse de* ~** rosten
orin|a *f* Harn *m*, Urin *m*; **~al** *m* Nachttopf *m*; Urinal *n*; **~ar** *intr* harnen, urinieren; **~arse** *ins Bett* machen, urinieren
oriol *m* ZOOL Pirol *m*
Orión *m* ASTR Orion *m*
oriund|ez *f* Herkunft *f*; **~o** stammend, gebürtig (***de*** aus)
orla *f Stoff* Saum *m*; Borte *f*; Besatz *m*; Rand *m*; Randverzierung *f*; **~ *de luto***, **~ *negra*** TYP Trauerrand *m*
orlar *tr* (ein)fassen; säumen; schmücken
orleanés *m* Orleaner *m*
ornament|ación *f* Verzierung *f*; Ausschmückung *f*; Ornamentierung *f*; ARCH Zierleiste *f*; **~al** Zier-; Schmuck-; schmückend; ornamental; **~ar** *tr* schmücken; ausschmücken; verzieren; zieren
ornamento *m* Verzierung *f*; Schmuck *m*; Zierde *f*; Ornament *n*; **~s** *Pl* Schmuckelemente *n/Pl*; **~s *sagrados*** REL Paramente *n/Pl*; **~s (*sacerdotales*)** Ornat *m,n*; Priestergewänder *n/Pl*
ornar *tr* schmücken; ausschmücken
ornit|ología *f* Vogelkunde *f*; **~ológico** ornithologisch, Vogelkunde-; **~ólogo** *m* Ornithologe *m*
oro I *m* Gold *n*; **~s** *Pl* KART Schellen *f/Pl*; **~ *en barras*** *od* ***lingotes*** Barrengold *n*; **~ *batido*** *od* ***foliado*** *od* ***en hojas*** Blattgold *n*; **~ *chapado*** *Esp*, **~ *enchapado*** *Am* Dubleegold *n*; **~ *fino*** *od* ***de ley*** Feingold *n*; **~ *nativo*** *od* ***virgen*** gediegenes Gold *n*; **~ *en polvo*** Goldstaub *m*; ***como un* ~** blitzsauber; ***de* ~** golden *auch übertr*; Gold- ◇ ***hacerse de* ~** sehr reich werden; ***nadar en* ~** in Geld schwimmen; ***pedir el* ~ *y el moro*** *etw* Unmögliches verlangen; ***prometer el* ~ *y el moro*** goldene Berge versprechen; ***tratar como* ~ *en paño*** *etw* wie ein rohes Ei behandeln; *Sprichw* ***no es* ~ *todo lo que reluce*** es ist nicht alles Gold, was glänzt **II** *Adj* Gold- (***patrón* ~**)
oro|génesis *f* GEOL Gebirgsbildung *f*; Orogenese *f*; **~genia** *f* Lehre *f* von der Entstehung der Gebirge; **~grafía** *f* Orographie *f*
orondo selbstzufrieden; *übertr* aufgeblasen; beleibt; *Gefäß* bauchig
oro|pel *m* Flittergold *n*; Tand *m*; Flitter *m*; **~péndola** *f* Pirol *m*
orquesta *f* Orchester *n*; Kapelle *f*; THEAT Orchesterraum *m*; **~ *de baile*** Tanzkapelle *f*; **~ *de cámara*** (***de instrumentos de cuerda***; ***sinfónica***; ***de viento***) Kammer- (Streich-; Symphonie-; Blas)orchester *n*
orquest|ación *f* Orchestrierung *f*; **~al** Orchester-; **~ar** *tr* orchestrieren; inszenieren *z.B. eine Kampagne*; anstimmen *z.B. Loblied*, *Geschrei*; **~ina** *f* (Tanz-)Kapelle *f*
orqu|idáceas *f/Pl* Orchideengewächse *n/Pl*; **~ídea** *f* Orchidee *f*; **~ideología** *f* Orchideenkunde *f*
ortiga *f* Brennnessel *f*; **~ *de mar*** ZOOL Seeanemone *f*; **~ *muerta*** Taubnessel ◇ ***estar sobre* ~s** wie auf (glühenden) Kohlen sitzen
orto *m* ASTR Aufgang *m*; **~ *del sol*** Sonnen-

aufgang *m*
orto|cromático FOTO orthochromatisch; **~doxia** *f* REL Orthodoxie *f*; Rechtgläubigkeit *f*; **~doxo** REL *u übertr* **I** *Adj* orthodox; streng-, rechtgläubig **II** *m* Orthodoxer *m*; **~fónico** klangrein; **~gonal** rechtwinklig; **~grafía** *f* Orthographie *f*; **~gráfico** orthographisch; **~pedia** *f* Orthopädie *f*; **~pédico** **I** *Adj* orthopädisch **II** *m* **~pedista** *m* Orthopäde *m*
oruga *f* ZOOL, TECH Raupe *f*; KFZ Raupenkette *f*
orujo *m* Trester *Pl z.B. von Äpfeln, Oliven, Trauben*; Tresterschnaps *m*
orza[1] *f* Steinkruke *f*, Einmachtopf *m*
orza[2] *f* MAR Anluven *n*; (Kiel-)Schwert *n von Segelbooten, -schiffen*; ***a*** *od* ***de ~*** gegen den Wind
orzar ⟨-z/c-⟩ *intr* MAR (an)luven
orzuelo *m* MED Gerstenkorn *n*
os *Pers Pron Esp* euch; *Refl Pron* ihr
osa *f* Bärin *f*; ***♀ Mayor*** (***Menor***) ASTR Großer (Kleiner) Bär *m od* Wagen *m*
osad|ía *f* Kühnheit *f*, Verwegenheit *f*; Wagemut *m*; Vermessenheit *f*; Dreistigkeit *f*; **~o** kühn; wagemutig
osamenta *f* Skelett *n*; Gebeine *n/Pl*
osar *intr/tr* wagen; sich erdreisten; sich unterstehen; **~io** *m* Beinhaus *n*
Oscar *m* Oscar *m Filmpreis*
OSCE *f* (*Abk für* ***Organización de Seguridad y Cooperación en Europa***) OSZE *f*
oscense *m(f)* Einwohner(in) *m(f)* von Huesca
oscilación *f* Schwingung *f*; PHYS Oszillation *f*; Schwanken *n*; Flackern *n*; ***~ de la coyuntura*** (***de divisas***) Konjunktur-(Währungs)schwankung
oscil|ar *intr* schwingen; schwanken *auch übertr*; pendeln; kippen; flackern; **~atorio** schwingend; **~ógrafo** *m* Oszillograph *m*; **~ograma** *m* Oszillogramm *n*; **~oscopio** *m* Oszilloskop *n*
oscurant|ismo *m* Dunkelmännertum *n*; Obskurantismus *m*; Geheimniskrämerei *f*; **~istas** *m/Pl hist* Dunkelmänner *m/Pl*
oscuras: ***a ~*** im Dunkeln, im Finstern; im Ungewissen, ahnungslos ◇ ***quedarse a ~*** nicht durchblicken
oscurecer ⟨-c/zc-⟩ **I** *tr* verdunkeln *auch übertr*; verfinstern *auch übertr*; abdunkeln **II** *intr* dunkel werden; nachdunkeln **III** *unpers* dunkeln; ***al ~*** bei Einbruch der Dunkelheit; **~se** dunkel werden; *auch übertr* sich verfinstern
oscur|ecimiento *m* Verdunkelung *f auch übertr*; Verfinsterung *f*; Abdunkeln *n*; Nachdunkeln *n*; **~idad** *f* Dunkelheit *f*; Dunkel *n auch übertr*; Finsternis *f*; Verborgenheit *f*; **~o** dunkel *auch übertr*; finster; obskur
óseo knochig; knöchern; Knochen-
os|era *f* Bärenhöhle *f*, -lager *n*; **~ezno** *m* Bärenjunges *n*
osific|ación *f* Knochenbildung *f*; MED Verknöcherung *f*; **~arse** ⟨-c/qu-⟩ verknöchern
osmaní **I** *Adj* osmanisch **II** *m* Osmane *m*
osmio *m* CHEM Osmium *n*
osmosis, **ósmosis** *f* Osmose *f*
oso *m* Bär *m*; Tollpatsch *m*; ***~ blanco*** *od* ***marítimo*** *od* ***polar*** Eisbär *m*; ***~ común*** *od* ***pardo*** (***gris***; ***hormiguero***; ***lavador***; ***marino***) Braun-(Grau-, Grizzly-; Ameisen-; Wasch-; See)bär *m*; ***~ de peluche*** Teddy(-bär) *m* ◇ ***hacer el ~*** sich zum Kasper machen
oste: ***¡~!*** fort von hier!, ◇ ***sin decir ~ ni moste*** ohne einen Mucks(er) zu sagen
ostensible offensichtlich; offenbar ◇ ***hacer ~*** zum Ausdruck bringen
ostensivo ostentativ; unverkennbar
ostentación *f* Prahlerei *f*; Zurschaustellung *f*; ***sin ~*** unauffällig, diskret ◇ ***hacer ~*** prahlen (***de*** mit)
ostent|ar *tr* zur Schau stellen; aufweisen; *Auszeichnungen* tragen; *Amt* bekleiden; *Titel, übertr Namen* haben; **~ativo** ostentativ; **~oso** Prunk-, Luxus-; protzend; auffallend, -fällig; prunkvoll; sehenswert
osteo|malacia *f* Knochenerweichung *f*; **~porosis** *f* MED Osteoporose *f*
osti|ón *m Am reg* Auster *f*; **~onero** *m* Austernfischer *m*
ostra *f* Auster *f*; ***~ perlera*** Perlmuschel *f* ◇ ***aburrirse*** *od* ***estar como una ~*** sich furchtbar langweilen
ostracismo *m hist* Ostrazismus *m*
ostr|ero *m* Austernfischer *n*; Austernverkäufer *m*; **~icultura** *f* Austernzucht *f*; **~icultor** *m* Austernzüchter *m*
ostrogodo **I** *Adj* ostgotisch **II** *m* Ostgote *m*; das Ostgotische
osudo knochig
OTAN *Esp*, **OTÁN** *Am f* (*Abk für* ***Organización del Tratado del Atlántico Norte***) NATO *od* Nato *f*
otan|iano, **~ista** NATO-
ot|eador **I** *Adj* spähend **II** *m* Späher *m*; **~ear** *tr* (von einer Höhe aus) überblicken; beobachten; spähen in *od* nach; überwachen; *Zukunft* erforschen; **~ero** *m* einzelner Hügel *m*, Anhöhe *f*
otitis *f* Ohrenentzündung *f*, Otitis *f*; ***~ media*** Mittelohrentzündung *f*
otólogo *m* Ohrenarzt *m*
otoman|a *f* Ottomane *f*; **~o** *m* Ottomane *m*, Osmane *m*
otomí *Méx m* Otomí(indianer) *m*

otoñ|ada *f* Herbstzeit *f*; **~al** Herbst-; herbstlich; *Person* älter; **~ar** *intr* den Herbst verbringen; im Herbst sprießen; **~o** *m* Herbst *m auch übertr*
otorgadora *f*: **~ *de licencia*** Lizenzgeber *m*
otorg|amiento *m* Verleihung *f eines Preises*; Erteilung *f*; Bewilligung *f*; Gewährung *f*; Ausfertigung *f*; **~ante** *m* Vollmachtgeber *m*; Aussteller *m eines Schecks*; **~ar** ⟨-g/gu-⟩ *tr Auszeichnung* verleihen; *Preise* verteilen; erteilen; *Frist, Rechte* einräumen; *Bürgschaft* leisten; bewilligen; gewähren; *Testament* errichten; ausfertigen, -stellen
otorrinolaringólogo *m* Hals-Nasen-Ohren-Arzt *m*, HNO-Arzt *m*
otoscopio *m* MED Ohrenspiegel *m*
otro I *Adj* ein anderer (***compraré ~ coche***; ***mi ~ tío***); ein weiterer (***aquí tienes otra prueba***); noch einer (***~ vino***; ***otra cerveza***); ein zweiter, ein neuer (***va a ser ~ Velázquez***); kommender, nächster (***al ~ mes***); **~s** *Pl* andere (***~s chicos***); weitere (***aquí hay ~s libros del mismo autor***); sonstige (***~s temas de interés***) **II** *Pron* ein anderer (***que lo haga ~***); der andere (***tiene un coche aquí y el ~ en Madrid***); ***¡otra!*** MUS Zugabe!, noch einmal!; ***¡~!*** *Aufforderung im Wartezimmer* der Nächste!; ***entre otras** od* **~s** unter anderem; ***¡hasta otra!*** auf bald!; ***ningún ~*** kein anderer; ***uno detrás de ~*** hintereinander ◇ ***¡esa es otra!*** das wird ja immer schöner!; das fehlte gerade noch!; ***ser*** (***muy***) ***~*** (ganz) anders sein
otrosí JUR darüber hinaus, außerdem; überdies; ferner
OUA *f* (*Abk für* ***Organización de la Unidad Africana***) OAU *f*
outsourcing *m* WIRTSCH Outsourcing *n*
ovaci|ón *f* Ovation *f*; **~onar** *tr* mit Beifall aufnehmen; zujubeln; *jmdn* feiern
oval, **~ado** oval; eiförmig
óvalo *m* Oval *n*
ovario *m* BOT Fruchtknoten *n*; ANAT Eierstock *m*
oveja *f* Schaf *n*; ***la ~ negra*** *übertr* das schwarze Schaf; *Sprichw* ***cada ~ con su pareja*** Gleich und Gleich gesellt sich gern ◇ ***encomendar las ~s al lobo*** den Bock zum Gärtner machen
ovej|ería *f Am* Schafe *n/Pl*; Schaffarm *f*; **~ero** *m* Schäfer *m*; **~uno** Schafs-
overa *f* Eierstock *m bei Vögeln*
overbooking *m* FLUGW Überbuchung *f*
overo falb; *Am* scheckig
overol *m Am* Overall *m*
ovetense aus Oviedo
ovicida *m* LANDW Ovizid *n*
óvidos *m/Pl* Schafe *n/Pl* und Ziegen *f/Pl*
ovi|ducto *m* ANAT Eileiter *m*; ZOOL Legeröhre *f*; **~forme** eiförmig
ovillar *tr* zu einem Knäuel wickeln; **~se** sich zusammenrollen *z.B. Katze*
ovillo *m* Knäuel *m,n* ◇ ***hacerse un ~*** sich zusammenkauern; sich zusammenrollen; *Rede* sich verhaspeln
ovino I *Adj* Schaf- **II** *m* **~s** *Pl* Schafe *n/Pl*; **~cultura** *f* Schafzucht *f*; Schafhaltung *f*
ov|íparo Eier legend, ovipar; **~iposición** *f* Eierlegen *n*; Eiablage *f*
OVNI, ovni *m* (*Abk für* ***objeto volador no identificado***) UFO, Ufo *n*
ovoide, ovoideo eiförmig
ovulación *f* Ovulation *f*, Eisprung *m*
óvulo *m* BIOL Eizelle *f*
oxid|abilidad *f* Oxidierbarkeit *f*; **~able** oxidierbar; rostend
oxidación *f* Oxidierung *f*; Rosten *n*; ***~ electrolítica*** Eloxieren *n*; ***~ incipiente*** Rostansatz *m*
oxid|ado sauerstoffhaltig; rostig; verrostet; **~ante** *m* Oxidationsmittel *n*; **~ar** *tr* oxidieren; **~arse** rostig werden
óxido *m* Oxid *n*; ***~ carbónico, ~ de carbono*** Kohlenoxid *n*; ***~ del deuterio*** schweres Wasser *n*; ***~ de hierro*** Eisenoxid *n*, Rost *m*; ***~ nítrico*** (***de nitrógeno***) Stick-(Stickstoff)oxid *n*
oxigen|ado sauerstoffhaltig; mit Sauerstoff angereichert; *Haar* wasserstoff(superoxid)blond; **~ar** *tr* mit Sauerstoff anreichern; mit Sauerstoff verbinden
oxígeno *m* Sauerstoff *m*
oxi|genoterapia *f* Sauerstofftherapie *f*; **~hemoglobina** PHYSIOL Oxyhämoglobin *n*; **~hidrato** *m* Oxihydrat *n*; **~metría** *f* Oxymetrie *f*
oxte → ***oste***
oy|e, ~endo → ***oír***
oyente *m* Hörer *m*; Zuhörer *m*; *Universität* Gasthörer *m*; ***~ clandestino*** RADIO Schwarzhörer *m*
ozon|o *m* Ozon *n*; **~ómetro** *m* Ozonmesser *m*; **~osfera** *f* Ozonschicht *f*

P

p, P *f* p, P *n*
p. (*Abk für* ***página***) S.
P (*Symb für* ***fósforo***) CHEM P
P. *Abk für* REL → ***padre***
pa *And, Am reg umg* ***para***
Pa (*Symb für* ***protactinio***; ***pascal***) CHEM, PHYS Pa
p.a. (*Abk für* ***por autorización***) i.A., → ***autorización***
pabellón *m* Rundzelt *n*; Altar-(*auch* Bett- *od* Thron)himmel *m*; Pavillon *m*; Gartenlaube *f*; Flagge *f*; **~ *del auricular*** TEL Hörermuschel *f*; **~ *de conveniencia*** MAR Billigflagge *f*; **~ (*de la oreja*)** Ohrmuschel *f*
pabilo, pábilo *m* Kerzendocht *m*
pábulo *m* Nahrung *f auch übertr*; Gesprächsstoff *m* ◇ ***dar* ~** Anlass geben (***a*** zu)
paca *f* Ballen *m*; Pack(en) *m*
pacá *umg für* ***para acá***
pacato friedfertig; furchtsam; verschämt; zu bescheiden; scheinheilig
paced|ero Weide-; **~ura** *f* Weiden *n*
paceño I *Adj* aus La Paz **II** *m*, **-a** *f* Einwohner(in) *m(f)* von La Paz
pacer ⟨-c/zc-⟩ **I** *intr* weiden, grasen; *Wild* äsen **II** *tr* abgrasen
pachá *m* Pascha *m auch übertr* ◇ ***vivir como un* ~** wie Gott in Frankreich leben
pachacho *Chi* klein und kurzbeinig
pachamama *f Am reg* Mutter *f* Erde
pachanga *f* Rummel *m*; *Ant* Vergnügen *n*
pacho träge; *AmC, Chi* untersetzt *rundlich*; *AmC, Méx* platt, flach
pacholí *m Méx* gerösteter Maisfladen *m*
pachón I *Adj Am* wollen, Woll-; zottig; Dackel- **II** *m* Dackel *m*; Phlegmatikus *m*
pachorr|a *f* Trägheit *f*; **~udo** träge *phlegmatisch*
pachucho *Blumen* welk; *Obst* matschig; knülle *abgeschlagen*
paciencia *f* Geduld *f*; Ausdauer *f*, Langmut *f*; Ruhe *f* ◇ ***se me acabó la* ~** meine Geduld ist zu Ende; ***armarse, cargarse*** *od* ***revestirse de* ~** sich mit Geduld wappnen; ***hacer perder la* ~** *jmdn* aus der Ruhe bringen
pacien|te I *Adj* geduldig **II** *m* Patient *m*; **~zudo** äußerst geduldig
pacific|ación *f* Befriedung *f*; **~ador I** *Adj* Befriedungs-; Frieden stiftend **II** *m* Friedensstifter *m*; **~ar** ⟨-c/qu-⟩ *tr* befrieden; besänftigen; **~arse** sich beruhigen; *Wind* sich legen
pacífico I *Adj* friedlich; friedfertig, ruhig, still **II** *m* ***el*** ♀ der Pazifik
pacif|ismo *m* Pazifismus *m*; **~ista I** *Adj* pazifistisch **II** *m(f)* Pazifist(in) *m(f)*
paco I *Adj Am reg* rötlich **II** *m* Bulle *m Polizist*
pacotilla *f Zoll* Freigut *n*; Ramsch *m*; ***a la* ~** *Chi* auf die Schnelle; ***de* ~** minderwertig; Schund-; zweitklassig
pacotillero I *Adj* schludrig **II** *m* Ramschverkäufer *m*; *Am* Hausierer *m*
pactar I *tr* vereinbaren; *Preise* absprechen **II** *intr* paktieren
pacto *m* Pakt *m*, Vertrag *m*; **~ *de no agresión*** Nichtangriffspakt *m*; ♀ ***Andino*** Andenpakt *m*; **~ *oculto*** Geheimvertrag *m*; **~ *social*** Sozialpakt *m*; ♀ ***de Varsovia*** *hist* Warschauer Pakt *m*
padecer ⟨-c/zc-⟩ **I** *tr* erleiden; leiden an *od* unter; erdulden; aushalten; über sich ergehen lassen (müssen); sich *einer Sache* unterziehen (müssen); behaftet sein mit; ***hacer* ~** gefährden; ramponieren **II** *intr* leiden
padecimiento *m* Leiden *n*; **~ *del corazón*** (**~ *hepático***; **~ *renal***) Herz-(Leber-; Nieren)leiden *n*
padr|astro *m* Stiefvater *m*; Rabenvater *m*, Nied-, Neidnagel *m*; **~azo** *m* allzu nachsichtiger Vater *m*
padre *m* Vater *m auch übertr*; Pater *m*; Vatertier *n*; **~s** *Pl* Eltern *Pl*; Väter *m/Pl auch Vorfahren*; **~ *adoptivo*** Adoptivvater *m*; **~ *de almas*** Seelsorger *m*; **~ *de la criatura*** Kindesvater *m*; **~ *espiritual*** Beichtvater *m*; **~ *de familia*** Familienvater *m*; Familienoberhaupt *n*; **~ *nuestro*** → ***padrenuestro***; **~ *de pila*** Taufpate *m*; **~ *político*** Schwiegervater *m*; ***Beatísmo*** *od* ***Santo*** ♀ Heiliger Vater *m Papst*
padre|ar *intr* dem Vater ähneln; ZOOL als Zucht- *od* Samentier dienen; **~nuestro** *m Gebet* Vaterunser *n*
padr|illo *m AmS* männliches Zuchttier *n*; **~inazgo** *m* Patenschaft *f*; Schutz *m Protektion*

P

padrino *m* Taufpate *m*; Patenonkel *m*; Brautführer *m*; *Duell* Sekundant *m*; Gönner *m*; Beschützer *m*; **~ (*de boda*)** Trauzeuge *m* ◇ ***tener buenos ~s*** gute Beziehungen haben

padrón *m* Einwohnerverzeichnis *n*; Formular *n*; Muster *n*; Schandfleck *m Schande*; **~ *de ignominia*** Schandmal *n* ◇ ***llenar el ~*** das Formular ausfüllen

paell|a *f* Paella *f valencianisches Reisgericht*; **~era** *f* Paella-Pfanne *f*

pág. (*Abk für* ***página***) S.

paga *f* Bezahlung *f*; Lohnauszahlung *f*; Zahlung *f*; Lohn *m*; *auch* Gehalt *n*; MIL Sold *m*; MAR Heuer *f*; Belohnung *f*; Vergeltung *f*; **~ *adelantada*** Vorauszahlung *f*; **~ *extra*** zusätzliches Monatsgehalt *n*; **~ *extraordinaria*** Sondervergütung *f*; **~ *de Judas*** Judaslohn *m*; **~ *de Navidad*** Weihnachtsgeld *n*; ***como ~ y señal*** als Anzahlung; ***sin ~*** unentgeltlich

pag|able bezahlbar; **~adero I** *Adj* zahlbar, fällig; unbezahlt, offen **II** *m* Zahlungsfrist *f*; Zahlungsart *f*

pagado bezahlt; verzollt; **~ *de sí mismo*** selbstgefällig ◇ ***estamos ~s*** wir sind quitt

pag|ador *m*, **~adora** *f* Zahler(in) *m(f)*; Zahlmeister(in) *m(f)*; Lohnauszahler(in) *m(f)*; **~aduría** *f* Zahlstelle *f*; **~amento** *m* Zahlung *f*; Bezahlung *f*

pagan|ismo *m* Heidentum *n*; **~o I** *Adj* heidnisch **II** *m* Heide *m*

pagar ⟨-g/gu-⟩ *tr/intr* zahlen; bezahlen; abzahlen; begleichen; auszahlen; entgelten; vergüten; büßen; vergelten; *Wechsel* einlösen; *Gebühr* entrichten; *Besuch* erwidern; **~ *por adelantado*** *od* ***anticipado*** im Voraus (be)zahlen; ***¡me las pagarás!*** das wirst du mir büßen!; **~se** sich zufrieden geben (***con, de*** mit); protzen (***de*** mit); sich rentieren, sich rechnen

pagaré *m* Schuldschein *m*: Zahlungsanweisung *f*

página *f* Seite *f*; **~ *de cubierta*** Umschlagseite *f*; **~ *personal*** INFORM persönliche Homepage *f*; **~ *principal*** Homepage *f*; **~ *web*** *Internet* Webseite; ***de ~ entera*** ganzseitig ◇ ***ajustar las ~s*** TYP umbrechen; ***llevar a la ~ siguiente*** *Summe* auf die nächste Seite übertragen; ***pasa a la ~ 7*** Fortsetzung auf S. 7; ***ser una ~ en blanco*** *übertr* ein unbeschriebenes Blatt sein; ***viene de la ~ 6*** Fortsetzung von S. 6

paginación *f* TYP Paginierung *f*

pago *m* Zahlung *f*; Bezahlung *f*; Begleichung *f*; Tilgung *f*; Auszahlung *f*; Entgelt *n*; Lohn *m*; *Wechsel* Einlösung *f*; **~ (*por*) *adelantado*, ~ *anticipado*** Vorschuss *m*; Vorauszahlung *f*; **~ *de amortización e intereses*** FIN Schuldendienst *m*; **~ *aplazado*** *od* ***fraccionado*** Ratenzahlung *f*; **~s *atrasados*** Rückstände *m/Pl*; **~ *por cheque*** Scheckzahlung *f*; **~ *compensatorio*** Ausgleichszahlung *f*; **~ *al contado*** *od* ***en efectivo*** Barzahlung *f*; **~ *a cuenta*** Abschlags-, Akontozahlung *f*; *Österr* Anzahlung *f*; **~ *sin descuento*** Zahlung *f* ohne Abzug; **~ *a destajo*** Leistungs-, Akkordlohn *m*; **~ *contra entrega de documentos*** HDL Kasse *f* gegen Dokumente; **~ *contra entrega de la mercancía*** Zahlung *f* bei Erhalt der Ware; **~ *en especie*** Naturalleistung *f*, -lohn *m*; **~ *al hacer el pedido*** Zahlung *f* bei Auftragserteilung; **~ *de indemnización por despedido*** Abfindungszahlung *f*; **~ *inicial*** Anzahlung *f*; **~ *inmediato*** sofortige Bezahlung *f*; **~ *mensual*** Monatsgehalt *n*; **~ *por nocturnidad*** Nachtzuschlag *m*; **~ *por obra terminada*** Stücklohn *m*; **~ *por orden permanente*** Dauerauftragszahlung *f*; **~ *parcial*** Teilzahlung *f*; Abschlagszahlung *f*; **~ *a plazos*** Teil-, Ratenzahlung *f*; **~ *al recibir la factura*** Zahlung *f* bei Erhalt der Rechnung; **~ *contra reembolso*** Zahlung *f* per Nachnahme; **~ *restante*** Restzahlung *f*; **~ *retrasado*** verspätete Zahlung *f*; **~ *sobre tarifa*** übertarifliche Bezahlung *f*; **~ *por tiempo*** Zeitlohn *m*; **~ *por el trabajo*** Lohn *m* nach Leistung; ***de ~*** zollpflichtig; ***en ~ de*** zum Lohn für; ***mal ~*** Undank *m*; ***pendiente de ~*** zur Zahlung fällig; ***previo ~ de*** gegen (Voraus-) Zahlung von ◇ ***admitir en ~*** in Zahlung nehmen; ***aplazar el ~*** die Zahlung stunden; ***efectuar ~s*** Zahlungen leisten; ***estar exento de ~*** nicht bezahlen brauchen *od* müssen; ***hacer un ~ suplementario*** nachzahlen; ***requerir el ~*** zur Zahlung auffordern; ***suspender los ~s*** die Zahlungen einstellen

pagoda *f* Pagode *f*

págs. (*Abk für* ***páginas***) S.

pail|a *f* flaches Metallbecken *n*; *Am* Pfanne *f*; *Arg* Kupferkochkessel *m*; **~ero** *m Am reg* Kesselschmied *m*; *Am reg* Kesselwart *m*

país *m* Land *n*; Heimat *f*; *auch* Staat *m*; **~ *de acogida*, ~ *receptor* (*emisor*)** *Gastarbeiter* Aufnahme-, Ein-, Zuwanderungs-(Herkunfts-, Ursprungs)land *n*; **~ *acreedor*** Gläubigerland *n*; **~ *de adopción*** Wahlheimat *f*; **~ *agrícola*** Agrarland *n*; **~es *No Alineados*** nicht paktgebundene Staaten *m/Pl*; **~ *comunitario*, ~ *miembro de la UE*** EU-Land *n*; **~ *de destino* (~ *deudor*)** Bestimmungs-(Schuldner)land *n*; **~ *huésped*** Gastgeberland *n*; **~ *industrial*** Industrieland *n*; **~ *miembro*** Mitgliedsland *n*, -staat *m*; **~ *nativo*** Geburtsland *n*; **~ *de origen***

(***procedencia***) Ursprungs-(Herkunfts)-land *n*; **~ *petrolero*** Erdöl produzierendes Land *n*; **~ *ribereño*** (***signatario***) Anrainer-(Signatar)staat *m*; **~ *subdesarrollado*** unterentwickeltes Land *n*; **~ *suministrador*** (***de tránsito***) Liefer-(Transit)land *n*; **~ *umbral*** *od* ***en vías de industrialización*** Schwellenland *n*; **~ *en*** (***vías de***) ***desarrollo*** Entwicklungsland *n*; ***del* ~** einheimisch; ***en nuestro* ~** bei uns; ***tercer* ~** HDL Drittland *n* ◇ ***expulsar del* ~** des Landes verweisen

País Vasco *m* Baskenland *n*

paisa|je *m* Landschaft *f auch* MAL; **~jismo** *m* Landschaftsmalerei *f*; **~jista** *m* Landschaftsmaler *m*; **~naje** *m* Landsmannschaft *f Landsleute*

paisano *m* Bauer *m*, Landmann *m*; Landsmann *m*; Zivilist *m*; ***vestido de* ~** in Zivil (-kleidung) ◇ ***ir*** *od* ***vestir de* ~** MIL, REL Zivil tragen

Países Bajos *m/Pl* Niederlande *Pl*

paja *f* Stroh *n*; Strohhalm *m*; Trinkhalm *m*; *AmC* Wasserhahn *m*; ***en quítame allá esas* ~*s*** im Handumdrehen, im Nu ◇ ***no dormirse en las* ~*s*** die Gelegenheit beim Schopf packen

pajar *m* Schober *m*; Scheune *f*

pájara *f* Vogelweibchen *n*; durchtriebenes Frauenzimmer *n*; plötzliches Unwohlsein *n* ◇ ***le dio la* ~** ihm wurde übel

pajar|ear *intr* Vögel fangen; herumlungern; **~era** *f* Vogelbauer *n,m*; Voliere *f*; **~ería** *f* Vogelhandlung *f*; Vogelwelt *f*, **~ero I** *Adj* Vogel-; fidel *lustig*; *Stoff* buntscheckig; *Am reg Pferd* scheu **II** *m* Vogelfänger *m*; Vogelzüchter *m*; Vogelhändler *m*

pajari|llo *m* **~to** *m* Vögelchen *n*

pájaro *m* Vogel *m*; gewiefter Bursche *m*; *Arg übertr* lockerer Vogel *m*; *Col* Bandit *m*; *Cu* Weichling *m*; *Chi* Dussel *m*, **~ *bobo*** Pinguin *m*; **~ *carpintero*** Specht *m*; **~ *de cuenta*** schräger Vogel *m*; **~ *gordo*** *übertr* hohes Tier *n*; *übertr* großer Fisch *m*; **~ *mosca*** Kolibri *m*; **~ *de paso*, ~ *volandero*** Zugvogel *m auch übertr*; ***¡un buen* ~*!*** *übertr* ein sauberer Vogel!; ***valiente* ~** gefährlicher Bursche *m*; Spitzbube *m*, Gauner *m* ◇ ***matar dos* ~*s de un tiro*** *übertr* zwei Fliegen mit einer Klappe schlagen; ***saltó el* ~ *del nido*** *übertr* der Vogel ist ausgeflogen; *Sprichw* ***más vale* ~ *en mano que ciento volando*** lieber den Spatz in der Hand als die Taube auf dem Dach

pajar|ón *m Chi* Schwachkopf *m*; **~ota, ~otada** *f* Ente *f Lüge*; **~ote** *m* Riesenvogel *m*; **~raco** *m* hässlicher Vogel *m*; Filou *m*, Gauner *m*

paje *m* Page *m*; MAR Schiffsjunge *m*

paj|illa *f*, *Am* **~ita** *f* Strohhalm *m*; *Am reg* Trinkhalm *m*; *Cu* Strohhut *m*; **~izo** strohfarben; Stroh-; strohig

paj|olero lästig; vermaledeit; **~oso** strohig; Stroh-; strohartig; **~ote** *m* Strohmatte *f zum Abdecken von Frühbeeten*; **~uela** *f* kleiner Strohhalm *m*; *Bol*, *Col*, *Chi* Zahnstocher *m*

Pakistán *m* Pakistan *n*

pakistaní, pakistano → ***paquistaní***

pala *f* Schaufel *f auch Geweih*; Spaten *m*; *Axt*, *Hacke* Blatt *n*; Brotschieber *m*; *Blasinstrument* Klappe *f*; SPORT Schläger *m*; Mörtelkelle *f*; *Schuh* Vorderblatt *n*; Oberleder *n*; Geschicklichkeit *f*; **~ *para arena*** (***carbón***) Sand-(Kohle)schaufel *f*; **~ *para batir alfombras*** Teppichklopfer *m*, **~ *de hélice*** MAR Schraubenblatt *n*; FLUGW Luftschraubenblatt *n*; **~ *matamoscas*** Fliegenklatsche *f*; **~ *mecánica*** Löffelbagger *m*; *Am* Bulldozer *m*; **~ *del remo*** Ruderblatt *n*

palabra *f* Wort *n auch Versprechen*; Redegabe *f*; ***¡*~*s!*** schöne *od* leere Worte!; faule Ausreden!; **~(*s*) *de clausura*** Schlusswort(e *Pl*) *n*; **~ *clave*** Schlüsselwort *n*; Stichwort *n*; INFORM Pass-, Kennwort *n*; **~*s cruzadas*** *Am reg* Kreuzworträtsel *n*; **~*s de elogio*** Laudatio *f*; **~ *fuerte*** Kraftausdruck *m*; ***¡*~ (*de honor*)*!*** Ehrenwort!; **~ *de matrimonio*** Eheversprechen *n*; **~*s mayores*** Schmähworte *n/Pl*; etwas Wichtiges; **~*s preliminares*** Vorbemerkungen *f/Pl*; **~ *técnica*** Fachwort *n*; ***a medias* ~*s*** andeutungsweise; ***bajo* ~ (*de honor*)** auf Ehrenwort!; ***de* ~** mündlich; ***de pocas* ~*s*, *parco en* ~*s*** wortkarg; einsilbig; ***en dos* ~*s*** im Nu; mühelos; ***la última* ~** das letzte Wort; MODE der letzte Schrei; ***¡una* ~*!*** auf ein Wort! ◇ ***acaparar la* ~** niemand zu Wort kommen lassen; ***agredir de* ~*s*** *jmdn* beschimpfen; ***coger*** *od* ***tomar la* ~ *a alg*** jmdn beim Wort nehmen; ***comerse* ~*s*** Worte verschlucken; ***cortarle la* ~ *a alg*** jmdm ins Wort fallen; ***cumplir*** *od* ***mantener su* ~** sein Wort halten; ***dar su* ~** sein Wort geben; ***decir dos* ~*s al oído de alg*** jmdm ins Gewissen reden; ***sin decir*** *od* ***mediar* ~** ohne ein Wort zu sagen; ***no entiendo*** (***ni***) **~** ich verstehe absolut nichts; ich verstehe kein Wort; ***faltar a su* ~** sein Wort brechen; ***medir sus* ~*s*** seine Worte (genau) abwägen; ***mide tus* ~*s*** mäßige deine Rede; ***¡pase la* ~*!*** meinetwegen!, von mir aus!; ***pedir la* ~** sich zu Wort melden; ***retirar la* ~** das Wort entziehen; ***no soltar* ~** kein Wort sagen; ***tener unas* ~*s*** einen Wortwechsel haben; (***no***) ***tener* ~** Wort halten (wortbrüchig sein); ***tomar la* ~, *usar de la* ~** das Wort ergreifen; ***tratar mal de* ~*s*** *jmdn* derb anfahren

palabr|ada *f* → ***palabrota***; **~ear** *tr Col*, *Chi*,

P

Méx mündlich vereinbaren; **~eo** *m*, **~ería** *f*, **~erío** *m* leeres Gerede *n*; **~ero I** *Adj* schwatzhaft **II** *m* Schwätzer *m*; **~ista** *m* Schwätzer *m*; einer, der viel verspricht und wenig hält; **~ita** *f* gewichtiges Wörtchen *n*

palabrota *f* Kraftausdruck *m*; Schimpfwort *n* ◇ ***decir*** *od* ***soltar ~s*** fluchen

palac|ete *m* kleines Palais *n*; Jagdschloss *n*; **~iego I** *Adj* höfisch **II** *m* Höfling *m*

palacio *m* Palast *m*, Palais *n*; ♀ ***de Congreso*** Parlamentsgebäude *n*; ♀ ***Municipal*** Rathaus *n*; ♀ ***Nacional*** *Am reg* Präsidentenpalais *n*; ♀ ***Real*** königliches Schloss *n*

palada *f* Schaufel *f* voll; Ruderschlag *m*

paladar *m* Gaumen *m*; Geschmack *m*; *Cu* kleines Restaurant *n* ◇ ***hablar al ~ de alg*** jmdm nach dem Munde reden; ***tener buen ~*** einen guten Geschmack haben, ein Kenner sein; *Wein* ein gutes Bukett haben; ***tener un ~ fino*** ein Feinschmecker sein

palad|ear I *tr* auf der Zunge *od* im Munde zergehen lassen; kosten; auskosten *genießen*; *jmdm etw* schmackhaft machen **II** *intr* saugen (wollen); **~earse** Geschmack finden; **~ial** Gaumen-

paladín *m* Kämpe *m*; Vorkämpfer *m*

paladino offenkundig; eindeutig; klar

paladio *m* CHEM Palladium *n*

palafito *m* Pfahlbau *m*

palafrén *m* Zelter *m Reitpferd*

palanca *f* Hebel *m auch übertr*; Brechstange *f*; Hebebaum *m*; ***~ de cambios*** *od* ***embrague*** KFZ Schalthebel *m*; ***~ de distribución*** *Dampfmaschine* Steuerungshebel *m*; ***~ de mando*** Steuerhebel *m*; FLUGW Steuerknüppel *m*; INFORM Joystick *m*; ***~ portatecla*** (***portatipo***) *Schreibmaschine* Tasten-(Typen)hebel *m* ◇ ***mover todas las ~s*** *übertr* alle Hebel in Bewegung setzen, ***tener ~s*** Beziehungen haben

palangan|a *f* Waschschüssel *f*; *AmC*, *Col* Schüssel *f*; **~ear** *intr Am reg* angeben, prahlen

palanqu|ear *tr Am* mit der Brechstange bewegen; aushebeln; *Boot* staken; *jmdm* helfen; **~era** *f* Palisade *f*; **~eta** *f* Brecheisen *n*

palante *umg* (*für* ***para adelante***) vorwärts

palastro *m* Schwarzblech *n*

palatal I *Adj* Gaumen- **II** *m* PHON Gaumenlaut *m*

Palatinado *m* Pfalz *f*; ***el Alto*** (***Bajo***) ***~*** die Ober-(Rhein)pfalz *f*

palatino[1] Gaumen-

palatino[2] Palast-, Hof-; Pfalz-; pfälzisch

palco *m* THEAT Loge *f*; Schaugerüst *n*; ***~ escénico*** Proszeniums-, Bühnenloge *f*; ***~ de platea*** THEAT Parterreloge *f*

palear *tr* schaufeln

palenque *m* Einzäunung *f*; Gehege *n*; *Am reg* Pfosten *m zum Anbinden von Pferden bzw Rpl zum Bändigen von Fohlen*

pale|ocristiano KUNST frühchristlich; **~olítico** GEOL **I** *Adj* paläolithisch **II** *m* Paläolithikum *n*, Altsteinzeit *f*; **~ontología** *f* Paläontologie *f*

Palestina *f* Palästina *n*

palestino I *Adj* palästinensisch **II** *m* Palästinenser *m*

palestra *f hist* Palästra *f*; Kampfplatz *m auch übertr*; Tummelplatz *m*; ***en la ~ internacional*** in der internationalen Arena ◇ ***salir a la ~*** auf den Plan treten; ***traer a la ~*** *übertr* ins Feld führen

paleta *f* kleine Schaufel *f*; Kehrschaufel *f*; Spatel *m*; Bratenwender *m*; Schüreisen *n*; Maurerkelle *f*; *Malerei u Transport* Palette *f*; *Turbine u Damwild* Schaufel *f*; *Luft- u Schiffsschraube* Blatt *n*; *Ballspiele*, *Tischtennis* Schläger *m*; *AmC*, *Ant*, *Méx* Lutscher *m*; Eis *n* am Stiel; ANAT Schulterblatt *n*; ***~-caja*** Boxpalette *f*; ***~ para pasteles*** Tortenheber *m*; ***~ de cordero*** GASTR Hammelschulter *f*; ***~ reutilizable*** Dauerpalette *f*

palet|ada *f* Schaufel *f* voll; Kelle *f* voll; **~ear** *tr* → **~izar**; **~ero** *m AmC*, *Ant*, *Méx* Verkäufer *m* von Eis am Stiel; **~illa** *f* Schulterblatt *n*; Kerzenleuchter *m*; **~izar** ⟨-z/c-⟩ *tr* palettieren, **~o** *m* Tölpel *m*; Flegel *m*

palet|ó *m* Paletot *m*; **~ón** *m* Schlüsselbart *m*

pal|iación *f* Linderung *f*; **~iar** ⟨*finite Formen des Präsens schwanken: meist* -ío, -ías *usw*, *aber auch wie bei* ***cambiar*** : -io, -ias *usw*⟩ *tr* beschönigen; *Schmerzen* lindern; beheben; **~iativo** *m* Linderungsmittel *n*; Notbehelf *m*

palid|ecer ⟨-c/zc-⟩ *intr* erblassen; verbleichen; verblassen; **~ez** *f* Blässe *f*; Fahlheit *f*

pálido bleich, blass; fahl

palillo *m* Zahnstocher *m*; Trommelschlegel *m*; Spitzenklöppel *m*; ***como ~*** *Beine* spindeldürr

palio *m* Baldachin *m*

paliquear *intr* ein Schwätzchen machen

palisandro *m* Palisanderholz *n*

palista *m Baseball* Ballschläger *m Person*; Paddler *m*; Ruderer *m*

palito *m* Stäbchen *n*; Salzstange *f*; ***~ de pescado*** Fischstäbchen *n*

paliza *f* (Tracht *f*) Prügel *Pl* ◇ ***arrear*** *od* ***dar una ~*** verprügeln; ***ser una ~*** eine Strafe sein

palizada *f* Pfahlwerk *n*; Palisade *f*

palma *f* Palme *f*; Palmenzweig *m*; Siegespalme *f*; Handfläche *f*; *Huf* Hornsohle *f*; **~s** *Pl* Beifall *m*; ***~ de coco, ~ indiana*** Kokospalme *f*; ***~ datilera*** (***real***) Dattel-(Königs)palme *f*; ***como la ~ de la mano*** *Meer*

P

spiegelglatt ◇ ***alcanzar*** *od* ***llevarse la ~*** den Sieg erringen; ***batir ~s*** Beifall klatschen; ***conocer algo como la ~ de su mano*** etwas wie seine Westentasche kennen; ***tocar ~s*** in die Hände klatschen

palmacristi *f* Rizinus *m*

palmada *f* Schlag *m* mit der flachen Hand; ***~s de aplauso*** Beifallsklatschen *n* ◇ ***dar ~s*** *als Besucher* in die Hände klatschen *um auf sich aufmerksam zu machen*, ***dar ~s en el hombro*** *jmdm* (freundschaftlich) auf die Schulter klopfen

palm|adita *f* Klaps *m leichter Schlag*; **~ar I** *Adj* Palm(en)- **II** *m* Palmenhain *m*; **~arla** abkratzen *sterben*

palma|rés *m* Übersicht, Liste *f z.B. der Sieger*; **~rio** offensichtlich, -kundig; **~toria** *f* Kerzenhalter *m*

palme|nse aus Las Palmas (Gran Canaria); **~ra** *f* Dattelpalme *f*; Palme *f*; *Gebäck* Schweinsohr *n*; **~ro** aus *od* von La Palma (Kanaren); **~sano** aus Palma de Mallorca

palmeta *f* Schlagstock *m*; **~zo** *m* Stockschlag *m*

palmiche *m Am reg* Königspalme *f*; Frucht *f* der Königspalme

palmista *f Ant*, *Méx* Handleserin *f*

palmita *f* süßes Palmenmark *n*

palmito[1] *m* Zwergpalme *f*; Palmenmark *n*

palmito[2] *m*: ***buen ~*** *Mädchen* hübsche Larve *f*; wunderbare Figur *f*

palmo *m* Spanne *f ca 21 cm*; Handbreit *f auch übertr*; ***~ a ~*** sehr schleppend; Schritt für Schritt; Stück um Stück; ***~ de tierra*** winziges Stück *n* Land ◇ ***dejar a uno con un ~ de narices*** jmdn nasführen; ***quedarse con un ~ de narices*** das Nachsehen haben

palmote|ar I *intr* Beifall klatschen **II** *tr Am jmdm* freundschaftlich auf die Schulter klopfen; liebevoll tätscheln; **~o** *m* Beifallklatschen *n*; Schulterklopfen *n*; Tätscheln *n*

palo *m* Stock *m*; Knüppel *m*; Stab *m*; Stecken *m*; Pfahl *m*; entrindeter Stamm *m*; Holz *n als Material*; *Gerät* Stiel *m*; *Fußballtor* Pfosten *m*; *Schiff* Mast *m*; KART Farbe *f*; *Gebäck* Liebesknochen *m*; Billardstock *m*; ***~s*** Stockhiebe *m/Pl*; ***~ de acero*** MAR Stahlmast *m*; ***~ dulce*** Süßholz *n*; ***~ favorito*** KART Trumpffarbe *f*; ***~ de golf*** Golfschläger *m*; ***~ de mando*** FLUGW Steuerknüppel *m*; ***~ mayor*** MAR Großmast *m*; ***~ de tienda*** Zeltstange *f*; ***~ y zanahoria*** Zuckerbrot *n* und Peitsche; ***a ~ entero*** *Am reg* beschwipst; ***a ~ seco*** ohne Umschweife; *Essen* ohne Getränk; ***de ~*** hölzern, Holz- ◇ ***andar a ~s*** sich prügeln; ***baldar a ~s*** windelweich schlagen; ***dar ~s*** verprügeln; ***dar ~s de ciego*** blind um sich hauen; herumtappen; ***darse*** *od* ***echarse*** *od* ***pegarse un ~*** *Col*, *PR*, *Ven* sich einen hinter die Binde kippen *einen trinken*; ***derrengar*** *od* ***doblar*** *od* ***moler a ~s*** windelweich schlagen; ***echar a ~s*** *jmdn* raushauen *fortjagen*; ***estar hecho un ~*** ein Strich sein *mager sein*; ***ponerle a alg ~s en las ruedas*** *übertr* jmdm Knüppel zwischen die Beine werfen; *Sprichw* ***de tal ~, tal astilla*** der Apfel fällt nicht weit vom Stamm

paloma *f* Taube *f auch übertr*; Strichmädchen *n*; ***~ brava, ~ silvestre*** (***casera, doméstica*** *od* ***mansa***) Wild-(Haus)taube *f*; ***~ mensajera*** Brieftaube *f* ◇ ***ser una ~*** (***sin hiel***) ein gutmütiger Mensch sein

palomar *m* Taubenschlag *m*

palomilla I *f* Getreidemotte *f*; Grauschimmel *m Pferd*; Puffmais *m*, Popcorn *n*; Flügelmutter *f*; *Cu* gebratene Rinderkeule *f*; *AmC*, *Méx* Gesindel *n* **II** *m Pe* Schlingel *m*

palom|ina *f* Taubenmist *m*; **~ino** *m* Taubenjunges *n*; **~ita** *f Am* Puffmais *m*; **~o** *m* Tauber(ich) *m*, Täuber(ich) *m*

palotada *f* Stockhieb *m* ◇ ***no dar ~*** immer danebenhauen *nichts richtig machen*; keinen Handschlag machen

palp|able MED fühlbar; offensichtlich; spürbar; **~ador I** *Adj* Tast-; Abtast- **II** *m* Taster *m*; Fühler *m*; **~ar** *tr* betasten; abtasten; befühlen; (ab)fühlen; tastend absuchen; sich durchtasten, **~arse** zu verspüren sein; sich anfühlen

palpit|ación *f* Herzklopfen *n*; Zuckung *f*; **~ante** Schlag-; klopfend; zuckend; zappelnd; *Busen* wogend; *übertr* brennend; aktuell; **~ar** *intr Herz* klopfen

pálpito *m* Ahnung *f* ◇ ***me da el ~ de que*** ich habe das Gefühl, dass

palta *f AmS reg* Avacado *f*

pal|údico I *Adj* malariakrank; sumpfig; Sumpf- **II** *m* Malariakranker *m*; **~udismo** *m* Malaria *f*, Sumpffieber *n*

palustre sumpfig; Sumpf-

pamema *f* Nichtigkeit *f*; Geziertheit *f*

pampa I *f* Pampa *f*; ***a la ~, en ~*** *AmS* im Freien; ***~ salitrera*** *Chi* Salpeterwüste *f* **II** *m* Pampaindianer *m*

pámpano *m* Weinranke *f*; Weinlaub *n* ◇ ***echar ~s*** sich ranken

pamp|eano *m Arg* Pampabewohner *m*; **~ear** *intr Arg* die Pampa durchstreifen, **~eño** *Col* (aus) der Pampa; **~ero** *Arg* **I** *Adj* Pampa- **II** *m* Pampabewohner *m*; Pampasturm *m*; **~ino** *Chi* (aus) der Salpeterwüste

pampirolada *f* Brot-Knoblauch-Soße *f*; Lappalie *f*

pamplina *f* Blödsinn *m*, Quatsch *m* ◇ ***¡no***

P

me vengas con ~s! komm' mir nicht mit solchem Blödsinn!
pamplin|ero, ~oso albern; zu Blödsinn neigend; lästig
pamplon|és, ~ica aus Pamplona
pamporcino *m* Alpenveilchen *n*
pan *m* Brot *n auch übertr*; Brotlaib *m*; Lebensunterhalt *m*; ***~ ácimo*** *od* ***ázimo, ~ cenceño*** ungesäuertes Brot *n*; ***~ de azúcar*** Zuckerhut *m*; ***~ bazo*** *od* ***moreno*** Schwarzbrot *n*; ***~ bimbo®*** Toastbrot *n*; ***~ crujiente*** *od* ***sueco*** Knäckebrot *n*; ***~ de especias*** Lebkuchen *m*; ***~ de flauta*** Baguette *f*, Stangenbrot *n*; ***~ de flor, ~ floreado*** Weiß-, Feinbrot *n*; ***~ francés*** *Am* Brötchen *n*; ***~ de higos*** Feigenbrot *n*; ***~ de jabón*** Riegel *m* Seife; ***~ de munición*** Kommissbrot *n*; ***~ inglés, ~ de lata*** *od* ***molde*** Kastenbrot *n*; ***~ integral*** Vollkornbrot *n*; ***~ de mezcla*** Mischbrot *n*; ***~ de miel*** Honigkuchen *m*; ***~ de Pascuas*** (Weihnachts-)Stolle(n *m*) *f*; ***~ de perro*** Hundekuchen *m*; ***~ rallado*** Paniermehl *n*; ***~ en tajadas*** Schnittbrot *n*; ***~ tostado*** geröstetes Brot *n*; ***~ trenzado*** Zopf *n Gebäck*; ***a ~ y agua*** *Strafe* bei Wasser und Brot; ***como el ~ bendito*** knauserig; ***de ~ llevar*** Getreideanbau-; ***más bueno que el ~*** herzensgut ◇ ***comer el ~ de alg*** jmds Brot essen *bei jmdm in Diensten stehen*; ***con su ~ se lo coma*** er kann mir gestohlen bleiben; ***ganarse el ~*** seinen Lebensunterhalt verdienen; ***salir*** *od* ***venderse como el ~*** weggehen wie warme Semmeln *sich schnell verkaufen*; ***ser ~ comido*** kinderleicht sein
pana[1] *f* Kordsamt *m*; Zylinderplüsch *m*
pana[2] *f Chi* Leber *f von Schlachttieren* ◇ ***tener (mucha) ~*** *übertr* (ganz schön) abgebrüht sein
pana[3] *f* KFZ Panne *f*
panacea *f* Allheilmittel *n*
panad|ear *intr* Brot backen; **~era** *f* Bäckerin *f*; Tracht *f* Prügel; **~ería** *f* Bäckerei *f*; Bäcker(laden) *m*; **~ero** *m* Bäcker *m*
panafricano panafrikanisch
panal *m* Wabe *f*
panamá *m* Panamahut *m*
Panamá *m* Panama *n*
panameño I *Adj* panamaisch, panamesisch **II** *m*, **-a** *f* Panamaer(in) *m(f)*, Panamese(-in) *m(f)*
panamerican|ismo *m* Panamerikanismus *m*; **~o** panamerikanisch
pancarta *f* Plakat *n*; Transparent *n*; *Demonstration* Spruchband *n*
panceta *f* Schweinebauch *m*; ***~ ahumada*** Schwarzfleisch *n*
pancho träge; ungerührt; *Col* breit
pancista *m(f)* Opportunist(in) *m(f)*
páncreas *m* Bauchspeicheldrüse *f*
pancreático Pankreas-
pancromático FOTO panchromatisch
pancutra(s *pl*) *f Chi* KOCHK Gericht *n* aus selbst gemachten Nudeln
panda[1] *m* Panda(bär) *m*
panda[2] *f* Bande *f*; Clique *f*
pande|ar I *tr* abknicken **II** *intr u* **~arse** knicken; einknicken; sich biegen; *Balken* durchhängen
pandemónium *m* Pandämonium *n*; Tumult *m*; Durcheinander *n*
pander|azo *m* Rasseln *n* mit dem Tamburin; **~eta** *f* Tamburin *n*; **~o** *m* größeres Tamburin *n*; Hintern *m*
pandill|a *f* Clique *f*; Bande *f*; **~aje** *m* Cliquenwirtschaft *f*; **~ero** *m*, **~ista** *m* Cliquenmitglied *n*
pando krumm; gebogen; verbogen; *Wand* bucklig; träge dahinfließend
panecillo *m* Brötchen *n*
paneg|írico I *Adj* Lob(es)-; rühmend **II** *m* Lobrede *f*; **~irista** *m* Lobredner *m*
panel *m* Türfüllung *f*; *Wand* Paneel *n*; schwarzes Brett *n Tafel für Bekanntmachungen*; BAUW Platte *f*; *Am reg* Arbeitsgruppe *f*; Gesprächsrunde *f*; Gruppe *f* von Umfrageteilnehmern; RADIO Montageplatte *f*; *Ant* TV Jury *f*; *Col* (geschlossener) Lieferwagen *m*; ***~ de control*** INFORM Systemsteuerung *f*; TECH Steuerpult *n*; ***~ de horarios*** VERK Anzeigetafel *f* mit den Abfahrts-/Ankunfts- *bzw* FLUGW Abflug-/Landezeiten; ***~ de personal*** Personaltableau *n*; ***~ solar*** Solarzelle *f*; ***~ de teclas*** Tastenfeld *n*
panela *f* Art Zwieback; *Am reg in Formen* luftgetrockneter Rohzucker *m*; *Col*, *Ven* Ziegel *m*
paner|a *f* Brotkorb *m*; Brotschale *f*; Getreidekammer *f*; Mehlkammer *f*; **~o** *m* Brotkorb *m*; Brotesser *m*
panetela *f Ant* Sandkuchen *m*; *Cu* Tortenboden *m*
paneuropeo gesamteuropäisch
pánfilo schwerfällig; träge; naiv; einfältig, trottelig
panfleto *m* Pamphlet *n*, Schmähschrift *f*
pangermanista pangermanistisch; großdeutsch
panhelenismo *m* Panhellenismus *m*
paniagudo *m* Günstling *m*
pánico I *Adj* panisch **II** *m* Panik *f* ◇ ***se produjo un ~*** es brach eine Panik aus; ***sembrar el ~*** Panik verbreiten
panific|ación *f* Brotherstellung *f*; **~adora** Brotfabrik *f*; Großbäckerei *f*; **~ar** ⟨-c/qu-⟩ **I** *tr* zu Brot verbacken **II** *intr* Brot backen
panislamismo *m* Panislamismus *m*
panizo *m* Borsten-, Kolbenhirse *f*; ***~ negr***

Sorghum(-Hirse *f*) *n*
panoch|a *f* Maiskolben *m*; **~o I** *Adj* aus Murcia **II** *m* Murcianer *m*; Dialekt *m* der Huerta von Murcia
panoja *f Hirse, Mais* Kolben *m*; Rispe *f*; Traube *f*
panoli *m* Einfaltspinsel *m*
panoplia *f* Waffensammlung *f*; Anhäufung *f* von Waffen
panóptico *m* Panoptikum *n*
panorama *m* Panorama *n*; (Aus-)Sicht *f*; Rundblick *m*; **~ de cráteres** *Mond* Kraterlandschaft *f*; **~ político** politische Landschaft *f od* Lage *f*
panorámic|a *f* (Gesamt-)Ansicht *f*; Überblick *m*; **~o** Panorama-; FILM Breitwand-; Gesamt-; Überblicks-
pantalla *f* Lampenschirm *m*; Kaminschirm *m*; Abschirmung *f*; Deckmantel *m*, Tarnung *f*; INFORM, TV Bildschirm *m*, Monitor *m*; FILM Leinwand *f*; **~ antirruido** VERK Lärmschutzwand *f*; **~ de** *od* **en color** (**gráfica**) Farbmonitor *m* (grafikfähiger Bildschirm *m*); **~ dividida** (**monocromática**) INFORM geteilter (einfarbiger) Bildschirm *m*; **~ panorámica** (**de proyección**) Breit-(Projektions)wand *f*; **~ plana** Flachbildschirm *m*; **~ de radar** Radarschirm *m*; **~ táctil** INFORM Berührungsbildschirm *m*, Touchscreen *m*; **~ térmica** RAUMF Hitzeschild *m* ◇ **llevar a la ~** verfilmen
pantalón *m*, *meist* **pantalones** *Pl* Hose(n *Pl*) *f*; **~ bombacho** Pluderhose *f*; **~ corto** Kniehose *f*, Shorts *Pl*; **~ de montar** Reithose *f*; **~ de pana** Kordhose *f*; **~ tejano** *od* **vaquero** Niethosen *f*/*Pl*, Bluejeans *Pl*; **~ tubo** Röhrenhose *f* ◇ **bajarse los pantalones** *übertr* Farbe bekennen; **llevar los pantalones** die Hosen anhaben *Ehefrau*
pantaloneta *f Col* Turnhose *f*; Boxer-Shorts *Pl*
pantanal *m* Sumpfgelände *n*
pantano *m* Sumpf *m*; Moor *n*; Talsperre *f*; Stausee *m*; **~ de turba** Torfmoor *n*
panteón *n* Pantheon *n*; **~ familiar** Familiengruft *f*
pantera *f* Panther *m*
pantimedia(s) *f*(/*Pl*) *Méx* Strumpfhosen *f*/*Pl*
pant|ógrafo *m* Pantograph *m*; *Straßenbahn* Scherenstromabnehmer *m*; **~ómetro** *m* Pantometer *n*; **~omima** *f* Pantomime *f*; **~omimo** *m* Pantomime *m*
pantorrilla *f* Wade *f* ◇ **enseñar las ~s** *Frau* die Beine zeigen
pantufl|a *f*, **~o** *m* Pantoffel *m*
panucho *m Méx* Maisfladen *m* mit Bohnen- und Fleischfüllung
panza *f* Bauch *m*; ZOOL Pansen *m* ◇ **echar ~** Bauch ansetzen
panz|ón I *Adj* → **~udo II** *m* Dickwanst *m*; **~udo** dickbäuchig; (dick)bauchig
pañal *m* Windel *f*; **~ braga** Windelhöschen *n*; **~ desechable** Wegwerfwindel *f* ◇ **estar** (**aún**) *od* **hallarse en ~es** noch in den Kinderschuhen stecken; **ser de humildes ~es** aus einfachen Verhältnissen stammen
pañero *m* Tuchhändler *m*; Tuchweber *m*
paño *m* Tuch *n*; Stoff *m*, *alt* Zeug *n*; Staubtuch *n*; *Spiegel* Trübung *f*; Muttermal *n*; MED Kompresse *f*; *Am reg* Schlag *m Stück Acker*; **~s** *Pl* Kleidung *f*; **~ de cocina** *od* **secar platos** *od* **vajilla** (**esponjoso**; **de fieltro**; **de filtraje**) Geschirr-(Frottee-; Filz-; Filter)tuch *n*; **~ higiénico** Damenbinde *f*; **~ de mano** Handtuch *n*; **~ militar** Uniformtuch *n*; **~ tirolés** Loden *m*; **en ~s menores** in Unterhosen *bzw* Schlüpfern; im Negligee ◇ **conocer el ~** seine Pappenheimer kennen *wissen, mit wem man es zu tun hat*; den Rummel kennen *wissen, wie etw vor sich geht*; **ser del mismo ~** vom gleichen Schlag sein; **el buen ~ en el arca se vende** gute Ware verkauft sich von selbst
pañol *m* MAR Vorratskammer *f*; Bunker *m*
pañoleta *f* Halstuch *n*; Halsbinde *f*
pañuelo *f* Taschentuch *n*; Halstuch *n*; **~ (de cabeza)** Kopftuch *n*; **~ de papel** Papiertaschentuch *n*
papa[1] *m umg* Papa *m*; ♀ *m* Papst *m*
papa[2] *f Am, And* Kartoffel *f*; *Chi* Bolle *f Loch im Strumpf*; **~s cocidas** (**sin pelar**) Salz-(Pell)kartoffeln *f*/*Pl*; **~s de comida** *od* **consumo** Speisekartoffeln *f*/*Pl*; **~ dulce** Süßkartoffel *f*; **~s a la francesa, ~s fritas** Pommes frites *Pl*; **~s salteadas** Bratkartoffeln *f*/*Pl* ◇ **no entender ni ~** nur Bahnhof *d.h. nichts* verstehen; **las ~s se queman** *Am* es wird brenzlig
papá *m umg* Papa *m*; ♀ **Noel** Weihnachtsmann *m*
papachos *m*/*Pl Méx* Streicheleinheiten *f*/*Pl*
papada *f* Doppelkinn *n*; Wamme *f*
papado *m* Papsttum *n*, Papat *n*
papagayo *m* Papagei *m auch übertr*
papaíto *m* Papi *m*, *reg* Papperle *n*
papal päpstlich
papalina *f* Rausch *m Betrunkensein*; **~s** *Pl Hond* Kartoffelchips *Pl* ◇ **coger una ~** sich beschwipsen
papa|lote *m AmC, Ant, Méx* Drachen *m Kinderspielzeug*; **~natas** *m*(*f*) Trottel *m*
pap|ar *tr*/*intr* essen *ohne zu kauen, z.B. Brei, sämige Suppen*; **~arazzi** *m*/*Pl* Paparazzi *m*/*Pl*; **~arrabias** *m*(*f*) Wüterich *m*, Hitzkopf *m*

paparrucha *f*, **~da** *f* dummes Geschwätz *n*; Mumpitz *m*, Blödsinn *m*; Ente *f Falschmeldung*; Pfusch *m*; Schund *m*
papay|a *f* Papayafrucht *f*; **~o** *m* Papaya *f*, Melonenbaum *m*
papel *m* Papier *n auch Dokument*; Schriftstück *n*; Zettel *m*; THEAT *u übertr* Rolle *f*; **~es** *Pl* Unterlagen *f/Pl Dokumente*; Zeitungen *f/Pl*; **~ abrasivo** Sand-, Schmirgelpapier *n*; **~ de aluminio** *od* **plata** Alu(minium)folie *f*; **~ apergaminado** Pergamin *n*; **~ autocopiativo** selbstdurchschreibendes Papier *n*; **~ de barba** unbeschnittenes Büttenpapier *n*; **~ biblia** Dünndruckpapier *n*; **~ de borrador** Konzeptpapier *n*; **~ brillante** (**de alto brillo**) (Hoch-)Glanzpapier *n*; **~ caché** kaschiertes Papier *n*; **~ para calcar** (**~ carbón**; **para cartas**; **~ cebolla**) Paus-(Kohle-; Brief-; Durchschlag)papier *n*; **~ celo** durchsichtiges Klebeband *n*; **~ clave** Schlüsselstellung *f*, -rolle *f*; **~ en colores** (**para correo aéreo**; **~ crep** *Am*, **crepe** *Esp*) Bunt-(Luftpost-; Krepp)papier *n*; **~ continuo** INFORM Endlospapier *n*; **~ de copia** Kopierpapier *n*; **~ cuadriculado** kariertes Papier *n*; **~ de dibujo** (**para documentos**; **de embalaje, embalar** *od* **empaquetar**) Zeichen-(Dokumenten-; Pack)papier *n*; **~ dirigente** Führungsrolle *f*; **~ para empapelar** *Col* Tapete *f*; **~ encerado** Wachspapier *n*; **~ encolado** (**engomado**) geleimtes (gummiertes) Papier *n*; **~ de escribir** (**esmeril, lija**; **fax**; **~ filtrante**) Schreib-(Schmirgel-, Sand-; Fax-; Filter)papier *n*; **~ de fumar** Zigarettenpapier *n*; **~ higiénico** *od* **sanitario** Toilettenpapier *n*; **~ de impresora** Druckerpapier *n*; **~ para máquina de escribir** Schreibmaschinenpapier *n*; **~ mediador** Vermittlerrolle *f*; **~ de membrete** Kopfbogen *m*; **~ milimetrado** Millimeterpapier *n*; **~ ministro** Kanzleipapier *n*; **~ mojado** *übertr* Makulatur *f*; **~ moneda** Papiergeld *n*; **~ de música, ~ pautado** Notenpapier *n*; **~ pergamino** (**para periódicos, ~ prensa**) Pergament-(Zeitungs)papier *n*; **~ pintado** Tapete *f*; **~ de protagonista** Hauptrolle *f*; **~ rayado** liniertes Papier *n*; **~ reciclado** (**de regalo**) Recycling-(Geschenk)papier *n*; **~ rector** *übertr* führende Rolle *f*; **~ secante** (**sellado** *od* **timbrado**; **de tina**) Lösch-(Stempel-; Bütten)papier *n*; **~ de tornasol** (**viejo**) Lackmus-(Alt)papier *n*; **~ de vanguardia** *übertr* Vorreiterrolle *f* ◇ **el ~ todo lo aguanta** Papier ist geduldig; **desempeñar** *od* **jugar un ~** eine Rolle spielen *auch übertr*; **envolver en ~ de regalo** in Geschenkpapier einpacken; **hacer el ~ de** THEAT auftreten als; die Rolle des *od* der … spielen; **hacer buen ~** eine gute Figur machen, gut abschneiden; **sólo queda en los ~es** *übertr* das steht nur auf dem Papier; **tocar sin ~** *Musiker* ohne Noten spielen; **trastocar los ~es** *übertr* die Rollen (ver)tauschen
papela *f Esp umg für* → **documento nacional de identidad**
papel|ada *f Am* Farce *f*; **~azo** *m* Blamage *f*
papeleo *m* Durchwühlen *n* von Papieren; **~** (**burocrático**) Papierkrieg *m*
papeler|a *f* Aktenschrank *m*; Papierkorb *m auch* INFORM; Papierfabrik *f*; **~ía** *f* Schreibwaren(geschäft *n*) *f/Pl*; Papierkram *m*; **~o I** *Adj* Papier- **II** *m* Schreibwarenhändler *m*
papeleta *f* Tüte *f*; Zettel *m*; Notizzettel *m*; Karteikarte *f*; (Lotterie-)Los *n*; Schein *m*; VERW Laufzettel *m*; **~ electoral** *od* **de votación** Stimmzettel *m*; **~ de empeño, ~ del monte de piedad** Pfandschein *m*; **~ de examen** Prüfungszettel *m mit ausgelostem Thema* ◇ **recontar las ~s** die Stimmzettel nachzählen
papel|ear, ~etizar ⟨-z/c-⟩ *tr für eine Kartei* verzetteln; **~illo** *f* Zettelchen *n*; Briefchen *n mit Arzneipulver*; **~ista** *m* Papierfabrikant *m*; Papierhändler *m*; Tapezierer *m*; *Arg* Aufschneider *m*
papelón *f* Wisch *m*; Angeber *m*; *Am reg* Blamage *f*; *Am reg* Rohzuckerhut *m* ◇ **hacer un ~** sich blamieren
papel|orio *m* Papierkram *m*; **~ote** *m*, **~ucho** *m* Wisch *m*; Altpapier *n*; *Am* Drachen *m*
papera *f* Kropf *m*; **~s** *Pl* Mumps *m*
papero *m* Breitopf *m*; Kinderbrei *m*; *Am* Kartoffelanbauer *m*
papilla *f* Brei *m* ◇ **dar ~ a alg** jmdm Honig ums Maul schmieren *geschickt schmeicheln*; **estar hecho ~** völlig erledigt *d.h. erschöpft* sein; **hacer ~ a alg** jmdn zusammenschlagen
papiro *m* Papyrus *m*
pápiro *m Esp* Lappen *m Geldschein von größerem Wert*
pap|ismo *m* Papismus *m*; **~ista** papistisch; päpstlich
papo *m Vögel* Kropf *m*; *Rind* Wamme *f*
papúa I *Adj* aus Papua-Neuguinea **II** *m(f)* Papua *m(f)*
Papúa Nueva Guinea *f* Papua-Neuguinea *n*
paquebote *m* Postschiff *n*; Fahrgast-, Passagierschiff *n*
paquete *m* Paket *n*; Packung *f*; Päckchen *n*; Packen *m*; Schachtel *f*; Pfuscher *m*; *Rpl* Modefatzke *m*; Modepuppe *f*; **~ bomba** Paketbombe *f*; **~ integrado** Programmpaket *n*; INFORM integrierte Software *f*; **~ de medidas** *übertr* Paket *n* von Maßnahmen; **~ postal** Postpaket *n*; **~ con valor de-**

P

clarado Wertpaket *n* ◇ ***adquirir un ~ de acciones*** ein Aktienpaket übernehmen; ***meter un ~*** eine Abreibung verpassen
paque|tería *f* Paketpost *f*, -sendungen *f/Pl*; **~tito** *m* Päckchen *n*
paquidermos *m/Pl* ZOOL Dickhäuter *m/Pl*
Paquistán *m* Pakistan *n*
paquistaní I *Adj* pakistanisch **II** *m(f)* Pakistaner(in) *m(f)*, Pakistani *m(f)*
par I *Adj Zahl* gerade; ANAT paarig; ***al ~, a la ~*** gleichzeitig; ***al ~ que, a la ~ que*** zugleich; ***al ~ de*** neben (***puede ponerse al ~ de los mejores***) **II** *m* Paar *n zwei Stück*; Amtskollege *m*; ***~ de giro*** Drehmoment *n*; ***~es sueltos*** *Schuhe* Einzelpaare *n/Pl*; ***a ~es*** paarweise; ***abierto de ~ en ~*** sperrangelweit offen; ***sin ~*** ohnegleichen, beispiellos, unvergleichlich; ***un ~ de*** einige
para nach (***un billete ~ Madrid***); bis (***estará terminado ~ Navidad***); für, zu *temporal* (***lo dejo ~ mañana***); für *final* (***ahorra dinero ~ las vacaciones***); mit, zu, gegenüber (***es muy amable (~) con los extranjeros***); gegen (***es bueno ~ el catarro***); ~ + *Inf* um zu + *Inf*; ***~ que*** + *subj* damit + *Ind*
parabalas *m* Kugelfang *m*
parabién *m* Glückwunsch *m*
par|ábola *f* GEOM *u* LIT Parabel *f*, Gleichnis *n*; **~abólica** *f* Satellitenantenne *f*, Schüssel *f umg*
para|brisas *m* KFZ Windschutzscheibe *f*; **~caídas** *m* Fallschirm *m*; **~caidismo** *m* Fallschirmspringen *n*; Fallschirmsport *m*; ***~ de tierra*** Basejumping *n*; **~caidista** *m(f)* Fallschirmspringer(in) *m(f)*; MIL Fallschirmjäger(in) *m(f)*; **~choques** *m* EISENB Prellbock *m*; KFZ Stoßstange *f*
parada *f* Anhalten *n*; Rast *f*; Stillstand *m*; Stilllegung *f*; Halten *n*; Aufenthalt *m des Zuges*; EISENB Haltepunkt *m*; *Bus*, *Straßenbahn* Haltestelle *f*; MUS Pause *f*; *Fechten*, *Fußball*, MIL Parade *f*; ***~ cardiaca*** Herzstillstand *m*; ***~ discrecional*** Bedarfshaltestelle *f*; ***~s improductivas*** IND Stillstandzeiten *f/Pl*; ***~ de libros*** *Buchmesse* Bücherstand *m*; ***~ de taxis*** Taxistand *m*
paradero *m* Verbleib *m*; Bleibe *f*; Aufenthaltsort *m*; *Am reg* EISENB Haltepunkt *m*; *Bus* Haltestelle *f*; *Col* Gasthaus *n*
paradigma *m* Muster *n*, Beispiel *n*; Paradigma *n auch* GRAMM
paradisíaco paradiesisch
parado I *Adj Maschine* abgestellt; erwerbslos, arbeitslos; *Am* stehend; im Stehen; träge; eingebildet; ***mal ~*** übel zugerichtet ◇ ***nacer ~*** *Chi* ein Glückspilz sein; ***quedarse ~*** stehen bleiben; anhalten **II** *m* Arbeitsloser *m*; ***~ de corta (larga) duración*** Kurzzeit-(Langzeit)arbeitsloser *m*
paradójico widersinnig
parador *m* Wirtshaus *n*; ***~ nacional*** *Esp* staatliches Hotel *n* der gehobenen Kategorie; ***~ de turismo*** *Esp* staatliches Touristenhotel *n*
paraestatal halbstaatlich
parafango *m Am reg* KFZ Schutzblech *n*
parafina *f* Paraffin *n*
par|afrasear *tr* umschreiben; **~áfrasis** *f* Umschreibung *f*, Paraphrase *f*
paragolpes *m Arg* KFZ Stoßstange *f*
parágrafo *m* TYP Absatz *m*; Paragraph *m*
paraguas *m* Regenschirm *m*; ***~ de bolsillo, ~ plegable*** Taschenschirm *m*
Paraguay *m* Paraguay *n*
paraguayo I *Adj* paraguayisch **II** *m*, **-a** *f* Paraguayer(in) *m(f)*
parag|üera *f Am Reg* Schirmständer *m*; **~üero** Schirmmacher *m*; Schirmhändler *m*; Schirmständer *m*
parahúso *m* Drillbohrer *m*
paraíso *m* Paradies *n*; THEAT Olymp *m Galerie*; ***~ fiscal*** Steuerparadies *n*, -oase *f*; ***~ terrenal*** *übertr* Paradies *n od* Himmel *m* auf Erden
paraje Platz *m*, Ort *m*; Gegend *f*; entlegene Region *f*; ***~ de pesca*** Fischgründe *m/Pl*
paralela *f* Parallele *f*; ***~s*** *Pl* (***asimétricas***) SPORT (Stufen-)Barren *m*
paralelismo *m* WISS Parallelismus *m*; *übertr* Parallele *f* ◇ ***hacer un ~ con u/c*** eine Parallele zu etw ziehen
paralelo I *Adj* parallel **II** *m* Breitenkreis *m*; Vergleich *m* ◇ ***no tener ~*** nicht seinesgleichen haben
paralelogramo *m* Parallelogramm *n*
paralímpicos *m/Pl* SPORT Paralympics *Pl*
parálisis *f* MED *u übertr* Lähmung *f*; Paralyse *f*; Lahmlegung *f*; ***~ agitante*** parkinsonsche Krankheit *f*; ***~ fascial*** Gesichtslähmung *f*; ***~ infantil*** (***respiratoria***; ***transversal***) Kinder-(Atem-; Querschnitts)lähmung *f*
paral|ítico *m* Gelähmter *m*; **~izar** ⟨-z/c-⟩ *tr* lähmen *auch übertr*; zum Stehen bringen; zum Erliegen bringen; lahm legen; stilllegen; stoppen; paralysieren; *auch* blockieren; **~izarse** erlahmen; zum Erliegen kommen; stecken bleiben; stocken; erstarren
paramento *m* Schmuck *m*; Schabracke *f*; ***~ exterior*** Außenwand *f*; ***~s sacerdotales*** Priestergewänder *n/Pl*
paramer|a *f* Ödland *n*; **~o** Ödland-
parámetro *m* Parameter *m*, Kennziffer *f*
paramilitar paramilitärisch
páramo *m* Ödland *n*; kalte öde Hochfläche *f der Anden*
parangón *m* Vergleich *m*; ***sin ~*** unvergleichlich ◇ ***carecer de ~*** nichts Gleichwer-

P

tiges aufzuweisen haben; ***poner en ~*** vergleichen; ***no tener ~*** nicht seinesgleichen haben
parangonar *tr* vergleichen; TYP justieren
paranieves *m* Schneezaun *m*
paraninfo *m Universität* Aula *f*
parapente *m* Gleitschirm *m*; Gleitschirmfliegen *n*
parapet|arse sich verschanzen *auch übertr*; sich schützen; **~o** *m* Schanze *f*; Brustwehr *f*; Brüstung *f*; Geländer *n*
parapléjico doppelseitig gelähmt
parar I *tr* KFZ, *Maschine* anhalten; *Betrieb* stilllegen; stillsetzen; zurückhalten; festhalten; ein-, innehalten; *Arbeit* einstellen *unterbrechen*; abbrechen *vorzeitig beenden auch* INFORM; *Ball* halten; *Schlag, Stoß* parieren; *Wild* stellen; *Aufmerksamkeit* richten; *Am* hinstellen; auf die Beine stellen; ***~ mal*** übel zurichten **II** *intr* aufhören; halten; absteigen *Quartier nehmen*; logieren; ***~ en mal*** übel ausgehen; ***ir a ~ a*** *od* ***en*** an *jmdn* geraten; *irgendwo* hineingeraten; *übertr irgendwo* landen; gelangen in; führen zu; enden an; ***~ en seco*** mit einem Ruck stehen bleiben; KFZ plötzlich anhalten; ***no dejar ~*** nicht zur Ruhe kommen lassen; ***no ~ en*** + *Ortsangabe* sich nicht (oft) sehen *od* blicken lassen in *od* bei; **~se** stehen bleiben; innehalten; anhalten; Halt machen; stillstehen; verweilen; *Am* sich aufrichten; aufstehen; sich stellen; sich aufhalten (***en*** mit)
pararrayos *m* Blitzableiter *m*
paras|itario schmarotzerhaft; Parasiten-; Stör-; **~iticida** *m* Parasitenmittel *n*
parásito *m* Parasit *m auch übertr*; **~s** *Pl* RADIO Störgeräusche *n/Pl*; ***~s atmosféricos*** atmosphärische Störungen *f/Pl*
parasitología *f* Parasitologie *f*
parasol *m* Sonnenschirm *m*; FOTO, KFZ Sonnenblende *f*; Parasolpilz *m*
parat|ifoidea *f*, **~ifus** *m* Paratyphus *m*
paravientos *m* Windschutzscheibe *f*; Windfang *m an Haustüren*
parcela *f* Parzelle *f*; ***~ de propiedad*** Grundstück *n*
parcelar *tr* parzellieren
parchar *tr Am reg* flicken
parche *m* MED Pflaster *n*; *Reifen* Flicken *m*; MUS Trommelfell *n*; Notbehelf *m*; ***~ de ojo*** Augenklappe *f*; ***~ de nicotina*** PHARM Nikotinpflaster *n* ◇ ***poner un ~ en el neumático*** den Reifen flicken
parchear *tr jmdn* befummeln, betatschen; *Straße* ausbessern
parcial partiell; Teil-, teilweise; befangen, parteiisch; **~idad** *f* Leutseligkeit *f*; Befangenheit *f*, einseitige Parteinahme *f*
parco mäßig; karg; spärlich; sparsam
parcómetro *m* VERK Parkuhr *f*
pardiez: ***¡pardiez!*** *Überraschung* Donnerwetter!
pardo I *Adj* braun *auch* POL *übertr*; *Stimme, Wolken* dunkel; ***~ olivo*** (***rojizo***) oliv(-rot)braun **II** *m* Braun *n*; *Am* Mulatte *m*; ***~ nogal*** Nussbraun *n*; ***~ oliva*** Olivbraun *n*
pardusco bräunlich
pare: ***¡pare!*** VERK Vorfahrt beachten!
parear *tr* paaren; paarweise zusammenstellen; paarweise ordnen; Paare bilden
parecer I ⟨-c/zc-⟩ *intr* (zu sein) scheinen; aussehen wie; erscheinen; ***parece que lo han conseguido*** sie scheinen es bekommen zu haben; ***parece que va a nevar*** es sieht nach Schnee aus; ***a lo que*** *od* ***según parece*** allem Anschein nach; ***como le parezca*** wie Sie wollen; ***esto se le parece*** das sieht ihm ähnlich; ***me parece bien que*** *od* ***no me parece mal que*** es gefällt mir, dass; ich finde es richtig, dass; ***¿qué le parece?*** was meinen Sie dazu?; was halten Sie davon?; ***¿qué te parece esta?*** wie gefällt dir diese?; ***si te parece*** wenn du meinst; wenn es dir recht ist; **~se** (sich) ähneln; ***~se remotamente*** eine entfernte Ähnlichkeit haben **II** *m* Meinung *f*; Aussehen *n*; Anschein *m*; ***al ~*** anscheinend; ***de otro ~*** anders denkend; ***por el bien ~*** anstandshalber; ***según mi ~*** meiner Meinung nach ◇ ***cambiar de ~*** seine Meinung ändern; ***dar su ~*** seine Meinung sagen; ***ser de*** *od* ***tener buen ~*** gut aussehen; ***ser del mismo ~*** der gleichen Meinung sein
parecido I *Adj* ähnlich; ***bien ~*** hübsch **II** *m* Ähnlichkeit *f*
pared *f* Wand *f*; Mauer *f*; ***~ de celosía*** Fachwerkwand *f*; ***~ divisoria*** Trennwand *f*; ***~ ignífuga*** Feuerschutzwand *f*; ***~ maestra*** tragende Wand *f*; ***entre cuatro ~es*** in seinen vier Wänden; ***pegado a la ~*** beschämt, verlegen ◇ ***arrimarse a las ~es*** Schlagseite haben *betrunken sein*; ***estar entre cuatro ~es*** *übertr* in der Falle sitzen; ***como si hablara a la ~*** als ob er tauben Ohren predigte; ***las ~es oyen*** Vorsicht, Wände haben Ohren!; ***subirse por las ~es*** die Wände hochgehen *vor Wut*
paredón *m* Mauerrest *m*; dicke Wand *f*
pareja *f* Paar *n*; ZOOL Pärchen *n*; Brautpaar *n*; *Esp* Zweierstreife *f der Guardia Civil* Partner *m*; Partnerin *f*; Partnerschaft *f* SPORT Gegenspieler *m*; ***~ de baile*** Tanzpaar *n*; Tanzpartner *m*; Tanzpartnerin *f*; ***~ de ensueño*** Traumpaar *n*; ***~ de esposos*** (***~ gemelar***) Ehe-(Zwillings)paar *n*; ***~s de hecho*** nichteheliche Partner(schaften *f/Pl*

m/Pl; ***por ~s*** paarweise ◇ ***circular en ~*** VERK nebeneinander fahren; ***no formar ~*** nicht zusammengehören *z.B. Socken*; ***hacer una buena ~*** ein schönes Paar abgeben
parejo gleich; gleichmäßig; ebenmäßig
parent|ela *f* Verwandtschaft *f*; Verwandte *m/Pl*; **~esco** *m* Verwandtschaft *f*; Verwandtschaftsgrad *m*; Verwandtschaftsverhältnis *n*
paréntesis *m* TYP (runde) Klammer *f*; ***entre ~*** in Klammern ◇ ***abrir el ~*** Klammer auf (-machen); ***cerrar el ~*** Klammer zu(machen); ***dicho entre ~*** nebenbei bemerkt; ***hacer un ~*** eine Nebenbemerkung machen; ***poner entre ~*** in Klammern setzen
paria *m* Paria *m auch übertr*
paridad *f* Gleichheit *f*; Parität *f*; Gleichgewicht *n*; ***~ de monedas, ~ monetaria*** Währungsparität *f*
paridera I *Adj* gebärfreudig; ZOOL fruchtbar **II** *f* Abferkelbucht *f*; Abkalbestall *m*
pariente I *Adj* verwandt **II** *m* Verwandter *m*; ***~s*** *Pl* Angehörige *m/Pl*
parihuela(s) *f(Pl)* Trage *f*
parir *tr/intr* gebären; ZOOL *Junge* werfen; *Junge* setzen; *Am Bäume* tragen; hervorbringen
parisi|én → ***~ense***; **~ena** *f* TYP Perlschrift *f*; **~ense**, **~no I** *Adj* Pariser **II** *m* Pariser *m*
parit|ario paritätisch; **~orio** *m* Kreißsaal *m*
parking *m* VERK Parkplatz *m*; Parkhaus *n*; ***~ subterráneo*** Tiefgarage *f*
parlament|ar *intr* unterhandeln; verhandeln; **~ario I** *Adj* parlamentarisch; Parlaments- **II** *m* Parlamentarier *m*; Parlamentsmitglied *n*; Unterhändler *m*; MIL Parlamentär *m*; **~arismo** *m* Parlamentarismus *m*
parlamento *m* Parlament *n*; ***~ regional*** Regionalparlament *n*; *auch* Landtag *m*; ***♀ Europeo*** Europäisches Parlament *n*; ***♀ Federal*** *Dtschld* Bundestag *m*
parl|anchín *m* Schwätzer *m*; **~ante I** *Adj* sprechend **II** *m* Sprecher *m einer Sprache*; *Am reg* Lautsprecher *m*; **~ar I** *intr* munter drauflosreden **II** *tr/intr* plappern, schwätzen **III** *tr* ausplaudern; **~ería** *f* Geschwätz *n*; Geklatsche *n*; **~ero** schwatzhaft; Tratsch-; **~otear** *intr* plappern
parné *m* Zaster *m*, Kies *m*, Moos *n Geld*
paro¹ *m* Meise *f*; ***~ carbonero*** Kohlmeise *f*
paro² *m* Stilllegung *f eines Betriebes*; Streik *m*; Arbeitseinstellung *f*; Arbeitslosigkeit *f*; TECH Abstellen *n*; Anhalten *n*; Halt *m*; ***~ académico*** *od* ***estudiantil*** Vorlesungsstreik *m*; Studentenstreik *m*; ***~ de aviso, ~ preventivo*** Warnstreik *m*; ***~ cardíaco*** Herzstillstand *m*; ***~ de larga duración*** Langzeitarbeitslosigkeit *f*; ***~ empresario*** *od* ***patronal*** Aussperrung *f*; ***~ encubierto*** (***estacional***; ***estructural***) verdeckte (saisonale; strukturelle) Arbeitslosigkeit *f*; ***~ forzoso*** *Esp* Arbeitslosigkeit *f*; *Am* Aussperrung *f*; ***~ juvenil*** Jugendarbeitslosigkeit *f*; ***~ laboral*** Arbeitsniederlegung *f*; Aussperrung *f*; ***~ de máquinas*** Maschinenstillstand *m*; ***~ nacional*** landesweiter Streik *m*; ***~ parcial*** Kurzarbeit *f*; ***~ permanente*** Dauerarbeitslosigkeit *f*; ***~ tecnológico*** rationalisierungsbedingte Arbeitslosigkeit *f*; ***~ de trabajo*** Arbeitsunterbrechung *f*; ***en ~*** arbeitslos ◇ ***estar en ~*** arbeitslos sein; ***ir al ~*** streiken; ***quedarse en ~*** arbeitslos werden
parodiar *tr* parodieren
parodontosis *f* MED Parodontose *f*
parótida *f* Ohrspeicheldrüse *f*
parpadeo *m* Blinzeln *n*; Augenaufschlag *m*; *Kontrolllampe* Flackern *n*
párpado *m* (Augen-)Lid *n*; ***~ inferior*** (***superior***) Unter-(Ober)lid *n*
parque *m* Park *m*; Bestand *m*; Vorrat *m*; Gerätschaften *f/Pl*; Munition *n*; ***~ de almacenamiento*** Lagerplatz *m*; ***~ de artillería*** Artilleriepark *m*; ***~ de atracciones*** *od* ***diversiones*** Vergnügungspark *m*; Rummelplatz *m*; ***~ automotor*** *od* ***de automóviles, ~ móvil*** Fuhrpark *m*; Fahrbereitschaft *m*; ***~ automovilístico*** Kraftfahrzeugbestand *m*; ***~ empresarial*** Gewerbepark *m*; ***~ eólico*** Windkraftanlage *f*; ***~ infantil*** Kinderspielplatz *m*; ***~ de máquinas*** Maschinenpark *m*; ***~ de material rodante*** EISENB rollendes Material *n*; ***~ nacional*** Nationalpark *m*; ***~ natural*** Naturschutzpark *m*; ***~ de ocio*** Freizeitpark *m*; ***~ de vehículos de transporte*** Lkw-Park *m*; ***~ zoológico*** Tierpark *m*
parqué Parkett *n auch Börse*
parque|adero *m Am* Parkplatz *m*; **~ar** *tr* KFZ parken, abstellen
parquedad *f* Sparsamkeit *f*; Genügsamkeit *f*; ***~ en palabras*** Wortkargheit *f*
parqueo *m Am* Parken *n*; Parkplatz *m*; ***no ~*** VERK Parken verboten!
parqu|ero *m Am reg* Parkwächter *m*; **~etero** *m* Parkettleger *m*; **~ímetro** *m* Parkuhr *f*
parra *f* Weinrebe *f*, -ranke *f* ◇ ***subirse a la ~*** übermütig werden; in die Luft gehen
párrafo *m* Abschnitt *m*; INFORM, TYP Absatz *m*; Paragraph *m* ◇ ***hacer ~ aparte*** das Thema wechseln
parranda *f*: ***andar*** *od* ***ir de ~*** → ***parrandear***
parrand|ear *intr* bummeln gehen; **~ero I** *Adj* Bummel-; vergnügungssüchtig **II** *m* Bummler *m*; Vergnügungssüchtiger *m*
parricida *m* Vatermörder *m*; Muttermörder *m*; Gattenmörder *m*
parrilla *f Herd* Rost *m*; Grill *m*; Grillbar *f*; ***a la ~*** Rost-; gegrillt ◇ ***asar a la ~*** grillen

P

párroco I *Adj* → **parroquial II** *m* Pfarrer *m*
parroqui|a *f* Pfarre(i) *f*; Kirchspiel *n*; Pfarrkirche *f*; Kundschaft *f*; **~al** Pfarr-; **~ano** *m* Pfarrkind *n*; Stammkunde *m*
parsimonioso sparsam; bedächtig; zurückhaltend; umsichtig
parte[1] *f* Teil *n,m*; Stück *n*; Anteil *m*; Bestandteil *m*; Teilstück *n*; Seite *f eine von zwei Gegenparteien*; Partner *m*; JUR Partei *f*; Stelle *f*; Gegend *f*, Part *m* MUS *Stimme u* THEAT *Rolle*; **~ anterior** Vorderteil *n*; Vordergrund *m*; **~s beligerantes** Krieg führende Seiten *f/Pl*; **~s en conflicto** Konfliktparteien *f/Pl*; **~ contraria** Gegenpartei *f*; Prozessgegner *m*; **~ contratante** Vertragspartei *f*; Vertragspartner *m*; **~s contratantes del convenio colectivo** Tarifpartner *m/Pl*; **~ decimal** Dezimalstelle *f*; **~ delantera** (**inferior**) Vorder-(Unter)teil *n*; **~ integral** *od* **integrante** (untrennbarer) Bestandteil *m*; **~ del león** Löwenanteil *m größter Anteil*; **~ litigante** *od* **en proceso** Prozesspartei *f*; **~s negociadoras** Verhandlungspartner *m/Pl*; **~s de la oración** GRAMM Rede-, Satzteile *n/Pl*; **~ posterior** BAUW Hinterfront *f*; hinteres Teil *n*; **~s** (**pudendas** *od* **vergonzosas**) Scham *f Geschlechtsteile*; **~s sociales** Sozialpartner *m/Pl*; **~ superior** Oberteil *m,n*; **~ tarifaria** Tarifpartei *f*; **~ trasera** hinteres Teil *n*; KFZ Heck *n*; **a alguna ~** irgendwohin; **a esta ~** hierher; **a la media ~** SPORT zur Halbzeit; **a otra ~** woandershin; **¿a qué ~?** wohin? **a todas ~s** an alle Seiten; überallhin; **de cualquier ~** irgendwoher; **de esta ~** von hier aus; **de ninguna ~** nirgendwoher; **de otra ~** anderswoher; andererseits; **de ~ a ~** von einer Seite zur anderen, **de ~ de alg** seitens; **¿de ~ (de quién)?** TEL mit wem spreche ich?; *an Besucher* wen darf ich melden?; **de ~ y ~** auf *bzw* von beiden Seiten; **¿de qué ~?** woher?; von wem (aus)?; **de todas ~s** von allen Seiten; von überallher; **de varias ~s** mehrteilig; **en alguna** (**ninguna**) **~** irgendwo (nirgends); **en cualquier ~** → **por todas ~s**; **en** (**dos**) **~s iguales** zu gleichen Teilen; **en gran ~** zum großen Teil; **en otra ~** anderswo; **en ~** zum Teil; **en tal ~** an jenem Ort; **en todas ~s** → **por todas ~s**; **las Altas ~s Contrantes** die Hohen Vertragsschließenden Seiten *f/Pl*; **la(s tres) cuarta(s) ~(s)** ein (drei) Viertel; **la mayor ~** die Mehrheit; der größte Teil; **~ por ~** abschnittsweise; Stück für Stück; **por cualquier ~** → **por todas ~s**; **por la ~ de** was … betrifft; **por mi** (**tu, su** *usw*) **~** meiner-(deiner-; seiner- *usw*)seits; **por otra ~** andererseits; **por ~ de alg** seitens; **por ~s** stückweise; eins nach dem andern; der Reihe nach; **por todas ~s** überall; an jedem beliebigen Ort; **por una ~** einerseits; **por una ~ y otra** von der einen und der anderen Seite; **primera** (**segunda**) **~** SPORT erste (zweite) Halbzeit *f* ◇ **no conducir** *od* **llevar a ninguna ~** zu nichts führen; **echar a** *od* **tomar en mala ~** übel nehmen; falsch auffassen; **estar de ~ de alg** auf jmds Seite stehen; für jmdn eintreten; **formar ~ de u/c** zu etw gehören; **hizo** *od* **puso cuanto está de su ~** er tat sein Möglichstes; **hacer las ~s de alg** jmdn vertreten; jmds Rolle spielen; **¡a buena ~ vamos!** das kann ja heiter werden!; **llamo de ~ de** ich rufe an im Auftrag von; **no parar en ninguna ~** ständig unterwegs sein; **ponerse de ~ de alg** jmdm beistehen; **ser considerado ~ interesada** JUR für befangen erklären; **¿de qué ~ eres?** woher stammst du?; **lo tengo de mi ~** er ist auf meiner Seite; **tener** *od* **tomar ~ en algo** an etw teilnehmen
parte[2] *m* Bericht *m*; Nachricht *f*; Kommuniqué *n*; Meldung *f*; Depesche *f*; **~ de baja** Krankschreibung *f*; **~ facultativo** *od* **médico** ärztliches Bulletin *n*; **~ meteorológico** Wetterbericht *m* ◇ **dar ~ de u/c** etw berichten; *Diebstahl* melden, anzeigen; **dar** *od* **rendir el ~** MIL Meldung erstatten
partenaire *m(f) Ballett*, FILM, THEAT, TV Partner(in) *m(f)*
parter|a *f* Hebamme *f*; **~ía** *f* Geburtshilfe *f*; **~o** *m* Geburtshelfer *m*
par|tible teilbar; aufteilbar; **~ición** *f* Teilung *f*; Aufteilung *f*; Spaltung *f*; Abteilung *f von Wörtern nach Silben*
participación *f* Teilnahme *f*; (**en** an); Beteiligung *f*; Teilhaberschaft *f*; Anteil *m am Gewinn*; Mitteilung *f*; Anzeige *f*; **~ accionarial** Aktienbeteiligung *f*; **~ en los beneficios** Gewinnbeteiligung *f*, Tantieme *f*; **~ de boda** *od* **enlace** (**defunción**) Vermählungs-(Todes)anzeige *f*; **~ en la feria** Messeteilnahme *f*; **~ mayoritaria** (**minoritaria**; **en el volumen de negocios**) Mehrheits-(Minderheits-; Umsatz)beteiligung *f*; **~ de reserva** Reserveguthaben *n* ◇ **poseer participaciones** Anteile besitzen; **tener ~** beteiligt sein
particip|ante *m* Teilnehmer *m*; Teilhaber *m*; Beteiligter *m*; **~ar I** *intr* teilnehmen; sich *aktiv* beteiligen (**en** an); beteiligt sein (**de, en** an); *einer Sache* teilhaftig werden; teilen (**de** *Akk*) *z.B. Meinung* **II** *tr* mitteilen; *jmdm etw* anzeigen
partícipe beteiligt (**de, en** an)
participio *m* Partizip *n*, Mittelwort *n*
partícula *f* Teilchen *n*, Partikel *f auch* GRAMM; **~s cósmicas** kosmische Staubteil-

P

chen *n/Pl*; ~ ***extraña*** Fremdkörper *m*; **~s** ***flotantes*** *od* ***suspendidas*** Schwebstoffe *m/Pl*

particular I *Adj* besondere; eigentümlich; eigenartig; Sonder-; Privat-; persönlich; ***en*** ~ insbesondere; (***nada***) ***de*** ~ (nichts) Besonderes **II** *m* Privatperson *f*; Angelegenheit *f*; ***sin otro*** ~ *Brief Schlussfloskel* das wäre es (für heute); ***sobre el*** ~ hierzu

particular|idad *f* Eigentümlichkeit *f*; Eigenheit *f*; Besonderheit *f*; Merkwürdigkeit *f*; Einzelheit *f*; Fachrichtung *f*; **~ista** partikularistisch; auf Privatinteressen beschränkt

particular|izar ⟨-z/c-⟩ *tr* alle Details angeben; **~izarse** sich hervortun; sich abheben; eigene Wege gehen; **~mente** insbesondere, vor allem

partida *f* Abreise *f*; Abfahrt *f*; Start *m*; Abmarsch *m*; Weiterreise *f*; Abgang *m* *Weggehen*; Buchungsposten *m*; FIN, HDL, KART, SPORT Partie *f*; *Rasenspiel* Spiel *n*; Etatposten *m*; VERW Urkunde *f*; ~ ***de balance*** (***colectiva***) Bilanz-(Sammel)posten *m*; ~ ***de bandidos*** Räuberbande *f*; ~ ***de campo*** Landpartie *f*, Ausflug *m* aufs Land; ~ ***de caza*** Jagdpartie *f*; ~ ***de defunción*** (***matrimonio***; ***nacimiento***) Sterbe-(Heirats-; Geburts)urkunde *f*; ~ ***de dinero*** Geldposten *m*; ~ ***serrana*** → ***mala*** ~; ~ ***de soldados*** Gruppe *f* Soldaten; ***de*** ~ *übertr* Ausgangs-; ***mala*** ~ übler Streich *m*; ***por*** **~s** gruppenweise; ***por*** ~ ***doble*** erst recht ◇ ***echar*** *od* ***jugar una*** ~ ***de ajedrez*** eine Partie Schach spielen; ***jugar una mala*** ~ *jmdm* übel mitspielen; ***sentar una*** ~ einen Posten eintragen; ***ser de la*** ~ mit von der Partie sein

partidario I *Adj* parteiisch **II** *m* Parteigänger *m*; Anhänger *m*; Befürworter *m* ◇ ***ser*** ~ ***de algo*** für etw sein

partid|ejo *m* POL Grüppchen *m*; Splitterpartei *f*; **~ismo** *m* Parteilichkeit *f*; **~ista** parteiisch; Partei(en)-

partido *m* POL Partei *f*; SPORT Spiel *n*, Partie *f* *auch übertr Heirat*; *And* (Miets-)Partei *f*; Bezirk *m*; *Arg* VERW Kreis *m*; ~ ***amistoso*** Freundschaftsspiel *n*; ~ ***bisagra*** Scharnier-, Pendelpartei *f*; ~ ***en campo ajeno***, ~ ***fuera de casa*** (~ ***en casa***) SPORT Auswärts-(Heim)spiel *n*; ~ ***de derecha***(***s***) (***izquierda***(***s***)) Rechts-(Links)partei *f*; ~ ***ecológico*** Ökopartei *f*; ~ ***fascista*** faschistische Partei *f*; ~ ***de fútbol*** (***de ida***; ***de vuelta***) Fußball-(Hin-; Rück)spiel *n*; ~ ***gobernante*** Regierungspartei *f*; ~ ***internacional*** SPORT Länderspiel *n*; ~ ***judicial*** Amtsbezirk *m*; ~ ***liberal*** Liberale Partei *f*; ~ ***obrero*** Arbeiterpartei *f*; ~ ***popular*** Volkspartei *f*; ~ ***único*** *od* ***unificado*** Einheitspartei *f*; ***sin*** ~ parteilos ◇ ***abrazar un*** ~ einer Partei beitreten, ***dar*** ~ *jmdm* einen Vorsprung gewähren; ***darse a*** ~ nachgeben, einlenken; ***formar*** ~ eine Partei *od* Gruppierung bilden; sich zusammentun; sich zusammenschließen; ***militar en un*** ~ in einer Partei organisiert sein; ***sacar*** ~ Nutzen ziehen (***de*** aus); ***sacar buen*** ~ gut abschneiden; ***tener*** ~ Anklang finden; Befürworter haben; ***tener gran*** ~ ***con las damas*** Glück bei den Damen haben; ***tomar*** ~ eintreten (***por*** für); ***tomar*** (***otro***) ~ eine (andere) Entscheidung treffen; ***venirse a*** ~ sich von einer Sache überzeugen lassen

partir I *tr* teilen *auch* MATH; trennen; *Holz* spalten; *Nüsse* knacken; *Brot* brechen; *Gut* (auf)teilen; *etw* aufschlagen; *etw* zerbrechen; *Haar* scheiteln **II** *intr* abreisen; *Schiff* auslaufen; losfahren (***para*** nach); (ab)fliegen; weggehen; ausgehen (***de*** von); ~ ***en dos*** halbieren; ***a*** ~ ***de*** ausgehend von; ***a*** ~ ***de hoy*** von heute an; **~se** auseinander brechen; zerbrechen; zersplittern

partisano *m* Partisan *m*

partit|ivo teilbar; Teilungs-; GRAMM partitiv; **~ura** *f* Partitur *f*

parto *m* Geburt *f*; Gebären *n*; Entbindung *f*, Niederkunft *f*; *Tiere* Wurf *m*; ~ ***difícil*** schwierige Geburt *f od* Entbindung *f auch übertr*; ~ ***sin dolor*** schmerzlose Entbindung *f*; ~ ***prematuro*** Frühgeburt *f*

parturienta *f* Gebärende *f*; Wöchnerin *f*

party *m* Party *f*

parva *f* für den Drusch ausgebreitetes Getreide *n*; *Am* Heuschober *m*

parvada *f* Schar *f* *z.B. Hühner*

parvedad *f* geringe Menge *f*; Winzigkeit *f*

parvulario *m* Vorschule *f*; Kindergarten *m*

párvulo *m* Vorschulkind *n*; Kleinkind *n*; ***los*** **~s** *Bibel* die Kindlein; die Unschuldigen

pasa *f* Rosine *f*

pasable annehmbar

pasada *f* Übergang *m*; Durchgang *m* *auch* TECH; Vorübergehen *n*; Passieren *n*; Durchqueren *n*; *Stricken* Reihe *f*; *Fußball* Pass *m*; ***de*** ~ im Vorbeigehen; beiläufig; ***mala*** ~ übler Streich *m* ◇ ***dar una*** ~ überarbeiten; ***dar dos*** **~s** ***de jabón*** zweimal einseifen; ***dar otra*** ~ ein weiteres Mal drüberfahren *z.B. mit dem Staubsauger*; ***dar una*** ~ ***de pintura*** mit einem Anstrich versehen

pasad|ero erträglich; **~izo** *m* Übergang *m* *zwischen zwei Gebäuden*; Durchgang *m*; schmaler Gang *m*; Steg *m*

pasado I *Adj* vergangen; ehemalig; überlagert; *Obst* überreif; *Lebensmittel* verdorben; *Fleisch* angegangen; *Nachricht* überholt; ***bien*** ~ gut durchgebraten; ***próximo*** ~ letzter, vergangener *z.B. Freitag* **II** *m* Ver-

P

gangenheit *f auch* GRAMM; Vorleben *n* ◇ ***lo ~, pisado*** Schwamm drüber

pasador *m* Riegel *m*; Schieber *m*; Ordensspange *f*; TECH Stift *m*; Splint *m*; Haarsieb *n*; Haarspange *f*; Hutnadel *f*; Schmuggler *m*

pasafronteras *m* Grenzgänger *m*

pasaje *m* Durchgang *m*; Passage *f auch* LIT; Furt *f*; Durchmarsch *m*; Überfahrt *f*; Durchfahrt *f*; Fahrpreis *m*; Passagiere *m/Pl*; ***~ de avión*** Flugticket *n*; ***~ marítimo*** Schiffspassage *f* ◇ ***sacar el ~*** die Fahrkarte *bzw* Passage lösen

pasajero **I** *Adj* vorübergehend; vergänglich; kurzlebig; flüchtig *schnell vergehend* **II** *m* Passagier *m*; Reisender *m*; KFZ Fahrgast *m*; Fluggast *m*; ***~ sin billete, ~ clandestino*** Schwarzfahrer *m*; FLUGW, MAR blinder Passagier *m*

pasamano *m* Borte *f*; Tresse *f*; Litze *f*; Handlauf *m*; *i w S* Treppengeländer *n*

pasa|montañas *m* Kopfschützer *m*; **~muro** *m* Mauerdurchbruch *m*

pasante *m(f)* Praktikant(in) *m(f)*; Assistent(in) *m(f)*; Referendar(in) *m(f) eines Anwalts*

pasaporte *m* (Reise-)Pass *m*; ***~ diplomático*** (***militar***; ***ordinario***; ***oficial***) Diplomaten-(Wehr-; Reise-; Dienst)pass *m*; ***libre de ~ y de visado*** pass- und visafrei ◇ ***extender*** *od* ***librar un ~*** einen Pass ausstellen

pasar **I** *tr* überschreiten; überqueren; durchqueren; durchdringen; durchschreiten; *Grenze* passieren; *Text* durchgehen; über *die Straße* gehen; über *den Fluss* setzen; durch *den Fluss* waten; durchströmen; durchfließen; bringen; begleiten; *jmdn* führen; *jmdn* vorbeifahren; geben; (her)reichen; überbringen; übergeben; überreichen; weitergeben *auch Ball*; weiterreichen; durchreichen; TEL *Gespräch* durchstellen; TEL *umg* geben *Hörer weitergeben bzw Gespräch weiterleiten*; *Lügen, Parolen* verbreiten; überführen (***a*** nach); *im Amt* befördern; *Nachricht* übermitteln; (zu)schicken; *Waren* einschmuggeln; durchschmuggeln; TECH durchschicken; *Faden* einfädeln; *an Kommission* überweisen; *Film* vorführen; zeigen; *Auftrag* erteilen, *Angebot* machen; *etw* durchmachen; *Programm, Summe* übertragen; *Zeit* verbringen; zubringen; *jmdm etw* hinterlassen; überspringen; (*jmdm*) *etw* durchgehen lassen; *jmdm etw* nachsehen; *jmdn od etw* überholen; *Signal* überfahren; durchseihen; durchsieben; passieren *durch ein Sieb drücken*; teilnehmen an *z.B. Lehrgang*; *Prüfung* ablegen; *Krankheit* erdulden; *Obst* dörren; *jmdn* anstecken (***le pasó la gripe***); *jmdn* übertreffen (***la pasa en belleza***); ***~ algo por algo*** mit etw über etw fahren; ***~ por alto*** übergehen; nicht berücksichtigen; nicht beachten; auslassen; ***~lo bien*** es sich gut gehen lassen; ***¿cómo lo pasa?*** wie geht es Ihnen?; ***dejar ~*** vorbeilassen; durchgehen lassen; ***él te pasa*** er ist dir über(legen); ***hacer ~*** *etw* überführen; *jmdn* eintreten lassen; durchzwängen; hineinpressen; ***hacerse ~*** sich ausgeben (***por*** als, für); ***no lo puede ~*** er kann ihn nicht ausstehen; ***¡que Vd. lo pase bien!*** alles Gute!; viel Spaß! **II** *intr* gehen; hereinkommen; hineingehen; hinübergehen; durchfahren; passieren; *übertr* wandern; auskommen; *Zeit* vergehen; dahingehen; vorbeigehen; verblühen; verwelken; *Krankheit* sich ausbreiten; *Vorschlag* durchkommen; KART passen; *im Amt* weiterkommen; MIL, VERW befördert werden; *Schüler* versetzt werden; *Funke* überspringen; *Geld* gültig sein; *Farben* verblassen; geschehen; ***~ a*** gehen nach *od* in; eingehen in *z.B. in die Geschichte*; an *Land* gehen; sich begeben nach *od* in; überleiten in; hinüberfahren; hinüberfließen; übergehen zu; übergehen auf; darangehen zu; schreiten zu; übertreten zu; gelangen in; kommen in; ***~ de*** überschreiten *z.B. Kredit*; über *etw* hinausgehen; ***~ de … a*** *lokal* reichen von … zu; ***~ delante de*** *od* ***frente a*** *od* ***junto a*** vorbeiziehen an; vorbeifließen an; ***~ por*** durchkommen; durchpassen; durchleben; vorbeikommen; vorübergehen; durchgehen; vorbeigehen; durch *den Kopf* gehen; durchfahren; vorbeifahren; durchziehen; fahren über; durchreisen; reisen über; fliegen über, kommen über; fließen durch; strömen durch; (hinweg)gleiten über; überschreiten; gehalten werden für; ***~ por encima de*** hinwegfliegen über; ***¡pase!*** kommen Sie herein!, ***~ adelante*** weitergehen; vorwärts gehen; ***~ corriendo*** (***volando***) vorbeilaufen (vorbeifliegen); ***~ de largo*** vorbeigehen; vorbeifahren *an Haltestelle nicht halten*; ***~ a limpio*** ins Reine schreiben; ***~ a ser*** zu *etw* werden; ***~ veloz*** vorbeistürmen; ***como si no hubiese pasado nada*** so als wäre nichts geschehen; ***de ahí no paso*** weiter gehe ich nicht *auch übertr*; ***eso no pasa*** das geht nicht; das gilt nicht; ***no ~ prohibido ~*** Durchgang verboten; kein Zutritt; ***¿qué pasa?*** was ist los?; ***¿qué pasó*** was ist passiert? ***¿qué le pasa?*** was ist mi ihm?; ***~se*** *Schmerzen* vergehen; vorbe sein; zu Ende gehen *z.B. der Sommer* durch sein; *etw* verpassen; entfallen *vergessen*; *zum Feind* überlaufen; *eine Lini* übertreten; *in eine andere Partei* übertreten; *Schloss* überschnappen; verwelken *auch übertr*; *Obst* überreif werden; *Lebensmittel* schlecht werden; zerkochen; *Milch* überkochen; *Medikament* überlagert sein; zu weit gehen *auch übertr*; übertreiben; *Zeit* verbringen; zubringen; sich irren (**de** in); **~se por** bei *jmdm* vorbeikommen; ***no se le pasa nada*** ihm entgeht nichts; ***se me pasó*** es ist mir so rausgerutscht; ***se me pasó advertírselo*** ich vergaß, ihn darauf hinzuweisen

pasarela *f* (Brücken-)Steg *m*; MAR, *Modenschau*, TECH, THEAT Laufsteg *m*; FLUGW, MAR Gangway *f*; MAR Anlegebrücke *f*; Flugsteig *m*; TECH Laufbrücke *f*

pasatiempo *m* Zeitvertreib *m*; Hobby *n*

Pascua *f* Ostern *n*/(*Pl*); Passahfest *n*; **~s** Zeitraum *m* zwischen Weihnachten und Dreikönigsfest; ***~ del Espíritu Santo, ~ de Pentecostés*** Pfingsten *n*; ***~ de flores, ~ florida, ~ de Resurrección*** Ostern *n*/(*Pl*); ***~(s) de Navidad*** Weihnachten *n*/(*Pl*); ***de ~s a Ramos*** vereinzelt; hin und wieder; nur selten; ***felices ~s*** frohes Fest!, fröhliche Weihnachten!; fröhliche Ostern!

pascual I *Adj* Oster-, österlich; Passah- **II** *m* ***el Viejo ~*** *Am reg* der Weihnachtsmann

pascuense *m* Bewohner *m* der Osterinsel

pase *m* Passierschein *m*; Einlass *m zu Veranstaltungen*; Übergabe *f*; *Hotel* Zimmerkarte *f*; THEAT Freikarte *f*; VERK Freifahr(t)schein *m*; MIL Ausgang *m*; SPORT Aufstieg *m* (**a** in) *die höhere Liga*; *Fechten* Finte *f*; *Ballspiele* Zuspiel(en) *n*; *Fußball* Pass *m*; KART Passen *n*; ***~ para abordar, ~ a bordo*** FLUGW Bordkarte *f*; ***~ a retiro*** Versetzung *f* in den Ruhestand; ***último ~*** *Kino* letzter Einlass *m* ◇ ***dar el ~*** *jmdm* den Laufpass geben; ***estar de ~*** frei (*d.h.* Ferien *od* Urlaub) haben

pasea|dor *m*, **~nte** *m* Spaziergänger *m*

pasear I *intr* spazieren gehen; spazieren fahren; spazieren reiten **II** *tr* spazieren führen; *Hund* ausführen; *Säugling* ausfahren; herumzeigen; ***sacar a ~*** spazieren führen; **~se** spazieren gehen

paseo *m* Spaziergang *m*; Spazierfahrt *f*, Spazierritt *m*; Spazierweg *m*; Allee *f*; Promenade *f*; ***~ a caballo*** Ausritt *m*; Ritt *m*; ***~ ciclista*** Radpartie *f*; ***~ en coche*** Autofahrt *f*; Kutschfahrt *f* ◇ ***anda*** *od* ***vete a ~*** scher dich fort!, hau ab!; ***dar un ~*** einen Spaziergang machen; ***echar*** *od* ***enviar*** *od* ***mandar a ~*** *jmdn* zum Teufel schicken; ***estar*** *od* ***ir de ~*** spazieren gehen

pasillo *m* Korridor *m*; Durchgang *m*; ***~ aéreo*** Luftkorridor *m*

pasión *f* Leidenschaft *f*; ***la ≗*** REL die Passion (Christi); ***con ~*** leidenschaftlich; ***las más bajas pasiones*** die niedrigsten Instinkte

pasion|al leidenschaftlich; aus Leidenschaft; Affekt-; **~aria** *f* Passionsblume *f*; Passionsfrucht *f*

pasividad *f* Passivität *f auch* CHEM *u übertr*; Untätigkeit *f*; ***~ electoral*** Wahlmüdigkeit *f*

pasivo I *Adj* passiv; tatenlos; unbeteiligt **II** *m* GRAMM Passiv *n*; FIN Passiva *Pl Verbindlichkeiten*; HDL Soll *n*; ***~ exigible*** *Buchhaltung* Fremdkapital *m*; ***~ exible a corto*** (***largo***) ***plazo*** kurz-(lang)fristige Verbindlichkeiten *f*/*Pl*

pasmado verblüfft; starr *vor Kälte od Staunen*; sprachlos; *Chi* mitgenommen *Aussehen*; *übertr* zurückgeblieben ◇ ***estar ~*** erstaunt *od* sprachlos sein; ***quedar ~*** wie gelähmt sein; fassungslos sein

pasmar *tr* verblüffen; *übertr* lähmen; **~se** erstarren *auch übertr*; erstarrt sein; verblüfft sein; staunen, erstaunt sein; wie gelähmt sein; *Pflanzen* erfrieren

pasmarote *m* Trottel *m* ◇ ***hacer de ~*** Maulaffen feilhalten

pasm|azón *f Am*, **~o** *m* Krampf *m*; *Am* Nervenkrampf *m*; Verblüffung *f*; Fassungslosigkeit *f*; Bewunderung *f*; **~oso** verblüffend; erstaunlich; bewundernswert

paso[1] *Obst* gedörrt, Dörr-; *Stimme* leise

paso[2] *m* Schritt *m auch übertr*; Fuß(s)tapfen *m*; Gang(art *f*) *m*; Überfahrt *f über einen Fluss*; Übersetzen *n*; Überführung *f*; Überschreiten *n*; Überqueren *n*; Übergang *m*; Übergangsstelle *f*; Überwechseln *n*; Überholen *n*; *Signal* Überfahren *n*; Durchreise *f*, Durchfahrt *f*; Durchzug *m*; Durchquerung *f*; Durchschreiten *n*; Durchmarsch *m*; Durchwaten *n*; Durchreichen *n*; Durchgang *m auch* MED; Durchlass *m*; Durchfluss *m*; Durchlauf *m*; Passieren *n der Grenze*; Hinübergehen *n*; Vorbeigehen *n*; Vorbeimarsch *m*; Vorbeifahrt *f*; Vorbeizug *m*; Umzug *m*; Strich *m Vogelzug*; (Meeres-)Straße *f*; (Gebirgs-)Pass *m*; Maßnahme *f*; Passage *f aus einem Buch*; *Am* Furt *f*; Weiterreichen *n*; Weitergabe *f auch eines Balls*; *Fußball* Pass *m*; *Filmrandlochung*, *Zahnrad* Teilung *f*; ***¡~!*** Bahn frei!; Platz machen! ***~ acompasado*** Gleichschritt *m*; ***~ de aire*** Luft-, Durchzug *m*; Luftdurchtritt *m*; ***~ de animales*** Wildwechsel *m*; Viehübergang *m*; ***~ atrás*** Schritt *m* zurück; Rückschritt *m*; ***~ de carrera*** Laufschritt *m*; ***~ bajo la carretera*** Straßenunterführung *f*; ***~ (de) cebra*** Zebrastreifen *m Fußgängerschutzweg*; ***~ (de contador)*** TEL Gebühreneinheit *f*; ***~ a la derecha*** POL Rechtsruck *m*,

~ a desnivel Fußgängerunterführung *f*; **~ del ecuador** Äquatorüberquerung *f*; *übertr* Bergfest *n*, *bes an der Universität* Halbzeitparty *f*; **~ elevado** Fußgänger-, Hochbrücke *f*; **~ estrecho** *Warnzeichen* Einengung *f* der Fahrbahn; **~ en falso** falscher Schritt *m*; Fehltritt *m*; **~ de filete** Gang *m*, Gewindesteigung *f*; **~ de la frontera** Grenzüberschreitung *f*; **~ fronterizo** Grenzübergang(sstelle *f*) *m*; **~ al grado** *od* **curso superior** *Schule* Versetzung *f* in die nächste Klasse; **~ inferior** *od* **bajo nivel** Unterführung *f*; Fußgängertunnel *m*; **~ a nivel** schienen- *od* straßengleicher Übergang *m*; **~ a nivel con** (**sin**) **barreras** *od* **guarda** (un)beschrankter Bahnübergang *m*; **~ sobre nivel** Bahnüberführung *f*; **~ prohibido** Durchgang *bzw* Durchfahrt *bzw* Ein- *od* Zutritt *bzw* Einfahrt verboten; **~ de trenes** Zugdurchfahrt *f*; **~ de vehículos** *Garagenaufschrift* Ausfahrt *f* (freihalten); **a ~s agigantados** mit Riesenschritten; **a ~ de buey** *od* **caracol** *od* **tortuga** im Schneckentempo; **a ~ de carrera** im Laufschritt; **a cada ~** auf Schritt und Tritt; **a cuatro** *od* **dos** *od* **pocos** *od* **unos ~s** ganz in der Nähe; **al ~ del tiempo** im Verlauf(e) der Zeit; **al ~ que** in dem Maß(e) wie, nach Maßgabe; **de ~** beiläufig; dabei; gleichzeitig; auf der Durchreise; durchreisend; **mal ~** Fehltritt *m auch übertr*; **~ a ~** Schritt für Schritt; ◇ **abordar ~s** Maßnahmen ergreifen, **abrir ~** zum Durchbruch verhelfen; **abrirse ~** sich einen Weg bahnen; sich Bahn brechen; sich durchschlagen; sich durchsetzen; **abrirse ~ codeando** *od* **a codazos** sich mit den Ellenbogen vordrängeln; **acelerar** *od* **alargar** *od* **aligerar** *od* **apresurar** *od* **apretar el ~** seinen Schritt beschleunigen; **acortar el ~** langsamer gehen; **andar** *od* **ir** *od* **marchar al ~** langsam gehen; (im) Schritt fahren; **andar sobre los ~s de alg** jmdm auf den Fersen sein; **cambiar el ~** den Tritt wechseln *auch* MIL; **ceda el ~** *Verkehrszeichen* Vorfahrt beachten; **ceder el ~** *jmdm* den Vortritt lassen; die Vorfahrt gewähren; **cerrar** *od* **cortar el ~** *jmdm* den Weg verlegen; entgegentreten *z.B. Verleumdung*; *jmdm* die Vorfahrt nehmen; **dar ~** führen (**a** zu) *zur Folge haben*; **dar ~ a alg** jmdm aus dem Weg gehen; jmdm Eingang verschaffen; **dar ~s** Schritte unternehmen; **dar un ~** einen Schritt tun; **dar el ~** *übertr* den Übergang vollziehen; **dar un ~ atrás** einen Schritt zurücktreten; **dar un ~ en falso** danebentreten; einen falschen Tritt tun *auch übertr*; **no dar un ~ atrás** nicht nachgeben, nicht zurückweichen; **detener el ~** langsamer gehen; **ir a buen ~** tüchtig ausschreiten; **llevar** *od* **marcar el ~** Schritt halten; **marcar el ~** auf der Stelle treten; **prohibido el ~ para camiones y para turismo** gesperrt für Lkw und Pkw; **quitar del ~** aus dem Weg räumen; **quitarse del ~** beiseite treten; **regresar** *od* **volver sobre sus ~s** umkehren; *Absicht* aufgeben; **salir al ~ de u/c** einer Sache *z.B. Gerüchten* entgegentreten; **salir(le) al ~ a alg** jmdm entgegengehen; jmdm entgegenkommen; jmdm entgegentreten; **salir(se) de su ~** aus dem Tritt kommen; von seiner Gewohnheit abkommen; **seguir los ~s a alg** jmdm nachspionieren; **seguir los ~s de alg** in jmds Fußstapfen treten; **tener el ~** (den) Vortritt haben

pasodoble *m* Pasodoble *m*

pasot|a *m Esp* SOZIOL Aussteiger *m*, Ausgeflippter *m*; **~ismo** *m* Null-Bock-Mentalität *f*

paspa, **~dura** *f Am reg* aufgesprungene Haut *f z.B. an der Lippe*, Hautriss *m*

pasquín *m* Schmähschrift *f*

pasta *f* Teig *m*; Brei *m*; Nudeln *f/Pl*; Masse *f auch* TECH; Paste *f*; Knete *f Geld*; **~s** *Pl* Zuckergebäck *n*; **~s** (**alimenticias**) Teigwaren *f/Pl*; **~ dental** *od* **dentífrica** Zahnpasta *f*; **~ española** (**francesa**; **italiana**) (Ganz-) Leder-(Halbleder-; Pergament)band *m*; **~ de hojaldre** Blätterteig *m*; **~ holandesa, media ~** Halbfranzband *n*; **~ al huevo** Eierteigwaren *f/Pl*; **~ de pan** Brotteig *m*; **~ de té** Teegebäck *n*; **~ de tomate** *Am* Tomatenmark *n*; **de buena ~** *Mensch* gutmütig, **en ~** BUCHW Pappband *m*

pastar **I** *tr* auf die Weide führen; weiden (lassen) **II** *intr* weiden

pastel *m* Kuchen *m*; Törtchen *n*; *reg* Torte *f*; Pastete *f*; Pastellstift *m*; Pastell *n*; **~es** Konditorwaren *f/Pl*; **~ de manzanas** Apfelkuchen ◇ **descubrir el ~** eine Sache auffliegen lassen; Lunte riechen

pastel|ería *f* Konditorei *f*, Patisserie *f*; **~ero** *m*, **-a** *f* Konditor(in) *m(f)*; **~ista** *m(f)* Pastellmaler(in) *m(f)*

paste|rizar, **~urizar** ⟨-z/c-⟩ *tr* pasteurisieren, keimfrei machen

pasticultura *f* Weidewirtschaft *f*

pastiche *m* Plagiat *n*

pastilla *f* Pastille *f*; Tablette *f*; Pille *f*; EL Chip *m*; **~ de caldo** Brühwürfel *m*; **~ de chocolate** Schokoladenriegel *m*; **~ de jabón** Stück *n* Seife

pastinaca *f* BOT Pastinake *f*

pastizal *m* Weide *f*

pasto *m* Weide(platz *m*) *f*; Weiden *n*; Futter *n*; *übertr* Nahrung *f*; **~ concentrado** (**seco**) Kraft-(Trocken)futter *n*; **a todo ~** nach Herzenslust ◇ **ser ~ de las llamas** ein Opfer der Flammen werden

pastor *m* Hirte *m*; Schäfer *m*; Viehhüter *m*; Seelenhirt *m*; Pastor *m*; Schäferhund *m*; **~al I** *Adj* Hirten-; Schäfer-; Bischofs- **II** *f* REL Hirtenbrief *m*; **~ear** *tr* auf die Weide führen; *Vieh* hüten; **~ela** *f* Hirtenlied *n*; **~eo** *m* Weiden *n*; Weidegang *m*; **~il** Hirten-, Schäfer-

pastoso¹ teigig; breiig; klebrig; *Stimme* weich

pastoso² *Am* reich an Weidegründen

pat. *Abk für* **patente**

pata¹ *f* Bein *n von Tieren, Möbeln*; Pfote *f*; Tatze *f*; Pranke *f*; Klaue *f*; *Haarwild* Lauf *m*; Fuß *m von Tieren, Maschinen, Möbeln*; **~s** *Pl* Flossen *f/Pl*, Stelzen *f/Pl Beine od Füße*; *Zirkel* Schenkel *m*; ***~s arriba*** drunter und drüber; ***~s de catre*** X-Beine *n/Pl*; ***~s de gallo*** *übertr* Krähenfüße *m/Pl*; ***~ de palo*** Holzbein *n*; ***~ de perro*** Rumtreiber *m*; ***~s de rana*** Taucherflossen *f/Pl*; ***a ~*** auf Schusters Rappen *zu Fuß*; ***a cuatro ~s*** auf allen vieren; ***a*** (***la***) ***~*** (***la***) ***llana*** unkompliziert; ohne Umstände; ***buena*** (***mala***) ***~*** Schwein *n Glück* (Pech *n Unglück*) ◇ ***bailar en una ~*** *Am* einen Freudentanz vollführen; ***buscarle tres ~s al gato*** einen Streit vom Zaune brechen; ***enseñar la*** *od* ***su ~*** sein wahres Gesicht zeigen; ***estamos ~*** wir sind quitt; ***estirar la ~*** abkratzen *sterben*; ***hacer la ~ ancha*** *Arg Gefahr* die Stirn bieten; ***ir a la ~ chula*** hinken; ***meter la ~*** ins Fettnäpfchen treten; ***meter la ~ hasta el corvejón*** sich bis auf die Knochen blamieren; ***pararse en las ~s de atrás*** sich auf die Hinterbeine stellen *auch übertr*; ***poner de ~s en la calle*** *jmdn* vor die Türe setzen *rausschmeißen*; ***poner ~s arriba*** umkrempeln *von Grund auf erneuern*; alles durcheinander bringen; ***ver las ~s a la sota*** *Arg übertr* den Braten riechen

pata² *f* Ente(nweibchen *n*) *f*; ***~ loca*** *übertr* verrücktes Huhn *n*

patada *f* Fußtritt *m*; Tritt *m*, Hufschlag *m*; ***a ~s*** in Hülle und Fülle ◇ ***dar una ~*** *jmdm* einen Tritt geben; ***dar una ~ en el culo*** *jmdm* in den Hintern treten; ***darse ~*** *Cu* sich wichtig tun; ***echar*** *od* ***sacar a ~s*** *jmdn* hochkant hinauswerfen; ***tratar a ~s*** mit Fußtritten traktieren

patagón *m* Patagonier *m*

Patagonia *f* Patagonien *n*

patal|ear *intr* strampeln; trampeln; vor Wut auf den Boden stampfen; **~eta** *f* Eiertanz *m*; Hektik *f*, Aufregung *f*, Aufriss *m*

patán *f* Flegel *m*, Lümmel *m*, Fläz *m*

patarat|a *f* Albernheit *f*; Gehabe *n*; Larifari *n*; **~ero I** *Adj* albern; gespreizt **II** *m* alberner Kerl *m*

patata *f Esp* Kartoffel *f*; ***~ caliente*** *Esp übertr* heißes Eisen *n*; ***~s fritas*** Pommes frites *Pl*; (Kartoffel-)Chips *Pl*; ***~s hervidas*** Salzkartoffeln *f/Pl*; → ***papa²*** ◇ ***ser una ~*** *Esp* der letzte Löffel sein *ein Nichts sein*

patat|al *m*, **~ar** *m* Kartoffelacker *m*; **~ero I** *Adj* Kartoffel- **II** *m* Kartoffelanbauer *m*; Kartoffelverkäufer *m*; Kartoffelesser *m*

patatín: ***que si ~, que si patatán*** und dies … und jenes …; ob oder ob nicht; Ausflüchte *f/Pl*; (Hinundher-)Gerede *n*

patatús *m* leichte Ohnmacht *f*

paté *m* (Leber- *od* Fleisch-)Pastete *f*

patear I *tr* mit Füßen treten *auch übertr*; mit Fußtritten traktieren; *jmdn* ausbuhen **II** *intr* mit den Füßen trampeln *vor Wut*; sich abstrampeln; *Pferd* ausschlagen

patent|abilidad *f* Patentfähigkeit *f*; **~ado I** *Adj* patentrechtlich geschützt **II** *m* Patentierung *f*; **~ar** *tr* patentieren (lassen)

patente I *Adj* offensichtlich; sinnfällig; *Beweis* klar ◇ ***hacer ~*** an den Tag bringen; zutage fördern; bekunden; offen darlegen; ***ser ~*** offen zutage treten **II** *f* TECH, VERW Patent *n*; Bescheinigung *f*; Erlaubnisschein *m*; Bestallungsurkunde *f*; *Am* KFZ Nummernschild *n*; ***~ consular*** Ernennungsschreiben *n* zum Konsul; ***~ de garantía*** Garantiepass *m*; ***~ de invención*** Erfindungspatent *n*; ***~ de navegación*** Schiffszertifikat *n*; ***~ de piloto*** Pilotenschein *m*; MAR Lotsenpatent *n*; ***~ de sanidad*** Gesundheitspass *m*; ***protegido por ~*** (***s***) patentgeschützt ◇ ***explotar una ~*** ein Patent verwerten; ***registrar como ~, solicitar la ~*** zum Patent anmelden

patentizar ⟨-z/c-⟩ *tr* beweisen; → ***patente I***

patera *f* flaches motorgetriebenes Boot *n*

patern|al väterlich; Vater- *bzw* Väter-; **~alismo** *m* Bevormundung *f*; Gängelei *f*

paternidad *f* Vaterschaft *f*; Urheberschaft *f*; ***Su*** *od* ***Vuestra ~*** REL Hochwürden *ohne Art*

pater|no väterlich; Vater-; väterlicherseits; **~nóster** *m* Vaterunser *n*; fest zusammengezogener Knoten *m*; Paternoster *m*

pat|ético ergreifend; rührend; leidend; pathetisch; **~etismo** *m* Pathos *n*, pathetische Art *f*

pati|abierto breitbeinig; mit gespreizten Beinen; krummbeinig

pat|ibulario Galgen-; Grusel-; schaurig; **~íbulo** *m* Schafott *n*; Galgen *m*

pati|cojo I *Adj* lahm **II** *m* Hinkebein *n*; **~difuso** baff; **~estevado** krummbeinig

patilla *m* Brillenbügel *m*; *Rocktasche* Klappe *f*; *Col, PR, Ven* Wassermelone *f*; **~s** *Pl* Koteletten *f/Pl*

P

patín *m Schlitten* Kufe *f*; Gleitschuh *m auch* TECH; Tretboot *n*; **~ (de hielo)** Schlittschuh *m*; ***patines en línea*** Inlineskates *m/Pl*; **~ (*de ruedas*)** Rollschuh *m*; (Kinder-)Roller *m* ◇ ***echar un ~*** *Cu* sich aus dem Staub(e) machen; eine Sohle aufs Parkett legen *tanzen*
pátina *f* Patina *f*
patinad|ero *m* Eisbahn *f*; Rollschuhbahn *f*; **~or** *m* Schlittschuhläufer *m*; Eiskunstläufer *m*; Rollschuhläufer *m*; Inlineskater *m*
patinaje *m* Schlittschuhlaufen *n*; Gleiten *n*, Rutschen *n*; Skating *n*; *Auto* Schleudern *n*; ***~ artístico (sobre hielo)*** Eiskunstlauf *m*; ***~ carreras, ~ de velocidad*** Eisschnelllauf *m*; ***~ sobre ruedas*** Rollschuhlaufen *n*
patinar *intr* Schlittschuh laufen; Rollschuh laufen; SPORT skaten; KFZ schlittern; *Räder* durchdrehen; rutschen *auch* TECH
patinazo *m* Rutschen *n*; Rutsch *m*; KFZ Schleudern *n* ◇ ***dar un ~*** KFZ ins Schleudern geraten; ***dar*** *od* ***pegar un ~*** ins Fettnäpfchen treten
patinet|a *f* (Kinder-)Roller *m*; **~e** *m* (City-, Stadt-)Roller *m*; Tretboot *n*
patio *m* (Innen-)Hof *m*; ***~ de butacas*** THEAT Parterre *n*; ***~ interior*** Innenhof *m*; Lichthof *m*; **~ (*de recreo*)** Schulhof *m*; ***~ trasero*** Hinterhof *m auch übertr*
patita *f* Pfötchen *n* ◇ ***poner de ~s en la calle*** vor die Tür setzen *rausschmeißen*
pati|tieso steifbeinig; verdattert; eingebildet; **~tuerto** krummbeinig, o-beinig; **~zambo** x-beinig
pato *m* Ente *f*; Erpel *m*; **~ (*soso*)** lahme Ente *f langweilige Person* ◇ ***estar hecho un ~*** klatschnass sein; ***tener que pagar el ~*** die Suppe auslöffeln müssen *etw ausbaden*
patochada *f* Flegelei *f*; Blödsinn *m*
patógeno pathogen, Krankheits-
patol|ogía *f* Pathologie *f*; **~ógico** pathologisch, krankhaft
patoso tollpatschig; kindisch
patota *f Col, Rpl* Rotte *f* Halbstarker; *Chi* Clique *f auch verächtl*
patraña *f* faustdicke Lüge *f*
patraquear *tr Chi jmdm etw* aus der Tasche ziehen *stehlen*
patria *f* Vaterland *n*; Heimat *f*; ***~ adoptiva*** *od* ***electiva*** **(*primitiva*)** Wahl-(Ur)heimat *f*; ***~ chica*** engere Heimat *f*
patriarc|a *m* REL *u übertr* Patriarch *m*; **~al** patriarchalisch *auch übertr*
patricio I *Adj* Patrizier- **II** *m* Patrizier *m*
patrimonial Erb-; Vermögens-; Stamm-
patrimonio *m* Vermögen *n*, Eigentum *n*; Besitz *m*; Erbe *n*; Gemeingut *n*; ***~ artístico*** Kunstschätze *m/Pl eines Landes*; ***~ de la corona, ~ real, real ~*** Krongüter *n/Pl*; ***~ cultural*** Kulturbesitz *m*; kulturelles Erbe *n*; ***~ del Estado, ~ nacional*** Staatseigentum *n*; ***~ genético*** BIOL Erbgut *n*; ***~ neto*** **(*social*)** Netto-(Gesellschafts)vermögen *n*; ***~ personal*** persönliches Vermögen *n*
patri|o Vaterlands-; *auch* Mutter-; vaterländisch; Heimat-, heimatlich; **~ota** *m(f)* Patriot(in) *m(f)*
patriotería *f* Hurrapatriotismus *m*; ***~ lugareña*** Lokalpatriotismus *m*
patri|oterismo *m* → ***patriotería***; **~otero I** *Adj* chauvinistisch, sich patriotisch gebärdend **II** *m* Hurrapatriot *m*; **~ótico** patriotisch; **~otismo** *m* Patriotismus *m*
patrocin|ador I *Adj* Förder- **II** *m* Förderer *m*; Sponsor *m*; Schirmherr *m*; **~amiento** *m* Sponsoring *n*; **~ar** *tr* fördern; die Schirmherrschaft übernehmen (*dir Obj* über); sponsern, **~io** *m* Schirmherrschaft *f*; Schutz *m*; Förderung *f*
patrón *m* Schutzheiliger *m*; Beschützer *m*; Hauswirt *m*; Pensionsinhaber *m*; Herr *m*, Gebieter *m*; Schiffseigner *m*; Schiffsführer *m*; *Am* Arbeitgeber *m*, Chef *m*; Schablone *f*; Lehre *f Messwerkzeug*; Muster *n*; Eich-, Richtmaß *n*; Schnittmuster *n*; BOT (Veredelungs-)Unterlage *f*; ***los patrones*** das Unternehmertum; die Wirtsleute; ***~ de bordado*** Stickmuster *n*; ***~ oro*** Goldwährung *f*
patron|al I *Adj* Patronats-; Unternehmer-, Arbeitgeber- **II** *f* Unternehmer-, Arbeitgeberverband *m*; **~ato** *m* Schirmherrschaft *f*; Stiftung *f*; Stiftungsausschuss *m*
patrono *m* Schutzheiliger *m*; Beschützer *m*; Hauswirt *m*; Pensionsinhaber *m*; *Esp* Unternehmer *m*; Arbeitgeber *m*; Herr *m*, Gebieter *m*; ***~ del feudo*** Gutsherr *m*, -besitzer *m*; ***los ~s*** *Esp* das Unternehmertum; ***~s y obreros*** Tarifpartner *m/Pl*
patrulla *f* Patrouille *f*; Patrouillenflug *m*; Patrouillenfahrt *f*
patrull|aje *m Am* Patrouillen-, Streifendienst *m*, Patrouillengang *m*; *Am* Patrouillenfahrten *f/Pl*; **~ar I** *intr* patrouillieren; MIL, *Polizei* auf Streife gehen; Streife fahren, auf Patrouillenfahrt sein; auf Patrouillenflug sein **II** *tr Gelände* durchstreifen; **~era** *f* Patrouillenboot *n*; **~ero I** *Adj* Streifen-; Patrouillen- **II** *m* Patrouillenboot *n*; *Chi* Streifenwagen *m*
paular[1] *intr*: ***sin ~ ni maular*** ohne einen Mucks zu sagen
paular[2] *m* Sumpf(gelände *n*) *m*
paulatino allmählich; langsam
paup|erismo *m* Massenelend *n*; **~erización** *f* Verarmung *f*; Verelendung *f*; **~érrimo** *un reg Sup von* ***pobre*** sehr arm
pausa *f* Pause *f auch* MUS; ***~ para toma***

P

aliento Verschnaufpause *f*
pausado bedächtig; gemächlich
pauta *f* Lineal *n*; Lini(i)erung *f*; Norm *f*; Vorbild *n*; *übertr* Richtung *f*; *übertr* Richtschnur *f*; ***~s*** *Pl* Vorgaben *f/Pl*; ***~ tipográfica*** Schriftbild *n*; Satzspiegel *m* ◇ ***sentar ~s*** Maßstäbe setzen
pautar *tr* lini(i)eren
pava *f* Pute *f*; *übertr* dumme Gans *f*; *Esp* Kippe *f Zigarettenstummel*; Blasebalg *m*; *Am reg* Wasserkessel *m*; *Chi* blinder Passagier *m*; Schwarzfahrerin *f*; *Am reg* breitkrempiger flacher Hut *m*; ***como ~ en corral*** wie die Made im Speck ◇ ***pelar la ~*** miteinander turteln
pav|ada *f* Schar *f* Puten; Unsinn *m*, Albernheit *f*; *Arg* Belanglosigkeit *f*, Bagatelle *f*; ***~ear* I** *intr Am reg* Blödsinn machen **II** *tr Col* um die Ecke bringen *töten*; ***~ero*** *f* Putenhändler *m*; eingebildeter Fatzke *m*
pavesa *f* Flugasche *f*; Funken *m*
pavimentar *tr Straße* mit einer Decke versehen; pflastern; mit Platten belegen
pavimento *m* Straßendecke *f*; Bodenbelag *m*; Estrich *m*; ***~ (de adoquines)*** Pflasterung *f*; ***~ de asfalto (losas)*** Asphalt-(Platten)belag *m*
pavo I *Adj* dumm **II** *m* Puter *m*; Dussel *m*; *Am reg* Schwarzfahrer *m*; ***~ real*** Pfau *m*; ***de ~*** *Am reg* auf Kosten anderer
pavonar *tr Stahl* brünieren
pavonearse sich brüsten; sich aufplustern; einherstolzieren
pavor *m* Entsetzen *n*; Schreck(en) *m*; ***~oso*** entsetzlich; entsetzt
pavoso *Ven* vom Pech verfolgt
pavote *m Arg* Dussel *m*; ***¡~!*** *Arg* (du) Rindvieh!
pay|a *f Chi*, *Rpl* Stegreifdichtung *f* der Gauchos; ***~ada*** *f* Gaucholied *n*; ***~ador*** *m* Gauchosänger *m*
payas|ada *f* Clownerie *f*; ***~ear*** *intr* herumalbern; ***~o*** *m* Clown *m*; Spaßmacher *m*
payé *m Rpl* Amulett *n*; Medizinmann *m*; ***~s*** *m* Bauer *m* aus Katalonien *od* von den Balearen
paz *f* Frieden *m*; Friedensschluss *m*; Ruhe *f*; ***¡~!*** aufhören!; ***~ impuesta (separada)*** aufgezwungener (separater) Friedensvertrag *m*; ***~ de los sepulcros*** *übertr* Friedhofsruhe *f* ◇ ***¡déjame en ~!*** lass mich in Ruhe!; ***hacer las paces con alg*** sich mit jmdm versöhnen
pazguato *m* Trottel *m*, Tölpel *m*
P.C. *m* (*Abk für personal computer* ***computadora personal***) PC *m*; (*Abk für* ***partido comunista***) KP *f*
p/c *Abk für* ***por cuenta***, → ***cuenta***
P.C.E. *m Abk für* ***Partido Comunista de España***
p.d. (*Abk für* ***por delegación***) i.V., → ***delegación***
Pd (*Symb für* ***paladio***) CHEM Pd
P.D. (*Abk für* ***posdata***) PS
pdo. *Abk für* ***pasado***
pe *f*: ***de ~ a pa*** von A bis Z
p. e. (*Abk für* ***por ejemplo***) z. B.
peaje *m* Brückengeld *n*; Straßen- *bzw* Autobahngebühr *f*, Maut *f*; ***de ~*** *Autobahn*, *Brücke* gebührenpflichtig
peat|ón *m* Fußgänger *m*; ***~onal* I** *Adj* Fußgänger- **II** *f* Fußgängerzone *f*; ***~onalizar*** ⟨-z/c-⟩ *tr* zur Fußgängerzone erklären
pebet|a *Rpl* Mädel *n*; ***~e*** *m* Räucherkerze *f*; *Rpl* Knirps *m kleiner Junge*; Grünschnabel *m*; ***~ero*** *m* Feuerpfanne *f Schale mit dem olympischen Feuer*
peca *f* Sommersprosse *f*
pecadero *m* Sündenpfuhl *m*
pecado *m* Sünde *f auch übertr*; ***~ capital*** *od* ***grave*** *od* ***mortal*** (***original***) Tod-(Erb)sünde *f*; ***~ venial*** lässliche *od* kleinere Sünde *f*
pec|ador I *Adj* sündig **II** *m* Sünder *m*; ***~aminoso*** sündhaft; ***~ante*** sündigend, sündig
pecar ⟨-c/qu-⟩ *intr* sündigen; verstoßen (***contra*** gegen; an); sich versündigen; sich vergehen; fehlen; ***~ de bueno (confiado)*** allzu gutmütig (vertrauensselig) sein; ***no ~ de*** alles andere sein als
pec|ecillo *m* kleiner Fisch *m*; ***~era*** *f* Fischglas *n*; Aquarium *n*
pechar I *intr Aufgabe*, *Zahlung* übernehmen (***con*** *Akk*) **II** *tr AmS reg* anrempeln; *jmdn* anpumpen
pechi|colorado, ***~rrojo*** Rotkehlchen *n*; ***~sacado*** eingebildet; überheblich; arrogant; ***~sta*** *m* Brustschwimmer *m*
pecho *m* Brust *f*; Busen *m*; Mut *m*; ***~ de palo*** *od* ***tabla*** *Col* flacher Busen *m*; ***a ~ descubierto*** unbewaffnet; ganz im Ernst; ***a todo ~*** *Col* lauthals ◇ ***abrir*** *od* ***descubrir su ~*** sein Herz ausschütten; ***no le cabe en el ~*** er kann es nicht für sich behalten; ***caer de ~s*** vornüber *od* auf die Brust fallen; ***criar a sus ~s*** an seinem Busen nähren *auch übertr*; ***dar el ~*** stillen; ***dar*** *od* ***poner el ~*** *Gefahr* entgegentreten; ***no quedarse con nada en el ~*** aus seinem Herzen keine Mördergrube machen *alles erzählen*; ***tomar a ~*** sich *etw* zu Herzen nehmen, *etw* ernst nehmen
pech|ona, ***~uda*** vollbusig
pechug|a *f* Brust *f von Geflügel*; Dekolletee *n*; *AmC*, *Col*, *Chi* Unverschämtheit *f*
pecin|a *f* (Faul-)Schlamm *m*; Schlick *m*; ***~al*** *m* Schlammloch *n*, -tümpel *m*; schlickiger See *m*

pec|íolo *m od* **~iolo** *m* BOT Blattstiel *m*
pécora *f* Hure *f*; ***mala ~***, *iron auch* ***buena ~*** Miststück *n*
pecoso sommersprossig; fleckig
pectoral I *Adj* Brust- **II** *m* REL Pektorale *n*; Hustenmittel *n*
pecuario Vieh-; Tier-
peculado *m* Unterschlagung *f im Amt*
peculiar eigen; besondere; eigentümlich; **~idad** *f* Eigenheit *f*; Besonderheit *f*; Eigentümlichkeit *f*
pecu|lio *m* Habe *f*; Mittel *n/Pl Vermögen*; **~nia** *f* Geld *n*; **~niario** geldlich; Geld-
PED *m* (*Abk für* ***procesamiento*** *od* ***proceso electrónico de datos***) EDV *f*
pedag|ogía *f* Pädagogik *f*; **~ógico** pädagogisch; **~ogo** *m* Pädagoge *m*
pedal *m* Pedal *n*; Fußhebel *m*; ***~es*** *Pl* Tretwerk *n*; ***~ acelerador, ~ de gas*** KFZ Gaspedal *n*; ***~ de arranque*** *Motorrad* Kickstarter *m*; ***~ de embrague*** (***freno***) KFZ Kupplungs-(Brems)pedal *n*
pedal|ear *intr* radeln; **~eo** *m* Radeln *n*; **~ista** *m Cu* Radsportler *m*
pedant|e *Adj* schulmeisterlich; pedantisch **II** *m* Pedant *m*; Besserwisser *m*; **~ería** *f* Pedanterie *f*; Besserwisserei *f*
pedazo *m* Stück *n*; Brocken *m*; Fetzen *m*; ***~ de alcornoque*** Dussel *m*; ***~ del alma*** *od* ***corazón*** *od* ***de mis entrañas*** (mein) Herzenskind *n*, Liebling *m*; ***~ de animal*** *od* ***atún*** *od* ***bruto*** Idiot *m*, Trottel *m*; ***~ de vidrio*** Glasscherbe *f*; ***a ~s*** stückweise; ***por un ~ de pan*** für ein Butterbrot *spottbillig* ◇ ***caerse a ~s*** baufällig sein; ***estar hecho ~s*** wie gerädert *od* zerschlagen sein; ***estar muerto*** *od* ***morirse por los ~s de alg*** unsterblich in jmdn verliebt sein; ***hacer ~s*** *etw* zerschlagen; zunichte machen, zerfetzen; ***hacerse ~s*** zerplatzen; zersplittern; ***ser un ~ de pan*** ein gutmütiger Mensch sein
pede|rasta *m* Päderast *m*; **~rnal** *m* Feuerstein *m*; **~stal** *m* Fußgestell *n*; Sockel *n*
pedestr|e zu Fuß gehend; Fuß-, Fußgänger-; ungebildet; vulgär, gemein; **~iano** *m* Laufsportler *m*; **~ismo** *m* Wandern *n*; Wandersport *m*; Laufsport *m*
ped|iatra *m*, **~íatra** *m* Kinderarzt *m*; **~iatría** *f* Kinderheilkunde *f*
pedicur|a *f* Fußpflege *f*; Fußpflegerin *f*; **~ista** *m Col*, **~o** *m* Fußpfleger *m*
pedido I *Adj* ***muy ~*** *Ware* sehr gefragt *od* gesucht *od* begehrt **II** *m* Auftrag *m*, Bestellung *f*, Order *f*; Anforderung *f*; ***~ colectivo*** (***consecutivo***; ***directo***; ***de ensayo*** *od* ***prueba***) Sammel-(Folge-; Direkt-; Probe)-bestellung *f*; ***~ de extradición*** Auslieferungsbegehren *n*; ***~ en firme*** Festauftrag *m*; ***~ de repetición*** *od* ***suplementario*** Nachbestellung *f*; ***~ urgente*** Eilauftrag *m*; ***a ~*** auf Bestellung; auf Antrag (***de*** von *od Gen*); ***gran ~*** Großauftrag *m*; ***más ~s*** weitere Aufträge *m/Pl*; ***según ~*** auftragsgemäß ◇ ***añadir un ~*** nachbestellen; ***cancelar el ~*** den Auftrag stornieren; ***colocar un ~*** einen Auftrag vergeben; ***confirmar un ~*** einen Auftrag bestätigen; ***cursar*** *od* ***hacer un ~*** (***suplementario***) einen Auftrag erteilen; *etw* bestellen; (nachbestellen); ***enviar sobre ~*** auf Bestellung liefern; ***levantar el ~*** *Kellner* die Bestellung entgegennehmen; ***ordenar un ~*** eine Bestellung aufgeben; ***recibir ~s*** Aufträge hereinbekommen; ***servir el ~*** den Auftrag ausführen
pedi|dor *m* Auftraggeber *m*, Besteller *m*; **~dura** *f* → ***petición***
pedigrí I *Adj* Herdbuch-; Rasse- **II** *m* ZOOL Stammbaum *m*; Abstammungsnachweis *m*
pedi|güeño I *Adj* bettelnd **II** *m* (zudringlicher) Bettler *m*; **~lón** *Am* → ***~güeño* I**
pedimento *m* Ersuchen *n*; Ansuchen *n*; Eingabe *f*, Bittschrift *f*
pedir ⟨-i-⟩ *tr* verlangen; begehren, erbitten; beantragen; ersuchen; *Scheidung* einreichen; um *etw* bitten; um *etw* nachsuchen; bestellen, HDL listen, ordern; *Angebot* einholen; anfordern; abverlangen; ***~ mucho*** große Ansprüche stellen; ***~ prestada u/c*** sich etw ausleihen (wollen); ***se lo pedí*** ich bat ihn darum
pedo I *Adj Am reg* besoffen **II** *m vulg* Furz *m*; Rausch *m* ◇ ***agarrar un ~*** *Am reg*, ***ponerse en ~*** sich einen antrinken
pedrada *f* Steinwurf *m*; Steinschlag *m* ◇ ***venir como ~ en ojo de boticario*** *Esp od* ***en ojo de tuerto*** *Col* wie gerufen kommen
pedr|ea *f* Steinigung *f*; Steinhagel *m*; Hagelschlag *m*; **~egal** *m* steiniges Gelände *n*; Steinwüste *f auch übertr*; **~egoso** steinig; **~era** *f* Steinbruch *m*; **~ería** *f* Edelsteine *m/Pl*; **~ero** *m* Steinbrucharbeiter *m*; Steinhauer *m*
pedr|isco *m* Steinhagel *m*; Hagel(schlag) *m*; **~isquero** *m* Hagelschlag *m*
Pedro: ***como ~ en*** *od* ***por su casa*** ganz ungeniert, ohne Hemmungen
pedrusco *m* Felsbrocken *m*; Felsblock *m*
pega[1] *f* ZOOL Elster *f*
pega[2] *f* Ankleben *n*; Klebemittel *n*; Verpichen *n von Fässern*; Pechüberzug *m*; Klette *f lästige Person*; Töpferglasur *f*; Ulk *m*; Schwierigkeit *f*; schwierige Prüfungsfrage *f*; Schikane *f*; Prügel *Pl*; *Am reg* Arbeit *f*; ***~ de puntapiés*** Fußtritte *m/Pl*; ***de ~*** falsch *z.B. Bart, Geld*; Pseudo-, Lügen- ◇ ***esta***

P

de ~, tener ~ Pech *d.h. Unglück* haben; ***poner ~s*** *etw* auszusetzen haben; ***poner una ~*** eine verfängliche Frage stellen; ***tener una ~*** *übertr Sache* einen Haken haben
pegada *f* Kleben *n*; Schlagkraft *f*
pegadizo klebrig; gut haftend; eingängig, ins Ohr gehend; ansteckend *auch übertr*; zudringlich; falsch *z.B. Bart*
pegado: ***~ a*** dicht bei *od* neben + *Dat* ◇ ***estar ~ a*** kleben an + *Dat auch übertr*
pega|dora *f* Klebemaschine *f*; **~dura** *f* Ankleben *n*; Aufkleben *n*; Verkleben *n*; Klebestelle *f*; **~joso** klebrig; klitschig; *übertr* ansteckend; wie eine Klette *aufdringlich*; **~lotodo** *m* Alleskleber *m*
pegamento *m* Klebstoff *m*; Kleister *m*; ***~ para metales*** (***de porcelana***) Metallklebstoff *m* (Porzellankitt *m*); ***~ rápido*** Schnellkleber *m*
pega|nte I *Adj* Klebe- **II** *m* Kleber *m*; **~pega** *m Am reg* Leim *m*
pegar ⟨-g/gu-⟩ **I** *tr* kleben; ankleben; aufkleben; zusammenkleben; leimen; anleimen; zusammenleimen; anheften; *Knopf* annähen; *Augen* schließen; anstecken mit *auch übertr*; *Schrank* rücken (***a*** *an*); schlagen; prügeln; *Schlag* versetzen; *Feuer* legen; *Schrei* ausstoßen; *Schuss* abgeben; *Sprung* machen **II** *intr* hängen bleiben; kleben; kleben bleiben; haften; *Kleidungsstücke* zusammenpassen; passen (***con*** zu); reimen; stoßen (***con*** auf); gelegen kommen; Wurzel fassen; ganz nahe sein (***a*** bei; ***en*** an); *Am reg* (tüchtig) ranklotzen *hart arbeiten*; ***por si pega*** mal sehen, ob es klappt; ***quien pega, paga*** VERK der Unfallverursacher bezahlt; **~se** ankleben; zusammenkleben; festhalten; *Milch* (sich) ansetzen; *Kuchen* anbacken; hängen bleiben; *bei Antwort* stecken bleiben; sich *an jmdn* hängen, sich aufdrängen; sich heranmachen; sich prügeln; ***pegársela*** *übertr* einen Seitensprung machen; *jmdn* hinters Licht führen *täuschen*; ***¡pégatela!*** *Chi* hör auf! *beim Streit*; ***a mí no me la pegan*** ich lasse mich nicht an der Nase herumführen; ***se me pegó*** das hat sich mir eingeprägt
peg|atina *f* Aufkleber *m*; **~ote** *m* Klumpen *m*; Pfusch *m*; Quälgeist *m*
peina *f* Steckkamm *m*
peinada *f* Kämmen *n* ◇ ***darse una ~*** sich mit dem Kamm durch die Haare fahren
peinado I *Adj* geschniegelt; *Stil* ausgefeilt; TEXTIL Kamm-; ***bien ~*** gut frisiert **II** *m* Frisur *f*; Haartracht *f*; Kämmen *auch* TEXTIL; ***~ afro*** Afrolook *m*; ***~ de raya al medio*** Mittelscheitelfrisur *f*; ***~ de señora*** Damenfrisur *f* ◇ ***arreglarse el ~*** sich frisieren
peinad|or *m* Frisierkommode *f*, Frisiermantel *m*; Frisierumhang *m*; Rasiertuch *n*; **~ura** *f* Kämmen *n*
peinar *tr* kämmen; auskämmen; *Faserpflanzen* hecheln; *Haar* durchkämmen; *Gelände* durchkämmen; **~se** sich kämmen; ***no se peina para él*** sie ist keine Partie für ihn
peine *m* Kamm *m auch* TEXTIL; ***~ cargador*** (***de cartuchos***) MIL Lade-(Patronen)streifen *m*; ***~ de roscar*** TECH Gewindestrehler *m*; ***a sobre ~*** auf die Schnelle
pein|eta *f* Steckkamm *m*; **~illa** *f Am reg* Taschenkamm *m*
p.ej. (*Abk für* ***por ejemplo***) z.B.
pejiguera *f* lästige Sache *f*
Pekín *m* Peking *od* Beijing *n*
pela[1] *f hist umg Esp* Pesete *f*; ***~ larga*** *Esp* Geld *n* wie Heu
pela[2] *f Am* (Tracht) Prügel *Pl*; **~dera** *f* Haarausfall *m*; **~dero** *m Am reg* kahles Gelände *n*; Spielhölle *f*; **~dilla** *f* Zuckermandel *f*
pelado I *Adj* kahl; (kahl) geschoren; (splitter)nackt; mittellos ◇ ***dejar ~ a alg*** jmdn ausnehmen *Geld abnehmen*; ***estar ~*** abgebrannt sein *ohne Geld sein* **II** *m* Scheren *n*; Glatzkopf *m*; Rupfen *n*; Schälen *n*; armer Schlucker *m*, Hungerleider *m*; *Col* Kind *n*
peladura *f* Schälen *n*; **~s** *Pl Obst, Hackfrüchte* Schalen *f/Pl*; Pelle *f*
pela|fustán *m* Tagedieb *m*; **~gallos** *m* Taugenichts *m*, **~gatos** *m* Hungerleider *m*, armer Schlucker *m*
pelaje *m* dichter Haarwuchs *m*; Wuschelkopf *m*; Fell *n*, Balg *m*; Haarkleid *n*; Aussehen *n*, Äußeres *n*; Herkunft *f*; ***de pobre ~*** ärmlich aussehend
pelambr|e *m* Wolle *f Behaarung*; kahle Stelle *f nach Haarausfall*; Haarbüschel *n*; *Chi* Verleumdung *f*; **~era** *f übertr* Löwenmähne *f*; Wuschelkopf *m*; **~ero** *m* Gerber *m*
pelandusca *f Esp* Nutte *f*
pela|papas *m Am od* **~patatas** *m Esp* Kartoffelschäler *m*
pelar I *tr* häuten; enthaaren; *Haar* schneiden; kahl scheren; *Geflügel* rupfen; schälen; pellen; abschälen; entrinden; abnagen; *Esp jmdm* sein Geld abknöpfen *beim Spiel*; *Am reg jmdn* schlecht machen *verleumden* **II** *intr Chi* tratschen; **~se** Haare verlieren; *Hund, Katze* haaren; *umg* sich die Haare schneiden lassen *hochspr*; sich schälen; sich häuten *durch Sonnenbrand*; ***pelárselas por u/c*** hinter etwas her sein
pel|argonio *m* Pelargonie *f*; **~daño** *m* Treppenstufe *f*; Leitersprosse *f*

P

pelea *f* Kampf *m*; Streit *m*; Schlägerei *f*; Handgemenge *n*; **~ *de gallos*** Hahnenkampf *m* ◇ ***armar*** *od* ***provocar una ~*** einen Streit vom Zaun(e) brechen

pele|ado ver-, zerstritten; **~ar** *intr* kämpfen; streiten; raufen; **~arse** sich zanken; sich (herum)schlagen; sich balgen; sich raufen; ringen (***por*** um); sich herumzanken; sich verzanken

pelele *m* Strohpuppe *f*; Strohmann *m*; Hampelmann *m*; Strampelhose *f*

pele|ón I *Adj* streitsüchtig, kampflustig; zänkisch **II** *m* Raufbold *m*; **~ona** *f* Zank *m*; Rauferei *f*

peleter|ía *f* Pelz-, Rauchwaren *f/Pl*; Kürschnerei *f*; Pelzgeschäft *n*; Pelzhandel *m*; Lederwaren *f/Pl*; **~o** *m* Kürschner *m*; Pelzhändler *m*

peli|agudo heikel; **~blanco** weißhaarig; **~cano**[1] grauhaarig

pel|icano[2], **~ícano** *m* Pelikan *m*

pelicorto kurzhaarig

película *f* Häutchen *n*; *auf Flüssigkeiten* Haut *f*, Film *m*; *Fett*, *Staub* Schicht *f*; Folie *f*; *Foto*, *Kino* Film *m*; Streifen *m*; **~ *de argumento*** Spielfilm *m*; **~ *en blanco y negro*** Schwarzweißfilm *m*; **~ *en color(es)*** Farbfilm *m*, **~ *en carrete*** Rollfilm *m*; **~ *cinematográfica*** Kinofilm *m*; **~ *de corto metraje*** Kurzfilm *m*; **~ *de dibujos animados*** Zeichentrickfilm *m*; **~ *didáctica, educativa*** *od* ***de enseñanza*** Lehrfilm *m*; **~ *documental*** Dokumentarfilm *m*, **~ *de lapa*** Kahmhaut *f*; **~ *de largometraje*** abendfüllender Film *m*; **~ *lubrificante*** Schmierfilm *m*; **~ *de luz diurna*** Tageslichtfilm *m*; **~ *de manga extruida*** Schlauchfolie *f*; **~ *muda*** (***del oeste***) Stumm-(Wildwest)film *m*; **~ *para pantalla ancha*** *od* ***panorámica*** Breitwandfilm *m*; **~ *de pequeña imagen*** *od* ***de tamaño pequeño*** Kleinbildfilm *m*; **~ *policíaca*** *od* ***policial*** Krimi(nalfilm) *m*; **~ *publicitaria*** Werbefilm *m*; **~ *sonora*** Tonfilm *m*; **~ *de suspense*** *od* ***suspenso*** Thriller *m*; **~ *de televisión*** Fernsehfilm *m*; **~ *de terror*** Horrorfilm *m*; **~ *tridimensional*** 3-D-Film *m*; **~ *trucada*** Trickfilm *m*; **~ *virgen*** unbelichteter Film *m*; ***¡allá ~s!*** mach, was du willst!; ***de ~*** wunderbar; traumhaft; filmreif ◇ ***dar*** *od* ***echar*** *od* ***exhibir*** *od* ***poner una ~*** einen Film zeigen; ***poner en ~*** verfilmen; ***proyectar una ~*** einen Film vorführen; ***rodar una ~*** einen Film drehen

peligrar I *tr* gefährden; aufs Spiel setzen **II** *intr* gefährdet *od* in Gefahr sein; Gefahr laufen

peligro *m* Gefahr *f*; Gefährdung *f*; **~ *golpista*** (***de guerra***) Putsch-(Kriegs)gefahr *f*; **~ *de incendio*** Brandgefahr *f*; **~ *marítimo*** Seenot *f*; **~ *de muerte*** Lebensgefahr *f auch Warntafel*; ***en ~ de extinción*** vom Aussterben bedroht; ***en ~ de naufragar*** in Seenot; ***sin ~*** ungefährlich ◇ ***correr ~*** Gefahr laufen; ***poner en ~*** gefährden

peligroso gefährlich

pelillo *m* Härchen *n*; **~ *absorbente*** BOT Wurzelhaar *n*; ***~s a la mar*** Schwamm drüber *wir wollen nicht mehr davon reden* ◇ ***echar ~s a la mar*** sich wieder vertragen; ***no pararse en ~s*** sich nicht mit Kleinigkeiten abgeben

pelín *m*: **~ *de suerte*** Glückssträhne *f*

peli|negro schwarzhaarig; **~rrojo** rothaarig; **~rrubio** blond(haarig); **~tieso** borstig, widerspenstig *Haar*

pella *f* Klumpen *m*; Flomen *Pl*

pellej|a *f* Fell *n*; Tierhaut *f*; Nutte *f*; **~ería** *f* Häute *f/Pl* und Felle *n/Pl*; Gerberei *f*; Herstellung *f* von Weinschläuchen; *Am reg* Schufterei *f*; Klemme *f schwierige Situation*

pellejo *m* Fell *n auch übertr*; Haut *f auch von Stachel- od Weinbeere u übertr*; Weinschlauch *m*; Trunkenbold *m*; *Esp* Weiberheld *m*; billige Nutte *f*; *Chi* tolles Weib *n* ◇ ***no caber en el ~*** aus allen Nähten platzen *dick werden*; ***dar*** *od* ***dejar*** *od* ***perder*** *od* ***soltar el ~*** sein Sterbchen machen; ***estar hecho un ~*** *Esp* betrunken sein; ***está hecha un ~*** sie ist ein Flittchen geworden; ***jugarse el ~*** Kopf und Kragen riskieren; ***salvar el ~*** seine Haut *d.h. sein Leben* retten; ***no tener más que el ~*** nur (noch) Haut und Knochen sein

pellico *m* Hirtenpelzjacke *f*; Fellmantel *m*; Schaffelljacke *f*

pellizc|ar ⟨-c/qu-⟩ *tr* kneifen; *Saiteninstrument* zupfen; **~o** *m* Zwicken *n*, Kneifen *n*; Kniff *m*; Biss *m*; Happen *m*, Bissen *m*; blauer Fleck *m am Körper*; Prise *f Salz*, *Zucker*

pelma, **~zo** *m* aufdringlicher Mensch *m* ◇ ***no seas ~*** sei nicht aufdringlich!

pelo *m* Haar *n*; Behaarung *f*; Flaum *m z.B. Pfirsich*; **~ (*de la cabeza*)** Kopfhaar *n*; **~ *cepillo*** Bürsten(haar)schnitt *m*; **~ *lacio*** *od* ***liso*** (***rizado***) glattes (gekräuseltes, krauses) Haar *n*; **~ *oxigenado*** gebleichtes Haar *n*; ***~ postizo*** falsches Haar *n*; Haarersatz *m*; ***al ~*** mit dem Strich; sehr gelegen *wie gerufen*; ***con ~s y señales*** haargenau; ***con el ~ de la dehesa*** *Esp* ungeschliffen, ungehobelt; ***de medio ~*** mittelmäßig; ***de ~*** Haar-; wohlhabend; ***de ~ en pecho*** tapfer; ***de poco ~*** ärmlich; ***en ~*** ungesattelt; ***en un ~*** um ein Haar, fast; (***ni***) ***un ~*** (keinen Deut; keine Spur) ein bisschen; ***por un ~*** gerade noch; ***sin ~*** unbehaart; kahl; ***traído por los ~s*** *übertr* an den Haaren herbeigezogen ◇ ***agarrarse*** *od* ***asirse a*** *od* ***de un ~*** sich an einen Strohhalm klammern; ***buscar el ~ en la sopa*** ein Haar in der Suppe suchen *nörgeln*; ***componerse el ~*** sich das Haar ordnen; ***cortarse el ~*** sich die Haare schneiden lassen; ***estar hasta el último ~*** die Nase voll haben *einer Sache überdrüssig sein*; ***se le pusieron los ~s de punta*** ihm standen die Haare zu Berge; ***quedar al ~*** *Kleidung* wie angegossen sitzen; ***no tener ~s en la lengua*** *übertr* kein Blatt vor den Mund nehmen; ***no tener ~ de bobo*** *od* ***tonto*** nicht auf den Kopf gefallen sein; ***tirarse de los ~s*** sich die Haare raufen; ***no se le tocó ni un solo ~*** ihm wurde kein Haar gekrümmt; ***tomarle el ~ a alg*** jmdn auf den Arm nehmen *jmdn anführen*; ***traer por los ~s*** *übertr* an den Haaren herbeiziehen; ***venir al ~*** wie gerufen kommen

pel|ón I *Adj* kahlköpfig; arm **II** *m* Kahlkopf *m*; armer Schlucker *m*; **~ona** *f* Haarausfall *m*; **~oso** haarig; behaart

Peloponeso *m* Peloponnes *m,f*

pelota *f* Ball *m*; *Ant* Baseball *m*; **~s** *Pl vulg* Eier *n/Pl Testikel*; ***~ de goma*** Gummikugel *f*; ***~ de tenis*** Tennisball *m*; ***~ (vasca)*** Pelota-Spiel *n*; ***en ~s*** splitternackt

pelot|ari *m* Pelotaspieler *m*; **~era** *f* Streit *m*; **~ero** *m* Balljunge *m*; *Am* Baseballspieler *m*; Pillendreher *m Käfer*

pelotilla *f*: ***gastar*** *od* ***hacerle la ~ a alg*** jmdn um den Bart gehen *schmeicheln*

pelotillero I *Adj* kriecherisch **II** *m* Kriecher *m*; Schleimer *m*; Streber *m*

pelotón *m* Knäuel *n*; Haufen *m*; Gruppe *f*; *Radsport* (Haupt-)Feld *n*, Peloton *n*; MIL Zug *m Trupp* ◇ ***escaparse del ~*** *Radsport* aus dem Feld ausbrechen

pelu|ca *f* Perücke *f*; *Col, Pe* lange Mähne *f*; **~che** *m* Seidenplüsch *m*; **~do I** *Adj* stark behaart **II** Gammler *m*; *Arg* Gürteltier *n*

peluqu|earse *Am reg* sich die Haare schneiden lassen; **~ería** *f* Friseursalon *m*; *Cu* Damensalon *m*; **~ero** *m*, **-a** *f* Friseur(in) *m(f)*; **~ín** *m* Haarteil *n*, Toupet *n*

pelusa *f* Fussel *m,f*; Fluse *f*; Eifersucht *f unter Kindern* ◇ ***largar ~*** *Arg Stoff* fusseln

pelus|illa *f* BOT feiner Flaum *m*; Fusseln *f/Pl*; **~o** *m Esp* MIL Rekrut *m*

pelvis *f* ANAT Becken *n*

pena *f* Kummer *m*; Pein *f*; Leid *n*; Gram *f*; *Col* Scham *f*; Leiden *n*; Mühe *f*; Mühsal *f*; Strafe *f*; Ahndung *f*; ***~ accesoria (principal)*** Neben-(Haupt)strafe *f*; ***~ de amor*** Liebeskummer *m*; ***~ de cadena perpetua*** lebenslängliche Zuchthausstrafe *f*; ***~ capital*** *od* ***de muerte*** Todesstrafe *f*; ***~ contractual*** Konventional-, Vertragsstrafe *f*; ***~ corporal (pecuniaria)*** Prügel-(Geld)strafe *f*; ***~ de inhabilitación*** Berufsverbot *n*; ***~ máxima*** Höchststrafe *f*; ***~ de multa*** Geldstrafe *f*; ***~ (privativa) de libertad*** Freiheitsstrafe *f*; ***a duras ~s*** mit Mühe und Not; ***bajo*** *od* ***so ~ de*** bei Strafe + *Gen*; ***¡qué ~!*** wie schade!; ***sin ~ ni gloria*** sang- und klanglos; ***última ~*** Todesstrafe *f* ◇ ***da ~*** es ist ein Jammer!; ***me da ~*** es tut mir Leid; *Col* ich schäme mich; ***(no) merece*** *od* ***vale la ~*** es lohnt sich (nicht); es ist (nicht) der Mühe wert; ***(es) una ~*** (es ist) ein Jammer!; ***sufrir ~*** büßen

penacho *m* Federbusch *m*; ZOOL Federbüschel *n*; *hist* Helmbusch *m*; BOT Schopf *m*; *Palme* Krone *f*; Hochmut *m*; ***~ (de humo)*** Rauchfahne *f*

penado I *Adj* mühsam; ***ya ~*** vorbestraft **II** *m* Strafgefangener *m*

pen|al I *Adj* Straf- **II** *m* Strafanstalt *f*; *Am* Foul *n*; **~alidad** *f* Mühen *f/Pl*; *vom Gesetz vorgesehene Strafe f*; **~alista** *m* Strafrechtler *m*; **~alización** *f* Bestrafung *f auch* SPORT; **~alizar** ⟨-z/c-⟩ *tr* be-, abstrafen *auch* SPORT; unter Strafe stellen; Strafpunkte geben, mit einem Strafpunkt belegen

penalti *m Fußball* Elfmeter *m*; *andere Ballspiele* Freiwurf *m* ◇ ***casarse de ~*** *Esp* wegen Schwangerschaft heiraten müssen

penar I *tr* (be)strafen; abstrafen; *Strafe* absitzen **II** *intr* leiden; **~se** sich grämen (***por*** wegen); sich sehnen (***por*** nach)

penc|a *f* Blatt *n verschiedener tropischer Gewächse*; starke Blattrippe *f z.B beim Mangold*; *reg* Peitsche *f*; *Am* Büschel *n Bananen*; *Am reg* Schwips *m*; **~o** *m* Mähre *f auch übertr*; Lümmel *m*

pendejo *m* Schamhaare *n/Pl*; *vulg* Scheißkerl *m*; *Am reg* Dussel *m* ◇ ***hacerse el ~*** *Am reg* sich dumm stellen

pendenci|a *f* Streit(igkeit *f*) *m*; Schlägerei *f*; **~ar** *intr* streiten; **~ero**, *reg* **~oso I** *Adj* streitsüchtig **II** *m übertr* Streithahn *m*, -hammel *m*

pender *intr* herabhängen; hängen (***de, en*** an); schweben (***sobre*** über); JUR anhängig sein

pendiente I *Adj* hängend (***de*** an); abschüssig; unerledigt; noch nicht behandelt; noch nicht entschieden; *Entscheidung* in der Schwebe; schwebend; JUR anhängig; ***aún ~*** *Rechnung* fällig, noch offen **II** *f* Neigung *f*; Steigung *f*, Gefälle *n*; Hang *m*; Abhang *m*; Steilheit *f*; ***~ pronunciada*** starkes Gefälle *n* ◇ ***resbalarse por la ~*** hinabrutschen

péndola *f Uhr* Pendel *n*; Pendeluhr *f*

pend|ón *m* Standarte *f*; Schlacks *m*; Rumtreiber *m*; Schlampe *f*; **~ular** Pendel-; Hän-

P

ge- *z.B. Bauch*
péndulo *m* Pendel *n*
pene *m* ANAT Penis *m*
penene *m Esp* außerordentlicher Professor *m*; → ***PNN***
penetrable durchdringbar; durchbohrbar; durchschaubar
penetración *f* Durchdringung *f*; Eindringen *n*; Vorstoß *m*; Scharfsinn *m*; **~ *del mercado*** Marktdurchdringung *f*; **~ *de la tinta*** TYP Durchschlagen *n* der Druckfarbe
penetr|ado durchsetzt (***por*** von; mit); **~ante** penetrant; *Wunde* tief; scharfsinnig; *Kälte* beißend; **~ar I** *tr* durchdringen; durchbohren; durchschlagen; durchstoßen; ergründen; durchschauen; eindringen in; in *etw od jmdn* dringen **II** *intr* eindringen (***en*** in); ergründen (***en*** *Akk*); vordringen; **~arse** sich durchdringen; sich (gegenseitig) durchschauen; sich überzeugen
peneuvista bezüglich der PNV (*baskische Nationalpartei*)
penicilina *f* Penicillin *n*
pen|ínsula *f* Halbinsel *f*; **~insular I** *Adj* Halbinsel- **II** *m* Halbinselbewohner *m*
penique *m englischer* Penny *m*
peniten|cia Buße *f*; Strafe *f*; **~ial** Buß-; **~ciar** *tr* REL eine Buße auferlegen; **~ciaría** *f* Strafanstalt *f*; Zuchthaus *n*; **~ciario** Straf-; Strafvollzugs-; **~te I** *Adj* bußfertig **II** *m(f)* REL Beichtkind *n*; Büßer(in) *m(f)*
penoso beschwerlich; kümmerlich; leidvoll; schmerzlich; peinlich
pensado durch-, überdacht; ***bien ~*** wohl durchdacht; wohl überlegt; ***de ~*** absichtlich ◇ ***ser mal ~*** schlechte Gedanken haben; stets das Schlechteste denken; ***tener pensada u/c*** etw vorhaben *od* beabsichtigen; (sich) etwas ausdenken
pensador *m* Denker *m*
pensamiento *m* Gedanke *m*; Denken *n*; Sinn *m*; Gedankengang *m*; Absicht *f*; BOT Stiefmütterchen *n* ◇ ***leer el ~*** *jmds* Gedanken lesen (können); ***eso ocupa su ~*** das beschäftigt ihn *innerlich*
pensar ⟨-ie-⟩ **I** *tr* denken; überlegen; *etw* überdenken; durchdenken; *über etw* nachdenken; ***¡ni ~lo!*** geh' mir weg damit!; kein Gedanke!; ***piénsalo bien*** bedenke es wohl; ***pensándolo bien*** wenn man es richtig bedenkt **II** *intr* denken (***en*** an); nachdenken; ***dar que ~*** zu denken geben; ***¿qué te hace ~ que …?*** wie kommst du darauf, dass …?; **~se**: ***cuando menos se piensa*** wenn man es am wenigsten vermutet; ***qué se piensa él*** was bildet er sich ein
pensativo nachdenklich
pensión *f* Pension *f Fremdenheim bzw Geldrente bzw Unterkunft u Verpflegung*; *i w S* Rente *f*; Unterhalt *m*; *Cu* Miete *f*; → ***jubilación*** *u* ***renta***; **~ *alimenticia*** Unterhaltszahlung *f*; **~ *complementaria*** zusätzliche Altersversorgung *f*; **~ *completa*** Vollpension *f*; **~ *contributiva*** beitragsbezogene Rente *f*; **~ *en favor de familias*** (**~ *de invalidez***) Hinterbliebenen-(Invaliden)rente *f*; **~ *de jubilación*** *od* ***retiro*** Altersruhegeld *n*; ***media ~*** Halbpension *f*; **~ *mínima*** (***de orfandad***; ***pagada por la empresa***) Mindest-(Waisen-; Betriebs)rente *f*; **~ *a tiempo parcial*** Teilzeitrente *f*; **~ *de vejez*** Altersrente *f*; **~ *de viudedad*** *od* ***viudez*** Hinterbliebenenrente *f* ◇ ***cobrar una ~*** eine Rente beziehen
pension|ado *m* Pensionat *n*; Internat *n*; Pensionär *m*; Rentner *m*; *Am* Pensionsgast *m*; **~ar** *tr* in den Ruhestand versetzen, pensionieren; **~arse** in Rente gehen; **~ista** *m Esp* Rentner *m*; Rentenempfänger *m*; Pensionär *m*; Internatsschüler *m*; Pensionsgast *m*
pent|ágono *m* GEOM Fünfeck *n*; **Ձágono** *m* Pentagon *n USA-Verteidigungsministerium*; **~agrama** *od* **~ágrama** *m* MUS Notenlinien *f/Pl*
Pentecostés *m* Pfingsten *n*
pen|último vorletzter; **~umbra** *f* Halbschatten *m*; Halbdunkel *n*
penuria *f* Mangel *m* (***de*** an); **~s** *Pl* Leiden *n/Pl*; **~ *de tiempo*** Zeitnot *f*
peña *f* Fels *m*; Klippe *f*; Freundeskreis *m*; Stammtischrunde *f*; **~ *literaria*** Literaturzirkel *m*; **~ *quinielista*** Tippgemeinschaft *f im Toto*
peñasc|o *m* Felsblock *m*; GEOL Grat *m*; ANAT Felsenbein *n*; Purpurschnecke *f*; **~oso** felsig
peñón *m* Fels(en) *m*; Felskuppe *f*
peón *m* Hilfsarbeiter *m*; *Am* Tagelöhner *m*; *hist* Knecht *m*; *Damenspiel* Stein *m*; *Schach* Bauer *m*; Brummkreisel *m*; **~ *de albañil*** BAUW Handlanger *m*; **~ *caminero*** (***de temporada***; ***de vía***) Straßen-(Saison-; Strecken)arbeiter *m*
peon|ada *f* LANDW Tagewerk *n*; *Am* Tagelöhner *m/Pl*; **~aje** *m* Hilfsarbeiter *m/Pl*
peonia, **peonía** *f* Pfingstrose *f*
peor *Komp von* ***mal, malo*** *im Deutschen komparativisch u superlativisch verwendet*: schlechter; schlimmer; übler, ärger; ***el ~*** der Schlechtere; der Schlechteste; ***lo ~*** das Schlimme; das Schlimmste; das Schlechte; das Schlechteste; ***lo ~ de lo ~*** das Allerschlimmste; ***~ que ~, tanto ~*** umso schlimmer
pepa *f* (Obst-)Kern *m*
pepenador *m Méx* Müllwühler *m*
pepill|a *f Cu* junges Mädchen *n*; **~ito** *m*, **~o**

P

m Cu junger Bengel *m*; Geck *m*; Herrensöhnchen *n*
pepin|ar *m* Gurkenfeld *n*; **~azo** *m* SPORT Bombenschuss *m*; **~illo** *m* Essiggurke *f*
pepino *m* Gurke *f*; ◇ ***no se me da un ~, me importa un ~*** das ist mir piepe
pepita *f Am* Kern *m von Obst, Gurke, Kürbis usw*; ***~ de oro*** (natürlicher) Goldklumpen *m*
pepit|o *m* mit Fleisch belegtes Sandwich *n*; **~oria** *f* Hühnerfrikassee *n*
pep|sina *f* Pepsin *n*; **~tona** *f* Pepton *n*
peque *m umg*, **~ñajo** *m* Kleiner *m Kind*
pequeñ|ez *f* kleine Gestalt *f*; Kleinigkeit *f*; Nichtigkeit *f*; Wenigkeit *f*; Geringfügigkeit *f*; Lappalie *f*; **~ín I** *Adj* ganz klein; ganz jung **II** *m* Knirps *m kleiner Junge*
pequeño I *Adj* klein; gering; ***en ~*** in klein **II** *m* Kleiner *m*; ***desde ~*** von klein auf
pequeñoburgués I *Adj* kleinbürgerlich **II** *m* Kleinbürger *m*
pequinés *m* Pekinger *m*; Pekinese *m Hund*; der Pekingdialekt *m chinesische Nationalsprache*
pera *f* Birne *f auch Glühlampe*; Spitzbart *m*; ***~ de agua*** Tafelbirne *f*; ***~ de demolición*** Abrissbirne *f*; ***~ de goma*** Klistierspritze *f*; ***~ mantequera*** Butterbirne *f* ◇ ***pedir ~s al olmo*** *etw* Unmögliches verlangen
peral *m* Birnbaum *m*
peraltar *tr Kurven* überhöhen
perca *f* ZOOL Barsch *m*
percance *m* Missgeschick *n*; Störfall *m*; Zwischenfall *m*; Rückschlag *m*; ***~s*** *Pl* Widrigkeiten *f/Pl*; Unannehmlichkeiten *f/Pl*; ***~ vehicular*** Autounfall *m* ◇ ***todo se le vuelven ~s*** alles geht ihm daneben
percatarse sich (durch Augenschein) überzeugen; *etw* bemerken
percentil *m Statistik* Perzentile *f*
percepción *f* Wahrnehmung *f*; Ahnung *f*; Bezug *m z.B. einer Rente*; Erhebung *f von Steuern*
percept|ible wahrnehmbar; fassbar; fühlbar; spürbar; vernehmlich; zur Verfügung stehend *Geld*; **~ivo** Wahrnehmungs-; **~or I** *Adj* Empfindungs-; Empfangs-; Bezugs- **II** *m* Empfänger *m*; Bezieher *m z.B. einer Rente*
percha *f* Stange *f*; Stab *m z.B. zum Springen*; Kleiderbügel *m*; Garderobenständer *m*; ***~ de carga*** MAR Ladebaum *m*; ***~ de toma de corriente*** VERK Stromabnehmer *m*; ***de ~*** TEXTIL Konfektions-
perchero *m* Garderobenschrank *m*
percib|ir *tr* wahrnehmen; empfinden, fühlen; merken; bemerken; *Gehalt, Rente* beziehen; **~o** *m* Bezug *m z.B. einer Rente*
percol|ación *f* Durchseihen *n*; TECH Versickerung *f*; **~ador** *m* Kaffeemaschine *f*
percu|sión *f* PHYS, TECH Schlag *m*; Stoß *m*; MED Perkussion *f*; ***percusiones*** *Pl* Schlaginstrumente *n/Pl*; **~sionista** Schlagzeuger *m*; **~sor I** *Adj* Schlag- **II** *m* → **~tor**; **~tir** *tr* schlagen, stoßen, MED perkutieren, abklopfen; **~tor** *m Feuerwaffen* Schlagbolzen *m*
perdedor *m* Verlierer *m*
perder ⟨-ie-⟩ **I** *tr etw* verlieren; *etw* verfehlen; einbüßen; um *etw* kommen; *Worte, Zeit* verschwenden; *Sympathien* verspielen; *Hoffnung* aufgeben; *Gelegenheit* versäumen; *Zug* verpassen; *Studienjahr* nicht bestehen; *Fahrscheine* verfallen; *an Gewicht* abnehmen; ***echar a ~*** zugrunde richten; zunichte machen; ***echarse a ~*** zugrunde gehen, umkommen; *Lebensmittel* verderben; ***hacer ~ u/c a alg*** jmdn um etw bringen **II** *intr* verlieren (***en*** an); abhanden kommen; sich verschlechtern; *gesundheitlich* abbauen; *an Gewicht* abnehmen; *bei einem Geschäft* zusetzen; *Gefäß* leck sein; *Reifen* undicht sein; ***salir perdiendo*** *od* ***llevar las de ~*** den Kürzeren ziehen; **~se** sich verlaufen; sich verfahren; sich verfliegen; sich verlieren; verloren gehen; *Rede* den Faden verlieren; *in der Ferne* verschwinden; *etw* verpassen; zugrunde gehen; sich zugrunde richten; umkommen; MAR *u übertr* untergehen; *Lebensmittel* verderben
perdición *f* Verderben *n*, Untergang *m*; Verderbnis *f*; Lotterleben *n*
pérdida *f* Verlust *m*; Einbuße *f*; Schaden *m*; Ausfall *m*; Schwund *m*; ***~ de altura*** FLUGW Höhenverlust *m*; ***~ de cambio*** FIN Kursverlust *m*; ***~s causadas por granizo*** (***por heladas***) Hagel-(Frost)schäden *m/Pl*; ***~ de datos*** Datenverlust *m*; ***~s de dispersión*** *Werbung* Streuverluste *m/Pl*; ***~s de explotación*** Betriebsverluste *m/Pl*; ***~ de información*** Informationsverlust *m*; ***~ de ingresos*** Einkommensverlust *m*; Einnahmeausfall *m*; Verdienstausfall *m*; ***~ de libertad*** Freiheitsentzug *m*; ***~ del puesto de trabajo*** Arbeitsplatzverlust *m*; ***~ de rendimiento*** *physischer* Leistungsabfall *m*; ***~ de salario*** Lohnausfall *m*; ***~ de valor*** Wertminderung *f*; ***~ de valores*** Werteverfall *m*, -verlust *m* ◇ ***las ~s se cifran en*** die Verluste belaufen sich auf; ***cosechar fuertes ~s*** hohe Einbußen verzeichnen; ***experimentar*** *od* ***sufrir una ~*** einen Verlust erleiden; ***producir ~s*** Verluste verursachen
perdido I *Adj* liederlich; ziellos; sinnlos; hoffnungslos; unverbesserlich ◇ ***dar por ~*** abschreiben *auf die Verlustliste setzen*; ***darse por ~*** sich geschlagen geben; ***estar***

P

~ por grenzenlos verliebt sein in **II** *m* Taugenichts *m*; Gammler *m*; verkommener Kerl *m*; hoffnungsloser Fall *m Person* ◇ ***hacerse el ~*** sich rar machen

perdig|ar ⟨-g/gu-⟩ *tr* anbraten; **~ón** *m* junges Rebhuhn *n*; **~ones** *m/Pl* Schrot *n,m Jagdmunition*; **~onada** *f* Schrotladung *f*; **~uero** *m* Hühnerhund *m*; Wildbretaufkäufer *m*

perdis *m* Taugenichts *m*

perdiz *f* Feld-, Rebhuhn *n*

perdón *m* Verzeihung *f*; Vergebung *f*; Begnadigung *f*; Gnade *f*; Erlass *m Aufhebung*; ***¡~!*** Entschuldigung!; ***¿~?*** wie bitte?; ***~ de deudas*** Schuldenerlass *m*; ***sin ~*** gnadenlos

perdonable entschuldbar

perdonar *tr* verzeihen; begnadigen; *Sünde* vergeben; freigeben; *Verpflichtung* erlassen; ***no ~*** nicht scheuen; nicht auslassen; nicht versäumen

perdonavidas *m* Maulheld *m*

perdulari|a *f* Schlampe *f*; **~o I** *Adj* schlampig; verkommen **II** *m* Liederjan *m*

perdur|abilidad *f* Fortbestand *m*; **~able** dauerhaft; ewig, anhaltend; **~ar** *intr* fortbestehen; andauern; länger verweilen; an-, vorhalten; bestehen bleiben; nachwirken

perec|edero vergänglich; *Lebensmittel* leicht verderblich; **~er** ⟨-c/zc-⟩ *intr* vergehen; ums Leben kommen; umkommen; verenden; **~erse** schwärmen (***por*** für; von); *übertr* verrückt sein (***por*** nach); vor Verlangen vergehen (***por*** nach)

perecible *Chi Lebensmittel* leicht verderblich; ***no ~*** haltbar, unverderblich

peregrin|ación *f* Pilgerfahrt *f*; Wallfahrt *f*; Wanderschaft *f*; **~ar** *intr* pilgern; wandern; wallfahren; **~o I** *Adj* Pilger-; Wander-; *Vögel* Zug-; *Idee* ausgefallen; ungewöhnlich; eigenartig; seltsam **II** *m* Pilger *m*

perejil *m* Petersilie *f*

peren|dengue *m* Tand *m*; **~gano** *m* Herr Soundso; → ***fulano***

perenn|e ewig, ständig, immerwährend; BOT immergrün; **~idad** *f* Fortdauer *f*; Beständigkeit *f*

perentori|edad *f* Dringlichkeit *f*; Endgültigkeit *f*; **~o** dringlich; fällig; endgültig

perestroika *f* POL Perestroika *f*

pereza *f* Faulheit *f*; Trägheit *f*; ***~ mental*** Denkfaulheit *f*

perezoso I *Adj* faul; träge **II** *m* Faulenzer *m*; ZOOL Faultier *n*

perfección *f* Vollendung *f*; Vollkommenheit *f*; ***a la ~*** vollendet; perfekt

perfeccion|amiento *m* Vervollkommnung *f*; Verbesserung *f*; Weiterbildung *f*; **~ar** *tr* vervollkommnen; **~arse** sich weiter- *od* fortbilden; **~ismo** *m* Perfektionismus *m*

perfect|ible verbesserungsfähig; **~o I** *Adj* vollendet; vollkommen; vollständig; perfekt; tadellos **II** *m* GRAMM Perfekt *n*

perfidia *f* Treulosigkeit *f*; Niedertracht *f*; Tücke *f*; Falschheit *f*

pérfido treulos; niederträchtig; hinterlistig, tückisch; falsch *wortbrüchig*

perfil *m* Profil *n auch* TECH; Umriss *m*; ***~ del neumático*** (***terreno***) Reifen-(Boden)profil *n*; ***~ profesional*** Berufsbild *n*; ***~ de requisitos*** Anforderungsprofil *n*; ***~ en U*** U-Profil *n*

perfilado Profil-; *Gesicht* scharf geschnitten

perfilador *m*: ***~ de ojos*** Eyeliner *m*

perfilar *tr* umreißen; *Programm, Ziel* abstecken; skizzieren; TECH mit (einem) Profil versehen, profilieren; **~se** sich abzeichnen

perforación *f* Bohren *n*; Bohrung *f*; Bohrloch *n*; Lochen *n*; MED Durchbruch *m*; *Film*, MED, TYP Perforation *f*; *Briefmarke* Zähnung *f*; ***~ característica*** INFORM Kennlochung *f*; ***~ de comprobación*** INFORM Kontrolllochung *f*; ***~ con*** (***sin***) ***éxito*** (nicht)fündige Bohrung *f*; ***~ de un pozo de petróleo*** Ölbohrung *f*

perforad|o I *Adj* Loch-, Perforier-; durchlöchert **II** *m* Bohren *n*; Perforieren *n*, **~or I** *Adj* Bohr- **II** *m* Bohrarbeiter *m*; Locher *m*; (Fahrkarten-)Lochzange *f*; **~ora** *f* Bohrmaschine *f*; Presslufthammer *m*; Locher *m*

perforar *tr* bohren; (durch)lochen; perforieren; durchbohren; durchschlagen; durchstechen; durchstoßen; *Briefmarke* zähnen; ***sin ~*** ungezähnt

perforista *m* INFORM Kartenlocher *m Person*

perfum|ador *m* Parfümzerstäuber *m*; **~ar** *tr* parfümieren; mit Duft erfüllen; **~e** *m* Parfüm *n*; Duft *m auch iron*; **~ería** *f* Parfümerie *f*; Parfümerieartikel *m/Pl*; **~ero** *m*, **~ista** *m* Parfümeur *m*; Parfümeriehändler *m*

pergamino *m* Pergament *n*

pergeñ|ar *tr* entwerfen; zu Papier bringen; **~o** *m* Aufmachung *f*; *Am reg* Schlingel *m*

pérgola *f* Pergola *f*; Laubengang *m*

perici|a *f* Sachkenntnis *f*; Erfahrung *f*; Geschicklichkeit *f*; **~al** sachkundig; Sachverständigen-; gutachterlich

perico *m* Sittich *m*; *Am reg* Schwätzer *m*; *Col* Kaffee *m* mit wenig Milch; ***~ entre ellas*** *übertr* Hahn *m* im Korbe

perif|eria *f* Peripherie *f*; Umkreis *m*; Umfeld *n*; Stadtrand *m*; **~érico I** *Adj* peripher; Rand-; Ring- **II** *m* INFORM peripheres Ge-

rät *n*
perifollo *m* BOT Echter Kerbel *m*; **~s** *Pl* Tand *m*, Firlefanz *m*
perífrasis *f* Umschreibung *f*
perigallo *m* Halsfalte *f*; Doppelkinn *n*; langer Lulatsch *m*
perilla *f* Spitzbart *m*; Sattelknopf *m*; **~ de la oreja** Ohrläppchen *n*; **de ~(s)** wie gerufen; gerade recht
perímetro *m* MATH Umfang *m*
peri|ódicamente in regelmäßigen Abständen; **~odicidad** *f* periodische Wiederkehr *f*; Regelmäßigkeit *f*
periódico I *Adj* periodisch; laufend *ständig* **II** *m* Zeitung *f*; **~ matutino** (**semanal**; **vespertino**) Morgen-(Wochen-; Abend)zeitung *f*; **~ sensacionalista** Boulevardblatt *n* ◇ **estar suscrito** (**suscribirse**) **a un ~** eine Zeitung abonniert haben (abonnieren)
periodicucho *m* Käseblatt *n unbedeutende Zeitung*
periodismo *m* Journalistik *f*; Zeitungswesen *n*; **~ de investigación** Enthüllungsjournalismus *m*
period|ista *m(f)* Journalist(in) *m(f)*; **~ístico** journalistisch, publizistisch; Journalisten-; Zeitungs-; **~ización** *f* Periodisierung *f*; **~izar** ⟨-z/c-⟩ *tr* periodisieren
período *od* **periodo** *m* Periode *f*; Zeit(raum *m*) *f*; Satzgefüge *n*; **~ de adaptación** (**alquiler**; **aprendizaje**) Einarbeitungs-; Angleichungs-; Anpassungs-(Miet-; Lehr)zeit *f*; **~ de amortización** (**compensación** *od* **liquidación**) Tilgungs-(Abrechnungs)zeitraum *m*; **~ de arrendamiento** Pachtdauer *f*; **~ constitucional** Legislaturperiode *f*; **~ de desarrollo** (**formación**; **garantía**) Entwicklungs-(Ausbildungs-, Garantie)zeit *f*; **~ de gracias** (**pago**) Gnaden-(Zahlungs)-frist *f*; **~ de lluvias** Regenzeit *f*; **~ de prácticas** Praktikum *n*; **~ de prueba** Probezeit *f*; **~ de rodaje** Einfahrzeit *f*; **~ de sesiones** PARL Sitzungsperiode *f*; **~ de transición** Übergangszeit *f*, -phase *f*; **~ de vacaciones** Urlaubszeit *f*; **~ de vigencia** Geltungsdauer *f*
peripecia *f* THEAT dramatische Wendung *f*; Zwischenfall *m*; **las ~s de la vida** die Wechselfälle des Lebens
periplo *m* Umsegelung *f*; Umschiffung *f*; Rundreise *f*
peripuesto geschniegelt und gebügelt; aufgedonnert, aufgeputzt
periquear *intr AmC* Süßholz raspeln *flirten*; einen Schwatz machen
periquete *m*: **en un ~** im Nu
periquito *m* Wellensittich *m*; Rasensprenger *m*
periscopio *m* Periskop *n*, Sehrohr *n*
peristilo *m* ARCH Säulengang *m*
perit|ación *f* Begutachtung *f*; **~aje** *m* (Sachverständigen-)Gutachten *n*, Expertise *f*; **~ar** *tr* begutachten
perito I *Adj* erfahren; sachkundig **II** *m*, **-a** *f* Sachverständige(r) *f(m)*; Experte(-in) *m(f)*, Fachmann *m*, -frau *f*; Gutachter(in) *m(f)*; **~ contable** Wirtschaftsprüfer *m*
periton|eo *m* ANAT Bauchfell *n*; **~itis** *f* Bauchfellentzündung *f*
perjudic|ado *m* Geschädigter *m*; **~ar** ⟨-c/qu-⟩ *tr* schaden; schädigen; beschädigen; *übertr* belasten; **~ial** schädlich; nachteilig; verderblich
perjuicio *m* Schaden *m*; Nachteil *m*; Beeinträchtigung *f*; **en ~ de** zuungunsten von; **sin ~ de** unbeschadet
perjurar *intr* einen Meineid schwören
perjurio *m* Meineid *m*; Eidbruch *m* ◇ **cometer ~** einen Meineid leisten *od* begehen
perjuro meineidig; eidbrüchig
perla *f* Perle *f auch übertr*; TYP Perlschrift *f*; **~ cultivada** *od* **de cultivo** Zuchtperle *f*; **de ~s** ausgezeichnet; wie gerufen
perlón *m* Perlon® *n*
permane|cer ⟨-c/zc-⟩ *intr* bleiben; verbleiben; sich aufhalten; verharren; fortdauern; **~ncia** *f* Aufenthalt *m*; Verharren *n*; Verbleiben *n*; Dauer *f im Amt*; Permanenz *f*; Andauern *n*, Vorhalten *n*; Fortdauern *n*; Dauerhaftigkeit *f*; PHYS Beharrungszustand *m*; **~nte I** *Adj* (an)dauernd; dauerhaft; Dauer-; durchgehend *z.B. Betrieb*; anhaltend; bleibend; INFORM *Kontrolle* laufend; ständig; permanent; beständig; TYP Steh-; MIL stehend **II** *f* Dauerwelle *f*
perme|abilidad *f* Durchlässigkeit *f*; Undichtigkeit *f*; PHYS Permeabilität *f*; **~able** durchlässig; undicht; *übertr* aufgeschlossen, zugänglich

P

permis|ible statthaft, zulässig; **~ión** *f* → **~o** *m*; **~ivo** Erlaubnis-; Berechtigungs-; Gestattungs-; Zulassungs-
permiso *m* Erlaubnis *f*; Genehmigung *f*; Bewilligung *f*; Zulassung *f*; Urlaub *m*; **~ de armas** *od* **portación** Waffenschein *m*; **~ carcelario** JUR Hafturlaub *m*; **~ de circulación** KFZ Zulassung *f*; **~ de conducción** Fahrerlaubnis *f*; **~ de despegue** Starterlaubnis *f*; **~ de estancia** *od* **residencia** (**por tiempo indefinido**) (unbefristete) Aufenthaltsgenehmigung *f*, -erlaubnis *f*; Bleiberecht *n*; **~ de impresión** Druckgenehmigung *f durch Behörde*; **~ de imprimir** Imprimatur *n*; **~ de maternidad** Mutterschaftsurlaub *m*; **~ sin sueldo** unbezahlter Urlaub *m*; **~ de trabajo** Arbeitserlaubnis *f*; (**con**) **~** gestatten Sie ◇ **conceder** (**dar**) **~** Urlaub gewähren (geben); **estar con** *od*

de ~ auf Urlaub sein; ***¿hay ~?*** darf man?; ***pedir ~*** Urlaub beantragen; um Erlaubnis bitten; ***revocar el ~ de conducir*** den Führerschein entziehen

permitir *tr* erlauben, gestatten; genehmigen; zulassen; ermöglichen; **~se** sich *etw* erlauben *od* leisten *od* gestatten; sich *etw* herausnehmen *sich etw erlauben*

permut|a *f* Tausch *m*; Umtausch *m*; Austausch *m*; **~able** austauschbar; MATH permutabel; **~ador** *m* EL Umschalter *m*; **~ar** *tr* tauschen; vertauschen; umtauschen; auswechseln; austauschen; umsetzen; MATH permutieren

pern|ear *intr* (mit den Beinen) strampeln; sich die Beine ablaufen, herumrennen; **~era** *f* Hosenbein *n*

pernicioso verderblich; nachteilig; schädlich, Schad-; MED bösartig

pernil *m Schlachtvieh*, *Haarwild* Keule *f*; Hosenbein *n*; ***~ de chancho*** *Am reg* Eisbein *n*

pern|io *m* Türband *n*; Fensterband *n*; **~o** *m* Bolzen *m*; Zapfen *m*; Stift *m*

pernoctar *intr* übernachten

pero I *Konj* aber; doch; jedoch; indes(sen) **II** *m* Einwand *m*; ***sin un ~*** ohne Wenn und Aber ◇ ***no hay ~ que valga*** da gibt es kein Aber; ***siempre pone ~s*** immer hat er etwas einzuwenden; ***eso no tiene ~s*** daran ist nichts auszusetzen

perogrullada *f* Binsenweisheit *f*

peroné *m* ANAT Wadenbein *n*

peron|ismo *m* POL Peronismus *m*; **~ista I** *Adj* peronistisch **II** *m* Peronist *m*

peror|ación *f* Rede *f*; zusammenfassendes Schlusswort *n*; **~ar I** *tr Standpunkt* darlegen **II** *intr* eine Rede halten; einreden (***ante*** auf); inständig bitten; **~ata** *f* langweilige Rede *f*

perpendicular I *Adj* lotrecht **II** *f* Lot-, Senkrechte *f* ◇ ***abatir*** *od* ***tirar la ~*** das Lot fällen

perpetr|ador *m* Täter *m*; **~ar** *tr Verbrechen* begehen, verüben

perpetu|a *f* Strohblume *f*; **~ación** *f* Fortdauer *f*; Fortpflanzung *f*; Fortbestand *m*; Verewigung *f*; Erhaltung *f der Art*; **~ar** ⟨-úo⟩ *tr* verewigen; Dauer verleihen; *Art* erhalten; beibehalten; *Irrtum* aufrechterhalten; **~arse** sich verewigen; sich ewig hinziehen; fortbestehen; fortleben

perpetuidad *f* Ewigkeit *f*; ewige Dauer *f*; Fortdauer *f*; Aufrechterhaltung *f*; ***a ~*** auf *od* für immer; lebenslänglich; auf Lebenszeit

perpetuo I *Adj* fortdauernd; stetig; immerwährend; ständig; *Strafe* lebenslänglich; *Amt*, *Pension*, *Rente* auf Lebenszeit **II** *m* ständiger Begleiter *m*

perplejidad *f* Verlegenheit *f*; Verblüffung *f*; Bestürzung *f*

perplejo verlegen; verblüfft, perplex; verwirrt; bestürzt ◇ ***dejar ~*** verwirren; ***estar*** *od* ***quedar(se) ~*** bestürzt sein

perra *f* Hündin *f*; ***~ chica*** (***gorda***) *Esp alt* Fünf-(Zehn-)Céntimo-Münze *f* ◇ ***coger una ~*** einen Wutanfall bekommen; ***estar sin una ~*** nicht einen (roten) Heller haben

perrada *f* Hundsgemeinheit *f*

perr|era *f* Hundehütte *f*; Hundezwinger *m*; EISENB Hundeabteil *n*; **~ería** *f* Hunde *m/Pl*; Meute *f auch übertr*; → ***perrada***; **~ero** *m* Hundefänger *m*; Hundepfleger *m*; Hundehalter *m*; **~eta** *f Cu* Bock *m Wutanfall bei Kindern*

perrito *m* Hündchen *n*

perro *m* Hund *m auch übertr*; ***~ de aguas*** *od* ***de lanas*** Pudel *m*; ***~ bulldog*** *od* ***de presa*** Bulldogge *f*; ***~ caliente*** heiße Wurst *f*, Hotdog *n,m*; ***~ callejero*** Promenadenmischung *f*; ***~ de caza*** (***del cortijo***) Jagd-(Hof)hund *m*; ***~ faldero*** Schoßhund *m*; Schürzenjäger *m*; ***~ guardián*** Wachhund *m*; ***~ (guía) de ciego*** Blindenhund *m*; ***~ lobo*** Wolfshund *m*; ***~ policía*** (***de las praderas***) Polizei-(Prärie)hund *m*; ***~ rastrero*** *od* ***sabueso*** Spürhund *m*; ***~ (de) San Bernardo*** (***de Terranova***) Bernhardiner *m* (Neufundländer *m*); ***como un ~ apaleado*** wie ein geprügelter Hund; ***como ~ y gato*** wie Hund und Katze *auch übertr*; ***de ~s*** sehr schlecht, *übertr* Hunde- ◇ ***allí tampoco atan los ~s con longanizas*** die leben auch nicht wie im Schlaraffenland; es wird überall nur mit Wasser gekocht; ***~ no come ~*** eine Krähe hackt der anderen kein Auge aus *Spießgesellen stehen einander bei*; ***lo conocen hasta los ~s*** er ist bekannt wie ein scheckiger Hund; ***dar ~ a alg*** jmdn warten lassen; ***darse a ~s*** außer sich geraten vor Wut; ***hacerse ~ muerto*** *Chi* nicht (be)zahlen *z.B. schwarzfahren*, *-hören*, *die Zeche prellen*; ***sacar al ~*** (mit dem Hund) Gassi gehen; ***ser un ~ viejo*** ein schlauer Fuchs sein; ***son los mismos ~s con distintos collares*** *übertr* es ist dasselbe in Grün; *Sprichw* ***~ que ladra no muerde, ~ ladrador, poco mordedor*** Hunde, die bellen, beißen nicht; *Sprichw* ***al de atrás lo muerde el ~*** den Letzten beißen die Hunde

perr|ucho *m* Köter *m*, Töle *f*; **~uno** hündisch; Hunde-

persa I *Adj* persisch; → ***iraní*** **II** *m* Perser *m*; das Persische **III** *f* Perserin *f*

perse|cución *f* Verfolgung *f*; **~cutorio** Verfolgungs-; **~guido** *m* Verfolgter *m*; **~gui-**

dor *m* Verfolger *m*; **~guidora** *f* Verfolgerin *f*; *Cu* Streifenwagen *m der Polizei*
perseguir ⟨→ **seguir**⟩ *tr* verfolgen; vorhaben, erreichen wollen
persever|ancia *f* Ausdauer *f*; Beharrlichkeit *f*; Beständigkeit *f*; Standhaftigkeit *f*; **~ar** *intr* ausharren; beharren (**en** auf); durchhalten (**en** *Akk*)
Persia Persien *n*
persiana *f* Jalousie *f*; Rollladen *m*; **~ automática** Springrollo *n*
pérsico persisch
persignarse sich bekreuzigen
persist|encia *f* Beständigkeit *f*; Ausdauer *f* (**en** bei); Beharren *n* (**en** auf); Andauern *n*; Fortbestehen *n*; **~ente** beständig; beharrlich; ausdauernd; anhaltend; nachhaltig; andauernd; bleibend; Dauer-; **~ir** *intr* fortbestehen; andauern; bestehen (**en** auf); bleiben (**en** bei)
persona *f* Person *f*; Persönlichkeit *f*; Mensch *m*; **~ de arraigo** Alteingesessener *m*; **~ no autorizada** Unbefugter *m*; **~ de calidad** *od* **categoría** hoch gestellte Persönlichkeit *f*; **~ muy casera** Stubenhocker *m*; **~ todo cerebro** Verstandesmensch *m*; **~ sin ciudadanía** Staatenloser *m*; **~ de contacto** Ansprechpartner *m*; **~ desplazada** Vertriebener *m*; **~ en discapacidad física** (Körper-)Behinderter *m*; **~ diurna** (**nocturna**) Tag-(Nacht)mensch *m*; **~s de edad** Erwachsene *m/Pl*; **~ física** JUR natürliche Person *f*; **~ (no) grata** *Diplomatie* Persona *f* (non) grata; **~ sin hogar** Obdachloser *m*; **~ idónea** geeignete Person *f*; **~ internacional** JUR Völkerrechtssubjekt *n*; **~ jurídica** *od* **moral** juristische Person *f*; **~s mayores** ältere Leute *Pl*; **~ moral de derecho público** Körperschaft *f* des öffentlichen Rechts; **~ presumida** eingebildeter Kerl *m*; **~ de pruebas** Testperson *f*; **~ reasentada** Umsiedler *m*; **~ de referencia** Bezugsperson *f*; **a través de una tercera ~** über einen Dritten; **de ~ a ~** unter vier Augen; **en ~** persönlich; **mi modesta ~** meine Wenigkeit *f* ◇ **ser buena ~** ein guter Mensch sein
person|ación *f* persönliches Erscheinen *n*; Anwesenheit *f*; **~aje** *m* Persönlichkeit *f*; FILM, THEAT Person *f*; *auch* Figur *f*
personal I *Adj* persönlich; personell; Personal- **II** *m* Personal *n*; Belegschaft *f*; Leute *Pl*; **~ especializado** (**fijo**) Fach-(Stamm)-personal *n*; **~ estable** *od* **de plantilla** Stammbelegschaft *f*; **~ eventual** Aushilfspersonal *n*; **~ hospitalario** Krankenhauspersonal *n*; **~ de mantenimiento** Wartungspersonal *n*; **~ de servicio** Bedienungspersonal *n*; **~ supervisor** (**técnico-docente**; **temporal** *od* **temporero**) Aufsichts-(Schulungs-; Aushilfs)personal *n*; **~ terrestre** (**de vuelo**) Boden-(Flug)personal *n* ◇ **contratar** (**reducir**) **~** Personal einstellen (abbauen)
personal|idad *f* Persönlichkeit *f*; **~ismo** *m* Selbstsucht *f*; Personenkult *m*; **~izado** personengebunden; INFORM benutzerdefiniert; **~izar** ⟨-z/c-⟩ **I** *tr* personifizieren; **II** *intr* persönlich werden
person|arse *persönlich* erscheinen; sich *an eine bestimmte Stelle* begeben; eintreffen; *übertr* auftauchen; vorstellig werden; **~ero** *m* Sachwalter *m*; *Am reg* Vertreter *m einer Behörde*; **~ificar** ⟨-c/qu-⟩ *tr* personifizieren; verkörpern
perspectiva *f* Perspektive *f*; Sicht *f*; Fernsicht *f*; Aussicht *f*; Ausblick *m* (**de** auf); **~ general** INFORM Überblick *m*; **~s de venta(s)** Absatzchancen *f/Pl*; **~ de vida** Lebenserwartung *f*; **de grandes ~s** aussichtsreich; **en ~** in Aussicht; perspektivisch; **sin ~s** aussichtslos
perspectivo perspektivisch; zukünftig
perspic|acia *f*, **~acidad** *f* Scharfblick *m*; Weitblick *m*; Scharfsinn *m*, Umsicht *f*; **~az** scharfsichtig; weit blickend; scharfsinnig; umsichtig; besonnen, wohl überlegt; **~uo** deutlich; verständlich
persuadido: **estar ~ de u/c** von einer Sache überzeugt sein; **es(tá) muy ~** er ist sehr von sich überzeugt
persuadir *tr* überreden; **~ a alg de u/c** jmdn von etw überzeugen; **~se a u/c** sich zu etwas entschließen
persuas|ible glaubhaft, **~ión** *f* Überredung *f*; Zureden *n*; Überzeugung *f*; **~iva** *f* Überredungskunst *f*; Überzeugungsgabe *f*; **~ivo, ~or** überzeugend; Überredungs-
pertenecer ⟨-c/zc-⟩ *intr* gehören (**a** zu); zugehören; angehören; dazugehören
pertenencia *f* Zugehörigkeit *f*; **~s** *Pl* Zubehör *n*; Habseligkeiten *Pl*; Eigentum *n*
pértig|a *f* Stab *m*; **~o** *m* Deichsel *f*
pertinaz hartnäckig, zäh
pertinente angebracht; passend; treffend; sachgemäß; einschlägig; zweckdienlich; erforderlich; zugehörig; JUR zulässig
pertrechar *tr* ausrüsten (**de** mit) *auch übertr*; ausstatten; **~se** sich versehen (**con, de** mit)
pertrechos *m/Pl* Ausrüstung *f*; Geräte *n/Pl*; **~ bélicos** Kriegsgerät *n*; **~ de la siega** Erntegeräte *n/Pl*
perturbación *f* Störung *f*; Unruhe *f*; Zerrüttung *f*; **~ del equilibrio** (**de la línea**) Gleichgewichts-(TEL Leitungs)störung *f*; **~ mental** *od* **de la razón** Sinnesverwirrung *f*
perturbado geistig verwirrt

P

perturbador I *Adj* störend; verwirrend **II** *m* Störer *m*; **~ *de la quietud pública*** Ruhestörer *m*

perturbar *tr* stören; verwirren; beunruhigen; zerrütten; durcheinander bringen; aufschrecken

Perú *m* Peru *n* ◇ ***valer un ~*** von unschätzbarem Wert sein

peruano I *Adj* peruanisch **II** *m*, **-a** *f* Peruaner(in) *m(f)*

perversidad *f* Verderbtheit *f*

perversión *f* Entartung *f*; Verderbnis *f*; **~ *del gusto*** Geschmacksverirrung *f*; **~ (*sexual*)** Perversion *f*

perver|so pervers; widernatürlich; abartig, entartet; **~tir** ⟨-ie-, -i-⟩ *tr* verderben; pervertieren; *Worte* verdrehen; **~tirse** sittlich verkommen

pesa *f* Gewicht(stück) *n*; Uhrgewicht *n*; Hantel *f*; **~s** *Pl* SPORT Gewichtheben *n*; **~ *de aforo*** Eichgewicht *n* für Flüssigkeiten; **~ *de contraste*** Eichgewicht *n*; **~ *equilibradora*** Ausgleichgewicht *n*

pesa|bebés *m* Säuglingswaage *f*; **~cartas** *m* Briefwaage *f*, **~da** *f* Einwaage *f*; Wiegen *n*, Wägen *n*

pesadez *f* Schwere *f auch im Kopf*; Gewichtigkeit *f*; Schwerfälligkeit *f*; *Schlaf* Tiefe *f*; Beschwerlichkeit *f*; Plumpheit *f*; Schwüle *f*; *Buch* Langatmigkeit *f*; *Bild* Überladung *f*

pesadilla *f* Albtraum *m*; Albdruck *m*

pesado schwer; Schwer-; gewichtig; aufdringlich; unausstehlich; plump; schwerfällig; täppisch; langweilig; langwierig *z.B. Krankheit*; *Schlaf* tief; *Luft* dumpf; *Wetter* schwül; *Gebäude* wuchtig; *Col* politisch einflussreich ◇ ***ponerse ~*** auf den Geist gehen

pesadumbre *f* Kummer *m*; Sorge *f*

pesaje *m* Wiegen *n*; Abwiegen *n*; SPORT Gewichtskontrolle *f*

pésame *m* Beileid *n* ◇ ***dar el ~*** sein Beileid aussprechen; ***reciba Vd. mi más sentido ~*** nehmen Sie mein tief empfundenes Beileid entgegen

pesar I *tr* wiegen; abwiegen; (ab)wägen; wichten **II** *intr* wiegen; Einfluss haben; ausschlaggebend sein; *Verantwortung* lasten (***sobre*** auf); Leid tun; reuen; schwer sein; **~ *mucho*** sehr schwer sein; ***mal que le pese*** ob er will oder nicht; ***mal que me pese*** so Leid es mir tut; ***me pesa*** es tut mir Leid; es reut mich; ***no pesa*** es wiegt nicht viel; ***¡ya te pesará!*** es wird dir noch Leid tun! ***a ~ de, pese a*** trotz; ***a ~ de*** + *Inf* obgleich + *Ind*; ***a ~ de que*** *od* ***pese a que*** + *Ind* (+ *subj*) obwohl + *Ind* (auch wenn + *Ind*); ***a ~ de todo*** trotz allem **III** *m* Kummer *m*; Leid *n*; Betrübnis *f*; ***a gran ~ suyo*** zu seinem großen Bedauern

pesaroso betrübt; besorgt; traurig

PESC *f* (*Abk für* ***Política Exterior y de Seguridad Común***) GASP *f*

pesca *f* Fischfang *m*; Fischerei *f*; Fang(ertrag) *m*; **~ *en altura*** (***de bajura, ~ costera*** *od* ***menor***) Hochsee-(Küsten)fischerei *f*; **~ *con caña*** Angeln *n*; **~ *excesiva*** Überfischung *f*; **~ *de gran altura, ~ mayor*** Hochseefischerei *f*; **~ *submarina*** Unterwasserjagd *f*

pescad|a *f* Seehecht *m*; Stockfisch *m*; **~ería** *f* Fischgeschäft *n*; Fischmarkt *m*; **~ero** *m* Fischhändler *m*

pescado *m* Fisch *m als Speise*; **~ *en escabeche*** *od* ***a la marinera*** marinierter Fisch *m*

pescador *m* Fischer *m*; **~ *de caña*** Angler *m*; **~ *de perlas*** Perlenfischer *m*

pescante *m* Kutschbock *m*; Kranausleger *m*; **~ *de carga*** MAR Ladebaum *m*

pescar ⟨-c/qu-⟩ *tr* fischen *auch übertr*; angeln *auch übertr*; fangen *z.B. Krabben*; erwischen; ertappen; ergattern; *im Fluge* auffangen; *Krankheit* aufschnappen; ***no sabe lo que se pesca*** er weiß nicht, worum es sich handelt

pescoz|ón *m* Genickschlag *m*; **~udo** stiernackig

pescuezo *m* Nacken *m*; Hals *m* ◇ ***jugarse e*** **~** Kopf und Kragen riskieren

pese: **~ *a*** trotz; **~ *a que*** obwohl

pesebre *m* Krippe *f auch übertr*

pesero *m Méx* Linientaxi *n*

peseta *f hist* Pesete *f*; ***sin una ~*** ohne einen Pfennig ◇ ***cambiar la ~*** sich übergeben

pesim|ismo *m* Pessimismus *m*; **~ista I** *Ad* pessimistisch **II** *m(f)* Pessimist(in) *m(f)*

pésimo *Sup* sehr schlecht

peso *m* Gewicht *n auch* SPORT *u übertr* Schwere *f*; Last *f*, Bürde *f*; Belastung *f* Waage *f*; Peso *m Währung einiger Lände Lateinamerikas*; SPORT Kugel *f*; **~ *atómic*** Atomgewicht *n*; **~ *bruto*** (***neto***) Brutto(Netto)gewicht *n*; **~ *sin carga*** (**~ *corpora* ~ *cúbico***) Leer-(Körper-; Raum)gewicht *n*; **~ *de comercio*** Handelsgewicht *n*; **~ *d cruz*** Balkenwaage *f*; **~ *duro od fuerte*** *his alter spanischer* Silbertaler *m*; **~ *al envasa*** HDL Einwaage *f*; **~ *específico*** spezifische Gewicht *n*, Dichte *f*; **~ *fino*** Feingewicht *n*; **~s *grandes*** (***pequeños***) Schwer-(Leicht) gut *n*; **~ *de lanzamiento*** RAUMF Startgewicht *n*; **~ *de matanza*** (***en vivo***) Schlacht (Lebend)gewicht *n*; **~ *máximo*** (***mínimo***) Höchst-(Mindest)gewicht *n*; **~ *muert*** MAR Tot-, Eigengewicht *n*, Deadweigh *n*; **~ *neto al envasar*** Nettofüllgewicht *n*

~ (neto) escurrido *Konserve* Abtropfgewicht *n*; **~ oro** Goldpeso *m*; **~ pesado (pluma; welter)** SPORT Schwer-(Feder-; Welter)gewicht *n*; **~ por pieza** Stückgewicht *n*; **~ total** Gesamtgewicht *n*; **a ~** für einen Peso; **al ~** nach Gewicht; **corto** *od* **falto de ~** nicht vollwichtig; **de ~** vollwichtig; (ge)wichtig; einflussreich; **de a ~** zu je einem Peso ◇ **caerse de** *od* **por su (proprio) ~** logisch *od* selbstverständlich sein; **no estar en su ~** nicht ganz auf der Höhe sein *nicht gesund sein*; **pagar a ~ de oro** mit Gold aufwiegen; **perder ~** *an Gewicht* abnehmen; **me ha quitado un ~ de encima** mir ist ein Stein vom Herzen gefallen; **tener ~** zählen *bedeutsam sein*; **tomar a ~** mit der Hand abwiegen

pespunt|e Steppen *n*; Steppnaht *f*; **~ear** *tr* steppen *nähen*; absteppen; zusammensteppen; *Méx* steppen *tanzen*; *Gitarre* zupfen

pesquer|ía *f* Angelplatz *m*; Fischgrund *m*; Fischerei *f*; Fischereibetrieb *m*; Fischgeschäft *n*; **~o I** *Adj* Fisch-; Fischerei-; Fischer- **II** *m* Fischereifahrzeug *n*, Fangschiff *n*

pesquis *m*: **de poco ~** wenig intelligent; **tener ~** Köpfchen haben

pesquisa I *f* Nachforschung *f*; Fahndung *f*; Ermittlung *f*; **~s** *Pl* Recherchen *f/Pl* ◇ **hacer ~s** recherchieren **II** *m Am reg* Fahnder *m*

pesquis|idor *m*, **~idora** *f* Fahnder(in) *m(f)*; **~ar** *tr* nachforschen; ermitteln

pestaña *f* Wimper *f*; Paspel *f*; (Blech-)Falz *m*; Karteireiter *m*; TECH Spur-, Radkranz *m* ◇ **no mover ~** sehr aufmerksam sein; **sin mover ~** → **sin pestañear**; **no pegar ~** kein Auge zumachen *nicht schlafen können*; **quemarse las ~s** bis in die Nacht büffeln

pestañazo *m Cu*: **echar un ~** ein Nickerchen machen

pestañear *intr* blinzeln; **sin ~** ohne mit der Wimper zu zucken

peste *f* Pest *f*; Gestank *m*; **~ parda** braune Pest *f Faschismus* ◇ **echar ~s** schimpfen (**contra** auf; über)

pest|icida *m* Pestizid *n*; **~ífero** verpestend; **~ilencia** *f* Gestank *m*; **~ilente** bestialisch stinkend; verpestend

pestillo *m Tür, Fenster, Schloss* Riegel *m*; Türschnapper *m* ◇ **echar el ~** verriegeln

petaca *f* Zigarrenetui *n*; Zigarettenetui *n*; Tabaksbeutel *m*; Taschenflasche *f*; Maul *n*, Klappe *f*; *Col* Faulpelz *m* ◇ **¡cierra tu ~!** halt die Klappe!

petac|ón *Col* wohlbeleibt; schwerfällig; **~ona** mit ausladenden Hüften

pétalo Blütenblatt *n*

petaquear I *tr jmdn* abmurksen **II** *intr*, **~se** *Col* die Lust verlieren

petar *intr* gefallen, mögen, zusagen; **(no) me peta** ich habe (keine) Lust; **si te peta** wenn dir danach ist

petard|ear I *tr mit Dynamit* sprengen; prellen *betrügen* **II** *intr* knattern; **~ero** *m* Feuerwerker *m*; **~ista** *m* Pumpgenie *n von Pump lebender Betrüger*

petardo *m* Sprengkörper *m*; Feuerwerkskörper *m*; Knallkörper *m*; *übertr* hässlicher Vogel *m*; *übertr* Schuss *m* in den Ofen; Reinfall *m z.B. ein Buch, Film, Konzert*; lästige *bzw* langweilige Person *f*

petate *m* Seesack *m*; Bündel *n*; Pritsche *f*; Palmenstrohmatte *f*; Taugenichts *m*

Petersburgo *m*: **San ~** Sankt Petersburg *n*

petición *f* Gesuch *n*; Antrag *m*; Wunsch *m*; Anliegen *n*; Bitte *f*; Ansuchen *n*; Ersuchen *n*; Eingabe *f*; Forderung *f*; Bittschrift *f*; POL Petition *f*; INFORM Abruf *m*; **~ de asilo** Asylantrag *m*; **~ de ayuda** Hilfeersuchen *n*; **~ de clemencia** Gnadengesuch *n*; **~ de extradición** Auslieferungsersuchen *n*; **~ de oferta** Angebotsanforderung *f*; **a ~** auf Wunsch ◇ **cursar** *od* **hacer** *od* **presentar (dirigir) una ~** ein Gesuch einreichen (richten); **hacer la ~ de mano** um die Hand *der Geliebten* anhalten

peticionario *m* Bittsteller *m*; Antragsteller *m*; **~ de asilo** Asylbewerber *m*

peti|metre *m* Fatzke *m*, Geck *m*; **~rrojo** *m* ZOOL Rotkehlchen *n*

petiso *Bol, Chi, Par, Rpl* **I** *Adj* klein (und pummelig) **II** *m* Kleiner *m*; kleines Reittier *n Pferdchen, Eselchen*

petit|oria *f* Bitte *f*; Bitten *n*; **~orio I** *Adj* Bitt-; Sammel- **II** *m* Drängen *n*; dreistes Verlangen *n*; Bestellliste *f*; POL Forderungskatalog *m*; **~um** *m* Klageantrag *m*

petizo *Am reg* → **petiso**

pétreo steinern *auch übertr*; Stein-, steinig; steinhart

petrificarse ⟨-c/qu-⟩ versteinern

petro|dólar *m* Petro-, Erdöldollar *m*; **~grafía** *f* Gesteinskunde *f*

petróleo *m* Erdöl *n*; → **nafta**; **~ bruto** *od* **(~) crudo** Rohöl *n*

petro|lero I *Adj* Erdöl- **II** *m* Tankschiff *n*, Erdöltanker *m*; *Méx* Erdölarbeiter *m*; **~lífero** Erdöl-; erdölhaltig; erdölführend; **~química** *f* Petrolchemie *f*

petulan|cia *f* törichte Eitelkeit *f*; lächerlicher Dünkel *m*; Anmaßung *f*; **~te** eitel; anmaßend; dreist

petunia *f* BOT Petunie *f*

peyorativo LING pejorativ, abwertend

pez[1] *m noch nicht gefangener bzw nicht ge-*

töteter Fisch *m*; → ***pescado***; ***peces de colores*** *od* ***ornamentales*** Zierfische *m/Pl*; ~ ***espada*** Schwertfisch *m*; ~ ***gordo*** hohes Tier *n wichtige Person*; ~ ***volador*** *od* ***volante*** fliegender Fisch *m*; ***como ~ en el agua*** wie ein Fisch im Wasser ◇ ***estar ~*** keinen blassen Dunst haben; ***reírse de los peces de colores*** sich nichts daraus machen
pez² *f* Pech *n zum Abdichten*
pezón *m* Brustwarze *f*; Zitze *f*; BOT Stiel *m*; Landspitze *f*; Zipfel *m*
pezuña *f* ZOOL Klaue *f*; *Huf* Hornwand *f*
P.G.M. *Abk für* ***Primera Guerra Mundial***, → ***guerra***
piadoso fromm; andächtig; Andachts-; mitleidig; barmherzig; mild(tätig)
pia|madre *f*, **~máter** *f* ANAT weiche Hirnhaut *f*
pianista *m* Pianist *m*
piano I *Adj* MUS piano ◇ ***estar ~*** *Cu* gut aussehen *wieder gesund sein* **II** *m* Klavier *n*, Piano *n*; ~ ***de cola*** *od* ***concierto*** (Konzert-)Flügel *m*; ~ ***de manubrio*** Drehorgel *f*; ~ ***de media cola*** Stutzflügel *m* ◇ ***bajarle un ~*** *Cu jmdm* eine runterhauen; ***tocar*** (***el***) ~ Klavier spielen; *Esp* Teller waschen; *Am reg* klauen
piano|forte *m* Pianoforte *n*; **~la** *f* Pianola *n*, elektrisches Klavier *n*
piar ⟨***pío***⟩ *intr* piep(s)en; verlangen (***por*** nach)
piara *f* Schweineherde *f*
piastra *f* Piaster *m*
PIB *Abk für* ***producto interior bruto***
pib|a *f Am reg* Mädel *n*; **~e** *m* Junge *m*
pica *f* Pike *f*, Spieß *m*; Spitzhacke *f*; SPORT Eispickel *m*; **~s** *Pl* KART Pik *n*
pica|carnes *m* Fleischwolf *m*; **~cho** *m* Bergspitze *f*; **~da** *f* Schnabelhieb *m*; (Insekten-)Stich *m*; Sturzflug *m*; Anbeißen *n der Fische*; *Am* Pfad *m*, Schneise *f durch den Urwald*; *AmS* schmale Furt *f*; **~dero** *m* Reitbahn *f*; Reithalle *f*; Nahkampfdiele *f verächtl für Tanzlokal*; sturmfreie Bude *f*
picadillo *m* Gehacktes *n*, Hackfleisch *n*
picado I *Adj* gehackt *z.B. Mandeln*; wurmstichig; angefressen *z.B. Obst*; angefault; *Zahn* kariös; pikiert, beleidigt; *Briefmarke* durchstochen; *See* kabbelig **II** *m* Feilenhieb *m*; *Motor* Klopfen *n*; MUS Stakkato *n*; ~ (***vertical***) Sturzflug *m*; ***en ~*** steil; im Sturzflug
picador *m* Zureiter *m*; Kunstreiter *m*; BERGB Hauer *m*; *Küche* Schneid(e)brett *n*
picadora *f* Fleischwolf *m*; ~ ***de forraje*** Häcksler *m*
picadura *f* Stechen *n*; *Insekten* Stich *m*; *Schlange* Biss *m*; Picken *n*; *Vögel* Hacken *n*; Mottenfraß *m*; *Obst* angestochene Stelle *f*; Einstich *m*; *Fass* Anstich *m*; ~ (***cuadrada***) Krüllschnitt *m*; ~ ***de gusanos*** Wurmfraß *m*; ~ ***de*** *od* ***en hebra*** *Tabak* Feinschnitt *m*
picaflor *m* Kolibri *m*; *Am* Don Juan *m*
picaj|ón, **~oso** reizbar; empfindlich
picante I *Adj* scharf (gewürzt); *übertr* pikant **II** *m* Schärfe *f*; scharfe Würze *f auch übertr*; scharfes Paprikafleisch *n*; *Méx* Chilisoße *f*
pica|pedrero *m* Steinklopfer *m*; *auch* Steinmetz *m*; **~pica** *f* Juckpulver *n*; **~pleitos** *m* Winkeladvokat *m*; Querulant *m*; **~porte** *m* Türdrücker *m*, Klinke *f*; Türklopfer *m*
picar ⟨-c/qu-⟩ **I** *tr* stechen; *Esp* erstechen; picken; *mit dem Schnabel* hacken; *Schlange* beißen; *Körner* aufpicken; *übertr etw* aufschnappen; die Sporen geben; *Pferd* zureiten; anspornen *anstacheln*; *Stroh* häckseln; *Rüben* schnitzeln; *Tabak* schneiden; *Fass* anzapfen; *Fahrkarte* lochen; *Sense* dengeln; *Putz* abklopfen; *Steine* klopfen *zerkleinern*; behauen; *Fleisch*, *Petersilie* hacken; durch den Wolf drehen; *Zwiebeln* (klein) schneiden; *Text* eintippen; *Am reg Holz* hacken; *Cu Zigaretten* schlauchen *schnorren* **II** *intr* kribbeln; *Am u Esp reg* sich aus dem Staub machen; *Dornen*, *Sonne*, *Körperteil* stechen; *Pfeffer* brennen; jucken; knabbern; *Fisch* anbeißen *auch übertr*; überall mal reinriechen *nichts richtig beherrschen*; *Motor* klopfen; im Sturzflug niedergehen; *Greifvogel* niederstoßen; grenzen (***en*** an); ~ ***alto*** hoch hinaus wollen; **~se** von Motten zerfressen (werden); durch Alterung zerfallen; *Zähne* von Karies befallen werden; *Milch* sauer werden; *Fleisch*, *Wein* einen Stich bekommen; *Getreide* schimm(e)lig werden; *Meer* kabbelig werden; einschnappen, sich ärgern; *Drogen* fixen; *Am* sich besäuseln; ~ ***con*** erpicht sein auf; auf den Geschmack kommen; *männliche Tiere* brünstig werden; **~*se de u/c*** sich durch etwas verletzt fühlen; sich als etwas aufspielen
picar|día *f* Schelmenstreich *m*; Schurkenstreich *m*; Schalk(haftigkeit *f*) *m*; Verschmitztheit *f*; Durchtriebenheit *f*; **~esca** *f* Schelmenliteratur *f*; **~esco** schelmisch, pfiffig; spitzbübisch; Gauner-; Schelmen-
pícaro I *Adj* schelmisch; Lausbuben-; Gauner-; verschmitzt; durchtrieben; schalkhaft **II** *m* Schelm *m*; Spitzbube *m*; Lausbub *m*; Gauner *m*
picatoste *m* geröstete Schnitte *f*
picazón *m* Jucken *n*; Unwillen *m*
picea *f* Fichte *f*, Rottanne *f*

P

picha *f Esp vulg* Schwanz *m Penis*

piche I *Adj AmC* geizig; *Ven* sauer *verdorben* **II** *m Am* Bammel *m*; *Col* Schubser *m*; *PR* Banane *f*

pich|ón *m* Taubenjunges *n*; *Am i w S* Vogeljunges *n*; Anfänger *m*; Grünschnabel *m*; Jüngelchen *n*; Schatz *m Kosename für den Geliebten*; **~ona** *f* Täubchen *n Schatz Kosebezeichnung*; **~oncito** *m* Liebling *m*

Picio: ***más feo que ~*** (ab)grundhässlich

picnic *m* Picknick *n*

pico[1] *m* Schnabel *m auch übertr*; Mundwerk *n*; *Kanne* Tülle *f*; Spitze *f*; Bergspitze *f*; Zacke *f*; Zipfel *m*; Spitzhacke *f*; Eispickel *m*; ***~ de consumo*** EL Verbrauchsspitze *f*; ***a ~ de botella*** aus der Flasche (trinken); ***de ~*** nur Gerede; ***y ~*** *nicht präzisierte Restmengenangabe* und soundsoviele; kurz nach; etwas über (***dos pesos y ~***) ◇ ***abrir*** (***callar***) ***el ~*** den Schnabel aufmachen *reden* (halten *schweigen*); ***andar*** *od* ***irse de ~s pardos*** die Zeit verplempern; bummeln (gehen); ***costar un buen ~*** ein Heidengeld kosten; ***darse el ~*** sich knutschen; ein Herz und eine Seele sein; ***hincar el ~*** ins Gras beißen *sterben*

pico[2] *m*, ***~ barreno, ~ carpintero*** Specht *m*

picón *m* feinstückige Holzkohle *f*

picor *m* Jucken *n*; Kribbeln *n*; *Pfeffer* Brennen *n*

picota *f* Pranger *m*; Herzkirsche *f* ◇ ***poner en la ~*** *auch übertr* anprangern

picot|ear *tr/intr* picken; anpicken; hacken *z.B. Hühner*; *Vögel* schnäbeln; *Pferd* nicken; schwatzen; hier und da ein Häppchen essen; **~earse** keifen; sich zanken; **~era** *f* Klatschtante *f*; **~ería** *f* Geschwätzigkeit *f*; **~ero I** *Adj* schwatzhaft **II** *m* Schwätzer *m*

pict|ografía *f* Bilderschrift *f*, **~órico** malerisch; zeichnerisch; Mal-; Zeichen-

picudo mit Schnabel; spitz; schwatzhaft

pidón I *Adj* bettelhaft **II** *m* Schnorrer *m*

pie *m* Fuß *m auch übertr*; Pfote *f*; *Möbelstück* Bein *n*; MATH Fußpunkt *m*; *Metrik* Versfuß *m*; Anlass *m*; Füßling *m*; Unterlage *f bei Veredelung*; *Rebe, Rose* Stock *m*; Untersatz *m*; Ständer *m*; *Öl, Wein* Bodensatz *m*; THEAT Stichwort *n*; Grundstock *m*; ***~ adelante*** (***atrás***) vorwärts (zurück); ***~ de cría*** Setzling *m Fisch*; ***~ de editorial*** (***imprenta***) Verlagsangabe *f* (Impressum *n*); ***~ de la foto*** Bildunterschrift *f*; ***~ de la lámina*** Erklärung *f* zur Tafel; ***~ de lámpara*** Lampenständer *m*; ***~ de página*** INFORM Fußzeile *f*; ***~ de pato*** Schwimmflosse *f*; ***~ ante ~*** Schritt für Schritt; ***~ plano*** (***valgo***) Platt-(Knick)fuß *m*; ***~ de rey*** Schieblehre *f*; ***~ de torta*** Tortenboden *m*; ***~ de vid*** Rebstock *m*; ***~ zambo*** Klumpfuß *m*; ***a ~*** zu Fuß; ***a ~ enjuto*** trockenen Fußes; gefahrlos; mühelos; ***a cuatro ~s*** auf allen vieren; ***al ~*** unten; am Fuß *z.B. eines Baumes*; ***al ~ de la carta*** am Ende des Briefes; ***al ~ de la letra*** wörtlich; buchstäblich; wortgetreu; ***con buen*** (***mal***) ***~*** (un)glücklich; mit (ohne) Erfolg *m*; ***con un ~ en la tumba*** mit einem Fuß im Grab(e); ***de ~*** stehend; ***de ~s a cabeza*** von Kopf bis Fuß; vom Scheitel bis zur Sohle; von Anfang bis Ende; ***de a ~*** Fuß-; ***en ~*** *Vieh* Lebend-; ***en ~ de guerra*** auf Kriegsfuß; ***en ~ de igualdad*** gleichberechtigt; ***sin ~s ni cabeza*** kopflos; sinnlos ◇ ***andar con ~s de plomo*** sehr behutsam zu Werke gehen; ***arrastrar los ~s*** schlurfen; ***caer de ~s*** auf die Füße fallen *Glück haben*; ***dar ~*** Anlass geben (***a, para*** zu); ***no dar ~ con bola*** danebenhauen *nicht zurechtkommen*; ***le dan el ~ y se toma la mano*** man reicht ihm den kleinen Finger, und er nimmt die ganze Hand; ***echar ~ atrás*** einen Rückzieher machen; ***echar ~ a tierra*** aussteigen; absteigen; MAR an Land gehen; ***echar un ~*** *Cu* davonstürmen; eine Sohle aufs Parkett legen *tanzen*; ***no encontrarle ni ~s ni cabeza a u/c*** aus einer Sache nicht recht schlau werden; ***estar de ~*** stehen; ***estar en ~*** fortbestehen; ***hacer ~*** Fuß fassen; ansässig werden; den Boden berühren; ***mantener en ~*** aufrechterhalten; ***nació de ~*** er ist ein Glückspilz; ***pensar con los ~*** kopflos handeln; ***perder ~*** keinen Boden mehr unter den Füßen haben *im Wasser*; ***poner ~s en polvorosa*** sich aus dem Staub(e) machen; ***poner en ~*** aufrichten; ***ponerse de*** *od* ***en ~*** aufstehen; ***saber de qué ~ cojea*** alle seine Schwächen kennen; ***sacarle a alg el ~ del lodo*** jmdm aus der Patsche helfen; ***sostenerse en ~*** sich auf den Beinen halten; ***no tener ~s ni cabeza*** weder Hand noch Fuß haben; ***volver ~s atrás*** zurückweichen

piedad *f* Erbarmen *m*; Mitleid *n*; Frömmigkeit *f*; Pietät *f*; KUNST Pieta *f*

piedra *f* Stein *m*; MAR Klippe *f*; ***~ de afilar, ~ aguzadera*** *od* ***de suavizar*** (***de amolar***) Abzieh-, Wetz-(Schleif)stein *m*; ***~ angular*** (***arenisca***; ***calcárea***) *übertr* Eckpfeiler *m*; BAUW Eck-(Sand-; Kalk)stein *m*; ***~ conmemorativa*** Gedenkstein *m*; ***~ para encendedores*** *od* ***de mechero*** *Feuerzeug* Feuerstein *m*; ***~ de escándalo*** (***filosofal***) Stein *m* des Anstoßes (der Weisen); ***~ fundacional*** *od* ***fundamental*** (***funeraria***) *auch übertr* Grund-(Grab)stein; ***~ de mampostería*** (***miliar, millar***) Bruch-(*auch übertr* Meilen)-stein *m*; ***~ de molino*** (***~ natural***; ***pómez***) Mühl-(Natur-; Bims)stein *m*; ***~ preciosa***

P

Edelstein *m*; **~ selenita** Mondgestein *n*; **~ de toque** Prüfstein *m*; **despacito por las ~s** Eile mit Weile; **primera ~** Grundstein *m* ◇ **las ~s hablan** Wände haben Ohren; *Sprichw* **no tires ~s al tejado del vecino si el tuyo es de cristal** wer im Glashaus sitzt, soll nicht mit Steinen werfen

piel I *f* ANAT, BOT Haut *f*; Schale *f*; Fell *n*; Pelz *m*; Leder *n*; **~es** *Pl* Rauchwaren *f/Pl*; **~ de cocodrilo** Krokodilleder *n*; **~ de gallina** *übertr* Gänsehaut *f*; **~ de gamuza (pergamino; Rusia)** Wild-, Sämisch-(Pergament-; Juchten)leder *n*; **~ de plátano** Bananenschale *f*; **forrado de ~es** pelzgefüttert ◇ **cambiar de ~** ZOOL sich häuten; **dar la ~** seine Haut zu Markte tragen; **ponerse en la ~ de alg** sich in jmds Lage versetzen; **ser (de) la ~ de Barrabás** *od* **Judas** *od* **del demonio** ein Ausbund *od* Teufelsbraten *od* Rabauke sein **II** *m*: **el ~ roja** Indianer *m in Kanada u den USA*; → *auch* **indio**

piélago *m übertr* Meer *n*; Unmenge *f*

pielero *m* Pelzhändler *m*

pienso *m* LANDW Trockenfutter *n*; **~s compuestos (crudos; jugosos)** Misch-(Rau-; Saft)futter *n*

piercing *m* Piercing *n*

Piérides *f/Pl* MYTH Musen *f/Pl*

pierna *f* Bein *n*; Unterschenkel *m*; *Geflügel, Schlachtvieh* Keule *f*; *Zirkel* Schenkel *m*; *Buchstaben* Grundstrich *m*; **~ artificial** *od* **ortopédica** Beinprothese *f*; **~s en O (en X)** O-(X-)Beine *n/Pl*; **~ de palo** Holzbein *n*; **~ de ternera** GASTR Kalbshaxe *f* ◇ **cruzar las ~s** die Beine übereinander schlagen; **desentumecerse** *od* **estirar las ~s** sich die Beine vertreten; **dormir a ~ suelta** tief und sorglos schlafen; **estirar la ~** abkratzen *sterben*; **eso lo hace por debajo de la ~** das macht er mit links; **reírse a ~ suelta** aus vollem Halse lachen

P

pieza *f* Teil *n,m*; Stück *n auch* MUS, THEAT; Bestandteil *m*; Zimmer *n*, Raum *m*; *Geld* Stück *n*; *Brettspiel* Stein *m*; **~ acabada** *od* **terminada (de desgaste)** Fertig-(Verschleiß)teil *n*; **~ ajustadora** *od* **de ajuste** Passstück *n*; **~ bruta** TECH Rohling *m*; **~ clave** *übertr* Schlüsselfigur *f*; **~ para el examen de oficial** Gesellenstück *n*; **~ fabricada en serie (de forma)** Serien-(Form)teil *n*; **~ forjada (de fundición; de maestría)** Schmiede-(Guss-; Meister)stück *n*; **~ normalizada (prefabricada)** Norm-(Fertig)teil *n*; **~ radiofónica** Hörspiel *n*; **~ de recambio** *Esp od* **repuesto** *Am* Ersatzteil *n*; **~ en un solo acto** THEAT Einakter *m*; **~ suelta** Einzelstück *n*; **~ de teatro** Theaterstück *n*; **~ única** KUNST Unikat *n*; **a ~s** stückweise; **de** *od* **en dos ~s (de una sola ~)** zweiteilig (einteilig) ◇ **jugarle una ~ a alg** jmdm einen bösen Streich spielen

pifia *f Billard* Fehlstoß *m*; Schnitzer *m*, Patzer *m*; übler Streich *m* ◇ **dar una ~** einen Schnitzer begehen

pifiar *tr jmdn* auspfeifen; **~la** *übertr* einen Bock schießen

pigment|ación *f* Pigmentierung *f*; *Haut* Färbung *f*; **~o** *m* Pigment *n*; Farbkörper *m*; Farbstoff *m*

pigmeo *m* Pygmäe *m*; Zwerg *m auch übertr*

pignor|able begebbar; FIN lombardfähig; **~ar** *tr* verpfänden; beleihen

pija *f Am vulg* Schwanz *m Penis*

pijada *f* Blödsinn *m*

pijama *m*, *reg auch f* Pyjama *m*, Schlafanzug *m*

pijo *m Esp* → **pija**; Snob *m*

pijotero Drecks-, verdammt; *Am reg u Esp reg* knauserig

pila[1] *f* Stapel *m*, *übertr* Haufen *m*; Batterie *f*; Pfeiler *m*; **~ atómica** Atommeiler *m*, -reaktor *m*; **~ botón** Knopfzelle *f*; **~ eléctrica** (Taschenlampen-)Batterie *f*; **~ fotoeléctrica (lapicero; monocelular)** Foto-(Gnom-; Mono)zelle *f*; **~ solar** Solarzelle *f* ◇ **ponerse las ~s** sich reinhängen

pila[2] *f* Bassin *n*; **~ del agua bendita (~ bautismal)** Weihwasser-(Tauf)becken *n*; **~ de fregar** Spülbecken *n*

pilar[1] *tr Getreide, Am auch Kaffee, Reis, Mais* schälen

pil|ar[2] *m* Pfeiler *m auch übertr*; *übertr* Grundpfeiler *m*; einzeln stehende Säule *f*; Meilenstein *m*; *übertr* Stütze *f*; **~astra** *f* Wandpfeiler *m*

píldora *f* Pille *f auch übertr*; **~ abortiva** PHARM Abtreibungspille *f*; **~ anticonceptiva** PHARM Antibabypille *f*; **~ contra la impotencia** PHARM Potenzpille *f* ◇ **dorar la ~** *übertr* die bittere Pille versüßen; **tragar(-se) la ~** *jmdm* auf den Leim gehen *hereinfallen*

pileta *f* kleines Wasserbecken *n*; *Am* (aufstellbares) Wasserbassin *n*; *Rpl* Schwimmbecken *n*; (Swimming-)Pool *m*; *And, Can, Rpl* Aufwaschbecken *n*; Waschbecken *n*; Tränkbecken *n*; *auch* Ausguss *m*; *Chi* Brunnen *m*; **~ de clarificación** *Am reg* Klärbecken *n*

pill|ada *f* Schurkenstreich *m*; **~ador** *m* Gauner *m*; **~aje** *m* Raub *m*; Plünderung *f*; Kriegsbeute *f*; **~ar** *tr* rauben; plündern; aufschnappen *z.B. Erkältung, Worte*; *etw od jmdn* erwischen; ertappen; überraschen; **~astre** *m* Halunke *m*; **~ería** *f* Schurkerei *f*; Gaunerbande *f*; **~ero** *m Méx* Schleuser *m*, Schlepper *m für Emigranten*

aus Méx u AmC ins Grenzgebiet zu den USA; **~ín** *m* Schlingel *m*; **~o I** *Adj* schlau; durchtrieben; listig **II** *m* Spitzbube *m*; Schurke *m*; **~uelo** *m* Lausbub *m*
pilón *m* Brunnentrog *m*; Zuckerhut *m*; *Waage* Läufer *m*; Mörser *m Gerät*; Stampfer *m*; (Vieh-)Tränke *f*; BAUW Pylon(e *f*) *m*
pilongo hager, abgezehrt
píloro *m* ANAT Pförtner *m*
piloso (stark) behaart
pilotaje *m* Fliegen *n eines Flugzeugs*; Steuern *n eines Schiffs*; Führen *n eines Fahrzeuges*; Lotsen *n*; Durchschleusen *n*; Lotsenkunst *f*; Lotsengeld *n*; **~ *teledirigido*** *od* ***telemandado*** *Flugzeug, Schiff* Fernsteuerung *f*; **~ *sin visibilidad*** Blindflug *m*
pilot|ar, ~ear *tr* MAR lotsen *auch übertr*; KFZ lenken; FLUGW fliegen, steuern
pilote *m* (Ramm-)Pfahl *m*; Pfeiler *m*
piloto I *m* Lotse *m*; MAR nautischer Offizier *m*; Pilot *m*; *Auto* Fahrer *m*; *Arg* Regenmantel *m*; **~ *de alarma*** Warnleuchte *f*; **~ *de altura*** Seelotse *m*; **~ *antiniebla trasero*** *Auto* Nebelschlussleuchte *f*; **~ *automático*** FLUGW Autopilot *m*; **~ *de avería*** Störungslampe *f*; **~ *de carreras*** Rennfahrer *m*; **~ *cosmonauta*** Fliegerkosmonaut *m*; **~ *de freno*** (**~ *posterior***) Brems-(Heck)leuchte *f*; **~ *práctico*** Lotse *m*; **~ *profesor*** Fluglehrer *m*; **~ *de pruebas*** Testpilot *m*; ***sin* ~** unbemannt **II** *Adj* ⟨*unv*⟩ Versuchs-, Pilot-
piltrafa *f* Abfallfleisch *n*, *übertr* Wrack *n*
piment|ada *f Pe* Paprikagericht *n*; **~ero** *m* Pfefferstrauch *m*; Pfefferstreuer *m*; **~ón** *m* gemahlener Paprika *m*
pimienta *f* Pfeffer *m*
pimiento *m* Paprika(schote *f*) *m*; spanischer Pfeffer *m*; → ***pimentero***; **~ *de bonete*** *od* ***hocico***, **~ *morrón*** Gemüsepaprika *m*; **~ *de cerecilla*** *od* ***de las Indias*** Cayennepfeffer *m* ◇ (***no***) ***me importa un* ~** das ist mir völlig egal
pimpante schmuck, flott; forsch
pimpollo *m* Schössling *m*; Knospe *f*; *übertr* hübscher Käfer *m*; hübscher Junge *m*
pinabete *m* Tanne *f*
pinacoteca *f* Pinakothek *f*
pináculo *m* ARCH Fiale *f*; Zinne *f*; *übertr* Gipfel *m*; Höhepunkt *m*
pinar *m* Kiefernwald *m*; Pinienhain *m*
pincel *m* Pinsel *m*
pincelada *f* Pinselstrich *m*; LIT Schilderung *f*; **~s** *Pl* MED Pinselung *f* ◇ ***dar la última* ~** den letzten Schliff geben
pincelar *tr* pinseln; anstreichen; MED auspinseln; einpinseln
pinchadiscos *m* Diskjockey *m*
pinch|ar *tr/intr* stechen; anstechen; aufstechen; durchstechen; anstacheln; sticheln; stochern; piek(s)en; TEL anzapfen; eine (Reifen-)Panne haben; **~arse** sich stechen; *umg* fixen; **~azo** *m* Stich *m*; Einstich *m*; Stichwunde *f*; Stichelei *f*; Schlappe *f Niederlage*; KFZ Reifenpanne *f*; **~e** *f* Küchenjunge *m*; **~ito** *m* Appetitshappen *m*
pincho *m* Stachel *m*; Dorn *m*; Spieß *m*; Appetithappen *m*; ***al* ~** KOCHK am Spieß ◇ ***clavarse un* ~** sich einen Stachel einziehen
pinch|oso, ~udo stach(e)lig
pin|a *f* Herumtreiberin *f*; **~donguear** *intr* sich herumtreiben
pineda *f* Pinienwald *m*
pingajoso zerlumpt, in Fetzen
pingo *m* Fetzen *m*; Lump *m*; Fummel *m Kleid*; Schlampe *f*; *Chi, Rpl* Renner *m feuriges Pferd*; *iron auch* Gaul *m*
ping-pong *od* **pingpong** *m* Pingpong *n*
pingüe fett *auch übertr*; *Ernte* reich; *Gewinn* üppig, einträglich
pingüino *m* Pinguin *m*
pinito *m*: **~s** erste Schritte *m/Pl* des Kleinkindes; *übertr* erste Versuche *m/Pl*
pino[1] I *Adj* steil; senkrecht; ***en* ~** aufrecht **II** *m Gymnastik* Kerze *f*
pino[2] *m* Kiefer *f*; Pinie *f*; **~ *alerce*** Lärche *f*; **~ *del Líbano*** Zeder *f*; **~ *negro*** Schwarzkiefer *f*; ***más alto que un* ~** baumlang ◇ ***vivir en el quinto* ~** *übertr* am Ende der Welt wohnen
pinocha *f* Kiefern- *bzw* Piniennadel *f*
pinoso mit Kiefern *bzw* Pinien bestanden
pinta[1] I *f* Tupfen *m*; Narbe *f*; Aussehen *n*; Aufmachung *f*; **~s** *Pl* Graffiti *Pl*; ***a* ~s** getupft; gesprenkelt; scheckig; gefleckt; ***de mala* ~** wenig Vertrauen erweckend ◇ ***sacar por la* ~** am Aussehen erkennen; ***tener* ~ *de*** aussehen wie; ***tener muy buena* ~** sehr lecker aussehen *z.B. Kuchen* **II** *m* Gauner *m*
pinta[2] *f* Pinte *f Hohlmaß von ca 0,5 l*
pintada *f* Perlhuhn *n*; Malen *n* von Losungen *bzw* Bildern; **~s** *Pl* Graffiti *Pl*
pintadillo *m* Distelfink *m*
pintado I *Adj* bunt; ***como* ~** *Kleidung* wie angegossen; ***que ni* ~** vortrefflich; ***recién* ~** frisch gestrichen; ***no puedo verlo ni* ~** ich kann ihn nicht ausstehen **II** *m* Bemalen *n*; Anstreichen *n*; Malen *n*; Anstrich *m*; ***el más* ~** der Erfahrenste; der Geschickteste
pinta|labios *m* Lippenstift *m*; **~monas** *m* Kleckser *m schlechter Maler*
pintar I *tr* malen; (an)streichen; bemalen; abmalen; schildern; darstellen; ***no pintar nada*** nichts zu melden *od* zu sagen haben; nicht von Bedeutung sein **II** *intr Obst* anfangen zu reifen; treiben *machen, tun*; ***esto pinta bien*** das sieht gut aus; **~se** sich schminken; sich voll klecksen

P

pintarraj|ear *tr* voll klecksen *z.B. Wände*; voll schmieren; **~earse** sich anmalen *sich sehr schminken*; **~o** *m* Geklecksе *n*; Schinken *m schlechtes Bild*
pintipar|ado nach einem Vergleich; sehr ähnlich; sehr gelegen; wie gerufen; **~ar** *tr* vergleichen
pintor *m*, **~a** *f* Maler(in) *m(f)*; **~ *de brocha gorda*** Anstreicher; Kleckser *m schlechter Maler*; **~ *de cámara*** Hofmaler *m*; **~ *de rótulos*** Schildermaler *m*
pintoresco malerisch, pittoresk
pintura *f* Malerei *f*; Anstrich *m*; (Mal-)Farbe *f*; Gemälde *n*; Beschreibung *f*; **~ *al aceite*** Ölfarbe *f*; Ölfarbanstrich *m*; **~ *a la acuarela*** *od* ***aguada*** Aquarellmalerei *f*; **~ *sobre cristal*, ~ *vítrea*** Glasmalerei *f*; **~ *al duco*, ~ *a pistola*** Farbspritzen *n*; Spritzlackieren *n*; **~ *al esmalte*** (***de esmalte***) Emailmalerei *f* (Emailfarbe *f*); **~ *fluorescente*** *od* ***fosforescente*** *od* ***luminosa*** Leuchtfarbe *f*; **~ *al fresco*** (***óleo***; ***pastel***) Fresko-(Öl-; Pastell)-malerei *f*; **~ *de laca*** (***lechada***) Lackfarbe *f* (Schlämmanstrich *m*); **~ *de porcelana*** Porzellanmalerei *f*; **~ *rupestre*** Höhlenmalerei *f*; **~ *de vidrio soluble*** Wasserglas *n* ◇ ***no lo puedo ver ni en ~*** ich kann ihn nicht ausstehen; ***proteger con ~*** mit einem Schutzanstrich versehen
pinturero *m* eingebildeter Fatzke *m*, Geck *m*
pínula *f optische Geräte* Lochkimme *f*
pinza *f* Klammer *f*; EL Klemme *f*; Abnäher *m*; **~s** *Pl* Pinzette *f*; Schraubstock *m*; *Krebs* Zangen *f/Pl*
pinzón *m* Buchfink *m*
piña *f Koniferen* Zapfen *m*; verschworene Gemeinschaft *f*; *Cu* Handgemenge *n*; **~ (*de América*)** Ananas *f*
piñón[1] *m* Pinienkern *m* ◇ ***estar a partir un ~*** ein Herz und eine Seele sein
piñón[2] *m* TECH Ritzel *n*; Zahnrad *n*; **~ *libre*** *Fahrrad* Freilauf *m*
pío[1] fromm; gütig; karitativ
pío[2] **I** *Adj* scheckig **II** *m* Schecke *m*
pío[3] *m* Gepiepe *n*; **~, ~, ~** put, put, put *Lockruf* ◇ ***no decir ni ~*** keinen Piep sagen
piogenia *f* Eiterbildung *f*
piojo *m* Laus *f*; **~ *de la cabeza*** (***ropa***) Kopf-(Kleider)laus *f*; **~ *de San José*** San--José-Schildlaus *f*; **~ *verde*** *Esp reg* weiße Maus *f Verkehrspolizist*; ***como ~s en costura*** dicht zusammengedrängt
piojoso I *Adj* verlaust; lausig; lumpig; filzig *geizig* **II** *m* verlauster Kerl *m*; Geizhals *m*
pio|la *f AmS* Bindfaden *m*, Schnur *f*; Strick *m*; **~let** *m* Eispickel *m*; **~lín** *m Arg*, *Chi* Bindfaden *m*
pionero *m* Pionier *m auch übertr*
pipa *f* Fass *n*; KFZ Tankfahrzeug *n*; (Tabaks-)Pfeife *f*; Kern *m von Sonnenblume*, *Melone u.Ä.*; Verpackungsrolle *f*, Röhrenverpackung *f*; *Am* Wanne *f Bauch* ◇ ***cargar, cebar*** *od* ***llenar la ~*** die Pfeife stopfen; ***fumar en ~*** Pfeife rauchen
pipante *m Nic* Boot *n*
pipeta *f* Pipette *f*; **~ *cuentagotas*** Tropfpipette *f*
pipiolo *m* Kleiner *m Kind*; Anfänger *m*
pipiripao *m* Gelage *n*; ***de ~*** *Am reg* unbedeutend; minderwertig; *Salv* vergeblich; umsonst
pipo *Ec* dickwanstig; *PR*, *Ven* übersatt
pipón *Am* satt; *Am* dickbäuchig ◇ ***está pipona*** sie hat einen dicken Bauch *ist schwanger*
pipudo: ***ser ~*** einsame Spitze sein
pique *m* Groll *m*; Eigensinn *m*; *Arg* Schneise *f*; ***a ~*** steil ◇ ***echar a ~*** versenken; zugrunde richten; ***estar a ~ de*** + *Inf* drauf und dran sein zu + *Inf*; ***irse a ~*** sinken; *Hoffnungen* zerschellen; ***tener un ~ con alg*** auf jmdn einen Pik haben
piqué *m* Pikee *m,n Stoff*
piquera *f* Zapfloch *n*; *Hochofen* Abstich (-loch *n*) *m*; *Cu* Taxistand *m*
piqueta *f* Spitzhacke *f*
piquetar *tr Zeitung* ambulant verkaufen
piquete *m* MIL Trupp *m*; Kommando *n*; *Vermessung* Absteckpfahl *m*; *Zelt* Hering *m*; *Col* Picknick *n*; **~ (*de huelga*)** Streikposten *m*; **~ *de prevención*** Bereitschaftswache *f*
piquetero *m Am* Streikposten *m*
pira *f* Scheiterhaufen *m*; **~ *olímpica*** Schale *f* mit dem olympischen Feuer
pirag|ua *f* Kanu *n*; Paddelboot *n*; **~üero** *m* Kanusportler *m*; Paddler *m*; **~üismo** *m* Kanusport *m*
pirámide *f* Pyramide *f*; **~ *de edades*** Alterspyramide *f*
pirata I *Adj* Piraten-; Raub- **II** *m* Pirat *m*; **~ *aéreo*** Flugzeugentführer *m*; **~ *cibernético*** *od* ***informático*** INFORM Hacker *m*
piratear *intr* der Seeräuberei nachgehen; INFORM hacken
piratería *f* Seeräuberei *f*; **~ *aérea*** Luftpiraterie *f*; **~ *de marcas*** WIRTSCH, MODE Markenpiraterie *f*
pirenaico pyrenäisch, Pyrenäen-
Pireo *m* GEOGR Piräus *m*
Pirineos: ***los ~*** die Pyrenäen
piripi: ***ponerse ~*** einen Schwips bekommen
pirita *f* MINER Schwefelkies *m*, Pyrit *m*
pir|ograbado *m* Brandmalerei *f*; **~ómano** *m* Pyromane *m*; **~ometalurgia** *f* Pyrometallurgie *f*; **~ómetro** *m* PHYS, TECH Pyrometer *n*
piropear *tr* → ***echar piropos***

piropo *m* MINER Granat *m*; Karfunkel *m*; Schmeichelei *f*, Kompliment *n* ◇ ***echar ~s*** *einer Dame* Artigkeiten sagen, Komplimente machen; *mit Mädchen* schäkern

piro|sis *f* MED Sodbrennen *n*; **~tecnia** *f* Pyrotechnik *f*; **~técnico I** *Adj* pyrotechnisch **II** *m* Feuerwerker *m*

pirrarse schwärmen (***por*** für); verrückt sein (***por*** nach)

piruet|a Pirouette *f*; **~ear** *intr* Pirouetten drehen

pirulí *m* Lutscher *m*; *umg Bez für den Fernsehturm in Madrid*

pisa *f* Treten *n*; (Fuß-)Tritt *m*; Tracht *f* Prügel; **~da** *f* Schritt *m*; Fußabdruck *m*; Fuß(s)tapfen *m*; **~papeles** *m* Briefbeschwerer *m*; **~r** *tr* treten *auch Hahn die Henne u übertr*; betreten; zertreten; auftreten; darauf treten; festtreten; niedertreten; schikanieren; stampfen; keltern; einrammen; **~verde** *m* Fatzke *m*

pisc|atorio Fischerei-; Fisch-; Angler-; **~icultura** *f* Fischereiwirtschaft *f*; Fischzucht *f*; Fischhaltung *f*

piscina *f* Fischteich *m*; Schwimmbecken *n*; ***~ cubierta*** Schwimmhalle *f*

piscifactoría *f* Fischzuchtbetrieb *m*

Piscis *m* ASTR Fische *m/Pl*

pisco *m Col*, *Ven* Truthahn *m*; *Chi*, *Pe* Pisco *m ein Trinkbranntwein*

piscolabis *m* Imbiss *m*; *Am* Aperitif *m*

piso *m* (Fuß-)Boden *m*; Bodenbelag *m*; Straßendecke *f*; BERGB Sohle *f*; GEOL Schicht *f*; Stock(werk *n*) *m*; *Esp*, *Am reg* Wohnung *f*; ***~ de alquiler*** Mietwohnung *f*; ***~ alto*** (***bajo***) Ober-(Erd)geschoss *n*; ***~ de cemento*** (***~ entarimado***) Zement-(Parkett)fußboden *m*; ***~ franco*** konspirative Wohnung *f*; ***~ de lujo*** Luxuswohnung *f*; ***~ piloto*** Musterwohnung *f*; ***de dos ~s*** BUS, EISENB Doppelstock-; ***de ocho ~s*** achtgeschossig ◇ ***buscar ~*** eine Wohnung suchen

pis|ón *m* Ramme *f*, Stampfer *m*; **~otear** *tr* zertreten; niedertreten; *übertr* mit Füßen treten; **~oteo** *m* Niedertrampeln *n*; grobe Missachtung *f*

pispar *tr* klauen; *Am* belauern

pista *f* Spur *f*, Fährte *f*; Bahn *f*, Piste *f*; *Zirkus* Manege *f*; Rollfeld *n*; ***~ de aterrizaje*** (***despegue***) Lande-(Start)bahn *f*; ***~ de baile*** Tanzfläche *f*; ***~ de carreras*** Rennstrecke *f*; ***~ para ciclistas*** Rad(fahr)weg *m*; ***~ de equitación*** (***hielo***) Pferderenn-(Eis)bahn *f*; ***~ de esquí de fondo*** SPORT Langlaufpiste *f*, Loipe *f*; ***~ de patines*** (***rodadura***) Rollschuh-(Roll)bahn *f*; ***~ sonora*** *Film* Tonspur *f*; ***~ de tenis*** Tennisplatz *m*; ***de una ~*** einspurig ◇ ***seguirle la ~ a alg*** jmdm nachspüren

pistach|ero *m* Pistazie *f Baum*; **~o** *m* Pistazie *f*

pistero *m* Schnabeltasse *f*; *Cu* Tankstellenwart *m*; Fährtensucher *m*

pisto *m* Gemüsepfanne *f Gericht aus Paprika, Tomaten, Zwiebeln, Auberginen, Kürbis usw*; Schlangenfraß *m schlechtes Essen*; Tohuwabohu *n*; *Col* Zaster *m Geld* ◇ ***darse ~*** angeben *protzen*

pistola *f* Pistole *f*; ***~ ametralladora*** (***detonadora***) Maschinen-(Schreckschuss)-pistole *f*; ***~ de dotación oficial*** *Am*, ***~ de reglamento*** *Esp* Dienstpistole *f*; ***~ lanzacohetes*** (***neumática***) Leucht-(Luft)pistole *f*; ***pintado a ~*** farbgespritzt

pistoler|a *f* Pistolentasche *f*; Pistolenhalfter *n*; **~o** *m* Pistolenschütze *m*; Killer *m*; Revolverheld *m*

pistoletazo *m* Pistolenschuss *m*; Pistolenknall *m*; ***~ de salida*** *Rennen* Startschuss *m*

pist|ón *m* TECH Kolben *m*; *Blasinstrumente* Klappe *f*, Ventil *n*; **~onada** *f* Kolbenspiel *n*

pistonudo *Spiel* großartig, fantastisch

pita *f* Agave *f*; Pita-, Sisalhanf *m*

pitada *f* Pfiff *m*; unangebrachte Bemerkung *f*; Pfeifkonzert *n Missfallensäußerung*; *Arg*, *Pe* Zug *m* an der Zigarre ◇ ***dar una ~*** aus der Rolle fallen

pitagórico pythagoreisch

pitahaya *f Am reg* Feigenkaktus *m*

pitanza *f* Armenspeisung *f*; tägliches Essen *n*; *Am reg* Kettenrauchen *n*; Entgelt *n*

pitar I *intr* pfeifen; *Am reg* rauchen; tadellos funktionieren; ***salir pitando*** abhauen *schnell weggehen* **II** *tr Spiel* abpfeifen; *etw od jmdn* auspfeifen; *Spiel* als Schiedsrichter leiten; *Am reg an einer Zigarette* ziehen

pitazo *m Am* Pfiff *m*

pitido *m* Pfiff *m*; EISENB Pfeifsignal *f*; ***~ final*** (***de inicio***) *Ballspiel* Ab-(An)pfiff *m* ◇ ***dar el ~ final*** (***de inicio***) *Spiel* ab-(an)pfeifen

pitill|era *f* Zigarettenetui *n*; **~o** *m* Stäbchen *n Zigarette*; *Am* Trinkhalm *m*

pito *m* Pfeife *f Signalgerät*; (Fabrik-)Sirene *f*; KFZ Hupe *f*; *AmS reg* Zecke *f*; *Esp* Zigarette *f*; **~s** *Pl And* Puffbohnengericht *n*; Pimmel *m*; ***~s flautos*** Lappalien *f/Pl* ◇ (***no***) ***me da*** *od* (***no***) ***me importa un ~*** das ist mir schnuppe; ***no sabe un ~*** *Col* er ist absolut ahnungslos; ***no tocar ~ en u/c*** mit einer Sache nichts zu tun haben; ***no valer un ~*** keinen Pfifferling wert sein

pitón[1] *m* Pythonschlange *f*

pitón[2] *m* Geweihknospe *f*, Sprosse *f*; *i w S Stier* Horn *n*; Baumknospe *f*; Tülle *f*; Schlauchspritze *f*; *Kanne* Schnabel *m*

pitorrearse: ***~ de alg*** jmdn aufziehen, sich über jmdn lustig machen

P

pitorreo *m* Spott *m*; Hohn *m*

pit|re *m Am reg, Can,* **~uco** *m Chi, Rpl* Fatzke *m*

pituita *m* MED Schleim *m*

pitusa *Cu* **I** *f* Jeansstoff *m* **II** *m* Bluejeans *Pl*

pituso I *Adj* drollig **II** *m* drolliger Kleiner *m*

pivotaje *m* Schwenken *n z.B. Flugzeug*

pivote *m* TECH (senkrechter) Drehzapfen *m*; Drehachse *f*; **~ *del árbol*** Wellenzapfen *m*; **~ *palpador*** Taststift *m*

pixel *m* INFORM Pixel *n*, Bildpunkt *m*

piyama *m, Am reg f* Pyjama *m*

pizarra *f* Schiefer *m*; Dachschiefer *m*; Schiefertafel *f*; *i w S* Wandtafel *f*; *Cu* Vermittlung *f Telefonzentrale*

pizarr|al *m* Schieferbruch *m*; **~ero** *m* Schieferdecker *m*; **~ín** *m* Schiefergriffel *m*; **~ón** *m Am Schule* Wandtafel *f*; **~oso** reich an Schiefer; schieferfarben; schieferig

pizca *f* Prise *f z.B. Salz*; Deut *m*; *Méx* Maisernte *f*; ***ni ~*** keine Spur (***de*** von) ◇ ***no entender ni ~*** kein bisschen davon verstehen

pizp|ereta, ~ireta *Mädchen* kess

pizpit|a *f*, **~illo** *m* Bachstelze *f*

pizz|a *f* Pizza *f*; **~ería** *f* Pizzeria *f*

placa *f* Platte *f*; Tafel *f*; Plakette *f*; Scheibe *f*; Schild *n mit Namen, Nummer o.ä.*; KFZ Nummernschild *n*; MED Belag *m*; Röntgenaufnahme *f*; **~ *aislante*** (***de amianto***) Isolier-; Dämm-(Asbest)platte *f*; **~ *de características*** *elektrische Geräte* Leistungsschild *n*; **~ *conmemorativa*** Gedenktafel *f*; **~ *delustrada*** *od* ***esmerilada*** Mattscheibe *f*; **~ *fotográfica*** Fotoplatte *f*; **~ *giratoria*** EISENB Drehscheibe *f*; **~ *de identidad*** Erkennungsmarke *f*; **~ *madre*** INFORM Systemplatine *f*; **~ *de nacionalidad*** KFZ Nationalitätskennzeichen *n*

placebo *m* PHARM Placebo *n*

pláceme *m* Glückwunsch *m* ◇ ***dar su ~*** *jmdn* beglückwünschen

placenta *f* ANAT, BOT Plazenta *f*

placentero gemütlich; vergnüglich

placer[1] **I** ⟨*unreg*⟩ *intr* gefallen; ***si le place*** wenn es Ihnen beliebt **II** *m* Vergnügen *n*; Wonne *f*; Lust *f*; **~ *paradisíaco*** himmlisches Vergnügen *n*; ***a ~*** nach Wunsch; ***de ~*** Vergnügungs-, Freuden-; ***ávido*** *od* ***sediento de ~es*** vergnügungssüchtig

placer[2] *m* Sandbank *f*; Sandfeld *n* mit Goldablagerung

placero *m* Markthändler *m*, -verkäufer *m*

plácet *m* Zustimmung *f*, Placet *n*; *Dipl* Agrément *n*

plac|ible gefällig; **~idez** *f* Gelassenheit *f*; Ruhe *f z.B. des Urlaubs*

plácido gelassen; ruhig

plag|a *f* Plage *f*; Landplage *f*; Heimsuchung *f*; Unmenge *f Überfluss*; **~ado** über und über voll (***de*** von); wimmeln (***de*** von); angefüllt (***de*** mit); **~ar** ⟨-g/gu-⟩ *tr* heimsuchen; übersäen; überziehen (***de*** mit); **~arse** sich (an)füllen (***de*** mit)

plagi|ar *tr* plagiieren; *Am reg* kidnappen; **~ario I** *Adj* Plagiat- **II** *m* Plagiator *m*; *Am* Plagiat *n*; *Am reg* Entführung *f*

plaguicida *m* Schädlingsbekämpfungsmittel *n*

plan *m* Plan *m*; Programm *n*; Entwurf *m*; Vorhaben *n*; Techtelmechtel *n*; *Cu* WIRTSCH Projekt *n*; **~ *arrocero*** *Cu* Reisanbauprojekt *n*; **~ *de austeridad*** WIRTSCH Sparplan *m*; **~ *de batalla*** Schlachtplan *m*; **~ *de construcción*** (***costos***) Bau-(Kosten)plan *m*; **~ *de empleo*** (***ensanche***) Beschäftigungs-(Erweiterungs)programm *n*; **~ *eslabón*** Stufenplan *m*; **~ *de estudios*** Studienprogramm *n*; **~ *financiero*** Finanzplan *m*; **~ *de formación*** (***reducción***) Ausbildungs-(Kürzungs)plan *m*; **~ *Marshall*** GESCH Marshallplan *m*; **~ *de pensiones para los empleados*** betriebliche Altersversorgung *f*; **~ *perspectivo*** Perspektivplan *m*; **~ *quinquenal*** (***de realización***; ***situación***; ***trabajo***) Fünfjahr(es)-(Absatz-; Übersichts-; Arbeits)plan *m*; **~ *de urbanización*** (***vencimientos***) Stadtbau-; Bebauungs-(Termin)plan *m*; **~ *de ventas*** Absatzplan *m*; **~ *de viabilidad*** Sanierungskonzept *n*; ***a todo ~*** ganz groß *bombastisch*; ***en ~ experimental*** *od* ***de experimento*** versuchsweise; ***sin ~*** planlos ◇ ***bosquejar un ~*** einen Plan skizzieren; ***concebir*** *od* ***trazar un ~*** einen Plan entwerfen; ***confeccionar un ~ de inversiones*** einen Investitionsplan aufstellen; ***tener muchos ~es*** viele Liebschaften haben

plana *f* Druckseite *f*; *auch* Zeitungsseite *f*; **~ *mayor*** MIL *u übertr* Stab *m*; ***a toda ~*** ganzseitig; ***primera ~*** Titelseite *f*

plancha *f* Platte *f Holz od Metall*; Bügeleisen *n*; *i w S* Bügelwäsche *f*; Blamage *f*; Liegestütz *m*; **~ *de acero*** Stahlplatte *f*; **~ *automática*** Reglerbügeleisen *n*; **~ *de carrocería*** Karosserieblech *n*; **~ *de corcho*** Korkplatte *f*; **~ *de chapa*** Blechtafel *f*; **~ *para desembarcar*** MAR Gangway *f*; **~ *de encofrado*** Schalbrett *n*; **~ *de fibra prensada*** Pressspantafel *f*; **~ *de impresión*** Druckplatte *f*; **~ *ondulada*** Wellblech *n*; **~ *de pizarra*** (***viruta de madera***) Schiefer-(Span)platte *f*; **~ *a vela*** Surfbrett *n*; ***a la ~*** auf der Herdplatte gebraten; *auch* gegrillt ◇ ***hacer*** *od* ***tirarse una ~*** sich blamieren; ***meter una ~*** *übertr* einen Bock schießen; ***no necesita ~*** bügelfrei; ***pasar la ~ sobre u…***

etw (auf-, über)bügeln
planch|ado I *Adj Am reg* ohne einen Heller; *AmC* geschniegelt und gebügelt **II** *m* Plätten *n*; **~ador** *m* Bügelraum *m*; **~adora** *f* Büglerin *f*; Bügelmaschine *f*; **~ar** *tr* bügeln, plätten; *Am reg jmdn* versetzen *sitzen lassen*; *PR* schmeicheln
plancheta *f Topographie* Messtisch *m*
planchist|a *m* Klempner *m*; Karosseriearbeiter *m*; **~ería** *f* Klempnerei *f*; Karosseriewerk *n*
plancton *m* Plankton *n*
plane|ación *f Am* Planung *f*; **~ado** *m* Gleiten *n*, Gleitflug *m*
planeador *m* Segelflugzeug *n*; Segelflieger *m*; Planer *m*; **~ de carga** Lastensegler *m*; **~ espacial** Raumgleiter *m*; **~ con motor** Motorsegler *m*
planeadora *f* Planiermaschine *f*; **~ sobre orugas** Planierraupe *f*, Bulldozer *m*
plane|ar I *tr* planen; planieren **II** *intr* schweben; gleiten; im Gleitflug niedergehen; **~o** *m* Gleitflug *m*
planeta *m* Planet *m*
planet|ario I *Adj* Planeten-; planetarisch; *auch* weltumspannend **II** *m*, **~arium** *m* Planetarium *n*
planicie *f* Ebene *f*
planificación *f* Planung *f*; **~ económica (familiar; urbana)** Wirtschafts-(Familien-; Stadt)planung *f*; **~ de las operaciones (de personal)** Ablauf-(Personal)planung *f*; **~ de los medios publicitarios** Mediaplan *m*; **~ del proyecto** Projektplanung *f*
planific|ado planmäßig; **~ador** *m* Planer *m*; **~ar** ⟨-c/qu⟩ *tr* planen; einplanen
planilla *f* Stellenplan *m*; *Am* Liste *f*; **~ de salarios (sueldos)** Lohn-(Gehalts)liste *f*
plan|imetría *f* Flächenmessung *f*; **~isferio** *m* Weltkarte *f*; Sternkarte *f*
plano I *Adj* eben; flach; platt; plan **II** *m* Fläche *f*; Ebene *f auch übertr*; Zeichnung *f*; Grundriss *m*; **~ de circuitos** Stromlaufplan *m*; **~ de la ciudad (de construcción)** Stadt-(Bau)plan *m*; **~ de explotación** Betriebsplan *m*; **~ general** Übersichtsplan *m*; Gesamtansicht *f*; **~ inclinado** schiefe Ebene *f*; Rutsche *f*; **~ perspectivo** perspektivische Zeichnung *f*; **~ de planta** Grundrisszeichnung *f*; **~ en relieve** Aufriss *m*; **~ sinóptico (de situación** *od Am* **de ubicación)** Übersichts-(Lage)plan *m*; **~ sustentador** *Flugzeug* Tragfläche *f*; **~ de urbanización** Stadtbebauungsplan *m*; **de ~** rundweg; geradeheraus; **en el ~ doméstico (nacional)** innenpolitisch (im nationalen Rahmen); **primer ~** Vordergrund *m* ◇ **caer de ~** der Länge nach hinfallen; **dejar** *od* **relegar a un segundo ~** *übertr* in den Hintergrund drängen; **pasar a segundo ~** *übertr* in den Hintergrund treten
planta *f* Pflanze *f*; Setzling *m*; Sohle *f*; Grundriss *m*; Entwurf *m*; Plan *m*; Etage *f*; Betrieb *m*; Fabrik *f*; Anlage *f*; (Strom-)Aggregat *n*; **~ acerera** *od* **de acero, ~ siderúrgica** Stahlwerk *n*; **~ de abastecimientos de agua** Wasserwerk *n*; **~ acuática** Wasserpflanze *f*; **~ avícola** Geflügelfarm *f*; **~ baja** Erdgeschoss *n*; **~ desalinizadora** Entsalzungsanlage *f*; **~ deshidratadora** Trockenwerk *n*; **~ de dirección** Chefetage *f*; **~ de energía atómica (hidráulica)** Atom-(Wasser)kraftwerk *n*; **~ de explotación** BERGB Fördersohle *f*; **~ de incineración de basuras** Müllverbrennungsanlage *f*; **~ industrial** Industriebetrieb *m*; LANDW technische Kultur *f*; **~ de interior** Zimmerpflanze *f*; **~ medicinal (pratense; útil)** Heil-(Wiesen-; Nutz)pflanze *f*; **~ metalúrgica** Hüttenwerk *n*; **~ de obreros** Belegschaft *f*; **~ (del pie)** Fußsohle *f*; **~ piloto** Versuchsanlage *f*; **~ potabilizadora** Trinkwasseraufbereitungsanlage *f*; **~ de prefabricados** BAUW Plattenwerk *n*; **~ de procesamiento** Verarbeitungsanlage *f*; **~ recicladora** Recycling-, Wiederaufbereitungsanlage *f*; **~ vivaz** Staude *f*; **de ~** von Grund auf; **de hermosa ~** schön gewachsen; **de nueva ~** Neubau- ◇ **tener buena ~** gut aussehen
plantación *f* Pflanzung *f*; Plantage *f*; (Aus-)Pflanzen *n*; **~ de algodón (café)** Baumwoll-(Kaffee)plantage *f*
plantador *m* Pflanzer *m*; Pflanzholz *n*
plantar *tr* pflanzen; anpflanzen; einpflanzen; aufpflanzen; bepflanzen; *auch* aufforsten; aufstellen *z.B. Zelt*; *Baum*, *Pfosten* setzen; *Ohrfeige* geben; *etw* hin-, abstellen; *jmdn auf die Straße* setzen; *jmdn* sitzen lassen *im Stich lassen*; **~se** sich aufpflanzen; *Tier* bocken *störrisch sein*
plante *m* Arbeitsniederlegung *f*; Meuterei *f* *z.B. im Gefängnis*
planteamiento *m* Aufwerfen *n eines Problems*; Vorschlag *m*; Forderung *f*; **~ de la cuestión** *od* **del problema (del tema)** Frage- *od* Problem-(Themen)stellung *f*
plant|ear *tr etw* darlegen; unterbreiten; *Frage*, *Anforderungen*, *Aufgaben* stellen; *Problem* aufwerfen; **~earse** sich *etw* vornehmen; **~el** *m* Baumschule *f*; Pflanzgarten *m*; Pflanzung *f*; Bildungseinrichtung *f*
plantilla *f* Brandsohle *f*; Einlegesohle *f*; Schablone *f*; Lehre *f*; VERW Stellenplan *m*; INFORM Dokumentvorlage *f*; **~ administrativa** Verwaltungspersonal *n*; **~ de carga** EISENB Ladeprofil *n*; **~ de curvas** Kurvenlineal *n*; **~ fija** Stammbelegschaft *f*; **~ fun-**

cionarial Beamtenapparat *m*; ~ ***de personal*** Personalbestand *m*
plantón *m* Setzling *m*; Steckling *m*; Sitzstreik *m*; Abfuhr *f Zurückweisung* ◇ ***dar un*** ~ *jmdn* versetzen *vergeblich warten lassen*
plañ|idero weinerlich; kläglich; **~ir** ⟨-ñó⟩ *intr* wehklagen, jammern
plaqu|é *m* Dublee *n*; **~eta** *f* Blutplättchen *n*; **~ita** *f* INFORM Chip *m*
plasm|a *m* Plasma *n*; **~afísica** *f* Plasmaphysik *f*; **~ar** *tr* gestalten; modellieren; Gestalt geben; *übertr* verankern; **~arse** seinen Ausdruck finden; sich niederschlagen
plasta *f* Kuhfladen *m*; Klumpatsch *m*; Pfusch *m*
plástica *f* Modellieren *n*; Plastik *f Figur*
plasticidad *f* Plastizität *f*; Bildsamkeit *f*; Verformbarkeit *f*; Bildhaftigkeit *f*
plástico I *Adj* plastisch; bildsam; verformbar; bildhaft; Plast(e)-, Plastik- **II** *m* Kunststoff *m*, Plastik *n*, Plast(e *f*) *m*; ~ ***duro*** Duroplast *m*, Hartplast *m*; ~ ***explosivo*** Plastiksprengstoff *m*
plastific|ador *m*, **~ante** *m* Weichmacher *m*; **~ar** ⟨-c/qu-⟩ *tr* plastifizieren; weich machen; aufweichen; mit Plast(ik) versiegeln; **~arse** weich werden
plastilina *f* Plastilin(a *f*) *n*
plata *f* Silber *n*; Silbergeld *n*; *Am* Geld *n*; ~ ***alemana*** Neusilber *n*; ~ ***apartada*** (***fina***) Scheide-(Fein)silber *n*; ~ ***de ley*** Münzsilber *n*; ~ ***menuda*** Kleingeld *n*; ~ ***virgen*** gediegenes Silber *n*; ***como una*** ~ wie geleckt *ganz sauber* ***en*** ~ ohne Umschweife
plataforma *f* Plattform *f auch* INFORM *u* POL; BERGB, TECH Bühne *f*; *Am reg* Bahnsteig *m*; GEOL Bohrgerüst; ~ ***alzacoches*** KFZ Hebebühne *f*; ~ ***de carga*** *Lkw* Ladepritsche *f*; HDL Palette *f*; ~ ***continental*** Festland(s)sockel *m*; ~ ***electoral*** POL Wahlprogramm *n*; ~ ***giratoria*** Drehscheibe *f auch übertr*; Drehbühne *f*; ~ ***de lanzamiento*** RAUMF Startrampe *f*; ~ ***negociadora*** Verhandlungsbasis *f*; ~ ***petrolera***, ~ ***de sondeo*** Bohrinsel *f*; ~ ***programática*** Programm *n einer Partei*
platal *m Am* Haufen *m* Geld
plátano *m* Platane *f*; Banane *f Staude u Frucht*; ~ ***fruta*** (***vianda***) Obst-(Koch)banane *f*
platea *f Kino*, THEAT Parkett *n*
plate|ado I *Adj* silbern; silberfarben; silberüberzogen; *Haar* silbergrau; *Mex* wohlhabend **II** *m* Versilberung *f*; **~ar** *tr* versilbern; **~ría** *f* Silberschmiedekunst *f*; Silberschmiede *f*; Juweliergeschäft *f*; Silberwaren *f*/*Pl*; Silbergeschirr *n*; **~ro** *m* Silberschmied *m*; Juwelier *m*; Grautier *n Esel*
plática *f* Unterhaltung *f*; Kurzpredigt *f*
platicar ⟨-c/qu-⟩ **I** *intr* sprechen (***sobre*** über, von); plaudern **II** *tr etw* besprechen
platillo *m* kleiner Teller *m*; Waagschale *f*; **~s** *Pl* MUS Becken *n*/*Pl*; ~ ***de embrague*** (***freno***) Kupplungs-(Brems)scheibe *f*; ~ (***de la taza***) Untertasse *f*; ~ ***volante*** fliegende Untertasse *f*
platina *f Mikroskop* Objekttisch *m*; ~ ***a casetes*** MUS Kassettendeck *n*
platin|ar *tr Haar* platinblond färben; **~o** *m* Platin *n*; **~os** *m*/*Pl* Unterbrecherkontakte *m*/*Pl*
plato *m* Teller *m auch* TECH; Waagschale *f*; Gericht *n Speise*; *Speisenfolge* Gang *m*; ~ ***de cobre*** (***para frutas***) Kupfer-(Obst)-schale *f*; ~ ***del día*** (~ ***dulce***) Tagesgericht *n* (Nachtisch *m*); ~ ***favorito, predilecto*** *od* ***preferido*** Lieblingsgericht *n*; ~ ***de fondo*** *Chi*, ~ ***fuerte*** *od* ***principal*** Hauptgericht *n*; ~ ***giradiscos*** Plattenteller *m*; ~ ***hondo*** *od* ***sopero*** (***llano***, *Méx*, *Rpl* ***playo***) Suppenteller *m*, tiefer (flacher) Teller *m*; ~ ***precocinado*** *od* ***preparado*** Fertiggericht *n*; ~ ***único*** Eintopf *m*; ***nada entre dos ~s*** nichts von Belang ◇ ***le dan*** ~ ***y cama*** er hat Kost und Logis; ***fregar*** *od* ***lavar*** (***los***) **~s** *Geschirr* ab-, aufwaschen; ***hacer*** ~ auftragen, servieren; ***pagar los ~s rotos*** *etw* ausbaden müssen; den Prügelknaben für *jmdn* abgeben; ***ser*** ~ ***de segunda mesa*** *übertr* das fünfte Rad am Wagen sein; ***no es*** ~ ***de su gusto*** *übertr* das schmeckt ihm nicht
plató *m* Filmkulisse *f*
platónico platonisch
platudo *Am* schwerreich
plausible lobenswert; triftig; einleuchtend, plausibel
playa *f* Strand *m*; Ufer *n*; Strand-, Seebad *n*; ~ ***de estacionamiento*** *Am reg* Parkplatz *m*; ~ ***nudista*** Nacktbadestrand *m*
play|-back *m* Play-back *n*; **~boy** *m* Playboy *m*
player|a *f* Strandbluse *f*; **~o** Strand-
playo *Méx*, *Rpl* flach
plaza *f* Markt(platz) *m*; Platz *m*; Sitzplatz *m*; Stelle *f*; Garnison *f*; Festung *f*; ~ ***de abastos*** Markt *m*; ~ ***acostada*** EISENB Liegeplatz *m*; **~*s de aparcamiento*** *Parkhaus* Park-, Stellplätze *m*/*Pl*; ~ ***de aprendizaje*** Ausbildungsplatz *m*; ~ ***de armas*** Exerzierplatz *m*; *Am* Zentralpark *m einer Stadt*; ~ ***bursátil*** (***comercial***) Börsen-(Handels)-platz *m*; ~ ***industrial*** Industriestandort *m*; ~ ***mayor*** *Esp* zentraler Platz *m eines Ortes*; ~ (***ocupacional***) Arbeitsplatz *m*; ~ ***de pie*** (~ ***sentada***) Steh-(Sitz)platz *m*; ~ ***de toros*** Stierkampfarena *f* ◇ ***sacar a la***

P

~ *etw* publik machen, kundtun; ***sacar*** *od* ***sentar*** ~ eine Anstellung bekommen
plazga *usw* → ***placer***[1] ***I***
plazo *m* Termin *m*; Frist *f*; Laufzeit *f*; Rate *f*; ~ ***de almacenaje*** (***circulación***) Lagerdauer *f* (Laufzeit *f*); ~ ***de crédito*** Kreditlaufzeit *f*; ~ ***de denuncia*** *Vertrag* Kündigungsfrist *f*; ~ ***de devolución*** Rückgabefrist *f*; Umtauschfrist *f*; ~ ***de despedida*** (***entrega*** *od* ***suministro***; ***pago***) Kündigungs-(Liefer-; Zahlungs)frist *f*; ~ ***de estadía*** Liegetage *m/Pl*; ~ ***de garantía*** Garantiefrist *f*; ~ ***de gracia*** *od* ***respiro*** Schonfrist *f*; ~ ***límite*** Stichtag *m Fälligkeitstermin*; ~ ***mensual*** Monatsrate *f*; ~ ***de prescripción*** (***prórroga***) Verlängerungs-(Verjährungs)frist *f*; ~ ***para la presentación de solicitudes*** Bewerbungsfrist *f*; ~ ***de reclamación*** (~ ***suplementario***) Mahn-(Nach)frist *f*; ~ ***de validez*** Gültigkeitsdauer *f*; ~ ***de vencimiento*** Laufzeit *f*; Verfallszeit *f*; ***a*** ~***s*** ratenweise; auf Abzahlung, auf *od* in Raten; ***a corto*** (***largo***; ***mediano***) ~ kurz-(lang-; mittel)fristig; ***con*** (***sin***) ~ ***fijo*** (un)befristet; ***con*** ~ ***de preaviso*** *Geldanlage* mit Kündigungsfrist; ***dentro del*** ~ ***determinado*** fristgemäß; ***en el*** ~ ***previsto, en su debido*** ~ termingerecht; ***fuera de*** ~ nicht fristgemäß; ***transcurrido el*** ~ nach Ablauf der Frist ◇ ***comprar a*** ~***s*** auf Teilzahlung *od* Raten kaufen; ***conceder un*** ~ eine Frist gewähren *od* einräumen; ***diferir*** *od* ***prolongar el*** ~ die Frist verlängern, *etw* stunden; ***exceder el*** ~ die Frist überschreiten; ***antes de que expire el*** ~ vor Ablauf der Frist; ***fijar un*** ~ einen Termin *od* eine Frist festlegen *od* festsetzen, *etw* terminieren; ***observar el*** ~ ***de entrega*** die Lieferfrist einhalten; den Abgabetermin einhalten; ***pagar a*** ~***s*** in Raten abzahlen *od* (be)zahlen; ***pedir*** *od* ***solicitar un*** ~ um einen Termin bitten; eine Stundung beantragen
pleamar *f Gezeiten* Hochwasser *n*; Flut *f*
pleb|e *f* Plebs *m*; **~eyo** plebejisch; pöbelhaft **~iscitario** Volksabstimmungs-; **~iscito** *m* Volksabstimmung *f*
plegable faltbar; biegsam; Klapp-
pleg|adera *f* Falzbein *n*; **~ado I** *Adj* faltig **II** *m* Faltung *f*; Falte *f*; Falzung *f*; Falz *m*; Zusammenfalten *n*; *Fallschirm* Zusammenlegen *n*; *Fahrgestell* Einziehen *n*; **~ador** *m* TYP Falzapparat *m*; Falzbein *n*; **~adora** *f* TYP Falzmaschine *f*; TECH Abkantmaschine *f*; **~adura** *f* Falten *n*; Falte *f*; **~ar** ⟨-ie-, -g/gu-⟩ *tr* falten; in Falten legen; falzen; kniffen; zusammenfalten; zusammenlegen; zusammenklappen; *jmdn* gefügig machen; **~arse** sich fügen (***a*** *Dat*)
pleit|eador I *Adj* prozessierend; Prozess- **II** *m* Prozesspartei *f*; **~ear** *intr* prozessieren (***con*** gegen); **~ista I** *Adj* streitsüchtig **II** *m* Streithammel *m*
pleito *m* JUR Prozess *m*, Rechtsstreit *m*; Rechtssache *f*; Zank *m*, Streit *m* ◇ ***conocer de un*** ~ in einem Streit entscheiden; ***entablar*** *od* ***poner*** (***un***) ~ einen Prozess anstrengen; ***estar en*** ~ im Streit liegen; ***ver el*** ~ vor Gericht verhandeln
plen|aria *f* Plenum *n*; **~ario I** *Adj* POL Plenar-, Voll- **II** *m Strafrecht* Hauptverfahren *n*; Plenum *n*
pleni|lunio *m* Vollmond *m*; **~potencia** *f* Vollmacht *f*; **~potenciario** *m* Bevollmächtigter *m*
plenitud *f* Fülle *f*; Vollbesitz *m*; Erfüllung *f*; ***a*** ~ in vollem Ausmaß
pleno I *Adj* voll(ständig); Voll-; völlig; mitten; ***en*** ~ gesamt, vollständig **II** *m* Vollversammlumg *f*; Plenum *n*; Plenarsitzung *f*
pleonasmo *m* LING Pleonasmus *m*
plétora *f* Fülle *f*; Überfülle *f*
pletórico voll (***de*** von); strotzend (***de*** von); aus den Nähten platzend
pleur|a *f* ANAT Brustfell *n*; **~esía** *f* Brustfellentzündung *f*
pliego *m Brief u* TYP Bogen *m Papier*; Lage *f eines Buches*; (Brief-, Post-)Sendung *f*; Schreiben *n*; Akten *f/Pl*, Unterlagen *f/Pl*; ~ ***de cargos*** Anklageschrift *f*; ~ ***de condiciones*** Leistungsvorschriften *f/Pl*; Kaufbedingungen *f/Pl*; Lieferbedingungen *f/Pl*; ~ ***de imprenta*** Druckbogen *m*; ~ ***de peticiones,*** ~ ***petitorio*** POL Forderungskatalog *m*; ~ ***de principios*** TYP Titelei *f*; ***en este*** ~ HDL beiliegend
pliegue *m* Falte *f auch* GEOL; *Papier* Falz *m*; ~ ***engomado*** Klebefalz *m*; ~ ***de la falda*** Rockfalten *f/Pl*; ~ ***del pantalón*** *Hose* Bügelfalte *f*
plom|ada *f* Lot *n*; Senkblei *n*; **~ar** *tr* verbleien; plombieren; **~ería** *f* Bleiarbeit *f*; Bleigießerei *f*; Bleidach *n*; Klempnerarbeiten *f/Pl*; **~ero** *m* Blei(hütten)arbeiter *m*; Bleigießer *m*; Bleiwarenhändler *m*; Klempner *m*; **~izo** bleifarben; bleiern
plomo *m* Blei *n*; Bleigewicht *n*; Bleikugel *f*; *Zoll* Plombe *f*; ~ ***de aduana*** Zollverschluss *m*; ~ ***fusible*** EL Sicherung *f*; ~ ***metalúrgico*** Hüttenblei *n*; ~ ***para perdigones*** Schrotblei *n*; ~ ***para soldar*** Bleilot *n zum Löten*; ***a*** ~ senk-, lotrecht ***sin*** ~ *Benzin* bleifrei ◇ ***ser un*** ~ *Buch*, *Person* langweilig sein; *Person* lästig sein
plugo, pluguiera *usw* → ***placer***[1] ***I***
pluma *f* Feder *f Vogel- u Schreibfeder*; Gefieder *n*; *Am reg* Wasserhahn *m*; öffentliche Wasserstelle *f*; ~ ***de carga*** (***carga pesada***) MAR Lade-(Schwergut)baum *m*; ~ ***de***

dibujo Reißfeder *f*; **~** (***estilográfica***), *AmS auch* **~** ***fuente*** Füll(federhalt)er *m*; ***a vuela*** **~** flüssig *schreiben*; ***buena*** **~** guter Schriftsteller *m*; ***como una*** **~** federleicht; ***con*** **~** ***elocuente*** in beredtem Stil ◇ ***dejar correr la*** **~** ohne Überlegung schreiben; ***hacer a*** **~** ***y a pelo*** sehr geschickt sein; sich sofort entscheiden; anspruchslos sein; ***llevar la*** **~** nach Diktat schreiben; ***mudar las*** **~*s*** sich mausern; ***tener*** **~** gut betucht sein *Geld haben*; ***tomar la*** **~** *übertr* zur Feder greifen; ***vestirse de*** **~*s ajenas*** *übertr* sich mit fremden Federn schmücken

plum|ada *f* Federstrich *m*; **~aje** *m* Gefieder *n*; Federbusch *m*

plumazo *m* Federstrich *m*; ***de un*** **~** mit einem Federstrich *auch übertr*

plúmbeo bleiern

plum|ear *tr* schraffieren; **~ería** *f* Gefieder *n*; **~ero** *m* (Staub-)Wedel *m*; Federbusch *m*; Federtasche *f*; *Am reg* Federhalter *m*; **~ier** *m* Federtasche *f*

plum|ífero *m* Schreiberling *m*; Daunenjacke *f*; **~ón** *m* Flaum(feder *f*) *m*; Federbett *n*; **~ones** *m/Pl* Daunen *f/Pl*; **~oso** federbedeckt

plural *m* Plural *m*, Mehrzahl *f*

pluralidad *f* Vielzahl *f*; Vielfalt *f*; ***a*** *od* ***con*** **~** ***de votos*** mit Stimmenmehrheit, mehrheitlich

pluri|cultural multikulturell; **~dimensional** mehrdimensional; **~disciplinar(io)** interdisziplinär; **~empleo** *m* Mehrfachbeschäftigung *f*; **~familiar** Mehrfamilien-; **~lingüe** mehrsprachig; **~nacional** Vielvölker-; **~partidismo** *m* Mehrparteiensystem *n*; **~valente** mehrwertig

plus *m* Zuschlag *m*; Zulage *f*; **~** ***de carestía*** Teuerungszulage *f*; **~** ***de distancia*** Trennungsgeld *n*; **~** ***familiar*** Familienbeihilfe *f*; **~** ***nocturno*** (***salarial***) Nachtzuschlag *m* (Lohnzulage *f*); ***de*** **~** zusätzlich

plus|marca SPORT Rekordmarke *f*; **~marquista** *m* Rekordhalter *m*; **~valía** *f* Mehrwert *m*; Wertsteigerung *f*; Kursgewinn *m*

plutócrata *m* Plutokrat *m*

plutonio *m* Plutonium *n*

pluv|ial Regen-; **~iometría** *f* Niederschlagsmessung *f*; **~iosidad** *f* Niederschlagsmenge *f*; **~ioso** regnerisch

p.m. (*Abk für* ***post merídiem***), → ***merídiem***

PM *Abk für* ***Policía Militar***

pmo. *Abk für* ***próximo***

P.N. *Abk für* ***peso neto***

PNB *Abk für* ***producto nacional bruto***

p.n/c, p.n/cta. *Abk für* ***por nuestra cuenta***, → ***cuenta***

pneum... *Vorsilbe* → ***neumático*** *usw*

PNN *Abk für* ***profesor no numerario***

PNV *Abk für* ***Partido Nacionalista Vasco***

P° *Abk für* ***Paseo***

p.o. (*Abk für* ***por orden***) i.A., → ***orden II***

poblacho *m* Kaff *n*, Nest *n*

población *f* Bevölkerung *f*; BIOL Population *f*; Ortschaft *f*; Gemeinde *f*; Bestand *m an Pflanzen u Tieren*; **~** ***aborigen*** Urbevölkerung *f*; **~** ***activa*** (***agrícola***; ***flotante***) erwerbstätige (bäuerliche; fluktuierende) Bevölkerung *f*

poblacional Bevölkerungs-

poblada *f Am* Menschenauflauf *m*, -menge *f*

poblado I *Adj* bestanden (***de*** mit); wimmelnd (***de*** von); buschig; dicht **II** *m* Ort (-schaft *f*) *m*; Siedlung *f*; **~*s*** *Pl* Slums *Pl in Madrid*

pobl|ador *m* Bewohner *m*; (An-)Siedler *m*; **~ar** ⟨-ue-⟩ **I** *tr* bevölkern; besiedeln; *mit Tieren* besetzen; bepflanzen (***de*** mit) **II** *intr* siedeln; sich vermehren; **~arse** sich füllen (***de*** mit); *Haar-, Bartwuchs* dichter werden; sich belauben

pobre I *Adj* arm; ärmlich; armselig; *Wortschatz* beschränkt **II** *m* Armer *m*; Bettler *m*; ***¡~ de mí!*** ich Armer!; ***¡~ de ti si te pillo!*** wehe dir, wenn ich dich erwische!

pobre|ría *f*, **~río** *m Am reg* die Armen; **~te I** *Adj* ärmlich; armselig **II** *m* armer Kerl *m*; **~tería** *f* die Armen; Armut *f*; Ärmlichkeit *f*; **~tón I** *Adj* sehr arm **II** *m* armer Schlucker *m*

pobreza *f* Armut *f*; Not *f*; **~** ***de espíritu*** Gemütsarmut *f*

pocero *m* Brunnenbauer *m*; Kanalisationsarbeiter *m*; Latrinenreiniger *m*

poche *m Méx* → ***pocho***[1]

pocho[1] *m das verunstaltete Spanisch bei US-Bürgern hispanischer Abstammung in den einst mexikanischen Gebieten u i w S der Ausländer*; *Méx* US-Bürger *m* mexikanischer Abstammung

pocho[2] *Obst* verdorben; blass; matt

pocilga *f* Schweinestall *m auch übertr*

pocillo *m* (in die Erde eingelassenes) Kühlgefäß *n*; (Schokoladen-)Tässchen *n*; *Am reg* Art Mokkatässchen ohne Henkel

pócima *f* Arzneitrank *m*; *verächtl* Gebräu *n*; Gesöff *n*

poción *f* Arzneitrank *m*; **~** ***mágica*** Zaubertrank *m*

poco I *Adj* wenig; gering(fügig); spärlich ◇ ***y como si eso fuera*** **~*, y por si fuera*** **~** und obendrein, und damit nicht genug **II** *m* ***un*** **~** ***de*** etwas; ***unos*** **~*s*** einige (wenige); ***lo*** **~** das Wenige **III** *Adv* wenig; ***a*** **~** kurz darauf; ***a*** **~** ***de*** + *Subst* kurz nach + *Subst*; ***dentro de*** **~** in Kürze; **~** ***antes*** kurz zuvor; **~** ***a*** **~** nach und nach; sachte; **~** ***después*** kurz danach;

bald darauf; **~ más o menos** ungefähr; **por ~** beinahe ◇ **hace ~** vor kurzem; **tener en ~** gering achten

pod|a *f* Baumschnitt *m*; **~adera** *f* Baumschere *f*; (Garten-)Hippe *f*; **~ar** *tr Bäume* beschneiden; *Sträucher* auslichten; stutzen; **~azón** *f* Zeit *f* des Baumschnitts

poder I ⟨*unreg*⟩ *tr/intr* können; vermögen; mögen; dürfen; **a más no ~** aus Leibeskräften; aus vollem Halse; auf Teufel komm raus; **hasta más no ~** das Menschenmögliche; **no ~ con** *jmdn od etw* nicht ausstehen können; nicht klarkommen mit; nicht ankönnen gegen; **no puedo más** ich kann nicht mehr *ich bin erschöpft*; **no ~ menos de** + *Inf* nicht umhin können, zu + *Inf*; **¿puedo?** darf ich?; gestattest du?; **~ a alg** jmdm über(legen) sein; **¿se puede?** darf man?; ist es gestattet? **puede ser** vielleicht **II** *m* Können *n*; Vermögen *n*; TECH Fähigkeit *f*; Kraft *f*; Macht *f*; Staatsgewalt *f*; Vollmacht *f*; Ermächtigung *f*; Befugnis *f*; **~ absoluto** unumschränkte Gewalt *f*; **~ adquisitivo** *od* **de compra** Kaufkraft *f*; **~ antidetonante** KFZ Klopffestigkeit *f*; **~ auditivo** Hörkraft *f*; **~ bancario** Bankvollmacht *f*; **~ calorífico** Heizwert *m*; Wärmeleistung *f*; **~ colonial** Kolonialmacht *f*; **~ para concluir contratos** Abschlussvollmacht *f*; **~ constituyente** verfassungsgebende Gewalt *f*; **~ de decisión** (**~ directivo**) Entscheidungs-(Weisungs)befugnis *f*; **~ dispositivo** Verfügungsgewalt *f*; **~ ejecutivo** Exekutive *f*; **~ estatal** Staatsgewalt *f*; **~ germinativo** Keimfähigkeit *f*; **~ judicial** Judikative *f*, richterliche Gewalt *f*; **~ legislativo** Legislative *f*; **~ naval** Seemacht *f*; **~ notarial** notarielle Vollmacht *f*; **~ de persuasión** Überredungskunst *f*; **~ procesal** Prozessvollmacht *f*; **~ público** öffentliche Gewalt *f*; **~ resolutivo** FOTO Auflösungsvermögen *n*; **~ visual** Sehkraft *f*; **a ~ de** durch *Akk*, kraft *Gen*; **a todo ~** mit aller Gewalt; **en el ~** *Partei* regierend; (**plenos**) **~es** Vollmacht(en *Pl*) *f*; **por ~** HDL per procura ◇ **caer en el ~ de alg** in jmds Hände fallen; **dar ~(es) a alg** jmdn ermächtigen; **desalojar** *od* **expulsar del ~** entmachten; **deshacerse del ~** die Macht hergeben; **ejercer el ~** die Macht ausüben; **lo que está en mi ~** was in meiner Macht steht; nach Kräften; **hacerse del ~** *od* **con el ~** die Macht an sich reißen; **llegar al ~** an die Macht kommen; **otorgar plenos ~es** alle Vollmachten erteilen; **obra en nuestro ~** wir haben erhalten *z.B. Brief*; **otorgar los ~es** die Prokura erteilen; **subir al ~** an die Macht kommen; **tener amplios ~es** umfassende Vollmacht(en) haben; **tomar el ~** die Macht ergreifen

poder|dante *m* Vollmachtgeber *m*; Mandant *m*; **~habiente** *m* Bevollmächtigter *m*; Mandatar *m*; **~ío** *m* Macht *f*; Gewalt *f*; Kräftepotential *n*; Besitz *m*; **~oso** mächtig; stark

pod|iatra *m Am* Facharzt *f* für Fußleiden; **~io** *m* Podium *n auch übertr*; Podest *n,m*; **~ólogo** *m Esp* Facharzt *m* für Fußleiden

podr|edumbre *f* Fäulnis *f*; Verwesung *f*; **~ido** faul; verdorben *auch übertr*; faulig; morsch; verkommen; **~ir** *tr*, *intr* → **pudrir**

poema *m* Gedicht *n*; Dichtung *f*

poesía *f* Dichtkunst *f*; Dichtung *f*; Gedicht *n*; **~ lírica** Lyrik *f*

poeta *m* Poet *m*; **~ de ocasión** Gelegenheitsdichter *m*

po|etastro *m* Verseschmied *m*; **~ética** *f* Dichtkunst *f*; **~ético** Gedichts-; dichterisch; **~etisa** *f* Dichterin *f*; **~etizar** ⟨-z/c-⟩ *tr* dichterisch verklären

pogrom, **~o** *m* Pogrom *n*

polaco I *Adj* polnisch **II** *m*, **-a** *f* Pole(-in) *m(f)*

polaina *f* Gamasche *f*

polar GEOGR polar, Polar-; EL Pol-

polaridad *f* Polarität *f* ◇ **invertir la ~** umpolen

polarizar ⟨-z/c-⟩ *tr* polarisieren

polca *f* Polka *f*

polea *f* TECH Rolle *f*; *Seilbahn* Laufrolle *f*; **~ de correa** Riemenscheibe *f*; **~ para correa trapezoidal** Keilriemenscheibe *f*

pol|émica *f* Polemik *f*; *übertr* Streit *m*; **~émico** polemisch; (sehr) umstritten; **~emista** *m* Polemiker *m*; **~emizar** ⟨-z/c-⟩ *intr* polemisieren

polen *m* Pollen *m*, Blütenstaub *m*

polera *f Chi* T-Shirt *n*; *Arg* Rollkragenpulli *m*

poli|acrílico Polyacryl-; **~amida** *f* Polyamid *n*; **~atómico** mehratomig

policía I *f* Polizei *f*; Polizistin *f*; **~ antidisturbios** Antikrawallpolizei *f*; **~ armada** *Esp* kasernierte Polizei *f*; **~ caminera** *od* **de circulación** *od* **tráfico** Verkehrspolizei *f*; **~ fiscal** Steuerfahndung *f*; **~ fronteriza** Grenzpolizei *f*; **~ gubernativa** (**judicial**) Staats-(Kriminal)polizei *f*; **~ legal** *Cu* Mordkommission *f*; **~ de migración** Fremdenpolizei *f*; **~ montada** berittene Polizei *f*; **~ de obras** Baupolizei *f*; **~ popular** (**secreta**) Volks-(Geheim)polizei *f* **II** *m* Polizist *m*; **~ acostado, ~s muertos** *Am reg* Betonschwellen *f/Pl auf der Fahrbahn zur Verkehrsberuhigung*

polic|íaco, **~iaco** polizeilich; Detektiv-; Kriminal- FILM, *Roman*; **~ial** Polizei-

P

policlínic|a *f*, *Cu* **~o** *m* Poliklinik *f*
pol|icromo, **~ícromo** mehrfarbig
polichinela *m* Hanswurst *m*; Possenreißer *m*; Hampelmann *m*
poli|deportivo *m* Sportzentrum *n*; Mehrzwecksportanlage *f*; **~edro** *m* Polyeder *m*; **~escalonado** Mehrstufen-; **~éster** *m* Polyester *m*; **~estireno** *m*, **~estirol** *m* Polystyrol *n* *od* Polystyren *n*; **~etileno** *m* Polyäthylen *n*; **~facético** vielgestaltig; vielseitig; **~fásico** EL Mehrphasen-; **~fónico** polyphon; mehrstimmig
pol|ígamo polygam; **~igloto**, **~ígloto** mehrsprachig
poligonal vieleckig, polygonal
polígono *m* Vieleck *n*; Truppenübungsplatz *m*; Baugelände *n*; **~ *industrial*** Gewerbe- *od* Industriegebiet *n*; **~ *residencial*** Wohnblock *m*; Wohngebiet *n*; **~ *de tiro*** Schießstand *m*; Schießplatz *m*; **~ *urbano*** Satellitenstadt *f*
poligrafía *f Cu* Polygraphie *f*
polígrafo *m* Lügendetektor *m*
polilla *f* Motte *f*
pol|imerizar ‹-z/c-› *tr* polymerisieren; **~ímero** *m* Polymer(e) *n*
polimorfo polymorph, vielgestaltig
Polinesia *f* Polynesien *n*
polin|ésico, **~esio** **I** *Adj* polynesisch **II** *m*, **-a** *f* Polynesier(in) *m(f)*; das Polynesische
polinización *f* BOT Bestäubung *f*
polio *f*, **~mielitis** *f* Polio(myelitis) *f*
polipasto *m* Flaschenzug *m*
pólipo *m* MED, ZOOL Polyp *m*
poli|semia *f* LING Polysemie *f*; **~sílabo** mehrsilbig
polista *m* Polospieler *m*
poli|técnico polytechnisch; **~teísmo** *m* Polytheismus *m*
política *f* Politik *f*; Politikerin *f*; **~ *agraria*** *od* ***agrícola*** Agrarpolitik *f*; **~ *de alianzas*** (***ajuste***; **~ *ambiental***) Bündnis-(Anpassungs-; Umwelt)politik *f*; **~ *de austeridad*** Maßhaltepolitik *f*; Politik *f* der strengen Sparsamkeit; **~ *de avestruz*** Vogel-Strauß-Politik *f*; **~ *cambiaria*** FIN Wechselkurspolitik; **~ *comercial*** (***de comercio exterior***; ***del consumo***) Handels-(Außenhandels-; Verbraucher)politik *f*; **~ *coyuntural*** Konjunkturpolitik *f*; **~ *demográfica*** (***de distensión***) Geburten-(Entspannungs)politik *f*; **~ *doméstica*** *Am reg*, **~ *interior*** *od* ***interna*** (***exterior*** *od* ***internacional***) Innen-(Außen)politik *f*; **~ *educacional*** (***empresarial***) Bildungs-(Unternehmens)politik *f*; **~ *exterior y de seguridad común*** (***de la UE***) gemeinsame Außen- und Sicherheitspolitik *f* (der EU); **~ *fiscal*** *od* ***tributaria*** Steuerpolitik *f*; **~ *de fuerza*** Politik *f* der Stärke; **~ *monetaria*** (***de paz***; ***presupuestal***) Finanz-, Währungs-(Friedens-; Haushalts)politik *f*; **~ *de precios*** (***ventas***) Preis-(Verkaufs)politik *f*; **~ *de "tierra quemada"*** Politik *f* der „verbrannten Erde"; **~ *de tipos de interés*** Zinspolitik *f*; **~ *zigzagueante*** Politik des Lavierens, Schaukelpolitik *f* ◇ ***meterse en*** **~** in die Politik gehen
politicastro *m* Politikaster *m*; Biertischpolitiker *m*
político **I** *Adj* politisch, Polit-; Schwieger-; angeheiratet **II** *m* Politiker *m*; **~ *de carrera*** Berufspolitiker *m*
polit|iquear *intr* sich politisch einmischen; *verächtl* politisieren; **~iquero** *m* Biertischpolitiker *m*; **~izar** ‹-z/c-› *tr* politisieren; **~ología** *f* Politologie *f*, Politikwissenschaft *f*; **~ólogo** *m* Politologe *m*
poli|uretano *m* Polyurethan *n*; **~uria** *f* MED Polyurie *f*; **~valente** mehrwertig; polyvalent; vielseitig; **~vinilo** *m* Polyvinyl *n*
póliza *f* Police *f*; Gebührenmarke *f*; Frachtbrief *m*; **~ *de fletamento*** Seefrachtbrief *m*, Charterpartie *f* ◇ ***extender una*** **~ *de seguros*** eine Versicherungspolice *f* ausstellen
polizón *m* blinder Passagier *m*; Schwarzfahrer *m*; Herumtreiber *m*
polizonte *m* Greifer *m Polizist*
polla *f* junge Henne *f*; Kü(c)ken *n junges Mädchen*; *vulg* Pimmel *m Penis*
poll|ada *f* Kü(c)ken *n*/*Pl*; Brut *f*; **~astro** *m* Schlaumeier *m*
poll|ear *intr übertr* turteln; **~era** *f* Hühnerstall *m*; Hühnerkorb *m*; Laufgitter *n für Kinder*; *Am reg* Rock *m*; **~ería** *f* Geflügelhandlung *f*; Hähnchengaststätte *f*; **~ero** *m* Geflügelhalter *m*; Geflügelhändler *m*; *Méx* Schleuser *m*
poll|ino *m* Eselfüllen *n*; Esel *m auch übertr*; **~ita** *f* Teenager *m*; **~ito** *m* Kü(c)ken *n*; kleines Kind; → **~*ita***
pollo *m* junges Huhn *n*; (Vogel-)Junges *n*; KOCHK Hähnchen *n*; Grünschnabel *m*
polo[1] *m* Pol *m*; **~ *antártico, austral*** *od* ***sur*** (***ártico, boreal*** *od* ***norte***) Süd-(Nord)pol *m*; **~ *contrario*** Gegenpol *m*; **~ *de desarrollo*** (***promoción***) Entwicklungs-(Förder)-schwerpunkt *m*; **~** (***helado***) Eis *n* am Stiel; **~ *negativo*** (***positivo***) EL Minus-(Plus)pol *m*
polo[2] *m* SPORT Polo(spiel) *n*; Polohemd *n*; **~ *acuático*** Wasserball *m*
polol|a *f Chi* Freundin *f*; *Col*, *Chi*, *Méx* kokettes Mädchen *n*; **~ear** *intr Am reg* zudringlich sein; *Chi* flirten; *Am reg* mit *jmdm* gehen
pololo *m Chi* Freund *m eines Mädchens*; **~ *en múltiple*** *übertr* Mädchen *n* für alles; **~**

(***ocasional***) Gelegenheitsjob *m*; Nebenverdienst *m*
polon|és → ***polaco***; **~esa** *f* Polonäse *f*
Polonia *f* Polen *n*
polonio *m* Polonium *n*
poltr|ona *f* Lehnstuhl *m*; **~onería** *f* Arbeitsscheu *f*; Faulheit *f*; Trägheit *f*
polución *f* MED Pollution *f*; Verschmutzung *f*; **~ *del aire*** (***ambiente***) Luft-(Umwelt)verschmutzung *f*
polvareda *f* Staubwolke *f* ◇ ***levantar una* ~** Staub aufwirbeln *auch übertr*
polv|azal *m AmC* → ***~areda***; **~era** *f* Puderdose *f*
polvo *m* Staub *m*; Pulver *n nicht* MIL; Prise *f z.B. Salz, Schnupftabak*; ***~s de almidón*** (***arroz***) Stärke-(Reis)mehl *n*; ***~ de azufre*** Schwefelpuder *m*; ***~ para fregar*** (***de hornear***; ***de jabón***) Scheuer-(Back-; Seifen)-pulver *n*; ***~s*** (***de tocador***) Puder *m*, *umg auch n*; ***~s vulnerarios*** Wundpuder *m* ◇ ***hacer ~*** *etw* zermalmen; *jmdn* fertig machen; ***hacer morder el ~*** demütigen; *jmdn etw* büßen lassen; ***limpiar el ~*** Staub wischen (***de*** auf; von); ***morder el ~*** *übertr* ins Gras beißen; ***ponerse ~s*** sich pudern; ***reducir a ~(s)*** in Schutt und Asche legen
pólvora *f* (Schieß-)Pulver *n*; ***~ de algodón*** Schießbaumwolle *f*
polvor|ear *tr* pudern; einpudern; bestäuben; **~era** *f* Staubwolke *f*; *Chi* Puderdose *f*; **~ero** *m Am reg* Feuerwerker *m*; Sprengmeister *m*; **~iento** staubig; verstaubt; **~ín** *m* Sprengstofflager *n*; Pulvermagazin *n*; Pulverfass *n auch übertr*; **~ista** *m* Feuerwerker *m*; **~ón** *m* Murbegebäck *n*
polvo|roso, *Am reg* **~so** staubig
pomada *f* Pomade *f*
pomelo *m* Pampelmuse *f*
Pomerania *f* Pommern *n*; ***~ Citerior*** (***Ulterior***) Vor-(Hinter)pommern *n*
pomo *m* Kernobst *n*; *Degen* Knauf *m*; Flakon *m,n*; *Am* Tube *f*
pompa *f* Pracht *f*; Gepränge *n*; Pomp *m*; Kleiderbausch *m*; ***~s fúnebres*** Beerdigungsinstitut *n*; Beisetzungsfeierlichkeiten *f/Pl*; ***~ de jabón*** Seifenblase *f*
Pompeya *f* Pompeji *n*
pompis *m* Po(po) *m*, Podex *m*
pomposo prächtig; pompös; prunkhaft; *Stil* schwülstig
pómulo *m* Backenknochen *n*
pon → ***poner***
ponch|ador *m Am reg* Knipszange *f Fahrkartenentwerter*; **~adora** *f Cu* Locher *m*; **~ar** *tr Am reg* lochen; knipsen; **~arse** *Am reg* eine Reifenpanne haben
ponch|e *m* Punsch *m*; *auch* Bowle *f*; **~era**[1] *f* Punschkessel *m*; *Am reg* Waschschüssel *f*
ponchera[2] *f Cu* Vulkanisieranstalt *f*
poncho *m AmS* Poncho *m* ◇ ***pisarse el ~*** sich blamieren
ponderación *f* Abwägen *n*; Einschätzung *f*; Ausgeglichenheit *f*; Zurückhaltung *f*; *übertr* Lobgesang *m*; Übertreibung *f*; ***con ~*** vorsichtig; ***sobre toda ~*** über alle Maßen
ponder|ado überlegt; gesetzt, ruhig; **~ar** *tr* abwägen; einschätzen; rühmen; übertreiben; ausgleichen; **~ativo** lobend; Lobes-; übertreibend
poned|ero *m* Legenest *n*; Brutkorb *m*; **~ora** *f* Legehenne *f*
ponen|cia *f* Referat *n*; Berichterstattung *f*; Kommission *f*, Ausschuss *m*; **~te** *m(f)* Berichterstatter(in) *m(f)*; Referent(in) *m(f)*; Sachbearbeiter(in) *m(f)*
poner ⟨*unreg*⟩ *tr* stellen; hinstellen; setzen; hinsetzen; *Flicken, Topf* aufsetzen; *in eine Lage* versetzen; *Truppen* einsetzen; legen; ablegen; hinlegen; einlegen (***en*** in); *Gurt, Schmuck* anlegen; *Gedeck, Pflaster, Tischtuch* auflegen; *Preis* festlegen; *Geld auf Bank* bringen; *Aushang* anbringen; *Ring* anstecken; benennen (***por*** als); unterbringen (***de*** als); *Tisch* decken; *Ende* bereiten; *Inserat, Rätsel, Telegramm* aufgeben; *Anzeige* schalten; *Marke* aufkleben; *Gesicht* ziehen; *Laden* aufmachen; RADIO, TV anmachen; *Spitznamen, Spritze* geben; *Kleidung, Schuhe* anziehen; *Frieden* stiften; *Blick* richten (***en*** auf); *Ordnung* schaffen; *Schwierigkeiten* machen; *Hindernisse* aufrichten; *Sorgfalt* aufwenden; *Speisen* auftragen; *Stempel* aufdrücken; *Hausaufgaben* aufgeben; *Film* zeigen; *Theaterstück* bringen; *als Beispiel* nehmen; beschaffen; *jmdm ein Zimmer* einrichten; *etw* übernehmen *anteilig bezahlen*; *Bußgeld* auferlegen; einfügen *z.B. ein Komma*; *im Spiel* bieten; wetten; *Betrag* zeichnen; ***pongamos que*** gesetzt den Fall, dass; **~** + *Adj*: *oft in der Bedeutung von* machen, *z.B.* ***~ blando*** weich machen, erweichen; ***~ bien*** (***mal***) ins rechte Licht rücken (schlecht machen); ***~ con*** TEL verbinden mit; ***~ en claro*** klarstellen; ***~ en limpio*** ins Reine schreiben; ***~se*** sich stellen; *Sonne* untergehen; sich *etw* anziehen; sich *etw* aufsetzen; sich *etw* umhängen; sich *etw* umbinden; sich *etw* überziehen; ***~se*** + *Adj*: werden, *z.B.* ***~se furioso*** (***pálido***) wütend (blass) werden; ***~se a*** + *Inf*: *oft in der Bedeutung von* anfangen, *z.B.* ***se puso a escribir*** er fing an zu schreiben; ***~se a*** + *Subst etw* werden; ***¡no te pongas así!*** stell dich nicht so an!; ***~se bien*** gesund werden; ***~se sucio*** sich schmutzig

P

machen
póney *m* Pony *n*
pongo → ***poner***
poniente **I** *Adj* untergehend *z.B. Sonne* **II** *m* Westen *m*; Westwind *m*
pont|aje *m*, **~azgo** *m* Brückenzoll *m*
pontific|ado *m* Pontifikat *n,m*; **~al** **I** *Adj* Pontifikal- **II** *m* Pontifikale *n*
pontífice *m* Bischof *m*; Erzbischof *m*; *hist* Pontifex; ***Sumo ~*** Papst *m*
pontificio bischöflich; erzbischöflich; päpstlich; *hist* Oberpriester-
pont|ón *m* Ponton *m*; Brückenkahn *m*; Fährboot *n*; Pontonbrücke *f*; **~onero** *m* Pontonführer *m*
ponzoñoso giftig *auch übertr*
pool *m*: ***~ de secretarias*** Schreibdienst *m*, -zentrale *f*
pop[1] **I** *Adj* poppig; Pop- **II** *m* Pop *m*
popa *m* MAR Heck *n*; Hinterteil *n Hintern*; ***~ aerodinámica*** KFZ Fließheck *n*; ***a ~*** achtern
pop|al *m Méx* von Wasserhyazinthen überzogene Lagune *f*
pope *m* Pope *m*
popelín *m* Popelin(e *m,f*) *m*
popote *m Méx* Trinkhalm *m*
popul|achería *f* Beliebtheit *f* beim Pöbel; Gunst *f* des Pöbels; Stich *m* ins Ordinäre; **~acho** *m* Pöbel *m*
popular **I** *Adj* volkstümlich; volksverbunden; beliebt; Volks- **II** *m* **~es** *m/Pl Bez für Mitglieder einer Volkspartei, z.B. Esp des* ***Partido Popular***
popul|arizar ⟨-z/c-⟩ *tr* populär machen; popularisieren; **~arizarse** sich verbreiten; beliebt werden; **~ismo** *m* Populismus *m*; **~ista** **I** *Adj* populistisch **II** *m(f)* Populist (-in) *m(f)*; GESCH Volkstümler *m*; **~oso** volkreich
popurri, **popurrí** *m* MUS *u übertr* Potpourri *n*
popusa *f AmC* mit Käse *od* Fleischstücken gefüllter Maisfladen *m*
poquedad *f* Wenigkeit *f*; Geringfügigkeit *f*; Winzigkeit *f*; Kargheit *f*; Knappheit *f*; Kleinmut *m*
póquer *m* Poker(spiel) *n*
poquito: ***un ~*** ganz wenig; ein bisschen; ***~ a poco*** ganz allmählich
por an (***~ la tarde***); auf (***brindo ~ tu salud***); aus (***~ descuido***); bei (***ese pueblo está ~ León***); durch (***~ señas***; ***~ entre la muchedumbre***; *beim Passiv*: ***fue vencido ~ los rebeldes***); für (***~ diez pesos***; ***trabajo ~ la comida***); in (***~ la noche***); je, pro (***~ litro***); mit (***~ fuerza***); nach (***preguntar ~ alg***); per (***~ correo***); pro (***~ persona***); statt, anstelle von (***lo firmó ~ mí***); über (***~ montes y ~ valles***; ***~ satélite***; ***~ todo el invierno***); um (***lucha ~ la paz***; ***~ Navidad***; ***me preocupo ~ ti***); um ... willen (***hablar ~ hablar***); *häufig Synonym zu* ***para*** um ... zu (***~*** *od* ***para no pasar ~ aquí***); von (*zur Autorangabe auf Titelseite*: ***"La Serpiente de Oro", ~ Ciro Alegría***; *beim Passiv*: ***fue llamado ~ su padre***); via (***~ Montevideo***); wegen (***~ falta de recursos***; ***~ él***); zu (***~ mar***, ***~ suerte***); *als Bestandteil von Adverbialbestimmungen, z.B.* ***~ la mañana***; ***~ la izquierda***; *od von Konjunktionen, z.B.* ***~ lo tanto***; *od von Pronominaladverbien, z.B.* ***~ lo cual***; *od von Frageadverbien, z.B.* ***¿~ qué?***; *Multiplikation* mal (***seis ~ dos son doce***)
porcelana *f* Porzellan *n*; Porzellanfigur *f*; ***~ de Sajonia*** Meißner Porzellan *n*
porcentaje *m* Prozentsatz *m*; Gehalt *m* in %; Anteil *m*; ***~ de crecimiento*** Wachstumsrate *f*; ***un gran ~*** ein großer Teil
porcentual prozentual, prozentuell
porche *m* Säulengang *m*, Kolonnaden *f/Pl*; Vorhalle *f*; überdachter Gang *m*
porcino Schweine-; **~cultor** *m* Schweinehalter *m*; Schweinezüchter *m*
porción *f* Portion *f*; Anteil *m*; Teil *m*; Quantum *n*; Menge *f*; Unmenge *f*; Anzahl *f*; ***~ alimenticia*** Futterration *f*; ***~ de mercado*** Marktsegment *n*; ***~ pesada*** Einwaage *f*
porcuno Schweine- *auch übertr*
pordios|ear *intr/tr* betteln; **~eo** *m*, **~ería** *f* Bettelei *f*; **~ero** *m* Bettler *m*
porfía *f* Eigensinn *m*; Hartnäckigkeit *f*; Wortstreit *m*; ***a ~*** um die Wette; mit großem Eifer ◇ ***trabajar a ~*** wetteifern
porfi|ado trotzig; hartnäckig; starrsinnig; rechthaberisch; **~ador** streitsüchtig; **~ar** ⟨-ío⟩ *intr* streiten (***con, contra*** mit); starrsinnig sein; bestehen (***en, por*** auf)
pórfido *m* Porphyr *m*
pormenor *m* Einzelheit *f*; ***al ~*** Einzelhandels-
pormenoriz|ado detailliert; **~ar** ⟨-z/c-⟩ *tr* in allen Einzelheiten beschreiben
porn|o ⟨*unv u nachgestellt*⟩ Porno-; **~ografía** *f* Pornografie *f*; **~ográfico** pornografisch
poro *m* Pore *f*; **~sidad** *f* Porosität *f*; **~so** porös
porotada *f Chi* Bohneneintopf *m*
poroto *m AmS reg* Bohne *f*; *Chi*, *Pe* Knirps *m*; **~s** *Pl* Bohneneintopf *m*; Kies *m Geld*
porque weil, da; *vereinzelt für* ***por que, para que***; ***~ sí*** nur so, ohne besonderen Grund
porqué *m* Warum *n*, Grund *m*
porquer|a *f* Lager *n* der Wildschweine; **~ía** *f* Schweinerei *f*; Unflätigkeit *f*; Lumperei *f*; Dreck *m Kram*, *Plunder*; Kleinigkeit *f* *Summe*; **~iza** *f* Schweinestall *m*; **~izo**, **~

m Schweinehirt *m*

porra *f* Keule *f Waffe*; Schlagstock *m*; (Gummi-)Knüppel *m*; *ein längliches Ölgebäck*; *umg* Schwanz *m umg Penis*; Schmiedehammer *m*; lästiger Kerl *m* ◇ ***mandar a la ~*** *jmdn* zum Teufel jagen; ***¡vete a la ~!*** hau ab! scher dich fort!

porrada *f* Blödsinn *m*; Haufen *m*, Unmenge *f*; ***una ~ de dinero*** ein Schweinegeld *n*

porrazo *m* Keulenschlag *m*; Schlag *m* mit dem (Gummi-)Knüppel; heftiger Stoß *m*

porreta *f* Porreelauch *m*; *i w S* Knoblauch- *od* Zwiebellauch *m*; ***en ~*** splitternackt

porrillo: ***a ~*** in Hülle und Fülle

porro[1] *m* Joint *m*; → ***puerro***

porr|o[2] **I** *Adj* dumm; *Chi* faul **II** *m* Tollpatsch *m*; Dümmling *m*; *Chi* Faulenzer *m*; **~ón** schwerfällig; aufdringlich; dumm

porta|(a)viones *m* Flugzeugträger *m*; **~bebé** *m* KFZ Kindersitz *m*; **~bicicletas** *m* Fahrradständer *m*; **~cargas** *m* TECH (Waren-)Palette *f*; **~casetes** *m* Kassettenständer *m*; **~contenedores** *m* Containerschiff *n*; **~cohetes** *m* Raketenträger *m*; **~cubiertos** *m* Besteckkasten *m*

portada *f* Portal *n*; TYP Titelseite *f*

portado: ***bien*** (***mal***) ***~*** von guten (schlechten) Manieren; gut (schlecht) gekleidet

portadocumentos *m* Dokumentenmappe *f*

portador I *Adj* Träger- **II** *m* Halter *m*; Träger *m auch übertr*; Überbringer *m*; Inhaber *m z.B. eines Passes*; Überträger *m einer Krankheit*; ***~ de armas nucleares*** Kernwaffenträger *m*; ***~ de costes*** Kostenträger *m*; ***~ energético*** Energieträger *m*; ***~ del sida*** Aidsinfizierter *m*; ***pagadero al ~*** zahlbar an den Überbringer

portadora *f* EL Trägerfrequenz *f*; Träger *m*; ***~ de sonido*** Tonträger *m*

porta|equipajes *m Fahrrad* Gepäckträger *m*; KFZ Dachgepäckträger *m*; EISENB Gepäckablage *f*; **~esquís** *m* KFZ Skiträger *m*; **~estandarte** *m* Fahnenträger *m*; *übertr* Bannerträger; **~firmas** *m* Unterschriftsmappe *f*; **~folios** *m Am* Aktentasche *f*; Aktenkoffer *m*; **~fotos** *m* Fotorahmen *m zum Aufstellen*; **~gérmenes** *m* Keimträger *m*; **~helicópteros** *m* MAR Hubschrauberträger *m*

portal *m* Vorhalle *f*; Torweg *m*; Portal *n*; INFORM Homepage *f*; Säulenvorbau *m*; **~ada** *f* Hauptportal *n*; Toreinfahrt *f*

porta|lámparas *m Lampen* Fassung *f*; **~lápiz** *m* Bleistifthülse *f*; **~libros** *m* Tragegurt *m* für Schulbücher; **~ligas** *m Arg*, *Chi* Strumpfhalter *m*; **~listín** *m* Telefonbuchständer *m*

porta|llaves *m Méx*, *Ven* Schlüsselring *m*; **~maletas** *m* KFZ Kofferraum *m*; **~minas** *m* Drehbleistift *m*; Fallbleistift *m*; **~monedas** *m* Portmonee *n*, Geldbörse *f*; **~neumático** *m* KFZ Reserveradhalter *m*

portante *m*: ***coger*** *od* ***tomar el ~*** sich davonmachen; ***dar el ~*** *jmdn* entlassen

porta|objetivos *m Mikroskop* Objektivhalter *m*; **~objetos** *m Mikroskop* Objektträger *m*; **~papeles** *m* Papierhalter *m*; INFORM *Drucker* Zwischenablage *f*; **~placas** *m* Filmkassette *f*; **~plumas** *m* Federhalter *m*

portar *tr* tragen; JAGD apportieren; **~se** sich benehmen (***con*** gegenüber); sich gebärden; sich wacker schlagen

porta|rrevistas *m* Zeitungsständer *m*; **~rrollos** *m Klebeband* Abroller *m*

portasellos *m* Stempelhalter *m*

portátil tragbar; Reise- *z.B. Schreibmaschine*; Koffer- *z.B. Radio*; Hand- *z.B. Feuerwaffe*

porta|tipos *m Schreibmaschine* Typenträger *m*; **~viones** *m* Flugzeugträger *m*

portavoz *m* Sprachrohr *n auch übertr*; Sprecher *m einer Institution*; Wortführer *m*; ***~ del consejo de administración*** Vorstandssprecher *m*; ***~ de prensa*** Pressesprecher *m*

portazo *m* Zuschlagen *n* der Tür ◇ ***dar un ~*** die Tür zuknallen

porte *m* Fracht *f*; Fuhrlohn *m*; Porto *n*; Beförderung *f*; Haltung *f*; Benehmen *n*; Habitus *m*; *Gebäude* Aussehen *n*; MAR Tragfähigkeit *f*; **~s** *Pl* Frachtgebühren *f/Pl*; ***~ adicional*** *od* ***suplementario*** Nachporto *n*; ***~ por expreso*** Gebühr *f* für Eilzustellung; (***a***) ***~ debido*** POST unfrei; Fracht zahlt Empfänger; (***a***) ***~ pagado*** portofrei; frachtfrei; ***~ pagado hasta*** frachtfrei bis; ***franco*** *od* ***libre de ~*** portofrei; ***sujeto al ~*** portopflichtig

porte|ador *m* Fuhrunternehmer *m*; Lastträger *m*; Gepäckträger *m*; **~ar** *tr* befördern; fortbringen; tragen; *Fracht* anliefern

portent|o *m* Wunder *n*; **~oso** wunderbar; beeindruckend; entsetzlich

porteño *Arg* aus Buenos Aires; *Guat* aus Puerto Barrios; *Hond* aus Puerto Cortés; *Esp* aus Santa María; *Chi* aus Valparaíso; *Méx* aus Veracruz

portería *f* Pförtnerloge *f*; Pförtnerwohnung *f*; Pförtnerposten *m*; Tor *n Gehäuse der Ballsportarten*

portero *m*, **-a** *f* Pförtner(in) *m(f)*; Portier *m*; Hausmeister(in) *m(f)*; Torwart *m*, -frau *f*; ***~ automático*** automatischer Türöffner *m*

portezuela *f* KFZ Wagentür *f*

pórtico *m* Säulengang *n*

P

port|illo *m* Mauerdurchgang *m*; *Werkgelände* Gittertor *n*; Tür *f* im großen Hoftor; (Mauer-)Pforte *f*; Durchschlupf *m auch übertr*; Zahnlücke *f*; Schwachpunkt *m*; Schwachstelle *f*; **~ón** *m* (Hof-)Tor *n*
portorriqueño → ***puertorriqueño***
portuario Hafen-
Portugal *m* Portugal *n*
portugués I *Adj* portugiesisch **II** *m*, **-esa** *f* Portugiese(-in) *m(f)*; das Portugiesische
porvenir *m* Zukunft *f*; Schicksal *n*; ***de gran ~*** zukunftsträchtig; ***en lo ~*** künftig; ***sin ~*** aussichtslos
pos: ***ir en ~ de*** *jmdm* nachgehen; aus sein auf *z.B. Abenteuer*
posada *f* Gasthaus *n*; Herberge *f*; Raststätte *f*; Nachtlager *n*; *Cu* Stundenhotel *n*; Übernachtungspreis *m*; ***~ franca*** freie Unterkunft *f* ◇ ***dar ~*** *jmdm* Quartier geben; ***hacer ~*** einkehren; absteigen; Quartier nehmen
posader|as *f/Pl* Gesäß *n*; **~o** *m* Gastwirt *m*
posar I *intr* sich ausruhen; logieren; Modell stehen; posieren; sich der Kamera *od* den Fotografen stellen; **II** *tr Last* absetzen; *Blick* ruhen; **~se** *Fluginsekten, Vögel, Kaffee, Tee* sich setzen; *Flugzeug* aufsetzen
posavasos *m* Untersetzer *m*; Bierdeckel *m*
pos|bélico Nachkriegs-; **~comunista** postkommunistisch; **~data** *f* Postskript(um) *n*
pose *f* Pose *f*; Geziere *n*
pose|edor I *Adj* besitzend **II** *m* Besitzer *m*; **~edores** *m/Pl* Besitzenden *m/Pl*; **~er** ⟨-ey-⟩ *tr* besitzen; verfügen über; **~erse** sich beherrschen; **~ído I** *Adj* besessen; wütend; erfüllt (***de*** von) **II** *m* Besessener *m*
posesión *f* Besitz *m*; Besitzung *f*; Amtsübernahme *f* ◇ ***dar ~*** in ein Amt einführen; ***estar en ~ de*** im Besitz sein von; ***tomar ~*** Besitz ergreifen; ***tomar ~ de un cargo*** ein Amt übernehmen
posesionar *tr jmdn* in ein Amt einführen; **~se** Besitz ergreifen; sich *einer Sache* bemächtigen
poses|ivo GRAMM **I** *Adj* besitzanzeigend **II** *m* Possessivum *n*; **~o I** *Adj* besessen **II** *m* Besessener *m*; **~or I** *Adj* besitzend **II** *m* Besitzer *m*
posfecha *f* späteres Datum *n*; Nachdatierung *f* ◇ ***poner ~*** nachdatieren
posfranquismo *m* Zeit *f* nach der Francodiktatur
posgrado: ***de ~*** *Studium* postgraduell, -gradual; Postgraduierten-
posguerra *f* Nachkriegszeit *f*; ***de ~*** Nachkriegs-
posibilidad *f* Möglichkeit *f*; ***~es de ascenso*** *od* ***promoción*** Aufstiegsmöglichkeiten *f/Pl*; ***~es de venta*** Absatzchancen *f/Pl*, -möglichkeiten *f/Pl* ◇ ***vivir por encima de sus ~es*** über seine Verhältnisse leben
posibilitar *tr* ermöglichen
posible I *Adj* möglich; ***cuanto antes ~*** → ***lo antes ~***; ***en lo ~*** so weit (wie) möglich; nach Möglichkeit; ***lo antes ~*** schnellstmöglich; ***lo más*** (***menos***) ***~*** so viel (so wenig) wie möglich; ***lo más grande ~*** möglichst groß; ***lo más pronto ~*** → ***lo antes ~***; ***lo más rápido ~*** möglichst schnell; ***lo mejor ~*** bestmöglich; so gut wie möglich; ***a*** *od* ***de ser ~*** falls *od* wenn möglich; ***cuanto sea ~*** im Rahmen des Möglichen; ***donde sea ~*** wo (es) möglich (ist) **II** *Subst* ***lo ~*** das Mögliche; ***~s*** *Pl* Mittel *n/Pl* ◇ ***mis ~s no alcanzan a más*** meine Mittel reichen nicht für mehr; ***hacer lo humanamente ~*** das Menschenmögliche tun
posiblemente möglicherweise, womöglich
posición *f* Stellung *f auch* MIL; Lage *f*; Position *f*; Standort *m*; Haltung *f*; Stand *m z.B. einer Vase*; ***~ de alto*** *Signal* Haltestellung *f*; ***~ del barco*** Schiffsposition *f*; ***~ en circuito*** EL Einschaltstellung *f*; ***~ clave*** Schlüsselposition *f*; ***~ de dominio en el mercado*** marktbeherrschende Stellung *f*; ***~ de funcionamiento*** *od* ***trabajo*** *Gerät* Arbeitsstellung *f*; ***~ geográfica*** geographische Lage *f*; ***~ de líder*** (***en el mercado***) Führungs-(Markt)position *f*; ***~ de memoria*** INFORM Speicherplatz *m*; ***~ monopólica*** Monopolstellung *f*; ***~ de partida*** (***poder***) Ausgangs-(Macht)position *f*; ***~ del termómetro*** (***velocímetro***) Thermometer-(Tachometer)stand *m*; ***de ~*** hoch gestellt, hochrangig; ***firme ~ de principios*** prinzipienfeste Haltung *f* ◇ ***adoptar*** *od* ***asumir posiciones*** Haltungen einnehmen; ***consolidar*** *od* ***mejorar su ~ en el mercado*** seine Marktposition festigen *od* ausbauen; ***definir sus posiciones*** eindeutig Stellung beziehen; ***determinar la ~*** *Flugzeug, Schiff* orten; ***tomar ~*** Stellung nehmen; SPORT sich aufstellen; ***suavizar su ~*** eine flexiblere Haltung einnehmen
posicionar *tr Gerät* aufstellen; **~se** Stellung nehmen, sich positionieren
positivismo *m* Positivismus *m*
positivo I *Adj* positiv; zustimmend, bejahend; EL, MATH Plus-; BERGB fündig ◇ ***dar ~*** *bei Dopingkontrolle* positiv getestet werden (***a, por*** auf) **II** *m* GRAMM Positiv *m*; FOTO Positiv *n*
posit|ón, **~rón** *m* PHYS Positron *n*
posma I *Adj* phlegmatisch, schwerfällig **II a**) *f* Trägheit *f* **b**) *m übertr* Schlafmütze *f*
poso *m* Bodensatz *m*; ***~ de amargura*** *übertr* bitterer Nachgeschmack *m*; ***~ de café*** Kaf-

P

feesatz *m*
posología *f* MED, PHARM Dosierung *f*
posponer ⟨→ ***poner***⟩ *tr* zurückstellen; hintansetzen; (zeitlich) verschieben; hinauszögern
posromanticismo *m* LIT Spätromantik *f*
posta *f* Postkutsche *f*; *Am reg* MIL Posten *m*; Scheibe *f Fisch, Fleisch*; **~s** *Pl* SPORT Staffel *f*; ***a ~*** absichtlich; ***por la ~*** geschwind
post|al I *Adj* Post-; postalisch **II** *m* Postkarte *f*; **~bélico** → ***posbélico***
poste *m* Pfahl *m*; Pfosten *m*; Mast *m auch* EL; ***~ de celosía*** Gittermast *m*; ***~ distribuidor*** *Tankstelle* Zapfsäule *f*; ***~ indicador*** Wegweiser *m*; ***~ kilométrico*** Kilometerstein *m*; ***~ telegráfico*** Telegrafenmast *m* ◇ ***dar ~ a alg*** jmdn *bei einem Treff* warten lassen; *Schule* jmdn in die Ecke stellen *zur Strafe*; ***oler el ~*** *übertr* den Braten riechen
poste: ***~ restante*** postlagernd
postema *f* Eitergeschwür *n*
poster, **póster** *m* Poster *n,m*
postergar ⟨-g/gu-⟩ *tr* hintansetzen; *bei Beförderung* übergehen; verschieben
posteridad *f* Nachwelt *f*; Nachkommenschaft *f*; ***en la ~*** in Zukunft
posterior (nach)folgend; spätere(r, -s); hintere(r, -s); Hinter-; Rück-; ***~ a ellas*** hinter ihnen befindlich; nach ihnen, später als sie ◇ ***eso fue ~*** das war *od* erfolgte danach
posteriori: ***a ~*** hinterher, danach
posterioridad *f* spätere Zeit *f*; Nachwelt *f*; ***con ~*** nachträglich; hinterher
postgrado *m* postgraduales Studium *n*; Weiterbildung(sveranstaltung) *f*; Graduiertenstudiengang *m*
postigo *m* Hintertür *f*; Tür *f* im großen Hoftor; Fensterladen *m*
postilla *f* (Wund-)Schorf *m*
postillón *m* Postillon *m*
postín *m* Angeberei *f*; Luxus *m*, luxuriöser Aufwand *m*; ***de ~*** luxuriös; eingebildet; stramm *z.B. Mädchen* ◇ ***darse*** (***mucho***) ***~*** (mächtig) angeben, sich wichtig tun
postizo I *Adj* falsch; nachgemacht; künstlich *z.B. Gebiss*; *Lächeln* aufgesetzt; aufsetz- und abnehmbar; aufsteckbar **II** *m* Haarteil *n*; Perücke *f*
post|meridiano Nachmittags-; **~modernismo** *m* PHIL Postmodernismus *m*; **~natal** MED nach der Geburt (auftretend); **~operatorio** MED nach der Operation (auftretend)
postor *m* Bieter ◇ ***adjudicar al mejor ~*** dem Meistbietenden zuschlagen
postr|ación *f* Niederknien *n*; Kniefall *m*; Niedergeschlagenheit *f*; Entkräftung *f*; *gesundheitlicher* Zusammenbruch *m*; **~ado** da(r)niederliegend; niederkniend; matt, kraftlos; gebeugt; **~ar** *tr jmdn* niederwerfen; niederringen; demütigen; zurückwerfen; **~arse** niederknien; sich zu Boden werfen; ermatten
postre *m* Nachtisch *m*; ***a la ~*** zu guter Letzt, am Ende; im Nachhinein
postr|emo, **~er** *vor Subst m*, *sonst* **~ero** letzter
postrimerías *f/Pl* die letzten Stunden *des Lebens*; ***en las ~ del siglo*** in den letzten Jahren *od* am Ausgang des Jahrhunderts
postulación *f* (Spenden-)Sammlung *f*; *Cu* Nominierung *f eines Kandidaten*
postulado I *Adj*: ***ser ~*** *Méx*, *Cu Kandidat* nominiert werden **II** *m* Postulat *n*; Forderung *f*
postulant|a *f* Bewerberin *f*; Spendensammlerin *f*; **~e** *m* Bewerber *m*; Spendensammler *m*
postular I *tr* fordern; postulieren; *Cu* behaupten; anstreben; *Theorie*, *Kandidaten* aufstellen **II** *intr* Geld *od* Spenden sammeln; **~se** sich aussprechen (***en contra*** gegen)
póstumo post(h)um; nachgeboren; *Brief*, *Werk* nachgelassen; Nach-
postura *f* Position *f*; Körperhaltung *f*; Positur *f*; Haltung *f*; Einstellung *f Denkweise*; Stellung *f*; Lage *f*; *Wette* Einsatz *m*; BIOL Setzling *m*; *Versteigerung* Gebot *n*; *Vögel* Legen *n*; Gelege *n*; JAGD Ansitz *m*; ***mejor ~*** *Auktion* Höchstgebot *n*; ***primera ~*** Erstgebot *n* ◇ ***adoptar una ~*** eine Haltung einnehmen; ***hacer ~*** *Versteigerung* bieten; ***tomar ~*** Stellung nehmen
potab|ilizadora *f* Trinkwasseraufbereitungsanlage *f*; **~ilizar** ⟨-z/c-⟩ *tr* trinkbar machen; **~le** trinkbar, Trink-; annehmbar
potaje *m* (Suppen-)Brühe *f*; Eintopf *m* aus Hülsenfrüchten; Fastensuppe *f*; Mischmasch *m*; **~s** *Pl* Hülsenfrüchte *f/Pl*
pot|asa *f* Pottasche *f*; Kali(dünger *m*) *n*; **~asio** *m* Kali(um) *n*
pote *m* Steinguttopf *m*; Kochtopf *m*; Blechbüchse *f*; Blumentopf *m*; ***~ gallego*** galicischer Eintopf *m* mit Bohnen, Kartoffeln, Kohl, Speck; ***a ~*** in Hülle und Fülle
potencia *f* POL Macht *f*; TECH Kraft *f*; MATH, PHYSIOL Potenz *f*; PHYSIOL, PSYCH Vermögen *n*; Sprengkraft *f*; ***~ aceleradora*** Beschleunigungsvermögen *n*; ***~s aliadas*** Alliierten *m/Pl im 2. Weltkrieg*; ***~ de caldeo*** (***calefacción***) Heizleistung *f* (Heizkraft *f*); ***~ calorífica*** Heizwert *m*; ***~s centrales*** Mittelmächte *f/Pl im 1. Weltkrieg*; ***~ continua*** Dauerleistung *f*; ***~s del eje*** Achsenmächte *f/Pl im 2. Weltkrieg*; ***~ de empuje*** Schubleistung *f*; ***~ fiscal*** KFZ Steuer-PS *f/Pl*, Steuerleistung *f*; ***~ de frenado*** Bremsleistung *f*;

P

~ generadora Zeugungsfähigkeit *f*; *~ del motor* Motorleistung *f*; *~ mundial* (*naval*) Welt-(See)macht *f*; *~s occidentales* Westmächte *f/Pl*; *~ de ocupación* Besatzungsmacht *f*; *~ de proceso* INFORM Verarbeitungskapazität *f*; *~ productora* Produktionskapazität *f*; *~ de trabajo* Arbeitsvermögen *n*; Arbeitsleistung *f*; *~s vencedoras* Siegermächte *f/Pl*; *~ visual* Sehkraft *f*; *en ~* potenziell; *gran ~* Großmacht *f*; ◇ *elevar a la enésima ~* in die x-te Potenz erheben

potenciador *m*: *~ de sabor* Geschmacksverstärker *m*

potencial **I** *Adj* potenziell; möglich **II** *m* PHYS *u übertr* Potenzial *n*; EL Spannung *f*; *~ de clientes* (*crecimiento*) Kunden-(Wachstums)potenzial *n*; *~ económico* Wirtschaftskraft *f*; *~ en el mercado* Marktpotenzial *n*; *~ militar* militärische Stärke *f*; *~ pesquero* Fischaufkommen *n*

potenci|alidad *f* Leistungsfähigkeit *f*; **~ar** *tr* stärken; fördern; verbessern; ausbauen; steigern

potent|ado *m* Potentat *m*; **~e** (leistungs)stark; mächtig; zeugungsfähig

potestad *f* Gewalt *f*; Befugnis *f*; *patria ~* elterliches Sorgerecht *n*

potestativo fakultativ

potingue *m flüssige* Arznei *f*; Gebräu *n*

Potosí: *valer un ~* unbezahlbar sein

potr|a *f* Stutenfohlen *n*; **~ada** *f* Fohlenherde *f*; **~ero** *m* Fohlenhirt *m*; Pferdekoppel *f*; *AmS* Viehweide *f*; **~anco** *m*, **~illo** *m* Hengstfohlen *n bis 3 Jahre*; **~o** *m* Remonte *f*; Bock *m Turngerät*; Folterbank *f*

poyo *m* Steinbank *f am Hauseingang*

poza *f* Pfütze *f*

pozo *m* Brunnen *m*; Grube *f*; BERGB Schacht *m*; *~ de aire* MET Fallbö *f*; *~ clarificador* (*de engrase*) Klär-(KFZ Abschmier)grube *f*; *~ de extracción* Förderschacht *m*; *~ sin fondo übertr* Fass *n* ohne Boden; *~ de hulla* (*~ maestro*) Steinkohlen-(Haupt)schacht *m*; *~ minero* Kohlenzeche *f*; *~ negro* Abortgrube *f*; *~ petrolero od petrolífero* Ölquelle *f* ◇ *caer en el ~* in Vergessenheit geraten

P.P. *m* (*Abk für* ***Partido Popular***) *spanische Partei*

p.p. (*Abk für* ***por poder***) p.p., ppa., → ***poder II***

ppdo. *Abk für* ***próximo pasado***, → ***pasado I***

práctica *f* Übung *f*; Praxis *f*; Erfahrung *f*; Ausübung *f*; Praktik *f*; *~s Pl* Praktikum *n*; SPORT Training *n*; *~s comerciales* Geschäftsgebaren *n*, -praktiken *f/Pl*; *~ en la conducción* Fahrpraxis *f*; *~s de conducción Fahrschüler* Fahrstunden *f/Pl*; *~s de espionaje* Spionagetätigkeit *f*; *~ extendida* weit verbreitete Praxis *f*; *~ de pruebas* JUR Beweisaufnahme *f*; *desvinculado de* (*ligado a*) *la ~* losgelöst von der Praxis (praxisverbunden); *orientado a la ~* praxisorientiert ◇ *llevar a la ~*, *poner en ~* in die Tat umsetzen; in die Praxis überführen; *perder la ~* aus der Übung kommen

practicable durchführbar; ausführbar; praktikabel; gangbar; begehbar; befahrbar; verschließbar *z.B. Fenster*

practicante **I** *Adj* praktizierend **II** *m(f)* Praktikant(in) *m(f)*; Volontär(in) *m(f)*; Apothekengehilfe(-in) *m(f)*; *etwa* Arzthelfer(in) *m(f)*

practicar ⟨-c/qu-⟩ **I** *tr* üben; ausüben; durchführen; machen; betreiben; anbringen; *Verhaftung* vornehmen; praktizieren; ausführen; SPORT (be)treiben **II** *intr* praktizieren; üben; ein Praktikum absolvieren

práctico **I** *Adj* praktisch; ausübend; bewandert **II** *m* Praktiker *m*; Lotse *m*; *~ de aeropuerto* Fluglotse *m*; *~ en el ramo* Fachmann *m*

pradera *f* Wiese *f*; (Gras-)Weide *f*; *~s Pl* Prärie *f*; *auch* Festwiesen *f/Pl*

prad|ería *f* Weidegrund *m*; **~o** *m* Wiese *f*; (Gemeinde-)Anger *m*; Weide *f*

Praga *f* Prag *n*

pragmático **I** *Adj* pragmatisch; sachlich **II** *m* Pragmatiker *m*

praguense *m* Prager *m*

pral. *Abk für* ***principal***

praliné *m* Praline *f*

prat|ense Wiesen-; **~icultura** *f* Bewirtschaftung *f* der Wiesen und Weiden

preámbulo *m* Präambel *f*; Vorrede *f*; Einleitung *f*; *sin ~s* ohne Umschweife

preaviso *m* Vorankündigung *f*; Vorabinformation *f*; TEL Voranmeldung *f*

prebenda *f* Pfründe *f auch übertr*

preboste *m* REL Propst *m*

precalentar ⟨-ie-⟩ *tr* vorwärmen

preca|rio dürftig; misslich; prekär; unsicher; **~rista** *m Am* Unter-, Teilpächter *m*

precaución *f* Vorkehrung *f*; Vorsicht *f*, Behutsamkeit *f*; *con la ~ indicada* mit der gebotenen Vorsicht ◇ *obrar con ~* vorsichtig zu Werke gehen; *tomar precauciones* Vorkehrungen treffen

precav|er *tr* vorbeugen; verhüten; **~erse** sich schützen (***de*** vor, gegen); **~ido** vorsichtig

precedencia *f* Vorhergehen *n*; Vorrang *m*; Vortritt *m*; Voranstellung *f* ◇ *dar ~ Thema* zuerst behandeln

precedente **I** *Adj* vorangehend; vorhergehend; früher, vormalig **II** *m* Präzedenzfall *m*; *sin ~s* einmalig; beispiellos; (noch) nie dagewesen ◇ ***crear*** *od* ***sentar un ~*** einen Präzedenzfall schaffen

preceder *intr/tr* vorangehen; vorausgehen; vorhergehen; den Vorrang haben

precepto *m* Vorschrift *f*; Gebot *n*; ***~ dispositivo*** (***imperativo***; ***potestativo***) Kann-(Muss-; Ermessens)vorschrift *f*

precept|or *m* Hauslehrer *m*; **~uar** ⟨-úo⟩ *tr* vorschreiben

preci|ado geschätzt; kostbar; wertvoll; **~arse** sich brüsten (***de*** mit); sich rühmen (***de*** *Gen*); sich betrachten (***de*** als)

precint|a *f* Steuerbanderole *f*; **~ado** *m* zollamtliche Plombierung *f*; **~adora** *f* Plombiergerät *n*; **~ar** *tr* zollamtlich versiegeln; mit einer Banderole versehen; verplomben

precinto *m* Zollplombe *f*; Banderole *f*; ***bajo ~ aduanero*** unter Zollverschluss

precio *m* Preis *m*; ***~ abusivo*** *od* ***usurario*** Wucherpreis *m*; ***~ de adquisición*** *od* ***compra*** Einkaufspreis *m*; ***~ del billete*** *od* ***viaje*** Fahrpreis *m*; ***~ bruto*** (***de catálogo***) Brutto-(Katalog)preis *m*; ***~ competitivo*** wettbewerbsfähiger Preis *m*; ***~ al consumidor*** *od* ***consumo*** Verbraucherpreis *m*; ***~ de contado*** (***~ corriente*** *od* ***del día***) Barzahlungs-(Tages)preis *m*; ***~ de coste*** (***~ comercial***) Herstellungs-, Selbstkosten-(Einstands)preis *m*; ***~ de descuento*** (***~ dumping***) Diskont-(Dumping)preis *m*; ***~ de fábrica*** *od* ***al productor*** Erzeugerpreis *m*; ***~ facturado*** berechneter Preis *m*; ***~ fijo*** Festpreis *m*; *auch* Preisbindung *f*; ***~ final*** *Börse* Schlussnotierung *f*; WIRTSCH Endpreis *m*; ***~ de flete*** *od* ***transporte*** Frachtgebühren *f/Pl*; ***~ global*** (***indicativo, orientativo*** *od* ***de orientación***) Pauschal-, Gesamt-(Richt)preis *m*; ***~ de introcucción*** *od* ***lanzamiento*** *od* ***promoción*** Einführungspreis *m*; ***~ irrisorio*** Schleuder-, Spottpreis *m*; ***~ límite*** *od* ***máximo*** *od* ***tope*** Höchstpreis *m*; ***~ al por mayor*** (***al por menor***) Großhandels-(Einzelhandels)preis *m*; ***~ medio*** Durchschnittspreis *m*; ***~s medio bajos*** untere Preisklasse *f*; ***~ de mercado*** (***~ mínimo***) Markt-(Mindest)preis *m*; ***~ neto*** Nettopreis *m*; ***~ por pieza*** *od* ***unidad, ~ unitario*** Einzel-, Stückpreis *m*; ***~ de preferencia*** (***reventa***) Vorzugs-(Wiederverkaufs)preis *m*; ***~ recomendado*** (***no obligatorio***) (unverbindliche) Preisempfehlung *f*; ***~ de saldo*** (***suscripción***) Ausverkaufs-(Subskriptions)preis *m*; ***~ de tarifa*** (***~ único***) Listen-(Einheits)preis *m*; ***~ de venta*** (***de venta al público***) Verkaufs-(Laden)-preis *m*; ***~ vigente*** zur Zeit gültiger Preis *m*; ***bajo ~*** Niedrigpreis *m*; ***al ~ de*** zu einem Preis von, für; *übertr* auf Kosten *Gen*; ***a buen ~, bien de ~*** preiswert; ***a cualquier*** *od* ***todo ~*** um jeden Preis; ***a ~s constantes*** bei gleich bleibenden Preisen; ***a mitad de ~*** zum halben Preis; ***a ~ económico*** preisgünstig; ***a todos los ~s*** in allen Preislagen; ***en cuanto al ~*** preislich ◇ ***alzar, aumentar, elevar, incrementar, subir el ~*** den Preis erhöhen *od* anheben; ***aumentar*** *od* ***subir de ~*** im Preis(e) steigen; ***avenirse en el ~*** handelseinig werden; ***los ~s bajan*** *od* ***caen*** die Preise sinken *od* fallen; ***bajar el ~*** den Preis senken; ***congelar los ~s*** die Preise einfrieren; ***elevar*** *od* ***subir el ~*** den Preis erhöhen *od* heraufsetzen *od* anheben; ***imponer el ~*** den Preis diktieren *od* durchsetzen; ***liberar los ~s*** die Preise freigeben; ***obtener un ~*** einen Preis erzielen; ***ofrecer a ~s más bajos*** unterbieten; ***pasar del ~*** den Preis überschreiten; ***poner ~*** den Preis festsetzen; ***poner el ~*** *Ware* auspreisen; ***rebajar el ~*** mit dem Preis heruntergehen; ***regatear un ~*** um einen Preis feilschen; ***repercutir en el ~*** sich im Preis niederschlagen; ***tener en mucho ~ a alg*** jmdn sehr schätzen; ***no tener ~*** unbezahlbar sein; ***valer su ~*** preiswert sein; ***vender a cualquier ~*** verschleudern; ***vender a ~ más barato*** unterbieten; ***vender a ~ de coste*** zum Selbstkostenpreis verkaufen

precios|a *f* Schätzchen *n*; **~idad** *f* Kostbarkeit *f*; **~o** edel; kostbar; wertvoll; reizend; **~ura** *f Am* → **~idad**

precipicio *m* Abgrund *m*

precipitación *f* Übereilung *f*; Überstürzung *f*; Hast *f*; ***precipitaciones*** *Pl* MET Niederschläge *m/Pl*

precipit|ado I *Adj* überstürzt; übereilt; voreilig; hastig **II** *m* CHEM Ausfällung *f*; Ausscheidung *f*; CHEM Niederschlag *m*; **~ar** *tr* (hinab)stürzen (***a*** in); hinunterwerfen; übereilen; ins Verderben stürzen; beschleunigen *z.B. Flucht*; CHEM ausfällen; **~arse** sich überschlagen; sich beeilen; stürzen; sich stürzen (***hacia*** auf); CHEM sich niederschlagen; **~oso** abschüssig; unbesonnen

precisamente gerade, ausgerechnet; genau; bestimmt; eigentlich

precisar I *tr* brauchen; präzisieren; genau angeben **II** *unpers* nötig sein, müssen; **~se** nötig sein; suchen *benötigen*

precisión *f* Genauigkeit *f*; Präzision *f*, Feinheit *f*; ***~ de ajuste*** Passgenauigkeit *f*; Einstellgenauigkeit *f*; ***~ de enfoque*** FOTO Einstellschärfe *f*; ***~ de funcionamiento*** Betriebszuverlässigkeit *f*

preciso I *Adj* genau; präzise; treffend; pünktlich; notwendig; ***poco ~*** ungenau ◇ ***es ~*** es muss sein; ***es ~ reconocerlo*** man

P

muss es anerkennen; ***si es ~*** wenn es sein muss **II** ***lo ~*** das Notwendige; das Erforderliche
pre|citado oben erwähnt; **~claro** berühmt; erlaucht; **~clásico** vorklassisch; **~cocidad** *f* Frühreife *f*; Vorzeitigkeit *f*; **~cocido** vorgegart; **~colombino** *hist* präkolumbisch; **~concebido** vorbedacht; *Meinung* vorgefasst; **~condición** *f* Vorbedingung *f*
preconizar ⟨-z/c-⟩ *tr* lobpreisen; befürworten
pre|contrato *m* Vorvertrag *m*; **℞cordillera** *f* Voranden *Pl*; **~coz** frühreif; Früh-; vorzeitig; **~cristiano** vorchristlich; **~cursor** *m* Vorläufer *m*; Vorbote *m*; Vorkämpfer *m*; Schrittmacher *m*; Bahnbrecher *m*
predecesor *m* Vorgänger *m*
predecir ⟨→ ***decir***⟩ *tr* voraussagen
prede|stinado *m* Auserwählter *m*; **~stinar** *tr* vorherbestimmen; **~terminado** INFORM Standard-, Default-
prédica *f* Predigt *f auch übertr*
predic|ación *f* Predigen *n*; Predigt *f*; **~ado** *m* Prädikat *n*; **~ador** *m* Prediger *m*; **~amento** *m* Ansehen *n*; **~ar** ⟨-c/qu-⟩ *tr* predigen; lobend erwähnen
predicción *f* Vorhersage *f*; Prognose *f*; ***~ del tiempo*** Wettervorhersage *f*
predicible vorhersagbar
predilec|ción *f* Vorliebe *f* (***por*** für); **~to** bevorzugt; Lieblings-
predio *m* Grundstück *n*; (Erb-)Gut *n*; ***~ rústico*** Landgut *n*
predispo|ner ⟨→ ***poner***⟩ *tr jmdn* vorbereiten; empfänglich *od* anfällig machen (***para*** für); **~sición** *f* Anlage *f auch* MED; MED Anfälligkeit *f*, Prädisposition *f*
predispuesto: ***ser ~*** *vor allem* MED neigen (***a*** zu)
predomin|ar *intr* vorherrschen; überwiegen; **~io** *m* Vorherrschen *n*; Vorherrschaft *f*; Überlegenheit *f*
preeminente herausragend; hervorragend; vorzüglich
pre|equipo *m* Einbaumöglichkeit *f* (***de*** für); **~escolar I** *Adj* Vorschul- **II** *m* Vorschulkurs *m*; Kind *n* im Vorschulalter; **~establecer** ⟨-c/zc-⟩ *tr* im Voraus festsetzen *od* festlegen; *Daten* vorgeben; **~estreno** *m* FILM Voraufführung *f für die Presse*; **~existir** *intr* vorher bestehen *od* da sein; **~fabricación** *f* Vorfertigung *f*; **~fabricado** Fertig-; vorgefertigt
prefacio *m* Vorrede *f*, Vorwort *n*
prefec|to *m* Präfekt *m*; **~tura** *f* Präfektur *f*
preferencia *f* Vorzug *m*; Vergünstigung *f*; Vorliebe *f*; Vorrecht *n*; Vorrang *m*; THEAT Sperrsitz *m*; ***~s Pl*** *Internet* Favoriten *m/Pl*; ***~s aduaneras*** Zollpräferenzen *f/Pl*; ***~ de paso*** Vorfahrt(srecht *n*) *f*; ***de ~*** vorzugsweise; vornehmlich; vordringlich; am liebsten ◇ ***dar ~*** vorziehen; ***mostrar ~ por*** eine Vorliebe zeigen für
preferente bevorrechtet; Vorzugs-
preferible vorzuziehen(d) ◇ ***es*** (***sería***) ***~*** es ist (wäre) besser; ***sería ~ ir*** man sollte lieber hingehen
prefer|ido Lieblings-; **~ir** ⟨-ie-/-i-⟩ *tr* bevorzugen; lieber haben (***a*** als)
prefij|ar *tr* vorher *od* im Voraus festsetzen; **~o I** *Adj* anberaumt **II** *m* Vorsilbe *f*; TEL Vorwahl(nummer) *f*
prefinanciación *f* Vorfinanzierung *f*
pregerminar *tr* vorkeimen
preg|ón *m* öffentliches Ausrufen *n*; Festrede *f*; **~onar** *tr* öffentlich ausrufen; *etw* ausposaunen; **~onero** *m* (Gemeinde-)Ausrufer *m*; Straßenhändler *m*; Marktschreier *m*; Klatschmaul *n*
pregunta *f* Frage *f*; Anfrage *f*; ***~ aclaratoria*** Rückfrage *f*; ***~ capciosa*** Fangfrage *f*; ***~ parlamentaria*** parlamentarische Anfrage *f* ◇ ***andar a la cuarta ~*** blank sein *kein Geld haben*; ***estrechar a ~s*** *jmdn* ausfragen; ***hacer una ~*** eine Frage stellen; eine Anfrage richten (***a*** an)
preguntar I *tr* fragen; befragen (***por*** wegen, nach); abfragen; ausfragen; ***informarse preguntando*** erfragen **II** *intr* anfragen (***a*** bei); nachfragen
preguntón *m* lästiger *od* neugieriger Frager *m*
pre|hispánico präkolumbisch; **~historia** *f* Vor-, Frühgeschichte *f*; *auch* Urgeschichte *f*; **~incaico** vorinkaisch; **~inscripción** *f schriftliche* Voranmeldung *f*; **~jubilación** *f* Vorruhestand *m*; **~jubilado** *m* Vorruheständler *m*, Frührentner *m*; **~jubilar** *tr jmdn* in den Vorruhestand schicken; **~jubilarse** in den Vorruhestand gehen, vorzeitig in Rente gehen; **~judicial** JUR vorläufig
prejuicio *m* Vorurteil *n*; vorgefasste Meinung *f*; ***~ de casta*** Standesdünkel *m*; ***libre de ~s*** vorurteilsfrei; ***sin ~ de*** unbeschadet + *Gen*
prejuzgar ⟨-g/gu-⟩ *tr* vorschnell urteilen über; JUR präjudizieren
prela|ción *f* Vorrang *m*; Vorzug *n*; Vorrecht *n*; **~da** *f* Oberin *f*; **~do** *m* Prälat *m*; Oberer *m*; **~vado** *m* Vorwäsche *f*; **~var** *tr* vorwaschen
preliminar I *Adj* vorläufig; einleitend; Vor- **II** *m* **~es** *m/Pl* Vorverhandlungen *f/Pl*; Präliminarien *n/Pl*
preludio *m* Präludium *n*; Vorspiel *n auch übertr*; Einleitung *f*; Prélude *n*
pre|marital, **~matrimonial** vorehelich
prematuro frühreif; verfrüht; frühzeitig;

vorzeitig; Früh-; übereilt
premeditación *f* Vorsatz *m*, Vorsätzlichkeit *f*; Vorbedacht *m*; ***con ~*** vorsätzlich
premedit|adamente absichtlich; **~ado** vorbedacht, gezielt; überlegt; vorsätzlich; wissentlich; **~ar** *tr* im Voraus bedenken; vorher überlegen; JUR vorsätzlich planen
premiado I *Adj* preisgekrönt ◇ ***ser ~*** ausgezeichnet werden **II** *m* Preisträger *m*
premiar *tr* belohnen; mit einem Preis auszeichnen
premier *m* Premier *m*
premio *m* Belohnung *f*; Preis *m Auszeichnung*; Prämie *f*; Gewinn *m*; HDL Aufgeld *n*; Preisträger *m*; ***~ ambulante*** *od* ***periódico*** SPORT Wanderpreis *m*; ***~ de captura*** Fangprämie *f*; für die Festnahme ausgesetzte Belohnung *f*; ***~ de consolación, ~ consuelo*** Trostpreis *m*; ***~ gordo*** *Lotterie* Hauptgewinn *m*; ***~ literario (en metálico)*** Literatur-(Geld)preis *m*; ***~ de natalidad*** Mutterschaftsgeld *n*; ***~ Nobel*** *od* ***Nóbel*** Nobelpreis *m*; Nobelpreisträger *m*; ***♀ de la Paz*** Friedenspreis *m des Deutschen Buchhandels*; ***~ por rendimiento*** Leistungszulage *f*; ***~ de seguro*** Versicherungsprämie *f*; ***gran ~*** Hauptpreis *m*
premios|idad *f* Knappheit *f*; Schwerfälligkeit *f*; **~o** beengt; knapp; schwerfällig; unbeholfen; gehemmt; dringend, dringlich
premisa *f* Vorbedingung *f*; Prämisse *f* ◇ ***sentar las ~s*** die Voraussetzungen schaffen
premon|ición *f* Vorgefühl *n*, -ahnung *f*; **~taje** *m* Vormontage *f*
premura *f* Dringlichkeit *f*; Eile *f*; ***con ~*** schnell, ***con ~ de tiempo*** unter Zeitdruck; ***por ~ de espacio*** aus Platzmangel
prenda *f* Pfand *n*; Unterpfand *n*; Schatz *m*, Liebling *m*; Vorzug *m*, gute Eigenschaft *f*; ***~s de abrigo*** warme Kleidung *f*; ***~s de cama (interiores)*** Bett-(Unter)wäsche *f*; ***~s deportivas*** Sportkleidung *f*; ***~ mobiliaria*** Faustpfand *n*; ***~ (de vestir)*** Kleidungsstück *n*; ***en ~*** als Unterpfand; als Zeichen ◇ ***desempeñar una ~*** ein Pfand einlösen; ***no querer soltar ~*** nichts hergeben wollen; ***sacar ~*** pfänden
prendar *tr* pfänden; beeindrucken; *jmdn* für sich einnehmen; **~se** Gefallen finden (***de*** an *jmdn*)
prendedor *m* Brosche *f*
prender I *tr* ergreifen; nehmen; fassen; packen (***de*** an); auffangen; erwischen *zu fassen bekommen*; befestigen; feststecken; anheften; zusammenheften; *eine Krankheit* herhaben von; sich *etw* zuziehen; *Feuer* fangen; *Licht* machen; *Feuer, Licht*, RADIO anmachen; RADIO, TV einschalten; *Motor* starten; *Am Zigarette* anzünden **II** *intr* zünden; *Flammen, Ideen* um sich greifen *sich ausbreiten*; (er)greifen; angehen *Wurzeln schlagen*; zu wirken beginnen; trächtig sein; ***~se*** Feuer fangen; sich *etw* anstecken; ***~se de algo*** etw an sich reißen; ***~se en algo*** an *od* in etw hängen bleiben
prender|ía *f* Gebrauchtwarenladen *m*; *Col* Pfandleihe *f*; **~o** *m* Trödler *m*
prendido *m* Kopfputz *m*; ***~ de flores*** Blumengesteck *n*
prendimiento *m* Ergreifung *f*, Festnahme *f*
prenombrado *Am* oben erwähnt
prensa *f* TECH Presse *f auch* ZTGSW; ***~ amarilla*** Boulevardpresse *f*; ***~ del corazón (~ diaria)*** Regenbogen-(Tages)presse *f*; ***~ especializada*** Fachpresse *f*; ***~ para fruta (de imprimir)*** Obst-(Druck)presse *f*; ***~ rotativa*** Rotationsdruckmaschine *f*; ***en ~*** im Druck ◇ ***dar a la ~*** in Druck geben
prens|ado *m* Pressen *n*; Keltern *n*; **~ar** *tr* pressen; TEXTIL glätten; auspressen; zusammenpressen; keltern
prensista *m(f)* Druckereiarbeiter(in) *m(f)*
preñ|ada I *Adj* ZOOL trächtig; schwanger **II** *f* Schwangere *f*; **~ado** *übertr* schwanger; geschwängert; voll; angefüllt (***de*** mit); **~ar** *tr* schwängern; *Muttertiere* decken; *übertr* füllen (***de*** mit); **~ez** *f* Trächtigkeit *f*; Tragezeit *f*; Schwangerschaft *f*
preocupación *f* Beunruhigung *f*; Sorge *f* (***por*** um); Anliegen *n*; Kummer *m*; ***~ por los rendimientos*** Leistungsdruck *m*; ***cargado de preocupaciones*** sorgenvoll; ***exento de ~, sin preocupaciones*** sorglos; unbefangen
preocupado besorgt (***con, por*** um, wegen) ◇ ***estar ~*** sich Sorgen machen; ***eso me tiene ~*** das bereitet mir Kummer *od* Sorgen
preocupante Besorgnis erregend
preocupar *tr* stark beschäftigen; beunruhigen; **~se** sich Sorgen machen (***por*** um); bemüht sein (***de*** um); sich kümmern (***de*** um); ***no se preocupe*** seien Sie unbesorgt; machen Sie sich nichts draus
preopinante *m* Vorredner *m*
preparación *f* Vorbereitung *f*; Zubereitung *f*; Aufbereitung *f*; Herrichtung *f*; Präparierung *f*; Ausbildung *f*; *mikroskopisches* Präparat *n*; ***~ academica (especializada; profesional)*** Hochschul-(Fach-; Berufs)-ausbildung *f*; ***~ de datos*** INFORM Datenaufbereitung *f*; ***sin ~*** ohne Vorbildung
preparado I *Adj* bereitet; bereit, fertig; ***bien ~*** gut ausgebildet ◇ ***estar ~ para u/c*** sich auf etw gefasst machen; auf etw gefasst sein **II** *m* Präparat *n*; Mittel *n*; ***~s alimenticios*** Fertignahrung *f*; ***~ a base de hormonas (~ durable; listo; polivitamíni-***

P

co) Hormon-(Dauer-; Fertig-; Multivitamin)präparat *n*; **~ *de opción*** Mittel *n* der Wahl
preparar *tr* vorbereiten (***para*** auf); zubereiten; aufbereiten; bereitstellen; zu-, herrichten; ausarbeiten; *Essen, Getränke* bereiten; CHEM, MED, PHARM präparieren; *jmdn* trainieren; ausbilden; TECH vorrichten; INFORM rüsten; CHEM ansetzen; **~se** sich vorbereiten (***a*** auf, zu); sich einrichten, sich rüsten; Vorkehrungen treffen; sich gefasst machen; im Anzug sein *z.B. Gewitter*
preparativo *m* Vorbereitung *f*; ***~s para la boda*** (***de viaje***) Hochzeits-(Reise)vorkehrungen *f/Pl*
preparatorio vorbereitend; Vor-
preponder|ancia *f* Überwiegen *n*; Übergewicht *n*; Vorherrschen *n*; Vormacht(stellung) *f*; **~ar** *intr* überwiegen; vorherrschen; die Vorherrschaft haben
preposición *f* GRAMM Präposition *f*
prepoten|cia *f* Vorherrschen *n*; Übermacht *f*; *Am* Anmaßung *f*; **~te** übermächtig; *Am* anmaßend
preprogramado vorprogrammiert
prepucio *m* ANAT Vorhaut *f*
pre|rrequisito *m* Voraussetzung *f*; **~rrevolucionario** Vorrevolutions-; **~rrogativa** *f* Vorrecht *n*; **~rromano** vorrömisch; **~rromanticismo** *m* LIT Vorromantik *f*
presa *f* Fang *m*; Beute *f*; Wehr *n*; Talsperre *f*; MAR Prise *f*; **~ *de esclusa*** Schleusenwehr *n*; **~** (***de embalse***) Staudamm *m* ◇ ***cortar en ~s*** in Stücke schneiden *z.B. Fleisch*; ***hacer*** **~** fangen; greifen
presagi|ar *tr* vorhersagen; voraussehen; prophezeien; **~o** *m* Vorzeichen *n Omen*; Vorbedeutung *f*; Ahnung *f*
presbicia *f* Weitsichtigkeit *f*
présbit|a, ~e weitsichtig
presb|iteriano *m* Presbyterianer *m*; **~ítero** *m* Priester *m*
prescind|ible entbehrlich; **~ir** *intr* absehen (***de*** von); verzichten (***de*** auf); Abstand nehmen (***de*** von)
prescribir ⟨*Part* ***prescrito***⟩ **I** *tr* vorschreiben; MED verschreiben, verordnen **II** *intr* verjähren
prescripción *f* Vorschrift *f*; MED Verschreibung *f*, Verordnung *f*; Verjährung *f*; **~ *de calidad*** (**~ *preventiva*; *de servicio***) Güte-(Schutz-; Betriebs)vorschrift *f*; **~ *de ejecución*** Durchführungsbestimmung *f*; ***prescripciones de seguridad*** Sicherheitsbestimmungen *f/Pl*; ***de ~ obligatoria*** rezeptpflichtig; ***salvo ~ facultativa*** wenn vom Arzt nicht anders verordnet
prescriptible verjährbar
prescrito *Part von* ***prescribir*** ◇ ***estar*** *od* ***haber ~*** verjährt sein
preselección *f* Vorauswahl *f*
presencia *f* Anwesenheit *f*; Vorhandensein *n*; Präsenz *f*; Gegenwart *f*; Aussehen *n*; Image *n Ansehen*; **~ *de ánimo*** Geistesgegenwart *f*; **~ *en el mercado*** Marktpräsenz *f*; ***buena ~*** angenehmes Äußeres *n*; ***de buena ~*** gut aussehend; ansehnlich; ***en ~ de*** im Beisein von; angesichts *Gen*; ***escasa ~*** schwache Präsenz *f*; ***sin ~*** ohne Beisein
presenciar *tr* beiwohnen; dabei sein (*dir Obj* bei); Augenzeuge sein von; wahrnehmen; erleben; *etw* durchleben
presentable annehmbar; anständig; vorstellbar; vorzeigbar
presentación *f* Vorstellung *f*; Vorführung *f*; Darstellung *f*; Auftritt *m*; THEAT Inszenierung *f*; Aufführung *f*; *Ware* Aufmachung *f*; Präsentation *f*; Ausstattung *f*; Äußeres *n*; *Medikament* Handelsform *f*; *Scheck, Wechsel* Vorlage *f*; Vorzeigen *n*; *Gesuch* Einreichung *f*; *Am reg* Eingabe *f*; **~ *de datos*** INFORM Datenanzeige *f*; **~ *de mercancías*** *od* ***productos*** Waren- *od* Produktpräsentation *f*; **~ *del proyecto*** Projektpräsentation *f*; ***a su ~*** FIN bei Vorlage; ***contra ~ de*** gegen Vorlage von; ***nueva ~*** Wiedervorlage *f* ***previa ~*** gegen Vorlage *eines Dokuments* ◇ ***hacer su ~*** *Arbeitsstelle* sich vorstellen; ***se requiere su ~*** ihr *bzw* Ihr Erscheinen ist erforderlich
present|ador *m*, **~adora** *f* TV Showmaster (-in) *m(f)*; TV Moderator(in) *m(f)*, TV Ansager(in) *m(f)*; Versammlungsleiter(in) *m(f)*; *Scheck* Einreicher *m*; **~ar** *tr* vorstellen; darstellen; darbieten; vorführen; vorzeigen; aufführen; vorstellig werden mit; *Beweise, Zeugen* beibringen; vorlegen; aufwarten mit; *Antrag* einbringen; *Klage* anbringen; *Gesuch* einreichen; *für ein Amt* vorschlagen; *Geschenk* überreichen; *Schriftstück* unterbreiten; abgeben; *Einspruch* erheben; aufweisen, haben; bieten; PARL beantragen; präsentieren *auch* MIL; *Argumente, Beweise* vorbringen; *Schwierigkeiten* machen; RADIO, TV moderieren; **~arse** sich vorstellen; auftreten; sich darstellen; sich darbieten; sich anbieten; sich stellen *z.B. der Polizei*; *Gelegenheit* sich bieten; erscheinen
presente I *Adj* anwesend; zugegen; jetzig; derzeitig; gegenwärtig; vorliegend; (stets) vorhanden; *bei Anwesenheitskontrolle* **¡~!** *bei namentlichem Aufruf* Hier! ◇ ***estar ~*** präsent *od* dabei sein; ***hacer ~*** erinnern; ***hacerse ~*** sich einstellen *kommen*; ***tener ~ u/c*** sich etw vergegenwärtigen; etw beachten; an etw denken **II a**) *m* Gegenwart *f*

P

GRAMM Präsens *n*; Präsent *n*; ***al ~*** jetzt; ***hasta el ~*** bisher; ***los aquí ~s*** die hier Anwesenden; ***por el ~*** zur Zeit **b)** *f* Anwesende *f*; vorliegendes Schreiben ◇ ***por la ~ le comunicamos*** hiermit teilen wir Ihnen mit
present|imiento *m* (Vor-)Ahnung *f*; **~ir** ⟨-ie-/-i-⟩ *tr* ahnen
preservación *f* Bewahrung *f*; Erhaltung *f*; Schutz *m*; ***~ de las especies*** Arterhaltung *f*; ***~ del medio ambiente*** Umwelterhaltung *f*
preserv|ar *tr/intr* bewahren; erhalten; schützen (***de*** vor); entgegenwirken; **~arse** sich schützen (***contra*** gegen; ***de*** vor); **~ativo I** *Adj* vorbeugend; schützend **II** *m* Schutzmittel *n*; Präservativ *n*
presidencia *f* Präsidentschaft *f*; Vorsitz *m*; Vorstand *m*; Präsidium *n*; ***bajo la ~ de*** unter dem Vorsitz von ◇ ***asumir la ~*** den Vorsitz übernehmen
presidencial I *Adj* Präsidial-; Präsidenten-; Präsidentschafts- **II** *f* **~es** *f/Pl* Präsidentschaftswahlen *f/Pl*
presidenta *f* Präsidentin *f*; Vorsitzende *f*; REL Oberin *f*
presidente *m* Präsident *m*; Vorsitzender *m*; ***~ de la comisión*** (***del comité de empresa***) Ausschuss-(Betriebsrats)vorsitzender *m*; ***~ del consejo de administración*** Verwaltungsratsvorsitzender *m*; *Esp* Aufsichtsratsvorsitzender *m*; ***~ por edad*** (***~ federal***; *Esp* ***del gobierno***; ***de la Nación*** *od* ***República*** *Am*) Alters-(Bundes-; Minister-; Staats)präsident *m*; ***~ de honor, ~ honorífico*** Ehrenpräsident *m bzw* -vorsitzender *m*; ***~ de la junta directiva*** Vorstandsvorsitzender *m*; ***~ de*** (***la***) ***mesa electoral*** Wahlleiter *m*; ***~ municipal*** *Méx* Bürgermeister *m*; ***~ vitalicio*** Präsident *m* auf Lebenszeit
presidiario *m* Zuchthäusler *m*; Strafgefangener *m*
presidio *m* Zuchthaus *n*; ***~ de máxima seguridad*** Hochsicherheitsgefängnis *n*
presidir *tr* den Vorsitz führen bei; *einem Gremium* vorstehen
presilla *f* Paspelschnur *f*; Spange *f*; *Cu* Büroklammer *f*; ***~ del cinturón*** Gürtelschlaufe *f*
presilladora *f Cu* Heftmaschine *f*
presión *f* Druck *m auch übertr*; Druckmittel *n*; Andrang *m von Menschen*; ***~ del aire, ~ atmosférica*** Luftdruck *m*; ***~ arterial*** *od* ***sanguínea*** Blutdruck *m*; ***~ competitiva*** Wettbewerbsdruck *m*; ***~ sobre el eje*** (***~ de ensayo***; ***de inflado*** *od* ***de neumático***) Achs-(Prüf-; Reifen)druck *m*; ***~ fiscal*** FIN Steuerbelastung *f*; ***~ de régimen*** Betriebsdruck *m*; ***a ~*** unter Druck; ***de ~*** Druck- ◇ ***tomar la ~*** den Blutdruck messen
presionar I *intr/tr* Druck ausüben (***a*** *od dir Obj* auf) **II** *tr* drücken; unter Druck setzen
preso *unreg Part von* **prender I** *Adj* ◇ ***darse ~*** sich ergeben; ***estar ~*** einsitzen; ***llevar ~*** *jmdn* abführen; ***meter ~*** einlochen; ***ser ~*** gefasst werden **II** *m* Gefangener *m*; Häftling *m*
prestación *f* Leistung *f*; (Eigen-)Leistung *f Abgabe*; ***prestaciones*** *Pl* HDL, TECH Extras *Pl*; ***~ anticipada*** (***de auxilio***; ***de fianza***) Vor-(Hilfe-; Bürgschafts)leistung *f*; ***prestaciones por desempleo*** (***en especie***) Arbeitslosengeld *n* (Sachleistungen *f/Pl*); ***~ económica por gran invalidez*** Pflegegeld *n*; ***~ sanitaria*** gesundheitliche Betreuung *f*; ***~ secundaria*** (***del seguro***; ***de servicio***) Neben-(Versicherungs-; Dienst)leistung *f*; ***~ social*** Sozialleistung *f*; ***~ social sustituoria*** *Esp* Zivildienst *m* ◇ ***otorgar una ~*** eine Leistung erbringen; ***percibir las prestaciones por desempleo*** Arbeitslosengeld beziehen; ***recortar las prestaciones sociales*** die Sozialleistungen kürzen
prestado: ***de ~*** leihweise ◇ ***dar ~*** verleihen; ***dejar ~*** leihweise überlassen; ***pedir*** *od* ***tomar ~*** ausleihen
prest|ador *m*, **~adora** *f* Verleiher(in) *m(f)*; **~amista** *m(f)* Geldverleiher(in) *m(f)*; Pfandhausbesitzer(in) *m(f)*; Pfandleiher(-in) *m(f)*; Darlehensgeber(in) *m(f)*; Geldgeber(in) *m(f)*
préstamo *m* Darlehen *n*; Anleihe *f*; Ausleihen *n*; Leihgabe *f*; LING Lehnwort *n*; ***~ hipotecario*** (***sin intereses***) Bauspardarlehen *n* (zinsloses Darlehen *n*); ***~ interbibliotecario*** *Bibliothek* Fernleihe *f*; ***~ vivienda*** Wohnungsbaudarlehen *n* ◇ ***otorgar*** (***tomar***) ***un ~*** ein Darlehen gewähren (aufnehmen)
prestancia *f* Vortrefflichkeit *f*
prest|anombre *m übertr* Strohmann *m*; **~ar I** *tr* verleihen *auch übertr*; ausleihen; leihen; beleihen (***sobre*** *Akk*); *Eid* ablegen; *Dienst*, *Eid*, *Hilfe* leisten; *Aufmerksamkeit* widmen; *Glauben* schenken; *Unterstützung* gewähren; *Obacht* geben **II** *intr* nachgeben; sich dehnen *z.B. Schuhe*; **~arse** sich anbieten (***a*** zu); sich hergeben (***a*** zu); sich bequemen (***a*** zu); sich eignen (***a*** für); **~atario** *m* Darleh(e)nsnehmer *m*; Kreditnehmer *m*
presteza *f* Schnelligkeit *f*
presti|giar *tr* Ansehen verleihen; **~gio** *m* Ansehen *n*; Prestige *n*, Ruf *m*; **~gioso** angesehen; einflussreich
presto rasch, schnell; bereit
presum|ible mutmaßlich; **~ido I** *Adj* von

P

sich eingenommen; eingebildet **II** *m* Angeber *m*, Wichtigtuer *m*; **~ir** *tr* annehmen (**de** mit); sich etw einbilden (**de** auf); sich aufspielen (**de** als)
presun|ción *f* Vermutung *f*; Anmaßung *f*; Einbildung *f*; **~to** vermutlich; mutmaßlich; vermeintlich; angeblich; **~tuosidad** *f* Einbildung *f*; **~tuoso** protzig; eitel, eingebildet
presu|poner 〈→ ***poner***〉 *tr* voraussetzen; veranschlagen; **~puestar** *tr* das Budget aufstellen, budgetieren; im Haushalt vorsehen; veranschlagen; **~puestario** Haushalts-
presupuesto *m* Voraussetzung *f*; Kosten(vor)anschlag *m*; Haushalt *m*, Etat *m*, Budget *n*; ***~ anual*** Jahresbudget *n*, -etat *m*; ***~ complementario*** Nachtragshaushalt *m*; ***~ deficitario*** (***equilibrado***; ***extraordinario***) negativer (ausgeglichener; außerordentlicher) Haushalt *m*; ***~ general del Estado*** Staatshaushalt *m*; ***~ publicitario*** (***público***) Werbeetat *m* (öffentlicher Haushalt *m*); ***~ restrictivo*** POL sparsame Haushaltsführung *f* ◇ ***pedir un ~*** einen Kostenvoranschlag einholen
presur|a *f* Eile *f*; Eifer *m*; **~izado** mit Druckausgleich; FLUGW Druck-; Überdruck-; **~oso** eilig
pretemporada *f* Vorsaison *f*
pretencioso anmaßend; eingebildet; anspruchsvoll
pretender *tr von jmdm etw* fordern; beanspruchen; sich *etw* anmaßen; Absichten haben auf; erstreben; streben nach; sich bewerben um *z.B. eine Anstellung*; um *eine Frau* werben; behaupten *als richtig ausgeben*; vorgeben *Unwahres behaupten*; **~** + *Inf* versuchen zu + *Inf*; ***no ~ molestar*** nicht stören wollen; ***no pretender nada*** keine(rlei) Ansprüche stellen
pretendi|do angenommen, vermeintlich; angeblich; **~ente** *m* Anwärter *m*; Bewerber *m*; Bittsteller *m*; Freier *m*; Prätendent *m*
pretensión *f* Anspruch *m*; Beanspruchung *f*; Forderung *f*; Verlangen *n*; Anmaßung *f*; Anwartschaft *f*; Bewerbung *f*; Streben *n* (**de** nach); Absicht *f*; Ansuchen *n*, Gesuch *n*; ***~ desmedida*** Ansinnen *n*; ***pretensiones económicas*** Gehaltsforderungen *f/Pl*; ***~ legal*** Rechtsanspruch *m*; ***con*** (***sin***) ***pretensiones*** anspruchsvoll (-los) ◇ ***andar en pretensiones*** auf Freiersfüßen gehen; ***tiene pretensiones de elegante*** (***de músico***) er bildet sich ein, elegant (ein Musiker) zu sein
pretensioso *Am* eingebildet
pretérito I *Adj* vergangen **II** *m* GRAMM Präteritum *n*; *übertr* Vergangenheit *f*
pretextar *tr* vorgeben, vorschützen
pretexto *m* Vorwand *m*; Ausrede *f*; ***a*** *od* ***bajo*** *od* ***con el*** *od* ***so ~ de*** unter dem Vorwand, zu
pretil *m* Brüstung *f*; Geländer *n*
pretratamiento *m* Vorbehandlung *f*
preuniversitario *Am* voruniversitär
prevalecer 〈-c/zc-〉 *intr* sich durchsetzen; siegen; den Ausschlag geben; obsiegen, die Oberhand behalten; überwiegen; *Pflanzen* Wurzel schlagen; *Saat* aufgehen; gedeihen; ***hacer ~*** *Meinungen*, *Interessen* durchsetzen
preval|eciente überwiegend; vorherrschend; **~ente** entscheidend; **~er** *intr* → ***prevalecer***; **~erse** *Beziehungen* spielen lassen (**de** *Akk*)
prevaric|ación *f* Pflichtverletzung *f*; Rechtsbeugung *f*; Veruntreuung *f im Amt*; **~ar** 〈-c/qu-〉 *intr* VERW seine Pflicht verletzen; *i w S* pflichtwidrig handeln; das Recht beugen
prevención *f* Zusammenstellung *f z.B. von Ausrüstungsgegenständen*; Ausstattung *f*; Vorbeugung *f*; Vorsorge *f*; Verhütung *f*; Abwendung *f*; Vorkehrung *f*; Warnung *f*; Benachrichtigung *f*; Voreingenommenheit *f*; Voraussicht *f*; Untersuchungshaft (-anstalt) *f*; Arrestlokal *n*; Kasernenwache *f*; ***~ de accidentes*** Unfallverhütung *f*; ***de ~*** für den Notfall; ***sin ~*** unvorbereitet ◇ ***tener ~ contra alg*** voreingenommen sein gegenüber jmdm
prevencionista *m*: ***~ laboral*** Arbeitsschutzfachmann *m*
prevenido vorsichtig; bedächtig; vorbereitet; voreingenommen; vorausschauend; (vor)gewarnt; ***bien ~*** gut ausgestattet; *Gefäß* wohl gefüllt ◇ ***andar*** *od* ***estar ~*** auf der Hut sein; ***ser ~*** vorsichtig sein
prevenir 〈→ ***venir***〉 *tr/intr etw* bereitstellen, vorbereiten; *Sendung* zusammenstellen; *Gegenstände* zurechtlegen; *jmdn* versehen (**de** mit); vorbeugen; verhüten; vorher benachrichtigen; aufmerksam machen; vorwarnen; *Schaden* im Voraus erkennen; *Gefahr* zuvorkommen; *Unglück* abwehren; **~se** seine Vorkehrungen treffen; sich versehen (**de** mit); sich vorsehen; sich schützen
prevent|a *f* Vorverkauf *m*; **~ivo I** *Adj* vorbeugend, Vorsorge-; Verhütungs-; Präventiv- **II** *m* Vorbeugungsmittel *n*; **~orio** *m* Heilstätte *f*
prev|er 〈→ ***ver***〉 *tr* voraus-, vorhersehen; **~iamente** zuvor; vorher, im Voraus; **~io** vorherige(r, -s); Vor-; **~isibilidad** *f* Voraussehbarkeit *f*

previsión *f* Voraussicht *f*; Erwartung *f*; Vorsicht *f*; Vorsorge *f*; Fürsorge *f*; Vorhersage *f*; **~ laboral** *od* **obrera** Arbeitsschutz *m*; **~ meteorológica** *od* **del tiempo** Wettervorhersage *f*; **~ social** Sozialfürsorge *f*; **~ para la tercera edad** Altersvorsorge *f*; **~ de ventas** Verkaufsprognose *f*; **contra toda ~** wider alles Erwarten; **en ~ de que** für den Fall, dass ◇ **obrar con ~** umsichtig handeln
previsto: **estar ~** vorgesehen sein
P.R.I. *m Abk für* **Partido Revolucionario Institucionalizado** *mexikanische Partei*
priet|a *f Chi* Blutwurst *f*; **~o** knapp; eng (geschnürt); knauserig; dunkel(häutig)
prima[1] *f* Kusine *f*
prima[2] *f* Prämie *f*; **~ anual** (**sobre la cifra de ventas**) Jahres-(Umsatz)prämie *f*; **~ de estímulo** Förderungsprämie *f*; **~ de rendimiento** Leistungsprämie *f bzw* -zulage *f*; **~ de seguro** Versicherungsprämie *f*
primacía *f* Überlegenheit *f*; Vorrang *m*; Primat *n,m*; Vormachtstellung *f*
primada *f* Dummheit *f*; Blauäugigkeit *f Naivität*
prim|ado *m* REL Primas *m*; **~ar** *intr* überwiegen; *Am* vorherrschen; **~ario** erster; primär; Primär-; ursprünglich; Ur-; dürftig, rudimentär; **~ate** *m* Magnat *m*; ZOOL Primat *m*
primaver|a *f* Frühling *m*; Frühjahr *n auf der nördlichen Halbkugel*; Primel *f*; **~al** Frühlings-; Frühjahrs-; *Wetter* frühlingshaft
primer *Kurzf von* **primero** *vor Subst/m*
primera *f* KFZ erster Gang *m*; **~ de cambio** FIN Primawechsel *m*; **de ~** erster Klasse *Fahrkarte*; prima, super
primeriz|a *f* → **primípara**; **~o I** *Adj* früh einsetzend; Erstlings- **II** *m* Anfänger *m*; Neuling *m*
primero I *Adj* erster **II** *Adj* Erst-; Ur-; ursprünglich **III** *m* **el ~** der Erste; **lo ~** das Erste, das Nächste; das Erstbeste; die Hauptsache; **lo ~ de todo** zunächst; **a ~s de** (am) Anfang ◇ **está el ~ en la cola** er steht als Erster in der Schlange; **llegó el ~** er kam als Erster an **IV** *Adv* erstens; als Erster; zuerst; **~ que nada** vor allem; **~ que todo** zuallererst
primicia *f* erste Frucht *f*; Erstling *m*; Neuheit *f*; **~s** *Pl übertr* Anfänge *m/Pl*; erste Erfolge *m/Pl*
primicial Erstlings-
primípara *f* Erstgebärende *f*
primitiv|ismo *m* Primitivität *f*; **~o** ursprünglich; urwüchsig; urtümlich; primitiv; Ur-; Grund-; Ausgangs-
primo I *Adj* → **primero II** *in wenigen Verbindungen, z.B.* → **materia prima II** *m* Vetter *m* ◇ **lo cogieron de ~** man hat ihn reingelegt; **hacer el ~** *jmdm* auf den Leim gehen; reinfallen *getäuscht werden*
primo|génito *m* Erstgeborener *m*; **~genitura** *f* Erstgeburt *f*; Erstgeburtsrecht *n*
primor *m* Geschicklichkeit *f*; Vollkommenheit *f*; Meisterwerk *n* ◇ **cantar con ~** entzückend singen; **es un ~** es ist ein Meisterstück; **... que es un ~** *z.B. sie kocht od es regnet* ..., dass es eine wahre Freude ist
primor|dial ursprünglich; Ur-; Elementar-; grundlegend; wesentlich; Haupt-; **~oso** vorzüglich; vortrefflich; sauber gearbeitet; kunstvoll, entzückend; sehr geschickt
princesa *f* Prinzessin *f*; Fürstin *f*
principada *f* Übergriff *m*; Amtsanmaßung *f*
principado *m* Fürstentum *n*; Fürstentitel *m*; Fürstenstand *m*
principal I *Adj* hauptsächlich, Haupt-; wichtigster; wesentlich; ausgezeichnet; Grund- **II** *m(f)* Geschäftsinhaber(in) *m(f)*; Grundkapital *n ohne Zinsen*; *Etagenhaus* erster Stock *m*; **lo ~** die Hauptsache; das Wichtigste
principal|idad *f* Erstrangigkeit *f*; **~mente** hauptsächlich, im Wesentlichen, insbesondere
príncipe *m* Prinz *m*; Fürst *m*; **~ azul** *od* **encantado** Märchenprinz *m*; **~ consorte** Prinzgemahl *m*; **~ heredero** *od* **real** Kronprinz *m*; **~ regente** Prinzregent *m*
principi|ante *m* Anfänger *m*, Debütant *m*; **~ar** *tr/intr* anfangen, beginnen
principio *m* Beginn *m*; Ausgangspunkt *m*; Gesetz *n*; Prinzip *n*, Grundsatz *m*; Hauptgericht *n*; **~s** *Pl* Grundregeln *f/Pl*; Anfänge *m/Pl*; **~ de no discriminación** Diskriminierungsverbot *n*; **~ de funcionamiento** Arbeitsprinzip *n*; **~ obligado** grundlegendes Prinzip *n*; **~ de reciprocidad** (**~ rector**) Gegenseitigkeits-(Leit)prinzip *n*; **~ de subsidiariedad** POL, WIRTSCH Subsidiaritätsprinzip *n*; **a ~s** (am) Anfang; **al ~** anfänglich; zu Beginn; **de ~s** prinzipiell *Adj*; **desde un ~** von Anfang an; **en** *od* **por ~** prinzipiell *Adv*; **en un ~** anfänglich; **muy al ~** ganz am Anfang; **sobre ~s paritarios** auf paritätischer Grundlage ◇ **comenzar desde el ~** von vorn anfangen; **dar ~** anfangen, beginnen
pring|ar ⟨-g/gu-⟩ **I** *tr* mit Fett voll spritzen *od* beschmieren; ins Bratenfett *od* Speckfett tunken; mit flüssigem Fett beträufeln; *jmdn* blutig schlagen; *umg jmdn* hochgehen lassen; *übertr* anschwärzen **II** *intr/tr* sich abrackern; *jmdn* für etw gewinnen; seine Finger im Spiel haben *beteiligt sein*; *AmC*, *Méx* tröpfeln *leicht regnen*; **~arse** sich voll schmieren; *übertr* sich schmutzig

P

machen; sich (mit Fett) bekleckern; sich gesundstoßen *sich bereichern*; **~oso** fettig; vollgeschmiert, verschmiert; klebrig *z.B. Lippen*

pringue *m* Bratenfett *n*; Fettfleck *m*; Dreckarbeit *f*; ***lleno de ~*** bekleckert

prior *m* Prior *m*; **~a** *f* Oberin *f*

priori: ***a ~*** von vornherein

prioridad *f* Dringlichkeit *f*; Vorrang *m*; Priorität *f*; VERK Vorfahrt *f* ◇ ***dar ~ a u/c*** etw vorrangig behandeln; einer Sache Vorrang einräumen; ***tener ~*** Vorfahrt haben (***sobre*** vor); ***eso tiene ~*** das geht vor *hat Vorrang*

priori|tario vorrangig; vordringlich; Schwerpunkt-; **~zación** *f* vorrangige Behandlung *f*; **~zar** ⟨-z/c-⟩ *tr* Prioritäten setzen

prisa *f* Eile *f*; ***a ~*** schnell; ***a toda ~*** in aller Eile *f*; ***de ~*** eilig; ***de ~ y corriendo*** Hals über Kopf; ***sin ~(s)*** gemächlich ◇ ***corre*** *od* ***da ~*** es eilt; ***darse ~*** sich beeilen; ***estar de ~*** in Eile sein; ***tener ~*** es eilig haben

prisión *f* Haft *f*; Gefängnis *n*, Justizvollzugsanstalt *f*; Gefangenschaft *m*; ***~ celular*** Einzelhaft *f*; ***~ domiciliaria*** Hausarrest *m*; ***~ preventiva*** Untersuchungshaft *f*; ***~ de máxima seguridad*** Hochsicherheitsgefängnis *n* ◇ ***guardar ~*** im Gefängnis sein

prisionero *m* Gefangener *m*; ***~ (de guerra)*** Kriegsgefangener *m* ◇ ***darse ~*** sich in Gefangenschaft begeben; ***ser hecho ~*** *im Krieg* gefangen genommen werden

prisma *m* Prisma *n*

prismático **I** *Adj* Prismen- **II** *m* ***~s*** *Pl* Fernglas *n*; ***~s de noche*** Nachtsichtglas *n*

prístino ursprünglich; urwüchsig

priv. *Abk für* ***privado***; ***privilegio***

privacidad *f* Privatsphäre *f*; Privatheit *f*

privación *f* Beraubung *f*; Entziehung *f*; Entzug *m auch* MED; Vorenthaltung *f*; Aberkennung *f*; ***privaciones*** *Pl* Entbehrungen *f/Pl*; Mangel *m*; ***~ del carnet de conducir*** Führerscheinentzug *m*; ***~ de libertad*** Freiheitsentzug *m*; Freiheitsberaubung *f*

privado **I** *Adj* privat, Privat-; vertraulich; persönlich; ***~ de*** beraubt (*gen*); ***en ~*** privat(im) **II** *m* Vertrauter *m*; Günstling *m*

privar **I** *tr* berauben; ***~le u/c a alg*** jmdm etw nehmen *od* entziehen; jmdm etw verbieten **II** *tr/intr* ***~ a u/c de algo*** einer Sache etw entziehen; ***~ a alg de u/c*** jmdn einer Sache berauben; jmdm etw nehmen; jmdn *seines Amtes* entheben; jmdm etw aberkennen; jmdm etw streichen *z.B. Ausgang* **III** *intr* (sehr) beliebt sein; (sehr) gefallen; große Mode sein; ***~ en alg*** jmdm eigen sein *z.B. Eigenschaft*; ***~se de u/c*** sich etw versagen; einer Sache entsagen; auf etw verzichten

privat|ivo ausschließlich; eigentümlich; kennzeichnend (***de*** für); vorbehalten (***de*** *Dat*); *Partikel, Vorsilbe* verneinend; entziehend; ausschließend *auch* JUR; **~ización** *f* Privatisierung *f*; **~izar** ⟨-z/c-⟩ *tr* privatisieren

privilegiado privilegiert; ***~ fiscalmente*** steuerbegünstigt

privilegiar *tr* bevorrecht(ig)en; begünstigen, privilegieren; bevorzugen

privilegio *m* Privileg *n*; ***~s diplomáticos*** Sonderrechte *n/Pl* für Diplomaten; ***~s fiscales*** Steuervergünstigungen *f/Pl*; ***con ~s fiscales*** steuerlich begünstigt

pro **I** *Präp* für, zugunsten (***campaña ~ paz***); pro- (***~ occidental***) **II** *m* ***el*** (***los***) ***~(s) y el*** (***los***) ***contra(s)*** das Für und Wider; ***en ~ de*** zugunsten + *Gen*

proa *f* Bug *m*; ***de ~ a popa*** von vorn nach hinten *od* achtern

probabilidad *f* Wahrscheinlichkeit *f*; ***~es*** *Pl* Aussichten *f/Pl*; ***~ de éxito*** Erfolgsaussicht *f*; ***~es de vida*** Lebenserwartung *f*; ***de ~*** rechtschaffen

probable wahrscheinlich; mutmaßlich

probado bewährt; erfahren

probador *m* (Umkleide-)Kabine *f in Kaufhäusern*; ***~ de bujías*** KFZ Kerzenprüfer *m*; ***~ de frenos*** Bremsenprüfstand *m*

prob|anza *f* JUR Nachweis *m*; Beweis *m*; Beweismaterial *n*; **~ar** ⟨-ue-⟩ **I** *tr* probieren, testen; ausprobieren; erproben; anprobieren; testen; prüfen; einer Prüfung unterziehen; auf die Probe stellen; *mit Computer* abfragen; an sich erfahren; *Speisen* kosten; beweisen; *etw* erweisen; nachweisen **II** *intr* versuchen (***a*** + *Inf* zu + *Inf*); kosten (***de*** von); *jmdm gut od schlecht* bekommen

prob|atorio beweiskräftig; Beweis-; Probe-; **~eta** *f* Reagenzglas *n*; Messzylinder *m*

probidad *f* Redlichkeit *f*

problema **I** *m* Problem *n*; Angelegenheit *f*; Schwierigkeit *f*; MATH Aufgabe *f*; ***~ de adaptación*** Anpassungsproblem *n*; ***~ clave*** (***de fondo***) Schlüssel-(Grund)problem *n*; ***~ de organización*** Organisationsproblem *n* ◇ ***ahí está el ~*** genau das ist das Problem; ***plantear*** (***resolver*** *od* ***solucionar***) ***un ~*** ein Problem aufwerfen (ein Problem *od* eine Aufgabe lösen); ***sacar el ~*** die (Rechen-)Aufgabe lösen **II** *Adj* Problem-, problematisch

problem|ática *f* Problematik *f*; **~ático** problematisch; fragwürdig; **~atizar** ⟨-z/c-⟩ *tr* problematisieren

prob|o rechtschaffen, redlich; **~óscide** *f* Rüssel *m*; **~oscidio** *m* Rüsseltier *n*

proc. *Abk für* ***procurador***

P

proc|acidad *f* Frechheit *f*, Dreistigkeit *f*; **~az** frech, unverschämt
procedencia *f* Herkunft *f*; Ursprung *m*
procedente JUR berechtigt; angebracht; **~ de** kommend aus; stammend aus; herrührend von
proceder I *intr* verfahren; zu Werke gehen; vorgehen; sich benehmen; **~ a** + *Inf* dazu übergehen, zu + *Inf*; **~ de** stammen aus; (her)kommen aus; seinen Ursprung haben in; herrühren von; **~ judicialmente contra** gerichtlich vorgehen gegen; **procede ...** es scheint angebracht **II** *m* Verfahren *n*; Benehmen *n*; Verhalten *n*; Handlungsweise *f*
procedimiento *m* Verfahren *n*; Vorgehen *n*; Handlungsweise *f*; JUR Rechtsgang *m*; **~ de aprobación** (**~ conciliatorio**; **de consulta**) Genehmigungs-(Vergleichs-; Anhörungs)verfahren *n* **~ monitorio** (**de nota de cargo**) Mahn-(Lastschrift)verfahren *n*; **~ pendiente** anhängiges Verfahren *n*; **~ de quiebra** Konkursverfahren *n* ◇ **declarar terminado el ~** JUR das Verfahren einstellen
proceloso *See* stürmisch, aufgewühlt
prócer *m* bedeutende Persönlichkeit *f*; *bes Am* Vorkämpfer *m*, Führer *m*
procesado *m* Angeklagter *m*
procesador *m* INFORM Prozessor *m*; **~ de datos** Datenverarbeitungsanlage *f*; **~ gráfico** Grafikprozessor *m*; **~ múltiple** Multiprozessor *m*; **~ de textos** INFORM Textverarbeitungsprogramm *n*
procesadora *f* Verarbeitungsbetrieb *m*
procesal Gerichts-; Prozess-
procesamiento[1] *m* gerichtliche Verfolgung *f*; Gerichtsverfahren *n*
procesamiento[2] *m* Verarbeitung *f*; *Abfall* Aufbereitung *f*; **~ electrónico de datos** elektronische Datenverarbeitung *f*; **~ de encargo** Auftragsabwicklung *f*; **~ de imágenes** INFORM Bildverarbeitung *f*; **~ múltiple** INFORM Mehrrechnerbetrieb *m*; **~ del pedido** HDL Auftragsbearbeitung *f*
procesar[1] *tr jmdn* gerichtlich verfolgen
procesar[2] *tr* TECH bearbeiten; verarbeiten *auch* INFORM; **sin ~** unverarbeitet; *Daten* unaufbereitet
procesión *f* Prozession *f*; Umzug *m*; Zug *m von Menschen od Tieren*
proceso *m* Prozess *m*; Entwicklung(sprozess *m*) *f*; Vorgang *m*; Verlauf *m*; Rechtsstreit *m*; → **procesamiento**[2]; **~ de afino** Veredelungsprozess *m*; **~ de concentración** (**datos**) Konzentrationsprozess *m* (INFORM Datenverarbeitung *f*); **~ electoral** Wahlgang *m*; Wahlverfahren *n*; **~ evolutivo** Entwicklungsprozess *m*; **~ de paz** Friedensprozess *m*; **~ penal** Strafprozess *m*; **~ penal reglamentario** Ordnungsstrafverfahren *n*; **~ de producción** Produktionsprozess *m*; **~ de selección** Auswahlverfahren *n*; **~ sensacional** Sensations-, Schauprozess *m*; **~ de textos** INFORM Textverarbeitung *f*; **~ de trabajo** Arbeitsvorgang *m*; Arbeitsprozess *m*; **en ~** laufend ◇ **estar envuelto en un ~ de fusión** sich in einem Fusionsprozess befinden; **suspender el ~** das Verfahren aussetzen; **formar** *od* **seguir un ~** JUR einen Prozess anhängig machen
proclam|a *f* öffentliche Bekanntmachung *f*; Aufruf *m*; *Verlobte* Aufgebot *n*; **~ación** *f* Ausrufung *f*; Bekanntmachung *f*; Verkündigung *f*; **~ar** *tr* ausrufen; proklamieren; verkünden; verkündigen; kundtun; *Verlobte* aufbieten; *Wahlen* ankündigen; **~arse** sich ernennen zu; sich zu *etw* erklären
procliv|e neigend (**a** zu); **~idad** *f* Neigung *f* (**a** zu, **hacia** für); Vorliebe *f*
procomún *m* Gemeinwohl *n*
procre|ación *f* Zeugung *f*; **~ador** *m* BIOL Erzeuger *m*; **~ar** *tr* (er)zeugen
procura *f* → **procuración**
procuración *f* Beschaffung *f*; HDL Prokura *f* ◇ **conceder** *od* **otorgar ~** Prokura erteilen
procurador *m*, **~a** *f* Bevollmächtigte(r) *f*(*m*); Anwalt *m*, -wältin *f*; Prokurist(in) *m*(*f*); **~ en Cortes** *Esp* Abgeordneter *m* der Cortes *in der Franco-Ära*; **~ general de la Nación** *od* **República** *Am reg* Generalstaatsanwalt *m*
procurar *tr* besorgen; bereiten *z.B. Freude*; betreiben; *Anstellung* vermitteln; sich bemühen; **~** + *Inf* versuchen zu + *Inf*
prodig|alidad *f* Verschwendung *f*; Überfluss *m*; **~ar** (‹-g/gu-›) *tr* verschwenden; vergeuden; verprassen; überhäufen mit; immer wieder betreiben *z.B. Aggressionen*; **~io** *m* Wunder *n*; **~iosidad** *f* Großartigkeit *f*; Erstaunlichkeit *f*; **~ioso** wunderbar; erstaunlich; großartig
pródigo verschwenderisch
producción *f* Herstellung *f*; Erzeugung *f*; Produktion *f auch* FILM; *künstlerisches* Schaffen *n*; Fertigung *f*; *Maschine* Leistung *f*; Zustandekommen *n*; **~ agraria** *od* **agrícola** *od* **agropecuaria** landwirtschaftliche Produktion *f*; **~ de alimentos** Nahrungsmittelproduktion *f*; **~ anual** (**de armamentos**; **~ de bienes de consumo**) Jahres-(Rüstungs-; Konsumgüter)produktion *f*; **~ bruta** Bruttoproduktion *f*; **~ en cadena** Fließbandfertigung *f*; **~ per cápita** (**destinada al mercado**; **excesiva**) Pro-Kopf-(Markt-; Über-)Produktion *f*; **~ por encargo** *od* **pedido** Auftragsfertigung *f*; **~ de energía** Energieerzeugung *f*; **~ global** Ge-

P

samtproduktion *f*; **~ en gran escala** (**~ industrial**) Groß-(Industrie)produktion *f*; **~ hullera** Steinkohleförderung *f*; **~ en masa** Massenproduktion *f*; **~ media** durchschnittliche Produktion *f*; **~ a medida** Fertigung *f* nach Maß; **~ mercantil** Warenproduktion *f*; **~ novelística** Romanschaffen *n eines Autors*; **~ pecuaria** (**de petróleo**) Tier-(Erdöl)produktion *f*; **~ por pieza** Einzelanfertigung *f*; **~ en serie** Serienproduktion *f* ◇ **la ~ aumenta** (**baja**) die Produktion steigt (sinkt); **mudar la ~ al exterior** die Produktion ins Ausland verlagern; **racionalizar** (**reorganizar**) **la ~** die Produktion rationalisieren (umstellen); **la ~ se retrasa** die Produktion verzögert sich; **suspender la ~** die Produktion einstellen

producir ⟨→ **conducir**⟩ **I** *tr* herstellen; hervorbringen; erzeugen; produzieren; fertigen; anfertigen; leisten; bilden; hervorrufen; *Freude* bereiten; schaffen; *Gewinn* abwerfen; *Verletzung* beibringen; *Früchte* tragen *auch übertr* **II** *intr* einbringen; *Boden* ertragreich sein; sich auszahlen; **~se** sich ereignen; vor sich gehen; sich vollziehen; sich ergeben; einsetzen; zustande kommen; *Besserung* eintreten; erfolgen; vorkommen; anfallen *z.B. Zinsen*; sich aufführen; sich benehmen

productividad *f* Produktivität *f*; Wirtschaftlichkeit *f*; Leistung(sfähigkeit) *f*; Ergiebigkeit *f*; Einträglichkeit *f*; **~ máxima** Spitzenleistung *f*

productivo produktiv; leistungsfähig; ergiebig; wirtschaftlich *rentabel*; einträglich *z.B. Geschäft*; Produktions-

producto *m* Produkt *n*; Fabrikat *n*; Ertrag *m*; MATH Ergebnis *n*; HDL, IND Mittel *n*; **~ acabado** *od* **manufacturado** *od* **terminado** Fertigerzeugnis *n*; **~(s) alimenticio(s)** Nahrungsmittel *n* (Lebensmittel *n/Pl*); **~s de belleza** Kosmetika *n/Pl*, Kosmetikartikel *m/Pl*; **~ bruto** (**de calidad**) Roh-(Qualitäts)erzeugnis *n*; **~s congelados** Tiefgefrierkost *f*; **~s de consumo básico** Grundnahrungsmittel *n/Pl*; **~ de consumo masivo** *od* **gran consumo** Massenkonsumartikel *m*; **~ ecológico** Bioerzeugnis *n*; umweltfreundliches Produkt *n*; **~ emblemático** Vorzeigeprodukt *n*; **~ innovador, ~ cumbre** Spitzenerzeugnis *n*; **~s de exportación** Exportgüter *n/Pl*; **~ final** (**de fisión**) End-(Spalt)produkt *n*; **~ fitosanitario** Pflanzenschutzmittel *n*; **~s a granel** Schüttgut *n*; **~ industrial** Industrieerzeugnis *n*, Fabrikat *n*; **~ innovador** innovatives Produkt *n*; **~ interior bruto** Bruttoinlandsprodukt *n*; **~ lácteo** Molkereiprodukt *n*; **~ para lavar** Waschmittel *n*; **~ líquido** *od* **neto** HDL Reinertrag *m*; **~ de marca** Markenerzeugnis *n*; **~ nacional** *od* **social bruto** Bruttosozialprodukt *n*; **~ natural** *od* **naturista** Naturprodukt *n*; **~s naturales** Naturalien *Pl*; **~ orgánico** Bioprodukt *n*; **~s de primera necesidad** Güter *n/Pl* des täglichen Bedarfs; **~ nuevo** Neuentwicklung *f*; **~ perecedero** verderbliche Ware *f*; **~ de prensa** Printprodukt *n*; **~ químico** Chemikalie *f*; **~ secundario** Nebenprodukt *n*; **~ semiacabado** *od* **semielaborado** *od* **semimanufacturado** Halbfabrikat *n*; **~s siderúrgicos** Eisen- und Stahlerzeugnisse *n/Pl*; **~ textil** Textilerzeugnis *n*; **~s textiles para el hogar** Wohnraumtextilien *Pl*; **~ de usar y tirar** Wegwerferzeugnis *n* ◇ **colocar un ~ en el** (**lanzar al**) **mercado** ein Produkt auf den Markt bringen (werfen); **el ~ encuentra buena aceptación** das Produkt kommt gut an

productor I *Adj* erzeugend; Erzeuger- **II** *m* Erzeuger *m*; Produzent *m auch* FILM; *während der Francodiktatur*: Arbeiter *m*; **los ~es** die Werktätigen *m/Pl*

productora *f*: **~ cinematográfica** Filmgesellschaft *f*

produje, **produzco** → **producir**

proetarra *m* Anhänger *m* der baskischen Untergrundorganisation ETA

proeza *f* Heldentat *f auch iron*; Großtat *f*; großartige Leistung *f*

prof. *Abk für* **profesor**

profan|ar *tr* entweihen; schänden; *übertr* beschmutzen; herabwürdigen; **~o I** *Adj* profan; weltlich; uneingeweiht; laienhaft **II** *m* Laie *m*; Nichtfachmann *m*; Uneingeweihter *m*

profe|cía Prophezeiung *f*; **~rir** ⟨-ie-/-i-⟩ *tr Schrei*, *Fluch* ausstoßen; *Worte* hervorbringen; *Laute* von sich geben

profesar I *tr* REL sich bekennen (*dir Obj* zu); *Beruf* ausüben; *Fach* lehren; bekunden; *in Freundschaft* zugetan sein **II** *intr* REL die Ordensgelübde ablegen

profesión *f* Beruf *m*; (Ordens-)Gelübde *n*; **~ de fe** REL, *auch* POL Glaubensbekenntnis *n*; **~ liberal** freier Beruf *m mit Hochschulbildung*; freiberufliche Tätigkeit *f*; **de ~** von Beruf(s wegen); Berufs- ◇ **ejercer una ~** einen Beruf ausüben; berufstätig sein; **ejercer una ~ liberal** freiberuflich tätig sein; **hacer ~ de u/c** sich zu etw bekennen; sich mit etw brüsten

profesional I *Adj* Berufs-; beruflich; geschäftlich; hauptberuflich; hauptamtlich; Fach-; professionell **II** *m* Fachmann *m*; SPORT Berufsspieler *m*; **~es** *Pl* (**liberales**) Freiberufler *m/Pl*; **~ de la política** Berufspolitiker *m*

P

profesional|idad *f* Professionalität *f*; **~ismo** *m* Profisport *m*; Professionalität *f*; **~izarse** ⟨-z/c-⟩ *Amt, Funktion* hauptamtlich übernehmen; hauptamtlich werden

profesor *m*, **~a** *f* Lehrer(in) *m(f)*; *i w S* Dozent(in) *m(f)*; **~ *agregado*** *Esp etwa* außerordentlicher Professor *m*; **~ *de autoescuela*** (***baile***) Fahr-(Tanz)lehrer *m*; **~ *adjunto*** *od* ***ayudante*** Assistent *m*; **~ *de Instituto*** *Esp* Mittelschullehrer *m*; **~ *invitado*** *od* ***visitante*** Gastdozent *m bzw* -professor *m*; **~ (*no*) *numerario*** (außer)ordentlicher Professor *m*; **~ *nativo*** Muttersprachler *m* als Lehrer; **~ *de segunda enseñanza, secundario*** *od* ***de secundaria*** Gymnasial-, Oberschullehrer *m*; **~ *universitario*** Hochschullehrer *m*; → ***catedrático***

profesorado *m* Lehramt *n*; Lehrer(schaft *f*) *m/Pl*; Lehrkörper *m*

prof|eta *m* Prophet *m*; **~ético** prophetisch; **~etisa** *f* Prophetin *f*; **~etismo** *m* Prophetentum *n*; **~etizar** ⟨-z/c-⟩ *tr* prophezeien, weissagen; **~iláctico** prophylaktisch **~ilaxis** Prophylaxe *f*

prófugo I *Adj* flüchtig **II** *m* Flüchtiger *m*; Fahnenflüchtiger *m*

profundidad *f* Tiefe *f*; Vertiefung *f*; Tiefgründigkeit *f*; **~ *de campo*** *od* ***foco*** *Foto* Tiefenschärfe *f*; **~ *del surtido*** Sortimentstiefe *f*

profund|izar ⟨-z/c-⟩ *tr/intr* vertiefen; tiefer bohren; ergründen; *in ein Problem* tiefer eindringen; **~izarse** *Krise* sich verschärfen; **~o** tief; tief gehend; tief greifend; tiefgründig; tiefsinnig

profus|ión *f* Verschwendung *f*; Überfluss *m*; Überfülle *f*; **~o** verschwenderisch; reich; reichlich; überreichlich

progen|ie *f* Geschlecht *n*; Sippe *f*; Nachkommen(schaft *f*) *m/Pl*; **~itor** *m* Erzeuger *m Vater*; Ahnherr *m*; **~itores** *m/Pl* Eltern *Pl*; Ahnen *Pl*; **~itura** *f* Nachkommenschaft *f*

progesterona *f* PHARM Progesteron *n*

programa *m* Programm *n*; Plan *m*; Lehrplan *m*; RADIO, TV Sendung *f*; THEAT Spielplan *m*; INFORM Software *f*; *Arg* Flirt *m*; **~ *de acompañamiento*** Rahmenprogramm *n*; **~ *antivirus*, ~ *cazavirus*** Antivirus-, Virensuchprogramm *n*; **~ *de autoedición*** DTP-Programm *n*; **~ *de ayuda*** (***cálculo***) Hilfe-(Kalkulations)programm *n*; **~ *de computación*** Computerprogramm *n*; **~ *de convergencia*** WIRTSCH Konvergenzprogramm *n*; **~ *de correo electrónico*** E-Mail-Programm *n*; **~ *coyuntural*** Konjunkturprogramm *n*; **~ *de cursos y conferencias*** Vorlesungsverzeichnis *n*; **~ *de desarrollo*** (***dibujos***) Entwicklungs-(Zeichen)programm *n*; **~ *docente*** *od* ***de estudios*** (**~ *electoral*; *de emisiones*; *de ensayo*; ~ *espacial***) Lehr-(Wahl-; Sende-; Test-; Raumforschungs)programm *n*; **~ *de edición*** (***empleo***) INFORM Editor-(Beschäftigungs)programm *n*; **~ *de empleo-formación*** Ausbildungsprogramm *n*; **~ *de estabilidad*** WIRTSCH Stabilitätsprogramm *n*; Stabilisierungsprogramm *n*; **~ *de fomento*** Förderungsprogramm *n*; **~ *gestor*** INFORM Treiber(programm *n*) *m*; **~ *de gráficas*** Grafikprogramm *n*; **~ *de inversiones*** Investitionsplan *m*; **~ *para ordenador*** Computerprogramm *n* **~ *de prejubilaciones*** Vorruhestandsregelung *f in einem Unternehmen*; **~ *de radio*** (***televisión***) Rundfunk-(Fernseh)programm *n*; **~ *de tratamiento de textos*** Textverarbeitungsprogramm *n*; **~*s y sistemas de programación*** INFORM Software *f*; **~ *del usuario*** (***de ventas***) Anwender-(Verkaufs)programm *n*; **~ *de verificación ortográfica*** INFORM Rechtschreibprogramm *n*; ***fuera de*** **~** nicht programmgemäß ◇ ***confeccionar un*** **~** ein Programm aufstellen; INFORM programmieren; ***salir del*** **~** INFORM das Programm beenden

programable programmierbar

programación *f* Programmierung *f*; Programmgestaltung *f*; **~ *de ventas*** Absatzplanung *f*

programado: ***tener*** **~** *etw* vorhaben

programador *m*, **~a** *f* Programmierer(in) *m(f)*; **~ *a distancia*** Fernbedienung *f Gerät*

programar *tr* programmieren; *zeitlich* planen; vorhaben; vorsehen

progres|ar *intr* Fortschritte machen; fortschreiten; TECH sich weiterentwickeln; **~ión** *f* Fortschreiten *n*; MATH, MED, MUS Progression *f*; **~ista I** *Adj* fortschrittlich **II** *m* fortschrittlicher Mensch *m*; **~ivo** progressiv; allmählich; fortschreitend; **~o** *m* Fortschritt *m*

prohibición *f* Verbot *n*; **~ *de adelantamiento*** (***aparcamiento*** *od* ***estacionamiento***; ***de parar***) Überhol-(Park-; Halte)verbot *n*; **~ *de competencia*** Wettbewerbsverbot *n*; **~ *de transmitir informaciones*** Nachrichtensperre *f*

prohib|icionismo *m Verbotspolitik, z.B.* Handelssperre *f*; Einfuhrsperre *f*; Protektionismus *m*; **~ido** unerlaubt; **~ir** ⟨***prohíbe***⟩ *tr* verbieten; **~itivo**, **~itorio** Verbots-; Sperr-; prohibitiv; unerschwinglich

prohijar ⟨***prohíjo***⟩ *tr* an Kindes statt annehmen

prohombre *m* Obmann *m*; angesehene Persönlichkeit *f*, Prominenter *m*

prójimo *m* Nächster *m*, Mitmensch *m*

prolapso *m* MED Vorfall *m eines Organs*
prole *f* Kinder *n/Pl* und Kindeskinder *n/Pl*; *i e S eigene* Kinderschar *f*; **~tariado** *m* Proletariat *n*; **~tario** Proletarier *m*; **~tarizar** ⟨-z/c-⟩ *tr* proletarisieren
proliferación *f* Vermehrung *f von Zellen, Geweben*; Ausbreitung *f*; Weiterverbreitung *f*; MED Wucherung *f*; ***no ~ de armas nucleares*** Nichtweiterverbreitung *f* von Kernwaffen
prol|iferar *intr* sich vermehren; **~ífico** BIOL fruchtbar; **~ijo** weitschweifig; umständlich; schwerfällig; sorgfältig
prólogo *m* Vorwort *n*; Vorrede *f*; Prolog *m*; THEAT *u übertr* Vorspiel *n*
prolongable verlängerbar; *Wechsel* prolongierbar
prolongación *f* Verlängerung *f*; Verlängerungskabel *n*, -schnur *f*; Dehnung *f*; Aufschub *m*; Stundung *f*; *Wechsel* Prolongation *f*; ***~ de plazo*** Fristverlängerung *f*, Nachfrist *f*
prolong|ado länger während; lang (an)dauernd; länglich; weitläufig; **~ar** ⟨-g/gu-⟩ *tr* verlängern; ausdehnen; in die Länge ziehen; aufschieben; stunden; *Wechsel* prolongieren; **~arse** sich hinziehen; lange dauern; länger werden
promediar I *tr* den Durchschnitt ermitteln; halbieren; durchschnittlich betragen **II** *intr Zeit* zur Hälfte vorbei sein; sich einschalten; sich ins Mittel legen
promedio *m* Durchschnitt *m*; Mittelwert *m*; ***~ de vida*** Lebenserwartung *f*; ***en ~*** durchschnittlich; ***por encima del ~*** überdurchschnittlich
promesa *f* Versprechen *n*; Gelöbnis *n*; REL Gelübde *n*; ***~ del cargo*** POL Amtseid *m*; ***~ de fidelidad*** Treueschwur *m*; ***~ de matrimonio*** Heiratsversprechen *n*, Verlobung *f*
prometedor viel versprechend; hoffnungsvoll; zukunftsträchtig
promet|er I *tr* versprechen; zusagen; geloben **II** *intr* viel versprechend sein; **~erse** sich Hoffnungen machen; sich *etw* geloben; sich verloben; **~ida** *f* Braut *f*; **~ido** *m* Bräutigam *m*
prominen|cia *f* Erhebung *f Vorsprung*; Bodenerhebung *f*; **~te** hervorragend *auch übertr*; hervorstehend; vorspringend
promiscu|idad *f* Mischung *f*; Promiskuität *f*; **~o** bunt zusammengewürfelt; gemischt; zweideutig
promisión *f* Verheißung *f*
promoción *f* Beförderung *f im Amt*; Aufstieg *m*; Versetzung *f*; Förderung *f*; HDL (Verkaufs-)Werbung *f*, Promotion *f*; Jahrgang *m von Absolventen od Personen, die ein Amt gleichzeitig antreten*; ***promociones*** *Pl* ARCH Erschließungen *f/Pl*; ***~ del comercio exterior*** Außenhandelsförderung *f*; ***~ profesional*** (***social***) beruflicher (sozialer) Aufstieg *m*; ***~ de ventas*** Verkaufsförderung *f*; ***de ~*** Werbe-; Einführungs- *z.B. Preis*
promocion|al Werbungs-; **~ar** *tr Verkauf* fördern; zu Ansehen verhelfen
promotor *m*, **~a** *f* treibende Kraft *f*; Anstifter(in) *m(f)*; Initiator(in) *m(f)*; Manager (-in) *m(f) eines Künstlers od Sportlers*; Förderer(-in) *m(f)*; Veranstalter(in) *m(f)*; ***~ de ventas*** Salespromoter *m*
promover ⟨-ue-⟩ *tr* fördern; *im Amt* befördern; verursachen; anpreisen; werben für
promulgar ⟨-g/gu-⟩ *tr* verkünden; veröffentlichen; bekannt geben; *Gesetz* erlassen
pronom|bre *m* Pronomen *n*, Fürwort *n*; **~inal** pronominal, Pronominal-
pronosticar ⟨-c/qu-⟩ *tr* voraus-, vorhersagen; MED die Prognose stellen
pronóstico *m* Vorhersage *f*; Prognose *f*; ***~s económicos*** Marktprognosen *f/Pl*; ***~ del tiempo*** Wettervorhersage *f*; ***~ de ventas*** Absatzprognose *f*
prontitud *f* Schnelligkeit *f*; Behändigkeit *f*; Schlagfertigkeit *f*
pronto I *Adj* baldig; schnell; lebhaft; ***al ~*** im ersten Augenblick; ***de ~*** plötzlich; ***hasta ~*** bis bald; ***lo más ~ posible*** schnellstmöglich; ***por de*** *od* ***por lo ~*** einstweilen; ***por lo ~*** zunächst einmal ◇ ***estar ~*** bereit sein; fertig sein (***para*** für); ***es muy ~ aún*** es ist noch zu früh **II** *Adv* bald; schnell; prompt; ***más ~ o más tarde*** früher oder später; ***tan ~ como*** sobald **III** *m* plötzlicher Einfall *m*
prontuario *m* Handbuch *n*; Merkbuch *n*; Terminkalender *m*; *Chi* Strafregister *n*
pronunciación *f* PHON Aussprache *f*; ***~ de la sentencia*** Urteilsverlesung *f*
pronunciamiento *m* (Militär-)Putsch *m*; Stellungnahme *f*; ***~ judicial*** Richterspruch *m*; ***~ de sentencia*** Urteilsverkündung *f*
pronunciar *tr* aussprechen; *Rede* halten; *Urteil* verkünden; *Trinkspruch* ausbringen; **~se** einen Putsch anzetteln (***en contra de*** gegen); Stellung nehmen; ausgeprägter werden; ***no querer ~se*** sich nicht äußern wollen
prooccidental POL prowestlich
propag|ación *f* Verbreitung *f*; Ausbreitung *f*; Weitergabe *f*; Fortpflanzung *f*; Umsichgreifen *n*; **~ador** *m* Verbreiter *m*; **~anda** *f* Propaganda *f*; Werbung *f*
propag|andista *m* Propagandist *m*; Befürworter *m*; HDL Werber *m*; **~andístico** propagandistisch; Propaganda-; Werbe-; **~ar** ⟨-g/gu-⟩ *tr* fortpflanzen; verbreiten; pro-

P

pagieren; *Keime* verschleppen; **~arse** um sich greifen; sich ausbreiten; bekannt werden; sich fortpflanzen

propalar *tr* ausposaunen; *Geheimnis* ausplaudern; **~se** ruchbar werden

propano *m* Propan *n*

propasarse zu weit gehen; sich hinreißen lassen (***a*** zu); sich vergehen (***con*** an)

propelente *m* Treibgas *n*

propender *intr* neigen (***a*** zu)

propensión *f* Neigung *f*; Hang *m*; Anfälligkeit *f*; Veranlagung *f* (***a*** zu); **~ *al consumo*** (***a invertir***) Konsum-(Investitions)bereitschaft *f*

propenso neigend (***a*** zu); anfällig (***a*** für); geneigt (***a*** zu)

propici|ar *tr* besänftigen; versöhnen; begünstigen; fördern; **~arse** *z.B. jmds Zuneigung* gewinnen, erlangen; **~o** gnädig; geneigt (***a*** zu); geeignet

propiedad *f* Eigentum *n*; Besitz *m*; Grundstück *n*; Eigenschaft *f*; Eigentümlichkeit *f*; Beschaffenheit *f*; Fähigkeit *f*; Geeignetheit *f*; **~ *colectiva*** (***común***) Kollektiv-(Gemein)eigentum *n*; **~ *cooperativista*** genossenschaftliches Eigentum *n*; **~ *del Estado*** Staatsbesitz *m*; **~ *exclusivo*** Alleinbesitz *m*; **~ *horizontal*** *Etagenhaus* Eigentumswohnung *f*; **~ *industrial*** gewerbliches Eigentum *n*; Patentwesen *n*; **~ *inmobiliaria*** Immobilie(nbesitz *m*) *f*; **~ *intelectual*** geistiges Eigentum *n*; **~ *literaria*** Urheberrecht *n*; **~ *particular*** (***pública***; ***social***) persönliches (öffentliches; gesellschaftliches) Eigentum *n*; **~ *privada*** Privateigentum *n*; **~ *rústica*** landwirtschaftlicher Grundbesitz; ***con mucha*** **~** sehr treffend ◇ ***hablando con*** **~** offen gesagt; eigentlich; ***es*** **~** *Urheberrecht* Alle Rechte vorbehalten; ***ser*** (***de***) **~ *de*** *jmdm* gehören

propietario *m* Eigentümer *m*, Eigner *m*; Besitzer *m*; Inhaber *m*; **~ *único*** Alleininhaber *m*

propina *f* Trinkgeld *n*; Taschengeld *n*; ***de*** **~** als Zugabe

propinar *tr* zu trinken geben; *jmdm* (ein Trink-)Geld zustecken; *Tracht Prügel* verabreichen; *Schlag* versetzen; *Niederlage* bereiten

propio I *Adj* eigen; Eigen-; heimisch; eigentlich; selbst; Selbst-; angemessen; geeignet; typisch (***de*** für); echt; ***de*** **~** absichtlich; ◇ ***ser*** **~** gehören (***de*** zu); (***no***) ***ser*** **~** (un)geeignet sein (***para*** für) **II** *m* Bote *m*; ***el*** **~** derselbe; ***lo*** **~** dasselbe; das Eigentliche

proponer ⟨→ ***poner***⟩ *tr* vorschlagen (***de, por*** als); anbieten; vorbringen; *Aufgabe* stellen; *Hoch* ausbringen; **~se** sich vornehmen; beabsichtigen

proporción *f* Verhältnis *n*; Proportion *f*; Anteil *m*; Gehalt *m*; Maßstab *m*; Abmessung *f*; Gelegenheit *f*; ***de buenas proporciones*** wohlgebaut, wohlproportioniert; ***en*** **~ *a*** im Verhältnis zu; proportional mit; ***en*** **~ *inversa*** im umgekehrten Verhältnis ◇ ***adquirir*** *od* ***tomar proporciones alarmantes*** alarmierende Ausmaße annehmen; ***ser una buena*** **~** eine gute Partie sein

proporcionado proportioniert; angemessen; ***bien*** **~** wohlgebaut, -proportioniert

proporcion|al verhältnismäßig; verhältnisgleich; anteil(mäß)ig; proportional; angemessen (***a*** *Dat*); **~alidad** *f* Verhältnismäßigkeit *f*; richtiges Verhältnis *n*; **~ar** *tr* verschaffen; beschaffen; besorgen; liefern; bereitstellen; zur Verfügung stellen; schaffen; *Unterstützung* geben; verleihen; *Sorgen* bereiten

proposición *f* Vorschlag *m*; Antrag *m*; Darlegung *f*; GRAMM, PHIL Satz *m*; **~ *de casamiento*** Heiratsantrag *m*; **~ *de ley*** Gesetzesvorschlag *m* ◇ ***acceder a una*** **~** einen Vorschlag annehmen; einem Antrag zustimmen; ***hacer*** *od* ***plantear una*** **~** einen Vorschlag machen *od* unterbreiten

propósito *m* Absicht *f*; Anliegen *n*; *übertr* Ziel *n*; Zweck *m*; Vorsatz *m*; Vorhaben *n*; ***a*** **~** gelegen; apropos; beiläufig; → ***de*** **~**; ***a*** **~ *de esto*** übrigens; in dieser Beziehung; beiläufig gesagt; weil wir gerade davon sprechen; ***¿a*** **~ *de qué?*** aus welchem Grund(e)?; ***con el*** **~ *de*** + *Inf* in der Absicht zu + *Inf*; ***de*** **~** absichtlich; ***fuera de*** **~** ungelegen; ***sin*** **~** planlos; ziellos

propuesta *f* Vorschlag *m*, Angebot *n*; Antrag *m auch Heiratsantrag*; Empfehlung *f*; Aufstellung *f*; **~ *de enmienda*** Änderungsvorschlag *m*; **~ *global*** Verhandlungspaket *n*; ***a*** **~ *de*** auf Vorschlag *od* Ersuchen von *od Gen* ◇ ***hacer*** *od* ***presentar una*** **~** einen Vorschlag machen *od* unterbreiten

propugnar *tr* verteidigen, verfechten; für *etw* eintreten; anstreben; fördern

propulsar *tr* TECH antreiben; voranbringen, -treiben

propulsión *f* FLUGW, KFZ, MAR, TECH Antrieb *m*; **~ *cohética*** *od* ***por cohetes*** Raketenantrieb *m*; **~ *a chorro***, **~ *a*** *od* ***de*** *od* ***por reacción*** Düsenantrieb *m*; **~ *delantera*** (***trasera***) KFZ Vorder-(Hinter)radantrieb *m*; **~ *a hélice*** Propellerantrieb *m*; **~ *integral*** *od* ***total*** Allradantrieb *m*; **~ *nuclear*** (***por turbinas***) Kern(kraft)-, Atom-(Turbinen)-antrieb *m*; ***de*** **~ *nuclear*** atomgetrieben

propulsor I *Adj* Antriebs- **II** *m* Triebwerk *n*; FLUGW Propeller *m*; *übertr* Förderer *m*

prorrat|a *f zu zahlender* Anteil *m*; **~ear** *tr*

P

anteilmäßig aufteilen; **~eo** *m* Umlage *f*
prórroga *f* *zeitliche* Verlängerung *f*; WIRTSCH Prolongation *f*; Nachfrist *f*; Stundung *f*; Vertagung *f*; **~ *de la letra*** Wechselprolongation *f*; **~ (*de pago*)** Zahlungsaufschub *m*; **~ *del plazo*** Terminverlängerung *f*
prorrogar ⟨-g/gu-⟩ *tr zeitlich* verlängern; aufschieben; *Antwort* hinausschieben; verschieben; JUR prorogieren; *Wechsel* prolongieren
prorrumpir *intr* hervorbrechen; *übertr* ausbrechen (***en*** in); anstimmen (***en*** *Akk*)
prosa *f* Prosa *f*; **~ico** prosaisch; alltäglich *banal*; **~pia** *f* (vornehme) Herkunft *f*
proscenio *m* THEAT Proszenium *n*
proscr|ibir ⟨*Part* ***proscrito***⟩ *tr* verbannen; ächten; verbieten; **~ipción** *f* Verbannung *f*; Ächtung *f*, Bann *m*; Verbot *n*
prose|cretario *m Arg* stellvertretender Sekretär *m*; **~cución** *f* Fortsetzung *f z.B. der Studien*; Verfolgung *f eines Vorhabens*
proseguir ⟨-i-, -gu/g-⟩ **I** *tr* fortsetzen; *Vorhaben* verfolgen **II** *intr* fortfahren (***con*** mit); andauern, anhalten; weitermachen
pros|elitismo *m* Bekehrungseifer *m*; **~élite** *m* Bekehrter *m*
pros|ificar ⟨-c/qu-⟩ *tr* in Prosa umsetzen; **~ista** *m* Prosaschriftsteller *m*
prosopopeya *f* bombastisches Getue *n*; geschwollene Sprache *f*; hohles Pathos *n*
prospección *f* BERGB Schürfen *n*; **~ *del mercado*** Markterkundung *f*; **~ *petrolífera*** Erdölsuche *f*
prospec|tar *tr* schürfen; *Markt* erforschen; **~tiva** *f* Zukunfts-, Entwicklungsforschung *f*; **~to** *m* (Werbe-)Prospekt *m*; Reklamezettel *m*; PHARM Beipackzettel *m*
prosperar *intr* gedeihen; Erfolg haben; florieren; *übertr* erblühen; ***hacer* ~** *Unternehmen* voranbringen
prosperidad *f* Gedeihen *n*; Wohlergehen *n*; Wohlstand *m*; Aufblühen *n*
próspero gedeihlich; *übertr* blühend; glücklich
próstata *f* ANAT Prostata *f*
prosternarse niederknien
prostíbulo *m* Bordell *n*
prostitución *f* Prostitution *f*; **~ *infantil*** Kinderprostitution *f*
prostitu|ir ⟨-uy-⟩ *tr* prostituieren; **~irse** sich prostituieren; **~ta** *f* Prostituierte *f*
protagon|ismo *m* Führung *f*; Vormachtstellung *f*; Führung *f*; *übertr* Vorreiterrolle *f*; **~ista** *m* Hauptakteur *m*; Protagonist *m*; Hauptperson *f*; LIT Zentralfigur *f*; Vorkämpfer *m*; **~izar** ⟨-z/c-⟩ **I** *tr* die Hauptrolle spielen bei *bzw* in; *etw* anführen *z.B. eine Reform*
protección *f* Schutz *m*; MIL Deckung *f*; Protektion *f*; Gönnerschaft *f*; **~ *contra accidentes del trabajo*** (***copias***; ***incendios***; ***rayos***) Arbeits-(INFORM Kopier-; Brand-; Strahlen)schutz *m*; **~ *de animales*** Tierschutz *m*; **~ *civil*** Zivilschutz *m*; **~ *del consumidor*** (***de datos***) Verbraucher-(Daten)-schutz *m*; **~ *contra el despido*** Kündigungsschutz *m*; **~ *a las embarazadas*** Schwangerschaftsfürsorge *f*; **~ *del entorno*, ~ *del medio ambiente*** (***de la maternidad***; ***de menores***; ***de patentes***) Umwelt-(Mutter-; Jugend-; Patent)schutz *m*; **~ *de inquilinos*** (***de marcas***; ***de la propiedad intelectual***) Mieter-(Marken-, Warenzeichen-; Urheber)schutz *m*; **~ *judicial*** Rechtsschutz *m*; **~ *contra el ruido*** Lärmschutz *m*; **~ *de vuelo*** Flugsicherung *f*
protec|cionismo *m* Protektionismus *m auch* POL; Schutzzollsystem *n*; Günstlingswirtschaft *f*; **~cionista I** protektionistisch **II** *m* Anhänger(in) *m*(*f*) des Schutzzollsystems, Protektionist(in) *m*(*f*)
protector I *Adj* Schutz-; schützend **II** *m*, **~a** *f* Schützer(in) *m*(*f*); Beschützer(in) *m*(*f*); Schirmherr(in) *m*(*f*); *bes* POL Protektor(in) *m*(*f*); **~ *de la naturaleza*** Naturschützer *m*; **~ *de pantalla*** *Monitor* Bildschirmschoner *m*
protectorado *m* Schirmherrschaft *f*; POL Protektorat *n*
proteg|er ⟨-g/j-⟩ *tr* schützen; beschützen; protegieren; MIL decken; **~ido** *m* Schützling *m*; Protegé *m*
proteína *f* Protein *n*
prótesis *f* MED Prothese *f*; **~ *dental*** Zahnprothese *f*, -ersatz *m*
protesta *f* Protest *m*; Einspruch *m auch* JUR; Verwahrung *f*; Beteuerung *f*
protest|ante I *Adj* protestantisch **II** *m*(*f*) Protestant(in) *m*(*f*); **~antismo** *m* Protestantismus *m*; **~ar I** *intr* protestieren (***contra*** gegen); Einspruch erheben (***contra, de*** gegen); sich verwahren (***contra*** gegen); sich beschweren (***de*** über); *Unschuld* beteuern (***de*** *Akk*) **II** *tr* öffentlich bekennen; *Wechsel* zu Protest gehen lassen; **~atario** *m*, **-a** *f* Protestkundgebungsteilnehmer(in) *m*(*f*), Protestler(in) *m*(*f*)
protesto *m* HDL Wechselprotest *m* ◇ ***levantar* ~** Verwahrung einlegen
protocol|ar I *Adj* → **~ario II** *tr* → **~izar**; **~ario** protokollarisch; förmlich; **~ización** *f* Protokollierung *f*; **~izar** ⟨-z/c-⟩ *tr* protokollieren; **~o** *m* Protokoll *n Bericht u* DIPL
protohistoria *f* Frühgeschichte *f*
protón *m* PHYS Proton *n*
proto|plasma *m* Protoplasma *n*; **~tipo** *m* Urbild *n*, Prototyp *m*
protuberancia *f* Höcker *m*; Wulst *m*; Bu-

P

ckel *m*; ASTR Protuberanz *f*
prov. *Abk für* ***provincia***
provecho *m* Vorteil *m*; Nutzen *m*; Profit *m*; ***¡buen ~!*** guten Appetit!; ***con ~*** tüchtig *lernen*; ***de ~*** brauchbar; *Person* ordentlich; ***en ~ propio*** zum eigenen Vorteil; ***propio ~*** Eigennutz *m* ◇ **(*no*) *le hace ~*** es bekommt ihm (nicht); ***sacar ~*** Nutzen ziehen (***de*** aus); profitieren (***de*** von)
provechoso nützlich; vorteilhaft; profitabel; einträglich; zuträglich (***a, para*** *Dat*)
prove|edor *m* Lieferant *m*; Zulieferer *m*; INFORM Provider *m*; **~er** ⟨-ey-; *Part* ***provisto***⟩ *tr/intr* versehen (***de*** mit); beliefern; bereitstellen; versorgen (***con, de*** mit); ausstatten (***de*** mit); *Amt, Stelle* besetzen; verfügen; JUR vorläufig anordnen; **~erse** sich versorgen (***de*** mit); sich zulegen (***de*** *Akk*); **~ído** *m* JUR vorläufiger richterlicher Bescheid *m*; **~imiento** *m* einstweilige Verfügung *f*; Versorgung *f*
proven|iencia *f* Herkunft *f*; **~iente** (her)kommend; stammend (***de*** aus); herrührend; **~ir** ⟨→ ***venir***⟩ *intr* stammen (***de*** aus); kommen (***de*** aus); rühren (***de*** von)
Provenza *f* GEOGR die Provence
provenzal I *Adj* provenzalisch **II** *m* Provenzale(-in) *m(f)*; das Provenzalische
proverbi|al sprichwörtlich; **~o** *m* Sprichwort *n*
providencia *f* Vorsehung *f*; Vorsorge *f*; JUR vorläufiger Bescheid *m*; ***~ de ejecución, ~ ejecutoria*** Vollstreckungsbescheid *m* ◇ ***dictar ~s*** Anordnungen erlassen; ***tomar ~s*** Vorkehrungen treffen
providen|cial von der Vorsehung bestimmt; **~te** umsichtig; vorsichtig
provincia *f* Provinz *f*; ***≗s Pl Vascongadas*** Baskenland *n*
provinci|al Provinz-; **~alismo** *m* regionaler Ausdruck *m*; **~ano I** *Adj* provinziell *oft verächtl*; kleinstädtisch; ländlich; aus der Provinz (kommend); Provinz- **II** *m* Provinzler *m*
provisión *f* Vorrat *m*; Ausstattung *f z.B. mit Devisen*; Versorgung *f*; Besetzung *f eines Amtes*; ***provisiones Pl*** Proviant *m*; ***~ de fondos*** FIN Deckung *f*; ***provisiones para riesgos y gastos*** Rückstellungen *f/Pl* für Risiken und Ausgaben
provis|ional provisorisch; einstweilig; vorläufig; Behelfs-, Not-; Interims-; **~orio** *Am* → **~ional**
provisto *Part von* → ***proveer***
provoc|ación *f* Aufreizung *f*; Provokation *f auch* MED; **~ador I** *Adj* → **~ativo II** *m* Provokateur *m*; **~ar** ⟨-c/qu-⟩ **I** *tr* provozieren; verursachen; *Zorn* erregen; *Wirkung* hervorrufen; *Geburt* künstlich einleiten **II** *intr* speien *sich erbrechen*; *Col* Lust haben, mögen; **~ativo** aufreizend; provokatorisch
proxeneta *m* Kuppler *m*; Zuhälter *m*
proximidad *f* Nähe *f* (***a*** zu); Herannahen *n*
próximo I *Adj* nahe; baldig; unmittelbar; nächster *lokal u temporal*; (nahe) bevorstehend; ***~ a*** in der Nähe + *Gen*; ***~ a*** + *Inf* kurz vor + *Subst*; ***más ~*** nächstgelegen ◇ ***estar ~ a*** + *Inf* drauf und dran sein zu + *Inf* **II** *Subst* ***el*** (***lo***) ***~*** der (das) Nächste *in der Reihenfolge*
proyanqui USA-freundlich, proamerikanisch
proyección *f* Projektion *f*; Ausblick *m*; Reichweite *f*; *Film* Vorführung *f*; TECH Spritzen *n*; ***proyecciones Pl*** Pläne *m/Pl*; Vorhersagen *f/Pl*; ***~ cinematográfica, de cine*** *od* ***de películas*** Filmvorführung *f*; ***~ de las operaciones*** Ablaufplanung *f*
proyeccionista *m* Filmvorführer *m*
proyect|ante I *Adj* Projektierungs- **II** *m* Projektant *m*; **~ar** *tr* projektieren; planen; beabsichtigen; vorhaben; vorsehen; schleudern; *Schatten* werfen; *Bild*, MATH projizieren; *Film* vorführen; **~arse** *Schatten* fallen (***en, sobre*** auf)
proyectil *m* Geschoss *n*; ***~ de ejercicio*** (***fumígeno***; ***incendiario***; ***luminoso***) Übungs-(Nebel-; Brand-; Leucht)geschoss *n*; ***~ trazador*** Leuchtspurgeschoss *n*
proyectista I *Adj* Konstruktions- **II** *m(f)* Projektingenieur(in) *m(f)*; Plänemacher (-in) *m(f)*; TYP Gestalter(in) *m(f)*
proyecto *m* Entwurf *m*; Plan *m*, Vorhaben *n*; Absicht *f*; Projekt *n*; ***~ de conjunto*** (***ley***) Gesamt-(Gesetz)entwurf *m*; ***~ constructivo*** Bauvorhaben *n*; ***~ de fusión*** (***inversiones***) Fusions-(Investitions)vorhaben *n*; ***~ piloto*** Pilotprojekt *n*; ***~ de presupuestos*** Haushaltsentwurf *m*; ***~ de urbanización*** Stadtbauplanung *f*; ***en ~*** geplant
proyector *m* Scheinwerfer *m nicht* KFZ; Projektor *m*; Spritzgerät *n z.B. für Mörtel, Schaum*; ***~ de diapositivas, ~ de vista fija*** Diaprojektor *m*, Bildwerfer *m*; ***~ halógeno*** Halogenstrahler *m*; ***~ de luz diurna*** *od* ***transparencias*** Tageslichtprojektor *m*
prudenc|ia *f* Klugheit *f*; Vorsicht *f*; Zurückhaltung *f*; **~ial** vernünftig; vorsichtig; angemessen; Sicherheits-; **~iarse** *Am* sich vorsehen, vorsichtig sein; sich mäßigen; Ruhe bewahren
prudente klug, vernünftig; besonnen; überlegt; vorsichtig; umsichtig; bedächtig; sorgsam; ratsam ◇ ***creer ~*** es für ratsam halten
prueba *f* Beweis *m*; Nachweis *m*; Probe *f*;

P

Versuch *m*; Prüfung *f Leid*; (Prüfungs-)Arbeit *f*; *Schule* Leistungskontrolle *f*; Erprobung *f*; Test *m*; (Kost-)Probe *f auch übertr*; Anprobe *f*; TYP Fahnenabzug *m*; SPORT Ausscheid *m*; TECH Probelauf *m*; FOTO Abzug *m*; INFORM Abfrage *f*; **~ de ADN** DNA-Analyse *f*; **~ de acceso** *od* **aptitud** Aufnahme-, Eignungsprüfung *f*; **~ de alcoholemia** *Autofahrer* Alkoholtest *m*; **~ antidopaje** Dopingtest *m*; **~ al azar** Stichprobe *f*; **~ básica** INFORM Grundtest *m*; **~ al canto** direkter Beweis *m*; **~ de choque** Crashtest *m*; **~ clasificatoria** (**eliminatoria**) Qualifikations- (Ausscheidungs)spiel *n*; **~ de color** TYP Farbandruck *m*; **~ en contrario** Gegenbeweis *m*; **~ contundente** schlagender Beweis *m*; **~ de la cuerda** Tauziehen *n*; **~ de degustación** (**escritura**) Kost-(Schrift)-probe *f*; **~ fotográfica por contacto** Kontaktabzug *m*; **~ de fuego** Feuertaufe *f*; *auch* Härtetest *m*; **~ de fuerza** Kraftprobe *f*; **~ de galera** TYP Druckfahne *f*; **~ genética** MED Gentest *m*; **~ de imprenta** Andruck *m*; **~ de mineral** Gesteinsprobe *f*; **~ nuclear** Atom-, Kernwaffenversuch *m*; **~ de paciencia** Geduldsprobe *f*; **~ de plana** TYP Umbruchbogen *m*; **~ en pliego** Bogenkorrektur *f*; **~ de resistencia** SPORT, TECH Leistungsprüfung *f*; **~ de sangre** Blutprobe *f*; **~ de selección** Auswahlverfahren *n*; **~ del SIDA** Aidstest *m*; **a ~** probeweise; stichhaltig; **a ~ de aceite** (**agua**) öl-(wasser)dicht; **a ~ de ácidos** (**del tiempo**) säure-(witterungs)beständig; **a ~ de averías** (**balas**; **bombas**; **choques**; **robos**) pannen-(kugel-; bomben-; stoß-; einbruch)sicher; **~ a la intemperie** wetterfest; **a toda ~** voll erprobt ◇ **corregir las ~s** TYP Korrektur lesen; **dar ~** Zeugnis ableben (**de** von); *etw* beweisen; **poner a ~** ausprobieren; auf die Probe stellen; die Probe aufs Exempel machen; **sacar una ~** TYP einen Abzug machen; **someterse a una ~** sich einer Prüfung unterziehen; **superar la ~ del alce** *Auto* den Elchtest bestehen; **tomar ~s al azar** Stichproben machen

pruebista *m Arg* Fahnenkorrektor *m*

pruri|ginoso juckend; **~to** *m* Hautjucken *n*; Gelüst *n*, Verlangen *n*

Prusia *f hist* Preußen *n*

prusi|ano I *Adj* preußisch **II** *m* Preuße *m*

P.S. (*Abk für* **post scriptum**) PS

pse: **¡pse!** *Interj* pah! *Gleichgültigkeit, Verachtung*

pse..., psi..., pso...: *Wörter mit diesen Anfangssilben können seit 1956 ohne* p *geschrieben werden*

pseudónimo *m* Pseudonym *n*

psico|análisis *m* Psychoanalyse *f*; **~analista** *m(f)* Psychoanalytiker(in) *m(f)*; **~drama** *m* Psychodrama *n*; **~fármaco** *m* Psychopharmakon *n*

psicología *f* Psychologie *f*; **~ animal** (**conducista**; **individual**; **de la infancia**; **profunda**; **sexual**; **social**) Tier-(Verhaltens-; Individual-; Kinder-; Tiefen-; Sexual-; Sozial)-psychologie *f*

psic|ológico psychologisch; **~ólogo** *m* Psychologe *m*; **~ópata** *m* Psychopath *m*

psicosis *f* Psychose *f*; **~ de ansiedad** (**bélica**; **de los exámenes**; **de las masas**) Angst-(Kriegs-; Prüfungs-; Massen)psychose *f*

psicoterapia *f* Psychotherapie *f*

psiqu|is *f* MED Psyche *f*; **~íatra** *od* **~iatra** *m* Psychiater *m*; **~iatría** *f* Psychiatrie *f*

psíquico psychisch, seelisch

PSOE *m Abk für* **Partido Socialista Obrero Español** *spanische Partei*

psoriasis *f* Schuppenflechte *f*

Pt (*Symb für* **platino**) CHEM Pt

pta(s). (*Abk für* **peseta(s)**) *hist* Pta(s)

Pu (*Symb für* **plutonio**) CHEM Pu

puu: **¡puu...!** pfui!

púa *f* TECH, ZOOL *u übertr* Stachel *m*; *Egge, Kamm* Zinke *f*; *Kreisel* Spitze *f*; TECH Dorn *m*; Täcks *m*; BOT Propfreis *m*; MUS Plektron *n*; **~s** *Pl* SPORT Spikes *Pl*

pub *m* Pub *m*

púber, ~o I *Adj* Pubertäts-; pubertierend; mannbar **II** *m* pubertierender Jugendlicher *m*

pub|ertad *f* Pubertät *f*; **~is** *m* ANAT Schambein *n*

publicación *f* Bekanntmachung *f*; Veröffentlichung *f*; Herausgabe *f*; Publikation *f*; **~ anticipada** Vorabdruck *m*; **~ nueva, ~ reciente** Neuerscheinung *f*; **publicaciones periódicas** Periodika *Pl*; **de reciente ~** *Buch* soeben erschienen

publicar ⟨-c/qu-⟩ *tr* bekannt machen; veröffentlichen; **~se** *Buch* erscheinen

publicidad *f* Öffentlichmachung *f*; Öffentlichkeit *f*; Werbung *f*; Reklame *f*; **~ colectiva** *od* **genérica** Gemeinschaftswerbung *f*; **~ comparativa** vergleichende Werbung *f*; **~ desleal** (**despreciativa**) unlautere (herabsetzende) Werbung *f*; **~ en prensa** Printwerbung *f*; **~ encubierta** *od* **solapada** Schleichwerbung *f*; **~ luminosa** Leuchtreklame *f*; **~ mural** Plakatwerbung *f*; **~ radiada** Rundfunkwerbung *f*; **~ selectiva** (**sobreimpresa**) gezielte Werbung *f* (TV Werbeeinblendung *f*); **~ televisada** *od* **televisiva** TV-Werbung *f*; **~ en las vallas** SPORT Bandenwerbung *f* ◇ **hacer ~** werben

public|ista *m(f)* Publizist(in) *m(f)*; **~ística** *f* Publizistik *f*; **~itar** *tr Am reg* werben für ein

Erzeugnis; **~itario I** *Adj* Werbe-; werbewirksam **II** *m*, **-a** *f* Werbefachmann *m*, -fachfrau *f*

público I *Adj* öffentlich; allgemein bekannt; Gemein-; Staats-; staatlich; Gemeinde-; öffentlich-rechtlich; der öffentlichen Hand; ***abierto*** (***cerrado***) ***al ~*** für den Publikumsverkehr geöffnet (geschlossen); ***en ~*** vor aller Welt ◇ ***hacer ~*** bekannt geben; veröffentlichen; ***hacerse ~*** an die Öffentlichkeit gelangen **II** *m* Publikum *n*; Zuschauer *m/Pl*; Zuhörer *m/Pl*; Leute *Pl* ◇ ***dar*** *od* ***sacar al ~*** *Buch* herausbringen

publirreportaje *m* Werbereportage *f*

pucherazo *m* Wahlbetrug *m* ◇ ***dar ~*** Unregelmäßigkeiten bei der Stimmauszählung begehen

puchero *m einhenkeliger hoher* Kochtopf *m*; Eintopf *m*

pucho *m Am* Rest *m Abfall*; *AmS* Stummel *m Zigarre od Zigarette*; (Zigaretten-)Kippe *f*; *Arg auch* Zigarette *f*; ***a ~s*** in kleinen Mengen; allmählich

pude → ***poder***

pud|endo Scham erregend; Scham-; **~ibundez** falsche Scham *f*; Prüderie *f*; **~ibundo** prüde; übertrieben schamhaft; **~icia** *f* Schamhaftigkeit *f*; *alt* Sittsamkeit *f*

púdico schamhaft; keusch; züchtig

pudiente wohlhabend, vermögend

pud|ín *m* Pudding *m*; **~inera** *f* Puddingform *f*

pudor *f* Scham(haftigkeit) *f*; Verschämtheit *f*; Züchtigkeit *f*; Scham *f*; **~oso** schamhaft; verschämt

pudr|ición *f* Fäule *f*; **~idero** *m* Mistgrube *f*; Komposthaufen *m*; **~imiento** *f* (Ver-)Faulen *n*; **~ir** ⟨*Part* ***podrido***⟩ *tr* zum Faulen bringen; in Fäulnis versetzen; **~irse** (ver)faulen; verwesen; verrotten; modern

puebler|ino I *Adj* Dorf-; dörflich **II** *m* Dörfler *m*; **~o** *Am* (klein)städtisch

pueblo *m* Volk *n*; (Volks-)Stamm *m*; Bevölkerung *f*; Ort(schaft *f*) *m*; Dorf *n*; ***~ hermano*** Brudervolk *n*; ***~ natal*** *od* ***de origen*** Heimatort *m*

puente *m* MED, TECH *u übertr* Brücke *f auch Gymnastik*; *Saiteninstrument* Steg *m*; Brückentag *m freier Tag zwischen zwei Feiertagen*; ***~ aéreo*** MIL Luftbrücke *f*; FLUGW Shuttle-Service *m*; ***~ de barcas*** Pontonbrücke *f*; ***~ colgante*** (***flotante***; ***giratorio***; ***levadizo***) Hänge-(Schwimm-; Dreh-; Zug)brücke *f*; ***~ de fábrica*** (***hormigón pretensado***) Ziegelstein-(Spannbeton)brücke *f*; ***~*** (***de mando***) *Schiff* Kommandobrücke *f*; ***~ sobre la vía*** Bahnüberführung *f* ◇ ***hacer un ~*** *Auto* kurzschließen; ***hacer ~*** *umg* einen Brückentag machen; ***tender un ~*** eine Brücke schlagen; *übertr jmdm* (goldene) Brücken bauen

puenting *m* Bungeespringen *n*

puerca *f* Sau *f auch übertr*

puerco I *Adj* schweinisch; säuisch; dreckig **II** *m* Schwein *n auch übertr*; ***~ espín*** Stachelschwein *n*; ***~ macho*** Eber *m*

puer|icia *f* Knabenalter *n*; **~icultor** *m* Kinderkrankenpfleger *m*; Kindergärtner *m*; **~icultora** *f* Säuglings-, Kinderschwester *f*; Kindergärtnerin *f*; **~icultura** *f* Kinderkrankenpflege *f*; Säuglingspflege *f*; Kleinkindererziehung *f*; **~il** Kinder-; kindisch; **~ilidad** *f* Kinderei *f*

puérpera *f* Wöchnerin *f*

puerperio *f* Wochenbett *n*

puerro *m* Porree *m*

puerta *f* Tür *f*; Tor *n auch* SPORT; Eingang *m*; Pforte *f*; Gatter *n*; ***~ de acceso*** Einstieg(tür *f*) *m*; ***~ accesoria*** Seitentür *f*; ***~ de atrás*** Hintertür *f*; ***~ batiente*** selbstschließende Tür *f*; ***~ a*** *od* ***de la calle*** Haustür *f*; ***~ de comunicación*** (***~ corredera*** *od* ***corrediza***) Verbindungs-(Schiebe)tür *f*; ***~ de embarque*** Flugsteig *m*, Gate *n*; ***~ de entrada*** Eingangstür *f*; Eingangstor *n*; ***~ giratoria*** (***oscilante*** *od* ***pendular*** *od* ***vaivén***) Dreh-(Pendel)tür *f*; ***~ de servicio*** (***socorro***) Hintereingang *m*, Lieferanteneingang *m* (Notausgang *m*); ***~ vidriera*** Glastür *f*; ***a ~ abierta*** öffentlich; ***a ~*** (***s***) ***cerrada***(***s***) hinter verschlossenen Türen; nichtöffentlich; ***a la ~*** an der Tür ◇ ***coger la ~*** sich davonmachen; ***echar las ~s abajo*** Sturm läuten *heftig klingeln*; ***enseñarle a alg la ~*** jmdm die Tür weisen; ***llamar*** *od* ***tocar a la ~*** bei jmdm anklopfen

puerto *m* Hafen *m*; Zufluchtsort *m*; (Gebirgs-)Pass *m*; INFORM Schnittstelle *f*; ***~ de abrigo*** *od* ***refugio*** (***contenedores***; ***destino***; ***embarque***) Not-(Container-; Ziel-; Verschiffungs-, Einschiffungs)hafen *m*; ***~ comercial*** (***deportivo***; ***fluvial***; ***franco***) Handels-(Jacht-; Fluss-; Frei)hafen *m*; ***~ marítimo*** (***de matrícula***; ***~ pesquero***; ***~ petrolero***; ***de ultramar***) See-(Heimat-; Fischerei-; Öl-; Übersee)hafen *m*; ***~ para modem*** Modemanschluss *m* ◇ ***tomar ~*** einen Hafen anlaufen

Puerto Rico *m* Puerto Rico *n*

puertorriqueño I *Adj* puerto-ricanisch **II** *m*, **-a** *f* Puerto-Ricaner(in) *m*(*f*)

pues denn; also; dann; da; daher; zwar; ***¿~?*** nun?; ***¡~!*** natürlich!; ***¡~ bien!*** nun denn!; wohlan!; ***¿~ cómo?*** wieso?; ***¡~ qué!*** na also!; ***~ sí*** doch, aber ja; ***ahora ~*** nun wohl; ***así ~*** demnach

puesta *f* Stellen *n*; Setzen *n*; Legen *n*; Gelege *n*; Ablage *f*; *Sonne* Untergang *m*;

Spiel Einsatz *m*; **~ *a cero*** Nullstellung *f*; *Rechner* Löschung *f*; **~ *al día*** Aktualisierung *f*; **~ *en escena*** Inszenierung *f*; **~ *de largo*** *Mädchen* Einführung *f* in die Gesellschaft; **~ *en libertad*** Haftentlassung *f*; **~ *en limpio*** Reinschrift *f als Tätigkeit*; **~ *en marcha*** Ingangsetzung *f*; Inbetriebnahme *f*; *Auto* Anlassen *n*; Anfahren *n*; **~ *en órbita*** RAUMF Bahneinlauf *m*; **~ *en práctica*** Verwirklichung *f*; **~ *a punto*** Justierung *f*; FOTO Scharfeinstellung *f*; **~ *en servicio*** Indienststellung *f*; **~ *del sol*** Sonnenuntergang *m*; **~ *a tierra*** Erdung *f*; **~ *en vigor*** Inkraftsetzung *f*

puestero *m* HDL Standinhaber *m*

puesto *Part von* → **poner** **I** *Adj* ***bien ~*** *Zimmer* gut eingerichtet; gut gekleidet; ***mal ~*** übel zugerichtet; schlecht gekleidet **II** *m* Platz *m*; Stelle *f*; Standort *m*; Posten *m Stellung*; Amt *n*; (Verkaufs-)Stand *m*; Ausstellungsstand *m*; Sitz *m*; JAGD Anstand *m*; **~ *de aprendizaje*** Lehrstelle *f*; **~ *de*** (***aprovisionamiento de***) ***gasolina*** Tankstelle *f*; **~ *de avanzada*** Vorposten *m*; **~ *de bomberos*** Feuerwache *f*; **~ *de conducir*** Fahrersitz *m*; **~ *directivo*** leitende Stellung *f*, Führungsposten *m*; **~ *de formación*** Ausbildungsplatz *m*; **~ *fronterizo*** Grenzübergang *m*; **~ *de guardia*** Wachlokal *n*; **~ *de información*** Informationsstand *m*; **~ *de mando*** MIL Leitstelle *f*; Gefechtsstand *m*; **~ *médico*** Ambulanz *f*; **~ *de policía*** Polizeirevier *n*; **~ *de prensa*** Zeitungsstand *m*; **~ *de responsabilidad*** verantwortliche Position *f*; **~ *de socorro*** Unfallstation *f*; **~ *de tiempo completo*** (***parcial***) Vollzeit-(Teilzeit)arbeitsplatz *m*; **~ *de trabajo*** Arbeitsplatz *m*; **~ *de trabajo informatizado*** Computerarbeitsplatz *m*; **~ *vacante*** offene Stelle *f* ◇ ***desempeñar un ~*** eine Stelle innehaben *od* einnehmen; ***estar ~*** sich auskennen; ***ocupar un buen ~*** einen guten Platz einnehmen *od* belegen **III** *Konj* ***~ que*** da, weil

púgil *m* Faustkämpfer *m*; Boxer *m*

pugil|ato *m* Boxkampf *m*; **~ístico** Box-

pugna *f* Kampf *m*; *übertr* Ringen *n* (***por*** um); Widerstreit *m*; **~ *electoral*** (***elitista***) Wahl-(Macht)kampf *m* ◇ ***entrar en ~*** in Streit geraten; ***estar en ~*** sich streiten (***por*** wegen); im Widerspruch stehen (***con*** zu)

pugn|acidad *f* Kampfeslust *f*; **~ar** *intr* kämpfen; streiten; ringen (***por*** um)

puja[1] *f* große Anstrengung *f*; Kraftakt *m*; **~ *interna*** internes Gerangel *n*

puj|a[2] *f* Bieten *n*; *Versteigerung* höheres Gebot *n*; **~ador** *m* Bieter *m*

pujante wuchsfreudig; aufstrebend; drangvoll; mächtig ◇ ***ser ~*** boomen, einen (plötzlichen) Aufschwung erleben

pujanza *f* Wucht *m*; Aufschwung *m*; **~ *industrial*** industrielle Stärke *f*

pujar[1] *intr Versteigerung* mehr bieten

pujar[2] **I** *tr*/*intr* vorantreiben; drängen **II** *intr* große Anstrengungen machen

pujo *m* Drang *m*; heftiges Verlangen *n*

pulcr|itud *f* Sauberkeit *f*; untadeliges Äußeres *n*; Adrettheit *f*; Akribie *f*; Sorgfalt *f*; *Druck*, *Foto* gestochene Schärfe *f*; **~o** peinlich sauber; gepflegt; tadellos; adrett

pulga *f* Floh *m auch übertr* ◇ ***no sufrir ~s*** sich nichts gefallen lassen; ***buscar las ~s a alg*** jmdn sticheln; ***estar de malas ~s*** schlechte Laune haben; ***tener malas ~s*** keinen Spaß verstehen

pulg|ada *f* Zoll *m Maß*; Daumenbreite *f*; **~ar** *m* Daumen *m*; **~arada** *f* Schnippen *n* mit dem Daumen; Prise *f z.B. Schnupftabak*; Daumenbreite *f*

pulido **I** *Adj* blank; poliert; nett; fein zurechtgemacht; **II** *m* Politur *f*; Polieren *n*

puli|dor *m* Polierer *m*; Schleifer *m*; **~dora** *f* Poliermaschine *f*; Poliererin *f*; Schleiferin *f*; **~mentar** *tr* polieren; **~mento** *m* Politur *f*; Glätte *f*; Schliff *m*; **~r** *tr* polieren; abschleifen; glätten; *Stil* (aus)feilen; *Sitten* verfeinern; *jmdm* Schliff beibringen

pulla *f* Zote *f*; Stichelei *f* ◇ ***echar*** *od* ***lanzar ~s*** sticheln

pulmón *m* Lunge *f*; **~ *de acero*** MED eiserne Lunge *f*; ***a todo ~*** aus vollem Halse

pulmon|ar Lungen-; **~ía** *f* Lungenentzündung *f*

pulpa *f* Mark *n*; Pulpe *f*; **~ *dentaria*** Zahnpulpa *f*; **~ *de fruta*** Fruchtfleisch *n*; **~ *de tomate*** Tomatenmark *n*

pulpe|jo *m* Handballen *m*; **~ría** *f Am* Verkaufsbude *f*; Tante-Emma-Laden *m*; Lebensmittelgeschäft *n oft mit Ausschank*

púlpito *m Kirche* Kanzel *f*

pulpo *m* Polyp *m*, Krake *m*

pulposo *Frucht* fleischig; mit viel Mark

pulque *m Méx* Pulque *m gegorener Agavensaft*; **~ría** *f* Pulque-Schänke *f*

pulsación *f* Pulsschlag *m*; *Klavier*, *Schreibmaschine*, *PC-Tastatur* Anschlag *m*; Betätigung *f* einer Taste; PHYS Schwingung *f*; Stoß *m*, Schub *m z.B. Pumpe einer Pipeline*; **~ *doble*** INFORM Doppelklick *m*

puls|ador **I** *Adj* pulsierend **II** *m* Drucktaste *f*; Tastschalter *m*; **~ar** **I** *tr Knopf*, *Taste*(*r*) drücken; *Computer* klicken; *Saiten* (an)schlagen; sondieren; den Puls messen **II** *intr* pulsieren; *Herz* schlagen

pulsera *f* Armband *n*; **~ *de eslabones*** (***pedida***) Glieder-(*Esp* Verlobungs)armband *n*

pulso *m* Puls(schlag) *m*; Puls *m Innenseite des Handgelenks*; ruhige Hand *f*; Behutsamheit *f*; *Arg* TEL Zeittakt *m*; **~ *arrítmico*** (***débil***; ***precipitado***) unregelmäßiger (schwacher; beschleunigter) Puls *m*; ***a ~*** freihändig *schießen*, *zeichnen*; mit der eigenen Hände Arbeit ◇ ***se quedó sin ~*** ihm stockte das Herz *vor Schrecken*; ***tomar el ~ a alg*** jmdm den Puls messen
pulular *intr* sprießen; sich schnell vermehren; *übertr* aus dem Boden schießen; kommen und gehen; wimmeln
pulverizador *m* Zerstäuber *m*; Sprühvorrichtung *f*; Spritzgerät *n*; Spraydose *f*; ***~ para árboles frutales*** Obstbaumspritze *f*
pulv|erizar ⟨-z/c-⟩ *tr* zu Pulver zermahlen; zerreiben; zerstäuben; versprühen; bestäuben *z.B. mit Herbiziden*; einstäuben; sprengen, übertreffen; aufreiben *vernichtend schlagen*; **~erulento** pulverförmig; staubig; staubhaltig
puma *m* ZOOL Puma *m*
puna *f* Puna *f Andenhochebene*; *AmS* Höhenkrankheit *f*
punción *f* (Ein-)Stich *m*; MED Punktion *f*; Punktieren *n*
pundonor *m* Ehrgefühl *n*; Ehre *f*; Anständigkeit *f*; **~oso** ehrliebend; voller Ehrgefühl; anständig
pungir ⟨-g/j-⟩ *tr* stechen; *übertr* verletzen
pun|ible strafbar; **~ición** *f* Bestrafung *f*; **~itivo** Straf-
punk ⟨*unv*⟩ **I** *Adj* Punk-; punkig **II** *m* MUS Punk *m*; **~ero** *m* Punker *m*
punta I *f* Spitze *f*; Zacken *m*; Ende *n z.B. von Geweih, Stange*; *Stier* Horn *n*, MAR Huk *f Landspitze, kleines Kap*; Drahtstift *m*; Zigarrenstummel *m*; saurer Nachgeschmack *m z.B. Wein*; ***~ de ajuste*** Stellstift *m*; ***~s de Bruselas*** Brüsseler Spitzen *f/Pl*; ***~ de consumo*** Verbrauchsspitze *f*; **~ (*de tierra*)** Landzunge *f*; ***~ trazadora*** Reißnadel *f*; ***a ~ de*** *Am* mittels; ***a ~ de día*** bei Tagesanbruch; ***a ~ de lanza*** mit straffer Hand; ***de ~s*** auf Zehenspitzen; ***de ~ a cabo*** von A bis Z; ***de ~ a ~*** von einem Ende zum anderen; ***de ~ en blanco*** geschniegelt und gebügelt ◇ ***acabar en ~*** spitz auslaufen; ***estar*** *od* ***ponerse de ~ con alg*** sich mit jmdm verfeinden; ***sacar(le) ~ a u/c*** etw anspitzen *Bleistift*, *Pfahl*; ***es de ~*** das ist Spitze; ***tiene ~ de loco*** er ist leicht verrückt; ***lo tengo en la ~ de la lengua*** *übertr* es liegt mir auf der Zunge **II** *Adj* ⟨*unv*⟩ *übertr* Spitzen- (***horas ~***; ***velocidad ~***)
puntada *f* Nadelstich *m*; *Naht*, *Stickerei* Stich *m*; Stechen *n stechender Schmerz*; **~s** *Pl Am* Seitenstechen *n*; *Méx* Schnapsideen *f/Pl* ◇ ***echar*** *od* ***tirar una ~*** (wie zufällig) ein Wort *od* eine Bemerkung fallen lassen
puntaje *m* Punktzahl *f*; Punktbewertung *f*
puntal *m* Stützbalken *m*; Stütze *f auch übertr*; *Am* Imbiss *m*; Stärkung *f*; POL *übertr* Speerspitze *f*; ***~ de arqueo*** MAR Vermessungshöhe *f*; ***~ de bodega*** MAR Laderaumtiefe *f*; ***~ de carga*** Ladebaum *m*
puntapié *m* Fußtritt *m*
punte|ado I *Adj* punktiert; *Am reg* beschwipst; *übertr* besät (**de** mit) **II** *m* Punktierung *f*; Tüpfelung *f*; *Gitarre* Zupfen *n*; *Saiteninstrument* Klimpern *n*; **~ar I** *tr* punktieren; tüpfeln; HDL *Posten* abhaken; *Gitarre* zupfen **II** *intr* SPORT an der Spitze liegen
puntería *f* Zielen *n* ◇ ***tener buena ~*** ein guter Schütze sein; zielsicher sein
puntero[1] **I** *Adj* führend; *übertr* Spitzen-; vordere(r, -s) **II** *m* Spitzenreiter *m auch* SPORT; *Am reg* Leittier *n*
puntero[2] *m* Zeigestock *m*; Zeiger *m*; INFORM Mauszeiger *m*; TECH Körner *m*; Steinmeißel *m*; Stichel *m*; Pfriem *m*
puntiagudo spitz, scharf
puntilla *f* TEXTIL Spitze *f*; Genickfänger *m*; Spitzenbohrer *m*; ***de ~s*** auf Zehenspitzen
puntillazo *m*: ***dar el ~ final*** den Todesstoß versetzen *auch übertr*
puntillo *m* (übersteigertes) Ehrgefühl *n*; Empfindlichkeit *f*; wunder Punkt *m*; **~so** überempfindlich
punto *m* Punkt *m*; MATH Komma *n*; Zeitpunkt *m*; Prozentpunkt *m*; Stelle *f*; KART, MED, *Nähen* Stich *m*; *Strumpf*, *Trikot* Masche *f*; ***~ álgido*** Gefrierpunkt *m*; Krise *f*; entscheidender Moment *m*; ***~ y aparte*** (***seguido***) *Diktat* Punkt Absatz (ohne Absatz weiter); ***~ de apoyo*** Auflagepunkt *m*; Stützpunkt *m*; Anhaltspunkt *m*; ***~ de arranque*** Ausgangspunkt *m*; ***~ de atracción*** Blickfang *m*; ***~ cero*** Nullpunkt *m*; ***los ~s cardinales*** die vier Himmelsrichtungen; ***~ de castigo*** VERK Strafpunkt *m*; ***~ y coma*** Semikolon *n*; ***~ de congelación*** Gefrierpunkt *m*; ***~ crítico*** kritischer Punkt *m*; *auch* springender Punkt *m*; ***~ crucial*** Angelpunkt *m*; ***~ culminante*** Gipfelpunkt *m*; Scheitelpunkt *m*; Höhepunkt *m auch übertr*; ***~ débil*** *od* ***flaco*** Schwachstelle *f*; ***~ de destino*** (***entrega***) Bestimmungs-(Ablieferungs)ort *m*; ***~s de encuentro*** *übertr* Berührungspunkte *m/Pl*; ***de enlace en la red*** INFORM Einwahlknoten *m*; ***~ final*** (***focal***) Schluss-(Brenn)punkt *m*; ***~ fuerte*** Stärke *f starke Seite*; ***~ de gravedad*** PHYS Schwerpunkt *m*; ***~ de imagen*** INFORM Bildpunkt *m*, Pixel *n*; ***~ de intersección*** (***inversión***) Schnitt-(Umkehr-; Wende)punkt *m*

P

od -stelle *f*; **~ *muerto*** toter Punkt *m*, Stillstand *m*; **~ *negro*** dunkler Punkt *m unklar, nicht gern erwähnt*; **~ *neurálgico*** POL *übertr* Spannungsherd *m*; *übertr* Brennpunkt *m*; **~ *del orden del día*** Tagesordnungspunkt *m*; **~ *de partida*** *od* ***salida*** Ausgangspunkt *m*; Ansatzpunkt *m*; HDL Abgangsort *m*; **~ (*de posición*)** MAR Position *f*; **~ *prioritario*** vordringlicher Punkt *m*; **~ *de recalado*** Treffpunkt *m*; **~ *de recogida*** Sammelstelle *f*; **~ *de referencia*** Bezugspunkt *m*; Anhaltspunkt *m*; **~ *de retícula*** TYP Rasterpunkt *m*; **~ *de reunión*** Treffpunkt *m*; **~*s suspensivos*** Auslassungspunkte *m/Pl*; **~ *de venta electrónico*** elektronische Verkaufsstelle *f*; **~ *verde*** *Warenzeichen* grüner Punkt *m*; **~ *de viraje*** Wendepunkt *m*; **~ *vulnerable*** wunder Punkt *m*; **~ *de vista*** Standpunkt; Gesichtspunkt *m*; ***a* ~** bereit; *Speise* gar; ***a* (*buen*) ~** gerade recht; ***a* ~ *fijo*** genau; ***a tal* ~ *que*** dermaßen, dass; ***al* ~** sofort; ***con* ~*s y comas*** haargenau; ***de* ~** Trikot-, Wirk-; Strick-; ***desde el* ~ *de vista*** aus der Sicht; ***de todo* ~** völlig; ***dos* ~*s*** GRAMM Doppelpunkt *m*; ***en* ~** pünktlich; ***hasta cierto* ~** bis zu einem gewissen Grade; ***hasta tal* ~ *que*** so sehr, dass; ***hasta qué* ~** wieweit; inwieweit; ***¡y* ~!** und damit basta! ◇ ***anotarse* ~*s* (*a favor*)** Punkte sammeln; ***bajar de* ~** verfallen; ***calzar muchos* ~*s*** sehr hochnäsig sein; ***no calza muchos* ~*s*** *übertr* der ist nicht weit her; ***dar en el* ~** auf den Punkt bringen; ins Schwarze treffen; ***está a* ~** es ist so weit; es ist gar; ***estar a* ~ *de*** im Begriff sein zu; ***estar en el* ~ *de mira*** im Blickpunkt stehen; ***ganar por* ~*s*** nach Punkten gewinnen; ***hacer* ~** stricken; ***pasar al siguiente* ~** *Tagesordnung* zum nächsten Punkt übergehen; ***no perder* ~** sehr aufmerksam vorgehen; ***poner a* ~** in Ordnung bringen; *Gerät* richtig einstellen; ***poner el* ~ *final*** *etw* beenden; den Schlussstrich ziehen; ***poner los* ~*s sobre las íes*** Klartext sprechen; das Tüpfelchen aufs i setzen; ***subir de* ~** zunehmen; sich verschlimmern; ***sumar* ~*s*** Punkte sammeln *z.B. für eine Auslosung*; ***tocar el* ~ *sensible*** den wunden Punkt berühren; ***tomar el* ~** gar werden; ***tomar los* ~*s*** die Maschen aufnehmen

puntuación *f* Interpunktion *f*; SPORT Punktwertung *f*, -zahl *f*; *Schule* Benotung *f*

puntual *auch Adv* pünktlich; genau; **~ización** *f* Konkretisierung *f*, Präzisierung *f*; **~izar** ⟨-z/c-⟩ *tr* (im Einzelnen) ausführen; darauf verweisen; deutlich machen, klarstellen; konkretisieren, präzisieren; genau festlegen; sich *etw* gut einprägen

puntuar ⟨-úo⟩ *tr/intr* die Satzzeichen (richtig) setzen, interpunktieren; benoten; punkten; SPORT mit Punkten bewerten

puntura *f* Stich(wunde *f*) *m*

punz|ada *f* Stich *m*; Stechen *n Schmerz*; **~ante** stechend; Stich-; **~ar** ⟨-z/c-⟩ *tr* stechen; zwicken; betrüben

puña|da *f* Faustschlag *m*; **~do** *m* Hand *f* voll *auch übertr*; **~l** *m* Dolch *m*

puñalada *f* Dolchstoß *m* ◇ ***dar una* ~** einen Stich versetzen; ***dar una* ~ *trapera a alg*** jmdm in den Rücken fallen; jmdm übel mitspielen; **(*no*) *es* ~ *de pícaro*** das eilt (nicht)

puñeta *f*: **~*s Pl*** Klatsch *m* ◇ ***hacer la* ~ *a alg*** jmdm auf den Geist gehen; jmdn schikanieren; jmdm eins auswischen; ***¡no me hagas la* ~!** lass mich in Ruhe!; ***me importa una* ~** das ist mir schnurzpiepegal; ***¡vete a hacer* ~*s!*** scher dich zum Teufel!; ***vivir en la quinta* ~** jwd wohnen

puñetazo *m* Faustschlag *m*

puñetero **I** *Adj* verdammt, verflucht; gemein; zudringlich **II** *m* Lump *m*; Schweinehund *m*, *vulg* Scheißkerl *m*

puño *m* Faust *m*; *Hemd* Manschette *f*; Ärmelaufschlag *m*; *Motorrad*, *Waffen* Griff *m*; Knauf *m*; **~ *americano*** Schlagring *m*; ***como un* ~** faustgroß; ***de mi* (*tu, su*) ~ *y letra*** eigenhändig; ***los* ~*s en alto*** mit erhobener Faust; ***por sus* ~*s*** aus eigener Kraft ◇ ***apretar los* ~*s*** sich alle erdenkliche Mühe geben; ***creer a* ~ *cerrado*** blindlings glauben

pupa *f* Lippenausschlag *m*; Pustel *f*

pupil|a *f* Pupille *f*; Mündel *n Waisenmädchen*; **~aje** *m* Vormundschaft *f*; Kostgeld *n*; Parkplatzreservierung *f*; **~ar** Pupillen-; Mündel-; **~ero** *m* Kostgeber *m*; **~o** *m* Mündel *n Waisenjunge*; Zögling *m*; Kostgänger *m*

pupitre *m* Pult *n auch* TECH; **~ *de control*** Schaltpult *n*; Regiepult *n*; **~ *de mando*** Steuerpult *n*; Bedienungspult *n*; **~ *de mezclas*** RUNDF, TV Mischpult *n*

puré *m* Brei *m*, Püree *n*

pureza *f* Reinheit *f*

purga *f* Abführmittel *n*; POL Säuberung *f*; *Abflussrohr* Entschlammen *n*; **~ *de aire del freno*** KFZ Bremsentlüftung *f*

purgación *f* MED Abführung *f*; Menstruation *f*; ***purgaciones Pl*** Tripper *m*

purg|ante *m* Abführmittel *n*; TECH Reinigungsmittel *n*; **~ar** ⟨-g/gu-⟩ **I** *tr* MED abführen; reinigen; *Flüssigkeit* ablassen; entleeren; durchblasen; *Rohrleitung* entlüften; *Dampf* abblasen; POL säubern; *Strafe* verbüßen; *Schuld* abbüßen **II** *intr Wunde* suppen; büßen; im Fegefeuer büßen; **~ar-**

se abführen; sich säubern; **~ativo** abführend; **~atorio** *m* REL *u übertr* Fegefeuer *n*
purificación *f* Reinigung *f*; Klärung *f von Flüssigkeiten*; Läuterung *f*; POL Säuberung *f*; **~ de aguas servidas** Abwasserreinigung *f*
purificador I *Adj* reinigend; Klär- **II** *m* Reiniger *m Mittel u Apparat*; **~ de humos** Rauchfilter *m*
purificar ⟨-c/qu-⟩ *tr* reinigen; *jmdn* reinwaschen *von einem Verdacht befreien*; *Flüssigkeit* klären; läutern *auch Metalle*
Purísima: **la ~** die Jungfrau Maria
purísimo hochrein; reinst; *Himmel* klar
pur|ismo *m* LING, LIT Purismus *m*; **~ista** *m* Purist *m*; **~itano** puritanisch
pur|ito *m* Zigarillo *m,n*; **~o I** *Adj* rein; klar; lauter; echt; keusch; *Metall* gediegen; bloß **II** *m* Zigarre *f*
púrpura *f* Purpurschnecke *f*; Purpur *m*
purp|urado *m* REL Kardinal *m*; **~úreo, ~urino** purpurfarben
purulento eiternd, eitrig
pururú *m Rpl* Puffmais *m*
pus *m* Eiter *m*
puse → ***poner***
pusil|ánime I *Adj* kleinmütig; verzagt **II** *m* Kleinmütiger *m*; Verzagter *m*; **~animidad** *f* Kleinmut *m*; Verzagtheit *f*
pústula *f* Pustel *f*
pustuloso voller Pusteln
pusuquear *intr Arg* schnorren
puta *f vulg* Nutte *f*; **~da** *f* Hundsgemeinheit *f*
putativo vermeintlich; vermutlich
put|ear *intr* herumhuren; *Am reg* lästerlich fluchen; schimpfen; **~eo** *m* Herumhuren *n*; **~ería** *f* Hurerei *f*; Hurenleben *n*; Nutten *f/Pl*; Puff *m*; **~ero** *m* Hurenbock *m*
puto I *Adj* verdammt, *vulg* Scheiß-, *übertr* elend **II** *m* Schwuler *m*
putr|efacción *f* Fäulnis *f*; Verrottung *f*; Verwesung *f*; **~efactivo** Fäulnis erregend; **~efacto** verfault; verwest; faul; morsch; moderig; verrottet; **~escente** faulig; verwesend; faulend; **~escible** leicht faulend; **~idez** *f* Fäulnis *f*; Verrottung *f*; Modergeruch *m*
pútrido morsch; faulig; verfault
puy|ada *f Hond* Stierkampf *m*; **~ar** *tr Am Ochsen* anstacheln; TAUR mit der Pike stechen; *jmdn* drangsalieren; *jmdm* (heftig) zusetzen; *Col, Ven Erdreich* durchbrechen *aufkeimen*; **~azo** *m* Stich *m* mit der Pike *od* Lanze
puyo I *Adj Guat* mittellos **II** *m Arg* kurzer Poncho *m*
puyón *m AmC, Ven Kreisel* Spitze *f*; *Hond* Schössling *m*; *Col, Ven* Schössling *m* der Banane; *Col* Hurenbock *m*
puzle *m* Puzzle *n*
p.v. *Abk für* ***pequeña velocidad***, → ***velocidad***
p.v.p. *od* **P.V.P.** *Abk für* ***precio de venta al público***, → ***precio***
pxmo. *Abk für* ***próximo***
pymes *f/Pl Abk für* ***pequeñas y medianas empresas***
Pza. *Abk für* ***plaza***

Q

q, Q *f* q, Q *n*
Qatar *m* Katar *n*
qm (*Abk für* ***quintal métrico***) dt
que I *Rel Pron* der; den; die; das; welche; welcher; welches; ***el ~*** wer; derjenige, der *od* welcher; ***la ~*** wer; diejenige, die *od* welche; ***lo ~*** was; das, was; ***las ~, los ~*** diejenigen, die *od* welche; *relativ, in Verbindung mit Präp*: ***a ~*** wonach; woran, wohin; womit; wozu; worauf; ***a la ~*** worauf, auf die; ***a lo ~*** worauf, auf das; ***al ~*** worauf, auf den; woran; ***con ~*** womit; worüber; ***con lo ~*** wodurch, womit; ***contra lo ~*** wogegen; ***de (lo) ~*** woraus; wovon; ***del ~*** derjenige, von dem; worüber; wovon; ***de la ~*** diejenige, von der; wovon; worüber; woraus; ***de lo ~*** dasjenige; von dem; wovon; woraus; worüber; wovor; ***en ~*** wo; worin; worein; ***en el ~*** an *bzw* in den; ***en la ~*** an *bzw* in die; ***en lo ~*** an das, woran; ***sobre lo ~*** worüber **II** *Konj* dass; ***para ~*** damit; ***puesto ~*** denn; ***puesto ~, ya ~*** damit, auf dass; weil, da; *in Vergleichssätzen*: ***más ~*** mehr als; ***lo mismo ~*** genau(so) wie; ***no*** + *Verb* ***+ más ~*** nur … + *Verb* (***no tener más ~ dos pesos***); *konjunktivisch*: ***a no ser ~*** es sei denn(, dass); ***antes (de) ~*** bevor, ehe; ***como ~*** weil, da; ***con tal ~*** vorausgesetzt, dass; wenn nur; ***sin ~*** ohne dass; ***por lo ~*** soviel; *satzeinführend*: ***es ~*** es ist nämlich so, dass; *betonte Bejahung od Verneinung*: ***~ sí*** aber ja, (ja) doch; jawohl; ***~ no*** bestimmt nicht; ***eso sí ~ no*** das bestimmt nicht; *in Wunsch- u Ausrufesät-*

zen: **¡~ duermas bien!** schlaf schön!; **¡~ te pego!** ich hau' dir eine runter!; **¡~ venga!** er soll kommen!; *bei Modalverben*: **¡dale ~ dale!** immer wieder!; **corre ~ corre** in einem fort, ohne Unterbrechung; **estuvo toca ~ toca** er spielte und spielte; **hay ~** man muss; **tener ~** müssen; **tener algo ~ comer** etwas zu essen haben; *elliptisch*: **¡a ~ no la conoces!** wetten, dass du sie nicht kennst!

qué I *Interr Pron* **¿~?** *auch indirekt fragend* was? (**¿~ dijo?**; **no sé ~ dijo**); welcher?; was für ein?; **¿a ~ ...?** worauf ...?; wozu ...? *d.h. mit welcher Absicht?*; **a mí ~** das ist mir gleich!, was geht's mich an?; **¿bajo ~ ...?** unter *od* zu welchen ...?; **¿con ~ ...?** womit ...?; **¿de ~ ...?** woraus?; worüber; wovon ...?; worum ...?; **¿en ~ ...?** woran?; worin ...?; wofür ...?; **¿para ~?** wozu?; wofür?; **¿por ~?** warum?; weshalb?; weswegen? **II** *Subst* **el ~ dirán** das Gerede (der Leute); **un no sé ~** ein gewisses Etwas; **los ~s y por ~s** die Ursachen und Gründe **III** *Interj* **¡~!** welch!, was für (ein)! (**¡~ frescura!**); wie! (**¡~ lindo!**; **¡~ triste viene!**); **¡~ de ...!** wie viel! (**¡~ de flores!**); **¡pues ~!** was ist schon dabei!; na und!; **¡pues y ~!** warum denn nicht!, aber ganz und gar nicht!; **sin ~ ni para** *od* **por ~** mir nichts, dir nichts *plötzlich, ohne nähere Erklärung*; **¡y ~!** was soll's!; und wenn schon!; na und? *was ist dabei?*

quebracho *m AmS* Quebracho(baum) *m*; Quebrachoholz *n*

quebrada *f* Schlucht *f*; Hohlweg *m*; Klamm *f*; *Am reg* Wildbach *m*; (ausgetrocknete) Flussrinne *f*; Bankrott *m*

quebradero *m*: **~ de cabeza** Sorge *f*; Kopfzerbrechen *n*, Kummer *m*; Sorgenkind *n* *Problemfall*

quebradizo zerbrechlich; bröcklig; brüchig; anfällig, gebrechlich

quebrado I *Adj* gebrochen; entzwei; zerbrochen; MATH, MED Bruch-; zerklüftet; *Gesichtsfarbe* blass; pleite, bankrott; → **quebrantado II** *m* MATH, TECH Bruch *m*; Knick *m*; Konkursschuldner *m*; Bankrotteur *m*; MED Bruchpatient *m*; **~ decimal** Dezimalbruch *m*; **~ (no) equivalente** (un)gleichnamiger Bruch *m*; **~ (im)propio** (un)echter Bruch *m*

quebr|ador I *Adj* brechend **II** *m* → **quebrantador**; **~adura** *f* Riss *m*; Felsspalt *m*; Schlucht *f*; MED Bruch *m*; **~ajoso** rissig; → **quebradizo**

quebranta|do kraftlos, gebrochen; *Gesundheit* zerrüttet; mitgenommen; angeschlagen; **~dor** *m* Gesetzes-, Rechtsbrecher *m*; BERGB Brecher *m*, Brechwerk *n*

quebrantamiento *m* TECH Brechen *n*; Bruch *m z.B. eines Versprechens*; Übertretung *f z.B. einer Norm*; JUR Verletzung *f*; **~ del contrato (de la paz)** Vertrags-(Friedens)bruch *m*; **~ del secreto profesional** Bruch *m* des Berufsgeheimnisses

quebrantar *tr* zerbrechen; zerklopfen; zerstoßen; zerreiben; zermalmen; zerschmettern; *Moral* zermürben; *Nüsse* knacken; *Vertrag* brechen; *Siegel* erbrechen; *Schloss* sprengen; *Gesundheit* zerrütten, untergraben; **~se** *Geschirr* einen Sprung bekommen; *Gesundheit* geschwächt werden

quebranto *m* Zusammenbruch *m*; Einbruch *m Verlust*; Zerbrechen *n*; Zerrüttung *f*

quebrar ⟨-ie-⟩ **I** *tr* brechen *auch Gesetz, Versprechen*; zerbrechen; abbrechen *z.B. einen Ast*; *Körper* einknicken, beugen **II** *intr* Bankrott gehen, *umg* Pleite machen; brechen (**con** mit); **~se** (zer)springen; (zer)bersten; zerbrechen; brechen; *Stimme* überschlagen; sich einen Bruch heben; *Méx* einknicken *nicht mehr wiederstehen können*

quechu|a I *Adj* Ketschua- **II** *m* Ketschua(indianer) *m*; das Ketschua

qued|a Sperrstunde *f*; **~ada** *m* (Da-)Bleiben *n*; **~ado** *Am* träge

quedar *intr* bleiben; übrig bleiben; zurückbleiben; verbleiben; da sein *vorrätig sein*; sich befinden *z.B. Gebäude, Ort*; **¡queda!** *Korrekturlesen* bleibt (stehen)!; **~** *kann oft an Stelle von* **resultar** *od* **estar** *stehen*; *die deutschen Entsprechungen sind* sein *bzw* werden: **~ sin acabar** nicht beendet werden; **~ agradecido** dankbar sein; **~ herido** verwundet werden; **quedó vencido** *Pass* er ist abgelaufen; **~ con alg en algo** mit jmdm etw verabreden; **~ atrás** zurückbleiben; zurückstehen; **~ bien (mal)** gut (schlecht) ausfallen *z.B. Arbeit*; *Kleidung* (nicht) gut stehen; **~ bien con todos** sich mit allen gut stellen; **quedaron conformes** sie haben sich geeinigt; **~ debajo** unterliegen; **~ debajo de** unterschreiten; **~ a deber** *etw* schudig bleiben; **queda entendido que** es versteht sich (von selbst), dass; **~ espantado** entsetzt sein; **quedamos iguales** jetzt sind wir quitt; **~ de más** übrig bleiben; übrig sein; **~ pegado** festkleben; **quedó perfecto** es ist tadellos gelungen; **~ perplejo** verdutzt sein; **queda por resolver** das muss noch gelöst werden; **~ retenido** nachsitzen; **~ en ridículo** sich lächerlich machen; **¿dónde habíamos quedado?** wie weit waren wir gekommen? *im Text*; **no le ha quedado nada** ihm ist nichts geblieben *er ist mittellos*; **por ~ bien** um gut dazustehen; **todo queda como antes** alles

bleibt beim Alten; **~se** bleiben; dableiben; verweilen; *Cu* aussteigen; ***~se con alg*** jmdn voll flunkern; ***~se con algo*** etw behalten *nicht zurückgeben müssen*; *Laden* etw nehmen *od* kaufen; ***~se con todo*** sich alles aneignen; ***~se atrás*** zurückbleiben; ***~se ciego*** erblinden; ***~se lucido*** sich schön blamieren; ***~se quieto*** stillhalten; ruhig bleiben; ***~se suspendido*** hängen bleiben
quedo ruhig; still; leise
quehacer *m* Tun *n*; Verrichtung *f*; Arbeit *f*; ***~es*** *Pl* Obliegenheiten *f/Pl*, Beschäftigung *f*; ***~ comercial*** Geschäftstätigkeit *f*; ***~es domésticos*** Hausarbeit *f*
queja *f* Klage *f*; Jammern *n*; Groll *m*; JUR Beanstandung *f*, Beschwerde *f* ◇ ***formar, formular*** *od* ***poner*** *od* ***presentar una ~*** sich beschweren; Klage erheben; Beschwerde einlegen; ***tener ~(s) de*** unzufrieden sein mit, böse sein auf
quej|arse sich beklagen, sich beschweren (***a*** bei; ***de*** über); jammern (***de*** über); stöhnen; **~ido** *m* Jammern *n*; **~ón** *m* Meckerer *m*; **~oso I** *Adj* unzufrieden (***de*** mit) **II** *m* Beschwerdeführer *m*; Unzufriedener *m*; **~umbroso** jämmerlich; verdrießlich; wehleidig, zimperlich; *Stimme* weinerlich
quema *f* Verbrennung *f*; Brand *m*; Abbrennen *n*; Niederbrennen *n*; *Am* Brandrodung *f* ◇ ***huir de la ~*** einer Gefahr aus dem Wege gehen
quemad|ero *m* Verbrennungsplatz *m*; **~or** *m* TECH Brenner *m*; *Am reg* Feuerzeug *n*
quemadura *f* Brennen *n*; Verbrennen *n*; Verbrennung *f*; Brandwunde *f*; ***~ de sol*** Sonnenbrand *m*
quemar I *tr* verbrennen; abbrennen; *Kohle* brennen; niederbrennen; anbrennen; versengen **II** *intr* brennen; (brennend) heiß sein; *Sonne* stechen; *Am reg* Marihuana rauchen; ***a medio ~*** halb verbrannt; **~se** (ver)brennen; abbrennen; sich verbrennen; sich *etw* versengen; *in Leidenschaft* entbrennen; ***¡que te quemas!*** *Spiel* ganz heiß!
quemarropa: ***a ~*** *Schuss* aus unmittelbarer Nähe; *Frage* unvermittelt
quepis *m* Käppi *n*
quepo → ***caber***
queque *f Am* Kuchen *m*; *Chi* Napfkuchen *m*
querat|ina *f* ANAT Keratin *n*; **~itis** *f* Hornhautentzündung *f*
querella *f* Streit *m*; JUR Klage *f*; ***~s generacionales*** Generationskonflikt(e *Pl*) *m*; ***~ de nulidad*** (***por calumnia*** *od* ***difamación***) Nichtigkeits-(Verleumdungs)klage *f*; ***~ (penal)*** Strafantrag *m* ◇ ***formular (presentar) ~*** Strafantrag stellen (Klage einreichen *od* anhängig machen)
querell|ador, **~ante I** *Adj* Anklage-; klagend **II** *m* Kläger *m*; Beschwerdeführer *m*; **~arse** *über Schmerzen* klagen; sich *über jmdn* beklagen; JUR verklagen (***contra*** *Akk*); Strafantrag stellen
querencia *f* Zuneigung *f*; Anhänglichkeit *f*; Sehnsucht *f* nach Hause; *Tiere* Stalltrieb *m*; Aufenthaltsplatz *m von Tieren* ◇ ***tomar ~*** lieb gewinnen
querer ⟨*unreg*⟩ **I** *tr* wollen; verlangen; wünschen; mögen; lieben; gern haben; ***quisiera ayudarlo*** ich möchte ihm helfen; ***~ bien (mal) a alg*** jmdm wohl (übel) gesonnen sein; ***¿querrá marcharse?*** ob er gehen will *od* möchte?; ***así me lo quiero*** so soll es sein; so hab' ich es gern *auch iron*; ***como quiera que*** ganz gleich wie; da (ja), weil; ***como Vd. quiera*** wie Sie wollen *od* möchten; ***cuando quiera que*** wann (auch) immer; (***esto***) ***quiere decir*** das will *od* soll heißen, das bedeutet; ***hacerse ~*** sich beliebt machen (***de*** bei); ***¿qué quieres que haga?*** was soll ich tun?; ***¡que si quieres!*** *iron* das möchtest du wohl!; ***queriendo*** absichtlich (***lo ha roto queriendo***); ***~ es poder*** wer will, der kann; ***quiera que no*** *od* ***quiera o no quiera*** ob er will oder nicht; ***si se quiere*** wenn man will; ***sea como quiera*** wie dem auch sei; ***sin ~(lo)*** ungewollt; unabsichtlich; **~se** sich lieben **II** *m* Liebe *f*; Wollen *n*; Mögen *n*; Lieben *n*
querida *f* Geliebte *f* ◇ ***mantener ~*** eine Geliebte aushalten
querido I *Adj* lieber; geliebt; beliebt **II** *m* Geliebter *m*; Liebling *m*
queros|én *m Am*, **~eno** *m Esp*, **~ín** *m Am reg* Leuchtpetroleum *n*; Kerosin *n*
ques|ear *intr* Käse machen; **~era** *f* Käsehändlerin *f*; Käseglocke *f*; **~ería** *f* Käsegeschäft *n*; Käserei *f*; **~ero** *m* Käsehersteller *m*; Käsehändler *m*
queso *m* Käse *m*; ***~ de bola*** *od* ***Holanda*** Edamer Käse *m*; ***~ de cabeza, ~ de cerdo*** Schweinskopfsülze *f*; ***~ para extender*** (***~ fundido***; ***~ con hierbas***) Streich-(Schmelz-; Kräuter)käse *m*; ***~ manchego*** Käse *m* aus der Mancha; ***~ rallado*** Reib(e)käse *m*; ***~ Roquefort*** (***suizo***) Roquefort(käse) *m* (Schweizer Käse *m*)
quetzal *m* ZOOL *u Währung in Guatemala* Quetzal *m*
quevedos *m/Pl* Kneifer *m Brille*
quia: ***¡quia!*** sag bloß!; i wo!, keineswegs!
quianti *m Wein* Chianti *m*
quicio *m Tür*, *Fenster* Angel *f*; ***fuera de ~*** außer sich, ganz aus dem Häuschen ◇ ***sacar de ~*** aus dem Gleis *od* Gleichgewicht bringen; zur Verzweiflung bringen; ***salir***

de ~ aus dem Häuschen geraten
quiché I *Adj* Quiché- **II** *m Guat* Quiché-Indianer *m*; das Quiché
quichua → ***quechua***
quid *m* springender Punkt *m*; eigentliche Schwierigkeit *f*; ***el ~ de la cuestión*** das Wesen der Frage ◇ ***¡ahí está el ~!*** das ist es!, das ist des Pudels Kern!
quídam *m* ein gewisser Jemand
quiebra *f* Riss *m*; Erdspalte *f*; Auflösung *f*; Niedergang *m*, Verfall *m*; Zusammenbruch *m*, Scheitern *n*; Bankrott *m auch übertr*, Konkurs *m*; ***~ fraudulenta*** betrügerischer Bankrott *m* ◇ ***constituirse*** *od* ***declararse en ~*** Konkurs anmelden; ***declarar la ~*** den Konkurs eröffnen; ***estar en ~*** bankrott *od* pleite sein; ***hacer ~*** Bankrott gehen, Pleite machen
quiebro *m* Ausweichbewegung *f*; MUS Triller *m* ◇ ***dar el ~*** *jmdn* abwimmeln
quien *Rel Pron* wer; welcher; welche; welches; der; die; das; ***a ~*** an den; ***con ~*** mit dem; ***de ~*** von dem; ***hay ~(es) dice(n)*** manch einer sagt (einige sagen)
quién *Interr Pron* ***¿~?*** *auch indirekt fragend* wer?; ***¿~es ...?*** wer alles ...? welche?; ***~ ... ~ ...*** der eine ... der andere ...; ***¿a ~ ...?*** an wen...?; ***¿de ~ ...?*** von wem ...?; ***¿para ~ ...?*** für wen...?; ***¿por ~ ...?*** nach wem ...?
quienquiera *Indef Pron* ⟨*Pl* ***quienesquiera***⟩ wer auch immer; irgendwer
quieto ruhig; still; ***¡~ ahí!*** stehen bleiben! ◇ ***¡estate ~!*** halte still!; sei ruhig!
quietud *f* Ruhe *f*; Stille *f*
quijada *f* Kiefer *m*; Kinnlade *f*
quijot|ada *f* verrückter Einfall *m*; weltfremde Torheit *f*, Donquichotterie *f*; ***~e*** *m* weltfremder Träumer *m*, Don Quichotte *m*; ***~ería*** *f* Fantasterei *f*; → ***~ada***; ***~esco***, ***~il*** auf Don Quichotte bezüglich, weltfremd; fantastisch; ***~ismo*** *m* Donquichotterie *f*; ritterliches Getue *n*; weltfremder Idealismus *m*
quilate *m* Karat *n*; Feingehalt *m*; ***de alto ~*** hochkarätig *auch übertr*
quilla *f* MAR Kiel *m*; *Vogel* Brustbein *n*
quillotr|a *f* Geliebte *f*; ***~ar*** *tr* schäkern, poussieren; *jmdm* den Kopf verdrehen
quilo[1] *m* PHYSIOL Chylus *m* ◇ ***sudar el ~*** sich abrackern
quilo[2] *m* → ***kilo***; *Cu umg* Centavo *m*; *weitere Zus* → ***kilo...***
quilomb|ear *AmS reg intr* ins Freudenhaus gehen; ***~era*** *f* Freudenmädchen *n*; ***~o*** *m* Bordell *n*, Freudenhaus *n*
quiltro *m Chi* Kläffer *m auch übertr*
quimba *f Am reg* Anmut *m*; Bauernschuh *m*; *Col* (finanzielle) Schwierigkeit *f*; *Pan* → ***arepa***
quimbambas *f/Pl umg* (Hinter-)Posemu(c)kel *n beliebige unbedeutende Ortschaft*
quimbombó *AmS*, *Cu* Hibiskus *m*
quim|era *f* MYTH Chimäre *f*; Hirngespinst *n*; Grille *f seltsamer Einfall*; ***~érico*** absonderlich
química *f* Chemie *f*; ***~ agrícola*** (***alimenticia***) Agrar-(Lebensmittel)chemie *f*; ***~ analítica*** (***aplicada***; ***experimental***) analytische (angewandte; experimentelle) Chemie *f*; ***~ biológica*** Biochemie *f*; ***~ (in)orgánica*** (an)organische Chemie *f*
químico I *Adj* chemisch **II** *m* Chemiker *m*
quimi|oterapéutico, ***~oterápico*** **I** *Adj* chemotherapeutisch **II** *m* PHARM Chemotherapeutikum *n*; ***~oterapia*** *f* Chemotherapie *f*; ***~zación*** *f* Chemisierung *f*
quimo *m* PHYSIOL Chymus *m*
quimono *m* Kimono *m*
quina *f* Chinarindenbaum *m*; China-, Fieberrinde *f* ◇ ***tragar ~*** *übertr* die bittere Pille schlucken
quincall|a *f* Blechwaren *f/Pl*; *i w S* Eisenwaren *f/Pl*; Hausierwaren *f/Pl*; *Cu* Schneiderwaren *f/Pl*; ***~ería*** *f* Eisenwarenfabrik *f*; Eisenwarenhandlung *f*; Hausierwarenhandel *m*; ***~ero*** *m* Hausierer *m*
quince I *Adj* fünfzehn **II** *m* Fünfzehn *f*; ◇ ***dar ~ y raya*** weit überlegen sein (***en*** in)
quinceavo I *Adj* fünfzehnter **II** *m* Fünfzehntel *n*
quincena *f* Mandel *f 15 Stück*; vierzehn Tage *m/Pl*; Zahlung *f* für zwei Wochen; ***en la primera ~ de mayo*** in der ersten Maihälfte
quincen|al I *Adj* vierzehntägig; vierzehntäglich; Halbmonats-; Zweiwochen- **II** *m* Halbmonatsschrift *f*; ***~o*** fünfzehnter
quincuag|ena *f* fünfzig Stück; ***~enario* I** *Adj* fünfzigteilig; fünfzigjährig **II** *m* Fünfziger *m fünfzigjähriger Mann*; ***~ésimo* I** *Adj* fünfzigster **II** *m* Fünfzigstel *n*; Fünfzigster *m*
quingentésimo I *Adj* fünfhundertster **II** *m* Fünfhundertstel *n*; Fünfhundertster *m*
quiniela *f* Totoschein *m*; ***~s*** *Pl* (Fußball-)Toto *n*; ***~ ganadora*** richtige Tippreihe *f* ◇ ***jugar a las ~s*** im Toto tippen
quinielista *m* Totospieler *m*
quinientos fünfhundert
quin|ina *f* CHEM, PHARM Chinin *n*; ***~o*** *m* China-, Fieberrindenbaum *m*
quinoto *m* BOT Kumquat *f*
quinqué *m* Petroleumlampe *f*; ***~ de carburo*** Azetylen-, Karbidlampe *f* ◇ ***tener mucho ~*** mit allen Wassern gewaschen sein *durchtrieben sein*
quinqu|enal im Fünfjahresrhythmus; alle fünf Jahre stattfindend; Fünfjahr(es)-;

fünfjährig; **~enio** *m* Jahrfünft *n*; Fünfjahreszeitraum *m*
quinta *f* Landhaus *n*; *reg auch* Villa *f*; MUS Quinte *f*; MIL Wehrerfassung *f*; (Rekruten-)Jahrgang *m*; *Arg* Garten *m hinter dem Haus*; Gemüseanbaubetrieb *m*; **~ (de) recreo** *Chi* Ausflugslokal *n* ◊ ***llamar a ~s*** zum Wehrdienst einziehen
quintacolumnista MIL, POL zur fünften Kolonne gehörig
quintaesencia *f* Quintessenz *f*
quintal *m* Zentner *m*; ***~ métrico*** Doppelzentner *m*, Dezitonne *f*
quint|añón hundertjährig; **~ar I** *tr* jeden Fünften durch das Los bestimmen **II** *tr/intr Wehrpflichtige* auslosen; **~ería** *f* Gutshof *m*; Landhaus *n*; **~ero** *m* Gutspächter *m*; landwirtschaftlicher Angestellter *m*; **~eto** *m* MUS Quintett *n*; **~illa** *f* Strophe *f* von fünf Versen; **~illizos** *m/Pl* Fünflinge *m/Pl*
Quintín: ***se armó la de San ~*** es gab (einen) tüchtigen Rabatz *od* Streit
quint|o I *Adj* fünfter **II** *m* Fünfter *m*; Fünftel *n*; Rekrut *m*; **~uplicado** *Schreiben* in fünffacher Ausfertigung; **~uplicar(se)** ⟨-c/qu-⟩ *tr* (sich) verfünffachen
quíntuplo fünffach
quinzavo → ***quinceavo***
quiosco *m* Kiosk *m*; (Musik-)Pavillon *m*; Zeitungstand *m*; Getränke- *bzw* Imbissstand *m*; Blumenstand *m*; ***~ de necesidad*** Bedürfnisanstalt *f*
quipo *m* Quipu *n einstige Knotenschrift der Inkas*
quiquiriquí *m* Kikeriki *n*
quirguiz I *Adj* kirgisisch **II** *m* Kirgise *m*; das Kirgisische
quirófano *m* Operationssaal *m*
quiro|mancia, **~mancía** *f* Chiromantie *f*, Handlesekunst *f*
quirquincho *m AmS* Gürteltier *n*
quirúrgico chirurgisch
quise → ***querer***
quisque *m*: ***cada ~*** (ein) jeder, jeder Einzelne; ***todo ~*** alle
quisquill|a *f* Lappalie *f*, Nichtigkeit *f*; Garnele *f*; *auch* Ostseekrabbe *f*; **~oso I** *Adj* (übertrieben) empfindlich, zimperlich; kleinlich; spitzfindig; *reg* kitz(e)lig **II** *m* Kleinigkeitskrämer *m*
quiste *m* MED Zyste *f*
quita *f* Schuldenerlass *m*; **~ción** *f* Vergütung *f Rente*, *Gehalt*, *Lohn*; JUR → ***quita***; **~colores** *m* Farbentferner *m*; **~esmalte** *m* Nagellackentferner *m*
quitaipón: ***de ~*** abnehmbar; auf- und absetzbar
quita|manchas *m* Fleckenentferner *m*; **~nieves** *m* Schneepflug *m*; **~pinturas** *m* Abbeizer *m*
quitar *tr* (weg)nehmen; fortnehmen; herausnehmen; abnehmen; entfernen; *Regierung* absetzen; abziehen; *Tisch* abdecken, -räumen; *Schlüssel* herausziehen; *Schuhe* ausziehen; *Gesicht* abwenden; *in vielen Fügungen*: ab-; ent- (***~ acepillando*** abhobeln; ***~ con la lima*** abfeilen; ***~ la corteza*** entrinden; ***~ las escamas*** ab-, entschuppen); ***¡quita (de ahí)!*** nicht doch!, lass das!; hör' doch auf (damit)!; ***de quita y pon*** abnehmbar *z.B. Pelzkragen*; **~se** *Kleidung* ablegen; ausziehen; *Brille*, *Hut* abnehmen; verschwinden; sich entfernen; ***~se a alg*** *od* ***u/c de encima*** jmdn *od* etw loswerden; sich jmdn *od* etw vom Halse schaffen; ***~se de u/c*** mit etw aufhören; ***¡quítate de ahí!*** mach, dass du fortkommst!
quitasol *m* Sonnenschirm *m*
quite *m Fechten* Parade *f* ◊ ***estar al ~*** bereit sein *jmdm zu helfen*
quiteño aus Quito
quitin|a *f* BIOL Chitin *n*; **~oso** chitinhaltig, Chitin-
quitrín *m Am* Einspänner *m*
quizá, **~s** vielleicht; ***~ y sin ~*** ganz bestimmt, auf jeden Fall
quórum *m* Mindeststimmenzahl *f*, Quorum *n*, erforderliche Mitgliederzahl *f* ◊ ***alcanzar*** *od* ***tener el ~*** *Versammlung* beschlussfähig sein

R

R

r, **R** *f* r, R *n*
Ra (*Symb für* ***radio***[2]) CHEM Ra
R.A. *Abk für* ***Real Alteza***; ***República Argentina***
rabadilla *f* Steißbein *n*; *Vögel* Bürzel *m*
rabani|llo *m*, **~to** *m* Radieschen *n*
rábano *m* Rettich *m*; ***~ picante*** Meerrettich *m* ◊ ***eso me importa un ~*** das ist mir wurst!; ***tomar el ~ por las hojas*** *etw od jmdn* völlig falsch verstehen; ***no valer un ~*** keinen Pfifferling wert sein
rab|ear *intr* mit dem Schwanz wedeln; **~el**

m Po(po) *m*
rabí *m* Rabbi *m*
rabia *f* Wut *f*; Tollwut *f* ◇ ***arder de ~*** vor Wut rasen; ***dar ~*** wütend machen, ärgern; ***tener ~*** wütend sein (***a, contra*** auf, gegen); *jmdn* nicht ausstehen können
rabiar *intr* wüten, toben; sehr erpicht sein (***por*** auf); ***~ por*** + *Inf* (vor Begierde) brennen, zu + *Inf*; ***a ~*** sehr, außerordentlich ◇ ***estar a ~*** sich nicht ausstehen können
rabieta *f* Wutanfall *m*
rabillo *m* Schwänzchen *n*; BOT Stängel *m*; ***~ del ojo*** Augenwinkel *m* ◇ ***mirar con el ~ del ojo*** *jmdn* scheel ansehen
rabino *m* Rabbiner *m*
rabioso I *Adj* VET tollwütig; wütend; rabiat; *Schmerz, Verlangen* heftig, rasend; *Farbe* schreiend **II** *m* Wütender *m*
rabo *m* Schwanz *m*; ***~s de gallo*** Zirruswolke *f*; ***~ de mula*** *Cu Frisur* Pferdeschwanz *m*; ***~ del ojo*** Augenwinkel *m*; ***~ verde*** *Ant, Méx* lebenslustiger Alter *m*; ***con el ~ entre piernas*** mit eingezogenem Schwanz ◇ ***asir por el ~*** *etw* vom Schwanz her aufzäumen; ***chuparle el ~ a la jutía*** *Cu* einen über den Durst trinken; ***aún falta*** *od* ***queda el ~ por desollar*** das Schwierigste steht noch bevor; das dicke Ende kommt noch
rabón schwanzlos; mit Stummelschwanz; *Am* sehr *od* zu kurz
rabona *f*: ***hacer ~*** die Schule schwänzen
rabotada *f* Frechheit *f*
rábula *m* Rechtsverdreher *m*
rácano I *Adj* gerissen; knickrig; arbeitsscheu **II** *m* Geizkragen *m*; Faulpelz *m*
racha *f* Bö(e) *f*; Reihe *f*, Serie *f*; ***buena*** (***mala***) ***~*** Glücks-(Pech)strähne *f*
racial Rassen-
racimo *m* Traube *f*; BOT Büschel *n*; ***~ de uvas*** Traube *f* Weinbeeren
raciocin|ar *intr* vernunftgemäß *od* rational denken; **~io** *m* Urteilsfähigkeit *f*; Gedankengang *m*; Überlegung(en *Pl*) *f*
ración *f* Portion *f*; Ration *f*; ***~*** (***de alimento***) Futter- *bzw* Nahrungsmenge *f*; ***~ de hambre*** Hungerration *f*
racional verstandesmäßig; vernünftig; rationell, zweckmäßig; sparsam; **~idad** *f* Vernünftigkeit *f*; Zweckmäßigkeit *f*; **~ismo** *m* Rationalismus *m*; **~ista** *m(f)* Rationalist(in) *m(f)*; **~ización** *f* Rationalisierung *f*; **~izador I** *Adj* Rationalisierungs- **II** *m* Rationalisator *m*; **~izar** ⟨-z/c-⟩ *tr* rationalisieren
racion|amiento *m* Rationierung *f*; **~ar** *tr* rationieren
rac|ismo *m* Rassismus *m*; **~ista I** *Adj* rassistisch; Rassen- **II** *m(f)* Rassist(in) *m(f)*
rada *f* MAR Reede *f*; **~r** *m* Radar *m,n*
radiación *f* Strahlung *f*; Einstrahlung *f*; Ausstrahlung *f*; Abstrahlung *f*; Bestrahlung *f*; ***~ nuclear*** Kernstrahlung *f*; ***~ radi(o)activa*** radioaktive Strahlung *f*; ***~ de rayos X*** Röntgenstrahlung *f*; ***~ solar*** Sonnenstrahlung *f*; MET Sonneneinstrahlung *f*; ***de baja ~*** *Bildschirm* strahlungsarm
radi|actividad *f* Radioaktivität *f*; **~activo** radioaktiv; **~ado** strahlenförmig; Strahlen-; Rundfunk-; Funk-; im Rundfunk übertragen; **~ador** *m* Heizkörper *m*, Radiator *m*; PHYS Strahler *m*; KFZ Kühler *m*; **~al** ANAT, MATH, TECH radial, strahlenförmig; *Am* Rundfunk-
radi|ante Strahlungs-; strahlend *auch übertr*; **~ar I** *intr* strahlen **II** *tr* ausstrahlen; RADIO, TV senden; funken
radicación *f* Verwurzelung *f*; Ansässigkeit *f*; MATH Radizieren *n*; ***~ industrial*** Industriestandort *m*
radical I *Adj* radikal; durchgreifend; tief greifend; gründlich **II** *m* POL Radikaler *m*; GRAMM Stamm *m*; MATH Wurzelzeichen *n*
radicalismo *m* Radikalismus *m*; ***~ de derecha*** (***izquierda***) Rechts-(Links)radikalismus *m*
radic|alización *f* Radikalisierung *f*; **~alizar** ⟨-z/c-⟩ *tr* radikalisieren; **~ar** ⟨-c/qu-⟩ *intr* wurzeln; *Am* ansässig sein; seinen Sitz haben (***en*** in); bestehen (***en*** in); beruhen (***en*** auf); **~arse** seinen Wohnsitz nehmen, sich niederlassen
radio[1] *m* Radius *m*; Umkreis *m*; ANAT, TECH Speiche *f*; ***~ de acción*** Aktionsradius *m*; Wirkungsbereich *m*; ***~ de atracción*** Einzugsgebiet *n*; ***~ de curva***(***tura***) Krümmungshalbmesser *m*; ***~ de rueda*** Radspeiche *f*; ***~ de viraje*** KFZ, MAR Wendekreis *m*; ***~ visual*** Gesichtskreis *m*
radio[2] *m* CHEM Radium *n*
radio[3] *f*, *Am reg auch m* Rundfunk *m*; Radio *n*; ***~ escolar*** Schulfunk *m*; ***~ local*** lokaler Sender *m*; ***≈ Nacional de España*** Staatlicher Rundfunk *m* in Spanien; ***~ portátil*** Kofferradio *n*; ***≈ Televisión Española*** *staatliche* Spanische Fernseh- und Rundfunkanstalt *f*; ***~ transistorizada*** Transistorradio *n*; ***guiado por ~*** funkgesteuert
radio|aficionado *m* Funkamateur *m*; **~astronomía** *f* Radioastronomie *f*; **~audición** *f* Rundfunkhören *n*; Rundfunkdarbietung *f*; **~blindado** *Am* funkentstört; **~búsqueda** *f* Funksuche *f*; **~carbono** *m* radioaktiver Kohlenstoff *m*; **~cassette** *m*, *auch f* Radiorekorder *m*; **~comunicación** *f* Funkbetrieb *m*; Funkverbindung *f*; Funkgespräch *n*; **~conducción** *f* Funksteuerung *f*; **~conexión** Funkverbindung *f*; **~desper-**

tador *m* Radiowecker *m*; **~detección** *f* Funkpeilung *f*; **~detector** *m* Funkmessgerät *n*; **~difundir** *tr* im Rundfunk übertragen

radiodifusión *f* Rundfunk *m*; Rundfunkübertragung *f*; **~ *estereofónica*** Stereorundfunk *m*; Stereoübertragung *f*; **~ *por hilo*** Drahtfunk *m*; **~ *sonora*** Hörfunk *m*

radio|dirigido funkgesteuert; **~eléctrico** radioelektrisch; drahtlos; funktechnisch; **~elemento** *m* radioaktives Element *n*; **~enlace** *m* Funkverbindung *f*; **~escucha** *m* Rundfunkhörer *m*; **~estación** *f* Funkstation *f*; **~experimentador** *m* Radiobastler *m*; Funkamateur *m*; **~faro** *m* FLUGW, MAR Funkbake *f*; **~fonía** *f* drahtlose Telefonie *f*; **~foto(grafía)** *f* Funkbild *n*; **~goniometría** *f* Funkpeilung *f*; **~grabador** *m* *Arg* Radiorekorder *m*; **~grafía** *f* Durchleuchtung *f*; Röntgenbild *n*; **~grafiar** ⟨-ío⟩ *tr* röntgen; **~grama** *m* Funkspruch *m*; **~isótopo** *m* Radioisotop *n*

radio|localización *f* Funkortung *f*; **~logía** *f* Radiologie *f*; **~lógico** Röntgen-; Bestrahlungs-

radiólogo *m* Radiologe *m*; Röntgenarzt *m*

radio|mando *m* Funksteuerung *f*; **~mensaje** *m* Funkspruch *m*; **~metría** *f* Funkmesstechnik *f*; **~móvil** *m* Übertragungswagen *m*; **~navegación** *f* Funknavigation *f*; **~navegante** *m* (Bord-)Funker *m*; **~novela** *f* Hörspiel *n*; **~operador** *m*, **~operadora** *f* Funker(in) *m(f)*

radio|patrulla *f* Funkstreife *f*; **~rreceptor** *m* Rundfunkempfänger *m*; **~scopia** *f* Röntgenuntersuchung *f*; **~sensibilidad** *f* Strahlenempfindlichkeit *f*; **~señal** *f* Funksignal *n*; **~so** strahlend; **~sonda** *f* MET Radiosonde *f*; **~taxi** *m* Funktaxi *n*; **~tecnia** *f*, **~técnica** *f* (Rund-)Funktechnik *f*; **~técnico** *m* Rundfunktechniker *m*

radiotelefonía *f* Sprechfunk *m*; **~ *ferroviaria*** Zugfunk *m*

radioteléfono *m* Funksprechgerät *n*; Funktelefon *n*, Handy *n*

radiotelegraf|ía *f* drahtlose Telegrafie *f*; Funkverkehr *m*; Funken *n*; **~iar** ⟨-ío⟩ *intr* funken; **~ista** *m* Funker *m*

radiotel|egrama *m* Funktelegramm *n*; **~escopio** *m* Radioteleskop *n*; **~evisar** *tr* über Funk und Fernsehen ausstrahlen

radiotelevisión *f* Rundfunk *m* und Fernsehen; **≗ *Española*** Staatliche Fernseh- und Rundfunkanstalt *f* in Spanien

radioterapia *f* MED Strahlentherapie *f*; **~ *profunda*** Tiefenbestrahlung *f*

radiotransistor *m* Transistorradio *n*

radiotransmisión *f* Rundfunksendung *f*; **~ *de imágenes*** Bildfunk *m*; **~ *telefónica*** Drahtfunk *m*

radiotransmisor *m* Funkgerät *n*

radioyente *m* Rundfunkhörer *m*; **~ *clandestino*** Schwarzhörer *m*

radón *m* CHEM Radon *n*

ra|edera *f* Schabeisen *n*; Kratzeisen *n*; **~er** ⟨*unreg*⟩ *tr* abschaben; schaben; abkratzen

R.A.E. *Abk für* ***Real Academia Española***, → ***academia***

Rafa *f* *Cu* → ***RFA***

ráfaga *f* Windstoß *m*; **~ *de disparos*** Feuerstoß *m*; **~ *de luz*** Lichtstrahl *m*, Aufblitzen *n*; **~ *de lluvia*** Regenbö(e) *f*; ***a ~s*** stoßweise; MET in Staffeln

rafting *m* SPORT Rafting *n*

raglán *m* TEXTIL Raglan *m*

raid *m* *Am reg* Fahrt *f im Kfz bes per Anhalter*; MIL Handstreich *m*; **~ *aéreo*** Langstreckenflug *m*; Luftangriff *m*

raído abgeschabt; *Kleidung* durchgewetzt; abgetragen; schamlos

raigambre *f* Wurzelgeflecht *n*; Verwurzelung *f*; ***sin ~*** wurzellos; *übertr* entwurzelt ◇ ***tener ~*** verwurzelt sein

rail, raíl *m* Eisenbahnschiene *f*

raíz *f* Wurzel *f auch* GRAMM, MATH *u übertr*; ***raíces*** *Pl* ***y tubérculos*** Hackfrüchte *f/Pl*; ***a ~ de*** kurz nach + *Dat*; aufgrund von + *Dat*; ***de ~*** mit der Wurzel *auch übertr*, mit Stumpf und Stiel; ganz und gar ◇ ***arrancar de ~*** *bes übertr* ausrotten; ***cambiar de ~*** grundlegend (ver)ändern; ***echar raíces*** Wurzeln schlagen *auch übertr*

raja *f* Spalt *m*, Ritze *f*; *Glas*, *Keramik* Sprung *m*; *Holz* Riss *m*; Ecke *f z.B. Käse*, *Melone*; Scheibe *f Brot*, *Wurst*; Holzspan *m*; *vulg* Möse *f Vagina* ◇ ***sacar ~*** *übertr* seinen Schnitt machen

raj|abroqueles *m* Maulheld *m*; **~ada** *f* *Am* Rückzieher *m*; **~ado** rissig; gesprungen; *Am* unzuverlässig; feige; **~adura** *f* Spalte *f*; *Holz* Riss *m*; *Glas*, *Keramik* Sprung *m*; Spaltbildung *f*; **~ar I** *tr* spalten; schlitzen; ritzen; schrammen; in Scheiben *od* Ecken schneiden *z.B. Melone*; *Prüfling* durchfallen lassen **II** *intr* quatschen; *Am* klatschen *abfällig reden*; prahlen; *Holz*, *Glas* springen; **~arse** reißen; bersten; platzen; (zer)springen; rissig werden; sich zerreißen (***por*** wegen) *alles Menschenmögliche tun*; kleinmütig werden; *Vorsatz* aufgeben; einen Rückzieher machen

rajatabla: ***a ~*** um jeden Preis; koste es, was es wolle

ralea *f* Sippschaft *f*; Art *f*, Sorte *f*; ***mala ~*** Gesindel *n*

ralear *intr* *Tuch* dünn werden; spärlicher werden; *Zähne* weniger werden; *Haare*, *Wald* sich lichten; *Saaten* dünn stehen

R

ralentí *m* FILM Zeitlupe *f*; **al** *od* **en ~** KFZ im Leerlauf; in Zeitlupe
ralentiz|ación *f* Verlangsamung *f*; **~ar** ⟨-z/c-⟩ *tr* abflachen *z.B. Konjunktur*
rall|ado *m* Reiben *n*; Raspeln *n*; **~ador** *m* Reibe *f*; **~adura** *f* Geriebenes *n*; Geraspeltes *n*; **~aduras** *f/Pl Kokos, Möhren* Raspeln *f/Pl*; **~ar** *tr Kartoffeln, Käse* reiben; *Obst, Kokos, Gemüse* raspeln
rally, ~e *m* ⟨*Pl* rallys⟩ SPORT Rallye *f*
ralo spärlich; *Stoff* fadenscheinig; *Haar* schütter; *Laub, Wald, Haar* gelichtet
RAM *f* (*Abk für random access memory* **memoria de acceso aleatorio**) RAM *n*
rama *f* Ast *m*; Zweig *m auch übertr*; Bereich *m*; *Stammbaum* Linie *f*; Branche *f*; **~ de la economía** Volkswirtschaftszweig *m*; **~ del saber** Wissensgebiet *n*; **~s secas** Reisig *n*; **de ~ en ~** ziellos; hin und her; **en ~** *Baumwolle, Flachs, Kaffee ua* Roh-; *Buch* noch nicht gebunden ◇ **andarse** *od* **irse por las ~s** abschweifen; sich verzetteln
ramada *f Am* Blätterdach *n*; → **ramaje**
ramadán *m* Ramadan *m*
ram|aje *m* Geäst *n*; Zweige *m/Pl*; **~al** *m* Abzweigung *f*; *Gas-, Strom-, Wasserleitung, Kabel, Seil* Strang *m*; *Fluss, Kanal* Seitenarm *m*; Seitenweg *m*; EISENB Nebenstrecke *f*; Zweigbahn *f*; Zweigleitung *f*; *Gebirge* Ausläufer *m*; Treppenflügel *m*; **~alazo** *m* Schlag *m mit einem Strick*; Striemen *m*; MED Anfall *m*; Stich *m*, Schmerz *m*
rambla *f* trockenes Flussbett *n*; breite Promenade *f in einigen Mittelmeerstädten*
ramera *f* Hure *f*
ramific|ación *f* Verzweigung *f*; Verästelung *f*; **~arse** ⟨-c/qu-⟩ sich verzweigen; sich verästeln
ramill|a *f* Zweig *m*; *übertr* Strohhalm *m*; **~ete** *m* Blumenstrauß *m*; **~etera** *f* Floristin *f*
ramo *m* Zweig *m auch übertr*; Fach *n*, Gebiet *n*; Branche *f*; Strauß *m*; Bund *n z.B. Petersilie*; **~s** *Pl* MED Anfälle *m/Pl*; **~ asegurador** *od* **de seguros** (**con futuro**) Versicherungs-(Zukunfts)branche *f*; **~ de la construcción** *f* Baubranche *f*, -gewerbe *n*; **~ de la economía** Wirtschaftszweig *m*; **~ de flores** Blumenstrauß *m*; **~ de industria, ~ industrial** (**profesional**) Industrie-(-Berufs)zweig *m*; **~ de novia** Brautstrauß *m*; **~ de olivo** Ölzweig *m*; **~ de palmera** Palmenwedel *m*; **~ de transportes** Speditionsbranche *f* ◇ **vender al ~** *Wein* über die Straße verkaufen
ramo|jo *m* Reisig *n*; **~so** vielästig, astreich
rampa¹ *f* Krampf *m*
rampa² *f* Rampe *f*; Auffahrt(srampe) *f*; **~-balsa** Notrutsche *f am Flugzeug*; **~ de carga** (Ver-)Laderampe *f*; **~ de embarque** MAR Verladerampe *f*; **~ de lanzamiento** MIL Abschussrampe *f*; RAUMF Startrampe *m*; **~ de maniobra** EISENB Ablaufberg *m*
rana *f* Frosch *m*; **~ de San Antonio** Laubfrosch *m*; **~ de zarzal** Unke *f* ◇ **salir ~** sich als eine Niete erweisen; **no ser ~** nicht auf den Kopf gefallen sein
ranch|ear *intr* sein Lager aufschlagen; Hütten errichten; eine Essgemeinschaft bilden; **~era** *f* KFZ Kombi(wagen) *m*; *Am reg* MUS *Volksweise, mexikanische Countrymusik*; **~ería** *f*, **~erío** *m* aus Hütten bestehende Siedlung *f*; **~ero** *m* MIL Feldkoch *m*; Besitzer *m* der Ranch, Rancher *m*
rancho *m* MIL Mannschaftsverpflegung *f*; (Feld-, Hirten- *od* Köhler-)Lager *n*; *Am reg* Hütte *f*; *Am reg* Viehfarm *f*; *Am reg* Landhaus *n*; *Am reg* Schuppen *m*; **~s de la tripulación** MAR Mannschaftsräume *m/Pl* ◇ **asentar el ~** das Lager aufschlagen; seine Hütte errichten *sich niederlassen*; **formar** *od* **hacer ~ aparte** sich absondern; **hacer ~** abkochen, im Freien kochen
ranci|arse ranzig werden; **~o** ranzig; uralt; *Wein* alt und stark; altmodisch
randa I *m Esp* Spitzbube *m*; Taschendieb *m* **II** *f* TEXTIL Spitze *f*
rango *m* Rang *m*; MIL Dienstrang *m*; Rangstufe *f*; **~ constitucional** Verfassungsrang *m*; **de alto ~** hochrangig; *Persönlichkeit* hoch gestellt
ranking *m* Rangliste *f*, Ranking *n*; Rangordnung *f*
ranura *f* Nut(e) *f*; Fuge *f*; Rille *f*; Schlitz *m*; **~ y lengüeta** *Holzverbindung* Nut *f* und Feder; **~ para** (**echar**) **moneda** Geldschlitz *m*; **~ visual** Sehschlitz *m*
ranurar *tr* nuten; schlitzen *auch Lochkarten*; rillen; riefen *bzw* riffeln
rap *m* Rap *m*; **~acería** *f* Raubgier *f*; → **rapazada**; **~aces** *f/Pl* Greifvögel *m/Pl*; **~acidad** *f* Raubgier *f*; Raff-, Habgier *f*
rap|ado abgewetzt; kahl geschoren; **~apolvo** *m* Abreibung *f Schelte*; **~ar** *tr* rasieren; *Bart* stutzen; *Haar* ganz kurz schneiden; *auch* kahl scheren; stibitzen
rapaz¹ raubgierig; räuberisch; raffgierig; Raub-; *Vogel* Greif-
rapaz² *m* Bursche *m*; Bengel *m*; **~a** *f* Göre *f*; **~ada** *f* Bubenstreich *m*; Rangen *f/Pl*
rape *m* Schnellrasur *f*; Seeteufel *m Fisch*: **al ~** *Haar* ganz kurz geschnitten; *Bart* gestutzt
rapé *m* Schnupftabak *m* ◇ **tomar ~** eine Prise Schnupftabak nehmen
rape|ar *intr* rappen; **~ro** *m* Rapper *m*
rapidez *f* Schnelligkeit *f*; Eile *f*; **con toda ~** ganz schnell

rápido I *Adj* schnell; *Strömung* reißend **II** *m* Schnellzug *m*; Stromschnelle *f*
rapiñ|a *f* Raub *m*; Plünderung *f*; **~ar** *tr* stibitzen, mausen
raposa *f* Füchsin *f*; Fuchs *m als Gattungsbezeichnung und übertr*
rapsodia *f* Rhapsodie *f*
raptar *tr* entführen
rapto *m* Entführung *f*; Raub *m*; MED Anfall *m*; Verzückung *f*; ***en un ~ de sinceridad*** in einem Anflug von Ehrlichkeit
raptor *m*, **~a** *f* Entführer(in) *m(f)*
raqueta I *f* Tennisschläger *m*; Rechen *m des Croupiers*; ***~ para el juego del volante*** Federballschläger *m* **II** *m(f)* Tennis- *bzw* Federballspieler(in) *m(f)*
raquítico rachitisch; verkümmert; kärglich
rar|efacción *f* PHYS Verdünnung *f*; **~efacer** ⟨→ ***hacer***⟩ *tr* verdünnen; **~eza** *f* Seltenheit *f*; Rarität *f*; Seltsamkeit *f*; Ausgefallenheit *f*; **~ificación** *f* Verdünnung *f*; **~ificar** ⟨c/qu⟩ *tr* PHYS verdünnen; **~ísimo** äußerst selten
raro I *Adj* selten; ausgefallen; seltsam; eigentümlich; merkwürdig; *Qualitäten* außergewöhnlich; *Gase* Edel-; ***¡qué ~!*** (wie) merkwürdig! **II** *m* Sonderling *m*
ras *m* Eichstrich *m*; ***a ~ de*** dicht über + *Dat*; dicht am + *Dat*; in gleicher Höhe mit + *Dat*; ***a ~ del suelo*** *od* ***de tierra*** zu ebener Erde; ***al ~*** gestrichen voll
ras|ante I *Adj* rasant; *Flug* Tief-; *Geschossbahn* flach **II** *f* Gefälle *n*, Neigung *f*; **~ar** *tr* streifen; vernichten; zerstören; *Maßgefäß* abstreichen; **~arse** *Himmel* aufklaren
rasca|cielos *m* Wolkenkratzer *m*; **~dera** *f* Schabeisen *n*; **~do I** *Adj* aufgekratzt *gut gelaunt* **II** *m* Schaben *n*; *Farbe* Abkratzen *n*; **~dor** *m* Schabeisen *n*; Radiermesser *n*; BERGB Schrapper *m*; **~dora** *f* Reibfläche *f für Streichhölzer*; **~dura** *f* Kratzwunde *f*; Kratzer *m auch übertr*; Schaben *n*, Scheuern *n*
rascar ⟨-c/qu-⟩ *tr* kratzen; abkratzen; aufkratzen; zerkratzen; aufrauen; abschaben; BERGB schrammen; *Mörtelputz* abstoßen; ***~ suavemente*** kraulen, kraueln; **~se** sich kratzen; *Am reg* sich beschwipsen; ***eso no me rasca*** das juckt mich nicht *das bekümmert mich nicht*; ***se rascan para adentro*** sie wirtschaften in die eigene Tasche
rasero *m* Abstreichholz *n* ◇ ***medir con*** *od* ***por el mismo ~*** *übertr* mit der gleichen Elle messen; auf eine Stufe stellen *keinen Unterschied machen*
rasg|ado *Augen* mandelförmig; *Mund*, *Fenster* breit; **~adura** *f* Riss *m*; Einriss *m*; **~ar**[1] ⟨-g/gu-⟩ *tr* zerreißen; aufreißen; einreißen; durchreißen; **~arse** reißen; entzweireißen
rasgar[2] ⟨-g/gu-⟩ *tr* hinkritzeln
rasgo *m* Strich *m*; Federzug *m*; **~s** *Pl* Gesichtszüge *m/Pl*; ***~ caligráfico*** *Schrift* Schnörkel *m*; ***~ característico*** Charaktereigenschaft *f*, -zug *m*; ***~s distintivos*** Unterscheidungsmerkmale *n/Pl*; ***~ esencial*** Wesenszug *m*; ***~ fundamental*** Hauptmerkmal *n*; ***duro de ~s*** *Gesicht* hart; ***a grandes ~s*** in groben Umrissen; ***con un ~ de la pluma*** *übertr* mit einem Federstrich
rasgón *m* Riss *m in Textilien*
rasguear *tr Gitarre* schlagen; *Saiteninstrument* zupfen; in die Saiten greifen
rasguñ|ar *tr* kratzen; zerkratzen; ritzen; MAL skizzieren; **~arse** sich kratzen; **~o** *m* Kratzwunde *f*; Kratzer *m*; Schramme *f*; Ritz *m*; Streifschuss *m Wunde*; MAL Skizze *f*
raso I *Adj* glatt; flach; *Feld* frei; *Himmel* wolkenlos; einfach *ohne Titel od Rang*; *Gefäß*, *Löffel* gestrichen (voll); *Stuhl* ohne Rückenlehne; *Vogel*, *Ball* tief fliegend; ***al ~*** im Freien; randvoll **II** *m Gewebe* Atlas *m*
raspa I *f* BOT Granne *f*; *Maiskolben* Spindel *f*; Gräte *f*; Raspel *f Werkzeug*, *Küchengerät*; *übertr* Kratzbürste *f*; Raspa *f Tanz*; *Esp* Dienstmädchen *n*; *Ant*, *Méx* brauner Zucker *m*; *Am reg übertr* Abreibung *f* **II** *m Rpl* Taschendieb *m*
raspad|a *f Méx übertr* Abreibung *f*; **~o** *m* Abschürfung *f*; TECH Raspeln *n*; MED Ausschabung *f*; Abschürfung *f*; **~or** *m* TECH Schabeisen *n*; Schaber *m*; BERGB Schrapper *m*; Radiermesser *n*
raspadura *f* Schaben *n*; Wegschaben *n eines Buchstabens*; Abkratzen *n*; Abschaben *n*; ***~s de limón*** geriebene Zitronenschale *f*
raspar I *tr* raspeln; schaben; abschaben; aufrauen; wegschaben; abkratzen; MED ausschaben; kratzen, rubbeln; streifen, (leicht) berühren; *Am reg* eine Abreibung verpassen; mausen, stibitzen **II** *intr Stoff* kratzen
rasqueta *f* Schaber *m*; ***~ del limpiaparabrisas*** Scheibenwischerblatt *n*
rastra *f* Egge *f*; Spur *f*; Ackerschleppe *f*; Schleppe *f am Kleid*; aufgefädeltes Dörrobst *n*; *Cu* Sattelschlepper *m*; ***a ~s*** schleppend; kriechend; widerwillig ◇ ***avanzar*** *od* ***ir a ~s*** robben, vorwärts kriechen
rastreador *m* Fährtensucher *m*; ***perro*** *m* ***~*** Spürhund *m*
rastrear I *tr jmds* Spur folgen; *jmdm* nachspüren; *eine Sache* verfolgen; *Grundnetz*, *Last* schleppen; *Gelände* durchkämmen; *Minen* räumen; eggen **II** *intr* über den Boden entlangstreichen

R

rastreo *m* Absuchen *n*; Nachforschung *f*; Grundnetzfischfang *m*; **~ *por satélite*** Satellitenüberwachung *f*
rastrero schleppend; kriechend; *Vogel* dicht am Boden fliegend; niederträchtig; scharwenzelnd; *Wesen* kriecherisch
rastrill|ar *tr* harken; eggen; *Flachs* hecheln; *Gelände* durchkämmen; **~o** *m* Rechen *m*; Hechel *f für Flachs*
rastro *m* Rechen *m*; Spur *f auch übertr*; *Am reg* Schlachthof *m*; ♀ *Madrid* Trödelmarkt *m* ◇ **(*sin*) *dejar* ~*s*** Spuren hinterlassen (spurlos); ***seguir el* ~** *jmds* Spur verfolgen; ***sentir el* ~** die Spur aufnehmen *wittern*
rastroj|era *f* Stoppelfeld *n*; **~o** *m* Stoppeln *f/Pl*; Stoppelfeld *n*
rasur|ación *f* Rasur *f*; **~ador** *m* (elektrischer) Rasierapparat *m*; **~ar** *tr* rasieren; abrasieren; ausrasieren; **~arse** sich rasieren
rata I *f* Ratte *f*; *Esp* Geizhals *m*; **~ *de biblioteca*** *übertr* Bücherwurm *m* ◇ ***ser más pobre que una* ~** arm wie eine Kirchenmaus sein **II** *m* Mausehaken *m Dieb*
rataplán *n* Bumbum *n Trommelschlag*
ratear I *tr* mausen **II** *intr* auf dem Bauch angekrochen kommen
ratería *f* Mauserei *f*; Kleindiebstahl *m*; **~ *de tiendas*** Ladendiebstahl *m*
ratero I *Adj* schurkisch **II** *m* Taschendieb *m*
raticida *m* Rattengift *n*
ratific|ador *m* Ratifizierender *m*; **~ar** ⟨-c/qu-⟩ *tr* bestätigen; bekräftigen; genehmigen: POL ratifizieren
Ratisbona *f* Regensburg *n*
ratito *m* Weilchen *n* ◇ ***hace un* ~** vor kurzem
rato *m* Augenblick *m*; Weile *f*; **~*s libres*** *od* ***de ocio*** Freizeit *f*; ***a cada* ~** alle Augenblicke; ***a* ~*s*, *de* ~ *en* ~** hin und wieder; ***al* (*poco*) ~** kurz darauf; ***buen* ~** für längere Zeit; ***en poco* ~** binnen kurzem; ***¡hasta otro* ~!** (bis) auf bald; ***un* ~ (*largo*)** viel; allerhand ◇ ***darse*** *od* ***llevarse*** *od* ***tomarse* (*un*) *mal* ~** *od* ***malos* ~*s*** sich bekümmern; sich Sorgen machen; ***hace un* ~** vor kurzem; ***hace un buen* ~** vor einiger Zeit; ***hay para* ~** es dauert noch; gut Ding will Weile haben; ***pasar el* ~** sich die Zeit vertreiben; ***pasar un buen* (*mal*) ~** gut (übel) ergehen; ***tener que esperar largo* ~** lange warten müssen
ratón *m* Maus *f auch Computer*; **~ *de archivo*** *od* ***biblioteca*** *übertr* Bücherwurm *m*; **~ *de bola*** *Computer* (Kugel-)Maus *f*; **~ *de campo*** Feldmaus *f*; **~ *inalámbrico*** *Computer* Funkmaus *f*, schnurlose Maus *f*; **~ *óptico*** *Computer* optische Maus *f*
ratonera *f* Mausefalle *f*; Mauseloch *n*; Mäusenest *n* ◇ ***caer en la* ~** in die Falle gehen *auch übertr*
raud|al *m* Sturzbach *m*; Schwall *m*; (Über-)Fülle *f*; **~o** ungestüm; reißend
ravioles *m/Pl* KOCHK Ravioli *Pl*
raya *f* Strich *m*; Gedankenstrich *m*; Minuszeichen *n*; *Fell*, *Stoff* Streifen *m*; *Hose* Bügelfalte *f*; *Frisur* Scheitel *m*; Rochen *m Fisch*; **~ *oblicua*** Schrägstrich *m*; **~ *de quebrado*** Bruchstrich *m*; ***a*** *od* ***de* ~*s* (*horizontales*)** (quer) gestreift; ***con* (*sin*) ~*s*** gestreift (ohne Streifen); *Blatt Papier* (un)liniert ◇ ***abrirse*** *od* ***hacerse*** *od* ***peinarse la* ~** sein Haar scheiteln; ***tener a* ~** in Schach halten *auch* MIL; ***pasar* (*de*) *la*** *od* ***de* ~** *übertr* zu weit gehen; ***pasar la* ~ *de la ley*** die Gesetzesschranken überschreiten; ***poner a* ~** in die Schranken weisen
ray|ado I *Adj* gestreift; gestrichelt **II** *m* Streifen *m*; Schraffierung *f*; *Gewehrlauf* Züge *m/Pl*, Drall *m*; **~ano** angrenzend (***en*** an); **~ar I** *tr* mit Streifen versehen; *etw* (durch)streichen; lin(i)ieren; schraffieren; unterstreichen; *Gewehrlauf* mit Zügen versehen; *AmC* die Sporen geben; *Arg Pferd* in vollem Lauf anhalten **II** *intr* (an)grenzen (***con*** an); *übertr* grenzen (***en*** an); nahe sein (***en*** an); herausragen; **~ero** *m Rpl Pferderennen* Start- und Zielrichter *m*
rayo *m* Blitz *m*; Strahl *m*; (Schicksals-)Schlag *m*; *Rad* Speiche *f*; **¡~*s*!** Donnerwetter!; **~ *de bola*** *od* **~ *globular*** Kugelblitz *m*; **~*s de calor*** Wärmestrahlen *m/Pl*; **~*s equis*** *od* ***Roentgen*** Röntgenstrahlen *m/Pl*; **~ *de esperanza*** Hoffnungsschimmer *m*; **~*s gamma*** *od* γ Gammastrahlen *m/Pl*; **~*s infrarrojos*** Infrarotstrahlen *m/Pl*; **~ *láser*** Laserstrahl *m*; **~*s de luna*** Mondschein *m*; **~*s nucleares*** Kernstrahlen *m/Pl*; **~ *solar*** Sonnenstrahl *m*; **~*s ultravioleta*(*s*)** ultraviolette Strahlen *m/Pl*
rayón *m* Kunstseide *f*
rayoso streifig, gestreift
raza *f* Rasse *f*; **~ *humana*** Menschengeschlecht *n*; ***de* ~** rassig; Rasse-
razón *f* Vernunft *f*; Verstand *m*; Grund *m*, Motiv *n*; Ursache *f*; Recht *n*; Berechtigung *f*; Billigkeit *f*; Verhältnis *n*; Auskunft *f*; Mitteilung *f*; **~ *de Estado*** Staatsräson *f*; **~ *de ser*** Daseinsberechtigung *f*; **~ *social*** Firmenname *m*; Firma *f*; ***a* ~ *de*** zu (***a* ~ *de 3%***); ***con toda* ~** völlig zu Recht; ***en* ~ *de*** aufgrund von; bezüglich; ***en* ~ *de 3 a 4*** im Verhältnis 3 zu 4; ***en* ~ *directa* (*inversa*)** in direktem (umgekehrtem) Verhältnis; ***fuera de* ~** nicht bei Verstand; widersinnig; ***por es*(*t*)*a* ~** deshalb; ***por* ~ *de*** wegen; ***por razones de*** aus Gründen + *Gen*; ***sin* ~** unvernünftig; unrechtmäßig ◇ ***le asiste la* ~** die Vernunft steht auf seiner

R

Seite; ***dar ~*** Bescheid geben; Auskunft erteilen; ***dar ~ a alg de u/c*** jmdm etw berichten; ***dar la ~ a alg*** jmdm Recht geben; ***dar ~ de sí*** *od* ***de su persona*** von sich hören lassen; ***entrar*** *od* ***ponerse en ~*** zur Vernunft kommen; ***sin exponer razones*** ohne Angabe von Gründen; ***hacer entrar en*** *od* ***meter en*** *od* ***poner en*** *od* ***traerlo a la ~, hacer venir a razones*** zur Räson bringen; ***llevar la ~ de su parte*** das Recht auf seiner Seite haben; ***perder la ~*** den Verstand verlieren; (***no***) ***tener ~*** (Unrecht) Recht haben

razon|able vernünftig, angebracht; vertretbar; *Preis* erschwinglich; **~ado** wohl durchdacht; (wohl) begründet; **~amiento** *m* Überlegung *f*; Gedankengang *m*; Nachdenken *n*; Denken *n*; Urteilen *n*; Darlegungen *f/Pl Beweisführung*; Erörterungen *f/Pl*; **~ar I** *intr* nachdenken; argumentieren; vernünftig urteilen **II** *tr* erklären, begründen

Rb (*Symb für* ***rubidio***) CHEM Rb

R.D. *Abk für* ***Real Decreto***

R.D.A. *f od* **RDA** *hist Abk für* ***República Democrática Alemana***

RDSI *f* (*Abk für* ***Red digital de servicios integrados***) ISDN *n*

reabastecer ⟨→ ***abastecer***⟩ *tr* auftanken; mit Nachschub versorgen; **~se** sich neu verproviantieren; sich neu versorgen

reabastecimiento *m* Nachlieferung *f*; ***~ de combustible*** Nachtanken *n*

reacción *f* Reaktion *f auch* CHEM, MED, POL; GESCH, POL Rückschritt *m*; Verhalten *n*; TECH Reagieren *n*; ***~ adversa*** (***obstinada***) Gegen-(Trotz)reaktion *f*; ***~ en cadena*** (***de defensa***) Ketten-(Abwehr)reaktion *f* ◇ ***entrar en ~*** reagieren

reaccionar *intr* reagieren (***a*** auf); ansprechen (***a*** auf); sich einstellen (***ante*** auf); MIL (einen Angriff) zurückschlagen; einwirken (***sobre*** auf); entgegenwirken; ***~ excesivamente*** überreagieren

reaccionario reaktionär; rückschrittlich

reacio störrisch; abgeneigt (***a*** gegen)

reacomodar *tr* umgruppieren; neu ordnen

react|ivación *f* Reaktivierung *f*; *übertr bes* WIRTSCH Wiederbelebung *f*; **~ivar** *tr* reaktivieren; *übertr* wieder beleben; **~ivo I** *Adj* reagierend; CHEM reaktionsfreudig **II** *m* Reagens, Reagenz *n*

reactor *m* Reaktor *m*; Strahltriebwerk *n*; Düsenflugzeug *n*; ***~ nuclear*** Kernreaktor *m*; ***~ regenerador rápido*** schneller Brüter *m*

reacuñar *tr Münzen* nachprägen

readaptar *tr* wieder anpassen; MED rehabilitieren; ***~ profesionalmente*** umschulen; ***~se a*** sich umstellen auf

readiestrar *tr* umschulen

readmitir *tr* wieder zulassen; *Mitglied* wieder aufnehmen; *Entlassene* wieder einstellen

readqui|rir ⟨→ ***adquirir***⟩ *tr* zurück-, wiedererwerben; **~sición** *f* Rückerwerb *m*; Wiederanschaffung *f*

reafilar *tr* nachschärfen, -schleifen

reafirmar *tr* bestätigen; bekräftigen

reagravar(se) *tr* (sich) wieder zuspitzen

reagrupación *f* Umgruppierung *f*; ***~ familiar*** Familienzusammenführung *f*

reagrup|amiento *m* Umgruppierung *f*; **~ar** *tr* umgruppieren; neu ordnen

reagud|izarse ⟨-z/c-⟩ sich wieder zuspitzen; **~o** sehr scharf *od* schrill; *Schmerz* äußerst heftig

reajustar *tr* angleichen; nachstellen; TECH neu justieren

reajuste *m Preise* Angleichung *f*; Nachstellen *n*; ***~ estructural*** (***de precios***) Struktur-(Preis)anpassung *f*; ***~ ministerial*** Kabinettsumbildung *f*; ***~ de salarios*** Lohnangleichung *f*

real[1] wirklich; reell; real; JUR Sach-; dinglich; gegenständlich; *auch* tätlich

real[2] **I** *Adj* königlich; Königs-; *Statur* prächtig **II** *m Münze* Real *m*; *Cu umg* 10 Centavos; *hist* Feldlager *n*; ***los ~es*** *hist* die Königstreuen *m/Pl*; *AmC umg Bez für* Geld *n* ◇ ***sentar*** *od* ***plantar los*** *od* ***sus ~es*** das Lager aufschlagen; sich häuslich niederlassen; ***no valer un ~*** keinen Pfennig wert sein *nichts taugen*

realce *m* erhabene Arbeit *f*; Ansehen *n*; Ruhm *m*; Glanz *m* ◇ ***dar ~*** Bedeutung verleihen (***a*** *Dat*); Ansehen verschaffen

realeza *f* königliche Würde *f*; Pracht *f*; Herrlichkeit *f*

realidad *f* Realität *f*; Tatsache *f*; ***~es*** *Pl* Verhältnisse *n/Pl*; ***~ virtual*** virtuelle Realität *f*; ***divorciado de la ~*** wirklichkeits-, weltfremd; ***en ~*** eigentlich; tatsächlich; in Wahrheit

realismo *m* Realismus *m*

realista[1] **I** *Adj* realistisch **II** *m*(*f*) Realist(in) *m*(*f*)

realista[2] **I** *Adj* königstreu **II** *m* Königstreue(r) *f*(*m*), Royalist(in) *m*(*f*)

realizable durchführbar, machbar

realización *f* Durchführung *f*; Verwirklichung *f*; Bewerkstelligung *f*; Erfüllung *f*; Errungenschaft *f*; Verkauf *m*; Ausverkauf *m*; ***~ cinematográfica*** Verfilmung *f*; ***~ del pedido*** Abwicklung *f* des Geschäfts; ***de fácil ~*** *Ware* gut gehend *leicht zu verkaufen*

realizador *m*, **~a** *f* FILM, TV Regisseur(in) *m*(*f*); ***~ de cine*** Filmregisseur *m*

R

realizar ⟨-z/c-⟩ *tr* verwirklichen; durchführen; bewerkstelligen; *Versuch* anstellen; *Gewinn* erzielen; erwirtschaften; *Geschäft* abwickeln; tätigen; *Formalitäten* erledigen; *Am Waren* billig absetzen, ausverkaufen; **~se** erfolgen; sich verwirklichen; *Wunsch* sich erfüllen; *übertr* aufgehen; sich vollziehen
realoj|ar *tr jmdn* umsiedeln; **~o** *m* Umsiedlung *f*
realquil|ado *m* Untermieter *m*; **~ar** *tr* weitervermieten; in Untermiete geben
realzar ⟨-z/c-⟩ *tr* verschönern; hervorheben; rühmen; MAL Lichter setzen; **~se** sich hervortun *zu Ruhm gelangen*
reanim|ación *f* Wiederbelebung *f auch übertr*; Wieder-in-Schwung-Kommen *n*; Neubelebung *f*; **~ar** *tr* wieder beleben; *jmdm* neuen Mut einflößen; **~arse** (wieder) aufleben; wieder in Schwung kommen
reanudar *tr* wieder anknüpfen; wieder aufnehmen
reaparecer ⟨→ ***aparecer***⟩ *intr* wieder erscheinen; *Krankheit* erneut auftreten
reapertura *f* Wiedereröffnung *f*; Wiederbeginn *m*; *Verfahren* Wiederaufnahme *f*
reaprovisionamiento *m* Nachschub *m*; ***~ de combustible*** Nachtanken *n*
reaprovisionar *tr* auffüllen, ergänzen; mit Nachschub versorgen; **~se** sich mit Waren wieder eindecken
rearme *m* Wiederbewaffnung *f*; (Wieder-) Aufrüstung *f*; Nachrüstung *f*
reasegur|ador *m* Rückversicherer *m*; **~ar** *tr* rückversichern; **~o** *m* Rückversicherung *f*
reasent|ado *m* Umsiedler *m*; **~amiento** *m* Umsiedlung *f*; Neuansiedlung *f*; **~ar** ⟨-ie-⟩ *tr* umsiedeln; neu ansiedeln; **~arse** umsiedeln *intr*
reasumir *tr* wieder übernehmen; wieder aufgreifen
rebaja *f* Abzug *m*; Minderung *f*; Ermäßigung *f*; (Preis-)Nachlass *m*, Rabatt *m*; Preissenkung *f*; **~s** *Pl* Schlussverkauf *m*; ***~ de comerciante*** Händlerrabatt *m*; ***~s de enero*** *od* ***invierno*** (***verano***) Winter-(Sommer)schlussverkauf *m*; ***~ fiscal*** Steuersenkung *f*; ***~ de precios*** Preisnachlass *m*; ***~ de salarios*** Lohnsenkung *f* ◇ ***conceder*** *od* ***hacer ~*** Rabatt gewähren
rebaj|ar *tr Preis* senken; *Schulden* abziehen; mindern; glätten; abschleifen; abhobeln; *Gelände* abtragen; demütigen, erniedrigen; *Licht* dämpfen; MIL freistellen; *Cu jmdn* krankschreiben; **~arse** sich erniedrigen; **~o** *m* Absatz *m Abstufung*; Falz *m*; Einschnitt *m*
rebalsar I *tr* (an)stauen **II** *intr*, **~se** sich stauen
reban|ada *f* Scheibe *f Brot*; *Méx* Röstschnitte *f*; **~ar** *tr* in Scheiben schneiden; durchschneiden; abschneiden
rebañar *tr* zusammenraffen
rebaño *m* Herde *f auch übertr*
rebas|adero *m* MAR Fahrrinne *f*; **~ar** *tr ein bestimmtes Alter, Befugnisse, Etat* überschreiten; *Hindernisse* nehmen; bewältigen, hinter sich lassen; *über die Ufer* treten; *Kredit* überziehen; *Am reg jmdn* überholen
rebat|ible strittig; widerlegbar; um-, TECH (ab)klappbar; Klapp-; kippbar; Kipp-; **~ir** *tr* zurückweisen; *Versuchungen* wehren; bestreiten; widerlegen; umlegen; umklappen; zusammenklappen; TECH zurückschlagen
rebato *m* Alarmschlagen *n*; Sturmläuten *n*; Aufregung *f*; ***de ~*** plötzlich; unerwartet ◇ ***tocar a ~*** Sturm läuten; Alarm schlagen
rebec|a *f* Strickjacke *f*; **~o** *m* Gämse *f*
rebel|arse sich auflehnen; sich empören; **~de I** *Adj* aufrührerisch; abtrünnig; Rebellen-; rebellisch; störrisch; *Leiden* hartnäckig; widerspenstig **II** *m* Rebell *m*; JUR säumige Partei *f*
rebeldía *f* Widerspenstigkeit *f*; Rebellion *f*; Widersetzlichkeit *f*; Aufsässigkeit *f*; JUR Nichterscheinen *n des Geladenen* ◇ ***juzgar en ~*** JUR in Abwesenheit verurteilen
rebelión *f* Empörung *f*; Aufruhr *m*; ***en ~*** aufständisch
rebenque *m Am* Reitpeitsche *f*
rebisabuelo *m* Ururgroßvater *m*
reblandec|er ⟨-c/zc-⟩ *tr* erweichen; weich machen; **~erse** weich werden; **~imiento** *m* Erweichung *f*; Einweichen *n*; Aufweichen *n*
rebobinado *m* Umspulen *n*; Rückspulen *n*; EL Neuwickeln *n*; ***~ rápido*** *Rekorder* Schnellrücklauf *m*
rebobinar *tr* umspulen; zurückspulen; umwickeln
reborde *m* (verstärkter) Rand *m*; Saum *m*; Wulst *m*; TECH Krempe *m*; **~ar** *tr* (um)bördeln; säumen; falzen
rebos|adero *m* Überlauf *m Abfluss*; **~adura** *f*, **~amiento** *m* Überlaufen *n einer Flüssigkeit*; **~ante** strotzend (***de*** von); bis an den Rand gefüllt (***de*** mit); überschäumend *auch übertr* (***de*** vor)
rebosar *intr/tr* überlaufen; über die Ufer treten; überquellen; strotzen (***de*** vor) *Gesundheit*; übersprudeln *vor Freude*; überströmen *vor Zärtlichkeit*; sehr reich sein (***de*** an) *z.B. Erze, Öl*; *etw* in Hülle und Fülle haben; ***~ hirviendo*** überkochen
rebotar I *tr Ball* zurückschlagen; *Ball* tip-

R

pen; *Tuch* aufrauen; *Nagel* krumm schlagen **II** *intr* abprallen; wieder aufprallen; *Ball* springen, hüpfen; prallen (***en*** gegen); widerhallen

rebote *m* Abprallen *n*; Rückprall *m*; Zurückschnellen *n*; Tippen *n des Balles*; MIL Querschläger *m*; ***de ~*** als Folge

rebozar ⟨-z/c-⟩ *tr Gesicht* verhüllen; vermummen; KOCHK panieren; überbacken; *Gebäck* überziehen

rebozo *m* Verhüllung *f* des Gesichts; Vermummung *f*; *Am* Umhang *m für Frauen*; ***de ~*** heimlich; ***sin ~(s)*** geradezu, offen

rebuj|ado verworren; durcheinander, unordentlich; zusammengeknüllt; Knüll-; **~ar** *tr und* **~arse** → ***arrebujar(se)***; **~ina** *f*, **~iña** *f* Gezänk *n*; **~o** *m Frauen* Verhüllung *f*; zusammengeknülltes Bündel *n*; Knäuel *m,n*

rebull|icio *m* Lärm *m*; **~ir** ⟨*perfs* -lló⟩ *intr* aufwallen; aufsprudeln; sich *im Schlaf* bewegen; **~irse** sich *im Schlaf* (hin und her) wälzen

rebusc|a *f* Nachlese *f*; Abfall *m*; Nachforschung *f*; Durchsuchung *f*; **~ado** *Sprache*, *Stil* affektiert; **~ar** ⟨c/qu⟩ *tr/intr Ähren* nachlesen; sammeln *z.B. Pilze*; herumsuchen; *Daten* zusammentragen; *etw* durchwühlen

rebuznar *intr Esel* schreien

recabar *tr Unterstützung* erreichen; Anspruch erheben auf; *jmdn* um *etw* ersuchen; *Informationen* einholen

recad|ero *m*, **~ista** *m* Bote(ngänger) *m*; *Esp* privater Paketbote *m*

recado *m* Botengang *m*; Besorgung *f*; Bescheid *m*; Nachricht *f*, (kurze) Mitteilung *f*; Ausstattung *f*; TYP Stehsatz *m*; **~s** *Pl Méx*, *PR* Grüße *m*/*Pl*; ***~ de escribir*** Schreibzeug *n*; ***¡buen ~!*** (eine) schöne Bescherung!; ***mal ~*** übler Scherz *m* ◇ ***dar (un) ~, llevar un ~*** eine Nachricht überbringen; Bescheid geben; ***dejar un ~*** eine Nachricht hinterlassen

reca|er ⟨→ ***caer***⟩ *intr* erneut verfallen (***en*** in); *Raucher*, *Trinker* rückfällig werden; MED einen Rückfall erleiden; *Vermögen* anheim fallen (***en*** *Dat*); zurückfallen (***en*** an); *Erbschaft* fallen (***en*** an); *Betonung*, *Verantwortung*, *Verdacht* fallen (***en, sobre*** auf); *Fenster* gehen (***a*** auf); *Steuern* treffen (***sobre*** *Akk*); **~ída** *f* JUR, MED Rückfall *m*

recalar I *tr* einsickern in; durchweichen; durchtränken **II** *intr* Station machen; ankern; angetrieben werden; *auch* einkehren; sich aufhalten; aufkreuzen; in Sicht kommen; *Gespräch* kommen (***an*** auf); ansteuern (***en*** *Akk*); **~se** sich voll saugen

recalcar ⟨-c/qu-⟩ *tr* zusammenpressen; hervorheben, betonen; einschärfen

recalcitr|ante störrisch; verstockt; **~ar** *intr* zurückweichen; starrköpfig sein, *umg* bocken; sich widersetzen

recalentamiento *m* Vorwärmung *f*; Überhitzung *f*; ***~ de la Tierra*** Erderwärmung *f*

recalentar ⟨-ie-⟩ *tr Speisen* aufwärmen; überhitzen; erhitzen; *Kesselwasser* vorwärmen; *Tiere* brünstig machen; anmachen *sinnlich reizen*; **~se** sich überhitzen; TECH heißlaufen; durch Hitzeeinwirkung verderben

recalificación *f* Umschulung *f*; Neubewertung *f*

recalzar ⟨-z/c-⟩ *tr Erde* anhäufeln; BAUW stützen; untermauern

recámara *f* Kleiderkammer *f*; Nebenraum *m*; Vorkammer *f*; *Am reg* Schlafzimmer *n*; *Feuerwaffe* Kammer *f* ◇ ***obrar con ~*** vorsichtig zu Werke gehen

recambiar *tr* wieder (um)tauschen; austauschen; TECH umspannen

recambio *m* Umtausch *m*; Auswechslung *f*; Nachfüllpackung *f*; Austausch *m*; TECH Umspannen *n*; Ersatzteil *n*; SPORT Austauschspieler *m*, Ersatz *m*; ***de ~*** Austausch-; Ersatz-

recange *m* Rücktausch *m*; ***~ de moneda*** Geldrücktausch *m*

recapacitar I *tr etw* noch einmal überdenken; ins Gedächtnis zurückrufen **II** *intr* nachdenken

recapar *tr Cu Reifen* runderneuern

recapitular *tr* zusammenfassen

recarga *f* Nachfüllung *f*; Nachladung *f*; EL Aufladung *f*; zusätzliche Last *f*; Überlastung *f*; Überfrachtung *f*; Überbelastung *f*; ***de ~*** Nachfüll-

recarg|able *Batterie* (wieder) aufladbar; nachfüllbar; **~ador** *m* EL Ladegerät *n*; **~ar** ⟨-g/gu-⟩ *tr* neu (be)laden; überladen *auch übertr*; *Batterie* (wieder) aufladen; überlasten (***de*** mit); *Steuern* heraufsetzen; *Waffe* neu laden; durch-, nachladen; *auf den Preis* aufschlagen; **~arse** sich verschlimmern

recargo *m* Nachladung *f*; Überladung *f*; Überlastung *f*; Aufgeld *n*; *Preis* Aufschlag *m*; *Gebühren*, *Steuern* Zuschlag *m*; MIL zusätzliche Dienstzeit *f*; *Strafe* Verschärfung *f*; ***~ por demora*** *od* ***mora*** Säumniszuschlag *m*; ***~ de ganancia*** Gewinnzuschlag *m* ◇ ***cobrar un ~ del 10%*** einen Aufschlag von 10% erheben

recat|ado sittsam; behutsam; zurückhaltend; zurückgezogen; vorsichtig; **~ar** *tr etw* verheimlichen; verhehlen; **~arse** zurückhaltend sein; sich hüten, sich in Acht

R

nehmen (**de** vor)
recato *m* Sittsamkeit *f*; Behutsamkeit *f*; Zurückhaltung *f*; Scheu *f*; ***sin ~*** freimütig
recauchutar *tr* vulkanisieren; *Reifen* runderneuern
recaudación *f* Einnahmen *f/Pl*, Erlös *m*; (Geld-)Sammlung *f*; Erhebung *f z.B. von Steuern*; ***~ diaria*** Tageseinnahmen *f/Pl*; ***~ de impuestos*** Steuereinnahmen *f/Pl*; Steueramt *n*; ***~ en origen*** Quellensteuer *f*
recaudador *m* Schatzmeister *m*; Schutzgeldkassierer *m bzw* -erpresser *m*; ***~ (de impuestos)*** Steuereinnehmer *m*
recaudar *tr Steuern* erheben; *Gelder, Gebühren* einnehmen; *Gelder* einziehen; *Beitrag* abholen; *Spenden* sammeln; in Sicherheit bringen
recaudo *m* Vorsicht *f*; Sicherheit *f*; ***a buen ~*** wohl verwahrt ◇ ***poner a buen ~*** in Sicherheit bringen; in Verwahrung nehmen
recelar *tr/intr* fürchten; befürchten; argwöhnen; ***no ~ de nada*** keinerlei Argwohn hegen
recelo *m* Befürchtung *f*; Besorgnis *f*; Argwohn *m*; ***con ~*** argwöhnisch; misstrauisch ◇ ***tener ~ de alg*** jmdm nicht trauen
receloso besorgt; argwöhnisch; misstrauisch
recens|ión *f* Rezension *f*; **~or** *m*, **~ora** *f* Rezensent(in) *m(f)*
recentísimo allerneuester
recepción *f* Empfang *m*; Annahme *f*; Erhalt *m*; Übernahme *f*; Aufnahme *f*; *Hotel* Rezeption *f*; Einvernahme *f der Zeugen*; ***~ de mercancía*** Warenannahme *f*; ***~ vía satélite*** RADIO, TV Satellitenempfang *m*
recep|cionista *m(f)* Empfangschef(in) *m(f)*; **~tación** *f* Hehlerei *f*; **~táculo** *m* Behälter *m*; Sammelbecken *n auch übertr*; **~tador** *m* Hehler *m*; **~tar** *tr* verhehlen, -bergen; **~tividad** *f* Aufgeschlossenheit *f*; Aufnahmebereitschaft *f*; MED Anfälligkeit *f*; **~tivo** anfällig; empfänglich (***a*** für); aufnahmefähig; aufgeschlossen; rezeptiv; entgegenkommend; verständnisvoll; **~to** *m* Zuflucht(sstätte) *f*
receptor I *Adj* Empfangs-; Annahme- **II** *m* Empfänger *m auch einer Ware*; Radio *n*; TEL Hörer *m*; ***~ alimentado por** od **conectado a la red*** Netzempfänger *m*; ***~ de batería*** Batteriegerät *n*; ***~ de órgano*** Organempfänger *m*; ***~ portátil*** Kofferradio *n*; ***~ satélite*** TECH, TV Satellitenempfänger *n*
reces|ar *intr Am reg* pausieren; *Am reg* PARL in die Ferien gehen; **~ión** *f* WIRTSCH Rezession *f*; **~ivo** WIRTSCH rückläufig; BIOL rezessiv
receso *m Am reg* PARL Pause *f*; PARL Ferien *Pl* ◇ ***hacer un ~*** eine Pause einlegen
recet|a *f* KOCHK, MED Rezept *n*; **~ador** *m* Rezeptaussteller *m*; **~ar** *tr Arznei* verordnen, -schreiben
recetario *m* Arzneibuch *n*; ***~ de cocina*** Kochbuch *n*
rechazar ⟨-z/c-⟩ *tr* abweisen; zurückweisen; abschlagen; abtun; ablehnen; zurückstoßen; verweigern; verwerfen; nicht befürworten; von sich weisen; widersprechen; *Hilfe* ausschlagen; *Angriff* abwehren; bekämpfen; zurücktreiben; *Ball, Feind* zurückwerfen, -schlagen; *Wasser und Transplantat* abstoßen
rechazo *m* Rückstoß *m*; Rückschlag *m*; Rückprall *m*; Abweisung *f*; Zurückweisung *f*; Abwehr *f*; Zurückschlagung *f*; Ablehnung *f* (***a** Gen od* von); Ausschlagung *f*; *Transplantat* Abstoßung *f*; ***de ~*** gelegentlich
rechiflar *tr* auspfeifen
rechinar *intr Diele, Tür* knarren; *Bremse, Sand, Zähne* knirschen; *Pumpe, Räder, Tür* quietschen
rechistar *intr* aufmucksen; ***sin ~*** widerspruchslos
rechoncho pummelig
rechupete: ***de ~*** prima, knorke, toll
recib|í *m* Empfangsbestätigung *f*; **~idor** *m* Empfänger *m*; Empfangszimmer *n*
recibimiento *m* Empfang *m*, Begrüßung *f*
recibir I *tr* erhalten, bekommen; empfangen; annehmen; entgegennehmen; übernehmen; aufnehmen; *Schaden* erleiden **II** *intr* Besuch annehmen; Sprechstunde haben; **~se** das Staatsexamen ablegen; *Arzt* seine Approbation erhalten; zugelassen werden (**de** als) *z.B. Notar*
recibo *m* Empfang *m*; Quittung *f*; Beleg *m*; Erhalt *m*; Empfangsbestätigung *f*; Rückschein *m*; *Bank* Auszug *m*; ***~ de entrega*** Lieferschein *m*; ***~ de ingreso*** Einzahlungsbeleg *m* ◇ ***acusar ~*** den Empfang bestätigen; ***dar ~ de** etw* quittieren; ***domiciliar un ~*** abbuchen lassen; ***(no) estar de ~*** (nicht) entsprechend angezogen sein; ***(no) estar** od **ser de ~*** (nicht) in Ordnung *od* in vorschriftsmäßigem Zustand sein *z.B. Ware*; ***extender** od **hacer un ~*** eine Quittung ausstellen
recicl|able wieder verwertbar; **~ado** *m* Recyclat *n*; → ***reciclaje***
reciclaje *m* PHYS, WIRTSCH Recycling *n*; WIRTSCH Wiederverwertung *f*; Wiederaufbereitung *f*; Weiterbildung *f*; Umschulung *f*; *übertr* Runderneuerung *f*; ***~ de papel (pilas; plástico)*** Papier-(Batterie-; Kunststoff)recycling *n*
reciclar *tr* dem Stoffkreislauf wieder zufüh-

R

ren, recyceln, recyclen; wieder verwerten; wieder aufbereiten; umschulen; weiterbilden
recidiva *f* MED Rückfall *m*
recied|ad *f Cu*, **~umbre** *f* Heftigkeit *f*; Wucht *f*; Derbheit *f*; Rauheit *f*; Kraft *f*
recién *Adv*; *vor Part od Adj* frisch; gerade erst; Neu-; *Am reg in Verbindung mit Verben*; vor kurzem; erst; gerade (erst); gleich, sofort; schon; endlich
reciente jüngster; kürzlicher; neuartig, modern; frisch; **~mente** vor kurzem, kürzlich; unlängst, neulich
recinto *m* (abgegrenzter) Raum *m*; Bereich *m*; *Tierpark* Gehege *n*; **~ *amurallado*** ummauerter Platz *m*; **~ *de la feria,* ~ *ferial*** Messegelände *n*; **~ *fortificado*** Festungsanlage *f*; **~ *universitaria*** Campus *m*
recio I *Adj* stark; *Baum*, *Tau*, *Mauer* dick; zäh; grobschlächtig; *Boden* fruchtbar; *Kampf* hart; *Wesen* rau; *Winter* streng; *Regen*, *Wind* heftig; *Strom* reißend; ungestüm **II** *Adv* schnell, ungestüm; (**de**) **~** hart, derb; heftig
recipiente *m* Gefäß *n*; Behälter *m*
recíproca *f* → ***reciprocidad***; ***y a la* ~** und umgekehrt ◇ ***estar*** *od* ***quedar a la* ~** zu Gegendiensten gern bereit sein
reciproc|ar ⟨-c/qu-⟩ *tr Besuch*, *Gruß* erwidern; **~idad** *f* Wechselseitigkeit *f*, Reziprozität *f*; Gegenseitigkeit *f*; Gegendienst *m*
recíproco wechselseitig; reziprok; gegenseitig; Wechsel-; Gegen-
recit|ación *f* Vortrag *m*; **~ado** *m* MUS Rezitativ *n*; Rezitieren *n*; **~ador** *m*, **~adora** *f* Vortragskünstler(in) *m(f)*
recital *m* Solokonzert *n*; Lieder-, Konzertabend *m*; **~ *de música pop*** Popkonzert *n*; **~ *de órgano* (*piano*)** Orgel-(Klavier)konzert *n*; **~ *poético*** Dichterlesung *f*
recitar *tr/intr* rezitieren; hersagen; **~ *maquinalmente*** her(unter)leiern
reclamación *f* Reklamation *f*; Beanstandung *f*; Beschwerde *f*; JUR Einspruch *m*; JUR Zurückforderung *f*; Anspruch *m*; **~ *de daños y perjuicios*** Schadenersatzforderung *f*; **~ *por defectos*** *od* ***taras*** *od* ***vicios*** Mängelrüge *f*; ***sin* ~** unbeanstandet ◇ ***enviar una* ~** eine Mahnung schicken; ***formular*** *od* ***hacer*** *od* ***presentar una* ~** eine Reklamation vorbringen; eine Beschwerde erheben
reclam|ador, **~ante I** *Adj* Beschwerde-; beschwerdeführend **II** *m* Beschwerdeführer *m*; Antragsteller *m*
reclamar I *intr* Einspruch erheben, reklamieren; sich beschweren (***contra*** gegen); reklamieren **II** *tr jmdn* zu sprechen wünschen; *Ansprüche* geltend machen; *Geld* zurückfordern; reklamieren; monieren, beanstanden; anmahnen; *etw* für sich beanspruchen; sich bekennen *d.h. die Verantwortung übernehmen*, *z.B. für einen Anschlag*; (er)fordern; um *etw* ersuchen; INFORM abrufen; *Aufmerksamkeit* erheischen; *Vogel* locken; **~ *u/c a alg*** etw von jmdm (ein)fordern, verlangen; ***te reclaman*** du wirst verlangt
reclamo *m* Lockvogel *m auch übertr*; Lockruf *m*; Lockpfeife *f*; Locken *n*; *übertr* Köder *m*; Forderung *f* (***de*** nach); Reklamation *f*; *Am* Beschwerde *f*; **~ *luminoso*** Leuchtreklame *f*; **~ *publicitario*** Werbung *f*, Reklame *f*; Reklameartikel *m*
reclasificar ⟨-c/qu-⟩ *tr* neu einteilen
reclinable *Sitz* verstellbar
reclinar *tr* lehnen (***contra*** an); zurücklehnen; stützen (***sobre*** auf); **~se** sich neigen; sich anlehnen; sich zurücklehnen (***contra*** an, gegen); sich aufstützen
recluir ⟨-uy-⟩ *tr* einsperren; **~se** sich einschließen; in Klausur gehen
reclusión *f* Einsperrung *f*; Haft *f*; Zuchthausstrafe *f*; Einschließung *f*; Zurückgezogenheit *f*; Einsiedlerleben *n*; **~ *domiciliaria*** Hausarrest *m*; **~ *militar*** Festungshaft *f*; **~ *perpetua*** lebenslängliche Haft(strafe) *f*
recluso I *Adj* eingeschlossen **II** *m* Häftling *m*; Strafgefangener *m*
recluta I *f* Aushebung *f*, Musterung *f*; *Rpl Vieh* Zusammentreiben *n* **II** *m* Rekrut *m*; **~dor** *m* Anwerber *m von Arbeitskräften*; MAR Heuerbaas *m*; **~miento** *m* Rekrutierung *f*; Rekrutenjahrgang *m*; MIL Musterung *f*; Anwerbung *f von Arbeitskräften*; Mitgliederwerbung *f*; **~r** *tr* rekrutieren; MIL mustern; *Arbeitskräfte* anwerben; *Mitglieder* werben; MAR anheuern; *Rpl Vieh* zusammentreiben
recobrar *tr* wiedererlangen; wieder-, zurückbekommen; wiederhaben; *etw* aufholen; *Geld* sicherstellen; *Verluste* wettmachen; **~se** sich schadlos halten (***de*** für); sich erholen (***de*** von); wieder zu sich kommen
recochine|arse sich lustig machen (***de*** über); **~o** *m* Spott *m*
recoc|er ⟨→ ***cocer***⟩ *tr* aufkochen (lassen); auskochen; TECH (aus)glühen; **~erse** sich abquälen; **~ido I** *Adj* bewandert **II** *m* TECH Glühen *n*; **~ina** *f* Nebenraum *m der Küche*
recod|adero *m* Armlehne *f*; Lehnstuhl *m*; **~ar** *intr Fluss*, *Weg* eine Biegung machen; **~arse** sich auf die Ellbogen stützen
recodificar ⟨-c/qu-⟩ *tr* umkodieren
recodo *m* Wegkurve *f*; Biegung *f*; Kehre *f*; Krümmung *f*; *Fluss* Knie *n*
recoge|dero *m* Sammelplatz *m*; Sammel-

R

behälter *m*; Kehrschaufel *f*; **~dor** I *Adj* Auffang-, Sammel-; Fang- **II** *m* Sammler *m auch* TECH; Pflücker *m*; Kehrschaufel *f*; **~dora** *f* Pflückmaschine *f z.B. für Baumwolle*; **~pelotas** *m(f)* Balljunge *m*, Ballmädchen *n*

recoger ⟨→ ***coger***⟩ *tr* aufgreifen *auch übertr*; *vom Boden* aufheben; auflesen; weg-, aufräumen; *Geräte, Verstreutes* einsammeln; *Geld, Unterschriften* sammeln; *Geld* abheben; *Bauch, Auskünfte, Druckerzeugnisse, Segel* einziehen; *Äußerung* zurücknehmen; *Thema* wieder aufnehmen; *Atem* anhalten; festhalten *registrieren*; *Daten* erfassen; *Müll* abfahren; entsorgen; *Auskünfte, Netz* einholen; *Geworfenes* auffangen; ernten *auch übertr*; *Ernte* einbringen; *Baumwolle, Kaffee, Obst* pflücken; abnehmen; *etw od jmdn* aufnehmen; *Irre* einsperren; *Kabel* zusammenrollen; *Kleidungsstücke, Haar* schürzen; *Haare* hochstecken; *Hose* hochziehen; *Rock* lüpfen; *Gardinen* raffen; *Ärmel* hochkrempeln; (***ir a***) **~** abholen; **~se** nach Hause gehen; sich zurückziehen; sich zur Ruhe begeben; sich *finanziell* einschränken

recogida *f* Ernte *f*; Pflücken *n*; Aufgreifen *n*; Sammeln *n*; Einsammeln *n*; Abholen *n*; Razzia *f*; *Briefkasten* Leerung *f*; Entsorgung *f*; **~ *de basuras*** Müllabfuhr *f*; **~ *de café*** (***fresas***) Kaffee-(Erdbeer)ernte *f*; **~ *de datos*** Datenerfassung *f*; **~ *de equipajes*** *Airport* Gepäckausgabe *f*; **~ *de firmas*** Unterschriftensammlung *f*; **~ *de papel usado*** Altpapiersammlung *f*; **~** (***selectiva***) ***de basura*** *od* ***residuos*** (getrennte) Abfallentsorgung *f*

recog|ido gedrungen; nachdenklich; andächtig; zurückgezogen; **~imiento** *m* Gedankenversunkenheit *f*; Zurückgezogenheit *f*; Andacht *f*; innere Sammlung *f*

recolección *f* Ernte *f*; Lese *f*; *Ernte* Einbringen *n*; Sammeln *n z.B. von Kräutern*; Sammlung *f*; Einsammeln *n*

recolec|tar *tr* ernten; lesen *z.B. Ähren*; sammeln; einbringen; einsammeln; **~tor** *m*, **~tora** *f* Pflücker(in) *m(f)*; Sammler(in) *m(f)*

recolocar ⟨-c/qu-⟩ *tr* wieder einsetzen *od* einbauen *od* einfügen

recomend|able empfehlenswert; ratsam; **~ación** *f* Empfehlung *f*; Rat(schlag) *m*; Referenz *f*; Befürwortung *f*; Fürsprache *f*; **~ar** ⟨-ie-⟩ *tr* empfehlen

recomenzar ⟨→ ***comenzar***⟩ *tr* neu anfangen, noch einmal beginnen

recompensa *f* Belohnung *f*; Entgelt *n*; Finderlohn *m*; ***en* ~ *de*** zum Lohn für

recom|pensar *tr* belohnen; entgelten; entschädigen; vergelten, -güten; **~poner** ⟨→ ***poner***⟩ *tr* reparieren; wiederherstellen; wieder zusammenbauen; **~pra** *f* Rückkauf *m*; Inzahlungnahme *f*; **~prar** *tr* zurückkaufen; in Zahlung nehmen

reconcentr|ación *f* Sammlung *f auch übertr*; äußerste Konzentration *f*; **~ado** *übertr* verschlossen; **~ar** *tr* konzentrieren (***en*** auf); zusammenfassen *z.B. versprengte Soldaten*; **~arse** sich vertiefen (***en*** in); sich sammeln

reconciliar *tr* aussöhnen; versöhnen; **~se** sich versöhnen; sich aussöhnen

reconcom|erse vergehen, sich verzehren (***de*** vor); **~io** *m* Zorn *m*, Groll *m*

recóndito geheim; tief verborgen

reconducción *f* JUR Verlängerung *f z.B. eines Vertrages*

reconfirmar *tr* (nochmals) bestätigen (lassen); FLUGW rückbestätigen

reconfort|ante I *Adj* erhebend **II** *m* Kräftigungsmittel *n*; **~ar** *tr/intr* kräftigen; neue Kraft verleihen; trösten; *übertr* aufrichten

reconocedor I *Adj* anerkennend **II** *m* Späher *m*; MIL Aufklärer *m*

reconoc|er ⟨-c/zc-⟩ *tr* wieder erkennen; durchschauen; erkennen (***por*** an); anerkennen (***por*** als); *etw* würdigen; bekennen; bestätigen; zugeben; *Gelände* erkunden; *amtlich* durchsuchen; MED untersuchen; **~erse** zu erkennen sein; sich bekennen (als) + *Adj*; **~ible** erkennbar; erkenntlich; **~ido** dankbar; geprüft

reconocimiento *m* Wiedererkennen *n*; Erkennen *n*; Anerkennung *f*; Würdigung *f*; MIL Aufklärung *f*; Durchsuchung *f*; MED Untersuchung *f*; Bekenntnis *n*; Dankbarkeit *f*; Erkenntlichkeit *f*; **~ *de aduana*** zollamtliche Durchsicht *f*; **~ *aéreo*** Luftaufklärung *f*; **~ *del cadáver*** JUR Leichenschau *f*; **~ *de defectos*** (***deudas***) Mängelüberprüfung *f* (Schuldanerkenntnis *f*); **~ *de facto*** (***de jure***) De-facto-(De-jure-)Anerkennung *f*; **~ *del lugar del hecho*** JUR Lokaltermin *m*; **~ *de la palabra*** *od* ***voz*** INFORM Spracherkennung *f*; **~ *de reclutas*** MIL Musterung *f*; **~ *de la paternidad*** Vaterschaftsanerkennung *f*; **~ *del terreno*** Geländeerkundung *f*; ***en* ~ *de*** zum Dank für; ***no* ~** Nichtanerkennung *f*

reconquist|a *f* Rückeroberung *f*; Wiedereroberung *f*; **~ar** *tr* zurückerobern; wiedererlangen; wiedergewinnen

reconsiderar *tr etw* überdenken; (nochmals) überprüfen

reconstitu|ir ⟨→ ***constituir***⟩ *tr* wiederherstellen; rekonstruieren; nachbilden; **~yente** *m* Kräftigungsmittel *n*

reconstrucción *f* Wiederaufbau *m*; Wiederherstellung *f*; Rekonstruktion *f*; Umbau *m*; **~ *del crimen*** JUR Lokaltermin *m*
reconstruir ⟨→ ***construir***⟩ *tr* wiederaufbauen; rekonstruieren; wiederherstellen; umbauen
recontar ⟨→ ***contar***⟩ *tr* wieder erzählen; nacherzählen; nachzählen; auszählen; durchzählen
recontento I *Adj* sehr zufrieden (***de*** über, mit) **II** *m* große Zufriedenheit *f*
reconvalec|encia *f* (Wieder-)Genesung *f*; **~iente** *m* Rekonvaleszent *m*
reconvención *f* Rüge *f*; Gegenklage *f*; **~ *áspera*** derber Verweis *m* ◇ ***elevar*** *od* ***formular* ~** Gegenklage erheben
reconvenir ⟨→ ***venir***⟩ *tr* rügen, tadeln (***de*** wegen)
reconversión *f* Wiederumwandlung *f*; *Kabinett* Umbildung *f*; **~ *de la deuda*** FIN Umschuldung *f*; **~ *de la economía*** Umstellung *f* der Wirtschaft; **~ *empresarial*** Umstellung *f* des Unternehmens; Betriebsanpassung *f*; **~ *profesional*** Umschulung *f*
recopil|ación *f* Zusammenstellung *f*; Sammlung *f von Schriften*; **~ar** *tr* zusammenstellen; zusammentragen
récord I *Adj* Rekord- **II** *m* Rekord *m*, Spitzenleistung *f*; WIRTSCH Rekordstand *m* ◇ ***alcanzar*** *od* ***lograr*** (***establecer*** *od* ***marcar***) ***un* ~** einen Rekord erringen (aufstellen); ***batir un* ~** einen Rekord brechen
recordable denkwürdig
recordación *f* Erinnerung *f*; Gedenken *n*; ***de* ~** Gedenk-; ***de*** (***in***)***feliz*** *od* (***in***)***grata* ~** (un)seligen Angedenkens
record|ador *m*, **~ante** *m* Mahner *m*
record|ar ⟨-ue-⟩ *tr* in Erinnerung rufen; ins Gedächtnis rufen; gedenken (*dir Obj Gen*); erinnern (*dir Obj* an; daran); sich erinnern; **~arse** *Am reg* → ***acordarse***
recordatorio *m* Mahnung *f*; Erinnerung *f*; Andenken *n*; Gedächtnisstütze *f*; POL Aide-Mémoire *n*; Merkzettel *m*; Erinnerungsbrief *m*; **~ *de pago*** Zahlungserinnerung *f*
recordista *m* SPORT Rekordinhaber *m*, -halter *m*; **~ *mundial*** Weltrekordler *m*
recorrer *tr* gehen durch; bereisen; bewandern; durchlaufen; gehen um; PHYS, TECH, *Weg* zurücklegen; *Text* überfliegen; *etw* durchgehen, -sehen; TYP *Übersatz auf die nächste Zeile* übertragen
recorrido *m* (Durch-)Fahrt *f*; Rundgang *m Besichtigung*; (Weg- *od* Fahr-)Strecke *f*; Rennstrecke *f*; Fahrzeit *f*; (Durch-)Wanderung *f*; Wanderweg *m*; BERGB Begehung *f*; Ausbesserung *f*; TYP (Zeilen-)Übertrag *m*; *übertr* Kopfwäsche *f*; **~ *del émbolo*** Kolbenhub *m*; **~ *de frenado*** Bremsweg *m*; **~ *del material*** Materialfluss *m*; **~ *de prueba*** Probefahrt *f* ◇ ***dar un* ~** *jmdm* eine Abreibung verpassen; ***hacer un* ~** eine Strecke zurücklegen
recortable *m* Ausschneidebogen *m*
recortar *tr* beschneiden *auch* FIN; *Mittel* kürzen; abschneiden; schnitzeln; ausschneiden; zuschneiden; stutzen; *Zinsen* senken; **~se** *Umrisse* sich abheben, sich abzeichnen
recorte *m* Abschneiden *n*; Zuschneiden *n*; Ausschneiden *n*; Kürzung *f*; Rückgang *m*; Abbau *m von Arbeitsplätzen*; FIN Streichung *f*; Beschneidung *f z.B. von Rechten*; TECH Zuschnitt *m*; Ausschnitt *m*; Schnitt *m Vorlage*; ausgeschnittene Figur *f*; *Zinsen* Senkung *f*; **~s** *Pl* Abfälle *Pl*; Verschnitt *m*; **~s *de papel*** Papierschnitzel *n*/*Pl*; **~ *de periódico*** Zeitungsausschnitt *m*; **~ *de personal*** Personalabbau *m*; **~ *presupuestario*** Budgetkürzung *f*; **~ *de puestos de trabajo*** Arbeitsplatzabbau *m*; **~ *salarial*** *od* ***del salario*** Lohnabzug *m*; **~s *sociales*** Kürzung *f* der Sozialleistungen
recostar ⟨-ue-⟩ *tr* lehnen; zurücklehnen; **~se** sich anlehnen; sich zurücklehnen
recoveco *m Fluss*, *Weg* Biegung *f*; *Fluss*, *Gehirn* Windung *f*; ***con muchos* ~s** unumwunden ◇ ***conocer todos los* ~s** alle Ecken und Winkel kennen
recre|ación *f* Erholung *f*; Erquickung *f*; Belustigung *f*; Vergnügen *n*; *Unterricht* Pause *f*; **~ar** *tr* zu neuem Leben erwecken; ergötzen; erquicken; **~arse** sich erholen; neue Kraft schöpfen (***con, en*** bei); sich vergnügen; **~ativo** belustigend; erquickend; erholsam; unterhaltend; Vergnügungs-
recreo *m* Erholung *f*; Zerstreuung *f*; *Unterricht* Pause *f*; **~ *local*** Naherholung *f*
recrimin|ación *f* Schuldzuweisung *f*; Vorwurf *m*; Anschuldigung *f*; Gegenbeschuldigung *f*; **~ar** *tr* Vorwürfe machen (***a*** gegen; *Dat*); bemängeln; missbilligen
recrude|cer ⟨-c/zc-⟩ *intr*, **~cerse** *Krankheit* sich wieder verschlimmern; *Frost* sich verschärfen; *Diskussion* wieder aufleben; *Leidenschaft*, *Unruhen* wieder aufflackern; **~cimiento** *m* Verschlechterung *f*; Verschärfung *f*; Wiederaufleben *n*; *übertr* Aufflackern *n*
recta *f* Gerade *f*, gerade Linie *f*; **~ *final*** SPORT Zielgerade *f*; **~ *oblicua*** Schrägstrich *m*
rect|al MED rektal; **~angular** rechteckig; rechtwinklig; **~ángulo I** *Adj* rechtwinklig **II** *m* Rechteck *n*
rectificable verbesserbar, korrigierbar
rectificación *f* Berichtigung *f*; Richtigstel-

R

lung *f*; Gegendarstellung *f*; *Fluss, Grenze, Straße* Begradigung *f*
rectificado *m* TECH Schleifen *n*; Schliff *m*
rectificar ⟨-c/qu-⟩ *tr* berichtigen; richtig stellen; begradigen; entzerren; EL gleichrichten; TECH schleifen
rect|ilíneo geradlinig *auch übertr*; rechtschaffen, aufrichtig; **~itud** *f* Geradlinigkeit *f*; Geradheit *f*; Rechtschaffenheit *f*, Redlichkeit *f*; Richtigkeit *f*
recto I *Adj* gerade; recht; aufrecht *auch übertr*; redlich **II** *m* Mastdarm *m*; TYP Vorderseite *f*
rector I *Adj* Leit-; führend; leitend **II** *m* Rektor *m*; **~ *magnífico*** Magnifizenz *f*
rector|ado *m* Rektorat *n*; **~al** Rektorats-; **~ía** *f* Rektorwürde *f*; Rektorat(sbüro) *n*
recua *f* Koppel *f von Tragtieren*; Trupp *m*; Horde *f*; Reihe *f von Problemen*; ***con toda la ~*** mit Kind und Kegel
recuadro *m* Rahmen *m*; TYP Kasten *m z.B. für ein Inserat*; INFORM Kästchen *n*; Schriftfeld *n*; **~s** *Pl Formular* Felder *n/Pl*
recubrir ⟨→ ***cubrir***⟩ *tr* überziehen; beschichten; TECH belegen (***de*** mit); ummanteln; kaschieren; über-, ab-, verdecken; verkleiden
recuento *m* Nachzählung *f*; Darstellung *f*; Bilanz *f*; Zählung *f*; Aufzählung *f*; **~ *de votos*** Stimmenauszählung *f*; Stimmennachzählung *f* ◇ ***hacer el ~*** *etw* auszählen; nachzählen; ***hacer un ~*** Bilanz ziehen
recuerdo *m* Erinnerung *f*; Andenken *n*; Souvenir *n*; **~s** *Pl* Grüße *m/Pl* ◇ ***dale ~s a X*** herzliche Grüße an X; ***traer al ~*** in Erinnerung bringen
recular *intr* zurückweichen; *Fahrzeug* zurückstoßen; *Waffe* einen Rückstoß verursachen; nachgeben
recultivo *m* Rekultivierung *f*
recuperación *f* Rückgewinnung *f*; Wiederbeschaffung *f*; Wiedergewinnung *f*; Wiederverwertung *f*; Wiederaufbereitung *f*; Nachholen *n von Unterricht*; *Rückstand* Aufholen *n*; Erholung *f auch übertr* WIRTSCH; Wiedererlangen *f*; Zurückholen *n*; Bergung *f*; *Preise* Wiederanziehen *n*; *übertr* Wiederaufstieg *m*; **~ *de las cotizaciones*** Kurserholung *f*; **~ *de desechos*** Abfallverwertung *f*; **~ *de la salud*** Wiedergenesung *f*
recuperar *tr* wiedererlangen; wieder beschaffen; zurückgewinnen; bergen; wieder verwenden; wieder verwerten; zurückbekommen; *Rückstand* aufholen; *etw* nachholen; *etw* wieder einholen; wieder auffinden *od* entdecken; INFORM *auch* wiederherstellen; **~se** genesen; sich erholen *auch übertr, z.B. Börse*; zu sich kommen
recurrente rückläufig; immer wiederkehrend
recurrir I *intr* zurückgreifen (***a*** auf); in Anspruch nehmen (***a*** *Akk*); sich wenden (***a*** an); greifen (***a*** zu); ein Rechtsmittel einlegen (***contra, de*** gegen; ***a*** bei) **II** *tr* anfechten, Berufung einlegen (*dir Obj* gegen)
recurso *m* Mittel *n*; Hilfsmittel *n*; Zuflucht *f*; Ausweg *m*; Eingabe *f*; Regress *m*; JUR Rechtsmittel *n*; **~s** *Pl* Ressourcen *Pl*; (natürliche) Vorkommen *n/Pl*; WIRTSCH Mittel *n/Pl*; **~s *ajenos*** Fremdmittel *n/Pl*; **~ *de apelación*** JUR Berufung *f*; **~ *de casación*** JUR Revision *f*; **~s *económicos*** *od* ***financieros*** Geld-, Finanzmittel *n/Pl*; **~s *energéticos*** Energiequellen *f/Pl*, -ressourcen *f/Pl*; **~s *fiscales*** Steuerquellen *f/Pl*; **~ *a*** *od* ***de la fuerza*** Gewaltanwendung *f*; **~s *hídricos*** Wasservorräte *m/Pl*; **~s *humanos*** Arbeitskräfte *f/Pl*; Personal *n*; Mitarbeiter *m/Pl*; **~s *laborales*** Arbeitsmittel *n/Pl*; **~s *naturales*** natürliche Ressourcen *f/Pl*; **~s *propios*** Eigenkapital *n*; eigene Mittel *n/Pl*; **~s *públicos*** (Geld-)Mittel *n/Pl* der öffentlichen Hand; **~s *tipográficos*** drucktechnische Mittel *n/Pl*; ***falto de ~s, sin ~s*** mittellos ◇ ***no escatimar ~s*** keine Mittel scheuen; ***no me queda otro ~*** mir bleibt nichts anderes übrig
recusar *tr* zurückweisen; *auch* JUR ablehnen
red *f* Netz *n auch übertr*; Netzwerk *n*; **~ *del alumbrado público*** Straßenbeleuchtungsnetz *n*; **~ *de araña*** Spinnennetz *n*; **~ *de autopistas*** (***carreteras, ~ vial*** *od* ***viaria***) Autobahn-(Straßen)netz *n*; **~ *de a bordo*** Bordnetz *n*; **~ *de circuitos*** Verdrahtung *f*; **~ *comercial*** Vertriebsnetz *n*; **~ *de comunicaciones*** Verkehrsnetz *n*; Post- und Fernmeldenetz *n*; **~ *de contrabandistas*** Schmugglerring *m*; **~ *de datos*** INFORM Datennetz *n*; **2 *Digital de Servicios Integrados*** INFORM ISDN-Netz *n*; **~ *de distribución*** Vertriebs-, Verteilernetz *n*; **~ *ferroviaria*, ~ *de vías*** Eisenbahn-, Schienennetz *n*; **~ *fija*** TEL Festnetz *n*; **~ *flotante*** Treibnetz *n*; **~ *frigorífica*** Kühlkette *f*; **~ *informática*** (***mundial***) (weltweites) Netz(werk) *n*; **~ *local*, ~ *urbana*** TEL Ortsnetz *n*; **2 *Nacional de Ferrocarriles Españoles*** Spanische Staatsbahn *f*; **~ *de nervios*** Nervengeflecht *n*; **~ *de pesca*** Fischernetz *n*; **~ *de supermercados*** Supermarktkette *f*; **~ *de telecomunicaciones*** Telekommunikationsnetz *n*; **~ *de telefonía celular*** *od* ***móvil*** Mobilfunknetz *n*; **~ *telefónica*** Telefonnetz *n* ◇ ***conectar a la ~*** *od* ***en ~, integrar en una ~*** vernetzen
redacción *f* Schriftleitung *f*; Redaktion *f*;

Text Abfassung *f*; *Schulfach* Aufsatz *m*; **~ del acta** Protokollierung *f*; **~ definitiva** *od* **final** Endredaktion *f*
redactar *tr* abfassen, aufsetzen; redigieren; *Schriftstück* ausfertigen; *Bericht* erstellen
redactor *m*, **~a** *f* Verfasser(in) *m(f)*; Redakteur(in) *m(f)*; **~ del acta** Protokollant *m*; **~ gráfico** (**jefe**) Bild-(Chef)redakteur *m*; **~ de textos** Texter *m*
redada *f* Fischzug *m auch übertr*; Ringfahndung *f*; **~ policial** *od* **policiaca** Razzia *f* ◇ **coger una buena ~** einen guten Fang machen
redargüir ⟨-uy-, -gü/gu-⟩ *tr* JUR zurückweisen
redecilla *f* Haarnetz *n*
rededor *m*: **al ~**, **en ~** (ringsher)um
redes|cubrir ⟨→ **cubrir**⟩ *tr* wieder entdecken; **~cuento** *m* FIN Rediskontierung *f*
redicho *Sprache* gekünstelt, affektiert
redil *m* Pferch *m*; Hürde *f*
redim|ible einlösbar; tilgbar; **~ir** *tr* freikaufen; zurückkaufen; ablösen; *von etw* befreien; REL erlösen
redistribución *f* Umverteilung *f*; Neuverteilung *f*; Weiterverkauf *m*; **~ de la renta** Einkommensumverteilung *f*
redistribuir ⟨-uy-⟩ *tr* umverteilen; neu verteilen; weitervertreiben *feilbieten*
rédito *m* Rendite *f*; Verzinsung *f*; **~s** *Pl* Zins(ertrag) *m*, Zinsen *Pl*; **~s de capital** Kapitalerträge *m*/*Pl*
redituar ⟨-úo⟩ *tr Zinsen* bringen
redobl|ar I *tr* verdoppeln; wiederholen; *Anstrengungen* vervielfachen, vervielfältigen **II** *intr* einen (Trommel-)Wirbel schlagen; *Regen* prasseln; **~e** *m* Trommelrühren *n*; Prasseln *n*; Verdopp(e)lung *f*
redom|a *f* Phiole *f*; **~ado** ausgebufft, ausgekocht; gerissen
redonda *f* Umkreis *m*; Umgebung *f*; TYP Rundschrift *f*; MUS ganze Note *f*; **a la ~** im Umkreis; rings(her)um
redond|ear *tr* aufrunden; **~earse** sich gesundstoßen; **~el** *m* Kreis *m*; TAUR Arena *f*; Kringel *n kreisförmiges Zeichen*; **~eo** *m* Abrundung *f*; Aufrunden *n*
redondez *f* Rundung *f*; Rundheit *f*; Rundlichkeit *f*; **~ de la tierra** Erdenrund *n*
redondilla *f* TYP Rundschrift *f*
redondo I *Adj* rund *auch Zahl*; abgerundet *auch übertr*; vollkommen; eindeutig **II** *Adv* **en ~** ringsherum; rundheraus; rund (gerechnet); im Umkreis **III** *m* Rundung *f*; TECH Rundstahl *m* ◇ **caer en ~** der Länge nach hinfallen
redopelo *m* Gegenstrich *m*; Kinderei *f*; **a(l) ~** gegen den Strich; wider die Natur ◇ **traer al ~** *jmdn* drangsalieren
reducción *f* Verminderung *f*; Minderung *f*; Abbau *m*; *Etat* Kürzung *f*; Einschränkung *f*; Abstrich *m z.B. beim Etat*; *Heiratsalter, Preise* Herabsetzung *f*; Ermäßigung *f z.B. Fahrpreis*; Nachlass *m Rabatt*; Reduzierung *f*; Zurückführung *f* (**a** auf); Niederwerfung *f Aufständische*; CHEM, MATH Umwandlung *f*; MATH Umrechnung *f*; *Bild, Modell* Verkleinerung *f*; TECH Untersetzung *f*; MED *Bruch* Einrichten *n*; *Chi* Reservat *n*; **~ de capital** Kapitalherabsetzung *f*; **~ de costos** *od* **gastos** Kostensenkung *f*; **~ de daños** Schadensbegrenzung *f*; **~ del descuento** Diskontherabsetzung *f*; **~ de existencias** Lagerbestandsabbau *m*; **~ de horas extras** Überstundenabbau *m*; **~ de impuestos** (**intereses**) Steuer-(Zins)senkung *f*; **~ de la jornada** Arbeitszeitverkürzung *f*; **~ de personal, ~ de plantilla** Personalabbau *m*; **~ de precios** Preissenkung *f*; **~ de quebrados** Bruchkürzung *f*; **~ de quebrados a decimales** Umwandlung *f* von Brüchen in Dezimalzahlen; **~ salarial** *od* **del salario** Lohn- *bzw* Gehaltskürzung *f*; **~ de los tipos de interés** Zinssenkung *f*; **~ de valor** Wertminderung *f* ◇ **efectuar una ~ de capital** einen Kapitalschnitt vornehmen
reduc|ido *zahlenmäßig* klein; gering; *Preis* niedrig; verkleinert; **~ir** ⟨→ **conducir**⟩ *tr* vermindern; herabsetzen; ermäßigen; mindern; reduzieren; *Arbeitszeit* verkürzen; *Zahl* verringern; *Bild* verkleinern; *Etat, Gleichung* kürzen; zerkleinern; *Preise* senken; *Personal* abbauen; überwältigen; *Soße* einkochen (lassen); *Brüche* umwandeln; *Knochenbruch* richten; *Land* unterwerfen; zurückführen (**a** auf); **~irse** sich *in den Ausgaben* einschränken; sich beschränken (**a** auf); sich zusammenziehen; sich entschließen (**a** + *Inf* zu + *Inf*); sich erweisen (**a** als)
reducto *m* Zuflucht *f*; Unterschlupf *m*
redundancia *f* Redundanz *f* ◇ **pecar de ~s** sehr weitschweifig sein
redundante überflüssig, redundant
reduplicar ⟨-c/qu-⟩ *tr* verdoppeln; *i w S* verstärken
reedición *f* Neuauflage *f*
reedificar ⟨-c/qu-⟩ *tr* wieder aufbauen; wieder *od* neu errichten
reeditar *tr* TYP neu herausgeben
reeducar ⟨-c/qu-⟩ *tr* umschulen; umerziehen; MED heilgymnastisch behandeln
reel|aborar *tr* wieder verarbeiten; neu bearbeiten; **~ección** *f* Wiederwahl *f*; **~egir** ⟨-i-, -g/j-⟩ *tr* wieder wählen
reembar|car ⟨-c/qu-⟩ *tr* wieder verschiffen; **~carse** sich wieder einschiffen; wieder an

R

Bord gehen; **~co** *m*, **~que** *m* Wiederverschiffung *f*; Wiedereinschiffung *f*; Wiedereinstieg *m*; Weiterverladung *f*
reembols|able erstattungsfähig; **~ar** *tr* zurückzahlen; (zurück)erstatten
reembolso *m* Rückzahlung *f*; Erstattung *f*; ***contra ~*** gegen *od* per Nachnahme; ***~ de los gastos*** Spesenvergütung *f*; ***~ de primas*** Prämienrückgewähr *f*
reemplaz|ante *m* Nachfolger *m*; **~ar** ⟨-z/c-⟩ *tr* ersetzen; an *jmds* Stelle treten; vertreten; *im Amt* folgen; MATH einsetzen; SPORT *Spieler* auswechseln; **~o** *m* Ersatz *m*; Ersetzung *f*; Vertretung *f*; Nachfolger *m*
reencontrar ⟨-ue-⟩ *tr* wieder finden; ***~se*** sich wieder finden; (wieder) zu sich finden; ***~se con alg*** *od* ***algo*** jmdm *od* etw wieder begegnen; mit jmdm *od* etw zusammentreffen
reentrada *m* RAUMF Wiedereintritt *m in die Atmosphäre*
reenv|ase *m* Umpacken *n*; **~iar** ⟨-ío⟩ *tr* weiterbefördern; **~ío** *m* Weiterbeförderung *f*, -versand *m*
reequipar *tr Maschine* umrüsten
reestrenar *tr* THEAT wieder aufführen
reestructur|ación *f* Umstrukturierung *f*; Umgestaltung *f*; Neugestaltung *f*; Umbesetzung *f*; **~ar** *tr* umstrukturieren; neu gestalten; umgestalten; *Regierung* umbilden
reexaminar *tr* überprüfen; nochmals prüfen
reexped|ición *f* Weiterbeförderung *f*; **~ir** ⟨-i-⟩ *tr* weiterbefördern; nachsenden
reexport|ación *f* Reexport *m*; **~ar** *tr* HDL wieder ausführen, reexportieren
refac|ción *f* Imbiss *m*; *Am reg* Reparatur *f*, Ausbesserung *f*; **~ciones** *f/Pl Méx* Ersatzteile *n/Pl*; **~cionar** *tr Am* Kredit ausreichen; finanziell unterstützen; *Am reg* reparieren, restaurieren; **~cionario I** *Adj* Förderungs-; Reparatur- **II** *m Méx* Ersatzteilhändler *m*
refectorio *m Kloster* Refektorium *n*
referencia *f* Bezug(nahme *f*) *m*; Betreff *m*; Verweis *m*; Auskunft *f*; Bericht *m*; *Inserat* Chiffre *f*; **~s** *Pl* HDL Referenzen *f/Pl*; ***~ bibliográfica*** Literaturangabe *f*; ***~ cruzada*** Querverweis *m*; ***con ~ a*** mit *od* unter Bezugnahme auf; ***nuestra*** (***su***) ***~*** *Brief* unser (Ihr) Zeichen ◇ ***hacer ~ a*** sich beziehen auf; verweisen auf; eingehen auf
refer|endo *m*, **~éndum** *m* Referendum *n*; Urabstimmung *f*
referente I *Präp* bezüglich (***a*** *Gen*); in Bezug (***a*** auf) **II** *m* Bezugspunkt *m*
referir ⟨-ie-/-i-⟩ **I** *tr* berichten; referieren; erwähnen; *Anekdote* zurückführen (***a*** auf) **II** *intr* verweisen (***a*** auf); **~se** sich beziehen, Bezug nehmen (***a*** auf); ***en*** *od* ***por lo que se refiere a*** was … betrifft, bezüglich
refilón: ***de ~*** schräg; beiläufig
refinación *f* Verfeinerung *f*; Veredelung *f*; Raffinade *f*
refin|ado I *Adj übertr* fein; *übertr* hochfein; erlesen; raffiniert *auch übertr* **II** *m* Raffinat *n*; Raffinieren *n*; Verfeinern *n*; **~amiento** *m* Verfeinerung *f*; Feinheit *f*; Raffinesse *f*
refinanci|ación *f*, **~amiento** *m* Refinanzierung *f*; **~ar** *tr* refinanzieren
refinar *tr* verfeinern; IND, TECH raffinieren
refinería *f* Raffinerie(anlage) *f*
refino I *Adj* Feinst-; sehr fein; hochfein **II** *m* Erdölaufbereitung *f*; → ***refinación***; *Méx* Branntwein *m*
refle|ctor *m* Scheinwerfer *m*; Reflektor *m*; PHYS, TECH Spiegel *m*; **~jar I** *intr* zurückstrahlen **II** *tr* widerspiegeln *auch übertr*; PHYS reflektieren; zurückwerfen; **~jarse** sich widerspiegeln; sich auswirken (***en*** auf)
reflejo I *Adj* überlegt, bedacht; LING reflexiv; MED, PHYS Reflex- **II** *m* Spiegelbild *n*; Widerspiegelung *f*; Spiegelung *f*; Widerschein *m*; Abglanz *m auch übertr*; MED, PHYS Reflex *m*; ***~ (in)condicionado*** *od* ***(in)condicional*** (un)bedingter Reflex *m*; ***~ de luz*** Lichtschein *m*; ***fiel ~*** *übertr* getreues Abbild *n*; ***rápido de ~s*** reaktionsschnell
réflex *f* Spiegelreflexkamera *f*
reflexión *f* Spiegelung *f*; PHYS Reflexion *f*; Denken *n*; Zurückstrahlung *f*; Nachsinnen *n*; Überlegung *f*; ***sin ~*** unüberlegt; ***sin reflexiones*** rückstrahlungsfrei; ***tras madura ~*** nach reiflicher Überlegung ◇ ***hacer reflexiones a alg*** jmdm zureden
reflex|ionar I *tr etw* bedenken, erwägen **II** *intr* nachdenken; denken; nachsinnen; **~ivo** nachdenklich; überlegt; gedankenvoll; GRAMM reflexiv
reflorecimiento *m* Wiedererblühen *n*
reflotar *tr Schiff* wieder flottmachen; *ein vergessenes Gesetz* wieder ausgraben
reflu|ir ⟨-uy-⟩ *intr* zurückfließen; **~jo** *m* Rückfluss *m*; Ebbe *f*; Rücklauf *m von Informationen*
refocilar *tr* ergötzen; **~se** sich ergötzen (***con*** an); sich weiden (***en*** an); sich gütlich tun (***con*** an)
reforestar *tr* wieder aufforsten
reforma *f* Reform *f*; Umgestaltung *f*; Verbesserung *f*; Besserung *f*; REL Reformation *f*; *Kleidung* Änderung *f*; **~s** *Pl* ARCH Umbau *m*; ***~ agraria*** (***escolar***; ***fiscal*** *od* ***tributaria***; ***monetaria***) Boden-, Agrar-

(Schul-; Steuer-; Währungs)reform *f*; **~ laboral** (**ortográfica**; **de pensiones**; **sanitaria**) Arbeitsmarkt-(Rechtschreib-; Renten-; Gesundheits)reform *f*
reform|ación *f* Umgestaltung *f*; Verbesserung *f*; **~ador I** *Adj* Erneuerungs- **II** *m* REL Reformator *m*; Reformer *m*; **~ar** *tr* umgestalten; umformen; ändern; bessern; abändern; umarbeiten; reformieren; umbauen; **~arse** umgestaltet werden; anders werden; sich ändern; sich bessern; **~atorio I** *Adj* reformatorisch **II** *m* Besserungsanstalt *f*; **~ismo** *m* Reformismus *m*; Reformpolitik *f*; **~ista** *m(f)* Reformer(in) *m(f)*; Reformpolitiker(in) *m(f)*; **~ulación** *f* Um-, Neuformulierung *f*; **~ular** *tr* umformulieren, neu formulieren
reforzar ⟨-ue-, -z/c-⟩ *tr* verstärken; stärken; versteifen; *jmdn* bestärken; anreichern *z.B. mit Vitaminen*; **~se** Mut fassen
refracción *f* PHYS Refraktion *f*, Brechung *f von Lichtstrahlen*
refractario hitzebeständig; feuerfest; abweisend; eigensinnig ◇ **ser ~ a** abgeneigt sein gegen; ungeeignet sein für
refr|án *m* Sprichwort *n*; **~anero** *m* Sprichwörtersammlung *f*; **~anesco** sprichworthaft
refreg|ar ⟨-ie-, -g/gu-⟩ *tr* reiben; abreiben; **~ón** *m* Abreibung *f auch übertr*; Reiben *n*
refrenar *tr* bremsen, verlangsamen; zügeln *auch übertr*; *übertr* im Zaum halten; *übertr* in die Zügel fallen; bändigen; **~se** an sich halten *sich zurückhalten*
refrend|ar *tr* gegenzeichnen; *Dokument* abzeichnen; beglaubigen; *etw durch Volksentscheid od Politiker im Amt* bestätigen; *Pass* visieren; **~o** *m* Gegenzeichnung *f*; Beglaubigung *f*; Bestätigung *f*
refresc|ante erfrischend; **~ar** ⟨-c/qu-⟩ **I** *tr* erfrischen; abkühlen; auffrischen *auch übertr*; kühlen **II** *intr* kühl werden; auffrischen; eine Erfrischung zu sich nehmen; **~arse** sich erfrischen; frische Luft schöpfen; *Wind* auffrischen
refresco *m* Erfrischung *f*; Abkühlung *f*; Erfrischungsgetränk *n*; kleiner Imbiss *m*; **~ gaseoso** Brause(limonade) *f*; **~ sin malicia** alkoholfreies Getränk *n*
refresquería *f AmC* Getränkekiosk *m*
refriega *f* Zusammenstoß *m mit der Polizei*; MIL Geplänkel *n*; Plänkelei *f Wortgefecht*; **~s** *Pl* Streitereien *f/Pl*
refrigeración *f* Kühlung *f*; Abkühlung *f*; **~ por agua** (**aire**) Wasser-(Luft)kühlung *f*; **mantener en ~** kühl lagern
refriger|ado Gefrier-; *Lokal* mit Klimaanlage; **~ador** *m* Kühlschrank *m*; Kühlanlage *f*; **~adora** *f reg* Kühlschrank *m*; **~ante I** *Adj* Kühl-; kühlend **II** *m* Kühlmittel *n*; **~ar** *tr* kühlen; abkühlen; erkalten lassen; **~io** *m* Abkühlung *f*; Erfrischung *f Imbiss*
refrito *m* Bratenansatz *m aus Öl*, *Zwiebel*, *Knoblauch*, *Tomate*; Aufguss *m*, Abklatsch *m eines früheren Werkes*
refucilazos *m/Pl Rpl* Wetterleuchten *n*
refuerzo *m* Verstärkung *f auch* MIL; TECH Versteifung *f*; **~ de tejido** Gewebeeinlage *f*
refugi|ado *m* Flüchtling *m*; **~ar** *tr* Zuflucht gewähren; **~arse** (sich) flüchten; fliehen; Zuflucht suchen; Zuflucht finden
refugio *m* Zuflucht(sstätte) *f*; Schutzraum *m*; Unterstand *m*; Bunker *m*; Schutz *m*; Wartehäuschen *n*; Verkehrsinsel *f*; **~ alpino** *od* **de montaña** Schutzhütte *f*; **~** (**antiaéreo**) Luftschutzraum *m*; **~ antiatómico** Atombunker *m*
refulgir ⟨-g/j-⟩ *intr* glänzen; schimmern
refundador *m* Wiederbegründer *m*
refundir *tr* umschmelzen; einschmelzen; überarbeiten; umschreiben; LIT, THEAT neu bearbeiten
refunfuñ|ar *intr* (vor sich hin *od* in den Bart) brummen; brummeln; nörgeln; **~o** *m* Gebrabbel *n*; Gebrumme *n*; Genörgel *n*; **~ón I** *Adj* brummig, bärbeißig **II** *m übertr* (alter) Brummbär *m*
refutar *tr* widerlegen
regadera *f* Gießkanne *f*; *Méx* Dusche *f*; **~ automóvil** Sprengwagen *m*; **~ mecánica de césped** Rasensprenger *m* ◇ **estar como una ~** *Esp* nicht ganz dicht sein
regad|ío I *Adj* bewässerbar; bewässert **II** *m* Bewässerungsland *n*; **~izo** bewässerbar; **~or** *m* LANDW Regner *m*
regal|ado geschenkt *auch übertr*; köstlich; bequem, behaglich; **~ar** *tr* schenken; bescheren; verschenken; beschenken; bewirten; ergötzen; schmeicheln; **~arse** schwelgen *auch übertr*; sich *etw* gönnen; sich gütlich tun (**con** an); **~ía** *m* königliches Hoheitsrecht *n*; Nebeneinnahmen *f/Pl*
regalo *m* Geschenk *n*; Beschenkung *f*; Wohlleben *n*; Festessen *n*; **~ de Navidad** Weihnachtsgeschenk *n*; **~ del oído** Ohrenschmaus *m*; **~ para los ojos** Augenweide *f*; **~ del paladar** Gaumenfreude *f*; **~ de publicidad**, **~ publicitario** Werbegeschenk *n* ◇ **es un ~** es ist ein Segen
regalón verhätschelt, verwöhnt
regañadientes: **a ~** zähneknirschend
regañado knurrend, mit gefletschten Zähnen; zerstritten, verzankt; *Auge*, *Mund* nicht ganz schließend ◇ **estar ~ con alg** sich mit jmdm überworfen haben
regañ|ar I *tr* ausschimpfen **II** *intr Hund* knurren und die Zähne fletschen; zanken; nörgeln; sich zerstreiten; **~o** *m* mürrisches

R

Gesicht *n*; Schelte *f*; **~ón I** *Adj* mürrisch **II** *m* Griesgram *m*
regar ⟨-ie-, -g/gu-⟩ *tr* gießen; begießen; bewässern; berieseln; *Straße* sprengen; *übertr* vergießen; *Fluss*: *eine Region* durchfließen
regata *f* Regatta *f*
regate *m* (schnelle) Ausweichbewegung *f*; JAGD Haken *m Richtungsänderung*; Ausflucht *f* ◇ ***hacer ~s*** SPORT dribbeln
regatear I *tr/intr* feilschen; *etw* verhökern; ***no ~*** nicht sparen mit **II** *intr* schnelle Ausweichbewegungen machen; einen Haken schlagen *beim Rennen*; SPORT dribbeln
regat|eo *m* Feilschen *n* ((***sobre***) um); Ausweichbewegungen *f/Pl*; SPORT Dribbeln *n*; **~ería** *f* Feilscherei *f*
regatista *m(f)* Regattateilnehmer(in) *m(f)*
regato *m* Rinnsal *n*
regazo *m* Schoß *m auch übertr*
regencia *f* Regentschaft *f*
regeneración *f* Wiederherstellung *f*; BIO, CHEM, PHYS Regeneration *f*; Neubildung *f*; Erneuerung *f*; *Akku*, *Batterie* Erholung *f*; Wiedergeburt *f*; EL Rückkopplung *f*; *Kerntechnik* Wiederaufbereitung *f*
regener|ante *m* Regenerierungsmittel *n*; **~ar** *tr* wiederherstellen; wieder aufbereiten; erneuern; auffrischen; *jmdn* (um)wandeln; **~arse** sich erneuern *auch übertr*; sich neu bilden; BIOL, MED nachwachsen; aufgefrischt werden; sich wandeln
regent|ar *tr* leiten, verwalten; *Amt* zeitweise versehen; *Gaststätte*, *Geschäft* führen, betreiben; *Lehrstuhl* innehaben; **~e I** *Adj* geltend *z.B. Norm*; regierend; leitend **II** *m* Regent *m*; Herrscher *m*; *Méx etwa* Regierender Bürgermeister *m*; Verwalter *m*
regid|or *m*, **~ora** *f* Ratsherr(in) *m(f)*; Stadtverordnete(r) *f(m)*; Gemeinderat, -rätin *m(f)*; FILM, THEAT Inspizient(in) *m(f)*; *hist* Vogt *m*; **~oría** *f*, **~uría** *f* Stadtverordneten- *bzw* Gemeinderatsfunktion *f*
régimen *m* ⟨*Pl* ***regímenes***⟩ Regime *n*; Regierungsform *f*; Herrschaft *f*; System *n*, Ordnung *f*; Regelung *f*; Bereich *m*; Einrichtung *f*; Stand *m*; Zustand *m*; Verhältnisse *n/Pl*; Lebensweise *f*; Diät *f*; Funktionsweise *f*; GRAMM Rektion *f*; ***~ abierto*** *od* ***de semilibertad*** offener Strafvollzug *m*; ***~ para adelgazar*** (***de fruta***) Schlankheits- (Obst)kur *f*; ***~ alimenticio***, ***~ de alimentación*** Ernährungsweise *f*; ***~ antipopular*** volksfeindliches Regime *n*; ***~ arancelario de aduanas*** Zolltarifordnung *f*; ***~ de austeridad*** Sparsamkeitsregime *n*; ***~ de borrascas*** Schlechtwetterlage *f*; ***~ capitalista*** kapitalistisches System *n*; ***~ colonial*** Kolonialsystem *n*; Kolonialregime *n*; ***~ continuo*** Dauerbetrieb *m*; ***~ de crucero*** FLUGW Reisegeschwindigkeit *f*; ***~ eclesiástico*** kirchliches Regiment *n*; ***~ económico*** Wirtschaftssystem *n*; ***~ empresarial*** Betriebsverfassung *f*; ***~ feudal*** Feudalordnung *f*; ***~ de intervención de divisas*** Devisenbewirtschaftung *f*; ***~ laboral*** Arbeitsordnung *f*; ***~ nazi*** Naziregime *n*; ***~ de ocupación*** Besatzungsregime *n*; ***~ de patentes*** Patentwesen *n*; ***~ pelele*** *od* ***títere*** POL Marionettenregime *n*; ***~ de pensión*** Altersversorgung *f*; ***~ policíaco*** Polizeiregime *n*; *i w S* Polizeistaat *m*; ***~ político*** politisches System *n*; ***~ presidencial*** Präsidialregime *n*; ***~ de primas*** Prämienregelung *f*; ***~ de revoluciones*** Drehzahl(bereich *m*) *f*; ***~ social*** Gesellschaftsordnung *f*, -system *n*; ***~ socialista*** sozialistisches System *n*; ***~ suave*** Schonkost *f*; ***~ terrorista*** Terrorregime *n*; ***~ de trabajo*** Beschäftigungsgrad *m*; Arbeitsordnung *f*; *Maschine* Arbeitszustand *m*; ***~ vegetariano*** vegetarische Kost *f*; ***de ~ interno*** VERW für den internen Gebrauch ◇ ***comer*** *od* ***estar a ~***, ***guardar ~*** Diät (ein)halten; ***observar un ~ de ayunas*** eine Hungerkur machen; ***poner a ~*** auf Diät setzen
regimiento *m* MIL Regiment *n*
regio königlich; prächtig; *Am* prima
región *f* Region *f*; Bereich *m*; Gebiet *n*; ***~ abdominal*** Unterleib(sbereich) *m*; ***regiones*** (***ant***)***árticas*** Arktis *f* (Antarktis *f*); ***~ cardíaca*** (***lumbar***; ***renal***) Herzgegend *f* (Lenden-; Nierenregion *f*); ***~ deprimida*** (***dinámica***) Not leidende (dynamische) Region *f*; ***~ de excedentes*** Überschussgebiet *n*; ***~ militar*** *Esp* Wehrbereich *m*; ***~ subdesarrollada*** unterentwickelte Region *f*
regional I *Adj* regional; Gebiets-; Volks-; Heimat-; Landes- **II** *m* Regionalbahn *f*; ***~ exprés*** Regionalexpress *m*
regional|ismo *m* LING, POL Regionalismus *m*; Heimatverbundenheit *f*; **~ista** *m* POL Regionalist *m*; Heimatschriftsteller *m*; **~ización** *f* POL, VERW Regionalisierung *f*; **~izar** ⟨-z/c-⟩ *tr* regionalisieren
regir ⟨-i-, -g/j-⟩ **I** *tr* leiten; regieren *auch* GRAMM; *Schiff* führen; regeln, bestimmen **II** *intr Gesetz* gelten; ***no ~ bien*** nicht bei Sinnen sein; **~se** sich richten (***por*** nach)
regiro *m* FIN Rückwechsel *m*
registrado I *Adj Programm* gespeichert; ***~ legalmente*** HDL gesetzlich geschützt **II** *m* Registrierung *f*
registrador I *Adj* Registrier- **II** *m* Registrator *m*; Listenführer *m*; Warenkontrolleur *m*; TECH Registriergerät *n*; Schreiber *m*

R

Gerät; **~ de cartas** Briefordner *m*; **~ (de datos) de vuelo** *od* **derrota** FLUGW Flugschreiber *m*; **~ del estado civil** *Cu* Standesbeamter *m*; **~ de la propiedad** Grundbuchführer *m*, Liegenschaftsregistrator *m*; **~ de sonidos** Tonaufnahmegerät *n*

registradora *f* Registrierkasse *f*

registrar *tr* aufzeichnen; *etw im Bild* festhalten; verzeichnen; registrieren; eintragen; *Patient* anmelden; erfassen; *amtl* durchsuchen; kontrollieren; *mit Tonträger* aufnehmen; TECH (mit)schreiben; **~se** sich einschreiben (lassen); sich anmelden; feststellen

registro *m* Verzeichnis *n*; Registrierung *f*; Eintragung *f*; Aufzeichnung *f*; Aufnahme *f*; Register *n*; Registratur *f*; *Computer* Protokoll *n*; Lesezeichen *n*; TECH Schieber *m*; *amtl* Durchsuchung *f*; Haussuchung *f*; Kontrolle *f*; **~s** *Pl* Archiv(e *Pl*) *n*; **~ de asistencia** *Schule* Anwesenheitsliste *f*; **~ catastral** *od* **de la propiedad** Grundbuch *n*; **~ en cinta magnética** Tonbandaufzeichnung *f*; **~ civil** Standesamt *n*; **~ de comercio** Firmenregister *n*; **~ de datos** Datenerfassung *f*; **~ domiciliario** Haussuchung *f*; **~ de entrada** VERW Posteingangsbuch *n*; Eingangsvermerk *m*; **~ de la imagen (televisiva)** (Fernseh-)Bildaufzeichnung *f*; **~ de inventario** Inventurliste *f*; **~ marítimo de Lloyd** Lloyds Register *n* of Shipping; **~ mercantil** Handelsregister *n*; **~ pecuario** LANDW Zuchtbuch *n*; **~ de pesas y medidas** Eichamt *n*; **~ de propiedad industrial** Patentrolle *f*; Patentamt *n*; **~ de la propiedad intelectual** Büro *n* für Urheberrechte; **~ de salida** Postausgangsbuch *n*; Ausgangsvermerk *m*; **~ de viajeros** *Hotel* Fremdenbuch *n*; **~ de votantes** Wählerliste *f* ◇ **tocar todos los ~s** *übertr* alle Register ziehen

regla *f* Lineal *n*; Linienblatt *n*; Regel *f auch* MED; Norm *f*; Ordnung *f*; *Orden* Satzung *f*; **~ de cálculo** Rechenschieber *m*; **~s de circulación** Verkehrsvorschriften *f/Pl*; **~ empírica (fundamental)** Faust-(Grund)regel *f*; **~s de juego** Spielregeln *f/Pl auch übertr*; **~ jurídica** Rechtsnorm *f*; **~ de porcentaje** Prozentrechnen *n*; **~ de tres** MATH Dreisatzrechnung *f*; **~s de urbanidad** Anstandsregeln *f/Pl*; **conforme a la ~, según la ~** ordnungsgemäß; **contrario a la(s) ~(s)** regelwidrig; **las cuatro ~s** die vier Grundrechnungsarten; **en ~** regelrecht; in Ordnung; **falsa ~** Linienblatt *n*; **por ~ general** im Allgemeinen; (für) gewöhnlich; **sin ~** regellos ◇ **la expcepción confirma la ~** Ausnahmen bestätigen die Regel; **poner en ~** ordnen; **salir de (la) ~** sich regelwidrig verhalten; zu weit gehen *sich zu viel erlauben*

reglaje *m* TECH Nachstellung *f*; Justierung *f*; Verstellung *f*; **~ del encendido** KFZ Zünd(zeitpunkt)verstellung *f*; **~ de frenos** Bremsennachstellung *f*

reglament|ación *f* Reglement *n*; Dienstvorschrift *f*; Verordnung *f*; Geschäftsordnung *f*; Wettbewerbsbestimmungen *f/Pl*; Regelung *f*; Reglementierung *f*; **~ar** *tr* reglementieren; regeln; regulieren; **~ario** vorschriftsmäßig; ordnungsgemäß; Dienst-

reglamento *m* Vorschrift *f*; Reglement *n*; Satzung *f*; **~ de circulación** Verkehrsordnung *f*; **~ de fútbol** Fußballreglement *n*; **~ industrial** Gewerbeordnung *f*; **~ (interior** *od* **de sesiones)** PARL Geschäftsordnung *f*; **~ laboral** *od* **de trabajo (del mercado)** Arbeits-(Markt)ordnung *f*; **~ de régimen interior** Hausordnung *f z.B. eines Heimes*; **~ de seguridad** Sicherheitsvorschrift(en *Pl*) *f*; **~ de servicio** Betriebsordnung *f*

reglar *tr* lini(i)eren; regeln

regocij|ado froh; fröhlich; **~ar** *tr* erfreuen; *jmdm* Spaß bereiten; **~arse** sich freuen (**por** über); Spaß haben (**con** an); sich ergötzen

regocijo *m* Freude *f*; Jubel *m*; Lust *f*; Vergnügen *n*; Fröhlichkeit *f*; Lustbarkeit *f*; **~s públicos** Volksvergnügen *n* ◇ **esperar con ~** sich freuen auf

regod|earse sich gütlich tun (**con** an, **en** bei); seinen Spaß haben (**con** an); sich ergötzen; **~eo** *m* Ergötzen *n*; Behagen *n*; ausgelassenes Fest *n*

regoldar ⟨-üe-⟩ *intr* rülpsen

regordete rundlich, mollig; dicklich; untersetzt; *Beine* gedrungen; *Hände* fleischig

regres|ar I *intr* umkehren; zurückkehren (**a** nach); zurückfahren (**a** nach); zurückreisen; zurückfliegen **II** *tr Am* zurückbringen; zurückbegleiten; zurückgeben; erstatten; **~arse** *Am* zurückkehren; **~ivo** rückgängig; rückläufig; Rück-; regressiv; Rückwärts-

regreso *m* Rückkehr *f*; Umkehr *f*; Comeback *n*; Rückfahrt *f*; *Flüssigkeit* Rücklauf *m*; **~ a casa** *od* **al hogar** Heimkehr *f nach Hause*; **~ a la patria** Rückkehr *f* in die Heimat; **de ~** von der Reise zurück; heimgekehrt; nach der Rückkehr ◇ **estar de ~** zurück sein

reguera *f* Bewässerungsgraben *m*

reguero *m* Rinnsal *n*; Spur *f ausgelaufene Flüssigkeit*; Rinne *f*; **como un ~ de pólvora** wie ein Lauffeuer

regulación *f* Regulierung *f*; Regelung *f*; Einstellung *f*; Verstellung *f*; **~ continua**

R

stufenlose Einstellbarkeit *f*; **~ *del diafragma* (*de la distancia*; *del tiempo*)** FOTO Blenden-(Entfernungs-; Zeit)einstellung *f*; **~ *del horario*** *od* **_de la jornada de trabajo_** Arbeitszeitregelung *f*; **~ *de la natalidad*** *od* **_de nacimientos_** Geburtenregelung *f*; **~ *salarial*** Lohn- und Gehaltsregelung *f*; **~ *del tráfico*** Verkehrsregelung
regulador *m* TECH Regler *m*; **~ *de la claridad* (*de temperatura*)** Helligkeits-(Temperatur)regler *m*
regular I *tr* regeln; regulieren; einstellen; abgleichen **II** *Adj* (mittel)mäßig; gewöhnlich; regulär; regelmäßig *auch* GRAMM; gesetzmäßig; *Zug* fahrplanmäßig; **_por lo ~_** (für) gewöhnlich **III** *Adv* halbwegs, einigermaßen
regularidad *f* Gleichmäßigkeit *f*; Regelmäßigkeit *f*; JUR Ordnungsmäßigkeit *f*; Gesetzmäßigkeit *f*; **~es** *Pl* Regularien *Pl*
regulariz|ación *f* Regelung *f*; Regulierung *f*; **~ar** ⟨-z/c-⟩ *tr* regeln; regulieren
regust|ado *Ant* sehr zufrieden; **~o** *m* Beigeschmack *m*; Nachgeschmack *m*
rehabilit|ación *f* Wiedereinsetzung *f*; Rehabilitierung *f*; Ehrenrettung *f*; *Wohnung* Modernisierung *f*; Wiederinbetriebnahme *f*; Rekonstruktion *f Erneuerung eines Betriebes*; BAUW Restaurierung *f*; *auch* Sanierung *f*; **~ar** *tr* wieder einsetzen; rehabilitieren; rekonstruieren; restaurieren
rehacer *tr* ⟨→ **_hacer_**; *perfs* **_rehíce_**⟩ wiederherstellen; nochmals anfertigen; umarbeiten; wieder zusammenbauen; noch einmal machen; *Federbett* aufschütteln; *Frisur* umstecken; **~se** wieder zu Kräften kommen; sich beruhigen; sich erholen
rehén *m* Geisel *f*; **_en rehenes_** als Unterpfand ◇ **_mantener como ~_** *bzw* **_rehenes_** als Geisel nehmen *od* (zurück)behalten
rehenchir *tr* ⟨→ **_henchir_**⟩ ausstopfen; (aus)polstern; nachstopfen; aufpolstern; *Kissen* auffüllen; *Ballon* aufblasen
rehervir *tr* ⟨→ **_hervir_**⟩ nochmals kochen
rehogar ⟨-g/gu-⟩ *tr* schmoren, dünsten
rehu|ida *f* Zurückschauen *n*; Zurückzucken *n*; Ablehnung *f*; **~ir** ⟨-uy-; **_rehúyo_**⟩ **I** *tr Verantwortung* ablehnen; aus dem Wege gehen; *jmdn od etw* meiden **II** *intr* wieder fliehen
rehundir ⟨**_rehúndo_**⟩ *tr Vermögen* durchbringen
rehusar ⟨**_rehúso_**⟩ *tr Angebot* abschlagen; *Einladung* ablehnen; *Recht* verweigern; *Anspruch* zurückweisen
reid|ero zum Lachen reizend; freudig; **~or I** *Adj* immer wieder lachend; *Augen, Mund* lächelnd **II** *m* Lacher *m*
reimport|ación *f* Wiedereinfuhr *f*, Reimport *m*; **~ar** reimportieren
reimpresión *f* BUCHW Neudruck *m*; Nachdruck *m*; Neuauflage *f*; **~ *clandestina*** *od* **_pirata_** widerrechtlicher Nachdruck *m*, Raubdruck *m*
reimprimir ⟨*Part* **_reimpreso_**⟩ *tr* neu drucken; nachdrucken
reina *f* Königin *auch* ZOOL; KART, *Schach* Dame *f*; **¡~!** mein Liebling!; **~ *del baile* (*de la belleza*)** Ball-(Schönheits)königin *f*; **~ *luisa*** Melisse *f*; **~ *madre*** Königinmutter *f*
rein|ado *m* Regentschaft *f*; Herrschaft *f*; **~ante** herrschend; regierend; **~ar** *intr* regieren; herrschen *auch übertr*
reincid|encia *f* JUR Rückfall *m*; **~ente** rückfällig; **~ir** *intr* JUR rückfällig werden; MED einen Rückfall erleiden; zurückkommen (**_en_** auf); wieder verfallen (**_en_** in) *z.B. Fehler*
reincorpor|ación *f* Wiedereingliederung *f*; Wiedereinverleibung *f*; **~ar** *tr* wieder eingliedern (**_a_** in); wieder einverleiben; **~arse** wieder eintreten *wieder aufgenommen werden*; sich wieder einordnen; *etw* wieder einnehmen *z.B. Arbeitsplatz*
reindustrializar ⟨-z/c-⟩ *tr* reindustrialisieren
reinfección *f* MED Wiederansteckung *f*
reingres|ar *intr* wieder beitreten (**_en_** *Dat*); **~o** *m* Wiedereintritt *m*
reinici|ación *f*, **~o** *m* Wiederbeginn *n*
reiniciar *tr* wieder anfangen; *Computer* neu starten, booten
reino *m* Königreich *n*; Reich *n auch übertr*; **~ *animal* (*vegetal*)** Tier-(Pflanzen)reich *n*
Reino *m* **Unido (de Gran Bretaña e Irlanda del Norte)** Vereinigtes Königreich *n* (von Großbritannien und Nordirland)
reinserción *f* Wiedereingliederung *f* (**_a_** in); **~ *social*** Resozialisierung *f*
reinstalar *tr* wieder einsetzen; wieder einbauen; wieder einrichten; **~se** sich wieder niederlassen
reintegr|ación *f* Wiedereinsetzung *f*; Wiedereingliederung *f*; Rückerstattung *f*, Vergütung *f*; Rückzahlung *f*; **~ar** *tr* wieder einsetzen; wieder eingliedern; zurückzahlen; zurückerstatten; **~arse** *Verlorenes* zurückerlangen; zurückkehren (**_a_** in); sich wieder eingliedern (**_a_** in); **~o** *m* Rückzahlung *f*; Auszahlung *f in Form von Geld od Naturalien*; Rückerstattung *f*; Wiedereinsetzung *f*
reintroducción *f* Wiedereinführung *f*
reinver|sión *f* Reinvestition *f*; **~tir** *tr* reinvestieren
reír ⟨-i-⟩ **I** *tr* belachen; lachen über **II** *intr* lachen; **_hacer ~_** zum Lachen bringen;

R

¡no me hagas ~! dass ich nicht lache!; ***~se*** lachen; ***~se de alg*** jmdn auslachen; sich über jmdn lustig machen; jmdn verlachen; ***~ se de u/c*** sich über etw lustig machen; über etw lachen; ***el que ríe último ríe mejor*** *Sprichw* wer zuletzt lacht, lacht am besten

reiter|ación *f* Wiederholung *f*; Rückfall *m bei Straftaten*; (erneute) Bekräftigung *f*; **~ado** wiederholt; vielfach; mehrfach; **~ar** *tr* wiederholen; bekräftigen

reivindicación *f* POL Forderung *f*; *berechtigter* Anspruch *m*; JUR Rückforderung *f*; ***~ salarial*** (***territorial***) Lohn-(Gebiets)forderung *f* ◇ ***presentar reivindicaciones*** Ansprüche anmelden

reivindicar ⟨-c/qu-⟩ *tr* POL fordern; *zu Recht* beanspruchen; JUR zurückfordern; einfordern; die Verantwortung übernehmen *für einen Terrorakt*

reja[1] *f* Gitter *n*; Fenstergitter *n*; ***entre ~s*** hinter Gittern *im Gefängnis*

reja[2] *f Pflug* Schar *f*; Umpflügen *n*; ***~ de arado*** Pflugschar *f*; ***~ surcadora*** LANDW Drillschar *f*

rejilla *f* TECH Gitter *n*; EISENB Gepäcknetz *n*; Ofenrost *m*; geflochtener Stuhlsitz *m*; ***~ de gobierno*** *Am*, ***~ de mando*** EL, RADIO Steuergitter *n*

rejo *m* Stachel *m auch von der Biene*; Kraft *f*, Stärke *f*; BOT Wurzelkeim *m*; *Am* Peitsche *f*; *Ec* Melken *n*; *Ec* Milchkühe *f/Pl*; *Cu* Halfter *n*; *Col* Rohleder *n*

rejudo *Col*, *Ven* dick-, zähflüssig

rejuegos *m/Pl Cu* Winkelzüge *m/Pl*

rejuntar *tr* aus-, verfugen

rejuvenec|er ⟨-c/zc-⟩ **I** *tr* verjüngen; jünger machen **II** *intr*, **~erse** sich verjüngen; wieder jung werden; **~imiento** *m* Verjüngung *f*

relación *f* Beziehung *f*; Bezug *m*; Verhältnis *n*; Zusammenhang *m*; Relation *f auch* VERK; Bericht *m*; Beschreibung *f*; Verzeichnis *n*; ***relaciones*** *Pl* Bekannten(kreis *m*) *m/Pl*; ***relaciones*** (***amorosas***) Liebesverhältnis *n*; ***relaciones de buena vecindad*** gutnachbarliche Beziehungen *f/Pl*; ***~ calidad-precio*** Preis-Leistungs-Verhältnis *n*; ***~ causal, ~ entre causa y efecto*** Kausalzusammenhang *m*; ***relaciones comerciales*** Handelsbeziehungen *f/Pl*; Geschäftsbeziehungen *f/Pl*; ***relaciones de confianza*** Vertrauensverhältnis *n*; ***relaciones diplomáticas*** diplomatische Beziehungen *f/Pl*; ***relaciones económicas*** Wirtschaftsbeziehungen *f/Pl*; ***relaciones extramatrimoniales*** außereheliche Beziehungen *f/Pl*; ***relaciones de intercambio*** Austauschrelationen *f/Pl*; ***~ gasto-utilidad*** Aufwand-Nutzen-Verhältnis *n*; ***relaciones internacionales*** (***interpersonales***) internationale (zwischenmenschliche) Beziehungen *f/Pl*; ***~ jurídica*** (***laboral***) Rechts-(Arbeits)verhältnis *n*; ***~ de largo recorrido*** EISENB Fernverbindung *f*; ***~ de ocupación*** Beschäftigungsverhältnis *n*; ***~ de parentesco*** verwandtschaftliches Verhältnis *n*; ***relaciones de producción*** (***propiedad***) Produktions-(Eigentums)verhältnisse *n/Pl*; ***relaciones públicas*** Öffentlichkeitsarbeit *f*; ***~ recíproca*** Wechselbeziehung *f*; ***relaciones sexuales*** Geschlechtsverkehr *m*; ***relaciones sociales*** gesellschaftliche Beziehungen *f/Pl*; gesellschaftlicher Umgang *m*; ***~ triangular*** Dreiecksverhältnis *n*; ***con ~ a, en ~ con*** in Bezug auf; im Zusammenhang mit; im Verhältnis zu; ***sin ~*** zusammenhanglos ◇ ***entrar en*** *od* ***entablar*** *od* ***establecer relaciones*** Beziehungen aufnehmen *od* herstellen; ***guardar ~ con*** im Zusammenhang stehen mit; ***guardar estrecha ~ con*** in enger Beziehung stehen zu; in enger Verbindung stehen mit; ***no guardar ~*** in keinem Verhältnis stehen (***con*** zu); ***mantener*** *od* ***sostener relaciones*** (***comerciales***; ***diplomáticas***) (geschäftliche; diplomatische) Beziehungen unterhalten; ***poner en ~ con*** in Verbindung bringen mit; in Beziehung setzen zu; ***romper las relaciones*** die Beziehungen abbrechen; die Verlobung lösen; ***tener muchas relaciones*** einen großen Bekanntenkreis haben; gute Beziehungen haben

relacionado: ***estar bien ~*** gute Beziehungen haben; *Vertreter* gut eingeführt sein

relacionar *tr* in Verbindung bringen; *Telefonat* verbinden; in Beziehung setzen (***con*** zu); *etw* aufführen *nennen*; berichten; **~se** viele Beziehungen haben; viele Bekannte haben; in Verbindung stehen (***entre sí*** zu *od* miteinander); in Verbindung treten (***entre sí*** zueinander)

relaj|ación *f* Erschlaffung *f*; Entspannung *f auch übertr*; Lockerung *f*; Zügellosigkeit *f*; Sittenlosigkeit *f*; **~amiento** *m* → ***~ación***; Nachlassen *n z.B. bei der Arbeit*; POL Aufweichung *f*; **~ante** Entspannungs-; Lockerungs-; **~ar** *tr* lockern *auch übertr*; entspannen; schlaff machen; *Strafe* mildern; POL aufweichen; *von Eid*, *Verpflichtung* entbinden; **~arse** erschlaffen; sich lockern *auch übertr*; sich entspannen; nachlassen; zügellos werden

relaj|ear *tr Cu* hänseln; **~o** *m* Lässigkeit *f*; Halbheit *f*; *Am reg* Durcheinander *n*; *Cu* Radau *m*

relam|er ablecken; schlecken; **~erse** sich die Lippen lecken; *übertr* sich die Finger lecken (***de*** nach); sich erfreuen (***de*** an); sich herausputzen; **~ido** geschniegelt; ge-

R

ziert

relámpago *m* Blitz *m*; **~ en bola** Kugelblitz *m*; **como un ~** blitzschnell

relampague|ar *intr* blitzen *auch übertr*; aufblitzen *auch übertr*; wetterleuchten; **~o** *m* Blitzen *n*; Aufblitzen *n*; Wetterleuchten *n*

relan|ce *m* Wiederholungswurf *m*; zweiter Fischzug *m*; **~zamiento** *m* Wiederankurbelung *f z.B. der Wirtschaft*; **~zar** ⟨-z/c-⟩ *tr* zurückwerfen; zurückschleudern; zurückstoßen; wieder ankurbeln

relat|ador *m*, **~adora** *f*, **~ante** *m(f)* Erzähler(in) *m(f)*; **~ar** *tr* erzählen; berichten

relativ|idad *f* Bedingtheit *f*; Relativität *f*; **~ismo** *m* PHIL Relativismus *m*; **~izar(se)** ⟨-z/c-⟩ *tr* (sich) relativieren; **~o** relativ; Relativ- *auch* GRAMM; einschlägig; bezogen (**a** auf); bezüglich; Bezugs-

relato *m* Erzählung *f*; Bericht *m*; Schilderung *f*; **por ~s** vom Hörensagen

relator *m*, **~a** *f* Erzähler(in) *m(f)*; JUR, POL Berichterstatter(in) *m(f)*; Referent(in) *m(f)*; Schriftführer(in) *m(f)*; **~ para prensa** Pressesprecher *m*

relatoría *f* Referent *n Dienststelle*; Sprecheramt *n*; Referentenfunktion *f*

relav|ado *m* Nachwäsche *f*; **~ar** *tr* nachwaschen

relé *m* EL Relais *n*

releer ⟨→ **leer**⟩ *tr* nochmals lesen

rele|gar ⟨-g/gu-⟩ *tr* (des Ortes *od* des Landes) verweisen; verbannen; ausweisen; *in den Hintergrund* drängen; *der Vergessenheit* anheim geben; **~nte** *m* Nachtfeuchte *f*; **~ntización** *f* Verlangsamung *f*

releva|ción *f* Entlassung *f aus Amt od Pflicht*; Entfernung *f aus einer Funktion*; JUR Enthebung *f*; Entlastung *f*; MIL Ablösung *f*; **~dor** *m* Relais *n*; RADIO, TV Relaisstation *f*

relev|ancia *f* Bedeutung *f*; WISS Relevanz *f*; **~ante** erheblich; hervorragend; erhaben *reliefartig*; bedeutsam; WISS relevant; **~ar I** *tr* erhaben gestalten; hervorheben; FLUGW anpeilen; *jmdm etw* erlassen; *von etw* befreien, freistellen; *jmdn* ablösen *auch* MIL; *einer Mühe od des Amtes* entheben; *jmdm* aushelfen **II** *intr* hervortreten, sich abheben; **~arse** sich abwechseln; *Wache* sich ablösen

relevo *m* Ablösung *f Vorgang u Person*; Schichtwechsel *m*; SPORT Staffel *f*; Relais *n*; FLUGW Anpeilen *n*; **~ de equipos** Schichtwechsel *m*; **~ de la guardia** Wachablösung *f*

relicario *m* Reliquienschrein *m*

relieve *m* Relief *n auch* GEOGR; Hervorhebung *f z.B. im Text*; **~s** *Pl* Speisereste *m/Pl*; **~ acústico** dreidimensionaler Klang *m*; **~ alto** (**bajo**; **medio**) Hoch-(Flach-; Halb)relief *n*; **de ~** erhaben, Relief-; hochrangig; *übertr* herausragend; **en ~** reliefartig ◇ **poner de ~** hervorheben

religión *f* Religion *f*; Orden(sgemeinschaft *f*) *m*; **~ de(l) Estado, ~ oficial** Staatsreligion *f*; **~ natural** Vernunft-, Naturreligion *f*; **~ reformada** Protestantismus *m*; **sin ~** konfessionslos ◇ **entrar en ~** ins Kloster gehen

religios|a *f* Nonne *f*; **~amente** pünktlich und gewissenhaft; **~idad** *f* Frömmigkeit *f*; Gewissenhaftigkeit *f*; **~o I** *Adj* religiös; fromm; Ordens-; gewissenhaft; ARCH, KUNST sakral **II** *m* Mönch *m*; Ordensbruder *m*

relinch|ar *intr* wiehern; **~o** *m* Wiehern *n*

reliquia *f* Reliquie *f*; Überbleibsel *n*

rella|mada *f* TEL automatische Wahlwiederholung *f*; **~no** *m* Treppenabsatz *m*

rellen|a *Frau* stramm, vollschlank; **~ado** *m* FLUGW Betankung *f*; Nachfüllung *f*; **~ar** *tr* füllen (**de** mit); nachfüllen; *Formular* ausfüllen; (voll) stopfen (**de** mit); polstern; *Grube* zuwerfen; **~o I** *Adj* sehr voll; gefüllt *auch* KOCHK **II** *m* Füllung *f*; Auffüllung *f*; Nachfüllung *f*; Schüttung *f*; Aufschüttung *f*; Zuschüttung *f*; KOCHK Füllmasse *f*; Füllsel *n*

reloj *m* Uhr *f*; INFORM Takt-, Zeitgeber *m*; **~ antichoque** stoßsichere Uhr *f*; **~ de arena** (**bolsillo**) Sand-(Taschen)uhr *f*; **~ caballero** Herrenarmbanduhr *f*; **~ señora** Damenarmbanduhr *f*; **~ calendario** Uhr *f* mit Datumsanzeige; **~ de campanario** *od* **torre** (**ciego**) Turm-(Blinden)uhr *f*; **~ de control, ~ para fichar, ~ registrador** Stechuhr *f*; **~ controlado por radio** Funkuhr *f*; **~ de cuarzo** (**cuclillo** *od* **cuco**) Quarz-(Kuckucks)-uhr *f*; **~ despertador** Wecker *m*; **~ digital** Digitaluhr *f*; **~ de música** Spieluhr *f*; **~ parlante** TEL Zeitansage *f*; **~ de paro** (**péndola** *od* **péndulo**; **de pie, ~ vertical**) Stopp-(Pendel-; Stand)uhr *f*; **~ de pulsera** (**sobremesa**) Armband-(Tisch)uhr *f*; **~ solar** *od* **de sol** Sonnenuhr *f*; **~ universal** Weltzeituhr *f*; **contra ~** unter Zeitdruck; SPORT Zeit- *z.B. Zeitfahren* ◇ **adelantar** (**atrasar**) **el ~** die Uhr vorstellen (zurückstellen); **el ~** (**se**) **adelanta** (**atrasa**) die Uhr geht vor (geht nach); **poner el ~ en hora** die Uhr stellen

relojer|ía *f* Uhrmacherwerkstatt *f*; Uhrengeschäft *n*; Uhrwerk *n*; *Bombe* Zeitzünder *m*; **~o** *m*, **-a** *f* Uhrmacher(in) *m(f)*

relucir ⟨-zc-⟩ *intr* glänzen; strahlen; leuchten; funkeln; schimmern (**a través de** durch); **sacar a ~, salir a ~** herausrücken (*dir Obj* mit) *zur Sprache bringen*; *etw* zü-

cken; *alte Geschichten* hervorkramen
reluctante widerspenstig
relumbrar *intr* funkeln
relumbrón *m* Aufblitzen *n*; Talmigold *n*; Flitter *m*; ***de ~*** blendend; Schein-; kitschig
remach|ado *m* Nieten *n*; Vernietung *f*; **~ar** *tr* (ver)nieten; *jmdm etw* einhämmern; herumreiten auf *hartnäckig wiederholen*; **~e** *m* Niet(e *f*) *m*
remad|a *f* Ruderschlag *m*; **~or** *m*, **~ora** *f* Ruderer(-in) *m*(*f*); **~ura** *f* Rudern *n*
remanente I *Adj* zurückbleibend **II** *m* Rest *m*; Überbleibsel *n*; Restbetrag *m*
remans|arse sich stauen; **~o** *m* Stau(stelle *f*) *m*; ruhiges Wasser *n im Strom*; *übertr* Oase *f*
remar *intr*/*tr* rudern; schuften
remarcable bemerkenswert
remarcar ⟨-c/qu-⟩ *tr* betonen, hervorheben
rematado ausgemacht, ausgesprochen *z.B. Idiot*; JUR rechtskräftig verurteilt; ausgebufft; *Kind* unartig
remat|ador *m* Versteigerer *m*; **~ante** *m Versteigerung* Meistbietender *m*; **~ar I** *tr* vollenden; *Auftritt*, *Geschäft* (be)schließen; beenden; *Vorräte* aufbrauchen; MIL den Gnadenschuss geben; JAGD den Fangschuss *bzw* den -stoß geben; *jmdm* den Garaus machen; *Naht* mit einem Riegel sichern; *Am* versteigern; *Ballspiele* verwandeln *ins Tor schießen*; *übertr* krönen **II** *intr* enden; **~arse** zerstört werden; zugrunde gehen
remate *m* Abschluss *m*; Ende *n*; HDL Ausverkauf *m*; BAUW, TECH Abschluss(stück *n*) *m*; Höchstgebot *n*; *Versteigerung* Zuschlag *m*; *Fußball* Schuss *m* aufs Tor; ***~ de cabeza*** SPORT Kopfball *m* ins Tor; ***~ de frontispicio*** BAUW Giebelspitze *f*; ***de ~*** völlig, total *verrückt*; ***para ~*** (noch) obendrein; ***por ~*** zu guter Letzt; ***por ~ de desgracia*** zu allem Unglück
rembolsar *tr* → ***reembolsar***
remedar *tr* nachahmen; nachäffen
remediar *tr* abhelfen; abstellen *beseitigen*; *übertr* ausbügeln; beheben; verhindern; lösen *einer Lösung zuführen*
remedio *m* PHARM *u übertr* Heilmittel *n*; Abhilfe *f*; ***~ casero*** Hausmittel *n*; ***~ heroico*** äußerstes Mittel; ***~ universal*** Allheilmittel *n*; ***ni para un ~*** um nichts in der Welt; so gut wie unmöglich; ***sin ~*** hoffnungslos; rettungslos; unheilbar; nicht zu lösen(d); nicht zu ändern(d) ◇ ***poner ~ a u/c*** eine Sache abstellen *beseitigen*; ***no les quedó más ~*** ihnen blieb nichts anderes übrig; ***no tener más ~*** nicht umhinkönnen
remedir ⟨→ ***medir***⟩ *tr* nachmessen
remedo *m* Nachahmung *f*; Nachäffung *f*
rememor|ar *tr* (wieder) ins Gedächtnis rufen; **~ativo** Erinnerungs-; Gedenk-
reme|ndar ⟨-ie-⟩ *tr* flicken; ausbessern; verbessern; **~ra** *f Vogel* Schwungfeder *f*; *Arg* T-Shirt *n*; **~ro** *m* Ruderer *m*
remes|a *f* FIN, HDL Sendung *f*; Übersendung *f*; Lieferung *f*; FIN Überweisung *f*; Versand *m*; Zusendung *f*; FIN Rimesse *f*; **~ar** *tr* (zu)senden; versenden; übersenden; überweisen; FIN, HDL remittieren
remezón *m Am* leichter Erdstoß *m*
remiendo *m* Flicken *m*; Flicken *n*; Reparatur *f*; *Krankheit* Besserung *f*; Ausbesserung *f*; **~s** *Pl* TYP Akzidenzen *f*/*Pl*
remilg|ado zimperlich; geziert; **~arse** ⟨-g/gu-⟩ sich zieren, sich anstellen
remilgo *m*, *meist* **~s** *Pl* Ziererei *f*, Getue *n*; ***~s de conciencia*** Gewissensnöte *f*/*Pl*
remilitarizar ⟨-z/c-⟩ *tr* remilitarisieren
reminiscencia *f* verschwommene Erinnerung *f*; Reminiszenz *f*; Anklang *m*
remir|ado bedächtig; behutsam; (sehr) umsichtig; *auch* zimperlich; **~ar** *tr* immer wieder ansehen; eindringlich betrachten; **~arse** sich wohlgefällig betrachten; umsichtig vorgehen
remisión *f* Rücksendung *f*; Zusendung *f*; Weiterleitung *f*; Überweisung *f*; Einweisung *f* (***a*** in); Sendung *f*; *Strafe*, *Schuld* Erlass *m*; *Buch* Verweis *m*; Verweisung *f an ein anderes Gericht*; Hinweis *m*; *Fieber* Nachlassen *n*; ***~ condicional*** Aussetzung *f* der Strafe auf Bewährung; ***sin ~*** rettungslos
remi|so unentschlossen; widerspenstig; säumig; **~sor** *m Am* → ***~tente***
remitente *m* Absender *m*; Übersender *m* ◇ ***devuélvase al ~*** POST zurück an Absender
remitir I *tr* schicken; zuschicken; abschicken; übersenden; verweisen (***a*** auf; an); weiterleiten; MED überweisen; *Schulden*, *Strafe* erlassen; JUR vertagen **II** *intr Blutung*, *Fieber* nachlassen; **~se** sich halten (***a*** an); sich beziehen (***a*** auf)
remo *m* Ruder *n*, Riemen *m*; Rudern *n*, Rudersport *m*; ***a ~*** rudernd
remoción *f* Beseitigung *f*; Umrühren *n*; Umgraben *n*; Amtsenthebung *f*; VERW Ablösung *f*; Entfernung *f*, Wegschaffen *n*; ***~ de escombros*** Enttrümmerung *f*; BERGB Abraumbewegung *f*
remodelación *f Kabinett* Umbildung *f*; Umgestaltung *f*, -strukturierung *f*; Umbau *m*
remojar *tr* einweichen; aufweichen; wässern; durchweichen; *etw* begießen *feiern*
remojo *m* Einweichen *n*; Wässern *n* ◇ ***poner a ~*** einweichen

R

remolacha *f* Rübe *f*; **~ *azucarera*** Zuckerrübe *f*; **~ *colorada*** Rote Be(e)te *f*; **~ *forrajera*** Futterrübe *f*
remolcado *m* KFZ Abschleppen *n*
remolcador *m* MAR Schlepper *m*; **~ *de empuje*** Schubschiff *n*; **~ *de maniobra* (*puerto*)** Bugsier (Hafen)schlepper *m*; **~ *de* (*alta*) *mar*** (Hoch-)Seeschlepper *m*
remolcaje *m* → ***remolcado***
remolcar ⟨c/qu⟩ *tr* MAR ins Schlepptau nehmen *auch übertr*; bugsieren; KFZ abschleppen; *hinter sich her* ziehen
remolino *m Staub, Haar* Wirbel *m*; *Wasser* Strudel *m*; Wirbelwind *m auch übertr*; **~*s*** *Pl* Turbulenzen *f/Pl*; FLUGW, MAR Sog *m*; **~ *de nieve*** (Schnee-)Flockenwirbel *m*; Schneegestöber *n*; ***en el ~ de la gran ciudad*** im Gewirr der Großstadt
remol|ón I *Adj* arbeitsscheu **II** *m* Faulenzer *m*; **~onear** *intr*, **~onearse** sich drücken; faulenzen
remolque *m* Schleppen *n*; Bugsieren *n*; KFZ Abschleppen *n*; Schleppkahn *m*; Schlepptrosse *f*; KFZ Anhänger *m*; *Straßenbahn* Beiwagen *m*; **~ *articulado*** Sattelschlepper *m*; **~ *de camping*** Campinganhänger *m*; **~*-vivienda*** Wohnwagen *m*; ***a ~*** im Schlepp ◇ ***llevar a ~*** schleppen; abschleppen; mitschleppen; bugsieren
remontar *tr Fluss* aufwärts fahren; hinauffahren; *Hindernisse* überwinden; *Wild* vergrämen *verscheuchen*; wieder zusammenbauen; *Hose* flicken; *Schuhe* besohlen; **~se** sich *in die Lüfte* schwingen; *übertr* zurückgehen (***a*** auf); *Ausgaben* sich belaufen (***a*** auf)
remonte *m*: **~ (*mecánico*)** Skilift *m*
remoquete *m* Spitzname *m*; Spitze *f Stichelei* ◇ ***dar ~s*** sticheln
rémora *f* Hindernis *n*; Hemmschuh *m*
remorder ⟨-ue-⟩ *tr* beunruhigen, quälen
remordimiento *m* Reue *f*; Skrupel *m*; schlechtes Gewissen *n*; **~*s de conciencia*** Gewissensbisse *m/Pl*
remotamente dunkel, vage *erinnern*; ***ni ~*** nicht im Entferntesten, nie
remotidad *f AmC* Abgelegenheit *f*
remoto weit entfernt; entlegen; *Zeit* weit zurückliegend; Fern-
remover ⟨-ue-⟩ *tr* verrücken; wegräumen; wegrücken; berühren; *etw* (hin- und her)-rühren; umgraben; umrühren; aufwühlen; VERW *jmdn* seines Amtes entheben, absetzen; ***no ~*** nicht rühren an; **~se** *im Sessel* hin- und herrutschen
removido: ***ser ~*** abgelöst werden
remozar ⟨-z/c-⟩ *tr* verjüngen; *Gebäude* verschönern
remplazar *tr* → ***reemplazar***
rempujo *m* Schubs *m*
remuneración *f* Entgelt *n*; Vergütung *f*; Entlohnung *f*; **~ *en especie*** Deputat *n*; **~ *de las horas extras*** Überstundenvergütung *f*; **~ *horaria*** Stundenlohn *m*, -satz *m*; **~ *por línea*** Zeilenhonorar *n*; **~ *por rendimiento*** Leistungslohn *m*
remunerado: (***no***) **~** abgegolten (unentgeltlich); ***bien ~*** gut bezahlt
remuner|ador einträglich, lohnend; **~ar** *tr* entlohnen; belohnen; entgelten, vergüten; **~ativo** → **~*ador***; **~atorio** JUR als Entgelt
renac|entista Renaissance-; **~er** ⟨-zc-⟩ *intr* wiedergeboren werden; zu neuem Leben erwachen; **~imiento** *m* Wiedergeburt *f*; Erwachen *m z.B. der Natur*; **Ɽimiento** *m* Renaissance *f*
renacuajo *m i e S* Kaulquappe *f*; *i w S* Lurchlarve *f*; Knirps *m*, Steppke *m*
renal Nieren-
Renania *f* Rheinland *n*; **~*-Palatinado*** *ohne Art* Rheinland-Pfalz *ohne Art*; **~ *Septentrional*** *od* ***del Norte/Westfalia*** Nordrhein-Westfalen *n*
renano I *Adj* rheinisch, Rhein-; rheinländisch **II** *m*, **-a** *f* Rheinländer(in) *m(f)*
rencill|a *f* Zwist *m*; Streitigkeit *f*; **~oso** streitsüchtig
rencor *m* Groll *m* ◇ ***guardar ~ a alg*** jmdm etw nachtragen
rencoroso grollend; nachtragend
rendición *f* Kapitulation *f*, Übergabe *f*; Hingabe *f*; Bezwingung *f*; **~ *de cuentas*** Rechnungslegung *f*; Abrechnung *f*
rendid|o ergeben; willfährig; bis über beide Ohren verliebt; erschöpft; **~or** leistungsfähig; *Am* einträglich; ergiebig
rendija *f* Spalt *m*; Ritze *f*; Schlitz *m*
rendimiento *m* Erschöpfung *f*; Unterwürfigkeit *f*; Ergebenheit *f*; Hingabe *f*; Unterwerfung *f auch* MIL; Bescheidenheit *f*; Befolgung *f*; Zuvorkommenheit *f*; Ertrag *m*; Rendite *f*; Ausbeute *f*; Leistung *f*; Ausstoß *m*; Wirkungsgrad *m*; Leistungsfähigkeit *f*; **~ *bruto* (*neto*)** Brutto-(Netto)ertrag *m*; **~*s del capital inmobiliario* (*mobiliario*)** Einkünfte *f/Pl* aus Vermietung und Verpachtung (Kapitalvermögen); **~ *por día*** Tagesleistung *f*; **~ *por hectárea*** Hektarertrag *m*; **~ *máximo* (*mínimo*; *nominal*; *promedio*)** Höchst-(Mindest-; Nenn-; Durchschnitts)-leistung *f*; **~ *teórico*** Leistungssoll *n*; **~ *de trabajo* (*transporte*)** Arbeits-(Förder)leistung *f*; **~*s del trabajo*** Einkünfte *f/Pl* aus nichtselbstständiger Arbeit; ***a pleno ~*** voll ausgelastet; ***alto ~*** hohe Rendite *f*; ***de alto*** *od* ***gran ~*** Hochleistungs-; leistungsstark; ***de escaso ~*** wenig ergiebig
rendir I *tr* MIL bezwingen; *Waffen* strecken;

Prüfung, Rechenschaft ablegen; *Waren* abrechnen; *Bericht* geben; ermüden; *Ehrfurcht* bezeigen; erweisen *z.B. Ehre*; *Wache* übergeben; zurückgeben; *Geld* einspielen; bringen, abwerfen; *Gewinn* einbringen; erbringen; leisten; *Huldigung* darbringen **II** *intr* einträglich sein; sich rentieren, sich rechnen; leistungsfähig sein; **~se** sich ergeben; sich beugen (***a*** *Dat*); erliegen (***a*** *Dat*)

reneg|ado *m* Renegat *m*; Abtrünniger *m*; **~ar** ⟨-ie-, -g/gu-⟩ **I** *tr* bestreiten; *einer Sache* abschwören; verabscheuen **II** *intr* abfallen (***de*** von) *abtrünnig werden*; *Partei* austreten (***de*** aus); fluchen; ***~ de alg*** jmdn verfluchen; sich von jmdm lossagen

renegociación *f* Wiederaufnahme *f* der Verhandlungen; ***~ de la deuda externa*** WIRTSCH Umschuldungsverhandlungen *f/Pl*

renegociar I *intr* erneut verhandeln **II** *tr* neu aushandeln

RENFE *f Abk für* ***Red Nacional de Ferrocarriles Españoles***

renglón *m* Zeile *f*; Reihe *f z.B. Lochkarte*; Posten *m Betrag*; Branche *f*; ***~ aparte*** neue Zeile *f*; ***~ de producción*** Produktionslinie *f*; Produktionszweig *m*; ***principal ~*** wichtigster Zweig *m*; ***a ~ seguido*** sofort danach ◇ ***leer entre renglones*** *übertr* zwischen den Zeilen lesen

renglonar *tr* lini(i)eren

rengo *AmS* **I** *Adj* kreuzlahm; hinkend ◇ ***hacer la de ~*** sich krank stellen **II** *m* Lahmer *m*

renilten|cia *f* Widersetzlichkeit *f*; **~te** widersetzlich, -spenstig, renitent

reno *m* Ren(tier) *n*

renombrado namhaft, renommiert

renombre *m* Ruf *m*, Renommee *n*; Berühmtheit *f*; ***de ~ internacional*** weltberühmt ◇ ***adquirir gran ~*** sehr berühmt werden

renovable erneuerbar; nachwachsend

renovación *f* Erneuerung *f*; Renovierung *f*; Auffrischung *f*; *Pass* Verlängerung *f*; *Angriffe* Wiederaufnahme *f*; FORSTW Verjüngung *f*; ***~ de(l) aire*** Lufterneuerung; ***~ de neumáticos*** Reifenrunderneuerung *f*

renovador I *Adj* erneuernd; Erneuerungs- **II** *m* Erneuerer *m*; ***~ de aire*** Luftverbesserer *m*

renov|al *m* FORSTW Schonung *f*; **~ante** erneuernd; **~ar** ⟨-ue-⟩ *tr* erneuern; renovieren; auffrischen *auch übertr*

renqu|ear *intr* hinken; wanken *torkeln*; **~era** *f Am* Lahmen *n*, Hinken *n*

renta *f* Rente *f aus Vermögen*; Zins *m*; Einkommen *n*; Ertrag *m*; ***~s*** *Pl* Einkünfte *f/Pl*; ***~ anual*** Jahreseinkommen *n*; ***~ del apartamento*** *Am*, ***~ del piso*** *Esp* Miete *f*; ***~ per cápita*** Pro-Kopf-Einkommen *n*; ***~s de capital*** Kapitalerträge *m/Pl*; ***~s exentas de impuesto*** nicht steuerpflichtige Einkünfte *f/Pl*; ***~ familiar*** (***disponible***) (verfügbares) Familieneinkommen *n*; ***~ media*** (***mínima***) Durchschnitts-(Minimal-, Mindest)einkommen *n*; ***~ nacional*** Volks-, Nationaleinkommen *n*; ***~ real*** Realeinkommen *n*; ***~ sujeta a impuestos*** steuerpflichtige Einkünfte *f/Pl*; ***~ vitalicia*** Leibrente *f*; ***a ~*** zur Miete; in Pacht; ***de ~ fija*** fest verzinslich

rentabilidad *f* Rentabilität *f*; Gewinn *m*; Rendite *f*; ***máxima ~*** maximale Rentabilität *f*

rent|abilizar ⟨-z/c-⟩ *tr Geld* (gewinnträchtig) anlegen; **~abilizarse** sich als rentabel erweisen; **~able** rentabel; einträglich, Gewinn bringend

rentar I *tr* Gewinn bringen; *Am reg* mieten; vermieten **II** *intr* sich rentieren, Gewinn abwerfen

rent|ero *m* LANDW Pächter *m*; **~ista** *m* Rentier *m*, Privatier *m*; Finanzfachmann *m*; **~ístico** Renten-; **~oso** → ***rentable***

renuente widerspenstig

renuevo *m* BOT Schössling *m*; neuer Trieb *m*; Erneuerung *f*

renumerar *tr* umnummerieren

renuncia *f* Verzicht *m* (***a*** auf); Rücktritt *m*; Aufgeben *n*; Entsagung *f*; Abdankung *f*; Kündigung *f*; ***~ a sí mismo*** Selbstentsagung *f*; ***~ al uso de la fuerza, ~ a la violencia*** POL Gewaltverzicht *m*

renunci|ación *f*, **~amiento** *m* → ***renuncia***; **~ar** *tr/intr* verzichten (***a*** auf); *Rechte* aufgeben; entsagen (***a*** *Dat*); *Angebot* ausschlagen; *Amt* niederlegen

reñido verfeindet; unvereinbar; *Kampf* erbittert ◇ ***estar ~ con*** sich überworfen haben mit

reñir ⟨-i-, *perfs* -ñó⟩ **I** *tr* ausschimpfen; *Kampf* austragen **II** *intr* raufen; sich streiten; sich überwerfen; sich entzweien

reo Beschuldigter *m*; Angeklagter *m*

reojo: ***mirar de ~*** verstohlen betrachten

reordenar *tr* neu ordnen; umstellen

reorganiz|ación *f* Reorganisation *f*; Neugestaltung *f*; Umorganisation *f*; *Betrieb* Umstellung *f*; Umbildung *f*; **~ador** *m* Reorganisator *m*; Neugestalter *m*; **~ar** ⟨-z/c-⟩ *tr* reorganisieren; umgestalten; umstellen; neu gestalten; *Kabinett* umbilden

reorientar *tr* umorientieren; neu orientieren; *Arbeitskräfte* umprofilieren

reóstato *m* PHYS Regelwiderstand *m*

repagar ⟨-g/gu-⟩ *tr* zu teuer bezahlen

R

repan|chigarse ⟨-g/gu-⟩, **~tigarse** ⟨-g/gu-⟩ sich's bequem machen
repar|able reparabel; **~ación** *f* Ausbesserung *f*; POL Wiedergutmachung *f*; Genugtuung *f*; **~ador** *Adj* kräftigend; *Nahrung* Aufbau-; Ersatz-; Entschuldigungs- **II** *m* Nörgler *m*; **~ar I** *tr* reparieren; *Schaden* beseitigen; KFZ *Schlauch* flicken; ersetzen, wieder gutmachen; wiederherstellen; *Schlag*, *Messerstich* parieren; sichten *wahrnehmen*; bedenken **II** *intr* Acht geben (**en** auf); bemerken (**en** *Akk*); sich stoßen (**en** an); **~arse** *Halt* machen; *Am Pferd* bocken
reparcelación *f* Neuparzellierung *f*
reparo *m* Bedenken *n*; Einwendung *f*; *Fechten* Parade *f*; **~s** *Pl* Vorbehalte *m/Pl*; **sin ~** anstands-, bedenkenlos ◇ **no andar con ~s** keine Bedenken haben; **oponer ~s** Einwände vorbringen *od* erheben
repartición *f* Aufteilung *f*; Verteilung *f*; *Am reg staatliche* Dienststelle *f*; **~ de mercados** Marktaufteilung *f*; **~ de premios** Prämierung *f*
repartidor *m* Verteiler *m auch* TECH; Lieferant *m*; Zusteller *m*; Zuteiler *m*; **~ del periódico** Zeitungszusteller *m*
repartidora *f* Lieferantin *f*; Zustellerin *f*; **~ de abonos** Düngerstreuer *m*
repartimiento *m* Austeilung *f*; Verteilung *f*; Aufteilung *f*
repartir *tr* austeilen; verteilen; ausfahren; austragen; aufteilen; *Kosten* umlegen; *Dividende* ausschütten; POST zustellen; *Wohnungen* vergeben; THEAT *Rollen* besetzen; **~se** sich verteilen; **~ u/c** sich in etw teilen; *Markt* unter sich aufteilen
reparto *m* Verteilung *f*; POST, *Zeitungen* Zustellung *f*; Ausgabe *f*; *Gewinn* Ausschüttung *f*; FILM, THEAT, TV Darsteller *m/Pl*, (Rollen-)Besetzung *f*, Casting *n*; *Abgaben* Umlage *f*; *Cu* POST Zustellbezirk *m*; **~ de beneficios** Gewinnausschüttung *f*; **~ de contribuciones** Steuerveranlagung *f*; **~ de costes** Kostenumlage *f*; **~ por cuotas** Quotenregelung *f*; **~ del dividendo** Dividendenausschüttung *f*; **~ de papeles** (**regalos**) *übertr* Rollenverteilung *f* (Bescherung *f*); **~ postal** Postzustellung *f*; **~ de tareas** Aufgabenverteilung *f*; **de ~** Liefer-; **nuevo ~ del mundo** POL Neuaufteilung *f* der Welt
repas|ador *m Arg*, *Par* Geschirrtuch *n*; **~ar** *tr Lernstoff* nochmals durchgehen; durchsehen; durchlesen; überlesen; MUS durchspielen; *Wäsche* ausbessern; TECH nacharbeiten; überholen; schlichten; *auch* nachzählen
repaso *m* Durchsicht *f*; *Lernstoff überprüfen* Durchgehen *n*; TECH Überholung *f*; Nacharbeit *f*; Durchlesen *n*; *Rollentext* Überfliegen *n*; Wiederholung *f*; **~ general** allgemeine Durchsicht *f*
repatriación *f* Repatriierung *f*; Heimkehr *f aus der Gefangenschaft*; **~ de beneficios** Gewinntransfer *m*; **~ de vagones** EISENB Rücklauf *m* von Fremdwagen
repatri|ado *m* Repatriierter *m*; Heimkehrer *m*; **~ar** ⟨-ío *od* -io⟩ *tr* repatriieren; **~arse** in die Heimat zurückkehren
repecho *m* Böschung *f*; **a ~** hangauf
repeinar *tr* (**~se**) (sich) sorgfältig kämmen; (sich) mit dem Kamm noch einmal durch die Haare fahren
repel|a *f AmC* Kaffeenachlese *f*; **~ar** *tr* kahl scheren; an den Haaren ziehen; **~ente I** *Adj* abweisend; MED, TECH *u übertr* abstoßend; widerlich; *Am* aufdringlich, lästig **II** *m* Ekel *n*; Mückenschutzmittel *n*; **~er** *tr* zurückstoßen; abweisen; *Aggression* zurückschlagen; zurücktreiben; MED, TECH *u übertr* abstoßen; zuwider sein; widerstreben; *Angriff* abwehren; **~erse** sich abstoßen
repelo *m* Gegenstrich *m*; Widerwille *m*; *übertr* (kleine) Reiberei *f*; **~ de frío** Schüttelfrost *m*; **a ~** gegen den Strich
repelón *m* Ziehen *n* an den Haaren; *Méx* Rüffel *m*; **a repelones** mit Mühe und Not; **de ~** flüchtig ◇ **dar un ~ a alg** jmdn anrempeln
repeluzno *m* Schauder *m*; Schauer *m*
repensar ⟨-ie-⟩ *tr etw* überdenken
repente *m* jähe Bewegung *f*; **de ~** plötzlich; unversehens; unerwartet; **en un ~** im Nu; **en un ~ de ira** in einem Wutanfall
repent|ino plötzlich; jäh; unerwartet; **~izar** ⟨-z/c-⟩ **I** *intr* MUS vom Blatt spielen *bzw* singen; improvisieren **II** *tr Rede* aus dem Stegreif halten
repeor noch viel schlimmer
repercu|sión *f* Rückstoß *m*; Widerhall *m*; Rückwirkung *f*; Auswirkung *f*; **~tir** *intr* zurückprallen; widerhallen; nachklingen; *übertr* ein Echo finden; nachwirken; Anklang finden; sich auswirken (**en** auf); zurückwirken (**en** auf)
repertorio *m* Register *n*, Verzeichnis *n*; THEAT Repertoire *n*; Spielplan *m*
repes|ar *tr* nachwiegen; **~car** ⟨-c/qu-⟩ *tr durchgefallene Kandidaten* einer Wiederholungsprüfung unterziehen; *Entlassene* neu zulassen
repetible wiederholbar
repetición *f* Wiederholung *f*; *Konzert* Zugabe *f*; *Uhr* Schlagwerk *n*; **~ automática de marcar** TEL automatische Wahlwiederholung *f*; **de ~** Repetier-; Nachhilfe-

repet|ido mehrmalig; wiederholt; fortgesetzt; **~idor I** *Adj* wiederholend **II** *m* Sitzenbleiber *m*; MUS Repetitor *m*; TEL Verstärker *m*; Wiederholungstaste *f*; TV Relaisstation *f*; **~ir** ⟨-i-⟩ **I** *tr/intr* wiederholen; MUS repetieren; *Speise* noch einmal nehmen **II** *intr nach dem Essen od Trinken* aufstoßen; **~irse** sich wiederholen
repicar ⟨-c/qu-⟩ **I** *tr* wiederholt stechen; häckseln; zerstückeln; *Glocke* anschlagen, läuten; *Hond* bestrafen **II** *intr Glocken* läuten; *Kastagnetten* klappern; **~se** angeben
repint|ar *tr* übermalen; neu streichen; TYP abschmieren; **~arse** TYP abschmieren; sich übertrieben stark schminken; **~e** *m* Übermalen *n*; Neuanstrich *m*
repique *m* Glockenläuten *n*; Plänkelei *f*; *Méx* prahlerische Drohung *f*; **~te** *m* Geläut *n*; *Chi* Gezwitscher *n*; **~tear I** *tr Glocke* läuten; *Kastagnetten* klappern; *Finger, Regen* trommeln **II** *intr Glocke* läuten; **~tearse** aneinander geraten; **~teo** *m* Gebimmel *n*; Klappern *n*; Trommeln *n*; Rempelei *f*
repisa *f* BAUW Kragstein *m*; Konsole *f*; Bücherbord *n*; **~ *de chimenea*** Kaminsims *m*
repis|ar *tr* (fest)stampfen; nachstampfen; noch einmal treten; **~o** *m* Tresterwein *m*
repit|ente *m Am reg*, **~iente** *m Esp Schule* Sitzenbleiber *m*
replant|ar *tr* neu bepflanzen; wieder bepflanzen; umpflanzen; **~ear** *tr* BAUW abstecken, trassieren; *etw* neu durchdenken; *Problem* wieder aufs Tapet bringen
repleción *f* MED Überfüllung *f*; Völlegefühl *n*; **~ *del estómago*** Magenüberladung *f*
replegar ⟨-ie-, -g/gu-⟩ *tr* mehrmals falten; zusammenfalten; nochmals falten; zurückklappen; *Blech* umbördeln; *Fahrgestell* einziehen; **~ *hacia dentro*** nach innen stülpen; **~se** MIL sich zurückziehen
repleto: ***estar ~*** übersatt sein; bis obenhin voll sein; *Saal*, *Fahrzeug* überfüllt sein
réplica *f* Gegenrede *f*; Widerrede *f*; Entgegnung *f*; Einwendung *f*; JUR, *Kunstwerk* Replik *f*; Nachbildung *f*; **~ *del terremoto*** Nachbeben *n*
replic|ar ⟨-c/qu-⟩ *tr* erwidern, entgegnen; antworten; widersprechen; **~ón** *m* Widerspruchsgeist *m*
repliegue *m* Knick *m*; Falte *f*; MIL Rückzug *m*; **~ *del terreno*** Bodenfalte *f*
repoblación *f* Wiederbesiedlung *f*; **~ *de animales*, ~ *venatoria*** *Wild* Wiederansiedlung *f*; **~ *forestal*** (Wieder-)Aufforstung *f*
repoblar ⟨-ue-⟩ *tr* wieder besiedeln; wieder aufforsten; auswildern
repolitización *f* Repolitisierung *f*
repollo *m* Kohl(kopf) *m*; **~ (*blanco*)** Weißkohl *m*; **~ *crespo* (*lombardo*,** *Am* ***morado*)** Wirsing-(Rot)kohl *m*
reponer ⟨→ ***poner***⟩ *tr* wieder einsetzen; wieder einstellen; wieder aufstellen; wieder hinstellen; wieder hinlegen; *Bestände* (wieder) auffüllen; *Verbrauchtes* ersetzen; *Kino*, THEAT wieder aufführen; TV wieder ins Programm nehmen; zurückbringen; entgegnen; **~se** sich erholen; (wieder) genesen
reportaje *m* Reportage *f*; **~ *cinematográfico*** Filmreportage *f*; **~ *gráfico*** Bildbericht *m*; **~ *televisivo*** Fernsehreportage *f*
reportar[1] *tr* zügeln; *etw* erzielen; *Vorteile* bringen; *Geld* abwerfen; TYP um-, überdrucken; **~*se*** sich zusammennehmen
report|ar[2] **I** *tr AmC*, *Cu* melden **II** *intr Am* berichten; **~*se*** sich melden; **~e** *m Am* Bericht *m*; *verächtl* Klatsch *m*; TYP Überdruck *m*; **~ear** *tr Am* interviewen
reportero *m* Berichterstatter *m*; **~ *gráfico*** Foto-, Bildreporter *m*
repos|acabezas *m* KFZ Kopfstütze *f*; **~adero** *m* Raststelle *f*; **~ado** gelassen; geruhsam; ruhig; *Wasser* abgestanden; *Spirituosen* abgelagert; *Schritt* verhalten; **~ar** *intr* rasten; (aus)ruhen; ruhen *begraben sein*; ein Nickerchen machen; **~arse** ruhen; sich setzen *z.B. Tee*; **~era** *f Am* Liege *f*; Liegestuhl *m*
reposapiés *m* Fußstütze *f*, -raste *f*
reposición *f* Wiedereinsetzung *f*; Wiedereinstellung *f*; Wiederaufstellung *f*; *Bestände* (Wieder-)Auffüllung *f*; Ersatzbeschaffung *f*; Ersetzung *f*; Rückerstattung *f*; Reprise *f*; Erholung *f*; Wiederherstellung *f*; Erneuerung *f*; THEAT Wiederaufführung *f*; ***reposiciones*** *Pl* FIN Rücklagen *f/Pl*
repositorio *m* Aufbewahrungsort *m*; **~ *nuclear*** Atommüllendlager *n*
reposo *m* Ruhe *f*; Ausruhen *n*; Gelassenheit *f*; *Wein* Lagern *n*; *Tee* Ziehen(lassen) *n*; **~ *en cama*** Bettruhe *f*; ***de ~*** Ruhe-; ***en ~*** im Ruhestand; im Stillstand ◇ ***necesitar ~*** eine (Ruhe-)Pause benötigen
repost|ar *tr*, **~arse** nachtanken; wieder auffüllen; **~ería** *f Kombination von* Konditorei *f* und Feinkostladen *m*; **~ero** *m*, **-a** *f* Betreiber(in) *m(f)* einer → ***repostería***; Konditor(in) *m(f)*
repren|der *tr* tadeln; *etw* vorwerfen; **~sible** tadelnswert; **~sión** *f* Rüge *f*; Vorwurf *m*
represa *f* Stauung *f*; Staustufe *f*; Staudamm *m*; Stauwerk *f*; Stauwehr *n*
represa|lia *f* Repressalie *f*; **~do** Repressalien ausgesetzt
repres|amiento *m* VERK Stau(ung *f*) *m*; **~ar**

R

tr Wasser stauen; aufhalten; *übertr* hemmen, unterdrücken; **~arse** VERK sich stauen
representación *f* Darstellung *f auch Abbildung*; Verkörperung *f*; Vorstellung *f auch Bild*; Aufführung *f*; Vorführung *f*; HDL, POL Vertretung *f*; Repräsentation *f*; **~ *comercial*** Handelsvertretung *f*; **~ *digital*** Digitalanzeige *f*; **~ *diplomática*** diplomatische Vertretung *f*; **~ *esquemática*** schematische Darstellung *f*; **~ *exclusiva*** Alleinvertretung *f*; **~ *en el extranjero*** Auslandsvertretung *f*; **~ *femenina*** Anteil *m* der Frauen (***en*** bei, in); **~ *nacional*** Volksvertretung *f*; **~ *del personal*** Personalvertretung *f*; **~ *en perspectiva*** räumliche Darstellung *f*; **~ *proporcional*** Verhältniswahl *f als System*, *Österreich u Schweiz* Proporz *m*; ***en ~ de*** in Vertretung von ◇ ***estar interesado en la ~ del producto*** an der Vertretung für das Produkt interessiert sein
representado *m* JUR Mandant *m*
representante *m(f)* Vertreter(in) *m(f)*; Repräsentant(in) *m(f)*; Agent(in) *m(f)*; Stellvertreter(in) *m(f)*; Handelsvertreter(in) *m(f)*, Reisender *m*, Reisende *f*; Darsteller(in) *m(f)*; **~ *exclusivo*** (***regional***) Allein-(Gebiets-)vertreter *m*; **~ *legal*** Rechtsvertreter *m*; gesetzlicher Vertreter *m*
represent|ar *tr* darstellen; repräsentieren; *eine Rolle* spielen; abbilden; schildern; verkörpern; THEAT aufführen; vorführen; vertreten; versinnbildlichen; gelten als; aussehen wie; **~*se u/c*** sich etw vorstellen; **~atividad** *f* Befugnis *f* zur Vertretung; Aussagekraft *f*; **~ativo** repräsentativ; POL parlamentarisch; kennzeichnend
represión *f* Unterdrückung *f*; Niederhaltung *f*; Zügelung *f*; PSYCH Verdrängung *f*; **~ *del ruido*** Lärmbekämpfung *f*
repres|ivo Abwehr-; repressiv; Repressions-; **~or** *m* Unterdrücker *m*
reprim|enda *f* Rüge *f*, Verweis *m*; **~ir** *tr* unterdrücken; niederhalten; bekämpfen; niederkämpfen; PSYCH verdrängen; **~irse** sich bezwingen; an sich halten; sich zügeln
reprise *f Kino*, THEAT Reprise *f*; KFZ Beschleunigung *f*
reprivatizar ⟨-z/c-⟩ *tr* reprivatisieren
reprob|able verwerflich; **~ado** verworfen; tadelnswert; *Note* nicht bestanden
reprobar ⟨-ue-⟩ *tr* missbilligen; tadeln; bei der Prüfung durchfallen lassen
réprobo verworfen; verdammt
reprocesar *tr* TECH wieder aufbereiten
reproch|able verwerflich; tadelnswert; **~ar** *tr* vorwerfen
reproche *m* Vorwurf *m*; Tadel *m*; ***sin ~*** tadellos ◇ ***abrumar de ~s*** mit Vorwürfen überschütten
reprocidad *f* Gegenseitigkeit *f*
reproducción *f* Reproduktion *f auch* KUNST *u* WIRTSCH; Wiedergabe *f*; Nachbildung *f*; Abbildung *f*; TYP Nachdruck *m*; Vervielfältigung *f*; Vermehrung *f*; Fortpflanzung *f*; Wiedererzeugung *f*; **~ *acústica*** Tonübertragung *f*; **~ *de color*, ~ *cromática*** (***estereofónica***) Farb-(Stereo)wiedergabe *f*; **~ *fraudulenta*** Raubdruck *m*; **~ *generativa*** *od* ***sexual*** generative *od* geschlechtliche Fortpflanzung *f*; **~ *de la imagen*** (***del sonido***) Bild-(Ton)wiedergabe *f*
reproduc|ir ⟨→ ***conducir***⟩ *tr* reproduzieren; wiedergeben; nachbilden; abbilden; TYP nachdrucken; vervielfältigen; vermehren; wieder erzeugen; **~irse** *Krankheit*, *Unruhen* wieder ausbrechen; sich vermehren; sich fortpflanzen; **~tivo** reproduktiv; Gewinn bringend
reproductor I *Adj* Fortpflanzungs- **II** *m* männliches Zuchttier *n*; Wiedergabegerät *n*; **~ *de CD*** *od* ***discos compactos*** CD-Spieler *m*, CD-Player *m*
repro|grafía *f* Reprographie *f*; **~gráfico** Vervielfältigungs-
repro|gramar *tr* neu programmieren; umprogrammieren; **~tecnia** *f*, **~técnica** *f* TYP Repro-, Vervielfältigungstechnik *f*
rept|il *m* Reptil *n*; Kriecher *m*; **~ilario** *m* Reptilienhaus *n*
república *f* Republik *f*; **~ *bananera*** POL Bananenrepublik *f*; **♀ *Checa*** Tschechische Republik *f*, Tschechien *n*; **♀ *Democrática Alemana*** *hist* Deutsche Demokratische Republik *f*; **♀ *Dominicana*** Dominikanische Republik *f*; **~ *federada*** *hist UdSSR* Unionsrepublik *f*; **♀ *Federal de Alemania*** Bundesrepublik *f* Deutschland; **~ *federativa*** föderative Republik *f*; **♀ *Oriental del Uruguay*** Republik Uruguay; **~ *popular*** Volksrepublik *f*; ***la ~ de las letras*** die Welt der Literatur
repu|blicano I *Adj* republikanisch **II** *m* Republikaner *m*; **~diar** *tr* verstoßen; ablehnen; *Erbschaft* ausschlagen
repuesto I *Adj* wiederhergestellt; ersetzt; entfernt **II** *m* Reserve *f*; Ersatz *m*; Nachfüllpackung *f*; KFZ Ersatzteil *n*; ***de ~*** Ersatz-; Vorrats-; *Kleidung* zum Wechseln
repugnancia *f* Widerwille *m* (***por*** gegen), Abscheu *m,f* (***por*** vor); Widerwärtigkeit *f*; Ekel *m* (***a*** vor); ***con ~*** widerwillig, ohne Lust ◇ ***causar ~*** Ekel erregen
repugn|ante widerwärtig; abstoßend; ekelhaft; zuwider; **~ar** *tr/intr* zuwider sein; anekeln; widerstreben; bestreiten; zuwiderlaufen (***a*** *Dat*); in Gegensatz stehen
repuj|ado *m* getriebene Arbeit *f*; Zislie-

R

rung *f*; **~ar** *tr Metall* treiben; *Figuren in Leder* prägen; punzen
repulgo *m* Saum *m*; **~s** *Pl* (**de empanada**) Lappalien *f/Pl* ◇ **no andar con ~s** keine Umstände machen; keine übertriebenen Bedenken haben
repul|ido geschniegelt; **~ir** *tr* nachpolieren; neu polieren; auf Hochglanz bringen; **~irse** sich herausputzen
repuls|a *f* Zurechtweisung *f*; Ablehnung *f*; Weigerung *f*; Widerwille(n) *m*; Abweisung *f*; Zurückweisung *f*; **~ar** *tr* abweisen; zurückweisen; *Wunsch* abschlagen; verweigern; **~ión** *f* Rückstoß *m*; Abweisung *f*; Zurückweisung *f*; Abstoßung *f*; Abneigung *f*; Widerwille *m*; **~ivo** abstoßend; widerlich
repunt|a *f* Landspitze *f Kap*; erstes Anzeichen *n*; Zank *m*; *Col*, *Pe Fluss* Ansteigen *n*; **~ar** *intr Preise* anziehen; *Gezeiten* anfangen zu steigen *bzw* zu sinken; **~arse** *Wein* sauer werden; sich überwerfen; **~e** Anziehen *n der Preise*
reputación *f* Ansehen *n*; Leumund *m*; **buena ~** guter Ruf *m*; **de ~ internacional** von Weltruf; **de buena** (**mala**) **~** angesehen (übel beleumundet) ◇ **ser celoso de su ~** auf seinen guten Ruf bedacht sein
reputado angesehen; berühmt
reputar *tr Verdienste* schätzen; **~ a alg apto para u/c** jmdn als geeignet für etw halten; **~ de entendido a alg** jmdn als kompetent erachten
requebr|ador *m* Schmeichler *m*; **~ajo** *m* Schmus *m*; **~ar** ⟨-ie-⟩ *tr* Komplimente machen; schmeicheln; fein zerkleinern
requemar *tr* anbrennen lassen; versengen; zu stark rösten; in Rage bringen; **~se** anbrennen; versengt werden; verwelken; versengen; sich grämen
requerido erforderlich
requerimiento *m* Ersuchen *n*; Aufforderung *f*; Erfordernis *n*; **~ de pago** Zahlungsaufforderung *f*; **~ de programa** INFORM Programmanforderung *f*; **primer ~** erste Mahnung *f*
requerir ⟨-ie-, -i-⟩ *tr* auffordern; ersuchen; gebieten; anordnen; bekannt geben; *Strafe* beantragen; *Rechnung* prüfen; anfordern; erfordern; suchen *benötigen*; buhlen (**de** um)
requesón *m* Quark *m*, *reg* Weißkäse *m*
requete- *Vorsilbe* mehr als sehr, äußerst; **~bién** sehr, sehr gut; ausgezeichnet; **~feo** abgrundhässlich; **~guapo** wunderhübsch; **~valiente** äußerst tapfer
réquiem *m* MUS, REL Requiem *n*
requilorios *m/Pl* Umstände *m/Pl*; Firlefanz *m überflüssiges Beiwerk* ◇ **no te andes con ~** mach keine langen Umstände
requis|a *f* Inspektion *f*; Beschlagnahme *f*; *Am* Durchsuchung *f*; MIL Requirierung *f*; **~ar** *tr* beschlagnahmen; MIL requirieren; *Am* durchsuchen
requisito *m* Erfordernis *n*; Voraussetzung *f*; Forderung *f*; *amtl* Formalität *f*; Anforderung *f*; **~s de admisión** *od* **entrada** Aufnahme-, Zulassungsbedingungen *f/Pl zum Studium*; **con todos los ~s** mit allem Drum und Dran ◇ **cumplir** *od* **llenar los ~s mínimos** die Mindestanforderungen erfüllen; **es ~ indispensable** es ist eine unerlässliche Voraussetzung
requisitoria *f* Ersuchen *n*; JUR Aufruf *m einer Person mit Namen*; **~** (**de busca y captura**) Steckbrief *m*
requisitorio *m* Plädoyer *n od* Anklagerede *f* des Staatsanwalts
res *f* Stück *n* Vieh *Rind*, *Schaf*, *Ziege*, *Schwarz- u Schalenwild*; *Am reg i e S* Rind *n*; **~ de vientre** trächtiges Tier *n*
resaber ⟨→ **saber**⟩ *tr* sehr gut wissen
resabiarse eine schlechte Angewohnheit annehmen; zornig werden
resabi|do neunmalklug
resabi|o *m* unangenehmer Nachgeschmack *m*; schlechte Angewohnheit *f*; **~oso** *Am* mit schlechten Angewohnheiten
resaca *f* (ausrollende) Dünung *f*; (zurückrollende) Brandung *f*; *Rpl nach Hochwasser zurückbleibender* Schlick *m*; *übertr* Kater *m*; *Cu*, *PR* gehörige Tracht *f* Prügel; *AmC*, *Col*, *Méx* edelster Branntwein *m*
resalado I *Adj* hübsch; anmutig; charmant; geistreich **II** *m* Hübscher *m*, Süßer *m*
resaltar I *intr* vorspringen; herausragen; sich abheben; in die Augen springen; zurückprallen; **hacer ~** zur Geltung bringen **II** *tr* hervorheben, herausstellen
resarcir ⟨-c/z-⟩ *tr* entschädigen (**de** für); abfinden (**de** mit); *jmdm etw* ersetzen; vergüten; **~se** sich erholen (**de** von); sich schadlos halten
resbal|adizo glitschig; rutschig; schlüpfrig *auch übertr*; **~adura** *f* Rutschspur *f*; **~ar I** *intr* ausrutschen (**con, en, sobre** auf); rutschen; KFZ schleudern; *übertr* einen Fehltritt tun; ins Fettnäpfchen treten; *übers Eis* gleiten; *Tränen*, *Tropfen* rinnen (**por** auf; über) **II** *tr* kalt lassen *nicht beeindrucken*; **~arse** ausrutschen; rutschen; entgleiten (**de, de entre** *Dat*)
resbalón *m* Ausrutschen *n*; Ausrutscher *m auch übertr*; **~ de monte** Bergrutsch *m*
resbaloso *Am* → **resbaladizo**
rescat|ar *tr* freikämpfen; retten; freikaufen; REL erlösen; zurückkaufen; *Zeitverlust* aufholen; zurückgewinnen; zurücker-

langen; *der See Land* abringen; bergen; *Schiff* heben; **~e** *m* Freikauf *m*, Auslösung *f*; Lösegeld *n*; REL Erlösung *f*; Rückkauf *m*; *Pfand* Einlösung *f*; Bergung *f*; Rettung *f*; *Schiff* Hebung *f*

rescatista *m(f)* Helfer(in) *m(f)*, Retter(in) *m(f)*; **~s** *Pl* Rettungskräfte *f/Pl*

rescind|ible aufhebbar; kündbar; **~ir** *tr Vertrag* (auf)kündigen; aufheben *rückgängig machen*

rescisión *f* Aufhebung *f*; Kündigung *f*; **~ *del contrato*** (***de sociedad***) Vertragsauflösung *f* (Kündigung *f* des Gesellschaftsvertrages)

rescisorio aufhebend; Aufhebungs-

rescoldo *m* glühende Asche *f*; Kummer *m*

res|contrar *tr* stornieren; **~cuentro** *m* Storno *m,n*

resec|ar ⟨-c/qu-⟩ *tr* trocknen; nachtrocknen; austrocknen; **~ción** *f* MED Resektion *f*; **~o** ausgetrocknet *z.B. Haut*; ausgedörrt; knochenhart *z.B. Brot*; spindeldürr

resellar *tr* wieder versiegeln; umprägen; nachstempeln

resembrar ⟨-ie-⟩ *tr Feld* neu bestellen; nachsäen

resentido I *Adj* voller Ressentiments; beleidigt; nachtragend; gehässig; böse *od* zornig (***con*** auf) **II** *m* Verdrossener *m*; **~ *social*** Sozialneid *m*

resentimiento *m* Groll *m*; Ressentiment *n*; Unwille *m*; Empfindlichkeit *f*

resentirse ⟨-ie-, -i-⟩ beleidigt sein; *Tisch* wacklig werden; *Grundmauern* sich senken; **~ *con(tra) alg*** jmdm böse sein; **~ *de u/c*** etw noch (ver)spüren; etw zu spüren bekommen; **~ *de od por u/c*** sich über etw ärgern

reseñ|a *f* Heerschau *f*; Bericht *m z.B. über ein Spiel*; Rezension *f*; Beschreibung *f z.B. eines Täters*; *Formular, Pass* Personenkennzeichen *n/Pl*; **~ador** *m*, **~adora** *f* Rezensent(in) *m(f)*; **~ar** *tr Buch* rezensieren; *Person, Tier* kurz beschreiben; gerafft berichten

reserva I *f* Reserve *f alle Bedeutungen*; Rücklage *f*; Bestand *m*; Buchung *f*; Vorbehalt *m*; Zurückhaltung *f*; Reservat(ion *f*) *n*; **~s** *Pl* Vorräte *m/Pl*; *finanzielles* Polster *n*; MINER Vorkommen *n/Pl*; MIL Reserven *f/Pl*; **~ *de asiento od plaza*** Platzkarte *f*; **~ *biológica od ecológica od natural*** Naturschutzgebiet *n*; **~ *de divisas*** Währungsreserven *f/Pl*; Devisenbestand *m*; **~s *estatuarias*** (***voluntarias***) in der Satzung festgelegte (freie) Rücklagen *f/Pl*; **~ *de habitación*** Zimmerbestellung *f*, -reservierung *f*; **~** (***india od de indígenas***) Indianerreservat *n*; **~ *legal*** gesetzliche Rücklage *f*; **~ *manifiesta od pública*** (***oculta od tácita***) offene Rücklage *f* (stille Reserve *f*); **~ *mental*** stillschweigender Vorbehalt *m*; **~s *oro*** Goldreserve *f*; **~ *previa*** Vorbestellung *f*; **~ *de propiedad*** Eigentumsvorbehalt *m*; ***a ~ de, con la ~ de*** vorbehaltlich + *Gen*; ***bajo od con la ~ acostumbrada od usual*** unter dem üblichen Vorbehalt; ***con ~s*** unter Vorbehalt; ***con la mayor ~*** mit größter Zurückhaltung; ***en ~*** auf Lager; als Ersatz; auf Vorrat; in Reserve; ***sin ~s*** vorbehaltlos ◇ ***cambiar la ~*** *im Reisebüro* umbuchen; ***destinar a la ~ legal*** der gesetzlichen Rücklage zuführen; ***hacer una ~*** *Reise* buchen **II** *m* SPORT Ersatzspieler *m*

reservación *f* Reservierung *f*; Buchung *f*; Reservat(ion *f*) *n*; **~ *forestal*** Landschaftsschutzgebiet *n*

reservado I *Adj* taktvoll; behutsam; zurückhaltend; vertraulich; ***estrictamente ~*** *Aktenvermerk* streng vertraulich **II** *m* Reservat *n*; *Lokal* separater Raum *m*; Sonderabteil *n*

reserv|ar *tr* reservieren; zurückbehalten; *etw für sich* behalten; *Platz* freihalten; aufbewahren; bestellen; buchen; vorbestellen; aufsparen; *von etw* freistellen; vorbehalten; verheimlichen (***de*** vor); **~arse** sich zurückhalten; seine Kräfte schonen; sich *etw* vorbehalten; (sich) *etw* aufsparen; sich in Acht nehmen (***de*** vor); **~ativo** vorbehaltlich; **~ista** *m(f)* Reservist(in) *m(f)*

resfriado *m* Erkältung *f*; Schnupfen *m* ◇ ***coger od contraer od*** *umg* ***pescar un ~*** sich einen Schnupfen holen

resfr|iar ⟨-ío⟩ *tr* (ab)kühlen; **~iarse** sich erkälten; *übertr* erkalten; **~ío** *m Am* Erkältung *f*

resguardar *tr* bewahren; verwahren; sicherstellen; schützen (***de*** vor); schonen; **~se** sich schützen (***contra*** vor); sich unterstellen; sich hüten (***de*** vor)

resguardo *m* Wahrung *f*; Schutz *m*; Obdach *n*; Zollwächter *m*; *i w S* Zollaufsicht *f*; Aufbewahrung *f*; Verwahrung *f*; Beleg *m*, Schein *m*; Empfangsschein *m*; Sicherheitsabstand *m*; **~ *de almacén*** Lagerschein *m*; **~ *de carta certificada*** POST Einschreibequittung *f*; **~ *de correo aéreo*** Luftposteinlieferungsschein *m*; **~ *de entrega*** Hinterlegungsschein *m*; Lieferschein *m*; ***con ~ de la legalidad*** bei Wahrung der Gesetzlichkeit

residencia *f* Wohnsitz *m*; Aufenthalt *m*; Aufenthaltsort *m*; Residenz *f*; Hotel *n* garni; **~ *de od para ancianos*, ~ *de mayores*, ~ *tercera edad*** Alters-, Seniorenheim *n*, Seniorenresidenz *f*; **~ *de animales*** Tierheim *n*; **~ *canina*** Hundepension *f*; **~ *estudianti***

od ***universitaria*** Studentenwohnheim *n*; **~ *individual*** Einfamilienhaus *n*; **~ *juvenil*** *Esp* Jugendherberge *f*; **~ (*oficial*)** Amtssitz *m*; **~ *de oficiales*** Offizierswohnungen *f/Pl als Block*
residencial Wohn-; Herbergs-
residente I *Adj* wohnhaft; ansässig **II** *m* Bewohner *m*; Anwohner *m*; Ansässiger *m*; Insasse *m eines Heimes*; Resident *m*; **~ *extranjero*** Ausländer *m* mit ständiger Aufenthaltsgenehmigung
residir *intr* wohnen; residieren; *Schwierigkeit* beruhen (***en*** auf); **~ *en alg*** jmdm innewohnen *z.B. Fähigkeiten*
residuo *m* Rest *m*; Rückstand *m*; Ablagerung *f*; Abfallprodukt *n*; **~*s*** *Pl* Überbleibsel *n/Pl*; Bodensatz *m*; Abfälle *m/Pl*; **~*s biológicos*** Biomüll *m*; **~*s de combustión*** Verbrennungsrückstand *m*; **~*s nucleares*** *od* ***radiactivos*** Atommüll *m*; atomare Abfälle *m/Pl*; **~*s peligrosos*** Sondermüll *m*; **~*s sólidos urbanos*** Siedlungsmüll *m*; **~*s tecnológicos*** technologischer Müll *m*; *umg* Elektroschrott *m*; **~ *voluminosos*** Sperrmüll *m*
resign|ación *f* Verzicht *m*; Resignation *f*; **~ar** *tr Amt* abtreten (***en*** an); *Amt* niederlegen; **~arse** resignieren; sich abfinden; sich schicken (***en*** in)
resina *f* Harz *n*; **~ *acrílica*** (***epoxídica***) Acryl-(Epoxid)harz *n*; **~ *de pino*** (***poliéster***) Kiefern-(Polyester)harz *n*; **~ *sintética*** Kunstharz *n*
resistencia *f* Widerstand *m allg*, EL, POL *u übertr*; Gegenwehr *f*; Widerstreben *n*; Sträuben *n*; Auflehnung *f*; Ausdauer *f*, MED Widerstandskraft *f*; MED Belastbarkeit *f*; Beständigkeit *f*; TECH Festigkeit *f*; BAKT Resistenz *f*; Widerstandsbewegung *f bes während des 2. Weltkrieges*; **~ *a la autoridad*, ~ *al poder del Estado*** Widerstand *m* gegen die Staatsgewalt; **~ *de carga*** Belastungswiderstand *m*; **~ *a los choques*** (***a la flexión***) Schlag-(Biege)festigkeit *f*; **~ *de freno*** Bremswiderstand *m*; **~ *al frío*** Kältewiderstand *m*; Frostbeständigkeit *f*; **~ *al fuego*** Feuerfestigkeit *f*; **~ *al picado*** *Benzin* Klopffestigkeit *f*; **~ *al rayado*** kratzfest; **~ *a la rotura*** Bruchfestigkeit *f*; Bruchsicherheit *f*; **~ *del suelo*** *Baugrund* Tragfähigkeit *f*; **~ *a la tracción*** Zugfestigkeit *f*; **~ *al uso*** TEXTIL Gebrauchsechtheit *f*; ***sin ~*** widerstandslos
resist|ente I *Adj* widerstandsfähig; zäh; ausdauernd; beständig; haltbar; dauerhaft; standhaft; TECH fest; belastbar; BAKT resistent **II** *m* Widerstandskämpfer *m*; **~ible** erträglich
resistir I *tr* standhalten; widerstehen; überstehen; aushalten; ertragen; ***no ~*** nicht ausstehen können **II** *intr* Widerstand leisten; **~se** sich widersetzen; sich weigern (***a*** zu); sich sträuben (***a*** gegen; zu); widerstreben
resma *f Papiermaß* Ries *n*
resobado abgedroschen; abgegriffen
resocializar ⟨-z/c-⟩ *tr* resozialisieren
resol *m* Widerschein *m* der Sonne; Abstrahlung *f* der Sonnenhitze; **~ano** windgeschützt und sonnig
resollar ⟨-ue-⟩ *intr* schnaufen; ein Lebenszeichen von sich geben; ***sin ~*** ohne einen Ton zu sagen
resoluble (auf)lösbar
resolución *f* Entschluss *m*; Entschließung *f*, Resolution *f*; Beschluss *m*; Entschlossenheit *f*; Entscheidung *f*; Auflösung *f auch* MED *u Vertrag*; *Gleichung*, *Problem* Lösung *f*; **~ *judicial*** Gerichtsbeschluss *m*; **~ *provisional*** einstweilige Verfügung *f*; ***por ~*** auf Beschluss
resolut|ivo entscheidungsfreudig; **~o** entschlossen (***a*** zu); tatkräftig
resolver ⟨-ue-, *Part* ***resuelto***⟩ *tr Probleme* lösen; *jmdm etw* in Ordnung bringen; auflösen *auch* MED; klären; entscheiden; beheben; beschließen; zusammenfassen *rekapitulieren*; werden (***en*** zu); **~se** sich entscheiden; *Problem* sich lösen; sich auflösen; sich entschließen (***a*** zu); zergehen; aufgehen; schwinden; enden (***en*** in)
reson|ancia *f* Widerhall *m*; Resonanz *f*; **~ante** nachklingend; *Theatererfolg* durchschlagend; **~ar** ⟨-ue-⟩ *intr* hallen; nachklingen; erklingen; widerhallen, schallen
resopl|ar *intr* schnauben; **~ido** *m*, **~o** *m* Schnauben *n*
resorber *tr* MED resorbieren
resorte *m* TECH, *Uhr* Feder *f*; **~ *anular*** Ringfeder *m*; **~ *de compresión*** (***cuerda***) Druck-(Aufzugs)feder *f*; **~ *espiral*** (***de lámina***) Spiral-(Blatt)feder *f*; **~ *motor*** (***tensor*; *de tracción***) *Uhr* Trieb-, Gang-(Spann-; Zug)feder *f*; **~*s del poder*** Hebel *m/Pl* der Macht; ***sin ~*** ungefedert
respald|ar I *m* Rückenlehne *f* **II** *tr jmdm* den Rücken decken; unterstützen; **~arse** sich anlehnen; sich zurücklehnen; **~o** *m* Rückenlehne *f*; Rückendeckung *f*; Unterstützung *f*; Rückseite *f eines Blattes*; Rückhalt *m*; FIN Deckung *f*
respectar ⟨*def*⟩ *intr*: ***en*** *od* ***por lo que a mí respecta*** was mich betrifft
respectiv|amente beziehungweise; oder; jeweils; **~o** betreffend; entsprechend; jeweilig; verschieden; diesbezüglich
respecto *m*: **~ *a*** in Bezug auf; im Vergleich zu; **~ *a*** *od* ***de, con ~ a*** hinsichtlich *Gen*, be-

R

züglich *Gen*, in Bezug auf *Akk*; ***a este ~*** in dieser Hinsicht; ***al ~*** hierzu; entsprechend; ***con ~ a eso, al ~*** diesbezüglich
respetable achtbar; ansehnlich; respektvoll; respektabel; ehrbar
respetar *tr* verehren; achten; beachten; respektieren; Rücksicht nehmen auf; verschonen; einhalten; ***hacerse ~*** sich Respekt verschaffen
respeto *m* Achtung *f*; Respekt *m*; Respektierung *f* (***a*** vor *od Gen*); Wahrung *f*; Ehrfurcht *f*; Verehrung *f*; Ehrerbietung *f*; Rücksichtsnahme *f*; ***~s humanos*** Anstandsregeln *f/Pl*; ***~ de sí mismo*** Selbstachtung *f*; ***de ~*** angesehen; Repekt-; bedeutend; Achtung gebietend; Fest-; Gala-; ***¡mis ~s a su señora!*** empfehlen Sie mich Ihrer Frau Gemahlin! ***sin ~*** respektlos ◇ ***coger ~ a alg*** vor jmdm Respekt *od* Achtung bekommen; ***faltar al ~*** es an Respekt fehlen lassen; ***guardar ~*** sich anständig benehmen; ***infundir ~*** Respekt einflößen; ***ofrecer*** *od* ***presentar sus ~s a alg*** jmdm seine Aufwartung machen
respetuosamente hochachtungsvoll
respetuoso ehrerbietig; rücksichtsvoll; ehrfürchtig; ehrfurchtsvoll ◇ ***ser ~ con*** befolgen *z.B. Gesetze*
resping|ar ⟨-g/gu-⟩ *intr Tier u übertr* bocken; sich sträuben; *Kleidung* abstehen; einer Aufforderung widerstrebend nachkommen; **~arse** *Kleidung* zipfeln; **~o** *m* Ruck *m*; Bocken *n*; Aufspringen *n*; **~ón** *Am Tier* bockig
respiración *f* Atmung *f*; Einatmen *n*; Atem *m*; Atemzug *m*; ***~ abdominal*** *od* ***diafragmática*** Bauch-, Zwerchfellatmung *f*; ***~ artificial*** *od* ***asistida*** künstliche (Be-)Atmung *f*; ***~ boca a boca*** Mund-zu-Mund--Beatmung *f*; ***~ branquial*** (***costal*** *od* ***torácica***; ***cutánea***; ***traqueal***) Kiemen-(Brust-; Haut-; Tracheen)atmung *f* ◇ ***contener la ~*** den Atem anhalten
respirad|ero *m* Luftloch *n*; Verschnaufpause *f*; **~or I** *Adj* Atem- **II** *m* Atemgerät *n*; Atemschutzmaske *f*
respirar I *intr* atmen; aufatmen; einatmen; Luft holen *verschnaufen*; ***sin ~*** atemlos; ohne Atem zu holen; unermüdlich, pausenlos; ***no dejar ~ a alg*** jmdn nicht zur Ruhe kommen lassen **II** *tr etw* einatmen
respiratorio Atmungs-; Atem-
respiro *m* Atmen *n*; Verschnaufpause *f*; Aufatmen *n*; (Zahlungs-)Aufschub *m* ◇ ***tomarse un ~*** eine Atempause einlegen
respland|ecer ⟨-c/zc-⟩ *intr* glänzen; erglänzen; strahlen; leuchten; erstrahlen; schimmern; **~eciente** glänzend; strahlend (***de*** vor); **~or** *m* heller Schein *m*; strahlende Helle *f*; Glanz *m*; Schimmer *m*
respond|er I *tr* erwidern *auch Besuch* **II** *intr* antworten (***a*** auf); beantworten (***a*** *Akk*); *Boden* ergiebig sein; entsprechen (***a*** *Akk*); *Hoffnungen* erfüllen; reagieren (***a*** auf); antworten (***a*** mit); haften (***de*** für); die Verantwortung übernehmen (***por*** für); garantieren (***por*** für); sich verbürgen (können) (***de*** für); **~ón** vorlaut; schnippisch; rechthaberisch
responsabilidad *f* Verantwortung *f*; Verantworlichkeit *f*; Regresspflicht *f*; Haftung *f*; Haftbarkeit *f*; ***~ civil*** Haftpflicht *f*; ***~ contractual*** Vertragshaftung *f*; ***~ por defectos*** Mängelhaftung *f*; ***~ de la guerra*** Kriegsschuld *f*; ***~ limitada*** beschränkte Haftung *f*; ***~ mayor*** Hauptverantwortung *f*; ***de mucha ~*** verantwortungsvoll; ***de ~*** verantwortungsbewusst ◇ ***asumir*** (***declinar***) ***la ~*** die Verantwortung übernehmen (ablehnen); ***incurrir en ~*** haftbar gemacht werden
responsabilizar ⟨z/c⟩ *jmdn* verantwortlich machen (***de, por*** für); **~se** die Verantwortung übernehmen (***de, por*** für); haften (***de*** für); sich bekennen (***de*** zu) *z.B. Anschlag*
responsable I *Adj* verantwortlich; haftbar; verantwortungsbewusst ◇ ***hacer ~*** verantwortlich machen; zur Verantwortung ziehen (***de*** für); ***ser civilmente ~*** persönlich haften **II** *m* Verantwortlicher *m*; Haftender *m*; ***~ de turno*** Schichtleiter *m*
respuesta *f* Antwort *f*; Beantwortung *f*; Antwortschreiben *n*; ***~ pagada*** POST Rückantwort bezahlt; ***~ provisional*** Zwischenbescheid *m*; ***de ~ rápida*** schnell ansprechend; ***en ~ a*** in Beantwortung *Gen* ◇ ***dar una ~ negativa*** abschlägig beantworten; ***se suplica la ~*** um Antwort wird gebeten
resquebra|jadura *f*, **~jamiento** *m* Spalt *m*; Ritze *f*; *Holz, Wand* Riss *m*; *Glas, Keramik, Eisenplatte* Sprung *m*; **~jarse** springen; Risse bekommen; *Boden* rissig werden
resquem|ar *tr/intr* brennen *z.B. Pfeffer*; **~or** *m* Gram *m*; *Am* Groll *m*
resquicio *m* Spalte *f*; Ritze *f*; ***~ de esperanza*** Hoffnungsschimmer *m*
resta *f* Subtrahieren *n*
restablec|er ⟨-zc-⟩ *tr* wiederherstellen; instandsetzen; *Beziehungen* wieder aufnehmen; **~erse** genesen; gesunden *auch übertr*; sich erholen; **~imiento** *m* Wiederherstellung *f*; Genesung *f*; Gesundung *f auch übertr*; Instandsetzung *f*; Wiederaufnahme *f von Beziehungen*; Wiedereinführung *f*
restallar I *intr Peitsche* knallen; klatschen

R

Geräusch; krachen **II** *tr* knallen lassen
restante I *Adj* übrig (bleibend); restlich **II** Restbetrag *m*; Überrest *m*; ***lo ~*** das Übrige; der Rest
restañar *tr Blut* stillen
restar I *tr* wegnehmen; entziehen; subtrahieren, abziehen; *Verdienste, Ansehen* schmälern **II** *intr* bleiben; übrig bleiben
restaur|ación *f* Wiederherstellung *f*; Wiederinstandsetzung *f*; EISENB Speisebetrieb *m*; MAL, BILDH, ARCH Restaurierung *f*; POL Restauration *f*; **~ador** *m*, **~adora** *f* MAL, BILDH, ARCH Restaurator(in) *m(f)*; GASTR Gastronom(in) *m(f)*
restaurante *m* Restaurant *n*, Gaststätte *f*; ***~ automático*** Automatenrestaurant *n*; ***~ de autoservicio*** Selbstbedienungsrestaurant *n*; ***~ de comida rápida*** Fast-Food-Restaurant *n*, Schnellimbiss *m*
restaur|ar *tr* wiederherstellen; *Kunstwerke* restaurieren; kräftigen; **~arse** wieder zu Kräften kommen; **~ativo** POL restaurativ; wiederherstellend
restitu|ción *f* Herausgabe *f*; Rückgabe *f*; (Rück-)Erstattung *f*; Vergütung *f*; Ersetzung *f*; Wiedereinsetzung *f*; Wiederherstellung *f*; **~ir** ⟨-uy-⟩ *tr* zurückgeben; erstatten; ausgeben; ersetzen; wieder einsetzen; wiederherstellen; **~irse** zurückkehren (***a*** in; an); wieder aufnehmen *z.B. Arbeit*
resto *m* Rest *m*; ***~s de comida*** Speisereste *m/Pl*; ***los ~s mortales*** die sterbliche Hülle *f* ◇ ***echar el ~*** alles daransetzen
restregar ⟨-ie-, -g/gu-⟩ *tr* reiben; scheuern; *Wäsche* rumpeln
restregón *m* kräftiges Reiben *n* ◇ ***dar un ~ a*** kräftig reiben *Akk*
restricción *f* Einschränkung *f*; Restriktion *f*; ***restricciones comerciales*** Handelsbeschränkungen *f/Pl*; ***~ competitiva*** Wettbewerbsbeschränkung *f*; ***~ de créditos*** Kreditverknappung *f*; ***~ cuantitativa*** Mengenbeschränkung *f*; ***restricciones de exportación*** Exportbeschränkungen *f/Pl*; ***sin ~*** uneingeschränkt; unbeschränkt ◇ ***estar sujeto a restricciones*** Beschränkungen unterliegen
restrictivo einschränkend; Einschränkungs-; beschränkend; restriktiv
restringir ⟨-g/j-⟩ *tr* einschränken; beschränken; begrenzen (***a*** auf)
resucitar I *tr* wieder zum Leben erwecken; wieder auf die Beine bringen **II** *intr* REL *u übertr* (wieder) auferstehen; zu neuem Leben erwachen; wieder aufleben
resudar *intr* leicht schwitzen
resuello *m* Schnauben *n*; Schniefen *n*; ***sin ~*** atemlos ◇ ***dejar sin ~*** den Atem nehmen; ***meterle a alg el ~ en el cuerpo*** jmdn einschüchtern
resuelto gelöst; entschlossen; resolut; ***no ~*** ungelöst
resulta *f* Ergebnis *n*; Folge *f*; frei werdende Planstelle *f*; ***~s*** *Pl* Budgetvortrag *m*; ***de ~s*** infolge (***de*** *Gen*)
resultado *m* Ergebnis *n*; SPORT (Spiel-) Stand *m*; ***~ electoral*** Wahlergebnis *n*; ***~ del examen*** Prüfungsergebnis *n*; Untersuchungsergebnis *n*; ***~ del examen médico*** ärztlicher Befund *m*; ***~ de la explotación*** Betriebsergebnis *n*; ***~ final*** (***parcial***) SPORT Endstand *m*; End-(Teil)ergebnis *n*; ***sin ~*** ergebnislos; erfolglos; unnütz ◇ ***arrojar ~s*** Ergebnisse zeitigen; ***dar*** (***buen***) ***~*** sich bewähren; ***lograr ~s*** Ergebnisse erzielen
resultar *intr* sich ergeben; sich entwickeln; herrühren; sich erweisen als; sein; ausfallen; zu stehen kommen; gelingen; sich gestalten; Erfolg haben; sich bewähren; taugen, brauchbar sein; ***~ a*** kommen, kosten *bei Preisangabe*; ***~ barato*** (***caro***) billig (teuer) sein; ***~ muy bien*** sich gut machen; ***~ caro*** teuer zu stehen kommen; ***~ mal*** schlecht ausgehen; ***~ muerto*** tödlich verunglücken; ***resulta que*** demnach; *Am* es kommt vor, dass; ***resultando que*** sodass; ***~ ser*** sich herausstellen; ***a mí me resulta menos*** *Rechnung* bei mir kommt weniger heraus; (***no***) ***~*** sich (nicht) lohnen; ***no ~ con*** *Kleidung* nicht passen zu; ***no le resulta*** das gefällt ihm nicht
resumen *m* Zusammenfassung *f*; Abriss *m*; Übersicht *f*; Kurzdarstellung *f*; Resümee *n*; ***~ de actividad*** Rechenschaftsbericht *m*; ***en ~*** kurz und gut; alles in allem; kurz (zusammengefasst)
resum|idero *m Am* Abzugsgraben *m*; **~ir** *tr* kurz zusammenfassen; straffen
resur|gir ⟨g/j⟩ *intr* auferstehen; wieder auftauchen; wieder erwachen; wieder erscheinen; sich auf seine Kräfte besinnen; **~rección** *f* Auferstehung *f*
retablo *m* Altaraufsatz *m*; Altarbild *n*
retador *m* Herausforderer *m*
retaguardia *f* MIL Nachhut *f*; MIL Etappe *f*; MIL Rückwärtige Dienste *m/Pl*; Hinterland *n*; *Fußball* Abwehr *f* ***a ~*** in der Etappe; etwas zurückgeblieben; ***por la ~*** von hinten
retahíla *f* Unmenge *f*; lange Reihe; ***~ de palabras*** Wortschwall *m*
retal *m* Schnittrest *m Blech, Papier*; *Teppich* Reststück *n*; **~es** *Pl* Stoffreste *m/Pl*
retam|a *f*, *Am* **~o** *m* BOT Ginster *m*
retar *tr* herausfordern; *Am reg* beschimpfen; ***~ a emular*** zum Wettbewerb herausfordern
retard|ador I *Adj* Verzögerungs-; hemmend

R

II *m* FILM Zeitlupe *f*; **~ante** *m* Hemmungsmittel *n*; **~ar** *tr* verzögern; hinauszögern; hemmen; verlangsamen; *Uhr* nachstellen; **~arse** sich verspäten; **~atario** aufschiebend; verzögernd; verlangsamend, hemmend; zurückgeblieben; rückschrittlich
retardo *m* Aufschub *m*; Verzögerung *f*; Verlangsamung *f*; Verzug *m*; **~ *de encendido*** Spätzündung *f*; **~ *de germinación*** Keimhemmung *f*; **~ *procesal*** JUR Prozessverschleppung *f* ◇ ***estar en ~*** im Rückstand sein; ***sufrir un ~*** eine Verzögerung erfahren
retaz|ar ⟨-z/c-⟩ *tr* in Stücke schneiden; **~o** *m* Stoffrest *m*; Bruchstück *n z.B. eines Gesprächs*; Fragment *n einer Inschrift*; *Am reg* Abfallfleisch *n*
retecho *m* Dachvorsprung *m*
retemblar ⟨-ie-⟩ *intr* erzittern, -beben
retén *m* Rücklage *f z.B. Geld*; Brandwache *f*; Bereitschaft(spersonal *n*, -sdienst *m*) *f*; MIL Einsatzreserve *f*; Sperrklinke *f*; Verriegelung *f*; *Am* Kontrollpunkt *m von Zoll od Polizei an Fernverkehrsstraßen*
retención *f* Zurückhalten *n*; Festhalten *n auch* TECH; Arretierung *f*; Merken *n im Gedächtnis behalten*; *Gehalt* Einbehaltung *f*; Zurückbehaltung *f*; *Gewässer*, VERK Stau *m*; Vorenthaltung *f*; Beibehaltung *f*; vorläufige Festnahme *f*; ***retenciones*** *Pl* Abzüge *m/Pl Lohn*, *Gehalt*; **~ *fiscal*** Steuerabzug *m*
reten|er *tr* ⟨→ ***tener***⟩ zurückhalten; festhalten; TECH arretieren; *Zahnprothetik* klammern; sich *etw* merken; einbehalten; zurückbehalten; *Wasser* stauen; vorenthalten; *Atem* anhalten; dabehalten; *in der Schule* nachsitzen lassen; vorläufig festnehmen; **~erse** sich zurückhalten; **~tiva** *f* Erinnerungsvermögen *n*; Gedächtnis *n*
reteñir ⟨-i-, *perfs* -ñó⟩ *tr* auffärben; nachfärben
reticencia *f* absichtliche Auslassung *f*; Anspielung *f*; Zurückhaltung *f in Äußerungen* ◇ ***hablar con ~s*** in Andeutungen reden; sich zurückhaltend äußern
reticente voller Andeutungen; voller Ausflüchte; zurückhaltend; versteckt
ret|ícula *f* FOTO, OPT, TYP Raster *m*; **~iculado** netzartig; **~icular** Netz-; Raster-
retículo *m* FOTO, OPT, TYP Raster *m*; ANAT, BIOL Netzwerk *n*; **~ *cristalino*** MINER Kristallgitter *n*; **~ *de líneas cruzadas*** Fadenkreuz *n*; Fadengitter *n*
retina *f Auge* Netzhaut *f*, Retina *f*
retinte[1] *m* Umfärbung *f*; Auffärben *n*
retin|te[2] *m*, **~tín** *m Gläser* Klirren *n*; Nachklang *m*; *Ton* Nachschwingen *n*; gewisser Unterton *m*; **~to** schwarzbraun
retirada *f* Rückzug *m auch übertr*; *Truppen* Abzug *m*; Absetzen *n*; Zapfenstreich *m*; Zurückziehung *f*; Entziehung *f*; Entzug *m Wegnahme*; *Geld* Entnahme *f*; Austritt *m*
retirado I *Adj* pensioniert; abgelegen; zurückgezogen **II** *m* Pensionär *m*
retirar *tr* zurückziehen; entfernen; (weg)nehmen; beseitigen; aussondern; *aus dem Verkehr* ziehen; *von der Schule* nehmen; *Beamte* pensionieren; *Versprechen* zurücknehmen; *Antrag*, *Erlaubnis*, *Kredit*, *Wort* entziehen; *Truppen*, TYP abziehen; einziehen *z.B. Führerschein*; herausziehen; herausnehmen; entnehmen; *Geld* abheben; *Post* (ab)holen; *Ware* in Empfang nehmen; **~se** sich zurückziehen; zu Bett gehen; zurücktreten (***de*** von); MIL abziehen; zurückgehen; sich absetzen; *ins Kloster* gehen *Nonne werden*; MIL seinen Abschied nehmen, in Pension gehen; *aus einer Gemeinschaft* austreten; ***¡no se retire!*** TEL bleiben Sie am Apparat
retiro *m* MIL Abzug *m*; Rückzug *m*; Klausur *f abgeschirmter Beratungsort*; Zurückgezogenheit *f*; Ruhesitz *m*; MIL Abschied *m*; MIL Pensionierung *f*; Ruhestand *m*; Pension *f Rente*; Ruhegeld *n*; BANKW Abhebung *f*; **~ *de tropas*** Truppenabzug *m*; **~ *voluntario*** vorzeitiger Ruhestand; ***en ~*** außer Dienst; im Ruhestand; pensioniert ◇ ***pasar a ~*** in den Ruhestand versetzen
reto *m* Herausforderung *f*; Drohung *f*; *Am* Beschimpfung *f* ◇ ***aceptar el ~*** die Herausforderung annehmen
retob|ado *Arg*, *Chi* gerissen *schlau*; tückisch; hinterlistig; störrisch; **~ar** *tr Arg*, *Chi*, *Pe* mit Leder beziehen
retoc|ado *m* Ausbesserung *f*; Überarbeitung *f*; Retusche *f*; **~ador** *m* Retuscheur *m*; *Museum* Restaurator *m*; **~ar** ⟨-c/qu-⟩ *tr* letzte Hand anlegen an; überarbeiten; nacharbeiten *nachträglich bearbeiten*; nachbessern; *Bild* restaurieren; *Foto* retuschieren; KFZ *Motor* frisieren
retomar *tr Initiative* wieder an sich reißen; *Verhandlungen* wieder aufnehmen; (wieder) aufgreifen; zurückgreifen (*dir Obj* auf)
retoñ|ar *intr* BOT ausschlagen; wieder zum Vorschein kommen; nachwachsen; **~o** *m* BOT neuer Trieb *m*; Schössling *m*; Sprössling *m Kind*
retoque *m* Überarbeitung *f*; Nacharbeit *f*; Nachbesserung *f*; Retusche *f*; Änderung *f*
retorc|er ⟨-ue-, -c/z-⟩ *tr* verdrehen *auch übertr*; *etw* winden; *Arm* umdrehen; *Garn* zwirnen; (aus)wringen; *Schnurrbart* zwirbeln; **~erse** sich krümmen (***de*** vor); **~ido I** *Adj* hinterlistig **II** *m* Zwirnen *n*; Aus-

R

wringen *n*
retórica *f* Rhetorik *f*; Beredsamkeit *f*; **~s** *Pl* Gerede *n*; Worthülsen *f/Pl*
retórico I *Adj* rhetorisch; wortreich **II** *m* Rhetoriker *m*
retornable *Flasche* Mehrweg-; ***no ~*** Einweg-
retorn|ado *m* Rückkehrer *m*; **~ar I** *intr* zurückkehren **II** *tr* zurückgeben; erwidern; umdrehen; zurückbringen
retorno *m* Rückkehr *f*; Wiederkehr *f*; Rücklauf *m*; Rückfahrt *f*; Rückreise *f*; Rückführung *f*; Rücksendung *f*; Entgelt *n*; herausgegebenes Geld *n*; Rückgabe *f*; INFORM Return *m*; ***~ del carro*** INFORM Wagenrücklauf *m*; ***~ al hogar*** Heimkehr *f*
retorrománico I *Adj* rätoromanisch **II** *m*, **-a** *f* Rätoromane(-in) *m(f)*
retorsión *f* Verdrehung *f*; JUR Retorsion *f* *Gegenmaßnahme, Vergeltung*
retorta *f* Retorte *f*
retortero *m*: ◇ ***andar*** *od* ***ir al ~*** sich abplagen; ruhelos umherirren; ***llevar*** *od* ***traer a alg al ~*** jmdn auf Trab halten; jmdn hinhalten *od* an der Nase herumführen
retost|ado dunkelbraun; **~ar** ⟨-ue-⟩ *tr* stark rösten; erneut rösten
retoz|ar ⟨-z/c-⟩ *intr* hüpfen; (herum)tollen; schäkern; ausgelassen sein; **~o** *m* Herumtollen *n*; Ausgelassenheit *f*; **~ón** ausgelassen
retrac|ción *f* Zurückziehen *n*; Einziehen *n* *z.B. Fahrgestell*; Rückgang *m* *z.B. des Konsums*; MED Schrumpfung *f*; **~table** JUR widerruflich; **~tar** *tr* widerrufen; zurücknehmen; **~tarse** widerrufen (***de*** *Akk*); einen Rückzieher machen; **~to** *m* Rückkaufsrecht *n*
retraducción *f* Rückübersetzung *f*
retra|er ⟨→ ***traer***⟩ *tr* zurückziehen; einziehen; zurückbringen; abbringen (***de*** von); tadeln; WIRTSCH zu einem Rückgang führen (*dir Obj* bei, in); **~erse** sich zurückziehen; **~ído** zurückhaltend; die Einsamkeit liebend; schüchtern; **~imiento** *m* Zurückgezogenheit *f*; Zurückhaltung *f*; Schüchternheit *f*
retrans|ferencia *f* Rücküberweisung *f*; **~formar** *tr* zurückverwandeln
retransmisión *f* *Telegramm* Weitersendung *f*; RADIO, TV Übertragung *f*; Wiederholungssendung *f*; ***~ en diferido*** Aufzeichnung *f*; ***~ en directo*** Livesendung *f*; ***~ por hilo*** Drahtfunk *f*
retransmitir *tr* übertragen
retrasado I *Adj* rückständig; im Rückstand; überfällig; *Arbeit* liegen geblieben; *Nummer einer Zeitung* zurückliegend ◇ ***ir ~*** *Schule* hängen *nicht nachkommen* **II** *m* **~s** *m/Pl* Nachzügler *m/Pl*; ***~ mental*** geistig Zurückgebliebener *m*
retrasar I *tr etw zeitlich* verschieben; *Altersgrenze* heraufsetzen; zurückwerfen *Rückschritt verursachen*; *Uhr* zurückstellen; aufhalten *abhalten* **II** *intr* zurückbleiben; *Uhr* nachgehen; **~se** verspätet (an)kommen; sich verspäten, sich verzögern
retraso *m* Verspätung *f*; Zurückbleiben *n*; Verzögerung *f*; Verzug *m* (***en*** bei); Rückstand *m*; Zurückgebliebenheit *f*; Rückständigkeit *f*; ***~ en el pago*** Zahlungsverzug *m*
retrat|ar *tr* porträtieren *auch übertr*; aufnehmen *fotografieren*; schildern; **~ería** *f* *Am reg* Fotoatelier *n*; **~ista** *m* Porträtmaler *m*; (Porträt-)Fotograf *m*
retrato *m* Porträt *n*; Abbild *n*; Schilderung *f*; ***~ de busto*** Brustbild *n*; ***~ de cuerpo entero*** Ganzaufnahme *f*; ***~ al óleo*** Ölbild(nis) *n*; ***~ en perfil*** Profilbild *n*; ***~(-)robot*** *Polizei* Phantombild *n*; ***~ fiel*** Ebenbild *n*
retrechero verführerisch
retreta *f* MIL Zapfenstreich *m*; *Am* Platzkonzert *n*; ***~ de palos*** Tracht *f* Prügel
retrete *m* Abort *m*, Klosett *n*; ***~ público*** öffentliche Bedürfnisanstalt *f*
retribución *f* Belohnung *f*; Entlohnung *f*; Entgelt *m*; ***~ horaria*** (***por pieza***) Stunden-(Stück)lohn *m*; ***la no ~*** die Nichtbezahlung *f*; ***sin ~*** unentgeltlich
retribu|ir ⟨-uy-⟩ *tr* belohnen; vergüten; bezahlen; **~tivo** einträglich
retro|acción *f* → ***~actividad***; **~acoplamiento** *m* Rückkopplung *f*; **~actividad** *f* Rückwirkung *f*; Rückkopplung *f*; **~activo** rückwirkend; Rückkopplungs-; **~alimentación** *f* Feed-back *n*
retroce|der I *intr* zurückgehen; zurückweichen; zurücktreten **II** *tr* JUR wieder abtreten; **~sión** *f* JUR Wiederabtretung *f*
retroceso *m* Rückgang *m*; Zurückweichen *n*; Zurückgehen *n*; Umkehrung *f*; Rückkehr *f*; Rückschritt *m*; Rückführung *f*; EL Rückstellung *f*; *Krankheit u übertr* Rückschlag *m*; ***~ del cambio*** Kursrückgang; ***~ del carro*** *Schreibmaschine* Wagenrücklauf *m*; ***~ económico*** Konjunkturrückgang *m* ◇ ***estar en ~*** *Konjunktur* abflauen
retro|cohete *m* Bremsrakete *f*; **~cruce** *m* BIOL Rückkreuzung *f*; **~cuenta** *f* Rückwärtszählen *n*
retrógrado rückläufig; POL rückschrittlich
retronar ⟨-ue-⟩ *intr* widerhallen
retro|propulsión *f* Rückstoßantrieb *m*; **~proyector** *m* Tageslichtprojektor *m*; **~spección** *f*, **~spectiva** *f* Retrospektive

R

f; **~traer** ⟨→ ***traer***⟩ *tr* (zurück)verlegen; **~traerse** zurückgehen (***a*** auf); **~viento** Rückenwind *m*; **~visión** *f* Rückblick *m*; **~visor** *m* KFZ Rückspiegel *m*
retruécano *m* Wortspiel *n*
retumb|ante dröhnend; *Rede* hochtrabend; **~ar** *intr* widerhallen; dröhnen; dumpf tönen; **~o** *m* Widerhall *m*; Dröhnen *n*
reubicar ⟨c/qu⟩ *tr* EL verschieben; *Arbeitskräfte* umsetzen; *Käufe* verlagern; woanders unterbringen; umsiedeln
reuma *m*, **reúma** *m* Rheuma *n*; ~ ***articular*** Gelenkrheumatismus *m*
reumático Rheumatiker *m*
reunificar ⟨-c/qu-⟩ *tr* wieder vereinigen; *Familien* zusammenführen
reunión *f* Versammlung *f*; Treffen *n*; Zusammenkunft *f*; Besprechung *f*; Vereinigung *f*; Gesellschaft *f*; Zusammenbringen *n*; Ansammlung *f*; Anhäufung *f*; Tagung *f*; Sitzung *f*; MIL Sammeln *n*; ~ ***abierta*** öffentliche Versammlung *f*; ~ ***de accionistas*** (***acreedores***) Aktionärs-(Gläubiger)versammlung *f*; ~ ***conjunta*** gemeinsame Sitzung *f*; ~ ***del consejo de administración*** Aufsichtsratssitzung *f*; ~ ***de crisis*** Krisensitzung *f*; ~ ***cumbre*** POL Gipfeltreffen *n*; ~ ***extraordinaria*** Sondersitzung *f*; ~ ***de la junta directiva*** Vorstandssitzung *f*; ~ ***del personal*** *od* ***de la plantilla*** Belegschaftsversammlung *f*; ~ ***preparatoria*** Vorbereitungstreffen *n*; ~ ***privada*** geschlossene Gesellschaft *f*; ~ ***reservada*** geschlossene Sitzung *f*; ~ ***de trabajo*** Arbeitstagung *f*; Arbeitstreffen *n*; ~ ***de urgencia*** Dringlichkeitssitzung *f*; ~ ***de vecinos*** Einwohnerversammlung *f* ◇ ***celebrar*** (***suspender***) ***una*** ~ eine Besprechung abhalten (absagen); ***estar en*** (***una***) ~ in einer Besprechung sein
reunir ⟨-ú-⟩ *tr* sammeln; *Geld* zusammenbringen; versammeln; verbinden; vereinigen; vereinen; zusammenfügen; *Voraussetzungen* erfüllen; **~se** zusammenkommen; sich versammeln; zusammentreten; tagen
reutiliz|able wieder verwendbar; **~ar** ⟨-z/c-⟩ *tr* wieder verwenden; wieder benutzen
revacunación *f* Nachimpfung *f*
rev|álida *f* Abschlussprüfung *f*; Zulassungsprüfung *f z.B. für im Ausland approbierte Mediziner*; *übertr* Aufwertung *f*; **~alidar** *tr* JUR bestätigen; *ausländische Diplome u andere amtliche Dokumente* anerkennen; **~alidarse** die amtliche Anerkennung erhalten
reval|orar *tr* neu bewerten; *auch* höher bewerten; umbewerten; **~orización** *f* Aufwertung *f*; Umbewertung *f*; **~orizar** ⟨-z/c-⟩ *tr* aufwerten; umbewerten; **~uación** *f* → ***~orización***; **~uar** ⟨-úo⟩ *tr* → ***~orizar***
revanch|a *f* Revanche *f auch übertr*; **~ista** *m*(*f*) Revanchist(in) *m*(*f*)
revejecer ⟨-c/zc-⟩ *intr* früh altern
revel|ado *m* FOTO Entwickeln *n*; **~ador** **I** *Adj* aufschlussreich; bezeichnend **II** *m* FOTO Entwickler *m*; **~ar** *tr* enthüllen; entdecken; aufdecken; offen legen; offenbaren *auch* REL; FOTO entwickeln; **~arse** sich entpuppen; ans Licht kommen *sich aufklären*
revellín *m Cu* Schwierigkeit *f*
reven|dedor *m*, **~dedora** *f* Wiederverkäufer(in) *m*(*f*); **~der** *tr* wieder verkaufen; weiterverkaufen; **~ta** *f* Wiederverkauf *m*; Weiterverkauf *m*
reventado kaputt ◇ ***estoy*** ~ ich bin völlig abgewirtschaftet *auch übertr*
reventar ⟨-ie-⟩ **I** *intr* platzen *auch übertr*; *Geschwür* aufbrechen, aufgehen; zerspringen; zerplatzen; zerreißen; *Sprengladung* explodieren; bersten; ***estoy que reviento*** *übertr* ich gehe gleich in die Luft **II** *tr* zum Platzen bringen; aufbrechen *z.B. eine Tür*; *die Preise* ruinieren; kaputtmachen *auch übertr*; *Pferd u übertr* zu Tode schinden; **~se** (zer)platzen; zerbersten; aufplatzen; sich zu Tode rackern
reventón *m* Aufplatzen *n*; Bersten *n*; Platzen *n*; ~ ***prematuro*** MIL Rohrkrepierer *m*; ~ ***de tubería*** Rohrbruch *m* ◇ ***tener un*** ~ einen Platten *d.h. Reifenpanne* haben
rever ⟨→ ***ver***⟩ *tr* wiedersehen; noch einmal durchsehen; JUR revidieren
reverber|ación *f* Widerschein *m*; Rückstrahlung *f*; **~ante** nachhallend; funkelnd; **~ar** *intr* widerscheinen; zurückstrahlen; *Licht* sich reflektieren; *Töne* verklingen; *Kristall* funkeln; PHYS nachhallen; **~o** *m* Reflektor *m*; Straßenlaterne *f*; Hohlspiegel *m*; Rückstrahler *m*; *Am reg Petroleum- od Spiritus-* Kocher *m*
reverdecer ⟨-zc-⟩ **I** *intr* wieder grünen; wieder zur Geltung kommen **II** *tr* wieder zur Geltung bringen
reveren|cia *f* Ehrfurcht *f*; Ehrerbietung *f*; Reverenz *f*; Verbeugung *f*; Hochwürden *m*; **~ciar** *tr* verehren; **~do** REL ehrwürdig; sehr zurückhaltend; **~te** ehrerbietig
reversible umkehrbar; umdrehbar; reversibel; umstellbar; umschaltbar; Kipp-; FOTO Umkehr-; *Kleidungsstück* Wende- ◇ ***hacer*** ~ rückgängig machen
reversión *f* Umkehrung *f*; Umkehrschaltung *f*; ***de*** ~ Umkehr-
reverso *m* Rückseite *f*; Kehrseite *f*; *Münze* Revers *m*; ~ ***de la portada*** *Zeitschrift* zweite Umschlagseite *f*; ***el*** ~ ***de la medalla*** *übertr* die Kehrseite der Medaille

R

revertir ⟨-ie-/-i-⟩ **I** *intr zur Ausgangssituation* zurückkehren; *zum Vorteil* gereichen; JUR zurückfallen (***a*** an); *Rechte* übergehen (***a*** an); *Prozess* verlaufen (***en*** zu); *Geld* zurückfließen (***a*** in) **II** *tr Prozess* umkehren; **~se** *Tendenz* sich umkehren
revés *m* Rück-, Kehrseite *f*; *Stoff* linke Seite *f*; Niederlage *f*; Rückschlag *m*; *Stimmung* Umschlag *m*; Schlag *m* mit dem Handrücken; *Tennis* Rückhand *f*; ***reveses de la fortuna*** Schicksalsschläge *m/Pl*; ***al*** *od* ***de ~*** umgekehrt; andersherum; entgegengesetzt; verkehrt ◇ ***contar al ~*** rückwärts zählen; ***salir al ~*** fehlschlagen; ***sufrir un fuerte ~*** einen Rückschlag erleiden
revesado verzwickt; *Kind* ungezogen
revestimiento *m* Abdeckung *f*; Bespannung *f*; BAUW, TECH Verkleidung *f*; BAUW, TECH Blende *f*; TECH Auskleidung *f*; Umhüllung *f*; Ummantelung *f*; Überzug *m*; Beschlag *m*; ***~ de calzada*** Fahrbahndecke *f*; ***~ de madera*** Holzverkleidung *f*; ***~ protector*** Schutzüberzug *m*; ***~ del suelo*** Fußbodenbelag *m*; ***~ de tablas*** Bretterverschalung *f*
revestir ⟨-i-⟩ *tr* verkleiden; abdecken; überdecken; verbergen *nicht merken lassen*; auskleiden; bespannen; auslegen; umhüllen; ummanteln; überziehen; beschlagen (***de*** *od* ***con*** mit); bekommen; *von Bedeutung* sein; *Bedeutung* haben; ausstatten (***de*** mit) *Vollmachten*; *Rede* ausschmücken; **~se** Amtstracht anlegen; sich wappnen (***de*** mit)
reviejo ur-, steinalt; *Ast* verdorrt
revis|able revidierbar; **~ación** *f Rpl*, **~ada** *f Am reg* Überprüfung *f*; **~ador** *m* → ***revisor***; **~ar** *tr* nachsehen; durchsehen; prüfen; überprüfen; kontrollieren; nachprüfen; revidieren; überarbeiten; TECH überholen; *Pass* mit Sichtvermerk versehen
revisión *f* Durchsicht *f*; Revision *f*; Überprüfung *f*; Nachprüfung *f*; TECH Überholung *f*; Kontrolle *f*; *Gesetz* Novellierung *f*; *Verfassung*, *Vertrag* Änderung *f*; ***~ de aduanas*** Zollkontrolle *f*; ***~ del balance*** Bilanzprüfung *f*; ***~ de cuentas*** Buch-, Rechnungsprüfung *f*; ***~ general*** Generalüberholung *f*; ***~ de pruebas*** TYP Korrekturlesen *n*; ***~ técnica*** technische Überwachung *f*
revisionismo *m* Revisionismus *m*
revisor *m*, **~a** *f* (Nach-)Prüfer(in) *m(f)*; Revisor(in) *m(f)*; Kontrolleur(in) *m(f)*; Schaffner(in) *m(f)*; ***~ de contabilidad*** Rechnungs-, Buchprüfer *m*
revista *f* Zeitschrift *f*; THEAT, *Zeitschrift* Revue *f*; MIL Truppenbesichtigung *f*; *Prozess* erneute Verhandlung *f*; ***~ especializada*** *od* ***técnica*** Fachzeitschrift *f*; ***~ ilustrada*** Illustrierte *f*, Magazin *n*; ***~ de libros*** Bücherbesprechung *f*; ***~ de prensa*** Presseschau *f*
revi|stero *m* Zeitungsständer *m*; **~stoteca** *f* Zeitschriftensammlung *f*
revitalizar ⟨-z/c-⟩ *tr* WIRTSCH (wieder) beleben
revival *m* Come-back *n*; Revival *n*
reviv|ificar ⟨-c/qu-⟩ *tr* (wieder) beleben; **~ir I** *intr* zu neuem Leben erwachen; wieder zu sich kommen; wieder aufleben **II** *tr* neu aufleben lassen
revoc|able widerrufbar; kündbar; **~ación** *f* Widerruf *m*; Aufhebung *f*; *Auftrag* Zurückziehung *f*; Abberufung *f*; **~ar** ⟨-c/qu-⟩ *tr/intr* widerrufen; *Urteil* aufheben; zurücknehmen; absagen; abberufen; stornieren; *Mörtel* auftragen; verputzen; kalken, tünchen; **~atorio** Aufhebungs-; aufhebend
revolcar ⟨-ue-, -c/qu-⟩ *tr* zu Fall bringen; zu Boden werfen; verunsichern; *Prüfung* durchfallen lassen; *übertr jmdn* zur Schnecke machen; **~se** sich suhlen; sich (herum)wälzen; *übertr* herumreiten (***en*** auf)
revol|ear I *intr Vögel* kreisen **II** *tr Rpl Lasso* schwingen; **~otear** *intr* (herum)flattern; *auf der Straße* herumkurven; **~oteo** *m* (Herum-)Flattern *n*
revolt|ijo *m*, **~illo** *m* Durcheinander *n*; Sammelsurium *n*
revoltoso I *Adj* aufsässig; unruhig; *Kind* ungezogen **II** *m* Unruhestifter *m*; Aufrührer *m*
revolución *f* Revolution *f*; Umwälzung *f*; Umbruch *m*; ASTR, TECH Umlauf *m*; Umlaufzeit *f*; TECH Umdrehung *f*; ***~ democrático-burguesa*** bürgerlich-demokratische Revolution *f*; ***~ de la Luna*** Mondumlauf *m um die Erde*; ***revoluciones por minuto*** TECH Umdrehungen *f/Pl* pro Minute; ***~ palaciega*** Palastrevolte *f*; ***~ de terciopelo*** sanfte *d.h.* gewaltlose Revolution *f*
revolucionado: ***muy ~*** *Motor* hochtourig
revolucionar *tr* POL *u übertr* revolutionieren; von Grund auf umgestalten; *Motor* auf Touren bringen; **~se** *Motor* auf Touren kommen; **~io I** *Adj* revolutionär; umwälzend; Umbruch-; Revolutions- **II** *m* Revolutionär *m*; **~ismo** *m* Revoluzzertum *n*; **~ista** *m* Revoluzzer *m*
revólver *m* Revolver *m*
revolver ⟨-ue-, *Part* ***revuelto***⟩ *tr etw* umkehren; umrühren; aufrühren; verrücken; quirlen; verrühren; umwühlen; umwälzen; *etw* durcheinander bringen; *Teig* rühren; KOCHK unterheben, -ziehen; *Heu* wenden; *Gemüt*, *Gewässer* aufwühlen; *etw* durch-

R

stöbern; stöbern in; *Haar* zerwühlen; *Zimmer* verwühlen; *Augen* verdrehen; *Masse* kneten; *Bücher* wälzen; nachschlagen; in Empörung versetzen; **~se** sich umdrehen *auch übertr*; sich abwenden; sich auflehnen; *Flüssigkeit* sich trüben; *Wetter* umschlagen; *im Bett* sich hin und her wälzen; sich *gegen jmdn* wenden
revoque *m* Bewurf *m*; (Ver-)Putz *m*; Tünchen *n*; **~ *fino* (*grueso*)** Edel-(Rau)putz *m*; ***bajo* ~** EL unter Putz
revuelco *m* Suhlen *n*; Herumwälzen *n*
revuelo *m* Rückflug *m*; Kreisen *n*; Auffliegen *n z.B. der Tauben*; Weg-, Durcheinanderfliegen *n z.B. loser Zettel*; Hin- und Herfliegen *n*; Aufruhr *m*, Unruhe *f*; ***al*** *od* ***de* ~** schnell; ***en un* ~** in einem Nu
revuelta *f* Aufstand *m*, Revolte *f*; Aufregung *f*; Streit *m*; Richtungsänderung *f*; *Fluss, Weg* Krümmung *f*; Sinneswandel *m*
revuelto *Part von* ***revolver***; aufgeregt; *Gewässer* aufgewühlt; unruhig; verworren; aufgebracht; Umbruch-
rey *m* König *m auch* KART *u Schach*; ***los ~es*** das Königspaar; ***los ℒes Magos*** die Heiligen Drei Könige
reyerta *f* Streit *m*, Zank *m*
reyezuelo *m* ZOOL Zaunkönig *m*
rezagado I *Adj* zurückgeblieben *auch übertr*; SPORT abgeschlagen *zurückgefallen* ◇ ***quedarse* ~** zurückbleiben; nachhinken **II** *m* Nachzügler *m*
rezag|ar ⟨-g/gu-⟩ *tr* hinter sich lassen; überflügeln; aufschieben; **~arse** zurückbleiben; **~o** *m* Rückstand *m*
rezar ⟨-z/c-⟩ **I** *tr/intr* beten (***a*** zu; ***por*** für); *Messe* lesen **II** *intr Text, Verordnung* lauten; ***eso no reza conmigo*** das betrifft mich nicht; (***no***) **~ *con*** (nicht) zutreffen auf
rezo *m* Beten *n*; **~(*s Pl*)** Gebet *n*
rezong|ador brummig; mürrisch; bärbeißig; **~ar** ⟨-g/gu-⟩ *intr* murren; knurren; (mürrisch) brummen
rezongueo *m Am* Gemurre *n*; Geknurre *n*; Gebrummel *n*
rezumarse durchsickern *auch übertr*
RFA *f* (*Abk für* ***República Federal de Alemania***) BRD *f*
Rhodesia *f hist* Rhodesien *n*
ría *f* fjordartige Trichtermündung *f*
ri|acho *m*, **~achuelo** *m* kleiner Fluss *m*; **~ada** *f* Hochwasser *n*; Flutwelle *f*; Überschwemmung *f*; Schwall *m auch übertr*
ribazo *m* Uferböschung *f*; Abhang *m*
riber|a *f* Ufer *n*; Aue *f*; Strand *m*; **~ano** *Am reg, Esp reg*, **~eño I** *Adj* Ufer-; Anrainer- **II** *m* Anrainer *m*; **~o** *m* Uferbefestigung *f*
ribete *m* Saum *m*; Besatz *m*; Paspel *f*, *m*; Verzierung *f*; **~ar** *tr* einen Saum anbringen; einfassen; umranden
rica *f* Schätzchen *n Kosewort*; **~cho**, **~chón I** *Adj* schwerreich **II** *m übertr* (ordinärer) Geldsack *m*
ricino *m* BOT Rizinus *m*
rico I *Adj* reich *auch übertr* (***de***; ***en*** an); begütert; reichlich; reichhaltig *z.B. Programm*; schmackhaft, wohlschmeckend; herrlich; prächtig; köstlich; *Boden* fruchtbar; *Kind* niedlich **II** *m* Reicher *m*; Schatz *m Kosewort od iron*; ***nuevo* ~** Neureicher *m*
ricota *f Arg, Chi* Quark *m*
ricura *f* Hochgenuss *m*; süßer Fratz *m*; *Am reg Kosewort* Schätzchen *n*
ridicul|ez *f* Lächerlichkeit *f*; Blödsinn *m*; Kleinigkeit *f auch Spottpreis*; **~izar** ⟨-z/c-⟩ *tr* lächerlich machen
ridículo I *Adj* lächerlich; *Preis* lächerlich gering; lachhaft; albern; läppisch ◇ ***caer*** *od* ***dejar*** *od* ***ponerse*** *od* ***quedar en* ~** sich lächerlich machen; ***poner en* ~** lächerlich machen; ins Lächerliche ziehen **II** *m* Lächerlichkeit *f* ◇ ***hacer el* ~** sich lächerlich machen, sich blamieren; den Hanswurst spielen
riego *m* Berieselung *f*; Sprengen *n mit Wasser*; Gießen *n*; **~ *agrícola*** landwirtschaftliche Bewässerung *f*; **~ *por aspersión*** künstliche Beregnung *f*; **~ *sanguíneo*** Durchblutung *f*
riel *m* VERK Schiene *f*; *Gardinen* Schleuderschiene *f*
rielar *intr* glitzern; schimmern
rienda *f* Zügel *m auch übertr*; ***a* ~ *suelta*** mit verhängten Zügeln; *übertr* zügellos; hemmungslos; ***sin* ~** ohne ein Blatt vor den Mund zu nehmen ◇ ***aflojar la* ~** die Zügel lockern; ***dar* ~ *suelta*** *einer Sache* freien Lauf lassen; ***empuñar las ~s*** *übertr* die Zügel in die Hand nehmen; ***llevar*** *od* ***tener las ~s*** *übertr* die Zügel in der Hand haben *od* halten; ***soltar las ~s*** die Zügel schießen lassen; ***volver* (*las*) ~*s*** kehrtmachen
riesgo *m* Risiko *n*; Gefahr *f*; Wagnis *n*; **~ *asegurable*** versicherbares Risiko *n*; **~ *monetario* (*de transporte*)** Währungs-(Transport)risiko *n*; ***a* ~ *de*** auf die Gefahr hin, dass; ***a propio* ~** auf eigene Gefahr ◇ ***aceptar*** *od* ***correr un* ~** ein Risiko eingehen; ***correr* (*el*) ~** Gefahr laufen (***de*** zu); ***cubrir un* ~** ein Risiko abdecken; ***reparar en un* ~** einer Gefahr begegnen
riesgoso *Am* riskant
rif|a *f* Tombola *f*; Zank *m*; **~ar I** *tr* auslosen; verlosen **II** *intr* sich zanken; **~arse** um *etw od jmdn* wetteifern
rifle *m* Büchse *f Gewehr*
rigidez *f* Starrheit *f*; Starre *f*; Straffheit *f*

R

Strenge *f*; Steifheit *f*; ~ ***cadavérica*** (***muscular***) Toten-(Muskel)starre *f*
rígido starr *auch* TECH; straff; steif; streng; *übertr* hart
rigor *m* Strenge *f*; ~ ***científico*** Akribie *f*; ~ ***del verano*** Hitze *f* des Sommers; ***de*** ~ unerlässlich; unumgänglich; obligat; ***en*** ~ streng genommen ◇ ***es de*** ~ es ist Vorschrift
rigorismo *m* übertriebene Strenge *f*
riguros|idad *f* Strenge *f*; **~o** streng; *übertr* hart; unerbittlich; MET extrem
rijosidad *f* Brunst *f*; Sinnlichkeit *f*; Streitsucht *f*
rima[1] *f* Stoß *m*, Stapel *m*
rima[2] *f* Reim *m*; **~*s*** *Pl* Verse *m*/*Pl*
rim|ador *m* Verseschmied *m*; **~ar I** *intr* reimen; sich reimen (***con*** auf) **II** *tr* reimen lassen (***con, en*** auf)
rimbomb|ancia *f* Brimborium *n*; **~ante** widerhallend; hochtönend; bombastisch; **~ar** *intr* widerhallen
rimero *m* Stoß *m*, Stapel *m*
rímel *m* Wimperntusche *f*
Rin *m* Rhein *m*; ***Alto*** (***Bajo***) ~ Ober-(Nieder)rhein *m*
rincón *m* Winkel *m*, Ecke *f*; ~ ***cocina*** Kochnische *f*; ***en el último*** ~ ***del mundo*** am Ende der Welt; ***un tranquilo*** ~ ein ruhiges Fleckchen
rincon|ada *f* Ecke *f*, Winkel *m zwischen zwei Häusern od Straßen*; **~era** *f* Eckmöbel *n Bank, Tisch, Schrank*
ring *m* (Box-)Ring *m*
ringl|a *f*, **~e** *m*, **~era** *f* Reihe *f z.B. Personen, Bäume*; **~oro** *m* Schreiblinie *f*
ringorrango *m Schrift* schwungvoller Schnörkel *m*; **~*s*** *Pl* Firlefanz *m*
rinoceronte *m* Nashorn *n*
riña *f* Streit *m*; Schlägerei *f*; Zank *m*; ~ ***de gallos*** Hahnenkampf *f*
riñón *m* ANAT Niere *f*; Kern *m einer Sache*; ~ ***artificial*** künstliche Niere *f*; ~ ***contraído*** (***flotante***) Schrumpf-(Wander)niere *f* ◇ ***costar un*** ~ ein Heidengeld kosten; ***tener el*** ~ ***bien cubierto*** gut betucht sein *reich sein*
riñon|ada *f* Nierenfett *n*; Nierengegend *f*; KOCHK Nierchen *Pl*; *Cu* Rindskotelett *n*; **~era** *f* Gürteltasche *f*
río *m* Fluss *m*; Strom *m*; Unmenge *f*; ~ ***abajo*** (***arriba***) flussabwärts (-aufwärts); ~ ***de oro*** *übertr* Goldgrube *f* ◇ ***atravesar*** *od* ***pasar el*** ~ übersetzen; ***allí va todo a*** ~ ***revuelto*** dort geht es drunter und drüber; ***pescar en*** ~ ***revuelto*** *übertr* im Trüben fischen
rioja *m Esp* Riojawein *m*
rioplatense I *Adj* La-Plata- **II** *m*(*f*) Einwohner(in) *m*(*f*) der La-Plata-Region
ripi|a *f* Latte *f Schnittholz*; Dachschindel *f*; **~ar** *tr* mit Splitt, Schutt *od* Kiesel auffüllen; *Col, Cu, PR* zerstückeln
ripio *m* Bauschutt *m*; Splitt *m*; *i w S* Kies *m*; Füllsel *n*, Flickwort *n* ◇ ***meter*** ~ quatschen; ***no perder*** ~ gespannt verfolgen; ganz genau hinhören
ripostar *Cu* **I** *tr übertr z.B. Angriff* beantworten; *Feuer* erwidern **II** *intr* erwidern, entgegnen
riqueza *f* Reichtum *m auch übertr*; Reichhaltigkeit *f*; *Boden* Ergiebigkeit *f*; **~*s*** *Pl* Schätze *m*/*Pl*; ~ ***forestal*** Waldreichtum *m*; **~*s naturales*** Naturreichtümer *m*/*Pl*; **~*s del subsuelo*** Bodenschätze *m*/*Pl*
riquísimo steinreich; sehr wohlschmeckend
risa *f* Lachen *n*; Gelächter *n*; ~ ***de conejo***, ~ ***forzada*** gezwungenes *od* gequältes Lachen *n* ◇ ***aguantar la*** ~ sich das Lachen verkneifen; ***caerse*** *od* ***desternillarse*** *od* ***morirse*** *od* ***reventar de*** ~ sich krank- *od* kaputt- *od* totlachen; ***dar*** ~ zum Lachen sein; ***echar*** *od* ***tomar a*** ~ über *etw* lachen; nicht ernst nehmen; ***llorar de*** ~ Tränen lachen
risco *m* Felsen *m*; Klippe *f*; Grat *m*
ris|ible lächerlich; **~illa** *f*, **~ita** *f* Kichern *n*; **~otada** *f* schallendes Gelächter *n*
ristra *f* Zopf *m Zwiebeln*; Kette *f Feigen*; Bund *n*; Kanonade *f von Schimpfwörtern*; ***en*** ~ aufgefädelt ◇ ***soltar una*** ~ ***de palabrotas*** eine Schimpfkanonade loslassen
risueño lachend; lächelnd; heiter; *Augen, Gesicht* strahlend; lustig; lieblich; verheißungsvoll; günstig
Rita *f*: ***¡cuéntaselo a*** ~***!*** das kannst du deiner Großmutter erzählen; ***¡que lo haga*** ~***!*** das kommt für mich nicht in Frage!
rítmic|a *f* Rhythmik *f*; **~o** rhythmisch
ritmo *m* Rhythmus *m*; Tempo *n*; Aufeinanderfolge *f*; ~ ***acelerado*** beschleunigtes Tempo *n*; ~ ***cardíaco*** (***respiratorio***) Herz-(Atem)frequenz *f*; ~ ***de crecimiento*** (***desarrollo***) Wachstums-(Entwicklungs)-tempo *n*; ~ ***de trabajo*** Arbeitsablauf *m*; Arbeitstempo *n*
rit|o *m* Ritus *m*; **~ual I** *Adj* Ritual- **II** *m* Ritual *n*; **~ualidad** *f* Förmlichkeit *f*
rival I *Adj* Konkurrenz-; gegnerisch **II** *m* Rivale *m*; Nebenbuhler *m*; Mitbewerber *m*; **~idad** *f* Rivalität *f*; Wetteifer *m*; **~izar** ⟨-z/c-⟩ *intr* wetteifern; rivalisieren; sich gegenseitig überbieten
rivera *f* Bach *m*; *auch* Rinnsal *n*
riz|ador *m* Brennschere *f*; Lockenwickler *m*; **~ar** ⟨-z/c-⟩ *tr* kräuseln; fälteln; *Haar* Locken wickeln; Locken brennen
rizo I *Adj* kraus **II** *m* Locke *f*; Falte *f*; MAR Reff *n*; FLUGW Looping *m,n*

riz|ófora *f* Mangrove *f*; **~oma** *m* BOT Wurzelstock *m*, Rhizom *n*
rizoso *Haar* kraus; lockig
R.M. *Abk für* ***Registro Mercantil***
Rn (*Symb für* ***radón***) CHEM Rn
RNE *f Abk für* ***Radio Nacional de España***
robacoches *m* Autodieb *m*
robar I *intr/tr* rauben; stehlen **II** *tr* entwenden; berauben; bestehlen; ausrauben; *Freundin* ausspannen
robellón *m etwa* Steinpilz *m*
robinetería *f* Armaturen *f/Pl*
robl|e *m* Eiche *f*; **~edal** *m*, **~edo** *m* Eichenwald *m*; **~ón** *m* Niet *m*; **~onar** *tr* nieten; annieten; vernieten
robo *m* Raub *m*; (schwerer) Diebstahl *m*; Gestohlenes *n*; Entführung *f*; Einbruch *m*; **~ *con escala*** Einsteigediebstahl *m*; **~ *con fractura*** *od* ***infracción*** Einbruchdiebstahl *m*; **~ *con fuerza*** *od* ***violencia*** Raubüberfall *m*; **~ *con homicidio*** Raubmord *m*; **~ *a mano armada*** bewaffneter Raubüberfall *m* ◇ ***¡es un ~!*** das ist doch der reinste Nepp!
robot *m* Roboter *m*; **~ *de cocina*** Küchenmaschine *f*
robóti|ca *f* Robotertechnik *f*; **~zar** ⟨-z/c-⟩ *tr* mit Robotern ausstatten
robust|ecer ⟨-c/zc-⟩ *tr* stärken; kräftigen; **~ecerse** erstarken; **~ecimiento** *m* Stärkung *f*; Erstarkung *f*; Festigung *f*; Kräftigung *f*; **~ez** *f* Stärke *f*; Kraft *f*; Robustheit *f*; Rüstigkeit *f*; **~o** stark; kräftig; stramm; robust; rüstig; haltbar
roca *f* Fels *m auch übertr*; Gestein *n*; **~ *arcaica*** *od* ***primitiva*** Urgestein *n*; **~ *errática*** Findling(sblock) *m*; **~ *eruptiva*** (***sedimentaria***) Eruptiv-(Sediment)gestein *n*; **~ *lunar*** *od* ***selenita*** Mondgestein *n*; **~ *viva*** nackter Fels *m*; ***firme como una ~*** felsenfest
rocalla *f* Geröll *n*; Steinsplitter *m/Pl*
rocambolesco extravagant; pompös; *Idee* verschroben; unglaublich; ARCH, KUNST, *Stil* überladen; verwegen; außergewöhnlich
rocanrolero *m Am reg* Halbstarker *m*
roce *m* Reibung *f*; Berührung *f*; Scheuern *n*; Scheuerstelle *f*; (häufiger) Umgang *m mit anderen Personen*; **~s** *Pl* Reibereien *f/Pl*; ***al ~ de*** unter dem Einfluss von
rociada *f* Berieselung *f*; Besprengen *n*; Guss *m Regen*; Tau *m*; Donnerwetter *n Zornesausbruch*; *übertr* Flut *f*; **~ *de improperios*** Schimpfkanonade *f*; **~ (*contra incendios*)** Sprinkleranlage *f*; **~ *de perdigones*** Schrotladung *f*
roci|ador *m* Sprüher *m*, Spray *m,n*; Wäschesprenger *m*; LANDW Regner *m*; **~amiento** *m* Berieselung *f*; **~ar** ⟨-ío⟩ **I** *tr* berieseln; (be)sprengen; besprühen; begießen *auch übertr*; übergießen *z.B. mit Benzin*; übersäen (***de*** mit) **II** *unpers* tauen; nieseln; sprühen
roc|ín *m* Gaul *m*, Klepper *m*; Tölpel *m*; **~inante** *m* Schindmähre *f*
rocío *m* Tau *m*; *i w S* Sprühregen *m*
rock and roll *m* Rock and Roll *m*
rockero I *m* Rocksänger *m*; Rocker *m*; Rockfan *m* **II** *Adj* Rock-
rococó *m* Rokoko *n*
Rocosas: ***las ~*** die Rocky Mountains, das Felsengebirge
rocoso felsig, Fels-
rodaballo *m* Steinbutt *m*
rodada *f* Radspur *f*; Spurrinne *f*
rodado I *Adj Pferd* gescheckt; rollend *Verkehr*; *Gestein* rundgeschliffen ◇ ***venir ~*** wie gerufen kommen **II** *m* Rollen *n*; Fahrverkehr *m*; Kiesel *m*; Geröll *n*; *Arg, Chi* Wagen *m*
rodaja *f* Scheibe *f z.B. Kartoffel, Wurst*; Sporenrädchen *n*; (Flaschenzug-)Rolle *f*
rodaje *m* Radsatz *m*; *Uhr* Räderwerk *n*; FILM Dreharbeiten *f/Pl* (***de*** zu, für); KFZ Einfahren *n*; Einfahrzeit *f*; *Méx* Radspur *f*; *Pe* Straßengebühren *f/Pl*; FLUGW Rollen *n*; Ausrollen *n*; Einlaufzeit *f einer Maschine*; **~ *de exteriores*** Außenaufnahmen *f/Pl*
rodamiento *m* Wälzlager *n*; **~ *de*** *od* ***a bolas***, *Arg* **~ *a balines*** Kugellager *n*; **~ *de*** *od* ***a rodillos*** Rollenlager *n*
Ródano *m* Rhone *f*
rod|ante rollend; Fahr-; auf Rädern; **~ar** ⟨-ue-⟩ **I** *intr* sich drehen; rollen *auch übertr, z.B. Geld*; wälzen; fahren; hin und her rollen; sich herumtreiben; sich überschlagen **II** *tr* wälzen; rollen; KFZ einfahren; *Film* drehen
Rodas *f* Rhodos *n*
rodear I *tr* umgeben (***de*** mit) *auch übertr*; eine Runde gehen *od* machen (*dir Obj* um); umkreisen *z.B. eine Herde*; umzingeln (***con, de*** mit); umringen; *jmdn od etw* umgehen *meiden*; umlaufen *kreisförmig um etw herumlaufen*; sich winden (*dir Obj* um); umrunden, umfahren; umfangen *umarmen*; einhüllen; *mit den Armen* umfassen; *Am reg Vieh* zusammentreiben **II** *intr* einen Umweg machen; Ausflüchte erfinden; **~se** sich umgeben (***de*** mit); sich hin und her wälzen
rodeo *m* Umweg *m*; Umgehen *n*; Ausflucht *f*; *Am reg* Zusammentreiben *n* des Viehs; *Méx* Rodeo *m,n*; ***sin ~s*** ohne Umschweife ◇ ***andar con ~s*** drumrumreden; weit ausholen; *übertr* wie die Katze um den heißen Brei herumschleichen; Umschweife machen; ***dar un ~*** einen Umweg machen

roder|a *f* Radeindruck *m*; Radspur *f*; Spurrinne *f*; **~o** Rad-
rodete *m* Haarkranz *m*; ringförmiges Tragpolster *n*; **~ *de álabes*** Schaufelrad *n*
rodilla *f* Knie *n*; ***de ~s*** kniend ◇ ***hincarse*** *od* ***ponerse de ~s*** niederknien; ***poner de ~s a alg*** jmdn in die Knie zwingen
rodill|ada *f* Kniefall *m*; **~azo** *m* Stoß *m* mit dem Knie; **~era** *f* Knieschützer *m*; *Hose* Knieflicken *m*; *Hose* ausgebeultes Knie; Knieverletzung *f*
rodillo *m* TECH Rolle *f*; Walze *f*; Nudelholz *n*; *Schreibmaschine* (Papier-)Walze *f*; **~ *de caucho*** (Offset-)Druckzylinder *m*; TYP **~ *dador*** *od* ***entintador*** (***humectador***; ***tomador***) Auftrags-, Farb-(Feucht-; Leck)walze *f*; **~ *de presión*** Andrückrolle *f* ◇ ***adelgazar con un ~*** *Teig* auswalzen
rodo|dafne *f* Oleander *m*; **~dendro** *m* Rhododendron *m,n*
rodrigón *m* Stützpfahl *m*; Bohnenstange *f*; Hopfenstange *f*
Rodríguez: ***estar de ~*** *Esp* Strohwitwer sein
roed|or *m* Nagetier *n*; **~ura** *f* Nagen *n*
roer ⟨*unreg*⟩ **I** *tr*/*intr* nagen *auch übertr*; knabbern; *auch* beißen **II** *tr* abnagen; annagen; benagen; zernagen; abknabbern; anknabbern; zerknabbern; abfressen; anfressen; zerfressen; *Steilufer* auswaschen; grämen; zehren; *Ersparnisse* aufzehren; ***me roe*** es wurmt mich; **~(se)** *Fingernägel* kauen
rogado: ***ser muy ~*** sich sehr bitten lassen
rogar ⟨-ue-, -g/gu-⟩ **I** *tr* bitten; ***hacerse ~*** sich bitten lassen **II** *intr* beten
rogativa *f* Bittgebet *n*
roído *Hände* zerschunden; *Holz* wurmstichig
roj|ear *intr* rötlich schimmern; **~ete** *m* rote Schminke *f*, Rouge *n*; **~ez** *f* Röte *f*; **~igualdo** rot-golden *z.B. Fahne*; **~inegro** rotschwarz; **~illo** *Esp* rötlich; *Esp* POL rot angehaucht; **~iverde** POL rot-grün; **~izo** rötlich; FOTO rotstichig
rojo I *Adj* rot; **~ *claro*** (***oscuro***; ***subido***) hell-(dunkel-; hoch)rot; **~ *vivo*** grellrot ◇ ***ponerse ~*** rot werden; erröten **II** *m* Rot *n*; POL Roter *m*; **~ *para los labios*** Lippenrot *n*; ***al ~ blanco*** weiß glühend; ***al ~*** (***candente***) rot glühend ◇ ***colocar en ~*** WIRTSCH in die roten Zahlen bringen *Verluste verursachen*; ***estar en ~*** rote Zahlen schreiben *verschuldet sein*
rol *m* Liste *f*, Aufstellung *f*; MAR Mannschaftsliste *f*; THEAT *u übertr* Rolle *f*; **~ *central*** *od* ***protagónico*** Hauptrolle *f*
roldana *f Flaschenzug* Laufrolle *f*
rolla *f* Kindermädchen *n*
rollizo I *Adj* walzenförmig; rundlich; drall; stramm; stämmig **II** *m* Rundholz *n*; *Arg* Hüftspeck *m*
rollo *m* Rolle *f*; Walze *f*; Wickel *m*; (Film-)Spule *f*; Stammholz *n*; Schmarren *m Kitsch, Schund*; Hüftspeck *m*; alte Platte *f langweilige Rede*; Bluff *m*; starkes Stück *n Unverschämtheit*; **~** (***fotográfico***) Rollfilm *m*
rollona *f* Kindermädchen *n*
Roma *f* Rom *n* ◇ ***por todas partes se va a ~*** *od* ***preguntando se llega a ~*** *übertr* alle Wege führen nach Rom; ***revolver ~ con Santiago*** *Esp* Himmel und Hölle in Bewegung setzen
romana *f* Balken-, Läufer-, Schnellwaage *f*
romance I *Adj* romanisch **II** *m* LING Altkastilisch *n*, Altspanisch *n zur Abhebung vom Lateinischen*; Ritterroman *m*; LIT Romanze *f*; **~s** *Pl* Ausflüchte *f*/*Pl*; **~ *de gesta*** Heldenlied *n*; ***en ~*** in Versform ◇ ***hablar en*** (***buen***) **~** für alle verständlich sprechen; ***poner en buen ~*** *stilistisch* ausfeilen
romanc|ero *m* Romanzendichter *m*; Romanzensänger *m*; Romanzensammlung *f*
romaní *m* Roma *m*
románico I *Adj* KUNST, LING romanisch **II** *m* ARCH, KUNST Romanik *f*
roman|ista *m* JUR, LING Romanist *m*; **~ística** *f* Romanistik *f*; **~ización** *f* Romanisierung *f*; **~o I** *Adj* römisch **II** *m* Römer *m*
rom|anticismo *m* Romantik *f*; **~ántico I** *Adj* romantisch **II** *m* Romantiker *m*; **~anza** *f* MUS Romanze *f*
rombo *m* Rhombus *m*; Raute *f*; ZOOL Steinbutt *m*
romer|ía *f* Wallfahrt *f*; Pilgerfahrt *f*; **~o**[1] *m* Pilger *m*; Wallfahrer *m*
romero[2] *m* BOT Rosmarin *m*
romo *Spitze* stumpf; abgestumpft; stumpfnasig; stumpfsinnig, plump
rompe|cabezas *m* Totschläger *m Waffe*; Geduldspiel *n*; schwieriges Rätsel *n*; Puzzle *n*; **~corazones** *m* Herzensbrecher *m*; **~dero** leicht zerbrechlich; **~hielos** *m* MAR Eisbrecher *m*; **~huelgas** *m*(*f*) Streikbrecher(in) *m*(*f*); **~muelles** *m* Querschwelle *f zur Geschwindigkeitsbeschränkung*; **~nueces** *m Am* Nussknacker *m*; **~olas** *m* Wellenbrecher *m*; **~pechos** *m* Lungentorpedo *m starke Zigarette*
romper ⟨*Part* ***roto***⟩ **I** *tr* brechen *auch übertr*; aufbrechen *öffnen*; *Fenster* einschlagen; zerbrechen; zerreißen; zerschlagen; abbrechen *auch übertr*; durchbrechen *in zwei Teile brechen*; durchbrechen *z.B. eine Absperrung*; durchreißen; abreißen; ausbrechen; *Feuer, Feindseligkeiten* eröffnen; *Verlobung* lösen **II** *intr Tag* anbrechen; *Knospe* aufbrechen; sich bre-

R

chen, zerschellen *z.B. Wellen*; sich einen Weg bahnen (***entre*** durch); *Ehepartner* sich trennen (***con*** von); ~ ***a*** + *Inf* anfangen zu + *Inf*; ~ ***con alg*** *od* ***u/c*** mit jmdm *od* etw Schluss machen *od* brechen; ~ ***violentamente*** zerschmettern; ~***se*** brechen; in die Brüche gehen; *Eis* aufbrechen; zerbrechen; abbrechen; losbrechen; einbrechen; durchbrechen; abreißen; zerreißen; zerspringen; zerplatzen; platzen; *Film* reißen; ~***se en dos*** entzweigehen

rompevientos *m Méx* Anorak *m*

rompimiento *m* Abbruch *m von Beziehungen*; Brechen *n*; Zerbrechen *n*; Bruch *m auch übertr*; Aufbrechen *n*; Sprung *m*

ron *m* Rum *m*

ronc|ador *m* Schnarcher *m*; ~**ar** ⟨-c/qu-⟩ *intr* schnarchen; *Hirsch* röhren; *Sturm, Wogen* brüllen; brummen *n z.B. Brummkreisel, Kontrabass*; *Dielen* knarren; *Räderwerk* schnurren; prahlerische Drohungen ausstoßen; ~**o** *Stimme* rau; heiser; belegt

roncha *f* Schwellung *f*; Quaddel *f*; blauer Fleck *m durch Stoß*; Scheibe *f Wurst* ◇ ***levantar*** ~ Ärger erregen; ***levantar*** ~***s*** Blasen ziehen; *Insektenstich* Quaddeln bilden

ronchado: ***estar*** ~ voller Beulen sein

ronda *f* Runde *f auch übertr*; Lage *f Getränke*; Streife *f*; Rundgang *m*; Rundgesang *m*; Ring(straße *f*) *m*; *Radrennen* Rundfahrt *f*; ~ ***cero*** Nullrunde *f*; ~ ***de circunvalación*** Umgehungsstraße *f*; ~ ***colectiva*** Lohn-, Tarifrunde *f*; ***de conversaciones*** (***negociaciones***, ~ ***negociadora***) Gesprächs-(Verhandlungs)runde *f*; ~ ***electoral*** Wahlgang *m*; ~ ***de reconocimiento*** Visite *f im Krankenhaus*; ~ ***de vigilancia*** EISENB Streckenbegehung *f* ◇ ***hacerle la*** ~ *einer Frau* den Hof machen

rond|acalles *m*, ~**ador** *m übertr* Nachtschwärmer *m*; ~**ar I** *intr nachts* eine Runde machen; nachts bummeln; ein Nachtständchen bringen; *übertr* im Anmarsch sein *z.B. eine Krankheit* **II** *tr* umschwärmen; umwerben; umschleichen; *Zahl, Summe* sich bewegen um, sich belaufen auf (etwa); um *etw* herumgehen; umfliegen *z.B. eine Stadt*; umkreisen; *jmdn* belagern

rondón *m*: ***colarse de*** ~ unaufgefordert eintreten

ronquear[1] *tr Fische, Seetiere* transchieren

ronquear[2] *intr* heiser sein; heiser reden; heiser klingen

ronqu|edad *f*, ~**era** *f* Heiserkeit *f*; ~**ido** *m* Schnarchen *n*; *Sturm* Brüllen *n*; Toben *n der Elemente*; *Dielen* Knarren *n*; Brummen *n*; *Hirsch* Röhren *n*; *Säge* Kreischen *n*

ronronear *intr Katze u übertr* schnurren; *Motor* brummen; rumoren

ronzal *m* Halfterstrick *m*

ronzar ⟨-z/c-⟩ *tr* schnurpsen *reg knackend zerkauen*

roñ|a I *f* Räude *f der Schafe*; Schorf *m Pflanzenkrankheit*; Schmutzkruste *f*; Unflat *m*; Kiefernborke *f*; Geiz *m*; *Am* Groll *m* **II** *m* Geizkragen *m*; ~**ería** *f* Knick(e)rigkeit *f*; ~**oso** räudig; schmutzig; schäbig; unflätig; schorfig; rostig; geizig; *Am* wütend

ropa *f* Wäsche *f*; Kleidung *f*; Bekleidung *f*; Kluft *f*; ~ ***de abrigo*** warme Kleidung *f*; ~ ***blanca*** Weißwäsche *f*; ~ ***de caballero*** (***niño***; ***señora***) Herren-(Kinder-; Damen)bekleidung *f*; ~ ***de cama*** Bettwäsche *f*; ~ ***de civil*** Zivilkleidung *f*; ~ ***de color*** Buntwäsche *f*; ~ ***de deportes*** Sportkleidung *f*; ~ ***exterior*** Oberbekleidung *f*; ~ ***de faena*** Arbeitskleidung *f*; ~(***s***) ***hecha***(***s***) Fertigkleidung *f*; ~ ***interior*** (***ligera para damas***) (leichte Damen-)Unterwäsche *f*; ~ ***de mesa*** Tischwäsche *f*; ***a quema*** ~ *Schuss* aus nächster Nähe; unvermittelt ◇ ***aligerarse de*** ~ sich frei machen, ablegen; ***cambiarse de*** ~ sich umziehen; (***nadar y***) ***guardar la*** ~ vorsichtig zu Werke gehen; ***quitarse la*** ~ sich ausziehen; ***tender*** (***torcer***) ***la*** ~ die Wäsche aufhängen (auswringen)

rop|aje *m* Kleidung *f*; Amtstracht *f*; Robe *f*; Vorwand *m*; Deckmantel *m*; ~**avejería** *f* Trödlerladen *m*; Secondhandshop *m*; ~**ería** *f* Konfektionsgeschäft *n*; Kleiderkammer *f*; ~**ero** *m* Kleiderschrank *m*; Kleiderkammerwart *m*; Altkleidersammelstelle *f*

roque[1] *m Schach* Turm *m*

roque[2]: ***estar*** *od* ***quedarse*** ~ fest schlafen

roque|da *f*, ~**dal** *m* felsiges Gelände *n*; ~**fort** *m* Roquefort *m*; ~**ro** Felsen-

rorro *m umg* Wickelkind *n*, Baby *n hochspr*

rosa I *Adj* rosa(farben) **II** *f* Rose *f*; ~ ***náutica*** *od* ***de los vientos*** Kompass-, Windrose *f*; ***como una*** ~ gesund aussehend **III** *m* Rosa *n*

rosáceo rosenfarbig; rosenartig

rosada *f* Raureif *m*

ros|ado I *Adj* rosig; Rosen-; rosenrot **II** *m Wein* Rosé *m*; ~**al** *m* Rosenstrauch *m*; ~**aleda** *f*, ~**alera** *f* Rosengarten *m*; Rosenhecke *f*

rosario *m* REL Rosenkranz *m*; Rosenkranzgebet *n*; Paternoster(aufzug) *m*; Kanonade *f von Flüchen*; Serie *f*, Kette *f nicht abreißende Menge*

rosbif *m* Roastbeef *n*

rosca *f* Gewinde *n*; *Spirale* Windung *f*

R

Schnecke *f Gebäck*; *Am reg* Clique *f*, Klüngel *m*; **~ inglesa** Zollgewinde *n*; **a ~** Schraub- *z.B. Objektiv* ◇ **hacer la ~** das Gewinde schneiden; *Hund, Katze, Schlange* sich zusammenrollen; **hacer la ~ a alg** *übertr* jmdn umschmeicheln; **pasarse de ~** *Gewinde* sich ausleiern; überschnappen; *übertr* zu weit gehen
roscado I *Adj* mit Gewinde **II** *m* Gewindeschneiden *n*
rosco *m* Schnecke *f Gebäck* ◇ **no comerse un ~** nicht zum Zug(e) kommen *keinen Erfolg haben*
roscón *m* Zopf *m Weißbrot*; *Esp Schülersprache* Ungenügend *n*
roseta *f* Röschen *n*; *Gießkanne* Brause *f*; **~s** *Pl* Puffmais *m*, Popcorn *n*
rosetón *m* ARCH Rosette *f*
rosicler *m* Morgenrot *n*; **~ alpino** *od* **de los Alpes** Alpenglühen *n*
ros|icultor *m* Rosenzüchter *m*; **~icultura** *f* Rosenzucht *f*; **~illo** hellrot
rosita *f* Röschen *n*; **~s** *Pl* Puffmais *m*, Popcorn *n*; **de ~** umsonst; mühelos
roso kahl; **a ~ y velloso** wie Kraut und Rüben (durcheinander); völlig, ohne Ausnahme
rosquilla *f* Zuckerbrezel *f*
rosti|cería *f* Grillbar *f*; **~zado** Grill-
rostrituerto griesgrämig, mürrisch
rostro *m* Gesicht *n*, Antlitz *n*; ZOOL Schnabel *m vor allem in Zusammensetzungen, z.B.* **conirrostro**; **~ aguileño** Raubvogelgesicht *n*; **a ~ firme** frei heraus ◇ **conocer de ~** vom Sehen (her) kennen; **dar en ~ a alg u/c** jmdm etw ins Gesicht sagen; **tener ~** die Stirn haben *sich erdreisten*; **vestir el ~ de alegría** eine freudige Miene aufsetzen
Rota[1] *f* Rota *f oberster Gerichtshof der römisch-katholischen Kirche*
rota[2] *f* Rotangpalme *f*, spanisches Rohr *n*; **~ de la India** Peddigrohr *n*
rotación *f* Drehung *f*; Umdrehung *f*; Rotation *f*; Fluktuation(srate) *f unter Arbeitskräften*; *Kran* Schwenkung *f*; **~ de cultivos** Fruchtwechsel *m*; **~ de las existencias** Lagerumschlag *m*; **~ del personal** Diensteinteilung *f*; **~ terrestre** *od* **de la Tierra** Erdumdrehung *f*; **~ de los vagones** EISENB Wagenumlauf *m*; **por ~ alfabética** im alphabetischen Wechsel
rotario *m* Mitglied *n* des „Rotary Club"
rotativa *f* TYP Rotationsdruckmaschine *f*; **~ ministerial** Auswechselung *f* von Ministern; **~ offset a** *od* **de bobinas** (**para pliegos**) Rollen-(Bogen)offsetmaschine *f*
rotat|ivo I *Adj* Rotations-; Dreh-; Schicht- **II** *m* Zeitung *f*; **~orio** drehbar; rotierend; umlaufend
rotisería *f Am* Rotisserie *f*
roto *Part von* **romper I** *Adj* entzwei; gebrochen; zerbrochen; *Leben* verpfuscht; zerschlagen *müde*; zersprungen; abgerissen; zerlumpt; liederlich **II** *m* Assi *m umg Assozialer*; Flegel *m*; *Arg, Pe spöttische Bezeichnung für Chilenen*; *Ec* Mestize *m*; *Méx* Fatzke *m*
rotograbado *m* TYP Rotationstiefdruck *m*
rot|onda *f* Rundbau *m*; Rotunde *f*; Rondell *n*; *Arg* Kreisverkehr *m*; **~or** *m* EL, TECH Rotor *m*; Laufrad *n*; EL Anker *m*
rotoso *Am* zerlumpt
rótula *f* Kniescheibe *f*
rotulación *f Schilder* Beschriftung *f*; Etikettieren *n*; FILM Untertitelung *f*
rotulador *m* Beschrifter *m*; Schriftschablone *f*; Filzstift *m*; **~ fluorescente** Textmarker *m*
rotul|adora *f* Etikettiermaschine *f*; **~ar I** *tr* beschriften; etikettieren; *Film* untertiteln; *Text, Waren* auszeichnen **II** *Adj* Kniescheiben-
rótulo *m* Aufschrift *f*; TYP Überschrift *f*; Firmenschild *n*; Hinweisschild *n*; Paketaufkleber *m*; Anschlag *m Aushang*; Etikett *n*; FILM Untertitel *m*; INFORM Markierung *f*; **~ de aviso** Warnschild *n*; **~ luminoso** Leuchtschrift *f*; **~ de población** Ortsschild *n*; **~ sensacionalista** Sensationsüberschrift *f*
rotund|a *f* Rotunde *f*; **~amente** rundweg; **~idad** *f* Bestimmtheit *f einer Absage*; **~o** *Sprache* volltönend; *Erfolg* voll; *Sieg* glatt; entschieden; ganz, völlig
rotura *f* Brechen *n*; Bruch *m*; Abbruch *m von Beziehungen*; MED Riss *m*; **~s** *Pl* HDL Ausschuss *m*, Bruch *m*
roturar *tr* urbar machen
roya *f* Rostpilz *m*; *Holz* Rotfäule *f*
royalty *m* ⟨**royaltis** *Pl*⟩ HDL, TECH Royalty *f Lizenzgebühr*
roz|a *f* Rodung *f*; gerodeter Acker *m*; Kabelschacht *m*; **~adura** *f* Schramme *f*; Kratzer *m*; Scheuerwunde *f*; Streifwunde *f*; durchgescheuerte Stelle *f an Kleidungsstücken*; **~agante** selbstgefällig; eingebildet; prächtig *Kleidung*; **~amiento** *m* TECH Reibung *f*; leichte Berührung *f*; Scheuern *n*; Aneinanderreiben *n*; **~amientos** *Pl* Reibereien *f/Pl*; **~ar** ⟨-z/c-⟩ *tr* roden; *Acker* jäten; *Weide* abgrasen; streifen *auch übertr*; grenzen (*dir Obj* an); reiben; scheuern; durchscheuern; ankratzen; schrammen; durchwetzen; abschaben; *Kabelkanal* aufstemmen; **~arse** sich berühren; sich streifen; sich *etw* zerschrammen; sich durchscheuern; stolpern (**en** über) *auch übertr*; vertrauten Umgang

R

haben

r.p.m. *Abk für* ***revoluciones por minuto***

R.T.V.E. *Abk für* ***Radio Televisión Española***

R.U. *Abk für* ***Reino Unido***

rúa *f* (Stadt-)Straße *f*

ruana *f Col, Ven* wollener Poncho *m*

Ruanda *f* Ruanda *n*

ruandés I *Adj* ruandisch **II** *m*, **-esa** *f* Ruander(in) *m(f)*

ruano *m* Rotschimmel *m Pferd*

rubefacción *f* Rötung *f*

rubéola *f* MED Röteln *Pl*

rubí *m* Rubin *m*; TECH Stein *m z.B. Uhr*

rubi|a *f* Krapp *m*; Färberröte *f*; Blondine *f*; *Bier* Helles *n*; KFZ Kombiwagen *m mit hölzernem Aufbau*; **~ales** ⟨*unv*⟩ **I** *Adj* blond **II** *m* Blonder *m* **III** *f* Blondine *f*

rubi|cundez *f* Rötung *f*; Röte *f*; **~cundo** rotblond; verbrannt *rot, z.B. Gesicht*; kupferrot; **~dio** *m* CHEM Rubidium *n*; **~o I** *Adj* blond; goldgelb, golden; hellbraun; *Bier, Tabak* hell; BOL betrunken **II** *m* Blonder *m*

rublo *m* Rubel *m*

rubor *m* Röte *f*; Schamröte *f*; Scham *f*; **~izar** ⟨*-z/c-*⟩ *tr* die Schamröte ins Gesicht treiben; **~izarse** erröten; von Scham ergriffen werden; **~oso** schamhaft; schamvoll

rúbrica *f* Paraphe *f*; *Unterschrift* Schnörkel *m*; Abschluss *m*; ***bajo la ~*** unter der Rubrik ◇ ***ser de ~*** üblich sein

rubric|ación *f* POL Paraphierung *f*; **~ar** ⟨*-c/qu-*⟩ *tr Schriftstücke* mit dem Namenszeichen versehen; FIN, VERW abzeichnen; POL paraphieren; *Arg* bekräftigen

rubro *m Am* Überschrift *f*; Rubrik *f*; *Buchführung* Posten *m*, Position *f*

rucio I *Adj* hellbraun; *Tierfell* grau; grau meliert **II** *m* Grauschimmel *m*

rudeza *f* Rauheit *f*; Grobheit *f*; Unhöflichkeit *f*; Schroffheit *f*; Ungeschliffenheit *f*

rudiment|al, **~ario** rudimentär, wenig entwickelt; **~o** *m* Rudiment *n*; Ansatz *m*; **~os** *m/Pl* Grundbegriffe *m/Pl*

rudo rüde; grob; krass; ungeschlacht; derb; rau; hart; schwerfällig *beim Lernen*

rueda *f* Rad *n*; Scheibe *f*; Runde *f*; *Cu* Stange *f Zigaretten*; ***~ de afilar*** Schleifstein *m*; ***~ de álabes*** Schaufelrad *n*; ***~ cónica*** (***dentada***) Kegel-(Zahn)rad *n*; ***~ libre*** *od* ***loca*** *Fahrrad* Freilauf *m*; ***~ de molino*** Mühlrad *n*; ***~ de prensa*** Pressekonferenz *f*; ***~ de recambio*** *od* ***repuesto*** Ersatzrad *n*; ***~ de votación*** Wahlrunde *f*; ***en ~*** in der Runde; im Kreise; ***sobre ~s*** fahrbar ◇ ***eso no anda*** *od* ***va ni con ~s*** das entspricht nicht der Wahrheit; ***comulgar con ~s de molino*** die größten Lügen schlucken; ***hacer la ~*** sich herumsprechen; die Runde machen; sich aufplustern; ***todo marcha sobre ~s*** alles läuft wie am Schnürchen

rued|amundos *m* Weltenbummler *m*; **~ero** *m* Radmacher *m*, Wagner *m*

ruedo *m Rock* Saum *m*; Umkreis *m*; TAUR Arena *f*; kleine *meist runde* Matte *f*; ***~ de curiosos*** Runde *f* von Neugierigen

ruego *m* Bitte *f*; Fürbitte *f*; Ersuchen *n*; ***a ~s*** auf Bitten *od* Ersuchen (***de*** *Gen od* von) ◇ ***acceder a un ~*** einer Bitte entsprechen; ***conseguir*** *od* ***lograr a ~s*** durch Bitten erreichen; ***formular*** *od* ***hacer un ~*** eine Bitte äußern

rufi|án *m* Zuhälter *m*; *i w S* Mädchenhändler *m*; Ganove *m*; **~anería** *f* Zuhälterei *f*; Kuppelei *f*; Gaunerei *f*

rufo rotblond; rothaarig; kraushaarig

rugby *m* Rugby *n*

rugido *m* Krachen *n*; Brüllen *n auch übertr*; Tosen *n*; *Magen* Knurren *n*

ruginoso rostig; *Wasser* trüb

rugir ⟨*-g/j-*⟩ *intr* brüllen *auch übertr*; brausen, tosen; toben, wüten; *Magen* knurren; *Eingeweide* kollern; ruchbar werden

rugos|idad *f* Runzligkeit *f*; Runzel *f*; **~idades** *f/Pl* Unebenheiten *f/Pl*; **~o** runz(e)lig; uneben; schrumpelig

ruibarbo *m* Rhabarber *m*

ruido *m* Lärm *m*; Radau *m*, Krach *m*; Geräusch *n*; Rauschen *n*; Getümmel *n*; Gepolter *n*; Streit *m*; ***~ de antena*** Antennenrauschen *n*; ***~ callejero*** Straßenlärm *m*; ***~ crepitante*** TEL Prasseln *n*, Knacken *n*; ***~ de fondo*** Geräuschkulisse *f*; ***~ infernal*** *od* ***de mil demonios*** Höllenlärm *m*; ***~ de motores*** Motorenlärm *m*; ***~ parásito*** Nebengeräusch *n*; ***~ perturbador*** störendes Geräusch *n*; ***~ del propulsor*** Triebwerkslärm *m*; ***~ de tráfico*** Verkehrslärm *m* ◇ ***armar*** *od* ***hacer*** *od* ***meter ~*** Krach machen; Aufsehen erregen

ruidoso geräuschvoll; lärmend; laut(stark); sehr laut; Aufsehen erregend

ruin I *Adj* gemein *niederträchtig*; schäbig *geizig*; *Tiere, Wetter* tückisch **II** *m* Schuft *m*

ruina *f* Einsturz *m*; Ruine *f auch übertr*; Zusammenbruch *m*; Ruin *m*; Verderben *n*; **~s** *Pl* Trümmer *Pl*; ***en ~s*** in einem ruinösen Zustand ◇ ***amenazar ~*** einzustürzen drohen; ***dejar en la ~*** *jmdn* ruinieren; ***estar*** *od* ***quedarse en la ~*** ruiniert sein; ***estar hecho una ~*** *übertr* ein Wrack sein; ***hundir en la ~*** in den Ruin stürzen *od* treiben

ruin|dad *f* Gemeinheit *f*; Schäbigkeit *f*; **~oso** baufällig; verderblich; Verlust-, ruinös

ruiseñor *m* Nachtigall *f*

rul|ero *m* Lockenwickler *m*; **~eta** *f Spiel* Roulette *n*; **~etero** *m AmC, Méx* Taxifah-

R

rer *m*
rulo *m* Walze *f*; Nudelholz *n*; Locke *f*; Lockenwickler *m*; **~ *agrícola*** Ackerwalze *f* ◇ ***extender con el ~*** *Teig* auswalzen
rulot *f Esp* Wohnwagenanhänger *m*
Ruman|ia *od* **~ía** *f* Rumänien *n*
rumano I *Adj* rumänisch **II** *m*, **-a** *f* Rumäne(-in) *m(f)*; das Rumänische
rumba *f* Rumba *f* MUS *u Tanz*; *AmC*, *Ant* ausgelassenes Fest *n*; *Ant* Bummel *m*; **~tela** *f Cu*, *Méx* Bummel *m*
rumbe|ador *m Rpl* Führer *m* mit Ortskenntnissen; **~ar**[1] *intr Am* sich orientieren; MAR Kurs nehmen; ansteuern; *And*, *Rpl* eine bestimmte Richtung einschlagen
rumb|ear[2] *intr* Rumba tanzen; *AmC*, *Ant* bummeln gehen; **~ero** *Cu* Rumba-
rumbo[1] *m* Richtung *f*; FLUGW, MAR *u übertr* Kurs *m*; *übertr* Weg *m Richtung*; MAR Strich *m der Kompassrose*; **~ *alcista*** Aufwärtstrend *m*; **~ *zigzag*** Zickzackkurs *m*; ***con ~ a*** in Richtung; MAR mit Kurs auf; unterwegs nach; ***sin ~ fijo*** ziellos ◇ ***cambiar el ~*** den Kurs ändern; vom Weg abweichen; einen anderen Weg einschlagen; ***dar otro ~ a la conversación*** dem Gespräch eine Wendung geben; ***hacer ~ a*** Kurs nehmen auf; ***perder el ~*** vom Kurs abkommen; sich verlaufen; sich verfliegen
rumbo[2] *m* Prunk *m*; Großzügigkeit *f bei Geldangelegenheiten* ◇ ***dar con ~*** freigiebig sein; ***vivir con ~*** auf großem Fuß(e) leben
rumboso prunkvoll; freig(i)ebig ◇ ***ser ~*** die Spendierhosen anhaben
rumi|a *f* Wiederkäuen *n auch übertr*; **~ante** *m* Wiederkäuer *m*; **~ar** *tr/intr* wiederkäuen; reiflich überlegen
rumor *m* Gerücht *n*; *Wald* Rauschen *n*; Stimmengewirr *n*; Murmeln *n auch übertr*; Gemunkel *n*; ***~es propagados*** Flüsterpropaganda *f* ◇ ***andan ~es*** es kursieren Gerüchte; ***corren ~es de que*** man munkelt, dass
rumor|ar *intr Am*, **~earse** munkeln; **~eo** *m* Rauschen *n der Bäume*; **~oso** geräuschvoll; rauschend
runa *f* Rune *f*
runr|ún *m* Gemurmel *n*; *Motor* Brummen *n*; → ***rumor***; **~unearse** munkeln
rupt|or *m* EL Unterbrecher *m*; KFZ Zündunterbrecher *m*; **~ura** *f* Bruch *m*; Abreißen *m*; Abbruch *m auch von Beziehungen*; POL Aufbruch *m*; Umbruch *m*; Durchbruch *m*; Dammbruch *m*
rural I *Adj* Land-; ländlich; VERW -Land *z.B.* ***Veracruz*** ~ *im Gegensatz zu* ***Veracruz Urbano*** **II** *m* **~es** *Pl Méx* berittene Landpolizei *f*
Rusia *f* Russland *n*; **~ *Soviética*** *od* ***de los Soviets*** *hist* Sowjetrussland *n*
rus|ística *f* LING Russistik *f*; **~o I** *Adj* russisch **II** *m*, **-a** *f* Russe(-in) *m(f)*
rústica *f*: ***en ~*** TYP broschiert ◇ ***encuadernar*** *od* ***poner en ~*** TYP broschieren
rusticidad *f* bäurisches Wesen *n*; rustikales Aussehen *n*, Einfachheit *f*
rústico I *Adj* ländlich; rustikal; Land-; derb; grob **II** *m* Landmann *m*
ruta *f* Route *f*; Weg *m*; Straße *f*; VERK *z.B. Omnibus* Linie *f*; INFORM Pfad *m*; **~ *aérea*** (***marítima***) Fluglinie *f* (Seeweg *m*); ***~s alternativas*** VERK Umgehungsstraßen *f/Pl*; **~ *comercial*** (***nacional***) Handels-(Fernverkehrs)straße *f*; **~ *nocturna*** VERK Nachtlinie *f*
rutero *m Radsport* Straßenfahrer *m*
rutil|ante schimmernd; **~ar** *intr* schimmern
rutin|a *f* Routine *f*; INFORM Programm *n*; **~ario I** *Adj* routine-, gewohnheitsmäßig; routiniert **II** *m* Routinier *m*

S

s, **S** *f* s, S *n*
s. I *Präp* (*Abk für* ***según***) lt.; (*Abk für* ***sin***) o.; *Abk für* → ***sobre***[2] **II** *m* (*Abk für* ***siglo***) Jh. *n*
S (*Symb für* ***azufre***) CHEM S; (*Abk für* ***sábado***) Sa.
S. I (*Abk für* ***San*** *od* ***Santo***) S. *m*, St. *m od* Sto. *m*; (*Abk für* ***sur***) S *m* **II** *f* (*Abk für* ***sociedad***) Ges. *f*
$ (*Symb für* ***dólar*** *bzw* ***escudo*** *bzw* ***peso*** *als Währung*) $
s. a. (*Abk für* ***sin año***, → ***año***) o.J.
S.A. *f* (*Abk für* ***sociedad anónima***) AG *f*
S.ª *f od* **Sa.** *f* (*Abk für* ***Santa***) S. *f od* Sta. *f*; → ***Sra.***
sábado *m* Sonnabend *m*, Samstag *m*; REL Sabbat *m*; **~ *no laborable***, **~ *libre*** arbeitsfreier Sonnabend *m*
sabana *f* Savanne *f*, (Gras-)Steppe *f*
sábana *f* (Bett-)Laken *n*; großes *od* breites Tuch *n*; **~ *de nieve*** Schneedecke *f*
sabandija *f* Ungeheuer *n*, Scheusal *n*; **~s** *Pl*

Ungeziefer *n*
sabático *m* Studienurlaub *m*, Forschungssemester *n für Hochschullehrer*
sabedor: ***ser ~ de u/c*** über etw unterrichtet sein
sabelotodo *m* Besserwisser *m*
saber ⟨*unreg*⟩ **I** *tr/intr* wissen; ***sabérselas todas*** *umg übertr* mit allen Wassern gewaschen sein; alles wissen; sich *in etw* (gut) auskennen; ***a ~*** und zwar, nämlich, das heißt; ***ávido de ~*** wissenshungrig; wissbegierig; ***¿cómo lo sabe Vd.?*** Woher wissen Sie das?; ***no sabe nada de nada*** er hat von nichts eine Ahnung; ***no sé qué le diga (...)*** *Unsicherheit* wie soll ich es Ihnen sagen (...); ***no que yo sepa*** nicht dass ich wüsste; ***(por lo) que yo sepa*** meines Wissens, soweit ich weiß; ***¡qué sé yo!*** was weiß ich?, keine Ahnung!; ***sin ~lo yo*** ohne mein Wissen; ***ya se sabe que ...*** bekanntlich ...; ***hacer ~*** *jmdm etw* mitteilen; zur Kenntnis bringen; *jmdn etw* wissen lassen **II** *tr* können *Erlernbares beherrschen* (***~ bailar***; ***~ hablar francés***); fähig *od* imstande sein; *bes im Perf u perfs* erfahren (***lo he sabido esta mañana***; ***lo supe anoche***); *bes Am* kennen **III** *intr* gelehrt *od* klug *od* erfahren sein; Kenntnisse besitzen; schmecken (***a*** nach) (***sabe a quemado***; ***no sabe a nada***); ***me sabe muy mal*** das *od jmd* schmeckt (*d.h.* gefällt) mir nicht; ***(no) ~ de alg*** über jmdn etw (nichts) wissen, über jmdn etw (nichts) in Erfahrung bringen; von jmdm (keine) Nachricht haben; ***(no) ~ de u/c*** von einer Sache (nichts) wissen; ***~ hacer u/c*** *Rpl reg umg* gewöhnlich etw tun, etw zu tun pflegen (***sabe venir por acá todas las tardes***) **IV** *m* Wissen *n*; Weisheit *f*; Können *n*; ***según el*** *bzw* ***su*** *bzw* ***mi*** *bzw* ***nuestro leal ~ y entender*** *bes* JUR nach bestem Wissen und Gewissen; *Sprichw* ***el ~ no ocupa lugar*** Wissen schadet nie
sabiamente klug, vernünftig
sabido klug ◇ ***dar por ~*** als bekannt voraussetzen; ***es ~*** *od* ***~ es que ...*** es ist bekannt, dass ...
sabiduría *f* Weisheit *f*; Klugheit *f*; Wissen *n*; Gelehrsamkeit *f*
sabiendas: ***a ~*** absichtlich, mit Willen; wissentlich; bewusst; ***a ~ de que ...*** wohl wissend, dass ...; ***aun a ~ de que ...*** obwohl ich *bzw* er *usw* genau wusste, dass ...
sabihond|ez *f* gelehrtes Getue *n umg*; Besserwisserei *f*; **~o I** *Adj* superschlau *umg iron*, besserwisserisch **II** *m* Besserwisser *m*
sabi|o I *Adj* weise; gelehrt; klug; lehrreich; **II** *m* Gelehrter *m*; Weiser *m*; **~ondo** → ***sabihondo***
sablazo *m* Säbelhieb *m*; Pump *m*, Anpumpen *n von Geld* ◇ ***dar un ~ a alg*** jmdm einen Säbelhieb versetzen; jmdn *um Geld* anpumpen; ***vivir de ~s*** auf *od* vom Pump leben
sabl|e *m* Säbel *m*; **~eador** *m* → ***sablista***
sablear *tr jmdn um Geld* anpumpen; *jmdm Geld* abschwatzen; ***lo ~on*** *übertr* sie haben ihn ausgenommen *bzw* angepumpt
sablista *m verächtl* Pumpgenie *n*
sabor *m* Geschmack *m* (***a*** nach), *auch übertr*; Geschmacksrichtung *f*; Eigenheit *f*; Würze *f auch übertr*; *übertr* (An-)Hauch *m*; ***de dulce ~*** angenehm schmeckend; ***de ~ dulce*** süß schmeckend ◇ ***dar ~*** würzen *auch übertr*; ***dejar mal ~ de boca*** *übertr bei jmdm* einen schlechten Nachgeschmack hinterlassen; ***tomarle ~ a u/c*** Geschmack an etw finden
sabor|ear *tr* schmecken; genießen; auskosten; schmackhaft machen; **~earse** Vergnügen finden (***con*** an); sich laben (***con*** an) *auch übertr*; **~eo** *m* Schmecken *n*; Genießen *n*; Abschmecken *n*; **~izante** *m* Geschmacksstoff *m*, -verstärker *m*
sabot|aje *m* Sabotage *f*; **~eador I** *Adj* Sabotage- **II** *m* Saboteur *m*; **~ear** *tr* sabotieren; hintertreiben; **~eo** *m* → ***~aje***
Saboya *f* Savoyen *n*
saboyano I *Adj* savoyisch; **II** *m* Savoyarde *m od* Savoyer *m*
sabros|amente angenehm; bequem; **~o** *meist in Verbindung mit* ***muy*** *Essen, Getränk* schmackhaft, gut, köstlich; lecker, appetitlich; *Obst* saftig; gewürzt, würzig; deftig; *Am reg* angenehm, sympathisch; **~ón** *Am reg* **I** *Adj* redselig; aufdringlich (aber liebenswürdig) **II** *m* Genießer *m*, Genussmensch *m*, Lebemann *m*; **~ura** *f Am reg* Genuss *m*, Wonne *f*
sabuco *m* → ***saúco***
sabueso *m* Spürhund *m auch übertr*
saca[1] *f* großer Sack *m*; ***~ de correspondencia*** Postsack *m*
saca[2] *f* Herausnahme *f*, Entnahme *f*; Ausführen *n von Waren*; (autorisierte) Abschrift *f*; **~corchos** *m* Korkenzieher *m*; **~da** *f Arg, Chi* → ***saca***[2]; **~dinero(s)** *m verächtl* Talmi *n*; Tand *m*; *übertr* Bauernfänger *m*, Beutelschneider *m*; **~jugos** *m Co*[illegible] Entsafter *m*; **~miento** *m* → ***saca***[2]; **~puntas** *m* Bleistift(an)spitzer *m*
sacar ⟨-c/qu-⟩ *tr* herausziehen; herausnehmen; herausholen; ziehen *auch übert*[illegible] *Nutzen, Schlussfolgerung u Lotterielos*[illegible] (her)ausreißen; ausgraben; zeigen; herausstrecken; entnehmen *auch übertr* ausfindig machen, herausfinden; *etw* löser[illegible] *auch übertr*; *logisch* schließen; *Rohstoffe* *Auszeichnungen* gewinnen; *Prüfungsno*[illegible]

ten, *Punkte* bekommen, kriegen *umg*; *Prüfung*, SPORT *Punkte* erzielen; hernehmen (**¿de dónde lo sacaste?**); *Wein u allg etw* abziehen; *Kopien* machen *bzw* schreiben; *etw aus jmdm* herauspressen; TECH ausfahren; *Flecken* entfernen; *etw* herausbringen *auch übertr*; *Buch* herausgeben; FOTO *Aufnahme* machen; wegnehmen; *z.B. der Armut* entreißen; *aus dem Gefängnis* holen; *zum Tanz* auffordern *od* bitten; *Geld, Waren, auch Hund* ausführen; *Geld* abheben; *Fahrkarte* lösen; *Eintrittskarte* kaufen; *etw aus einer Veröffentlichung* herausschreiben; *Notizen* machen; *Summe* aus- *bzw* berechnen; *jmdm Geld* ablocken; **~ absuelto** *umg jmdn vor Gericht* freibekommen; **~ adelante** *übertr etw* voranbringen; *jmdn* durchbringen *helfen*; **~ fuera** hervorholen; **~se** *Kleidungsstück* ausziehen; *Kopfbedeckung* abnehmen; **~se de encima u/c** etw loswerden, sich etw vom Halse schaffen *umg*

sacarin|a *f* Saccharin *n*, Süßstoff *m*; **~o** zuckerhaltig; zuck(e)rig; zuckerartig

saca|rruedas *m* KFZ Radabzieher *m*, -abdrücker *m*; **~tapón** *m* → **sacacorchos**

sacerdote *m* Priester *m*; Geistlicher *m*

saciar *tr* sättigen (**de** mit); *Durst, Hunger* stillen; zufrieden stellen; **~se** satt werden; befriedigt werden; **~se con poco** mit wenig vorlieb nehmen

saciedad *f* Sättigung *f*; Zufriedenheit *f*; **hasta la ~** bis zum Überdruss *od* Gehtnichtmehr *umg*; unaufhörlich

saco *m* Sack *m auch vulg übertr für* → **~ testicular**; Sack *m* voll; Plünderung *f*; *Am* Sakko *m,n*, Jackett *n*; **~ de dormir** (**plástico**) Schlaf-(Kunststoff)sack *m*; **~ testicular** ANAT Hodensack *m* ◇ **no caer en ~ roto** seine *bzw* ihre Wirkung nicht verfehlen, fruchten; **echarlo todo** *od* **meterlo todo en el mismo ~** *umg übertr* alles in einen Topf werfen; (**no**) **echar u/c en ~ roto** etw in den Wind schlagen (etw beherzigen, etw nicht außer Acht lassen); **es un ~ roto** *übertr* es ist ein Fass ohne Boden; **vaciar su ~** auspacken *alles sagen*

sacra|lizar ⟨-z/c-⟩ *tr etw* für unantastbar *od* unumstößlich erklären, *übertr etw* (zu Unrecht) heiligen; **~mental** sakramental, Sakraments-; feierlich; üblich, herkömmlich; typisch; **~mentar** *tr* REL mit den Sterbesakramenten versehen; verheimlichen, *übertr* verschleiern

sacramento *m* Sakrament *n*; **con todos los ~s** in aller Form ◇ **administar** (**recibir**) **los ~s** REL die (Sterbe-)Sakramente spenden (empfangen)

sacrific|ado aufopfernd; selbstlos; **~ar** ⟨-c/qu-⟩ *tr etw od jmdn* opfern; schlachten; *Tiere* töten; *seuchenkranke Tiere* keulen; **~arse** sich aufopfern (**por** für)

sacrificio *m bes* REL *u übertr* Opfer *n*; Schlachten *n*, Schlachtung *f*; Tötung *f von Tieren*; **~ de un peón** *Schach u übertr* Bauernopfer *n* ◇ **no ahorrar ~s** keine Opfer scheuen; **hacer** *od* **ofrendar un ~** ein Opfer bringen; sich opfern

sacrilegio *m* REL *u übertr* Sakrileg *n*; Frevel *m*

sacrílego gotteslästerlich; ruchlos, schändlich; frevelhaft, Frevel-

sacrist|án *m* REL Küster *m*; **~anía** *f* Küsteramt *n*; **~ía** *f* Sakristei *f*; → **~anía**

sacro heilig; geheiligt; KUNST, MUS sakral, geistlich, kirchlich, Kirchen-, religiös; **~santo** REL *u übertr* hochheilig, sakrosankt; *übertr* unantastbar

sacudida *f* Erschütterung *f*; Schütteln *n*; Stoß *m*, Ruck *m*; Wackeln *n*; **~ eléctrica** (**sísmica**) elektrischer Schlag *m* (Erdstoß *m*); **a ~s** stoßweise

sacud|ido dreist; störrisch; barsch; **~ir** *tr* ausschütteln; abschütteln; durchschütteln; *übertr* erschüttern; *Kleidung, Teppiche* (aus)klopfen; *jmdn od an etw* rütteln; *etw* von sich stoßen; *etw od jmdn* von sich weisen, abweisen; → **~irse algo**; **~irse** *z.B. Hund* sich schütteln; **~irse algo** *übertr* etw von sich abschütteln

sádico I *Adj* sadistisch; **II** *m* Sadist *m*

sad|ismo *m* Sadismus *m*; **~omasoquismo** *m* Sadomasochismus *m*

saeta *f Geschoss* Pfeil *m*; *Kompass, Uhr* Zeiger *m*; *And religiöses Lied bei Prozessionen während der* → **Semana Santa**

saetilla *f Kompass, Uhr* Zeiger *m*

safari *m* JAGD Safari *f*; Safarianzug *m*; **~ fotográfico** Fotosafari *f*

sag|acidad *f* Scharfsinn *m*; Spürsinn *m*; Gespür *n*; **~az** scharfsinnig; klug; schlau, listig

Sagitario *m Sternbild* Schütze *m*

sagrado heilig; geheiligt *unantastbar*; → **sacro**

sagú *m* Sago *m*; Sagopalme *f*

Sáhara *m*, **Sahara** *m* Sahara *f*; **~ Occidental** Westsahara *f*

sahar|aui I *Adj* westsaharisch, aus dem Westsaharagebiet **II** *m* Bewohner *m* des Westsaharagebietes; **~iano I** *Adj* Sahara-, aus der Sahara **II** *m* Bewohner *m* der Sahara

sahárico → **sahariano I**

SAHSA *f Abk für* **Servicio Aéreo de Honduras, S.A.** *honduranische Fluggesellschaft*

sahumado: **pagar u/c ..., y aun ~s** etw ... bezahlen, und (sogar) mit Zins und Zin-

seszins
sahumar ⟨*Präs* ***sahúmo***⟩ *tr* ausräuchern; parfümieren
sainete *m* Leckerbissen *m*; Wohlgeschmack *m*; Sainete *m Bez für Volksstück od Schwank im spanischen Theater*; THEAT Zwischen- *bzw* Nachspiel *n*
sajón I *Adj* sächsisch; **II** *m* Sachse *m*; das Sächsische
Sajonia *f* Sachsen *n*; ***la Baja ~*** Niedersachsen *n*
Sajonia-Anhalt Sachsen-Anhalt *n*
sal[1] *f* Salz *n*; *übertr* Würze *f*; (Mutter-)Witz *m*; Anmut *f*, Grazie *f*; Knete *f Geld*; *Am reg umg* Unglück *n*, Pech *n*; ***~ de cocina, ~ común*** Koch-, Speisesalz *n*; ***~ común bruta*** Vieh- *bzw* Streusalz *n*; ***~ gema*** (***marina***) Stein-(Meer)salz *n*; ***~ yodada*** Jodsalz *n*, jodiertes Salz *n*; ***con ~ y pimienta*** *übertr* ganz schön gepfeffert ◇ ***convertirse en ~ y agua*** sich in nichts auflösen; ***tener poca ~ en la mollera*** *übertr* wenig Grütze im Kopf haben
sal[2] → ***salir***
sala *f* Saal *m*; Raum *m*; Messehalle *f*; JUR Kammer *f*, Senat *m*; *Klinik* Station *f*; ***~ de actos*** Veranstaltungsraum *m bzw* -saal *m*; ***~ de apelación*** (***audiencia***) JUR Berufungskammer *f* (Gerichtssaal *m*); ***~ de lo civil*** (***criminal***) JUR Zivil-(Straf)kammer *f*; ***~ de conferencias*** Vortragssaal *m*; Konferenzraum *m*, -saal *m*; Hörsaal *m*; Beratungszimmer *n*, -raum *m*; ***~ de convenciones*** (***operaciones***) Fest-(OP *m*, Operations)saal *m*; (***~ de***) ***embalaje*** *m* Packerei *f*; ***~ de embarazadas*** *od* ***gestantes*** (***enfermos***; ***partos***) Entbindungsstation *f* (Krankenzimmer *n*; Kreißsaal *m*); ***~ de espectáculos*** Zuschauerraum *m*; ***~ de espera*** Warteraum *m*; EISENB Wartesaal *m*; ***~*** (***de estar***) Wohnzimmer *n*, Stube *f*; ***~ de exposición*** (***proyecciones***) Ausstellungs-(FILM Vorführ)raum *m*; ***~ de fiestas*** Vergnügungslokal *n*; Festsaal *m mit Bühne*; ***~ de lectura*** Lesesaal *m*; ***~ plenaria*** *od* ***de plenos*** Plenarsaal *m*; ***~ de recepciones*** *od* ***visitas*** Empfangssaal *m*; ***~ de recuperación pos(t)operatoria*** (***terapia intensiva***) MED Wach-(Intensiv)station *f*; ***~ de reuniones*** *od* ***sesiones*** Sitzungssaal *m*, Tagungsraum *m*; (***~ de***) ***urgencias*** *f/Pl* Notaufnahme *f als Klinikeinrichtung*
salad|ar *m* Salzlagune *f*; Salzsee *m*; Salzwüste *f*; **~ería** *f Rpl* Pökelfleischindustrie *f*; **~illa** *f* Salzmandel *f*; **~ito** *m Cu Gebäck* Salzstange *f*; **~o** salzig; versalzen; Salz-; Pökel-; *Kind* drollig; *übertr* gepfeffert; witzig; *Missfallen* ungeheuer
salamandra *f* ZOOL Salamander *m*; Dauerbrandofen *m*; ***~ alpina*** (***común*** *od* ***maculosa***) Alpen-(Feuer)salamander *m*
salamanqu|és → ***salmantino I***; **~esa** *f* ZOOL Gecko *m*; **~ino** → ***salmantino I***
salam|e *m*, *selten* **~i** *m* Art Salami *bzw* Schlackwurst; **~ín** *m Rpl* Art dünne Salami *bzw* Schlackwurst
salar I *tr* salzen; einsalzen; (ein)pökeln; versalzen; *AmC reg, Cu, PR jmdm* schaden *od* Unglück bringen; **~se** *AmC reg, Cu, PR* sich unglücklich machen **II** *m Am reg* → ***saladar*** *u* ***salina***; **~iado** *m* Entlohnung *f*; **~ial** Lohn-
salario *m* (Arbeits-)Lohn *m*; Gehalt *n*; Verdienst *m*; Vergütung *f*; → ***ingreso***(***s***) *u* ***sueldo***; ***~ base*** *od* ***básico*** Grundlohn *m*; Grundgehalt *n*; ***~ bruto*** (***neto***; ***real***) Brutto-(Netto-; Real)lohn *m*, -einkommen *n*; ***~ combinado*** Kombilohn *m*; ***~ a destajo*** Akkordlohn *m*; ***~ de hambre, ~ miserable*** *od* ***mísero*** Hungerlohn *m*; ***~ histórico*** *etwa* personengebundenes Gehalt *n*; ***~ por hora*** (***tiempo***; ***unidad de obra***) Stunden-(Zeit-; Stück)lohn *m*; ***~ medio*** (***mímimo***) Durchschnitts-(Mindest)lohn *m*; ***~ mensual*** (***semanal***) Monatslohn *m*; Monatsgehalt *n* (Wochenlohn *m*); ***~s mínimos*** untere Einkommen *n/Pl*; ***~ de referencia*** Ecklohn *m*; ***~ a rendimiento*** Leistungslohn *m*; ***~ según tarifa*** Tariflohn *m* ◇ ***aumentar*** *od* ***elevar*** (***disminuir*** *od* ***rebajar*** *od* ***reducir***) ***el ~*** den Lohn *bzw* das Gehalt erhöhen (kürzen, herabsetzen); ***cobrar ~*** Lohn *bzw* Gehalt bekommen *od* beziehen; ***hacer bajar el ~*** den Lohn drücken
salazón *f* Einsalzen *n*; (Ein-)Pökeln *n*; *AmC* Pech *n Unglück*; ***salazones*** *Pl* Pökelfleisch *n*; Salzfisch(e *Pl*) *m*; Pökelindustrie *f*
salchicha *f* Würstchen *n*; Bockwurst *f*; ***~ asada*** *od* ***frita*** Bratwurst *f*; ***~ de Francfort*** Wiener Würstchen *n*
salchich|ería *f* Wurstladen *m*; Wurstfabrik *f*; **~ón** *m* (Dauer-)Wurst *f*
salcochar *tr in Salzwasser* (vor)kochen
saldar *tr* HDL *Rechnung* abschließen, saldieren; *Rechnung, Schulden od übertr Schuld* begleichen, tilgen; *Streit* beilegen; *Ware unter dem Preis* abstoßen
saldo *m* Saldo *m*, Rechnungsabschluss *m*; FIN (Kassen- *bzw* Konto-)Stand *m*; Rest (-betrag *m*, -summe *f*) *m*; Unterschiedsbetrag *m*; Mehrbetrag *m*; (Kassen-)Überschuss *m*; *übertr* traurige Bilanz *f*; (*meist* trauriges) Ergebnis *n*; **~**(***s*** *Pl*) Ausverkauf *m*; *übertr* Ladenhüter *m/Pl*; HDL Restbestände *m/Pl*; ***~ acreedor*** (***deudor***) Haben-(Soll-, Debet-, Schuld)saldo *m*; ***~ activo*** (***pasivo***) Guthaben *n*; Gewinn(saldo)

S

m, Überschuss *m* (Verlustsaldo *m*, Defizit *n*, Manko *n*, Minus *n*); **~s bancarios** Bankauszüge *m/Pl*, -belege *m/Pl*; **~ (de las cuentas)** Kontostand *m*; **~ deficitario** FIN Schuldenstand *m*; **~ posterior** neues Guthaben *n*; **un ~ de ...** insgesamt ... (**se estrelló otro avión con un ~ de 62 muertos**) ◇ **arrojar ~s positivos** positive Ergebnisse zeitigen; **pasar el ~ a nueva cuenta** FIN den Saldo vortragen; **presentar un ~** Bilanz ziehen

saldré → **salir**

saler|o *m* Salzstreuer *m*; Salzlager *n*; *umg* (Mutter-)Witz *m*; Anmut *f*; **~oso** geistreich, witzig; einfallsreich; *Frau* reizend

sales|a *f* Salesianernonne *f*; **~iano I** *Adj* REL Salesianer- **II** *m* Salesianer(mönch) *m*

salida *f* EISENB *u allg* Abfahrt *f*; Abreise *f*; Aufbruch *m*; FLUGW Abflug *m*; FLUGW, SPORT Start *m*; MAR *u Flüssigkeit* Auslaufen *n*; Ausgang *m auch* POST *u von Waren*, MIL *Genehmigung zum Verlassen der Kaserne sowie übertr einer Aktion*; Ausgehen *n*; Fort-, Weggang *m*, Hinausgehen *n*; Ausscheiden *n aus dem Amt*; Abgang *m von Schülern*; BUCHW Erscheinen *n*; *Gestirne* Aufgang *m*; Verschwinden *n*; Austritt *m von Flüssigkeit u aus einem Bündnis od einer Organisation*; *Gas* Ausströmen *n*; *Fluss* Übertreten *n*; *Flüssigkeit* Überlaufen; *Gebäude* Ausfahrt *f*, Tor *n*; *Autobahn* Ab- *bzw* Ausfahrt *f*; Abfluss *m auch übertr von Geld*, *Kapital*; THEAT Auftritt *m*; Ausweg *m*; (Auf-)Lösung *f*, Lösungsweg *m*; Abschluss *m*; HDL Ausfuhr *f*, Ausführen *n*; HDL Absatz *m*; *Buchführung*, INFORM Ausgabe *f*; Erfolg *m*; MIL Abmarsch *m*; MIL (Feind-)Einsatz *m eines Kampfflugzeugs*; Ortsausgang *m*; Ausgangspunkt *m*; *übertr* Ausflucht *f*; drolliger Einfall *m*; **~s** *Pl* HDL Absatzquellen *f/Pl*; **~ a Bolsa** WIRTSCH Gang *m* an die Börse, Börsengang *m*; **~ de capitales** Kapitalflucht *f*; **~ de datos** INFORM Datenausgabe *f*; **~ de emergencia** *od* **seguridad** *od* **socorro** *od* **urgencia** Notausgang *m*; Notausstieg *m*; **~ negociada** POL Lösung *f* auf dem Verhandlungsweg(e); **~ de servicios** Ausfall *m z.B. im Kraftwerk*; **~ de tono** Ausrutscher *m umg*, Entgleisung *f deplatzierte od unangebrachte Bemerkung*; barsche Antwort *f*; **¡qué ~ de tono!** wie kann man nur so aus der Rolle fallen! ◇ **dar ~ (a su dolor)** (seinem Schmerz) freien Lauf lassen; **dar la ~** das Signal (zur Abfahrt) geben; SPORT das Startzeichen geben; **(no) encontrar** *od* **tener ~** HDL (keinen) Absatz finden (unverkäuflich sein); **tener buenas ~s** witzige Einfälle haben; **esto no tiene ~** das ist unlösbar

salidero *m* undichte Stelle *f*, Leck *n*; *Cu* Ausströmen *n von Gas*

saliente I *Adj* (her)vorstehend; (her)vorspringend; hervorragend *auch übertr*; *aus dem Amt* scheidend; *Schüler* abgehend; *Sonne* aufgehend; *übertr* hervorstechend; *Ohren* abstehend; ARCH ausladend; auskragend **II** *m* ARCH Vorsprung *m*; *Kran* Ausleger *m*; Nachspeise *f*

salin|a *f* Saline *f*; Salzbergwerk *n*; **~s** *Pl* Salzwerke *n/Pl*; **~ero I** *Adj* Salinen-; Salz- **II** *m* Salinenarbeiter *m*; Salzhändler *m*; **~idad** *f* Salzgehalt *m*; **~o** salzhaltig; salzig; salzartig

salir ⟨*unreg*⟩ *intr* rausgehen *umg*, hinausgehen; herauskommen *auch übertr* BUCHW, MATH, *z.B. aus einer Krise u mit etw*; kommen (**de** aus, von); ausgehen *auch übertr*; spazieren gehen; (fort-, weg)gehen; abfahren; abreisen (**a, para** nach); *übertr* aufbrechen; FLUGW abfliegen; FLUGW, SPORT *u allg* starten; *Schiff* auslaufen; verschwinden *umg sich entfernen*; INFORM *Programm* beenden (**de** *Akk*); losgehen *auch Schuss*; MIL abmarschieren; BUCHW, ZTGSW herausgebracht *od* -gegeben werden, erscheinen; FILM, THEAT gespielt werden; RADIO, TV gesendet *od* gebracht werden; *Gestirne* aufgehen; *Fluss*, *Quelle* entspringen; THEAT auftreten; *in einem Film od Theaterstück* mitspielen; sich *als etw* erweisen; entstehen; entstammen (**de** aus); nach jmdm kommen *ähneln* (**el chico ha salido a su marido**); *aus einem Bündnis, Vertrag od einer Organisation* austreten; WIRTSCH *aus einem Konsortium* aussteigen; abfließen *auch übertr Geld*, *Kapital*; *Flüssigkeit* austreten, (aus-, heraus)fließen; *Flüssigkeit* überlaufen; *Gas* ausströmen; *aus dem Amt* (aus)scheiden; *Schüler* abgehen; *übertr*, *z.B. Sieger* bleiben *bzw* (erneut) werden; gewählt werden; *Lotterielos* gezogen werden; *z.B. Straße* führen (**a** auf, zu), (ein)münden *bzw* enden (**a** an, bei); *etw* da (*d.h.* vorhanden) sein; *in einem Schriftstück* (drin)stehen; → **ser** (**sale caro**; **el pescado sale con boniato, no con papas**); **~ adelante** (erfolgreich) zuwege bringen, in etw gut sein; vorankommen; **~ bien (mal)** gut ablaufen; glücken, gelingen; Glück haben (schlecht ablaufen; missglücken, -lingen; *übertr* Pech haben); **~ corriendo** davonrennen; schnell hinauslaufen; **~ diciendo u/c** mit etw herauskommen *zugeben*; **~ ileso** unversehrt bleiben; **~ a lo mismo** aufs selbe *od* auf eins herauskommen, aufs Gleiche hinauslaufen; **~ suspenso** *in einer Prüfung* durchfallen;

S

me sale muy caro das ist mir zu teuer; ***no me sale*** das schaffe ich nicht; ***no sale nadie*** TEL es geht niemand ran; ***¡acaba de ~!*** BUCHW soeben erschienen!; ***dejar ~*** (he)rauslassen; ***no poder ~*** nicht herauskönnen; ***querer ~*** herauswollen; **~se** hinausgehen; fort-, weggehen; *z.B. Zug aus den Schienen, Taste aus dem Mechanismus* (heraus)springen; sich *von etw* losmachen; abschweifen (***de*** von)

salitr|e *m* (Chile-)Salpeter *m*; **~era** *f Chi*, **~ería** *f* Salpeterhütte *f*, -werk *n*

saliva *f* Spucke *f umg*, Speichel *m* ◇ ***tragar ~*** *übertr* alles schlucken; lieber nichts sagen

salmant|ino I *Adj* aus Salamanca, salmantinisch **II** *m*, **-a** *f* Einwohner(in) *m(f)* von Salamanca, Salmantiner(in) *m(f)*

salm|o *m* REL Psalm *m*; **~odia** *f* Psalmengesang *m*; *verächtl übertr* alte Leier *f*; **~odiar** *tr etw* herunterleiern

salmón *m* ZOOL Lachs *m*

salmonel|as *f/Pl* BAKT Salmonellen *Pl*; **~osis** *f* MED Salmonellenvergiftung *f*

salmonicultura *f* Lachszucht *f*

salobr|e, **~eño** *Boden* salzhaltig; brackig

Salomón *m*: (***las islas de***) **~** die Salomonen *bzw* die Salomoninseln

salomónico salomonisch (***un juicio ~***)

salón *m* Salon *m*; (großer) Saal *m*; Messehalle *f*; Wohn- *bzw* Speisezimmer *n* (*auch Möbel*); Empfangssaal *m*; ***~ de actos*** Festsaal *m*; *Universität, Schule* Aula *f*; ***~ de audiencias*** Gerichtssaal *m*; ***~ de automóvil*** Automobilausstellung *f*; ***~ de baile*** Tanzlokal *n*; ***~ de belleza*** (***masajes***; ***modas***; ***peluquería***) Kosmetik-(Massage-; Mode-; Frisier)salon *m*; ***~ de fiestas*** Fest-, Bankettsaal *m*; ***~ plenario*** Plenarsaal *m*; ***~ de reuniones*** *od* ***sesiones*** Sitzungszimmer *n*, -saal *m*; Tagungsraum *m*; ***~ de té*** Imbissstube *f*; Café *n*

saloncillo *m z.B. im Hotel* Gesellschaftszimmer *n*, Salon *m*

Salónica *f* Saloniki *n*, Thessaloniki *n*

salpic|adero *m* KFZ Armaturenbrett *n*; **~ado** *übertr* übersät (***de*** mit); **~adura** *f* Spritzer *m*; Fleck *m*, Klecks *m*; Bespritzen *n*; **~ar** ⟨-c/qu-⟩ **I** *tr* bespritzen; bekleckern *umg*; *etw* versauen *vulg od* verderben (***me salpicaron el negocio***); *Ansehen* ramponieren *umg*; *übertr Gesprochenes* würzen; *wahllos* verstreuen **II** *intr* spritzen; **~ón** *m* Hackfleisch *n*, Gehacktes *n*; Art Hackbraten; Fleisch- *bzw* Fischsalat *m*; → ***~adura***

sal|pimentar ⟨-ie-⟩ *tr* KOCHK *u übertr Gesprochenes* würzen; **~presar** *tr* einsalzen, (ein)pökeln; **~preso** eingesalzen, (ein)gepökelt; **~pullido** *m* → ***sarpullido***

salsa *f* Soße *f*; Tunke *f*; *übertr* Würze *f*; *übertr* Reiz *m*; *Frau* Charme *m*; *Ant typischer karibischer Tanz od Rhythmus*; ***~ picante*** scharfe Soße *f*; ***en su propia ~*** in seinem *bzw* ihrem Element *sich wohl fühlend* ◇ ***tener ~*** witzig *od* schlau sein; *Frau* Charme haben; *Cu z.B. Musik* ansteckend *od* mitreißend *od* zündend sein

salsera *f* Sauciere *f*, Soßenschüssel *f*

saltamontes *m* ZOOL (grüne) Heuschrecke *f*

saltar I *intr* springen *auch übertr*; *Glas Saite* (zer)springen; platzen; (he)runterspringen; (her)abspringen; aufspringen; hinüberspringen; (auf)hüpfen; heraus-, hervorsprudeln; *z.B. Knopf* abgehen; *wütend* auffahren, -brausen; *Sprengkörper* bersten; *Funktion* aufgeben (***de*** *Akk*); TECH, *auch Sicherung* herausspringen; *Spitze* abbrechen; *Funken* sprühen; herausplatzen (***con*** mit) *spontan od unvermittelt äußern* **II** *tr über etw* (hinüber-) springen; *ein Hindernis* nehmen; *weibliches Tier* bespringen; *etw beim Schreiben od Lesen* aus-, weglassen; *übertr etw* überspringen *auch Posten in der Rangstufe*; ***hacer ~*** (in die Luft) sprengen; **~se** *etw beim Lesen od Schreiben* aus-, weglassen; *sich über etw* hinwegsetzen; *ein Verkehrsschild* nicht beachten

salt|arín *m* Luftikus *m*, Hallodri *m reg*; **~atriz** *f* Seiltänzerin *f*; **~eador** *m* Straßenräuber *m*; **~ear I** *tr jmdn* überfallen; in der Pfanne (an)braten *od* backen **II** *tr/intr etw* mit Unterbrechungen tun; **~imbanqui** *m* Seiltänzer *m*; Gaukler *m*

salto *m* Sprung *m*, *übertr* Satz *m*; Salto *m*, Luftrolle *f*; *Fallschirmspringer* Absprung *m*; Abspringen *n*; abschüssige Stelle *f*; *übertr* Überspringen *n z.B. einer Funktion, einer Textpassage*; Aus-, Weglassen *n*; ***~ (de agua)*** Wasserfall *m*; ***~ alto, ~ de altura, ~ vertical*** (***largo, de longitud***) SPORT Hoch-(Weit)sprung *m*; ***~ atrás*** *übertr* Rückfall *m in eine frühere Situation*; ***~ base*** SPORT Basejumping *n*; ***~ de calidad, ~ cualitativo*** Qualitätssprung *m*; ***~ de cama*** Morgenrock *m*; ***~ a la garrocha, ~ con garrocha, ~ con*** *od* ***de pértiga*** Stabhochsprung *m*; ***~ de línea*** (***página***) INFORM Zeilen-(Seiten)wechsel *m*, -umbruch *m*; ***~ mortal*** Salto mortale *m*, Todessprung *m*; ***~ ornamental*** *Schwimmsport* Kunstspringen *n*; ***~ de sección*** INFORM Abschnittsende *n*; ***a ~s*** sprungweise *mit Unterbrechungen*; *übertr* sprunghaft; ***de un ~*** mit einem Satz *blitzschnell* ◇ ***dar un ~*** einen Satz machen, aufspringen; *übertr* rasch vorankommen *od* vorwärts kommen; ***dar ~s*** umherspringen; ***hacer el ~*** *Esp* einen Seiten

sprung machen *untreu sein*; ***vivir a ~ de mata*** in den Tag hinein leben
saltón *Augen, Zähne* hervorstehend
salub|re gesund(heitsfördernd); **~ridad** *f* Zuträglichkeit *f für die Gesundheit*; Gesundheitswesen *n*; *Am* Gesundheitspflege *f*
salud *f* Gesundheit *f*; Gesundheitszustand *m*, (Wohl-)Befinden *n*; ***¡~!*** *umg Grußformel*; ***¡~ (y pesetas)!*** *nach dem Niesen* Gesundheit!; ***~ (pública)*** Gesundheitswesen *n*; ***¡(a su) ~!*** Prost! auf Ihr Wohl!, ***nocivo a la ~*** gesundheitsschädlich; ***rebosante de ~*** kerngesund ◇ ***beber (brindar) a*** *od* ***por la ~ de alg*** auf jdms Wohl trinken (anstoßen); ***curarse en ~*** es mit der Gesundheit nicht leicht nehmen, vorbauen, -beugen; *Anfeindungen* die Spitze nehmen; ***estar con ~, estar bien de ~, tener buena ~*** gesund sein; ***¿cómo está de ~?*** wie geht es Ihnen gesundheitlich?; ***gastar mucha ~*** kerngesund sein; ***¿cómo va su*** *od* ***esa ~?*** was macht die Gesundheit?; ***vender ~*** vor Gesundheit strotzen
salud|a *f unterschriftslose* Kurzmitteilung *f*; gedruckte Einladung *f*; Kurzanzeige *f*; **~able** gesund(heitsfördernd), gut für die Gesundheit; zuträglich; *übertr* begrüßenswert
saludar I *tr/intr* grüßen *auch* MIL **II** *tr* begrüßen *auch übertr*; grüßen; *jmdn* grüßen lassen, *jmdm* Grüße ausrichten; *jmdn* empfangen; ***le saludamos*** *bzw* ***saludo muy atentamente*** *Briefschluss* mit vorzüglicher Hochachtung; ***(no) ~se*** sich (nicht) grüßen
saludo *m* Gruß *m*; Begrüßung *f*, Begrüßen *n*; Grußwort *n*; MIL Ehrensalve *f*; *Brief* Schlussformel *f*; ***con atentos ~s*** mit freundlichen Grüßen *od* Empfehlungen; ***con un cordial ~*** mit herzlichen Grüßen; ***en ~ de*** zu Ehren + *Gen*; ***muchos ~s (de mi parte) a …*** viele Grüße (von mir) an … ◇ ***dar*** *od* ***enviar*** *od* ***mandar (transmitir) ~s*** Grüße senden; Grüße ausrichten (übermitteln); ***devolver el ~*** zurückgrüßen; ***no dirigir el ~, negar el ~*** nicht grüßen; ***hacer el ~ militar*** militärisch grüßen
salut|ación *f* Gruß *m*; Begrüßung *f*; *Brief* Anrede *f*; **~ista** *m* Angehöriger *m* der Heilsarmee, Salutist *m*
salva *f* (Geschütz- *bzw* Gewehr-)Salve *f*; (Willkommens-)Gruß *m*; ***~s*** *Pl* Salutschüsse *m/Pl*; ***~ de aplausos*** Beifallssturm *m*
salv|ación *f* (Er-)Rettung *f*; Bergung *f*; **~ado** *m* Kleie *f*; **~ador I** *Adj* rettend **II** *m* (Er-)Retter *m*; Erlöser *m*; REL Heiland *m*
Salvador *m*: ***El ~*** El Salvador *n*; ***San ~*** San Salvador *n*
salva|doreño I *Adj* salvadorianisch **II** *m*, **-a** *f* Salvadorianer(in) *m(f)*; **~guarda** *f* → ***~guardia***; **~guardar** *tr* schützen, sichern, (be)hüten, erhalten, (be)wahren; **~guardia** *f* Schutz *m*, Sicherung *f*, Bewahrung *f*; Erhaltung *f*, sicheres Geleit *n*; Geleit-, Schutzbrief *m*; **~jada** *f* Gemeinheit *f*, Rohheit *f*; Gräueltat *f*; **~je I** *Adj Menschen*, BOT, ZOOL, *Terrain* wild; roh **II** *m* Wilder *m*; Rohling *m roher Mensch*; **~jino** wild, Wild-; **~jismo** *m* Wildheit *f*; Rohheit *f*; Grausamkeit *f*; **~m(i)ento** *m* Rettung *f*; MAR Bergung *f*; **~pantallas** *m* INFORM Bildschirmschoner *m*
salvar *tr jmdn* (er)retten (***de*** vor); MAR bergen; INFORM speichern; REL erlösen; *Hindernis auch übertr* überwinden; *Gefahr* meiden; *von etw od jmdm* absehen; *jmdn* ausnehmen *unberücksichtigt lassen*; *Strecke* zurücklegen; JUR beglaubigen, bestätigen; ***~se*** *Patient* durchkommen, gerettet werden; sich retten (können); ***~se huyendo*** sich durch die Flucht retten; ***¡sálvese quien pueda!*** rette sich wer kann!
salva-slip *m* TEXTIL Slipeinlage *f*
salvavidas I *Adj in bestimmten Zus* Rettungs-; Schwimm-; Sprung- **II** *m* MAR Rettungsgürtel *m*; MAR Rettungsgerät *n*; MAR Rettungsring *m*; Rettungsschwimmer *m*; → ***chaleco***
salvedad *f* Vorbehalt *m*; Ausnahme *f*; ***con*** *od* ***haciendo la ~ de que …*** unter dem Vorbehalt, dass …; nur, wenn *od* falls …
salvia *f* BOT Salbei *m*, *selten f*
salvo I *Adj* heil; sicher **II** *Präp* außer, ausgenommen (***llegaron todos ~ Juan***); vorbehaltlich (***~ aviso en contrario***); ***~ que …*** + *subj*, ***~ si …*** + *Ind* es sei denn, (dass) … **III** *Adv*: ***a*** *od* ***en ~*** außer Gefahr, in Sicherheit ◇ ***(no) estar a ~*** (nicht) gefeit sein (***de*** vor); ***poner a ~*** sicherstellen; ***poner(se) a ~*** (sich) in Sicherheit bringen; ***salir a ~*** *Problem* einen glücklichen Ausgang haben
salvo|conducto *m* freies *bzw* sicheres Geleit *n*; Passierschein *m*; Geleitbrief *m*; **~honor** *m scherzh* Allerwertester *m Gesäß*
Salzburgo *m* Salzburg *n*
salzburgués I *Adj* Salzburger **II** *m* Salzburger *m*
samba *f* MUS Samba *f,m*
Samoa *f* Samoa *n*; ***~ Occidental*** Westsamoa *n*
samoano I *Adj* samoanisch **II** *m* Samoaner *m*; das Samoanische
San *Kurzf von* → ***Santo***, *vor Heiligenna-*

S

men, die nicht mit D od T beginnen, z.B. ***San Francisco, San Salvador***; **~ Marino** *m* San Marino *n*; **~ Petersburgo** *m* Sankt Petersburg *n*

san|able heilbar; **~aco** *Cu* dumm; albern; **~alotodo** *m umg* Allheilmittel *n*; **~ano** PR → ***~aco***; **~ar I** *tr* heilen, gesund machen **II** *intr* gesund werden, genesen; geheilt werden (***de*** von); **~ativo** heilsam

sanatorio *m* Sanatorium *n*; **~ *mental*** Nervenheilanstalt *f*

sanción *f* Billigung *f*; Bestätigung *f*; Sanktion *f*; Strafe *f*; JUR Verfahren *n*; Ahndung *f*; **~ *disciplinaria*** (***individual***) Disziplinar-(Einzel)strafe *f* ◇ ***decretar sanciones económicas*** Wirtschaftssanktionen verhängen; ***imponer sanciones*** Sanktionen auferlegen; Strafen verhängen; ***incurrir en una*** **~** sich strafbar machen

sancion|able strafbar; **~ar** *tr* billigen, sanktionieren; *Gesetz* beschließen; ahnden, bestrafen; JUR zur Verantwortung ziehen

sancochar *tr* → ***salcochar***

sanctasantórum *m umg übertr* Allerheiligstes *n*

sandalia *f* Sandale *f*

sándalo *m* Sandelholzbaum *m*; Sandelholz *n*

sandez *f* Albernheit *f*, Dummheit *f* ◇ ***decir sandeces*** Unsinn *od* dummes Zeug *umg* reden

sandía *f* Wassermelone *f*

sandinista *Nic* POL **I** *Adj* sandinistisch; Sandinisten- **II** *m* Sandinist *m*

sandio dumm, albern

sandung|a *f* Anmut *m*, Charme *m*; (Mutter-)Witz *m*; *Am reg* Betrieb *m*, Rummel *m lärmendes Vergnügen*; **~uero** anmutig; witzig

sandwich *m* Sandwich *n*; **~ería** *f* Sandwichstand *m*

sane|ado *Vermögen* unbelastet; **~amiento** *m* BAUW, FIN, HDL, MED *u übertr* Sanierung *f*; LANDW Melioration *f*; WIRTSCH Gesundung *f*; Entschuldung *f*; **~ar** *tr* BAUW, FIN, HDL, MED *u übertr* sanieren; aufbessern; LANDW meliorieren; entschulden, von Lasten befreien

sangrado *m* Blutung *f*; TYP Einzug *m*, Einrücken *n*

sangrando: ***estar*** **~** *übertr* taufrisch sein; *übertr* sonnenklar sein

sangr|ante blutend; **~ar I** *tr* MED in die Vene stechen, *jmdm* Blut abnehmen; zur Ader lassen *auch übertr*; anzapfen; TYP *Zeilen* einrücken **II** *intr* bluten *auch übertr*

sangre *f* Blut *n auch übertr*; Geblüt *n poet*, Herkunft *f*; Gemüt *n*; **~ *fría*** *übertr* Kaltblütigkeit *f*; **~ *ligera*** (***pesada***) *Am* sympathischer (widerlicher) Kerl *m*; ***a*** **~ *fría*** *übertr* kaltblütig; ***ávido de*** **~** blutrünstig; ***de*** **~ *azul*** *übertr* blaublütig; (***de***) ***pura*** **~** ZOOL *u übertr* reinrassig; *übertr* waschecht; ***inyectados en*** **~** *Augen* blutunterlaufen ◇ ***bullirle la*** **~ *a alg*** jugendlichen Schwung haben; vor Wut kochen; *vor Wut, vor Tatendrang* überschäumen; ***chuparle la*** **~ *a alg*** *übertr* jmdn schröpfen; ***dar*** *od* ***donar*** (***derramar***) **~** Blut spenden (vergießen); ***echar*** **~** (***de*** *od* ***por la nariz***) bluten (Nasenbluten haben); ***¡se ha hecho*** **~ *Vd.!*** Sie bluten!; ***nadar en*** **~** *übertr* in Blut waten; ***no perder la*** **~ *fría*** ruhig Blut bewahren; ***se quedó sin*** **~ *en las venas*** der Atem stockte ihm in der Kehle, das Blut stockte ihm in den Adern; ***quemar la*** **~** das Blut in Wallung bringen; den Kopf heiß machen; ***la*** **~ *le subió a la cabeza*** das Blut stieg ihm zu Kopf; ***sudar*** **~** *übertr* Blut und Wasser schwitzen

sangr|eazulado *übertr* blaublütig; **~egorda** behäbig, träge, langsam; **~ía** *f* Sangria *f Rotweinbowle*; METAL Abstich *m*; TYP Einzug *m*, -rückung *f*; Einstich *m in die Vene*; Aderlass *m*; **~iento** blutig *auch übertr*; blutgierig, -rünstig; grausam; **~ita** *f Méx* Sangrita® *f Mischung aus Tomatensaft, Apfelsine, Limette, Cayennepfeffer u Salz*

sangui|juela *f* ZOOL Blutegel *m*; *übertr* Blutsauger *m*; **~na** *f* MAL Rotstift *m*; Rötelzeichnung *f*; Blutapfelsine *f*; **~nario** blutgierig; blutrünstig

sangu|íneo I *Adj* Blut-; vollblütig; blutrot; MED, PSYCH sanguinisch **II** *m* MED, PSYCH Sanguiniker *m*; **~inolento** blutig; bluthaltig; blutbefleckt; *Augen* blutunterlaufen

sanidad *f* Gesundheit *f*; Gesundheitswesen *n*; Hygiene *f*; **~ *ambiental*** Umwelthygiene *f*; **~ *militar*** MIL Sanitätswesen *n*; **~ *vegetal*** Pflanzenschutz *m*

sanitario I *Adj* gesundheitlich, Gesundheits-; sanitär; Sanitäts-; hygienisch, Hygiene-; medizinisch **II** *m* MED, MIL Sanitäter *m*; Toilette *f*, WC *n*; **~s** *Pl* sanitäre Einrichtungen *f/Pl*

sanmarinés I *Adj* san-marinesisch **II** *m* San-Marinese *m*

sano gesund *auch übertr*; heilsam, zuträglich; heil, ganz, unversehrt *bzw* -beschädigt; *Obst, Gemüse* frisch, sauber; **~ *y salvo*** gesund und munter; mit heiler Haut ◇ ***cortar por lo*** **~** MED *u allg* mit radikalen Mitteln vorgehen, einschneidende Maßnahmen ergreifen; *übertr* den wunden Punkt berühren

sánscrito *m*, **sanscrito** *m* Sanskrit *n*

sanseacabó: ***... ¡y*** **~*!*** ... und damit basta!, Schluss!

S

sansirolé I *Adj* dämlich **II** *m* Dussel *m*
santa *f* Heilige *f*; **~fecino** → **~fesino**; **~fereño I** *Adj* aus (Santa Fe de) Bogotá **II** *m*, **-a** *f* Bogotaner(in) *m(f)*; **~fesino I** *Adj* aus Santa Fe *Arg* **II** *m*, **-a** *f* Einwohner(in) *m(f)* von Santa Fe *Arg*
santander|eano I *Adj* aus Santander *Col* **II** *m*, **-a** *f* Einwohner(in) *m(f)* von Santander *Col*; **~ino I** *Adj* aus Santander *Esp* **II** *m*, **-a** *f* Einwohner(in) *m(f)* von Santander *Esp*
santiag|uense I *Adj* aus Santiago *RD* **II** *m* Einwohner *m* von Santiago *RD*; **~ueño I** *Adj* aus Santiago de Estero *Arg* **II** *m*, **-a** *f* Einwohner(in) *m(f)* von Santiago de Estero *Arg*; **~uero I** *Adj* aus Santiago de Cuba **II** *m*, **-a** *f* Einwohner(in) *m(f)* von Santiago de Cuba; **~ués I** *Adj* aus Santiago de Compostela *Esp* **II** *m*, **~esa** *f* Einwohner(-in) *m(f)* von Santiago de Compostela *Esp*; **~uino I** *Adj* aus Santiago de Chile **II** *m*, **-a** *f* Einwohner(in) *m(f)* von Santiago de Chile
santiamén *m*: ***en un ~*** im Nu, im Handumdrehen
santi|dad *f* Heiligkeit *f*; **Ꙩdad** *Anrede* Heiliger Vater; **~ficación** *f* Heiligsprechung *f*; Heiligung *f Rechtfertigung*; Weihung *f*; **~ficar** ⟨-c/qu-⟩ *tr* heilig sprechen; heiligen *rechtfertigen*; weihen; **~guarse** ⟨-gu/gü-⟩ sich bekreuzigen, das Kreuz schlagen
santo I *Adj* heilig *auch übertr*, Ꙩ *vor mit D od T beginnenden Heiligennamen bzw daraus abgeleiteten geographischen Bez wie*: ***Ꙩ Domingo*** *m* Santo Domingo *n*; ***Ꙩ Tomé y Príncipe*** *m* São Tomé und Príncipe *n*; ***¡~ y bueno!*** recht so!; meinetwegen **II** *m* Heiliger *m*; Heiligabend *n*; Namenstag *m*; ***~ y seña*** MIL Parole *f*, Losung(swort *n*) *f*; ***¿a ~ de qué ...?, ¿a qué ~ ...?*** mit welchem Recht ...?; aus welchem Grund(e) ...?, wieso ...?; ***¡por todos los ~s!*** *Bitte, etw nicht zu sagen od zu tun* um Gottes Willen!; ***Todos (los) Ꙩs*** REL *Fest* Allerheiligen *n* ◇ ***celebrar su ~*** seinen Namenstag feiern; ***desnudar*** *od* ***desvestir un ~ para vestir a otro*** *übertr* ein Loch aufreißen, um ein anderes zu stopfen; ***quedarse para vestir ~s*** *Frau übertr* sitzen bleiben, eine alte Jungfer bleiben
sant|uario *m* Heiligtum *n*; Wallfahrtskapelle *f*; *Col* vergrabener *bzw* verborgener Schatz *m*; **~urrón** *m* Frömmler *m*; Scheinheiliger *m*; **~urronería** *f* Frömmelei *f*; Scheinheiligkeit *f*
sañ|a *f* Wut *f*; Erbitterung *f*, Groll *m*; Grausamkeit *f*; **~oso**, **~udo** wütend; voller Hass; grimmig; erbittert; erbarmungslos
saotomense I *Adj* aus São Tomé und Príncipe **II** *m(f)* Einwohner(in) *m(f)* von São Tomé und Príncipe
sapear I *intr/tr Cu* stören, lästig werden **II** *intr Chi* herumschnüffeln **III** *tr Chi jmdn* beobachten *bzw* belauschen
sapo *m* ZOOL Kröte *f*; Unke *f*; *oft fälschlich für* Frosch *m*; langsame *od* träge Person *f*; *Cu* lästige Person *f*; *Chi* Schnüffler *m*, Spitzel *m* ◇ ***echar ~s y culebras*** Gift und Galle spucken *fluchen*; ***estar de ~*** *Cu übertr* das fünfte Rad am Wagen sein
saprófito *m* BOT Saprophyt *m*, Schmarotzer *m auch übertr*
saque *m Fußball* Anstoß *m*; *Tennis* Aufschlag *m*; **~ador** *m* Plünderer *m*; **~ar I** *intr* plündern **II** *tr* (aus)plündern; **~o** *m* (Aus-)Plünderung *f*; **~te** *m* Säckchen *n*, Beutel *m*
S.A.(R.) *Abk für* ***Su Alteza Real***, → ***Alteza***
sarampión *m* MED Masern *Pl*
sarape *m Méx* bunter Umhang *m*
sarasa *m umg* Tunte *f bzw* Schwuchtel *f*, Schwuler *m*
sarc|asmo *m* Sarkasmus *m*; **~ástico** sarkastisch
sarcófago *m* Sarkophag *m*, Stein-, Prunksarg *m*; Grab(stätte *f*) *n*
sarcoma *m* Sarkom *n*, bösartige Bindegewebsgeschwulst *f*
sardina *f* ZOOL Sardine *f*; Sprotte *f*; ***~s en aceite*** Ölsardinen *f/Pl*; ***como ~s en banasta od lata*** gedrängt wie die Heringe
sardo I *Adj* sardinisch, sardisch **II** *m*, **-a** *f* Sardinier(in) *m(f)*, Sarde(-in) *m(f)*
sardónico *Lächeln*, MED sardonisch, krampfhaft; hämisch
sargent|a *f* (Ehe-)Drachen *m autoritäre Frau*; **~ear I** *tr* als Unteroffizier *bzw* Sergeant anführen **II** *intr bes* MIL *verächtl* herumkommandieren, (herum)schnauzen
sargento *m* Sergeant *m*; Unteroffizier *m*; Wachtmeister *m*; ***~ mayor*** *od* ***primero*** (Ober-)Feldwebel *m*, Oberwachtmeister *m*
sargentona *f* → ***sargenta***
sar|i *m*, **~í** *m* Sari *m indische Frauenkleidung*
sarmiento *m* BOT Tragrebe *f*; *Weinstock* Ranke *f*
sarna *f* VET Räude *f*; MED Krätze *f*; ***~ de los barberos*** Bartflechte *f*; ***más viejo que la ~*** *Nachricht, Geschichte* überholt; uralt
sarnoso VET räudig; MED krätzig
sarpullido *m* Hautausschlag *m*, Hitzepickel *m/Pl*
sarracina *f* Rauferei *f*, Schlägerei *f*; Gemetzel *n*
Sarre *m* Saar *f*; Saarland *n*, -gebiet *n*; **~bruck** *m* Saarbrücken *n*; **~luis** *m* Saarlouis *n*; **Ꙩnse I** *Adj* saarländisch **II** *m* Saarländer *m*

sarr|o *m Geschirr* (hässliche) Ränder *m/Pl*, Rand *m bzw* Bodensatz *m*; *Zahn*, *Zunge* Belag *m*; Zahnstein *m*; **~oso** *Geschirr* fleckig, schmutzig; *Zähne*, *Zunge* belegt

sarta *f* Schnur *f*; Reihe *f*; **~ de perlas** Perlenkette *f*; **una ~ de disparates (mentiras)** ein Haufen Unsinn (Lügen)

sartén *f* HAUSW (Brat-)Pfanne *f* ◇ **saltar de la ~ y dar en la brasa** *übertr* vom Regen in die Traufe kommen; **tener la ~ por el mango** das Heft in der Hand haben *bestimmen können*

sastra *f* Schneiderin *f*

sastre *m* Schneider(meister) *m*; **~ de caballeros (señoras)** Herren-(Damen)schneider *m*

sastreria *f* Schneiderei *f*; **~ de arreglo** Änderungsschneiderei *f*; **~ a medida** Maßschneiderei *f*

Sat|án *m*, **~anás** *m* Satan *m*, Teufel *m*; **²ánico** satanisch, teuflisch, höllisch; **²anismo** *m* Satans-, Teufelsanbetung *f*; Satanismus *m*; Teufelei *f*; **²anizar** ⟨-z/c-⟩ *tr* verteufeln

satelital Satelliten-

satélite I *Adj bes* POL *übertr* Satelliten- **II** *m* ASTR, MIL, POL *übertr*, RAUMF Satellit *m*; ASTR Trabant *m*; **~s** *Pl* Gefolge *n*, Anhänger *m/Pl*; **~ artificial** künstlicher Satellit *m*; **~ de (tele)communicaciones** Fernmelde-, Telekommunikations-, Nachrichtensatellit *m*; **~ espía (operacional)** Spionage-(Arbeits)satellit *m*; **~ de investigación (observación; reconocimiento)** Forschungs-(Beobachtungs-; Aufklärungs)-satellit *m*; **~ (observador) meteorológico** Wetter(beobachtungs)satellit *m*; **~ de (radio)navegación** (Funk-)Navigationssatellit *m*

sat|én *m* TEXTIL Satin *m*; **~inar** *tr* glätten, satinieren

sátira *f* Satire *f*; Spottgedicht *n bzw* -lied *n bzw* -rede *f*

sat|írico I *Adj* satirisch; spöttelnd, Spott- **II** *m* Satiriker *m*; **~irizante** spöttelnd; in satirischer Form *od* Art; **~irizar** ⟨-z/c-⟩ *tr* verspotten; satirisch angreifen

satisfacción *f* Befriedigung *f*; Genugtuung *f*, Ehrenerklärung *f*, Satisfaktion *f*; Erfüllung *f*; Zufriedenheit *f*; Freude *f*; Begleichung *f*; **a la** (*bzw* **nuestra**) **completa** *od* **entera ~** zur (*bzw* zu unserer) vollsten Zufriedenheit ◇ **tenemos una verdadera ~ en** + *Inf* es ist uns eine aufrichtige Freude, zu + *Inf*

satis|facer ⟨*unreg*⟩ *tr* befriedigen, zufrieden stellen; *jmdm* gerecht werden, Genugtuung leisten; *Anforderungen* entsprechen; *Bedürfnis*, *Wunsch* erfüllen; *Betrag*, *Schuld* begleichen; *Durst*, *Hunger*, *Leidenschaft* stillen; sättigen; *Bedarf* decken; *Zweifel* beheben; **~facerse** sich zufrieden geben (**con** mit); sich Genugtuung verschaffen; sich schadlos halten; **~factorio** zufrieden stellend; erfreulich; befriedigend *auch Prüfungsnote*

satisfecho *Part von* → **satisfacer**; zufrieden (**de** mit); froh, erfreut; satt; **~ de sí (mismo)** mit sich (selbst) zufrieden; selbstzufrieden; **no ~** unbefriedigt ◇ **darse por ~** sich zufrieden geben

sátrapa *m* Tyrann *m*; Schlaukopf *m*

satur|ación *f* CHEM, HDL, PHYS Sättigung *f*; CHEM, METAL Anreicherung *f*; TEL *Leitung* Überlastung *f*; **~ado**: **(no) ~** CHEM, HDL, PHYS (un)gesättigt; TECH überlastet; **~ar** *tr* CHEM, HDL, PHYS sättigen; anreichern; übersättigen

Saturno *m* ASTR, MYTH Saturn *m*

sauce *m* Weide(nbaum *m*) *f*; **~ llorón (mimbrero)** Trauer-(Korb)weide *f*

saúco *m* BOT Holunder *m*

saud|í, **~ita I** *Adj* saudi-arabisch **II** *m* Saudi(-Araber) *m*

sauna *Esp f*, *Am auch m* Sauna *f Bad u Badeanstalt*

saurio *m* ZOOL Saurier *m*; **~s** *Pl* Echsen *f/Pl*

savia *f Bäume*, *Pflanzen* Saft *m*; *übertr* Energie *f*, Kraft *f*

sax|ofón *m* → **saxófono**, **~ofonista** *m* MUS Saxophonist *m*; **~ófono** *m* MUS Saxophon *n*

saya(s *Pl*) *f reg* Rock *m*

sazón *f* Zeitpunkt *m*; Reife *f*; Würze *f*, Geschmack *m*; günstiger Augenblick *m*; **a la ~** seinerzeit, damals; **en ~** zur rechten Zeit; **fuera de ~** unzeitgemäß

sazon|ado zeitig; reif; schmackhaft; *Speise u übertr* würzig; witzig; **~ar** *tr* zur Reife bringen; reifen lassen; *Speisen u übertr* würzen

Sb (*Symb für* **antimonio**) CHEM Sb

S.C. *f od* **S/C** *f* (*Abk für* **sociedad colectiva**) OHG *f*

scanner *m* → **escáner**

scherzo *m* MUS Scherzo *n*

scooter *m* ⟨*Pl* **scooters**⟩ KFZ Motorroller *m*

scratchear *tr/intr Slang* MUS scratchen

Sdad. *f* (*Abk für* **sociedad**) Ges. *f*

se¹ I *Refl Pron* sich **II** *Indef Pron* man *bzw als Ersatz für Pass* (**la casa ~ vendió**); *umg als Ersatz für die 1. Pers* ich *bzw* wir (**¿cuánto ~ debe?** *d.h.* **¿cuánto debo?** *bzw* **¿cuánto debemos?**)

se² *Pers Pron statt* → **le** *od* **les** *vor* → **lo**, **los** *od* **la**, **las** (**las llaves ~ las dimos a Roberto**)

sé → **saber**; *Imp von* → **ser**

Se (*Symb für* **selenio**) CHEM Se

SE. *m* (*Abk für* **sudeste**) SO *m*

S.E. (*Abk für* ***Su Excelencia***, → ***Excelencia***) S(e). E.

sea, ~mos, ~n, ~s → ***ser***

SEAT® **I** *m eine spanische Kfz-Marke* **II** *f Abk für den spanischen Kfz-Konzern* ***Sociedad Española de Automóviles de Turismo*** (*heute in VW®-Besitz*)

seb|o *m* Talg *m*; Schmiere *f*; **~orrea** *f* MED Seborrhöe *f*; **~oso** talgig

sec|a *f* LANDW, MET Trockenheit *f*, Dürre *f*; Trockenzeit *f*, Dürreperiode *f*; **~adero** *m* Trockenanlage *f z.B. für Gemüse, Obst*; *Wäsche* Trockenplatz *m*; Trockenraum *m bzw* -boden *m*; **~ado** *m* (Ab-)Trocknen *n*; Trocknung *f*; Austrocknen *n*; **~ador** *m* HAUSW Föhn *m*; *AmC reg* Geschirrtuch *n*; **~adora** *f* Wäschetrockner *m*; **~afirmas** *m* BÜRO Löschwiege *f*; **~ante** *m* Löschblatt *n*; Löschpapier *n*; Trockenstoff *m*, Sikkativ *n*

secar ⟨-c/qu-⟩ **I** *tr* (ab)trocknen; *Leim* abbinden; austrocknen (lassen) *auch übertr*; *Boden* trockenlegen; *Haar* föhnen; dörren; *i w S* abwischen **II** *intr u* **~se** trocknen, trocken werden; *Fluss, Pflanzen u übertr* austrocknen; *Pflanzen* vertrocknen

secas: ... ***a ~*** ... einfach, kurz (und knapp), in dürren *od* wenigen Worten

sección *f* HDL, MIL, VERW Abteilung *f*; Bereich *m*; SPORT, TECH, VERW Sektion *f*; POL, VERW Sektor *m*; Abschnitt *m*; Querschnitt *m*; MED Durchschneiden *n*; MED Schnitt *m*; Einschnitt *m*; Schnittfläche *f*; MIL Zug *m*; SPORT Riege *f*; Sparte *f*; VERK Teilstrecke *f*; ***~ de anuncios*** *od Am* ***clasificados*** ZTGSW Annoncen-, Anzeigenteil *m*; ***~ de asesoría legal, ~ jurídica*** Rechtsabteilung *f*; ***~ damas*** (***niños***) HDL *Abteilung für* Damenkonfektion *f* (Kinderabteilung *f*); ***♀ de Estudios*** *Bank, Unternehmen* Forschungsabteilung *f*; ***~ de exportación*** (***marketing***; ***personal***; ***publicidad***; ***ventas***) Export-(Marketing-; Personal-; Werbe-; Verkaufs- *od* Vertriebs)abteilung *f*

seccionar *tr* durchschneiden; ein-, zerteilen; in Abschnitte einteilen *auch übertr*; unterteilen

seces|ión *f bes* POL Trennung *f*, (Ab-)Spaltung *f*; **~ionista** Trennungs-, Spaltungs-; abtrünnig

seco trocken *auch übertr*; verdorrt; Dörr-, Trocken- (***frutas secas***); *Person* hager, dürr; *Wein u übertr* herb; ausgetrocknet, vertrocknet; *übertr* frostig; *Stimme* rau; *Wahrheit* nackt ◇ ***cortar en ~*** *etw od jmdn* abrupt unterbrechen; ***parar en ~*** (***a alg***) KFZ plötzlich anhalten; *im Sprechen* plötzlich innehalten (jmdm ins Wort fallen); → ***secas***

secre *f bzw m umg für* → ***secretaria*** *bzw* ***secretario***

secre|ción *f* MED, PHYSIOL Sekretion *f*, Absonderung *f*, Sekret *n*; MED Ausscheiden *n*, Ausscheidung *f*; MED Auswurf *m*; **~ta** *f umg* Geheimpolizei *f*; **~tamente** insgeheim; **~tar** *tr* MED, PHYSIOL absondern

secretaria *f* Sekretärin *f*; Leiterin *f* der Geschäftsstelle, *auch* Geschäftsführerin *f*; ***~ (de actas)*** Protokollantin *f*, Schriftführerin *f*; ***~ de dirección*** Direktionssekretärin *f*; ***~ ejecutiva*** (***particular*** *od* ***privada***) Chef- *bzw* Vorstands-(Privat)sekretärin *f*; ***~ con idiomas*** Fremdsprachensekretärin *f*

secretaría *f* Sekretariat *n*; VERW Geschäftsstelle *f*; ♀ *Méx* Ministerium *n*; ***♀ de Estado*** Staatssekretariat *n*

secretariado *m* Sekretariat *n bei Tagungen u Sammelbezeichnung für Sekretariatsmitarbeiter*; Sekretariatsberuf *m*

secretario *m* Sekretär *m*; Leiter *m* der Geschäftsstelle, *auch* Geschäftsführer *m*; *Méx u bezogen auf die USA* Minister *m*; → ***ministerio*** *u* ***ministro***; ***~ (de actas)*** Protokollant *m*, Schriftführer *m*; ***~ de Estado*** Staatssekretär *m*; *Dtschld* Staatsminister *m*; *USA* Außenminister *m*; ***~ general*** *od* ***♀ General*** Generalsekretär *m*; ***~ justicial*** Gerichts-, Justizsekretär *m*; ***~ del juzgado*** JUR Urkundsbeamter *m*; ***~ parlamentario*** PARL Geschäftsführer *m einer Fraktion*; parlamentarischer Staatssekretär *m*; ***~ particular*** Privatsekretär *m*; persönlicher Referent *m*; ***~ del Tesoro*** POL Schatzkanzler *m*, Finanzminister *m*

secret|ear *intr* tuscheln *heimlich über jmdn reden; leise flüstern*; **~o** *m* Getuschel *n*; Geheimniskrämerei *f*; **~er** *m* Sekretär *m*, Schreibschrank *m*; **~ismo** *m* Geheimnistuerei *f*; **~ista** *m* Geheimniskrämer *m*

secreto **I** *Adj* geheim; Geheim-; heimlich; verborgen **II** *m* Geheimnis *n*; Heimlichkeit *f*; Geheimfach *n*; Geheimhaltung *f*; MIL, POL Geheimsache *f*; ***~ bancario*** (***comercial***; ***de confesión***) FIN Bank-(Geschäfts-; REL Beicht)geheimnis *n*; ***~ de la correspondencia, ~ postal*** Brief-, Postgeheimnis *n*; ***~ fiscal*** (***oficial***) Steuer-(Staats)-geheimnis *n*; ***~ médico*** ärztliche Schweigepflicht *f*; ***~ de oficio, ~ profesional*** Amts-, Berufsgeheimnis *n*; ***~ a voces*** offenes Geheimnis *n*; ***en ~*** insgeheim; heimlich ◇ ***estar en el ~*** (in ein Geheimnis) eingeweiht sein; ***guardar*** (***revelar*** *od* ***violar***) ***un ~*** ein Geheimnis wahren (brechen); ***mantener en ~*** geheim halten

sect|a *f* REL Sekte *f*; **~ario** **I** *Adj* sektiererisch; REL Sekten- **II** *m* Sektierer *m*; **~arismo** *m* Sektierertum *n*; Sektenwesen *n*

S

sector *m* GEOM, MATH, MIL, POL, WIRTSCH, VERW Sektor *m*; Bereich *m*, *übertr* Zweig *m*; (Bevölkerungs-)Gruppe *f*; Branche *f*; *übertr* Gebiet *n*; (Bau-)Abschnitt *m*; PARL *übertr* Flügel *m*; **~es** *Pl übertr* Kreise *m/Pl*; **~ de automoción** Automobil-, Kraftfahrzeugbranche *f*; **~ de la construcción** Baubranche *f*, -gewerbe *n*, -sektor *m*; **~ duro** POL *übertr* harter Kern *m*; **~ económico** (**industrial**) Wirtschafts-(Industrie)zweig *m*; **~ en expansión** Wachstumsbranche *f*; **~ informal** WIRTSCH informeller Sektor *m*, Schattenwirtschaft *f*; **~ informático** (**turístico**) Computer-(Fremdenverkehrs)-branche *f*; **~es marginados** (**minoritarios**) SOZIOL Rand-(Minderheits)gruppen *f/Pl*; **~** (**de prestación de**) **servicios, ~ terciario** Dienstleistungssektor *m*; **~ privado** (**público**) freie Wirtschaft *f* (öffentliche Dienste *m/Pl*; öffentliche Hand *f Staat*); **en el ~ económico** auf wirtschaftlichem Gebiet

sectorial Sektoren-; Branchen-; Bereichs-; **~ismo** *m* Ressortdenken *n*

secuaz I *Adj* (leidenschaftlich) ergeben *od* zugetan **II** *m* Gefolgsmann *m*, Anhänger *m*; Parteigänger *m*; *verächtl* Gesinnungsgenosse *m*; **secuaces** *Pl* Gefolgsleute *Pl*; *übertr* Anhang *m*

secuela *f* MED *u allg* Folge(erscheinung) *f*; TV Folge *f einer Serie*

secuencia *f* INFORM, FILM, MATH, MUS, REL Sequenz *f*; Abfolge *f*; (Bild- *bzw* Programm-)Folge *f*

secuestr|ado *m* Entführter *m*; **~ador** *m* Entführer *m*, Kidnapper *m*; Flugzeugentführer *m*, Luftpirat *m*; **~ar** *tr* entführen, kidnappen, *jmdn* (widerrechtlich) der Freiheit berauben, *Personen* verschleppen; JUR pfänden; beschlagnahmen

secuestro *m* Entführung *f*, Menschenraub *m*, Verschleppung *f von Personen*, (widerrechtliche) Freiheitsberaubung *f*; Beschlagnahme *f*; Pfändung *f*; **~ aéreo** Flugzeugentführung *f*, Luftpiraterie *f*

secular weltlich; hundertjährig; jahrhundertelang; jahrhundertealt; **~ización** *f* Verweltlichung *f*; Abkehr *f* von der Kirche; Säkularisierung *f*; **~izar** ⟨-z/c-⟩ *tr* säkularisieren, in weltlichen Besitz überführen; verweltlichen

secundar *tr* unterstützen; *jmdm* beistehen, behilflich sein; **~ia** *f* Oberschule *f*; **~iamente** zweitens; *übertr* in zweiter Linie; **~io I** *Adj* nebensächlich, zweitrangig, sekundär, untergeordnet; Neben- **II** *m* Oberschüler *m*

sed *f* Durst *m*; (brennendes) Verlangen *n*; Sucht *f*, Gier *f*; **~ de ganancias** (**gloria**) Gewinn-, Profit-(Ruhm)sucht *f*; **~ de poder** Machthunger *m* ◇ **apagar** *od* **calmar** *od* **matar la ~** den Durst stillen *od* löschen; **tener ~** Durst haben, durstig sein

seda *f* Seide *f*; **~ artificial** (**natural**) Kunst-(Natur)seide *f*; **de ~** seiden, seidig; vom Feinsten

sed|al *m* Angelschnur *f*; **~án** *m* KFZ (Luxus-)Limousine *f*; **~ante**, **~ativo I** *Adj* beruhigend, Beruhigungs-; schmerzlindernd **II** *m* Beruhigungsmittel *n*; schmerzlinderndes *od* -stillendes Mittel *n*

sede *f* Sitz *m Gebäude od Ort einer Einrichtung*; SPORT Austragungsort *m*; **~ diplomática** *Gebäude* diplomatische Vertretung *f*; **~ social** Firmen- *bzw* Gesellschaftssitz *m*; **la ♀ Apostólica, la Santa ♀** der Heilige *od* Päpstliche Stuhl *Vatikan*

sedent|ario sitzend; bewegungsarm; sesshaft; **~arismo** *m* sitzende Tätigkeit *f*; Bewegungsmangel *m*, Mangel *m* an körperlichem Ausgleich

sedería *f* Seidenwaren(geschäft *n*) *f/Pl*; Seidenindustrie *f*

sedic|(i)ente angeblich; selbst ernannt; **~ión** *f* Aufruhr *m*, -stand *m*; **~ioso I** *Adj* aufrührerisch, -ständisch **II** *m* Aufrührer *m*, -ständischer *m*

sediente → **bienes ~s**

sediento durstig; begierig; sich sehnend (**de** nach)

sedimentación *f* GEOL, CHEM Ablagerung *f*; **~ globular** MED Blutsenkung *f*

sedimento *m* Ablagerung *f*; Bodensatz *m*, Niederschlag *m*; Sediment *n*; Belag *m*

sedoso seidig, seidenweich

seduc|ción *f* Verführung *f*; Verlockung *f*; **~ir** ⟨→ **conducir**⟩ *tr* verführen, -leiten; verlocken; *die Sinne* gefangen nehmen, betören; **~tor I** *Adj* verführerisch; verlockend; bezaubernd, reizend, anziehend **II** *m* Verführer *m*

sefard|í, **~ita I** *Adj* sephardisch **II** *m* Sepharde *m Nachkomme von Juden, die im Spätmittelalter aus Spanien od Portugal vertrieben wurden*

seg|ada *f* (Ab-)Mähen *n*; **~ador** *m* LANDW Schnitter *m*

segadora *f* Schnitterin *f*; Mähmaschine *f*; **~ de césped** Rasenmäher *m*; **~ trilladora** Mähdrescher *m*, Kombine *f*

segar ⟨-ie-, -g/gu-⟩ **I** *tr/intr* mähen **II** *tr z.B. Hoffnungen* zunichte machen, zerstören

seglar REL **I** *Adj* weltlich; Laien- **II** *m* Laie *m*

segment|ación *f* Segmentierung *f*; **~ar** *tr* in Segmente *od* Abschnitte gliedern; **~o** *m* LIT, MATH, TECH, ZOOL *u übertr* Segment *n*; Abschnitt *m*; KFZ Kolbenring *m*; *Rakete* Stufe *f*

S

segoviano I *Adj* aus Segovia **II** *m*, **-a** *f* Einwohner(in) *m(f)* Segovias
segregación *f* Ausscheidung *f*; Absonderung *f*; **~ (racial)** Rassentrennung *f*
segreg|acionismo *m* Rassentrennungspolitik *f*; **~acionista I** *Adj* Rassentrennungs- **II** *m* Verfechter *m* der Rassentrennungspolitik; **~ar** ⟨-g/gu-⟩ *tr* ausscheiden; absondern; trennen
seguida *f* → **seguimiento**; **de ~** nach-, hintereinander; **en ~** sofort, unverzüglich; anschließend; nach-, hintereinander; *Nic auch* später
seguidamente → **de seguida**, → **seguida**; → **en seguida**, → **seguida**
seguidilla *f Bez für spanische Gedichtsform*; **seguidillas** *Pl* Seguidilla *f spanischer Tanz*
seguido *im Spanischen immer Adj* ganz (… lang) (**una semana seguida**); ununterbrochen (**una fila seguida de árboles**); hintereinander; nacheinander; fortlaufend; unaufhörlich; (immer) geradeaus; dahinter; *Am* oft, häufig; **de ~** *Arg*, *Chi*, *Col*, *PR* hintereinander; nacheinander; *Arg* → **en seguida**, → **seguida**; **muy ~** dicht gefolgt
seguidor *m* Bewerber *m*, Liebhaber *m*; Verfolger *m*; Anhänger *m einer Doktrin*, *Idee usw*: **~es** *Pl* Gefolgsleute *Pl*, Anhänger *m/Pl*
seguimiento *m* Verfolgung *f*, Verfolgen *n*; Gefolge *n*; Beobachtung *f*; *Konferenzen*, *Organisationen* Nachfolge *f*; **~ por radar (radio)** Radarüberwachung *f* (Überwachung *f* per Funk) *m* ◇ **dar ~** fortsetzen; **dar(le) ~ a u/c** *Am* sich um etw kümmern, *übertr* etw (weiter) verfolgen, kontrollieren, beobachten
seguir ⟨-i-, -gu/g-⟩ **I** *tr* folgen *auch übertr*; befolgen, Folge leisten; verfolgen *auch übertr*, *z.B. Politik*; *etw* fortsetzen; nachfolgen; nachahmen; sich *nach jmdm od etw* richten; *Weisungen* einhalten; *Studium*, *ein Fachgebiet* einschlagen; *Geschäft* betreiben; **~ de cerca** *etw* unmittelbar verfolgen; **hacer ~** POST nachsenden; **¿qué sigue?** wie geht es weiter?, was nun? **II** *intr* weitermachen, fortfahren; weitergehen; andauern; weiterhin *od* noch immer *od* immer noch sein; (noch) bleiben; (weiterhin) verbleiben; beharren (**en** auf); weiterfahren (**para** nach); **¡siga!** machen Sie weiter!, fahren Sie fort!; **sigue** ZTGSW wird fortgesetzt, Fortsetzung folgt; **sigue bien (enfermo)** es geht ihm *bzw* ihr weiterhin gut (er ist immer noch krank); **~ (siempre) derecho** (immer) geradeaus gehen *od* fahren; **¿cómo sigue (Vd.)?** wie geht es Ihnen?; **(en) lo que sigue** das Folgende; das Nachstehende (im Folgenden; nachstehend); **¡que siga usted bien!** (weiterhin) alles Gute!; *mit Ger*: *etw* weiter *od* noch immer tun (**sigue lloviendo**; **Pedro siguió cantando**); **~se** aufeinander folgen; die Folge sein *von etw*; **de todo esto se sigue que …** aus alledem folgt *od* aus alldem lässt sich schließen, dass …
según I *Präp* laut, nach, zufolge (**~ la ley**); gemäß (**~ la orden**); **~ él** nach seiner Meinung; ihm zufolge **II** *Adv u Konj* je nachdem; das *od* es kommt (ganz) d(a)rauf an; wie (**~ informan fuentes policiales**); … so, wie …; in dem Maße, wie …; **~ y como** *od* **conforme …** durchaus *od* ganz genau so, wie …; **~ que …** je nachdem, wie …; in dem Maße, wie …
segunda *f* KFZ zweiter Gang *m*; EISENB zweite Klasse *f*; **con ~s** doppelsinnig, mit Hintergedanken
segund|ero *m Uhr* Sekundenzeiger *m*; **~o I** *Adj* zweiter; *i w S* erneuter, neuer **II** *m* Zweiter *m*; erster Angestellter *m* nach dem Chef, *übertr* rechte Hand *f*; Sekunde *f* **III** *Adv* zweitens
seguramente sicher(lich), bestimmt; wahrscheinlich
seguridad *f* Sicherheit *f*; Gewähr *f*, Garantie *f*; Gewissheit *f*, Überzeugung *f*; Bestimmtheit *f*; *Maschine*, *Waffe* Sicherung *f*; (Sozial-)Versicherung *f*; **~ de funcionamiento** Betriebssicherheit *f*; **~ de** *od* **en sí mismo** Selbstsicherheit *f*; **~ social** soziale Sicherheit *f*; **♀ Social** Sozialversicherung *f*; **~ en el trabajo** Arbeitsschutz *m*; **~ vial** Verkehrssicherheit *f*; Sicherheit *f* im Straßenverkehr; **~ de vuelo(s)** Flugsicherheit *f*; **con (toda) ~** ganz gewiss, sicher, zweifellos; **para mayor ~** um (ganz) sicher zu gehen; der größeren Sicherheit wegen ◇ **(no) tener ~** (un)sicher sein
seguro I *Adj* sicher *gefahrlos*; gewiss; fest; haltbar; **~ de sí mismo** selbstsicher; **lo ~ es lo comido** *Nic umg* sicher ist sicher; **poco ~** unsicher ◇ **estoy ~ de que …** ich bin sicher, dass …; **ir sobre ~** auf Nummer Sicher gehen *umg kein Risiko eingehen*; seiner *bzw* ihrer Sache sicher sein **II** *m* Versicherung *f*; TECH Sicherheitsvorrichtung *f*; *Maschinen*, *Waffen* Sicherung *f*; Geleitbrief *m*, Freipass *m*; **~s** *Pl* Versicherungsbranche *f*, -wesen *n*; **~ contra accidentes (de trabajo)** (Arbeits-)Unfallversicherung *f*; **~ adicional** Zusatzversicherung *f*; **~ del automóvil** *od* **coche** Kfz-Versicherung *f*; **~ de ayuda a las personas impedidas** *Dtschld* Pflegeversicherung *f*; **~ de bienes domésticos**, **~ del hogar** Hausratversiche-

S

rung *f*; **~ de desempleo** *od* **desocupación** *od* **paro** (**enfermedad obligatorio**) Arbeitslosen-(gesetzliche Kranken)versicherung *f*; **~ contra incendios** Brandschutzversicherung *f*; **~ obligatorio** (**privado**) Pflicht-(Privat)versicherung *f*; **~ de pensiones** (**vida**) Renten-(Lebens)versicherung *f*; **~ de protección jurídica** Rechtsschutzversicherung *f*; **~ de responsabilidad civil** Haftpflichtversicherung *f*; **~ a** *od* **contra todo riesgo** KFZ Vollkaskoversicherung *f*; **~ contra el robo** Versicherung *f* gegen Diebstahl; **~ social** (**subsidiario**) Sozial-(Rück)versicherung *f*; **~ turístico** *od* **de viaje** Reiseversicherung *f*; **en ~** in Sicherheit; **sin ~** *Schusswaffe* entsichert ◇ **contratar un ~** eine Versicherung abschließen **III** *Adv* bestimmt, sicher(lich); **¡~!** natürlich!, ganz gewiss!

seis I *Adj* sechs; *Datum* sechster **II** *m* Sechs *f*; **~avo** *m* Sechstel *n*; **~cientos I** *Adj* sechshundert **II** *m* Sechshundert *f*; **el ~** der Sechshundertste

seísmo *m u Abl* → **sismo** *u Abl*

SELA *m Abk für* **Sistema Económico Latinoamericano**, → **sistema**

selección *f* Auswahl *f auch* SPORT; Auslese *f*; Aussortieren *n*; **~ por defecto, ~ predeterminada** INFORM Voreinstellung *f*; **~ nacional** SPORT National-, Ländermannschaft *f*; **~ previa** Vorauswahl *f*; **~ de profesiones** Berufswahl *f* ◇ **hacer una ~** eine Auswahl treffen

selec|cionador *m* SPORT National-, *Dtschld* Bundestrainer *m*; **~cionar** *tr* auswählen; auslesen; aussortieren; selekt(ion)ieren; **~tividad** *f* RADIO Trennschärfe *f*; (schriftliche) Aufnahmeprüfung *f für die Universität*; **~tivo** Auswahl-; wählerisch; selektiv; RADIO mit hoher Trennschärfe; **~to** (aus)erlesen, auserwählt

selen|io *m* CHEM Selen *n*; **~ografía** *f* Mondbeschreibung *f*; **~ología** *f* Mondkunde *f*

sell|ado *m* (Ab-)Stempeln *n*; Siegeln *n*; Versiegeln *n*; Versieg(e)lung *f*; HDL Plombieren *n*; **~ar** *tr* siegeln; versiegeln; HDL plombieren; *übertr* aufstempeln; (ab)stempeln; *Schicksal* besiegeln; *übertr* beendigen, -schließen; frankieren, mit einer Briefmarke versehen

sello *m* Siegel *n auch übertr*; Stempel *m*; Stempelabdruck *m*; Brief-, Freimarke *f*; Gepräge *n*, besondere Wesensart *f einer Sache*; *Chi*, *Col*, *Pe* Kehrseite *f* einer Münze; **~ ajustable** Drehstempel *m*; **~ de calidad** HDL, IND Gütezeichen *n*, Qualitätssiegel *n*; **~ de entrada** (**recibo**) Eingangs-(Aufgabe)stempel *m*; **~ especial** POST Sondermarke *f*; **~ de fechas, ~ fechador** (**numerador**; **oficial**) Datumsstempel *m* (Nummernstempel *m*; Dienstsiegel *n*); **~ de plomo** Plombenverschluss *m*; **~ de urgencia** POST Eilmarke *f* ◇ **cancelar el ~** die Briefmarke abstempeln; **cerrar con ~** versiegeln; **coleccionar ~s** Briefmarken sammeln; **echar** *od* **poner el** *od* **un ~ a u/c** etw siegeln; etw stempeln; die *od* eine Briefmarke aufkleben; den Stempel aufdrücken *auch übertr*; **remover el ~** entsiegeln, das Siegel entfernen

selva *f* Wald *m*, Forst *m*; **~ virgen** Urwald *m*; **la ♀ de Bohemia** (**♀ Negra**) der Böhmer-(Schwarz)wald

selv|ático Wald-, waldig; *verächtl* grob, bäurisch; **~oso** waldreich

sem|aforizado *z.B. Kreuzung* beampelt, Ampel- (**cruce ~**); **~áforo** *m* (Verkehrs-) Ampel *f*, Lichtsignalanlage *f*

semana *m* Woche *f*; **~ de cinco días** (**de 40 horas**) **de trabajo** Fünf-Tage-Arbeitswoche *f* (40-Stunden-Woche *f*); **~ laboral** (**de las 35 horas**) (35-Stunden-)Arbeitswoche *f*; **♀ Mayor**, *meist* **♀ Santa** Ostern *n*; Karwoche *f*; **a la ~** pro Woche, wöchentlich; **cada tres ~s** alle drei Wochen; **cuatro veces por ~** viermal wöchentlich; **durante toda la ~** die ganze Woche über; **entre ~** in *od* unter der Woche, wochentags; (**en**) **la ~ pasada** (**próxima ~**) in der vorigen (nächsten) Woche; **la ~ que no tenga jueves** *od* **viernes** am Sankt-Nimmerleins-Tag *niemals*

seman|al wöchentlich, Wochen-; **~ario** *m* Wochenzeitung *f*; Wochen(zeit)schrift *f*

semántic|a *m* Semantik *f*; **~o** semantisch, Bedeutungs-

sembl|ante *m* Gesichtsausdruck *m*; Gesicht *n*, Miene *f*; Aussehen *n*; Anschein *m*; **~anza** *m* kurze Einschätzung *f einer Person*; Kurzbiografie *f*; (kurzer) Überblick *m*

sembrar ⟨-ie-⟩ *tr* säen *auch übertr*; aussäen *auch übertr*; ausstreuen *auch übertr*; verbreiten; *Zwietracht* stiften

semej|ante I *Adj* ähnlich; solch (ein), so ein **II** *m* Mitmensch *m*, Nächster *m*; Artgenosse *m*; **~anza** *m* Ähnlichkeit *f*; **~ar I** *tr* ähneln **II** *intr u* **~arse** ähnlich sein (**a** *Dat*) ähneln (**en** bei, in)

semen *m* menschlicher *od* tierischer Samen *m*, Sperma *n*; **~tal** *m* Zuchtbulle *m* -tier *n*; Deckhengst *m*; **~tera** *m* Saatzei[t] *f*; Brutstätte *f des Lasters*

semestr|al halbjährlich; halbjährig, Halbjahres-; sechsmonatig; Semester-; **~almente** jedes halbe Jahr; **~e** *m* Halbjahr *n*, Semester *n*

semi|automático halbautomatisch; teilau[tomatisch]

tomatisiert; **~circular** halbkreisförmig; **~círculo** *m* Halbkreis *m*; **~colonia** *m* Halbkolonie *f*; **~conductor** *m* EL Halbleiter *m*; **~culto** halbgebildet; **~descremado**, **~desnatado** *Milch* fettarm; **~destruido** halb zerstört, zur Hälfte zerstört; **~diós** *m meist iron*, *übertr* Halbgott *m*; **~directo** *m Esp* Nahschnellverkehrszug *m*; **~elaborado** *Werkstück* halb bearbeitet; *Ware* halbfertig; **~elaborados** *m/Pl* TECH Halbzeug *n*; **~estatal** halbstaatlich; **~final** *f* SPORT Halbfinale *n*, Vorschlussrunde *f*; **~internado** *m* → ***seminternado***; **~largo** halblang; **~legal** halblegal, nicht ganz legal *od* rechtmäßig

semilla *f* BOT Same(n) *m*; Samenkorn *n*; *übertr* Keim *m*; **~s** *Pl* Saatgut *n*; Sämereien *f/Pl*

semillero *m* Saatgutpflanzung *f*; Baumschule *f*; *Wald* Schonung *f*; *übertr* Brutstätte *f*

seminario *m* PÄD Seminar *n*; **~ *taller*** *übertr* Werkstattgespräch *n*

seminternado *m* (Schul-)Hort *m*

semi|ocupación *f* Kurzarbeit *f*; **~oficial** halbamtlich; **~producto** *m* Halbfabrikat *n*; **~rredondo** halbrund; fast rund; **~rremolque** *m* KFZ Sattelanhänger *m*, Auflieger *m*; **~suma** *f* MATH halbe Summe *f*

sem|ita I *Adj* semitisch; *i w S* jüdisch **II** *m* Semit *m*; *i w S* Jude *m*; **~ítico** → ***~ita I***

semivacío halb leer

sémola *f* Grieß *m*; Grütze *f*

sempiterna *f* BOT Immergrün *n*

sempiterno I *Adj* immer während; ewig **II** *m*: ***los ~s*** die Ewiggestrigen

Sena *m* Seine *f*

sena|do *m*, *auch* **2do** *m* Senat *m auch* JUR; Senatsgebäude *n*; **~dor** *m*, **~dora** *f* Senator(in) *m(f)*; *USA auch* Abgeordnete(r) *f(m)*; **~torial** Senats-

S. en C. *f* (*Abk für* ***sociedad en comandita***) KG *f*

sencill|amente schlechthin; **~ez** *f* Einfachheit *f*; Leichtigkeit *f*; Schlichtheit *f*; Arglosigkeit *f*; Redlichkeit *f*; **~o I** *Adj* einfach; *übertr* leicht; schlicht; arglos; redlich **II** *m Schallplatte* Single *f*; *Am reg* Kleingeld *n*

senda *f* Pfad *m auch übertr*; Fußweg *m*; *Weg m*; VERK Spur *f*; **~ *de solución*** Lösungsweg *m* (***a*** für)

sendero *m* → ***senda***

sendos *Adj/Pl* je(der) ein (***Pedro y José bebieron ~ vasos de vino***)

senectud *f* Greisenalter *n*

Senegal *m* Senegal *m Fluss u Republik*

senegalés I *Adj* senegalesisch **II** *m*, **-esa** *f* Senegalese(-in) *m(f)*

senescencia *f* Altern *n*; Alterung *f*; Altwerden *n*

senil senil; Alters-; **~idad** Senilität *f*

sénior *m* ⟨*Pl* ***seniores***⟩ Senior *m auch* SPORT *u nach Eigennamen*

seno *m* ANAT *u übertr* Schoß *m*; Busen *m*; Inneres *n*, Innerstes *n*; Meerbusen *m*; GEOM, MATH Sinus *m*; ***en el ~ de la familia*** im engsten Familienkreis

sensación *f* Gefühl *n*, Empfindung *f*; Sensation *f*; Aufsehen *n*; **~ *térmica*** gefühlte Wärme *f od* Temperatur *f* ◇ ***causar*** (***producir***) **~** Aufsehen erregen (beeindrucken)

sensacional sensationell, Aufsehen erregend; toll *umg*; **~ismo** *m* Sensationslust *f*; Sensationshascherei *f*; Sensationsmache *f umg*; **~ista** sensationslüstern; Sensations-; ZTGSW *übertr* Revolver- (***periódico ~***)

sensat|ez *f* Einsicht *f*, Verständigkeit *f*; Besonnenheit *f*; Vernunft *f*; **~o** einsichtig, verständig; besonnen; vernünftig

sensibilidad *f* Empfindlichkeit *f auch* TECH; Sensibilität *f*, Empfindsamkeit *f*; Einfühlungsvermögen *n*; Verständnis *n* (***ante*** für); ***de alta*** *od* ***gran ~*** FOTO *u allg* hoch empfindlich

sensib|ilizar ⟨-z/c-⟩ *tr* FOTO, MED *u allg* sensibilisieren; *Interesse* auf-, wachrütteln; **~le** empfindlich (***a*** gegen) *auch* TECH; sensibel; einfühlsam, empfänglich; empfindsam; schmerzlich, bedauerlich; fühl-, *übertr* spürbar; gewichtig; **~lemente** merklich; **~lería** *f* Überempfindlichkeit *f*; Gefühlsduselei *f*; **~lero** überempfindlich; (äußerst *od* übertrieben) sentimental

sensitiv|a *f* BOT *u übertr* Mimose *f*; **~o** sensitiv, empfindsam; Sinnes-

sensor *m* PHYS Sensor *m*; **~ *de movimiento*** Bewegungsmelder *m*

sensorial sensorisch; Sinnes-; Empfindungs-

sens|ual sinnlich; Sinnes-; **~ualidad** *f* Sinnlichkeit *f*

sentada *f* Sitzen *n*; POL Sit-in *n*; Sitzblockade *f*; ***de una ~*** auf einen *od* in einem Ritt *ohne Unterbrechung*

sentadero *m* Sitzgelegenheit *f*

sentado sitzend; gesetzt *auch übertr*; bedächtig, besonnen ◇ ***se da por ~*** es gilt als ausgemacht; ***dejar bien ~*** ein für alle Mal fest- *od* klarstellen; ***estar*** (***quedar***) sitzen (sitzen bleiben)

sentar ⟨-ie-⟩ **I** *tr* setzen; hinsetzen; festsetzen, -legen; *Grundlagen* schaffen; FIN, HDL eintragen, buchen **II** *intr*: ***~le u/c bien*** (***mal***) ***a alg*** *Essen*, *Tätigkeit* jmdm etw gut (schlecht) bekommen; *Kleidung* gut (schlecht) sitzen; jmdm etw gut (nicht) ge-

S

fallen; **~se** sich (hin)setzen, Platz nehmen; *Gebäude, Gelände* sich senken *od* setzen; sich ablagern

sentencia *f* JUR *u allg* Urteil *n*; Urteils-, Richterspruch *m*; Ausspruch *m*, Sentenz *f*; **(~) *absolutoria*** *f* Freispruch *m*; **~ *arbitral*** (***arbitraria***) Schiedsspruch *m* (Willkürurteil *n*); **~ *definitiva*** (***judicial***) JUR End-(Gerichts)urteil *n*, rechtskräftiges Urteil *n*; **~ *de muerte*** Todesurteil *n* ◇ ***apelar de*** *od* ***contra*** *od* ***oponerse a*** *od* ***protestar contra una ~*** gegen ein Urteil Einspruch erheben; ***dictar*** (***ejecutar***; ***pronunciar***; ***revocar***) ***la ~*** das Urteil fällen (vollstrecken; verkünden; widerrufen); ***recurrir la ~*** gegen das Urteil Berufung einlegen, das Urteil anfechten

sentenciar I *tr über jmdn* das Urteil sprechen; verurteilen (***por*** wegen; ***a*** zu) **II** *intr* urteilen, meinen

sentido I *Adj* innig, aufrichtig; tief empfunden; *Tod, Verlust* schmerzlich; empfindlich, reizbar **II** *m* Sinn *m*; Bedeutung *f*; Urteilskraft *f*; Verstand *m*; Deutung *f*; Richtung *f*; Zweck *m*; **~ *común*** gesunder Menschenverstand *m*; **~ *del deber*** (***humor***) Pflichtgefühl *n* (Sinn für Humor); **~ *del gusto*** (***olfato***; ***tacto***) Geschmacks- (Geruchs-; Tast)sinn *m*; **~ *de la justicia*** Gerechtigkeitssinn *m*; **~ *de orientación*** Orientierungssinn *m*; **~ *de responsabilidad*** Verantwortungsgefühl *n*; ***en*** (***un***) **~ *amplio*** *od* ***lato*** (***más estricto***), ***en el ~ más amplio*** (***de la palabra***) im weiteren *od* weitesten (engeren) Sinne (des Wortes); ***en cierto ~*** in gewissem Sinne, gewissermaßen; ***en ese*** *od* ***este ~*** (***en todos los ~s***) in dieser (jeder) Hinsicht; ***en ~ antihorario*** (***horario***) entgegen dem Uhrzeigersinn (im Uhrzeigersinn); ***en ~ figurado*** im übertragenen Sinn, übertragen; ***en el ~ propio de la palabra*** im eigentlichen Wortsinn ◇ ***carecer de ~, no tener ~*** sinnlos sein; ***perder el ~*** seine Bedeutung verlieren; sinn- *od* zwecklos werden; ohnmächtig werden; ***torcer el ~*** den Sinn verdrehen; ***venir en ~ contrario*** *od* ***opuesto*** aus entgegengesetzter Richtung kommen

sentimental gefühlvoll, sentimental; rührend; **~ismo** *m* Sentimentalität *f*

sentimiento *m* Gefühl *n*, Empfindung *f*; Bedauern *n*; Beileid *n*; *übertr* Schmerz *m*; **~s** *Pl* Gesinnung *f*; **~ *de cariño*** *od* (***des***)***afecto*** Zu-(Ab)neigung *f*; ***buenos ~s*** Wohlwollen *n*; ***con gran*** *od* ***hondo*** *od* ***profundo ~ nuestro*** zu unserem großen Bedauern; ***sin ~s*** gefühllos *ohne Mitgefühl* ◇ ***lo acompaño en el ~*** mein herzliches Beileid; ***demostrar*** *od* ***expresar*** *od* ***manifestar su ~*** sein Bedauern aussprechen

sentir ⟨-ie-, -i-⟩ *tr* fühlen, (ver)spüren, empfinden; bedauern; wahrnehmen, (be)merken; *bes Am, Esp reg* hören; ***siento con él*** ich habe Mitgefühl mit ihm; ich kann es ihm nachfühlen; ***digo lo que siento*** ich sage, was ich meine; ***lo siento*** (***mucho*** *od* ***muchísmo***; ***de veras***) es tut mir (sehr; aufrichtig) Leid; ***por más que lo siento*** so Leid es mir tut; ***hacerse ~*** fühl-, spürbar werden

sentirse *bes gesundheitlich* sich fühlen (***se siente bien***); **~ *molesto*** sich peinlich berührt fühlen; **~ *obligado a alg*** sich (gegenüber) jmdm verbunden fühlen, dankbar sein

seña *f* Zeichen *n*; Kennzeichen *n*; Gebärde *f*; Wink *m*; **~s** *Pl* (Wohn-)Anschrift *f*, Adresse *f*; **~s *particulares*** *z.B. Personalausweis* besondere Kennzeichen *n/pl*; **~s *personales*** Personenbeschreibung *f*; ***por las ~s*** allem Anschein nach; ***por más ~s*** *bei Beschreibungen* außerdem ◇ ***dar las ~s de alg*** jmds Adresse angeben; ***dar*** (***las***) ***~s de alg*** *od* ***algo*** jmdn *od* etw (näher) beschreiben; ***hablar por ~s*** sich durch Zeichen verständigen *bzw* verständlich machen; ***hacer ~s*** (***con la mano***) Zeichen geben (winken)

señal *f* (An-)Zeichen *n*; Kennzeichen *n*, Merkmal *n*; Signal *n*; Signalton *m des Anrufbeantworters*; Lesezeichen *n*; Narbe *f*, Mal *n*; Spur *f*; Anzahlung *f*; **~ *de confianza*** Vertrauensbeweis *m*; **~ *horaria*** RADIO Zeitzeichen *n*; **~ *informativa*** (***preventiva***) VERK Hinweis-(Warn)zeichen *n*; **~ *de llamada*** (***para marcar***; ***de ocupada***) TEL Ruf-(Wähl-; Besetzt)zeichen *n*; **~ *de obligación*** *od* ***prescripción*** (***prohibición*** *od* ***reglamentación***, **~ *restrictiva***) VERK Gebots-(Verbots)zeichen *n*; **~ *de tráfico*** *od* ***tránsito*** Verkehrszeichen *n*, -schild *n*; **~ *de vida*** Lebenszeichen *n*; ***en ~ de advertencia*** (***protesta***) als *od* zur Warnung (als Ausdruck des Protest(e)s); ***ni ~***(***es***) keine Spur *nicht auffindbar* ◇ ***dar ~es de u/c*** etw zu erkennen geben; den Anschein von etw erwecken; ***dejar*** (***hacer***) ***una ~*** eine Anzahlung leisten (ein Zeichen geben)

señal|ado bemerkenswert; bedeutsam; ausgesprochen *sehr groß*; **~ador** *m* INFORM Lesezeichen *n*, Textmarke *f*

señalamiento *m* Bezeichnung *f*; Markierung *f*; Benennung *f*; Hinweis *m*; FLUGW Signalisierung *f*; JUR Anberaumung *f*, Festsetzung *f eines Termins*; FIN Anweisung *f*; **~s** *Pl Cu* Bemerkungen *f/Pl*; Richtlinien *f/Pl*

señalar *tr* kennzeichnen; markieren; *jmdn auf etw* hinweisen *od* aufmerksam ma-

S

chen; umreißen; *etw* angeben; andeuten; erklären *mitteilen*; *auf jmdn od etw* zeigen; aufweisen; bezeichnen; festlegen, -setzen; JUR anberaumen; *Ziel* setzen; *Summe* anweisen; signalisieren; *etw* anzeigen; **~se** sich auszeichnen *od* hervortun (***por*** durch); *Tendenzen* sich abzeichnen; **~ización** *f* Signalisierung *f*; VERK Beschilderung *f*; Markierung *f*; Verkehrsreg(e)lung *f* per Hand
señalizador *m*: ***~ de viraje*** KFZ Fahrtrichtungsanzeiger *m*; → ***intermitente II***
señalizar ⟨-z/c-⟩ *tr* VERK aus-, beschildern; melden, signalisieren; *Gepäck*, *Kleidung* kennzeichnen; *oft* → ***señalar***
señor I *Adj vor Subst* gehörig; riesig; *übertr* tüchtig; *nach Subst* echt, wirklich; vornehm **II** *m* Herr *m*; Mann *m*; Besitzer *m*; *Anrede* mein Herr; ♀ ***Don*** *z.B. Briefadresse* Herrn (♀ ***Don Raúl González***); ***el*** *od* ***Nuestro*** ♀ der Herr Jesus; der Herr *Gott*; ***el excelentísimo ~ ...*** seine Exzellenz, Herr ...; ***Muy ~ mío*** *od* ***nuestro*** (***Muy ~es nuestros***) *Briefanrede* Sehr geehrter Herr (Sehr geehrte Herren); ***¡sí, ~!*** aber ja doch!; ganz bestimmt! ◇ ***hacer el gran ~*** den großen Herren spielen; *Sprichw* ***a tal*** *od* ***todo ~, tal*** *od* ***todo honor*** Ehre, dem Ehre gebührt
señora *f* Frau *f*; Dame *f*; (Ehe-)Frau *f*; *Anrede* meine Dame, gnädige Frau; ♀ ***Doña*** *z.B. Briefadresse* Frau (♀ ***Doña Marta Castillo de González***); ***~ de la limpieza***, *Am* ***~ del quehacer*** Putzfrau *f*, Reinigungskraft *f*; ***~s y señores*** meine Damen und Herren; ***muy ~ mía*** *Briefanrede* sehr geehrte gnädige Frau; ***Nuestra*** ♀ Mutter *f* Gottes *Jungfrau Maria*; ***¡sí, ~!*** aber ja doch!; ganz bestimmt!; ***una ~ muy de su casa*** eine (sehr) gute Hausfrau
señoría *f*: (***Su***) ♀ *Anrede an Richter* Euer Ehren; ***~s*** *Pl Anrede* meine Herrschaften
señorial (hoch)herrschaftlich, vornehm
señorita *f* Fräulein *n*; *Anrede* (gnädiges) Fräulein *n bzw* junge Frau *f*; *Anrede an Grundschullehrerinnen, Krankenschwestern, Sekretärinnen u.Ä. sowie vom Dienstpersonal gegenüber der Hausfrau*; ***~ aupaire*** Au-pair-Mädchen *n*
señorito *m* junger Herr *m auch als Anrede*; *Anrede* junger Mann *m*; *verächtl* feiner Pinkel *m*; Playboy *m*, Herrensöhnchen *n*
señuelo *m* Lockmittel *n*, *übertr* Köder *m*; Lockvogel *m* ◇ ***caer en el ~*** *jmdm* auf den Leim gehen
sepa → ***saber***
separable (ab)trennbar
separación Trennung *f*; Ab-, Lostrennung *f*; Scheidung *f*; Teilung *f*; Spaltung *f*; Absonderung *f*; TECH Abstand *m*; Ablösung *f aus einer Funktion*; ***~ de bienes*** Gütertrennung *f*; ***~ de palabras*** GRAMM Silbentrennung *f*; ***~ de poderes*** POL Gewaltenteilung *f*
separado entfernt; ***por ~*** getrennt, gesondert, extra; Extra-, Sonder-
separ|ador *m* Trennblatt *n*; **~ar** *tr* (ab-, los)trennen; absondern; aussondern; aussortieren; *etw, z.B. Dienstliches u Privates* auseinander halten; (ab-, heraus-, los)lösen; teilen; spalten; *Möbel von der Wand* abrücken; **~arse** sich trennen *auch Angestellte vom Arbeitsverhältnis u Eheleute*; auseinander gehen; *aus einer Gemeinschaft* ausscheiden; sich absondern
separat|a *f* Sonderdruck *m*; Belegexemplar *n*; **~ismo** *m* POL Separatismus *m*; Lostrennung(spolitik) *f*; **~ista I** *Adj* separatistisch, Separatisten- **II** *m* Separatist *m*
sepelio *m* Beisetzung *f*, Bestattung *f*
SEPI *f od* **Sepi** *f Abk für* ***Sociedad Estatal de Participaciones Industriales***, → ***sociedad***
sepia *f* MAL Sepia *f*; ZOOL Tintenfisch *m*
sepsis *f* → ***septicemia***
septentr|ión *m* ASTR Großer Bär *m od* Wagen *m*; **~ional** nördlich, Nord-
septicemia *f* Blutvergiftung *f*, Sepsis *f*
séptico MED septisch, nicht keimfrei
septiembre *m* September *m*
séptimo I *Adj* siebenter **II** *m* Siebenter *m*; Siebentel *n*
septua|genario siebzigjährig; **~gésimo I** *Adj* siebzigster **II** *m* Siebzigstel *n*; Siebzigster *m*
séptuplo I *Adj* siebenfach **II** *m* Siebenfaches *n*
sepul|cro *m* Grab(stätte *f*) *n*; Gruft *f*; **~tar** *tr* bestatten, beisetzen; *z.B. Menschen durch Lawinen, Sand usw* verschütten; *übertr etw* zu Grabe tragen; *übertr* vergraben; *Vorbehalte* beilegen, ausräumen; **~tarse** *übertr* sich *in etw* vergraben; **~tura** *f* Grab(stätte *f*) *n*; Beisetzung *f*, Bestattung *f*
sequedad *f* Trockenheit *f auch übertr*; ***~es*** *Pl* Unfreundlichkeiten *f/Pl*
sequía *f* Trockenheit *f*, Dürre(periode) *f*; *And, Col* Brand *m großer Durst*
séquito *f* Gefolge *n im Sinne von* Gefolgsleute *Pl u* Folgeerscheinung *f*
ser ⟨*unreg*⟩ **I** *intr* sein (***pienso, luego soy***; ***hoy es viernes***; ***son las nueve de la mañana***); geschehen (***esto fue en el año 1972***); stattfinden (***¿dónde es la fiesta?***); werden (***mi hija quiere ~ arquitecta***); ***~ de*** gehören (***¿de quién es este libro?***); angehören (***Carlos es del Partido Popular***); kommen

S

od stammen aus (***Pedro es de Valencia***); bestehen aus (***la semana laboral es de 6 días***); *Rechnung* betragen (***el precio es de 2000 euros***); *Gegenstand* aus etw (hergestellt) sein (***estos juguetes son de metal***); *Publikation* handeln über, Aussagen machen zu (***este libro es de economía***); **~ para** nützen, taugen (***eso no es para nada***); ***es decir*** *od* ***esto es*** das heißt; ***es más*** mehr noch; darüber hinaus; ***sea lo que fuere*** *od* ***sea como sea*** wie dem auch sei; ***¿a cómo es?, ¿cuánto es?*** wie viel kostet es *od* das?; ***a no ~ que ...*** + *subj* es sei denn, dass ...; ***de no ~ así*** andernfalls; ***¡eso es!*** (das) stimmt!, genau!; ***o sea*** beziehungsweise; das heißt; ***por si fuera poco*** *od* ***y como si fuera poco ...*** und damit nicht genug, ...; ***llegar a ~*** werden (***han llegado a ~ muy ricos***); ***pasar a ~*** gelten als (***este palacio pasa a ~ el monumento más grande del país***); ***puede (~) que ...*** + *subj* vielleicht **II** *kopulatives Verb, bes zur Definition od Charakterisierung des Subjekts* sein (***¿que es eso?***; ***María es secretaria***; ***el libro es interesante***; ***somos cinco en la familia***; ***es necesario que te apures***) **III** *Hilfsv zur Bildung des Pass, meist nur in Zeiten der Vergangenheit od des Fut* werden (***el convenio fue*** *od* ***será firmado por ambos ministros***) **IV** *m* Sein *n*; Dasein *n*; Wesen *n*; ***~ humano*** Mensch *m*

SER *f Abk für* ***Sociedad Española de Radiodifusión***, → ***sociedad***

serbal *m* Eberesche *f*

Serbia *f* Serbien *n*

serbio I *Adj* serbisch **II** *m*, **-a** *f* Serbe(-in) *m(f)*; das Serbische

serbo *m* → ***serbal***

serbocroata I *Adj* serbokroatisch **II** *m* Serbokroate *m*; das Serbokroatische

seren|ata *f* Serenade *f*; Ständchen *n*; **~idad** *f* Heiterkeit *f*; Gelassenheit *f*, Gemütsruhe *f*; Fassung *f*; **~o I** *Adj* gelassen, -fasst, ruhig; wolkenlos; heiter *auch* MET **II** *m* (Nacht-)Wächter *m auch* IND; *Esp* Hilfspolizist *m* (in Zivil)

ser|ial I *Adj* seriell; Fortsetzungs- **II** *m* RADIO, TV Sendereihe *f*; TV Fernsehserie *f*; **~iamente** ernstlich, im Ernst; **~iar** *tr* Serien bilden *bzw* zusammenstellen; **~i(ci)cultura** *f* Seidenraupenzucht *f*

serie *f* Serie *f auch* IND, TECH; Reihe *f*; (Reihen-)Folge *f*; Anzahl *f*; Satz *m Briefmarken*; ***en ~*** IND in Serie; Serien-; hintereinander; am laufenden Band, serienmäßig, -weise; ***fuera de ~*** IND außerhalb der Serie; außer der Reihe; klasse, spitze *umg*, einzigartig; ***gran ~*** Großserie *f* ◇ ***conectar en ~*** EL hintereinander *od* in Reihe *od* Serie schalten; ***producir en ~*** serienmäßig produzieren *od* herstellen

seriedad *f* Ernst *m*; Ernsthaftigkeit *f*; Aufrichtigkeit *f*; Zuverlässigkeit *f*; Solidität *f*, Seriosität *f eines Unternehmens*

serigrafía *f* TYP Serigraphie *f*, Durchdruckverfahren *n*; Siebdruck *m*

serio ernst *auch übertr*; ernsthaft; redlich; zuverlässig; solid(e), seriös; beträchtlich; ***en ~*** im Ernst ◇ ***hablar en ~*** etw ernst meinen; (***no***) ***tomar en ~*** (nicht) ernst nehmen

sermón *m* REL Predigt *f*; Gardinen- *umg*, Moralpredigt *f*, Standpauke *f umg*

sero|diagnóstico *m* MED Serodiagnostik *f*; *i e S* HIV-Test *m*; **~negativo** HIV-negativ; **~positivo I** *Adj* HIV-positiv **II** *m* Aidsinfizierter *m*; **~terapia** *f* Serumbehandlung *f*, -therapie *f*

serpent|eado, **~eante** *Fluss, Weg* gewunden, kurvenreich; **~ear** *intr* sich schlängeln *od* winden *auch übertr*; schlingern; **~eo** *m* Schlängeln *n*; Schlingern *n*; **~ín** TECH Rohrschlange *f*, Kühl- *bzw* Heizschlange *f*; **~ina** *f Straße* Serpentine *f*; Schlangenlinie *f*; Luft-, Papierschlange *f*

serpiente *f* ZOOL Schlange *f*; ***~ monetaria*** Währungsschlange *f*; ***~ venenosa*** Giftschlange *f*

serr|aduras *f/Pl* Sägespäne *m/Pl*, -mehl *n*; **~anía** *f* Gebirge *n*, Bergland *n*; **~aniego** → **~ano I**; **~anilla** *f* Serranilla *f Lied im Volkston*; **~ano I** *Adj* Berg-, Gebirgs- **II** *m* Bergbewohner *m*; **~ar** ⟨-ie-⟩ *tr/intr* sägen; **~ería** *f* Sägewerk *n*; **~ín** *m* → ***~aduras***; **~ucho** *m* Fuchsschwanz *m*, Blatt-, Handsäge *f*

serv|entía *f Ast, Can, Cu, Méx* Feldweg *m zwischen Einzelgehöften*; **~er** *m* INFORM Server *m*; **~ible** brauchbar; **~icentro** *m Am reg* Tankstelle *f* mit Kfz-Service; **~icial** gefällig, zuvorkommend; diensteifrig

servicio *m* Dienst *m*; Dienstleistung *f*; Dienstzeit *f*; Bedienung *f*, Service *m auch* TECH; Service *n*, (Tafel-)Geschirr *n*; Gottesdienst *m*; TECH Betrieb *m einer Maschine*; Verkehr(sleistung *f*) *m*; **~(s)** (*Pl*) Toilette(n *Pl*) *f*; ***~ (de atención) al cliente***, HDL, IND ***~ pos(t)venta*** Kundendienst *m*, -service *m*, -betreuung *f*; ***~ automático interurbano*** TEL Selbstwählverkehr *m*; (***~ de***) ***autorepuesto*** *m* KFZ Pannendienst *m*; ***~ de averías*** Entstörungsdienst *m*; ***~s bancarios*** (***básicos***) Bankdienstleistungen *f/Pl* (MED Grundversorgung *f*); ***~(s Pl) caballeros*** (***señoras***) Herren-(Damen)toilette(n *Pl*) *f*; ***~ de cercanías*** (öffentlicher) Nahverkehr *m*; (***~ de***) ***contabilidad*** *f* Finanzbuchhaltung *f*; ***~ continuo*** TECH Dauerbetrieb *m*; ***~ de contraespionage*** Verfassungsschutz *m*; ~ ***de deudas*** (***grúas***) FIN Schulden-(KFZ Abschlepp)dienst *m*; ~ ***discrecional*** *Bus* Sonderfahrt *f*; ~ ***a domicilio*** HDL Lieferung *f* frei Haus, Partyservice *m*; ~ ***de guardia*** Bereitschaftsdienst *m*; ~ ***24 horas*** 24-Stunden-Service *m*; ~ ***de inteligencia*** (***militar***) (militärischer) Geheimdienst *m*; ~ ***en línea*** *od* ***online*** INFORM Onlinedienst *m*, -betrieb *m*; ~ ***lingüístico*** Sprachendienst *m in Ministerien usw*; ~ ***matutino telefónico*** TEL Weckdienst *m*; ~ ***meteorológico*** Wetterdienst *m*; ~ ***militar*** (***activo***) (aktiver) Wehr- *od* Militärdienst *m*; ~ ***militar obligatorio*** allgemeine Wehrpflicht *f*; ~ ***nocturno*** VERK Nachtlinie *f*; ~ ***de pagos*** (***electrónicos***) (elektronischer) Zahlungsverkehr *m*; ~ ***de prensa*** Pressedienst *m bzw* -abteilung *f*; ~(***s***) ***público***(***s***) öffentlicher Dienst *m* (öffentliche Dienste *m/Pl*); ~ ***de recogida de basuras*** Müllabfuhr *f*; ~***s sanitarios*** Sanitäranlagen *f/Pl*; ~(***s***) ***secreto***(***s***) POL Geheimdienst *m*; ~***s sociales*** Sozialleistungen *f/Pl*; (öffentliche) Dienstleistungen *f/Pl*; ~ ***de socorro*** Durchsage *f* im Rundfunk für Reisende; ~ ***sustitutorio*** Wehrersatzdienst *m*; ~ ***de urgencia***(***s***) *Arzt, Apotheke* Bereitschaftsdienst *m*; *Arzt* Notdienst *m*; ~ ***de vigilancia fiscal*** Steuerfahndung *f*; ***de*** ~ Dienst habend; ***fuera*** (***libre***) ***de*** ~ außer Betrieb; außerdienstlich; (dienstfrei) ◇ ***entrar en*** ~ den Dienst antreten; ***estar de*** ~ im Dienst sein; Dienst haben; ***hacer*** *od* ***prestar un flaco*** ~ ***a alg*** jmdm einen Bärendienst erweisen; ***pasar el*** ~, ***prestar*** ~***s*** seinen Militärdienst leisten, dienen; ***poner en*** ~ in Betrieb nehmen; ***prestar un*** ~ einen Dienst leisten *od* erweisen; ***quedar fuera de*** ~ den Betrieb einstellen; TECH abgeschaltet werden; ***me tiene Vd. a su*** ~ ich stehe zu Ihrer Verfügung

servido: ***¡~(s), señor(es)!*** *Kellner beim Servieren* Bitte, mein(e) Herr(en)!, zu Tisch, bitte!

servidor *m* Diener *m*; INFORM Server *m*; → ***server***; ~ ***público*** *Méx* Staatsangestellter *m*, -diener *m*; ***seguro*** ~ *Briefschluss* Ihr ergebener ...; ***un*** ~ *bzw* ***una*** ~***a*** meine Wenigkeit; TEL am Apparat!

serv|idumbre *f* Knechtschaft *f*; Dienstpersonal *n*; ~**il** kriecherisch, servil, unterwürfig; ~**ilismo** *m* Kriecherei *f*, Unterwürfigkeit *f*; ~**ilón I** *Adj* katzbuckelnd **II** *m verächtl übertr* Kriecher *m*

servilleta *f* Serviette *f*

servir ⟨-i-⟩ **I** *intr/tr* dienen *auch übertr*; bedienen; nützen, nützlich sein; servieren, *Speisen* auftragen; *Getränke* einschenken; Dienst(e) leisten *auch* MIL; ***¡para*** ~***le!*** *höfliche Antwort auf Dank* gern geschehen! **II** *intr* ~ ***de u/c*** als *od* zu etw dienen; ~ ***para algo*** zu etw dienen; zu etw taugen; ~***se*** *z.B. bei Tisch* sich bedienen, zugreifen; sich *einer Sache auch übertr od übertr jmds* bedienen; ausnutzen, verwerten (***de*** *Akk*); ***sírvase*** + *Inf* möchten Sie freundlicherweise + *Inf*, bitte (***sírvase cerrar la puerta***); ***sírvase más*** schenken Sie sich nach; nehmen Sie noch etwas

servo|conducción *f*, ~**dirección** *f* KFZ Servolenkung *f*; ~**mando** *m* TECH Servo-, Hilfssteuerung *f*; ~**motor** *m* Servomotor *m*

sésamo *m* BOT Sesam *m*

sesent|a I *Adj* sechzig; sechzigster **II** *m* Sechzig *f*; ~**avo** *m* Sechzigstel *n*; ~**ena** *f Num* Schock *n 60 Stück*; ~**ón** sechzigjährig

seseo *m* PHON Seseo *m Aussprache von* ***z*** *u* ***c*** *als* ***s***

sesgo I *Adj* schräg; schief; *Gesichtsausdruck* verdrossen **II** *m* Schräge *f*; Verlauf *m*, Gang *m von Geschehnissen*

sesión *f* Sitzung *f*, Beratung *f*; Tagung *f*; Kinovorstellung *f*; ~ ***de apertura*** (***clausura***) Eröffnungs-(Abschluss)sitzung *f*; ~ ***de la junta directiva*** Vorstandssitzung *f*; ~ ***maratoniana*** (***plenaria***; ***secreta***) Marathon-(Plenar-; Geheim)sitzung *f*; ~ ***a puerta cerrada*** geschlossene *od* nichtöffentliche Sitzung *f* ◇ ***abrir*** (***celebrar***; ***cerrar*** *od* ***clausurar***; ***convocar***; ***levantar***; ***presidir***; ***suspender***) ***la*** ~ die Sitzung eröffnen (abhalten; schließen; einberufen *od* anberaumen; aufheben *offiziell beenden*; leiten; unterbrechen); ***cerrar*** ~ *Internet* sich abmelden *od* ausloggen

sesionar *intr* tagen; eine Konferenz *od* Sitzung durchführen; sitzen *umg*, an einer Sitzung teilnehmen, auf einer Konferenz *od* Sitzung beraten

seso *m* Gehirn *n*; Verstand *m*; Grips *m umg*; ~***s*** *Pl* KOCHK Bregen *m reg*, Hirn *n* ◇ ***calentarse*** *od* ***torturarse los*** ~***s*** *übertr* sich den Kopf zerbrechen

sestear *intr* Siesta *od* Mittagsruhe halten

sesudo vernünftig

set *m Tennis* Satz *m*

seta *f* BOT Pilz *m*

set|ecientos I *Adj* siebenhundert; siebenhundertster **II** *m* Siebenhundert *f*; ~**enta I** *Adj* siebzig; siebzigster **II** *m* Siebzig *f*; ~**entavo** *m* Siebzigstel *n*; ~**entón** *m* Siebzig(jährig)er *m*; ~**iembre** *m* → ***septiembre***

sétimo → ***séptimo***

seto *m* Zaun *m*; ~ (***verde*** *od* ***vivo***) Hecke *f*

seud|ocientífico pseudowissenschaftlich; ~**ónimo I** *Adj Publikation* unter falschem *od* einem anderen Namen herausgegeben **II** *m* Pseudonym *n*, Deckname *m*

S

Seúl *m* Seoul *n*
s. e. u. o. (*Abk für* ***salvo error u omisión***, → ***error***) s.e.e. *od* et o.
sever|idad *f* Strenge *f*, Härte *f*; Ernst *m*; **~o** streng, hart; ernst
sevillan|as *f/Pl* sevillanischer Tanz *m*; **~o I** *Adj* sevillanisch **II** *m*, **-a** *f* Sevillaner(in) *m(f)*
sexa|genario → ***sesentón***; **~gésimo I** *Adj* sechzigster **II** *m* Sechzigstel *n*; Sechzigster *m*
sex-appeal *m* Sexappeal *m*
sexcentésimo I *Adj* sechshundertster **II** *m* Sechshundertster *m*
sexis|mo *m* Sexwelle *f*; Sexismus *m*; **~ta I** *Adj* sexistisch **II** *m* Sexist *m*
sexo *m* BIOL Geschlecht *n*; ANAT Geschlechtsteil(e *n/Pl*) *n*; Sex *m*; ***el ~ débil*** (***fuerte***) *übertr* das schwache (starke) Geschlecht; ***el bello ~*** das schöne Geschlecht
sex|ología *f* Sexualwissenschaft *f*, Sexologie *f*; **~ológico** sexologisch; **~ólogo** *m* Sexualwissenschaftler *m*, Sexologe *m*
sext|ante *m* ASTR, FLUGW, MAR Sextant *m*; **~o I** *Adj* sechster **II** *m* Sechstel *n*
sextuplicado: ***por ~*** *Rechnung*, *Schreiben* (in) sechsfach(er Ausfertigung)
séxtuplo I *Adj* sechsfach **II** *m* Sechsfaches *n*
sex|ual sexuell, Sexual-, geschlechtlich, Geschlechts-; Sex- *umg* (***turismo ~***); **~ualidad** *f* Sexualität *f*; Geschlechtstrieb *m*; **~y** sexy
Seychelles *f/Pl* Seychellen *f/Pl*
s/f (*Abk für* ***sin fecha***, → ***fecha***) o.D.
sg. *m* (*Abk für* ***singular***) Sing. *m od* Sg *m*
S.G.M. *f Abk für* ***Segunda Guerra Mundial***, → ***guerra***
sgte(s) (*Abk für* ***siguiente(s)***) f. (ff.)
sha(h) *m* Schah *m*
shampoo *m* → ***champú***
Shanghai *m* Schanghai *n*
shií → ***chiíta***
shock *m* MED Schock *m*; → ***choque*** MED; ***~ eléctrico*** elektrischer Schlag *m*
short *m* Shorts *Pl*, kurze Hose(n *Pl*) *f*
si[1] *Konj zur Einleitung* **I** *von Konditionalsätzen* wenn, falls **II** *von indirekten Fragesätzen* ob; ***~ bien*** obgleich, obwohl; wenn auch; ***~ no*** wenn *od* falls nicht; sonst; ***apenas ~*** kaum; ***como ~*** + *subj Imperf* als ob; ***por ~ acaso*** für alle Fälle
si[2] *m* MUS H *n*
Si (*Symb für* ***silicio***) CHEM Si
sí[1] *Pron nach Präp außer* ***con*** (→ ***consigo***) sich; ***a ~*** (***mismo***) an sich (selbst); sich (selbst); ***ante*** (***tras de***) ***~*** vor (hinter) sich; ***de ~*** von sich; von sich aus; ***de por ~*** an und für sich; schon allein *od* allein schon (***esas pocas palabras son de por ~ altamente significativas***); ***en ~*** an (und für) sich; zu sich; ***entre ~*** unter sich; untereinander; miteinander; ***por ~*** selbst, allein; für sich (allein); um seinetwillen; ***por ~ solo*** von selbst; ***ya de por ~*** ohnehin ◇ ***mirar por ~*** an sich denken, auf seinen Vorteil bedacht sein
sí[2] **I** *Adv* ja(wohl); natürlich, selbstverständlich; wirklich; doch; ***~ - no*** *an Geräten* An - Aus; ***¡~ y no!*** wie man's nimmt!; je nachdem!; teils, teils; ***¡eso ~ que no!*** das auf keinen Fall; ***¡esto ~ que es bueno!*** *iron* das ist wirklich gelungen!; *übertr* das ist der Gipfel!; ***ni ~ ni no*** jein *umg*; ***¡pero ~!***, ***¡que ~!*** aber ja doch!; ***¡pues ~!*** ja freilich! *auch iron* ◇ ***creo que ~*** ich glaube, ja; ***decir que ~*** Ja sagen **II** *m* Ja(wort) *n*; Einwilligung *f*
Siam *m* Siam *n ehem für* → ***Tailandia***
siamés I *Adj* siamesisch **II** *m* Siamese *m*
siameses *Pl* siamesische Zwillinge *m/Pl*
sibarita *m* Genussmensch *m*; Schlemmer *m*
Siberia *f* Sibirien *n*
siberiano I *Adj* sibirisch **II** *m* Sibir(i)er *m*
sibilino sibyllinisch, geheimnisvoll, undurchsichtig
sicario *m* Auftragsmörder *m*
Sicilia *f* Sizilien *n*
siciliano I *Adj* sizilianisch **II** *m*, **-a** *f* Sizilianer(in) *m(f)*
sico... *u Abl* (*z.B.* ***sicología***) → ***psicoanálisis*** *usw*
sida *m*, **SIDA** *m* MED Aids *n* ⟨*meist ohne Art*⟩, → ***síndrome de inmunodeficiencia adquirida***; ***enfermo de ~*** aidskrank
sidecar *m Motorrad* Beiwagen *m*
sider|urgia *f* Eisenhüttenkunde *f*; Eisenhüttenwesen *n*; **~úrgico** Eisenhütten-; eisenhüttentechnisch
sidoso *m* Aidskranker *m*
sidra *f* Apfelwein *m*
siega *f* Mähen *n*; Mahd *f d.h. Mähen u Gemähtes*; Zeit *f* der Getreideernte
siembra *f* (Aus-)Säen *n*; (Aus-)Saat *f*; Saatzeit *f*; *Am reg* Pflanzen *n*; ***~ de otoño*** (***primavera***) Winter-(Sommer)saat *f*
siempre immer, stets; jedenfalls; immerhin; wenigstens; ***~ cuando*** immer wenn; ***~ y cuando*** + *subj* nur wenn *od* falls; ***~ que*** + *subj* wenn, unter der Bedingung, dass ...; ***como ~*** wie immer *od* üblich ◇ ***es lo de ~*** (das ist) immer die alte Geschichte
sien *f* ANAT Schläfe *f* ◇ ***barrenarse la ~ con el índice*** sich an die Stirn tippen *einen Vogel zeigen*
sierra *f* Berg-, Gebirgskette *f*; Berge *m/Pl*, Gebirge *n*; Säge *f*; ***~ circular*** (***mecánica***)

Kreis-(Motor)säge *f*
Sierra Leona *f* Sierra Leone *n*
sierraleon|és I *Adj* sierra-leonisch **II** *m*, **-esa** *f* Sierra-Leoner(in) *m(f)*
sierv|a *f alt* Magd *f*; **~o** *m alt* Knecht *m*; Sklave *m auch übertr*
siesta *f* Siesta *f*, Mittagsruhe *f*; -schlaf *m*; Mittagsstunde *f*; Mittagshitze *f* ◇ ***dormir la ~*** Mittagsruhe halten
siete I *Adj* sieben; *Datum* sieb(en)ter **II** *m* Sieben *f*; Dreiangel *m Riss in der Kleidung* ◇ ***comer por ~*** wie eine siebenköpfige Raupe fressen *vulg od* essen
sietemesino *m* Siebenmonatskind *n*; altkluges Kind *n*; *übertr* Milchbart *m*
sífilis *f* MED Syphilis *f*
sifilítico I *Adj* syphilitisch **II** *m* Syphilitiker *m*
sifón *m* Siphon *m Gefäß u Druckverschluss*; ***~ inodoro*** Geruchsverschluss *m*, Trap *m*
sigilo *m* (unverbrüchliches) Geheimnis *n*; (Siegel *n* der) Verschwiegenheit *f*; ***~ médico*** (***profesional***; ***sacramental***) ärztliche Schweigepflicht *f* (Amts-, Berufsgeheimnis *n*; Beichtgeheimnis *n*); ***con mucho ~*** insgeheim
sigil|osamente insgeheim; **~oso** verschwiegen
sigla *f* Sigel *n*, Abkürzung(szeichen *n*) *f*; *Stenografie* Kürzel *n*
siglo *m* Jahrhundert *n*; Zeitalter *n*; *i w S übertr* Ewigkeit *f*; ***~ de las luces*** (Zeitalter *n* der) Aufklärung *f*; ***~ de oro*** goldenes Zeitalter *n*; ***el ~ de Oro*** *Esp* das Goldene Zeitalter *im 16. u 17. Jh*
sigma *f* Sigma *n griechischer Buchstabe*
Sigmaringa *f* Sigmaringen *n*
sign|ar *tr* signieren, unterzeichnen; **~arse** sich bekreuzigen; **~atario I** *Adj* Signatar-, Unterzeichner- **II** *m* Unterzeichner *m*, Signatar *m*; **~atura** *f* BUCHW Signatur *f*; TYP Bogensignatur *f*
signific|ación *f* Bedeutung *f*; Wichtigkeit *f*; **~ado** *m* (Wort-)Bedeutung *f*; Sinn *m*; **~ante** bedeutend; bezeichnend, charakteristisch; **~ar** ⟨-c/qu-⟩ *tr Wort u Angelegenheit* bedeuten, Bedeutung haben; *übertr* heißen (***¿qué significa eso?***); *etw* zum Ausdruck bringen; **~arse** sich auszeichnen (***por*** durch); *übertr* hervortreten; **~ativo** viel sagend, bedeutsam; signifikant; bezeichnend, charakteristisch; bedeutend
signo *m* LING, REL, *übertr u allg* Zeichen *n*; Anzeichen *n*; VERW Kurzzeichen *n*; TYP Sigel *n*, Abkürzung *f*; Schriftzeichen *n*; MATH *u übertr* Vorzeichen *n*; ***~ de admiración*** *od* ***exclamación*** (***interrogación***) Ausrufe-(Frage)zeichen *n*; ***~ de calidad*** HDL, IND Gütezeichen *n*; ***~ de corrección*** Korrekturzeichen *n*; ***~ igual*** (***más*** *od* ***positivo***; ***menos*** *od* ***negativo***) MATH Gleichheits-(Plus-; Minus)zeichen *n*; ***~s de puntuación*** (***suspensión***) Interpunktions-(Auslassungs)zeichen *n/Pl*; ***~ vital*** Lebenszeichen *n*; ***~ del zodíaco*** *od* ***Zodiaco*** Tierkreiszeichen *n*
siguiente I *Adj* folgend; nachfolgend; nachstehend; nächst **II** *m* Nächster *m*
sijh *m*, **sikh** *m* (*Pl* ***sijs, sikhs***) REL *Indien* Sikh *m*
sílaba *f* Silbe *f*; ***~ acentuada*** *od* ***aguda*** (***átona***) betonte (unbetonte) Silbe *f*; ***de varias ~s*** mehrsilbig
silb|a *f* Auspfeifen *n bzw* -zischen *n*; **~ante** pfeifend; zischend; **~ar I** *tr/intr* pfeifen; auspfeifen *bzw* -zischen **II** *intr* pfeifen *auch Geschoss*; zischen; *Wind* sausen; **~atero** *m umg* SPORT Schiedsrichter *m*; **~ato** *m* Pfeife *f Signalinstrument*; **~ido** *m* Pfiff *m*; Pfeifen *n*; Zischen *n*; *Wind* Sausen *n*
silenc|iador *m* Schalldämpfer *m*; **~iar** *tr* verschweigen; geheim halten; (still-) schweigend übergehen; zum Schweigen bringen
silencio *m* Schweigen *n*; Ruhe *f*, Stille *f*; Verschwiegenheit *f*; Stillschweigen *n*; ***¡~!*** Ruhe!; ***~ positivo*** stillschweigendes Einverständnis *n*; ***en ~*** schweigend, still ◇ ***guardar ~*** Ruhe bewahren; ***mantener*** (***absoluto***) ***~*** (absolutes) Stillschweigen (be)wahren; ***pasar en*** (***reducir al***) ***~*** schweigend übergehen (zum Schweigen bringen); ***romper el ~*** das Schweigen brechen
silencioso ruhig, still; geräuscharm, -los; schweigsam; schweigend; *Krankheit* schleichend
Silesia *f* Schlesien *n*
silesiano I *Adj* schlesisch **II** *m*, **-a** *f* Schlesier(in) *m(f)*
sílex *m* Feuerstein *m*
silic|ato *m* Silikat *n*; **~io** *m* Silizium *n*; **~ona** *f* Silikon *n*; **~onar** *tr* MED mit Silikon füllen; **~osis** *f* MED Silikose *f*, Staublunge *f*
silla *f* Stuhl *m*; Sattel *m*; ***~ apostólica*** Heiliger Stuhl *m*; ***~ eléctrica*** elektrischer Stuhl *m Hinrichtungsgerät u Strafe*; ***~ extensible*** Klapp-, Campingstuhl *m*; ***~ giratoria*** Drehstuhl *m*, -sessel *m*; ***~ de oficina*** Bürostuhl *m*; ***~ de ruedas*** Rollstuhl *m*
sill|ería *f* Sitzmöbel *n/Pl*; *Kirche* Gestühl *n*; **~ero** *m* Sattler *m*; Stuhlmacher *m*; **~ín** *m* (Fahrrad- *bzw* Motorrad-)Sattel *m*; **~ita** *f* KFZ Kindersitz *m*; **~ón** *m* Sessel *m*; Lehnstuhl *m*; Damensattel *m*; *Cu* Schaukelstuhl *m*
silo *m* Silo *n,m*, Speicher *m*, Lager *n*; ***~ para***

S

granos Getreidesilo *n,m*; **~ *de lanzamiento*** MIL unterirdische Startrampe *f*; **~ *de papas*** *Am od* ***patatas*** Kartoffelmiete *f*

silogismo *m Logik* Syllogismus *m*

silueta *f* Silhouette *f*; Gestalt *f*, Figur *f*; Umriss *m*

siluro *m* ZOOL Wels *m*

silv|estre BOT, ZOOL wild, wild wachsend; Wald-; **~icultor** *m*, **~icultora** *f* Forstwirtschaftler(in) *m(f)*; Forstwirt(in) *m(f)*; **~icultura** *f* Forstwirtschaft *f*; Waldbau *m*

simbiosis *f* BIOL Symbiose *f*

simbólico symbolisch, sinnbildlich; mit Symbolkraft

simbol|ismo *m* Symbolik *f*; **~ización** *f* Symbolisierung *f*, Versinnbildlichung *f*; **~izar** ⟨-z/c-⟩ *tr* symbolisieren, versinnbildlichen

símbolo *m* Symbol *n auch* CHEM, INFORM, MATH, Sinnbild *n*; Wahrzeichen *n*

simbología *f* Symbologie *f*, Symbolkunde *f*; Symbolik *f*; *z.B. Landkarte* Zeichenerklärung *f*

sim|etría *f* Symmetrie *f*; **~étrico** symmetrisch

simiente *f* Samen(korn *n*) *m*; Saat *f*; ***de ~*** LANDW, ZOOL Zucht-

símil *m* Vergleich *m*; Gleichnis *n*

simil|ar I *Adj* ähnlich **II** *m* Partner *m*; *Am* Amtskollege *m*; **~itud** *f* Ähnlichkeit *f*

simio *m* Affe *m*

simpatía *f* Sympathie *f*, Zuneigung *f*; Mitgefühl *n* ◇ ***enajenarse las ~s de alg*** sich jmds Sympathie verscherzen; (***no***) ***tener ~s*** (nicht) beliebt sein

simpático I *Adj* sympathisch, nett **II** *m* ANAT Sympathikus *m*

simpatiz|ante *m* Sympathisant *m*, Anhänger *m*; **~ar** ⟨-z/c-⟩ *intr* Sympathie *od* Freundschaft empfinden, sympathisieren

simpl|e einfach; bloß (***a ~ vista***; ***una ~ pregunta***); naiv, einfältig, dumm; MATH *Bruch* echt; **~eza** *f* Einfalt *f*, Dummheit *f*; dummes Zeug *n*; **~icidad** *f* Einfachheit *f*; Arglosigkeit *f*, Einfalt *f*; **~ificación** *f* Vereinfachung *f*; MATH Kürzen *n*; **~ificar** ⟨-c/qu-⟩ *tr* vereinfachen; MATH kürzen; **~ismo** *m übertr* Beschränktheit *f*; **~ista** *übertr* beschränkt; (grob) vereinfachend; (zu) einseitig

simposio *m* Symposium *n*

simulación *f* MED, TECH Simulieren *n*; TECH Simulation *f*; Simulatortraining *n*; Nachbildung *f*; Vortäuschung *f*; **~ *por ordenador*** Computersimulation *f*

simul|acro *m* Trugbild *n*; Fälschung *f*; MIL, TECH Übung *f*; **~ado** Schein-; Pro-forma-; **~ador** *m* MED Simulant *m*; TECH Simulator *m*; **~ar** *tr* MED, TECH simulieren; vortäuschen; vorspiegeln; nachbilden

simult|áneamente zugleich; **~anear** *tr etw* gleichzeitg tun *od* betreiben; **~aneidad** *f* Gleichzeitigkeit *f*; **~áneo** gleichzeitig, zeitgleich; (zeitlich) abgestimmt; Simultan-

sin ohne (***café ~ leche***); außer (***~ los lunes***); *in Verbindung mit Subst od Verben entspricht es dem Präf* un- *od dem Suff* -frei, -los (***trabaja ~ cesar***; ***estoy ~ fiebre***; ***el parto ~ dolor***); **~ *más*** ohne weiteres; **~ *más ni más*** (so) mir nichts, dir nichts, Knall und Fall *umg*, einfach so; **~ *más por hoy*** *Briefschluss* das wär's für heute; **~ *que*** + *subj* ohne dass

sinagoga *f* Synagoge *f*

Sinaí *m* Sinai *m*

sincer|ar *tr* rechtfertigen, entschuldigen; **~arse** sich reinwaschen *umg übertr od* rechtfertigen *od* entschuldigen; sich aussprechen (***con alg*** mit jmdm); **~idad** *f* Aufrichtigkeit *f*, Offenheit *f*; Ehrlichkeit *f*; **~o** aufrichtig, offen(herzig); ehrlich

síncopa *f* MUS Synkope *f*

síncope *m* (kurze) Bewusstlosigkeit *f*, Ohnmacht *f*

sincr|ónico synchron, gleichlaufend; gleichzeitig; **~onización** *f* Synchronisierung *f* (FILM: *von Bild u Ton*); Übereinstimmung *f*; **~onizar** ⟨-z/c-⟩ *tr* synchronisieren (FILM: *Bild u Ton*); TECH gleichschalten; (zeitlich) aufeinander abstimmen; **~otrón** *m* PHYS Synchrotron *n*, Teilchenbeschleuniger *m*

sindic|ación *f* Zusammenschluss *m* in Gewerkschaften; **~ado** gewerkschaftlich organisiert; **~al** gewerkschaftlich, Gewerkschafts-; Syndikats-; **~alismo** *m* Gewerkschaftsbewegung *f*; **~alista I** *Adj* gewerkschaftlich, Gewerkschafts-; syndikalistisch **II** *m* Gewerkschaft(l)er *m*; **~alización** *f* Beitritt *m* zu einer Gewerkschaft; **~alizado** → **~*ado***; **~alizarse** ⟨-z/c-⟩, **~arse** ⟨-c/qu-⟩ sich gewerkschaftlich organisieren

sindicato *m* Gewerkschaft *f*; Syndikat *n*; Ringverein *m Vereinigung von Kriminellen*; Berufsverband *m*, Fachschaft *f*; **~ *individual, ~ del ramo, ~ sectorial*** Einzel-Branchengewerkschaft *f*

síndico *m* Syndikus *m*; Justitiar *m*; Konkursverwalter *m*

síndrome *m* MED Syndrom *n*; **~ *de abstinencia*** Entzugserscheinung *f*; **~ *de Down*** Downsyndrom *n*; **~ *de inmunodeficiencia adquirida*** Immunschwäche *f*

sine qua non *m* unabdingbare Voraussetzung *f*, sine qua non *n*

sin|ergia *f* PHYSIOL *u allg* Synergie *f*, Zusammenwirken *n*; **~érgico** synergetisch zusammenwirkend; Synergie-; **~ergismo** *m* Synergismus *m*, CHEM, MED Zusammenwirken *n*

sinfín *m* Unmenge *f*; unendlich viele, unzählige (***nos contó un ~ de detalles***)

sinf|onía *f* Symphonie *f od* Sinfonie *f*; **~ónica** *f* Symphonieorchester *n*; **~ónico** symphonisch *od* sinfonisch; Symphonie- *od* Sinfonie-

singaporense I *Adj* singapurisch **II** *m(f)* Singapurer(in) *m(f)*

Singapur *m* Singapur *n*

single I *Adj* Einzel- **II** *m Schallplatte* Single *f*; Einzelzimmer *n*; EISENB *Schlafwagen* Einzelabteil *n*; SPORT Einzelspiel *n*, Single *n*

singular I *Adj* einmalig, einzigartig; außergewöhnlich; seltsam; einzeln **II** *m* Singular *m*, Einzahl *f*; **~idad** *f* Einmaligkeit *f*; Eigentümlichkeit *f*; Eigenart *f*; Singularität *f*; Besonderheit *f*; **~izar** ⟨-z/c-⟩ *tr übertr jmdn od etw* herausheben; **~izarse** sich auszeichnen

sinhueso *f umg* Mundwerk *n*, Zunge *f* ◇ ***dar*** *od* ***soltar la ~, sacar a pasear la ~*** tratschen; sich das Maul zerreißen *vulg*

siniestr|a *f* Linke *f linke Hand*; **~ado I** *Adj* Unfall-, vom Unfall betroffen, verunglückt; geschädigt **II** *m* Geschädigter *m*; Verunfallter *m*

siniestralidad *f* Unfallhäufigkeit *f*, -quote *f*; Unfallgeschehen *n*; Schadenshäufigkeit *f*; ***no ~*** KFZ unfallfreies Fahren *n*

sinestro I *Adj* linker; boshaft, tückisch; unheilvoll, unselig **II** *m* Schaden *m*; JUR Schadensfall *m*; Unglück *n*; Unheil *n*; Unfall *m*

sinnúmero *m* (Un-)Menge *f*, Unzahl *f*; unzählige (***hubo un ~ de accidentes***)

sino[1] *Konj in koordinierten Sätzen ohne eigenes Prädikat* sondern (***no lo hizo Juan, ~ Pedro; no nos vimos en el baile, ~ en el teatro***); ***no ... ~*** außer, nur, lediglich (***ayer Pepe no salió ~ para comprar unos cigarrillos en la cafetería***); sonst *od* weiter nichts als, nichts anderes als (***no quiero ~ trabajar tranquilo***); erst (***no llega ~ mañana***); ***no sólo ..., ~ también*** nicht nur ..., sondern auch; ***~ que*** *Konj in koordinierten Sätzen mit eigenem Prädikat* sondern (***el chico no apareció, ~ que permaneció escondido detrás del árbol***)

sino[2] *in Zus* chinesisch- (***un acuerdo ~-estadounidense***)

sinodal REL **I** *Adj* synodal, Synodal- **II** *m* Synodale *m*

sínodo *m* REL Synode *f*

sin|ología *f* Sinologie *f*; **~ólogo** *m* Sinologe *m*; **~ónimo I** *Adj* synonym **II** *m* Synonym *n*

sinopsis *f* Übersicht *f*, Synopsis *f*; Gegenüberstellung *f von verschiedenen Texten*; Zusammenfassung *f*; ***~ de programas*** TV Programmvorschau *f*

sinóptico synoptisch, vergleichend; übersichtlich, Übersichts-; tabellarisch, in Tabellenform; kurz gefasst

sin|razón *f* Unrecht *n*; Ungerechtigkeit *f*; Unsinn *m*; Unvernunft *f*; **~sabor** *m* Unannehmlichkeit *f*; Ärger *m*, Verdruss *m*; **~sentido** *m* Unsinn *m*, Nonsens *m*; Sinnlosigkeit *f*; **~sonte** *m Am* ZOOL Spottdrossel *f*

sintaxis *f* Syntax *f*

síntesis *f* Synthese *f auch* CHEM *u* PHIL, Zusammenfassung *f*; Zusammenstellung *f*; *übertr* Sinnbild *n*; ***en ~*** kurz gefasst; insgesamt, zusammengefasst

sin|tético synthetisch *auch* CHEM; zusammenfassend, -gefasst; künstlich, Kunst-; **~tetizar** ⟨-z/c-⟩ *tr* zusammenfassen; eine Synthese *zu etw* anstellen; versinnbildlichen, verkörpern; synthethisch *od* künstlich herstellen; synthetisieren

síntoma *m* MED *u übertr* Symptom *n*; (An-) Zeichen *n*; ***~ carencial*** (***concomitante***) Mangel-(MED *u übertr* Begleit)erscheinung *f*

sintomático MED *u übertr* symptomatisch, bezeichnend

sintonía *f* RADIO, TV Empfang *m*; RADIO, TV Abstimmung *f als Zustand*; Erkennungsmelodie *f*; ***en ~ con*** im Einklang *od* in Übereinstimmung mit ◇ (***no***) ***estar en ~*** (nicht) übereinstimmen

sintoniz|ación *f* RADIO, TV Abstimmung *f als Vorgang*; **~ador** *m* RADIO Abstimmungsknopf *m*; TV Tuner *m*; **~ar** ⟨-z/c-⟩ *tr* RADIO, TV *einen Sender od ein Programm* einstellen *bzw* gerade eingestellt haben *bzw* hören, empfangen

sinuoso gewunden; gekrümmt; kurvenreich; sich schlängelnd; *übertr* verschlagen, durchtrieben

sinusitis *f* Stirnhöhlenvereiterung *f*

sinverg|onzonada *f*, **~üencería** *f* Unverschämtheit *f*, Dreistigkeit *f*; **~üenza I** *Adj* unverschämt, schamlos **II** *m* unverschämte Person *f*

sion|ismo *m* Zionismus *m*; **~ista I** *Adj* zionistisch, Zionisten- **II** *m* Zionist *m*

siquíatra, **siquiatra** → ***psiquíatra, psiquiatra***

siquiatría → ***psiquiatría***

síquico → ***psíquico***

siquiera I *Adv* wenigstens; ***ni ~*** nicht einmal **II** *Konj + subj* auch wenn

sirena *f* Sirene *f*

Siria *f* Syrien *n*

sirio I *Adj* syrisch **II** *m*, **-a** *f* Syrer(in) *m(f)*
sirla *f Esp* Raubüberfall *m* mit einem Messer ◇ ***dar la ~*** → ***sirlar***
sirl|ar *tr Esp jmdn* mit einem Messer bedrohen *bzw* angreifen; **~ero** *m Esp* Messerstecher *m*
sirvient|a *f* Hausangestellte *f*, Dienstmädchen *n*; **~e** *m* Diener *m*
sisal *m* Sisal(hanf) *m*
sis|ar *tr beim Einkauf für andere* Geld zurückbehalten *od* in die eigene Tasche stecken; **~ear** *tr/intr bes* THEAT (aus)zischen; (aus)pfeifen; **~eo(s** *Pl*) *m* Gezisch *n*; (Aus-)Zischen *n*; Gepfeife *n*
sismicidad *f* Gefährdung *f* durch Erdbeben; Erdbebentätigkeit *f*
sísmico seismisch, Erdbeben-
sism|o *m* Erdbeben *n*, -stoß *m*; **~ógrafo** *m* Seismograph *m*; **~ólogo** *m* Seismologe *m*
sisón *m* Gauner *m*
sistema *m* System *n auch* POL *u übertr*; (An-)Ordnung *f*, (systematische) Gliederung *f*; Verfahren *n*; Plan *m*, Methode *f*; Regierungs-, Staatsform *f*, Regime *n*; ***~ de alarma*** Alarmanlage *f*; ***~ antibloqueo de frenos*** KFZ Antiblockiersystem *n*, ABS *n*; ***~ antivuelco*** KFZ Überrollschutz *m*; ***~ de asistencia al conductor*** (***~ para navegar***) KFZ (*Internet*) Navigationssystem *n*; ***~ bancario*** (***crediticio***) Bank-(Kredit)-wesen *n*; Bankensystem *n*; ***~ binario*** MATH Binärsystem *n*; INFORM Zweiersystem *n*; ***≈ Cambiario*** (***Monetario***) ***Europeo*** Europäisches Wechselkurs-(Währungs)system *n*; ***~ de clasificación*** BÜRO Ablagesystem *n*; ***~ decimal*** (***métrico***) Dezimalsystem *n* (metrisches System *n*); ***~ de defensa antimisiles*** MIL Raketenabwehrsystem *n*; ***~ digestivo*** Verdauungsapparat *m*; ***≈ Dual*** *Abfallaufbereitung* duales System *n*; ***~ económico*** (***social***) Wirtschafts-(Gesellschafts)system *n*; ***≈ Económico Latinoamericano*** Lateinamerikanisches Wirtschaftssystem *n*; ***~ educacional*** *Am od* ***educativo*** (***escolar***) Bildungs-(Schul)wesen *n*; ***~ de formación*** (***dual***) PÄD (duales) Ausbildungssystem *n*; ***~ immunológico*** MED Immunsystem *n*; ***~ de navegación*** KFZ, *Internet* Routenplaner *m*; ***~ nervioso*** (***vegetativo***) (vegetatives) Nervensystem *n*; ***~ operativo*** Betriebssystem *n*; ***~ de pagos*** Zahlungssystem *m bzw* -wesen *n*; ***~ penitenciario*** JUR Strafvollzug *m*; ***~ planetario*** *od* ***solar*** Planeten- *od* Sonnensystem *n*; ***~ de sanidad, ~ sanitario*** Gesundheitswesen *n*; ***~ de selectividad*** Auswahlverfahren *n*; ***~ de telecomunicaciones*** (***transmisión de datos***) Telekommunikations-(Datenübertragungs)system *n* ◇ ***carecer de ~*** kein System haben, planlos sein; ***proceder con*** (***sin***) ***~*** systematisch *od* planmäßig (unsystematisch *od* planlos) vorgehen
sistem|aticidad *f* Systematik *f*; **~ático** systematisch, planmäßig; System-; zielbewusst, -strebig; gezielt; **~atización** *f* Systematisierung *f*; **~atizar** ⟨-z/c-⟩ *tr* systematisieren; systematisch ordnen *od* einteilen
siti|al *m* (***de honor***) Ehrensitz *m*, -platz *m auch übertr*; **~ar** *tr* MIL belagern; **~o**¹ *m* MIL Belagerung *f*
sitio² *m* Ort *m*; Platz *m*; Sitz(platz) *m*; Raum *m*; Stelle *f*; IND, LANDW Standort *m*; *Cu*, *Méx reg* Gehöft *n*; ***~ de competencia*** SPORT Austragungsort *m*; ***~ de taxis*** *Méx* Taxistand *m*; ***~ web*** INFORM Website *f*; Homepage *f*; ***en cualquier*** (***ningún***) ***~*** irgendwo (nirgends); ***en diferentes ~s*** an verschiedenen Stellen; hier und da; ***en todos los ~s*** überall ◇ ***ahorrar*** (***hacer***) ***~*** Platz sparen (machen); (***ya***) ***no hay ~*** es ist kein Platz (mehr); ***poner en su ~*** aufräumen *Ordnung schaffen*
sito *örtlich* gelegen, befindlich
situ: ***in ~*** an Ort und Stelle
situación *f* Situation *f*; (Sach-)Lage *f*; Zustand *m*; (Vermögens-)Verhältnisse *n/Pl*; Umstände *m/Pl*; Geschehen *n*; (örtliche) Lage *f*; MAR Position *f*; ***~ activa*** (aktive) Dienstzeit *f*; ***~ apurada, ~ de apuro*** Notlage *f*; ***~ conflictiva*** Konfliktsituation *f*; ***~ económica*** (***financiera***; ***general***; ***jurídica***) Wirtschafts-(Finanz- *od* Vermögens-; Gesamt-; Rechts)lage *f*; ***~ laboral*** Lage *f* auf dem Arbeitsmarkt; ***~ del mercado*** WIRTSCH Marktlage *f*; ***~ meteorológica*** (***general***) (Groß-)Wetterlage *f*; ***~ social*** gesellschaftliche *od* soziale Lage *f*; gesellschaftliche Stellung *f von Personen* ◇ (***no***) ***encontrarse*** *od* ***estar en ~*** (nicht) in der Lage sein (***de*** zu), (nicht) können; ***pasar u/c a ~ de disposición*** etw zur Disposition stellen; ***poner en ~ de alerta*** in Alarmzustand *od* -bereitschaft versetzen
situado: ***bien ~*** gut situiert ◇ ***estar ~*** *örtlich* liegen, gelegen sein
situar ⟨-úo⟩ *tr* legen; stellen; *übertr in eine Lage* bringen *od* versetzen; SPORT platzieren; anbringen; einordnen; unterbringen; FIN anweisen; **~se** sich aufstellen; *übertr* einen Platz einnehmen; SPORT sich platzieren; *Summe* sich belaufen (***en*** auf)
sketch *m* THEAT Sketch *m*
S.L. *f* → ***S.R.L.***
slalom *m* → ***eslálom***
slip *m* Slip *m*, kurze Unterhose *f*; Badehose *f*
slogan *m* → ***eslogan***
S.M. *Abk für* ***Su Majestad*** → ***Majestad***

S

SME *m* (*Abk für* ***Sistema Monetario Europeo***) EWS *n*
smog *m* (***de verano***) (Sommer-)Smog *m*
smoking *m* → ***esmoquin***
SMS *m* (*Abk für englisch* ***Short Message Service***) TEL SMS *f*, Kurzmitteilung *f*
Sn (*Symb für* ***estaño***) CHEM Sn
snifar *tr* → ***esnifar***
snorkel *m od* **snórkel** *m U-Boot u Sporttauchgerät* Schnorchel *m*
so *alt* unter, *nur noch übertr in Wendungen wie* **~ *pretexto*** (→ ***pretexto***) *od* **~ *pena*** (→ ***pena***)
SO *m* (*Abk für* ***sudoeste***) SW *m*
sob|aco *m* Achselhöhle *f*; **~ado** abgegriffen; *übertr* abgedroschen; **~aj(e)ar** *tr* betatschen, -fummeln; **~ajeo** *m* Betatschen *n*, -fummeln *n*; **~aquera** *f* Schulter-, Pistolenhalfter *n*; **~ar** *tr* (durch)kneten; (durch)walken; verprügeln; befummeln; belästigen
soberanía *f* Souveränität *f*; POL Selbstbestimmung *f*; POL Unabhängigkeit *f*; Hoheit(srecht *n*) *f*; Überlegenheit *f*; **~ *económica*** (***fiscal***) Wirtschafts-(Finanz)hoheit *f*; **~ (*en materia*) *de tarifas*** Tarifhoheit *f*; **~ *nacional*** nationale Souveränität *f od* Unabhängigkeit *f*, Staatshoheit *f*
soberano I *Adj* POL *u übertr* souverän; unübertrefflich, unübertroffen; erhaben; Hoheits- **II** *m* Souverän *m*, Herrscher *m*
soberb|ia *f* Stolz *m*, Hochmut *m*; Pracht *f*; Zorn *m*; Erregung *f*, Empörung *f*; **~io** stolz, hochmütig; prächtig, *übertr* mächtig; aufgebracht, hochfahrend; erregt, empört; wütend
sobón I *Adj* arbeitsscheu **II** *m* Faulpelz *m*, Drückeberger *m*
soborn|able bestechlich; **~ar** *tr* bestechen
soborno *m* Bestechung *f*; **~s** *Pl* Bestechungsgelder *n*/*Pl*
sobra *f* Übermaß *n*; Überfluss *m*; Rest *m*; **~s** *Pl* Speisereste *m*/*Pl*; Abfall *m*, Abfälle *m*/*Pl*; ***de*** **~** im Überfluss; zur Genüge; übermäßig; → ***sobradamente*** ◇ ***estar de*** **~** übrig *bzw* überflüssig *bzw* zu viel sein; ***saber*** (***tener***) ***de*** **~** nur allzu gut wissen (mehr als genug haben)
sobrad|amente hinlänglich, mehr als, nur allzu gut (***razones*** **~** ***conocidas me obligaron a obrar así***); **~o** übermäßig; überreich, mit einem Überschuss *od* -maß (***de*** an)
sobr|ante I *Adj* überschüssig, -zählig; überflüssig *auch übertr störend* **II** *m* Überschuss *m*; Restbetrag *m*; Mehrbetrag *m*; Rest *m*; **~ar** *intr* übrig sein; übrig bleiben; sich erübrigen; zu viel sein; nicht (mehr) nötig sein; überflüssig sein
sobre[1] *m* (Brief-)Umschlag *m*, Kuvert *n*; Packung *f*, Beutel *m*, Tüte *f mit Gewürzen, Kaffee u.Ä.*; **~ *normalizado*** Standardumschlag *m*; **~ *primer día*** POST Ersttagsbrief *m*; **~ *de ventanilla*** Fensterumschlag *m*
sobre[2] auf (**~ *la mesa***); über *auch übertr* (***una mosca volando*** **~** ***su cabeza***; ***hablar*** **~** ***un problema***); von (***estábamos hablando*** **~** ***ti***); außer (**~** ***las graves preocupaciones de siempre le ha caído esta nueva***); ungefähr, gegen (***nos veremos*** **~** ***las diez***); an (***las investigaciones desarrolladas por este experimento*** **~** ***220 pacientes***); *in bestimmten Wendungen* nach (**~ *comida***); **~ *eso*** (***esto***) außerdem, darüber hinaus (hierauf, danach, dann; hierüber); **~ *todo*** vor allem, besonders
sobreabund|ancia *f* Überfluss *m*, -fülle *f*; **~ante** überreichlich; **~ar** *intr* überreichlich *od* in Hülle und Fülle vorhanden sein
sobre|asegurado überversichert; **~capacidad** *f* Überkapazität *f*
sobrecarg|a Überladung *f*; MAR Überlast *f*; Überlastung *f* auch TECH *u übertr* **~ado** überfordert, -beansprucht; TECH *u übertr mit Arbeit* überlastet; *Kurs* überbelegt; **~ar** ⟨-g/gu-⟩ *tr* überladen; überlasten *auch* TECH *u übertr*; überanstrengen; **~o** *m* Purser *m*, *d.h.* MAR Zahlmeister *m u* FLUGW Chefsteward *m*
sobrecito *m* kleiner (Brief-)Umschlag *m*; Beutel *m*, Tüte *f mit Gewürzen, Backpulver u.Ä.*
sobrecog|edor überraschend; beängstigend *z.B. Stille*; überwältigend; **~er** ⟨-g/j-⟩ *tr* überraschen; überrumpeln; *jmdn* erschrecken; **~erse** erschrecken, zusammenfahren; **~imiento** *m* Überraschung *f*; Schreck *m*
sobre|contratación *f* Überbuchung *f*, Overbooking *n*; **~coste** *m* Mehrkosten *Pl*; **~cualificado** überqualifiziert; **~cubierta** *f* BUCHW Schutzumschlag *m*
sobrecumpl|imiento *m* Übererfüllung *f*; Überbietung *f*; **~ir** *tr* übererfüllen; überbieten
sobre|dicho oben erwähnt; **~dimensionar** *tr* überdimensionieren; zu groß bemessen; **~dorar** *tr Metalle* mit Gold überziehen
sobredos|ificación *f* Überdosierung *f*; **~ificar** ⟨-c/qu-⟩ *tr* überdosieren; **~is** *f* Überdosis *f*
sobre|empleo *m* Überbeschäftigung *f*; **~entender** *tr*, **~entendido** *m* → ***sobrentender***, ***sobrentendido***; **~esfuerzo** *m* Überanstrengung *f*; **~estimación** *f*, **~estimar** *tr* → ***sobrestimación***, ***sobrestimar***; **~exponer** ⟨→ ***poner***⟩ *tr* FOTO überbelichten; **~flete** *m* MAR Überfracht *f*; **~girar** *tr Konto* über-

S

ziehen; **~giro** *m* (***de la cuenta***) Kontoüberziehung *f*; **~humano** übermenschlich

sobreimpresión *f* Aufdruck *m*; TV Einblenden *n*; ***en ~*** TV eingeblendet

sobre|llevar *tr übertr* sich *etw* aufbürden lassen; durchstehen, ertragen; auf sich nehmen, über sich ergehen lassen; **~manera** *Adv* außerordentlich, überaus, über die *od* alle Maßen; **~medida** *f* Übermaß *n*, -größe *f*

sobremesa *f* Zeit *f* nach Tisch; Tischgespräch *n nach der Mahlzeit*; ***de ~*** Tisch- (***discurso*** *od* ***reloj de ~***)

sobre|nadar *intr Flüssigkeiten, Gegenstände* (obenauf) treiben *od* schwimmen; **~natural** übernatürlich; **~nombre** *m* Beiname *m*; Spitzname *m*

sobrentend|er ⟨-ie-⟩ *tr* stillschweigend voraussetzen *od* mit einbegreifen, mit darunter verstehen; **~erse** sich von selbst verstehen, selbstverständlich sein; **~ido** *m* Selbstverständlichkeit *f*

sobre|oferta *f* Überangebot *n*; **~paga** *f* (Gehalts-)Zulage *f*; Mehrzahlung *f*; **~parto** *m* Kind-, Wochenbett *n*; *angegriffener* Zustand *m der Wöchnerin* nach der Geburt; **~pasar** *tr übertr* übersteigen; überschreiten *auch übertr*; übertreffen (***en mucho*** bei weitem); *jmdm* über sein; überragen, größer sein (***por*** um); **~paso** *m bes* TECH Überschreitung *f*; **~peso** *m* Übergewicht *n*; **~población** *f* Übervölkerung *f*; **~poblado** übervölkert; **~ponerse** ⟨→ ***poner***⟩ sich hinwegsetzen (***a*** über); *jmdn* übertreffen; **~precio** *m* Aufpreis *m*; (Preis-)Aufschlag *m*; **~producción** *f* Überproduktion *f*; **~pujar** *tr* übertreffen (***en*** in); *bei Auktionen* überbieten; **~rreacción** *f* Überreaktion *f*; **~rreaccionar** *intr* überreagieren

sobresal|iente I *Adj* hervorragend, ausgezeichnet; herausragend; überragend; sehr gut *auch Prüfungsleistung* **II** *m bes* TAUR *u* THEAT Ersatzmann *m*; *Prüfung* Note *f* „mit Auszeichnung" *bzw* sehr gut; sehr guter Schüler *m bzw* Student *m*; **~ir** ⟨→ ***salir***⟩ *intr* sich hervortun (***por*** durch); herausragen *auch übertr*; *z.B. Balken, Dach* überstehen

sobresalt|ar *tr jmdn* erschrecken; aufregen, alarmieren; **~arse** erschrecken, einen Schreck bekommen; *übertr* zusammenfahren; aufschrecken; beunruhigt *od* bestürzt sein; **~o** *m* Schreck *m*; Aufregung *f*

sobresanar I *intr Narbe* nur oberflächlich verheilen **II** *tr* bemänteln, beschönigen

sobresatur|ación *f* HDL, CHEM Übersättigung *f*; **~ar** *tr* übersättigen

sobrescr|ibir ⟨*Part* ***sobrescrito***⟩ *tr* mit einer Aufschrift versehen; INFORM überschreiben; **~ito** *m* Aufschrift *f auf Kuvert*

sobrese|er ⟨*3. Pers Sg u Pl perfs, subj Imperf u Ger* -ey-⟩ *tr* JUR *Verfahren* aussetzen *bzw* einstellen; **~imiento** *m* JUR Einstellung *f eines Verfahrens*

sobres|tadía *f* MAR Überliegezeit *f*; Überliegetag *m*; Liegegeld *n* **~tante** *m* Vorarbeiter *m*; *etwa* Oberwerkmeister *m*; **~timación** *f* Überschätzung *f*; Überbewertung *f*; **~timar** *tr* überschätzen; überbewerten, zu hoch bewerten

sobresueldo *m* Gehalts- *bzw* Lohnzulage *f*, -zuschlag *m*

sobretasa *f* Strafgebühr *f*; Strafporto *n*; Zuschlag *m*, Aufgeld *n*; ***~s Pl de interés*** überhöhte Zinsraten *f/Pl*

sobre|tiempo *m* Überstunden(arbeit *f*) *f/Pl*; **~todo** *m* leichter (Übergangs-)Mantel *m*; **~valorar** *tr*, **~valuar** ⟨-úo⟩ *tr* überbewerten; **~venir** ⟨→ ***venir***⟩ *intr* plötzlich auf- *bzw* eintreten *geschehen*; plötzlich *od* unvermutet ankommen; zur gelegenen *od* günstigen Zeit kommen

sobreviv|encia *f* Überleben *n*; **~iente** Überlebender *m*; **~ir** *intr* überleben *auch übertr* (***a alg*** *od* ***algo*** jmdn *od* etw); überdauern

sobrevolar ⟨→ ***volar***⟩ *tr bes* FLUGW überfliegen

sobriedad *f* Nüchternheit *f*; Zurückhaltung *f*, Maß *n*; Einfachheit *f*

sobrin|a *f* Nichte *f*; **~o** *m* Neffe *m*

sobrio nüchtern; zurückhaltend, mäßig; schlicht, einfach

socaliñ|a *f* Gaunerei *f*; Prellerei *f*; **~ero** *m* Gauner *m*; Betrüger *m*

socapa *f* Vorwand *m*; ***a ~*** insgeheim; heimlich

socarr|ón I *Adj* verschmitzt; gerieben; verschlagen **II** *m* Schelm *m*; **~onería** *f* Verschlagenheit *f*; Schelmerei *f*

socav|ación *f* Unterspülung *f*; **~amiento** *m* Aus-, Unterhöhlung *f*; *übertr* Untergrabung *f*, -minierung *f*; **~ar** *tr* unterspülen; unterhöhlen; *übertr* untergraben, -minieren; *übertr* aushöhlen; **~ón** *m* VERK (tiefes) Schlagloch *n*; (tiefes) Loch *n auch übertr im (Staats-)Haushalt*

sociabilidad *f* Geselligkeit *f*, Kontaktfreudigkeit *f*; **~ble** gesellig, kontaktfreudig

social gesellschaftlich, sozial, Gesellschafts-; Sozial-; → ***sociable***; **~cristiano I** *Adj* christlich-sozial; *Dtschld* CSU- **II** *m Dtschld* CSU-Politiker *m bzw* -Mitglied *n*; **~democracia** *f* Sozialdemokratie *f*; Sozialdemokraten *m/Pl*; *i w S* Sozialdemokratische Partei *f*; **~demócrata I** *Adj* sozialdemokratisch; *Dtschld* SPD- **II** *m* Sozi-

S

aldemokrat *m*; *Dtschld* SPD-Politiker *m bzw* -Mitglied *n*; **~ismo** *m* Sozialismus *m*; **~ista I** *Adj* sozialistisch **II** *m* Sozialist *m*; *Bez für Mitglied einer sozialistischen Partei, z.B. Esp des PSOE*; **~ización** *f* Sozialisierung *f*, Vergesellschaftung *f*; **~izar** ⟨-z/c-⟩ *tr* sozialisieren, vergesellschaften

sociedad *f* HDL, POL, SOZIOL Gesellschaft *f*; Gemeinschaft *f*; Verein *m*; **~ *por acciones, ~ anónima*** Aktiengesellschaft *f*; **~ *afiliada*** (***filial***; ***matriz***) WIRTSCH Schwester-(Tochter-; Mutter)gesellschaft *f*; **♀ *de Atracción de Forasteros*** *Esp* Fremdenverkehrsverein *m*; **~ *de bienestar*** (***consumo***; ***rendimiento***) Wohlstands-(Konsum-; Leistungs)gesellschaft *f*; **~ *de capital*** (***-riesgo***) (Risiko-)Kapitalgesellschaft *f*; **~ *civil*** Bürger(tum *n*) *m*/*Pl*; **~ *de*** (***sin***) ***clases*** Klassengesellschaft *f* (klassenlose Gesellschaft *f*); **~ *colectiva*** offene Handelsgesellschaft *f*, OHG *f*; **~ *en comandita*** (**~ *comercial***) Kommandit-(Handels)gesellschaft *f*; **~ *cooperativa*** Genossenschaft *f*; Konsum (-genossenschaft *f*) *m*; **~ *del desecho*, ~ *de*** (***extremo***) ***despilfarro*** Wegwerfgesellschaft *f*; **~ *de los dos tercios*** Zweidrittelgesellschaft *f*; **♀ *Española de Radiodifusión*** *spanische Rundfunkgesellschaft*; **♀ *Estatal de Participaciones*** *Esp* Staatliche Gesellschaft *f* für Industriebeteiligungen; **~ *financiera*** (***industrial***) Finanzierungs-(Industrie)gesellschaft *f*; **~ *de la información*** Informationsgesellschaft *f*; **~ *de leasing*** Leasinggesellschaft *f*; **~ *mediática*** (***solidaria***) Mediengesellschaft *f* (WIRTSCH Solidargemeinschaft *f*); **♀ *de Naciones*** → ***Liga de las Naciones***; **~ *opulenta*** Überflussgesellschaft *f*; **~ *protectora de animales*** Tierschutzverein *m*; **~** (***de responsabilidad***) ***limitada*** Gesellschaft *f* mit beschränkter Haftung; **~ *de utilidad pública*** gemeinnütziger Verein *m*; ***buena* ~** *übertr, auch iron* gute Gesellschaft *f*

socio *m*, **-a** *f* HDL *u allg* Partner(in) *m*(*f*); Gesellschafter(in) *m*(*f*), Teilhaber(in) *m*(*f*), Sozius *m*, Kompagnon *m*; Mitinhaber(in) *m*(*f*); Kumpel *m Freund*; Mitglied *n einer Genossenschaft, Vereinigung usw*; **~ *de coalición*** POL Koalitions-, Bündnispartner *m*; **~ *colectivo*** (***comanditario***) Komplementär *m* (Kommanditist *m*); **~ *comercial*** (***menor***) Handels-(Junior)partner *m*; **~ *comunitario*** EU-Mitglied *n*; *ehem* EG-Mitglied *n*; **~ *honorario*** Ehrenmitglied *n*; **~ *participante*** *od* ***tácito*** stiller Teilhaber *m*

socio|cultural soziokulturell; **~económico** sozial- *od* sozioökonomisch; **~lingüística** *f* Soziolinguistik *f*, Sprachsoziologie *f*; **~logía** *f* Sozialwissenschaft *f*, Soziologie *f*; Gesellschaftswissenschaft *f*; **~lógico** soziologisch; gesellschaftswissenschaftlich

sociólogo *m* Soziologe *m*, Sozialwissenschaftler *m*; Gesellschaftswissenschaftler *m*

sociopolítico sozial- *od* soziopolitisch; gesellschaftspolitisch

socorr|er *tr* helfen, zu Hilfe eilen *od* kommen; aushelfen; **~ismo** *m* (Wasser-)Rettungsdienst *m*

socorrista *m* Angehöriger *m* des Rettungsdienstes; Rettungsschwimmer *m*; **~** (*f*) ***de la Cruz Roja*** Rotkreuzhelfer *m* (Rotkreuzschwester *f*)

socorro *m* Hilfe *f*; Unterstützung *f*; Beistand *m*; ***¡~!*** (zu) Hilfe! ◇ ***acudir en* ~** zu Hilfe eilen; ***pedir* ~** um Hilfe bitten; um *bzw* zu Hilfe rufen

soda *f* Soda(wasser) *n*; → ***sosa***

sodio *m* Natrium *n*

sodomía Sodomie *f*

soez unanständig, gemein; grob, derb

sofá *m* Sofa *n*; Couch *f*; ***~-cama*** Bett-, Schlafcouch *f*

Sofía *f* Sofia *n*

sofis|ma *m*, **~tería** *f* Spitzfindigkeit *f*, Sophisterei *f*; **~ticación** *f* Verfälschung *f*; Raffiniertheit *f*; Raffinesse *f*; **~ticado** gekünstelt; raffiniert; *bes* TECH ausgeklügelt, ausgefallen *ungewöhnlich*, ausgefeilt; TECH kompliziert, durchkonstruiert; **~ticar** ⟨-c/qu-⟩ *tr* verfälschen; *Tatsachen* verdrehen; austüfteln, -klügeln

sofístico spitzfindig, sophistisch; Trug-; Schein-

sofoc|ación *f* Erstickung *f*; Atemnot *f*; Beschämung *f*; **~ante** erstickend; *Hitze* drückend; bedrückend, peinlich; *Luft* stickig; **~ar** ⟨-c/qu-⟩ *tr* ersticken; *jmdm* den Atem nehmen; erdrücken; unterdrücken; beschämen, peinlich berühren; **~arse** ersticken, keine Luft kriegen; außer Atem geraten; **~o** *m* → ***sofocación***; Erstickungsanfall *m*; **~ón** *m* Verdruss *m*

sofr|eír ⟨→ ***freír***⟩ *tr* leicht anbraten; leicht rösten; **~ito** *Part von* → ***~eír***

software *m* INFORM Software *f*, Programme *n*/*Pl*; **~ *antivirus*** Anitivirensoftware *f*; **~ *de reconocimiento de voz*** Spracherkennungssoftware *f*; **~ *de usuario*** Anwendersoftware *f*

soga *f* Seil *n*, Strick *m*; Strang *m* ◇ ***echar la ~ tras el caldero*** *übertr* die Flinte ins Korn werfen; ***mencionar*** *od* ***mentar*** *od* ***nombrar la ~ en casa del ahorcado*** etw im unpassenden Moment sagen

soja *f* Soja(bohne) *f*

sojuzg|amiento *m* Unterjochung *f*, -wer-

S

fung *f*; **~ar** ⟨-g/gu-⟩ *tr* unterjochen, -werfen
sol[1] *m* Sonne *f*; Sonnenschein *m*; Sonnenlicht *n*; *Koseform* Schatz *m*; Prachtkerl *m*; *Pe Währung* Sol *m*; **~ naciente** (**poniente**) aufgehende (untergehende) Sonne *f*; **bronceado por el ~, tostado del ~** sonnengebräunt; **con ~** bei Tage; **de ~ a ~** *od* **sombra** von morgens bis abends, von früh bis spät ◇ **arrimarse al ~ que más calienta** *übertr* sein Mäntelchen nach dem Wind hängen; **coger el ~** sich einen Sonnenbrand holen; **hace ~** die Sonne scheint; **al caer** *od* **ponerse** (**salir**) **el ~** bei Sonnenuntergang (Sonnenaufgang); **tomar el ~** sich sonnen
sol[2] *m* MUS g, G *n*
solad|o *m* Fliesen *n*; Bodenbelag *m*; Estrich *m*; Fliesenboden *m*; Plattenboden *m*; **~or** *m*, **~ora** *f* Fliesenleger(in) *m*(*f*)
solamente → **sólo**
solan|áceas *f/Pl* Nachtschattengewächse *n/Pl*; **~era** *f* Sonnenbrand *m*
solap|a *f* Revers *m,n*, Rockaufschlag *m*; *Buchumschlag u* TECH Klappe *f*; **~ado** heimtückisch, verschlagen; **~ar** *tr* bemänteln, vertuschen; **~arse** sich überschneiden *od* überlappen; **~ín** *m* Namenskarte *f*, -schild *n*, Anstecker *m am Revers*
solar[1] Sonnen-
solar[2] ⟨-ue-⟩ *tr* fliesen, mit Fliesen *bzw* Platten aus-, belegen *bzw* bedecken; *Schuhe* besohlen
solar[3] *m* Bauplatz *m*, -stelle *f*, -grundstück *n*; Haus *n Familie bzw Stammsitz*; *Cu, Pe* Mietshaus *n*, -kaserne *f*; **~ yermo** unbebautes Grundstück *n*
sol|ario *m*, **~árium** *m* Solarium *n*, Sonnenstudio *n*; Sonnenterrasse *f*; **~azo** *m* Sonnenglut *f*, -hitze *f*
soldad|a *f* Wehrsold *m*; **~esca** *f* Soldateska *f*
soldado *m* Soldat *m*; **~ de carrera** *od* **oficio, ~ profesional** Berufssoldat *m*; **~ de fortuna** Glücksritter *m*; **~ raso** einfacher Soldat *m*, Schütze *m*
sold|ador *m* Schweißer *m*; Lötkolben *m*; **~adora** *f* Schweißgerät *n*, -maschine *f*; Schweißerin *f*; **~adura** *f* (Zusammen-)Schweißen *m*; (Zusammen-)Löten *n*; Schweißstelle *f*; Schweißnaht *f*; Schweißtechnik *f*; Lötstelle *f*; Lötzeug *n*; **~ar** ⟨-ue-⟩ *tr* (ver-, zusammen)schweißen; (ver-, zusammen)löten; (wieder) zusammenfügen
soleado sonnig; **parcialmente ~** MET heiter
sole|cismo *m* Verstoß *m* gegen den korrekten Sprachgebrauch; **~dad** *f* Einsamkeit *f*; Einöde *f*; Vereinsamung *f*; Schwermut *f*
solemn|e feierlich; festlich; Feier-; Fest-; erhaben; *iron* groß, ungeheuer, Erz-, Riesen-; **~idad** *f* Feierlichkeit *f*; Festlichkeit *f*; festlicher *od* feierlicher Charakter *m*
soler ⟨-ue-, *def*⟩ *intr Hilfsv etw zu tun*, *etw zu sein* pflegen, (für) gewöhnlich *etw tun od sein* (**suele dar un paseo por las tardes**)
solería *f* BAUW Boden(belag) *m*
solicitación *f* Beantragung *f*; Bewerbung *f*; dringende Bitte *f*; Er-, Ansuchen *n*; TECH Beanspruchung *f*
solicitado gesucht, gefragt *begehrt*, *umworben*; **no ~** *Manuskript* unverlangt eingesandt
solicitante *m* Antragsteller *m*; Bewerber *m*; Ratsuchender *m*; Fragesteller *m*; **~ de asilo** *od* **refugio** Asylbewerber *m*
solicitar *tr* beantragen; *um etw* ersuchen; *jmdn für eine Arbeit* suchen; sich bewerben; JUR betreiben; (dringend) (er)bitten; verlangen; fordern; *Verstärkung* anfordern; HDL *Angebot* einholen; *Scheidung*, *Abschied* einreichen; **~se** *Person zu einem Ort* gebeten werden *bzw* verlangt werden (sich einzufinden) (**se le solicita en Información**)
solícito eifrig (bemüht), beflissen; hilfsbereit
solicitud *f* Antrag *m* (**de** auf); Ersuchen *n*; Eingabe *f*, Gesuch *n*; Anfrage *f*; Anliegen *n*; Beantragung *f*; Bewerbung *f*; Fürsorge *f*; Fleiß *m*, Eifer *m*; **~ de admisión** *od* **ingreso** (**asilo**) Aufnahme-(Asyl)antrag *m*; **~ de clemencia** *od* **gracia** (**licencia**) Gnaden-(*bes* MIL, POL Entlassungs)gesuch *n*; **~ de crédito** (**quiebra**) Kredit-(Konkurs)-antrag *m*; **~ de empleo** Bewerbungsschreiben *n*; **~ de inscripción** Anmeldeformular *n*, Anmeldung *f*; **~ de oferta** (**patente**) Angebotsanforderung *f* (Patentanmeldung) *f* ◇ **acceder a una ~** einem Antrag stattgeben; **desestimar una ~** einen Antrag *od* ein Gesuch ablehnen; **dirigir** *od* **formular** *od* **presentar una ~** einen Antrag stellen; ein Gesuch einreichen
solidaridad *f* Solidarität *f*; **por ~** aus Solidarität ◇ **practicar la ~** Solidarität üben
solidario solidarisch; Solidaritäts- ◇ **declararse** *od* **hacerse ~** → **solidarizarse**
solidarizarse ⟨-z/c-⟩ sich solidarisieren *od* solidarisch erklären (**con** mit)
solid|ez *f* Festigkeit *f*; Haltbarkeit *f*; Solidität *f*; Zuverlässigkeit *f*; Gründlichkeit *f*; **~ificar** ⟨-c/qu-⟩ *tr* verfestigen; verdichten; *übertr* festigen; **~ificarse** fest *od* hart werden; erstarren
sólido fest; haltbar; gründlich; zuverlässig; stichhaltig; solide; *Farbe* echt, beständig
soliloquio *m* Selbstgespräch *n*; → **monólogo**

S

solista *m(f)* Solist(in) *m(f)*
solitar|ia *f* Bandwurm *m*; **~io I** *Adj* einsam; zurückgezogen; (wie) ausgestorben; allein **II** *m* Einzelgänger *m*; Sonderling *m*, Eigenbrötler *m*; eingefasster Diamant *m*, Solitär *m*; KART Patiencespiel *n*
soliv|iantar *tr* aufregen, -reizen; *Gemüter* erregen; **~iantarse** sich empören; **~iar** *tr* auf-, emporheben; *Arg etw* hochziehen *stehlen*; **~iarse** sich etw *od* halb aufrichten
solla *f* ZOOL Scholle *f*
solloz|ar ⟨-z/c-⟩ *intr* schluchzen; **~o** *m* Schluchzen *n*
solo I *Adj* allein; einsam; allein stehend; einzig; einzeln, Einzel-; bloß, schon (***la sola idea de viajar tan lejos me asusta***); von allein *od* selbst *Adv* (***relojes que funcionan ~s***); ***a solas*** allein (*d.h.* ohne fremde Hilfe *bzw* aus eigenem Antrieb); unter vier Augen, ohne Zeugen (***quería hablar conmigo a solas***); ***uno ~*** GASTR *Bestellung* einen Kaffee schwarz; einen Espresso **II** *m* MUS Solo *n*; Single *m Alleinstehender*
sólo *Adv Akzent kann entfallen, wenn im Satz Verwechslung mit Adj* ***solo*** *ausgeschlossen ist* nur, lediglich, bloß; erst (***lo supe ~ ayer***); ***~ que*** bloß dass, nur … eben (***es hombre bueno, ~ que bebe***); ***con ~*** + *Inf*, ***con ~ que*** + *subj* nur, bloß (***con ~ estudiar*** *od* ***con ~ que estudies unas cuantas horas más, vas a sacar buenas notas***); ***no ~ … sino*** (***también***) nicht nur …, sondern (auch); ***tan ~*** wenigstens, zumindest; erst; *Verstärkung von* ***sólo***
solomillo *m* Lendenstück *n*, Filet *n*; Filetgulasch *n,m*
solsticio *m*: ***~*** (***de invierno***; ***de verano***) (Winter-, Sommer-)Sonnenwende *f*
soltar ⟨ue-⟩ *tr* loslassen; losmachen, -binden; freilassen; lockern; *umg Geld* lockermachen *od* (he)rausrücken; lösen; fallen lassen; *Ballast* abwerfen; *im Gespräch mit etw* herausplatzen; *Fluch, Schmähungen* ausstoßen; **~se** sich losmachen; sich von Hemmungen frei machen, aus sich herausgehen; *Verschnürtes* aufgehen; *Befestigtes* abgehen, sich lösen
solter|a *f* ledige *od* unverheiratete Frau *f*, Single *m*; **~o I** *Adj* ledig, unverheiratet **II** *m* Junggeselle *m*, Single *m*
soltura *f* Gewandtheit *f*; Leichtigkeit *f*; Ungezwungenheit *f*; ***con ~*** *Sprechen, Schreiben* fließend, flüssig; *übertr* leicht; gewandt
soluble *in Flüssigkeit* löslich; (auf)lösbar *auch übertr*
solución *f* CHEM, MATH, PHARM *u allg übertr* Lösung *f*; *übertr* Ausgang *m*; Beilegung *f*; ***~ aparente*** (***parcial***) Schein-(Teil)lösung *f*; ***~ de continuidad*** Unterbrechung *f*; ***~ de emergencia*** *od* ***urgencia***, ***~ provisional*** Notlösung *f*; ***~ negociada*** POL Lösung *f* auf dem Verhandlungsweg(e), Verhandlungslösung *f*; ***~ de paños calientes*** *umg* Behelfslösung *f*, Provisorium *n*; fauler Kompromiss *m*; ***~ de plazos*** (***con el deber del asesoramiento de la gestante***) *Schwangerschaftsabbruch* Fristenlösung *f od* -reg(e)lung *f* (mit Beratungspflicht); ***de difícil ~*** schwer zu lösen(d) ◇ ***dar ~*** einer Lösung zuführen; eine Lösung herbeiführen (***a*** für); ***dejar sin ~*** ungelöst lassen; ***encontrar ~ a u/c*** etw lösen *od Probleme* überwinden; ***no hay más*** *od* ***otra ~*** es gibt keinen anderen (Aus-)Weg, es bleibt nichts anderes übrig
solucionado: ***no ~*** ungelöst; unerledigt
solucionar *tr* lösen; beilegen; erledigen
solven|cia *f* Zahlungsfähigkeit *f*, FIN Solvenz *f*; Kreditwürdigkeit *f*; Zuverlässigkeit *f*; **~tar** *tr Problem* lösen; *Angelegenheit* in Ordnung bringen; *Streit* schlichten; *Schulden* begleichen; **~te** zahlungsfähig, solvent; kreditwürdig; zuverlässig
somalí I *Adj* somalisch **II** *m(f)* Somalier(in) *m(f)*
Somalia *f* Somalia *n*
somático MED, PSYCH somatisch, körperlich
sombra *f* Schatten *m auch übertr, z.B. auch für Begleitperson bzw -schutz*; Dunkelheit *f*; Dunkel *n auch übertr*; Makel *m*; *übertr* Geist *m*; ***~ de ojos*** Lidschatten *m*; ***ni ~*** *übertr* keine Spur; ***ni por ~*** *übertr* nicht im Traum ◇ ***estar a la ~*** im Schatten sein; im Kittchen sitzen; ***hacer ~ a alg*** *übertr* jmdn in den Schatten stellen; ***saltar por encima de su propia ~*** *übertr* über seinen eigenen Schatten springen
sombroro *m* Hut *m*; ***~ de caballero*** (***señora***) Herren-(Damen)hut *m*; ***~ de copa***, *Arg, Chi* ***~ de pelo*** Zylinderhut *m*; ***~ de jipijapa*** *Am reg*, ***~ de Panamá*** Panamahut *m*; ***~ de paja*** Strohhut *m* ◇ ***ponerse*** (***quitarse*** *od Am reg* ***sacarse***) ***el ~*** den Hut aufsetzen (ziehen *grüßen*; *Anerkennung zollen*); ***quedarse con el ~ puesto*** den Hut aufbehalten
sombr|illa *f* Sonnen- *bzw* Regenschirm *m*; **~ío** schattig; düster; schwermütig
somero oberflächlich, flüchtig; *übertr* seicht
somet|er *tr* vorlegen, unterbreiten; unterwerfen; niederwerfen; anheim stellen; *zur Entscheidung* übertragen; *einer Kritik* unterziehen; **~erse** sich unterwerfen; sich unterordnen; sich fügen (***a*** *Dat*); sich unterziehen (***a*** *Dat*); sich *z.B. einer Wahl* stellen; **~imiento** *m* Unterbreiten *n*, -breitung

S

f; Unterwerfung *f*; Niederwerfung *f*
somn|ámbulo *Adj u m* → **sonámbulo**; **~ífero** *m* PHARM Schlafmittel *n*, -tablette *f*; **~olencia** *f* Schläfrigkeit *f*
son *m* Klang *m*, Laut *m*, Ton *m*; Sound *m*; Gerücht *n*; Vorwand *m*; *Am* Tanzweise *f*; ***al ~ del himno nacional*** unter den Klängen der Nationalhymne; ***¿a ~ de qué?, ¿a qué ~?*** *protestierend* wieso?; ***en ~ de …*** aus …, zum Zeichen + *Gen* (***vienen en ~ de protesta***); ***en ~ de broma*** (***reproche***) in spöttischem (vorwurfsvollem) Ton; ***sin ~*** grundlos; ungereimt; → ***ton*** ◇ ***bailar al ~ que tocan*** *übertr* sein Mäntelchen nach dem Wind hängen; *übertr* sich nach der Decke strecken
sonado berühmt; Aufsehen erregend; *übertr* weit verbreitet; *Boxsport u übertr* groggy; *Brief* geharnischt
sonámbulo I *Adj* schlaf-, nachtwandelnd, mondsüchtig **II** *m* Schlaf-, Nachtwandler *m*
sonar ⟨-ue-⟩ **I** *intr* klingen (***a*** wie) *auch übertr*; erklingen; tönen; ertönen; klingeln; läuten *auch* TEL; *Schritte* hallen; *übertr* sagen (***no me suena ese nombre***); erwähnt *od* angeführt werden, *in einem Schriftstück* stehen; aussehen (***a*** nach, wie), *übertr* scheinen; ***~ bien*** (***mal***) *allg u übertr* gut (schlecht) klingen; ***¡así como suena!*** genau so wie ich es sage! **II** *tr* KFZ *Hupe* betätigen
sonarse *Nase* putzen, schnäuzen; ***se suena …*** es heißt …, man sagt …
sonata *f* MUS Sonate *f*
sonda *f* Sonde *f auch* MED; MAR Lot *n*; ***~ espacial*** (***lunar***) ASTR, RAUMF Raum-(Mond)-sonde *f*
sond(e)ar I *tr/intr* sondieren *auch übertr*; MAR loten, peilen; BERGB bohren; MED katheterisieren **II** *tr jmdn* ausforschen, -fragen
sondeo *m* Sondieren *n auch übertr*, Sondierung *f*; MAR Peilung *f*, Lotung *f*; BERGB Aufschluss-, Probe-, Schürfbohrung *f*; Stichprobe *f*; Befragung *f*; Umfrage *f*; **~s** *Pl* Erkundigungen *f/Pl*, Erhebung(en *Pl*) *f*; ***~ de opinión*** Meinungsumfrage *f* ◇ ***hacer ~s*** vorfühlen *Erkundigungen einziehen*
soneto *m* Sonett *n*
sonidista *m(f)* Toningenieur(in) *m(f)*, -meister(in) *m(f)*
sonido *m* Klang *m*; PHON Laut *m*; Ton *m*; Schall *m*; ***~ de discar*** TEL *Am reg* Wählzeichen *n*, *in einigen Ländern als* Summton *m*; ***~ estereofónico*** Stereo-, Raumton *m*; ***~ falso*** Misston *m*; ***~ pío*** (***sibilante***) Piep-(Pfeif)ton *m*
sonor|idad *f* Ton-, Klangfülle *f*; Lautstärke *f*; **~ización** *f* RADIO Beschallung *f*; FILM Vertonung *f*; **~o** klangvoll, wohlklingend; volltönend; Klang-; Ton-; Schall-
son|reír ⟨→ ***reír***⟩ **I** *intr* lächeln; schmunzeln **II** *tr jmdm* zulächeln *auch übertr*; **~reírse** → **~reír I**; **~riente** lächelnd; schmunzelnd; fröhlich; **~risa** *f* Lächeln *n*; Schmunzeln *n*
sonroj|(e)arse erröten; **~o** *m* Erröten *n*; Schamröte *f*
sonrosado rosenfarbig, -rot; rosig
sonsac|a *f*, **~amiento** *m* Abwerben *n*, -werbung *f*; **~ar** ⟨-c/qu-⟩ *tr jmdm etw* abspenstig machen, abschwatzen *od* -luchsen *umg*, entlocken; abwerben
sonso *Am* dumm
soñación: ***ni por ~*** *übertr* nicht im Traum
soñado: ***jamás ~*** nie erträumt *od* erhofft
soñador I *Adj* träumerisch; verträumt **II** *m* Träumer *m*
soñar ⟨-ue-⟩ **I** *intr bes Am tr* träumen (***con, en*** von); ***~ despierto*** mit offenen Augen träumen **II** *tr* sich *etw* erträumen; ***¡ni ~lo*** (***siquiera***)***!*** nicht im Traum!; kein Gedanke!
soñ|olencia *f* → **somnolencia**; **~oliento** schläfrig, schlaftrunken; einschläfernd; träge, schlaff
sopa *f* Suppe *f*; Brühe *f*; **~s** *Pl* KOCHK Croutons *Pl*; ***~ crema*** (***espesa***) Cremesuppe *f* (legierte Suppe *f*); ***~ de sobre*** Tütensuppe *f* ◇ ***estar hecho una ~*** *vom Regen* durchgeweicht sein; sternhagelvoll *od* stockbetrunken sein
sopap|ear *tr jmdm* einen Kinnhaken *bzw* Ohrfeigen geben; *übertr jmdn* fertig machen; **~o** *m* Kinnhaken *m*; Ohrfeige *f*
sop|era *f* Suppenschüssel *f*; **~ero I** *Adj* Suppen- **II** *m* Suppenteller *m*
sopesar *tr* in der Hand (ab)wiegen; abwägen
sopetear *tr* misshandeln
sopetón *m* Ohrfeige *f*; ***de ~*** *umg* mir nichts, dir nichts; plötzlich, unversehens
sopicaldo *m* klare Brühe *f*
sopl|ado *umg übertr* aufgeblasen, eingebildet; angesäuselt; **~ador** *m*, **~adora** *f* Glasbläser(in) *m(f)*; TECH Gebläse *n*; Rädelsführer(in) *m(f)*; THEAT Souffleur *m*, -euse *f*; **~ar I** *intr* blasen; *Wind* wehen, pfeifen; einen zischen *trinken*; keuchen, schwer atmen **II** *tr* wegblasen; ausblasen; anblasen; stibitzen; *jmdm die Freundin* ausspannen, abspenstig machen; *jmdn* verpfeifen *anzeigen*; vorsagen; eingeben *inspirieren*; **~arse** *Getränk* hinunterstürzen; *Essen* in sich hineinschlingen, herunterschlingen; **~ete** *m* TECH Gebläse *n*; Schweißbrenner *m*

S

soplo *m* Blasen *n*; Wehen *n*; Hauch *m*; (geheimer) Wink *m*; Tipp *m Hinweis*; Anzeichen *n*; **~ de aire** Windhauch *m* ◇ **no corre** *od* **hace un ~ de aire** es geht kein Lüftchen; **dar el ~** *Alkoholtest* in die Tüte blasen; **pasar como** *od* **en un ~** *Zeit* wie im Flug(e) vergehen

sopl|ón *m* Spitzel *m*, Zuträger *m*; **~onear** *tr jmdn* verpfeifen *umg*, anzeigen; **~onería** *f* Spitzelei *f*; Bespitzelung *f*

soponcio *m umg* Ohnmacht(sanfall *m*) *f*

sopor *m* starke Benommenheit *f*; Schläfrigkeit *f*; **~ífero I** *Adj* einschläfernd; langweilig, öde **II** *m* starkes Schlafmittel *n*

soportable erträglich

soportal *m* gedeckter Hauseingang *m*; **~es** *Pl* Kolonaden *f/Pl*

soport|alibros *m* Buchstütze *f*; **~ar** *tr* ertragen, aushalten; verkraften; *etw* auf sich nehmen; erdulden; durchmachen, *körperliche od moralische Prüfungen* be-, überstehen; tragen *auch übertr, z.B. Kosten*; stützen; halten

soporte *m* Stütze *f auch übertr*; Ständer *m*; TECH Träger *m*; TECH Lager *m*; Unterlage *f*; Halterung *f*, Halter *m*; *Schreibmaschine* Papierstütze *f*; **~ para bicicletas** Fahrradständer *m*; **~ (de datos)**, **~ electrónico** *od* **informático** INFORM Datenträger *m*; **~ físico (lógico)** INFORM Hardware *f* (Software *f*)

soprano I *m* Sopran(stimme *f*) *m* **II** *f* Sopranistin *f*

sopuntar *tr* unterpunkten, *unter eine Textstelle* Punkte setzen

sorabo I *Adj* sorbisch **II** *m* Sorbe *m*; das Sorbische

sorb|er *tr* schlürfen; ausschlürfen; trinken; einsaugen; aufsaugen; verschlingen *begierig aufnehmen*; **~ete** *m* Sorbet(t) *n,m*; Fruchteis *n*; Halbgefrorenes *n*; **~o** *m* Schlürfen *n*; Schluck *m*

sord|era *f* Taubheit *f*, Schwerhörigkeit *f*; **~idez** *f* Schmutz *m*; Geiz *m*; Kleinlichkeit *f*

sórdido schmutzig *auch übertr*, dreckig, schmierig; schäbig; gemein; geizig, kleinlich

sordina *f* (Schall-)Dämpfer *m*; **en ~** MUS gedämpft

sordo I *Adj* schwerhörig, taub *auch übertr* (**a** gegen); *Klang* dumpf; still; geräuschlos; **a la sorda** klammheimlich *umg* **II** *m* Schwerhöriger *m*, Tauber *m* ◇ **hacerse el ~** sich taub stellen

sordomud|ez *f* Taubstummheit *f*; **~o** taubstumm

sorgo *m* BOT Sorghum *n*, Art Hirse

sorna *f* Ironie *f*; Spott *m*; Hinterhältigkeit *f*

soroch|arse *AmS* sich die Berg- *od* Höhenkrankheit zuziehen; **~e** *m*, **~i** *m AmS* Berg- *od* Höhenkrankheit *f*, Soroche *m*

sorprend|ente überraschend; verblüffend; erstaunlich; seltsam; **~er** *tr* überraschen; ertappen; überrumpeln; verblüffen; in Erstaunen (ver)setzen; befremden; **~erse** staunen, stutzen; **~ido** verdutzt, bestürzt

sorpresa *f* Überraschung *f*; Bestürzung *f*; (Er-)Staunen *n*; **grata ~** angenehme Überraschung *f* ◇ **llevarse una ~** eine Überraschung erleben

sorpresiv|amente *Am* überraschenderweise; urplötzlich; **~o** *Am* plötzlich, unerwartet; Überraschungs-, überraschend

sorte|ar I *tr* aus-, verlosen; (geschickt) überwinden; *einer Gefahr od Schwierigkeit* ausweichen *od* aus dem Wege gehen; *Rekruten* ziehen **II** *intr* das Los entscheiden lassen; **~arse** zur Verlosung kommen; *zur Armee* gezogen werden; **~o** *m* Aus-, Verlosung *f*; *Lotterie* Ziehung *f*

sortija *f* (Schmuck-)Ring *m*; (Haar-)Locke *f*; **~ de sello** Siegelring *m*

sortilegio *m* Wahrsagerei *f*; Zauber(ei *f*) *m*

S. O. S. *m* MAR *u übertr* SOS *n*

sosa *f* CHEM Soda *f*; Natron *n*

soseg|ado still; ruhig, friedlich; gelassen; gemütlich; **~ar** ⟨-ie-, -g/gu-⟩ **I** *tr* beruhigen, besänftigen, beschwichtigen **II** *intr* (aus)ruhen; **~arse** → **~ar II**; sich beruhigen

soser|a *f*, **~ía** *f* Dummheit *f*; dummes Zeug *n od* Gerede *n*

sosia *m* Doppelgänger *m*

sosiego *m* (Gemüts-)Ruhe *f*, Gelassenheit *f*

soslayar *tr* abschrägen; *etw* hochkant stellen; *Schwierigkeiten, Verpflichtungen, Verträge* umgehen

soslayo *m*: **al** *od* **de ~** schief; schräg; windschief ◇ **mirar de ~** *jmdn* schief *od* scheel *od* von der Seite ansehen

soso fad(e) *auch übertr*, nüchtern; schal, abgestanden; abgeschmackt; langweilig

sospecha *f* Verdacht *m*; Vermutung *f*, Mutmaßung *f*; Argwohn *m*; **por encima de toda ~** über jeden Verdacht erhaben ◇ **inspirar (levantar las) ~s** (den) Verdacht erregen

sospech|ar I *tr u* **~se** vermuten, mutmaßen **II** *tr/intr* verdächtigen (*dir Obj od* **de alg** *jmdn*); **~oso** verdächtig (**de** *Gen*); argwöhnisch; wenig Vertrauen erweckend

sostén *m* Stütze *f auch übertr*; *übertr* Halt *m*; Büstenhalter *m*, BH *m*; TECH Untersatz *m*; TECH Träger *m*; **de ~** BAUW tragend

sosten|edor *m* Verfechter *m*, -teidiger *m*; Stütze *f*; *Am reg* Büstenhalter *m*, BH *m*; **~er** ⟨→ **tener**⟩ *tr* unterstützen, helfen, bei-

S

stehen; *jmdn* unterhalten *ernähren*; halten; BAUW tragen, stützen *auch* FIN *Währung*; *etw* behaupten; *Auffassung* vertreten, -teidigen; *Gespräch*, *Kampf*, *Prozess* führen; *Beziehungen* unterhalten; **~erse** sich (fest)halten; andauern, -halten; *übertr* sich über Wasser halten; schweben; *auf einer Meinung* beharren (**en** auf); **~idamente** dauerhaft, kontinuierlich; **~ido I** *Adj* beharrlich; stetig, (be)ständig; nachhaltig, anhaltend; HDL *Markt* fest; MUS *Ton* erhöht **II** *m* MUS Kreuz *n*; **~imiento** *m* Unterhalt *m*; TECH Wartung *f*; Unterstützung *f*; FIN Stützung *f*; TECH Abstützung *f*
sotabanco *m* Dachwohnung *f*
sotana *f* Soutane *f*, Priestergewand *n*
sótano *m* Keller *m* ◇ ***estar en el ~*** *übertr* das Schlusslicht bilden
sotechado *m* Schuppen *m*, Unterstellmöglichkeit *f wandlos od mit Halbwänden*
soterr|adamente *übertr* unterschwellig; **~ar** ⟨-ie-⟩ *tr etw* vergraben; *Personen* verschütten; *Kabel* unterirdisch verlegen
soto *m* Wäldchen *n*; Gehölz *n*; **~bosque** *m* Unterholz *n*
sotto voce *Stimme* leise, gedämpft; hinter vorgehaltener Hand
souvenir *m* Souvenir *n*
soviético *hist* sowjetisch, Sowjet-
soya *f Am* → ***soja***
SP *m(Pl) Abk für* ***servicio(s) público(s)***, → ***servicio***
spaguetti *m* → ***espagueti(s)***
sponsor *m(f)* ⟨*Pl* ***sponsors***⟩ Sponsor(in) *m(f)*; **~izar** ⟨-z/c-⟩ *tr* sponsern
spot *m* ⟨*Pl* ***spots***⟩: **~ (*publicitario*)** (Werbe-)Spot *m*
spray *m* Spray *m,n*
sprint *m* SPORT Sprint *m*, Kurzstreckenlauf *m*; **~ar** *intr/tr* sprinten
sprínter *m(f)* SPORT Spinter(in) *m(f)*, Kurzstreckenläufer(in) *m(f)*
sputnik *m* ⟨*Pl* ***sputniks***⟩ RAUMF Sputnik *m*
squash *m* Squash *n tennisähnliches Ballspiel*
Sr. *m* (*Abk für* **señor**) Hr. *m*; ***~ D.*** *Abk für* ***Señor Don***, → ***señor***
Sra. *f* (*Abk für* **señora**) Fr. *f*; ***~ D.ª*** *Abk für* ***Señora Doña***, → ***señora***
s/ref. *Abk für* ***su referencia***, → ***referencia***
Sres. *m/Pl Abk für* ***señores***, → ***señor II***
Sri Lanka *m* Sri Lanka *n*
srilankés I *Adj* sri-lankisch **II** *m*, **-esa** *f* Sri-Lanker(in) *m(f)*
S.R.L. *f* (*Abk für* ***sociedad (de responsabilidad) limitada***) GmbH *f*
Srta. *f* (*Abk für* ***señorita***) Frl. *n*
SS *f* (*Abk für* ***seguridad social***) SV *f*
SSE. *m* (*Abk für* ***sudsudeste***) SSO *m*
SSO. *m* (*Abk für* ***sudsudoeste***) SSW *m*
Sta. → ***S.ª***
stalinista → ***estalinista***
stand *m* ⟨*Pl* ***stands***⟩ (Messe- *bzw* Ausstellungs-)Stand *m*; ***~ de información*** Info(rmations)stand *m*
standard I *Adj u* **II** *m* → ***estándar***
standar(d)iz|ación *f*, **~ar** ⟨-z/c-⟩ *tr* → ***estandar(d)ización, estandar(d)izar***
stand|by *m* EL, FLUGW Stand-by *n*; **~ing** *m sozialer* Stand *m*, Status *m*; Ausstattung *f*; Komfort *m*
statu quo *m* Status quo *m*
status *m* Status *m*
stiropor® *m* Styropor® *n*
Sto. *m* (*Abk für* **Santo**) St. *m od* Sto. *m*
stock *m* ⟨*Pl* ***stocks***⟩ HDL Vorrat *m*, (Lager-, Waren-)Bestand *m*, Bestände *m/Pl*, Stock *m*; Inventar *n* ◇ ***tener en ~*** auf Lager haben
stop *m* VERK Stopp(schild *n*) *m*; Punkt *m im Telegramm*; ***¡~!*** stop(p)!, halt!
stress *m* → ***estrés***
strip-tease *m Angl* Striptease *m,n*
striptisera *f* Stripperin *f umg*, Stripteasetänzerin *f*
su sein, seine; ihr, ihre; Ihr, Ihre; *Am*, *And* euer, eure; **~s** seine; ihre; Ihre; *Am*, *And* eure
Suabia *f* Schwaben *n*
suabo I *Adj* schwäbisch **II** *m* Schwabe *m*; das Schwäbische
suajili *m* → ***swahili***
suav|e sanft; mild; weich *auch übertr wenig anspruchsvoll*; glatt; geschmeidig; fügsam; *Motorlauf* ruhig; **~idad** *f* Milde *f*, Sanftmut *f*; Geschmeidigkeit *f*; Glätte *f*; Weichheit *f*; **~ización** *f* Entspannung *f*, -schärfung *f einer Situation*; Lockerung *f von Maßnahmen*; **~izante** *m* Weichspüler *m*, -macher *m für Wäsche*; **~izar** ⟨-z/c-⟩ *tr* mildern; *Situation* entspannen, -schärfen; *Maßnahmen* lockern; geschmeidig machen; glätten; lindern; besänftigen; *Wasser* enthärten; **~izarse** geschmeidig werden; KFZ, *Maschine* sich einlaufen; sich mäßigen; *Kälte* nachlassen; *Wind* sich legen
suba *f Arg* Preiserhöhung *f*, -steigerung *f*; *übertr* Steigen *m*, Anstieg *m*; Kursgewinn *m*
sub|alimentación *f* Unterernährung *f*; **~alimentado** unterernährt; **~alterno I** *Adj* subaltern, untergeordnet **II** *m*, **-a** *f* Untergebene(r) *f(m)*; niedere(r) Beamter(-in) *m(f)*
subarr|endador *m* Unter-, Weitervermieter *m*; Weiterverpächter *m*; **~endamiento** → ***subarriendo***; **~endar** ⟨-ie-⟩ *tr* weitervermieten; weiterverpachten; **~endatario** *m*

S

Unterpächter *m*; **~iendo** *m* Unter-, Weitervermietung *f*; Unterpacht *f*
subasta *f* Versteigerung *f*, Auktion *f*; **~ *forzosa*** Zwangsversteigerung *f* ◇ ***sacar a*** (***pública***) **~** (öffentlich) versteigern; ***salir a ~*** versteigert werden
subast|ador *m* Versteigerer *m*, Auktionator *m*; **~ar** *tr* versteigern; **~arse** versteigert werden
sub|campeón *m* SPORT Vizemeister *m*; **~capitalizado** unterkapitalisiert; **~comisión** *f* Unterkommission *f*; Unterausschuss *m*; **~comité** *m* Unterausschuss *m*; **~consciencia** *f* Unterbewusstsein *n*; **~consciente I** *Adj* unterbewusst **II** *m* → ***~consciencia***; **~continente** *m* Subkontinent *m*; **~contratar** *tr Projekte*, *(Bau-)Arbeiten* vergeben; **~contratista** *m* Subunternehmer *m*; **~cuenta** *f* Nebenkonto *n*; **~cultura** *f* Subkultur *f*; **~cutáneo** MED subkutan
subdesarroll|ado unterentwickelt; **~o** *m* Unterentwicklung *f*
sub|dimensionar *tr* unterbemessen; **~director** *m* stellvertretender Direktor *m*; **~directora** *f* stellvertretende Direktorin *f*
súbdito *m* Staatsangehöriger *m*, -bürger *m*; **~ *extranjero*** Ausländer *m*
subdivi|dir *tr* unterteilen; **~sión** *f* Unterteilung *f*; (Auf-)Spaltung *f*; Unterabteilung *f*
subemple|ado I *Adj* unterbeschäftigt **II** *m* Unterbeschäftigter *m*; Kurzarbeiter *m*; **~o** *m* Unterbeschäftigung *f*; Kurzarbeit *f*
subenfriamiento *m* Unterkühlung *f*
subentender ⟨-ie-⟩ *tr* → ***sobrentender***
sub|escolarizado mit unzureichender Schulbildung; **~estimar** *tr* unterschätzen; **~estructura** *f* TECH Unterbau *m*; **~exponer** ⟨→ ***poner***⟩ *tr* FOTO unterbelichten; **~expuesto** unterbelichtet
subida *f* Besteigung *f*, Aufstieg *m*; Steigung *f*, Anhöhe *f*; *Löhne*, *Preise* Erhöhung *f*, Anhebung *f*, Heraufsetzung *f*; *übertr* Anstieg *m*, Steigen *n*, Steigerung *f*; FIN Kursgewinn *m* **~ *de alquileres*** (***precios***) Mieterhöhung *f* (Preissteigerung *f*, -anstieg *m*); **~ *fiscal*** *od* ***de impuestos*** (**~ *salarial***) Steuer-(Lohn)erhöhung *f*; **~ *de intereses***, **~ *de tipos de interés*** Zinssteigerung *f*, -erhöhung *f*; **~ *al poder*** POL Machtergreifung *f*, -übernahme *f*; **~ *de temperatura*** Temperaturanstieg *m*; **~ *al trono*** Thronbesteigung *f*
subido *Preis* hoch, gestiegen; *Farbe*, *Geruch* kräftig; *in Verbindung mit Farbbezeichnung* knall-
subíndice *m* INFORM tiefgestelltes Zeichen *n*
sub|inquilino *m* Untermieter *m*; **~inspector** *m* stellvertretender Inspektor *m*; **~inspectora** *f* stellvertretende Inspektorin *f*
subir I *intr*/*tr* hinaufgehen, -steigen *bzw* -fahren; heraufkommen; besteigen, erklimmen **II** *intr* aufsteigen; steigen *auch übertr*; erhöht werden; teurer werden; VERK einsteigen (***a*** in); *Wasser* anschwellen; *Summe* sich belaufen (***a*** auf), betragen (***a*** *Akk*); *Gewicht u allg* zunehmen **III** *tr* hinauftragen; hinaufbringen; hinaufheben; hinaufreichen; hinaufschicken; *Preise* anheben, heraufsetzen; erhöhen *auch übertr*, höher machen; steigern; aufrichten; KFZ *Fenster* hochkurbeln, -drehen, schließen; **~se** → ***subir I u II***; klettern (***a*** auf)
súbito plötzlich; heftig; unerwartet; ***de ~*** unversehens, auf einmal
subjefe *m*, **-a** *f* stellvertretende(r) Leiter (-in) *m*(*f*)
subjetiv|idad *f* Subjektivität *f*, persönliche Auffassung *f*; Unsachlichkeit *f*; **~o** subjektiv, persönlich; unsachlich
subjuntivo *m* GRAMM Konjunktiv *m*
sublev|ación *f* Erhebung *f*, Aufstand *m*; **~ado I** *Adj* aufständisch **II** *m* Aufständischer *m*; **~ar** *tr* aufwiegeln; **~arse** sich erheben *od* auflehnen
submarin|ear *intr* POL untertauchen *in die Illegalität gehen*; **~ismo** *m* Unterwassersport *m*; Tauchsport *m*, Sporttauchen *n*; **~ista** *m* Unterwassersportler *m*; Tauchsportler *m*, Sporttaucher *m*; **~o I** *Adj* Unterwasser-; unterseeisch; U-Boot- **II** *m* U-Boot *n*, Unterseeboot *n*
sub|menú *m* INFORM Untermenü *n*; **~mundo** *m* Unterwelt *f*, *übertr* Sumpf *m*, **~normal** geistig zurückgeblieben; **~ocupación** *f* Unterbeschäftigung *f*; **~ocupado** unterbeschäftigt **~oficial** *m* Unteroffizier *m*; **~ordinación** *f* Unterordnung *f*; Abhängigkeit *f*; GRAMM Satzfügung *f*; **~ordinada** *f* Neben-, Gliedsatz *m*
subordinado I *Adj*: ***estar ~*** unterstehen (***a*** *Dat*), unterstellt sein **II** *m* Untergebener *m*
subordinar *tr* unterordnen, -stellen; **~se** sich fügen
sub|producto *m* Nebenprodukt *n*; *verwertbares* Abfallprodukt *n*; **~proyecto** *m* Nebenprojekt *n*; **~rayar** *tr* unterstreichen *auch übertr*; hervorheben, betonen; **~representado** unterrepräsentiert; **~repticio** erschlichen; heimlich; heimtückisch; **~rogar** ⟨-ue-⟩ *tr jmdn im Amt* vertreten; *jmdn od etw* ersetzen; *jmdn* einsetzen
subsan|able wieder gutzumachen(d); behebbar; **~ación** *f* Wiedergutmachung *f*; Behebung *f*; **~ar** *tr* wieder gutmachen; beheben

S

subscr... → ***suscr...***
subsecretaría *f* Unterstaatssekretariat *n*, *Esp auch* Staatssekretariat *n*; Büro *n* des → ***subsecretario***
subsecretario *m* Unterstaatssekretär *m*; *Esp auch* Staatssekretär *m*; *Méx u bezogen auf die USA* stellvertretender Minister *m*; **~ *general*** stellvertretender Generalsekretär *m*; **~ *parlamentario*** *Dtschld* parlamentarischer Staatssekretär *m*
subseguir ⟨→ ***seguir***⟩ *intr* unmittelbar folgen (***a*** auf); *übertr* daraus folgen, sich ergeben **~se** aufeinander folgen
subsidiar *tr* FIN Zuschüsse *od* einen Zuschuss geben; subventionieren, (staatlich) stützen; **~iedad** *f* POL, WIRTSCH Subsidiarität *f*; **~io** Hilfs-; Subventions-, Zuschuss-, Stützungs-; IND Zuliefer-
subsidio *m* FIN Unterstützung *f*, Beihilfe *f*; Subvention *f*; Zuschuss *m*; *i w S* Geld *n*; **~ *de alquiler*** *od* ***vivienda*** Wohngeld *n*; **~ *compensatorio*** Überbrückungsgeld *n*; **~ *de*** *od* ***por desempleo***, **~ *de paro***, **~ *a los parados*** Arbeitslosengeld *n*, -unterstützung *f*, Stütze *f umg*; **~ *de*** *od* ***por enfermedad*** Krankengeld *n*; **~ *de estudios*** Studienbeihilfe *f*; **~ *familiar*** Familienbeihilfe *f*; **~ *por hijos*** *od* ***de infancia*** Kindergeld *n*; **~ *por mal tiempo*** BAUW Schlechtwettergeld *n*; **~ *de parto*** Geburtenbeihilfe *f*
subsiguiente nachfolgend, darauf folgend; übernächst
subsistencia *f* Fortbestehen *n*; Fortdauer *f*; **~s** *Pl* (Lebens-)Unterhalt *m*
subsist|ente fortdauernd, -bestehend; übrig geblieben; **~ir** *intr* fortbestehen, weiter bestehen; *z.B. Gesetz* noch *bzw* weiterhin in Kraft sein; fortdauern; sein Leben fristen
subst... *u* **substr...** → ***sust...*** *u* ***sustr...***
sub|suelo *m* Untergrund *m*, -boden *m*; Erdinneres *n*; **~sumir** *tr* subsumieren, unter-, einordnen; zusammenfassen; **~te** *m* *Chi*, *Rpl* U-Bahn *f*; **~tema** *m* Unterthema *n*; **~teniente** *m* Leutnant *m*; **~terfugio** *m* Vorwand *m*; Täuschung *f*, List *f*; **~terfugios** *m/Pl* Ausflüchte *f/Pl*; **~terráneo I** *Adj* unterirdisch; Grund- **II** *m* Kellergeschoss *n*, Souterrain *n*; *AmS reg* Untergrundbahn *f*; **~titular** *tr* FILM untertiteln; **~título** *m* FILM, ZTGSW Untertitel *m*; **~total** *m* Teil-, Zwischensumme *f*; **~tropical** subtropisch; **~trópico** *m* Subtropen *Pl*
suburb|ano I *Adj* Vorort-; vorstädtisch **II** *m* Vorstädter *m*; Vorortbahn *f*, -zug *m*; Stadtbahn *f*; **~io** *m* Vorort *m*, -stadt *f*; Stadtrand *m*
subutilizar ⟨-z/c-⟩ *tr etw* nicht ganz *od* voll (aus)nutzen *od* auslasten

subval|oración *f* Unterbewertung *f*; **~orar** *tr* unterbewerten; **~uación** *f u* **~uar** ⟨-úo⟩ *tr* → **~*oración*** *u* **~*orar***
subvenc|ión *f* FIN Beihilfe *f*, Zuschuss *m*, Subvention *f* (***a*** für, zu); Subventionierung *f*; **~ionar** *tr* FIN (unter)stützen, subventionieren, bezuschussen
subver|sión *f* Unterwanderung *f*, Zersetzung *f*, Subversion *f*; Umsturz *m*; **~sivo** zersetzend, subversiv; Umsturz-, umstürzlerisch; **~tir** ⟨-ie/i-⟩ *tr* unterwandern; *Ordnung* untergraben; POL *übertr* umstürzen
sub|yacente (unter der Oberfläche) liegend, darunter liegend; zugrunde liegend; unterschwellig; **~yugación** *f* Unterjochung *f*, -drückung *f*; **~yugar** ⟨-g/gu-⟩ *tr* unterjochen, -drücken; bezwingen
succionar *tr* saugen; absaugen; ansaugen; aussaugen
sucedáneo I *Adj* Ersatz-; als Ersatz dienend **II** *m* Ersatzmittel *n*; Ersatzprodukt *n*
suceder I *intr* geschehen, passieren; zustoßen; folgen (***a*** auf); ***¿qué sucede?*** was ist los? **II** *tr jmdm* nachfolgen; *jmdn* beerben
sucedido I *Part von* ***suceder*** **II** *Subst*: ***lo* ~** das Vorkommnis *od* Geschehen, der Vorfall
sucesión *f* Folge *f*; Nachfolge *f*; Aufeinanderfolge *f*; Ablauf *m*; Reihenfolge *f*; Amtsfolge *f*; Thronfolge *f*; Nachkommenschaft *f*; **~ *de bienes*** Erbschaft *f*, Nachlass *m*; **~ *en derechos*** Rechtsnachfolge *f*; **~ (*hereditaria*)** Erbfolge *f*; **~ *legítima*** gesetzliche Erbfolge *f*
sucesivamente nach und nach; nacheinander; laufend; ***y así* ~** und so weiter, und so fort
sucesivo folgend; aufeinander folgend, hintereinander; künftig; allmählich; ununterbrochen; ***en lo* ~** von nun an; im Folgenden
suces|o *m* Vorfall *m*; Vorgang *m*; Begebenheit *f*; Ereignis *n*; Verlauf *m*; **~or** *m* Nachfolger *m*; Erbe *m*; Nachkomme *m*; **~orio** Nachfolge-; Erb-
suciedad *f* Schmutz *m*; Verschmutzung *f*; Dreck *m*; Gemeinheit *f*
sucint|arse sich kurz fassen; **~o** kurz (gefasst)
sucio I *Adj* schmutzig *auch* MAL *u übertr*; unsauber; dreckig; verschmutzt; unflätig; SPORT unfair; gemein; HDL unlauter; *Zunge* belegt; ***en* ~** im Konzept **II** *m* Schmutzfink *m*
sucre *m Ec Währung* Sucre *m*
suculen|cia *f* Saftigkeit *f*; Schmackhaftigkeit *f*; **~to** saftig; fleischig; nahrhaft; *Essen* kräftig, reichlich; schmackhaft
sucumbir *intr* MIL unterliegen (***ante*** *Dat*);

S

umkommen (**de** an); erliegen (**a** *Dat*); *übertr* untergehen
sucursal *f* Filiale *f*, Zweigstelle *f*, -niederlassung *f*; Zweiggeschäft *n*; Nebenstelle *f*; Bankfiliale *f*; **~ en el extranjero** Auslandsfiliale *f*
sud *Adj u m* → **sur**
sudaca *m Esp verächtl für* → **sudamericano II**
sudad|era *f* Sweatshirt *n*; **~o** schweißtriefend; *Kleidung* durchgeschwitzt
Sudáfrica *f* Südafrika *n*
sudafricano I *Adj* südafrikanisch **II** *m*, **-a** *f* Südafrikaner(in) *m(f)*
Sudamérica *f* Südamerika *n*
sudamericano I *Adj* südamerikanisch **II** *m*, **-a** *f* Südamerikaner(in) *m(f)*
Sudán *m* Sudan *m*
sudanés I *Adj* sudanesisch **II** *m*, **-esa** *f* Sudanese(-in) *m(f)*
sudar I *intr* ins Schwitzen kommen **II** *intr/tr* schwitzen *auch übertr* **III** *tr* ausschwitzen; durchschwitzen; *Fleisch* dünsten; herausrücken *Geld ungern hergeben*
sudcoreano *Adj u Subst* → **surcoreano**
sudeste *m* Südosten *m*; Südostwind *m*; **℞ Asiático** Südostasien *n*
Sudetes *m/Pl* Sudeten *Pl*
sudoeste *m* Südwesten *m*; Südwestwind *m*
sudor *m* Schweiß *m auch übertr*; Schwitzen *n*; Schweißausbruch *m*; **bañado en ~, chorreando ~, empapado de ~** schweißtriefend, -gebadet ◇ **entrar en ~** ins Schwitzen kommen
sudoroso (leicht *bzw* stark) schwitzend; verschwitzt; schweißbedeckt
sudsud|este *m* Südsüdosten *m*; **~oeste** *m* Südsüdwesten *m*
Suecia *f* Schweden *n*
sueco I *Adj* schwedisch **II** *m*, **-a** *f* Schwede(-in) *m(f)*; das Schwedische ◇ **hacerse el ~** sich dumm *od* taub stellen
suegra *f* Schwiegermutter *f*
suegro Schwiegervater *m*; **~s** *Pl* Schwiegereltern *Pl*
suela *f* (Schuh-)Sohle *f* ◇ **echar ~s al calzado** *od* **a los zapatos** Schuhe besohlen; **no llegarle a alg a la ~ del zapato** *übertr* jmdm nicht das Wasser reichen können
sueldazo *m* Bombengehalt *n Spitzenverdienst*
sueldo *m* Gehalt *n*; *i w S* Lohn *m*; MIL Sold *m*; **~ bruto** Bruttogehalt *n*; **~ fijo** Fixum *n*, festes Gehalt *n*; **~ de hambre** Hungerlohn *m*; **~ inicial** (**medio**) Anfangsgehalt *n* (Durchschnittslohn *m*); **a ~** *Mörder* gedungen; im Dienst *od* Sold (**de** von *od Gen*); bezahlt (**de** von); **bajos ~s** *Pl* niedrige Löhne *m/Pl* ◇ **cobrar ~** Gehalt beziehen; **descontar del ~** vom Lohn abziehen; **trabajar a ~** gegen Bezahlung arbeiten
suelo *m* (Erd-)Boden *m*; Fußboden *m*; BAUW Untergrund *m*; Bodensatz *m*; Grund *m* und Boden *m*; LANDW Erde *f*, Land *m*; (**~ de**) **entarimado** *m* Parkettfußboden *m*; **~ de madera** Holzdiele *f*; **~ natal** *od* **patrio** Heimatland *n*, heimatliche Erde *f*; **a ras del ~** ebenerdig ◇ **caer**(**se**) **al ~** zu Boden fallen; **echar al ~** zu Boden werfen; *Gebäude* abreißen; zunichte machen; **estar por los ~s** spottbillig sein; *übertr* völlig am Boden sein; **tocar ~** *übertr* die Talsohle erreichen *od* erreicht haben; **venirse al ~** sinken; einstürzen; misslingen, fehlschlagen
suelta *f* Loslassen *n*; Freilassung *f*
suelto I *Adj* lose *d.h.*: *locker*; *nicht angebunden*; *nicht miteinander verbunden*; *Ware*: *unverpackt*; losgelassen; *Kleidungsstücke* offen; ungezwungen, zwanglos; frei; *zusammengehörende Gegenstände, z.B. Möbel* einzeln; Einzel-; flink; *Stil, Sprache* flüssig; gewandt; *Taille* schlank ◇ **andar ~** *Tier, Geistesgestörter, Verbrecher usw* frei herumlaufen **II** *m* Kleingeld *n*; ZTGSW kurzer Artikel *m*
sueño *m* Schlaf *m*; Traum *m auch übertr*; **~ dorado** lang gehegter Wunsch *m*, Wunschtraum *m*; **ni por ~s** *übertr* nicht im Traum; **sin ~** schlaflos ◇ **entregarse al ~** einschlafen; (**no**) **poder conciliar el ~** (nicht) einschlafen können; **tener** (**mucho**) **~** (sehr) müde sein
suero *m* (Blut-)Serum *n*; Impfstoff *m*; **~ de mantequilla** Buttermilch *f*
sueroterapia *f* → **seroterapia**
suerte *f* Glück *n*; Schicksal *n*, Geschick *n*, Los *n*; Zufall *m*; Art *f*, Sorte *f*; *Pe* (Lotterie-)Los *n*; **~ adversa** Missgeschick *n*; **¡buena ~!** alles Gute!, viel Glück!; **de ~ que** sodass; **de esta** *od* **tal ~** derart, so; **mala ~** Unglück *n*, *übertr* Pech; **por ~** zum Glück, glücklicherweise; **toda ~ de** jede *od* alle Art von ◇ **abandonar a su ~** *jmdn* seinem Schicksal überlassen; **correr la misma ~** das gleiche Schicksal erleiden; **elegir por ~** (aus)losen; **tener** (**buena**) **~** Glück haben; **tener mala ~** Pech haben; **tener más ~ que alma** mehr Glück als Verstand haben; **¡que tengas** *bzw* **tenga Vd. ~!** viel Glück!
suertero *Am* **I** *Adj* glücklich ◇ **es muy ~** er ist ein Glückspilz **II** *m Pe* (Lotterie-)Losverkäufer *m*
suertudo *Am reg* → **suertero I**
suéter *m* Pullover *m*, Pulli *m umg*
suficien|cia *f* Brauchbarkeit *f*; Eignung *f*; Selbstgefälligkeit *f*, Süffisanz *f*; **~te** genü-

gend, genug; aus-, hinreichend; geeignet; dünkelhaft, selbstgefällig, süffisant; **~temente** hinlänglich
sufijo *m* Suffix *n*, Nachsilbe *f*
sufragar ⟨-g/gu-⟩ **I** *tr* unterstützen; *Kosten* tragen, bestreiten **II** *intr Am* wählen, abstimmen
sufragio *m* POL Wahl *f*, Abstimmung *f*; Wahlrecht *n*; *Wahl* Stimme *f*; Beistand *m*; **~ *directo*** (***secreto***) Direktwahl *f* (geheime Wahl *f*); **~ *femenino*** (***universal***) Frauenwahlrecht *n* (allgemeines Wahlrecht *n*; allgemeine Wahl *f*) ◇ ***emitir su* ~** seine *bzw* ihre Stimme abgeben; ***tener* ~** wahlberechtigt sein
sufr|elotodo *m* Prügelknabe *m*, Sündenbock *m*; **~ible**, **~idero** erträglich; **~ido** geduldig, ergeben; **~imiento** *m* Leiden *n*; Dulden *n*, Ertragen *n*; Schmerz *m*
sufrir I *tr* leiden (*dir Obj Akk od* unter); erleiden; *etw* über sich ergehen lassen, durchmachen *umg*; ertragen; dulden; *Änderung* erfahren; *von etw* be- *od übertr* getroffen werden; ***no* ~ *u/c*** etw nicht durchgehen lassen; ***no poder* ~ *a alg*** jmdn nicht ausstehen können **II** *intr* leiden, Schmerzen haben
sugerencia *f* Vorschlag *m*; Anregung *f*; Hinweis *m*; ***~s de modificaciones y adiciones*** Abänderungs- und Ergänzungsvorschläge *m/Pl*; ***a* ~ *de*** auf Vorschlag von *od Gen*
suger|ente anregend, attraktiv; **~ir** ⟨-ie-, -i-⟩ *tr jmdm etw* einflößen *od* -reden; vorschlagen; anregen; (an)raten; *jmdm etw* eingeben *zu etw veranlassen*; auf einen Gedanken bringen; in Erinnerung bringen
sugestión *f* Beeinflussung *f*; Suggestion *f*; Eingebung *f*; **~ *colectiva***, **~ *de masas*** Massensuggestion *f*
sugest|ionable leicht beeinflussbar; **~ionar** *tr* (seelisch) beeinflussen; *übertr* eingeben; suggerieren; **~ivo** anregend; suggestiv; (ver)lockend; beeindruckend, fesselnd; aufreizend
suiche *m Am reg* EL Schalter *m*; EL Stecker *m*
suicid|a I *Adj* selbstmörderisch *auch übertr* **II** *m(f)* Selbstmörder(in) *m(f)*; **~arse** Selbstmord begehen; **~io** *m* Selbstmord *m*
suite *f Hotel u* MUS Suite *f*; Appartement *n*
Suiza *f* Schweiz *f*; ***la* ~ *francesa*** (***romanche***; ***Sajona***) die französische (romanische; Sächsische) Schweiz
suizo I *Adj* Schweizer, schweizerisch, eidgenössisch **II** *m*, **-a** *f* Schweizer(in) *m(f)*, Eidgenosse *m*
sujeción *f* Unterwerfung *f*; Abhängigkeit(sverhältnis *n*) *f*; Unterwürfigkeit *f*; TECH Befestigung *f*, Halterung *f*
sujeta|dor *m* Klipp *m*; Halter *m*; Büstenhalter *m*, BH *m*; *Bikini* Oberteil *n*; **~papeles** *m* BÜRO Maul- *od* Flügelklammer *f zum Festklammern von Zetteln u.Ä.*; Briefbeschwerer *m*
sujetar *tr* unterwerfen; festhalten; befestigen; TECH anbringen; ***~se*** sich fügen; nachgeben; ***~se a*** *übertr* sich halten an *z.B. Gesetze*
sujeto *unreg Part von* → ***sujetar*** **I** *Adj* abhängig (***a*** von); befestigt (***a*** an); -pflichtig (***esta mercancía está sujeta a aduana***) ◇ ***estar* ~** *übertr z.B. Schwankungen* ausgesetzt *od* unterworfen sein (***a*** *Dat*) **II** *m* GRAMM Subjekt *n*, Satzgegenstand *m*; Person *f*; *verächtl* Subjekt *n Mensch*; **~ *de experimentación*** Versuchsperson *f*
sulf|amida *f*, **~onamida** *f* CHEM, PHARM Sulfonamid *n*; **~urar** *tr* mit Schwefel verbinden; *jmdn* auf die Palme bringen *ärgern*; **~urarse** sich ärgern *od* aufregen; **~úreo**, **~úrico** schwefelhaltig; schwefelartig; **~uro** *m* Sulfid *n*; **~uroso** schwef(e)lig, Schwefel-; → ***~úreo***
sulky *m Trabrennen* Sulky *n*
sult|án *m* Sultan *m*; **~anía** *f* Sultanat *n von einem Sultan beherrschtes Territorium*
suma *f* Summe *f*; Betrag *m*; Addition *f*, Addieren *n*; **~ *anterior***, **~ *y sigue*** FIN, HDL Übertrag *m*; **~ *asegurada*** Versicherungssumme *f*; **~ *global*** (***máxima***; ***mínima***; ***restante*** *od* ***sobrante***) Pauschal-(Höchst-; Mindest-; Rest)betrag *m*; **~ *parcial*** (***total***) Teil-(Gesamt)summe *f*; **~ *sideral*** *übertr* astronomische Summe *f*; ***en* ~** kurz und gut *umg*
sum|adora *f* Addiermaschine *f*; **~amente** äußerst, höchst, überaus; **~ando** *m* MATH Summand *m*; **~ar** *tr* addieren, zusammenzählen; *Rechnung* sich belaufen auf; *als Summe* ergeben, betragen, ausmachen; *Anzahl* auf-, zusammenbringen; **~arse** sich *einer Lehre od* (*politischen*) *Richtung od Aktion od jmdm* anschließen (***a*** *Dat*); hinzukommen (*d.h. hinzugefügt werden*); *Betrag* sich belaufen *od* summieren (***a*** auf); **~aria** *f* JUR Kurzprotokoll *n*; → ***sumario II***; **~arial** JUR Ermittlungs-
sumario I *Adj* kurz gefasst, gedrängt, summarisch; Gesamt-; JUR abgekürzt, formlos **II** *m* JUR Ermittlungsverfahren *n*; JUR Voruntersuchung *f*; Schnell(gerichts)verfahren *n*; Inhaltsverzeichnis *n*; Kurzfassung *f bzw* -protokoll *n*; **~ *disciplinario*** Disziplinarverfahren *n* ◇ ***instruir* ~*s*** JUR Ermittlungen einleiten *od* anstellen; Anklage erheben
sumerg|ible I *Adj* tauchfähig; *z.B. Uhr*

S

wasserdicht **II** *m* → ***submarino II***; **~ir** ⟨-g/j-⟩ *tr* (hin)eintauchen; untertauchen; unter Wasser setzen; überschwemmen, -fluten; *ein Land in einen Krieg* stürzen; **~irse** tauchen; *übertr* sich *in etw* vertiefen
sumidero *m* Abzugsgraben *m*; Abfluss *m*; Gully *m*
suministr|able lieferbar; **~ador I** *Adj* Liefer-; Zuliefer- **II** *m* Lieferant *m*; Zulieferer *m*; Lieferer *m von Strom*; **~ar** *tr* (an)liefern; beliefern; versorgen; zuliefern; besorgen; MED, PHARM verabreichen
suministro *m* Lieferung *f*; Belieferung *f*; Zulieferung *f*; Versorgung *f*; **~s** *Pl* MIL Verpflegung *f*, Verproviantierung *f*; ***~ de armas*** Waffenlieferung(en *Pl*) *f*; ***~ de electricidad*** (***repuestos***) Strom-(Ersatzteil)versorgung *f*; ***~ erróneo*** Fehllieferung *f*; ***~ de papel*** INFORM Papierzufuhr *f* ◇ ***asegurar el ~ de víveres*** die Versorgung mit Lebensmitteln gewährleisten
sum|ir *tr* versenken; *jmdn ins Elend* stürzen; **~irse** versinken; sich *ins Elend od in ein Laster* stürzen; **~isión** *f* Unterwerfung *f*; Unterwürfigkeit *f*; Ergebenheit *f*; **~iso** gefügig, folgsam; unterworfen; unterwürfig
sumo äußerster; höchster; ***a lo ~*** höchstens, allenfalls; vielleicht
suntu|osidad *f* Pracht *f*; Aufwand *m*; Luxus *m*; **~oso** prunkvoll, prächtig; luxuriös; aufwändig
supe → ***saber***
supeditar *tr* unterordnen; *von etw* abhängig machen
super I *Adj/Adv* super, erstklassig **II** *f Kraftstoff* Super *n* **III** *m umg* → ***supermercado***
superable überwindbar; überbrückbar
superabund|ancia *f*, **~ante**, **~ar** *intr* → ***sobreabundancia***, ***sobreabundante***, ***sobreabundar***
super|ación *f* Überwindung *f*; Bewältigung *f*; Überschreitung *f*; Beheben *n*; *Cu* Fort-, Weiterbildung *f*; **~ado** *übertr* überholt
superar *tr* überwinden; *z.B. Operation* überstehen; *etw* schaffen *od* bewältigen; überschreiten, -steigen *auch übertr*; *im Wettbewerb* überholen; *Mangel* beheben, beseitigen; überbrücken; übertreffen *auch* SPORT *u Erwartungen*, besser sein (***por*** um)
superarse sich verbessern; sich (gegenseitig) überbieten (***en*** bei); *Cu* sich fort- *od* weiterbilden; ***~ a sí mismo*** sich selbst übertreffen, über sich hinauswachsen
superávit *m* ⟨*Pl unv*⟩ FIN, HDL Überschuss *m*, Plus *n*; ***~ en el comercio exterior*** Außenhandelsüberschuss *m*
super|avitario mit (einem) Überschuss abschließend; **~beneficio** *m* HDL Höchstgewinn *m*; Maximalprofit *m*; **~chería** *f* Hinterlist *f*; Betrug *m*; **~directa** *f* KFZ Schnellgang *m*; **~dotado** hochbegabt; **~esfuerzo** *m* Riesenanstrengung *f*; **~estructura**(**s** *Pl*) *f Schiff* Aufbau(ten *Pl*) *m*; **~ficial** oberflächlich *auch übertr*; Oberflächen-; **~ficialidad** *f* Oberflächlichkeit *f*
superficie *f* Oberfläche *f*; Fläche *f*; Außenfläche *f*; ***~ agrícola útil*** landwirtschaftliche Nutzfläche *f*; ***~ de exposición*** (***venta***) Ausstellungs-(Verkaufs)fläche *f*; ***~ del mar*** (***~ terrestre***) Meeres-(Erd)oberfläche *f*; ***~ del usuario***, ***~ de utilización*** INFORM Benutzeroberfläche *f*; ***grandes ~s*** (***de bricolaje***) Einkaufszentrum *n*; Verbraucher-(Bau-, Heimwerker)markt *m* ◇ ***salir a la ~*** zum Vorschein kommen
super|fino hoch-, extrafein; hauchdünn; **~fluo** überflüssig; unnütz, entbehrlich; **~gigante** *m* SPORT Super-G *m*; **~índice** *m* INFORM hochgestelltes Zeichen *n*
superintenden|cia *f* Aufsicht *f*; Aufsichtsbehörde *f*; **~te** *m(f)* Aufseher(in) *m(f)*, Aufsichtsbeamter(-in) *m(f)*
superior I *Adj* höher; höchst; mehr wert, besser (***a*** als); über *mehr als* (***deudas tributarias ~es a 100.000 euros***); überlegen; hochwertig; erstklassig, ausgezeichnet; übergeordnet; oberer; Ober-; ***muy ~*** ganz hervorragend; weitaus überlegen; viel besser ◇ ***ser ~*** übertreffen (***a*** *Akk*) **II** *m* Vorgesetzter *m*; ***~ inmediato*** unmittelbarer *od* direkter Vorgesetzter *m*
superioridad *f* Überlegenheit *f*; ausgezeichnete Beschaffenheit *f*; MIL Übermacht *f*; Obrigkeit *f*; Vorgesetzte *m/Pl*; ***~ numérica*** MIL zahlenmäßige Überlegenheit *f*
super|lativo GRAMM *u übertr* Superlativ *m*; **~man** *m* Supermann *m*; Übermensch *m*; **~mercadista** *m* Supermarktbetreiber *m*; **~mercado** *m* Supermarkt *m*, Kaufhalle *f*, SB-Markt *m*; **~numerario I** *Adj* überzählig; *Angestellter* außerplanmäßig; *Professor* außerordentlich **II** *m* Mitarbeiter *m* auf Honorarbasis; **~oferta** *f* Überangebot *n*; **~petrolero** *m* Supertanker *m*
superpobl|ación *f* Übervölkerung *f*; **~ado** über(be)völkert; **~ar** ⟨-ue-⟩ *tr* übervölkern
super|poner ⟨→ ***poner***⟩ *tr* über *od* auf *etw* legen *od* setzen; *etw* über *etw anderes* stellen *den Vorzug geben*; **~potencia** *f* POL Supermacht *f*; **~producción** *f* Überproduktion *f*; Monumentalfilm *m*; **~puerto** *m* Großhafen *m*
supersatur|ación *f*, **~ar** *tr* → ***sobresaturación***, ***sobresaturar***

S

supersónico FLUGW Überschall-
super|stición *f* Aberglaube *m*; **~sticioso** abergläubisch
supérstite *m* JUR Überlebender *m*
supervalor|ación *f* Überbewertung *f*; **~ar** *tr* überbewerten
superventas *m* Verkaufsschlager *m*; *Buch* Bestseller *m*
supervigil|ancia *f* Überwachung *f*; **~ar** *tr* überwachen
supervis|ar *tr* beaufsichtigen, überwachen; **~ión** *f* Beaufsichtigung *f*, Aufsicht *f*, Überwachung *f*; **~or** *m*, **~ora** *f* Aufsichtsführende(r) *f*(*m*); TECH (Qualitäts-)Prüfer(in) *m*(*f*)
superviv|encia *f* Überleben *n*; Anwartschaft *f auf Hinterbliebenenrente*; Überbleibsel *n aus vergangenen Zeiten*; **~iente** *m* Überlebender *m*
superyó *m* PSYCH Über-Ich *n*
supl|antar *tr jmdn aus dem Amt* verdrängen; *jmdn* ersetzen, an *jmds* Stelle treten; *Dokument durch Änderungen* fälschen; **~efaltas** *m* Lückenbüßer *m*; **~ementario** Ergänzungs-; zusätzlich; Supplement-; Zuschlag(s)-; Extra-; Nach-; **~ementarse** sich (gegenseitig) ergänzen
suplemento *m* BUCHW Ergänzungsband *m*, Supplement *n*; BUCHW Anhang *m*; Nachtrag *m*; Zuschlag *m auch* EISENB; Zulage *f*; *Gebühr* Aufschlag *m*; ZTGSW Beilage *f*; **~ *habitación individual*** *Hotel* Einzelzimmerzuschlag *m*; **~ *por horas extra*(*s*)** Überstundenzuschlag *m*; **~ *de pago*** Nachzahlung *f*; **~ *publicitario*** ZTGSW Werbebeilage *f*; **~ *por vacaciones*** Urlaubsgeld *n* ◇ ***pagar un* ~** nachzahlen
suplen|cia *f* Vertretung *f*; Vertretungszeit *f*; **~te I** *Adj* stellvertretend; Ersatz- **II** *m*(*f*) (Stell-)Vertreter(in) *m*(*f*), Ersatzmann *m*, -frau *f*; SPORT Ersatz-, Reservespieler(in) *m*(*f*)
supletorio I *Adj* zusätzlich; behelfsmäßig; Ersatz- **II** *m* TEL Nebenapparat *m*
súplica *f* Bitte *f*; Eingabe *f*, Gesuch *n*; ***a* ~** auf Bitte (***de*** von *od Gen*)
suplicación *f* Bitte *f*, Anliegen *n*; ***a* ~** → ***a súplica***, → ***súplica***
suplic|ante *m* Antragsteller *m*; Bittsteller *m*; **~ar** ⟨-c/qu-⟩ *tr* (inständig) bitten, anflehen; beantragen; ersuchen; **~atorio** *m* Ersuchen *n eines Gerichts z.B. an ein Parlament, um gerichtlich gegen einen Abgeordneten vorgehen zu können*
suplicio *m* Todesstrafe *f*; Schafott *n*, Hinrichtungsstätte *f*; Qual *f*, Marter *f* ◇ ***pasar por*** *od* ***sufrir el* ~ *de Tántalo*** Tantalusqualen (er)leiden (müssen)
supl|idos *m*/*Pl* FIN Auslagen *f*/*Pl*; **~ir** *tr* ergänzen; *Lücken* füllen; SPORT: *Spieler* auswechseln; vertreten; ersetzen
supo → ***saber***
suponer ⟨→ ***poner***⟩ *tr* annehmen, vermuten; erfordern, voraussetzen; bedeuten, mit sich bringen, *zu etw* führen; *jmdn für etw* halten; planen, vorsehen; ***como era de* ~** wie vorauszusehen war; ***es de* ~ *que* ...** man kann annehmen *od* davon ausgehen, dass ...; ***vamos a* ~ *que* ...** nehmen wir einmal an, dass ...
suposición *f* Annahme *f*, Vermutung *f*; Voraussetzung *f*; Verdacht *m*; Unterstellung *f böswillige Behauptung*; **~ *de cargo*** Amtsanmaßung *f*
supositorio *m* PHARM Zäpfchen *n*
supra|empresarial überbetrieblich; **~estatal**, **~nacional** überstaatlich; **~partidista** überparteilich; **~sectorial** bereichsübergreifend
suprem|acía *f* Überlegenheit *f*; Führungsrolle *f*; Vorrang *m*; Vorherrschaft *f*; (Ober-)Hoheit *f*; **~amente** höchst, äußerst; **~o I** *Adj* höchster; oberster; äußerster; Ober- **II** *m*: ~ → ***Tribunal Supremo***
supresión *f* Abschaffung *f*; Aufhebung *f*; Aus-, Wegfall *m*; Auslassung *f*; Löschung *f*, Streichung *f*; Verdrängung *f*; Unterdrückung *f*; Abbau *m z.B. von Handelsschranken*; **~ *de permisos*** Urlaubssperre *f*
suprimido: ***ser* ~** aus-, wegfallen; entfallen
suprimir *tr* abschaffen *z.B. Zölle*; aufheben; weglassen; einstellen *nicht forsetzen*; aus- *od* wegfallen lassen; löschen, streichen; verdrängen; unterdrücken; sperren; verbieten; *jmdn* um die Ecke bringen *töten*
supuesto *Part von* → ***suponer* I** *Adj* vermeintlich; vermutlich, mutmaßlich; angeblich; *Name* angenommen *bzw* falsch; **~ *que* ...** vorausgesetzt, dass ...; da (ja) ..., weil ...; (¡)***por* ~** (!) natürlich(!), selbstverständlich (!), freilich(!) ◇ ***doy por* ~ *que* ...** ich gehe davon aus *od* ich halte es für selbstverständlich, dass ... **II** *m* Annahme *f*, Vermutung *f*; Voraussetzung *f*
supur|ado vereitert; **~ar** *intr* eitern
sur I *Adj* südlich, Süd- **II** *m* Süden *m*; Südwind *m*; ***al* ~** *Richtung* südlich, -wärts; *Ortsangabe* südlich (***de*** *Gen od* von + *Dat*)
Suráfrica *f*, **surafricano**, **Suramérica** *f*, **suramericano** → ***Sudáfrica***, ***sudafricano***, ***Sudamérica***, ***sudamericano***
surco *m* Furche *f*; Rille *f*; EL Spur *f*; Runzel *f*; ***lleno de* ~s** runz(e)lig
sur|coreano I *Adj* südkoreanisch **II** *m*, **-a** *f* Südkoreaner(in) *m*(*f*); **~este** *m* → ***sudeste***
surf *m* SPORT Surfen *n* ◇ ***hacer* ~, *practicar el* ~** surfen

S

surf|ing *m* → ***surf***; **~ista** *m(f)* Surfer(in) *m(f)*
surg|imiento *m* Entstehen *n*; Auftauchen *n* *auch übertr*; Aufkommen *n*; **~ir** ⟨-g/j-⟩ *intr* auftauchen *auch übertr*; entstehen, hervorgehen; erscheinen; aufkommen; *Schwierigkeiten* erwachsen
Surinam *m* Suriname *n*
surinamés I *Adj* surinamisch **II** *m*, **-esa** *f* Surinamer(in) *m(f)*
surmenage *m* Überarbeitung *f*, -lastung *f*; Übermüdung *f*
sur|occidental südwestlich, Südwest-; **~oeste** *m* → ***sudoeste***
surreal|ismo *m* Surrealismus *m*; **~ista** surrealistisch
sursudeste *m*, **sursudoeste** *m* → ***sudsudeste***, ***sudsudoeste***
surtido I *Adj* HDL *Artikel* gemischt; HDL sortiert; ***bien ~*** gut sortiert, mit großer Auswahl *an Waren* **II** *m* Auswahl *f*, Sortiment *n*; Warenpalette *f*; ***~ básico*** (***profundo***) Kernsortiment *n*; flaches (tiefes) Sortiment *n*; ***amplio ~*** breites Sortiment *n*; ***escaso*** (***gran***) ***~*** beschränkte (reiche *od* reichhaltige) Auswahl *f* ◇ ***suprimir u/c del ~*** etw aus dem Sortiment nehmen
surt|idor *m* Wasserstrahl *m*, -fontäne *f*; Zapfsäule *f*; *i w S* Tankstelle *f*; **~ir I** *tr* beliefern, versorgen, -sehen (***de*** mit); *Wirkung*, *Erfolg* zeitigen, hervorrufen, haben; *Nutzen* erbringen **II** *intr* (hervor)sprudeln
surto MAR ankernd, vor Anker liegend
susceptibil|idad *f* Aufnahmefähigkeit *f*, Empfänglichkeit *f*; (Über-)Empfindlichkeit *f*; Anfälligkeit *f* (***a*** *od* ***para*** für); **~izar** ⟨-z/c-⟩ *tr* reizen, in Aufregung versetzen, (ver)ärgern
susceptible (über)empfindlich; anfällig (***a*** für); empfänglich, aufnahmefähig (***de*** für); *in Zus*: -fähig (***~ de mejora*** *od* ***mejorar***); -bar (***~ de modificaciones***)
suscitar *tr* hervorrufen, herbeiführen, auslösen; erregen *verursachen*; *z.B. Neid* erwecken; *zu etw* Anlass geben
suscribir ⟨*Part* ***suscrito***⟩ *tr* unterschreiben, -zeichnen; FIN *Beträge* zeichnen; *Versicherung* abschließen; befürworten, unterstützen; → ***~se***; ***autorizado para ~*** VERW zeichnungsberechtigt; **~se** ZTGSW abonnieren, bestellen (***a*** *Akk*)
suscri|pción *f* Unterzeichnung *f*; FIN Zeichnung *f von Beträgen*; ZTGSW Abonnement *n*, Bestellung *f*; BUCHW Subskription *f*; **~ptor** *m*, **~ptora** *f* Unterzeichner(in) *m(f)*; ZTGSW Abonnent(in) *m(f)*, Bezieher(in) *m(f)*; TV Teilnehmer(in) *m(f)*, (Be-)Nutzer(in) *m(f)*; BUCHW Subskribent(in) *m(f)*; **~to** *Part von* → ***suscribir***
susodicho oben erwähnt *od* genannt
suspender *tr* (auf)hängen (***de*** an); aufschieben; JUR, *Streik* aussetzen; ausfallen lassen; *Besprechung*, *Verpflichtung* absagen; *Arbeit*, *Aktionen*, *Zahlung* (zeitweise) einstellen; *Verhandlung(en)* abbrechen; unterbrechen; aufheben *auch Sitzung*, abschaffen, außer Kraft setzen; *jmdn* (zeitweilig) *seines Amtes* entheben, suspendieren; *Zahlung* sperren; *Prüfling* durchfallen lassen; *Prüfung* nicht bestehen; **~se** ausfallen, nicht stattfinden; unterbrochen sein *od* werden
suspense *m* FILM, LIT Spannung *f*
suspensión *f* (Auf-)Hängen *n*; KFZ, MECH Aufhängung *f*; KFZ Federung *f*; Unterbrechung *f*, Stopp *m*; Ausfall(en *n*) *m*; Einstellung *f*; Abbruch *m*; Aufschieben *n*; Abschaffung *f*, Aufhebung *f*; Sperre *f*, Sperrung *f*; Amtsenthebung *f*, Suspendierung *f*; Aussetzen *n*, Aussetzung *f eines Streiks*, *Vertrags*, *einer Verurteilung*, *Zahlung*; FILM, LIT Spannung *f*; ***~ de las importaciones*** Einfuhr-, Importstopp *m*; ***~ individual*** KFZ Einzelradaufhängung *f*; ***~ de pagos*** (***trabajo***) Zahlungseinstellung *f* (Arbeitsniederlegung *f*); ***con*** (***sin***) ***~ de pena*** JUR auf (ohne) Bewährung; ***de buena*** (***mala***) ***~*** KFZ gut (schlecht) gefedert
suspenso *unreg Part von* → ***suspender*** **I** *Adj* aufgehängt; ***en ~*** in der Schwebe, offen *ungelöst* ◇ ***dejar en ~*** *Verordnungen* aussetzen; ***quedar*** *od* ***salir ~*** → ***sacar***(***se***) ***un ~*** **II** *m Prüfungsnote* Ungenügend *n*; *Am* FILM, LIT Spannung *f* ◇ ***sacar***(***se***) ***un ~*** *Prüfling* durchfallen *bzw* durchgefallen sein
suspic|acia(s *Pl*) *f* Argwohn *m*, Misstrauen *n*; **~az** argwöhnisch, misstrauisch
suspir|ar *intr* (auf)seufzen; sich sehnen (***por*** nach); **~o** *m* Seufzer *m*
sustancia *f* Substanz *f*; Stoff *m*; Wesen *n*; Gehalt *m*, Inhalt *m*; Wesentliches *n*; Nährwert *m*; Wert *m*; *übertr* Kraft *f*; ***~ activa*** (***contaminante*** *od* ***dañina*** *od* ***nociva***; ***excitante***) Wirk-(Schad-; Reiz)stoff *m*; ***~s dopantes*** Dopingmittel *n*/*Pl*; ***de*** (***sin***) ***~*** gehaltvoll; inhaltsreich; wesentlich (inhaltslos; *übertr* leer; geistlos; unwesentlich); ***en ~*** im Wesentlichen; kurz gefasst
sustan|cial wesentlich; inhaltsreich; gehaltvoll; substanziell; grundlegend; materiell; nahrhaft; **~cioso** bedeutsam; nahrhaft; gehaltvoll; **~tivo** *m* GRAMM Substantiv *n*, Hauptwort *n*
sustent|able *Theorie*, *These* haltbar; **~ar** *tr* (unter)stützen; unterhalten, versorgen; *These* verteidigen, -treten; aufrechterhal-

ten; **~arse** *Körper* sich *vor dem Fall* halten; sich (notdürftig) durchschlagen; **~o** *m* (Lebens-)Unterhalt *m*
sustitución *f* Austausch(en *n*) *m*, -wechselung *f*, -wechseln *n auch* SPORT; Ersatz *m*, Ersetzung *f*; Ablösung *f*; Vertauschen *n*; (Stell-)Vertretung *f*; Einsetzung *f anstelle eines anderen*; Substitution *f*; ***en ~*** in Vertretung (***de*** von *od Gen*); als Ersatz (***de*** für)
sustitu|ible austausch-, auswechselbar; ersetzbar; einsetzbar; **~ir** ⟨-uy-⟩ *tr* auswechseln *auch* SPORT, -tauschen; ersetzen; ablösen; vertauschen; *jmdn* vertreten; *jmdn für einen anderen* einsetzen; **~tivo** Ersatz-; Austausch-; **~to** *m* (Stell-)Vertreter *m*; Ersatz(mann) *m*; POL *auch* Nachfolger *m*
susto *m* Schreck(en) *m* ◇ ***darle un ~ a alg*** jmdn erschrecken; ***experimentar*** *od* ***pasar un ~*** erschrecken, einen Schreck bekommen
sustracción *f* Entziehung *f*; Entzug *m Wegnahme*; Unterschlagung *f*; Entwendung *f*, Diebstahl *m*; MATH Substraktion *f*; ***~ de menores*** Kindesentführung *f*, Entführung *f* von Jugendlichen
sustraer ⟨→ ***traer***⟩ *tr* unterschlagen; entwenden, stehlen; wegnehmen; entreißen; MATH abziehen, substrahieren; **~se** sich *einer Verantwortung od Verpflichtung* entziehen (***a*** *Dat*)
susurr|ar *intr* flüstern; murmeln; rascheln; rauschen; munkeln; **~ido** *m* → **~o** *m* Flüstern *n*, Geflüster *n*; Murmeln *n*, Gemurmel *n*; Rascheln *n*; Rauschen *n*; Gemunkel *n*
sutil spitzfindig, ausgeklügelt, subtil; scharfsinnig; dünn, fein; **~eza** *f*, **~idad** *f* Spitzfindigkeit *f*, Haarspalterei *f*; Tüftelei *f umg*; Scharfsinn *m*; Subtilität *f*; Dünne *f*, Feinheit *f*; ***sutilezas*** *Pl*, ***sutilidades*** *Pl* Kniffe *m/Pl umg*; **~izar** ⟨-z/c-⟩ *tr* austüfteln *umg*, ausklügeln; *übertr* ausfeilen, vervollkommnen; verfeinern
sutur|a *f bes* MED Naht *f*; **~ar** *tr bes* MED (zusammen)nähen
suyo *Pron nach Subst od Formen von* ***ser*** *od mit Art* sein; ihr; Ihr; *Am* euer; ***los ~s*** die Seinen (*d.h. die Familienangehörigen od Verwandten*); ***a cada cual lo ~*** jedem das Seine ◇ ***hacer ~*** sich *etw* zu eigen machen; ***salirse con las suyas*** seinen Kopf (*d.h. Standpunkt*, *Willen*) durchsetzen; auf seine Kosten kommen
svástica *f* Hakenkreuz *n*
swahili *f* Suaheli *n od* Swahili *n*
swazi I *Adj* swasiländisch **II** *m* Swasi *m*
Swazilandia *f* Swasiland *n*
swing *m* HDL, MUS Swing *m*
sympósium *m* → ***simposio***

T

t, T *f* t, T *n*
t. *f* (*Abk für* ***tonelada***) t *f*
t. *od* **T.** *m* (*Abk für* ***tomo***) Bd. *m*
tabacal *m* Tabakpflanzung *f*; **~era** *f* Tabakkonzern *m*; **~ería** *f* → ***tabaquería***; **~ero I** *Adj* Tabak(s)- **II** *m* Tabakpflanzer *m*; → ***tabaquero II***
tabaco *m* Tabak *m*; Tabakpflanze *f*; *Am reg* Zigarre *f*; ***~s*** *Pl* Tabakwaren *f/Pl*, Rauchwaren *f/Pl umg*; ***~ de mascar*** (***pipa***) Kau-(Pfeifen)tabak *m*; ***~ negro*** (***rubio***) dunkler (heller) Tabak *m*
tábano *m* ZOOL Bremse *f*; Nervensäge *f aufdringliche Person*
tabaqu|era *f* Schnupftabaksdose *f*; Pfeifenkopf *m*; Tabaksdose *f*; Tabaksbeutel *m*; **~ería** *f* Tabakladen *m*; *Cu* Zigarrenfabrik *f*; **~ero I** *Adj* → ***tabacalero I*** **II** *m* Tabakwarenhändler *m*; Tabakarbeiter *m*; Zigarrenwickler *m*; **~ismo** *m* Nikotinvergiftung *f*; (übermäßiger) Tabakgenuss *m*, Laster *n* des Rauchens; *i w S* Rauchen *n*; Tabak- *bzw i e S* Zigarettenkonsum *m*
tabardillo *m umg* Typhus *m*; *umg* Sonnenstich *m*; *umg* Aufregung *f*, Ärger *m*; Nervensäge *f*
tabarra *f* Geschwafel *n*, langweiliges Gerede *n*; lästige Person *f*
tabern|a *f* Kneipe *f*, Taverne *f reg*; **~ero** *m* (Gast-)Wirt *m*
tabi|car ⟨-c/qu-⟩ *tr* ver-, zumauern; verschalen; **~que** *m* Scheide- *auch* ANAT, -Trenn-, Zwischenwand *f*; Verschlag *m*
tabla *f* Brett *n*; Platte *f*; Diele *f*; Bohle *f*; Planke *f*; Tafel *f für Informationen*; *übertr* schwarzes Brett *n*; Tabelle *f*; Verzeichnis *n*; Beet *n*; Rabatte *f*; ***~s*** *Pl* THEAT *übertr* Bretter *n/Pl*; ***~ de clasificación*** SPORT Tabellenstand *m*; ***~ de conversión*** Umrechnungstabelle *f*; ***~ deslizadora*** *od* ***de surf*** SPORT Surfbrett *n*; ***~ de dibujo*** Reißbrett *n*; ***~ graduada*** (***numérica***) Skalen-(Zahlen)tafel *f*; ***~ de logaritmos*** Logarithmentafel *f*; ***~ de materias*** Inhaltsverzeichnis

n; Sachregister *n*; **~ de la mesa** Tischplatte *f*; **~ de multiplicar** Einmaleins *n*; **~ de salarios** Lohntabelle *f*; **~ de salvación** *od* **salvataje** *übertr* Rettungsanker *m*, letzte Zuflucht *f*; **~ sinóptica** Übersichtstabelle *f*; **en forma de ~** tabellarisch, in Tabellenform ◇ **hacer** *od* **quedar** (**ser**) **~s** SPORT unentschieden *bzw Schach* remis spielen (*Spiel* unentschieden *bzw* remis verlaufen *od* ausgehen); **hacer ~ rasa** (**de u/c**) (mit etw) Tabula rasa *od* reinen Tisch machen; **llevar** (**salir**) **a las ~s** THEAT aufführen (*Schauspieler* auftreten)

tabl|ado *m* (Bau-, Bretter-)Gerüst *n*; Tribüne *f*; Arbeitsbühne *f*; Parkett *n*; Podium *n*; → **tablas**; **~ao** *m* Bühne *f für* → **flamenco II**; Flamencolokal *n*; **~azón** *f* Bretterstapel *m*; **~ear** *tr Holzstämme* in Bretter schneiden; plissieren *Falten in ein Kleid einnähen*; *Garten* in Beete unterteilen

tablero *m* Tafel *f*; (Tisch-)Platte *f*; Ladentisch *m*; *übertr* schwarzes Brett *n*; SPORT Anzeigetafel *f*; Billardtisch *m*; *Schule* Wandtafel *f*; **~ de ajedrez** (**dibujo**) Schach-(Reiß-, Zeichen)brett *n*; **~ de exhibición** *Ausstellung*, *Werbung* Schautafel *f*; **~ de instrumentos** TECH Schalttafel *f*; FLUGW Instrumententafel *f*; **~ de mandos** KFZ Armaturenbrett *n*

tablet|a *f* kleines *bzw* dünnes Brett *n*; Dielenbrett *n*; *Schokolade* Tafel *f*; Tablette *f*; **~eado** *m* → **~eo**; **~ear** *intr* klappern; rattern; **~eo** *m* Klappern *n*, Geklapper *n*; Rattern *n*

tablilla *f* Täfelchen *n auch Schokolade*; Brettchen *n*; MED Schiene *f zum Gipsen*; Anschlagbrett *n*, -tafel *f*; **~ de apoyo** (**para escribir**) Klemmbrett *n*, Clip Board *n*

tabloide *m* Boulevardzeitung *f*, -blatt *n*, *verächtl* Revolverblatt *n*; **~s** *Pl* Boulevard-, Regenbogenpresse *f*

tablón *m* Bohle *f*, dickes *od* starkes Brett *n*; Planke *f*; **~ de anuncios** *od* **avisos** (**notas**) Anschlagbrett *n*, *übertr* schwarzes Brett *n* (Pinnwand *f*)

tabú I *Adj* ⟨*Pl* **tabúes** *od unv*: **temas ~**⟩ tabu, tabui(si)ert, Tabu- **II** *m* Tabu *n* ◇ **declarar ~** zum Tabu erklären

tabuco *m* elende Bude *f*, *übertr* Loch *n*

tabu|ización *f* Tabui(si)erung *f*; **~izar** ⟨-z/c-⟩ *tr* tabui(si)eren

tabul|ación *f* Tabellierung *f*; **~ador** *m* INFORM Tabulator *m*; **~adora** *f Lochkartentechnik* Tabelliermaschine *f*; **~ar** *tr* tabellieren

taburete *m* (Bar-)Hocker *m*; Schemel *m*

TAC *f* (*Abk für* **tomografía** (**axial**) **computarizada**) CT *f*

TACA *f Abk für* **Transportes Aéreos Centro Americanos** *Fluggesellschaft von El Salvador*

tacañ|ear *intr* knausern; **~ería** *f* Knauserei *f*; **~o I** *Adj* knauserig, knick(e)rig; spärlich **II** *m* Knauser *m*, Geizhals *m*

tacha *f* Makel *m*, Fehler *m*; **sin ~** untadelig, makellos

tach|adura *f* (Aus-)Streichen *n bzw* Löschen *n*, Streichung *f von Geschriebenem*; → **~ón**[1]; **~ar** *tr* (aus-, durch)streichen, löschen; schwärzen *unleserlich machen*; *jmdn* bezeichnen *od* beschuldigen *od* abstempeln (**de** als); **~o** *m Am reg* Kessel *m bzw* Kochtopf *m*; *Arg*, *Ec*, *Pe* Mülleimer *m*; **~ón**[1] *f* Strich *m zum Tilgen von Geschriebenem*; *i w S* Aus-, Durchgestrichenes *n in einem Text*

tach|ón[2] *m* Tresse *f*, Borte *f*; **~uela** *f* Zwecke *f*, Ziernagel *m*

tacita *f* Tässchen *n*; **como una ~ de plata** blitzblank, -sauber

tácito stillschweigend

taciturno schweigsam; *übertr* verschlossen; schwermütig

taco[1] *m* Pflock *m*, Zapfen *m*; Dübel *m*; *Fass* Spund *m*; Billardstock *m*, Queue *n*; Abreiß-, Kalenderblock *m*; Fahrscheinblock *m*; anstößiges Wort *n*; Schluck *m* Wein; Wirrwarr *m*, Durcheinander *n*; *Esp* kleiner Imbiss *m*, Art Appetithappen; *Am reg* Verkehrsstau *m*; *Cu* Geck *m*, Stutzer *m*; *Ven* Könner *m*, Ass *n*; *Am reg* → **tacón** ◇ **hacer un ~ a alg** jmdn durcheinander *od* aus dem Konzept bringen; **soltar ~s** Kraftausdrücke gebrauchen, sich unflätig ausdrücken

taco[2] *m Méx* mit Bohnen, Gemüse und Fleisch gefüllte Tortilla *f*

tacó|grafo *m* KFZ Fahrtenschreiber *m*; **~metro** *m* KFZ Tacho(meter *m*,*n*) *m*

tacón *m* (Schuh-)Absatz *m*, Hacken *m umg*; **~ aguja** (**alto**; **bajo**) Pfennigabsatz *m* (hoher; flacher *od* niedriger Absatz *m*)

tactación *f* MED Abtasten *n*

táctica *f* MIL *u übertr* Taktik *f*; Vorgehen *n*; **~ de tierra arrasada** Taktik *f* der verbrannten Erde

táctico I *Adj* taktisch **II** *m* Taktiker *m*

táctil Tast-; taktil

tacto *m* Tastsinn *m*; Takt(gefühl *n*) *m*, Gespür *n*; MED Ab-, Austasten *n*; **~ de codos** Tuchfühlung *f*; **falto de ~, sin ~** taktlos; ohne jegliches Gespür

Tad|jikistán *m*, **~yikistán** *m* Tadschikistan *n*

tad|jikistano, **~yikistano I** *Adj* tadschikisch **II** *m*, **-a** *f* Tadschike(-in) *m*(*f*)

TAE *m Abk für* **Tipo** (**de Interés**) **Anual Equivalente**, → **tipo**

tafanario *m* Allerwertester *m Gesäß*

T

tafetán *m* TEXTIL Taft *m*; ***tafetanes*** *Pl* festliche Damenkleidung *f*
tafilete *m* Saffian(leder *n*) *m*
tagalo *m* Tagale *m Angehöriger eines Kulturvolks auf den Philippinen*; *Sprache* Tagalog *n*
Tahití *m* Tahiti *n*
tahitiano **I** *Adj* tahitisch **II** *m* Tahitier *m*; das Tahitische
tahúr *m* Gewohnheitsspieler *m*; Falschspieler *m*
tai *m* Thai *m Bewohner Thailands*; das Thai
taiga *f* Taiga *f*
tailandés **I** *Adj* thailändisch **II** *m*, **-esa** *f* Thailänder(in) *m(f)*
Tailandia *f* Thailand *n*
taim|a *f* Verschlagenheit *f*; Verschmitztheit *f*; *Chi* schlechte Laune *f*; **~ado** verschlagen; verschmitzt; durchtrieben; *Chi* übel gelaunt; *Kind* bockig, verstockt
Taití *m* → ***Tahití***
taitiano → ***tahitiano***
Taiwan *m* Taiwan *n*
taiwanés **I** *Adj* taiwanisch **II** *m*, **-esa** *f* Taiwaner(in) *m(f)*
tajada *f* Scheibe *f von Obst u Nahrungsmitteln wie Fleisch, Käse, Schinken, in Am reg auch von Brot*; *Am reg Kuchen* Stück *n*; ***~ del león*** Löwenanteil *m* ◇ ***demandar*** *od* ***exigir su ~*** seinen *bzw* ihren Anteil fordern; ***hacer ~s a alg*** *als Drohung übertr* aus jmdm Hackfleisch machen; ***sacar*** (***la mejor***) ***~*** seinen Reibach machen (*übertr* am besten abschneiden)
tajad|era *f* Wiegemesser *n*; Schrotmeißel *m*; **~o** *Hang, Küste* steil abfallend; angesäuselt, beschwipst; **~ura** *f* Schnitt *m*; Schneiden *n*
taj|ante unnachgiebig; *Stimme* schneidend; *Worte* bissig, scharf; kategorisch; *Antwort* kurz und bündig; *Maßnahme* einschneidend; **~ar** *tr bes in Scheiben* schneiden; auf-, durchschneiden; **~arse** *Esp* sich betrinken
tajo *m* (Ein-)Schnitt *m*; Hieb *m*; *Fechten* Schmiss *m*; Schmarre *f*; Schlucht *f*; *Beil, Messer* Schneide *f*; BERGB Ort *n*; *umg* Arbeit(sstelle) *f*, Job *m*; *Arbeit* Schicht *f* ◇ ***ir al ~*** jobben (gehen)
Tajo *m Fluss* Tajo *m bzw* Tejo *m*
tal **I** *Adj u Pron* solch ein(e), ein solcher *od* derartiger *bzw* solches *od* derartiges, eine solche *od* derartige, so ein(e) (***con ~ fuerza*** *od* ***con una fuerza ~***); diese(r, -s) *bzw* jene(r, -s) (***en ~ situación***); ***~ cual*** der *bzw* die *bzw* das eine oder andere, manch (***en la habitación hubo muchas cosas, ~ cual sillón, varias mesas …***); → **II**; ***el*** (***un***) ***~*** + *Name* besagter + *Name* (ein gewisser + *Name*); ***una ~*** *verächtl* irgendein Flittchen ◇ ***hacer otro ~*** das Gleiche tun, es genauso machen; ***ser ~ para cual*** einer wie der andere sein **II** *Adv* so, derart (***era ~ su alegría que a todos nos hizo reír***); ***~ como*** wie etwa, beispielsweise; ***~ como*** *od* ***cual*** so wie (***sus hechos fueron ~es como*** *od* ***cuales yo me suponía***); ***~ cual*** *Qualität* mittelmäßig, durchschnittlich; erträglich; fragwürdig; *Gesundheitszustand* so lala; so wie *etw od jmd ist* (***lo prefiero ~ cual es***; ***¡dejémoslo ~ cual estaba!***); ***~ vez*** → ***vez***; ***¿qué ~?*** *umg* wie geht's? *auch Grußformel*; was macht …?, wie steht's mit *od* um … (***¿qué ~ su trabajo?***); wie …? (***¿qué ~ le fue en Cuba?***) **III** *Konj*: ***con ~ de*** + *Inf*, ***con ~*** (***de***) ***que*** + *subj* vorausgesetzt, dass …, aber nur, wenn …
tala *f* Abholzen *n*, Fällen *n*; Kahlschlag *m*; Verwüstung *f*; ***~ incontrolada*** *od* ***indiscriminada*** Raubbau *m rücksichtsloser Kahlschlag*
talabart|ería *f* Sattlerei *f*; **~ero** *m* Sattler *m*
talador *m*, **~a** *f* Holzfäller(in) *m(f)*
taladr|ado *m* Bohren *n*; **~ador** *m Arbeiter* Bohrer *m*; **~adora** *f* Bohrgerät *n bzw* -maschine *f*; **~ar** *tr* bohren; durchbohren *auch übertr*; *Absicht* durchschauen; **~o** *m Werkzeug* Bohrer *m*; Bohrung *f*, Bohrloch *n*
talante *m* Art *f* (und Weise *f*); Beschaffenheit *f*, Verfassung *f*; Wesen *n*; Stimmung *f*; ***de buen*** (***mal***) ***~*** gut gelaunt; bereitwillig (schlecht gelaunt; mürrisch; unwillig)
talar[1] *tr Bäume* fällen, schlagen; abholzen; verwüsten
talar[2] *m* Talar *m*
talco *m* MINER Talk *m*; Talkum *n*
taleg|a *f* Beutel *m*; Vermögen *n*, Geld *n*; **~o** *m* Sack *m*; Beutel *m*; *verächtl* Fettwanst *m*; Knast *m Gefängnis*
talento *m* Talent *n*, Begabung *f*, Gabe *f*; ***~ organizador*** Organisationsgeschick *n*, -talent *n*
talent|oso, **~udo** talentiert, begabt
talgo *m od* ♀ EISENB *Abk für* ***Tren Articulado Ligero Goicoechea Oriol*** *ein Gliederzug der spanischen Staatsbahn*
talibán **I** *Adj* Taliban- **II** *m*: ***los ~*** *od* ♀ die Taliban *islamische Glaubenskrieger in Afghanistan*
talio CHEM Thallium *n*
talismán *m* Talisman *m*
talla[1] *f* Größe *f auch Konfektion u übertr*; Wuchs *m*; Statur *f*; Gestalt *f*; *übertr* Format *n*; Messlatte *f*; Bildschnitzerei *f*, Bildhauerarbeit *f*; Kopfgeld *n*, -prämie *f*; TECH Schneiden *n*; MED Schnitt *m*; *Edelsteine* Schliff *m*; ***~ en madera*** Holzschnitzerei *f*, Schnitzwerk *n*; ***de escasa*** *od* ***poca ~***

von kleinem Wuchs; *übertr Person* unbedeutend; ***de la ~ de*** + *Namen übertr* so groß wie *bzw* von der Größe eines + *Namen* ◇ (***no***) ***dar la ~*** geeignet *bzw* MIL tauglich sein; *übertr* eine gute Figur machen (nicht geeignet *bzw* MIL nicht tauglich sein; *Person* zu klein sein); ***echar ~*** *Chi* wichtig tun, sich aufspielen, protzen; ***no tener la ~*** *übertr* nicht das Format haben (***para*** um zu)

talla[2] *f Chi* Spaß *m*, Witz *m*; *Arg* Plauderei *f*

tallado: ***bien*** (***mal***) ***~*** *Person* schön, wohlgeformt (hässlich, unproportioniert)

tall|ador *m*, **~adora** *f* Graveur(in) *m(f)*; Kupferstecher(in) *m(f)*; **~adura** *f* Einschnitt *m*; Einkerbung *f*; **~aje** *m Kleidung* Größe *f*; (Zu-)Schnitt *m*; **~ar I** *tr/intr* schnitzen; einkerben; *in Kupfer* stechen; TECH schneiden; *Edelsteine* schleifen; meißeln **II** *tr Körpergröße* messen; (ab)schätzen, (be)werten **III** *intr Arg* plaudern; *Chi* schäkern, Süßholz raspeln; **~arines** *m/Pl* KOCHK Faden- *bzw* Bandnudeln *f/Pl*; **~e** *m* Taille *f*, Gürtellinie *f*; Gürtelmaß *n*; Gestalt *f*, Form *f*; Sitz *m der Kleidung*

taller *m* Werkstatt *f auch* KUNST, MUS, LIT, *dort auch unter den Bez* Seminar *n*, Workshop *m*; KUNST Atelier *n*; Betrieb *m*; ***~ de aprendizaje*** *od* ***formación, ~ escuela*** Lehr,- Ausbildungswerkstatt *f*; ***~ artesanal*** (***concesionario***) Handwerksbetrieb *m* (Vertragswerkstatt *f*); ***~ de coches*** Kfz--Werkstatt *f*; ***~ de encuadernación*** Buchbinderei *f*, -binderwerkstatt *f*; ***~*** (***mecánico***) ***de reparación*** Reparaturwerkstatt *f*; EISENB Ausbesserungswerk *n*

tall|ista *m(f)* (Bild-, Holz-)Schnitzer(in) *m(f)*; Bildhauer(in) *m(f)*; **~o** *m* BOT Stängel *m*, Stiel *m*; Halm *m*; Keim *m*, Spross *m*; langer Lulatsch *m groß gewachsener (junger) Mann*; **~udo** langstielig; *Jugendlicher* hoch aufgeschossen; erwachsen, groß; den Kinderschuhen (längst) entwachsen

Talmud *m* REL Talmud *m*

talón *m* ANAT *u Strumpf* Ferse *f*; (Schuh-) Absatz *m*, Hacken *m umg*; Schein *m*, Abschnitt *m*, Talon *m*; Stammabschnitt *m*; Kupon *m*; Scheck *m*; Duplikat *n von Frachtdokumenten*; Empfangsbescheinigung *f*; ***~ de Aquiles*** *übertr* Achillesferse *f*; ***~ de devolución*** (***entrega***; ***equipaje***) Rück-(Liefer-; Gepäck)schein *m*; ***~ de embarque*** Schiffszettel *m*; ***~ de expedición*** *od* ***facturación*** Frachtbrief *m*; Aufgabeschein *m*; ***~ de hipoteca*** Pfandbrief *m*; ***~ de transporte aéreo*** (***ferroviario***) Luft-(Bahn)-frachtbrief *m* ◇ ***apretar*** *od* ***levantar*** *od* ***mostrar los talones*** Fersengeld geben; ***pegarse a los talones de alg*** sich an jmds Fersen heften; ***pisar los talones a alg*** jmdm auf den Fersen sein

talonario *m* Abreißblock *m*; ***~ de billetes*** Fahrscheinheft *n*, -block *m*; ***~*** (***de cheques***) Scheckheft *n*, -buch *n*; ***~ de recibos*** Quittungsblock *m bzw* -buch *n*

talonear *intr* wetzen *hastig laufen*

talud *m* Böschung *f*; Abdachung *f*; Abhang *m*

tamal *m Am reg* Maispastete *f mit Fleisch gefüllte u in Bananen- bzw Maisblätter gewickelte Maisbreitasche*

tamaño I *Adj* so groß *bzw* so klein; derartig **II** *m* Format *n*; Größe *f*; Ausmaß *n*; INFORM, TYP Schriftgrad *m*; ***~ alto*** (***medio***) Hochformat *n* (mittlere Größe *f*); ***~ de bolsillo*** Taschenformat *n*; ***~ carta*** Briefformat *n*; ***~ natural*** Lebens- *od* Originalgröße *f*; ***~ postal*** Postkartenformat *n*, -größe *f*; ***de ~ natural*** in natürlicher Größe, lebensgroß; ***en gran ~*** vergrößert

tamar|indo *m* Tamarinde *f Baum u Frucht*; **~isco** *m* Tamariske *f Baum u Frucht*

tambale|ar(se) *intr* hin und her schwanken, taumeln, torkeln; wackeln, ins Wanken geraten *auch übertr*; **~o** *m* Taumeln *n*, Schwanken *n*; Wackeln *n*

también auch, ebenfalls, desgleichen

tambor *m* Trommel *f auch* TECH; Trommler *m*; TECH Zylinder *m*; Walze *f*; *Revolver* Ladetrommel *f*; Büchse *f*, Dose *f*; ***~ para cables*** Kabeltrommel *f* ◇ ***pregonar a ~ batiente*** *etw* ausposaunen *indiskret weitererzählen*

tambor|a *f* große Trommel *f*, Pauke *f*; **~ear** *intr* mit den Fingern trommeln; *auch* klopfen; **~il** *m* Tamburin *n*, Hand-, Schellentrommel *f*; **~ilear I** *intr* das Tamburin schlagen; trommeln; *Regentropfen* klopfen; → **~ear II** *tr* TYP *die Form* klopfen; **~ilete** *m* TYP Klopfholz *n der Drucker*; **~ín** *m*, **~ino** *m* → **~il**

Támesis *m* Themse *f*

tamiz *m feines* Sieb *n* ◇ ***pasar por el ~*** durchsieben; passieren, durch ein Sieb streichen; sieben *überprüfen u auswählen*; *übertr etw od jmdn* genau unter die Lupe nehmen

tamiz|ado *Licht* gedämpft; **~ar** ⟨-z/c-⟩ *tr* fein (durch)sieben; → ***pasar por el tamiz***, → ***tamiz***

tamo *m* Fasern *f/Pl*, Fusseln *f/Pl*; *Staub* Flocken *f/Pl*; Spreu *f*

tampoco auch nicht, ebenso wenig

tamp|ón *m* Stempelkissen *n*; Wattebausch *m*, Tupfer *m*, Tampon *m*; **~onar** *tr* (ab)stempeln; MED tamponieren

T

TAMSA *f Abk für* ***Transportes Aéreos Mexicanos, S.A.*** *mexikanische Fluggesellschaft*
tan *nur vor Adj u Adv außer* ***mayor, mejor, menor*** *u* ***peor*** so (sehr) (***Pedro no es ~ nervioso ni habla ~ rápido como tú***; ***¡no hables ~ de prisa!***); ebenso (***Teresa es ~ bonita como su mamá***); *als Antwort auf die Frage* ***¿es seguro?***: ***¡y ~ seguro!*** natürlich ist das sicher!, aber ganz gewiss!; → ***pronto II***; → ***sólo***
TAN *f Abk für* ***Transportes Aéreos Nacionales*** *honduranische Fluggesellschaft*
tanda *f* Reihe *f*, Serie *f*; Schicht *f Schichtung u Arbeitszeit*; Turnus *m*; MUS Suite *f*, Folge *f*; *Spiel* Partie *f*; *Am reg Kino*, THEAT, *Zirkus* Vorstellung *f*; Runde *f*, Lage *f von Getränken*; ***~ de azotes*** *od* ***palos*** Tracht *f* Prügel; ***~ infantil*** *Am reg Kino* Kindervorstellung *f*; TV Programm *n* für Kinder; ***~ de negociaciones*** Gesprächs-, Verhandlungsrunde *f*; ***~ de noche*** Nachtschicht *f*; ***~ publicitaria*** *Am reg* TV Werbung *f*, Reklame(sendung) *f*; ***en una sola ~*** hintereinanderweg, unmittelbar nacheinander; ***por ~s*** abwechselnd; nacheinander; schichtweise ◇ ***estar de ~*** dran *od* an der Reihe sein
tándem *m* Tandem *n*; *bes* SPORT Paar *n*
tanga *m* TEXTIL Tanga *m*
Tanganyika *m* Tanganjika *n Teilstaat von Tansania*; Tanganjikasee *m*
tangente *f* Tangente *f*, Berührungslinie *f* ◇ ***irse*** *od* ***salirse por la ~*** *übertr* ausweichen, kneifen *umg*, sich drücken
Tánger *m* Tanger *n*
tangible greifbar *auch übertr*; *Beweis* handfest; spürbar *deutlich*
tang|o *m* Tango *m*; **~uista I** *m* Tangotänzer *m*; Eintänzer *m*, Gigolo *m* **II** *f* Animiermädchen *n*
tano *Arg umg* **I** *Adj* italienisch **II** *m* Italiener *m*
tanqu|e *m* MIL Panzer *m*; Tank *m auch* KFZ; Tank *m* voll; Zisterne *f*; Tankwagen *m*; **~ero** *m* MAR Tanker *m*; **~ista** *m* Panzersoldat *m*; Panzerkommandant *m*
tanta *f*: ***a las ~s*** sehr spät
tante|ador *m* KART, SPORT Punktezähler *m*; SPORT Anzeigetafel *f*; **~ar** *tr* überprüfen; überschlagen, *ungefähr* berechnen; (ab)schätzen; sondieren; *Blinder mit dem Stock den Boden* abtasten; auskundschaften; abwägen; *jmds Absicht* erforschen; HDL (zu)rückkaufen; KART, SPORT *Punkte* zählen *bzw* anzeigen *bzw* aufschreiben; *Skizze* anlegen
tanteo *m* Überschlag *m*, Voranschlag *m*; Schätzung *f*; Prüfung *f*; Erwägung *f*; HDL Rückkauf *m*; SPORT Spielstand *m*, Punktzahl *f*; SPORT Torzahl *f*; ***a*** *od* ***por ~*** über den Daumen gepeilt, so ungefähr
tanto I *Adj u Pron* so viel; soundso viel; *übertr* so groß *od* so stark (***fue ~ su dolor que no encontró consuelo***); ***~s*** *Pl* manch(e); einige, etliche; ***~ (~s) … como, ~ cuanto*** (***cuantos*** *od* ***como***) so viel (so viele) … wie; ***~s otros*** viele andere; ***otro ~*** noch einmal so viel; ebenso viel; dasselbe; ***otros ~s*** (wieder *od* noch) andere; ***por (lo) ~*** daher, deshalb, darum, folglich; → ***vez*** **II** *Adv* so, dermaßen; (eben)so sehr; *übertr* (eben)so stark; (eben)so viel; so viel; (eben)so lange; (eben)so weit; (eben)so schnell; (eben)so hoch; (eben)so tief; ***~ como*** *Konj* sowie; so (sehr) wie *bzw die anderen Bedeutungen von* **tanto** (***no trabajaron ~ como nosotros***); → ***~ cuanto***; ***~ … como*** sowohl … als auch; ***~ cuanto*** soviel wie … (***pueden comer ~ cuanto quieran***); ***~ y cuanto*** soundso viel; ***~ más*** (***menos***) (***cuanto que***) umso mehr (weniger) (als *od* da); ***~ mejor*** (***peor***) umso besser (schlimmer); ***~ que …*** so viel, dass …; ***de ~ en ~*** hin und wieder; ***en ~*** (***que***) *Konj* solange; während; ***en ~ que …*** in der Weise, dass …; ***en*** *od* ***entre ~*** (*auch* → ***entretanto***), ***mientras ~*** inzwischen, unterdessen; ***ni ~ ni tan poco*** weder zu viel noch zu wenig; ***un ~*** ziemlich (***se sienten un ~ abandonados***); einigermaßen; ein wenig *od* bisschen, etwas; ***¡y ~!*** (na,) und ob!; das können Sie mir glauben!; → ***cuanto II*** *u* ***III*** ◇ ***~ vales cuanto tienes*** hast du was, (so) bist du was **III** *m* Pauschale *f*, festgelegte Summe *f*; SPORT Punkt *m*; SPORT Tor *n als Ergebnis*; ***~ alzado*** Pauschalpreis *m*; ***~ por ciento*** Prozentpunkt *m*; Prozent *n*; Tantieme *f*; ***~ por mil*** Promille *n*; ***~s y ~s*** soundso viele; ***al ~*** zum gleichen Preis; bei dieser Gelegenheit ◇ ***apuntarse un ~*** einen (Plus-)Punkt für sich verbuchen (können); ***estar*** (***poner***) ***al ~*** auf dem Laufenden sein, Bescheid wissen (*jmdn* auf dem Laufenden halten); ***no es*** *od* ***hay para ~*** es ist nicht so schlimm; es lohnt sich eigentlich nicht; das ist nicht so wichtig; ***marcar un ~*** SPORT ein Tor schießen; ***ponerse al ~*** dahinter kommen *erfahren*; sich einarbeiten; ***vencer por 6 ~s a 3*** SPORT mit 6:3 siegen
Tanzania *f* Tansania *n*
tanzan|iano, ~o I *Adj* tansanisch **II** *m*, **-a** *f* Tansanier(in) *m(f)*
tañ|er ⟨*3.Pers perfs* -ñó⟩ *tr Schlag-, Zupfinstrument* spielen; *Glocken* läuten; **~ido** *m* MUS Klang *m*, Ton *m*; Geläut(e) *n*
TAO *f Abk für* ***Transportes Aéreos Orientales*** *Fluggesellschaft Ecuadors*

T

tapa *f* Deckel *m*; Verschluss *m*, Kappe *f*; Haube *f*, Abdeckung *f*; BUCHW Einbanddecke *f*; **~s** *Pl Esp* (pikante) Vorspeisen *f/Pl*; Appetithappen *m/Pl*; **¡~ arriba!** *Aufschrift* nicht stürzen!; **~ (de) corona** Kronenverschluss *m*; **~ dura** BUCHW Hardcover *n*; **~ elástica** Sprungdeckel *m*; **~ de escotilla (libro)** Buch-(Luken)deckel *m*; **~ de maleta** KFZ Kofferraumklappe *f*; **~ de retrete** Klo(sett)deckel *m*; **~ de rosca, ~ roscada** Schraubkappe *f*, -verschluss *m* ◇ **¡cierra las ~s!** *Nic* halt den Mund!; **echar** (**levantar** *od* **quitar**) **la ~** den (Topf-)Deckel drauflegen (abnehmen); **levantarse** *od* **saltarse la ~ de los sesos** sich eine Kugel durch den Kopf jagen; **poner la ~ a un libro** ein Buch einbinden

tapacubos *m* KFZ Radkappe *f*

tapad|a *f* verschleierte Frau *f*; **~era** *f* Topfdeckel *m*; TECH Deckel *m*, Abdeckung *f*; Vorwand *m*, *übertr* Tarnung *f*; **~ero** *m* → **tapador**

tapadillo *m* Verschleierung *f von Frauen*; Vermummung *f*; **de ~** heimlich, verstohlen ◇ **andar con** *od* **de ~s** Heimlichkeiten (*bes* heimliche Liebesbeziehungen) haben

tapad|o I *Adj Ton* gedämpft; geheim; *Nase* verstopft; *Am* beschränkt *dumm* **II** *m Am reg* leichter Damen- *bzw* Kindermantel *m*; *AmC* Umhang *m*; **~or** *m* Stöpsel *m*; Pfropfen *m*

tap|agujeros *m* Lückenbüßer *m*; Pfuscher *m schlecht arbeitender Maurer*; **~ar** *tr* zudecken; abdecken; verdecken; (zu)stopfen; abdichten; schließen, zumachen; einhüllen; verhüllen *auch übertr*; *übertr* verbergen; vertuschen; verhehlen; KFZ *Scheinwerfer* abblenden; *Chi* MED plombieren; **~arse** sich bedecken; sich zudecken; sich verhüllen; *Frau* sich verschleiern; **¡tápate!** *Cu Interj bei unglaubwürdiger Nachricht od außergewöhnlichem Ereignis* halt dich fest!; das gibt's doch nicht!

taparrabo(s) *m* Lendenschurz *m*; Dreiecksbadehose *f*

tapete *m* Tischläufer *m*; Läufer *m kleiner Teppich*; **~ verde** Spieltisch *m* ◇ **estar** (**poner**; **quedar**) **sobre el ~** zur Diskussion stehen (zur Sprache *od* aufs Tapet bringen; unerörtert bleiben)

tapia *f* Lehmwand *f*; *Garten, Hof* Mauer *f* ◇ **estar como una ~, ser más sordo que una ~** stocktaub sein

tapiar *tr* ver-, zumauern

tapicería *f* (Wand-)Behang *m*; Wandteppiche *m/Pl*; Vorhänge *m/Pl*; Tapisserie *f*; Teppichwaren *f/Pl*; Teppichladen *m*; Teppichweberei *f*; Polsterung *f*, Polster *n/Pl*; Polster-, Dekorationsgeschäft *n*; **~s** *Pl* Dekorationsstoffe *m/Pl*; Tapeten *f/Pl*

tapicero *m*, **-a** *f* Polsterer(-in) *m(f)*, Tapezierer(in) *m(f) von Stoffmöbeln*; Dekorateur(in) *m(f)*; Teppichweber(in) *m(f)*; Teppichleger(in) *m(f)*

tapioca *f* Tapioka *f*, Maniokmehl *n*

tapir *m* ZOOL Tapir *m*

tapiz *m* Wandteppich *m*, -behang *m*; Stofftapete *f*; **~ado I** *Adj* Polster- **II** *m* Tapezieren *n*; Polstern *n*; Polsterung *f*; (*Sitz-*)*Möbel* Bezug *m*; **~ar** ⟨-z/c-⟩ *tr* mit Wandteppichen behängen; *Flächen* aus-, belegen; tapezieren; *Möbel* beziehen; polstern; bestreuen (**de** mit)

tapón *m* Korken *m*, Verschluss *m*; Stöpsel *m*; Pfropfen *m*; Tampon *m*; VERK Stau *m*; Hemmschuh *m Hindernis*; Pummel *m kleine dicke Person*; **~ corona** Kronenkorken *m*; **~ de rosca, ~ roscado** Schraubverschluss *m*

tapon|ar *tr* zustöpseln; verkorken; abdichten; *Loch* zustopfen; verstopfen; VERK einen Stau hervorrufen; MED tamponieren; **~arse** sich *die Nase od Ohren* zuhalten; **~azo** *m* Pfropfenknall *m*

TAPSA *f Abk für* **Transportes Aéreos Peruanos, S.A.** *peruanische Fluggesellschaft*

tapujarse sich vermummen

tapujo *m* Vermummung *f*; Heimlichkeit *f*; **sin ~s** klipp und klar

taquicardia *f* MED Tachykardie *f*, beschleunigte Herztätigkeit *f*

taquígrafa *f* Stenografin *f*; → **taquimeca** (**-nógrafra**)

taqui|grafía *f* Steno(grafie) *f*, Kurzschrift *f*; **~grafiar** ⟨-ío⟩ *tr/intr* strenografieren; **~gráfico** stenografisch

taquígrafo *m* Stenograf *m*

taquigrama *m* Stenogramm *n*

taquill|a *f* EISENB, *Kino*, POST, THEAT *usw* Schalter *m bzw* Kasse *f*; Tageseinnahme *f*, -kasse *f*; Spind *n,m*; Umkleideschrank *m* ◇ **tener una buena ~** FILM, THEAT ein Kassenschlager sein

taquillero I *Adj* FILM, THEAT Erfolgs-; kassenfüllend **II** *m*, **-a** *f* EISENB Schalterbeamter(-in) *m(f)*; *Kino*, THEAT *usw* Kartenverkäufer(in) *m(f)*

taquimeca *f umg* Stenotypistin *f*

taquimecanógrafo *m*, **-a** *f* Stenotypist(in) *m(f)*, Stenosekretär(in) *m(f)*

taquímetro *m* Tachymeter *n*, Entfernungsmesser *m*; → **tacómetro**

T.A.R. *m* (*Abk für* **tren automotor rápido**) Triebwagen(schnell)zug *m*

tara *f* Verpackungsgewicht *n*, Tara *f*; Leergewicht *n*; Mangel *m*, Fehler *m*; **~s** *Pl* Gebrechen *n/Pl*; **~ hereditaria** erbliche Belas-

T

tung *f*, Erblast *f*; ***sin ~s*** tadellos
taracea *f* Einlegearbeit *f*, Intarsie *f*
tarado I *Adj* (erblich) belastet; fehler-, mangelhaft; duss(e)lig, bescheuert *umg* **II** *m* kaputter Typ *m umg*; Eichen *n*, Eichung *f von Instrumenten*
tarantela *f* MUS Tarantella *f*
tarántula *f* ZOOL Tarantel *f*; ***picado de la ~*** *übertr* wie von der Tarantel gestochen; *umg* geschlechtskrank
tarar *tr* tarieren; ausgleichen; *Instrument* eichen; **~ear** *tr/intr* trällern; *Melodie* (vor sich hin) summen
tarasc|ada *f* derbe *od* bissige Antwort *f*; Anschiss *m vulg*; *bes Hund* Biss *m*; **~ar** ⟨-c/qu-⟩ *tr Hund* beißen; *jmdn* anschnauzen, zusammenscheißen *vulg*
tardanza *f* Verzögerung *f*; Verspätung *f*; Aufschub *m*; Saumseligkeit *f*
tardar *intr Zeit* benötigen; lange brauchen (***en*** + *Inf* um zu + *Inf*, für + *Subst*; ***a*** bis, ehe); sich lange aufhalten *bei etw*; zögern (***en*** mit); (lange) dauern; ***a más ~*** spätestens; ***no ~*** (***mucho***) ***en hacer u/c*** gleich *od* bald etw tun (nicht lange brauchen für etw); ***sin ~*** unverzüglich; ***~se*** (***mucho***) sich verspäten; zaudern, zögern (lange ausbleiben)
tarde I *Adv* spät; zu spät; verspätet; (***más***) ***~ o*** (***más***) ***temprano, ~ que temprano*** früher oder später, über kurz oder lang; (***muy***) ***de ~ en ~*** (nur) von Zeit zu Zeit; (sehr) selten; ***para luego es ~*** es ist keine Zeit zu verlieren ◇ ***se me hace*** *od* ***está haciendo ~*** es wird mir zu spät; es dauert mir zu lange; ich habe es eilig; ***llegar ~*** (zu) spät kommen; *Sprichw* ***más vale ~ que nunca*** besser spät als nie **II** *f* Nachmittag *m*; (früher) Abend *m*; ***a*** *od* ***en*** *od* ***por la ~*** nachmittags; am (frühen) Abend; abends; ***a media ~*** am späten Nachmittag; ***¡buenas ~s!*** *Gruß für die Zeit nach dem Mittagessen bis zum Dunkelwerden*: guten Tag!; guten Abend!; ***esta ~*** heute Nachmittag; heute Abend; ***hacia la ~*** gegen Abend
tard|ecita *f* Spätnachmittag *m*; Dämmerstunde *f*; *oft auch iron* netter Nachmittag *m*; **~ío** spät; spät reifend; verspätet; Spät-; langsam; säumig; **~o** langsam; schwerfällig; träge; (zu) spät; **~ón I** *Adj* schwerfällig; schwer von Begriff; immer zu spät kommend; saumselig **II** *m* Nachzügler *m*; Trödler *m Bummelant*
tarea *f* Aufgabe *f*; Arbeit *f*; Mühe *f*; ***~s*** *Pl* Aufgabenkreis *m*; *Schule* Hausaufgaben *f/Pl*; ***~s administrativas*** Verwaltungsaufgaben *f/Pl*; ***~s del hogar*** Hausarbeit *f*, häusliche Pflichten *f/Pl*; ***~ ingrata*** *od* ***ingrata ~*** undankbare Aufgabe *f*; ***~ de mesa*** Schreibtischarbeit *f*, -job *m umg* ◇ ***acometer una ~*** eine Aufgabe in Angriff nehmen; ***darse*** (***ponerse***) ***a la ~*** sich an die Aufgabe heranmachen; es sich zur Aufgabe machen; sich der Aufgabe unterziehen (sich an die Arbeit *od* ans Werk machen); ***desempeñar ~s*** Aufgaben wahrnehmen
tarifa *f* Tarif *m*, Satz *m*; Gebühr *f*; Gebührensatz *m*; Gebühren-, Tarifordnung *f*; Fahrpreis *m*; Preisliste *f*; ***~ aduanera*** Zolltarif *m*; ***~ de base*** TEL Grundgebühr *f*, Basispreis *m*; ***~ cero*** Nulltarif *m*; ***~ de consumo diurno*** (***nocturno***) EL Tages-(Nacht)tarif *m*; ***~ escalonada*** *od* ***graduada*** *od* ***móvil*** Staffeltarif *m*; (***~ de***) ***franqueo*** *m* Portogebühr *f*; ***~s de gastos*** Spesensätze *m/Pl*; ***~ global*** *od* ***plana*** (***máxima***; ***mínima***; ***única***) Pauschale *f*, Pauschal-(Höchst-; Mindest-; Einheits-)tarif *m*, -satz *m*; ***~ internacional*** (***urbana***) TEL Auslands-(Orts)tarif *m*; ***~s postales*** (***telefónicas***) Post-(Telefon)gebühren *f/Pl*; ***~ de preferencia*** Vorzugstarif *m*; ***~ de publicidad*** *z.B.* ZTGSW Anzeigenpreise *m/Pl*; ***~ de salarios*** Lohntarif *m*, -satz *m*; ***~ de salario por hora*** Stundensatz *m*; ***~ de transporte*** Gütertarif *m*, Frachtsatz *m*
tarif|ar I *tr* den Tarif *bzw* Preis festsetzen; tarifieren; den Tarif anwenden **II** *intr* sich verkrachen, Schluss machen (***con alg*** mit jmdm); **~ario** Tarif-
tarificación *f* Tariffestsetzung *f*; Tarifierung *f*; ***~ por pasos*** (***segundos***) TEL Abrechnung *f* nach Einheiten (sekundengenaue Abrechnung *f*)
tarima *f* Podium *n*; Podest *n*; *i w S* Tribüne *f*; Palette *f Untersatz für gestapeltes Gut*; → ***entarimado***
tarj|a *f* MAR Tallieren *n*; *Am* Visitenkarte *f*; **~ador** *m* MAR Tallyman(n) *m*, Tallierer *m Ladungskontrolleur*; **~ar** *tr Beträge* anschreiben; MAR tallieren; *Chi* ausstreichen
tarjeta *f* Karte *f auch für PC*; VERK Sammelfahrschein *m*; ***~ de abonados*** *od* ***abono*** VERK Zeitkarte *f*, Wochen- *bzw* Monatskarte *f*; ***~ de afiliación a la Seguridad Social*** Versichertenkarte *f*; ***~ de banco*** *od* ***cheques*** (***crédito***) Scheck-(Kredit)karte *f*; ***~ chip*** *od* ***codificada*** (***gráfica***) INFORM Chip-(Grafik)karte *f*; ***~ de circulación*** KFZ Zulassung *f*; ***~ de embarque*** (***envío***) FLUGW Bord-(POST Paket)karte *f*; ***~ eurocheque*** Euroscheckkarte *f*, EC-Karte *f*; ***~ de felicitación*** Glückwunschkarte *f*; ***~ de identidad*** Personal- *bzw* Dienstausweis *m*; Kennkarte *f*; ***~ de identificación fiscal, ~ de impuestos sobre el salario*** Lohnsteuerkarte *f*; ***~ magnética*** Magnetkarte *f*; ***~ de memoria*** (***red***; ***sonido***) INFORM Speicher-

T

(Netz-; Sound)karte *f*; **~ monedero** (aufladbare) Geldkarte *f*; **~ perforada** Lochkarte *f*; **(~) postal** *f* Postkarte *f*; *i w S* Ansichtskarte *f*; **~ prepago** *Mobiltelefon* Prepaid-Karte *f*, Telefonkarte *f*; **~ (de racionamiento)** Lebensmittelkarte *f*; **~ de respuesta** Rückantwortkarte *f*; **~ telefónica** Telefonkarte *f für Gespräche aus der Telefonzelle*; **~ verde** Green Card *f*; **~ de vídeo** INFORM Videokarte *f*; **~ Visa** FIN Visacard *f*; **~ (de visita)** Visitenkarte *f*; **~ de visitante** Passierschein *m*

tarjetero *m* Schale *f bzw* Täschchen *n* für Visitenkarten

tarraconense I *Adj* aus Tarragona **II** *m(f)* Einwohner(in) *m(f)* von Tarragona

tarro *m irdener* Topf *m*; Einmachglas *n*; (Blech-)Dose *f*; *Am reg* Blechtonne *f*; Kanister *m*; **~ de vidrio roscado** Schraubglas *n* ◇ **pegar ~s** *od* **un ~** *jmdm* Hörner aufsetzen *fremdgehen*

tarso *m* ANAT Fußwurzel *f*

tarta *f* Torte *f*; **~ selva negra** Schwarzwälder Kirschtorte *f*

tartamud|ear *intr* stottern, stammeln; stockend sprechen *bzw* lesen, ins Stocken geraten; **~eo** *m* Stottern *n*, Stammeln *n als Vorgang*; **~ez** *f* Stottern *n*, Stammeln *n als Zustand*; **~o I** *Adj* stotternd **II** *m* Stotterer *m*

tartán *m* karierter Schottenstoff *m*; BAUW Tartan® *m*

tártaro[1] **I** *Adj* tatarisch **II** *m* Tatar *m*; das Tatarische

tártaro[2] *m* Zahnstein *m*; CHEM Weinstein *m*

tartera *f* Essgeschirr *n*; → **tortera**

tarug|o *m* Zapfen *m*, Pflock *m*; Dübel *m*; Dummkopf *m*, Tölpel *m*; Schmiergeld *n*; **~uear** *tr* bestechen, *mit Geld* schmieren

tarumba *f*: **volver ~ a alg** jmdn verrückt machen *od* durcheinander bringen; **volverse ~** nicht ein noch aus wissen

tas: **al llegar a los ~** *Méx umg* wenn man die dreißig (Jahre) erreicht *od* überschritten hat

tasa *f* Rate *f*; Preis *m*; Gebühr *f*, Taxe *f*, Satz *m*; Abgabe *f*; **~s académicas, ~ universitaria** Studiengebühren *f/Pl*; **~ de acumulación** Akkumulationsrate *f*; **~(s) de aeropuerto** Flughafengebühr(en *Pl*) *f*; **~ de alcohol(emia)** (Blut-)Alkoholgehalt *m*; **~ de cambio** FIN Wechselkurs *m*; **~ de cancelación** Stornogebühr *f*; **~ complementaria de solidaridad** *Dtschld* FIN Solidaritätszuschlag *m*; **~ de crecimiento** *od* **incremento** Wachstums-, Zuwachs-, Steigerungsrate *f*; **~ de deflación (encarecimiento** *od* **inflación, ~ inflacionaria)** Deflations-(Teuerungs- *od* Inflations-, Preissteigerungs)rate *f*; **~ de descuento (~ Lombard)** FIN Diskont-(Lombard)satz *m*; **~ de desempleo** *od* **paro** Arbeitslosenquote *f*; **~ de extranjeros** Ausländeranteil *m*; **~ fiscal** FIN Steuersatz *m*; **~ de licencia** Lizenzgebühr *f*; **~ local** TEL Ortsgebühr *f*; **~ mínima** Mindestgebühr *f*; **~ de mortalidad (natalidad)** Sterbeziffer *f* (Geburtenziffer *f*; *Statistik* Geburtenentwicklung *f*); **~ de utilización** Benutzungsgebühr *f*

tas|able abschätz-, taxierbar; **~ación** *f* Schätzung *f*, Taxierung *f*; *Steuern* Veranlagung *f*; **~ador** *m* Schätzer *m*, Taxierer *m*, Taxator *m*; **~ar** *tr* (ab)schätzen, taxieren (**en** auf); einschätzen; zuteilen, bemessen; festsetzen, bestimmen; *zur Steuer* veranlagen

tasca *f* Kneipe *f*

Tasmania *f* Tasmanien *n*

tata[1] *m Am*, *Esp reg* Papa *m*, Vati *m*; *Am reg* Opa *m*; *Am reg auch respektvolle Anrede z.B. an das Familienoberhaupt*

tata[2] *f* Kindermädchen *f*; Haushälterin *f*

tatara|buela *f* Ururgroßmutter *f*; **~buelo** *m* Ururgroßvater *m*; **~nieto** *m* Ururenkel *m*

tatu|ador *m*, **~adora** *f* Tätowierer(in) *m(f)*; **~aje** *m* Tätowierung *f*, Tattoo *m od n*; **~ar** ⟨-úo⟩ *tr* tätowieren

taumat|urgia *f* Wundertätigkeit *f*; **~úrgico** wundertätig; **~urgo** *m* Wundertäter *m*

taur|ino Stier-; Stierkampf-; **♉o** *m* ASTR Stier *m*; **~ófilo** *m* Stierkampfanhänger *m*; **~ómaco** *m* Stierkampfexperte *m*; **~omaquia** *f* Stierkampf *m als Gattung*; Stierkämpferkunst *f*

tauto|logía *f* Tautologie *f*; **~lógico** tautologisch

TAV *m* (*Abk für* **tren de alta velocidad**) Hochgeschwindigkeitszug *m*

taxi *m* Taxi *n*; **~ pirata** Schwarztaxi *n d.h. ohne Lizenz* ◇ **coger** *od* **tomar un ~** ein Taxi nehmen

taxiderm|ia *f* Ausstopfen *n*, Präparieren *n von Tieren*; **~ista** *m(f)* Präparator(in) *m(f)*

tax|ímetro *m* Taxiuhr *f*, Taxameter *n,m*; **~ista** *m(f)* Taxifahrer(in) *m(f)*

taz|a *f* Tasse *f*; Tasse *f* voll; Becher *m*; Brunnenbecken *n*; Klo(sett)becken *n*; **~ón** *m* Trinkschale *f bzw* große Tasse *f*; Brunnenbecken *n*

TC *m Abk für* **Tribunal Constitucional**, → **tribunal**

te[1] dich; dir

te[2] *f* TECH T-Stück *n*; *Zeichnen* Reißschiene *f*

Te. (*Symb für* **telur(i)o**) CHEM Te

té *m* Tee *m*; **~ de hierbas** Kräutertee *m*; **~ negro (verde)** schwarzer (grüner) Tee *m* ◇ **dar el ~ a alg** jmdm auf den Geist gehen

T

lästig werden
tea *f* Kienspan *m*; (Kien-)Fackel *f*
teatr|al Theater-; theatralisch *auch verächtl*; bühnenmäßig; **~idad** *f* Bühnenfähigkeit *f*; *verächtl* Gespreiztheit *f*, Theatralik *f*; **~ista** *m* Theater-, Bühnenschaffender *m*
teatro *m* Theater *n Gebäude u Aufführung u verächtl übertr*; Bühne *f*; Theaterarbeit *f*; Bühnen-, Theaterschaffen *n*; Schauspielkunst *f*; Schauplatz *m*; **~ al aire libre** Freilichtbühne *f*; **~ de la guerra, ~ de operaciones** Kriegsschauplatz *m*; MIL Operations-, Einsatzgebiet *n*; **~ guiñol, de muñecos** *od* **títeres** Marionetten-, Puppentheater *n*; Kasperletheater *n*; **~ lírico** Musiktheater *n*; **~ de participación** Happening *n*; **~ de revistas** (**variedades**) Revuetheater *n* (Varietee *n*) ◇ **hacer ~** Theater spielen; *übertr* Theater *od* Wind machen
tebeo *m Esp* Comicheft *n*; **~s** *Pl Esp* Comicstrips *m*/*Pl*; **más conocido** *od* **visto que el ~** bekannt wie ein bunter Hund
teca *f* Teakholz *n*
techado *m* Dach *n*, Bedachung *f*; **bajo ~** mit einem Dach über dem Kopf
tech|ador *m*, **~adora** *f* Dachdecker(in) *m*(*f*); **~ar** *tr* überdachen; **~ista** *m Am* → **~ador**
techo *m* Dach *n*; (Zimmer-)Decke *f*; *übertr* Heim *n*; *übertr* Obergrenze *f*; KFZ Verdeck *n*; **~ arrollable** (**corredizo**; **plegable**; **solar**) KFZ Rolldach *n* (Schiebedach *n*; Klappverdeck *n*; Sonnendach *n*)); **~ hospitalario** gastfreundliches Haus *n*; **~ intermedio, falso ~** ARCH Zwischendecke *f*; **~ de nubes** Wolkendecke *f*; (**los**) **sin ~** obdachlos (die Obdachlosen) ◇ **vivir bajo el mismo ~** unter einem (*d.h.* demselben) Dach wohnen
techumbre *f* ARCH Dachverband *m*; Dächer *n*/*Pl einer Ortschaft*; → **tejado**
tecla *f* Taste *f*; heikle Frage *f od* Angelegenheit *f*; **~ de acceso** (**acceso rápido**) INFORM Zugriffstaste *f* (Abkürzungstaste *f*, Hotkey *m*); **~ ALT** (**ESC**) INFORM ALT-Taste *f* (Escapetaste *f*); **~ de anulación, ~ anuladora** *od* **para borrar** (**para insertar**) INFORM Lösch-(Einfüg)taste *f*; **~ de comando** (**corrección**) Befehls-(Korrektur)taste *f*; **~ control** (**~ del cursor**) INFORM Steuerungs-(Cursor-, Pfeil)taste *f*; **~ de desbloqueo** *Schreibmaschine* Randauslöser(taste *f*) *m*; **~ de edición** INFORM Cursorsteuertaste *f*; **~ Enter, ~ de entrada** INFORM Eingabetaste *f*, Entertaste *f*; **~ de escritura espaciada** (**~ de escucha**) *Schreibmaschine* Sperrschrift-(TEL Mithör)taste *f*; **~s de función** INFORM Funktionstasten *f*/*Pl*; **~ de lanzamiento** *Schreibmaschine* Durchlauftaste *f*; **~ de marcado rápido** TEL Kurzwahltaste *f*; **~ mayús** *od* **SHIFT** INFORM Shift-Taste *f*; **~ de mayúsculas** (**retroceso**) *Computer* Umschalt-(Rück)taste *f*; **~ muerta** *Schreibmaschine* Akzent-, Tottaste *f*; **~ pulsadora** (**selectora**) *Gerät* Druck-(Wähler)taste *f*; **~ del ratón** INFORM Maustaste *f*; **~ Return** INFORM Returntaste *f*; **~ stop** (**tabuladora**) *CD-Player*, *Kassettenrekorder* Stopp-(*Computer* Tabulator)taste *f* ◇ **dar en la ~** *übertr* den Nagel auf den Kopf treffen; **pulsar la ~** *Computer* die Taste drücken; **tocar una ~** eine Taste anschlagen; eine Frage anschneiden; **tocar todas las ~s** *übertr* alle Hebel in Bewegung setzen; alle Beziehungen spielen lassen
tecl|ado *m Schreibmaschine bzw -gerät*, *Computer* Tastenfeld *n*, Tastatur *f auch* MUS, Keyboard *n auch* MUS; MUS Klaviatur *f*, Tasten *f*/*Pl*; *Orgel* Manual *n*; **~ear I** *intr* MUS *Tasten* anschlagen; (herum)klimpern; *mit den Fingern* trommeln; *auf dem Schreibgerät* tippen; *Maschinengewehr* rattern **II** *tr Daten*, *Werte* eingeben, -tippen; *übertr etw* deichseln *od* managen; **~eo** *m* Klimpern *n*, Geklimper *n*; (Tasten-)Klappern *n der Schreibmaschine bzw des Computers*; Rattern *n*, Geratter *n*; **~ista** *m* MUS Keyboarder *m*; TYP Maschinensetzer *m*
técnica *f* Technik *f auch* MUS *u übertr*; Verfahren *n*; Fertigkeit *f*; **~ del acondicionamiento del aire** Klimatechnik *f*; **~ agrícola** (**castrense** *od* **militar**; **informática**; **nuclear**; **solar**; **térmica**) Land-(Kriegs-, Militär-, Wehr-; Computer-; PHYS Kern-; Solar-; Wärme)technik *f*; **~ de alta frecuencia** Hochfrequenztechnik *f*; **~ de aparatos de medida** Messgerätetechnik *f*; **~ de armamento** (**elevación**; **materiales**; **medición**; **memorización**) Waffen-, Rüstungs-(Förder-; Werkstoff-; Mess-; INFORM Speicher)-technik *f*; **~** (**de construcción**) **naval** Schiffstechnik *f*; (**~**) **electrónica** *f* Elektronik *f*; **~ del frío** Kältetechnik *f*; **~ de la información** Informationstechnologie *f*, IT *f*; **~ metalúrgica** Metallhüttenkunde *f bzw* -technik *f bzw* -wesen *n*; **~ parcialmente automatizada, ~ semiautomatizada** bedienarme Technik *f*; **~ de producción** Produktions-, Fertigungstechnik *f*; **~ sanitaria y de calefacción** Sanitär- und Heizungstechnik *f*; **~ de soldadura eléctrica** Elektroschweißtechnik *f*; **~ de toma de imágenes** FILM, TV Aufnahmetechnik *f*
tecnicismo *m* Fachausdruck *m*, -wort *n*; fachliche Ausdrucksweise *f*
técnico I *Adj* technisch; fachlich, Fach-; **~-administrativo** verwaltungstechnisch;

T

~-constructivo (**industrial**) bau-(industrie)technisch; **~-material** (**-militar**) materiell-technisch (militärtechnisch) **II** *m*, **-a** *f* Techniker(in) *m(f)*; Fachmann *m*, -frau *f*, Sachverständige(r) *f(m)*; **~s** *Pl* Fachleute *Pl*; **~ aeronáutico** Flugtechniker *m*; **~ de la construcción** Bautechniker *m*; **~ de desparasitaje** (**mantenimiento**) Entstörungs-(Wartungs)techniker *m*; (**~**) **documentalista** *m* Dokumentalist *m*; **~ economista** Betriebswirt *m*; **~ de nivel superior** Diplomingenieur *m*; **~ de publicidad, ~ publicitario** Werbefachmann *m*; **~ de radar** (**sonido**) Radar-(Ton)techniker *m*

tecn|icoeconómico wirtschaftstechnisch; **~icolor®** *m* FILM, FOTO Technicolor®(-Verfahren) *n*; **~icotipográfico** TYP drucktechnisch; **~ificación** *f* Technisierung *f*; **~ificar** ⟨-c/qu-⟩ *tr* technisieren, mit technischen Geräten ausrüsten *od* ausstatten; **~o** *m* MUS Techno *n,m*; **~ocracia** *f* Technokratie *f*; **~ócrata** *m* Technokrat *m*; **~ocrático** technokratisch

tecnolect|al fachsprachlich; **~o** *m* Fachsprache *f*

tecnología *f* Technologie *f*; WISS *auch* Technik *f*; **~ de ambientación** Umwelttechnologie *f*; **~ de avanzada, ~ punta, alta(s) ~(s)** Spitzen-, Hochtechnologie *f*, Hightech *n*, *f*; **~ clave, ~ de vanguardia** Schlüsseltechnologie *f*; **~ digital** (**láser**) Digital-(Laser)technik *f*; **~ genética** Gentechnologie *f bzw* -technik *f*; **~ de ordenadores** Computertechnik *f*; **~ telecomunicativa** Telekommunikationstechnik *f*; **nuevas ~s** neue Technologien *f/Pl*

tecn|ológico technologisch, Technologie-; technisch; **~ólogo** *m* Technologe *m*

tecol|ines *m/Pl Méx* Zaster *m Geld*; **~ote** *m AmC reg*, *Méx* ZOOL Eule *f*

tectónic|a *f* Tektonik *f*; **~o** tektonisch

tedi|o *m* Überdruss *m*; Langeweile *f*; **~oso** (bis zum Überdruss) langweilig; zuwider

tegucigalpense I *Adj* aus *bzw* von Tegucigalpa **II** *m(f)* Einwohner(in) *m(f)* von Tegucigalpa

Teherán *m* Teheran *n*

teína *f* CHEM T(h)ein *n*

teísmo *m* PHIL, REL Theismus *m*

teja *f* (Dach-)Ziegel *m*; **a ~ vana** direkt unter dem Dach; ins Blaue hinein; unbegründet; **a toca ~** *Zahlung* bar auf den Tisch; **de ~s abajo** (**arriba**) irdisch, hier auf Erden (überirdisch, im Himmel) ◇ **poner ~** das Dach aufsetzen

tej|adillo *m* Schutz-, Wetter-, Vordach *n*; **~ado** *m* Dach *n*, Bedachung *f*; Dachstuhl *m*; **~ador** *m*, **~adora** *f* Dachdecker(in) *m(f)*

tejano I *Adj* texanisch **II** *m*, **-a** *f* Texaner(in) *m(f)*; **~s** *Pl Esp*, *Ur* (Blue-)Jeans *Pl*

tejar *tr Dach* decken, mit (Dach-)Ziegeln decken

Tejas *m* → **Texas**

tej|edor *m* Weber *m*; *Chi*, *Pe* Intrigant *m*, Ränkeschmied *m*; **~edura** *f* Weben *n*; Webart *f*; **~eduría** *f* Weberei *f*

tejemaneje *m umg* Geschick(lichkeit *f*) *n*; **~s** *Pl umg* Machenschaften *f/Pl*, Intrigen (-spiel *n*) *f/Pl*

tejer *tr* weben; TEXTIL wirken; *Körbe*, *Kränze usw* flechten; *Spinne*, *Seidenraupe* spinnen; *Komplott* anzetteln; *Ränke* schmieden

tejer|a *f* → **~ía**; **~azo** *m Esp Putschversuch des Oberstleutnants Tejero am 23.2.1981*; **~ía** *f* Ziegel(brenner)ei *f*; **~o** *m* Ziegelbrenner *m*

tejido *m* ANAT, TEXTIL Gewebe *n*; **~s** *Pl* Textilien *Pl*; **~ de mentiras** Lügengespinst *n*

tejo *m* BOT Eibe *f*, Taxus *m*

tej|ón *m* ZOOL Dachs *m*; **~onera** *f* Dachsbau *m*

tejuelo *m* Aufkleber *m auf Buchrücken*

Tel. *m* (*Abk für* **teléfono**) Tel. *n*

tela *f* Gewebe *n*; Stoff *m*; Tuch *n*; Leinen *n*, Leinwand *f*; Gemälde *n*, Bild *n*; ANAT, BOT *u Schicht auf Flüssigkeiten* Haut *f bzw* Häutchen *n*; Gesprächsstoff *m*; Moneten *f/Pl*, *übertr* Kohle *f*; **~ adhesiva** *Chi* (Heft-)Pflaster *n*; **~ de alambre, ~ metálica** Drahtgeflecht *n*; Maschendraht *n*; **~ de araña** → **telaraña**; **~s de decoración** Deko(rations)stoffe *m/Pl*; **~ encerada, ~ de hule** Wachstuch *n*; **en ~** BUCHW in Leinen ◇ **estar** *od* **quedar** (**poner**) **en ~ de juicio** *Angelegenheit* unsicher *od* nicht ganz geklärt sein (in Erwägung ziehen; in Abrede stellen, an-, bezweifeln); **hay ~ para rato** das hält lange vor; das nimmt kein Ende; das ist sehr ergiebig; **hay mucha ~** das gibt viel zu tun, da steckt eine Menge Arbeit drin; (**todavía**) **queda mucha ~ por cortar** es muss noch viel getan werden; **tener mucha ~ que cortar** viel Arbeit *od* zu tun haben

telar *m* Webstuhl *m*; THEAT Schnürboden *m*; **~ automático** Webautomat *m*

telaraña *f* Spinnennetz *n*, Spinngewebe *n*; **~ mundial** *spanische Bez für* → **World Wide Web** ◇ **tener ~s en los ojos** *übertr* keine Augen im Kopf haben, Tomaten auf den Augen haben *umg*

tele *f umg für* → **televisión** *bzw* → **televisor**

telé *m umg für* → **teléfono**

tele|accionado → **teledirigido**; **~audiencia** *f* Fernsehpublikum *n*, -zuschauer *m/Pl*; **~banca** *f* FIN, TEL Tele(fon)banking *n*; → **~banco** *m* FIN, INFORM Homebanking *n*;

~cabina *f* Kabinenseilbahn *f*, Kabinenlift *m*; **~cámara** *f* Fernsehkamera *f*; **~carta** *f* POST, TEL Telebrief *m*; **~compra** *f* → ***teletienda***

telecomunicación *f* Nachrichtentechnik *f*, Fern-, Telekommunikation *f*; ***telecomunicaciones*** *Pl* Fernmeldewesen *n*; ***~ de datos*** Datenfernübertragung *f*

tele|conexión *f* EL Fernschaltung *f*; **~control** *m* Fernsteuerung *f*, -bedienung *f*; **~controlar** *tr* → ***~dirigir***; **~copiadora** *f* Fernkopierer *m*; **~diario** *m* TV Nachrichten(sendung *f*) *f/Pl*, *Dtschld* Tagesschau *f*; **~dirigido** ferngelenkt, -gesteuert; Fernlenk-; **~dirigir** ⟨-g/j-⟩ *tr* fernsteuern; **~enseñanza** *f* Bildungsfernsehen *n*; **~espectador** *m* → ***telespectador***; **~esquí** *m* → ***telesquí***; **~fax** *m* INFORM Telefax *n*, Fern-, Telekopie *f*; Telefaxgerät *n*, Fern-, Telekopierer *m*; → ***fax***; **~férico** *m* Drahtseilbahn *f*; **~film(e)** *m* Fernsehfilm *m*

telefon|azo *m* (Telefon-)Anruf *m*; **~ear I** *intr* telefonieren **II** *tr* TEL *jmdn* anrufen; **~ema** *m* telefonische Durchsage *f od* Nachricht *f*; *Am* Telefongespräch *n*

telefonía *f* Fernsprechwesen *n*; ***~ celular*** *Am od* ***móvil*** TEL Mobilfunknetz *n*; ***~ fija*** TEL Festnetz *n*

telefónic|a *f*, **℞a** *f* Telefon-, Fernsprechgesellschaft *f*; **~amente** per Telefon; **~o** telefonisch, fernmündlich; Telefon-, Fernsprech-

telefonista *m(f)* Telefonist(in) *m(f)*

teléfono *m* Telefon *n*, Apparat *m*, Fernsprecher *m*; *umg auch* Telefonnummer *f*; ***~ de atención al cliente*** Kundentelefon *n*; ***~ automático*** Selbstwählanschluss *m*; ***~ de auxilio*** *od* ***emergencia*** Notruf(säule *f*) *m*; ***~ celular*** *Am od* ***móvil*** Funk- *od* Mobiltelefon *n*, Handy *n umg*; ***~ en derivación, ~ supletorio*** Nebenanschluss *m*, -apparat *m*; ***℞ de la Esperanza*** Kummer-, Sorgentelefon *n*; ***~ fijo*** Festnetztelefon *n*; ***~ inalámbrico*** schnurloses Telefon *n*, Homehandy *n*; ***~ de mesa*** (***pared***) Tischtelefon *n* (Wandapparat *m*); ***~ monedero*** *od* ***público*** Telefonzelle *f*, öffentlicher Fernsprecher *m*; ***~ con pantalla*** Bildschirmtelefon *n*; ***~ satélite*** Satellitentelefon *n*; ***~ de tarjeta*** (***teclado***) Karten-(Tasten)telefon *n*; ***por ~*** telefonisch, per Telefon, fernmündlich ◇ ***coger el ~, ponerse al ~*** ans Telefon *od* an den Apparat gehen; ***colgar*** (***descolgar***) ***el ~*** den Hörer auflegen (abnehmen); ***hablar*** (***llamar***) ***por ~*** telefonieren (anrufen); ***pinchar el ~*** das Telefon *od* die Telefonleitung anzapfen; ***suena el ~*** das Telefon klingelt

tele|fonómetro *m* TEL Einheitenzähler *m*; **~foto** *f* Funkbild *n*; Fernaufnahme *f*; **~fotografía** *f* Fernbildübertragung *f*; **~génico** telegen; **~gobernado** TECH fernbedient; → ***teledirigido***; **~gobierno** *m* Fernbedienung *f*, -steuerung *f*

telegrafía *f* Telegrafie *f*; ***~ sin hilos*** drahtlose Telegrafie *f*; ***~ de imágenes*** Bildtelegrafie *f*

tele|grafiar ⟨-ío⟩ *tr* telegrafieren; **~gráfico** telegrafisch; Telegramm-; **~grafista** *m* Telegrafist *m*; → ***radiotelegrafista***

telégrafo *m* Telegraf *m*; ***~ automático*** (***de mando electromecánico, de máquinas***) POST (MAR) Maschinentelegraf *m*; ***~ Morse*** Morseapparat *m*, -telegraf *m*

telegrama *m* Telegramm *n*; ***~ carta*** (***urgente***) Brieftelegramm *m* (dringendes Telegramm *n*); ***~ cifrado, ~ en clave*** verschlüsseltes Telegramm *n*; ***~ de felicitación*** (***lujo***) Glückwunsch-(Schmuckblatt)telegramm *n* ◇ ***enviar*** *od* ***mandar*** *od* ***poner un ~*** ein Telegramm aufgeben

tele|guiado → ***teledirigido***; **~guiar** ⟨-ío⟩ *tr* → ***teledirigir***; **~impresor** *m* → ***teletipo***; **~interruptor** *m* EL, RADIO, TV Fernschalter *m*

telele *m umg* leichter Ohnmachts- *bzw* Schwächeanfall *m*

tele|lectura *f* TECH Fernablesung *f*; **~mando** *m* Fernsteuerung *f*, -bedienung *f*; **~mática** *f* INFORM Tele(infor)matik *f*; **~metría** *f* Fernmesstechnik *f*

telémetro *m* FOTO, OPT Entfernungsmesser *m*

tele|noticiero *m* Fernsehnachrichten *f/Pl*; **~novela** *f* Fernsehspiel *n bzw* -serie *f*, *verächtl* Seifenoper *f*; **℞ñecos** *m/Pl* TV Muppets *Pl*; **~objetivo** *f* FOTO Teleobjektiv *n*; **~patía** *f* Telepathie *f*; **~pático** telepathisch; **~pedido** *m* HDL elektronische Bestellung *f im Internet bzw World Wide Web*, Bildschirmkauf *m*; **~película** *f* → ***telefilm(e)***; **~procesamiento** *m od* **~proceso** *m* INFORM Teleprozess *m*, Datenfernverarbeitung *f*; **~proyectil** *m* ferngelenktes Geschoss *n*; **~rreportaje** *m* Fernsehreportage *f*; **~r(r)uta** *f Esp telefonischer* Straßenzustandsbericht *m*; **~scópico** teleskopisch; *Gerät* ausfahr- *od* ausziehbar; zusammenschiebbar

telescopio *m* Fernrohr *n*, Teleskop *n*; ***~ espacial*** Weltraumteleskop *n*; ***~ reflector*** (***electrónico***) (Elektronen-)Spiegelteleskop *n*

tele|scriptor *m* → ***~tipo***; **~serial** *m*, **~serie** *f* Fernsehserie *f*; **~silla** *m* Sessellift *m*; **~spectador** *m*, **~spectadora** *f* Fernsehzuschauer(in) *m(f)*; **~squí** *m sesselloser* Skilift *m*; **~studio** *m* Fernsehstudio *n*; **~termia** *f* Fernwärme *f*; **~texto** *m* Video-, Tele-

T

Bildschirmtext *m*; **~tienda** *f* Teleshopping *n*, Online- *od* elektronisches Einkaufen *n im Internet*, Bildschirmkauf *m*; **~tipista** *m Person* Fernschreiber *m*; **~tipo** *m*, *Am reg auch f Gerät* Fernschreiber *m*; **~trabajador** *m*, **~trabajadora** *f* Telearbeiter(in) *m(f)*; **~trabajo** *m* Telearbeit *f Erwerbstätigkeit an einem externen, an Kommunikationsnetze angeschlossenen Arbeitsplatz*

teletransmisión *f* EL Fernübertragung *f*; ***~ de datos*** INFORM Datenfernübertragung *f*; ***~ de imágenes*** Bildfunk *m*

tele|transmitido vom Fernsehen übertragen, Fernseh-; **~vidente** *m* → ***telespectador***; **~visado** → ***teletransmitido***; **~visar** *tr* TV ausstrahlen, bringen *umg*, senden, übertragen

televisión *f* Fernsehen *n*; → ***televisor***; ***~ en blanco y negro*** (***~ en colores***) Schwarzweiß-(Farb)fernsehen *n*; ***~ por cable*** Kabelfernsehen *n*; ***~ en circuito cerrado*** Industriefernsehen *n*; ***~ digital*** (***escolar***; ***publicitaria***) Digital-(Schul-; Werbe)fernsehen *n*; ***~ educativa*** Telekolleg *n*; ***~ de pago*** Pay-TV *n*, Bezahlfernsehen *n*; ***~ privada*** (***pública***) Privatfernsehen *n* (öffentlich-rechtliches Fernsehen *n*); ***~ por*** *od* ***vía satélite*** Satellitenfernsehen *n* ◇ ***hacer ~*** *umg* im Fernsehen auftreten; ***mirar*** *od* ***ver la ~*** fernsehen

televisivo Fernseh-; im Fernsehen

televisor *m* Fernseher *m*, Fernsehapparat *m*, -gerät *n*; ***~ portátil*** tragbares Fernsehgerät *n*

télex *m* ⟨*Pl unv*⟩ Fernschreiben *n*, Telex *n*; *Gerät* Fernschreiber *m*, Ticker *m umg*; Fernschreibverkehr *m*

telilla *f* dünner Wollstoff *m*; Haut *f auf Flüssigkeiten*

telón *f* THEAT Vorhang *m*; ***~ de acero*** *Esp* THEAT eiserner *bzw* POL Eiserner Vorhang *m*; ***~ de fondo*** *übertr* Hintergrund *m*; ***~ metálico*** Rollladen *m*; THEAT → ***~ de acero*** ◇ ***baja*** (***sube***) ***el ~*** der Vorhang fällt (geht auf)

telur(i)o *m* CHEM Tellur *n*

tema *m* Thema *n*; *übertr* Gegenstand *m*; Gesprächsstoff *m*; Übersetzungsaufgabe *f in die Fremdsprache* ◇ ***acometer un ~*** ein Thema angehen; ***no hay ~*** *Cu* kein Problem!; es geht seinen Gang

tem|ario *m* Themenkreis *m*; Themenkatalog *m*; **~ática** *f* Thematik *f*; **~ático** thematisch, nach Themen geordnet; einem (bestimmten) Thema gewidmet; Themen-; *Anordnung*, *Katalog* systematisch; **~atizar** ⟨-z/c-⟩ *tr* thematisieren

tembladera *f* Zittern *n*

temblar ⟨-ie-⟩ *intr* (er)zittern *auch übertr* (***de*** vor); schlottern; (er)beben; bangen (***por*** um); *Gebäude* schwanken; ***dejar*** (***estar, quedar***) ***temblando*** *umg Gefäß nach einem kräftigen Schluck* fast leeren; *etw* fast alle sein; (beinahe leer *bzw* alle sein); ***hacer ~ a alg*** jmdn in Angst und Schrecken versetzen, jmdm Furcht einjagen

tembleque *m* Zittern *n*

temblor *m* Zittern *n*; Beben *n*; ***~ de mar*** (***tierra***) See-(Erd)beben *n*

temblor|cito *m Am* leichtes Erdbeben *n*; **~oso** zitternd; zittrig

temer I *tr*/*intr* fürchten (***por*** um); sich fürchten, Angst haben (***a*** vor); ***no temas*** sei unbesorgt; **II** *tr* befürchten; scheuen; **~se** *umg* → ***temer I***

temer|ario tollkühn, verwegen; waghalsig; gewagt; voreilig, -schnell; **~idad** *f* Verwegenheit *f*, Tollkühnheit *f*; Waghalsigkeit *f*; leichtfertige *bzw* voreilige Behauptung *f*

tem|eroso furchtsam, ängstlich; **~ible** furchtbar; *Feind* gefährlich; **~or** *m* Furcht *f*, Angst *f* (***a*** *od* ***de*** vor); Befürchtung *f*

témpano *m* (Kessel-)Pauke *f*; Fassdeckel *m*; *auch* Fassboden *m*; Speckseite *f*; ***~*** (***de hielo***) Eisscholle *f*; → ***iceberg***; ***~s*** *Pl* ***de hielo*** Packeis *n*

temper|amental Temperaments-; temperamentvoll; **~amento** *m* Temperament *n*; **~ancia** *f* Mäßigung *f*; **~ante I** *Adj* mäßigend; ausgleichend; lindernd; *Am* enthaltsam, abstinent **II** *m* PHARM Linderungsmittel *n*; *Am* Abstinenzler *m*; **~ar** *tr* mildern, lindern

temperatura *f* Temperatur *f*; Fieber *n*; ***~ del aire*** Lufttemperatur *f*; ***~ ambiental*** *od* ***ambiente*** Raum-, Zimmertemperatur *f*; ***~s en ascenso*** (***descenso***) MET steigende (sinkende *od* fallende) Temperaturen *f*/*Pl*; ***~ máxima*** (***media***; ***mínima***) Höchst-(Durchschnitts-; Tiefst)temperatur *f* ◇ ***refrigerar a baja ~*** tiefkühlen, -gefrieren; ***tener mucha ~*** hohes Fieber haben

temperie *f* MET Witterung *f*

tempestad *f* Sturm *m auch übertr*; Unwetter *n*; Gewitter *n*; ***~ de odio*** Ausbruch *m* des Hasses; ***una ~ en vaso de agua*** *übertr* ein Sturm im Wasserglas ◇ ***desencadenar*** *od* ***levantar ~es*** *od* ***una ~ de aplausos*** (***protestas***) einen Beifalls-(Protest)sturm auslösen *od* entfesseln

tempestuoso stürmisch *auch übertr*; Sturm-; Gewitter-

templ|ado mäßig, enthaltsam; *Klima* gemäßigt, mild; lau(warm); beherzt, tapfer; **~anza** *f* Mäßigung *f*, Enthaltsamkeit *f*; mildes Klima *n*; **~ar** *tr* mildern; mäßigen, be-

T

sänftigen; temperieren; abkühlen; *in kaltem Wasser* abschrecken; (leicht) anwärmen; verdünnen *Konzentration einer Flüssigkeit senken*; METAL härten; MUS stimmen; *übertr* stählen; *CR*, *Cu*, *Esp reg* verprügeln; *Ec*, *Pe* umlegen *töten*; *Col*, *CR* zu Boden werfen; **~arse** sich mäßigen; sich *im Essen od Trinken* zurückhalten; *Am reg* sich verlieben

templas *f/Pl* ANAT Schläfen *f/Pl*

temple *m* MET Witterung *f*; Stimmung *f auch* MUS, Gemütsverfassung *f*; Standhaftigkeit *f*; METAL Härten *n*, Härtung *f*; METAL Härte *f*; ***de ~*** gestanden *berufs- bzw lebenserfahren* ◇ ***estar de mal ~*** schlecht gelaunt sein

templo *m* Tempel *m*; Gotteshaus *n*; → ***iglesia***

temporada *f* Jahreszeit *f*; Saison *f*; Zeit (-raum *m*) *f*; SPORT, THEAT Spielzeit *f*; *i e S* Gastspiel *n*; ***~ alta*** (***baja***) Hoch-, Hauptsaison *f* (Vor- *bzw* Nachsaison *f*); ***~ de lluvia(s)*** (***~ seca***) Regen-(Trocken)zeit *f*; ***~ muerta*** Sauregurkenzeit *f umg*; ***~ taurina*** Stierkampfsaison *f*; ***a ~s*** zeitweise, -weilig; ***de la ~*** jahreszeitlich, der Jahreszeit (entsprechend); ***una ~*** eine Zeit lang

temporal I *Adj* zeitlich (begrenzt), Zeit-; zeitweise, -weilig; vorläufig, vorübergehend; befristet; saisonbedingt, Saison- **II** *m* Unwetter *n*; *bes* MAR Sturm *m*; ***~ de nieve*** Schneesturm *m*

tempor|áneo, **~ario** zeitweilig, -weise; **~ero I** *Adj* Saison-; Aushilfs- **II** *m* Aushilfskraft *f*; Saisonarbeiter *m*; **~izador** *m* Zeitzünder *m*; Zeitlaufwerk *n*; EL Zeitschalter *m*; **~izar** ⟨-z/c-⟩ **I** *intr* die Zeit verbringen **II** *tr* die Zeit einstellen

tempran|ear *intr Am* früh aufstehen; **~ero** *Frühaufsteher* schon früh auf den Beinen; LANDW frühreif; **~ito** *umg* ganz zeitig *sehr früh*; **~o** früh(zeitig), in aller Frühe; zeitig; Früh- *auch* LANDW; zu früh

ten *m*: ***~ con ~*** *umg* Zurückhaltung *f*, Takt *m* ◇ ***gastar*** *od* ***tener mucho ~ con ~*** taktvoll *od* umsichtig vorgehen

ten|acidad *f* Zähigkeit *f*; Hartnäckigkeit *f*; Reißfestigkeit *f*; **~az** zäh, ausdauernd; hartnäckig; reißfest

tenazas *f/Pl* Zange *f*; ***~ (de corte od sujeción)*** Kneifzange *f*; ***~ para tubos*** Rohrzange *f* ◇ ***eso no se puede coger ni con ~*** das (*d.h. Schmutziges*) kann man nicht einmal mit der Zange anfassen

tenca *f* ZOOL Schlei(e *f*) *m*

tencén *m Cu* Kauf-, Warenhaus *n*

tend|al *m* Sonnendach *n*; Plane *f*; herumliegende Früchte *f/Pl od* Wäsche *f zum Trocknen*; *Am u Esp reg* → ***tendedero***; *Am reg* → **~alada** *f Am reg*, **~alera** *f Esp* auf dem Boden Herumliegendes *n*, Durcheinander *n*; **~alero** *m*, **~edero** *m* Trockenplatz *m bzw* Trockenboden *m für Wäsche u Früchte*; Wäschetrockner *m*, -ständer *m*

tendencia *f* Tendenz *f*; Hang *m*, Neigung *f* (***al*** *bzw* ***a la*** zum *bzw* zur); *übertr* Richtung *f*; *übertr* Strömung *f*; Trend *m*; ***~ alcista*** *od* ***ascendente*** (***bajista***) Aufwärts-(Abwärts)-trend *m*; *Börse* Hausse-(Baisse)tendenz *f*; ***~ del mercado*** Markttrend *m*

tenden|cioso tendenziös, gefärbt; **~te** tendierend, abzielend, abgezielt (***a*** auf)

tender ⟨-ie-⟩ **I** *tr* ausbreiten; *etw* strecken, in die Länge ziehen; *Hand* aus-, entgegenstrecken; *jmdm etw* reichen; *Wäsche* (auf)hängen; *Leine*, *Schnur* spannen; tünchen; *Kabel*, *Rohre* (ver)legen; *Mauer*, *Stricke* ziehen; *etw od jmdn* (hin)legen; *Falle* stellen *auch übertr*; *Brücke* schlagen **II** *intr* abzielen (***a*** auf); tendieren, neigen (***a*** zu); streben (***a, hacia*** nach); *übertr* auf dem Wege sein (***a*** zu); **~se** sich ausstrecken *od* hinlegen; sich recken *od* strecken; alles hängen lassen *umg*, sich um nichts kümmern

tender|ete *m* Verkaufsstand *m*, -bude *f*; **~o** *m*, **~a** *f* Ladenbesitzer(in) *m*(*f*); Einzelhändler(in) *m*(*f*), Kaufmann *m*, -frau *f*

tendidamente des Langen und Breiten

tendido I *Adj Galopp* gestreckt **II** *m* Ausbreiten *n*; (Auf-)Hängen *n*; aufgehängte Wäsche *f*; *Kabel*, *Rohre* Verlegen *n*, -legung *f*; EL Leitung *f*; ***~ eléctrico*** Elektroinstallation *f*; ***~ de puentes*** Brückenschlag *m auch* POL *übertr*; ***~ de vías*** Gleisverlegung *f*

tendiente: ***~ a*** *Am reg* → ***tendente***

tendón *m* ANAT Sehne *f*; **~ de Aquiles** ANAT Achillessehne *f*; → ***talón de Aquiles***

tendovaginitis *f* Sehnenscheidenentzündung *f*

tendré → ***tener***

tenduch|a *f*, **~o** *m verächtl* Kramladen *m*

tenebroso finster; dunkel *auch übertr*; düster

tenedor I *Adj* im Besitz von, innehabend **II** *m* HAUSW Gabel *f*; Inhaber *m*; ***~ de acciones*** Aktienbesitzer *m*; ***~ de libros*** Buchhalter *m*

teneduría *f* (***de libros***) Buchhaltung *f*; Buchführung *f*

tenencia *f* Besitz *m Besitzen*; Habe *f*; Halten *n*, Haltung *f von Tieren*; ***por ~ ilícita de armas*** wegen unerlaubten Waffenbesitzes

tener ⟨*unreg*⟩ **I** *tr* haben; besitzen; aufbewahren; verfügen über *etw*; HDL *Artikel* führen *im Angebot haben*; (fest)halten;

Versprechen u jmdn od etw für etw halten; bereithalten; aufrechterhalten; *Versammlung* abhalten; *Geschäft* betreiben; innehaben; *z.B. Sympathie* genießen; *jmdn* bei sich (zu Hause) aufnehmen; *vor Zeit- u Maßangaben auch* sein; *weitere Bedeutungen* → ***año***; → ***calor***; → ***cuenta***; → ***cuidado***; → ***frío II***; → ***lugar***; ***~ a bien*** + *Inf* so freundlich sein zu + *Inf*, *iron* geruhen zu + *Inf*; ***~ por bueno*** (***cierto*** *od* ***seguro***; ***malo***) für gut (sicher; schlecht) halten; ***~ por capaz*** (***rico***; ***tonto*** *usw*) *jmdn* für fähig (reich; dumm *usw*) halten; ***~ a mal*** verübeln, übel nehmen; ***~ presente*** vergegenwärtigen; beachten; ***~ puesto*** *Kleidung* anhaben; ***aquí tiene usted …*** hier haben Sie …; hier sehen Sie …; ***¡aquí me tienes*** *od* ***tiene(n) usted (-es)!*** hier bin ich!; ***cada uno tiene los suyos*** jeder hat seine Fehler *bzw* Marotten; (***no***) ***lo tiene todo entero*** er hat seine fünf Sinne (nicht) beeinander; ***no ~ nada de particular*** nichts Besonderes an sich haben; ***no ~ nada que perder*** nichts zu verlieren haben; (***no***) ***~*** (***nada***) ***que ver con*** (nichts) zu tun haben mit *etw*; ***no ~ nada que ver en u/c*** *jmd* nichts mit etw zu schaffen *od* tun haben; ***no ~ con qué pagar*** kein Geld (bei sich) haben; ***no tengo con quién hablar*** ich weiß nicht, an wen ich mich wenden soll; ***no ~las todas consigo*** sich seiner Sache nicht ganz sicher sein; ***¿qué tienes?*** was ist mit dir los?; was fehlt dir?; ***¿qué tiene de particular?*** und was ist daran Besonderes? **II** *intr* genug haben, nichts (mehr) brauchen (***ya tengo, gracias***); ***¡ten!*** nimm!; ***¡tenga (usted)!*** *od* ***¡aquí tiene usted!*** nehmen Sie bitte! **III** *Hilfsv*: ***~*** + *Part* haben *um eine Handlung als vollendet u deren Ergebnis hervorzuheben* (***todos estos libros los tengo leídos***); ***~ que*** (*reg u umg auch* ***de***) + *Inf* müssen (***tengo que irme***); ***no ~ que*** + *Inf* nicht müssen; nicht brauchen (zu) + *Inf* (***no tenemos que hacer compras***); ***no ~ más que*** + *Inf* nur brauchen (zu) + *Inf* (***no tienes más que mandarme un telegrama***)

tenerse sich (fest)halten (***en*** an); fest auf den Beinen stehen; fest stehen (*d.h.* nicht umfallen); *übertr* sich halten (***a alg*** *od* ***u/c*** an jmdn *od* etw); sich *für etw* halten (***este muchacho se tiene por muy sabio***); widerstehen, sich widersetzen; ***~ bien*** sich gut halten *jünger aussehen als man ist*; ***~ fuerte*** standhalten

Tenerife *f* Teneriffa *n*

tengo → ***tener***

tenia *f* MED Bandwurm *m*

tenida *f Am reg* Zusammenkunft *f*, Treffen *n*

teniente *m* Oberleutnant *m*; ***~ de alcalde*** stellvertretender *od* zweiter Bürgermeister *m*; ***~ coronel*** (***general***; ***de navío***) Oberst-(General-; Kapitän)leutnant *m*; ***~ cura*** REL Kaplan *m*; ***segundo ~*** Leutnant *m*

tenis *m* Tennis *n*; ***~*** *Pl* Tennisschuhe *m/Pl*; ***~ de mesa*** Tischtennis *n*, Pingpong *n*

ten|ista *m* Tennisspieler *m*; **~ístico** Tennis-

tenor[1] *m* Wortlaut *m*, Tenor *m*; ***a ~ con …*** gemäß …, im Einklang mit …; ***a ~ de*** angesichts + *Gen*

tenor[2] *m* MUS Tenor *m*; Tenorstimme *f*; **~io** *m* Frauenheld *m*, Don Juan *m*, Casanova *m*

tens|ar *tr* straffen; spannen; *Kräfte* anspannen; *Situation* verschärfen; **~arse** *Situation* sich zuspitzen; **~iómetro** *m* Blutdruckmessgerät *n*

tensión *f* EL, MECH, PHYS *u übertr* Spannung *f*; *geistige* Anspannung *f*; ***~*** (***arterial***) Blutdruck *m*; ***alta ~*** EL Hochspannung *f* ◇ ***tener ~***, ***tener la ~ alta*** (***baja***) (zu) hohen (niedrigen) Blutdruck haben

tens|ionante nervenaufreibend; **~o** *z.B. Seil u übertr Situation* gespannt; prall; angespannt *angestrengt*, *konzentriert*; *Verhandlungen* zäh

tent|ación *f* Versuchung *f*; **~áculo** *m* ZOOL Fühler *m*; Fangarm *m*, Tentakel *m,n*; **~ador** verlockend, -führerisch; Verführungs-; **~ar** ⟨-ie-⟩ *tr* befühlen, -tasten; abtasten; (aus)probieren; prüfen; *jmdn* versuchen, in Versuchung führen; verlocken, -führen

tentativa *f* Versuch *m*; SPORT *u übertr* Anlauf *m*; ***~ de homicidio*** (***robo***) versuchter Mord *m* (Raub *m*)

tentempié *m umg* Imbiss *m*, Snack *m*, Stärkung *f*

tenue zart, dünn, fein; *übertr* schwach; geringfügig

teñ|ido *m*, **~idura** *f* Färben *n*; Färbung *f*; **~ir** ⟨-i-; *3. Pers perfs Sg* **tiñó**, *Pl* **tiñeron**; *subj Imperf* **tiñera** *u* **tiñese**; *Ger* **tiñendo**⟩ *tr* färben *auch übertr*; MAL, *Haar* tönen

teocracia *f* Theokratie *f*; *i w S* Priesterherrschaft *f*

teología *f* Theologie *f*; ***~ de la liberación*** Theologie *f* der Befreiung ◇ ***no meterse en ~s*** nicht über Dinge reden, von denen man nichts versteht

teológico theologisch

teólogo *m* Theologe *m*

teorema *m* Theorem *n*, MATH, PHIL Lehrsatz *m*

teoría *f* Theorie *f*, Lehre *f*; ***~ de los conjuntos*** (***cuantos***) MATH Mengenlehre *f* (PHYS Quantentheorie *f*); ***~ del conocimiento*** Erkenntnistheorie *f*; ***~ de la convergencia***

T

(***relatividad***) Konvergenz-(Relativitäts)-Theorie *f*; ***~ de la descendencia*** Abstammungslehre *f* ◇ ***postular una ~*** eine Theorie aufstellen
teórico **I** *Adj* theoretisch **II** *m* Theoretiker *m*
teoriz|ante theoretisierend; **~ar** ‹-z/c-› *intr* theoretisieren; Theorieren *od* Lehren aufstellen
tequila *f Méx* Tequila *m Agavenschnaps*
terap|euta *m* Therapeut *m*, behandelnder Arzt *m*; **~éutico** therapeutisch, Heil-
terapia *f* MED Therapie *f*, Behandlung *f*; ***~ genética*** *od* ***génica*** (***de grupo***; ***~ ocupacional***; ***química***) Gen-(Gruppen-; Arbeits-, Beschäftigungs-; Chemo)therapie *f*
tercer *Kurzf von* → ***tercero*** *vorSubst/m*
tercera *f Fechten*, MUS Terz *f*; → ***tercero***
tercermundista POL, WIRTSCH der Dritten Welt
tercero **I** *Adj* dritte(r, -s) **II** *Adv* drittens **III** *m* Dritter *m in der Reihenfolge u dritte unbeteiligte Person*; Mittelsmann *m*; Vermittler *m*; *Sprichw* ***a la tercera va la vencida*** aller guten Dinge sind drei
terc|eto *m* LIT, MUS Terzett *n*; **~iar** **I** *tr* in drei Teile teilen, dritteln **II** *intr im Streit* eingreifen, vermitteln; sich beteiligen; *ins Gespräch* einfallen; **~iarse** *Gelegenheit* sich ergeben (***si se tercia, hablaré con él***); **~iario** GEOL **I** *Adj* tertiär **II** *m* Tertiär *n*; **~iarización** *f* Drittelung *f*, Dreiteilung *f*
tercio **I** *Adj* → ***tercero*** **I** **II** *m* Drittel *n*; SPORT Spieldrittel *n*; TAUR Phase *f*, Gang *m*, Runde *f*; Arenadrittel *n*; Abteilung *f der* → ***Guardia Civil***; ***el*** *od* ***ese*** (***un***) ***~*** *Ven auf Personen bezogen* der (jemand, einer) ◇ ***hacer buen*** (***mal***) ***~*** *jmdm etw* gelegen (ungelegen) kommen; ***hacer un mal ~ a alg*** jmdm übel mitspielen
terciopelo *m* Samt *m*
terco starrköpfig, halstarrig, stur; *übertr* hart, zäh
tereb|entina *f* → ***trementina***; **~into** *m* Terebinthe *f*, Terpentinbaum *m*
terebrante *Schmerz* bohrend
tergivers|ación *f* (Wort-)Verdrehung *f*, (Ver-)Fälschung *f*; Entstellung *f*; **~ar** *tr* verdrehen, (ver)fälschen; entstellen
tericia → ***ictericia***
term|al thermal, Thermal-; Bäder-; **~as** *f/Pl* Thermalbäder *n/Pl*; Thermalquellen *f/Pl*
térmic|a *f* MET Thermik *f*; **~o** thermisch; Wärme-
termin|acho *m* hässlicher *od* schwer aussprechbarer Fachausdruck *m*; unflätiger Ausdruck *m*; **~ación** *f* Beendigung *f*, Ende *n*, (Ab-)Schluss *m*; Fertigstellung *f*; GRAMM Endung *f*; *Frist* Ablauf *m*
terminado vorbei, zu Ende ◇ ***dar por ~*** beenden; RADIO, TV *Sendung* ausklingen lassen
terminal **I** *Adj* End-, Schluss-; *Krankheit* im Endstadium (***padecía un cáncer ~***) **II** *Subst f* VERK Endhaltestelle *f*, -station *f*; FLUGW Terminal *m,n*, Abfertigungs-, Abflughalle *f*; Flughafengebäude *n*; EISENB Kopf-, Sackbahnhof *m*; *i w S* Bahnhof *m*; ***~ de carga*** Luftfrachtgebäude *n*; ***~*** (***de autobuses*** *od* ***ómnibus***) Busbahnhof *m* **III** *m* TECH Ende *n*, End-, Abschlussstück *n*; MAR Umschlaganlage *f*; ***~*** (***de computadora***) (Computer-)Terminal *n*, Endgerät *n*; ***~ de contenedores*** MAR Containerterminal *m,n*; ***~ de entrada de datos*** INFORM Datensammelstelle *f*
terminante entschieden; aus-, nachdrücklich; endgültig; eindeutig
terminantemente strengstens (***está ~ prohibido ...***); entschieden *kategorisch*
terminar **I** *tr* beend(ig)en; (ab)schließen, zu Ende führen; erledigen; fertig stellen; *Studium* absolvieren; *Streit* beilegen, schlichten **II** *intr* enden, zu Ende gehen *bzw* sein; *Schmerz* abklingen; *Radiosendung* ausklingen; *Frist* ablaufen; *Vertrag* auslaufen; Schluss machen *mit etw od jmdm*; ***~ con u/c*** einer Sache ein Ende bereiten, aufräumen mit etw; ***~ de*** + *Inf* aufhören zu + *Inf*; → ***~ por*** + *Inf u* ***~*** + *Ger zur Wiedergabe von* schließlich, zum Schluss (***terminé por convencerlo***; ***se levantó y terminó diciendo***: ***...***); ***¡hemos terminado!*** endlich sind wir fertig!; **~se** *Vorrat* ausgehen, zu Ende gehen, alle sein *od* werden; → ***~ II***
término *m* Ziel *n*; Ende *n*, Schluss *m*; Gebiet *n*; Bereich *m*; Grenze *f*; Endpunkt *m*; Frist *f*; Termin *m*; Zeitraum *m*; Amtsperiode *f*; Zeitpunkt *m*; Fachausdruck *m*, -wort *n*, Terminus *m*; LING Ausdruck *m*; Begriff *m*; → ***~ técnico***; **~s** *Pl* Beziehungen *f/Pl*, Verhältnis *n*; Ausdrucksweise *f*, Sprache *f*; Worte *n/Pl*, Wortlaut *m*; ***~ de comparación*** (Vergleichs-)Maßstab *m*; ***~s de intercambio*** HDL Terms *Pl* of Trade; ***~ medio*** MATH Durchschnitt *m*, Mittel *n*; ***~s medios*** Halbheiten *f/Pl*, Halbherzigkeiten *f/Pl*; ***~ municipal*** Gemeinde- *bzw* Stadtgebiet *n bzw* -bezirk *m*; Weichbild *n*; ***~ tabú*** Tabuwort *n*; ***~ técnico*** Terminus technicus *m*; ***conforme al ~ fijado*** termingemäß, -gerecht; ***en el ~ de ...*** binnen ...; ***en ~s generales*** im Großen und Ganzen, im Allgemeinen; ***en otros ~s*** mit anderen Worten; ***en primer ~*** im Vordergrund, vorrangig; zunächst; ***en tales ~s*** unter diesen *od* solchen Umständen; ***en último ~*** schließlich, letztendlich, letzten Endes; ***por ~ medio***

im Durchschnitt, durchschnittlich ◇ ***cumplir*** (***fijar***) ***un ~*** einen Termin erfüllen (festlegen, *etw* auf Termin legen); ***dar ~*** abschließen, beenden (***a*** *Akk*); (***no***) ***estar en buenos ~s con alg*** mit jmdm (nicht) auf gutem Fuß stehen; ***llegar a*** (***buen***) ***~*** ein Ende nehmen; *Frist* ablaufen (zu einem guten Abschluss gelangen *od* kommen); ***llevar a*** (***buen***; ***mal***) ***~*** zu Ende führen (*etw* zu einem guten Ende führen; *etw* zu einem schlechten Ende führen); ***poner ~ a u/c*** einer Sache ein Ende bereiten, etw unterbinden

termin|ología *f* Terminologie *f*; **~ológico** terminologisch; fachsprachlich; **~ólogo** *m* Terminologe *m*

termo *m* Thermosflasche® *f*; (Trink-)Wasserbehälter *m*; → ***termosifón***; **~aislado** wärmeisoliert; **~aislante** wärmeisolierend; **~dinámica** *f* Thermodynamik *f*; **~economía** *f* Wärmewirtschaft *f*; **~electricidad** *f* Thermo-, Wärmeelektrizität *f*; **~estable** hitzebeständig; **~lábil** hitzeempfindlich; **~logía** *f* Wärmelehre *f*

termómetro *m* Thermometer *n*; ***~ clínico*** Fieberthermometer *n*

termo|nuclear thermonuklear; PHYS Kern-; **~plásticos** *m/Pl* Thermoplaste *m/Pl*; **~rregulador** *m* Temperaturregler *m*; **~rresistente** hitze-, wärmebeständig; **~sifón** *m* Boiler *m*, Warmwasserspeicher *m*; **~stato** *m* Thermostat *m*; **~tecnia** *f* Wärmetechnik *f*; **~terapia** *f* MED Wärmetherapie *f*; **~ventilador** *m* Heizlüfter *m*

terna *f* Dreiervorschlag *m bei Kandidatur für ein Amt*; *Personen* Dreiergespann *n*; *Würfelspiel* Dreier *m*

terne: ***~ que ~*** stur, starrköpfig, mit dem Kopf durch die Wand

terner|a *f* Färse *f*, Kalb *n*; Kalbfleisch *n*; **~o** *m* (Bullen-)Kalb *n*

terneza *f* Innigkeit *f*; ***~s*** *Pl* Liebkosungen *f/Pl*, Zärtlichkeiten *f/Pl*; Schmeicheleien *f/Pl*

terno *m dreiteiliger* Anzug *m Hose, Jacke, Weste*; *AmS reg allg* Anzug *m* ◇ ***echar*** *od* ***soltar ~s*** fluchen

ternura *f* Zärtlichkeit *f*, zärtliche Regung *f*; Liebe *f*; Schmeichelei *f*; ***con ~*** zärtlich, liebevoll

terquedad *f* Starrsinn *m*, Sturheit *f*

terr|acerías *f/Pl Am* Erdarbeiten *f/Pl*; **~acota** *f* Terrakotta *f*; **~ado** *m* flaches Dach *n*; Dachterrasse *f*

Terranova *f* Neufundland *n*; ♀ *m Hund* Neufundländer *m*

terr|aplén *m* Aufschüttung *f mit Erde*; (Bahn- *bzw* Erd-)Damm *m*; **~áqueo** Erd-; **~ario** *m* Terrarium *n*; **~ateniente** *m* (Groß-)Grundbesitzer *m*; Gutsbesitzer *m*; **~aza** *f* Terrasse *f*; (Blumen-)Beet *n*; Tongefäß *n*; **~azo** *m* Terrazzo *m Fußbodenbelag, Steinmosaik*

terremoto *m* Erdbeben *n*; ***~ secundario*** Nachbeben *n*

terrenal irdisch; Erden-

terreno I *Adj* → ***terrestre*** **II** *m* Gelände *n*, Terrain *n*; Gebiet *n auch übertr*; Bereich *m*; Boden *m*, (Bau-)Land *n*; Grund(stück *n*) *m*; GEOL Schicht *f*; ***~s*** Ländereien *Pl*; Liegenschaften *f/Pl*; ***~ abonado*** *übertr* (idealer) Nährboden *m*; ***~ cerril*** (***montañoso***) Hügel-(Berg)land *n*; ***~ cultivado*** *od* ***de cultivo*** Ackerland *n*; ***~ sin cultivar***, ***~ improductivo*** Brachland *n*; ***~ desconocido*** (wissenschaftliches) Neuland *n*; ***~ ferial*** HDL Messegelände *n*; ***~ inculto*** *od* ***yermo*** Ödland *n*; ***~ del juego*** SPORT Spielfeld *n*; ***~ pantanoso*** Moorboden *m*, Sumpfland *n*, Morast *m*; ***~ virgen*** LANDW *u übertr* Neuland *n*; ***en el ~ …*** *übertr* auf dem Gebiet …; ***en todos los ~s*** *übertr* auf allen Gebieten; allseitig; ***sobre el*** (***propio***) ***~*** an Ort und Stelle; vor Ort; ***todo ~*** → ***todoterreno*** ◇ ***ganar*** (***perder***) ***~*** *übertr* Boden gewinnen (verlieren); ***medir*** *od* ***tantear el ~*** *übertr* das Gelände *od* die Lage sondieren; ***minar*** *od* ***socavar el ~ a alg*** jmds Möglichkeiten untergraben; ***quedarse en ~ de nadie*** *übertr* auf verlorenem Posten stehen; ***sembrar el ~*** *übertr* den Weg ebnen *od* frei machen (***para*** für)

térreo irden; erdfarben; erdig

terr|estre irdisch, Erd-; Erden-; Land-, auf dem Landweg; **~ible** schrecklich *auch übertr*, furchtbar, entsetzlich, grässlich; furchtbar viel; gewaltig; enorm, außergewöhnlich; **~ícola** *m* Erdbewohner *m*; **~ier** *m Hund* Terrier *m*; **~ífico** → ***terrorífico***

territori|al territorial, Territorial-; Grund-; Hoheits-; Landes-; Gebiets-; **~alidad** *f* Territorialität *f*, Zugehörigkeit *f* zu einem Staatsgebiet

territorio *m* Territorium *n*, Gebiet *n*, Land *n*; Hoheitsgebiet *n*; ***~ aduanero*** (***federal***; ***nacional***) Zoll-(Bundes-; Staats)gebiet *n*; ***~ enemigo*** (***de nadie***) Feindes-(MIL *u übertr* Niemands)land *n*

terrón *m* (Erd-)Klumpen *m*; Brocken *m od* Stück *n von etw*; Stück *n* Land; ***~ de azúcar*** Stück *n* Zucker

terror *m* Schrecken *m*; Furcht *f*, Angst *f*; Terror *m* ◇ ***sembrar el ~*** terrorisieren; Schrecken *od* Terror verbreiten

terrorífico schrecken-, Furcht erregend, erschreckend

terrorismo *m* Terrorismus *m*; Terror *m*; ***~ de Estado*** Staatsterrorismus *m*; ***~ moral***

T

Gesinnungsterror *m*
terrorista I *Adj* terroristisch; Terror-; Terroristen- **II** *m(f)* Terrorist(in) *m(f)*
terruño *m* Erdreich *n*; (Acker-)Scholle *f*; Heimaterde *f*, heimatliche Scholle *f*; ***apegado al ~*** heimatverbunden, bodenständig
terso glatt; glänzend; *See* spiegelglatt; *Stil* geschliffen
tertuli|a *f* Kreis *m*, Runde *f*, Zirkel *m*, Gesellschaft *f von Personen*; Stammtisch (-runde *f*) *m*; Kränzchen *n*; INFORM Forum *n im Internet*; TV Talkshow *f*; **~(an)o** *m* Teilnehmer *m* an einer → ***~a***
Tesalia *f* Thessalien *n*
tes|alio I *Adj* thessalisch **II** *m* Thessalier *m*; **≗alónica** *f* → ***Salónica***; **~alónico I** *Adj* aus Saloniki **II** *m* Salonik(i)er *m*
tesaur|izar ⟨-z/c-⟩ *tr* in einem Thesaurus erfassen; **~o** *m* WISS Thesaurus *m*; LIT Sammlung *f*
tesina *f Esp* Diplom- *bzw* Magister- *bzw* Staatsexamensarbeit *f*
tesis *f* These *f*; Leit- *bzw* Lehrsatz *m*; ***~ (de doctorado), ~ (doctoral)*** Dissertation *f*, Doktorarbeit *f*; ***~ de grado** od **licenciatura*** → ***tesina***
tesón *m* Beharrlichkeit *f*; Hartnäckigkeit *f*; Unnachgiebigkeit *f*; ***con ~*** beharrlich; hartnäckig; unnachgiebig
tesorer|ía *f* Schatzamt *n*, -meisterei *f*; Kasse *f*; Finanzbehörde *f*; **~o** *m* Schatzmeister *m*; Kassenwart *m*, -verwalter *m*; Kassierer *m einer Vereinigung*; (Stadt-)Kämmerer *m*
tesoro *m* Schatz *m auch übertr*; Schatzkammer *f*; Schatzamt *n*; WISS Thesaurus *m*; ***~ público*** Staatskasse *f*, Fiskus *m*; ***~ de seguridad*** Tresor *m* ◇ ***valer un ~*** *übertr* Gold wert sein; *Sprichw* ***los ~s de maldad no serán de provecho*** Unrecht Gut gedeih(e)t nicht
test *m* ⟨*Pl* **~s** *od* **~**⟩ Test *m*; Prüfung *f*; → ***examen, prueba***; ***~ de alcoholemia*** (Blut-) Alkoholtest *m*; ***~ del embarazo*** Schwangerschaftstest *m*; ***~ genético (visual)*** Gen-(Seh)test *m* ◇ ***aprobar** od **superar el ~*** den Test bestehen; ***someter(se) a un ~*** testen, (sich) einem Test unterziehen
testa *f* Haupt *n Kopf*; Verstand *m*, *übertr* Kopf *m*, Köpfchen *n*; ***~ coronada*** gekröntes Haupt *n Monarch*
testad|o nach Hinterlassung eines Testaments; **~or** *m*, **~ora** *f* Erblasser(in) *m(f)*
testaferro *m übertr* Strohmann *m*
testament|aría *f* Testamentsvollstreckung *f*; **~ario I** *Adj* testamentarisch, letztwillig; Testaments- **II** *m* Testamentsvollstrecker *m*; **~ifacción** *f* Testamentserrichtung *f*
testamento *m* Testament *n*, letztwillige Verfügung *f*; ***~ abierto (cerrado)*** öffentliches (von Zeugen bestätigtes eigenhändiges *od* verschlossenes) Testament *n*; ***~ ante notario*** notarielles Testament *n*; ***~ político*** politisches Vermächtnis *n*; ***el Antiguo (Nuevo) ≗*** REL das Alte (Neue) Testament; ***por ~*** testamentarisch ◇ ***hacer (otorgar) un ~*** ein Testament machen (errichten); ***quebrantar (revocar) un ~*** ein Testament aufheben *od* umstoßen (widerrufen)
testar[1] *intr* ein Testament machen
testar[2] *tr Geschriebenes* (durch)streichen; *Ec* unterstreichen; **~udez** *f* Starrköpfigkeit *f*, -sinn *m*; Sturheit *f*; Eigensinn *m*; **~udo I** *Adj* starrsinnig; stur; eigensinnig; bockbeinig **II** *m übertr* Dickkopf *m*
test|e *m*, **~ículo** *m* ANAT Hoden *m*, *selten* Hode *f*
testific|ación *f* JUR Bezeugung *f*; Bescheinigung *f*; **~ar** ⟨-c/qu-⟩ **I** *tr* bezeugen; Zeugnis ablegen (*dir Obj* von); bescheinigen **II** *intr* (als Zeuge) aussagen; **~ativo** bezeichnend *kennzeichnend, charakteristisch*; beweisend
testigo I *m* JUR *u übertr* Zeuge *m*; *Staffellauf* Stab *m*; ***~ auricular, ~ de oídas*** Ohrenzeuge *m*; ***~ de cargo (descargo)*** Belastungs-(Entlastungs)Zeuge *m*; ***~ clave** od **principal*** Kron-, Hauptzeuge *m*; ***≗s de Jehová*** REL Zeugen *m/Pl* Jehovas; ***~ presencial*** Augenzeuge *m* **II** *f* Zeugin *f* ◇ ***citar a un ~*** einen Zeugen vorladen; ***hablar sin ~s*** unter vier Augen sprechen; ***poner por ~ a alg*** etw von jmdm bezeugen lassen, jmdn als Zeugen anrufen; ***presentar como ~*** als Zeugen benennen; ***ser ~ de u/c*** etw bezeugen können; etw miterlebt haben, dabei gewesen sein *umg* **II** *Adj* Kontroll-
testimoniar I *tr* bezeugen **II** *intr* aussagen
testimonio *m* Zeugnis *n Aussage*; Beweis *m*; Zeugenaussage *f*; Bekundung *f*; ***~ de condolencia** od **pesar*** Beileidsbekundung *f*; ***~ falso*** Meineid *m*; ***~ de valor*** Mutprobe *f*; ***~ de viaje*** LIT Reisebericht *m*; ***falso ~*** JUR Falschaussage *f* ◇ ***cometer falso ~*** eine Falschaussage *od* falsche Zeugenaussage machen; ***dar ~ de u/c*** von etw Zeugnis ablegen, etw bezeugen; *übertr* etw an den Tag legen; ***prestar ~ falso*** einen Meineid leisten
testosterona *f* PHYSIOL Testosteron *n*
tesura *f* → ***tiesura***
teta *f umg weibliche* Brust *f*; Titte *f vulg*; Brustwarze *f*; Euter *n*; Zitze *f* ◇ ***dar (la) ~*** *einem Säugling* die Brust geben
tétano(s) *m* Wundstarrkrampf *m*, Tetanus *m*
teter|a *f* Teekanne *f*; (Tee-, Wasser-)Kessel *m*; **~ía** *f* Teestube *f*; Café *n*
tet|illa *f männliche* Brustwarze *f*; **~ina** *f*

Sauger *m an der Säuglingsflasche*
tetrabrik® *m* Tetrapak *m Getränkekarton*
tetralogía *f* LIT, MUS, THEAT Tetralogie *f*; ***la ~ de los Nibelungos*** MUS der Ring der Nibelungen
tetrat|leta *m* SPORT Teilnehmer *m* am Vierkampf; **~lón** *m* SPORT Vierkampf *m*, Tetrathlon *n,m*
tétrico trübselig; finster; düster, unheimlich
tetuda vollbusig
teutón *m* Teutone *m*; *umg, oft verächtl* Deutscher *m*
Texas *m* Texas *n*
textil Textil-; **~era** *f* Textilfabrik *f*, -werk *n*; **~ero** *m* Textilarbeiter *m*; **~es** *m/Pl* Textilien *Pl*
texto *m* Text *m*, Wortlaut *m*; Vorlage *f*; ***~ abierto*** *od* ***no cifrado*** Klartext *m*; ***~ integral*** ungekürzte Fassung *f od* Ausgabe *f*; ***~ legal*** Gesetzestext *m*; ***~ oculto*** INFORM verborgener Text *m*; ***~ original*** Original (-text *m*) *n*; ***~ de presentación*** Klappentext *m*, Waschzettel *m*; ***~ publicitario*** Werbetext *m*; ***~ refundido*** Neufassung *f*; ***~ televisado*** TV Bildschirmtext *m*
textual wörtlich; text-, wortgetreu; textlich, Text-; **~mente** (wort)wörtlich; buchstäblich
textur|a *f* BIOL, TEXTIL Gewebe *n*, Faserung *f*; Weben *n*; Gefüge *n*, Struktur *f*, Aufbau *m*
tez *f* Gesichts-, Hautfarbe *f*, Teint *m*
ti *Pron nach Präp* (außer ***con***, → ***contigo***) dir; dich; ***de ~ para mí*** unter uns (gesagt); ***por ~*** deinetwegen; ***por ~ mismo*** du ganz allein *d.h. ohne fremde Hilfe*
Ti (*Symb für* ***titanio***) CHEM Ti
tía *f* Tante *f auch umg übertr*; *verächtl* Weib(stück) *n*; *umg Anrede an ältere Frauen*; *umg verächtl* Tussi *f*, Tusse *f*; ***~ abuela*** Großtante *f*; ***~ buena*** klasse Frau *f* ◇ ***quedarse para ~*** eine alte Jungfer bleiben
tianguis *m Méx* Wochenmarkt *m*; Marktplatz *m*
TIAR *m Abk für* ***Tratado Interamericano de Ayuda Recíproca***, → ***tratado***
Tíbet *m* Tibet *n*
tibetano **I** *Adj* tibet(an)isch **II** *m* Tibet(an)er *m*; das Tibet(an)ische
tibia *f* ANAT Schienbein *n*
tibio lau(warm); *übertr* lau; behaglich ◇ ***poner ~ a alg*** jmdn abkanzeln *od* herunterputzen; kein gutes Haar an jmdm lassen
tiburón *m* Hai(fisch) *m*; Hai *m profitgieriger u rücksichtsloser Unternehmer*
tic *m* ⟨*Pl* ***tics***⟩ Tic *m od* Tick *m nervöse Zuckung*
ticket *m* ⟨*Pl* ***tickets***⟩ (Flug-)Ticket *n*, Flugkarte *f*; Eintrittskarte *f*; Fahrkarte *f*; Fahrschein *m*; Schein *m*, Zettel *m*; Kassenbeleg *m*, -zettel *m*, (Kassen-)Bon *m*; Gutschein *m*; Abschnitt *m*; ***~ diario*** VERK Tageskarte *f*
tico *umg Bez für* → ***costarricense***
tictac *m on* Ticktack *n*; Ticken *n* ◇ ***hacer ~*** *Uhr* ticken
tiempo *m* Zeit *f*; Zeitdauer *f*; Zeitabschnitt *m*; Zeitpunkt *m*; Zeitraum *m*; Jahreszeit *f*; Wetter *n*; *Motor*, MUS Takt *m*; MUS Satz *m*; Tempo *n*; GRAMM Tempus *n*; ***~ de acceso*** INFORM Zugriffszeit *f*; ***~ de carga*** (***descarga***) MAR Lade-(Lösch)zeit *f*; ***~-ciclo*** *Arbeit(splanung)* Durchlaufzeit *f*; ***~ empleado*** *od* ***invertido*** Zeitaufwand *m*; ***~ de espera*** Wartezeit *f*; ***~ de estadía*** Wartezeit *f*, MAR Liegezeit *f*; ***~ de exposición*** (***funcionamiento***) FOTO Belichtungs-(TECH Betriebs-, Lauf)zeit *f*; ***~ ganado*** Zeitgewinn *m*; ***~ improductivo*** Verlustzeit *f*; ***~ laboral*** *od* ***de trabajo*** Arbeitszeit *f*; ***~ libre*** *od* ***de ocio*** Freizeit *f*; ***~-límite de aceptación*** FLUGW Check-in *n*, Meldeschluss *m*; ***~ de lluvias*** Regenzeit *f*; ***~ lluvioso*** Regenwetter *n*; ***~ de paro*** Ausfall-, Stillstandzeit *f*; ***~ de perros*** Hunde-, Sauwetter *n umg*; ***~ real*** INFORM Echtzeit *f*; ***~ récord*** Rekordzeit *f*; ***~ de servicio*(*s prestados*)** Dienstjahre *n/Pl*, -zeit *f*; ***~ de vacaciones*** Urlaubszeit *f*; ***a*** (***buen***) ***~*** rechtzeitig *zur rechten Zeit*; beizeiten; ***a ~ parcial*** Teilzeit-; ***a ~s*** ab und zu; ***a su ~*** rechtzeitig, zu gegebener Zeit; seinerzeit; ***a su ~ debido, en su debido ~*** pünktlich, rechtzeitig; ***a través del ~*** im Lauf(e) der Zeit; ***a un ~, al mismo ~*** gleichzeitig; ***al ~ de*** im Augenblick + *Gen*; ***al ~ que*** während + *Gen*; ***antes de(l) ~*** vorzeitig; voreilig; ***apremiado por el ~*** aus Zeitdruck; ***con ~*** rechtzeitig *früh genug*; in aller Ruhe; ***con buen ~*** bei schönem Wetter; ***con el*** (***este***) ***~*** mit der Zeit (bei diesem *od* solchem Wetter); ***de ~ en ~*** von Zeit zu Zeit; ***demasiado ~*** allzu lange; ***dentro de poco*** (***~***) bald; ***desde algún ~*** in letzter Zeit; ***desde hace mucho*** (***poco***) ***~*** seit langer *od* geraumer (kurzer) Zeit; ***después de algún ~*** nach einiger Zeit; ***durante algún*** (***mucho***) ***~*** eine Zeit lang (lange); ***el ~ apremia*** die Zeit drängt; ***en otros ~s*** früher, sonst; damals; ***en poco ~*** bald; ***en todo ~*** jederzeit; ***fuera de ~*** zur Unzeit, ungelegen; ***hace*** (***algún***; ***mucho***; ***poco***) ***~ que …*** es ist schon lange her, seit *od* dass …; eine Zeit lang (vor einiger Zeit; vor längerer Zeit; vor kurzem); ***medio ~*** SPORT Halbzeit *f*; ***¿***(***para***) ***cuánto ~?*** (auf) wie lange? ***¿por cuánto ~?*** für wie lange?; ***por ~ indefinido*** *od* ***indeterminado***

auf unbestimmte Zeit; unbefristet; für immer; ***por más ~*** länger *für längere Zeit*; ***primer*** (***segundo***) ~ SPORT erste (zweite) Halbzeit *f od* Spielhälfte *f*; ***sin perder ~*** unverzüglich; ***todo el ~*** die ganze Zeit ◇ ***acomodarse al ~*** sich den Gegebenheiten anpassen; ***dar ~ a alg*** jmdm Zeit lassen; ***dar ~ al ~*** sich Zeit lassen; nichts überstürzen; abwarten; ***darse buen ~*** sich amüsieren; ***durar mucho ~*** lange dauern; ***es ~ de*** + *Inf* (***que*** + *subj*) es ist (höchste) Zeit zu + *Inf* (dass + *Ind*); ***estar apretado de ~*** in Zeitnot sein; ***exigir*** *od* ***requerir mucho ~*** sehr zeitraubend sein; ***ganar ~*** Zeit gewinnen; ***hacer ~*** die Zeit überbrücken; ***hace buen*** (***mal***) ~ es ist schönes (schlechtes) Wetter; ***hay ~*** (***todavía***) es ist noch Zeit; ***no hay ~ que perder*** es ist keine Zeit zu verlieren; ***invertir*** (***mucho***) ~ (viel) Zeit auf- *od* verwenden; ***matar el ~*** die Zeit totschlagen; ***pasar el ~*** sich die Zeit vertreiben; die Zeit verbringen; ***poner a mal ~ buena cara*** gute Miene zum bösen Spiel machen; (***no***) ***tardar mucho*** (~) ***en*** + *Inf* (nicht) lange brauchen bei + *Dat od* für + *Akk*; (***no***) ***tener ~*** (keine) Zeit haben; ***tomarse el ~*** sich (die) Zeit nehmen; ***trabajar a ~ parcial*** Teilzeit arbeiten

tienda *f* Laden *m*, Geschäft *n*; Geschäftslokal *n*; KFZ Plane *f*; *Arg, Chi, Cu reg, Ven* Wäscheladen *m bzw* Bekleidungsgeschäft *n*; ***~ de autoservicio*** Selbstbedienungsladen *m*; ***~ del barrio*** *etwa* Tante-Emma-Laden *m umg*; ~ (***de campaña***) Zelt *n*; ***~ de comercio justo, ~ solidaria*** Eine-Welt-Laden *m*, Dritte-Welt-Laden *m*; ~ (***de comestibles*** *od* ***ultramarinos***) Lebensmittelgeschäft *n*; ***~ de compra-venta*** *Laden für* An- und Verkauf *m*; ***~ de*** *od* ***por departamentos*** *Am reg* Warenhaus *n*; ***~ de descuento*** Discountladen *m*, Discounter *m*; ~(***s***) ***especializada***(***s***) *od* ***del ramo*** Fachgeschäft *n* (Fachhandel *m*); ***~ libre de impuestos*** Duty-free-Shop *m*; ***~ de muebles*** Einrichtungshaus *n*; ***~ de productos naturales*** Bioladen *m*, Naturkostladen *m* ◇ ***abrir una ~*** INFORM *Programm* laden; ***abrir*** *od* ***poner*** (***batir*** *od* ***desmontar***; ***montar***) ***una ~*** einen Laden aufmachen (ein Zelt abbauen; ein Zelt aufschlagen); ***ir de ~s*** einen Einkaufsbummel machen; ***levantar la ~*** *übertr* seine Zelte abbrechen

tiene, ~n, ~s → ***tener***

tienta *f* MED Sonde *f*; Pfiffigkeit *f*, Schlauheit *f*; ***a ~s*** aufs Geratewohl ◇ ***andar a ~s*** (umher)tappen *od* (-)tapsen; *übertr* im Dunkeln tappen

tiento *m* Befühlen *n*, -tasten *n*; Blindenstock *m*; ***a ~*** tappend; tastend; ***con ~*** vorsichtig; behutsam, mit Bedacht ◇ ***dar un ~*** prüfen, *übertr* sondieren; *übertr jmdm* auf den Zahn fühlen; zum Glas greifen *einen trinken*

tierno I *Adj* zart *auch übertr*; zärtlich; *Gemüse* jung; *Nahrungsmittel, Obst u übertr* weich; mürbe; *Lebensalter* früh **II** *m Guat, Nic* Neugeborenes *n*; *Nic* Nesthäkchen *n*

tierra *f* ASTR, *hier meist* ***la ~***, EL, GEOL, LANDW Erde *f*; (Erd-)Boden *m*; lose Erde *f Sand*; Erdreich *n*; Land *n*; Ackerland *n*; (engere) Heimat *f*; ***~s*** *Pl* Ländereien *f/Pl*; ***~ adentro*** landeinwärts; im Landesinneren; ***~s antárticas*** (***árticas***) Antarktis *f* (Arktis *f*); ***~s bajas*** Flachland *n*, Tiefebene *f*; ***~ caliente*** (***fría***; ***templada***) *vertikale Klimazonen einiger Andenländer*: tropische Niederung *f* (andines Hochland *n*; gemäßigte Höhenstufe *f*); ***~ cultivable, de cultivo*** *od* ***labrantío*** (***sin cultivar***) LANDW Anbaufläche *f*, anbaufähiger Boden *m* (unbebautes Land *n*); ***~ firme*** Festland *n*; ***~ del Fuego*** Feuerland *n*; ***~ medicinal*** Heilerde *f*; ***~ de nadie*** MIL *u übertr* Niemandsland *n*; ***~s de nadie*** herrenloses Land *n*; ***~ pobre*** (***rica***) karger (ertragreicher) Boden *m*; ***~ prometida, ~ de promisión*** REL Gelobtes Land *n auch für Israel*; ***~ vegetal*** *Gartenbau* Mutterboden *m*, -erde *f*; ***~ virgen*** Neuland *n auch übertr*; ***bajo ~*** unter der Erde; BERGB unter Tage; ***de la ~*** *landwirtschaftliche Produkte* einheimisch, Inlands-; ***en ~*** am Boden; MAR auf Land; ***por ~*** auf dem Landweg(e), zu Lande; ***sin ~*** *Bauern* landlos ◇ ***caer a*** *od* ***en ~*** hinfallen; auf den Boden fallen; ***caer por ~*** umfallen; ins Wasser fallen *scheitern*; ***echar ~ a u/c*** *übertr* etw begraben, Gras über etw wachsen lassen; etw vertuschen; ***echar ~ a los ojos de alg*** *übertr* jmdm Sand in die Augen streuen; ***echar por ~*** *etw* umwerfen; *Reiter* abwerfen; zunichte machen; ***ganar*** (***perder***) ~ *übertr* Boden gewinnen (ausrutschen; abrutschen; den Boden unter den Füßen verlieren *auch übertr*); ***ir a ~, pasar a ~, pisar ~*** MAR an Land gehen; ***irse*** *od* ***venirse a ~*** zugrunde gehen; zunichte werden; ***precipitarse a ~*** FLUGW abstürzen; ***tomar ~*** FLUGW landen; ***se lo tragó la ~*** er ist wie vom Erdboden verschwunden; ***ver ~s*** die Welt sehen, sich in der Welt umsehen; *Sprichw* ***en ~ de ciegos, el tuerto es rey*** im Reich der Blinden ist der Einäugige König

tieso steif *auch übertr*; starr; *gesundheitlich* recht gut beieinander; stramm, straff; wacker; fest, hart *auch übertr*; starrsinnig; hartnäckig; unbeugsam; *übertr* kühl ◇ ***estar ~*** abgebrannt sein *kein Geld haben*; ***tenérselas tiesas*** auf seiner Meinung be-

T

harren (***a alg*** gegenüber jmdm); ***¡tente ~!*** bleib fest!; halt die Ohren steif!
tiesto *m* Blumentopf *m*; *Chi* Topf *m*, Gefäß *n*; ***~s*** *Pl* Scherben *f/Pl eines Tongefäßes* ◇ ***mear fuera del ~*** *vulg* an der Sache vorbeireden *umg*; aus der Rolle fallen, sich danebenbenehmen *umg*
tiesura *f* Steifheit *f auch übertr*; Straffheit *f*; Starre *f*, Starrheit *f*
tífico *m* Typhuskranker *m*, -patient *m*
tif|o *m* → ***tifus***; ***~ón*** *m* Taifun *m*; MAR Wasserhose *f*
tifus *m* Typhus *m*; ***~ exantemático*** *od* ***petequial*** Fleckfieber *n*
tigra *f Am* Jaguarweibchen *n*; → ***tigresa***
tigre I *m* Tiger *m*; Wüterich *m*; *Am* Jaguar *m*; ***~ de Bengala, ~ real*** Bengalischer Tiger *m*, Königstiger *m*; ***~ de papel*** POL Papiertiger *m* ◇ ***comer como un ~*** gierig essen; ***oler a ~*** *Esp* nach Schweiß riechen; ***ponerse como un ~*** in (eine Mords-)Wut geraten **II** *f* → ***tigresa***
tigresa *f* Tigerweibchen *n*
tijera *f* Schere *f in dieser Bedeutung auch **~s** Pl*; Zunge *f der Schlange*; Lästermaul *n*, -zunge *f*; ***~(s) cortaalambre(s)*** Drahtschere *f*; ***~(s) de*** *od* ***para trinchar*** Transchierschere *f*; ***~(s) de uñas*** Nagelschere *f*; ***buena ~*** starker Esser *m* ◇ ***echar*** *od* ***meter la(s) ~(s)*** die Schere ansetzen FIN *Mittel kürzen od streichen*
tijer|ada *f* → ***~etada***; ***~eta(s*** *Pl*)*f Dim von* → ***tijera***; ***~etada*** *f*, ***~etazo*** *m* Schnitt *m* mit der Schere; ***~etear I*** *tr/intr* mit der Schere (zer)schneiden, (zer)schnippeln **II** *intr* sich in fremde Angelegenheiten (ein)mischen; *Am reg* (herum)lästern; ***~eteo*** *m* Schneiden *n*, Schnippeln *n mit der Schere*; Scherengeklapper *n*; *Am reg* Herumlästern *n*, Bekritteln *n*; ***~illa*** *f*, ***~uela*** *f Dim von* → ***tijera***
tila *f* Lindenblüte *f*; Lindenblütentee *m*
tild|ar *tr* mit Tilde *bzw* Akzent versehen; *Geschriebenes* (aus- *od* durch)streichen; *jmdn od etw* bezeichnen (***de*** als); *etw* abtun (***de*** als); *jmdn* abstempeln (***de*** als); *jmdn* beschuldigen *od* bezichtigen (***de*** *Gen*); ***~e*** *f* Tilde *f*; *orthographischer* Akzent *m*; Makel *m*; Kleinigkeit *f*, Belanglosigkeit *f*; ***~ón*** *m* Strich *m durch Geschriebenes*
tilín *m on* Geklingel *n*; ***en un ~*** im Nu ◇ ***hacer ~*** kling(e)ling machen; Anklang finden, gefallen; ***¿ya te hizo ~?*** ist der Groschen endlich gefallen?; hat's endlich geklingelt bei dir?
tilingo *Méx*, *Pe*, *Rpl* unvernünftig, dumm; *Arg* verrückt, albern
tilo *m* Linde(nbaum *m*) *f*; Lindenholz *n*; *Arg*, *Chi* Lindenblütentee *m*
tim|ador *m* Betrüger *m*, Gauner *m*; ***~ar*** *tr jmdn* betrügen *od* übers Ohr hauen *umg*; ***~arse*** sich zublinzeln
timbal *m* (Kessel-)Pauke *f*; (Hand-)Pauke *f*; Fleischpastete *f*; ***~es*** *Pl vulg* Eier *n/Pl Hoden*
timbiriche *m Cu*, *Méx* Verkaufsbude *f*, Kramladen *m*
timbo *m*: ***del ~ al tambo*** *Col*, *Cu* von Pontius zu Pilatus
timbr|ar *tr* (ab)stempeln, mit einem Stempel versehen; ***~azo*** *m* starkes Klingeln *n*; *Cu* TEL Anruf *m*
timbre *m* Stempel *m*; Gebührenmarke *f*; Klingel *f*; Klingelknopf *m*; TEL Läuten *n*, Klingeln *n*; TEL Rufzeichen *n*; EISENB *u allg* Läutewerk *n*; *Stimme* Klang(farbe *f*) *m*, Timbre *n*; *Wappen* Adelsinsignie *f*; Wappenspruch *m*; *Am reg* Briefmarke *f*; ***~ de alarma*** Alarmklingel *f*; Alarmknopf *m*; *i w S* Notbremse *f*; ***~ de correo, ~ postal*** Poststempel *m*; ***~ de gloria*** Ruhmestat *f*; *übertr* Ruhmesblatt *n*; ***~ (móvil)*** Steuermarke *f*; Stempelmarke *f* ◇ ***tocar el ~*** klingeln, läuten; den Klingelknopf drücken
timidez *f* Schüchternheit *f*; Zaghaftigkeit *f*; Scheu *f*; ***con ~*** ängstlich
tímido schüchtern; zaghaft; scheu; ängstlich
timo[1] *m* Betrug *m*, Gaunerei *f*, Gaunertrick *m*
timo[2] *m* ANAT Thymusdrüse *f*
timón *m* FLUGW, MAR (Steuer-)Ruder *n*; *Wagen* Deichsel *f*; *Am* KFZ Steuer *n*, Lenkrad *n*; KFZ Fahrer(in) *m(f)*; ***timones*** *Pl* FLUGW Leitwerk *n*; ***~ de altura (dirección)*** FLUGW Höhen-(Seiten)ruder *n* ◇ ***coger*** *od* ***empuñar el ~*** das Steuer in die Hand nehmen *auch übertr*; *übertr* ans Ruder kommen; *Am* das Lenkrad ergreifen; ***estar al ~, llevar el ~ (del Estado)*** POL *übertr* am Ruder sein
timonel *m* MAR Rudergänger *m*, -gast *m*, Steuermann *m*; Bootsführer *m*; SPORT Mannschaftskaptän *m*
tímpano *m* Pauke *f*; MUS Zimbal *n*; ANAT Trommelfell *n*; BÜRO Druckkissen *n einer Adrema®*; *Fass* Deckel *m bzw* Boden *m*
tin|a *f* Bottich *m*, Trog *m*; (Wasch-, *Am auch* Bade-)Wanne *f*; ***~aja*** *f* Tonkrug *m*; irdenes Gefäß *n*
tinc|a *f*, ***~ada*** *f Arg*, *Chi* Vorahnung *f*, Gespür *n*; ***~ar(se)*** ⟨-c/qu-⟩ *intr Arg*, *Chi* (so) eine Ahnung *od* ein Gespür haben
tinción *f* CHEM, MED Färbung *f*
tinerfeño I *Adj* aus Teneriffa **II** *m*, ***-a*** *f* Einwohner(in) *m(f)* von Teneriffa
tinglado *m* (Bretter- *bzw* Lager-)Schuppen

m; Bretterbühne *f*; *auch* Tribüne *f*; Machenschaften *f/Pl*, Intrigen *f/Pl*; *verächtl übertr* Laden *m* ◇ ***se viene abajo todo el ~*** *übertr* der ganze Laden bricht jämmerlich zusammen

tinieblas *f/Pl* Finsternis *f*, Dunkelheit *f* ◇ ***estar en ~*** im Dunkeln tappen *keine Ahnung haben*

tino *m* Geschick(lichkeit *f*) *n*; Fein-, Fingerspitzengefühl *n*; Augenmaß *n*; Treffsicherheit *f auch übertr*; ***con buen ~*** *übertr* treffend ◇ ***perder el ~*** *übertr* aus der Fassung geraten; ***sacar de ~*** *übertr* aus der Fassung bringen

tinta *f* Tinte *f*; Farbe *f*; Farbton *m*; ***~ china*** (Auszieh-)Tusche *f*; ***~ estilográfica*** Füllhaltertinte *f*; ***~ de imprenta, ~ negra*** Druckerschwärze *f*; ***~ simpática*** sympathetische Tinte *f*, *unsichtbare* Geheimtinte *f*; ***~ para tampón*** *od* ***tampones, ~ de timbrar*** Stempelfarbe *f*; ***~ tipo(lito)gráfica*** Druckfarbe *f*; ***escrito con ~*** *übertr* schwarz auf weiß; ***¡nada de medias ~s!*** keine Halbheiten!; ***sin medias ~s*** unverhohlen ◇ ***pasar a*** *od* ***en ~*** mit Tusche ausziehen; ***recargar las ~s*** dick auftragen *übertreiben*; ***saber de buena ~*** *etw* aus sicherer Quelle haben; ***sudar ~ (negra)*** sich abrackern, schuften

tint|ado *Scheibe* getönt; ***~aje*** *m* TYP Einfärbung *f*; ***~ar*** *tr* färben; → ***teñir***; ***~e*** *m* Färben *n*; Färbung *f*; Färbemittel *n*, Farbstoff *m*, Farbe *f*; Färberei *f*; *übertr* Anflug *m*, -strich *m*, Hauch *m*; → ***tintorería***; ***~erillo*** *m Am* Winkeladvokat *m*

tintero *m* Tintenfass *n*; TYP Farbkasten *m*, -werk *n* ◇ ***dejar(se) u/c en el ~, quedársele a alg u/c en el ~*** etw verschwitzen *vergessen*; etw übergehen *nicht erwähnen*

tint|ín *m* Klingeln *n*; Bimmeln *n*; *Geschirr* Klirren *n*, Geklirr *n*; *Gläser* Klingen *n*; ***~in(e)ar*** *intr* klingeln; bimmeln; klirren; klingen; ***~ineo*** *m* → ***~ín***

tint|o *Part von* → ***teñir*** **I** *Adj* dunkelrot **II** *m* → ***vino² tinto***; *AmS reg* Kaffee *m* schwarz; ***~orería*** *f* chemische Reinigung *f als Dienstleistungsgeschäft*; Färberei *f*; *Am* Wäscherei *f*, Waschanstalt *f*; ***~orero*** *m* Färber *m*; ***~orro*** *m umg* → ***vino² tinto***; ***~ura*** *f* Färben *n*; Färbung *f*; Tinktur *f*; Schminke *f*; Schimmer *m oberflächliche Kenntnis*; ***~urar*** *tr* → ***teñir, tintar***; ***~urarse*** *umg* sich nur oberflächliche Kenntnisse *von etw* aneignen

tiña *f* (Kopf-)Grind *m*, Krätze *f*; Schäbigkeit *f*, Knauserei *f*; ***más viejo que la ~*** *z.B. Witz* uralt

tiñoso grindig; schäbig, knaus(e)rig

tío *m* Onkel *m*; *verächtl od lobend* Kerl *m*, Type *f*; *reg* Stiefvater *m*; *umg Anrede* Alter *m bzw* Junge *m*; *verächtl* einer vom Dorf, *übertr* Bauer *m*; ***~s*** *Pl* Onkel *m* und Tante *f*; ***~ abuelo*** Großonkel *m*; ***~ carnal (segundo*** *bzw* ***tercero)*** leiblicher Onkel *m* (Onkel *m* zweiten *bzw* dritten Grades); ***~ flojo*** Memme *f*, *übertr* Flasche *f*, Waschlappen *m*; ***♀ Sam*** Uncle Sam *m*; ***el ~ (rico) de América*** der Erbonkel, *übertr* der Onkel aus Amerika; ***¡menudo ~!, ¡valiente ~!, ¡vaya un ~!*** ein Pfundskerl!; ***¡qué ~!*** ein Mordskerl!, ein toller Bursche!; ein übler Patron!

tiovivo *m* Karussell *n*

tip *m* Tipp *m Hinweis*

tip|ario *m Schreibmaschine bzw -gerät, Computer* Tastenfeld *n*, Tastatur *f*; ***~ear*** *intr* tippen *Schreibmaschine schreiben*

tip|eja *f vulg* Miststück *n*, Luder *n*; ***~ejo*** *m* komischer Kauz *m*, eigenartige Type *f*; ***~icismo*** *m* → ***tipismo***

típico typisch, charakteristisch, unverkennbar, bezeichnend (***de*** für); JUR Tatbestands-

tip|ificación *f* Typisierung *f*, Standardisierung *f*; Verkörperung *f*; Einstufung *f*; JUR Tatbestandsdarstellung *f*; ***~ificar*** ⟨-c/qu-⟩ *tr* typisieren, standardisieren; *typische Merkmale* verkörpern; einstufen; JUR den Tatbestand darstellen; ***~ismo*** *m* Eigentümlichkeit *f*, typische Eigenart *f*

tipo *m* Typ(us) *m*; Urbild *n*, Grundform *f*; Gattung *f*, Art *f*; TECH Ausführung *f*; Baureihe *f*; Muster *n*, Modell *n*; Wuchs *m*, Körperbau *m*, Figur *f*; TECH, TYP *u übertr Person* Type *f*; TYP Letter *f*; Kerl *m*, Person *f*, *übertr* Typ *m*; FIN Satz *m*; FIN Kurs *m*; ***~s*** *Pl* Schrift(art) *f*; ***~ base*** Eckzins *m*; ***~ de cambio*** *od* ***conversión (estable; fijo; flexible; libre; oficial)*** (stabiler; fester; flexibler; freier; amtlicher *od* offizieller) Umrechnungs- *od* Wechselkurs *m*; ***~ de comisión*** Provisionssatz *m*; ***~ corriente (especial)*** TECH Standardausführung *f* (Sonderbauart *f*, -ausführung *f*); ***~ de cotización*** Beitragssatz *m*; ***~ de descuento (pignoración)*** FIN Diskont-(Lombard)satz *m*; ***~ ecológico*** BIOL Ökotyp *m*; ***~ de embalaje*** *od* ***envase (envío)*** Verpackungs-(Versand)art *f*; ***~s de gastos*** Spesensätze *m/Pl*; ***~s gruesos*** Fettschrift *f*; ***~ (mínimo) impositivo*** (Mindest-)Steuersatz *m*; ***♀ (de Interés) Anual Equivalente*** *Esp Zinsgewinn* durchschnittliche Jahresrentabilität *f*; ***~ de interés (efectivo*** *od* ***real; fijo; variable)*** (effektiver; fester; variabler) Zinssatz *m*; ***~ (reducido) de IVA*** (ermäßigter) Mehrwertsteuersatz *m*; ***~ normal (raro)*** Durchschnittsmensch *m*; TECH Standardmodell *n* (seltsamer Vogel *m eigenartiger od son-*

T

derbarer Mensch); **~ de referencia** FIN Referenzkurs *m*; **al ~ máximo** (**medio**; **mínimo**) zum Höchst-(Mittel-; Mindest)kurs; **un ~ muy chévere** *Col*, *Cu*, *Méx*, *PR* ein dufter Kumpel, ein prima Kerl ◇ **no es mi ~** er *bzw* sie ist nicht mein Typ *od* Geschmack; **¿quién es ese ~?** was ist denn das für einer?; **mantener el ~** sich nichts anmerken lassen, das Gesicht wahren, keine Miene verziehen; **tener buen** (**mal**) **~** eine (keine) gute Figur haben

tipo|grafía *f* Buchdruck *m*, Typografie *f*; (Buch-)Druckerei *f*; **~gráfico** drucktechnisch, typografisch; Buchdrucker-; Druck-

tipógrafo *m*, **-a** *f* (Buch-)Drucker(in) *m(f)*, Typograph(in) *m(f)*; *i e S* Setzer(in) *m(f)*

tipo|logía *f* Typologie *f*; **~lógico** typologisch; **~metría** *f* Schrifthöhenmessung *f*, Typometrie *f*

tique(te) *m* → **ticket**

tiquismiquis *m(f)* Meckerer(-in) *m(f)*, Nörgler(in) *m(f)*, Miesmacher(in) *m(f)*; **~** *Pl grundlose* Bedenken *Pl*; Belanglosigkeiten *f/Pl*; Getue *n*

TIR *m* (*Abk für* **Transportes Internacionales en Ruta**) TIR *m*

tira I *f Papier*, *Stoff*, *Leder*, *Haut usw* Streifen *m*; Lasche *f zum Ziehen od Aufreißen*; **~s cómicas** Comics *m/Pl*; **~ de cuero** Abzieh- *bzw schmaler* Lederriemen *m*; **~ de goma** Gummiband *n*; **~ perforada** Lochstreifen *m*; **la ~ de ...** *umg* eine ganze Menge ..., sehr viele ... **II** *m*: **~ y afloja** *m bes* POL *übertr* Tauziehen *n*, Gerangel *n*, Hickhack *m,n*; **después de mucho** *od* **gran ~ y afloja** nach langem Hin und Her

tira|buzón *m* Korkenzieher *m*; Korkenzieherlocke *f*; *Flugzeug* Trudeln *n*; **~cantos** *m* Aufschneider *m Prahler*; Null *f Versager*; **~chinas** *m od* **~chinos** *m* Stein-, Gummischleuder *f*, Katapult *n,m*

tirada *f* Werfen *n*, Wurf *m*; Ziehen *n*, Zug *m*; JAGD Schießen *n*; Zeit(raum *m*) *f*; (Weg-)Strecke *f*; Tirade *f*, Folge *f von Versen usw*; BUCHW, TYP, ZTGSW Auflage(nhöhe) *f*; TYP Abzug *m*; **~ aparte** (**inicial**) BUCHW, TYP Sonderdruck *m* (Startauflage *f*); **~ en masa** Massenauflage *f*; **de una ~** *übertr* in einem Zug(e)

tirad|ero *m* JAGD Anstand *m*, -sitz *m*, Hochsitz *m*; **~o** spottbillig, geschenkt; kinderleicht

tirador *m* Schütze *m auch* MIL; *Tür*, *Schublade* Griff *m*; Katapult *n,m*, Stein-, Gummischleuder *f*; *Arg* Schubfach *n*; **~es** *Pl Arg* Hosenträger *m/Pl*; **~ de precisión** Scharfschütze *m*

tira|fondo *m* große Holzschraube *f*; **~frictor** *m Geschütz* Abreißleine *f*; *Handgranate* Abreißschnur *f*; **~gomas** *m Am u Esp reg* → **tirachinas**; **~je** *m Am* BUCHW, TYP, ZTGSW → **tirada**; **~líneas** *m* Reißfeder *f*

tiranía Tyrannei *f*, Willkürherrschaft *f*; Diktatur *f*

tiránico tyrannisch, Tyrannen-

tiran|ización *f* Tyrannisierung *f*; **~izar** ⟨-z/c-⟩ *tr* tyrannisieren, unterdrücken; **~o** *m* Tyrann *m*; Diktator *m*

tirante I *Adj* gespannt *auch übertr Beziehungen*; straff **II** *m* Tragriemen *m*; Schulterriemen *m*; Träger *m am* (*Unter-*)*Kleid*; Spannseil *n*; Hemmkette *f*, -vorrichtung *f*; **~s** *Pl* Hosenträger *m/Pl*

tirantez *f* POL *u allg* Spannung *f*; Straffheit *f*

tirar I *tr* werfen; (hinaus-, raus)werfen, (-)schmeißen (**por** aus); wegwerfen, -schmeißen; zu Boden werfen; hineinwerfen; umwerfen; umstürzen; ab-, niederreißen; *Baum* fällen; *jmdm etw* zuwerfen *auch übertr*; TECH auswerfen; *Geld* vergeuden; *Ware* verschleudern; *jmdm z.B. einen Schlag* versetzen; *Linien*, *Kreise*, *Draht u allg* ziehen; drucken; TYP, FOTO abziehen; FOTO *Aufnahme* machen *od* schießen; *etw jmdm* Freude *od* Spaß machen (**no le tira el estudio**) **II** *intr* ziehen (*d.h. Zugkraft haben*, *auch übertr*, *u* **de u/c** an etw); *Waffe* (heraus)ziehen, zücken (**de** *Akk*: **tiró de la navaja**); PHYS anziehen (**de u/c** *Akk*); *z.B.* KFZ ab-, einbiegen; *Weg* einschlagen; *jmdm* ähneln, ähnlich sehen (**a** *Dat*); *übertr* neigen (**a** + *Inf* dazu + *Inf*); *auf etw* hinarbeiten; **¡tira!** es zieht!; **tirando a gris** (**loco**; **pobre**) beinahe grau (halb verrückt; ärmlich aussehend); **~ a viejo** ältlich aussehen; **ir tirando** einigermaßen *od* gerade so zurechtkommen, sich durchschlagen **III** *intr/tr* (*auf jmdn od etw*) schießen *auch Fußball*, feuern, Schüsse *od* einen Schuss abgeben; *Am reg vulg* ficken, vögeln, bumsen; **~ fuera** *Fußball u bei Schießübung* daneben- *od* vorbeischießen; **~ largo** (zu) weit schießen; **~ a matar** scharf *bzw* gezielt schießen; **~se** sich stürzen (**a** auf; in); springen; *mit dem Fallschirm* abspringen; sich hinwerfen; sich hinaus- *bzw* hinunterstürzen; *mit jmdm* schlafen *Geschlechtsverkehr haben*

tirio *m*: **~s** *Pl* **y troyanos** Vertreter *m/Pl* entgegengesetzter Meinungen und Interessen

tirit|a® *f* MED Heftpflaster *n*; **~aña** *f* dünner Seidenstoff *m*; Geringfügigkeit *f*; **~ar** *intr* frösteln, zittern, bibbern *umg*

tiro *m* Wurf *m*; Schuss *m auch Fußball*, *sowie Munitionsvorrat u Drogenkonsum*; Schießen *n*; Beschuss *m*; MIL Feuer *n*; Einschuss *m*; *Zugtiere* Gespann *n*; Zugleine *f bzw* -seil *n*, Strang *m*; *Kleidung* Schulterbreite *f*; *Stoff* Breite *f*; *Hose* Schritt(weite *f*) *m*; *übertr* (schwerer) Schlag *m*; *übertr* (übler) Streich *m*; verletzendes *od* bissiges Wort *n*; *Am* Auflage(nhöhe) *f*; **~ al aire** Warnschuss *m*; *übertr* Schuss *m* in den Ofen, Schlag *m* ins Wasser; **~ con (sin) bala** scharfer (blinder) Schuss *m*; **~ al blanco** Scheibenschießen *n*; **~ certero (errado** *od* **fallado** *od* **marrado)** Treffer *m* (Fehlschuss *m*, *scherzh übertr* Fahrkarte *f*); **~ de esquina (~ libre; ~ penal)** SPORT Eckball *m* (Freistoß *m*; Elfmeter *m*, Strafstoß *m*); **~ de gracia** Gnadenschuss *m*; JAGD Fangschuss *m*; **~ en la nuca** Genickschuss *m*; **a ~** in Schussweite; in Reichweite; **a ~ hecho (limpio)** genau, treffsicher; ganz gezielt *vorsätzlich, mit Vorbedacht* (mit Waffengewalt); **al ~** *AmC, Chi, Col, Ec, Pe* sofort, auf der Stelle; **de ~s largos** piekfein (angezogen); **ni a ~s** um nichts in der Welt ◇ **acertar (errar** *od* **marrar) el ~** treffen (danebenschießen; sich irren *od übertr* verrechnen); **andar** *od* **estar a ~s con alg** mit jmdm verkracht sein; **andar a ~ limpio** wahllos herumknallen; **descerrajar un ~ a alg** jmdm eins auf den Pelz brennen *auf jmdn schießen*; **disparar un ~** einen Schuss abgeben *od* -feuern; **estar a ~ de piedra** nur einen Steinwurf weit entfernt sein; **matar a ~s** *jmdn* erschießen; **pegarle un ~ a alg** jmdn abknallen; **pegarse un ~** sich erschießen, sich eine Kugel durch den Kopf jagen; **el tiro le saldrá (salió) por la culata** *übertr umg* der Schuss wird nach hinten losgehen; die Rechnung wird nicht aufgehen, er *bzw* sie wird sich ins eigene Fleisch schneiden (er *bzw* sie hat sich verrechnet *od* ins eigene Fleisch geschnitten *od* der Schuss ging nach hinten los).

tiroides *m* Schilddrüse *f*

Tirol *m*: **el ~** Tirol *n*

tirolés I *Adj* Tiroler, tirol(er)isch **II** *m* Tiroler *m*; *Mundart* das Tirol(er)ische

tirón *m* Zug *m*, Ruck *m*; Ziehen *n*, Zerren *n*; *umg gewaltsamer* Handtaschenraub *m*; **tirones** *Pl* Reißen *n*, Ziehen *n Schmerzen*; **~ de** *od* **en los precios** Preisauftrieb *m*; **de un ~** auf einmal; ununterbrochen, hintereinander weg; *beim Trinken* mit einem Zug, ohne abzusetzen ◇ **dar un ~** ziehen, zerren (**de** + *Körperteil*, **a** + *Gegenstand* an)

tironero *m umg* Handtaschenräuber *m*

tirote|ar I *intr* (herum)schießen, (herum)ballern *umg* **II** *tr* beschießen; **~o** *m* Schießerei *f*, Schusswechsel *m*; MIL *u übertr* Geplänkel *n*

tirria *f* Abneigung *f*, Widerwille *m*; Groll *m*; Wut *f*

tisana *f* Kräutertee *m*

tísico schwindsüchtig ◇ **ser ~** Tb(c) haben

tisis *f* Schwindsucht *f*, Tb(c) *f*

tisú *m* Brokat(stoff) *m*

tit|án *m* MYTH *u übertr* Titan *m*; **~ánico** riesig; Riesen-; titanisch, Titanen-; **~anio** *m* CHEM Titan *n*

títere I *m* Marionette *f auch* POL *übertr*; Hampelmann *m auch übertr*; Knirps *m*; Trottel *m*; **~s** *Pl* Kasperle-, Marionettentheater *n* ◇ **no dejaron** *od* **no quedó ~ con cabeza** es wurde alles kurz und klein geschlagen **II** *Adj* POL *übertr* Marionetten-

titirit|ar *intr* → **tiritar**; **~ero** *m* Puppenspieler *m*

titub|eante wankend; wankelmütig; schwankend; stammelnd; **~ear** *intr* (hin und her) schwanken; wanken; unschlüssig sein, zögern; stammeln

titubeo *m* Schwanken *n*; Unschlüssigkeit *f*, Zögern *n*; Wankelmütigkeit *f*; Stammeln *n*; **sin ~s** ohne zu zögern, unverzüglich

titulación *f* Erteilung *f* eines Rechts *bzw* (Rechts-)Titels; CHEM Titrieren *n*; TYP → **titulado II**; **titulaciones** *Pl persönliche* Titel *m/Pl bzw akademische* Grade *m/Pl*; **~ académica** *od* **universitaria** Universitäts-, Hochschulabschluss *m*

titul|ado I *Adj* unter *od* mit der Überschrift **II** *m* Betitelung *f*, Überschrift *f*; Inhaber *m* eines akademischen Titels; Träger *m* eines Adelstitels; Abgänger *m mit Abschluss einer Mittel- od Oberschule*; (Hochschul-) Absolvent *m*; **~aje** *m Am* TYP → **~ado II**

titular[1] **I** *Adj* ordentlich (**profesor ~**) **II** *m(f)* Inhaber(in) *m(f) z.B. eines Rechts od Titels od Kontos usw*; Amtsinhaber(in) *m(f)*, -träger(in) *m(f)*; *auch* Minister(in) *m(f)*; Leiter(in) *m(f)*; Wortführer(in) *m(f)*; Träger(in) *m(f) einer Auszeichnung od Titels*; KFZ Fahrzeughalter(in) *m(f)*; ZTGSW Schlagzeile *f*, Überschrift *f*; **~ de una jubilación** *od* **pensión** Rentenempfänger(in) *m(f)*; **grandes ~es** ZTGSW Balkenüberschrift *f*

titul|ar[2] *tr* betiteln; eine Überschrift geben; titeln; benennen; titulieren; *jmdm* einen Titel verleihen; CHEM titrieren; **~arse** *z.B. Buch, Film u.Ä.* heißen, den *od* zum Titel haben; sein Diplom machen; SPORT + *Bez des Titels* den Titel *z.B. eines Europameisters* erringen

titulillo *m* TYP Kolumnentitel *m*; **~s** *Pl* Kleinigkeiten *f/Pl*

título *m* Titel *m*; Überschrift *f*; (akademischer) Grad *m*; Buch *n*, Werk *n*, Veröffentlichung *f*; Benennung *f*; Urkunde *f*; Diplom *n*; Anrecht *n*, Rechtsanspruch *m*; Wertpapier *n*; **~s** *Pl* Effekten *Pl*

T

Wertpapiere; ~ ***académico*** Universitätsdiplom *n*, -zeugnis *n*; ~ ***de bachiller*** Abiturzeugnis *n*; ~***s de crédito*** FILM Vorspann *m*; ~ ***de gloria*** *iron übertr* Ruhmesblatt *n*; ~ ***hipotecario*** Pfandbrief *m*, Schuldverschreibung *f*; ~ ***honorífico*** (***legal***; ***nobiliario***) Ehren-(Rechts-; Adels)titel *m*; ~ ***intermedio*** TYP Zwischentitel *m*; ~ ***nominativo*** FIN Namenspapier *n*; ~ ***a la orden*** (***al portador***) FIN Order-(Inhaber)papier *n*; ~ ***de propiedad*** Besitzurkunde *f*; ~ ***de renta fija*** festverzinsliches Wertpapier *n*; ***a*** ~ ***de*** als (***se lo di a*** ~ ***de préstamo***); ***a*** ~ ***de compensación*** (***curiosidad***; ***ensayo*** *od* ***prueba***; ***información***) als *od* zum Angleich (nur der Kuriosität halber; versuchs-, probeweise; zur Kenntnisnahme); ***a*** ~ ***honorífico*** ehrenamtlich; ***¿a ~ de qué?*** mit welchem Recht?; aus welchem Anlass?; ***con justo*** ~ mit vollem Recht ◇ ***presentar un ~ universitario*** einen Universitäts- *od* Hochschulabschluss vorweisen

titulomanía *f* Titelsucht *f*

tiza *f* (Stück *n*) Kreide *f* ◇ ***marcar con ~*** ankreiden

tizn|ar *tr* schwärzen; *übertr* anschwärzen; ~**arse** verrußen; ~**e** *m* Ruß *m*

tizón *m* Makel *m*, Schandfleck *m*

Tl (*Symb für* ***talio***) CHEM Tl

tlapalería *f Méx* Farbenhandlung *f*, -geschäft *n*; *i w S* Heimwerkerladen *m*

tlascal *m*, **tlaxcal** *m Méx* Tortilla *f*; *i w S* Essen *n*, Mahlzeit *f*

TLC *m* (*Abk für* ***Tratado de Libre Comercio***) NAFTA *f*

toalla *f* Handtuch *n*; ~ ***de baño*** (***papel***) Badetuch *n* (Papierhandtuch *n*); ~ ***esponja*** (***playa***) Frottier-(Strand)tuch *n* ◇ ***arrojar*** *od* ***tirar la ~*** *übertr bes* SPORT das Handtuch werfen

toallero *m* Handtuchhalter *m*

tobera *f* TECH Düse *f*; ~ ***de inyección*** *Motor* Einspritzdüse *f*

tobillo *m* (Fuß-)Knöchel *m*

tobogán *m* (Renn-)Schlitten *m*; (Rodel-)Bahn *f*; Rutsche *f als Transportmittel sowie auf Spielplätzen, in Schwimmbädern u.Ä.*; Rutschbahn *f*; FLUGW Notrutsche *f*

toca *f* Haube *f*; Schwestern- *bzw* Nonnenhaube *f*; Kappe *f*; ~**cintas** *m Am* Kassettenrekorder *m*; Walkman® *m*

tocadiscos *m* Plattenspieler *m*; ~ ***compacto*** CD-Player *m*, CD-Spieler *m*

tocado[1] *m* (Damen-)Frisur *f*; Kopfschmuck *m der Frauen*; Toilette *f Ankleiden u Herrichten*

tocado[2] verrückt, bescheuert *umg*; *Obst* angefault, angegangen; ***¡~!*** richtig!, erraten!

tocador *m* Frisiertisch *m*, -kommode *f*; Ankleideraum *m der Frau*; ***de ~*** Toiletten- (***artículos de ~***)

tocamiento *m* Berührung *f*

tocante bezüglich (***a*** *Gen*); (***en lo***) ~ was … anbetrifft (***a*** *Akk*)

tocar[1] ⟨-c/qu-⟩ **I** *tr* berühren *auch übertr*; anfassen; befühlen, -tasten; anrühren *auch übertr*; streifen *auch übertr Thema*; *jmdn od ein Thema* antippen; *Thema* anschneiden; *Glocke*, *Metall*, *Taste* anschlagen; *Taste* drücken; *übertr Haar* krümmen; *übertr jmdn od jmds Ehre* antasten; *einen Hafen* anlaufen; *Kapital* angreifen; MED touchieren; ***¡tócala!*** schlag ein!, topp!; ***no podían ~lo*** man konnte ihm nichts anhaben **II** *tr/intr* MUS (*Blas-*)*Instrument u Stück* spielen (blasen); MUS vorspielen; läuten; klingeln; (an)klopfen; hupen; pfeifen; *Trommel*, *Alarm* schlagen; *ein* (*Lotterie-*)*Los* gewinnen (***le ha tocado el premio gordo***); *übertr jmdm* nahe gehen; *jmdn* bewegen *od* rühren; *jmdn etw* angehen (***este tema toca a todos***); *jmdm etw* zukommen *od* -fallen, *auf jmdn* entfallen; *etw* zu spüren bekommen (***le tocaron las consecuencias de su imprudencia***); dran *od* an der Reihe sein (***¿a quién le toca limpiar?***; ***hoy te toca a ti***); ***¡toquemos!*** Hand drauf!, abgemacht!; ***tocan a comer*** (***pagar***)***!*** zum Essen! (jetzt geht's ans Zahlen!); ***por lo que toca a mí*** (***al sueldo***) ***…*** was mich (den Lohn) (an)betrifft …; ~**se** sich berühren; (eng) aneinander grenzen; an- *od* aufeinander stoßen

tocar[2] ⟨-c/qu-⟩ *tr das Haar* zurechtmachen *od* kämmen; ~**se** sich frisieren

tocata *f* MUS Tokkata *f*; *Tracht f* Prügel

tocateja: ***a ~*** *Geld* (in) bar, auf die Hand

tocay|a *f* Namensschwester *f*; ~**o** *m* Namensvetter *m*

toch|edad *f* Grobheit *f*; ~**o I** *Adj* grob; plump **II** *m* Wälzer *m verächtl für umfangreiches Buch bzw Manuskript*

tocino *m* Speck *m*

toc|ología *f* Geburtshilfe *f*; ~**ólogo** *m* Geburtshelfer *m*

tocón *m* Baumstumpf *m*, Stubben *m reg*; ANAT Gliedstumpf *m*

todavía I *Adv* noch; immer noch, noch immer; (je)doch; immerhin; ~ ***no*** noch nicht **II** *zuweilen auch Adj* ⟨*unv*⟩ bisherig, Noch- (***su ~ esposa***)

todito *Dim von* → ***todo***; alles, aber auch alles

todo *Indef Pron* **I** *Adj* ganz, gesamt (~ ***el*** *bzw* ***este edificio***; *zuweilen auch nachgestellt*: ***la tripulación toda***); jeder *im Sinne von* jeder einzelne, ein jeder *od veraltend* jeglicher, jedweder, alle (**~ hombre es mortal**; **toda otra pretension es rechazable**); voll von, voller, ganz *od* nur aus, das reinste *aber* → *auch* **III** (**la sopa es toda agua**); vollkommen, ganz *Adv aber* → *auch* **III** (**con los ojos ~s encendidos**); **~s** alle, sämtliche, gesamte (**~s los días**; **~s sus ahorros**); **~(s) cuanto(s), ~(s) lo(s) que ...** alles, was ... (alle die *od* diejenigen, welche ...); **~ ello** *od* **eso** (**lo bueno**) alles das, dies alles (alles Gute); **~(s) junto(s)** insgesamt (alle zusammen *od* miteinander); **~s nosotros** (**ustedes**) wir (Sie *bzw Am auch* ihr) alle; **por ~** als Einzige(n, -s) (**el refugiado tenía por ~ mobiliario una cama**) ◇ **hacer ~ lo posible** alles aufbieten, alles Mögliche tun (**para** um zu) **II** *m* alles (**no lo sabe ~**; **~ está bien**); **~s** alle, jedermann (**preguntamos a ~s, y ~s estaban de acuerdo**); **el** (**un**) **~** das Ganze (ein Ganzes); **en un ~** insgesamt ◇ **estar en ~** sich um alles kümmern, für alles sorgen; alles verstehen *bzw* wissen; **ir a por ~** aufs Ganze gehen; **jugar el ~ por el ~** alles aufs Spiel *od* auf eine Karte setzen **III** *Adv u in adverbialen Wendungen* ganz, vollkommen (**soy ~ oído**; **los alumnos son ~ oídos**); voller, voll von, ganz aus (**un pez ~ escamas**); völlig (**los trajes estaban ~ estropeados**; **Elena vino ~** *aber korrekter* **toda llorosa**); **a ~ correr** in vollem Lauf; **a pesar de ~** trotzdem, trotz allem; **ante ~** vor allem, in erster Linie; **así y ~** trotzdem, immerhin; **con ~** (**eso** *od* **esto**) trotzdem; jedoch, dennoch; **del ~** vollkommen, völlig, ganz (und gar); gänzlich; *in verneinten Sätzen* überhaupt nicht (**eso no corresponde del ~ a nuestra mentalidad**); **después de ~** schließlich; trotzdem; **sobre ~** besonders, insbesondere; **y ~** mitsamt + *Dat* (**volcó el carro con mulas y ~**)

todopoderoso I *Adj* allmächtig **II** *m*: **el ~** der Allmächtige *Gott*

todoterreno KFZ **I** *Adj* geländegängig **II** *m* ⟨*Pl unv*⟩ Geländewagen *m*, -fahrzeug *n*

tog|a *f* (Amts-)Robe *f*; Talar *m*; *ehem* Toga *f*; **~ado I** *Adj* in Robe; im Talar **II** *m* Roben- *bzw* Talarträger *m*, *i w S* Amtsperson *f*; Richter *m*

Togo *m* Togo *n*

togolés I *Adj* togo(les)isch **II** *m*, **-esa** *f* Togoer(in) *m(f)*, Togolese(-in) *m(f)*

tokai *m*, **tokay** *m Wein* Tokayer *m*

Tokio *m* Tokio *n*

tokiota I *Adj* Tokioter **II** *m(f)* Tokioter(in) *m(f)*

toldo *m* Markise *f*, Sonnendach *n*, -schutz *m*; (Wagen- *bzw* Zelt-)Plane *f*; *AmS reg* Indianerzelt *n bzw* -hütte *f*; *PR* Moskitonetz *n*; *Cu umg für* Peso-Schein *m*

tole *m*, *auch* **tole tole** *m* Geschrei *n*, -zeter *n*; Gerücht *n* ◇ **coger** (**levantar**) **el ~** abhauen, verschwinden (Sturm laufen **contra u/c** gegen etw)

toledano I *Adj* aus Toledo, toledanisch **II** *m* Toledaner *m*

toler|able erträglich; annehm-, tragbar; zulässig; *Medikamente*, *Speisen* verträglich; **~ancia** *f* Toleranz *f auch* TECH, Duldsamkeit *f*; Nachsicht *f*; TECH (zulässige) Abweichung *f*; Spielraum *m*; MED, PHYSIOL Verträglichkeit *f*; **~ante** tolerant, duldsam; nachsichtig; **~antismo** *m* Religionsfreiheit *f*; Toleranzpolitik *f*; **~ar** *tr* dulden; *etw* aushalten; ertragen; tolerieren; erlauben; gestatten *ermöglichen*; *Medikamente*, *Speisen* vertragen

Tolón *m* Toulon *n*

tolondr|o *m*, **~ón** *m* Beule *f am Kopf*

tolondrones: **a ~** ruck-, stoßweise

tolonés I *Adj* aus Toulon **II** *m*, **-esa** *f* Einwohner(in) *m(f)* von Toulon

Tolosa *f* Tolosa *n in Spanien*; Toulouse *n in Frankreich*

tolosano I *Adj* aus Tolosa; aus Toulouse **II** *m*, **-a** *f* Einwohner(in) *m(f)* von Tolosa; Einwohner(in) *m(f)* von Toulouse

tolteca I *Adj* toltekisch, Tolteken- **II** *m* Tolteke *m*

tolvanera *f* Staubwirbel *m*, -wolke *f*

toma I *f* (Weg-)Nehmen *n*, Wegnahme *f*; Übernahme *f*; INFORM *u allg Daten* Erfassung *f*; *Darlehen*, FILM, TV Aufnahme *f*; MIL *u Arznei* Einnahme *f*; MIL *u allg von Gebäuden* Besetzung *f*; TECH Entnahme (-stelle) *f*; Zapfstelle *f*; EL, *Gas*, *Wasser* Anschluss *m*; Dosis *f Arzneigabe*; *Schnupftabak* Prise *f*; **~ de antena** (**teléfono**) Antennen-(Telefon)anschluss(buchse *f*) *m*; **~ de conciencia** POL, SOZIOL Bewusstwerdung *f*; Bewusstseinsbildung *f*; **~ de corriente** *od Am* **enchufe** Steckdose *f*, Stromanschluss *m*; **~ de datos** (**decisiones**) Datenerfassung *f* (Entscheidungsfindung *f*; Beschlussfassung *f*); **~ de declaración** JUR Vernehmung *f*; **~ hostil** WIRTSCH feindliche Übernahme *f*; **~ de juramento** Vereidigung *f*; **~ de muestras** Probeentnahme *f*; **~ de notas** Notation *f beim Dolmetschen*; **~ de partido** (**posesión**) Parteinahme *f* (Inbesitznahme *f*, Besitzergreifung *f*; Amtsantritt *m*, -übernahme *f*); **~ del poder** Machtergreifung *f*, -übernahme *f*; **~ de posición** Stellungnahme *f*, Erklärung *f*; **~ de rastros** *Polizei* Spurensicherung *f*; **~ de rehenes** Geiselnahme *f*; **~ de tierra** EL Erdung *f*; Erdanschluss *m*; Erdleitung *f*; FLUGW Aufsetzen *n*, Lan-

dung *f* **II** *m*: **~ y daca** *übertr* Kuhhandel *m*
tomacorriente *m* EL Stromabnehmer *m*; *bes Am* Steckdose *f*
tomad|ero *m* Griff *m zum Anfassen*; **~o** benommen; beschwipst; *Stimme* belegt; *Spiegel* angelaufen, blind; *Metall z.B. mit Rost* überzogen
tomador *m* Nehmer *m*; FIN Anweisungsempfänger *m*; *Am* Trinker *m*; **~ del** *od* **de un crédito** *od* **préstamo** Kreditnehmer *m*; **~ del seguro** Versicherungsnehmer *m*
tomadura *f*: **~ de pelo** übler Scherz *m*; Schwindel *m*, Täuschung *f*; Neckerei *f*; Verscheißern *n umg*, Aufziehen *n*
tomar I *tr* nehmen; (aus)wählen; benutzen; kaufen; *Getränk*, *Speise* zu sich nehmen; essen (*bei Suppe immer* **~** *statt* **comer**, *bei Eis meist* **~**); trinken; behalten *nicht gleich wieder zurückgeben*; *Mahlzeit*, *Medikament u* MIL einnehmen; MIL *u allg Gebäude* besetzen; MIL erobern; *etw u Eid* abnehmen; *Wasser*, *Passage aus einem Text* entnehmen; *Verantwortung u allg* übernehmen; hinnehmen; mitnehmen; wegnehmen, an sich nehmen; *Darlehen*, *Feuchtigkeit*, *Kredit*, *Personalien* aufnehmen; INFORM *u allg Daten* erfassen; *Gewohnheiten*, *Namen* annehmen; *jmdn* einstellen, (in Dienst) nehmen; *Unterkunft* bekommen, beziehen; *Macht*, *Maßnahmen*, *Wort* ergreifen; *Vorkehrungen* treffen; *nach od zu etw* greifen; *Entschluss*, *Zutrauen* fassen; *Notizen u* FOTO *Aufnahme* machen; *Erkundigungen* einholen, -ziehen; *Atem*, *frische Luft*, *Kraft* schöpfen; *Puls* fühlen; *Temperatur* messen; *Weg* einschlagen; **~ a alg por** + *Adj od Subst* jmdn *fälschlich* für *etw od jmdn* halten (**todos lo tomaban por más inteligente**; **te tomé por tu hermano**); **~ a bien** (**mal**) gut *od* wohlwollend aufnehmen (übel nehmen); **~ a la ligera** *etw* leicht *od* auf die leichte Schulter nehmen; **~la con alg** → **~se con alg**; **~ prestado u/c** sich etw ausleihen **II** *tr/intr* sich (*mit etw*) betrinken, *gewohnheitsmäßig* trinken; **tomo y obligo** *Chi nach Dank für ein spendiertes Getränk* aber die nächste Runde geht auf meine Rechnung **III** *intr in eine Richtung* ab-, einbiegen, gehen *bzw* fahren (**tomaron a** *od* **hacia** *od* **por la derecha**); **~se** sich *etw* nehmen *auch übertr* (**se tomó las vacaciones el mes de agosto**); sich *etw* herausnehmen *sich unbefugt etw erlauben*; sich festhalten (**de** an); *z.B. Metall* anlaufen, sich überziehen (**de** mit); **~se con alg** sich *mit jmdm* anlegen *streiten*; **¡tómate esa!** das hat gesessen!; da hast du's!; *Sprichw* **más vale un "toma" que dos "te daré"** lieber den Spatz in der Hand als die Taube auf dem Dach
tomatada *f* Tomatengericht *n*
tomate *m* Tomate *f*; Bolle *f reg Loch z.B. im Strumpf* ◇ **hubo** (**mucho**) **~** es gab Krach *od* Krawall; es gab viel Arbeit; **ponerse como un ~** feuer- *od* puterrot werden
tomavistas *m* Filmkamera *f*; **~ submarino** Unterwasserkamera *f*
tómbola *f* Tombola *f*
tomillo *m* Thymian *m*
tomo *m* BUCHW Band *m*; **de** *od* **en dos ~s** zweibändig; **de ~ y lomo** gewaltig, riesengroß; *Lüge* faustdick
tomografía *f* MED Tomographie *f*; **~ (axial) computarizada** Computertomographie *f*; **~ ultrasónica** Ultraschalltomographie *f*
tomógrafo *m* MED Tomograph *m*; **~ computarizado** Computertomograph *m*
ton: **sin ~ ni son** (so) mir nichts, dir nichts; nichts sagend, gehalt-, sinnlos ◇ **¿a qué ~ viene eso?** was soll das bedeuten?
ton|ada *f* Lied *n*, Weise *f*; *Am* → **tonillo**; **~al** MUS tonal; Ton-; **~alidad** *f* MUS Tonart *f*; MAL, PHYS Tönung *f*; RADIO Tonwiedergabe *f*
tonel *m* Fass *n*; Tonne *f*; **como un ~** unförmig dick; dick und rund ◇ **ser un ~ sin fondo** nicht satt zu kriegen sein, *d.h.* viel essen *bzw* trinken; *übertr* ein Fass ohne Boden sein
tonelada *f*, auch **~ métrica** *od* **de peso** (Gewichts-)Tonne *f*; **~ de arqueo** *od* **registro bruto** (**neto**) Brutto-(Netto)registertonne *f*; **~ de peso muerto** tdw *od* TDW *Maßeinheit für die Tragfähigkeit von Schiffen in Gewichtstonnen*
tonel|aje *m* Tonnage *f*; Wasserverdrängung *f*; Ladegewicht *n*, **~ería** *f* MAR Fässervorrat *m an Bord*; Böttcherwerkstatt *f*; Böttcherhandwerk *n*; **~ero I** *Adj* Fass-, Fässer- **II** *m* Böttcher *m*; **~ete** *m* kleines Fass *n*
tóner *m* Toner *m Druckfarbe für Kopiergeräte*, *Drucker u.Ä.*
Tonga *m* Tonga *n*
tonga *f Ant*, *Can*, *Méx* Schicht *f aufgeschichtete Dinge*; Haufen *m*, (Un-)Menge *f von Dingen*, *auch übertr z.B. an Arbeit*; *Arg*, *Col* Arbeitspensum *n*, Tagewerk *n*; **por ~s** *Ant*, *Can*, *Méx* haufenweise, massenhaft; übergenug; schicht-, lagenweise
tongada *f* → **tonga**
tongano I *Adj* aus Tonga, tongaisch **II** *m*, **-a** *f* Tongaer(in) *m*(*f*), Einwohner(in) *m*(*f*) von Tonga; Tongasprache *f*
tongo *m* SPORT Schiebung *f*, *wobei ein Wettkampfteilnehmer sich durch Bestechung besiegen lässt*; **~nearse** *Am reg* sich in

T

den Hüften wiegen
tónica[1] *f* Tonic(wasser) *n*
tónic|a[2] *f* GRAMM Tonsilbe *f*; MUS Grundton *m*, Tonika *f*; *übertr* Richtschnur *f*; **~o I** *Adj* PHON betont; MED stärkend, kräftigend; MUS tonisch **II** *m* MED Stärkungsmittel *n*, Tonikum *n*
tonificar ⟨-c/qu-⟩ *tr* MED stärken
tonillo *m* Tonfall *m*; Unterton *m*, Stimme *f*; eintönige Sprechweise *f*
tono *m* Ton *m*, Klang *m*; MUS *u allg* Tonart *f*; *Stimme* Tonfall *m*; Redeweise *f*; LIT *u allg* Ausdruck *m*, Stil *m*; Farbton *m*; MAL (Ab-)Tönung *f*; Benehmen *n*; MED Tonus *m*; ***~s cardíacos*** Herztöne *m*/*Pl*; ***~ de discar*** *od* ***marcar*** *Am* TEL Freizeichen *n*; ***~ mayor*** (***menor***) Dur-(Moll)tonart *f*; ***~ de voz*** Stimmklang *m*, Stimme *f*; ***a ~*** übereinstimmend; MUS richtig gestimmt; ***de buen*** (***gran***; ***mal***) ***~*** fein, geschmackvoll (vornehm; geschmacklos, ungehörig); ***el buen ~*** *übertr* der gute Ton; ***en ~ de reconvención*** *od* ***reproche*** in vorwurfsvollem Ton; ***medio ~*** MUS Halbton *m* ◇ ***bajar el ~*** sich *in der Ausdrucksweise* mäßigen; klein beigeben; RADIO, TV leiser stellen; ***cambiar*** *od* ***mudar de ~*** *übertr* einen anderen Ton anschlagen; *übertr* andere Saiten aufziehen; ***dar*** *od* ***marcar el ~*** MUS *u übertr* den Ton angeben; *übertr* tonangebend sein; ***darse ~*** sich wichtig tun, angeben; ***equivocar el ~*** MUS sich im Ton irren; → ***salirse de ~***; ***estar a ~*** sich wohl fühlen; passen *gelegen sein*; ***poner a ~*** MUS *Instrument* stimmen; *übertr* auf das richtige Maß zurückführen; ***ponerse a ~*** sich anpassen *od* -gleichen (***con*** *Dat*); ***salirse de ~*** *übertr* sich im Ton vergreifen; ***ser de buen ~*** *übertr* zum guten Ton gehören; ***no sería de buen ~*** es würde sich nicht gehören; ***subir el ~*** lauter werden *d.h. vor Ärger lauter sprechen*; RADIO, TV lauter stellen; ***subirse de ~*** sich aufs hohe Ross setzen *arrogant sein*; unverschämt werden; *übertr* stärkere Saiten aufziehen
tons|ila *f* Tonsille *f*, Rachenmandel *f*; **~ura** *f* Tonsur *f*
tont|ada *f* Albernheit *f*; dummes Zeug *n*, Blödsinn *m*; **~ear** *intr* herumalbern, -blödeln; flaxen; **~era** *f* Blödheit *f*; Dummheit *f*; **~ería** *f* Dummheit *f*; Kleinigkeit *f*, Lappalie *f*; ***tontería***(***s*** *Pl*) Quatsch *m*; **~iloco** doof, plemplem; **~ín** *m* Dummerchen *n*
tonto I *Adj* dumm; albern, töricht; ***a tontas y locas*** ohne Sinn und Verstand ◇ ***ponerse ~*** eingebildet (*d.h.* eitel) sein; (starrköpfig) *auf etw* beharren **II** *m* Dummkopf *m* ◇ ***hacer el ~*** Blödsinn anstellen *od* machen; → ***tontear***; ***hacerse el ~*** sich dumm stellen

tonudo *Arg* protzig; großzügig; anspruchsvoll; pompös
topacio *m* MINER Topas *m*
top|ar *intr*/*tr* zusammenstoßen; *Tier mit den Hörnern* stoßen; *jmdm* (zufällig) begegnen (***a*** *od* ***con*** *Dat*); (zufällig) auf etw stoßen *finden*; **~se** treffen (***con*** *Akk*; auf)
tope I *Adj* ⟨*unv*⟩ Spitzen-, Höchst- (***salario ~***; ***logros ~***) **II** *m* Spitze *f*; Ende *n z.B. einer Straße*; Endpunkt *m*; *Gehalt* Grenze *f*; *übertr* obere Grenze *f*, Ober-, Höchstgrenze *f*; MECH Anschlag *m*; EISENB Puffer *m*; Prellbock *m*; MAR Topp *m*, Mastspitze *f*; ***~ de arrastre*** MECH Mitnehmer *m*; ***~ máximo de cotización*** *Sozialversicherung* Beitragsbemessungsgrenze *f*, höchste Beitragsbemessungsgrundlage *f*; ***a*** *od* ***al ~***, ***hasta el ~*** *od* ***los ~s*** gerammelt voll *umg*, überfüllt, voll besetzt; voll gepackt; voll geladen ◇ ***estar hasta los ~s de u/c*** *übertr* von etw die Nase voll haben; ***rendir a ~*** die volle Leistung bringen
topear *tr Chi jmdn* anrempeln
toper|a *f* Maulwurfshügel *m*; **~o** *m* → ***topista***
topet|ada *f*, **~azo** *m* Stoß *m mit dem Kopf bzw der Tiere mit den Hörnern od dem Geweih*; Zusammenprall *m*, -stoß *m*; **~ón** *m* → ***topetazo***
tópico I *Adj* allgemein; klischeehaft; MED äußerlich, örtlich **II** *m Diskussion*, *Tagesordnung* Punkt *m*; *Gespräch* Gegenstand *m*, Thema *n*; Klischee *n*, Gemeinplatz *m*; äußerlich anzuwendendes *bzw* wirkendes Medikament *n*
topista *m* Einbrecher *m mit Brechstange*
topless *m*: ***en ~*** oben ohne *umg mit entblößtem Oberkörper*
topo *m* Maulwurf *m auch übertr*
top|ografía *f* Topographie *f*; **~ográfico** topographisch; Orts-; **~onimia** *f* Ortsnamenkunde *f bzw* -forschung *f*, Toponymik *f*; **~onímico** Ortsnamen-; **~ónimo** *m* Ortsname *m*, Toponym *n*
toque *m* Berührung *f*, Berühren *n*; (leichter) Schlag *m*; Pinselstrich *m*; MED Pinselung *f*, Betupfen *n*; *Glocke*, *Uhr* Schlagen *n*, Läuten *n*; *akustisches* Signal *n*; Tusch *m*; Anstrich *m*, besondere Note *f*, Touch *m Gepräge*; *übertr* Hauch *m*, Anflug *m*; ***~ de*** (***cese de***) ***alarma*** Alarm(signal *n*) *m* (Entwarnung *f*); ***~ de atención*** Warnruf *m*, -signal *n*, Warnung *f*; ***~ de diana*** (***retreta*** *od* ***silencio***) MIL Wecken *n* (Zapfenstreich *m*); ***~ de queda*** Ausgangssperre *f*; ***~ de silbato*** (***suerte***) EISENB Abfahrt(s)signal *n*; SPORT Pfiff *m* (glücklicher Umstand *m od* Zufall *m*; Glückssträhne *f*); ***a ~ de campana*** pünktlich mit dem Glockenschlag ◇

T

dar los primeros (***últimos***) ***~s a u/c*** (***dar el último ~ a u/c***) erste (letzte) Hand an etw legen *eine Arbeit beginnen* (*beenden*); ***dar un ~ a alg*** *übertr* jmdm auf den Zahn fühlen; ***darse unos ~s*** sich zurechtmachen *sich ankleiden, kämmen usw*; MED sich *mit etw* einpinseln *od* betupfen

toqu|etear *tr* ab-, betasten; befummeln; **~eteo** *m* Ab-, Betasten *n*; Befummeln *n*

tórax *m* Brustkasten *m*, -korb *m*, Thorax *m*

torbellino *m* Wirbelwind *m auch übertr*; Strudel *m Wasserwirbel*

torce|cuello *m* ZOOL Wendehals *m*; **~dura** *f* Drehung *f*; Krümmung *f*; Biegung *f*, Biegen *n*; MED Verrenkung *f*; Verstauchung *f*

torcer ⟨-ue-; -c/z-⟩ **I** *tr* drehen; verdrehen *auch übertr Wahrheit*; *Schraube* überdrehen; biegen; verbiegen; krümmen; *Recht* beugen; *Wäsche* (aus)wringen; *Willen* brechen; *jmdn von seiner Meinung* abbringen; *Gedankengang*, *Richtung* (plötzlich) ändern; *Gesicht* verziehen **II** *intr z.B.* KFZ abbiegen; **~se** sich krümmen *od* winden; schief gehen *umg misslingen*; sich verbiegen; sich *etw* zerren *bzw* verrenken *bzw* verstauchen; *Milch* gerinnen; *Bier*, *Wein* sauer werden

torc|ido krumm *auch übertr unlauter*; schief; *Weg* gewunden; verdreht; verstaucht; verzogen *aus der Form geraten*; falsch, hinterlistig; verdrossen; verdrießlich; *Gesicht* griesgrämig; **~imiento** *m* → ***torcedura***

tordo *m* ZOOL Drossel *f*; *Am reg* ZOOL Star *m*

tore|ador *m Am reg* → ***torero***; **~ar I** *intr/tr* mit dem Stier kämpfen **II** *intr* als Stierkämpfer auftreten **III** *tr übertr jmdn* an der Nase herumführen; *Arg*, *Chi jmdn* reizen *od* herausfordern; **~o** *m* Stierkampf *m*; Kunst *f* des Stierkampfs

torera *f* Stierkämpferin *f*; Flittchen *n* ◇ ***saltarse a la ~*** *übertr* sich *über etw* hinwegsetzen; sich *vor etw* drücken

tor|ería *f* (Welt *f* der) Stierkämpfer *m/Pl*, *übertr* Stierkampfszene *f*; **~ero** *m* Torero *m*, Stierkämpfer *m*; **~ete** *m* Jungstier *m*; *Kind* strammes Kerlchen *n*; harte Nuss *f komplizierte Angelegenheit od Frage*; **~il** *m* TAUR Stierzwinger *m*

Torino *m* → ***Turín***

tormenta *f* Sturm *m auch übertr*; Unwetter *n*; Gewitter *n*; Unheil *n*; (Gefühls-)Ausbruch *m*; ***~ de arena*** (***nieve***) Sand-(Schnee)sturm *m*; ***~ de ideas*** Brainstorming *n Sammeln spontaner Einfälle zur Lösung eines Problems*

tormento *m* Folter *f*; Marter *f*; Qual *f* ◇ ***dar ~*** *jmdn* foltern *od* quälen *auch übertr*; ***poner en el ~*** auf die Folterbank spannen

tormentoso stürmisch *auch übertr*, Sturm-; gewittrig, Gewitter-

torna *f* Rückgabe *f* ◇ ***se han vuelto las ~s*** *übertr* das Blatt hat sich gewendet

tornad|a *f* (nochmalige) Rückkehr *f*; **~o** *m* MET Tornado *m*

tornar I *tr* zurückgeben **II** *intr* zurückkehren; umkehren; ***~ a*** + *Inf zur Umschreibung von* wieder (***tornó a llover***); ***~ en sí*** wieder zu sich kommen; **~se** → ***~ II***; werden (***la vida se tornó difícil***); sich verwandeln (***en*** in)

tornasol *m* Sonnenblume *f*; Schillern *n*; Schimmer *m*; CHEM Lackmus *m,n*; **~ado** schillernd; schimmernd

torn|eado *m* TECH Drehen *n*; Drechseln *n*; **~eador** *m* Turnierkämpfer *m*; **~ear I** *tr* drechseln; TECH drehen **II** *intr* im Turnier kämpfen; *Gedanken* kreisen lassen; **~eo** *m* Turnier *n*; **~ería** *f Tätigkeit u Werkstatt* Dreherei *f*; Drechslerei *f*; **~ero** *m*, **-a** *f* Dreher(in) *m*(*f*); Drechsler(in) *m*(*f*)

tornillo *m* Schraube *f*; ***~*** (***de banco***) Schraubstock *m*; ***~ para madera*** Holzschraube *f*; ***~*** (***con cabeza***) ***de mariposa*** Flügelschraube *f* ◇ ***apretarle los ~s a alg*** jmdn an die Kandare nehmen, andere Saiten bei jmdm aufziehen; ***le falta un ~, tiene flojos los ~s*** *übertr* bei ihm *bzw* ihr ist eine Schraube *od* ein Schräubchen locker, er *bzw* sie hat nicht alle Tassen im Schrank; ***hacer ~*** *umg* Fahnenflucht begehen

torn|iquete *m* Drehkreuz *n*, -schranke *f*; MED Aderpresse *f*; **~iscón** *m* Schlag *m* ins Gesicht *mit dem Handrücken*

torno *m* Drehbank *f*; Drehmaschine *f*; Wellrad *n*; Schraubstock *m*; Bohrer *m des Zahnarztes*; ***~ automático*** Drehautomat *m*, Automat(endrehbank *f*) *m*; ***en ~*** ringsherum; dafür, dagegen *zur Bez eines Gegenwerts*; ***en ~ a*** *z.B. sprechen* über, von; ***en ~ de*** um (… herum)

toro *m* Stier *m*, Bulle *m auch übertr*; **~s** *Pl* Stierkampf *m*; ***~ guía*** (***padre*** *od* ***semental***) Leitstier *m* (Zuchtbulle *m*); ***~ de lidia*** Kampfstier *m* ◇ ***agarrar*** *od* ***coger*** *od* ***tomar al ~ por las astas*** *od* ***por los cuernos*** *übertr* den Stier bei den Hörnern packen; ***ir a los ~s*** zum Stierkampf gehen

toronj|a *f Esp* Zedratzitrone *f*; *Am* Pampelmuse *f*, Grapefruit *f*; **~il** *m* BOT Melisse *f*; **~o** *m Esp* Zedratzitronenbaum *m*; *Am* Pampelmusenbaum *m*

torpe schwerfällig; ungeschickt, -beholfen, -gelenk, linkisch; plump; schwer von Begriff; schändlich; gemein; *Glied* taub, eingeschlafen; *übertr* hässlich

torped|ear *tr* torpedieren *auch übertr*; **~eo**

m Torpedierung *f*; **~ero** *m* Torpedoboot *n*; Torpedoflugzeug *n*; **~o** *m* Torpedo *m*; ZOOL Zitterrochen *m*
torpeza *f* Ungeschick(lichkeit *f*) *n*; Schwerfälligkeit *f*; Plumpheit *f*; Unbeholfenheit *f*; Gemeinheit *f*; ***con ~*** plump; unbeholfen ◇ ***cometer una ~*** *übertr* einen Bock schießen
torpón tollpatschig
torpor *m* MED Taubheit *f*, Erstarren *n*, Einschlafen *n eines Gliedes*
torr *m Maßeinheit* Torr *n*
torre *f* Turm *m auch Schachfigur*; EL Mast *m*; Hochhaus *n*; *Esp reg* Villa *f*; *Ant* Schornstein *m einer Zuckerfabrik*; ***~ de alta tensión*** EL Hochspannungsmast *m*; ***~ de control*** FLUGW Tower *m*, Kontrollturm *m*; ***~ de extracción*** (***perforación***) BERGB Förder-(Bohr)turm *m*; ***~ de iglesia*** (***marfil***; ***saltos***; ***televisión***) Kirch-(*übertr* Elfenbein-; SPORT Sprung-; Fernseh)turm *m*
torrefac|ción *f* Rösten *n von Kaffee*; **~to** *Kaffee* geröstet, Röst-; **~tora** *f* IND Kaffeerösterei *f*
torrencial sturzbachartig; *Regen* sintflutartig, strömend
torrente *m* Sturz-, Wildbach *m*; ***~ de dinero*** Menge *f* Geld; ***~ de lava*** (***personas***) Lava-(*übertr* Menschen)strom *m*; ***~ de palabras*** Wortschwall *m*
torrentoso *Am Wasserlauf* wild, reißend
torr|eón *m* Festungsturm *m*; **~ero** *m* Turmwächter *m*; Leuchtturmwärter *m*
torreta *f* MAR, *Panzer* Geschütz-, Panzerturm *m*; EL Mast *m*; ***~ de alta tensión*** Hochspannungsmast *m*
tórrido *bes Klimazone u übertr* (brennend) heiß
torsión *f* TECH Verdrehung *f*, -windung *f*, Torsion *f*; Drehung *f*, Drehen *n*; Drall *m*; ***~ del cable*** Seilschlag *m*; ***~ hacia la derecha*** PHYS, TECH Rechtsdrall *m*
torso *m* Torso *m*
torta *f* flaches Ölgebäck *n*; Kuchen *m*; Torte *f*; Ohrfeige *f*; ***~ aniversario*** Geburtstagstorte *f* ◇ ***costar la ~ un pan*** *jmdm od jmdn etw* teuer zu stehen kommen; ***no entender ni ~*** (nur) Bahnhof (*d.h.* nichts) verstehen; ***pegarle una ~ a alg*** jmdm eine kleben *od* runterhauen; ***poner la ~*** *Ven* sich blamieren; Mist bauen *umg etw falsch machen*; ***son ~s y pan pintado*** das ist noch gar nichts *im Vergleich zu etw Schlimmerem*; das ist das reinste Zuckerlecken; das ist kinderleicht
tortazo *m* (gehörige) Ohrfeige *f* ◇ ***darse*** *od* ***pegarse un ~*** *umg* einen schweren Unfall (*bes mit dem Kfz*) haben
torter|a *f* Kuchenform *f*; Kuchenblech *n*; Tortenform *f*; **~o** *m* Kuchenbäcker *m*; Karton *m* für eine *od* mit einer Torte
tort|i *f umg* Lesbe *f Lesbierin*; **~icolis** *m meist* **~ícolis** *m* MED Schiefhals *m*
tortilla *f* Pfann- *reg*, Eierkuchen *m Omelett*; *AmC*, *Méx* Maisfladen *m*, Tortilla *f*; ***~*** (***francesa***) Omelett *n* (nature); ***~ de patatas*** *Esp* Bauernfrühstück *n* ◇ ***cuando cambie la ~*** wenn es mal anders kommt; ***hacer ~ u/c*** (***a alg***) etw in Stücke schlagen (jmdn fertig machen); ***se volvío la ~*** *übertr* das Blatt hat sich gewendet
tortiller|a *f AmC*, *Méx* Tortillabäckerin *f*; Tortillaverkäuferin *f*; *auch Esp* Lesbe *f Lesbierin*; **~ía** *f AmC*, *Méx* Tortillabäckerei *f*; (Verkaufs-)Stand *m* mit Tortillas
tortita *f* Tortelett *n*
tórtol|a *f* Turteltaube *f*; **~os** *m/Pl* Turteltäubchen *n/Pl sehr verliebtes Paar*
tortuga *f* Schildkröte *f*; ***~ carey*** (***gigante***; ***de mar, marina***; ***terrestre***) Karett-(Riesen-; See-; Land)schildkröte *f*
tortuguismo *m Nic verächtl* Kriechertum *n*
tortuos|idad *f* Krümmung *f*, Windung *f*; **~o** krumm; gewunden; *übertr* undurchsichtig; heimtückisch
tortur|a *f* Folter *f*; Qual *f*, Tortur *f*; **~ador** *m* Folterer *m*, Folterknecht *m*; **~ar** *tr* foltern; quälen; **~arse** sich zermartern
torunda *f* MED Tupfer *m*, Watte-, Wundbausch *m*
torzal *m* gedrehte Schnur *f*; Nähseide *f*; Zwirn(sfaden) *m*; *Rpl* kurzes, geflochtenes Lasso *n,m*
tos *f* Husten *m*; ***~ ferina*** Keuchhusten *m*
Toscana *f* Toskana *f*
toscano I *Adj* toskanisch **II** *m* Toskaner *m*; das Toskanische
tosco unbearbeitet; roh; *übertr* grob, ungehobelt
tos|ecilla *f* (affektiertes) Hüsteln *n*; **~er** *intr* husten; ***a mí nadie me tose*** ich lasse mir von niemandem etw gefallen; ***no hay quien le tosa*** dem *bzw* der kann niemand das Wasser reichen
tosiqueos *m/Pl* Gehuste *n*
tosquedad *f* Ungeschliffenheit *f*, Grobheit *f*
tost|ación *f* CHEM, METAL Darren *n*; Rösten *n*; **~ada** *f* Toast *m*, Röstbrot *n*, geröstete Brotscheibe *f*; **~adero** *m* METAL Röstofen *m*; *z.B. Kaffee* Rösterei *f*; Brutkasten *m heißer Raum*; **~ado** braun, (sonnen)gebräunt, sonnenverbrannt; **~ador** *m* Toaster *m*, Brotröster *m*; **~adura** *f* Rösten *n*; Röstung; **~ar** ⟨-ue-⟩ *tr* toasten; rösten; bräunen; **~arse** (von der Sonne) braun werden, sich bräunen; **~ón** *m* gerösteter Brotwürfel *m*; Langweiler *m*; *etw* (Stink-)

Langweiliges *n*

total I *Adj* total, vollkommen, völlig, ganz; gesamt, Gesamt-; Total-; **en ~** insgesamt **II** *Adv* alles in allem; kurzum; kurz (und gut); **III** *m* Gesamtsumme *f*, -betrag *m*; Gesamtheit *f*; **~ de impuestos** (**ventas**) Steueraufkommen *n* (Gesamtumsatz *m*); **~ de pérdidas** Schadenshöhe *f*; **~ de los salarios** Lohnsumme *f*

total|idad *f* Gesamtheit *f*; Ganzes *n*; **~itario** totalitär; **~itarismo** *m* Totalitarismus *m*; **~itarista** totalitaristisch; **~izador** *m* Zählwerk *n*; *Registrierkasse* Summenzähler *m*; *Rennsport* Totalisator *m*; **~izar** ⟨-z/c-⟩ *tr* zusammenzählen; *Summe* insgesamt betragen; *Summen* insgesamt aufbringen; **~izarse** *Summe* sich insgesamt belaufen (**a** auf); **~mente** ganz und gar

tótem *m* ⟨*Pl unv od* **tótems** *od* **tótemes**⟩ ETHN Totem *n*

tour *m* Rund-, Gesellschaftsreise *f*; ≗ *m* *Kurzf für* ≗ *m* **de Francia** *Radsport* Tour *f* de France; **~operador** *m* Reiseveranstalter *m*

tox|emia *f* Blutvergiftung *f*; **~icidad** *f* Toxizität *f*, Giftigkeit *f*

tóxico I *Adj* toxisch, giftig; **no ~** ungiftig **II** *m* Giftstoff *m*

toxi|cología *f* Toxikologie *f*; **~cológico** toxikologisch; **~cólogo** *m* Toxikologe *m*; **~comanía** *f* Drogen-, Rauschgiftabhängigkeit *f od* -sucht *f*; **~cómano I** *Adj* drogen-, rauschgiftabhängig *od* -süchtig **II** *m* Drogen-, Rauschgiftabhängiger *m od* -süchtiger *m*; **~nas** *f/Pl* Toxine *n/Pl*, Giftstoffe *m/Pl von Mikroorganismen, Pflanzen od Tieren*

toz|udez *f* Halsstarrigkeit *f*; **~udo** starrköpfig, -sinnig

traba *f* Hindernis *n*; Band *n*; Fessel *f*, Bremsklotz *m*; Hemmschuh *m auch übertr*; **~s de clase** SOZIOL Klassenschranken *f/Pl*; **sin ~s** ungehemmt, -gehindert ◇ **poner ~s** (**a alg**) behindern, hemmen, Hindernisse in den Weg legen (*übertr* jmdm Knüppel zwischen die Beine werfen *umg*)

trab|acuenta *f* Rechenfehler *m*; Fehlbuchung *f*; Auseinandersetzung *f*, Wortwechsel *m*; **~ado** robust, stämmig; *übertr* verklemmt

trabajado abgearbeitet *erschöpft*; (**muy**) **~** (gut) durchgearbeitet; (gut) verarbeitet; *Stil* (gut *od* stark *od* bis ins Kleinste) ausgefeilt

trabajador I *Adj* arbeitsam, emsig, fleißig; arbeitend; werktätig; Arbeiter- **II** *m*, **~a** *f* Arbeiter(in) *m(f)*, Arbeitnehmer(in) *m(f)*, Werktätige(r) *f(m)*; Mitarbeiter(in) *m(f)*; → **obrero II**; **~ agrícola** *od* **rural, ~ del campo** Landarbeiter *m*; (**~**) **asalariado** *m* Lohnarbeiter *m*; **~ autónomo** (**auxiliar**; **civil**) *Arbeitnehmer* Selbstständiger *m* (Hilfsarbeiter *m*; MIL Zivilangestellter *m*, -beschäftigter *m*); **~ clandestino** (**cualificado** *od* **especializado**; **esclavo** *od* **forzado** *od* **forzoso**; **estacional** *od* **temporero**) Schwarz-(Fach-; Zwangs-; Saison)arbeiter *m*; **~ de la cultura** Kulturschaffender *m*; **~ a domicilio** Heimarbeiter *m*; **~ estatal** Staatsangestellter *m*; **~ eventual** (**extranjero** *od* **huésped**; **forestal**) Aushilfs- *od* Gelegenheits-(Fremd- *od* Gast-; Wald-, Forst)arbeiter *m*; **~ industrial** (**intelectual**) Industrie-(Geistes)arbeiter *m*; **~ con** *od* **de jornada reducida** Kurzarbeiter *m*; **~ metalúrgico** (**migratorio**; **portuario**; **textil**) Metall-(Wander-; Hafen-; Textil)arbeiter *m*; **~ social** Sozialarbeiter *m*, -helfer *m*; **~ a tiempo parcial** Teilzeitbeschäftigter *m*; **~ por turnos** Schichtarbeiter *m*

trabajar I *intr* arbeiten (**de** als; **en** *od* **por** an *etw*, daran), tätig sein (**de** als), jobben *umg*; schaffen; mitwirken; sich mühen; *Gerät, Maschine* gehen, funktionieren **II** *tr* bearbeiten *auch übertr*; *etw* überarbeiten; verarbeiten; fertigen; **~ de balde** *od* **por nada** (**en balde**) umsonst *unentgeltlich* (*vergeblich*) arbeiten; **~ clandestinamente** (**demasiado**) schwarzarbeiten (sich überarbeiten); **dejar de ~** die Arbeit niederlegen; **¿en qué trabaja Ramona?** was macht Ramona beruflich?; **los que quieren ~** die Arbeitswilligen; **sin ~** unbearbeitet

trabajo *m* Arbeit *f auch* LIT, WISS; Tätigkeit *f*, Job *m umg*; Beschäftigung *f*, Arbeitsplatz *m*, -stelle *f*; Bearbeitung *f*; LIT, WISS Werk *n*; Mühe *f*, Strapaze *f*; **~ en beneficio de la comunidad** JUR gemeinnützige Arbeit *f*; **~ en cadena** Fließbandarbeit *f*; **~ de campo** Feldarbeit *f auch* WISS; **~ cíclico** *od* **estacional, ~ de temporada** Saisonarbeit *f*; **~ clandestino** *od* **ilícito** *od* **negro** Schwarzarbeit *f*; **~ continuo** TECH Dauerbetrieb *m*; **~ de curso** (**diploma**) *Universität* Jahres- *bzw* Beleg-(Diplom)arbeit *f*; **~ a destajo** (**domicilio**) Akkord-(Heim)arbeit *f*; **~ de día, ~ diurno** (**nocturno**) Tagarbeit *f*, -schicht *f* (Nachtarbeit *f*, -schicht *f*); **~s de embellecimiento** (**mantenimiento**; **reparación**; **rescate**) Verschönerungs-(Wartungs-; Ausbesserungs- *od* Reparatur-; Bergungs)arbeiten *f/Pl*; **~ en equipo** Teamwork *n*, Team-, Gruppenarbeit *f*; **~ esclavo** (**eventual** *od* **ocasional**; **infantil**) Sklaven-(Gelegenheits- *od* Aushilfs-; Kinder)arbeit *f*; **~ de escritorio** (**oficina**) Schreibtischarbeit *f* (Bürotätigkeit *f*); **~ fi-**

jo fester Arbeitsplatz *m*; **~ *físico*** (***intelectual***) körperliche (geistige) Arbeit *f*; **~(*s*) *forzado*(*s*)** *od* ***forzoso*(*s*)** Zwangsarbeit *f*; **~ *de investigación*** Forschungsarbeit *f*; **~ *de jornada completa*** (***media jornada***) Ganztags-(Halbtags)arbeit *f bzw* -stelle *f*; **~ *a mano,* ~ *manual*** Handarbeit *f*; **~ *mecanográfico*** Schreibarbeit(en *Pl*) *f*; **~ *frente al monitor*** INFORM Bildschirmarbeit *f*; **~*s preparatorios*** Vorarbeiten *f*/*Pl*; **~ *de relaciones publicas*** Öffentlichkeitsarbeit *f*; **~ *de Sísifo*** Sisyphusarbeit *f*; **~ *temporal*** Zeitarbeit *f befristete Arbeit*; **~ *de tiempo completo*** (**~ *a tiempo parcial***) Fulltime-Job *m umg*, Voll-(Teilzeit)beschäftigung *f* (Teilzeitjob *m umg*); **~ *en*** *od* ***por turnos*** Schichtarbeit *f*; ***agobiado con*** *od* ***de* ~** überlastet, mit Arbeit überhäuft; ***a* ~ *igual, salario igual*** gleicher Lohn für gleiche Arbeit; ***con mucho* ~** mühsam, -selig; ***incapaz*** *od* ***inútil para el* ~** arbeitsunfähig; ***los sin* ~** die Arbeitslosen ◇ ***abrumar de* ~** *jmdn* mit Arbeit überhäufen; ***buscar*** (***encontrar***) **~** Arbeit suchen (finden); ***cambiar de* ~** die Arbeitsstelle wechseln; ***me cuesta* ~** + *Inf* es fällt mir schwer *zu* + *Inf*; ***no cuesta ningun* ~** es ist ganz leicht; ***estar sin* ~** arbeitslos sein; ***rehuir*** (***suspender***; ***terminar***; ***tomarse***) ***el* ~** sich vor der Arbeit drücken (die Arbeit einstellen *od* niederlegen; Feierabend machen *umg*; sich die Mühe *od* Arbeit machen)

trabajos|amente mühsam; mit Mühe; **~o** mühselig; umständlich; (arbeits)aufwändig

trab|alenguas *m* Zungenbrecher *m*; **~ar** *tr* festbinden, -zurren; hemmen, aufhalten; verknüpfen, -binden; *Bekannt-*, *Freundschaft* knüpfen; *Gespräch* anknüpfen; *Streit* anfangen; JUR pfänden, beschlagnahmen; **~arse** sich *mit den Füßen u beim Sprechen* verheddern *umg*; sich mit jmdm anlegen *streiten*; **~azón** *f* Verbindung *f*; Zusammenhang *m*, Verknüpfung *f*

trabucar ⟨-c/qu-⟩ *tr etw* durcheinander bringen; *übertr etw* auf den Kopf stellen; *etw* verwechseln; **~se** sich verschreiben; sich verlesen; sich versprechen

Trabzon *m* → ***Trebisonda***

tracción *f* Ziehen *n*, Zug *m*; Zugkraft *f*; Antrieb *m*; **~ *Bowden*** TECH Bowdenzug *m*; **~ *a las cuatro ruedas,* ~ *total*** Vierrad- *bzw* Allradantrieb *m*; **~ *delantera*** (***trasera***) Vorderrad-(Hinterrad)antrieb *m*; **~ *Diesel*** EISENB Dieselbetrieb *m*, -traktion *f*; ***de* ~ *animal*** mit Zugtieren *bzw* von Pferden gezogen

Tracia *f* Thrakien *n*

tracio I *Adj* thrakisch **II** *m* Thrazier *m od* Thraker *m*

tracoma *m* MED Trachom *n*

tracto *m* MED *u Strecke* Trakt *m*; **~ *biliar*** (***digestivo***; ***gastrointestinal***; ***genital***; ***urinario***) Gallen-(Verdauungs-; Magen-Darm-; Genital-; Harn)trakt *m*; **~ *respiratorio superior*** ANAT obere Luftwege *m*/*Pl*

tractocamión *m* Sattelschlepper *m*

tractor *m* Traktor *m*, Schlepper *m*, Zugmaschine *f*, Trecker *m reg u umg*; **~ *semirremolque*** Sattelschlepper *m*

tractorista *m* Traktorfahrer *m*, Traktorist *m reg*

tradi|ción *f* Tradition *f*; Überlieferung *f*; Gewohnheit *f*; Brauch *m*; **~cional** traditionell; überliefert; üblich, herkömmlich; **~cionalismo** *m* Traditionalismus *m*; Traditionsgebundenheit *f*; Traditionsbewusstsein *n*; **~cionalista** traditionalistisch; traditionsgebunden; traditionsbewusst

traducción *f* Übersetzung *f Tätigkeit u Text*; Sprachmittlung *f*; gedolmetschter Text *m*; Dolmetschen *n*; **~ *directa*** (***inversa***) Her-, Passiv-(Hin-, Aktiv)übersetzung *f*; **~ *al español*** Übersetzung *f* ins Spanische; **~ *improvisada,* ~ *oral a simple vista*** Vom-Blatt-Übersetzung *f*; **~ *interlineal*** Interlinearübersetzung *f*, -version *f*; **~ *libre*** (***literal***) freie (wörtliche) Übersetzung *f*; **~ *simultánea*** Simultanübersetzung *f*, -dolmetschen *n*; **~ *de los sueños*** Traumdeutung *f*

traduc|ible übersetzbar; **~ir** ⟨→ ***conducir***⟩ *tr* übersetzen; dolmetschen; übertragen; deuten; ausdrücken, zum Ausdruck bringen; widerspiegeln; **~irse** zum Ausdruck kommen, seinen Ausdruck *od* Niederschlag finden (***en*** in); **~tología** *f* Übersetzungswissenschaft *f*, -theorie *f*

traductor *m*, **~a** *f* Übersetzer(in) *m*(*f*); Dolmetscher(in) *m*(*f*); **~ *jurado*** *od* ***público*** vereidigter Übersetzer *m bzw* Dolmetscher *m*; **~ *simultáneo*** Simultandolmetscher *m*; **~ *de sueños*** Traumdeuter *m*

traer ⟨*unreg*⟩ *tr jmdm etw* (hin)bringen; her-, mitbringen; herbeischaffen, besorgen; überbringen, -geben; *Glück*, *Kommunikationsmedien Nachricht* bringen; *Grüße* übermitteln; mit sich bringen, führen zu *etw verursachen*; bei sich tragen, *etw* dabeihaben *od* bei sich haben; *Gründe* anführen *od* vorbringen; *Kleidung*, *Schmuck* tragen, anhaben *umg*; *umg oft für* → ***tener*** (***traigo mucha prisa***); *übertr* machen (***eso me trae preocupado*** *od* ***loco***); *etw* vorhaben *od* im Schilde führen; **~ *consigo*** mit sich führen; *übertr* nach sich ziehen; **~ *y llevar*** *jmdn* herumscheuchen; herumtratschen, *mit Gerede* hausieren ge-

T

hen; ~ ***a mal*** *jmdn* misshandeln; *jmdm* auf den Wecker fallen *umg*; *jmdm* Schwierigkeiten bereiten; ***¿qué te trae por aquí?*** was führt dich hierher?; was machst *od* willst du denn hier?; ***¿trae usted algo para mí?*** haben *od* bringen Sie etw für mich?; ***~se*** *etw* im Schilde führen; *etw* aushecken; ***traérselas*** schwierig sein, es in sich haben *umg* (***vivir con esa persona se las trae***); *mit jmdm* nicht zu spaßen *od* nicht gut Kirschen essen sein (***es un hombre que se las trae***)

tráfago *m* Mühe(n *Pl*) *f*, Plage *f*; Betrieb (-samkeit *f*) *m*, Hektik *f*

trafagón *m* Arbeitstier *n*, Wühler *m*

traficante *m(f) oft verächtl* Händler(in) *m(f)*; Schieber(in) *m(f)*; ~ ***de*** *od* ***en blancas*** Mädchenhändler *m*; ~ ***de drogas*** Drogen-, Rauschgifthändler *m*, Dealer *m*; ***~s de indocumentados*** Schleuser(ring *m*) *m/Pl*, Schlepper(bande *f*) *m/Pl Helfer bei illegalen Grenzübertritten*; *weitere Zus* → ***tráfico***

traficar ⟨-c/qu-⟩ *tr/intr* handeln; Handel treiben (***en*** mit); schieben *Schwarzhandel treiben*; *mit Drogen* dealen (***con*** *od* ***en*** mit); geschäftig sein

tráfico *m* Verkehrswesen *n*; (Straßen-)Verkehr *m*; Beförderung *f*; *oft verächtl* Handel *m*; Schleichhandel *m*; ~ ***aéreo*** (***automovilístico***; ***callejero***; ***comercial***; ***ferroviario***; ***interurbano***; ***local***; ***marítimo***; ***terrestre***; ***urbano***) Flug-, Luft-(Kraft-; Straßen-; Handels-; Bahn-, Schienen-; Überland-, Fern-; Orts-; See-, Schiffs-; Land-; Stadt)-verkehr *m*; ~ ***en contra*** Gegenverkehr *m*; ~ ***a*** *od* ***de corta*** (***larga***) ***distancia*** Nah-(Fern)-verkehr *m*; ~ ***de drogas*** *od* ***estupefacientes*** Drogen-, Rauschgifthandel *m*; ~ ***esclavista***, ~ ***de esclavos*** Sklavenhandel *m*; ~ ***fronterizo*** (kleiner) Grenzverkehr *m*; ~ (***ilegal*** *od* ***ilícito***) ***de armamento*** *od* ***armas*** (illegaler) Waffenhandel *m*, (illegale) Waffengeschäfte *n/Pl*; ~ (***ilegal***) ***de divisas*** Devisenschiebung *f*; ~ ***de influencias*** (***órganos***) Vettern-, Günstlingswirtschaft *f*, *übertr* Filz *m* (Organhandel *m*); ~ ***pesado*** Schwerlastverkehr *m*; ~ ***rodado*** (***rodante***) Fahrzeugverkehr *m* (rollender *od* fließender Verkehr *m*); ~ ***de tránsito*** (***ultramar***) Transit-(Übersee)verkehr *m*

tragabasuras *m* Müllschlucker *m*

tragaderas *f/Pl* Schlund *m Rachen*; weites Gewissen *n wenig Skrupel*; Unverfrorenheit *f* ◇ ***tener buenas*** ~ ein guter Esser sein; leichtgläubig sein; ***tener unas*** ~ ***de burro*** jeden Blödsinn glauben

tragahombres *m* Maulheld *m*, Großmaul *n*

trágala *m*: ***cantarle el*** ~ ***a alg*** jmdn, *der klein beigeben muss*, verspotten; jmdn beknien *od* löchern *auf jmdn einreden*

traga|libros *m(f) scherzh* Bücherwurm *m*; **~luz** *m* Dachfenster *n*, -luke *f*; Kellerfenster *n*; **~níquel** *m Cu*, **~perras** *f umg Bez für Automaten mit Geldeinwurf wie* Münzfernsprecher *m*, Musikbox *f*, Spielautomat *m*; Groschengrab *n*

tragar ⟨-g/gu-⟩ **I** *intr/tr* schlucken *auch übertr*; tüchtig futtern *gern bzw gut bzw viel essen* **II** *tr u* **~se** verschlucken; hinunterschlingen; (herunter)schlucken *auch im Sinne von* einstecken *naiv etw glauben bzw etw Unangenehmes hinnehmen*; verbrauchen *z.B. Benzin*; ***haberse tragado u/c*** etw vorausahnen, *etw* kommen sehen; ***no*** (***poder***) ~ ***a alg*** jmdn nicht ausstehen *od* verknusen *umg* können

tragedia *f* Tragödie *f auch übertr*, Trauerspiel *n* ◇ ***parar en*** ~ einen unglücklichen Ausgang nehmen, schlimm *od* traurig ausgehen

trágico THEAT *u übertr* tragisch ◇ ***¡no te pongas ~!*** stell dich nicht so an!

tragi|comedia *f* Tragikomödie *f*; **~cómico** tragikomisch

trago *m* Schluck *m*; (Gläschen *n*) Schnaps *m*, Drink *m*; ***~s*** *Pl alkoholische* Getränke *n/Pl*; ~ ***amargo*** *od* ***mal*** ~ bitterer Tropfen *m unangenehme Angelegenheit, Unannehmlichkeit*; ~ ***largo*** Long Drink *m*; ***de un*** ~ *trinken* auf einen Zug ◇ ***echarse un*** ~ einen trinken; ***pasar un mal*** ~ Bitteres *od* viel Leid durchmachen (müssen)

trag|ón **I** *Adj* gefräßig **II** *m* Fresssack *m*, Vielfraß *m*; **~on(er)ía** *f* Gefräßigkeit *f*; **~uito** *m* (Gläschen *n*) Schnaps *m*

traición *f* Verrat *m*; ~ ***a la patria*** Landesverrat *m*; ***alta*** ~ Hochverrat *m* ◇ ***cometer*** *od* ***hacer*** ~ Verrat begehen

traicion|ar *tr* verraten; **~ero** verräterisch; treulos, falsch; heimtückisch

traído *Kleidung* abgetragen

traidor **I** *Adj* → ***traicionero*** **II** *m* Verräter *m*; ~ ***a la patria*** Landesverräter *m*

traigo → ***traer***

tráiler *m* ⟨*Pl* ***tráilers***⟩ KFZ Sattelschlepper *m*; *i w S* Lastzug *m*; FILM Trailer *m*, Vorschau *f*

traje[1] *m* Anzug *m*; Kluft *f Arbeits-, Dienstkleidung*; Kleidung *f*; Kleid *n*; Tracht *f*; ~ ***de baño*** (***buceo***; ***calle***; ***ceremonia*** *od* ***etiqueta*** *od* ***gala***; ***labor*** *od* ***trabajo***; ***neopreno***) Bade-(Taucher-; Straßen-; Gesellschafts-; Arbeits-; Neopren)anzug *m*; ~ (***de***) ***chaqueta***, ~ ***sastre*** (Damen-)Kostüm *n*; ~ ***de deporte*** Dress *m Sportbekleidung*; ~ ***espacial*** Raum(fahrer)anzug *m*; ~ ***de Eva*** *scherzh* Adamskostüm *n*; ~ ***hecho*** Konfek-

T

tionsanzug *m*; ~ ***de luces*** Stierkämpfergewand *n*; ~ ***a*** *od Am reg* ***sobre medida*** Maßanzug *m*; ~ ***de noche*** (***novia***) Abend-(Braut)kleid *n*; ~ ***de paisano*** Zivil(kleidung *f*) *n*; ~***-pantalón*** Hosenanzug *m*; ~ ***saco*** Kombination *f von Hose u Sakko*; ~ ***de servicio*** Dienstkleidung *f*; ~ ***típico*** + *Nationalitätsadj* Volkstracht *f* (***en su*** ~ ***típico andaluz***) ◇ ***hacerse un*** ~ sich einen Anzug machen lassen; *Sprichw* ***el*** ~ ***hace al hombre*** *od* ***por el*** ~ ***se conoce el personaje*** Kleider machen Leute

traje[2] → ***traer***

trajeado: ***bien*** (***mal***) ~ gut (schlecht) angezogen *od* gekleidet

trajín *m* Betrieb(samkeit *f*) *m*, Geschäftigkeit *f*, Hektik *f*, Lauferei *f*; Treiben *n*; Unruhe *f*; lebhafter Verkehr *m*; Umstände *m*/*Pl Arbeit*, *Belästigung*; ***trajines*** *Pl* ***domésticos*** Arbeit *f* im Haushalt, Hausarbeiten *f*/*Pl*

trajinar **I** *tr* befördern, fortschaffen; *Arg*, *Chi*, *Cu*, *jmdn* reinlegen *od* anschmieren *od* übers Ohr hauen **II** *intr* herumhantieren, -wirtschaften; hin und her laufen

trall|a *f* Peitschenschnur *f*; Peitsche *f*; ~***azo*** *m* Peitschenhieb *m*; Peitschenknall *m*; Anpfiff *m Verweis*

tram|a *f* Anzettelung *f*, Plan(ung *f*) *m*; Intrige *f*, Verschwörung *f*, Komplott *n*, abgekartetes Spiel *n*; LIT Anlage *f z.B. eines Romans*; *Kino*, OPT, TV, *Am* TYP Raster *m*; ~***ar*** *tr* anzetteln; vorhaben, im Schilde führen; einfädeln *anbahnen*; OPT rastern

tramit|ación *f behördliche* Erledigung *f*, Bearbeitung *f*; Abwicklung *f eines Geschäfts*; Dienst-, Instanzenweg *m*; ~***ar*** *tr* VERW erledigen, bearbeiten; *Geschäft* abwickeln; weiterleiten; beantragen; *z.B. Scheidung* betreiben; *etw* veranlassen *od* in die Wege leiten

trámite *m* VERW Erledigung *f*, Bearbeitung *f*; Verfahren *n*; Dienst-, Instanzenweg *m*; ~***s*** *Pl* Formalitäten *f*/*Pl*; ~***s aduanales*** *Am reg*, ~***s aduaneros*** Zollabfertigung *f*; Zollformalitäten *f*/*Pl*; ~(***s***) ***de entrada*** *od* ***ingreso*** Einreiseformalitäten *f*/*Pl*; ~ ***preferencial*** *Hinweis auf schriftlichem Vorgang* vorrangig zu erledigen; ***por el*** ~ ***oficial*** *od* ***reglamentario*** auf dem Dienstweg ◇ ***cumplimentar*** *od* ***cumplir*** *od* ***hacer*** *od* ***realizar los*** ~***s*** die Formalitäten erledigen

tramitología *f verächtl* Formalitätenkram *m*, -wust *m*

tramo *m* Streckenabschnitt *m*, Trasse *f*; (Weg-)Strecke *f*; TECH Strang *m*; FIN Teilbetrag *m*, Tranche *f*; ~ ***de autopista*** (***carretera***) Autobahn-(Straßen)abschnitt *m*; ~ ***peatonal*** Fußgängerzone *f*

tramoy|a *f* THEAT Bühnenmaschinerie *f*; *übertr* Falle *f*; ~***ista*** *m* Bühnenmaschinist *m*, -arbeiter *m*; Kulissenschieber *m*; Intrigant *m*

trampa *f* JAGD *u übertr* Falle *f*; Falltür *f*; Bodenklappe *f*; *Ladentisch* Klappe *f*; *Spiel* Mogelei *f*; Kunstgriff *m*, Kniff *m*; *scherzh übertr* Hintertürchen *n*; ~***s*** Schulden *f*/*Pl* ◇ ***armar*** *od* ***poner*** *od* ***tender una*** ~ eine Falle stellen *auch übertr*; ***caer*** *od* ***dejarse coger en la*** ~, ***pisar la*** ~ *übertr* in die Falle *od* auf den Leim gehen; ***coger en la*** ~ *jmdn* ertappen; ***hacer*** ~ betrügen, mogeln; ***hacer*** ~***s*** Schulden machen; ***tener más*** ~***s que pelos en la cabeza*** bis über die Ohren verschuldet sein

trampantojo *m* Täuschungsmanöver *n*, Vorspiegelung *f* falscher Tatsachen; Gaukelei *f*; Mumpitz *m*

trampeando: ***ir*** ~ sich durchmogeln; Schulden machen; *Person* sich so (einigermaßen) durchschlagen; *Sachen vor dem Verschleiß* (sich) noch halten

tramp|ear **I** *intr* schwindeln, mogeln; *übertr* durch's Hintertürchen schlüpfen; → ***trampeando*** **II** *tr* betrügen; ~***ería*** *f* Mogelei *f*, Schwindelei *f*

trampilla *f* Bodenklappe *f*; ~***s*** *Pl Lkw* abklappbare Seitenwände *f*/*Pl*

tramp|ista → ~***oso***; ~***ita*** *f* Kniff *m*, Trick *m*; ~***olín*** *m* SPORT *u übertr* Sprungbrett *n*; Trampolin *n*; Sprungschanze *f*; ~***oso*** **I** *Adj* betrügerisch **II** *m* Betrüger *m*; Falschspieler *m*, Mogler *m*

tranca *f* Knüppel *m*; Querstange *f*, Sperrbalken *m vor Türen od Fenstern*; Schwips *m*; *Ven* (Verkehrs-)Stau *m*; *Am* → ***tranquera***; ***a*** ~***s y barrancas*** mit Ach und Krach; mehr schlecht als recht

tranc|ar ⟨-c/qu-⟩ **I** *tr Tür*, *Fenster* verriegeln, verrammeln **II** *intr* lange Schritte machen; ~***azo*** *m* Schlag *m* mit dem Knüppel; *umg* Grippe *f*

trance *m* kritischer Augenblick *m*; (gesundheitliche) Krise *f*; Trance *f*; ***a todo*** ~ auf jeden Fall, um jeden Preis; ***en*** ~ ***de muerte*** dem Tod(e) nahe ◇ ***estar en*** ~ im Begriff sein (***de*** zu); ***estar*** *od* ***hallarse*** *od* ***verse en un*** ~ ***difícil*** *übertr* in der Klemme sitzen *od* stecken

tranco *m* großer Schritt *m*; (Tür-)Schwelle *f*; ***a*** ~***s*** schnell und oberflächlich; ***en dos*** ~***s*** mit ein paar Schritten; im Nu, im Handumdrehen ◇ ***ir de un*** ~ ***a …*** schnell mal *irgendwohin* gehen

trancón *m Col* (Verkehrs-)Stau *m*

tranqu|e *m Cu* VERK Stau *m*; ~***era*** *f* Bretter-, Lattenzaun *m*

tranquil|amente rundheraus, -weg;

schlankweg; → ***tranquilo***; **~idad** *f* Ruhe *f*; Stille *f*; Gelassenheit *f*; **~izador** beruhigend; **~izante** PHARM **I** *Adj* Beruhigungs- **II** *m* Beruhigungsmittel *n*, Tranquilizer *m*; **~izar** ⟨-z/c-⟩ *tr* beruhigen; beschwichtigen; MED ruhig stellen; **~izarse** sich beruhigen, zur Ruhe kommen; **~la** *f übertr* Falle *f*, Fallstrick *m*

tranquillo *m übertr* Dreh *m*, Kniff *m* ◇ ***cogerle el ~*** auf den Dreh kommen, dahinter kommen

tranquilo ruhig; still; gelassen

transacción *f* Transaktion *f*; Geschäft *n*; Geschäftsabschluss *m*; Übereinkunft *f*, Kompromiss *m*; JUR Vergleich *m*; ***transacciones*** *Pl* HDL Umsatz *m*; ***~ bancaria*** (***comercial***; ***financiera***) Bank-(Handels-; Finanz)geschäft *n*; ***transacciones fraudulentas*** Schwindelgeschäfte *n*/*Pl*

trans|alpino jenseits der Alpen (gelegen); **~andino I** *Adj* jenseits der Anden (gelegen); VERK über die Anden **II** *m* **&andino** *m* EISENB (Trans-)Andenbahn *f*; **~ar(-se)** *intr Am* nachgeben; zu einem Kompromiss kommen; **~atlántico I** *Adj* überseeisch, transatlantisch, Übersee- **II** *m* Ozeandampfer *m*, -riese *m*

transbordador *m* Fähre *f*; ***~ espacial*** RAUMF Spaceshuttle *m*, (wieder verwendbare) Raumfähre *f*

transbord|ar I *tr* umladen; *bes* MAR *Güter* umschlagen; *ans andere Ufer* übersetzen **II** *intr* VERK umsteigen; **~o** *m* (Güter-)Umschlag *m*; Umladen *n*; Umsteigen *n*

trans|caucásico transkaukasisch; **~cendencia**, **~cendental**, **~cendente**, **~cender**, **~cendido** → ***trascendencia*** *bis* ***trascendido***; **~codificar** ⟨-c/qu-⟩ *tr* umkodieren; **~conexión** *f* TEL Durchschaltung *f*; **~continental** transkontinental; **~cribir** ⟨*Part* ***transcrito***⟩ *tr* abschreiben; *schriftlich z.B. vom Diktiergerät* übertragen; GRAMM, PHON transkribieren, umschreiben; MUS arrangieren, bearbeiten; **~cripción** *f* Abschrift *f*; (schriftliche) Übertragung *f bzw* (schriftliches) Übertragen *n*; GRAMM, PHON Umschrift *f*, Transkription *f*; MUS Arrangement *n*, Bearbeitung *f*; **~crito** → ***~cribir***; **~culturación** *f* ETHN Transkulturation *f*; **~currir** *intr z.B. in einer guten Atmosphäre* verlaufen; *Zeit* vergehen, -streichen, ablaufen

transcurso *m* Verlauf *m*; ***en el ~ de*** im Verlauf(e) von *od Gen*, im Laufe + *Gen*

trans|eúnte *m* Passant *m*; Durchreisender *m*; **~exual** Transsexueller *m*

transferencia *f* FIN Überweisung *f*; FIN, SPORT, TECH, WISS Transfer *m*; TECH, WISS Überleitung *f*; *Kredit* Übertragung *f*; Überschreibung *f*; Übereignung *f*; ***~ bancaria*** Banküberweisung *f*; ***~ de capital*** (***tecnología*** *od* ***~ tecnológica***) Kapital-(Technologie)transfer *m*; ***~ del poder*** POL Machtübergabe *f*

transfer|ibilidad *f* Übertragbarkeit *f*; **~ible** übertragbar; überweisbar; transferierbar, transferfähig; **~ir** ⟨-ie-; -i-⟩ FIN überweisen; FIN, TECH, WISS transferieren; TECH, WISS überleiten; überführen; INFORM downloaden, (he)runterladen; *Kredit* übertragen; *Eigentum* überschreiben; übereignen, -lassen; verlagern; *Sitz, Stätte, Termin* verlegen; TEL *Gespräch* umlegen

transfigurado: ***estar como ~*** *Person übertr* wie verwandelt sein

transfigurar *tr* verwandeln (***en*** in); **~se** sich verwandeln; *Gesicht* sich verzerren

transform|able veränderbar; **~ación** *f* Umgestaltung *f*, Veränderung *f*, Um-, Verwandlung *f*; Umbildung *f*; POL *übertr* Umwälzung *f*; Wandel *m*; Umbau *m*; IND Bearbeitung *f*; (Weiter-)Verarbeitung *f*; Überführung *f*; EL Umformung *f*; Transformation *f*; **~ador I** *Adj* verarbeitend, Verarbeitungs- **II** *m* EL Umformer *m*, Transformator *m*, Trafo *m*

transformar *tr* umgestalten, verändern, -wandeln; umbilden; *übertr* umwälzen; umbauen; IND bearbeiten; (weiter)verarbeiten; überführen; EL umformen, -spannen; transformieren; ***~se en*** werden zu; sich verwandeln in; *übertr* führen zu, münden in

transform|ativo umgestaltend, verändernd, Veränderungs-, Umgestaltungs-; **~ista** *m* Verwandlungskünstler *m*

transfronterizo grenzüberschreitend

tránsfug|a *m*, **~o** *m* MIL, POL Überläufer *m*; MIL Fahnenflüchtiger *m*; Abtrünniger *m*

trans|fuguismo *m* Übertritt *m* in eine andere Partei; **~fundir** *tr Blut* übertragen

transfusión *f*: ***~*** (***de sangre***) Bluttransfusion *f*, -übertragung *f*

trans|génico gentechnisch verändert *bzw* manipuliert, transgen; **~gredir** ⟨*def*⟩ *tr Gesetz* übertreten; **~gresión** JUR Übertretung *f*

transiberiano transsibirisch

transición *f übertr* Übergang *m* (***a*** zu); ***de*** (***sin***) ***~*** Übergangs- (übergangslos)

transig|encia *f* Nachsicht *f*; Nachgiebigkeit *f*; **~ente** nachsichtig; nachgiebig; **~ir** ⟨-g/j-⟩ *intr* nachgeben, einlenken; dulden (***con u/c*** *Akk*), *mit etw* einverstanden sein

Transilvania *f* Siebenbürgen *n*

transilvano I *Adj* siebenbürgisch **II** *m*, **-a** *f* Siebenbürger(in) *m*(*f*)

T

transistor *m* EL Transistor *m*; Transistorradio *n*, -gerät *n*; **~izado** transistorbestückt, transistorisiert; Transistor-

transit|able befahrbar; begehbar; **~ado** *Straße* befahren, verkehrsreich; **~ar** *intr* (be)fahren (***por*** *Akk*); verkehren; gehen, schlendern; durchgehen *bzw* -reisen; *z.B. in einer guten Atmosphäre* verlaufen; **~ivo** GRAMM transitiv

tránsito *m* Verkehr *m*; Transit *m*; Durchreise *f*, -fahrt *f*; Befahren *n*; (vorübergehender) Aufenthalt *m*; *übertr* Übergang *m* (***a*** *od* ***hacia*** zu); ***de ~*** auf der Durchreise; im Transit; Transit-, Durchgangs-; Verkehrs-

transitor|iamente für die Übergangszeit; **~iedad** *f* zeitweilige *od* vorübergehende Geltung *f*; *übertr* vorübergehender Charakter *m*; **~io** vorübergehend, zeit-, einstweilig; Übergangs-

trans|limitación *f* Grenzübertretung *f*; JUR Zuwiderhandlung *f*; **~literación** *f* LING Transliteration *f*; **~literar** *tr* LING transliterieren

transmigración *f* Übersiedlung *f*; Abwanderung *f*; ***~ de las almas*** Seelenwanderung *f*

transmisible übertragbar *auch* MED

transmisión *f* Übertragung *f auch* MED, RADIO, TV *u* PHYS; Übermittlung *f*; TECH Übersetzung *f*; Weitergabe *f*, -leitung *f*; JUR Übereignung *f*; TECH Getriebe *n*, Welle *f*; Transmission *f*; RADIO, TV Sendung *f*; ***~ de cargo***, POL ***~ de poderes*** Amtsübergabe *f*; ***~ de datos*** INFORM Datenübertragung *f*, -transfer *m*; ***~ en directo*** *od* ***vivo*** RADIO, TV Direktübertragung *f*, Livesendung *f*; ***~ de órdenes*** Befehlsübermittlung *f*; ***~ del pensamiento*** Gedankenübertragung *f*; ***~ por radio*** (***televisión***) Rundfunk-(Fernseh)-übertragung *f*; ***~ sincronizada*** KFZ Synchrongetriebe *n*

trans|misor *m* Sendegerät *n*; **~mitir I** *tr* weiterleiten; übermitteln; übertragen *auch* MED, PHYS, RADIO, TV; JUR übereignen; weitergeben *auch übertr* (*z.B.* ***de ... en*** von ... zu *z.B. Generation*); *etw* rüberbringen *umg überzeugend darstellen* **II** *tr/intr* RADIO, TV senden; **~mitirse** *Traditionen, Wellen* sich fortpflanzen; sich mitteilen, sich übertragen *z.B. Stimmung*; *übertr* sich vererben, vererbt werden; **~mutar(se)** *tr* (sich) um-, verwandeln; **~nacional** trans-, übernational; WIRTSCH *i w S* ausländisch; **~nacionales** *f/Pl* transnationale *bzw i w S* ausländische Unternehmen *n/Pl*; **~oceánico** jenseits des Ozeans (gelegen); MAR VERK über den Ozean; überseeisch; **~pacífico** MAR VERK transpazifisch, jenseits des Pazifik (gelegen); MAR VERK über den Stillen Ozean

transparencia *f* Transparenz *f auch übertr*, Lichtdurchlässigkeit *f*; Durchsichtigkeit *f*; Dia(positiv) *n*; Overheadfolie *f*; ***~ informativa*** → ***glasnost***

transparentar *tr z.B. Freude* ausstrahlen, *z.B. vor Freude* strahlen *erkennen lassen*; ***dejar ~*** *Kleidungsstück* hervorgucken *od* -schauen lassen; **~se** durchscheinen *auch übertr*; durchsichtig sein *auch übertr*

transparente I *Adj* durchsichtig; durchlässig; transparent; *übertr* durchschaubar; ***no ~*** undurchsichtig **II** *m* Leuchtbild *n*; Ölpapier *n*; *auch* Transparent *n*

trans|piración *f*, Schwitzen *n*; Transpiration *f*; Ausdünstung *f*; Schweiß *m*; **~pirar** *intr* schwitzen; transpirieren; **~pirenáico** jenseits der Pyrenäen (gelegen); VERK über die Pyrenäen; **~plantable**, **~plantación**, **~plantar**, **~plante** → ***trasplantable*** *bis* ***trasplante***; **~pondedor** *m*, **~pónder** *m Nachrichten- bzw Radartechnik*, TV Transponder *m*; **~poner** → ***trasponer***

transport|able transportabel, transportierbar; tragbar; fahrbar; transportfähig; **~ación** *f Güter* Beförderung *f*; → ***transporte***; **~ado** entzückt, außer sich (***de*** vor), hingerissen; **~ador** *m* Frachtführer *m*; TECH Fördergerät *n*; Förderband *n*; GEOM Winkelmesser *m*; **~ar** *tr* transportieren, befördern; fortschaffen; *etw an einen anderen Ort* verlegen, *Güter usw* überführen

transporte *m* Transport *m*, Beförderung *f*; Verkehr(swesen *n*) *m*; Überführung *f*, Verlegung *f*; *Waren* Abfuhr *f*, -transport *m*; Anfuhr *f*; MAR Truppentransporter *m*; *umg* Fahrbereitschaft *f*, -dienst *m*; *umg* Wagen *m*, Auto *n*, Verkehrsmittel *n* (***quisiera ir, pero no tengo ~***); (Begeisterungs-, Freuden-)Taumel *m*; Anwandlung *f*; **~s** *Pl* Transportwesen *n*; ***~ aéreo*** Beförderung *f* auf dem Luftweg; ***~ de carga peligrosa*** Gefahrguttransport *m*; ***~ de caudales*** Geldtransport *m*; ***~ colectivo*** Sammeltransport *m*; ***~ de desechos*** *od* ***residuos nucleares*** Atommülltransport *m*; ***~ a*** (***corta***) ***distancia*** Fern-(Nah)verkehr *m*; ***~ ferroviario*** (***marítimo***) Eisenbahn-(See)-transport *m bzw* -verkehr *m*; ***~ fluvial*** Binnenschifffahrt *f*; Binnenschiffsverkehr *m*; Beförderung *f* auf dem Flussweg; ***℘s Internacionales en Ruta*** Internationale Lkw--Transporte *m/Pl* auf bestimmten Leitwegen, TIR *m*; ***~ interurbano*** Fern-, Überlandverkehr *m*; ***~ de mercancías a corta*** (***larga***) ***distancia*** Güternah-(Güterfern)-verkehr *m*; ***~ de pasajeros*** *od* ***personas*** *od* ***viajeros*** Personen-, Reiseverkehr *m*; Personenbeförderung *f*; **~s pesados**

T

Schwerlasttransport *m*; Schwerlastverkehr *m*; **~(s) público(s)** öffentliches (öffentliche) Verkehrsmittel *n* (*Pl*); **~ (público) suburbano** *od* **urbano** (öffentlicher) Nahverkehr *m*
transportista I *m* Transport-, Fuhrunternehmer *m*; Spediteur *m*; Verkehrsträger *m*; *i e S auch* Fern-, Lkw-Fahrer *m* **II** *Adj* Transport- (**empresa ~**)
trans|vasar *tr Flüssigkeit* umgießen, abfüllen; **~vase** *m* Um-, Abfüllen *n von Flüssigkeiten*; Abwanderung *f z.B. von Arbeitskräften*; **~versal I** *Adj* quer; Quer- **II** *f* Querstraße *f*; **~verso** schräg; schief; → **~versal I**; **~vestido**, **~vestir(se)**, **~vestismo** *m* → **travestí**, **travestido**, **travestir(se)**, **travestismo**
tranvía *m*, *Am reg f* Straßenbahn *f*; *auch* Stadtbahn *f bzw* Vorortzug *m* ◇ **temer perder el último ~** Torschlusspanik haben
tranviario *m* Straßenbahnfahrer *m als Fahrzeugführer*
trapa|cear *intr* schwindeln, betrügen; **~cería** *f* Betrug *m*, Schwindelei *f*; **~cero**, **~cista I** *Adj* betrügerisch **II** *m* Betrüger *m*, Schwindler *m*; **~za** *f* Gaunerei *f*, Betrug *m*
trape|ador *m Chi*, *Méx* Scheuerlappen *m*, -tuch *n*; Scheuerbesen *m*, Schrubber *m bzw* Wischmopp *m*; **~ar** *tr Am reg Fußboden* aufwischen, scheuern
trapec|ería *f* Balanceakte *m*/*Pl am Trapez*, *auch übertr*; **~io** *m* GEOM, SPORT Trapez *n*; **~ista** Trapezkünstler *m*
trapero *m* Lumpensammler *m*; Lumpen- *bzw* Altstoffhändler *m*; Trödler *m*
trapich|e *m Am* Öl- *bzw* Zuckermühle *f*; *Arg*, *Chi* BERGB Pochwerk *n*; *Am reg* Zuckersiederei *f*; **~ear** *intr* herumtüfteln, auf Mittel und Wege sinnen; mauscheln, schachern; *Arg* sich schlecht und recht durchs Leben schlagen; sich in krumme Geschäfte einlassen
trapicheo *m* Mauscheln *n*, Schachern *n*; **~s** *Pl* Intrigen *f*/*Pl*; krumme *od* unsaubere Geschäfte *n*/*Pl*
trapillo *m*: **de ~** leger gekleidet sein
trapisonda *f* Krach *m*; Krawall *m*, Stunk *m umg*; Intrige *f*
trapito *m*, **~s** *Pl* Kledage *f od* Kledasche *f der Frau*; → **trapos**; **~s de cristianar** Sonntagsstaat *m beste Kleidung*
trapo *m* Lumpen *m*; Lappen *m*, (Staub-)Tuch *n*; TAUR rotes Tuch *n*; **~s** *Pl* Klamotten *f*/*Pl Bekleidung*; **~ para fregar, ~ de piso** Scheuer-, Wischtuch *n*; **a todo ~** mit vollen Segeln *auch übertr*; flugs, schnell; hemmungslos; *übertr* mit voller Kraft; **con un ~ atrás y otro (a)delante** *übertr* mit nichts auf dem Leib ◇ **poner a alg como un ~ (sucio)** jmdn herunterputzen *od* zur Sau machen *vulg*; **sacar (todos) los ~s a relucir** *od* **al sol** schmutzige Wäsche in der Öffentlichkeit waschen *missliche private Dinge anderen kundtun*; **tener ~s sucios** *übertr* Dreck am Stecken haben
traposo zerlumpt, abgerissen
traque *m* Knall *m*; Geknatter *n*; **a ~ barraque** *umg* jeden Augenblick; aus jedem beliebigen Anlass
tráquea *f* ANAT Luftröhre *f*
traqueotomía *f* Luftröhrenschnitt *m*
traquet|ear I *intr* krachen; knallen; knattern; rattern **II** *tr Stühle* rücken; rütteln; schütteln; *etw ständig* anfassen *od* berühren *od* befummeln *umg*; **~eo** *m* Geknatter *n*; Rattern *n*; Rütteln *n*; Schütteln *n*
traquido *m Schusswaffe* Knall *m*; Knistern *n*; Knarren *n*; Knacken *n*; Prasseln *n*
tras I *Präp* nach (**~ la primavera viene el verano**); hinter *doch dafür meist* → **detrás de** (**dejó el paraguas ~ la puerta**); *nach Verben der Bewegung* hinter … her (**voy ~ ti**); **~ de** + *Inf* nachdem (**~ de leerla, le devolvió la carta**); nicht nur, dass …, sondern auch (noch) (**~ de venir tarde, aun quiere descansar**); **uno ~ otro** nacheinander; einer nach *bzw* hinter dem anderen ◇ **andar** *od* **estar ~ u/c** hinter etw her sein, auf etw erpicht sein; **correr ~ alg** jmdm nachlaufen *auch übertr*; hinter jmdm her sein **II** *m* Po *m Gesäß*
tras|atlántico → **transatlántico**; **~bordador**, **~bordar**, **~bordo** → **transbordador**, **transbordar**, **transbordo**
trascend|encia *f* Bedeutung *f*, Tragweite *f*, Ausmaß *n*; Transzendenz *f*; **~ental** bedeutsam, von großer Tragweite, von großem Ausmaß; folgenschwer; **~ente** transzendent; **~er** ⟨ie-⟩ **I** *intr Information* durchsickern, verlauten; ruchbar werden; *in die Presse* gelangen; *Geruch* durchdringen; wirken, *übertr* abfärben (**a** auf); *z.B. Protest* übergreifen (**a** auf) **II** *tr* ausfindig machen, ergründen; **~ido** scharfsinnig
tras|colar ⟨-ue-⟩ *tr* durchseihen; **~colarse** durchschlüpfen; **~cordarse** ⟨-ue-⟩ sich nicht mehr (genau) erinnern (**de** an *od Gen*); **~cuarto** *m* Hinterzimmer *n*
trasegar ⟨-ie-, -g/gu-⟩ *tr Flüssigkeiten* umfüllen; *übertr alkoholische Getränke* in sich hineinschütten; durchwühlen, wühlen (*dir Obj* in); *z.B. Beamte* umsetzen
traser|a *f* hinterer Teil *m*; Rückseite *f*; **~o I** *Adj* hintere(r, -s); Hinter-, Rück-; rückwärtig **II** *m* Gesäß *n*, Hintern *m umg*
tras|ferencia, **~feribilidad**, **~ferible**, **~ferir** → **transferencia** *bis* **transferir**; **~fondo** *m* Hintergrund *m auch übertr*; **~formable**,

~formación, **~formador**, **~formativo** → ***transformable*** *bis* ***transformativo***; **~hojar** *tr Buchseiten* umblättern; *Buch* durchblättern; **~humante** (umher)wandernd; Wander-

trasiego *m* Ab-, Umfüllen *n*; Durchwühlen *n*, Wühlen *n in etw*; Umsetzung *f z.B. von Beamten*

trasladar *tr zeitlich u örtlich* verlegen; verlagern; bringen *befördern*; *zeitlich* verschieben; *etw od Leiche* überführen; *Arbeitskraft* ver-, umsetzen; FIN, JUR, LING, *Verantwortlichkeit* übertragen; umsetzen, -rücken; *jmdn* umsiedeln; *Gefangene* überstellen; MED überweisen; **~se** sich (anschließend) *an einen anderen Ort* begeben; umziehen (***para*** nach); überwechseln; über-, umsiedeln; MIL verlegt werden

traslado *m* Verlegung *f*; Verlagerung *f*; *zeitliche* Verschiebung *f*; Überführung *f*; *Arbeitskräfte* Umsetzen *n*, -setzung *f*, Versetzung *f*; Umstellen *n*, -rücken *n*; Umzug *m Wohnungswechsel*; Wechsel *m der Schule*; Um-, Übersiedlung *f*; *Tourismus* Transfer *m*; Überstellung *f von Gefangenen*; MED Überweisung *f*; FIN Übertrag *m*; ***~ a otra cuenta*** FIN, HDL Umbuchung *f*; ***~ de la producción*** Produktionsverlagerung *f* ◇ ***pedir el ~*** um seine *bzw* ihre Versetzung bitten

traslap|ar *tr* übereinander legen; **~o** *m* Überlappung *f*

tras|lucirse ⟨-c/zc-⟩ durchscheinen; *jmdm etw* klar werden *zu einer Einsicht kommen*; erkennbar werden, ersichtlich sein; *jmds Gedanken*, *Stimmung* verraten, offenbaren; **~lumbrarse** blitzschnell vorüberhuschen *od* verschwinden; aufblitzen

trasluz *m*: ***al ~*** im Gegenlicht, gegen das Licht; im Widerschein

trasmundo *m* Jenseits *n*; Traumwelt *f*

trasnoch|ado übernächtigt, unausgeschlafen; veraltet, überholt; *übertr* übrig geblieben; von gestern *rückständig*; ewig gestrig; **~ador** *m* Nachtschwärmer *m*; **~ar I** *intr* die Nacht schlaflos verbringen; sich die Nacht um die Ohren schlagen; die Nacht woanders (*d.h.* außer Haus) verbringen; übernachten; **II** *tr etw* überschlafen *vor einer Entscheidung die Nacht verstreichen lassen*; **~e** *m Arg Kino* Spät-, Nachtvorstellung *f*

traspapel|ado *Schriften*, *Artikel in der Presse* verstreut; **~ar** *tr Akte*, *Dokument* verlegen; *Papiere* durcheinander bringen; überblättern; übersehen; **~arse** *Akte*, *Dokument* abhanden kommen; **~eo** *m* Verlegen *n*; Überblättern *n*; Übersehen *n*

trasparen|cia, **~tar(se)**, **~te** → ***transparencia*** *bis* ***transparente***

traspas|ar *tr Fluss* überqueren; HDL übergeben; *Geschäft* übereignen; JUR übertragen; abtreten, überlassen; *Straße* nochmals ab-, durchschreiten *od* abgehen; *eine Absperrung* durchbrechen, überschreiten *auch übertr*; *übertr* übersteigen; *Kugel*, *Lärm*, *Schmerz jmdn* durchbohren; **~arse** *übertr* zu weit gehen

traspaso *m* (Geschäfts-)Übergabe *f*; Überquerung *f*, -queren *n*; Überschreitung *f*; Wechsel *m auch eines Sportlers in eine andere Mannschaft*, Übergang *m*; Vermittlung *f Weitergabe von Wissen*; JUR Übertragung *f*; Übereignung *f*; Abtretung *f*, Überlassung *f*; JUR Ablösung(ssumme) *f*; Abstandssumme *f*; ***~ de poderes*** Amtsübergabe *f*

traspatio *m Am* Hinterhof *m auch* POL *übertr*

traspíe *m* (*auch* **traspiés** *m*) Fehltritt *m*; Ausrutscher *m unüberlegte Worte*; Abrutschen *n*, -sacken *n Leistungsabfall* ◇ ***dar un ~*** stolpern; ausgleiten; straucheln; *umg* etw falsch machen; ***dar un ~ a alg*** jmdm ein Bein stellen; ***dar ~s*** torkeln, taumeln

tras|pillado armselig, zerlumpt; **~pintarse** *etw* anders ausfallen *od* -gehen *als man hoffte*; *Schrift*, *Bild u.Ä.* sich auf der Rückseite *eines Blatts Papier* abzeichnen

trasplant|able verpflanzbar; MED transplantierbar, -fähig; **~ación** *f* → ***trasplante***; **~ar** *tr* MED transplantieren; BIOL, BOT, MED *u übertr* verpflanzen; auspflanzen; umpflanzen; *Bräuche*, *Gewohnheiten auf andere* (*Länder*) übertragen

trasplante *m* MED Transplantation *f*, Verpflanzung *f*; Transplantat *n*; BOT Verpflanzen *n*; Umpflanzen *n*; Auspflanzen *n*; ***~ cardíaco, ~ del corazón*** (***~ de órganos***; ***~ renal***; ***~ de tejidos***) Herz-(Organ-; Nieren-; Gewebe)transplantation *f*

tras|pondedor *m* → ***transpondedor***; **~poner** ⟨→ ***poner***⟩ *tr* verlagern; umlagern; umstellen; verlegen; *etw z.B. Türschwelle* überschreiten; **~pontín** *m umg* → ***trasero II***; → ***~puntín***; **~posición** *f*, **~puesta** *f* Fortschaffen *n*; Verlagerung *f*; Flucht *f*; **~puesto** *Part von* → ***~poner***; **~pulsión** *f* EL Rückkopplung *f*; **~punte** *m* THEAT Inspizient *m*; **~puntín** *m* EISENB, KFZ, *Kino* Klapp-, Notsitz *m*; Hintern *m Gesäß*

trasquila *f* → ***trasquiladura***

trasquilado ◇ ***salir ~*** *übertr* gerupft werden; leer ausgehen *verlieren*

trasquil|adura *f* Schur *f*, Scheren *n der Schafe*; **~ar** *tr Schafe* scheren; *Haare* stutzen; **~imocho** *umg* kahl geschoren

T

trast|abillar *intr* stolpern, straucheln; taumeln; stottern; **~ada** *f* übler Streich *m*; **~azo** *m* derber Schlag *m od* Hieb *m*

traste *m Saiten-, m Zupfinstrument* Griffbrettleiste *f*; **~s** *Pl Am, And* Plunder *m*, Kram *m* ◇ ***dar al ~ con u/c*** etw zunichte machen; etw zerschmettern; etw zugrunde richten; etw völlig auf- *od* verbrauchen *od* zerstören; *übertr* mit etw aufräumen; *Regime* stürzen; ***ir(se) al ~*** in die Brüche gehen

trast|ear I *intr/tr* durchstöbern, kramen; befummeln; MUS in die Saiten greifen **II** *tr etw* hin und her rücken; *Geschäft* (geschickt) managen; *jmdn* bearbeiten *od* überreden *od* belatschern *umg reg*; TAUR *den Stier* hin und her hetzen *od* treiben **III** *intr* (herum)hantieren; hin und her laufen; lebhaft (und witzig) plaudern; **~(*se*)** *Am reg* umziehen *den Wohnsitz wechseln*; **~eo** *m* TAUR Stierhetze *f*; geschicktes Managen *n einer Angelegenheit, eines Geschäfts*; Geplauder *n*; *Am reg* Umzug *m Wohnungswechsel*; **~era** *f* Abstell- *bzw* Rumpelkammer *f*; **~ería** *f* Gerümpel *n*; **~ero** *m* Trödler *m*; → ***~era***

trastienda *f* Hinterzimmer *n eines Ladens, einer Gaststätte*; *umg* Hinterteil *n Gesäß* ◇ ***tener mucha ~*** es faustdick hinter den Ohren haben

trasto *m* altes (*d.h.* ausgedientes) Möbelstück *n bzw* Hausgerät *n*; Nichtsnutz *m*, Taugenichts *m*; **~s** *Pl* Gerümpel *n*; Geräte *n/Pl*, Handwerkszeug *n* ◇ ***tirar los ~s*** *übertr* den ganzen Kram hinschmeißen; ***tirarse los ~s a la cabeza*** sich in den Haaren liegen, sich die dicksten Brocken an den Kopf werfen *heftig streiten*

trastocar ⟨-ue-; -c/qu-⟩ *tr* → ***trastrocar***

trastorn|ado verstört, durcheinander; **~ar** *tr* stören; durcheinander bringen *auch übertr*; in Unordnung bringen; verrückt machen; verwirren; *Nerven* zerrütten; umstürzen *auch übertr*; **~arse** durcheinander geraten; verrückt werden

trastorno *m* Störung *f auch* MED; Unordnung *f*, Durcheinander *n*; Verwirrung *f*; Schaden *m*; **~s** *Pl* POL Unruhen *f/Pl*, Wirren *Pl*; ***~s de la alimentación*** Essstörungen *f/Pl*; ***~s circulatorios*** Kreislaufstörungen *f/Pl*; ***~s comunicativos*** Kommunikationsstörungen *f/Pl*; ***~ digestivo (mental)*** Verdauungs-(Bewusstseins)störung *f*; ***~s respiratorios*** Atembeschwerden *f/Pl*; ***con ~s de conducta*** verhaltensgestört

tras|trabarse *beim Sprechen* anstoßen; sich (beim Sprechen) verhaspeln; **~trabillar** *intr* → ***trastabillar***; **~trocar** ⟨-ue-; -c/qu-⟩ *tr etw* durcheinander bringen; vertauschen; verwechseln; *Sinn bzw Inhalt* verdrehen, auf den Kopf stellen; **~trueque** *m* Vertauschung *f*; Verwechslung *f*

trasunto *m* getreues Abbild *n*; *verächtl* Abklatsch *m*; ***vivo ~*** Ebenbild *n*

tras|vasar *tr*, **~vase** *m* → ***transvasar, transvase***; **~volar** ⟨-ue-⟩ *tr* überfliegen

trata *f*: ***~ de blancas (esclavos*** *od* ***negros)*** Mädchen-(Sklaven)handel *m*

trat|able umgänglich; gefügig; **~adista** *m* Verfasser *m* (einer Abhandlung)

tratado *m bes* POL Vertrag *m*; Pakt *m*; WISS Abhandlung *f*; → ***acuerdo, convenio***; ***~ de amistad*** Freundschaftsvertrag *m*; ***♀ del Atlántico Norte*** Nordatlantikpakt *m*; ***~ comercial*** *od* ***de comercio (paz)*** Handels-(Friedens)vertrag *m*; ***♀ Interamericano de Ayuda Recíproca*** Interamerikanischer Vertrag *m* über gegenseitigen Beistand; ***~ intergubernamental*** Regierungsabkommen *n*; ***♀ de Libre Comercio*** Freihandelsabkommen *n bzw* Freihandelszone *f zwischen den USA, Kanada u Mexiko*, NAFTA *f*; ***~ de limitación de las armas estratégicas*** Vertrag *m* über die Begrenzung strategischer Rüstungen; ***~ de no agresión (no proliferación de armas atómicas)*** Nichtangriffs-(Atomwaffensperr)vertrag *m*; ***♀ de París (Versalles)*** GESCH Pariser Verträge *m/Pl* (Versailler Vertrag *m*) ◇ ***firmar un ~*** einen Vertrag unterzeichnen; einen Vertrag abschließen

tratamiento *m* MED, TECH Behandlung *f*; Kur *f*; CHEM, MINER Aufbereitung *f*; (Weiter-)Verarbeitung *f*; Bearbeitung *f*; Anrede *f*; ***~ ambulatorio*** *od* ***externo (hospitalario)*** ambulante (stationäre) Behandlung *f*; ***~ de basuras (residuos)*** Müll-(Abfall)aufbereitung *f*; ***~ de datos*** INFORM Datenverarbeitung *f*; ***~ de la información (~ de informaciones)*** Informationsaufbereitung *f* (-verarbeitung *f*); ***~ poshospitalario*** MED Nachbehandlung *f*; ***~ de textos*** Textaufbereitung *f*; INFORM Textverarbeitung *f*; ***~ de texto avanzado*** INFORM Desktop-Publishing *n*; ***~ en tiempo real*** INFORM Echtzeitverarbeitung *f*; ***~ de tú (usted)*** Duzen *n* (Siezen *n*) ◇ ***apear el ~*** *bei der Anrede* den Titel beiseite lassen *od* weglassen

tratante *m(f)* Händler(in) *m(f)*; ***~ de blancas (ganado)*** Mädchen-(Vieh)händler *m*

tratar I *tr* behandeln *auch* MED; erörtern; *etw* abhandeln (*wissenschaftlich*) *darstellen*; anreden (***todo el mundo me trataba de tú***) *meist in Verbindung mit negativen Bez* nennen (***de*** *Akk*), bezeichnen (***de*** als); *Geschäft* vorhaben *od* abschließen; CHEM aufschließen; METAL aufbereiten; *Daten*, TECH verarbeiten; weiterverarbei-

T

ten; bearbeiten; ~ ***bien*** (***mal***) gut (schlecht) behandeln; ~ ***por separado*** getrennt *od* extra behandeln *od* erörtern **II** *intr/tr* ~ ***con alg*** *od* ***a alg*** mit jmdm verkehren *od* Umgang haben **III** *intr* versuchen (***de*** zu); sprechen *od* verhandeln *od* beraten (***acerca de, sobre*** über); handeln, Handel treiben (***en*** mit); *z.B. Buch* handeln (***de*** von); ~***se*** sich handeln (***de*** um); *Patient* sich behandeln lassen; ***¿de qué se trata?*** worum geht es?; wovon ist die Rede?

tratativas *f/Pl bes Arg, bes* POL Sondierungsgespräche *n/Pl*, Sondierungen *f/Pl*; Verhandlungen *f/Pl*

trato *m* Behandlung *f*, Aufnahme *f von Personen*; Umgang *m*, Verkehr *m mit jmdm*; Handelsverkehr *m*; Geschäft *n*; Abmachung *f*; ~***s*** *Pl* Verhandlungen *f/Pl*; ~ ***entre caballeros*** Gentlemen's Agreement *n*; ~ ***de favor,*** ~ ***privilegiado*** Vorzugsbehandlung *f von Personen*; ~ ***de gentes*** gute Umgangsformen *f/Pl*; sicheres Auftreten *n*; ***¡~ hecho!*** abgemacht!; ~ ***íntimo*** intimer Verkehr *m zwischen Sexualpartnern*; ~ ***de nación más favorecida*** WIRTSCH Meistbegünstigung *f*; ***amable en el*** ~ umgänglich; leutselig; ***malos*** ~***s*** Misshandlung(en *Pl*) *f*; Tätlichkeiten *f/Pl* ◇ ***cerrar un*** ~ *mit jmdm* handelseinig werden; ***dar buen*** ~ *jmdn* gut behandeln *od* aufnehmen; ***dar malos*** ~***s*** *jmdn* schlecht behandeln *bzw* misshandeln; ***entrar*** (***estar***) ***en*** ~***s*** in Verhandlung(en) treten (stehen) (***con*** mit); ***no querer*** ~***s con alg*** mit jmdm nichts zu tun haben wollen; ***recibir buen*** ~ gut behandelt *bzw* gastfreundlich aufgenommen werden; ***romper el*** ~ ***con alg*** die Beziehungen zu jmdm abbrechen; (***no***) ***tener*** ~***s con alg*** mit jmdm (nicht *bzw* nicht mehr) verkehren

trauma *m* MED, PSYCH *u übertr* Trauma *n*; ~ ***craneoencefálico*** Schädel-Hirn-Trauma *n*; ~ ***psíquico*** psychischer *od* seelischer Schock *m*

traumático traumatisch; PSYCH verletzend; Wund-

traumat|ismo *m* MED Trauma *n*; ~***izar*** ⟨-z/c-⟩ *tr* einen Schock versetzen; *übertr* erschüttern; ~***ología*** *f* Traumatologie *f*, Unfallchirurgie *f bzw* -medizin *f*; ~***ólogo*** *m* Unfallchirurg *m*

través *m* Schräge *f*; Quer- *bzw* Dachbalken *m*; Missgeschick *n*; ***a*** ~ *Adv* quer; mitten hindurch; ***a*** ~ ***de*** *Präp* durch (***la voz llega a*** ~ ***del cable***; ***conozco la noticia a*** ~ ***de un amigo***) (quer) über (***colocaron un madero a*** ~ ***del río***); ***de*** ~ *Adv*, ***de*** ~ ***sobre*** *Präp* quer *od* schräg über (***se acostó en la cama de*** ~; ***una banda colocada de*** ~ ***sobre el pecho***) ◇ ***mirar de*** ~ scheel (an)blicken

traves|año *m* Querbalken *m*, Traverse *f*; Keilkissen *n*; ~***ero*** *m* Keilkissen *n*; ~***ía*** *f* MAR Überfahrt *f*; *i w S* (weite) Reise *f od* Fahrt *f*; Flug *m*; Querstraße *f*; FLUGW, MAR Überquerung *f*; MAR Kreuzfahrt *f*; MAR Heuer *f*

travest|í *m*, ~***ido*** *m* Transvestit *m*; ~***ir(se)*** ⟨-i-⟩ *intr Mann* sich als Frau *bzw Frau* sich als Mann (ver)kleiden; ~***ismo*** *m* Transvestitentum *m*

travesura *f* Übermut *m*; (mutwilliger) Streich *m*; *auch* Verwegenheit *f*

travies|a *f* EISENB Schwelle *f*; BAUW tragende Wand *f*; Querbalken *m*, Traverse *f*; Dachbalken *m*; ~***o*** schräg; quer; ausgelassen, mutwillig; *Kind* ungezogen

trayecto *m* Strecke *f*; *zurückgelegter* Weg *m*; (Über-)Fahrt *f*; Fährverkehr *m*, -verbindung *f*; ***¡~ resbaladizo!*** VERK Rutschgefahr!; ~ ***de tránsito*** Transitstrecke *f*

trayectoria *f* ASTR, *Geschoss*, PHYS, *Wurfkörper* Bahn *f*; Verlauf *m*; Entwicklung *f*; Werdegang *m*; *übertr* Weg *m*; Kurs *m auch* POL; POL *übertr* Linie *f*; ~ ***orbital*** Erdumlaufbahn *f*

traza *f* (Bau-)Plan *m*; Entwurf *m*; Trasse *f*; Aussehen *n*, *Person* Äußeres *n*; Spur *f auch* CHEM; ***por las*** ~***s*** dem Äußeren *od* Aussehen nach; anscheinend, wie es aussieht ◇ ***darse*** ~***s, valerse de una*** ~ ein Mittel *bzw* Mittel und Wege finden (***para*** um zu); ***llevar buena*** ~ gut vonstatten gehen, *übertr Angelegenheit* gut aussehen; (***no***) ***tener*** ~***s*** (nicht) so aussehen (***de*** + *Inf od* ***de que*** + *subj* als ob)

trazado **I** *Adj*: ***bien*** (***mal***) ~ wohlgeformt (missgestaltet) **II** *m* Aufriss *m*; Plan *m*, Entwurf *m*; EISENB, VERK Trassierung *f*, *Plan über* Streckenverlauf *m*, Streckenführung *f*; (Flucht-)Linie *f*; Strich *m*; ~ ***fronterizo*** Grenzziehung *f*

trazador *m* TECH Anreißer *m*; Reißnadel *f*; FLUGW, MAR Kursschreiber *m*; ~ ***digital*** INFORM Digitalplotter *m*

trazar ⟨-z/c-⟩ *tr Linie, Striche* ziehen; *übertr* zeichnen, *mit Worten* umreißen; skizzieren; entwerfen; festlegen; *Weg* abstecken; *Strecke* trassieren; *Lot* fällen; *mit Tusche* ausziehen

trazo *m* Strich *m*; Umriss *m*; Schriftzug *m*; ~ ***continuo*** durchgehender Strich *m*; ~ ***horizontal*** (***oblicuo***) Quer-(Schräg)strich *m*; ***en*** ~***s*** gestrichelt ◇ ***dibujar al*** ~ eine Faustskizze anfertigen; ***marcar con un*** ~ anstreichen; ***marcar con*** ~***s y puntos*** eine Strich-Punkt-Linie ziehen

trebejos *m/Pl* Hausrat *m*, -gerät *n*; Utensilien *f/Pl*, Gerätschaften *f/Pl*; Handwerks-

T

zeug *n*

Trebisonda *f* Trabzon *n türkische Hafenstadt*

trébol *m* Klee *m*; BOT *u übertr* VERK Kleeblatt *n*; **~ de cuatro hojas** vierblättriges Kleeblatt *n*, Glücksklee *m*

trece I *Adj* dreizehn; dreizehnter **II** *m* Dreizehn *f* ◇ **mantenerse** *od* **seguir en sus ~** nicht nachgeben; auf etw bestehen

trec|eavo *m* Dreizehntel *n*; **~eno I** *Adj* dreizehnter **II** *m* Dreizehnter *m*

trecho *m* (Weg-)Strecke *f*; Stück *n* Land; Abschnitt *m bzw* Stück *n von etw*; **a ~s** streckenweise; hie und da; **de ~ en ~** ab und an, von Zeit zu Zeit ◇ **queda ~ por andar** es bleibt noch viel zu tun

tredécimo → **decimotercero** *u* **treceno**

tregua *f* Waffenruhe *f*, -pause *f*; Pause *f*, Rast *f*; *übertr* Frist *f*; **~ (política)** POL Burgfriede(n) *m*; **sin ~** unablässig, pausenlos ◇ **no dar(se) ~** keine Ruhe lassen; keinen Aufschub dulden (sich keine Pause *od* Ruhe gönnen)

treint|a I *Adj* dreißig; dreißigster **II** *m* Dreißig *f*; **~avo** *m* → **trigésimo II**; **~ena** *f* dreißig Stück; **~eno** → **trigésimo I**

trekking *m* SPORT Trekking *n*

tremen|do fürchterlich; schrecklich; gewaltig, riesig, Riesen-; toll *großartig bzw außergewöhnlich*; **~tina** *f* Terpentin *n*

tremol|ar I *tr Fahnen* schwingen **II** *intr Fahnen* flattern; **~ina** *f* Krawall *m*, Krach *m*; *Wind* Brausen *n*

trém|olo *m* MUS Tremolo *n*; **~ulo** zitternd, bebend; flackernd

tren *m* EISENB, TECH Zug *m*; TECH Straße *f*; MIL Tross *m*; Aggregat *n*; VERK (Auto-)Kolonne *f*; Gefolge *n*, Begleitung *f*; Aufwand *m*, Gepränge *n*; **~ adicional, ~ de refuerzo** Entlastungszug *m*; **~ aerodeslizante** Luftkissenzug *m*; **~ de alta velocidad** Hochgeschwindigkeitszug *m*; **~ de aterrizaje** FLUGW Fahrwerk *n*, -gestell *n*; **~ automotor (rápido)** Triebwagen(schnell)zug *m*; **~ bandera** Zug *m* mit eigenem Namen *z.B. Spessart*; **~ de bomberos** Feuerlöschzug *m*; **~ batijo** *od Am* **carretero** Bummelzug *m*; **~ de carga** *Am od* **mercancías** Güterzug *m*; **~ de cercanías, ~ suburbano** Nahverkehrs-, Vorortzug *m*; **~ de combinación** *Am od* **continuación** *od* **correspondencia** *od* **enlace** Anschlusszug *m*; **~ directo** *od* **exprés, (~) expreso** *m od* **rápido** *m* Schnell- *od* Eilzug *m*; **~ especial** Sonderzug *m*; **~ de fabricación** Fertigungsstraße *f*; **(~) Intercity** *m*, **~ interurbano** Intercity (-zug, -express) *m*, IC *m bzw* ICE *m*; **~ de laminación** Walzstraße *f*; **~ lanzadera** Shuttlezug *m*; **~ de largo recorrido** Fernzug *m*; **~ mixto** gemischter Zug *m für Personen u Güter*; **~ de pasajeros** Personen-, Reisezug *m*; **~ regular** fahrplanmäßiger Zug *m*; **~ de vía estrecha** Schmalspurbahn *f*; **~ de vida** (anspruchsvoller) Lebensstil *m*; **al mismo ~** mit gleicher Geschwindigkeit; **a todo ~** mit großem Pomp, mit allem Drum und Dran; in voller Fahrt; **por ~** per Bahn ◇ **coger (equivocar; perder) el ~** den Zug erreichen *od* schaffen (in den falschen Zug einsteigen, den falschen Zug nehmen; den Zug verpassen *od* versäumen; *übertr* den Anschluss verpassen); **coger** *od* **tomar el ~ (de la mañana)** mit dem (Früh-)Zug fahren; **llevar** *od* **tener un gran ~ (de vida)** auf großem Fuß leben

trena *f Esp* Knast *m Gefängnis*, MIL Bau *m*

trenca *f* Dufflecoat *m*

trencilla I *f* Litze *f*, Tresse *f*; Borte *f*; Besatz *m*; Peitschenschnur *f*; **~s** *Pl* Schnüre *f/Pl* **II** *m umg für* SPORT Schiedsrichter *m*

Trento *m* Trient *n*

trenz|a *f* Zopf *m*; Geflecht *m*; geflochtene Schnur *f*, Tresse *f*; **~ar** ⟨-z/c-⟩ *tr Haar* (über Kreuz), *Korb* flechten; *Kabel* umflechten; verlitzen; *Garn* docken

trep|a I *f* Klettern *n*; Purzelbaum *m*; *Holz* Maserung *f*; *Kleid* Borte *f*; List *f*, Verschlagenheit *f*; Tracht *f* Prügel **II** *m umg* → **trepador**; **~aderas** *f/Pl Am reg* → **trepadores**

trepado *m Briefmarke*, *Papier* Perforierung *f*

trepador *m übertr* Aufsteiger *m*, Senkrechtstarter *m*, Karrierist *m*; **~es** *Pl* Steigeisen *n/Pl*

trepadora *f* Kletterpflanze *f*

trepan|ación *f* MED Trepanation *f*; **~ar** *tr* trepanieren

trep|ar I *intr Pflanzen* sich ranken *od* winden; *umg* aufsteigen *Karriere machen* **II** *intr/tr* klettern; *Leiter* hinaufsteigen; **~e** *m* Rüffel *m*, Anschnauzer *m*

trepid|ación *f* Beben *n*, Zittern *n*; Rütteln *n*; *Fenster* Klirren *n*; Erschütterung *f*; **~ar** *intr* beben, zittern; vibrieren; *Fenster* klirren; *Chi* zögern, zaudern

tres I *Adj* drei; *Datum* dritter **II** *m* Drei *f*; **~ a ~** *od* **de a ~** zu dritt; **como ~ y dos son cinco** so sicher, wie zwei mal zwei vier ist; **ni a la de ~** beim besten Willen nicht ◇ **poner a alg en ~ y dos** jmdn in eine schwierige Lage bringen

tresañ|al, ~ejo dreijährig

tres|centésimo I *Adj* dreihundertster **II** *m* Dreihundertster *m*; Dreihundertstel *n*; **~cientos I** *Adj* dreihundert; dreihundertster **II** *m* Dreihundert *f*; **~doblar** *tr* verdreifachen; **~doble** dreifach; **~illo** *m* KART Tresillospiel *n*; Polster-, Couchgarnitur *f*;

Schmuck Garnitur *f* aus 3 Edelsteinen; MUS Triole *f*; **~milésimo I** *Adj* dreitausendster **II** *m* Dreitausendster *m*; Dreitausendstel *n*
treta *f* Kniff *m*, Trick *n*; *Fechten* Finte *f*
Tréveris *m* Trier *n*
trezavo → ***treceavo***
trial *m Motorsport* Geschicklichkeitsfahren *n*, Trial *n*
triálogo *m* Dreiergespräch *n*
triangular dreieckig, Dreiecks-; dreikantig
triángulo I *Adj* → ***triangular* II** *m* Dreieck *n*; MUS Triangel *m,n*; Dreiecksverhältnis *n*, Ehe *f* zu dritt; ⁐ ***de las Bermudas*** Bermudadreieck *n*; ~ ***de peligro*** VERK Warndreieck *n*
trías *m*, **triásico** *m* GEOL Trias *f*
triat|leta *m* SPORT Triathlet *m*; **~lón** *m* SPORT Dreikampf *m*, Triathlon *n,m*
tribu *f* BOT, ETHN, GESCH, ZOOL Stamm *m*, Familie *f*
tribulación *f* Leid *n*; Widerwärtigkeit *f*
tribuna *f* Tribüne *f*; Empore *f*; ~ ***de invitados*** PARL Gäste-, Zuschauertribüne *f*
tribunal *m* Gericht(shof *m*) *n*; JUR *u übertr* Tribunal *n*; *übertr* Richterstuhl *m*; → ***corte***[2]; ~ ***administrativo*** (~ ***de apelaciones***) Verwaltungs-(Berufungs)gericht *m*; ~ ***de arbitraje***, ~ ***arbitral*** Schiedsgericht *n*; Schlichtungsstelle *f*; ~ (***calificador*** *od* ***de exámenes***) Prüfungskommission *f*; ~ ***competente*** zuständiges Gericht *n*, Gerichtsstand *m*; ⁐ ***Constitucional*** (***Supremo***) Verfassungsgericht *n* (Oberstes Gericht *n*); ⁐ ***de Cuentas*** Rechnungshof *m*; ⁐ ***de Defensa de la Competencia*** Kartellamt *n*; ~ ***electoral*** Wahlprüfungskommission *f*; ~ ***de escabinos*** (***jurados***; ***menores***) Schöffen-(Schwur-, Geschworenen-; Jugend)gericht *n*; ⁐ ***Europeo*** Europäischer Gerichtshof *m*; ⁐ ***Federal Constitucional*** (***de Karlsruhe***) *Dtschld* Bundesverfassungsgericht *n* (in Karlsruhe); ~ ***de guerra***, ~ ***militar*** (***laboral***) Kriegs-, Militär-(Arbeits)gericht *n*; ~ ***de honor*** Ehrengericht *n*; ⁐ ***Internacional de Crímenes de Guerra*** UN-Kriegsverbrechertribunal *n*; ⁐ ***Internacional de Justicia*** (***de La Haya***) Internationaler Gerichtshof *m* (in Den Haag); ⁐ ***Penal Internacional*** Internationaler Strafgerichtshof *m* ◇ ***acudir al*** ~ sich an das Gericht wenden, das Gericht anrufen; ***comparecer ante el*** ~ vor Gericht erscheinen; ***llevar ante el*** ~ *od* ***los ~es*** vor Gericht bringen, *Prozess* anhängig machen
tributación *f* Besteuerung *f*; Steuerzahlung *f*; Steuer *f*, Abgabe *f*; ~ ***conjunta*** (***individual***) *Steuer* gemeinsame (getrennte) Veranlagung *f*; ~ ***empresarial*** Unternehmensbesteuerung *f*; ***exento de*** (***sujeto a***) ~ steuerfrei (steuerpflichtig)
tribut|ante *m* Steuerzahler *m*, -pflichtiger *m*; **~ar I** *tr/intr* Steuer(n) zahlen *od* entrichten **II** *tr übertr* geben, *z.B. Beifall* spenden; *Dank* zollen; **~ario I** *Adj* steuerpflichtig; steuerlich, Steuer- **II** *m* Steuerzahler *m*, -pflichtiger *m*; Nebenfluss *m*
tributo *m* Tribut *m*; Steuer *f*, Abgabe *f*; *erwiesene* Ehre *f* ◇ ***rendir*** (***el postrer***) ~ die (letzte) Ehre erweisen
tri|campeón *m* SPORT dreifacher Meister *m*; **~centenario** *m* Dreihundertjahrfeier *f*; Zeitraum *m* von dreihundert Jahren; **~centésimo I** *Adj* dreihundertster **II** *m* Dreihundertster *m*; Dreihundertstel *n*
triciclo *m* Dreirad *n für Kinder*; ~ ***de reparto*** Dreiradlieferwagen *m*
tri|color I *Adj* dreifarbig **II** *f Fahne* Trikolore *f*; **~cornio** *m* Dreispitz *m*
tricot *m Stoff* Trikot *m,n*; *Kleidungsstück* Trikot *n*; **~ar** *tr/intr* TEXTIL wirken; stricken; **~osa** *f* TEXTIL Wirkstuhl *m*; Strickmaschine *f*
tricromía *f* Dreifarbendruck *m*
tridentino I *Adj* aus Trient, tridentinisch **II** *m*, **-a** *f* Einwohner(in) *m*(*f*) von Trient, Tridentiner(in) *m*(*f*)
tri|dimensional dreidimensional; **~enio** *m* Zeitraum *m* von drei Jahren
Trieste *m* Triest *n*
triestino I *Adj* Triester **II** *m* Triester *m*
tri|fásico dreiphasig, Dreiphasen-; EL Dreh-; **~fulca** *f* Streit *m*, Zank *m*; Keilerei *f*; Krach *m*; Durcheinander *n*
trigal *m* Weizenfeld *n*; *i w S* Kornfeld *n*
trigésimo I *Adj* dreißigster **II** *m* Dreißigstel *n*; Dreißigster *m*
trigo *m* Weizen *m*; Weizenkorn *n*; *i w S* Getreide *n*; Zaster *m*, Kies *m Geld*; ~ ***de invierno***, ~ ***otoñal*** (***marzal***, ***de marzo***, ~ ***tremesino***) Winter-(Sommer)Weizen *m*; ~ ***sarraceno*** Buchweizen *m* ◇ ***no ser ~ limpio*** nicht ganz astrein sein, nicht in Ordnung sein; *Sprichw* ***no es lo mismo predicar que dar ~*** das ist leichter gesagt als getan
trigono|metría *f* Trigonometrie *f*; **~métrico** trigonometrisch
trig|ueño dunkelblond, brünett **~uero** Weizen-; *i w S* Getreide-
tri|lateral *bes übertr*, **~látero** dreiseitig; **~lero** *m* Hütchenspieler *m*; **~les** *m/Pl* Hütchenspiel *n ein Taschenspielertrick*; **~lingüe** dreisprachig
trill|a *f* Drusch *m*, Dreschen *n*; Dreschzeit *f*; *Am reg* Tracht *f* Prügel; **~ado I** *Adj übertr* abgedroschen; *Gleis*, *Weg* ausgefahren, -getrampelt **II** *m* → **~a**; **~adora** *f* Dreschmaschine *f*; **~ar I** *tr/intr* dreschen **II** *tr* ab-

nutzen; misshandeln; **~izos** *m/Pl* Drillinge *m/Pl*; **~o** *m Am, Can* Pfad *m*, schmaler Weg *m*; **~ón** *m* Trillion *f*

tri|logía *f* Trilogie *f*; **~mensual** dreimal im Monat (ZTGSW erscheinend); **~mestral** dreimonatlich; Dreimonats-; vierteljährlich; Vierteljahres-, Quartals-; **~mestre** *m* Vierteljahr *n*, Quartal *n*; Trimester *n*; *Gehalt, Miete* Vierteljahreszahlung *f*

trim(m)er *m* RADIO, TV Trimmer *m*

trimotor FLUGW **I** *Adj* dreimotorig **II** *m* dreimotoriges Flugzeug *n*

trin|ado *m* → ***trino(s)***; **~ar** *intr* trillern; *Vögel* zwitschern, tirilieren

trinc|a *f* Dreiergruppe *f von Personen od Sachen*; *übertr* Trio *n*, Kleeblatt *n*; Dreiervorschlag *m bei Stellenbesetzungen*; **~apiñones** *m scherzh* Luftikus *m*; **~ar**[1] ⟨-c/qu-⟩ *tr* anbinden, befestigen; MAR festzurren; *umg jmdn* (er)greifen *od* erwischen *festnehmen*; *jmdn* fertig machen *od* umlegen

trincar[2] ⟨-c/qu-⟩ *intr/tr* picheln *alkoholische Getränke zu sich nehmen*

trinch|acarnes *m* HAUSW Fleischwolf *m*; **~ar** *tr Fleisch* transchieren, vorschneiden, zerlegen

trinchera *f* MIL Schützen-, Laufgraben *m*; Einschnitt *m im Gelände*; GEOGR Tiefseegraben *m*; Trenchcoat *m*; Kutte *f*; Kluft *f (Dienst-)Kleidung*; ***primera ~*** *bes* POL *übertr* Vorposten *m* ◇ ***abrir ~s*** Schützengräben ausheben

trinchero *m* HAUSW Vorlegetisch *m*, *Tisch* Anrichte *f*

trineo *m* Schlitten *m auch* TECH; ***~ de caballo(s)*** (***motor***; ***perros***) Pferde-(Motor-; Hunde)schlitten *m* ◇ ***ir en ~*** Schlitten fahren, rodeln

trinidad *f verächtl übertr* Trio *n*, Dreiergespann *n*

Trinidad[1] *f* REL Dreieinigkeit *f*, -faltigkeit *f*; Dreifaltigkeitssonntag *m*, Trinitatis(fest *n*) *ohne Art*

Trinidad[2] *f* Trinidad *n*; ***~ y Tobago*** Trinidad und Tobago *n*

trinitari|a *f* BOT Stiefmütterchen *n*; **~o I** *Adj* aus Trinidad *bzw* Trinidad und Tobago, trinidadisch **II** *m* Einwohner *m* von Trinidad *bzw* Trinidad und Tobago, Trinidader *m*

trino *m* MUS Triller *m*; Zwitschern *n*, Tirilieren *n der Vögel*; **~s** *Pl* Gezwitscher *n*; Trillern *n*

trío *m* MUS *u übertr Personen* Trio *n*

tripa *f* Darm *m*; *umg* Bauch *m auch eines Gefäßes*; Wampe *f*, Wanst *m*; Magen *m*; *Am reg* KFZ Reifen *m*; **~s** *Pl* Eingeweide *n (Pl)*; Gedärme *n/Pl*; Innereien *Pl auch umg übertr*, Kaldaunen *f/Pl reg*; *Zigarre* Einlage *f* ◇ ***echar ~*** (einen) Bauch ansetzen; ***echar las ~s*** einen schweren Durchfall haben; sich die Seele aus dem Leib kotzen *vulg*; ***hacerle*** (***una***) ***~*** (***a una mujer***) (einer Frau) ein Kind machen; ***hacer de ~s corazón*** sich ein Herz fassen; aus der Not eine Tugend machen; ***se me revolvieron las ~s*** mir drehte sich der Magen um *vor Ekel*; ***se me rompió la ~*** *Am reg* mir war *bzw* ist der Reifen geplatzt, ich hatte *bzw* habe einen Platten; ***¿qué ~ se te ha roto?*** was ist denn plötzlich in dich gefahren?; ***sacarle las ~s a alg*** jmdn kaltmachen *ermorden*

tripart|ir *tr* in drei Teile teilen, dritteln; **~ito** dreiteilig; POL dreiseitig, Dreier-

triple I *Adj* dreifach; Drei(er)-; Tripel- **II** *m* Dreifaches *n*; EL Dreifachstecker *m*

triplicado *m Schriftstück* Drittausfertigung *f*; ***por ~*** in dreifacher Ausfertigung

triplicar ⟨-c/qu-⟩ **I** *tr* verdreifachen; um das Dreifache steigern **II** *intr* sich verdreifachen (***a*** gegenüber, im Vergleich zu)

trípode *m* Stativ *n*, Ständer *m*; Dreifuß *m*

tripolar EL dreipolig, Dreipol-

Trípoli *m* Tripolis *n*

tripoli(ta)no I *Adj* aus Tripolis, tripolitanisch **II** *m*, **-a** *f* Einwohner(in) *m(f)* von Tripolis

tríptico *m* Triptychon *n*; KFZ Triptyk *n*

tripulación *f* FLUGW, MAR, RAUMF Besatzung *f*, Mannschaft *f*, Crew *f*

tripulado RAUMF bemannt; ***no ~*** unbemannt

tripul|ante *m* Besatzungsmitglied *n*; KFZ Fahrer *m*, Person *f* am Lenkrad; **~ar** *tr bes Schiff, Raumfahrzeug, auch* KFZ steuern *bzw* lenken; RAUMF bemannen

trique *m* Knall *m*; Knacken *n*; *Am reg* Trick *m*; ***a cada ~*** *verächtl* andauernd, fortwährend, unaufhörlich

triquin|a *f* Trichine *f*; **~osis** *f* Trichinose *f*

triquiñuela *f* Ausflucht *f*, -rede *f*; Kniff *m*, Trick *m*, Dreh *m*

triquitraque *m* Rattern *n*; Knattern *n*; Klirren *n*; Klappern *n*; *Feuerwerk* Knallfrosch *m*; ***a cada ~*** → ***a cada trique***, → ***trique***

tris *m* Klirren *n*; Knacks *m*; ***por un ~*** beinahe ◇ ***estar en un ~*** (***de perder el tren***) beinahe, um ein Haar (den Zug versäumen)

trisc|a *f* Knacken *n*; Knirschen *n*; Krach *m auch übertr*, Lärm *m*, Radau *m*; **~ado** verfälscht, *Wein* gepantscht

trismo *m* MED Kieferklemme *f*, -sperre *f*, Trismus *m*

triste traurig *auch übertr u verächtl*, betrüblich; trist, öde; betrübt; schmerzlich; schwermütig; *vorangestellt* armselig; winzig, lumpig (***todavía no ha cobrado ni un ~ duro***; ***no ha escrito ni una ~ postal***)

tristeza *f* Traurigkeit *f*; Trauer *f*; Schwermut *f*; Betrübnis *n*; Trübsinn *m*
trituradora *f* TECH Brecher *m*; **~ de basura** (***documentos** od **papel***) Müllzerkleinerer *m* (Reißwolf *m*)
triturar *tr* zerkleinern; zermalmen; zerreiben; *z.B. Eis, Gewürzkörner* (zer)stoßen; (grob) mahlen *zerquetschen*; schroten; (zer)kauen; *mit Backenzähnen*, TECH zermahlen; *Lumpen, Papier* zerreißen; TECH brechen; *übertr* zerpflücken; *übertr jmdn* auseinander nehmen *od* fertig machen, *auf jmdm* herumhacken
triunf|ador I *Adj* → **~ante II** *m* Sieger *m*; **~al** Sieges-; Triumph-; **~alismo I** *m* Selbstherrlichkeit *f*, -gefälligkeit *f*; Zweckoptimismus *m*; **~alista I** *Adj* selbstherrlich, -gefällig, überheblich; zweckoptimistisch **II** *m* selbstgefällige Person *f*; Zweckoptimist *m*; **~ante** sieg-, erfolgreich; triumphierend; **~ar** *intr* siegen; triumphieren (***de*** über); jmdn besiegen (***sobre** Akk*); Erfolg haben; KART einen Trumpf ausspielen; **~o** *m* Sieg *m*; Erfolg *m*; Triumph *m*; KART Trumpf *m*; SPORT Trophäe *f*
triunvirato *m* Triumvirat *n*
trivi|al belanglos, trivial; *übertr* platt; banal; **~alidad** *f* Belanglosigkeit *f*, Trivialität *f*; Gemeinplatz *m*; Plattitude *f*; Banalität *f*; **~alizar** ⟨-z/c-⟩ *tr* bagatellisieren
triza *f* Fetzen *m*; Stück(chen) *n*; **~s** *Pl* Scherben *f/Pl* ◇ ***hacer ~s*** zerfetzen, -stückeln; zerreißen; kaputtmachen; ***hacerse ~s*** *Geschirr* zerbrechen, in Stücke gehen; ***hecho ~s*** kaputt *auch übertr*; ausgelaugt *erschöpft*; *übertr* zur Schnecke gemacht
troc|able vertauschbar; **~ar** ⟨-ue-, -c/qu-⟩ *tr* (ein-, um)tauschen (***por*** gegen, für); vertauschen; verwechseln, durcheinander bringen; auswechseln; einwechseln; verwandeln; (ver)ändern; **~arse** sich ändern; *z.B. Glück* sich wenden
trocear *tr* zerstückeln; *Fleisch* in Stücke schneiden; *Gemüse* klein schneiden; (in einzelne Teile) zerlegen, auseinander nehmen; zerkleinern
trocha *f* Fußweg *m*; Pfad *m*; Abkürzung(s-weg *m*) *f*; *Am reg* EISENB Spurweite *f*; ***~ ancha*** (***angosta**; **europea***) *Am reg* EISENB Breit-(Schmal; Normal)spur *f*
trochemoche *m*: (***hacer***) ***a ~*** *od* ***a troche y moche*** (*etw*) aufs Geratewohl *bzw* kunterbunt durcheinander *bzw* auf Teufel komm raus (machen) (***consumieron vitaminas a ~***); kreuz und quer
trocito *m* Stückchen *n*
trofeo *m* Trophäe *f*, Siegerpreis *m*; Beutestück *n*; Siegeszeichen *n*; Sieg *m*
troglodita *m* Höhlenbewohner *m*, -mensch *m*, Troglodyt *m*; *übertr* Barbar *m*; *Person verächtl* Vielfraß *m*
troica *f* Troika *f auch* POL *übertr*
trole *m* EL TECH Stromabnehmer *m*; **~bús** *m* KFZ Obus *m*, Trolleybus *m*
tromba *f* MET Wasserhose *f*; ***como una ~, en ~*** wie ein geölter Blitz *umg*, in Windeseile; in hellen Scharen
tromb|o *m* MED Blutgerinnsel *n*; **~ón** *m* Posaune *f*; Posaunist(in) *m(f)*; **~onista** *m(f)* Posaunist(in) *m(f)*; **~osis** *f* Thrombose *f*
trompa[1] **I** *f* MUS (Wald-)Horn *n*; *Elefant, Insekten* Rüssel *m*; Riechkolben *m*, Zinken *m große Nase*; Schnauze *f*, Fresse *f vulg*; Rausch *m Trunkenheit*; → ***tromba***; ***~ de caza*** Jagdhorn *n*; ***~ de Eustaquio*** ANAT eustachische Röhre *f* ◇ ***estar ~*** blau (*d.h. betrunken*) sein, einen sitzen haben **II** *m* MUS Hornist *m*
trompa[2] *m Rpl umg* Boss *m*, Chef *m*, Meister *m*
tromp|ada *f* Zusammenstoß *m*, -prall *m*; (Faust-)Schlag *m ins Gesicht u allg* Schlag *m z.B. auf den Rücken*; Ohrfeige *f*; **~azo** *m* (Zusammen-)Stoß *m*; Schlag *m* mit dem Rüssel
trompet|a I *f* Trompete *f*; *auch* Fanfare *f* **II** *m* → ***~ista***; **~ada** *f* Un-, Blödsinn *m*; **~azo** *f* Trompetenstoß *m*; → ***~ada***; **~ear** *intr* trompeten; tuten *umg*; **~ista** *m* Trompeter *m*; *auch* Fanfarenbläser *m*
trompicar ⟨-c/qu-⟩ **I** *intr* stolpern, straucheln **II** *tr* zu Fall bringen, stolpern lassen
trompicón *m* Stolpern *n*, Straucheln *n*; ***a trompicones*** stoß-, ruckweise; mit Ach und Krach; *Lesen, Sprechen* abgehackt, holprig ◇ ***dar trompicones*** → ***trompicar I***
tron|ada *f* Gewitter *n*; **~ado** alt, verbraucht; *übertr* heruntergekommen; abgebrannt *arm, mittellos*; verkracht *im Leben od Beruf gescheitert*; **~ante** donnernd, Donner- *auch übertr*; dröhnend; **~ar** ⟨-ue-⟩ **I** *unpers u intr* donnern *auch übertr*; *übertr* toben, wettern, vom Leder ziehen; sich verkrachen (***con alg*** mit jmdm); Pleite machen, alles verlieren; ***truena*** es donnert **II** *tr Cu jmdn* feuern *od* absägen *entlassen*; *Méx jmdn* abknallen *erschießen*
tronch|a *f AmS* Stück *n*, Scheibe *f z.B. Fleisch*; **~ante** zum Totlachen
tronchar *tr* (um)knicken; abreißen; *übertr z.B. das Leben* kaputtmachen, zerstören; ***~se*** (***de risa***) sich totlachen, sich ausschütten *od* biegen vor Lachen
troncho *m Gemüse* Stängel *m*, Strunk *m*, Stiel *m*; Klotz *m ungehobelter Mensch*
tronco *m Baum u übertr* Stamm *m*; ANAT Rumpf *m*, Oberkörper *m*; (Holz- *u übertr*)Klotz *m*; *Esp umg übertr* Kumpel

m auch Anrede, Spezi *m*; *Anrede* Alter *m*, Junge *m*; **~s** *Pl* Langholz *n*; Knüppelholz *n*; **~ cerebral** Hirnstamm *m*, Stammhirn *n* ◇ **dormir como un ~** wie ein Toter *od* Murmeltier schlafen

tronera I *f* Schießscharte *f*; (Dach- *bzw* Keller- *bzw* Turm-)Luke *f*; Billardloch *n* **II** *m übertr* Windhund *m*, Hallodri *m reg*

tron|ido *m* Donner(schlag) *m*; Ruin *m*, Pleite *f*, Bankrott *m*; → **~ío** *m* Prunk *m*, Pracht *f*; Stolz *m*; Angabe *f Prahlerei*

trono *m* Thron *m*; *umg* Lokus *m WC* ◇ **subir al ~** den Thron besteigen

tronz|ado *übertr* kaputt, ausgelaugt; **~ar** ⟨-z/c-⟩ *tr* zerbrechen, -stückeln; zermürben

tropa *f* MIL, THEAT, MUS Truppe *f*; *i w S* Militär *n*; Trupp *m*; Schar *f*; *verächtl* Gesindel *n*; **~s** *Pl* Heer *n*, Armee *f*; **~s activas** stehendes Heer *n*; **~s aerotransportadas** (**coheteriles**; **de despliegue rápido** *od* **de intervención** *od* **reacción rápida**; **escogidas** *od* **selectas**; **fronterizas** *od* **guardafronteras**; **ocupantes** *od* **de ocupación**; **paracaidistas**; **de a pie**; **terrestres** *od* **de tierra**) Luftlande-(Raketen-; schnelle Eingreif-; Elite- *od* Kern-; Grenz-; Besatzungs-; Fallschirm-; Fuß-; Land)truppen *f/Pl*; **~ de ceremonias** Ehrenkompanie *f*; **~(s) de pacificación, ~(s) pacificadora(s)** *UNO* Friedenstruppe(n *Pl*) *f*

tropel *m* Schar *f*, Menge *f*; Getrappel *n*; Wirrwarr *m*, Durcheinander *n*; **en ~** haufenweise, in Scharen

tropelía *f* wilde Hast *f*; Gewalttat *f*; Anschlag *m*; Vorspiegelung *f* falscher Tatsachen

tropezar ⟨-ie-, -z/c-⟩ *intr* stolpern (**con** über); *mit jmdm* zusammenstoßen; stoßen (**con, en** an, gegen); sich stoßen (**con** an); *übertr* stoßen (**con alg** *od* **algo** auf jmdn *od* etw), *etw* zufällig finden *bzw* jmdn zufällig treffen; *übertr* einen Fehltritt *od* Missgriff tun

tropezón *m* Straucheln *n*, Stolpern *n*; Fehltritt *m*; Missgriff *m Irrtum*; **tropezones** *Pl* KOCHK Fleischeinlage *f*, Wurststückchen *n/Pl in der Suppe*; **a tropezones** mühsam, mit Ach und Krach ◇ **dar un ~** stolpern

tropical Tropen-, tropisch; **~ización** *f* Tropenschutz *m*; **~izar** ⟨-z/c-⟩ *tr* tropenfest machen

trópico *m* GEOGR Wendekreis *m*; **~s** *Pl* Tropen *Pl*

tropiezo *m* Zusammenstoß *m*; Hindernis *n*, *übertr* Stolperstein *m*; *übertr* Fehltritt *m*, Entgleisung *f*; Missgriff *m Irrtum*; Zwist *m*; **~s** *Pl* Reibereien *f/Pl Streit* ◇ **sufrir un ~** *übertr* einen Einbruch *d.h. Fehlschlag* erleiden

tropo|lógico *Stil* bildhaft; **~sfera** *f* MET Troposphäre *f*

trot|amundos *m(f)* Weltenbummler(in) *m(f)*, Globetrotter(in) *m(f)*; **~ar** *intr* traben, trotten; (viel) herumlaufen; joggen

trote *m* Trab *m*, Trott *m*; Hufschlag *m*, Getrappel *n*; **~s** *Pl* Strapazen *f/Pl*, ewiges Hin und Her *n*; **~ cochinero** Schweinsgalopp *m*; → **trotecillo**; **de mucho ~** *z.B. Kleidung* strapazierfähig; **para todo ~** *Kleidung* für alle Tage ◇ **andar al ~** *Am reg* sich beeilen; immer auf (dem) Trab *d.h. in Eile* sein; **me tienen al ~** *Am reg* man hält mich immer in *od* im Trab

trotecillo *m*: **~ cochinero** Routine *f*, *übertr* Trott *m* ◇ **no salir de su ~ cochinero** *übertr* nicht aus dem Trott kommen

trotona *f* Nutte *f*

trotsk|ismo *m* GESCH Trotzkismus *m*; **~ista I** *Adj* trotzkistisch **II** *m(f)* Trotzkist(in) *m(f)*

trov|a *f* Gedicht *n*; (Liebes-)Lied *n*; *Am, Esp Trova f volkstümlicher Gesang u bes Cu organisierte Singebewegung* (**la Nueva** ♀ **Cubana**); *Cu* Gesülze *n viele leere Worte*, Brimborium *n*; **~ador** *m* Troubadour *m*; Minnesänger *m*; *Am, bes Cu, Esp* Trovador *m Interpret der Trova*

Troya *f* GESCH Troja *n* ◇ **¡aquí** *od* **allí fue ~!** *übertr* und dann gab's Krach!, und dann ging's los!; da haben wir die Bescherung!

troyano I *Adj* trojanisch **II** *m* Trojaner *m*

trozar ⟨-z/c-⟩ *tr* zerbrechen, -stückeln

trozo *m* Stück *n als Teil eines Ganzen u übertr*, Brocken *m*; (Gelände-)Abschnitt *m*; (Küsten-)Strich *m*; **~s de cristal** Scherben *f/Pl*; **a ~s** stückweise

truc|ado falsch *gefälscht*; **~aje** *m* Fälschen *n*; Fälschung *f*; FILM Trickaufnahme(n *Pl*) *f*; Tricktechnik *f*; KFZ Frisieren *n des Motors*; **~ar** ⟨-c/qu-⟩ **I** *tr* (ver)fälschen; KFZ *Motor* frisieren **II** *intr* mogeln

trucha I *f* Forelle *f* **II** *m übertr* Schlitzohr *n*

truco *m* Trick *m*, Kunstgriff *m*; Bluff *m*; **~s** *Pl* Schliche *m/Pl List* ◇ **coger(le) el ~** (**a alg**) hinter den Dreh *einer Sache* kommen (hinter jmds Schliche kommen)

truculen|cia *f* Grausamkeit *f*; Schauergeschichte *f*; **~to** grausam; schaurig; erschreckend

trueno *m* Donner(schlag) *m*; Krach *m*; Knall *m*; **~s** *Pl* Donnern *n*; **~ gordo** Knalleffekt *m*, Knüller *m*; Riesenskandal *m* ◇ **hay** *od* **se oyen ~s** es donnert

trueque *m* Tausch *m*; Tauschgeschäft *n*, -handel *m*; **~s** *Pl Col* Wechselgeld *n*

truf|a *f* BOT Trüffel *f*; Schwindel *m*; Flunkerei *f*; **~ador** *m* Schwindler *m*; Aufschnei-

T

der *m*; **~ar I** *tr* KOCHK mit Trüffeln füllen **II** *intr* schwindeln; flunkern

truh|án *m* Gauner *m*, Spitzbube *m*; **~anería** *f* Gaunerpack *n*, Gesindel *n*; Gaunerei *f*; **~anesco** spitzbübisch, Gauner-

trunc|ado verpatzt, verpfuscht *umg*; GEOM abgestumpft, stumpf; **~amiento** *m* Verstümmelung *f*; Abschneiden *n*; **~ar** ⟨-c/qu-⟩ *tr* entstellen; verstümmeln; verhunzen *umg*, verderben; stutzen, kappen; abschneiden; ein (jähes) Ende bereiten; **~o** verstümmelt; entstellt; unvollständig

trupial *m AmS* Trupial *m od* Turpial *m Nationalvogel von Venezuela*

trusa(s *Pl*) *f Am reg* Badehose *f*; *auch* Badeanzug *m für Frauen*; Unterhose *f*, Slip *m*

trust *m* Trust *m*

trutro *m Chi* → ***tuto***

tsetsé *f od* **tse-tsé** *f*, *vereinzelt auch m* Tsetsefliege *f*

TSH *f Abk für* ***telegrafía sin hilos***, → ***telegrafía***

tu dein

tú du; ***a ~ por ~*** geradeheraus, unverblümt; ***entre ~ y yo*** zwischen dir und mir, zwischen uns (beiden); wir beide ◇ ***tratar(se) de ~*** (sich) duzen

tuba *f* MUS (Bass-)Tuba *f*

tubercul|ina *f* MED Tuberkulin *n*; **~ización** *f* MED Tuberkulinprobe *f*; **~ización** *f* MED Tuberkelbildung *f*

tubérculo *m* Tuberkel *f*, (Tuberkulose-)Knötchen *n*; BOT Knolle *f*; Knollenfrucht *f*

tuberculosis *f* Tuberkulose *f*, Tb(c) *f*, Tbk *f*; Schwindsucht *f*; ***~ miliar*** (***ósea***; ***pulmonar***) Miliar-(Knochen-; Lungen)tuberkulose *f*

tuberculoso I *Adj* tuberkulös; schwindsüchtig; mit Tuberkeln durchsetzt ◇ ***estar ~*** Tuberkulose *od* Tb(c) *bzw* die Schwindsucht haben **II** *m* Tuberkulosekranker *m*, -patient *m*; Schwindsüchtiger *m*

tubería *f* (Rohr-)Leitung *f*; Leitungsnetz *n*; Rohre *n/Pl*, Röhren *Pl*; ***~ (de agua)*** Wasserleitung *f*; ***~ de calefacción a distancia*** Fernheiznetz *n*; ***~ de gas*** Gasleitung *f*

tuberosa *f* BOT Tuberose *f*

Tubinga *f* Tübingen *n*

tubito *m* (Glas-)Röhrchen *n z.B. mit Tabletten*

tubo *m* Rohr *n*; Schlauch *m*; Tube *f*; Hülse *f*; → ***tubito***; EL, RADIO, TV Röhre *f*; OPT Tubus *m*; MED Kanal *m*; *Gewehr* Lauf *m*; *Esp umg* U-Bahn *f*; *Rpl* TEL Hörer *m*; ***~ de cartón*** Versandhülse *f*; ***~ digestivo*** (***intestinal***) Verdauungs-(Darm)kanal *m*, -trakt *m*; ***~ (electrónico) de imagen*** *od* ***pantalla*** TV (elektronische) Bildröhre *f*; ***~ de ensayo*** Reagenzglas *n*; ***~ de escape*** KFZ Auspuff (-rohr *n*) *m*; TECH Ablassrohr *n*; ***~ fluorescente, ~ de luz fría, ~ de neón*** Neon-, Leuchtstoffröhre *f*; ***~ de gas*** Gasrohr *n*; Gasschlauch *m*; ***~ graduado*** Messbecher *m*; ***~ de unión*** (***vacío***) Anschluss-, Verbindungsrohr *n* (Vakuumröhre *f*); ***~ de ventilación*** (Ent-)Lüftungsrohr *n* ◇ ***colgar*** (***levantar***) ***el ~*** *Rpl* TEL den Hörer auflegen (abnehmen)

tubul|ado, **~ar** rohrförmig; röhrenförmig

tucán *m* ZOOL Tukan *m*

tuerca *f* (Schrauben-)Mutter *f* ◇ ***tener una ~ floja*** *verächtl übertr* nicht ganz dicht sein, nicht richtig ticken

tuercebotas *m Fußball* Holzer *m unfairer Spieler*; Niete *f*, Null *f*

tuerto krumm, schief; einäugig *auch übertr für Kfz mit nur einem Scheinwerfer*; auf einem Auge blind; *Fensterhälfte* blind; ***a ~*** *od* ***tuertas o a derecho*** *od* ***derechas*** (mit) Recht oder Unrecht; so oder so ◇ ***quedarse ~*** ein Auge verlieren; ***ser ~ del derecho*** (***izquierdo***) auf dem rechten (linken) Auge blind sein

tuétano *m* (Knochen-)Mark *n*; ***hasta los ~s*** *übertr* bis aufs Mark; bis über beide *od* die Ohren; im Innersten; bis auf die Knochen

tuf|arada *f* durchdringender Geruch *m*, *iron* (Duft-)Wolke *f*; → ***tufo***[1]; **~illas** *m(f)* Hitzkopf *m Choleriker*

tufo[1] *m* übler Geruch *m*, Gestank *m*, Mief *m umg*; (Alkohol-)Fahne *f*; Qualm *m*; Dunst *m*; Schwaden *m*, *meist Pl*

tufo[2] *m* Tuffstein *m*

tufoso *Nic*, *Salv* hochnäsig *hochmütig*; großspurig, -tuerisch

tugurio *m* Bruchbude *f*, Loch *n ärmliche Behausung*; Spelunke *f*, Kaschemme *f*; **~s** *Pl Col* Elendsviertel *n*(*Pl*), -behausungen *f*/*Pl in den Vororten der Großstädte*

tuición *f* JUR (Rechts-)Schutz *m*; Sorgerecht *n*

tul *m* TEXTIL Tüll *m*

tulip|a *f gläserner* Lampenschirm *m*; **~án** *m* Tulpe *f*

tull|ido I *Adj* gelähmt; *Glied* lahm, steif **II** *m* Krüppel *m*; **~imiento** *m* Gliederlähmung *f*; **~ir** ⟨*perfs* -lló⟩ *tr jmdn* zum Krüppel schlagen; **~irse** *Glied* lahm *od* steif werden

tumba *f* Grab(stätte *f*) *n*; Grabmal *n*; Purzelbaum *m*; *Am reg* Niederreißen *n*; *Wald* Rodung *f*; *Bäume* Fällen *n*, Schlagen *n*; Kahlschlag *m*; ***~ del soldado desconocido*** Grabmal *n* des unbekannten Soldaten; ***a ~ abierta*** blitzschnell; blindlings ◇ ***abrir una ~*** ein Grab schaufeln; ein Grab öffnen; ***cavar su propia ~*** *meist übertr* sein eignes Grab schaufeln; ***revolverse en la ~*** *übertr*

sich im Grab(e) umdrehen; ***ser una ~*** verschwiegen sein wie ein Grab
tumb|ador *m* Kippvorrichtung *f*; KFZ Dumper *m*, Kipper *m*; **~ar I** *tr* um-, niederwerfen; umkippen; *jmdn* umlegen, kaltmachen, killen; niederstrecken; *Am reg* niederreißen; *Bäume* fällen, schlagen **II** *intr* hinpurzeln; **~arse** umfallen, -stürzen; sich fallen lassen; sich hinlegen *od* hinhauen *umg*, sich aufs Ohr legen; *Flugzeug* absacken, -schmieren; (sich) auf seinen Lorbeeren ausruhen *in den Leistungen nachlassen*
tumbo *m* Stolpern *n*; Sturz *m*, Fall *m*; Schaukeln *n z.B. eines Fahrzeugs* ◇ ***dar un ~*** stürzen; taumeln; ***dar ~s*** stolpern; ***estar dando ~s*** *übertr* wenig stabil sein; nur mühsam *od* mit Schwierigkeiten vorankommen *auch übertr*; sich mühselig durchschlagen
tumbona *f* Liegestuhl *m*; Liege *f*
tume|facción *f* MED Schwellung *f*; *i w S* → ***tumor***; **~facto** (an)geschwollen
tumor *m* Tumor *m*, Geschwulst *f*; ***~ benigno*** (***maligno***) gutartige (bösartige) Geschwulst *f*; ***~ canceroso*** (***cerebral***) Krebsgeschwulst *f* (Gehirntumor *m*)
túmulo *m* Grabhügel *m*; Katafalk *m*
tumult|o *m* Aufruhr *m*, Tumult *m*; Krawall *m*; **~uoso** tumultartig; aufrührerisch; lärmend; *übertr* stürmisch
tuna *f* Lotter-, Faulenzerleben *n*; Studentenkapelle *f* ◇ ***correr la ~*** ein Lotterleben führen; auf der faulen Haut liegen
tunant|ada *f* Gaunerei *f*; **~e** *m* Gauner *m*, Ganove *m*; Spitzbube *m*; **~ear** *intr* ein Lotterleben führen; (herum)gammeln; **~ería** *f* → ***~ada***; **~uelo** *m* Schlingel *m*, kleiner Schelm *m*
tund|a *f* Tracht *f* Prügel; **~ir** *tr jmdn* verprügeln; *übertr jmdm* auf den Geist gehen *od* auf den Wecker fallen
tundra *f* GEOGR Tundra *f*
tunear *intr* → ***tunantear***
tunecino I *Adj* tunesisch; tunisisch, aus Tunis **II** *m*, **-a** *f* Tunesier(in) *m*(*f*); Tuniser(in) *m*(*f*), Einwohner(in) *m*(*f*) von Tunis
túnel *m* Tunnel *m*; ***~ aerodinámico, ~ de prueba, ~ del viento*** Windkanal *m*; ***~ de carretera*** (***~ ferroviario***; ***de peatones***) Straßen-(Eisenbahn-; Fußgänger)tunnel *m*; ***~ de lavado*** KFZ Waschstraße *f*
Túnez *m* Tunis *n*; → ***Tunicia***
tungsteno *m* CHEM Wolfram *n*, Tungsten *n*; → ***volframio***
túnica *f* Tunika *f*; BIOL, BOT Häutchen *n*
Tunicia *f* Tunesien *n*
tuno I *Adj* pfiffig **II** *m* Schlingel *m*, Schelm *m*; Mitglied *n* einer Studentenkapelle
tuntún *m*: ***al*** (***buen***) ***~*** aufs Geratewohl, ins Blaue hinein
tupí(s *Pl*) *m* ETHN Tupí-Indianer *m* (*Pl*)
tup|ido *z.B. Haar, Wald* dicht; *Verstand, Sinne* stumpf; *Am reg* schwer von Begriff; **~ir** *tr* zusammendrücken, -pressen; *Leitung* abdichten; *Cu jmdn* konfus machen; *übertr* hinters Licht führen; **~irse** sich voll stopfen *viel essen*; sich voll laufen lassen *viel trinken*; *Am reg Leitung, Nase* verstopfen, verstopft sein; verlegen sein, (ganz) verdattert sein *umg*
turba[1] *f* Torf *m*
turb|a[2] *f* (Menschen-)Menge *f*; **~ación** *f* Verwirrung *f*; Verlegenheit *f*; Unruhe *f*; Bestürzung *f*; Störung *f*; **~ado** verstört; unruhig; **~ador I** *Adj* bestürzend; beunruhigend **II** *m* Störenfried *m*; **~amulta** *f* Gedränge *n*, Gewühl *n*; → ***~a***[2]
turbante *m* Turban *m*; Stirnband *n*
turbar *tr* stören; verwirren; *übertr* durcheinander *od* aus der Fassung bringen; bestürzen; trüben; beunruhigen; in Verlegenheit bringen; **~se** in Verlegenheit *od übertr* aus der Fassung geraten; sich beunruhigen; sich aufregen
turbina *f* Turbine *f*
turbi|o trüb(e); undeutlich; verworren; zweifelhaft, *übertr* undurchsichtig, schmutzig; *Geschäft* unlauter; *Sehkraft* getrübt, schwach; **~ón** *m* Regenguss *m*, Platzregen *m*; *übertr* Lawine *f z.B. von Ereignissen*
turbo|generador *m* Turbogenerator *m*, Generatorturbine *f*; **~hélice** *m* FLUGW Turboprop-, Propellerturbinentriebwerk *n*; **~nada** *f* Gewitterregen *m*; **~propulsión** *f* Turboantrieb *m*; **~propulsor** *m* → ***~hélice***; **~rreactor** *m* Turbo- *od* Turbinenluftstrahltriebwerk *n*, TL-Triebwerk *n*, Turboreaktor *m*
turbulencia *f* Aufregung *f*; Verwirrung *f*; *übertr* Unruhe *f*; PHYS *u übertr* Turbulenz *f*; **~s** *Pl* Wirren *Pl*; ***~s monetarias*** Währungsturbulenzen *f*/*Pl*
turbulento ungestüm, wild, ausgelassen; verwirrt, wirr; turbulent *auch* PHYS, *übertr* stürmisch; aufgeregt
turca *f* Schwips *m Alkoholrausch* ◇ ***coger una ~*** sich betrinken
turco I *Adj* türkisch **II** *m*, **-a** *f* Türke(-in) *m*(*f*); das Türkische; *Am Bez für Einwanderer aus dem ehem Osmanischen Reich wie z.B. Syrer*; **~mano I** *Adj* turkmenisch **II** *m*, **-a** *f* Turkmene(-in) *m*(*f*)
Turín *m* Turin *n*
Turingia *f* Thüringen *n*
turingio I *Adj* Thüringer, thüringisch **II** *m* Thüringer *m*

T

turismo *m* Tourismus *m*, Fremdenverkehr *m*; Touristik *f*, Reisen *n bzw* Wandern *n*; KFZ (Personen-)Wagen *m*, Pkw *m*; **~ de aventura** Abenteuerurlaub *m*; **~ en casas de labranza, ~ rural** *Esp* Ferien *Pl* auf dem Bauernhof; **~ de masas** Massentourismus *m*; **~ verde** sanfter *od* grüner Tourismus *m*
tur|ista *m* Tourist *m*, Reisender *m bzw* Ausflügler *m*; **~ístico** touristisch, Touristen-, Reise-; Fremdenverkehrs-
Turkmenistán *m* Turkmenistan *n*
turn|ar(se) **I** *intr* (sich) *od* einander ablösen *od* -wechseln (**en** + *Subst*, **para** + *Verb* bei, in) **II** *tr Méx* VERW *etw* weiterleiten; *Rechtssache* verweisen; **~é(e)** *f* Tournee *f*
turno *m* Reihe(nfolge) *f*; Ablösung *f*; Schicht *f Arbeitszeit*; Wahlgang *m*; Termin *m z.B. beim Arzt*; **~ de día** (**madrugada, ~ de la mañana**; **noche**; **~ de la tarde**) Tages-, Normal-(Früh-; Nacht-; Spät)schicht *f*; **~ extra** Sonderschicht *f*; **~ de guardia** Bereitschaftsdienst *m*; **~s perdidos** *od* **no trabajados** Schichtausfall *m*, Fehl-, Feierschichten *f/Pl*; **~ permanente** *Apotheken* Tag und Nacht geöffnet; **de ~** Dienst habend, - tuend; dienstbereit; turnusmäßig; momentan, aktuell; damalig; **por ~(s)** der Reihe nach; abwechselnd; schichtweise; turnusmäßig ◇ **aguardar** *od* **esperar su ~, esperar a que llegue el ~** warten, bis man dran *od* an der Reihe ist; **es mi** (**su**) **~, me** (**le**) **toca el ~** ich bin (Sie sind) dran *od* an der Reihe; **estar de ~** Dienst haben; **hacer ~s, trabajar en ~s** Schicht *od* in Schichten arbeiten; **todavía no ha llegado mi** (**su**) **~** ich bin (Sie sind) noch nicht dran *od* an der Reihe; **¿a quién le toca** (**el ~**)**?** wer ist dran?
turoperador *m* → **touroperador**
turón *m* ZOOL Iltis *m*
turpial *m AmS* → **trupial**
turquesa **I** *Adj* → **turquí** **II** *f* MINER Türkis *m*
Turquestán *m* Turkestan *n*
turquí türkis(farben)
Turquía *f* Türkei *f*
turquino türkisblau
turrón *m Bez einer zur Weihnachtszeit gebackenen spanischen Süßigkeit aus Nüssen, Mandeln, Zucker u Honig*; Art Krokant; **~ de chocolate** *od* **nueces** Nugat(riegel *m*) *m,n*
turulato verblüfft, baff *umg*; dumm
tus: **sin decir ~ ni mus** ohne ein Sterbenswörtchen *od* einen Mucks zu sagen
tus|ilago *m*, **~ílago** *m* BOT Huflattich *m*
tuso *m* Köter *m*
tutear *tr* duzen
tutela *f* Vormundschaft *f*; Schutz *m*; Bevormundung *f*; **sometido a ~** entmündigt ◇ **estar** (**poner**) **bajo ~** unter Vormundschaft stehen (stellen; *jmdn* entmündigen)
tutel|ado *m* Mündel *n*, JUR *auch m*; **~ar**[1] Vormundschafts-, vormundschaftlich
tutelar[2] *tr* bevormunden, gängeln; → **tutorear**
tuteo *m* Duzen *n* ◇ **ofrecerle el ~ a alg** jmdm das Du anbieten
tutiplén: **a ~** in Hülle und Fülle, jede Menge
tuto *m Chi Geflügel* Keule *f*; **~s** *Pl* Beine *n/Pl einer Frau, scherzh* Fahrgestell *n*
tutor *m*, **~a** *f* Vormund *m*; Bewährungshelfer(in) *m(f)*; Mentor(in) *m(f)*, Betreuer (-in) *m(f) einer wissenschaftlichen Arbeit*; Studienberater(in) *m(f)*; **~ear** *tr eine wissenschaftliche Arbeit* betreuen; **~eo** *m* Betreuung *f einer wissenschaftlichen Arbeit*; **~ía** *f* Vormundschaft *f*; → **~eo**; **~ial** *m* INFORM Lernprogramm *n*; **~izar** ⟨-z/c-⟩ *tr* → **~ear**
tutsi **I** *Adj* Tutsi- **II** *m* Tutsi *m Angehöriger einer Bevölkerungsschicht in Ruanda u Burundi*
tuve → **tener**
tuya **I** *Am* Lebensbaum *m*, Thuja *f* **II** *Pron* → **tuyo**
tuyo *Pron* dein; **el ~** deiner (**este bolígrafo es mío**; **el ~ está allí**); **lo ~** das Dein(ig)e; **los ~s** die Deinigen, deine Angehörigen ◇ **¿es ~** (**este libro**)**?** gehört es (dieses Buch) dir?
TV *f* (*Abk für* **televisión**) TV *n*
TVE *f Abk für* **Televisión Española** Spanisches Fernsehen *n*
twist *m Tanz* Twist *m*; **~ear** *intr* twisten

U

U

u, U *f* U, u *n*
u oder (*statt* **o** *vor Wort mit* **o** *od* **ho** *im Anlaut*: **tú ~ otro**; **Bélgica ~ Holanda**)
U (*Symb für* **uranio**) CHEM U
ubérrimo überreich *z.B. Ernte*; mehr als reichlich; äußerst fruchtbar
ubicación *f* Anwesenheit *f*; Lage *f Standort*; Lokalisierung *f*; *Am* Unterbringung *f*; *Arbeitskräfte* Einsatz *m*; SPORT Platzierung *f*; **~ geográfica** geographische Lage *f*; geographischer Standort *m*; **~ de la planta** Betriebsstandort *m*

ubicado gelegen ◇ ***estar ~*** liegen, sich befinden
ubicar ⟨-c/qu-⟩ *Am tr* unterbringen; *jmdn* einsetzen; *Gäste* platzieren; hinstellen; *Bücher* einstellen, -ordnen; ausfindig machen; parken; ***~se*** *Am* sich befinden *z.B. ein Gebäude*; sich niederlassen; sich (hin)setzen; sich zurechtfinden; ***~se en alg*** sich in jmds Lage versetzen
ubicuo allgegenwärtig *auch iron*
ubre *f* Euter *n*
UCI *f Abk für* ***unidad de cuidados intensivos***
UCR *Arg Abk für* ***Unión Cívica Radical***
Ucrania *f* Ukraine *f*
ucrani|ano, ~o I *Adj* ukrainisch **II** *m*, **-a** *f* Ukrainer(in) *m(f)*; das Ukrainische
Ud.; **Uds.** *Abk für* ***usted*** *Sg*; ***ustedes*** *Pl*
UE *f* (*Abk für* ***Unión Europea***) EU *f*
UEM *f Abk für* ***unión económica y monetaria***
uf: ***¡uf!*** *Interj* uff!
ufan|arse *übertr* sich aufblasen; stolz werden; sich brüsten (***con, de*** mit); **~ía** *f* Aufgeblasenheit *f*; **~o** *übertr* aufgeblasen; dünkelhaft; eingebildet; stolz; zufrieden
ufología *f* Ufologie *f*
Uganda *f* Uganda *n*
ugandés I *Adj* ugandisch **II** *m*, **-esa** *f* Ugander(in) *m(f)*
ugrofinés finnougrisch
UGT *Abk für* ***Unión General de Trabajadores***
ujier *m* Gerichtsdiener *m*; Saaldiener *m*
úlcera *f* Geschwür *n*, Ulkus *n*; ***~ cancerosa*** (***gástrica, ~ del estómago***) Krebs-(Magen)geschwür *n*
ulcer|ación *f* Geschwürbildung *f*; **~ante** ulzerierend; **~ar** *tr* zur Geschwürbildung führen (*dir Obj* an, in); **~arse** ulzerieren; **~oso I** *Adj* geschwürartig; Geschwür- **II** *m* Ulkuspatient *m*
Ulises *m* Odysseus *m*
ulterior jenseitig; anderweitig; weiter; ferner; später; Hinter-; Nach-; Weiter-
ultimación *f* Beendigung *f*; *Bau* Fertigstellung *f*; *Am* Tötung *f*; Hinrichtung *f*
últimamente letztendlich; schließlich; unlängst, kürzlich, neulich
ultim|ar *tr* beend(ig)en; *übertr* unter Dach und Fach bringen; vollenden; fertig stellen; *Am* hinrichten; töten; **~ativo** ultimativ; **~átum** *m* ⟨*Pl* ***ultimátums***, *auch* ***ultimatos***⟩ Ultimatum *n*
último letzter; hinterster; äußerster; ***a lo ~*** am Ende; ***por ~*** endlich; zuletzt ◇ ***estar con la última*** auf dem letzten Stand sein; ***llegar el ~*** als Letzter ankommen; ***ser lo ~*** das Letzte sein
ultra I *Adj* ultra- **II** *m* POL Ultra *m*, Rechtsextremist *m*; **~barato** äußerst billig; **~congelado** tiefgekühlt, tiefgefroren; **~congelador** *m* Tiefkühlschrank *m*; **~conservador** erzkonservativ; **~corto** ultrakurz; **~derecha** *f* POL extreme Rechte *f*; **~derechismo** *m* Rechtsextremismus *m*; **~derechista** *m* Rechtsextremist *m*; **~fino** hauchdünn; **~izquierda** *f* POL extreme Linke *f*; **~izquierdismo** *m* Linksextremismus *m*; **~izquierdista** *m* Ultralinker *m*
ultraj|ador I *Adj* beleidigend; verletzend; ausfällig **II** *m* Beleidiger *m*; Schänder *m*; **~amiento** *m* Beleidigung *f*; Kränkung *f*; Beschimpfung *f*; **~ante** → ***~ador I***; **~ar** *tr* beleidigen; beschimpfen; schmähen; schänden; demütigen
ultraje *m* Beschimpfung *f*; Schimpf *m*; Beleidigung *f*; Schmach *f* ◇ ***desatarse en ~s*** losschimpfen (***contra*** auf)
ultramar *m* Übersee *ohne Art*; **~ino I** *Adj* überseeisch **II** *m* **~inos** *m/Pl Esp* Waren *f/Pl* aus Übersee; *alt* Kolonialwaren *f Pl*
ultramicroscopio *m* Ultramikroskop *n*
ultramoderno hochmodern
ultramontano I *Adj* jenseits der Berge; POL ultramontan; erzkonservativ **II** *m* POL Ultramontaner *m*
ultranza: ***a ~*** auf Leben und Tod; aufs Äußerste; kompromisslos
ultra|pretérito längst vergangen; **~rreaccionario** erzreaktionär; **~rrojo** PHYS ultra-, infrarot; **~sensible** überempfindlich; höchst empfindlich; **~sónico** PHYS Überschall-; **~sonido** *m* Ultraschall *m*; **~tumba** *f* Jenseits *n*; **~violado**, **~violeta** ultraviolett
ulular *intr* heulen; johlen; schreien; *Sirene* (auf)heulen
umbilical Nabel-
umbral *m* Türschwelle *f*; Schwelle *f auch übertr*; Beginn *m*; **~es** *Pl auch übertr* Grenzen *f/Pl*; ***~ de excitación*** Reizschwelle *f*; ***~ de rentabilidad*** Gewinn-, Rentabilitätsschwelle *f* ◇ ***pisar el ~*** *übertr* die Schwelle überschreiten
umbr|ía *f* Schatten *m*; Schattenseite *f*; schattiger Ort *m*; **~ío** schattig; dunkel; **~oso** Schatten spendend; schattig
UME *f* (*Abk für* ***Unión Monetaria Europea***) EWU *f*
un *Art u Num* ein (***~ dolor***; ***~ centavo***)
una I *Art u Num* eine (***~ desgracia***) **II** *Pron Indef* (die) eine; (***dos mujeres, la ~ trigueña, la otra rubia***); ein Uhr, (***a la ~***; ***es la ~***)
unánime einmütig; einstimmig
unanimidad *f* Einmütigkeit *f*; Einhelligkeit *f*; ***por ~*** einmütig; einstimmig
unas I *Art Pl meist unübersetzt* (***son ~ amigas mías***) **II** *Pron Indef* einige, ein paar;

etliche, mehrere (***se nos acercaron ~ mujeres***); die einen, einige, ein paar; etliche, mehrere (***de las mujeres, ~ estaban leyendo, y las otras platicaban***); *vor Num* etwa, ungefähr, rund (***~ quinientas páginas***)

unc|ión *f* (Ein-)Salbung *f*; MED Einreibung *f*; REL Letzte Ölung *f*; Inbrunst *f*; Hingabe *f*; **~ir** ⟨-c/z-⟩ *tr* anspannen; ins Joch spannen

undéc|imo I *Adj* elfter **II** *m* Elfter *m*; Elftel *n*; **~uplo** elffach

UNESCO *f* UNESCO *f*

unesquiano UNESCO-

ung|ir ⟨-g/j-⟩ *tr* (ein-)salben; mit Öl einreiben; **~üento** *m* Salbe *f*; Balsam *m Linderung*

ungul|ados *m/Pl* Huftiere *n/Pl*; **~ar** ANAT Nagel-; Huf-

uni|cameral POL Einkammer-; **~cameralismo** *m* Einkammersystem *n*; **~celular** einzellig; **~cidad** *f* Einzigkeit *f*

único I *Adj* einzig; Allein-, alleinig; einheitlich; Einzel-; Einheits-; einzigartig, einmalig; Einzel- **II** ***el*** (***lo***) **~** der (das) Einzige

uni|color einfarbig; **~cornio** *m* MYTH Einhorn *n*

unidad *f* Einheit *f*; Zusammenhalt *m*; Einmütigkeit *f*; Einheitlichkeit *f*; Stück *m*; ***~ canina*** (Such-)Hundestaffel; ***~ de capacidad*** Hohlmaß *n*; ***~ central*** *od* ***principal*** Zentralcomputer *m*, -rechner *m*; ***~ de cuenta*** FIN Verrechnungseinheit *f*; ***~ de cuidados intensivos*** MED Intensivstation *f*; ***~ de disco*** INFORM Diskettenlaufwerk *n*; ***~ externa*** INFORM externe Speichereinheit *f*; ***~ fraccionaria*** FIN Stückelung *f*; ***~ de lectura*** INFORM Laufwerk *n*; ***~ de medida*** Maßeinheit *f*; ***~ monetaria*** Währungseinheit *f*; ***~ móvil de televisión*** TV Übertragungswagen *m*, Ü-Wagen *m*; ***~ periférica*** INFORM Peripheriegerät *n*; ***~ de peso*** (***tiempo***) Gewichts-(Zeit)einheit *f*; ***~ productiva*** Produktionseinheit *f*; ***~ de salida*** INFORM Ausgabeeinheit *f*; ***~ de vigilancia intensiva*** MED Intensivtherapiestation *f*; ***~ de volumen*** Raumeinheit *f*

unidireccional *Straße* Einbahn-

unido gemeinsam; verein(ig)t; einig; einheitlich; verbunden

unific|ación *f* Vereinigung *f*; Vereinheitlichung *f*; Zusammenschluss *m*; **~ado** Einheits-; **~ador** vereinigend; vereinheitlichend; Einigungs-; **~ar** ⟨-c/qu-⟩ verein(ig)en; einigen; zusammenfügen; vereinheitlichen; **~arse** sich zusammenschließen

uniformar *tr* vereinheitlichen (***a*** *Akk*; ***con*** mit); uniformieren; äußerlich angleichen; einheitlich kleiden

uniforme I *Adj* gleichförmig; gleichmäßig; einheitlich; einförmig; uniform **II** *m* Uniform *f*; ***~ reglamentario*** Dienstkleidung *f*; ***de ~*** in Uniform ◇ ***vestir de ~*** Uniform tragen

uniformidad *f* Einheitlichkeit *f*; Gleichförmigkeit *f*; Gleichmäßigkeit *f*; Gleichheit *f*; Eintönigkeit *f*

unigénito einzig *Kind*; REL eingeboren

unilateral einseitig; **~ismo** *m* POL Unilateralismus *m*

unión *f* Vereinigung *f*; Verbindung *f auch Ehe*; Einigkeit *f*; Verband *m*; Verein *m*; Bund *m*; Bündnis *n*; Zusammensetzung *f*; Zusammenschluss *m*; Union *f*; TECH Fuge *f*; Fügung *f*; ***~ aduanera*** Zollunion *f*; ***~ atornillada*** Verschraubung *f*; ***≈ de Consumidores*** Verbraucherschutzverband *m*; ***~ económica y monetaria*** Wirtschafts- und Währungsunion *f*; ***≈ Europea*** Europäische Union *f*; ***≈ General de Trabajadores*** *Esp* Allgemeiner Arbeiterverband *m*; ***~ de hecho*** nichteheliche Lebensgemeinschaft *f*; ***≈ Interparlamentaria*** Interparlamentarische Union *f*; ***~ libre*** Lebensgemeinschaft *f*; ***≈ Monetaria Europea*** Europäische Währungsunion *f*; ***~ personal*** Personalunion *f*; ***≈ Postal Universal*** Weltpostverein *m*; ***≈ Soviética*** *hist* Sowjetunion *f*; ***≈ de Repúblicas Socialistas Soviéticas*** *hist* Union *f* der Sozialistischen Sowjetrepubliken; ◇ ***la ~ hace la fuerza*** Einigkeit macht stark

unionista I *Adj* unionistisch **II** *m* Unionist *m*

uni|partidismo *m* Einparteisystem *n*; **~personal** Einpersonen-; Einzel-; *Verben* unpersönlich; **~polar** einpolig

unir *tr* verein(ig)en; verbinden; einen; zusammenfügen; zusammensetzen; zusammentun; zusammenfassen; **~se** sich vereinen (***a, con*** mit); sich verbinden, sich zusammentun; sich anschließen (***a*** *Dat*)

unisex ⟨*unv*⟩ für Männer und Frauen *bzw* für Damen und Herren *bzw* für Jungen und Mädchen; **~ual** BIOL eingeschlechtig

unisonancia *f* Gleichklang *m*; Einklang *m*

unísono MUS unisono; einstimmig; gleichstimmig; ***al ~*** einstimmig; gleichzeitig

unitario einheitlich; Einheits-; *Preis* Stück-, Einzel-

universal allgemein; allseitig; allgemein gültig; Gesamt-; Universal-; universell; Welt-; weltweit; weltumspannend; vielseitig (verwendbar); Mehrzweck-; Allzweck-; **~idad** *f* Allgemeinheit *f*; Allgemeingültigkeit *f*; Universalität *f*; Vielseitigkeit *f*; allgemeine Verbreitung *f*; **~ización** *f* Verallgemeinerung *f*; allgemeine Verbreitung *f*; Verbreitung *f* über die ganze Welt; **~izar**

U

⟨-z/c-⟩ *tr* verallgemeinern; **~izarse** sich weltweit verbreiten

universidad *f* Universität *f*; Hochschule *f*; **~ comercial** Handelshochschule *f*; **~ hermana** Partneruniversität *f*; **~ laboral (popular)** *Esp* Fach-(Volks)hochschule *f*; **~ técnica** technische Universität *f*

universitario I *Adj* Universitäts-; Hochschul-; akademisch **II** *m* Student *m*; Universitätsangehöriger *m*; Akademiker *m*

universo *m* Weltall *n*, Universum *n*

unívoco eindeutig; unverwechselbar; einnamig; gleich lautend; gleichnamig

uno I *m* Eins *f*; *beim Datum auch für* → **primero I II** *Adj* eins; **~ y medio** anderthalb **III** *Indef Pron* einer, der eine (**~ de los dos**); irgendeiner, -wer, (irgend)jemand (**~ lo dijo**); man *auf m und oft auch auf f bezogen* (**con el poco tiempo que tiene ~** *bzw* **una**); **cada ~** jeder (einzelne), jedermann; **de ~ a** *od* **en ~** einzeln; **~(s) a otro(s)** gegenseitig; **~ con otro** zueinander; miteinander; **~ contra otro** gegeneinander; **~(s) de otro(s)** voneinander; **~ que otro** der eine oder andere; **~ y otro** beide; **~ a** *od* **por ~, ~ después de otro, ~ tras otro** einzeln

unos I *Art/Pl meist unübersetzt* (**son ~ amigos míos**) **II** *Pron Indef* einige; mehrere (**~ hombres se levantaron**); die einen (**los ~ y los otros**); **~ cuantos** mehrere; verschiedene; ein paar; *vor Num* etwa (**~ cuatro millones de habitantes**)

unt|ar *tr* (ein)schmieren; (ein)salben; *Brot* bestreichen; schmieren *bestechen*; **~arse** sich beschmieren; *übertr* abstauben, -sahnen; **~o** *m* Schmiere *f*; (Tier-)Fett *n*; Salbe *f*; Schuhcreme *f*; Schmiergeld *n*; Schmieren *n Bestechung*; **~uoso** fettig; schmierig; **~ura** *f* (Ein-)Schmieren *n*; Einreiben *n*; Salbe *f*

uña *f* (Finger- oder Zehen-)Nagel *m*; Kralle *f*; Klaue *f*; Huf *m*; TECH Falz *m*; Kerbe *f*; **largo de ~** Langfinger *m Dieb* ◇ **comerse** *od* **roerse las ~s** an den Fingernägeln kauen; **defenderse con ~s y dientes** sich mit Händen und Füßen wehren; **ser ~ y carne** ein Herz und eine Seele sein

uñ|ero *m* Nagelentzündung *f*; eingewachsener Nagel *m*; **~etas** *m Am reg* Langfinger *m Dieb*

uperiz|ación *f* Heißdampfsterilisierung *f der Milch*; **~ar** ⟨-z/c-⟩ *tr* ultrahocherhitzen

UPU *Abk für* **Unión Postal Universal**

Ural *m* Ural *m Fluss*; **los ~es** der Ural *Gebirge*

ur|ánico Uran-; **~anífero** uranhaltig; **~anina** *f* Uranpechblende *f*

uranio *m* Uran *n*; **~ empobrecido** MIL abgereichertes Uran *n*

Urano *m* ASTR Uranus *m*

urban|idad *f* Höflichkeit *f*; gutes Benehmen *n*; **~ismo** *m* Städteplanung *f*; Städtebau *m*; **~ista** *m(f)* Städteplaner(in) *m(f)*; Städtebauer(in) *m(f)*; **~ístico** städtebaulich; **~ización** *f* Verstädterung *f*; Verfeinerung *f* der Sitten; Erschließung *f*; Urbanisierung *f*; Wohnsiedlung *f*, -park *m*; **~izar** ⟨-z/c-⟩ *tr* verstädtern; Sitten verfeinern; erschließen; bebauen; urbanisieren

urbano I *Adj* städtisch; Stadt-; -Stadt (*z.B.* **Veracruz ♀** *im Gegensatz zu* **Veracruz Rural**); orts-; höflich; wohlerzogen; gewandt **II** *m* Stadtbewohner *m*; *Esp* Verkehrspolizist *m*

urbe *f* Großstadt *f*; Weltstadt *f*

urd|idor *m* Anstifter *m*; **~imbre** *f* (Web-)Kette *f*; Intrige *f*; Komplott *n*; **~ir** *tr* TEXTIL zetteln; *Aufstand* anzetteln; *Komplott* schmieden

ur|ea *f* Harnstoff *m*; **~emia** *f* MED Urämie *f*; **~éter** *m* Harnleiter *m*; **~etra** *f* Harnröhre *f*

urgen|cia *f* Dringlichkeit *f*; dringende Notwendigkeit *f*; Eile *f*; **~te** dringend; eilig; vordringlich; *auch* zwingend; *Postaufschrift* Eilsendung

urgido: **estar ~ de algo** etw dringend benötigen, einer Sache dringend bedürfen

urgir ⟨-g/j-⟩ **I** *intr unpers* dringend sein; drängen; (**me**) **urge hacerlo** man (ich) muss es unbedingt tun **II** *tr jmdn* drängen, auf *jmdn* einwirken

urinario I *Adj* Harn-; Urin- **II** *m* Bedürfnisanstalt *f*, Pissoir *n*

urna *f* Urne *f*; **~ electoral** Wahlrune *f*

uro *m* Ur *m*, Auerochs(e) *m*; **~gallo** *m* Auerhahn *m*

ur|ología *f* Urologie *f*; **~ólogo** *m* Urologe *m*

urraca *f* Elster *f*; Schwätzer *m*

URSS *f* (*Abk für* **Unión de Repúblicas Socialistas Soviéticas**) *hist* UdSSR *f*

Uruguay *m* Uruguay *n*

uruguayo I *Adj* uruguayisch **II** *m*, **-a** *f* Uruguayer(in) *m(f)*

Urundi *m* → **Burundi**

usado gebraucht; *Auto* Gebraucht-; abgenutzt; *Kleidung* (ab)getragen; *Buch* antiquarisch; **poco ~** wenig gebräuchlich; wenig benutzt

usanza *f* Brauch *m*, Sitte *f*; **a ~ andaluza** nach andalusischer Sitte *od* Art

usar I *tr* benutzen; nutzen; abnutzen; *Kleidung* tragen; **de ~ y tirar** Wegwerf-; Einweg- **II** *intr zu tun* pflegen; Gebrauch machen (**de** von); *Wort* ergreifen (**de** Akk)

usina *f Rpl* Elektrizitätswerk *n*; Gaswerk *n*

uso *m* Benutzung *f*; Gebrauch *m*, Nutzung *f*; Verwendung *f*; Sitte *f*; Mode *f*; Gewohnheit *f*; HDL Usance *f*; Usus *m*; Uso *m*; **~ de**

la fuerza Gewaltanwendung *f*; **~ *racional*** sparsamer Umgang *m* (***de*** mit); **~ *de la tierra*** Bodennutzung *f*; ***de ~ corriente en el comercio*** handelsüblich; ***de ~ duradero*** *Konsumartikel* langlebig; ***de ~ general*** allgemein üblich; ***de un solo ~*** Einweg-; ***fuera de ~*** außer Gebrauch; ***mal ~*** falsche Handhabung *f*; ***para el ~ propio*** *od* ***personal*** für den persönlichen Gebrauch ◇ ***hacer ~ de una oferta*** auf ein Angebot eingehen; ***hacer ~ indebido*** zweckentfremden; ***hacer ~ de la palabra*** das Wort ergreifen

usted *Anrede* Sie *Sg*; **~*es*** *Pl Am*, *Esp* Sie *Pl*; *Am* ihr (*statt* ***vosotros***) ◇ ***tratar de ~*** Sie sagen (*dir Obj* zu), *umg* siezen

usual üblich; geläufig; verbreitet

usualmente ansonst; für gewöhnlich

usuario *m* Benutzer *m*; Anwender *m*, INFORM User *m*; Nutzungsberechtigter *m*; Nutzer *m*; *Gas*, *Strom* Abnehmer *m*; **~ *de gafas*** (*AmS* ***anteojos***) Brillenträger *m*; **~ *de Internet*** Internet-User *m*; **~ *del ordenador*** INFORM Computeranwender *m*; **~ *de la red digital*** Mobilfunkbenutzer *m*

usufruct|o *m* Nutznießung *f*; Nutzung *f*; Nutzen *m*; Ertrag *m*; JUR Nießbrauch *m*; **~uario** *m* Nutznießer *m*

usur|a *f* Wucher *m*; **~ero** *m* Wucherer *m*; *übertr* Halsabschneider *m*

usurp|ación *f* Usurpation *f*; Usurpierung *f*; **~ador** *m* Usurpator *m*; **~ar** *tr* usurpieren

utensilio *m* Gerät *n*; Werkzeug *n*; **~s** *Pl* Gerätschaften *f/Pl*; Utensilien *Pl*; Handwerkszeug *n*; **~ *para escribir*** Schreibgerät *n*

uterino Gebärmutter-

útero *m* Gebärmutter *f*, Uterus *m*

útil I *Adj* nützlich; *Anlage* nutzbringend; brauchbar; geeignet; fähig; tauglich ◇ ***juntar lo ~ con lo agradable*** das Angenehme mit dem Nützlichen verbinden **II** *m* Gerät *n*; Werkzeug *n*; **~*es*** *Pl Schule* Schreibutensilien *n/Pl*

utilidad *f* Nutzen *m*; Nutzbarkeit *f*; Nützlichkeit *f*; Dienlichkeit *f*; **~*es*** *Pl* Einkünfte *f/Pl*; Einkommen *n*; Gewinn *m*, Profit *m*; **~ *marginal*** Grenznutzen *m*; ***de ~ pública*** gemeinnützig

utili|tario I *Adj* Nützlichkeits-; Nutz- **II** *m* Nutzfahrzeug *n*; **~tarismo** *m* Nützlichkeitsprinzip *n*; Utilitarismus *m*; **~zable** brauchbar; nutzbar; benutzbar; verwendbar; verwertbar; Nutz-

utilización *f* Benutzung *f*; Gebrauch *m*; Verwendung *f*; Verwertung *f*; Ausnutzung *f*; Nutzung *f*; Nutzbarmachung *f*; Abwicklung *f eines Akkreditivs*; **~ *sexual*** sexueller Missbrauch *m*; ***plena ~*** TECH Auslastung *f*

utilizar ⟨-z/c-⟩ *tr* benutzen; anwenden; verwenden; gebrauchen; ausnutzen; verwerten; nutzbar machen; *Zeit* nutzen; verwerten

utillaje *m* Werkzeug *n*; Arbeitsgerät *n*; TECH Ausrüstung *f*

ut|opía *f* Utopie *f*; Wunschtraum *m*; **~ópico** utopisch; Wunsch-; **~opista I** *Adj* zu Utopien neigend **II** *m* Utopist *m*

uva *f* Weinbeere *f*; **~ *crespa*** *od* ***espina*** Stachelbeere *f*; (**~**) ***pasa*** Rosine *f*; ***de ~s a peras*** *od* ***brevas*** höchst selten ◇ ***estar de mala ~*** schlechter Laune sein; ***tener mala ~*** hinterhältig *od* fies sein

uvada *f* Weinbeerschwemme *f*

uve *f Name des Buchstabens* **v, V**; **~ *doble*** *Name des Buchstabens* **w, W**

UVI *f* (*Abk für* ***unidad de vigilancia intensiva***) ITS *f*

úvula *f* ANAT Zäpfchen *n im Hals*

Uzbekistán *m* Usbekistan *n*

uzbeco I *Adj* usbekisch **II** *m*, **-a** *f* Usbeke(-in) *m(f)*; das Usbekische

V

v, V *f* v, V *n*

v. (*Abk für* ***véase***) s.

V *Symb für* CHEM ***vanadio***; ***velocidad***; ***voltio***; ***volumen***; *Abk für* ***viernes***

V. *Abk für* ***usted***; ***versículo***

va → ***ir***

VA (*Symb für* ***voltio-amperio***) VA

vaca *f* Kuh *f*; **~ *lechera*** Milchkuh *f* **~ *reproductora*** Zuchtkuh *f*; **~ *sagrada*** *übertr* heilige Kuh *f*

vacaciones *f/Pl* Ferien *Pl*; Urlaub *m*; **~ *anuales*** Jahresurlaub *m*; **~** (***no***) ***pagadas*** (un)bezahlter Urlaub *m* ◇ ***coger*** (***pedir***) Urlaub nehmen (beantragen); ***estar de ~*** Urlaub haben; in den Ferien sein; ***salir de ~*** in Urlaub gehen; in die Ferien fahren; eine Urlaubsreise machen

vaca|cionista *m Am* Urlauber *m*; Feriengast *m*; **~da** *f* Rinderherde *f*

vacante I *Adj Stelle* frei, unbesetzt; *Zimmer* frei **II** *f* offene Stelle *f*, Vakanz *f*; ◇ ***cubrir una ~*** eine Stelle besetzen

acar ⟨-c/qu-⟩ *intr Stelle* frei werden; *Stelle* unbesetzt sein; vorübergehend sein Amt nicht ausüben; **~ a** *od* **en u/c** sich einer Sache widmen; Zeit haben für etwas
acatura *f* Vakanz *f*, freie Stelle *f*
aci|ado *m* Entleerung *f*; Guss *m*; Abguss *m*; Schärfen *n*; Schliff *m*; INFORM Speicherauszug *m*; Umspeicherung *f*; **~ar** ⟨-ío⟩ *tr* ausleeren; leeren; *Lokal* räumen; ausgießen; *Metall* gießen; aushöhlen; *Messer* schleifen; sehr weitschweifig erklären; **~arse** abfließen; sich leeren; sein Herz ausschütten; **~edad** *f* Leere *f*; Albernheit *f*; Plattheit *f*
acil|ación *f* Schwanken *n auch übertr*; Wanken *n*; Unschlüssigkeit *f*; Zaudern *n*; **~ar** *intr* schwanken *auch übertr*; unschlüssig sein; zaudern; zögern
acío I *Adj* leer; unbewohnt; leer stehend; inhaltslos; unausgefüllt; hohl **II** *m* Leere *f*; Hohlraum *m*; Lücke *f auch übertr*; Freiraum *m*; Loch *n in Haushalt od Kasse*; Vakuum *n*; **~ legal** Gesetzeslücke *f*; **~ de poder** Machtvakuum *n*; **envasado al ~** vakuumverpackt ◇ **girar en ~** *Motor* leer laufen; **hacerle el ~ a alg** jmdn wie Luft behandeln
acuidad *f* Leere *f auch übertr*
acuna *f* Impfstoff *m*, Vakzine *f*; Impfung *f*; INFORM Antivirenprogramm *n*; **~ antituberculosa** (**antivariólica**) Tuberkulose-(Pocken)schutzimpfung *f*; **~ oral** Schluckimpfung *f*
acunación *f* Impfung *f*; **~ obligatoria** Impfpflicht *f*; Pflichtimpfung *f*; **~** (**preventiva**) Schutzimpfung *f*
acun|ado *m* Impfling *f*; **~ar** *tr* impfen; **~o I** *Adj* Rind(s)-; Rinder- **II** *m* Rind *n*; **~oterapia** *f* Impftherapie *f*
acuo *Adj* leer; hohl
ade *m Esp* Schreibunterlage *f*, Schulmappe *f*; Schreibpult *n*; → **~mécum**; **~ar** *tr Fluss* durchwaten; *Schwierigkeit* überwinden; vorfühlen; **~mécum** *m* Notizbuch *n*; Taschenbuch *n*; Vademekum *n*; Mappe *f*
ado *m* Furt *f*; Ausweg *m*; **~ permanente** Halteverbot *n vor Ausfahrten*; ◇ **tentar el ~** vorfühlen, auf den Busch klopfen
agabund|ear *intr* sich herumtreiben; **~eo** *m*, **~ería** *f* Herumstreunen *n*; Landstreicherei *f*; **~o I** *Adj* streunend; vagabundierend **II** *m* Landstreicher *m*, Vagabund *m*
ag|ancia *f* Müßiggang *m*; Vagabundenleben *n*; JUR Landstreicherei *f*; **~ar** ⟨-g/gu-⟩ *intr* herumstreichen; herumlungern; (umher)streifen; müßig gehen; faulenzen; zusammenhanglos reden
agido *m Säugling* Schreien *n*; **el primer ~** der erste Schrei *des Neugeborenen*
agin|a *f* Vagina *f*; **~al** Scheiden-

vago I *Adj* umherschweifend; vage; müßig; faul; entfernt, flüchtig; **en ~** ohne Stütze; *Stuhl* wacklig; vergeblich; ins Leere **II** *m* Landstreicher *m*; Herumtreiber *m*; Faulenzer *m*; *Cu* (Arbeits-)Bummelant *m* ◇ **hacer el ~** faulenzen
vagón *m* Waggon *m*, Eisenbahnwagen *m*, *bes* Güterwagen *m* (*Personenwagen meistens* **coche**); **~ de carga** *od* **mercancías** Güterwagen *m*; **~ cisterna** *od* **tanque** Kessel-, Tankwagen *m*; **~ directo** Kurswagen *m*; **~ frigorífico** (**para ganado**) Kühl-(Vieh)wagen *m*
vagon|ada *f* Waggonladung *f*; **~eta** *f* Lore *f*; BERGB Förderwagen *m*
vague|ación *f* Umherirren *n*; Gammelei *f*; Sprunghaftigkeit *f der Gedanken*; **~ar** *intr* sich herumtreiben; herumstrolchen; **~dad** *f* Verschwommenheit *f*; Unbestimmtheit *f*; unklare Darlegung *f*, vage Rede *f*
vah|arada *f* Atemdunst *m*; Schwaden *m*; (Alkohol-)Fahne *f*; **~ear** *intr* ausdünsten; dampfen; Schwaden bilden
vahído *m* Benommenheit *f*; Schwindelanfall *m*; kurze Ohnmacht *f* ◇ **le dio un ~** ihm wurde schwindlig
vaho *m* Dampf *m*; Dunst *m* ◇ **hacer ~s** MED inhalieren
vaina *f* (Degen-)Scheide *f*; Futteral *n*; BOT (Samen-)Hülse *f*, Schote *f*; grüne Bohne *f*; *Am* Quatsch *m*; *Arg*, *Chi* Rotwein *m* mit Ei; **¡qué ~!** *Am reg* was für ein Mist!
vainazas *m* liederlicher Mensch *m*
vainica *f* Hohlsaum *m*; *Am reg* grüne Bohne
vain|illa *f* Vanille *f*; **~illina** *f* Vanillin *n*
vais → **ir**
vaivén *m* Hin *n* und Her; Auf *n* und Ab; Pendelverkehr *m*
vajilla *f* (Tafel-)Geschirr *n*
valdré → **valer**
vale I *m* Gutschein *m*, Bon *m*; Bezug(s)-schein *m*; Freikarte *f* **II** *Interj* **¡~!** *Zustimmung* in Ordnung!; einverstanden!; alles klar; o.k.; richtig! TYP *Korrekturangabe* gilt!
valed|ero gültig; JUR rechtskräftig; *Mensch* wertvoll; **~or** *m* Beschützer *m*; Gönner *m*
valencia *f* Wertigkeit *f*, Valenz *f*
valenciano I *Adj* valencianisch **II** *m*, **-a** *f* Valencianer(in) *m*(*f*); das Valencianische
valent|ía *f* Tapferkeit *f*, Mut *m*; *iron* Aufschneiderei *f*; **~ón I** *Adj* großsprecherisch **II** *m* Maulheld *m*; **~onada** *f* Aufschneiderei *f*
valer ⟨*unreg*⟩ **I** *tr/intr* gelten; gültig sein; wert sein; taugen; nützen; **más vale** (**valiera**) + *Inf* es ist (wäre) besser zu + *Inf*; **más vale tarde que nunca** besser spät

als überhaupt nicht; ***valga lo que valiere*** koste es, was es wolle; *Sprichw* ***más vale prevenir que curar*** vorbeugen ist besser als heilen **II** *tr* nützen; *Geld* kosten; ***hacer ~*** *einer Sache* Geltung verschaffen; geltend machen; ***~se de alg*** bei jmdm Hilfe suchen; ***~se de u/c*** sich einer Sache bedienen; zu etwas greifen; von einer Sache Gebrauch machen **III** *m* Wert *m*; Verdienst *n*; Einfluss *m*; Tüchtigkeit *f*; Ansehen *n*; ***de mucho ~*** sehr einflussreich

valeriana *f* Baldrian *m*

valeroso tapfer; wirksam; → ***valioso***

valgo → ***valer***

valía *f* Wert *m*; Ansehen *n*; Gunst *f* ◇ ***tener gran ~ con alg*** bei jmdm sehr *od* hoch in der Gunst stehen

valid|ación *f* Gültigmachung *f*; Gültigkeitserklärung *f*; Rechtsgültigkeit *f*; **~ar** *tr* für gültig erklären; gültig machen; **~ez** *f* Gültigkeit *f*; Geltungsdauer *f*; Rechtskraft *f*

válido gültig; geltend; rechtskräftig; gesund; arbeitsfähig

valido *m* Günstling *m*; Schützling *m*

valiente I *Adj* tapfer; tüchtig; vortrefflich; *iron* nett, sauber; gehörig **II** *m* Tapferer *m*; Prahlhans *m*

valija *f* Koffer *m*; Postbeutel *m*; ***~ diplomática*** Diplomatenkoffer *m*; Kurierpost *f*

vali|miento *m* Ansehen *n*; Fürsprache *f*; Schutz *m*; **~oso** wertvoll

valla *f* Palisade *f*; Schranke *f*; Zaun *m*; Umzäunung *f*; Hecke *f*; Wall *m*; Hürde *f*; Hindernis *n*; *Arena* hölzerne Brüstung *f*; ***~ electrificada*** Elektrozaun *m*; ***~ de protección*** *od* ***~ protectora*** VERK Leitplanke *f*; ***~ publicitaria*** Reklametafel *f*; Plakatwand *f* ◇ ***poner una ~*** ein Hindernis aufrichten *auch übertr*; ***romper*** *od* ***saltar la(s) ~(s)*** schnurstracks aufs Ziel losgehen

vall|adar *m* Verschanzung *f*, Wall *m auch übertr*; Umzäunung *f*; Einfriedung *f*; Hindernis *n*; **~ado** *m* Zaun *m*; Einzäunung *f*; Gehege *n*; **~ar** *tr* einzäunen, -frieden

valle *m* Tal *n*; Flussbett *n*; ***~ abajo*** talwärts; ***~ glacial*** Urstromtal *n*; ***~ de lágrimas*** irdisches Jammertal *n*

vallisoletano aus Valladolid

vallista *m* Hürdenläufer *m*

valón I *Adj* wallonisch **II** *m* Wallone *m*; das Wallonische *n*

valor *m* Wert *m*; Mut *m*; Sinn *m*, Bedeutung *f*; **~es** *Pl* Wertpapiere *n/Pl*, Effekten *Pl*; ***~ adquisitivo*** Anschaffungswert *m*; ***~ agregado*** *Am*, ***~ añadido*** *Esp* Mehrwert *m*; ***~ alimenticio*** *od* ***nutritivo*** (***aproximativo***) Nähr-(Näherungs)wert *m*; ***~ en balance*** (***de base*** *od* ***referencia***) Bilanz-(Eck)wert *m*; ***~es bursátiles*** Börsenpapiere *n/Pl*; ***~ catastral*** Einheitswert *m von Grundbesitz*; ***~ cero, ~ nulo*** Nullwert *m*; ***~ cívico*** Zivilcourage *f*; ***~ contable*** FIN Rechnungs-, Buchwert *m*; ***~ (es) declarado(s)*** Wertbrief *m*; ***~ efectivo*** Istwert *m*; ***~ en efectivo*** Barwert *m*; ***~ empírico*** Erfahrungswert *m*; ***~es en especie*** Sachwerte *m/Pl*; ***~ estimado*** *od* ***estimativo*** Schätzwert *m*; ***~ exigido*** Sollwert *m*; ***~es extranjeros*** Devisen *Pl*; ***~ indicativo*** *od* ***de orientación*** Richtwert *m*; ***~ en libros*** FIN Buchwert *m*; ***~ límite*** (***de mercado***; ***monetario***) Grenz-(Markt-; Geld-)wert *m*; ***~ nominal*** Nennwert *m*; ***~ oro*** Goldwert *m*; Goldwährung *f*; ***~ predeterminado*** INFORM Voreinstellung *f*; ***~ real*** Barwert *m*; Sachwert *m*; ***~es de renta fija*** FIN Rentenpapiere *n/Pl*; ***~ umbral*** Schwellenwert *m*; ***~ unitario*** Stückpreis *m*; ***~ de uso, ~ útil*** Gebrauchswert *m*; ***de gran*** (***menor***) ***~*** hoch-(minder)wertig

valor|ación *f* Wertbestimmung *f*; Wertung *f*; Würdigung *f*; Beurteilung *f*; Bewertung *f*; Auswertung *f*; **~ar** *tr* werten; beurteilen, bewerten; würdigen; schätzen; auswerten; aufwerten; **~ización** *f* Bewertung *f*; Aufwertung *f*; **~izar** ⟨-z/c-⟩ *tr* bewerten; aufwerten

vals *m* ⟨*Pl* ***valses***⟩ Walzer *m*; **~ar** *intr* Walzer tanzen; **~e** *m Am* → ***vals***

valu|ación *f* Schätzung *f*; Bewertung *f*; **~ar** ⟨-úo⟩ *tr* schätzen

válvula *f* TECH, ANAT Klappe *f*; RADIO Röhre *f*; TECH, *Orgel* Ventil *n*; ***~ cardíaca*** Herzklappe *f*; ***~ de neumático*** (***seguridad***) KFZ Schlauch-(Sicherheits)ventil *n*

vamos → ***ir***

vamp|iresa *f* Vamp *m*; **~iro** *m* Vampir *m*; *übertr* Blutsauger *m*

van[1] → ***ir***

van[2] *m* KFZ Van *m*

vanadio *m* Vanadium *n*

vanaglori|a *f* Ruhmsucht *f*; (Eigen-)Dünkel *m*; **~arse** ⟨*auch* -ío⟩ prahlen (***de*** mit); **~oso** ruhmsüchtig; prahlerisch; dünkelhaft

vand|alaje *m Am* → **~alismo** *m*; **~álico** wandalisch *auch übertr*; **~alismo** *m* Wandalismus *m*, Zerstörungswut *f*

vándalo I *Adj* wandalisch **II** *m* Wandale *m auch übertr*

vanguardia I *f* MIL, POL Vorhut *f*; Avantgarde *f*; KUNST, LIT Vorkämpfer *m/Pl*; ***~ tecnológica*** Spitzentechnologie *f*; ***de ~*** avantgardistisch; *Cu* Aktivisten- **II** *m Cu* Bestarbeiter *m*

vanguard|ismo *m* Avantgardismus *m*; **~ista I** *Adj* avantgardistisch; *Cu* Aktivisten-; *Cu* Best- **II** *m* Avantgardist *m*; Vorkämp-

fer *m*
vanid|ad *f* Eitelkeit *f*; Nichtigkeit *f*; **~oso** eitel, selbstgefällig; eingebildet
vanilocuencia eitle Geschwätzigkeit *f*
vano I *Adj* eitel; nichtig; wertlos; hohl; leer; *Nuss* taub; unbegründet; grundlos; vergeblich; ***en ~*** vergebens; umsonst; nutzlos; zwecklos **II** *m* Maueröffnung *f*; ARCH Spannweite *f*
vapor *m* Dampf *m*; Dunst *m*; Dampfer *m*; ***~es*** *Pl* Schwaden *m/Pl*; ***~ acuoso, ~ de agua*** Wasserdampf *m*; ***~ de descarga*** *od* ***escape*** Abdampf *m*; Brüden *m*; ***~ de ruedas*** Raddampfer *m*; ***a todo ~*** mit Volldampf ◇ ***emitir ~*** dampfen
vapor|ización *f* Verdunstung *f*; Verdampfen *n*; Zerstäubung *f*; Dämpfen *n*; **~izador** *m* Zerstäuber *m*; Verdampfer *m*; **~izar** ⟨-z/c-⟩ *tr* verdampfen; *Flüssigkeit* zerstäuben; **~izarse** verdampfen; verdunsten; **~oso** dampfend; dunstig; leicht; *Kleid* luftig
vapul|ear *tr* verprügeln; *Teppich* klopfen; *jmdn* herunterputzen; **~eo** *m* Tracht *f* Prügel
vaqueano *m Am* ortskundiger Führer *m*
vaqu|ería *f* Rinderherde *f*; Kuhstall *m*; *Cu* Milchviehanlage *f*; Milchgeschäft *n*; **~eriza** *f* Rinderstall *m*
vaqu|ero I *Adj* Rinderhirten-; Senn- **II** *m* Rinderhirt *m*; Senn(e) *m*; Viehtreiber *m*; Cowboy *m*; **~eros** *Pl* Jeans *Pl*; **~eta** *f* Rindsleder *n*; **~illa** *f Am* junge Kuh *f von 1½ bis 2 Jahren*
vara *f* Gerte *f*, Rute *f*; Stab *m*; (dünner) Stock *m*; Stange *f*; Deichsel *f*; Kommandostab *m*; Elle *f 0,83 m*; ***~ de alcalde*** Amtsstab *m*; ***~ divinatoria*** Wünschelrute *f*; ***~ de Esculapio*** Äskulapstab *m*; ***~ de medir*** KFZ Ölmessstab *m* ◇ ***destorcer*** (***doblar***) ***la ~ de la justicia*** das Recht wiederherstellen (beugen); ***picar de ~ larga*** auf Nummer Sicher gehen; ***tener ~ alta en u/c*** großen Einfluss auf etwas haben
varad|a *f* MAR Strandung *f*; Auflaufen *n auf Sandbank*; **~ero** *m* MAR Stapel *m*
varado I *Adj Am reg* ohne feste Beschäftigung ◇ ***estar ~*** feststecken; festsitzen; ***quedar ~*** stecken bleiben; auf Grund laufen **II** *m Am reg* Gelegenheitsarbeiter *m*
vara|l *m* lange, dicke Stange *f*; *übertr* Bohnenstange *f*; **~no** *m* ZOOL Waran *m*
varapalo *m* lange Stange *f*; Stockschlag *m*; Rüffel *m*, Anpfiff *m*
varar I *tr Schiff* an Land ziehen; auf Strand setzen **II** *intr*, *Am reg* **~se** *Schiff* auflaufen; stranden; stecken bleiben
var|azo *m* Stockschlag *m*; **~ear** *tr* (mit der Rute *od* dem Stock) schlagen; mit der Elle messen; *Am Pferd* zureiten
vareta *f* Leimrute *f*; Anspielung *f*; Stichelei *f* ◇ ***echar una ~*** eine Anspielung machen; sticheln; ***estar*** *od* ***irse de ~*** (***s***) Durchfall haben
Vargas: ***averígüelo ~*** *Esp* das mag der Kuckuck *od* der Teufel wissen!
vari|abilidad *f* Veränderlichkeit *f*; INFORM Variabilität *f*; **~able I** *Adj* veränderlich; wandelbar; variabel; gleitend; flexibel; wechselvoll; unbeständig; unstet; wankelmütig; TECH verstellbar **II** *f* MATH Veränderliche *f*
variación *f* Änderung *f*; Veränderung *f*; Abweichung *f*; *Magnetnadel* Missweisung *f*; Varianz *f*; BIOL, MUS Variation *f*; Abwechslung *f*; ***variaciones cambiarias*** Wechselkursschwankung(en *Pl*) *f*; ***~ coyuntural*** Konjunkturschwankung *f*; ***variaciones estacionales*** saisonbedingte *od* jahreszeitliche Schwankungen *f/Pl*; ***~ de existencias*** Lagerbestandsveränderung *f*; ***~ de productos*** Produktvariation *f*; ***corregido de las variaciones estacionales*** saisonbereinigt
vari|ado vielfältig; abwechslungsreich; mannigfaltig; verschiedenartig; reichhaltig; bunt *auch übertr*; **~ante** *f* BIOL Abart *f*; Variante *f*; Spielart *f*; **~ar** ⟨-ío⟩ **I** *tr* variieren; (ab-, ver)ändern **II** *intr* wechseln; sich ändern; variieren, abweichen (***de*** von); verschieden sein; anders werden, sich verändern
varice, *auch* **várice** *f* Krampfader *f*
varicela *f* Windpocken *f/Pl*
variedad *f* Vielfalt *f*; Verschiedenartigkeit *f*; Mannigfaltigkeit *f*; BIOL Abart *f*; LANDW, HDL Sorte *f*; **~es** *Pl* Varietee(programm) *n*; Varieteevorstellung *f*; ***~ de ofertas*** (***productos***) Angebots-(Produkt)vielfalt *f*
varill|a *f* Gerte *f*; Leiste *f*; dünner Stab *m*; *Hochsprung* Latte *f*; Stange *m*; *Rad* Speiche *f*; **~aje** *m* Gestänge *n*
vario I *Adj* verschieden; veränderlich; unstet; **~s** *Pl* einige, mehrere; manche **II** *m* **~s** *Pl* Verschiedenes *n/Pl*
vari|ólico, **~oloso I** *Adj* Blattern-, Pocken-; **~opinto** bunt; viel-, mehrfarbig; bunt zusammengewürfelt; *Farben u übertr* schillernd
varita *f* kleiner Stab *m*; ***~ mágica*** *od* ***de*** (***las***) ***virtudes*** Zauberstab *m*
varón I *Adj* männlich(en Geschlechts); (von) männlich(er Wesensart) **II** *m* Mann *m*; Herr *m*; Junge *m*
varon|ía *f* männliche Linie *f*; **~il** männlich; mannhaft; Mannes-
Varsovia *f* Warschau *n*
varsoviano *m*, **-a** *f* Warschauer(in) *m(f)*

vasall|aje *m hist* Lehnsverhältnis *n*; Lehnsdienst *m*; Lehnspflicht; Knechtschaft *f*; Vasallentum *n*; **~o** *m* Vasall *m*
vasar *m* Küchenbord *n*
vasc|o I *Adj* baskisch **II** *m*, **-a** *f* Baske(-in) *m(f)*; das Baskische; **~ófilo** *m* Baskenfreund *m*; Kenner *m* des Baskischen
Vascongadas: ***las ~*** *f/Pl* Baskische Provinzen *f/Pl*, Baskenland *n*
vasc|ongado I *Adj* aus den Baskischen Provinzen **II** *m* das Baskische; **~uence I** *Adj* baskisch **II** *m* das Baskische; *Beamten*-Chinesisch *n*
vascular BIOL, MED Gefäß-
vaselina *f* Vaseline *f*
vas|era *f* Küchenbord *n*; Regal *n* für Küchengeschirr; **~ija** *f* Gefäß *n*
vaso *m* (Trink-)Glas *n*; (Trink-)Becher *m*; Vase *f*; Gefäß *n*; BOT Leitgefäß *n*; ***~ aforador, ~ graduado, ~-medida*** Messbecher *m*; ***~ de agua*** Glas *n* Wasser; ***~ para agua*** Wasserglas *n*; ***~ de cartón*** Pappbecher *m*; ***~s comunicantes*** PHYS kommunizierende Röhren *n/Pl*; ***~s coronarios*** Herzkranzgefäße *n/Pl*; ***~ sanguíneo*** Blutgefäß *n*
vaso|constricción *f* Gefäßverengung *f*; **~dilatación** *f* Gefäßerweiterung *f*; **~motor** vasomotorisch
vasquista *m(f)* Baskologe(-in) *m(f)*
vástago *m* Schössling *m*; Spross *m*; Sprössling *m*; BOT *u übertr* Ableger *m*; TECH Schaft *m*; Stößel *m*; TECH Zapfen *m*; *Am* Scheinstamm *m der Banane*; ***~ del émbolo*** Kolbenstange *f*
vasto weit(läufig); ausgedehnt; geräumig; umfassend; unendlich
vate *m* Künder *m*; Seher *m*; Dichter *m*
váter *m* WC *n*, Toilette *f*, Klosett *n*
Vaticano *m* Vatikan *m*
vaticano vatikanisch
vaticin|ador I *Adj* prophetisch **II** *m* Wahrsager *m*; Prophet *m*; **~ar** *tr* prophezeien; **~io** *m* Wahrsagung *f*; Prophezeiung *f*
vatio *m hispanisierte Form von* **watt** EL Watt *n*
vaya[1] → ***ir***
vaya[2] *f* Spaß *m*; Spott *m* ◇ ***dar ~*** necken
V.B. *Abk für* ***Visto Bueno***
Vd.; **Vds.** *Abk für* ***usted*** *Sg*; ***ustedes*** *Pl*
Vdo. (*Abk für* ***viudo***) Wwr.
ve[1] → ***ir*** *u* ***ver***
ve[2] *f Name des Buchstabens* ***v, V*** *(zur Unterscheidung vom phonetisch absolut gleichen* ***b*** *wird in Am reg von* ***b larga*** *und* ***v corta*** *gesprochen)*; ***~ doble***, *auch* ***doble ~*** *Name des Buchstabens* ***w, W***
V.E. *Abk für* ***Vuestra Excelencia***
vecinal Gemeinde-; nachbarlich
vecindad *f* Nachbarschaft *f*; Nähe *f*; *Haus* Mitbewohner *m/Pl*; Nachbarn *m/Pl auch einer Straße*; Umgebung *f*; Nachbarschaft *f*; Gemeindebürgerrecht *n*; ***de buena ~*** gutnachbarlich
vecin|dario *m* Einwohnerschaft *f*; Bürgerschaft *f*; Einwohnerverzeichnis *n*; Nachbarn *m/Pl*; Einwohner *m/Pl*; Anwohner *m/Pl*; **~o I** *Adj* Nachbar-, benachbart; nahe; umliegend; Neben-; ansässig (***de*** in); ähnlich (gelagert) *z.B. Fall* **II** *m*, **-a** *f* Nachbar(in) *m(f)*; Anwohner(in) *m(f)*; Einwohner(in) *m(f)*; Nebenmann *m*, -frau *f*
vector *m* Vektor *m*, Richtungsgröße *f*; Trägerrakete *f*; MED Überträger *m*
ved|a *f* Verbot *n*; JAGD Schonzeit *f*; **~ado** *m* JAGD Gehege *n*; Jagdrevier *n*; (Wild-)Schonung *f*; MIL Sperrgebiet *n*; **~ar** *tr* verbieten
vedija *f* Wollflocke *f*; Haarbüschel *n*; verfilztes Haar *n*; Rauchwölkchen *n*
veg|a *f* (Fluss-)Aue *f*; *Cu* Tabakpflanzung *f*; *Chi* sehr feuchte Niederung *f*; **~oso** *Chi* immerfeucht
vegetación *f* Vegetation *f*; ***~ arbórea*** Baumbestand *m*
veget|al I *Adj* pflanzlich; Pflanzen-; vegetabil(isch) **II** *m* Pflanze *f*; Gewächs *n*; **~ar** *intr* wachsen; (dahin)vegetieren; **~ariano I** *Adj* vegetarisch **II** *m* Vegetarier *m*; **~ativo** Wuchs-; vegetativ
vehemen|cia *f* Heftigkeit *f*; Ungestüm *n*; **~te** heftig; ungestüm; leidenschaftlich
vehiculizar ⟨-z/c-⟩ *tr Seuchen* übertragen
vehículo *m* Fahrzeug *n*; Fuhrwerk *n*; *übertr* Träger *m*; Vermittler *m*; MED Überträger *m*; ***~ acuático*** (***aerodeslizante***) Wasser-(Luftkissen)fahrzeug *n*; ***~ automotor*** *Méx*, ***~ automóvil, ~ de motor*** Motor-, Kraftfahrzeug *n*; ***~ de carretera*** (***espacial***) Straßen-(Raum)fahrzeug *n*; ***~ mal estacionado*** Falschparker *m*; ***~ lunar*** *od* ***selenita*** Mondfahrzeug *n*; ***~ sobre rieles*** Schienenfahrzeug *n*; ***~ de sustitución*** Ersatzwagen *m*; ***~ todo terreno*** Geländefahrzeug *n*
veint|añero I *Adj* zwanzigjährig **II** *m* Zwanzigjähriger *m*; **~e I** *Adj* zwanzig; *Datum* zwanzigster **II** *m Zahl* Zwanzig *f*; **~avo, ~eavo I** *Adj* zwanzigster **II** *m* Zwanzigstel *n*; **~ena** *f* (ungefähr) zwanzig Stück; zwanzig Jahre; zwanzig Tage; **~enario** *m* zwanzigster Jahrestag *m*
vej|ación *f* Belästigung *f*; Plage *f*; Schikane *f*; **~ador** quälend; **~amen** *m* → ***~ación***; bissige Zurechtweisung *f*; **~aminoso** schikanös
vejancón *m* Tattergreis *m*
vej|ar *tr* belästigen; schikanieren; drangsalieren; **~atorio** quälend; bedrückend; *Be-*

V

dingung drückend; demütigend
vej|estorio *m* alter Knacker *m*; **~estoria** *f* alte Schachtel *f*; **~ete** *m* alter Opa *m*
vejez *f* Alter *n*; Greisenalter *n*; Lebensabend *m*; Altern *n*; ***vejeces*** *Pl* seniles Geschwätz *n*; seniles Verhalten *n*
vejiga *f* ANAT (Harn-)Blase *f*; (Haut-)Bläschen *n*; **~ *natatoria*** Schwimmblase *f* ◇ ***levantar* ~s** Blasen bilden
vejigatorio *m* Zugpflaster *n*
vela[1] *f* Segel *n*; Segelsport *m*; **~ *mayor*** Großsegel *n*; ***a toda* ~** mit vollen Segeln *auch übertr*; schleunigst ◇ ***abatir*** *od* ***arriar*** *od* ***recoger las* ~s** die Segel streichen *auch übertr*; ***alzar*** *od* ***levantar* ~s** Segel setzen; sich davonmachen; ***alzar* ~s, *dar* ~, *hacerse a la* ~, *largar las* ~s** in See stechen; ***hacer* ~, *practicar la* ~** Segelsport treiben
vela[2] *f* (Wachs-)Kerze *f*; Wachen *n*; Nachtwache *f*; **~ *de sebo*** Talglicht *n*; ***a dos* ~s** mittellos; **(*derecho*) *como una* ~** kerzengerade; ***en* ~** schlaflos; ***entre dos* ~s** leicht angeheitert ◇ ***no le dan*** *od* ***no tiene* ~ *en este entierro*** er hat hier nichts zu suchen; ***permanecer en* ~** aufbleiben *nicht schlafen*
velaciones *f/Pl* kirchliche Trauung *f*
velada *f* Soiree *f*; Abendveranstaltung *f*; Abendgesellschaft *f*; **~ *musical* (*teatral*)** Musik-(Theater)abend *m*; **~ *recreativa*** bunter Abend *m*
velad|o *Klang* dumpf; *Aktion* verdeckt; *Drohung* versteckt; *Tag* trüb; **~or** *m* Hüter *m*; rundes Tischchen *n*; *Am* Nachtschränkchen *n*; **~ura** *f* MAL Lasur(farbe) *f*
vel|aje *m*, **~amen** *m* Segel(werk *n*) *Pl*
velar[1] **I** *tr* bewachen; wachen bei *einem Kranken, einer Leiche*; *i w S* Totenwache halten; aufmerksam beobachten **II** *intr* nachts aufbleiben; besorgt sein (***por*** um); (sorgsam) Acht geben (***sobre*** auf); *Klippe* aus dem Wasser ragen
velar[2] *tr* verschleiern; *übertr* verhüllen; MAL lasieren; FOTO durch Lichteinfall unbrauchbar machen; **~se** sich verschleiern; feierlich getraut werden; FOTO einen Schleier bekommen
velatorio *m* Totenwache *f*
velazqueño auf Velázquez bezogen
velcro® *m* Klettverschluss *m*
veleid|ad *f* Anwandlung *f*; Laune *f*; Gelüst *n*; Wankelmut *m*, Launenhaftigkeit *f*; **~oso** launisch; wankelmütig
velería[1] *f* Kerzenladen *m*; Kerzengießerei *f*
velería[2] *f* Segelmacherwerkstatt *f*
velero *m* Segelmacher *m*; Segelschiff *n*; Schnellsegler *m*; **~ *de tres palos*** Dreimaster *m*; **~ *planeador*** Segelflugzeug *n*
veleta *m* Wetterfahne *f*; Pose *f*, Schwimmer *m der Angelschnur*; Flattergeist *m*; wetterwendischer Mensch *m* ◇ ***ser una* ~** *übertr* den Mantel nach dem Wind hängen
vel|ete *m* Hutschleier *m*; **~illo** *m* hauchzarter Flor *m*
velintonia *f* Mammutbaum *m*
vell|o *m* Flaum(haar *n*) *m auch* BOT; Körperbehaarung *f*; **~ocino** *m* Schaffell *n*; Vlies *n*; **~ón** *m* Schaffell *n*; Schurwolle *f*; Wollflocke *f*; **~osidad** *f* starke Behaarung *f*; **~oso** stark behaart; haarig; wollig; zottig
velo *m* Schleier *m auch übertr u* FOTO; Trauerschleier *m*; Flor *m*, Vlies *n*; *übertr* Deckmantel *m*; Vorwand *m*; **~ *nupcial*** Brautschleier *m*; **~ *del paladar*** Gaumensegel *n* ◇ ***correr*** *od* ***echar el* ~ *sobre*** den Mantel des Schweigens breiten über; **(*des*)*correr el* ~** den Schleier des Geheimnisses lüften; *Gedenktafel* enthüllen; ***tomar el* ~** den Schleier nehmen *Nonne werden*
velocidad *f* Geschwindigkeit *f*; Schnelligkeit *f*; KFZ, *Motor* Gang *m*; **~ *comercial*** FLUGW, MAR, **~ *de crucero*** FLUGW Reisegeschwindigkeit *f*; **~ *excesiva*** überhöhte Geschwindigkeit *f*; **~ *limitada*** Geschwindigkeitsbegrenzung *f*; **~ *de marcha*** Fahrgeschwindigkeit *f*; **~ *máxima*** *od* ***punta*** Höchst-, Spitzengeschwindigkeit *f*; **~ *de rotación*** Umschlaggeschwindigkeit *f*; **~ *del sonido* (*supersónica*)** Schall-(Überschall)geschwindigkeit *f*; **~ *de transferencia de datos*** INFORM Datenübertragungsgeschwindigkeit *f*; ***Alta* ♀ *Española*** spanischer Hochgeschwindigkeitszug *m*; ***por gran* (*pequeña*) ~** HDL als Eil-(Fracht)gut ◇ ***cambiar de* ~** KFZ (Gang) schalten
vel|ocímetro *m* Geschwindigkeitsmesser *m*; **~ocista** *m* Sprinter *m*; **~ocípedo** *m hist* Veloziped *n*; **~ódromo** *m* Radrennbahn *f*; **~omotor** *m* Motorfahrrad *n*, Mofa *n*
velorio *m* abendliches Dorfvergnügen *n z.B. Schlachtfest*; Totenwache *f*; *Ant*, *Arg*, *Ec* langweiliges Fest *n*
velotaxi *m* Velotaxi *n*
veloz schnell, geschwind
vena *f* Vene *f*; Blattrippe *f*; **~s** *Pl Holz*, *Marmor* Maserung *f*; **~ *de agua*** Wasserader *f*; **~ *de carbón*** Kohleflöz *n*; **~ *cómica*** witzige Ader *f*; **~ (*metálica*)** Erzader *f*; **~ (*poética*)** dichterische Ader *f*; ***en* ~ *de charlar*** zum Plaudern aufgelegt ◇ ***si le da la* ~** wenn es ihn überkommt (***de*** zu); **(*no*) *estar en* ~** (nicht) in der rechten Stimmung sein (***de, para*** zu); ***tener* ~ *de loco*** übergeschnappt sein
venablo *m* Wurfspieß *m* ◇ ***echar* ~s** einen Zornesausbruch bekommen
venado *m* Hirsch *m*; Rotwild *n*
venal[1] Ader-; Venen-
venal[2] käuflich zu haben; käuflich *bestech-*

V

lich; **~idad** *f* Bestechlichkeit *f*

venático übergeschnappt *verrückt*

venced|ero *Frist* fällig; **~or I** *Adj* siegreich **II** *m* Sieger *m*

vencer ⟨-c/z-⟩ **I** *tr* besiegen; siegen über; bezwingen; meistern; überwinden; übermannen; ***no dejarse ~*** nicht nachgeben; sich nicht unterkriegen lassen **II** *intr* siegen; *Frist* ablaufen; *Wechsel* verfallen; fällig werden; ***~ ampliamente*** (***apuradamente***) SPORT hoch (knapp) gewinnen; ***~se*** sich beherrschen; ***~se a sí mismo*** sich selbst überwinden

vencible besiegbar; überwindbar

vencida *f*: ***ir*** *od* ***llevar de ~*** besiegt werden; *Frist* ablaufen; *Krankheit*, *Sturm* abflauen; ***a la tercera*** *od* ***a las tres, va la ~*** aller guten Dinge sind drei; beim dritten Mal klappt es

vencido I *Adj* besiegt; *Monate* abgelaufen; *Frist* fällig ◇ (***no***) ***darse por ~*** sich (nicht) geschlagen geben **II** *m* Besiegter *m*

vencimiento *m* Besiegung *f*; Verfall(sdatum *n*) *m*; *Medikament* Dauer *f* der Verwendbarkeit; Fälligkeit *f*; Ablauf *m* einer Frist; ***~ de la letra*** Wechselfälligkeit *f*

venda *f* Binde *f* ◇ ***hacerle caer la ~ de los ojos*** *übertr* jmdm die Augen öffnen; ***tener una ~ en los ojos*** mit Blindheit geschlagen sein

vendaje *m* MED Verband *m*; Bandage *f*; ***~ de urgencia*** Notverband *m*

vendar *tr* MED verbinden; zubinden

vendaval *m* starker Südwestwind *m*; *i w S* Sturm *m*

vendedor *m*, **~a** *f* Verkäufer(in) *m*(*f*); ***~ ambulante*** *od* ***callejero*** Straßenhändler *m*; ***~ de coches usados*** Gebrauchtwagenhändler *m*; ***~ a domicilio*** Hausierer *m*; ***~ de viejo*** Trödelhändler *m*

vender I *tr* verkaufen; abgeben; ***~ más barato*** unterbieten; ***fácil de ~*** *Ware* gut gehend **II** *intr* sich verkaufen, *etw* einbringen

venderse sich verdingen; sich bestechen lassen; sich verraten; sich verplappern; sich ausgeben (***por*** als); ***se vende*** zu verkaufen; ***~ bien*** sich gut verkaufen

vend|í *m* Verkaufsbescheinigung *f*; **~ible** verkäuflich; marktgängig

vendido: ***estar*** *od* ***ir ~*** verraten und verkauft sein

vendimi|a *f* Weinlese *f*; **~ador** *m*, **~adora** *f* Arbeiter(in) *m*(*f*) bei der Weinlese; **~ar** *tr* (Wein-)Trauben lesen

vendré → ***venir***

Venecia *f* Venedig *n*

veneciano venezianisch

venencia *f* Stechheber *m*

venen|o *m* Gift *n auch übertr*; Böswilligkeit *f*; Bosheit *f*; **~osidad** *f* Giftigkeit *f*; **~oso** giftig; boshaft

vener|able I *Adj* ehrwürdig; verehrungswürdig **II** *m* REL *Titel* Ehrwürden *m*; *Freimaurerloge* Hochmeister *m*; **~ación** *f* Verehrung *f*; Ehrerbietung *f*; **~ar** *tr* verehren; anbeten

venéreo venerisch, Geschlechts-

venero *m* Quelle *f auch übertr*; Erzader *f*; Fundgrube *f*; wissenschaftlicher Nachwuchs *m*

venezolano I *Adj* venezolanisch **II** *m*, **-a** *f* Venezolaner(in) *m*(*f*)

Venezuela *f* Venezuela *n*

vengador I *Adj* rächend; Rache- **II** *m* Rächer *m*; **~a** *f* Göttin *f* der Rache

venganza *f* Rache *f* (***de, por*** für)

veng|ar ⟨-g/gu-⟩ *tr* rächen; ahnden; **~arse** sich rächen (***de*** für; an; ***en*** an); **~ativo** rachsüchtig; rächend

vengo → ***venir***

venia *f* Verzeihung *f*; Erlaubnis *f*; Zustimmung *f*; leichte Verbeugung *f*; *Am* militärischer Gruß *m*; **~l** verzeihlich

venida *f* Ankunft *f*; Kommen *n*; Ungestüm *n*; Anwandlung *f*; *Fechten* Ausfall *m*; ***a la ~ de la noche*** bei Nachtanbruch

venidero I *Adj* kommend; (zu)künftig **II** *m* ***los ~s*** die Nachkommen; die Nachfolger

venir ⟨*unreg*⟩ *intr* kommen; herkommen; *aufs Thema* zurückkommen; sich einstellen, erscheinen; abstammen (***de*** von); stammen (***de*** aus); (her)rühren (***de*** von); *Kleidung* sitzen; *im Brief* stehen; passen, entsprechen; *Pflanzen* gedeihen; *Schlaf* überkommen; ***¡venga!*** los!; her damit!; ***¿a qué viene eso?*** was soll das? ***¡venga lo que venga*** *od* ***viniere!*** was auch immer kommen mag!; ***~ bien*** zustatten kommen; *Kleidung* stehen; ***~ a menos*** abnehmen; verarmen; *übertr* herunterkommen; ***~ a*** + *Inf* dahin gelangen zu + *Inf*; ***~ a buscar*** (ab)holen; ***vienen llegando*** sie sind schon im Anmarsch; ***~ a ser*** werden; zu etwas werden; ***hacer ~ ante sí*** zu sich kommen lassen; ***viene a ser igual*** *od* ***lo mismo*** das ist dasselbe; ***vino a verla*** er hat sie besucht; ***~ por u/c*** etw (ab)holen kommen; ***en lo por ~*** in Zukunft; ***~se*** kommen; ***~(se) abajo*** einstürzen; (in sich) zusammenfallen; sich als haltlos erweisen; ***~se atrás*** einen Rückzieher machen *etw relativieren od zurücknehmen*; ***~se a*** (***las***) ***buenas*** sich gütlich einigen

venoso venös; Venen-; geädert

venta *f* Verkauf *m*; Abgabe *f*; Absatz *m*; Vertrieb *m*; Umsatz *m*; *einzeln gelegenes* Wirtshaus *n*; *Am reg* Verkaufsstand *m*; ***~ ambulante*** Straßenhandel *m*; ***~ anticipada***

de localidades Kartenvorverkauf *m*; **~*s anuales*** Jahresumsatz *m*; **~ *automatizada*** (***callejera***) Automaten-(Straßen)verkauf *m*; **~ *de casa en casa*** Haus-zu-Haus-Verkauf *m*; **~ *por catálogo*** *od* ***correo*** *od* ***correspondencia, ~s a distancia, ~ postal*** Versandhandel *m*; **~ *al contado*** Barverkauf *m*; **~*s crecientes*** wachsender Umsatz *m*; **~ *a crédito*** Verkauf *m* auf Kredit; **~ *en depósito*** (***a domicilio***) Lager-(Haustür)verkauf *m*; **~** (***en***) ***exclusiva*** Alleinvertrieb *m*; **~ *experimental*** Test-, Probeverkauf *m*; **~ *de fin de temporada*** (**~ *forzada***) Saisonschluss-(Zwangs)verkauf *m*; **~** (***al***) ***interior*** Inlandsabsatz *m*; **~ *judicial*** JUR gerichtliche Versteigerung *f*; **~ *de libros por catálogo*** Versandbuchhandel *m*; **~ *de liquidación total*** Räumungsverkauf *m*; **~ *por liquidación*** Ausverkauf *m*; **~ *al por mayor*** (***menor***) Engros-(Detail)verkauf *m*; **~ *a plazos*** Teilzahlungs-, Ratengeschäft *n*; **~ *postbalance*, ~ *de saldos*, ~ *total*** Aus-, Schlussverkauf *m*; **~ *de promoción*** Einführungs-, Promotionsverkauf *m*; ***de fácil* ~** *Ware* gut gehend; ***en* ~** *Anzeige*, *Schild* zu verkaufen; ***en* ~ *en*** erhältlich bei; ***mala* ~** schlechter Absatz *m* ◇ ***estar*** *od* ***hallarse a la* ~** vorrätig *od* zu haben sein; ***incrementar las* ~*s*** den Verkauf *od* Umsatz steigern; ***ofrecer*** *od* ***poner a la*** *od* ***en* ~** zum (Ver-)Kauf anbieten; in den Handel bringen; ***promocionar la* ~** den Absatz *od* Verkauf fördern; ***sacar a la* ~** in den Handel bringen; zum Verkauf geben; ***tener* ~** Absatz finden

ventada *f* Bö *f*, Windstoß *m*

ventaja *f* Vorteil *m*; Überlegenheit *f*; Vorsprung *m*; SPORT, KART Vorgabe *f*; Sondergehalt *n*; **~*s Pl*** Nützlichkeit *f*; **~ *competitiva*** (***financiera***; ***fiscal***) Wettbewerbs-(Kosten-; Steuer)vorteil *m* ◇ ***llevar* ~** im Vorteil sein; ***llevarle* ~ *a alg*** jmdm gegenüber einen Vorsprung haben; jmdm etw voraushaben (***en*** in, bei); ***sacar* ~** Nutzen ziehen (***de, a*** aus)

ventaj|ero *m* Streber *m*; → **~*ista***; **~ismo** *m Am* skrupellose Geschäftemacherei *f*; **~ista** *m* Gauner *m*, übler Geschäftemacher *m*; **~oso** vorteilhaft; Gewinn bringend; günstig; lohnend

ventana *f* Fenster *n auch* INFORM; *Cu Schule* Zwischenstunde *f*; **~ *de edición*** INFORM Editierfenster *n*; **~ *de emergencia*** *od* ***socorro*** *Verkehrsmittel* Notausstieg *m*; **~ *enrejada*** Gitterfenster *n*; **~ *de la nariz*** Nasenloch *n*; **~ *de ventilación*** Lüftungsklappe *f* ◇ ***abrir*** (***cerrar***) ***una* ~** INFORM ein Fenster öffnen (schließen)

ventanal *m* großes Fenster *n*

ventanilla *f* kleines Fenster *n*; *Fahrzeug* Fenster *n*; *Schiff* Bullauge *n*; Annahmeschalter *m*; *Ämter*, *Bank*, *Kino* Schalter (-fenster *n*) *m*; **~ *de despacho*** Abfertigungsschalter *m*; **~ *de pagos*** *Schalter* Zahlstelle *f*

ventanillo *m* Fensterchen *n*; Luke *f*; MAR Oberlicht *n*, Luke *f*; *Tür* Guckloch *n*; **~ *de servicio*** Durchreiche *f*

vent|ar → **~*ear I u II***; **~arrón** *m* starker Wind *m*; Windstoß *m*; **~ear I** *unpers* windig sein **II** *tr/intr Wild* wittern; dem Wind aussetzen *zum Trocknen*; herumschnüffeln

ventero *m* (Schank-)Wirt *m*; Verkäufer *m*, Händler *m*; *Am* (ambulanter) Straßenhändler *m*; Kioskverkäufer *m*

ventil|ación *f* Lüftung *f*; Belüftung *f*; **~ador** *m* Ventilator *m*; Lüfter *m*; **~ar** *tr* belüften; entlüften; auslüften; *Problem* ventilieren

ventis|ca *f* Schneetreiben *n*; → ***ventarrón***; **~car** ⟨-c/qu-⟩, **~quear** *unpers* stürmen und schneien

vent|olera *f* Windstoß *m*; verrückter Einfall *m*; **~orrillo**, **~orro** *m* Spelunke *f*

ventos|a *f Belüftung* Luftloch *n*; Saugnapf *m auch* ZOOL; **~ear** *intr* einen (Wind) fahren lassen; **~idad** *f* Blähung *f*; **~o** windig; stürmisch; blähend

ventr|al Bauch-; **~era** *f* Leibbinde *f*; *Pferd* Bauchgurt *m*; **~icular** Herzkammer-

ventrículo *m* ANAT Ventrikel *m*, Höhle *f*; **~ *del corazón*** Herzkammer *f*

ventrílocuo *m* Bauchredner *m*

ventura *f* Glück *n*; Glücksfall *m*; Wagnis *m*; ***mala* ~** Unglück *n*; ***a la*** (***buena***) **~** auf gut Glück; ***por* ~** vielleicht; glücklicherweise ◇ ***poner en* ~** aufs Spiel setzen; ***probar* ~** sein Glück versuchen

ventur|ado, **~oso** glücklich

Venus *f* ASTR, MYTH Venus *f*

ver ⟨*unreg*⟩ **I** *tr/intr* sehen; nachsehen; durchsehen; sehen nach; wahrnehmen; *auch* erkennen; besuchen; aufsuchen; *ärztlich* untersuchen; JUR verhandeln; zusehen *sich bemühen*; ***veremos*** wir werden sehen; warten wir (es) ab!; **~ *bien u/c*** etw gutheißen; ***véase más abajo*** (***más arriba***) siehe weiter unten (weiter oben); ***véase más adelante*** (***más atrás***) *im Buch* siehe weiter hinten (weiter vorn); ***¡a* ~!** mal sehen; los!; lass mal sehen!; her damit!, gib her!; ***¿a* ~?** darf ich mal sehen?; ***a lo que se ve*** allem Anschein nach; ***¡nos vemos!*** bis dann!; ***sin más* ~** ohne nähere Untersuchung; ***ya lo veremos*** wir werden es schon erleben; ***ya veremos*** wir wollen mal sehen (was sich machen lässt); ***darse a* ~** sich zu erkennen geben; ***dejarse* ~** sich sehen lassen; ***falta* ~** man muss sehen; ***¡hay***

que ~! kaum zu glauben!; ***ir*** *bzw* ***venir a ~*** *jmdn* besuchen; ***no poder ~ a alg*** jmdn nicht ausstehen können; ***¿qué hay de ~?*** was wird gespielt *od* gezeigt *od* aufgeführt?; ***si puede ~*** es wird gespielt *od* gezeigt *od* aufgeführt; ***ser de*** *od* ***para ~*** sehenswert sein; (***no***) ***tener*** (***nada***) ***que ~ con*** (nichts) zu tun haben mit; ***vamos a ~*** wir wollen mal sehen; ***~ venir*** *jmdn* durchschauen; ***volver a ~*** wiedersehen; ***~se*** sich (selbst) sehen; sich besuchen; sich befinden; aussehen; zu sehen sein; ***~se con alg*** sich mit jmdm treffen: ***tener que vérselas con alg*** es mit jmdm zu tun bekommen **II** *m* Sehen *n*; Aussehen *n*; Meinung *f*; ***a mi ~*** meiner Meinung nach; ***de buen ~*** gut aussehend

vera *f* Ufer *n*; Saum *m*; Seite *f*

veracidad *f* Wahrhaftigkeit *f*

veracruzano aus Veracruz

veranda *f* Veranda *f*

veran|eante *m* Sommerfrischler *m*; Sommerurlauber *m*; **~ear** *intr* den Sommer(urlaub) verbringen; **~eo** *m* Sommerfrische *f*; Sommerurlaub *m*

veraniego sommerlich; Sommer- ◇ ***ir*** (***muy***) ***~*** (recht) leicht gekleidet gehen

veranillo *m* Nachsommer *m*; ***~ de San Martín*** *od* ***San Miguel***, *Am* ***~ de San Juan*** Altweibersommer *m*

verano *m* Sommer *m*; ***¡de ~!*** lass mich (damit) in Ruhe! ◇ ***vestirse de ~*** sich sommerlich anziehen

veras *f/Pl*: ***con más ~*** (und) das umso mehr; ***de ~*** wirklich; im Ernst; aufrichtig

veraz wahrhaftig; wahrheitsliebend

verb|al mündlich; wörtlich; GRAMM Verb-; **~alista** *m* Wortklauber *m*; **~alizar** ⟨-z/c-⟩ *tr* in Worte fassen

verbe|na *f* BOT Eisenkraut *n*; Kirmes *f*; *i w S Esp* Sommernachtsfest *n*; **~near** *intr* wimmeln; **~rar** *tr* peitschen, geißeln *auch übertr*

verbigracia zum Beispiel

verbo *m* Verb *n*, Zeitwort *n*; ***~ activo*** *od* ***transitivo*** transitives Verb *n*; ***~ auxiliar*** Hilfsverb *n*; ***~ impersonal*** (***intransitivo*** *od* ***neutro***) unpersönliches (intransitives) Verb *n*; ***~ reflejo*** *od* ***reflexivo*** reflexives Verb *n*

verbo|cracia *f* Wortgewalt *f*; **~rragia** *f*, **~rrea** *f* Wortschwall *m*; Geschwätzigkeit *f*; **~sidad** *f* Weitschweifigkeit *f*; Wortschwall *m*; **~so** wortreich

verdad *f* Wahrheit *f*; ***¿~?*** nicht wahr?; ***~ evidente*** *od* ***de Perogrullo*** Binsenweisheit *f*; ***~ a medias, media ~*** Halbwahrheit *f*; ***a la ~*** in der Tat; ***ajeno de*** (***la***) ***~*** unwahr; ***con ~*** wahrhaftig; ***de ~*** ungelogen, wirklich; im Ernst; ***en ~*** wahrhaftig; tatsächlich ◇ ***la ~ amarga*** Wahrheit tut weh; ***a decir ~*** zwar, eigentlich; offen gesagt; ***decirle a/u las cuatro ~es*** jmdm gründlich die Meinung sagen; (***no***) ***es ~*** (***que***) es stimmt (nicht), (dass); ***bien es ~ que*** allerdings; ***si bien es ~ que*** obwohl es stimmt, dass; ***faltar a la ~*** die Unwahrheit sagen

verdadero eigentlich; echt; wahr; wahrhaftig; regelrecht; wirklich; richtig; zutreffend

verde I *Adj* grün; unreif *auch übertr*; unausgegoren *noch nicht ausgereift*; *Gemüse* frisch; schlüpfrig, pikant; ***~ botella*** (***olivo***) flaschen-(oliv)grün ◇ ***estar ~*** *Obst* unreif sein; ***poner ~ a alg*** jmdm gehörig die Meinung sagen; jmdn herunterputzen; ***ser ~*** grün sein **II** *m Farbe, Vegetation* Grün *n*; *i w S* Grünfutter *n*; *Wein* Herbe *f*; *Pl* ***los ~s*** POL die Grünen *spanische Partei*; ***los ~s alemanes*** die Bündnisgrünen

verde|ar *intr* grün; ins Grüne spielen; **~azul** blaugrün; **~cer** ⟨-c/zc-⟩ *intr Felder* grün werden, (er)grünen; **~rón** *m* Grünfink *m*; **~te** *m* Grünspan *m*

verd|ificar ⟨-c/qu-⟩ *tr* begrünen; **~ín** *m Vegetation* erstes Grün *n*; *Bäume* Moosbesatz *m*; *Wände* Algenbesatz *m*; *i w S* Grünspan *m*

verdolaga *f* BOT Portulak *m*

verd|or *m Pflanze* junges Grün *n*; Jugendkraft *f*; **~oso** grünlich

verdug|o *m* Reis *n*, Trieb *m*; Gerte *f*; Strieme *f*; Henker *m*; **~ón** *m* Strieme *f*

verd|ulería *f* Gemüseladen *m*; Zote *f*; **~ulero** *m* Gemüsehändler *m*; Gemüseregal *n*; **~ura** *f Farbe, Vegetation* Grün *n*; Laub *n*; Grünzeug *n*; Gemüse *n*; Suppengrün *n*; **~usco** dunkelgrün

vereda *f* Fußweg *m*; *AmS, Cu* Bürgersteig *m*; *Col* Ortsteil *m einer Großgemeinde*; ***~ de bosque*** Schneise *f* ◇ ***hacer entrar en ~*** auf Vordermann bringen; ***meter*** *od* ***poner en ~*** auf den richtigen Weg bringen

veredicto *m* Verdikt *n*; Spruch *m* der Geschworenen; Urteil *n*

verga *f* ANAT männliches Glied *n*; ZOOL Rute *f*; MAR Rahe *f*; *Armbrust* Bogen *m*

vergajo *m* Ochsenziemer *m*

vergel *m* Garten *m* mit Blumen und Obstbäumen

vergonz|ante beschämend; verschämt; **~oso** beschämend; schmählich; ruhmlos; schändlich, Schand-; schamhaft; Scham-; verlegen, schüchtern

vergüenza *f* Schande *f*; Scham *f*; Beschämung *f*; Schmach *f*; **~s** *Pl* Schamteile *m/Pl*; ***¡qué ~!*** oh weh, wie peinlich!; ***sin ~*** schamlos; unverschämt ◇ ***me da ~*** ich

schäme mich; ***es una ~*** es ist eine Schande; ***tener ~*** sich schämen
verídico wahr(haft); wahrheitsgetreu
verificación *f* (Nach-, Über-)Prüfung *f*, Kontrolle *f*; Feststellung *f*, Nachweis *m*; ***~ in situ*** Kontrolle *f* vor Ort
verific|ador *m* Prüfer *m auch Gerät*; **~ar** ⟨-c/qu-⟩ *tr* beglaubigen; feststellen; nachweisen; (nach-, über)prüfen; durchführen; verwirklichen; **~arse** sich bewahrheiten; nachgewiesen werden; stattfinden
verja *f* Gitter *n*; Gartenzaun *m*; Gatter *n*; Gittertür *f*; Fenstergitter *n*; ***~ extensible*** Scherengitter *n*
verm|icular, **~iforme** wurmförmig; **~ífugo I** *Adj* wurmabtreibend **II** *m* Wurmmittel *n*; **~inoso** Wurm-; **~ívoro** Würmer fressend
verm|ú *m* (*Pl* ***vermús***), **~ut** *m* (*Pl* ***vermutes***) Wermut(wein) *m*
vernáculo heimisch; einheimisch; Landes-
vernal Frühlings-
veron|al *m* Veronal *n*; **~és** *m*, **-esa** *f* Veroneser(in) *m(f)*
verónica *f* BOT Ehrenpreis *m*
verosímil glaubwürdig; wahrscheinlich
verr|aco *m* Zuchteber *m*; **~iondo** brünstig, rauschig; *Gemüse*, *Hülsenfrüchte* halb gar
verruga *m* Warze *f*
verrugo *m* Geizkragen *m*
vers. *Abk für* ***versícula***
vers|ación *f Arg* Geschicklichkeit *f*; **~ado** geschickt, versiert (***en*** in); bewandert, beschlagen; **~al** *m* Großbuchstabe *m*, Versal *m*; **~alilla** *f*, **~alita** *f* TYP Kapitälchen *n*
vers|ar *intr* sich drehen *auch übertr* (***sobre*** um); *i w S* handeln (***sobre*** von); **~arse** sich sachkundig machen; **~átil** vielseitig; wetterwendisch; wankelmütig; **~icolor** *Farbe* changierend; mehrfarbig; **~atilidad** *f* Wankelmut *m*; Vielseitigkeit *f*; **~ículo** *m Bibel*, *Koran* Vers *m*
versific|ación *f* Versbau *m*; Verskunst *f*; Reimen *n*; **~ador** *m*, **~adora** *f* Versemacher(in) *m(f)*; **~ar** ⟨-c/qu-⟩ **I** *tr* in Verse bringen **II** *intr* Verse machen, reimen
versión *f* Version *f*; Lesart *f*; *Film*, *Übersetzung* Fassung *f*; TECH Ausführung *f*; *Geburtshilfe* Wendung *f*; INFORM ***~ actualizada*** INFORM Update *n*; ***~ en CD-ROM*** CD-ROM-Version *f*; ***~ cinematográfica*** Verfilmung *f*; ***~ original*** Urfassung *f*; ***en ~ original*** *Film* in Originalfassung
verso *m* Vers *m* ◇ ***echar ~s*** *Méx* schöne Reden führen; ***hacer ~s*** Verse machen
vértebra *f* ANAT Wirbel *m*
vertebr|ado I *Adj* Wirbel- **II** *m* Wirbeltier *n*; **~al** Wirbel-
vertedero *m* Ablauf(bahn *f*, -rinne *f*) *m*; ***~ de basuras*** Mülldeponie *f*; ***~ ilegal*** *od* ***incontrolado*** *od* ***salvaje*** wilde Mülldeponie *f*, -kippe *f*; ***~ inclinado*** Rutsche *f*; ***~ de residuos contaminantes*** ÖKOL Altlast *f*
verter ⟨-ie-⟩ **I** *tr* gießen, einschenken; schütten (***en*** in; ***de*** aus; ***a*** auf); *Abwässer* einleiten; ausschütten; verschütten; ausgießen; sich ergießen; eingießen; vergießen; übersetzen; *Meinung*, *Kritik* äußern; bringen *publizieren* **II** *intr* fließen (***a*** zu), sich ergießen (***a*** in)
vertical I *Adj* senkrecht; Hoch-; aufrecht **II** *f* Senkrechte *f*
vértice *m* Scheitel *m*; GEOM Scheitel(punkt) *m*; ANAT Spitze *f*; ***~ del pulmón*** Lungenspitze *f*
vertido *m* Wegschütten *n*; Verklappen *n auf See*; Einleiten *n von Abwässern*; ***~s industriales*** Industrieabwässer *n/Pl*
vert|iente *f* Berg-(Hang) *m*; Abhang *m*; GEOL Abdachung *f*; Dachschräge *f*; Gefälle *n*; Aspekt *m*; (politische) Strömung *f*; *Am reg* Quelle *f*; **~iginoso** *Höhe* schwindelnd; Schwindel erregend; *Entwicklung* rasant
vértigo *m* MED Schwindelgefühl *n*; Taumel *m* ◇ ***tengo ~s*** mir ist schwind(e)lig
vesícula *f* Bläschen *n*; ***~ biliar*** Gallenblase *f*; ***~ seminal*** Samenbläschen *n*
vesper|al Nachmittags-; **~tina** *f Am* Abendvorstellung *f*; **~tino I** *Adj* Abend-, abendlich **II** *m* Abendzeitung *f*
Vestfalia *f* Westfalen *n*
vestfaliano westfälisch
vestíbulo *m* Diele *f*; Vorhalle *f*; THEAT Foyer *n*; *Innenohr* Vorhof *m*
vestido *m* Kleid *n*; (Ober-)Bekleidung *f*; Anzug *m*; Tracht *f*; ***~ de astronauta*** Astronautenanzug *m*; ***~ de etiqueta*** Gesellschaftsanzug *m*; ***~ de luces*** (***~ maternal, ~ premamá***) Abend-(Umstands)kleid *n*; ***~ de novia*** (***~ playero***) Braut-(Strand)kleid *n* ◇ ***hacerse un ~*** sich ein Kleid machen lassen
vestidura *f* Kleidung *f*; Gewand *n*; **~s** *Pl* Fahrzeugbezüge *m/Pl* ◇ ***rasgarse las ~s*** sich entrüsten
vestigio *m* Spur *f auch übertr*
vestimenta *f* Kleidung *f*; ***~ informal*** Straßenanzug *m*
vestir ⟨-i-⟩ **I** *tr* (be)kleiden; anziehen; THEAT ausstaffieren, (mit Kostümen) ausstatten; umhüllen (***de*** mit); *Kleidung* anhaben, tragen; einkleiden; *Tür* verkleiden; *Rede* (aus)schmücken; *Polstermöbel* beziehen (***de*** mit) **II** *intr* sich kleiden; sich verkleiden; (gut) stehen; ***~ de blanco*** weiß gekleidet gehen; ***sin ~*** unbekleidet; **~se** sich ankleiden *od* anziehen; *Berufskleidung* anlegen; sich kleiden; sich bedecken

V

(**de** mit)
vestón *m Chi* (Männer-)Jacke *f*
vestuar|io *m* Kleidung *f*; Kleiderbestand *m*; (Kostüm-)Ausstattung *f*; THEAT Kostümfundus *m*; (Künstler-)Garderobe *f*; *Sportanlagen* Umkleideraum *m*; *Filmvorspann* Kostüme *n/Pl*; **~ista** *m(f)* Garderobier(e) *m(f)*
vesubiano Vesuv-; *i w S* vulkanisch
Vesubio *m* Vesuv *m*
veta *f Holz* Maser(ung) *f*; BERGB Gang *m*; BERGB *u übertr Begabung* Ader *f*
vet|ar *tr* sein Veto einlegen gegen; **~eado** gemasert; geädert; marmoriert
veterano *m* Veteran *m auch übertr*
veterinari|a *f* Tierheilkunde *f*; Tierärztin *f*; **~o** *m* Tierarzt *m*, Veterinär *m*
veto *m* Einspruch *m*, Veto *n* ◇ ***interponer su ~*** POL sein Veto einlegen
vetust|ez *f* hohes Alter *n*; **~o** uralt
vez *f Aufzählung* Mal *n*; ***a la ~*** gleichzeitig; ***a mi*** (***tu***; ***su***) ***~*** meiner-(deiner-; seiner)-seits; ***a veces, alguna*** (***que otra***) ***~, algunas veces*** hin und wieder; zuweilen; bisweilen; manchmal, mitunter; ***cada ~*** jedes Mal; ***cada ~ más*** (***mejor***; ***peor***) zunehmend; immer mehr (besser; schlechter); ***de una ~*** auf einmal; ***de una ~ para siempre, de una ~ por todas*** ein für allemal; ***de ~ en cuando*** → ***a veces***; ***en ~ de*** (an)statt; ***las más veces*** meist(ens); ***la otra ~*** neulich; ***muchas veces*** oft; ***otra ~*** noch einmal; ***para otra ~*** auf später; ***por enésima ~*** zum x-ten Mal; ***por primera ~*** erstmalig; ***por ~*** der Reihe nach; ***rara ~*** selten; ***tal ~*** vielleicht; ***tantas veces*** so oft; ***toda ~ que*** da, weil; ***todas las veces que*** + *Ind* (+ *subj*) immer wenn (sobald); ***una ~ más*** noch einmal; ***una que otra ~*** bisweilen; hin und wieder; ***una y otra ~*** einmal um das andere; ***una ~*** irgendwann; ***varias veces*** mehrmals ◇ ***es mi ~*** ich bin (jetzt) an der Reihe; ***hacer las veces de alg*** jmds Stelle einnehmen; ***pedir la ~*** *Wartezimmer* die Reihennummer verlangen
v.g. *od* **v.gr.** (*Abk für **verbigracia***) z.B.
vía I *f* Weg *m übertr auch* VERW; Straße *f*; Bahn *f*; Strecke *f*; Gleis *n*; *auch* Bahnsteig *m*; Spur(weite) *f*; ***~ de acarreo*** *od* ***acceso*** *od* ***enlace*** Zubringer-, Zufahrtsstraße *f*; ***~ de agua*** MAR Leck *n*; ***~ ancha*** (*Am reg* ***angosta, estrecha***; ***normal***) EISENB Breit-(Schmal-; Regel-, Normal)spur *f*; ***~ de apartadero, ~ muerta*** Abstellgleis *n*; (***~***) ***arteria*** Magistrale *f*, Hauptverkehrsstraße *f*; ***~ biliar*** Gallengang *m*; ***~ de circulación rápida*** Schnellstraße *f*; ***~s de comunicación*** Verkehrswege *m/Pl*; ***~ contenciosa*** Prozessweg *m*; ***~ crucis*** REL *u übertr* Kreuzweg *m*; Leidensweg *m*; Drangsal *f*; ***~s de distribución*** Vertriebswege *m/Pl*; ***~ ejecutiva*** Vollstreckungsverfahren *n*; ***~ de empalme*** Gleisanschluss *m*; ***~ de entrada*** Zufahrt(sweg *m*) *f*; ***~ férrea*** Schiene(nweg *m*) *f*; Eisenbahn *f*; ***~ fluvial*** Wasserstraße *f*; ***~ industrial*** Werksbahn *f*; ***~ interurbana*** Fern(verkehrs)straße *f*; ***♀ Láctea*** ASTR Milchstraße *f*; ***~ lenta*** *Straße* Kriechspur *f*; ***~ peatonal*** Fuß(gänger)weg *m*; ***~ preferencial*** *od* ***principal*** Hauptverkehrsstraße *f*; ***~ pública*** öffentliche Straße *f*; ***~ rápida*** (***a distinto nivel***) (kreuzungsfreie) Schnellstraße *f*; ***~s respiratorias*** Atemwege *m/Pl*; ***~ sumaria*** JUR Schnellverfahren *n*; ***~ de tránsito*** Durchgangsstraße *f*; Transitstrecke *f*; ***~ de tranvía*** Straßenbahngleis *n*; ***de doble*** (***una***) ***~*** doppel-(ein)spurig; zwei-, doppel-(ein)gleisig; ***en ~s de*** im Begriff zu; auf dem Weg + *Gen*; ***en ~s de desarrollo*** POL Entwicklungs-; ***en ~(s) de extinción*** BIOL vom Aussterben bedroht; ***por ~ aérea*** (***marítima***; ***terrestre***) auf dem Luft-(See-; Land)weg; ***por ~ de apremio*** im Zwangsverfahren; ***por ~ de ensayo*** versuchsweise; ***por la ~ extrajudicial*** außergerichtlich; ***por ~ jerárquica*** (***judicial***) auf dem Dienst-(Rechts)weg; ***por ~ legal*** (***oficial***) auf gesetzlichem Weg (auf dem Amtsweg); ***por la ~ negociada*** *bes* POL auf dem Verhandlungsweg; Verhandlungs-; ***por ~s obscuras*** *übertr* über dunkle Kanäle; (***por***) ***~ satélite*** TV über Satellit; ***tercera ~*** POL dritter Weg ◇ ***dar ~ libre*** den Weg freigeben; *jmdm* freie Hand geben; ***recurrir a la ~ judicial*** den Rechtsweg beschreiten **II** *Präp Reiseroute* über (***Madrid - París, ~ Irún***)
viabil|idad *f* Lebensfähigkeit *f*; Durchführbarkeit *f*; Anwendbarkeit *f*; **~ización** *f* Ermöglichung *f*; **~izar** ⟨-z/c-⟩ *tr* ermöglichen
viable lebensfähig; durchführbar; annehmbar, gangbar; begehbar; befahrbar; zugänglich
viaducto *m* Viadukt *m*
viaj|ado weit gereist; **~ante** *m(f)* Geschäfts-, Handelsreisende(r) *f(m)*; **~ar I** *intr* reisen; verreisen; fahren **II** *tr* HDL *Gebiet* bereisen
viaje *m* Reise *f*; Fahrt *f*; Fuhre *f*; ***~ hacia abajo*** Talfahrt *f auch übertr*; ***~ aéreo, ~ en avión*** Flug(reise *f*) *m*; ***~ de bodas*** *od* ***novios*** Hochzeitsreise *f*; ***~ colectivo*** (***de estudios***) Gruppen-, Gesellschafts-(Studien)reise *f*; ***~ de ida y vuelta*** Hin- und Rückfahrt *f*; ***~*** (***con***) ***todo incluido*** Pauschalreise *f*; ***~ interplanetario*** Raumfahrt *f*; ***~ de investigación*** (***~ oficial*** *od* ***profesional, ~ de servicio*** *od* ***trabajo***) Forschungs-(Dienst)reise *f*; ***~ de negocios***

(***prospección de mercados***) Geschäfts-(Markterkundungs)reise *f*; **~ *organizado*** WISS Exkursion *f*; **~ *de regreso*** *od* ***retorno*** Rückreise *f*; **~ *sorpresa*** Fahrt *f* ins Blaue; **~ *en tren*** Bahnfahrt *f*; ***¡buen ~!*** gute Reise! ◇ ***estar de ~*** verreist sein; ***hacer un ~, irse*** *od* ***salir de ~*** verreisen
viajero I *Adj* wanderlustig; reiselustig; *Vogel* Zug- **II** *m* Reisender *m*; Passagier *m*; Fahrgast *m*; **~ *sin billete*** Schwarzfahrer *m*; **~ *clandestino*** *übertr* blinder Passagier *m*
vial Straßen-; Weg(e)-; **~idad** *f* Begehbarkeit *f*; Befahrbarkeit *f*; Straßenbauwesen *n*
vianda *f* Speise *f*; *Arg* Reiseproviant *m*; **~s** *Pl* Lebensmittel *n/Pl*; *Ant* Hackfrüchte *f/Pl*, Bananen *Pl* und Kürbisse *Pl*
viandante *m* Wanderer *m*; Passant *m*; Fußgänger *m*; Landstreicher *m*
viario Wege-; Straßen-
viático *m* Wegzehrung *f*; **~(s)** *Pl* Spesen *Pl*; Reisekosten *Pl*; Sterbesakramente *Pl*
víbora *f* Viper *f*; Kreuzotter *f*; *Am* Schlange *f auch übertr*
vibor|ear *intr Rpl* sich schlängeln; **~ezno** *m* junge Viper *f*; *übertr* Schlange *f*
vibr|ación *f* Schwingung *f*; Erschütterung *f*; Vibration *f*; **~ador** *m* Vibrator *m*; Summer *m*; TECH Rüttler *m*; MED Vibrationsgerät *n*; **~ante** vibrierend; rüttelnd; schwingend; *Rede* schwungvoll; **~ar** *tr/intr* vibrieren; beben; schütteln; schwingen; **~átil** Schwingungs-; **~atorio** → **~ante**
vicar|ía *f* Pfarrverweserstelle *f*; Vikariat *n*; **~iato** *m* Vikariat *n Amt u Amtszeit*; **~io** *m* Vikar *m*; Stellvertreter *m*
vice|almirante *m* Vizeadmiral *m*; **~canciller** *m* Vizekanzler *m*; **~cónsul** *m(f)* Vizekonsul(in) *m(f)*; **~jefa**, *f* **~jefe** *m* stellvertretende(r) Leiter(in) *m(f)*; **~gerente** *m(f)* stellvertretende(r) Geschäftsführer(in) *m(f)*; **~ministro** *m*, **-a** *f* stellvertretende(r) Minister(in) *m(f)*; Staatsminister(in) *m(f)*; **~presidente** *m*, **-a** *f* Vizepräsident(in) *m(f)*; stellvertretende(r) Vorsitzende(r) *f(m)*
vicerrectorado *m* Prorektorat *n*; **~ *de alumnos*** Prorektorat *n* für Studienangelegenheiten
vicerrectoría *f* Prorektorat *n*
vicetiple *f* Revuegirl *n*; Ballettmädchen *n*
viceversa umgekehrt
vicia *f* Wicke *f*
vici|ado *Luft* stickig; fehlerhaft; süchtig (***con*** nach); **~ar** *tr* verderben; verfälschen; entstellen; ungültig machen; **~arse** sittlich verkommen; verdorben werden; *Tür* sich verziehen; verfallen (***con*** *Dat*)
vicio *m* Laster *n*; schlechte Angewohnheit *f*; *Brett* Verformung *f*; Verhätschelung *f*; Mangel *m*, Fehler *m*; **~ *de la lectura*** Lesewut *f*; **~ *oculto*** verborgener Mangel *m*; ***de ~*** ungerechtfertigterweise; gewohnheitsmäßig ◇ ***anular por ~ de forma*** *Urteil* wegen eines Formfehlers aufheben; ***coger ~*** *Tür* sich verziehen; ***entregarse al ~*** dem Laster frönen; ***quejarse de ~*** sich grundlos beklagen; ***sanear el ~*** den Mangel beheben
vicioso lasterhaft; fehlerhaft; verhätschelt
vicisitud *f* plötzliche Veränderung *f*; *meist* **~es** *Pl* das Auf und Ab; Zwischenfälle *m/Pl*; ***las ~es de la vida*** die Wechselfälle des Lebens
víctima *f* Opfer *n*; Geschädigter *m*; Leidtragender *m*; Verunglückter *m*
victimizar ⟨-z/c-⟩ *tr* bedrohen, zum Opfer haben
victoria *f* Sieg *m*; zweisitzige Kutsche *f*; **~ *abrumadora*** *od* ***aplastante*** überwältigender Sieg *m*; **~ *pírrica*** Pyrrhussieg *m*; **~ *por puntos*** Punktsieg *m*
victorioso siegreich; sieghaft
vicuña *f* ZOOL Vikunja *n*
vid *f* Rebe *f*, Weinstock *m*
vida *f* Leben *n auch übertr*; Lebensweise *f*; Lebensdauer *f*; **~ *afectiva*** Gemütsleben *n*; **~ *airada*** *od* ***ancha*** lockeres Leben *n*; **~ *amorosa*** *od* ***sexual*** Liebesleben *n*; **~ *arrastrada, ~ perra*** *od* ***perra ~*** *übertr* Hundeleben *n*; **~ *capulina*** *Méx* sorgenfreies und beschauliches Leben *n*; **~ *cotidiana*** Alltag(sleben *n*) *m*; **~ *nocturna*** Nachtleben *n*; **~ *en opulencia*** Wohlleben *n*; **~ *en pareja*** Zusammenleben *n*; **~ *técnica*** *od* ***útil*** *Produkt* Lebensdauer *f*; ***a ~ o muerte*** auf Leben oder Tod; ***allegado a la ~*** lebensverbunden; ***con ~*** lebend; ***de corta*** (***larga***) **~** kurz-(lang)lebig; ***de por ~*** für den Rest des Lebens; auf Lebenszeit; ***en ~*** zu Lebzeiten; ***en la*** *od* ***mi ~*** *vor einem Verb* nie (-mals in meinem Leben); ***¡mi ~!*** *od* ***¡~ mía!*** mein Liebling!; ***por toda la ~*** zeitlebens; ***¡por ~!*** um Himmels willen!; ***sin ~*** leblos; ***radiante de ~*** lebensfroh ◇ ***amargarle*** *od* ***complicarle la ~ a alg*** jmdm das Leben schwer machen; ***dar mala ~ a alg*** jmdn schikanieren; ***dejar con ~*** am Leben lassen; ***dejar su ~*** sein Leben lassen *sterben*; ***ganarse la ~*** sich seinen Lebensunterhalt verdienen; ***jugarse la ~*** sein Leben aufs Spiel setzen; ***llevar una ~ alegre*** ein lockeres Leben führen; ***quitarse la ~, privarse*** (***de***) ***la ~*** sich das Leben nehmen
vidente *m* Sehender *m*; (Hell-)Seher *m*; ***no ~*** Blinder *m*
vídeo I *Adj* Video- **II** *m* Video *n*; Videogerät *n*, -rekorder *m*; **~ *promocional*** Verkaufsvideo *n* ◇ ***editar en ~*** als Video herausbringen

video|asta *m* Videofilmer *m*; **~cable** *m* Videokabel *n*; **~cámara** *f* Videokamera *f*; **~casete** *m*, **~cassette** *m* Videokassette *f*; **~cinta** *f* Videoband *n*; **~clip** *m* Videoclip *m*; **~conferencia** *f* Videokonferenz *f*; **~consola** *f* Spielkonsole *f*; **~disco** *m* Bildplatte *f*; **~film** *m* Videofilm *m*; **~fonía** *f* Videophonie *f*
videófono *m* Videophon *n*
video|frecuencia *f* Videofrequenz *f*; **~grabación** *f* Videoaufzeichnung *f*; **~grabadora** *f* Videorekorder *m*; **~grafiar** *tr* mit der Videokamera aufnehmen; **~juego** *m* Videospiel *n*; **~láser** *m* Videolaser *m*; **~marcador** *m* Großbildschirm *m*; **~tape** *m* Videotape *n,m*; **~teca** *f* Videothek *f*; **~tecario** *m* Videothekar *m*; **~tecnia** *f* Videotechnik *f*; **~teléfono** *m* Video-, Bildtelefon *n*; **~terminal** *m* Videoterminal *n*, Bildschirm(gerät *n*) *m*; **~texto** *m* Bildschirm-, Videotext *m*; **~vigilancia** *f* Videoüberwachung *f*
vidri|ado I *Adj* glasiert **II** *m* Glasur *f*; glasiertes Geschirr *n*; **~ar** *tr* glasieren; **~arse** glasig werden; *Augen* brechen
vidri|era *f* Glasfenster *n*; Glastür *f*; *Am* Schaufenster *n*; Kirchenfenster *n*; **~ería** *f* Glaserei *f*; Glasbläserei *f*; Glashütte *f*; **~ero** *m* Glaser *m*; Glasarbeiter *m*; Glasbläser *m*
vidrio *m* Glas *n*; Glasscheibe *f*; **~s** *Pl* Glaswaren *f/Pl*; **~ alambrado** *od* **armado** Drahtglas *n*; **~ estriado** Riffelglas *n*; **~ a prueba de tiros** Panzerglas *n*; **reciclable** (**de seguridad**) Alt-(Sicherheits)glas *n*; **~ trasero** KFZ Heckscheibe *f* ◇ **tener que pagar los ~s rotos** *übertr* die Zeche bezahlen müssen
vidrioso glasig *auch Augen*; zerbrechlich; spiegelglatt; empfindlich
vieja *f* Alte *f auch verächtl*; *Chi* Knallfrosch *m*; *Méx* Zigarrenstummel *m*
viej|ecito, *Am* **~ito I** *Adj* ziemlich alt **II** *m* alter Mann *m*
viejo I *Adj* alt; betagt, bejahrt; abgenutzt; verbraucht; ausgedient; **de ~** antiquarisch **II** *m* Alter *m auch verächtl od zärtlich*; **~ chocho** Tattergreis *m*; **~ experimentado** *übertr* alter Hase *m*; **~ pascuero** *Chi* Weihnachtsmann *m*; **~ verde** Lustgreis *m* ◇ **llegar a ~** alt werden
Viena *f* Wien *n*
viene → **venir**
vienés I *Adj* Wiener; wienerisch **II** *m*, **-esa** *f* Wiener(in) *m(f)*
viento *m* Wind *m*; JAGD Witterung *f*; **~s** *Pl* Blasinstrumente *n/Pl*; *Orchester* Bläser *m/Pl*; **~s alisios** Passatwinde *m/Pl*; **~ en altura** Höhenwind *m*; **~ ascendente** Aufwind *m*; **~ de costado** (**frente**) Seiten-(Gegen)wind *m*; **~ favorable** Fahrtwind *m*; **~ marero** (**en popa**) See-(Rücken)wind *m*; **con ~ contrario** gegen den Wind *auch übertr*; **contra ~ y marea** auf Biegen oder Brechen; **~ terral** Landwind *m* ◇ **anunciar** *od* **pregonar a los cuatro ~s** in alle Welt hinausposaunen; **beber los ~s por alg** sich nach jmdm sehnen; **hace** *od* **hay ~** es ist windig; **moverse a todos ~s** wetterwendisch sein; **ondear al ~** im Winde flattern; **saltó el ~** der Wind ist umgeschlagen; **tener buenos ~s** *Jagdhund* eine gute Nase haben; **tener el ~ en popa** vorwärts kommen *auch übertr*; **tomar el ~** die Witterung aufnehmen; *Sprichw* **quien siembra ~s, recoge tempestades** wer Wind sät, wird Sturm ernten
vientre *m* Bauch *m*; Leib *m*; **~ caído** *od* **colgante** *od* **péndulo** Hängebauch *m*; **~ materno** Mutterleib *m*; **~ de raza** weibliches Rassetier *n für Vermehrung*; **bajo ~** Unterleib *m*; **grueso de ~** dickleibig ◇ **descargar el ~** seine Notdurft verrichten; **hacer de ~** Stuhlgang haben; **sacar el ~ de mal año** sich einmal ordentlich satt essen
viernes *m* Freitag *m*; **≗ Santo** Karfreitag *m*
Vietnam *od* **Viet Nam** *m* Vietnam *n*
vietnamita I *Adj* vietnamesisch **II** *m(f)* Vietnamese(-in) *m(f)*; das Vietnamesische
viga *f* Balken *m*; ARCH Träger *m*; **~s** *Pl* Gebälk *n* ◇ **estar contando las ~s** vor sich hin starren
vigencia *f* Gültigkeit *f*; Geltungsdauer *f*; Laufzeit *f*; **~ legal** Rechtskraft *f*; **de ~ general** allgemein gültig ◇ **cobrar ~** wirksam werden; **entrar** (**quedar**) **en ~** in Kraft treten (bleiben); **tener ~ plena** vollauf gültig sein
vigente rechtskräftig; gültig; geltend; *zur Zeit* laufend ◇ **estar ~** gelten, gültig *od* in Kraft sein
vigésimo I *Adj* zwanzigster **II** *m* Zwanzigster *m*; Zwanzigstel *n*
vigía I *f* Wachtturm *m*; Ausguck *m*; Wache *f* **II** *m* Wächter *m*; Wachhabender *m*
vigilancia *f* Wachsamkeit *f*; Aufsicht *f*; Bewachung *f*; Überwachung *f*; **~ aduanera** Zollaufsicht *f*
vigilante I *Adj* wachsam (**ante** gegenüber); aufmerksam **II** *m* Wächter *m*; Späher *m*; Aufseher *m*; *Am reg* Polizist *m*; SPORT Gegenspieler *m Aufpasser*; **~ nocturno** Nachtwächter *m*; **~ de piscina** Bademeister *m*; **~ de seguridad** Wachmann *m*
vigilar I *tr* bewachen; beaufsichtigen; überwachen **II** *intr* wachen; aufpassen; Wache halten
vigilia *f* Nicht-Schlafen-Können *n*; REL Vi-

V

gil *f*; Nachtwache *f*; geistige Nachtarbeit *f*; Fastenspeise *f*; **~ de bodas** Polterabend *m*; **~ de Navidad** Heiligabend *m*; **de ~** Fasten- ◇ **comer de ~** fasten

vigor *m* Kraft *f*; Rüstigkeit *f*; Nachdruck *m*; JUR Gültigkeit *f*; Gesetzeskraft *f*; **con ~** energisch; **en ~** gültig ◇ **entrar** (**poner**) **en ~** in Kraft treten (setzen)

vigor|izar ⟨-z/c-⟩ *tr* stärken; kräftigen; beleben; *übertr* aufrichten; *übertr* wieder beleben; **~oso** kräftig; kraftvoll; stark; rüstig; forsch; kernig; heftig; nachdrücklich; handfest

viguería *f* Gebälk

VIH *m* (*Abk für* **virus de la inmunodeficiencia humana**) HIV *n*

vihuela *f* Leier *f* ◇ **tocar la ~** faulenzen

vikingo *m* Wikinger *m*

vil gemein; schnöde; schäbig; niederträchtig; treulos; ruchlos; elend; schurkisch; **~eza** *f* Gemeinheit *f*

vilipend|iar *tr* gering schätzen; verächtlich behandeln; verleumden; **~ioso** verächtlich; verleumderisch

villa *f* Villa *f*; Landsitz *m*; Kleinstadt *f*; Stadt *f mit historischem Stadtrecht*; **~s miseria** *Arg*, *bes Buenos Aires* Slums *Pl*; ♀ **Olímpica** Olympiadorf *n*; **~ veraniega** Feriendorf *n* ◇ **pintar ~s y castillas** *etw* in den rosigsten Farben schildern; **prometer ~s y castillas** goldene Berge versprechen

Villadiego *Ortsname*: **tomar las de ~** sich aus dem Staub(e) machen

villan|cico *m* Weihnachtslied *n*; **~ía** *f* Niederträchtigkeit *f*; **~o I** *Adj* bäurisch; niederträchtig; grob, unhöflich **II** *m hist* Nichtadliger *m Bauer und Stadtbürger*

villorrio *m* (elendes) Nest *n*, Kaff *n*

vilo: **en ~** in der Schwebe *auch übertr*; im Ungewissen ◇ **estar en ~** in Ungewissheit schweben; **levantar en ~** hochheben; **llevar en ~** auf den Armen tragen; **tener en ~** *übertr* auf die Folter spannen

vinagre *m* Essig *m*; Griesgram *m*; **~ de vino** (**yema**) Wein-(Sprit)essig *m*

vinagr|era *f* Essigflasche *m*; *Am* Sodbrennen *n*; **~eras** *Pl* Essig- und Ölgestell *n*, Menage *f*; **~ería** *f* Essigfabrik *f*; **~ero** *m* Essighändler *m*; **~eta** *f* KOCHK Vinaigrette *f*

vina|riego *m* Winzer *m*; **~tería** *m* Weinhandel *m*; Weinhandlung *f*; **~tero I** *Adj* Wein-; Wein verarbeitend **II** *m* Weinhändler *m*; *Cu* Weintrinker *m*

vinculación *f* Bindung *f*; Verbindung *f*; Verbundenheit *f*; Verknüpfung *f*

vinculado: **estar ~ a** in Verbindung stehen mit; verbunden sein mit

vinculante *Vertrag* bindend

vincular *tr* binden; verbinden; verknüpfen; *Internet* linken; in Verbindung bringen (**a** mit); überschreiben, vermachen; *Hoffnung* knüpfen (**en** an); **~se** *Organisation* beitreten (**a** *Dat*); einheiraten (**a** in)

vínculo *m* Verbindung *f*; Bindung *f*; Band *n*; Beziehung *f*; INFORM Link *m*

vincha *f Am reg* Stirnband *n der Indios*; Haarband *n*; Haarreif(en) *m*

vindic|ación *f* Rache *f*; Sühne *f*; Genugtuung *f*; Verteidigung *f gegen Verleumdung*; JUR Rückforderung *f*; **~ador** *m* Rächer *m*; **~ar** ⟨-c/qu-⟩ *tr* rächen; schriftlich verteidigen *gegen Verleumdungen*; JUR zurückfordern; **~ativo**, **~atorio** rachsüchtig; strafend; ehrenrettend; Rache-; Sühne-; **~ta** *f* Rache *f*; Sühne *f*

vine → **venir**

vin|ería *f Am reg* Weinhandlung *f*; **~etera** *f Cu* Weinabfüllbetrieb *m*

vínico Wein-

vin|ícola Wein-; Weinbau-; **~icultor** Kellermeister *m*, Küfer *m*; **~icultura** *f* Weinverarbeitung *f*; **~ificación** Weinbereitung *f*; **~ílico** Vinyl-; **~ilo** *m* Vinyl *n*

vino[1] → **venir**

vino[2] *m* Wein *m*; **~ añejo** abgelagerter Wein *m*; **~ ajerezado** *od* **dulce, ~ de postre** Dessertwein *m*; **~ blanco** (**caliente**) Weiß-(Glüh)wein *m*; **~ clarete** (**espumoso**) Rosé-(Schaum)wein *m*; **~ embotellado** Flaschenwein *m*; **~ generoso** (**de Jerez**) feiner Tafel- *od* Dessertwein *m* (Sherry *m*); **~ de honor** Begrüßungstrunk *m*; **~ de mesa** Tafel-, Tischwein *m*; **~ rascón** Krätzer *m*; **~ seco** trockener Wein *m*; **~ tinto** Rotwein *m* ◇ **dormir el ~** seinen Rausch ausschlafen; **tener buen ~** vom Wein lustig werden; **tener mal ~** in der Trunkenheit aggressiv werden

vin|olencia *f* unmäßiges Weintrinken *n*; **~olento** weinselig; **~oso** weinrot

viña *f* Weinberg *m*; *übertr* Goldgrube *f* ◇ **de todo hay en la ~ del Señor** nichts *od* niemand ist vollkommen; **ser una ~** sehr einträglich sein

viñ|ador *m*, **~adora** *f* Winzer(in) *m(f)*; Weinberghüter(in) *m(f)*; **~al** *m Arg* → **viña**; **~atero** *m Am* Winzer *m*; **~edo** *m* Weinberg *m*; Weinfeld *n*; **~eta** *f* Vignette *f*; Zierleiste *f*; INFORM Aufzählungszeichen *n*

viola[1] *f* Bratsche *f*

viol|a[2] *f* Veilchen *n*; **~áceo** veilchenartig; veilchenfarben, violett

violación *f* Vergewaltigung *f*; Schändung *f*; *Gesetz*, *Recht* Verletzung *f*, Bruch *m*; **~ de contrato** Vertragsbruch *m*; **~ de domicilio** JUR Hausfriedensbruch *m*; **~ de la ley** Rechtsbruch *m*; **~ del secreto de correspondencia** Verletzung *f* des Briefgeheim-

nisses; ***no ~*** Unverletzlichkeit *f von Rechten*
violado I *Adj* violett **II** *m* Violett *n*
violador *m* Schänder *m*; Vergewaltiger *m*; ***~ de la ley*** Gesetzesbrecher *m*
viol|ar *tr* vergewaltigen; schänden; *Gesetze* verletzten; *etw* aufbrechen; **~atorio** gegen *etw* verstoßend
violencia *f* Gewalt *f*; Zwang *m*; Nötigung *f*; Vergewaltigung *f*; Wucht *f*, Ungestüm *n*; Heftigkeit *f*; ***~s*** *Pl* Ausschreitungen *f/Pl*; ***~ callejera*** Gewalt *f* auf den Straßen; ***~ conyugal*** Vergewaltigung *f* in der Ehe; ***~ escolar*** Gewalt *f* unter Schülern; ***con ~*** gewaltsam; gezwungen; ***con ~ física*** handgreiflich; ***no ~*** Gewaltlosigkeit *f*; ***sin ~*** gewaltlos ◇ ***apelar a la ~*** zu den Mitteln der Gewalt greifen; ***cerrar con ~*** *Tür* zuschlagen; ***costar ~*** Überwindung kosten; ***cometer una ~, emplear*** *od* ***usar ~*** Gewalt anwenden; tätlich werden; ***hacer ~ a*** *od* ***sobre*** Gewalt antun; nötigen
violent|ar Gewalt antun; zwingen; *Haus* einbrechen; *Schrank* aufbrechen; *Schloss* sprengen; *Worte* verdrehen; **~arse** sich zwingen; **~o I** *Adj* Gewalt-; gewaltsam; gewaltig; gezwungen; heftig; ungestüm; wuchtig; jähzornig; aufbrausend; *Deutung* eigenwillig; *Wind* stark **II** *m* Gewalttäter *m*
violeta I *Adj* ⟨*unv*⟩ violett **II** *m* Violett *n* **III** *f* Veilchen *n*
violín *m* Geige *f*; ***primer ~*** erster Geiger *m*
violinista *m(f)* Geiger(in) *m(f)*, Violinist(-in) *m(f)*
violón *m* Kontrabass *m*; *m(f)* Kontrabassist(in) *m(f)*; Bassgeiger(in) *m(f)*
violon|celista *m(f)* Cellist(in) *m(f)*; **~celo, ~chelo** *m* (Violon-)Cello *n*
viperino Ottern-; Schlangen-
vira *f* Brandsohle *f*
viraje *m* Schwenkung *f*; Wendung *f*; Hinwendung *f*; Wende *f*; Kehrtwendung *f*; Kurve *f*; Umkehr *f*
viral Virus-
virar I *intr* wenden (***a, hacia*** nach); drehen; schwenken (***a*** nach); eine Kurve nehmen; *Flugzeug, Schiff* abdrehen; *Schiff* beidrehen; *Haltung* sich ändern **II** *tr* drehen; schwenken
virgen I *Adj* jungfräulich; Jungfern-; ursprünglich, unberührt; *i w S* Roh-; Ur-; Neu- **II** *f* Jungfrau *f*; ***la*** ♀ (***María***), ***la Santísima*** ♀ die Jungfrau Maria; ***un viva la ~*** ein Luftikus ◇ ***fíate de la ~ y no corras*** dreist und gottesfürchtig *auf sein Glück vertrauend*
virgin|al jungfräulich; rein, unbefleckt; **~iano** aus Virginia; **~idad** *f* Jungfräulichkeit *f*

Virgo *m* ASTR Jungfrau *f*
virgo *m* Jungfräulichkeit *f*; Hymen *n,m*
virguería *f* Firlefanz *m*, Flitterkram *m*
vírgula *f* Stäbchen *n*; MED Vibrio *m*
virgulilla *f* kurzer feiner Strich *m*
vírico Virus-, virös
viril Mannes-; männlich; mannhaft; **~idad** *f* Männlichkeit *f*; Mannhaftigkeit *f*; Manneskraft *f*; **~ismo** *m* MED Virilismus *m*
viripotencia *f* Mannbarkeit *f*
virola *f* TECH Zwinge *f*; Metallring *m*
virolento pockennarbig
vir|ología *f* Virologie *f*; **~ólogo** *m* Virologe *m*; **~ósico, ~oso** Virus-, virös
virrein|a *f* Vizekönigin *f*; **~al** Vizekönigs-; **~ato, ~o** *m* Vizekönigreich *n*; Vizekönigtum *n*; Regierungszeit *f* des Vizekönigs
virrey *m* Vizekönig *m*
virtual virtuell; Schein-; scheinbar; verborgen; verkappt; potentiell, möglich; **~idad** *f* Virtualität *f*
virtud *f* Fähigkeit *f*; Tugend *f*; Vorzug *m*; Sittsamkeit *f*; *seelische* Kraft *f*; ***~ curativa*** Heilkraft *f*; ***en ~ de*** kraft, vermöge + *Gen*; aufgrund + *Gen od* von; ***en ~ de lo cual*** weswegen; ***lleno de ~es*** sehr tugendhaft ◇ ***hacer de la necesidad ~*** aus der Not eine Tugend machen
virtuos|ismo *m* Virtuosität *f*; **~o I** *Adj* tugendhaft; virtuos **II** *m* Virtuose *m*
viruela *f* Pocken *f/Pl*; ***~s locas*** Windpocken *f/Pl*; ***picado de ~s*** pockennarbig
virulen|cia *f* Giftigkeit *f*; Virulenz *f*; Boshaftigkeit *f*; **~to** virulent; giftig; eiternd; *Kritik* heftig
virus *m* Virus *m auch übertr*; ***~ gripal*** Grippevirus *m*; ***~ informático, ~ del ordenador*** Computervirus *m*; ***~ VIH*** MED HIV-Virus *m*
viruta *f* Span *m*; *Col* Schafmist *m*; ***~s de madera*** Hobelspäne *m/Pl*; Holzwolle *f*
vis *f*: ***~ cómica*** witzige Ader *f*
visa *f Am* → ***visado***; **~ción** *f Am* Visaerteilung *f*
visado I *Adj* mit einem Visum versehen **II** *m* Visum *n*; Visaerteilung *f*; ***~ de entrada*** *od* ***ingreso*** (***salida***) Einreise-(Ausreise)visum *n*; ***~ de residencia*** (***tránsito***) Aufenthaltserlaubnis *f* (Transitvisum *n*) ◇ ***estar ~*** *Dokument* mit Sichtvermerk versehen sein
visaje *m* Fratze *f*; Grimasse *f*
visar *tr Pass, Urkunde* visieren; mit einem Sichtvermerk versehen; *Ziel* anvisieren
víscera *f*, *meist* ***~s*** *Pl* Eingeweide *n*
visceral Eingeweide-; eingefleischt
viscos|idad *f* Klebrigkeit *f*; Zähflüssigkeit *f*; **~illa** *f* Zellwolle *f*; **~o** zähflüssig, CHEM viskos; klebrig
vis|era *f* Visier *n*; Mützenschirm *m*; KFZ

V

Sonnenblende *f*; **~ibilidad** *f* Sichtbarkeit *f*; Sichtverhältnisse *n/Pl*; VERK Sicht(weite) *f*; **~ible** merklich; sichtlich; ersichtlich; sichtbar; offenkundig; **~iblemente** zusehends; (offen)sichtlich

visi|godo I *m* Westgote *m*; das Westgotische **II** *Adj u* **~gótico** westgotisch

visillo *m* Scheibengardine *f*

visión *f* Sehen *n*; Blick *m*; Sicht *f auch übertr*; *übertr* Weitblick *m*; MED Sehvermögen *n*; Vorstellung *f*; Traumbild *n*; Erscheinung *f*; Spottfigur *f*; **~ anticipada** Vorschau *f*; **~ de conjunto** Gesamtbild *n*; Überblick *m*; Übersicht *f*; **~ de futuro** Weitblick *m*; **~ del mundo** Weltbild *n*; PHIL Weltsicht *f*; **~ panorámica** Rundblick *m*; Überblick *m*; **débil de ~** sehschwach ◇ **perder la ~** das Augenlicht verlieren; **quedarse como viendo visiones** seinen Augen nicht trauen; **ver visiones** Gespenster sehen

visionario *m* Träumer *m*, Visionär *m*; Fantast *m*; *umg übertr* Spinner *m*

visir *m* Wesir *m*; **Gran ~** Großwesir *m*

visita *f* Besuch *m*; Besucher *m*; Besichtigung *f*; Untersuchung *f*; PÄD Hospitation *f*; **~ de condolencia** *od* **duelo** *od* **pésame** Beileidsbesuch *m*; **~ corta, ~ de médico** *umg* Stippvisite *f*; **~ de cortesía, ~ formal** Höflichkeitsbesuch *m*; **~ de cumplido** Anstandsbesuch *m*; **~ dirigida** *od* **guiada** *Museum* (Besichtigung *f* mit) Führung *f*; **~ domiciliaria** Haussuchung *f*; **~ a domicilio, ~ familiar** *Arzt* Hausbesuch *m*; **~ de llegada** *Am*, **primera ~** Antrittsbesuch *m*; **~ del médico** *Krankenhaus* Visite *f*; **~ del representante** Vertreterbesuch *m* ◇ **devolver** *od* **pagar la ~** den Besuch erwidern; **estar de ~** zu Besuch sein

visitador *m*, **~a** *f* (häufige(r)) Besucher(in) *m(f)*; Pharmavertreter(in) *m(f)*; Kontrollbeauftragte(r) *f(m)*; **~ de museos** Museumsbesucher *m*; **~ social** Sozialhelfer *m*

visitante *m(f)* Besucher(in) *m(f)*; SPORT Gast(mannschaft *f*) *m*; **~ de la feria** Messebesucher *m*

visit|ar *tr* besuchen; aufsuchen; besichtigen; inspizieren; (zoll)amtlich durchsuchen; *Arzt* einen Krankenbesuch machen; *Krankenhaus* Visite machen; **~eo** *m* häufige Besuche *m/Pl*

visivo Seh-

vislumb|rar *tr* undeutlich *od* verschwommen sehen; mutmaßen; ahnen; **~rarse** sich abzeichnen; **~re** *f* Schimmer *m*; Abglanz *m*; Mutmaßung *f*; Ahnung *f*

viso *m Stoff* Schillern *n*, Changieren *n*; Glitzern *n*; *meist* **~s** *Pl* Anschein *m*; *auch* Nebenabsichten *f/Pl*; **de ~** angesehen ◇ **hacer ~s** *Stoff* schillern, changieren; **tener ~(s) de** den Anschein haben von

visón *m* Nerz *m Tier u Pelz*

visor *m Waffen* Visier *m*; Zielgerät *n*; *Kamera* Sucher *m*; **~ nocturno** Nachtsichtgerät *n*; **~ de puntería** Zielfernrohr *n*

víspera *f* Vorabend *m*; *i w S* Vortag *m*; **~s** *Pl* REL Vesper *f*; **~ de boda** Polterabend *m*; **en ~s de** am Vorabend von; kurz vor

vista I *f* Gesicht(ssinn *m*) *n*; Augenlicht *n*; Sehvermögen *n*; Blick *m*; Durchblick *m*; Anblick *m*; Ansicht *f*; Schau *f*; Umschau *f*; Aussicht *f*; Ausblick *m*; Durchsicht *f*; Sicht *f*; FOTO Aufnahme *f*; **~ aérea** Luftbild *n*; **~ de águila** (**lince**) *übertr* Adler-(Luchs)auge(n *Pl*) *n*; **~ de apelaciones** JUR Berufungsverfahren *n*; **~ de** *od* **por atrás, ~ posterior** *od* **trasera** Rückansicht *f*; **~ cansada** (**corta**) Weit-(Kurz)sichtigkeit *f*; **~ de cara** *od* **frente, ~ frontal** Vorderansicht *f*; **~** (**de la causa**) Gerichtsverhandlung *f*; **~ de conjunto, ~ general** Gesamtansicht *f*; Übersicht *f*; Überblick *m*; **~ exterior** (**interior**) Außen-(Innen)ansicht *f*; **~ de interiores** Innenaufnahme *f*; **~ lateral** Seitenansicht *f*; **~ oral** JUR mündliche Verhandlung *f*; **~ panorámica** Rundblick *m*; Fernsicht *f*; **~ de perfil** Profilbild *n*; Querschnittansicht *f*; **~ previa** INFORM Vorschau *f*, Ansicht *f*; **a la ~** allem Anschein nach; sogleich; *Wechsel* bei Sicht; **a la ~ de** nach Ansicht von; angesichts; **a primera ~** auf den ersten Blick; **a simple ~** mit bloßem Auge; **a ~ de** in Anbetracht + *Gen*; **a ~ de pájaro** aus der Vogelperspektive; **con ~s a** im Hinblick auf; **corto de ~** kurzsichtig *auch übertr*; **de ~** vom Sehen (her); **en ~ de** in Anbetracht + *Gen*; im Hinblick auf; **en ~ de ello** daraufhin; **en ~ de lo cual** weswegen; woraufhin; wozu; **¡hasta la ~!** auf Wiedersehen! ◇ **alzar** *od* **levantar la ~** aufblicken; **apartar la ~** wegsehen; **dominar con la ~** überblicken; **la ~ engaña** der Schein trügt; **estar a la ~** augenscheinlich sein; **guardar de ~ a alg** jmdn nicht aus den Augen lassen; **hacer la ~ gorda** *übertr* ein Auge zudrücken; **herir la ~** blenden; das Auge beleidigen; **perder de ~** aus den Augen verlieren; **saltar a la ~** auffallen; **tomar ~s** FILM Einzeleinstellungen drehen; **volver la ~** sich umsehen; den Blick wenden **II** *m* **~** (**de aduana**) Zöllner *m*

vistazo *m*: **dar** *od* **echar un ~ a** einen (flüchtigen) Blick werfen auf

visto *Part von* → **ver**; **I** *Adj Aktenvermerk* gesehen; *Anzug* abgetragen; **bien** (**mal**) **~** (un)beliebt; **digno de ser ~** sehenswert; **no** *od* **nunca ~** nie da gewesen; unerhört; **por lo ~** offensichtlich; **sin haberlo ~** unbe-

sehen; ***sin ser ~*** ungesehen; ***~ que*** in Anbetracht dessen, dass; da nun einmal ◇ ***eso era mal ~*** das wurde nicht gern gesehen; ***está ~ que*** es liegt klar auf der Hand, dass **II** *m* ***~ bueno*** Sichtvermerk *m*; Zustimmung *f*; Einverständnis *n* ◇ ***dar el ~ bueno*** genehmigen; seine Zustimmung geben
vistoso auffallend; stattlich; prachtvoll; ***poco ~*** unansehnlich
Vístula *m* Weichsel *f*
visu: ***de ~*** aus eigener Anschauung
visual visuell; Blick-; Gesichts-, Seh-; **~idad** *f* prächtiger Anblick *m*; Ansehnlichkeit *f*; INFORM grafische Darstellung *f*, Display *n*; **~ización** *f* Sichtbarmachung *f*; INFORM grafische Darstellung *f*, Display *n*; **~izar** ⟨-z/c-⟩ *tr* sichtbar machen; *Am* erblicken; veranschaulichen; grafisch darstellen; INFORM anzeigen; **~izarse** sichtbar werden, zu sehen sein
vital Lebens-; lebensnotwendig; lebenswichtig; **~icio** *Amt*, *Rente* auf Lebenszeit; **~idad** *f* Lebensfähigkeit *f*; Lebenskraft *f*; Vitalität *f*; **~izador** *m* Stärkungsmittel *n*; **~izar** ⟨-z/c-⟩ *tr* beleben; verjüngen
vitam|ina *f* Vitamin *n*; **~inado** mit Vitaminzusatz; **~inar** *tr* → ***~inizar***; **~ínico** Vitamin-; **~inizar** ⟨-z/c-⟩ *tr* mit Vitaminen anreichern
vitel|a *f* Kalbsleder *n*; **~o** *m* Dotter *m*
vit|ícola Wein(an)bau-; **~icultor** *m*, **~icultora** *f* Winzer(in) *m(f)*; **~icultura** *f* Wein(an)bau *m*; **~ivinicultura** *f* Weinbau *m* und Weinverarbeitung *f*
vitola *f Zigarre* Bauchbinde *f*, Banderole *f*
vítor *m* Hochruf *m*
vitorear *tr* hochleben lassen
vitral *m* buntes Kirchenfenster *n*
vítreo Glas-, gläsern; glasartig
vitri|ficación *f* Glasbildung *f*; Glasur *f*; Sinterung *f*; **~ficar** ⟨-c/qu-⟩ *tr* glasieren; verglasen; sintern; **~ficarse** zu Glas werden; **~na** *f* Glasschrank *m*; Schaukasten *m*; Schaufenster *n*; **~nista** *m Am* Schaufensterdekorateur *m*; **~olo** *m* Vitriol *n*
vitro: ***in ~*** MED In-vitro-
vitro|cerámica *f* Glaskeramik *f*; **~fibra** *f* Glasfaser *f*
vituallas *f/Pl* Lebensmittel *n/Pl*; Proviant *m*
vituperar *tr* tadeln; rügen; verreißen; wegwerfen; schmähen
viuda *f* Witwe *f*; ***~ de guerra*** Kriegerwitwe *f*; ***~ verde*** lustige Witwe *f*
viud|edad *f* Verwitwung *f*; Witwenpension *f* *bzw* -rente *f*; **~ez** *f* Witwen- *bzw* Witwerstand *m*; **~o I** *Adj* verwitwet **II** *m* Witwer *m*
viva I *Interj*: ***¡~!*** er lebe hoch! **II** *m* Hoch(ruf *m*) *n*
vivac *m* (***vivaques*** *Pl*) Biwak *n*; Schutzbaude *f*, -hütte *f im Hochgebirge*
viva|cidad *f* Lebhaftigkeit *f*; Lebendigkeit *f*; **~les** *m* Schlauberger *m*; **~ndero** *m AmC*, *Col* Marktverkäufer *m*
vivar I *m* Kaninchenbau *m*; Fischteich *m*; Vivarium *n* **II** *tr Am jmdn* hochleben lassen
viv|aracho sehr lebhaft; ausgelassen; lebenslustig; **~az** lebhaft; quirlig; widerstandsfähig; langlebig; BOT Stauden-; **~encia** *f* Erlebnis *n*; **~enciar** *tr* erleben
víveres *m/Pl* Lebens-, Nahrungsmittel *n/Pl*; Proviant *m* ◇ ***abastecer de ~*** mit Lebensmitteln versorgen; verproviantieren
viver|ista *m* Baumschulist *m*; *Am* Gärtner *m*; **~o** *m* Baumschule *f*; Wildgehege *n*; Fischteich *m*; *übertr* Brutstätte *f*; *Am* Gärtnerei *f*
viv|eza *f* Lebhaftigkeit *f auch von Farben*; Lebendigkeit *f*; *Gefühle* Heftigkeit *f*; Rührigkeit *f*; Aufgewecktheit *f*; Mutterwitz *m*; **~idero** bewohnbar; **~ido** erlebt
vívido lebensvoll; lebhaft; lebendig; scharfsinnig
vividor *m* Lebemann *m*; Nassauer *m*, Schmarotzer *m*; *umg* Abzocker *m*
vivienda *f* Wohnung *f*, *auch* Behausung *f*; Lebensart *f*, -weise *f*; ***~ de interés*** *od* ***protección social*** Sozialwohnung *f*; ***~ recién construida*** Neubauwohnung *f*; ***~ secundaria*** (***primera ~***) Zweit-(Erst)wohnung *f*
vivi|ente *m* Lebender *m*; *Ec* Kätner *m*; **~ficador**, **~ficante** belebend; **~ficar** ⟨-c/qu-⟩ *tr* beleben; zu neuem Leben erwecken; beseelen; kräftigen; **~ficativo** belebend; Kräftigungs-
vivíparo ZOOL lebend gebärend
vivir I *m* Lebensweise *f*; Lebenswandel *m*; Auskommen *n*; ***de mal ~*** verrufen **II** *tr* leben; erleben; durchleben; verleben **III** *intr* leben; da sein (***para*** für; ***por*** wegen); wohnen; *in der Erinnerung* fortleben; ***~ a lo grande*** auf großem Fuße leben; ***~ a lo que salga*** in den Tag hinein leben; ***de esto vivo*** dafür lebe ich; ***¡(que) viva!*** (er lebe) hoch!; er soll leben!; ***¿quién vive?*** MIL halt, wer da?; ***tener apenas para ~*** kaum das Lebensnotwendige haben; ***tener con qué ~*** sein Auskommen haben
vivisección *f* Vivisektion *f*
vivito: ***~ y coleando*** quicklebendig
vivo I *Adj* lebend; lebendig *auch übertr*; lebhaft; rege; *Farben* leuchtend; *Kalk* ungelöscht; *Kante* scharf; *Winkel* spitz; *Charakter*, *Bewegung* heftig; *Kind* aufgeweckt; gerissen; ***al ~*** sehr ausdrucksstark; ***a lo ~*** energisch, heftig; ***como de lo ~ a***

V

lo pintado völlig unterschiedlich; ***en ~*** RADIO, TV live; Live- ◇ ***dar*** *od* ***herir en lo ~*** die empfindliche Stelle treffen; ***llegar a*** *od* ***tocar en lo más ~*** an die wundeste Stelle rühren; ***quedar ~*** am Leben bleiben **II** *m* Lebender *m*

vizcaíno biskayisch

Vizcaya *f* Biscaya *od* Biskaya *f*

V.°B.° *Abk für* ***Visto Bueno***

vocablo *m* Vokabel *f*, Wort *n*

vocabulario *m* Vokabular *n*, Wortschatz *m*; ***~ técnico*** Fachwortschatz *m*

vocación *f* Berufung *f*; Bestimmung *f* ◇ ***errar la ~*** seinen Beruf verfehlen; ***tener ~*** berufen sein (***por*** zu)

vocacional I *Adj* Berufs-, beruflich **II** *f Cu* Berufsschule *f*

voc|al I *Adj* Stimm-; MUS Vokal- **II** *m Gremium* stimmberechtigtes Mitglied *n*; Beisitzer *m*; Ausschussmitglied *n*; Vorstandsmitglied *n* **III** *f* Vokal *m*; **~álico** vokalisch; **~alismo** *m* Vokalbestand *m*; **~alista** *m* Sänger *m*; **~alización** *f* LING Stimmübung *f*; **~alizar** ⟨-z/c-⟩ *intr* LING vokalisieren; MUS Stimmübungen machen

voc|eador *m* Ausrufer *m*; Schreier *m*; Marktschreier *m*; *Méx* Zeitungsverkäufer *m*; **~ear I** *tr* mit lauter Stimme feilbieten; (laut) verkünden; rufen; Beifall spenden **II** *intr* schreien; **~erío** *m* Geschrei *n*; **~ero** *m* Sprecher *m einer Institution*; ZTGSW Organ *n*

vocifer|ación *f* Schreien *n*; Gezeter *n*; **~ar** *intr* zetern; schreien; brüllen

vocingler|ía *f* Geschrei *n*; Gezeter *n*; Gekreisch *n*; **~o I** *Adj* schreiend; kreischend; geschwätzig **II** *m* Schreihals *m*; Schwätzer *m*

vodevil *m Am* Varietee *n*; **~esco** Varietee-

vodka *m,f* Wodka *m*

vol. *m* (*Abk für* ***volumen***) Bd. *m*

vols. *Pl* (*Abk für* ***volúmenes***) Bde. *Pl*

volad|a *f* Auffliegen *n*; *Vogel* kurzer Flug *m*; *Ec* Prellerei *f*; *Méx* Ente *f Falschmeldung*; **~izo** ARCH **I** *Adj* vorspringend **II** *m* Auskragung *f*; **~o I** *Adj* TYP hochgestellt *z.B.* 1°; angesäuselt; *Am* verknallt **II** *m AmC* Gerücht *n*

volador I *Adj* fliegend; Flug- **II** *m* fliegender Fisch *m*; *Feuerwerkskörper* Rakete *f*; ***~ de luces*** Bluff *m*

volad|ora *f Müllerei* Läufer(stein) *m*; **~ura** *f* Sprengung *f*

volandas: ***en ~*** in der Schwebe; eiligst; wie im Flug(e) ◇ ***ir en ~*** davoneilen

voland|ero flatternd; flügge; unstet; Zug-; **~o** schleunigst; wie im Flug(e)

volante I *Adj* fliegend; Flug- **II** *m* KFZ Lenkrad *n*; Schwungrad *n*; *Uhr* Unruh *f*; Flugblatt *n*; Begleitschein *m*; *Fußball* Läufer *m*; Federball *m*; Federballspiel *n*; *Kleid* Volant *m*; ***~ de asistencia médica, ~ del seguro*** Krankenschein *m*; ***~ del seguro para el extranjero*** Auslandskrankenschein *m*

volar ⟨-ue-⟩ **I** *intr* fliegen; auffliegen; eilen; *Zeit* verfliegen; abgehen *wie die warmen Semmeln*; ***echarse a ~*** losfliegen; auffliegen; flügge werden **II** *tr* sprengen; wütend machen; TYP *Buchstaben, Ziffer* hochstellen; *Federwild* aufscheuchen; *ein Flugzeug* fliegen; ***echar a ~*** *Nachricht* in Umlauf setzen; ***hacer ~*** sprengen; **~se** fortfliegen; *Am* böse werden; *Col jmdn* übergehen

vol|atería *f* Federvieh *n*; Gedankenwirrwarr *m*; *Ec* Feuerwerk *n*; **~átil** CHEM flüchtig; flatterhaft; **~atilidad** *f* CHEM Flüchtigkeit *f*; **~atilizarse** ⟨-z/c-⟩ *tr* sich verflüchtigen *auch übertr*; sich in Luft auflösen

volat|ín *m*, **~inero** *m* Seiltänzer *m*

volcán *m* Vulkan *m*; **~ico** vulkanisch

volcar ⟨-ue-, -c/q-⟩ **I** *tr* umwerfen; umstürzen; kippen; auskippen; (aus)schütten; umstülpen; *Frachtgut* stürzen; *jmdn* durcheinander bringen; *jmdn* umstimmen; *Gesinnung* wandeln; wütend machen **II** *intr Fahrzeug* umstürzen; kippen; **~se** abkippen; über-, umkippen; sein Bestes tun; sich überschlagen; *auf die Straße* gehen; *Krise* übergreifen

volear *tr Ball* im Flug(e) schlagen

voleibol *m* Volleyball *m*

voleo *m* Schlag *m auf fliegenden Ball*; ***a(l) ~*** *Saat* breitwürfig; *Verteilung* aufs Geratewohl; ***de un ~*** im Nu

voley *m*: ***~ playa*** Strand-, Beachvolleyball *m*

volframio *m hispanisierte Form von* ***wólfram*** CHEM Wolfram *n*

Volga: ***el ~*** die Wolga

voli|ción *f* Wollen *n*; **~tivo** Willens-

volovelismo *m* Segelfliegen *n*

volqu|eo *m* Abkippen *n*; TECH (Aus-)Kippen *n*; **~ete** *m* KFZ Kipper *m*; Kipplore *f*; **~etero** *m* Kipperfahrer *m*

voltaje *m* Spannung *f*, Voltzahl *f*

volte|ada *f Arg* Abspaltung *f eines Teils der Viehherde*; **~ador** *m*, **~adora** *f* Luftakrobat(in) *m(f)*; *Am* Kunstreiter(in) *m(f)*; **~ar I** *tr* (um)wenden; umkehren; *Glocken* schwingen; *jmdn* durch die Luft wirbeln; *Am Rücken* kehren; *Am* umwerfen, stürzen **II** *intr* Purzelbaum schlagen; sich überschlagen; *Am* sich umdrehen; **~arse** sich drehen, sich wenden; *Am reg* sich wenden *Meinung od Partei wechseln*; **~o** *m* Umdrehen *n*; Wenden *n*; Kippen *n*; Luftsprung *m*; *Glocken* Schwingen *n*

voltereta *f* Luftsprung *m*; Purzelbaum *m*; plötzlicher Umschlag *m od* Wechsel *m* ◇ ***dar ~s*** Purzelbäume schlagen
volt|ímetro *m* Voltmeter *n*, Spannungsmesser *m*; **~io** *m* Volt *n*; **~io-amperio** *m* Voltampere *n*
volu|bilidad *f* Wankelmut *m*; Flatterhaftigkeit *f*; **~ble** unbeständig; fahrig, unstet; wetterwendisch; sich windend
volumen *m* Umfang *m*; Rauminhalt *m*; BUCHW Band *m*; MUS, RADIO, TV Lautstärke *f*; ***~ de contratación*** Börsenumsatz *m*; ***~ de facturación*** (***~ financiero***; ***~ de ingresos***) Umsatz-(Finanz-; Einnahme)volumen *n*; ***~ de intercambio*** (***inversiones***) Handels-(Investitions)volumen *n*; ***~ moderado*** RADIO, TV Zimmerlautstärke *f*; ***~ de negocios*** *od* ***ventas*** (Gesamt-)Umsatz *m*; Geschäfts- *od* Verkaufsvolumen *n*; ***~ neto de ventas*** Nettoumsatz *m*; ***~ de pedidos*** Auftragseingang *m*; ***~ de producción*** Produktionsausstoß *m* ◇ ***bajar*** (***subir***) ***el ~*** RADIO, TV leiser (lauter) stellen
voluminoso voluminös; massig; sperrig; *Buch*, *Paket* dick, umfangreich
voluntad *f* Wille *m*; Wollen *n*; Lust *f*; Belieben *n*; ***a ~*** nach Belieben; ***buena ~*** guter Wille *m*; Kulanz *f*; Wohlwollen *n*; Zuneigung *f*; ***mala ~*** Abneigung *f*; Unwillen *m*; Missfallen *n*; Böswilligkeit *f*; ***última ~*** letzter Wille *m* ◇ ***ablandar la ~ de alg*** jmdn weich klopfen, zermürben; ***ganar(se) la ~ de alg*** jmdn für sich gewinnen; ***quitarle la ~ a alg*** jmdm etwas ausreden
voluntar|iedad *f* Freiwilligkeit *f*; **~io I** *Adj* freiwillig **II** *m* Freiwilliger *m*; **~ioso** eigenwillig; **~ismo** *m* PHIL Voluntarismus *m*
voluptuos|idad *f* Wollust *f*; **~o I** *Adj* wollüstig; sinnlich **II** *m* Lüstling *m*
voluta *f* ARCH Schnecke *f*, Volute *f*; **~s** *Pl Rauch* Ringe *m*/*Pl*
volver ⟨-ue-⟩ (*Part* ***vuelto***) **I** *tr* (um)drehen; (um)wenden; (um)kehren; umlenken; zurückgeben; zurückschicken; *Kleidung* wenden; ***~ lo de arriba abajo*** das Unterste zuoberst kehren; ***~ al revés*** umstülpen; umkehren; durchwühlen; verwandeln (***en*** in); ~ + *Adj z.B.* ***~ tonto a alg*** jmdn blöde machen **II** *intr* zurückkommen, -kehren; zurückreisen; zurückgehen; wiederkommen; zurückfahren; umkehren; ***~ a*** + *Inf* wieder + *Ind*, *z.B.* ***~ a casarse*** wieder heiraten; ***~ a encargar*** nachbestellen; ***~ a*** *od* ***hacia*** abbiegen nach; ***~ a apretar*** *Schraube* nachziehen; ***~ en sí*** wieder zu sich kommen; ***~ por*** eintreten für; *etw* verteidigen; ***~ sobre*** zurückkommen auf
volverse ⟨-ue-⟩ (*Part* ***vuelto***) (sich) umdrehen; sich umwenden; *Milch usw* sauer werden; ***~ atrás*** einlenken; ***~ banal*** verflachen; ***~ contra alg*** sich gegen jmdn wenden; jmdn angreifen; ~ + *Adj* werden, *z.B.* ***~ cansado*** müde werden
vomipurg|ante *m*, **~ativo** *m* Brechmittel *n*
vomit|ado hundeelend; ganz jämmerlich; **~ar I** *intr* brechen **II** *tr Feuer* speien; *Geheimnis* ausspucken; *Verwünschungen* ausstoßen; *Diebesgut* herausrücken; **~ivo** *m* Brechmittel *n*
vómito *m* (Er-)Brechen *n*; Erbrochenes *n*; ***~ de sangre*** Blutsturz *m*
vomitona *f* heftiges Erbrechen *n*
vor|acidad *f* Gefräßigkeit *f*; **~ágine** *f* Strudel *m auch übertr*; **~az** gefräßig *auch übertr*; Fress-; *Brand* verheerend
vórtice *m* Strudel *m*, Wirbel *m*; MET Kern *m od* Auge *n* des Zyklons
vos *alt* Ihr *als Anrede einer einzelnen Person*; *Am reg* du *an Stelle von* ***tú***; **~ear** *tr z.B. Rpl* duzen
vosotros (*f*: ***vosotras***) ihr *Pers Pron 2. Pers Pl*; *in Am wird* ***vosotros*** *durch* ***ustedes*** *ersetzt*; *Präp* + ~ *Esp z.B.* ***a ~*** (an) euch; ***con ~*** mit euch; ***por ~*** euretwegen
votación *f* PARL Abstimmung *f*; Wahl *f*; Stimmabgabe *f*; Wahlgang *m*; ***~ abierta*** *od* ***ordinaria*** offene Abstimmung *f*; ***~ de desempate*** Stichwahl *f*; ***~ a mano alzada*** Abstimmung *f* durch Handzeichen; ***~ nominal*** namentliche Abstimmung *f* ◇ ***poner*** *od* ***someter a la ~*** zur Abstimmung bringen
vot|ador *m*, **~adora** *f*, **~ante** *m*(*f*) Wähler(-in) *m*(*f*); Abstimmende(r) *f*(*m*); Stimmberechtigte(r) *f*(*m*)
votar I *intr* wählen **II** *intr*/*tr* abstimmen über; geloben **III** *tr Etat* verabschieden; ***~ en blanco*** weiße *od* leere Stimmzettel abgeben; ***~ en contra*** dagegenstimmen; ***~ por alg*** *od* ***u/c*** für jmdn *od* etw stimmen; ***~ (que) no*** (***sí*** *od* ***que sí***) mit Nein (Ja) stimmen; ***abstenerse de ~*** sich der Stimme enthalten
voto *m* POL Stimme *f*, Votum *n*; Abstimmung *f*; Gelübde *n*; Fluch *m*; ***~ activo*** (***pasivo***) aktives (passives) Wahlrecht *n*; ***~ en blanco*** leerer Stimmzettel *m Stimmenthaltung*; ***~ de castigo*** *od* ***protesta*** Protestwahl *f*; ***~ de censura*** Misstrauensvotum *n*; ***~ de confianza*** JUR Prokura *f*; POL Vertrauen(svotum) *n*; ***~ en contra, ~ negativo*** Neinstimme *f*; ***~ por correspondencia*** *od* ***correo*** Briefwahl *f*; ***~ a favor, ~ favorable, ~ en pro*** Jastimme *f*; ***~ femenino*** Frauenwahlrecht *n*; ***~ nulo*** ungültige Stimm(abgab)e *f*; ***~ obligatorio*** Wahlpflicht *f*; ***~ secreto*** geheime Wahl *f* ◇ ***computar ~s*** Stimmen (aus)zählen; ***echar*** *od* ***soltar ~s*** fluchen; Verwünschungen ausstoßen; ***emitir***

su ~ seine Stimme abgeben; ***hacer ~s para*** *od* ***por*** sich aussprechen für; wünschen; beten; ***(no) tener ~*** (nicht) stimmberechtigt sein; ***tener (el) ~ preponderante*** die ausschlaggebende Stimme haben

voy → ***ir***

voz *f* Stimme *f*; Schrei *m*; Zuruf *m*; Wort *n*; Ausdruck *m*; Gerücht *n*; ***~ activa (pasiva)*** GRAMM Aktiv *n* (Passiv *n*); ***~ acaponada*** Kastraten-, Fistelstimme *f*; ***~ aguda*** schrille Stimme *f*; ***~ de cabeza*** Kopfstimme *f*; ***~ consultiva, ~ sin voto*** beratende Stimme *f*; ***~ empañada*** *od* ***opaca*** belegte Stimme *f*; ***~ guía*** *Wörterbuch* Stichwort *n*; Leitwort *n*; ***~ de mando*** Befehl *m*; Kommandostimme *f*; ***a dos (tres) voces*** MUS zwei-(drei)stimmig; ***a media ~*** (mit) halblaut(er Stimme); ***a una ~*** *übertr* einstimmig; mit einer Stimme; ***a voces*** laut; ***a ~ en cuello*** *od* ***en grito, a toda ~*** lauthals; ***con ~ y voto*** PARL mit Sitz und Stimme; ***en ~ alta (baja)*** laut (leise) ◇ ***aclararse la ~*** sich räuspern; ***alzar*** *od* ***levantar la ~*** lauter sprechen; ***alzarle*** *od* ***levantarle la ~ a alg*** jmdn anschreien; ***corre la ~*** es geht das Gerücht (um); ***dar la ~ de alarma*** Alarm auslösen; ***dar una ~ a alg*** jmdn rufen; ***dar voces de socorro*** laut um Hilfe rufen; ***fingir voces*** Stimmen nachahmen; ***llevar la ~ cantante*** die erste Stimme singen; *übertr* den Ton angeben; ***mudar de ~*** Stimmwechsel haben; ***tener ~ en el capítulo*** ein Wörtchen mitzureden haben; ***tener la ~ de mando*** das Sagen haben

VPO *f* (*Abk für* ***vivienda de protección oficial***) steuerbegünstigte Wohnung *f*

vtro. *Abk für* ***vuestro***

vozarrón *m* laute und raue Stimme *f*

vuece(le)ncia *Anrede* Eure Exzellenz

vuelco *m* Überschlag *m auch Fahrzeug*; Wende *f*; ***~ de tendencias*** Trendwende *f*; ***a ~ de dado*** auf gut Glück ◇ ***dar un ~*** sich überschlagen

vuelo *m* Flug *m*; Aufschwung *m*; Flügel *m*, Schwinge *f*; ARCH Ausladung *f*; *Kleid* Weite *f*; *Hemd* Ärmelaufschlag *m*; ***~ acrobático*** Kunstflug *m*; ***~ en ala delta, ~ libre*** SPORT Drachenfliegen *n*; ***~ de aproximación*** Anflug *m*; ***~ bajo*** *od* ***rasante*** Tiefflug *m*; ***~ chárter*** Charterflug *m*; ***~ ciego*** *od* ***a ciegas*** *od* ***sin visibilidad*** Blindflug *m*; ***~ circunlunar*** Mondumkreisung *f*; ***(~) continuo, ~ de enlace (~ directo)*** Anschluss-(Direkt)flug *m*; ***~ doméstico*** *Am*, ***~ interior*** *od* ***nacional*** Inlandflug *m*; ***~ sin escala(s)*** Non-Stop-Flug *m*; ***~ espacial*** *od* ***interplanetario tripulado*** bemannter Weltraumflug *m*; ***~ espía*** *od* ***de espionaje*** Spionageflug *m*; ***~ en globo (aerostático)*** Ballonfahrt *f*; ***~ de línea, ~ regular*** Linienflug *m*; ***~ sin motor*** *od* ***a vela*** Segelflug *m*; ***~ nocturno*** Nachtflug *m*; ***~ en picado*** Sturzflug *m*; ***~ planeado*** Gleitflug *m*; ***~ rasante*** Tiefflug *m*; ***al ~*** im Flug(e); so nebenbei; ***de alto ~*** hochfliegend; ◇ ***agarrar al ~ u/c*** etw aufschnappen; etw auffangen; ***alzar*** *od* ***levantar el ~*** abheben; *Vogel* auffliegen; ***cazarlas*** *od* ***cogerlas al ~*** eine Sache schnell begreifen; ***coger el ~*** flügge werden *auch übertr*; ***cortar los ~s a alg*** jmdm die Flügel stutzen; ***emprender el ~*** abfliegen; wegfliegen; ***huir a ~ tendido*** eiligst davonlaufen; ***levantar el ~*** sich höheren Dingen zuwenden; abheben, eingebildet werden; ***tomar ~*** auffliegen; hinaufschweben; gut vorankommen

vuelta *f* (Um-)Drehung *f auch* TECH; Wendung *f*; Wende *f*; Windung *f*; KART, SPORT *u Wahlgang* Runde *f*; SPORT Kehre *f*; *Reiten* Volte *f*; Tour *f*; Spaziergang *f*; Rundreise *f*; Heimkehr *f*; Rückkehr *f*; Rückfahrt *f*; Rückflug *m*; *Straße* Kurve *f*; Tracht *f* Prügel; Rückgabe *f*; Wechselgeld *n*; Kehrseite *f*; *Hose* Aufschlag *m*; ***~ del año*** Jahreswechsel *m*; ***~ atrás*** Rückzieher *m Zurücknahme einer Äußerung od Forderung*; ***~ de campana*** SPORT Überschlag *m*; Salto *m*; *Auto* Überschlagen *n*; ***~ de carnero*** *Am* Purzelbaum *m*; ***~ ciclista*** Radrundfahrt *f als Rennen*; ***~ electoral*** Wahlgang *m*; ♀ ***a España*** *Radsport* Spanienrundfahrt *f*; ***~ al mundo*** Erdumrundung *f*; Weltreise *f*; ***~ al trabajo*** Wiederaufnahme *f* der Arbeit; ***a la ~*** umseitig; auf der Rückfahrt; nach der Rückkehr; ***a la ~ de la esquina*** gleich um die Ecke; ***a la ~ de pocos meses*** wenige Monate später; ***a ~ de correo*** postwendend; ***de ~*** auf der Rückreise; ***¡hasta la ~!*** auf Wiedersehen! ◇ ***andar a ~s*** Streit suchen; ***andar a las ~s de alg*** jmdm folgen; ***andar en ~s*** auf Ausflüchte aus sein; ***buscar las ~s a alg*** es auf jmdn abgesehen haben; ***dar cien ~s a alg*** jmdm haushoch überlegen sein; ***dar de ~*** zurückgeben; ***dar la ~ a u/c*** etw umkrempeln *umg*; ***dar media ~*** kehrtmachen; ***dar otra ~ a*** *Lernstoff* wiederholen; ***dar una ~*** einen kurzen Spaziergang machen; wenden *Richtung ändern*; sich wandeln *im Denken*; ***dar una ~ a la manzana*** einmal ums Karree laufen; ***dar ~*** umkehren; ***dar ~(s) a u/c*** etw (um)drehen; etw wenden; ***dar ~s y revueltas*** abschweifen; ***darse la ~*** sich umdrehen; ***me da ~s la cabeza*** mir wird ganz schwindlig vor Augen; ***por más ~s que doy*** so sehr ich auch suche *od* nachdenke; ***dar ~s sobre sí mismo*** sich um die eigene Achse drehen; ***algo le está dando ~s por la ca-***

beza etw geht ihm durch den Kopf; ***estar de ~*** zurück sein; ***no hay que darle ~s*** man darf nicht drumrumreden; ***poner al alg de ~ y media*** jmdm den Marsch blasen; ***quédese con la ~*** der Rest ist für Sie *als Trinkgeld*; ***soltarle una ~ a alg*** jmdn durchprügeln; ***no tener ~*** nicht herausgeben können
vuelto *m Am* Wechselgeld *n*
vuestro euer
vulcan|izadora *f* Vulkanisieranstalt *f*; **~izar** ⟨-z/c-⟩ *tr* vulkanisieren
vulg|acho *m* Pöbel *m*; **~ar** vulgär; ordinär; Volks-; volkstümlich; gemein, alltäglich; gemein, niedrig; **~aridad** *f* Gemeinheit *f*; Gemeinplatz *m*; Alltäglichkeit *f*; **~arismo** *m* vulgärer Ausdruck *m*
vulgarización *f* Popularisierung *f*; ***de ~ de la ciencia*** populärwissenschaftlich
vulgarizar ⟨-z/c-⟩ *tr Kenntnisse* verbreiten; zum Gemeingut machen; populärwissenschaftlich darstellen
vulgo *m* einfaches Volk *n*; Pöbel *m*
vulner|abilidad *f* Anfälligkeit *f*; Verletzlichkeit *f*; **~able** verwundbar; anfällig (***a*** für, gegen, gegenüber); **~ación** *f übertr* Verletzung *f*; **~ar** *tr* verwunden; verletzen *auch übertr*; *Ansehen* schaden; **~ario** *m* Wundmittel *n*
vulp|eja *f* Füchsin *f*, Fähe *f*; **~ino** schlau (wie ein Fuchs)
vulva *f* weibliche Scham *f*, Vulva *f*

W

w, W *f* w, W *n*
W (*Symb für* ***wólfram*** *od* ***wolframio***) CHEM W
W *m* (*Abk für* ***watt***) W *n*
wagneriano I *Adj* MUS Wagner-, wagnerisch **II** *m* Wagneranhänger *m*
Walkiria *f* MYTH Walküre *f*
walkman® *m* Walkman® *m*
Wamba *m* Wamba *m Westgotenkönig in Spanien*
watt *m* EL Watt *n*
wáter *m* Klosett *n*, WC *n*
waterpol|ista *m* Wasserballspieler *m*; **~o** *m* Wasserball(spiel *n*) *m*
Web *f Internet* Web *n*
week-end *m* Wochenende *n*
weimarés I *Adj* weimarisch; Weimarer **II** *m* Weimarer *m*
wellingtonia *f* Mammutbaum *m*
wélter *m* SPORT Weltergewicht *n*
western *m* Western *m*
Westfalia *f* Westfalen *n*
westfaliano I *Adj* westfälisch; Westfälisch **II** *m* Westfale *m*
Wh *Abk für* ***vatio hora***
wigwam *m* Wigwam *m*
winchester *m* Winchestergewehr *n*
windsurfing *m* Windsurfing *n*
whisky *m* (*Pl* ***whiskis***) Whisky *m*
wólfram, wolframio *m* CHEM Wolfram *n*
won *m* Won *m Währung in Nord- u Südkorea*
workstation *m* INFORM Arbeitsplatzcomputer *m*
World Wide Web *f Internet* World Wide Web *n*
Wurtemberg *m* Württemberg *n*
wurtembergués I *Adj* württembergisch **II** *m*, **-esa** *f* Württemberger(in) *m*(*f*)
Wurzburgo *m* Würzburg *n*
WWW *f Abr Internet* WWW *n*

X

x, X *f* x, X *n*
Xe (*Symb für* ***xenón***) CHEM Xe
xen|ofilia *f* übertriebene Vorliebe *f* für Fremdländisches, Xenophilie *f*; **~ófilo I** *Adj* ausländer-, fremdenfreundlich, xenophil **II** *m* Ausländerfreund *m*; **~ofobia** *f* Fremdenhass *m*, Xenophobie *f*; **~ófobo I** *Adj* ausländer-, fremdenfeindlich, xenophob **II** *m* Fremdenfeind *m*; **~ón** *m* CHEM Xenon *n*; **~otransplantación** *f* MED Xenotransplantation *f*
xer|odermia *f* MED Trockenheit *f* der Haut, Pergamenthaut *f*, Xerodermie *f*; **~ofilia** *f* BIOL Vorliebe *f* für Trockenheit, Xerophilie *f*; **~ófilo** BIOL die Trockenheit liebend, xerophil; **~ofítico** xerophytisch; **~ófito** *m*

Xerophyt *m*; **~ografía** *f* TYP Xerographie *f*; **~ográfico** TYP xerographisch
xií *od* **xiita** *m* REL Schiit *m*
xilófago I *Adj* ZOOL Holz fressend **II** *m* ZOOL Holzfresser *m*
xil|ófono *m*, **~ofón** *m* Xylophon *n*; **~ofonista** *m* Xylophonspieler *m*
xil|ograbado *m* Holzschnitt *m*; **~ografía** Holzschneidekunst *f*, Xylographie *f*; Holzdruck *m*; Holzschnitt *m*; **~ográfico** xylographisch, in Holz geschnitten *od* gedruckt; **~ógrafo** *m* Holzschneider *m*, Xylograph *m*
xilosa *f* Holzzucker *m*, Xylose *f*
Xunta *f*: **~ *de Galicia*** *Regierung der autonomen Region Galicien*

Y

y, Y *f* y, Y *n*
y *Konj* und; **~ *eso que* ...** und das, obwohl ...; ***¿~ qué?*** *umg* na und?
ya schon, bereits; jetzt; (so)gleich, sofort; ***¡~!*** *umg* danke, es reicht; es genügt; **~** + *Verb im Fut* bald + *Verb im Präs*; **~, ~** ja, ja (so ist es); ja, ich verstehe; **~ ..., ~ ...** bald ..., bald ...; entweder ... oder ...; ob ..., ob ...; **~ *no* ...** nicht mehr; **~ *no od no* ~** nicht nur; **~ *que*** da, weil; **~ *que no*** wenn nicht gar; ***desde* ~** schon jetzt; ***¡pues ~!*** aber freilich!; ***y* ~** fertig!; aus!; erledigt! ◇ **~ *lo creo*** das glaube ich gern; **~ *te lo hemos dicho mil veces*** wir haben es dir doch schon tausendmal gesagt; **~ *me lo imaginaba*** das habe ich mir doch (gleich) gedacht; **~ *voy*** ich komme gleich; **~ *nos veremos*** wir sehen uns bald (wieder); **~ *llores*, ~ *rías*** ob du weinst, ob du lachst
yac *m* ZOOL Yak *od* Jak *m*
yacaré *m Am reg* ZOOL Alligator *m*
yacente I *Adj* liegend, ruhend **II** *m* BERGB Liegendes *n*
yacer ⟨*def*⟩ *intr* liegen; begraben sein; beiwohnen; ***aquí yace* ...** *Grabinschrift* hier ruht ...
yacija *f* Lager(stätte *f*) *n*; Strohbett *n*; Grab(stätte *f*) *n*, Grabplatz *m* ◇ ***ser de mala* ~** schlecht schlafen; ein Zappelphilipp sein; *übertr* ein übler Kunde sein
yacimiento *m* BERGB Lager(stätte *f*) *n*, Vorkommen *n*; Fundort *m*; Flöz *n*,*m*; **~ *de carbón*** (**~ *petrolífero***) Kohle-(Erdöl)vorkommen *n*; **~ *de uranio*** Uranvorkommen *n*
yago → ***yacer***
yanqui I *Adj* nordamerikanisch, US-, USA-, Yankee- **II** *m* Nordamerikaner *m*, Yankee *m*, US-Amerikaner *m*
yantar I *m* Essen *n*, Speise *f* **II** *tr/intr* essen, speisen
yapa *f AmS* Zugabe *f bei Käufen*; ***de* ~** als Zugabe; umsonst
yapar *tr AmS* als Zugabe geben, dazugeben
yaqué *m Arg* Jackett *n*
yarda *f* Yard *n* (*engl Längenmaß*: *0,9144 m*)
yarey *m Ant* Zwergpalme *f*; ***de* ~** *Hüte, Körbe* aus Palmenblättern
yat|e *m* Jacht *f*; **~ismo** *m* Segelsport *m*
yazco, yazgo → ***yacer***
ye *Name des Buchstabens* ***y, Y***
ye... → ***hie...*** *z.B.* ***yerba*** *u* ***hierba***
yedra *f* Efeu *m*
yegu|a *f* Stute *f*; *AmC* Zigarrenstummel *m*; **~ada** *f* Pferdeherde *f*; *AmC* Eselei *f Blödsinn*; **~ar** Stuten-
yeís|mo *m* LING Yeísmo *m*, Aussprache *f* von ***ll*** als ***y***; **~ta I** *Adj* den Yeísmo pflegend **II** *m* Yeísmo-Sprecher *m*
yelmo *m hist* (Ritter-)Helm *m*; **~ *paracaídas*** Sturzhelm *m*
yema *f* BOT Knospe *f*; BOT Auge *n*; Eigelb *n*, (Ei-)Dotter *n od m*; Fingerkuppe *f*, -beere *f*; Bestes *n*, Erlesenstes *n*; **~ *frutal*** Fruchtknoten *m*; **~ *gustativa*** ANAT Geschmacksknospe *f*; **~ (*mejida*)** geschlagenes Eigelb *n mit Wasser od Milch u Zucker* ◇ ***dar en la* ~** *übertr* den Nagel auf den Kopf treffen
Yemen *m* Jemen *m*
yemen|í, ~ita I *Adj* jemenitisch **II** *m*(*f*) Jemenit(in) *m*(*f*)
yen *m* Yen *m Währung in Japan*
yendo → ***ir***
yerba *f* → ***hierba***; **~ (*mate*)** *AmS* Matestrauch *m*; Mate(tee) *m*, Paraguaytee *m*
yerba|jo *m verächtl* Kraut *n*; **~l** *m* Matepflanzung *f*; **~tero** *m* Matepflanzer *m*; Matesammler *m*; Mateverkäufer *m*
yerbe|ar I *intr Rpl* Mate trinken; Mate zubereiten **II** *tr Gäste* mit Mate bewirten; **~ra** *f* RPL Matedose *f*
yergue → ***erguir***
yerm|ar *tr* veröden lassen; **~o I** *Adj* unbewohnt; öde; Brach-; Wüsten- **II** *m* Einöde *f*; Ödland *n*; Brachland *n*
yerno *m* Schwiegersohn *m*; **~cracia** *f* Vetternwirtschaft *f*
yerra *f Am* Markierung *f* der Rinder mit dem Brandeisen

yerro *m* Fehler *m*; Irrtum *m*, Versehen *n*; Missgriff *m*; Fehltritt *m*; **~ *de imprenta*** Druckfehler *m* ◇ ***deshacer un ~*** einen Fehler wieder gutmachen
yertez *f auch übertr* Steifheit *f*; Starre *f*
yerto steif; *bes Kälte u Leichenstarre* starr; erstarrt ◇ ***estoy ~ de frío*** ich bin ganz steif *vor Kälte*; ***quedarse ~*** vor Schreck erstarren
yesar *m* Gipsgrube *f*; Gipslager *n*
yesca *f* Zunder *m*
yeser|a *f* Gipsgrube *f*; **~ía** *f* Gipsbrennerei *f*; Gipswerk *n*; **~o I** *Adj* Gips- **II** *m* Gipsarbeiter *m*
yeso *m* Gips *m*; Gipsabguss *m*; **~ *amasado*** Gipsbrei *m*
yesoso aus Gips; gipsartig
yet|a *f Rpl* Unglück *n*; **~ar** *tr Rpl* mit dem bösen Blick verhexen
yeti *m* Yeti *m*, „Schneemensch" *m*
Yibuti *m* Dschibuti *n*
yiddish I *Adj* jiddisch **II** *m* das Jiddisch(e) *n*, jiddische Sprache *f*
yip|e *m*, **~i** *m* Jeep *m*
yo I *Pers Pron* ich; mir; **~ *mismo*** ich selbst; TEL „(selbst) am Apparat"; ***~ de ti, ~ que tú*** ich an deiner Stelle; ***entre ~ y usted*** zwischen mir und Ihnen **II** *m* Ich *n*
yod|ado, **~ífero** jodhaltig; **~o** *m* Jod *n*
yoga *m* Joga, Yoga *m,n*; **~ *hispánico*** *iron* → ***siesta***
yogur *m* Joghurt *m,n*
yola *f* MAR Jolle *f*
yon|ki, **~qui** *m* Junkie *m Drogenabhängiger*
yóquey *m* (*Pl* ***yoqueis***) Jockei *m*, Jockey *m*
yoyó *m* Jo-Jo, Yo-Yo *n*
yuan *m* Yuan *m Währung in China*
yuca *f* Yucca *f Palmlilie*; **~l** *m* Yuccafeld *n*
Yucatán *m* Yukatan *n*
yucateco I *Adj* yukatekisch **II** *m* Yukateke *m*
yugada *f* Gespann *n* Ochsen; *Feldmaß* Tagewerk *n*
yugo *m auch übertr* Joch *n*; Glockenstuhl *m*; Trauschleier *m*; **~ *opresor*** Joch *n* der Unterdrückung
Yugoslavia *f* Jugoslawien *n*
yugo|eslavo, **~slavo** jugoslawisch
yugular I *Adj* Kehl-; Hals- **II** *f* Halsader *f* **III** *tr* die Kehle durchschneiden; köpfen; vereiteln; abwürgen
yuma *Cu verächtl* → ***norteamericano***
yunque *m* Amboss *m*
yunta *f* Gespann *n*
yupp|i, **~ie** *od* **~y** *m* (*Pl* ***yuppis***) Yuppie *m*
yuquilla *f* Sago *m*; Sagopalme *f*
yurta *f* Jurte *f*
yute *m* Jute *f*; Jutestoff *m*
yuxta|poner *tr* ⟨→ ***poner***⟩ nebeneinander stellen; nebeneinander setzen; nebeneinander legen; zusammenführen; **~ponerse** dazu-, hinzukommen; **~posición** *f* Nebeneinanderstellung *f*; Aneinanderreihung *f*; GRAMM Juxtaposition *f*
yuy|al *m Am* Unkrautacker *m*, **~o** *m Am* Unkraut *n*; Gestrüpp *n*

Z

z, Z *f* z, Z *n*
zabord|ar *intr* MAR stranden; **~o** *m* Stranden *n*
zacatal *m AmC*, *Méx* Weide *f*
zacateca[1] *m* Zakateke *m mexikanischer Indianer*
zacateca[2] *m Cu* Totengräber *m*
zacatillo *m CR* Moneten *f/Pl*
zacear *tr* verscheuchen
zafa|do *Am*, *And* frech, unverschämt; *Rpl* aufgeweckt, pfiffig; **~dura** *f Am* Ausrenkung *f*; **~duría** *f Rpl* Unverschämtheit *f*
zafar[1] *tr Knoten* lösen; *Hemd* öffnen
zafar[2] *tr Schiff* flottmachen; *Schiff* klarmachen
zafarse *Schiff* los-, freikommen; *Treibriemen* abrutschen; sich drücken (***de*** von, vor); *Am* sich verrenken; *Arg*, *PR* sich danebenbenehmen; **~ *de alg*** jmdn abwimmeln
zafarrancho *m* MAR Klarmachen *n*; MAR Klarschiff *n*; Verheerung *f*; Schlägerei *f*; ***¡~ de combate!*** klar zum Gefecht! ◇ ***se formó el ~*** der Streit ist da
zafio grob, derb; ungebildet, ungeschliffen; flegelhaft
zafir|ino saphirblau; **~o** *m* Saphir *m auch beim Plattenspieler*
zafo MAR klar; MAR flott; unversehrt
zafra[1] *f* Zuckerrohrernte *f*; Yerba-Mate--Ernte *f*
zafra[2] *f* BERGB Abraum *m*
zafra[3] *f* Speiseölbehälter *m aus Metall*
zafra[4] *f Rpl* Verwertung *f* und Verkauf *m* von Rindern
zafrero *m* Erntearbeiter *m*
zaga *f* (Ab-)Schlussteil *n*; Hinterteil *n*; Rückseite *f*; Rücksitzladung *f*; SPORT Ver-

teidigung(sreihe) *f*; *Spiel* Letzter *m*; ***a la ~***, ***en la ~*** hinten, hinterher; hinterdrein ◇ ***colocarse a la zaga*** den Platz einnehmen hinter (***de*** *Dat*); ***dejar a la ~ a alg*** SPORT jmdn hinter sich lassen; ***ir a la ~*** zurückbleiben; ins Hintertreffen geraten; ***no quedarse en ~*** nicht nachstehen; ***venir a la ~*** nachkommen

zagal *m* Hirtenjunge *m*; junger Bursche *m*; **~a** *f* junges Mädchen *n*; Hirtenmädchen *n*

zagual *m* Paddel *n*

zaguán *m* (Haus-)Flur *m*; Diele *f*; Korridor *m*; Durchgang *m*

zaguero I *Adj* Nachtrag-; Schluss-; hinter **II** *m* SPORT Verteidiger *m*; Hintermann *m*; Nachzügler *m*

zahareño scheu; störrisch

zaher|idor *m* Tadler *m*; Spötter *m*; **~ir** ⟨-ie/e-⟩ *tr* tadeln; rügen; schelten, auszanken; *umg* abkanzeln; kränken; schikanieren

zahiriente beleidigend; kränkend

zahón *m*, *meist* **zahones** *Pl* lederne Überhosen *f/Pl der Landarbeiter, Jäger*

zahorí *m f* Hellseher *m*; Gedankenleser *m*; Wünschelrutengänger *m*

zahuate *m Am reg* Köter *m*

zahúrda *f* Schweinestall *m auch übertr*

zaino verschlagen, hinterhältig; tückisch; *Pferd* schwarzbraun; *Rind* schwarz ◇ ***mirar a lo*** *od* ***de ~*** von der Seite *od* scheel ansehen

Zaire *m hist* Zaire *n*

zaire|nse, **~ño** zairisch

zalamer|ía *f* Schmeichelei *f*, Schöntuerei *f*; **~o I** *Adj* schmeichlerisch; aufdringlich **II** *m* Schmeichler *m*, Schöntuer *m*

zalea *f* Schafpelz *m*

zalema *f* Diener *m*, Bückling *m*; → ***zalamería*** ◇ ***hacer ~s*** schmeicheln

zamacuco *m* Schlaumeier *m*; Dummkopf *m*; Trunkenheit *f*; Rausch *m*

zamarra *f* Pelzweste *f*; Pelzjacke *f*

zamarr|ico *m* Umhängetasche *f aus Schaffell*; **~o** *m* Schafpelzjacke *f*; Tölpel *m*; Flegel *m*, *Ven* verschlagener Mensch *m*; *Hond* Schurke *m*

zamba *f ein argentinischer Volkstanz*; brasilianische Samba *f*

Zambia *f* Sambia *n*

zambiano I *Adj* sambisch **II** *m*, **-a** *f* Sambier(in) *m(f)*

zambo[1] x-beinig; krummbeinig

zambo[2] *m Am* Zambo *m Nachkomme eines schwarzen und eines indianischen Elternteils*

zambomba *f* Hirten-, Schnarrtrommel *f*; ***¡~!*** Donnerwetter!; **~zo** *m* Einschlag *m*; Knall *m*

zambombo *m* Tölpel *m*

zambra *f ein Volksfest der Zigeuner*; Rummel *m*; Trubel *m*

zambucar ⟨-c/qu-⟩ *tr* rasch verschwinden lassen, verstecken

zambullida *f*, **zambullidura** *f* Untertauchen *n*; Kopfsprung *m* ◇ ***dar una ~*** einen Kopfsprung machen

zambullir ⟨*perfs* -lló⟩ *tr* eintauchen, untertauchen; ins Wasser werfen; *Wasservögel* gründeln; **~se** *auch übertr* (ein-, unter)-tauchen; sich verbergen, *übertr* ab-, untertauchen; *übertr* sich in *etw* hineinknien

zampa|bodigos *m*, **~bollos** *m* Vielfraß *m*; **~cuartillos** *m* Säufer *m*; **~limosnas** *m* Fechtbruder *m*

zampar *tr* rasch und unauffällig verschwinden lassen; schmeißen; **~se** hereinschneien *plötzlich erscheinen*; hinunterschlingen

zampatortas *m* Vielfraß *m*; Rülps *m*; Einfaltspinsel *m*

zampón I *Adj* gefräßig; verfressen **II** *m* Vielfraß *m*, *umg* Fresssack *m*

zampoña *f* Hirtenflöte *f*

zanahoria *f* Möhre *f*, Mohrrübe *f*, Karotte *f*; *Arg* Dummkopf *m*

zanca *f* Vogelbein *n*; langes Bein *n*, *umg* Stelze *f*; ***por ~s o por barrancas*** irgendwie; schneidig, forsch; wenn notwendig, mit Gewalt ◇ ***andar en ~s de araña*** Ausflüchte machen

zancada *f* Riesenschritt *m*; Stelzschritt *m*; ***de*** *od* ***en dos ~s*** in Nullkommanichts, im Handumdrehen; eiligen Schrittes

zancadilla *f* Beinstellen *n* ◇ ***echar*** *od* ***hacer*** *od* ***poner la ~*** *jmdm* ein Bein stellen

zanca|dillear *tr* ein Bein stellen; **~jear** *intr* geschäftig hin und her rennen, auf und ab eilen; **~jera** *f Kutsche* Trittbrett *n*

zancajo *m* Fersenbein *n*; Ferse *f*, Hacken *m*; *übertr* hässlicher Vogel *m* ◇ ***darle al ~*** die Beine unter den Arm nehmen *sich beeilen*; ***no llegarle a uno al ~*** *od* ***a los ~s*** *übertr* jmdm nicht das Wasser reichen können; ***roer a alg los ~s*** an jmdm kein gutes Haar lassen *jmdn schlecht machen*

zanca|joso o-beinig, krummbeinig; mit Löchern in den (Strumpf-)Fersen; **~rrón** *m* großer abgenagter (Röhren-)Knochen *m*; Jammerbild *n*, -gestalt *f*; Scharlatan *m*

zanco *m* Stelze *f* ◇ ***andar*** *od* ***ir en ~s*** auf Stelzen gehen; ***ponerse*** *od* ***subirse en ~s*** es zu etwas bringen

zanc|ón *m* → ***zancudo***; *Am reg* Schlaks *m*; *Am* sehr kurzes Kleid *n*; **~udas** *f/Pl* Stelzvögel *m/Pl*; **~udo I** *Adj* stelzbeinig **II** *m Am* Stechmücke *f*

zanga|manga *f* Kniff *m*, Trick *m*; **~nada** *f*

Frechheit *f*; Dummheit *f*
zangan|dongo, **~dullo**, **~dungo** Tollpatsch *m*, Kerl *m* mit zwei linken Händen; Faulenzer *m*, Faulpelz *m*
zangane|ar *intr* herumlungern, sich herumtreiben; **~ría** *f* Faulenzerei *f*
zángano *m* Drohne *f auch übertr*; Faulpelz *m*; Schmarotzer *m*
zangarilleja *f* Herumtreiberin *f*
zangarrear *intr* auf der Gitarre klimpern
zangarro *m Méx* Ramschladen *m*
zangarullón *m* Faulpelz *m*
zangolotear **I** *tr* schütteln **II** *intr* schlenkern; **~se** schlackern; wackeln
zangón *m* fauler Lulatsch *m*
zanguanga *f* Schmeichelei *f*; Drückebergerei *f* ◇ ***hacer la ~*** sich krank stellen
zanguango *m* Faulpelz *m*
zanja *f* Graben *m*; ***~ de desagüe*** Abflussgraben *m* ◇ ***abrir las ~s*** den Grund legen, den Anfang machen; ***abrir una ~*** einen Graben ausheben
zanjadora *f* Grabenbagger *m*
zanjar *tr Graben* ausheben; *übertr* überbrücken; *Schwierigkeit* ausräumen; *Problem* bereinigen; *Streit* schlichten
zanjón *m* tiefer Graben *m*; tiefes Bachbett *n*; *Chi* Schlucht *f* ◇ ***echar al ~*** in der Versenkung verschwinden lassen
zanquear *intr* spreizbeinig gehen, watscheln; umherlaufen; sich abmühen
zanqui|largo langbeinig; langstelzig; **~lla(s)** *m* kurz- und dünnbeiniger Mensch *m*; Gnom *m*, abgebrochener Riese *m*; **~tuerto** krummbeinig
Zanzíbar *m* Sansibar *n*
zapa *f* Hacke *f mit Schaufelblatt*; MIL Pionierspaten *m*; MIL Sappe *f*, Laufgraben *m*; **~dor** *m* MIL Pionier *m*
zapall|ada *f Arg*, *Chi* Zufallstreffer *m*; unverhofftes Glück *n*; **~o** *m Am reg* Kürbis *m*; *Arg* Blödmann *m*; **~ón** *Am reg* pummelig
zapapico *m* Kreuzhacke *f*, Picke *f*
zapar *intr* MIL schanzen, graben
zaparrazo *m* Kratzwunde *f*
zapata *f* Holzkeil *m als Unterlage*; Hemmschuh *m*; EISENB, KFZ Bremsbacke *f*; ARCH Kragstein *m*
zapatazo *m* Schlag *m od* Tritt *m* mit dem Schuh ◇ ***tratar a alg a ~s*** jmdn wie den letzten Dreck behandeln
zapat|eado *m ein andalusischer Tanz*; **~ear** *tr/intr* einen Fußtritt geben; trampeln, stampfen; *jmdn* traktieren; **~ería** *f* Schuhgeschäft *n*; Schuhmacherwerkstatt *f*; Schuhmacherhandwerk *n*
zapatero *m*, **-a** *f* Schuhmacher(in) *m(f)*, Schuster(in) *m(f)*; ***~ de viejo*** Flickschuster *m*; ***~, a tus zapatos*** Schuster, bleib bei deinen Leisten! ◇ ***quedarse ~*** KART keinen Stich machen
zapateta *f* Schlag *m* auf den Schuh *beim Tanzsprung* ◇ ***dar ~s*** Freudensprünge vollführen
zapatilla *m* Hausschuh *m*; Filzschuh *m*; ***~ de ballet*** Ballettschuh *m*; ***~ de deporte*** *od* ***gimnasia*** Turnschuh *m*
zapatista *m Méx* Zapatist *m*
zapato *m* Schuh *m*; ***~ bajo*** flacher Schuh *m*; ***~ de caballero*** *m* Herrenschuh *m*; ***~ de charol*** Lackschuh *m*; ***~ de cordón*** Schnürschuh *m*; ***~ de cuero*** *od* ***piel*** Lederschuh *m*; ***~ de lona*** Segeltuchschuh *m*; ***~ papal*** Überschuh *m*; ***~ de señora*** Damenschuh *m*; ***~ de tacón alto*** hochhackiger Schuh *m*; ***como tres en un ~*** zusammengepfercht
zapatobús *m*: ***en ~*** *Esp* per pedes, auf Schusters Rappen
zape: ***¡zape!*** ksch! *zum Verscheuchen von Katzen*; bewahre!; nicht zu glauben!
zape|ar **I** *intr* TV zappen **II** *tr Katzen* verscheuchen; KART nicht bedienen; **~o** *m* TV Zappen *n*
zapoteca *m* Zapoteke *m*
zar *m* Zar *m*
zarabanda *f* Sarabande *f Tanz*
zaragat|a *f* Lärm *m*, Radau *m*; Streit *m*, Zank *m*; **~ero** streitsüchtig
Zaragoza *f* Saragossa *n*
zaragozano aus Saragossa
zarand|a *f* Sieb *m*; **~ajas** *f/Pl* Lappalien *f/Pl*, Nebensächlichkeiten *f/Pl*
zarandear *tr* (durch)sieben; durchseihen; schütteln; zausen; **~se** *Rock*, *Gang* wippen; sich in den Hüften wiegen; torkeln
zarandeo *m* Sieben *n*; Schütteln *n*; Sich-in-den-Hüften-Wiegen *n*; Wippen *n*; Hinundherbewegung *f*
zarape *m Méx* Zarape *m Art Poncho*
zarcillo *m* Ohrring *m*; *Arg* Ohrschnitt *m Viehmarkierung*; BOT Ranke *f*; Unkrauthacke *f*
zarco *Wasser*, *Augen* hellblau; *Arg Albino* rotäugig; *Bol Augen* verschiedenfarbig; *Chi Auge* trüb; *Guat* hellhäutig
zar|ina *f* Zarin *f*; **~ismo** *f* Zarismus *m*; **~ista** **I** *Adj* Zaren-, zaristisch **II** *m* Anhänger *m* des Zaren(tums)
zarpa[1] *f* Tatze *f*, Pfote *f*, Pranke *f auch übertr* ◇ ***echar la ~*** graps(ch)en, (weg)schnappen; *jmdn* packen; sich *etw* unter den Nagel reißen *stehlen*
zarpa[2] *f* MAR Ankerlichten *n*
zarpada *f* Tatzen-, Prankenhieb *m*
zarpar *intr* MAR die Anker lichten; auslaufen (***para*** nach), in See stechen; ***preparar para ~*** MAR klarmachen

Z

zarpazo *m* Pranken-, Tatzenhieb *m*
zarp|e *m AmC, Méx* Schmutz *m*; **~ear** *tr AmC* mit Schmutz bespritzen; **~oso** bespritzt, beschmutzt
zarracatería *f* Heuchelei *f*
zarramplín *m* Pfuscher *m*
zarrapastr|ón, **~oso I** *Adj* zerlumpt, abgerissen; schmutzig; schlampig **II** *m* Schmutzfink *m*; Schlampe *f*
zarza *f* Brombeerstrauch *m*; Dornbusch *m*; **~l** *m* Brombeergesträuch *n*; Dornbusch *m*; **~mora** *f* Brombeere *f*; **~perruna** *f* Hunds-, Heckenrose *f*; Hagebutte *f*; **~rrosa** *f* Heckenrose *f Blüte*
zarzo *m* Korbgeflecht *f*; Rohrmatte *f*
zarzoso voller Brombeersträucher; voller Dornengestrüpp
zarzuela[1] *f* KOCHK *Gericht aus verschiedenen Fischen mit Spezialtunke*
zarzuel|a[2] *f* Zarzuela *f iberospanisches Singspiel mit komischem oder ernstem Inhalt*; **~ero** auf die Zarzuela bezogen; **~ista** *m* Verfasser *m od* Komponist *m* von Zarzuelas
zas: **¡zas!** *Schlag* klatsch!, patsch!; peng!; *Fall* plumps!
zascandil *m* Intrigant *m*
zeda *f Name des Buchstabens* **z, Z**
zedilla *f* GRAMM, TYP Cedille *f*
Zembla *f*: **Nueva ~** GEOGR Nowaja Semlja *n*
zenit *m* Zenit *m*
zepelín *m* Zeppelin *m*, Luftschiff *n*
zeta *f Name des Buchstabens* **z, Z**
Zeus *m* MYTH Zeus *m*
zigzag *m* (*Pl* **zigzagues**) Zickzack *m*; **~ueante** POL schwankend; **~uear** *intr* im Zickzack gehen *od* laufen *od* fahren; *Betrunkener* torkeln; **~ueo** *m* Zickzackbewegung *f*; Zickzackgehen *n*; Zickzacklaufen *n*; Zickzackfahren *n*
Zimbabue *m* Simbabwe *n*
zimbabu|eño, **~o I** *Adj* simbabwisch **II** *m*, **-a** *f* Simbabwer(in) *m(f)*
Zimbabwe *m* Simbabwe *n*
zimbabwe I *Adj* simbabwisch **II** *m(f)* Simbabwer(in) *m(f)*
zinc *m* (*Pl* **zines**) Zink *n*; **~ar** *tr* verzinken
ziper *m Am reg* Reißverschluss *m*
zipizape *m* Radau *m*; Keilerei *f*
zirconio *m* Zirkonium *n*
zócalo *m* Sockel *m*; Unterbau *m*; *Méx* Markt(platz) *m*; **~ continental** Festlandsockel *m*, Schelf *m,n*
zodiacal ASTR Tierkreis-
zo|diaco, **~díaco** *m* ASTR Tierkreis *m*
zona[1] *f* MED Gürtelrose *f*
zona[2] *f* Zone *f*, Gebiet *n*; Bereich *m*; **~ de abastecimiento** Versorgungsgebiet *n*; **~ de absorción de impactos** KFZ Knautschzone *f*; **~ aduanera fronteriza** Zollgrenzgebiet *n*; **~ ajardinada** Gartenzone *f*; **~ de aparcamiento** Parkplatz *m*; **~ de atracción** Einzugsgebiet *n*; **~ batida** MIL unter Beschuss liegender Raum *m*; **~ de beneficios** Gewinnzone *f*; **~ cálida** *od* **tórrida** (**fría**; **templada**) heiße (kalte; gemäßigte) Zone *f*; **~ de las calmas** GEOGR Kalmengürtel *m*; **~ del Canal de Panamá** Panama-Kanal-Zone; **~ de captación de aguas potables** Trinkwasserschutzgebiet *n*; **~ catastrófica** Notstands-, Katastrophengebiet *n*; **~ climática** Klimazone *f*; **~ de combate** MIL Kampfgebiet *n*; **~ contigua** Anschlusszone *f*; **~ costera** Küstengebiet *n*; **~ desatomizada** (**desmilitarizada**; **desnuclearizada**) atomwaffenfreie (entmilitarisierte; kernwaffenfreie) Zone *f*; **~ euro** FIN Eurozone *f*, -land *n*; **~ de exclusión aérea** MIL Flugverbotszone *f*; **~ de explotación** BERGB Abbaugebiet *n*; **~ franca** zollfreies Gebiet *n*; **~ fronteriza** Grenzgebiet *n*; **~ húmeda** ÖKOL Feuchtgebiet *n*; **~ industrial** Industriegebiet *n*; **~ de influencia** Einflussgebiet *n*; **~ de inyección** Injektionsstelle *f*; **~ de libre cambio** *od* **comercio** Freihandelszone *f*; **~ de lluvias** Regengebiet *n*; **~ de las tres millas** Dreimeilenzone *f*; **~ marginal** (**marginaria**) *Großstadt* Rand-(Notstands)gebiet *n*; **~ monetaria** Währungsgebiet *n*; **~ de ocupación** Besatzungszone *f*; **~ de operaciones** Kampfzone *f*, Operationsgebiet *n*; **~ peatonal** Fußgängerzone *f*; **~ de peligro**, **~ peligrosa** Gefahrenzone *f*; **~ de pesca** Fischereigebiet *n*; **~ portuaria** (**postal**) Hafen-(Post)gebiet *n*; **~ de precipitaciones** Niederschlagsgebiet *n*; **~ recreativa periurbana** Naherholungsgebiet *n*; **~ de representación** Vertretungsbezirk *m*, -gebiet *n*; **~ de silencio** VERK Hupverbotszone *f*; RUNDF, TV Funkschatten *m*; **~ tarifaria** VERK Tarifzone *f*; **~ de tránsitos** FLUGW Transitraum *m*, -bereich *m*; **~ residencial** Wohngebiet *n*; **~ de validez** Gültigkeitsbereich *m*; **~ vedada** Sperrgebiet *n*, -zone *f*; **~ de venta** Absatzgebiet *n*; **~ verde** ÖKOL Grünanlage *f*, -fläche *f*
zoncer|a, **~ía** *f Am* Albernheit *f*; Dummheit *f*
zonific|ación *f* Einteilung *f* in Zonen; **~ar** ⟨c/qu⟩ *tr* in Zonen einteilen
zonzo *Am* **I** *Adj* dumm; einfältig; geschmacklos **II** *m* Dummkopf *m* ◇ **hacerse el ~** sich dumm stellen
zoo *m* Zoo *m*; **~grafía** *f* Tierbeschreibung *f*; **~logía** *f* Zoologie *f*; **~lógico** zoologisch
zoólogo *m* Zoologe *m*
zoom *m* OPT Zoom *n*
zoosanitario seuchenhygienisch

zootecnia *f* Tierzucht *f*, Tierhaltung *f*; **~ *mayor*** Großviehhaltung *f*; **~ *menor*** Kleintierzucht *f*, -haltung *f*
zoo|técnico Tierzucht-; **~tecnista** *m* Zootechniker *m*, Tierzüchter *m*
zopenco *m* Dämlack *m*; Tollpatsch *m*
zopilote *m Méx* Truthahngeier *m*
zoquete *m* Klotz *m*; *Brot* Stück *n*, Brocken *m*; Trottel *m*, Dämlack *m*; hässlicher Zwerg *m*; *Am* Socke *f*
zorra *f* Füchsin *f*; Schlaufuchs *m*; Rollwagen *m*; *Arg* Lore *f*; *Chi* Kleinbus *m*; Straßendirne *f*; Rausch *m*, Schwips *m*; **~ *azul*** Blaufuchs *m* ◇ ***dormir la ~*** seinen Rausch ausschlafen; ***pillar una ~*** sich betrinken; ***tener una ~*** einen schweren Kopf haben
zorr|astrón *m* gerissener Kerl *m*; **~era** *f* Fuchsbau *m*; schwerer Kopf *m*, Brummschädel *m*; verräucherte Bude *f*; **~ería** *f* Durchtriebenheit *f*; List *f*, Schlauheit *f*; **~illa** *f* Draisine *f*; *Col*, *Pan* Stinktier *n*; **~illo** *m*, **~ino** *m Am* Stinktier *n*
zorro *m* ZOOL Fuchs *m*; *Am reg* Stinktier *n*; schlauer Fuchs *m*, Schlauberger *m*; **~ *azul*** Blaufuchs *m*; **~ *común*** Rotfuchs *m*; **~ *polar*** Polarfuchs *m*; ***más corrido que ~ viejo*** *übertr* mit allen Wassern gewaschen ◇ ***está hecha unos ~s*** sie ist völlig fertig *od* erledigt *d.h. erschöpft*; ***hacerse el ~*** sich dumm stellen
zorrocloco *m* Schlauberger *m*
zorzal *m* ZOOL Drossel *f*; Schlaumeier *m*; *Chi* Einfaltspinsel *m*
zote I *Adj* schwerfällig beim Lernen; begriffsstutzig **II** *m* Dummkopf *m*
zozobr|a *f* MAR Kentern *n*; Angst *f*, Sorge *f*; Kummer *m*; **~ar I** *intr* MAR kentern; zerschellen *Wasserfahrzeuge u übertr*; *Pläne* scheitern, sich zerschlagen; MAR *u übertr* untergehen, Schiffbruch erleiden; sich ängstigen **II** *tr Boot* zum Kentern bringen; scheitern lassen; *Plan* zunichte machen
zueco *m* Holzschuh *m*, -pantine *f*
zulaque *m* Teerkitt *m für Rohrverbindung u Kalfaterung*
zulú I *Adj* Zulu- **II** *m* Zulu *m*, Sulu *m*; die Zulusprache *f*
zumba *f* Kuhglocke *f*; Schnarre *f*; Stichelei *f*, Neckerei *f*; *Am* Tracht *f* Prügel; *Méx* Rausch *m*; **~dor** *m* EL Summer *m*; TEL Schnarre *f*; *Am reg* Kolibri *m*
zumbar I *intr* summen; surren; brummen; schnarren; schwirren; brausen *auch Wind*; TEL klingeln, läuten **II** *tr* necken, sticheln, aufziehen; *Ohren* sausen; *Méx Ohren* klingen; verprügeln; *Am* wegwerfen; *Am* hinauswerfen
zumbarse raufen; *jmdn* vernaschen; *Am reg* verduften; **~ *de alg*** sich über jmdn lustig machen
zumbido *m* Summen *n*; Surren *n*; Brummen *n*; Schnarren *n*; Schwirren *n*; Brausen *n*; Schnurren *n*; TEL Läuten *n*; *Motor* Dröhnen *n*; *Menge* Stimmengewirr *n*; **~ *de oídos*** Ohrensausen *n*
zumbón I *Adj* spöttisch **II** *m* Spötter *m*, Lästerzunge *f*; Spaßvogel *m*
zumiento saftig, saftreich
zumo *m* Saft *m*; **~ *de frutas*** Fruchtsaft *m*; **~ *de limón*** (***manzana***; ***naranja***; ***uva***) Zitronen-(Apfel-; Orangen-; Trauben)saft *m*
zumoso saftig
zunch|ar *tr* aufschrumpfen; aufziehen; klammern; mit einem Reifen versehen; **~o** *m* metallische Klammer *f*; Metallring *m*; Zwinge *f*
zupia *f* trüber Wein *m*; Gesöff *n*; Abschaum *m*; *Bol*, *Ven* Fusel *m*
zurcido *m* Stopfen *n*; Flicken *n*
zurcidora *f* (Kunst-)Stopferin *f*; **~ *de voluntades*** Kupplerin *f*
zurc|idura *f* Gestopftes *n*; ausgebesserte Stelle *f*; **~ir** ⟨-c/z-⟩ *tr* stopfen; flicken
zurder|a, **~ía** *f* Linkshändigkeit *f*; Ungeschick *n*, Ungeschicktheit *f*
zurdo I *Adj* link; linkshändig; linkisch, ungeschickt ◇ ***no ser ~*** etwas auf dem Kasten haben *viel können* **II** *m* Linkshänder *m*
zurear *intr* girren, gurren
Zúrich *m* Zürich *n*
zurra *f* Tracht *f* Prügel; **~dor** *m*, **~dora** *f* Gerber(in) *m*(*f*); **~pa** *f* Schliere *f*; Ausschuss *m*, Schund *m*; **~piento**, **~poso** *Flüssigkeit* trüb; schlierig
zurrar *tr* gerben; *jmdm* das Fell gerben *Prügel verabreichen*; herunterputzen, anschnauzen; **~se** *vor Angst* in die Hosen machen
zurriaga *f* → ***zurriago***
zurriag|ar ⟨-g/gu-⟩ *tr* peitschen; **~azo** *m* Peitschenschlag *m*, -hieb *m*; (Schicksals-)Schlag *m*; **~o** *m* Peitsche *f*
zurribanda *f* Tracht *f* Prügel ◇ ***armar una ~*** eine Keilerei beginnen
zurrón *m* Hirtentasche *f*; Ledertasche *f*; Ranzen *m*; Rucksack *m*
zutano *m* Herr Sowieso, (Herr) Dingsda, Herr Dingsbums
zuzo: ***¡zuzo!*** husch!, ksch! *zum Verscheuchen von Hunden*

Z

A

A, a [aː] *n* ⟨-; -⟩ A, a *f*; MUS la *m*; ***das A und O*** lo esencial; ***von A bis Z*** de cabo a rabo; ***wer A sagt, muss auch B sagen*** una obligación trae la otra

à [a] *prp* ⟨+*nom*⟩ ECON a, de; ***zwei Briefmarken ~ 50 Cent*** dos sellos de 50 céntimos

AA [aˈʔaː] *n Abk* (*Auswärtiges Amt*) Ministerio *m* de Asuntos Exteriores

Aachen [ˈaːxən] *n* Aquisgrán *m*

Aal [aːl] *m* ⟨-(e)s, -e⟩ anguila *f*

aalen [ˈaːlən] *v/r* ***sich ~*** desperezarse, estirarse; F ***sich in der Sonne ~*** tumbarse al sol

ˈaalˈglatt *adj fig* escurridizo

a.a.O. *Abk* (*am angeführten Ort*) en el lugar citado

Aar [aːr] *m* ⟨-s, -e⟩ *poet* águila *f*

Aas [aːs] *n* ⟨-(e)s⟩ **1** carroña *f*; **2** P *fig* ⟨*pl* Äser⟩ mal bicho *m*; ***so ein ~!*** ¡qué canalla!; ***kein ~*** (*niemand*) nadie, ni un alma

ˈaasen *v/i* F ***mit etw ~*** malgastar *od* despilfarrar a/c

ˈAasgeier *m* buitre *m* (*a* F *fig*)

ab [ap] **I** *prp* ⟨+*gen*⟩ **1** *räumlich* desde, de; ***~ Seite 17*** de(sde) la página 17; ***~ Berlin*** de (desde) Berlín; COM puesto en Berlín; ***~ Fabrik*** COM puesto en fábrica; ***~ Lager*** franco (en) almacén; ***~ Werk*** en fábrica; **2** *zeitlich* a partir de, desde; F ***von … ~*** de … en adelante; **3** *Personen* ***~ 18*** de(sde) los 18 (en adelante); *Bücher usw* ***~ 30 Euro*** desde 30 euros; **II** *adv* **4** (*weg, fort*) fuera; ***weit ~*** lejos; **5** ***~ sein*** (*los sein*) haberse caído; **6** BAHN ***Bern ~ 16.30*** salida de Bern a las 16.30; **7** ***~ und zu*** de vez en cuando

ˈabänder|n *v/t* ⟨*sep*⟩ modificar, cambiar; **≗ung** *f* modificación *f*, cambio *m*; *e-s Gesetzes* enmienda *f*

ˈabarbeiten ⟨*sep*⟩ **I** *v/t Schulden usw* pagar trabajando; **II** *v/r* ***sich ~*** matarse trabajando

Abart [ˈapʔart] *f* BIOL variedad *f* (*a fig*)

ˈabartig *adj* anormal; pervertido

Abb. *f Abk* (*Abbildung*) figura *f*

ˈAbbau *m* ⟨-(e)s⟩ **1** TEC desmontaje *m*, desmantelamiento *m*; **2** MIN explotación *f*; ***~ unter Tage*** explotación *f* subterránea; **3** CHEM desintegración *f*; **4** *fig* supresión *f*; *von Ausgaben* reducción *f*; *von Arbeitsplätzen* recorte *m*, reducción *f*; *von Missständen* supresión *f*; *von Vorurteilen* eliminación *f*

ˈabbaubar *adj* ECOL degradable; ***biologisch ~*** biodegradable

ˈabbauen ⟨*sep*⟩ **I** *v/t* **1** *Gerüste*, *Kulissen usw* desmantelar; *Zelt*, *Lager* desmontar; **2** MIN *Kohle*, *Erz* explotar; **3** CHEM desintegrar; **4** (*senken*) reducir, restringir; **5** *Personal* reducir; **6** *Missstände* suprimir; *Vorurteile* eliminar; **II** *v/i* **7** debilitarse

ˈabbeißen *v/t* ⟨*irr*, *sep*⟩ morder

ˈabbeizen *v/t* ⟨*sep*⟩ tratar con mordiente

ˈabbekommen *v/t* ⟨*irr*, *sep*, *sin* ge⟩ **1** (*wegbekommen*) lograr quitar; **2** ***etwas*** *od* ***sein Teil ~*** recibir a/c *od* su parte; *fig* ***etw ~*** (*beschädigt werden*) llevarse a/c; ***das Auto hat nichts ~*** al coche no le pasó nada

ˈabberufen *v/t* ⟨*irr*, *sep*⟩ *Botschafter usw* retirar; *von e-m Amt* destituir

ˈabbestell|en *v/t* ⟨*sep*⟩ *Bestellung* anular; *Zeitung* dar(se) de baja; ***j-n ~*** anular una cita con alg; **≗ung** *f* anulación *f*

ˈabbiege|n ⟨*irr*, *sep*⟩ **I** *v/i* ⟨sn⟩ doblar; (***nach***) ***links ~*** girar *od* torcer a la izquierda; **II** *v/t* ⟨h⟩ doblar; F *fig* dar un giro a, evitar; **≗spur** *f* carril *m* de giro

ˈAbbild *n* **1** (*Nachbildung*) copia *f*; **2** (*Bild*) imagen *f*; **3** *fig* (*Spiegelbild*) reflejo *m*

ˈabbilden *v/t* ⟨*sep*⟩ **1** (*wiedergeben*) copiar; **2** (*zeigen*) representar; ***wie oben abgebildet*** como se ve en la imagen de arriba

ˈAbbildung *f* reproducción *f*, imagen *f*; *in Texten* ilustración *f*

ˈabbinden ⟨*irr*, *sep*⟩ **I** *v/t* **1** (*losbinden*) soltar, desatar; **2** MED (*abschnüren*) ligar; **II** *v/i* **3** *Zement usw* fraguar

ˈAbbitte *f* ***j-m ~ leisten*** presentar sus excusas a alg (***wegen*** por)

ˈabblasen *v/t* ⟨*irr*, *sep*⟩ **1** *Dampf* dejar escapar; **2** F *fig Veranstaltung* anular, suspender

ˈabblättern *v/i* ⟨*sep*, sn⟩ *Farbe usw* descascarillarse

ˈabblenden ⟨*sep*⟩ **I** *v/t* **1** *Licht* amortiguar; *Scheinwerfer* abatir, tapar; **II** *v/i* **2** AUTO bajar las luces, poner la luz de cruce; **3** FOT diafragmar

ˈAbblendlicht *n* AUTO luz *f* de cruce

ˈabblitzen *v/i* ⟨*sep*, sn⟩ F (***bei j-m***) ***~*** recibir un desplante (de alg); ***j-n ~ lassen*** dar calabazas a alg

ab'blocken *v/t* ⟨*sep*⟩ *fig* bloquear, rechazar

'abbrechen ⟨*irr, sep*⟩ **I** *v/t* ⟨h⟩ **1** romper (*a* F *fig*); **2** *Haus usw* derribar, demoler; *Lager* levantar; **3** *fig Beziehung* romper; *Studium* dejar, abandonar; *Spiel*, *Kampf* suspender; **4** INFORM cancelar; **II** *v/i* **5** ⟨sn⟩ romperse; **6** ⟨h⟩ *fig* (*aufhören*) interrumpirse

'abbremsen *v/t*, *v/i* ⟨*sep*⟩ frenar

'abbrennen ⟨*irr, sep*⟩ **I** *v/t* ⟨h⟩ *Haus usw* quemar (a *Feuerwerk*); **II** *v/i* ⟨sn⟩ quemarse, calcinarse

'abbringen *v/t* ⟨*irr, sep*⟩ ***j-n von etw* ~** disuadir a alg de a/c; ***j-n davon ~, etw zu tun*** disuadir a alg de hacer a/c

'abbröckeln *v/i* ⟨*sep*, sn⟩ *Mauer* desmoronarse; *Verputz usw* desconcharse; *Kurse*, *Preise* debilitarse (*a fig*)

'Abbruch *m* ⟨-(e)s⟩ **1** *e-s Hauses* derribo *m*, demolición *f*; **2** *fig von Beziehungen* ruptura *f*; **3** *e-r Sache* **~ *tun*** perjudicar

'abbruchreif *adj* (en estado) ruinoso

'abbuchen *v/t* ⟨*sep*⟩ ***e-e Summe von j-s Konto* ~** cargar una cantidad en la cuenta de alg; ***etw ~ lassen*** domiciliar un recibo

'Abbuchung *f von e-m Konto* adeudo *m*, cargo *m*; **~sauftrag** *m* orden *f* de domiciliación de pagos; **~sverfahren** *n* domiciliación *f* de recibos

'abbürsten *v/t* ⟨*sep*⟩ *Kleidung* cepillar; *Staub* quitar

Abc [aːbeːˈtseː] *n* abecedario *m*, abecé *m*

'abchecken F *v/t* ⟨*sep*⟩ (*prüfen*) controlar; *Am* chequear

AB'C-Schütze *m* (*Schulanfänger*) alumno, -a *m,f* de primero

AB'C-Waffen *pl* armas *f/pl* atómicas, biológicas y químicas, armas *f/pl* ABQ

'abdampfen ⟨*sep*, sn⟩ **I** *v/i Zug usw* ponerse en marcha; F *Person* esfumarse; **II** *v/t* TEC ***etw* ~** evaporar a/c

'abdank|en *v/i* ⟨*sep*⟩ *Minister usw* dimitir; *König* abdicar; **'≈ung** *f e-s Ministers usw* dimisión *f*; *e-s Königs* abdicación *f*

'abdecken *v/t* ⟨*sep*⟩ **1** *Dach*, *Haus* destejar; *Tisch* quitar; **2** (*zudecken*, *verdecken*) tapar; **3** (*einschließen*) cubrir; **4** FIN *Risiko* cubrir; ***e-n Kredit* ~** re(e)mbolsar un crédito

'Abdeckung *f* **1** TEC tapa *f*; **2** FIN cobertura *f*, provisión *f* de fondos

'abdichten *v/t* ⟨*sep*⟩ tapar, aislar; *wasserdicht* impermeabilizar

'abdrängen *v/t* ⟨*sep*⟩ separar (de un grupo) *od* alejar a empujones

'abdrehen ⟨*sep*⟩ **I** *v/t* ⟨h⟩ **1** desenroscar; **2** *Gas*, *Wasser usw* cerrar; *bsd österr Licht* apagar; **II** *v/i* **3** ⟨sn⟩ AVIA, MAR cambiar el rumbo

'abdriften *v/i* ⟨*sep*, sn⟩ perder el rumbo

'Abdruck[1] *m* ⟨-(e)s; ¨e⟩ *e-s Fingers*, *Fußes usw* huella *f*; (*Gips*≈) impresión *f*

'Abdruck[2] *m* ⟨-(e)s⟩ **1** impresión *f*; *Exemplar* copia *f*; **2** (*Nachdruck*) reproducción *f*

'abdrucken *v/t* ⟨*sep*⟩ imprimir, reproducir

'abdrücken ⟨*sep*⟩ **I** *v/t* ***j-m die Luft* ~** estrangular a alg; **II** *v/i* (*schießen*) apretar el gatillo; ***auf j-n* ~** disparar a alg

'abdunkeln *v/t* ⟨*sep*⟩ *Raum* oscurecer; *Licht* atenuar, reducir

'abduschen ⟨*sep*⟩ **I** *v/t* duchar; **II** *v/r* ***sich* ~** ducharse, tomar *od* darse una ducha

'abebben *v/i* ⟨*sep*, sn⟩ *Lärm usw*, *a fig Schmerz* disminuir, calmarse

Abend [ˈaːbənt] *m* ⟨-s; -e⟩ **1** *früher* tarde *f*; *später* noche *f*; ***am (späten)* ~** por la noche; ***heute* ~** esta tarde *od* noche; ***gestern* ~** ayer por la tarde, anoche; ***morgen* ~** mañana por la tarde *od* noche; ***Sonntag* ~** el domingo por la tarde *od* por la noche; **2 *guten ~!*** ¡buenas tardes *od* noches!; **3 *zu ~ essen*** cenar; **4 *es wird* ~** atardece *od* anochece; **5 *man soll den Tag nicht vor dem ~ loben*** antes del final, no cantes victoria; ***es ist noch nicht aller Tage* ~** aún puede pasar de todo

'Abend|brot *n* cena *f*; **~dämmerung** *f* crepúsculo *m*; anochecer *m*; **~essen** *n* cena *f*; **≈füllend** *adjt Film usw* que dura toda la noche; **~kasse** *f* taquilla *f*; **~kleid** *n* traje *m* de noche; **~kurs** *m* curso *m* nocturno; **~land** *n* ⟨-(e)s⟩ Occidente *m*; **≈ländisch** [-lɛndɪʃ] *adj* occidental; **≈lich** *adj* vespertino, de la tarde

'Abendmahl *n* ⟨-(e)s⟩ REL Eucaristía *f*; comunión *f*; ***das ~ nehmen*** comulgar

'Abend|rot *n*, **~röte** *f* crepúsculo *m*, arrebol *m* crepuscular

'abends *adv* por la tarde *od* noche; ***um 7 Uhr* ~** a las siete de la tarde; ***sonntags* ~** el domingo por la tarde *od* noche; ***spät* ~** por la noche

'Abend|schule *f* escuela *f* nocturna; **~sonne** *f* sol *m* poniente *od* crepuscular; **~stern** *m* lucero *m* de la tarde *od* vespertino; **~stunde** *f* anochecer *m*; **~vorstellung** *f* THEA función *f* de la tarde; **~zeitung** *f* periódico *m* de la tarde

Abenteuer [ˈaːbəntɔʏər] *n* ⟨-s; -⟩ aventura *f*; **≈lich** *adj* aventurero; *fig* aventurado, descabellado; **~lust** *f* ⟨-⟩ espíritu *m* aventurero

'Abenteurer(in) *m(f)* aventurero, -a *m,f*

aber [ˈaːbər] **I** *cj* pero; ***oder* ~** o bien; **II** *adv* ***das ist ~ nett von dir*** pero qué amable (eres); ***hundert und ~ hundert*** cientos y cientos; **III** *int* **~, ~!** ¡pero cómo!; **~ *ja!*, ~ *sicher!*** ¡desde luego!, ¡claro que sí!; **~ *nein!*** ¡(claro que) no!

'Aber *n* ⟨-s; -⟩ pero *m*; ***die Sache hat ein ~*** el asunto tiene una pega; ***ohne Wenn und ~*** sin peros que valgan

'Aber|glaube *m* ⟨-ns⟩ superstición *f*; **2gläubisch** [-glɔʏbɪʃ] *adj* supersticioso

'aberkennen *v/t* ⟨*irr*, *sep*, *sin* ge⟩ JUR ***j-m etw ~*** privar a alg de a/c; ***j-m ein Recht ~*** privar a alg de un derecho

'aber|malig *adj* repetido, reiterado; **~mals** *adv* de nuevo, otra vez; **~witzig** *adj* disparatado, absurdo

'abfackeln *v/t* ⟨*sep*⟩ quemar

'abfahrbereit *adj* preparado para salir

'abfahren ⟨*irr*, *sep*⟩ **I** *v/i* ⟨sn⟩ **1** (*wegfahren*) salir, partir (***nach*** a, hacia); **2** *Skisport* descender; **3** F *fig* ***auf j-n, etw voll ~*** alucinar con alg, a/c; **4** F ***j-n ~ lassen*** dar calabazas a alg; **II** *v/t* ⟨h⟩ **5** *Schutt usw* transportar, acarrear; **6** *Reifen usw* gastar; **7** *Strecke* recorrer

'Abfahrt *f* **1** *e-s Zugs*, *Autos usw* salida *f* (***nach*** a, para); (*Abreise*) partida *f*; **2** *Skisport* descenso *m*, bajada *f*; **3** (*Autobahn2*) salida *f*

'Abfahrts|lauf *m* *Skisport* (carrera *f* de) descenso *m*; **~läufer(in)** *m(f)* velocista *m,f*; **~zeit** *f* hora *f* de salida

'Abfall *m* ⟨-(e)s⟩ **1** *a pl* ***Abfälle*** desechos *m/pl*, residuos *m/pl*; (*Müll*) basura *f*; ***atomare Abfälle*** residuos *m/pl* radiactivos; ***biologische Abfälle*** desperdicios *m/pl* biológicos; ***Abfälle entsorgen*** eliminar desechos; ***Abfälle weiterverarbeiten*** transformar los desechos; **2** (*Rückgang*) descenso *m*, disminución *f*; *bsd* EL baja *f*, caída *f*; **3** *von Verbündeten* defección *f*, abandono *m*

'Abfall|... *in Zssgn a* → ***Müll...***; **~aufbereitung** *f* tratamiento *m* de desechos *od* residuos; **~beseitigung** *f* eliminación *f* de desechos *od* residuos; **~container** *m* contenedor *m* de basura; **~eimer** *m* cubo *m* de la basura

'abfallen *v/i* ⟨*irr*, *sep*, sn⟩ **1** (*sich ablösen*) caer(se), desprenderse (***von*** de); **2** *Gelände* ir en declive, descender; ***steil ~*** ser empinado; **3** (*abnehmen*) disminuir, mermar; ***~ gegenüber*** ser inferior a; **4** (*übrig bleiben*) sobrar; **5** F (*herausspringen*) tocar (***bei*** con; ***für*** a); ***was fällt für mich dabei ab?*** ¿y qué saco yo con eso?; **6** POL abandonar (***von j-m*** a alg)

'abfallend *adjt Gelände* ***steil ~*** empinado

'abfällig I *adj* desfavorable, despectivo; **II** *adv* ***~ sprechen über*** (+*acus*) *od* ***von*** menospreciar a, hablar negativamente de

'Abfall|management *n* gestión *f* de residuos; **~produkt** *n* subproducto *m*; **~vermeidung** *f* evitación *f* de residuos; **~verwertung** *f* aprovechamiento *m* de desperdicios, reciclaje *m*; **~wirtschaft** *f* gestión *f* de residuos

'abfälschen *v/t* ⟨*sep*⟩ *Ball* desviar

'abfangen *v/t* ⟨*irr*, *sep*⟩ **1** *Brief*, *Nachricht* interceptar; *Person* coger, atrapar; **2** AVIA enderezar

'Abfangjäger *m* AVIA caza *m* interceptor

'abfärben *v/i* ⟨*sep*⟩ desteñir; ***auf etw*** (*acus*) ~ manchar a/c

'abfassen *v/t* ⟨*sep*⟩ redactar

'abfedern *v/t* ⟨*sep*⟩ SPORT amortiguar; *fig Verluste*, *soziale Härten usw* amortiguar, suavizar

'abfeiern *v/t* ⟨*sep*⟩ ***Überstunden ~*** librar por horas extras

'abfeilen *v/t* ⟨*sep*⟩ TEC limar

'abfertigen *v/t* ⟨*sep*⟩ **1** *Gepäck* facturar; *Post* expedir, despachar; **2** *Waren* despachar; **3** (*bedienen*) atender, despachar; F ***j-n kurz ~*** despedir bruscamente *od* despachar mal a alg

'Abfertigung *f* **1** *von Gepäck* facturación *f*; **2** ECON *von Waren* despacho *m*; ***zollamtliche ~*** trámites *m/pl* de aduana

'Abfertigungs|halle *f* terminal *f*; **~schalter** *m* ventanilla *f* de despacho; AVIA mostrador *m* de facturación

'abfeuern *v/t* ⟨*sep*⟩ disparar, lanzar (***auf*** +*acus* a)

'abfinden ⟨*irr*, *sep*⟩ **I** *v/t* ***j-n ~*** (*entschädigen*) pagar a alg, compensar a alg, indemnizar a alg; **II** *v/r* ***sich mit etw ~*** conformarse con a/c; ***damit kann ich mich nicht ~!*** ¡no me puedo resignar a eso!

'Abfindung *f* indemnización *f*; (*~szahlung*) *a* paga *f* por acomodo

'abflachen ⟨*sep*⟩ **I** *v/t* aplanar, allanar; **II** *v/i* allanarse; *fig* disminuir; *Konjunktur* ralentizar

'abflauen *v/i* ⟨*sep*, sn⟩ **1** *Wind* amainar; *Lärm* calmarse; **2** *Begeisterung*, *Interesse* disminuir; **3** ECON *Konjunktur* estar en baja, estar en retroceso

'abfliegen ⟨*irr*, *sep*⟩ **I** *v/i* ⟨sn⟩ partir, salir (***nach*** hacia); *Flugzeug a* despegar; **II** *v/t* ⟨h⟩ *Strecke* sobrevolar

'abfließen *v/i* ⟨*irr*, *sep*, sn⟩ salir(se); *Geld*, *Kapital* salir

'Abflug *m* despegue *m*; salida *f*; **2bereit** *adj Flugzeug* preparado para despegar; **~hafen** *m* aeropuerto *m* de salida; **~halle** *f* terminal *f* de salidas

'Abfluss *m* **1** *e-s Waschbeckens usw* desagüe *m*; **2** *der Kanalisation* alcantarilla *f*; **3** *von Geld*, *Kapital* salida *f*; **~reiniger** *m* (producto *m*) desatascador *m*; **~rohr** *n* cañería *f* de desagüe

'Abfolge *f* sucesión *f*, serie *f*

'abfordern *v/t* ⟨*sep*⟩ pedir, exigir

'Abfrage *f* INFORM *von Daten* consulta *f*
'abfragen *v/t* ⟨*sep*⟩ **1** *Schüler usw* preguntar; **2** INFORM *Daten* consultar
'abfressen *v/t* ⟨*irr, sep*⟩ *Blätter, Gras* comer(se); *Baum usw* comer(se) todas las hojas de
'abfrieren ⟨*irr, sep,* sn⟩ **I** *v/i* helarse, congelarse; **II** *v/t* F *sich* (*dat*) *e-n* ~ congelarse, quedarse helado
Abfuhr ['apfuːr] *f* ⟨-; -en⟩ **1** (*Abtransport*) transporte *m*; recogida *f*; **2** *fig* (*Zurückweisung*) desaire *m*, repulsa *f*; ***j-m e-e ~ erteilen*** echar a alg con cajas destempladas; ***sich e-e ~ holen*** sufrir un desaire
'abführen ⟨*sep*⟩ **I** *v/t* **1** ***j-n ~*** llevar(se) detenido a alg; **2** ***vom Thema ~*** desviar(se) *od* apartar(se) del tema; **3** *Steuern, Geld usw* pagar (***an*** *+acus* a); **II** *v/i* **4** MED purgar, tener efecto purgante
'Abführmittel *n* MED laxante *m*, purgante *m*
'Abfüllanlage *f* planta *f* envasadora; *in Flaschen* planta *f* embotelladora
'abfüll|en *v/t* ⟨*sep*⟩ *in Beutel, Tüten usw* envasar; *in Flaschen* embotellar; **2ung** *f* envase *m*; *in Flaschen* embotellamiento *m*
'Abgabe *f* **1** (*Ablieferung*) entrega *f*; **2** *e-r Erklärung* emisión *f*; **3** (*Verkauf*) venta *f*; **4** (*Ball2*) pase *m*; **5** FIN *mst pl* **~n** impuestos *m/pl*; **6** *von Wärme, Strom usw* emisión *f*; **~datum** *n* fecha *f* tope
'abgaben|frei *adj* exento *od* libre de impuestos *bzw* de derechos; **~pflichtig** *adj* sujeto a impuestos *bzw* de derechos; **2system** *n* sistema *m* de impuestos
'Abgabetermin *m* fecha *f* de entrega
'Abgang *m* ⟨-(e)s; ⸚e⟩ **1** (*Weggehen*) salida *f*; *von der Schule* finalización *f de los estudios*; THEA mutis *m*; *fig* ***sich e-n guten ~ verschaffen*** dejar buena impresión; **2** *von Waren* despacho *m*; (*Absatz*) venta *f*, salida *f*; **3** *Turnen* salida *f*; **4** MED flujo *m*, expulsión *f*; (*Fehlgeburt*) aborto *m*
'Abgangszeugnis *n e-r Schule* certificado *m od* diploma *m* de fin de estudios
'Abgas *n* (gas *m* de) escape *m*; **2arm** *adj*, **2reduziert** *adj* bajo en gases de escape; **~test** *m* prueba *f* de gases de escape; **~untersuchung** *f* AUTO control *m* de gases de combustión
'abgearbeitet *adj* agotado
'abgeben ⟨*irr, sep*⟩ **I** *v/t* **1** *Brief, Geld usw* entregar (***an*** *+acus* a); *Gepäck, Mantel* dejar; **2** (*abtreten, schenken*) dar, ceder; ***j-m etw ~*** ceder a alg a/c (***von*** de); ***die Leitung, Macht ~*** pasar *od* ceder la dirección, el poder (***an*** *+acus* a); **3** *Erklärung* dar; ***s-e Stimme ~*** depositar su voto, votar; **4** ECON *Angebot* hacer; *Waren* vender (***an*** *+acus* a); ***billig ~*** vender barato; **5** *Ball* pasar (***an*** *+acus* a); **6** *Wärme, Dampf usw* emitir, irradiar; **7** ***e-n Schuss ~*** disparar; **8** F (*darstellen, sein*) parecer, tener aspecto de; ***er würde e-n guten Lehrer*** *usw* **~** sería un buen profesor, *etc*; **II** *v/i* **9** SPORT pasar; **III** *v/r* **10** ***sich ~ mit*** ocuparse de; *mit j-m a* tener trato con; ***damit kann ich mich nicht ~*** no puedo ocuparme de eso
'abgebrannt *adjt* F *fig* (*pleite*) ***~ sein*** estar sin blanca
'abgebrüht F *adj fig* curado de espanto
'abgedroschen F *adj* trillado, gastado
'abgefahren *adjt Reifen* desgastado; F *fig* (*beeindruckend*) alucinado
'abgefeimt ['apgəfaɪmt] F *adj* astuto, taimado
'abgegriffen gastado, usado, manido
'abgehackt *adjt fig Worte, Stil* entrecortado; *Rhythmus* brusco
'abgehangen *adjt* manido
'abgehärtet *adjt* endurecido, curtido (***gegen*** frente a)
'abgehen ⟨*irr, sep,* sn⟩ **I** *v/i* **1** *Post, Waren* salir (***nach*** a, hacia); *Schiff* zarpar (***nach*** a, hacia); **2** (*weggehen*) salir; THEA hacer mutis; ***von der Schule ~*** dejar la escuela; **3** (*sich ablösen*) desprenderse; *Farbe* irse; *Knopf* caerse; **4** *Straße usw* apartarse; **5** (*abgezogen werden*) *Betrag usw* deducirse, descontarse (***von*** de); ***hiervon gehen 7% ab*** se descuenta el 7%; **6** *fig* ***von e-r Regel*** *usw* **~** apartarse de la regla, *etc*; ***davon kann ich nicht ~!*** ¡insisto en ello!; **7** MED ser expulsado; **8** F *fig* (*fehlen*) faltar; ***ihm geht jeder Humor ab*** no tiene ni una pizca de humor; ***ihr geht nichts ab*** no carece de nada; **9** ***gut, glatt ~*** salir bien; ***es ging nicht ohne Streit ab*** no se consiguió sin disputas; **II** *v/t* **10** *Strecke* recorrer, inspeccionar
'abgehetzt *adjt* **1** (*atemlos*) ajetreado, desalentado; **2** (*erschöpft*) hecho polvo
'abgekämpft *adjt* rendido, agotado
'abgekartet *adjt* F ***ein ~es Spiel*** un juego amañado
'abgeklärt *adjt* maduro, asentado
'abgelaufen *adjt* vencido, expirado; ***die Frist ist ~*** el plazo ha expirado; ***im ~en Geschäftsjahr*** en el ejercicio precedente
'abgelegen *adj* apartado, aislado
'abgelten *v/t* ⟨*irr, sep*⟩ pagar, indemnizar
'abgemagert *adj* escuálido
'abgeneigt *adj* ***e-r Sache*** (***nicht***) ***~ sein*** (no) ser contrario a una cosa; ***nicht ~ sein, etw zu tun*** no tener inconveniente en hacer a/c
'abgenutzt *adjt a fig* gastado, raído
'Abgeordnete(r) *f*(*m*) ⟨→ A⟩ diputado, -a *m,f*
'abgepackt *adjt Ware* empaquetado
'abgerissen *adjt* **1** *Kleidung* andrajoso,

desharrapado; *Person* desastrado, desaliñado; **2** *Sätze*, *Gedanken usw* incoherente
'Abgesandte(r) *geh f(m)* ⟨→ A⟩ emisario, -a *m,f*; delegado, -a *m,f*
'abgeschieden *geh adjt* solitario, aislado; **2heit** *f* ⟨-⟩ soledad *f*, aislamiento *m*
'abgeschlafft F *adj* (*erschöpft*) hecho polvo, fatigado
'abgeschlossen *adjt* **1** *Tür usw* cerrado (con llave); **2** (*beendet*) concluido, completo; **3** (*isoliert*) aislado, retirado
abgeschmackt ['apgəʃmakt] *adj fig* de mal gusto, vulgar
'abgesehen *advt* **(ganz) ~ von** prescindiendo de; dejando aparte; **~ davon, dass ...** sin tener en cuenta que ...
'abgespannt *adjt* cansado, fatigado; **2heit** *f* ⟨-⟩ cansancio *m*, fatiga *f*
'abge|standen *adjt Wasser usw* reposado; *Bier, Sprudel* desabrido, rancio; **~storben** *adjt Glieder* entumecido; **~stumpft** *adjt* apático, abúlico; **~takelt** F *adjt* acabado, pasado; **~tragen** *adjt Kleider* gastado, raído; **~treten** *adjt Absätze* desgastado; **~wetzt** *adjt Stoff, Leder* gastado, raído
'abgewinnen *v/t* ⟨*irr, sep*⟩ ***e-r Sache*** (*dat*) ***etw ~*** encontrarle *od* sacarle a una cosa a/c
'abgewöhnen *v/t* ⟨*sep*⟩ **1** ***j-m etw ~*** quitar a alg la costumbre de a/c; **2** ***sich*** (*dat*) ***das Rauchen ~*** dejar de fumar
'abgezehrt *adjt* demacrado, macilento
'abgießen *v/t* ⟨*irr, sep*⟩ **1** *Flüssigkeit* verter; **2** *Kartoffeln* vaciar, sacar el agua de
'Abglanz *m* destello *m*; reflejo *m* (*a fig*)
'abgleichen *v/t* ⟨*irr, sep*⟩ ***etw ~ mit*** igualar, ajustar a/c con (*a Konten*)
'abgleiten *geh v/i* ⟨*irr, sep*, sn⟩ **1** resbalar, deslizarse (**von** de); **2** *fig* ***Kritik*** *usw* ***gleitet von ihm ab*** es insensible a la crítica, *etc*
'Abgott *m* ⟨-(e)s; ⸗er⟩ ídolo *m*
abgöttisch ['apgœtɪʃ] **I** *adj* idólatra; **II** *adv* ***j-n ~ lieben*** idolatrar a alg
'abgrasen *v/t* ⟨*sep*⟩ **1** *Wiese* pacer; **2** F *fig* (*absuchen*) ***etw*** (***nach etw, j-m***) ***~*** recorrer a/c (buscando a/c, a alg)
'abgrenzen *v/t* ⟨*sep*⟩ **1** *Gelände usw* delimitar, demarcar; (*trennen*) separar (***gegen, von*** de); **2** *fig Begriffe* ***gegeneinander ~*** definir, deslindar
'Abgrenzung *f* **1** delimitación *f*, demarcación *f*; **2** *von Begriffen* definición *f*
'Abgrund *m* ⟨-(e)s; ⸗e⟩ abismo *m*, precipicio *m*; *fig* ***am Rande des ~s*** al borde del abismo
abgründig ['apgrʏndɪç] *adj* **1** (*rätselhaft*) insondable, inescrutable; **2** *Hass* abismal
'abgrundtief *adj Hass usw* abismal
'abgucken *v/t* ⟨*sep*⟩ F ***j-m etw ~, etw bei*** *od* ***von j-m ~*** copiar a/c de alg
'Abguss *m* TEC vaciado *m*
'abhaben *v/t* ⟨*irr, sep, sin* ge⟩ F ***willst du etw*** (***davon***) ***~?*** ¿quieres un poco de esto?
'abhacken *v/t* ⟨*sep*⟩ cortar (a hachazos)
'abhaken *v/t* ⟨*sep*⟩ **1** (*loshaken*) descolgar, soltar; **2** *auf e-r Liste* marcar, señalar; *fig* ***etw ~*** (*erledigen*) concluir a/c, liquidar a/c
'abhalten *v/t* ⟨*irr, sep*⟩ **1** (*fernhalten, abwehren*) ***etw, j-n*** (***von sich***) ***~*** mantener a/c, a alg lejos (de uno); **2** (*hindern*) ***j-n von etw ~*** impedir a/c a alg; **3** *Feier, Wahlen* celebrar; *Vorlesung usw* dar; ***abgehalten werden*** tener lugar
'abhandeln *v/t* ⟨*sep*⟩ **1** ***j-m etw ~*** comprar (-le) a/c a alg (regateando); **2** *Thema usw* tratar
ab'handen *adv* **~ *kommen*** perderse, extraviarse; ***mir ist meine Uhr ~ gekommen*** se me ha perdido el reloj
'Abhandlung *f* tratado *m*, disertación *f* (***über*** *+acus* sobre)
'Abhang *m* ⟨-(e)s; ⸗e⟩ cuesta *f*, pendiente *f*; *e-s Bergs* falda *f*
'abhängen[1] *v/t* ⟨*sep*⟩ **1** BAHN (*abkuppeln*) desenganchar; **2** F *fig Verfolger* dejar atrás
'abhängen[2] *v/i* ⟨*irr, sep*⟩ **1 ~ *von*** depender de; ***es hängt von dir ab*** depende de ti; ***das hängt ganz davon ab*** depende; **2** *Fleisch* manir
abhängig ['aphɛŋɪç] *adj* **1** dependiente; ***von j-m, etw ~ sein*** depender de alg, a/c; **2** MED *von Drogen* adicto; **3** LING *Satz(teil)* subordinado
'Abhängigkeit *f* dependencia *f* (***von*** de); *von Drogen* adicción *f*; ***gegenseitige ~*** interdependencia *f*
'abhärten *v/t*, *v/r* ⟨*sep*⟩ (***sich***) **~** endurecer (-se), curtir(se) (***gegen*** frente a)
'Abhärtung *f* ⟨-⟩ endurecimiento *m* (***gegen*** frente a)
'abhauen ⟨*irr, sep*⟩ **I** *v/t* ⟨h⟩ *Baum* talar; *Ast* cortar; **II** *v/i* ⟨sn⟩ F (*verschwinden*) largarse; ***hau ab!*** ¡fuera!; ¡lárgate!
'abhäuten *v/t* ⟨*sep*⟩ desollar
'abheben ⟨*irr, sep*⟩ **I** *v/t* **1** *Deckel* levantar; *Telefonhörer* coger; *Spielkarten* cortar; **2** *Geld* retirar, sacar; **II** *v/i* **3** *Flugzeug* despegar; **4** *Telefon* coger (el teléfono); **5** *beim Kartenspiel* cortar; **6** F *fig* irse; **III** *v/r* **7** ***sich ~*** *als Kontrast* destacarse (***gegen, von*** de)
'abheften *v/t* ⟨*sep*⟩ archivar
'abheilen *v/i* ⟨*sep*, sn⟩ *Entzündung usw* curarse; *Wunde* cicatrizar(se)
'abhelfen *v/i* ⟨*irr, sep*⟩ ***e-r Sache ~*** poner remedio a algo
'abhetzen *v/r* ⟨*sep*⟩ ***sich ~*** agobiarse, acelerarse

'Abhilfe *f* remedio *m*; **~ schaffen** poner remedio (**für** a)
'abhobeln *v/t* ⟨*sep*⟩ cepillar
'abholbereit *adj* **~ sein** estar listo para ser recogido
'abholen *v/t* ⟨*sep*⟩ recoger, buscar; **etw ~ lassen** mandar a por a/c; **j-n vom Bahnhof ~** ir a recoger *od* a buscar a la estación a alg
'Abholmarkt *m* almacén *m* autoservicio
'abholz|en *v/t* ⟨*sep*⟩ talar, deforestar; **≗ung** *f* deforestación *f*
'Abhöranlage *f* instalación *f* para escuchas
'abhorchen *v/t* ⟨*sep*⟩ MED auscultar
'abhören *v/t* ⟨*sep*⟩ **1** (*abfragen*) **j-m etw ~** preguntar(le) a/c a alg, repasar(le) a/c a alg; **2** MED (*abhorchen*) auscultar; **3** *Funkspruch usw* interceptar; **4** *Tonaufnahme* escuchar
Abi ['abi] F *n* ⟨-s⟩ → **Abitur**
'abirren *v/i* ⟨*sep*, sn⟩ *a fig* apartarse, desviarse (**von** de)
Abitur [abi'tu:r] *n* ⟨-s⟩ bachillerato *m*; *Prüfung* examen *m* final de bachillerato
Abiturient(in) [abituri'ɛnt(ɪn)] *m* ⟨-en; -en⟩ (*f*) bachiller *m,f*
Abi'turzeugnis *n* título *m* de bachiller
'abjagen *v/t* ⟨*sep*⟩ **j-m etw ~** arrebatar *od* hacer soltar a alg a/c
Abk. *f Abk* (*Abkürzung*) abreviatura *f*
'abkanzeln F *v/t* ⟨*sep*⟩ **j-n ~** sermonear a alg
'abkapseln *v/r* ⟨*sep*⟩ **sich ~** enquistarse, aislarse (*a fig*)
'abkassieren *v/i* ⟨*sep*, *sin* ge⟩ cobrar; F *fig* hacer el agosto (**bei** en)
'abkaufen *v/t* ⟨*sep*⟩ comprar; F *fig* (*glauben*) **das kaufe ich dir, ihr** *usw* **nicht ab!** ¡eso no me lo creo!
Abkehr ['apke:r] *f* ⟨-⟩ renuncia *f* (**von** a), abandono *m* (**von** de)
'abkehren ⟨*sep*⟩ **I** *v/t* **den Blick ~** apartar la mirada (**von** de); **II** *v/r a fig* **sich ~** apartarse (**von** de)
'abklappern *v/t* ⟨*sep*⟩ F **die ganze Stadt** (**nach etw**) **~** recorrer *od* patear toda la ciudad (buscando a/c)
'abklären *v/t* ⟨*sep*⟩ aclarar
'Abklatsch *m* ⟨-(e)s; -e⟩ calco *m*, copia *f*
'abklemmen *v/t* ⟨*sep*⟩ **1** EL *Leitung* desconectar; **2** MED *Ader* estrangular
'abklingen *v/i* ⟨*irr*, *sep*, sn⟩ *Schmerz* ir disminuyendo
'abklopfen *v/t* ⟨*sep*⟩ **1** *Staub usw* sacudir (**von** de); **2** MED percutir; **3** F *fig Argumente usw* examinar (**auf** *+acus* buscando)
'abknallen F *v/t* ⟨*sep*⟩ matar de un tiro; F cargarse
'abknicken ⟨*sep*⟩ **I** *v/t* ⟨h⟩ **1** (*abbrechen*) partir (*doblando*); **2** (*knicken*) doblar; **II** *v/i* ⟨sn⟩ **3** (*abbrechen*) romperse, troncharse; **4** (*einknicken*) doblarse
'abknöpfen *v/t* ⟨*sep*⟩ F *fig* **j-m Geld** *usw* **~** sacarle dinero, *etc* a alg
'abknutschen F ⟨*sep*⟩ **I** *v/t* **j-n ~** besuquear a alg; **II** *v/r* **sich ~** besuquearse
'abkochen *v/t* ⟨*sep*⟩ cocer, hervir
'abkommandieren *v/t* ⟨*sep*, *sin* ge⟩ MIL destacar (**nach, zu** a)
'abkommen *v/i* ⟨*irr*, *sep*, sn⟩ **1 vom Weg ~** perderse, extraviarse; AUTO **von der Fahrbahn ~** salirse de la carretera; **vom Kurs ~** perder el rumbo; *fig* **vom Thema ~** perderse, irse por las ramas; **2** *von e-r Gewohnheit usw* **~ von** abandonar
'Abkommen *n* ⟨-s; -⟩ *bsd* POL acuerdo *m*, pacto *m*
abkömmlich ['apkœmlɪç] *adj* disponible, libre; **nicht ~ sein** estar ocupado
'Abkömmling *m* ⟨-s; -e⟩ (*Nachkomme*) descendiente *m*; CHEM derivado *m*
'abkoppeln *v/t* ⟨*sep*⟩ TEC desenganchar, desacoplar
'abkratzen ⟨*sep*⟩ **I** *v/t* ⟨h⟩ *Dreck usw* raspar, rascar; **II** *v/i* ⟨sn⟩ F *fig* (*sterben*) palmarla, cascarla
'abkühlen ⟨*sep*⟩ **I** *v/t* enfriar, refrescar; **II** *v/i* enfriarse; **III** *v/r* **sich ~** *Wetter* refrescar; *fig Freundschaft usw* enfriarse
'Abkühlung *f* ⟨-⟩ *des Wetters, e-r Freundschaft* enfriamiento *m*
'abkürz|en *v/t* ⟨*sep*⟩ **1** *Weg* acortar, atajar; *Rede* acortar, abreviar; **2** *Wort* abreviar; **≗ung** *f* **1** *des Weges* atajo *m*; **2** *e-s Wortes* abreviatura *f*
'Abkürzungs|liste *f*, **~verzeichnis** *n* lista *f* de abreviaturas
'abladen *v/t* ⟨*irr*, *sep*⟩ **1** *Waren* descargar; **2** *fig* **s-n Ärger bei j-m ~** descargar su enfado con alg
'Ablage *f* **1** (*Ablegen*) depósito *m*; **2** *von Akten* archivo *m*; *im Büro* clasificación *f*; **~ machen** archivar actas *bzw* documentos; clasificar documentos; **3** *für Kleider* guardarropa *m*; (*~brett*, *~korb*) bandeja *f*
'Ablage|fach *n* casilla *f*; **~korb** *m* bandeja *f* portadocumentos
'ablager|n ⟨*sep*⟩ **I** *v/t* depositar; *Holz usw* curar; **II** *v/r* **sich ~** posarse, depositarse (**auf, in** *+dat* en); **≗ung** *f* CHEM, GEOL sedimento *m*, depósito *m*
'Ablagesystem *n* sistema *m* de clasificación
Ablass ['aplas] *m* ⟨-es; ⸚e⟩ **1** TEC salida *f*, desagüe *m*; **2** REL indulgencia *f*
'ablassen ⟨*irr*, *sep*⟩ **I** *v/t* **1** *Wasser usw* vaciar; **die Luft ~ aus** dejar escapar el aire de; **2** *Teich, Becken* desaguar, vaciar; **3** ECON **etw** (**vom Preis**) **~** rebajar a/c (de precio); **II** *v/i* **4 von etw, j-m ~** desistir de a/c, alg

'Ablauf *m* ⟨-(e)s; ⸚e⟩ **1** TEC desagüe *m*; **2** (*Verlauf*) desarrollo *m*; **3** *e-r Frist* vencimiento *m*; expiración *f*; ***bei ~ der Frist*** al vencimiento del plazo; a la expiración del plazo; ***nach ~ der Frist*** transcurrido el plazo, después de haber expirado el plazo; ***vor ~ der Frist*** antes de que expire el plazo; ***bis zum ~ e-r Frist von 20 Tagen*** hasta que transcurran 20 días; ***nach ~ von ...*** pasado(s) ...

'Ablaufdiagramm *n* diagrama *m* de flujos, flujograma *m*

'ablaufen ⟨*irr*, *sep*⟩ **I** *v/i* ⟨sn⟩ **1** *Wasser usw* correr, escurrirse; ***~ lassen*** desaguar; **2** (*verlaufen*) desarrollarse; ***gut ~*** salir bien; **3** (*enden*) *Frist* expirar; *Ausweis* caducar; **4** *fig* ***s-e Uhr ist abgelaufen*** le ha llegado la hora; **II** *v/t* ⟨h⟩ **5** *Strecke usw* recorrer; **6** *Schuhsohlen usw* desgastar

'Ablauf|planung *f* planificación *f od* esquema *m* de operaciones; **~schema** *n* → ***Ablaufdiagramm***

'Ableben *geh n* ⟨-s⟩ defunción *f*, fallecimiento *m*

'ablecken *v/t* ⟨*sep*⟩ lamer, chupar

'ablegen ⟨*sep*⟩ **I** *v/t* **1** *Hut*, *Mantel usw* quitarse; ***abgelegte Kleider*** ropa *f* usada; **2** *Last usw* deponer, depositar; *Akten usw* archivar; **3** *fig Gewohnheit usw* quitarse, enmendarse; **4** *Eid* prestar; *Gelöbnis usw* pronunciar; *Geständnis* hacer; ***e-e Prüfung ~*** hacer *od* pasar un examen; ***Rechenschaft ~*** rendir cuentas (***über*** *+acus* de); **5** *Kartenspiel* descartarse; **II** *v/i* **6** ***bitte, legen Sie ab!*** ¡por favor, quítese el abrigo!; **7** MAR alejarse de la orilla, zarpar

'Ableger *m* BOT vástago *m*, mugrón *m*

'ablehnen *v/t* ⟨*sep*⟩ **1** *Angebot*, *Entwurf* rechazar, declinar; ***die Zahlung ~*** negarse a pagar, denegar el pago; ***e-n Auftrag ~*** rechazar un pedido; **2** (*missbilligen*) desestimar, rechazar

'ablehnend *adjt* negativo, desfavorable

'Ablehnung *f* **1** *e-s Angebots usw* negativa *f*, rechazo *m*; **2** (*Missbilligung*) desaprobación *f*; **~sbescheid** *m* notificación *f* negativa; noticia *f* de denegación

'ableisten *v/t* ⟨*sep*⟩ *Wehrdienst* cumplir

'ableiten *v/t* ⟨*sep*⟩ **1** TEC, *Fluss* desviar; **2** MAT, LING derivar; ***s-e Herkunft ~ von*** remontar su origen a; **3** *fig* (*folgern*) deducir (***aus*** de)

'Ableitung *f* **1** TEC, *e-s Flusses* desviación *f*; **2** MAT derivada *f*; LING derivación *f*; (*Folgerung*) deducción *f*

'ablenken ⟨*sep*⟩ **I** *v/t* **1** *Lichtstrahl usw* desviar; **2** ***j-n ~*** (*zerstreuen*) distraer a alg; ***j-s Aufmerksamkeit ~*** distraer la atención de alg; ***den Verdacht von sich ~*** desviar de uno las sospechas; **II** *v/i* **3** (***vom Thema***) **~** irse (del tema); **4** (*zerstreuen*) distraerse, disiparse

'Ablenkung *f* **1** TEC desvío *m*; **2** (*Zerstreuung*) distracción *f*, diversión *f*

'Ablenkungsmanöver *n* MIL, *fig* maniobra *f* de distracción

'ablesen *v/t* ⟨*irr*, *sep*⟩ **1** *Text* leer; **2** *Messgerät* leer; ***Strom, Gas ~*** hacer la lectura del contador de la electricidad, del gas; **3** *fig* (*feststellen*, *erkennen*) leer, notar (***an*** *+dat* en); ***j-m etw vom Gesicht ~*** leerle *od* notarle a/c a alg en la (expresión de la) cara

'Ablesung *f* TEC lectura *f*

'abliefern *v/t* ⟨*sep*⟩ entregar, dar

'Ablieferung *f* entrega *f*

'Ablieferungs|datum *n* fecha *f* de entrega; **~ort** *m* lugar *m od* punto *m* de entrega; **~verpflichtung** *f* obligación *f* de entrega

Ablöse ['aplø:zə] F *f bsd* SPORT traspaso *m*

'ablösen ⟨*sep*⟩ **I** *v/t* **1** (*loslösen*) despegar, desprender; **2** ***j-n ~*** *auf s-m Posten usw* relevar a alg; **3** *fig* (*folgen auf*) seguir; **II** *v/r* **4** ***sich ~*** (*sich loslösen*) desprenderse; **5** ***sich ~*** (*sich abwechseln*) turnarse, alternarse (***bei*** en)

'Ablösesumme *f bsd* SPORT traspaso *m*

'Ablösung *f* **1** (*Loslösen*) desprendimiento *m*; **2** *e-r Person* relevo *m*

'abluchsen F *v/t* ⟨*sep*⟩ ***j-m etw ~*** sonsacar a alg a/c

'Abluft *f* ⟨-⟩ TEC aire *m* de salida; **~anlage** *f* depuradora *f* del aire de salida

ABM [a:be:'ʔɛm] *f* plan *m* de empleo

'abmachen *v/t* ⟨*sep*⟩ **1** F (*losmachen*) quitar, desprender; **2** (*vereinbaren*) acordar, convenir; ***abgemacht!*** ¡de acuerdo!

'Abmachung *f* acuerdo *m*, convenio *m*

'abmager|n *v/i* ⟨*sep*, sn⟩ adelgazar, enflaquecer; **≈ungskur** *f* cura *f* de adelgazamiento

'Abmahnung *f* amonestación *f* (por escrito); ***j-m e-e ~ erteilen*** amonestar a alg (por escrito)

'abmalen *v/t* ⟨*sep*⟩ pintar, copiar

'Abmarsch *m* marcha *f*, partida *f*; **≈ieren** *v/i* ⟨*sep*, *sin* ge, sn⟩ ponerse en marcha

'abmelden ⟨*sep*⟩ **I** *v/t* dar de baja; F ***bei mir ist er abgemeldet!*** ¡él para mí ya no existe!; **II** *v/r* ***sich ~*** darse de baja

'Abmeldung *f* baja *f*

'abmess|en *v/t* ⟨*irr*, *sep*⟩ medir, tomar (las) medidas (de) (*a fig*); **≈ung** *f* medición *f*; **~en** *pl* medidas *f/pl*

'abmontieren *v/t* ⟨*sep*, *sin* ge⟩ TEC desmontar

'abmühen *v/r* ⟨*sep*⟩ ***sich ~*** afanarse; ***sich mit etw ~*** esforzarse por a/c

'abmurksen F *v/t* ⟨*sep*⟩ matar, F cargarse, despachar
'abnabeln ⟨*sep*⟩ **I** *v/t Baby* cortar el cordón umbilical (de); **II** *v/r fig* ***sich ~*** independizarse
'abnagen *v/t* ⟨*sep*⟩ roer
'Abnäher *m am Kleid* pinza *f*
'Abnahme *f* ⟨-⟩ **1** (*Verringerung*) disminución *f*, merma *f*; *v Wachstum* decrecimiento *m*; **2** ECON (*Kauf*) *von Waren* compra *f*, adquisición *f* (***von*** de); **3** TEC desmontaje *m*; **4** MED (*Entfernen*) amputación *f*
'abnehmbar *adj* desmontable
'abnehmen ⟨*irr, sep*⟩ **I** *v/t* **1** (*entfernen*) quitar; TEL ***den Hörer ~*** coger *od* descolgar el teléfono; ***j-m Blut ~*** sacar(le) sangre a alg; **2** ***j-m etw ~*** quitar(le) *od* sustraer(le) a/c a alg; *Arbeit, Sorge* librar(le) a alg de a/c; **3** *Waren* comprar; adquirir; **4** ***j-m Geld ~*** cobrar(le) dinero a alg; **5** F *fig* (*glauben*) ***das nimmt dir keiner ab!*** ¡eso no se lo cree nadie!; **6** *e-e Prüfung* realizar, hacer; *Eid* prestar; **7** TEC *fertiges Produkt* verificar; **8** *10 Pfund usw* adelgazar; **II** *v/i* **9** (*sich verringern*) disminuir, bajar; *Wachstum* decrecer; **10** *am Telefon* contestar; **11** *an Gewicht* adelgazar; **12** *Mond* menguar
'abnehmend *adjt* ***~er Mond*** luna *f* menguante
'Abnehmer *m* ECON comprador *m*, cliente *m*; ***keinen ~ finden*** no encontrar comprador; **~kreis** *m* clientela *f*
'Abneigung *f* desafecto *m*, antipatía *f* (***gegen*** a)
abnorm [ap'nɔrm] *adj* anómalo, anormal; **ℒi'tät** *f* anomalía *f*, anormalidad *f*
'abnötigen *sep v/t* ⟨*sep*⟩ ***j-m Respekt ~*** infundir(le) respeto a alg
'abnutzen, **'abnützen** *v/t* (*u v/r*) ⟨*sep*⟩ (***sich***) **~** desgastar(se)
'Abnutzung *f* ⟨-⟩ desgaste *m*; **~serscheinung** *f* señal *f* de desgaste
Abo ['abo] *n* F → ***Abonnement***
Abonnement [abɔnə'mɑ̃ː] *n* ⟨-s; -s⟩ *e-r Zeitung usw* suscripción *f*; THEA, *für Verkehrsmittel* abono *m*; **~preis** *m e-r Zeitung* precio *m* de suscripción
Abonnent(in) [abɔ'nɛnt(ɪn)] *m* ⟨-en; -en⟩ (*f*) *e-r Zeitung* suscriptor, a *m,f*; THEA abonado, -a *m,f*
abon'nieren *v/t* ⟨*sin* ge⟩ abonarse, suscribirse; ***abonniert sein auf*** (*+acus*) estar abonado *od* suscrito a; ***e-e Zeitung abonniert haben*** estar suscrito a un periódico
'abordn|en *v/t* ⟨*sep*⟩ delegar, comisionar (***zu*** para); **ℒung** *f* delegación *f*, comisión *f*
'abpacken *v/t* ⟨*sep*⟩ empaquetar, envasar
'abpassen *v/t* ⟨*sep*⟩ *j-n, Gelegenheit* esperar, aguardar
'abpausen *v/t* ⟨*sep*⟩ calcar
'abpfeifen *v/t, v/i* ⟨*irr, sep*⟩ SPORT (*unterbrechen*) interrumpir pitando; (*beenden*) dar la pitada final (de)
'Abpfiff *m* SPORT pitada *f* (final)
'abpflücken *v/t* ⟨*sep*⟩ (re)coger
'abprallen *v/i* ⟨*sep*, sn⟩ *Ball, Kugel* rebotar; *fig* ***an j-m ~*** resbalarle a alg, serle indiferente a alg
'abpumpen *v/t* ⟨*sep*⟩ *Wasser usw* extraer *con una bomba*
'abputzen *v/t* ⟨*sep*⟩ limpiar; ***sich*** (*dat*) ***die Schuhe ~*** limpiarse los zapatos
'abquälen *v/r* ⟨*sep*⟩ ***sich*** (***mit etw***) **~** bregar, luchar (con a/c); esforzarse (por a/c); *seelisch* atormentarse (por a/c)
'ab|qualifizieren *v/t* ⟨*sep, sin* ge⟩ descalificar; **~rackern** F *v/r* ⟨*sep*⟩ ***sich ~*** matarse trabajando, dar el callo; **~rasieren** *v/t* ⟨*sep, sin* ge⟩ *Bart* afeitar, rapar
'abraten *v/i* ⟨*irr, sep*⟩ ***j-m ~*** (***von***) disuadir a alg (de); ***ich rate Ihnen davon ab*** no se lo aconsejo
'abräumen *v/t* ⟨*sep*⟩ *Schutt usw* desescombrar; ***den Tisch ~*** quitar *od* levantar la mesa
'abreagieren ⟨*sep, sin* ge⟩ **I** *v/t* desfogar, descargar (***an*** *+dat* en, contra); **II** *v/r* ***sich ~*** (*sich beruhigen*) serenarse; ***sich ~*** (***an*** *+dat*) desahogarse (con)
'abrechnen ⟨*sep*⟩ **I** *v/t* **1** (*abziehen*) deducir, descontar (***von*** de); **II** *v/i* **2** *als Abschlussrechnung* echar la cuenta; **3** *fig* ***mit j-m ~*** ajustar las cuentas con alg
'Abrechnung *f* **1** (*Abschlussrechnung*) liquidación *f*; ***halbjährliche, monatliche ~*** liquidación *f* semestral, mensual; **2** *fig* ajuste *m* de cuentas
'Abrechnungs|stelle *f* cámara *f* de compensación; **~tag** *m* fecha *f* de liquidación *od* de compensación; **~zeitraum** *m* período *m* de compensación *od* liquidación
'abreiben *v/t* ⟨*irr, sep*⟩ **1** *Fleck* restregar, frotar; **2** (*trockenreiben*) secar (frotando); **3** *Schale* rallar
'Abreibung *f* F *fig* (*Prügel*) paliza *f*
'Abreise *f* salida *f*, partida *f*, marcha *f* (***nach*** a *od* hacia); ***bei der ~*** al salir
'abreisen *v/i* ⟨*sep*, sn⟩ salir, partir, marchar (***nach*** a *od* hacia)
'abreißen ⟨*irr, sep*⟩ **I** *v/t* ⟨h⟩ **1** (*abtrennen*) arrancar; **2** *Haus usw* demoler, derribar; **II** *v/i* ⟨sn⟩ **3** *Beziehungen* romperse, interrumpirse; *Besucherstrom usw* pararse, cesar
'abrichten *v/t* ⟨*sep*⟩ *Tier* amaestrar, adiestrar
'abriegeln *v/t* ⟨*sep*⟩ *Tür* echar el cerrojo a;

durch Polizei acordonar

'abringen *v/t* ⟨*irr, sep*⟩ **1** ***j-m etw ~*** arrancar a/c a alg; **2** ***sich*** (*dat*) ***ein Lächeln ~*** forzar la sonrisa

'Abriss *m* ⟨-es, -e⟩ **1** *von Gebäuden* derribo *m*, demolición *f*; **2** (*Skizze*) esbozo *m*; (*Kurzdarstellung*) sinópsis *f*; (*Übersicht*) resumen *m*

'abrollen I *v/t* ⟨*sep*⟩ *Seil usw* desenrollar; **II** *v/i* ⟨sn⟩ *fig Ereignis* **~** (***vor*** *+dat*) desarrollarse (ante)

'abrücken ⟨*sep*⟩ **I** *v/t* ⟨h⟩ **1** retirar (***von*** de); **II** *v/i* ⟨sn⟩ **2** ***von j-m, etw ~*** distanciarse de alg, de a/c; **3** MIL retirarse

'Abruf *m* ⟨-(e)s⟩ ***auf ~*** a demanda *od* petición; ***sich auf ~ bereithalten*** mantenerse a disposición

'abruf|bar *adj Daten* accesible; *Daten* recuperable; **~bereit** *adj* listo, recuperable

'abrufen *v/t* ⟨*irr, sep*⟩ **1** *j-n* llamar; **2** ECON *Waren* retirar; **3** *Daten* pedir

'abrunden *v/t* ⟨*sep*⟩ **1** *Kanten, Zahl* redondear; ***nach oben, unten ~*** redondear hacia arriba, abajo; **3** (*vervollständigen*) completar, redondear

abrupt [ap'rʊpt] *adj* abrupto

'abrüst|en *v/i* ⟨*sep*⟩ MIL desarmar; **≈ung** *f* ⟨-⟩ desarme *m*

'abrutschen *v/i* ⟨*sep*, sn⟩ resbalar(se), deslizar(se) (***von*** de); *fig Leistung* bajar; *Person* caer (***in*** *+dat* en)

ABS [aːbeː'ʔɛs] *n Abk* (*Antiblockiersystem*) sistema *m* antibloqueo de frenos

Abs. *m Abk* **1** (*Absatz*) párrafo *m*; **2** (*Absender*) rte. (*remitente*)

'absacken F *v/i* ⟨*sep*, sn⟩ **1** *Boden* hundirse; *Mauer* desplomarse; AVIA caer en un bache; **2** *fig* hundirse, dar un bajón

'Absage *f* (*abschlägiger Bescheid, Ablehnung*) negativa *f*; *fig* ***j-m, e-r Sache e-e ~ erteilen*** dar a alg, a/c una negativa

'absagen ⟨*sep*⟩ **I** *v/t Veranstaltung* suspender, desconvocar; *Einladung* rehusar, declinar; **II** *v/i* ***j-m ~*** suspender una cita con alg

'absägen *v/t* ⟨*sep*⟩ **1** (a)serrar; **2** F *fig* ***j-n ~*** eliminar *od* echar a alg

'absahnen *v/t, v/i* ⟨*sep*⟩ F *fig* forrarse (de); ***kräftig ~*** hacer el agosto (***bei*** con)

'absatteln *v/t* ⟨*sep*⟩ desensillar

'Absatz *m* ⟨-(e)s; ⸚e⟩ **1** *am Schuh* tacón *m*; **2** *im Text, a* JUR párrafo *m*; **3** ECON *von Waren* venta *f*, salida *f*; (*Vertrieb*) distribución *f*; ***den ~ fördern*** promocionar la venta; ***den ~ steigern*** aumentar la venta; ***reißenden ~ finden*** tener muy buena salida, venderse bien; **4** (*Treppen≈*) descansillo *m*

'Absatz|boom *m* auge *m* de la venta; **~chancen** *f/pl* posibilidades *f/pl* de venta; **~entwicklung** *f* evolución *f* de las ventas; **~erwartung** *f* estimación *f* de ventas; **~flaute** *f* estancamiento *m* en las ventas; **~förderung** *f* promoción *f* de ventas; **~gebiet** *n* zona *f* de venta; **~kurve** *f* curva *f* de ventas; **~markt** *m* ECON mercado *m* de venta; **~möglichkeiten** *pl* ECON posibilidades *f/pl* de venta; **~plan** *m* plan *m* de ventas; **~planung** *f* marketing *m*; **~prognose** *f* pronóstico *m* de ventas; **~rückgang** *m* baja *f* de ventas, caída *f* de ventas; **~steigerung** *m* aumento *m* de ventas; **~volumen** *n* ECON volumen *m* de ventas; **~zahlen** *f/pl* cifras *f/pl* de distribución

'absaufen F *v/i* ⟨*irr, sep*, sn⟩ *im Wasser, Motor* ahogarse

'absaugen *v/t* ⟨*sep*⟩ **1** TEC aspirar, extraer; MED absorber; **2** *Teppich usw* pasar la aspiradora a

'abschaben *v/t* ⟨*sep*⟩ raspar, rascar

'abschaff|en *v/t* ⟨*sep*⟩ suprimir; *Gesetz* derogar; *Todesstrafe* abolir; **≈ung** *f* ⟨-⟩ supresión *f*, abolición *f*, derogación *f*

'abschalt|en ⟨*sep*⟩ **I** *v/t* → ***ausschalten 1***; **II** *v/i* F *fig* **1** (*nicht mehr zuhören*) desconectar; **2** (*sich entspannen*) desconectar, relajarse; **≈ung** *f* ⟨-⟩ *v Strom* desconexión *f*, corte *m*

'abschätz|en *v/t* ⟨*sep*⟩ apreciar, estimar, tasar; **~ig** *adj* despectivo, peyorativo

'abschauen *v/t* ⟨*sep*⟩ *bsd südd, österr, schweiz* ***etw bei*** *od* ***von j-m ~*** copiar a/c de alg

'Abschaum *m* ⟨-(e)s⟩ *fig desp* escoria *f*

'Abscheu *m* ⟨-s⟩ horror *m*; ***~ haben vor*** (*+dat*) sentir aversión por, tener asco de

'abscheuern ⟨*sep*⟩ **I** *v/t* **1** (*säubern*) fregar; **2** (*entfernen*) quitar (restregando); **3** (*abnutzen*) gastar; **4** *Haut* levantar, rozar; **II** *v/r* ***sich ~*** **5** (*abnutzen*) (des)gastarse; **6** *Haut* levantarse, rozarse

ab'scheulich *adj* horrible, atroz; **≈keit** *f* atrocidad *f*

'abschicken *v/t* ⟨*sep*⟩ enviar, remitir

'abschieb|en *v/t* ⟨*irr, sep*⟩ **1** *Schuld* achacar (***auf*** *+acus* a); *Verantwortung* cargar (***auf*** *+acus* a); **2** (*ausweisen*) expulsar; **≈ung** *f* JUR expulsión *f*

Abschied ['apʃiːt] *m* ⟨-(e)s⟩ **1** despedida *f*; ***~ nehmen*** despedirse (***von*** de); **2** (*Entlassung*) despido *m*; ***s-n ~ nehmen*** retirarse

'Abschieds|schmerz *m* ⟨-es⟩ dolor *m* de la despedida; **~worte** *pl* palabras *f/pl* de despedida

'abschießen *v/t* ⟨*irr, sep*⟩ **1** *Kugel* disparar; *Pfeil, Rakete* lanzar; **2** *Wild, Vogel* cazar; *Flugzeug* derribar; **3** F *fig* ***j-n ~*** (*absetzen*) despachar a alg

'abschirmen *v/t* ⟨*sep*⟩ **1** (*schützen*) prote-

ger (***gegen*** contra); **2** *Licht* matizar
'Abschirmung *f* protección *f*
'abschlaffen F *v/i* ⟨*sep*, sn⟩ aflojarse; (*müde werden*) cansarse
'Abschlag *m* ⟨-(e)s; ⸚e⟩ **1** *Fußball* saque *m* de puerta; **2** *vom Preis* rebaja *f*, descuento *m*; **3** (*Vorauszahlung*) adelanto *m*; (*erste Rate*) entrada *f*
'abschlagen *v/t* ⟨*irr*, *sep*⟩ **1** *Äste usw* cortar, talar; ***j-m den Kopf*** ~ decapitar a alg; **2** *Angriff usw* rechazar, repeler; **3** SPORT *Ball* sacar; **4** *fig Bitte*, *Wunsch* rehusar, negar
abschlägig ['apʃlɛːgɪç] **I** *adj Bescheid* negativo; **II** *adv* ~ ***bescheiden*** *Gesuch* responder negativamente a, denegar
'Abschlagszahlung *f* adelanto *m*; (*erste Rate*) entrada *f*; pago *m* parcial
'abschleifen ⟨*irr*, *sep*⟩ **I** *v/t* **1** (*entfernen*) rebajar; **2** (*glätten*) alisar, pulir; **II** *v/r* **3** ***sich*** ~ desgastarse; *fig* suavizarse
'Abschleppdienst *m* AUTO servicio *m* de remolque *od* de grúa
'abschleppen ⟨*sep*⟩ **I** *v/t* **1** *Fahrzeug* remolcar; **2** F *fig* ***j-n*** ~ arrastrar a alg; **II** *v/r* ***sich*** ~ ir cargado (***mit*** de)
'Abschleppseil *n* AUTO cuerda *f od* cable *m* para remolcar
'abschließbar *adj que puede ser cerrado con llave*
'abschließen ⟨*irr*, *sep*⟩ **I** *v/t* **1** *Tür usw* cerrar con llave; **2** (*isolieren*) aislar (***von*** de); **3** (*beenden*) terminar, acabar, concluir; **4** (*begrenzen*) limitar; **5** *Handel* concluir, concertar; *Vertrag* cerrar, firmar, concluir; *Versicherung*, *Wette* hacer, cerrar; **II** *v/i* **6** (*enden*) acabar (***mit*** con); **7** *fig* ***mit dem Leben abgeschlossen haben*** rendirse, darse por vencido (*ante circunstancias adversas de la vida*); **III** *v/r* **8** ***sich*** ~ cerrarse, aislarse (***von*** de)
'abschließend **I** *adjt* definitivo, final; **II** *advt* en conclusión
'Abschluss *m* ⟨-es; ⸚e⟩ **1** (*Ende*) fin *m*; (*Beendigung*) conclusión *f*, término *m*; ***etw zum*** ~ ***bringen*** llevar a/c a término; ***zum*** ~ (*abschließend*) para terminar; **2** *e-s Handels*, *Vertrags* cierre *m*; **3** *bsd* UNIV título *m*, diploma *m*
'Abschluss|bilanz *f* COM balance *m* final; **~klasse** *f* último curso *m*; **~prüfung** *f* **1** *Schule*, UNIV examen *m* final; **2** FIN revisión *f* de cuentas; **~vollmacht** *f* poder *m* para concluir contratos; **~zeugnis** *n* diploma *m od* certificado *m* (de fin de estudios)
'abschmecken *v/t* ⟨*sep*⟩ GASTR (de)gustar, probar
'abschminken ⟨*sep*⟩ **I** *v/t* **1** desmaquillar; **II** *v/r* **2** ***sich*** ~ desmaquillarse; **3** F *fig* (*verzichten*) ***das kannst du dir ~!*** ¡ya te puedes ir olvidando de eso!
'abschnallen *v/t* , *v/r* ⟨*sep*⟩ AUTO (***sich***) ~ desabrochar(se)
'abschneiden ⟨*irr*, *sep*⟩ **I** *v/t Stück* cortar (*a fig*); ***den Weg*** ~ atajar; **II** *v/i bei e-r Prüfung usw* ***gut, schlecht*** ~ salir airoso, malparado
'Abschnitt *m* **1** (*Teil*) sección *f*; **2** *e-s Texts* párrafo *m*, pasaje *m*; **3** (*Zeit*≗) período *m*; **4** *e-s Gebiets* sector *m*
'abschnüren *v/t* ⟨*sep*⟩ **1** (*abbinden*) ligar; **2** ***j-m die Luft*** ~ estrangular a alg; **3** *fig* (*blockieren*) aislar, cortar
'abschöpfen *v/t* ⟨*sep*⟩ **1** *Fett*, *Rahm* quitar, retirar; **2** *Gewinn* beneficiarse de
'abschotten *v/t*, *v/r* ⟨*sep*⟩ *a Märkte* (***sich***) ~ aislar(se)
'abschrauben *v/t* ⟨*sep*⟩ destornillar
'abschrecken *v/t* ⟨*sep*⟩ **1** (*entmutigen*) intimidar, desalentar; **2** GASTR pasar por agua fría
'abschreckend **I** *adjt* espantoso; ***~es Beispiel*** escarmiento *m*; **II** *advt* ~ ***wirken*** servir de escarmiento
'Abschreckung *f* intimidación *f*, disuasión *f* (*a* MIL); ***zur*** ~ ***dienen*** servir como disuasorio
'abschreibe|n ⟨*irr*, *sep*⟩ **I** *v/t* **1** copiar (***von*** de); *betrügerisch* plagiar; **2** ECON amortizar; **3** F *fig* (*aufgeben*) dar por perdido; **II** *v/i* **4** *Schule* (***von j-m***) ~ copiar (a *od* de alg); **≗police** *f* póliza *f* flotante
'Abschreibung *f* ECON amortización *f*; ***lineare*** ~ amortización *f* constante; ***degressive*** ~ amortización *f* decreciente, acelerada; ***progressive*** ~ amortización *f* creciente; (***in***)***direkte*** ~ amortización *f* (in)directa; ***steuerliche*** ~ amortización *f* fiscal
'Abschreibungsbetrag *m* cuota *f* de amortización
'Abschrift *f Kopie* copia *f*; ***beglaubigte*** ~ copia *f* legalizada
'abschrubben *v/t* ⟨*sep*⟩ **1** *Gegenstand* cepillar, restregar; **2** *Schmutz* quitar (cepillando)
'abschuften F *v/r* ⟨*sep*⟩ ***sich*** ~ bregar
'abschürfen *v/t* ⟨*sep*⟩ MED ***sich*** (*dat*) ***die Haut*** ~ excoriarse la piel
'Abschürfung *f* MED excoriación *f*
'Abschuss *m* **1** *e-r Waffe* disparo *m*, descarga *f*; *e-r Rakete usw* lanzamiento *m*; **2** *e-s Flugzeugs* derribo *m*
abschüssig ['apʃʏsɪç] *adj* en declive, escarpado
'Abschussliste *f* F *fig* ***auf der ~ stehen*** estar en la lista negra
'Abschussrampe *f* plataforma *f* de lanza-

miento
'abschütteln *v/t ⟨sep⟩* **1** *Schnee, Staub* sacudir; **2** *Müdigkeit, Sorgen, Verfolger* librarse de
'abschwäch|en *⟨sep⟩* **I** *v/t* debilitar, amortiguar; *fig Kritik* suavizar, amortiguar; **II** *v/r* **sich ~** debilitarse; **2ung** *f* debilitamiento *m*
'abschweifen *v/i ⟨sep,* sn*⟩* ***vom Thema ~*** apartarse del tema, irse por las ramas
'abschwellen *v/i ⟨irr, sep,* sn*⟩* **1** *Beule usw* deshincharse; **2** *Lärm* disminuir
'abschwirren F *v/i ⟨sep,* sn*⟩* F largarse
'abschwören *v/i ⟨irr, sep⟩* ***e-r Sache ~*** abjurar de a/c
'Abschwung *m ⟨-(e)s; -⟩* declive *m*, depresión *f*; ***sich im ~ befinden*** estar en declive
'absegnen F *scherzh v/t ⟨sep⟩* dar el visto bueno a, bendecir
'absehbar *adj* previsible; ***in ~er Zeit*** en breve
'absehen *⟨irr, sep⟩* **I** *v/t* **1** *(voraussehen)* prever, ver; ***es ist kein Ende abzusehen*** no se ve el fin; **2** ***es auf j-n, etw abgesehen haben*** poner la vista en alg, a/c; **3** ***etw bei*** *od* ***von j-m ~*** copiar a/c de alg; **II** *v/i* **4** ***von etw ~*** prescindir de a/c
'abseilen *⟨sep⟩* **I** *v/t* **1** descender; **II** *v/r* **sich ~ 2** descolgarse; **3** F *fig* esfumarse
abseits ['apzaɪts] **I** *prp ⟨+gen⟩* apartado de; **II** *adv* SPORT fuera de juego; *fig* ***sich ~ halten*** mantenerse al margen
'Abseits *n ⟨-; -⟩* **1** SPORT fuera *m* de juego; ***im ~ stehen*** estar fuera de juego; **2** *fig* ***ins ~ geraten*** quedar arrinconado
'absenden *v/t ⟨irr, sep⟩* mandar, enviar, remitir
Absender(in) *m(f)* remitente *m,f*; ***zurück an den ~*** devuélvase al remitente
'absenken *v/t ⟨sep⟩* bajar de nivel
'abservieren *v/t ⟨sep, sin* ge*⟩* **1** *Geschirr* retirar; *Tisch* quitar; **2** F *fig* ***j-n ~*** echar a alg a la calle
'absetzbar *adj steuerlich* deducible
'absetzen *⟨sep⟩* **I** *v/t* **1** *Hut* quitarse; *Last* dejar *od* poner (en el suelo); **2** *Fahrgast usw* dejar; **3** *Beamten, Präsidenten usw* destituir, separar del cargo; **4** *Film, Theaterstück* quitar; **5** ECON *Waren* dar salida (a); **6** ***von der Steuer ~*** deducir de los impuestos; **7** *Medikament* dejar de tomar; **8** TYPO *Text* componer; **II** *v/i* **9** *beim Sprechen, Schreiben* detenerse, hacer pausa; ***ohne abzusetzen*** sin parar, de un tirón; **III** *v/r* **sich ~ 10** *ins Ausland* huir; F *fig (sich davonmachen)* largarse; **11** *(sich ablagern)* depositarse
'Absetzung *f* **1** *von Amtsinhabern* destitución *f*, separación *f* (del cargo); **2** *e-s Films, Theaterstücks usw* retirada *f*
'absichern *v/t, v/r ⟨sep⟩* **(sich) ~** asegurar (-se), proteger(se) (***gegen*** contra)
'Absicht *f ⟨-; -en⟩* intención *f*, propósito *m*; ***mit*** (***voller***) **~** adrede, a propósito
'absichtlich **I** *adj* intencionado; **II** *adv* intencionadamente, adrede
'Absichtserklärung *f* declaración *f* de intenciones
'absitzen *⟨irr, sep⟩* **I** *v/i ⟨*sn*⟩* **1** *vom Pferd* desmontar; **II** *v/t ⟨*h*⟩* **2** F *Zeit, Kurs usw* matar el tiempo (haciendo); **3** *im Gefängnis* cumplir
absolut [apzo'lu:t] **I** *adj* absoluto; **II** *adv* **~ *nicht*** en absoluto
Absolu|ti'on *f* KATH absolución *f*; **~'tismus** *m ⟨-⟩* HIST absolutismo *m*
Absolvent(in) [apzɔl'vɛnt(ɪn)] *m ⟨-en; -en⟩ (f) e-r Schule, Universität* ex alumno, -a *m,f*
absol'vieren *v/t ⟨sep, sin* ge*⟩* **1** *Schule, Studium usw* terminar, graduarse en; *Kurs* cursar; **2** *Prüfung* aprobar
ab'sonderlich *adj* raro, extraño
'absonder|n *⟨sep⟩* **I** *v/t* **1** *(isolieren)* aislar, separar; **2** BIOL segregar, secretar; **II** *v/r* **sich ~** aislarse, retirarse (***von*** de); **2ung** *f* **1** *(Isolierung)* aislamiento *m*, separación *f*; **2** BIOL secreción *f*
absor|bieren [apzɔr'bi:rən] *v/t ⟨sin* ge*⟩ a fig* absorber; **2ption** [apzɔrptsi'o:n] *f* absorción *f*
'abspalten *⟨irr, sep⟩* **I** *v/t (abtrennen)* escindir, disociar; **II** *v/r* **sich ~** escindirse (***von*** de)
'abspann|en *⟨sep⟩ Zugtier* desenganchar; **2ung** *f ⟨-⟩ (Ermüdung)* cansancio *m*
'absparen *v/t ⟨sep⟩* ***sich*** *(dat)* ***etw vom Mund(e) ~*** quitarse a/c de comer *(por ahorrar)*
'abspecken F *v/i ⟨sep⟩* **1** *(abnehmen)* adelgazar, perder carnes; **2** *fig Firma usw* perder peso
'abspeichern *v/t ⟨sep⟩* INFORM *Daten* almacenar, guardar
'abspeisen *v/t ⟨sep⟩ fig* ***j-n ~ mit*** despachar a alg con
abspenstig ['apʃpɛnstɪç] *adj* ***j-m etw, j-n ~ machen*** quitarle a/c, alg a alg
'absperr|en *v/t ⟨sep⟩* **1** *Straße* cerrar, acordonar; **2** *Strom, Wasser, Gas* cerrar, cortar; **3** *österr, südd (zuschließen)* cerrar con llave; **2ung** *f (Barrikade)* acordonamiento *m*, barrera *f*
'Abspiel *n* SPORT pase *m*
'abspielen *⟨sep⟩* **I** *v/t* **1** *CD, Kassette usw* poner; *Musikstück* tocar; **2** SPORT *Ball* pasar; **II** *v/r* **3** **sich ~** *(geschehen)* pasar, ocurrir

'absplittern *v/i* ⟨*sep*, sn⟩ desprenderse

'Absprache *f* acuerdo *m*, convenio *m*; *geheime* pacto *m*; ***mit j-m e-e ~ treffen*** llegar a un acuerdo con alg; ***laut ~*** según lo acordado

'absprechen ⟨*irr, sep*⟩ **I** *v/t* **1** (*vereinbaren*) concertar; **2** *a* JUR ***j-m etw ~*** (*aberkennen*) (de)negar a/c a alg; **II** *v/r* **3** ***sich mit j-m ~*** llegar a un acuerdo con alg (***über*** *+acus* sobre)

'abspringen *v/i* ⟨*irr, sep*, sn⟩ **1** (*herunterspringen*) saltar, arrojarse; SPORT saltar; **2** *Fahrradkette, Knopf usw* saltar; F *fig* retirarse (***von*** de)

'abspritzen *v/t* ⟨*sep*⟩ **1** *Gegenstand* rociar, regar; **2** *Schmutz* limpiar por irrigación

'Absprung *m* **1** (*Herunterspringen*), SPORT salto *m*; **2** *fig* ***den ~ schaffen*** aprovechar la ocasión

'abspulen *v/t* ⟨*sep*⟩ *Tonband, Film usw* desbobinar

'abspülen *v/t* ⟨*sep*⟩ **1** *Gegenstand* lavar, fregar; **2** *Schmutz* limpiar

'abstamm|en *v/i* ⟨*sep, sin p/p*⟩ descender (***von*** de); **&ung** *f* ⟨-⟩ origen *m*, descendencia *f*

'Abstand *m* ⟨-(e)s; ¨-e⟩ **1** *räumlich* distancia *f*, espacio *m*; ***~ halten*** *od* ***wahren*** guardar las distancias; ***mit ~*** (*bei weitem*) con mucho; **2** *zeitlich* distancia *f*; ***in regelmäßigen Abständen*** periodicamente; **3** *fig* ***von etw ~ nehmen*** desistir de a/c; **4** *Geld* indemnización *f*

'abstatten *v/t* ⟨*sep*⟩ ***j-m e-n Besuch ~*** hacer a alg una visita

'abstauben *v/t* ⟨*sep*⟩ *Möbel usw* quitar(le) el polvo a

'abstechen ⟨*irr, sep*⟩ **I** *v/t* **1** *Tier* degollar; **II** *v/i* (*kontrastieren*) ***~ von*** contrastar con

'Abstecher *m* ***e-n ~ machen*** hacer una escapada (***nach*** a)

'abstecken *v/t* ⟨*sep*⟩ **1** *Kleid usw* ajustar (con alfileres); **2** *Kurs usw* trazar; *Gelände, Grenzen, Positionen* delimitar

'abstehen *v/i* ⟨*irr, sep*⟩ salir; ***~de Ohren haben*** tener orejas de soplillo

'Absteige *f* F *desp* casa *f* de citas

'absteigen *v/i* ⟨*irr, sep*, sn⟩ **1** (*heruntersteigen*) bajar, descender; *vom Pferd* bajar, apearse; **2** *in e-m Hotel* hospedarse, alojarse (***in*** *+dat* en); **3** SPORT *Verein* descender

'Absteiger *m* SPORT equipo *m* de descenso

'abstellen *v/t* ⟨*sep*⟩ **1** *Koffer usw* dejar, poner; **2** *an e-m bestimmten Ort* depositar (***bei*** en); **3** (*abschalten*) *Gerät, Wecker, Heizung* apagar; *Strom, Wasser, Gas* cerrar, cortar; *Auto* estacionar; **4** *fig Missstände* remediar, subsanar; **5** MIL destacar (***nach, zu*** a)

'Abstellgleis *n* BAHN apartadero *m*; *fig* ***j-n aufs ~ schieben*** dejar a alg al margen

'Abstell|kammer *f*, **~raum** *m* trastero *m*

'abstempeln *v/t* ⟨*sep*⟩ **1** *Brief* matasellar; *Fahrkarte* cancelar; *Ausweis* sellar; **2** *fig* ***j-n ~ als*** *od* ***zu*** tildar a alg de

'absterben *v/i* ⟨*irr, sep*, sn⟩ *Pflanze* morir; *Gliedmaßen* entumecerse

Abstieg ['apʃtiːk] *m* ⟨-(e)s; -e⟩ **1** *vom Gipfel* bajada *f*, descenso *m* (a SPORT); **2** *fig sozialer* decadencia *f*

'abstillen *v/t* ⟨*sep*⟩ destetar

'abstimmen ⟨*sep*⟩ **I** *v/i* **1** ***über etw*** (*acus*) ***~*** votar a/c; **II** *v/t* **2** *Farben* armonizar; *Interessen* ajustar (***auf*** *+acus* a), armonizar (***auf*** *+acus* con); ***aufeinander ~*** armonizar; **3** (*absprechen*) ***etw mit j-m ~*** acordar a/c con alg; **III** *v/r* ***sich ~*** ponerse de acuerdo (***mit*** con)

'Abstimmung *f* **1** (*Wahl*) votación *f* (***über*** *+acus* de); ***geheime ~*** voto *m* secreto; **2** (*Harmonisierung*) armonización *f*

absti|nent [apsti'nɛnt] *adj* abstemio; **&nenz** [-'nɛnts] *f* ⟨-⟩ abstinencia *f*

'Abstoß *m Fußball* saque *m* de puerta

'abstoßen ⟨*irr, sep*⟩ **I** *v/t* **1** *vom Ufer* apartar, alejar; **2** (*beschädigen*) desportillar; **3** *Geweih* descornar; **4** *fig* (*anwidern*) repeler (a PHYS); **5** MED rechazar; **6** ECON desprenderse de; **II** *v/i* **7** *Fußball* sacar de puerta; **8** *vom Ufer* apartar, alejar; **III** *v/r* **9** ***sich ~*** apartarse (con fuerza) (***von*** de)

'abstoßend *adjt fig* repugnante

'abstottern F *v/t* ⟨*sep*⟩ *Kredit* pagar a plazos

abstrahieren [apstra'hiːrən] *v/t, v/i* ⟨*sin* ge⟩ abstraer

abstrakt [ap'strakt] *adj* abstracto; **&ion** [-tsi'oːn] *f* abstracción *f*

'abstrampeln F *v/r* ⟨*sep*⟩ ***sich ~*** **1** *beim Radfahren* hacer un gran esfuerzo pedaleando; **2** (*sich abmühen*) derrengarse

'abstreifen *v/t* ⟨*sep*⟩ **1** *Kleidungsstück, Ring* quitarse; **2** (*entfernen*) quitar; **3** *fig Vorurteile* dejar, deshacerse de

'abstreiten *v/t* ⟨*irr, sep*⟩ desmentir, negar

'Abstrich *m* ⟨-(e)s; -e⟩ **1** *finanziell* deducción *f*, reducción *f*; *fig* ***~e machen müssen*** tener que reducir *od* recortar gastos (***an*** *+dat* en); **2** MED frotis *m*

abstrus [ap'struːs] *adj* abstruso

'abstufen *v/t* ⟨*sep*⟩ **1** *Gelände* escalonar; *Farbtöne* matizar; *fig* (*staffeln*) graduar; **2** (*herabsetzen*) bajar de categoría

'Abstufung *f* **1** *im Gelände* escalonamiento *m*; **2** (*Farb&*) matización *m*; **3** (*Staffelung*) escala *f*, clasificación *f*; **4** *fig* (*Nuance*) matiz *m*

'abstumpfen I *v/t* ⟨*sep*⟩ *Gefühle, Sinne* embotar; ***j-n* ~** insensibilizar a alg; **II** *v/i* ⟨sn⟩ *Gefühle, Sinne* embotarse; *Person* insensibilizarse (***gegen*** contra)

'Absturz *m* **1** *Bergsteiger, Flugzeug* caída *f* (*a fig*); **2** INFORM fallo *m od* bloqueo *m* general

'abstürzen *v/i* ⟨*sep*, sn⟩ **1** *Bergsteiger* despeñarse; *Flugzeug* estrellarse; **2** INFORM *Computer* colgarse, derrumbarse

'abstützen ⟨*sep*⟩ **I** *v/t* BAU apuntalar; **II** *v/r* ***sich* ~** apoyarse (***an*** *+acus* en)

'absuchen *v/t* ⟨*sep*⟩ *Gelände* registrar, batir (***nach*** buscando)

absurd [ap'zʊrt] *adj* absurdo; **&i'tät** *f* absurdo *m*

Abszess [aps'tsɛs] *m* ⟨-es; -e⟩ MED absceso *m*

Abt [apt] *m* ⟨-(e)s; ⸚e⟩ abad *m*

Abt. *f Abk* (*Abteilung*) sección *f*

'abtasten *v/t* ⟨*sep*⟩ **1** tentar; *bsd* MED palpar; (*absuchen*) registrar (***nach*** buscando); *fig* ***j-n* ~** cachear a alg; **2** EL, TV explorar, leer

'abtauen ⟨*sep*⟩ **I** *v/t* ⟨h⟩ *Kühlschrank* descongelar; **II** *v/i* ⟨sn⟩ *Eis, Schnee* deshelar (-se), derretir(se)

Abtei [ap'taɪ] *f* abadía *f*

Abteil [ap'taɪl] *n* ⟨-(e)s; -e⟩ BAHN comparti-m(i)ento *m*

'abteilen *v/t* ⟨*sep*⟩ separar (***von*** de)

Ab'teilung[1] *f* **1** *e-s Betriebs* sección *f*, departamento *m*; *e-s Krankenhauses* servicio *m*; *e-s Warenhauses* sección *f*; ***die* ~ *leiten*** dirigir el departamento; ***in e-e andere* ~ *versetzt werden*** ser trasladado a otro departamento; ***verschiedene* ~*en durchlaufen*** recorrer varios departamentos; **2** MIL destacamento *m*

'Abteilung[2] *f* (*Unterteilung*) división *f*, partición *f*

Ab'teilungsleiter(in) *m(f)* *im Betrieb* jefe, -a *m,f* de departamento; *im Warenhaus* jefe, -a *m,f* de sección

'abtippen F *v/t* ⟨*sep*⟩ pasar a máquina

Äbtissin [ɛp'tɪsɪn] *f* abadesa *f*

'abtönen *v/t* ⟨*sep*⟩ matizar, graduar

'abtöten *v/t* ⟨*sep*⟩ *Keime* matar, destruir; *Nerv* matar; *fig Gefühl* ahogar

'abtragen *v/t* ⟨*irr, sep*⟩ **1** *Erde* nivelar, aplanar; *Gebäude* derribar; **2** *Kleider* gastar; **3** *Schulden* liquidar

abträglich ['aptrɛːklɪç] *geh adj* ***e-r Sache*** (*dat*) **~ *sein*** ser perjudicial para algo

'Abtransport *m* transporte *m*; **&ieren** *v/t* ⟨*sin* ge⟩ transportar

'abtreiben ⟨*irr, sep*⟩ **I** *v/t* ⟨h⟩ **1** *Wind, Strömung* ***etw* ~** arrastrar a/c; **2** MED *Fötus* abortar; **II** *v/i* **3** ⟨sn⟩ MAR, AVIA *vom Kurs* desviarse; **4** ⟨h⟩ MED abortar

'Abtreibung *f* MED aborto *m*; **~spille** *f* MED píldora *f* abortiva

'abtrennen *v/t* ⟨*sep*⟩ **1** *Raum* separar, dividir; **2** *Abschnitt* cortar; **3** *Ärmel usw* descoser

'abtreten ⟨*irr, sep*⟩ **I** *v/t* ⟨h⟩ **1** ***j-m etw* ~, *etw an j-n* ~** JUR ceder a/c a alg; **2** *Teppich* (des)gastar; **3** *Schnee von den Füßen* limpiarse; F (***sich*** *dat*) ***die Füße* ~** limpiarse los pies; **II** *v/i* ⟨sn⟩ **4** (*zurücktreten*) retirarse; **5** THEA hacer mutis; **6** MIL **~!** ¡rompan filas!

'Abtretung *f* JUR cesión *f* (***an*** *+acus* a)

'abtrocknen *v/t, v/i* ⟨*sep*⟩ secar; (***sich*** *dat*) ***die Hände* ~** secarse las manos; (***Geschirr***) **~** secar (los platos)

abtrünnig ['aptrʏnɪç] *adj* renegado, disidente, apóstata; **~ *werden*** renegar, apostatar

'Abtrünnige(r) *f(m)* ⟨→ A⟩ renegado, -a *m,f*, disidente *m,f*, apóstata *m,f*

'abtun *v/t* ⟨*irr, sep*⟩ *fig Einwand usw* rechazar, descartar (***als*** como)

'abtupfen *v/t* ⟨*sep*⟩ tamponar

'abverkaufen *v/t* ⟨*sep, sin* ge⟩ liquidar

'abverlangen *v/t* ⟨*sep, sin* ge⟩ ***j-m etw* ~** exigirle a/c a alg

'abwägen *v/t* ⟨wog ab, abgewogen, *sep*⟩ *fig* ponderar, medir

'abwählen *v/t* ⟨*sep*⟩ **1** ***j-n* ~** destituir por voto a alg; **2** *Schulfach* no elegir, dejar

'abwälzen *v/t* ⟨*sep*⟩ *Verantwortung, Kosten* librarse de; ***etw auf j-n* ~** cargar a/c sobre alg

'abwandeln *v/t* ⟨*sep*⟩ modificar

'abwander|n *v/i* ⟨*sep*, sn⟩ emigrar (***aus*** de); **&ung** *f* emigración *f*, éxodo *m*; *Kapital* evasión *f*, fuga *f*

'Abwandlung *f* modificación *f*

'Abwärme *f* ⟨-⟩ TEC calor *m* residual, contaminación *f* térmica

'Abwart(in) *m* ⟨-s; -e⟩ (*f*) *schweiz* conserje *m,f*; portero, -a *m,f*

'abwarten *v/t, v/i* ⟨*sep*⟩ esperar, aguardar; ***das bleibt abzuwarten*** está por ver; F ***warten wir mal ab!*** ¡ya veremos!

abwärts ['apvɛrts] *adv* hacia abajo; **~ *führen*** *Weg usw* bajar, descender; *fig* ***mit ihr geht es* ~** está de capa caída

'Abwärtstrend *m* tendencia *f* bajista *od* a la baja

'Abwasch *m* ⟨-(e)s⟩ platos *m/pl* sucios; ***den* ~ *machen*** fregar los platos

'abwaschbar *adj* lavable

'abwaschen *v/t, v/i* ⟨*irr, sep*⟩ fregar

'Abwasser *n* ⟨-s; ⸚⟩ aguas *f/pl* residuales; **~aufbereitung** *f* depuración *f* de aguas residuales; **~kanal** *m* alcantarilla *f*; **~leitung** *f* desagüe *m*

'abwechseln ⟨*sep*⟩ **1** *v/i* (*aufeinander folgen*) alternar, turnar (***mit*** con); **2** *v/r* ***sich ~*** turnarse, alternarse (***bei*** en)

'abwechselnd I *adjt* variado, alternativo; **II** *advt* por turno

'Abwechslung *f* (*Verschiedenartigkeit*) variedad *f*, cambio *m*; (*Zerstreuung*) distracción *f*; ***~ brauchen*** necesitar un cambio; ***~ bringen in*** (*+acus*) romper la monotonía en; ***zur ~*** para variar

'abwechslungsreich *adj* variado

'Ab|weg *m fig **auf ~e geraten*** ir por mal camino; **≈wegig** *adj* fuera de lugar, desacertado

'Abwehr *f* ⟨-⟩ **1** SPORT, MIL *usw* defensa *f*, resistencia *f*; **2** *fig* (*Ablehnung*) rechazo *m*

'abwehren *v/t* ⟨*sep*⟩ **1** *Angriff*, *Gegner* rechazar; *Schlag* parar; **2** *fig Gefahr* prevenir

'Abwehr|kräfte *pl* MED defensas *f/pl* (del organismo); **~reaktion** *f* reacción *f* de defensa (***gegen*** contra); **~spieler(in)** *m(f)* defensa *m,f*; **~stoffe** *pl* MED anticuerpos *m/pl*

'abweichen *v/i* ⟨*irr*, *sep*, sn⟩ **1** *vom Weg usw* desviarse, apartarse (*a fig*); ***von der Regel ~*** ser una excepción *od* irregularidad; **2** (*sich unterscheiden*) ***~ von*** diferir de; ***voneinander ~*** discrepar

'Abweichung *f* **1** *vom Kurs usw* desvío *m*, desviación *f*; **2** (*Unterschied*) divergencia *f*, discrepancia *f* (***von*** con)

'abweis|en *v/t* ⟨*irr*, *sep*⟩ **1** *Person* no recibir; **2** *Bitte* denegar; JUR *Antrag*, *Klage* desestimar; **~end** *adjt* (*unfreundlich*) negativo, frío; **≈ung** *f* **1** *e-r Person* rechazo *m*; **2** JUR *e-s Antrags* denegación *f*; *e-r Klage* recusación *f*

'abwenden ⟨*irr*, *sep*⟩ **I** *v/t* **1** *Gesicht usw* apartar, desviar; **2** *Gefahr*, *Katastrophe* evitar, prevenir; **II** *v/r* **3** ***sich ~*** apartarse (***von*** de) (*a fig*)

'abwerb|en *v/t* ⟨*irr*, *sep*⟩ *Kunden*, *Arbeitskräfte* quitar *od* atraer (*de la competencia*); **≈ung** *f v Arbeitskräften* atracción *f* de mano de obra de otras empresas, *v Kunden* atracción *f* de clientes

'abwerfen *v/t* ⟨*irr*, *sep*⟩ **1** (*herunterwerfen*) tirar; *Reiter* derribar; *Bombe*, *Ballast* arrojar, lanzar; **2** ECON *Gewinn*, *Zinsen* dar, producir, rendir; **3** *fig* (*sich befreien von*) liberarse de; **4** SPORT *Ball* sacar de puerta

'abwert|en *v/t* ⟨*sep*⟩ **1** (*herabsetzen*) desvalorizar; **2** *Währung* devaluar; **~end** *adjt fig* peyorativo; **≈ung** *f* **1** (*Herabsetzung*) desvalorización *f*; **2** *e-r Währung* devaluación *f*

'abwesend *adj* **1** (*nicht da*) ausente; **2** (*geistes~*) distraído, ausente

'Abwesen|de(r) *f(m)* ⟨→ A⟩ ausente *m,f*; **~heit** *f* ⟨-⟩ **1** ausencia *f*; **2** *fig* (*Geistes≈*) distracción *f*

'abwetzen *v/t* ⟨*sep*⟩ (des)gastar

'abwick|eln *v/t* ⟨*sep*⟩ **1** *Schlauch usw* desenrollar; *Verband* deshacer; **2** (*erledigen*) *Geschäft* realizar, llevar a cabo; **3** (*schließen*) *Betrieb* liquidar; **≈ler(in)** *m(f)* liquidador, a *m,f*; **≈lung** *f* **1** *e-s Geschäfts* realización *f*; *a* FIN tramitación *f*; **2** (*Schließung*) *e-s Betriebs* liquidación *f*

'abwiegen *v/t* ⟨*irr*, *sep*⟩ pesar

'abwimmeln F *v/t* ⟨*sep*⟩ deshacerse de

'abwinken ⟨*sep*⟩ **I** *v/t* (***das Rennen***) **~** cruzar la bandera (en una carrera); **II** *v/i* negar con un gesto; F ***bis zum ≈*** F hasta decir basta

'abwischen *v/t* ⟨*sep*⟩ **1** *Schmutz*, *Staub* limpiar; **2** *Tisch usw* pasar la bayeta a

'abwracken *v/t* ⟨*sep*⟩ desguazar

'Abwurf *m* **1** (*das Abwerfen*) lanzamiento *m* (*a Bomben*); **2** SPORT *des Balls* saque *m*

'abwürgen *v/t* ⟨*sep*⟩ **1** *Motor* estrangular, calar; **2** *fig Diskussion* reprimir

'abzahlen *v/t* ⟨*sep*⟩ pagar (a plazos); ***in Raten, Monatsraten ~*** pagar a plazos, mensualidades

'abzählen *v/t* ⟨*sep*⟩ contar; F ***das kannst du dir an den*** (***fünf***) ***Fingern ~!*** ¡está más claro que el agua!

'Abzahlung *f* pago *m*; (*Ratenzahlung*) pago *m* a plazos; **~skredit** *m* crédito *m* de pago a plazos

'Abzäunung *f* (*Zaun*) cercado *m*

'Abzeichen *n* distintivo *m*, insignia *f*

'abzeichnen ⟨*sep*⟩ **I** *v/t* **1** (*abmalen*) dibujar, copiar (***von*** de); **2** (*signieren*) firmar, rubricar; **II** *v/r* ***sich ~*** **3** (*sich abheben*) destacarse (***gegen*** de); **4** *fig Entwicklung* perfilarse

'abziehbar *adj* FIN deducible (***von*** de)

'abziehen ⟨*irr*, *sep*⟩ **I** *v/t* ⟨h⟩ **1** *Ring usw* quitarse; *Schlüssel* sacar (de la cerradura); ***das Bett ~*** quitar las sábanas; ***die Haut ~*** sacar la piel (***von*** de); **2** MAT restar, sustraer; ECON *vom Preis*, *Gehalt* deducir, retener (***von*** de); **3** FOT sacar una copia (de); **4** *bsd* MIL *Truppen* retirar; **5** *Flüssigkeiten* destilar; **II** *v/i* ⟨sn⟩ **7** *Rauch* salir; *Gewitter* alejarse; **8** MIL retirarse; **9** F (*weggehen*) largarse

'abzielen *v/i* ⟨*sep*⟩ ***auf etw*** (*acus*) **~** tender a a/c

'abzocken F *v/t* ⟨*sep*⟩ ***j-n ~*** desplumar a alg

'Abzug *m* ⟨-(e)s; ⸚e⟩ **1** (*Kopie*) copia *f*; **2** *im Kamin usw* tiro *m*; **3** ECON deducción *f*; (*Rabatt*) descuento *m*, rebaja *f*; ***in ~ bringen*** deducir, descontar; ***nach ~ von*** deducción hecha de; ***nach ~ aller Kosten*** deducidos todos los gastos; **4** ***Abzüge*** *v Lohn, Gehalt* retenciones *f/pl*; **5** MIL *von Truppen* retirada *f*; **6** *e-r Schusswaffe* gatillo *m*

abzüglich ['aptsy:klɪç] *prp* ⟨*+gen*⟩ menos, deduciendo

'abzugs|fähig *adj Kosten* deducible; **2haube** *f* campaña *f* extractora; **2rohr** *n* TEC tubo *m* de salida

'abzweig|en ⟨*sep*⟩ **I** *v/i* ⟨sn⟩ *Weg* derivar, bifurcarse; **II** *v/t* ⟨h⟩ *Gelder usw* desviar; **2ung** *f Straße* bifurcación *f*

Accessoires [aksɛ'soa:r(s)] *pl* accesorios *m/pl*

ach [ax] *int* ¡ah!; *sehnsüchtig* ¡ah!; *klagend* ¡ay!; ***~ je!*** ¡oh!; *zweifelnd* ***~ ja?, ~ nein?*** ¿ah sí?, ¿ah no?; *überrascht* ***~ so!*** ¡(ah) ya!; ***~ was!, ~ wo!*** ¡qué va!

Ach *n* F ***mit ~ und Krach*** a trancas y barrancas

Achat [a'xa:t] *m* ⟨-(e)s; -e⟩ ágata *f*

Achilles|ferse [a'xɪlɛs-] *f* ⟨-⟩ *fig* talón *m* de Aquiles; **~sehne** *f* ANAT tendón *m* de Aquiles

Achse ['aksə] *f* MAT, TEC eje *m*; ***sich um die eigene ~ drehen*** girar sobre el propio eje; F *fig* ***immer auf ~ sein*** estar siempre fuera *od* de viaje

Achsel ['aksəl] *f* ⟨-; -n⟩ hombro *m*; ***die ~n od mit den ~n zucken*** encogerse de hombros

'Achsel|höhle *f* axila *f*, sobaco *m*; **~zucken** *n* ⟨-s⟩ encogimiento *m* de hombros

acht [axt] **I** *núm/c* **1** ocho; ***sie ist ~ Jahre alt*** tiene ocho años; **2** ***es ist ~ Uhr*** son las ocho; ***um ~ Uhr*** a las ocho; **3** ***~ Tage*** ocho días; *im weiteren Sinn* una semana; **II** *adv* ***zu ~ sein*** ser ocho

Acht[1] *f* ⟨-; -en⟩ *Zahl* ocho *m*

Acht[2] *f* ⟨-⟩ HIST proscripción *f*

Acht[3] *f* **1** ***~ geben*** (***auf*** *+acus*) prestar atención (a), cuidar (de); ***gib ~!*** (*pass auf*) ¡ten cuidado!; **2** ***außer ~ lassen*** descuidar; **3** ***sich vor j-m in ~ nehmen*** cuidarse de alg

'achtbar *geh adj* respetable, honorable

'achte(r, -s) *núm/o* octavo; ***am ~n Mai*** el ocho de mayo

'Achteck *n* ⟨-(e)s; -e⟩ MAT octágono *m*; **2ig** *adj* octagonal

'achtein'halb *adj* ocho y medio

'achtel *adj* octavo

'Achtel *n* ⟨-s; -⟩ octavo, -a *m,f*; **~finale** *n* SPORT octavos *m/pl* de final; **~liter** *m* ciento veinticinco mililitros *m/pl*; **~note** *f* MUS corchea *f*

achten ['axtən] **I** *v/t* **1** *Person* estimar, apreciar; *Gesetz* acatar; **II** *v/i* **2** (*aufpassen*) ***auf j-n ~*** cuidar de alg; ***auf s-e Gesundheit ~*** cuidar la salud; **3** (*beachten*) ***~ auf*** (*+acus*) atender a, prestar atención a, fijarse en; ***~ Sie darauf, dass*** fíjese en que, procure que

ächten ['ɛçtən] *v/t* HIST proscribir; *fig* boicotear

'achtens *adv* en octavo lugar

'Achter *m* **1** → ***Acht[1]***; **2** *Rudern* outrigger *m* a ocho; **3** F ***e-n ~ im Rad haben*** tener un neumático torcido; **~bahn** *f* montaña *f* rusa; **~deck** *n* MAR cubierta *f* de popa

'achtfach I *adj* óctuplo; **II** *adv* ***~ vergrößert*** ocho veces mayor

'acht'hundert *núm/c* ochocientos

achtjährig ['-jɛ:rɪç] *adj* de ocho años

'achtlos I *adj* descuidado; **II** *adv* con descuido; **2igkeit** *f* ⟨-⟩ descuido *m*

'acht|mal *adv* ocho veces; **~stellig** *adj Zahl* de ocho cifras; **~stöckig** *adj Haus* de ocho pisos; **2'stundentag** *m* jornada *f* de ocho horas; **~stündig** ['axtʃtʏndɪç] *adj* de ocho horas; **~tägig** ['-tɛ:gɪç] *adj* de ocho días

'Achtung *f* ⟨-⟩ **1** (*Respekt*) estima *f*, respeto *m* (***vor*** por); ***in j-s ~ steigen*** crecer en la estima de alg; F ***alle ~!*** ¡enhorabuena!; **2** (*Aufmerksamkeit*) atención *f*; ***~(, ~)!*** ¡atención!, ¡cuidado!; SPORT ***~, fertig, los!*** ¡preparados, listos, ya!

'Ächtung *f* HIST proscripción *f*; *fig* aislamiento *m*

'Achtungs|erfolg *m* éxito *m* de estima; **2voll** *adj* respetuoso

'achtzehn *núm/c* dieciocho; → ***acht***

achtzig ['axtsɪç] *núm/c* ochenta; F ***auf ~ sein*** estar a cien

'Achtzig *f* ⟨-⟩ ochenta *m*

'achtziger *adj* ***die ~ Jahre*** los años ochenta

'Achtziger|(in) *m(f)* octogenario, -a *m,f*; **~jahre** *pl* ***die ~*** los años ochenta

'achtzigjährig *adj* octogenario

'achtzigste(r, -s) *adj* octogésimo

ächzen ['ɛçtsən] *v/i* gemir (***vor*** de)

Acker ['akər] *m* ⟨-s; ⸚⟩ campo *m*; **~bau** *m* ⟨-(e)s⟩ agricultura *f*; **~land** *n* ⟨-(e)s⟩ tierra *f* de labor *od* de cultivo

'ackern *v/i* F *fig* (*schuften*) afanarse, trabajar duramente

Acryl [a'kry:l] *n* ⟨-s⟩ CHEM fibra *f* acrílica; **~farbe** *f* pintura *f* acrílica; **~glas** *n* vidrio *m* acrílico

Actionfilm ['ɛkʃənfɪlm] *m* película *f* de acción

a.d. *Abk* (*an der*) *bei Ortsnamen* del

a. D. *Abk bes* MIL (*außer Dienst*) jubilado, retirado

ad absurdum [at ap'zʊrdʊm] *nur in* ***etw ~ führen*** reducir *od* llevar a/c al absurdo

ADAC [a:de:ˀa:'tse:] *m Abk* (*Allgemeiner Deutscher Automobil-Club*) Automóvil Club *m* General de Alemania

ad acta [at 'akta] *nur in* ***etw ~ legen*** dar carpetazo a a/c

'Adams|apfel *m* ANAT nuez *f* (de Adán);

~kostüm *scherzh n* ***im ~*** en cueros
Adapter [a'daptər] *m* EL adaptador *m*
adäquat [adɛ'kvaːt] *adj* adecuado
addieren [a'diːrən] *v/t* ⟨*sin* ge⟩ sumar, adicionar
Addition [aditsi'oːn] *f* suma *f*, adición *f*
ade [a'deː] *int reg* ¡adiós!
Adel ['aːdəl] *m* ⟨-s⟩ nobleza *f*; ***von ~ sein*** tener abolengo
adelig ['aːd(ə)lɪç] *adj* noble
'Adelige(r) *f(m)* ⟨→ A⟩ noble *m,f*
'adeln *v/t* ennoblecer
'Adelsstand *m* ⟨-(e)s⟩ nobleza *f*; ***in den ~ erheben*** ennoblecer
'Adelstitel *m* título *m* nobiliario
Ader ['aːdər] *f* ⟨-; -n⟩ **1** ANAT vena *f*; (*Arterie*) arteria *f*; ***j-n zur ~ lassen*** sangrar a alg; **2** (*Erz*≈) veta *f*; **3** *fig* ***er hat e-e poetische ~*** tiene vena de poeta
'Aderlass *m* ⟨-es; -lässe⟩ MED, *a fig* sangría *f*
ad hoc ['athɔk] *adv* ad hoc
Adjektiv ['atjɛktiːf] *n* ⟨-s; -e⟩ adjetivo *m*; **≈isch** *adj* adjetivo, adjetival
Adjutant [atju'tant] *m* ⟨-en; -en⟩ MIL ayudante *m*
Adler ['aːdlər] *m* águila *f*; **~auge** *n fig* ***~n haben*** tener ojo de lince; **~nase** *f* nariz *f* aguileña
'adlig *usw* → ***adelig*** *usw*
Admiral [atmi'raːl] *m* ⟨-s; -räle⟩ MAR, MIL almirante *m*; **~i'tät** *f* almirantazgo *m*; **~stab** *m* Estado *m* Mayor de la Armada
adoptieren [adɔp'tiːrən] *v/t* ⟨*sin* ge⟩ adoptar
Adoption [adɔptsi'oːn] *f* adopción *f*
Adop'tiv|eltern *pl* padres *m/pl* adoptivos; **~kind** *n* hijo, -a *m,f* adoptivo, -a
Adr. *f Abk* (*Adresse*) dirección *f*
Adrenalin [adrena'liːn] *n* ⟨-s⟩ MED adrenalina *f*; **~stoß** *m* descarga *f* de adrenalina
Adressat(in) [adrɛsaːt(ɪn)] *m* ⟨-en; -en⟩ (*f*) destinatario, -a *m,f*
Adressbuch [a'drɛsbuːx] *n* anuario *m* mercantil; *privates* agenda *f* de direcciones
Adresse [a'drɛsə] *f* dirección *f*, señas *f/pl*; *fig* (***bei j-m***) ***an die falsche ~ geraten*** equivocarse de persona
A'dressen|änderung *f* cambio *m* de dirección; **~datei** *f* archivo *m* de direcciones; **~liste** *f* lista *f* de direcciones; **~verkauf** *m* venta *f* de direcciones; **~verzeichnis** *n* índice *m* de direcciones
adres'sieren *v/t* ⟨*sin* ge⟩ poner la dirección en; *Güter* consignar; (*richten*) dirigir (***an*** *+acus* a); ***falsch ~*** poner mal la dirección (de)
Adres'siermaschine *f* máquina *f* para poner direcciones
adrett [a'drɛt] *adj* pulcro, aseado
Adria ['adria] *f* Adriático *m*
adriatisch [adri'atiʃ] *adj* ***≈es Meer*** Mar *m* Adriático
'A-Dur *n* la *m* mayor
Advent [at'vɛnt] *m* ⟨-(e)s⟩ **1.** (*Zeit*) Adviento *m*; **2.** → ***Adventssonntag***
Ad'vents|kalender *m* calendario *m* de Adviento; **~kranz** *m* corona *f* de Adviento; **~sonntag** *m* domingo *m* de Adviento
Adver|b [at'vɛrp] *n* ⟨-s; -bien⟩ adverbio *m*; **≈'bial** *adj* adverbial
Advokat [at'vɔkaːt] *m* ⟨-en; -en⟩ *österr, schweiz* abogado *m*
Aerobic [ɛ'roːbɪk] *n* ⟨-s⟩ aerobic *m*
aerodynamisch [aerody'naːmɪʃ] *adj* aerodinámico
Affäre [a'fɛːrə] *f* asunto *m*, lío *m*; ***sich*** (***geschickt***) ***aus der ~ ziehen*** salir (airoso) del apuro
Affe ['afə] *m* ⟨-n; -n⟩ **1** ZO mono *m*, simio *m*; **2** F *Schimpfwort* (***blöder***) ***~*** petimetre *m*, memo *m*; ***eingebildeter ~*** mentecato *m*
Affekt [a'fɛkt] *m* ⟨-(e)s; -e⟩ emoción *f*, pasión *f*; ***im ~ handeln*** obrar por un arrebato
affek'tiert *adj* afectado, amanerado
'affenartig F *adj Geschwindigkeit* vertiginoso
'Affen|hitze F *f* calor *m* sofocante; **~liebe** F *f* amor *m* ciego; **~theater** F *n* farsa *f*, escándalo *m*; **~zahn** F *m* ***e-n ~ draufhaben*** ir a toda marcha
affig ['afɪç] F *adj* (*affektiert*) afectado, amanerado
Äffin ['ɛfɪn] *f* mona *f*, simia *f*
Afghan|e [af'gaːnə] *m* ⟨-n; -n⟩, **~in** *f* afgano, -a *m,f*; **≈isch** *adj* afgano; **~istan** [-nɪstaːn] *n* ⟨-s⟩ Afganistán *m*
Afrika ['aːfrika] *n* ⟨-s⟩ África *f*; **~ner(in)** *m(f)* africano, -a *m,f*; **≈nisch** *adj* africano
Afro-Look ['afrolʊk] *m* ⟨-s⟩ ***im ~*** con peinado afro
After ['aftər] *m* ANAT ano *m*
AG [aː'geː] *f Abk* (*Aktiengesellschaft*) SA *f* (*Sociedad Anónima*)
Ägäis [ɛ'gɛis] *f* Egeo *m*
ä'gäisch *adj* ***≈es Meer*** mar *m* Egeo
Agave [a'gaːvə] *f* BOT agave *m od f*, pita *f*
Agenda [a'gɛnda] *f* ⟨-; -den⟩ agenda *f*; POL ***~ 2000*** agenda *f* 2000
Agent(in) [a'gɛnt(ɪn)] *m* ⟨-en; -en⟩ (*f*) agente *m,f*; ECON *a* representante *m,f*
Agentur [agɛn'tuːr] *f* agencia *f*
Aggregat [agre'gaːt] *n* ⟨-(e)s; -e⟩ **1** TEC grupo *m*; **2** CHEM agregado *m*; **~zustand** *m* estado *m* de agregación
Aggression [agrɛsi'oːn] *f* agresión *f*
aggres'siv *adj* agresivo; **≈i'tät** *f* ⟨-⟩ agresividad *f*

Aggressor [a'grɛsɔr] *m* ⟨-s; -s'soren⟩ POL, MIL agresor *m*
agieren [a'giːrən] *geh v/i* ⟨*sin* ge⟩ actuar
Agio ['aːdʒo] *n* ⟨-s; -s⟩ COM agio *m*
Agitation [agitatsi'oːn] *f* POL agitación *f*
Agi'tator *m* ⟨-s; -'toren⟩ POL agitador *m*
agi'tieren *v/i* ⟨*sin* ge⟩ POL agitar
Agonie [ago'niː] *f* MED agonía *f*
Agrar|... ['graːr-] *in Zssgn* agrario, agrícola; **~erzeugnisse** *pl* productos *m/pl* agrícolas; **~land** *n* país *m* (od terreno *m*) agrícola; **~markt** *m* mercado *m* agrícola *od* agrario; **~politik** *f* política *f* agrícola *od* agraria; **~reform** *f* reforma *f* agraria; **~sektor** *m* sector *m* agrícola, sector *m* agrario; **~- und Lebensmittelsektor** *m* sector *m* agroalimentario
Ägypten [ɛ'gʏptən] *n* ⟨-s⟩ Egipto *m*
Ä'gypter(in) *m(f)* egipcio, -a *m,f*
ä'gyptisch *adj* egipcio
ah [aː] *int* ¡ah!, ¡oh!
äh [ɛː] *int* **1** *überlegend* esto; **2** *angeekelt* ¡eh!
aha [a'haː] *int* ¡ajá!, ¡ya!
A'ha-Erlebnis *n* descubrimiento *m*
Ahn [aːn] *geh m* ⟨-(e)s, -en; -en⟩ antepasado *m*, abuelo *m*
ahnden ['aːndən] *geh v/t Vergehen* castigar, sancionar
ähneln ['ɛːnəln] **I** *v/i* ***j-m, e-r Sache ~*** parecerse *od* (a)semejarse a alg, a/c; **II** *v/r* ***sich*** (*dat*) *od* ***einander ~*** parecerse
ahnen ['aːnən] *v/t* **1** (*vermuten*) sospechar; (*vorausahnen*) presentir; ***ohne zu ~, dass ...*** sin sospechar que ...; ***ich habs geahnt!*** ¡me lo imaginaba!; **2** (*schwach erkennen*) vislumbrar, atisbar
'Ahnen|galerie *f* galería *f* de antepasados; **~tafel** *f* tabla *f* genealógica
ähnlich ['ɛːnlɪç] **I** *adj* parecido, semejante; ***~ sein*** (+*dat*) ser parecido a; ***j-m ~ sehen*** parecerse a alg; F *fig* ***das sieht ihm ~!*** ¡es típico de él!; ***so etwas Ähnliches*** algo parecido; **II** *adv* ***mir geht es ~*** a mí me pasa lo mismo
'Ähnlichkeit *f* parecido *m*, semejanza *f*, similitud *f* (***mit*** con)
'Ahnung *f* **1** (*Vorgefühl*) presentimiento *m*, corazonada *f*; **2** (*Vorstellung*) idea *f*; F ***keine ~!*** ¡ni idea!; ***er hat keine ~, wie das geht*** no tiene ni idea de cómo funciona
'ahnungs|los I *adj* desprevenido; **II** *adv* sin sospechar nada; **~voll** *adj* lleno de presentimientos
Ahorn ['aːhɔrn] *m* ⟨-s; -e⟩ arce *m*
Ähre ['ɛːrə] *f* espiga *f*
Aids, AIDS [eːts] *n* ⟨-⟩ MED sida *m*; **'≗infiziert** *adj* seropositivo; **'≗krank** *adj* enfermo de sida; **'~kranke(r)** *f(m)* ⟨→ *A*⟩ enfermo, -a *m,f* de sida; **'≗positiv** *adj* seropositivo; **'~test** *m* prueba *f* del sida; **'~therapie** *f* terapia *f* contra el sida
Airbag ['ɛːrbɛk] *m* ⟨-s; -s⟩ AUTO airbag *m*
Airbus ['ɛːrbʊs] *m* AVIA aerobús *m*
A-is ['aːɪs] *n* ⟨-; -⟩ MUS la *m* sostenido
Akademie [akade'miː] *f* academia *f*
Aka'demiker(in) *m(f)* universitario, -a *m,f*
akademisch I *adj* académico, universitario; ***~e Bildung*** formación *f* universitaria; **II** *adv* ***~ gebildet sein*** tener formación universitaria
Akazie [a'kaːtsiə] *f* acacia *f*
akklimatisieren [aklimati'ziːrən] *v/r* ⟨*sin* ge⟩ ***sich ~*** aclimatarse
Akkord [a'kɔrt] *m* ⟨-(e)s; -e⟩ **1** MUS acorde *m*; **2** ECON destajo *m*; ***im ~ arbeiten*** trabajar a destajo
Ak'kord|arbeit *f* trabajo *m* a destajo; **~arbeiter(in)** *m(f)* trabajador, a *m,f* a destajo
Akkordeon [a'kɔrdeɔn] *n* ⟨-s; -s⟩ MUS acordeón *m*
Ak'kordlohn *m* salario *m* a destajo
akkreditieren [akredi'tiːrən] *v/t* ⟨*sin* ge⟩ *Botschafter usw* acreditar (***bei*** ante)
Akkreditiv [akredi'tiːf] *n* carta *f* de crédito, crédito *m* documentario; ***bestätigtes ~*** carta *f* de crédito confirmada; ***unwiderrufliches ~*** carta *f* de crédito irrevocable; ***ein ~ ausstellen*** expedir una carta de crédito; ***ein ~ eröffnen*** abrir una carta de crédito
Akku ['aku] F *m* ⟨-s; -s⟩, **Akkumulator** [akumu'laːtɔr] *m* ⟨-s; -'toren⟩ acumulador *m*
akkurat [aku'raːt] *adj* meticuloso, exacto
Akkusativ ['akuzatiːf] *m* ⟨-s; -e⟩ acusativo *m*; **~objekt** *n* complemento *m* directo
Akne ['aknə] *f* MED acné *m*
Akontozahlung *f* pago *m* a cuenta
akquirieren [akvi'riːrən] *v/t* ⟨*sin* ge⟩ ECON adquirir
Akquis|e [a'kviːzə] *f*, **~iti'on** *f* ECON adquisición *f*
Akribie [akri'biː] *geh f* ⟨-⟩ rigor *m* científico
a'kribisch *adj* meticuloso, de rigor científico
Akrobat|(in) [akro'baːt(ɪn)] *m* ⟨-en; -en⟩ (*f*) acróbata *m,f*; **~ik** *f* acrobacia *f*; **≗isch** *adj* acrobático
Akt [akt] *m* ⟨-(e)s; -e⟩ **1** (*Tat, Geschlechts≗*), *a* THEA acto *m*; **2** *Kunst*, FOT desnudo *m*
Akte ['aktə] *f* expediente *m*, acta *f*; *fig* ***etw zu den ~n legen*** (*beenden*) archivar a/c
'Akten|deckel *m* carpeta *f*; **~koffer** *m* portafolios *m*, maletín *m*; **≗kundig** *adj* ***~ sein*** constar en acta *od* en los archivos; **~mappe** *f* **1** (*Ordner*) carpeta *f*; **2** (*Tasche*) cartera *f*, portafolios *m*; **~notiz** *f* apunte *m* de acta; **~ordner** *m* archivador *m*; **~schrank** *m* (armario *m*) archivador *m od* clasifica-

dor *m*; **~tasche** *f* cartera *f*, portafolios *m*; **~vernichter** *m* destructor(a) *m(f)* de documentos, triturador(a) *m(f)* de papel; **~zeichen** *n* (número *m* de) referencia *f*, número *m* de registro
Akteur [ak'tøːr] *m* ⟨-s; -e⟩ *a* THEA actor *m*
'Aktfoto *n* foto *f* de desnudo
Aktie ['aktsiə] *f* ECON acción *f*; ***börsenfähige ~*** acción *f* cotizable *od* negociable en bolsa; ***eingezahlte ~*** acción *f* desembolsada; ***junge ~*** acción *f* nueva; ***~ mit, ohne Stimmrecht*** acción *f* con, sin derecho a voto; ***~n ausgeben*** emitir acciones; ***~n zeichnen*** suscribir acciones; ***mit ~n handeln*** negociar con acciones; ***50% der ~n erwerben*** adquirir el 50% de las acciones; ***die ~n fallen, steigen*** las acciones están en baja, están al alza
'Aktienfonds *m* fondo *m* de acciones
'Aktiengesellschaft *f* sociedad *f* anónima; ***e-e ~ gründen*** fundar una sociedad anónima
'Aktien|handel *m* negociación *f* de acciones; **~index** *m* índice *m* bursátil; **~inhaber(in)** *m(f)* titular *m,f* de acciones; **~kapital** *n* capital *m* social, capital *m* en acciones; **~mehrheit** *f* mayoría *f* de acciones
'Aktienpaket *n* paquete *m* de acciones; ***ein ~ übernehmen*** adquirir un paquete de acciones
'Aktien(um)tausch *m* canje *m* de acciones
Aktion [aktsi'oːn] *f* **1** (*Handlung*) acción *f*; *bsd* MIL operación *f*; **2** ***in ~ treten*** entrar en acción
Aktio'när(in) *m* ⟨-s; -e⟩ (*f*) ECON accionista *m,f*; ***stimmberechtigte ~e*** *pl* accionistas *m/pl* con derecho a voto
Aktio'närs(haupt)versammlung *f* junta *f* (general) de accionistas; ***die ~ einberufen*** convocar la junta (general) de accionistas
Akti'ons|preis *m* (*Sonderpreis*) precio *m* especial; **~radius** *m a* MIL radio *m* de acción
aktiv [ak'tiːf] *adj* activo; ***~er Wortschatz*** vocabulario *m* activo; ***~ werden*** activarse, entrar en acción
'Aktiv *n* ⟨-s⟩ GRAM (voz *f*) activa *f*
Aktiv|a [ak'tiːva] *pl* ECON activo *m*; **~geschäfte** *n/pl Bank* operaciones f/pl activas
akti'v|ieren *v/t* ⟨*sin* ge⟩ *a fig* activar
Aktivi'tät *f* actividad *f*; ***unternehmerische ~*** actividad *f* empresarial
Ak'tiv|posten *m* ECON activo *m*; **~saldo** *m* ECON saldo *m* activo; **~seite** *f* ECON lado *m* del activo; **~urlaub** *m* vacaciones *f/pl* activas
'Aktmodell *n* modelo *m,f* (para desnudos)
aktuali|sieren [aktuali'ziːrən] *v/t* ⟨*sin* ge⟩ actualizar; **≗'tät** *f* actualidad *f*
aktuell [ak'tuɛl] *adj* actual
akupunk|tieren [akupuŋk'tiːrən] *v/t* ⟨*sin* ge⟩ MED tratar con acupuntura; **≗'tur** *f* acupuntura *f*
Akust|ik [a'kustɪk] *f* ⟨-⟩ acústica *f*; **≗isch** *adj* acústico
akut [a'kuːt] *adj* MED agudo, grave (*a fig*); *Gefahr* grave
AKW [aːkaː'veː] *n Abk* ⟨-s; -s⟩ (*Atomkraftwerk*) central *f* nuclear
Akzent [ak'tsɛnt] *m* ⟨-(e)s; -e⟩ acento *m*; ***den ~ auf etw*** (*acus*) ***legen*** poner el acento en a/c
ak'zentfrei *adj u adv* sin acento
akzentu'ieren *v/t* ⟨*sin* ge⟩ acentuar
Akzept [aktsɛpt] *n* ⟨-(e)s; -e⟩ ECON aceptación *f*; ***mit ~ versehen*** *Wechsel* aceptar; ***zum ~ vorlegen*** presentar a la aceptación *od* al acepto
akzep|tabel [aktsɛp'taːbəl] ⟨-bl-⟩ *adj* aceptable (***für*** para); **≗tant(in)** *m(f)* ECON aceptante *m,f*; **≗tanz** [-'tants] *f* ⟨-⟩ aceptación *f*; **~'tieren** *v/t* ⟨*sin* ge⟩ aceptar
Alarm [a'larm] *m* ⟨-(e)s; -e⟩ alarma *f*, alerta *f*; ***blinder ~*** falsa alarma *f*; ***~ schlagen*** *a fig* dar la alarma
A'larm|anlage *f* sistema *m od* dispositivo *m* de alarma; **~bereitschaft** *f* estado *m* de alerta; ***in ~ sein*** estar en estado de alerta
alar'mieren *v/t* ⟨*sin* ge⟩ alarmar
A'larmsignal *n* señal *f* de alarma
A'larmstufe *f* ***höchste ~*** grado *m* máximo de alerta
A'larmzustand *m* ⟨-(e)s⟩ estado *m* de alerta; ***in den ~ versetzen*** poner en estado de alerta
Al'ban|er(in) [al'baːnər(ɪn)] *m(f)* albanés, -esa *m,f*; **~ien** *n* ⟨-s⟩ Albania *f*; **≗isch** *adj* albanés
Alb|druck ['alpdruk] *m*, **~drücken** *n* pesadilla *f*
albern[1] ['albərn] *adj* **1** (*lächerlich*) tonto, bobo; **2** (*unbedeutend*) tonto
'albern[2] *v/i* hacer el tonto, tontear
'Albernheit *f* tontería *f*, estupidez *f*
'Albtraum *m* pesadilla *f*
Album ['album] *n* ⟨-s; Alben⟩ álbum *m*
Alchimie [alçi'miː] *f* ⟨-⟩ alquimia *f*
Alexandria [aleksandria] *n* Alejandría *f*
Alge ['algə] *f* alga *f*
Algebra ['algəbra] *f* ⟨-⟩ álgebra *f*
alge'braisch *adj* algebráico
Alger|ien [al'geːriən] *n* ⟨-s⟩ Argelia *f*; **~ier(-in)** *m(f)* argelino, -a *m,f*; **≗isch** *adj* argelino
Algier ['alʒiːr] *n* Argel *m*
alias [aːlias] *adv* alias
Alibi ['aːlibi] *n* ⟨-s; -s⟩ coartada *f*; **~frau** *f* mujer *f* que sirve de coartada; **~funktion**

f coartada *f*
Alimente [ali'mɛntə] *pl* alimentos *m/pl*, pensión *f* alimenticia
alkalisch [al'kaːlɪʃ] *adj* CHEM alcalino
Alkohol ['alkohoːl] *m* ⟨-(e)s; -e⟩ alcohol *m*; **≗abhängig** *adj* alcohólico; **≗frei** *adj* sin alcohol; **~gehalt** *m* graduación *f* (alcohólica); *im Blut* alcoholemia *f*; **~genuss** *m* consumo *m* de alcohol; **≗haltig** *adj* alcohólico
Alko'hol|iker(in) *m(f)* alcohólico, -a *m,f*; **≗isch** *adj* alcohólico
alkoholi'siert *adj* alcoholizado; ***in ~em Zustand*** bajo los efectos del alcohol
Alkoho'lismus *m* ⟨-⟩ alcoholismo *m*
'Alkohol|konsum *m* consumo *m* de alcohol; **~missbrauch** *m* abuso *m* del alcohol
'Alkoholproblem *n* ***ein ~*** *od* ***~e haben*** tener problemas con el alcohol
'Alkohol|spiegel *m* nivel *m* de alcohol en la sangre, alcoholemia *f*; **≗süchtig** *adj* adicto al alcohol; **~sünder(in)** F *m(f)* conductor, a *m,f* embriagado, -a; **~test** *m* prueba *f* de alcoholemia; **~verbot** *n* prohibición *f* de consumir bebidas alcohólicas; **~vergiftung** *f* intoxicación *f* alcohólica
all [al] → ***alle***[1], ***alles***
All *n* ⟨-s⟩ (*Weltraum*) universo *m*
alle[1] ['alə] *pr/indef* **I** *adj* todo; ***~ zwei Jahre*** cada dos años; ***~ Welt*** todo el mundo; ***auf ~ Fälle*** de todos modos; ***ein für ~ Mal*** de una vez (por todas); ***~ beide*** los dos; **II** *su* todos; ***wir ~*** todos nosotros; F ***du hast sie wohl nicht mehr ~!*** ¡estás loco!
'alle[2] F *adj* **1** ***~ sein*** (*aufgebraucht sein*) haberse acabado, estar agotado; ***~ machen*** acabar con; **2** (*erschöpft*) agotado
alle'dem *pron* ***bei ~*** con todo
Allee [a'leː] *f* avenida *f*, paseo *m*
Alle|gorie [alego'riː] *f* alegoría *f*; **≗'gorisch** *adj* alegórico
allein[1] [a'laɪn] *adj u adv* solo; ***ganz ~*** completamente solo; ***~ erziehende Mutter*** madre *f* soltera; ***~ stehend*** soltero; ***einzig und ~*** tan sólo, únicamente; ***du ~ bist schuld!*** ¡la culpa es sólo tuya!; (***schon***) ***~ der Gedanke*** sólo de pensarlo; ***der Schmerz ist von ~ weggegangen*** el dolor se pasó solo
al'lein[2] *geh cj* mas, pero
al'leine F → ***allein***[1]
Al'lein|erbe *m*, **~erbin** *f* heredero, -a *m,f* universal *od* único, -a; **~erziehende(r)** *f(m)* ⟨→ A⟩ padre *m* soltero, madre *f* soltera; **~gang** *m* ***im ~*** en solitario; **~herrschaft** *f* autocracia *f*; **~herrscher(in)** *m(f)* autócrata *m,f*
al'leinig *adj* único, exclusivo
Al'lein|sein *n* ⟨-s⟩ soledad *f*; **~stehende(r)** *f(m)* ⟨→ A⟩ soltero, -a *m,f*; **~unterhalter (-in)** *m(f)* animador, a *m,f*; **~verdiener(in)** *m(f)* *persona cuyo sueldo es el único de la casa*; **~verkauf** *m* exclusiva *f* de venta; **~vertreter(in)** *m(f)* representante *m,f* exclusivo, -a; **~vertretung** *f* representación *f* exclusiva; **~vertretungsvertrag** *m* contrato *m* de representación exclusiva; **~vertrieb** *m* ⟨-s⟩ distribución *f* en exclusiva; **~vertriebsrechte** *n/pl* derechos *m/pl* de distribución exclusiva
'alle'mal *adv* F (*leicht, auf jeden Fall*) claro, sin duda
'allen'falls *adv* **1** (*höchstens*) a lo más; **2** (*vielleicht*) acaso, si es preciso
allent'halben *geh adv* por todas partes
aller|... ['alər-] *in Zssgn* el más ... (de todos); **~'beste(r, -s)** **I** *adj* el mejor de todos; (***nur***) ***das ≗*** (sólo) lo mejor de todo; **II** *adv* ***am ~n*** lo mejor
'aller'dings *adv* **1** *einschränkend* pero, sin embargo; **2** *verstärkend* en efecto; ***~!*** ¡por supuesto!; **3** ***das ist ~ etwas anderes*** claro que eso es otra cosa
'aller'erste(r, -s) *adj* el primero de todos
Aller|gen [alɛr'geːn] *n* ⟨-s; -e⟩ MED alérgeno *m*; **~gie** [alɛr'giː] *f* MED alergia *f*
Al'lergiker(in) *m(f)* alérgico, -a *m,f*
al'lergisch **I** *adj* MED alérgico (***gegen*** a); **II** *adv* ***auf etw*** (*acus*) ***~ reagieren*** ser alérgico a a/c
'aller'hand *adj* **1** (*viel*) mucho; F ***das ist ja ~!*** ¡esto es el colmo!; **2** (*vielerlei*) toda clase de
'Aller'heiligen *n* ⟨-⟩ Todos los Santos
'aller'höchste(r, -s) *adj* el mayor, el más alto; ***es ist ~ Zeit!*** ¡ya es hora!
'aller'höchstens *adv* a lo sumo
'aller'lei *adj* toda clase de
'Aller'lei *n* ⟨-s⟩ (*Mischung*) mezcla *f*
'aller'letzte(r, -s) *adj* el último de todos; F ***das ist ja*** (***wirklich***) ***das ≗!*** ¡esto es lo último!
'aller'liebste(r, -s) **I** *adj* encantador, adorable; **II** *adv* ***am ~n*** lo que más me, te, *etc* gusta(ría)
'aller'meiste **I** *adj* ***die ~n*** (***Menschen***) la gran mayoría; **II** *adv* ***am ~n*** sobre todo, máxime
'aller'nächste(r, -s) **I** *adj* el más próximo; **II** *adv* ***am ~n*** muy próximamente
'aller'schlimmste(r, -s) **I** *adj* el peor (de todos); **II** *adv* ***am ~n*** lo peor de lo peor
'Aller'seelen *n* ⟨-⟩ REL día *m* de los (Fieles) Difuntos
'aller'seits *adv* por todas partes; F ***guten Morgen ~!*** ¡buenos días a todos!
'aller'spätestens *adv* a más tardar
'Aller'welts... *in Zssgn* común, ordinario

'Aller'werteste(r) F *m* ⟨→ A⟩ trasero *m*, culo *m*
'alles *pr/indef* **1** todo; **~ *in allem*** en total; ***vor allem*** sobre todo, ante todo; ***er kann ~*** sabe de todo; **~ *Mögliche*** todo lo posible, de todo; ***auf ~ gefasst sein*** estar preparado para cualquier cosa; F ***um ~ in der Welt!*** ¡por (el amor de) Dios!; **2** F **~ *aussteigen!*** ¡bájense todos!
'alle'samt F *adv* todos juntos
'Alleskleber *m* pegamento *m* universal
allg. *Abk* (*allgemein*) general(mente)
'all'gegenwärtig *adj* omnipresente, ubicuo
'allge'mein I *adj* general; ***im ℒen*** por lo general; **II** *adv* **~ *bekannt*** de todos conocido; **~ *bildend*** *Schule* de formación general; **~ *gesprochen*** en términos generales; **~ *gültig*** universal; **~ *üblich*** generalizado; **~ *verständlich*** comprensible para todos
'Allge'mein|befinden *n* estado *m* general; **~bildung** *f* cultura *f* general; **~heit** *f* ⟨-⟩ generalidad *f*, público *m* en general; **~medizin** *f* medicina *f* general; **~wissen** *n* conocimiento *m* general; **~wohl** *n* bienestar *m* común
All'heilmittel *n* remedio *m* universal, panacea *f*
Allianz [ali'ants] *f* alianza *f*
Alligator [ali'gaːtɔr] *m* ⟨-s; -'toren⟩ aligator *m*, caimán *m*
alliiert [ali'iːrt] *adjt* aliado; HIST POL ***die Alliierten*** los aliados
'all'jährlich *adj* anual
'Allmacht *f* ⟨-⟩ *geh* omnipotencia *f*
all'mächtig *adj* omnipotente
allmählich [al'mɛːlɪç] **I** *adj* paulatino, gradual; **II** *adv* poco a poco; ***ich werde ~ müde*** me empiezo a sentir cansado; ***es wurde ~ Zeit!*** ¡ya iba siendo hora!
'All|par'teien... *in Zssgn* de todos los partidos; **'~radantrieb** *m* tracción *f* a cuatro ruedas; **'ℒseits** *adv* en todas partes, con *od* por todo el mundo
'Alltag *m* ⟨-(e)s⟩ (*Werktag*) día *m* laborable; *fig* vida *f* cotidiana; ***der graue ~*** la triste rutina
all'täglich *adj* **1** (*täglich*) diario; **2** (*gewöhnlich*) cotidiano, de todos los días; **ℒkeit** *f* **1** (*Alltäglichsein*) cotidianeidad *f*; **2** (*alltägliche Sache*) banalidad *f*
'alltags *adv* cotidianamente
'Alltags|dinge *pl* cosas *f/pl* de cada día; **~stress** *m* estrés *m* de todos los días
Allüren [a'lyːrən] *pl* *mst* *desp* caprichos *m/pl*, aires *m/pl*
'all'wissend *adjt* omnisciente
'all'wöchentlich I *adj* de cada semana; **II** *adv* todas las semanas
'allzu *adv* demasiado; **~ *früh*** demasiado pronto; **~ *gut*** demasiado bien; **~ *sehr*, ~ *viel*** demasiado
'Allzweckreiniger *m* limpiador *m* general
Alm [alm] *f* ⟨-; -en⟩ pasto *m* alpino
Almosen ['almoːzən] *n* ⟨-s; -⟩ limosna *f*; **~empfänger(in)** *m(f)* *persona f que vive de la caridad pública*
Aloe ['aːloe] *f* aloe *m*
'Alpdruck *m* pesadilla *f*
Alpen ['alpən] *pl* ***die ~*** los Alpes; **~rose** *f* rosa *f* de los Alpes; **~veilchen** *n* ciclamino *m*; **~vorland** *n* ⟨-(e)s⟩ región *f* subalpina
Alphabet [alfa'beːt] *n* ⟨-(e)s; -e⟩ alfabeto *m*; **ℒisch I** *adj* alfabético; **II** *adv* alfabéticamente; **~ *ordnen*** ordenar alfabéticamente; **ℒi'sieren** *v/t* ⟨*sin* ge⟩ (*ordnen*) poner por orden alfabético
alphanu'merisch *adj* alfanumérico
alpin [al'piːn] *adj* alpino
Alpi'nismus *m* ⟨-⟩ alpinismo *m*
Alpi'nist(in) *m(f)* alpinista *m,f*
'Alptraum *m* pesadilla *f*
als [als] *cj* **1** *vergleichend* que; ***größer ~*** mayor que; ***mehr ~ genug*** más que suficiente; ***alles andere ~ hübsch*** cualquier cosa menos bonito; **2** (*in der Eigenschaft*) como; **~ *Entschuldigung*** como disculpa; **~ *Frau, Mann usw*** como mujer, hombre, *etc*; **3 ~ *ob*, ~ *wenn*** como si; **4** *zeitlich* cuando; ***damals ~*** entonces cuando; ***gerade ~*** precisamente cuando
als|'bald *geh adv* enseguida, inmediatamente; **~'dann** *geh adv* entonces, luego
also ['alzo] *cj* **1** *Folgerung* así, por tanto; **2** (*das heißt*) o sea; **3** *verstärkend* bueno; **~ *gut!*** ¡pues bueno *od* bien!; **~ *los!*** ¡pues vámonos!; **~ *doch!*** ¡o sea, que sí!; F ***~, so was!*** ¡bueno, mira!; ***na ~!*** ¡por fin!; **4** *zusammenfassend* entonces; ***du kommst ~ nicht?*** ¿entonces no vienes?
alt [alt] *adj* **1** *Altersangabe* viejo; **~ *werden*** hacerse viejo; ***wie ~ bist du?*** ¿cuántos años tienes?; ***er ist zehn Jahre ~*** tiene diez años; ***ein zehn Jahre ~er Junge*** un chico de diez años; ***sie ist so ~ wie ich*** tiene la misma edad que yo; ***sie ist doppelt so ~ wie ich*** me dobla la edad; **2** (*historisch*) antiguo; ***das ~e Rom*** la Roma Antigua; ***die ~en Sprachen*** las lenguas antiguas; **3** (*früher*) viejo, de antes; ***eine ~e Bekannte*** una vieja conocida; ***in ~en Zeiten*** en tiempos pasados, en viejos tiempos; ***es bleibt alles beim ℒen*** todo sigue igual; **4** (*nicht mehr frisch*) *Brot usw* viejo; **5** *fig* ***das ~e Lied*** la misma cantinela; *scherzh* ***hier werde ich nicht ~*** aquí no tengo futuro; F *fig* **~ *aussehen*** encontrarse en apuros
Alt *m* ⟨-s; -e⟩ MUS contralto *m*
Altar [al'taːr] *m* ⟨-(e)s; -täre⟩ altar *m*; **~bild** *n*

retablo *m*
'altbacken *adj* **1** *Brot* de ayer; **2** F *fig* (*altmodisch*) anticuado; F carroza
'Altbau *m* ⟨-(e)s; -ten⟩ edificio *m* antiguo; **~sanierung** *f* saneamiento *m* de un edificio antiguo; **~wohnung** *f* piso *m* en un edificio antiguo
'alt|be'kannt *adj* archiconocido; **'~be'währt** *adj* (com)probado; **'~deutsch** *adj* alemán antiguo
'Alte(r) *f(m)* ⟨→ A⟩ viejo, -a *m,f*; anciano, -a *m,f*; F ***der, die ~*** (*Vater, Mutter*) el padre, la madre; ***er ist wieder ganz der ~*** vuelve a ser el de siempre
'alt|'ehrwürdig *geh adj* venerable; **'~'eingesessen** *adj* establecido, arraigado; **'2eisen** *n* chatarra *f*
'Alten|heim *n* residencia *f* de ancianos *od* de la tercera edad; **~pfleger(in)** *m(f)* gerocultor, a *m,f*; cuidador, a *m,f*; **~wohnanlage** *f* centro *m* residencial para la tercera edad
'Alter *n* ⟨-s⟩ edad *f*; (*Greisen2*) vejez *f*; ***im ~ von 30 Jahren*** a la edad de 30 años; ***sie ist in meinem ~*** tiene mi edad; ***mittleren ~s*** de mediana edad
älter ['ɛltər] *adj* mayor, más viejo; ***mein ~er Bruder*** mi hermano mayor; ***sie ist drei Jahre ~ als ich*** es tres años mayor que yo, me lleva tres años; ***er sieht ~ aus*** (***als er ist***) parece mayor (de lo que es); ***~ werden*** hacerse mayor; ***j-n ~ machen*** *Kleidung* hacerle parecer mayor a alg
'altern *v/i* ⟨sn⟩ envejecer, hacerse viejo
alterna|tiv [altɛrna'tiːf] *adj* alternativo; **2'livangebot** *n* oferta *f* alternativa; **2'tive** *f* alternativa *f*; **2'tivlösung** *f* solución *f* alternativa
'Alters|erscheinung *f* síntoma *m* de vejez; **~genosse** *m*, **~genossin** *f* coetáneo, -a *m,f*; **~grenze** *f* límite *m* de edad; (*Rentenalter*) edad *f* de jubilación; **~gründe** *pl* ***aus ~n*** por razones de (la) edad; **~gruppe** *f* grupo *m* de personas de la misma edad; **~heim** *n* residencia *f* de ancianos; **~klasse** *f bsd* SPORT categoría *f* de edad; **~rente** *f* pensión *f* (de vejez), jubilación *f*; **~ruhegeld** *n* pensión *f* por retiro *od* de jubilación; **2schwach** *adj* decrépito; **~schwäche** *f* ⟨-⟩ decrepitud *f*; **~teilzeit** *f* reducción *f* de jornada por la edad; **~unterschied** *m* diferencia *f* de edad
'Altersversorgung *f* pensión *f*, jubilación *f*; régimen *m* de pensiónes; ***betriebliche ~*** plan *m* de pensiones para los empleados; ***private ~*** → ***Altersvorsorge***
'Altersvorsorge *f* ***private ~*** previsión *f* privada de pensiones
'Altertum *n* ⟨-(e)s⟩ antigüedad *f*
altertümlich ['altərtyːmlɪç] *adj* **1** (*alt*) antiguo, arcaico; **2** (*veraltet*) anticuado
älteste(r, -s) ['ɛltəstə(r, s)] *adj* el mayor, el más viejo; ***meine ~ Tochter*** la mayor de mis hijas
'Altflöte *f* MUS flauta *f* contralto
'Altglas *n* TEC vidrio *m* reciclable; **~container** *m* contenedor *m* de vidrio (reciclable)
'alt'hergebracht *adjt* tradicional
'Althochdeutsch *n* antiguo alto alemán *m*
Altistin [al'tɪstin] *f* MUS contralto *f*
'Alt|kleidersammlung *f* recogida *f* de ropa usada; **2klug** *adj* precoz; **~lasten** *pl* ECOL residuos *m/pl* contaminantes; **~lastensanierung** *f* saneamiento *m* de residuos (contaminantes) *od* de depósitos viejos
ältlich ['ɛltlɪç] *adj* algo viejo
'Alt|material *n* TEC material *m* reciclable; **~meister** *m* SPORT antiguo campeón *m*; *fig* decano *m*; **~metall** *n* chatarra *f*; **2modisch** *adj* anticuado, pasado de moda; **~öl** *n* TEC aceite *m* de desecho, aceite *m* usado
'Altpapier *n* papeles *m/pl* usados; *wiederverwertbares* papel *m* reciclable; **~container** *m* contenedor *m* de papel reciclable; **~sammlung** *f* recogida *f* de papeles usados
'Altphilolog|e *m* ⟨-n; -n⟩, **~in** *f* filólogo, -a *m,f* clásico, -a
altruistisch [altru'ɪstɪʃ] *adj* altruista
'Altstadt *f* casco *m* antiguo
'Altstimme *f* MUS voz *f* de contralto
Alt-Taste *f* INFORM tecla *f* ALT
Alt'weibersommer *m* veranillo *m* de San Martín
Alu ['aːlu] F *n* ⟨-s⟩ aluminio *m*; **~folie** *f* papel *m* de aluminio
Aluminium [alu'miːniʊm] *n* ⟨-s⟩ aluminio *m*
'Alzheimer F *m* ⟨-(s)⟩, **~krankheit** *f* MED (enfermedad *f* de) Alzheimer *m*
am [am] *prp* (= ***an dem***) **1** *räumlich* en; ***~ Fenster*** a la ventana; ***~ Ufer*** a la orilla; ***~ Himmel*** en el cielo; ***~ Weg*** a la orilla del camino; *bei Flüssen* ***~ Main*** *usw* (a orillas) del Meno, *etc*; **2** *zeitlich* ***~ 1. Mai*** el uno de mayo; ***~ Anfang*** al principio; **3** ***~ Leben sein*** estar con vida; **4** *mit Superlativ* ***~ besten*** lo mejor; ***sie war ~ mutigsten*** ella fue la más valiente; **5** F ***er ist*** (***gerade***) ***~ Schreiben*** está escribiendo
Amalgam [amal'gaːm] *n* ⟨-s; -e⟩ CHEM amalgama *f*
Amateur(in) [ama'tøːr(ɪn)] *m* ⟨-s; -e⟩ (*f*) aficionado, -a *m,f*; amateur *m,f*
Ama|zonas [ama'tsonas] *m* Amazonas *m*; **~'zone** *f* amazona *f*
Ambiente [ambi'ɛntə] *n* ⟨-s⟩ atmósfera *f*
Ambition [ambitsi'oːn] *f* ambición *f*
Amboss ['ambɔs] *m* ⟨-es; -e⟩ yunque *m*

ambulant [ambu'lant] **I** *adj* MED *Behandlung* ambulante; **II** *adv* MED **~ *behandeln*** tratar (de) ambulante
Ambulanz [ambu'lants] *f* **1** *im Krankenhaus* ambulatorio *m*; **2** (*Krankenwagen*) ambulancia *f*
Ameise ['a:maɪzə] *f* hormiga *f*
'Ameisenhaufen *m* hormiguero *m*
amen ['a:mɛn] *int* amén
Amerika [a'me:rika] *n* ⟨-s⟩ América *f*
Ameri'ka|ner(in) *m*(*f*) americano, -a *m,f*; **ℒnisch** *adj* americano; **~'nismus** *m* ⟨-; -men⟩ LING americanismo *m*
Amethyst [ame'tʏst] *m* ⟨-en; -en⟩ amatista *f*
Ami ['ami] F *m* ⟨-(s); -(s)⟩ (*Amerikaner*) yanqui *m*
Aminosäure [a'mi:no-] *f* CHEM aminoácido *m*
Ammann ['aman] *m schweiz* → ***Bürgermeister***
Amme ['amə] *f* ama *f* de cría, nodriza *f*; **~nmärchen** *n desp* cuento *m* de viejas
Ammoniak [amoni'ak] *n* ⟨-s⟩ CHEM amoníaco *m*
Amnesie [amne'zi:] *f* MED amnesia *f*
Amnestie [amnɛs'ti:] *f* JUR amnistía *f*; **ℒren** *v/t* ⟨*sin* ge⟩ amnistiar
Amöbe [a'mø:bə] *f* BIOL amiba *f*
Amok ['a:mɔk] **~ *laufen*** tener un ataque de locura homicida; **~lauf** *m* carrera *f* de un loco homicida; **~läufer** *m*, **~schütze** *m* loco *m* homicida
'a-Moll *n* la *m* menor
Amorti|sation [amɔrtizatsi'o:n] *f* ECON amortización *f*; **ℒ'sieren** *v/t, v/r* ⟨*sin* ge⟩ (***sich***) **~** amortizar(se)
Ampel ['ampəl] *f* ⟨-; -n⟩ **1** (*Verkehrsℒ*) semáforo *m*, disco *m*; ***die ~ wird grün*** el semáforo se pone verde; **2** *Lampe* lámpara *f* colgante; (*Blumenℒ*) maceta *f* colgante
Ampere [am'pɛr] *n* ⟨-s; -⟩ EL amperio *m*; **~meter** *n* ⟨-s; -⟩ EL amperímetro *m*
Amphibie [am'fi:biə] *f* ZO anfibio *m*; **~nfahrzeug** *n* vehículo *m* anfibio
Ampulle [am'pʊlə] *f* PHARM ampolla *f*
Ampu|tation [amputatsi'o:n] *f* MED amputación *f*; **ℒ'ieren** *v/t* ⟨*sin* ge⟩ MED amputar
Amsel ['amzəl] *f* ⟨-; -n⟩ mirlo *m*
Amt [amt] *n* ⟨-(e)s; ⸗er⟩ **1** (*Behörde*) administración *f*, servicio *m*; (*Dienststelle*) oficina *f*; ***von ~s wegen*** de oficio; **2** *Tätigkeit* cargo *m*, puesto *m*; ***sein ~ antreten*** tomar posesión de su cargo; ***sein ~ zur Verfügung stellen*** poner a disposición su cargo, resignar su puesto; ***im ~ sein*** estar en funciones; ***im ~ bleiben*** permanecer en su cargo, continuar en funciones; ***des ~es entheben*** relevar de su cargo; **3** TEL (*Vermittlung*) central *f*
am'tieren *v/i* ⟨*sin* ge⟩ **~ *als*** actuar de
am'tierend *adj* en funciones
'amt|lich *adj* oficial; **ℒmann** *m* ⟨-(e)s; -männer *od* -leute⟩ alto cargo *m*
'Amtsantritt *m* entrada *f* en funciones; ***beim ~*** al asumir el cargo
'Amts|arzt *m*, **~ärztin** *f* médico, -a *m,f* oficial; **~bereich** *m* jurisdicción *f*; **~blatt** *n* boletín *m* oficial
'Amtseid *m* jura *f* del cargo; ***den ~ ablegen*** jurar el cargo
'Amts|enthebung *f* separación *f* del cargo, destitución *f*; **~führung** *f* gestión *f*, desempeño *m* del cargo; **~geheimnis** *n* secreto *m od* sigilo *m* oficial; **~gericht** *n* juzgado *m* de primera instancia; **~geschäfte** *pl* funciones *f/pl* del cargo; **~handlung** *f* acto *m* oficial; **~inhaber(in)** *m*(*f*) cargo *m*; **~missbrauch** *m* prevaricación *f*; **ℒmüde** *adj* cansado de (ejercer) un cargo; **~sprache** *f* lenguaje *m* administrativo; *e-s Landes* lengua *f* oficial; **~vorgänger(in)** *m*(*f*) predecesor, a *m,f*
'Amtsweg *m* ***auf dem ~*** por vía oficial
'Amts|zeichen *n* TEL (*Freizeichen*) señal *f*; **~zeit** *f* duración *f* del cargo
Amulett [amu'lɛt] *n* ⟨-(e)s; -e⟩ amuleto *m*
amüsant [amy'zant] *adj* divertido
amü'sier|en ⟨*sin* ge⟩ **I** *v/t* ***j-n ~*** divertir a alg; **II** *v/r* ***sich ~*** (***über*** *+acus*) divertirse (con), burlarse (de); **ℒviertel** *n* barrio *m* de diversiones
an [an] **I** *prp* **1** *Lage* ⟨*+dat*⟩, *Richtung* ⟨*+acus*⟩ a, en, contra; ***~ der Wand*** en la pared; ***~ der Ecke*** en la esquina; ***alles ist ~ s-m Platz*** todo está en su sitio; ***~ die Tür klopfen*** tocar a la puerta; ***Tür ~ Tür wohnen*** vivir puerta con puerta; ***~ s-r Stelle*** en su lugar; ***~ die Arbeit!*** ¡al trabajo!, ¡manos a la obra!; **2** ⟨*+dat*⟩ *zeitlich* en; ***~ e-m kalten Tag*** en un frío día; **3** ⟨*+dat*⟩ (*bei*) ***j-n ~ der Hand halten*** tener cogido a alg de la mano; ***j-n ~ der Stimme erkennen*** conocer a alg por la voz; **4** **~** (***und für***) ***sich*** en sí, en realidad; **5** ⟨*+acus*⟩ (*bestimmt für*) para; ***ein Brief ~ mich*** una carta para mí; **II** *adv* **6** *Fahrplan* ***Berlin ~ ...*** llegada a Berlín ...; **7** *zeitlich* ***von ... ~*** desde ...; ***von heute ~*** desde hoy; **8** (*eingeschaltet*) ***~ sein*** estar encendido; **9** F ***~ die 100 Euro*** *usw* unos 100 euros, *etc*
Anabolikum [ana'bo:likʊm] *n* ⟨-s; -ka⟩ MED anabolizante *m*
Anachronismus [anakro'nɪzmʊs] *m* ⟨-; -men⟩ anacronismo *m*
anal [a'na:l] *adj* MED, PSYCH anal
analo|g [ana'lo:k] *adj* análogo (***zu*** a); INFORM analógico; **ℒ'gie** [-'gi:] *f* analogía *f*
Analphabet|(in) [analfa'be:t(ɪn)] *m* ⟨-en;

-en⟩ (*f*) analfabeto, -a *m,f*; **~entum** *n* ⟨-s⟩ analfabetismo *m*
Analyse [ana'lyːzə] *f* análisis *m*; **~zertifikat** *n* certificado *m* de análisis
analy'sieren *v/t* ⟨*sin* ge⟩ analizar
Analysis [a'naːlyzɪs] *f* ⟨-⟩ MAT análisis *m*
Analyt|iker(in) [ana'lyːtɪkər(ɪn)] *m(f)* analista *m,f*; **≗isch** *adj* analítico
Anämie [anɛ'miː] *f* MED anemia *f*
Ananas ['ananas] *f* ⟨-; -(se)⟩ piña *f*; *Am* ananá *m*
Anarchie [anar'çiː] *f* anarquía *f*
Anar'chismus *m* ⟨-⟩ anarquismo *m*
Anar'chist|(in) *m(f)* anárquico, -a *m,f*; **≗isch** *adj* anárquico
Anarcho [a'narço] F *m* ⟨-s; -s⟩ F anarco *m*
Anästhesie [anɛste'ziː] *f* MED anestesia *f*
Anatolien [ana'toliən] *n* Anatolia *f*
Anatomie [anato'miː] *f* anatomía *f*
ana'tomisch *adj* anatómico
'anbaggern F *v/t* ⟨*sep*⟩ ***j-n ~*** entrarle a alg, (intentar) ligar con alg
'anbahnen ⟨*sep*⟩ **I** *v/t* ***etw ~*** preparar *od* iniciar a/c; **II** *v/r* ***sich ~*** iniciarse
anbändeln ['anbɛndəln] F *v/i* ⟨*sep*⟩ ***mit j-m ~*** coquetear *od* ligar con alg
'Anbau[1] *m* ⟨-(e)s⟩ AGR cultivo *m*; ***biologischer ~*** producción *f* ecológica
'Anbau[2] *m* ⟨-(e)s; -ten⟩ *Gebäudeteil* anexo *m*, ampliación *f*
'anbauen *v/t* ⟨*sep*⟩ **1** AGR cultivar; **2** añadir (***an*** *+acus* a)
'Anbau|fläche *f* AGR superficie *f* cultivada *od* de cultivo, tierra *f* de cultivo; **~gebiet** *n* zona *f* de cultivo; **~möbel** *pl* muebles *m/pl* modulares *od* por elementos
'anbehalten *v/t* ⟨*irr, sep, sin* ge⟩ dejar puesto
an'bei *adv* (*beiliegend*) adjunto
'anbeißen ⟨*irr, sep*⟩ **I** *v/t* *Apfel usw* morder (en); F *fig* ***zum ≗ sein*** estar para comérselo; **II** *v/i* *Fisch* picar; *fig* *Person* aceptar, tragar el anzuelo
'anbelangen *v/t* ⟨*sin* ge⟩ ***was mich anbelangt, so ...*** por lo que a mí respecta ...
'anbellen *v/t* ⟨*sep*⟩ *a fig* ladrar a
'anberaumen *v/t* ⟨*sep, sin* ge⟩ *Sitzung* convocar; *Termin* fijar
'anbeten *v/t* ⟨*sep*⟩ adorar
'Anbetracht *f* ***in ~*** (*+gen*) teniendo en cuenta; ***in ~ der Tatsache, dass ...*** considerando el hecho de que ...
'anbetteln *v/t* ⟨*sep*⟩ ***j-n ~*** mendigar *od* pedir a alg (***um etw*** a/c)
'Anbetung *f* ⟨-⟩ adoración *f*
an'biedern *v/r* ⟨*sep*⟩ ***sich ~*** congraciarse (***bei*** con)
'anbieten ⟨*irr, sep*⟩ **I** *v/t* **1** ***j-m etw ~*** *Getränk usw* ofrecer a/c a alg; ECON ***zum Verkauf ~*** poner a la venta; **2** (*vorschlagen*) proponer; **II** *v/r* **3** ***sich ~*(, etw zu tun)** ofrecerse (a hacer a/c); **4** ***sich ~*** *Möglichkeit* brindarse, ofrecerse; *Erklärung* ofrecerse
'Anbieter(in) *m(f)* ECON vendedor, a *m,f*, oferente *m,f*, licitante *m,f*
'anbinden *v/t* ⟨*irr, sep*⟩ atar (***an*** *+acus* a)
Anbindung *f* *e-r Region* unión *f* (***an*** *+acus* con)
'Anblick *m* vista *f*; (*Aussehen*) aspecto *m*
'anblicken *v/t* ⟨*sep*⟩ mirar
'anbohren *v/t* ⟨*sep*⟩ (comenzar a) taladrar
'anbraten *v/t* ⟨*irr, sep*⟩ dorar
'anbrechen ⟨*irr, sep*⟩ **I** *v/t* ⟨h⟩ *Vorräte* empezar; **II** *geh* *v/i* ⟨sn⟩ *Tag* despuntar; *Nacht* entrar; *Epoche* empezar
'anbrennen ⟨*irr, sep*⟩ **I** *v/t* ⟨h⟩ *Kerze usw* encender; F *fig* ***sie lässt nichts ~*** no pierde oportunidad; **II** *v/i* ⟨sn⟩ *Essen* quemarse; *Brei* pegarse
'anbringen *v/t* ⟨*irr, sep*⟩ **1** (*befestigen*) fijar, colocar (***an*** *+dat* a); **2** (*herbringen*) traer; **3** *Bitte, Kritik usw* formular
'Anbruch *m* ⟨-(e)s⟩ *e-r Epoche* comienzo *m*; ***bei ~ des Tages*** al amanecer; ***bei ~ der Nacht*** al anochecer
'anbrüllen *v/t* ⟨*sep*⟩ ***j-n ~*** chillar *od* gritar a alg
Anchovis [an'ʃoːvɪs] *f* anchoa *f*
Andacht ['andaxt] *f* ⟨-; -en⟩ REL *Gottesdienst* oficio *m* divino; *innere Haltung* devoción *f*, recogimiento *m*
andächtig ['andɛçtɪç] *adj* recogido, devoto; *fig* atento
Andalusien [anda'luːsiən] *n* Andalucía *f*
'andauern *v/i* ⟨*sep*⟩ continuar, seguir, durar
'andauernd **I** *adj* continuo, permanente, prolongado; **II** *adv* ***er stört ~*** (***die anderen***) molesta continuamente (a los otros)
'Anden ['andən] *pl* Andes *m/pl*
'Andenken *n* ⟨-s; -⟩ **1** (*Erinnerung*) recuerdo *m*, memoria *f*; ***zum ~ an*** (*+acus*) en memoria de; **2** (*Erinnerungsstück*) recuerdo *m* (***an*** *+acus* de)
'Andenpakt *m* POL Pacto *m* Andino
andere(r, -s) ['andərə(r, -s)] **I** *adj* **1** otro; ***ein ~s Buch*** otro libro; ***am ~n Tag*** el día siguiente; ***das ~ Geschlecht*** el sexo opuesto; ***er ist ein ~r Mensch*** (*hat sich sehr verändert*) parece otro; **II** *su* **2** ***ein ~r, e-e ~*** otro, -a; ***die ~n*** los otros; ***der eine oder*** (***der***) ***~*** (el) uno o (el) otro; **3** ***alles ~*** (***als***) todo menos; ***etwas ~s*** otra cosa; ***unter ~m*** entre otras cosas; ***eins nach dem ~n*** una cosa tras la otra; ***das ist etwas ganz ~s*** eso es completamente otra cosa
'anderen'falls *adv* de lo contrario
'and(e)rer'seits *adv* por otra parte
'andermal *adv* ***ein ~*** en otra ocasión

ändern ['ɛndərn] **I** *v/t* ⟨h⟩ cambiar, modificar; ***etw an e-r Sache*** (*dat*) **~** cambiar a/c de algo; ***ich kann es nicht* ~** no puedo remediarlo; **II** *v/r* ***sich* ~** cambiar; ***die Zeiten* ~ *sich*** los tiempos cambian
'andern'falls *adv* → ***anderenfalls***
'anders I *adj* **~ *sein*** ser distinto (***als*** a, de); **~ *werden*** cambiar; **II** *adv* **1** de otra manera, de otro modo (***als*** que); **~ *aussehen als*** tener otro *od* distinto aspecto que; **~ *gesagt*** dicho de otro modo; **2** *bei pron* ***jemand* ~** otro; ***niemand* ~ *als er*** nadie sino él; ***wer* ~?** ¿quién si no?; ***irgendwo* ~** en otro lugar
'anders|artig *adj* distinto, de otro tipo; **⁲denkende(r)** *f(m)* ⟨→ A⟩ persona *f* de diferente opinión, disidente *m,f*; **~gläubig** *adj* heterodoxo, que tiene otra creencia; **~herum I** *adv* a la inversa; **II** F *adj* (*homosexuell*) invertido; **~wo** *adv* en otra parte; **~woher** *adv* de otra parte; **~wohin** *adv* a otra parte
'andert'halb ['andərt-] *adj* uno y medio; **~ *Stunden*** una hora y media
'Änderung *f* cambio *m*, modificación *f*
'ander'weitig I *adj* **1** *Verpflichtungen usw* otro, ulterior; **II** *adv* **2** (*anderswo*) en otra parte; **3** (*an jemand anderen*) a otro; **4** (*für etw anderes*) para otra cosa, de otra manera
'andeuten ⟨*sep*⟩ **I** *v/t* **1** (*zu verstehen geben*) insinuar, dar a entender; **2** (*ahnen lassen*) dar a entender, indicar; **3** *zeichnerisch* esbozar; **II** *v/r* **4 *sich* ~** vislumbrarse
'Andeutung *f* **1** indicación *f*, insinuación *f*; *e-s Lächelns* esbozo *m*; **2** (*Anspielung*) alusión *f*; **~*en machen*** hacer alusiones
'andeutungsweise *adv* a grandes rasgos, someramente
Andorra [an'dɔra] *n* ⟨-s⟩ Andorra *f*
'Andrang *m* ⟨-(e)s⟩ aglomeración *f*; afluencia *f* (***auf*** a)
'andrehen *v/t* ⟨*sep*⟩ **1** *Gas usw* abrir; *Gerät* encender, poner; **2** F *fig* ***j-m etw* ~** endosar a/c a alg
'andrer'seits *adv* → ***andererseits***
'androh|en *v/t* ⟨*sep*⟩ ***j-m etw* ~** amenazar a alg con a/c
'Androhung *f* amenaza *f*
'anecken *v/i* ⟨*sep*, sn⟩ F *fig* causar mala impresión (***bei j-m*** a alg)
'aneignen *v/t* ⟨*sep*⟩ ***sich*** (*dat*) ***etw* ~** *Kenntnisse usw* adquirir a/c; *fremdes Eigentum* apropiarse de a/c
'Aneignung *f* ⟨-⟩ *von Kenntnissen* adquisición *f*; *von fremdem Eigentum* apropiación *f*, usurpación *f*
anei'nander *adv* juntos, uno a *od* con otro; **~ *binden*** unir, atar uno con otro; **~ *denken*** pensar el uno en el otro; **~ *geraten*** tener un enfrentamiento; **~ *grenzen*** (co)lindar; **~ *reihen*** poner en fila; ensartar; ***sich* ~ *reihen*** sucederse; **~ *stoßen*** chocar; **~ *vorbeigehen*** pasar de largo
Anekdote [anɛk'doːtə] *f* anécdota *f*
'anekeln *v/t* ⟨*sep*⟩ ***j-n* ~** dar asco *od* repugnar a alg
Anemone [ane'moːnə] *f* BOT anémona *f*
'Anerbieten *geh n* ⟨-s; -⟩ ofrecimiento *m*
'aner|kannt *adjt* reconocido, renombrado; **~kennen** *v/t* ⟨*irr, insep o sep*⟩ *Regeln* reconocer, admitir; *Leistung* apreciar, reconocer; **~*de Worte sprechen*** pronunciar palabras de reconocimiento; **~kennenswert** *adj* loable
'Anerkennung *f* ⟨-⟩ *a* JUR, POL legitimación *f*, legalización *f*; (*Wertschätzung*) reconocimiento *m*; ***in* ~ *s-r Verdienste*** (*gen*) en reconocimiento de sus méritos; **~ *verdienen*** merecer el reconocimiento
'anerziehen *v/t* ⟨*irr, sep*⟩ ***j-m etw* ~** inculcar (en la educación) a/c a alg
'anfachen *geh v/t* ⟨*sep*⟩ **1** *Feuer* atizar; **2** *fig Eifer, Ehrgeiz* incitar, avivar
'anfahren ⟨*irr, sep*⟩ **I** *v/i* ⟨sn⟩ **1** *Auto, Zug* arrancar; **2 *angefahren kommen*** llegar (en un vehículo); **II** *v/t* ⟨h⟩ **3** *Güter usw* acarrear; **4** *Auto usw* chocar contra; *Fußgänger* atropellar; **5** (*ansteuern*) dirigirse a; *Schiff* poner rumbo a; **6** F *fig* ***j-n*** (***grob***) **~** echar una bronca a alg
'Anfahrt *f* **1** (*Anreise, Herfahrt*) llegada *f*, (trayecto *m* de) ida *f*; **2** (*Zufahrt*) acceso *m*; **~skosten** *pl* gastos *m/pl* de desplazamiento
'Anfall *m* **1** MED *Fieber, Husten* acceso *m*, ataque *m*; (*Herz⁲*) *usw* ataque *m*; **2** *scherzh* ***in e-m* ~ *von Großzügigkeit*** en un ataque de generosidad
'anfallen ⟨*irr, sep*⟩ **I** *v/t* ⟨h⟩ (*angreifen*) atacar, agredir, acometer; **II** *v/i* ⟨sn⟩ *Arbeiten, Kosten* presentarse, producirse
'anfällig *adj* achacoso; **~ *sein für*** ser propenso a
'Anfang *m* ⟨-(e)s; ⸚e⟩ principio *m*, comienzo *m*, inicio *m*; ***am* ~, *zu* ~** al principio; ***von* ~ *an*** desde el principio; **~ *Mai*** a comienzos de mayo; ***den* ~ *machen*** comenzar (***mit*** con)
'anfangen *v/t, v/i* ⟨*irr, sep*⟩ **1** (*beginnen*) comenzar, empezar; ***mit der Arbeit* ~** empezar a trabajar; **~ *zu laufen*** echar a correr; ***wieder mit etw* ~** recomenzar a/c; ***das fängt ja gut an!*** ¡empezamos bien!; ***sie hat angefangen!*** ¡empezó ella!; **2** (*machen*) hacer; ***etw schlau* ~** darse maña para hacer a/c; ***was soll ich bloß* ~?** ¿qué voy a hacer?; ***mit ihm ist nichts anzufangen*** no hay por dónde agarrarlo; no sirve para nada;

ich weiß nichts damit anzufangen no sé qué hacer con ello
'Anfänger|(in) *m(f)* principiante *m,f*; **~kurs** *m* curso *m* elemental
anfänglich ['anfɛŋlıç] **I** *adj* inicial, primero; **II** *adv* al principio
'anfangs *adv* al principio
'Anfangs|sbestand *m im Lager* inventario *m* inicial; **~buchstabe** *m* inicial *f*; **~gehalt** *n* sueldo *m* inicial; **~gründe** *pl* nociones *f/pl* elementales; **~kapital** *n* ECON capital *m* inicial; **~stadium** *n* fase *f* inicial
'anfassen ⟨*sep*⟩ **I** *v/t* **1** (*berühren*) tocar; (*nehmen, halten*) tomar, coger; *fig* ***j-d zum*** ≗ alg a quien puede tratarse; **2** *fig* (*behandeln*) ***j-n*** (***hart*** *usw*) ~ tratar (duramente, *etc*) a alg; **3** (*angehen*) *Problem, Arbeit* enfocar, abordar; **II** *v/i* **4** (***mit***) ~ (*helfen*) echar una mano
'anfechtbar *adj bsd* JUR impugnable, discutible
'anfecht|en *geh v/t* ⟨*irr, sep*⟩ *bsd* JUR impugnar; ≗**ung** *f* **1** JUR impugnación *f*; **2** *geh* (*Versuchung*) tentación *f*
'anfeind|en *v/t* ⟨*sep*⟩ *j-n* hostigar, perseguir; ***angefeindet werden*** tener muchos enemigos
'Anfeindung *f* hostilidad *f*, persecución *f*
'anfertigen *v/t* ⟨*sep*⟩ fabricar, elaborar; *Kleid* confeccionar
'Anfertigung *f* fabricación *f*; confección *f*; ~ ***auf Bestellung, nach Maß*** fabricación *f* a pedido, a medida
'anfeuer|n *v/t* ⟨*sep*⟩ **1** *Ofen usw* encender; **2** *fig* SPORT alentar, estimular; ≗**ungsrufe** *pl* SPORT gritos *m/pl* de ánimo
'anflehen *v/t* ⟨*sep*⟩ suplicar; ***j-n um etw*** ~ implorar a/c a alg
'anfliegen ⟨*irr, sep*⟩ **I** *v/t* ⟨h⟩ (*ansteuern*) dirigirse (en avión) a; **II** *v/i* ⟨sn⟩ ***angeflogen kommen*** llegar (volando); *fig* llegar como caído del cielo
'Anflug *m* **1** AVIA vuelo *m* de aproximación; **2** *fig* ***ein ~ von Spott*** un tinte de sarcasmo; ***ein ~ von Traurigkeit*** un asomo de tristeza
'anfordern *v/t* ⟨*sep*⟩ *Hilfe, Arbeitskräfte* pedir, exigir; *Notarzt* solicitar; *Ersatzteile* pedir
'Anforderung *f* **1** (*Bestellung*) solicitud *f*, petición *f*, demanda *f*; ~ ***von Informationen*** solicitud *f* de información (***über*** de); ***auf*** ~ a petición; **2** (*Anspruch*) exigencia *f*; ***den ~en entsprechen*** reunir las condiciones, atender a las necesidades; ***den ~en*** (***nicht***) ***genügen*** (no) cumplir las exigencias; ***hohe ~en stellen*** (***an*** *+acus*) ser muy exigente (con)
'Anfrage *f* pregunta *f*, consulta *f*; *im Parlament* interpelación *f*; ***e-e ~ an j-n richten*** hacer *od* formular una pregunta a alg; ***auf ~*** a demanda
'anfragen *v/i* ⟨*sep*⟩ (***bei j-m wegen etw***) ~ preguntar (a alg a/c); pedir informes (a alg sobre a/c)
'anfreunden *v/r* ⟨*sep*⟩ ***sich mit j-m ~*** trabar amistad con alg, hacerse amigo de alg; ***sich mit dem Gedanken ~, dass ...*** hacerse a la idea de que …
'anfügen *v/t* ⟨*sep*⟩ (*hinzufügen*) añadir; (*beilegen*) adjuntar
'anfühlen *v/r* ⟨*sep*⟩ ***sich hart, weich*** *usw* ~ ser duro, suave, *etc* al tacto; ***das fühlt sich wie Wolle an*** tiene el tacto de la lana
'anführen *v/t* ⟨*sep*⟩ **1** *Mannschaft usw* dirigir, encabezar, mandar; **2** *Beispiele usw* mencionar, citar; *Gründe* alegar; **3** F ***j-n ~*** tomar el pelo a alg
'Anführer(in) *m(f)* jefe, -a *m,f*; POL caudillo, -a *m,f*; *e-r Bande* cabecilla *m,f*
'Anführungs|striche *pl*, **~zeichen** *pl* comillas *f/pl*
'Angabe *f* **1** (*Auskunft, Hinweis*) indicación *f*, información *f*; instrucción *f*; *statistisch* dato *m*; ***~n zur Person*** datos *m/pl* personales; ***nähere ~n machen*** dar pormenores; ***ohne ~ von Gründen*** sin justificar; **2** F (*Prahlerei*) fanfarronada *f*; **3** *Tennis usw* saque *m*, servicio *m*
'angaffen F *v/t* ⟨*sep*⟩ mirar sin pestañear
'angeben ⟨*irr, sep*⟩ **I** *v/t* **1** (*nennen*) indicar; *Adresse* dar; *Gründe* alegar; **2** *Tempo, Ton* dar; **II** *v/i* **3** *Tennis usw* sacar; **4** F (*prahlen*) fanfarronear; presumir (***mit*** de)
'Angeber(in) F *m(f)* fanfarrón, -ona *m,f*
Angebe'rei F *f* fanfarronería *f*
'angeberisch F *adj* farolero, fanfarrón
'angeblich I *adj* supuesto, presunto; **II** *adv* según dicen, al parecer
'angeboren *adjt* MED *Krankheit* congénito; *Eigenschaft* innato
'Angebot *n* ⟨-(e)s; -e⟩ **1** (*Vorschlag*) oferta *f* (*a* ECON); ***~ und Nachfrage*** oferta y demanda; ***befristetes ~*** oferta *f* a plazo; ***breites ~*** amplia oferta *f*; ***beschränktes ~*** oferta *f* limitada (*mengenmäßig* en la cantidad, *zeitlich* temporalmente); ***günstiges, vorteilhaftes ~*** oferta *f* ventajosa; ***mündliches ~*** oferta *f* oral; ***reichliches ~*** oferta *f* variada; ***schriftliches ~*** oferta *f* por escrito; ***unverbindliches ~*** oferta *f* sin compromiso; (***un***)***verlangtes ~*** oferta *f* (no) solicitada; ***verbindliches ~*** oferta *f* en firme, oferta *f* vinculante; ***ein ~ machen, einholen*** pasar, pedir una oferta; ***das ~ ablehnen, annehmen*** rechazar, aceptar la oferta; ***auf ein ~ eingehen*** hacer uso de una oferta; ***das ~ gilt bis*** la oferta es válida hasta; ***~ an ...*** oferta *f* de …; ***laut*** (***Ihrem***) ~ según su ofer-

ta; **2** (*Sonder*≈) oferta *f*; ***im ~ sein*** estar de oferta

'**Angebots|anforderung** *f* solicitud *f* de oferta, requerimiento *m* de oferta; **~überhang** *m* exceso *m* de oferta; **~vielfalt** *f* variedad *f* de oferta(s)

'**angebracht** *adjt* oportuno, conveniente; ***es für ~ halten zu gehen*** *usw* considerar oportuno irse, *etc*; ***nicht ~ sein*** ser inoportuno

'**angebunden** *adjt fig* ***kurz ~*** áspero, huraño

'**angefordert** *adjt* demandado, solicitado; ***~e Menge*** cantidad *f* demandada

'**angegossen** *adjt* F ***wie ~ passen*** *od* ***sitzen*** quedar que ni pintado

'**angegriffen** *adjt gesundheitlich* quebrantado

'**angeheiratet** *adjt Verwandte(r)* político

'**angeheitert** *adjt* achispado; F piripi

'**angehen** ⟨*irr, sep*⟩ **I** *v/i* ⟨sn⟩ **1** F (*beginnen*) comenzar, empezar; *Licht* encenderse; *Feuer* prender; **2** *Pflanze usw* agarrar; **3** ***~ gegen*** luchar contra; **II** *v/t* **4** ⟨h⟩ *Gegner, Hindernis* atacar (*a fig*); **5** ⟨sn⟩ ***j-n ~*** (*betreffen*) concernir a alg, referirse a alg; ***was mich angeht, ...*** por lo que a mí respecta ...; ***das geht dich nichts an!*** ¡no es cosa tuya!; **6** ⟨sn⟩ F ***j-n um etw ~*** pedir *od* solicitar a/c a alg; **III** *v/imp* ⟨sn⟩ **7** (*vertretbar sein*) poder pasar, ser aceptable; ***es kann nicht ~, dass ...*** no puede ser que ...

'**angehend** *adjt* incipiente, en ciernes, futuro

'**angehören** *v/i* ⟨*sep*⟩ ***e-r Sache*** (*dat*) **~** pertenecer a una cosa, ser miembro de una cosa

'**Angehörige(r)** *f(m)* ⟨→ A⟩ **1** *Familie* pariente *m,f*; ***meine ~n*** los míos; ***die nächsten ~n*** los parientes cercanos; **2** (*Mitglied*) miembro *m*, socio, -a *m,f*

'**Angeklagte(r)** *f(m)* ⟨→ A⟩ acusado, -a *m,f*

Angel[1] ['aŋəl] *f* ⟨-; -n⟩ *e-r Tür* gozne *m*, quicio *m*; *fig* ***aus den ~n heben*** sacar de quicio; *fig* ***zwischen Tür und ~*** de prisa y corriendo

'**Angel**[2] *f* ⟨-; -n⟩ *Fischfang* caña *f* (de pescar)

'**Angelegenheit** *f* asunto *m*; ***dringende ~*** asunto *m* urgente

'**angelehnt** *adjt Tür* entornado, entreabierto

'**angelernt** *adjt Arbeiter* semicualificado

'**Angelhaken** *m* anzuelo *m*

'**angeln** *v/t, v/i* **1** pescar (con caña); ***~ gehen*** ir de pesca; **2** F *fig* ***nach etw ~*** *intentar coger algo que está un poco fuera de alcance*; **3** F *fig* ***sich*** (*dat*) ***j-n ~*** pescar a alg

'**Angel|punkt** *m* eje *m*, piedra *f* angular; **~rute** *f* caña *f* de pescar

'**Angel|sachse** *m*, **~sächsin** *f* anglosajón, -ona *m,f*; **≈sächsisch** *adj* anglosajón

'**Angel|schein** *m* licencia *f* de pesca; **~schnur** *f* sedal *m*; **~sport** *m* pesca *f* (con caña)

'**angemessen** *adj* adecuado, conveniente; *Preis* razonable

'**angenehm** *adj* grato, agradable; *beim Vorstellen* (***sehr***) **~** ¡encantado!, ¡mucho gusto!

'**angenommen** *adjt Kind* adoptivo; *Name* ficticio; de casado; *cj* ***~, sie kommt noch*** suponiendo que aún venga

'**angepasst** *adjt* conformista

'**angeregt** **I** *adjt Gespräch* animado; **II** *advt* ***sich ~ unterhalten*** tener una animada conversación

'**ange|schlagen** *adjt* **1** *Geschirr usw* desportillado; **2** *Gegner* tocado (*a fig, gesundheitlich*); **~sehen** *adjt* (*geschätzt*) considerado, respetado

'**Angesicht** *geh n* ⟨-(e)s; -er⟩ rostro *m*, faz *f*; ***von ~ zu ~*** cara a cara; ***im ~*** (*+gen*) → ***angesichts***

'**angesichts** *prp* ⟨*+gen*⟩ **1** delante de; **2** *fig* en vista de, ante

'**angespannt** *adjt Lage* tenso, tirante

'**angestellt** *adjt* **~** (***sein***) (estar) empleado

'**Angestellte(r)** *f(m)* ⟨→ A⟩ empleado, -a *m,f*; ***leitender ~r*** alto ejecutivo *m*; ***leitende ~*** *pl a* empleados *m/pl* dirigentes, altos cargos *m/pl*

'**angestrengt** **I** *adjt Arbeit* duro, intenso; **II** *advt* ***~ arbeiten, nachdenken*** *usw* trabajar, pensar, *etc* intensamente

'**angetan** *adjt* ***von j-m, etw ~ sein*** quedar impresionado por alg, a/c

'**angetrunken** *adjt* medio borracho

'**angewandt** *adjt* aplicado

'**angewiesen** *adjt* ***~ sein auf*** depender de, no poder prescindir de

'**angewöhnen** *v/t* ⟨*sep*⟩ ***j-m etw ~*** acostumbrar a alg a a/c; ***sich*** (*dat*) ***etw ~*** acostumbrarse a a/c

'**Angewohnheit** *f* costumbre *f*, hábito *m*

'**angewurzelt** *adjt* ***wie ~ dastehen*** quedarse de una pieza

Angina [aŋ'giːna] *f* ⟨-; -nen⟩ MED angina(s) *f(pl)*

'**angleich|en** *v/t* ⟨*irr, sep*⟩ adaptar, ajustar (*+dat*, ***an*** *+acus* a); **≈ung** *f* adaptación *f*, ajuste *m* (***an*** *+acus* a)

Angler(in) ['aŋlər(ɪn)] *m(f)* pescador, a *m,f* (de caña)

'**angliedern** *v/t* ⟨*sep*⟩ afiliar (***an*** *+acus* a); *Gebiet* anexionar (***an*** *+acus* a)

'**Angliederung** *f* anexión *f* (***an*** *+acus* a)

Anglistik [aŋ'glɪstɪk] *f* ⟨-⟩ filología *f* inglesa, anglística *f*

Anglizismus [aŋgli'tsɪsmʊs] *m* ⟨-; -men⟩

anglicismo *m*

'anglotzen F *v/t* ⟨*sep*⟩ mirar boquiabierto

'Angola [aŋ'goːla] *n* ⟨-s⟩ Angola *f*

Angora [aŋ'goːra] *n* ⟨-s⟩, **~wolle** *f* angora *f*

'angreifbar *adj* vulnerable, atacable

'angreifen *v/t* ⟨*irr, sep*⟩ **1** *Gegner usw* atacar; JUR ***j-n tätlich ~*** agredir *od* acometer a alg; **2** *fig Material* atacar (*a Nerven*); *Gesundheit* perjudicar; **3** *Vorräte usw* empezar; *Ersparnisse* echar mano de; **4** *fig* (*anpacken*) atacar; **5** *österr* (*anfassen*) tocar

'Angreifer(in) *m(f)* agresor, a *m,f*, atacante *m,f*

'angrenz|en *v/i* ⟨*sep*⟩ **~ *an*** (+*acus*) lindar con; **~end** *adjt Land, Gebiet* limítrofe; *Grundstück* contiguo, adyacente

'Angriff *m* ⟨-(e)s; -e⟩ ataque *m*; JUR ***tätlicher ~*** agresión *f*; ***zum ~ übergehen*** pasar a la ofensiva; *fig* ***etw in ~ nehmen*** acometer *od* empezar a/c

'Angriffsfläche *f fig* punto *m* de ataque; ***keine ~ bieten*** ser invulnerable

'Angriffs|krieg *m* guerra *f* ofensiva; **~lust** *f* agresividad *f*; **≗lustig** *adj* agresivo, belicoso; **~waffe** *f* arma *f* ofensiva

'angrinsen *v/t* ⟨*sep*⟩ ***j-n ~*** mirar irónicamente a alg

angst [aŋst] *adj* ***mir ist ~*** (***und bange***) tengo (mucho) miedo

Angst [aŋst] *f* ⟨-; ⸚e⟩ miedo *m*; angustia *f*; ***~ bekommen*** asustarse, coger miedo; ***~ haben*** tener miedo (***vor*** +*dat* a); ***davor habe ich keine ~*** esto no me asusta; ***um j-n, etw ~ haben*** estar preocupado por alg, a/c; ***j-m ~ machen*** dar miedo *od* asustar a alg; ***aus ~*** de *od* por miedo, (***nur***) ***keine ~!*** ¡no tengas miedo!

'Angsthase F *m* F gallina *m*

ängstigen ['ɛŋstɪgən] **I** *v/t* ***j-n ~*** dar miedo a alg; **II** *v/r* ***sich ~*** alarmarse, inquietarse (***um*** por)

ängstlich ['ɛŋstlɪç] *adj* miedoso, medroso; (*scheu*) tímido; (*besorgt*) inquieto; **≗keit** *f* ⟨-⟩ inquietud *f*; (*Scheu*) timidez *f*

'Angst|schrei *m* grito *m* de espanto; **~schweiß** *m* sudor *m* frío; **≗voll** *adj* angustiado; **~zustand** *m* estado *m* de ansiedad

'angucken F *v/t* ⟨*sep*⟩ mirar

'angurten ⟨*sep*⟩ **I** *v/t* ***j-n ~*** poner a alg el cinturón de seguridad; **II** *v/r* ***sich ~*** ponerse el cinturón de seguridad

Anh. *m Abk* (*Anhang*) apéndice *m*

'anhaben *v/t* ⟨*irr, sep*⟩ **1** F *Kleidung* llevar puesto; ***nichts ~*** estar desnudo; **2** ***j-m nichts ~ können*** no poder hacerle daño a alg

'anhaften *v/i* ⟨*sep*⟩ *fig Makel* ***j-m, e-r Sache ~*** traer consigo

'anhalten ⟨*irr, sep*⟩ **I** *v/t* **1** (*stoppen*) parar, detener; *Atem* contener; **2** ***j-n zu etw ~*** animar *od* estimular a alg para a/c; **II** *v/i* **3** *Auto usw* detenerse, parar; **4** (*andauern*) durar, persistir

'anhaltend *adjt* continuo, incesante

'Anhalter(in) *m(f)* autostopista *m,f*; ***per ~ fahren*** hacer autostop

'Anhaltspunkt *m* punto *m* de referencia (***für*** para)

Anhang ['anhaŋ] *m* ⟨-(e)s; ⸚e⟩ **1** *im Buch usw* apéndice *m*, anexo *m*; **2** (*Anhängerschaft*) partidarios *m/pl*; **3** (*Angehörige*) familia *f*

'anhängen[1] ⟨*sep*⟩ **I** *v/t* **1** *Schild* colgar (***an*** +*acus* de, en); **2** AUTO, BAHN (*ankuppeln*) enganchar (***an*** +*acus* a); **3** (*anfügen*) añadir (***an*** +*acus* a); **4** F *fig* ***j-m etw ~*** endosar (-le) *od* cargar(le) a/c a alg; **II** *v/r* **5** ***sich ~*** hacerse adicto (***an*** +*acus* a)

'anhängen[2] *v/i* ⟨*irr, sep*⟩ *fig Partei, Sekte* ser partidario de, seguir; *Ruf usw* (*anhaften*) ***ihm hängt der Ruf an*** (+*inf*) tiene fama de (+*inf*)

Anhänger ['anhɛŋər] *m* **1** *Schmuck* colgante *m*, dije *m*; **2** *Fahrzeug* remolque *m*; **3** *am Koffer* etiqueta *f* (colgante)

'Anhänger|(in) *m(f)* *e-r Partei* partidario, -a *m,f*, secuaz *m,f*; SPORT hincha *m,f*; **~schaft** *f* ⟨-⟩ seguidores *m/pl*, partidarios *m/pl*; SPORT hinchada *f*

an'häng|ig *adj* JUR *Klage, Verfahren* pendiente; **~lich** *adj* afectuoso, apegado, fiel; **≗sel** *n* ⟨-s; -⟩ apéndice *m*, dije *m*

'anhauen F *v/t* ⟨*sep*⟩ ***j-n ~*** abordar a alg (***um*** por)

'anhäufen *v/t*, *v/r* ⟨*sep*⟩ (***sich***) **~** acumular (-se), amontonar(se)

'Anhäufung *f* acopio *m*, acumulación *f*

'anheben *v/t* ⟨*irr, sep*⟩ **1** *Gegenstand* levantar; **2** *Preise, Gehälter* subir

'anheften *v/t* ⟨*sep*⟩ fijar, pegar, sujetar (***an*** +*acus* a)

an'heim *geh adv* **1** *Vermögen* ***j-m ~ fallen*** recaer en alg; ***der Vergessenheit ~ fallen*** caer en el olvido; **2** ***es j-m ~ stellen, etw zu tun*** dejar al buen criterio de alg hacer a/c

'anheimelnd *adj* acogedor

'anheizen *v/t* ⟨*sep*⟩ **1** *Ofen* encender; **2** F *fig Stimmung* avivar

'anheuern *v/t*, *v/i* ⟨*sep*⟩ *bsd* MAR enrolar(se)

'Anhieb *nur in* F ***auf ~*** de golpe, a la primera

'anhimmeln F *v/t* ⟨*sep*⟩ adorar, idolatrar

'Anhöhe *f* elevación *f*, colina *f*, cerro *m*

'anhören ⟨*sep*⟩ **I** *v/t* **1** *Musik, Rede usw* escuchar; ***sich*** (*dat*) ***etw ~*** escuchar a/c; **2** JUR *Zeugen* oír; **3** ***das hört man dir an!*** ¡se te nota en la voz!; **4** ***sich gut, schlecht ~*** sonar bien, mal; F *fig* ***das hört sich gut an!*** ¡sue-

na bien!
'Anhörung *f* JUR audiencia *f*; POL consulta *f*
animalisch [ani'maːlɪʃ] *adj* animal
Animateur(in) [anima'tøːr(ɪn)] *m* ⟨-s; -e⟩ (*f*) animador, a *m,f*
Animierdame [ani'miːr-] *f in e-r Bar* camarera *f* de barra americana
ani'mieren *v/t* ⟨*sin* ge⟩ animar, estimular (***zu*** a)
Animosität [animozi'tɛːt] *f* animosidad *f*
Anis [a'niːs] *m* ⟨-(es); -e⟩ anís *m*
'ankämpfen *v/i* ⟨*sep*⟩ ***gegen j-n, etw ~*** luchar contra alg, a/c
'Ankauf *m* compra *f*, adquisición *f*
'ankaufen *v/t* ⟨*sep*⟩ comprar, adquirir
Anker ['aŋkər] *m* **1** MAR ancla *f*; ***~ werfen, vor ~ gehen*** echar anclas; ***den ~ lichten*** levar anclas; ***vor ~ liegen*** estar anclado; **2** EL inducido *m*
'ankern *v/i* anclar, fondear
'Ankerplatz *m* ancladero *m*, fondeadero *m*
'anketten *v/t* ⟨*sep*⟩ encadenar (***an*** *+acus* a)
'Anklage *f* JUR acusación *f*; ***gegen j-n ~ erheben*** presentar acusación contra alg (***wegen*** por); ***unter ~ stehen*** estar procesado
'Anklagebank *f* ⟨-; -bänke⟩ JUR banquillo *m* (de los acusados); ***auf der ~*** en el banquillo
'anklagen *v/t* ⟨*sep*⟩ ***j-n ~*** acusar *od* inculpar a alg (***e-r Sache*** *gen od* ***wegen etw*** de a/c)
'Anklagepunkt *m* cargo *m*
'Ankläger *m* JUR fiscal *m*, acusador *m*
'Anklage|schrift *f* escrito *m* de calificación; **~vertreter** *m* procurador *m*
'Anklang *m Plan, Vorschlag* ***~ finden*** tener buena aceptación (***bei*** entre)
'ankleben *v/t* ⟨*sep*⟩ pegar, fijar (***an*** *+acus* a)
'Ankleidekabine *f* vestuario *m*
'ankleiden *geh v/t, v/r* ⟨*sep*⟩ (***sich***) **~** vestir (-se)
'anklicken *v/t* ⟨*sep*⟩ INFORM hacer clic en (*od* sobre)
'an|klopfen *v/i* ⟨*sep*⟩ llamar (***an*** *+acus od +dat* a); *an e-r Tür* llamar a la puerta; **~knabbern** *v/t* ⟨*sep*⟩ roer, mordisquear; **~knipsen** F *v/t* ⟨*sep*⟩ *Licht* encender, dar
'anknüpfen ⟨*sep*⟩ **I** *v/t* **1** anudar, unir (***an*** *+acus* a); **2** *fig Beziehungen* trabar; ***mit j-m ein Gespräch ~*** entablar una conversación con alg; **II** *v/i* **3** *fig* ***an etw*** (*acus*) **~** partir de a/c, fundarse en a/c
'Anknüpfungspunkt *m* punto *m* de partida (***für*** para)
'ankommen ⟨*irr, sep,* sn⟩ **I** *v/i* **1** (*eintreffen*) llegar (***in*** *+dat* a); **2** F (*Anklang finden*) tener buena acogida (***bei*** entre); **3** ***gegen j-n, etw nicht ~*** no poder (imponerse) a alg, a/c; **II** *v/imp* **4** (*abhängen*) ***~ auf*** (*+acus*) depender de; ***es kommt*** (***ganz***) ***darauf an*** depende; **5** (*wichtig sein*) ***darauf kommt es*** (***mir***) ***nicht an*** eso no (me) importa nada; **6** ***ich lasse es darauf ~*** me aventuro a ello
Ankömmling ['ankœmlɪŋ] *m* ⟨-s; -e⟩ recién llegado, -a *m,f*
'ankoppeln *v/t* ⟨*sep*⟩ acoplar (***an*** *+acus* a)
'ankotzen P *v/t* ⟨*sep*⟩ dar asco; ***es kotzt mich an, dass ...*** me da asco que ...
'ankreiden *v/t* ⟨*sep*⟩ F ***j-m etw ~*** reprochar *od* imputar a/c a alg
'ankreuzen *v/t* ⟨*sep*⟩ *auf e-m Formular* marcar con una cruz
'ankündig|en ⟨*sep*⟩ **I** *v/t* anunciar, avisar; *offiziell* notificar; **II** *v/r* ***sich ~*** anunciarse; **~ung** *f* anuncio *m*, aviso *m*
Ankunft ['ankʊnft] *f* ⟨-⟩ llegada *f*
'Ankunftszeit *f* hora *f* de llegada
'ankuppeln *v/t* ⟨*sep*⟩ *Anhänger usw* acoplar, enganchar
'ankurbeln *v/t* ⟨*sep*⟩ *Motor* poner en marcha; *fig Stimmung* estimular; *Wirtschaft* reactivar, relanzar
Anl. *f Abk* (*Anlage*) *im Brief* anejo *m*
'anlächeln *v/t* ⟨*sep*⟩ sonreír a
'anlachen *v/t* ⟨*sep*⟩ **1** ***j-n ~*** mirar a alg riendo; **2** *fig* ***sich*** (*dat*) ***j-n ~*** ligarse a alg
'Anlage *f* **1** (*das Anlegen*) colocación *f*, instalación *f*; **2** ***sanitäre ~n*** instalaciones *f/pl* (sanitarias); **3** (*Grün~*) parque *m*; **4** (*Sport~*) polideportivo *m*; **5** (*Musik~*), INFORM equipo *m*; **6** (*Entwurf*) diseño *m*; **7** (*Veranlagung, Begabung*) talento *m*, disposición *f* (***zu*** para); **8** (*Kapital~*) inversión *f*; ***festverzinsliche ~*** inversión *f* a rédito fijo; **9** *e-s Briefs* anexo *m*; ***in der ~*** adjunto; **10** TEC (*Fabrik~*) instalación *f*, planta *f*
'Anlage|berater(in) *m*(*f*) asesor, a *m,f* de inversiones; **~beratung** *f* asesoramiento *m* de inversiones; **~kapital** *n* capital *m* inmovilizado (*od* fijo); **~nbau** *m* construcción *f* de instalaciones *od* de plantas; *bes* UNIV ingeniería *f* de plantas; **~vermögen** *n Buchhaltung* activo *m* fijo, inmovilizado *m*
Anlass ['anlas] *m* ⟨-es; ⸚e⟩ **1** (*Gelegenheit*) ocasión *f*; ***bei offiziellen Anlässen*** en acontecimientos oficiales; **2** (*Grund*) motivo *m*; ***j-m ~ zur Klage geben*** dar a alg motivo de queja; ***beim geringsten ~*** a la más mínima; ***etw zum ~ nehmen zu*** (*+inf*) aprovechar a/c para (*+inf*); **3** ***aus ~*** (*+gen*) (*anlässlich*) con motivo de; ***aus gegebenem ~*** por motivos precedentes
'anlassen ⟨*irr, sep*⟩ **I** *v/t* **1** *Licht*, RADIO dejar encendido *od* puesto; **2** (*starten*) *Maschine* poner en marcha; **3** F *Kleidung* dejar puesto; **II** *v/r* **4** ***sich gut ~*** presentarse bien, prometer (éxito); ***wie lässt er sich an?*** ¿cómo lo ves?
'Anlasser *m* AUTO arranque *m*

anlässlich ['anlɛslɪç] *prp* ⟨+*gen*⟩ con motivo *od* ocasión de

'Anlauf *m* ⟨-(e)s; ⸗e⟩ **1** SPORT impulso *m*, carrerilla *f*; ***(e-n) ~ nehmen*** coger impulso *od* carrerilla; **2** *fig* intento *m*; ***beim ersten ~*** a la primera

'anlaufen ⟨*irr*, *sep*⟩ **I** *v/t* ⟨h⟩ **1** *Hafen usw* hacer escala en; **II** *v/i* ⟨sn⟩ **2** *Aktion*, *Produktion usw* ponerse en marcha, arrancar; *Film* estrenarse; ***~ lassen*** comenzar, poner en marcha; **3** ***angelaufen kommen*** venir corriendo; **4** SPORT tomar la salida; coger impulso *od* carrerilla; **5** *fig* ***gegen etw ~*** (*anstürmen*) luchar contra a/c; **6** (*beschlagen*) empañarse; ***blau ~*** amoratarse; ***rot ~*** ponerse rojo

'Anlauf|kosten *pl* costes *m/pl* iniciales; **~schwierigkeiten** *pl* dificultades *f/pl* de arranque; **~stelle** *f* servicio *m* de atención

'Anlaut *m* LING sonido *m* inicial

'anlegen ⟨*sep*⟩ **I** *v/t* **1** *geh Schmuck* poner; *Verband* aplicar; **2** poner, colocar (***an*** +*acus* contra); *fig* ***e-n strengen Maßstab ~*** aplicar un criterio duro; **3** *Garten* plantar; *Akte* abrir; *Liste usw* hacer; *Vorräte* almacenar; **4** *Kapital usw* invertir; (*ausgeben*) gastarse (***für*** en); **5** *Baby* dar el pecho a; **6** *fig* ***es ~ auf*** (+*acus*) proponerse; **II** *v/i* **7** MAR ***im Hafen ~*** tomar puerto; ***am Kai ~*** atracar en el muelle; **8** *mit dem Gewehr* ***~ auf*** (+*acus*) apuntar a; **III** *v/r* **9** ***sich mit j-m ~*** (*streiten*) buscar pelea con alg, meterse con alg

'Anleger(in) *m(f)* ECON inversor, a *m,f*

'Anlegestelle *f* MAR embarcadero *m*

'anlehnen ⟨*sep*⟩ **I** *v/t* **1** ***etw an etw*** (*acus*) ***~*** adosar *od* arrimar a/c a a/c, apoyar a/c en *od* contra a/c; **2** *Tür*, *Fenster* entornar; **II** *v/r* **3** ***sich ~ an*** (+*acus*) apoyarse en *od* contra

'Anlehnung *f* ***in ~ an*** (+*acus*) conforme a, a imitación de

'anleiern F *v/t* ⟨*sep*⟩ organizar, montar

'Anleihe *f* FIN empréstito *m*, préstamo *m*; (*Wertpapier*) obligación *f*, empréstito *m*

'anlei|ten *v/t* ⟨*sep*⟩ guiar, instruir; ***j-n zu etw ~*** animar a alg para a/c; **𝔖tung** *f* instrucciones *f/pl*, manual *m*

'anlernen *v/t* ⟨*sep*⟩ *j-n* instruir, iniciar

'anliefer|n *v/t* ⟨*sep*⟩ entregar, suministrar; **𝔖ung** *f* entrega *f*, suministro *m*

'anliegen *v/i* ⟨*irr*, *sep*⟩ **1** *Kleidung* ***eng ~*** quedar ajustado (***an*** +*dat* a); **2** F (*zu erledigen sein*) quedar por hacer; ***was liegt an?*** ¿qué queda por hacer?; ¿qué hay?, ¿que desea Ud.?

'Anliegen *n* ⟨-s; -⟩ deseo *m*, ruego *m*, petición *f*

'anliegend *adjt* **1** *Kleidung* ***eng ~*** ajustado; **2** *Akte usw* adjunto

'Anlieger *m* vecino *m*; ***~ frei*** prohibido el paso, excepto vecinos; **~staat** *m* POL estado *m* limítrofe

'anlocken *v/t* ⟨*sep*⟩ atraer, seducir

'anlügen *v/t* ⟨*irr*, *sep*⟩ mentir

Anm. *f Abk* (*Anmerkung*) observación *f*, nota *f*

'Anmache F *f* ⟨-⟩ F guiño *m*, ligue *m*

'anmachen F *v/t* ⟨*sep*⟩ **1** (*festmachen*) fijar (***an*** +*dat* a); **2** *Feuer*, *Licht*, RADIO *usw* encender; **3** *Salat* aliñar, aderezar; **4** *Mörtel*, *Gips* amasar; **5** ***j-n ~*** (*reizen*, *verlocken*) atraer a alg; (*provozieren*) provocar a alg; (*aufreißen*) ligarse a alg

'anmalen ⟨*sep*⟩ **I** *v/t* pintar; ***rot ~*** pintar de rojo; **II** *v/r* F ***sich ~*** (*schminken*) pintarse

'Anmarsch *m* ⟨-(e)s⟩ llegada *f*, marcha *f*; ***im ~ sein*** aproximarse (***auf*** +*acus* a)

'anmaßen *v/t* ⟨*sep*⟩ ***sich*** (*dat*) ***etw ~*** permitirse a/c, tomarse la libertad de a/c; ***sich*** (*dat*) ***~ zu*** (+*inf*) permitirse (+*inf*), tomarse la libertad de (+*inf*)

'anmaß|end *adjt* presuntuoso, arrogante; **𝔖ung** *f* **1** *im Wesen* presunción *f*, arrogancia *f*; **2** *von Rechten* usurpación *f*

'Anmelde|formular *n* impreso *m* de inscripción; *im Hotel* formulario *m* de ingreso; **~frist** *f* plazo *m* de inscripción

'anmelden ⟨*sep*⟩ **I** *v/t* **1** *Besucher usw* anunciar; ***sich ~ lassen*** hacerse anunciar; **2** *Schüler*, *zu einem Kurs usw* matricular; **3** *Fernseher*, RADIO inscribir, declarar; *Auto* matricular; **4** (*geltend machen*) *Rechte*, *Forderungen*, *Ansprüche usw* presentar; **5** *Patent* solicitar; **II** *v/r* ***sich ~*** **6** *zur Teilnahme* inscribirse (***zu, bei, in*** +*dat* en); **7** *beim Arzt usw* pedir hora; **8** ***sich polizeilich ~*** darse de alta, empadronarse

'Anmeldung *f* **1** (*Ankündigung*) aviso *m*; **2** *an e-r Schule usw* inscripción *f*, matrícula *f*; **3** *e-s Besuchers* anuncio *m*; *beim Arzt* ***nur nach vorheriger ~*** sólo previa cita; **4** ***polizeiliche ~*** empadronamiento *m*; **5** (*Anmeldestelle*) recepción *f*; **6** *fig von Ansprüchen usw* presentación *f*; **7** *beim Zoll* declaración *f*

'anmerken *v/t* ⟨*sep*⟩ **1** (*notieren*) apuntar, tomar nota; (*bemerken*) observar; (*hinzufügen*) añadir (***zu*** a); **2** ***j-m s-n Ärger*** *usw* ***~*** notar(le) su enfado, *etc* a alg; ***sich*** (*dat*) ***nichts ~ lassen*** disimular; ***man merkt ihr an, dass ...*** se le nota que ...

'Anmerkung *f* (*Bemerkung*) observación *f*; *am Rand* comentario *m*; (*Fußnote*) nota *f*

Anmut ['anmuːt] *f* ⟨-⟩ gracia *f*, donaire *m*

'anmuten *v/t* ⟨*sep*⟩ ***j-n seltsam*** *usw* ***~*** parecerle extraño, *etc* a alg

'anmutig *adj* encantador, ameno

'**annageln** *v/t* ⟨*sep*⟩ clavar (***an*** *+acus* a)
'**annähen** *v/t* ⟨*sep*⟩ coser (***an*** *+acus* a)
'**annähern** *v/r* ⟨*sep*⟩ ***sich e-r Sache*** (*dat*) *od* ***an etw*** (*acus*) ~ acercarse *od* aproximarse a a/c (*a fig*)
'**annähernd** **I** *adjt* aproximado; **II** *advt* aproximadamente, cerca de; ***nicht*** ~ ni de lejos
'**Annäherung** *f* acercamiento *m*, aproximación *f*; **~sversuche** *pl* insinuaciones *f/pl*
Annahme ['ana:mə] *f* **1** *von Waren usw* aceptación *f*, recepción *f*; ***die ~ verweigern*** rehusar (la aceptación); ***~ verweigert*** envío rehusado; **2** (*Vermutung*) suposición *f*; ***in der ~, dass*** suponiendo que (*+subj*); **3** *e-s Antrags usw* adopción *f*, aprobación *f*
'**Annahme|schalter** *m* ventanilla *f* de entrega; **~stelle** *f* despacho *m* de entrega
Annalen [a'na:lən] *pl* anales *m/pl*
'**annehmbar** *adj* aceptable, admisible (***für*** para)
'**annehmen** ⟨*irr, sep*⟩ **I** *v/t* **1** *Einladung, Angebot, Geschenk* aceptar; *Telefongespräch* atender; aceptar; **2** *Antrag usw* aprobar, acceder a; **3** *Aussehen, Form* adoptar, tomar; **4** (*vermuten, voraussetzen*) suponer; ***ich nehme es*** (***nicht***) ***an*** (no) lo creo, (no) lo supongo; **II** *v/r* **5** ***sich j-s*** ~ cuidar de alg; ***sich e-r Sache*** ~ encargarse de a/c
'**Annehmlichkeit** *f* comodidad *f*, ventaja *f*
annektieren [anɛk'ti:rən] *v/t* ⟨*sin* ge⟩ POL anexionar
anno, **Anno** ['ano] *nur in* **1** *mit Jahr* ***~ 1910*** en el año 1910; **2** ***~ dazumal*** en el tiempo de Maricastaña
Annon|ce [a'nõ:sə] *f* (*Anzeige*) anuncio *m*; **≗'cieren** *v/t, v/i* ⟨*sin* ge⟩ poner un anuncio, anunciar
Annuität [anʊi'tɛ:t] *f* FIN anualidad *f*; **~endarlehen** *n* préstamo *m* amortizable *od* de amortización (anual)
annullier|en [anʊ'li:rən] *v/t* ⟨*sin* ge⟩ anular; **≗ung** *f* anulación *f*
Anode [a'no:də] *f* EL ánodo *m*
anöden ['anʔø:dən] F *v/t* ⟨*sep*⟩ ***j-n*** ~ aburrir a alg, dar la lata a alg
anoma|l ['anoma:l] *adj* anormal, anómalo; **≗'lie** *f* anomalía *f*
anonym [ano'ny:m] *adj* anónimo; **≗i'tät** *f* ⟨-⟩ anonimato *m*, anónimo *m*
Anorak ['anorak] *m* ⟨-s; -s⟩ anorak *m*
'**anordnen** *v/t* ⟨*sep*⟩ **1** (*befehlen*) disponer, ordenar; **2** (*ordnen*) ordenar
'**Anordnung** *f* **1** (*Anweisung*) disposición *f*, orden *f*; ***auf ~ von*** (*od +gen*) por orden de; ***~en treffen*** disponer; **2** (*Ordnung*) orden *m*
Anorexie [anorɛ'ksi:] *f* ⟨-⟩ MED anorexia *f*
'**anorganisch** *adj* inorgánico
'**anormal** *adj* anormal
'**anpacken** ⟨*sep*⟩ **I** *v/t* **1** (*anfassen*) empuñar, coger; **2** F (*angehen*) abordar; **II** *v/i* (***mit***) ~ (*helfen*) echar una mano
'**anpassen** ⟨*sep*⟩ **I** *v/t* adaptar (*+dat od* ***an*** *+acus* a) (*a fig, Löhne usw*); TEC *a* ajustar, amoldar; **II** *v/r* ***sich ~*** (*+dat od* ***an*** *+acus*) adaptarse (a)
'**Anpassung** *f* adaptación *f* (***an*** *+acus* a); reajuste *m* (*a der Löhne, Mieten*)
'**anpassungs|fähig** *adj* adaptable (***an*** *+acus* a); *geistig* flexible; **≗fähigkeit** *f* ⟨-⟩ adaptabilidad *f*, flexibilidad *f*; **≗schwierigkeiten** *pl* dificultades *f/pl* de adaptación
'**anpeilen** *v/t* ⟨*sep*⟩ (*ansteuern*) dirigirse a; *fig* tener puesta la mirada en
'**anpfeifen** *v/t* ⟨*irr, sep*⟩ **1** SPORT ***ein Spiel ~*** dar la pitada inicial en un partido; **2** F *fig* ***j-n ~*** echar una bronca a alg
'**Anpfiff** *m* **1** SPORT pitada *f* inicial; **2** F *fig* (*Tadel*) bronca *f*
'**anpflanzen** *v/t* ⟨*sep*⟩ plantar, cultivar
'**anpiepsen** *v/t* ⟨*sep*⟩ ***j-n*** ~ llamar a alg a un butaca
'**anpöbeln** *v/t* ⟨*sep*⟩ ***j-n*** ~ molestar *od* importunar a alg
'**An|prall** *m* ⟨-(e)s⟩ choque *m* (***gegen*** contra); '**≗prangern** *v/t* ⟨*sep*⟩ denunciar (***als*** como)
'**anpreisen** *v/t* ⟨*irr, sep*⟩ recomendar, elogiar, alabar (***als*** como)
'**Anpro|be** *f* prueba *f*; '**≗bieren** *v/t, v/i* ⟨*sep, sin* ge⟩ probar(se)
'**anpumpen** *v/t* ⟨*sep*⟩ F ***j-n*** (***um 50 Euro***) ~ dar un sablazo a alg (de 50 euros)
'**Anrainer** *m österr* vecino *m*; **~staat** *m* país *m* vecino
'**Anraten** *n* ***auf ~ des Arztes*** *usw* siguiendo el consejo del médico, *etc*
'**anrechnen** *v/t* ⟨*sep*⟩ **1** (*berücksichtigen*) tener en cuenta; COM cargar en cuenta; (*gutschreiben*) abonar (***auf*** *+acus* en); ***etw als Fehler ~*** contar a/c como error; **2** *fig* (*würdigen*) valorar, estimar; ***j-m etw hoch ~*** estar muy agradecido a alg por a/c
'**Anrecht** *n* título *m*, derecho *m* (***auf*** *+acus* a)
'**Anrede** *f* tratamiento *m*, *im Brief* encabezamiento *m*
'**anreden** *v/t* ⟨*sep*⟩ ***j-n*** ~ dirigir la palabra a alg
'**anregen** *v/t* ⟨*sep*⟩ **1** (*vorschlagen*) proponer; **2** (*ermuntern*) animar; ***j-n zum Nachdenken ~*** dar que pensar a alg; **3** *Appetit, Kreislauf, Fantasie* incitar, estimular
'**anregend** **I** *adjt* excitante, sugestivo; **II**

advt **~ wirken** resultar excitante *od* sugestivo

'Anregung *f* **1** (*Vorschlag*) propuesta *f*; **auf ~ von** (*od* +*gen*) a propuesta de; **2** *des Appetits, der Fantasie* estímulo *m*, incitación *f*

'anreicher|n ⟨*sep*⟩ **I** *v/t* CHEM, TEC enriquecer (**mit** con); **II** *v/r* **sich ~** acumularse, llenarse (**mit** con; **in** +*acus* en); **~ung** *f bsd* CHEM enriquecimiento *m*

'Anreise *f* **1** (*Reise*) viaje *m* (de ida); **2** (*Ankunft*) llegada *f*

'anreisen *v/i* ⟨*sep*, sn⟩ **1** (*reisen*) viajar; **2** (*ankommen*) llegar

'anreißen *v/t* ⟨*irr, sep*⟩ **1** *Papier usw* rasgar, romper; *Vorrat usw* abrir, empezar; **2** *fig Thema* tocar

'Anreiz *m* estímulo *m*, incentivo *m*; **~e schaffen für** incentivar

'anrennen *v/i* ⟨*irr, sep*, sn⟩ **1 gegen etw ~** chocar contra a/c; *fig gegen Vorurteile usw* arremeter *od* luchar contra a/c; **2 angerannt kommen** venir corriendo

Anrichte ['anrɪçtə] *f Möbel* aparador *m*

'anrichten *v/t* ⟨*sep*⟩ **1** *Essen* servir, aderezar; **2** *Schaden usw* ocasionar, causar; *iron* **da hast du was Schönes angerichtet!** ¡menuda has liado!

anrüchig ['anrʏçɪç] *adj* de mala reputación, sospechoso

'anrücken *v/i* ⟨*sep*, sn⟩ MIL, *a fig* acercarse, llegar

'Anruf *m* ⟨-(e)s; -e⟩ llamada *f*; **gebührenfreier ~** llamada *f* sin recargo; **e-n ~ durchstellen, entgegennehmen** pasar, atender una llamada

'Anrufbeantworter *m* contestador *m* automático

'anrufen ⟨*irr, sep*⟩ **I** *v/t* **1** TEL **j-n ~** llamar a alg (por teléfono); **ich rufe an im Auftrag von ...** llamo de parte de ...; **2** *durch Rufen* llamar; REL invocar; JUR **ein Gericht ~** apelar a los tribunales; **II** *v/i* **bei j-m ~** llamar a casa de alg

Anrufer(in) *m* ⟨-s; -⟩ (*f*) ⟨-; -nen⟩ **der ~, die ~in** el, la que llama *bzw* que ha llamado; **heute gab es 50 ~** hoy han llamado 50 personas

'anrühren *v/t* ⟨*sep*⟩ **1** (*berühren*) tocar; **2** *Farbe* mezclar; *Teig* amasar

ans = an das

Ansage ['anzaːgə] *f* RADIO aviso *m*; TV presentación *f*

'ansagen *v/t*, *v/i* ⟨*sep*⟩ **1** (*ankündigen*) avisar, anunciar; *Kartenspiel* cantar; **2** F *fig* **angesagt sein** (*Mode sein*) estar de moda; (*auf dem Programm stehen*) estar previsto

'Ansager(in) *m*(*f*) TV presentador, a *m,f*; RADIO locutor, a *m,f*

'ansammeln *v/t*, *v/r* ⟨*sep*⟩ (**sich**) **~** acumular (-se), amontonar(se)

'Ansammlung *f* acumulación *f*, grupo *m*; *von Menschen* aglomeración *f*

ansässig ['anzɛsɪç] *adj* domiciliado, residente (**in** +*dat* en)

'Ansatz *m* ⟨-es; ⸚e⟩ **1** (*Lösungs~*) planteamiento *m*, enfoque *m*; **2** (*Beginn*) comienzo *m*; **3** (*Haar~*) raíz *f*; **~punkt** *m* punto *m* de partida; **~weise** *adv* en parte

'anschaffen *v/t* ⟨*sep*⟩ (**sich** *dat*) **etw ~** adquirir *od* comprar(se) a/c

'Anschaffung *f* adquisición *f*, compra *f*; **~skosten** *pl* gastos *m/pl* de adquisición; **~spreis** *m* precio *m* de adquisición

'anschalten *v/t* ⟨*sep*⟩ *Licht*, RADIO encender; *Maschine* conectar

'anschau|en *v/t* ⟨*sep*⟩ *bsd südd, österr, schweiz* → **ansehen**; **~lich** *adj* claro, evidente, expresivo

'Anschauung *f* **1** (*Erfahrung*) experiencia *f*; **etw aus eigener ~ kennen** saber a/c por experiencia propia; **2** (*Meinung*) parecer *m*, opinión *f*, modo *m* de ver; **3** (*Vorstellung*) concepto *m*, idea *f*

'Anschauungs|material *n* (material *m* de) documentación *f*; **~unterricht** *m* enseñanza *f* intuitiva

'Anschein *m* ⟨-(e)s⟩ apariencia *f*, semblante *m*; **dem ~ nach** según parece; **es hat den ~, als ob** parece como si

'anscheinend *advt* según parece, por lo visto

'anschicken *geh v/r* ⟨*sep*⟩ **sich ~ zu** (+*inf*) disponerse a, prepararse a (+*inf*)

'anschieben *v/t* ⟨*irr, sep*⟩ empujar

'anschießen *v/t* ⟨*irr, sep*⟩ herir con bala

'anschirren *v/t* ⟨*sep*⟩ *Pferd* aparejar

'Anschlag *m* **1** (*Plakat*) cartel *m*; **2** (*Attentat*) atentado *m* (**auf** +*acus* contra); **3** *beim Tippen* pulsación *f*; **180 Anschläge pro Minute** 180 pulsaciones *f/pl* por minuto

'Anschlagbrett *n* tablón *m* de anuncios, cartelera *f*

'anschlagen ⟨*irr, sep*⟩ **I** *v/t* ⟨h⟩ **1** *Plakate usw* fijar (**an** +*acus* a); **2** *Taste, Ton usw* pulsar, tocar; *Saite* pulsar, puntear; *fig* **e-n anderen Ton ~** cambiar de tono; **3** (*anstoßen*) chocar (**an** +*acus* contra); **sich** (*dat*) **den Kopf an etw ~** darse con la cabeza contra a/c; **II** *v/i* **4** ⟨sn⟩ (*anstoßen*) chocar, dar(se) (**an** +*acus* contra); **5** ⟨h⟩ *Klingel usw* sonar; **6** ⟨h⟩ *Hund* echarse a ladrar; **7** ⟨h⟩ (*wirken*) surtir efecto, dar (buen) resultado (**bei** en)

'anschleichen *v/r* ⟨*sep*⟩ **sich ~** (**an** +*acus*) acercarse sigilosamente (a)

'anschließen ⟨*irr, sep*⟩ **I** *v/t* **1** *mit Schloss* asegurar con un candado (**an** +*acus* a); **2**

EL, TEC conectar (**an** +*acus* con, a); **3** (*anfügen*) añadir, agregar (**an** +*acus* a); **II** *v/i* **4** *räumlich* colindar (**an** +*acus* con); *zeitlich* seguir; **III** *v/r* **5** ***sich*** ~ (**an** +*acus*) (*angrenzen*) colindar (con); **6** *fig* ***sich*** ~ (*folgen*) seguir; ***an den Vortrag schloss sich e-e Diskussion an*** la conferencia fue seguida de un coloquio; **7** ***sich j-s Meinung*** ~ adherirse a la opinión de alguien; **8** ***sich an j-n*** ~ asociarse *od* unirse a alg; ***sich e-r Partei*** (*dat*) ~ unirse a un partido

'anschließend **I** *adjt* siguiente; **II** *advt* acto seguido, a continuación; ~ **an** (+*acus*) tras

'Anschluss *m* ⟨-es; ⸚e⟩ **1** BAHN enlace *m*, correspondencia *f*; ~ ***haben*** tener correspondencia (**nach** a); ***s-n*** ~ ***verpassen*** perder el tren; *fig* ***den*** ~ ***verpassen*** perder la oportunidad; **2** TEL comunicación *f*; (*Telefon*2) conexión *f*; ***kein*** ~ ***unter dieser Nummer*** este número no corresponde a ningún abonado; **3** *Gas*, *Wasser*, *Strom* acometida *f*, toma *f*; **4** *fig* (*Verbindung*) contacto *m* (**an** +*acus* con); ***im*** ~ ***an*** (+*acus*) a continuación de; ~ ***suchen*** buscar amistades; **5** POL, HIST unión *f*, anexión *f*

'Anschluss|flug *m* (vuelo *m* de) conexión *f*, vuelo *m* de enlace; **~stecker** *m* clavija *f* de enchufe, enchufe *m* conector; **~stelle** *f* *e-r Autobahn* nudo *m* de enlace; **~zug** *m* (tren *m* de) enlace *m*

'anschmiegen *v/r* ⟨*sep*⟩ ***sich*** ~ **an** (+*acus*) estrecharse contra

'anschmiegsam *adj* (*zärtlich*) cariñoso, mimoso

'anschmieren F *v/t* ⟨*sep*⟩ (*betrügen*) engañar

'anschnallen ⟨*sep*⟩ **I** *v/t* atar, sujetar; ***j-n*** ~ poner el cinturón de seguridad a alg; **II** *v/r* ***sich*** ~ *im Auto*, *Flugzeug* ponerse el cinturón de seguridad

'anschnauzen F *v/t* ⟨*sep*⟩ ***j-n*** ~ echar una bronca a alg

'anschneiden *v/t* ⟨*irr*, *sep*⟩ **1** *Brot*, *Wurst* empezar; **2** *Kurve* cortar; *Ball* dar efecto a; **3** *Frage*, *Thema* abordar

'Anschnitt *m* *Wurst*, *Brot* primer trozo *m*

'anschreiben *v/t* ⟨*irr*, *sep*⟩ **1** *an die Tafel usw* anotar, apuntar; **2** ***j-n*** ~ *brieflich* escribir a alg; **3** ***etw*** ~ ***lassen*** comprar a/c a crédito *od* a fiado; **4** F *fig* ***bei j-m gut, schlecht angeschrieben sein*** estar bien, mal visto por alg

'Anschreiben *n* carta *f* adjunta, escrito *m*

'anschreien *v/t* ⟨*irr*, *sep*⟩ gritar, levantar la voz a

'Anschrift *f* dirección *f*, señas *f/pl*; ~ ***unleserlich*** dirección ilegible

'anschuldig|en *v/t* ⟨*sep*⟩ acusar, inculpar; **2ung** *f* acusación *f*, inculpación *f*

'anschwärzen F *v/t* ⟨*sep*⟩ ***j-n*** ~ (***bei***) denunciar a alg (a), desacreditar a alg (ante)

'an|schwellen *v/i* ⟨*irr*, *sep*, sn⟩ **1** *Füße* hincharse; *Fluss* crecer; **2** *fig Musik*, *Stimme* crecer, aumentar; **~schwemmen** *v/t* ⟨*sep*⟩ arrastrar, arrojar (a tierra); *Sand* depositar; **~schwindeln** F *v/t* ⟨*sep*⟩ engañar, mentir

'ansehen *v/t* ⟨*irr*, *sep*⟩ **1** mirar, contemplar; ***es war schrecklich anzusehen*** era horrible verlo; ***sich*** (*dat*) ***ein Bild, e-n Film usw*** ~ mirar un cuadro, una película, *etc*; ***sich*** (*dat*) ***etw genau*** ~ examinar a/c; **2** ***man sieht es ihr an, dass ...*** se le nota en la cara que ...; ***man sieht ihm sein Alter nicht an*** no aparenta la edad que tiene; **3** ***etw mit*** ~ presenciar a/c; ***ich kann es nicht länger mit ~!*** ¡no lo soporto más!; **4** (*halten für*) considerar (***als*** como); **5** F ***sieh*** (***mal einer***) ***an!*** ¡vaya!; ¡fíjate!

'Ansehen *n* ⟨-s⟩ **1** aspecto *m*; *fig* autoridad *f*, prestigio *m*; ***von hohem*** ~ de gran prestigio; ***großes*** ~ ***genießen*** gozar de gran prestigio; **2** *geh fig* ***ohne*** ~ ***der Person*** sin acepción de personas

ansehnlich ['anse:nlɪç] *adj* vistoso; (*beträchtlich*) considerable

'anseilen *v/t*, *v/r* ⟨*sep*⟩ (***sich***) ~ encordar(se)

'ansetzen ⟨*sep*⟩ **I** *v/t* **1** *Trinkgefäß* llevarse a los labios; *Instrument* embocar; *Werkzeug* aplicar; **2** (*anfügen*) poner, aplicar, añadir (**an** +*acus* a); **3** *Termin usw* fijar; **4** (*veranschlagen*) estimar, calcular; **5** *Bowle*, *Teig*, CHEM preparar; **6** ***Knospen*** ~ brotar; ***Fett*** ~ echar carnes, engordar; **7** ***j-n*** ~ ***auf*** (+*acus*) encargar a alg de; ***e-n Hund*** (***auf e-e Spur***) ~ poner en la pista a un perro; **II** *v/i* **8** disponerse a; ***zum Endspurt*** ~ prepararse para el sprint final; ***zur Landung*** ~ iniciar el aterrizaje; ***zum Sprechen*** ~ empezar a hablar; ***zum Sprung*** ~ tomar impulso; **III** *v/r* **9** ***sich*** ~ pegarse, depositarse

'Ansicht *f* ⟨-; -en⟩ **1** opinión *f*, parecer *m* (***über*** +*acus* sobre); ***meiner*** ~ ***nach*** en mi opinión, desde mi punto de vista; ***der*** ~ ***sein, dass ...*** ser de la opinión de que ...; ***anderer*** ~ ***sein*** tener otra opinión; **2** (*Bild*) vista *f*; **3** ECON ***zur*** ~ a prueba, como muestra (para revisión)

'Ansichts|exemplar *n* muestra *f*; **~karte** *f* postal *f*; **~sache** *f* ***das ist*** ~ es cuestión de pareceres

'ansiedeln ⟨*sep*⟩ **I** *v/t* asentar; **II** *v/r* ***sich*** ~ asentarse; *fig a Firma* establecerse

'Ansied(e)lung *f* **1** (*Siedlung*) colonia *f*, asentamiento *m*; **2** (*Ansiedeln*) colonización *f*, establecimiento *m*

'Ansinnen *n* ⟨-s; -⟩ exigencia *f*, pretensión *f*

(exagerada)

'anspannen *v/t* ⟨*sep*⟩ **1** enganchar (***an*** *+acus* a); **2** *Seil usw* tensar; **3** *fig* ***alle Kräfte ~*** hacer un gran esfuerzo

'Anspannung *f* tensión *f*; *fig* esfuerzo *m*

'anspielen ⟨*sep*⟩ **I** *v/i* **1** SPORT sacar; **2** *fig* ***~ auf*** (*+acus*) aludir a; **II** *v/t* **3** ***j-n ~*** SPORT pasar la pelota a alg

'Anspielung *f* alusión *f* (***auf*** *+acus* a), indirecta *f* (***auf*** *+acus* sobre)

'anspinnen *v/r* ⟨*irr, sep*⟩ ***sich ~*** trabarse, entablarse

'anspitzen *v/t* ⟨*sep*⟩ afilar, sacar punta a

'Ansporn *m* ⟨-(e)s⟩ acicate *m*, estímulo *m* (***für*** para); **2en** *v/t* ⟨*sep*⟩ *a fig* estimular, incitar

'Ansprache *f* **1** discurso *m*, alocución *f*; ***e-e ~ halten*** (***an*** *+acus*) pronunciar un discurso (a); **2** F ***keine ~ haben*** no tener con quién hablar

'ansprechbar *adj* MED capaz de reaccionar; F ***er war nicht ~*** no se podía hablar con él

'ansprech|en ⟨*irr, sep*⟩ **I** *v/t* **1** dirigir la palabra a (***wegen*** por); **2** (*gefallen*) agradar, gustar; **3** *Problem usw* abordar; **II** *v/i* **4** (*reagieren*) *a* TEC reaccionar, responder (***auf*** *+acus* a); **5** (*gefallen*) agradar, gustar; **~end** *adjt* simpático, agradable; **2partner** **(-in)** *m(f)* persona *f* de contacto

'anspringen ⟨*irr, sep*⟩ **I** *v/i* ⟨sn⟩ arrancar; **II** *v/t* ⟨h⟩ embestir

'Anspruch *m* ⟨-(e)s; ⸚e⟩ **1** (*Forderung, Erwartung*) pretensión *f*; ***hohe Ansprüche*** (***an j-n***) ***stellen*** ser muy exigente (con alg); ***in ~ nehmen*** hacer uso de; ***j-n*** (***ganz***) ***in ~ nehmen*** ocupar (por completo) a alg; **2** (*Anrecht*), *a* JUR derecho *m* (***auf*** *+acus* a); ***Ansprüche anmelden*** presentar reivindicaciones, *allg* reclamar sus derechos; ***auf etw ~ haben*** tener derecho a a/c; ***auf etw ~ erheben*** reclamar el derecho a a/c

'Anspruchs|berechtigte(r) *f(m)* beneficiario, -a *m,f*; **~denken** *n* ⟨-s⟩ *actitud que manifiesta exceso de demandas sociales al Estado*; **2los** *adj* **1** (*genügsam*) sin pretensiones; **2** (*schlicht*) modesto; **~losigkeit** *f* ⟨-⟩ modestia *f*; **2voll** *adj Person, Tätigkeit* exigente; *Person a* con muchas pretensiones

'anspucken *v/t* ⟨*sep*⟩ escupir a

'anstacheln *v/t* ⟨*sep*⟩ estimular, incitar

Anstalt[1] ['anʃtalt] *f* ⟨-; -en⟩ **1** establecimiento *m*, institución *f*; **2** (*Heil2*) sanatorio *m*; ***j-n in e-e ~ einweisen*** internar a alg

Anstalt[2] ['anʃtalt] *f* ⟨-; -en⟩ ***~en machen zu gehen*** *usw* dar muestras de querer irse, *etc*; ***~en treffen zu*** (*+inf*) disponerse para (*+inf*)

Anstand ['anʃtant] *m* ⟨-(e)s⟩ decencia *f*, educación *f*

anständig ['anʃtɛndɪç] **I** *adj* **1** decente, correcto; **2** F aceptable; ***e-e ~e Arbeit*** un buen trabajo; **II** *adv* ***benimm dich ~!*** ¡pórtate como es debido!

'Anstands|besuch *m* visita *f* de cumplido; **~dame** *f* señorita *f* de compañía; **2halber** *adv* para guardar las formas; **2los** *adv* **1** (*ohne Zögern*) sin más, sin vacilar; **2** (*ohne Probleme*) sin dificultad

'anstarren *v/t* ⟨*sep*⟩ mirar fijamente

an'statt **I** *prp* ⟨*+gen*⟩ en lugar de, en vez de; **II** *cj* ***~ zu arbeiten*** *usw* en lugar *od* en vez de trabajar, *etc*

'an|stauen ⟨*sep*⟩ **I** *v/t* estancar; **II** *v/r* ***sich ~*** acumularse; **~stechen** *v/t* ⟨*irr, sep*⟩ pinchar; *Fass* espitar

'anstecken ⟨*sep*⟩ **I** *v/t* **1** prender (con un alfiler); *Ring* ponerse; **2** (*anzünden*) encender; **3** MED, *fig* contagiar; ***er hat mich mit s-m Schnupfen angesteckt*** me ha pegado el catarro; **II** *v/i* **4** MED, *fig* ser contagioso, contagiarse; **III** *v/r* **5** ***sich ~*** contagiarse (***mit etw*** a/c); ***ich habe mich bei ihr mit Grippe angesteckt*** me ha pegado la gripe

'ansteckend *adjt* MED, *fig* contagioso

'Anstecknadel *f* alfiler *m*, prendedor *m*

Ansteckung ['anʃtɛkʊŋ] *f* MED contagio *m*, infección *f*; **~sgefahr** *f* peligro *m* de contagio

'anstehen *v/i* ⟨*irr, sep*⟩ **1** hacer cola; **2** ECON, JUR (***zur Entscheidung***) **~** estar pendiente (de decisión)

'ansteigen *v/i* ⟨*irr, sep*, sn⟩ aumentar (*a fig*), incrementar, subir

an'stelle *prp* ⟨*+gen*⟩, *adv* ***~ von*** en lugar de, en vez de

'anstellen ⟨*sep*⟩ **I** *v/t* **1** *Leiter usw* colocar (***an*** *+acus* contra); **2** *Wasser, Heizung usw* poner; **3** (*einstellen*) ***j-n ~*** contratar *od* emplear a alg; ***j-n fest ~*** dar empleo fijo a alg; ***angestellt sein bei*** trabajar en; F ***j-n zu etw ~*** encargar a alg de a/c; **4** (*durchführen*) realizar, efectuar; ***etw*** (***Dummes***) **~** hacer *od* cometer a/c (un disparate); ***Nachforschungen ~*** investigar; ***wie hast du das angestellt?*** ¿cómo te las has arreglado?; **II** *v/r* ***sich ~*** **5** hacer cola; **6** F ***sich bei etw ungeschickt ~*** darse mala maña con a/c; ***stell dich nicht so an!*** ¡menos cuento!

'anstellig *adj* mañoso, hábil

'Anstellung *f* **1** (*Einstellung*) contratación *f*; **2** (*Stellung*) empleo *m*, puesto *m*; ***~ auf Probe*** empleo *m* a prueba

'ansteuern *v/t* ⟨*sep*⟩ AVIA, MAR hacer *od* poner rumbo a

Anstieg ['anʃti:k] *m* ⟨-(e)s; -e⟩ subida *f*, as-

censión *f* (*a fig*)
'anstiften *v/t* ⟨*sep*⟩ ***j-n zu etw ~*** instigar a alg a a/c
'Anstift|er(in) *m(f)* instigador, a *m,f*, cabecilla *m,f*; **~ung** *f* instigación *f* (**zu** a)
'anstimmen *v/t* ⟨*sep*⟩ MUS *Lied* entonar
'Anstoß *m* **1** *Fußball* saque *m*; **2** *fig* impulso *m*; ***den ~ geben*** (**zu**) ser motivo (de); **3** ***bei j-m ~ erregen*** escandalizar a alg; ***~ nehmen an*** (*+dat*) escandalizarse de *od* con
'anstoßen ⟨*irr, sep*⟩ **I** *v/t* ⟨h⟩ **1** *Gegenstand* empujar; ***j-n*** (***mit dem Ellbogen***) **~** dar un codazo a alg; ***sich*** (*dat*) ***den Kopf ~*** darse un golpe en la cabeza (***an*** *+dat* con); **II** *v/i* **2** ⟨sn⟩ *Person* chocar, tropezar (***an*** *+dat* con); ***mit dem Kopf ~*** darse un golpe en la cabeza; **3** ⟨h⟩ ***mit der Zunge ~*** cecear; **4** ⟨h⟩ ***~ auf*** (*+acus*) brindar por; **5** ⟨h⟩ *Fußball* sacar
'Anstößer *m schweiz* vecino *m*
'anstößig *adj* chocante, escandaloso
'anstrahlen *v/t* ⟨*sep*⟩ **1** *mit Scheinwerfern usw* iluminar; **2** F *fig* ***j-n ~*** mirar radiante a alg
'anstreben *geh v/t* ⟨*sep*⟩ aspirar a, pretender
'anstreich|en *v/t* ⟨*irr, sep*⟩ **1** pintar; **2** *Fehler usw* marcar; ***rot ~*** poner en rojo; **2er(in)** *m(f)* pintor, a *m,f* (de brocha gorda)
anstrengen ['anʃtrɛŋən] ⟨*sep*⟩ **I** *v/t* **1** cansar, fatigar; *Sinne, Verstand* aguzar; **2** *Prozess* poner; **II** *v/i* **3** cansar, fatigar; **III** *v/r* **4** ***sich ~*** esforzarse
'anstrengend *adjt* duro, agotador
'Anstrengung *f* esfuerzo *m*; ***mit äußerster ~*** en un esfuerzo supremo
'Anstrich *m* **1** (capa *f* de) pintura *f*; **2** *fig* apariencia *f*, toque *m*
'Ansturm *m* asalto *m* (*a* MIL); *fig* afluencia *f*; ECON demanda *f* (***auf*** *+acus* de)
'anstürmen *v/i* ⟨*sep*, sn⟩ ***gegen etw ~*** asaltar a/c, acometer *od* arremeter contra a/c
Antagonismus [antago'nɪsmʊs] *m* ⟨-; -men⟩ antagonismo *m*
Antarkt|is [ant'arktɪs] *f* ⟨-⟩ Antártida *f*; **2isch** *adj* antártico
'antasten *v/t* ⟨*sep*⟩ **1** *Ehre* ofender; **2** *Rechte* violar; **3** *Geld* empezar a gastar
'Anteil *m* ⟨-(e)s; -e⟩ **1** parte *f*, porción *f* (***an*** *+dat* de); *fig* ***er hatte keinen ~ am Erfolg*** no tuvo parte en el éxito; **2**; ECON (*a Gesellschafts*2) participación *f*; ***~e besitzen*** poseer participaciones; ***~e einbringen*** *in e-e Gesellschaft* aportar participaciones; **3** *fig* interés *m*; ***~ nehmen an*** (*+dat*) interesarse por; compartir, mostrar compasión por
'anteil|ig *adj u adv* proporcional; **~(s)mäßig** **I** *adj* proporcional; **II** *adv* proporcionalmente; **2nahme** *f* ⟨-⟩ **1** (*Beteiligung*) participación *f*; **2** (*Mitgefühl*) compasión *f*; **3** (*Interesse*) interés *m* (***an*** *+dat* en); **2schein** *m* título *m* de participación
Antenne [an'tɛnə] *f* antena *f*
Anthologie [antolo'giː] *f* antología *f*
Anthrazit [antra'tsiːt] *m* ⟨-s; -e⟩ antracita *f*
Anti..., anti... [anti-] *in Zssgn* anti...
Anti|alko'holiker(in) *m(f)* antialcohólico, -a *m,f*; **~'babypille** F *f* píldora *f* (anticonceptiva); **~biotikum** [-bi'oːtɪkʊm] *n* ⟨-s; -ka⟩ MED antibiótico *m*; **~blo'ckiersystem** *n* AUTO sistema *m* antibloqueo (de frenos); **~depressivum** [-deprɛ'siːvʊm] *n* ⟨-s; -va⟩ MED antidepresivo *m*
Antifa'schis|mus *m* antifascismo *m*; **~t(in)** *m(f)* antifascista *m,f*; **2tisch** *adj* antifascista
Anti'gen *n* ⟨-s; -e⟩ MED antígeno *m*
antik [an'tiːk] *adj* antiguo
Antikar'tellgesetz *n* JUR ley *f* anticártel; *Span* Ley *f* de Defensa de la Competencia
An'tike *f* ⟨-⟩ Antigüedad *f*
'Antikörper *m* MED anticuerpo *m*
An'tillen [an'tilən] *pl* Antillas *f/pl*
Antilope [anti'loːpə] *f* ZO antílope *m*
Anti|pathie [antipa'tiː] *f* antipatía *f* (***gegen*** a); **~personenmine** *f* mina *f* de contacto
Antiqua|r(in) [anti'kvaːr(ɪn)] *m* ⟨-s; -e⟩ (*f*) **1** anticuario, -a *m,f*; **2** librero, -a *m,f* de viejo; **~riat** [-ri'aːt] *n* ⟨-(e)s; -e⟩ librería *f* de viejo; **2risch** *adj u adv* de segunda mano, de ocasión
antiquiert [anti'kviːrt] *adjt* anticuado
Antiqui'tät *f* antigüedad *f*; **~enhändler(in)** *m(f)* anticuario, -a *m,f*; **~enladen** *m* tienda *f* de antigüedades
Antise'mi|t(in) *m(f)* antisemita *m,f*; **2tisch** *adj* antisemítico; **~'tismus** *m* antisemitismo *m*
anti|'septisch *adj* antiséptico; **~'statisch** *adj* antiestático; **~trustgesetz** *n* ley *f* antitrust; **2'virenprogramm** *n* INFORM programa *m* antivirus; **~zyklisch** *adj* anticíclico
Antlitz *geh n* ['antlɪts] ⟨-es; -e⟩ semblante *m*
Antrag ['antraːk] *m* ⟨-(e)s; ⸚e⟩ **1** solicitud *f* (***auf*** *+acus* de *od* para); JUR moción *f*; ***e-n ~ stellen auf*** (*+acus*) presentar una solicitud para; ***auf ~ von*** (*od +gen*) a petición de; **2** (*Heirats*2) propuesta *f* de matrimonio; ***er machte ihr e-n ~*** le hizo una propuesta de matrimonio
'Antrag|sformular *n* formulario *m* de solicitud; **~steller(in)** *m(f)* solicitante *m,f*
'antreffen *v/t* ⟨*irr, sep*⟩ encontrar
'antreiben *v/t* ⟨*irr, sep*⟩ **1** *fig* estimular, incitar; **2** TEC accionar, propulsar
'antreten ⟨*irr, sep*⟩ **I** *v/t* ⟨h⟩ **1** ***ein Amt ~*** to-

mar posesión de un cargo; ***die Arbeit, den Dienst ~*** comenzar el trabajo, el servicio; ***e-e Reise ~*** emprender un viaje; ***e-e Strafe ~*** empezar a cumplir una condena; *Erbe* tomar posesión de; **2** *Motorrad* arrancar (con el pedal); **II** *v/i* ⟨sn⟩ **3** (*sich aufstellen*) formar, presentarse; **4** (*sich einfinden*) presentarse (***bei*** a); **5** SPORT ***~ gegen*** enfrentarse a (***bei*** en; ***zu*** para)

'Antrieb *m* ⟨-(e)s; -e⟩ **1** *fig* impulso *m*, estímulo *m*; ***aus eigenem ~*** por propia iniciativa; **2** TEC propulsión *f*

'Antriebs|aggregat *n* TEC grupo *m* propulsor; **~kraft** *f* fuerza *f* motriz; **~schwäche** *f* falta *f* de empuje; **~welle** *f* árbol *m* de accionamiento

'antrinken *v/t* ⟨*irr, sep*⟩ F ***sich*** (*dat*) ***e-n*** (***Rausch***) ***~*** coger una borrachera; F ***sich*** (*dat*) ***Mut ~*** beber para coger valor

'Antritt *m* ⟨-(e)s⟩ toma *f* de posesión; *e-r Erbschaft a* adición *f*; ***bei ~ s-r Reise*** al emprender el viaje

'Antritts|besuch *m* visita *f* de presentación; **~rede** *f* discurso *m* inaugural

'antun *v/t* ⟨*irr, sep*⟩ **1** ***j-m etw ~*** hacer(le) a/c a alg; ***j-m etwas Gutes ~*** hacer(le) un favor a alg; **2** ***es j-m angetan haben*** entusiasmar (-le) a alg; **3** ***sich*** (*dat*) ***etwas ~*** atentar contra la propia vida

Antwerpen [ant'vɛrpən] *n* Amberes *f*

Antwort ['antvɔrt] *f* ⟨-; -en⟩ respuesta *f*, contestación *f* (***auf*** *+acus* a); ***negative, positive ~*** respuesta *f* negativa, positiva; ***als ~ auf*** en respuesta a; ***um ~ wird gebeten*** se suplica la respuesta

'antworten *v/t*, *v/i* responder, contestar; (*erwidern*) replicar; ***auf e-e Frage ~*** responder una pregunta; ***j-m ~*** responder a alg

'Antwort|schein *m* cupón-respuesta *m*; **~schreiben** *n* contestación *f*, respuesta *f*

'anvertrauen ⟨*sep*⟩ **I** *v/t* ***j-m etw ~*** confiar *od* encomendar a alg a/c; **II** *v/r* ***sich j-m ~*** confiarse *od* abrirse a alg

'anwachsen *v/i* ⟨*irr, sep*, sn⟩ **1** arraigar, echar raices (***an*** *+acus* a); **2** *fig* crecer, elevarse (***auf*** *+acus* a)

'Anwachsen *n* ⟨-s⟩ *fig* crecimiento *m*, aumento *m*

Anwalt ['anvalt] *m* ⟨-(e)s; ⸚e⟩, **Anwältin** ['anvɛltɪn] *f* **1** JUR abogado, -a *m,f*; **2** *fig* defensor, a *m,f*

'Anwalts|gebühren *f/pl* honorarios *m/pl* de abogado; **~honorar** *n* honorarios *m/pl* de abogado; **~kammer** *f* Colegio *m* de abogados; **~kanzlei** *f* bufete *m*

'Anwandlung *f* arrebato *m*, impulso *m*; ***aus e-r ~ heraus*** en un arrebato

'anwärmen *v/t* ⟨*sep*⟩ calentar

'Anwärter(in) *m(f)* aspirante *m,f*, candidato, -a *m,f* (***auf*** *+acus* a); (*Thron*♀) pretendiente *m,f*

Anwartschaft ['anvartʃaft] *f* candidatura *f*, expectativa *f* (***auf*** *+acus* de)

'anweisen *v/t* ⟨*irr, sep*⟩ **1** (*anleiten*) instruir; **2** (*beauftragen*) encargar; **3** (*zuweisen*) señalar, indicar; ***j-m e-n Platz ~*** indicarle a alg su puesto; **4** *Betrag usw* girar

'Anweisung *f* **1** (*Anordnung*) instrucción *f*; **2** (*Gebrauchs*♀) instrucciones *f/pl*; **3** *e-s Betrages usw* giro *m*

'anwendbar *adj* aplicable (***auf*** *+acus* a)

'anwenden *v/t* ⟨*irr, sep*⟩ usar, emplear; *List, Trick* recurrir a; JUR, MED aplicar (***auf*** *+acus* a); ***falsch ~*** desaprovechar

'Anwender|(in) *m(f)* INFORM usuario, -a *m,f*; **~programm** *n* INFORM aplicación *f*

'Anwendung *f* **1** empleo *m*, utilización *f* (***auf*** *+acus* a); ***unter ~ von Zwang*** bajo coacción; **2** INFORM, MED aplicación *f*

'Anwendungs|beispiel *n* ejemplo *m* de uso; **~programm** *n* INFORM aplicación *f*; **~vorschrift** *f* instrucciones *f/pl* de uso

'anwerben *v/t* ⟨*irr, sep*⟩ *Soldaten* reclutar; *Arbeiter* contratar

'Anwerbung *f von Soldaten* reclutamiento *m*; *von Arbeitern* contratación *f*

'Anwesen *n* ⟨-s; -⟩ finca *f*, propiedad *f*

anwesend ['anveːzənt] *adj* presente (***bei*** en); asistente (***bei*** a); ***nicht ~ sein*** estar ausente

'Anwesende(r) *f(m)* ⟨→ A⟩ presente *m,f*; ***~ pl ausgenommen*** mejorando lo presente

'Anwesenheit *f* ⟨-⟩ presencia *f*, asistencia *f*; ***in ~ von*** (*od +gen*) en presencia de; **~sliste** *f* lista *f* de asistencia

'anwidern *v/t* ⟨*sep*⟩ ***j-n ~*** dar asco *od* repugnar a alg

'Anwohner(in) *m(f)* vecino, -a *m,f*

'Anzahl *f* ⟨-⟩ número *m*, cantidad *f*

'anzahlen *v/t* ⟨*sep*⟩ pagar a cuenta

'Anzahlung *f* señal *f*, pago *m* a cuenta, entrada *f*; ***e-e ~ leisten*** dar una señal, pagar una suma a cuenta

'anzapfen *v/t* ⟨*sep*⟩ *Fass* espitar, picar; *Telefonleitung* pinchar

'Anzeichen *n* ⟨-s; -⟩ señal *f*, indicio *m* (***für*** de); ***alle ~ sprechen dafür, dass ...*** todo parece indicar que ...

Anzeige ['antsaɪgə] *f* **1** noticia *f*, aviso *m*; **2** (*Annonce*) anuncio *m*; ***e-e ~ aufgeben*** poner un anuncio; ***e-e ~ schalten*** insertar, poner un anuncio (***in*** en); **3** JUR denuncia *f*; (***bei der Polizei***) ***~ erstatten*** denunciar (a la policía); **4** TEC, INFORM visualización *f*, pantalla *f*, display *m*

'anzeigen *v/t* ⟨*sep*⟩ **1** *Richtung*, *Zeit*, *Temperatur* indicar, señalar; TEC marcar, registrar; **2** (*ankündigen*) comunicar, anunciar, participar; **3** *Straftat*, *Täter* denunciar; **4** (*deuten auf*) indicar, denotar; ***es erscheint angezeigt zu*** (+*inf*) parece conveniente (+*inf*)

'Anzeigen|blatt *n* hoja *f* de anuncios; **~geschäft** *n* ECON negocio *m* publicitario; (*Anzeigenwesen*) publicidad *f*; **~kunde** *m*, **~kundin** *f* anunciante *m,f*; **~leiter(in)** *m(f)* director, a *m,f* de la publicidad; **~preisliste** *f* lista *f* de tarifas *od* precios de los anuncios; **~tarif** *m* tarifa *f* de publicidad; **~teil** *m* sección *f* de anuncios

'Anzeige|r *m* **1** denunciante *m*; **2** TEC indicador *m*; **~tafel** *f* marcador *m*

'anzetteln *v/t* ⟨*sep*⟩ urdir, maquinar

'anziehen ⟨*irr, sep*⟩ **I** *v/t* **1** *Kleidung* ponerse; ***j-n ~*** vestir a alg; **2** PHYS atraer (*a fig*); **3** *Seil* tensar; *Schraube* apretar; **4** *Bein* encoger; **II** *v/i* **5** *Pferd* salir, arrancar; **6** *Preise* subir; **III** *v/r* **7** ***sich ~*** vestirse

'anziehend **I** *adjt* atrayente, atractivo; **II** *advt* ***~ wirken auf*** (+*acus*) atraer a

'Anziehung *f* ⟨-⟩ atracción *f*

'Anziehungs|kraft *f* **1** PHYS fuerza *f* de atracción; **2** *fig* atractivo *m* (***auf*** +*acus* para); **~punkt** *m fig* punto *m od* centro *m* de atracción

'Anzug[1] *m* ⟨-(e)s; ⸚e⟩ traje *m*

'Anzug[2] *m* ⟨-(e)s⟩ F ***im ~ sein*** estar a punto de llegar, acercarse; *Gewitter* amenazar

anzüglich ['antsyːklɪç] *adj* alusivo; (*unanständig*) picante; ***~ werden*** lanzar indirectas; **ℒkeit** *f* indirecta *f*

'anzünden *v/t* ⟨*sep*⟩ encender; *Haus* prender fuego a

'Anzünder *m* encendedor *m*

'anzweifeln *v/t* ⟨*sep*⟩ poner en duda

AOK [aːˀoːˈkaː] *f Abk* (*Allgemeine Ortskrankenkasse*) Caja *f* Local de Enfermedad

Aorta [a'ɔrta] *f* ⟨-; -ten⟩ ANAT aorta *f*

apart [a'part] *adj Kleid* de buen gusto, elegante; (*von eigenartigem Reiz*) particular, original

Apartheid [a'parthaɪt] *f* ⟨-⟩ apartheid *m*

Apartment [a'partmənt] *n* ⟨-s; -s⟩ apartamento *m* (pequeño); **~haus** *n* edificio *m* de apartamentos

Apathie [apa'tiː] *f* apatía *f*

apathisch [a'paːtɪʃ] *adj* apático

Aperitif [aperi'tiːf] *m* ⟨-s; -s, -e⟩ aperitivo *m*

Apfel ['apfəl] *m* ⟨-s; ⸚⟩ manzana *f*; *fig* ***in den sauren ~ beißen*** hacer de tripas corazón; *fig* ***für einen ~ und ein Ei*** por un pedazo de pan

'Apfel|baum *m* manzano *m*; **~kuchen** *m* tarta *f* de manzana; **~mus** *n* compota *f* de manzana; **~saft** *m* zumo *m* de manzana; **~schorle** *f zumo de manzana con gaseosa*

Apfelsine [apfəl'ziːnə] *f* naranja *f*

'Apfelstrudel *m pastel de manzana*

'Apfelwein *m* sidra *f*

Aphorismus [afo'rɪsmʊs] *m* ⟨-; -men⟩ aforismo *m*

Apokalypse [apoka'lʏpsə] *f* Apocalipsis *f*

Apostel [a'pɔstəl] *m* ⟨-s; -⟩ apóstol *m*; **~geschichte** *f* Hechos *m/pl* de los Apóstoles

apostolisch *adj* apostólico

Apostroph [apos'troːf] *m* ⟨-s; -e⟩ apóstrofo *m*

Apotheke [apo'teːkə] *f* farmacia *f*; **ℒnpflichtig** *adj* de venta exclusiva en farmacias; **~r (-in)** *m(f)* farmacéutico, -a *m,f*

Apparat [apa'raːt] *m* ⟨-(e)s; -e⟩ aparato *m*; *Foto* máquina *f*; TEL teléfono *m*; ***am ~!*** ¡el mismo!, ¡al aparato!, ¡al habla!; ***am ~ bleiben*** esperar al aparato; ***an den ~ gehen*** ponerse; ***niemand geht an den ~*** nadie contesta; ***wer ist am ~?*** ¿con quién hablo?

Appa'ra|temedizin *f* ⟨-⟩ medicina *f* con soporte técnico; **~tur** [-'tuːr] *f* equipo *m* técnico

Appartement [apartə'mɑ̃ː] *n* ⟨-s; -s⟩ apartamento *m* (pequeño)

Appell [a'pɛl] *m* ⟨-s; -e⟩ MIL llamada *f*; *fig* llamamiento *m*; *fig* ***e-n ~ richten an*** (+*acus*) hacer un llamamiento a

appel'lieren *v/i* ⟨*sin* ge⟩ ***~ an*** (+*acus*) apelar a, hacer un llamamiento a

Appetit [ape'tiːt] *m* ⟨-(e)s; -e⟩ apetito *m*; ***guten ~!*** ¡que aproveche!; ***j-m ~ machen*** abrirle a alg el apetito (***auf*** +*acus* de); ***ich habe ~ auf ...*** me apetece ...

appe'tit|anregend *adjt* estimulador del apetito; **~lich** *adj* apetitoso; **ℒlosigkeit** *f* ⟨-⟩ falta *f* de apetito, inapetencia *f*; **ℒzügler** *m* inhibidor *m od* reductor *m* del apetito

applaudieren [aplaʊ'diːrən] *v/i* ⟨*sin* ge⟩ aplaudir

Applaus [a'plaʊs] *m* ⟨-es⟩ aplauso *m*

apportieren [apɔr'tiːrən] *v/t* ⟨*sin* ge⟩ *Hund* cobrar

Appretur [apre'tuːr] *f* TEXTIL apresto *m*

Approbation [aprobatsi'oːn] *f* autorización *f* para ejercer como médico

appro'biert *adj* autorizado para ejercer como médico

Aprikose [apri'koːzə] *f* albaricoque *m*

April [a'prɪl] *m* ⟨-(s); -e⟩ abril *m*; ***j-n in den ~ schicken*** hacer una inocentada a alg; ***~, ~!*** ¡inocente!; → ***Januar***

A'pril|scherz *m* inocentada *f*; **~wetter** *n* tiempo *m* inestable *od* cambiante

Aquädukt [akvɛ'dʊkt] *n* acueducto *m*

Aquakultur ['akvakultuːr] *f* acuicultura *f*

Aquaplaning [akva'plaːnɪŋ] *n* ⟨-(s)⟩ aquaplaning *m*

Aquarell [akva'rɛl] *n* ⟨-s; -e⟩ acuarela *f*; **~farbe** *f* acuarela *f*; **~maler(in)** *m(f)* acuarelista *m,f*

Aquarium [a'kvaːrium] *n* ⟨-s; -rien⟩ acuario *m*

Äquator [ɛ'kvaːtɔr] *m* ⟨-s⟩ ecuador *m*

äqui|valent [ɛkviva'lɛnt] *adj* equivalente; **≈va'lent** *n* ⟨-(e)s; -e⟩ equivalente *m*

Ar [aːr] *n od m* ⟨-s; -e⟩ *Flächenmaß* área *f*

Ära ['ɛːra] *f* ⟨-; *selten* Ären⟩ era *f*

Araber(in) ['arabər(ɪn)] *m(f)* árabe *m,f*

Arabien [a'raːbiən] *n* ⟨-s⟩ Arabia *f*

a'rabisch *adj* árabe; **(*das*) ≈(*e*)** el árabe

Aragonien [ara'goːniən] *n* Aragón *m*

Arbeit ['arbaɪt] *f* ⟨-; -en⟩ **1** trabajo *m*; ***Tag der ~*** Día *m* del trabajo; ***geistige ~*** trabajo *m* intelectual; ***an od bei der ~*** en el trabajo, trabajando; ***~ finden*** encontrar empleo; ***j-m ~ geben*** dar empleo, dar trabajo a alg; ***an die ~ gehen*** poner manos a la obra; ***zur ~ gehen*** ir al trabajo; ***etw in ~ haben*** estar trabajando en a/c, tener entre manos a/c; **2** (*Mühe*) ***j-m viel ~ machen*** costar mucho trabajo a alg; **3** (*Beschäftigung*) trabajo *m*, empleo *m*; ***~ suchen*** buscar trabajo; ***~ haben*** tener trabajo; ***keine ~ haben*** no tener trabajo, estar parado; **4** (*Werk*) obra *f*; ***künstlerische ~*** obra *f* de arte; **5** (*Prüfungs≈*) examen *m*; ***wissenschaftliche ~*** trabajo *m* científico

'arbeiten I *v/i* **1** trabajar (***an*** *+dat*, ***bei*** en; ***mit*** con; ***~ als, in*** trabajar de, en); TEC funcionar; **2** ECON rendir; ***mit Verlust ~*** hacer pérdidas; ***sein Geld ~ lassen*** hacer producir el dinero; **II** *v/t* **3** trabajar, producir; **III** *v/r* **4** ***sich durch etw ~*** abrirse paso a través de a/c; **5** ***sich zu Tode ~*** matarse trabajando

'Arbeiter|(in) *m(f)* obrero, -a *m,f*, trabajador, a *m,f*; operario, --a *m,f*; **~klasse** *f* clase *f* obrera; **~partei** *f* partido *m* de los trabajadores; **~schaft** *f* ⟨-⟩ obreros *m/pl*, clase *f* obrera

'Arbeitgeber|(in) *m(f)* patrón, -ona *m,f*, empresario, -a *m,f*; ***die ~*** *pl* (*~seite*) la patronal; **~anteil** *m* cuota *f* patronal; **~verband** *m* patronal *f*

'Arbeitnehmer|(in) *m(f)* empleado, -a *m,f*; **~anteil** *m* cuota *f* del empleado

'Arbeitsablauf *m* desarrollo *m* del trabajo; organización *f* del trabajo

'arbeitsam *adj* laborioso, trabajador

'Arbeits|amt *n* oficina *f* de empleo; *Span* Instituto *m* Nacional de Empleo (INEM); **~bedingungen** *pl* condiciones *f/pl* de trabajo; **~beginn** *m* comienzo *m* del trabajo; **~belastung** *f* carga *f* de trabajo; **~bereich** *m* campo *m* de actividad; **~beschaffungsmaßnahme** *f*, **~beschaffungsprogramm** *n* plan *m* de (fomento de) empleo; **~bescheinigung** *f* certificado *m* de empleo; **~eifer** *m* afán *m* de trabajar; **~einkommen** *n* remuneración *f* por el trabajo, renta *f*; **~einstellung** *f* **1** (*Streik*) suspensión *f* del trabajo; **2** (*Arbeitsauffassung*) actitud *f* laboral; **~erlaubnis** *f* permiso *m* de trabajo; **~essen** *n* comida *f* de trabajo; **≈fähig** *adj* capaz de trabajar; **~fläche** *f* encimera *f*; **~fluss** *m* flujo *m* de trabajo; **~förderung** *f* fomento *m* de(l) empleo; **~gang** *m* TEC fase *f* de trabajo; **~gebiet** *n* campo *m* de trabajo; **~gemeinschaft** *f* grupo *m od* colectivo *m* de trabajo; **~genehmigung** *f* → ***Arbeitserlaubnis***; **~gericht** *n* tribunal *m* laboral, Magistratura *f* de Trabajo; **~gesetzgebung** *f* legislación *f* laboral; **~gruppe** *f* grupo *m* de trabajo; **≈intensiv** *adj* de mucho trabajo; **~kampf** *m* conflicto *m* laboral; **~kleidung** *f* ropa *f* de trabajo; **~klima** *n* ambiente *m* de trabajo; **~kollege** *m*, **~kollegin** *f* compañero, -a *m,f* de trabajo, colega *m,f*; **~konflikt** *m* conflicto *m* laboral; **~kosten** *pl* coste *m* laboral *od* de mano de obra; **~kraft** *f* **1** (*Leistungsfähigkeit*) capacidad *f* de trabajo; **2** *Person* mano *f* de obra; **~kräftemangel** *m* escasez *f* de mano de obra; **~kreis** *m* grupo *m* de trabajo; **~leistung** *f e-r Person* rendimiento *m*; *e-r Maschine* potencia *f*; **~lohn** *m* salario *m*

'arbeitslos *adj* parado, en paro; ***~ sein*** estar en paro; ***~ werden*** quedarse en paro

Arbeitslose(r) *f(m)* ⟨→ A⟩ parado, -a *m,f*

'Arbeitslosengeld *n* subsidio *m* de *od* por desempleo; ***~ beziehen*** percibir el subsidio de *od* por desempleo; cobrar el paro

'Arbeitslosen|hilfe *f* ayuda *f* por desempleo; **~quote** *f* tasa *f od* índice *m* de desempleo; **~unterstützung** *f* subsidio *m* de *od* por desempleo; **~versicherung** *f* seguro *m* de desempleo; ***Beitrag zur ~*** cotización *f* al seguro de desempleo; **~zahl** *f* cifra *f* de parados

'Arbeitslosigkeit *f* ⟨-⟩ paro *m*, desempleo *m*; ***friktionelle ~*** paro *m* friccional; ***rationalisierungsbedingte ~*** paro *m* tecnológico; ***saisonale ~*** paro *m* estacional; ***strukturelle ~*** paro *m* estructural; ***verdeckte ~*** paro *m* encubierto

'Arbeitsmarkt *m* mercado *m* de trabajo; ***die Lage auf dem ~*** la situación del mercado de trabajo

'Arbeits|marktreform *f* reforma *f* laboral; **~medizin** *f* medicina *f* laboral; **~minister(-in)** *m(f)* ministro, -a *m,f* de trabajo; **~moral** *f* moral *f od* espíritu *m* de trabajo; **~nachweis** *m* agencia *f* de empleo; **~niederlegung** *f* suspensión *f* del trabajo; **~ordnung** *f* reglamento *m* laboral, régi-

men *m* de trabajo; **~pensum** *n* volumen *m* de trabajo
'Arbeitsplatz *m* **1** (*Stelle*) puesto *m* de trabajo, colocación *f*; ***den ~ wechseln*** cambiar de empleo; ***Arbeitsplätze schaffen*** crear empleo *od* puestos de trabajo; ***Schaffung von Arbeitsplätzen*** creación *f* de puestos de trabajo; **2** (*Arbeitsort*) lugar *m* de trabajo
'Arbeitsplatz|abbau *m* reducción *f* de puestos de trabajo; **~beschreibung** *f* descripción *f* del puesto de trabajo; **~computer** *m* INFORM workstation *m*; **~sicherung** *f* seguridad *f* del puesto de trabajo; **~verlust** *m* pérdida *f* del puesto de trabajo
'Arbeitsprobe *f* muestra *f* de(l) trabajo
'Arbeitsprozess *m* proceso *m* laboral; ***j-n wieder in den ~ eingliedern*** incluir a alg de nuevo en el proceso de trabajo
'Arbeits|raum *m* sala *f* de trabajo; **~recht** *n* derecho *m* laboral; **2reich** *adj* de mucho trabajo; **2scheu** *adj* vago, holgazán; **~schluss** *m* fin *m* del trabajo; **~schutz** *m* seguridad *f od* previsión *f* laboral; **2sparend** *adjt* que ahorra trabajo; **~speicher** *m* INFORM memoria *f* de trabajo; **~stätte** *f* centro *m* de trabajo, lugar *m* de trabajo; **~stunde** *f* hora *f* de trabajo; **2süchtig** *adj* obsesionado con el trabajo; **~tag** *m* jornada *f* laboral; (*Werktag*) día *m* laborable; **~teilung** *f* división *f* del trabajo; **~tier** *n* F *fig* mula *f* (trabajando)
'Arbeitsuche *f* ⟨-⟩ búsqueda *f* de trabajo; ***auf ~ sein*** estar buscando trabajo
'Arbeitsuchende(r) *f*(*m*) ⟨→ A⟩ demandante *m,f* de empleo
'Arbeits|umfeld *n* ambiente *m* laboral, entorno *m* laboral; **2unfähig** *adj* incapaz para el trabajo
'Arbeitsunfähigkeit *f* incapacidad *f* laboral; ***zeitweilige ~*** incapacidad *f* laboral transitoria
'Arbeits|unfall *m* accidente *m* de trabajo; **~unterlagen** *f/pl* documentos *m/pl* de trabajo
'Arbeitsverhältnis *n* relación *f* laboral; ***festes ~*** relación *f* laboral fija
'Arbeitsvermittlung *f* bolsa *f* de trabajo, agencia *f* de colocación
'Arbeitsvertrag *m* contrato *m* de trabajo; ***befristeter, unbefristeter ~*** contrato *m* (de trabajo) temporal, indefinido
'Arbeits|vorgang *m* operación *f*, proceso *m* de trabajo; **~weise** *f* modo *m od* manera *f* de trabajar; **~welt** *f* mundo *m* laboral; **~willige(r)** *f*(*m*) ⟨→ A⟩ persona *f* dispuesta (a trabajar); *Streik* esquirol *m,f*
'Arbeitszeit *f* jornada *f* laboral; ***flexible ~*** horario *m* flexible; ***gleitende ~*** jornada *f* flexible; ***die ~ verkürzen*** reducir la jornada de trabajo
'Arbeitszeit|konto *n* cuenta *f* de horas de trabajo; **~verkürzung** *f* reducción *f* de (la) jornada (laboral)
'Arbeits|zeugnis *n* certificado *m* de trabajo; **~zimmer** *n* despacho *m*
archaisch [arçaːɪʃ] *adj* arcaico
Archäo|loge [arçɛo'loːgə] *m* ⟨-n; -n⟩, **~login** *f* arqueólogo, -a *m,f*; **~lo'gie** *f* ⟨-⟩ arqueología *f*; **2'logisch** *adj* arqueológico
Arche ['arçə] *f* arca *f*; ***die ~ Noah*** el arca de Noé
Archipel [arçi'peːl] *m* ⟨-s; -e⟩ archipiélago *m*
Architek|t(in) [arçi'tɛkt(ɪn)] *m* ⟨-en; -en⟩ (*f*) arquitecto, -a *m,f*; **2'tonisch** *adj* arquitectónico; **~'tur** *f* arquitectura *f*
Archiv [ar'çiːf] *n* ⟨-s; -e⟩ archivo *m*
Archi'|var(in) *m* ⟨-s; -e⟩ (*f*) archivero, -a *m,f*; **2'vieren** *v/t* ⟨*sin* ge⟩ archivar; **~vierung** *f* archivamiento *m*, archivo *m*; **~vierungssystem** *n* sistema *m* de archivo
ARD [aːˀɛr'deː] *f Abk* (*Arbeitsgemeinschaft der öffentlich-rechtlichen Rundfunkanstalten der BRD*) ARD *f* (*Asociación de las estaciones regionales de radiodifusión de la RFA*)
Ardennen [ar'dɛnən] *pl* Ardenas *f/pl*
Areal [are'aːl] *n* ⟨-s; -e⟩ área *f*
Arena [a'reːna] *f* ⟨-; -nen⟩ arena *f*; *Stierkampf* ruedo *m*
arg [ark] **I** *adj* malo, grave; ***mein ärgster Feind*** mi peor enemigo; ***im 2en liegen*** ir por mal camino; **II** F *adv* muy, mucho
Argentin|ien [argɛn'tiːniən] *n* ⟨-s⟩ Argentina *f*; **~ier(in)** *m*(*f*) argentino, -a *m,f*; **2isch** *adj* argentino
Ärger ['ɛrgər] *m* ⟨-s⟩ **1** disgusto *m*, enojo *m*, enfado *m* (***über*** *+acus* por, con); ***zu meinem ~*** para disgusto mío; **2** ***j-m ~ machen*** dar guerra a alg; ***das gibt ~*** eso trae problemas
'ärgerlich *adj* **1** *Person* enfadado, disgustado (***über*** *+acus* con, por); **2** *Sache* molesto, fastidioso; ***wie ~!*** ¡qué rabia!
'ärgern I *v/t* enfadar, molestar; **II** *v/r* ***sich ~*** enfadarse, molestarse (***über*** *+acus* por, con)
'Ärgernis *n* ⟨-ses; -se⟩ escándalo *m*; ***~ erregen*** causar escándalo; JUR ***öffentliches ~*** escándalo *m* público
'arglistig *adj* malicioso; JUR doloso; ***~e Täuschung*** dolo *m*
'arglos *adj* ingenuo
'Arglosigkeit *f* ⟨-⟩ ingenuidad *f*
Argumen|t [argu'mɛnt] *n* ⟨-(e)s; -e⟩ argumento *m*; **~tati'on** *f* argumentación *f*; **2'tieren** *v/i* ⟨*sin* ge⟩ argumentar

Argwohn ['arkvo:n] *geh m* ⟨-(e)s⟩ sospecha *f*, recelo *m* (***gegen*** contra)
argwöhnisch ['arkvø:nɪʃ] *geh adj* receloso, suspicaz (***gegen*** con)
Arie ['a:riə] *f* MUS aria *f*
Arier(in) ['a:riər(ɪn)] *m(f)* ario, -a *m,f*
'arisch *adj* ario
Aristo|krat(in) [arɪsto'kra:t(ɪn)] *m* ⟨-en; -en⟩ *(f)* aristócrata *m,f*; **~kra'tie** *f* aristocracia *f*; **≗'kratisch** *adj* aristocrático
Arithmetik [arɪt'me:tɪk] *f* ⟨-⟩ aritmética *f*
Arkt|is ['arktɪs] *f* ⟨-⟩ Ártico *m*, tierras *f/pl* árticas; **≗isch** *adj* ártico
arm [arm] *adj* pobre (***an*** *+dat* en)
Arm *m* ⟨-(e)s; -e⟩ brazo *m*; ***in die ~e nehmen*** coger en los brazos; abrazar; *fig* ***j-n auf den ~ nehmen*** tomar el pelo a alg; ***j-m in die ~e laufen*** toparse con alg; ***j-m unter die ~e greifen*** socorrer *od* ayudar a alg (***mit*** con)
Armatur [arma'tu:r] *f* mando *m*, instrumentos *m/pl*; *im Bad* grifería *f*
Arma'turenbrett *n* salpicadero *m*, cuadro *m* de mandos
'Armband *n* ⟨-(e)s; -bänder⟩ pulsera *f*; **~uhr** *f* reloj *m* de pulsera
'Arm|binde *f* **1** brazalete *m*; **2** MED cabestrillo *m*; **~brust** *f* ballesta *f*
'Arme(r) *f(m)* ⟨→ A⟩ pobre *m,f*; ***die ~n*** los pobres; ***ich Arme(r)!*** ¡pobre de mí!
Armee [ar'me:] *f* ejército *m*; **~korps** *n* cuerpo *m* del ejército
Ärmel ['ɛrməl] *m* ⟨-s; -⟩ manga *f*; ***ohne ~*** sin mangas; F *fig* ***etw aus dem ~ schütteln*** sacar(se) de la manga a/c, improvisar a/c; ***die ~ hochkrempeln*** (ar)remangarse (*a fig*)
Ärmel|aufschlag *m* bocamanga *f*; **~kanal** *n* Canal *m* de la Mancha; **≗los** *adj* sin mangas
Armenien [ar'me:niən] *n* ⟨-s⟩ Armenia *f*
'Arm|lehne *f* brazo *m* (del sillón); **~leuchter** *m* **1** candelabro *m*; **2** F *desp* imbécil *m*; P gilipollas *m*
ärmlich ['ɛrmlɪç] *adj* pobre, mísero; ***in ~en Verhältnissen leben*** vivir estrechamente; ***aus ~en Verhältnissen stammen*** ser de origen humilde
'Armreif(en) *m* brazalete *m*
'armselig *adj* pobre, miserable
'Arm|sessel *m*, **~stuhl** *m* butaca *f*
Armut ['armu:t] *f* ⟨-⟩ indigencia *f*, pobreza *f* (***an*** *+dat* de)
'Armutsgrenze *f* umbral *m* de pobreza; ***an, unter der ~ liegen*** estar en el, por debajo del umbral de la pobreza
'Armutszeugnis *n* muestra *f* de incapacidad; ***sich ein ~ ausstellen*** demostrar su incapacidad
Aroma [a'ro:ma] *n* ⟨-s; -men⟩ aroma *m*; **~therapie** *f* MED aromaterapia *f*
aro'matisch *adj* aromático
aromati'sieren *v/t* ⟨*sin* ge⟩ aromatizar
arrangieren [arɑ̃'ʒi:rən] ⟨*sin* ge⟩ **I** *v/t* arreglar, organizar; **II** *v/r* ***sich ~*** arreglarse, ponerse de acuerdo (***mit*** con)
Arrest [a'rɛst] *m* ⟨-(e)s; -e⟩ arresto *m*
arretieren [are'ti:rən] *v/t* ⟨*sin* ge⟩ TEC bloquear, parar
arriviert [ari'vi:rt] *adj* reconocido, famoso
arrogant [aro'gant] *adj* arrogante
Arsch [arʃ] V *m* ⟨-(e)s; ⸚e⟩ **1** culo *m*; ***leck mich am ~!*** ¡que te den por culo!; ***im ~ sein*** estar jodido; ***j-m in den ~ kriechen*** lamer el culo a alg; **2** P *Schimpfwort* P cabrón, -ona *m,f*; **~kriecher(in)** P *m(f)* P lameculos *m*; **~loch** P *n* P cabrón, -ona *m,f*
Arsen [ar'ze:n] *n* ⟨-s⟩ CHEM arsénico *m*
Arsenal [arze'na:l] *n* ⟨-s; -e⟩ *a fig* arsenal *m*
Art [art] *f* ⟨-; -en⟩ **1** (*Wesens≗*) manera *f* de ser, naturaleza *f*; ***sie hat e-e nette ~ mit Kindern*** sabe tratar a los niños; ***es ist nicht s-e ~ zu*** (*+inf*) no es su manera de (*+inf*); ***das entspricht nicht ihrer ~*** no le pega; ***Fragen allgemeiner ~*** preguntas *f/pl* de tipo general; **2** (*Weise*) manera *f*, modo *m*; ***~ und Weise*** modo (y manera); ***auf diese ~*** de ese modo; ***s-e ~ zu sprechen*** su manera de hablar; GASTR ***nach ~ des Hauses*** de la casa; **3** F (*Benehmen*) modales *m/pl*; **4** (*Sorte*) tipo *m*, clase *f*; BIOL especie *f*; ***... aller ~*** ... de todo tipo; *iron* ***e-e ~ Dichter*** un supuesto poeta; *fig* ***aus der ~ schlagen*** degenerar
'Arten|reichtum *m* ECOL riqueza *f* de especies; **~schutz** *m* ECOL protección *f* de especies; **~vielfalt** *f* ECOL diversidad *f* de especies; biodiversidad *f*
Arterie [ar'te:riə] *f* arteria *f*
Arteriosklerose [arterioskle'ro:zə] *f* MED arterioesclerosis *f*
'artfremd *adj* BIOL extraño a la especie
'artgerecht *adj* ECOL ***~e Tierhaltung*** cría *f* de animales adaptada a la especie
Ar'thritis *f* MED artritis *f*
artig ['artɪç] *adj* bueno, obediente; ***sei ~!*** ¡sé bueno!
Artikel [ar'ti:kəl] *m* ⟨-s; -⟩ artículo *m*; (***un***)***bestimmter ~*** GR artículo *m* (in)determinado
Ar'tikelnummer *f* COM número *m* del artículo
artikulieren [artiku'li:rən] ⟨*sin* ge⟩ **I** *v/t* articular; **II** *v/r* ***sich ~*** expresarse
Artillerie [artɪlə'ri:] *f* artillería *f*
Artischocke [arti'ʃɔkə] *f* alcachofa *f*
Artist(in) [ar'tɪst(ɪn)] *m(f)* artista *m,f*
ar'tistisch *adj* acrobático, artístico
Arznei [arts'naɪ] *f* medicina *f*, medicamento *m* (***gegen*** contra)

Arz'neikunde *f* ⟨-⟩ farmacología *f*
Arz'neimittel *n* medicamento *m* (***gegen*** contra); **~abhängigkeit** *f* adicción *f* a los fármacos; **~missbrauch** *m* abuso *m* de medicamentos
Arz'nei|pflanze *f* planta *f* medicinal; **~schrank** *m* botiquín *m*
Arzt [aːrtst] *m* ⟨-es; ⸚e⟩ médico *m*; ***zum ~ gehen*** ir al médico
Ärzte|kammer ['ɛrtstə-] *f* Colegio *m* de Médicos; **~schaft** *f* ⟨-⟩ cuerpo *m* médico *od* facultativo
'Arzthelferin *f* auxiliar *f* de médico
Ärztin ['ɛrtstɪn] *f* médico *f*, médica *f*
'ärztlich *adj* médico, facultativo; ***~es Attest*** certificado *m* médico; ***~e Behandlung*** tratamiento *m* médico; ***~e Verordnung*** prescripción *f* médica
'Arztpraxis *f* consulta *f* (del médico)
As[1] [as] *n* ⟨-; -⟩ MUS la *m* bemol
As[2] *n* ⟨-es; -e⟩ → ***Ass***
Asbest [as'bɛst] *m* ⟨-(e)s; -e⟩ amianto *m*, asbesto *m*; **≈belastet** *adj Räume, Gebäude* contaminado con amianto
Asche ['aʃə] *f* ceniza *f*; ***glühende ~*** rescoldo *m*
'Aschen|bahn *f* pista *f* de ceniza; **~becher** *m* cenicero *m*; **~brödel** [-brøːdəl] *n* ⟨-s; -⟩, **~puttel** [-pʊtəl] *n* ⟨-s; -⟩ Cenicienta *f*
Ascher'mittwoch *m* miércoles *m* de ceniza
'aschfahl *adj* ceniciento
'aschgrau *adj* gris ceniza
ASCII|-Code *m* INFORM código *m* ASCII; **~-Dokument** *n* INFORM documento *m* ASCII
Ascorbinsäure [askɔr'biːn-] *f* CHEM ácido *m* ascórbico
äsen ['ɛːzən] *v/i Wild* pacer
aseptisch [a'zɛptɪʃ] *adj* aséptico
Asiat|(in) [azi'aːt(ɪn)] *m* ⟨-en; -en⟩ (*f*) asiático, -a *m,f*; **≈isch** *adj* asiático
Asien ['aːziən] *n* ⟨-s⟩ Asia *f*
Askese [as'keːzə] *f* ⟨-⟩ ascetismo *m*, ascética *f*
Asket|(in) [as'keːt(ɪn)] *m* ⟨-en; -en⟩ (*f*) asceta *m,f*; **≈isch** *adj* ascético
asozial ['azotsiaːl] *adj* asocial
Aspekt [as'pɛkt] *m* ⟨-(e)s; -e⟩ aspecto *m*
Asphalt [as'falt] *m* ⟨-s; -e⟩ asfalto *m*
asphal'tieren *v/t* ⟨*sin* ge⟩ asfaltar
Aspik [as'piːk] *m* ⟨-s; -e⟩ GASTR gelatina *f* (de carne), aspic *m*
Aspirin® [aspi'riːn] *n* ⟨-s⟩ aspirina *f*
aß [aːs] *pt* → ***essen***
Ass [as] *n* ⟨-es; -e⟩ *Kartenspiel*, F *Person* as *m*
Assessor(in) [a'sɛsɔr, asɛ'soːrɪn] *m* ⟨-s; -en⟩ (*f*) aspirante *m,f* a judicatura
Assistent(in) [asɪs'tɛnt(ɪn)] *m* ⟨-en; -en⟩ (*f*) asistente *m,f*
Assis'tenz|arzt *m*, **~ärztin** *f* médico, -a *m,f* ayudante
assis'tieren *v/i* ⟨*sin* ge⟩ asistir (***bei*** en)
Assozi|ation [asotsia'tsi'oːn] *f* asociación *f*; **≈'ieren** *v/t* ⟨*sin* ge⟩ asociar
Assyrien [a'syːriən] *n* HIST Asiria *f*
Ast [ast] *m* ⟨-(e)s; ⸚e⟩ rama *f*; *im Holz* nudo *m*; F ***auf dem absteigenden ~ sein*** andar de capa caída; F ***sich einen ~ lachen*** partirse de la risa
AStA ['astaː] *m Abk* (*Allgemeiner Studentenausschuss*) Asociación *f* General de Estudiantes
Aster ['astər] *f* ⟨-; -n⟩ BOT aster *m*
Ästhe|t(in) [ɛs'teːt(ɪn)] *m* ⟨-en; -en⟩ (*f*) esteta *m,f*; **~tik** *f* estética *f*
äs'thetisch *adj* estético
Asthma ['astma] *n* ⟨-s⟩ MED asma *f*
Asth'matiker(in) *m*(*f*) asmático, -a *m,f*
asth'matisch *adj* asmático
Astro|loge [astro'loːgə] *m* ⟨-n; -n⟩, **~login** *f* astrólogo, -a *m,f*; **~lo'gie** *f* ⟨-⟩ astrología *f*; **~naut(in)** [-'naʊt(ɪn)] *m* ⟨-en; -en⟩ (*f*) astronauta *m,f*; **~nomie** [-no'miː] *f* ⟨-⟩ astronomía *f*; **≈'nomisch** *adj a* F *fig* astronómico; **~phy'sik** *f* astrofísica *f*
Asturien [as'turiən] *n* Asturias *f/pl*
ASU [a'zuː] *f Abk* (*Abgassonderuntersuchung*) → ***AU***
Asyl [a'zyːl] *n* ⟨-s⟩ asilo *m*; ***~ beantragen*** solicitar asilo; ***um politisches ~ bitten*** solicitar asilo político; ***j-m ~ gewähren*** conceder asilo *od* asilar a alg
Asylant(in) [azy'lant] *oft neg!* *m* ⟨-en; -en⟩ (*f*) asilado, -a *m,f*; (*Asylbewerber, -in*) solicitante *m,f* de asilo
A'syl|antrag *m* solicitud *f* de asilo; **~bewerber(in)** *m*(*f*) solicitante *m,f* de asilo; **~recht** *n* derecho *m* de asilo
Asymmetrie [a'zymetri] *f* asimetría *f*
'asymmetrisch *adj* asimétrico
'asynchron *adj* asincrónico
Atelier [ate'lieː] *n* ⟨-s; -s⟩ taller *m*, estudio *m*
Atem ['aːtəm] *m* ⟨-s⟩ respiración *f*, aliento *m*; ***den ~ anhalten*** *a fig* contener el aliento; ***~ holen*** tomar aliento; ***außer ~*** (***kommen***) (quedarse) sin respiración; ***mir stockte der ~*** me quedé sin respiración; ***das verschlug mir den ~*** eso me dejó atónito; ***j-n in ~ halten*** no dejar descansar a alg
'atemberaubend *adjt* vertiginoso
'Atem|beschwerden *pl* molestias *f/pl* respiratorias; **~gerät** *n* MED aparato *m* respiratorio; **≈los** *adj a fig* sin aliento; **~not** *f* asfixia *f*; **~pause** *f fig* respiro *m*; **~wege** *pl* vías *f/pl* respiratorias
'Atemzug *m* inspiración *f*; *fig* ***im gleichen ~*** de un aliento

Athe|ismus [ate'ɪsmʊs] *m* ⟨-⟩ ateísmo *m*; **~'ist(in)** *m(f)* ateo, -a *m,f*; **≗'istisch** *adj* ateo
Athen [a'teːn] *n* Atenas *m*
Äther ['ɛːtər] *m* ⟨-s⟩ CHEM éter *m*
ätherisch [ɛ'teːrɪʃ] *adj* etéreo; ***~es Öl*** aceite *m* etéreo
Äthio|pien [ɛti'oːpiən] *n* ⟨-s⟩ Etiopía *f*; **~pier(in)** *m(f)* etíope *m,f*; **≗pisch** *adj* etíope
Athlet|(in) [at'leːt(ɪn)] *m* ⟨-en; -en⟩ *(f)* atleta *m,f*; **≗isch** *adj* atlético
Äthyl [ɛ'tyːl] *n* ⟨-s⟩ CHEM etilo *m*
Äthylen [ɛty'leːn] *n* ⟨-s⟩ CHEM etileno *m*
atlantisch [at'lantɪʃ] *adj* atlántico; ***der ≗e Ozean*** el océano Atlántico
Atlas ['atlas] *m* ⟨-(ses); -se, -'lanten⟩ atlas *m*
atmen ['aːtmən] *v/i* respirar; ***tief ~*** respirar profundamente
'Atmen *n* ⟨-s⟩ respiración *f*
Atmosphä|re [atmɔ'sfɛːrə] *f* atmósfera *f*; *fig* ambiente *m*; **≗risch** *adj* atmosférico; ***~e Störungen*** perturbaciones *f/pl* atmosféricas
'Atmung *f* ⟨-⟩ respiración *f*; ***künstliche ~*** respiración *f* artificial
Ätna ['ɛtna] *m* Etna *m*
Atoll *n* [a'tɔl] atolón *m*
Atom [a'toːm] *n* ⟨-s; -e⟩ átomo *m*
ato'mar *adj* atómico, nuclear
A'tom|bombe *f* bomba *f* atómica; **~bunker** *m* refugio *m* (anti)atómico; **~energie** *f* energía *f* atómica *od* nuclear; **~explosion** *f* explosión *f* (de bomba) atómica; **~forschung** *f* investigación *f* atómica *od* nuclear; **~gegner(in)** *m(f)* antinuclear *m,f*; **≗getrieben** *adj* a propulsión *f* atómica *od* nuclear; **~gewicht** *n* peso *m* atómico; **~hülle** *f* nube *f* de electrones
atomi'sieren *v/t* ⟨*sin* ge⟩ atomizar
A'tom|kern *m* núcleo *m* atómico; **~kraft** *f* ⟨-⟩ energía *f* atómica *od* nuclear; **~kraftwerk** *n* central *f* atómica *od* nuclear; **~krieg** *m* guerra *f* atómica *od* nuclear; **~macht** *f* potencia *f* nuclear; **~modell** *n* modelo *m* de átomo; **~müll** *m* residuos *m/pl od* desechos *m/pl* radiactivos; **~physik** *f* física *f* atómica; **~pilz** *m* seta *f* radiactiva; **~reaktor** *m* reactor *m* atómico *od* nuclear; **~spaltung** *f* fisión *f* nuclear; **~sprengkopf** *m* cabeza *f* atómica; **~test** *m* prueba *f* nuclear; **~transport** *m* transporte *m* de desechos nucleares; **~-U-Boot** *n* submarino *m* atómico
A'tomwaffen *pl* armas *f/pl* nucleares *od* atómicas; **≗frei** *adj* ***~e Zone*** zona *f* desnuclearizada; **~sperrvertrag** *m* tratado *m* de no proliferación de armas atómicas
A'tom|zahl *f* número *m* atómico; **~zeitalter** *n* era *f* atómica
atonal ['atonaːl] *adj* MUS atonal
ätsch [ɛːtʃ] *int* ¡fastídiate!
Attaché [ata'ʃeː] *m* ⟨-s; -s⟩ agregado *m*
Attachment [a'tɛtʃmɛnt] *n* ⟨-s; -s⟩ INFORM attachment *m*; adjunto *m*
Attacke [a'takə] *f* ataque *m*
attac'kieren *v/t*, *v/i* ⟨*sin* ge⟩ atacar
Attentat [atɛn'taːt] *n* ⟨-(e)s; -e⟩ atentado *m*; ***ein ~ auf j-n verüben*** atentar contra alg
Atten'täter(in) *m(f)* autor, a *m,f* del atentado
Attest [a'tɛst] *n* ⟨-(e)s; -e⟩ certificado *m*
Attraktion [atraktsi'oːn] *f* atracción *f*
attrak'tiv *adj* atractivo
Attrappe [a'trapə] *f* objeto *m* de imitación *od* de pega
Attribu|t [atri'buːt] *n* ⟨-(e)s; -e⟩ *bsd* GRAM atributo *m*; **≗'tiv** *adj* atributivo
at-Zeichen, **@-Zeichen** ['ɛt-] *n* INFORM arroba *f*
ätz|en ['ɛtsən] *v/t* **1** CHEM corroer; **2** MED cauterizar; **3** *Kunst* grabar al agua fuerte; **~end** *adjt* **1** corrosivo, caústico; **2** F ***echt ~*** horrible
au [aʊ] *int* **1** ¡ay!; **2** ***~ ja!*** ¡ay sí!
AU [a'ʔuː] *f Abk* (*Abgasuntersuchung*) control *m* de gases de combustión
Aubergine [obɛr'ʒiːnə] *f* berenjena *f*
auch [aʊx] *adv* **1** también; ***sie hat Hunger, ich ~*** tiene hambre, yo también; ***er kann es nicht, ich ~ nicht*** él no sabe, yo tampoco; **2** (*sogar*) incluso; ***ohne ~ nur zu fragen*** sin siquiera preguntar; **3** *zugestehend* ***wenn ~*** si bien; ***so sehr ich es ~ bedauere*** a pesar de lo que lo siento; **4** *verallgemeinernd* ***wann ~ (immer)*** cuando sea; ***wer es ~ (immer) sei*** quienquiera que sea; ***was er ~ (immer) sagt*** lo que diga; ***so schwierig es ~ sein mag*** sea lo difícil que sea; **5** *verstärkend* de veras; ***wirst du es ~ tun?*** ¿de veras lo harás?; ***so schlimm ist es nun ~ wieder nicht!*** ¡tampoco es tan horrible!
Audienz [aʊdi'ɛnts] *f* audiencia *f* (***bei*** con)
audiovisu'ell [aʊdio-] *adj* audiovisual; ***~e Medien*** medios *m/pl* audiovisuales
Auditorium [aʊdi'toːrium] *n* ⟨-s; -rien⟩ auditorio *m* (a *Zuhörerschaft*); ***~ maximum*** paraninfo *m*
Aue ['aʊə] *f poet* pradera *f*, vega *f*
Auerhahn ['aʊərhaːn] *m* ⟨-(e)s; -hähne⟩ urogallo *m*
auf [aʊf] **I** *prp* ⟨+*dat*⟩ **1** *räumlich* sobre, en, encima de; ***~ dem Tisch*** sobre la mesa; ***~ der Straße*** en la calle; ***~ der Post*** en correos; ***~ der Welt*** en el mundo; ***~ dem Land*** en el campo; ***er ist ~ s-m Zimmer*** está en su cuarto; **2** *zeitlich* durante; ***~ s-r Reise*** durante su viaje; ***~ Urlaub*** de vacaciones; **II**

prp ⟨*+acus*⟩ **3** *mit Richtungsangabe* a; **~ die Erde fallen** caerse al suelo; **er ging ~ die Straße** se fue a la calle; **ich ging ~ die Post** fui a correos; **geh ~ dein Zimmer!** ¡vete a tu cuarto!; **sie zogen ~ das Land** se fueron a vivir al campo; *fig* **~ Besuch kommen** venir de visita; **~ Reisen gehen** ir de viaje; **4** *zeitlich* por, durante; **~ ein paar Tage** durante *od* por algunos días; **~ Jahre hinaus** durante *od* por años; **~ morgen verschieben** dejar(lo) para mañana; F **~ bald!** ¡hasta pronto!; **5 ~ diese Weise** de esa manera; **~ Deutsch** en alemán; **~ s-n Befehl** por orden suya; **~ meine Bitte** (**hin**) accediendo a mi petición; **6 von 80 Tonnen ~ 100 erhöhen** aumentar de 80 a 100 toneladas; **~ jeden entfallen ...** a cada uno le corresponde ...; **~ die Sekunde** (**genau**) al segundo; **III** *adv* **7** F (*offen*) **~** (**sein**) (estar) abierto; **Augen ~!** ¡abre los ojos!; **die Tür, der Laden** *usw* **ist auf** la puerta, la tienda, *etc* está abierta; **8** (*wach*) **ich war die ganze Nacht ~** estuve toda la noche despierto; **9 ~ und ab gehen** ir de un lado para otro; **IV** *int* **10 ~!** ¡arriba!; F **~ geht's!** ¡vamos!

Auf *n* **das ~ und Ab des Lebens** *geh* las vicisitudes de la vida; **das ~ und Ab der Preise** los altibajos de los precios

'auf|arbeiten *v/t* ⟨*sep*⟩ **1** *Rückstände* poner al día; **2** *Möbel usw* restaurar; **3** *fig* superar; **~atmen** *v/i* ⟨*sep*⟩ respirar

'Aufbau *m* ⟨-(e)s; -ten⟩ **1** construcción *f*; TEC montaje *m*; *fig* **im ~** (**begriffen**) **sein** estar en (vías de) construcción; **2** (*Struktur*) estructura *f*, organización *f*; INFORM formato *m*; **3** AUTO carrocería *f*; **4** MAR **~ten** *pl* superestructura *f*

'aufbauen ⟨*sep*⟩ **I** *v/t* **1** construir; TEC montar; **wieder ~** reconstruir; **2** (*schaffen*) crear, fundar; **sich** (*dat*) **e-e Existenz ~** dar (-le) fundamento a su vida; **3** (*anordnen*) disponer, organizar; (*gliedern*) estructurar; **4 etw auf etw** (*dat*) **~** basar a/c en a/c; **5** F **j-n ~** animar a alg; **II** *v/i* **6 ~ auf** (*+dat*) basar(se) en; **III** *v/r* **7 sich ~ aus** formarse *od* estar formado de; **8** F **sich ~ vor** plantarse *od* ponerse ante

'aufbäumen *v/r* ⟨*sep*⟩ **sich ~** encabritarse; **sich ~ gegen** rebelarse contra

'aufbauschen *v/t* ⟨*sep*⟩ hinchar, inflar (*a fig*)

'Aufbauten *pl* → **Aufbau**

'aufbe|gehren *geh v/i* ⟨*sep*, *sin* ge⟩ protestar, rebelarse (**gegen** contra); **~halten** F *v/t* ⟨*irr, sep*⟩ dejar puesto; **~kommen** F *v/t* ⟨*irr, sep*⟩ **1** *Tür usw* lograr abrir; **2** *Aufgabe* tener que hacer; **~reiten** *v/t* ⟨*sep*, *sin* ge⟩ TEC preparar, tratar; *Wasser* depurar; **≗reitung** *f* TEC preparación *f*, tratamiento *m*; *bsd v Daten* procesamiento *m*; *v Abfall* reciclaje *m*; *v Wasser* depuración *f*

'aufbessern *v/t* ⟨*sep*⟩ **1** *Gehalt* aumentar; **2** *Kenntnisse* perfeccionar

'aufbewahren *v/t* ⟨*sep*, *sin* ge⟩ guardar, reservar; (*lagern*) almacenar

'Aufbewahrung *f* ⟨-⟩ conservación *f*; **j-m etw zur ~ geben** dar a alg a/c en depósito

'aufbieten *v/t* ⟨*irr, sep*⟩ **1** emplear, poner en juego; **2** MIL movilizar (*a fig*)

'Aufbietung *f* ⟨-⟩ movilización *f*; **unter ~** (*dat*) **aller Kräfte** con todas sus fuerzas; **unter ~** (*dat*) **s-r ganzen Überredungskunst** con toda su capacidad de convicción

'aufbinden *v/t* ⟨*irr, sep*⟩ → **Bär**

'aufblähen ⟨*sep*⟩ **I** *v/t* **1** hinchar, inflar; **II** *v/r* **sich ~ 2** hincharse, inflarse; F *fig* pavonearse; **3** ECON, MED abotargarse

'aufblasbar *adj* hinchable

'aufblasen ⟨*irr, sep*⟩ **I** *v/t* hinchar, inflar; **II** *v/r* **sich ~** hincharse, inflarse (*a* F *fig*)

'aufbleiben *v/i* ⟨*irr, sep*, sn⟩ **1** (*geöffnet bleiben*) quedar abierto; **2** (*nicht zu Bett gehen*) no acostarse

'aufblenden *v/i* ⟨*sep*⟩ **1** AUTO poner las luces de carretera; **2** FOT, FILM abrir el diafragma

'aufblicken *v/i* ⟨*sep*⟩ alzar la vista; *fig* **zu j-m ~** admirar a alg

'auf|blitzen *v/i* ⟨*sep*, sn⟩ relampaguear; **~blühen** *v/i* ⟨*sep*, sn⟩ **1** *Blumen* abrirse; **2** *fig* florecer, prosperar; *Person* rejuvenecer; **~bocken** *v/t* ⟨*sep*⟩ TEC levantar sobre tacos; **~bohren** *v/t* ⟨*sep*⟩ abrir (con un taladro); **~brauchen** *v/t* ⟨*sep*⟩ apurar, agotar

'aufbraus|en *v/i* ⟨*sep*, sn⟩ hervir; *fig* encolerizarse; **~end** *adjt* colérico

'aufbrechen ⟨*irr, sep*⟩ **I** *v/t* ⟨h⟩ **1** abrir, romper; *gewaltsam* forzar; **II** *v/i* ⟨sn⟩ **2** abrirse; **3** (*fortgehen*) marcharse, partir (**nach** para, a)

'aufbringen *v/t* ⟨*irr, sep*⟩ **1** *Tür usw* lograr abrir; **2** *Geld* reunir; *Kosten* cubrir; **3** *Mode* lanzar; *Gerücht* inventar; **4** *fig* irritar, enojar; **j-n gegen sich ~** poner a alg contra uno, hacer que alg se irrite con uno; **5** MAR *Schiff* apresar

'Aufbruch *m* ⟨-(e)s; ⸚e⟩ salida *f*, marcha *f* (**nach, zu** a); **das Zeichen zum ~ geben** dar la señal de salida

'aufbrühen *v/t* ⟨*sep*⟩ *Tee, Kaffee* hacer

'aufbügeln *v/t* ⟨*sep*⟩ **1** pasar la plancha por, planchar; **2** pegar con la plancha (**auf** *+acus* en)

'aufbürden *v/t* ⟨*sep*⟩ **j-m etw ~** cargar *od* endosar a alg a/c

'aufdecken ⟨*sep*⟩ **I** *v/t* **1** destapar; **das Bett ~** abrir la cama; **2** *fig* descubrir, desvelar; **II** *v/i* **3** poner la mesa

'aufdrängen ⟨*sep*⟩ **I** *v/t* ***j-m etw ~*** obligar a alg a aceptar a/c, imponer a/c a alg; **II** *v/r* ***sich j-m ~*** importunar a alg

'aufdrehen ⟨*sep*⟩ **I** *v/t* **1** (*aufschrauben*) aflojar, desenroscar; *Ventil, Gas usw* abrir; **2** *Seil* destorcer; **3** F *Radio usw* poner más alto; **II** *v/i* **4** F AUTO hundir el pedal; **5** F *Person* animarse mucho

'aufdringlich *adj* cargante, pesado; **≗keit** *f* ⟨-⟩ importunidad *f*, pesadez *f*

'Aufdruck *m* ⟨-(e)s; -e⟩ impresión *f*

'aufdrucken *v/t* ⟨*sep*⟩ imprimir (***auf*** *+acus* en)

'aufdrücken *v/t* ⟨*sep*⟩ **1** abrir empujando *od* apretando; **2** *Stempel usw* imprimir (***auf*** *+acus* en)

aufein'ander *adv* **1** (*übereinander*) uno(s) sobre otro(s); **2** (*nacheinander*) uno(s) tras otro(s); **3** ***~ abgestimmte Farben*** colores *m/pl* armonizados entre sí; ***~ angewiesen sein*** depender uno de otro; ***~ folgen*** seguirse; ***an drei ~ folgenden Tagen*** en tres días consecutivos; ***~ legen*** poner *od* colocar uno encima del otro; ***~ liegen*** estar uno sobre otro; ***~ prallen*** chocar uno con otro; ***~ stellen*** poner *od* colocar uno encima del otro; ***~ stoßen*** chocar uno con otro; ***~ treffen*** encontrarse

Aufenthalt ['aufɛnthalt] *m* ⟨-(e)s; -e⟩ **1** estancia *f*, permanencia *f*; **2** BAHN *usw* parada *f*; ***ohne ~*** sin parada, directo; ***wir hatten zwei Stunden ~ in …*** paramos dos horas en …

'Aufenthalts|erlaubnis *f*, **~genehmigung** *f* permiso *m* de residencia; **~ort** *m* paradero *m*; **~raum** *m* sala *f* (de descanso)

'auferlegen *geh v/t* ⟨*sep, sin* ge⟩ imponer; ***sich keinen Zwang ~*** no reprimirse

'auferstehen *v/i* ⟨*irr, sep,* sn⟩ resucitar

'Auferstehung *f* ⟨-⟩ resurrección *f*

'aufessen *v/t, v/i* ⟨*irr, sep*⟩ comer(se), acabar (la comida)

auffädeln ['aufffɛːdəln] *v/t* ⟨*sep*⟩ enfilar

'auffahren ⟨*irr, sep*⟩ **I** *v/i* ⟨sn⟩ **1** ***~ auf*** (*+acus*) chocar con; MAR encallar; ***zu dicht ~*** acercarse demasiado; **2** *vor Schreck usw* sobresaltarse; *vor Wut* montar en cólera; **II** *v/t* ⟨h⟩ **3** F traer a la mesa

'Auffahrt *f* **1** (*Hinauffahren*) subida *f*; **2** (*Rampe*) rampa *f*; **3** (*Zufahrt*) acceso *m*

'Auffahrunfall *m* choque *m* por alcance

'auffallen *v/i* ⟨*irr, sep,* sn⟩ ***j-m ~*** llamar(le) la atención a alg; ***das fällt nicht auf*** eso no se nota; ***unangenehm ~*** causar mala impresión

'auf|fallend *adjt*, **~fällig** *adj* llamativo, vistoso; F aparatoso

'auffang|en *v/t* ⟨*irr, sep*⟩ **1** coger (al vuelo), atrapar; *Signale* captar; **2** *Flüssigkeit* recoger; **3** *Flüchtlinge* acoger; **4** *Hieb* parar; *Stoß* amortiguar; *fig* absorber; **≗lager** *n* campo *m* de acogida

'auffassen *v/t* ⟨*sep*⟩ **1** (*verstehen*) comprender, entender; **2** (*auslegen*) concebir, interpretar; ***etw als Scherz ~*** considerar a/c una broma; ***etw falsch ~*** interpretar mal a/c

'Auffassung *f* **1** parecer *m*, modo *m* de ver; ***nach meiner ~*** en mi opinión; **2** *Fähigkeit* (capacidad *f* de) comprensión *f*, entendimiento *m*

'Auffassungsgabe *f* ⟨-⟩ entendimiento *m*, (capacidad *f* de) comprensión *f*

'auf|findbar *adj* localizable; **~finden** *v/t* ⟨*irr, sep*⟩ encontrar, hallar, localizar; **~fischen** F *v/t* ⟨*sep*⟩ *a fig* pescar; **~flackern** *v/i* ⟨*sep,* sn⟩ avivarse; **~flammen** *v/i* ⟨*sep,* sn⟩ llamear, echar llamas

'auffliegen *v/i* ⟨*irr, sep,* sn⟩ **1** *Vogel usw* echar a volar; **2** *Tür usw* abrirse de golpe; **3** F (*scheitern*) irse a pique; ***~ lassen*** torpedear; **4** *Schwindel, Betrüger* descubrirse

'auffordern *v/t* ⟨*sep*⟩ **1** (*verlangen*) ***j-n ~*** (***, etw zu tun***) pedir(le), JUR requerir(le) a alg (que haga a/c); ***j-n dringend ~*** (*+inf*) exigir(le) a alg (que *+subj*); **2** (*einladen*) invitar; (***zum Tanz***) ~ sacar a alg (a bailar)

'Aufforderung *f* **1** invitación *f*; **2** JUR requerimiento *m*; **3** (*Ermahnung*) exhortación *f*

'aufforst|en *v/t* ⟨*sep*⟩ repoblar; **≗ung** *f* repoblación *f* (forestal)

'auffressen *v/t* ⟨*irr, sep*⟩ devorar, comerse; F *fig* ***die Arbeit frisst mich auf*** el trabajo me devora

'auffrisch|en ⟨*sep*⟩ **I** *v/t* **1** *Kenntnisse* refrescar, reactivar; *Farbe* reavivar; **2** *Vorräte* renovar; **II** *v/i* **3** *Wind* soplar más fuerte; **≗ungskurs** *m* curso *m* de reciclaje

'aufführen ⟨*sep*⟩ **I** *v/t* **1** THEA representar; MUS ejecutar; **2** (*nennen*) citar, mencionar; ***namentlich ~*** citar por el nombre; ***einzeln ~*** citar de uno en uno; **II** *v/r* **3** ***sich ~*** (com)portarse; ***sich*** (***schlecht***) ***~*** portarse mal

'Aufführung *f* **1** THEA representación *f*; MUS ejecución *f*; **2** (*Nennung*) enumeración *f*, mención *f*

'Aufführungsrechte *pl* derechos *m/pl* de representación *od* de ejecución

'auffüllen *v/t* ⟨*sep*⟩ rellenar; *Vorräte* reponer

'Aufgabe *f* **1** tarea *f*; (*Funktion*) función *f*, misión *f*; ***~n wahrnehmen*** desempeñar tareas; ***es ist nicht meine ~ zu*** (*+inf*) no es asunto mío (*+inf*); ***es sich zur ~ machen zu*** (*+inf*) proponerse (*+inf*); **2** (*Haus≗*) deber *m*, tarea *f*; MAT problema *m*; **3** *von Gepäck* facturación *f*; POST envío *m*;

4 (*Verzicht*) abandono *m*, renuncia *f*; ECON liquidación *f*, cese *m*
'aufgabeln F *v/t* ⟨*sep*⟩ pescar
'Aufgabenbereich *m* ámbito *m* de funciones; ***nicht in j-s ~ fallen*** no ser de la incumbencia de alg
'Aufgabenverteilung *f* reparto *m* de tareas
'Aufgang *m* ⟨-(e)s; ⸚e⟩ **1** subida *f*; (*Treppe*) escalera *f*; **2** *der Sonne* salida *f*
'aufgeben ⟨*irr*, *sep*⟩ **I** *v/t* **1** *Brief usw* echar al correo, enviar; *Gepäck* facturar; *Annonce* poner; **2** *Rätsel* (pro)poner; *Schularbeiten* poner, dar; **3** (*verzichten*) renunciar; *Plan*, *Hoffnung usw* abandonar; ***das Rauchen ~*** dejar de fumar; F ***gibs auf!*** ¡déjalo ya!; **4** *Geschäft* liquidar; **5** *Kranke* desahuciar; **II** *v/i* **6** rendirse, darse por vencido
'aufgeblasen F *adj* arrogante, presuntuoso
'Aufgebot *n* **1** *Eheschließung* amonestaciones *f/pl*; ***das ~ bestellen*** correr las amonestaciones; **2** (*Menge*) gran cantidad *f*; *fig* ***mit starkem ~ erscheinen*** aparecer con un gran despliegue
'aufgebracht *adjt* furioso, irritado (***gegen*** contra, con; ***über*** +*acus* con, por)
'aufgedonnert F *adjt* peripuesto
'aufgedreht F *adjt* muy alegre
'aufgehen *v/i* ⟨*irr*, *sep*, sn⟩ **1** abrirse; *Knoten* deshacerse; *Naht* descoserse; *Vorhang* levantarse; **2** *Sonne* salir; **3** *Saat* brotar; **4** MAT salir exacto (y sin resto); ***die Aufgabe geht nicht auf*** el ejercicio no sale; **5** (*klar werden*) ***j-m ~*** aclarárse(le) a alg; ***jetzt geht es mir auf*** ahora entiendo; **6** ***~ in*** (+*dat*) quedar absorbido por; **7** ***in Flammen ~*** ser pasto de las llamas
'aufgehoben *adjt* ***gut ~ sein*** estar en buenas manos (***bei*** con)
'aufgeilen P *v/t*, *v/r* ⟨*sep*⟩ (***sich***) **~** poner(se) caliente *od* cachondo (***an*** +*dat* con)
'aufgeklärt *adjt* **1** sin prejuicios; **2** *sexuell* ***~ sein*** estar iniciado (sexualmente)
'aufgeknöpft F *adjt* accesible, afable
'aufgekratzt F *adjt* muy alegre
'aufgelegt *adjt* ***zu etw ~ sein*** estar (de humor) para a/c, tener ganas de a/c; ***gut, schlecht ~ sein*** estar de buen, mal humor
'aufge|löst *adjt* **1** (*verwirrt*) confuso, fuera de sí; **2** (*erschöpft*) agotado; **~räumt** *adjt fig* de buen humor, sereno; **~regt** *adjt* nervioso, excitado
'aufgerundet *adjt* redondeado; ***~er Betrag*** suma *f* redondeada (hacia arriba)
'aufgeschlossen *adjt fig* abierto (***für*** a); **≈heit** *f* ⟨-⟩ franqueza *f*
'aufge|schlüsselt *adjt* desglosado; **~schmissen** F *adj* ***~ sein*** estar perdido *od* apañado; **~setzt** *adjt fig Lächeln* forzado; **~sprungen** *adjt Hände*, *Lippen usw* cortado, reseco; **~staut** *adjt fig Ärger* estancado, acumulado; **~weckt** *adjt* despierto, espabilado
'auf|gießen *v/t* ⟨*irr*, *sep*⟩ **1** *Wasser* verter; **2** *Tee*, *Kaffee* hacer, preparar; **~gliedern** *v/t* ⟨*sep*⟩ desglosar (***nach*** por); **~graben** *v/t* ⟨*irr*, *sep*⟩ cavar, abrir (cavando); **~greifen** *v/t* ⟨*irr*, *sep*⟩ **1** *Dieb* capturar; **2** *Idee* hacer suyo, aprovechar; **3** *Thema*, *Frage* retomar
auf'grund *prp* ⟨+*gen*⟩, *adv* ***~ von*** a causa de, por
'Aufguss *m* ⟨-es; ⸚e⟩ infusión *f*
'aufhaben ⟨*irr*, *sep*⟩ F **I** *v/t* **1** *Hut*, *Brille* llevar puesto; **2** (*geöffnet haben*) tener abierto; **3** *Schularbeiten* tener que hacer; ***was habt ihr heute auf?*** ¿qué deberes tenéis hoy?; **II** *v/i* **4** *Geschäft* estar abierto
'aufhacken *v/t* ⟨*sep*⟩ cascar, abrir
'aufhaken *v/t* ⟨*sep*⟩ desabrochar, desenganchar
'aufhalsen F *v/t* ⟨*sep*⟩ ***j-m etw ~*** cargar *od* endosar a/c a alg
'aufhalten ⟨*irr*, *sep*⟩ **I** *v/t* **1** dejar *od* tener abierto; **2** (*anhalten*) detener, parar; ***ich will Sie nicht länger ~*** no quiero entretenerle más; **II** *v/r* **3** ***sich ~*** permanecer, estar; ***sich im Ausland ~*** estar en el extranjero; **4** ***sich ~ mit*** perder el tiempo en *od* con, entretenerse con
'aufhängen ⟨*irr*, *sep*⟩ **I** *v/t* **1** colgar (***an*** +*dat* en *od* de); *Wäsche* tender; ***j-n ~*** ahorcar *od* colgar a alg; **2** F ***j-m etw ~*** cargar *od* endosar a alg a/c; **II** *v/r* **3** ***sich ~*** ahorcarse, colgarse
'Aufhäng|er *m* **1** tira *f*, cordón *m*; **2** F motivo *m*, base *f*; **~ung** *f* TEC suspensión *f*
'aufhäufen *v/t*, *v/r* ⟨*sep*⟩ (***sich***) **~** acumular(-se), amontonar(se)
'aufhebbar *adj* JUR *Vertrag* anulable
'aufheben *v/t* ⟨*irr*, *sep*⟩ **1** levantar; *vom Boden* recoger; **2** (*aufbewahren*) guardar, conservar; **3** (*abschaffen*) abolir, anular, suprimir; ***ein Verbot ~*** levantar una prohibición; **4** (*beenden*) *Sitzung*, *Belagerung* levantar; **5** (*ausgleichen*) compensar, neutralizar; ***sich*** *od* ***einander ~*** compensarse
'Aufheben *geh n* ⟨-s⟩ ***viel ~(s) machen*** hacer *od* meter mucho ruido (***um*** por)
'Aufhebung *f* **1** (*Abschaffung*) supresión *f*, anulación *f*; ***~ der Todesstrafe*** abolición *f* de la pena de muerte; **2** *e-r Belagerung* levantamiento *m*; **3** *e-s Urteils* revocación *f*
'aufheitern ⟨*sep*⟩ **I** *v/t* ***j-n ~*** animar a alg; **II** *v/r* METEO ***sich ~*** despejarse; *fig Stimmung*, *Miene usw* alegrarse, animarse
'Aufheiterungen *pl* METEO apertura *f* de claros
'aufheizen *v/t*, *v/r* ⟨*irr*, *sep*⟩ (***sich***) **~** ca-

lentar(se)

'aufhellen ⟨*sep*⟩ **I** *v/t Angelegenheit* aclarar (*a fig*); **II** *v/r* ***sich ~*** *Wetter* despejarse; *Stimmung, Miene usw* alegrarse, animarse

'aufhetzen *v/t* ⟨*sep*⟩ ***j-n*** (***zu etw***) **~** instigar *od* incitar a alg (a a/c); ***j-n ~ gegen*** soliviantar a alg contra

'Aufhetzung *f* incitación *f*

'aufheulen *v/i* ⟨*sep*⟩ dar aullidos; *Motor* rugir

'aufholen ⟨*sep*⟩ **I** *v/t Zeit, Versäumtes* recuperar; **II** *v/i* ganar terreno (***gegenüber*** frente a)

'aufhorchen *v/i* ⟨*sep*⟩ agudizar los oídos

'aufhören *v/i* ⟨*sep*⟩ terminar, acabar (***mit*** con); ***~ zu arbeiten*** dejar de trabajar; ***er hörte nicht auf zu reden*** no paraba de hablar; ***wo haben wir aufgehört?*** ¿dónde nos habíamos quedado?; ***hör auf*** (***damit***)***!*** ¡basta ya!; ***ohne aufzuhören*** sin parar

'Auf|kauf *m* compra *f*, adquisición *f*; **²kaufen** *v/t* ⟨*sep*⟩ acaparar, comprar para hacer acopio; **~käufer(in)** *m*(*f*) acaparador, a *m,f*; **²klappbar** *adj* plegable; **²klappen** *v/t* ⟨*sep*⟩ *v/i* ⟨sn⟩ abrir, levantar; **²klaren** *v/i* ⟨*sep*⟩ METEO despejarse, escampar

'aufklären ⟨*sep*⟩ **I** *v/t* **1** (*klären*) aclarar, esclarecer; **2** (*informieren*) ***j-n ~*** (***über*** +*acus*) informar *od* abrir los ojos a alg (sobre); *sexuell* ***j-n ~*** iniciar *od* educar (sexualmente) a alg; **3** MIL explorar; **II** *v/r* ***sich ~*** **4** (*sich klären*) resolverse, clarificarse; **5** METEO despejarse, escampar

'Aufklärung *f* **1** (*Erklärung*) aclaración *f*; ***~ verlangen*** exigir una explicación; **2** *e-s Falls usw* resolución *f*; **3** (***sexuelle***) **~** educación *f* sexual; **4** MIL reconocimiento *m*; **5** HIST Ilustración *f*

'Aufklärungs|film *m* película *f* de iniciación sexual; **~flugzeug** *n* avión *m* de reconocimiento; **~quote** *f* porcentaje *m* de casos resueltos; **~satellit** *m* satélite *m* espía

'auf|kleben *v/t* ⟨*sep*⟩ pegar (***auf*** +*acus* en); **²kleber** *m* pegatina *f*; **~knöpfen** *v/t* ⟨*sep*⟩ desabotonar, desabrochar

'aufkochen ⟨*sep*⟩ **I** *v/t* **~** (***lassen***) hervir, dar un hervor (a); **II** *v/i* romper a hervir

'aufkommen *v/i* ⟨*irr, sep*, sn⟩ **1** *Wind, Gewitter* levantarse; **2** (*entstehen*) introducirse, surgir; ***Zweifel ~ lassen*** dar lugar a dudas; ***nicht ~ lassen*** no tolerar; **3** *beim Sprung* aterrizar; **4** ***für etw ~*** (*einstehen*) responder de a/c; (*bezahlen*) pagar a/c; ***für j-n ~*** mantener a alg; ***für den Schaden ~*** pagar una indemnización; **5** ***gegen j-n ~*** poder con alg; ***er kommt gegen sie nicht auf*** no puede con ella; ***niemanden neben sich ~ lassen*** no tolerar competencia

'Aufkommen *n* ⟨-s⟩ **1** (*Entstehung*) introducción *f*, aparición *f*; **2** ECON ingresos *m/pl*

'aufkratzen ⟨*sep*⟩ **I** *v/t Wunde* abrir (rascándose); **II** *v/r* ***sich ~*** rasparse, hacerse sangre (rascándose)

'aufkreuzen F *v/i* ⟨*sep*, sn⟩ (*erscheinen*) dejarse caer (***in*** +*dat*, ***bei*** por)

Aufl. *f Abk* (*Auflage*) ed. *f* (*edición*); (*Nachdruck*) reimpresión *f*

'auflachen *v/i* ⟨*sep*⟩ soltar una carcajada

'aufladbar *adj Batterie usw* recargable

'aufladen ⟨*irr, sep*⟩ **I** *v/t* **1** *Fracht* cargar (***auf*** +*acus* en); F *fig* ***j-m etw ~*** cargar *od* endosar a/c a alg; **2** *Batterie usw* (re)cargar; **II** *v/r* **3** ***sich ~*** EL (re)cargarse

'Auflage *f* **1** *e-r Zeitung, e-s Buchs* tirada *f*; *e-s Buchs a* edición *f*; **2** (*Bedingung*) condición *f*; (***j-m***) ***etw zur ~ machen*** poner a/c (a alg) como condición; **3** TEC recubrimiento *m*

'auflassen *v/t* ⟨*irr, sep*⟩ **1** F *Tür* dejar abierto; **2** F *Hut* dejar puesto; **3** JUR ceder

'auflauern *v/i* ⟨*sep*⟩ ***j-m ~*** acechar a alg

'Auflauf *m* ⟨-(e)s; ⸗e⟩ **1** *von Personen* gentío *m*, tumulto *m*; **2** GASTR gratinado *m*, soufflé *m*

'auflaufen *v/i* ⟨*irr, sep*, n⟩ **1** MAR encallar; **2** (*zusammenprallen*) chocar (***auf*** +*acus* con); F *fig* ***j-n ~ lassen*** no hacer caso a alg; **3** *Gelder, Zinsen* acumularse

'Auflaufform *f* molde *m* para gratinado

'aufleben *v/i* ⟨*sep*, sn⟩ (***wieder***) **~** revivir, reanimarse, renacer; ***er lebte förmlich auf*** se reanimó por completo

'auflecken *v/t* ⟨*sep*⟩ lamer

'auflegen ⟨*sep*⟩ **I** *v/t* **1** poner, colocar (*a CD usw*); *Make-up* ponerse; **2** TEL ***den Hörer ~*** colgar el teléfono; **3** *Buch* editar; ***wieder ~*** reeditar; **4** FIN *Wertpapiere* emitir; **II** *v/i* **5** TEL colgar

'auflehn|en *v/r* ⟨*sep*⟩ ***sich ~*** rebelarse, sublevarse (***gegen*** contra); **²ung** *f* rebelión *f*, sublevación *f* (***gegen*** contra)

'auf|lesen *v/t* ⟨*irr, sep*⟩ recoger; **~leuchten** *v/i* ⟨*sep*⟩ resplandecer, iluminarse; **~liegen** *v/i* ⟨*irr, sep*⟩ descansar, apoyarse (***auf*** +*dat* en)

'auflisten *v/t* ⟨*sep*⟩ hacer una lista de; ***einzeln ~*** detallar

'auf|lockern *v/t* ⟨*sep*⟩ **1** *Boden* mullir; **2** *fig* amenizar; **~lodern** *v/i* ⟨*sep*, sn⟩ *Flammen usw* llamear; *fig Kämpfe, Hass* recrudecerse; **~lösbar** *adj* soluble

'auflösen ⟨*sep*⟩ **I** *v/t* **1** deshacer; *in Flüssigkeit* disolver; **2** *Rätsel* resolver; MAT despejar; **3** *Partei, Parlament, Versammlung, Ehe* disolver; *Demonstration* dispersar; **4** *Vertrag* rescindir, anular; *Firma* liquidar; **II** *v/r* ***sich ~*** **5** disolverse (*a fig*); ***sich in***

nichts ~ quedarse todo en humo; ***sich in s-e Bestandteile ~*** descomponerse

'Auflösung *f* **1** disolución *f* (*a fig*); **2** *e-s Rätsels, e-r Rechenaufgabe* solución *f*; **3** ECON liquidación *f*; *e-s Vertrags* rescisión *f*, disolución *f*; **4** OPT, FOT resolución *f*; *Bildschirm* definicion *f*

Auflösungs|ursache *f e-s Vertrags* causa *f* de disolución *od* de rescisión; **~vereinbarung** *f e-s Vertrags* acuerdo *m* de disolución; **~zeichen** *n* MUS becuadro *m*

'aufmachen ⟨*sep*⟩ **I** *v/t* **1** F abrir; *Knoten* deshacer; ***mach deine Augen auf!*** ¡abre los ojos!; **2** (*gestalten*) diseñar, presentar; **3** ***e-e Rechnung ~*** calcular; **II** *v/i* **4** F abrir; ***j-m ~*** abrir(le) la puerta a alg; **III** *v/r* **5** ***sich ~*** ponerse en camino (***nach*** hacia)

'Aufmacher F *m e-r Zeitung* tema *m* principal

'Aufmachung *f* presentación *f*; ***etw in großer ~ herausbringen*** presentar a/c por todo lo alto

'Aufmarsch *m* MIL despliegue *m*; (*Parade*) desfile *m*; **2ieren** *v/i* ⟨*sep, sin* ge, sn⟩ MIL desplegarse

'aufmerksam *adj* atento; ***j-n ~ machen auf*** (+*acus*) llamar la atención de alg sobre; ***~ werden auf*** (+*acus*) fijarse en; ***~ zuhören*** escuchar con atención; ***etw ~ verfolgen*** seguir atentamente a/c

'Aufmerksamkeit *f* **1** atención *f*; ***~ erregen*** despertar la atención; ***~ schenken*** prestar atención; **2** (*Geschenk*) obsequio *m*, atención *f*

'aufmöbeln F *v/t* ⟨*sep*⟩ **1** *etw* renovar, reponer; **2** *j-n* animar, levantar la moral a

'aufmuntern *v/t* ⟨*sep*⟩ animar, levantar la moral a; ***~de Worte*** palabras *f/pl* de ánimo

'Aufmunterung *f* aliento *m*, ánimo *m*

aufmüpfig ['aʊfmʏpfɪç] F *adj* rebelde, respondón

'aufnähen *v/t* ⟨*sep*⟩ coser (***auf*** +*acus* a)

Aufnahme ['aʊfnaːmə] *f* **1** (*Empfang*) acogida *f*, recepción *f*; ***~ finden*** ser acogido (***bei*** en); **2** (*Unterbringung*) alojamiento *m*; *im Krankenhaus* ingreso *m*; **3** *in e-e Organisation, Schule usw* ingreso *m* (***in*** +*acus* en); (*Zulassung*) admisión *f*; **4** *von Nährstoffen* asimilación *f*; *von Feuchtigkeit* absorción *f*; **5** (*Beginn*) comienzo *m*; **6** *von Beziehungen usw* establecimiento *m*; **7** (*Foto*) foto *f*; (*Film2*) toma *f*; (*Ton2*) grabación *f*; ***Achtung ~!*** ¡silencio, se rueda!

'aufnahme|fähig *adj* receptivo (***für*** para); **2fähigkeit** *f* ⟨-⟩ capacidad *f* de absorción; *geistige* receptividad *f*; **2gebühr** *f* cuota *f* de ingreso; **2leiter** *m* FILM director *m* ejecutivo; **2prüfung** *f* examen *m* de ingreso

'aufnehmen *v/t* ⟨*irr, sep*⟩ **1** *Gegenstand, Last* tomar, recoger; *vom Boden* levantar; **2** ***j-n bei sich ~*** acoger a alg en casa; MED *im Krankenhaus* ingresar; **3** *in e-e Organisation, Schule, Partei usw* admitir (***in*** +*acus* en); **4** ***etw in das Programm ~*** incluir a/c en el programa; **5** *Nahrung* ingerir; *Feuchtigkeit* absorber; **6** (*fassen*) *Ladungsmenge, Menschenmenge usw* abarcar, comprender; **7** *geistig* comprender; ***etw übel*** *usw* ***~*** tomar a mal, *etc* a/c; **8** *Kredit, Hypothek* tomar (prestado); **9** (*beginnen*) comenzar, iniciar; **10** *Kontakte* establecer; *Verhandlungen, Beziehungen* entablar; **11** *Thema* ***wieder ~*** retomar; **12** *Protokoll* levantar; **13** (*fotografieren*) hacer una foto de; *auf Tonband, Film usw* grabar; **14** *fig* ***es mit j-m ~ können*** poder competir con alg

'aufopfern *v/t, v/r* ⟨*sep*⟩ (***sich***) ~ sacrificar (-se)

'aufopfernd *adjt* abnegado, sacrificado

'aufpäppeln F *v/t* ⟨*sep*⟩ mimar

'aufpassen *v/i* ⟨*sep*⟩ **1** (*aufmerksam sein*) prestar atención (***auf*** +*acus* a); ***pass(t) auf!*** ¡cuidado!; F ***pass mal auf!*** ¡mira!; ¡escucha!; **2** (*beaufsichtigen*) ***~ auf*** (+*acus*) cuidar de; F ***pass gut auf dich auf!*** ¡cuídate!

'Aufpasser(in) *m*(*f*) vigilante *m,f*

'aufpeitschen *v/t* ⟨*sep*⟩ *fig* excitar, estimular

'aufpflanzen ⟨*sep*⟩ **I** *v/t Fahne* enarbolar; **II** *v/r* ***sich ~ vor*** (+*dat*) plantarse ante

'aufpicken *v/t* ⟨*sep*⟩ picotear

'aufplustern *v/r* ⟨*sep*⟩ ***sich ~*** *Vogel* ahuecar las plumas; F *fig* pavonearse

'aufpolieren *v/t* ⟨*sep, sin* ge⟩ sacar brillo a

'Aufprall *m* ⟨-(e)s⟩ choque *m*, impacto *m*; **2en** *v/i* ⟨*sep*, sn⟩ chocar (***auf*** +*acus* contra)

'Aufpreis *m* ⟨-es; -e⟩ ECON suplemento *m*, recargo *m*

'aufpumpen *v/t* ⟨*sep*⟩ inflar, hinchar

'aufputsch|en I *v/t* ⟨*sep*⟩ estimular, excitar; *zu etw* incitar, instigar (***zu*** a); *mit Drogen* dopar; **II** *v/r* ***sich ~*** tomar estimulantes, doparse; **2mittel** *n* estimulante *m*, excitante *m*

'aufraffen ⟨*sep*⟩ **I** *v/t* recoger; **II** *v/r* ***sich ~*** hacer un esfuerzo; ***sich ~, etw zu tun*** animarse a hacer a/c

'aufragen *v/i* ⟨*sep*⟩ elevarse, destacar, sobresalir

'aufräumen *v/t, v/i* ⟨*sep*⟩ **1** ordenar, arreglar; *Schutt* des(es)combrar; **2** *fig* ***~ mi***t acabar con

'aufrechnen *v/t* ⟨*sep*⟩ ***etw ~ gegen*** compensar a/c con

'aufrecht *adj* derecho, erguido; *fig* recto, íntegro; ***~ stellen*** poner derecho

'aufrecht|erhalten *v/t* ⟨*irr, sep*⟩ mantener, sostener (*a fig*); **≈erhaltung** *f* ⟨-⟩ mantenimiento *m*, sostenimiento *m*
'aufregen ⟨*sep*⟩ **I** *v/t* ***j-n ~*** excitar *od* exaltar a alg; **II** *v/r* ***sich ~*** excitarse *od* enfadarse (***über*** *+acus* por)
'aufregend *adjt* excitante, emocionante
'Aufregung *f* excitación *f*, nerviosismo *m*; ***nur keine ~!*** ¡sobre todo, tranquilidad!
'aufreiben ⟨*irr, sep*⟩ **I** *v/t* **1** ***j-n ~*** (*ermüden*) agotar a alg; **2** MIL exterminar; **3** (***sich*** *dat*) ***etw ~*** escoriarse a/c; **II** *v/r* **4** ***sich ~*** consumirse
'aufreibend *adjt* agotador
'aufreihen ⟨*sep*⟩ **I** *v/t* colocar en fila; *auf e-n Faden usw* ensartar; **II** *v/r* ***sich ~*** ponerse en fila
'aufreißen ⟨*irr, sep*⟩ **I** *v/t* ⟨h⟩ **1** *Packung* abrir; *Tür* abrir bruscamente; *Straße* levantar; **2** F ***die Augen ~*** abrir los ojos como platos; **3** F ***j-n ~*** pescar a alg; **II** *v/i* ⟨sn⟩ **4** rajarse; *Naht* descoserse
'aufreizend *adjt* provocativo, provocador
'aufrichten ⟨*sep*⟩ **I** *v/t* **1** (*aufstellen*) poner derecho, enderezar, levantar; **2** (*errichten*) erigir; **3** (*trösten*) alentar; **II** *v/r* ***sich ~*** **4** ponerse en pie, incorporarse; **5** *fig* recuperar la moral (***an*** *+dat* por)
'aufrichtig *adj* sincero, franco; ***es tut mir ~ Leid*** lo siento de veras
'Aufrichtigkeit *f* ⟨-⟩ sinceridad *f*, franqueza *f*
'aufriegeln *v/t* ⟨*sep*⟩ descorrer el cerrojo de
'Aufriss *m* ⟨-es; -e⟩ ARCH, MAT alzado *m*, proyección *f* vertical
'aufrollen *v/t* ⟨*sep*⟩ **1** (*zusammenrollen*) enrollar; **2** (*auseinander rollen*) desenrollar; **3** *Frage usw* desarrollar; **(*wieder*) ~** retomar
'aufrücken *v/i* ⟨*sep*, sn⟩ **1** (*befördert werden*) ascender, ser ascendido (***zu*** a); **2** (*aufschließen*) hacer sitio, correrse; MIL cerrar filas
'Aufruf *m* ⟨-(e)s; -e⟩ llamamiento *m* (***an*** *+acus* a); INFORM llamada *f*
'aufrufen *v/t* ⟨*irr, sep*⟩ **1** *Schüler, Wartende usw* llamar; **2** ***j-n ~, etw zu tun*** llamar *od* exhortar a alg para que haga a/c; ***zum Streik ~*** convocar una huelga; **3** INFORM *Programm, Datei* acceder a
Aufruhr ['aʊfru:r] *m* ⟨-(e)s; -e⟩ alboroto *m*, tumulto *m*, disturbio *m*
'aufrühr|en *v/t* ⟨*sep*⟩ **1** remover (*a fig*); **2** *Vergangenheit* revivir; *Vergessenes* desenterrar; **≈er(in)** *m(f)* rebelde *m,f*, agitador, a *m,f*; **~erisch** *adj* rebelde, revoltoso
'aufrunden *v/t* ⟨*sep*⟩ redondear
'aufrüsten *v/t, v/i* ⟨*sep*⟩ **1** MIL ***wieder ~*** rearmar; **2** INFORM mejorar
'Aufrüstung *f* rearme *m*
aufs [aʊfs] = ***auf das***; → ***auf I,II***
'aufsagen *v/t* ⟨*sep*⟩ recitar
aufsässig ['aʊfzɛsɪç] *adj* rebelde, levantisco
'Aufsatz *m* **1** *Schule* redacción *f*, composición *f*; (*Abhandlung*) ensayo *m*, artículo *m*; **2** TEC añadido *m*, complemento *m*
'auf|saugen *v/t* ⟨*sep*⟩ absorber; TEC aspirar; **≈saugung** *f* absorción *f*; **~scheuchen** *v/t* ⟨*sep*⟩ espantar, ahuyentar; **~schichten** *v/t* ⟨*sep*⟩ apilar; **~schieben** *v/t* ⟨*irr, sep*⟩ **1** abrir empujando; **2** (*zeitlich verschieben*) aplazar (***auf*** *+acus*, ***bis*** a, hasta)
'Aufschlag *m* **1** golpe *m*, choque *m* (***auf*** *+acus* con); ***dumpfer ~*** golpe *m* seco; **2** *am Rock* solapa *f*; *am Ärmel* vuelta *f* (*a Hose*); **3** ECON (*Verteuerung*) subida *f*, aumento *m*; (*Zuschlag*) suplemento *m*, recargo *m*; ***e-n ~ von 10% erheben*** cobrar un recargo de 10%; **4** SPORT saque *m*; ***j-m den ~ abnehmen*** romper el saque a alg; ***~ haben*** servir
'aufschlagen ⟨*irr, sep*⟩ **I** *v/t* ⟨h⟩ **1** (*öffnen*) abrir; *Ei, Nuss* cascar; ***Seite 10 ~*** abrir en la página 10; **2** *Zelt, Gerüst* armar, montar; **3** *Wohnsitz* fijar, establecer; ***s-n Wohnsitz in X ~*** establecerse en X; **4** COM ***auf e-e Ware zwei Euro ~*** subir el precio de una mercancía en dos euros; **5** ***sich*** (*dat*) ***das Knie*** *usw* ~ abrirse la rodilla, *etc*; **II** *v/i* **6** ⟨sn⟩ (*aufprallen*) chocar (***auf*** contra); ***auf den*** *od* ***dem Boden ~*** caer en el suelo; **7** ⟨h⟩ *Preise usw* subir (***um*** en); **8** ⟨h⟩ SPORT servir, sacar
'aufschließen ⟨*irr, sep*⟩ **I** *v/t* **1** abrir (con llave); **II** *v/i* **2** (*aufrücken*) hacer sitio, correrse; MIL cerrar filas; **3** (*vorrücken*) avanzar; SPORT ***zu j-m ~*** alcanzar a alg
'aufschlitzen *v/t* ⟨*sep*⟩ rajar, abrir
'Aufschluss *m* explicación *f*; ***j-m ~ geben*** informar a alg (***über*** *+acus* sobre)
'aufschlüssel|n *v/t* ⟨*sep*⟩ desglosar; **≈ung** *f* desglose *m*
'aufschlussreich *adj* instructivo
'aufschnallen *v/t* ⟨*sep*⟩ **1** (*öffnen*) desabrochar; **2** (*befestigen*) sujetar con correas (***auf*** *+acus* a)
'aufschnappen *v/t* ⟨*sep*⟩ F *fig* (*hören*) coger al vuelo, pescar
'aufschnei|den ⟨*irr, sep*⟩ **I** *v/t* abrir, cortar (*a* MED); *Wurst usw* cortar en rodajas *od* lonjas; *Braten* trinchar; **II** *v/i* F fanfarronear; **≈der** F *m* fanfarrón *m*
'Aufschnitt *m* embutido *m*, fiambre *m*
'auf|schnüren *v/t* ⟨*sep*⟩ desatar, deshacer; **~schrauben** *v/t* ⟨*sep*⟩ **1** (*befestigen*) atornillar (***auf*** *+acus* a); **2** (*lösen*) destornillar, desenroscar
'aufschrecken ⟨*sep*⟩ **I** *v/t* ⟨h⟩ asustar, es-

pantar; **II** *v/i* ⟨sn⟩ sobresaltarse; ***aus dem Schlaf ~*** despertarse sobresaltado

'**Aufschrei** *m* grito *m*

'**aufschreiben** *v/t* ⟨*irr, sep*⟩ apuntar, tomar nota de

'**aufschreien** *v/i* ⟨*irr, sep*⟩ gritar, lanzar un grito (***vor Schmerz*** *usw* de dolor, *etc*)

'**Aufschrift** *f* inscripción *f*, etiqueta *f*

'**Aufschub** *m* ⟨-(e)s; ⁼e⟩ aplazamiento *m*, prórroga *f* (*a* ECON, JUR); ***keinen ~ dulden*** no admitir demora

'**aufschürfen** *v/t* ⟨*sep*⟩ levantarse la piel de, escoriar; ***sich*** (*dat*) ***das Knie ~*** rozarse la rodilla

'**auf|schütteln** *v/t* ⟨*sep*⟩ sacudir; *Polster* mullir; **~schütten** *v/t* ⟨*sep*⟩ echar, amontonar

'**aufschwatzen** F *v/t* ⟨*sep*⟩ ***j-m etw ~*** endosarle a/c a alg

'**aufschweißen** *v/t* ⟨*sep*⟩ TEC (*befestigen*) fijar (soldando); (*öffnen*) abrir (con el soplete)

'**aufschwemmen** *v/t* ⟨*sep*⟩ hinchar, abotargar; ***aufgeschwemmtes Gesicht*** cara *f* abotargada

'**aufschwingen** *v/r* ⟨*irr, sep*⟩ ***sich ~ zu*** decidirse a, animarse a

'**Aufschwung** *m* **1** ECON auge *m*, crecimiento *m*; ***wirtschaftlicher ~*** despliegue *m* económico; ***e-n ~ erleben*** experimentar auge; ***im ~ sein*** estar en auge; **2** SPORT elevación *f*; **3** *fig* (*Auftrieb*) impulso *m*

'**aufsehen** *v/i* ⟨*irr, sep*⟩ alzar la vista; *fig* ***zu j-m ~*** admirar a alg

'**Aufsehen** *n* ⟨-s⟩ sensación *f*; *ärgerliches* escándalo *m*; ***~ erregen*** causar sensación *od* escándalo; ***~ erregend*** sensacional; escandaloso; ***um ~ zu vermeiden*** para evitar escándalo

'**Aufseher(in)** *m(f)* **1** vigilante *m,f*; **2** *im Museum* celador, a *m,f*

'**aufsetzen** ⟨*sep*⟩ **I** *v/t* **1** *Hut, Brille* ponerse; *fig Miene* poner cara de; ***aufgesetzte Tasche*** bolsillo *m* de parche; **2** *aufs Feuer usw* poner al fuego; **3** *Text* redactar; *Entwurf* esbozar; **4** AVIA aterrizar, posar; **II** *v/i* **5** AVIA tomar tierra, posarse; **III** *v/r* **6** ***sich ~*** (*sich aufrichten*) incorporarse

'**Aufsetzer** *m* SPORT tiro *m* picado

'**Aufsicht** *f* ⟨-; -en⟩ **1** supervisión *f*, control *m*; ***die ~ haben*** *od* ***führen*** vigilar *od* supervisar (***über etw*** *+acus* a/c); ***~ führend*** encargado de la vigilancia; ***unter ärztlicher ~*** bajo control médico; ***ohne ~*** sin vigilancia; **2** (*Aufseher*) vigilante *m,f*

'**Aufsichts|behörde** *f* (organismo *m* de) inspección *f*; **~rat** *m* ECON consejo *m* de administración; *e-r deutschen AG* consejo *m* de vigilancia

'**Aufsichtsrats|mitglied** *n* miembro *m* del consejo de administración (*e-r deutschen AG* del consejo de vigilancia); **~sitzung** *f* reunión *f* del consejo de administración (*e-r deutschen AG* del consejo de vigilancia); **~vorsitzende(r)** *f(m)* presidente *m,f* del consejo de administración (*e-r deutschen AG* del consejo de vigilancia)

'**aufsitzen** *v/i* ⟨*irr, sep*, sn⟩ **1** *Reiter* montar (a caballo); **2** F *fig* ***j-m, e-r Sache ~*** dejarse engañar por alg, a/c; **3** F *fig* ***j-n ~ lassen*** dejar plantado a alg

'**aufspalten** *v/t, v/r* ⟨*sep*⟩(***sich***) **~** rajar(se); (*trennen*) dividir(se)

'**aufspannen** *v/t* ⟨*sep*⟩ tender; *Segel* desplegar; *Schirm* abrir

'**aufsparen** *v/t* ⟨*sep*⟩ ahorrar, reservar

'**aufsperren** *v/t* ⟨*sep*⟩ **1** F abrir de par en par; ***Mund und Nase ~*** quedarse con la boca abierta; **2** *südd* (*aufschließen*) abrir (con llave)

'**aufspielen** ⟨*sep*⟩ **I** *v/t, v/i* tocar; **II** *v/r* F ***sich ~*** darse tono; ***sich als Held*** *usw* **~** dárselas de héroe, *etc*

'**aufspießen** *v/t* ⟨*sep*⟩ ensartar, espetar (***auf*** *+acus* en); atravesar (***mit*** con)

'**aufspringen** *v/i* ⟨*irr, sep*, sn⟩ **1** levantarse de golpe; **2** *auf ein Fahrzeug* subirse (***auf*** *+acus* a); **3** *Tür* abrirse de golpe; **4** *Haut* agrietarse

'**aufsprühen** *v/t* ⟨*sep*⟩ ***etw*** (***auf etw*** *acus*) **~** pulverizar (a/c) con a/c

'**auf|spulen** *v/t* ⟨*sep*⟩ bobinar, devanar; **~spüren** *v/t* ⟨*sep*⟩ JAGD dar con la pista de (*a fig*); (*finden*) descubrir, localizar; **~stacheln** *v/t* ⟨*sep*⟩ *fig* instigar, incitar; **~stampfen** *v/i* ⟨*sep*⟩ (***mit dem Fuß***) **~** patalear

'**Aufstand** *m* **1** amotinamiento *m*, levantamiento *m*; **2** F escándalo *m*

'**aufständ|isch** *adj* rebelde; **2ische(r)** *f(m)* ⟨→ A⟩ insurrecto, -a *m,f*

'**aufstauen** *v/t* ⟨*sep*⟩ estancar

'**aufstechen** *v/t* ⟨*irr, sep*⟩ MED pinchar

'**aufstecken** *v/t* ⟨*sep*⟩ **1** fijar (con alfileres); *Haar* recoger; **2** *Ring usw* poner; **3** F (*aufgeben*) abandonar, dejar

'**aufstehen** *v/i* ⟨*irr, sep*, sn⟩ **1** levantarse (***vom Tisch*** de la mesa); ***~ dürfen*** *Kranker* poder levantarse; **2** *Tür usw* estar abierto

'**aufsteigen** *v/i* ⟨*irr, sep*, sn⟩ **1** subir, elevarse; AVIA tomar altura; **2** *zum Gipfel* subir (***auf*** *+acus* a); *aufs Rad usw* montar(se) (***auf*** *+acus* en); (***aufs Pferd***) **~** montar a caballo; **3** SPORT, *beruflich* ascender; **4** *fig Gefühle* surgir; ***in mir stieg der Verdacht auf***(, ***dass***) me asaltó la sospecha (de que *+subj*)

'**Aufsteiger** *m* **1** F trepa *m,f*; **2** SPORT equipo

m ascendido

'aufstellen ⟨*sep*⟩ **I** *v/t* **1** poner, colocar; *Bauten* erigir, levantar; *Maschine* montar, instalar; **2** *Posten*, *Wache* apostar; *Kandidat* nominar, designar; *Mannschaft* alinear; MIL *Truppen* formar, poner en pie; **3** *Liste*, *Rechnung* hacer; *Etat*, *Programm*, *Rekord* establecer; *Theorie*, *Gleichung* formular; **II** *v/r* **4** ***sich ~*** colocarse, situarse; ***sich hintereinander ~*** ponerse en fila

'Aufstellung *f* **1** colocación *f*, disposición *f*; *e-r Maschine usw* montaje *m*, instalación *f*; **2** *e-s Kandidaten* nominación *f*, designación *f*; SPORT *e-s Spielers* nominación *f*; (*Mannschafts*~) alineación *f*; MIL formación *f*; **3** (*Erstellung*) establecimiento *m*, confección *f*; **4** (*Liste*) lista *f*, relación *f*

'aufstemmen *v/t* ⟨*sep*⟩ forzar

Aufstieg ['aufʃti:k] *m* ⟨-(e)s; -e⟩ **1** subida *f*; ascenso *m* (*a* AVIA); **2** *fig beruflicher* ascenso *m* (*a* SPORT), promoción *f*; ***den ~ schaffen*** conseguir el ascenso

'Aufstiegschancen *pl* posibilidades *f/pl* de ascenso

'Aufstiegsmöglichkeiten *f/pl* posibilidades *f/pl* de ascenso *od* de promoción; ***berufliche ~ a*** desarrollo *m* profesional

'Aufstiegsspiel *n* partido *m* de promoción

'auf|stöbern *v/t* ⟨*sep*⟩ JAGD levantar; *fig* localizar; **~stocken** *v/t* ⟨*sep*⟩ **1** ARCH añadir un piso a; **2** *Kapital usw* ampliar, aumentar; **~stöhnen** *v/i* ⟨*sep*⟩ dar un fuerte suspiro

'aufstoßen ⟨*irr, sep*⟩ **I** *v/t* abrir (de un empujón); **II** *v/i* eructar; F *fig* ***j-m ~*** (*auffallen*) llamar la atención a alg

'aufstrebend *adjt* floreciente

'Aufstrich *m lo que se unta en el pan*

'aufstützen *v/t*, *v/r* ⟨*sep*⟩ (***sich***) **~** apoyar(se) (***auf*** *+acus* en)

'aufsuchen *geh v/t* ⟨*sep*⟩ *Person* ir a ver, visitar; *Ort* ir a

'auftakeln ⟨*sep*⟩ **I** *v/t* MAR aparejar; **II** *v/r* F ***sich ~*** emperifollarse

'Auftakt *m* ⟨-(e)s; -e⟩ **1** MUS anacrusa *f*; **2** *fig* preludio *m*; ***den ~ bilden*** ser el comienzo (***zu*** de)

'auftanken *v/t*, *v/i* ⟨*sep*⟩ poner *od* echar gasolina (a), repostar

'auftauchen *v/i* ⟨*sep*, sn⟩ emerger; *fig* surgir, aparecer

'auftauen ⟨*sep*⟩ **I** *v/t* ⟨h⟩ derretir; *Tiefkühlkost* descongelar; **II** *v/i* ⟨sn⟩ derretirse; *Flüsse* deshelarse; *fig* perder la timidez

'aufteil|en *v/t* ⟨*sep*⟩ **1** (*verteilen*) repartir (***unter*** *+dat* entre); *anteilig* prorratear; **2** (*einteilen*) dividir (***in*** *+acus* en); *Land* parcelar; **~ung** *f* repartición *f*; prorrateo *m*; división *f*

'auftischen *v/t* ⟨*sep*⟩ poner sobre la mesa, servir; *fig Lügen usw* contar

Auftrag ['auftra:k] *m* ⟨-(e)s; ⸚e⟩ **1** ECON (*Bestellung*) pedido *m*, encargo *m*; ***größerer ~*** pedido *m* importante; ***unerledigter ~*** pedido *m* pendiente; ***~ an Zulieferer*** subcontratación *f*; ***e-n ~ erteilen*** cursar *od* hacer *od* pasar un pedido; ***e-n ~ vergeben*** colocar un pedido; ***den ~ annehmen, ablehnen*** aceptar, rechazar el pedido; ***den ~ ausführen, bearbeiten*** servir, atender el pedido; ***den ~ bestätigen*** confirmar el pedido, acusar recibo del pedido; ***den ~ stornieren*** cancelar el pedido; ***etw*** (***bei j-m***) ***in ~ geben*** encomendar a/c (a alg); ***im ~*** (***i.A.***) por orden (p.o.); ***im ~ und auf Rechnung von*** por orden y cuenta de; **2** (*Anweisung*) orden *f*; (*Aufgabe*) misión *f*; ***im ~ von*** (*od* +*gen*) ***handeln*** actuar por orden de

'auftragen ⟨*irr, sep*⟩ **I** *v/t* **1** *Speisen* servir; **2** *Farbe* aplicar (***auf*** *+acus* a); **3** *Kleidung* gastar; **4** *Grüße* mandar; ***j-m etw ~*** encargar a/c a alg; ***j-m ~, etw zu tun*** encargar a alg hacer a/c; **II** *v/i* **5** F *fig* ***dick ~*** (*übertreiben*) exagerar

'Auftrag|geber(in) *m*(*f*) cliente *m*,*f*; JUR mandante *m*,*f*

'Auftrags|abwicklung *f*, **~bearbeitung** *f* ejecución *f od* realización *f* de un pedido; **~bestand** *m* cartera *f* de pedidos; **~bestätigung** *f* confirmación *f* de un pedido; **~buch** *n* libro *m* de pedidos; **~eingang** *m* entrada *f* de pedidos; entrada *f* del pedido

'Auftragserteilung *f* otorgamiento *m* del pedido; ***endgültige ~*** otorgamiento *m* definitivo del pedido

'Auftrags|fertigung *f* producción *f* por encargo, producción *f* por pedido; **~formular** *n* formulario *m* de pedido; **~gemäß** *adv* conforme al pedido; **~nummer** *f* número *m* del pedido; **~vergabe** *f* adjudicación *f* del pedido, contratación *f*; ***~ an Zulieferer*** subcontratación *f*; **~volumen** *n* cartera *f* de pedidos

'auf|treffen *v/i* ⟨*irr, sep*, sn⟩ dar (***auf*** *+acus* en); **~treiben** F *v/t* ⟨*irr, sep*⟩ conseguir; **~trennen** *v/t* ⟨*sep*⟩ deshacer; *Naht* descoser

'auftreten *v/i* ⟨*irr, sep*, sn⟩ **1** sentar el pie, pisar; ***leise ~*** andar despacio; ***er kann mit dem verletzten Fuß nicht ~*** no puede apoyar el pie lesionado; **2** THEA (*die Bühne betreten*) entrar en escena; *als Schauspieler, Künstler* actuar (***als*** de); ***Hamlet tritt auf*** sale a escena Hamlet; ***zum ersten Mal ~*** debutar; **3** (*in Erscheinung treten*) aparecer, presentarse; ***~ als*** hacer de, actuar como; ***öffentlich ~*** aparecer en público; ***als Zeuge***

(***vor Gericht***) ~ declarar como testigo; ***als Vermittler*** ~ hacer de intermediario; **4** (*sich benehmen*) (com)portarse; **5** *Schwierigkeiten usw* aparecer, presentarse, surgir

'Auftreten *n* ⟨-s⟩ **1** aparición *f*; MED incidencia *f*; **2** (*Benehmen*) comportamiento *m*, conducta *f*; **3** THEA actuación *f*

'Auftrieb *m* ⟨-(e)s⟩ **1** PHYS fuerza *f* ascensional; **2** *fig* impulso *m*; (***neuen***) ~ ***verleihen*** dar (nuevo) impulso

'Auftritt *m* ⟨-(e)s; -e⟩ **1** THEA (*Vorstellung*) actuación *f*; *e-s Schauspielers* entrada *f* en escena; **2** F pelea *f*, escena *f*

'auftrumpfen *v/i* ⟨*sep*⟩ demostrar su superioridad; ***mit s-m Wissen*** *usw* ~ presumir de sus conocimientos, *etc*

'auftun *geh v/r* ⟨*irr*, *sep*⟩ ***sich*** ~ abrirse

'auftürmen *v/t* ⟨*sep*⟩ amontonar, apilar

'aufwachen *v/i* ⟨*sep*, sn⟩ despertarse (***aus*** de)

'aufwachsen *v/i* ⟨*irr*, *sep*, sn⟩ criarse

'aufwallen *geh v/i* ⟨*sep*, sn⟩ hervir, bullir

Aufwand ['aʊfvant] *m* ⟨-(e)s⟩ **1** (*Einsatz*) esfuerzo *m*; *an Dingen* despliegue *m* (***an*** *+dat* de); *an Geld* dispendio *m*; ***e-n großen*** ~ ***an Energie*** *usw* ***erfordern*** exigir mucha energía, *etc*; ***der ganze*** ~ ***war umsonst*** todo el esfuerzo fue para nada; **2** (*Prunk*) pompa *f*, boato *m*; ***großen*** ~ ***treiben*** gastar mucho tiempo y dinero (***mit*** en, para)

aufwändig → ***aufwendig***

'Aufwandsentschädigung *f* reembolso *m* de gastos de representación

'aufwärmen ⟨*sep*⟩ **I** *v/t* **1** *Essen* recalentar; **2** *fig Erinnerungen usw* desenterrar; **II** *v/r* ***sich*** ~ calentarse

aufwärts ['aʊfvɛrts] *adv* (hacia) arriba; ~ ***führen*** *Weg* ir cuesta arriba; ***mit ihm geht es*** ~ *wirtschaftlich* va prosperando; *gesundheitlich* va mejorando; ***von ...*** (***an***) ~ a partir de

'Aufwärtstrend *m* tendencia *f* ascendente

'Aufwasch *m* ⟨-(e)s⟩ **1** platos *m/pl* sucios; ***den*** ~ ***machen*** fregar los platos; **2** *fig* ***in e-m*** ~ de una vez

'aufwaschen *v/t* ⟨*irr*, *sep*⟩ *reg* fregar los platos

'aufwecken *v/t* ⟨*sep*⟩ despertar

'aufweichen ⟨*sep*⟩ **I** *v/t* ⟨h⟩ **1** reblandecer, ablandar; **II** *v/i* ⟨sn⟩ **2** reblandecerse, ponerse blando

'aufweisen *v/t* ⟨*irr*, *sep*⟩ mostrar, acusar; ***Mängel*** ~ presentar defectos

'aufwenden *v/t* ⟨*irr*, *sep*⟩ emplear, gastar (***für*** para); (***viel***) ***Mühe*** ~ esforzarse (mucho)

'aufwendig *adj* lujoso, costoso

'Aufwendungen *pl* gastos *m/pl*; ***außergewöhnliche*** ~ *Buchhaltung* gastos *m/pl* extraordinarios; ***berufliche*** ~ gastos *m/pl* profesionales; ***betriebliche*** ~ gastos *m/pl* empresariales

'aufwerfen ⟨*irr*, *sep*⟩ **I** *v/t* **1** *Damm usw* levantar; **2** *fig Frage usw* plantear; **II** *v/r* ***sich zum Richter*** ~ *usw* erigirse en juez, *etc*

'aufwert|en *v/t* ⟨*sep*⟩ FIN revalorizar, revaluar; **ϩung** *f* FIN revalorización *f*

'aufwickeln ⟨*sep*⟩ **I** *v/t* **1** devanar, enrollar; **2** (*auswickeln*) desenvolver; **II** *v/r* **3** ***sich*** ~ devanarse, enrollarse

aufwiegeln ['aʊfviːgəln] *v/t* ⟨*sep*⟩ ***j-n*** ~ soliviantar a alg (***gegen*** contra)

'aufwiegen *v/t* ⟨*irr*, *sep*⟩ equilibrar, compensar

'Aufwind *m* **1** AVIA corriente *f od* viento *m* ascendente; **2** ECON impulso *m*, estímulo *m*; ***im*** ~ en auge

'aufwirbeln *v/t* ⟨*sep*⟩ levantar; *fig* (***viel***) ***Staub*** ~ levantar (gran) polvareda

'aufwischen *v/t* ⟨*sep*⟩ fregar, limpiar

'aufwühl|en *v/t* ⟨*sep*⟩ **1** *Erde* revolver; **2** *fig* emocionar; **~end** *adjt* emocionante

'aufzähl|en *v/t* ⟨*sep*⟩ enumerar; *im einzelnen* detallar; *Geld* contar; **ϩung** *f* relación *f*, enumeración *f*

'aufzäumen *v/t* ⟨*sep*⟩ *Pferd* embridar

'aufzehren *v/t* ⟨*sep*⟩ consumir (*a fig*)

'aufzeichnen *v/t* ⟨*sep*⟩ **1** dibujar; **2** (*notieren*) apuntar; **3** TEC grabar

'Aufzeichnung *f* **1** TEC grabación *f*; **2** (*Notiz*) apunte *m*, anotación *f*; ***sich*** **~*en machen*** tomar apuntes (***über*** *+acus* sobre)

'aufzeigen *v/t* ⟨*sep*⟩ mostrar, acusar

'aufziehen ⟨*irr*, *sep*⟩ **I** *v/t* ⟨h⟩ **1** (*hochziehen*) subir, levantar; *Segel* izar; **2** (*öffnen*) abrir; *Vorhang* descorrer; **3** *Bilder usw* pegar (***auf*** *+acus* en); *fig* ***andere Saiten*** ~ apretar las tuercas; **4** *Uhr*, *Spielzeug* dar cuerda a; **5** (*großziehen*) criar; **6** F (*organisieren*) organizar; **7** F ***j-n*** ~ tomar el pelo a alg; **II** *v/i* ⟨sn⟩ **8** *Gewitter* amenazar; **9** MIL desplegarse

'Aufzucht *f* cría *f*, crianza *f*

'Aufzug *m* **1** (*Fahrstuhl*) ascensor *m*; **2** THEA acto *m*, escena *f*; **3** F (*Aufmachung*) pinta *f*; **4** procesión *f*

'aufzwingen *v/t* ⟨*irr*, *sep*⟩ imponer

'Augapfel *m* globo *m* del ojo; ***etw wie s-n*** ~ ***hüten*** guardar a/c como la niña de sus ojos

Auge ['aʊgə] *n* ⟨-s; -n⟩ **1** ANAT ojo *m*; (*Sehkraft*) vista *f*; ***gute, schlechte*** **~*n haben*** tener buena, mala vista; ***vor aller*** **~*n*** a la vista de todos; ***unter vier*** **~*n*** a solas; ***nur fürs*** ~ sólo para disfrutar de su vista; ~ ***um*** ~ ojo por ojo; F ***blaues*** ~ ojo *m* morado *od* a la virulé; *fig* ***mit e-m blauen*** ~ ***davonkommen*** salir bien librado; ***mit bloßem*** ~ a simple vista; ***mit verbundenen*** **~*n*** con los ojos tapados; F ***das ~ des Gesetzes*** la policía; ***im ~ behalten*** no perder de vista, tener presente; ***ins ~ fallen*** llamar la atención; ***ins ~ fassen*** considerar; ***j-m etw vor ~n führen*** *od* ***halten*** (de)mostrar(le) *od* aclarar(le) a/c a alg; F ***das kann leicht ins ~ gehen*** eso puede acabar mal; ***etw im ~ haben*** haberse propuesto a/c; ***ein ~ haben auf*** vigilar; ***s-e ~n überall haben*** estar en todo; ***nicht aus den ~n lassen*** no quitar de la vista; ***große ~n machen*** abrir mucho los ojos, poner los ojos como platos; ***sie hat*** (***vielleicht***) ***~n gemacht!*** ¡se ha quedado impresionada!; ***j-m schöne ~n machen*** coquetear con alg; ***j-m die ~n öffnen*** desengañar *od* abrirle los ojos a alg; ***soweit das ~ reicht*** hasta donde llega la vista; F ***ein ~ riskieren*** mirar disimuladamente; ***dem Tod*** *usw* ***ins ~ sehen*** afrontar la muerte, *etc*; ***j-m in die ~n sehen*** mirar a alg a la cara; ***in die ~n springen, ins ~ stechen*** saltar a la vista; ***ich traute meinen ~n kaum*** casi no podía creer lo que estaba viendo; ***aus den ~n verlieren*** perder de vista; ***die ~n verschließen vor*** cerrar los ojos a; F ***ein ~ zudrücken*** hacer la vista gorda; ***ich habe kein ~ zugetan*** no he pegado ojo; **2** *auf e-m Würfel* punto *m*

äugen ['ɔʏgən] *v/i Tier* mirar

'Augen|arzt *m*, **~ärztin** *f* MED oculista *m,f*, oftalmólogo, -a *m,f*

'Augenblick *m* ⟨-(e)s; -e⟩ momento *m*, instante *m*; ***e-n ~ bitte!*** ¡un momento, por favor!; ***im ~*** de momento; ***im ersten ~*** en un primer momento; ***im letzten ~*** en el último momento; ***alle ~e*** de un momento a otro

'augenblicklich I *adj* **1** (*vorübergehend*) momentáneo, instantáneo; **2** (*unverzüglich*) inmediato; **II** *adv* **3** (*sofort*) en seguida; **4** (*zurzeit*) de momento

'Augen|braue *f* ceja *f*; **~brauenstift** *m* lápiz *m* de cejas; **~farbe** *f* color *m* de los ojos; **~heilkunde** *f* oftalmología *f*; **~höhe** *f* ***in ~*** a la altura de los ojos; **~höhle** *f* cuenca *f* del ojo, órbita *f*; **~innendruck** *m* MED presión *f* intraocular; **~klappe** *f* parche *m*; **~klinik** *f* clínica *f* oftalmológica; **~leiden** *n* enfermedad *f* de los ojos; **~licht** *n* ⟨-(e)s⟩ vista *f*; **~lid** *n* párpado *m*

'Augenmaß *n* ⟨-es⟩ sentido *m* de la proporción; ***ein gutes ~ haben*** tener buen ojo; ***nach ~*** a ojo

'Augenmerk *n* ***sein ~ richten auf*** fijar la atención en

'Augen|muskel *m* músculo *m* del ojo; **~nerv** *m* nervio *m* óptico; **~operation** *f* operación *f* de ojos; **~salbe** *f* pomada *f* para los ojos

'Augenschein *geh m* ⟨-(e)s⟩ evidencia *f*; ***dem ~ nach*** por las apariencias; ***in ~ nehmen*** examinar

'augenscheinlich *geh adj* aparente, manifiesto

'Augen|tropfen *mst pl* MED gotas *f/pl* para los ojos; **~weide** *f* gozo *m od* regalo *m* para la vista; **~wische'rei** *f* F falacia *f*, patraña *f*; **~zeuge** *m*, **~zeugin** *f* testigo *m,f* ocular; **~zwinkern** *n* ⟨-s⟩ guiño *m*, guiñada *f*

Augsburg ['aʊgsburk] *n* Augsburgo *m*

August [aʊ'gʊst] *m* ⟨-(e)s, -; -e⟩ agosto *m*; ***im ~*** en agosto; → ***Januar***

Auktio|n [aʊktsi'oːn] *f* ECON subasta *f*; **~'nator** *m* ⟨-s; -'toren ⟩ subastador *m*

Aukti'ons|haus *n* casa *f* de subastas; **~katalog** *m* catálogo *m* de (la) subasta

Aula ['aʊla] *f* ⟨-; -s, Aulen⟩ salón *m* de actos; UNIV paraninfo *m*

Au-pair-Mädchen [o'pɛːr-] *n* au pair *f*

aus [aʊs] **I** *prp* ⟨+*dat*⟩ **1** *räumlich* de, por; ***~ dem Fenster sehen*** mirar por la ventana; ***~ dem Haus gehen*** salir de la casa; ***~ unserer Mitte*** de (entre) nosotros; ***~ der Flasche*** de la botella; **2** *Herkunft* ***er ist ~ Berlin*** es de Berlín; BAHN ***~ Berlin*** (procedente) de Berlín; ***~ ganz Spanien*** de toda España; ***~ dem 19. Jahrhundert*** del siglo XIX; ***~ dem Deutschen*** (traducido) del alemán; **3** *Material* de; ***~ Gold*** de oro; *fig* ***~ ihm wurde ein guter Arzt*** se convirtió en un gran médico; **4** *Grund* por; ***~ Mitleid, Neugier*** *usw* por compasión, curiosidad, *etc*; ***~ Liebe*** por amor (***zu*** a); ***~ Prinzip*** por principio; ***~ Spaß*** de broma; ***~ Versehen*** por despiste; **II** *adv* **5** ***von … ~*** desde …; ***von hier ~*** desde aquí; ***von Natur ~*** de naturaleza; F ***von mir ~*** por mí; ***von sich ~*** por propia iniciativa; **6** F (*ausgeschaltet*) apagado; ***~ sein*** estar apagado; ***das Licht ist ~*** la luz está apagada; ***ein - ~*** on - off, encender - apagar; **7** F (*vorbei*) acabado, terminado; ***die Schule ist ~*** se terminó la escuela; ***damit ist es*** (***jetzt***) ***~!*** ¡se acabó!; ***mit ihm ist es ~*** está arruinado *od* acabado; **8** ***bei j-m ein und ~ gehen*** frecuentar la casa de alg; ***ich weiß nicht mehr ein noch ~*** estoy entre la espada y la pared; **9** ***~ der Mode sein*** estar pasado de moda; **10** ***wir waren gestern abend ~*** anoche salimos; **11** ***auf etw*** (*acus*) ***~ sein*** aspirar a a/c; ***er ist nur auf ihr Geld ~*** sólo va por su dinero

Aus *n* ⟨-⟩ SPORT ***im, ins ~*** fuera; *fig* ***das bedeutete das ~ für ihn*** significó el fin para él

'ausarbeit|en *v/t* ⟨*sep*⟩ elaborar; *schriftlich* redactar; **2ung** *f* elaboración *f*; *schriftliche* redacción *f*

'aus|arten *v/i* ⟨*sep*, sn⟩ degenerar (***in*** +*acus*, ***zu*** en); **~atmen** *v/i* ⟨*sep*⟩ espirar

'ausbaden *v/t* ⟨*sep*⟩ F ***etw ~*** (***müssen***) (tener que) pagar el pato por a/c

'ausbaggern *v/t* ⟨*sep*⟩ dragar

'ausbalancieren *v/t* ⟨*sep*, *sin* ge⟩ equilibrar

'Ausbau *m* ⟨-(e)s⟩ **1** TEC desmontaje *m*; **2** ARCH ampliación *f*; **3** *fig* (*Erweiterung*) *a v Handelsbeziehungen* desarrollo *m*; *fig* intensificación *f*; **4** (*Festigung*) consolidación *f*

'ausbauen *v/t* ⟨*sep*⟩ **1** TEC desmontar; **2** ARCH ampliar; ***das Dach ~*** transformar el desván en habitación; **3** *fig* (*erweitern*) *a v Handelsbeziehungen* desarrollar, ampliar; *fig* intensificar; ***s-n Vorsprung ~*** ampliar su ventaja; **4** (*festigen*) consolidar

'ausbaufähig *adj* (*erweiterbar*) *Geschäfte, Gebäude* ampliable; *Wirtschaft* desarrollable; (*entfernbar*) desmontable; ***~e Stellung*** puesto *m* con perspectivas (de ascenso)

'ausbedingen *v/t* ⟨*irr*, *sep*⟩ ***sich*** (*dat*) ***etw ~*** poner por condición; ***sich*** (*dat*) ***~, dass ...*** reservarse (el derecho a) que

'ausbesse|rn *v/t* ⟨*sep*⟩ reparar, arreglar, componer; *Kleid* remendar; **&rung** *f* reparación *f*, arreglo *m*

'ausbeulen *v/t* ⟨*sep*⟩ **1** TEC desabollar; **2** *Hose* dar de sí

'Ausbeu|te *f* ⟨-⟩ MIN, TEC ganancia *f*, rendimiento *m* (*a fig*); **&ten** *v/t* ⟨*sep*⟩ explotar (*a fig*); **~ter** *m* explotador *m*; **&terisch** *adj* explotador; **~tung** *f* ⟨-⟩ explotación *f*

'ausbilden ⟨*sep*⟩ **I** *v/t* **1** (*schulen*) formar, instruir; **2** (*entwickeln*) desarrollar; **II** *v/r* ***sich ~*** (***lassen***) ***zu*** formarse como, hacer una formación de

'Ausbilder *m* instructor *m*

'Ausbildung *f* formación *f*, instrucción *f*; ***innerbetriebliche ~*** formación *f* en la empresa; ***in der ~ stehen*** estar en período de formación

'Ausbildungs|gang *m* rama *f* profesional; **~kosten** *pl* gastos *m/pl* de formación; **~niveau** *n* nivel *m* de formación; **~plan** *m* plan *m* de formación; **~platz** *m* puesto *m* de formación profesional; **~programm** *n* programa *m* de empleo-formación *od* de aprendizaje *od* de capacitación; **~stätte** *f* centro *m* de enseñanza *od* formación

'Ausbildungssystem *n* sistema *m* de formación; ***duales ~*** sistema *m* de formación dual

'Ausbildungs|vertrag *m* contrato *m* de aprendizaje; contrato *m* de formación; **~werkstatt** *f* taller *m* de aprendizaje, taller *m* de formación; **~zeit** *f* período *m* de formación

'ausbitten *v/r* ⟨*irr*, *sep*⟩ ***sich*** (*dat*) ***etw ~*** pedir a/c

'ausblasen *v/t* ⟨*irr*, *sep*⟩ soplar, apagar soplando

'ausbleiben *v/i* ⟨*irr*, *sep*, sn⟩ no venir, faltar; MED ***ihre Periode blieb aus*** no le venía la regla; ***es konnte nicht ~, dass*** era inevitable que; (***nicht***) ***lange ~*** (no) tardar mucho

'Ausbleiben *n* ⟨-s⟩ falta *f*, ausencia *f*

'ausbleichen *v/i* ⟨*sep*, sn⟩ perder color

'ausblenden *v/t* ⟨*sep*⟩ *Ton, Filmszene* hacer desaparecer gradualmente

'Ausblick *m* ⟨-(e)s; -e⟩ vista *f* (***auf*** *+acus* a); *fig* perspectiva *f*; ***Zimmer mit ~ auf den See*** habitación *f* con vistas al lago

'ausbomben *v/t* ⟨*sep*⟩ bombardear

'ausbooten *v/t* ⟨*sep*⟩ **1** MAR desembarcar en botes; **2** F poner de patitas en la calle

'ausborgen *v/t* ⟨*sep*⟩ *bsd österr* → ***leihen***

'ausbrechen ⟨*irr*, *sep*⟩ **I** *v/t* ⟨h⟩ **1** arrancar; *Zahn* romper; *Speise* vomitar; **II** *v/i* ⟨sn⟩ **2** *Häftling usw* escaparse (***aus*** de); **3** *Krieg* estallar; *Krankheit* declararse; *Vulkan* entrar en erupción; **4** ***in Tränen ~*** romper a llorar; ***ihm brach der Schweiß aus*** empezó a sudar; ***in Gelächter ~*** soltar una carcajada; ***in Beifall ~*** prorrumpir en aplausos

'Ausbrecher(in) *m*(*f*) fugitivo, -a *m,f*

'ausbreit|en ⟨*sep*⟩ **I** *v/t* **1** extender; *fig* difundir, propagar; **2** *Arme, Flügel* extender, abrir; **II** *v/r* ***sich ~*** **3** propagarse, extenderse; **&ung** *f* ⟨-⟩ extensión *f*; difusión *f*, propagación *f*

'ausbrennen ⟨*irr*, *sep*⟩ **I** *v/t* ⟨h⟩ **1** MED cauterizar; **II** *v/i* ⟨sn⟩ **2** *Feuer* extinguirse; **3** *Haus* quemarse hasta los cimientos; *Fahrzeug* quemarse

'Ausbruch *m* ⟨-(e)s; ⸚e⟩ **1** (*Anfang*) comienzo *m*, arranque *m*; *e-r Epidemie* aparición *f*; ***bei ~ des Krieges*** al estallar la guerra; ***zum ~ kommen*** estallar; **2** *e-s Vulkans* erupción *f*; **3** *fig von Gefühlen* ataque *m*, arrebato *m*; **4** (***aus dem Gefängnis***) **~** evasión *f* (de la cárcel)

'aus|brüten *v/t* ⟨*sep*⟩ **1** *Vogel* empollar; **2** F *fig Plan* urdir, tramar; **~buchten** *v/r* ⟨*sep*⟩ ***sich ~*** abombarse; **~buddeln** F *v/t* ⟨*sep*⟩ desenterrar; **~bügeln** F *v/t* ⟨*sep*⟩ *fig Fehler* arreglar; **~bürgern** *v/t* ⟨*sep*⟩ expatriar; **~bürsten** *v/t* ⟨*sep*⟩ cepillar; **~checken** *v/i* ⟨*sep*⟩ *im Hotel usw* hacer los trámites de salida; AVIA desembarcar

'Ausdauer *f* ⟨-⟩ perseverancia *f*, constancia *f*; **&nd** *adjt* **1** perseverante, constante; **2** AGR perenne

'ausdehnen *v/t*, *v/r* ⟨*sep*⟩ (***sich***) **~** extender (-se) (***auf*** *+acus* a); (*weiten*) ensanchar(se); *zeitlich* alargar(se), prolongar(se) (***auf*** *+acus* a)

'Ausdehnung *f* extensión *f*; PHYS dilatación *f*; *zeitlich* prolongación *f*

'ausdenken *v/t* ⟨*irr*, *sep*⟩ imaginar, figurar;

sich (*dat*) *etw* ~ imaginar(se) *od* figurar(se) a/c; ***nicht auszudenken*** inconcebible
'ausdiskutieren *v/t* ⟨*sep*, *sin* ge⟩ discutir a fondo (*hasta llegar a algo*)
'ausdörren *v/t*, *v/i* ⟨*sep*⟩ secar(se)
'ausdrehen F *v/t* ⟨*sep*⟩ apagar
'Ausdruck[1] *m* ⟨-(e)s; ⸚e⟩ expresión *f* (*a Gesichts*≈, *fig*, MAT); (*Kennzeichen*) característica *f*; (*Wort*) término *m*; (*Redensart*) locución *f*; (*Schimpfwort*) palabrota *f*; ***idiomatischer*** ~ expresión *f* idiomática; ***zum*** ~ ***bringen*** expresar; ***zum*** ~ ***kommen*** quedar de manifiesto
'Ausdruck[2] *m* ⟨-(e)s; -e⟩ INFORM impreso *m*; (*Ausdrucken*) impresión *f*; (*Ausgedrucktes*) listado *m*
'ausdrucken *v/t* ⟨*sep*⟩ imprimir
'ausdrücken ⟨*sep*⟩ **I** *v/t* **1** (*auspressen*) exprimir; **2** *Zigarette* apagar; **3** *durch Worte* expresar; ***anders ausgedrückt*** dicho de otra manera; **II** *v/r* ***sich*** ~ **4** expresarse; *fig* traducirse
'ausdrücklich I *adj* expreso, explícito; ***~er Befehl*** orden *f* explícita; **II** *adv* expresamente
'Ausdrucks|kraft *f* ⟨-⟩ expresividad *f*; **≈los** *adj* inexpresivo; **≈voll** *adj* expresivo; **~weise** *f* forma *f* de expresarse
'ausdünsten *v/t* ⟨*sep*⟩ exhalar
'Ausdünstung *f* exhalación *f*
ausei'nander *adv* **1** separado; ***... schreibt man*** ~ ... se escribe separado; ***die Kinder sind zwei Jahre*** ~ los niños se llevan dos años; **2** ~ ***brechen*** partir(se), romper(se); ~ ***bringen*** separar; ~ ***fallen*** caer en pedazos; *fig* desmoronarse; ~ ***gehen*** *Personen* separarse; *Beziehung* romperse; *Straße usw* dividirse; *Meinungen* discrepar, diferir; ~ ***halten*** (*unterscheiden*) distinguir; ***sich*** ~ ***leben*** distanciarse; ~ ***nehmen*** *Gerät usw* desmontar, deshacer; F ***j-n*** ~ ***nehmen*** dar una paliza a alg; ~ ***reißen*** romper, desgarrar; ***j-m etw*** ~ ***setzen*** explicarle a/c a alg; ***sich*** ~ ***setzen mit*** enfrentarse a
Ausei'nandersetzung *f* (*Streit*) enfrentamiento *m* (*a mit e-m Problem usw*), discusión *f* (***mit*** con); MIL ***kriegerische ~en*** conflicto *m* armado
'ausfahren ⟨*irr*, *sep*⟩ **I** *v/t* ⟨h⟩ **1** ***j-n*** ~ *im Rollstuhl*, *Kinderwagen* pasear a alg; **2** *Waren* entregar, repartir; **3** TEC desplegar, extender; ***das Fahrgestell*** ~ bajar *od* desplegar el tren de aterrizaje; **4** AUTO *Kurve* no acortar; *e-n Wagen* (***voll***) ~ pisar a fondo; **5** *Straße* desgastar; **II** *v/i* ⟨sn⟩ **6** *Zug* salir; *Schiff* zarpar; **7** (*spazieren fahren*) salir en coche
'Ausfahrt *f* ⟨-; -en⟩ salida *f*; ~ ***freihalten*** dejen la salida libre
'Ausfall *m* ⟨-(e)s; ⸚e⟩ **1** (*Haar*≈) caída *f*; **2** (*Verlust*) pérdida *f*, baja *f*; **3** TEC (*Panne*) avería *f*; **4** *e-r Veranstaltung* suspensión *f*; **5** (*Abwesenheit*) ausencia *f*; **6** MIL salida *f*, ataque *m* (*a* SPORT) (***gegen*** contra)
'ausfallen *v/i* ⟨*irr*, *sep*, sn⟩ **1** *Haar* caerse; **2** (*nicht funktionieren*) averiarse, fallar; **3** (*nicht stattfinden*) suspenderse; ~ ***lassen*** suspender; ***morgen fällt die Schule aus*** mañana no hay (se suspende la) clase; **4** *Person* (*fehlen*) no estar, faltar; **5** resultar, salir; ***gut, schlecht*** ~ salir *od* quedar bien, mal; ***der Sieg fiel knapp aus*** fue una victoria ajustada
'ausfällen *v/t* ⟨*sep*⟩ CHEM precipitar
'ausfallend *adjt*, **'ausfällig** *adj* agresivo, grosero; ***er wurde*** ~ se puso violento
'Ausfallstraße *f* carretera *f* de salida
'ausfasern *v/i* ⟨*sep*, sn⟩ deshilacharse
'ausfechten *v/t* ⟨*irr*, *sep*⟩ *fig* dirimir
'ausfertigen *v/t* ⟨*sep*⟩ *Urkunde*, *Rechnung* extender, *Schriftstück* redactar
'Ausfertigung *f* **1** (*Ausfertigen*) *e-r Rechnung*, *Urkunde* extensión *f*, redacción *f*; **2** (*Exemplar*) *e-s Schriftstücks* copia *f*; ***in doppelter, dreifacher*** ~ por duplicado, triplicado
'ausfindig *adv* ~ ***machen*** descubrir, localizar
'ausfliegen ⟨*irr*, *sep*, sn⟩ **I** *v/t* evacuar por aire; **II** *v/i* *Vogel* volar, dejar el nido
'ausfließen *v/i* ⟨*irr*, *sep*, sn⟩ salir, derramarse
'ausflippen F *v/i* ⟨*sep*, sn⟩ flipar, alucinar
'Ausflucht *f* ⟨-; ⸚e⟩ pretexto *m*, subterfugio *m*
'Ausflug *m* ⟨-(e)s; ⸚e⟩ excursión *f*; ***e-n*** ~ ***machen*** ir de excursión
Ausflügler ['aʊsfly:glər] *m* excursionista *m*
'Ausfluss *m* ⟨-es; ⸚e⟩ **1** salida *f*, desagüe *m*; **2** MED flujo *m*
'ausfragen *v/t* ⟨*sep*⟩ interrogar (***über*** *+acus* sobre)
'ausfransen *v/i* ⟨*sep*⟩ deshilacharse
'ausfressen *v/t* ⟨*irr*, *sep*⟩ F *fig* ***etwas*** ~ hacer una de las suyas; ***was hat er ausgefressen?*** ¿qué barbaridad ha hecho?
'Ausfuhr *f* ⟨-; -en⟩ exportación *f*
'ausführbar *adj* **1** *Plan usw* factible; **2** COM exportable
'ausführen *v/t* ⟨*sep*⟩ **1** COM exportar; **2** (*durchführen*) ejecutar, llevar a cabo; *Auftrag* cumplir; ***Reparaturen*** ~ hacer arreglos; **3** (*darlegen*) exponer, explicar; **4** (*spazieren führen*) pasear; **5** *zum Essen*, *ins Theater* sacar, llevar, invitar
'Ausführende(r) *f*(*m*) ⟨→ A⟩ ejecutante *m,f*, intérprete *m,f* (*a* MUS)
'Ausfuhr|garantie *f* garantía *f* de expor-

tación; **~genehmigung** *f* ECON permiso *m od* licencia *f* de exportación; **~handel** *m* comercio *m* de exportación; **~land** *n* país *m* exportador
ausführlich ['aʊsfyːrlɪç] **I** *adj* detallado, amplio; **II** *adv* detalladamente; ***sehr ~*** muy detallado, con todo detalle
'Ausfuhrlizenz *f* licencia *f* de exportación; ***e-e ~ ausstellen*** expedir una licencia de exportación
'Ausfuhr|prämie *f* prima *f* a la exportación; **~quote** *f* cuota *f* de exportación; **~sperre** *f* embargo *m* (de exportación)
'Ausführung *f* **1** (*Durchführung*) ejecución *f*, realización *f*; **2** (*Ausstattung*) acabado *m*; **3** (*Typ*) versión *f*, modelo *m*; **4** (*Erklärung*) declaración *f*
'Ausfuhrzoll *m* derechos *m/pl* de exportación
'ausfüllen *v/t* ⟨*sep*⟩ **1** *Formular* (re)llenar; **2** (*befriedigen*) satisfacer; ***ihre Arbeit füllt sie nicht aus*** su trabajo no la deja satisfecha
Ausg. *f Abk* (*Ausgabe*) ed. *f* (*edición*)
'Ausgabe *f* **1** *mst pl* **~n** ECON gastos *m/pl*; ***abzugsfähige ~n*** *Steuer* gastos *m/pl* deducibles; ***laufende ~n*** gastos *m/pl* corrientes; ***unvorhergesehene ~n*** gastos *m/pl* imprevistos; ***~n erstatten*** reembolsar los gastos; ***die ~n (um 10 %) kürzen*** reducir los gastos (en un 10%); **2** *e-s Buchs usw* edición *f*; **3** (*Verteilung*) distribución *f*, reparto *m*; **4** *von Aktien*, *Banknoten* emisión *f*; **5** *von Daten* salida *f*; **~kurs** *m* ECON tipo *m* de emisión; **~stelle** *f* oficina *f* de emisión, despacho *m*
'Ausgang *m* ⟨-(e)s; ⸚e⟩ **1** *räumlich* salida *f*; ***am ~ des Dorfes*** a la salida del pueblo; **2** *zeitlich* fin *m*; (*Ergebnis*) resultado *m*; *fig* desenlace *m*; ***Unfall mit tödlichem ~*** accidente *m* mortal; **3** (*Beginn*) punto *m* de partida; ***s-n ~ nehmen von*** tener su origen en; **4** MIL **~ *haben*** tener permiso
'Ausgangs|post *f* correspondencia *f* de salida; **~punkt** *m* origen *m*, punto *m* de partida; **~sperre** *f* toque *m* de queda; **~sprache** *f* lengua *f* de partida; **~vermerk** *m* registro *m* de salida
'ausgeben ⟨*irr*, *sep*⟩ **I** *v/t* **1** ECON gastar; **2** (*verteilen*) repartir, distribuir; **3** *Aktien* emitir; **4** ***e-e Runde ~***, F ***e-n ~*** invitar a una ronda; **5** ***~ für, ~ als*** hacer pasar por; **II** *v/r* **6** ***sich ~*** hacerse pasar (***für, als*** por)
'ausgebeult *adjt Hose* abombado
'ausgebombt *adjt* damnificado en un bombardeo
'ausgebrannt *adjt* arrasado por un incendio; *fig* (*erschöpft*) agotado
'ausgebucht *adjt Flug*, *Hotel* completo
'ausgedehnt *adj* extenso, amplio
'ausgedient *adj* viejo, gastado; ***~ haben*** haber cumplido su finalidad
'ausgefallen *adjt* raro, excéntrico
'ausgefeilt *adjt fig* pulido
'ausgeglichen *adjt* equilibrado (*a Konto*), sereno
'ausgehen *v/i* ⟨*irr*, *sep*, sn⟩ **1** salir; ***er ist ausgegangen*** ha salido; **2** (*enden*) terminar, acabar; ***gut ~*** terminar bien; ***auf e-n Vokal ~*** terminar en vocal; ***unentschieden ~*** terminar en empate; **3** *Licht usw* apagarse; **4** *Haare* caerse; **5** (*zur Neige gehen*) acabarse, agotarse; ***mir ging das Geld aus*** me quedé sin dinero; ***ihr ging die Geduld aus*** se le acabó la paciencia; F ***ihm ging die Puste aus*** se quedó sin aliento; **6** ***~ von*** partir de; ***wenn wir davon ~, dass ...*** si partimos de que ...; ***ich gehe davon aus, dass ...*** supongo que ...; **7** ***~ auf*** aspirar a, buscar; ***auf Abenteuer ~*** buscar aventuras; ***auf Betrug ~*** tratar de engañar; **8** ***leer ~*** quedarse con las ganas; ***straffrei ~*** salir impune
'ausgehend *adjt **das ~e Mittelalter*** las postrimerías de la Edad Media
'ausgehungert *adjt* hambriento; *fig* ansioso (***nach*** de)
ausgeklügelt ['aʊsgeklyːgəlt] *adjt* ingenioso, sofisticado
'ausgekocht *adjt* F *fig* astuto, ladino
'ausgelassen *adjt* travieso, alegre
'ausgelastet *adjt **voll ~*** ECON, TEC utilizado en toda su capacidad; *Person* cargado de trabajo; ***nicht ~*** infrautilizado
'ausgelaugt *adjt* F *fig **~ sein*** estar hecho polvo
'ausgemacht *adjt* **1** (*abgemacht*) acordado, convenido; ***e-e ~e Sache*** cosa *f* decidida; **2** *Narr usw* redomado, de remate
'ausgemergelt *adjt* esmirriado
'ausgenommen **I** *cj* excepto; ***~, wenn*** excepto si, a no ser que (+*subj*); ***~, dass*** excepto que; **II** *prp* ⟨+*nom*⟩ a excepción de, excepto, salvo
'ausgeprägt *adjt* marcado, pronunciado; ***~es Pflichtgefühl*** acentuado sentido *m* del deber
'ausgepumpt *adjt* F *fig* hecho polvo
'ausgerechnet *adv* precisamente, justamente
'ausgereift *adjt* maduro (*a fig*)
'ausgeschlossen *adjt* **1** excluido; ***sich ~ fühlen*** sentirse excluido; **2** imposible; ***das ist ~!*** ¡ni pensarlo!; ***jeder Zweifel ist ~*** queda fuera de duda
'ausgeschnitten *adjt Kleid usw* (***tief***) **~** (muy) escotado
'ausgesprochen **I** *adjt* marcado, manifies-

to; ***das war ~es Pech*** fue verdaderamente mala suerte; **II** *adv* francamente; ***es ist ~ schlecht*** está especialmente mal

'ausgestorben *adjt Tier* extinguido; *Straße usw* ***wie ~*** como desierto

'ausgestattet *adjt* ***~ sein mit*** *finanziell* estar dotado de, *materiell* estar equipado de

'ausgesucht *adjt* selecto, exquisito; ***~e Qualität*** calidad *f* selecta

'ausgewachsen *adjt* **1** desarrollado; (*erwachsen*) adulto; **2** F *fig* puro; ***das ist ~er Unsinn*** son puras tonterías

Ausgewiesene(r) ['aʊsgəviːzənə(r)] *f*(*m*) ⟨→ A⟩ expulsado, -a *m,f*

'ausgewogen *adjt* armonioso, equilibrado

'ausgezeichnet *adjt* excelente, magnífico; ***das passt mir ~*** me viene perfecto

ausgiebig ['aʊsgiːbɪç] **I** *adj* abundante; ***~en Gebrauch machen von*** hacer buen uso de; **II** *adv* con abundancia; ***~ duschen*** darse una larga ducha

'ausgießen *v/t* ⟨*irr, sep*⟩ verter; (*leeren*) vaciar

'Ausgleich *m* ⟨-(e)s; -e⟩ **1** compensación *f* (***für*** por); ***als ~ für*** como compensación por; ***zum ~*** para equilibrar o compensar; **2** SPORT empate *m*

'ausgleichen ⟨*irr, sep*⟩ **I** *v/t* **1** compensar, equilibrar; *Streit* arreglar; **2** ECON saldar, *a Konto* compensar, liquidar; **II** *v/i* **3** SPORT empatar

'Ausgleichs|sport *m* deporte *m* de mantenimiento; **~tor** *n*, **~treffer** *m* gol *m* del empate; **~zahlung** *f* ECON compensación *f* económica, pago *m* de compensación

'ausgleiten *geh v/i* ⟨*irr, sep*, sn⟩ resbalar (-se), patinar

'ausgraben *v/t* ⟨*irr, sep*⟩ desenterrar (*a fig*), excavar; *Leiche* exhumar

'Ausgrabung *f* excavación *f*

'ausgrenzen *v/t* ⟨*sep*⟩ excluir

'Ausgrenzung *f* exclusión *f*

'Ausguck *m* ⟨-(e)s; -e⟩ MAR, MIL atalaya *f*; (*Wachposten*) vigía *m*

'Ausguss *m* ⟨-es; ⸚e⟩ (*Spülbecken*) pila *f*; (*Abfluss*) desagüe *m*; TEC (orificio *m* de) descarga *f*

'aushaken ⟨*sep*⟩ **I** *v/t* desenganchar; **II** *v/imp* F ***da hakts bei mir aus!*** ¡ahí ya me pierdo!

'aushalten ⟨*irr, sep*⟩ **I** *v/t* **1** (*ertragen*) resistir, aguantar; ***es ist nicht auszuhalten*** *od* ***nicht zum*** ≗ no hay quien lo aguante; **2** F *Geliebte* mantener; **3** MUS sostener; **II** *v/i* **4** (*durchhalten*) aguantar, perseverar; ***er hält es nirgends lange aus*** no se queda mucho tiempo en ningún sitio

'aushandeln *v/t* ⟨*sep*⟩ *Vertrag, Kompromiss usw* negociar

aushändigen ['aʊshɛndɪgən] *v/t* ⟨*sep*⟩ entregar

'Aushang *m* cartel *m*, anuncio *m*

'aushänge|n ⟨*sep*⟩ **I** *v/t* **1** *Tür* desquiciar; **2** *Plakat usw* colgar; **II** *v/i* **3** *Plakat usw* estar colgado; **≗schild** *n* letrero *m*; *fig* figura *f* decorativa

'ausharren *geh v/i* ⟨*sep*⟩ perseverar

'ausheben *v/t* ⟨*irr, sep*⟩ **1** *Graben* abrir, excavar; *Erde* sacar; **2** *Tür* desquiciar; **3** *Bande* desarticular

'aushecken F *v/t* ⟨*sep*⟩ tramar, maquinar

'ausheilen *v/i* ⟨*sep*, sn⟩ curar(se)

'aushelfen *v/i* ⟨*irr, sep*⟩ ***j-m ~*** ayudar *od* sacar de apuros a alg (***mit*** con)

'Aushilfe *f* **1** ayuda *f*; **2** *Person* auxiliar *m,f*, trabajador, a *m,f* temporal; ***bei j-m zur ~ arbeiten*** trabajar provisionalmente para alg

'Aushilfs|kraft *f* auxiliar *m,f*, trabajador, a *m,f* temporal; **≗weise** *adv* temporalmente, provisionalmente

'aushöhlen *v/t* ⟨*sep*⟩ ahuecar, excavar

'ausholen *v/i* ⟨*sep*⟩ **1** *zum Schlag* coger impulso; ***mit dem Arm ~*** levantar el brazo (***zu*** para); **2** *fig beim Erzählen* (***weit***) **~** divagar

'aushorchen *v/t* ⟨*sep*⟩ ***j-n ~*** tirar de la lengua a alg; tantear *od* sondear a alg (***über*** *+acus* sobre)

'aushungern *v/t* ⟨*sep*⟩ hacer pasar hambre

'auskennen *v/r* ⟨*irr, sep*⟩ ***sich ~*** estar familiarizado (***mit, in*** *+dat* con), conocer (a fondo)(***mit, in etw*** *dat* a/c); *in e-m Ort* ***sich ~ in*** (*+dat*) conocer

'ausklammern *v/t* ⟨*sep*⟩ dejar de lado

'Ausklang *geh m* ⟨-(e)s⟩ final *m* (*a fig*)

'auskleiden ⟨*sep*⟩ **I** *v/t* **1** (*entkleiden*) desvestir; **2** TEC revestir, forrar (***mit*** de); **II** *v/r* **3** ***sich ~*** desvestirse

'ausklingen *v/i* ⟨*irr, sep*, sn⟩ **1** *Ton* irse extinguiendo; **2** *fig Veranstaltung* terminar

'ausklinken *v/r* ⟨*sep*⟩ ***sich ~*** desengancharse, descolgarse

'ausknipsen F *v/t* ⟨*sep*⟩ apagar

'ausknobeln F *v/t* ⟨*sep*⟩ ***etw ~*** desentrañar *od* discurrir a/c

'auskochen *v/t* ⟨*sep*⟩ cocer; *Wäsche* hervir; MED esterilizar

'auskommen *v/i* ⟨*irr, sep*, sn⟩ **1** (*genügend haben*) ***~ mit*** tener bastante con, defenderse con; ***mit s-m Geld ~*** tener bastante con su dinero; ***~ ohne*** poder pasar sin; **2** (*sich verstehen*) ***mit j-m*** (***gut, schlecht***) **~** entenderse (bien, mal) con alg

'Auskommen *n* ⟨-s⟩ **1** (*Lebensunterhalt*) sustento *m*, subsistencia *f*; ***sein ~ haben*** tener para vivir; **2** ***mit ihr ist kein ~*** no hay quién se entienda con ella

'auskosten *geh v/t* ⟨*sep*⟩ saborear
'auskratzen *v/t* ⟨*sep*⟩ arrancar, raspar; *fig* ***j-m die Augen ~*** sacar(le) los ojos a alg
'auskühlen ⟨*sep*⟩ **I** *v/t* ⟨h⟩ enfriar, hacer perder temperatura; **II** *v/i* ⟨sn⟩ enfriarse
'auskundschaften *v/t* ⟨*sep*⟩ explorar, reconocer, espiar
Auskunft ['aʊskʊnft] *f* ⟨-; ⁼e⟩ información *f* (***über*** +*acus* sobre) (*a Stelle*, TEL); ***nähere ~*** más detalles; ***~ geben*** proporcionar información (***über*** +*acus* sobre); ***um ~ bitten*** solicitar informes, pedir información; ***Auskünfte einholen*** informarse (***über*** +*acus* sobre)
Auskunf'tei *f*, **'Auskunftsbüro** *n* oficina *f* de información
'auskuppeln *v/i* ⟨*sep*⟩ AUTO desembragar
'auslachen *v/t* ⟨*sep*⟩ reírse de
'ausladen *v/t* ⟨*irr*, *sep*⟩ **1** *Waren*, *Fahrzeug* descargar; MAR desembarcar; **2** F ***j-n ~*** desinvitar a alg
'ausladend *adjt* **1** ARCH saliente, saledizo; **2** *fig Bewegung* amplio
'Auslage *f* **1** (*Schaufenster*) escaparate *m*; (*Ware*) exposición *f*; **2** *mst pl* ***~n*** (*Unkosten*) gastos *m/pl*; ***j-m s-e ~n ersetzen*** reembolsar los gastos a alg
'auslagern *v/t aus e-m Lager* desalmacenar; *Betriebsteil* hacer una dependencia de una parte de la firma; *Produktion* externalizar
'Auslagerung *f aus e-m Lager* desalmacenaje *m*; *Betriebsteil* formación *f* de una dependencia de una parte de la firma; *der Produktion* externalización *f*; **~sgebühren** *f/pl* COM derechos *m/pl* de salida de almacén
'Ausland *n* ⟨-(e)s⟩ extranjero *m*
Ausländer ['aʊslɛndər] *m* extranjero *m*; **~anteil** *m* tasa *f* de extranjeros; **~beauftragte(r)** *f(m)* ⟨→*A*⟩ encargado, -a *m,f* od delegado, -a *m,f* (de asuntos) de extranjería; **≗feindlich** *adj* xenófobo; **~feindlichkeit** *f* xenofobia *f*; **≗freundlich** *adj* partidario *od* amigo de los extranjeros
'Ausländer|in *f* extranjera *f*; **~wohnheim** *n* residencia *f* para extranjeros
'ausländisch *adj* extranjero; ***~e Besucher*** visita *f* del extranjero
'Auslands|... *in Zssgn* extranjero; **~abteilung** *f e-r Firma* departamento *m* de comercio exterior; **~aufenthalt** *m* estancia *f* en el extranjero; **~auftrag** *m* pedido *m* del extranjero; **~flug** *m* vuelo *m* al extranjero; **~gespräch** *n* TEL conferencia *f* internacional; **~investitionen** *f/pl* inversión *f* en el extranjero; **~korrespondent(in)** *m(f)* TV corresponsal *m,f* en el extranjero; **~markt** *m* mercado *m* exterior; **~reise** *f* viaje *f* al extranjero; **~schutzbrief** *m* seguro *m* (de coches) para el extranjero; **~tarif** *m* tarifa *f* internacional; **~überweisung** *f* transferencia *f* internacional; **~verschuldung** *f* ECON deuda *f* exterior
'auslassen ⟨*irr*, *sep*⟩ **I** *v/t* **1** (*weglassen*) omitir; *Gelegenheit* dejar pasar; **2** (*abreagieren*) descargar, desfogar (***an*** +*dat* con); ***s-n Ärger an j-m ~*** desfogarse con alg; **3** *Fett* derretir; **4** *Kleid* alargar; **5** F (*ausgeschaltet lassen*) dejar apagado; **II** *v/r* **6** ***sich*** (***über etw*** *acus*) ***~*** *weitläufig* explayarse (sobre a/c); *negativ* criticar (a/c)
'Auslassung *f* omisión *f*
'auslasten *v/t* ⟨*sep*⟩ **1** *Arbeitskräfte*, *Maschinen* utilizar a pleno rendimiento; **2** (*beanspruchen*) ocupar plenamente
'Auslastung *f* ⟨-; -⟩ *e-r Maschine* tasa *f* de utilización; *v Räumen* tasa *f* de ocupación; ***unzureichende ~*** infrautilización *f*; **~squote** *f e-s Hotels etc* tasa *f* de ocupación
'Auslauf *m* ⟨-(e)s; ⁼e⟩ **1** (*Abfluss*) desagüe *m*; **2** *für Tiere* corral *m*; **3** (*Bewegungsfreiheit*) ***die Kinder haben keinen ~*** los niños no tienen espacio al aire libre
'auslaufen *v/i* ⟨*irr*, *sep*, sn⟩ **1** *Gefäß*, *Flüssigkeit* derramarse; **2** MAR salir, zarpar; **3** (*enden*) acabar; ECON *Vertrag usw* expirar; **4** *Modell* ya no producirse
'Ausläufer *m* **1** *e-s Gebirges* estribación *f*; **2** METEO zona *f* periférica
'Auslaufmodell *n* ECON modelo *m* que ya no se produce *od* desclasificado
'Auslaut *m* ⟨-(e)s; -e⟩ sonido *m* final
'ausleben *v/r* ⟨*sep*⟩ ***sich ~*** disfrutar de la vida
'auslecken *v/t* ⟨*sep*⟩ lamer
'auslegen *v/t* ⟨*sep*⟩ **1** poner; *Waren* exponer; **2** (*auskleiden*) revestir, cubrir; ***mit Teppich ~*** enmoquetar, alfombrar; ***mit Papier ~*** empapelar; **3** *Geld* adelantar; **4** (*deuten*) interpretar; ***falsch ~*** malinterpretar; **5** TEC ***~ für, auf*** (+*acus*) concebir para
'Ausleger *m* TEC brazo *m*
'Auslegerboot *n* outrigger *m*
'Auslegeware *f* ⟨-⟩ moqueta *f*
'Auslegung *f* interpretación *f*
'ausleiern *v/t*, *v/r* ⟨*sep*⟩ (***sich***) ***~*** dar de sí, deformar(se); *Gewinde* pasar(se) de rosca
'ausleihen *v/t* ⟨*irr*, *sep*⟩ **1** (*verleihen*) prestar; **2** (*entleihen*) (***sich*** *dat*) ***etw ~ von*** tomar a/c prestada de
'auslernen *v/i* ⟨*sep*⟩ terminar de aprender; ***man lernt nie aus*** siempre se aprende algo nuevo
'Ausle|se *f* **1** (*Auswahl*) selección *f*; ***natürliche ~*** selección *f* natural; **2** *Wein* vino *m* de uvas escogidas; **3** *fig* flor y nata *f*; **≗sen**

v/t ⟨*irr, sep*⟩ **1** *Buch usw* terminar de leer; **2** (*auswählen*) escoger, seleccionar
'ausleuchten *v/t* ⟨*sep*⟩ iluminar *od* alumbrar (a fondo)
Auslieferer *m* distribuidor *m*, distribuidora *f*
'ausliefern *v/t* ⟨*sep*⟩ **1** *Waren* entregar, distribuir; **2** POL, JUR extraditar; **3** *fig* ***j-m ausgeliefert sein*** estar en manos de alg
'Auslieferung *f* **1** ECON entrega *f*, distribución *f*; **2** POL, JUR *v Personen* extradición *f*; **~slager** *n* COM almacén *m* de entrega; **~svertrag** *m* JUR tratado *m* de extradición
'ausliegen *v/i* ⟨*irr, sep*⟩ estar expuesto
'auslöffeln *v/t* ⟨*sep*⟩ vaciar a cucharadas
'ausloggen *v/i*, *v/r* ⟨*sep*⟩ INFORM (***sich***) **~** desconectar(se)
'auslöschen *v/t* ⟨*sep*⟩ **1** *Feuer* extinguir; *Licht* apagar; **2** *Geschriebenes* borrar
'auslosen *v/t* ⟨*sep*⟩ sortear
'auslösen *v/t* ⟨*sep*⟩ **1** TEC disparar, lanzar; **2** *fig* provocar, desencadenar; **3** *Gefangene* rescatar
'Auslöser *m* **1** disparador *m*; **2** (*Anlass*) desencadenante *m*
'Auslösung *f* **1** TEC disparo *m*; **2** *von Gefangenen* rescate *m*
'Auslosung *f* rifa *f*, sorteo *m*
'ausloten *v/t* ⟨*sep*⟩ sondear (*a fig*)
'ausmachen *v/t* ⟨*sep*⟩ **1** F *Licht*, *Feuer*, *Gerät* apagar; **2** (*vereinbaren*) convenir, fijar (***mit*** con); **3** (*bilden*) constituir; ***das macht den Reiz s-r Bilder aus*** ahí está el encanto de sus cuadros; **4** (*erkennen*) distinguir, divisar; **5** (*ins Gewicht fallen*) importar; (*stören*) molestar; ***das macht nichts aus*** no importa; ***das macht viel aus*** importa mucho; ***wenn es Ihnen nichts ausmacht*** si no le importa; ***macht es Ihnen etwas aus, wenn ich rauche?*** ¿le molesta si fumo?; ***die Kälte macht mir nichts aus*** el frío no me afecta
'ausmalen *v/t* ⟨*sep*⟩ **1** pintar; **2** ***sich*** (*dat*) ***etw*** **~** imaginarse a/c
Ausmaß *n* ⟨-es; -e⟩ dimensión *f*, proporción *f*; ***in großem*** **~** en gran escala; ***erschreckende ~e annehmen*** alcanzar proporciones alarmantes
aus|merzen *v/t* ⟨*sep*⟩ eliminar, erradicar; **~messen** *v/t* ⟨*irr, sep*⟩ medir; **~misten** *v/t* ⟨*sep*⟩ **1** sacar el estiércol de; **2** *fig* limpiar, ordenar; **~mustern** *v/t* ⟨*sep*⟩ **1** eliminar, desechar; **2** MIL declarar inútil; licenciar; **≗musterung** *f* **1** *v Waren* eliminación *f*; **2** MIL declaración *f* de inútil
Ausnahme ['aʊsnaːmə] *f* excepción *f*; ***mit ~ von*** (*od* +*gen*) a excepción de; ***e-e ~ bilden*** constituir una excepción; ***bei j-m e-e ~ machen*** hacer una excepción con alg
Ausnahme... *in Zssgn* excepcional, de excepción
'Ausnahmezustand *m* estado *m* de excepción; ***den ~ verhängen*** decretar el estado de excepción (***über*** +*acus* en)
'ausnahmslos *adv* sin excepción
'ausnahmsweise *adv* excepcionalmente, haciendo una excepción
'ausnehmen *v/t* ⟨*irr, sep*⟩ **1** *Tier* destripar; *Fisch* limpiar; *Nest* sacar los huevos de; **2** F ***j-n ~*** timar a alg, desplumar a alg; **3** (*ausschließen*) excluir, exceptuar (***von*** de)
'ausnüchtern *v/i* ⟨*sep*⟩ quitarse la borrachera
'ausnutzen *v/t* ⟨*sep*⟩ aprovechar, aprovecharse de; (*missbrauchen*) explotar
'Ausnutzung *f* ⟨-⟩ aprovechamiento *m*, explotación *f*
'auspacken ⟨*sep*⟩ **I** *v/t* desembalar, abrir; *Koffer* deshacer; **II** *v/i* F *fig* desembuchar
'ausplaudern *v/t* ⟨*sep*⟩ revelar, divulgar
'ausposaunen F *v/t* ⟨*sep*⟩ pregonar
'auspressen *v/t* ⟨*sep*⟩ exprimir
'ausprobieren *v/t* ⟨*sep, sin* ge⟩ probar
'Auspuff *m* ⟨-(e)s; -e⟩ AUTO escape *m*; **~rohr** *n* AUTO tubo *m* de escape; **~topf** *m* AUTO silenciador *m* (de escape)
'auspumpen *v/t* ⟨*sep*⟩ bombear, sacar con bomba; *Magen* lavar
'ausquartieren *v/t* ⟨*sep, sin* ge⟩ desalojar
'ausquetschen *v/t* ⟨*sep*⟩ **1** (*auspressen*) exprimir, estrujar; **2** F *fig* ***j-n ~*** (*ausfragen*) acosar a alg a preguntas
'ausradieren *v/t* ⟨*sep, sin* ge⟩ **1** borrar; **2** *fig* (*vernichten*) arrasar
'ausrangieren *v/t* ⟨*sep, sin* ge⟩ desechar
'ausrasten *v/i* ⟨*sep*, sn⟩ **1** TEC soltarse, desclavarse; **2** F *fig* enfadarse mucho
'ausrauben *v/t* ⟨*sep*⟩ robar, desvalijar
'ausräuchern *v/t* ⟨*sep*⟩ fumigar
'ausräumen *v/t* ⟨*sep*⟩ **1** vaciar, evacuar; *Zimmer a* desamueblar; *Möbel usw* quitar (***aus*** de); **2** *fig Bedenken usw* disipar, eliminar; *Missverständnis* aclarar
'ausrechnen *v/t*, *v/r* ⟨*sep*⟩ calcular, computar; *fig* (***sich*** *dat*) ***etw ~*** contar con a/c
'Ausrede *f* excusa *f*; (*Vorwand*) pretexto *m*; ***faule ~*** mala excusa *f*
'ausreden ⟨*sep*⟩ **I** *v/i* acabar de hablar; ***j-n*** (***nicht***) **~ *lassen*** (no) dejar hablar a alg; **II** *v/t* ***j-m etw ~*** disuadir a alg de a/c
'ausreichen *v/i* ⟨*sep*⟩ bastar, ser suficiente (***für*** para)
'ausreichend *adjt* suficiente
'Ausreise *f* salida *f*; ***bei der ~*** al salir
'Ausreisevisum *n* visado *m* de salida
'ausreißen ⟨*irr, sep*⟩ **I** *v/t* ⟨h⟩ arrancar; ***sich*** (*dat*) ***etw ~*** arrancarse a/c; **II** *v/i* ⟨sn⟩ F (*flüchten*) escaparse, fugarse; ***vor***

***j-m* ~** huir de alg; ***von zu Hause* ~** escaparse de casa
'**Ausreißer(in)** F *m* (*f*) fugitivo, -a *m,f*
'**ausreiten** *v/i* ⟨*irr, sep*, sn⟩ salir a caballo
'**ausrenken** *v/t* ⟨*sep*⟩ dislocar; ***sich*** (*dat*) ***den Arm*** *usw* **~** dislocarse el brazo, *etc*
'**ausrichten** ⟨*sep*⟩ **I** *v/t* **1** TEC ajustar; *in e-r Reihe* alinear; *in e-e Richtung* orientar (***nach, auf*** +*acus* hacia); **2** *fig* (*anpassen*) adaptar (***nach, auf*** +*acus* a); **3** (*erreichen*) conseguir; ***er wird*** (***bei ihr***) ***nichts* ~ *können*** no podrá sacar nada (de ella); **4** *Nachricht* dar; ***kann ich etwas* ~?** ¿quiere dejar algún recado?; ***e-n Gruß* ~** dar recuerdos; **5** *Veranstaltung* organizar; **II** *v/r* **6** ***sich* ~** alinearse; ***sich*** *od* ***sein Verhalten* ~ *nach*** orientarse *od* comportarse según
'**Ausrichter** *m* organizador *m*
'**ausrollen** ⟨*sep*⟩ **I** *v/t* extender; **II** *v/i* AVIA rodar (hasta parar)
'**ausrott|en** *v/t* ⟨*sep*⟩ extirpar, exterminar, erradicar; **≗ung** *f* extirpación *f*, exterminio *m*, erradicación *f*
'**ausrücken** ⟨*sep*⟩ **I** *v/i* ⟨sn⟩ **1** MIL marchar, salir; **2** F (***von zu Hause***) **~** escaparse (de casa); **II** *v/t* ⟨h⟩ **3** TYPO sangrar
'**Ausruf** *m* ⟨-(e)s; -e⟩ exclamación *f*
'**ausrufen** *v/t* ⟨*irr, sep*⟩ **1** llamar; ***j-n*** (***über Lautsprecher***) **~ *lassen*** llamar a alg (por el altavoz); **2** POL proclamar; ***j-n zum König* ~** proclamar a alg rey
'**Ausrufezeichen** *n*, '**Ausrufungszeichen** *n* (signo *m* de) exclamación *f od* admiración *f*
'**ausruhen** *v/i*, *v/r* ⟨*sep*⟩ (***sich***) **~** descansar
'**ausrüst|en** *v/t* ⟨*sep*⟩ equipar (***mit*** con); MIL armar (***mit*** con); **≗ung** *f* equipo *m*; MIL armamento *m*; **≗ungsgüter** *n/pl* bienes *m/pl* de equipo
'**ausrutsch|en** *v/i* ⟨*sep*, sn⟩ resbalar (***auf*** +*dat* en); **≗er** *m* F *fig* patinazo *m*, metedura *f* de pata
'**Aussaat** *f* ⟨-; -en⟩ siembra *f*
'**Aussage** *f* JUR declaración *f*; ***e-e* ~ *machen*** prestar declaración; ***die* ~ *verweigern*** negarse a declarar
'**Aussagekraft** *f* representatividad *f*
'**aussagen** ⟨*sep*⟩ **I** *v/i* JUR declarar; **II** *v/t* decir, afirmar
'**Aussagesatz** *m* oración *f* enunciativa
'**Aus|satz** *m* ⟨-es⟩ MED lepra *f*; **~sätzige(r)** *f(m)* ⟨→ A⟩ leproso, -a *m,f*
'**aussaugen** *v/t* ⟨*sep*⟩ chupar; *fig* (*ausbeuten*) explotar; ***j-n bis aufs Blut* ~** chuparle la sangre a alg
'**ausschaben** *v/t* ⟨*sep*⟩ MED raspar
'**Ausschabung** *f* MED raspado *m*
'**ausschachten** *v/t* ⟨*sep*⟩ excavar, abrir
'**ausschalten** *v/t* ⟨*sep*⟩ **1** desconectar; *Gerät, Licht* apagar; **2** *fig j-n* eliminar
'**Ausschaltung** *f* desconexión *f*, eliminación *f*
'**Ausschau** *f* ***nach etw, j-m* ~ *halten*** buscar con la vista a/c, a alg
'**ausschauen** *v/t* ⟨*sep*⟩ *bsd österr* → ***aussehen***
'**ausscheid|en** ⟨*irr, sep*⟩ **I** *v/t* ⟨h⟩ **1** eliminar; **2** MED excretar; **II** *v/i* ⟨sn⟩ **3** *aus e-r Gemeinschaft* retirarse, darse de baja; **4** *bei e-m Wettbewerb* ser eliminado (***aus*** de); **5** (*nicht in Betracht kommen*) quedar excluido, no entrar en consideración; **~end** *adj aus e-m Amt, e-r Firma* saliente
'**Ausscheidung** *f* **1** eliminación *f*; **2** MED excreción *f*; **3** (*Wettkampf*) eliminatoria *f*
'**Ausscheidungskampf** *m* eliminatoria *f*
'**ausschenken** *v/t* ⟨*sep*⟩ **1** (*ausgießen*) verter, echar; **2** *als Wirt* despachar
'**ausscheren** *v/i* ⟨*sep*, sn⟩ separarse de una formación; salirse (***aus*** de)
'**ausschiffen** *v/t*, *v/r* ⟨*sep*⟩ (***sich***) **~** desembarcar
'**ausschlachten** *v/t* ⟨*sep*⟩ **1** *Tier* descuartizar; **2** F *Auto, Gerät, Ereignis* explotar
'**ausschlafen** ⟨*irr, sep*⟩ **I** *v/t* F ***s-n Rausch* ~** dormir la mona; **II** *v/i*, *v/r* (***sich***) **~** dormir a gusto
'**Ausschlag** *m* **1** MED erupción *f*; **2** PHYS oscilación *f*, desviación *f*; **3** *fig* ***den* ~ *geben für*** ser decisivo para
'**ausschlagen** ⟨*irr, sep*⟩ **I** *v/i* **1** *Pferd* dar coces; **2** PHYS oscilar; **3** BOT brotar; **II** *v/t* **4** (*auskleiden*) forrar, revestir (***mit*** de); **5** *Auge, Zahn* saltar; **6** (*ablehnen*) rehusar, rechazar
'**ausschlaggebend** *adjt* decisivo
'**ausschließen** ⟨*irr, sep*⟩ **I** *v/t* **1** ***j-n* ~** cerrar la puerta a alg; **2** *j-n aus e-r Gruppe* excluir, expulsar (***aus*** de); SPORT descalificar (***aus*** de); **3** *Möglichkeit, Irrtum usw* excluir, descartar; **II** *v/r* **4** ***sich* ~** (***von***) no tomar parte (en) **5** ***sich* ~** (*sich aussperren*) dejarse las llaves dentro de casa
'**ausschließlich** **I** *adj* exclusivo; **II** *adv* exclusivamente, exclusive
'**Ausschluss** *m* ⟨-es; ⸚e⟩ exclusión *f*, expulsión *f* (***aus*** de); SPORT descalificación *f*; JUR ***unter* ~ *der Öffentlichkeit*** a puerta cerrada
'**Ausschlussklausel** *f* ⟨-; -n⟩ JUR cláusula *f* de exclusión
'**ausschmücken** *v/t* ⟨*sep*⟩ **1** adornar, decorar; **2** *fig Rede* exornar, adornar
'**ausschneiden** *v/t* ⟨*irr, sep*⟩ **1** (re)cortar (***aus*** de); **2** AGR podar
'**Ausschnitt** *m* ⟨-(e)s; -e⟩ **1** (*Zeitungs≗*) recorte *m*; **2** *am Kleid* escote *m*; ***mit tiefem* ~** muy escotado; **3** (*Teil*) parte *m*, fragmento *m* (***aus*** de); *aus e-m Gemälde* detalle *m*

aus e-m Film escena *f*; **4** MAT sector *m*
'**ausschöpfen** *v/t* ⟨*sep*⟩ **1** *Wasser* sacar; *Gefäß* vaciar; *Boot* achicar; **2** *fig Möglichkeiten usw* aprovechar, apurar
'**ausschreiben** *v/t* ⟨*irr, sep*⟩ **1** *Wort* escribir entero; *Zahl* escribir en letras; **2** *Scheck usw* extender; **3** *Stelle* anunciar; *Wahlen* convocar
'**Ausschreibung** *f* ECON concurso *m*; ***öffentliche ~*** subasta *f* pública; ***an der ~ teilnehmen*** participar en el concurso
'**Ausschreibungsunterlagen** *f/pl* pliego *m* de condiciones; ***die ~ abholen*** retirar el pliego de condiciones
'**Ausschreitung** *f* disturbio *m*
'**Ausschuss** *m* **1** (*Kommission*) comité *m*, comisión *f*; **2** ECON, TEC (*fehlerhafte Ware*) desecho *m*; **~mitglied** *n* miembro *m* del comité; **~sitzung** *f* reunión *f* del comité; **~vorsitzende(r)** *f(m)* presidente *m,f* de la comisión, del comité; **~ware** *f* ECON desecho *m*
'**ausschütteln** *v/t* ⟨*sep*⟩ sacudir
'**ausschütten** ⟨*sep*⟩ **I** *v/t* **1** verter, vaciar; *fig* ***j-m sein Herz ~*** abrir su corazón a alg; **2** ECON *Gewinne*, *Dividende* repartir; **II** *v/r* **3** ***sich*** (***vor Lachen***) **~** partirse de risa
'**Ausschüttung** *f e-r Dividende* reparto *m*
'**ausschweifend** *adjt* desenfrenado
'**Ausschweifungen** *pl* desenfreno *m*
'**ausschweigen** *v/r* ⟨*irr, sep*⟩ ***sich ~*** guardar silencio (***über*** *+acus* sobre)
'**ausschwitzen** *v/t* ⟨*sep*⟩ sudar; *Wände* rezumar
'**aussehen** ⟨*irr, sep*⟩ **I** *v/i* tener cara *od* aspecto (***wie*** de); (*ähnlich sein*) parecerse (***wie*** a); ***gut, schlecht ~*** tener buena, mala cara; ***wie sieht er aus?*** ¿cómo es?, ¿qué aspecto tiene?; F ***sie sah vielleicht aus!*** ¡llevaba una pinta!; ***so siehst du aus!*** ¡que te lo has creído!, ¡ni hablar!; **II** *v/imp* F ***es sieht nach Regen aus*** parece que va a llover; ***damit es nach etwas aussieht*** para que parezca algo
'**Aussehen** *n* ⟨-s⟩ aspecto *m* (físico), apariencia *f*
außen ['aʊsən] *adv* fuera; ***von ~*** de *od* por fuera; ***nach ~*** hacia fuera; F ***er bleibt ~ vor*** queda fuera *od* al margen; ***etw ~ vor lassen*** dejar a/c fuera *od* al margen
'**Außen|aufnahmen** *pl* tomas *f/pl* exteriores; **~bezirke** *pl* extrarradio *m*, barrios *m/pl* periféricos; **~bordmotor** *m* (motor *m* de) fueraborda *m*
'**aussenden** *v/t* ⟨*irr, sep*⟩ *j-n* mandar; PHYS emitir
'**Außendienst** *m* servicio *m* exterior *od* móvil; ***im ~ sein*** estar de servicio exterior *od* móvil
'**Außendienst|leiter(in)** *m(f)* jefe *m*, jefa *f* del servicio exterior; **~mitarbeiter(in)** *m(f)* colaborador, a *m,f* en el servicio exterior, comercial *m,f*, representante *m,f*
'**Außen|finanzierung** *f* financiación *f* externa; **~handel** *m* comercio *m* exterior
Außenhandels|bilanz *f* balanza *f* de comercio exterior; **~defizit** *n* déficit *m* exterior; **~förderung** *f* promoción *f* del comercio exterior; **~politik** *f* política *f* de comercio exterior
'**Außen|minister(in)** *m(f)* ministro, -a *m,f* de (Asuntos) Exteriores; **~ministerium** *n* Ministerio *m* de (Asuntos) Exteriores; **~politik** *f* política *f* exterior; **≗politisch** *adj* de *od* referente a la política exterior; **~seite** *f* exterior *m*; **~seiter(in)** *m(f)* marginado, -a *m,f*; SPORT outsider *m,f*; **~spiegel** *m* retrovisor *m* exterior; **~stände** [-ʃtɛndə] *pl* COM cobros *m/pl* pendientes; **~stelle** *f* agencia *f*, sucursal *f*; **~stürmer** *m* SPORT delantero *m* extremo; **~wand** *f* muro *m* exterior; **~welt** *f* mundo *m* exterior; **~werbung** *f* publicidad *f* exterior
'**Außenzoll** *m* arancel *m* exterior; ***gemeinsamer ~*** arancel *m* exterior común
außer ['aʊsər] **I** *prp* ⟨*+dat*⟩ **1** fuera de; ***~ sich sein*** estar fuera de sí; ***~ sich geraten*** no caber en sí; *vor Wut* ponerse furioso, enfurecerse; **2** (*abgesehen von*) excepto; ***alle ~ dir*** todos, excepto *od* menos tú; **3** (*zusätzlich*) además de; **II** *cj* **4** **~** (***wenn***) a menos que; ***~ dass*** excepto que
'**außer|beruflich** *adj* extraprofesional; **~betrieblich** *adj* extraempresarial
'**außerdem** *adv* además
äußere(r, -s) ['ɔʏsərə(r, -s)] *adj* exterior; ***~ Verletzungen*** heridas *f/pl* externas; ***~ Angelegenheiten*** asuntos *m/pl* externos
'**Äußere(s)** *n* ⟨→ A⟩ exterior *m*, apariencia *f*; ***von angenehmem ~n*** de agradable apariencia; ***auf sein ~s achten*** cuidar su aspecto
'**außerehelich** *adj* extraconyugal, extramatrimonial; *Kind* ilegítimo, natural
'**außergerichtlich** **I** *adj* extrajudicial; ***~er Vergleich*** acuerdo *m* extrajudicial; **II** *adv* por la vía extrajudicial
'**außergewöhnlich** *adj* extraordinario, excepcional
'**außerhalb** **I** *prp* ⟨*+gen*⟩ fuera de; **II** *adv* fuera, al exterior
'**außerirdisch** *adj* extraterrestre
äußerlich ['ɔʏsərlɪç] **I** *adj* exterior, externo; MED ***nur zur ~en Anwendung*** sólo para uso externo; **II** *adv* ***~ betrachtet*** visto por fuera
'**Äußerlichkeit** *f* apariencia *f*, superficialidad *f*; ***bloße ~en*** sólo formalidades
'**äußern** **I** *v/t* decir, expresar, manifestar; **II**

v/r **sich ~** expresarse, manifestarse, opinar (**über** *+acus*, **zu** sobre); (*zum Ausdruck kommen*) mostrarse, manifestarse

'**außer|ordentlich I** *adj* extraordinario; **~er Professor** catedrático *m* supernumerario; **II** *adv* sumamente, sobremanera; **~parlamentarisch** *adj* extraparlamentario; **~planmäßig** *adj* extraordinario, especial

'**außersinnlich** *adj* **~e Wahrnehmung** percepción *f* extrasensitiva

'**äußerst** *adv* muy, sumamente

'**außerstande** *adj* **~ sein** ser incapaz (**zu** de)

'**äußerste(r, -s)** *adj* **1** *räumlich* extremo (*a fig*); **die ~ Linke** la extrema izquierda; **von ~r Wichtigkeit** de extrema importancia; **im ~n Fall** en caso extremo; **mit ~r Kraft** con extrema fuerza; **2** *zeitlich* último; **~r Termin** la última fecha

'**Äußerste(s)** *n* ⟨→ A⟩ extremo *m*; **sein ~s tun** hacer todo lo posible; **zum ~n entschlossen sein** estar decidido a todo; **bis zum ~n gehen** llegar hasta el extremo *od* límite; **auf das ~ gefasst sein** estar preparado para lo peor

'**Äußerung** *f* **1** (*Bemerkung*) observación *f*; *pl* **~en** *a* palabras *f/pl*; **2** *fig* (*Ausdruck*) expresión *f*, manifestación *f*

'**aussetzen** ⟨*sep*⟩ **I** *v/t* **1** *Kind, Tier* abandonar; **2** *e-r Gefahr, Beanspruchung* exponer (a); **3** *Belohnung* ofrecer; **e-n Preis auf j-s Kopf ~** poner precio a la cabeza de alg; **4** (*unterbrechen*) interrumpir; *Urteil, Verfahren, Zahlung* suspender; *beim Spiel* (**e-e Runde**) **~** pasar (un turno); **5 etwas auszusetzen haben an** (*+dat*) poner reparos a, criticar a; **was ist daran auszusetzen?** ¿qué pega tiene?; **er hat an allem etwas auszusetzen** siempre pone reparos; **II** *v/i* **6** *Motor, Herz* fallar; **7 ~ mit etw** interrumpir a/c; **ohne auszusetzen** sin pausa

'**Aussicht** *f* ⟨-; -en⟩ **1** (*Ausblick*) vista *f*, panorama *m*; **ein Zimmer mit ~ auf das Meer** una habitación con vistas al mar; **2** *fig* perspectiva *f*; **er hat ~en zu gewinnen** tiene posibilidades de ganar; **gute ~en haben** tener buenas expectativas; **gute ~en auf Erfolg haben** tener buenas perspectivas de éxito; **in ~ stellen** ofrecer

'**aussichts|los** *adj* inútil, sin esperanza; **2losigkeit** *f* ⟨-⟩ inutilidad *f*; **~reich** *adj* prometedor; **2turm** *m* mirador *m*, atalaya *f*

'**aussiedeln** *v/t* ⟨*sep*⟩ evacuar, expatriar

'**Aussiedler(in)** *m(f)* expatriado, -a *m,f*

aussöhnen ['aʊszøːnən] *v/t, v/r* ⟨*sep*⟩ (**sich**) **~** reconciliar(se) (**mit** con)

'**Aussöhnung** *f* reconciliación *f*

'**aus|sondern** *v/t* ⟨*sep*⟩, **~sortieren** *v/t* ⟨*sep, sin* ge⟩ seleccionar, separar

'**ausspannen** ⟨*sep*⟩ **I** *v/t* **1** *Pferde* desenganchar; F *fig* **j-m die Freundin ~** quitarle a alg la novia; **2** (*ausbreiten*) (ex)tender; **II** *v/i* **3** (*ausruhen*) descansar

'**aussparen** *v/t* ⟨*sep*⟩ **1** (*frei lassen*) dejar vacío *od* libre; **2** *fig Thema* dejar de lado

'**aussperren** *v/t* ⟨*sep*⟩ **1 j-n ~** cerrar la puerta a alg (**aus** de); **2** ECON declarar el cierre patronal a

'**Aussperrung** *f* ECON cierre *m* patronal

'**ausspielen** ⟨*sep*⟩ **I** *v/t* **1** *Karte* jugar; **2** *fig* **j-n gegen j-n ~** jugar uno contra otro; **II** *v/i* **3** *beim Kartenspiel* salir, ser mano; **4** *fig* **er hat ausgespielt** está acabado

'**ausspinnen** *v/t* ⟨*irr, sep*⟩ *fig Gedanken, Geschichte usw* entrar en detalles *od* extenderse sobre

'**ausspionieren** *v/t* ⟨*sep, sin* ge⟩ espiar

'**Aussprache** *f* **1** pronunciación *f*; **2** (*Gespräch*) discusión *f*, debate *m*

'**aussprechen** ⟨*irr, sep*⟩ **I** *v/t* **1** *Wort usw* pronunciar; **2** *Beileid, Meinung usw* expresar; **3** JUR *Urteil usw* pronunciar; **II** *v/i* **4** (*ausreden*) acabar de hablar; **III** *v/r* **sich ~ 5** (*sich äußern*) manifestarse (**über** *+acus* sobre); **sich ~ für, gegen** declararse a favor de, en contra de; **6 sich bei j-m ~** desahogarse con alg; **sich mit j-m ~** explicarse con alg

'**Ausspruch** *m* dicho *m*, sentencia *f*

'**ausspucken** *v/t, v/i* ⟨*sep*⟩ escupir

'**ausspülen** *v/t* ⟨*sep*⟩ enjuagar

'**ausstaffieren** *v/t* ⟨*sep, sin* ge⟩ equipar (**mit** con)

'**Ausstand** *m* ⟨-(e)s; ⸚e⟩ huelga *f*; **in den ~ treten** declararse en huelga

ausstatt|en ['aʊsʃtatən] *v/t* ⟨*sep*⟩ equipar (**mit** con), dotar (**mit** de); **2ung** *f* equipo *m*, equipamiento *m*

'**ausstechen** *v/t* ⟨*irr, sep*⟩ **1** sacar (*a Auge*); **2** *fig* aventajar

'**ausstehen** ⟨*irr, sep*⟩ **I** *v/t* (*ertragen*) sufrir, soportar; **es ist noch nicht ausgestanden** todavía no ha pasado; F **ich kann ihn nicht ~** no puedo soportarlo; **II** *v/i Entscheidung usw* estar pendiente (*a Zahlung*), faltar; **ihre Antwort steht noch aus** aún falta su respuesta

'**aussteigen** *v/i* ⟨*irr, sep,* sn⟩ **1** bajar (**aus** de); AVIA, MAR desembarcar (**aus** de); **2** F *fig* echarse atrás, retirarse

'**Aussteiger(in)** *m(f)* pasota *m,f*

'**ausstellen** ⟨*sep*⟩ **I** *v/t* **1** *Kunst, Waren* exponer, exhibir; **2** *Attest, Rechnung, Scheck* extender, expedir (**auf j-s Namen** a nombre de alg); *Wechsel* girar, librar; **3** F (*ausschalten*) apagar; **II** *v/i* **4** *Künstler* exponer

'**Aussteller|er(in)** *m* **1** *a auf Messen* expositor, a *m,f*; **2** ECON *e-s Wechsels* librador, a *m,f*, *e-s Schecks* otorgante *m,f*, girador a *m,f*; **~ung** *f* **1** exposición *f*; **2** ECON *e-s Dokuments* expedición *f*, extensión *f*; *e-s Wechsels* libranza *f*, libramiento *m*; *e-r Urkunde* otorgamiento *m*

'Ausstellungs|datum *n* fecha *f* de expedición; *e-s Wechsels* fecha *f* de libramiento; **~fläche** *f* superficie *f* de exposición; **~gelände** *n* recinto *m* ferial *od* de exposiciones; **~halle** *f* pabellón *m* de exposiciones; **~katalog** *m* catálogo *m* de la exposición; **~ort** *m* **1** *e-s Dokuments* lugar *m* de expedición; **2** *e-r Messe usw* lugar *m* de la exposición; **~raum** *m* sala *f* de exposiciones; **~stand** *m* puesto *m*, stand *m* (de feria); **~stück** *n* pieza *f* de exposición

'aus|stempeln *v/i* ⟨*sep*⟩ fichar (*al salir del trabajo*); **~sterben** *v/i* ⟨*irr, sep*, sn⟩ extinguirse, desaparecer

'Aussteuer *f* ⟨-; -n⟩ ajuar *m*, dote *f*

'Ausstieg *m* ⟨-(e)s; -e⟩ **1** (*Ausgang*) salida *f*; **2** (*Aussteigen*) salida *f*, bajada *f* (***aus*** de); *fig* abandono *m*

'ausstopfen *v/t* ⟨*sep*⟩ rellenar; *Tier* disecar

'Ausstoß *m* ⟨-es; *selten* -stöße⟩ **1** ECON volumen *m* de producción; **2** ECOL emisión *f*; **ℒen** *v/t* ⟨*irr, sep*⟩ **1** *Rauch* expeler; *Lava* arrojar; **2** ECON producir, fabricar; **3** *Schrei* lanzar, dar; **4** *fig* ***j-n ~*** expulsar a alg (***aus*** de)

'ausstrahl|en *v/t* ⟨*sep*⟩ irradiar (*a fig*); emitir (*a* RADIO, TV); **ℒung** *f* **1** irradiación *f*; RADIO, TV emisión *f*; **2** *fig e-r Person* atractivo *m*, carisma *m*

'ausstrecken ⟨*sep*⟩ **I** *v/t* extender, estirar; ***die Hand ~ nach*** (*+dat*) tender la mano a; **II** *v/r* ***sich ~*** extenderse, estirarse

'ausströmen ⟨*sep*⟩ **I** *v/i* ⟨sn⟩ salir, derramarse (***aus*** de); *Gas* escaparse (***aus*** de); **II** *v/t* ⟨h⟩ despedir, exhalar

'aussuchen *v/t* ⟨*sep*⟩ escoger

'Austausch *m* ⟨-(e)s⟩ cambio *m*, intercambio *m*; POL canje *m*; ***im ~*** (***für***) a cambio (de)

'Austausch... *in Zssgn* de (re)cambio

'austauschbar *adj* (inter)cambiable

'austauschen *v/t* ⟨*sep*⟩ (inter)cambiar, canjear (***gegen*** por)

'Austausch|motor *m* motor *m* de recambio; **~schüler(in)** *m(f)* alumno, -a *m,f* de intercambio

'austeilen *v/t* ⟨*sep*⟩ distribuir, repartir (***an*** *+acus* a)

Auster ['aʊstər] *f* ⟨-; -n⟩ ostra *f*; **~nbank** *f* ⟨-; ⸚e⟩ banco *m* de ostras, ostral *m*

'austesten *v/t* ⟨*sep*⟩ probar (a fondo)

'austoben *v/r* ⟨*sep*⟩ ***sich ~*** desfogarse

'austrag|en ⟨*irr, sep*⟩ *v/t* **1** *Briefe, Zeitungen usw* repartir, distribuir; **2** MED *Kind* gestar, tener; **3** *Streit* dirimir; *Konflikt* resolver; **4** SPORT *Wettkampf usw* organizar, disputar; **ℒungsort** *m* SPORT lugar *m* del encuentro

Austral|ien [aʊs'tra:liən] *n* ⟨-s⟩ Australia *f*; **~ier(in)** *m(f)* australiano, -a *m,f*; **ℒisch** *adj* australiano

'austreiben ⟨*irr, sep*⟩ **I** *v/t* **1** *Teufel* exorcizar; **2** *fig* ***j-m etw ~*** (*abgewöhnen*) quitar a alg (la costumbre de) a/c; **II** *v/i* **3** BOT echar hojas

'austreten ⟨*irr, sep*⟩ **I** *v/t* ⟨h⟩ **1** *Schuhe, Weg usw* (des)gastar; **2** *Feuer, Zigarette* apagar con los pies; **II** *v/i* ⟨sn⟩ **3** *Wasser* desbordarse (***aus*** de); *Gas* escaparse, salir(se) (***aus*** de); **5** *aus e-r Organisation* darse de baja, retirarse (***aus*** de); **6** F (*zur Toilette gehen*) ir al servicio

'austricksen F *v/t* ⟨*sep*⟩ engañar

'austrinken *v/t, v/i* ⟨*irr, sep*⟩ beber (del) todo; *Glas* apurar

'Austritt *m* ⟨-(e)s; -e⟩ **1** (*Entweichen*) salida *f*, escape *m* (***aus*** de); **2** *aus e-r Organisation* retirada *f*, baja *f* (***aus*** de)

'austrocknen ⟨*sep*⟩ **I** *v/t* ⟨h⟩ (de)secar; **II** *v/i* ⟨sn⟩ (de)secarse

'austüfteln F *v/t* ⟨*sep*⟩ elucubrar, inventar

'ausüb|en *v/t* ⟨*sep*⟩ **1** *Beruf, Tätigkeit usw* ejercer; *Amt* desempeñar; *Sport* practicar; **2** *Einfluss usw* ejercer (***auf*** *+acus* sobre); **ℒung** *f* ⟨-⟩ ejercicio *m*, práctica *f*, desempeño *m*; ***in ~ s-r Pflicht*** cumpliendo su obligación

'ausufern *v/i* ⟨*sep*, sn⟩ desbordarse (*a fig*)

'Ausverkauf *m* COM liquidación *f*, rebajas *f/pl*; venta *f* por liquidación

'ausver|kaufen *v/t* ⟨*sin* ge⟩ COM liquidar existencias, saldar; **~kauft** *adjt* agotado

'auswachsen ⟨*irr, sep*⟩ **I** *v/i* ⟨sn⟩ **1** BOT espigar(se); **2** F ***es ist zum ℒ!*** ¡es para volverse loco!; **II** *v/r* ⟨h⟩ **3** ***sich ~*** (*sich normalisieren*) normalizarse, corregirse; **4** ***sich ~*** degenerar (***zu*** en)

'Auswahl *f* **1** (*Auswählen*) selección *f*; (*Angebot*) surtido *m*, variedad *f*; ***... in großer ~*** gran variedad de ...; ***zur ~*** a escoger; ***e-e ~ treffen*** elegir *od* escoger (***aus*** entre); **2** SPORT (*Mannschaft*) selección *f*

'auswählen *v/t* ⟨*sep*⟩ escoger, seleccionar

'Auswahlverfahren *n* proceso *m* de selección

'Auswand|erer *m*, **~erin** *f* emigrante *m,f*; **ℒern** *v/i* ⟨*sep*, sn⟩ emigrar, expatriarse; **~erung** *f* emigración *f*

auswärtig ['aʊsvɛrtɪç] *adj* exterior; (*nicht einheimisch*) forastero; (*ausländisch*) extranjero; ***das ℒe Amt*** el Ministerio de (Asuntos) Exteriores

auswärts ['aʊsvɛrts] *adv* fuera; **ℒspiel** *n* partido *m* fuera de casa

'auswaschen *v/t* ⟨*irr, sep*⟩ **1** *Wäsche* lavar;

Fleck quitar; **2** *Felsen usw* erosionar
'**auswechselbar** *adj* (inter)cambiable (***gegen*** por)
'**auswechseln** *v/t* ⟨*sep*⟩ cambiar (***gegen*** por); TEC *a* recambiar
'**Auswechsel|bank** *f* SPORT banquillo *m* (de suplentes); **~spieler(in)** *m(f)* suplente *m,f*
'**Auswechselung**, **Auswechslung** *f* cambio *m*; TEC *a* recambio *m*
'**Ausweg** *m* salida *f* (***aus*** de) (*a fig*); ***als letzter ~*** como último recurso; **ⲁlos** *adj* sin salida; **~losigkeit** *f* ⟨-⟩ imposibilidad *f* de (encontrar) salida
'**ausweichen** *v/i* ⟨*irr, sep*, sn⟩ **1** apartarse de, hacerse a un lado de; **2** *fig* evitar, eludir; ***j-s Blicken ~*** evitar la mirada de alg; ***e-r Frage ~*** eludir una pregunta; **3** ***~ auf*** cambiar a
'**ausweich|end** *adjt* evasivo; **ⲁmanöver** *n* maniobra *f* de desviación; **ⲁmöglichkeit** *f* alternativa *f*
'**ausweinen** *v/r* ⟨*sep*⟩ ***sich*** (***bei j-m***) ***~*** desahogarse llorando (con alg)
'**Ausweis** *m* ⟨-es; -e⟩ carnet *m*, carné *m*; (*Personal*ⲁ) carnet *m* de identidad
'**ausweisen** ⟨*irr, sep*⟩ **I** *v/t* **1** expulsar (***aus*** de); **2** ***j-n ~ als*** identificar a alg como; *fig* acreditar *od* mostrar a alg como; **II** *v/r* ***sich ~*** identificarse; *fig* ***sich als Experte*** *usw* ***~*** acreditarse como experto, *etc*
'**Ausweis|kontrolle** *f* control *m* de identidad; **~papiere** *pl* documentación *f*
'**Ausweisung** *f* expulsión *f* (***aus*** de)
'**ausweiten** ⟨*sep*⟩ **I** *v/t* ensanchar, dilatar; **II** *v/r* ***sich ~*** ensancharse, dilatarse; *fig* ***sich ~ zu*** degenerar en
'**Ausweitung** *f* ensanche *m*, dilatación *f*; *fig* expansión *f*
'**auswendig** *adv* de memoria; MUS ***~ spielen*** tocar de memoria; ***etw in- und ~ kennen*** saber(se) a/c de cabo a rabo
'**auswerfen** *v/t* ⟨*irr, sep*⟩ **1** arrojar; *Angel* lanzar; *Anker* echar; MED expectorar; TEC eyectar; **2** *fig* (*produzieren*) producir
'**auswerten** *v/t* ⟨*sep*⟩ **1** *Daten usw* evaluar, analizar; **2** (*ausnützen*) aprovechar, explotar, utilizar
'**Auswertung** *f* **1** (*Bewertung*) evaluación *f*; **2** (*Nutzung*) aprovechamiento *m*, utilización *f*
'**auswickeln** *v/t* ⟨*sep*⟩ desenvolver
'**auswirken** *v/r* ⟨*sep*⟩ ***sich ~*** (***auf*** *+acus*) repercutir (en), afectar (a); ***sich ~*** (***in*** *+dat*) traducirse (en); ***sich positiv, negativ ~*** repercutir positivamente, negativamente; ***sich positiv, negativ auf etw ~*** afectar positivamente, negativamente a a/c
'**Auswirkung** *f* efecto *m*; (*Folge*) consecuencia *f*; (*Rückwirkung*) repercusión *f* (***auf*** *+acus* en)
'**auswischen** *v/t* ⟨*sep*⟩ (*säubern*) limpiar; *Schrift* borrar; F *fig* ***j-m eins ~*** jugarle a alg una mala pasada
'**auswringen** *v/t* ⟨*sep*⟩ (re)torcer
'**Aus|wuchs** *m* ⟨-es; ⸚e⟩ **1** MED protuberancia *f*, excrecencia *f*; **2** *fig* abuso *m*, exceso *m*; **~wurf** *m* ⟨-(e)s⟩ **1** MED esputo *m*, expectoración *f*; **2** *fig* (*Abschaum*) escoria *f*
'**auszahlen** ⟨*sep*⟩ **I** *v/t* pagar, hacer efectivo; *v Konto* retirar; **II** *v/r* ***sich ~*** valer la pena
'**auszählen** *v/t* ⟨*sep*⟩ contar; *Stimmen* escrutar; SPORT contar al límite
'**Auszahlung** *f* pago *m*; *v Konto* reintegro *m*; **~sformular** *n* formulario *m* de reintegro
'**auszeichnen** ⟨*sep*⟩ **I** *v/t* **1** *Waren* marcar (el precio sobre), etiquetar, poner etiqueta; **2** ***mit e-m Preis ~*** galardonar, premiar; (***mit e-m Orden***) ***~*** condecorar; **II** *v/r* **3** ***sich ~*** distinguirse
'**Auszeichnung** *f* **1** distinción *f*, condecoración *f*; (*Preis*) premio *m*; (*Orden*) galardón *m*; ***mit ~*** con mención de honor; **2** *von Waren* etiquetado *m*; (*Etikett*) etiqueta *f*
'**ausziehbar** *adj* extensible
'**ausziehen** ⟨*irr, sep*⟩ **I** *v/t* ⟨h⟩ **1** *Kleidung* quitar, sacar; ***j-n ~*** desnudar a alg; ***sich*** (*dat*) ***die Schuhe*** *usw* ***~*** quitarse los zapatos, *etc*; **2** (*verlängern*) alargar, extender; **II** *v/i* ⟨sn⟩ **3** *aus e-r Wohnung* mudarse, cambiar (de casa); **III** *v/r* ⟨h⟩ **4** ***sich ~*** desnudarse
'**Auszieh|platte** *f* tabla *f* corredera; **~tisch** *m* mesa *f* extensible
'**Auszubildende(r)** *f(m)* ⟨→ A⟩ aprendiz, a *m,f*
'**Auszug** *m* ⟨-(e)s; ⸚e⟩ **1** (*Weggang*) salida *f*, partida *f*; HIST éxodo *m* (*a fig*); **2** *aus e-r Wohnung* mudanza *f*; **3** CHEM extracto *m* (***aus*** de) (*a* ECON, *aus e-m Buch usw*)
'**auszupfen** *v/t* ⟨*sep*⟩ deshilachar, arrancar
autark [aʊ'tark] *adj* autárquico
Autar'kie *f* autarquía *f*
authentisch [aʊ'tɛntɪʃ] *adj* auténtico
Auto ['aʊto] *n* ⟨-s; -s⟩ auto(móvil) *m*, coche *m*; ***~ fahren*** conducir; ***mit dem ~ fahren*** ir en coche
'**Autoapotheke** *f* botiquín *m*
'**Autoatlas** *m* atlas *m* de carreteras
'**Autobahn** *f* autopista *f*; **~auffahrt** *f* entrada *f* a la autopista; **~ausfahrt** *f* salida *f* de la autopista; **~dreieck** *n* cruce *m* de autopista; **~gebühr** *f* peaje *m*; **~kreuz** *n* cruce *m* de autopista; **~raststätte** *f* área *f* de servicio; **~zubringer** *m* carretera *f* de acceso a la autopista
Autobiogra'phie *f* autobiografía *f*

'Auto|bombe *f* coche-bomba *m*; **~bus** *m* autobús *m*; (*Reisebus*) autocar *m*
Autodidakt(in) [aʊtodi'dakt(ɪn)] *m* ⟨-en; -en⟩ (*f*) autodidacta *m,f*
'Auto|diebstahl *m* robo *m* de coche(s); **~fähre** *f* transbordador *m*; **~fahrer(in)** *m(f)* automovilista *m,f*; **~fahrt** *f* viaje *m* en coche; **𝔖frei** *adj Zone usw* cerrado al tráfico; *Tag* sin circulación de vehículos; **~friedhof** F *m* cementerio *m* de coches
autogen [aʊto'ge:n] *adj* **~es Training** entrenamiento *m* de autorrelajación
Autogramm [aʊto'gram] *n* autógrafo *m*; **~jäger(in)** *m(f)* cazaautógrafos *m,f*
'Auto|händler *m* comercial *m od* concesionario *m* de coches; **~industrie** *f* industria *f* automovilística; **~kino** *n* autocine *m*; **~knacker** F *m* desvalijador *m* de coches
Automat [aʊto'ma:t] *m* **1** autómata *m*, máquina *f* automática; **2** *für Waren* automático *m*, expendedora *f*; **~enverkauf** *m* venta *f* automatizada *od* por expendedor automático
Auto'matik *f* TEC, AUTO automatismo *m*
Automati'on *f* ⟨-⟩ automatización *f*
auto'matisch *adj* automático
automati'sier|en *v/t* ⟨*sin* ge⟩ automatizar; **𝔖ung** *f* automatización *f*
'Automechaniker(in) *m(f)* mecánico, -a *m,f* de coches
Automobil [aʊtomo'bi:l] *n* ⟨-s; -e⟩ automóvil *m*; **~hersteller** *m* fabricante *m* automovilístico *od* de automóviles; **~industrie** *f* industria *f* automovilística; **~klub** *m* club *m* automovilístico; **~salon** *m* salón *m* del automóvil; **~sektor** *m* sector *m* del automóvil
autonom [aʊto'no:m] *adj* autónomo
Autono'mie *f* autonomía *f*
'Autonummer *f* (número *m* de) matrícula *f*
'Autopilot *m* AVIA piloto *m* automático
Autopsie [aʊtɔ'psi:] *f* MED autopsia *f*
Autor ['aʊtɔr] *m* ⟨-s; -en⟩ autor *m*
'Auto|radio *n* autorradio *f*; **~reifen** *m* neumático *m* (del coche); **~reisezug** *m* autotren *m*; **~rennen** *n* carrera *f* de coches
Au'torin *f* autora *f*
autori|'sieren *v/t* ⟨*sin* ge⟩ autorizar (***zu*** a, para); **~'tär** *adj* autoritario; **𝔖'tät** *f* autoridad *f* (a *Person*)
'Auto|schlosser(in) *m(f)* mécanico, -a *m,f* de coches; **~schlüssel** *m* llave *f* del coche; **~skooter** [-sku:tər] *m* coche *m* de choque; **~start** *m* INFORM autoarranque *m*; **~stopp** *m* autostop *m*; **~straße** *f* carretera *f* (para automóviles)
Autosuggesti'on *f* autosugestión *f*
'Auto|telefon *n* teléfono *m* de automóvil; **~unfall** *m* accidente *m* de coche; **~vermietung** *f* alquiler *m* de coches; **~wäsche** *f* lavado *m* de coches; **~waschanlage** *f* tren *m* *od* túnel *m* de lavado; **~werkstatt** *f* taller *m* (de coches)
Aval [a'val] *m* aval *m*
Avantgar|de [avɑ̃'gardə] *f* vanguardia *f*; **𝔖distisch** *adj* vanguardista
Aversion [averzi'o:n] *f* aversión *f* (***gegen*** a)
Avocado [avo'ka:do] *f* ⟨-; -s⟩ aguacate *m*
Axt [akst] *f* ⟨-; ⸚e⟩ hacha *f*
Azalee [atsa'le:ə] *f* BOT azalea *f*
Azoren [a'tso:rən] *pl* Azores *f/pl*
Azteke [ats'te:kə] *m* ⟨-n; -n⟩, **Az'tekin** *f* azteca *m,f*
Azubi [a'tsu:bi] F *m* ⟨-s; -s⟩, *f* ⟨-; -s⟩ (*Lehrling*) aprendiz, a *m,f*
azurblau [a'tsu:r-] *adj* (azul) celeste

B

B, b [beː] *n* ⟨-; -⟩ B, b *f*; MUS si *m* bemol

b. *Abk* (*bei*) *bei Ortsangaben*: cerca de; *Adresse*: en casa de

B *Abk* (*Bundesstraße*) carretera *f* federal

babbeln [ˈbabəln] F *v/t*, *v/i* F charlar

Baby [ˈbeːbi] *n* ⟨-s; -s⟩ bebé *m*; **~ausstattung** *f* canastilla *f*; **~nahrung** *f* alimento *m* para bebé; **~phon** [-ˈfoːn] *n* intercomunicador *m* (*para bebés*); **~sitter** [ˈ-zɪtər] *m* canguro *m,f*; **~speck** F *m scherzh* F redondeces *f/pl* de bebé; **~tragetasche** *f* portabebés *m*; **~zelle** *f* EL pila *f* baby

Bach [bax] *m* ⟨-(e)s; ⸚e⟩ arroyo *m*; **~stelze** *f* zo lavandera *f*

Backblech [ˈbak-] *n* bandeja *f* de horno

ˈ**backbord** *adv* MAR a babor

ˈ**Backbord** *n* ⟨-(e)s; -e⟩ MAR babor *m*

Backe [ˈbakə] *f* **1** (*Wange*) carrillo *m*, mejilla *f*, moflete *m*; **2** F (*Gesäß*♀) nalga *f*; **3** TEC zapata *f*

backen [ˈbakən] ⟨bäckt *od* backt, backte *od veraltet* buk, gebacken⟩ **I** *v/t* **1** *Brot*, *Kuchen* hacer; **2** *im Ofen* asar; **II** *v/i* **3** *im Ofen* cocer

ˈ**Backen|bart** *m* patillas *f/pl*; **~zahn** *m* muela *f*

Bäcker [ˈbɛkər] *m* panadero *m*; ***beim ~*** en la panadería

Bäckerei [bɛkəˈraɪ] *f* panadería *f*

ˈ**Bäckerin** *f* panadera *f*

ˈ**Bäckermeister** *m* maestro *m* panadero

ˈ**Back|form** *f* molde *m*; **~hefe** *f* levadura *f*; **~hendl** *n österr* pollo *m* empanado; **~obst** *n* fruta *f* pasa *od* seca; **~ofen** *m* horno *m*; **~pfeife** *f* bofetada *f*, torta *f*; **~pflaume** *f* ciruela *f* pasa *od* seca; **~pulver** *n* levadura *f* en polvo; **~röhre** *f* horno *m*

Backslash [ˈbɛkslɛʃ] *m* ⟨-(e)s; -(e)s⟩ INFORM barra *f* diagonal inversa

ˈ**Backstein** *m* ladrillo *m*

Back-up [ˈbɛkˀap] *n* ⟨-s; -s⟩ INFORM back-up *m*, copia *f* de seguridad; **~-Datei** *f* INFORM copia *f* de seguridad

ˈ**Backwaren** *pl* (productos *m/pl* de) bollería *f* y pastelería *f*

Bad [baːt] *n* ⟨-(e)s; ⸚er⟩ **1** baño *m* (*a* TEC); ***ein ~ nehmen*** tomar un baño, darse un baño; *fig* ***~ in der Menge*** olor *m* de multitud; **2** (*~ezimmer*) (cuarto *m* de) baño *m*; **3** → *Badeanstalt*, *Badeort*

ˈ**Bade|anstalt** *f* piscina *f* (municipal); **~anzug** *m* bañador *m*, traje *m* de baño; **~gast** *m e-s Schwimmbads*, *Kurorts* bañista *m,f*; **~hose** *f* bañador *m*; **~kappe** *f* gorro *m* de baño; **~mantel** *m* albornoz *m*; **~matte** *f* esterilla *f* (de baño); **~meister** *m* bañero *m*; **~mütze** *f* gorro *m* de baño

baden [ˈbaːdən] **I** *v/i* **1** bañar(se); ***~ gehen*** ir a bañarse; F *fig* F irse al cuerno; **II** *v/t* **2** bañar; **III** *v/r* ***sich ~*** **3** *in e-r Wanne* bañarse; **4** *fig* bañarse (***in*** *+dat* en)

ˈ**Bade|ort** *m* **1** *am Meer*, *an e-m See* lugar *m* de vacaciones con playa; **2** (*Kurort*) balneario *m*; **~salz** *n* sales *f/pl* de baño; **~schuhe** *pl* zapatillas *f/pl* de baño; **~strand** *m* playa *f*; **~tuch** *n* toalla *f* de baño; **~wanne** *f* bañera *f*; **~zeug** *n* utensilios *m/pl* de baño; **~zimmer** *n* cuarto *m* de baño

Badminton [ˈbɛtmɪntən] *n* ⟨-⟩ SPORT bádminton *m*

baff [baf] *adj* F ***~ sein*** F quedarse boquiabierto, estar asombrado

BAföG [ˈbaːfœk] *n Abk* ⟨-(s)⟩ (*Bundesausbildungsförderungsgesetz*) *crédito oficial para la financiación de los estudios*

Bagatell|e [bagaˈtɛlə] *f* bagatela *f*; **♀iˈsieren** *v/t* ⟨*sin* ge⟩ minimizar, quitar importancia; **~schaden** *m* daño *m* insignificante; JUR siniestro *m* leve

Bagger [ˈbagər] *m* TEC excavadora *f*; (*Schwimm*♀) draga *f*

ˈ**baggern** *v/t*, *v/i* TEC excavar; *nass* dragar

ˈ**Baggersee** *m* lago *m* artificial

Baguette [baˈgɛt] *n* barra *f* de pan

Bahamainseln, **Bahamas** [baˈhaːmas] *f/pl* ***die ~*** las Bahamas

Bahn[1] [baːn] *f* ⟨-; -en⟩ **1** (*Weg*) vía *f*, camino *m*; *fig* ***sich ~ brechen*** abrirse camino *od* paso; *fig* ***auf die schiefe ~ geraten*** ir por mal camino; ***~ frei!*** ¡paso (libre)!; **2** (*Fahrspur*) calzada *f*; **3** SPORT *einzelne* calle *f*; (*Renn*♀) pista *f*; (*Eis*♀) pista *f* (de hielo); (*Kegel*♀) bolera *f*; **4** (*Flug*♀) trayecto *m*; (*Umlauf*♀) órbita *f*; **5** (*Stoff*♀, *Tapeten*♀) tira *f*

Bahn[2] *f* ⟨-; -en⟩ **1** (*Eisen*♀) ferrocarril *m*, tren *m*; ***mit der ~*** en tren; ***j-n zur ~ bringen***

llevar *od* acompañar a alg al tren; **2** (*Straßen*≗) tranvía *m*

'Bahn|... *in Zssgn* de ferrocarril, ferroviario; **~anschluss** *m* enlace *m* ferroviario *od* de trenes; **≗brechend** *adjt* pionero; **~card** *f* tarjeta de tren (*para obtener descuentos*); **~damm** *m* terraplén *m*

bahnen ['ba:nən] *v/t* allanar; ***sich e-n Weg ~*** abrirse paso (***durch*** en, por)

'Bahn|fahrt *f* viaje *m* en tren; **~fracht** *f* ECON transporte *m* ferroviario; **~frachtbrief** *m* talón *m* de transporte ferroviario, talón *m* resguardo; **≗frei** *adj* ECON franco estación; **~gleis** *n* vía *f* ferroviaria

'Bahnhof *m* estación *f* (de tren); ***auf dem ~*** en la estación; F *fig **großer ~*** recibimiento *m* por todo lo alto

'Bahnhofs|halle *f* vestíbulo *m* de la estación; **~restaurant** *n* cantina *f* (de la estación); **~vorsteher** *m* jefe *m* de estación

'Bahn|linie *f* línea *f* férrea; **~polizei** *f* policía *f* de ferrocarriles; **~reise** *f* viaje *m* en tren; **~steig** [-ʃtaɪk] *m* ⟨-(e)s; -e⟩ andén *m*; **~transport** *m* transporte *m* ferroviario, transporte *m* por ferrocarril; **~übergang** *m* paso *m* a nivel; **~verbindung** *f* enlace *m*; communicación *f* ferroviaria *od* por ferrocarril; **~wärter** *m* guardavía *m*

Bahre ['ba:rə] *f* (*Kranken*≗) camilla *f*; (*Toten*≗) féretro *m*

Baiser [bɛ'ze:] *n* ⟨-s; -s⟩ GASTR merengue *m*

Baisse ['bɛ:sə] *f* ECON baja *f*; ***auf ~ spekulieren*** especular a la baja

Bais'sier *m* bajista *m*

Bajonett [bajo'nɛt] *n* ⟨-(e)s; -e⟩ bayoneta *f*; **~verschluss** *m* TEC cierre *m* de bayoneta

Bake ['ba:kə] *f* boya *f*, baliza *f*

Bakterie [bak'te:riə] *f* bacteria *f*

bakteriell [bakteri'ɛl] *adj* bacteriano

Balance [ba'laŋsə] *f* equilibrio *m*; **~akt** *m* juego *m* de equilibrio

balancieren [balaŋ'si:rən] ⟨*sin* ge⟩ **I** *v/t* ⟨h⟩ mantener en equilibrio; **II** *v/i* ⟨sn⟩ mantenerse en equilibrio

bald [balt] *adv* **1** (*in kurzer Zeit*) pronto, dentro de poco, en breve; ***~ darauf*** poco después; ***so ~ wie möglich*** cuanto antes, lo más pronto posible; F ***bis ~!*** F ¡hasta pronto!; **2** F (*fast*) casi

Baldachin ['baldaxi:n] *m* ⟨-s; -e⟩ baldaquino *m*, dosel *m*

'baldig *adj* próximo, pronto

Baldrian ['baldria:n] *m* ⟨-s; -e⟩ valeriana *f*

Bale'aren [bale'a:rən] *pl **die ~*** las (Islas) Baleares

Balg¹ [balk] *m* ⟨-(e)s; ⸚e⟩ **1** *von Tieren* piel *f*, pellejo *m*; **2** (*Blase*≗) fuelle *m*

Balg² F *m od n* ⟨-(e)s; ⸚er⟩ (*Kind*) F diablillo *m*

balgen ['balgən] *v/r **sich ~*** pelearse

Balgerei [balgə'raɪ] *f* pelea *f*, pelotera *f* (***um*** por)

Balkan ['balka:n] *m* ⟨-s⟩ ***der ~*** los Balcanes

Balken ['balkən] *m* ⟨-s; -⟩ **1** (*Holz*≗) madero *m*; F ***er lügt, dass sich die ~ biegen*** F miente más que habla; **2** ARCH viga *f*; **3** SPORT barra *f* de equilibrios

'Balken|code *m* código *m* de barras; **~decke** *f* techo *m* de vigas; **~diagramm** *n* diagrama *m* de barras; **~überschrift** *f* titular *m*, cabecera *f*

Balkon [bal'kɔŋ] *m* ⟨-s; -s *o* -e⟩ balcón *m*; THEA platea *f*

Ball¹ [bal] *m* ⟨-(e)s; ⸚e⟩ pelota *f*; (*Fuß*≗) balón *m*; ***~ spielen*** jugar a la pelota; F *fig **am ~ bleiben*** estar atento *od* pendiente, mantenerse al tanto

Ball² *m* ⟨-(e)s; ⸚e⟩ (*Tanzfest*) baile *m*

Ballade [ba'la:də] *f* balada *f*

Ballast [ba'last] *m* ⟨-(e)s⟩ lastre *m*, carga *f*; **~stoffe** *pl* MED fibras *f/pl* (vegetales)

'ballen I *v/t **die Faust ~*** cerrar *od* apretar el puño; **II** *v/r **sich ~*** aglomerarse, apelotonarse

'Ballen *m* ⟨-s; -⟩ **1** ANAT pulpejo *m*; **2** (*Packen*) fardo *m*, paca *f*, bala *f*

Ballerina [balə'ri:na] *f* ⟨-; -rinen⟩ bailarina *f*

Ballermann ['balərman] F *m* ⟨-s; -männer⟩ revólver *m*

ballern ['balərn] F *v/i* F tirotear

Ballett [ba'lɛt] *n* ⟨-(e)s; -e⟩ ballet *m*; **~tänzer(-in)** *m(f)* bailarín, -ina *m,f*; **~schule** *f* academia *f* de baile

Ballist|ik [ba'lɪstɪk] *f* ⟨-⟩ balística *f*; **≗isch** *adj* balístico

'Ballkleid *n* vestido *m* de baile

Ballon [ba'lɔŋ] *m* ⟨-s; -s⟩ **1** AVIA globo *m* (*a Luft*≗); **2** (*Korbflasche*) damajuana *m*; (*Glaskolben*) balón *m*; **~reifen** *m* neumático *m* balón

'Ballsaal *m* salón *m* de baile

'Ballspiel *n* juego *m* de pelota

'Ballung *f* aglomeración *f*, concentración *f*

'Ballungs|gebiet *n*, **~raum** *m* zona *f* de aglomeración; **~zentrum** *n* centro *m* de aglomeración

'Ballwechsel *m* peloteo *m*

Balsam ['balza:m] *m* ⟨-s; -e⟩ bálsamo *m*

balsamieren [balza'mi:rən] *v/t* ⟨*sin* ge⟩ embalsamar

Balt|e ['baltə] *m* ⟨-n; -n⟩, **~in** *f* báltico, -a *m,f*; **~ikum** ['baltikʊm] *n* ⟨-s⟩ ***das ~*** los países bálticos

'baltisch *adj* báltico

Balz [balts] *f* ⟨-; -en⟩ época *f* de celo

'balzen *v/i* estar en celo

Bambus ['bambʊs] *m* ⟨-(ses); -se⟩ bambú *m*; **~sprossen** *pl* brotes *m/pl* tiernos de

bambú
Bammel ['baməl] F *m* ⟨-s⟩ miedo *m*; F canguelo *m*; **~ haben** tener miedo (**vor** +*dat* a, de)
banal [ba'na:l] *adj* banal; **2i'tät** *f* banalidad *f*, trivialidad *f*
Banane [ba'na:nə] *f* plátano *m*; *Am* banana *f*; **~nstecker** EL clavija *f* banana
Banause [ba'nauzə] *m* ⟨-n; -n⟩ inculto, -a *m,f*
Band[1] *n* ⟨-(e)s; ⸚er⟩ **1** cinta *f* (*a Maß2, Ton2*); **auf ~ aufnehmen** grabar (en cinta); **2** (*Hut2*) cordoncillo *m*; **3** (*Fließ2*) cadena *f*; *fig* **am laufenden ~** continuamente, sin parar; **4** ANAT ligamento *m*; **5** RADIO (*Bereich*) banda *f*
Band[2] *n* ⟨-(e)s; -e⟩ *fig* vínculo *m*, lazo *m*
Band[3] [bant] *m* ⟨-(e)s; ⸚e⟩ *Buch* tomo *m*, volumen *m*; *fig* **das spricht Bände** eso lo dice todo
Band[4] [bɛnt] *f* ⟨-; -s⟩ MUS grupo *m*, banda *f*
Bandage [ban'da:ʒə] *f* vendaje *m*; *fig* **mit harten ~n** sin consideraciones, despiadadamente
bandagieren [banda'ʒi:rən] *v/t* ⟨*sin* ge⟩ vendar
'Bandbreite *f* **1** EL anchura *f* de banda; **2** *fig* diversidad *f*
Bande[1] ['bandə] *f* pandilla *f*; (*Verbrecher2 usw*) banda *f*, cuadrilla *f*; F **die ganze ~** F todo el equipo
'Bande[2] *f* SPORT banda *f*
Bänder|riss ['bɛndər-] *m* MED rotura *f* de ligamentos; **~zerrung** *f* MED distensión *f* de ligamentos
bändigen ['bɛndɪgən] *v/t* domar
Bandit [ban'di:t] *m* ⟨-en; -en⟩ bandido *m*, bandolero *m*
'Band|maß *n* cinta *f* métrica; **~nudeln** *pl* tallarines *m/pl*; **~scheibe** *f* disco *m* intervertebral; **~scheibenvorfall** *m* MED hernia *f* discal; **~wurm** *m* tenia *f*
bange ['baŋə] *adj* inquieto, temeroso; **mir ist ~** tengo miedo (**vor** a, de)
'Bange *f* ⟨-⟩ temor *m*; (**nur**) **keine ~!** ¡no tenga(n, *etc*) miedo!; **j-m ~ machen** inquietar a alg, meter miedo a alg
'bangen *geh* **I** *v/i* **~ um** temer por, estar inquieto por; **um j-s Leben ~** temer por la vida de alg; **II** *v/imp* **j-m bangt** (**es**) **vor etw** (*dat*) alg (le) teme a a/c
Bank[1] [baŋk] *f* ⟨-; ⸚e⟩ (*Sitz2*) banco *m*; *ohne Lehne* banqueta *f*; SPORT banquillo *m*; *fig* **etw auf die lange ~ schieben** dar largas a a/c; F **durch die ~** sin excepción
Bank[2] *f* ⟨-; -en⟩ **1** (*Geldinstitut*) banco *m*; **avisierende ~** banco *m* avisador, banco *m* notificador; **bestätigende ~** banco *m* confirmador; **eröffnende ~** banco *m* emisor; **auf der ~** en el banco; **auf die ~ gehen** ir al banco; **Geld auf die ~ bringen** llevar dinero al banco; **Geld auf der ~ haben** tener dinero en el banco; **2** (*Spiel2*) banca *f*; **die ~ halten, sprengen** tener, saltar la banca
'Bank|angestellte(r) *f*(*m*) empleado, -a *m,f* de banco; **~anweisung** *f* giro *m* bancario; **~dienstleistungen** *f/pl* servicios *m/pl* bancarios; **~direktor(in)** *m*(*f*) director, a *m,f* de banco; **~einlage** *f* depósito *m* (bancario); **~einzugsverfahren** *n* domiciliación *f* bancaria de recibos
Banker(in) ['bɛŋkər(ɪn)] F *m*, F (*f*) banquero, a *m,f*
Bankett [baŋ'kɛt] *n* ⟨-(e)s; -e⟩ **1** (*Festmahl*) banquete *m*; **2** *e-r Straße* arcén *m*
'Bank|fach *n* (*Schließfach*) caja *f* de seguridad; **~filiale** *f* sucursal *f* de un banco; **~geheimnis** *n* secreto *m* bancario; **~geschäft** *n* operación *f* bancaria; **~gewerbe** *n* banca *f*; **~guthaben** *n* haber *m* bancario
Bankier [baŋ'kie:] *m* ⟨-s; -s⟩ banquero *m*
'Bank|kauffrau *f* empleada *f* (titulada) de banco; técnica *f* de gestión empresarial - especialidad banca; **~kaufmann** *m* empleado *m* (titulado) de banco; técnico *m* de gestión empresarial - especialidad banca; **~konto** *n* cuenta *f* bancaria; **~kredit** *m* crédito *m* bancario; **~kreise** *m/pl* **in ~n** en círculos bancarios; **~leitzahl** *f* código *m* de identificación de la entidad bancaria; **~note** *f* billete *m* de banco; **~raub** *m* robo *m od* atraco *m* a un banco; **~räuber** *m* ladrón *m od* atracador *m* de bancos
bankrott [baŋk'rɔt] *adj* en bancarrota, en quiebra; *fig* (*pleite*) **~ sein** estar en quiebra
Bank'rott *m* ⟨-(e)s; -e⟩ bancarrota *f*, quiebra *f*; **betrügerischer ~** quiebra *f* fraudulenta; **~ gehen, ~ machen** quebrar, declararse en quiebra; **in den ~ führen** llevar a *f* bancarrota
'Bank|scheck *m* cheque *m* bancario; **~schließfach** *n* caja *f* de seguridad de un *bzw* del banco; **~überfall** *m* atraco *m* a un banco; **~überweisung** *f* transferencia *f* bancaria; **~verbindung** *f* (número *m* de) cuenta *f* bancaria; **~vollmacht** *f* poder *m* bancario; **~wechsel** *m* letra *f* bancaria; **~wesen** *n* banca *f*
Bann [ban] *m* ⟨-(e)s⟩ **1** (*Kirchen2*) excomunión *f*; **2** *geh* (*Zauber*) fascinación *f*, hechizo *m*; **j-n in seinen ~ schlagen** cautivar a alg; **unter dem ~** (**von** *od* +*gen*) bajo el hechizo (de), fascinado (por)
'bannen *v/t* **1** REL excomulgar; **2** *Gefahr* conjurar; **3** *böse Geister* exorcizar; **4** (*bezaubern*) fascinar, cautivar; **wie gebannt** como hechizado; **5** *fig* **etw auf die Lein-**

***wand** usw* **~** inmortalizar a/c sobre la pantalla, *etc*
'Banner *n* ⟨-s; -⟩ estandarte *m*
'Bann|kreis *m* esfera *f* de influencia; **~meile** *f* zona *f* de protección
Bantamgewicht ['bantam-] *n* ⟨-(e)s⟩ SPORT peso *m* gallo
bar [baːr] *adj* **1** ECON en efectivo; ***in** od **gegen** **~ bezahlen*** pagar en efectivo; **2** (*rein*) puro, auténtico; ***~er Unsinn*** un solemne disparate; **3** (*ohne*) ***~ jeglicher Vernunft*** sin ningún sentido
Bar [baːr] *f* ⟨-; -s⟩ **1** *Lokal* bar *m* (americano); **2** (*Theke*) barra *f*; ***an der ~*** en la barra
Bär [bɛːr] *m* ⟨-en; -en⟩ **1** ZO oso *m*; F *fig* ***j-m e-n ~en aufbinden*** F tomar el pelo a alg; **2** ASTR ***der Große, Kleine ~*** la Osa Mayor, Menor
Baracke [ba'rakə] *f* barraca *f*
'Barauszahlung *f* pago *m* en efectivo
Barbar [bar'baːr] *m* ⟨-en; -en⟩ bárbaro *m*
Barbarei [barba'raɪ] *f* barbarie *f*, barbaridad *f*
bar'barisch *adj* bestial, bárbaro
bärbeißig ['bɛːrbaɪsɪç] *adj* gruñón
'Barbezüge *pl* emolumentos *m/pl*
'Bardame *f* camarera *f* (de un bar americano)
'Bar|einlage *f* aportación *f* dineraria, depósito *m* en efectivo; **~einnahmen** *pl* ingresos *m/pl* en efectivo
'Bärendienst *m* ***j-m e-n ~ erweisen*** prestar un flaco servicio a alg
'Bärenhunger *m* F ***e-n ~ haben*** F tener (un) hambre canina
Barett [ba'rɛt] *n* ⟨-(e)s; -e⟩ birrete *m*
'barfuß *adv* descalzo
'barfüßig [barfyːsɪç] *adj* descalzo
'Bargeld *n* dinero *m* en metálico *od* en efectivo; **≗los** *adj u adv* por cheque, por transferencia
'barhäuptig [-hɔvptɪç] *adj* con la cabeza descubierta
'Barhocker *m* taburete *m* (de un bar)
Bärin ['bɛːrɪn] *f* ZO osa *f*
Bariton ['baːritɔn] *m* ⟨-s; -e⟩ barítono *m*
Barkasse [bar'kasə] *f* barcaza *f*, lancha *f*
'Barkauf *m* compra *f* al contado
'Barkeeper [-kiːpər] *m* barman *m*
barmherzig [barm'hɛrtsɪç] *geh adj* misericordioso (***gegen** od **mit*** con, para con); (*mildtätig*) caritativo; **≗keit** *f* ⟨-⟩ misericordia *f*
'Barmixer *m* barman *m*
barock [ba'rɔk] *adj* barroco (*a fig*)
Ba'rock *n*, *m* ⟨-s⟩ barroco *m*
Barometer [baro'meːtər] *n* ⟨-s; -⟩ barómetro *m*
Baron(in) [ba'roːn(ɪn)] *m* ⟨-s; -e⟩ (*f*) barón, -onesa *m,f*
Barrel ['bɛrəl] *n* ⟨-s; -s⟩ *Maßeinheit* barril *m*
Barren ['barən] *m* ⟨-s; -⟩ **1** (*Gold≗ usw*) barra *f*, lingote *m*; **2** SPORT (barras *f/pl*) paralelas *f/pl*
Barriere [bari'ɛːrə] *f* barrera *f*
Barrikade [bari'kaːdə] *f* barricada *f*; ***auf die ~n gehen*** luchar (***für*** por)
barsch [barʃ] *adj* brusco, seco
Barsch *m* ⟨-(e)s; -e⟩ perca *f*
'Bar|schaft *f* ⟨-⟩ F dinero *m* contante y sonante; **~scheck** *m* cheque *m* abierto *od* al contado, cheque *m* de ventanilla
Bart [baːrt] *m* ⟨-(e)s; ⸚e⟩ **1** barba *f*; ***sich e-n ~ wachsen** od **stehen lassen*** dejarse barba; F *fig* ***das hat soo einen ~!*** ¡eso ya es agua pasada!; **2** (*Schlüssel≗*) paletón *m*
bärtig ['bɛːrtɪç] *adj* barbudo
'Bartstoppeln *pl* cañones *m/pl* (de la barba)
'Bar|verkauf *m* venta *f* al contado; **~zahlung** *f* pago *m* en efectivo *od* al contado
'Barzahlungs|preis *m* precio *m* al contado; **~rabatt** *m* descuento *m* por pago al contado
Basar [ba'zaːr] *m* ⟨-s; -e⟩ bazar *m*
Base[1] ['baːzə] *f* prima *f*
'Base[2] *f* CHEM base *f*
Basel ['baːzəl] *n* Basilea *f*
basieren [ba'ziːrən] *v/i* ⟨*sin* ge⟩ **~ *auf*** (+*dat*) basarse en
Basilika [ba'ziːlika] *f* ⟨-; -ken⟩ ARCH basílica *f*
Basilikum [ba'ziːlikʊm] *n* ⟨-s⟩ BOT albahaca *f*
Basis ['baːzɪs] *f* ⟨-; Basen⟩ base *f* (*a fig*); ***an der ~*** en la base
basisch ['baːzɪʃ] *adj* CHEM básico
'Basis|demokratie *f* democracia *f* básica; **~lager** *n* campamento *m* de base; **~station** *f* estación *f* base
Baske ['baskə] *m* ⟨-n; -n⟩ vasco *m*; **~nland** *n* País *m* Vasco; **~nmütze** *f* boina *f*
Basketball ['baskət-] *m* SPORT baloncesto *m*
'Bask|in *f* vasca *f*; **≗isch** *adj* vasco
Bass [bas] *m* ⟨-es; ⸚e⟩ MUS bajo *m* (*a Sänger*); **'~gitarre** *f* guitarra *f* baja
Bassin [ba'sɛ̃ː] *n* ⟨-s; -s⟩ depósito *m* de agua; (*Schwimm≗*) piscina *f*
Bassist [ba'sɪst] *m* MUS **1** *Sänger* bajo *m*; **2** (*Bassspieler*) contrabajo *m*
'Bass|regler *m* RADIO mando *m* de bajo; **~schlüssel** *m* MUS clave *f* de fa; **~stimme** *f* (voz *f* de) bajo *m*
Bast [bast] *m* ⟨-(e)s; -e⟩ rafia *f*
basta ['basta] F *int* F ¡basta!; F ***und damit ~!*** F ¡y sanseacabó!

Bastard ['bastart] *m* ⟨-(e)s; -e⟩ **1** BIOL bastardo *m*; híbrido *m*; **2** (*Schimpfwort*) bastardo *m*; P hijo *m* de puta
'Bastelei *f* **1** *Sache* manualidades *f/pl*; **2** bricolaje *m*
basteln ['bastəln] **I** *v/t* hacer (a mano); **II** *v/i* hacer trabajos manuales; ~ ***an etw*** (*dat*) manipular a/c (*para intentar mejorarla*)
'Basteln *n* ⟨-s⟩ trabajos *m/pl* manuales, bricolaje *m*
Bastion [basti'oːn] *f* bastión *m*, baluarte *m*
'Bastler *m* aficionado *m* al bricolaje
BAT *m Abk* (*Bundesangestelltentarif*) tarifa *f* federal de empleados
Bataillon [batal'joːn] *n* ⟨-s; -e⟩ MIL batallón *m*
Batik ['baːtɪk] *f* batik *m*
'batiken *v/t*, *v/i* teñir al batik
Batist [ba'tɪst] *m* ⟨-(e)s; -e⟩ batista *f*
Batterie [batə'riː] *f* **1** EL pila *f*; AUTO, MIL batería *f*; **2** F *fig* (*Reihe*) batería *f*; **2betrieben** *adj* alimentado a pilas *od* con batería; **~ladegerät** *n* TEC cargador *m* de batería
Bau[1] [bau̯] *m* ⟨-(e)s⟩ **1** (*Haus*2) construcción *f*, obra *f*; ***im ~ sein*** estar en construcción; **2** ⟨*pl* -ten⟩ (*Gebäude*) edificio *m*, edificación *f*; ***Bauten*** THEA *usw* decoración *f*; **3** TEC construcción *f*, organización *f*; (*Auf*2) estructuración *f*; **4** *Gewerbe* construcción *f*; F *fig* ***er arbeitet auf dem ~*** trabaja en la construcción; **5** F MIL (*Gefängnis*) F chirona *f*
Bau[2] *m* ⟨-(e)s; -e⟩ (*Tierhöhle*) madriguera *f*; (*Dachs*2) tejonera *f*; (*Fuchs*2) zorrera *f*; (*Kaninchen*2) conejera *f*
'Bau|amt *n* oficina *f* (pública) de obras y construcciones; **~arbeiten** *pl* obras *f/pl* (de construcción); **~arbeiter** *m* obrero *m* de la construcción; **~art** *f* TEC estilo *m*; **~aufsichtsbehörde** *f* → ***Bauamt***; **~branche** *f* sector *m* de la construcción
Bauch [baux] *m* ⟨-(e)s; ⸚e⟩ **1** vientre *m*, barriga *f*; F panza *f*; ***auf dem ~ liegen*** estar boca abajo; ***e-n ~ haben*** tener barriga; ***sich vor Lachen den ~ halten*** desternillarse de risa; *fig* ***aus dem ~*** espontáneamente; **2** *e-s Schiffs* bodega *f*; *e-r Flasche usw* vientre *m*
'Bauch|ansatz *m* barriga *f* incipiente; **~fell** *n* ANAT peritoneo *m*; **~fellentzündung** *f* MED peritonitis *f*
bauchig ['bauxɪç] *adj* panzudo; *fig* abombado
'Bauch|landung *f* AVIA aterrizaje *m* ventral; **~nabel** *m* ombligo *m*; **~reden** *n* ventriloquia *f*; **~redner** *m* ventrílocuo *m*; **~schmerzen** *pl* dolor *m* de barriga; **~speicheldrüse** *f* páncreas *m*; **~tanz** *m* danza *f* oriental *od* de vientre; **~tänzerin** *f* bailarina *f* oriental *od* de vientre; **~weh** F *n* ⟨-s⟩ dolor *m* de barriga
'Baudenkmal *n* monumento *m*
'bauen *v/t*, *v/i* **1** construir, edificar; **2** F *fig* (*machen*) hacer; (*verursachen*) originar; ***e-n Unfall ~*** provocar un accidente; **3** *fig* ***~ auf*** (+*dat*) confiar en, contar con
Bauer[1] ['bau̯ər] *m* ⟨-n; -n⟩ **1** campesino *m*; labrador *m*; (*Landwirt*) agricultor *m*; **2** *desp* (*grober Mensch*) paleto *m*; **3** *Schach* peón *m*; *Kartenspiel* sota *f*
'Bauer[2] *n od m* ⟨-s; -⟩ (*Vogel*2) jaula *f*
Bäuerin ['bɔyərɪn] *f* campesina *f*; labradora *f*; agricultora *f*
'bäuerlich *adj* campesino, rústico
'Bauern|brot *n* pan *m* de pueblo, pan *m* de payés; **~fängerei** [-fɛŋə'raɪ] *f* ⟨-⟩ timo *m*, tomadura *f* de pelo; **~haus** *n* casa *f* de campo; **~hof** *m* finca *f* rústica; granja *f*; **~möbel** *pl* muebles *m/pl* rústicos; **2schlau** *adj* socarrón
'baufällig *adj* ruinoso
'Bau|firma *f* empresa *f* constructora; **~genehmigung** *f* licencia *f od* permiso *m* de construcción *od* de obras; **~genossenschaft** *f* cooperativa *f* de construcción; **~gerüst** *n* andamiaje *m*, andamio *m*; **~gewerbe** *n* (ramo *m* de la) construcción *f*; **~grund** *m*, **~grundstück** *n* solar *m*; **~herr** *m* propietario *m*; (*Bauunternehmer*) contratista *m*; **~industrie** *f* industria *f* de la construcción; **~ingenieur** *m* ingeniero *m* constructor; **~jahr** *n* año *m* de construcción; AUTO año *m* de fabricación
'Baukasten *m* caja *f* de construcción; **~system** *n* TEC sistema *f* de módulos
'Bauklotz *m* F *fig* ***Bauklötze staunen*** quedarse pasmado *od* maravillado
'Bau|kosten *pl* costes *m/pl* de construcción; **~land** *n* ⟨-(e)s⟩ terreno *m* edificable; **~leiter** *m* aparejador *m*, arquitecto *m* técnico
'baulich *adj* arquitectónico; ***in gutem ~en Zustand*** en buenas condiciones de habitabilidad
Baum [baum] *m* ⟨-(e)s; ⸚e⟩ árbol *m*
'Bau|markt *m* mercado *m* de materiales para la construcción, negocio *m* de bricolaje; **~maschinen** *pl* maquinaria *f* para la construcción; **~material** *n* material *m* de construcción
'Baumblüte *f* floración *f* de los árboles
'Baumeister *m* maestro *m* de obras
baumeln ['bauməln] *v/i* (*hängen*) ***~ an*** (+*dat*) balancearse en; ***mit den Beinen ~*** balancear las piernas
'Baum|grenze *f* límite *m* del arbolado; **~krone** *f* copa *f* (del árbol); **2los** *adj* sin árboles; **~schere** *f* podadera *f*; **~schule** *f*

vivero *m*; **~stamm** *m* tronco *m* (del árbol); **~stumpf** *m* tocón *m*, cepellón *m*; **~wolle** *f* algodón *m*; **2wollen** *adj* de algodón
'Bau|plan *m* TEC plan *m od* proyecto *m* de construcción; **~platz** *m* solar *m*; **~satz** *m* kit *m*; equipo *m* de construcción
Bausch [baʊʃ] *m* ⟨-(e)s; -e, ⸗e⟩ (*Watte2*) algodón *m*; *fig* ***etw in ~ und Bogen verurteilen*** condenar a/c sin más
'bauschen I *v/t* hinchar, henchir; **II** *v/r* ***sich ~*** abolsarse, inflarse
'bauschig *adj* hinchado, ahuecado, holgado
'Bau|schlosser *m* cerrajero *m* de obra(s); **~sektor** *m* sector *m* constructor, sector *m* de (la) construcción
Bauspar|darlehen *n* préstamo *m* hipotecario; **~en** *n* ahorro-vivienda *m*; **~kasse** *f* caja *f* de ahorros para la construcción; **~konto** *n* cuenta vivienda *f*; **~vertrag** *m* contrato *m* (de) ahorro-vivienda
Bau|stein *m* **1** ARCH piedra *f* de construcción; sillar *m*; **2** (*Komponente*) componente *m*; EL chip *m*; **~stelle** *f* obra(s) *f(pl)*; **~stil** *m* estilo *m* arquitectónico; **~stoff** *m* material *m* de construcción
'Baustopp *m* interrupción *f* de las obras; ***e-n ~ verhängen*** prohibir las obras
'Bau|tätigkeit *f* actividad *f* constructora; **~teil I** *n* TEC componente *m*; **II** *m* (*Gebäudeteil*) edificio *m*
Bauten ['baʊtən] *pl* → ***Bau¹ 2***
'Bau|träger *m* constructor *m*; **~unternehmen** *n* empresa *f* de construcción, constructora *f*; **~unternehmer(in)** *m(f)* contratista *m,f* (de obras); **~vorhaben** *n* proyecto *m* de construcción; **~weise** *f* modo *m* de construcción; **~work** *n* edificio *m*, construcción *f*; **~zeichnung** *f* plano *m* de obra; **~zeit** *f* tiempo *m* de construcción
Bayer(in) ['baiər(ɪn)] *m* ⟨-n; -n⟩ (*f*) bávaro, -a *m,f*
'bayerisch, **bayrisch** ['baɪrɪʃ] *adj* bávaro
Bayern ['baɪərn] *n* ⟨-(s); -⟩ Baviera *f*
Bazillus [ba'tsɪlʊs] *m* ⟨-; Bazillen⟩ bacilo *m*
Bd. *Abk* (*Band*) vol. (*volumen*)
Bde. *pl Abk* (*Bände*) vols. (*volúmenes*)
BDI [be:de:'ʔi:] *m Abk* (*Bundesverband der Deutschen Industrie*) Unión *f* Federal de la Industria Alemana
be'absichtigen *v/t* ⟨*sin* ge⟩ proyectar, proponerse; ***~ etw zu tun*** tener la intención de hacer a/c; ***das war*** (***nicht***) ***beabsichtigt*** (no) ha sido con intención
be'achten *v/t* ⟨*sin* ge⟩ fijarse en, tener en cuenta; ***bitte ~*** atención
be'achtenswert *adj* digno de atención, considerable
be'achtlich *adj* estimable, considerable
Be'achtung *f* ⟨-⟩ atención *f*, consideración *f*; ***~ schenken*** (+*dat*) fijarse en; tener en cuenta
Beamt|e(r) [bə'ʔamtə(r)] *m* ⟨→ A⟩, **~in** *f* funcionario, -a *m,f*
be'ängstigend *adjt* inquietante, alarmante
be'anspruchen *v/t* ⟨*sin* ge⟩ **1** *Rechte* reclamar, exigir, reivindicar; **2** *Aufmerksamkeit* absorber, exigir; **3** *Platz, Zeit* requerir; **4** *Nerven* cansar; **5** TEC *Maschine* desgastar; **6** ***j-n ganz ~*** absorber a alg
Be'anspruchung *f* **1** *von Rechten usw* exigencia *f*; **2** *von Kräften*, *von j-s Zeit usw* utilización *f*, empleo *m*; **3** TEC carga *f*, desgaste *m*
be'anstand|en *v/t* ⟨*sin* ge⟩ objetar, poner reparos a; *Mängel* reclamar; **2ung** *f* objeción *f*; *von Mängeln* reclamación *f*
be'antragen *v/t* ⟨*sin* ge⟩ **1** solicitar, pedir (***bei j-m*** a alg); **2** (*vorschlagen*) proponer; **2** POL presentar (una moción de)
be'antworten *v/t* ⟨*sin* ge⟩ contestar, responder a
be'arbeiten *v/t* ⟨*sin* ge⟩ **1** *Material* trabajar; CHEM tratar (***mit*** con); **2** *Boden* labrar, cultivar; **3** *Antrag usw* tramitar; **4** *Thema* tratar; THEA, KINO, TV adaptar (***für*** para); *Buch, Text* (***neu***) **~** revisar; **5** MUS arreglar; **6** F *fig* ***j-n ~*** (*beeinflussen*) tratar de persuadir a alg; (*verprügeln*) pegar una paliza a alg
Be'arbeitung *f* **1** TEC elaboración *f*; **2** *des Bodens* labrado *m*; **3** *e-s Antrags usw* tramitación *f*; **4** *e-s Textes* revisión *f*; THEA, KINO, TV adaptación *f*; **5** MUS arreglo *m*
Be'arbeitungs|gebühr *f* ECON derechos *m/pl* de tramitación; *beim Kredit* gastos *m/pl* corrientes, comisión *f*; **~zeit** *f* FIN tiempo *m* de tramitación
be'atmen *v/t* ⟨*sin* ge⟩ ***j-n*** (***künstlich***) **~** practicar(le) a alg la respiración artificial
be'aufsichtig|en *v/t* ⟨*sin* ge⟩ vigilar, inspeccionar, supervisar; **2ung** *f* vigilancia *f*, inspección *f*, supervisión *f*
be'auftragen *v/t* ⟨*sin* ge⟩ encargar, comisionar; (*anweisen*) delegar; ***j-n mit etw ~*** encargar a/c a alg
Be'auftragte(r) *f(m)* ⟨→ A⟩ encargado, -a *m,f*
be'bauen *v/t* ⟨*sin* ge⟩ **1** *Grundstück, Gelände* edificar, urbanizar; **2** AGR cultivar
Be'bauung *f* **1** *mit Häusern* edificación *f*, urbanización *f*; **2** AGR cultivo *m*; **~splan** *m* plan *m* de urbanización
beben ['be:bən] *v/i geh* vibrar; *fig* temblar (***vor*** +*dat* de)
'Beben *n* ⟨-s; -⟩ temblor *m*; (*Erd2*) terremoto *m*
be'bildern *v/t* ⟨*sin* ge⟩ ilustrar, adornar con

grabados
bebrillt [bə'brɪlt] *adj* con gafas
Becher ['bɛçər] *m* vaso *m*
'bechern F *v/i* F empinar el codo
Becken ['bɛkən] *n* ⟨-s; -⟩ **1** (*Wasch*♀) lavabo *m*; (*Spül*♀) pila *f*, fregadero *m*; (*Schwimm*♀) piscina *f*; **2** ANAT pelvis *f*; **3** GEOL cuenca *f*; **4** MUS platillos *m/pl*; **~bruch** *m* MED fractura *f* de pelvis
Becquerel [bɛkə'rɛl] *n* ⟨-s; -⟩ PHYS becquerel *m*
be'dacht *adjt* cuidadoso, prudente; **~ sein auf** (+*dat*) cuidar de, pensar en; **darauf ~ sein zu** (+*inf*) cuidar de que (+*subj*)
bedächtig [bə'dɛçtɪç] *adj* (*überlegt, umsichtig*) circunspecto, mirado; (*langsam*) lento
be'danken *v/r* ⟨*sin* ge⟩ **sich ~** dar las gracias (**bei** a; **für** por); **ich bedanke mich!** ¡muchas gracias! (*a iron*)
Be'darf [bə'darf] *m* ⟨-(e)s⟩ necesidades *f/pl* (**an** +*dat* de); **bei ~** en caso de necesidad; (**je**) **nach ~** según las necesidades; F **mein ~ ist gedeckt** ya tengo bastante
Be'darfs|artikel *m* artículo *m* de consumo; **~güter** *pl* bienes *m/pl* de consumo; **~haltestelle** *f* parada *f* discrecional
bedauerlich [bə'daʊərlɪç] *adj* lamentable, deplorable; **~erweise** *adv* lamentablemente
be'dauern ⟨*sin* ge⟩ **I** *v/t* **etw ~** sentir a/c, lamentar a/c; **j-n ~** compadecer a alg; **ich bedaure sehr, dass ...** siento mucho que ... (+*subj*); **II** *v/i* **bedaure!** ¡lo lamento!
Be'dauern *n* ⟨-s⟩ sentimiento *m*, pesar *m*; (*Mitgefühl*) compasión *f*; **zu meinem** (**großen**) **~** (muy) a pesar mío
be'dauernswert *adj* (*Mitleid erregend*) lamentable, digno de compasión
be'decken ⟨*sin* ge⟩ **I** *v/t* tapar, cubrir; **II** *v/r* **sich ~** cubrirse; *Himmel* encapotarse
be'deckt *adjt* **1** *Himmel* cubierto, encapotado; **2** *fig* **sich ~ halten** reservarse la opinión
be'denken *v/t* ⟨bedachte, bedacht⟩ **1** (*überlegen*) pensar, reflexionar; (*beachten*) tener presente, tener en cuenta; **2 j-n mit etw ~** legar(le) a/c a alg
Be'denken *n* ⟨-s; -⟩ reflexión *f*, consideración *f*; (*Einwand*) reparo *m*; (*Zweifel*) duda *f*, escrúpulo *m*; (**wegen etw**) **keine ~ haben** no ver (en a/c) ningún inconveniente
be'denkenlos I *adj* sin escrúpulos; **II** *adv* (*ohne zu zögern*) sin vacilar; (*blindlings*) sin pensar
be'denklich *adj* **1** (*zweifelhaft*) dudoso, crítico; **2** (*Besorgnis erregend*) delicado, arriesgado
Be'denkzeit *f* ⟨-⟩ plazo *m* para reflexionar; **ich gebe dir bis morgen ~** te dejo pensarlo hasta mañana
be'deuten *v/t* ⟨*sin* ge⟩ **1** (*heißen*) *Symbol, Wort usw* significar, querer decir; **was soll das** (**denn**) **~?** ¿qué significa eso?; **das hat nichts zu ~** no tiene importancia; **das bedeutet nichts Gutes** tiene mala pinta; **er, es** *usw* **bedeutet mir viel** es muy importante para mí; **2** *geh* (*zu verstehen geben*) **j-m ~, dass ...** sugerir a alg que ...
be'deut|end I *adjt* (*wichtig*) importante; (*beträchtlich*) considerable; **II** *advl* considerablemente; **~sam** *adj* significativo; **♀ung** *f* **1** (*Sinn*) significado *m*; **2** (*Wichtigkeit*) importancia *f*; **von ~** de importancia (**für** para)
be'deutungsvoll *adj* significativo
be'dienen ⟨*sin* ge⟩ **I** *v/t* **1** *Gäste, Kunden* servir, atender, despachar; F *iron* **ich bin bedient!** F ¡estoy servido!; **2** *Maschine* manejar; **3** F SPORT tener el servicio; **II** *v/r* **4** *beim Essen usw* **sich ~** servirse; **5** *geh* **sich j-s, e-r Sache ~** valerse de alg, de a/c; **III** *v/i* **6** *bei Tisch* servir
Be'dienung *f* **1** *e-s Gastes* servicio *m*; **2** *von Geräten* manejo *m*; **3** (*Person*) camarero, -a *m,f*
Be'dienungs|anleitung *f* instrucciones *f/pl* de empleo; *für Geräte* instrucciones *f/pl* de manejo; **~komfort** *m* manejo *m* fácil; **~personal** *n* TEC operadores *m/pl*
bedingen [bə'dɪŋən] *v/t* ⟨*sin* ge⟩ **1** (*bewirken*) motivar, condicionar; **2** (*erfordern*) requerir
be'dingt I *adjt* condicional, limitado; **~ sein durch** estar condicionado por, deberse a; **II** *advl* (*mit Einschränkungen*) con reservas
Be'dingung *f* condición *f*; **e-e Reihe von ~en** una serie de condiciones; **die ~en erfüllen** cumplir las condiciones; **~en stellen** (im)poner condiciones; **unter der ~, dass ...** con la condición de que ... (+*subj*); **unter diesen ~en** en *od* bajo esas condiciones; ECON **zu günstigen, vorteilhaften ~en** (**überlassen**) (ceder) en condiciones ventajosas, favorables
be'dingungs|los I *adj* sin condiciones, incondicional; **II** *adv* sin reservas; **♀satz** *m* GRAM oración *f* condicional
be'drängen *v/t* ⟨*sin* ge⟩ **1 j-n ~** acosar *od* importunar a alg (**mit** *Bitten, Fragen usw* con); **2** (*bestürmen*) *Gegner* asediar; **3** (*bedrücken*) oprimir, atormentar
be'drohen *v/t* ⟨*sin* ge⟩ amenazar; zo **bedrohte Arten** especies *f/pl* amenazadas
be'drohlich *adj* amenazante, amenazador, crítico
Be'drohung *f* amenaza *f*

be'drucken *v/t* ⟨*sin* ge⟩ *Papier* imprimir; *Stoff* estampar
be'drücken *v/t* ⟨*sin* ge⟩ oprimir, atormentar; *seelisch* atribular, abatir; *Sorgen* agobiar
be'drückend *adjt* agobiante, opresivo
be'dürfen ⟨bedarf, bedurfte, bedurft⟩ *geh* **I** *v/i* ***e-r Sache, j-s ~*** necesitar *od* requerir a/c, a alg; **II** *v/imp* ***es bedarf weiterer Beweise*** requiere más pruebas
Bedürfnis [bə'dʏrfnɪs] *n* ⟨-ses; -se⟩ **1** necesidad *f* (***nach*** de); ECON ***auf die ~se des Marktes reagieren*** responder a las necesidades del mercado; ***die ~se des Verbrauchers befriedigen*** satisfacer las necesidades del consumidor; **2** *iron* (***menschliches***) ~ necesidades *f/pl*
Be'dürfnisanstalt *f* (*Toilette*) urinario *m* público
be'dürftig *adj* necesitado, menesteroso; **𝟚keit** *f* ⟨-⟩ necesidad *f*, indigencia *f*
Beefsteak ['bi:fste:k] *n* ⟨-s; -s⟩ bistec *m*; ***deutsches ~*** hamburguesa *f*
be'ehren *v/t geh* ⟨*sin* ge⟩ honrar, favorecer
be'ei|den, ~digen *v/t* ⟨*sin* ge⟩ afirmar bajo juramento; **~digt** *adj* JUR jurado
be'eilen *v/r* ⟨*sin* ge⟩ ***sich ~*** darse prisa, apresurarse; ***beeil dich!*** ¡date prisa!
be'ein|drucken *v/t* ⟨*sin* ge⟩ impresionar; **~flussen** *v/t* ⟨*sin* ge⟩ influir en, influenciar; **𝟚flussung** *f* influencia *f*; **~trächtigen** *v/t* ⟨*sin* ge⟩ **1** (*behindern*) perjudicar, dañar; **2** (*mindern*) mermar, menoscabar; **𝟚trächtigung** *f* **1** (*Behinderung*) perjuicio *m*, daño *m*; **2** (*Minderung*) merma *f*, menoscabo *m*
be'end|en *v/t* ⟨*sin* ge⟩ acabar, terminar, concluir; INFORM *Programm* terminar; **𝟚igung** *f* ⟨-⟩ término *m*, fin *m*
be'engen *v/t* ⟨*sin* ge⟩ apretar, oprimir; ***beengt wohnen*** vivir estrechamente
be'erben *v/t* ⟨*sin* ge⟩ ***j-n ~*** heredar los bienes de alg
be'erdig|en *v/t* ⟨*sin* ge⟩ enterrar, sepultar; **𝟚ung** *f* entierro *m*; **𝟚ungsinstitut** *n* funeraria *f*
Beere ['be:rə] *f* baya *f*; **~nauslese** *f Wein* vino *m* de uvas selectas
Beet [be:t] *n* ⟨-(e)s; -e⟩ (*Garten𝟚*) bancal *m*; (*Blumen𝟚*) cuadro *m*, macizo *m*
'Beete *pl* ***Rote ~*** → ***Bete***
be'fähigen *v/t* ⟨*sin* ge⟩ ***j-n ~ für*** *od* ***zu*** habilitar *od* capacitar a alg para; ***j-n dazu ~, etw zu tun*** habilitar *od* capacitar a alg para hacer a/c
be'fähigt *adj* capaz; ***zu etw ~ sein*** estar capacitado para a/c
Be'fähigung *f* **1** (*Qualifikation*) cualificación *f* (***zu*** para); **2** (*Können*) capacidad *f*, aptitud *f*
be'fahrbar *adj Straße usw* transitable; *Wasserwege* navegable
be'fahren[1] *v/t* ⟨befährt, befuhr, befahren⟩ *Straße* transitar (por); *Gewässer* navegar (por)
be'fahren[2] *adjt* ***stark ~e Straße*** calle *f* de mucho tránsito
be'fallen *v/t* ⟨befällt, befiel, befallen⟩ **1** BOT *Schädlinge* ***etw ~*** invadir a/c, infestar a/c; MED *Krankheit* ***j-n ~*** atacar a alg, afectar a alg; **2** *fig Furcht usw* ***j-n ~*** invadir a alg, ser alg presa de
be'fangen *adj* **1** (*verlegen*) ***~ sein*** ser apocado *od* tímido; **2** JUR (*voreingenommen*) parcial
Be'fangenheit *f* ⟨-⟩ **1** (*Verlegenheit*) timidez *f*, apocamiento *m*; **2** JUR (*Voreingenommenheit*) parcialidad *f*; ***wegen ~*** por presunta parcialidad
be'fassen *v/r* ⟨*sin* ge⟩ ***sich ~ mit*** ocuparse de, dedicarse a; (*behandeln*) tratar de
Befehl [bə'fe:l] *m* ⟨-(e)s; -e⟩ **1** (*Auftrag, Anweisung*) orden *f*, mandato *m*; ***auf ~ von*** *od* (+*gen*) por orden de; (***den***) ***~ haben zu*** (+*inf*) tener orden de (+*inf*); **2** (*~sgewalt*) mando *m*; ***den ~ haben*** tener el mando (***über*** +*dat* sobre); ***den ~ übernehmen*** tomar el mando; **3** INFORM orden *f*
be'fehlen ⟨befiehlt, befahl, befohlen⟩ **I** *v/t* ***j-m etw ~*** mandar(le) a/c a alg, ordenar(le) a/c a alg; **II** *v/i* dar las órdenes (***über*** +*dat* de *od* para)
Be'fehls|form *f* GRAM imperativo *m*; **~haber** [-ha:bər] *m* comandante *m*, capitán *m*; **~taste** *f* INFORM tecla *f* de comando; **~verweigerung** *f* desobediencia *f* a la orden
be'festigen *v/t* ⟨*sin* ge⟩ **1** sujetar, asegurar; ***an der Wand ~*** fijar a la pared; **2** *Ufer, Straße* afirmar; **3** MIL fortificar
Be'festigung *f* **1** (*das Festmachen*) sujeción *f*, fijación *f*; **2** MIL fortificación *f*
be'feuchten *v/t* ⟨*sin* ge⟩ humedecer, mojar
be'finden ⟨befand, befunden⟩ **I** *geh v/t* (*erachten*) ***j-n*** *od* ***etw für*** (+*adj*) ~ considerar a alguien *od* algo (+*adj*); ***etw für gut ~*** aprobar a/c; **II** *v/r* ***sich ~*** *räumlich, in e-m Zustand* encontrarse, hallarse; (*sich fühlen*) sentirse; ***sich im Irrtum ~*** hallarse en un error; **III** *v/i* (*entscheiden*) decidir
Be'finden *n* ⟨-s⟩ **1** (*Gesundheitszustand*) estado *m* (de salud); **2** *geh* (*Meinung*) parecer *m*
befindlich [bə'fɪntlɪç] *adj* existente, situado; ***alle im Haus ~en Möbel*** todos los muebles que se encuentran en la casa
be'fingern *v/t* ⟨*sin* ge⟩ manosear, toquetear
be'flaggen *v/t* ⟨*sin* ge⟩ embanderar
be'flecken *v/t* ⟨*sin* ge⟩ manchar (*a fig*)

be'flügeln *v/t geh* ⟨*sin* ge⟩ acelerar, avivar; (*anspornen*) estimular, inspirar; ***j-s Fantasie ~*** estimular la fantasía de alg

befohlen [bə'fo:lən] *p/p* mandado, ordenado

be'folgen *v/t* ⟨*sin* ge⟩ *Rat* seguir; *Vorschrift* cumplir, observar

Be'folgung *f* ⟨-⟩ cumplimiento *m*, observancia *f*

be'fördern *v/t* ⟨*sin* ge⟩ **1** (*transportieren*) transportar, enviar, *Post* expedir; **2** *im Rang* promover, ascender; ***j-n ~ zu*** ascender a alg a; MIL ***zum Major befördert werden*** ser ascendido a comandante

Be'förderung *f* **1** (*Transport*) *von Gütern* transporte *m*; *von Post* envío *m*; ***~ mit der Bahn*** transporte *m* por ferrocarril; ***~ per Schiff*** transporte *m* por barco; **2** *im Rang* ascenso *m*, promoción *f*; ***j-n bei der ~ übergehen*** postergar el ascenso de alg

Be'förderungs|bedingungen *f/pl* condiciones *f/pl* de transporte; **~mittel** *n* medio *m* de transporte

be'frachten *v/t* ⟨*sin* ge⟩ MAR fletar; *fig* ***~ mit*** cargar con

Be'frachter *m* fletador *m*

be'fragen *v/t* ⟨*sin* ge⟩ **1** *Zeugen usw* interrogar (***über*** *+acus* sobre); *Umfrage* encuestar, preguntar; **2** (*zu Rate ziehen*) consultar

Be'fragte(r) *f(m)* ⟨→ A⟩ encuestado, -a *m,f*

Be'fragung *f* **1** *e-s Zeugen usw* interrogatorio *m*; **2** (*Umfrage*) encuesta *f*, consulta *f*; ***e-e ~ durchführen*** realizar una encuesta

be'freien ⟨*sin* ge⟩ **I** *v/t* **1** *a fig* (*retten*) liberar, librar (***aus, von*** de); **2** (*entbinden*) ***~ von*** *von Steuern*, *vom Militärdienst* exentar de; *vom Unterricht* dispensar de; *von e-r Last*, *Sorgen* librar de, exonerar de; **II** *v/r* **3** ***sich ~*** liberarse, librarse (***aus, von*** de)

Be'freier *m* libertador *m*

Be'freiung *f* ⟨-⟩ **1** *a fig* (*Rettung*) liberación *f* (***aus, von*** de); **2** (*Entbinden*) *von Steuern*, *vom Militärdienst* exención *f*; *vom Unterricht* dispensa *f*; *von e-r Last*, *Sorgen* liberación *f*, exoneración *f*

Be'freiungs|bewegung *f* movimiento *m* de liberación; **~kampf** *m* lucha *f* por la libertad

be'fremden *v/t* ⟨*sin* ge⟩ extrañar, sorprender

Be'fremden *n* ⟨-s⟩ extrañeza *f*, sorpresa *f* (***über*** *+acus* por)

be'freunden *v/r* ⟨*sin* ge⟩ ***sich ~*** (***mit***) hacer *od* trabar amistad (con), hacerse amigo (de)

be'freundet *adjt* ***~ sein*** ser amigo(s) *bzw* amiga(s) (***mit*** de)

be'frieden *v/t* ⟨*sin* ge⟩ POL pacificar

be'friedigen *v/t* ⟨*sin* ge⟩ **I** *v/t* satisfacer, contentar; ECON ***den Verbraucher ~*** satisfacer al consumidor; ***schwer zu ~*** difícil de contentar; **II** *v/r* ***sich*** (***selbst***) ***~*** (*onanieren*) masturbarse

be'friedigend *adjt* **1** (*zufrieden stellend*) satisfactorio; **2** *Schulnote* bien

be'friedigt *adjt* satisfecho, contento

Be'friedigung *f* ⟨-⟩ satisfacción *f* (***über*** *+acus* por)

be'fristen *v/t* ⟨*sin* ge⟩ (***auf e-n Monat***) ~ limitar (a un mes)

be'fristet *adjt* limitado (***auf*** *+acus* a); *Arbeitsstelle* temporal; *Vertrag* por un plazo limitado

Be'fristung *f* limitación *f*

be'fruchten *v/t* ⟨*sin* ge⟩ BIOL fecundar; ***künstlich ~*** inseminar artificialmente

Be'fruchtung *f* BIOL fecundación *f*, fertilización *f*; ***künstliche ~*** inseminación *f* artificial

Befugnis [bə'fu:knɪs] *f* ⟨-; -se⟩ competencia *f*; (*Berechtigung*, *Vollmacht*) autorización *f*, atribución *f*; ***keine ~ haben zu*** (*+inf*) no tener atribuciones para (*+inf*); ***s-e ~se überschreiten*** sobrepasar sus límites de responsabilidad

befugt [bə'fu:kt] *adjt* ***zu etw ~ sein*** tener competencia para a/c

be'fühlen *v/t* ⟨*sin* ge⟩ palpar, tocar

Be'fund *m* resultado *m*; MED diagnóstico *m*; MED ***ohne ~*** normal, con resultado negativo

be'fürchten *v/t* ⟨*sin* ge⟩ temer, sospechar; ***es ist zu ~, dass ...*** es de temer que ... (*+subj*); ***das Schlimmste ~*** contar con lo peor

Be'fürchtung *f* temor *m*, sospecha *f*

be'fürwort|en *v/t* ⟨*sin* ge⟩ (*gutheißen*) aprobar; (*unterstützen*) apoyar, abogar por; (*empfehlen*) recomendar; **≈er(in)** *m(f)* defensor, a *m,f*

begabt [bə'ga:pt] *adj* de talento, dotado; ***~ sein für*** tener talento para

Begabung [bə'ga:bʊŋ] *f* talento *m*, capacidad *f*

be'gatten *v/t* ⟨*sin* ge⟩ ZO copular con, aparearse

Be'gattung *f* ZO apareamiento *m*

be'gebbar *adj* *Wertpapier* negociable, pignorable

be'geben *v/r geh* ⟨begab, begeben⟩ **1** ***sich ~*** (*sich ereignen*) ocurrir; **2** (*gehen*) ***sich ~ nach*** *od* ***zu*** dirigirse a, desplazarse a; ***sich in Behandlung ~*** ponerse en tratamiento (médico); ***sich an die Arbeit ~*** ir al trabajo, poner manos a la obra

Be'gebenheit *f geh* suceso *m*, acontecimiento *m*
begegnen [bə'geːgnən] *v/i* ⟨*sin* ge, sn⟩ **1** (*treffen*) ***j-m*** **~** encontrarse a *od* con alg; **2** *Schwierigkeiten usw* encontrar(se con), tropezar con; **3** (*vorkommen*) suceder, ocurrir; **4** ***j-m ...*** **~** (*j-n behandeln*) tratar ... a alg; ***j-m freundlich*** **~** *a* acoger cariñosamente a alg
Be'gegnung *f* encuentro *m* (a SPORT)
be'gehbar *adj Weg* transitable, viable
be'gehen *v/t* ⟨beging, begangen⟩ **1** *Fehler, Dummheit usw* cometer; *Verbrechen* cometer, perpetrar; ***Selbstmord*** **~** suicidarse; **2** *Fest* celebrar; **3** (*besichtigen*) *Strecke, Baustelle* inspeccionar, recorrer
begehren [bə'geːrən] *v/t* ⟨*sin* ge⟩ desear, codiciar, anhelar; *sexuell* desear; *Ware* (***sehr***) ***begehrt sein*** ser (muy) solicitado
Be'gehren *n* ⟨-s⟩ deseo *m* (***nach*** de), afán *m* (***nach*** de, por)
be'gehrenswert *adj* deseable, apetecible
be'gehrlich *adj Blick* ansioso; (*habgierig*) codicioso, ávido
be'geistern ⟨*sin* ge⟩ **I** *v/t* ***j-n*** **~** entusiasmar a alg (***für*** por, con); **II** *v/i* provocar entusiasmo (***durch*** con); **III** *v/r* ***sich*** **~** ***für*** entusiasmarse por, apasionarse por
be'geistert I *adjt* entusiasmado (***von*** con); **~*er Anhänger*** (*+gen od* ***von***) entusiasta *m,f* (de); **II** *advl* con entusiasmo
Be'geisterung *f* ⟨-⟩ entusiasmo *m*, pasión *f* (***für*** por)
Begierde [bə'giːrdə] *f* (*Verlangen*) anhelo *m* (***nach*** por); (*Gier*) avidez *f* (***nach*** por)
be'gierig *adj* ávido (***auf*** *+acus*, ***nach*** de), ansioso (***auf*** *+acus*, ***nach*** por); ***ich bin*** **~** ***zu*** (*+inf*) estoy ansioso por (*+inf*)
be'gießen *v/t* ⟨begoss, begossen⟩ **1** *Pflanzen* regar; *Braten* rociar; **2** F *fig* ***etw*** **~** celebrar a/c (bebiendo); F ***das müssen wir*** **~*!*** F ¡esto hay que mojarlo!
Beginn [bə'gɪn] *m* ⟨-(e)s⟩ comienzo *m*, principio *m*, inicio *m*; ***am*** *od* ***zu*** *od* ***bei*** **~** al comienzo, al principio, al inicio
be'ginnen ⟨begann, begonnen⟩ **I** *v/t* **1** comenzar, empezar, iniciar; **II** *v/i* **2** ***etw beginnt*** a/c empieza, a/c comienza; **3** ***mit etw*** **~** comenzar, empezar por *od* con
be'glaubigen *v/t* ⟨*sin* ge⟩ certificar; *Dokument, Abschrift* legalizar, compulsar; ***notariell*** **~** certificar ante notario
be'glaubigt *adjt* certificado; JUR legalizado; **~*e Abschrift*** copia *f* legalizada; ***notariell*** **~** certificado ante notario
Be'glaubigung *f* certificación *f*, legalización *f*
be'gleichen *v/t* ⟨beglich, beglichen⟩ *Rechnung* pagar, saldar, satisfacer; ***die Rechnung*** **~** pagar, saldar, liquidar la factura
Be'gleichung *f* pago *m*, liquidación *f*
Be'gleitbrief *m* carta *f* de envío, carta *f* adjunta
be'gleiten *v/t* ⟨*sin* ge⟩ acompañar; ***j-n nach Hause*** **~** acompañar a alg a casa; ***j-n am Klavier*** **~** acompañar a alg al piano
Be'gleiter(in) *m*(*f*) acompañante *m,f* (*a* MUS); (*Gefährte*) compañero, -a *m,f*
Be'gleit|erscheinung *f* MED síntoma *m* concomitante, efecto *m* secundario; **~musik** *f* (música *f* de) acompañamiento *m*; **~papiere** *m/pl* documentación *f*; **~person** *f* acompañante *m,f*, escolta *m,f*; **~schreiben** *n* carta *f* adjunta; **~umstände** *pl* circunstancias *f/pl* concomitantes
Be'gleitung *f* acompañamiento *m* (*a* MUS); (*Begleiter*) acompañante *m,f*; ***in*** **~** ***von*** *od* (*+gen*) en compañía de, acompañado por
be'glücken *v/t geh* ⟨*sin* ge⟩ ***j-n*** **~** hacer feliz a alg (***mit*** con)
be'glückwünschen *v/t* ⟨*sin* ge⟩ felicitar, dar la enhorabuena (***zu*** por)
be'gnad|et *adj geh* genial, muy dotado; **~igen** *v/t* ⟨*sin* ge⟩ indultar, perdonar, conceder la amnistía; **2igung** *f* indulto *m*, perdón *m*, amnistía *f*
begnügen [bə'gnyːgən] *v/r* ⟨*sin* ge⟩ ***sich*** **~** ***mit*** contentarse con
Begonie [be'goːniə] *f* BOT begonia *f*
be'graben *v/t* ⟨begräbt, begrub, begraben⟩ (*beerdigen*) inhumar, enterrar (*a fig*); (*verschütten*) sepultar (***unter*** *+dat* bajo); (*beenden*) ***e-n Streit*** **~** echar tierra a una discusión
Begräbnis [bə'grɛːpnɪs] *n* ⟨-ses; -se⟩ entierro *m*, sepelio *m*
be'gradigen *v/t* ⟨*sin* ge⟩ *Fluss usw* rectificar
be'greifen ⟨begriff, begriffen⟩ *v/t* **1** (*verstehen*) comprender, entender, concebir; **2** (*betrachten*) ***etw*** *od* ***j-n*** **~** ***als*** considerar a/c *od* a alg como
be'greiflich *adj* comprensible; ***j-m etw*** **~** ***machen*** hacer comprender a/c a alg
be'greiflicherweise *adv* por supuesto, lógicamente
be'grenzen *v/t* ⟨*sin* ge⟩ **1** (*die Grenze bilden*) delimitar, marcar el límite de; **2** (*beschränken*) limitar, reducir, restringir (***auf*** *+acus* a)
Be'grenzung *f* **1** (*Beschränkung*) limitación *f*, restricción *f* (***auf*** *+acus* a) (*a fig*); **2** (*Grenze*) límite *m*
Begriff [bə'grɪf] *m* ⟨-(e)s; -e⟩ **1** (*Vorstellung*) noción *m*, idea *f*; ***sich*** (*dat*) ***e-n*** **~** ***machen von*** hacerse una idea de; ***ist dir das ein*** **~*?*** ¿te suena?; ¿te dice algo?; **2** (*Ausdruck*) concepto *m*, término *m*; **3** F ***schwer von***

~ F corto de entendederas; **4 *im ~ sein, etw zu tun*** estar a punto de hacer a/c
be'griffen *adjt* ***im Aufbruch ~ sein*** estar a punto de marcharse
Be'griffsbestimmung *f* definición *f*
be'griffsstutzig *adj* duro de mollera
be'gründen *v/t* ⟨*sin* ge⟩ **1** (*Grund angeben*) explicar, exponer la razón *od* el motivo de; (*rechtfertigen*) justificar; **2** (*gründen*) fundar, constituir, establecer
be'gründet *adjt* fundado, razonado, justificado; ***~er Verdacht*** *bsd* JUR sospecha *f* justificada
Be'gründung *f* **1** razón *f*, motivo *m*; (*Rechtfertigung*) justificación *f*; ***mit der ~, dass ...*** alegando que ...; ***ohne jede ~*** sin explicación alguna; **2** (*das Gründen*) fundación *f*
be'grüßen *v/t* ⟨*sin* ge⟩ **1** *j-n* saludar; **2 *etw ~*** (*gutheißen*) celebrar a/c
be'grüßenswert *adj* plausible, oportuno
Be'grüßung *f* salutación *f*, saludo *m*; (*Willkommen*) bienvenida *f*; **~sworte** *pl* palabras *f/pl* de bienvenida
be'günstigen *v/t* ⟨*sin* ge⟩ **1** (*fördern*) fomentar; **2** (*bevorzugen*) favorecer; **3** JUR encubrir; *Täter a* hacerse cómplice de
Be'günstigte(r) *f*(*m*) ⟨→ A⟩ ECON, JUR beneficiado, -a *m,f*, beneficiario, -a *m,f*
Be'günstigung *f* **1** protección *f*; (*Bevorzugung*) trato *m* preferente; (*Vorteil*) ventaja *f*, favores *m/pl*; **2** JUR encubrimiento *m*
be'gutachten *v/t* ⟨*sin* ge⟩ **1** dictaminar; ***etw ~ lassen*** ordenar un dictamen sobre a/c; **2** (*prüfen*) examinar
begütert [bə'gy:tərt] *adj* acaudalado, pudiente
be'gütigen *v/t* ⟨*sin* ge⟩ calmar, sosegar, tranquilizar
be'haart *adj* peludo; *Körper* velludo
behäbig [bə'hɛ:bɪç] *adj* **1** (*schwerfällig*) flemático, cómodo, tardo; **2** *Gestalt* corpulento, grueso
be'haftet *geh adj* ***mit etw ~ sein*** tener, adolecer de (*a Krankheit*)
behagen [bə'ha:gən] *v/i* ⟨*sin* ge⟩ ***j-m ~*** gustarle *od* agradarle a alg; ***das behagt mir ganz und gar nicht*** no me gusta en absoluto
Be'hagen *n* ⟨-s⟩ (*Vergnügen*) placer *m*, gusto *m*, deleite *m*; (*Zufriedenheit*) satisfacción *f*; (*Wohlbefinden*) comodidad *f*, bienestar *m*
be'haglich *adj* (*gemütlich*) confortable, cómodo; (*angenehm*) agradable
Be'haglichkeit *f* ⟨-⟩ comodidad *f*, confort *m*
be'halten *v/t* ⟨behält, behielt, behalten⟩ guardar, quedarse con; (*bewahren*) conservar; *im Gedächtnis* retener; ***Recht ~*** llevar razón; *Geheimnis usw* ***für sich ~*** guardar
Behälter [bə'hɛltər] *m* recipiente *m*, contenedor *m*; *für Flüssigkeiten a* depósito *m*
behände [bə'hɛndə] *adj* ágil, hábil
be'handeln *v/t* ⟨*sin* ge⟩ tratar (*a* MED); TEC manejar
Be'handlung *f* tratamiento *m* (*a* MED); TEC manejo *m*; ***in*** (***ärztlicher***) ***~*** en tratamiento (médico)
be'hängen *v/t* ⟨*sin* ge⟩ cubrir, adornar
be'harren *v/i* ⟨*sin* ge⟩ ***auf etw*** (*dat*) ***~*** insistir en a/c, obstinarse en a/c; F ***darauf ~, dass ...*** estar empeñado en que ...
be'harrlich *adj* (*ausdauernd*) perseverante, firme; (*hartnäckig*) tenaz, insistente; **≈keit** *f* ⟨-⟩ perseverancia *f*, firmeza *f*, tenacidad *f*
be'hauen *v/t* ⟨*sin* ge⟩ labrar, tallar
be'haupten ⟨*sin* ge⟩ **I** *v/t* **1** afirmar; (*beteuern*) asegurar, aseverar; ***von j-m ~, dass ...*** decir de alg que ...; F ***steif und fest ~, dass ...*** afirmar rotundamente que ...; **2** *Stellung* mantener, sostener; (*verteidigen*) defender; **II** *v/r* ***sich ~*** **3** (*sich durchsetzen*) imponerse; **4** ECON *Kurse*, *Preise* mantenerse firme
Be'hauptung *f* afirmación *f*
Behausung [bə'hauzuŋ] *f geh* vivienda *f*, morada *f*
be'heben *v/t* ⟨behob, behoben⟩ eliminar, quitar; *Schaden* reparar; *Missstand* remediar
Be'hebung *f* ⟨-⟩ eliminación *f*, supresión *f*, reparación *f*
be'heimatet *adjt* ***~ in*** (+*dat*) natural *od* oriundo de
be'heizbar *adj* calentable; *Autoscheibe* térmico
be'heizen *v/t* ⟨*sin* ge⟩ calentar
Behelf [bə'hɛlf] *m* ⟨-(e)s; -e⟩ (*Provisorium*) solución *f* provisional, recurso *m*
be'helfen *v/t* ⟨behilft, behalf, beholfen⟩ ***sich*** (*dat*) ***mit etw ~*** arreglarse con a/c; recurrir a a/c
Be'helfs|... *in Zssgn* auxiliar; provisional; **≈mäßig** *adj* (*provisorisch*) provisional, improvisado
behelligen [bə'hɛlɪgən] *v/t* ⟨*sin* ge⟩ ***j-n*** (***mit etw***) ***~*** importunar *od* molestar a alg (con a/c)
behende *adj* → ***behände***
be'herbergen *v/t* ⟨*sin* ge⟩ hospedar, alojar, albergar (*a fig*)
be'herrschen ⟨*sin* ge⟩ **I** *v/t* **1** *Land*, *Welt*, *Leute* dominar, gobernar; *Markt* dominar; **2** *Situation*, *Gefühle* controlar, dominar, ser dueño de; **3** (*gut können*) conocer a fondo; *Sprache* dominar; ***sein Handwerk ~*** dominar lo suyo, saber su oficio; **II** *v/r* **4** ***sich ~*** dominarse, contenerse

be'herrschend *adjt* dominante
Be'herrschung *f* ⟨-⟩ **1** *e-s Landes* dominio *m*; **2** *e-r Situation, s-r selbst* control *m*; ***s-e** od **die ~ verlieren*** perder los estribos; **3** (*Können*) dominio *m*
be'herzigen *v/t* ⟨*sin* ge⟩ ***etw ~*** tomar a/c en consideración
be'herzt *adj* valiente, resuelto, intrépido
behilflich [bə'hɪlflɪç] *adj **j-m ~ sein*** ayudar a alg (***bei*** en)
be'hindern *v/t* ⟨*sin* ge⟩ estorbar, entorpecer (***bei*** en); *Sicht, Verkehr, usw* dificultar, impedir
be'hindert *adj **körperlich ~*** minusválido, disminuido físico; ***geistig ~*** retrasado, disminuido psíquico
Be'hinder|te(r) *f(m)* ⟨→ A⟩ minusválido, -a *m,f*, disminuido, -a *m,f*; **≈tengerecht** *adj* acondicionado para disminuidos; adaptado (a personas con movilidad reducida); **~ung** *f* **1** (*Hindernis, Störung*) estorbo *m*, impedimento *m*; **2** MED minusvalía *f*
Behörde [bə'høːrdə] *f* autoridad *f*, administración *f*; ***die ~n*** las autoridades
behördlich [bə'høːrtlɪç] *adj* oficial, administrativo
be'hüten *v/t* ⟨*sin* ge⟩ (res)guardar, proteger, preservar (***vor*** *+dat* de)
behutsam [bə'huːtzaːm] *adj* (*vorsichtig*) cauteloso; (*rücksichtsvoll*) cuidadoso; **≈keit** *f* ⟨-⟩ cautela *f*, cuidado *m*
bei [baɪ] *prp* ⟨*+dat*⟩ **1** *räumlich* en, junto a, cerca de; ***~ Berlin*** cerca de Berlín; ***~m Bäcker*** en la panadería; ***~ Familie Braun, ~ Brauns*** en casa de los Braun; ***arbeiten ~*** *e-r Firma* trabajar en; ***~ der Armee, Marine*** en la Armada, Marina; ***~ uns zu Hause*** en nuestra casa; ***~ j-m sitzen*** estar sentado con alg; **2** ***ich habe kein Geld ~ mir*** no llevo dinero (encima); F ***er ist nicht ganz ~ sich*** F no está bien de la cabeza; **3** *zeitlich* en, durante; ***~ s-r Geburt, Hochzeit*** en su nacimiento, boda; ***~ Tag, Nacht*** de día, de noche; **4** *Umstände od Zustand* con; ***~ Licht, Regen*** con luz, lluvia; ***~ schönem Wetter*** con buen tiempo; ***~m Arbeiten*** al trabajar, trabajando; ***~ Gefahr*** en caso de peligro; **5** (*trotz*) a pesar de
'beibehalten *v/t* ⟨*irr, sep, sin* ge⟩ conservar, mantener, guardar
'Beiblatt *n* suplemento *m*
'Beiboot *n* lancha *f*
'beibringen *v/t* ⟨*sep*⟩ **1** (*lehren*) enseñar; **2** (*mitteilen*) comunicar, decir; ***j-m etw schonend ~*** decirle a/c a alg con precaución *od* con delicadeza; **3** *Niederlage, Wunde* inferir; **4** *Zeugen, Bescheinigung* presentar
Beichte ['baɪçtə] *f* confesión *f*; ***die ~ ablegen*** confesarse (***bei*** con); ***j-m die ~ abnehmen*** oír en confesión *od* confesar a alg
'beichten **I** *v/t* (***j-m***) ***etw ~*** confesar a/c (a alg); **II** *v/i* confesarse (***bei*** con)
'Beicht|geheimnis *n* secreto *m* de confesión; **~kind** *n* penitente *m,f*; **~stuhl** *m* confes(i)onario *m*; **~vater** *m* confesor *m*
beide ['baɪdə] *pr/indef* ambos, los dos, uno y otro; ***meine ~n Brüder*** mis dos hermanos; ***wir ~*** nosotros dos; ***alle ~*** ambos, los dos; ***in ~n Fällen*** en ambos casos; ***~ Male*** las dos veces; ***keines von ~n*** ninguno de los dos; *Tennis* ***30 ~*** 30 iguales
beiderlei ['baɪdərlaɪ] *adj* de ambos, de los dos; ***~ Geschlechts*** de ambos sexos
'beider|seitig *adj* de ambas partes, mutuo; **~seits** **I** *adv* a ambos lados, de una parte y de otra; (*gegenseitig*) mutuamente; **II** *prp* ⟨*+gen*⟩ a ambos lados de, de una parte y de otra de
beidhändig ['baɪthɛndɪç] *adj* **1** (***~*** *geschickt*) ambidiestro, ambidextro; **2** (*mit beiden Händen*) con las dos manos
'beidrehen *v/i* ⟨*sep*⟩ MAR fachear; capear
'beidseitig *adv* ***~ drucken, kopieren*** imprimir, fotocopiar por ambas caras
beiei'nander *adv* juntos, reunidos, unos con otros; ***dicht, nahe ~*** muy cerca (el uno del otro); F ***du hast wohl nicht alle ~!*** ¡tú no estás en tus cabales!; F ***gut, schlecht ~ sein*** encontrarse bien, mal
'Beifahrer(in) *m(f)* copiloto *m,f*
'Beifall *m* ⟨-(e)s⟩ (*Applaus*) aplauso *m*; (*Zurufe*) ovación *m*, aclamación *m*; (*Zustimmung*) asentimiento *m*, aprobación *f*; ***~ klatschen*** aplaudir
'beifällig **I** *adj* aprobatorio, favorable; **II** *adv* favorablemente; ***~ nicken*** aprobar con la cabeza
'Beifallssturm *m* tempestad *f* de aplausos
'beifügen *v/t* ⟨*sep*⟩ **1** (*dazulegen*) adjuntar, acompañar, incluir; **2** (*hinzufügen*) añadir, incluir
'Beigabe *f* añadidura *f*, extra *m*, suplemento *m*; ***als ~*** como suplemento
beige [beːʃ] *adj* beige
'beigeben ⟨*irr, sep*⟩ **I** *v/t geh* (*hinzufügen*) añadir, agregar; **II** *v/i* F ***klein ~*** F deshincharse, bajar las orejas
'Beigeschmack *m* ⟨-(e)s⟩ gustillo *m*, saborcillo *m* (***von*** a); deje *m* (***von*** de); ***e-n unangenehmen ~ haben*** dejar mal sabor de boca (*a fig*)
'Beihilfe *f* **1** *finanzielle* ayuda *f*, subvención *f*, subsidio *m*; **2** JUR complicidad *f*; (***j-m***) ***~ leisten*** actuar como cómplice (de alg)
'beikommen *v/i* ⟨*irr, sep,* sn⟩ *e-r Sache* dominar, resolver; ***j-m ~*** imponerse a alg, poder con alg
Beil [baɪl] *n* ⟨-(e)s; -e⟩ hacha *f*; (*Hack≈*) ha-

chuela *f*

beil. *Abk* (*beiliegend*) adjunto

'Beilage *f* **1** (*Zeitungs*♀) suplemento *m*; **2** GASTR guarnición *f*, acompañamiento *m* **3** *im Brief* anexo *m*

'beiläufig I *adj Bemerkung* incidental, ocasional; **II** *adv* de paso

'beilegen *v/t* ⟨*sep*⟩ **1** (*beifügen*) añadir, acompañar, adjuntar; **2** *Streit* dirimir, zanjar

'Beilegung *f nach e-m Streit* ***gütliche ~*** conciliación *f*

beileibe [baɪ'laɪbə] *adv* ***~ nicht*** de ninguna manera

'Beileid *n* ⟨-(e)s⟩ condolencia *f*, pésame *m*; ***j-m sein ~ aussprechen*** dar a alg el pésame; (***mein***) ***herzliches ~!*** ¡le acompaño en el sentimiento!

'Beileidsbesuch *m* visita *f* de pésame

'beiliegen *v/i* ⟨*irr, sep*⟩ *e-m Brief usw* ir adjunto, ir incluido

'beiliegend *adjt u advl* adjunto; ***~ erhalten Sie …*** adjunto le enviamos …

beim [baɪm] = ***bei dem***

'beimessen *v/t* ⟨*irr, sep*⟩ atribuir, imputar, conceder; *e-r Sache* ***Bedeutung, Wert*** *usw* ~ dar *od* atribuir importancia, valor, *etc*

'beimischen *v/t* ⟨*sep*⟩ *e-r Sache* ***etw ~*** añadir a/c, agregar a/c

'Beimischung *f* adición *f*, mezcla *f*

Bein [baɪn] *n* ⟨-(e)s; -e⟩ **1** ANAT pierna *f*; ***früh auf den ~en sein*** levantarse pronto; ***wieder auf den ~en sein*** estar recuperado; ***j-m ein ~ stellen*** poner la zancadilla a alg; ***sich die ~e vertreten*** estirar las piernas; **2** *fig* ***auf eigenen ~en stehen*** ser independiente, volar con sus propias alas; ***etw auf die ~e stellen*** poner en pie a/c, levantar a/c, sacar adelante a/c; ***sich auf die ~e machen*** ponerse en camino; F ***die ~e in die Hand nehmen*** F salir pitando; F ***j-m ~e machen*** meter(le) prisa a alg; echar a alg; **3** *von Tieren, Möbeln* pata *f*; **4** (*Hosen*♀) pierna *f*

beinah ['baɪnaː], **'beinahe** *adv* casi, por poco; ***~ wäre ich gefallen*** por poco me caigo

'Beinahezusammenstoß *m* AVIA *accidente que estuvo a punto de ocurrir*

'Beiname *m* sobrenombre *m*

'Beinarbeit *f* SPORT juego *m* de piernas

'Beinbruch *m* MED fractura *f* de (la) pierna; F *fig* ***das ist kein ~!*** ¡no es nada!, ¡no es para tanto!

'Beinfreiheit *f* ⟨-⟩ *beim Sitzen* espacio *m* para las piernas

be'inhalten *v/t* ⟨*sin* ge⟩ contener, incluir

'Beinprothese *f* pierna *f* artificial, prótesis *f* de pierna

'Beipackzettel *m* hoja *f* informativa

beipflichten ['baɪpflɪçtən] *v/i* ⟨*sep*⟩ ***j-m*** (***in etw*** *dat*) ~ ser de la misma opinión que alg, dar la razón a alg (en a/c)

'Beirat *m* ⟨-(e)s; ⸚e⟩ (*Gremium*) consejo *m* consultivo

'Beiried *n österr* (*Roastbeef*) rosbif *m*

be'irren *v/t* ⟨*sin ge*⟩ ***er lässt sich nicht ~*** no se deja desconcertar

beisammen [baɪ'zamən] *adv* → ***beieinander, zusammen***

Bei'sammensein *n* ⟨-s⟩ ***geselliges ~*** tertulia *f*

'Beischlaf *m geh* JUR coito *m*, cohabitación *f*

'Beisein *n* ***im ~ von*** *od* (*+gen*) en presencia de

'Beisel ['baɪzl] *n* ⟨-s; -(n)⟩ *österr* bar *m*, F tasca *f*

bei'seite *adv* aparte; ***~ lassen*** descartar; ***~ legen*** (*weglegen*) poner aparte; (*sparen*) ahorrar, reservar; ***~ schaffen*** (*verstecken*) hacer desaparecer; (*ermorden*) matar, quitar de en medio; *Bedenken* ***~ schieben*** apartar; ***~ treten*** hacerse a un lado

'beisetzen *v/t geh* ⟨*sep*⟩ enterrar, sepultar, dar sepultura a

'Beisetzung *f geh* sepelio *m*

'Beispiel *n* ⟨-(e)s; -e⟩ ejemplo *m*; (***wie***) ***zum ~*** (como) por ejemplo; ***mit gutem ~ vorangehen*** predicar con el ejemplo, dar buen ejemplo; ***sich ein ~ an j-m, etw nehmen*** tomar ejemplo de alg, a/c

'beispiel|haft *adj* ejemplar; **~los** *adj* sin ejemplo, sin precedente; **~sweise** *adv* por ejemplo

beißen ['baɪsən] ⟨biss, gebissen⟩ **I** *v/t* **1** *etw, j-n* morder; ***sich*** (*dat*) ***auf die Zunge ~*** morderse la lengua; *fig* ***er wird dich schon nicht ~!*** ¡no te va a morder!; **2** (*kauen*) masticar, mascar; F ***nichts zu ~ haben*** (*hungern müssen*) F no tener qué llevarse a la boca; **3** *Insekten* picar; **II** *v/i* **4** morder (***auf, in etw*** *acus* a/c); ***nach j-m ~*** (*schnappen*) tratar de pegarle un mordisco a alg; **5** *Pfeffer, Rauch, Insekten usw* picar; **III** *v/imp* **6** F ***es beißt*** (*es juckt*) pica; **IV** *v/r* **7** *Farben* ***sich ~*** desentonar

'beißend *adjt Kälte* cortante; *Rauch, Geruch* fuerte, picante; *Kritik usw* caústico, mordaz

'Beißring *m für Babys* mordedor *m*

'Beistand *m geh* ⟨-(e)s; ⸚e⟩ asistencia *f*; (*Hilfe*) ayuda *f*, auxilio *m*; ***j-m ~ leisten*** asistir, ayudar a alg

'beistehen *v/i* ⟨*irr, sep*⟩ ***j-m ~*** asistir a alg, ayudar a alg; socorrer a alg

'Beistelltisch *m* mesa *f* auxiliar

'beisteuern *v/t* ⟨*sep*⟩ contribuir (con), aportar (***zu*** a)

Beitrag ['baɪtraːk] *m* ⟨-(e)s; ⸚e⟩ **1** (*Mit-*

glieds≈) cuota *f*; (*Versicherungs*≈) prima *f*; *zur Sozialversicherung* cotización *f*; ***Beiträge entrichten*** cotizar, pagar las cuotas; **2** (*Mitwirkung*) contribución *f*, aportación *f*; ***e-n ~ leisten*** (***zu***) contribuir (a), colaborar (en); **3** *für e-e Zeitung usw* artículo *m*
'beitragen *v/t, v/i* ⟨*irr, sep*⟩ contribuir (***zu*** a), colaborar (***zu*** en)
'Beitragsbemessungs|grenze *f* tope *m* máximo de la base de cotización; **~grundlage** *f* base *f* de cotización
'Beitrags|erhöhung *f* aumento *m* de las cuotas; **≈frei** *adj* libre de cuotas; **~jahr** *n* año *m* de cotización; **~klasse** grupo *m* de cotización; **~pflicht** *f* obligación *f* de cotizar; **≈pflichtig** *adj* sujeto a pago; *Person* obligado a cotizar; **~satz** *m* tipo *m* de cotización, cuota *f*; **~summe** *f* importe *m* de la cotización; **~zahler(in)** *m(f)* cotizante *m,f*; **~zahlung** *f* cotización *f*
'beitreten *v/i* ⟨*irr, sep*, sn⟩ entrar en; *e-r Partei* afiliarse a; *e-m Verein usw* ingresar en; *e-m Vertrag usw* adherirse a, suscribir
'Beitritt *m* ⟨-(e)s; -e⟩ entrada *f* (***zu*** en), afiliación *f* (***zu*** a), adhesión *f* (***zu*** a)
'Beitritts|erklärung *f* declaración *f* de adhesión; **~kriterien** *pl* criterios *m/pl* de adhesión
'Beiwagen *m* sidecar *m*
'beiwohnen *v/i geh* ⟨*sep*⟩ ***e-r Sache*** (*dat*) **~** presenciar a/c, asistir a a/c
Beize[1] ['baɪtsə] *f* **1** *Holz* barniz *m*; *Stoff* mordiente *m*; *Leder* adobo *m*; *Metall* decapante *m*; **2** GASTR escabeche *m*
'Beize[2] *f* JAGD cetrería *f*
bei'zeiten *adv* (*rechtzeitig*) a tiempo; (*frühzeitig*) temprano
'beizen *v/t* **1** *Holz* barnizar; *Stoff*, *Leder* adobar; *Metall* decapar; **2** GASTR escabechar
'Beizjagd *f* JAGD cetrería *f*
bejah|en [bə'jaːən] *v/t* ⟨*sin* ge⟩ **1** *Frage* responder afirmativamente, afirmar; **2** *fig* (*befürworten*) aprobar; **~end** *adjt* afirmativo
be'jahrt *adjt* entrado en años
Be'jahung *f* **1** afirmación *f*, respuesta *f* afirmativa; **2** *fig* aprobación *f*
be'jammern *v/t* ⟨*sin* ge⟩ *sein Schicksal usw* lamentar, deplorar
be'kämpfen *v/t* ⟨*sin* ge⟩ combatir, luchar contra
Be'kämpfung *f* ⟨-⟩ lucha *f* (+*gen* contra), represión *f* (+*gen* de)
bekannt [bə'kant] *adj* **1** conocido, sabido; (*berühmt*) famoso, célebre (***wegen*** por); ***dafür ~ sein, dass ...*** ser famoso por ...; **2** ***etw ~ geben*** dar a conocer a/c; **~ *werden*** llegar a conocerse, hacerse público; **3** ***j-n mit j-m ~ machen*** presentar alg a alg; **4** ***sich mit etw ~ machen*** familiarizarse con a/c; ***das ist mir ~*** lo sé, estoy enterado (de eso)
Be'kannt|e(r) *f(m)* ⟨→ A⟩ conocido, -a *m,f*; **~enkreis** *m* ⟨-es⟩ (círculo *m* de) conocidos *m/pl*; **~gabe** *f* ⟨-⟩ notificación *f*, anuncio *m*; (*Veröffentlichung*) publicación *f*; *offizielle* proclamación *f*, promulgación *f*; **~heitsgrad** *m* grado *m* de popularidad; **≈lich** *adv* como es sabido; **~machung** *f* → ***Bekanntgabe***
Be'kanntschaft *f* **1** conocimiento *m*, trato *m*; ***j-s ~ machen*** conocer a alg; **2** → ***Bekanntenkreis***
be'kehren *v/t, v/r* ⟨*sin* ge⟩ (***sich***) **~** convertir (-se) (***zu*** a)
Be'kehrte(r) *f(m)* ⟨→ A⟩ converso, -a *m,f*, convertido, -a *m,f*
Be'kehrung *f* conversión *f*
be'kennen ⟨bekannte, bekannt⟩ **I** *v/t* (*eingestehen*) confesar; ***Farbe ~*** poner las cartas sobre la mesa *od* boca arriba; **II** *v/r* ***sich ~ zu*** declararse en favor de; *zu j-m, e-r Haltung usw* declararse partidario de, adherirse a; *zu e-m Glauben* profesar; *zu e-m Verbrechen* reivindicar; ***sich schuldig ~*** declararse culpable
Be'kennerbrief *m* carta *f* de reivindicación
Be'kenntnis *n* ⟨-ses; -se⟩ **1** (*Eingeständnis*) confesión *f*; **2** (*Eintreten für*) declaración *f* (***zu*** en favor de); **3** REL (*Konfession*) confesión *f*; *zu e-m Glauben* profesión *f*
be'klagen ⟨*sin* ge⟩ **I** *v/t* deplorar, lamentar; **II** *v/r* ***sich ~*** quejarse (***bei*** a; ***über*** +*acus* de); **~swert** *adj* deplorable
Beklagte(r) [bə'klaːktə(r)] *f(m)* ⟨→ A⟩ JUR demandado, -a *m,f*
be'klauen F *v/t* ⟨*sin* ge⟩ ***j-n ~*** robar a alg
be'kleben *v/t* ⟨*sin* ge⟩ ***etw mit etw ~*** pegar a/c en a/c
be'kleckern F *v/t, v/r* ⟨*sin* ge⟩ (***sich***) **~** manchar(se), embadurnar(se) (***mit*** de)
be'kleiden *v/t* ⟨*sin* ge⟩ **1** vestir (***mit*** de); *Wände usw* revestir (***mit*** de); **2** *geh Amt, Stellung* desempeñar
be'kleidet *adjt* ***mit etw ~ sein*** llevar a/c puesta
Be'kleidung *f* indumentaria *f*, ropa *f*; **~sbranche** *f* sector *m* de la confección; **~sindustrie** *f* industria *f* de la confección
be'klemm|end *adj* sofocante, angustioso (*a fig*); **≈ung** *f* sofoco *m*, ahogo *m*
beklommen [bə'klɔmən] *adj* acongojado, angustiado; **≈heit** *f* ⟨-⟩ congoja *f*, angustia *f*
bekloppt [bə'klɔpt], **beknackt** [bə'knakt] F *adj* F chiflado, chalado
be'kommen ⟨bekam, bekommen⟩ **I** *v/t* (*er-*

halten) recibir; *mit Mühe* obtener, conseguir; *Kind*, *Junges* dar a luz, tener; MED *Krankheit*, *Erkältung usw* coger, contraer; F *Zug*, *Bus usw* coger; ***ich bekomme Hunger*** me entra hambre; ***Zähne ~*** echar los dientes; ***etw geschenkt ~*** recibir a/c como *od* de regalo; *im Geschäft* ***was ~ Sie?*** ¿qué desea?; **II** *v/i* ⟨sn⟩ ***j-m*** **(*gut*)** ***~*** sentarle bien a alg; ***j-m nicht*** *od* ***schlecht ~*** sentarle mal a alg; ***wohl bekomms!*** ¡que aproveche!

bekömmlich [bəˈkœmlɪç] *adj Essen* digestible, sano (*a Klima*, *Luft*)

beköstigen [bəˈkœstɪgən] *v/t* ⟨*sin* ge⟩ dar comida a, alimentar a

beˈkräftigen *v/t* ⟨*sin* ge⟩ confirmar, corroborar

Beˈkräftigung *f* confirmación *f*, corroboración *f*

beˈkreuzigen *v/r* ⟨*sin* ge⟩ ***sich ~*** santiguarse, persignarse

beˈkriegen ⟨*sin* ge⟩ **I** *v/t* hacer la guerra a; **II** *v/r* ***sich ~*** hacerse la guerra

beˈkritteln *v/t* ⟨*sin* ge⟩ *desp* censurar, poner reparos a, criticar

beˈkritzeln F *v/t* ⟨*sin* ge⟩ emborronar

beˈkümmern *v/t* ⟨*sin* ge⟩ (*traurig machen*) afligir; (*Sorgen machen*) preocupar

beˈkümmert *adjt* (*traurig*) afligido, apenado; (*besorgt*) preocupado

beˈkunden *v/t geh* ⟨*sin* ge⟩ **1** (*zeigen*) mostrar, denotar, manifestar; **2** JUR (*bezeugen*) declarar, atestiguar

beˈlächeln *v/t* ⟨*sin* ge⟩ reírse de

beˈladen *v/t* ⟨belädt, belud, beladen⟩ cargar (***mit*** con, de)

Beˈladung *f* carga *f*

Belag [bəˈlaːk] *m* ⟨-(e)s; ⸚e⟩ **1** (*Schicht*) capa *f*; (*Straßen*♀, *Fußboden*♀) pavimento *m*; (*Brems*♀) revestimiento *m*; **2** (*Brot*♀) *fiambre*, *queso*, *etc para poner en el pan*; **3** MED (*Zahn*♀) sarro *m*; (*Zungen*♀) saburra *f*

beˈlagern *v/t* ⟨*sin* ge⟩ sitiar; *a fig* asediar

Beˈlagerung *f* sitio *m*, cerco *m*; *a fig* asedio *m*

Belang [bəˈlaŋ] *m* ⟨-(e)s; -e⟩ **1** ***von ~*** de importancia (***für*** para); ***ohne ~*** sin importancia *od* insignificante (***für*** para); **2** *pl* ***~e*** (*Interessen*) intereses *m/pl*

beˈlangen *v/t* ⟨*sin* ge⟩ JUR demandar judicialmente; ***j-n gerichtlich ~*** demandar judicialmente a alg

beˈlanglos *adj* insignificante, irrelevante (***für*** para, en); **♀igkeit** *f* **1** (*Unwichtigkeit*) insignificancia *f*, intrascendencia *f*; **2** (*belanglose Sache usw*) nadería *f*

beˈlassen *v/t* ⟨belässt, beließ, belassen⟩ dejar; ***etw an s-m Platz ~*** dejar a/c en su sitio; ***es dabei ~*** dejarlo (así)

beˈlastbar *adj* **1** TEC resistente (***bis zu*** hasta); **2** *fig* fuerte, resistente, de aguante; **♀keit** *f* ⟨-⟩ **1** TEC capacidad *f* de carga; **2** *fig* resistencia *f*, aguante *m*

beˈlasten *v/t* ⟨*sin* ge⟩ **1** cargar (***mit*** con, de); **2** *fig* abrumar (***mit*** con); ***damit kann ich mich jetzt nicht ~*** ahora no puedo hacerme cargo de eso; **3** ECON ***j-s Konto*** (***mit 1000 Euro***) ***~*** cargarle a alg en cuenta (mil euros), adeudarle a alg (mil euros); **4** ECOL *mit Schadstoffen* contaminar; **5** JUR imputar, incriminar

beˈlästigen *v/t* ⟨*sin* ge⟩ importunar, molestar (***mit*** con)

Beˈlästigung *f* molestia *f*, vejación *f*; ***sexuelle ~*** acoso *m* sexual

Beˈlastung *f* **1** TEC carga *f*; **2** *psychisch* carga *f*, estrés *m*; **3** ECON carga *f*, débito *m*; *finanziell* gravamen *m*, gravación *f*; ***außergewöhnliche ~en*** *Steuer* gastos *m/pl* excepcionales; ***finanzielle ~*** carga *f* financiera; **4** ECOL perjuicio *m*; **5** JUR cargo *m*, incriminación *f*

Beˈlastungs|material *n* JUR pruebas *f/pl* de cargo; **~probe** *f* **1** TEC prueba *f* de carga; **2** *fig* dura prueba *f*; **~zeuge** *m*, **~zeugin** *f* testigo *m*,*f* de cargo

beˈlaubt *adj* cubierto de hojas; ***dicht ~*** frondoso

beˈlaufen *v/r* ⟨beläuft, belief, belaufen⟩ ***sich ~ auf*** (*+acus*) ascender a, elevarse a, alcanzar la cifra de

beˈlauschen *v/t* ⟨*sin* ge⟩ espiar, escuchar

beˈleben ⟨*sin* ge⟩ **I** *v/t* vivificar, animar; (*anregen*) estimular, reactivar; **II** *v/r* ***sich ~*** animarse, cobrar vida

beˈlebend *adjt* vivificador, reanimador; (*anregend*) estimulante

beˈlebt *adjt Straße* animado, concurrido

Beˈlebung *f* auge *m*, activación *f*; ***~ des Marktes*** reanimación *f* del mercado; ***~ der Nachfrage*** aumento *m* de la demanda

Beleg [bəˈleːk] *m* ⟨-(e)s; -e⟩ **1** (*Beweis*) justificante *m*; **2** (*Quittung*) recibo *m*, resguardo *m*; **3** LING (*~stelle*) cita *f*

beˈlegen *v/t* ⟨*sin* ge⟩ **1** cubrir (***mit*** con); GASTR guarnecer; ***mit Schinken*** *usw* ***~*** poner jamón, *etc* en; **2** (*reservieren*) *Platz* reservar; (*besetzt halten*) ocupar, guardar; **3** *Universität*: *Fach*, *Vorlesungen* matricularse en; **4** SPORT ***den ersten, zweiten*** *usw* ***Platz ~*** ocupar el primer, segundo, *etc* puesto; **5** ***mit e-r Strafe, Steuern*** *usw* ***~*** gravar con una multa, impuestos, *etc*; **6** (*beweisen*) probar, justificar, documentar

Beˈlegschaft *f* personal *m*, plantilla *f*; **~svertretung** *f* delegación *f* del personal

beˈlegt *adjt* **1** *Platz*, *Raum* ocupado; *Hotel* (***voll***) ***~ sein*** estar completo; TEL ***es ist ~***

está comunicando, está ocupado; **2** MED *Zunge* sucio; *Stimme* empañado, tomado; **3** GASTR ***~es Brot*** sándwich *m*; ***~es Brötchen*** bocadillo *m*; **4** (*nachgewiesen*, *dokumentiert*) probado, documentado
be'lehren *v/t* ⟨*sin* ge⟩ instruir (***über*** *+acus* sobre); ***j-n e-s Besseren ~*** abrir(le) los ojos a alg
Be'lehrung *f* instrucción *f*; (*Rat*) consejo *m*; (*Zurechtweisung*) reprimenda *f*
be'leibt *geh adj* obeso
be'leidigen *v/t* ⟨*sin* ge⟩ ofender, insultar; ***ich wollte Sie nicht ~ !*** ¡no quería ofenderle!
be'leidigend *adjt* ofensivo, insultante; (*kränkend*) hiriente
be'leidigt *adjt* ofendido, enfadado; (*gekränkt*) herido
Be'leidigung *f* ofensa *f*, insulto *m*; JUR injuria *f*
be'leihbar *adj* FIN pignorable
be'lesen *adjt* instruido, leído
be'leucht|en *v/t* ⟨*sin* ge⟩ alumbrar; *festlich* iluminar; *fig Problem*, *Thema* examinar; **2ung** *f* alumbrado *m*; *festliche* iluminación *f*
Belg|ien ['bɛlgiən] *n* ⟨-s⟩ Bélgica *f*; **~ier(in)** *m(f)* belga *m,f*; **2isch** *adj* belga
Belgrad ['bɛlgraːt] *n* Belgrado *m*
be'licht|en *v/t* ⟨*sin* ge⟩ FOT exponer, impresionar; **2ung** *f* FOT exposición *f*, impresión *f*
Be'lichtungs|messer *m* FOT fotómetro *m*; **~zeit** *f* FOT tiempo *m* de exposición
be'lieben ⟨*sin* ge⟩ **I** *v/t bsd iron* ***~ zu*** (*+inf*) dignarse (*+inf*), tener a bien (*+inf*); **II** *geh v/imp* ***es beliebt j-m zu*** (*+inf*) alg tiene a bien (*+inf*)
Be'lieben *n* ⟨-s⟩ ***nach ~*** a voluntad, a (su) gusto, a discreción
be'liebig I *adj* cualquiera; ***in ~er Reihenfolge*** en el orden que se desee; **II** *su* ***jeder 2e*** uno cualquiera; **III** *adv* a voluntad, a discreción; ***~ viele*** cualquier cantidad, cuantos se deseen
be'liebt *adj* popular, en boga (***bei*** en); *Person* estimado, apreciado; ECON *Ware* solicitado; ***sich ~ machen*** (***bei***) hacerse querer (por), congraciarse (con)
Be'liebtheit *f* ⟨-⟩ popularidad *f*
be'liefern *v/t* ⟨*sin* ge⟩ proveer (***mit*** de, con), abastecer (***mit*** de)
Be'lieferung *f* suministro *m*, abastecimiento *m*
bellen ['bɛlən] *v/i* ladrar
Belletrist|ik [bɛlə'trɪstɪk] *f* ⟨-⟩ bellas letras *f/pl*; **2isch** *adj* literario
be'lohnen *v/t* ⟨*sin* ge⟩ (re)compensar (***für*** por; ***mit*** con)
Be'lohnung *f* recompensa *f*; ***zur ~*** como recompensa
be'lüft|en *v/t* ⟨*sin* ge⟩ ventilar, airear; **2ung** *f* ⟨-⟩ ventilación *f*, aireación *f*; **2ungsanlage** *f* instalación *f* de ventilación
be'lügen ⟨belog, belogen⟩ **I** *v/t* ***j-n ~*** mentir a alg; **II** *v/r* ***sich selbst ~*** engañarse (a sí mismo)
be'lustig|en *v/t*, *v/r* ⟨*sin* ge⟩ (***sich***) **~** divertir (-se), regocijar(se); **2ung** *f* diversión *f*, regocijo *m*
bemächtigen *geh v/r* ⟨*sin* ge⟩ ***sich j-s, e-r Sache ~*** apoderarse *od* adueñarse de alg, de a/c
be'malen *v/t* ⟨*sin* ge⟩ (***blau*** *usw*) **~** pintar (de azul, *etc*)
bemängeln [bə'mɛŋəln] *v/t* ⟨*sin* ge⟩ criticar, censurar; ***daran ist nichts zu ~*** no hay nada censurable en ello
be'mannen *v/t* ⟨*sin* ge⟩ *Raumschiff* tripular; ***bemannte Raumfahrt*** astronáutica *f* tripulada
bemänteln [bə'mɛntəln] *v/t* ⟨*sin* ge⟩ **1** (*verstecken*) encubrir, ocultar; **2** (*beschönigen*) paliar, cohonestar
be'merkbar *adj* perceptible; ***sich ~ machen*** hacerse sentir, hacerse notar; (*auf sich aufmerksam machen*) atraer la atención
be'merken *v/t* ⟨*sin* ge⟩ **1** (*wahrnehmen*) percibir, notar, darse cuenta de; **2** (*äußern*) observar, decir; **~swert** *adj* notable (***wegen*** por)
Be'merkung *f* observación *f*, comentario *m*
be'messen *adj* medido, proporcionado; ***knapp ~*** limitado
be'mitleiden *v/t* ⟨*sin* ge⟩ compadecer a, compadecerse de; **~swert** *adj* digno de compasión *od* de lástima
be'mogeln F *v/t* ⟨*sin* ge⟩ timar, engañar
be'mühen ⟨*sin* ge⟩ **I** *v/t* **1** ***j-n ~*** molestar a alg, incomodar a alg; *Arzt*, *Fachmann usw* acudir a, llamar a; **II** *v/r* **2** (*sich anstrengen*) ***sich ~*** (***zu*** *+inf*) esforzarse (por *+inf*); ***bemüht sein zu*** (*+inf*) procurar (*+inf*); ***~ Sie sich nicht!*** ¡no se moleste!; **3** (*sich kümmern*) ***sich um j-n ~*** atender a alg; **4** (*erlangen wollen*) ***sich um etw ~*** esforzarse por (conseguir) a/c
Be'mühung *f* esfuerzo *m*, molestia *f*
bemüßigt [bə'myːsɪçt] *adj* ***sich ~ fühlen zu*** (*+inf*) sentirse obligado a (*+inf*)
be'muttern *v/t* ⟨*sin* ge⟩ cuidar como una madre
be'nachbart *adj* vecino
be'nachrichtig|en *v/t* ⟨*sin* ge⟩ avisar (***von*** de), informar (***von*** sobre), *amtlich*, *formell* notificar; **2ung** *f* información *f*, notificación *f*, aviso *m*, *amtlich*, *formell* notificación *f*; **2ungsschreiben** *n* carta *f* de aviso

be'nachteilig|en *v/t* ⟨*sin* ge⟩ perjudicar; *social* discriminar; **2ung** *f* **1** discriminación *f*; **2** (*Nachteil*) perjuicio *m*, detrimento *m*
be'nebelt F *adj fig* F achispado
Benefiz|konzert [bene'fiːts-] *n* concierto *m* benéfico; **~veranstaltung** *f* función *f* benéfica
be'nehmen *v/r* ⟨benimmt, benahm, benommen⟩ ***sich j-m gegenüber ... ~*** (com)portarse ... con, frente a alg; ***sich gut, schlecht ~*** portarse bien, mal; ***benimm dich!*** ¡pórtate bien!
Be'nehmen *n* ⟨-s⟩ conducta *f*, comportamiento *m*, modales *m/pl*
be'neiden *v/t* ⟨*sin* ge⟩ ***j-n*** (***um etw***) ~ envidiar a alg (por a/c)
be'neidenswert *adj* envidiable
Beneluxstaaten ['beːnelʊks-] *m/pl* ***die*** ~ los (Estados *m/pl*) Benelux
be'nennen *v/t* ⟨benannte, benannt⟩ **1** (*e-n Namen geben*) poner nombre a, denominar, nombrar; **2** (*angeben*) nombrar, designar; ***j-n als Zeugen*** *usw* ~ designar a alg como testigo, *etc*
Be'nennung *f* **1** (*Name*, *Bezeichnung*) denominación *f*, nombre *m*; **2** *e-s Zeugen usw* designación *f*
be'netzen *v/t* ⟨*sin* ge⟩ mojar, humedecer
Bengel ['bɛŋəl] *m* ⟨-s; -⟩ rapaz *m*, pilluelo *m*
be'nommen *adjt* aturdido, atontado; **2heit** *f* ⟨-⟩ aturdimiento *m*, estupor *m*
be'noten *v/t* ⟨*sin* ge⟩ calificar, poner nota a
be'nötigen *v/t* ⟨*sin* ge⟩ necesitar
Be'notung *f* calificación *f*
be'nutzen *v/t* ⟨*sin* ge⟩ usar, servirse de, utilizar; (*sich zunutze machen*) *a* aprovechar
Be'nutzer *m* usuario *m*; **2freundlich** *adj* de fácil manejo (*para el usuario*); **~handbuch** *n* INFORM manual *m*; **~in** *f* usuaria *f*; **~oberfläche** *f* INFORM superficie *f* de utilización
Be'nutzung *f* ⟨-⟩ uso *m*, empleo *m*; **~sgebühr** *f* tasa *f* de utilización; AUTO peaje *m*
Benzin [bɛn'tsiːn] *n* ⟨-s; -e⟩ **1** AUTO gasolina *f*; **2** CHEM bencina *f*; **~feuerzeug** *n* mechero *m* de gasolina; **~gutschein** *m* bono *m* de gasolina; **~kanister** *m* bidón *m od* lata *f* de gasolina; **~motor** *m* motor *m* de gasolina; **~preis** *m* precio *m* de la gasolina; **~pumpe** *f* bomba *f* de gasolina; **~tank** *m* depósito *m* de gasolina; **~uhr** *f* indicador *m* de gasolina; **~verbrauch** *m* consumo *m* de gasolina
Benzol [bɛn'tsoːl] *n* ⟨-s; -e⟩ CHEM benzol *m*, benceno *m*
be'obachten *v/t* ⟨*sin* ge⟩ **1** observar; **2** (*überwachen*) vigilar; **3** (*bemerken*) observar, notar
Be'obachter(in) *m(f)* observador, a *m,f*
Be'obachtung *f* observación *f*; ***unter ~ stehen*** estar en observación
Be'obachtungsgabe *f* dotes *f/pl* para la observación
be'ordern *v/t* ⟨*sin* ge⟩ ***j-n ~ nach*** *od* ***zu*** destinar a alg para; (*her~*) llamar a alg a
be'pflanzen *v/t* ⟨*sin* ge⟩ plantar (***mit*** de, con)
be'quatschen F *v/t* ⟨*sin* ge⟩ **1** (*sich unterhalten über*) charlar de, conversar de; **2** ***j-n ~*** (*überreden*) convencer a alg
bequem [bə'kveːm] *adj* **1** (*behaglich*) cómodo, confortable; ***es sich*** (*dat*) ***~ machen*** ponerse cómodo; **2** (*leicht*, *mühelos*) cómodo; **3** (*faul*) cómodo
be'quemen *geh v/r* ⟨*sin* ge⟩ ***sich ~*** (***etw zu tun***) condescenderse (a hacer a/c); ***sich zu e-r Antwort*** *usw* ~ dignarse responder, *etc*
Be'quemlichkeit *f* **1** (*Komfort*) comodidad *f*, confort *f*; **2** *desp* (*Trägheit*) pereza *f*
berappen [bə'rapən] F *v/t* ⟨*sin* ge⟩ (*zahlen*) F soltar, apoquinar
be'raten ⟨berät, beriet, beraten⟩ **I** *v/t j-n* aconsejar, asesorar; ***sich ~ lassen von*** dejarse aconsejar por; ***gut, schlecht ~ sein*** estar bien, mal aconsejado; **II** *v/i* ***über etw*** (*acus*) ~ deliberar sobre a/c; **III** *v/r* ***sich ~*** consultar(se); ***sich mit j-m über etw*** (*acus*) ~ consultar a/c con alg
be'ratend *adjt* consultivo; *Versammlung*, *Gremium* deliberante
Be'rater(in) *m(f)* consejero, -a *m,f*, asesor, a *m,f*
Be'ratung *f* **1** consulta *f*, asesoramiento *m* (***über*** *+acus* de); **2** (*Besprechung*) deliberación *f*; **3** (*~sstelle*) consultorio *m*
Be'ratungs|firma *f* consultoría *f*; **~stelle** *f* asesoría *f*, consultorio *m*
be'rauben *geh v/t* ⟨*sin* ge⟩ **1** ***j-n e-r Sache*** (*gen*) ~ robar a/c a alg, despojar a alg de a/c; **2** *fig* ***j-n seiner Freiheit ~*** privar a alg de su libertad
be'rauschen *geh* ⟨*sin* ge⟩ **I** *v/t* embriagar (*a fig*); **II** *v/r* ***sich ~*** *a fig* embriagarse (***an*** *+dat* con)
be'rauschend *adjt* embriagador (*a fig*); F *fig* ***etw ist nicht gerade ~*** a/c no causa precisamente mucho entusiasmo
be'rechenbar *adj Kosten usw* calculable; *fig* previsible
be'rechn|en *v/t* ⟨*sin* ge⟩ **1** (*ausrechnen*) calcular, computar; **2** (*in Rechnung stellen*) cargar (en cuenta), cobrar, facturar; **3** (*vorsehen*, *veranschlagen*) prever; **~end** *adjt desp* calculador, interesado
Be'rechnung *f* cálculo *m*, cómputo *m*; *v Kosten* facturación *f*; *fig desp* ***aus ~*** por egoísmo
Be'rechnungsgrundlage *f* base *f* de

cálculo
be'rechtigen ⟨*sin* ge⟩ **I** *v/t* ***j-n*** (***zu etw***) ~ autorizar a alg (a a/c), facultar a alg (para a/c); **II** *v/i* ***zu der Annahme, Hoffnung ~, dass ...*** permitir suponer, esperar que ...
be'rechtigt *adjt* **1** (*befugt*) autorizado, facultado; ***zu etw ~ sein*** tener derecho a hacer a/c; **2** (*begründet*) fundado
Be'rechtigung *f* ⟨-⟩ **1** (*Befugnis*) autorización *f*; (*Recht*) derecho *m*; **2** (*Rechtmäßigkeit*) legitimidad *f*
be'reden ⟨*sin* ge⟩ **I** *v/t* **1** (*besprechen*) ***etw ~*** discutir sobre a/c; **2** (*überreden*) ***j-n ~, etw zu tun*** persuadir a alg para que haga a/c; **II** *v/r* **3** ***sich ~*** (*sich beraten*) consultar(se)
Be'redsamkeit *f* ⟨-⟩ elocuencia *f*
beredt [bəˈreːt] *adj a fig* elocuente, locuaz
Be'reich *m* ⟨-(e)s; -e⟩ **1** *räumlich* recinto *m*, zona *f*, área *f*; **2** *fig* ámbito *m*, terreno *m*, sector *m*; (*Aufgaben*☊) área *f*, ámbito *m*, competencia *f*; ***im sozialen ~*** en el sector social; ***im ~ des Möglichen liegen*** estar dentro de lo posible; ***das fällt nicht in meinen ~*** no es de mi competencia
be'reicher|n *v/t*, *v/r* ⟨*sin* ge⟩ (***sich***) ~ enriquecer(se) (*a fig*); **☊ung** *f* ⟨-⟩ enriquecimiento *m*
Be'reichsleiter(in) *m(f)* ECON gerente *m,f* de área
be'reif|en *v/t* ⟨*sin* ge⟩ poner los neumáticos; **☊ung** *f* neumáticos *m/pl*
be'reinigen *v/t* ⟨*sin* ge⟩ ajustar, arreglar, liquidar; *Missverständnis*, *Streit a* aclarar, zanjar
be'reisen *v/t* ⟨*sin* ge⟩ viajar por, recorrer (*a* ECON)
bereit [bəˈraɪt] *adj* dispuesto, listo; ***bist du ~?*** ¿estás preparado?
be'reiten *v/t* ⟨*sin* ge⟩ **1** *Speise*, *Getränk* preparar, hacer; **2** *Sorge*, *Freude*, *Vergnügen* dar, crear, proporcionar; *Empfang* dispensar; *Schwierigkeiten* crear
be'reithalten ⟨*irr*, *sep*⟩ **I** *v/t* ***etw ~*** tener a/c preparada; **II** *v/r* ***sich ~*** estar dispuesto (***für*** para, a)
be'reitliegen *v/i* ⟨*irr*, *sep*⟩ estar preparado *od* listo
be'reitmachen *v/t*, *v/r* ⟨*sep*⟩ (***sich***) ~ preparar(se), disponer(se)
bereits [bəˈraɪts] *adv* ya
Be'reitschaft *f* **1** disposición *f*; (*Bereitwilligkeit*) buena voluntad *f*; **2** *Arzt*, *Sanitäter usw* ***~ haben*** estar de guardia; ***in ~ sein*** (*bereit sein*) estar dispuesto; MIL, *Polizei* estar en alerta; (***sich***) ***in ~ halten*** estar a disposición *od* en reserva; **3** (*Polizeieinheit usw*) retén *m*
Be'reitschaftsdienst *m* servicio *m* de urgencia; ***~ haben*** estar de guardia
Be'reitschaftspolizei *f* policía *f* antidisturbios
be'reit|stehen *v/i* ⟨*irr*, *sep*, *südd*, *österr*, *schweiz* sn⟩ **1** estar preparado; **2** (*verfügbar sein*) estar disponible
be'reitstellen *v/t* ⟨*sep*⟩ preparar; (*zur Verfügung*) facilitar, proveer, poner a disposición, proporcionar; ***e-n Kredit ~*** facilitar un crédito
Be'reit|stellung *f* ⟨-⟩ preparación *f*; *e-s Kredits etc* facilitación *f*; **☊willig** *adj* solícito, gustoso; **~willigkeit** *f* ⟨-⟩ buena voluntad *f*
be'reuen *v/t* ⟨*sin* ge⟩ arrepentirse de
Berg [bɛrk] *m* ⟨-(e)s; -e⟩ **1** montaña *f*; monte *m*; ***~e versetzen*** mover montañas; *fig* ***über den ~ sein*** haber pasado lo peor; *fig* ***über alle ~e sein*** haber puesto tierra por medio; ***die Haare standen ihm zu ~e*** se le pusieron los pelos de punta; **2** *fig* (*große Menge*) montón *m*; ***~e von*** montones de
berg'ab *adv* cuesta abajo; *fig* ***~ gehen*** ir de mal en peor
'Bergarbeiter *m* minero *m*
berg'auf *adv* cuesta arriba; *fig* ***es geht wieder ~*** las cosas van mejorando
'Berg|bahn *f* (*Zahnradbahn*) ferrocarril *m* de cremallera; (*Seilbahn*) funicular *m*, teleférico *m*; **~bau** *m* ⟨-(e)s⟩ minería *f*, industria *f* minera
bergen [ˈbɛrgən] *v/t* ⟨birgt, barg, geborgen⟩ **1** salvar, rescatar; **2** (*enthalten*) albergar, contener; ***e-e gewisse Gefahr*** (***in sich***) ***~*** encerrar cierto peligro
'Berg|führer(in) *m(f)* guía *m,f* de montaña; **~hütte** *f* refugio *m* (de montaña)
'bergig *adj* montañoso
'Berg|kette *f* cordillera *f*, cadena *f* montañosa, sierra *f*; **~kristall** *m* cristal *m* de roca; **~land** *n* país *m* montañoso; región *f* montañosa; **~mann** *m* ⟨-(e)s; -leute⟩ minero *m*; **~massiv** *n* macizo *m* montañoso; **~predigt** *f* REL Sermón *m* de la montaña; **~rücken** *m* loma *f*; **~schuh** *m* bota *f* de montaña; **~spitze** *f* pico *m*; **~steigen** *n* ⟨-s⟩ alpinismo *m*, montañismo *m*; **~steiger(in)** *m(f)* alpinista *m,f*, montañero, -a *m,f*; **~stiefel** *m* bota *f* de montaña; **~straße** *f* ruta *f* de montaña; **~tour** *f* escalada *f*, excursión *f* por la montaña; **~-und-'Tal-Bahn** *f* montaña *f* rusa
'Bergung *f* salvamento *m*, rescate *m*; **~smannschaft** *f* equipo *m* de rescate
'Berg|wacht *f* ⟨-⟩ servicio *m* de salvamento de montaña; **~wanderung** *f* caminata *f* por la montaña; **~werk** *n* mina *f*
Bericht [bəˈrɪçt] *m* ⟨-(e)s; -e⟩ informe *m* (***über*** *+acus* sobre); *erzählender* relación (***über*** *+acus* de); (*Presse*☊) reportaje *m*; (***j-m***) ***~ erstatten*** dar cuenta (a alg), infor-

mar (a alg); ***e-n ~ erstellen, verfassen*** elaborar *od* redactar un informe
be'richten ⟨*sin* ge⟩ **I** *v/t* ***j-m etw ~*** referir *od* relatar a/c a alg; **II** *v/i* ***über etw*** (*acus*) **~** informar sobre a/c
Be'richterstatt|er(in) *m(f)* reportero, -a *m,f*; (*Korrespondent, -in*) corresponsal *m,f*; **~ung** *f* información *f*; *Presse* reportaje *m*
be'richtig|en ⟨*sin* ge⟩ **I** *v/t* rectificar, corregir; **II** *v/r* ***sich ~*** corregirse; **2ung** *f* rectificación *f*, corrección *f*
be'riechen *v/t* ⟨beroch, berochen⟩ olfatear
be'rieseln *v/t* ⟨*sin* ge⟩ **1** *Feld, Garten* regar, irrigar; rociar; **2** *mit Musik* bañar
Be'rieselung *f* ⟨-⟩ **1** *von Feldern, Gärten usw* riego *m*, irrigación *f*, rociado *m*; **2** *fig mit Musik* baño *m*
beritten [bə'rɪtən] *adjt* montado a caballo
Berlin [bɛr'li:n] *n* Berlín *m*
Berliner[1] [bɛr'li:nər] *adj* berlinés
Ber'liner[2] *m Gebäck* berlinesa *f*, bola *f* de Berlín
Ber'liner[3] *m*, **~in** *f* berlinés, -esa *m,f*
Bermuda|s [bɛr'mu:das] *pl*, **~shorts** [-ʃɔrts] *pl* bermudas *f/pl od m/pl*
Bern [bɛrn] *n* Berna *f*
'Bernhard ['bɛrnhart] *m* Bernardo; **~iner** [-'di:nər] *m Hunderasse* (perro *m* de) San Bernardo *m*
'Bernstein *m* ⟨-(e)s⟩ ámbar *m*
bersten ['bɛrstən] *v/i* ⟨birst, barst, geborsten⟩ reventar; *fig* ***~ vor*** (*+dat*) estallar de
berüchtigt [bə'rʏçtɪçt] *adj* de mala fama (***wegen*** por)
be'rücksichtigen *v/t* ⟨*sin* ge⟩ considerar, tener en cuenta
Be'rücksichtigung *f* ⟨-⟩ consideración *f*; ***unter ~ von*** *od* (*+gen*) considerando
Beruf [bə'ru:f] *m* ⟨-(e)s; -e⟩ profesión *f*; (*Handwerk*) oficio *m*; ***von ~*** de profesión; ***freie ~e*** profesiones *m/pl* liberales; ***e-n ~ ausüben*** ejercer una profesión; ***e-n ~ erlernen*** aprender una profesión *od* un oficio; ***e-m ~ nachgehen*** dedicarse a una profesión; ***was sind Sie von ~?*** ¿qué profesión tiene usted?
be'rufen[1] ⟨berief, berufen⟩ **I** *v/t* ***j-n ~*** nombrar *od* designar a alg (***zu*** para); **II** *v/r* ***sich auf etw ~*** referirse a a/c, invocar a/c; ***sich darauf ~, dass …*** remitirse a que …, hacer valer que …
be'rufen[2] *adjt* llamado, elegido; ***sich zu etw ~ fühlen*** sentirse llamado a a/c, sentir vocación de a/c
be'ruflich I *adj* profesional; **II** *adv* de profesión, profesionalmente; ***was macht sie/er ~?*** ¿en qué trabaja?; ***was machen Sie ~?*** ¿cuál es su profesión?; ***~ erfolgreich sein*** tener éxito profesional
Be'rufs|anfänger(in) *m(f)* principiante *m,f*; **~ausbildung** *f* formación *f* profesional; **~ausbildungsvertrag** *m Lehre* contrato *m* de aprendizaje; **~aussichten** *pl* salidas *f/pl* profesionales; **~berater(in)** *m(f)* orientador, a *m,f* profesional; **~beratung** *f* orientación *f od* asesoramiento *m* profesional; **~bezeichnung** *f* identificación *f* de puestos; **~bild** *n* configuración *f* de una profesión
Be'rufserfahrung *f* experiencia *f* profesional; ***mangelnde ~*** falta *f* de experiencia profesional
Be'rufs|geheimnis *n* secreto *m* profesional; **~genossenschaft** *f* mutua *f* de accidentes (de trabajo); **~kleidung** *f* ropa *f* de trabajo; **~krankheit** *f* enfermedad *f* profesional
Be'rufsleben *n* ⟨-s⟩ vida *f* profesional; ***im ~ stehen*** estar en activo
Be'rufs|praxis *f* experiencia *f* profesional; **~risiko** *n* riesgo *m* profesional; **~schule** *f* escuela *f* de formación profesional; **~soldat(in)** *m(f)* soldado *m,f* profesional; **~spieler** *m* (jugador *m*) profesional *m*; **~sportler(in)** *m(f)* (deportista *m,f*) profesional *m,f*; **~stand** *m* gremio *m*; **2tätig** *adj* que ejerce una profesión, que trabaja, activo; ***~ sein*** trabajar, ejercer una profesión; **~tätige(r)** *f(m)* ⟨→ A⟩ persona *f* en activo; **~tätigkeit** *f* actividad *f* profesional
Be'rufsunfähigkeit *f* ***völlige ~*** incapacidad *f* permanente total para profesión habitual; ***teilweise ~*** incapacidad *f* permanente parcial para profesión habitual
Be'rufs|verband *m* asociación *f* profesional; **~verbot** *n* inhabilitación *f* (profesional); **~verkehr** *m* tráfico *m* en hora punta; **~zweig** *m* ramo *m* profesional
Be'rufung *f* **1** (*Ernennung*) nombramiento *m* (***an*** *+acus*, ***auf*** *+acus* para); **2** *innere* vocación *f* (***zu*** a); **3** ***unter ~ auf*** (*+acus*) apelando a, basándose en; **4** JUR apelación *f*; ***~ einlegen*** apelar, interponer (recurso de) apelación (***bei*** a; ***gegen*** contra); **~sgericht** *f* JUR tribunal *m*, *Am* corte *f* de apelación; **~sinstanz** *f* JUR instancia *f* de apelación
be'ruhen *v/i* ⟨*sin* ge⟩ **1** ***auf etw*** (*dat*) **~** basarse en a/c; (*zurückzuführen sein*) ser debido a a/c; **2** ***etw auf sich ~ lassen*** dejar a/c como está, dejar a/c estar
be'ruhigen ⟨*sin* ge⟩ **I** *v/t* tranquilizar; (*besänftigen*) calmar, apaciguar; **II** *v/r* ***sich ~*** calmarse, tranquilizarse
be'ruhigend *adj* **1** tranquilizador; **2** MED calmante, sedante
Be'ruhigung *f* **1** apaciguamiento *m*; *der Lage* estabilización *f*; **2** (*Gefühl der Si-*

cherheit) tranquilidad *f*; ***zu deiner ~*** para tu tranquilidad
Be'ruhigungsmittel *n* MED tranquilizante *m*, calmante *m*, sedante *m*
berühmt [bə'ryːmt] *adj* famoso, célebre (***wegen*** por); (*bekannt*) conocido (***wegen*** por); F *fig* ***das ist nicht gerade ~!*** ¡no es nada del otro mundo!
Be'rühmtheit *f* **1** (*Ruhm*) fama *f*; ***~ erlangen*** alcanzar fama, saltar a la fama; **2** *Person* celebridad *f*
be'rühren ⟨*sin* ge⟩ **I** *v/t* **1** *körperlich* tocar; (*streifen*) rozar; **2** *fig seelisch* afectar, conmover; ***j-n unangenehm, peinlich ~*** desagradar, avergonzar a alg; **3** *fig* (*ansprechen*) tocar, mencionar; **II** *v/r* **4** ***sich ~*** tocarse (*a fig*)
Be'rührung *f* roce *m*, tacto *m*; (*Kontakt*) contacto *m*; ***in ~ kommen mit*** entrar en contacto con
Be'rührungsbildschirm *m* pantalla *f* táctil
bes. *Abk* (*besonders*) especialmente; en particular
be'sagen *v/t* ⟨*sin* ge⟩ querer decir, significar; ***das besagt*** (***noch***) ***gar nichts!*** ¡eso no quiere decir nada!
Besan [be'zaːn] *m* ⟨-s; -e⟩ MAR (*Segel*) mesana *f*
besänftigen [bə'zɛnftɪgən] *v/t* ⟨*sin* ge⟩ apaciguar; (*beruhigen*) calmar
besät [bə'zɛːt] *adjt* ***~ mit*** sembrado de; *fig a* salpicado de
Besatz [bə'zats] *m* ⟨-es; ⸚e⟩ MODE ribete *m*
Be'satzung *f* **1** ocupación *f*; MIL guarnición *f*; **2** *e-s Flugzeugs* tripulación *f*; *e-s Schiffs a* dotación *f*; **~smacht** *f* MIL potencia *f* de ocupación
be'saufen F *v/r* ⟨besäuft, besoff, besoffen⟩ ***sich ~*** emborracharse; F coger una trompa
Besäufnis [bə'zɔʏfnɪs] F *n* ⟨-ses; -se⟩ borrachera *f*; F trompa *f*
be'schädigen *v/t* ⟨*sin* ge⟩ estropear, averiar; *leicht* deteriorar
be'schädigt *adjt* dañado; ***~e Ware*** mercancía *f* dañada
Be'schädigung *f* daño *m*, avería *f*; *leichte* deterioro *m*, desperfecto *m*
be'schaffen[1] *v/t* ⟨*sin* ge⟩ proporcionar, procurar, facilitar
be'schaffen[2] *adj* hecho, acondicionado; ***so ~, dass*** hecho de tal manera que
Be'schaffenheit *f* ⟨-⟩ (*Zustand*) estado *m*, condición *f*; (*Qualität*) calidad *f*; (*Eigenschaft*) índole *f*
Be'schaffung *f* ⟨-⟩ adquisición *f*, suministro *m*; **~skriminalität** *f* criminalidad *f* relacionada con el suministro de drogas
beschäftigen [bə'ʃɛftɪgən] ⟨*sin* ge⟩ **I** *v/t* **1** (*j-m zu tun geben*) ocupar, dar que hacer; (*unterhalten*) entretener; **2** (*einstellen*) dar trabajo, emplear; **3** *Problem* ***j-n ~*** preocupar a alg; **II** *v/r* **4** ***sich ~*** ocuparse (***mit*** *j-m* de; ***mit*** *etw* en, con), dedicarse (***mit*** a); *mit Problemen* preocuparse, estar inquieto (***mit*** por)
be'schäftigt *adj* **1** ocupado; **2** (*angestellt*) empleado (***bei*** en)
Be'schäftig|te(r) *f*(*m*) ⟨→ A⟩ empleado, -a *m,f*; **~tenzahl** *f* número *m* de empleados
Be'schäftigung *f* **1** (*Tätigkeit*) ocupación *f*; **2** (*Anstellung*) empleo *m*; ***ohne ~*** parado; **3** *mit e-m Problem* preocupación *f* (***mit*** por)
Be'schäftigungs|politik *f* política *f* laboral; **~programm** *n* programa *m* de empleo; **~therapie** *f* terapia *f* ocupacional
be'schäm|en *v/t* ⟨*sin* ge⟩ avergonzar, humillar; **~end** *adjt* vergonzoso, humillante
be'schämt *adjt* ***über etw*** (*acus*) ***~ sein*** estar avergonzado por a/c
be'schatten *v/t* ⟨*sin* ge⟩ (*verfolgen*) seguir los pasos a
be'schaulich *adj* contemplativo
Bescheid [bə'ʃaɪt] *m* ⟨-(e)s; -e⟩ **1** (*Information*) información *f* (***über*** *+acus* sobre); (*Antwort*) respuesta *f* (***über*** *+acus* a, sobre); *amtlich* notificación *f*; JUR fallo *m*; ***j-m ~ geben*** informar *od* avisar a alg; ***~ erhalten*** recibir noticia *od* aviso; **2** F ***j-m gehörig ~ sagen*** F cantarle a alg las cuarenta; **3** ***~ wissen*** estar enterado, estar al corriente (***über*** *+acus* de)
be'scheiden[1] ⟨beschied, beschieden⟩ *geh* **I** *v/t* comunicar; *Antrag* ***abschlägig ~*** rechazar; **II** *v/r* ***sich ~*** (***mit***) (*sich begnügen*) resignarse (a), conformarse (con)
be'scheiden[2] *adj* modesto (*a fig*); (*genügsam*) frugal; (*zurückhaltend*) discreto; **2heit** *f* ⟨-⟩ modestia *f*
be'scheinen *v/t* ⟨beschien, beschienen⟩ *Sonne* iluminar, alumbrar; ***von der Sonne beschienen*** bañado por el sol
be'scheinigen *v/t* ⟨*sin* ge⟩ certificar; ***den Empfang*** (*+gen od* ***von***) ***~*** acusar recibo (de); ***hiermit wird bescheinigt, dass*** por la presente, certifico que
Be'scheinigung *f* **1** certificación *f*; **2** (*Urkunde*) certificado *m*
be'scheißen P *v/t* ⟨beschiss, beschissen⟩ ***j-n*** (***um etw***) ***~*** estafarle (a/c) a alg
be'schenken *v/t* ⟨*sin* ge⟩ obsequiar (***mit etw*** con a/c)
be'scheren *v/t* ⟨*sin* ge⟩ ***j-m etw ~*** regalarle a/c a alg; ***j-m e-e Überraschung ~*** deparar una sorpresa a alg
Be'scherung *f* reparto *m* de regalos; F *iron* ***das ist ja e-e schöne ~!*** F ¡lo que faltaba!, ¡estamos listos!
bescheuert [bə'ʃɔʏərt] F *adj* F chiflado,

chalado
be'schichten *v/t* ⟨*sin* ge⟩ TEC revestir
be'schießen *v/t* ⟨beschoss, beschossen⟩ tirar a, disparar contra; *mit Artillerie* bombardear
be'schilder|n *v/t* ⟨*sin* ge, sn⟩ *Straßen usw* rotular, señalizar; **≈ung** *f* **1** rotulación *f*; **2** (*Schilder*) señalización *f*
be'schimpf|en *v/t* ⟨*sin* ge⟩ insultar, injuriar, ultrajar; **≈ung** *f* insulto *m*, injuria *f*, ultraje *m*
Beschiss [bə'ʃɪs] P *m* ⟨-es⟩ (*Betrug*) timo *m*
be'schissen *adj* P hecho una mierda
Be'schlag *m* ⟨-(e)s; ⸚e⟩ **1** (*Tür≈ usw*) bisagra *f*; (*Huf≈*) herraje *m*; **2** *auf Glas* vaho *m*; **3** ***in ~ nehmen, mit ~ belegen*** *Plätze usw* incautarse de, embargar (*a fig*); *fig j-n* acaparar
be'schlagen[1] ⟨beschlägt, beschlug, beschlagen⟩ **I** *v/t* ⟨h⟩ **1** TEC reforzar, guarnecer; **2** *Pferd* herrar; **3** *Fenster, Spiegel usw* empañar; **II** *v/i* ⟨sn⟩ **4** *Fenster, Spiegel usw* empañarse; **III** *v/r* ⟨h⟩ **5** *Fenster, Spiegel usw* ***sich ~*** empañarse
be'schlagen[2] *adj* ***in etw*** (*dat*) ***gut ~ sein*** ser muy versado en a/c, ser un entendido en a/c
Be'schlag|nahme [-naːmə] *f* embargo *m*, confiscación *f*; **≈nahmen** *v/t* ⟨*sin* ge⟩ confiscar, embargar
beschleunigen [bə'ʃlɔʏnɪgən] ⟨*sin* ge⟩ **I** *v/t*, *v/i* acelerar (*a* AUTO, PHYS); ***s-e Schritte ~*** agilizar el paso; **II** *v/r* ***sich ~*** (*Tempo*) aumentar
Be'schleunig|er *m* TEC, PHYS acelerador *m*; **~ung** *f* aceleración *f*, activación *f*; **~ungsspur** *f* AUTO carril *m* de aceleración
be'schließen *v/t* ⟨beschloss, beschlossen⟩ **1** (*entscheiden*) resolver, decidir; ***~ zu*** (*+inf*) decidir (*+inf*); **2** (*beenden*) concluir, terminar
Be'schluss *m* ⟨-es; ⸚e⟩ acuerdo *m*, decisión *f*, resolución *f*; ***e-n ~ fassen*** tomar una decisión
be'schluss|fähig *adj* (***nicht***) ***~ sein*** (no) alcanzar quórum; **≈fassung** *f* toma *f* de decisión
be'schmieren *v/t* ⟨*sin* ge⟩ **1** (*bestreichen*) untar; **2** (*beschmutzen*) embadurnar, pringar; **3** *desp* (*bekritzeln*) garabatear, embadurnar
be'schmutzen *v/t* ⟨*sin* ge⟩ *a fig* manchar, ensuciar (***mit*** con)
be'schneiden *v/t* ⟨beschnitt, beschnitten⟩ **1** (*kürzen*) cortar, recortar; *Hecke* podar; **2** *fig Freiheit, Rechte* recortar; **3** MED circuncidar
Be'schneidung *f* **1** *fig* recorte *m*; **2** MED circuncisión *f*
be'schnuppern *v/t* ⟨*sin* ge⟩ *Hund usw* olfatear, husmear; F *fig* ***sich*** (***gegenseitig***) ***~*** aproximarse
be'schönig|en *v/t* ⟨*sin* ge⟩ cohonestar, paliar; **≈ung** *f* cohonestación *f*, disimulo *m*
beschränken [bə'ʃrɛŋkən] ⟨*sin* ge⟩ **I** *v/t* limitar, restringir, reducir (***auf*** *+acus* a); **II** *v/r* ***sich ~ auf*** (*+acus*) limitarse a
be'schrankt *adj Bahnübergang* con barreras
be'schränkt *adjt* **1** *Mittel* limitado, escaso; *Raum* estrecho; **2** (*engstirnig*) de pocos alcances; **≈heit** *f* ⟨-⟩ **1** *der Mittel* limitación *f*, escasez *f*; *e-s Raumes* estrechez *f*; **2** (*Engstirnigkeit*) corto entendimiento *m*
Be'schränkung *f* limitación *f*, restricción *f* (***auf*** *+acus* a)
be'schreiben *v/t* ⟨beschrieb, beschrieben⟩ **1** *Papier usw* escribir en; **2** (*schildern*) describir (*a* MAT)
Be'schreibung *f* **1** (*Schilderung*) descripción *f*; ***das spottet jeder ~*** no hay palabras para describirlo; **2** TEC instrucciones *f/pl*
be'schreiten *geh v/t* ⟨beschritt, beschritten⟩ andar sobre; *fig* ***neue Wege ~*** abrir nuevos caminos
be'schrift|en *v/t* ⟨*sin* ge⟩ rotular, poner una inscripción en; *Ware usw* etiquetar; **≈ung** *f* inscripción *f*, rótulo *m*; *e-r Münze* leyenda *f*
be'schuldigen *v/t* ⟨*sin* ge⟩ ***j-n*** (***e-r Sache*** *gen*) ***~*** acusar *od* inculpar a alg (de a/c)
Be'schuldig|te(r) *f*(*m*) ⟨→ A⟩ inculpado, -a *m,f*; **~ung** *f* inculpación *f*, incriminación *f*
be'schummeln F *v/t* ⟨*sin* ge⟩ ***j-n ~*** F pegársela a alg; timar a alg (***um etw*** a/c)
Be'schuss *m* ⟨-es⟩ fuego *m*, bombardeo *m*; *fig* ***unter ~ geraten*** ser blanco de todas las críticas
be'schütz|en *v/t* ⟨*sin* ge⟩ proteger (***vor*** *+dat* de, contra), amparar (***vor*** *+dat* de); **≈er(in)** *m*(*f*) protector, a *m,f*, defensor, a *m,f*
be'schwatzen *v/t* ⟨*sin* ge⟩ ***j-n ~*** (***, etw zu tun***) engatusar a alg (para que haga a/c)
Beschwerde [bə'ʃveːrdə] *f* **1** *a* JUR queja *f*, reclamación *f* (***gegen*** contra); ***~ einlegen*** hacer *od* presentar una reclamación; **2** *pl* ***~n*** (*Schmerzen usw*) molestias *f/pl*
Be'schwerde|brief *m* carta *f* de reclamación; **~buch** *n* libro *m* de reclamaciones; **≈frei** *adj* MED sin molestias; **~führer(in)** *m*(*f*) reclamante *m,f*; JUR recurrente *m,f*
be'schweren[1] *v/t* ⟨*sin* ge⟩ (*schwerer machen*) poner un peso a
be'schweren[2] *v/r* ⟨*sin* ge⟩ ***sich ~*** quejarse, protestar (***über etw*** *acus* de a/c; ***bei j-m*** a alg)

be'schwerlich *adj* (*anstrengend, mühsam*) molesto, fatigoso
beschwichtigen [bə'ʃvɪçtɪgən] *v/t* ⟨*sin* ge⟩ calmar, tranquilizar, apaciguar
be'schwindeln *v/t* ⟨*sin* ge⟩ engañar, mentir
be'schwingt *adj* animado, ligero; *Melodie* ameno
be'schwipst F *adj* F achispado
be'schwören *v/t* ⟨beschwor, beschworen⟩ **1** *bsd* JUR afirmar bajo juramento, jurar; **2** ***j-n ~*** (*inständig bitten*) suplicar a alg; **3** *Geister, Schlangen* conjurar
Be'schwörung *f* **1** (*inständige Bitte*) súplica *f*; **2** (*Geister*≈ *usw*) conjuro *m*
be'sehen *v/t* ⟨besieht, besah, besehen⟩ (***sich*** *dat*) ***etw, j-n ~*** (*betrachten*) mirar, contemplar a/c, a alg; *prüfend a* examinar a/c, a alg
be'seitigen *v/t* ⟨*sin* ge⟩ **1** *Müll usw* quitar, eliminar; *Spuren* borrar; *Missstände* despejar; *Missverständnisse* aclarar; *Zweifel* disipar, desvanecer; **2** ***j-n ~*** (*töten*) deshacerse de alg
Be'seitigung *f* ⟨-⟩ eliminación *f*, supresión *f*, desaparición *f* (*a fig*)
Besen ['beːzən] *m* ⟨-s; -⟩ escoba *m*; *fig* ***neue ~ kehren gut*** escoba nueva barre bien; F *fig* ***ich fresse e-n ~, wenn ...*** ¡que me maten si ...!
'Besenstiel *m* palo *m* de la escoba
besessen [bə'zɛsən] *adjt* poseído, poseso, loco; *fig* ***~ sein von*** *e-r Idee usw* estar obsesionado con; ***wie ~*** (*rasend*) como loco
be'setzen *v/t* ⟨*sin* ge⟩ **1** *Platz, Haus, usw* ocupar (*a* MIL); **2** *Posten, Stelle* cubrir; **3** THEA *Rolle* repartir; **4** *Kleid usw* guarnecer (***mit*** de), adornar (***mit*** con)
be'setzt *adjt* **1** *Platz usw* ocupado; *Bus, Hotel usw* completo; **2** TEL ***~ sein*** estar comunicando, estar ocupado; **≈zeichen** *n* TEL señal *f* de ocupado
Be'setzung *f* **1** *e-s Postens* provisión *f*; **2** THEA reparto *m*; **3** *e-s Hauses*, MIL *e-s Landes usw* ocupación *f*
be'sichtig|en *v/t* ⟨*sin* ge⟩ *Stadt usw* visitar; (*inspizieren*) inspeccionar, pasar revista a; **≈ung** *f* visita *f*; (*Inspizierung*) inspección *f*, revista *f*
be'siedeln *v/t* ⟨*sin* ge⟩ poblar; (*kolonisieren*) colonizar; ***dicht, dünn besiedelt*** densamente, poco poblado
be'siegeln *v/t* ⟨*sin* ge⟩ sellar (*a fig*)
be'siegen *v/t* ⟨*sin* ge⟩ vencer (*a fig*)
Be'siegte(r) *f(m)* ⟨→ A⟩ vencido, -a *m,f*
be'singen *v/t* ⟨besang, besungen⟩ (*preisen, rühmen*) celebrar, cantar las glorias de
be'sinnen *v/r* ⟨besann, besonnen⟩ **1** ***sich ~*** (*überlegen*) reflexionar; ***sich e-s Besseren ~*** cambiar de parecer, pensárselo mejor; **2** ***sich ~ auf*** (+*acus*) acordarse de
be'sinnlich *adj* contemplativo; (*nachdenklich*) pensativo
Be'sinnung *f* ⟨-⟩ **1** (*Bewusstsein*) conocimiento *m*, sentido *m*; ***die ~ verlieren*** perder el conocimiento; ***wieder zur ~ kommen*** recobrar el conocimiento, volver en sí; **2** *fig* (*Vernunft*) razón *f*, sentido *m*; ***j-n zur ~ bringen*** hacer a alg entrar en razón; ***wieder zur ~ kommen*** entrar en razón; **3** (*Überlegung*) reflexión *f*, meditación *f* (***auf*** +*acus* sobre)
be'sinnungslos *adj* **1** (*bewusstlos*) sin conocimiento, sin sentido; **2** (*außer sich*) sin sentido, insensato; **≈igkeit** *f* ⟨-⟩ (*Bewusstlosigkeit*) desmayo *m*; *fig* (*Außersichsein*) insensatez *f*
Besitz [bə'zɪts] *m* ⟨-es⟩ **1** posesión *f*, tenencia *f* (+*gen*, ***an*** +*dat*, ***von*** de); ***~ ergreifen von, in ~ nehmen*** tomar posesión de, posesionarse de; ***im ~ von*** *od* (+*gen*) ***sein*** estar en posesión de; ***in j-s ~ gelangen*** entrar en posesión de alg; ***in j-s ~ übergehen*** pasar a manos de alg; **2** (*~tum*) propiedad *f*, posesión *f*
be'sitzanzeigend *adj* GRAM posesivo; ***~es Fürwort*** (pronombre *m*) posesivo *m*
be'sitzen *v/t* ⟨besaß, besessen⟩ poseer, tener (*a Eigenschaft usw*)
Be'sitzer *m* poseedor *m*, dueño *m*, propietario *m*; ***den ~ wechseln*** cambiar de dueño
Be'sitz|ergreifung *f* ⟨-⟩ toma *f* de posesión (***von*** de); *gewaltsam* usurpación *f*; **~erin** *f* poseedora *f*, dueña *f*, propietaria *f*; **~tum** *n* ⟨-s; ¨er⟩ posesión *f*, propiedad *f*
be'soffen [bə'zɔfən] F *adjt* F borracho
besohlen [bə'zoːlən] *v/t* ⟨*sin* ge⟩ poner medias suelas a
Be'soldung *f* sueldo *m*; *von Soldaten* paga *f*
besondere(r, -s) [bə'zɔndərə(r, -s)] *adj* **1** (*zusätzlich, bestimmt*) especial, particular; ***im ≈n*** en particular; **2** (*außergewöhnlich, hervorragend*) extraordinario, especial; ***nichts ≈s*** nada especial
Be'sonderheit *f* peculiaridad *f*, particularidad *f*, singularidad *f*
be'sonders *adv* **1** particularmente, especialmente; **2** (*vor allem*) en especial, en particular; **3** (*sehr*) muy; ***ganz ~*** excepcionalmente; ***nicht ~*** regular; **4** (*gesondert*) aparte, por separado
besonnen [bə'zɔnən] *adj* prudente, circunspecto; **≈heit** *f* ⟨-⟩ prudencia *f*, circunspección *f*
be'sorgen *v/t* ⟨*sin* ge⟩ **1** (*beschaffen*) proporcionar, procurar, facilitar; (*kaufen*) comprar; ***sich*** (*dat*) ***etw ~*** procurarse a/c; **2** (*erledigen*) hacer, ocuparse de

Besorgnis [bəˈzɔrknɪs] *f* ⟨-; -se⟩ preocupación *f*; **~ erregend** preocupante
beˈsorgt *adjt* inquieto, preocupado (**um, über** *+acus* por)
Beˈsorgung *f* **1** (*Beschaffung*) provisión *f*, consecución *f*; **2** (*Einkauf*) compra *f*; (*Botengang*) recado *m*; **~en machen** hacer compras; ir de recados; **3** (*Erledigung*) gestión *f*; ejecución *f*
Beˈspannung *f* **1** *mit Stoff* revestimiento *m*; **2** (*Saiten*) encordado *m*
beˈspielen *v/t* ⟨*sin* ge⟩ *e-e Kassette usw* grabar (**mit** con)
beˈspitzeln *v/t* ⟨*sin* ge⟩ **j-n ~** espiar a alg
beˈsprechen *v/t* ⟨bespricht, besprach, besprochen⟩ **1** *Angelegenheit* discutir, hablar de *od* sobre; **sich mit j-m ~** entrevistarse *od* conversar con alg; **2** *Buch, Film* reseñar
Beˈsprechung *f* **1** (*Gespräch*) entrevista *f*, discusión *f*; **2** (*Sitzung, Konferenz*) conferencia *f*, reunión *f*; **er ist in e-r ~** está reunido; **e-e ~ abhalten** celebrar una reunión; **e-e ~ absagen** suspender una reunión; **3** (*Rezension, Kritik*) reseña *f*
Beˈsprechungs|raum *m*, **~zimmer** *n* sala *f* de juntas *od* de conferencias *od* de reuniones
beˈsprengen *v/t* ⟨*sin* ge⟩ rociar, regar
beˈspritzen *v/t* ⟨*sin* ge⟩ rociar, salpicar
beˈspucken *v/t* ⟨*sin* ge⟩ escupir en *od* sobre
besser [ˈbɛsər] *adj u adv* mejor (**als** que), superior (**als** a); **immer ~** cada vez mejor; **umso ~** tanto mejor; **(oder) ~ gesagt** mejor dicho; **~ werden** mejorar; **er ist ~ dran als ich** está en mejor posición que yo; **es geht ihr heute ~** hoy se encuentra mejor; **lass das ~ bleiben** mejor, déjalo; **j-n e-s ℒen belehren** abrir los ojos a alg, desengañar a alg
ˈbessern *v/t*, *v/r* (**sich**) **~** mejorar(se), enmendar(se), corregir(se)
ˈBesserung *f* ⟨-⟩ mejora *f*, mejoría *f*; **gute ~!** ¡que se mejore!
ˈBesserwisser(in) *m(f)* sabelotodo *m,f*
Bestand [bəˈʃtant] *m* ⟨-(e)s; ⸚e⟩ **1** (*Bestehen*) existencia *f*; (*Fort*ℒ) duración *f*, continuidad *f*; **2** (*Vorrat*) *a Pl* **Bestände** existencias *f/pl* (**an** *+dat* de); **den ~ aufnehmen** hacer inventario; **Bestände ergänzen** reponer existencias
beˈständig *adj* **1** (*dauernd, ständig*) constante, duradero, permanente; **2** (*gleich bleibend*) continuo; **3** (*widerstandsfähig*) resistente (**gegen** a)
Beˈständigkeit *f* ⟨-⟩ **1** (*Dauer*) constancia *f*; **2** *des Wetters* estabilidad *f*; **3** *gegen Hitze usw* resistencia *f*
Beˈstandsaufnahme *f* (*Inventur*) inventario *m* (*a fig*); **e-e ~ machen** hacer inventario (*a fig*); **körperliche ~** inventario *m* físico
Beˈstandskontrolle *f* control *m* de inventario
Beˈstandteil *m* componente *m*, parte *f*, elemento *m*; **sich in s-e ~e auflösen** descomponerse, desintegrarse
beˈstärken *v/t* ⟨*sin* ge⟩ fortalecer, apoyar (**in** *+dat* en); (*bestätigen*) corroborar
bestätigen [bəˈʃtɛːtɪgən] ⟨*sin* ge⟩ **I** *v/t* **1** (*für richtig erklären*) confirmar, comprobar, certificar; *Auftrag* confirmar; (*bescheinigen*) certificar; **den Empfang ~** acusar recibo; **2** *Vermutung, Theorie usw* confirmar, corroborar, reforzar; **II** *v/r* **3 sich ~** confirmarse
Beˈstätigung *f* **1** *e-r Vermutung, Theorie* comprobación *f*; **2** (*Auftrags*ℒ) confirmación *f*; (*Empfangs*ℒ) acuse *m* de recibo; (*Bescheinigung*) certificado *m*
Beˈstätigungsschreiben *n* carta *f* de confirmación; carta *f* confirmatoria
beˈstatt|en *geh v/t* ⟨*sin* ge⟩ sepultar, dar sepultura a, inhumar; **ℒung** *f geh* sepelio *m*; **ℒungsinstitut** *n* funeraria *f*, pompas *f/pl* fúnebres
bestäub|en [bəˈʃtɔʏbən] *v/t* ⟨*sin* ge⟩ **1** *mit Mehl usw* espolvorear; **2** BOT polinizar; **ℒung** *f* BOT polinización *f*
beˈstaunen *v/t* ⟨*sin* ge⟩ mirar con asombro, admirar
beste(r, -s) [ˈbɛstə(r, -s)] **I** *adj* mejor, óptimo; **mein ~r Freund** mi mejor amigo; **im ~n Alter, in den ~n Jahren** en sus mejores años; **in ~m Zustand** en condiciones óptimas; **mit ~m Dank** (con) un millón de gracias; **II** *su* **der, die, das** ℒ el, la, lo mejor; **das ℒ aus etw machen** sacarle el mejor partido a a/c; **das ℒ vom ℒn** lo mejor de lo mejor, lo mejorcito; **der, die erste ℒ** el primero, la primera que llegue, cualquiera; **das erste ℒ** lo que sea; **sein ℒs tun** *od* **geben** hacer todo lo posible *od* lo mejor que se puede; **ich will nur dein ℒs** solo quiero lo mejor para ti; **etw zum ℒn geben** (*erzählen, vortragen*) recitar a/c (en público); **j-n zum ℒn halten** tomar el pelo a alg
beˈstech|en ⟨besticht, bestach, bestochen⟩ **I** *v/t* sobornar, corromper; **II** *v/i fig* seducir (**durch** por); **~end** *adjt* seductor, tentador; **~lich** *adj* corruptible; **ℒlichkeit** *f* ⟨-⟩ corruptibilidad *f*; **ℒung** *f* soborno *m*, corrupción *f*
Beˈstechungs|geld *n* soborno *m*, unto *m*; **~versuch** *m* tentativa *f* de soborno
Beˈsteck *n* ⟨-(e)s; -e⟩ **1** cubiertos *m/pl*, cubertería *f*; **2** MED instrumental *m*
beˈstehen ⟨bestand, bestanden⟩ **I** *v/t* **1** *Gefahr usw* superar; *Prüfung* aprobar; **nicht**

~ suspender; *fig* ***die Probe*** ~ salir airoso, pasar la prueba; **II** *v/i* **2** (*existieren*) existir, haber; ~ ***bleiben*** (*andauern*) resistir, perdurar; **3** (*zusammengesetzt sein*) ~ ***aus*** constar de, componerse de; ~ ***in*** (+*dat*) consistir en; **4** (*beharren*) ~ ***auf*** insistir en; ***darauf*** ~, ***dass*** ... insistir en que ... (+*subj*)

Be'stehen *n* ⟨-s⟩ **1** existencia *f*; ***seit*** ~ ***der Firma*** *usw* desde el establecimiento de la empresa, *etc*; **2** (*Beharren*) insistencia *f* (***auf*** +*dat* en)

be'stehend *adjt* **1** (*existierend*) existente; **2** (*zusammengesetzt*) ~ ***aus*** compuesto de, integrado por

be'stehlen *v/t* ⟨bestiehlt, bestahl, bestohlen⟩ ***j-n*** ~ robar a alg

be'steigen *v/t* ⟨bestieg, bestiegen⟩ *Bus, Berg, Thron usw* subir a; *Berg a* escalar; *Pferd* montar a; *Fahrrad* montar en

Be'steigung *f e-s Bergs* subida *f*

Be'stell|abteilung *f* departamento *m* de pedidos; **~buch** *n* libro *m* de pedidos

be'stellen *v/t* ⟨*sin* ge⟩ **1** *Waren* encargar; *Taxi, im Lokal* pedir; *Hotelzimmer usw* reservar; **2** ***j-n*** (***zu sich*** *dat*) ~ citar a alg, hacer venir a alg; **3** ***j-m e-e Nachricht*** *usw* ~ dar un recado, *etc* a alg; **4** AGR cultivar; **5** ***es ist schlecht um sie bestellt*** va mal; **6** F *fig* ***er hat nicht viel zu*** ~ F no pinta nada

Be'stell|er(in) *m(f)* ECON comprador, a *m,f*, cliente *m,f*; **~formular** *n* formulario *m* de pedidos, hoja *f* de pedido; **~karte** *f* tarjeta *f* de pedido; **~nummer** *f* número *m* de pedido *od* referencia; **~schein** *m* boletín *m* de pedido, nota *f* de pedido

Be'stellung *f* **1** ECON encargo *m*, pedido *m* (*a im Lokal*); ***elektronische*** ~, ~ ***per Internet*** telepedido *m*; ***e-e*** ~ ***aufgeben*** hacer, pasar un pedido; ***e-e*** ~ ***aufnehmen*** anotar una orden *od* un pedido; ***e-e*** ~ ***ausführen*** ejecutar un pedido; ***e-e*** ~ ***vormerken*** tomar nota de un pedido; ***auf*** ~ por encargo, sobre pedido; ***auf*** ~ ***liefern*** enviar sobre pedido; **2** AGR cultivo *m*

Be'stellzettel *m* boletín *m* de pedido, nota *f* de pedido

'bestenfalls *adv* en el mejor de los casos

'bestens *adv* muy bien, estupendamente; ***das hat sich*** ~ ***bewährt*** ha dado un resultado estupendo; (***ich***) ***danke*** ~! *oft iron* ¡muchísimas gracias!

'bester, **'bestes** → ***beste***

be'steuer|n *v/t* ⟨*sin* ge⟩ gravar (con impuestos); **2ung** *f* tributación *f*, imposición *f*

Be'steuerungs|art *f* forma *f* de tributación, modo *m* de imposición; **~grundlage** *f* base *f* imponible; **~zeitraum** *m* período *m* impositivo

bestialisch [bɛsti'aːlɪʃ] *adj* bestial (*a fig*)

be'sticken ⟨*sin* ge⟩ bordar, recamar

Bestie ['bɛstiə] *f a fig* fiera *f*, bestia *f*

be'stimmen ⟨*sin* ge⟩ **I** *v/t* **1** (*festlegen*) fijar, determinar; **2** (*vorsehen*) disponer, destinar (***für*** para); ***j-n zu s-m Nachfolger*** ~ nombrar a alg sucesor; **3** (*ermitteln*) analizar, determinar; *Begriff* definir; **4** (*anordnen*) decidir, mandar; ***er hat dabei nichts zu*** ~ ahí no tiene (ni) voz ni voto; **II** *v/i* **5** (*befehlen*) decidir, mandar; F ***hier bestimme ich!*** ¡aquí mando yo!; ***über etw*** (*acus*) ~ decidir a/c; ***über j-n*** ~ disponer de alg

be'stimmt **I** *adjt* **1** (*feststehend*) determinado, concreto; **2** (*entschieden*) *Ton, Worte* enérgico, categórico; **3** (*speziell*) especial; (*gewiss*) cierto; **4** ***etwas*** **2*****es*** algo concreto; ***nichts*** **2*****es*** nada en especial; **II** *advl* (*gewiss, sicher*) seguro; ***ganz*** ~ con toda seguridad; ***er kommt*** ~ viene seguro

Be'stimmtheit *f* ⟨-⟩ (*Entschiedenheit*) firmeza *f*; (*Gewissheit*) certeza *f*; ***mit*** ~ con certeza

Be'stimmung *f* **1** *mst pl* (*Anordnung*) reglamento *m*, ordenanza *f*, disposición *f*; **2** (*Zweck*) destino *m*; ***s-r*** ~ (*dat*) ***übergeben*** *Gebäude usw* abrir al público; **3** (*Schicksal*) destino *m*; (*Berufung*) vocación *f*; **4** (*Feststellung*) determinación *f*; **5** GRAM ***adverbiale*** ~ complemento *m* adverbial

Be'stimmungs|bahnhof *m* estación *f* de destino; **~hafen** *m* puerto *m* de destino; **~land** *n* país *m* de destino; **~ort** *m* lugar *m* de destino

'Best|leistung *f* SPORT mejor marca *f*; **~marke** *f* SPORT (*Rekord*) récord *m*, mejor marca *f*

best'möglich *adj* el, la, lo mejor posible

be'strafen *v/t* ⟨*sin* ge⟩ castigar (***wegen, für*** por; ***mit*** con); JUR (*verurteilen*) sancionar (***wegen, für*** por; ***mit*** con)

Be'strafung *f* castigo *m*, pena *f*

be'strahlen *v/t* ⟨*sin* ge⟩ **1** (*hell erleuchten*) iluminar; **2** PHYS irradiar; MED tratar con rayos X

Be'strahlung *f* **1** PHYS irradiación *f*; **2** MED radioterapia *f*

be'strebt *adjt* ~ ***sein, etw zu tun*** esforzarse por (hacer) a/c

Be'strebung *f mst pl* intento *m*, esfuerzo *m*

be'streichen *v/t* ⟨bestrich, bestrichen⟩ cubrir (***mit*** con, de); ***mit Farbe*** ~ pintar; *Brot* ***mit Butter*** ~ untar de *od* con mantequilla

be'streiken *v/t* ⟨*sin* ge⟩ *Betrieb, Fabrik* boicotear (mediante una huelga)

be'streiten *v/t* ⟨bestritt, bestritten⟩ **1**

(*leugnen*) negar; **2** (*streitig machen*) ***j-m etw*** ~ disputarle *od* impugnarle a/c a alg; **3** *Kosten* cubrir, pagar; **4** *Unterhaltung* llevar, sostener; ***s-n Unterhalt selbst*** ~ mantenerse a sí mismo
be'streuen *v/t* ⟨*sin* ge⟩ espolvorear (***mit*** de, con)
'Bestseller *m* best-séller *m*
be'stürmen *v/t* ⟨*sin* ge⟩ *fig mit Fragen, Bitten* asaltar, asediar
be'stürzen *v/t* ⟨*sin* ge⟩ aturdir, consternar
be'stürzt *adjt* consternado, perplejo, atónito (***über*** +*acus* por)
Be'stürzung *f* ⟨-⟩ consternación *m*, perplejidad *f*; ***zu meiner*** ~ para mi consternación
Besuch [bə'zuːx] *m* ⟨-(e)s; -e⟩ **1** visita *f* (***bei, in*** +*dat* a, en); ***auf*** ~, ***zu*** ~ de visita; ***j-m e-n*** ~ ***abstatten*** hacer una visita a alg; ***e-n*** ~ (***bei j-m***) ***machen*** visitar *od* ir a ver (a alg); ***s-n*** ~ ***ankündigen*** anunciar su visita; **2** *e-r Schule usw* asistencia *f*; **3** (*Gast, Gäste*) visita *f*; ***sie hat*** ~ tiene (una) visita
be'suchen *v/t* ⟨*sin* ge⟩ **1** *j-n* visitar, ir a ver; *förmlich* cumplimentar; **2** *Ort* visitar, ver; *häufig* frecuentar; *Schule, Veranstaltung* asistir a; ***gut besucht*** muy concurrido
Be'sucher(in) *m*(*f*) (*Gast*) visita *f*; *offizielle*(*r*) visitante *m,f*; *pl* (*Zuschauer*) público *m*, concurrencia *f*; ***gerade e-n*** ~ ***empfangen*** estar con una visita
Be'suchs|bericht *m* informe *m* de visita; **~termin** *m* fecha *f* de visita; **~zeit** *f* hora (-s) *f*(*pl*) de visita
Betablocker ['beːtablɔkər] *m* MED betabloqueante *m*
betagt [bə'taːkt] *adj* entrado en años
be'tasten *v/t* ⟨*sin* ge⟩ tocar, palpar
be'tätigen ⟨*sin* ge⟩ **I** *v/t* accionar, poner en funcionamiento, *Schalter etc* maniobrar, manejar; **II** *v/r* ***sich*** ~ actuar (***in*** +*dat* en), ocuparse (***in*** +*dat* de *od* en); ***sich*** ~ ***als*** trabajar de; actuar de; ***sich politisch*** ~ dedicarse a la política
Be'tätigung *f* **1** (*Tätigkeit*) actividad *f*, función *f*; ***körperliche*** ~ ejercicio *m* físico; **2** TEC (*Bedienen*) puesta *f* en marcha
Be'tätigungsfeld *n* campo *m* de actividades
betäuben [bə'tɔybən] ⟨*sin* ge⟩ **I** *v/t* **1** MED anestesiar, narcotizar; *Schmerz* calmar, amortiguar; **2** *durch e-n Schlag* aturdir; *durch Lärm* ensordecer; *durch e-n Duft usw* embriagar; **3** *fig Kummer usw* ahogar; ***wie betäubt*** como drogado *od* atontado; **II** *v/r* **4** ***sich*** ~ aturdirse (***mit*** con; ***durch*** por)
Be'täubung *f* **1** MED anestesia *f*, narcosis *f*; ***örtliche*** ~ anestesia *f* local; **2** (*Benommenheit*) aturdimiento *m*; **~smittel** *n* MED narcótico *m*, anestésico *m*
Bete ['beːtə] *f* BOT ***rote*** ~ remolacha *f* roja
be'teiligen ⟨*sin* ge⟩ **I** *v/t* ***j-n*** (***an etw*** *dat*) ~ (*teilnehmen lassen*) hacer participar a alg (en a/c); (*teilhaben lassen*) dar a alg participación (en a/c); **II** *v/r* ***sich*** (***an etw*** *dat*) ~ participar (en a/c)
be'teiligt *adj* (***an etw*** *dat*) ~ ***sein*** tomar parte (en a/c); (*verwickelt sein*) estar implicado (en a/c); *finanziell* participar en; ***mit 49% an etw*** (*dat*) ~ ***sein*** participar con un 49% en a/c
Be'teiligte(r) *f*(*m*) ⟨→ A⟩ **1** *allg* participante *m,f*; interesado, -a *m,f*; **2** *an e-m Unfall* implicado, -a *m,f*; **3** *an e-m Prozess* parte *f* interesada
Be'teiligung *f* participación *f* (***an*** +*dat* en); (*Verwicklung*) implicación *f* (***an*** +*dat* en); ***hohe, niedrige*** ~ alta, baja participación *f*
beten ['beːtən] **I** *v/t* rezar; **II** *v/i* rezar, orar (***für j-n*** por alg; ***um etw*** por a/c); ***zu Gott*** ~ pedir a Dios
be'teuern *v/t* ⟨*sin* ge⟩ afirmar *od* aseverar (con insistencia); ***s-e Unschuld*** ~ proclamar su inocencia
Be'teuerung *f* aseveración *f*, protesta *f*
Bethlehem ['beːtlehɛm] *n* Belén *m*
Beton [be'tɔŋ] *m* ⟨-s; -s, -e⟩ hormigón *m*
be'tonen *v/t* ⟨*sin* ge⟩ **1.** *Silbe, Wort* acentuar; **2.** (*hervorheben*) subrayar, destacar
beto'nieren *v/t* ⟨*sin* ge⟩ hormigonar
Be'ton|kopf *m* F *fig* cabeza *f* de hormigón; **~mischmaschine** *f* hormigonera *f*
be'tont I *adjt fig* acentuado, marcado; ***mit ~er Gleichgültigkeit*** con manifiesta indiferencia; **II** *advl fig* ~ ***lässig*** especialmente desenvuelto
Be'tonung *f* acento *m*, acentuación *f*; *fig* énfasis *m*
betören [bə'tøːrən] *v/t* ⟨*sin* ge⟩ (*hinreißen*) fascinar; (*verführen*) seducir
betr. *Abk* (*betreffend, betreffs*) concerniente a; con respecto a
Betr. *Abk* (*Betreff*) referencia; objeto
Betracht [bə'traxt] (***nicht***) ***in*** ~ ***kommen*** (no) entrar en cuenta; ***in*** ~ ***ziehen*** tener *od* tomar en consideración; ***außer*** ~ ***lassen*** dejar de lado
be'trachten *v/t* ⟨*sin* ge⟩ **1** (*ansehen*) contemplar; *fig* ***so betrachtet*** visto así; **2** (*halten für*) considerar; ***j-n als Feind*** *usw* ~ considerar enemigo, *etc* a alg
Be'trachter(in) *m*(*f*) observador, a *m,f*, espectador, a *m,f*
beträchtlich [bə'trɛçtlɪç] *adj* considerable
Be'trachtung *f* **1** (*Anschauen*) contemplación *f*; **2** (*Überlegung*) reflexión *f*, consideración *f*; ***bei näherer*** ~ visto de cerca
Betrag [bə'traːk] *m* ⟨-(e)s; ⸚e⟩ importe *m*, cantidad *f*; ***ausstehender*** ~ importe *m*

pendiente; ***voller ~*** importe *m* total; ***e-n ~ auslegen*** adelantar un importe
be'tragen ⟨beträgt, betrug, betragen⟩ **I** *v/i* (*sich belaufen auf*) ascender a, elevarse a; **II** *v/r* ***sich ~*** (*sich benehmen*) comportarse
Be'tragen *n* ⟨-s⟩ comportamiento *m*, conducta *f*
be'trauen *v/t* ⟨*sin* ge⟩ ***j-n mit etw ~*** confiarle *od* encomendarle a/c a alg
be'trauern *v/t* ⟨*sin* ge⟩ *j-n* llorar la muerte de; *etw* lamentar (la pérdida de)
Betreff [bəˈtrɛf] *m* ⟨-(e)s; -e⟩ *im Brief* asunto *m*; objeto *m*
be'treffen *v/t* ⟨betrifft, betraf, betroffen⟩ **1** (*angehen*) concernir, afectar; ***was mich betrifft*** en cuanto a mí, por lo que a mí respecta; ***was das betrifft*** en cuanto a esto; **2** (*seelisch bewegen*) afectar, conmocionar
be'treffend *adjt* (*fraglich*) respectivo, en cuestión; ***das ~e Buch*** el libro en cuestión
be'treiben *v/t* ⟨betrieb, betrieben⟩ **1** (*ausüben*) ejercer, practicar (*a* SPORT, *Hobby*); *Gewerbe*, *Politik* dedicarse a; *Geschäft* dirigir, tener; *Bergbau*, *Fabrik*, *Betrieb* explotar; **2** (*vorantreiben*) tramitar, gestionar; **3** TEC ***mit Strom betrieben werden*** funcionar con electricidad
Be'treiben ⟨-s⟩ ***auf ~ von*** *od* (*+gen*) por iniciativa de, a instancias de
Be'treiber *m* ECON explotador *m*
be'treten[1] *v/t* ⟨betritt, betrat, betreten⟩ *Raum* entrar en; *Rasen* pisar; ***≈ verboten!*** prohibido el paso
be'treten[2] *adjt* (*verlegen*) confuso, turbado, cortado
be'treu|en *v/t* ⟨*sin* ge⟩ cuidar a *od* de, atender a; *Gruppe* acompañar; **≈er(in)** *m(f)* SPORT cuidador, a *m,f*; *Schule*, *Universität* tutor, a *m,f*; *e-r Gruppe usw* acompañante *m,f*; **≈ung** *f* ⟨-⟩ atención *f*, cuidado *m*; asistencia *f*
Betrieb [bəˈtri:p] *m* ⟨-(e)s; -e⟩ **1** (*Unternehmen*) empresa *f*; (*Fabrik*) fábrica *f*; ***ausbildender ~*** establecimiento *m* de formación profesional; ***gewerblicher ~*** establecimiento *m* industrial *od* comercial; ***landwirtschaftlicher ~*** explotación *f od* empresa *f* agrícola; ***staatlicher ~*** empresa *f* pública; ***verarbeitender ~*** empresa *f* transformadora; ***e-n ~ leiten*** dirigir una empresa; ***e-n ~ stilllegen*** cesar la explotación, cerrar la empresa; **2** TEC (*Funktionieren*) funcionamiento *m*; ***außer ~*** fuera de servicio; ***außer ~ setzen*** *Gerät* poner fuera de servicio; ***in ~*** en funcionamiento; ***in ~ setzen*** poner en marcha; *Fabrik etc* ***den ~ aufnehmen*** entrar en funcionamiento; ***den ~ einstellen*** suspender el servicio; suspender la producción; ***in vollem ~*** en plena actividad; **3** F (*Geschäftigkeit*) animación *f*; ***wir hatten heute viel ~*** hoy estuvo (esto) muy animado
be'trieb|lich *adj* empresarial, de (la) empresa; **~sam** *adj* trabajador, activo; **≈samkeit** *f* ⟨-⟩ actividad *f*
Be'triebs|angehörige(r) *f(m)* miembro *m* de la empresa; **~anlagen** *f/pl* instalaciones *f/pl*; **~anleitung** *f* instrucciones *f/pl* de servicio; **~arzt, -ärztin** *m, f* médico, -a *m,f* de empresa; **~ausflug** *m* excursión *f* de(l) personal; **~ausgaben** *f/pl* gastos *m/pl* de explotación; **≈bereit** *adj* TEC, INFORM en servicio, listo para el funcionamiento; **≈blind** *adj que ya no ve los defectos de su propia empresa*; **~ergebnis** *n Buchhaltung* resultado *m* de explotación; **~ferien** *pl* vacaciones *f/pl* (colectivas) de la empresa; **≈fremd** *adj* extraño a la empresa; **~geheimnis** *n* secreto *m* de empresa *od* de explotación; **~gelände** *n* recinto *m* de la empresa; **~gewinn** *m* beneficio *m* de explotación; **~haftpflichtversicherung** *f* seguro *m* de responsabilidad patronal; **≈intern** *adj* interempresarial; **~jubiläum** *n* aniversario *m* de la empresa; **~kapital** *n* capital *m* de explotación; **~klima** *n* ambiente *m* de *od* en la empresa; **~kosten** *pl* gastos *m/pl* de explotación *od* de servicio; **~prüfer(in)** *m(f)* auditor, a *m,f*, contador, a *m,f* público, -a; **~prüfung** *f* auditoría *f* externa, inspección *f* de la explotación; **~rat**[1] *m etwa* comité *m* de empresa; **~rat**[2] *m*, **~rätin** *f* representante *m,f* del personal; **~ratsvorsitzende(r)** *f(m) etwa* presidente *m,f* del comité de empresa; **~ratswahlen** *f/pl etwa* elecciones *f/pl* del comité de empresa; **~rente** *f* pensión *f* pagada por la empresa, pensión *f* de jubilación; **~schließung** *f* cierre *f* de empresa; **~sicherheit** *f* seguridad *f* de funcionamiento; **~stilllegung** *f* cierre *m* de la fábrica; **~störung** *f* TEC avería *f*, interrupción *f* del funcionamiento; **~system** *n* INFORM sistema *m* operativo; **~unfall** *m* accidente *m* de trabajo; **~vereinbarung** *f* acuerdo *m* empresarial; **~verfassungsgesetz** *n* ley *f* de régimen de empresa; **~verluste** *m/pl* pérdidas *f/pl* de explotación; **~versammlung** *f* asamblea *f* general de la empresa, reunión *f* del personal de empresa; **~wirt(in)** *m(f)* técnico, -a *m,f* economista *m,f*; **~wirtschaft** *f* ⟨-⟩ ciencias *f/pl* empresariales; **≈wirtschaftlich** *adj* relativo a la gestión (de empresa); **~zugehörigkeit** *f* antigüedad *f*
betrifft *advt* asunto
be'trinken *v/r* ⟨betrank, betrunken⟩ ***sich ~*** emborracharse, embriagarse
betroffen [bəˈtrɔfən] *adjt* **1** (*beteiligt*) afec-

tado, tocado (***von*** por); ***die ~en Personen*** las personas afectadas; **2** *emotional* afectado; *stärker* confuso, consternado; ***j-n ~ machen*** afectar, conmocionar a alg

Be'troffenheit *f* consternación *f* (***über*** *+acus* por)

be'trüb|en *v/t* ⟨*sin* ge, sn⟩ afligir, entristecer; **~lich** *adj Sache* triste

be'trübt *adjt* afligido, apenado (***über*** *+acus* por)

Betrug [bəˈtruːk] *m* ⟨-(e)s⟩ engaño *m*, timo *m*; JUR fraude *m*; *Spiel* trampa *f*

be'trügen ⟨betrog, betrogen⟩ **I** *v/t* engañar (*a Ehepartner*); JUR estafar, defraudar; ***j-n um etw ~*** defraudar a/c a alg; **II** *v/i beim Spiel* hacer trampas; **III** *v/r* ***sich*** (***selbst***) ~ engañarse (a sí mismo)

Be'trüger(in) *m(f)* estafador, a *m,f*; (*Hochstapler, -in*) impostor, a *m,f*; *beim Spiel* tramposo, -a *m,f*

be'trügerisch *adj* fraudulento

betrunk|en [bəˈtrʊŋkən] *adjt* borracho; **2ene(r)** *f(m)* ⟨→ A⟩ borracho, -a *m,f*

Bett [bɛt] *n* ⟨-(e)s; -en⟩ **1** cama *f*; *lit* lecho *m*; ***das ~ machen*** hacer la cama; ***die ~en beziehen*** poner la ropa a la cama; ***im ~*** en la cama; ***j-n zu*** *od* ***ins ~ bringen*** acostar a alg; F ***mit j-m ins ~ gehen*** acostarse con alg; ***das ~ hüten müssen*** tener que guardar cama; **2** (*Fluss2*) cauce *m*

'Bett|bezug *m* funda *f* (*para el edredón*); **~couch** *f* sofá-cama *m*; **~decke** *f* manta *f*

bettel'arm *adj* más pobre que las ratas

'Bettelbrief *m* carta *f* petitoria

betteln [ˈbɛtəln] *v/i* pedir limosna, mendigar; ***um etw ~*** pedir a/c (con insistencia)

betten [ˈbɛtən] *geh v/t* acostar, recostar; ***wie man sich bettet, so liegt man*** quien mala cama hace, en esa se yace

'Bett|federn *pl* plumas *f/pl*, plumón *m*; **~jacke** *f* mañanita *f*; **2lägerig** [-lɛːgərɪç] *adj* echado en la cama; **~laken** *n* sábana *f*; **~lektüre** *f* libro *m* de cabecera

Bettler(in) [ˈbɛtlər(ɪn)] *m(f)* mendigo, -a *m,f*, pordiosero, -a *m,f*

Bettnässer(in) [ˈbɛtnɛsər(ɪn)] *m* (*f*) incontinente *m,f* (*nocturno*); F meón, -ona *m,f*

'Bettruhe *f* reposo *m* (en cama); ***j-m*** (***strenge***) ~ ***verordnen*** mandar reposo (absoluto) a alg

'Bett|tuch *n* sábana *f*; **~vorleger** *m* alfombrilla *f*, pie *m* de cama; **~wäsche** *f*, **~zeug** *n* ropa *f* de cama

betucht [bəˈtuːxt] F *adj* adinerado; (***gut***) ~ ***sein*** F estar forrado de dinero

be'tupfen *v/t* ⟨*sin* ge⟩ dar toques ligeros

beugen [ˈbɔʏgən] **I** *v/t* **1** *Knie, Rumpf* flexionar, doblar; *Kopf* inclinar; ***vom Alter gebeugt*** encorvado por la edad; **2** *Recht, Gesetz* violar; **3** LING *Substantiv, Adjektiv* declinar; *Verb* conjugar; **II** *v/r* **4** ***sich ~*** inclinarse (***zu*** hacia; ***über*** *+acus* sobre); ***sich aus dem Fenster ~*** asomarse a la ventana; **5** ***sich*** (***j-m, e-r Sache***) ~ (*nachgeben*) doblegarse, rendirse (a alg, a a/c)

'Beugung *f bsd* LING flexión *f*; *e-s Substantivs, Adjektivs a* declinación *f*; *e-s Verbs a* conjugación *f*

Beule [ˈbɔʏlə] *f* **1** *am Kopf usw* chichón *m*; **2** *im Blech* bollo *m*, abolladura *f*

be'unruhigen *v/t, v/r* ⟨*sin* ge⟩ (***sich***) ~ alarmar(se), intranquilizar(se), inquietar(se) (***über*** *+acus*, ***wegen*** por)

Be'unruhigung *f* inquietud *f*, preocupación *f*

be'urkund|en *v/t* ⟨*sin* ge⟩ documentar; (*beglaubigen*) legalizar; *Geburt, Todesfall* autentificar, certificar

Be'urkundung *f* legalización *f*, certificación *f*, atestación *f* documental; ***notarielle ~*** autorización *f* notarial

be'urlaub|en *v/t* ⟨*sin* ge⟩ (*Urlaub geben*) dar permiso *od* licencia; *von e-m Amt* suspender; (*freistellen*) conceder la excedencia; ***sich ~ lassen*** pedir la excedencia; **2ung** *f* permiso *m*, licencia *f*; (*Freistellung*) excedencia *f*; *von e-m Amt* suspensión *f*

be'urteilen *v/t* ⟨*sin* ge⟩ juzgar, valorar (***nach*** por); (*bewerten*) valorar, apreciar; ***das kann ich nicht ~!*** ¡yo no soy quien para juzgar eso!

Be'urteilung *f* **1** (*Einschätzung*) juicio *m*, opinión *f*, (*Bewertung*) valoración *f*; **2** (*Gutachten*) dictamen *m*

Beute [ˈbɔʏtə] *f* botín *m* (*a fig*); *e-s Raubtiers* presa *f* (*a fig*); (*Opfer*) víctima *f*

Beutel [ˈbɔʏtəl] *m* ⟨-s; -⟩ **1** bolsa *f*, talego *m*; F (*Geld2*) monedero *m*; **2** *bei Tieren* bolsa *f* marsupial

'beuteln F *v/t fig Leben, Schicksal* ***j-n ~*** sacudir a alg, vapulear a alg

'Beuteltier *n* ZO marsupial *m*

bevölkern [bəˈfœlkərn] *v/t* ⟨*sin* ge⟩ poblar; *fig a* llenar

Be'völkerung *f* población *f*; ***erwerbstätige ~*** población *f* activa

Be'völkerungs|dichte *f* densidad *f* de población; **~explosion** *f* explosión *f* demográfica; **~politik** *f* política *f* demográfica; **~rückgang** *m* descenso *m* de la población, regresión *f* demográfica; **~schicht** *f* nivel *m* social; **~wachstum** *n* crecimiento *m* demográfico

bevollmächtigen [bəˈfɔlmɛçtɪgən] *v/t* ⟨*sin* ge⟩ ***j-n*** (***zu etw***) ~ autorizar a alg (para *od* a a/c); JUR, ECON apoderar a alg (para a/c)

be'vollmäch|tigt *adj* apoderado, autorizado; **⁓tigte(r)** *f(m)* ⟨→ A⟩ JUR mandatario, -a *m,f*; ECON apoderado, -a *m,f*; POL plenipotenciario, -a *m,f*; **⁓tigung** *f* (*Vollmacht*) autorización *f*; JUR habilitación *f*, poder *m*
be'vor *adv* antes de (*+inf*); antes (de) que (*+subj*)
be'vormund|en *v/t* ⟨*sin* ge⟩ ***j-n*** **~** tener a alg bajo tutela; **⁓ung** *f* tutela *f*
be'vorrechtigt *adj* privilegiado
be'vorstehen *v/i* ⟨*irr*, *sep*⟩ estar próximo, ser inminente
be'vorstehend *adjt* inminente
be'vorzugen *v/t* ⟨*sin* ge⟩ **1** (*vorziehen*) preferir (***vor*** *+dat*, ***gegenüber*** a); **2** (*begünstigen*) favorecer
be'vorzugt *adjt* preferido; (*privilegiert*) favorecido; ***~e Behandlung*** tratamiento *m* preferente *od* de favor
Be'vorzugung *f* preferencia *f*
be'wachen *v/t* ⟨*sin* ge⟩ vigilar, guardar, custodiar
Be'wacher(in) *m(f)* vigilante *m,f*
be'wachsen *adj* cubierto (***mit*** de)
Be'wachung *f* **1** vigilancia *f*, guardia *f*, custodia *f*; **2** (*Wachmannschaft*) guardia *f*
bewaffnen [bəˈvafnən] *v/t*, *v/r* ⟨*sin* ge⟩ (***sich***) **~** armar(se)
be'waffnet *adj* armado (***mit*** de, con)
Be'waffnung *f* **1** (*das Bewaffnen*) armamento *m*; **2** (*Waffen*) armas *f/pl*
be'wahren *v/t* ⟨*sin* ge⟩ **1** (*beibehalten*) guardar; ***die Fassung*** **~** guardar la calma; **2** (*erhalten*) conservar; proteger, preservar (***vor*** *+dat* de)
bewähren [bəˈvɛːrən] *v/r* ⟨*sin* ge⟩ ***sich*** **~** *Sache* dar buen resultado, probar su eficacia (***als*** como); *Person* acreditarse, demostrar sus capacidades (***als*** como)
be'wahrheiten *v/r* ⟨*sin* ge⟩ ***sich*** **~** confirmarse
be'währt *adjt* **1** (*erprobt*, *zuverlässig*) probado, acreditado; **2** (*erfahren*) experimentado, seguro
Be'wahrung *f* ⟨-⟩ conservación *f*
Be'währung *f* **1** prueba *f*; **2** JUR libertad *f* condicional
Be'währungs|frist *f* JUR plazo *m* de prueba; **⁓helfer(in)** *m(f)* asistente *m,f* para el plazo de prueba; **⁓probe** *f* prueba *f*
be'waldet *adj* poblado de bosques
bewältig|en [bəˈvɛltɪgən] *v/t* ⟨*sin* ge⟩ (*meistern*) dominar; *Problem*, *Vergangenheit* superar, vencer; *Strecke* cubrir; **⁓ung** *f* ⟨-⟩ dominio *m*, superación *f*
be'wandert *adj* ***in etw*** (*dat*) (***gut***) **~** ***sein*** ser (muy) versado *od* experto en a/c
Bewandtnis [bəˈvantnɪs] *f* ⟨-; -se⟩ ***damit hat es folgende*** **~** el caso es el siguiente; ***das hat s-e eigene*** **~** es un caso muy particular
be'wässern *v/t* ⟨*sin* ge⟩ regar
Be'wässerung *f* riego *m*; ***landwirtschaftliche*** **~** riego *m* agrícola
Be'wässerungskultur *f* AGR cultivo *m* de regadio
bewegen[1] [bəˈveːgən] ⟨*sin* ge⟩ **I** *v/t* **1** mover; (*in Bewegung versetzen*) poner en marcha (*a fig*); **2** *fig* (*ergreifen*, *rühren*) conmover; (*beschäftigen*) preocupar; **II** *v/r* **3** ***sich*** **~** moverse; *fig a* ocurrir; **4** *fig Preise* ***sich ~ zwischen … und …*** oscilar entre … y …
be'wegen[2] *v/t* ⟨bewog, bewogen⟩ (*veranlassen*) ***j-n zu etw*** **~** inducir *od* mover a alg a a/c
be'wegend *adjt fig* conmovedor, emocionante
Be'weggrund *m* móvil *m*, motivo *m*
be'weglich *adj* **1** móvil; *Feiertag* movible; TEC *a* flexible; movible; JUR ***~er Besitz*** bienes *m/pl* muebles; **2** *körperlich*, *geistig* ágil
Be'weglichkeit *f* ⟨-⟩ **1** movilidad *f*; **2** *körperliche*, *geistige* agilidad *f*
be'wegt *adjt* **1** *See* agitado; **2** *fig Leben*, *Zeiten usw* movido; **3** *fig* (*ergriffen*) emocionado, conmovido
Be'wegung *f* **1** movimiento *m* (*a* POL); ***keine ~!*** ¡que nadie se mueva!; *fig* ***etw ist in*** **~** a/c está en movimiento; **2** TEC ***in ~ setzen*** poner en funcionamiento; ***sich in ~ setzen*** ponerse en marcha *od* en movimiento; *fig* ***in e-e Sache ~ bringen*** poner una cosa en marcha; **3** (***körperliche***) **~** ejercicio *m*; **4** (*Gemüts⁓*, *Rührung*) emoción *f*
Be'wegungs|freiheit *f* ⟨-⟩ libertad *f* de acción *od* de movimientos; **⁓los** *adj* inmóvil; **⁓melder** *m* captador *m* de movimientos; **⁓therapie** *f* cinesiterapia *f*; **⁓unfähig** *adj* incapaz de moverse
be'weinen *v/t* ⟨*sin* ge⟩ llorar por
Beweis [bəˈvaɪs] *m* ⟨-es; -e⟩ prueba *f*, demostración *f* (***für*** de); JUR *pl* ***~e*** pruebas *f/pl*; ***als ~, zum ~*** como prueba; ***den ~ für etw erbringen*** *od* ***liefern*** aportar las pruebas para a/c
be'weisbar *adj* demostrable
be'weisen *v/t* ⟨bewies, bewiesen⟩ **1** demostrar; **2** (*zeigen*) *Mut usw* mostrar
Be'weis|führung *f* ⟨-⟩ demostración *f*, argumentación *f*; **⁓kraft** *f* ⟨-⟩ fuerza *f* probatoria; **⁓kräftig** *adj* concluyente; **⁓material** *n* (material *m* de) prueba *f*; **⁓mittel** *n* medio *m* de prueba; **⁓stück** *n* prueba *f*; (*Beleg*) justificante *m*; *bei e-m Verbrechen* cuerpo *m* del delito
be'wenden *v/i* ⟨*solo inf*⟩ ***es bei etw ~ lassen*** darse por satisfecho con a/c; ***lass es***

dabei ~! ¡déjalo!
be'werben *v/r* ⟨bewirbt, bewarb, beworben⟩ ***sich ~* 1** *um e-e Stelle, ein Amt* presentarse (***um*** para; ***bei*** a, en), solicitar (***um*** *a/c*; ***bei*** a, en); ***sie hat sich beworben*** *a* presentó su candidatura *od* solicitud; ***sich*** (***um e-e Stelle***) ***als Fotograf*** *etc* **~** solicitar un empleo de fotógrafo *etc*; **2** *um e-n Preis, Titel usw* concursar (***um*** por); **3** *Produkt* promocionar
Be'werber(in) *m(f)* **1** *für e-e Stelle* candidato, -a *m,f*, aspirante *m,f*; **2** *für e-n Preis, Titel, a* SPORT participante *m,f*; **3** ECON *Ausschreibung* concursante *m,f*
Be'werbung *f* solicitud *f*, candidatura *f* (***um*** para); *um e-e Stelle* solicitud *f* de trabajo
Be'werbungs|gespräch *n* → ***Vorstellungsgespräch***; **~schreiben** solicitud *f* de trabajo; **~unterlagen** *pl* papeles *m/pl* (para la solicitud de trabajo)
be'werfen *v/t* ⟨bewirft, bewarf, beworfen⟩ ***j-n*** *od* ***etw mit etw ~*** arrojar a/c a alg *od* a a/c
bewerkstelligen [bə'vɛrkʃtɛlɪgən] *v/t* ⟨*sin* ge⟩ realizar, arreglar, conseguir
be'werten *v/t* ⟨*sin* ge⟩ evaluar, valorar; *Schule a* calificar (***mit*** con); ***zu hoch ~*** sobrevalorar; ***zu niedrig ~*** infravalorar
Be'wertung *f* valoración *f*, evaluación *f*, calificación *f*
bewiesen *adj* JUR acreditado; ***~e Tatsachen*** hechos *m/pl* probados
be'willig|en *v/t* ⟨*sin* ge⟩ **1** autorizar; *Antrag* aprobar; **2** *Mittel usw* conceder, otorgar; **≈ung** *f* **1** (*Erlaubnis*) autorización *f*; **2** *von Mitteln usw* concesión *f*
be'wirken *v/t* ⟨*sin* ge⟩ **1** (*verursachen*) originar, causar, provocar; **2** (*erreichen*) conseguir; ***das Gegenteil ~*** conseguir lo contrario
be'wirten *v/t* ⟨*sin* ge⟩ ***j-n*** (***mit etw***) **~** convidar a alg (a a/c)
be'wirtschaft|en *v/t* ⟨*sin* ge⟩ **1** *Hof, Gaststätte usw* administrar; **2** AGR *Land, Boden* explotar, cultivar; **≈ung** *f* **1** *e-s Hofes, e-r Gaststätte usw* administración *f*; **2** AGR explotación *f*
Be'wirtung *f* hospitalidad *f*; *im Gasthaus* servicio *m*; **~sspesen** *pl* gastos *m/pl* de agasajo
be'wohnbar *adj* habitable
be'wohnen *v/t* ⟨*sin* ge⟩ habitar
Be'wohner(in) *m(f)* habitante *m,f*, vecino, -a *m,f*; (*Mieter*) inquilino, -a *m,f*
bewölken [bə'vœlkən] ⟨*sin* ge⟩ ***sich ~*** nublarse, encapotarse
be'wölkt *adj* nuboso, encapotado
Be'wölkung *f* ⟨-⟩ **1** (*Sichbewölken*) nubosidad *f*; **2** (*Wolken*) nubes *f/pl*
Be'wunder|er *m*, **~in** *f* admirador, a *m,f*
be'wundern *v/t* ⟨*sin* ge⟩ admirar (***wegen*** por)
be'wunderns|wert, **~würdig** *adj* admirable
Be'wunderung *f* ⟨-⟩ admiración *f*
bewusst [bə'vʊst] *adj* **1** consciente; ***sich*** (*dat*) ***e-r Sache*** (*gen*) **~ *sein*** ser consciente de a/c; ***sich*** (*dat*) ***e-r Sache*** (*gen*) **~ *werden*** darse cuenta de a/c; **2** (*absichtlich*) intencionado, de propósito; **3** (*besagt*) consabido, en cuestión
be'wusstlos *adj* inconsciente, sin conocimiento; **~ *werden*** desmayarse
Be'wusstlosigkeit *f* ⟨-⟩ pérdida *f* de(l) conocimiento, desmayo *m*
Be'wusstsein *n* ⟨-s⟩ **1** conciencia *f*, conocimiento *m*; ***bei ~ sein*** estar consciente; ***ohne ~ sein*** estar inconsciente; ***bei vollem ~*** plenamente consciente; ***das ~ verlieren*** perder el conocimiento, desmayarse; ***das ~ wiedererlangen*** volver en sí; **2** *fig* ***j-m etw zum ~ bringen*** hacer a alg comprender a/c; ***etw kommt j-m zum ~*** alg se da cuenta de a/c
bez. *Abk* (*bezahlt*) pagado
Bez. *Abk* **1** (*Bezeichnung*) denominación *f*; **2** (*Bezirk*) districto *m*
be'zahlen ⟨*sin* ge⟩ **I** *v/t* **1** pagar; ***j-m etw ~*** pagar(le) a/c a alg; ***e-e Rechnung ~*** pagar *od* liquidar una factura; ***per Nachnahme ~*** pagar contra reembolso; ***in Raten ~*** pagar a plazos; ***im Voraus ~*** pagar por adelantado; **2** *fig* ***teuer ~*** pagar caro; ***sich bezahlt machen*** valer la pena; **II** *v/i* pagar; *im Café usw* ***bitte ~!*** ¡la cuenta, por favor!
Be'zahlfernsehen *n* televisión *f* (privada) de pago
Be'zahlung *f* ⟨-⟩ **1** (*das Bezahlen*) pago *m*; **2** (*Entgelt*) remuneración *f*, paga *f*; ***nur gegen ~*** solo mediante pago, solo por dinero; **~ *in Sachmitteln*** pago *m* en especie; **~ *per Nachnahme*** pago *m* contra reembolso; ***sofortige ~*** pago *m* inmediato
be'zähmen ⟨*sin* ge⟩ *geh* **I** *v/t s-e Neugier usw* refrenar; **II** *v/r* ***sich ~*** dominarse
be'zaub|ern *v/t* ⟨*sin* ge⟩ hechizar, embelesar; **~ernd** *adjt* encantador
be'zeichnen *v/t* ⟨*sin* ge⟩ **1** (*markieren, kennzeichnen*) marcar, señalar, indicar; **2** (*bedeuten*) significar; **3** (*benennen*) designar; **4 ~ *als*** calificar de
be'zeichnend *adjt* típico, característico (***für*** de); **~erweise** *adv* significativamente
Be'zeichnung *f* **1** (*Markierung, Kennzeichnung*) marca *f*, señal *f*; **2** (*Angabe*) indicación *f*; (*Benennung*) denominación *f*
be'zeugen *v/t* ⟨*sin* ge⟩ JUR atestiguar; *fig* dar fe de
bezichtigen [bə'tsɪçtɪgən] *v/t* ⟨*sin* ge⟩ (*be-*

schuldigen) ***j-n e-r Sache*** *(gen)* **~** inculpar a alg de a/c

be'ziehen ⟨bezog, bezogen⟩ **I** *v/t* **1** *Bett* poner la ropa a; *Möbel* tapizar; **2** *Wohnung, Haus* instalarse en, ocupar; **3** *(erhalten) Waren* comprar; *Gehalt* percibir; *Informationen* obtener; *Leistungen* cobrar; **4** ***etw* ~ *auf*** *(+acus)* aplicar a/c a; ***etw auf sich* ~** darse por aludido con a/c; **II** *v/r* **5** ***sich* ~** *Himmel* encapotarse; **6** ***sich* ~ *auf*** *(+acus)* referirse a, remitirse a

Bezieher(in) *m(f) von Waren* comprador, a *m,f*; *von Gehalt* perceptor, a *m,f*

Be'ziehung *f* **1** *(Verbindung)* relación *f* (***zu*** con); ***freundschaftliche* ~** relación *f* amistosa; ***diplomatische, geschäftliche, wirtschaftliche* ~*en*** relaciones *f/pl* diplomáticas, comerciales, económicas; ***e-e feste* ~ *haben*** tener una relación estable; **2** *mst pl (einflussreiche Verbindungen)* contacto *m*; F enchufe *m*; ***gute* ~*en haben*** estar bien relacionado; ***seine* ~*en spielen lassen*** mover sus contactos; **3** *(inneres Verhältnis)* ***sie hat keine* ~ *zum Sport*** el deporte no le dice nada *od* no le llama la atención; **4** *(Zusammenhang)* relación *f*; ***in keiner* ~ *stehen zu*** no tener relación con; **5** *(Hinsicht)* aspecto *m*; ***in dieser* ~** en este aspecto; ***in jeder* ~** en todos los aspectos; ***in gewisser* ~** en cierta manera; ***in mancher* ~** en algunos aspectos

Be'ziehungs|kiste F *f fig* relación *f* amorosa; F ligue *m*; **~satz** *m* LING oración *f* relativa; **2weise** *cj* **1** *(genauer gesagt)* o sea; **2** *(oder aber)* o (bien); **~wort** *n* LING antecedente *m*

be'ziffern ⟨*sin* ge⟩ **I** *v/t* **1** *(nummerieren)* numerar; **2** *(schätzungsweise angeben)* cifrar (***auf*** *+acus* en); **II** *v/r* ***sich* ~ *auf*** *(+acus) (sich belaufen auf)* ascender a

Bezirk [bə'tsɪrk] *m* ⟨-(e)s; -e⟩ **1** *(Verwaltungs2)* distrito *m*; **2** *(Umkreis)* región *f*; **3** *(Bereich)* sector *m*, campo *m*

Bezug [bə'tsuːk] *m* ⟨-(e)s; ⸚e⟩ **1** *(Überzug)* funda *f*; **2** *von Waren* compra *f*; *v Leistungen* cobro *m*; **3** *pl* ***Bezüge*** *(Gehalt)* remuneraciones *f/pl*; **4** *(Beziehung, Zusammenhang)* referencia *f* (***auf*** *+acus* a); ***in* ~ *auf*** *(+acus)* respecto a; **~ *nehmen auf*** *(+acus)* referirse a; **~ *nehmend auf*** con referencia a

bezüglich [bə'tsyːklɪç] **I** *adj* referente, relativo; LING **~*es Fürwort*** pronombre *m* relativo; **II** *prp* ⟨*+gen*⟩ referente a, relativo a; en relación con

Be'zugnahme *f* ***unter* ~ *auf*** *(+acus)* con referencia a

Be'zugs|bedingungen *f/pl* ECON condiciones *f/pl* de entrega; *Abonnement* condiciones *f/pl* de suscripción; **~person** *f* PSYCH persona *f* de referencia; **~quelle** *f* fuente *f* de suministro; **~zeichen** *n* referencia *f*

be'zwecken *v/t* ⟨*sin* ge⟩ ***etw* ~** proponerse a/c, tener a/c por objeto (***mit*** con)

be'zweifeln *v/t* ⟨*sin* ge⟩ poner en duda, dudar de

be'zwingen ⟨bezwang, bezwungen⟩ **I** *v/t (besiegen)* vencer *(a fig)*; *Strecke* superar; *Berg* conquistar; *fig Gefühle, Neugier, Schmerz usw* dominar, reprimir; **II** *v/r* ***sich* ~** *(beherrschen)* dominarse

Bf. *m Abk (Bahnhof)* estación *f*

BGB [beːgeː'beː] *n Abk (Bürgerliches Gesetzbuch)* Código *m* civil; **~-Gesellschaft** *f* JUR sociedad *f* civil

BH [beː'haː] *m Abk (Büstenhalter)* F sujetador *m*

Bhf. *m Abk (Bahnhof)* estación *f*

Bibel ['biːbəl] *f* ⟨-; -n⟩ Biblia *f*; **2fest** *adj* versado en la Biblia; **~spruch** *m* versículo *m*

Biber ['biːbər] *m* castor *m*

Biblio|graphie [bibliogra'fiː] *f* bibliografía *f*; **~thek** [-'teːk] *f* ⟨-; -en⟩ biblioteca *f*; **~the'kar(in)** *m* ⟨-s; -e⟩ *(f)* bibliotecario, -a *m,f*

bieder ['biːdər] *adj* **1** *(rechtschaffen)* honrado; **2** *(einfältig, treuherzig)* leal; **3** *desp (spießig)* burgués

biegen ['biːgən] ⟨bog, gebogen⟩ **I** *v/t* ⟨h⟩ torcer, doblar; **II** *v/i* ⟨sn⟩ torcer, doblar; ***um die Ecke* ~** doblar la esquina; **III** *v/r* ⟨h⟩ ***sich* ~** torcerse, doblarse; ***auf* 2 *oder Brechen*** a todo trance, a toda costa

biegsam ['biːkzaːm] *adj* flexible; **2keit** *f* ⟨-⟩ flexibilidad *f*

'Biegung *f* curva *f*, curvatura *f*; *e-s Weges, Flusses* recodo *m*, revuelta *f*

Biene ['biːnə] *f* **1** zo abeja *f*; **2** F *(Mädchen)* F chavala *f*

'Bienen|fleiß *m* celo *m*, diligencia *f*; **~königin** *f* abeja *f* reina; **~korb** *m* colmena *f*; **~schwarm** *m* enjambre *m* (de abejas); **~staat** *m* colonia *f* de abejas; **~stich** *m* **1** *Stich* picadura *f* (de abeja); **2** *Kuchen tipo de pastel de vainilla cubierto de almendras*; **~stock** *m* colmena *f*; **~wabe** *f* panal *m*; **~wachs** *n* cera *f* (de abejas); **~zucht** *f* apicultura *f*; **~züchter(in)** *m(f)* apicultor, a *m,f*

Bier [biːr] *n* ⟨-(e)s; -e⟩ cerveza *f*; ***helles, dunkles* ~** cerveza *f* rubia, negra; **~ *vom Fass*** cerveza *f* de barril; F ***das ist nicht mein* ~!** ¡no es mi problema!

'Bier|brauerei *f* fábrica *f* de cerveza, cervecería *f*; **~deckel** *m* posavasos *m*; **~dose** *f* lata *f* de cerveza; **2ernst** *adj* F muy serio; **~fass** *n* barril *m* de cerveza; **~flasche** *f* botella *f* de cerveza; **~garten** *m* cervecería *f* al aire libre; **~glas** *n* vaso *m* de *od* para cer-

veza; **~lokal** *n* cervecería *f*
Biest [biːst] *n* ⟨-(e)s; -er⟩ bestia *f*, mal bicho *m* (*a* F *fig*)
bieten [ˈbiːtən] ⟨bot, geboten⟩ **I** *v/t* **1** (*an~*) ofrecer; **2** *Anblick, Gelegenheit usw* presentar; **3** *bei Versteigerungen* licitar, pujar; **4** *fig* ***das lasse ich mir nicht ~*** (*gefallen*) eso no lo tolero; **II** *v/i* **5** *bei Versteigerungen* pujar, dar; ***wer bietet mehr?*** ¿quién da más?; **III** *v/r* **6** ***sich ~*** *Anblick, Gelegenheit usw* brindarse, presentarse
Bietende(r) *f*(*m*) ⟨→ A⟩ → ***Bieter(in)***
ˈ**Bieter(in)** *m*(*f*) ECON postor, a *m,f*
Bigamie [bigaˈmiː] *f* bigamia *f*
bigott [biˈgɔt] *adj* **1** (*übertrieben fromm*) santurrón, beato; **2** (*scheinheilig*) mojigato
Bikini [biˈkiːni] *m* ⟨-s; -s⟩ bikini *m*
Bilanz [biˈlants] *f* **1** ECON balance *m*; balanza *f*; ***die ~ frisieren*** retocar el balance; **2** *fig* (*Überblick*) balance *m*; ***die ~ ziehen*** hacer balance
Biˈlanz|buchhaltung *f* contabilidad *f* de balance; **≗ieren** *v/t* ⟨*sin* ge⟩ establecer *od* hacer balance; **~prüfung** *f* revisión *f* de(l) balance; **~summe** *f* suma *f* del balance; **~wert** *m* valor *m* contable, valor *m* en balance
bilateˈral *adj* bilateral
Bild [bɪlt] *n* ⟨-(e)s; -er⟩ **1** imagen *f* (*a Ab≗, Spiegel≗*); (*Gemälde*) cuadro *m*, pintura *f*; (*Zeichnung*) dibujo *m*; (*Abbildung, Illustration*) ilustración *f*; **2** (*Foto*) foto(grafía) *f*; **3** (*Anblick*) aspecto *m*, cuadro *m*; ***ein ~ des Jammers, der Zerstörung*** una imagen desoladora, de la destrucción; **4** (*Vorstellung, Eindruck*) idea *f*, imagen *f*; ***im ~e sein*** estar al corriente (***über*** *+acus* de); ***sich ein ~ machen von*** hacerse una idea de; ***j-n ins ~ setzen*** poner en antecedentes *od* al corriente a alg; ***ein falsches ~ bekommen*** formarse una falsa imagen (***von*** de); **5** (*Metapher*) metáfora *f*, imagen *f*
ˈ**Bild|band** *m* ⟨-(e)s; ⸚e⟩ libro *m* de fotos; **~bericht** *m* reportaje *f* gráfico
ˈ**bilden I** *v/t* **1** (*formen*) formar; (*künstlerisch gestalten*) dar forma a; ***e-e Regierung ~*** formar gobierno; ***sich*** (*dat*) ***e-e Meinung ~*** formarse (una) opinión (***über*** *+acus* sobre); **2** (*hervorbringen*) producir; **3** (*darstellen*) constituir, ser; ***e-e Ausnahme ~*** constituir *od* ser una excepción; **4** (*erziehen*) educar, instruir; *fig* ***den Charakter ~*** formar el carácter; **5** (*gründen*) construir, organizar; ***e-n Verein ~*** formar una asociación; **II** *v/i* **6** ***Lesen bildet*** leer forma; **III** *v/r* ***sich ~*** **7** (*entstehen*) formarse, producirse; **8** *geistig* formarse, educarse
ˈ**bildend** *adj* ***~e Künste*** artes *f/pl* gráficas *od* plásticas
ˈ**Bilder|buch** *n* libro *m* de ilustraciones *od* de dibujos; **~buch...** *in Zssgn* F de película; **~rätsel** *n* jeroglífico *m*; **~sprache** *f* lenguaje *m* metafórico *od* ilustrado
ˈ**Bildfläche** *f* F *fig* ***auf der ~ erscheinen*** aparecer; F ***von der ~ verschwinden*** desaparecer
ˈ**bildhaft** *adj* gráfico, plástico
ˈ**Bild|hauer** *m* escultor *m*; **~haueˈrei** *f* ⟨-⟩ escultura *f*; **~hauerin** *f* escultora *f*; **≗hauern** F *v/i* esculpir
bildˈhübsch *adj* guapísimo
ˈ**Bild|journalismus** *m* fotoperiodismo *m*; **≗lich** *adj* **1** plástico; **2** *Ausdruck* figurado; **~nis** *n* ⟨-ses; -se⟩ imagen *f*, retrato *m*; **~platte** *f* videodisco *m*; **~punkt** *m* INFORM (*Pixel*) punto *m* de imagen; **~qualität** *f* FOT, TV calidad *f* de imagen; **~röhre** *f* TV tubo *m* de imagen; **~schärfe** *f* nitidez *f* de imagen
ˈ**Bildschirm** *m Computer*, TV pantalla *f*, monitor *m*; ***einfarbiger, farbiger ~*** INFORM pantalla *f* monocromática, en color
ˈ**Bildschirm|arbeit** *f* trabajo *m* frente al monitor; **~schoner** *m* protector *m* de pantalla, salvapantallas *m*; **~text** *m* videotexto *m*
bildˈschön *adj* precioso, hermosísimo
ˈ**Bild|störung** *f* TV interrupción *f* de la imagen; **~telefon** *n* videoteléfono *m*
ˈ**Bildung** *f* **1** (*Geistes≗*) cultura *f*; (*Aus≗*) formación *f*, instrucción *f*; (*Schul≗, Erziehung*) educación *f*; **2** (*Entstehung*) formación *f*; ***die ~ von Wolken*** *usw* la formación de nubes, *etc*; **3** (*das Formen*) formación *f* (*a von Wörtern, e-r Regierung usw*); constitución *f*; (*Schaffung*) creación *f*
ˈ**Bildungs|lücke** *f* laguna *f* (de formación); **~politik** *f* política *f* educativa; **~system** *n* sistema *m* educativo; **~urlaub** *m* vacaciones *f/pl* de formación
ˈ**Bildungsweg** *m* vía *f* de formación; ***auf dem zweiten ~*** en la vía *f* subsidiaria de formación
ˈ**Bildungswesen** *n* ⟨-s⟩ sistema *f* educativo
ˈ**Bild|verarbeitung** *f* INFORM procesamiento *m* de imágenes; **~zuschrift** *f auf e-e Zeitungsannonce* carta *f* con foto (*respuesta a un anuncio*)
Billard [ˈbɪljart] *n* ⟨-s; -e⟩ billar *m*; **~kugel** *f* bola *f* de billar; **~stock** *m* taco *m*; **~tisch** *m* mesa *f* de billar
Billiarde [bɪliˈardə] *f* mil billones *m/pl*
Billett [bɪlˈjɛt] *n* ⟨-s⟩ *schweiz* **1** ⟨*pl* -e⟩ (*Fahrkarte*) billete *m*; **2** ⟨*pl* -s⟩ (*Eintrittskarte*) entrada *f*
billig [ˈbɪlɪç] **I** *adj* **1** *Preis* barato, económico (*a desp fig*); **2** *fig Ausrede, Rat, Trick usw*

malo, primitivo; **II** *adv* **~** ***abzugeben*** *in Anzeigen* se vende barato; *fig* **~** ***davonkommen*** salir bien parado

'Billiganbieter *m* oferente *m* de precios bajos

billigen ['bɪlɪgən] *v/t* aprobar, consentir

'Billig|flagge *f* bandera *f* de conveniencia; **~flug** *m* vuelo *m* barato; **~flugangebot** *n* oferta *f* de vuelos baratos; **~fluglinie** *f* compañía *f* de vuelos baratos; **~import** *m* importación *f* a bajo(s) precio(s); **~lohn** *m* salario *m* bajo, sueldo *m* bajo; **~lohnland** *n* país *m* con *od* de salarios bajos; **~preis** *m* precio *m* bajo *od* barato; **~produkte** *n/pl* gama *f* baja

'Billigung *f* ⟨-⟩ aprobación *f*

'Billigware *f* gama *f* baja

Billion [bɪli'oːn] *f* billón *m*

bimmeln ['bɪməln] F *v/i* repiquetear, tintinear

Bimsstein ['bɪms-] *m* piedra *f* pómez

binär [bi'nɛːr] *adj* binario; **ᴥcode** *m* INFORM código *m* binario

Binde ['bɪndə] *f* **1** MED (*Verband*) venda *f*; **2** (*Armᴥ*) cabestrillo *m*; **3** (*Damenᴥ*) compresa *f*; **4** F ***sich*** (*dat*) ***einen hinter die ~ gießen*** *od* ***kippen*** F empinar el codo

'Binde|gewebe *n* ANAT tejido *m* conjuntivo; **~glied** *n* eslabón *m*, vínculo *m*; **~haut** *f* ANAT conjuntiva *f*; **~hautentzündung** *f* MED conjuntivitis *f*; **~mittel** *n* TEC aglutinante *m*, espesante *m*

'binden ⟨band, gebunden⟩ **I** *v/t* **1** (*an~*) atar, ligar (***an*** *+acus* a); **2** (*zusammen~*) *Kranz, Strauß usw* hacer; **3** *Krawatte, Schal, Schnürsenkel usw* anudar; **4** *Buch* encuadernar; ***~ lassen*** hacer encuadernar; **5** CHEM, TEC ligar, fijar; **6** PHYS *Wärme* conservar, acumular; **7** GASTR *Soße usw* espesar; **8** *Preise* fijar; **9** MUS *Noten* ligar; **10** *fig* (*verpflichten*) ligar, comprometer; **II** *v/i* **11** *Zement, Klebstoff* ligar; **III** *v/r* **12** ***sich ~*** ligarse, comprometerse

'bindend *adjt* obligatorio (***für*** para)

'Binde|strich *m* guión *m*; **~wort** *n* ⟨-(e)s; ¨er⟩ LING conjunción *f*

'Bindfaden *m* cordel *m*, bramante *m*

'Bindung *f* **1** (*Beziehung*) relación *f*; compromiso *m*; (*Verbundenheit*) apego *m* (***an*** *+acus* a); ***e-e ~ eingehen*** contraer un firme compromiso; **2** (*Verpflichtung*) obligación *m*; **3** (*Skiᴥ*) fijación *f*; **4** CHEM, TEC enlace *m*; **5** MUS ligado *m*

'Bingo ['bɪŋo] *n* bingo *m* (*a fig*)

binnen ['bɪnən] *prp* ⟨*+dat od geh +gen*⟩ en, dentro de; **~** ***drei Tagen*** en tres días; **~** ***e-s Jahres*** en el plazo de un año; **~** ***kurzem*** dentro de poco

'Binnen|gewässer *n* aguas *f/pl* interiores *od* continentales; **~hafen** *m* puerto *m* fluvial *od* interior; **~handel** *m* comercio *m* interior; **~land** *n* país *m* sin acceso al mar; **~markt** *m* mercado *m* interior *od* nacional; **~meer** *n* mar *m* interior; **~schifffahrt** *f* navegación *f* interior *od* fluvial; **~zoll** *m* ***Binnenzölle*** aranceles *m/pl* interiores

Binse ['bɪnzə] *f* BOT junco *m*; F ***in die ~n gehen*** venirse abajo

'Binsenweisheit *f* perogrullada *f*

Bio|... [bio-] *in Zssgn* bio…; **~che'mie** *f* bioquímica *f*; **~'chemiker(in)** *m(f)* bioquímico, -a *m,f*; **ᴥ'chemisch** *adj* bioquímico; **ᴥdy'namisch** *adj* biodinámico

'Bioerzeugnis *n* producto *m* ecológico

Biograph(in) [bio'graːf(ɪn)] *m* ⟨-en; -en⟩ (*f*) biógrafo, -a *m,f*

Biogra'phie *f* biografía *f*

bio'graphisch *adj* biográfico

'Bioladen F *m* tienda *f* de productos naturales

Bio|loge [bio'loːgə] *m* ⟨-n; -n⟩, **~'login** *f* biólogo,-a *m,f*; **~lo'gie** *f* ⟨-⟩ biología *f*; **ᴥ'logisch** **I** *adj* biológico; **II** *adv* **~** ***abbaubar*** biodegradable

'Bio|masse *f* ⟨-⟩ BIOL biomasa *f*; **~müll** *m* basura *f* orgánica, desperdicios *m/pl* orgánicos *od* biológicos; **~müllcontainer** *m* contenedor *m* de desperdicios orgánicos; **~phy'sik** *f* biofísica *f*; **'~produkt** *n* producto *m* natural *od* ecológico

Biopsie [biɔp'siː] *f* MED biopsia *f*

'Bio|rhythmus *m* biorritmo *m*; **~'sphäre** *f* ⟨-⟩ biosfera *f*; **'~technik** *f* ⟨-⟩, **'~technologie** *f* biotecnología *f*; **'~tonne** *f* contenedor *m* para basura orgánica

Biotop [-'toːp] *m od n* ⟨-s; -e⟩ biótopo *m*

Birke ['bɪrkə] *f* abedul *m*

'Birnbaum *m* peral *m*

Birne ['bɪrnə] *f* **1** *Frucht* pera *f*; **2** (*Glühᴥ*) bombilla *f*; **3** F (*Kopf*) F coco *m*; **ᴥnförmig** *adj* en forma de pera, periforme

bis [bɪs] **I** *prp* ⟨*+acus*⟩ **1** *zeitlich* hasta; **~** ***jetzt*** hasta ahora; **~** ***in die Nacht*** hasta entrada la noche; **~** ***vor*** hasta hace; **~** ***zum Ende*** hasta el final; **~** ***auf weiteres*** hasta nuevo aviso; **~** ***dann***, **~** ***dahin*** hasta entonces, hasta ahí; F **~** ***dann***, **~** ***bald!*** ¡hasta luego!; **~** ***morgen!*** ¡hasta mañana!; **2** *räumlich* hasta; **~** ***Berlin*** hasta Berlín; **~** ***hierher*** hasta aquí; **3** *Zwischenraum, -zeit* ***von … ~ …*** de … a …; ***7 ~ 10 Tage*** entre 7 y 10 días; ***Kinder ~ 12 Jahre*** niños de hasta 12 años; **4** **~** ***auf*** (*+acus*) (*einschließlich*) hasta; (*außer*) excepto; ***alle ~ auf eine*** todos excepto una; **~** ***zu acht Personen*** hasta ocho personas; **II** *cj* hasta que (*+subj*)

Bisam ['biːzam] *m* ⟨-s; -e⟩ *Tier, Pelz* castor *m*; **~ratte** *f* rata *f* almizclera; castor *m* del

Canadá
Bischof ['bɪʃɔf] *m* ⟨-s; ⸗e⟩ obispo *m*
bischöflich ['bɪʃœflɪç] *adj* episcopal
'Bischöfin *f* obispo *f*
'Bischofssitz *m* sede *f* episcopal
bisexuell ['biːsɛksuɛl] *adj* bisexual
bis'her *adv* hasta ahora, hasta el momento; ***wie ~*** como hasta ahora
bis'herig *adj* anterior, que hubo hasta ahora
Biskaya [bɪs'kaːja] *n* Vizcaya *m*
Biskuit [bɪs'kviːt] *m* ⟨-(e)s; -s, -e⟩ bizcocho *m*; **~rolle** *f* brazo *m* de gitano
bis'lang → ***bisher***
Biss *m* ⟨-es; -e⟩ **1** (*Zubeißen*) mordisco *m*; **2** (*Bisswunde*) mordedura *f*; **3** F (*großer Einsatz*) F chispa *f*; ***die Mannschaft spielte ohne ~*** el equipo jugó con poca inspiración
'bisschen *adj u adv* ***ein ~*** un poco; ***ein ~ Salz*** *usw* un poco de sal *usw*; ***ein kleines ~*** un poquitín; ***kein ~*** nada, ni una pizca
'Bissen *m* ⟨-s; -⟩ **1** (*abgebissenes Stück*) mordisco *m*, bocado *m*; **2** F (*kleiner Imbiss*) piscolabis *m*
'bissig *adj* **1** *Tier* mordedor; ***~er Hund!*** ¡cuidado con el perro!; **2** *Bemerkung, Person* mordaz
'Bisswunde *f* mordedura *f*
Bistum ['bɪstuːm] *n* ⟨-s; ⸗er⟩ obispado *m*
Bit [bɪt] *n* ⟨-(s); -(s)⟩ INFORM bit *m*
bitte ['bɪtə] *adv* **1** *Wunsch, Aufforderung* por favor; ***~ nicht stören!*** ¡por favor, no molesten!; ***~ zahlen!*** ¡la cuenta, por favor!; **2** *Antwort* ***~, ~ sehr, ~ schön*** *auf e-n Dank* de nada; no hay de qué; *auf e-e Entschuldigung* (no ha sido) nada; **3** *beim Anbieten, Servieren* ¡sírvase, por favor!; *Aufforderung zum Eintreten* ¡pase, por favor!; **4** ***wie ~?*** ¿cómo dice?; **5** F ***na ~!*** ¿lo ves?
'Bitte *f* ruego *m*; *dringende* súplica *f*; ***auf j-s ~*** a instancias *od* a petición de alg
'bitten *v/t, v/i* ⟨bat, gebeten⟩ pedir; (***j-n***) ***um etw ~*** pedir a/c (a alg); ***j-n um e-n Gefallen ~*** pedir(le) un favor a alg; ***um Erlaubnis ~*** pedir permiso; ***j-n ~, etw zu tun*** pedir(le) a alg que haga a/c; ***j-n zu sich*** (*dat*) ***~*** convocar a alg; ***ich muss doch sehr ~!*** *entrüstet* ¡por favor!; ***ich lasse ~*** que pase(n)
bitter ['bɪtər] **I** *adj* **1** *Geschmack* amargo, agrio; **2** (*schmerzlich*) amargo; ***das ist ~!*** ¡qué duro es!; ***e-e ~e Enttäuschung*** una amarga desilusión; **3** (*groß, stark*) ***~e Kälte*** frío *m* intenso; ***~e Not leiden*** padecer extrema necesidad; ***es ist mein ~er Ernst*** estoy hablando muy en serio; **II** *adv* (*sehr*) ***etw ~ bereuen*** lamentar a/c amargamente; ***etw ~ nötig haben*** estar necesitadísimo de a/c
'bitter|'böse *adj* furioso; **'~'ernst** *adj* muy serio; **'~'kalt** *adj* terriblemente frío
'Bitterkeit *f* ⟨-⟩ **1** *im Geschmack* amargor *m*; **2** *fig Gefühl* amargura *f*
'bitterlich *adv* ***~ weinen*** llorar amargamente
'bittersüß *adj* agridulce
'Bitt|gesuch *n*, **~schrift** *f* solicitud *f*, súplica *f*
'Bittsteller(in) *m*(*f*) peticionario, -a *m,f*, solicitante *m,f*
Biwa|k ['biːvak] *n* ⟨-s; -s, -e⟩ vivaque *m*; **♀'kieren** *v/i* ⟨*sin* ge⟩ vivaquear
bizarr [bi'tsar] *adj* estrafalario, extravagante
Bizeps ['biːtsɛps] *m* ⟨-(es); -e⟩ bíceps *m*
Bl. *n Abk* (*Blatt*) hoja *f*
Black Box ['blɛkbɔks] *f* ⟨-, -es⟩ caja *f* negra
Black-out ['blɛkˀaʊt] *n od m* ⟨-s, -s⟩ pérdida *f* de memoria
blähen ['blɛːən] **I** *v/t* hinchar, inflar; **II** *v/i* (*Blähungen verursachen*) provocar gases; **III** *v/r* ***sich ~*** *Segel, Vorhang* hincharse, inflarse
'Blähungen *pl* gases *m/pl*, flatulencias *f/pl*
blamabel [bla'maːbəl] ⟨-bl-⟩ *adj* vergonzoso
Blamage [bla'maːʒə] *f* patinazo *m*, vergüenza *f*
blamieren [bla'miːrən] ⟨*sin* ge⟩ **I** *v/t* ***j-n ~*** poner en ridículo a alg; **II** *v/r* ***sich*** (***vor j-m***) ***~*** quedar en ridículo (ante alg)
blank [blaŋk] *adj* **1** (*glänzend*) brillante; (*~ geputzt*) reluciente; *Schuhe* lustroso; **2** (*bloß, unbedeckt*) desnudo; **3** F (*abgewetzt*) con brillos, desgastado; **4** *fig* (*rein, pur*) limpio, puro; ***~er Hohn*** pura ironía *f*; ***~er Unsinn*** un solemne disparate; **5** F (*pleite*) (***völlig***) ***~ sein*** F estar sin blanca
blanko ['blaŋko] *adv* en blanco; ***etw ~ unterschreiben*** firmar a/c en blanco
'Blanko|formular *n* formulario *m* en blanco; **~kredit** *m* crédito *m* en blanco; **~scheck** *m* cheque *m* en blanco; **~unterschrift** *f* firma *f* en blanco
Bläschen ['blɛːsçən] *n* ⟨-s; -⟩ **1** (*kleine Blase*) burbujita *f*; **2** MED vesícula *f*
Blase ['blaːzə] *f* **1** (*Luft♀*) burbuja *f*; ***~n werfen*** burbujear; ***~n ziehen*** levantar ampollas; **2** ANAT (*Harn♀*) vejiga *f*; **3** MED (*Haut♀*) ampolla *f*; **4** F *desp* (*Gruppe*) ***die ganze ~*** F toda la panda
'Blasebalg *m* fuelle *m*
blasen ['blaːzən] ⟨bläst, blies, geblasen⟩ **I** *v/t* **1** soplar (*a Glas*); **2** MUS tocar; ***die Posaune ~*** tocar el trombón; **3** *fig* ***Trübsal ~*** estar triste; *fig* ***j-m den Marsch ~*** cantarle a alg las cuarenta; **II** *v/i* **4** (*wehen*) soplar; **5** MUS tocar (***auf*** *+dat a/c*)
'Blasenentzündung *f* cistitis *f*
Bläser ['blɛːzər] *m* MUS músico *m* (*que toca*

un instrumento de viento); ***die ~*** los vientos, los instrumentos de viento
blasiert [bla'ziːrt] *adj* afectado
'Blas|instrument *n* MUS instrumento *m* de viento; **~kapelle** *f* orquesta *f* de instrumentos de viento; **~musik** *f* música *f* para instrumentos de viento
Blasphemie [blasfe'miː] *f* blasfemia *f*
blass [blas] *adj* **1** (*bleich*) pálido; ***~ werden*** palidecer; **2** *Farbton* (*weißlich*) blanquecino; (*hell*) desvaído, mortecino; **3** (*schwach*) *Lichtschein* lívido; **4** *fig* (*farblos, nichts sagend, unscheinbar*) incoloro, insípido; **5** (*vage*) vago, confuso; **6** (*rein, pur*) puro; ***~er Neid*** envidia *f* pura
Blässe ['blɛsə] *f* ⟨-⟩ palidez *f*
Blatt [blat] *n* ⟨-(e)s; ⸚er, *pero* 100 -⟩ **1** *Laub, Papier* hoja *f*; **2** *fig* ***kein ~ vor den Mund nehmen*** no tener pelos en la lengua; ***das steht auf e-m anderen ~*** eso es harina de otro costal; F *fig* ***ein unbeschriebenes ~ sein*** no tener antecedentes; **3** (*Noten*⁓) ***vom ~ spielen*** tocar a primera vista; **4** (*Zeitung*) diario *m*, periódico *m*; **5** (*zugeteilte Spielkarten*) mano *f*; F *fig* ***das ~ hat sich gewendet*** F se ha vuelto la tortilla; **6** (*Säge*⁓) hoja *f*; (*Ruder*⁓) pala *f*
Blättchen ['blɛtçən] *n* ⟨-s; -⟩ (*kleines Blatt*) hojita *f*, papelillo *m*
blättern ['blɛtərn] **I** *v/i* **1** ⟨h⟩ hojear (***in e-m Buch*** *usw* un libro, *etc*); *am Computer* pasar las páginas; **2** ⟨sn⟩ (*sich ablösen*) *Farbe, Putz* desconcharse; **II** *v/t* ⟨h⟩ **3** ***Geldscheine, Karten auf den Tisch ~*** extender billetes, cartas sobre la mesa
'Blätterteig *m* hojaldre *m*
'Blatt|gold *n* pan *m* de oro; **~laus** *f* pulgón *m*; **~salat** *m* lechuga *f*
blau [blaʊ] *adj* **1** azul; ***~er Fleck*** cardenal *m*, moratón *m*; **2** F *fig* ***~er Brief*** (*Kündigung*) carta *f* de despido; *Schule* aviso *m* (*del colegio a los padres de un escolar*); **3** F (*betrunken*) borracho
Blau *n* ⟨-s; -, F -s⟩ azul *m*; **'⁓äugig** [-ɔʏgɪç] *adj* de ojos azules; *fig* crédulo; **'~beere** *f* BOT arándano *m*; **'⁓blütig** [-blyːtɪç] *adj* de sangre azul, noble
'Blaue(s) *n* ⟨→ A⟩ azul *m*; F ***Fahrt ins ~*** viaje *m* con rumbo sorpresa; *fig* ***sie lügt das ~ vom Himmel*** (***herunter***) miente más que habla
'Blau|fuchs *m* zorro *m* azul; **⁓grau** *adj* gris azulado; **~helm** *m* (*UNO-Soldat*) casco *m* azul; **~kraut** *n südd, österr* lombarda *f*
bläulich ['blɔʏlɪç] *adj* azulado
'Blaulicht *n* ***mit ~*** con luz azul, con sirena
'blaumachen F *v/i* ⟨*sep*⟩ F hacer novillos, hacer fiesta
'Blau|meise *f* herrerillo *m*; **~pause** *f* fotocalco *m* azul; **~säure** *f* ácido *m* cianhídrico; **~strumpf** *m desp* sabihonda *f*; **~wal** *m* ballena *f* azul
Blazer ['bleːzər] *m* blazer *m*
Blech [blɛç] *n* ⟨-(e)s; -e⟩ **1** *Material* chapa *f*; (*Weiß*⁓) hojalata *f*; **2** (*Back*⁓, *Kuchen*⁓) bandeja *f* (de horno); **3** F (*Unsinn*) disparate *m*; F chorrada *f*
'Blech|büchse *f*, **~dose** *f* lata *f*
blechen ['blɛçən] F *v/t, v/i* (*zahlen*) pagar; F aflojar
'blechern *adj* **1** (*aus Blech*) de hojalata; **2** *Klang* metálico
'Blech|instrument *n* MUS instrumento *m* de metal; **~schaden** *m* AUTO daños *m/pl* en la carrocería
blecken ['blɛkən] *v/t* ***die Zähne ~*** enseñar los dientes
Blei [blaɪ] *n* ⟨-(e)s; -e⟩ plomo *m*; ***aus ~*** de plomo; *fig* (***schwer***) ***wie ~*** más pesado que el plomo
Bleibe ['blaɪbə] F *f* alojamiento *m*
bleiben ['blaɪbən] *v/i* ⟨blieb, geblieben⟩ **1** (*sich aufhalten*) quedar(se); ***im Bett, zu Hause ~*** quedarse en la cama, en casa; TEL ***~ Sie am Apparat!*** ¡no cuelgue!; **2** *mit adj* permanecer; ***geschlossen ~*** permanecer cerrado; ***gesund*** *usw* ***~*** seguir con buena salud, *etc*; **3** *mit prp* ***bei etw ~*** insistir en a/c; ***bei der Wahrheit ~*** atenerse a la verdad; F ***und dabei bleibt es!*** ¡así es!; ***für sich ~*** mantenerse apartado; ***das bleibt unter uns!*** ¡esto queda entre nosotros!; **4** *mit Verben* ***~ lassen*** dejar; ***lass das ~!*** ¡déjalo!; → ***liegen, sitzen, stehen***; **5** (*übrig ~*) sobrar
'bleibend *adjt* permanente; *Schaden* duradero
bleich [blaɪç] *adj* pálido (***vor*** de); ***~ werden*** palidecer
bleichen ['blaɪçən] **I** *v/i* ⟨sn⟩ *Haare, Stoffe* decolorarse, desteñirse; **II** *v/t* ⟨h⟩ desteñir; *Wäsche usw* blanquear; *Haare* decolorar; ***sich*** (*dat*) ***die Haare ~*** (***lassen***) decolorarse el pelo
'Bleich|gesicht *n* rostro *m* pálido, persona *f* pálida; **~mittel** *n* descolorante *m*
bleiern ['blaɪərn] *adj* **1** (*aus Blei*) de plomo; **2** *fig* plomizo
'blei|frei *adj Benzin* sin plomo; **~haltig** [-haltɪç] *adj* plomífero; **⁓kristall** *n* cristal *m* de plomo; **⁓stift** *m* lápiz *m*; **⁓stiftspitzer** *m* sacapuntas *m*; **⁓vergiftung** *f* intoxicación *f* saturnina
Blende ['blɛndə] *f* **1** (*Sonnen*⁓ *usw*) pantalla *f*, quitasol *m*; **2** OPTIK, FOT diafragma *m*; **3** *am Kleid usw* tira *f*
'blenden **I** *v/t* **1** *j-n, j-s Augen* cegar; **2** *fig* (*beeindrucken*) deslumbrar; **3** *fig* (*täu-*

schen) engañar; **II** *v/i* **4** *Licht* cegar; **5** *fig* (*täuschen*) engañar
'blendend I *adjt* **1** (*strahlend*) deslumbrante, brillante; ***~ weiß*** blanco deslumbrante; **2** *fig* (*großartig*) magnífico, brillante; ***~ aussehen*** estar deslumbrante; **II** *advl* ***sich ~ amüsieren*** divertirse mucho
'blendfrei *adj* antideslumbrante
'Blendschutz *m* AUTO antideslumbrante *m*, parasol *m*
Blick [blɪk] *m* ⟨-(e)s; -e⟩ **1** mirada *f* (***auf*** *+acus* a); ***auf den ersten ~*** a primera vista; ***mit einem ~*** con *od* de un golpe de vista; ***e-n ~ werfen auf*** echar un vistazo a; **2** (*Aussicht*) vista *f*; ***mit ~ auf*** (*+acus*) con vista(s) a; **3** (*Augenausdruck*) mirada *f*; **4** (*Urteilsvermögen*) ojo *m*, vista *f*; ***e-n ~ für etw haben*** tener ojo clínico para a/c
'blicken *v/i* mirar (***auf*** *+acus* a); ***um sich ~*** mirar a su alrededor; ***sich ~ lassen*** aparecer, dejarse ver; F ***das lässt tief ~*** eso da que pensar
'Blick|fang *m* centro *m* de atención; **~feld** *n* campo *m* visual; **~kontakt** *m* contacto *m* visual; **~punkt** *m* **1** centro *m* *od* foco *m* de interés; **2** (*Gesichtspunkt*) punto *m* de vista; **~richtung** *f* **1** OPTIK dirección *f*; **2** *fig* perspectiva *f*; **~winkel** *m* **1** OPTIK ángulo *m* visual; **2** *fig* punto *m* de vista
blind [blɪnt] **I** *adj* **1** *a fig* ciego (***für*** para; ***vor*** *+dat* de); ***auf einem Auge ~ sein*** ser tuerto; **2** (*trübe*) opaco; *Glas, Spiegel* empañado; *Metall* deslustrado; **II** *adv* ciegamente, a ciegas; ***j-m ~ vertrauen*** confiar ciegamente en alg
'Blindbewerbung *f* → ***Initiativbewerbung***
'Blinddarm *m* apéndice *m*; **~entzündung** *f* apendicitis *f*
'Blinde(r) *f(m)* ⟨→ A⟩ ciego, -a *m,f*; F ***das sieht doch ein ~r!*** F ¡eso lo ve un ciego!
'Blinden|hund *m* lazarillo *m*; **~schrift** *f* (alfabeto *m*) Braille *m*
'Blindflug *m* vuelo *m* sin visibilidad
Blindgänger ['blɪntgɛŋər] *m* **1** MIL (*Bombe*) bomba *f* sin estallar; **2** F *fig* (*Versager*) F piernas *m*, fracasado *m*
'Blindheit *f* ⟨-⟩ ceguera *f*; *fig* ***mit ~ geschlagen sein*** tener una venda en los ojos
blindlings ['blɪntlɪŋs] *adv* a ciegas
'Blindschleiche *f* ZO lución *m*
blinken ['blɪŋkən] *v/i* **1** (*funkeln, glitzern*) fulgurar; **2** (*aufleuchten*) resplandecer; **3** (*Lichtzeichen geben*) hacer señales luminosas; AUTO poner el intermitente
'Blinker *m* **1** AUTO intermitente *m*; **2** *Angeln* cucharilla *f*, cebo *m* luminoso
'Blink|licht *n* **1** (*Lichtsignal*) luz *f* intermitente; **2** AUTO intermitente *m*; **~zeichen** *n* señal *f* luminosa
blinzeln ['blɪntsəln] *v/i* parpadear; guiñar
Blisterverpackung ['blɪstər-] *f* blíster *m*
Blitz [blɪts] *m* ⟨-es; -e⟩ **1** relámpago *m*; (*~schlag*) rayo *m*; ***vom ~ getroffen*** alcanzado por un rayo; ***wie vom ~ getroffen*** como tocado por el rayo; ***wie der ~*** rápido como un rayo; **2** F FOT (*~licht*) flash *m*
'Blitz|ableiter *m* pararrayos *m*; **~aktion** *f* operación *f* relámpago; **≈artig** fulminante; **~aufnahme** *f* FOT foto *f* con flash; **~besuch** *m* visita *f* relámpago; **≈blank** F *adj* reluciente, resplandeciente
blitzen ['blɪtsən] **I** *v/imp* **1** relampaguear; ***es blitzt*** (***und donnert***) hay relámpagos (y truenos); **II** *v/i* **2** (*funkeln, glänzen*) brillar, relucir; **3** F FOT utilizar el flash; **III** *v/t* **4** F *Radarkontrolle* ***j-n ~*** hacer una foto a alg
'Blitz|gerät *n* flash *m*; **~karriere** *f* ascenso *m* profesional extraordinario
'Blitzlicht *n* FOT flash *m*; ***mit ~ fotografieren*** hacer una foto con flash
'blitz'sauber F *adj* limpísimo
'Blitzschlag *m* rayo *m*
'blitz'schnell *adj* rápido como un rayo
'Blitz|start *m* arranque *m* relámpago; **~umfrage** *f* encuesta *f* relámpago
Block [blɔk] *m* ⟨-(e)s⟩ **1** ⟨*pl* Blöcke⟩ (*Stein≈, Holz≈ usw*) bloque *m* (*a* POL, *Text≈*); **2** ⟨*pl* -s⟩ (*Wohn≈*) bloque *m*; (*Häuser≈*) manzana *f*; **3** ⟨*pl* Blöcke *u* -s⟩ (*Schreib≈*) bloc *m*; (*Karten≈*) taco *m*
Blockade [blɔ'ka:də] *f* bloqueo *m*
'Block|buchstabe *m* letra *f* de imprenta; **~flöte** *f* flauta *f* dulce; **≈frei** *adj* POL no alineado; **~haus** *n* cabaña *f* de madera
bloc'kieren ⟨*sin* ge⟩ *v/t, v/i* bloquear
'Block|satz *m* TYPO estilo *m* bloque; **~schokolade** *f* chocolate *m* de hacer; **~schrift** *f* caracteres *m/pl* de imprenta; **~staaten** *pl* países *m/pl* alineados
blöd [blø:t], **blöde** ['blø:də] *adj* **1** F (*dumm, ungeschickt*) tonto, bobo; **2** F (*unsinnig*) tonto, estúpido; ***was für e-e blöde Frage*** qué pregunta más tonta; **3** F (*unangenehm, ärgerlich*) fastidioso, molesto, tonto; ***e-e blöde Situation*** una situación estúpida
'blödeln *v/i* hacer el tonto
'Blödheit *f* (*Dummheit, Ungeschicklichkeit*) imbecilidad *f*, idiotez *f*
Blöd|ian ['blø:dia:n] F *m* ⟨-s; -e⟩, **~mann** F *m* ⟨-(e)s; -männer⟩ (*Dummkopf*) idiota *m*; F tonto *m* del bote; *desp* (*blöder Kerl*) gilipollas *m*; **~sinn** F *m* ⟨-s⟩ tontería *f*, bobada *f*; **≈sinnig** F *adj* (*unsinnig*) tonto, bobo
blöken ['blø:kən] *v/i* *Schaf* balar
blon|d [blɔnt] *adj* rubio; **~'dieren** *v/t* ⟨*sin* ge⟩ teñir de rubio; **≈'dine** *f* rubia *f*
bloß [blo:s] **I** *adj* **1** (*nackt*) desnudo; ***mit ~en Füßen*** descalzo; ***mit dem ~en Auge*** a sim-

ple vista; **2** (*nichts anderes als*) mero; ***~es Gerede*** puras habladurías *f/pl*; **II** *adv* **3** F (*nur*) (tan) solo, solamente; ***wenn ich ~ daran denke*** solo de pensarlo; **4** *verstärkend* ***wie konnte das ~ geschehen?*** ¿cómo pudo pasar?; ***tu das ~ nicht!*** ¡ni se te ocurra hacerlo!

Blöße ['bløːsə] *f* **1** (*Nacktheit*) desnudez *f*; **2** *fig* punto *m* flaco; ***sich*** (*dat*) ***e-e ~ geben*** descubrir su punto flaco

'bloß|legen *v/t* ⟨*sep*⟩ (*aufdecken*) poner al desnudo, descubrir (*a fig*); **~stellen** *v/t* ⟨*sep*⟩ (*blamieren*) poner en evidencia

Blouson [blu'zoː] *n*, *m* ⟨-s; -s⟩ cazadora *f*

Bluejeans, Blue Jeans [bluː'dʒiːns] *f/pl* vaqueros *m/pl*, tejanos *m/pl*

Bluff [blʊf, blœf] *m* ⟨-s; -s⟩ farol *m*

'bluffen *v/i* echar un farol

blühen ['blyːən] *v/i* **1** BOT, *a fig* (*gedeihen, florieren*) florecer, estar en flor; **2** F (*bevorstehen*) ***j-m ~*** esperar a alg; ***wer weiß, was uns noch blüht!*** ¡quién sabe lo que nos espera!

'blühend *adjt* **1** BOT floreciente (*a Geschäft, Handel usw*); **2** *Gesundheit* rebosante de salud; **3** ***~ aussehen*** tener un aspecto saludable; **4** (*lebhaft*) ***e-e ~e Fantasie haben*** tener una fantasía exuberante

Blume ['bluːmə] *f* **1** flor *f*; *fig* ***j-m etw durch die ~ sagen*** decirle a alg a/c con indirectas; **2** *von Wein* buqué *m*; *von Bier* espuma *f*

'Blumen|beet *n* macizo *m* de flores; **~erde** *f* tierra *f* para plantas; **~geschäft** *n* floristería *f*; **~kasten** *m* jardinera *f*, macetero *m*; **~kohl** *m* coliflor *f*; **~laden** *m* floristería *f*; **~muster** *n* dibujo *m* floral; **~strauß** *m* ramo *m* de flores; **~topf** *m* maceta *f*, tiesto *m*; **~vase** *f* florero *m*; **~zwiebel** *f* bulbo *m*

Bluse ['bluːzə] *f* blusa *f*

Blut [bluːt] *n* ⟨-(e)s⟩ **1** sangre *f*; *fig* ***blaues ~*** sangre *f* azul; ***~ spenden*** donar sangre; ***~ vergießen*** derramar sangre; **2** *fig* ***die Musik*** *usw* ***liegt ihr im ~*** lleva la música, *etc* en la sangre; **3** ***böses ~ machen*** hacer mala sangre; ***j-n bis aufs ~ reizen*** quemarle la sangre a alg; ***ruhig ~!*** ¡sangre fría!; **4** F ***~ und Wasser schwitzen*** *vor Angst* F sudar sangre; *vor Anstrengung* F sudar la gota gorda

'Blut|alkohol *m* alcoholemia *f*; **≈arm** *adj* anémico; **~armut** *f* anemia *f*; **~bad** *n* carnicería *f*, baño *m* de sangre; **~bank** *f* ⟨-; -en⟩ MED banco *m* de sangre; **≈befleckt** *adj*, **≈beschmiert** *adj* manchado de sangre; **~bild** *n* MED hemograma *m*, cuadro *m* hemático; **~blase** *f* ampolla *f* con sangre

'Blutdruck *m* ⟨-(e)s⟩ tensión *f* arterial, presión *f* sanguínea; ***zu hohen, zu niedrigen ~ haben*** tener la tensión demasiado alta, baja; ***j-s ~ messen*** tomarle la tensión a alg

'blutdrucksenkend *adjt* hipotensivo

'blutdürstig [-dʏrstɪç] *adj* sanguinario

Blüte ['blyːtə] *f* **1** BOT flor *f*; **2** (*Blühen*) flor *f*; (*~zeit*) floración *f*; ***in voller ~ stehen*** estar en plena flor; **3** *geh fig* (*Höhepunkt*) apogeo *m*, auge *m*; **4** F (*gefälschte Banknote*) billete *m* falso

'Blutegel *m* sanguijuela *f*

'bluten *v/i* **1** echar sangre, sangrar (***aus*** de); **2** F *fig* (*zahlen*) ***schwer ~ müssen*** tener que pagar caro

'Blüten|blatt *n* pétalo *m*; **~knospe** *f* botón *m*, capullo *m*; **~staub** *m* polen *m*; **'≈'weiß** *adj* blanquísimo

'Bluter *m* MED hemofílico *m*

'Blut|erguss *m* hematoma *m*; **~fleck** *m* mancha *f* de sangre; **~gefäß** *n* vaso *m* sanguíneo; **~gerinnsel** *n* coágulo *m* de sangre; **~gruppe** *f* grupo *m* sanguíneo; **~hochdruck** *m* hipertensión *f* arterial; **~hund** *m* perro *m* de presa; *fig* hombre *m* sanguinario

'blutig *adj* **1** sangriento; (*blutbefleckt*) ensangrentado; **2** GASTR *Steak* con sangre; **3** *verstärkend* ***ein ~er Anfänger*** un novato; ***das ist ~er Ernst*** va completamente en serio

'blut'jung *adj* muy joven

'Blutkonserve *f* conserva *f* de sangre

'Blutkörperchen *n* glóbulo *m* (sanguíneo); ***rotes ~*** glóbulo *m* rojo, hematíe *m*; ***weißes ~*** glóbulo *m* blanco, leucocito *m*

'Blut|kreislauf *m* circulación *f* sanguínea; **~lache** *f* charco *m* de sangre; **≈leer** *adj* exangüe; **~orange** *f* naranja *f* sanguina; **~plasma** *n* plasma *m* sanguíneo; **~probe** *f* análisis *m* de sangre; **~rache** *f* venganza *f* de sangre

'blut'rot *adj* rojo vivo

'blut|rünstig [-rʏnstɪç] *adj Film usw* sangriento; **≈sauger** *m Insekt* vampiro *m* (*a fig desp*); **≈schande** *f* incesto *m*; **≈senkung** *f* sedimentación *f* sanguínea; **≈spender(in)** *m* (*f*) donante *m,f* de sangre

'blutstillend *adjt* hemostático; ***~es Mittel*** hemostático *m*

'Blutstropfen *m* gota *f* de sangre

'Blutsturz *m* hemorragia *f* violenta

'blutsverwandt *adj* consanguíneo (***mit*** con)

'Blutsverwandt|e(r) *f(m)* ⟨→ A⟩ consanguíneo, -a *m,f*; **~schaft** *f* consanguinidad *f*

'Blut|transfusion *f* transfusión *f* de sangre; **≈überströmt** *adj* bañado en sangre; **~übertragung** *f* transfusión *f* de sangre

'Blutung *f* **1** hemorragia *f*; ***innere ~en*** hemorragias internas; **2** (*Menstruation*) menstruación *f*

'blutunterlaufen *adj Augen* inyectado de sangre
'Blut|vergießen *n* ⟨-s⟩ derramamiento *m* de sangre; **~vergiftung** *f* septicemia *f*, envenenamiento *m* de la sangre; **~verlust** *m* pérdida *f* de sangre; **~wäsche** *f* MED (hemo)diálisis *f*; **~wurst** *f* morcilla *f*; **~zucker** *m* MED glucemia *f*; **~zuckerspiegel** *m* MED nivel *m* de azúcar en la sangre; **~zufuhr** *f* provisión *f* de sangre
BND *m Abk* (*Bundesnachrichtendienst*) Servicio *m* Federal de Inteligencia
Bö [bø:] *f* ⟨-; -en⟩ ráfaga *f*, racha *f*
Bob [bɔp] *m* ⟨-s; -s⟩ bob(sleigh) *m*; **'~bahn** *f* pista *f* de bob
Bock[1] [bɔk] *m* ⟨-(e)s; ⸚e⟩ **1** (*Schaf*≈) carnero *m*; (*Ziegen*≈) macho *m* cabrío; F *fig* ***e-n ~ schießen*** F meter la pata; F *fig* ***den ~ zum Gärtner machen*** F encomendar las ovejas al lobo; **2** F *fig* ***sturer ~*** F cabezota *m*; F *fig desp* ***geiler ~*** F viejo *m* verde; **3** (*Gestell*) caballete *m*; SPORT potro *m*; **4** F *fig* ***null** od **keinen ~ auf etw haben*** no tener ningunas ganas de a/c
Bock[2] *n od m* ⟨-s; -⟩ *Bier* cerveza *f* fuerte; **'≈beinig** [-baɪnɪç] *adj* F cabezota, obstinado; **'~bier** *n* cerveza *f* fuerte
'bocken *v/i* **1** *von Reit- u Zugtieren* encabritarse; **2** F *Motor*, *Auto* calarse; **3** F (*störrisch sein*) ponerse terco
'bockig *adj* terco, obstinado, cabezón
'Bockshorn *n* F ***sich nicht ins ~ jagen lassen*** no dejarse intimidar
'Bockspringen *n* ⟨-s⟩ **1** SPORT salto *m* de potro; **2** *Spiel* saltacabrillas *m*
Boden ['bo:dən] *m* ⟨-s; ⸚⟩ **1** (*Erde*, *Erdreich*) tierra *f*, terreno *m*; ***etw aus dem ~ stampfen*** hacer surgir a/c de la nada; ***wie Pilze aus dem ~ schießen*** brotar como hongos; **2** (*Erd*≈, *Fuß*≈) suelo *m*, piso *m*; ***am ~, auf dem ~*** en *od* por el suelo; ***am ~ liegen*** estar tendido en el suelo; ***auf den ~** od **zu ~ fallen*** caer al suelo; *Boxen* ***zu ~ gehen*** ser derribado; F *fig* ***er war (völlig) am ~ zerstört*** F estaba hecho polvo, estaba destrozado; **3** *fig* ***festen ~ unter den Füßen haben*** pisar fuerte; *fig* ***den ~ unter den Füßen verlieren*** perder pie; **4** *e-s Gewässers* fondo *m*; **5** *e-s Behälters* base *f*, culo *m*; **6** (*Dach*≈) desván *m*; **7** POL (*Besitz*, *Gebiet*) terreno *m*, territorio *m*; ***auf historischem ~ stehen*** encontrarse en territorio histórico; ***~ gutmachen*** ganar terreno, sacar ventaja; **(an) ~ gewinnen, verlieren** ganar, perder terreno; **8** (*Grundlage*, *Basis*) base *f*, fundamento *m*; ***sich auf schwankendem ~ bewegen*** moverse por terreno resbaladizo; **9** (*Torten*≈) base *f od* fondo *m* (*de una tarta*)
'Boden|belag *m* revestimiento *m* del suelo; **~belastung** *f* ECOL contaminación *f* del suelo; **~fläche** *f* superficie *f*, área *f*; **~frost** *m* helada *f* (a ras) de suelo; **~haftung** *f* AUTO adherencia *f* al suelo
'bodenlos *adj* **1** (*ohne Boden*, *tief*) sin fondo, insondable; **2** F (*unerhört*) F enorme, inaudito
'Boden|nebel *m* neblina *f*; **~personal** *n* AVIA personal *m* de tierra; **~satz** *m* ⟨-es⟩ poso *m*, sedimento *m*; **~schätze** *pl* riqueza *f* del subsuelo
'Bodensee *m* Lago *m* de Constanza
'bodenständig *adj* autóctono, típico
'Boden|station *f Raumfahrt* estación *f* de tierra; **~streitkräfte** *pl* MIL fuerzas *f*/*pl* de tierra, infantería *f*; **~turnen** *n* gimnasia *f* de suelo
Body ['bɔdi] *m* ⟨-s; -s⟩ body *m*; **~builder(in)** [-bɪldər(ɪn)] *m*(*f*) culturista *m*,*f*; **~building** [-bɪldɪŋ] *n* ⟨-(s)⟩ SPORT culturismo *m*
Bogen ['bo:gən] *m* ⟨-s; -, *südd*, *österr*, *schweiz a* ⸚⟩ **1** (*Biegung*, *Kurve*) curva *f*; F *fig* ***im hohen** od **in hohem ~ hinausfliegen*** F ser echado con cajas destempladas; F *fig* ***e-n großen ~ machen um*** evitar a; **2** ARCH, MAT, MUS arco *m*; **3** SPORT *Eislauf* curva *f*; *Skilauf* viraje *m*; **4** *Schusswaffe* arco *m*; *fig* ***den ~ überspannen*** ir demasiado lejos; **5** (*Papier*≈) hoja *f*, pliego *m*
'Bogen|fenster *n* ventana *f* arqueada; **≈förmig** *adj* arqueado, en arco; **~gang** *m* arcada *f*; **~lampe** *f* lámpara *f* de arco (voltaico); **~schießen** *n* tiro *m* con arco; **~schütze** *m* arquero *m*
Bohemien [boe'miɛ:] *m* ⟨-s; -s⟩ (*Künstler*) bohemio *m*
Bohle ['bo:lə] *f* tablón *m*, madero *m*
Böhm|e ['bø:mə] *m* ⟨-n; -n⟩ **~in** *f* bohemio, -a *m*,*f*
'Böhmen *n* ⟨-(s); -⟩ Bohemia *f*
'böhmisch *adj* bohemio; ***das sind für mich ~e Dörfer*** eso me suena a chino
Bohne ['bo:nə] *f* **1** BOT judía *f*, alubia *f*; ***grüne ~n*** judías verdes; ***dicke ~n*** habas *f*/*pl*; **2** (*Kaffee*≈) grano *m* (de café); **3** F ***nicht die ~!*** F ¡ni pizca!
'Bohnen|kaffee *m* café *m* en grano; **~kraut** *n* ajedrea *f*; **~stange** *f* rodrigón *m*; F *fig Person* espigada *f*
'Bohnenstroh *n* F ***dumm wie ~*** F más tonto que una mata de habas
'bohner|n ['bo:nərn] *v/t* encerar; **≈wachs** *n* cera *f* (para el suelo)
bohren ['bo:rən] **I** *v/t* **1** agujerear, horadar; (*auf*~) taladrar; *Brunnen*, *Schacht* perforar; **II** *v/i* **2** *nach Öl*, *Wasser usw* buscar, hacer sondeos; **3** *mit dem Finger usw* hurgarse (***in** +dat* en); ***in der Nase ~*** meterse el

dedo en la nariz; **4** *Zahnarzt* taladrar; **5** *fig Schmerz, Reue, Zweifel* hurgar, atormentar; **6** F *fig* (*hartnäckig fragen*) insistir; **III** *v/r* **7** ***sich ~ in*** (*+acus*) penetrar en

'bohrend *adjt fig Schmerz* taladrante; *Blick, Fragen* penetrante

'Bohr|er *m* TEC barrena *f*, taladro *m* (*a* MED); **~insel** *f* plataforma *f* de sondeo *od* petrolera; **~loch** *n* pozo *m* de sondeo; **~maschine** *f* taladradora *f*, perforadora *f*; **~turm** *m* torre *f* de sondeo, castillete *m* de sondeo; **~ung** *f* **1** perforación *f*; **2** (*Öl*≈ *usw*) sondeo *m*

böig ['bøːɪç] *adj* racheado, rafagoso

Boiler ['bɔʏlər] *m* calentador *m* (de agua), termosifón *m*

Boje ['boːjə] *f* MAR boya *f*, baliza *f*

Bolivian|er(in) [boliːvi'aːnər(ɪn)] *m*(*f*) boliviano, -a *m,f*; **≈isch** *adj* boliviano

Bo'livien *n* Bolivia *f*

Bollwerk ['bɔlvɛrk] *n fig* baluarte *m*

Bolsche|wismus [bɔlʃə'vɪsmʊs] *m* ⟨-⟩ bolchevismo *m*; **~'wist(in)** *m* ⟨-en; -en⟩ (*f*) bolchevista *m,f*

Bolzen ['bɔltsən] *m* ⟨-s; -⟩ TEC perno *m*

bombardieren [bɔmbar'diːrən] *v/t* ⟨*sin* ge⟩ *a fig* bombardear (***mit*** con)

bombastisch [bɔm'bastɪʃ] *adj* ampuloso, rimbombante

Bombe ['bɔmbə] *f* bomba *f*; ***wie e-e ~ einschlagen*** caer como una bomba

'Bomben|alarm *m* alarma *f* de bombas; **~angriff** *m* bombardeo *m*; **~anschlag** *m* atentado *m* con bomba(s) (***auf*** *+acus* a); **~drohung** *f* amenaza *f* de bomba; **~erfolg** *m* F exitazo *m*, bomba *f*

'bombenfest[1] *adj gepanzert* a prueba de bombas

'bomben'fest[2] F *adj fig* (*sehr fest*) inamovible; F fijo

'Bomben|form F *f* ⟨-⟩ SPORT (*Höchstform*) ***in ~ sein*** estar completamente en forma; **~gehalt** F *n* sueldo *m* de miedo; **~geschäft** F *n* negocio *m* redondo

'bombensicher[1] *adj* → ***bombenfest***[1]

'bomben'sicher[2] F *adj fig* (*ganz sicher*) infalible, totalmente seguro

'Bombenstimmung F *f* ***es herrschte e-e ~*** había un ambiente fantástico

'Bomber *m* bombardero *m*

'bombig F *adj* (*großartig*) fantástico, magnífico

Bon [bɔŋ] *m* ⟨-s; -s⟩ **1** (*Gutschein*) vale *m*, bono *m*; **2** (*Kassen*≈) ticket *m*

Bonbon [bɔŋ'bɔŋ] *m, n* ⟨-s; -s⟩ **1** caramelo *m*; **2** F *fig* algo muy especial

Boni'tät [boni'tɛːt] *f* solvencia *f*

Bonmot [bõ'moː] *n* ⟨-s; -s⟩ comentario *m* ingenioso

Bonus ['boːnʊs] *m* ⟨-(ses); -se⟩ gratificación *f*

Bonze ['bɔntsə] *m* ⟨-n; -n⟩ *desp* cacique *m*

Boom [buːm] ⟨-s; -s⟩ boom *m*, auge *m*

'boomen *v/i* prosperar, experimentar un auge; ***das Geschäft boomt*** el negocio prospera

Boot [boːt] *n* ⟨-(e)s; -e⟩ barca *f*, lancha *f*; (*Ruder*≈) bote *m*; ***~ fahren*** ir en barca; F *fig* ***wir sitzen alle im gleichen ~*** F estamos en la misma barca

booten ['buːtən] *v/i* INFORM inicializar

'Boots|fahrt *f* viaje *m od* travesía *f* en barca; **~haus** *n* casa *m* guardabotes; **~mann** *m* ⟨-(e)s; -leute⟩ MAR contramaestre *m*; **~verleih** *m* alquiler *m* de botes

Bord[1] [bɔrt] *n* ⟨-(e)s; -e⟩ (*Bücher*≈ *usw*) anaquel *m*, estante *m*

Bord[2] *m* ⟨-(e)s; -e⟩ MAR, AVIA bordo *m*; ***an ~*** a bordo; ***an ~ gehen*** MAR, AVIA subir a bordo, embarcar; ***über ~ gehen, werfen*** caer, echar por la borda (*a fig*); ***von ~ gehen*** MAR, AVIA desembarcar; ***frei an ~*** (***FOB***) ECON franco a bordo

'Bord|buch *n* MAR, AVIA libro *m* de a bordo; **~computer** *m* MAR, AVIA ordenador *m* de a bordo

Bordell [bɔr'dɛl] *n* ⟨-s; -e⟩ burdel *m*

Bordeaux [bɔr'doː] *n* Burdeos *f*

'Bord|funk *m* MAR, AVIA radiotelégrafo *m* (de a bordo); **~karte** *f* AVIA tarjeta *f* de embarque; **~konnossement** *n* ECON conocimiento *m* de a bordo; **~stein** *m* bordillo *m*, encintado *m*

Borg [bɔrk] *m nur in* ***auf ~*** a crédito

borgen ['bɔrgən] *v/t* **1** (*entleihen*) tomar prestado; (***sich dat***) ***etw von od bei j-m ~*** tomar prestado a/c de alg; **2** (*verleihen*) prestar; ***j-m etw ~*** prestarle a/c a alg

Borke ['bɔrkə] *f* **1** (*Rinde*) corteza *f*; **2** MED (*Schorf*) costra *f*

borniert [bɔr'niːrt] *adj* duro de mollera

Börse ['bœrzə] *f* **1** (*Geld*≈) monedero *m*; **2** ECON Bolsa *f*; ***an der ~*** en Bolsa; ***an die ~ gehen*** salir en Bolsa; ***an der ~ handeln, spekulieren*** negociar, especular en Bolsa; ***an der ~ zulassen*** admitir a cotización en Bolsa

'Börsenbeginn *m* apertura *f* de la Bolsa; ***bei ~*** a la apertura de la Bolsa

'Börsengang *m* salida *f* a Bolsa

'Börsengeschäft *n* operación *f* bursátil; ***~e tätigen*** concertar operaciones bursatiles

'Börsen|index *m* índice *m* bursátil; **~krach** F *m* crac *m*; derrumbamiento *m* de la Bolsa; **~kurs** *m* cotización *f* en Bolsa, cotización *f* bursatil; **~makler(in)** *m*(*f*) corredor, a *m,f* de Bolsa, agente *m,f* de cambio y Bolsa; **~markt** *m* mercado *m* bursátil; **≈no-**

tiert *adj* cotizado en Bolsa; **~notierung** *f* cotización *f* oficial en Bolsa; **~platz** *m* plaza *f* bursátil; **~schluss** *m* cierre *m* de la Bolsa; **~sitzung** *f* sesión *f* bursátil, jornada *f* bursátil; **~umsatz** *m* volumen *m* de contratación
Borste ['bɔrstə] *f* cerda *f*
'borstig *adj* cerdoso; *fig* arisco
Borte ['bɔrtə] *f* ribete *m*
'bösartig *adj* maligno (*a* MED); **⚬keit** *f* ⟨-⟩ malignidad *f* (*a* MED)
Böschung ['bœʃʊŋ] *f* declive *m*, repecho *m*, terraplén *m*
böse ['bøːzə] **I** *adj* **1** (*schlecht*) malo; ***ein ~r Mensch*** un hombre malvado; ***jenseits von gut und ~ sein*** estar por encima del bien y del mal; **2** (*schlecht, schlimm*) malo, maligno; ***e-e ~ Erkältung*** un fuerte resfriado; **3** F (*ärgerlich, wütend*) disgustado, enfadado; ***~ werden*** enfadarse; ***auf j-n ~ sein, j-m ~ sein*** estar enfadado con alg; **4** F (*ungezogen, unartig*) malo, travieso; **5** F (*entzündet*) ***e-n ~n Finger haben*** tener un dedo inflamado; **II** *adv* (*schlimm*) mal; ***es sieht ~ aus*** tiene mala pinta; ***sich ~ irren*** equivocarse de mala manera; ***ich habe es nicht ~ gemeint*** no lo he hecho a mala idea
'Böse(r) *f(m)* ⟨→ A⟩ malo, -a *m,f*
'Böse(s) *n* ⟨→ A⟩ mal *m*; ***im Guten wie im ~n*** en lo bueno y en lo malo; ***nichts ~s ahnend*** no pensando nada malo
'Bösewicht *m* ⟨-(e)s; -e(r)⟩ malvado *m*
boshaft ['boːshaft] *adj* malicioso
'Bosheit *f* maldad *f*, malicia *f*; ***aus ~*** por malicia
Bosnien ['bɔsniən] *n* Bosnia *f*
Bosnien-Herzegowina [-hɛrtse'goːvina] *n* Bosnia-Herzegovina *f*
'Bosn|ier(in) *m(f)* bosnio, -a *m,f*; **⚬isch** *adj* bosnio
Bosporus ['bɔsporʊs] *m* Bósforo *m*
Boss [bɔs] F *m* ⟨-es; -e⟩ jefe *m*; F mandamás *m*
'böswillig *adj* malintencionado
Botanik [bo'taːnɪk] *f* ⟨-⟩ botánica *f*; **~er(in)** *m(f)* botánico, -a *m,f*
bo'tanisch *adj* botánico
Bot|e ['boːtə] *m* ⟨-n; -n⟩, **~in** *f* mensajero, -a *m,f*, recadero, -a *m,f*
Botschaft ['boːtʃaft] *f* **1** *geh* (*Nachricht*) mensaje *m*; **2** POL embajada *f*; **~er(in)** *m(f)* embajador, a *m,f*
Böttcher ['bœtçər] *m* tonelero *m*, barrilero *m*
Bottich ['bɔtɪç] *m* ⟨-s; -e⟩ tina *f*, cuba *f*
Bouillon [bʊl'jɔŋ] *f* ⟨-; -s⟩ caldo *m*, consomé *m*
Boulevard [bulə'vaːr] *m* ⟨-s; -s⟩ bulevar *m*; **~blatt** *n* periódico *m* sensacionalista; **~presse** *f* ⟨-⟩ prensa *f* amarilla *od* sensacionalista; **~stück** *n* THEA comedia *f* ligera; **~theater** *n* teatro *m* de comedia ligera; **~zeitung** *f* periódico *m* sensacionalista
Boutique [bu'tiːk] *f* boutique *f*
Bowle ['boːlə] *f* **1** *Getränk* ponche *m*, bol *m*; **2** *Gefäß* ponchera *f*
Bowling ['boːlɪŋ] *n* ⟨-s; -s⟩ bowling *m*, bolos *m/pl* americanos
Box [bɔks] *f* ⟨-; -en⟩ **1** (*Pferde⚬*) box *m* (*a* AUTO); **2** (*Behälter*) caja *f*; **3** (*Lautsprecher⚬*) bafle *m*
'boxen *v/i* boxear
'Boxen *n* ⟨-s⟩ boxeo *m*
'Boxer *m* **1** SPORT boxeador *m*, púgil *m*; **2** *Hunderasse* bóxer *m*; **~shorts** *pl* (calzoncillo *m*) bóxer *m*
'Box|handschuh *m* guante *m* de boxeo; **~kampf** *m* combate *m* de boxeo; **~ring** *m* ring *m*; **~sport** *m* boxeo *m*
Boykott [bɔʏ'kɔt] *m* ⟨-(e)s; -s, -e⟩ boicot(eo) *m*
boykot'tieren *v/t* ⟨*sin* ge⟩ boicotear
BR *m Abk* **1** (*Bayerischer Rundfunk*) Radio *f* de Baviera; **2** → ***Betriebsrat***
brabbeln ['brabəln] → ***babbeln***
Brachialgewalt [braxi'aːl-] *f* ***mit ~*** a viva fuerza, a brazo partido
Brachland ['braːx-] *n* erial *m*
'brachliegen *v/i* ⟨*irr, sep*⟩ **1** *Feld* estar en barbecho; **2** *fig Talent* quedar improductivo
Branche ['brɑ̃ːʃə] *f* ramo *m*
'Branchen|durchschnitt *m* promedio *m* del ramo; **~führer** *m* líder *m* del ramo; **~kenntnis** *f* conocimientos *m/pl* del ramo; **⚬üblich** *adj* usual en el ramo; **~riese** *m* gigante *m* del ramo; **⚬spezifisch** *adj* específico del ramo; **~verzeichnis** *n* TEL F páginas *f/pl* amarillas; índice *m* comercial
Brand [brant] *m* ⟨-(e)s; ⸚e⟩ **1** incendio *m*; ***in ~ sein*** quemar(se), arder; ***in ~ geraten*** incendiarse, inflamarse; ***etw in ~ stecken*** pegar fuego a, incendiar; **2** F (*starker Durst*) ***e-n ~ haben*** tener una sed abrasadora; **3** BOT tizón *m*; **4** MED gangrena *f*
'brandaktu'ell *adj* de gran actualidad
'Brand|anschlag *m* atentado *m* de incendio (***auf*** *+acus* a); **~blase** *f* ampolla *f*; **~bombe** *f* bomba *f* incendiaria
branden ['brandən] *geh v/i* ⟨sn⟩ romper (***an*** *+acus*, ***gegen*** contra)
Brandenburg ['brandənbʊrk] *n* Brande(n)burgo *m*
'Brand|gefahr *f* peligro *m* de incendio; **~herd** *m* foco *m* del incendio; **~katastrophe** *f* incendio *m* gigantesco; **~mal** *n* ⟨-(e)s; -e⟩ marca *f* de fuego; *fig* estigma *m*; **⚬marken** *v/t* marcar a fuego; *fig* estig-

matizar; **~mauer** *f* muro *m* contrafuegos
'brand'neu *adj* flamante
'Brand|schaden *m* daño *m* causado por el fuego; **~stelle** *f* lugar *m* del incendio; **~stifter(in)** *m(f)* incendiario, -a *m,f*; **~stiftung** *f* incendio *m* provocado
'Brandung *f* ⟨-⟩ oleaje *m*, resaca *f*
'Brand|ursache *f* causa *f* del incendio; **~wunde** *f* quemadura *f*; **~zeichen** *n* marca *f* de fuego
'Branntwein *m* aguardiente *m*
Brasilian|er(in) [brazili'a:nər(ɪn)] *m(f)* brasileño, -a *m,f*; **2isch** *adj* brasileño
Brasilien [bra'zi:liən] *n* ⟨-s⟩ Brasil *m*
'Bratapfel *m* manzana *f* asada
braten ['bra:tən] *v/t*, *v/i* ⟨brät, briet, gebraten⟩ *in der Pfanne* freír; *im Backofen* asar; ***auf dem Rost ~*** asar a la parrilla; F ***in der Sonne ~*** tostarse al sol
'Braten *m* ⟨-s; -⟩ asado *m*; F *fig* ***den ~ riechen*** F oler la tostada, descubrir el pastel
'Braten|fett *n* grasa *f* del asado; **~saft** *m* jugo *m* del asado; **~soße** *f* salsa *f* del asado
'bratfertig *adj* listo para freír
'Brat|fett *n* grasa *f* para asar; **~fisch** *m gebratener* pescado *m* frito; *zum Braten* pescado *m* para freír; **~hähnchen** *n*, **~hendl** *n südd, österr gebratenes* pollo *m* asado; *zum Braten* pollo *m* para asar; **~hering** *m* arenque *m* frito; **~kartoffeln** *pl* patatas *f/pl* doradas salteadas; **~pfanne** *f* sartén *f*; **~röhre** *f* horno *m* (de asar); **~rost** *m* parrilla *f*
Bratsche ['bra:tʃə] *f* MUS viola *f*
'Brat|scher(in) *m(f)*, **~'schist(in)** *m(f)* viola *m,f*, violista *m,f*
'Bratspieß *m* asador *m*
'Bratwurst *f* salchicha *f* frita
Brauch [braʊx] *m* ⟨-(e)s; ⸚e⟩ costumbre *f*, uso *m*
'brauchbar *adj* utilizable, útil, apto (***zu, für*** para)
'brauchen *v/t* **1** (*benötigen*) necesitar; **2** *mit Zeitangabe* tardar; ***wie lange wird er ~?*** ¿cuánto tardará?; **3** (*ge~*) utilizar, emplear; **4** *mit inf u „zu"* ⟨*p/p* brauchen⟩ ***du brauchst es nicht zu tun*** no hace falta que lo hagas; ***sie braucht es nur zu sagen!*** ¡no tiene más que decirlo!
'Brauchtum *n* ⟨-s⟩ costumbres *f/pl*
Braue ['braʊə] *f* ceja *f*
'brauen *v/t Bier* fabricar, hacer
'Brauer *m* cervecero *m*
Braue'rei *f* fábrica *f* de cerveza, cervecería *f*
braun [braʊn] *adj* marrón; *Haut* moreno; *Haar* castaño; ***~ werden*** ponerse moreno; ***~ gebrannt*** bronceado, moreno
Braun *n* ⟨-s; -, F -s⟩ marrón *m*
'Braunbär *m* oso *m* pardo
Bräune ['brɔʏnə] *f* ⟨-⟩ (*Sonnen2*) bronceado *m*
'bräunen **I** *v/t* **1** *Haut* broncear; **2** GASTR *Mehl, Zwiebeln* dorar; **II** *v/r* ***sich in der Sonne ~*** (***lassen***) broncearse
'Braunkohle *f* lignito *m*; **~ntagebau** *m* extracción *f* de lignito a cielo abierto
bräunlich ['brɔʏnlɪç] *adj* pardo
Braunschweig ['braunʃvaik] *n* Brunswick *f*
'Bräunungs|creme *f* crema *f* bronceadora; **~studio** *n* estudio *m* de bronceado
Brause ['braʊzə] *f* **1** (*Duschkopf*) roseta *f*; **2** (*Dusche*) ducha *f*; **3** F gaseosa *f*
'brausen *v/i* **1** ⟨h⟩ *Sturm, Meer, Brandung* bramar; *fig* ***~der Beifall*** aplausos *m/pl* atronadores; **2** ⟨sn⟩ F (*rasen*) ir a toda prisa; ***das Auto brauste um die Ecke*** el coche dobló volando la esquina; **3** ⟨h⟩ duchar(se)
'Brause|pulver *n* polvos *m/pl* efervescentes; **~tablette** *f* pastilla *f* efervescente
Braut [braʊt] *f* ⟨-; ⸚e⟩ novia *f*; (*Verlobte*) *a* prometida *f*
Bräutigam ['brɔʏtɪgam] *m* ⟨-s; -e⟩ novio *m*; (*Verlobter*) *a* prometido *m*
'Braut||jungfer *f* doncella *f* de honor; **~kleid** *n* vestido *m* de novia; **~paar** *n* novios *m/pl*; *am Hochzeitstag a* recién casados *m/pl*; **~schleier** *m* velo *m* de novia; **~strauß** *m* ramo *m* de novia
brav [bra:f] *adj* **1** (*artig*) bueno, formal; ***sei ~!*** ¡sé bueno!; **2** *a desp* (*bieder, ordentlich*) honrado, formal; serio (*a Kleid usw*)
bravo ['bra:vo] *int* ¡bien!, ¡bravo!
'Bravo *n* ⟨-s; -s⟩, **~ruf** *m* bravo *m*
Bravour [bra'vu:r] *f* ⟨-⟩ ***mit ~*** con brillantez
bravourös [bravu'rø:s] **I** *adj* brillante; **II** *adv* con brillantez
Bra'vourstück *n* **1** MUS pieza *f* para virtuosos; **2** (*Glanzstück*) obra *f* sensacional
BRD *f Abk* (*Bundesrepublik Deutschland*) RFA *f* (*República Federal de Alemania*)
Break-even-Point [bre:k'i:vənpɔʏnt] *m* ⟨-s⟩ ECON umbral *m* de la rentabilidad, punto *m* de equilibrio
'Brechdurchfall *m* MED colerina *f*
'Brecheisen *n* palanqueta *f*
brechen ['brɛçən] ⟨bricht, brach, gebrochen⟩ **I** *v/t* ⟨h⟩ **1** (*zer~, durch~ usw*) romper, quebrar; **2** MED *Knochen* fracturar, romper; ***ich habe*** (***mir***) ***den Arm gebrochen*** me he roto un brazo; **3** (*heraus~*) *Marmor, Steine* quebrar, extraer; **4** *fig Gesetz* violar, quebrantar; *sein Wort, Versprechen usw* faltar a; *Vertrag* quebrantar; ***die Ehe ~*** cometer adulterio; ***sein Schweigen ~*** romper el silencio; **5** *j-s Widerstand, Willen* vencer; SPORT *Rekord* batir, superar; **6** PHYS *Strahlen usw* refractar; **7** F (*er~*) vomitar; **II** *v/i* **8** ⟨sn⟩ (*zer~, durch~*) romper-

se, quebrarse; ***das Eis bricht*** se rompe el hielo; **9** ⟨h⟩ ***mit j-m ~*** romper con alg; **10** ⟨h⟩ F (*sich er~*) vomitar; **III** *v/r* ⟨h⟩ ***sich ~*** **11** *Wellen usw* romperse; **12** PHYS *Licht, Strahlen* refractarse

'Brecher *m Welle* golpe *m* de mar

'Brechmittel *n* **1** MED vomitivo *m*; **2** F ***er ist das reinste ~*** me da verdadero asco

'Brechreiz *m* MED náuseas *f/pl*

'Brechstange *f* palanca *f*

'Brechung *f* PHYS refracción *f*

Brei [braɪ] *m* ⟨-(e)s; -e⟩ *aus Grieß, Reis, für Kleinkinder* papilla *f*; *aus Kartoffeln, Erbsen* puré *m*; ***um den*** (***heißen***) ***~ herumreden*** andar con rodeos

'breiig *adj* pastoso

breit [braɪt] **I** *adj* **1** ancho (*a bei Maßangaben*); (*weit, ausgedehnt*) amplio; ***e-e ~e Straße*** una calle ancha; ***~e Schultern*** hombros *m/pl* anchos; ***drei Meter ~*** de tres metros de ancho; ***~er machen*** ensanchar; **2** F ***sich ~ machen*** *Person* acomodarse, instalarse; *Stimmung, Gewohnheit* extenderse; **3** *fig* ***ein ~es Angebot*** una amplísima oferta; ***ein ~es Interesse*** un amplio interés; ***die ~e Öffentlichkeit*** el gran público; **II** *adv* **4** ***~ gefächert*** (*reichhaltig*) amplio; **5** ***lang und ~*** (*weitschweifig*) con todos los pormenores

'breitbeinig I *adj* abierto de piernas, despatarrado; **II** *adv* ***~ dastehen*** despatarrarse

'Breite *f* **1** *räumlich* anchura *f*, ancho *m*; F ***in die ~ gehen*** engordar; **2** GEOGR latitud *f*

'Breiten|grad *m* GEOGR grado *m* de latitud; **~kreis** *m* GEOGR paralelo *m*; **~sport** *m* deporte *m* popular

'breitschlagen F *v/t* ⟨*irr, sep*⟩ (*überreden*) persuadir; ***sich zu etw ~ lassen*** dejarse convencer para a/c

'breit|schulterig, ~schultrig *adj* ancho de hombros

'Breitseite *f* **1** *e-s Tisches usw*, MAR costado *m*; **2** MIL andanada *f*

'breittreten *v/t* ⟨*irr, sep*⟩ tratar con todo lujo de detalles; F ***etw überall ~*** contar a/c por todas partes

'Breitwandfilm *m* película *f* en pantalla panorámica

Bremsbelag ['brɛms-] *m* AUTO forro *m* del freno

Bremse[1] ['brɛmzə] *f* TEC freno *m*

'Bremse[2] *f* ZO tábano *m*

'bremsen I *v/t, v/i* frenar (*a fig*); **II** *v/r* F ***sich ~*** frenarse

'Brems|flüssigkeit *f* líquido *m* de frenos; **~licht** *n* luz *f* de freno; **~pedal** *n* (pedal *m* de) freno *m*; **~scheibe** *f* disco *m* de freno; **~spur** *f* huella *f* de frenado; **~trommel** *f* tambor *m* de freno; **~ung** *f* frenado *m*; *plötzliche* frenazo *m*; **~vorrichtung** *f* dispositivo *m* de freno; **~weg** *m* distancia *f* de frenado

brenn|bar ['brɛnbaːr] *adj* inflamable, combustible; **≈element** *n* NUCL elemento *m* combustible

brennen ['brɛnən] ⟨brannte, gebrannt⟩ **I** *v/i* **1** quemar(se); *Gebäude usw* arder; ***es brennt!*** ¡fuego!; **2** *Licht, Lampe* estar encendido; *Ofen* funcionar; **3** *Sonne* abrasar; **4** *Gewürze, Rauch, Nessel* picar; *Augen, Haut, Wunde* escocer; **5** *fig* ***vor Ungeduld ~*** morirse de impaciencia; F *fig* ***wo brennts denn?*** ¿qué pasa?; F ***darauf ~ zu*** (*+inf*) anhelar el momento de (*+inf*); **II** *v/t* **6** *Ton, Ziegel, Porzellan* cocer; *Kalk* calcinar; **7** *CD* grabar; **8** *Schnaps* destilar

'brennend I *adjt* **1** *Kerze, Lampe, Zigarette usw* encendido; **2** *fig Schmerz* agudo, fuerte; **3** *fig* (*sehr wichtig*) candente, actual; ***~e Frage*** cuestión *f* candente; **II** *advl* **4** ***~ heiß*** muy caliente; **5** F *fig* (*sehr*) vivamente; ***sich ~ für etw interessieren*** interesarse vivamente por a/c

'Brenner *m* **1** TEC (*Schweiß≈*) soplete *m*; (*Gas≈, Öl≈*) quemador *m*; **2** (*Schnaps≈*) destilador *m*

Brenne'rei *f* (*Schnaps≈*) destilería *f*

'Brenn|holz *n* leña *f*; **~material** *n* combustible *m*; **~nessel** *f* BOT ortiga *f*; **~ofen** *m* horno *m* de calcinación

'Brennpunkt *m* PHYS foco *m*; *fig* foco *m od* centro *m* de atención; ***in den ~ rücken*** convertirse en el centro; ***im ~ des Interesses stehen*** ser el centro de interés

'Brenn|spiritus *m* alcohol *m* de quemar; **~stab** *m* NUCL barra *f* combustible; **~stoff** *m* combustible *m*; **~weite** *f* OPTIK distancia *f* focal

brenzlig ['brɛntslɪç] *adj* que huele a chamusquina; F *fig* (*bedenklich*) crítico

Bresche ['brɛʃə] *f* brecha *f*; *fig* ***e-e ~ schlagen*** abrir (una) brecha (***für*** por); *fig* ***in die ~ springen*** ponerse en la brecha

Brett [brɛt] *n* ⟨-(e)s; -er⟩ **1** tabla *f*; ***schwarzes ~*** tablón *m* (de anuncios); F *fig* ***ein ~ vor dem Kopf haben*** F no ver más allá de sus narices; **2** (*Regal≈*) estante *m*; **3** (*Spiel≈*) tablero *m*; **4** SPORT (*Sprung≈*) trampolín *m*; **5** ⟨*pl*⟩ ***~er*** (*Skier*) esquíes *m/pl*; **6** ⟨*pl*⟩ ***~er*** (*Bühne*) tablas *f/pl*; **7** ⟨*pl*⟩ ***~er*** *Boxring* lona *f*

'Brettspiel *n* juego *m* de tablero

Brevier [bre'viːr] *n* ⟨-s; -e⟩ breviario *m*

Brezel ['breːtsəl] *f* ⟨-; -n⟩ *tipo especial de rosca de pan*

Brief [briːf] *m* ⟨-(e)s; -e⟩ carta *f* (***an*** *+acus* a); ***e-n ~ diktieren, verfassen*** dictar, redactar una carta

'Brief|ablage *f* archivo *m*; **~beschwerer** *m* pisapapeles *m*; **~bogen** *m* hoja *f*, pliego *m*; **~bombe** *f* carta *f* bomba

briefen ['bri:fən] *v/t* F ***j-n ~*** dar instrucciones a alg

'Brief|format *n* formato *m* de una carta; **~freund(in)** *m(f)* amigo, -a *m,f* por correspondencia; **~geheimnis** *n* secreto *m* postal

'Briefkasten *m* buzón *m*; ***elektronischer ~*** mailbox m; ***den ~ leeren*** recoger las cartas; ***etw in den ~ werfen*** depositar a/c en el buzón

'Brief|kastenfirma *f* empresa *f* buzón; **~klammer** *f* clip *m*; **~kopf** *m* membrete *m*; (*Anrede*) encabezamiento *m*; **Ձlich** *adj* por carta; **~marke** *f* sello *m*; *Am* estampilla *f*

'Briefmarken|album *n* álbum *m* de sellos; **~automat** *m* expendedor *m* automático de sellos; **~sammler(in)** *m(f)* coleccionista *m,f* de sellos; **~sammlung** *f* colección *f* de sellos

'Brief|öffner *m* abrecartas *m*; **~papier** *n* papel *m* de cartas; **~post** *f* correo *m*; **~tasche** *f* cartera *f*, billetera *f*; *österr* (*Geldbörse*) monedero *m*; **~taube** *f* paloma *f* mensajera; **~telegramm** *n* telegrama-carta *m*; **~träger(in)** *m(f)* cartero, -a *m,f*; **~umschlag** *m* sobre *m*; **~waage** *f* pesacartas *m*; **~wahl** *f* voto *m* por correo

'Briefwechsel *m* correspondencia *f*; ***den ~ führen*** hacer la correspondencia; ***in ~ stehen mit*** mantener la correspondencia con

Bries [bri:s] *n* ⟨-es; -e⟩ GASTR mollejas *f/pl*, lechecillas *f/pl*

Brigade [bri'ga:də] *f* brigada *f*

Brik® [brɪk] *m* ⟨-s, -s⟩ *Verpackung* brik *m*

Brikett [bri'kɛt] *n* ⟨-s; -s⟩ briqueta *f*

brillant [brɪl'jant] *adj* brillante

Bril'lant *m* ⟨-en; -en⟩ brillante *m*

Brille ['brɪlə] *f* **1** gafas *f/pl*, anteojos *m/pl*; **2** F (*KlosettՁ*) asiento *m* del retrete

'Brillen|etui *n* estuche *m* para gafas; **~fassung** *f*, **~gestell** *n* montura *f* de gafas; **~glas** *n* cristal *m* de gafas; **~schlange** *f* **1** zo serpiente *f* de anteojos; **2** F (*Brillenträgerin*) F gafotas *f*, cuatrojos *f*; **~träger(-in)** *m(f)* persona *f* que lleva gafas; ***~ sein*** llevar gafas

bringen ['brɪŋən] *v/t* ⟨brachte, gebracht⟩ **1** (*her~*) traer; **2** (*weg~, hin~*) llevar; ***j-n ins Krankenhaus ~*** llevar a alg al hospital; **3** (*begleiten*) acompañar, llevar; ***j-n nach Hause ~*** llevar *od* acompañar a alg a casa; **4** *Glück, Unglück, Vorteil usw* traer; ***das bringt Ärger*** eso nos va a traer problemas; **5** *Gewinn, Zinsen* rendir, devengar; **6** (*darbieten*) *Film* dar, echar; *Theaterstück* dar, representa MUS *Lied usw* interpretar; **7** (*veröffentlichen*) sacar; *Zeitungsartikel, Nachricht usw* traer; **8** (*schaffen, erreichen*) conseguir; ***es zu etw ~*** lograr a/c; ***es weit ~*** llegar lejos; ***es bis zum General*** *usw* **~** llegar a ser general, *etc*; ***er brachte es auf 7 Punkte*** llegó a conseguir 7 puntos; ***das bringts (auch) nicht!*** ¡eso no conduce a nada!, ¡así no vamos a ninguna parte!; **9** *mit Präpositionen*: ***an sich ~*** apropiarse de, apoderarse de; ***mit sich ~*** traer consigo; ***j-n um etw ~*** hacer perder a/c a alg; ***j-n wieder zu sich ~*** hacer volver en sí a alg; ***j-n zum Lachen, Weinen ~*** hacer reír, llorar a alg

brisant [bri'zant] *adj* explosivo

Brisanz [bri'zants] *f* ⟨-⟩ fuerza *f* explosiva (*a fig*)

Brise ['bri:zə] *f* brisa *f*; ***steife ~*** fuerte brisa

Brit|e ['brɪtə] *m* ⟨-n; -n⟩, **~in** *f* británico, -a *m,f*

'britisch *adj* británico; ***die Ձen Inseln*** las Islas Británicas

bröckelig ['brœkəlɪç] *adj* quebradizo

'bröckeln I *v/i* **1** ⟨h⟩ (*zerfallen*) *Gestein, Mauer usw* desmoronarse; **2** ⟨sn⟩ (*sich ablösen*) ***von der Wand ~*** desprenderse de la pared; **II** *v/t* ⟨h⟩ **3** (*zerteilen*) desmigajar; ***das Brot in die Soße ~*** desmenuzar el pan en la salsa

Brocken ['brɔkən] *m* ⟨-s; -⟩ **1** (*Stück*) trozo *m*, pedazo *m*; *e-s Steins usw* fragmento *m*; *fig* ***ein paar ~*** un poco; ***ein paar ~ Dänisch können*** chapurrear el danés; F *fig* ***ein harter ~*** (*schwierige Aufgabe*) F un hueso; **2** F (*massige Person*) F mole *f*

brodeln ['bro:dəln] *v/i* **1** *Flüssigkeit, Lava* burbujear, hervir a borbotones; **2** *fig* ***es brodelt unter den Arbeitern*** entre los obreros hay un auténtico hervidero

Brokat [bro'ka:t] *m* ⟨-(e)s; -e⟩ brocado *m*

Broker(in) ['bro:kər(ɪn)] *m(f)* FIN broker *m,f*; agente *m,f* financiero, -a

Brokkoli ['brɔkoli] *m* ⟨-s;-s⟩ brécol *m*

Brom [bro:m] *n* ⟨-s⟩ bromo *m*

Brombeere ['brɔm-] *f* (zarza)mora *f*

Bronchien ['brɔnçiən] *pl* bronquios *m/pl*

Bronchitis [brɔn'çi:tɪs] *f* ⟨-; -'tiden⟩ bronquitis *f*

Bronze ['bro:sə] *f* bronce *m*; **~medaille** *f* medalla *f* de bronce; **~zeit** *f* Edad *f* del Bronce

Brosamen ['bro:za:mən] *pl* migajas *f/pl*

Brosche ['brɔʃə] *f* broche *m*

broschiert [brɔ'ʃi:rt] *adj* en rústica

Broschüre [brɔ'ʃy:rə] *f* folleto *m*

Brot [bro:t] *n* ⟨-(e)s; -e⟩ **1** pan *m*; ***e-e Scheibe ~*** una rebanada de pan; ***belegtes ~*** sándwich *m*; **2** (*Lebensunterhalt*) ***das tägliche ~*** el pan de cada día; ***sein ~ verdienen***

ganarse el pan
'**Brot|aufstrich** *m mantequilla, mermelada, etc que se unta en el pan*; **~belag** *m embutido, queso, etc que se pone en el pan*
Brötchen ['brøːtçən] *n* ⟨-s; -⟩ bollo *m* de pan, panecillo *m*; **~geber(in)** F *m(f)* patrón, -ona *m,f*
'**Brot|kasten** *m* panera *f*; **~krume** *f*, **~krümel** *m* migajas *f/pl*
'**brotlos** *adj* ***e-e ~e Kunst*** una profesión poco lucrativa
'**Brot|messer** *n* cuchillo *m* del pan; **~neid** *m* envidia *f* profesional; **~schneidemaschine** *f* máquina *f* para cortar el pan; **~zeit** *f südd* hora *f* del bocadillo; (*Imbiss*) bocadillo *m*
Browser ['braʊzər] *m* INFORM navegador *m*, explorador *m*
BRT [beˀɛr'teː] *f Abk* (*Bruttoregistertonne*) tonelada *f* de registro bruto
Bruch [brʊx] *m* ⟨-(e)s; ⸗e⟩ **1** rotura *f*, fractura *f*; ***zu ~ gehen*** hacerse añicos; **2** *fig* (*Eid*♀, *Friedens*♀ *usw*) quebrantamiento *m*, ruptura *f*; ***~ mit der Vergangenheit*** ruptura *f* con el pasado; ***in die Brüche gehen*** fracasar; **3** MED (*Knochen*♀) fractura *f*; (*Eingeweide*♀) hernia *f*; ***sich e-n ~ heben*** herniarse; **4** MAT quebrado *m*, fracción *f*
'**Bruchband** *n* ⟨-(e)s; -bänder⟩ MED braguero *m*
'**Bruchbude** F *f* F chabola *f*, cuchitril *m*
brüchig ['brʏçɪç] *adj* **1** *Material* quebradizo; **2** *fig Stimme* cascado; *Beziehung* deleznable, frágil
'**Bruch|landung** *f* aterrizaje *m* forzoso; **~rechnen** *n*, **~rechnung** *f* MAT cálculo *m* de fracciones; **~schaden** *m* (daño *m* por) rotura *f*; **♀sicher** *adj* irrompible; a prueba de rotura; **~stelle** *f* punto *m od* lugar *m* de la fractura; **~strich** *m* MAT línea *f* de quebrado
'**Bruchstück** *n* trozo *m*; (*Teil*) fragmento *m* (*a fig*); **♀haft I** *adj* fragmentario; **II** *adv* de forma fragmentaria
'**Bruchteil** *m* fracción *f*; ***im ~ e-r Sekunde*** en una fracción de segundo
'**Bruchzahl** *f* MAT (número *m*) quebrado *m*
Brücke ['brʏkə] *f* **1** puente *m* (*a Schiffs*♀, *Zahn*♀, *Turnen*); ***über die ~ gehen*** cruzar el puente; *fig* ***alle ~n hinter sich*** (*dat*) ***abbrechen*** quemar las naves; **2** (*kleiner Teppich*) alfombra *f* pequeña
'**Brücken|kopf** *m* cabeza *f* del puente; **~pfeiler** *m* pilar *m* del puente; **~tag** *m* puente *m*
Bruder ['bruːdər] *m* ⟨-s; ⸗⟩ hermano *m* (*a* REL); F ***unter Brüdern*** (*ohne Übervorteilung*) entre hermanos
'**Bruderkrieg** *m* guerra *f* fratricida
brüderlich ['bryːdərlɪç] **I** *adj* fraterno, fraternal; **II** *adv* como (buenos) hermanos; **♀keit** *f* ⟨-⟩ fraternidad *f*
'**Brudermord** *m* fratricidio *m*
'**Brüderschaft** *f* ⟨-⟩ (*Duzfreundschaft*) ***mit j-m ~ trinken*** ofrecerle a alg el tuteo (*brindando*)
Brügge ['brygə] *n* Brujas *f*
Brühe ['bryːə] *f* **1** caldo *m*, consomé *m*; **2** F (*schmutziges Wasser*) agua *m* sucia; F sopa *f*; **3** F *desp* (*dünner Kaffee, Tee usw*) F aguachirle *m*; **4** F (*Schweiß*) F sopa *f*
'**brühen** *v/t* **1** (*auf~*) *Kaffee, Tee* hacer, preparar; **2** (*über~*) *Tomaten, Mandeln* escaldar
'**brühheiß** *adj* (*sehr heiß*) muy caliente, hirviendo
'**brühwarm** F **I** *adj Neuigkeit* caliente, fresco; **II** *adv* ***j-m etw ~ weitererzählen*** ir a alg con una noticia fresca
'**Brühwürfel** *m* pastilla *f* de caldo
brüllen ['brʏlən] **I** *v/i* **1** *Stier* bramar; *Löwe* rugir; *Rind* mugir; **2** (*laut schreien*) vociferar; ***vor Schmerzen ~*** gritar de dolor; ***vor Lachen ~*** reír a carcajada limpia; ***~des Gelächter*** carcajadas *f/pl*; ***zum ♀ sein*** ser para morirse de risa; **3** F *desp* (*laut weinen*) *Kind* F berrear; **II** *v/t* **4** *Befehl usw* bramar
Brummbär ['brʊm-] F *m fig* gruñón *m*
brummen ['brʊmən] **I** *v/i* **1** *Bär* gruñir; **2** *Insekt, Flugzeug, Motor usw* zumbar; **3** F *fig* ***mir brummt der Kopf*** F tengo la cabeza como un bombo; **4** F (*im Gefängnis sein*) F estar a la sombra; **II** *v/t* **5** ***etw*** (***in s-n Bart***) ***~*** refunfuñar, gruñir a/c
'**Brummer** *m* **1** (*Fliege*) moscardón *m*; **2** F → ***Brummi***
'**Brummi** F *m* ⟨-s; -s⟩ (*großer Lastwagen*) camión *m* pesado
'**brummig** *adj* gruñón, rezongón
'**Brummschädel** F *m* (*Kopfschmerzen*) dolor *m* de cabeza; (*Kater*) resaca *f*
brünett [bry'nɛt] *adj* moreno, castaño
Brunft [brʊnft] *f* ⟨-; ⸗e⟩ JAGD (época *f* de) celo *m*
Brunnen ['brʊnən] *m* ⟨-s; -⟩ **1** pozo *m*; (*Spring*♀, *Trink*♀) fuente *f*; **2** MED (*Heilwasser*) aguas *f/pl* minerales; **~kresse** *f* BOT berro *m*
Brunst [brʊnst] *f* ⟨-; ⸗e⟩ ZO (época *f* de) celo *m*
brünstig ['brʏnstɪç] *adj* ZO en celo
brüsk [brʏsk] *adj* brusco
brüs'kieren *v/t* ⟨*sin* ge⟩ tratar con brusquedad
Brüssel ['brʏsəl] *n* Bruselas *f*
Brust [brʊst] *f* ⟨-; ⸗e⟩ **1** ANAT pecho *m*; (*~korb*) tórax *m*; ***sich in die ~ werfen*** pavonearse; F ***e-n zur ~ nehmen*** F empinar el

codo; **2** (*Busen*) seno *m*; F teta *f*; ***e-m Kind die ~ geben*** darle el pecho a un niño; **3** GASTR (*Geflügel*≈) pechuga *f*; (*Kalbs*≈, *Rinder*≈) pecho *m*; **4** SPORT (*~schwimmen*) braza *f*; ***100 m ~*** 100 m braza

'Brust|bein *n* ANAT esternón *m*; **~beutel** *m* *monedero que se cuelga del cuello*; **~bild** *n* retrato *m* de medio cuerpo; **~drüse** *f* ANAT glándula *f* mamaria

brüsten ['brʏstən] *v/r* ***sich (mit etw) ~*** jactarse (de a/c)

'Brustfell *n* ANAT pleura *f*; **~entzündung** *f* MED pleuritis *f*

'Brust|kasten *m*, **~korb** *m* tórax *m*, caja *f* torácica; **~krebs** *m* MED cáncer *m* de mama; **~schwimmen** *n* (estilo *m*) braza *f*; **~stimme** *f* MUS voz *f* de pecho; **~tasche** *f* bolsillo *m* interior

'Brustton *m* ***im ~ der Überzeugung*** en tono convencido

'Brüstung *f* **1** *e-s Balkons*, *e-r Brücke* baranda *f*, barandilla *f*; **2** (*Fenster*≈) antepecho *m*

'Brustwarze *f* pezón *m*

'Brust|umfang *m*, **~weite** *f* perímetro *m* torácico; *e-r Frau* ancho *m* de pecho

Brut [bruːt] *f* ⟨-; -en⟩ **1** (*Brüten*) incubación *f*; **2** (*Jungtiere*) cría *f*; *von Vögeln* nidada *f*; **3** F *desp* (*Gesindel*) F engendro *m*, chusma *f*

brutal [bru'taːl] *adj* brutal; **≈ität** *f* brutalidad *f*

brüten ['bryːtən] *v/i* **1** *Vögel* empollar, incubar; **2** *fig Sonne* quemar; ***~de Hitze*** calor *m* aplastante; **3** *fig* (*grübeln*) ***über etw*** (*dat*) **~** meditar sobre a/c

'Brüter *m* NUCL reactor *m* (regenerador); ***schneller ~*** reactor *m* rápido

'Brut|kasten *m* incubadora *f*; **~reaktor** *m* NUCL reactor *m* regenerador; **~stätte** *f* **1** foco *m*; **2** *fig* semillero *m*

brutto ['bruto] *adv* bruto

'Brutto|... *in Zssgn* bruto; **~einkommen** *n* ingreso *m* bruto; **~einnahmen** *f/pl* ingresos *m/pl* brutos, ganancia *f* bruta; **~gehalt** *n* salario *m* bruto; **~gewicht** *n* peso *m* bruto

Brutto'inlandsprodukt *n* Producto *m* Interior Bruto; ***~ pro Einwohner*** PIB *m* por habitante

'Brutto|lohn *m* sueldo *m* *od* salario *m* bruto; **~preis** *m* precio *m* bruto; **~registertonne** *f* MAR tonelada *f* bruta de registro; **~sozi'alprodukt** *n* producto *m* nacional bruto; **~verdienst** *m* salario *m m* bruto

bsd. *Abk* (*besonders*) especialmente; en particular

BSE [beːˀɛs'eː] *n Abk* (*Bovine Spongiforme Enzephalopathie*, *Rinderwahnsinn*) EEB *f* (*Encefalopatía Espongiforme Bovina*)

BSP [beːˀɛs'peː] *n Abk* (*Bruttosozialprodukt*) PNB *m* (*Producto Nacional Bruto*)

Btx [beːteːˈˀɪks] *m Abk* (*Bildschirmtext*) videotexto *m*; **~-tauglich** *adj* apto para videotexto

Bub [buːp] *m* ⟨-en; -en⟩ *südd*, *österr*, *schweiz* muchacho *m*, chico *m*

Bube ['buːbə] *m* ⟨-n; -n⟩ *Spielkarte* sota *f*

Bubi ['buːbi] F *m* ⟨-s; -s⟩ *desp* F nene *m*

Buch [buːx] *n* ⟨-(e)s; ⸚er⟩ **1** libro *m*; ***reden wie ein ~*** hablar como un libro; *fig* ***wie er, sie, es im ~e steht*** como está en los libros, como Dios manda; ***ein ~ mit sieben Siegeln*** un enigma; **2** ECON libro *m*; ***~ führen*** llevar la contabilidad; ***die Bücher des Unternehmens führen*** llevar la contabilidad de la empresa; ***~ führen über*** (+*acus*) apuntar; **3** (*Dreh*≈) guión *m*; MUS libreto *m*

'Buch|besprechung *f* reseña *f*; **~binder(in)** *m*(*f*) encuadernador, a *m,f*; **~club** *m* club *m* de libros; **~druck** *m* ⟨-(e)s⟩ tipografía *f*; **~druckerei** *f* (taller *m* de) imprenta

Buche ['buːxə] *f* haya *f*

buchen ['buːxən] *v/t* **1** *Flug*, *Reise*, *Zimmer usw* reservar; **2** ECON (*ver~*) contabilizar, asentar; *fig* ***etw als Erfolg ~*** apuntarse un tanto en a/c

Bücherbrett ['byːçər-] *n* estante *m*

Bücherei [byːçə'raɪ] *f* biblioteca *f*

'Bücher|narr *m* bibliómano, -a *m,f*; **~regal** *n* estantería *f*; **~schrank** *m* biblioteca *m*; **~stütze** *f* soportalibros *m*; **~wand** *f* librería *f* (mural); **~weisheit** *f* ciencia *f* libresca; **~wurm** F *m scherzh fig* ratón *m* de biblioteca

'Buchfink *m* pinzón *m*

'Buchführung *f* ⟨-⟩ ECON teneduría *f* de libros; ***doppelte ~*** doble contabilidad *f*; ***~ per Computer*** contabilidad *f* informatizada; ***die ~ machen*** llevar la contabilidad

'Buch|gewinn *m* beneficio *m* contable; **~halter(in)** *m*(*f*) ECON contable *m,f*; **≈halterisch** *adj* contable; *advl* en términos de contabilidad; **~haltung** *f* ECON **1** *Abteilung* contabilidad *f*; **2** → ***Buchführung***

'Buchhandel *m* comercio *m* de libros; librería *f*; ***im ~ erhältlich sein*** estar disponible en librería; ***produzierender, verbreitender ~*** comercio *m* productor, distribuidor de libros

'Buch|händler(in) *m*(*f*) librero, -a *m,f*; **~handlung** *f* librería *f*; **~macher** *m* corredor *m* de apuestas; **~messe** *f* feria *f* del libro; **~prüfer(in)** *m*(*f*) ECON censor, a *m,f* de cuentas; revisor, a *m,f* de cuentas; **~prüfung** *f* ECON revisión *f* de cuentas

Buchsbaum ['buks-] *m* BOT boj *m*

Buchse ['bʊksə] *f* **1** TEC cojinete *m*; **2** EL enchufe *m*
Büchse ['bʏksə] *f* **1** (*Dose*) bote *m*; **2** (*Konserven*≈) lata *f*; **3** (*Gewehr*) escopeta *f*
'**Büchsen...** *in Zssgn* → ***Dosen...***
Buchstabe ['buːxʃtaːbə] *m* ⟨-n; -n⟩ letra *f*; ***großer*** ~ (letra *f*) mayúscula *f*; ***kleiner*** ~ (letra *f*) minúscula *f*
'**buchstabengetreu** *adj* al pie de la letra
buchsta'bieren *v/t* ⟨*sin* ge⟩ deletrear
buch|stäblich ['buːxʃtɛːplɪç] *adj* literal; ≈**stütze** *f* soportalibros *m*, sujetalibros *m*
Bucht [bʊxt] *f* ⟨-; -en⟩ bahía *f*; *große* golfo *m*
'**Buchung** *f* **1** ECON asiento *m*; ***e-e*** ~ ***vornehmen*** hacer un asiento; **2** *e-s Flugs, Hotels, e-r Reise usw* reserva *f*; ***e-e*** ~ ***vornehmen*** hacer una reserva
'**Buchungs|beleg** *m* comprobante *m* *od* justificante *m* de asiento; ~**nummer** *f* número *m* de registro *od* orden; ~**posten** *m* partida *f*; ~**tag** *m* fecha *f* del asiento
'**Buch|verlag** *m* (empresa *f*) editora *f* de libros; ~**weizen** *m* BOT alforfón *m*; ~**wert** *m* ECON valor *m* contable
Buckel ['bʊkəl] *m* ⟨-s; -⟩ **1** MED joroba *f*, corcova *f*; ***e-n*** ~ ***haben*** tener joroba; **2** F (*Rücken*) espalda *f*; *Katze* ***e-n*** ~ ***machen*** arquear el lomo; F ***rutsch mir den*** ~ ***runter!*** F ¡vete al cuerno!; **3** F (*Ausbuchtung*) prominencia *f*; (*kleiner Hügel*) protuberancia *f*
'**buckelig** → ***bucklig***
bücken ['bʏkən] *v/r* ***sich*** (***nach etw***) ~ agacharse (para coger a/c)
'**bucklig** *adj* **1** MED cheposo, jorobado; **2** F *Fläche, Weg* accidentado, escabroso
'**Bucklige**(**r**) *f*(*m*) ⟨→ A⟩ jorobado, -a *m,f*, giboso, -a *m,f*
Bückling[1] ['bʏklɪŋ] *m* ⟨-s; -e⟩ (*Räucherhering*) arenque *m* ahumado
Bückling[2] F *m* ⟨-s; -e⟩ (*Verbeugung*) reverencia *f*
buddeln ['bʊdəln] F *v/t, v/i* cavar, remover la arena
Buddhis|mus [bʊ'dɪsmʊs] *m* ⟨-⟩ budismo *m*; ~**t**(**in**) *m*(*f*) budista *m,f*; ≈**tisch** *adj* budista
Bude ['buːdə] *f* **1** (*Marktstand, Kiosk*) puesto *m*, caseta *f*; **2** F *desp* (*Haus*) F cuchitril *m*; **3** F (*Zimmer*) cuarto *m*, habitación *f*; F ***Leben in die*** ~ ***bringen*** F animar el cotarro; **4** F *desp* (*Laden, Lokal*) F tenducho *m*
Budget [bʏ'dʒeː] *n* ⟨-s; -s⟩ presupuesto *m*; ~**überwachung** *f* control *m* del presupuesto
Büfett [by'feː] *n* ⟨-(e)s; -s, -e⟩ **1** (*Anrichte*) aparador *m*; **2** (*Schanktisch*) mostrador *m*; **3** GASTR (***kaltes***) ~ buffet *m* (frío)

Büffel ['bʏfəl] *m* ⟨-s; -⟩ búfalo *m*
'**büffeln** F *v/t, v/i* (*pauken*) F empollar
Bug [buːk] *m* ⟨-(e)s; -e, ⸚e⟩ **1** ⟨*pl* -e⟩ MAR proa *f*; AVIA morro *m*; **2** GASTR *beim Rind* espaldilla *f*
Bügel ['byːgəl] *m* ⟨-s; -⟩ **1** (*Kleider*≈) percha *f*; **2** (*Steig*≈), *a* TEC estribo *m*; **3** (*Brillen*≈) patilla *f*; **4** *e-r Handtasche* asa *f*; ~**brett** *n* tabla *f* de la plancha; ~**eisen** *n* plancha *f*; ~**falte** *f* raya *f* (del pantalón); ≈**frei** *adj* (que) no necesita plancha
'**bügeln** *v/t, v/i* planchar
Buggy ['bagi] *m* ⟨-s; -s⟩ **1** *Kinderwagen* cochecito *m* (plegable); **2** *Auto* todoterreno *m*
bugsieren [bʊ'ksiːrən] *v/t* ⟨*sin* ge⟩ **1** MAR sirgar, remolcar; **2** F *fig* empujar
buh [buː] *int* ¡fuera!
buhen ['buːən] F *v/i* abuchear
buhlen ['buːlən] *geh v/i desp* ***um etw*** ~ pretender a/c; ***um j-s Gunst*** ~ mendigar el favor de alg
'**Buhmann** F *m* ⟨-(e)s; -männer⟩ coco *m*; ***j-n zum*** ~ ***machen*** hacer de alg el chivo expiatorio
Buhne ['buːnə] *f* MAR espigón *m*
Bühne ['byːnə] *f* **1** THEA (*Spielfläche*) escenario *m*; F *fig* ***etw über die*** ~ ***bringen*** (*erfolgreich durchführen*) llevar a/c a cabo; F *fig* ***glatt über die*** ~ ***gehen*** (*gut verlaufen*) F salir redondo; ***von der politischen*** *usw* ~ ***abtreten*** dejar el escenario político, *etc*; **2** (*Theater*) teatro *m*; ***zur*** ~ ***gehen*** dedicarse al teatro; **3** TEC (*Plattform*) plataforma *f*
'**Bühnen|arbeiter**(**in**) *m*(*f*) tramoyista *m,f*; ~**beleuchtung** *f* iluminación *f* (de escena); ~**bild** *n* decorado *m*, escenografía *f*; ~**bildner**(**in**) *m*(*f*) decorador, a *m,f*, escenógrafo, -a *m,f*; ~**fassung** *f* versión *f* escénica; ~**laufbahn** *f* carrera *f* teatral; ~**rechte** *pl* derechos *m/pl* de representación; ≈**reif** *adj* maduro para la escena; ~**stück** *n* pieza *f* de teatro; ≈**wirksam** *adj* con efecto escénico *od* teatral
'**Buhrufe** *pl* abucheo *m*
Bukett [bu'kɛt] *n* ⟨-s; -s, -e⟩ ramillete *m*; *vom Wein* buqué *m*
Bulette [bu'lɛtə] *f* GASTR *reg* albóndiga *f*
Bulga|re [bʊl'gaːrə] *m* ⟨-n; -n⟩, ~**rin** *f* búlgaro, -a *m,f*; ~**rien** *n* ⟨-s⟩ Bulgaria *f*; ≈**risch** *adj* búlgaro
'**Bull|auge** ['bʊl-] *n* MAR portilla *f*, ojo *m* de buey; ~**dogge** *f* bulldog *m*
Bulle[1] ['bʊlə] *m* ⟨-n; -n⟩ **1** ZO toro *m*; **2** F *desp* (*kräftiger Mann*) F tiarrón *m*; **3** F *desp* (*Polizist*) F madero *m*
'**Bulle**[2] *f* REL bula *f*
'**Bullenhitze** F *f* calor *m* infernal
Bulletin [bʏl'tɛː] *n* ⟨-s; -s⟩ boletín *m*

'bullig *adj* **1** *Person* fornido; **2** F ***~e Hitze*** calor *m* sofocante *od* infernal

bum [bʊm] *int* ¡pum!

Bumerang ['buːməraŋ] *m* ⟨-s; -e, -s⟩ bumerang *m*

Bummel ['bʊməl] F *m* ⟨-s; -⟩ paseo *m*, vuelta *f*; ***e-n ~ machen*** darse un garbeo, callejear

Bumme'lei *f* ⟨-⟩ F *desp* **1** (*Trödeln*) remolonería *f*; **2** (*Faulenzen*) holgazanería *f*

'bummeln F *v/i* **1** (*spazieren gehen*) **~** (***gehen***) F callejear; (*Lokale besuchen*) ir de juerga; **2** *desp* (*trödeln*) remolonear; **3** *desp* (*faulenzen*) holgazanear

'Bummel|streik *m* huelga *f* de celo; **~zug** F *m* F tren *m* burra

'Bummler(in) F *m* (*f*) F gandul, a *m,f*

bums [bʊms] *int* ¡cataplún!

Bums F *m* ⟨-es; -e⟩ golpetazo *m*

bumsen ['bʊmzən] **I** *v/i* **1** ⟨h⟩ F (*pochen*) golpear; ***an die Tür ~*** golpear la puerta; **2** ⟨sn⟩ F (*prallen, stoßen*) dar; ***mit dem Kopf an etw*** (*acus*) **~** dar(se) con la cabeza en a/c; **3** ⟨h⟩ P *sexuell* ***mit j-m ~*** P joder a alg; **II** *v/t* ⟨h⟩ **4** P *sexuell* ***j-n ~*** P joder a alg; **III** *v/imp* ⟨h⟩ **5** ***es hat gebumst*** hubo un accidente

'Bumslokal P *desp n* bar *m* de mala fama

Bund[1] [bʊnt] *n* ⟨-(e)s; -e⟩ **1** (*Schlüssel*≗) manojo *m*; **2** ⟨3 -⟩ *Karotten, Radieschen, Zwiebeln usw* ramillete *m*

Bund[2] *m* ⟨-(e)s; ⸚e⟩ **1** (*Vereinigung*) unión *f*, liga *f*; **2** (*Pakt*) alianza *f*, pacto *m*; ***im ~e mit*** aliado con; **3** POL (*Ver*≗, *Organisation*) federación *f*; ***der ~*** *in Deutschland* la Federación *f*; *in der Schweiz* la Confederación *f*; **4** F (*Bundeswehr*) *etwa* F mili *f*

Bund[3] *m* ⟨-(e)s; ⸚e⟩ (*Hosen*≗) pretina *f*; (*Rock*≗) cintura *f*

Bündchen ['bʏntçən] *n* ⟨-s; -⟩ *am Ärmel* puño *m*; *am Hals* cuello *m*

Bündel ['bʏndəl] *n* ⟨-s; -⟩ **1** *Briefe, Wäsche* lío *m*, fardo *m*; *Banknoten* fajo *m*; **2** *Gepäck* fardo *m*, paquete *m*; **3** PHYS (*Strahlen*≗) haz *m*

'bündeln *v/t* atar líos, hacer paquetes

'Bundes|... *in Zssgn* federal; **~anstalt** *f* Instituto *m* Federal (***für*** de); **~ *für Arbeit*** Instituto *m* Federal de Empleo; *in Spanien entspricht* Instituto *m* Nacional de Empleo

'Bundes|bürger(in) *bsd BRD m*(*f*) ciudadano, -a *m,f* de la República Federal; **≗deutsch** *adj* de la República Federal de Alemania

'Bundesebene *f* ***auf ~*** a nivel federal

'Bundes|gebiet *n* territorio *m* federal; **~genosse** *m*, **~genossin** *f* confederado, -a *m,f*; aliado, -a *m,f*; **~gerichtshof** *m BRD* Tribunal *m* Federal Supremo; **~kabinett** *n bsd BRD* consejo *m* de ministros; **~kanzler** *m BRD*, *Österreich* canciller *m* federal

'Bundesland *n* estado *m* federal, land *m*; *BRD* ***die neuen Bundesländer*** *los estados federales en el territorio de la antigua RDA*

'Bundesliga *f BRD* SPORT liga *f* (alemana); ***erste, zweite ~*** primera, segunda división *f*

'Bundes|minister(in) *m*(*f*) *BRD* ministro, -a *m,f* (del gobierno alemán) (***für*** de); **~präsident** *m BRD*, *Österreich* Presidente *m* de la República Federal; *Schweiz* Presidente *m* de la Confederación; **~rat** *m* **1** *BRD* Bundesrat *m*, Cámara *f* Alta de la República Federal; **2** *Schweiz Gremium* Consejo *m* Federal; *Person* ministro *m*; **~rätin** *f Schweiz* ministra *f*; **~regierung** *f* gobierno *m* federal

'Bundesrepublik *f* república *f* federal; ***die ~ Deutschland*** la República Federal de Alemania

'Bundes|staat *m* confederación *f*; *einzelner* estado *m* (con)federado; **~straße** *f* carretera *f* federal; **~tag** *m BRD* Bundestag *m*, Parlamento *m* Federal; **~tagswahl** *f BRD* elecciones *f/pl* al Parlamento Federal; **~verfassungsgericht** *n BRD* Tribunal *m* Constitucional Federal; **~versammlung** *f schweiz, BRD* asamblea *f* federal; **~wehr** *f* ⟨-⟩ *BRD* ejército *m* de la República Federal; **≗weit** *adj* en todo el territorio federal

bündig ['bʏndɪç] *adj* **1** *Antwort* conciso; ***kurz und ~*** en pocas palabras; **2** *Beweis* terminante, concluyente

Bündnis ['bʏntnɪs] *n* ⟨-ses; -se⟩ alianza *f*

'bündnisfrei *adj* POL no aliado

'Bündnisgrüne *pl deutsche Partei* ***die ~n*** La Unión de los Verdes

'Bündnispartner *m* coaliado *m*

'Bundweite *f* cintura *f*

Bungalow ['bʊŋgaloː] *m* ⟨-s; -s⟩ bungalow *m*

Bungee|jumping ['bandʒidʒampiŋ] *n* ⟨-s⟩, **~springen** *n* puenting *m*

Bunker ['bʊŋkər] *m* **1** MIL búnker *m*; (*Luftschutz*≗) refugio *m* antiaéreo; **2** F MIL (*Gefängnis*) F hoyo *m*

Bunsenbrenner ['bʊnzən-] *m* CHEM mechero *m* de Bunsen

bunt [bʊnt] *adj* **1** (*farbig*) de color; **2** (*mehrfarbig*) de colores, multicolor, polícromo; **3** *fig* variado; ***ein ~es Durcheinander*** una mezcla; ***~er Abend*** noche *f* variada; **4** F ***er treibt es zu ~*** F se pasa de la raya; F ***jetzt wird es mir aber zu ~*** F esto pasa de castaño oscuro

'Bunt|specht *m* pico *m* picapinos; **~stift** *m*

lápiz *m* de color; **~wäsche** *f* ropa *f* de color
Bürde ['bʏrdə] *f geh* carga *f*, peso *m* (*a fig*)
Burg [bʊrk] *f* ⟨-; -en⟩ castillo *m*
Bürge ['bʏrgə] *m* ⟨-; -n⟩ JUR fiador *m*, avalista *m*
'bürgen *v/i* ECON avalar; JUR **~ *für*** responder por
'Bürger|(in) *m(f)* **1** (*Staats*♀) ciudadano, -a *m,f*; **2** *e-r Stadt oder Gemeinde* habitante *m,f*; **~initiative** *f* iniciativa *f* ciudadana; **~krieg** *m* guerra *f* civil
'bürgerlich *adj* **1** (*staats~*) civil, cívico; ***♀es Gesetzbuch*** Código *m* Civil; **2** (*zum Bürgertum gehörig*) burgués; de clase media; (*nicht adlig*) villano; ***~er Beruf*** profesión *f* acomodada; ***~e Partei*** partido *m* de la burguesía; ***gut ~e Küche*** cocina *f* casera; **3** *desp* (*spießig*) burgués
'Bürgerliche(r) *f(m)* ⟨→ A⟩ burgués, -esa *m,f*; (*nicht Adliger*) villano, -a *m,f*
'Bürger|meister(in) *m (f)* alcalde, alcaldesa *m,f*; **♀nah** *adj* cerca del pueblo; **~pflicht** *f* deber *m* cívico; **~recht** *n mst pl* derecho *m* civil; **~rechtler(in)** [-rɛçtlər(ɪn)] *m(f)* defensor, a *m,f* de los derechos civiles; **~rechtsbewegung** *f* movimiento *m* por los derechos civiles; **~schaft** *f* ciudadanos *m/pl*, población *f*; **~steig** *m* acera *f*; **~tum** *n* ⟨-s⟩ burguesía *f*
'Burgfriede *m* tregua *f* política
'Burggraben *m* foso *m* del castillo
'Bürgin *f* JUR fiadora *f*, avalista *f*
'Bürgschaft *f* **1** JUR (*Vertrag*) fianza *f*, aval *m*; ECON *a* afianzamiento *m*; ***e-e ~ übernehmen*** (***für***) constituirse en fiador (de); prestar el afianzamiento *od* el aval (de); **2** (*Garantie*, *Gewähr*) aval *m*, garantía *f*; **3** (*Betrag*, *mit dem gebürgt wird*) caución *f*, fianza *f*
Burgunder [bʊr'gʊndər] *m Wein* borgoña *m*
burlesk [bʊr'lɛsk] *adj* burlesco
Bur'leske *f* THEA sainete *m*
Büro [by'ro:] *n* ⟨-s; -s⟩ despacho *m*, oficina *f*; ***im ~*** en el despacho
Bü'ro|angestellte(r) *m(f)* empleado, -a *m,f* de oficina; **~arbeit** *f* trabajo *m* de oficina; **~artikel** *m/pl*, **~bedarf** *m* artículos *m/pl* de escritorio; **~chef(in)** *m(f)* jefe *m*, jefa *f* de la oficina; **~computer** *m* INFORM ordenador *m*, *Am* computadora *f* de oficina; **~einrichter** *m* (*Geschäft*) negocio *m* de mobiliarios de oficina; **~einrichtung** *f* mobiliario *m* de oficina; **~fläche** *f* espacio *m* de oficinas; **~gebäude** *n*, **~haus** *n* edificio *m* de oficinas; **~kauffrau** *f* oficinista *f*; **~kaufleute** *pl* → ***Bürokauffrau, Bürokaufmann***; **~kaufmann** *m* oficinista *m*; **~klammer** *f* clip *m*; **~kommunikation** *f* ofimática *f*; **~kosten** *pl* gastos *m/pl* de (la) oficina
Büro|krat(in) [byro'kra:t(ɪn)] *m* ⟨-en; -en⟩ (*f*) *desp* burócrata *m,f*; **~kra'tie** [-'ti:] *f* burocracia *f*; **♀'kratisch** *adj* burocrático
Bürokratismus [byrokra'tɪsmʊs] *m* ⟨-⟩ *desp* burocratismo *m*
Bü'ro|maschine *f* máquina *f* de oficina; **~material** *n* material *m* de escritorio *od* de oficina; **~miete** *f* alquiler *m* de oficina; **~möbel** *pl* muebles *m/pl* de oficina; **~möbelhersteller** *m* fabricante *m* de muebles de oficina; **~möbelindustrie** *f* industria *f* de muebles de oficina; **~organisation** *f* organización *f* de oficina; **~stuhl** *m* silla *f* de oficina; **~tätigkeit** *f* trabajo *m* de oficina; **~zeit** *f* horario *m* de oficina
Bursche ['bʊrʃə] *m* ⟨-n; -n⟩ **1** (*Junge*) mozo *m*, chaval *m*; **2** (*Kerl*) tío *m*; F ***ein toller ~*** F un tío majo; F ***ein übler ~*** F una buena pieza
'Burschenschaft *f* asociación *f* de estudiantes
burschikos [bʊrʃi'ko:s] *adj* campechano, jovial
Bürste ['bʏrstə] *f* cepillo *m*, escobilla *f*
'bürsten *v/t* cepillar; ***sich*** (*dat*) ***die Haare ~*** cepillarse el pelo
'Bürstenschnitt *m* corte *m* (de pelo) al rape
Bürzel ['bʏrtsəl] *m* ⟨-s; -⟩ rabadilla *f*
Bus [bʊs] *m* ⟨-ses; -se⟩ **1** *Nahverkehr* autobús *m*; (*Reise*♀, *Schul*♀) autocar *m*; ***mit dem ~ fahren*** ir en autobús; **2** INFORM bus *m*
'Busbahnhof *m* estación *f* de autobuses
Busch [bʊʃ] *m* ⟨-es; ⸚e⟩ **1** mata *f*, arbusto *m*; F *fig* ***bei j-m auf den ~ klopfen*** sondear el terreno; ***mit etw hinterm ~ halten*** callar a/c; ***etw ist im ~!*** ¡aquí hay gato encerrado!; F ***sich*** (***seitwärts***) ***in die Büsche schlagen*** F desaparecer a la chita callando; **2** GEOGR selva *f*
Büschel ['bʏʃəl] *n* ⟨-s; -⟩ **1** (*Gras*♀) manojo *m*; **2** (*Haar*♀) mechón *m*; (*Feder*♀) penacho *m*
'Buschhemd *n* guayabera *f*, sahariana *f*
'buschig *adj* tupido; (*dicht gewachsen*) frondoso; *Augenbrauen* poblado
'Buschmesser *n* machete *m*
'Buschwindröschen *n* anémona *f*
Busen ['bu:zən] *m* ⟨-s; -⟩ pecho *m*, seno *m*; **~freund(in)** *m(f)* amigo, -a *m,f* íntimo, -a
'Bus|fahrer(in) *m(f)* conductor, a *m,f* de autobús; **~haltestelle** *f* parada *f* de autobús
Business-Class ['bɪznɪskla:s] *f* AVIA business class *f*, clase *f* ejecutiva
'Buslinie *f* línea *f* (de autobús); ***die ~ 8*** la línea 8
Bussard ['bʊsart] *m* ⟨-s; -e⟩ ratonero *m*

Buße ['buːsə] *f* **1** REL penitencia *f*; **~ *tun*** hacer penitencia; **2** JUR (*Strafe*) sanción *f*; (*Geld*~) multa *f*
büßen ['byːsən] *v/t, v/i* REL hacer penitencia; ***(für) etw ~*** hacer penitencia por a/c; *fig* pagar (por) a/c; ***das wirst du mir ~!*** ¡me las vas a pagar!
'Büßer(in) *m(f)* penitente *m,f*
'bußfertig *adj* REL penitente
'Bußgeld *n* multa *f*; **~bescheid** *m* aviso *m* de multa
'Buß- und 'Bettag *m* REL Día *m* de oración y penitencia
Büste ['bʏstə] *f* busto *m*; **~nhalter** *m* sujetador *m*, sostén *m*
Butan [bu'taːn] *n* ⟨-s⟩, **~gas** *n* CHEM butano *m*
Butt [bʊt] *m* ⟨-(e)s; -e⟩ ZO rodaballo *m*
Bütte ['bʏtə] *f* tina *f*, tinaja *f*, cuba *f*; **~npapier** *n* papel *m* de tina; **~nrede** *f* discurso *m* carnavalesco
Butter ['bʊtər] *f* ⟨-⟩ mantequilla *f*; ***mit ~ bestreichen*** untar con mantequilla; F *fig* ***(es ist) alles in ~*** todo marcha bien
'Butterblume *f* botón *m* de oro
'Butterbrot *n* pan *m* con mantequilla; F *fig* ***für ein ~*** F por un cacho de pan
'Butter|creme *f* crema *f*; **~dose** *f* mantequera *f*; **~milch** *f* suero *m* de leche
'buttern I *v/t* **1** *Brot usw* untar con mantequilla; **2** F *fig* ***Geld in etw*** (+*acus*) **~** invertir dinero en a/c; **II** *v/i* **3** (*Butter herstellen*) hacer mantequilla
'butterweich *adj* **1** (*sehr weich*) muy blando, blando como la mantequilla; *Birne* muy maduro; **2** F *Landung* muy suave; **3** SPORT *Zuspiel* blandengue
Button ['batən] *m* MODE insignia *f*
Butzenscheibe ['bʊtsən-] *f cristal abombado para ventanas emplomadas*
b.w. *Abk* (*bitte wenden*) véase al dorso
Bypass ['baɪpas] *m* ⟨-es; ⸚e⟩ MED bypass *m*
Byte [baɪt] *n* ⟨-(s); -(s)⟩ INFORM byte *m*
Byzanz *n* Bizancio *m*
bzw. *Abk* (*beziehungsweise*) respectivamente

C

C

C, c [tseː] *n* ⟨-; -⟩ C, c *f*; MUS do *m*
C *Abk* (*Celsius*) centígrado, Celsius
ca. *Abk* (*circa, ungefähr, etwa*) aproximadamente; *vor Zahlen* unos
Cabrio ['kaːbrio] *n* ⟨-s; -s⟩, **Cabriolet** [-'leː] *n* ⟨-s; -s⟩ *Auto* descapotable *m*
CAD ['kɛt] *n* ⟨-(s)⟩ *Abk* INFORM (*Computer Aided Design*) CAD *m*
Café [ka'feː] *n* ⟨-s; -s⟩ café *m*
Cafeteria [kafete'ria] *f* ⟨-; -s⟩ cafetería *f*
Call|boy ['koːlbɔʏ] *m* ⟨-s; -s⟩ call-boy *m*; **~girl** [-gœrl] *n* ⟨-s; -s⟩ call-girl *f*
CAM ['kɛm] *n* ⟨-(s)⟩ *Abk* INFORM (*Computer Aided Manufacturing*) FAO *f*
Camcorder ['kamkɔrdər] *m* TV camcorder *m*
Camion ['kamjɔ̃ː] *m* ⟨-s; -s⟩ *schweiz* camión *m*
campen ['kɛmpən] *v/i* acampar, hacer camping
'Camper(in) ['kɛmpər(ɪn)] *m(f)* campista *m,f*
Camping ['kɛmpɪŋ] *n* ⟨-s⟩ camping *m*; **~ausrüstung** *f* equipo *m* de camping; **~bus** *m* caravana *f*; **~platz** *m* camping *m*
canceln ['kɛnsəln] *v/t* INFORM cancelar
Cape [keːp] *n* ⟨-s; -s⟩ capa *f*, manto *m*
Caracas [ka'rakas] *n* Caracas *m*
Caravan ['ka(ː)ravan] *m* ⟨-s; -s⟩ caravana *f*
Carport ['kaːrpɔːrt] *m* ⟨-s; -s⟩ cochera *f*; plaza *f* de garaje abierta
Cartoon [kar'tuːn] *m* (*Karikatur*) caricatura *f*; (*Comicstrip*) tira *f* (cómica); (*Zeichentrickfilm*) dibujos *m/pl* animados
Carving-Ski ['karviŋ-] *m* ⟨-s; -er⟩ carving *m*
Cashewnuss ['kaʃunʊs] *f* anacardo *m*
Cäsium ['tsɛːziʊm] *n* ⟨-s⟩ CHEM cesio *m*
Casting ['kaːstɪŋ] *n* ⟨-s; -s⟩ FILM reparto *m*, casting *m*; **~agentur** *f* agencia *f* de casting
Catcher ['kɛtʃər] *m* luchador *m* de catch
Catering-Unternehmen ['keːtərɪŋ-] *n* catering *m*, empresa *f* de abastecimiento
CB-Funk [tseː'beː-] *m* citizen band *f*
cbm *Abk* (*Kubikmeter*) metro *m* cúbico
ccm *Abk* (*Kubikzentimeter*) centímetro *m* cúbico
CD [tseː'deː] *f* ⟨-; -s⟩ *Abk* (*Compact Disk*) CD *m*, disco *m* compacto; **~-Brenner** *m* grabadora *f* de CD; **~-Player** [-plaɪər] *m* (reproductor *m* de) CD *m*; **~-ROM** [-'rɔm] *f* ⟨-; -s⟩ CD-ROM *m*, cederrón *m*; **~-ROM-Laufwerk** *n* lector *m* (de) CD-ROM *od* cederrón; **~-ROM-Version** *f* versión *f* en CD-ROM; **~-Spieler** *m* (reproductor *m* de) CD *m*
CDU [tseːdeː'ʔuː] *f* ⟨-⟩ *Abk* (*Christlich-Demokratische Union*) Unión *f* Democrática Cristiana
C-Dur ['tseː-] *n* MUS do *m* mayor
Cellist(in) [tʃɛ'lɪst(ɪn)] *m(f)* violonchelista *m,f*
Cello ['tʃɛlo] *n* ⟨-s; -s, Celli⟩ violonchelo *m*
Cellophan® [tsɛlo'faːn] *n* ⟨-s⟩ celofán *m*
Celsius ['tsɛlziʊs] *n* ***20 Grad ~*** 20 grados centígrados
Cembalo ['tʃɛmbalo] *n* ⟨-s; -s, -li⟩ clave *m*, clavicémbalo *m*
Cent [sɛnt] *m* ⟨-(s); -(s)⟩ **1** (*Eurocent*) céntimo *m* (de euro); **2** *andere Währungen mst* centavo *m*; **'~stück** *n* moneda *f* de un céntimo (de euro)
Ces [tsɛs] *n* ⟨-; -⟩ MUS do *m* bemol
CH [tseː'haː] *f* ⟨-⟩ *Abk* (*Confoederatio Helvetica*) Confederación *m* Helvética
Chalet [ʃa'leː] *n* ⟨-s; -s⟩ *schweiz* chalet *m*
Chamäleon [ka'mɛːleɔn] *n* ⟨-s; -s⟩ camaleón *m*
Champagner [ʃam'panjər] *m* champán *m*, champaña *m*
Champignon ['ʃampɪnjɔŋ] *m* ⟨-s; -s⟩ champiñón *m*
Champions-League ['tʃampiənsliːk] *f* ⟨-⟩ SPORT Liga *f* de campeones, Champions-League *f*
Chance ['ʃɑ̃ːsə] *f* oportunidad *f*; ***bei j-m ~n, k-e ~ haben*** tener, no tener posibilidades con alg
Chancengleichheit *f* igualdad *f* de oportunidades
Chanson [ʃɑ̃'sɔ̃ː] *n* ⟨-s; -s⟩ canción *f*, cuplé *m*
Chaos ['kaːɔs] *n* ⟨-⟩ caos *m*
Chao|t(in) [ka'oːt(ɪn)] *m* ⟨-en; -en⟩ (*f*) F caótico, -a *m,f*; POL extremista *m,f*; **ꝰtisch** *adj* caótico
Charakter [ka'raktər] *m* ⟨-s; -e [-'teːrə]⟩ carácter *m*; **~darsteller(in)** *m(f)* actor, actriz *m,f* de carácter; **~eigenschaft** *f* rasgo *m* característico; **~fehler** *m* defecto *m* de

carácter; **≈fest** *adj* entero, firme de carácter

charakte|ri'sieren *v/t* ⟨*sin* ge⟩ caracterizar (***als*** como); **≈ri'sierung** *f* caracterización *f*, descripción *f*; **≈'ristik** *f* característica *f* (a MAT, TEC); **~'ristisch** *adj* característico, típico (***für*** de)

cha'rakter|los *adj* **1** (*schwach*) falto de carácter; **2** *Sache* sin carácter; **≈losigkeit** *f* ⟨-⟩ falta *f* de carácter; **≈rolle** *f* papel *m* de carácter; **≈schwäche** *f* debilidad *f* de carácter; **≈stärke** *f* entereza *f*, fuerza *f* de carácter; **≈zug** *m* rasgo *m*

Charge ['ʃarʒə] *f* **1** THEA papel *m* secundario; **2** TEC carga *f*

Charisma ['çaːrɪsma] *n* ⟨-s; -men, -mata⟩ carisma *m*

charismatisch [-'maːtɪʃ] *adj* carismático

charmant [ʃar'mant] *adj* encantador

Charme [ʃarm] *m* ⟨-s⟩ encanto *m*, atractivo *m*; ***s-n ~ spielen lassen*** servirse de su encanto

Charta ['karta] *f* ⟨-; -s⟩ POL carta *f*

Charter ['(t)ʃartər] *m* ⟨-s; -s⟩ chárter *m*; ECON fletamento *m*; **~er** *m* ECON fletador *m*; **~flug** *m* (vuelo *m*) chárter *m*; **~fluggesellschaft** *f* compañía *f* aérea chárter; **~maschine** *f* (avión *m*) chárter *m*

chartern ['(t)ʃartərn] *v/t* fletar

'Charter|partie *f* ECON póliza *f* de fletamento; **~vertrag** *m* contrato *m* de fletamento

Chassis [ʃa'siː] *m* ⟨-; -⟩ AUTO chasis *m*

Chat [tʃɛt] *m* ⟨-s; -s⟩ INFORM charla *f* (por internet); chat *m*; **'~room** [-ruːm] *m* canal *m*

'chatten *v/i* INFORM charlar (por internet); chatear

Chauffeur [ʃɔ'føːr] *m* ⟨-s; -e⟩ conductor *m*, chófer *m*

Chauvi ['ʃoːvi] *desp m* ⟨-s; -s⟩ machista *m*

Chauvinismus [ʃovi'nɪsmʊs] *m* ⟨-⟩ patriotería *f*, chovinismo *m*; *männlicher* machismo *m*

Chauvi'nist *m* patriotero *m*, chovinista *m*; (*Sexist*) machista *m*; **≈isch** *adj* patriotero, chovinista; (*sexistisch*) machista

checken ['tʃɛkən] *v/t* **1** (*kontrollieren*) revisar, chequear; **2** F (*begreifen*) F captar, coger

'Checkliste *f* lista *f* de control; AVIA lista *f* de embarque

Check-up ['tʃɛkˀap] *m* ⟨-s; -s⟩ MED chequeo *m*

Chef [ʃɛf] *m* ⟨-s; -s⟩ jefe *m*; **'~arzt** *m*, **'~ärztin** *f* médico, -a *m,f* jefe; **'~etage** *f* planta *f* de la dirección

'Chefin *f* jefa *f* (a F)

'Chef|redakteur(in) *m(f)* redactor, a *m,f* jefe

'Chefsache *f* ***das ist ~*** es responsabilidad del jefe; ***etw zur ~ erklären*** declarar algo como responsabilidad del jefe

'Chef|sekretär(in) *m(f)* secretario, -a *m,f* de dirección; **~sessel** *m* sillón *m* del jefe

Chemie [çe'miː] *f* ⟨-⟩ química *f*; **~faser** *f* fibra *f* sintética; **~industrie** *f* industria *f* química

Chemikalien [çemi'kaːliən] *pl* sustancias *f/pl* químicas

Chemiker(in) ['çeːmikər(ɪn)] *m(f)* químico, -a *m,f*

chemisch ['çeːmɪʃ] **I** *adj* químico; ***~e Reinigung*** limpieza *f* en seco; **II** *adv* químicamente; ***~ rein*** químicamente puro

Chemo|'techniker(in) *m(f)* [çeːmo-] químico, -a *m,f* industrial; **~thera'pie** *f* quimioterapia *f*

chic [ʃɪk] *schweiz* → ***schick***

Chicorée ['ʃɪkore] *m* ⟨-s⟩ BOT endibia *f*

Chiffre ['ʃɪfrə] *f* **1** (*Zahl*) cifra *f*; **2** (*Code*) código *m*, clave *f*; *in Zeitungsannoncen* referencia *f*; **~anzeige** *f* anuncio *m* bajo cifra

chiffrieren [ʃɪ'friːrən] *v/t* ⟨*sin* ge⟩ cifrar, poner en clave

Chile ['tʃiːle] *n* ⟨-s⟩ Chile *m*

Chilen|e [tʃi'leːnə] *m* ⟨-n; -n⟩, **~in** *f* chileno, -a *m,f*; **≈isch** *adj* chileno

China ['çiːna] *n* China *f*

Chines|e [çi'neːzə] *m* ⟨-n; -n⟩, **~in** *f* chino, -a *m,f*; **≈isch** *adj* chino; (***das***) **≈(*e*)** el chino

Chinin [çi'niːn] *n* ⟨-s⟩ CHEM, MED quinina *f*

Chip [tʃɪp] *m* ⟨-s; -s⟩ **1** INFORM chip *m*; **2** *pl* (*Kartoffel≈*) ***~s*** patatas *f/pl* fritas (chips); **3** (*Spielgeld*) ficha *f*; **'~hersteller** *m* INFORM fabricante *m* de chips; **'~karte** *f* INFORM tarjeta *f* *od* ficha *f* chip

Chirurg [çi'rʊrk] *m* ⟨-en; -en⟩, **~in** [çi'rʊrgɪn] *f* cirujano, -a *m,f*

Chirurgie [çirʊr'giː] *f* ⟨-⟩ cirugía *f*

chir'urgisch [çi'rʊrgɪʃ] *adj* quirúrgico

Chlor [kloːr] *n* ⟨-s⟩ CHEM cloro *m*

'chloren ['kloːrən] *v/t* clorar

'chlorfrei *adj Papier* sin cloro

'Chlorgas *n* CHEM gas *m* cloro

Chlorid [klo'riːt] *n* ⟨-s; -e⟩ cloruro *m*

chlo'rieren *v/t* ⟨*sin* ge⟩ clorar

Chlorophyll [kloro'fʏl] *n* ⟨-s⟩ BOT clorofila *f*

Choke [tʃoːk] *m* ⟨-s; -s⟩ AUTO estárter *m*; F aire *m*

Cholera ['koːlera] *f* ⟨-⟩ MED cólera *m*

cholerisch [ko'leːrɪʃ] *adj* colérico

Cholesterin [çolɛste'riːn] *n* ⟨-s⟩ MED colesterol *m*; **~spiegel** *m* MED nivel *m* de colesterol

Chor [koːr] *m* ⟨-(e)s; ¨e⟩ MUS, ARCH coro *m*; *fig* **im ~** a coro

Choral [ko'raːl] *m* ⟨-s; Choräle⟩ coral *m*

Choreographie [koreogra'fiː] *f* THEA coreografía *f*
'Chor|gestühl *n* sillería *f*; **~knabe** *m* niño *m* cantor (de coro); **~sänger(in)** *m(f)* corista *m,f*
Christ|(in) ['krɪst(ɪn)] *m(f)* cristiano, -a *m,f*; **~baum** *m* ⟨-s; -bäume⟩ árbol *m* de Navidad
'Christen|heit *f* ⟨-⟩ cristiandad *f*; **~tum** *n* ⟨-s⟩ cristianismo *m*
'Christkind *n* ⟨-(e)s⟩ Niño *m* Jesús
'christlich *adj* cristiano
'Christus *m* ⟨Christi⟩ Cristo *m*
Chrom [kroːm] *n* ⟨-s⟩ CHEM cromo *m*
chromatisch [kro'maːtɪʃ] *adj* MUS, PHYS cromático
Chromosom [kromo'zoːm] *n* ⟨-s; -en⟩ BIOL cromosoma *m*
Chronik ['kroːnɪk] *f* crónica *f*
chronisch ['kroːnɪʃ] *adj* MED, *fig* crónico
Chronist(in) [kro'nɪst(ɪn)] *m(f)* cronista *m,f*
Chrono|logie [kronolo'giː] *f* cronología *f*; **≗logisch** [-'loːgɪʃ] *adj* cronológico
Cie. *f Abk* (*Compagnie*) Cía. *f* (*compañía*)
circa ['tsɪrka] *adv* aproximadamente, cerca de; *vor Zahlen* unos
Cis [tsɪs] *n* ⟨-; -⟩ MUS do *m* sostenido
City ['sɪti] *f* ⟨-; -s⟩ centro *m* urbano
cl. *Abk* (*Zentiliter*) centílitro *m*
Clearingstelle *f* COM cámara *f* de compensación
Clementine [klemɛn'tiːnə] *f* clementina *f*
clever ['klɛvər] *adj* listo, astuto
Clinch ['klɪntʃ] *m* F ***mit j-m im ~ liegen*** estar peleado con alg; F andar a la greña con alg
Clip ['klɪp] *m* ⟨-s; -s⟩ **1** (*Video≗*) clip *m*; **2** (*Ohr≗*) pendiente *m* de clip
Clique ['klɪkə] *f* F panda *f*, pandilla *f*
Clou [kluː] *m* ⟨-s; -s⟩ punto *m* principal, atracción *f* principal; F plato *m* fuerte
Clown [klaʊn] *m* ⟨-s; -s⟩ payaso *m*
Club [klʊp] *m* ⟨-s; -s⟩ club *m*
cm *Abk* (*Zentimeter*) centímetro *m*
Co. *f Abk* (*Compagnie*, *Kompanie*) Cía. *f* (*compañía*)
Cockpit ['kɔkpɪt] *n* ⟨-s, -s⟩ AVIA, MAR cabina *f* del piloto
Cocktail ['kɔkteːl] *m* ⟨-s; -s⟩ cóctel *m*, combinado *m*
Code [koːt] *m* ⟨-s; -s⟩ código *m*, clave *f*
codier|en [ko'diːrən] *v/t* INFORM codificar; **≗ung** *f* codificación *f*
Coiff|eur [kwa'før] *m* ⟨-s; -e⟩, **~euse** [-'føz] *f* *schweiz* peluquero, -a *m,f*
Cola ['koːla] *BRD f* ⟨-; -s⟩, *schweiz n* ⟨-(s); -s⟩ cola *f*
Collage [kɔ'laːʒə] *f* collage *m*
Come-back ['kambɛk] *n* ⟨-(s); -s⟩ regreso *m*
Comic ['kɔmɪk] *m* ⟨-s; -s⟩ cómic *m*, tebeo *m*
Coming-out [kamiŋ'aut] *n* ⟨-(s); -s⟩ revelación *f*
Compact Disk ['kɔmpaktdɪsk] *f* ⟨-; -s⟩ disco *m* compacto, compact disc *m*
Computer [kɔm'pjuːtər] *m* ordenador *m*; *Am* computador *m*, computadora *f*; ***der ~ ist abgestürzt*** el ordenador se ha colgado; ***am ~ arbeiten*** trabajar con el ordenador
Com'puter|animation *f* animación *f* por ordenador; **≗animiert** *adjt* animado por ordenador; **~arbeitsplatz** *m Job* puesto *m* de trabajo con ordenador, *Sitzplatz* sitio *m* de trabajo con ordenador; **~ausdruck** *m* listado *m*, impreso *m*; **~branche** *f* sector *m* informático, casting *m*; **~fehler** *m* error *m* de(l) ordenador; **≗gesteuert** *adjt* dirigido por ordenador; **≗gestützt** *adjt* informatizado, asistido por ordenador; **~grafik** *f* gráfico *m* de ordenador; **~händler** *m* vendedor *m* de ordenadores; **~hersteller** *m* fabricante *m,f* de ordenadores
computeri'sieren *v/t* ⟨*sin* ge⟩ computerizar
Com'puter|kriminalität *f* delincuencia *f* informática; delitos *m/pl* informáticos; **~messe** *f* feria *f* de la informática; **~programm** *n* programa *m* informático; **~schrott** *m* chatarra *f* informática; **~schulung** *f* (curso *m* de) formación *f* informática; **~simulation** *f* simulación *f* por ordenador; **~spiel** *n* juego *m* de ordenador; **~sprache** *f* lenguaje *m* informático; **~technologie** *f* INFORM tecnología *f* informática; **~terminal** *n od m* INFORM terminal *m*; **~tomographie** *f* tomografía *f* axial computerizada; **≗unterstützt** *adjt* asistido por ordenador; **~virus** *m* virus *m* de ordenador *od* informático
Confoederatio Helvetica [kɔnfødə'raːtsio hɛl'veːtɪka] *f* ⟨-⟩ *schweiz* Confederación *f* suiza
Consulting [kɔn'saltiŋ] *n* consultoría *f*; **~-Firma** *f*, **~-Unternehmen** *n* consultoría *f*, empresa *f* consultora
Container [kɔn'teːnər] *m* contenedor *m*; **~bahnhof** *m* estación *f* de contenedores; **~hafen** *m* puerto *m* de contenedores; **~schiff** *n* buque *m* (de) portacontenedores; **~terminal** *n* terminal *m* de contenedores
Contergan® [kɔntɛr'gaːn] *n* ⟨-s⟩ MED talidomida *f*
Controller(in) [kɔn'troːlər(ɪn)] *m(f)* controller *m,f*
Controlling [kɔn'troːliŋ] *n* ⟨-s⟩ ECON controlling *m*
Cookie ['kuki] *m* ⟨-s; -s⟩ INTERNET galleta *f*, cookie *f*
cool [kuːl] F *adj* **1** (*ruhig*) tranquilo; **2** (*pri-*

ma) **(*echt*)** ~ genial
Copyright ['kɔpiraɪt] *m* ⟨-s; -s⟩ copyright *m*
Copyshop ['kɔpiʃɔp] *m* ⟨-s; -s⟩ copistería *f*
Cord ['kɔrt] *m* ⟨-s⟩ pana *f*
Costa Rica ['kɔsta'riːka] *n* ⟨-s⟩ Costa Rica *f*
Costa-Ri'ca|ner(in) *m*(*f*) costarricense *m,f*
costa-ri'canisch *adj* costarricense
Corner ['kɔrnər] *m österr* SPORT córner *m*
Couch [kaʊtʃ] *f* ⟨-; -es⟩ sofá *m*; **'~garnitur** *f* tresillo *m*; **'~tisch** *m* mesa *f* de centro
Countdown ['kaʊntdaʊn] *m od n* ⟨-(s); -s⟩ cuenta *f* atrás
Coup [kuː] *m* ⟨-s; -s⟩ *fig* golpe *m*
Coupé [ku'peː] *n* ⟨-s; -s⟩ **1** BAHN compartimento *m*; **2** *Auto* cupé *m*
Coupon [ku'põː] *m* ⟨-s; -s⟩ cupón *m*
Courage [ku'raːʒə] F *f* ⟨-⟩ coraje *m*, valor *m*
couragiert [kura'ʒiːrt] F *adj* de coraje, valiente
Court [kɔːrt] *m* ⟨-s; -s⟩ *Tennis* cancha *f*
Courtage [kur'taːʒə] *f* corretaje *m*, comisión *f* de corretaje
Cousin [ku'zɛ̃ː] *m* ⟨-s; -s⟩ primo *m*
Cousine [ku'ziːnə] *f* prima *f*
Couvert *schweiz* → ***Kuvert***
Cover ['kavər] *n* ⟨-s; -⟩ *e-s Buchs*, *e-r CD* cubierta *f*
Cowboy ['kaʊbɔʏ] *m* ⟨-s; -s⟩ cowboy *m*; vaquero *m*
Crack¹ [krɛk] *m* ⟨-s; -s⟩ SPORT deportista *m* de primera fila; F *fig* máquina *m*
Crack² *n* ⟨-s⟩ *Rauschgift* crack *m*
Crashkurs ['krɛʃ-] *m* cursillo *m* intensivo
Creme [kreːm] *f* ⟨-; -s⟩ *Salbe*, *Speise* crema *f*; **'2farben** *adj* de color crema; **'~torte** *f* tarta *f* de crema
'cremig *adj* cremoso
Crew ['kru] *f* ⟨-; -s⟩ tripulación *f*
CSU [tseːˀɛsˈˀuː] *f Abk* (*Christlich-Soziale Union*) Unión *f* Social-Cristiana
CT [tseː'teː] *f Abk* ⟨-; -s⟩ MED (*Computertomographie*) tomografía *f* por ordenador
Cup [kap] *m* ⟨-s; -s⟩ SPORT copa *f*
Curriculum [ku'riːkulʊm] *n* ⟨-s; -la⟩ (*Lehrplan*) currículo *m*, plan *m* de estudios
Curry ['kœri, 'kari] *n od m* ⟨-s; -s⟩ *Gewürz* curry *m*
Cursor ['kœrzər] *m* ⟨-s; -s⟩ INFORM cursor *m*; **~taste** *f* INFORM tecla *f* del cursor
Cutter(in) ['katər(ɪn)] *m*(*f*) montador, a *m,f*
CVJM [tseːvaʊjɔtˈˀɛm] *m Abk* (*Christlicher Verein Junger Menschen*) Asociación *f* Cristiana de Jóvenes
Cyber|café ['saibərkafeː] *n* cibercafé *m*; **~space** [-speːs] *m* ⟨-; -s⟩ INFORM ciberespacio *m*, espacio *m* virtual

D

D

D, d [deː] *n* ⟨-; -⟩ D, d *f*; MUS re *m*
d.Ä. *Abk* (*der Ältere*) el Mayor
da [daː] **I** *adv* **1** *zeigend* (*hier*) aquí; (*dort*) ahí, allí; ***die ~*** esa de ahí; *pl* esos de ahí; ***~ ist …, ~ sind …*** ahí hay …; ***~ kommt sie*** ahí viene (ella); ***~ entlang*** por allí (seguido); ***~ und dort*** aquí y allá; **2** (*anwesend*) ***~ sein*** estar presente; ***sie ist ~ a*** (ella) está ahí; ***ich bin gleich wieder ~!*** ¡enseguida vuelvo!; ***ich bin noch nie ~ gewesen*** aún no he estado allí; **3** (*vorhanden*) (***noch***) ***~ sein*** quedar; ***das ist noch nie ~ gewesen*** nunca he visto tal cosa; **4** *zeitlich* entonces; ***von ~ an*** desde entonces; ***hier und ~*** de vez en cuando; **5** (*in diesem Fall*) en ese caso, entonces; ***~ bin ich Ihrer Meinung*** en eso, comparto su opinión; ***was gibts denn ~ zu lachen?*** ¿dónde está la gracia?; ***und ~ zögerst du noch?*** ¿y todavía dudas?; **6** (*wach, bei Bewusstsein*) ***geistig voll ~ sein*** estar consciente; ***er war noch nicht ganz ~*** aún estaba un poco ido; **7** *in Ausrufen* ***sieh ~!*** ¡mira!; ***~ haben wirs!*** ¡ahí está!; ***nichts ~!*** ¡de eso nada!; **II** *cj* (*weil*) como, dado que, ya que
DAAD [deˀaˀa'deː] *m Abk* (*Deutscher Akademischer Austauschdienst*) Servicio *m* de Intercambio Académico
dabei [da'baɪ] *adv* **1** *räumlich* adjunto, presente; ***ein Brief war nicht ~*** no llevaba carta (incluida); ***warst du ~?*** ¿estabas tú (presente)?; F *fig* ***ich bin ~*** (*ich mache mit*) participo; **2** (*währenddessen*) al mismo tiempo; ***sie strickte und hörte Radio ~*** mientras hacía punto, estaba oyendo la radio; **3** ***~ sein, etw zu tun*** estar haciendo a/c; **4** (*bei dieser Sache*) en esto; ***es kommt nichts ~ heraus*** esto no conduce a nada; ***ich dachte mir nichts ~*** lo hice sin pensarlo; ***es ist nichts ~!*** ¡no tiene nada de malo!; ***lassen wir es ~!*** ¡dejémoslo como está!; **5** (*obwohl*) sin embargo, con todo; ***du lachst, ~ ist es gar nicht witzig*** te ríes, y sin embargo no tiene ninguna gracia
da'bei|bleiben *v/i* ⟨*irr, sep,* sn⟩ seguir (con); **~haben** *v/t* ⟨*irr*⟩ *Geld usw* llevar consigo; *Person* ser acompañado por, tener (presente) a; **~sitzen** *v/i* ⟨*irr*⟩ estar sentado (junto a), estar presente; **~stehen** *v/i* ⟨*irr*⟩ estar ahí (presente)
'dableiben *v/i* ⟨*irr, sep,* sn⟩ quedarse
Dach [dax] *n* ⟨-(e)s; ⸚er⟩ techo *m*; *von außen* tejado *m*; ***kein ~ über dem Kopf haben*** no tener hogar; *fig* ***etw unter ~ und Fach bringen*** poner a salvo a/c, llevar a buen término a/c; F *fig* ***eins aufs ~ kriegen*** recibir una bronca
'Dach|boden *m* desván *m*; **~decker** *m* tejador *m*; **~fenster** *n* tragaluz *m*; **~first** *m* caballete *m*; **~gepäckträger** *m* AUTO baca *f*; **~geschoss** *n* ático *m*; **~gesellschaft** *f* ECON holding *m*; **~kammer** *f* buhardilla *f*; **~luke** *f* claraboya *f*; **~organisation** *f* organización *f* central *od* de tutela; **~rinne** *f* canalón *m*
Dachs [daks] *m* ⟨-es; -e⟩ ZO tejón *m*
'Dachschaden *m* F *fig* ***du hast wohl e-n ~*** F (tú) estás mal de la cabeza
'Dachstuhl *m* entramado *m* (del tejado)
'Dach|terrasse *f* azotea *f*; **~verband** *m* organización *f* central; **~wohnung** *f* ático *m*; **~ziegel** *m* teja *f*
Dackel ['dakəl] *m* ⟨-s; -⟩ perro *m* salchicha
dadurch [da'dʊrç] *adv* **1** *räumlich* por ahí *od* allí; **2** (*auf diese Weise*) de esa manera; ***~ verursacht*** causado por eso; ***~, dass*** dado que
dafür [da'fyːr] *adv* **1** (*als Gegenleistung*) por ello; ***~ habe ich zehn Euro bezahlt*** he pagado diez euros por ello; **2** (*stattdessen*) en cambio; **3** ***~ sein*** estar a favor; ***ich bin ~ zu bleiben*** creo que es mejor quedarse; **4** (*für diese Sache*) ***~ wird sie bezahlt*** para eso le pagan; ***~ kann ich nichts*** no es mi culpa; ***~ spricht, dass …*** el (hecho de) que …, es un argumento a favor; **5** ***~ sorgen, dass*** encargarse de que; ***~, dass …*** teniendo en cuenta que
Da'fürhalten *n* ⟨-s⟩ ***nach meinem, ihrem*** *usw* **~** en mi, su, *etc* opinión
dag *Abk* (*Dekagramm*) decagramo *m*
dagegen [da'geːgən] **I** *adv* **1** *allg* contra eso; ***~ hilft Wärme*** el calor lo remedia; **2** ***~ sein*** estar en contra; no estar de acuerdo; ***ich bin ~, dass du allein gehst*** no estoy de acuerdo con que vayas solo; ***haben Sie etwas ~, wenn ich rauche?*** ¿le importa si fumo?; ***ich habe nichts ~*** no tengo nada en

contra, no tengo inconveniente; **3** (*im Vergleich*) comparado con eso, por el contrario; **4** (*zum Ausgleich*) por otro lado, por otra parte; **II** *cj* (*jedoch, hingegen*) mientras que, en cambio, al contrario
da'gegenhalten *v/i* ⟨*irr, sep*⟩ cotejar, comparar; (*erwidern*) objetar, replicar
daheim [da'haım] *adv südd* en casa
Da'heim *n* ⟨-s⟩ hogar *m*
daher [da'heːr] **I** *adv* **1** *räumlich* de ahí *od* allí; **2** *Ursache* de ahí, por eso; ***~ kommt es, dass*** de ahí que (+*subj*); **II** *cj* **3** (*deshalb*) por eso; **4** (*folglich*) por consiguiente
da'hergelaufen *adj* F ***jeder ~e Kerl*** cualquier tipo *m*
dahin [da'hın] **I** *adv* **1** *räumlich* (hacia) ahí *od* allí; ***bis ~*** hasta allí; ***auf dem Weg ~*** de camino hacia allí; **2** *zeitlich* ***bis ~*** hasta entonces; **3** *Ziel* ***sich ~ gehend äußern, dass*** expresarse en el sentido de que; **4** ***es ~ bringen, dass*** lograr que (+*subj*); ***j-n ~ bringen, dass*** conseguir persuadir a alg para (+*inf*) *od* para que (+*subj*); **II** *adj* ***~ sein*** estar perdido; haber pasado
da'hingestellt *adj* ***etw ~ sein lassen*** dejar a/c en suspenso; ***das bleibt ~*** queda en suspenso
da'hinsagen *v/t* ⟨*sep*⟩ ***etw nur so ~*** decir a/c por decir
da'hinsiechen *geh v/i* ⟨*sep*, sn⟩ languidecer
dahinten [da'hıntən] *adv* allí detrás
dahinter [da'hıntər] *adv* **1** *räumlich* detrás (de eso); **2** ***~ kommen*** (*herausfinden*) descubrir (un secreto); **3** ***~ stecken*** (*die Ursache, der Urheber sein*) estar detrás de eso; **4** ***sich gewaltig ~ klemmen*** hacer un esfuerzo sobrehumano
da'hinvegetieren *v/i* ⟨*sep*⟩ vegetar
Dahlie ['daːliə] *f* BOT dalia *f*
'dalassen F *v/t* ⟨*irr, sep*⟩ dejar (aquí)
'daliegen *v/i* ⟨*irr, sep*⟩ estar (tendido)
dalli ['dali] *adv* F ***~, ~!*** ¡vamos!, ¡anda!
'damalig *adj* de entonces; ***in der ~en Zeit*** en aquellos tiempos
'damals *adv* (en aquel) entonces
Damaskus [da'maskʊs] *n* Damasco *m*
Damast [da'mast] *m* ⟨-(e)s; -e⟩ damasco *m*
Dame ['daːmə] *f* **1** (*Frau*) señora *f*; dama *f*; ***meine ~n und Herren!*** ¡señoras y señores!; ***„Damen"*** (*Toilette*) "señoras"; **2** (*Tanzpartnerin*) pareja *f*; **3** *Brettspiel* (juego *m* de) damas *f/pl*; **4** *Spielstein* dama *f*; *Schachfigur* reina *f*; *Spielkarte* caballo *m*
'Damebrett *n Spielbrett* tablero *m* de damas
'Damen|binde *f* compresa *f*; **~fahrrad** *n* bicicleta *f* de señora; **~friseur** *m* peluquería *f* de señoras; **\~haft** *adj* femenino, de señora; **~mode** *f* moda *f* femenina; **~toilette** *f* servicio *m* de señoras; **~unterwäsche** *f* ropa *f* interior femenina; **~wahl** *f baile en el que son las mujeres quienes sacan a los hombres*
'Damespiel *n* (juego *m* de) damas *f/pl*
Damhirsch ['damhırʃ] *m* gamo *m*
damit [da'mıt] **I** *adv* con eso, con ello; ***ich bin ~ fertig*** he terminado (con eso); ***was soll ich ~?*** ¿qué hago yo con eso?; ***was willst du ~ sagen?*** ¿qué quieres decir con eso?; ***~ ist der Fall erledigt*** con eso, se da por concluido el caso; **II** *cj* para que (+*subj*), a fin de que (+*subj*); ***pass gut auf, ~ nichts passiert*** ten cuidado, (para) que no pase nada
dämlich ['dɛːmlıç] F *adj* estúpido, tonto
Damm [dam] *m* ⟨-(e)s; ⸚e⟩ **1** (*Bahn\~*) terraplén *m*; (*Stau\~*) presa *f*; (*Deich*) dique *m*; (*Mole*) muelle *m*; **2** ANAT perineo *m*; **3** F ***nicht auf dem ~ sein*** no sentirse bien; F estar pachucho; F ***wieder auf dem ~ sein*** haberse recuperado
'Dammbruch *m* rotura *f* del dique
dämmen ['dɛmən] *v/t* (*abdichten*) aislar
dämmerig ['dɛm(ə)rıç] *adj Licht, Tag* crepuscular; *Raum* entreclaro
'Dämmerlicht *n* ⟨-(e)s⟩ penumbra *f*, media luz *f*
'dämmern I *v/imp* **1** ***es dämmert*** *morgens* amanece, alborea; *abends* atardece; **2** F (***bei***) ***mir dämmert es*** empiezo a ver claro; **II** *v/i* **3** ***vor sich hin ~*** (*dösen*) dormitar
'Dämmerung *f allg* crepúsculo *m*; *morgens a* alba *m*; *abends a* ocaso *m*; ***in der ~*** en el crepúsculo
dämmrig → ***dämmerig***
Dämmung ['dɛmʊŋ] *f* TEC aislamiento *m*
Dämon ['dɛːmɔn] *m* ⟨-s; -en⟩ demonio *m*
dämonisch [dɛ'moːnıʃ] *adj* demoníaco
Dampf [dampf] *m* ⟨-(e)s; ⸚e⟩ **1** (*Wasser\~*) vapor *m*; (*Rauch, Pulver\~*) humo *m*; **2** F *fig* ***~ ablassen*** desahogarse; ***da ist der ~ raus*** se ha perdido el impulso; **3** F ***j-m ~ machen*** presionar a alg; F ***~ dahinter machen*** impulsar con energía
'Dampf|bad *n* baño *m* de vapor, baño *m* turco; **~bügeleisen** *n* plancha *f* de vapor
'dampfen *v/i* **1** ⟨h⟩ *allg* humear; *Suppe* echar humo; **2** ⟨sn⟩ *Zug, Schiff usw mit Ortsangabe* salir (*echando humo*)
dämpfen ['dɛmpfən] *v/t* **1** *Aufprall, Stoß* amortiguar, reducir; *Licht* atenuar; *Geräusch, Stimme* atenuar, rebajar; ***gedämpftes Licht*** media luz *f*; **2** *fig Freude, Begeisterung usw* bajar; **3** GASTR cocinar al vapor
'Dampfer *m* ⟨-s; -⟩ (barco *m* de) vapor *m*; *fig* ***da bist du auf dem falschen ~*** en eso estás equivocado
'Dämpfer *m* **1** MUS *am Klavier* sordina *f*,

D

apagador *m*; **2** F *fig* ***e-n ~ bekommen*** llevarse un chasco

'Dampf|heizung *f* calefacción *f* a vapor; **~kessel** *m* caldera *f* de vapor; **~kochtopf** *m* olla *f* a presión; **~maschine** *f* máquina *f* de vapor; **~nudel** *f* GASTR *bollo de masa de levadura que se prepara al vapor*; **~schiff** *n* (buque *m* de) vapor *m*; **~walze** *f* apisonadora *f* (de vapor)

'Damwild *n* gamo *m*

danach [da'naːx] *adv* **1** *zeitlich* después, luego; ***bald ~*** poco después; **2** *räumlich* después, detrás; **3** (*entsprechend*) como corresponde; ***mir ist nicht ~*** no me apetece; F ***aber es war auch ~*** ¡estaba a tono!; **4** (*nach dieser Sache*) por eso; ***ich habe ihn ~ gefragt*** se lo pregunté; ***sich ~ sehnen*** (***zu*** *+inf*) ansiar (*+inf*)

Däne ['dɛːnə] *m* ⟨-n; -n⟩ danés *m*

daneben [da'neːbən] *adv* **1** (*an der Seite*) junto, cerca, al lado; ***im Haus ~*** en la casa de al lado; **2** (*außerdem*) además; **3** (*gleichzeitig*) al mismo tiempo; **4** (*im Vergleich*) en comparación (con); **5** (*am Ziel vorbei*) fuera del blanco; ***~!*** ¡fuera!

da'neben|benehmen *v/r* ⟨*irr, sep*⟩ F ***sich ~*** meter la pata; **~gehen** *v/i* ⟨*irr*, sn⟩ **1** *Schuss, Schlag usw* errar; **2** F (*misslingen*) fallar, fracasar; **~greifen** *v/i* ⟨*irr*⟩ equivocarse (*a* MUS *u* F *fig*)

Dänemark ['dɛːnəmark] *n* ⟨-s⟩ Dinamarca *f*

Dänin ['dɛːnɪn] *f* danesa *f*

'dänisch *adj* danés

dank [daŋk] *prp* ⟨*+dat, +gen*⟩ gracias a

Dank *m* ⟨-(e)s⟩ **1** gracias *f/pl*; ***vielen ~!, herzlichen ~!*** ¡muchas gracias!; **2** (*~barkeit*) agradecimiento *m*; ***j-m ~ schulden*** quedar(le) a alg agradecido; **3** (*Lohn, Anerkennung*) ***als, zum ~*** como, de recompensa; *iron* ***das ist der*** (***ganze***) ***~!*** ¿así me (se, etc) lo agradeces?

'dankbar *adj* agradecido (*a Aufgabe*); ***j-m für etw ~ sein*** estar(le) a alg agradecido por a/c; ***ich wäre Ihnen ~, wenn ...*** le quedaría muy agradecido si ...

'Dankbarkeit *f* agradecimiento *m*, gratitud *f*; ***aus ~*** en agradecimiento (***für*** por)

danke ['daŋkə] gracias; ***~ sehr!, ~ schön!*** ¡muchas gracias!; ***nein ~!*** ¡no, gracias!

'danken I *v/i* **1** ***j-m für etw ~*** agradecer(le) a alg a/c; ***nichts zu ~!*** ¡de nada!; F *iron* ***na, ich danke!*** ¡vaya, muchas gracias!; **II** *v/t* **2** ***j-m etw ~*** agradecer(le) a/c a alg; **3** (*ver~*) ***j-m etw danken*** deber a/c a alg

'dankenswerter'weise *adv* de (una) manera digna de agradecer

'Dank|eschön *n* ⟨-s⟩ gracias *f/pl*; **~esworte** *pl* palabras *f/pl* de agradecimiento; **~gebet** *n* oración *f* de acción de gracias; **~schreiben** *n* carta *f* de agradecimiento

dann [dan] *adv* **1** *zeitlich* luego, después; ***~ und wann*** de vez en cuando; ***was passierte ~?*** ¿qué pasó entonces?; F ***bis ~!*** ¡hasta luego!; **2** (*in dem Fall*) ***nur ~, wenn ...*** solo si ...; F ***~ eben nicht!*** ¡entonces no!, ¡bueno, pues no!; **3** (*außerdem*) además; ***und ~ ...*** y además ...

daran [da'ran] *adv* **1** (*an etw*) en ello; ***halt dich ~ fest!*** ¡agárrate (bien)!; ***nahe ~*** muy cerca; **2** *zeitlich* ***im Anschluss ~*** a continuación; ***nahe ~ sein zu*** (*+inf*) estar a punto de (*+inf*); **3** (*an dieser Sache*) a *od* en ello; ***es ist etw, nichts ~*** hay algo, no hay nada de verdad en ello; ***~ stirbt man nicht*** de eso no se muere nadie; ***das Schönste ~ war ...*** lo mejor (de eso) fue ...; **4** *mit Verb* ***du tust gut ~ zu gehen*** *usw* haces bien en irte, *etc*

da'rangehen *v/i* ⟨*irr, sep*, sn⟩ ***~, etw zu tun*** ponerse a hacer a/c

da'ranmachen F *v/r* ⟨*sep*⟩ ***sich ~, etw zu tun*** ponerse a hacer a/c

da'ransetzen *v/t* ⟨*sep*⟩ ***alles ~, um zu*** (*+inf*) hacer todo lo posible para (*+inf*)

darauf [da'raʊf] *adv* **1** *räumlich* encima (de eso), sobre ello; (*in Richtung auf etw*) ***sie ging direkt ~ zu*** fue directamente a ello; **2** *zeitlich* después (de esto), luego; ***bald ~*** poco después; **3** ***~*** (***folgend***) siguiente; ***im Jahr ~*** al año siguiente; **4** (*auf diese Sache*) (de) ello; ***~ bin ich stolz*** estoy orgulloso de ello; ***wie kommt er nur ~?*** ¿de dónde se lo ha sacado?

darauf'hin *adv* **1** (*danach*) después; **2** (*als Reaktion*) con *od* a lo cual; **3** (*im Hinblick auf*) ***etw ~ prüfen, ob*** (com)probar a/c para saber si

daraus [da'raʊs] *adv* **1** *räumlich* de aquí *od* ahí; ***wer hat ~ getrunken?*** ¿quién ha bebido de aquí?; ***~ vorlesen*** leer (de ahí); **2** (*aus dieser Sache*) de eso, de ello; ***~ lernen*** aprender (de eso); ***ich mache mir nichts ~*** no me importa *od* interesa; ***~ schließen, dass*** deducir (de eso) que; ***~ wird nichts!*** ¡no va a resultar!

darben ['darbən] *geh v/i* sufrir hambre *od* privaciones

darbieten ['daːr-] *geh v/t, v/r* ⟨*irr, sep*⟩ (***sich***) ***~*** ofrecer(se), presentar(se)

'Darbietung *f* **1** *geh* presentación *f*; **2** THEA representación *f*, función *f* (*a im Zirkus*)

darin [da'rɪn] *adv* **1** *räumlich* ahí (dentro); ***was ist ~?*** ¿qué hay ahí (dentro); **2** (*in dieser Sache*) en eso; ***~ liegt der Unterschied*** ahí está la diferencia; (*auf diesem Gebiet*) ***~ ist sie sehr gut*** en eso *od* ahí es muy buena

'darlegen *v/t* ⟨*sep*⟩ exponer, explicar

'Darlegung *f* explicación *f*, exposición *f*
Darlehen ['daːrleːən] *n* ⟨-s; -⟩ préstamo *m*; ***zinsloses ~*** préstamo *m* sin intereses; ***ein ~ aufnehmen*** tomar un préstamo; ***ein ~ beantragen*** solicitar un préstamo; ***ein ~ bewilligen*** conceder *od* otorgar un préstamo
'Darlehens|geber(in) *m(f)* prestamista *m,f*; **~nehmer(in)** *m(f)* prestatario, -a *m,f*; **~tilgung** *f* amortización *f* de un préstamo; **~vertrag** *m* contrato *m* de préstamo; **~zinsen** *m/pl* intereses *m/pl* de crédito
Darm [darm] *m* ⟨-(e)s; ⸚e⟩ **1** ANAT intestino *m*; **2** (*Wursthülle*) tripa *f*; **'~flora** *f* flora *f* intestinal; **'~grippe** *f* gripe *f* intestinal; **'~krebs** *m* MED cáncer *m* de intestino
'darstellen *v/t* ⟨*sep*⟩ **1** (*beschreiben*) describir; ***falsch ~*** dar una idea falsa de; **2** (*wiedergeben*) representar; ***was soll das ~?*** ¿qué se supone que es esto?; **3** (*bedeuten*) significar, representar, ser; **4** THEA representar; **5** MAT ***~de Geometrie*** geometría *f* descriptiva
'Darsteller(in) *m(f)* actor, actriz *m,f*; *e-r Rolle* intérprete *m,f*
'darstellerisch *adj* ***j-s ~e Leistung*** la actuación *f* de alg
'Darstellung *f* **1** (*Beschreibung*) descripción *f*, presentación *f*; **2** THEA representación *f*; **3** ***grafische ~*** representación *f* gráfica
darüber [da'ryːbər] *adv* **1** *räumlich* encima (de eso), sobre (eso); ***das Zimmer ~*** la habitación de encima; **2** *zeitlich* con eso, mientras tanto; **3** ***~ hinaus*** más allá; *fig* además; **4** (*über diese Sache*) ***ich freue mich ~*** me alegro de ello; ***~ lässt sich streiten*** eso es discutible; **5** ***sie steht ~*** (ella) está por encima de eso; ***er ist noch nicht ~ hinweg*** todavía no lo ha superado
darum [da'rʊm] *adv* **1** *räumlich* en torno a; ***~ herumfahren*** dar vueltas (*en automóvil, etc*) alrededor de a/c; **2** (*um diese Sache*) ***~ geht es nicht!*** ¡ese no es el problema!; ¡no se trata de eso!; ***ich würde viel ~ geben, wenn ...*** daría lo que fuera por *od* si ...; **3** (*deshalb*) por eso
darunter [da'rʊntər] *adv* **1** *räumlich* debajo (de eso), abajo; ***die Wohnung ~*** el piso de abajo; ***~ trug sie ...*** por debajo llevaba ...; **2** (*unter e-m Wert*) (de)bajo; ***minus 20 Grad und ~*** menos veinte grados y menos; *fig* ***~ liegen*** estar por debajo (de eso); F ***~ tut er es nicht*** no lo hace por menos; **3** (*unter e-r Sache*) ***~ leiden, dass*** sufrir por; ***was versteht man ~?*** ¿qué quiere decir eso?; **4** (*innerhalb e-r Gruppe*) ***einige ~*** algunos de ellos; ***es waren auch ... ~*** también había ... (entre ellos)
Darwinismus [darvi'nɪsmʊs] *m* ⟨-⟩ darwinismo *m*
das [das] *art* (*n sg*) ⟨*dat* dem, *acus* das⟩ **I** *art* ⟨*gen* des⟩ *artículo determinado neutro*; *nom* el, la *od* lo, *acus* le, la *od* lo; ***~ Buch*** el libro; ***~ Obst*** la fruta; ***~ Gute*** lo bueno; **II** *pr/dem* ⟨*gen* dessen⟩ esto, eso; a éste, ésta, ése, ésa; ello, aquello; ***~ hier*** esto (de aquí); ***~ da*** eso (de ahí); ***~ sind s-e Bücher*** ésos son sus libros; ***~ heißt*** es decir; ***~ ist es ja (gerade)!*** ¡eso es precisamente!; ***nur ~ nicht!*** ¡eso, ni hablar!; **III** *pr/rel* ⟨*gen* dessen⟩ el, la, lo que; ***das, was*** lo que; **IV** F *pr/pers* → ***es***
'Dasein *n* ⟨-s⟩ ser *m*, existencia *f*
'Daseinsberechtigung *f* razón *f* de ser
'dasitzen *v/i* ⟨*irr, sep*⟩ estar sentado
'dasjenige *pr/dem* el, la, lo que, aquello, aquella que
dass [das] *cj* que; ***so ~*** de modo que; ***ohne ~*** sin que; ***ich weiß, ~ ich recht habe*** sé que tengo razón; ***nicht, ~ ich wüsste*** no, que yo sepa; F ***~ ich es bloß nicht vergesse*** que no se me olvide
das'selbe *pr/dem* el mismo, la misma, lo mismo; ***das ist ~*** es lo mismo; ***~ tun*** hacer lo mismo
'dastehen *v/i* ⟨*irr, sep*⟩ **1** *allg* estar ahí (parado); ***stumm ~*** estar (ahí) sin decir palabra; **2** *fig* ***gut ~*** quedar bien; F ***wie stehe ich jetzt da!*** y ahora ¿cómo quedo yo?
Datei [da'taɪ] *f bsd* INFORM fichero *m*, archivo *m*; ***e-e ~ öffnen, schließen*** abrir, cerrar un fichero
Da'tei|format *n* formato *m* del fichero; **~manager** *m* INFORM administrador *m* de archivos; **~name** *m* nombre *m* de fichero; **~pfad** INFORM ruta *f*; via *f* de acceso; **~symbol** *n* símbolo *m* de fichero
Daten ['daːtən] *pl* **1** → ***Datum***; **2** *bsd* INFORM datos *m/pl*; ***statistische ~*** datos *m/pl* estadísticos; ***~ abfragen*** reclamar, pedir datos; ***~ abspeichern*** almacenar datos; ***~ bearbeiten*** elaborar datos; ***~ eingeben, erfassen*** introducir datos; ***~ löschen*** borrar datos; ***~ komprimieren*** comprimir datos; ***~ sichern, speichern*** guardar, almacenar datos; ***~ verarbeiten*** procesar datos; **3** (*Angaben*) datos *m/pl*, características *f/pl*; ***technische ~*** *e-s Geräts usw* características *f/pl* técnicas, datos *m/pl* técnicos
'Daten|aufbereitung *f* tratamiento *m od* procesamiento *m* de datos; **~austausch** *m* intercambio *m* de datos; **~auswertung** *f* evaluación *f* de datos; **~autobahn** *f* INFORM autopista *f* de datos
'Datenbank *f* ⟨-; -en⟩ INFORM banco *m* de datos, base *f* de datos; **~programm** *n* programa *m* de administración de bases de datos; **~system** *n* sistema *f* de administra-

ción de bases de datos

'Daten|bestand *m* INFORM base *f* de datos, inventario *m* de datos; **~eingabe** *f* introducción *f* de datos; **~erfassung** *f* recogida *f* de datos; **~fehler** *m* error *m* en *od* de datos; **~fernübertragung** *f* transmisión *f* de datos a distancia; **~fernverarbeitung** *f* teleproceso *m*; **~fluss** *m* flujo *m* de datos; **~format** *n* formato *m* de datos; **~leitung** *f* línea *f* de datos; **~komprimierung** *f* compresión *f* de datos; **~menge** *f* cantidad *f* de datos; **~netz** *n* red *m* de datos; **~satz** *m* registro *m* de datos

'Datenschutz *m* protección *f* de datos; **~beauftragte(r)** *f(m)* responsable *m,f* de la protección de datos

'Daten|sicherheit *f* INFORM seguridad *f* de datos; **~sicherung** *f* aseguramiento *m* de datos; **~träger** *m* soporte *m* (de datos); **~transfer** *m* transmisión *f* de datos; **~typist(in)** [-typɪst(ɪn)] *m(f)* operador, a *m,f* (de un terminal de datos); **~übermittlung** *f*, **~übertragung** *f* transmisión *f* de datos; **~übertragungssystem** *n* sistema *f* de transmisión de datos; **~verarbeitung** *f* tratamiento *m od* procesamiento *m* de datos; **~verlust** *m* pérdida *f* de datos

datieren [da'tiːrən] ⟨*sin* ge⟩ **I** *v/t Brief usw* fechar, datar; **II** *v/i Brief* ***~ vom …*** llevar fecha de …; ***aus dem Mittelalter ~*** datar de la Edad Media

Dativ ['daːtiːf] *m* ⟨-s; -e⟩ dativo *m*; **~objekt** *n* complemento *m* dativo *od* indirecto

Dattel ['datəl] *f* ⟨-; -n⟩ BOT dátil *m*; **~palme** *f* palmera *f* datilera

Datum ['daːtʊm] *n* ⟨-s; Daten⟩ fecha *f*; ***welches ~ haben wir heute?*** ¿a qué día estamos hoy?; ***ohne ~*** sin fecha; ***neueren ~s*** de fecha reciente

'Datum(s)stempel *m Gerät* (sello *m*) fechador *m*; *Abdruck* sello *m* de fecha

Dauer ['daʊər] *f* ⟨-⟩ **1** duración *f*; (*Bestand*) continuidad *f*, permanencia *f*; **(*nicht*) *von ~ sein*** (no) ser duradero, (no) durar mucho; **2** (*Zeitspanne*) período *m* (a MUS); JUR plazo *m*; ***unbegrenzte ~*** tiempo *m* ilimitado; ***für die ~ von od*** (+*gen*) por un período de; **3** (*lange Zeit*) ***auf die ~*** a la larga

'Dauer|arbeitslose(r) *f(m)* ⟨→ A⟩ parado, -a *m,f* de larga duración; **~arbeitslosigkeit** *f* desempleo *m od* paro *m* de larga duración; **~auftrag** *m* FIN orden *f* de pago permanente; **~brenner** *m* F *fig Film, Thema usw* éxito *m* permanente; **~gast** *m* huésped *m,f* fijo, -a

'dauerhaft *adj* **1** *Frieden, Regelung* estable; **2** *Material* duradero, resistente; **Ձigkeit** *f* ⟨-⟩ estabilidad *f*, resistencia *f*

'Dauer|karte *f* abono *m*, pase *m*; **~lauf** *m* carrera *f* de resistencia, footing *m*

'dauern *v/i* durar (*bsd mit Zeitangabe*); ***lange ~*** tardar mucho; ***zu lange ~*** tardar demasiado; ***wie lange dauert es?*** ¿cuánto tarda?

'dauernd I *adjt* continuo, constante, permanente; **II** *advl* (*ständig*) continuamente; (*immer wieder*) a cada momento

'Dauer|regen *m* lluvia *f* persistente; **~stellung** *f* empleo *m* fijo

'Dauerwelle *f a pl* **~n** permanente *f*, moldeado *m*; ***~n haben*** llevar permanente *od* moldeado

'Dauerzustand *m* estado *m* permanente

Daumen ['daʊmən] *m* ⟨-s; -⟩ pulgar *m*; **(*am*) *~ lutschen*** chuparse el dedo; F *fig* ***j-m die ~ drücken od halten*** desear(le) suerte a alg; F *fig* ***über den ~ gepeilt*** a ojo (de buen cubero)

'Daumenregister *n* uñero *m*

'Daumenschrauben *pl fig* ***j-m* (*die*) *~ anlegen*** apretar(le) a alg las clavijas

Daune ['daʊnə] *f* plumón *m*

'Daunen|decke *f* edredón *m* (nórdico); **~jacke** *f* plumífero *m*

davon [da'fɔn] *adv* **1** *räumlich* de allí; ***nicht weit ~* (*entfernt*)** no lejos de allí; **2** (*dadurch*) de esto, de eso, de ello; F ***das kommt ~!*** ¡ahí lo tienes!, ¡ya lo ves!; ***was habe ich ~?*** ¿de qué me sirve?; **3** (*darüber*) ***hast du schon ~ gehört?*** ¿has oído algo sobre eso?; **4** (*von e-r Menge*) ***die Hälfte ~*** la mitad de eso

da'von|fahren *v/i* ⟨*irr, sep*, sn⟩ marcharse, alejarse; **~fliegen** *v/i* ⟨*irr, sep*, sn⟩ echar (-se) a volar; **~jagen** *v/t* ⟨*sep*⟩ (*vertreiben*) echar

da'vonkommen *v/i* ⟨*irr, sep*, sn⟩ escapar, salvarse; ***mit einer Verwarnung ~*** llevarse sólo una amonestación

da'vonlaufen *v/i* ⟨*irr, sep*, sn⟩ **1** echar(se) a correr; ***j-m ~*** (*ihn verlassen*) huir *od* escaparse de alg; **2** F ***das ist ja zum Ձ!*** ¡eso es como para volverse loco!

da'vonmachen F *v/r* ⟨*sep*⟩ ***sich ~*** F largarse

da'vontragen *v/t* ⟨*irr, sep*⟩ **1** (*wegtragen*) llevarse; **2** *geh* ***Verletzungen ~*** sufrir daños; **3** ***den Sieg ~*** alzarse con la victoria

davor [da'foːr] *adv* **1** *räumlich* delante (de eso); ***mit e-m Garten ~*** con un jardín delante; **2** *zeitlich* antes; **3** (*vor dieser Sache*) de eso; ***~ habe ich Angst*** eso me da miedo; ***ich habe sie ~ gewarnt*** le previne sobre eso

DAX [daks] *m Abk* FIN (*Deutscher Aktienindex*) DAX *m* (*índice alemán de acciones*)

dazu [da'tsuː] *adv* **1** (*zu etwas*) a eso, con eso; GASTR (*als Beilage*) como acompañamiento, como guarnición; ***er gehört ~*** pertenece al grupo; **2** (*zu diesem Zweck*) para eso; ~ ***ist er ja da!*** ¡para eso está ahí!; **3** (*zu dieser Sache*) (con respecto) a eso; ~ ***darf es nicht kommen*** no debe llegar a eso; ***ich komme einfach nicht*** ~ no encuentro tiempo para eso; **4** (*außerdem*) ***und*** ~ y además

da'zukommen *v/i* ⟨*irr*, *sep*, sn⟩ **1** llegar, unirse a un grupo; ***sie kam gerade dazu, als ...*** acababa de llegar cuando ...; **2** *fig* ***dazu kommt, dass ...*** a eso se añade que ...

da'zulernen *v/t*, *v/i* ⟨*sep*⟩ aprender (algo nuevo)

da'zutun F *v/t* ⟨*irr*, *sep*⟩ añadir, agregar; ***ohne mein*** ♀ sin mi ayuda

dazwischen [da'tsvɪʃən] *adv* **1** *räumlich* en medio; **2** (*darunter*) entre medio; **3** *zeitlich* en medio, de por medio

da'zwischenkommen *v/i* ⟨*irr*, *sep*, sn⟩ sobrevenir, interponerse; ***wenn nichts dazwischenkommt*** si no surge nada; ***es ist etwas dazwischengekommen*** ha ocurrido algo

da'zwischen|liegen *v/i* ⟨*irr*, *sep*⟩ haber pasado mientras tanto; **~reden** *v/i* ⟨*sep*⟩ (***j-m***) ~ interrumpir (a alg); **~treten** *v/i* ⟨*irr*, *sep*, sn⟩ interponerse, intervenir

DB [de'beː] *f Abk* (*Deutsche Bahn*) Ferrocarriles *m/pl* Alemanes

DDR [deːdeː'ʔɛr] *f Abk* ⟨-⟩ HIST (*Deutsche Demokratische Republik*) ***die*** ~ la RDA (*República Democrática Alemana*)

'D-Dur [deː-] *n* MUS re *m* mayor

Deal [diːl] F *m* ⟨-s; -s⟩ negocio *m*

dealen ['diːlən] *mit Drogen* traficar

Dealer(in) ['diːlər(ɪn)] *m(f)* (*Drogen*♀) traficante *m,f*; F camello *m*

Debakel [de'baːkəl] *n* ⟨-s; -⟩ desastre *m*

Debatte [de'batə] *f* debate *m*, discusión *f* (***über*** *+acus* sobre); (***nicht***) ***zur ~ stehen*** (no) ser materia de discusión

debat'tieren *v/t*, *v/i* ⟨*sin* ge⟩ debatir, discutir (***über*** *+acus* sobre)

Debet ['deːbɛt] *n* ⟨-s; -s⟩ ECON debe *m*, débito *m*

Debi|tor ['deːbitoːr] *m* ⟨-s; -en⟩ (cliente *m*) deudor *m*; **~'torenbuchhaltung** *f* contabilidad *f* de deudores

Debüt [de'byː] *n* ⟨-s; -s⟩ debut *m*; ***sein ~ geben*** hacer su debut

debütieren [deby'tiːrən] *v/i* ⟨*sin* ge⟩ debutar

de'chiffrieren *v/t*⟨*sin* ge⟩ descifrar

Deck [dɛk] *n* ⟨-(e)s; -s⟩ MAR cubierta *f*; ***an od auf*** ~ a *od* sobre cubierta

'Deckbett *n* colcha *f*

Deckchen ['dɛkçən] *n* ⟨-s; -⟩ pañito *m*, tapete *m*

Decke ['dɛkə] *f* **1** (*Bett*♀, *Woll*♀) manta *f*; (*Tisch*♀) mantel *m*; F *fig* ***unter einer ~ stecken*** hacer causa común (***mit*** con); **2** (*Zimmer*♀) techo *m*; F (***vor Freude***) ***an die ~ springen*** no caber en sí (de contento); F (***vor Wut***) ***an die ~ gehen*** subirse por las paredes; F ***mir fällt die ~ auf den Kopf*** se me cae la casa encima

Deckel ['dɛkəl] *m* ⟨-s; -⟩ **1** *e-s Behälters* tapa *f*, tapadera *f*; **2** F ***j-m eins auf den ~ geben*** echar una bronca a alg

decken ['dɛkən] **I** *v/t* **1** ***etw über etw*** (*acus*) ~ cubrir *od* tapar a/c con a/c; **2** *Haus*, *Dach* cubrir; **3** *Tisch* poner; **4** (*schützen*) ***j-n*** ~ (en)cubrir a alg, proteger a alg; **5** SPORT ***j-n*** ~ marcar a alg; **6** ECON *Kosten* cubrir; *Nachfrage* satisfacer; *Schaden* cubrir; **7** ZO cubrir; **II** *v/i* **8** *Farbe* recubrir; **III** *v/r* **9** *Ansichten*, *Begriffe* ***sich*** ~ (***mit***) corresponder(se) (con), coincidir (con)

'Decken|balken *m* viga *f*; **~beleuchtung** *f* alumbrado *m* del techo; **~gemälde** *n* fresco *m* de techo; **~lampe** *f*, **~leuchte** *f* lámpara *f* de techo

'Deckfarbe *f* pintura *f* opaca

'Deckmantel *m fig* ***unter dem*** ~ (*+gen*) so capa de

'Deckname *m* nombre *m* falso

'Deckung *f* ⟨-⟩ **1** (*Schutz*) defensa *f*, abrigo *m*; *bsd* MIL ***in ~ gehen*** ponerse a cubierto; **2** SPORT (*Verteidigung*) defensa *f*; *e-s Spielers* marcaje *m*; **3** FIN *e-s Schecks* fondos *m/pl*, cobertura *f*; *e-r Versicherung* cobertura *f*; ***fehlende*** ~ descubierto *m*; ***gesetzliche, vorgeschriebene*** ~ reserva *f* legal; ***ohne*** ~ en descubierto; ***mangels*** ~ por carecer de fondos

'Deckungs|beitrag *m* ECON margen *m* de contribución; **~beitragsrechnung** *f* ECON cálculo *m* del margen de contribución; cálculo *m* del umbral de rentabilidad; análisis *f* del punto de equilibrio; **~betrag** *m* *e-r Versicherung* cobertura *f* (máxima), límite *m* del seguro; **♀gleich** *adj* MAT, *fig* congruente; **~grad** *m* grado *m* de cobertura; **~summe** *f* suma *f* asegurada, límite *m* del seguro; **~zusage** *f* (***vorläufige***) ~ nota *f* de cobertura (provisional)

'Deckweiß *n Farbe* blanco *m* opaco

Decoder [de'koːdər] *m* TV descodificador *m*

Defätismus [defɛ'tɪsmʊs] *m* ⟨-⟩ derrotismo *m*

defekt [de'fɛkt] *adj* (*fehlerhaft*) defectuoso; (*beschädigt*) averiado

De'fekt *m* ⟨-(e)s; -e⟩ defecto *m*

defensiv [defɛn'ziːf] *adj* defensivo

Defensive [defɛn'ziːvə] *f* defensiva *f*; ***in der ~ sein*** estar a la defensiva

defilieren [defi'liːrən] *v/i* ⟨*sin* ge, sn⟩ desfilar

defin|ieren [defi'niːrən] *v/t* ⟨*sin* ge⟩ definir;

ꝰiti'on *f* definición *f*; **~i'tiv I** *adj* definitivo; **II** *adv* definitivamente
Defizit ['de:fitsɪt] *n* ⟨-s; -e⟩ ECON déficit *m* (*a fig*); descubierto *m*; ***ein ~ aufweisen*** arrojar un déficit; ***ein ~ ausgleichen*** compensar *od* reparar un déficit; ***mit e-m ~ abschließen*** liquidar con déficit
defizi'tär *adj* deficitario
Defla|tion [deflatsi'o:n] *f* ECON deflación *f*; **ꝰtio'när** *adj* deflacionista; **~ti'onsrate** *f* tasa *f* de deflación
de'formieren *v/t* ⟨*sin* ge⟩ TEC deformar
deftig ['dɛftɪç] F *adj* **1** *Mahlzeit* fuerte, sustancioso; **2** *Witz*, *Ausdruck* fuerte, verde; **3** *fig Ohrfeige usw* fuerte, enérgico; *Preis* elevado
Degen ['de:gən] *m* ⟨-s; -⟩ espada *f*
Degene|ration [degeneratsi'o:n] *f* degeneración *f*; **ꝰ'rieren** *v/i* ⟨*sin* ge, sn⟩ degenerar
degradieren [degra'di:rən] *v/t* ⟨*sin* ge⟩ MIL degradar
'dehnbar *adj* **1** *Seil*, *Stoff*, *Gummi* elástico; *Plastik a* extensible; *Metall* dúctil; **2** *fig* ***ein ~er Begriff*** un concepto vago
dehnen ['de:nən] **I** *v/t* **1** *Gummi*, *Stoff usw* extender, estirar; **2** LING ***gedehnter Vokal*** vocal *f* larga; **II** *v/r* ***sich ~*** **3** estirarse, desperezarse; **4** *Stoffe usw in der Breite* ensancharse; *in der Länge* alargarse; **5** PHYS (*sich ausdehnen*) dilatarse
'Dehnung *f* **1** *von Stoffen usw* extensión *f*; PHYS dilatación *f*; **2** LING *von Vokalen* alargamiento *m*
Deich [daɪç] *m* ⟨-(e)s; -e⟩ dique *m*
Deichsel ['daɪksəl] *f* ⟨-; -n⟩ lanza *f*
'deichseln F *v/t* ***etw ~*** (*in Ordnung bringen*, *hinkriegen*) arreglar a/c
dein [daɪn] **I** *pr/pos* **1** *adj* tu; ***e-r ~er Freunde*** uno de tus amigos; *Briefschluss* ***~e Claudia*** Claudia; ***das ist ~(e)s*** esto *od* eso es lo tuyo; **2** *su* ***der, die, das ꝰe*** el tuyo, la tuya, lo tuyo; ***die ꝰen*** (*deine Familie*) los tuyos
'deiner *geh pr/pers* (*gen de* du) de ti; ***wir werden ~ gedenken*** pensaremos en ti, nos acordaremos de ti
'dein|erseits *adv* de tu parte, por tu parte; **'~es'gleichen** *pr/indef* tus semejantes; **'~etwegen** *adv* **1** (*wegen dir*) por ti, por tu culpa; **2** (*dir zuliebe*) por ti
'deinig *nur in* ***die ꝰen*** los tuyos
Deka ['deka] *österr n* ⟨-s, -⟩, **~gramm** *n* decagramo *m*
Dekade [de'ka:də] *f* década *f*
dekadent [deka'dɛnt] *adj* decadente
Dekadenz [-'dɛnts] *f* ⟨-⟩ decadencia *f*
Deka'gramm *n* ⟨-s;-⟩ decagramo *m*
Dekan [de'ka:n] *m* ⟨-s; -e⟩ UNIV decano *m*; REL deán *m*
Dekanat [deka'na:t] *n* ⟨-s; -e⟩ UNIV decanato *m*; REL deanato *m*
deklamieren [dekla'mi:rən] *v/t*, *v/i* ⟨*sin* ge⟩ declamar
deklarieren [dekla'ri:rən] *v/t* ⟨*sin* ge⟩ ECON declarar
deklassieren [dekla'si:rən] *v/t* ⟨*sin* ge⟩ SPORT, *fig* vencer *od* superar ampliamente
Deklination [deklinatsɪ'o:n] *f* LING, ASTR, PHYS declinación *f*
dekli'nieren *v/t* ⟨*sin* ge⟩ declinar
Dekolle|té [dekɔl'te:] *n* ⟨-s; -s⟩ escote *m*; **ꝰ'tiert** *adjt* escotado
Dekor [de'ko:r] *m*, *n* ⟨-s; -s⟩ adorno *m*, decoración *f*; THEA decorado *m*
Dekora|teur(in) [dekora'tø:r(ɪn)] *m* ⟨-s; -e⟩ (*f*) ⟨-; -nen⟩ **1** *Innenausstattung*, THEA decorador, a *m,f*; **2** *Schaufenster* escaparatista *m,f*; **~tion** [-tsɪ'o:n] *f* decoración *f*; THEA decorado *m*; **ꝰ'tiv** *adj* decorativo
deko'rieren *v/t* ⟨*sin* ge⟩ decorar, adornar
Dekret [de'kre:t] *n* ⟨-(e)s; -e⟩ decreto *m*
Dele|gation [delegatsi'o:n] *f* delegación *f*; **ꝰ'gieren** *v/t* ⟨*sin* ge⟩ delegar; **~'gierte(r)** *f(m)* ⟨→ A⟩ delegado, -a *m,f*
Delfin [dɛl'fi:n] *m* ⟨-s; -e⟩ delfín *m*
delikat [deli'ka:t] *adj* delicado (*a fig*); *Speise* delicioso, exquisito
Delikatesse [delika'tɛsə] *f* delicadeza *f*; *Speise* plato *m* exquisito
Delikt [de'lɪkt] *n* ⟨-(e)s; -e⟩ JUR delito *m*
Delinquent(in) [delɪŋ'kvɛnt(ɪn)] *m* ⟨-en; -en⟩ (*f*) delincuente *m,f*
Delirium [de'li:riʊm] *n* delirio *m*
Del'krederekommission [dɛl'kre:dərə-] *f* comisión *f* de garantía
Delle ['dɛlə] F *f* ⟨-; -n⟩ abolladura *f*; F bollo *m*
Delphin[1] [dɛl'fi:n] *m* ⟨-s; -e⟩ delfín *m*
Del'phin[2] *n* ⟨-s⟩, **~schwimmen** *n* ⟨-s⟩ (estilo *m*) mariposa *f*
Delta ['dɛlta] *n* ⟨-s; -s⟩ *Flussꝰ* delta *m*
dem [de:m] *dat sg* → **das, der**[1]
Dema|goge [dema'go:gə] *m* ⟨-n; -n⟩ demagogo *m*; **~go'gie** *f* demagogia *f*; **ꝰ'gogisch** *adj* demagógico
de'maskieren *v/t* ⟨*sin* ge⟩ desenmascarar (*a fig*)
Dementi [de'mɛnti] *n* ⟨-s; -s⟩ *bsd* POL mentís *m*, desmentido *m*
demen'tieren *v/t* ⟨*sin* ge⟩ desmentir
'dementsprechend *adv* conforme a ello, en consecuencia; *fig* ***der Rest ist ~ (schlecht)*** el resto es (tan malo) como era de esperar
'dem|gegen'über *adv* frente a eso, comparado con eso; **~gemäß** *adv* conforme a *od* con eso, en consecuencia; **~nach** *adv* **1** (*nach dem Gesagten*) según eso; **2** (*folglich*) por consiguiente, por lo tanto

dem'nächst *adv* próximamente
Demo ['deːmo] F *f* ⟨-; -s⟩ manifestación *f*
'Demo... *in Zssgn Kassette, CD, Video usw* ... de demostración
Demo|gra'phie *f* demografía *f*; **≗'graphisch** *adj* demográfico
Demo|krat(in) [demo'kraːt(ɪn)] *m* ⟨-en; -en⟩ (*f*) demócrata *m,f*; **~kra'tie** *f* democracia *f*; **≗'kratisch** *adj* democrático
demolieren [demo'liːrən] *v/t* ⟨*sin* ge⟩ demoler
Demonstra|nt(in) [demɔn'strant(ɪn)] *m* ⟨-en; -en⟩ (*f*) manifestante *m,f*; **~ti'on** *f* demostración *f*; POL manifestación *f*
demonstra'tiv *adj* demostrativo; *fig* ostensivo; **≗pronomen** *n* pronombre *m* demostrativo
de'monstrieren ⟨*sin* ge⟩ **I** *v/t* (*vorführen*) demostrar; **II** *v/i* POL manifestarse (***für*** por; ***gegen*** contra)
Demon|tage [demɔn'taːʒə] *f* TEC desmontaje *m*, desmantelamiento *m*; **≗'tieren** *v/t* ⟨*sin* ge⟩ desmontar, desmantelar
demorali'sieren *v/t* ⟨*sin* ge⟩ desmoralizar
Demo|skopie [demosko'piː] *f* demoscopia *f*; sondeo *m* de opinión; **≗'skopisch** *adj* demoscópico
demoti'vieren *v/t* ⟨*sin* ge⟩ desmotivar
'Demoversion *f* INFORM versión *f* de demostración, F demo *f*
Demut ['deːmuːt] *f* ⟨-⟩ humildad *f*
demütig ['deːmyːtɪç] *adj* humilde
'demütigen *v/t* humillar
'Demütigung *f* humillación *f*
den [deːn] *acus sg* → ***der***[1]; *dat pl* → ***die***[2] ***I***
'denen [deːnən] *dat pl* → ***die***[2] ***II, III***
Den Haag [deːn'haːk] *n* La Haya *f*
'denkbar I *adj* concebible, imaginable; ***es ist ~, dass*** puede ser que; **II** *adv* ***die ~ beste Methode*** el mejor método posible; ***~ schlecht*** sumamente malo
denken ['dɛŋkən] *v/t, v/i* ⟨dachte, gedacht⟩ **1** (*überlegen, nach~*) pensar, reflexionar; ***j-m zu ~ geben*** dar(le) a alg que pensar; ***das habe ich mir gedacht*** me lo imaginaba; ***das hättest du dir ~ können!*** ¡podrías habértelo supuesto!; ***solange ich ~ kann*** hasta donde me alcanza la memoria; **2** (*meinen*) pensar, creer; ***ich denke schon*** creo que sí; ***ich dachte mir nichts dabei*** no le di importancia; ***wo ~ Sie hin!*** ¡pero qué se cree usted!; **3** (*erwägen*) pensar, considerar; ***~ an*** (+*dat*) pensar en; ***sie denkt daran zu kommen*** piensa venir; ***an Schlaf war nicht zu ~*** de dormir, ni hablar; ***ich denke nicht daran!*** ¡ni hablar!; ***wenn ich nur daran denke!*** ¡sólo de pensarlo!; **4** F ***denkste!*** F ¡narices!
'Denken *n* ⟨-s⟩ pensamiento *m*, razonamiento *m*
'Denker(in) *m(f)* pensador, a *m,f*
'denkfaul *adj* lento, lerdo
'Denkfehler *m* error *m* de lógica, error *m* en el razonamiento
'Denkmal *n* ⟨-(e)s; ⸗er⟩ monumento *m*
'Denkmalschutz *m* protección *f* del patrimonio nacional; ***unter ~ stehen*** ser monumento nacional
'Denk|schrift *f* memoria *f*; **~weise** *f* modo *m* de pensar, mentalidad *f*; **≗würdig** *adj* memorable
'Denkzettel *m fig* ***j-m e-n ~ verpassen*** dar (-le) una lección a alg
denn [dɛn] **I** *cj* **1** (*weil*) pues, porque; **2** *geh* (*als*) que, de; ***mehr ~ je*** más que nunca; **3** ***es sei ~,*** (***dass***) a no ser que (+*subj*); **II** *Partikel* **4** ***was ist ~?*** ¿qué pasa?; ***wieso ~?*** pero, ¿por qué?; ***wo warst du ~?*** pero ¿dónde estabas?
dennoch ['dɛnɔx] *cj* sin embargo, no obstante
Denun|ziant(in) [denʊntsɪ'ant(ɪn)] *m* ⟨-en; -en⟩ (*f*) delator, a *m,f*, denunciante *m,f*; **~ziati'on** *f* denuncia *f*; **≗'zieren** *v/t* ⟨*sin* ge⟩ ***j-n ~*** (***bei***) denunciar a alg (a)
Deo ['deːo] *n* ⟨-s; -s⟩, **~dorant** [deˀodo'rant] *n* ⟨-s; -e, -s⟩ desodorante *m*; **~roller** *m* desodorante *m* de bola; **~spray** *m* desodorante *m* en spray
Departement *n* **1** *schweiz* ⟨-s; -e⟩ (*Ministerium*) ministerio *m*; **2** ⟨-s; -s⟩ *französischer Verwaltungbezirk* departamento *m*
deplatziert [depla'tsiːrt] *adjt* desplazado, fuera de lugar
Deponie [depo'niː] *f* (*Müll≗*) vertedero *m*, basurero *m*; ***wilde ~*** vertedero *m* salvaje *od* ilegal
depo'nieren *v/t* ⟨*sin* ge⟩ depositar (***bei*** en); *Müll* deponer
Depor|tation [depɔrtatsi'oːn] *f* deportación *f*; **≗'tieren** *v/t* ⟨*sin* ge⟩ deportar; **~'tierte(r)** *f(m)* ⟨→ A⟩ deportado, -a *m,f*
Depot [de'poː] *n* ⟨-s; -s⟩ **1** ECON (*Lager*) almacén *m*; **2** FIN *von Wertpapieren* depósito *m*
Depp [dɛp] *m* ⟨-s *od* -en; -en⟩ *bsd südd* imbécil *m*
Depression [deprɛsɪ'oːn] *f* depresión *f*
depres'siv *adj* depresivo
deprimieren [depri'miːrən] *v/t* ⟨*sin* ge⟩ deprimir; **~d** deprimente; ***deprimiert sein*** estar deprimido
der[1] [deːr] *art* (*m sg*) ⟨*dat* dem, *acus* den⟩ **I** *art* ⟨*gen* des⟩ *artículo determinado masculino* el, la; ***~ Baum*** el árbol; ***~ Löffel*** la cuchara; **II** *pr/dem* ⟨*gen* dessen⟩ éste, ésta, ése, ésa; ***~ hier*** éste, ésta de aquí; **III** *pr/rel* ⟨*gen* dessen⟩ que, el, la cual; **IV** F *pr/pers*

〈*gen* dessen〉 (*er*) ése; **~ und sein Wort halten?** ¿ése y cumplir su palabra?
der[2] *dat sg* → **die**[1]; *gen sg* → **die**[1] **I**
der[3] *gen pl* → **die**[2] **I**
DER [deːeːˈʔɛr] *n Abk* (*Deutsches Reisebüro*) Agencia *f* Alemana de Viajes
ˈderart *adv* de tal modo
ˈderˈartig I *adj* tal, semejante; **e-e ~e Kälte** un frío tal; **II** *adv* de tal modo
derb [dɛrp] *adj* **1** *Material* fuerte, sólido; **2** *Witz, Stil usw* grosero, vulgar; **ˈ♀heit** *f e-s Materials* firmeza *f*, solidez *f*; *von Witzen usw* grosería *f*
ˈDeregulierung *f* FIN desregulación *f*
deren [ˈdɛrən] **I** pron *gen sg* → **die**[1] **II, III**; **II** *gen pl* → **die**[2] **II, III**; **III** *pr/pos* **1** *sg* **meine Schwester und ~ Mann** mi hermana y su marido; **2** *pl* **meine Kinder und ~ Freunde** mis hijos y sus amigos
derentwegen [ˈdeːrəntveːgən] **I** *adv* por ellos, ellas; **II** *pr/rel* por los, las cuales
ˈderˈgleichen *pr/dem* **1** (*solche*) tal, semejante; **~ Fragen** semejantes preguntas *f/pl*; **2** (*so etwas*) **nichts ~** nada de eso; **und ~ mehr** y otras cosas por el estilo
Derivat [deriˈvaːt] *n* 〈-(e)s; -e〉 derivado *m*
ˈderjenige *pr/dem* el, la que; **~, der** aquel, aquella que
dermaßen [ˈdeːrmaːsən] *adv* de tal modo
Dermatolog|e [dɛrmatoˈloːgə] *m* 〈-n; -n〉, **~in** *f* MED dermatólogo, -a *m,f*
derˈselbe *pr/dem* el mismo, la misma
ˈderˈzeit *adv* actualmente; (*damals*) (en aquel) entonces
ˈderˈzeitig *adj* actual; (*damalig*) de entonces
des *gen sg* → **der**[1] **I**, → **das I**
Des [dɛs] *n* 〈-; -〉 MUS re *m* bemol
Deser|teur [dezɛrˈtøːr] *m* 〈-s; -e〉 desertor *m*; **♀ˈtieren** *v/i* 〈*sin* ge, sn〉 desertar
desgl. *Abk* (*desgleichen*) ídem
ˈdesˈgleichen *adv u cj* igualmente, asimismo
ˈdeshalb *adv u cj* por eso; **gerade ~!** ¡por eso mismo!
Design [diˈzaɪn] *n* 〈-s; -s〉 diseño *m*; **~er(in)** *m* 〈-s, -〉 (*f*) diseñador, a *m,f*; **~ermöbel** *n/pl* muebles *m/pl* de diseño; **~ermode** *f* moda *f* de diseño
designiert [dezɪˈgniːrt] *adjt* designado
desillusioˈnieren *v/t* 〈*sin* ge〉 desilusionar
Desinfektiˈon *f* desinfección *f*; **~smittel** *n* desinfectante *m*
desinfiˈzieren *v/t* 〈*sin* ge〉 desinfectar
Desinformatiˈon *f* falta *f* de información; desinformación *f*
ˈDesinteresse *n* 〈-s〉 desinterés *m* (**an** *+dat* por)
ˈdesinteressiert *adjt* desinteresado
Desktop-Publishing [ˈdɛsktɔppabliʃɪŋ] *n* 〈-s〉 INFORM autoedición *f*
desolat [dezoˈlaːt] *adj* desolador, desastroso
Desorganisatiˈon *f* desorganización *f*
desorienˈtiert *adjt* desorientado
Despot [dɛsˈpoːt] *m* 〈-en; -en〉 déspota *m*; **♀isch** *adj* despótico
Despoˈtismus *m* 〈-〉 despotismo *m*
dessen [ˈdɛsən] **I** *gen sg* → **das II, III**, **der**[1] **II, III**; **~ ungeachtet** a pesar de ello; no obstante; **II** *pr/pos* **mein Bruder und ~ Frau** mi hermano y su mujer
Dessert [dɛˈsɛːr] *n* 〈-s; -s〉 postre *m*
destillieren [dɛstɪˈliːrən] *v/t* 〈*sin* ge〉 destilar
desto [ˈdɛsto] **I** *adv* tanto; **~ besser!** ¡tanto mejor!; **~ schlimmer!** ¡tanto peor!; **II** *cj* **je mehr, eher** *usw*, **~ besser** cuanto más, antes, *etc*, mejor
destruktiv [destrʊkˈtiːf] *adj* destructivo
deswegen [ˈdɛsˈveːgən] *adv u cj* por eso; **gerade ~!** ¡por eso mismo!
Detail [deˈtaːj] *n* 〈-s; -s〉 detalle *m*, pormenor *m*; **♀ˈliert I** *adjt* detallado, pormenorizado; **II** *adv* en detalle, con pormenores; **~kenntnisse** *f/pl* conocimientos *m/pl* detallados
Detektei [detɛkˈtei] *f* 〈-, -en〉 agencia *f* de detectives
Detekˈtiv|(in) *m* 〈-s; -e〉 (*f*) detective *m,f*; **~büro** *n* despacho *m* de detectives; **~roman** *m* novela *f* policiaca
Deˈtektor *m* 〈-s, -ˈtoren〉 detector *m*
Deto|nation [detonatsiˈoːn] *f* detonación *f*; **♀ˈnieren** *v/i* 〈*sin* ge, sn〉 detonar
deuten [ˈdɔʏtən] **I** *v/t* (*auslegen*) interpretar, leer; **falsch ~** interpretar mal; **II** *v/i* (*zeigen*) **~ auf** (*+acus*) señalar, indicar
deutlich [ˈdɔʏtlɪç] *adj* **1** (*klar*) claro; **2** (*spürbar*) manifiesto, evidente, marcado; **~er Fortschritt** progreso *m* evidente; **3** F **~ werden** ser franco; **muss ich noch ~er werden?** ¿tengo que explicarme más?
ˈDeutlichkeit *f* 〈-〉 claridad *f*, evidencia *f*; **mit aller ~** con toda franqueza
deutsch [dɔʏtʃ] *adj* alemán; **~ sprechen** hablar alemán; **Deutsche Demokratische Republik** HIST República *f* Democrática Alemana
Deutsch *n* 〈-s〉 alemán *m*; **auf ~, in ~** en alemán; **fließend ~ sprechen** hablar alemán con fluidez; **er kann gut ~** habla bien alemán; F **auf gut ~** sin rodeos, claramente; F en cristiano
ˈDeutsche(r) *f(m)* 〈→ A〉 alemán, -ana *m,f*
ˈDeutschland *n* 〈-s〉 Alemania *f*; **in ~** en Alemania; **nach ~ reisen** viajar *od* ir a Alemania

'Deutsch|lehrer(in) *m(f)* profesor, a *m,f* de alemán; **⁀sprachig** *adj* de habla alemana; **~unterricht** *m* clase *m* de alemán
'Deutung *f* interpretación *f*, explicación *f*
Devise [de'vi:zə] *f* divisa *f*, lema *m*
De'visen *pl* ECON divisas *f/pl*; **~bestimmungen** *f/pl* disposiciones f/pl legales sobre divisas *od* en materia de divisas; **~börse** *f* bolsa *f* de divisas; **~konto** *n* cuenta *f* en divisas; **~geschäfte** *n/pl*, **~handel** *m* operaciones *f/pl* de divisas *od* de cambio; **~händler(in)** *m(f)*, **~makler(in)** *m(f)* cambista *m,f*, corredor, a *m,f* de cambio(s); **~markt** *m* mercado *m* de divisas; **~schmuggel** *m* contrabando *m* de divisas; **~spekulation** *f* especulación *f* con los cambios; **~termingeschäft** *n* transacciones *f/pl* a término en divisas, operaciones *f/pl* (de cambio) a plazo; **~terminmarkt** *m* mercado *m* de divisas a plazo
Dezember [de'tsɛmbər] *m* ⟨-(s); -⟩ diciembre *m*; ***im ~*** en diciembre; → ***Januar***
dezent [de'tsɛnt] *adj* decente, discreto
dezen'tral *adj* descentralizado; **~i'sieren** *v/t* ⟨*sin* ge⟩ descentralizar; **⁀i'sierung** *f* descentralización *f*
Dezernat [detsɛr'na:t] *n* ⟨-(e)s; -e⟩ negociado *m*, departamento *m*
Dezernent(in) [detsɛr'nɛnt(ɪn)] *m* ⟨-en; -en⟩ *(f)* jefe, -a *m,f* de negociado
Dezi|bel ['de:tsibɛl] *n* ⟨-s; -⟩ decibelio *m*; **~liter** *m od n Maßeinheit* decilitro *m*
dezimal [detsi'ma:l] *adj* MAT decimal; **⁀stelle** *f* decimal *m*; **⁀system** *n* sistema *m* decimal; **⁀zahl** *f* (número *m*) decimal *m*
Dezimeter ['de:tsime:tər] *m od n* ⟨-s; -⟩ decímetro *m*
dezimieren [detsi'mi:rən] *v/t* ⟨*sin* ge⟩ diezmar
DFB [de:ˀɛf'be:] *m Abk* (*Deutscher Fußballbund*) Federación *f* Alemana de Fútbol
DFÜ [de:ˀɛf'ˀy:] *f Abk* → ***Datenfernübertragung***
DGB [de:ge:'be:] *m* Abk (Deutscher Gewerkschaftsbund) Confederación *f* de Sindicatos Alemanes
dgl. *Abk* (*dergleichen*) tal; semejante; análogo
d.Gr. *Abk* (*der Große*) el Grande
d.h. *Abk* (*das heißt*) es decir; o sea
Dia ['di:a] *n* ⟨-s; -s⟩ diapositiva *f*
Diabe|tes [dia'be:tɛs] *m* MED diabetes *f*; **~tiker(in)** [-tikər(ɪn)] *m(f)* diabético, -a *m,f*
diabolisch [dia'bo:lɪʃ] *adj* diabólico
Diadem [dia'de:m] *n* ⟨-s; -e⟩ diadema *f*
'Diafilm *m* película *f od* carrete *m* para diapositivas
Diagnose [diag'no:zə] *f* diagnóstico *m*; ***e-e ~ stellen*** establecer *od* hacer un diagnóstico
diagnostizieren [diagnɔsti'tsi:rən] *v/t* ⟨*sin* ge⟩ diagnosticar
diagonal [diago'na:l] *adj* diagonal
Diago'nale *f* diagonal *f*
Diagramm [dia'gram] *n* ⟨-s; -e⟩ diagrama *m*
Diakon [dia'ko:n] *m* ⟨-s, -en; -e(n)⟩ diácono *m*
Diakonisse [diako'nɪsə] *f* diaconisa *f*
Dialekt [dia'lɛkt] *m* ⟨-(e)s; -e⟩ dialecto *m*
Dialektik [dia'lɛktɪk] *f* ⟨-⟩ dialéctica *f*
Dialog [dia'lo:k] *m* ⟨-(e)s; -e⟩ diálogo *m*; ***e-n ~ führen*** dialogar
Dialyse [dia'ly:zə] *f* MED diálisis *f*
Diamant [dia'mant] *m* ⟨-en; -en⟩ diamante *m*
diametral [diame'tra:l] **I** *adj* diametral; **II** *adv* ***~ entgegengesetzt*** diametralmente opuesto
'Dia|positiv *n* ⟨-s; -e⟩ diapositiva *f*; **~projektor** *m* proyector *m* (de diapositivas); **~rahmen** *m* marco *m* de diapositivas
Diät [di'ɛ:t] *f* ⟨-; -en⟩ dieta *f*, régimen *m*; ***~ halten*** *od* ***leben*** seguir un régimen; ***j-n auf ~ setzen*** poner a alg a dieta
Di'ätassistent(in) *m(f)* dietista *m,f*
Di'äten *pl* POL dietas *f/pl*
dich [dɪç] **I** *pr/pers* (*acus de* du) te; *betont* a ti; **II** *pr/refl* te; ***du solltest ~ schämen!*** ¡tendría que darte vergüenza!
dicht [dɪçt] **I** *adj* **1** denso; *Wald*, *Gestrüpp*, *Haar*, *Verkehr usw* tupido, espeso; *Nebel* espeso; **2** (*undurchlässig*) impermeable; **3** F ***er ist nicht ganz ~*** (*er ist verrückt*) no está bien de la cabeza; **II** *adv* **4** ***~ gedrängt*** apretado; ***~ an ~ stehen*** estar uno junto al otro; ***~ bevölkertes Land*** país *m* con gran densidad de población; ***~ gefolgt von*** seguido muy de cerca por; **5** ***~ schließen*** cerrar herméticamente; **6** (*nah*) ***~ neben*** justo al lado de; ***~ hinter j-m*** pisándole los talones a alg
'Dichte *f* ⟨-⟩ densidad *f*
dichten[1] ['dɪçtən] *v/t* TEC impermeabilizar
'dichten[2] **I** *v/t* (*verfassen*) componer; **II** *v/i* hacer versos
'Dichter(in) *m(f)* poeta *m,f* (*a* poetisa f)
'dichterisch *adj* poético
'dichthalten F *v/i* ⟨*irr, sep*⟩ callarse, guardar el secreto; ***nicht ~*** irse de la lengua
'Dichtkunst *f* ⟨-⟩ poesía *f*
'dichtmachen F *v/t, v/i* ⟨*sep*⟩ cerrar; (*Strecke*) bloquear
'Dichtung[1] *f* TEC junta *f*
'Dichtung[2] *f* (*Lyrik*) poesía *f*
'Dichtungsring *m* anillo *m* (para juntas)
dick [dɪk] **I** *adj* **1** *allg* grueso, gordo; ***5 cm ~ (sein)*** (tener) 5 cm de grosor *od* espesor;

fig ***mit j-m durch ~ und dünn gehen*** seguir a alg incondicionalmente; **2** *Person* gordo; ***~ machen*** engordar; ***~ werden*** ponerse gordo; **3** (*geschwollen*) hinchado; ***e-e ~e Backe*** un carrillo *m* hinchado; **4** F bueno; ***sie sind ~e Freunde*** son íntimos amigos; ***er fährt e-n ~en Wagen*** tiene un cochazo; **II** *adv* **5** ***sich ~ anziehen*** abrigarse bien; ***etw ~ unterstreichen*** remarcar a/c; **6** F ***ich habe es ~, alles allein zu machen*** estoy harto de hacerlo todo solo

'dickbäuchig [-bɔʏçɪç] *adj* barrigudo

'Dickdarm *m* intestino *m* grueso

'Dicke *f* ⟨-⟩ espesor *m*

'Dicke(r) F *f(m)* ⟨→ A⟩ gordo, -a *m,f*

'Dick|erchen F *n* ⟨-s; -⟩ regordete, -a *m,f*; **≈fellig** F *adj* insensible, indiferente; **≈flüssig** *adj* viscoso, espeso; **~häuter** [-hɔʏtər] *m* paquidermo *m*

Dickicht ['dɪkɪçt] *n* ⟨-s; -e⟩ **1** (*dichter Bewuchs*) espesura *f*; **2** *fig* maleza *f*

'Dickkopf F *m* cabezota *m,f*, cabezón, -ona *m,f*; ***e-n ~ haben*** ser un, -a cabezota

'dick|köpfig [-kœpfɪç] F *adj* terco, testarudo, cabezón; **~lich** *adj* **1** *Person* (re)gordete; **2** *Flüssigkeit* viscoso, espeso; **≈milch** *f* cuajada *f*; **~schalig** *adj* de piel gruesa; **≈wanst** F *desp m* panzudo, -a *m,f*

Didaktik [di'daktɪk] *f* ⟨-⟩ didáctica *f*

di'daktisch *adj* didáctico

die[1] [diː] *art f sg* ⟨*dat* der, *acus* die⟩ **I** *art* ⟨*gen* der⟩ *artículo determinado femenino* la, el; ***~ Oma*** la abuela; ***~ Nummer*** el número; **II** *pr/dem* ⟨*gen* deren⟩ ésta, éste, ésa, ése; ***~ da meine ich*** me refiero a ésa, ése de ahí; ***~ nicht!*** ¡ésa, ése no!; ***~ und schlank?*** ¿delgada ésa?; **III** *pr/rel* ⟨*gen* deren⟩ que, la, el cual; **IV** F *pr/pers* → ***sie I***

die[2] *art pl* **I** *art* ⟨*gen* der, *dat* der, *acus* die⟩ *artículo determinado plural*; los, las; ***~ Autos*** los coches; ***~ Tische*** las mesas; ***~ armen Leute*** la pobre gente; **II** *pr/dem* ⟨*gen* deren, *dat* denen, *acus* die⟩ éstos, éstas, ésos, ésas; ***wer sind ~ da?*** ¿quiénes son ésos, ésas?; **III** *pr/rel* ⟨*gen* deren, *dat* denen, *acus* die⟩ que; los, las cuales; ***die Leute, die*** la gente que; **IV** F *pr/pers* → ***sie II***

Dieb [diːp] *m* ⟨-(e)s; -e⟩ ladrón *m*

'Diebes|bande ['diːbəs-] *f* cuadrilla *f* de ladrones; **~beute** *f*, **~gut** *n* botín *m*

Diebin ['diːbɪn] *f* ladrona *f*

diebisch ['diːbɪʃ] **I** *adj* **1** ratero, ladrón; *fig* ***e-e ~e Elster*** una ladrona; **2** *fig Vergnügen, Freude* enorme, divino; **II** *adv* ***sich ~ freuen*** alegrarse como un niño (***über*** de)

Diebstahl ['diːpʃtaːl] *m* ⟨-(e)s; ⸚e⟩ robo *m*; ***e-n ~ begehen*** cometer un robo

'diejenige *pr/dem* el, la que; ***~, die*** aquel, aquella que

Diele ['diːlə] *f* **1** (*Flur*) vestíbulo *m*; **2** (*Bodenbrett*) tabla *f* (del entarimado)

dienen ['diːnən] *v/i* **1** servir (***als*** de; ***zu*** para); ***j-m ~*** servir(le) a alg; ***womit kann ich ~?*** ¿en qué puedo servirle?; ***damit ist mir nicht gedient*** eso no me sirve para nada; ***das dient e-m guten Zweck*** eso es para una buena causa; ***das dient als Ersatz für ...*** eso hace las veces de ...; **2** MIL *bei der Armee* servir, hacer el servicio (militar)

'Diener(in) *m(f)* criado, -a *m,f*, sirviente, -a *m,f*; **~schaft** *f* ⟨-⟩ servidumbre *f*

'dienlich *adj* utilizable, provechoso; (***j-m*** *od* ***e-r Sache***) ***~ sein*** ser útil (a alg *od* a a/c)

Dienst [diːnst] *m* ⟨-es; -e⟩ **1** (*Tätigkeit*) servicio *m*; ***im ~ sein, ~ haben*** estar de servicio; ***~ nach Vorschrift*** huelga *f* de celo; ***der ~ habende Arzt*** el médico de turno *od* de servicio; **2** (*Hilfeleistung*) servicio *m*; ***j-m e-n guten, schlechten ~ erweisen*** hacer (-le) un favor, un flaco servicio a alg; *Sache* ***j-m gute ~e leisten*** hacer(le) a alg un buen servicio; **3** (*Amt*) cargo *m*; ***außer ~ (sein)*** (estar) jubilado *od* retirado; **4** ***öffentlicher ~*** servicio *m* público

Dienstag ['diːnstaːk] *m* ⟨-(e)s; -e⟩ martes *m*; ***am ~*** el martes

'Dienstagabend *m* martes *m* por la tarde

'dienstag'abends *adv* los martes por la tarde

'dienstags *adv* los martes; ***~ abends*** los martes por la tarde

'Dienst|alter *n* antigüedad *f*; **~älteste(r)** *f(m)* decano, -a *m,f* (en el servicio); **~antritt** *m* entrada *f* en (el) servicio *od* en funciones

'dienstbar *adj* sumiso, servicial; ***sich*** (*dat*) ***etw ~ machen*** aprovecharse de a/c

'dienstbereit *adj Apotheke usw* de guardia

'Dienst|eid *m* juramento *m* profesional *od* del cargo; **~eifer** *m* celo *m* profesional; **≈eifrig** *adj* celoso, solícito

'dienstfrei *adj* libre (de servicio); ***~er Tag*** día *m* libre; ***~ haben*** tener día libre

'Dienstgebrauch *m* ***nur für den ~*** sólo para finalidades del servicio

'Dienst|geheimnis *n* secreto *m* profesional; **~gespräch** *n* TEL conferencia *f* oficial; **~grad** *m* categoría *f* profesional; MIL graduación *f*; **~herr** *m* **1** (*Arbeitgeber*) patrono *m*; **2** (*vorgesetzte Behörde*) superior *m*

'Dienstleistung *f* (prestación *f* de) servicio *m*; ***ausgelagerte ~en*** BUCHHALTUNG servicios *m/pl* exteriores

'Dienstleistungs|angebot *n* oferta *f* de servicios; **~betrieb** *m* empresa *f* de servicios; **~branche** *f* sector *m* de servicios; **~gesellschaft** *f* sociedad *f* de servicios; **~gewerbe** *n*, **~sektor** *m* sector *m* de servicios; **~unternehmen** *n* empresa *f* de servicios

'dienstlich I *adj* oficial; **II** *adv* de forma oficial; ***~ unterwegs sein*** estar en viaje de trabajo

'Dienst|mädchen *n* criada *f*, sirvienta *f*; **~marke** *f* chapa *f* de identificación; **~reise** *f* viaje *m* de trabajo

'Dienstschluss *m* hora *f* de cierre; ***nach ~*** tras el cierre

'Dienst|stelle *f* negociado *m*, departamento *m*; **~stunden** *pl* horas *f/pl* de servicio; **Ձtauglich** *adj* MIL apto para el servicio; **Ձuntauglich** *adj* MIL inútil para el servicio; **~verhältnis** *n* empleo *m*, cargo *m*; **~vorschrift** *f* reglamento *m*, ordenanzas *f/pl*; **~wagen** *m* coche *m* oficial

'Dienstweg *m* vía *f* reglamentaria; (*Amtsweg*) trámite *m od* vía *f* oficial; ***auf dem ~*** por vía reglamentaria *bzw* oficial; ***den ~ einhalten*** *a fig* seguir la vía reglamentaria *bzw* oficial

'Dienstwohnung *f* domicilio *m* de servicio

dies [diːs] *pr/dem* → ***diese(r, -s)***

diesbezüglich ['diːs-] **I** *adj* correspondiente; **II** *adv* al respecto, (con) respecto a eso

diese(r, -s) ['diːzə(r, -s)] *pr/dem* ⟨*pl* diese⟩ **I** *adj* este, esta, ese, esa; ***~ pl*** estos, estas, esos, esas; ***~r Tage*** el otro día; *zukünftig* uno de estos días; ***~s und jenes, dies und das*** esto y lo otro; **II** *su* éste, ésta, esto, ése, ésa, eso

Diesel ['diːzəl] *m* **1** *Kraftstoff* gasóleo *m*, (combustible *m*) diesel *m*; **2** *Motor, Fahrzeug* diesel *m*

dieselbe [diː'zɛlbə] *pr/dem* el mismo, la misma

'Dieselmotor *m* motor *m* diesel

'dieser, 'dieses → ***diese(r, -s)***

diesig ['diːzɪç] *adj* calimoso, brumoso

dies|jährig ['diːsjɛːrɪç] *adj* de este año; **~mal** *adv* esta vez; **~seitig** [-zaɪtɪç] *adj* de este lado; **~seits** [-zaɪts] **I** *adv* a este lado; **II** *prp* ⟨+*gen*⟩ a este lado de

Dietrich ['diːtrɪç] *m* ⟨-s; -e⟩ TEC ganzúa *f*

diffamieren [dɪfa'miːrən] *v/t* ⟨*sin* ge⟩ difamar

Differenz [dɪfə'rɛnts] *f* diferencia *f* (*a Streit*); **~i'al** *n* MAT diferencial *f*; AUTO diferencial *m*; **~i'alrechnung** *f* MAT cálculo *m* diferencial

differen|'zieren *v/t, v/i* ⟨*sin* ge⟩ diferenciar; **~'ziert** *adv/l* detallado

differieren [dɪfə'riːrən] *geh v/i* ⟨*sin* ge⟩ diferir (***um*** en)

diffus [dɪ'fuːs] *adj* difuso

digital [digi'taːl] *adj* digital; **Ձfernsehen** *n* televisión *f* digital; **~i'sieren** *v/t* ⟨*sin* ge⟩ digitalizar

Digi'tal|kamera *f* cámara *f* digital; **~uhr** *f* reloj *m* digital

Diktaphon [dikta'foːn] *n* ⟨-s; -e⟩ dictáfono *m*

Diktat [dɪk'taːt] *n* ⟨-(e)s; -e⟩ **1** *Schule usw* dictado *m*; **2** *fig* (*Befehl*) imposición *m*, mandato *m*, dictado *m*

Dikta|tor [dɪk'taːtɔr] *m* ⟨-s; -'toren⟩ dictador *m*; **~'torin** [-'toːrɪn] *f* dictadora *f*; **Ձ'torisch** *adj* dictatorial; **~tur** [-'tuːr] *f* dictadura *f*

dik'tier|en *v/t, v/i* ⟨*sin* ge⟩ dictar; **Ձgerät** *n* dictáfono *m*

Dilemma [di'lɛma] *n* ⟨-s; -s, -ta⟩ dilema *m*

Dilettant(in) [dilɛ'tant(ɪn)] *m* ⟨-en; -en⟩ (*f*) diletante *m,f*, aficionado, -a *m,f*; **Ձisch** *adj* diletante

Dill [dɪl] *m* ⟨-(e)s; -e⟩ BOT eneldo *m*

Dimension [dimɛnzi'oːn] *f* MAT, *fig* dimensión *f*

Dimmer ['dɪmər] *m* interruptor *m* con regulador

DIN [diːn] *Abk* (*Deutsche Industrie-Norm*) norma *f* DIN, norma *f* industrial alemana; **~-A'4-Blatt** *n* hoja *f* DIN A4

Ding [dɪŋ] *n* ⟨-(e)s; -e⟩ **1** (*Sache*) cosa *f*; (*Gegenstand*) objeto *m*; **2** *pl* **~e** (*Angelegenheiten*) asuntos *m/pl*; ***der Stand der ~e*** el estado de las cosas; ***das geht nicht mit rechten ~en zu*** aquí pasa algo raro; ***vor allen ~en*** sobre todo; **3** *geh* ***guter ~e sein*** estar de buen humor; **4** F ⟨*pl* -er⟩ (*Person*) ***armes ~!*** ¡pobre criatura!; ***dummes ~*** ¡tonta!; **5** F ⟨*pl* -er⟩ ***ein tolles ~*** una cosa estupenda; ***das ist ja ein ~!*** ¡vaya lío!; **6** F ⟨*pl* -er⟩ (*Coup*) ***ein ~ drehen*** dar un golpe

'dingfest *adj* ***j-n ~ machen*** arrestar a alg

Dings [dɪŋs] ⟨-⟩, **'~bums** ⟨-⟩, **'~da** ⟨-⟩ F **I** *n* (*Ding*) cosa *f*; **II** *m,f Person* ***der ~, die ~*** fulano, -a *m,f*

Dinkel ['dɪŋkəl] *m* ⟨-s⟩ BOT espelta *f*

Dinosaurier [dino'zaʊriər] *m*, F **'Dino** *m* ⟨-s; -s⟩dinosaurio *m*

Diode [di'oːdə] *f* EL diodo *m*

Diözese [diø'tseːzə] *f* REL diócesis *f*

Diphtherie [dɪfte'riː] *f* difteria *f*

Diphthong [dɪf'tɔŋ] *m* ⟨-s; -e⟩ LING diptongo *m*

Dipl.-Ing. *m Abk* (*Diplom-Ingenieur*) Ing. dipl. (*ingeniero diplomado*)

Diplom [di'ploːm] *n* ⟨-(e)s; -e⟩ diploma *m* (*título de licenciatura en algunas carreras*)

Di'plom|... *in Zssgn bsd Berufe* diplomado; **~arbeit** *f* tesina *f*

Diplomat|(in) [diplo'maːt(ɪn)] *m* ⟨-en; -en⟩ (*f*) diplomático, -a *m,f*; **~enkoffer** *m* valija *f* diplomática

Diplo|matie [diploma'tiː] *f* ⟨-⟩ diplomacia *f*; **Ձ'matisch** *adj* diplomático

D

Di'plom|betriebswirt(in) *m(f)* licenciado, -a *m,f* en ciencias empresariales; **~ingenieur(in)** *m(f)* ingeniero, -a *m,f* (diplomado, -a); **~volkswirt(in)** *m(f)* licenciado, -a *m,f* en ciencias económicas
dir [diːr] **I** *pr/pers* (*dat de* du) te; *betont* a ti; ***wie geht es dir?*** ¿cómo estás?; **II** *pr/refl* te; ***wasch ~ die Hände!*** ¡lávate las manos!
direkt [di'rɛkt] **I** *adj* **1** directo; **II** *adv* **2** directamente; ***~ vor dir*** justo delante de ti; **3** (*live*) ***~ übertragen*** transmitir en directo; **4** F ***das ist ~ lächerlich*** *usw* es realmente gracioso, *etc*
Di'rekt|bestellung *f* pedido *m* directo; **~besteuerung** *f* imposición *f* directa; **~flug** *m* vuelo *m* directo; **~investition** *f* inversión *f* directa
Direktion [dirɛktsi'oːn] *f* dirección *f*; **~sassistent(in)** *m(f)* asistente *m,f* de dirección
Direktive [dirɛk'tiːvə] *f* directiva *f*
Di'rekt|mandat *n* POL mandato *m* directo; **~marketing** *n* marketing *m* directo
Direk|tor [di'rɛktɔr] *m* ‹-s; -'toren›, **~'torin** *f* director, a *m,f*; ***kaufmännischer ~*** director *m* comercial; ***stellvertretender ~*** director *m* adjunto, subdirector *m*
Direk'torium [dirɛk'toːriʊm] *n* ‹-s; -rien› junta *f* directiva
Di'rekt|übertragung *f* TV (re)transmisión *f* en directo; **~verkauf** *m* venta *f* directa; **~versicherer** *m* compañía *f* de seguros directos, asegurador *m* directo; **~vertrieb** *m* distribución *f* directa; **~werbung** *f* publicidad *f* directa
Dirigent(in) [diri'gɛnt(ɪn)] *m* ‹-en; -en› *(f)* MUS director, a *m,f* (de orquesta)
dirigieren [diri'giːrən] *v/t, v/i* ‹*sin* ge› a MUS dirigir
Dirndl ['dɪrndəl] *n* ‹-s; -›, **~kleid** *n* vestido *m* tirolés
Dirne ['dɪrnə] *f* prostituta *f*
Dis [dɪs] *n* ‹-; -› MUS re *m* sostenido
Disagio [dɪs'aːdʒo] *n* ‹-s› disagio *m*, descuento *m*
Disco [dɪsko] *f* ‹-; -s› → ***Disko***
Disharmo'nie *f* disonancia *f*
Diskant [dɪs'kant] *m* ‹-s; -e› MUS tiple *m*
Diskette [dɪs'kɛtə] *f* INFORM disquete *m*; ***auf ~ abspeichern*** almacenar en disquete
Dis'ketten|box *f*, **~kasten** *m* caja *f* de disquetes; **~etikett** *n* etiqueta *f* para disquete(s); **~laufwerk** *n* INFORM disquetera *f*; **~versandtasche** *f* sobre *m* de envío de *od* para disquetes
Diskjockey ['dɪsk-] *m* MUS pinchadiscos *m*, disk-jockey *m*
Disko ['dɪsko] F *f* ‹-; -s› disco *f*
Diskont [dɪs'kɔnt] *m* ‹-s; -e› ECON descuento *m*
diskon'tieren *v/t* descontar
Dis'kont|laden *m* tienda *f* de descuento(s); **~preis** *m* precio *m* de descuento; **~satz** *m* tipo *m* de descuento
Diskothek [dɪsko'teːk] *f* ‹-; -en› discoteca *f*
Diskrepanz [dɪskre'pants] *f* discrepancia *f*
diskret [dɪs'kreːt] *adj* discreto
Diskretion [dɪskretsi'oːn] *f* ‹-› discreción *f*; ***um ~ bitten*** pedir discreción
diskriminier|en [dɪskrimi'niːrən] *v/t* ‹*sin* ge› discriminar; **⁀ung** *f* discriminación *f*
Diskus ['dɪskʊs] *m* ‹-(ses); -se, Disken› SPORT disco *m*
Diskussion [dɪskʊsi'oːn] *f* discusión *f*, debate *m* (***über*** *+acus* sobre); ***etwas zur ~ stellen*** someter algo a discusión; ***zur ~ stehen*** ser materia de discusión; ***das steht nicht zur ~*** (*kommt nicht in Frage*) eso ya está decidido
Diskussi'onsleiter(in) *m(f)* moderador, a *m,f* (de un debate)
'Diskus|werfen *n* ‹-s› SPORT lanzamiento *m* de disco; **~werfer(in)** *m(f)* lanzador, a *m,f* de disco
diskutieren [dɪsku'tiːrən] *v/t, v/i* ‹*sin* ge› discutir (***über*** *+acus* sobre)
Display ['dɪspleː] *n* ‹-s; -s› INFORM display *m*
Dispo|nent(in) [dɪspo'nɛnt(ɪn)] *m* ‹-en; -en› *(f)* ECON apoderado, -a *m,f*, gerente *m,f*; **⁀'nieren** *v/i* ‹*sin* ge› disponer (***über*** *+acus* de); **'~kredit** *m* FIN → ***Dispositionskredit***
Disposition [dɪspozitsi'oːn] *f* disposición *f*; ***s-e ~en treffen*** disponer; ***zur ~ stehen*** estar a disposición
Dispositi'onskredit *m* ECON crédito *m* a disposición
Disqualifi|kati'on *f* descalificación *f* (***wegen*** por); **⁀'zieren** ‹*sin* ge› **I** *v/t* descalificar (***wegen*** por); **II** *v/r fig* ***sich ~*** descalificarse (***durch, mit*** por)
Dissertation [dɪsɛrtatsi'oːn] *f* (*Doktorarbeit*) tesis *f* doctoral
Dissident(in) [dɪsi'dɛnt(ɪn)] *m* ‹-en; -en› *(f)* disidente *m,f*
Dissonanz [dɪso'nants] *f* MUS disonancia *f*
Distan|z [dɪs'tants] *f* ‹-› distancia *f*; **⁀'zieren** *v/r* ‹*sin* ge› ***sich ~*** distanciarse (***von*** de); **⁀'ziert** *adjt u advl* distanciado
Distel ['dɪstəl] *f* ‹-; -n› BOT cardo *m*; **~fink** *m* jilguero *m*
Distrikt [dɪs'trɪkt] *m* ‹-(e)s; -e› distrito *m*
Disziplin [dɪstsi'pliːn] *f* ‹-; -en› disciplina *f* (*a Fach, Sportart*)
diszipli'nar|isch *adj* disciplinario; **⁀strafe** *f* castigo *m* disciplinario; **⁀verfahren** *n* procedimiento *m* disciplinario
diszipli'niert *adjt* disciplinado
diszi'plinlos *adj* indisciplinado
dito ['diːto] F *adv* ídem

Diva ['diːva] *f* ⟨-; -s, Diven⟩ diva *f*
diver|se [di'vɛrsə] *adj* ⟨*pl*⟩ diversos, diferentes; **℮se(s)** *n* ⟨→A⟩ gastos *m/pl* diversos
diversifi|zieren [divɛrzifi'tsiːrən] *v/t, v/i* ⟨*sin* ge⟩ ECON diversificar; **℮zierung** *f* diversificación *f*
Dividende [divi'dɛndə] *f* ECON dividendo *m*; ***~n ausschütten*** repartir dividendos
divi|dieren [divi'diːrən] ⟨*sin* ge⟩ MAT dividir (***durch*** por, entre); **℮si'on** *f* MAT, MIL división *f*
DJ ['didʒeː] *m* ⟨-(s); -s⟩ (*Diskjockey*) pinchadiscos *m*, disk-jockey *m*
d.J. *Abk* (*dieses Jahres*) del (año) corriente
DKP [deːka'peː] *f Abk* (*Deutsche Kommunistische Partei*) Partido *m* Comunista de Alemania
dl Abk (Deziliter) decilitro
DM [deː'ʔɛm] *f Abk* HIST (*Deutsche Mark*) marco *m* alemán
d.M. *Abk* (*dieses Monats*) del (mes) corriente
'd-Moll *n* MUS re *m* menor
DNS [deːʔɛn'ʔɛs] *f Abk* ⟨-⟩ BIOL (*Desoxyribonukleinsäure*) ADN *m*
d.O. *Abk* (*der oben Genannte*) el susodicho; el arriba mencionado
doch [dɔx] **I** *cj* **1** (*aber*) pero, mas; **II** *adv* **2** ***also ~!*** ¡así que sí!; ***das ist ~ Peter!*** ¡pero si es Peter!; **3** *als Antwort* sí; **4** *Frage* ***er kommt ~?*** ¿sí que viene?; **5** *Aufforderung, Ausruf* ***setzen Sie sich ~!*** pero ¡siéntese!; ***pass ~ auf!*** ¡pero, ten cuidado!; ***nicht ~!*** ¡que no!
Docht [dɔxt] *m* ⟨-(e)s; -e⟩ mecha *f*, pabilo *m*
Dock [dɔk] *n* ⟨-s; -s⟩ *im Hafen* dique *m*
Dogge ['dɔgə] *f* ⟨-; -n⟩ (perro *m*) dogo *m*
Dogma ['dɔgma] *n* ⟨-s; -men⟩ dogma *m*; **℮tisch** [dɔg'maːtɪʃ] *adj* dogmático
Dohle ['doːlə] *f* grajilla *f*
Doktor ['dɔktɔr] *m* ⟨-; -'toren⟩ **1** F (*Arzt*) doctor *m*; **2** ***~ der Philosophie*** doctor *m* en filosofía; ***~ der Rechte*** doctor *m* en derecho; F ***s-n ~ machen*** hacer el doctorado
Doktorand [dɔkto'rant] *m* ⟨-en; -en⟩, **~in** [-dɪn] *f* doctorando, -a *m,f*
'Doktorarbeit *f* tesis *f* de doctorado
Doktorin [dɔk'toːrɪn] *f* doctora *f* (*a* F)
'Doktor|titel *m* título *m* de doctor; **~vater** *m* director *m* de tesis; **~würde** *f* doctorado *m*
Doktrin [dɔk'triːn] *f* ⟨-; -en⟩ doctrina *f*
Dokument [doku'mɛnt] *n* ⟨-(e)s; -e⟩ documento *m*; ***~e gegen Akzept*** *bzw* ***Zahlung*** ECON documentos *m/pl* contra aceptación *bzw* pago
Dokumen|'tarfilm *m* documental *m*; **℮'tarisch** *adj* documental; **~tati'on** *f* documentación *f*
Doku'menten|akkreditiv *n* ECON crédito *m* documentario; ***unwiderrufliches ~*** crédito *m* documentario irrevocable
Doku'menten|inkasso *n* ECON cobro *m* sobre documentos; **~vernichter** *m* → ***Aktenvernichter***
dokumen'tieren *v/t* ⟨*sin* ge⟩ documentar
Dolch [dɔlç] *m* ⟨-(e)s; -e⟩ puñal *m*
Dolde ['dɔldə] *f* BOT umbela *f*
doll ['dɔl] F *bsd nordd* **I** *adj* (*großartig*) fantástico; (*unglaublich*) increíble; **II** *adv* (*sehr*) muy, enormemente
Dollar ['dɔlar] *m* ⟨-(s); -s⟩ dólar *m*
dolmetschen ['dɔlmɛtʃən] **I** *v/i* hacer de intérprete, interpretar; **II** *v/t* interpretar
'Dolmetscher(in) *m(f)* intérprete *m,f*
Dom [doːm] *m* ⟨-(e)s; -e⟩ catedral *f*
Domäne [do'mɛːnə] *f* **1** (*Staatsgut*) finca *f* pública; **2** *fig* (*Gebiet*) especialidad *f*
domestizieren [domɛsti'tsiːrən] *v/t* ⟨*sin* ge⟩ domesticar
dominant [domi'nant] *adj* dominante
Domi'nante *f* MUS dominante *f*
Domi'nanz *f* dominancia *f*
domi'nieren *v/t, v/i* ⟨*sin* ge⟩ dominar
Dominikaner(in) [domini'kaːnər(ɪn)] *m(f)* **1** *Nationalität* dominicano, -a *m,f*; **2** REL dominico, -a *m,f*
domini'kanisch *adj* dominicano; ***die ℮e Republik*** la República Dominicana
Domino ['doːmino] *n* ⟨-s; -s⟩ dominó *m*; **~stein** *m* pieza *f* de dominó
Domizi|l [domi'tsiːl] *geh n* ⟨-s; -e⟩ domicilio *m*; **℮'lieren** *v/t* ⟨*sin* ge⟩ FIN *Wechsel* domiciliar; **~'lierung** *f e-s Wechsels* domiciliación *f*
Dompt|eur [dɔmp'tøːr] *m* ⟨-s; -e⟩, **~euse** [-'tøːzə] *f* domador, -a *m,f*
Donau ['doːnaʊ] *f* Danubio *m*
Döner ['døːnər] *m* kebab *m*
Donner ['dɔnər] *m* trueno *m*
'donnern I *v/imp* ⟨h⟩ **1** ***es donnert*** truena; **II** *v/i* ⟨sn⟩ **2** tronar; *Zug usw* pasar con mucho ruido; ***~der Applaus*** un aplauso atronador; **3** (*schimpfen*) fulminar; **4** F (*schlagen*) ***gegen etw ~*** golpear fuertemente contra a/c; (*stoßen*) ***er ist gegen das Tor gedonnert*** se chocó fuertemente contra la puerta; **III** F *v/t* ⟨h⟩ **5** (*schleudern*) lanzar *od* arrojar fuertemente; ***j-m e-e ~*** dar (-le) una bofetada a alg
'Donnerschlag *m* estallido *m*, tronido *m*
'Donnerstag *m* jueves *m*; ***am ~*** el jueves
'donnerstags *adv* los jueves
'Donnerwetter F *n* ⟨-s; -⟩ **1** (*Krach*) bronca *f*; **2** *int* ***~!*** ¡caramba!; ***warum, wo*** *usw* ***zum ~ …?*** ¿por qué, dónde, ***etc***, caray …?
doof [doːf] F *adj* tonto, estúpido
dopen ['doːpən] *v/t* dopar; ***gedopt sein***

estar dopado
Doping ['do:pɪŋ] *n* ⟨-s; -s⟩ doping *m*; **~kontrolle** *f*, **~test** *m* control *m* antidoping
Doppel ['dɔpəl] *n* ⟨-s; -⟩ **1** (*Duplikat*) copia *f*, duplicado *m*; **2** SPORT dobles *m/pl*
'Doppel|... *in Zssgn mst* doble; **~agent(in)** *m(f)* espía *m,f* doble; **~besteuerung** *f* doble imposición *f*; **~besteuerungsabkommen** *n* convenio *m* de doble imposición; **~bett** *n* cama *m* de matrimonio; **~-CD** *f* CD *m* doble; **~decker** *m* **1** *Flugzeug* biplano *m*; **2** *Bus* autobús *m* de dos pisos; **2deutig** *adj* ambiguo; **~fehler** *m* *Tennis* doble falta *f*; **~fenster** *n* doble ventana *f*
Doppelgänger(in) ['dɔpəlgɛŋər(ɪn)] *m(f)* doble *m,f*, sosia *m,f*
'Doppel|kinn *n* papadilla *f*; **~klick** *m* INFORM doble clic *m*; **~leben** *n* doble vida *f*; **~moral** *f* doble moral *f*; **~name** *m* nombre *m* compuesto; **~punkt** *m* dos puntos *m/pl*; **~rolle** *f* doble papel *m*; **2seitig** *adj* doble; *Anzeige* de doble página; **2sinnig** *adj* de doble sentido
'Doppelspiel *n* (*Intrige*) doble juego *m*; ***ein ~ treiben*** hacer (un) doble juego
'Doppelstecker *m* EL enchufe *m* doble
'doppelt I *adj* doble, duplicado; ***das 2e*** el doble; **II** *adv* dos veces; ***~ so groß, so viel*** *usw* dos veces mayor, más, *etc*
'Doppel|verdiener *m* persona *f* con dos sueldos; *pl* matrimonio *m* con dos sueldos; **~zentner** *m* quintal *m* métrico; **~zimmer** *n* habitación *m* doble
Dorf [dɔrf] *n* ⟨-(e)s; =er⟩ pueblo *m*, aldea *f*; **'~bewohner(in)** *m(f)* aldeano, -a *m,f*, lugareño, -a *m,f*
dörflich ['dœrflɪç] *adj* de(l) pueblo, rural
Dorn [dɔrn] *m* ⟨-(e)s; -en⟩ BOT espina *f*; TEC espiga *f*; *fig* ***j-m ein ~ im Auge sein*** ser un incordio para alg
'dornig *adj* espinoso
Dornröschen [dɔrn'røsçən] *n* ⟨-s⟩ Bella Durmiente *f*
dörr|en ['dœrən] *v/t* secar; **2fleisch** *n* *südd* cecina *f*; **2obst** *n* fruta *f* pasa
Dorsch [dɔrʃ] *m* ⟨-es; -e⟩ bacalao *m*
dort [dɔrt] *adv* allí, allá, ahí; ***~ drüben*** allí, en aquel sitio; ***~ entlang*** por allí; ***von ~*** desde allí
'dorther *adv* (***von***) ***~*** (de) allí
'dorthin *adv* hacia allí, hasta allí
DOS [dɔs] *n* *Abk* INFORM (*Disk Operating System*) DOS *m*
Dose ['do:zə] *f* **1** bote *m*; **2** (*Konserven2*) lata *f*; **3** EL enchufe *m*
dösen ['dø:zən] F *v/i* dormitar
'Dosen|bier *n* cerveza *f* de lata; **~milch** *f* leche *f* condensada; **~öffner** *m* abrelatas *m*
dosier|en [do'zi:rən] *v/t* ⟨*sin* ge⟩ dosificar; **2ung** *f* dosificación *f*, dosis *f*
Dosis ['do:zɪs] *f* ⟨-; Dosen⟩ dosis *f*, toma *f*
'DOS|-kompatibel *adj* INFORM compatible con DOS; **~-Welt** *f* INFORM mundo *m* DOS
dotieren [do'ti:rən] *v/t* ⟨*sin* ge⟩ dotar (***mit*** de *od* con); ***e-e gut dotierte Stelle*** un puesto bien dotado
Dotter ['dɔtər] *n* ⟨-s; -⟩ yema *f* (del huevo); **2gelb** *adj* amarillo yema
doubeln ['du:bəln] *v/t*, *v/i* hacer de doble (en una película)
Double ['du:bəl] *n* ⟨-s; -s⟩ doble *m,f*
down ['daʊn] F *adj* ***~ sein*** (*erschöpft*) estar agotado; (*deprimiert*) estar abatido
downloaden ['daʊnlo:dən] *v/t* bajar, descargar (***aus dem Internet*** de Internet)
Dozent(in) [do'tsɛnt(ɪn)] *m* ⟨-en; -en⟩ (*f*) profesor, a *m,f* (universitario, -a)
dozieren [do'tsi:rən] *v/t*, *v/i* ⟨*sin* ge⟩ dar clases; *fig iron* sentar cátedra
dpa [de:pe:'ʔa] *f* *Abk* (*Deutsche Presse-Agentur*) Agencia *f* Alemana de Prensa
Dr. *Abk* (*Doktor*) doctor
Drache ['draxə] *m* ⟨-n; -n⟩ dragón *m*
Drachen ['draxən] *m* ⟨-s; -⟩ **1** (*Papier2*) cometa *f*; ***e-n ~ steigen lassen*** echar una cometa a volar; **2** SPORT ala-delta *m*; **3** F *desp* (*zänkische Frau*) arpía *f*
'Drachenfliegen *n* ⟨-s⟩ vuelo *m* en ala-delta
Dragée [dra'ʒe:] *n* ⟨-s; -s⟩ gragea *f*
Draht [dra:t] *m* ⟨-(e)s; =e⟩ alambre *m*; POL ***heißer ~*** teléfono *m* rojo; F *fig* ***auf ~ sein*** tener empuje
'Draht|bürste *f* cepillo *m* de púas (de metal); **~esel** F *scherz* *m* F bici *f*
'drahtig *adj* nervudo
'drahtlos *adj* inalámbrico, sin hilos
'Draht|saite *f* MUS cuerda *f* metálica; **~schere** *f* cortaalambres *m*; **~seil** *n* cable *m* de alambre; **~seilbahn** *f* teleférico *m*; **~zaun** *m* alambrado *m*; **~zieher** *m* instigador *m*, maquinador *m*
drakonisch [dra'ko:nɪʃ] *adj* *Strafe* draconiano
drall [dral] *adj* *Person* robusto, fornido
Drall *m* ⟨-(e)s; -e⟩ TEC torsión *f*, rayado *m*
Drama ['dra:ma] *n* ⟨-s; -men⟩ drama *m* (*a fig*)
Dramatik [dra'ma:tɪk] *f* ⟨-⟩ dramática *f*; *a fig* (*Spannung*) dramatismo *m*; **~er(in)** *m(f)* dramaturgo, a *m,f*, autor, -a *m,f* dramático, a
dra'matisch *adj* dramático
dramati'sieren *v/t* ⟨*sin* ge⟩ dramatizar
Dramaturg [drama'tʊrk] *m* ⟨-en; -en⟩, **~in** [-gɪn] *f* director, -a *m,f* artístico, -a
Dramatur'gie *f* ⟨-; -n⟩ dramática *f*
dran [dran] F *adv* **1** → ***daran***; ***~ glauben***

müssen (*sterben*) morir; **2** (*an der Reihe*) ***ich bin ~*** me toca, es mi turno; **3** ***er ist arm ~*** es un poble diablo; ***spät ~ sein*** llegar tarde; ya no tener tiempo; **4** ***an der Sache ist was ~*** ahí hay algo (de verdad); ***man weiß nie, wie man mit ihr ~ ist*** con ella, uno nunca sabe a qué atenerse
'dranbleiben F *v/i* ⟨*irr, sep*, sn⟩ ***an etw*** (*dat*) **~** seguir con a/c, no perderse a/c; ***an j-m ~*** seguir (la pista) a alg; pegarse a alg; *am Telefon* no colgar; ***bleib dran!*** ¡no cuelgues!
Drang [draŋ] *m* ⟨-(e)s⟩ **1** (*Druck*) apremio *m*; **2** (*Antrieb, Bedürfnis*) afán *m*, sed *f* (***nach*** de)
Drängelei [drɛŋə'laɪ] F *f* empujones *m/pl*; *fig* insistencia *f*
'drängeln F *v/t*, *v/i* F **1** empujar, apretujar; **2** *fig* apremiar
'drängen I *v/t* **1** empujar; ***j-n ~, etw zu tun*** empujar a alg a a/c; **II** *v/i* **2** *Angelegenheit usw* correr prisa, urgir; ***die Zeit drängt*** el tiempo apremia; **3** ***auf e-e Entscheidung*** *usw* **~** instar a tomar una decisión, *etc*; **III** *v/r* **4** ***sich ~*** agolparse (***um*** alrededor de); ***sich zur Tür ~*** apiñarse hacia la puerta
'Drängen *n* ⟨-s⟩ empujones *m/pl*; *fig* insistencia *f*; ***auf sein, ihr*** *usw* ***~ hin*** a instancias de él, ella, *etc*
'drängend *adjt Problem* inaplazable
drangsalieren [draŋza'liːrən] *v/t* ⟨*sin* ge⟩ atormentar, acosar
'drankommen F *v/i* ⟨*irr, sep*, sn⟩ ***ich komme*** (***als nächster***) **~** me toca a mí (*a Schule*)
'drankriegen F *v/t* ⟨*sep*⟩ ***j-n ~*** (*hereinlegen*) pegársela a alg
'drannehmen F *v/t* ⟨*irr, sep*⟩ *Patient* atender; *in der Schule* preguntar
drapieren [dra'piːrən] *v/t* ⟨*sin* ge⟩ adornar, drapear
drastisch ['drastɪʃ] *adj a fig* drástico, enérgico
drauf [draʊf] F *adv* **1** → ***darauf***; **2** ***~ und dran sein, etw zu tun*** estar a punto de hacer a/c; **3** ***gut ~ sein*** estar de buen humor; ***was ~ haben*** ser muy bueno (***in*** *dat* en); ***er hatte 150 Sachen ~*** iba a 150
Draufgänger ['draʊfgɛŋər] *m* hombre *m* de rompe y rasga; **℃isch** *adj* emprendedor, atrevido
'draufgehen F *v/i* ⟨*irr, sep*, sn⟩ **1** (*verbraucht werden*) consumirse, gastarse; **2** (*sterben*) F palmarla
'draufkommen F *v/i* ⟨*irr, sep*, sn⟩ **1** ***j-m ~*** (*auf die Schliche kommen*) pillar a alg; **2** ***ich komme nicht drauf*** (*es fällt mir nicht ein*) no se me ocurre, no caigo
'draufkriegen F *v/t* ⟨*sep*⟩ ***eins ~*** recibir una
'drauflegen F *v/t* ⟨*sep*⟩ poner encima; *fig Geld* añadir
drauf'los F *adv* sin darle más vueltas; **~gehen** F *v/i* ⟨*irr, sep*, sn⟩ tirar adelante; ir directo a; **~reden** F *v/i* ⟨*sep*⟩ hablar sin pensar
'draufmachen F *v/t* ⟨*sep*⟩ ***e-n ~*** correrse una juerga
'draufzahlen F ⟨*sep*⟩ **I** *v/t* (*zusätzlich bezahlen*) añadir, pagar extra; **II** *v/i* (*Verluste haben*) pagar para cubrir las pérdidas
draus [draʊs] F → ***daraus***
draußen ['draʊsən] *adv* fuera; (*im Freien*) al aire libre; ***~ im Garten*** fuera, en el jardín
drechseln ['drɛksəln] *v/t* tornear
Dreck [drɛk] *m* ⟨-(e)s⟩ **1** F (*Schmutz*) suciedad *f*; (*Abfälle*) porquería *f*; *fig* ***im ~ sitzen*** estar apañado; ***j-n, etw in den ~ ziehen*** poner verde a alg, a/c; ***j-n wie den letzten ~ behandeln*** tratar a alg como al último mono; **2** F *fig* ***er hat ~ am Stecken*** tiene las manos sucias; **3** P ***sie kümmert sich e-n ~ darum*** le importa un comino; P ***das geht dich e-n ~ an!*** ¿a ti, qué te importa?
'dreckig F **I** *adj* sucio; F guarro; *fig* ***~e Witze*** chistes *m/pl* verdes; **II** *adv* ***es geht ihm ~*** está pasándolo muy mal
'Dreck|sau *f*, **~schwein** V *n* cerdo, -a *m,f*
'Dreckskerl P *m* P hijo *m* de puta
Dreh [dreː] F *m* ⟨-(e)s; -e⟩ **1** ***den richtigen ~ heraushaben*** tenerle cogido el tranquillo; **2** ***um den ~*** (*um diese Zeit*) por ahí
'Dreh|arbeiten *pl* TV, FILM rodaje *m*; **~bank** *f* TEC torno *m*; **℃bar** *adj* giratorio; **~bleistift** *m* portaminas *m*; **~buch** *n* guión *m*
drehen ['dreːən] **I** *v/t* **1** *allg* girar, dar vueltas; **2** *Zigarette* liar; **3** *Film* rodar; **4** *fig* ***ein Ding ~*** dar un golpe; **5** TEC enroscar; **II** *v/i* **6** ***an etw*** (*dat*) **~** girar a/c; **7** ***der Wind dreht*** el viento cambia; **III** *v/r* ***sich ~*** girar, dar vueltas; **8** ***die Erde dreht sich um die Sonne*** la tierra gira alrededor del sol; ***mir dreht sich alles*** (*mir ist schwindlig*) todo me da vueltas; ***alles dreht sich um ihn*** es el centro de atención; **9** ***sich ~ um*** (*sich handeln um*) tratarse de; ***es dreht sich darum, ob*** se trata de si
'Dreher *m* TEC *Beruf* tornero *m*
'Dreh|kreuz *n* torniquete *m*; **~moment** *n* TEC momento *m* de giro; **~orgel** *f* organillo *m*; **~punkt** *m* TEC centro *m* de rotación; *fig* pivote *m*; **~scheibe** *f* **1** BAHN placa *f* giratoria; *fig* eje *m*; **2** (*Töpferscheibe*) torno *m*; **~strom** *m* EL corriente *m* trifásica; **~stuhl** *m* silla *f* giratoria; **~tür** *f* puerta *f* giratoria
'Drehung *f* vuelta *f*, giro *m*, rotación *f*
'Drehzahl *f* número *m* de revoluciones; **~messer** *m* cuentarrevoluciones *m*
drei [draɪ] *adj* tres; ***~ Viertel*** tres cuartos; F

sie kann nicht bis ~ zählen no sabe cuántos son dos y dos; → ***acht***
Drei *f* **1** *Zahl* tres *m*; **2** *Schulnote* bien *m*
'drei|beinig *adj* con tres pies; **~dimensional** *adj* tridimensional; **&eck** *n* ⟨-(e)s; -e⟩ triángulo *m*; **~eckig** *adj* triangular; **&'einigkeit** *f* ⟨-⟩ REL Trinidad *f*
'Dreier *m bsd südd* → ***Drei***
'dreierlei *adj* de tres clases
'dreifach *adj* triple, tres veces mayor; ***die ~e Menge*** tres veces más cantidad; ***in ~er Ausfertigung*** por triplicado; ***das &e*** el triple
'drei|farbig *adj* tricolor; **&fuß** *m* trípode *m*; **~hundert** *núm/c* trescientos; **~jährig** [-jɛːrɪç] *adj* de tres años, trienal; **&klang** *m* MUS acorde *m* perfecto
Drei'königsfest *n* REL (fiesta *f* de) los Reyes *m/pl* (Magos)
'dreimal *adv* tres veces
'Dreimeterbrett *n* trampolín *m* de tres metros
dreinblicken ['draɪn-] *v/i* ⟨*sep*⟩ ***nachdenklich ~*** poner cara pensativa
'Drei|rad *n* triciclo *m*; **~satz** *m* ⟨-es⟩ MAT regla *f* de tres; **&sprachig** *adj* trilingüe; **~sprung** *m* SPORT triple salto *m*; **&spurig** *adj Straße* de tres carriles
dreißig ['draɪsɪç] *núm/c* treinta; ***etwa ~ Leute*** unas treinta personas; ***~ Jahre alt sein*** tener treinta años
'Dreißig *f* ⟨-⟩ treinta *m*; ***sie ist Ende ~*** va para los cuarenta
'dreißiger *adj* ***die ~ Jahre*** los años treinta
'Dreißigerjahre *pl* ***die ~*** los años treinta
'dreißigjährig [-jɛːrɪç] *adj* de treinta años
dreist [draɪst] *adj* insolente; F fresco
'dreistellig *adj* MAT de tres cifras
'Dreistigkeit *f* ⟨-⟩ insolencia *f*; F frescura *f*
'drei|stufig *adj Rakete* de tres pisos; **~tägig** [-tɛːgɪç] *adj* de tres días; **~tausend** *núm/c* tres mil; **~teilig** *adj* de tres piezas *od* partes
'drei'viertel *adj* **1** ***~ voll*** lleno tres cuartos; **2** *Zeitangabe* ***es war ~ zwei*** eran las dos menos cuarto
'Dreiviertel|stunde *f* tres cuartos *m/pl* de hora; **~takt** *m* MUS compás *m* de tres por cuatro
'Dreiwegekatalysator *m* AUTO catalizador *m* de tres vías
'dreiwöchig [-vœçɪç] *adj* de tres semanas
'dreizehn *adj* trece; F ***jetzt schlägts aber ~!*** ¡esto es el colmo!; → ***acht***
Dresche ['drɛʃə] F *f* ⟨-⟩ (*Prügel*) paliza *f*
'dreschen *v/t*, *v/i* ⟨drischt, drosch, gedroschen⟩ AGR trillar; (*prügeln*) zurrar
Dresden ['dresdən] *n* Dresde *f*
'Dress *m* SPORT traje *m* de deporte
dressieren [drɛ'siːrən] *v/t* ⟨*sin* ge⟩ adiestrar, amaestrar
Dressing ['drɛsɪŋ] *n* ⟨-s; -s⟩ GASTR aliño *m*
Dressur [drɛ'suːr] *f* adiestramiento *m*, amaestramiento *m*; **~reiten** *n* hípica *f* de adiestramiento
Dribbling ['drɪblɪŋ] *n* ⟨-s; -s⟩ *Fußball* regate *m*
driften ['drɪftən] *v/i* ⟨sn⟩ MAR derivar
Drill [drɪl] *m* ⟨-(e)s⟩ MIL entrenamiento *m*, adiestramiento *m*
drillen ['drɪlən] *v/t* **1** MIL instruir; **2** TEC taladrar
Drilling ['drɪlɪŋ] *m* ⟨-s; -e⟩ trillizo *m*
drin [drɪn] F *adv* **1** → ***darin***; ***er ist ~*** está dentro; **2** (*möglich*) dentro de lo posible; ***das ist (bei mir) nicht ~*** a eso no llego; ***mehr war nicht ~*** ya no se pudo más; ***es ist noch alles ~*** todo es posible todavía
dringen ['drɪŋən] *geh v/i* ⟨drang, gedrungen⟩ **1** ⟨sn⟩ ***~ durch*** atravesar, penetrar por; ***~ in*** (+*acus*) penetrar en; ***~ aus*** salir de; **2** ⟨sn⟩ (*gelangen*) ***bis zu j-m ~*** llegar a alg; ***an die Öffentlichkeit ~*** trascender al público; **3** ⟨h⟩ ***auf etw ~*** (*bestehen auf*) insistir en a/c
'dringend **I** *adj* urgente; *Bitte* apremiante; *Verdacht* fundado; **II** *adv* ***~ brauchen*** necesitar perentoriamente; ***~ notwendig*** absolutamente necesario; ***~ verdächtig*** *Person* fundadamente sospechoso
'dringlich *adj* urgente; **&keit** *f* ⟨-⟩ urgencia *f*; **&keitsantrag** *m* moción *f* urgente
Drink [drɪŋk] *m* bebida *f*, copa *f*
drinnen ['drɪnən] *adv* dentro
'drinstecken F *v/i* ⟨*sep*⟩ **1** (*drin sein*) estar dentro; *fig* ***da steckt viel Arbeit drin*** detrás de eso hay mucho trabajo, eso ha costado *bzw* costará mucho trabajo; **2** *gefühlsmäßig* ***da steckst du nicht drin*** no estás en su lugar
dritt [drɪt] *adv* ***zu ~ sein*** ser tres; ***zu ~ weggehen*** *usw* salir, *etc* los tres
dritte(r, -s) [drɪtə(r, -s)] *adj* tercero; ***die & Welt*** el Tercer Mundo
'Dritte(r) *f(m)* ⟨→ A⟩ tercero, -a *m,f*; ***Dritter werden*** ser tercero
Drittel ['drɪtəl] *n* ⟨-s; -⟩ tercio *m*, tercera parte *f*
'dritteln *v/t* dividir en tres partes
'drittens *adv* en tercer lugar
'drittklassig *adj* de mala calidad
'Drittland *n* POL país *m* tercero
DRK [deːˀɛr'kaː] *n Abk* ⟨-⟩ (*Deutsches Rotes Kreuz*) Cruz *f* Roja Alemana
droben ['droːbən] *adv* allá (arriba)
Droge ['droːgə] *f* droga *f*; ***unter ~n stehen*** estar bajo los efectos de la droga
'drogenabhängig *adj* drogadicto; **&e(r)** *f(m)* ⟨→ A⟩ drogadicto, -a *m,f*; **&keit** *f*

⟨-⟩ drogodependencia *f*

Drogen|bekämpfung *f* lucha *f* contra la droga; **~handel** *m* narcotráfico *m*; **~missbrauch** *m* abuso *m* de drogas; **~sucht** *f* drogodependencia *f*; **≗süchtig** *adj* drogadicto; **~süchtige(r)** *f(m)* ⟨→ A⟩ drogadicto, -a *m,f*; **~szene** *f* ambiente *m* de la droga

Drogerie [drogəˈriː] *f* droguería *f*; **~markt** *m* (*Geschäft*) droguería *f*

Drogist(in) [droˈgɪst(ɪn)] *m(f)* droguero, -a *m,f*

Drohbrief *m* carta *f* de amenaza

drohen [ˈdroːən] *v/i* **1** ***j-m*** (***mit etw***) **~** amenazar a alg (con a/c); ***mit der Polizei*** **~** amenazar con llamar a la policía; **2** (*in Gefahr sein*) ***er drohte zu ertrinken*** se temía que se ahogara

drohend *adjt* amenazante; *Gefahr* inminente

Drohne [ˈdroːnə] *f* zángano *m* (*a fig*)

dröhnen [ˈdrøːnən] *v/i* retumbar, resonar; *Motor usw* zumbar; ***mein Kopf dröhnt*** me zumba la cabeza

Drohung *f* amenaza *f*; ***~en ausstoßen*** prorrumpir en amenazas

drollig [ˈdrɔlɪç] *adj* gracioso

Dromedar [ˈdroːmedaːr] *n* ⟨-s; -e⟩ dromedario *m*

Drops [drɔps] *pl* ⟨-; -⟩ caramelo *m* ácido

Drossel [ˈdrɔsəl] *f* ⟨-; -n⟩ **1** ZO tordo *m*; **2** TEC *Klappe, Ventil* estrangulador *m*

ˈ**drosseln** *v/t Geschwindigkeit* moderar, frenar; *Motor* estrangular

drüben [ˈdryːbən] *adv* (***da***) **~** allí, al otro lado

Druck[1] [drʊk] *m* ⟨-(e)s⟩ TEC, PHYS presión *f*; *fig a* peso *m*; ***auf j-n ~ ausüben, j-n unter ~ setzen*** presionar a alg; ***unter ~ stehen*** estar en estrés; F ***im ~ sein*** estar agobiado; **3** ***e-n ~ im Kopf haben*** sentir presión en la cabeza

Druck[2] *m* ⟨-(e)s; -e⟩ **1** (*Buch≗ usw*) impresión *f*, imprenta *f*; ***in ~ gehen*** ser imprimido; **2** (*Kunst≗*) grabado *m*

ˈ**Druckbefehl** *m* INFORM comando *m* de impresión

ˈ**Druckbuchstabe** *m* letra *f* de imprenta; ***in ~n schreiben*** escribir con letra de imprenta

Drückeberger [ˈdrʏkəbɛrgər] F *m* gandúl *m*; cobarde *m*

ˈ**drucken** *v/t* imprimir

drücken [ˈdrʏkən] **I** *v/t* **1** apretar; *Taste* pulsar, oprimir; ***etw platt ~*** espachurrar a/c, aplastar a/c; ***j-m die Hand ~*** estrechar(le) la mano a alg; ***j-n, etw an sich ~*** estrechar a alg, a/c en los brazos; **2** ***j-n ~*** *Schuh* apretarle a alg; *Magen* dolerle a alg; *Sorgen* abrumarle a alg; **3** ***j-m etw in die Hand ~*** dar(le) a/c a alg; **4** *Preis, Niveau* hacer bajar; *Rekord* batir; **II** *v/i* **5** ***auf den Knopf usw ~*** pulsar el botón, *etc*; **6** (*lasten*) apretar; *Hitze* oprimir; ***auf die Stimmung ~*** abatir, desalentar; **III** *v/r* **7** F ***sich ~*** escurrir el bulto; ***sich vor etw ~*** escaquearse de a/c

ˈ**drückend** *adjt Hitze* sofocante; *Schweigen* agobiante

ˈ**Drucker** *m* **1** *Beruf* impresor *m*; **2** INFORM *Gerät* impresora *f*

ˈ**Drücker** *m* (*Türgriff*) picaporte *m*; (*Türöffner*) botón *m* (del portero automático); F fig ***am ~ sitzen*** ocupar un puesto estratégico; F *fig* ***auf den letzten ~*** en el último momento

ˈ**Druckeranschluss** *m* INFORM conexión *f* para la impresora

Druckeˈrei *f* imprenta *f*

ˈ**Drucker|einstellungen** *f/pl* INFORM ajustamientos *m/pl* de la impresora; **~patrone** *f* INFORM cartucho *m* de impresión; **~treiber** *m* INFORM controlador *m* de impresión

ˈ**Druck|fehler** *m* errata *f*; **~format** *n* INFORM formato *m* de impresión; **~knopf** *m* **1** TEC botón *m*; **2** *an Bekleidung* automático *m*; **~luft** *f* aire *m* a presión; **~maschine** *f* máquina *f* de imprimir; **~medien** *pl* medios *m/pl* impresos; **~messer** *m* TEC manómetro *m*; **~mittel** *n* medio *m od* medida *f* de presión; **~posten** F *m* enchufe *m*; **≗reif** *adj* listo para la imprenta; **~sache** *f* POST impreso *m*

ˈ**Druckschrift** *f Schriftart* letra *f* de molde; ***~ schreiben*** escribir con letra de molde; ***in ~*** en letra de molde

ˈ**Druck|stelle** *f* marca *f*; **~verband** *m* MED vendaje *m* de compresión

drum [drʊm] F *adv* **1** → ***darum***; **2** ***das ganze ≗ und Dran*** todo el tinglado; ***mit allem ≗ und Dran*** con pelos y señales; con todos los requisitos

drunter [ˈdrʊntər] F *adv* **1** → ***darunter***; **2** ***es ging alles ~ und drüber*** estaba todo patas arriba

Drüse [ˈdryːzə] *f* glándula *f*

Dschungel [ˈdʒʊŋəl] *m* ⟨-s; -⟩ jungla *f*

dt. *Abk* (*deutsch*) alemán

dto. *Abk* (*dito, dasselbe*) ídem

DTP [deːteːˈpeː] *n Abk* ⟨-s⟩ (*Desktop-Publishing*) autoedición *f*; **~-Programm** *n* programa *m* de autoedición

Dtz(d). *Abk* (*Dutzend*) docena *f*

du [duː] *pr/pers* tú; ***bist ~ das?*** ¿eres tú?; ***~ Glückliche(r)!*** ¡qué suerte tienes!; ***mit j-m per ~ sein*** tutearse con alg

d.U. *Abk* (*der, die Unterzeichnete*) el, la abajo firmante

dual *adj a* INFORM dual; ***~es System*** *Abfall,*

Ausbildung sistema *m* dual
Dübel ['dy:bəl] *m* ⟨-s; -⟩ taco *m*; (*Holz*≗) espiga *f*
'dübeln *v/t* fijar con tacos; espigar
dubios [dubi'o:s] dudoso
Dublette [du'blɛtə] *f* duplicado *m*; (*Edelstein*) doblete *m*
ducken ['dukən] **I** *v/t* ***den Kopf ~*** inclinar la cabeza; **II** *v/r* ***sich ~*** inclinarse (***vor*** *+dat* ante)
Duckmäuser ['dukmɔyzər] F *m* (*Feigling*) cobarde *m*; (*Heuchler*) mosquita *f* muerta, mojigato *m*
dudeln ['du:dəln] F *v/t*, *v/i* cencerrear, tocar mal
'Dudelsack *m* gaita *f*
Duell [du'ɛl] *n* ⟨-s; -e⟩ duelo *m*
duel'lieren *v/r* ⟨*sin* ge⟩ ***sich ~*** batirse en duelo (***mit*** con)
Duett [du'ɛt] *n* ⟨-(e)s; -e⟩ MUS dúo *m*; ***im ~*** a dúo
Duft [duft] *m* ⟨-(e)s; ⸚e⟩ olor *m*, aroma *m*
'dufte F *adj* (*super*) estupendo
'duften *v/i* oler bien; ***~ nach*** oler a; ***süß ~*** tener un olor dulce
'duftend *adjt* oloroso, fragante, aromático
'Duft|note *f* aroma *m*; **~stoff** *m* sustancia *f* aromática
dulden ['duldən] *v/t* **1** (*ertragen*) soportar, aguantar; **2** (*zulassen*) admitir, tolerar; ***nicht ~, dass*** no tolerar que
'duldsam *adj* indulgente, tolerante (***gegen*** para, para con)
'Duldsamkeit *f* ⟨-⟩ tolerancia *f*
'Duldung *f* ⟨-⟩ tolerancia *f*, consentimiento *m*
dumm [dum] *adj* **1** (*unwissend*) ignorante, tonto; ***sich ~ stellen*** hacerse el tonto; ***ich lasse mich nicht für ~ verkaufen*** a mí no me tomen por tonto; ***zu ~!***, F ***so was ≗es!*** ¡qué lata!; **2** (*albern*) bobo, tonto; F ***~es Zeug*** chorradas *f/pl*; ***die Sache wird mir zu ~*** se me está acabando la paciencia; **3** (*frech*) ***j-m ~ kommen*** ser atrevido con alg
'Dumme(r) *f*(*m*) ⟨→ A⟩ tonto, -a *m,f*; ***der, die ~ sein*** hacer el primo
'dummerweise F *adv* desgraciadamente
'Dummheit *f* estupidez *f*, tontería *f*, necedad *f*; ***mach keine ~en!*** ¡no hagas una estupidez!
'Dummkopf *m* tonto, -a *m,f*, estúpido, -a *m,f*, lerdo, -a *m,f*
dümmlich ['dymlıç] *adj* poco inteligente
dumpf [dumpf] *adj* **1** *Geräusch*, *Aufprall*, *Schmerz* ronco, sordo; **2** (*unklar*) *Gefühl* vago; **3** *fig* (*stumpfsinnig*) apático
Dumping ['dampiŋ] *n* ⟨-s⟩ dumping *m*; **~preis** *m* precio *m* de dumping
Düne ['dy:nə] *f* duna *f*
Dung [duŋ] *m* ⟨-(e)s⟩ estiércol *m*
'Düngemittel *n* → ***Dünger***
düngen ['dyŋən] *v/t*, *v/i* abonar, fertilizar; *mit Mist* estiercolar
'Dünger *m* abono *m*, fertilizante *m*, estiércol *m*
dunkel ['duŋkəl] ⟨-kl-⟩ **I** *adj* **1** *Nacht usw* oscuro, cerrado; (*düster*) sombrío; ***es wird ~*** oscurece; ***im ≗n*** a oscuras; F *fig* ***im ≗n tappen*** andar a tientas; **2** *Farbe*, *Haar* oscuro; *Bier* negro; **3** *fig* (*unklar*) confuso; *Ahnung* vago; **II** *adv* **4** ***sich ~ erinnern*** (***an*** *+acus*) recordar vagamente
'Dunkel *n* ⟨-s⟩ oscuridad *f*
Dünkel ['dyŋkəl] *geh m* ⟨-s⟩ presunción *f*, petulancia *f*
'dunkel|blau *adj* azul oscuro; **~blond** *adj* rubio trigueño; **~haarig** *adj* de pelo oscuro; **~häutig** [-hɔytıç] *adj* de piel oscura
'Dunkel|heit *f* ⟨-⟩ oscuridad *f*; **~kammer** *f* cámara *f* oscura; **≗rot** *adj* rojo oscuro; **~ziffer** *f* cifra *f* negra
Dünkirchen [dy:nkirçən] *n* Dunquerque *m*
dünn [dyn] **I** *adj* **1** *Papier*, *Stoff* delgado; *Faden*, *Haare* fino; *Flüssigkeit* claro, aguado; *Kaffee*, *Tee* flojo; *Luft* enrarecido; **2** (*mager*) delgado, flaco; **II** *adv* **3** ***~ auftragen*** *Creme usw* ponerse una capa fina (de); ***~ besiedelt*** poco poblado; ***~ geschnitten*** *Brot*, *Wurst usw* cortado fino
'Dünn|darm *m* intestino *m* delgado; **~druck** *m*, **~druckausgabe** *f Buch* edición *f* en papel biblia; **≗flüssig** *adj* fluido; **~heit** *f* ⟨-⟩ delgadez *f*
'dünnmachen F *v/r* ⟨*sep*⟩ ***sich ~*** largarse
Dunst [dunst] *m* ⟨-(e)s; ⸚e⟩ (*leichter Nebel*) neblina *f*; (*Ausdünstung*) vapor *m*, vaho *m*; F *fig* ***er hat keinen*** (***blassen***) ***~ davon*** no tiene ni la menor idea de eso
'Dunst|abzug *m*, **~abzugshaube** *f* campana *f* extractora
dünsten ['dynstən] *v/t*, *v/i* GASTR rehogar
'Dunstglocke *f* capa *f* de calima; smog *m*
'dunstig *adj* vaporoso, bromoso
'Dunstschleier *m* velo *m* de niebla
Dünung ['dy:nuŋ] *f* MAR mar *m* de fondo
Duo ['du:o] *n* ⟨-s; -s⟩ MUS dúo *m*
Duplikat [dupli'ka:t] *n* ⟨-(e)s; -e⟩ duplicado *m*, copia *f*
Dur [du:r] *n* ⟨-⟩ MUS modo *m* mayor
durch [durç] **I** *prp* ⟨*+acus*⟩ **1** *räumlich* por; ***quer ~*** a través de; **2** (*mittels*) por (medio de); ***~ Zufall*** por casualidad; **3** MAT (***geteilt***) ***~*** (dividido) por *od* entre; **4** *zeitlich* durante; ***die ganze Nacht ~*** (durante) toda la noche; **II** *adv* **5** F ***es ist 5 Uhr ~*** son más de las cinco; **6** F ***~ und ~*** (*völlig*) del todo; **7** (*fertig*) *Fleisch usw* ***~ sein*** estar en su punto;

mit etw ~ sein haber pasado (por) a/c; **8** (*~gekommen*) ***der Antrag, das Gesetz ist ~*** la solicitud, la ley ha sido aprobada

'durchackern F *v/t* ⟨*sep*⟩ estudiar a fondo

'durcharbeiten ⟨*sep*⟩ **I** *v/t* **1** *Buch usw* estudiar a fondo; **2** ***die Nacht ~*** pasarse la noche trabajando; **II** *v/i* **3** *ohne Pause* trabajar sin descanso

'durchatmen *v/i* ⟨*sep*⟩ (***tief***) ~ respirar hondo

durch'aus *adv* del todo, absolutamente; ***~!*** ¡por supuesto!; ***~ möglich*** muy posible; ***~ nicht*** de ningún modo, en absoluto

'durchbeißen ⟨*sep*⟩ **I** *v/t* ***etw ~*** partir a/c con los dientes; **II** *v/r* F ***sich*** (***durch etw***) ~ abrirse paso (por a/c), superar (a/c)

'durchblättern *v/t* ⟨*sep*⟩ hojear

'Durchblick *m* F *fig* ***keinen ~ haben*** no estar al corriente; ***sich den*** (***nötigen***) ***~ verschaffen*** ponerse al día

'durchblicken *v/i* ⟨*sep*⟩ **1** mirar (***durch*** por, a través de); **2** *fig* ***~ lassen***(***, dass***) dejar ver (que); **3** F (*verstehen*) comprender, entender; ***da blicke ich nicht durch*** no lo cojo

durch'bluten *v/t* irrigar; ***gut durchblutet*** con buena circulación

Durch'blutung *f* riego *m* sanguíneo

'durchbohren *v/t* ⟨*sep*, *sin* ge⟩ *Wand usw* taladrar

durch'bohren *v/t* ⟨*insep*, *sin* ge⟩ *fig* ***j-n mit Blicken ~*** atravesar a alg con la mirada; ***~der Blick*** mirada *f* penetrante

'durchbrechen[1] ⟨*irr*, *sep*⟩ **I** *v/t* ⟨h⟩ **1** romper, quebrar; **II** *v/i* ⟨sn⟩ **2** *Geschwür* romper, quebrantar; **3** *Zähne* salir; **4** (*ein-*, *zerbrechen*) irrumpir

durch'brechen[2] *v/t* ⟨*irr*, *insep*, *sin* ge⟩ *Blockade* romper; *fig Regel* infringir

'durchbrennen *v/i* ⟨*irr*, *sep*, sn⟩ **1** EL *Sicherung*, *Glühbirne* fundirse; **2** F (*fliehen*) (***mit j-m***) ~ escaparse (con alg)

'durchbringen ⟨*irr*, *sep*⟩ **I** *v/t* **1** *Gesetz*, *Kandidat* sacar adelante; *Kranke* curar; **2** *Geld*, *Vermögen* (*verschwenden*) despilfarrar; **II** *v/r* ***sich ~*** *finanziell* defenderse

'Durchbruch *m* ⟨-(e)s; -brüche⟩ ruptura *f*; TEC, MED perforación *f*; MIL irrupción *f*; *fig* (*Erfolg*) éxito *m*; ***zum ~ kommen*** manifestarse, hacerse patente

'durchchecken ⟨*sep*⟩ revisar

durchdacht [-'daxt] *adjt* meditado, reflexionado

durch'denken *v/t* ⟨*irr*, *sin* ge⟩ meditar *od* examinar a fondo

'durchdrehen I *v/t* ⟨*sep*⟩ **1** *Fleisch* picar; **II** *v/i* ⟨sn⟩ **2** *Räder* derrapar; **3** F *vor Angst* volverse loco

durch'dringen[1] *v/t* ⟨*irr*, *insep*, *sin* ge⟩ **1** *Flüssigkeit usw* atravesar, penetrar; **2** *Gefühl* ***j-n ~*** llenar a alg

'durchdringen[2] *v/i* ⟨*irr*, *sep*, sn⟩ **1** abrirse paso, penetrar; **2** *Geräusch*, *Stimme* oírse; *Nachricht* (***bis***) ***zu j-m ~*** llegar *od* transcender a alg

'durchdringend *adjt Stimme*, *Blick* penetrante

'durchdrücken *v/t* ⟨*sep*⟩ **1** *Knie* estirar; **2** F (*durchsetzen*) imponer

durchein'ander *adv* mezclado, revuelto, confuso; *Person* ***ganz ~ sein*** estar muy confuso; ***alles ~ bringen*** revolverlo todo; ***~ reden*** hablar todos a la vez

Durchein'ander *n* ⟨-s⟩ (*Unordnung*) desorden *m*; (*Wirrwarr*) lío *m*, caos *m*, jaleo *m*

'durchfahren[1] *v/i* ⟨*irr*, *sep*, sn⟩ ***~ durch*** pasar por; ***~ bis*** no parar hasta; ***die ganze Nacht ~*** viajar toda la noche

durch'fahren[2] *v/t* ⟨*irr*, *insep*, *sin* ge⟩ **1** *Gebiet* recorrer; **2** *Idee*, *Gefühl* ***j-n ~*** ocurrírsele a alg

'Durchfahrt *f* paso *m*; travesía *f*; ***auf der ~ sein*** estar de paso; ***~ verboten!*** ¡prohibido el paso!

'Durchfahrtsstraße *f* arteria *f*

'Durchfall *m* MED diarrea *f*

'durchfallen *v/i* ⟨*irr*, *sep*, sn⟩ **1** caer (***durch*** por); **2** THEA *Stück* fracasar; **3** F *bei e-r Prüfung* suspender; ***j-n ~ lassen*** suspender a alg

'durchfeiern F *v/i* ⟨*sep*⟩ *ohne Pause* festejar *od* celebrar sin parar; ***die Nacht ~*** pasar la noche celebrando

'durchfinden *v/i*, *v/r* ⟨*irr*, *sep*⟩ (***sich***) ~ orientarse; ***sich nicht mehr ~*** haberse perdido

'durchfliegen[1] *v/i* ⟨*irr*, *sep*, sn⟩ **1** *ohne Unterbrechung* volar sin pausa; **2** F *Schule* → ***durchfallen 3***

durch'fliegen[2] *v/t* ⟨*irr*, *insep*, *sin* ge⟩ *Gebiet* atravesar volando

durch'fließen *v/t* ⟨*irr*, *insep*, *sin* ge⟩ atravesar

durch'fluten *geh v/t* ⟨*insep*, *sin* ge⟩ pasar por; *Licht*, *fig* iluminar

'durchfragen *v/r* ⟨*sep*⟩ ***sich ~*** (***zu***) encontrar a fuerza de preguntar

durchfroren [-'froːrən] *adjt* → ***durchgefroren***

'durchführbar *adj* factible, practicable

'durchführen ⟨*sep*⟩ **I** *v/t* (*ausführen*) llevar a cabo, realizar; *Plan*, *Beschluss* ejecutar; **II** *v/i Weg*, *Straße usw* llevar (***durch*** por)

'Durchführung *f* realización *f*, ejecución *f*

'durchfüttern F *v/t* ⟨*sep*⟩ dar de comer a

'Durchgang *m* ⟨-(e)s; -gänge⟩ **1** *Weg*, *Öffnung* paso *m*; ***~ verboten!, kein ~!*** ¡prohibido el paso!; ***den ~ versperren*** cortar el paso; **2** *bei Wahl*, *Wettkampf usw* vuelta *f*

'durchgängig *adj* general
'Durchgangs|straße *f* carretera *f* de tránsito; **~verkehr** *m* tránsito *m*
'durchgeben *v/t* ⟨*irr, sep*⟩ *Meldung* transmitir, anunciar
'durchgebraten *adjt* bien asado
'durchgefroren *adjt* completamente helado
'durchgehen ⟨*irr, sep*, sn⟩ **I** *v/i* **1** *durch e-e Tür usw* pasar (**durch** por), atravesar (**durch etw** a/c); **2** (*durchpassen*) caber; **3** (*durchkommen*) *Antrag* quedar aprobado; **etw ~ lassen** (*a* F *fig*) dejar pasar a/c, hacer la vista gorda en a/c; **4** (*andauern*) continuar, seguir; **5** F *Gefühle* **etw geht mit j-m durch** alg se deja llevar de a/c; **ihm gingen die Nerven durch** le pudieron los nervios; **II** *v/t* **6** *Text usw* revisar; *noch einmal* repasar
'durchgehend I *adjt* continuo; *Zug* directo; **II** *advl* **~ geöffnet** de *od* con horario continuo
'durchgeknallt *adjt* F **er ist total ~** está loco de remate
'durchgreifen *v/i* ⟨*irr, sep*⟩ intervenir enérgicamente; **hart ~** tomar medidas drásticas (**gegen** contra)
'durchgreifend *adjt* radical, enérgico
'durchhalte|n ⟨*irr, sep*⟩ **I** *v/i* mantenerse firme, no cejar; **II** *v/t Strapaze, Arbeitstag* **~** resistir; **ᘓvermögen** *n* ⟨-s⟩ resistencia *f*, aguante *m*
'durchhängen *v/i* ⟨*irr, sep*⟩ **1** *Decke usw* combarse; **2** F (*schlapp sein*) estar flojo *od* agotado; (*deprimiert sein*) estar bajo de ánimo
'Durchhänger F *m* **e-n ~ haben** atravesar una mala racha
'durchhecheln F *v/t* ⟨*sep*⟩ criticar, despellejar
'durchkämmen *v/t* ⟨*sep*⟩ **1** *Haare, Wolle* peinar; **2** *fig* (*durchsuchen*) *Gelände* peinar, registrar a fondo
'durchkämpfen ⟨*sep*⟩ **I** *v/r* **sich ~** abrirse paso luchando; **II** *v/t Sache* lograr imponer
'durchkauen *v/t* ⟨*sep*⟩ F *fig* **etw ~** machacar bien a/c
'durchkommen *v/i* ⟨*irr, sep*, sn⟩ **1** (*hin~*) pasar (**durch** por); (*durchpassen*) caber (**durch** por); **2** TEL coger línea; **3** (*überleben*) salvarse; **4** (*erfolgreich sein*) tener éxito; *bei Prüfung* aprobar; **damit kommt sie nicht durch** con eso no va a ninguna parte
'Durchkonnossement *n* ECON conocimiento *m* directo
durch'kreuzen *v/t* ⟨*sin* ge⟩ *j-s Pläne* estorbar, contrariar
Durchlass ['dʊrçlas] *m* ⟨-es; -lässe⟩ apertura *f*, pasaje *m*
'durchlassen *v/t* ⟨*irr, sep*⟩ *Wasser, Licht, j-n* dejar pasar (a); F **etw ~** (*durchgehen lassen*) tolerar a/c, dejar pasar a/c
'durchlässig *adj* permeable, translúcido
'Durchlauf *m* ⟨-(e)s; -läufe⟩ **1** TEC ejecución *f*; **2** SPORT vuelta *f*
'durchlaufen[1] ⟨*irr, sep*⟩ **I** *v/i* ⟨sn⟩ **1** *durch e-e Tür usw* pasar (**durch** por); **2** *Kaffee* hacerse; **3** *bsd* INFORM **~ lassen** pasar; **II** *v/t* ⟨h⟩ **4** *Schuhsohlen* desgastar
durch'laufen[2] *v/t* ⟨*irr, insep, sin* ge⟩ recorrer; *Schule, Ausbildung* hacer, seguir
'durchlauf|end *adjt a* TEC continuo; **ᘓerhitzer** *m* calentador *m* continuo
durch'leben *v/t* ⟨*sin* ge⟩ pasar, vivir; *fig* **etw noch einmal ~** *in Gedanken* revivir a/c
'durchlesen *v/t* ⟨*irr, sep*⟩ leer, recorrer leyendo
durch'leucht|en *v/t* ⟨*sin* ge⟩ **1** MED examinar con rayos X; **2** *fig* (*prüfen*) analizar; **ᘓung** *f* radioscopia *f*
durch'löchern *v/t* ⟨*sin* ge⟩ (*durchbohren*) agujerear; *mit Kugeln* acribillar (*a fig*)
'durchmachen ⟨*sep*⟩ *v/t* **1** *Ausbildung usw* pasar por, seguir; **2** (*erleiden*) aguantar, sufrir; **er hat viel durchgemacht** ha pasado mucho; **3** F (*durchfeiern*) **die Nacht ~** pasar la noche celebrando
'Durchmesser *m* diámetro *m*
'durchmogeln F *v/r* ⟨*sep*⟩ **sich ~** apañarse, arreglárselas
durch'nässen *v/t* ⟨*sin* ge⟩ empapar
'durchnehmen *v/t* ⟨*irr, sep*⟩ *in der Schule* estudiar, tratar
'durchpeitschen F *v/t* ⟨*sep*⟩ *Antrag usw* forzar (la aprobación de)
durch'queren *v/t* ⟨*sin* ge⟩ atravesar
'durchrechnen *v/t* ⟨*sep*⟩ calcular con detalle
'Durchreiche *f* ventanilla *f* pasaplatos
'Durchreise *f* viaje *m* de paso; **auf der ~ sein** estar de paso
'durchringen *v/r* ⟨*irr, sep*⟩ **sich ~** decidirse finalmente; **sich dazu ~, etw zu tun** decidirse finalmente a hacer a/c
'durchrosten *v/i* ⟨*sep*, sn⟩ oxidarse por completo
durchs = durch das
'Durchsage *f* aviso *m*
'durchsagen *v/t* ⟨*sep*⟩ (*übermitteln*) transmitir; (*verkünden*) anunciar
durch'schauen *v/t* ⟨*sin* ge⟩ *Pläne, Absichten* comprender; **j-n ~** descubrir *od* calar a alg
'durch|scheinen *v/i* ⟨*irr, sep*⟩ traslucirse; **~scheinend** *adjt* translúcido; **~scheuern** *v/t* restregar, rozar; **~schlafen** *v/i* ⟨*irr*⟩ dormir de un tirón

'Durchschlag *m* ⟨-(e)s; -schläge⟩ **1** (*Sieb*) colador *m*; **2** (*Kopie*) copia *f*

'durchschlagen[1] ⟨*irr, sep*⟩ **I** *v/t* ⟨h⟩ **1** (*entzweischlagen*) partir (en dos); **II** *v/i* **2** ⟨sn⟩ *Flüssigkeit* filtrarse; **3** ⟨h⟩ *fig* (*Wirkung zeigen*) hacer efecto (***auf*** *+acus* en); **III** *v/r* ⟨h⟩ **4** ***sich*** (***so***) **~** (*zurechtkommen*) arreglarse; ***sich mühsam*** **~** abrirse paso con esfuerzo

durch'schlagen[2] ⟨*irr, insep, sin* ge⟩ *Kugel* ***die Wand*** **~** atravesar la pared

'durchschlagend *adjt Erfolg* arrollador, aplastante; *Argument* irrefutable, contundente

'Durchschlagskraft *f* ⟨-⟩ fuerza *f* de penetración; *fig* eficiencia *f*

'durch|schlängeln *v/r* ⟨*sep*⟩ ***sich*** **~** colarse; *fig* sortear dificultades; **~schleusen** *v/t* ⟨*sep*⟩ MAR hacer pasar por una esclusa; *fig* hacer pasar, colar; **~schlüpfen** *v/i* ⟨*sep*, sn⟩ *a fig* deslizarse; **~schmoren** F *v/i* ⟨*sep*, sn⟩ EL fundirse; **~schneiden** *v/t* ⟨*irr, sep*⟩ cortar, partir en dos

'Durchschnitt *m* ⟨-(e)s; -e⟩ promedio *m*, término *m* medio; ***im*** **~** por término medio; ***über, unter*** (***dem***) **~** por encima, debajo de la media

'durchschnittlich I *adj* medio, regular, mediocre; **II** *adv* por término medio; (*mittelmäßig*) **~** ***verdienen*** *usw* tener un sueldo, *etc* mediocre

'Durchschnitts... *in Zssgn* medio

'durchschreiben *v/t* ⟨*irr, sep*⟩ calcar

'Durchschrift *f* (*Kopie*) calco *m*, copia *f*

durch'schwimmen *v/t* ⟨*irr, insep, sin* ge⟩ pasar a nado

'durchschwitzen *v/t* ⟨*sep*⟩ empapar de sudor

'durchsehen ⟨*irr, sep*⟩ **I** *v/i durch Fenster usw* mirar (***durch*** por, a través de); **II** *v/t flüchtig* ojear; *prüfend* revisar, examinar; ***die Post*** **~** revisar el correo

'durchsetzen ⟨*sep*⟩ **I** *v/t* llevar a cabo; *s-e Meinung usw* imponer; ***es*** **~**, ***dass*** lograr que; ***s-n Kopf od s-n Willen*** **~** salirse con la suya; **II** *v/r* ***sich*** **~** afirmarse, imponerse (***gegen*** contra)

durch'setzt *adjt* **~** ***mit*** entremezclado con

'Durchsetzungsvermögen *n* ⟨-s⟩ capacidad *f* de imponerse

'Durchsicht *f* ⟨-⟩ revisión *f*, repaso *m*; ***nach*** **~** ***der Akten*** tras analizar las actas

'durchsichtig *adj* transparente, translúcido, diáfano; **2keit** *f* ⟨-⟩ transparencia *f*

'durch|sickern *v/i* ⟨*sep*, sn⟩ **1** *Wasser, Blut usw* filtrarse; **2** *fig Informationen* transcender, filtrarse; **~sieben** *v/t* ⟨*sep*⟩ tamizar, filtrar; **~spielen** *v/t* ⟨*sep*⟩ *Möglichkeiten* reconstruir, simular; **~sprechen** *v/t* ⟨*sep*⟩ discutir (punto por punto); **~starten** *v/i* ⟨*sep*, sn⟩ AVIA elevarse (de nuevo); **~stehen** *v/t* ⟨*irr, sep*⟩ aguantar, sufrir

'durchstellen *v/t* ⟨*sep*⟩ TEL ***ein Gespräch*** **~** pasar una llamada

'durchstöbern F *v/t* ⟨*sep*⟩ (*suchen*) revolver *od* registrar buscando (***nach etw*** a/c)

durch'stoßen *v/i* ⟨*irr, insep*, sn⟩ **1** perforar, abrir; **2** MIL (*durchdringen*) avanzar impetuosamente

'durchstreichen *v/t* ⟨*irr, sep*⟩ tachar

durch'strömen *v/t* ⟨*insep, sin* ge⟩ atravesar; *fig Gefühl* llenar, inundar

durch'suchen *v/t* ⟨*insep, sin* ge⟩ registrar

Durch'suchung *f* registro *m*; **~sbefehl** *m* orden *m* de registro

'durchtrainiert *adjt* bien entrenado

'durchtreten *v/t* ⟨*irr, sep*⟩ *Gaspedal* pisar a fondo

durchtrieben [dʊrç'triːbən] *adjt* astuto

durch'wachsen *adjt* **1** *Fleisch* entreverado; **2** F (*mal gut, mal schlecht*) regular

'Durchwahl *f* ⟨-⟩ TEL comunicación *f* automática; (**~***nummer*) número *m* directo

'durchwählen *v/i* ⟨*sep*⟩ TEL marcar directamente

durchweg ['dʊrçvɛk] *adv* sin excepción, por lo general

durch'weicht *adjt* (*nass*) empapado

durch'wühlen *v/t* ⟨*sep, sin* ge⟩ revolver buscando (***nach etw*** a/c)

'durchwursteln F *v/r* ⟨*sep*⟩ ***sich*** **~** defenderse, arreglárselas

'durchzählen *v/t* contar uno por uno

'durchziehen ⟨*irr, sep*⟩ **I** *v/t* ⟨h⟩ **1** *Faden* pasar, enhebrar; *Linie* trazar; **2** F (*durchführen*) llevar a cabo; **II** *v/i* ⟨sn⟩ **3** pasar (sin detenerse); **4** GASTR ***gut*** **~** ***lassen*** dejar macerar un buen rato; **III** *v/r* ⟨h⟩ ***sich durch etw*** **~** recorrer a/c, estar presente en a/c

durch'zucken *v/t* ⟨*insep, sin* ge⟩ *Blitz* cruzar; *Gedanke, Schmerz* ***j-n*** **~** venirle *od* surgirle a alg

'Durchzug *m* ⟨-(e)s; -züge⟩ **1** (*Durchziehen*) paso *m*; **2** (*Luftzug*) corriente *f*; **~** ***machen*** hacer corriente

'durchzwängen *v/r* ⟨*sep*⟩ ***sich*** **~** abrirse paso (***durch*** por)

dürfen ['dʏrfən] ⟨darf, durfte⟩ **I** *v/aux* ⟨*p/p* dürfen⟩ **1** ***etw tun*** **~** tener permiso para *od* poder hacer a/c; ***das hättest du nicht tun*** **~** no debiste hacerlo; **2** ***das dürfte genügen*** será suficiente; ***das dürfte stimmen*** será cierto *od* correcto; **3** ***was darf es sein?*** ¿que desea?; **II** *v/i, v/t* ⟨*p/p* gedurft⟩ **4** ***darf ich?*** ¿puedo?; ***sie darf alles*** puede hacer lo que quiera

dürftig ['dʏrftɪç] *adj* **1** (*unzureichend*) esca-

so, pobre; **~e Kenntnisse** conocimientos *m/pl* escasos; **2** (*kümmerlich*) miserable
dürr [dʏr] *adj* **1** (*vertrocknet*) árido, seco; **2** (*mager*) enjuto, flaco; **3** *fig* **in ~en Worten** a secas
'Dürre *f* aridez *f*, sequía *f*; **~katastrophe** *f* catástrofe *f* de la sequía
Durst [dʊrst] *m* ⟨-es⟩ sed *f*; **~ haben** tener sed; F **er hat e-n über den ~ getrunken** ha bebido más de la cuenta
dürsten ['dʏrstən] *v/i* tener sed, estar sediento (**nach** de)
'durstig *adj* sediento; **~ sein** estar sediento, tener sed
'durst|löschend *adjt* que quita la sed; **ℒstrecke** *f* período *m* difícil
'Duschbad *n* baño-ducha *m*
Dusche ['dʊʃə; 'duːʃə] *f* ducha *f*; **e-e kalte ~** una ducha fría (*a fig*)
'duschen *v/i*, *v/r* (**sich**) **~** duchar(se), darse una ducha
'Dusch|gel *n* gel *m* de ducha; **~kabine** *f* cabina *f* de la ducha; **~raum** *m* ducha *f*; **~vorhang** *m* cortina *f* de la ducha
Düse ['dyːzə] *f* tobera *f*
Dusel ['duːzəl] F *m* ⟨-s⟩ suerte *f*; F chorra *f*
düsen ['dyːzən] F *v/i* ⟨sn⟩ ir a toda pastilla
'Düsen|flugzeug *n* avión *m* a reacción, reactor *m*; **~jäger** *m* MIL cazarreactor *m*; **~triebwerk** *n* propulsor *m* a reacción
Dussel ['dʊsəl] F *m* ⟨-s; -⟩ idiota *m*
dusselig F *adj* simple, idiota
düster ['dyːstər] *adj Tag*, *Wetter* tenebroso, sombrío, tétrico; *Aussichten*, *Stimmung* sombrío
Duty-free-Shop [djuːti'friːʃɔp] *m* ⟨-s; -s⟩ tienda *f* libre de impuestos
Dutzend ['dʊtsənt] *n* ⟨-s; -e⟩ docena *f*; **zwei ~** dos docenas; **zu ~en** a docenas
'dutzendmal *adv* docenas de veces
'dutzendweise *adv* a docenas
duzen ['duːtsən] *v/t* tutear; **j-n ~** tutear a alg; **sich mit j-m ~** tutearse con alg
'Duzfreund(in) *m*(*f*) amigo, -a *m*,*f* íntimo, -a
DVD [deːvaʊ'deː] *f Abk* ⟨-; -s⟩ (*Digital Versatile Disk*) DVD *m*; **~-Player** *m* (reproductor *m* de) DVD *m*
Dynamik [dy'naːmɪk] *f* ⟨-⟩ dinámica *f*; dinamismo *m* (*a fig*)
dy'namisch *adj* dinámico
Dynamit [dyna'miːt] *n* ⟨-s⟩ dinamita *f*
Dynamo [dy'naːmo] *m* ⟨-s; -s⟩ dínamo *f*
Dynastie [dynas'tiː] *f* dinastía *f*
dz *Abk* (*Doppelzentner*) quintal métrico
'D-Zug *m* (tren *m*) rápido *m*

E

E

E, e [eː] *n* ⟨-; -⟩ E, e *f*; MUS mi *m*
Ebbe ['ɛbə] *f* marea *f* baja; bajamar *f*; **~ und Flut** mareas *f/pl*; **es ist ~** la marea está baja; F *fig* **in meinem Geldbeutel ist ~** F estoy sin blanca, no tengo (ni) un duro
ebd. *Abk* (*ebenda*) íbidem; en el mismo lugar
eben ['eːbən] **I** *adj* **1** (*flach*) plano; *Boden* llano; (*glatt*) liso, raso; **II** *adv* **2 er ist** (**gerade**) **~ angekommen** acaba de llegar; **sie kommt ~** está llegando; **3** (*genau*) exactamente; (**das ist es ja**) **~!** ¡eso (es)!, ¡ahí está!; **~ nicht!** ¡todo lo contrario!; **4 ~ noch** (*mit Mühe*) justo, en el último momento; **5** (*nun einmal*) **sie ist ~ besser** (ella) es simplemente mejor; **dann ~ nicht!** ¡(bueno), pues no!
'Ebenbild *n* vivo retrato *m*
ebenbürtig ['-byrtɪç] *adj* (de) igual (valor); **j-m ~ sein** ser igual que alg
'eben|das'selbe *pr/dem* (precisamente) lo mismo; **'~'deshalb** *adv* por eso mismo
Ebene ['eːbənə] *f* **1** GEOGR llanura *f*; **2** MAT plano *m*; **3** *fig* nivel *m*
'ebenerdig *adj* a ras del suelo; en la planta baja
'ebenfalls *adv* también, igualmente, asimismo; **danke, ~!** ¡gracias, igualmente!
'Eben|holz *n* ébano *m*; **~maß** *n* ⟨-es⟩ simetría *f*; **~mäßig** *adj Gesichtszüge* proporcionado, armónico
'ebenso *adv* **1** lo mismo; **2** → **ebenfalls**; **3 ~ gut** tan bueno; lo mismo; igual(mente); **~ viel**(**e**) (**wie**) tanto(s) (como); **~ wenig**(**e**) (**wie**) tan poco(s) (como)
Eber ['eːbər] *m* zo verraco *m*; **~esche** *f* BOT serbal *m*
ebnen ['eːbnən] *v/t* allanar, nivelar
EC [eː'tseː] *m Abk* ⟨-; -⟩ **1** (*Eurocity*) Eurocity *m*; **2** (*Eurocheque*) eurocheque *m*
Echo ['ɛço] *n* ⟨-s; -s⟩ eco *m*; *fig a* resonancia *f*, repercusión *f*; **~lot** *n* sonda *f* acústica, altímetro *m* acústico
'Echse *f* lagarto *m*
echt [ɛçt] **I** *adj* **1** *Gold, Leder usw, Dokument* auténtico; *Haarfarbe* natural; **2** (*wirklich*) real; (*wahr*) verdadero; **ein ~er Freund** un auténtico *od* verdadero amigo; **II** *adv* realmente, de verdad; F **~ gut!** ¡estupendo!
'Echt|heit *f* ⟨-⟩ autenticidad *f*, legitimidad *f*; **~zeit** *f* ⟨-⟩ tiempo *m* real
Eck [ɛk] *n* ⟨-s; -e⟩ esquina *f*
E'C-Karte *f* tarjeta *f* de eurocheques
'Eckball *m* SPORT saque *m* de esquina, córner *m*
Ecke ['ɛkə] *f* **1** *innen* rincón *m*; *außen* (*Kante, Straßen*~) esquina *f*; **gleich um die ~** a la vuelta de la esquina; *fig* **an allen ~n und Enden** en *od* por todas partes; F **j-n um die ~ bringen** F cargarse a alg; **2** SPORT esquina *f*, córner *m*; **3** F (*Stückchen*) pico *m*; (*Strecke*) trecho *m*; (*Gegend*) F rincón *m*
'Eckhaus *n* casa *f* que hace esquina
eckig ['ɛkɪç] *adj* angular, anguloso; *fig* torpe
'Eck|lohn *m* ECON salario *m* de referencia *od* de base; **~pfeiler** *m* ARCH pilastra *f* angular; **~stoß** *m* SPORT saque *m* de esquina, córner *m*; **~wert** *m* ECON valor *m* de referencia *od* de base; **~zahn** *m* colmillo *m*, (diente *m*) canino *m*; **~zins** *m* tipo *m* básico de interés
Economy-Class [i'kɔnəmiklaːs] *f* ⟨-⟩ (clase *f*) turista *f*
Ecuado|r [ɛkua'doːr] *n* Ecuador *m*; **~ri'aner** (**-in**) *m*(*f*) ecuatoriano, -a *m,f*; **~ri'anisch** *adj* ecuatoriano
Ed. *Abk* (*Edition*) Ed. *f* (*edición*)
edel ['eːdəl] *adj* ⟨-dl-⟩ noble; *a fig* caballeroso; *Metall, Stein* precioso; *Wein* generoso
'Edel|gas *n* gas *m* noble; **~holz** *n* madera *f* noble; **~mann** *m* ⟨-(e)s; -leute⟩ noble *m*; hidalgo *m*; **~metall** *n* metal *m* precioso; **~stahl** *m* acero *m* inoxidable; **~stein** *m* piedra *f* preciosa; *geschliffener* gema *f*; **~weiß** *n* ⟨-(e)s; -e⟩ BOT edelweiss *m*
editieren [edi'tiːrən] *v/t* ⟨*sin* ge⟩ *a* INFORM editar
Editor ['eːditɔr] *m* ⟨-s; -s⟩ INFORM editor *m*, programa *f* de edición
'E-Dur [eː-] *n* MUS mi *m* mayor
EDV [eːdeː'vaʊ] *f Abk* ⟨-⟩ (*Elektronische Datenverarbeitung*) procesamiento *m* (electrónico) de datos, informática *f*; **~-Abteilung** *f* departamento *m* de informática; **~-Anlage** *f* ordenador *m*,

computadora *f*
Efeu ['eːfɔʏ] *m* ⟨-s⟩ BOT hiedra *f*
Effeff [ɛfʔ'ɛf] *n* F ***etw aus dem ~ können*** F saber(se) a/c al dedillo
Effekt [ɛ'fɛkt] *m* ⟨-s; -e⟩ efecto *m*
Ef'fekten *pl* ECON valores *m/pl*; (*Aktien und Obligationen*) títulos *m/pl*; **~börse** *f* bolsa *f* de valores
Ef'fekthascherei [-haʃəraɪ] *f* ⟨-⟩ efectismo *m*
effektiv [ɛfɛk'tiːf] *adj* efectivo; *Zinssatz a* real
ef'fektvoll *adj* de gran efecto, espectacular
effi|zient [ɛfitsi'ɛnt] *geh* **I** *adj* eficiente, eficaz; **II** *adv* ***~ arbeiten*** trabajar con eficacia; **&zienz** [-tsi'ɛnts] *f* eficiencia *f*, eficacia *f*
EFTA ['ɛfta] *f Abk* ⟨-⟩ (*European Free Trade Association*) AELC *f* (*Asociación Europea de Libre Comercio*)
EG[1] [eː'geː] *n Abk* ⟨-(s)⟩ (*Erdgeschoss*) piso *m* bajo, planta *f* baja
EG[2] [eː'geː] *f Abk* ⟨-⟩ HIST (*Europäische Gemeinschaft*) CE *f* (*Comunidad Europea*)
egal [e'gaːl] F *adj* igual, lo mismo; ***das ist*** (***ganz***) **~** da lo mismo, da igual; ***das ist mir*** (***nicht***) **~** (no) me da lo mismo, (no) me da igual; **~, *wer*** (***was***) quien (lo que) sea
Egel ['eːgəl] *m* ⟨-s; -⟩ ZO sanguijuela *f*
Egge ['ɛgə] *f* AGR rastra *f*, grada *f*
Egoismus [ego'ɪsmʊs] *m* ⟨-⟩ egoísmo *m*
Egoist|(in) [ego'ɪst(ɪn)] *m*(*f*) egoísta *m,f*; **&isch** *adj* egoísta
ego'zentrisch *adj* egocéntrico
eh [eː] *adv* **1** (*sowieso*) de todas formas, de todos modos; **2** ***seit ~ und je*** de siempre
ehe ['eːə] *cj* antes de (*+inf*), antes de que (*+subj*); → ***eher, ehest***
'Ehe *f* matrimonio *m*; ***aus erster ~*** del primer matrimonio; ***sie führen e-e glückliche ~*** son un matrimonio feliz
'eheähnlich *adj* ***~e Gemeinschaft*** convivencia *f od* cohabitación *f* como marido y mujer; pareja *f* de hecho
'Ehe|beratung *f* orientación *f* matrimonial; **~bett** *n* lecho *m* conyugal; (*Doppelbett*) cama *f* de matrimonio; **~brecher(in)** *m*(*f*) adúltero, -a *m,f*; **~bruch** *m* adulterio *m*; **~frau** *f* esposa *f*, mujer *f*, cónyuge *f*; **~gatte** *geh m*, **~gattin** *geh f* esposo, -a *m,f*, cónyuge *m,f*; **~krach** F *m* F pelea *f* conyugal; **~leute** *pl* esposos *m/pl*
'ehelich *adj* conyugal, matrimonial; *Kind* legítimo
'ehe|malig *adj* antiguo; anterior, ex...; **~mals** *adv* en tiempos remotos, antaño
'Ehe|mann *m* ⟨-(e)s; ⁻er⟩ esposo *m*, marido *m*, cónyuge *m*; **~paar** *n* matrimonio *m*; **~partner(in)** *m*(*f*) cónyuge *m,f*
eher ['eːər] *adv* **1** antes (***als*** de); antes de (***als*** que *+subj*); ***je ~, desto besser*** cuanto antes, mejor; **2** (*lieber, mehr*) más bien; (*leichter*) más fácilmente; (*wahrscheinlicher*) más probablemente
'Ehe|recht *n* ⟨-(e)s⟩ derecho *m* matrimonial; **~ring** *m* alianza *f*; anillo *m* de boda
ehern ['eːərn] *adj* de bronce; *fig Gesetz, Wille* férreo
'Ehe|scheidung *f* divorcio *m*; **~schließung** *f* enlace *m* (matrimonial)
ehest ['eːəst] *adv* ***am ~en*** lo más pronto *od* probablemente *od* fácilmente; ***sie kann uns am ~en helfen*** si alguien nos puede ayudar, es ella
'Ehe|stand *m* ⟨-(e)s⟩ estado *m* matrimonial; **~streit** *m* disputa *f od* reyerta *f* conyugal; **~versprechen** *n* promesa *f* de matrimonio; **~vertrag** *m* contrato *m* de matrimonio, capitulaciones *f/pl* matrimoniales
'ehrbar *geh adj* honrado, honesto
Ehre ['eːrə] *f* honor *m*, honra *f*, reputación *f*; ***zu ~n von*** en honor de; ***j-m die letzte ~ erweisen*** rendir el último tributo a alg; ***j-m*** (***keine***) **~ *machen*** (no) ser un honor para alg; ***etw in ~n halten*** venerar a/c; ***j-n in ~n halten*** honrar la memoria de alg
'ehren *v/t* honrar; (*achten*) respetar; ***das ehrt ihn*** (eso) le honra
'Ehren|amt *n* cargo *m* honorífico; **&amtlich I** *adj* (de título) honorífico, honorario; desinteresado; **II** *adv* a título honorífico; desinteresadamente; **~bürger(in)** *m*(*f*) hijo, -a *m,f* predilecto, -a *od* adoptivo, -a *de una ciudad*; ciudadano,-a *m,f* de honor; **~doktor** *m* doctor, a *m,f* honoris causa; **~gast** *m* huésped *m,f* de honor
'ehrenhaft *adj* honorable, respetable
'ehrenhalber [-halbər] *adv* por honor; ***Doktor ~*** doctor, a *m,f* honoris causa
'Ehren|mann *m* ⟨-(e)s; ⁻er⟩ hombre *m* de bien *od* honrado; **~platz** *m* puesto *m* de honor
'Ehrenrechte *pl* JUR ***bürgerliche ~*** derechos *m/pl* cívicos
'Ehrenrunde *f* vuelta *f* de honor; F ***e-e ~ drehen*** (*durchfallen*) repetir (curso)
'Ehren|sache *f* cuestión *f* de honor; **~tag** *geh m* aniversario *m*; día *m* solemne; **~tor** *n*, **~treffer** *m* SPORT tanto *m* de honor; **&voll** *adj* honorífico, honroso; **&wert** *adj* honorable
'Ehrenwort *n* palabra *f* de honor; ***sein ~ geben*** dar su palabra de honor; ***~!*** ¡palabra (de honor)!
ehrerbietig ['eːrʔɛrbiːtɪç] *geh adj* respetuoso, deferente (***gegen*** con)
'Ehrfurcht *f* ⟨-⟩ respeto *m*, veneración *f* (***vor***

+*dat* por); ~ ***gebietend*** que impone respeto, respetable
ehr|fürchtig ['e:rfyrçtɪç] *adj* respetuoso; **≗gefühl** *n* ⟨-(e)s⟩ pundonor *m*; **≗geiz** *m* ⟨-es⟩ ambición *f*; **~geizig** *adj* ambicioso
'ehrlich I *adj* **1** *Handel, Spiel usw* limpio, justo; **2** *Mensch* honrado, honesto; (*aufrichtig*) sincero; (*offen*) franco; ***seien wir*** (***doch***) ***~!*** ¡seamos francos!; ***~ währt am längsten*** el que bien obra, nunca llega tarde; **II** *adv* sinceramente; ***~ gesagt*** a decir verdad; F ***~?*** F ¿de veras?
'Ehrlichkeit *f* ⟨-⟩ honradez *f*
'Ehrung *f* homenaje *m*
'Ehrwürden *Titel* ***Euer ~*** Reverendo Padre, Reverenda Madre
'ehrwürdig *adj* venerable, respetable
ei [aɪ] *int* ***~, ~!*** ¡ah!, ¡toma!
Ei *n* ⟨-(e)s; -er⟩ **1** huevo *m*; ***~er legen*** poner huevos; ***sich*** (*dat*) ***wie ein ~ dem anderen gleichen*** parecerse como dos gotas de agua; F ***wie aus dem ~ gepellt*** F de punta en blanco; ***j-n wie ein rohes ~ behandeln*** tratar a alg con guante blanco *od* de seda; **2** F *pl* (*Geld*) ***hundert ~er*** cien euros, marcos, *etc*; **3** P *pl* ***~er*** (*Hoden*) P huevos *m/pl*
EIB [ei'be] *f Abk* (*Europäische Investitionsbank*) BEI *m* (*Banco Europeo de Inversiones*)
Eibe ['aɪbə] *f* BOT tejo *m*
Eiche ['aɪçə] *f* BOT roble *m*
Eichel ['aɪçəl] *f* ⟨-; -n⟩ **1** BOT bellota *f*; **2** ANAT glande *m*
'eichen *v/t* TEC *Maße, Gewichte* contrastar, aforar; *Instrumente* calibrar
'Eichhörnchen *n* ⟨-s; -⟩ ardilla *f*
Eid [aɪt] *m* ⟨-(e)s; -e⟩ juramento *m*; ***e-n ~ ablegen, schwören*** prestar juramento; ***unter ~ aussagen*** declarar bajo juramento; JUR ***an ~es statt*** en lugar de juramento, formal
Eidechse ['aɪdɛksə] *f* lagarto *m*; (*Zaun≗*) lagartija *f*
'eidesstattlich I *adj* jurado; ***~e Erklärung*** declaración *f* jurada; **II** *adv* en lugar de juramento
'Eidgenoss|e *m* ⟨-n; -n⟩, **~in** *f* confederado, -a *m,f*; suizo, -a *m,f*
eidgenössisch ['aɪtgənœsɪʃ] *adj* confederado, federal; suizo
'eidlich *adj* jurado; ***~e Aussage, ~e Erklärung*** declaración *f* bajo juramento
'Eidotter *n* yema *f* (del huevo)
'Eier|becher *m* huevera *f*; **~kocher** *m* hervidor *m* para huevos; **~kuchen** *m* tortilla *f*; crepe *f*; **~löffel** *m* cucharilla *f* para huevos; **~nudeln** *pl* pasta *f* al huevo; **~schale** *f* cascarón *m*, cáscara *f* del huevo; **~speise** *f* plato *m* de huevos; **~stock** *m* ANAT ovario *m*; **~uhr** *f* reloj *m* de arena, ampolleta *f*
Eifer ['aɪfər] *m* ⟨-s⟩ celo *m*, empeño *m*, afán *m*; (*Begeisterung*) entusiasmo *m*, fervor *m*; ***blinder ~*** pasión *f* ciega; ***im ~ des Gefechts*** en el fragor de la disputa
'Eiferer *m* fanático *m*
'Eifer|sucht *f* ⟨-⟩ celos *m/pl* (***auf*** +*acus* de); **≗süchtig** *adj* celoso (***auf*** +*acus* de)
'eiförmig *adj* ovoide
eifrig ['aɪfrɪç] **I** *adj* (*begeistert*) fervoroso; (*emsig*) diligente, solícito; **II** *adv* con empeño; ***~ bemüht sein zu*** (+*inf*) afanarse en *od* por (+*inf*)
'Eigelb *n* yema *f* (del huevo)
eigen ['aɪgən] *adj* **1** propio, particular; ***sich*** (*dat*) ***etw zu ≗ machen*** apropiarse de a/c; ***ein ~es Zimmer*** habitación *f* propia; **2** (*typisch*) típico, característico; ***mit dem ihr ~en Charme*** con su encanto característico; **3** → ***eigenartig***
'Eigen|art *f* particularidad *f*, singularidad *f*; **≗artig** *adj* particular, singular; (*seltsam*) curioso, raro; **≗artigerweise** *adv* curiosamente; **~bedarf** *m* necesidades *f/pl* propias, consumo *m* propio; **~brötler** [-brø:tlər] *m* solitario *m*; extravagante *m*; **~finanzierung** *f* financiación *f* propia; **~gewicht** *n* TEC peso *m* muerto, tara *m*
'eigenhändig ['aɪgənhɛndɪç] **I** *adj* personal, de propia mano; ***~e Unterschrift*** propia firma *f*; firma *f* de puño y letra; **II** *adv* en propia mano
'Eigen|heim *n* casa *f* propia; **~heit** *f* propiedad *f* particular; **~initiative** *f* propia iniciativa; **~kapital** *n* FIN recursos *m/pl* propios, capital *m* propio; **~kapitalerhöhung** *f* FIN aumento *m* de(l) capital propio
'Eigenleben *n* ⟨-s⟩ propia vida *f*; *fig* ***ein ~ entwickeln*** emprender el propio camino
'Eigen|liebe *f* amor *m* propio; narcisismo *m*; **~lob** *n* alabanza *f* de sí mismo; F autobombo *m*; ***~ stinkt*** alabanza propia envilece
'eigen|mächtig *adj* **1** arbitrario; **2** (*unbefugt*) sin autorización; **≗name** *m* nombre *m* propio; **≗nutz** *m* ⟨-es⟩ interés *m* personal; **~nützig** [-nʏtsɪç] *adj* interesado, egoísta; **≗produktion** *f* autoproducción *f*
'eigens *adv* expresamente, ex profeso
'Eigenschaft *f* cualidad *f*; (*Merkmal*) característica *f*; CHEM, TEC propiedad *f*; ***in s-r ~ als*** en (su) calidad de
'Eigenschaftswort *n* ⟨-(e)s; -wörter⟩ adjetivo *m*
'Eigen|sinn *m* ⟨-(e)s⟩ obstinación *f*, terquedad *f*; **≗sinnig** *adj* obstinado, terco; **≗ständig** *adj* independiente
eigentlich ['aɪgəntlɪç] **I** *adj* verdadero, propio; ***im ~en Sinne*** en sentido propio; **II** *adv* en realidad, verdaderamente; ***was wollen***

E

Sie ~? ¿qué es lo que quiere?
'Eigentor *n* SPORT, *a fig* autogol *m*, gol *m* en propia meta
Eigen|tum ['aɪgəntuːm] *n* ⟨-s⟩ propiedad *f*; **~tümer(in)** [-tyːmər(ɪn)] *m(f)* propietario, -a *m,f*; **≗tümlich** *adj* **1** propio, peculiar, característico; **2** (*seltsam*) raro, singular; **~tümlichkeit** *f* peculiaridad *f*, singularidad *f*
'Eigentumsvorbehalt *m* JUR reserva *f* de propiedad; ***Lieferung mit ~*** suministro *m* con reserva de propiedad
'Eigentums|vorbehaltsklausel *f* JUR cláusula *f* de reserva de propiedad; **~wohnung** *f* piso *m* en propiedad
Eigen|verbrauch *m* consumo *m* propio; **~werbung** *f* autopublicidad *f*
'eigenwillig *adj* **1** obstinado, terco; voluntarioso; **2** *fig Stil usw* original, particular, peculiar; **≗keit** *f* ⟨-⟩ voluntariedad *f*
eignen ['aɪgnən] *v/r* ***sich ~*** (***als, für***) *Person* ser apto (para), servir (para); *Sache* ser adecuado *od* apropiado (para), servir (de)
'Eignung *f* ⟨-⟩ *e-r Sache* idoneidad *f*; *e-r Person* calificación *f*, aptitud *f* (***zu, für*** para); **~stest** *m* prueba *f* de aptitud
'Eil|auftrag *m* pedido *m od* encargo *m* urgente; **~bestellung** *f* remesa *f* urgente
'Eilbote *m* mensajero *m*; ***durch ~n*** por expreso, de entrega inmediata
'Eilbrief *m* carta *f* urgente
Eile ['aɪlə] *f* ⟨-⟩ prisa *f*, apuro *m*; ***in aller ~*** a toda prisa; ***in ~ sein*** tener prisa; ***es hat keine ~*** no corre prisa
'Eileiter *m* ANAT trompa *f* uterina *od* de Falopio
eilen ['aɪlən] **I** *v/i* ⟨sn⟩ correr; **II** *v/imp* ⟨h⟩ ***es eilt*** corre prisa; ***Eilt!*** ¡urgente!
eilends ['aɪlənts] *adv* muy deprisa
'Eilfracht *f* transporte *m* a gran velocidad
eilig ['aɪlɪç] *adj* rápido; (*dringend*) urgente; ***es ~ haben*** tener prisa
'eiligst *adv* lo más pronto posible, a toda prisa
'Eil|sendung *f* correo *m* urgente; **~tempo** *n* ***im ~*** a marchas forzadas; **~zug** *m* (tren *m*) rápido *m*; **~zustellung** *f* entrega *f* urgente *od* por expreso
Eimer ['aɪmər] *m* cubo *m*; *Am* balde *m*; F ***im ~ sein*** estar roto; *fig* estar perdido
'eimerweise *adv* a cubos
ein[1] [aɪn] **I** *núm/c* ⟨*f* eine⟩ un, uno, una; ***~ für allemal*** de una vez por todas; ***~ bis zwei Tage*** entre uno y dos días; **II** *art* ⟨*f* eine⟩ un, una; ***~e*** (***gewisse***) ***Frau Stein*** una tal señora Stein; ***~es Tages*** un día; **III** *pr/indef* ⟨*m* einer, *f* eine, *n* ein(e)s⟩ **1** (*jemand*) uno, una; ***der ~e oder*** (***der***) ***andere*** uno que otro; **2** (*etwas*) una cosa; ***~s von beiden*** uno (una) de los (las) dos
ein[2] *adv* **1** (*~geschaltet*) conectado; **2** (***bei j-m***) ***~ und aus gehen*** frecuentar (la casa de alg); frecuentar a alg; ***ich weiß nicht mehr ~ noch aus*** ya no sé qué hacer
Einakter ['aɪnʔaktər] *m* pieza *f* en un solo acto
einander [aɪ'nandər] *adv* mutuamente, uno (-s) a otro(s), recíprocamente
'einarbeiten ⟨*sep*⟩ **I** *v/t* **1** ***j-n ~*** adiestrar a alg, poner al día a alg; **2** ***etw ~ in*** (*+acus*) incorporar a/c a; insertar a/c en; **II** *v/r* **3** ***sich ~*** familiarizarse (*con un trabajo*), ponerse al día; ***sich in etw ~*** iniciarse en a/c, capacitarse para a/c
'Einarbeitung *f* capacitación *f*, iniciación *f*; **~szeit** *f* período *m* de adaptación
'einarmig *adj* manco
einäscher|n ['aɪnʔɛʃərn] *v/t* ⟨*sep*⟩ reducir a cenizas; *Leiche* incinerar; **≗ung** *f* incineración *f*, cremación *f*
'einatmen *v/t, v/i* ⟨*sep*⟩ inhalar, aspirar, inspirar
einäugig ['aɪnʔɔʏgɪç] *adj* tuerto
'Ein|bahnstraße *f* calle *f* de dirección única *od* de sentido único; **~band** *m* ⟨-(e)s; -bände⟩ encuadernación *f*, cubierta *f*; **~bau** *m* ⟨-(e)s; -ten⟩ montaje *f*, instalación *f*; **≗bauen** *v/t* ⟨*sep*⟩ montar, instalar (***in*** *+acus* en); *in e-e Wand* empotrar (***in*** *+acus* en); **~bauküche** *f* cocina *f* funcional; **~bauschrank** *m* armario *m* empotrado
'einbehalten *v/t* ⟨*irr, sep, sin* ge⟩ retener
'einbeinig *adj* de una sola pierna
'einberufen *v/t* ⟨*irr, sep, sin* ge⟩ **1** *Versammlung* convocar; **2** MIL (***zum Militärdienst***) ***~*** llamar a filas
'Einberufung *f* **1** *e-r Versammlung* convocatoria *f*; **2** MIL llamamiento *m* a filas; **~sbescheid** *m* MIL orden *f* de incorporación a filas
'einbetten *v/t* ⟨*sep*⟩ intercalar, colocar (***in*** *+acus* en)
'Einbettzimmer *n* habitación *f* individual
'einbeziehen *v/t* ⟨*irr, sep, sin* ge⟩ incluir (***in*** *+acus* en)
'einbiegen *v/i* ⟨*irr, sep,* sn⟩ torcer, doblar (***in*** *+acus* a, hacia); ***links ~*** torcer a la izquierda
'einbilden *v/t* ⟨*sep*⟩ **1** ***sich*** (*dat*) ***etw ~*** imaginarse a/c, creerse a/c, figurarse a/c; ***das bildest du dir nur ein*** eso son imaginaciones tuyas; ***bilde dir ja nicht ein, dass …*** no te creas que …, no pienses que … **2** ***sich*** (*dat*) ***etwas ~*** (***auf*** *+acus*) preciarse (de), presumir (de)
'Einbildung *f* **1** imaginación *f*, fantasía *f*, ilusión *f*; ***das ist reine ~*** eso no son más que fantasías; **2** (*Überheblichkeit*) arro-

gancia *f*, presunción *f*
'Einbildungskraft *f* imaginación *f*, fantasía *f*, (facultad *f*) imaginativa *f*
'einbinden *v/t* ⟨*irr, sep*⟩ **1** *Buch* encuadernar; **2** *fig* incluir, integrar (***in*** +*acus* en)
einbläuen ['aɪnblɔʏən] *v/t* ⟨*sep*⟩ inculcar
'einblenden ⟨*sep*⟩ **I** *v/t* FILM sobreimprimir; RADIO intercalar; **II** *v/r* ***sich ~ in*** (+*acus*) conectarse con
einbleuen ['aɪnblɔʏən] → ***einbläuen***
'Einblick *m* mirada *f* (***in*** +*acus* en); *flüchtiger* golpe *m* de vista, vistazo *m*, ojeada *f*; *fig* idea *f*; conocimiento *m*; ***e-n ~ in etw bekommen*** formarse una idea de a/c
'einbrechen ⟨*irr, sep*⟩ **I** *v/i* ⟨sn⟩ **1** *in ein Haus usw* robar (con fractura); **2** (*einstürzen*) colapsar; **3** *ins Eis* hundirse; **4** *Kälte* llegar; *Nacht* caer; **II** *v/t* ⟨h⟩ **5** *Tür usw* echar abajo
'Einbrecher(in) *m* ⟨-s; -⟩, (*f*) ⟨-; -nen⟩ ladrón, -ona *m,f* (*que roba con fractura*)
'einbringen ⟨*irr, sep*⟩ **I** *v/t* **1** *Ernte* acarrear, recoger; **2** *Kapital, a fig* contribuir, aportar (***in*** +*acus* a); **3** *Gesetz, Klage* presentar; **4** *Nutzen* rendir, producir; *Verluste* compensar, reparar; **II** *v/r* **5** ***sich ~*** (***in*** +*acus*) participar (en), contribuir (a, en)
'einbrocken *v/t* ⟨*sep*⟩ *Brot* mojar; *fig* ***sich*** (*dat*) ***etwas ~*** meterse en un lío
'Einbruch *m* **1** (*~diebstahl*) robo *m* (con fractura); **2** ***bei ~ der Dunkelheit*** al anochecer; al hacerse de noche; **3** (*Einsturz*) hundimiento *m*; **4** ECON (*Kurs*♀) caída *f* (*a fig*); **♀sicher** *adj* antirrobo, a prueba de robo
'einbuchten F *v/t* ⟨*sep*⟩ F meter en chirona
'einbürgern ⟨*sep*⟩ **I** *v/t* POL nacionalizar, naturalizar; **II** *v/r fig* ***sich ~*** generalizarse, tomar carta de naturaleza
'Einbürgerung *f* nacionalización *f*, naturalización *f*
'Einbuße *f* pérdida *f*, mengua *f* (***an*** +*dat* de)
'einbüßen ⟨*sep*⟩ **I** *v/t* perder; **II** *v/i* ***an Einfluss*** *usw* ***~*** perder influencia, *etc*
Ein'centstück *n* moneda *f* de un céntimo (de euro)
'einchecken ⟨*sep*⟩ AVIA **I** *v/t Gepäck* facturar; **II** *v/i Person* embarcar
'eincremen *v/t, v/r* ⟨*sep*⟩ (***sich***) ***~*** poner(se) crema
'eindämmen *v/t* ⟨*sep*⟩ *Fluss* encauzar; *Brand, a fig* contener
'eindecken ⟨*sep*⟩ **I** *v/t* ***j-n ~ mit*** abastecer a alg de; **II** *v/r* ***sich ~*** (***mit***) abastecerse (de), aprovisionarse (con)
'eindeutig *adj* claro, inequívoco; *fig* terminante; **♀keit** *f* ⟨-⟩ claridad *f*
eindeutschen ['aɪndɔʏtʃən] *v/t* ⟨*sep*⟩ germanizar
'eindimensional *adj* unidimensional
'eindösen F *v/t* ⟨*sep*, sn⟩ adormilarse
'eindringen *v/i* ⟨*irr, sep*, sn⟩ penetrar (***in*** +*acus* en); *gewaltsam* entrar (a *od* por la fuerza) (***in*** +*acus* en); *Flüssigkeit* filtrarse (***in*** +*acus* en); MIL *in ein Land* internarse (***in*** +*acus* en), invadir; *fig* ***auf j-n ~*** asediar a alg (***mit*** a, con), presionar a alg
'eindringlich *adj Warnung usw* insistente, enérgico; *Rede* enfático
'Eindruck *m* ⟨-(e)s; -drücke⟩ **1** impresión *f*, efecto *m*; (***auf j-n***) ***~ machen*** impresionar (-le a alg); ***e-n schlechten ~ machen*** (***auf*** +*acus*) causar(le) mala impresión (a); ***den ~ erwecken, als ob …*** dar *od* tener la impresión de que …; ***ich habe den ~, dass …*** tengo *od* me da la impresión (de) que …; (***bei j-m***) ***~ schinden*** darse importancia (frente a *od* con alg); **2** *Spur* huella *f*
'eindrücken *v/t* ⟨*sep*⟩ *Scheibe* romper, quebrar; *Tür* forzar
'eindrucksvoll *adj* impresionante, imponente
eine → ***ein***[1]
'einebnen *v/t* ⟨*sep*⟩ allanar, aplanar
'eineiig *adj* ***~e Zwillinge*** gemelos *m/pl* univitelinos
'einengen *v/t* ⟨*sep*⟩ estrechar, restringir
'einer → ***ein***[1] *III 1*
'Einer *m* **1** MAT unidad *f*; **2** MAR esquife *m*, bote *m* individual
'einerlei *adj* igual, indiferente; ***das ist mir ~!*** ¡me da lo mismo!, ¡me da igual!
'Einerlei *n* ⟨-s⟩ uniformidad *f*, monotonía *f*; ***das tägliche ~*** la monotonía diaria
'einerseits *adv* por un lado, por una parte
Ein'eurostück *n* moneda *f* de un euro
'einfach I *adj* **1** (*nicht schwierig*) fácil, simple; (*schlicht*) modesto; *Essen usw* sencillo; **2** ***~e Fahrkarte*** billete *m* sencillo; **II** *adv* **3** sencillamente, simplemente; ***ich musste*** (***ganz***) ***~ lachen*** no pude más que reírme
'Einfachheit *f* ⟨-⟩ sencillez *f*, simplicidad *f*; ***der ~ halber*** para simplificar
'einfädeln ⟨*sep*⟩ **I** *v/t* **1** enhebrar, enfilar, ensartar; **2** *fig Intrige* tramar, maquinar, urdir; **II** *v/r* **3** AUTO ***sich ~*** (***in*** +*acus*) colocarse (en)
'einfahren ⟨*irr, sep*⟩ **I** *v/t* ⟨h⟩ **1** *Ernte* acarrear; **2** AUTO rodar, hacer el rodaje; **3** AVIA *Fahrgestell* recoger; **II** *v/i* ⟨sn⟩ **4** *Zug usw* entrar; **5** MIN bajar
'Einfahrt *f* **1** entrada *f*, acceso *m*; **2** *Zug usw* ***~ auf Gleis 1 haben*** entrar por la vía 1
'Einfall *m* **1** (*Gedanke*) ocurrencia *f*, idea *f*; **2** MIL incursión *f* (***in*** +*acus* en), invasión *f* (***in*** +*acus* de); **3** (*Licht*♀) incidencia *f*
'einfallen *v/i* ⟨*irr, sep*, sn⟩ **1** derrumbarse,

venirse abajo; **2** *fig* ***j-m fällt etw ein*** a alg se le ocurre a/c; a alg le viene a/c a la memoria; ***was fällt dir ein?*** ¿qué te has creído?; **3** MIL ***in ein Land ~*** invadir un país; **4** *Licht* entrar; **5** (*einstürzen*) hundirse, derrumbarse

'einfalls|los *adj* sin imaginación; **~reich** *adj* imaginativo, ocurrente; **≗winkel** *m* PHYS ángulo *m* de incidencia

Einfalt ['aɪnfalt] *f* ⟨-⟩ ingenuidad *f*, candidez *f*

einfältig ['aɪnfɛltɪç] *adj* (*naiv*) ingenuo, cándido; (*dumm*) simple

'Einfaltspinsel F *m* F bobalicón *m*, panoli *m*

'Einfamilienhaus *n* chalet *m*, casa *f* unifamiliar

'einfangen *v/t* ⟨*irr, sep*⟩ capturar, coger; *fig Krankheit* pillar; *Stimmung* reflejar

'einfarbig *adj* monocolor, unicolor; *Bildschirm* monocromático; *Stoff* liso

'einfass|en *v/t* ⟨*sep*⟩ **1** cercar, guarnecer; (*einsäumen*) ribetear; **2** *Edelstein* engastar, engarzar; *Brillenglas* montar; **≗ung** *f* **1** recinto *m*, cerca *f*; **2** borde *m*, ribete *m*; *e-s Edelsteins* engaste *m*

'einfetten *v/t* ⟨*sep*⟩ engrasar, lubricar, untar; *Haut* embadurnar

'einfinden *v/r* ⟨*irr, sep*⟩ ***sich ~*** acudir, personarse, presentarse; (*sich versammeln*) concurrir

'einfließen *v/i* ⟨*irr, sep,* sn⟩ desembocar, entrar (***in*** *+acus* en); *fig* ***etw ~ lassen*** mencionar a/c (de paso)

'einflößen *v/t* ⟨*sep*⟩ **1** *Arznei* administrar; **2** *fig* inspirar, imbuir; ***j-m Angst ~*** infundir (-le) miedo a alg

'Einflugschneise *f* corredor *m* de llegada

'Einfluss *m* influencia *f*, influjo *m* (***auf*** *+acus* en, sobre); ***~ haben auf*** (*+acus*) influir en, tener (mucha) influencia en

'Einfluss|bereich *m* área *f* de influencia; **≗reich** *adj* influyente

einförmig ['aɪnfœrmɪç] *adj* uniforme; (*eintönig*) monótono

'einfrieren ⟨*irr, sep*⟩ **I** *v/t* ⟨h⟩ congelar (*a fig*) **II** *v/i* ⟨sn⟩ congelarse (*a fig*)

'einfügen ⟨*sep*⟩ **I** *v/t* incorporar (***in*** *+acus* a, en), incluir (***in*** *+acus* en), intercalar (***in*** *+acus* en); INFORM *Tabelle, Text* insertar; **II** *v/r* ***sich ~*** (***in*** *+acus*) *Person* adaptarse (a)

'Einfügetaste *f* tecla *f* insert

'Einfügung *f* inserción *f*, adaptación *f*

'einfühlen *v/r* ⟨*sep*⟩ ***sich in j-n ~*** ponerse en el lugar de alg

'einfühlsam *adj* comprensivo, sensible

'Einfühlungsvermögen *n* ⟨-s⟩ intuición *f*, tacto *m*

Einfuhr ['aɪnfuːr] *f* ⟨-; -en⟩ ECON **1** entrada *f*, importación *f*; **2** *Produkte* importación *f*; **~begrenzungen** *f/pl* limitación *f* de las importaciones; **~beschränkungen** *pl* restricciones *f/pl* a la importación

'einführen *v/t* ⟨*sep*⟩ **1** introducir; *Methode* adoptar, implantar; **2** *j-n in ein Amt, e-e Aufgabe* iniciar; ***j-n ~*** presentar a alg (***in*** *+acus* en; ***bei*** a); **3** (*hineinstecken*) meter (***in*** *+acus* en); **4** ECON *Waren* importar; **5** ECON *neue Mode, neues Produkt* lanzar

'Einfuhr|genehmigung *f* permiso *m od* licencia *f* de importación; **~quote** *f* cifra *f* de importaciones; **~stopp** *m* suspensión *f* de las importaciones

'Einführung *f* introducción *f* (***in*** *+acus* a), implantación *f* (***in*** *+acus* en); (*Vorstellung*) presentación *f*; (*Amts≗*) iniciación *f*; ECON *e-s Produkts, e-r Mode* lanzamiento *m*; **~spreis** *m* precio *m* de introducción *od* de lanzamiento; **~rabatt** *m* descuento *m* de lanzamiento

'Einfuhr|verbot *n* prohibición *f* de importación; **~zoll** *m* derechos *m/pl* de importación

'einfüllen *v/t* ⟨*sep*⟩ envasar (***in*** *+acus* en)

'Eingabe *f* **1** (*Gesuch*) solicitud *f* (***an, bei*** a); **2** INFORM entrada *f*; **~taste** *f* INFORM tecla *f* Enter

'Eingang *m* **1** (*Tür*) entrada *f*; **2** (*Zutritt*) acceso *m* (***zu*** a); **3** ECON *von Waren* recepción *f*; *von Geld* ingreso *m*; **4** *pl* ***Eingänge*** *Waren* entradas *f/pl*; *Einnahmen* ingresos *m/pl*, entradas *f/pl*; **5** (*Beginn*) ***zu ~*** al principio

'eingängig *adj Melodie* pegadizo

'eingangs *adv* al principio; **≗datum** *n* fecha *f* de entrada; **≗nummer** *f* número *m* de entrada; **≗post** *f* correspondencia *f* de entrada; **≗stempel** *m* sello *f* de entrada; **≗vermerk** *m* nota *f* de entrada

'eingeben *v/t* ⟨*irr, sep*⟩ **1** *Arznei* dar, administrar; **2** ***j-m e-n Gedanken ~*** inspirar(le) *od* sugerir(le) a alg una idea; **3** INFORM *Daten, Text* introducir

'eingebildet *adjt* **1** (*nicht real*) imaginario, quimérico; **2** (*überheblich*) arrogante, engreído, creído; ***er ist ~ auf*** (*+acus*) … presume de …

'Eingeborene(r) *f(m)* ⟨→ A⟩ indígena *m,f*, aborígen *m,f*

'Eingebung *f* inspiración *f*, sugestión *f*

'eingedenk *geh adj* ***~ der Tatsache, dass …*** teniendo presente que …

'eingefallen *adjt Gebäude* en ruinas; *Gesicht* demacrado

'eingefleischt *adjt* ***~er Junggeselle*** solterón *m* empedernido

'eingehen ⟨*irr, sep,* sn⟩ **I** *v/t* **1** *Vertrag, Ehe* contraer; **II** *v/i* **2** *Geld* ingresar; *Waren usw* recibirse, llegar; **3 ~ in** (*+acus*) pasar a, entrar en; **4 ~ auf** (*+acus*) *Frage* responder a; *Thema* tratar, abordar; *Vorschlag usw* aceptar, acoger (favorablemente); *Wunsch* acceder a; ***auf j-n ~*** corresponder(le) a alg; **5** F *Tier, Pflanze* morir (***an*** *+dat* de); **6** *Stoff* encoger

'eingehend I *adjt* detenido, detallado, minucioso; **II** *advl* con detenimiento, a fondo

'Eingemachte(s) *n* ⟨→ A⟩ conserva *f*; *fig* ***es geht ans ~*** cuesta Dios y ayuda

'eingemeinden *v/t* ⟨*sep, sin* ge⟩ incorporar (*a un municipio*) (***in*** *+acus* a, en)

'eingenommen *adjt* prevenido (***für*** a favor de; ***gegen*** contra, en contra de); ***von etw ~ sein*** estar encantado con a/c; ***von sich ~ sein*** ser presumido *od* engreído

'eingeschnappt *adjt* F *fig* **~ *sein*** estar picado

'eingeschrieben *adjt Brief* certificado; *Am* registrado

'eingeschweißt *adjt Bücher etc* sellado, envuelto en plástico; en blíster

'eingespielt *adjt* (***gut***) ***aufeinander ~ sein*** estar (bien) compenetrados

'Einge|ständnis *n* confesión *f*; **2stehen** *v/t* ⟨*irr, sep, sin* ge⟩ confesar

'eingestellt *adjt* **1 ~ *auf*** (*+acus*) preparado para, dispuesto para, orientado a; **2 *konservativ ~ sein*** tener ideas conservadoras; ***sozial ~*** con conciencia social

Ein|geweide ['aɪngəvaɪdə] *pl* vísceras *f/pl*, entrañas *f/pl*; **~geweihte(r)** *f(m)* ⟨→ A⟩ iniciado, -a *m,f*; **2gewöhnen** *v/r* ⟨*sep, sin* ge⟩ ***sich ~*** (***in*** *+acus*) acostumbrarse (a), aclimatarse (a); **2gießen** *v/t* ⟨*irr, sep*⟩ verter, echar (***in*** *+acus* en); **2gipsen** *v/t* ⟨*sep*⟩ MED enyesar, escayolar

'eingleisig *adj* de una sola vía; *fig* estrecho de miras

'eingliedern ⟨*sep*⟩ **I** *v/t* incorporar (***in*** *+acus* a), integrar (***in*** *+acus* a, en); **II** *v/r* ***sich ~*** (***in*** *+acus*) acomodarse (a), integrarse (en)

'Eingliederung *f* incorporación *f*, integración *f*; ***berufliche ~*** integración *f* profesional

'eingraben ⟨*irr, sep*⟩ **I** *v/t Pfahl, Leiche usw* enterrar; **II** *v/r* ***sich ~*** MIL atrincherarse; *Tier* esconderse bajo tierra; *fig* ***sich in j-s Gedächtnis ~*** grabarse en la memoria de alg

'eingravieren *v/t* ⟨*sep, sin* ge⟩ grabar (***in*** *+acus* en)

'eingreif|en *v/i* ⟨*irr, sep*⟩ intervenir, entrar en acción (***in*** *+acus* en); *fig* (*einmischen*) entrometerse (***in*** *+acus* en); **2truppe** *f* fuerza *f* de intervención

'Eingriff *m* **1** MED intervención *f*; **2** JUR usurpación *f* (***in*** *+acus* de)

'eingruppieren *v/i* ⟨*sep, sin* ge⟩ clasificar (***in*** *+acus* en)

'einhacken *v/i* ⟨*sep*⟩ *Vogel* **~ *auf*** (*+acus*) picotear; *fig* ***auf j-n ~*** importunar a alg

'einhaken ⟨*sep*⟩ **I** *v/t* TEC enganchar; **II** *v/r* ***sich*** (***bei j-m***) **~** coger del brazo (a alg); **III** *v/i* intervenir (***bei e-r Sache*** en a/c)

'Einhalt *geh m* ***e-r Sache*** (*dat*) **~ *gebieten*** poner término a a/c

'einhalten *v/t* ⟨*irr, sep*⟩ *Gesetz* respetar, observar; *Verpflichtung* cumplir

'einhämmern *v/t* ⟨*sep*⟩ inculcar

'einhandeln *v/t* ⟨*sep*⟩ comprar, adquirir; F *fig* ***sich*** (*dat*) ***etw ~*** F buscarse a/c

einhändig ['aɪnhɛndɪç] *adj u adv* MUS para una sola mano

'einhängen ⟨*sep*⟩ **I** *v/t* **1** *Tür* enquiciar; **2** TEL ***den Hörer ~*** colgar el teléfono; **II** *v/i* **3** TEL colgar; **III** *v/r* **4 *sich bei j-m ~*** colgarse del brazo de alg

'einheimisch *adj* BOT autóctono; (*inländisch*) interior, nacional; (*örtlich*) local

'Einheimische(r) *f(m)* ⟨→ A⟩ indígena *m,f*, nativo, -a *m,f*

einheimsen ['aɪnhaɪmzən] F *v/t* ⟨*sep*⟩ F cosechar, embolsar(se)

'einheiraten *v/i* ⟨*sep*⟩ **~ *in*** (*+acus*) emparentar (*por casamiento*) con

Einheit ['aɪnhaɪt] *f* **1** unidad *f*; (*Ganzes*) conjunto *m*; ***e-e ~ bilden*** formar una unidad; **2** TEL paso *m*; **3** POL ***die deutsche ~*** la unidad alemana

'Einheitenzähler *m* TEL telefonómetro *m*

'einheitlich *adj* homogéneo, uniforme

'Einheits|preis *m* precio *m* único; **~tarif** *m* tarifa *f* única; **~wert** *m* valor *m* imponible

'einheizen *v/i* ⟨*sep*⟩ F *fig* ***j-m ~*** F hacer sudar a alg

einhellig ['aɪnhɛlɪç] **I** *adj* unánime; **II** *adv* por unanimidad, de común acuerdo

ein'hergehen *geh v/i* ⟨*irr, sep*, sn⟩ **~ *mit*** ir acompañado de

'einholen ⟨*sep*⟩ **I** *v/t* **1** (*erreichen*) alcanzar; **2** *Ernte* cosechar; *Erlaubnis* solicitar; ***Auskünfte ~*** pedir información (***über*** *+acus* sobre; ***bei*** en); **3** *Segel, Flagge* arriar; **II** *v/i* **4** F (*einkaufen*) **~ *gehen*** ir a comprar

'Einhorn *n* unicornio *m*

'einhüllen *v/t* ⟨*sep*⟩ envolver (***in*** *+acus* en), cubrir (***mit*** con)

'einhundert *núm/c* → ***hundert***

einig ['aɪnɪç] *adj* **1** (*geeint*) unido; **2** (*gleicher Meinung*) acorde, conforme; ***mit j-m ~ sein*** (***über*** *+acus*) estar de acuerdo con alg (en); ***sich ~ werden*** ponerse de acuerdo

E

einige ['aɪnɪɡə] *pr/indef* **1** ⟨*pl*⟩ algunos, unos, varios; **2** ⟨*sg*⟩ ***vor ~r Zeit*** hace algún tiempo; **3** ⟨*sg*⟩ ***~s*** algo; ***sein Plan hat ~s für sich*** su plan tiene miga

'einigen I *v/t* unir; poner de acuerdo; **II** *v/r* ***sich ~*** ponerse de acuerdo (***über*** *+acus* sobre; ***auf*** *+acus* en)

'einiger'maßen *adv* en cierto modo, hasta cierto punto, bastante

'einiges → ***einige***

'Einigkeit *f* ⟨-⟩ unión *f*; (*Übereinstimmung*) conformidad *f*; (*Eintracht*) concordia *f*; ***es herrschte ~ darüber, dass ...*** había unanimidad en ...

'Einigung *f* **1** (*Ver*~) unificación *f*, unión *f*; **2** (*Verständigung*) acuerdo *m*; ***es wurde keine ~ erzielt*** (***über*** *+acus*) no se llegó a ningún acuerdo (sobre)

'Einigungsstelle *f etwa* centro *m* de conciliación y arbitraje

'einjagen *v/t* ⟨*sep*⟩ ***j-m e-n Schreck ~*** dar *od* pegar un susto a alg

einjährig ['aɪnjɛːrɪç] *adj* **1** de un año; **2** *Pflanze* anual

'einkalkulieren *v/t* ⟨*sep*, *sin* ge⟩ tener en cuenta, contar con

'Einkauf *m* compra *f*; ECON *a* adquisición *f*; ***Einkäufe machen*** hacer compras

'einkaufen ⟨*sep*⟩ **I** *v/t* comprar, adquirir; **II** *v/i* ***~*** (***gehen***) ir de compras

'Einkäufer(in) *m(f)* comprador, a *m,f*

'Einkaufsabteilung *f* departamento *m* de compras

'Einkaufsbummel *m* ***e-n ~ machen*** ir de tiendas

'Einkaufs|genossenschaft *f* cooperativa *f* de compras al por mayor; **~korb** *m* cesto *m* de la compra; **~leiter(in)** *m(f)* jefe, -a *m,f* de compras; **~liste** *f* lista *f* de (la) compra; **~passage** *f* galería *f* comercial, pasaje *m* comercial

'Einkaufspreis *m* precio *m* de compra; ***zum ~*** a(l) precio de compra

'Einkaufs|straße *f* calle *f* comercial; **~tasche** *f* bolsa *f* de (la) compra; **~viertel** *n* barrio *m* comercial; **~wagen** *m* carrito *m* de la compra; **~zentrale** *f* central *f* de compras; **~zentrum** *n* centro *m* comercial; **~zettel** *m* lista *f* de (la) compra

'ein|kehren *v/i* ⟨*sep*, sn⟩ *in ein Gasthaus* entrar (a tomar algo) (***in*** *+acus* a, en); **~kerben** *v/t* ⟨*sep*⟩ hacer una muesca (***in*** *+acus* a, en); **~klagen** *v/t* ⟨*sep*⟩ reclamar judicialmente; **~klammern** *v/t* ⟨*sep*⟩ poner entre paréntesis

'Einklang *m* ⟨-(e)s⟩ MUS acorde *m*; *fig* consonancia *f*; ***in ~ bringen*** (***mit***) conciliar (con), poner en consonancia (con); ***im ~ stehen*** (***mit***) concordar (con), estar en consonancia (con), coincidir (con)

'einkleben *v/t* ⟨*sep*⟩ pegar (***in*** *+acus* en)

'einkleiden ⟨*sep*⟩ **I** *v/t* ***j-n ~*** vestir a alg; **II** *v/r* ***sich*** (***neu***) ***~*** equiparse (con ropa nueva)

'einklemmen *v/t* ⟨*sep*⟩ apretar, aprisionar; (***sich*** *dat*) ***den Finger ~*** (***in*** *+acus*) pillarse el dedo (con)

'einkochen ⟨*sep*⟩ **I** *v/t* (*einmachen*) poner en conserva; *mit Zucker* confitar; **II** *v/i Wasser usw* reducirse, concentrarse

'Einkommen *n* ⟨-s; -⟩ ingresos *m/pl*, renta *f*; ***festes ~*** ingresos *m/pl* fijos; ***hohes, niedriges ~*** ingresos *m/pl* altos, bajos; ***verfügbares ~*** renta *f* disponible

'Einkommensniveau *n* nivel *m* de renta; ***hohes, niedriges ~*** alto, bajo nivel *m* de renta

'Einkommenssteuer *f* impuesto *m* sobre la renta, *Span* impuesto *m* sobre la renta de las personas físicas, IRPF *m*

'Einkommenssteuererklärung *f* declaración *f* de la renta; ***die ~ abgeben*** presentar la declaración (de la renta)

'Einkommens|verlust *m* pérdida *f* de ingresos; **~verteilung** *f* distribución *f* de la renta

'einkreisen *v/t* ⟨*sep*⟩ **1** rodear, cercar; **2** *Problem* centrar

Einkünfte ['aɪnkʏnftə] *pl* ingresos *m/pl*; *Buchhaltung* ganancias *f/pl*; *Steuer* renta *f*; ingresos *m/pl*; ***nicht steuerpflichtige ~*** rentas *f/pl* exentas del impuesto; ***steuerpflichtige ~*** renta *f* sujeta a impuestos; ***~ aus nichtselbständiger Arbeit*** rendimientos *m/pl* del trabajo dependiente; ***~ aus selbständiger und künstlerischer Tätigkeit*** rendimientos *m/pl* de las actividades profesionales y artísticas; ***~ aus Kapitalvermögen*** rendimientos *m/pl* del capital mobiliario; ***~ aus Vermietung und Verpachtung*** rendimientos *m/pl* del capital inmobiliario

'einlad|en *v/t* ⟨*irr*, *sep*⟩ **1** cargar, embarcar (***in*** *+acus* en); **2** *Gäste* invitar, convidar; **~end** *adjt Speisen* apetitoso, tentador; *Atmosphäre* atractivo

'Einladung *f* invitación *f*; ***auf ~ von*** por invitación de

'Einlage *f* **1** FIN imposición *f*; **2** ECON aportación *f*; **3** (*Schuh*~) plantilla *f* (ortopédica); **4** GASTR (*Suppen*~) aderezo *m*; tropezones *m/pl*; **5** THEA intermedio *m*

'einlager|n *v/t* ⟨*sep*⟩ almacenar; **~ung** *f* almacenaje *m*; **~ungsgebühren** *f/pl* derechos *m/pl* de entrada en almacén *od* de almacenaje

Einlass ['aɪnlas] *m* ⟨-es⟩ entrada *f* (***zu*** a, en), admisión *f* (***zu*** en); ***~ ab 18 Uhr*** entrada a partir de las 6

'einlassen *⟨irr, sep⟩* **I** *v/t* **1** (*her~*) dejar entrar, admitir (**in** *+acus* a, en); **2** ***Badewasser ~*** poner agua (en la bañera); **II** *v/r* **3** ***sich ~ auf*** (*+acus*) meterse en, embarcarse en; *desp* ***sich mit j-m ~*** entablar relaciones con alg, mezclarse con alg

'Einlauf *m* **1** MED lavativa *f*; **2** SPORT llegada *f*

'einlaufen *⟨irr, sep⟩* **I** *v/i ⟨sn⟩* **1** *Schiff* arribar; **2** SPORT *aufs Spielfeld* entrar; *ins Ziel* llegar; **3** *Wasser usw* entrar; ***Badewasser ~ lassen*** poner agua (en la bañera); **4** (*kleiner werden*) encoger(se); **II** *v/t ⟨h⟩* **5** ***Schuhe ~*** adaptarse (*alg*) los zapatos; **III** *v/r ⟨h⟩* **6** ***sich ~*** (*sich aufwärmen*) hacer ejercicios de precalentamiento

'einläuten *v/t ⟨sep⟩* tocar a; *fig* anunciar

'einleben *v/r ⟨sep⟩* → ***eingewöhnen***

'einlegen *v/t ⟨sep⟩* **1** meter (**in** *+acus* en); *Diskette* introducir; ***den dritten Gang ~*** poner la tercera (marcha); **2** ***e-e Pause ~*** hacer *od* intercalar una pausa; **3** GASTR (***in Essig***) **~** poner (en vinagre); **4** (***sich*** *dat*) ***die Haare ~*** marcarse (el pelo)

'Einlegesohle *f* plantilla *f*

'einleiten *v/t ⟨sep⟩* **1** *Fahndung* iniciar; *Verhandlungen* entablar; *Reformen* disponer; JUR ***ein Verfahren ~ (gegen)*** entablar un pleito (contra); **2** *Geburt* provocar; **3** *Schadstoffe* **~ in** (*+acus*) arrojar a *od* en, verter a *od* en

'einleitend *adjt* preliminar; *Maßnahme usw* introductorio

'Einleitung *f* **1** *Text* introducción *f*; MUS preludio *m*; **2** JUR incoación *f*, instrucción *f*; **3** *von Schadstoffen* vertido *m*

'einlenken *v/i ⟨sep⟩ fig* ceder, transigir

'einlesen *v/t ⟨irr, sep⟩* INFORM leer

'einleucht|en *v/i ⟨sep⟩* ***j-m ~*** convencer(le) a alg; **~end** *adjt* obvio, evidente; (*überzeugend*) convincente

'einliefern *v/t ⟨sep⟩* **1** ***j-n ins Krankenhaus ~*** ingresar a alg en el hospital, hospitalizar a alg; **2** (*abliefern*) entregar

'Einlieferung *f* **1** ingreso *m* (**in** *+acus* en); **2** (*Ablieferung*) entrega *f*; **~sschein** *m* POST resguardo *m*, recibo *m*

'einlochen *v/t ⟨sep⟩* **1** *Golf* meter en el hoyo; **2** F *ins Gefängnis* F poner a alg a la sombra

einloggen ['aınlɔgən] *v/r ⟨sep⟩* INFORM ***sich ~*** entrar (***ins Netz*** en la red)

'einlös|en *v/t ⟨sep⟩* **1** *Scheck* hacer efectivo, cobrar; *Wechsel* pagar; *Pfand, Gutschein* canjear; **2** *Versprechen* cumplir; **2ung** *f* FIN cobro *m*, pago *m*

'einlullen F *v/t ⟨sep⟩* arrullar

'einmachen *v/t ⟨sep⟩* poner en conserva; *mit Zucker* confitar

'einmal *adv* **1** una vez; ***~ im Jahr*** una vez por año; ***~ hell, ~ dunkel*** a veces claro, a veces oscuro; ***auf ~*** (*plötzlich*) de repente; (*mit e-m Schlag*) de golpe; (*gleichzeitig*) a la vez; ***erst ~*** en primer lugar; ***noch ~*** otra vez; **2** (*früher*) antes; ***es war ~*** érase una vez; ***ich war schon ~ da*** ya he estado aquí (antes); **3** (*zukünftig*) algún día; ***wenn du ~ groß bist*** cuando seas mayor; **4** ***nicht ~*** ni siquiera; **5** ***es ist nun ~ so*** ¡qué se le va a hacer!; ***lass ihn doch ~ reden!*** ¡déjale hablar!

Einmal'eins *n ⟨-⟩* tabla *f* de multiplicar; *fig* (*+gen*) abecé *m*

'einmalig I *adj* **1** *Zahlung usw* extraordinario; **2** (*einzigartig*) único, sin par; ***e-e ~e Chance*** una ocasión única; **II** *adv* excepcionalmente, extraordinariamente; ***~ schön*** precioso

'Einmarsch *m* entrada *f*; MIL ocupación *f*, invasión *f*; **2ieren** *v/i ⟨sep, sin* ge, sn⟩ entrar (**in** *+acus* en); MIL ocupar, invadir

'einmisch|en *v/r ⟨sep⟩* ***sich ~*** (**in** *+acus*) entrometerse (en); **2ung** *f* injerencia *f*, intervención *f*

'einmotorig *adj* AVIA monomotor

'einmotten *v/t ⟨sep⟩ fig* pasar a la reserva

'einmünden *v/i ⟨sep,* sn⟩ **~ in** (*+acus*) *Fluss* desaguar en, desembocar en; *Straße, Gespräch, fig* desembocar en

einmütig ['aınmy:tıç] *adj* unánime

Einnahme ['aınna:mə] *f* **1** *⟨sin pl⟩* MIL conquista *f*; **2** FIN *oft pl* entrada *f*, ingreso *m*; ***geringere ~n*** ingresos *m/pl* menores; ***steigende ~n*** ingresos *m/pl* crecientes; ***die ~n steigen, sinken*** los ingresos crecen, bajan; **3** MED toma *f*

'Einnahme|nkonto *n Buchhaltung* cuentas *f/pl* de ingresos; **~quelle** *f* fuente *f* de ingresos; **~volumen** *n* volumen *m* de ingresos

'einnehmen *v/t ⟨irr, sep⟩* **1** *Essen* tomar, comer; *Medikament* tomar; **2** *Geld* percibir; *Steuern* recaudar; **3** MIL tomar; **4** *Platz, Stellung* ocupar; ***s-n Platz ~*** ocupar su puesto; **5** *Standpunkt* adoptar; **6** *fig* ***j-n (für sich) ~*** ganarse a alg (para sí)

'einnicken *v/i ⟨sep,* sn⟩ dar cabezadas

'einnisten *v/r ⟨sep⟩ fig* ***sich ~*** (**in** *+acus*) anidar (en), establecerse (en)

'Einöde *f* desierto *m*, soledad *f*

'einordnen *⟨sep⟩* **I** *v/t* clasificar, ordenar (**nach** *+dat* por, según); integrar (**in** *+acus* en; **unter** *+acus* bajo); **II** *v/r* ***sich ~*** (**in** *+acus*) integrarse (en); AUTO ***sich links ~*** tomar el carril de la izquierda

'einpacken *⟨sep⟩* **I** *v/t* empaquetar, embalar; **II** *v/i* F ***da können wir ~!*** F ¡apaga y vámonos!

'ein|parken *v/t, v/i ⟨sep⟩* aparcar; **~pfer-**

E

chen *v/t* ⟨*sep*⟩ *Tiere* acorralar, apriscar; *Menschen* hacinar; **~pflanzen** *v/t* ⟨*sep*⟩ **1** AGR plantar; **2** MED implantar; **~planen** *v/t* ⟨*sep*⟩ contar con, tener en cuenta (*en un plan*)

'**einprägen** ⟨*sep*⟩ **I** *v/t* **1** TEC grabar, estampar (***in*** *+acus* en); **2** *fig* ***j-m etw ~*** inculcar (-le) a/c a alg; ***sich*** (*dat*) ***etw ~*** grabarse a/c en la memoria; **II** *v/r* ***sich ~*** grabarse en la memoria

'**einprägsam** *adj* fácil de retener

'**einquartieren** ⟨*sep*, *sin* ge⟩ **I** *v/t* alojar (***bei, in*** *+dat* en, en casa de); MIL acuartelar (***bei, in*** *+dat* en); **II** *v/r* ***sich ~ bei*** alojarse en casa de

'**Einquartierung** *f* acuartelamiento *m*

'**einrahmen** *v/t* ⟨*sep*⟩ enmarcar

'**einrasten** *v/i* ⟨*sep*, sn⟩ TEC encajar, engranar (***in*** *+acus* en)

'**einräumen** *v/t* ⟨*sep*⟩ **1** (*einordnen*) colocar (en su sitio); *Schrank* guardar (*en el armario*); *Zimmer* amueblar; **2** (*zugestehen*) reconocer, admitir; ***j-m e-e Frist*** *usw* **~** conceder(le) un plazo, *etc* a alg

'**einreden** ⟨*sep*⟩ **I** *v/t* ***j-m ~, dass ...*** hacer creer a alg que ...; ***sich*** (*dat*) ***etw ~*** meterse a/c en la cabeza; **II** *v/i* ***auf j-n ~*** tratar de persuadir a alg

'**einregnen** *v/imp* ⟨*sep*⟩ ***es regnet sich ein*** no para de llover

'**einreiben** *v/t*, *v/r* ⟨*irr*, *sep*⟩ (***sich***) **~** (***mit***) frotar(se) (con), restregar(se) (con)

'**einreich|en** *v/t* ⟨*sep*⟩ entregar; *Antrag* presentar; JUR ***e-e Klage ~*** presentar una demanda (***bei*** a); **2ung** *f* entrega *f*; presentación *f*

'**einreihen** ⟨*sep*⟩ **I** *v/r* ***sich ~*** (***in*** *+acus*) ponerse (en) *formando parte de una fila*; **II** *v/t* incluir (***in*** *+acus* en; ***unter*** *+acus* entre)

'**Einreiher** *m* traje *m* con una sola fila de botones

'**Einreise** *f* entrada *f*, llegada *f*; **~erlaubnis** *f* permiso *m* de entrada

'**einreise|n** *v/i* ⟨*sep*, sn⟩ entrar (***in*** *+acus*, ***nach*** en); **2visum** *n* visado *m* de entrada

'**einreißen** ⟨*irr*, *sep*⟩ **I** *v/t* ⟨h⟩ **1** *Papier usw* rasgar; **2** *Haus usw* derribar; **II** *v/i* ⟨sn⟩ **3** *Papier usw* rasgarse; **4** F *fig Unsitte* arraigarse, extenderse

'**einrenken** ⟨*sep*⟩ **I** *v/t* **1** MED componer; **2** F *fig* arreglar; **II** *v/r* F *fig* ***sich ~*** arreglarse

'**einrichten** ⟨*sep*⟩ **I** *v/t* **1** (*möblieren*) amueblar; *Wohnung a* equipar; **2** (*gründen*) fundar, crear; **3** (*ermöglichen*) arreglar; ***es so ~, dass ...*** tratar de que (*+subj*); ***wenn du es ~ kannst*** si puedes arreglarlo; **4** MED *Knochen* componer; **II** *v/r* **5** *in e-r Wohnung* ***sich*** (***neu***) **~** equipar (de nuevo) el piso; ***sich ~ in*** (*+dat*) instalarse en; **6** *fig* ***sich ~ auf*** (*+acus*) prepararse para

'**Einrichtung** *f* **1** (*Möbel*) mobiliario *m*; **2** (*Anlage*) instalación *f*; ***sanitäre ~en*** sanitarios *m/pl*; **3** (*Gründung*) fundación *f*; creación *f*; **4** (*Institution*) (***öffentliche***) **~** institución *f* (pública)

'**Einrichtungs|gegenstände** *pl* muebles *m/pl*; **~haus** *n* tienda *f* de muebles

'**ein|ritzen** *v/t* ⟨*sep*⟩ grabar (***in*** *+acus* en); **~rosten** *v/i* ⟨*sep*, sn⟩ oxidarse; **~rücken** ⟨*sep*⟩ **I** *v/t* ⟨h⟩ *Zeile* sangrar; **II** *v/i* ⟨sn⟩ MIL (*einmarschieren*) **~** ***in*** (*+acus*) hacer entrada en

eins [aɪns] **I** *núm/c* **1** *Zahlwort* uno; SPORT ***~ zu zwei*** uno a dos; F ***~ zu null für dich!*** F ¡ganas uno a cero!; **2** *Uhrzeit* la una; ***um ~*** a la una; **3** (*gleich*) ***es ist mir alles ~*** me da todo igual; ***das ist doch alles ~*** viene a ser lo mismo; **II** *pr/indef* uno; ***~ nach dem andern!*** ¡por partes!; ***noch ~!*** ¡uno más!

Eins *f* ⟨-; -en⟩ **1** *Zahl* uno; **2** *Note* ***e-e ~ schreiben*** sacar sobresaliente; F ***wie e-e ~*** derecho

'**einsacken** ⟨*sep*⟩ **I** F *v/t* ⟨h⟩ (*nehmen*) embolsarse; **II** *v/i* ⟨sn⟩ (*einsinken*) hundirse

einsam ['aɪnza:m] *adj Person* solo, solitario; *Ort* aislado, solitario, desierto; **2keit** *f* ⟨-⟩ soledad *f*

'**einsammeln** *v/t* ⟨*sep*⟩ recoger; *Geld a* recaudar

'**Einsatz** *m* **1** (*eingesetztes Stück*) pieza *f*; **2** (*Spiel2*, *Wett2*) apuesta *f*; ***den ~ verdoppeln*** doblar la apuesta; **3** (*Engagement*) entrega *f*; ***mit vollem ~*** con todo empeño; **4** MUS entrada *f*; ***den ~ geben*** dar la entrada; **5** (*Gebrauch*) uso *m*; ***im ~*** en uso; ***zum ~ kommen*** entrar en acción; **6** MIL *von Truppen* ataque *m*; (*Polizei2 usw*) operación *f*, misión *f*

'**Einsatz|befehl** *m* MIL orden *f* de ataque; **2bereit** *adj* disponible; **~kommando** *n* comando *m*; **~leiter(in)** *m*(*f*) jefe, -a *m,f* de operaciones

'**einscannen** *v/t* ⟨*sep*⟩ INFORM escanear

'**einschalten** ⟨*sep*⟩ **I** *v/t* **1** *Gerät* conectar, enchufar; *Licht*, *Strom* encender; RADIO poner; *Motor* poner en marcha; **2** (*beteiligen*) ***j-n ~*** (***bei***) recurrir a alg (en); **II** *v/r* **3** ***sich ~*** (***in*** *+acus*) intervenir (en); **4** TEC ***sich ~*** *Gerät* conectarse; *Licht usw* encenderse

'**Einschaltquote** *f* índice *m* de audiencia

'**einschärfen** *v/t* ⟨*sep*⟩ inculcar, recomendar encarecidamente

'**einschätzen** *v/t* ⟨*sep*⟩ calcular, valorar; ***falsch ~*** equivocarse al valorar; ***zu hoch ~*** sobreestimar; ***zu niedrig ~*** subestimar

'**Einschätzung** *f* evaluación *f*, apreciación *f*; ***nach meiner ~*** según mis cálculos

'**einschenken** *v/t*, *v/i* ⟨*sep*⟩ ***j-m*** (***etw***) **~** servir

(de beber) (a/c) a alg
'einschicken *v/t* ⟨*sep*⟩ enviar, remitir
'einschieben *v/t* ⟨*irr, sep*⟩ introducir, intercalar (***in*** *+acus* en)
'einschiffen *v/r* ⟨*sep*⟩ ***sich ~*** embarcarse (***nach*** para, hacia)
'einschlafen *v/i* ⟨*irr, sep*, sn⟩ **1** conciliar el sueño, dormirse; **2** *Körperteil* dormirse; **3** F *fig Freundschaft* entibiarse; *Gespräch* languidecer
'einschläfern *v/t* ⟨*sep*⟩ **1** adormecer; MED ***j-n ~*** dormir a alg, narcotizar a alg; **2** *Tier* matar (*con narcótico*)
'Einschlag *m* **1** (*Geschoss*≗) impacto *m*; (*Blitz*≗) caída *f*; **2** *fig* matiz *m*; ***mit südländischem ~*** con deje mediterráneo; **3** AUTO giro *m* (*del volante*)
'einschlagen ⟨*irr, sep*⟩ **I** *v/t* **1** *Nagel usw* clavar (***in*** *+acus* en); **2** *Fensterscheibe usw* romper; F ***j-m den Schädel ~*** F partir(le) el cráneo a alg; **3** (*einpacken*) envolver (***in*** *+acus* en); **4** AUTO *Lenkrad* girar; **5** *Weg, Richtung, Laufbahn* seguir; **II** *v/i* **6** (*Geschoss, Blitz*) hacer impacto (***in*** *+acus* en); *fig* ***wie e-e Bombe ~*** caer como una bomba; **7** (*Erfolg haben*) (***gut***) ***~*** dar buen resultado, caer bien; **8** ***auf j-n ~*** golpear a alg
einschlägig ['aɪnʃlɛːgɪç] **I** *adj* correspondiente, pertinente; **II** *adv* ***~ vorbestraft*** con antecedentes penales (en un delito semejante)
'einschleichen *v/r* ⟨*irr, sep*⟩ ***sich ~*** introducirse furtivamente (***in*** *+acus* en); *Fehler* deslizarse; ***sich in j-s Vertrauen ~*** engatusar a alg
'ein|schleppen *v/t* ⟨*sep*⟩ *Krankheit* introducir (***in*** *+acus* en); **~schleusen** *v/t* ⟨*sep*⟩ *fig* infiltrar, introducir clandestinamente (***in*** *+acus* en); **~schließen** *v/t* ⟨*irr, sep*⟩ **1** (*a v/r* ***sich***) ***~*** encerrar(se); **2** MIL (*umzingeln*) cercar; **3** (*umfassen*) abarcar, incluir (***in*** *+acus* en)
'einschließlich **I** *prp* ⟨*+gen*⟩ ***~ Porto*** *usw* franqueo, *etc* incluido; **II** *adv* inclusive, incluido; ***bis Seite 7 ~*** hasta la página 7 incluida; ***bis ~ Freitag*** hasta el viernes incluido
'einschmeicheln *v/r* ⟨*sep*⟩ ***sich bei j-m ~*** engatusar a alg
'einschmuggeln ⟨*sep*⟩ **I** *v/t* introducir de contrabando; **II** *v/r fig* ***sich ~*** (***in*** *+acus*) colarse (en)
'einschnappen *v/i* ⟨*sep*, sn⟩ (*einrasten*) encajarse; → ***eingeschnappt***
'ein|schneiden ⟨*irr, sep*⟩ **I** *v/t* cortar, grabar (***in*** *+acus* en); **II** *v/i in die Haut* clavarse (***in*** *+acus* en); **~schneidend** *adjt* (*entscheidend*) esencial, decisivo; (*tiefgreifend*) drástico, profundo
'einschneien *v/t* ⟨*sep*, sn⟩ ***eingeschneit sein*** estar cubierto de nieve; estar bloqueado por la nieve
'Einschnitt *m* **1** corte *m*; (*Kerbe*) muesca *f*; **2** *fig* momento *m* crucial
'einschränken [-ʃrɛŋkən] ⟨*sep*⟩ **I** *v/t* restringir, reducir; ***das Rauchen ~*** fumar menos; **II** *v/r* ***sich*** (***finanziell***) ***~*** economizar, restringir gastos
'Einschränkung *f* **1** restricción *f*, reducción *f*; **2** (*Vorbehalt*) reserva *f*; ***ohne ~(en)*** sin reservas, sin restricción
'Einschreibebrief *m* → ***Einschreiben***
Einschreiben *n* carta *f* certificada; ***~ mit Rückantwortschein*** carta *f* certificada con cupón de respuesta; ***per ~*** por correo certificado
'einschreiben ⟨*irr, sep*⟩ **I** *v/t* **1** *in e-n Kurs usw* inscribir, matricular; **2** *Brief usw* ***~ lassen*** certificar; **II** *v/r* ***sich ~*** (***in*** *+acus*) inscribirse, matricularse (en)
'Einschreibung *f* inscripción *f*, matrícula *f*
'einschreiten *v/i* ⟨*irr, sep*, sn⟩ intervenir; ***gegen etw ~*** tomar medidas contra a/c
'Ein|schub *m* inserción *f*; **≗schüchtern** *v/t* ⟨*sep*⟩ intimidar, amedrentar; **≗schulen** *v/t* ⟨*sep*⟩ escolarizar; **~schuss** *m Stelle* orificio *m* (de entrada); *Wunde* impacto *m*; **≗schweißen** *v/t* ⟨*sep*⟩ *in Folie* plastificar
'einsehen *v/t* ⟨*irr, sep*⟩ **1** (*begreifen*) comprender; *Fehler* reconocer; ***ich sehe nicht ein, weshalb*** no entiendo por qué; **2** *Bücher, Akten* examinar; **3** (*überblicken*) ver, abarcar con la vista
'Einsehen *n* ⟨-s⟩ comprensión *f*; ***ein ~ haben*** (***mit***) mostrar comprensión (con)
'einseifen *v/t* ⟨*sep*⟩ **1** enjabonar; **2** F *fig* (*betrügen*) embaucar
einseitig ['aɪnzaɪtɪç] **I** *adj* **1** de un solo lado; POL unilateral; **2** *fig* (*parteiisch, unvollständig*) parcial; *Ernährung* incompleto; **II** *adv* **3** *fig darstellen, urteilen usw* de manera parcial
'einsenden *v/t* ⟨*irr, sep*⟩ remitir, enviar
'Ein|sender(in) *m(f)* POST remitente *m,f*; **~sendeschluss** *m* cierre *m* de admisión; **~sendung** *f* envío *m*
Einser ['aɪnzər] *m* uno *m*; → ***Eins 2***
'einsetzen ⟨*sep*⟩ **I** *v/t* **1** (*anbringen, einfügen*) colocar (***in*** *+acus* en), incorporar (***in*** *+acus* a, en); **2** *Arbeitskräfte* emplear; *Polizei, Truppen* movilizar; *Maschinen, Geräte* emplear, aplicar; ***j-n ~*** (***in*** *+dat*, ***bei***) incorporar a alg (a, en); **3** *in ein Amt usw* investir, instalar; ***j-n als Erben ~*** nombrar a alg heredero; **4** *Geld* poner en juego; **II** *v/r* **5** ***sich*** (***voll***) ***~*** emplearse a fondo; ***sich***

~ *für* abogar por (***bei j-m*** frente a alg); **III** *v/i* **6** (*beginnen*) comenzar, empezar; **7** MUS entrar

'Einsicht *f* ⟨-; -en⟩ **1** *in Akten usw* examen *m*; ***~ nehmen in*** (+*acus*) examinar; **2** (*Verständnis*) comprensión *f*; ***zur ~ kommen*** entrar en razón

'einsichtig *adj* comprensivo, razonable

'Einsiedler *m* ermitaño *m*

'einsilbig *adj* monosilábico; *fig Person* taciturno, de pocas palabras

'einsinken *v/i* ⟨*irr, sep*, sn⟩ hundirse (***in*** +*acus* en)

'einsitzen *v/i* ⟨*irr, sep*⟩ JUR estar preso

'Einsitzer *m* AVIA monoplaza *m*

'einsortieren *v/t* ⟨*sep, sin* ge⟩ ordenar, clasificar (***in*** +*acus* en)

'einspannen *v/t* ⟨*sep*⟩ **1** *Pferde* enganchar; **2** TEC fijar, ajustar; **3** F ***j-n ~*** hacer trabajar a alg (***für*** en, por)

'ein|sparen *v/t* ⟨*sep*⟩ economizar, ahorrar; **~speisen** *v/t* ⟨*sep*⟩ *Strom* alimentar (***in*** +*acus* en); INFORM *Daten* introducir (***in*** +*acus* en); **~sperren** *v/t* ⟨*sep*⟩ encerrar; F *ins Gefängnis* meter en la cárcel, encarcelar

'einspielen ⟨*sep*⟩ **I** *v/t* **1** *Geld* dar, producir, rentar; **2** MUS *Stück* grabar; **II** *v/r* ***sich ~*** **3** SPORT entrenarse; MUS ejercitarse; **4** *fig* normalizarse

'einsprachig *adj* monolingüe

'einspringen *v/i* ⟨*irr, sep*, sn⟩ ***für j-n ~*** suplir a alg, sustituir a alg

'einspritz|en *v/t* ⟨*sep*⟩ inyectar (***in*** +*acus* en); **≗motor** *m* motor *m* de inyección

'Einspruch *m* ⟨-(e)s; ⸚e⟩ *a* JUR protesta *f*, reclamación *f*; ***~ erheben*** elevar una protesta (***gegen*** contra), reclamar (***gegen etw*** a/c); **~sfrist** *f* plazo *m* de reclamación; **~srecht** *n* JUR derecho *m* de recurso

'einspurig *adj Straße* de un solo carril

einst [aɪnst] *geh adv* **1** (*früher*) antiguamente, antaño; **2** (*künftig*) algún día, un día

'Einstand *m* ⟨-(e)s⟩ **1** (*Arbeitsbeginn*) entrada *f* en funciones; ***s-n ~ geben*** *od* ***feiern*** celebrar su ingreso; **2** *Tennis* iguales *m/pl*

'Einstandspreis *m* precio *m* de coste comercial

'einstecken *v/t* ⟨*sep*⟩ **1** poner, meter (***in*** +*acus* en); *Stecker* enchufar (***in*** +*acus* en); **2** (*mitnehmen*) llevar; **3** *fig Gewinn* embolsar(se), quedarse con; **4** *fig Beleidigung* tragar(se); F *Schlag* encajar

'einstehen *v/i* ⟨*irr, sep*⟩ ***~ für*** responder por

'einsteigen *v/i* ⟨*irr, sep*, sn⟩ **1** *in den Bus, Zug usw* subir(se) (***in*** +*acus* a); **2** *in ein Projekt, e-n Beruf usw* entrar, (empezar a) participar (***in*** +*acus* en)

'einstellen ⟨*sep*⟩ **I** *v/t* **1** (*hin~*) poner, meter (***in*** +*acus* en); **2** TEC *Radio usw* sintonizar; *Gerät* regular, ajustar; **3** *Arbeitskräfte* contratar; ***wieder ~*** *nach Kündigung* readmitir; **4** *Arbeit, Tätigkeit* (*beenden*) cesar, suspender; (*unterbrechen*) dejar; *Produktion, Zahlungen* suspender; MIL ***das Feuer ~*** cesar el fuego; **5** JUR *Klage, Verfahren* sobreseer; **II** *v/r* **6** ***sich ~*** *Personen* acudir, presentarse; *Schmerzen* hacerse sentir; **7** ***sich ~ auf*** (+*acus*) acomodarse a, adaptarse a, prepararse para

'einstellig *adj* de una cifra; ***~e Zahl*** (número *m*) dígito *m*

'Einstellung *f* **1** TEC ajuste *m*, regulación *f*; FILM plano *m*; **2** *e-r Arbeitskraft* colocación *f*, contratación *f*; **3** (*Beendigung*) suspensión *f*; *der Produktion* suspensión *f*, cese *m*; JUR ***~ des Verfahrens*** sobreseimiento *m*; **4** (*Haltung, Meinung*) actitud *f* (***zu*** frente a); ***ihre politische ~*** sus ideas políticas; ***s-e ~ ändern*** cambiar de actitud; *a* cambiar (*od* su) opinión

'Einstellungsgespräch *n* entrevista *f* de trabajo

'Einstich *m* pinchazo *m*, punción *f*

'Einstieg *m* ⟨-(e)s; -e⟩ **1** *in ein Fahrzeug* subida *f* (***in*** +*acus* a); **2** *fig* entrada *f* (***in*** +*acus* en), acceso (***in*** +*acus* a)

'einstig *adj* antiguo

'einstimmen ⟨*sep*⟩ **I** *v/i in ein Lied, in Gelächter usw* hacer coro; **II** *v/t* ***j-n ~*** (***auf*** +*acus*) preparar a alg (para)

'einstimmig **I** *adj* **1** MUS de una sola voz, unísono; **2** (*einmütig*) unánime; **II** *adv* unánimemente; ***~ gewählt*** elegido por unanimidad

'Einstimmigkeit *f* ⟨-⟩ unanimidad *f*

ein|stöckig ['aɪnʃtœkɪç] *adj* de un piso; **~studieren** *v/t* ⟨*sep*⟩ THEA *Stück, Rolle* estudiar, ensayar; **~stufen** *v/t* ⟨*sep*⟩ clasificar; **≗stufung** *f* clasificación *f*; **~stündig** [-ʃtʏndɪç] *adj* de una hora

'einstürmen *v/i* ⟨*sep*, sn⟩ ***~ auf*** (+*acus*) (aba)lanzarse sobre; *fig* (***mit Fragen***) ***auf j-n ~*** atacar a alg (con preguntas)

'Einsturz *m* hundimiento *m*; derrumbamiento *m*

'einstürzen *v/i* ⟨*sep*, sn⟩ hundirse, derrumbarse

'einst'weilen *adv* **1** (*vorläufig*) por de pronto; **2** (*inzwischen*) entretanto

'einst'weilig *adj* JUR interino; ***~e Verfügung*** auto *m* provisional

eintägig ['aɪntɛːgɪç] *adj* de un día

'Eintagsfliege *f* **1** ZO efímera *f*, cachipolla *f*; **2** *fig* éxito *m* efímero

'eintauchen ⟨*sep*⟩ **I** *v/t* sumergir (***in*** +*acus* en), mojar (***in*** +*acus* en, con); **II** *v/i* zambu-

llirse, bucear (***in*** *+acus* en)
'eintauschen *v/t* ⟨*sep*⟩ canjear (***gegen*** por)
'ein'tausend *núm/c* → ***tausend***
'einteilen *v/t* ⟨*sep*⟩ **1** (*aufteilen*) dividir (***in*** *+acus* en, ***nach*** por); *in Klassen* clasificar (***in*** *+acus* en, ***nach*** por); **2** *Zeit, Arbeit, Geld* disponer, repartir; **3** ***j-n für*** *od* ***zu etw ~*** destinar a alg para (a) a/c, asignar a alg a/c
'einteilig *adj* de una sola pieza
'Einteilung *f* **1** *in Klassen* clasificación *f* (***in*** *+acus* en); **2** (*Zeit*&, *Arbeits*& *usw*) organización *f*, distribución *f*
'eintippen F *v/t* ⟨*sep*⟩ INFORM introducir, teclear
eintönig ['aɪntøːnɪç] *adj* monótono; **&keit** *f* ⟨-⟩ monotonía *f*
'Eintopf *m* puchero *m*, potaje *m*
'Ein|tracht *f* ⟨-⟩ concordia *f*, armonía *f*; **&trächtig** *adj* concorde, armónico
Eintrag ['aɪntraːk] *m* ⟨-(e)s; ⸚e⟩ (*Eintragung*) inscripción *f*, anotación *f*; *im Wörterbuch, Lexikon* entrada *f*; COM asiento *m*; ***den ~ löschen*** cancelar el asiento
'eintragen ⟨*irr, sep*⟩ **I** *v/t* registrar, asentar (***in*** *+acus* en); ***sich ~ lassen*** inscribirse (***in*** *+acus*, ***bei*** en); **II** *v/r* ***sich*** (***in e-e Liste***) ~ apuntarse (en una lista)
einträglich ['aɪntrɛːklɪç] *adj* lucrativo
'Eintragung *f in e-e Liste* inscripción *f*, anotación *f*; *in Bücher* asiento *m*; ***~ ins Handelsregister*** inscripción *f* registral, en el Registro de Comercio
'eintreffen *v/i* ⟨*irr, sep*, sn⟩ **1** (*ankommen*) llegar (***in*** *+acus* a); **2** *fig Voraussage* realizarse, cumplirse
'eintreiben *v/t* ⟨*irr, sep*⟩ *Geld* cobrar; *Steuern* recaudar
'eintreten ⟨*irr, sep*⟩ **I** *v/i* ⟨sn⟩ **1** entrar (***in*** *+acus* en); ***bitte, treten Sie ein!*** ¡pase, por favor!; **2** *in e-e Firma usw* ingresar (***in*** *+acus* en); ***in Verhandlungen ~*** entrar en negociaciones; **3** (*sich ereignen*) suceder, ocurrir; *Tod, Umstände* sobrevenir; **4** (*sich einsetzen*) ***~ für j-n*** interceder por alg; ***~ für etw*** abogar por a/c; **II** *v/t* ⟨h⟩ **5** *Tür usw* tirar de una patada
'eintrichtern *v/t* ⟨*sep*⟩ inculcar
'Eintritt *m* **1** (*Zutritt*, *~sgeld*) entrada *f*; ***~ frei*** entrada libre; ***~ verboten*** prohibido el paso; **2** *in e-n Verein usw* ingreso *m* (***in*** *+acus* en); **3** *fig* (*Ankunft*) entrada *f*, llegada *f*; **~skarte** *f* entrada *f*; **~spreis** *m* entrada *f*
'ein|trocknen *v/i* ⟨*sep*, sn⟩ secarse; **~trudeln** F *v/i* ⟨*sep*, sn⟩ aparecer; **~tüten** F *in Kuverts usw* meter en sobres; **~üben** *v/t* ⟨*sep*⟩ estudiar, ensayar
'einundzwanzig *núm/c* veintiuno, veintiún
'einverleiben *v/t* ⟨*sep, sin* ge⟩ ***sich*** (***dat***) ***etw ~*** apropiarse *od* adueñarse de a/c; F (*essen*) comerse a/c
'Einvernehmen *n* ⟨-s⟩ acuerdo *m*; ***in gegenseitigem ~*** de mutuo acuerdo
'einverstanden *adjt* de acuerdo; ***~ sein*** (***mit***) estar de acuerdo (con); ***~!*** ¡de acuerdo!, ¡vale!
'Einverständnis *n* **1** conformidad *f*, consentimiento *m*; ***sein ~ erklären*** (***zu***) declararse de acuerdo (con); **2** → ***Einvernehmen***
'einwählen *v/r* ⟨*sep*⟩ INFORM ***sich ~*** entrar (***in*** *+acus* en)
'Einwand *m* ⟨-(e)s; ⸚e⟩ objeción *f* (***gegen*** contra); ***Einwände erheben*** poner reparos (***gegen*** a)
'Ein|wanderer *m*, **~wanderin** *f* inmigrante *m,f*; **&wandern** *v/i* ⟨*sep*, sn⟩ inmigrar (***in*** *+acus* en); **~wanderung** *f* inmigración *f*; **~wanderungsland** *n* país *m* de inmigración
'einwandfrei **I** *adj* (*ohne Fehler*) correcto, impecable; *moralisch* intachable, irreprochable; *Alibi, Beweis* irrecusable; **II** *adv* ***~ arbeiten*** trabajar de manera inmejorable; ***es steht ~ fest*** no cabe duda
einwärts ['aɪnvɛrts] *adv* hacia dentro
'einwechseln *v/t* ⟨*sep*⟩ **1** *Geld usw* cambiar, canjear (***in*** *+acus* en; ***gegen*** por); **2** *Spieler* canjear
'einwecken → ***einmachen***
'Einweg|flasche *f* botella *f* no retornable; **~spritze** *f* MED jeringuilla *f* desechable; **~verpackung** *f* envase *m od* embalaje *m* de un solo uso *od* no recuperable
'einweichen *v/t* ⟨*sep*⟩ poner a remojo
'einweihen *v/t* ⟨*sep*⟩ **1** *Gebäude usw* inaugurar; **2** ***j-n ~*** iniciar a alg (***in*** *+acus* en); ***eingeweiht sein*** estar al corriente
'Einweihung *f* inauguración *f*
'einweisen *v/t* ⟨*irr, sep*⟩ **1** *in ein Heim usw* ingresar, internar (***in*** *+acus* en); *in ein Krankenhaus* hospitalizar, ingresar (***in*** *+acus* en); **2** *in e-e Arbeit* ***j-n ~*** (***in*** *+acus*) iniciar a alg (en)
'Einweisung *f* **1** *in ein Heim usw* internamiento *m*; ***~ ins Krankenhaus*** hospitalización *f*; **2** *in die Arbeit* iniciación *f* (***in*** *+acus* en); instrucción *f*
'einwenden *v/t* ⟨*irr, sep*⟩ objetar, oponer (***gegen*** contra); ***dagegen ist nichts einzuwenden*** no hay nada que objetar
'ein|werfen ⟨*irr, sep*⟩ **I** *v/t* **1** (*Fensterscheibe*) romper; **2** SPORT *Ball* poner en juego; **3** *Brief, Münzen* echar (***in*** *+acus* en); **4** *fig* (*bemerken*) mencionar; **II** *v/i* SPORT sacar de banda; **~wickeln** *v/t* ⟨*sep*⟩ **1** (*verpacken*) envolver (***in*** *+acus* en); **2** F *fig* ***j-n ~*** F engatusar a alg; **~willigen** *v/i* ⟨*sep*⟩ con-

E

sentir (*in +acus* en); **\~willigung** *f* consentimiento *m* (*in +acus* en)
'einwirken *v/i* ⟨*sep*⟩ obrar, actuar; CHEM, *a fig* ***auf etw \~*** producir efecto en a/c; ***auf j-n \~*** influir en alg; MED ***etw \~ lassen*** hacer reaccionar a/c
'Einwirkung *f* efecto *m*, influencia *f* (***auf*** *+acus* en)
'Einwohner|(in) *m(f)* habitante *m,f*, vecino, -a *m,f*; **\~meldeamt** *n* oficina *f* de empadronamiento; **\~schaft** *f* ⟨-⟩ habitantes *m/pl*, vecindario *m*
'Einwurf *m* **1** SPORT saque *m* de banda; **2** *Bemerkung* objeción *f*; **3** POST (boca *f* del) buzón *m*
'Einzahl *f* ⟨-⟩ GRAM singular *m*
'einzahl|en *v/t* ⟨*sep*⟩ *Geld* pagar; (***auf ein Konto***) **\~** ingresar (en una cuenta); **\~ung** *f* pago *m*; ingreso *m*, imposición *f*; **\~ungsbeleg** *m* recibo *m* de ingreso
einzäun|en ['aɪntsɔʏnən] *v/t* ⟨*sep*⟩ cercar, vallar; **\~ung** *f* cerca *f*, valla *f*
'einzeichnen *v/t* ⟨*sep*⟩ dibujar, marcar (***in*** *+dat*, *+acus*, ***auf*** *+dat* en)
Einzel ['aɪntsəl] *n* SPORT (partido *m*) individual *m*; **\~anfertigung** *f* producción *f* por pieza; **\~bett** *n* cama *f* individual; **\~fall** *m* caso *m* aislado; **\~gänger(in)** [-gɛŋər(ɪn)] *m* ⟨-s; -⟩, *(f)* ⟨-; -nen⟩ solitario, -a *m,f*; **\~handel** *m* comercio *m* al por menor
'Einzelhandels|geschäft *n* negocio *m od* comercio *m* al detalle; **\~kauffrau** *f*, **\~kaufmann** *m* detallista *m,f*, minorista *m,f*; **\~kette** *f* cadena *f* del comercio minorista; **\~preis** *m* precio *m* al por menor; **\~rabatt** *m* descuento *m* al por menor
'Einzel|händler(in) *m(f)* minorista *m,f*, detallista *m,f*; **\~heit** *f* detalle *m*, pormenor *m*; **\~kind** *n* hijo, -a *m,f* único, -a
'Einzeller *m* BIOL organismo *m* unicelular
'einzeln I *adj* **1** (*allein*) único, solo; (*besonders*) particular; ***ein \~er Schuh*** un zapato suelto; (*verschieden*) ***die \~en Teile*** las diferentes partes; **2** *pl* **\~e** unos, algunos; **II** *adv* **3** (*nacheinander*) por separado; ***\~ eintreten*** entrar uno por uno; (*gesondert*) ***\~ aufführen*** particularizar, pormenorizar
'Einzelne(r) *f(m)* ⟨→ A⟩ ***ein \~r, e-e \~*** uno solo, una sola; ***jeder \~*** (***von uns***) cada uno (de nosotros)
'Einzelne(s) *n* ⟨→ A⟩ detalle *m*; ***im \~n*** en detalle; ***ins \~ gehen*** ir al detalle
'Einzel|stück *n* **1** (*einzelnes Stück*) pieza *f* suelta; **2** (*einzigartiges Stück*) pieza *f* única; **\~teil** *n* (*Bestandteil*) componente *m*; TEC pieza *f* suelta; **\~zimmer** *n* habitación *m* individual
'einziehen ⟨*irr, sep*⟩ **I** *v/t* ⟨h⟩ **1** *Kopf* bajar; *Bauch* meter; TEC replegar; MAR arriar; **2** BAU *Wand* levantar; **3** JUR (*beschlagnahmen*) incautar; (*aus dem Verkehr ziehen*) retirar, confiscar; **4** MIL *Soldaten* llamar a filas; **5** *Faden* pasar; **6** *Erkundigungen* recoger; **7** *Geld* pasar al cobro, cobrar; *Steuern* recaudar; **II** *v/i* ⟨sn⟩ **8** SPORT, MIL entrar (***in*** *+acus* a, en); ***ins Parlament \~*** entrar en el parlamento; **9** *in e-e Wohnung* mudarse (***in*** *+acus* a; ***bei*** a casa de); instalarse (***in*** *+acus* en; ***bei*** en casa de); **10** *Creme* penetrar, ser absorbido
einzig ['aɪntsɪç] **I** *adj* **1** (*alleinig*) solo, único; ***kein \~es Auto*** ni un solo coche; ***nicht ein \~es Mal*** ni una sola vez; **2** → ***einzigartig***; **3** ***das \~e*** lo único; **II** *adv* **4** ***\~ und allein*** únicamente; ***das \~ Richtige*** lo único correcto
'einzigartig *adj* singular, único
'Einzige(r) *f(m)* ⟨→ A⟩ ***der, die \~*** el único, la única; ***keine \~*** ni una
Ein'zimmerwohnung *f* estudio *m*, apartamento *m* de una sola habitación
'Einzug *m* **1** entrada *f* (***in*** *+acus* en); **2** *in e-e Wohnung* instalación *f*; **3** (*Papier\~*) sangría *f*; **\~sermächtigung** *f* FIN domiciliación *f* bancaria; **\~sgebiet** *n* área *f* de influencia; **\~sverfahren** *n* FIN domiciliación *f* de recibos
E-is ['eːɪs] *n* ⟨-; -⟩ MUS mi *m* sostenido
Eis [aɪs] *n* ⟨-es⟩ **1** (*gefrorenes Wasser, a \~würfel*) hielo *m*; ***\~ laufen*** patinar sobre hielo; *fig* ***das \~ brechen*** romper el hielo; F *fig* ***etw auf \~ legen*** suspender a/c, aparcar a/c; **2** (*Speise\~*) helado *m*; ***\~ am Stiel*** polo *m*
'Eis|bahn *f* pista *f* de hielo; **\~bär** *m* oso *m* blanco; **\~becher** *m* copa *f* de helado; **\~bein** *n* lacón *m*, *pata de cerdo cocida*; **\~berg** *m* iceberg *m*; **\~bergsalat** *m* lechuga *f* iceberg; **\~beutel** *m* MED bolsa *f* de hielo; **\~blumen** *pl* flores *f/pl* de escarcha; **\~bombe** *f* tarta *f* helada
'Eiscafé *n* heladería *f*
'Eischnee *m* clara *f* a punto de nieve
'Eisdiele *f* heladería *f*
Eisen ['aɪzən] *n* ⟨-s⟩ hierro *m*; *fig* ***ein heißes \~*** cuestión *f* espinosa, terreno *m* peligroso; *fig* ***mehrere \~ im Feuer haben*** jugar para los dos bandos; F *fig* ***zum alten \~ gehören*** *Person* F ser de la vieja guardia; *Sache* F estar para el arrastre
'Eisenbahn *f* ferrocarril *m*; ***mit der \~*** en tren; F *fig* ***es ist allerhöchste \~!*** F ¡ya es hora!
'Eisenbahn|er F *m* ⟨-s; -⟩ ferroviario *m*; **\~knotenpunkt** *m* nudo *m* ferroviario; **\~wagen** *m* vagón *m*
'Eisen|erz *n* mineral *m* de hierro; **\~haltig** *adj* ferruginoso; **\~hut** *m* ⟨-(e)s⟩ BOT acónito

m; **~hütte** *f* planta *f* siderúrgica; **~mangel** *m* MED falta *f* de hierro; **~- und Stahlindustrie** *f* industria *f* siderúrgica; **~zeit** *f* ⟨-⟩ edad *f* de hierro
eisern ['aɪzərn] *adj* metálico; *fig Wille, Gesundheit* de hierro, férreo; ***~e Regel*** regla *f* inamovible
'Eis|fach *f* heladera *f*; **℞frei** *adj* libre de hielo; **℞gekühlt** *adjt* helado; **~glätte** *f* helada *f*, piso *m* resbaladizo; **~heiligen** *pl* ***die ~*** los santos del frío
'Eishockey *n* hockey *m* sobre hielo; **~spieler** *m* jugador *m* de hockey sobre hielo
eisig ['aɪzɪç] *adj* glacial (*a fig*)
'Eiskaffee *m etwa* granizado *m* de café
'eiskalt I *adj* **1** helado; **2** (*kaltblütig*) de sangre fría; **II** *adv* **3** con frialdad; **4** (*kaltblütig*) a sangre fría
'Eiskunst|lauf *m* ⟨-(e)s⟩ patinaje *m* artístico (sobre hielo); **~läufer(in)** *m(f)* patinador, a *m,f* artístico, -a
'Eis|lauf *m* ⟨-(e)s⟩ patinaje *m* (sobre hielo); **~läufer(in)** *m (f)* patinador, a *m,f*; **~meer** *n* océano *m* glacial
'Eisprung *m* BIOL ovulación *f*
'Eis|regen *m* lluvia *f* helada; **~salat** *m* lechuga *f* iceberg; **~schnelllauf** *m* ⟨-(e)s⟩ patinaje *m* de velocidad (sobre hielo); **~schnellläufer(in)** *m(f)* patinador, a *m,f* (de velocidad); **~scholle** *f* témpano *m*; **~schrank** F *m* nevera *f*; **~stadion** *n* pista *f* de hielo; **~tanz** *m* danza *f* sobre hielo; **~tee** *m* granizado *m* de té; **~torte** *f* tarta *f* helada; **~würfel** *m* (cubito *m* de) hielo *m*; **~zapfen** *m* carámbano *m*; **~zeit** *f* ⟨-⟩ era *f* glacial
eitel ['aɪtəl] *adj* ⟨-tl-⟩ **1** (*selbstgefällig*) vanidoso, fatuo; **2** (*nichtig*) vano; **℞keit** *f* ⟨-⟩ vanidad *f*
Eiter ['aɪtər] *m* ⟨-s⟩ pus *m*; **~bläschen** *n* pústula *f*
'eit(e)rig *adj* purulento
'eitern *v/i* supurar
'Eiweiß *n* ⟨-es; -e⟩ **1** GASTR clara *f* (del huevo); **2** BIOL proteína *f*; CHEM albúmina *f*; **~mangel** *m* carencia *f* proteínica; **℞reich** *adj* rico en proteína(s)
'Eizelle *f* BIOL óvulo *m*
Ekel[1] ['eːkəl] *m* ⟨-s⟩ asco *m* (***vor*** *+dat* a, de); ***~ empfinden*** sentir repugnancia; ***~ erregen*** dar asco, dar repugnancia
'Ekel[2] F *n* ⟨-s; -⟩ (*widerlicher Mensch*) F tipo *m* asqueroso
'ekelhaft, **'ek(e)lig** *adj* asqueroso, nauseabundo; *fig* (*gemein*) repugnante
'ekeln I *v/r* ***sich ~*** (***vor*** *+dat*) tener(le) asco (a); **II** *v/imp* ***es ekelt mich*** me da asco (***vor*** *+dat* de)
EKG [eːka'geː] *n Abk* (*Elektrokardiogramm*) electrocardiograma *m*
Eklat [e'klaː] *geh m* ⟨-s; -s⟩ escándalo *m*, sensación *f*
'eklig → ***ekelhaft, ekelig***
Ekstase [ɛk'staːzə] *f* éxtasis *m*; ***in ~ geraten*** extasiarse (***über*** *+acus* con)
Ekuador → ***Ecuador***
Ekzem [ɛk'tseːm] *n* ⟨-s; -e⟩ MED eczema *m*
Elan [e'laːn] *m* ⟨-s⟩ brío *m*, ímpetu *m*
elasti|sch [e'lastɪʃ] *adj* elástico; **℞zität** [elastitsi'tɛːt] *f* ⟨-⟩ elasticidad *f*
Elbe [ɛlbə] *f* Elba *m*
Elch [ɛlç] *m* ⟨-(e)s; -e⟩ alce *m*
Electronic Banking [elɛktrɔnɪk'bɛŋkɪŋ] *n* ⟨-s⟩ banca *f* electrónica
Elefant [ele'fant] *m* ⟨-en; -en⟩ elefante *m*; F ***wie ein ~ im Porzellanladen*** F como un elefante en una cacharrería
elegant [ele'gant] *adj* elegante; *fig* ***e-e ~e Lösung*** una solución airosa
Eleganz [ele'gants] *f* ⟨-⟩ elegancia *f*
Elegie [ele'giː] *f* elegía *f*
elegisch [e'leːgɪʃ] *adj* elegíaco
elektri|fizieren [elɛktrifi'tsiːrən] *v/t* ⟨*sin* ge⟩ electrificar; **℞ker(in)** [e'lɛktrɪkər(ɪn)] *m(f)* electricista *m,f*
e'lektrisch *adj* eléctrico; ***~er Schlag*** calambre *m*; ***~er Strom*** corriente *f* (eléctrica)
elektri'sieren *v/t* ⟨*sin* ge⟩ electrizar (*a fig*)
Elektrizität [elɛktritsi'tɛːt] *f* ⟨-⟩ electricidad *f*; **~sunternehmen** *n* compañía *f* eléctrica; **~swerk** *n* central *f* eléctrica
Elektro|... [e'lɛktro-] *in Zssgn mst* electro..., eléctrico; **~auto** *n* coche *m* eléctrico; **~chemie** *f* electroquímica *f*
Elektrode [elɛk'troːdə] *f* electrodo *m*
E'lektro|gerät *n* aparato *m* eléctrico, electrodoméstico *m*; **~geschäft** *n* tienda *f* de artículos eléctricos *od* de electrodomésticos; **~herd** *m* cocina *f* eléctrica; **~kardiogramm** *n* MED electrocardiograma *m*
Elektrolyse [elɛktro'lyːzə] *f* electrólisis *f*
E'lektromotor *m* electromotor *m*
Elektron ['eːlɛktrɔn] *n* ⟨-s; -'tronen⟩ electrón *m*
Elek'tronen|gehirn *n* cerebro *m* electrónico; **~mikroskop** *n* microscopio *m* electrónico
Elektronik [elɛk'troːnɪk] *f* ⟨-⟩ electrónica *f*; **~industrie** *f* industria *f* electrónica
elek'tronisch *adj* electrónico; ***~e Datenverarbeitung*** procesamiento *m* electrónico de datos, informática *f*
E'lektro|ofen *m* horno *m* eléctrico, estufa *f* eléctrica; **~rasierer** *m* maquinilla *f* eléctrica; **~schock** *m* MED electrochoque *m*, electroshock *m*; **~smog** *m* electrosmog *m*
Elektro|'technik *f* electrotécnica *f*, electrotecnia *f*; **~'techniker(in)** *m(f)* electrotécni-

co, -a *m,f*; **Ձ'technisch** *adj* electrotécnico

Element [ele'mɛnt] *n* ⟨-(e)s; -e⟩ elemento *f*; *fig* ***in s-m ~ sein*** estar en su elemento

elemen'tar *adj* **1** elemental; **2** *fig* (*grundlegend*) primordial, básico; **Ձteilchen** *n* PHYS partícula *f* elemental

elend ['eːlɛnt] **I** *adj* (*jämmerlich*) mísero, miserable; (*unglücklich*) desgraciado; (*krank*) enfermizo; **II** *adv* ***~ aussehen*** tener muy mala cara; ***sich ~ fühlen*** sentirse mal

'Elend *n* ⟨-s⟩ **1** (*Armut*) indigencia *f*, miseria *f*; **2** (*Unglück*) desgracia *f*; ***j-n ins ~ stürzen*** arruinar a alg

'Elendsviertel *n* barriada *f* pobre *od* de chabolas

elf [ɛlf] *núm/c* once; → ***acht***

Elf[1] *f* ⟨-; -en⟩ *a Fußball* once

Elf[2] *m* ⟨-en; -en⟩ elfo *m*

'Elfe *f* sílfide *f*

'Elfenbein *n* ⟨-(e)s⟩ marfil *m*; **~küste** *f* Costa *f* de Marfil; **~turm** *m* torre *m* de marfil

Elf'meter *m Fußball* penalty *m*; **~schießen** *n* tanda *f* de penaltis

elfte(r, -s) ['ɛlftə(r, -s)] *núm/o* undécimo

eliminieren [elimi'niːrən] *v/t* ⟨*sin* ge⟩ eliminar

Elisabeth [e'liːzabɛt] *f* Isabel *f*

elitär [eli'tɛːr] *adj* elitista

Elite [e'liːtə] *f* elite *f*; **~denken** *n* pensamiento *m* elitista

'Ellbogen *m* ⟨-s; -⟩ codo *m*; **~freiheit** *f* libertad *f* de acción; **~gesellschaft** *f* sociedad *f* regida por la ley de la selva

Elle ['ɛlə] *f* **1** ANAT cúbito *m*; **2** *Maß* yarda *f*; **Ձnlang** F *adj* interminable, kilométrico

Ellipse [ɛ'lɪpsə] *f* MAT elipse *f*

elliptisch [ɛ'lɪptɪʃ] *adj* MAT elíptico

El Salvador [ɛlzalva'dɔr] *n* El Salvador *m*

Elsass ['ɛlzas] *n* ⟨-⟩ Alsacia *f*

Elster ['ɛlstər] *f* ⟨-; -n⟩ urraca *f*

elterlich ['ɛltərlɪç] *adj* paterno, de los padres

Eltern ['ɛltərn] *pl* padres *m/pl*; F ***nicht von schlechten ~ sein*** F no ser moco de pavo

'Eltern|abend *m* reunión *f* de padres (de alumnos); **~haus** *n* casa *f* paterna; **Ձlos** *adj* huérfano; **~teil** *m* ***ein ~*** uno de los padres; **~zeit** *f* permiso *m* por el nacimiento de un hijo

EM [e'ʔɛm] *f Abk* ⟨-; -s⟩ (*Europameisterschaft*) campeonato *m* de Europa

Email [e'maɪ(l)] *n* ⟨-s; -s⟩, **Emaille** [e'maljə] *f* esmalte *m*

E-Mail [i'meːl] *f* ⟨-; -s⟩ *od n* ⟨-s; -s⟩ *Nachricht* mail *m*, mensaje *m*; *System* correo *m* electrónico; **~-Adresse** *f* dirección *f* electrónica

emaillieren [ema(l)'jiːrən] *v/t* ⟨*sin* ge⟩ esmaltar

Emanze [e'mantsə] F *desp f* feminista *f*, mujer *f* emancipada

Emanzi|pation [emantsipatsi'oːn] *f* emancipación *f*; **Ձ'pieren** *v/r* ⟨*sin* ge⟩ ***sich ~*** emanciparse; **Ձ'piert** *adjt* emancipado

Embargo [ɛm'bargo] *n* ⟨-s; -s⟩ embargo *m*

Emblem [ɛm'bleːm] *n* ⟨-s; -e⟩ emblema *m*

Embolie [ɛmbo'liː] *f* MED embolia *f*

Embryo ['ɛmbryo] *m* ⟨-s; -s *od* -'onen⟩ embrión *m*

Emigra|nt(in) [emi'grant(ɪn)] *m* ⟨-en; -en⟩ (*f*) emigrante *m,f*; **~tion** [-tsi'oːn] *f* emigración *f*

emigrieren [emi'griːrən] *v/i* ⟨*sin* ge, sn⟩ emigrar

Emission [emisi'oːn] *f* emisión *f*; **~skurs** *m* FIN tipo *m* de emisión; **~smarkt** *m* FIN mercado *m* de emisiones

Emmentaler ['ɛməntaːlər] *m* queso *m* em(m)ental

'e-Moll [e-] *n* MUS mi *m* menor

Emotion [emotsi'oːn] *f* emoción *f*

emotio'nal *adj* emocional

Empfang [ɛm'pfaŋ] *m* ⟨-(e)s; ⸚e⟩ **1** (*Erhalt*) recepción *f*; (*Annahme*) aceptación *f*; ***den ~*** (+*gen*) ***bestätigen*** acusar recibo de; ***etw in ~ nehmen*** recibir a/c; ***bei ~ von*** a la recepción, a la entrega de, al recibir; **2** (*Begrüßung, Feier*) recepción *f*; ***j-m e-n begeisterten ~ bereiten*** dar una acogida entusiasta a alg; **3** *im Hotel, a* RADIO *usw* recepción *f*

emp'fangen *v/t* ⟨empfängt, empfing, empfangen⟩ **1** recibir; *Sendung usw a* captar; **2** *Besuch* recibir; ***j-n freundlich ~*** acoger a alg cordialmente

Empfänger [ɛm'pfɛŋər] *m* RADIO *usw* receptor *m*

Emp'fänger(in) *m(f)* POST destinatario, -a *m,f*; *v Waren* consignatario, -a *m,f*

emp'fänglich *adj* susceptible, sensible (***für*** a); MED predispuesto (***für*** a)

Empfängnis [ɛm'pfɛŋnɪs] *f* ⟨-⟩ concepción *f*; **Ձverhütend** *adjt* anticonceptivo, contraconceptivo; **~verhütung** *f* anticoncepción *f*, contraconcepción *f*

Emp'fangs|bescheinigung *f*, **~bestätigung** *f* acuse *m* de recibo, resguardo *m*; **~chef(in)** *m(f)* jefe, -a *m,f* de recepción; **~dame** *f* recepcionista *f*; **~halle** *f* recepción *f*

empfehlen [ɛm'pfeːlən] ⟨empfiehlt, empfahl, empfohlen⟩ **I** *v/t* recomendar; ***j-m ~, etw zu tun*** aconsejar(le) a alg hacer a/c; ***… ist nicht zu ~*** no conviene …; **II** *v/r geh* ***sich ~*** (*sich verabschieden*) despedirse; **III** *v/imp* ***es empfiehlt sich*** (***zu*** +*inf*) conviene (+*inf*), es aconsejable (+*inf*)

emp'fehlenswert *adj* recomendable
Emp'fehlung *f* recomendación *f*; ***auf ~ (von)*** por recomendación (de); ***gute ~en haben*** tener buenas referencias
Emp'fehlungsschreiben *n* carta *f* de recomendación
empfinden [ɛm'pfɪndən] *v/t* ⟨empfand, empfunden⟩ (*wahrnehmen*) percibir; (*fühlen*) sentir, experimentar
Emp'finden *n* ⟨-s⟩ sensación *f*, sentimiento *m*; ***für mein ~*** para mí
emp'findlich *adj* **1** sensible (***gegen*** a); *Magen* delicado; *Person* sensible, delicado; (*leicht gekränkt*) susceptible; ***~e Stelle*** punto *m* débil; **2** *Schmerz* intenso; *Kälte* agudo; *Mangel* sensible
Emp'findlichkeit *f* ⟨-⟩ **1** sensibilidad *f*; **2** (*Verletzlichkeit*) susceptibilidad *f*
emp'findsam *adj* **1** (*feinfühlig*) sensible; **2** (*gefühlsbetont*) sentimental; **≗keit** *f* ⟨-⟩ sensibilidad *f*; sentimentalismo *m*
Emp'findung *f* (*Wahrnehmung*) sensación *f*; (*Gefühl*) sentimiento *m*
empirisch [ɛm'piːrɪʃ] *adj* empírico
empor [ɛm'poːr] *geh adv* hacia arriba
Empore [ɛm'poːrə] *f e-r Kirche* coro *m*
empören [ɛm'pøːrən] ⟨*sin* ge⟩ **I** *v/t* **1** ***j-n ~*** sublevar *od* indignar a alg; **II** *v/r* **2** ***sich ~*** (***über*** *+acus*) indignarse (por), escandalizarse (de, por); **3** ***sich ~*** (***gegen***) rebelarse (contra)
em'pörend *adjt* indignante, escandaloso
Emporkömmling [ɛm'poːrkœmlɪŋ] *m* ⟨-s; -e⟩ advenedizo *m*
em'pör|t *adjt* escandalizado (***über*** *+acus* de, por); **≗ung** *f* sublevación *f* (***über*** *+acus* por), indignación *f* (***über*** *+acus* por, de)
emsig ['ɛmzɪç] *adj* (*eifrig*) diligente; (*sehr beschäftigt*) laborioso
Emu ['eːmu] *m* ⟨-s; -s⟩ emú *m*
'E-Musik *f* ⟨-⟩ música *f* seria
'Endabnehmer(in) *m(f)* consumidor, a *m,f* final
Ende ['ɛndə] *n* ⟨-s; -n⟩ **1** *räumlich* extremo *m*, final *m*; ***am ~*** (***der Welt***) en el fin (del mundo); **2** *zeitlich* fin *m*, final *m*; ***~ Mai*** a fines de mayo; *fig* ***am ~ sein*** estar en las últimas; ***etw zu ~ führen*** (***bringen***) acabar a/c, concluir a/c; ***e-r Sache ein ~ machen*** poner término a a/c, dar fin a a/c; ***zu ~ gehen*** tocar a fin, extinguirse; ***zu ~ sein*** haber terminado; ***~ gut, alles gut*** bien está lo que bien acaba; **3** F (*Stück*) extremo *m*, remate *m*, punta *f*; ***ein ganzes ~*** (***bis***) un buen trecho (hasta)
'Endeffekt *m* ***im ~*** al fin y al cabo
'enden *v/i* acabar, terminar; ***~ mit*** acabar con; ***tragisch ~*** tener un final trágico
'End|ergebnis *n* resultado *m* final; **~gerät** *n* terminal *m*, equipo *m* terminal
'endgültig I *adj* definitivo; **II** *adv* definitivamente; ***das steht ~ fest*** ha quedado definitivamente acordado
Endivie [ɛn'diːviə] *f* BOT escarola *f*
'Endlager *n* NUCL depósito *m* final; **~ung** *f* NUCL deposición *f* final
endlich ['ɛntlɪç] **I** *adj* MAT *Zahl* finito; **II** *adv* finalmente, por fin; ***sei ~ still!*** ¡cállate de una vez!
'endlos *adj* infinito, interminable; **≗papier** *n* papel *m* continuo
'End|phase *f* fase *f* final; **~produkt** *n* producto *m* final; **~resultat** *n* resultado *m* final; **~runde** *f* SPORT fase *f* final; **~silbe** *f* última sílaba *f*; **~spiel** *n* (partido *m*) final *f*; **~stand** *m* SPORT resultado *m* final; **~spurt** *m a fig* sprint *m* final, recta *f* final; **~station** *f a fig* estación *f* terminal; **~summe** *f* total *m*
'Endung *f* terminación *f*
'End|verbraucher *m* consumidor *m* final; **~verkaufspreis** *m* precio *m* de venta al público; **~ziel** *n* objetivo *m* final
Energie [enɛr'giː] *f* energía *f*; *von Personen a* fuerza *f*; ***~ sparen, verschwenden*** ahorrar, derrochar energía; ***mit ~ versorgen*** abastecer con energía
Ener'gie|bedarf *m* demanda *f* energética; **~einsparung** *f*, **~ersparnis** *f* ahorro *m* energético; **~erzeugung** *f* producción *f* de energía; **≗geladen** *adjt fig* lleno de energía; **~krise** *f* crisis *f* energética; **~politik** *f* política *f* energética; **~quelle** *f* fuente *f* de energía; **~sektor** *m* sector *m* energético; **≗sparend** *adjt* que ahorra energía; **~sparlampe** *f* lámpara *f* que ahorra energía; **~verbrauch** *m* consumo *m* de energía; **~versorgung** *f* abastecimiento *m* energético; **~wirtschaft** *f* industria *f* energética
energisch [e'nɛrgɪʃ] *adj* enérgico, activo, dinámico
eng [ɛŋ] *adj* **1** estrecho; ***~er werden*** estrecharse; ***in ~en Grenzen*** en estrechos límites; F ***das darf man nicht so ~ sehen!*** ¡no hay que ser tan estricto!; **2** (*a advl*) *Kleid* ***~*** (***anliegend***) ajustado, ceñido, entallado; **3** *fig* (*Beziehung*) íntimo; ***~ befreundet sein*** ser íntimos amigos
Engagement [ɑ̃gaʒə'mɑ̃ː] *n* ⟨-s; -s⟩ **1** POL, *fig* compromiso *m*, entrega *f*, empeño *m*; **2** THEA contrato *m*
eng|agieren [ɑ̃ga'ʒiːrən] ⟨*sin* ge⟩ **I** *v/t* (*einstellen*) contratar; **II** *v/r* ***sich ~*** comprometerse (***für, bei*** en), emplearse (***für, bei*** por), interceder (***für*** por; ***bei*** en); **~a'giert** *adjt* comprometido
Enge ['ɛŋə] *f* estrecho *m*, estrechez *f*; *fig* ***j-n in die ~ treiben*** poner a alg entre la espada

E

y la pared
Engel ['ɛŋəl] *m* ⟨-s; -⟩ ángel *m*; **≈haft** *adj* angelical, angélico; **~sgeduld** *f* ***mit ~*** con paciencia de santo
'engherzig *adj* mezquino
England ['ɛŋlant] *n* ⟨-s⟩ Inglaterra *f*
Engländer ['ɛŋlɛndər] *m* TEC llave *f* inglesa
'Engländer(in) *m(f)* inglés *m*, -esa *f*
englisch ['ɛŋlɪʃ] *adj* inglés; ***das ≈e*** el inglés; ***auf ≈*** en inglés; **≈kenntnisse** *f/pl* conocimientos *m/pl* de inglés
'engmaschig *adj* de malla tupida
'Engpass *m* desfiladero *m*; *fig* cuello *m* de botella
en gros *adv* al por mayor
'engstirnig *adj* estrecho de miras; **≈keit** *f* ⟨-⟩ estrechez *f* de miras
Enkel|(in) ['ɛŋkəl(ɪn)] *m* ⟨-s; -⟩ *(f)* nieto, -a *m,f*; **~kind** *n* nieto, -a *m,f*
enorm [e'nɔrm] **I** *adj* enorme; **II** F *adv* ***~ schnell, groß*** *usw* increíblemente rápido, grande, *etc*
en passant [ɑ̃pa'sɑ̃ː] *adv* de paso
Ensemble [ɑ̃'sɑ̃ːbl] *n* ⟨-s; -s⟩ **1** MUS, MODE conjunto *m*; **2** THEA compañía *f*
ent'arten *v/i* ⟨*sin* ge, sn⟩ degenerar, corromperse
entbehren [ɛnt'beːrən] *v/t* ⟨*sin* ge⟩ carecer de; ***etw*** **(*nicht*)** ***~ können*** (no) poder prescindir de a/c, (no) poder pasar sin a/c
ent'behr|lich *adj* superfluo; **≈ung** *f* privación *f*
ent'bind|en ⟨entband, entbunden⟩ **I** *v/t* **1** MED asistir en el parto; **2** (*befreien*) ***~ von*** dispensar de, relevar de; **II** *v/i* **3** MED dar a luz; **≈ung** *f* **1** MED parto *m*; **2** (*Befreiung*) ***~ von*** dispensa *f* de; **≈ungsstation** *f* sala *f* de partos, paritorio *m*
ent'blöden *v/r* ⟨*sin* ge⟩ ***sich nicht ~ zu*** (*+inf*) atreverse a (*+inf*), osar (*+inf*)
entblößen [ɛnt'bløːsən] *v/t* ⟨*sin* ge⟩ desnudar, descubrir
ent'brennen *geh v/i* ⟨entbrannte, entbrannt, sn⟩ *Kampf, Streit* encenderse
ent'decken *v/t* ⟨*sin* ge⟩ descubrir
Ent'deck|er *m* descubridor *m*; **~ung** *f* descubrimiento *m*; **~ungsreise** *f* viaje *m* de exploración
Ente ['ɛntə] *f* **1** ZO pato *m*; F *fig* ***er, sie ist e-e lahme ~*** F es más lento, lenta que el caballo del malo; **2** (*Zeitungs≈*) bulo *m*, bola *f*; **3** F (*Auto*) F dos caballos *m*
ent|'ehren *v/t* ⟨*sin* ge⟩ deshonrar, desprestigiar; **~'eignen** *v/t* ⟨*sin* ge⟩ expropiar; **≈'eignung** *f* expropiación *f*; **~'eisen** *v/t* ⟨*sin* ge⟩ deshelar; **~'erben** *v/t* ⟨*sin* ge⟩ desheredar
Enterich ['ɛntərɪç] *m* ⟨-s; -e⟩ pato *m* (macho)
entern ['ɛntərn] *v/t* MAR abordar
Entertainer(in) ['ɛntərteːnər(ɪn)] *m(f)* animador, a *m,f*
'Entertaste ['ɛntər-] *f* INFORM tecla *f* Enter
entfachen [ɛnt'faxən] *geh v/t* ⟨*sin* ge⟩ *Feuer, a fig* inflamar, atizar
ent'fallen *v/i* ⟨entfällt, entfiel, entfallen, sn⟩ **1** *aus dem Gedächtnis* escaparse; ***ihr Name ist mir ~*** se me ha olvidado su nombre; **2** (*wegfallen*) suprimirse; *Notiz* ***entfällt*** suspendido; **3** *als Anteil* ***auf j-n ~*** recaer en alg, corresponderle a alg
ent'falten ⟨*sin* ge⟩ **I** *v/t* **1** (*öffnen*) desplegar, desdoblar; **2** *fig Fähigkeiten* desarrollar; *Pracht* revelar; **II** *v/r* ***sich ~*** **3** *Blüte* abrirse, desplegarse; **4** *fig Person* desarrollar las facultades, desarrollarse
Ent'faltung *f fig* despliegue *m*, desarrollo *m*
ent'färben *v/t* ⟨*sin* ge⟩ CHEM desteñir
ent'fernen ⟨*sin* ge⟩ **I** *v/t Fleck, Etikett* quitar; *Hindernis* apartar, eliminar; INFORM borrar, eliminar; **II** *v/r* ***sich ~*** alejarse
ent'fernt *adjt* **1** *räumlich, zeitlich* alejado, apartado, distante; **(*weit*)** ***~ von*** (muy) lejos de; **2** *fig* ***weit davon ~ sein*** **(*zu*** *+inf*) estar muy lejos (de *+inf*); ***~ verwandt*** pariente lejano; ***nicht im ≈esten*** en absoluto
Ent'fernung *f* **1** distancia *f*; ***in e-r ~ von*** a una distancia de; ***aus der ~*** de lejos; **2** (*Beseitigung*) eliminación *f*, destitución *f*
ent|'fesseln *v/t* ⟨*sin* ge⟩ *Krieg usw* desencadenar, desatar; **~'flammbar** *adj* inflamable; **~'flammen** ⟨*sin* ge⟩ **I** *v/t* ⟨h⟩ TEC inflamar, encender; **II** *v/i* ⟨sn⟩ *fig* ***~ für*** entusiasmarse por, apasionarse por; **~'flechten** *v/t* ⟨*irr, sin* ge⟩ ECON desconcentrar; **≈'flechtung** *f* desconcentración *f*; **~'fliegen** *v/i* ⟨*irr, sin* ge, sn⟩ escapar (*volando*); **~'fliehen** *v/i* ⟨*irr, sin* ge, sn⟩ fugarse, escaparse (***aus*** de)
ent'fremden ⟨*sin* ge⟩ **I** *v/t* distanciar, enajenar; ***etw s-m Zweck ~*** hacer mal uso de a/c; **II** *v/r* ***sich*** **(*j-m*)** ***~*** distanciarse (de alg), enajenarse (de alg)
Ent'fremdung *f* PHIL alienación *f*; *zwischen Menschen* distanciamiento *m*
ent'führen *v/t* ⟨*sin* ge⟩ secuestrar
Ent'führ|er(in) *m(f)* secuestrador, a *m,f*; (*Flugzeug≈*) pirata *m,f* aéreo, -a; **~ung** *f* secuestro *m*
ent'gegen **I** *prp* ⟨*+dat*⟩ en contra de, contrario a; ***~ allen Erwartungen*** contra todo lo esperado; **II** *adv Richtung* al encuentro de, hacia
ent'gegenbringen *v/t* ⟨*irr, sep*⟩ presentar, manifestar; *e-r Sache* ***Interesse ~*** mostrar interés por *a/c*
ent'gegengehen *v/i* ⟨*irr, sep*, sn⟩ **1** ***j-m ~*** ir al encuentro de alg; **2** *zeitlich* ***dem Ende ~***

acercarse al final
ent'gegengesetzt *adjt* opuesto (a), contrario (a)
ent'gegenhalten *v/t* ⟨*irr, sep*⟩ ***j-m etw ~*** ofrecer *od* tender a/c a alg; *fig* (*einwenden*) objetar *od* oponer a/c a alg
ent'gegenkommen *v/i* ⟨*irr, sep*, sn⟩ ***j-m ~*** **1** *Richtung* ir al encuentro de alg; *Fahrzeug* venir de frente; **2** *fig* (*nachgeben*) hacer concesiones a alg, mostrarse complaciente (para) con alg
Ent'gegen|kommen *n* ⟨-s⟩ complacencia *f*, buena voluntad *f*; **Ձkommend** *adjt* complaciente, atento; **~nahme** [-naːmə] *f* ⟨-⟩ recepción *f*, aceptación *f*; **Ձnehmen** *v/t* ⟨*irr*⟩ recibir, aceptar
ent'gegensehen *v/i* ⟨*irr, sep*⟩ ***e-r Sache*** (*dat*) **~** aguardar a/c, esperar a/c
ent'gegensetzen *v/t* ⟨*sep*⟩ oponer, contraponer
ent'gegenstehen *v/i* ⟨*irr, sep*⟩ ***e-r Sache*** (*dat*) **~** contraponerse a a/c
ent'gegentreten *v/i* ⟨*irr, sep*, sn⟩ **1** ***j-m ~*** *a fig* acercarse a alg, salirle a alg al paso; *fig* oponerse a alg; **2** *fig* ***e-r Sache*** (*dat*) **~** salir al paso de, oponerse a a/c
ent'gegn|en *v/t, v/i* ⟨*sin* ge⟩ responder, replicar (***auf*** *+acus* a); **Ձung** *f* respuesta *f*, réplica *f* (***auf*** *+acus* a)
ent'gehen *v/i* ⟨entging, entgangen, sn⟩ **1** *j-m, e-r Gefahr* escapar de; ***sich*** (*dat*) ***etw*** (***nicht***) **~** ***lassen*** (no) perderse a/c; **2** (*unbemerkt bleiben*) pasar(le) inadvertido a alg
ent'geistert *adjt* atónito, boquiabierto
Entgelt [ɛnt'gɛlt] *n* ⟨-(e)s; -e⟩ remuneración *f*, compensación *f*
ent|'giften *v/t* ⟨*sin* ge⟩ desintoxicar; **~'gleisen** *v/i* ⟨*sin* ge, sn⟩ **1** *Zug* descarrilar; **2** *fig* salirse de tono; **Ձ'gleisung** *f* **1** *e-s Zugs* descarrilamiento *m*; **2** *fig* salida *f* de tono; **~'gleiten** *geh v/i* ⟨entglitt, entglitten, sn⟩ ***j-m ~*** escapárse(le) a alg; **~'gräten** *v/t* ⟨*sin* ge⟩ quitar las espinas (a, de); **~'haaren** *v/t* ⟨*sin* ge⟩ depilar
Ent'haarungsmittel *n* depilatorio *m*
ent'halten[1] ⟨enthält, enthielt, enthalten⟩ **I** *v/t* (*umfassen*) contener, encerrar; **II** *v/r* ***sich ~*** (*mäßigen*) contenerse; POL ***sich der Stimme ~*** abstenerse (de votar)
ent'halten[2] *p/p* **~** ***sein*** (***in*** *+dat*) estar incluido (en)
ent'haltsam *adj* abstinente; **Ձkeit** *f* ⟨-⟩ abstinencia *f*
Ent'haltung *f* POL abstención *f*
ent'härten *v/t* ⟨*sin* ge⟩ *Wasser* ablandar
ent'haupten *geh v/t* ⟨*sin* ge⟩ decapitar
ent'heben *geh v/t* ⟨enthob, enthoben⟩ ***j-n s-s Amtes ~*** relevar a alg de su cargo
ent'hemmt *adjt* desinhibido
ent'hüll|en *v/t* ⟨*sin* ge⟩ **1** *Denkmal usw* descubrir; **2** *Geheimnis* desvelar, revelar; **Ձung** *f* **1** *e-s Denkmals* inauguración *f*; **2** *e-s Geheimnisses* revelación *f*
Enthusias|mus [ɛntuzi'asmʊs] *m* ⟨-⟩ entusiasmo *m*; **~t(in)** *m* ⟨-en; -en⟩ (*f*) entusiasta *m,f*; **Ձtisch** *adj* entusiasta
ent|'jungfern *v/t* ⟨*sin* ge⟩ desflorar; **~'kalken** *v/t* ⟨*sin* ge⟩ descalcificar; **~'kernen** *v/t* ⟨*sin* ge⟩ deshuesar; **~'kleiden** *geh v/t, v/r* ⟨*sin* ge⟩ (***sich***) **~** desvestir(se); **~koffei'niert** *adjt* descafeinado
ent'kommen *v/i* ⟨entkam, entkommen, sn⟩ (conseguir) huir *od* evadirse *od* salvarse (***aus*** de); ***j-m*** *od* ***e-r Sache ~*** escapárse(-le) a alg *od* a a/c
Ent'kommen *n* ⟨-s⟩ ***es gab kein ~*** no había salida
ent'korken *v/t* ⟨*sin* ge⟩ descorchar
entkräft|en [ɛnt'krɛftən] *v/t* ⟨*sin* ge⟩ **1** (*erschöpfen*) debilitar, extenuar; **2** *fig Aussage* invalidar; **Ձung** *f körperliche* debilitamiento *m*
Ent'ladehafen *m* puerto *m* de descarga
ent'lad|en ⟨entlädt, entlud, entladen⟩ **I** *v/t Waren* descargar; **II** *v/r* ***sich ~*** EL, *a fig* descargarse; **Ձung** *f* EL, *von Waren* descarga *f*
ent'lang I *prp* ⟨*+acus*⟩ a lo largo de; ***die Straße ~*** siguiendo la calle; **II** *adv* ***hier ~, bitte!*** ¡por aquí, por favor!
ent'langgehen *v/t, v/i* ⟨*irr, sep*, sn⟩ ***etw*** (*acus*) *od* ***an etw*** (*dat*) **~** pasar por a/c, caminar a lo largo de a/c
ent'larven *v/t* ⟨*sin* ge⟩ desenmascarar
ent'lassen *v/t* ⟨entlässt, entließ, entlassen⟩ **1** (*kündigen*) despedir; ***j-n fristlos ~*** despedir sin previo aviso a alg, despedir a alg bruscamente; **2** *aus dem Gefängnis* poner en libertad, excarcelar; *aus dem Krankenhaus* dar de alta
Ent'lassung *f* **1** (*Kündigung*) despido *m*; **2** *aus dem Gefängnis* excarcelación *f*; *aus dem Krankenhaus* alta *f*; **~sgrund** *m* causa *f od* motivo *m* del despido
ent'lasten *v/t* ⟨*sin* ge⟩ **1** *von Arbeit* descargar; *Verkehr* decongestionar; **2** JUR exculpar, exonerar
Ent'lastung *f* **1** (*Arbeits*Ձ) descarga *f*, alivio *m*; **2** JUR exculpación *f*, exoneración *f*; **~szeuge** *m* JUR testigo *m* de descargo
ent|'laufen *v/i* ⟨entläuft, entlief, entlaufen, sn⟩ *Hund, Katze usw* escapar(se); **~'ledigen** *geh v/r* ⟨*sin* ge⟩ ***sich e-r Sache*** (*gen*) **~** deshacerse *od* desembarazarse de a/c; **~'leeren** *v/t, v/r* ⟨*sin* ge⟩ (***sich***) **~** evacuar, vaciar(se); **~'legen** *adjt* (*entfernt*) remoto, lejano; (*isoliert*) apartado; *fig* (*unüblich*) alejado; **~'lehnen** *v/t* ⟨*sin* ge⟩ to-

E

mar (+*dat*, ***aus, von*** de); **~'leihen** *v/t* ⟨entlieh, entliehen⟩ tomar prestado (***aus, von*** de)
ent'locken *v/t* ⟨*sin* ge⟩ ***j-m ein Geheimnis*** *usw* **~** sonsacar(le) *od* arrancar(le) un secreto, *etc* a alg
ent'lohn|en *v/t* ⟨*sin* ge⟩ remunerar (***für*** por); **2ung** *f* remuneración *f*
ent'lüft|en *v/t* ⟨*sin* ge⟩ ventilar; **2ung** *f* ventilación *f*
ent'machten *v/t* ⟨*sin* ge⟩ privar de poder, derrocar
entmilitari'sier|en *v/t* ⟨*sin* ge⟩ desmilitarizar; **2ung** *f* desmilitarización *f*
ent'mündig|en *v/t* ⟨*sin* ge⟩ JUR poner bajo tutela, incapacitar; **2ung** *f* JUR incapacitación *f*
ent'mutig|en *v/t* ⟨*sin* ge⟩ desalentar, desanimar; **~end** *adjt* desalentador
Entnazifi'zierung [ɛntnatsifi'tsiːrʊŋ] *f* HIST desnazificación *f*
ent'nehmen *v/t* ⟨entnimmt, entnahm, entnommen⟩ tomar, sacar, *Geld* retirar; *fig* ***etw*** **~** ***aus*** (***od*** *+dat*) concluir a/c de
ent'nerven *v/t* ⟨*sin* ge⟩ enervar
ent'packen *v/t* ⟨*sin* ge⟩ *bsd* INFORM desempaquetar
ent'puppen *v/r* ⟨*sin* ge⟩ ***sich*** **~** ***als*** resultar ser, revelarse como
ent'rahmen *v/t* ⟨*sin* ge⟩ descremar, desnatar
ent'rätseln *v/t* ⟨*sin* ge⟩ descifrar
ent'reißen *v/t* ⟨entriss, entrissen⟩ ***j-m etw*** **~** arrebatarle *od* arrancarle a/c a alg
ent'richten *v/t* ⟨*sin* ge⟩ abonar, pagar
ent'riegeln *v/t* ⟨*sin* ge⟩ correr el cerrojo (*para abrir*)
ent'rinnen *v/i* ⟨entrann, entronnen, sn⟩ ***j-m, e-r Sache*** **~** escaparse *od* evadirse de alg, de a/c
ent'rollen *v/t* ⟨*sin* ge⟩ desenrollar, desplegar
ent'rückt *geh adjt* extasiado, ensimismado
entrümpeln [ɛnt'rʏmpəln] *v/t* ⟨*sin* ge⟩ quitar los trastos viejos de
ent'rüsten *v/r* ⟨*sin* ge⟩ ***sich*** **~** (***über*** *+acus*) indignarse (por)
ent'rüstet *adjt* **~** ***sein*** (***über*** *+acus*) estar indignado (por)
Ent'rüstung *f* indignación *f*
ent'saft|en *v/t* ⟨*sin* ge⟩ licuar; **2er** *m* licuadora *f*
ent'sagen *geh v/i* ⟨*sin* ge⟩ ***e-r Sache*** (*dat*) **~** renunciar a a/c, desistir de a/c
Ent'sagung *geh f* renuncia *f*
ent'schädigen *v/t* ⟨*sin* ge⟩ ***j-n*** **~** (***für***) indemnizar a alg (por), compensar a alg (por)
Ent'schädigung *f* indemnización *f*
ent'schärfen *v/t* ⟨*sin* ge⟩ *Bombe* desactivar; *Diskussion* quitar hierro a
Entscheid [ɛnt'ʃaɪt] *m* ⟨-(e)s; -e⟩ JUR fallo *m*
ent'scheiden ⟨entschied, entschieden⟩ **I** *v/t* decidir; (*den Ausschlag geben*) resolver; ***das musst du*** **~** tú verás; **II** *v/i* decidir (***über*** *+acus* sobre); **III** *v/r* ***sich*** **~** ***für, gegen*** decidirse por, contra
ent'scheidend *adjt* decisivo
Ent'scheidung *f* decisión *f* (***über*** *+acus* sobre); JUR fallo *m*; ***e-e*** **~** ***treffen*** *od* ***fällen*** tomar una decisión
Ent'scheidungs|befugnis *f* poder *m* de decisión; **~findung** *f* toma *f* de decisiones; **~träger(in)** *m(f)* (*Person*) persona *f* con poder de decisión
entschieden [ɛnt'ʃiːdən] **I** *adjt* **1** *Ton, Haltung* enérgico, autoritario; **2** *Ablehnung* categórico, terminante; **II** *advl* firmemente, decididamente; ***ich bin*** (***ganz***) **~** ***dafür*** estoy completamente a favor de esto
Ent'schiedenheit *f* ⟨-⟩ decisión *f*, firmeza *f*; ***mit*** (***aller***) **~** rotundamente
ent'schlacken *v/t* ⟨*sin* ge⟩ **1** TEC descorificar; **2** MED desintoxicar
ent'schlafen *geh v/i* ⟨entschläft, entschlief, entschlafen, sn⟩ *fig* fallecer
ent'schließen *v/r* ⟨entschloss, entschlossen⟩ ***sich*** **~** (***für, zu***) decidirse (a, por), resolverse (a); ***sich anders*** **~** cambiar de opinión
Ent'schließung *f* resolución *f*
ent'schlossen **I** *adjt* (***fest***) **~** ***sein*** (***zu***) estar (completamente) resuelto *od* decidido (a); **II** *advl* ***kurz*** **~** sin vacilar
Ent'schlossenheit *f* ⟨-⟩ resolución *f*, firmeza *f*
Ent'schluss *m* resolución *f*, decisión *f*, determinación *f*; ***den*** **~** ***fassen zu*** (*+inf*) tomar la determinación de (*+inf*)
ent'schlüsseln *v/t* ⟨*sin* ge⟩ descifrar
ent'schuldbar *adj* disculpable, excusable, perdonable
ent'schuldigen ⟨*sin* ge⟩ **I** *v/t* disculpar, perdonar; ***das ist nicht zu*** **~** es imperdonable; **II** *v/i* **~** ***Sie*** (***bitte***)***!*** ¡perdone(, por favor)!; **III** *v/r* ***sich*** (***bei j-m für etw***) **~** pedir disculpas (a alg por a/c)
Ent'schuldigung *f* disculpa *f*, excusa *f*; ***j-n um*** **~** ***bitten*** pedir perdón a alg (***für, wegen*** por); **~*!*** ¡perdón!
entsenden *v/t* ⟨entsandte, entsandt⟩ mandar, enviar
ent'setzen ⟨*sin* ge⟩ **I** *v/t* espantar, horrorizar; **II** *v/r* ***sich*** **~** (***über*** *+acus*) espantarse, horrorizarse (de, por)
Ent'setzen *n* ⟨-s⟩ horror *m*, espanto *m*; ***starr vor*** **~** aterrado
ent'setzlich **I** *adj* horrible, espantoso; **II** F

adv (*sehr*) F terriblemente
ent'seuchen *v/t* ⟨*sin* ge⟩ desinfectar, descontaminar
ent'sichern *v/t* ⟨*sin* ge⟩ *Waffe* quitar el seguro de *od* a, desasegurar
ent'sinnen *v/r* ⟨entsann, entsonnen⟩ ***sich*** (***j-s, e-r Sache***) **~** acordarse (de alg, de a/c)
ent'sorg|en *v/t* ⟨*sin* ge⟩ *Abfälle usw* eliminar; **≗ung** *f* eliminación *f* (de desechos); **≗ungsunternehmen** *n* empresa *f* especializada en la eliminación de desechos
ent'spann|en ⟨*sin* ge⟩ **I** *v/t* (*lockern*) aflojar; **II** *v/r* ***sich* ~** relajarse, descansar; *Situation* normalizarse; **≗ung** *f* relajación *f*; ECON, POL distensión *f*
Ent'spannungs|politik *f* política *f* de distensión; **~übung** *f* ejercicio *m* de relajación
ent'sperren *v/t* ⟨*sin* ge⟩ TEL desbloquear, liberar
ent'spiegelt *adjt Brille, Glas* antirreflectante
ent'sprechen ⟨entspricht, entsprach, entsprochen⟩ *v/i* (*+dat*) **1** corresponder a; ***den Anforderungen*** (***nicht***) **~** (no) responder a las exigencias; **2** *e-r Bitte, e-m Antrag* acceder a
ent'sprechend **I** *adjt* correspondiente, análogo, pertinente; **II** *advl* **~ *gilt*** ... lo mismo vale ...; **III** *prp* ⟨*+dat*⟩ según; ***den Umständen* ~** de acuerdo con las circunstancias
Ent'sprechung *f* correspondencia *f*, equivalente *m*
ent|'springen *v/i* ⟨entsprang, entsprungen, sn⟩ **1** *Fluss* nacer (***in*** *+dat* en); **2** (*entstehen*) **~ *aus*** (*od +dat*) proceder de, originarse en; **~'stammen** *v/i* ⟨*sin* ge, sn⟩ (*+dat*) proceder de, provenir de; **~'stehen** *v/i* ⟨entstand, entstanden, sn⟩ **1** (*sich entwickeln*) producirse (***aus*** de); **2** *Schwierigkeiten, Kosten* **~ *aus, durch*** ocasionarse *od* derivarse de, por
Ent'stehung *f* (*Ursprung*) nacimiento *m*, origen *m*; (*Bildung*) formación *f*; **~sgeschichte** *f* génesis *m*
ent'steinen *v/t* ⟨*sin* ge⟩ deshuesar
ent'stellen *v/t* ⟨*sin* ge⟩ deformar, desfigurar; ***etw entstellt wiedergeben*** tergiversar a/c
Ent'stellung *f* desfiguración *f*; *fig* tergiversación *f*
ent'stören *v/t* ⟨*sin* ge⟩ EL eliminar interferencias de
ent'tarnen *v/t* ⟨*sin* ge⟩ desenmascarar
ent'täuschen ⟨*sin* ge⟩ *v/t* desilusionar, desengañar, decepcionar; ***enttäuscht sein*** estar decepcionado (***von*** por, con)
Ent'täuschung *f* decepción *f*, desengaño *m*
ent'thronen *v/t* ⟨*sin* ge⟩ destronar
entvölkert [-'fœlkərt] *adjt* despoblado
ent'wachsen *v/i* ⟨entwächst, entwuchs, entwachsen, sn⟩ ***e-r Sache*** (*dat*) **~** haber pasado la edad de a/c
entwaffnen [ɛnt'vafnən] *v/t* ⟨*sin* ge⟩ desarmar; *fig* **~*des Lächeln*** sonrisa desarmante
ent'warn|en *v/i* ⟨*sin* ge⟩ dar la señal de cese de alarma; **≗ung** *f* cese *m* de alarma
ent'wässer|n *v/t* ⟨*sin*v ge⟩ **1** desaguar; **2** MED drenar; **≗ungsanlage** *f* instalaciones *f/pl* de drenaje
entweder ['ɛntveːdər] *cj* **~ ... *oder* ...** o (bien) ... o (bien) ...
ent'weichen *v/i* ⟨entwich, entwichen, sn⟩ evadirse, escaparse (***aus*** de)
ent'weihen *v/t* ⟨*sin* ge⟩ profanar
ent'wenden *v/t* ⟨*sin* ge⟩ ***j-m etw* ~** hurtar *od* sustraer a/c a alg
ent'werfen *v/t* ⟨entwirft, entwarf, entworfen⟩ **1** (*skizzieren*) esbozar, bosquejar; *Muster* diseñar; **2** *Plan, Programm* elaborar, trazar; **3** *Vertrag* formular
ent|'werten *v/t* ⟨*sin* ge⟩ **1** *Fahrkarte* cancelar; *Briefmarke* matasellar; **2** ECON *Geld* depreciar, devaluar; *fig* (***völlig***) **~** desacreditar; **≗'werter** *m* (*Fahrschein≗*) cancelador *m*; **≗'wertung** *f* **1** *von Fahrkarten, Briefmarken* inutilización *f*; **2** ECON (*Geld≗*) depreciación *f*
ent'wickeln ⟨*sin* ge⟩ **I** *v/t* **1** desarrollar; (*erzeugen*) producir; **2** FOT revelar; **II** *v/r* **3** ***sich* ~** desarrollarse, evolucionar (***aus*** de; ***zu*** en)
Ent'wicklung *f* desarrollo *m*; (*Weiter≗*) evolución *f*; ECON ***wirtschaftliche* ~** desarrollo *m* económico; *Jugendliche* (***noch***) ***in der* ~ *sein*** estar (todavía) en fase de crecimiento
Ent'wicklungs|abteilung *f* departamento *m* de creación (y diseño); **~bank** *f* ***Interamerikanische* ~** Banco *m* Interamericano de Desarrollo; **~geschichte** *f* historia *f* de la evolución, ontogenia *f*; **~helfer(in)** *m(f)* cooperante *m,f* (*en un país en vías de desarrollo*); **~hilfe** *f* ayuda *f* para el desarrollo; **~kosten** *pl* costes *m/pl* de desarrollo; **~land** *n* país *m* en vías de desarrollo; **~politik** *f* política *f* de desarrollo; **~stand** *m* nivel *m* de desarrollo; **~stufe** *f* grado *m od* nivel *m* de desarrollo; **~zeit** *f* período *m* de desarrollo
ent|'wirren *v/t* ⟨*sin* ge⟩ desenredar, desenmarañar; **~'wischen** *v/i* ⟨*sin* ge, sn⟩ ***j-m* ~** escaparse de alg
entwöhn|en [ɛnt'vøːnən] *v/t* ⟨*sin* ge⟩ **1** *Säugling* destetar; **2** *von Alkohol, Drogen* deshabituar, desacostumbrar (***von*** de); MED desintoxicar; **≗ung** *f* **1** (*Säugling*) des-

tete *m*; **2** MED deshabituación *f*
ent'würdigend *adjt* degradante
Ent'wurf *m* **1** (*Skizze*) bosquejo *m*; (*Konzept*) borrador *m*, esbozo *m*; **2** *e-s Vertrages, Gesetzes* proyecto *m*
ent'wurzeln *v/t* ⟨*sin* ge⟩ desarraigar
ent'zerren *v/t* ⟨*sin* ge⟩ *zeitlich* espaciar, distanciar
ent'ziehen ⟨entzog, entzogen⟩ **I** *v/t* **1** retirar; ***j-m etw ~*** privar a alg de a/c; ***j-m den Führerschein, das Wort ~*** retirar(le) a alg el carné de conducir, la palabra; **II** *v/r* **2** ***sich ~*** (+*dat*) retirarse (de), sustraerse (a)
Ent'ziehung *f* MED, **~skur** *f* cura *f* de desintoxicación; ***e-e ~ machen*** someterse a *od* hacer una cura de desintoxicación
ent'ziffer|n *v/t* ⟨*sin* ge⟩ descifrar; **≗ung** *f* desciframiento *m*, descifre *m*
ent'zücken *v/t* ⟨*sin* ge⟩ encantar, fascinar
Ent'zücken *n* ⟨-s⟩ fascinación *f* (***über*** +*acus* por)
ent'zückend *adjt* encantador
ent'zückt *adjt* fascinado (***über*** +*acus*, ***von*** con), encantado (***über*** +*acus*, ***von*** con, de)
Ent'zug *m* ⟨-(e)s⟩ **1** *des Führerscheins usw* privación *f*; **2** MED cura *f* de desintoxicación; **~serscheinungen** *pl* MED síndrome *m* de abstinencia, síntomas *m/pl* de supresión
ent'zünden ⟨*sin* ge⟩ **I** *v/t* **1** *Kerze, Feuer* encender, prender; **II** *v/r* **2** ***sich ~*** CHEM, TEC, MED inflamarse; **3** *fig* ***sich ~*** (***an*** +*dat*) originarse (por)
ent'zünd|et *adjt* MED inflamado; **~lich** *adj* MED inflamatorio; **≗ung** *f* MED inflamación *f*; **~ungshemmend** *adjt* MED antiinflamatorio
ent'zwei *adj* partido, roto, deshecho, destrozado; **~brechen** ⟨*irr, sep*⟩ **I** *v/t* ⟨h⟩ partir, romper; **II** *v/i* ⟨sn⟩ partirse, romperse
ent'zwei|en ⟨*sin* ge⟩ **I** *v/t Freunde* enemistar, desunir; **II** *v/r* ***sich ~*** enemistarse (***mit*** con); **~gehen** *v/i* ⟨*irr, sep*, sn⟩ romperse, hacerse pedazos
'Enzian *m* ⟨-s; -e⟩ BOT genciana *f*
Enzyklo|pädie [ɛntsyklopɛ'diː] *f* enciclopedia *f*; **≗pädisch** [-'pɛːdɪʃ] *adj* enciclopédico
Enzym [ɛn'tsyːm] *n* ⟨-s; -e⟩ enzima *m, f*
Epen ['eːpən] *pl* → ***Epos***
Epidemie [epide'miː] *f* epidemia *f*
epidemisch [epi'deːmɪʃ] *adj* epidémico
Epik ['eːpɪk] *f* ⟨-⟩ (poesía *f*) épica *f*
'Epiker *m* poeta *m* épico
Epilepsie [epilɛp'siː] *f* MED epilepsia *f*
Epilept|iker(in) [epi'lɛptɪkər(ɪn)] *m*, (*f*) epiléptico, -a *m,f*; **≗isch** *adj* epiléptico
Epilog [epi'loːk] *m* ⟨-s; -e⟩ epílogo *m*
episch ['eːpɪʃ] *adj* épico
Episode [epi'zoːdə] *f* episodio *m*
Epoche [e'pɔxə] *f* época *f*; **~ *machend*** que hace época
Epos ['eːpɔs] *n* ⟨-; Epen⟩ epopeya *f*, poema *m* épico
er [eːr] *pr/pers* él; ***~ ist es!*** es él
Er *m* ⟨-; -s⟩ F ***es ist ein ~*** es macho
Er'achten [ɛr-] *n* ***meines ~s*** en mi opinión, a mi juicio
er'arbeiten *v/t* ⟨*sin* ge⟩ desarrollar, compilar; ***sich*** (*dat*) ***etw ~*** conseguir a/c (*con esfuerzo*); *Wissen* adquirir
'Erbanlage ['ɛrpˀ-] *f* BIOL carácter *m* hereditario
erbarmen [ɛr'barmən] *geh* ⟨*sin* ge⟩ **I** *v/t* ***j-n ~*** dar lástima *od* pena a alg; **II** *v/r* ***sich*** (***j-s, e-r Sache***) **~** compadecerse (de alg, de a/c)
Er'barmen *n* ⟨-s⟩ compasión *f*, lástima *f*; ***~ haben mit*** tener compasión de
erbärmlich [ɛr'bɛrmlɪç] **I** *adj* **1** (*kläglich*) lamentable; (*jämmerlich*) miserable; **2** F *fig Angst usw* espantoso; **II** F *adv fig* F terriblemente; ***~ frieren*** helarse; ***~ wenig*** muy poco
Er'bärmlichkeit *f* ⟨-⟩ miseria *f*
er'barmungslos **I** *adj* despiadado; **II** *adv* sin piedad, sin compasión
er'bauen ⟨*sin* ge⟩ **I** *v/t* **1** construir, levantar; **2** *fig* ***von etw nicht erbaut sein*** no estar muy entusiasmado con a/c; **II** *geh v/r* **3** *fig* ***sich ~ an*** (+*dat*) edificarse con, cultivarse con
Er'bau|er *m* constructor *m*; **≗lich** *adj* edificante; **~ung** *f* ⟨-⟩ construcción *f*, *a fig* edificación *f*
'erbberechtigt *adjt* con derecho a la sucesión
Erbe[1] ['ɛrbə] *m* ⟨-n; -n⟩ heredero *m*; ***j-n zum ~n einsetzen*** nombrar heredero a alg, instituir por heredero a alg
'Erbe[2] *n* ⟨-s⟩ herencia *f*
'erben *v/t* heredar (***von*** de)
er'betteln *v/t* ⟨*sin* ge⟩ mendigar; (***sich*** *dat*) ***etw ~*** (***von***) conseguir a/c (de) (*pidiéndola con insistencia*)
er'beuten *v/t* ⟨*sin* ge⟩ apresar, capturar
'Erb|folge *f* sucesión *f*; **~gut** *n* BIOL patrimonio *m* genético, genotipo *m*
Erbin ['ɛrbɪn] *f* heredera *f*; → ***Erbe***[1]
erbitten *v/t* ⟨erbat, erbeten⟩ solicitar, pedir
er'bittern *v/t* ⟨*sin* ge⟩ irritar, exasperar
er'bittert **I** *adjt* **1** *Kampf* encarnizado; *Widerstand* acérrimo; **2** *Person* irritado, exasperado (***über*** +*acus* por, con); **II** *advl* ***~ kämpfen*** luchar encarnizadamente
Er'bitterung *f* ⟨-⟩ **1** (*Groll*) rencor *m*; **2** (*Verärgerung*) irritación *f*; exasperación *f*
'Erbkrankheit *f* enfermedad *f* hereditaria
er'blassen *geh v/i* ⟨*sin* ge, sn⟩ palidecer, ponerse pálido (***vor*** +*dat* de)

Erblasser(in) ['ɛrplasər(ɪn)] *m(f)* JUR testador, a *m,f*
er'bleichen *geh v/i* ⟨*sin* ge, sn⟩ palidecer, ponerse pálido
erblich ['ɛrplɪç] *adj* hereditario; ~ ***belastet sein*** MED tener una tara hereditaria
er'blicken *geh v/t* ⟨*sin* ge⟩ ver, divisar
er'blind|en *geh v/i* ⟨*sin* ge, sn⟩ perder la vista, quedarse ciego; **ℒung** *f* pérdida *f* de la vista, ceguera *f*
'Erb|masse *f* **1** JUR (bienes *m/pl* de la) herencia *f*; **2** BIOL genotipo *m*; **~onkel** F *m* tío *m od* pariente *m* rico
er'bosen *geh v/t* ⟨*sin* ge⟩ enojar, irritar, exasperar
er'brechen ⟨erbricht, erbrach, erbrochen⟩ **I** *v/t* abrir, forzar; **II** *v/i, v/r* (***sich***) ~ vomitar
Er'brechen *n* ⟨-s⟩ vómito *m*; F *fig* ***bis zum*** ~ hasta la saciedad
'Erbrecht *n* JUR derecho *m* sucesorio
er'bringen *v/t* ⟨*irr, sin* ge⟩ *Beweis* aducir; *Geld, Gewinn* rentar, rendir, producir
'Erbschaft *f* herencia *f*; ***e-e*** ~ ***machen*** heredar
'Erb|schaftssteuer *f* impuesto *m* sobre sucesiones; **~schein** *m* certificado *m* de heredero; **~schleicher(in)** *m(f)* captador, a *m,f* de herencias, heredípeta *m,f*
Erbse ['ɛrpsə] *f* guisante *m*; *Am* arveja *f*
'Erb|stück *n* objeto *m* heredado; **~sünde** *f* REL pecado *m* original; **~tante** F *f* tía *f od* parienta *f* rica; **~teil** *n* cuota *f* hereditaria
Erd|achse ['eːrt-] *f* ⟨-⟩ eje *m* terrestre; **~apfel** *m bsd österr* patata *f*; *Am* papa *f*; **~atmosphäre** *f* ⟨-⟩ atmósfera *f* terrestre; **~ball** *m* ⟨-(e)s⟩ globo *m* terráqueo; **~beben** *n* ⟨-s; -⟩ terremoto *m*, temblor *m* de tierra; **~beere** *f* fresa *f*; *Am* frutilla *f*; **~bevölkerung** *f* población *f* de la tierra
'Erdboden *m* ⟨-s⟩ suelo *m*, terreno *m*; ***dem*** ~ ***gleichmachen*** arrasar; ***wie vom*** ~ ***verschluckt*** como si se lo hubiera tragado la tierra
Erde ['eːrdə] *f* ⟨-⟩ **1** (*Planet*) Tierra *f*; ***auf der*** ~ en *od* sobre la Tierra; **2** (*Erdboden*) suelo *m*; (*Erdreich*) tierra *f*; ***unter der*** ~ bajo tierra; **3** EL (toma *f* de) tierra *f*
'erden *v/t* ⟨-e-⟩ EL conectar a tierra
erdenklich [ɛr'dɛŋklɪç] *adj* imaginable
'Erd|gas *n* gas *m* natural; **~geschichte** *f* ⟨-⟩ geología *f*
'Erd|geschoss *n*, *österr* **~geschoß** *n* piso *m* bajo, planta *f* baja
erdig ['eːrdɪç] *adj* terroso, térreo; *Geruch, Geschmack* a tierra
'Erd|innere(s) *n* ⟨→ A⟩ interior *m* de la tierra; **~kruste** *f* ⟨-⟩ corteza *f* terrestre; **~kugel** *f* ⟨-⟩ globo *m* terráqueo; **~kunde** *f* ⟨-⟩ geografía *f*; **~nuss** *f* cacahuete *m*; *Am* maní *m*; **~oberfläche** *f* ⟨-⟩ superficie *f* terrestre
'Erdöl *n* petróleo *m*; ~ ***exportierende Länder*** países *m/pl* exportadores de petróleo
'Erdöl|... *in Zssgn auch* → ***Öl...***; **~feld** *n* campo *m* petrolífero; **ℒhaltig** *adj* petrolífero; **~gewinnung** *f* producción *f* de petróleo; **~raffinerie** *f* refinería *f* de petróleo; **~vorkommen** *n* yacimiento *m* de petróleo
er'dolchen *geh v/t* ⟨*sin* ge⟩ apuñalar
'Erdreich *n* ⟨-(e)s⟩ tierra *f*, suelo *m*
er'dreisten *geh v/r* ⟨*sin* ge⟩ ***sich*** ~ (***zu*** +*inf*) atreverse (a +*inf*), tener la osadía (de +*inf*)
er'drosseln *v/t* ⟨*sin* ge⟩ estrangular
er'drück|en *v/t* ⟨*sin* ge⟩ aplastar; **~end** *adjt* aplastante; *Beweis* contundente
'Erd|rutsch *m* corrimiento *m* de tierras; **~schicht** *f* capa *f* de tierra; **~stoß** *m* temblor *m* de tierra; sacudida *f* sísmica; **~teil** *m* continente *m*
er'dulden *v/t* ⟨*sin* ge⟩ aguantar, soportar; *Leid* sufrir
'Erd|umdrehung *f* rotación *f* de la tierra; **~umfang** *m* ⟨-s⟩ circunferencia *f* de la tierra; **~umkreisung** *f* orbitación *f* terrestre; **~umlaufbahn** *f* órbita *f* terrestre
'Erdung *f* EL toma *f* de tierra
er'eifern *v/r* ⟨*sin* ge⟩ ***sich*** ~ (***über*** +*acus*) acalorarse (con), apasionarse (por)
er'eignen *v/r* ⟨*sin* ge⟩ ***sich*** ~ suceder, acontecer
Er'eignis *n* ⟨-ses; -se⟩ suceso *m*, acontecimiento *m*; ***freudiges*** ~ (*Geburt*) feliz acontecimiento *m*
er'eignis|los *adj* sin incidentes; **~reich** *adj* accidentado, rico en acontecimientos
er'eilen *geh v/t* ⟨*sin* ge⟩ *Tod, Schicksal* ***j-n*** ~ alcanzar a alg, sorprender a alg
Erektion [erɛktsi'oːn] *f* erección *f*
Eremit [ere'miːt] *m* ⟨-en; -en⟩ eremita *m*, ermitaño *m*
er'erbt *adjt* hereditario
er'fahren[1] ⟨erfährt, erfuhr, erfahren⟩ **I** *v/t* **1** enterarse de, saber; **2** (*erleben*) experimentar; *Leid* sufrir; **II** *v/i* **3** ***von etw*** ~ tener noticia de a/c, enterarse de a/c
er'fahren[2] *adjt* experimentado; ~ ***sein in*** (+*dat*) ser experto en, ser versado en
Er'fahrung *f* experiencia *f*; (*Übung*) práctica *f*; ***aus*** (***eigener***) ~ por (propia) experiencia; ***durch*** ~ ***klug werden*** escarmentar; ~ ***haben*** tener práctica; ***~en machen*** adquirir experiencia; ***mit etw gute ~en machen*** obtener buenos resultados de a/c; ***die*** ~ ***machen, dass ...*** darse cuenta de que ... (*mediante la experiencia*); ***~en sammeln*** reunir experiencia; ***in*** ~ ***bringen*** enterarse de, averiguar

E

E

Er'fahrungs|austausch *m* intercambio *m* de experiencias; **≗gemäß** *adv* según muestra la experiencia

er'fassen *v/t* ⟨*sin* ge⟩ **1** arrastrar; ***von e-m Auto erfasst werden*** ser atropellado por un coche; ***Furcht erfasste sie*** el miedo se adueñó de ella; **2** *Daten* registrar, fichar; INFORM *Text* introducir; ***steuerlich ~*** registrar a efectos fiscales; ***zahlenmäßig ~*** expresar en términos numéricos; **3** (*einbeziehen*) incluir, considerar; **4** (*begreifen*) comprender, captar; F ***du hasts erfasst!*** F ¡lo has cogido!

Er'fassung *f a von Daten*, INFORM registro *m*; MIL alistamiento *m*

er'finden *v/t* ⟨erfand, erfunden⟩ inventar, imaginar

Er'finder|(in) *m(f)* inventor, a *m,f*; **~geist** *m* ⟨-(e)s⟩ inventiva *f*, ingenio *m*; **≗isch** *adj* ingenioso

Er'findung *f* invento *m*, invención *f*; **~sgabe** *f* inventiva *f*

Erfolg [ɛr'fɔlk] *m* ⟨-(e)s; -e⟩ éxito *m*; (*Ergebnis*) resultado *m*, consecuencia *f*; ***viel ~!*** ¡suerte!; ***~ haben*** tener éxito; ***keinen ~ haben*** no tener éxito, fracasar; ***~ versprechend*** prometedor; ***es war ein großer*** (*od* ***voller***) **~** fue un éxito completo; ***mit dem ~, dass ...*** con el efecto de que ...

er'folgen *v/i* ⟨*sin* ge, sn⟩ **1** (*geschehen*) suceder, acontecer; **2** (*stattfinden*) tener lugar; *Zahlung* efectuarse

er'folg|los I *adj* ineficaz; **II** *adv* sin resultado; (*ohne positives Ergebnis*) sin éxito; **≗losigkeit** *f* ⟨-⟩ fracaso *m*; **~reich I** *adj* eficaz; *Person* afortunado; **II** *adv* con éxito

Er'folgs|aussichten *pl* perspectivas *f/pl* de éxito; **~beteiligung** *f* participación *f* en el éxito; **~bilanz** *f allg* balance *m* de resultados; ECON cuenta *f* de beneficios y pérdidas; **~chance** *f* posibilidades *f/pl* de éxito; **~erlebnis** *n* (sensación *f* de) éxito *m*; **~honorar** *n* honorario *m* dependiente del éxito; *bsd* JUR cuota *f* litis

Er'folgskurs *m* ***auf ~ sein*** estar encaminado al éxito

Er'folgsrezept *n* receta *f* de éxito

Er'folgszwang *m* ***unter ~ stehen*** encontrarse obligado a tener éxito

er'forderlich *adj* preciso, necesario, requerido; ***unbedingt ~*** imprescindible

er'fordern *v/t* ⟨*sin* ge⟩ requerir, exigir

Erfordernis [ɛr'fɔrdərnɪs] *n* ⟨-ses; -se⟩ requisito *m*, exigencia *f*

er'forsch|en *v/t* ⟨*sin* ge⟩ investigar, indagar; **≗er(in)** *m(f)* investigador, a *m,f*; explorador, a *m,f*; **≗ung** *f* investigación *f*, exploración *f*

er'fragen *v/t* ⟨*sin* ge⟩ preguntar por, informarse de *od* sobre

er'freuen ⟨*sin* ge⟩ **I** *v/t* alegrar, regocijar; ***erfreut sein über*** (+*acus*) alegrarse de; **II** *v/r* ***sich ~*** (+*dat*) alegrarse de; ***sich e-r Sache*** (*gen*) **~** gozar *od* disfrutar de a/c

er'freulich *adj* agradable, grato; **~erweise** *adv* afortunadamente, por suerte

er'frieren ⟨erfror, erfroren⟩ **I** *v/i* ⟨sn⟩ helarse, congelarse; *Mensch*, *Tier* morirse de frío; ***ihm ist ein Finger erfroren*** se le ha congelado un dedo; **II** *v/t* ⟨h⟩ ***sie hat sich*** (*dat*) ***die Ohren erfroren*** se le han helado las orejas

Er'frierung *f* MED congelación *f*

er'frisch|en *v/t*, *v/r* ⟨*sin* ge⟩ (***sich***) **~** refrescar(se); **~end** *adjt a fig* refrescante, reanimador; **≗ung** *f* refresco *m*

Er'frischungs|getränk *n* refresco *m*; **~raum** *m* cantina *f*, bar *m*; **~tuch** *n* toallita *f* refrescante

er'füllen ⟨*sin* ge⟩ **I** *v/t* **1** llenar (***mit*** con); ***ein erfülltes Leben*** una vida plena; **2** cumplir; *Wunsch*, *Erwartungen* corresponder a, satisfacer; ***s-n Zweck ~*** cumplir (con) su función; **II** *v/r* **3** ***sich ~*** realizarse, cumplirse

Er'füllung *f* cumplimiento *m*, realización *f*; *geistige* satisfacción *f*; ***in ~ gehen*** cumplirse

Er'füllungsort *m* ECON, JUR lugar *m* de cumplimiento; ***~ der Lieferung*** lugar *m* de suministro

erfunden [ɛr'fʊndən] *adjt* inventado

ergänzen [ɛr'gɛntsən] ⟨*sin* ge⟩ **I** *v/t* **1** completar, complementar; **2** (*hinzufügen*) añadir; ***laufend ~*** poner al día; **II** *v/r* **3** ***sich*** (*od* ***einander***) **~** complementarse

Er'gänzung *f* **1** complemento *m*; **2** (*Zusatz*) adición *f*; **~sband** *m* ⟨-(e)s; -bände⟩ suplemento *m*

er'gattern F *v/t* ⟨*sin* ge⟩ F pescar, atrapar

er'geben[1] ⟨ergibt, ergab, ergeben⟩ **I** *v/t* **1** (*als Folge haben*) dar (como *od* por resultado); **2** *Ertrag* producir; **3** (*zeigen*) demostrar, revelar; **II** *v/r* ***sich ~*** **4** MIL, *fig* entregarse, rendirse; ***sich in sein Schicksal ~*** rendirse a *od* ante su destino; **5** *e-m Laster usw* entregarse a, darse a; **6** (*die Folge sein*) resultar; *Schwierigkeiten usw* surgir; ***sich ~ aus*** resultar de; ***es hat sich so ~*** se ha dado así

er'geben[2] *adjt* afecto, leal (+*dat* a); (*unterwürfig*) devoto, sumiso; (*resignierend*) resignado; **≗heit** *f* ⟨-⟩ devoción *f*, lealtad *f*

Ergebnis [ɛr'geːpnɪs] *n* ⟨-ses; -se⟩ resultado *m*; ***außerordentliches ~*** resultado *m* extraordinario

er'gebnislos *adj* sin fruto; ***~ bleiben*** (*od* ***verlaufen***) no dar resultado

er'gehen ⟨erging, ergangen⟩ **I** *geh v/i* ⟨sn⟩

1 *Einladung* ser enviado (**an** +*acus* a); *Befehl* darse; JUR *Urteil* publicarse; **2 etw über sich ~ lassen** soportar (con paciencia) a/c; **II** *v/r* ⟨h⟩ **3 sich ~** extenderse (**über** +*acus* sobre; **in** +*dat* en); **III** *v/imp* ⟨sn⟩ **4 es ergeht j-m schlecht** alg lo está pasando mal; **wie ist es dir ergangen?** ¿cómo te ha ido?

ergiebig [ɛrˈgiːbɪç] *adj* productivo, lucrativo; **sehr ~ sein** rendir mucho

er'gießen *v/r* ⟨*irr, sin* ge⟩ **sich ~** derramarse (**in** +*acus* en; **über** +*acus* sobre); *Fluss* desembocar (**in** +*acus* en)

Ergo|nomie [ɛrgonoˈmiː] *f* ⟨-⟩ ergonomía *f*; **♀'nomisch** *adj* ergonómico

ergötzen [ɛrˈgœtsən] *v/r* ⟨*sin* ge⟩ **sich ~** (**an** +*dat*) deleitarse (con)

er'grauen *v/i* ⟨*sin* ge, sn⟩ encanecer

er'greifen *v/t* ⟨ergriff, ergriffen⟩ **1** *Gegenstand* coger, agarrar, tomar; *Verbrecher* capturar; **2** *fig Maßnahme* tomar; *Gelegenheit* aprovechar; *Beruf* abrazar, seguir; **die Flucht ~** darse a la fuga; **das Wort ~** tomar la palabra; **3** *seelisch* **j-n ~** conmover a alg, emocionar a alg; **Angst ergriff sie** el miedo se apoderó de ella

er'greifend *adjt* conmovedor, emocionante

ergriffen [ɛrˈgrɪfən] *adjt* emocionado, conmovido; **♀heit** *f* ⟨-⟩ emoción *f*

er'gründen *v/t* ⟨*sin* ge⟩ ahondar en, sondear; *Geheimnis* indagar

Er'guss *m* **1** MED derrame *m*; (*Samen♀*) eyaculación *f*; **2** *fig* efusión *f*

er'haben *adj* **1** TEC en relieve; **2** *fig Gefühl, Stil* sublime; **3 ~ sein über** (+*acus*) estar por encima de; **♀heit** *f* ⟨-⟩ elevación *f*, sublimidad *f*

Er'halt *f* ⟨-(e)s⟩ **1** (*Empfang*) recibo *m*, recepción *f*; **den ~ bestätigen** acusar recibo (**von** de); **2** (*Erhaltung*) conservación *f*, mantenimiento *m*

er'halten[1] *v/t* ⟨erhält, erhielt, erhalten⟩ **1** (*bekommen*) recibir; *Geld* cobrar, percibir; **2** (*bewahren*) conservar, mantener; **j-n am Leben ~** mantener a alg con vida

er'halten[2] *adjt* **gut ~ sein** estar bien conservado; **~ bleiben** conservarse, mantenerse

erhältlich [ɛrˈhɛltlɪç] *adj* disponible, en venta; **schwer ~** difícil de conseguir

Er'haltung *f* ⟨-⟩ conservación *f*, mantenimiento *m*

er|'hängen *v/t, v/r* ⟨*sin* ge⟩ (**sich**) **~** ahorcar (-se); **~'härten** *v/t* ⟨*sin* ge⟩ *fig* corroborar, confirmar; **~'haschen** *v/t* ⟨*sin* ge⟩ atrapar, coger al vuelo

er'heben ⟨erhob, erhoben⟩ **I** *v/t* **1** (*hochheben*) levantar, alzar, elevar; **die Hand ~** (**gegen**) alzar la mano (contra); **2** *Stimme* levantar; **3** *fig* **Anklage ~** (**gegen**) acusar (a), formular acusación (contra); **Anspruch ~ auf** reclamar; **Protest ~** protestar (**gegen** contra); **4** *Steuern* cobrar, recaudar; **5** *Daten* recoger; **II** *v/r* **sich ~ 6** (*aufstehen*) levantarse, ponerse en pie; **7** *Berg, Gebäude* elevarse (**über** +*acus* sobre); **8** (*rebellieren*) rebelarse, sublevarse (**gegen** contra); **9** *Wind* levantarse; *Frage, Problem* plantearse; *Schwierigkeiten* surgir

er'hebend *adjt* sublime, emocionante

er'heblich I *adj* notable, considerable; **II** *adv* considerablemente; **~ besser** mucho mejor; **~ jünger** mucho más joven

Er'hebung *f* **1** *im Gelände* elevación *f*; **2** *von Steuern* recaudación *f*, cobro *m*; **3** *von Daten* sondeo *m*, encuesta *f*; **~en anstellen** (**über** +*acus*) recoger datos (sobre); **4** (*Rebellion*) insurrección *f*, levantamiento *m*

er'heiter|n *v/t* ⟨*sin* ge⟩ divertir; **♀ung** *f* ⟨-⟩ diversión *f*

er'hellen ⟨*sin* ge⟩ **I** *v/t* iluminar; *fig* aclarar; **II** *v/r* **sich ~** (*Himmel*) despejarse

er'hitzen ⟨*sin* ge⟩ **I** *v/t* calentar, caldear; *fig* **die Gemüter ~** encender pasiones; **II** *v/r* **sich ~** calentarse; *fig* acalorarse, apasionarse

er'hoffen *v/t* ⟨*sin* ge⟩ (**sich** *dat*) **etw ~** esperar a/c (**von** de)

erhöhen [ɛrˈhøːən] ⟨*sin* ge⟩ **I** *v/t* **1** BAU elevar; **2** (*steigern*) subir, aumentar (**auf** +*acus* a; **um** en); **erhöhte Temperatur haben** tener unas décimas de fiebre; **II** *v/r* **3 sich ~** aumentar (**auf** +*acus* a; **um** en)

Er'höhung *f* **1** elevación *f*; **2** (*Preis♀, Lohn♀*) aumento *m*, subida *f*

er'holen *v/r* ⟨*sin* ge⟩ **sich ~** (**von**) descansar (de), recuperarse (de) (*a* ECON)

er'holsam *adj* tranquilo, reposado

Er'holung *f* ⟨-⟩ **1** reposo *m*, descanso *m* (**von** de); **2** ECON, MED recuperación *f*

er'holungs|bedürftig *adj* necesitado de reposo; **♀gebiet** *n* zona *f* de recreo; **♀phase** *f* fase *f* de recuperación; **♀urlaub** *m* vacaciones *f/pl* de reposo; **♀wert** *m* valor *m* recreativo; **♀zentrum** *n* centro *m* de recreo

er'hören *v/t* ⟨*sin* ge⟩ atender a, corresponder a

Erika [ˈeːrika] *f* BOT brezo *m*, erica *f*

er'innern ⟨*sin* ge⟩ **I** *v/t* **j-n ~** (**an j-n** *od* **etw**) recordar(le) (alg *od* a/c) a alg; **j-n daran ~, dass** recordar(le) a alg que …; **II** *v/r* **sich ~** (**an** +*acus*) acordarse (de), recordar; **wenn ich mich recht erinnere** si recuerdo bien; **III** *v/i* **~ an** (+*acus*) recordar

Er'innerung *f* recuerdo *m* (**an** +*acus* de); (*Gedächtnis*) memoria *f*; (*Mahnung*) recordatorio *m*; **noch gut in ~ haben** recordar bien; **zur ~ an** en memoria de

E

Er'innerungs|brief *m*, **~schreiben** *n* carta *f* recordatoria, recordatorio *m*; **~vermögen** *n* memoria *f*; **~wert** *m* valor *m* sentimental
er'kalten *v/i* ⟨*sin* ge, sn⟩ enfriarse
er'kälten *v/r* ⟨*sin* ge⟩ ***sich ~*** resfriarse, constiparse; (***stark***) ***erkältet sein*** tener un (fuerte) resfriado
Er'kältung *f* resfriado *m*, constipado *m*
er'kämpfen *v/t* ⟨*sin* ge⟩ conseguir (*luchando*); ***sich*** (*dat*) ***etw hart ~ müssen*** tener que luchar mucho para conseguir a/c
er'kaufen *v/t* ⟨*sin* ge⟩ pagar por; comprar; ***etw teuer ~ müssen*** tener que pagar mucho por a/c
er'kennbar *adj* **1** (*wieder~*) reconocible; **2** (*wahrnehmbar*) perceptible
er'kennen ⟨erkannte, erkannt⟩ **I** *v/t* **1** identificar (***an*** +*dat* en), reconocer (***an*** +*dat* en, por); F MED diagnosticar, detectar; ***sich zu ~ geben*** darse a conocer; **2** (*wahrnehmen*) ver, distinguir; ***~ lassen*** mostrar; **3** (*einsehen*) darse cuenta de, reconocer; **4** JUR ***j-n für schuldig ~*** declarar culpable a alg; **II** *v/i* **5** JUR ***~ auf*** (+*acus*) condenar a; ***auf Freispruch ~*** absolver
er'kenntlich *adj* ***sich*** (***j-m***) ***~ zeigen*** mostrarse agradecido (a alg)
Er'kenntnis *f* ⟨-; -se⟩ conocimiento *m*, entendimiento *m*; ***neueste ~se der Wissenschaft*** los últimos avances de la ciencia; ***zu der ~ gelangen, dass ...*** llegar a la conclusión de que ...
Er'kennung *f* ⟨-⟩ reconocimiento *m*
Er'kennungs|dienst *m* servicio *m* de identificación; **~melodie** *f* sintonía *f*; **~zeichen** *n* contraseña *f*
Erker ['ɛrkər] *m* ARCH mirador *m*, salidizo *m*; **~fenster** *n* ventana *f* del mirador
er'klärbar *adj* explicable
er'klären ⟨*sin* ge⟩ **I** *v/t* **1** (*erläutern*) explicar, aclarar; ***j-m etw ~*** explicar(le) a/c a alg; ***ich kann es mir nicht ~*** no puedo explicármelo; **2** (*offiziell mitteilen*) declarar; *Rücktritt* presentar; JUR ***j-n für schuldig, tot ~*** declarar culpable, muerto a alg; **II** *v/r* **3** ***sich für, gegen etw ~*** declararse a favor, en contra de a/c; ***sich einverstanden ~*** manifestarse de acuerdo (***mit*** con)
er'klär|end *adjt* explicativo; **~lich** *adj* explicable; (*verständlich*) comprensible
er'klärt *adjt Gegner* declarado
Er'klärung *f* **1** explicación *f* (***für*** de, para); ***zur ~*** como explicación; **2** (*Mitteilung*) declaración *f*; ***e-e ~ abgeben*** (***zu***) hacer una declaración (sobre)
er|'klettern *v/t* ⟨*sin* ge⟩ escalar, trepar a, subir a; **~'klingen** *v/i* ⟨erklang, erklungen, sn⟩ (re)sonar
er'kranken *v/i* ⟨*sin* ge, sn⟩ caer enfermo, enfermar (***an*** +*dat* de); ***erkrankt sein*** estar enfermo (***an*** +*dat* de)
Er'krankung *f* enfermedad *f*
er'kunden *v/t* ⟨*sin* ge⟩ MIL explorar, reconocer
er'kundigen *v/r* ⟨*sin* ge⟩ ***sich ~*** informarse (***nach, über*** +*acus* sobre); ***sich*** (***bei j-m***) ***nach dem Weg ~*** preguntar (a alg) por el camino; ***sich nach j-m*** *od* ***nach j-s Befinden ~*** interesarse por la salud de alg
Er'kundigung *f* información *f*, informe *m*; ***~en einziehen*** recoger información (***über*** +*acus* sobre)
Er'kundung *f* MIL exploración *m*, reconocimiento *m*
er|'lahmen *v/i* ⟨*sin* ge, sn⟩ **1** cansarse; **2** *fig* decaer, disminuir; **~'langen** *v/t* ⟨*sin* ge⟩ obtener, conseguir, lograr
Erlass [ɛr'las] *m* ⟨-es; -e⟩ **1** (*Befreiung*) exención *f*, dispensa *f*; *e-r Strafe* remisión *f*; *von Schulden* condonación *f*; **2** (*Verordnung*) decreto *m*, edicto *m*; *e-s Gesetzes* promulgación *f*
er'lassen *v/t* ⟨erlässt, erließ, erlassen⟩ **1** (*bekannt machen*) publicar, dictar, promulgar; **2** *Strafe* perdonar, indultar; *Schulden* condonar; ***j-m etw ~*** eximir a alg de a/c
erlauben [ɛr'laubən] *v/t* ⟨*sin* ge⟩ **1** permitir, autorizar; ***j-m etw ~*** permitirle a/c a alg; ***j-m ~, etw zu tun*** permitirle a alg que haga a/c, permitirle a alg hacer a/c; **2** ***sich*** (*dat*) ***etw ~*** (*gönnen*) permitirse a/c; ***er kann sich das ~*** (*leisten*) él puede permitírselo; ***sich ~ zu*** (+*inf*) permitirse (+*inf*); **3** ***sich ~ zu*** (+*inf*) (*es wagen*) tomarse la libertad de (+*inf*); ***~ Sie mal!*** ¿cómo se atreve?
Erlaubnis [ɛr'laupnɪs] *f* ⟨-⟩ permiso *m*; *offizielle* autorización *f*; ***j-n um ~ bitten*** pedir (-le) permiso a alg (***etw zu tun*** para hacer a/c)
er'läuter|n *v/t* ⟨*sin* ge⟩ aclarar, explicar; *durch Beispiele* ejemplificar; **2ung** *f* aclaración *f*, explicación *f*
Erle ['ɛrlə] *f* BOT aliso *m*
er'leben *v/t* ⟨*sin* ge⟩ **1** presenciar, vivir; (*erfahren*) experimentar; ***ich habe es oft erlebt***(***, dass ...***) ya me ha pasado muchas veces (que ...); ***wir werden es ja ~!*** ¡ya veremos!; **2** *Freude* tener, experimentar; *Überraschung* llevarse
Er'lebensfall *m Versicherung* ***im ~*** en caso de supervivencia *od* de vida; **~versicherung** *f* seguro *m* de vida para caso de supervivencia, seguro *m* en caso de vida
Erlebnis [ɛr'leːpnɪs] *n* ⟨-ses; -se⟩ vivencia *f*, experiencia *f*; (*Ereignis*) acontecimiento *m*; (*Abenteuer*) aventura *f*; **~park** *m* parque *m* de atracciones
er'ledigen ⟨*sin* ge⟩ **I** *v/t* **1** *Arbeit, Aufgabe*

hacer; acabar, terminar; *Angelegenheit* resolver; ***würden Sie das für mich ~?*** ¿puede arreglarlo Ud. por mí?; **2** F ***j-n ~*** (*ruinieren*) F acabar con alg; (*töten*) F liquidar a alg, cargarse a alg; **II** *v/r* **3** ***sich*** (***von selbst***) ~ arreglarse (solo)

er'ledigt *adjt* **1** *Sache* arreglado, resuelto; (*beendet*) terminado, acabado; ***das wäre ~!*** ¡terminado!, ¡resuelto!; **2** F (*erschöpft*) F hecho polvo; (*ruiniert*) F acabado; F ***er ist für mich ~!*** ¡no quiero saber nada más de él!

Er'ledigung *f* **1** tramitación *f*, gestión *f*; **2** (*Besorgung*) recado *m*; (*Einkauf*) compra *f*

er'legen *v/t* ⟨*sin* ge⟩ *Tier* matar

er'leichtern *v/t* ⟨*sin* ge⟩ aligerar, aliviar; *Arbeit* facilitar; *seelisch* tranquilizar; ***sein Gewissen ~*** desahogarse; F ***j-n um etw ~*** F mangarle a/c a alg

er'leichtert I *adjt* aliviado (***über*** +*acus* de); **II** *advl* ~ ***aufatmen*** dar un suspiro de alivio

Er'leichterung *f* **1** facilitación *f*; ECON facilidades *f/pl*; **2** *seelisch* alivio *m*, desahogo *m* (***über*** +*acus* de); ***zu meiner ~*** para alivio mío

er'leiden *v/t* ⟨erlitt, erlitten⟩ *Schmerz*, *Verlust usw* sufrir, experimentar

er'lernen *v/t* ⟨*sin* ge⟩ aprender

er'lesen *geh adjt* selecto

er'leucht|en *v/t* ⟨*sin* ge⟩ alumbrar; *a fig* iluminar; **≗ung** *f* **1** iluminación *f*; **2** *fig* inspiración *f*

er'liegen *v/i* ⟨erlag, erlegen, sn⟩ *der Versuchung* sucumbir; *e-r Krankheit* morirse de

Er'liegen *n* ⟨-s⟩ ***zum ~ kommen*** quedar paralizado, ***etw zum ~ bringen*** paralizar a/c

erlogen [ɛr'loːgən] *adjt* falso, inventado; ***das ist ~*** eso es mentira

Erlös [ɛr'løːs] *m* ⟨-es; -e⟩ beneficio *m*, producto *m*, ingresos *m/pl*

erloschen [ɛr'lɔʃən] *adjt Vulkan* extinguido

er'löschen *v/i* ⟨erlischt, erlosch, erloschen, sn⟩ **1** *Licht*, *a fig* apagarse; *Flamme*, *Vulkan* extinguirse; **2** *Vertrag*, *Anspruch* caducar, expirar

er'lösen *v/t* ⟨*sin* ge⟩ ***j-n ~*** (***von***) salvar a alg (de), liberar a alg (de); *fig* librar a alg (de); **2** REL redimir

er'lösend *adjt* ***das ~e Wort sprechen*** romper el hielo; ***ein ~es Gefühl*** una sensación de alivio

Er'lösung *f* **1** (*Erleichterung*) alivio *m*; (*Befreiung*) liberación *f*, salvación *f*; *aus Gefangenschaft usw* rescate *m*; **2** REL redención *f*

er'mächtig|en *v/t* ⟨*sin* ge⟩ ***j-n zu etw ~*** autorizar a alg para a/c, dar poderes a alg para a/c; **≗ung** *f* (*Befugnis*) autorización *f*; (*Vollmacht*) poder *m*

er'mahn|en *v/t* ⟨*sin* ge⟩ exhortar, amonestar; (*warnen*) ***j-n zur Vorsicht ~*** advertir(le) a alg que tenga cuidado; **≗ung** *f* exhortación *f*, amonestación *f*

Er'mangelung *geh f* ⟨-⟩ ***in ~*** (+*gen*) a falta de

er'mäßig|en ⟨*sin* ge⟩ **I** *v/t* reducir, rebajar; **II** *v/r* ***sich ~*** reducirse (***auf*** +*acus* a; ***um*** en); **≗ung** *f* (*Senkung*) reducción *f*; (*Preisnachlass*) rebaja *f*, descuento *m*

er'messen *v/t* ⟨ermisst, ermaß, ermessen⟩ juzgar, apreciar, considerar

Er'messen *n* ⟨-s⟩ juicio *m*, criterio *m*; ***in j-s ~ liegen*** quedar al criterio de alg; ***nach menschlichem ~*** según puede preverse (juzgarse)

Er'messens|frage *f* cuestión *f* discrecional; **~spielraum** *m* margen *m* de juicio

er'mitteln ⟨*sin* ge⟩ **I** *v/t* averiguar, indagar; *Täter* establecer; *Sieger* determinar; *durch Berechnung* calcular; **II** *v/i* ***gegen j-n ~*** (***wegen***) instruir (sumario) contra alg (por)

Er'mittler(in) *m(f)* agente *m,f*

Er'mittlung *f* **1** (*Erforschung*) averiguación *f*; *e-s Täters* establecimiento *m*; **2** JUR ***~en*** *pl* indagaciones *f/pl*, pesquisas *f/pl*; ***~en anstellen*** (***über*** +*acus*) hacer investigaciones (sobre), investigar

Er'mittlungs|ausschuss *m* comisión *f* investigadora; **~richter(in)** *m(f)* juez, a *m,f* instructor, a; **~verfahren** *n* JUR sumario *m*

er'möglichen *v/t* ⟨*sin* ge⟩ posibilitar, facilitar; ***j-m ~, etw zu tun*** darle a alg la posibilidad de hacer a/c

er'mord|en *v/t* ⟨*sin* ge⟩ asesinar; **≗ete(r)** *m(f)* ⟨→ A⟩ asesinado, -a *m,f*; **≗ung** *f* asesinato *m*

er'müd|en ⟨*sin* ge⟩ **I** *v/t* ⟨h⟩ cansar, fatigar; **II** *v/i* ⟨sn⟩ cansarse; *a* TEC fatigar(se); **~end** *adjt* cansado, fatigoso; **≗ung** *f* ⟨-⟩ cansancio *m*; *a* TEC fatiga *f*

er'munter|n *v/t* ⟨*sin* ge⟩ alentar, animar (***zu etw*** a a/c; ***etw zu tun*** a hacer a/c); **≗ung** *f* **1** animación *f*; estimulación *f*; **2** (*Anreiz*) estímulo *m*, incentivo *m*

er'mutig|en *v/t* ⟨*sin* ge⟩ alentar, animar (***zu etw*** a a/c; ***etw zu tun*** a hacer a/c); **~end** *adjt* alentador, estimulante

Er'mutigung *f* animación *f*, estímulo *m*

er'nähren ⟨*sin* ge⟩ **I** *v/t* nutrir, alimentar; *fig* sustentar; ***schlecht ernährt*** mal alimentado; **II** *v/r* ***sich ~*** (***von***) alimentarse (de)

Er'nähr|er(in) *m(f)* *el, la que sustenta la familia*; **~ung** *f* ⟨-⟩ **1** nutrición *f*, alimentación *f*; **2** (*Unterhalt*) sustento *m*; **~ungsweise** *f* régimen *m* alimenticio, dieta *f*

E

er'nennen *v/t* ⟨ernannte, ernannt⟩ designar, nombrar; ***j-n zum General ~*** nombrar a alg general
Er'nennung *f* designación *f* (***zu*** para), nombramiento *m* (***zu*** como, para)
er'neuerbar *adj* renovable, recuperable
er'neuer|n ⟨*sin* ge⟩ **I** *v/t* renovar, restaurar; (*auswechseln*) cambiar; **II** *v/r* ***sich ~*** renovarse; **2ung** *f* renovación *f*
er'neut I *adj* repetido, reiterado; **II** *adv* de nuevo, otra vez
er'niedrig|en ⟨*sin* ge⟩ **I** *v/t* (*demütigen*) rebajar, humillar; **II** *v/r* ***sich ~*** rebajarse, humillarse; **~end** *adjt* humillante; **2ung** *f* humillación *f*
ernst [ɛrnst] **I** *adj* serio, grave, formal; ***~e Musik*** música *f* seria; **II** *adv* en serio; ***j-n, etw ~ nehmen*** tomar a alg, a/c en serio; ***ich meine es ~*** lo digo en serio, voy en serio; ***das war nicht ~ gemeint!*** no iba en serio
Ernst *m* ⟨-es⟩ **1** seriedad *f*; ***~ machen mit etw*** poner a/c en práctica, realizar a/c; ***im ~?*** ¿en serio?; ***es ist mein voller ~*** lo digo completamente en serio; **2** (*Gefährlichkeit*) gravedad *f*; ***der ~ des Lebens*** el lado serio de la vida
'Ernstfall *m* emergencia *f*; ***im ~*** en caso de emergencia
'ernsthaft *adj* serio, grave
'ernstlich I *adj* serio, grave; **II** *adv* seriamente; ***~ krank*** enfermo de gravedad
Ernte ['ɛrntə] *f* cosecha *f*, recolección *f*; **~dankfest** *n* Día *m* de Acción de Gracias
'ernten *v/t*, *v/i* cosechar, recolectar, recoger; *fig Dank*, *Lob usw* recibir
'Erntezeit *f* época *f* de la cosecha
er'nüchter|n *v/t* ⟨*sin* ge⟩ desembriagar; *fig* desilusionar; **2ung** *f fig* desilusión *f*, desencanto *m*
Er'ob|erer *m* conquistador *m*; **2ern** *v/t* ⟨*sin* ge⟩ conquistar (*a fig*); **~erung** *f* conquista *f*
er'öffnen ⟨*sin* ge⟩ **I** *v/t* **1** abrir, inaugurar; *Konkurs* decretar; **2** MIL ***das Feuer ~*** abrir fuego; **3** *fig* ***j-m etw ~*** comunicar *od* hacer saber a/c a alg; **II** *v/i* **4** abrir; **III** *v/r* **5** *Möglichkeiten usw* ***sich ~*** abrirse
Er'öffnung *f* **1** apertura *f*, inauguración *f*; **2** (*Mitteilung*) comunicación *f*; **~sanzeige** *f* aviso *m* de apertura; **~sbilanz** *f* FIN balance *m* de apertura; **~skurs** *m* COM cotización *f* de apertura
erogen [ero'ge:n] *adj* erógeno
erörtern [ɛr'ʔœrtərn] *v/t* ⟨*sin* ge⟩ discutir, debatir
Er'örterung *f* discusión *f*, debate *m*
Erosion [erozi'o:n] *f* erosión *f*
Erot|ik [e'ro:tɪk] *f* ⟨-⟩ erotismo *m*; **2isch** *adj* erótico
Erpel [ɛr'pəl] *m* ⟨-s; -⟩ pato *m* (macho)
erpicht [ɛr'pɪçt] *adj* ***~ sein auf*** (+*acus*) estar ávido de
er'pressbar *adj* ***er ist ~*** se le puede chantajear
er'pressen *v/t* ⟨*sin* ge⟩ ***j-n ~*** chantajear a alg (***mit etw*** con a/c); ***etw von j-m ~*** extorsionar a/c a alg
Er'presser|(in) *m*(*f*) chantajista *m,f*, extorsionista *m,f*; **~brief** *m* carta *f* de chantaje
Er'pressung *f* chantaje *m*
er'proben *v/t* ⟨*sin* ge⟩ ensayar, probar (***an*** +*dat* en, con)
er'prob|t *adjt* **1** a toda prueba, seguro; **2** (*erfahren*) experimentado; **2ung** *f* prueba *f*, ensayo *m*
er'raten *v/t* ⟨errät, erriet, erraten⟩ adivinar, acertar
er'rechnen *v/t* ⟨*sin* ge⟩ calcular
er'regbar *adj* excitable, irritable; **2keit** *f* ⟨-⟩ excitabilidad *f*, irritabilidad *f*
er'regen ⟨*sin* ge⟩ **I** *v/t* **1** (*reizen*) excitar (*a sexuell*); (*verärgern*) irritar; **2** (*verursachen*) causar, provocar; *Interesse*, *Misstrauen* despertar; *Verdacht* inspirar; ***j-s Zorn ~*** irritar a alg; **II** *v/r* **3** ***sich ~*** (***über*** +*acus*) excitarse (con)
er'regend *adjt* excitante
Er'reger *m* MED agente *m* patógeno
er'regt *adjt* excitado; (*verärgert*) irritado
Er'regung *f* **1** (*Reizung*) excitación *f* (*a sexuell*); (*Aufregung*) agitación *f*; (*Verärgerung*) irritación *f*; **2** (*Verursachung*) suscitación *f*
er'reichbar *adj* **1** *Ort*, *Ziel* accesible, al alcance, asequible; (***zu Fuß***) ***leicht ~*** fácil de alcanzar (a pie); **2** *Person* ***er ist nie ~*** nunca está localizable
er'reichen *v/t* ⟨*sin* ge⟩ **1** *Ort*, *Ziel* llegar a; *Zug* alcanzar; ***leicht zu ~*** fácil de alcanzar; ***ein hohes Alter ~*** llegar a edad avanzada; **2** *Person* localizar; *Am* ubicar; ***j-n telefonisch ~*** localizar a alg por teléfono; **3** ***etw*** (***bei j-m***) ***~*** conseguir a/c (de alg)
er|'richten *v/t* ⟨*sin* ge⟩ **1** *Gebäude usw* erigir, levantar; **2** ECON (*gründen*) establecer, fundar; **~'ringen** *v/t* ⟨errang, errungen⟩ conseguir, ganar; **~'röten** *v/i* ⟨*sin* ge, sn⟩ ruborizarse, ponerse colorado (***vor*** +*dat* por)
Errungenschaft [ɛr'rʊŋənʃaft] *f* (*Erwerbung*) adquisición *f*; *fig* progreso *m*, avance *m*
Ersatz [ɛr'zats] *m* ⟨-es⟩ **1** (*Ersetzung*) sustitución *f*; *v Waren* re(e)mplazo *m*; ***als ~ für*** en sustitución de; **2** (*Gegenstand*) sustitutivo *m*; (*Produkt*) sucedáneo *m*; **3** (*Person*) sustituto, -a *m,f*; **4** (*Entschädigung*) compensación *f*, indemnización *f*; ***j-m ~***

leisten indemnizar a alg (***für*** por)
Er'satz|bank *f* SPORT banquillo *m*; **~befriedigung** *f* compensación *f*; **~dienst** *m* → ***Zivildienst***; **~lieferung** *f* suministro *m* de re(-e)mplazo; **≗los** *adv* sin sustituto; **~mann** *m* sustituto *m*, suplente *m*; **~reifen** *m* rueda *f* de repuesto; **~spieler(in)** *m(f)* SPORT reserva *m,f*, suplente *m,f*; **~teil** *n* (pieza *f* de) recambio *m*; **~teillager** *n* almacén *m* de piezas de recambio; **~teilliste** *f* lista *f* de recambios; **≗weise** *adv* como alternativa
er'saufen F *v/i* ⟨ersoff, ersoffen, sn⟩ ahogarse
ersäufen [ɛr'zɔʏfən] F *v/t* ⟨*sin* ge⟩ ahogar
er'schaff|en *v/t* ⟨erschuf, erschaffen⟩ crear; **≗ung** *f* ⟨-⟩ creación *f*
er'schallen *v/t* ⟨erschallte *od* erscholl, erschallt *od* erschollen; sn⟩ sonar, resonar; *Gelächter* estallar
er'scheinen ⟨erschien, erschienen, sn⟩ **I** *v/i* **1** (*sichtbar werden*) aparecer; *Gespenst* ***j-m ~*** aparecérsele a alg; JUR ***vor Gericht ~*** comparecer; ***persönlich ~*** personarse; **2** *Buch usw* publicarse, salir; ***erschienen bei*** *Verlag* publicado por; **II** *v/imp* **3** (*scheinen*) parecer; ***es erscheint*** (***mir***) ***ratsam*** (me) parece aconsejable
Er'scheinen *n* ⟨-s⟩ **1** aparición *f*; **2** *e-s Buches* publicación *f*, salida *f*; **3** (*Teilnahme*) asistencia *f* (***bei*** a)
Er'scheinung *f* **1** (*Natur≗*) fenómeno *m*; (*Vision*) visión *f*; (*Gespenst*) aparición *f*; ***in ~ treten*** manifestarse; **2** *äußere* apariencia *f*, aspecto *m*; (*Persönlichkeit*) figura *f*
Er'scheinungs|bild *n* aspecto *m*, imagen *f*; **~datum** *n* fecha *f* de publicación; **~jahr** *n* año *m* de publicación; **~ort** *m* lugar *m* de publicación
er'schieß|en ⟨erschoss, erschossen⟩ **I** *v/t* matar a tiros; (*hinrichten*) fusilar; **II** *v/r* ***sich ~*** pegarse un tiro; **≗ung** *f* MIL fusilamiento *m*
erschlaffen [ɛr'ʃlafən] *v/i* ⟨*sin* ge, sn⟩ relajarse
er'schlagen[1] *v/t* ⟨erschlägt, erschlug, erschlagen⟩ matar a golpes
er'schlagen[2] F *adjt* (*erschöpft*) F rendido, hecho polvo; ***wie ~*** medio muerto
er'schleichen *v/t* ⟨erschlich, erschlichen⟩ ***sich*** (*dat*) ***etw ~*** conseguir a/c (astutamente); ***sich j-s Vertrauen ~*** ganarse (astutamente) la confianza de alg
er'schließ|en ⟨erschloss, erschlossen⟩ **I** *v/t* **1** *Baugebiet* urbanizar; **2** ECON *Märkte* abrir; *Rohstoffe* explotar; **3** (*folgern*) deducir (***aus*** de); **II** *v/r* **4** ***sich j-m ~*** abrirse a alg; **≗ung** *f e-s Gebiets* urbanización *f*; *von Märkten* desarrollo *m*
er'schöpfen ⟨*sin* ge⟩ **I** *v/t* agotar, extenuar; *fig Thema* tratar exhaustivamente; **II** *v/r* ***sich ~*** agotarse, acabarse; ***sich ~ in*** (+*dat*) reducirse a
er'schöpfend *adjt* **1** *körperlich* agotador; **2** *fig* (*gründlich*) exhaustivo
er'schöpft *adjt* **1** *Person* agotado, exhausto (***von*** de), extenuado (***von*** por); **2** ***meine Geduld ist ~*** se me acabó la paciencia; **3** ECON *Lagerbestände* agotado
Er'schöpfung *f* ⟨-⟩ agotamiento *m*; ***bis zur ~*** hasta el agotamiento
er'schrecken[1] *v/t* ⟨*sin* ge⟩ asustar
er'schrecken[2] *v/i*, *v/r* ⟨erschrickt, erschrak, erschrocken, sn⟩ (***sich***) ***~*** (***über*** +*acus*, ***vor*** +*dat*) asustarse (de)
Er'schrecken *n* ⟨-s⟩ susto *m*, sobresalto *m*
er'schreckend **I** *adjt* espantoso, alarmante; **II** *advl* ***~ wenige*** terriblemente pocos
erschrocken [ɛr'ʃrɔkən] *adjt* asustado
erschütt|ern [ɛr'ʃʏtərn] *v/t* ⟨*sin* ge⟩ **1** *Boden usw* sacudir; **2** *fig j-s Vertrauen* hacer perder; **3** *seelisch* estremecer, conmover; **~ernd** *adjt* conmovedor; **~ert** *adjt* conmovido, afectado; **≗erung** *f* **1** sacudida *f*; **2** *fig* (*Ergriffenheit*) conmoción *f*
er'schweren *v/t* ⟨*sin* ge⟩ dificultar; JUR agravar
er'schwerend **I** *adjt* JUR ***~e Umstände*** circunstancias *f/pl* agravantes; **II** *adv* ***das kommt ~ hinzu*** eso lo hace más difícil
er'schwinglich *adj* asequible; *Preis a* razonable; ***zu ~en Preisen*** a precios asequibles *od* razonables; ***für jedermann ~*** al alcance de todos los bolsillos
er|'sehen *v/t* ⟨ersieht, ersah, ersehen⟩ ver, deducir (***aus*** de); **~'sehnen** *v/t* ⟨*sin* ge⟩ suspirar por, anhelar
er'setzbar *adj* sustituible, reemplazable
er'setzen *v/t* ⟨*sin* ge⟩ **1** sustituir (***durch*** por); *Waren* re(e)mplazar; **2** *Schaden* indemnizar por; ***j-m die Auslagen ~*** restituir *od* compensar los gastos a alg
Er'setzung *f* sustitución *f*, reparación *f*
er'sichtlich *adj* evidente, obvio; ***ohne ~en Grund*** sin motivo aparente; ***daraus wird ~, dass*** de ahí puede desprenderse que
ersinnen [ɛr'zɪnən] *geh v/t* ⟨ersann, ersonnen⟩ imaginar, idear
er'spähen *geh v/t* ⟨*sin* ge⟩ divisar, atisbar
er'sparen *v/t* ⟨*sin* ge⟩ **1** *Geld* (***sich*** *dat*) ***~*** ahorrar(se); **2** *fig* ***j-m etw ~*** ahorrar(le) *od* evitar(le) a/c a alg; ***ihr bleibt nichts erspart*** tiene que aguantar mucho
Ersparnis [ɛr'ʃpaːrnɪs] *f* ⟨-; -se⟩ **1** *an Zeit, Platz usw* ahorro *m*, economía *f* (***an*** +*acus* de); **2** *Geld* **~se** *pl* ahorros *m/pl*
ersprießlich [ɛr'ʃpriːslɪç] *geh adj* provechoso, útil

erst [ɛrst] *adv* **1** (*zuerst*) primero; **2** (*nur*) (***eben***) **~** ahora mismo; **~ *gestern*** sólo ayer; **~ *jetzt*** sólo ahora; ***es ist* ~ *fünf Uhr*** no son más que las cinco; **3** *verstärkend* ***und ich* ~!** ¡pues anda que yo!; ***jetzt* ~ *recht*** (***nicht***) ahora más (menos) que nunca

erstarken [ɛrˈʃtarkən] *geh v/i* ⟨*sin* ge, sn⟩ fortalecerse, robustecerse

er'starren *v/i* ⟨*sin* ge, sn⟩ **1** CHEM solidificarse; *vor Kälte* helarse, entumecerse; **2** *fig* ***vor Schreck* ~** quedarse de piedra

Er'starrung *f* ⟨-⟩ CHEM solidificación *f*; *vor Kälte* entumecimiento *m*

er'statten *v/t* ⟨*sin* ge⟩ **1** *Unkosten* re(e)mbolsar, devolver; **2** ***Bericht* ~** informar (***über*** *+acus* sobre); **3** JUR ***Anzeige* ~** poner una denuncia (***gegen*** contra)

Er'stattung *f* restitución *f*, devolución *f*, re(e)mbolso *m*; **~sbetrag** *m* importe *m* de re(e)mbolso *od* de restitución; **≈sfähig** *adj* re(e)mbolsable

'Erstaufführung *f* estreno *m*

er'staunen ⟨*sin* ge⟩ **I** *v/t* asombrar, sorprender; **II** *v/i* asombrarse, admirarse (***über*** *+acus* de)

Er'staunen *n* ⟨-s⟩ asombro *m*, sorpresa *f*; ***in* ~ *versetzen*** asombrar; (***sehr***) ***zu meinem* ~** para mi (gran) sorpresa

er'staunlich *adj* asombroso, sorprendente; **~erweise** *adv* sorprendentemente

er'staunt *adjt* asombrado, sorprendido (***über*** de)

'Erstausgabe *f* primera edición *f*

'erst'beste(r, -s) **I** *adj* cualquier, a; **II** *su* ***der, die* ≈** el primero, la primera que se presente; ***das* ≈** lo que sea, cualquier cosa

'Erstbestellung *f* pedido *m* inicial

erste(r, -s) [ˈeːrstə(r, -s)] **I** *núm/o* primer(o), -a; ***der, die, das* ~ *Beste*** → ***erstbeste***; ***zum* ~*n Mal*** por primera vez; **II** *su* ***Karl der* ≈** (***Karl I.***) Carlos Primero; ***der* ≈ *des Monats*** el primero de mes; ***er war der* ≈(, *der* …)** fue el primero (en *+inf* …); ***als* ≈*s*** primero; ***fürs* ≈** de momento; F ***im* ≈*n*** *Programm* F en la primera

er'stechen *v/t* ⟨ersticht, erstach, erstochen⟩ acuchillar, apuñalar

er'stehen *geh v/t* ⟨erstand, erstanden⟩ adquirir, comprar

er'stei|gen *v/t* ⟨erstieg, erstiegen⟩ escalar, subir a; **~gern** *v/t* ⟨*sin* ge⟩ adquirir en una subasta; **≈gung** *f* subida *f*, escalada *f*

er'stellen *v/t* ⟨*sin* ge⟩ **1** *Gebäude* construir; **2** *Plan* elaborar; *Bilanz, Liste, Gutachten* hacer; *Bericht* redactar, elaborar

erstemal [ˈeːrstəmaːl] *adv* → ***Mal²***

erstens [ˈeːrstəns] *adv* en primer lugar, primero

'erster → ***erste(r, -s)***

'Erstere(r, -s) *su* el primero, la primera, lo primero

'erstes → ***erste(r, -s)***

'Erst|geborene(r) *f(m)* ⟨→ A⟩ primogénito, -a *m,f*; **~gebot** *n* primera puja *f*, primera postura *f*; **~genannte(r)** *f(m)* ⟨→ A⟩ el citado, la citada en primer lugar

ersticken [ɛrˈʃtɪkən] ⟨*sin* ge⟩ **I** *v/t* ⟨h⟩ ahogar, asfixiar; **II** *v/i* ⟨sn⟩ ahogarse, asfixiarse (***durch, an*** *+dat* de); ***an e-r Gräte* ~** ahogarse con una espina; *fig* ***in Arbeit* ~** estar abrumado de trabajo

er'stickend **I** *adjt* asfixiante; *fig* sofocante, agobiante; **II** *advl* **~ *heiß*** sofocante

Er'stickung *f* ⟨-⟩ ahogo *m*, asfixia *f*

Er'stickungs|anfall *m* ataque *m* de asfixia, sofoco *m*; **~tod** *m* muerte *f* por asfixia

'erst|klassig *adj* de primera categoría, de primera calidad; **≈kommunion** *f* REL Primera Comunión *f*; **≈ling** *m* ⟨-s; -e⟩ **1** *Kind* primogénito *m*; **2** *Werk* primera obra *f*; **~malig** **I** *adj* primero; **II** *adv* por primera vez; **~mals** *adv* por primera vez

er'strahlen *v/i* ⟨*sin* ge, sn⟩ brillar, resplandecer

'erstrangig *adj* de primera categoría, preferente

er'streben *v/t* ⟨*sin* ge⟩ aspirar a, ambicionar, pretender; **~swert** *adj* deseable

er'strecken *v/r* ⟨*sin* ge⟩ **1** ***sich* ~** *räumlich* extenderse (***über*** *+acus* por, sobre); *zeitlich a* durar; **2** *fig* ***sich* ~ *auf*** (*+acus*) referirse a

er'stürm|en *v/t* ⟨*sin* ge⟩ tomar al asalto; **≈ung** *f* (toma *f* por) asalto *m*

er'suchen *geh v/t* ⟨*sin* ge⟩ solicitar, pedir; ***um Auskunft* ~** pedir informaciones; ***j-n* ~ *zu*** (*+inf*) pedir a alg que (*+subj*); ***j-n um etw* ~** pedir a/c a alg

Er'suchen *n* ⟨-s; -⟩ petición *f*, solicitud *f*; ***auf ihr* ~ *hin*** por petición suya

er'tappen ⟨*sin* ge⟩ *v/t* coger, sorprender; ***j-n beim Stehlen*** *usw* **~** sorprender a alg robando, *etc*

er'teilen *v/t* ⟨*sin* ge⟩ dar (*a Auskunft, Auftrag, Befehl, Rat*); *Prokura* otorgar; *Unterricht a* impartir; *Erlaubnis a* conceder; ***j-m das Wort* ~** ceder a alg la palabra

er'tönen *v/i* ⟨*sin* ge, sn⟩ sonar, resonar

Er'trag *m* ⟨-(e)s; ≈e⟩ **1** rendimiento *m*; AGR cosecha *f*; **2** (*Einnahme*) ingreso *m*, beneficio *m* (***aus*** de, por); ***Erträge*** *a* ganancias *f/pl*; ***außerordentliche Erträge*** beneficios *m/pl* extraordinarios; ***betriebliche Erträge*** ingresos *m/pl* de explotación

er'tragen *v/t* ⟨erträgt, ertrug, ertragen⟩ soportar, sufrir, aguantar; ***das ist nicht zu* ~** eso no hay quien lo aguante

erträglich [ɛrˈtrɛːklɪç] *adj* soportable, tole-

rable; (*ziemlich gut*) regular, pasable
er'tragreich *adj* productivo
er'tränken *v/t, v/r* ⟨*sin* ge⟩ (***sich***) ~ ahogar (-se)
er'träumen *v/t* ⟨*sin* ge⟩ ***sich*** (*dat*) ***etw*** ~ soñar con a/c
er'trinken *v/i* ⟨ertrank, ertrunken, sn⟩ ahogarse
Er'trunkene(r) *f(m)* ⟨→ A⟩ ahogado, -a *m,f*
er'übrigen ⟨*sin* ge⟩ **I** *v/t Geld* ahorrar; *Zeit* tener; **II** *v/r* ***sich*** ~ no ser necesario, sobrar
Eruption [erʊptsi'oːn] *f* erupción *f*
er'wachen *v/i* ⟨*sin* ge, sn⟩ despertar(se)
Er'wachen *n* ⟨-s⟩ despertar *m*; *fig* ***ein böses*** ~ una sorpresa desagradable
er'wachsen[1] *v/i* ⟨erwächst, erwuchs, erwachsen, sn⟩ resultar (***aus*** de)
er'wachsen[2] *adj* adulto, mayor
Er'wachsen|e(r) *f(m)* ⟨→ A⟩ adulto, -a *m,f*; **~enbildung** *f* formación *f* de adultos
erwägen [ɛr'vɛːgən] *v/t* ⟨erwog, erwogen⟩ considerar, ponderar
Er'wägung *f* consideración *f*, ponderación *f*; ***etw in ~ ziehen*** tomar en consideración a/c
er'wähnen *v/t* ⟨*sin* ge⟩ mencionar; **~swert** *adj* digno de mención
Er'wähnung *f* mención *f*
er'wärmen ⟨*sin* ge⟩ **I** *v/t* calentar; *fig* ***j-n für etw*** ~ entusiasmar a alg por a/c; **II** *v/r* ***sich*** ~ calentarse; *fig* ***sich für etw*** ~ entusiasmarse por a/c
'Erwärmung *f* calentamiento *m*
er'warten *v/t* ⟨*sin* ge⟩ esperar; *fig* ***ein Kind*** ~ esperar un niño; ***ich kann es kaum*** ~ (***zu*** *+inf*) estoy impaciente (por *+inf*); ***das war zu*** ~ era de esperar
Er'warten *n* ⟨-s⟩ ***wider*** ~ contra toda previsión
Er'wartung *f* espera *f*, expectación *f*; (*Hoffnung*) esperanza *f*; ***den ~en entsprechen*** ser conforme a lo esperado; ***hinter den ~en zurückbleiben*** defraudar las expectativas, quedar por debajo de lo que se esperaba
er'wartungs|gemäß *adv* conforme a lo esperado; **~voll** *adj* impaciente, ansioso
er'wecken *v/t* ⟨*sin* ge⟩ **1** *fig* (*hervorrufen*) despertar; *Vertrauen* inspirar; *Eindruck* dar; **2** ***j-n wieder zum Leben*** ~ resucitar a alg
er'wehren *geh v/r* ⟨*sin* ge⟩ ***sich e-r Sache*** (*gen*) ~ defenderse de a/c
er'weichen ⟨*sin* ge⟩ **I** *v/t* ablandar; *fig a* conmover; **II** *v/r* ***sich*** (***nicht***) ~ ***lassen*** (no) ablandarse
er'weisen ⟨erwies, erwiesen⟩ **I** *v/t* **1** (*beweisen*) probar, demostrar; **2** *Achtung, Dankbarkeit* mostrar; *Dienst, Gefallen* hacer; **II** *v/r* **3** ***sich*** ~ ***als*** mostrarse, resultar; ***sich*** (***j-m gegenüber***) ***dankbar*** ~ mostrarse agradecido (a alg)
er'weitern ⟨*sin* ge⟩ *v/t, v/r* (***sich***) ~ ampliar (-se), agrandar(se); MED dilatar(se)
Er'weiterung *f* ampliación *f*, aumento *m*; MED dilatación *f*
Erwerb [ɛr'vɛrp] *m* ⟨-(e)s; -e⟩ (*Kauf*) adquisición *f*; (*Verdienst*) ganancia *f*
er'werben *v/t* ⟨erwirbt, erwarb, erworben⟩ **1** *Waren, Kenntnisse, Rechte* adquirir; **2** *fig Achtung usw* ganarse; ***sich Verdienste ~ um*** hacer méritos para
er'werbsfähig *adj* capaz de realizar trabajo remunerado; ***im ~en Alter*** en edad de trabajar
Er'werbs|leben *n* vida *f* activa; **2los** *adj* parado, en paro; **~lose(r)** *f(m)* desempleado, -a *m,f*, parado, -a *m,f*; **2tätig** *adj* activo, asalariado; **~tätige(r)** *f(m)* ⟨→ A⟩ asalariado, -a *m,f*; **~tätigkeit** *f* actividad *f* remunerada; **2unfähig** *adj* incapacitado para el trabajo
Er'werbsunfähigkeit *f* incapacidad *f* laboral; ***dauerhafte, vorübergehende*** ~ incapacidad *f* laboral permanente, transitoria; ***teilweise, völlige*** ~ incapacidad *f* laboral parcial, total
Er'werbszweig *m* ramo *m* industrial
Er'werbung *f* adquisición *f*
erwider|n [ɛr'viːdərn] *v/t* ⟨*sin* ge⟩ **1** (*antworten*) replicar (***auf*** *+acus* a); **2** *Besuch usw* devolver; **2ung** *f* réplica *f* (***auf*** *+acus* a)
erwiesen [ɛr'viːzən] *adjt* demostrado; **~ermaßen** *adv* según se ha demostrado
er'wirken *v/t* ⟨*sin* ge⟩ obtener
er'wirtschaften *v/t* ⟨*sin* ge⟩ producir; *Erträge* generar, realizar; ***jährlich*** ~ generar anualmente
er'wischen *v/t* ⟨*sin* ge⟩ atrapar, coger; F ***sich ~ lassen*** F dejarse pillar; F ***ihn hats erwischt!*** (*er ist krank*) F ¡le ha tocado!; (*er ist verliebt*) F ¡está chalado por ella!; (*er ist tot*) F ¡la palmó!
er'wünscht *adjt* deseado, oportuno
er'würgen *v/t* ⟨*sin* ge⟩ estrangular
Erz [eːrts] *n* ⟨-es; -e⟩ mineral *m*
er'zählen ⟨*sin* ge⟩ **I** *v/t* contar, relatar; F ***das kannst du mir nicht ~!*** ¡a mí no me engañas con eso!, F ¡a otro perro con ese hueso!; **II** *v/i* ~ ***von,*** ~ ***über*** (*+acus*) contar de *od* sobre; ***erzähl mal!*** ¡cuéntame!
Er'zähl|er(in) *m(f)* narrador, a *m,f*; (*Geschichten2*) cuentista *m,f*; **~ung** *f* narración *f*; (*Geschichte*) cuento *m*, relato *m*
Erz|bischof ['ɛrts-] *m* arzobispo *m*; **~bistum** *n*, **~diözese** *f* arzobispado *m*; **~engel** *m* arcángel *m*
er'zeugen *v/t* ⟨*sin* ge⟩ producir; *Strom a* ge-

nerar; (*hervorrufen*) provocar
Er'zeuger *m* **1** (*Produzent*) productor *m*; **2** (*Vater*) progenitor *m*; **~preis** *m* precio *m* al productor
Er'zeugnis *n* ⟨-ses; -se⟩ producto *m*; ***eigenes ~*** producción *f* propia
Er'zeugung *f* ⟨-⟩ producción *f*
'Erzfeind *m* enemigo *m* mortal
'Erzherzog(in) *m* (*f*) archiduque, sa *m,f*
er'ziehbar *adj* educable; ***schwer ~es Kind*** niño, -a *m,f* rebelde
er'ziehen *v/t* ⟨erzog, erzogen⟩ educar, criar; ***j-n zu etw ~*** preparar a alg para a/c; ***gut erzogen*** bien criado, bien educado; ***schlecht erzogen*** malcriado, maleducado
Er'zieher|(in) *m*(*f*) educador, a *m,f*, preceptor, a *m,f*; **2isch** *adj* educativo, educador
Er'ziehung *f* ⟨-⟩ educación *f*
Er'ziehungs|berechtigte(r) *f*(*m*) ⟨→ A⟩ titular *m,f* de la patria potestad; **~geld** *m* ayuda *f* familiar (*por los hijos*); **~urlaub** *m früher* → ***Elternzeit***; **~wissenschaft** *f* ciencias *f/pl* de la educación, pedagogía *f*
er'zielen *v/t* ⟨*sin* ge⟩ obtener, conseguir; *Gewinne* obtener, conseguir, lograr; *Treffer* marcar; *Einigung* llegar a
er'zittern *v/i* ⟨*sin* ge, sn⟩ estremecerse, temblar
'erzkonservativ *adj* ultraconservador
'Erzrivale *m* eterno rival *m*
er'zürnen *v/t* ⟨*sin* ge⟩ irritar, enojar
er'zürnt *adjt* enojado (***über*** *+acus* por)
er'zwingen *v/t* ⟨erzwang, erzwungen⟩ forzar, conseguir por la fuerza; *Geständnis* arrancar; *Gefühle usw* ***sich nicht ~ lassen*** no dejarse forzar
es [ɛs] *pr/pers* **I** *als Subjekt* él, ella, ello (*oft unübersetzt*); ***~ gibt …*** hay …; ***~ regnet*** *usw* está lloviendo, *etc*; ***~ ist ein Mädchen*** es una niña; ***~ wurde getanzt*** se bailó; **II** *als Objekt* lo; *a* le, la; ***ich weiß ~*** (***nicht***) (no) lo sé; ***ich will ~ versuchen*** quiero intentarlo; ***bist du ~?*** ¿eres tú?; *verkürzt* ***ich bins!*** ¡soy yo!
Es [ɛs] *n* ⟨-; -⟩ MUS mi *m* bemol
Escapetaste [ɪs'keːp-] *f* INFORM tecla *f* escape
Esche ['ɛʃə] *f* BOT fresno *m*
Esel ['eːzəl] *m* ⟨-s; -⟩ ZO, *a* F *fig* asno *m*, burro *m*, borrico *m*; F (***alter***) **~** F estúpido *m*
'Eselin *f* ZO asna *f*, burra *f*, borrica *f*
'Esels|brücke F *f* regla *f* mnemotécnica; **~ohr** F *n im Buch usw* doblez *f*
Eska|lation [ɛskalatsi'oːn] *f* (*Verschärfung*) escalada *f*; **2'lieren** *v/i* ⟨*sin* ge⟩ agravarse
Eskapade [ɛska'paːdə] *f* aventura *f*
Eskimo ['ɛskimo] *m* ⟨-s; -s⟩ esquimal *m*
Eskor|te [ɛs'kɔrtə] *f* escolta *f*, convoy *m*; **2'tieren** *v/t* ⟨*sin* ge⟩ escoltar
Esoter|ik [eso'teːrɪk] *f* ⟨-⟩ esotérica *f*, esoterismo *m*; **2isch** *adj* esotérico
Espe ['ɛspə] *f* BOT álamo *m* temblón
'Espenlaub *n* F ***zittern wie ~*** F temblar como una hoja *od* como un flan
Espresso [ɛs'prɛso] *m* ⟨-(s); -s⟩ café *m* exprés; café *m* sólo
Essay ['ɛse] *m* ⟨-s; -s⟩ (*Text*) ensayo *m* (***über*** *+acus* sobre)
'essbar *adj* comestible
Esse ['ɛsə] *f* **1** (*Schornstein*) chimenea *f*; **2** (*Schmiede*) fragua *f*
essen ['ɛsən] *v/t, v/i* ⟨isst, aß, gegessen⟩ comer; ***gut, schlecht ~*** comer bien, mal; (***chinesisch*** *usw*) ***~ gehen*** ir a comer (a un restaurante chino, *etc*); ***zu Abend ~*** cenar; ***zu Mittag ~*** almorzar, comer; ***ich esse gern Fisch*** me gusta el pescado
'Essen *n* ⟨-s; -⟩ comida *f*; ***j-n zum ~ einladen*** invitar a alg a comer, *abends* a cenar
'Essen|(s)marke *f* ficha *f od* bono *m* (para la comida); **~szeit** *f* hora *f* de comer
Essenz [ɛ'sɛnts] *f* esencia *f*; **2i'ell** *adj* esencial
Essig ['ɛsɪç] *m* ⟨-s; -e⟩ vinagre *m*; F ***damit ist es ~!*** F ¡su gozo en un pozo!
'Essig|essenz *f* vinagre *m* concentrado; **~gurke** *f* pepinillo *m* en vinagre; **~säure** *f* ácido *m* acético
'Ess|kastanie *f* castaña *f*; **~löffel** *m* cuchara *f*; *Menge* cucharada *f*; **~stäbchen** *n* palillo *m* (para comer); **~tisch** *m* mesa *f* de comedor; **~zimmer** *n* comedor *m*
Est|e ['eːstə] *m* ⟨-n; -n⟩, **~in** *f* estonio, -a *m,f*; **~land** *n* Estonia *f*; **2nisch** *adj* estonio
Estragon ['ɛstragɔn] *m* ⟨-s⟩ BOT estragón *m*
Estrich ['ɛstrɪç] *m* ⟨-s, -e⟩ solado *m*, pavimento *m*
etablieren [eta'bliːrən] *v/r* ⟨*sin* ge⟩ ***sich ~*** establecerse (***als*** como)
Etablissement [etablɪs(ə)'mɑ̃ː] *n* ⟨-s; -s⟩ establecimiento *m*
Etage [e'taːʒə] *f* piso *m*; **~nbett** *n* litera *f*; **~nwohnung** *f* piso *m*
Etappe [e'tapə] *f* **1** etapa *f*; ***in ~n*** en etapas; **2** MIL retaguardia *f*
Etat [e'taː] *m* ⟨-s; -s⟩ presupuesto *m*; **~entwurf** *m* esbozo *m* de presupuesto
etc. *Abk*, **et cetera** *adv* etc., etcétera
etepetete [eːtəpe'teːtə] F *adj* remilgado; F de mírame y no me toques
Ethik ['eːtɪk] *f* ética *f*
ethisch ['eːtɪʃ] *adj* ético
ethnisch ['ɛtnɪʃ] *adj* étnico
Ethno|loge [ɛtno'loːgə] *m* ⟨-n; -n⟩, **~'login** *f* etnólogo, -a *m,f*; **~lo'gie** *f* etnología *f*
Ethos ['eːtɔs] *n* ⟨-⟩ principio *m* ético, ética *f*
Etikett [eti'kɛt] *n* ⟨-(e)s; -e⟩ etiqueta *f*, rótu-

lo *m*

Eti'kette *f* (*Förmlichkeit*) etiqueta *f*; **~nschwindel** *m* falsificación *f* de etiquetas

etiket'tieren *v/t* ⟨*sin* ge⟩ etiquetar

etliche ['ɛtlɪçə] *pr/indef* algunos, unos; **~** ***Mal*** repetidas veces; ***~s*** algo

Etüde [e'tyːdə] *f* MUS estudio *m*

Etui [ɛt'viː] *n* ⟨-s; -s⟩ estuche *m*

etwa ['ɛtva] *adv* **1** (*ungefähr*) (***in***) **~** aproximadamente; ***wann*** (***in***) ***~?*** ¿cuándo más o menos?; **2** (*vielleicht*) acaso, quizá; ***ist das ~ besser?*** ¿acaso es eso mejor?; ***du glaubst doch nicht ~ …?*** ¿no creerás que …?; **3** (*zum Beispiel*) por ejemplo

etwaig ['ɛtvaːɪç] *adj* eventual

etwas ['ɛtvas] **I** *pr/indef* algo, una cosa; **~** ***anderes*** otra cosa; **~** ***zum Lesen*** algo para leer; ***so ~*** algo así; **II** *adv* algo (de), un poco (de); ***das ist ~ besser*** eso es algo mejor; **~** ***Salz*** un poco de sal

'Etwas *n* ⟨-; -⟩ F ***das gewisse ~*** F un no sé qué

EU [eː'ʔuː] *f Abk* (*Europäische Union*) UE *f* (*Unión Europea*); **~-Bestimmung** *f* POL disposición *f* europea

euch [ɔʏç] *pr/pers* os; *nach Präposition* vosotros, -as; ***setzt ~!*** ¡sentaos!

Eucharistie [ɔʏçarɪs'tiː] *f* eucaristía *f*

euer ['ɔʏər] ⟨eure, euere⟩ **I** *pr/pos* **1** *adj* vuestro; ***eure Mutter*** vuestra madre; ***eure Kinder*** vuestros hijos; **2** *su* ***der, die, das Eu***(***e***)***re*** el vuestro, la vuestra, lo vuestro; **II** *geh pr/pers* (*gen von* ihr) de vosotros, -as

Eukalyptus [ɔʏka'lʏptʊs] *m* ⟨-; - *od* -ten⟩ eucalipto *m*

E'U|-Kommissar(in) *m*(*f*) POL comisario, -a *m,f* de la UE; **~-Land** *n* POL país *m* miembro de la UE, país *m* comunitario

Eule ['ɔʏlə] *f* (*Uhu*) búho *m*; (*Schleier*≈) lechuza *f*

E'U-Mitgliedsstaat *m* → ***EU-Land***

Eunuch [ɔʏ'nuːx] *m* ⟨-en; -en⟩ eunuco *m*

euphemistisch [ɔʏfe'mɪstɪʃ] *adj* eufemístico

Euphorie [ɔʏfo'riː] *f* euforia *f*

euphorisch [ɔʏ'foːrɪʃ] *adj* eufórico

EUR *Abk* (*Euro*) euro *m*

Eurasien [ɔʏ'raːziən] *n* Eurasia *f*

eure ['ɔʏrə] → ***euer***

'eur|erseits *adv* de vuestra parte; **~es'gleichen** *pron* vuestros semejantes; **~etwegen** *adv* por vosotros

E'U-Richtlinie *f* directiva *f* comunitaria *od* europea

Eurige ['ɔʏrɪç] *geh pr/pos* ***der, die, das ~*** el vuestro, la vuestra, lo vuestro

Euro ['ɔʏroː] *m* ⟨-; -⟩ *Währung* euro *m*

'Euro|… *in Zssgn* euro…; **~cent** *m* ⟨-; -⟩ céntimo *m* de euro; **~cheque** [-ʃɛk] *m* eurocheque *m*; **~chequekarte** *f* tarjeta *f* de eurocheques; **~city** [-sɪti] *m* ⟨-s; -s⟩ *Zug* Eurocity *m*; **~kapitalmarkt** *m* FIN euromercado *m* de capitales, mercado *m* de las euroobligaciones; **~korps** *n* MIL eurocuerpo *m*

Eurokrat(in) [ɔʏro'kraːt(ɪn)] *m*(*f*) POL eurócrata *m,f*

'Euro|kreditmarkt *m* FIN euromercado *m* de créditos; **~land** *n* zona *f* del euro, eurolandia *f*; **~markt** *m* COM euromercado *m*; **~norm** *f* norma *f* europea

Europa [ɔʏ'roːpa] *n* ⟨-s⟩ Europa *f*; **~abgeordnete(r)** *m*(*f*) ⟨→ A⟩ eurodiputado, -a *m,f*; **~cup** *m* SPORT copa *f* de Europa, Eurocopa *f*

Europäer(in) [ɔʏro'pɛːər(ɪn)] *m*(*f*) europeo, -a *m,f*

euro'päisch *adj* europeo; ***Einheitliche ≈e Akte*** Acta *f* Única Europea; ***≈er Binnenmarkt*** Mercado *m* Único Europeo; ***≈es Einheitspapier*** Documento *m* Único Aduanero; ***≈er Fonds für regionale Entwicklung*** Fondo *m* Europeo de Desarrollo Regional; ***≈e Freihandelszone*** Asociación *f* Europea de Libre Cambio; ***≈e Gemeinschaft*** *früher* Comunidad *f* Europea; ***≈er Gerichtshof*** Tribunal *m* de Justicia de las Comunidades Europeas; ***≈e Investitionsbank*** Banco *m* Europeo de Inversiones; ***≈e Kommission*** Comisión *f* Europea; ***≈es Parlament*** Parlamento *m* Europeo; ***≈es Patentamt*** Oficina *f* Europea de Patentes; ***≈er Rechnungshof*** Tribunal *m* de Cuentas Europeo; ***≈er Sozialfonds*** Fondo *m* Social Europeo; ***≈e Union*** Unión *f* Europea; ***≈es Währungssystem*** Sistema *m* Monetario Europeo; ***≈e Währungsunion*** Unión *f* Monetaria Europea; ***≈er Wirtschaftsraum*** Espacio *m* Económico Europeo; ***≈e Zentralbank*** Banco *m* Central Europeo

Eu'ropa|meister(in) *m*(*f*) campeón, -ona *m,f* de Europa; **~meisterschaft** *f* Campeonato *m* de Europa; **~parlament** *n* POL Parlamento *m* Europeo; **~pokal** *m* Copa *f* de Europa, Eurocopa *f*; **~politik** *f* política *f* europea; **~rat** *m* ⟨-(e)s⟩ Consejo *m* de Europa; **~straße** *f* eurovía *f*; **~wahl(en)** *f*(*pl*) elecciones *f/pl* europeas

Euro|pol ['ɔʏropoːl] *f* ⟨-⟩ (*europäische Polizei*) europol *f*; **~scheck** *m* → ***Eurocheque***; **~skeptiker(in)** *m*(*f*) euroescéptico, -a *m,f*; **~visi'on** *f* eurovisión *f*; **~währung** *f* moneda *f* euro

Euter ['ɔʏtər] *n* ⟨-s; -⟩ ubre *f*

Euthanasie [ɔʏtana'ziː] *f* ⟨-⟩ eutanasia *f*

E'U-Verordnung *f* decreto *m* de la UE

e.V. [eː'faʊ] *Abk* (*eingetragener Verein*)

asociación *f* registrada
evakuier|en [evaku'iːrən] *v/t* ⟨*sin* ge⟩ evacuar; **≗ung** *f* evacuación *f*
evange|lisch [-'geːlɪʃ] *adj* evangélico, protestante; **≗list** [-ge'lɪst] *m* evangelista *m*
Evan'gelium *n* ⟨-s; -lien⟩ Evangelio *m*
'Evaskostüm ['efaːs-] *n scherz* F ***im ~*** F en cueros, como vino al mundo
Even|tualität [evɛntuali'tɛːt] *f* posibilidad *f*, eventualidad *f*; **≗tuell** [-'tuɛl] *adj* posible, eventual
Evolution [evolutsi'oːn] *f* evolución *f*
evtl. *Abk* (*eventuell*) eventualmente
E-Werk *n* central *f* eléctrica
EWI [eːveː'i] *n Abk* (*Europäisches Währungsinstitut*) IME *m* (*Instituto Monetario Europeo*)
ewig ['eːvɪç] **I** *adj* **1** eterno, perpetuo; ***~er Schnee*** nieves *f/pl* perpetuas; ***seit ~en Zeiten*** desde tiempos inmemoriales; **2** F *desp* (*ständig*) continuo; **II** *adv* **3** ***auf immer und ~*** para siempre; **4** F ***es dauert ~*** F dura una eternidad
'Ewigkeit *f* eternidad *f*; ***bis in alle ~*** para siempre; F ***ich habe e-e ~ gewartet*** F he esperado una eternidad
EWR [eːveː'ʔɛr] *m Abk* (*Europäischer Wirtschaftsraum*) EEE *m* (*Espacio Económico Europeo*)
EWS [eːveː'ʔɛs] *n Abk* (*Europäisches Währungssystem*) SME *m* (*Sistema Monetario Europeo*)
EWU [eːveː'ʔu] *f Abk* (*Europäische Währungsunion*) UME *f* (*Unión Monetaria Europea*)
ex [ɛks...] *adv* F (***auf***) ***~ trinken*** beberse de un trago
Ex... *in Zssgn* ex...
exakt [ɛ'ksakt] **I** *adj* exacto; **II** *bsd österr, schweiz* (*genau*) → ***genau II 5,6***; **≗heit** *f* ⟨-⟩ exactitud *f*
Examen [ɛ'ksaːmən] *n* ⟨-s; -⟩ examen *m*; ***ein ~ machen*** examinarse
exeku|tieren [ɛkseku'tiːrən] *v/t* ⟨*sin* ge⟩ ejecutar; **≗tion** [-tsi'oːn] *f* ejecución *f*; **≗tive** [-'tiːvə] *f* ⟨-; -n⟩ (poder *m*) ejecutivo *m*
Exemplar [ɛksɛm'plaːr] *n* ⟨-s; -e⟩ ejemplar *m*; **≗isch I** *adj* ejemplar; **II** *adv* ***j-n ~ bestrafen*** imponer un castigo ejemplar a alg
exerzieren [ɛksɛr'tsiːrən] *v/i* ⟨*sin* ge⟩ MIL hacer la instrucción
Exhibitio|nismus [ɛkshibitsio'nɪsmʊs] *m* ⟨-⟩ exhibicionismo *m*; **~'nist** *m* exhibicionista *m*
Exil [ɛ'ksiːl] *n* ⟨-s; -e⟩ exilio *m*; ***im ~ leben*** vivir en el exilio; ***ins ~ gehen*** exiliarse
E'xilregierung *f* gobierno *m* en el exilio
existent [ɛksɪs'tɛnt] *adj* existente
Exis'tenz *f* **1** (*Dasein*) existencia *f*; **2** (*Lebensgrundlage*) sustento *m*; ***gesicherte ~*** posición *f* segura; ***sich*** (*dat*) ***e-e ~ aufbauen*** crearse una base para la subsistencia
Exis'tenzgründer(in) *m*(*f*) fundador, a *m,f* de una (nueva) empresa
Existen|zialismus [-tsia'lɪsmʊs] *m* ⟨-⟩ existencialismo *m*; **≗ziell** [-tsi'ɛl] *adj* **1** existencial; **2** (*lebenswichtig*) vital
Exis'tenz|kampf *m* lucha *f* por la vida; **~minimum** *n* mínimo *m* vital
existieren [ɛksɪs'tiːrən] *v/i* ⟨*sin* ge⟩ **1** (*vorhanden sein*) existir; ***noch ~*** quedar; **2** (*sein Auskommen haben*) vivir (***von*** de), subsistir (***von*** con)
Exitus ['ɛksitʊs] *m* ⟨-⟩ MED éxitus *m*
exklusiv [ɛksklu'ziːf] *adj* exclusivo; **≗bericht** *m* exclusiva *f*; **≗rechte** *n/pl* derechos *m/pl* exclusivos *od* de exclusividad; **≗vertrag** *m* contrato *m* de exclusividad
exkommunizieren [ɛkskɔmuni'tsiːrən] *v/t* ⟨*sin* ge⟩ excomulgar
Exkrement [ɛkskre'mɛnt] *n* ⟨-(e)s; -e⟩ excremento *m*
Exkursion [ɛkskʊrzi'oːn] *f* excursión *f*
exmatrikulieren [ɛksmatriku'liːrən] *v/t, v/r* ⟨*sin* ge⟩ (***sich***) ***~*** anular la matrícula
Exodus ['ɛksodʊs] *geh m* ⟨-⟩ éxodo *m*
E'xot [ɛ'ksoːt] *m* ⟨-en; -en⟩ *Tier* animal *m* exótico; *Pflanze* planta *f* exótica
Exot(in) [ɛ'ksoːt] *m* ⟨-en; -en⟩ (*f*) persona *f* de un país exótico
e'xotisch *adj* exótico
Expan|der [ɛks'pandər] *m* extensor *m*; **≗'dieren** *v/i* ⟨*sin* ge⟩ ECON estar en expansión, expansionarse; **≗'dierend** *adjt* en expansión; ***stark ~*** en plena expansión
Expansion [ɛkspanzi'oːn] *f* expansión *f*; **~sstrategie** *f* estrategia *f* de expansión
Expedition [ɛkspeditsi'oːn] *f* expedición *f* (*a* ECON)
Experimen|t [ɛksperi'mɛnt] *n* ⟨-(e)s; -e⟩ experimento *m*; **≗'tell** *adj* experimental; **≗'tieren** *v/i* ⟨*sin* ge⟩ experimentar (***an*** +*dat*, ***mit*** con)
Experte [ɛks'pɛrtə] *m* ⟨-n; -n⟩ experto *m*, perito *m*; **~ngutachten** *n* → ***Expertise***; **~nkommission** *f* comisión *f* de expertos
Ex'pertin *f* experta *f*, perita *f*
Expertise [ɛkspɛr'tiːzə] *f* peritaje *m*, juicio *m od* dictamen *m* pericial
explodieren [ɛksplo'diːrən] *v/i* ⟨*sin* ge, sn⟩ explotar, estallar
Explosion [ɛksplozi'oːn] *f* explosión *f*; **≗artig** *adj Wachstum* explosivo; **~sgefahr** *f* peligro *m* de explosión
explo'siv *adj* explosivo
Expo|nat [ɛkspo'naːt] *n* ⟨-(e)s; -e⟩ obra *f* expuesta; **~nent** [-'nɛnt] *m* ⟨-en; -en⟩ MAT ex-

ponente *m*; **2'niert** *adjt* expuesto, arriesgado
Export [ɛks'pɔrt] *m* ⟨-(e)s; -e⟩ exportación *f*; (*Waren*) exportaciones *f/pl*; **2abhängig** *adj* dependiente de las exportaciones; **~abteilung** *f* departamento *m* de exportación; **~beschränkung** *f* restricción *f* a las exportaciones
Exporteur [ɛkspɔr'tøːr] *m* ⟨-s; -e⟩ exportador *m*
Ex'port|firma *f* casa *f* exportadora; **~förderung** *f* estímulo *m* a las exportaciones; **~genehmigung** *f* autorización *f* de exportación; **~handel** *m* comercio *m* de exportación *od* exportador; **~hilfe** *f* ayuda *f* a la exportación
expor't|ieren *v/t* ⟨*sin* ge⟩ exportar (***nach*** a)
Ex'port|kredit *m* crédito *m* a la exportación; **~kreditversicherung** *f* seguro *m* de crédito a la exportación; **~leiter(in)** *m(f)* jefe, -a *m,f* de exportación; **~lizenz** *f* licencia *f* de exportación; **2orientiert** *adj* orientado a la exportación; **~preisliste** *f* lista *f* de precios de exportación; **~quote** *f* cuota *f* de exportación; **~überschuss** *m* superávit *m* exportador, excedente *m* de exportación; **~unternehmen** *n* empresa *f* exportadora; **~versicherung** *f* seguro *m* a la exportación; **~zahlen** *f/pl* cifra *f* de exportaciones
Express [ɛks'prɛs] *m* ⟨-es⟩ expreso *m*; ***per ~ schicken*** mandar por expreso; **~gut** *n* mercancía *f* por expreso
Expressionis|mus [ɛksprɛsio'nɪsmʊs] *m* ⟨-⟩ expresionismo *m*; **~t(in)** *m(f)* expresionista *m,f*; **2tisch** *adj* expresionista
Ex'pressendung *f* envío *m* por expreso *od* exprés
extern [ɛks'tɛrn] *adj* externo; INFORM ***~er Speicher*** memoria *f* externa *od* periférica
extra ['ɛkstra] *adv* **1** (*gesondert*) por separado, aparte; **2** (*besonders*) especialmente, muy; F ***~ für dich*** especialmente para ti; **3** (*zusätzlich*) extra, adicional; **4** F (*absichtlich*) expresamente, a propósito
'Extra *n* ⟨-s; -s⟩ extra *m*; **~blatt** *n* edición *f* especial
Extrakt [ɛks'trakt] *m* ⟨-(e)s; -e⟩ extracto *m*
extra|vagant [ɛkstrava'gant] *adj* extravagante; **~vertiert** [-vɛr'tiːrt] *adjt* extravertido
extrem [ɛks'treːm] **I** *adj* extremo; **II** *adv* en extremo, extremadamente
Ex'trem *n* ⟨-s; -e⟩ extremo *m*; ***von e-m ~ ins andere fallen*** ir *od* pasar de un extremo a otro
Extrem|ismus [ɛkstre'mɪsmʊs] *m* ⟨-⟩ extremismo *m*; **~ist(in)** *m(f)* extremista *m,f*; **2istisch** *adj* extremista; **~itäten** [-i'tɛːtən] *pl* extremidades *f/pl*
Ex'tremsport *m*, **~art** *f* deporte *m* de alto riesgo
extrovertiert [ɛkstrovɛr'tiːrt] extrovertido, extravertido
Exzellenz [ɛkstsɛ'lɛnts] *f* excelencia *f*; ***Eure, Seine ~*** Su Excelencia
Exzentr|ik [ɛks'tsɛntrɪk] *f* ⟨-⟩ *fig* excentricidad *f*; **2isch** *adj* MAT, TEC, *a fig* excéntrico
Exzess [ɛks'tsɛs] *m* ⟨-es; -e⟩ exceso *m*
Eyeliner ['ailainər] *m* ⟨-es; -e⟩ delineador *m* (de ojos)
EZB [eːzɛt'beː] *f* ⟨-⟩ *Abk* (*Europäische Zentralbank*) BCE *m* (*Banco Central Europeo*)

E

F

F, f [ɛf] *n* ⟨-; -⟩ **1** F, f *f*; **2** MUS fa *m*
f. *Abk* (*folgende Seite*) s. (*y siguente*)
Fa. *Abk* (*Firma*) casa *f*, empresa *f*, firma *f*
Fabel ['faːbəl] *f* ⟨-; -n⟩ fábula *f* (*a fig*); **♀haft** *adj* fabuloso; F estupendo; **~tier** *n* animal *m* fabuloso *od* mitológico
Fabrik [fa'briːk] *f* fábrica *f*, factoría *f*; ***e-e ~ errichten, gründen*** instalar, fundar una fábrica; ***e-e ~ schließen*** cerrar una fábrica
Fa'brikanlage *f* factoría *f*, planta *f* (de fabricación)
Fabri'kant(in) *m* ⟨-en; -en⟩ (*f*) fabricante *m,f*
Fa'brikarbeiter(in) *m*(*f*) obrero, -a *m,f* industrial *od* de fábrica
Fabri'kat *n* ⟨-(e)s; -e⟩ artículo *m*, producto *m*, producto *m* industrial *od* manufacturado; (*Marke*) marca *f*
Fabrikati'on *f* fabricación *f*, producción *f*; **~sfehler** *m* defecto *m* de fabricación; **~snummer** *f* número *m* de fabricación
Fa'brik|besitzer(in) *m*(*f*) fabricante *m,f*; **~gebäude** *n* (edificio *m* de la) fábrica *f*; **~gelände** *n* (terrenos *m/pl* de la) fábrica *f*; **♀neu** *adj* recién salido de fábrica; **~verkauf** *m* venta *f* directa de fábrica
fabrizieren [fabri'tsiːrən] *v/t* ⟨*sin* ge⟩ fabricar, producir; *scherzh*, *desp* liar
Facette [fa'sɛtə] *f* faceta *f* (*a fig*)
Fach [fax] *n* ⟨-(e)s; ⸚er⟩ **1** compartim(i)ento *m*; (*Schublade*) cajón *m*; (*Schrank♀*) casilla *f*; (*Regal♀*) anaquel *m*; *e-r Tasche* bolsillo *m*; ***ich lege es in Ihr ~*** se lo pongo en su casilla; **2** (*Schul♀*, *Studien♀*) asignatura *f*; (*Spezial♀*) rama *f*, especialidad *f*; ***vom ~ sein*** ser del ramo
'Fach|abteilung *f* departamento *m* especializado; **~arbeiter(in)** *m*(*f*) obrero, -a *m,f* especializado, -a; **~arzt** *m*, **~ärztin** *f* (médico, -a *m,f*) especialista *m,f*; **~ausdruck** *m* ⟨-(e)s; -drücke⟩ tecnicismo *m*, término *m* técnico
'Fachbesucher(in) *m*(*f*) *e-r Messe* (visitante) profesional *m,f*; ***Tage für ~*** días *m/pl* para profesionales
'Fachbuch *n* libro *m* especializado; **~handlung** *f* librería *f* especializada
Fächer ['fɛçər] *m* abanico *m*; **♀artig** *adj u adv* en abanico, con forma de abanico
'Fach|frau *f* especialista *f*, experta *f*, profesional *f*; **~gebiet** *n* especialidad *f*; **♀gerecht** *adj u adv* competente, profesional; **~geschäft** *n* establecimiento *m* especializado, tienda *f* del ramo
'Fachhandel *m* comercio *m* especializado; ***nur im ~ erhältlich*** en venta únicamente en tiendas del ramo
'Fach|hochschule *f* escuela *f* técnica superior; **~idiot** *desp m especialista que se ocupa sólo de su campo*; **~kenntnis(se)** *f*(*pl*) conocimientos *m/pl* especializados; **~kraft** *f* especialista *m,f*; **♀kundig** *adj* perito, especialista; **~leute** *pl von **Fachmann***; **♀lich** *adj* profesional, técnico; **~mann** *m* ⟨-(e)s; -männer *o* -leute⟩ especialista *m*, experto *m*, profesional *m*; **♀männisch** *adj u adv* competente, profesional; **~messe** *f* feria *f* monográfica, feria *f* especial; **~personal** *n* personal *m* especializado; **~presse** *f* prensa *f* especializada; **~richtung** *f* especialidad f, particularidad *f*; **~schule** *f* escuela *f* técnica *od* profesional; **♀simpeln** F *v/i* hablar de asuntos profesionales; **~sprache** *f* jerga *f*, lenguaje *m* técnico; **~welt** *f* especialistas *m/pl*
'Fachwerk *n* entramado *m*; **~haus** *n* casa *f* de paredes entramadas
'Fach|wissen *n* conocimientos *m/pl* especializados; **~zeitschrift** *f* revista *f* técnica *od* especializada
Fackel ['fakəl] *f* ⟨-; -n⟩ antorcha *f*
'fackeln F *v/i* ***nicht lange ~*** no dudar un momento
Factoring ['fɛktoriŋ] *n* ⟨-⟩ factoring *m*
fad(e) [faːt ('faːdə)] *adj Speise*, *fig* insípido, insulso, soso
Faden ['faːdən] *m* ⟨-s; ⸚⟩ hilo *m*; (*Näh♀*) *a* hebra *f*; MED ***die Fäden ziehen*** quitar los puntos; *fig* ***roter ~*** hilo *m* conductor; ***den ~ verlieren*** perder el hilo; ***alle Fäden in der Hand halten*** tener la sartén por el mango; ***an e-m*** (***seidenen***) ***~ hängen*** pender de un hilo
'Faden|kreuz *n* OPTIK retículo *m*; **~nudeln** *pl* fideos *m/pl*; **♀scheinig** *adj* **1** (*abgewetzt*) raído, gastado; **2** *fig desp* gratuito
Fagot|t [fa'gɔt] *n* ⟨-(e)s; -e⟩ fagot *m*; **~'tist(-in)** *m*(*f*) fagot *m,f*, fagotista *m,f*

fähig ['fɛːɪç] *adj* **1** (*befähigt*) capaz (***zu*** de), apto (***zu*** para); **2** (*bereit*) ***zu etw ~ sein*** estar en condiciones de a/c; *desp* ***zu allem ~*** capaz de cualquier cosa

'Fähigkeit *f zu e-r Tätigkeit* capacidad *f*, *natürliche* facilidad *f*, aptitud *f*; *geistige* facultad *f*

fahl [faːl] *adj* descolorido; *Licht* mortecino; (*bleich*) lívido

Fähnchen ['fɛːnçən] *n* ⟨-s; -⟩ banderita *f*

fahnden ['faːndən] *v/i* ***nach j-m ~*** buscar a alg

'Fahndung *f* pesquisas *f/pl*, búsqueda *f*, investigaciones *f/pl*

Fahne ['faːnə] *f* **1** bandera *f*; *fig* ***s-e ~ nach dem Wind(e) hängen*** ir con el viento que corre; **2** F (*Alkohol*~) ***e-e ~ haben*** apestar a alcohol

'Fahnenflucht *f* deserción *f*

'fahnenflüchtig *adj* desertor; ***~ werden*** desertar

'Fahr|ausweis *m* billete *m*; **~bahn** *f e-r Straße* calzada *f*; (*Fahrspur*) vía *f*; **~bar** *adj* móvil

Fähre ['fɛːrə] *f* transbordador *m*, ferry *m*

fahren ['faːrən] ⟨fährt, fuhr, gefahren⟩ **I** *v/t* ⟨h *o* sn⟩ **1** *Auto* conducir; **2** *Person* llevar; *Lasten* transportar, llevar; **3** *Strecke*, *Runde* recorrer; F ***e-n ~ lassen*** F soltar un aire; **II** *v/i* ⟨sn⟩ **4** *Person am Steuer* conducir; ***mit 80 km/h ~*** ir a 80 km/h; ***mit dem Auto, dem Fahrrad, der Bahn ~*** ir en coche, en bicicleta, en tren; ***rechts ~*** circular por la derecha; ***gegen etw ~*** chocar contra a/c; **5** (*ab*~) partir, salir; **6** (*verkehren*) circular; ***der Bus fährt zweimal täglich*** el autobús pasa dos veces al día; **7** *fig* ***mit der Hand über etw*** (*acus*) ***~*** pasar la mano por a/c; ***was ist bloß in dich gefahren?*** ¿qué mosca te ha picado?; F ***gut mit j-m, e-r Sache ~*** salir bien con alg, a/c

'Fahrer *m* conductor *m*; *Beruf* chófer *m*; **~flucht** *f* fuga *f* (del conductor tras un accidente); **~in** *f* conductora *f*; chófer *f*

'Fahr|erlaubnis *f* ADM permiso *m* de conducir; **~gast** *m im Auto, Schiff, in Zug, Bus, Straßenbahn* viajero, -a *m,f*, pasajero, -a *m,f*; *im Taxi* cliente *m,f*; **~geld** *n* tarifa *f* (del viaje); **~gemeinschaft** *f grupo de personas que comparte el coche para los viajes regulares que hacen al mismo sitio*; **~gestell** *n e-s Autos* chasis *m*; *e-s Flugzeugs* tren *m* de aterrizaje

'fahrig *adj* (*unruhig*) inquieto; (*nervös*) nervioso

'Fahrkarte *f* billete *m*, *Am* boleto *m*; ***einfache ~*** billete *m* sencillo

'Fahrkarten|automat *m* (expendedor *m*) automático *m* (de billetes); **~schalter** *m* taquilla *f*, ventanilla *f* (de billetes), *Am* boletería *f*

'fahrlässig *adj u adv* descuidado, negligente; ***~e Tötung*** homicidio *m* por imprudencia

'Fahrlässigkeit *f* ⟨-⟩ negligencia *f*, imprudencia *f*

'Fahrlehrer(in) *m(f)* profesor, a *m,f* de autoescuela

'Fährmann *m* ⟨-(e)s; -männer *o* -leute⟩ barquero *m*

'Fahr|plan *m* **1** horario *m*; **2** F (*Programm*) plan *m*, programa *m*; **~planmäßig** *adj u adv Zug, Bus* regular; *Ankunft, Abfahrt* según el horario; **~preis** *m* precio *m* del trayecto; **~preisanzeiger** *m im Taxi* taxímetro *m*; **~prüfung** *f* examen *m* de conducir; **~rad** *n* bicicleta *f*; **~schein** *m* billete *m*, *Am* boleto *m*; **~scheinautomat** *m* (expendedor *m*) automático *m* (de billetes)

'Fährschiff *n* transbordador *m*, ferry *m*

'Fahr|schule *f* autoescuela *f*; **~schüler(in)** *m(f)* alumno, -a *m,f* de autoescuela; **~spur** *f*, **~streifen** *m* carril *m*; **~stuhl** *m* ascensor *m*; **~stunde** *f* clase *f* de conducir

Fahrt [faːrt] *f* ⟨-; -en⟩ **1** (*Reise*) viaje *m*; *kurze* trayecto *m*; *im Taxi* recorrido *m*, trayecto *m*; (*Spazier*~) paseo *m* en coche; ***~ ins Blaue*** viaje *m* sorpresa; ***auf der ~ nach ...*** camino de…; ***gute ~!*** ¡buen viaje!; **2** (*Fahren*) marcha *f*; (*Geschwindigkeit*) velocidad *f*; ***wir hatten freie ~*** teníamos vía libre; **3** *fig* F ***in ~ kommen*** animarse; (*wütend werden*) F ponerse a cien; F ***in ~ sein*** estar animado; (*aufgebracht sein*) estar furioso *od* irritado

Fährte ['fɛːrtə] *f* rastro *m*, huella *f*, pista *f*; *fig* ***auf der falschen ~ sein*** seguir una pista falsa

'Fahrt|kosten *pl* gastos *m/pl* de viaje; **~richtung** *f* dirección *f*

'fahrtüchtig *adj Person* capaz de conducir; *Fahrzeug* a punto

'Fahrtwind *m* viento *m* en contra

'Fahrverbot *n* circulación *f* prohibida; *für e-e Person* suspensión *f* del carné de conducir

'Fahrwasser *n fig* ***in ein politisches ~ kommen*** *Gespräch* tomar un giro político

'Fahr|weise *f* forma *f* de conducir; **~werk** *n* → ***Fahrgestell***; **~zeit** *f* duración *f* del trayecto

'Fahrzeug *n* ⟨-(e)s; -e⟩ vehículo *m*; **~halter** *m* ADM titular *m* del vehículo; **~papiere** *pl* documentación *f od* papeles *m/pl* del coche

Faible ['fɛːbəl] *n* ⟨-s; -s⟩ debilidad *f*, inclinación *f* (***für*** por)

fair [fɛːr] *adj* justo, correcto; SPORT limpio; **~**

sein (***gegenüber***) ser justo (con, frente a)
Fairness ['fɛːrnɛs] *f* ⟨-⟩ actuación *f* correcta; SPORT juego *m* limpio
Fäkalien [fɛ'kaːliən] *pl* materias *f/pl* fecales
Fakir ['faːkiːr] *m* ⟨-s; -e⟩ faquir *m*
Faksimile [fak'ziːmile] *n* ⟨-s; -s⟩ facsímil *m*
faktisch ['faktɪʃ] **I** *adj* real, efectivo; **II** *adv* de hecho
'Faktor *m* ⟨-s; -'toren⟩ factor *m*
'Faktum *n* ⟨-s; -ten⟩ hecho *m*
Faktu|ra [fak'tuːra] *f* ⟨-; -ren⟩ COM factura *f*; **♀'rieren** *v/t* ⟨*sin* ge⟩ facturar; **~'rierung** *f* facturación *f*
Fakultät [fakʊl'tɛːt] *f* facultad *f*; ***juristische ~*** facultad *f* de derecho
fakulta'tiv *adj* facultativo
Falke ['falkə] *m* ⟨-n; -n⟩ ZO, POL halcón *m*
'Falklandinseln *pl* Islas *f/pl* Malvinas
Falkner *m* halconero *m*
Fall [fal] *m* ⟨-(e)s; ⸚e⟩ **1** (*Vorkommnis*) caso *m* (*a* GRAM, JUR, MED); ***in diesem ~(e)*** en ese caso; ***im schlimmsten ~(e)*** en el peor de los casos; ***auf jeden ~, auf alle Fälle*** en todo caso; ***auf keinen ~*** de ninguna manera; ***für alle Fälle*** por si acaso; F por si las moscas; ***für den ~, dass*** en caso de que (+*subj*); ***von ~ zu ~*** (***entscheiden***) (decidir) según el caso; ***gesetzt den ~, dass ...*** (dado el) caso de que ...; (***nicht***) ***der ~ sein*** (no) ser el caso; **2** ⟨*sin pl*⟩ (*Sturz*) caída *f* (*a fig*); *geh* ***zu ~ kommen*** caer, fracasar; *geh fig* ***zu ~ bringen*** *Regierung* derribar; *Antrag* hacer fracasar
Falle ['falə] *f* **1** trampa *f* (*a fig*); *fig* ***j-m e-e ~ stellen*** tender(le) una trampa a alg; ***in die ~ gehen*** *fig* caer en la trampa; **2** F (*Bett*) F catre *m*, sobre *m*
'fallen *v/i* ⟨fällt, fiel, gefallen, sn⟩ **1** *allg* caer(se); (***sich***) ***~ lassen*** dejar(se) caer; **2** *Preise*, *Kurse*, *Temperatur usw* bajar, caer; **3** *Soldat* caer, morir; **4** *Festung* caer, capitular; **5** (*weg~*) suprimirse; **6** *Schuss* oírse; SPORT *Tor* producirse; **7** *Wort* mencionarse; **8** *Entscheidung* ser tomado; **9** JUR ***an j-n ~*** recaer en alg; **10** (*treffen*) ***auf j-n, etw ~*** *Verdacht* (re)caer sobre *od* en alg, a/c; **11** *zeitlich* ***auf e-n Sonntag*** *usw* ***~*** caer en domingo, *etc*; **12** ***in dieselbe Kategorie ~*** entrar *od* pertenecer a la misma categoría
fällen ['fɛlən] *v/t* **1** *Baum* cortar, talar; **2** *Entscheidung*, *Urteil* dictar
'fallend *adj Preise*, *Kurse*, *Barometer* en baja; *Tendenz* a la baja
fällig ['fɛlɪç] *adj* pendiente; *Gebühr*, *Steuer* vencido; *Zinsen* pagadero; ***zur Zahlung ~*** pendiente de pago; ***~ werden*** (***am ...***) vencer (el ...)
'Fälligkeit *f* vencimiento *m*; ***bei ~*** al vencimiento; **~sdatum** *n* fecha *f* de vencimiento; **~stag** *m* día *m* de vencimiento
'Fallobst *n* fruta *f* caída
falls [fals] *cj* en caso de que (+*subj*); si; ***~ nicht*** en caso contrario
'Fallschirm *m* paracaídas *m*; ***mit dem ~ abspringen*** lanzarse *od* tirarse en paracaídas
'Fallschirm|jäger *m* MIL paracaidista *m*; **~springen** *n* paracaidismo *m*; **~springer** (**-in**) *m*(*f*) paracaidista *m,f*
'Fall|strick *m* trampa *f* (*a fig*); **~tür** *f* tram(-pill)a *f*
falsch [falʃ] **I** *adj* falso (*a desp Person*); *Adresse*, *Mittel*, *Richtung*, *Tür* equivocado; *Haare*, *Zähne* postizo; **II** *adv* mal; *Uhr* ***~ gehen*** ir mal; ***~ parken*** aparcar mal; ***~ singen*** desafinar; TEL ***~ verbunden sein*** haberse equivocado de número
fälsch|en ['fɛlʃən] *v/t* falsificar; **♀er(in)** *m*(*f*) falsificador, a *m,f*
'Falsch|fahrer(in) *m*(*f*) conductor, a *m,f* suicida; **~geld** *n* dinero *m* falso; **~heit** *f* ⟨-⟩ falsedad *f*, doblez *f*
'fälschlich I *adj* erróneo; (*irrtümlich*) equivocado; **II** *adv* por error, erróneamente; (*irrtümlich*) por equivocación; **'~er'weise** *adv* → ***fälschlich*** II
'Falsch|meldung *f* noticia *f* falsa, bulo *m*; **~münzer** *m* falsificador *m* de moneda; **~parker(in)** *m*(*f*) *persona que aparca en un lugar prohibido*; **~spieler(in)** *m*(*f*) tramposo, -a *m,f*, fullero, -a *m,f*
'Fälschung *f* falsificación *f*, imitación *f*; ***~ von Markenartikeln*** falsificación *f* de artículos de marca
'fälschungssicher *adj* que no puede falsificarse
'Falt|blatt *n* folleto *m*; **~boot** *n* bote *m* plegable
Falte ['faltə] *f* **1** (*Kleider♀*) pliegue *m*; *ungewollte* arruga *f*; (*Kräusel♀*) rizo *m*; ***~n werfen*** hacer bolsas *od* arrugas; **2** (*Haut♀*) arruga *f*
'falten *v/t* plegar, doblar; *Hände* juntar
'Faltenrock *m* falda *f* plisada
'Falter *m* ZO mariposa *f*
'faltig *adj* (*zerknittert*) plisado, arrugado (*a Haut*)
'Faltkarton *m* cartón *m* plegable
Falz [falts] *m* ⟨-es; -e⟩ pliegue *m*
'falzen *v/t Papier* plegar
familiär [famili'ɛːr] *adj* familiar
Familie [fa'miːliə] *f* familia *f*; ***e-e ~ gründen*** fundar una familia
Fa'milien|angehörige(r) *f*(*m*) pariente *m,f*, familiar *m,f*; **~angelegenheit** *f* asunto *m* familiar; **~anschluss** *m* acogida *f* en una familia; **~betrieb** *m* negocio *m* familiar
Fa'milieneinkommen *n* renta *f* familiar;

verfügbares ~ renta *f* familiar disponible
Fa'milien|feier *f* fiesta *f* de familia; **~grab** *n* tumba *f* de familia
Fa'milienkreis *m* ***im engsten ~*** en estrecha intimidad
Fa'milien|leben *n* vida *f* de familia; **~mitglied** *n* miembro *m* de la familia; **~name** *m* apellido *m*; **~planung** *f* planificación *f* familiar; **~stand** *m* ADM estado *m* civil; **~unternehmen** *n* empresa *f* familiar; **~vater** *m* padre *m* de familia
famos [fa'mo:s] F *adj* magnífico, estupendo; F de órdago
Fan [fɛn] *m* ⟨-s; -s⟩ fan *m,f*; *e-s Sportlers* forofo, -a *m,f*
Fanal [fa'na:l] *geh n* ⟨-s; -e⟩ antorcha *f*
Fana|tiker(in) [fa'na:tikər(ɪn)] *m(f)* fanático, -a *m,f*; **&tisch** *adj* fanático; **~'tismus** *m* ⟨-⟩ fanatismo *m*
Fanfare [fan'fa:rə] *f* (toque *m* de) clarín *m*
Fang [faŋ] *m* ⟨-(e)s; ⸗e⟩ **1** ⟨*sin pl*⟩ (*Fisch&*) pesca *f* (*a fig*); (*Beute*) presa *f*, captura *f*; **2** *pl* ***Fänge*** *e-s Raubvogels* garras *f/pl*
'fangen ⟨fängt, fing, gefangen⟩ **I** *v/t* coger, agarrar; *Person a* capturar, prender; *Tier* cazar; *Fische* pescar; **& *spielen*** jugar a parar; **II** *v/r fig* ***sich*** (***wieder***) **~** recobrar la serenidad
'Fangfrage *f* pregunta *f* capciosa
Fangobad ['faŋgo-] *n* baño *m* de fango
'Fangquote *f* cuota *f* de captura
'Fanklub *m* club *m* de fans
Fantasie [fanta'zi:] *f* **1** (*Einbildungskraft*) fantasía *f*; (*Einfallsreichtum*) imaginación *f*; **2** *mst pl* (*Vorstellung*) **~*n*** imaginaciones *f/pl*; **&los** *adj* sin imaginación
fanta'sieren *v/i* ⟨*sin* ge⟩ **1** soñar (***von*** con), fantasear (***von*** sobre); **2** *im Fieber* delirar, desvariar (*a fig*)
fanta'sievoll *adj* con mucha imaginación
fantastisch [fan'tastɪʃ] *adj* **1** fantástico; **2** (*unwirklich*) increíble; **3** F (*großartig*) F fantástico, estupendo
'Farb|band *n* ⟨-(e)s; -bänder⟩ cinta *f* (de impresora, *etc*); **~bild** *n* foto *f* en color; **~bildschirm** *m* TV, INFORM pantalla *f* en color; INFORM *a* monitor *m* en color; **~drucker** *m* impresora *f* de color
Farbe ['farbə] *f* **1** color *m* (*a fig*); *des Gesichts a* tez *f*; **2** *zum Anstreichen* pintura *f*; *zum Färben* tinte *m*; **3** *beim Kartenspiel* palo *m*; *fig* ***~ bekennen*** poner las cartas sobre la mesa *od* boca arriba
'farbecht *adj* (de color) sólido
färben ['fɛrbən] **I** *v/t* **1** *Gewebe*, *Haar* teñir, colorear; ***blau ~*** teñir de azul; **2** *fig Bericht* pintar; **II** *v/r* **3** ***sich*** (***rot***) **~** teñirse (de rojo)
'farben|blind *adj* daltónico; **~froh** *adj* vistoso, variopinto; **~prächtig** *adj* de gran colorido
'Farb|fernsehen *n* televisión *f* en color; **~fernseher** *m*, **~fernsehgerät** *n* televisor *m* en color; **~film** *m* FOT película *f od* carrete *m* en color; **~foto** *n* foto *f* en color
'farbi|g *adj* (*bunt*) de colores; *Hautfarbe* de color; **&ge(r)** *f(m)* ⟨→ A⟩ hombre *m*, mujer *f* de color
'Farb|kasten *m* caja *f* de pinturas; **~kopie** *f* (foto)copia *f* en color; **~kopierer** *m* (foto)copiadora *f* en color
'farblich I *adj* de los colores; **II** *adv* ***etw ~ abstimmen*** armonizar los colores de a/c
'farb|los *adj* incoloro; *fig a* insípido; **&monitor** *m* → ***Farbbildschirm***; **&stift** *m* lápiz *m* de color; **&stoff** *m* colorante *m*; **&ton** *m* ⟨-(e)s; -töne⟩ matiz *m*
'Färbung *f Vorgang* coloración *f*, tinte *m*; *Eigenschaft* colorido *m*, tinte *m*; *fig* tendencia *f*
Farce ['farsə] *f* **1** farsa *f* (*a fig*); **2** GASTR relleno *m*
Farm [farm] *f* ⟨-; -en⟩ granja *f*, *Am* hacienda *f*; **'~er(in)** *m(f)* granjero, -a *m,f*, *Am* hacendero, -a *m,f*
Farn [farn] *m* ⟨-(e)s; -e⟩, **'~kraut** *n* helecho *m*
Färse ['fɛrzə] *f* AGR novilla *f*
Fasan [fa'za:n] *m* ⟨-(e)s; -e(n)⟩ faisán *m*
Faschierte(s) [fa'ʃi:rtə(s)] *n* ⟨→ A⟩ *österr* carne *f* picada
Fasching ['faʃɪŋ] *m* ⟨-s; -e *o* -s⟩ *südd*, *österr* carnaval *m*; **~sball** *m* baile *m* de carnaval
Faschis|mus [fa'ʃɪsmʊs] *m* ⟨-⟩ fascismo *m*; **~t(in)** *m(f)* fascista *m,f*; F facha *m,f*; **&tisch** *adj* fascista; F facha
faseln ['fa:zəln] F *desp v/t*, *v/i* desvariar, desatinar
Faser ['fa:zər] *f* ⟨-; -n⟩ fibra *f*
'faserig *adj* fibroso
'fasern *v/i von Stoff* deshilacharse
Fass [fas] *n* ⟨-es; ⸗er⟩ **1** barril *m*, tonel *m*; *für Wein* barrica *f*, cuba *f*; ***Bier vom ~*** cerveza *f* de barril; **2** *fig* ***ein ~ ohne Boden*** un pozo sin fondo; ***das schlägt dem ~ den Boden aus*** es el colmo
Fassade [fa'sa:də] *f* fachada *f* (*a fig*)
'fassbar *adj* (*konkret*) concreto; (*begreifbar*) comprensible, concebible
'Fassbier *n* cerveza *f* de barril
fassen ['fasən] **I** *v/t* **1** (*greifen*) coger, tomar (*a fig Entschluss*, *Vertrauen*, *Vorsatz*); *Verbrecher a* capturar; **2** (*einfassen*) montar; *Edelstein* engarzar; **3** *Gefäß*, *Raum* contener; tener capacidad para; ***der Saal fasst 300 Personen*** en la sala caben 300 personas; **4** *Plan* concebir; ***Mut ~*** armarse de valor; **5** ***in Worte ~*** expresar en palabras, formular; **6** (*verstehen*) comprender; ***etw***

nicht ~ können no poder creer a/c; ***es ist nicht zu ~!*** ¡es increíble!; **II** *v/i* **7** (*greifen*) *Schraube usw* engranar, agarrar; ***an etw*** (*acus*) ~ tocar a/c; ***in etw*** (*acus*) ~ meter mano en a/c; **III** *v/r* **8** ***sich*** (***wieder***) ~ (*sich beruhigen*) serenarse; **9** ***sich kurz ~*** ser breve

Fasson [fa'sɔ̃ː] *f* ⟨-; -s⟩ forma *f*; *fig* ***nach s-r ~*** a su manera

'Fassung *f* **1** *e-r Glühbirne* portalámparas *m*; *e-r Brille* montura *f*; *e-s Edelsteins* engarce *m*; **2** *e-s Textes* versión *f*; **3** (*Selbstbeherrschung*) serenidad *f*; ***die ~ bewahren*** conservar la calma; ***die ~ verlieren*** perder los nervios, desconcertarse; ***j-n aus der ~ bringen*** sacar de quicio a alg

'fassungslos *adj* desconcertado

'Fassungsvermögen *n* capacidad *f*

fast [fast] *adv* casi; *vor Zahlen a* cerca de; ***~ nichts*** casi nada; ***ich wäre ~ gefallen*** casi me caigo

'fasten *v/i* ayunar

'Fasten *n* ⟨-s⟩ ayuno *m*; **~kur** *f* cura *f* de ayuno; **~zeit** *f* KATH cuaresma *f*

Fastfood ['faːst'fuːt] *n* ⟨-(s)⟩ comida *f* rápida

'Fastnacht *f* (*Karneval*) carnaval *m*; (*~sdienstag*) martes *m* de carnaval; **~sdienstag** *m* martes *m* de carnaval

Faszi|nation [fastsinatsi'oːn] *f* ⟨-⟩ fascinación *f*; **≈'nieren** *v/t* ⟨*sin* ge⟩ fascinar

fatal [fa'taːl] *adj* fatal

Fata'lis|mus *m* ⟨-⟩ fatalismo *m*; **≈tisch** *adj* fatalista

Fata Morgana ['faːtamɔr'gaːna] *f* ⟨-; -nen *o* -s⟩ espejismo *m*

fauchen ['faʊxən] *v/i* **1** *Katze*, *Tiger* bufar; **2** *fig Person* refunfuñar

faul [faʊl] *adj* **1** *Person* vago, perezoso; **2** *Früchte*, *Ei* podrido; **3** F *fig desp Kompromiss* sospechoso, dudoso; ***~e Ausrede*** excusa *f* ridícula; ***da ist etwas ~*** eso huele mal

Fäule ['fɔʏlə] *f* ⟨-⟩ putrefacción *f*, podredumbre *f*

'faulen *v/i* ⟨sn *o* h⟩ pudrirse; *Wasser* corromperse

faulenz|en ['faʊlɛntsən] *v/i* holgazanear, hacer el vago; **≈er(in)** *m(f) desp* holgazán, -ana *m,f*, vago, -a *m,f*; **≈e'rei** *f* ⟨-⟩ *desp* holgazanería *f*

'Faulheit *f* ⟨-⟩ pereza *f*

'faulig *adj Wasser* corrompido; *Geruch* podrido; *Obst* picado

'Fäulnis *f* ⟨-⟩ putrefacción *f*, podredumbre *f*

'Faul|pelz F *m* → ***Faulenzer***; **~tier** *n* **1** ZO perezoso *m*; **2** F → ***Faulenzer***

Fauna ['faʊna] *f* ⟨-; -nen⟩ fauna *f*

Faust [faʊst] *f* ⟨-; ≈e⟩ **1** puño *m*; ***j-m mit der ~ drohen*** levantar(le) el puño a alg; **2** *fig* ***mit der ~ auf den Tisch hauen*** imponerse con energía; F ***das passt wie die ~ aufs Auge*** (*passt nicht*) no pega ni con cola; (*passt genau*) va como anillo al dedo; ***etw auf eigene ~ tun*** hacer a/c por propia cuenta

Fäustchen ['fɔʏstçən] *n* ⟨-s; -⟩ *fig* ***sich*** (*dat*) ***ins ~ lachen*** reírse por lo bajo

'faust'dick I *adj* (grande) como un puño; F *Lüge* solemne, como una casa; **II** F *adv* ***er hat es ~ hinter den Ohren*** no nació ayer

'fausten *v/t Torhüter* rechazar (con el puño)

'faust|groß *adj* (grande) como un puño; **≈handschuh** *m* manopla *f*

Fäustling ['fɔʏstlɪŋ] *m* ⟨-s; -e⟩ manopla *f*

'Faust|recht *n* ley *f* del más fuerte; **~regel** *f* regla *f* práctica; **~schlag** *m* puñetazo *m*

Fauteuil [fo'tøːj] *m* ⟨-s; -s⟩ *österr*, *schweiz* sillón *m*

Fauxpas [fo'pa] *m* ⟨-; -⟩ metedura *f* de pata

Favo'rit(in) [favo'riːt(ɪn)] *m* ⟨-en; -en⟩ (*f*) favorito, -a *m,f*, preferido, -a *m,f*

Fax [faks] *n* ⟨-; -e⟩ fax *m*; ***per ~*** por fax; ***j-m ein ~ schicken*** mandar un fax a alg

'Faxanschluss *m* conexión *f* de fax

'faxen *v/t* mandar por fax

Faxen ['faksən] F *pl* (*Albereien*) payasadas *f/pl*, bromas *f/pl*; (*Grimassen*) muecas *f/pl*

'Fax|gerät *n* fax *m*; **~karte** *f* tarjeta *f* de fax; **~modem** *n* fax-módem *m*; **~modul** *n* módulo *m* de fax; **~nummer** *f* número *m* de fax; **~papier** *n* papel *m* de fax

Fazit ['faːtsɪt] *n* ⟨-s; -e *o* -s⟩ resultado *m*, conclusión *f*; ***das ~*** (***aus etw***) ***ziehen*** sacar conclusiones (de a/c)

F.C. [ɛf'tseː] *m Abk* ⟨-⟩ (*Fußballclub*) C.F. *m* (*club de fútbol*)

FCKW [ɛftseːkaː'veː] *pl Abk* (*Fluorchlorkohlenwasserstoffe*) CFC *m/pl* (*clorofluorocarbonados*); **~-frei** *adj* sin CFC

FDP [ɛfdeː'peː] *f Abk* ⟨-⟩ (*Freie Demokratische Partei*) FDP *m* (*Partido Liberal Alemán*)

'F-Dur [ɛf-] *n* la *m* mayor

Feber ['feːbər] *m österr* febrero *m*; → ***Januar***

Februar ['feːbruaːr] *m* ⟨-(s); -e⟩ febrero *m*; → ***Januar***

fechten ['fɛçtən] *v/i* ⟨ficht, focht, gefochten⟩ **1** practicar la esgrima (***mit dem Degen*** con espada); **2** *geh fig* (*kämpfen*) luchar (***für*** por; ***gegen*** contra)

'Fechten *n* ⟨-s⟩ esgrima *f*

'Fechter(in) *m(f)* esgrimidor, a *m,f*

Feder ['feːdər] *f* ⟨-; -n⟩ **1** pluma *f* (*a Schreib≈*); ***zur ~ greifen*** tomar la pluma; *fig* ***sich mit fremden ~n schmücken*** apuntarse méritos ajenos; F *fig* ***~n lassen*** (***bei***) salir perjudicado (de); F ***noch in den ~n liegen*** estar aún en la cama; **2** TEC muelle *m*, resorte *m*

'Feder|ball *m Spiel* bádminton *m*; *Ball* pelota *f* de bádminton; **~bett** *n* edredón *m*; **&führend** *adjt* responsable; competente; **~halter** *m* portaplumas *m*; **~kernmatratze** *f* colchón *m* de muelles; **'&'leicht** *adj* ligero como una pluma

'Federlesen *n* ***nicht viel ~s machen*** no gastar cumplidos

'federn I *v/t Auto* ***gut gefedert*** con buena suspensión; **II** *v/i* ser elástico

'federnd *adjt* elástico; *Gang, Bewegung* ligero

'Feder|schmuck *m* (adornos *m/pl* de) plumas *f/pl*; **~ung** *f* suspensión *f*; **~vieh** F *n* aves *f/pl* de corral; **~weiße(r)** *m* ⟨→ A⟩ vino *m* joven; **~zeichnung** *f* dibujo *m* a la pluma

Fee [feː] *f* hada *f*

Feedback ['fiːdbɛk] *n* ⟨-s; -s⟩ feed-back *m*, retroalimentación *f*

'Fegefeuer *n* purgatorio *m*

fegen ['feːgən] **I** *v/t* ⟨h⟩ **1** *mit Besen* barrer; *Schornstein* deshollinar; **2** ***etw vom Tisch ~*** tirar a/c de la mesa; *fig Argumente, Widerspruch* rechazar rotundamente; **II 2** *v/i* ⟨sn⟩ F (*schnell laufen*) correr; *Wind* ***über die Ebene ~*** barrer las llanuras

Fehde ['feːdə] *f* hostilidad *f* (*a fig*)

Fehl [feːl] *geh m* ***ohne ~*** (***und Tadel***) sin tacha

'Fehl|anzeige *f* F (*nichts*) ***~!*** ¡nada!, ¡no está!, ¡no existe!; **~betrag** *m* déficit *m*; **~diagnose** *f* diagnóstico *m* erróneo; **~einschätzung** *f* cálculo *m* equivocado

fehlen ['feːlən] *v/i, v/imp* **1** (*mangeln, nicht da sein*) faltar; *Person a* estar ausente; ***mir ~ fünfzig Euro*** me faltan cincuenta euros; ***es fehlt ihm nicht an Talent*** (*dat*) no le falta talento; **2** (*nötig sein*) hacer falta; ***ihr ~ noch zwei Punkte*** *zum Gewinn* todavía le faltan dos puntos; ***es hätte nicht viel gefehlt, und ich wäre gefallen*** por poco me caigo; *iron* ***das fehlte gerade noch!*** ¡lo que faltaba!; **3** ***du fehlst mir*** te echo de menos; **4** *gesundheitlich* ***fehlt Ihnen etwas?*** ¿se encuentra mal?; **5** *geh* ***weit gefehlt!*** ¡está Ud. muy equivocado!

'fehlend *adjt* ausente, no disponible

'Fehlentscheidung *f* decisión *f* equivocada

'Fehler *m* **1** error *m*, falta *f* (*a* SPORT); (*Irrtum*) equivocación *f*; *moralischer* vicio *m*; (*Schuld*) culpa *f*; MAT *a* desviación *f*; ***e-n ~ machen*** cometer un error; **2** (*Schwäche, Mangel*) defecto *m*, desperfecto *m*; fallo *m*

'fehler|frei *adj* **1** correcto, sin faltas; **2** (*ohne Mangel*) sin defectos; **~haft** *adj* **1** incorrecto; **2** TEC defectuoso; **~los** *adj* → ***fehlerfrei***

'Fehler|meldung *f* aviso *m* de error; **~quelle** *f* fuente *f* de errores; **~quote** *f* cuota *f* de errores

'Fehl|geburt *f* aborto *m* (espontáneo); **~griff** *m* desacierto *m*; **~information** *f* información *f* incorrecta; **~investition** *f* inversión *f* desacertada; **~kalkulation** *f* cálculo *m* erróneo; **~konstruktion** *f* construcción *f* defectuosa; **~lieferung** *f* suministro *m* erróneo; **~pass** *m* pase *m* fallido; **~planung** *f* planificación *f* incorrecta

'Fehlschla|g *m* fallo *m*, fracaso *m*; **&gen** *v/i* ⟨*irr, sep,* sn⟩ fallar, fracasar

'Fehl|start *m* salida *f* nula; **~tritt** *m* paso *m* en falso; **~urteil** *n* sentencia *f* equivocada; **~zeiten** *f/pl e-s Angestellten* tiempo *m* de ausencia (del trabajo); **~zündung** *f* AUTO encendido *m* defectuoso

Feier ['faɪər] *f* ⟨-; -n⟩ celebración *f*, fiesta *f*; *offizielle a* festividad *f*, acto *m* solemne; *oft scherzh* ***zur ~ des Tages*** para celebrar el día

'Feierabend *m* fin *m* del trabajo; ***~ machen*** terminar la jornada; ***nach ~*** después del trabajo

'feierlich *adj* solemne; **&keit** *f* **1** *Stimmung* solemnidad *f*; **2** (*Feier*) acto *m* solemne, festividad *f*

'feiern I *v/t* ***j-n ~*** agasajar *od* homenajear a alg; ***etw ~*** celebrar a/c; *festlich* festejar a/c; **II** *v/i* hacer fiesta

'Feierstunde *f* acto *m* solemne

'Feiertag *m* (día *m* de) fiesta *f*; ***gesetzlicher ~*** fiesta *f* oficial; ***kirchlicher ~*** fiesta *f* religiosa *od* de guardar

feig(e) [faɪk ('faɪgə)] *adj* cobarde

'Feige *f* higo *m*

'Feigen|baum *m* higuera *f*; **~blatt** *n* hoja *f* de higuera; KUNST, *fig* hoja *f* de parra

'Feigheit *f* ⟨-⟩ cobardía *f*

'Feigling *m* ⟨-s; -e⟩ cobarde *m,f*

Feile ['faɪlə] *f* lima *f*

'feilen *v/t* **1** limar; **2** *fig* ***an e-m Text ~*** pulir un texto

feilschen ['faɪlʃən] *v/i desp* ***um etw ~*** regatear a/c

fein [faɪn] **I** *adj* **1** fino; *Unterschied* pequeño; *Regen* menudo; **2** (*edel*) exquisito; ***alles nur vom &sten*** todo sólo de lo mejor *od* de lo más selecto; **3** (*vornehm*) distinguido; **4** F (*nett*) F bueno; ***ein ~er Kerl*** un gran tipo; **5** F (*schön*) ***~!*** ¡estupendo!; ***e-e ~e Sache*** una buena cosa; **II** *adv* fino; (*gut*) bien; F ***sie ist ~ heraus*** le ha salido bien

Feind [faɪnt] *m* ⟨-(e)s; -e⟩ enemigo *m*; ***sich*** (*dat*) ***j-n zum ~(e) machen*** enemistarse con alg

'Feindin *f* enemiga *f*

'feindlich I *adj* (*des Feindes*) enemigo;

F

(*feindselig*) hostil; **II** *adv* ***j-m ~ gesinnt sein*** querer mal a alg

'Feindschaft *f* enemistad *f*

'feindselig *adj* hostil; **≗keit** *f* hostilidad *f*

'feinfühlig *adj* sensible, delicado

'Fein|gebäck *n* pasteles *m/pl*; **~gefühl** *n* delicadeza *f*; **~gehalt** *m e-s Metalls* quilate *m*; **~gold** *n* oro *m* de ley

'Feinheit *f* finura *f*, sutileza *f* (*a fig*); *pl* ***die ~en*** los pequeños detalles

'feinkörnig *adj Sand*, FOT de grano fino

'Feinkost *f* exquisiteces *f/pl*; **~geschäft** *n* delicatessen *m*

'Fein|mechaniker(in) *m*(*f*) mecánico, -a *m,f* de precisión; **~schmecker(in)** *m*(*f*) gastrónomo, -a *m,f*, gourmet *m,f*, aficionado, -a *m,f* a la buena cocina; **~schmeckerlokal** *n* restaurante *m* para gastrónomos; **≗sinnig** *adj* de gusto refinado; **~strumpfhose** *f* medias *f/pl* finas; **~wäsche** *f* ropa *f* delicada; **~waschmittel** *n* detergente *m* suave

feist [faɪst] *adj desp* gordo, obeso

feixen ['faɪksən] F *v/i* (son)reír con sarcasmo

Feld [fɛlt] *n* ⟨-(e)s; -er⟩ **1** (*Land, Acker*) campo *m* (*a* INFORM, PHYS); ***auf freiem ~*** (**-*e***) en campo libre; **2** (*umgrenztes Gebiet*) terreno *m*; (*Sport≗*) terreno *m* de juego; **3** (*Schlacht≗*) campo *m* de batalla; *fig* ***das ~ räumen*** abandonar el terreno; *geh* ***gegen etw zu ~e ziehen*** lanzarse contra a/c; **4** *e-s Formulars, Brettspiels* casilla *f*; **5** SPORT (*Hauptgruppe*) pelotón *m*; **6** *fig* (*Bereich*) dominio *m*; ***das ist ein weites ~*** es un tema amplio

'Feld|arbeit *f* faenas *f/pl* del campo; **~bett** *n* catre *m*; **~flasche** *f* cantimplora *f*; **~hase** *m* liebre *f* de campo; **~herr** *m* general *m*; **~jäger** *pl* policía *f* militar; **~marschall** *m* mariscal *m* de campo; **~maus** *f* ratón *m* de campo; **~salat** *m* canónigos *m/pl*; **~spieler** *m* jugador *m* de campo; **~stecher** *m* OPTIK prismáticos *m/pl*; **~webel** *m* ⟨-s; -⟩ MIL sargento *m* primero; F *fig desp* sargento *m*; **~weg** *m* camino *m* vecinal; **~zug** *m* campaña *f*, expedición *f* (*a fig*)

Felge ['fɛlgə] *f* **1** TEC llanta *f*; **2** *Turnen* molino *m*

Fell [fɛl] *n* ⟨-(e)s; -e⟩ **1** piel *f*; pellejo *m*; ***mit ~ gefüttert*** forrado con piel; **2** F *fig* ***ein dickes ~ haben*** tener piel de elefante; ***j-m das ~ über die Ohren ziehen*** F desollar a alg

Fels [fɛls] *m* ⟨-en; -en⟩ roca *f*, peña *f*

'Fels|block *m* ⟨-s; ⸚e⟩, **~brocken** *m* peñasco *m*

'Felsen *m* ⟨-s; -⟩ roca *f*, peña *f*

'felsen'fest I *adj* inquebrantable; **II** *adv* firmemente; ***~ an etw*** (*acus*) ***glauben*** creer a/c a pies juntillas

'felsig *adj* rocoso

'Fels|spalte *f* grieta *f* (en una roca); **~wand** *f* pared *f* (de una roca)

feminin [femi'niːn] *adj* femenino

'Femininum *n* ⟨-s; -na⟩ GRAM femenino *m*

Femi|'nismus *m* ⟨-⟩ feminismo *m*; **~'nistin** *f* feminista *f*; **≗'nistisch** *adj* feminista

Fenchel ['fɛnçəl] *m* ⟨-s⟩ hinojo *m*

Fenster ['fɛnstər] *n* ⟨-s; -⟩ ventana *f* (*a* INFORM); *großes* ventanal *m*; *buntes, e-r Kirche* vidriera *f*; AUTO, *e-s Briefumschlags* ventanilla *f*; F *fig* ***das Geld zum ~ hinauswerfen*** tirar el dinero por la ventana; F *fig* ***weg vom ~ sein*** F haber desaparecido del mapa

'Fenster|bank *f* ⟨-; ⸚e⟩, **~brett** *n* alféizar *m*; **~briefumschlag** *m* sobre *m* de ventanilla; **~glas** *n* cristal *m* común; **~heber** *m* AUTO elevalunas *m*; **~laden** *m* contraventana *f*, postigo *m*; **~leder** *n* gamuza *f*; **~platz** *m* asiento *m* de ventanilla; **~putzer** *m* limpiaventanas *m*; **~rahmen** *m* bastidor *m od* marco *m* (de la ventana); **~scheibe** *f* cristal *m*; **~sims** *m* poyete *m* (de la ventana); **~tag** *m* puente *m*

Ferdinand ['fɛrdinant] *m* Fernando *m*

Ferien ['feːriən] *pl* vacaciones *f/pl*; ***die großen ~*** las vacaciones de verano; ***~ haben*** estar de vacaciones

'Ferien|dorf *n* urbanización *f* turística; **~haus** *n* casa *f* (para vacaciones); *auf dem Land* casa *f* rural; **~job** *m* trabajo *m* de vacaciones; **~kurs** *m* curso *m* de vacaciones; **~lager** *n* campamento *m* de vacaciones; **~reise** *f* viaje *m* de vacaciones; **~tag** *m* día *m* de vacaciones; **~wohnung** *f* apartamento *m* para vacaciones

Ferkel ['fɛrkəl] *n* ⟨-s; -⟩ **1** ZO cochinillo *m*, lechón *m*; **2** F *desp* cochino, -a *m,f*

Ferment [fɛr'mɛnt] *n* ⟨-(e)s; -e⟩ fermento *m*

fern [fɛrn] **I** *adj räumlich* lejano, distante; *zeitlich* remoto; ***~e Länder*** países *m/pl* lejanos; **II** *adv* lejos (***von*** de); ***von ~*** de lejos; *geh* ***j-n von j-m, etw ~ halten*** mantener a alg alejado de alg, a/c; *geh* ***sich von j-m, etw ~ halten*** mantenerse alejado de alg, a/c; ***~ liegen*** quedar lejos; ***es liegt mir ~ zu*** (*+inf*) no tengo la intención de (*+inf*); **III** *geh prp* ⟨*+dat*⟩ lejos de

fern'ab *geh adv u prp* ⟨*+dat*⟩ lejos de

'Fern|abfrage *f* TEL consulta *f* a distancia; **~bedienung** *f* mando *m* a distancia

'fernbleiben *geh v/i* ⟨*irr, sep*, sn⟩ no asistir (***dem Unterricht*** a clase)

'Fernbleiben *n* ⟨-s⟩ *von der Arbeit* absentismo *m* laboral

'ferne *geh adv* ***von ~*** de(sde) lejos

'Ferne *f* lejanía *f*; ***in der ~*** a lo lejos; ***aus der ~*** de lejos; ***in weiter ~*** muy lejos; ***das liegt noch in weiter ~*** aún falta mucho para que se realice eso
'ferner *adv* **1** (*außerdem*) además; **2** *geh* (*künftig*) en lo sucesivo
'Fern|fahrer(in) *m(f)* camionero, -a *m,f* (de largas distancias); **~flug** *m* vuelo *m* a gran distancia; **℞gelenkt** *adjt* teledirigido; **~gespräch** *n* TEL conferencia *f*; **℞gesteuert** *adjt* teledirigido; **~glas** *n* prismáticos *m/pl*; **~heizung** *f* (sistema *f* de) calefacción *f* a distancia; **~kopierer** *m* telefax *m*; **~kurs (-us)** *m* curso *m* por correspondencia *od* a distancia; **~laster** F *m*, **~lastzug** *m* camión *m* de transportes de largo recorrido; **~lenkung** *f* → ***Fernsteuerung***; **~licht** *n* AUTO luz *f* de carretera
'Fernmelde|amt *n* central *f* telefónica; **~satellit** *m* satélite *m* de telecomunicaciones
'fernmündlich I *adj* telefónico; **II** *adv* por teléfono
'Fern'ost ⟨*sin artículo*⟩ Extremo Oriente *m*; ***in ~*** en el Extremo Oriente
'fern'östlich *adj* del Extremo Oriente
'Fern|reise *f* viaje *m* a un lugar lejano; **~rohr** *n* ASTR telescopio *m*; **~ruf** *m auf Briefköpfen* teléfono *m*; **~schreiben** *n* télex *m*; **~schreiber** *m* teletipo *m*
'Fernseh|ansager(in) *m(f)* locutor, a *m,f* de televisión; **~apparat** *m* televisor *m*; **~diskussion** *f* debate *m* televisivo
'fernsehen *v/i* ⟨*irr, sep*⟩ ver la televisión
'Fernsehen *n* ⟨-s⟩ televisión *f*; ***im ~ übertragen*** (re)transmitir por televisión
'Fernseher F *m* F tele *f*
'Fernseh|film *m* película *f* de televisión; **~gebühren** *pl* impuesto *m* de la televisión; **~gerät** *n* → ***Fernsehapparat***; **~kamera** *f* cámara *f* (de televisión); **~programm** *n* **1** *Sendungen, Heft* programa *m* (de la televisión); **2** *Kanal* canal *m* (de la televisión); **~rechte** *pl* derechos *m/pl* de emisión; **~sender** *m* canal *m* de televisión; **~sendung** *f* emisión *f* (de televisión); **~serie** *f* serie *f* (de televisión); **~spiel** *n* película *f* (de televisión); **~spot** *m* anuncio *m* televisivo; **~studio** *n* estudio *m* (de televisión); **~turm** *m* torre *m* de televisión; **~übertragung** *f* (re)transmisión *f*; **~werbung** *f* publicidad *f* (en televisión); **~zeitschrift** *f* revista *f* de televisión; **~zuschauer(in)** *m(f)* telespectador, a *m,f*
'Fernsicht *f* vista *f* (panorámica)
Fernsprech... *in Zssgn* → ***Telefon...***
'Fernsprecher ADM *m* teléfono *m*
'fernsteuern *v/t* teledirigir
'Fern|steuerung *f* mando *m* a distancia; *fig* control *m* remoto; **~straße** *f* carretera *f* nacional; **~studium** *n* estudio *m* por correspondencia *od* a distancia; **~überwachung** *f* vigilancia *f* a distancia; **~unterricht** *m* clase *f* a distancia; *per Internet a* teleenseñanza *f*; **~verkehr** *m* transporte *m* a larga distancia; **~wärme** *f* sistema *m* de calefacción a distancia; **~weh** *geh n* nostalgia *f* de países lejanos; **~zug** *m* tren *m* de largo recorrido
Ferse ['fɛrzə] *f* talón *m*; *fig* ***j-m*** (***dicht***) ***auf den ~n sein*** pisarle a alg los talones
'Fersengeld F *n* ***~ geben*** pirárselas
fertig ['fɛrtɪç] *adj* **1** (*bereit*) dispuesto, listo (***zu, für*** para); ***das Essen ist ~!*** ¡la comida está lista!; **2** (*zu Ende*) acabado, hecho; ***ich bin*** (***mit meiner Arbeit***) ***~*** he terminado (el trabajo); ***schon ~!*** ¡acabé!; **3** F (*erschöpft*) F rendido, hecho polvo; **4** ***~ bringen*** (*beenden*) concluir, acabar; ***es ~ bringen zu*** (*+inf*) conseguir (*+inf*); ***~ machen*** (*beenden*) acabar, concluir; (*bereitmachen*) preparar; F (*zermürben*) agotar; F (*deprimieren, erledigen*) F hacer polvo; F (*zusammenschlagen*) F moler a palos; F (*töten*) cargarse; F (*zurechtweisen*) F echar una bronca (a); ***sich ~ machen*** (***für, zu***) prepararse (para); ***~ stellen*** concluir, acabar; *fig* ***mit j-m, etw ~ werden*** arreglárselas con alg, a/c
'Fertigbauweise *f* construcción *f* prefabricada
'fertigen *v/t* fabricar; *Kleidung* confeccionar
'Fertig|gericht *n* plato *m* preparado; **~haus** *n* casa *f* prefabricada; **~keit** *f* **1** (*Geschicklichkeit*) destreza *f*, habilidad *f*; **2** (*Fähigkeit*) aptitud *f*; **~produkt** *n* producto *m* manufacturado *od* elaborado; **~stellung** *f* conclusión *f*; TEC terminación *f*, acabado *m*; **~stellungstermin** *m* plazo *m* de terminación; **~teil** *n* componente *m* prefabricado
'Fertigung *f* ⟨-⟩ fabricación *f*, producción *f*; *v Kleidung* confección *f*; ***~ nach Maß*** producción *bzw* confección a medida
'Fertigungs|anlagen *f/pl* instalaciones *f/pl* de producción; **~industrie** *f* industria *f* de producción; **~kapazität** *f* capacidad *f* productiva; **~kosten** *pl* gastos *m/pl* de producción *od* de fabricación; **~linie** *f* línea *f* de confección; **~stätte** *f* centro *m* de producción
'Fertigware *f* producto *m* acabado
fesch [fɛʃ] *od österr* [feːʃ] *adj* **1** F *bsd österr* (*hübsch*) guapo; **2** *österr* (*nett*) amable
Fessel ['fɛsəl] *f* ⟨-; -n⟩ **1** atadura *f*; (*Kette*) cadena *f*; ***j-m ~n anlegen*** → ***fesseln* 1**; **2** *fig* traba *f*; **3** ANAT **~n** *pl e-s Tiers* espolones *m/pl*; *beim Menschen* tobillos *m/pl*

F

'fesseln *v/t* **1** atar, encadenar (**an** *+acus* a); **2** *fig* **j-n ~** cautivar *od* fascinar; **ans Bett gefesselt sein** tener que guardar cama
'fesselnd *adjt* cautivador, fascinante
fest [fɛst] **I** *adj* **1** (*nicht weich*) duro; *Masse* compacto; **2** (*nicht flüssig*) sólido; **~ werden** solidificarse; **3** (*haltbar*) permanente, duradero; *Faden, Stoff* resistente; *Knoten* apretado; **4** (*kräftig*) fuerte; *Schlaf* profundo; **5** (*unveränderlich*) fijo (*a Wohnsitz, Anstellung, Preise, Einkommen*); *Umrisse* claro; **~ angestellt** con empleo fijo; **6** (*unumstößlich*) firme, irrevocable, irrefutable; *Termin* fijo; inaplazable; **II** *adv* **1** en firme, firmemente; *Schraube* **~ anziehen** apretar; *Gegenstand* **~ anbringen** fijar; **2** *fig glauben* firmemente; *vereinbaren* formalmente; *versprechen* en firme; (**mit j-m**) **~ befreundet sein** ser novio (de alg)
Fest *n* ⟨-(e)s; -e⟩ fiesta *f* (*a Feiertag, Party*); **ein ~ feiern** celebrar, hacer una fiesta; (**ein**) **frohes ~!** ¡felices fiestas!
'Fest|akt *m* acto *m* (solemne), ceremonia *f*; **~angebot** *n* oferta *f* en firme, oferta *f* vinculante; **~anstellung** *f* empleo *m* fijo; **~auftrag** *m* pedido *m* en firme
'festbinden *v/t* ⟨*irr, sep*⟩ atar (**an** *+dat* a)
'Festessen *n* banquete *m*
'festfahren ⟨*irr, sep*⟩ *v/i* ⟨sn⟩, *v/r* ⟨h⟩ (**sich**) **~** atascarse (**in** *+dat* en) (*a fig*); *fig* **festgefahren sein** estar atascado (**in** *+dat* en), no poder continuar; *Diskussion, Verhandlungen a* estar en un punto muerto
'Festgeld *n* FIN depósito *m* a plazo fijo; **~konto** *n* FIN cuenta *f* a plazo (fijo)
'Festhalle *f* salón *m* de fiestas
'festhalten ⟨*irr, sep*⟩ **I** *v/t* **1** agarrar, sujetar (**am Arm** del brazo); **2** (*gefangen halten*) detener, retener; **3** (*fixieren*) fijar, retener; **4** (*konstatieren*) constatar; **II** *v/i* **5 an etw** (*dat*) **~** perseverar en a/c; **III** *v/r* **6 sich ~** sujetarse, agarrarse, aferrarse (**an** *+dat* a)
'festig|en *v/t* (*u v/r* **sich**) **~** consolidar(se), fortalecer(se) (*a fig*); *fig* estabilizar(se); **2keit** *f* ⟨-⟩ solidez *f*, estabilidad *f*, firmeza *f* (*a fig*); TEC solidez *f*, resistencia *f*; **2ung** *f* ⟨-⟩ consolidación *f*, estabilización *f*, fortalecimiento *m*
Festival ['fɛstivəl] *n* ⟨-s; -s⟩ festival *m*
'festklammern *v/r* ⟨*sep*⟩ **sich an j-m, etw ~** agarrarse a alg, a/c
'festkleben ⟨*sep*⟩ **I** *v/t* ⟨h⟩ pegar (**an etw** *dat* a a/c); **II** *v/i* ⟨sn⟩ estar pegado (**an etw** *dat* a a/c)
'festklemmen *v/t* ⟨*sep*⟩ fijar con pinzas
'Fest|körper *m* PHYS cuerpo *m* sólido; **~kosten** *pl* FIN costes *m/pl* fijos; **~land** *n* **1** *Gegensatz: Insel* continente *m*; **2** *Gegensatz: Meer* tierra *f* firme
'festlegen ⟨*sep*⟩ **I** *v/t* **1** establecer, fijar; *vertraglich a* estipular; **vertraglich ~** estipular por contrato; **2** *Kapital* invertir a plazo fijo, inmovilizar, colocar; **II** *v/r* **3 sich** (**auf etw** *acus*) **~** comprometerse (a a/c)
'festlich I *adj* de fiesta; (*feierlich*) solemne; **II** *adv* **~ begehen** celebrar; **~ gekleidet** vestido de gala
'Festlichkeit *f* **1** (*Fest*) festividad *f*; (*Festakt*) acto *m* solemne; **2** *Stimmung* solemnidad *f*
'festliegen *v/i* ⟨*irr, sep*⟩ *Datum* estar fijado; *Schiff* estar inmovilizado; *Kapital* estar inactivo
'festmachen ⟨*sep*⟩ **I** *v/t* **1** *Gegenstand* sujetar, fijar, amarrar (a MAR) (**an** *+dat* a); **2** *fig Termin, Geschäft* fijar, concertar; **II** *v/i* **3** MAR amarrar (**an** *+dat* a)
'Festmahl *geh n* banquete *m*
'festnageln *v/t* ⟨*sep*⟩ **1** clavar (**an** *+dat* a); **2** F *fig* **j-n** (**auf etw** *acus*) **~** comprometer a alg (a a/c)
Festnahme ['fɛstnaːmə] *f* detención *f*
'festnehmen *v/t* ⟨*irr, sep*⟩ detener
'Fest|netz *n* TEL red *f* fija; **~netzanschluss** *m* TEL conexión *f* a la red fija; **~platte** *f* INFORM disco *m* duro; **~preis** *m* precio *m* fijo
'Fest|rede *f* discurso *m* solemne; **~redner** (**-in**) *m(f)* orador, a *m,f*; **~saal** *m* salón *m* de festejos
'festschrauben *v/t* ⟨*sep*⟩ atornillar (**an** *+dat* a)
'Festschrift *f* publicación *f* de homenaje
'fest|setzen ⟨*sep*⟩ **I** *v/t Preis, Frist usw* fijar, establecer; *vertraglich a* estipular; **II** *v/r* **sich ~** *Schmutz* pegarse; **~sitzen** *v/i* ⟨*irr, sep*⟩ **1** (*gut halten*) estar bien sujeto; **2** (*klemmen*) estar atrancado *od* atascado; **3** *Fahrzeug, fig* no poder avanzar
'Festspeicher *m* INFORM memoria *f* muerta *od* inalterable
'Festspiele *pl* festival *m*
'feststehen *v/i* ⟨*irr, sep*⟩ ser seguro, constar; *Termin* estar fijado
'feststellen *v/t* ⟨*sep*⟩ **1** TEC fijar, sujetar; **2** *Tatsache, Tod, Irrtum, Echtheit* constatar, comprobar; *Ursache* determinar; (*nachsehen*) averiguar (**ob** si)
'Feststellung *f* averiguación *f*; constatación *f*, comprobación *f*
'Festtag *m* (día *m* de) fiesta *f*
'Festung *f* MIL fortaleza *f*
'Festungs|anlage *f* fortaleza *f*; **~wall** *m* muralla *f*
'festverzinslich *adj* de renta fija
'Fest|zelt *n* carpa *f*; **~zug** *m* desfile *m*
Fete ['feːtə] F *f* fiesta *f*
Feti|sch ['feːtɪʃ] *m* ⟨-es; -e⟩ fetiche *m* (*a*

fig); **~'schismus** *m* ⟨-⟩ fetichismo *m* (*a fig*)
fett [fɛt] **I** *adj* **1** *Nahrung, Haut, Haar* graso; **2** *desp Person* gordo; **3** (*üppig*) abundante, pingüe; ***~e Jahre*** años *m/pl* de abundancia; **II** *adv essen* con grasa; ***~ gedruckt*** (impreso) en negrita
Fett *n* ⟨-(e)s; -e⟩ grasa *f*; CHEM ***die ~e*** los lípidos; F *fig* ***sein ~ (ab)bekommen*** recibir críticas, llevarse su merecido
'fettarm I *adj* pobre en grasas; *Käse, Joghurt, Milch* desnatado; **II** *adv* ***~ essen*** comer sin grasas
'Fett|auge *n der Suppe* ***~n*** *pl* ojos *m/pl* de grasa; **~druck** *m* TYPO impresión *f* en negrilla *od* negrita
'fetten *v/t, v/i* engrasar
'Fett|fleck(en) *m* lámpara *f*, mancha *f* de grasa; **~gehalt** *m* contenido *m* en grasa; **&haltig** *adj* graso, adiposo
'fettig *adj* grasiento
'fettleibig *geh adj* obeso; **&keit** *geh f* ⟨-⟩ obesidad *f*
Fettnäpfchen ['-nɛpfçən] *n* ⟨-s; -⟩ F *scherzh* ***ins ~ treten*** meter la pata
'Fettpolster *n* panículo *m* adiposo
'fettreich I *adj* rico en grasas; **II** *adv essen* con mucha grasa
'Fett|schicht *f* capa *f* de grasa; **~sucht** *f* obesidad *f*; **~wanst** F *desp m* F barrigudo *m*
Fetus ['feːtʊs] *m* ⟨- *o* -ses; -se *o* Feten⟩ BIOL feto *m*
Fetzen ['fɛtsən] *m* ⟨-s; -⟩ jirón *m* (*a fig*); *mst pl* (*Lumpen*) harapo *m*; *mst pl e-s Gesprächs* retazo *m*; F (***arbeiten,***) ***dass die ~ fliegen*** (trabajar) como un loco
'fetzig F *adj* F marchoso
feucht [fɔʏçt] *adj* húmedo
'Feuchtbiotop *n od m* biotopo *m* húmedo
'feucht'fröhlich *adj* F *scherzh* ***~er Abend*** noche *f* de juerga (en la que se bebe mucho)
'Feuchtigkeit *f* ⟨-⟩ humedad *f*; **~screme** *f* crema *f* hidratante
'feucht|'kalt *adj* de frío húmedo; **'~'warm** *adj* de calor húmedo
feudal [fɔʏ'daːl] *adj* **1** HIST feudal; **2** F (*luxuriös*) elegante, lujoso
Feuda'lismus *m* ⟨-⟩ feudalismo *m*
Feuer ['fɔʏər] *n* ⟨-s; -⟩ **1** fuego *m* (*a* MIL); (*Brand*) incendio *m*; ***~!*** ¡fuego! (*a* MIL); ***~ (an)machen*** encender el fuego; ***~ fangen*** incendiarse; *fig* entusiasmarse; enamorarse; ***j-m ~ geben*** dar fuego a alg; ***~ speien*** escupir fuego; ***~ speiender Berg*** volcán *m*; **2** *fig* ***dafür lege ich meine Hand ins ~*** por eso pongo la mano en el fuego; ***für j-n durchs ~ gehen*** dejarse matar por alg; ***mit dem ~ spielen*** jugar con fuego; **3** MIL ***das ~ eröffnen*** abrir fuego; ***das ~ einstellen*** dar el alto el fuego; **4** *fig* ardor *m*, ímpetu *m*, fervor *m*; F ***~ und Flamme für j-n, etw sein*** entusiasmarse por alg, a/c
'Feuer|alarm *m* alarma *f* de incendio; **&beständig** *adj* resistente al fuego; **~bestattung** *f* incineración *f*, cremación *f*; **~eifer** *m* fervor *m*; **&fest** *adj* resistente al fuego; **&gefährlich** *adj* inflamable, combustible; **~gefecht** *n* tiroteo *m*; **~land** *n* ⟨-s⟩ Tierra *f* del Fuego; **~leiter** *f am Haus* escalera *f* de incendios; *der Feuerwehr* escalera *f* (de los bomberos); **~löscher** *m* extintor *m* (de incendios); **~melder** *m* avisador *m* de incendios
'feuern I *v/t* **1** F (*werfen*) tirar, arrojar; **2** F (*entlassen*) F echar (a la calle); **II** *v/i* **3** MIL (*schießen*) disparar (***auf*** *+acus* a), hacer fuego; **4** *mit Holz, Kohle* calentar (***mit*** con)
'Feuerprobe *f* prueba *f* de fuego; *fig* ***die ~ bestehen*** pasar la prueba de fuego
'feuer'rot *adj* rojo encendido; *Gesicht a* F como un tomate
'Feuer|schlucker F *m* tragafuegos *m*; **~stein** *m* piedra *f* (de encendedor); **~stelle** *f* fogón *m*, hogar *m*; **~taufe** *f* bautismo *m* de fuego (*a fig*)
'Feuerung *f* **1** (*Heizen*), *Anlage* calefacción *f*; **2** (*Heizmaterial*) combustible *m*
'Feuer|versicherung *f* seguro *m* contra incendios; **~wache** *f* puesto *m* de bomberos; **~waffe** *f* arma *f* de fuego
'Feuerwehr *f* ⟨-; -en⟩ (cuerpo *m* de) bomberos *m/pl*; ***die ~ alarmieren*** avisar a los bomberos
'Feuerwehr|auto *n* coche *m* de bomberos; **~mann** *m* ⟨-(e)s; ¨er *o* -leute⟩ bombero *m*
'Feuer|werk *n* fuegos *m/pl* artificiales (*a fig*); **~werkskörper** *m* cohete *m*; **~zeug** *n* mechero *m*, encendedor *m*
Feuilleton [fœjə'tõː] *n* ⟨-s; -s⟩ suplemento *m* cultural
feurig ['fɔʏrɪç] *adj* (*begeistert*) entusiasta; (*temperamentvoll*) fogoso, impetuoso; (*leidenschaftlich*) apasionado
ff. [ɛf'ʔɛf] *Abk* (*folgende Seiten*) ss. (*páginas siguientes*)
Fiaker [fi'akər] *m österr* coche *m* de caballos, (coche *m*) simón *m*
Fiasko [fi'asko] *n* ⟨-s; -s⟩ fiasco *m*, fracaso *m*
Fibel ['fiːbəl] *f* ⟨-; -n⟩ abecedario *m*
Fichte ['fɪçtə] *f* abeto *m* rojo, pícea *f*
ficken ['fɪkən] V *v/t, v/i* P joder, follar (***j-n*** *od* ***mit j-m*** a alg *od* con alg)
fidel [fi'deːl] F *adj* alegre
Fidschi ['fɪdʒi] *n* ⟨-s⟩ Islas *f/pl* Fidji
Fieber ['fiːbər] *n* ⟨-s⟩ fiebre *f* (*a fig*); ***~ haben***

F

tener fiebre; ***(bei j-m) ~ messen*** tomar(le) a alg la temperatura, medir(le) a alg la fiebre

'fieberfrei *adj* sin fiebre; *Kranker* ***~ sein*** (ya) no tener fiebre

'fieberhaft *adj* febril (*a fig*)

'fiebern *v/i* **1** tener fiebre; **2** *fig* ***vor Aufregung*** (*dat*) **~** temblar de nervios; **3** *fig* ***nach etw ~*** ansiar a/c, anhelar a/c

'fieber|senkend *adjt* antipirético; **≈thermometer** *n* termómetro *m*

'fiebrig *adj* febril (*a fig*)

Fied|el ['fiːdəl] *f* ⟨-; -n⟩ *scherzh* violín *m*; **≈eln** *v/i scherzh od desp* tocar el violín

fies [fiːs] F *adj* repugnante, asqueroso; antipático, vil; *Trick* sucio

Figur [fi'guːr] *f* **1** SPORT, KUNST, MAT figura *f*; **2** (*Schach≈*) pieza *f*; **3** (*Körperwuchs*) figura *f*, tipo *m*; ***sie hat e-e gute ~*** tiene buen tipo; *fig* ***e-e gute, schlechte ~ machen*** causar buena, mala impresión; **4** (*Person, Roman≈*) personaje *m*; **5** (*kleine Statue*) figurita *f*

figürlich [fi'gyːrlıç] *adj* figurado

Fik|tion [fıktsi'oːn] *f* ficción *f*; **≈'tiv** *adj* ficticio

Filet [fi'leː] *n* ⟨-s; -s⟩ filete *m*; **~steak** *n* solomillo *m*

Filial|e [fili'aːlə] *f* sucursal *f*; **~leiter(in)** *m(f)* director, a *m,f* de sucursal; **~unternehmen** *n* empresa *f* filial

Filigranarbeit [fili'graːn-] *f* filigrana *f*

Film [fılm] *m* ⟨-(e)s; -e⟩ **1** KINO, FOT, TV película *f* (*a dünne Schicht*); FOT *a* rollo *m*, carrete *m*; **2** *Branche* cine *m*; F ***er ist beim ~*** hace cine

'Film|atelier *n* estudio *m* cinematográfico; **~aufnahme** *f* toma *f*

'Filmemacher(in) *m(f)* director, a *m,f* de cine

'filmen *v/t, v/i* rodar *od* filmar (una película)

'Film|festspiele *pl* festival *m* de cine; **~gesellschaft** *f* productora *f* cinematográfica; **~kamera** *f* cámara *f* (de cine); **~kritiker(in)** *m(f)* crítico, -a *m,f* de cine; **~musik** *f* banda *f* sonora; **~preis** *m* premio *m* cinematográfico; **~produzent(in)** *m(f)* productor, a *m,f* de cine; **~regisseur(in)** *m(f)* realizador, a *m,f*, director, a *m,f* de cine; **~rolle** *f* papel *m* (en una película); **~schauspieler (-in)** *m(f)* actor, actriz *m,f* de cine; **~star** *m* estrella *f* de cine; **~studio** *n* estudio *m* cinematográfico; **~theater** *n* cine *m*; **~verleih** *m* distribuidora *f* cinematográfica; **~vorführer(in)** *m(f)* operador, a *m,f* (de cine)

Filter ['fıltər] *m*, TEC *mst n* filtro *m*

'Filterkaffee *m* café *m* (de filtro)

'filtern *v/t* filtrar (*a fig*)

'Filter|papier *n* papel *m* de filtro; **~tüte** *f* filtro *m*; **~zigarette** *f* cigarrillo *m* con filtro

fil'trieren [fıl'triːrən] *v/t* ⟨*sin* ge⟩ filtrar

Filz [fılts] *m* ⟨-es; -e⟩ **1** fieltro *m*; **2** F (*Kungelei*) F enchufismo *m*

'filzen I F *v/t* (*durchsuchen*) registrar, cachear; **II** *v/i Wolle* apelmazarse

'Filz|hut *m* sombrero *m* de fieltro; **~laus** *f* ZO ladilla *f*; **~pantoffel** *m* pantufla *f* de fieltro; **~schreiber** *m*, **~stift** *m* rotulador *m*

Fimmel ['fıməl] F *m* ⟨-s; -⟩ manía *f*; ***e-n ~ haben*** F faltarle (a alg) un tornillo

Finale [fi'naːlə] *n* ⟨-s; -⟩ **1** MUS final *m*; **2** (*Endspiel*) final *f*

Fina'list(in) *m(f)* finalista *m,f*

Financier [finɑ̃s'jeː] *m* ⟨-s; -s⟩ financiero *m*

Finanz... [fi'nants...] *in Zssgn mst* financiero, de finanzas

Fi'nanzamt *n* Delegación *f* de Hacienda; ***beim ~ anmelden*** darse de alta en la Licencia Fiscal

Fi'nanz|beamte(r) *m*, **~beamtin** *f* funcionario, -a *m,f* de Hacienda; **~berater(in)** *m(f)* asesor, a *m,f* financiero, --a; **~bericht** *m* informe *m* financiero; **~buchhaltung** *f* contabilidad *f* general; **~chef(in)** *m(f)* jefe, -a *m,f* de financiación

Fi'nanz|en *pl* finanzas *f/pl*; **~erträge** *m/pl Buchhaltung* ingresos *m/pl* financieros; **~hilfe** *f* ayuda *f* financiera, apoyo *m* financiero

finanzi'ell I *adj* financiero, económico; ***~e Sorgen haben*** tener problemas económicos; **II** *adv* económicamente

finan'zieren *v/t* ⟨*sin* ge⟩ financiar

Finan'zierung *f* financiación *f*; ***kurz-, lang-, mittelfristige ~*** financiación *f* a corto, largo, medio plazo

Finan'zierungs|gesellschaft *f* sociedad *f* financiera; **~lücke** *f* déficit *m* de recursos; **~plan** *m* plan *m* de financiación; **~quelle** *f* fuente *f* de financiación

Fi'nanz|jahr *n* año *m* fiscal, ejercicio *m* financiero; **~kraft** *f* capacidad *f* financiera; **≈kräftig** *adj* con capacidad financiera *od* económica

Fi'nanz|lage *f* situación *f* financiera; **~markt** *m* mercado *m* financiero; **~minister(in)** *m(f)* ministro, -a *m,f* de Hacienda; **~ministerium** *n* Ministerio *m* de Hacienda; **~platz** *m* plaza *f* financiera; **≈schwach** *adj* con poca capacidad financiera *od* económica; **~sektor** *m* sector *m* financiero; **~struktur** *f* estructura *f* financiera; **~vermögen** *n* activo *m* financiero; **~volumen** *n* volumen *m* financiero; **~wirtschaft** *f* economía *f* financiera

Findelkind ['fındəl-] *n* expósito, -a *m,f*

finden ['fɪndən] ⟨findet, fand, gefunden⟩ **I** *v/t* **1** (*auf~*, *heraus~*, *vor~*) encontrar, hallar; *unvermutet* dar con; ***Arbeit ~*** encontrar trabajo; **2** ***den Tod ~*** llegarle la muerte; ***Freude daran ~ zu*** (*+inf*) gustarle …; **3** (*beurteilen*) encontrar, opinar (***dass*** que); ***etw gut ~*** encontrar bien a/c; ***wie ~ Sie das?*** ¿qué le parece esto?; **II** *v/i* ***nach Hause ~*** encontrar el camino a casa; *fig* ***zu sich selbst ~*** encontrarse a sí mismo; **III** *v/r* ***sich ~*** encontrarse; *fig* arreglarse; ***das wird sich schon alles ~*** ya se arreglará todo

'Finder|(in) *m(f) persona que ha encontrado algo*; **~lohn** *m* gratificación *f*

'findig *adj* ingenioso, astuto

Finesse [fi'nɛsə] *f* **1** (*Trick*) truco *m*; (*Raffinesse*) astucia *f*; **2** *in der Ausstattung* detalle *m*, fineza *f*; ***mit allen ~n*** muy sofisticado

Finger ['fɪŋər] *m* **1** dedo *m*; ***der kleine ~*** el dedo meñique; ***~ weg!*** ¡no se toca!; **2** *mit prp* F *fig* ***j-m auf die ~ klopfen*** darle a alg en los nudillos; ***j-m auf die ~ sehen*** vigilar a alg muy de cerca (*a fig*); *fig* ***sich*** (*dat*) ***etw aus den ~n saugen*** inventarse a/c, sacarse a/c de la manga; ***sich*** (*dat*) ***in den ~ schneiden*** cortarse un dedo; F *fig* F pillarse los dedos; ***mit ~n auf j-n zeigen*** señalar con el dedo a alg (*a fig*); F *fig* ***sich*** (*dat*) ***die ~ lecken*** (***nach***) F chuparse los dedos (por); F *fig* ***j-n um den*** (***kleinen***) ***~ wickeln*** ganarse a alg; **3** *mit Verb* F *fig* ***keinen ~ krumm machen, rühren*** no mover ni un dedo; *fig* ***sich*** (*dat*) ***die ~ nicht schmutzig machen*** no mojarse; *fig* ***sich*** (*dat*) ***die ~ verbrennen*** pillarse los dedos

'Fingerabdruck *m* ⟨-(e)s; -drücke⟩ huella *f* dactilar; ***genetischer ~*** característica *f* genética, huella *f* dactilar genética

'Finger|breit *m* ⟨-; -⟩ *Abstand* dedo *m*; *fig* ápice *m*; **≗fertig** *adj* hábil, diestro; **~fertigkeit** *f* habilidad *f*, destreza *f*; **~hut** *m* **1** *beim Nähen* dedal *m*; **2** BOT dedalera *f*; **~kuppe** *f* yema *f* del dedo

'fingern *v/i* ***an etw*** (*dat*) ***~*** toquetear *od* manosear a/c

'Finger|nagel *m* uña *f*; **~spitze** *f* yema *f* del dedo; **~spitzengefühl** *n* tacto *m*; **~zeig** *m* ⟨-(e)s; -e⟩ señal *f*, indicación *f*

fingieren [fɪŋ'gi:rən] *v/t* ⟨*sin* ge⟩ fingir, simular; ***fingiert*** *Rechnung* ficticio, simulado

Finish ['fɪnɪʃ] *n* ⟨-s; -s⟩ SPORT final *f*

Fink [fɪŋk] *m* ⟨-en; -en⟩ pinzón *m*

Finn|e ['fɪnə] *m* ⟨-n; -n⟩, **~in** *f* finlandés, -esa *m,f*; **≗isch** *adj* finlandés; *Sprache*, *Kultur* finés; **~land** *n* ⟨-s⟩ Finlandia *f*

finster ['fɪnstər] **I** *adj* oscuro; *fig* tenebroso, sombrío (*a Blick*, *Gedanken*); ***im ≗n*** a oscuras; **II** *adv* ***~ dreinschauen*** tener mirada sombría

'Finsternis *f* ⟨-⟩ oscuridad *f*, tinieblas *f/pl*

Finte ['fɪntə] *f* SPORT finta *f*; artimaña *f*, treta *f*

Firlefanz ['fɪrləfants] F *m* ⟨-es⟩ **1** (*Unsinn*) sandeces *f/pl*; **2** (*wertlose Gegenstände*) cachivaches *m/pl*

firm [fɪrm] *adj* ***in etw*** (*dat*) ***~ sein*** conocer a/c a fondo; F estar puesto en a/c

Firma ['fɪrma] *f* ⟨-; -men⟩ empresa *f*, casa *f*, firma *f*

Firmament [fɪrma'mɛnt] *poet n* ⟨-(e)s; -e⟩ firmamento *m*

'firmen *v/t* KATH confirmar

'Firmen|anschrift *f* dominio *m* social, dirección *f* de la empresa; **~fusion** *f* fusión *f* de empresas; **~gründer(in)** *m(f)* fundador, a *m,f* de una empresa; **~gruppe** *f* consorcio *m*; **~image** *n* identidad *f* corporativa; **~inhaber(in)** *m(f)* titular *m,f* de la empresa; **~jubiläum** *n* aniversario *m* de la empresa; **~logo** *n* logotipo *m*; **~name** *m* nombre *m* de la empresa, razón *f* social; **~register** *n* registro *m* de comercio; **~schild** *n* letrero *m*; **~schließung** *f* cierre *f* de empresa; **~sitz** *m* sede *f* social; **≗spezifisch** *adj* específico de la empresa; **~verzeichnis** *n* guía *f* comercial; **~wagen** *m* coche *m* de la empresa; **~wert** *m* fondo *m* de comercio; **~zeichen** *n* marca *f* de fábrica; **~zusammenschluss** *m* fusión *f*

fir'mieren *v/i* ⟨*sin* ge⟩ COM ***~ als …*** llevar como razón social …

'Firm|ling *m* ⟨-s; -e⟩ KATH confirmado, -a *m,f*; **~ung** *f* KATH confirmación *f*

Firn [fɪrn] *m* ⟨-(e)s; -e⟩ nieve *f* ventada

Firnis ['fɪrnɪs] *m* ⟨-ses; -se⟩ barniz *m*

First [fɪrst] *m* ⟨-(e)s; -e⟩ caballete *m*

First Lady [fø:rst 'le:di] *f* ⟨-; -s⟩ POL Primera Dama *f*

fis, **Fis** [fɪs] *n* ⟨-; -⟩ MUS fa *m* sostenido

Fisch [fɪʃ] *m* ⟨-es; -e⟩ **1** pez *m*; *als Speise* pescado *m*; ***stumm wie ein ~ sein*** estar callado como un muerto; F ***weder ~ noch Fleisch sein*** F no ser ni chicha ni limonada; **2** ASTR *pl* **~e** Piscis *m*

'fischen *v/t*, *v/i* **1** pescar; **2** *fig* ***etw aus etw ~*** sacar *od* pescar a/c de a/c; ***im Trüben ~*** pescar en río revuelto

'Fischer *m* pescador *m*; **~boot** *n* barco *m* pesquero; **~dorf** *n* pueblo *m* pesquero

Fische'rei *f* ⟨-⟩ pesca *f*; **~hafen** *m* puerto *m* pesquero

'Fisch|fang *m* pesca *f*; **~fangflotte** *f* flota *f* pesquera; **~filet** *n* filete *m* de pescado; **~gericht** *n* plato *m* de pescado; **~geschäft** *n*

F

pescadería *f*; **~gräte** *f* espina *f*, raspa *f*; **~grätenmuster** *n* dibujo *m* de espiga; **~gründe** *pl* caladero *m*; **~händler(in)** *m(f)* pescadero, -a *m,f*; **~konserve** *f* conserva *f* de pescado; **~kutter** *m* (barco *m*) pesquero *m*; **~markt** *m* mercado *m* de pescado; lonja *f*; **~mehl** *n* harina *f* de pescado; **~messer** *n* cuchillo *m* de pescado; **~otter** *m* nutria *f*; **~reiher** *m* garza *f* real; **~restaurant** *n* restaurante *m* especializado en pescado; **~stäbchen** *pl* delicias *f/pl od* barritas *f/pl* de pescado; **~sterben** *n* ⟨-s⟩ mortandad *f* piscícola; **~suppe** *f* sopa *f* de pescado; **~vergiftung** *f* intoxicación *f* por pescado, ictismo *m*; **~zucht** *f* piscicultura *f*; **~zuchtbetrieb** *m* piscifactoría *f*

Fisimatenten [fizima'tɛntən] F *pl* ***~ machen*** dar rodeos

Fiskus ['fɪskʊs] *m* ⟨-⟩ Hacienda *f*, fisco *m*

Fisole [fi'zoːlə] *f österr* judía *f* verde

Fistel ['fɪstəl] *f* ⟨-; -n⟩ MED fístula *f*; **~stimme** *f* falsete *m*

fit [fɪt] *adj* ⟨fitter, fitteste⟩ en (buena) forma; ***sich ~ halten*** mantenerse en forma; ***j-n ~ machen*** devolver(le) la forma a alg; *fig* ***ein Unternehmen für etw ~ machen*** preparar una empresa para a/c

Fitness ['fɪtnɛs] *f* ⟨-⟩ buena forma *f*, fitness *m*; **~center** [-sɛntər] *n* ⟨-s; -⟩ gimnasio *m*, centro *m* de fitness; **~raum** *m* gimnasio *m*; **~studio** *n* → ***Fitnesscenter***

Fittich ['fɪtɪç] *poet m* ⟨-(e)s; -e⟩ ala *f*; F *fig* ***j-n unter s-e ~e nehmen*** acoger a alg bajo su manto

fix [fɪks] *adj* **1** (*fest*) fijo (*a* COM); **2** F (*schnell*) ligero, rápido, ágil; (*aufgeweckt*) espabilado; **3** ***~ und fertig*** (*vorbereitet*) listo; (*erschöpft*) F hecho polvo

'fixen F *v/i* inyectarse; F pincharse

'Fixer(in) *m* F (*f*) enganchado, -a *m,f*

fixieren [fɪ'ksiːrən] *v/t* ⟨*sin* ge⟩ **1** (*festlegen*) fijar (*a* FOT); **2** (*anschauen*) mirar fijamente; **3** PSYCH ***fixiert sein auf*** (*+acus*) depender emocionalmente de

Fi'xierung *f* fijación *f* (*a* PSYCH)

'Fix|kosten *pl* costes *m/pl* fijos; **~platzierung** *f Werbung* espacio *m* fijo

'Fixum *n* ⟨-s; Fixa⟩ COM sueldo *m* fijo

Fjord [fjɔrt] *m* ⟨-(e)s; -e⟩ fiordo *m*

FKK [ɛfkaː'kaː] *Abk* (*Freikörperkultur*) nudismo *m*; **~-Anhänger(in)** *m(f)* nudista *m,f*; **~-Strand** *m* playa *f* nudista

flach [flax] **I** *adj* **1** *Dach*, *Absatz* plano; *Teller*, *Gelände*, *Küste* llano; *Gebäude*, *Stirn* bajo; *Gewässer* poco profundo; *Ball* al ras; ***die ~e Hand*** la palma de la mano; **2** *fig Unterhaltung* superficial, trivial; **II** *adv* ***sich ~ hinlegen*** echarse

'Flach|bildschirm *m* INFORM, TV pantalla *f* plana; **~dach** *n* tejado *m* plano

Fläche ['flɛçə] *f* superficie *f*; (*Gebiet*) área *f* (*a* MAT); (*Seiten*2) cara *f*

'Flächen|brand *m incendio que se propaga rápidamente*; **2deckend** *adjt* completo, que cubre determinada superficie; **~inhalt** *m* área *f*; **~maß** *n* medida *f* de superficie; **~stilllegung** *f* reducción *f* de áreas agrarias

'flach|fallen F *v/i* ⟨*irr*, *sep*, sn⟩ suspenderse; **2land** *n* llanura *f*, llano *m*

Flachs [flaks] *m* ⟨-es⟩ **1** BOT lino *m*; **2** F (*Scherz*) broma *f*

'flachsen F *v/i* bromear

flackern ['flakərn] *v/i Feuer* flamear; *Licht* centellear, titilar

Fladen ['flaːdən] *m* ⟨-s; -⟩ **1** GASTR torta *f*; **2** (*Kuh*2) boñiga *f*; **~brot** *n* pan *m* árabe

Flagge ['flagə] *f* bandera *f*; MAR *a* pabellón *m*; ***unter spanischer ~ fahren*** ir bajo pabellón español; ***die ~ streichen*** abatir la bandera; *fig* ***~ zeigen*** tomar partido

'flaggen *v/i* enarbolar la bandera

'Flaggschiff *n* buque *m* insignia (*a fig*)

Flair [flɛːr] *n* ⟨-s⟩ (*besonderer Reiz*) encanto *m*; (*Atmosphäre*) ambiente *m*

Flak [flak] *f* ⟨-; -(s)⟩ MIL defensa *f* antiaérea

Flakon [fla'kõː] *n od m* ⟨-s; -s⟩ frasquito *m*

flambieren [flam'biːrən] *v/t* ⟨*sin* ge⟩ GASTR flamear

Flam|e ['flaːmə] *m* ⟨-n; -n⟩, **Flämin** ['flɛːmɪn] *f* flamenco, -a *m,f*

Flamingo [fla'mɪŋgo] *m* ⟨-s; -s⟩ ZO flamenco *m*

flämisch ['flɛːmɪʃ] *adj* flamenco

Flamme ['flamə] *f* **1** llama *f*; ***in ~n aufgehen*** arder; ***in ~n stehen*** estar en llamas; **2** (*Brennstelle*) fuego *m*; ***auf kleiner ~ kochen*** preparar a fuego lento; **3** F *iron* (*Geliebte*) amor *m*

'flammend *adjt* ardiente; *fig Rede*, *Appell* apasionado; *Rot* vivo

'Flammen|meer *geh n* mar *m* de llamas; **~werfer** *m* lanzallamas *m*

Flandern ['flandərn] *n* ⟨-s⟩ Flandes *m*

Flanell [fla'nɛl] *m* ⟨-s; -e⟩ franela *f*; **~hemd** *n* camisa *f* de franela

flanieren [fla'niːrən] *v/i* ⟨*sin* ge, h *o* sn⟩ callejear

Flanke ['flaŋkə] *f* **1** (*Seite*) flanco *m* (*a* MIL); **2** *Fußball* centro *m*

'flanken *v/t*, *v/i Fußball* centrar

flan'kieren *v/t* ⟨*sin* ge⟩ flanquear; *fig* ***~de Maßnahmen*** medidas *f/pl* adicionales

Flansch [flanʃ] *m* ⟨-(e)s; -e⟩ brida *f*

flapsig ['flapsɪç] F *adj* (*ungezwungen*) fresco; (*flegelhaft*) grosero

Fläschchen ['flɛʃçən] *n* ⟨-s; -⟩ PHARM frasco *m*; *für Säuglinge* biberón *m*

Flasche ['flaʃə] *f* **1** botella *f*; *für Säuglinge* biberón *m*; ***e-e ~ Wein*** una botella de vino; ***in ~n*** (*acus*) ***füllen*** embotellar; *fig* ***zur ~ greifen*** F empinar el codo; **2** F *fig* (*Dummkopf*) F simple *m*; (*Versager*) F cero *m* a la izquierda

'**Flaschen|bier** *n* cerveza *f* embotellada; **~bürste** *f* escobilla *f* para botellas; **~hals** *m* gollete *m*, cuello *m* de (la) botella (*a fig*); **~kind** *n* niño *m* criado con biberón; **~milch** *f* leche *f* embotellada; **~öffner** *m* abrebotellas *m*; **~pfand** *n* depósito *m* (por el casco); **~post** *f* botella *f* (que se echa al mar) con un mensaje; **~wein** *m* vino *m* embotellado; **~zug** *m* TEC polea *f*

Flatter ['flatər] F ***die ~ machen*** F largarse, pirárselas

'**flatterhaft** *adj* inconstante

'**flattern** *v/i* **1** ⟨sn⟩ *Vogel* aletear, revolotear; *fig* ***j-m auf den Tisch ~*** F caerle (a alg) por sorpresa; **2** *Fahne* ondear; *Kleider*, *Haare* levantarse, moverse (***im Winde*** por el viento); **3** *fig Herz* palpitar; ***j-s Nerven ~*** F alg tiene los nervios de punta

'**Flattersatz** *m* TYPO modo *m* no alineado; ***in ~*** justificado a la izquierda

flau [flaʊ] *adj* **1** *Wind* débil; **2** (*übel*) ***mir ist*** (***ganz***) ***~*** me mareo; **3** *Börse* flojo

Flaum [flaʊm] *m* ⟨-(e)s⟩ vello *m*, pelusilla *f*; (*~federn*) plumón *m*

'**Flaum|feder** *f* plumón *m*; **≗ig** *adj* plumoso, velloso

Flausch [flaʊʃ] *m* ⟨-(e)s; -e⟩ *Textilien* frisa *f*; '**≗ig** *adj* suave

Flausen ['flaʊzən] F *pl* ***~ im Kopf haben*** tener la cabeza a pájaros

Flaute ['flaʊtə] *f* **1** MAR calma *f* (chicha) (*a fig*); **2** COM estancamiento *m*

Flechte ['flɛçtə] *f* **1** MED eczema *m*; **2** BOT liquen *m*

'**flechten** *v/t* ⟨flicht, flocht, geflochten⟩ *Haar*, *Korb*, *Kranz* trenzar; ***Zöpfe ~*** hacer trenzas

Fleck [flɛk] *m* ⟨-(e)s; -e *o* -en⟩ **1** mancha *f* (*a fig*); ***blauer ~*** moratón *m*, cardenal *m*; ***~e geben*** manchar; **2** (*Ort*, *Stelle*) sitio *m*, punto *m*; ***nicht vom ~ kommen*** no poder avanzar; ***sich nicht vom ~ rühren*** no moverse del sitio

'**Flecken** *m* ⟨-s; -⟩ **1** → ***Fleck 1***; **2** (*Ortschaft*) pueblo *m*, aldea *f*

'**Fleck|entferner** *m*, **~enwasser** *n* ⟨-s; -⟩ quitamanchas *m*; **≗ig** *adj* con manchas; *Obst* picado

Fledermaus ['fleːdər-] *f* murciélago *m*

Fleece [fliːs] *n* ⟨-⟩ *Textilien* fleece *m*

Flege|l ['fleːgəl] *m* ⟨-s; -⟩ gamberro *m*, grosero *m*, bruto *m*; **~'lei** *f* grosería *f*, gamberrada *f*

'**flegel|haft** *adj* grosero; **≗jahre** *pl* edad *f* del pavo

flehen ['fleːən] *v/i* suplicar, implorar (***bei*** *od* ***zu j-m*** a alg; ***um etw*** a/c)

'**flehentlich** *geh* **I** *adj* suplicante; **II** *adv* encarecidamente, con insistencia

Fleisch [flaɪʃ] *n* ⟨-(e)s⟩ **1** BIOL, GASTR carne *f*; (*Frucht≗*) *a* pulpa *f*; ***~ fressend*** carnívoro; **2** *fig* ***j-m in ~ und Blut übergegangen sein*** ser lo natural para alg; *geh* ***sein eigen(es) ~ und Blut*** carne de su carne; ***sich*** (*dat*) ***ins eigene ~ schneiden*** tirar piedras contra el propio tejado

'**Fleischbrühe** *f* caldo *m* de carne; consomé *m*

'**Fleische|r(in)** *m*(*f*) carnicero, -a *m,f*; *für Schweinefleisch u Wurstwaren* charcutero, -a *m,f*; **~'rei** *f* carnicería *f*; *für Schweinefleisch u Wurstwaren* charcutería *f*

'**Fleisch|gericht** *n* plato *m* de carne; **~hauer(-in)** *m*(*f*), **~hauerei** *f österr* → ***Fleischer(-in)***, ***Fleischerei***; **≗ig** *adj* carnoso; **~käse** *m* paté *m* de cerdo; **~klößchen** *n* ⟨-s; -⟩ albóndiga *f*; **~küchle** *n* ⟨-s; -⟩ *südd*, **~la(i)berl** *n* ⟨-s; -n⟩ *österr* hamburguesa *f*; **≗lich** *adj* carnal; **≗los** *adj* sin carne, vegetariano; **~pflanzerl** *n* ⟨-s; -⟩ *südd* hamburguesa *f*; **~salat** *m* salpicón *m* de carne; **~tomate** *f* tomate *m* para ensalada; **~vergiftung** *f* botulismo *m*; **~waren** *pl* carne *m*, productos *m/pl* cárnicos; **~wolf** *m* triturador *m*, picadora *f* de carne; **~wunde** *f* herida *f* profunda; **~wurst** *f* embutido *m*

Fleiß [flaɪs] *m* ⟨-es⟩ aplicación *f*, diligencia *f*; (*Eifer*) empeño *m*; *prov* ***ohne ~ kein Preis*** quien algo quiere, algo le cuesta

'**fleißig** *adj* (*arbeitsam*) trabajador, aplicado; (*eifrig*) asiduo

flektieren [flɛk'tiːrən] *v/t* ⟨*sin* ge⟩ *Substantiv*, *Adjektiv* declinar; *Verb* conjugar

flennen ['flɛnən] F *v/i* llorar

fletschen ['flɛtʃən] *v/t* ***die Zähne ~*** regañar los dientes

flexibel [flɛ'ksiːbəl] *adj* ⟨-bl-⟩ flexible (*a fig*)

flexibili|'sieren *v/t* ⟨*sin* ge⟩ flexibilizar; **≗'sierung** *f* flexibilización *f*; **≗'tät** *f* ⟨-⟩ flexibilidad *f* (*a fig*)

Flexion [flɛksi'oːn] *f* GRAM flexión *f*

flicken ['flɪkən] *v/t Kleidung* remendar; *Schlauch* poner parches

'**Flick|en** *m* ⟨-s; -⟩ *für Kleidung* remiendo *m*; *für e-n Schlauch* parche *m*; **~werk** *n desp* F chapuza *f*, chapucería *f*; **~zeug** *n* estuche *m* de reparaciones

Flieder ['fliːdər] *m* BOT lila *f*

Fliege ['fliːgə] *f* **1** zo mosca *f*; *fig* ***zwei ~n mit e-r Klappe schlagen*** matar dos pájaros de un tiro; *fig* ***keiner ~ etw zuleide tun*** no matar una mosca; F ***mach die ~!*** F ¡lárgate!;

F

2 (*Querbinder*) pajarita *f*

'fliegen ⟨flog, geflogen⟩ **I** *v/t* **1** ⟨h⟩ *Flugzeug* pilotar; *Personen, Waren* transportar (por aire); **2** ⟨h *o* sn⟩ *Strecke* sobrevolar; *Kurve, Looping* hacer; **II** *v/i* ⟨sn⟩ **3** *Vogel, Insekt,* AVIA volar; (***mit dem Flugzeug***) **~** ir (en avión) (***nach Madrid*** a Madrid); **4** *Ball, Pfeil* volar, ser lanzado; F *Gegenstände* ***durch die Luft* ~** volar por los aires; ***durchs*** *od* ***aus dem Fenster* ~** ser arrojado por la ventana; ***die Bücher flogen in die Ecke*** tiró los libros en la esquina; **5** F (*entlassen werden*) ser despedido; F ser puesto de patitas en la calle; ***von der Schule* ~** ser expulsado del colegio; **6** F (*fallen*) caerse; *fig* ***durch die Prüfung* ~** F cargar el examen; **7** F ***auf j-n, etw* ~** volverse loco por alg, a/c

'Fliegen *n* ⟨-s⟩ vuelo *m*

'fliegend *adjt* volante; ***~er Händler*** vendedor *m* ambulante

'Fliegen|fänger *m* mosquero *m*; **~gewicht** *n*, **~gewichtler** *m* SPORT peso *m* mosca; **~klatsche** *f* matamoscas *m*; **~pilz** *m* oronja *f* falsa

'Flieger *m* **1** (*Pilot*) aviador *m*, piloto *m* (*a* MIL); **2** F (*Flugzeug*) avión *m*; **~alarm** *m* alarma *f* aérea

Fliege'rei *f* ⟨-⟩ aviación *f*

'Flieger|horst *m* base *f* aérea; **~in** *f* aviadora *f*, piloto *f*; **~jacke** *f* cazadora *f* de aviador

fliehen ['fliːən] ⟨floh, geflohen⟩ **I** *geh v/t* ⟨h⟩ (re)huir, evitar; **II** *v/i* ⟨sn⟩ huir (***vor j-m, etw*** de alg, a/c); *Gefangener* fugarse (***aus*** de)

'fliehend *adjt Stirn, Kinn* huidizo

'Fliehkraft *f* fuerza *f* centrífuga

Fliese ['fliːzə] *f* azulejo *m*; *für den Fußboden* baldosín *m*; ***mit ~n auslegen*** poner baldosines

'fliesen *v/t* poner azulejos *od* baldosines (en)

'Fliesenleger(in) *m(f)* solador, a *m,f*

'Fließband *n* ⟨-(e)s; ⸚er⟩ cinta *f*, cadena *f* de montaje; ***am* ~ *arbeiten*** trabajar en cadena

'Fließband|arbeit *f* trabajo *m* en cadena; **~fertigung** *f* producción *f* en cadena

fließen ['fliːsən] *v/i* ⟨floss, geflossen, sn⟩ correr, fluir (*a Verkehr*); EL circular, pasar; *Geld* darse, gastarse; *fig Blut* derramarse; **~ *in*** (+*acus*) *Fluss* desembocar en; **~ *durch*** pasar por

'fließend I *adjt* corriente; *fig Grenze* difuso; **II** *advl sprechen* fluidamente, con soltura

'Fließheck *n* AUTO trasera *f* aerodinámica

flimmer|frei ['flɪmər-] *adj Bildschirm* libre de centelleo; **℘kiste** F *scherzh f* F caja *f* tonta

'flimmern *v/i Stern* centellear, titilar; *Bild* vibrar, *Bildschirm* centellear, parpadear; ***es flimmert mir vor den Augen*** se me va la vista

flink [flɪŋk] **I** *adj* (*behände*) ágil; *Person a* vivo, hábil; **II** *adv* con agilidad; con habilidad

Flinte ['flɪntə] *f* escopeta *f*; *fig* ***die* ~ *ins Korn werfen*** tirar la toalla

Flip-Chart ['fliptʃart] *n* ⟨-s; -s⟩ flipchart *m*

Flipper ['flɪpər] *m*, **~automat** *m* flíper *m*

'flippern F *v/i* jugar al flíper

'flippig F *adj* desenfadado; (*ausgefallen*) que flipa

Flirt [flœrt] *m* ⟨-s; -s⟩ ligue *m*, flirteo *m*

'flirten *v/i* coquetear, flirtear

Flittchen ['flɪtçən] F *desp n* ⟨-s; -⟩ mujerzuela *f*

Flitter ['flɪtər] *m* lentejuela *f* (*a fig*); **~kram** F *desp m* baratijas *f/pl*; **~wochen** *pl* luna *f* de miel

flitzen ['flɪtsən] F *v/i* ⟨sn⟩ correr; F ir volando

'Flitzer F *m Auto* bólido *m*

Flocke ['flɔkə] *f* **1** *von Schnee* copo *m*; **2** *von Staub pl* **~n** pelusas *f/pl*

'flockig *adj* en copos

Floh [floː] *m* ⟨-(e)s; ⸚e⟩ pulga *f*; F *fig* ***j-m e-n* ~ *ins Ohr setzen*** poner a alg la mosca detrás de la oreja

'Flohmarkt *m* mercadillo *m*, rastro *m*

Flop [flɔp] F *m* ⟨-s; -s⟩ fracaso *m*

Flor [floːr] *m* ⟨-s; -e⟩ **1** (*Blumen*℘) florescencia *f*; **2** (*Trauer*℘) crespón *m*

Flora ['floːra] *f* ⟨-; -ren⟩ flora *f*

Florenz [floː'rɛnts] *n* Florencia *f*

Florett [flo'rɛt] *n* ⟨-(e)s; -e⟩ florete *m*; **~fechter(in)** *m(f)* floretista *m,f*

florie|ren [flo'riːrən] *v/i* ⟨*sin* ge⟩ prosperar, florecer; **~rend** *adj* en expansión

Florist(in) [flo'rɪst(ɪn)] *m(f)* florista *m,f*

Floskel ['flɔskəl] *f* ⟨-; -n⟩ fórmula *m* de cortesía; *pl* **~n** (*nichtssagende Worte*) floreos *m/pl*

Floß [floːs] *n* ⟨-es; ⸚e⟩ balsa *f*

Flosse ['flɔsə] *f* **1** ZO, (*Schwimm*℘) aleta *f*; **2** F (*Hand*) mano *f*; F (*Fuß*) pata *f*

flößen ['fløːsən] *v/t* transportar en (forma de) balsa

'Flößer *m* balsero *m*

Flöte ['fløːtə] *f* flauta *f*

'flöten I *v/t* **1** MUS tocar (a la flauta); **2** *fig* silbar; **II** *v/i* **3** MUS tocar la flauta; **4** *Amsel* gorjear (*a fig*); **5** F **~ *gehen*** F irse al traste

'Flötenspieler(in) *m(f)*, **Flö'tist(in)** *m(f)* flautista *m,f*

flott [flɔt] **I** *adj* **1** F (*rasch*) ágil, rápido; *Musik* marchoso; **2** F (*schick*) elegante; (*attraktiv*) atractivo; **3** (*lebenslustig*) alegre; **4** ***wieder* ~ *sein*** *Schiff* estar a flote; F *Fahr-*

zeug estar arreglado; **II** F *adv* con rapidez; con gracia; **~ gekleidet sein** vestir de forma juvenil
Flotte ['flɔtə] *f* flota *f*, armada *f*
'**flottmachen** *v/t Schiff* sacar a flote (*a fig*)
Flöz [flø:ts] *n* ⟨-es; -e⟩ MIN veta *f*, filón *m*
Fluch [flu:x] *m* ⟨-(e)s; ¨-e⟩ **1** (*Verwünschung*) maldición *f*; **2** *Kraftwort* palabrota *f*, taco *m*
'**fluchen** *v/i* jurar, blasfemar; maldecir (**auf j-n, etw** de *od* contra alg, a/c)
Flucht¹ [flʊxt] *f* ⟨-; -en⟩ huida *f* (**vor** +*dat*, **aus** de); *aus e-m Gefängnis* fuga *f*, evasión *f*; **auf der ~** huyendo; **auf der ~ sein** huir; **die ~ ergreifen** emprender la huida; **j-n in die ~ schlagen** hacer que alguien emprenda la huida; *fig* **die ~ nach vorn** la huida hacia adelante
Flucht² *f* ⟨-; -en⟩ **1** BAU (**~***linie*) alineación *f*; **2** *geh von Räumen* serie *f*
'**fluchtartig** *adv* a la desbandada, precipitadamente
flüchten ['flʏçtən] **I** *v/i* ⟨sn⟩ huir (**vor j-m, etw** de alg, a/c); *Gefangene* fugarse, escaparse; **II** *v/r* **sich in etw** (*acus*), **zu j-m ~** refugiarse en a/c, en casa de alg
'**Flucht|gefahr** *f* peligro *m* de fuga; **~helfer** *m* cómplice *m* en la fuga
'**flüchtig I** *adj* **1** *Verbrecher* fugitivo; **2** *Gedanke, Eindruck* fugaz, pasajero; **3** (*oberflächlich*) superficial; **4** CHEM volátil; **II** *adv* **1** (*hastig*) rápidamente; **2** (*beiläufig*) de forma pasajera; **3** (*oberflächlich*) superficialmente
'**Flüchtigkeitsfehler** *m* descuido *m*
'**Flüchtling** *m* ⟨-s; -e⟩ fugitivo, -a *m,f*; POL refugiado, -a *m,f*; **~slager** *n* campo *m* de refugiados
'**Flucht|linie** *f* BAU alineación *f*; **~versuch** *m* intento *m* de fuga *od* evasión
Flug [flu:k] *m* ⟨-(e)s; ¨-e⟩ vuelo *m*; **auf dem ~ nach ...** durante el vuelo a ...; **im ~e** (**fangen**) (coger) al vuelo; **die Zeit vergeht** (**wie**) **im ~(e)** el tiempo pasa volando
'**Flugabwehr** *f* defensa *f* antiaérea; **~rakete** cohete *m* antiaéreo
'**Flug|angst** *f* miedo *m* a volar; **~bahn** *f* trayectoria *f*; **~begleiter(in)** *m*(*f*) auxiliar *m,f* de vuelo; **~blatt** *n* octavilla *f*
Flügel ['fly:gəl] *m* ⟨-s; -⟩ **1** ala *f* (*a* BAU, SPORT, POL, MIL, *fig*); *fig* **j-m die ~ stutzen** cortar las alas a alg; F *fig* **die ~ hängen lassen** estar alicaído; **2** *e-s Fensters* hoja *f*; **3** MUS piano *m* de cola
'**flügellahm** *adj* **1** *Vogel* tocado del ala; **2** *fig Person* alicaído
'**Flügel|mutter** *f* ⟨-; -n⟩ TEC tuerca *f* de mariposa; **~stürmer** *m* alero *m*; **~tür** *f* puerta *f* de dos hojas
'**Fluggast** *m* pasajero, -a *m,f* (del avión)
flügge ['flʏgə] *adj* volantón; *fig* **~ sein** ser independiente
'**Flug|geschwindigkeit** *f* velocidad *f* de vuelo; **~gesellschaft** *f* línea *f* aérea; **~hafen** *m* aeropuerto *m*; **~höhe** *f* altura *f* de vuelo; **~kapitän** *m* comandante *m* (de a bordo); **~körper** *m* misil *m*; **~lärm** *m* ruido *m* (de los aviones); **~lehrer** *m* instructor *m* de vuelo; **~linie** *f* línea *f* aérea; **~lotse** *m* controlador *m* aéreo
'**Flugobjekt** *n* **unbekanntes ~** objeto *m* volador no identificado
'**Flug|personal** *n* personal *m* de vuelo; **~plan** *m* horario *m* de vuelo; **~platz** *m* aeródromo *m*; campo *m* de aviación; **~reise** *f* vuelo *m*, viaje *m* en avión
flugs [flʊks] *adv* en seguida, volando
'**Flug|schein** *m* **1** (*Ticket*) billete *m* de avión, pasaje *m*; **2** *für Piloten* carné *m* de piloto; **~schreiber** *m* caja *f* negra; **~sicherheit** *f* seguridad *f* de vuelo; **~sicherung** *f* control *m* aéreo; **~steig** *m* puerta *f* de embarque; **~strecke** *f* recorrido *m*; **~ticket** *n* billete *m* de avión, pasaje *m*; **~verkehr** *m* tráfico *m* aéreo
'**Flugzeug** *n* ⟨-(e)s; -e⟩ avión *m*; **im ~** en el avión
'**Flugzeug|absturz** *m* accidente *m* de aviación; **~entführer** *m* secuestrador *m* aéreo; **~entführung** *f* secuestro *m* aéreo *od* de avión; **~träger** *m* portaaviones *m*; **~unglück** *n* tragedia *f* aérea
Fluidum ['flu:idʊm] *n* ⟨-s⟩ efluvio *m*
Fluktu|ation [flʊktuatsi'o:n] *f* fluctuación *f*; **♀'ieren** *v/i* ⟨*sin* ge⟩ fluctuar
Flunder ['flʊndər] *f* ⟨-; n⟩ platija *f*
flunkern ['flʊŋkərn] F *v/i* F decir mentirijillas
Fluor ['flu:ɔr] *n* ⟨-s⟩ flúor *m*; **~chlorkohlen'wasserstoff** *m* hidrocarburo *m* fluoroclorado
fluoreszieren [fluorɛs'tsi:rən] *v/i* ⟨*sin* ge⟩ fluorescer
Flur¹ [flu:r] *m* ⟨-(e)s; -e⟩ *e-r Wohnung* pasillo *m*
Flur² *geh f* ⟨-; -en⟩ campo *m*, campiña *f*; *fig* **allein auf weiter ~** más solo que la una
'**Flurschaden** *m* daños *m/pl* causados en el campo
Fluss [flʊs] *m* ⟨-es; ¨-e⟩ **1** río *m*; (*Strom*) corriente *f*; **an e-m ~ liegen** estar a la orilla de un río; **2** *fig der Rede, des Verkehrs* flujo *m*; **etw in ~** (*acus*) **bringen** iniciar *od* encauzar a/c; **im ~ sein** (*sich ändern*) cambiar continuamente; (*im Gange sein*) estar en marcha, seguir su curso
fluss|'abwärts *adv* río abajo; **'♀arm** *m* brazo *m* del río; **~'aufwärts** *adv* río arriba;

F

'**ℒbett** *n* cauce *m*, lecho *m*; '**ℒdiagramm** *n* diagrama *m* de flujo, flujograma *m*
flüssig ['flʏsɪç] **I** *adj* **1** líquido; ***~ machen*** licuar; **2** FIN líquido, disponible; ***~ machen** Kapital* realizar, movilizar; F ***ich bin im Augenblick nicht ~*** estoy sin dinero; **3** *fig* fluido (*a Verkehr*); **II** *adv fig schreiben, sprechen* con fluidez, con soltura
'**Flüssig|gas** *n* gas *m* licuado; **~keit** *f* **1** líquido *m*; **2** *fig*, *des Stils* fluidez *f*, soltura *f*; **~kristallanzeige** *f* pantalla *f* de cristal líquido; **~seife** *f* jabón *m* líquido
'**Fluss|krebs** *m* cangrejo *m* de río; **~lauf** *m* curso *m* del río; **~mündung** *f* desembocadura *f* del río; **~pferd** *n* hipopótamo *m*; **~ufer** *n* ribera *f* del río, margen *m od f*
flüstern ['flʏstərn] *v/t*, *v/i* susurrar, cuchichear (***j-m ins Ohr*** a alg al oído)
'**Flüsterpropaganda** *f* propaganda *f* clandestina
Flut [fluːt] *f* ⟨-; -en⟩ **1** *Gezeiten* marea *f* alta, pleamar *f*; ***die ~ setzt ein*** sube la marea; **2** *geh* (*Wassermasse*) ***~(en)*** raudal *m*, torrente *m*; **3** *fig von Worten usw* aluvión *m*; *von Tränen* raudal *m*
'**fluten** *geh v/i* ⟨sn⟩ fluir; *fig Menschenmenge* afluir; *Licht* inundar
'**Flut|licht** *n* luz *f* artificial, focos *m/pl*; **~welle** *f* ola *f* de la marea
fm *Abk* (*Festmeter*) metro *m* cúbico
'**f-Moll** *n* ⟨-⟩ fa *m* menor
Fock [fɔk] *f* ⟨-; -en⟩ trinquete *m*
Födera|lismus [fødera'lɪsmʊs] *m* ⟨-⟩ federalismo *m*; **ℒ'listisch** *adj* federalista; **~ti'on** *f* federación *f*
Fohlen ['foːlən] *n* ⟨-s; -⟩ potro *m*
Föhn [føːn] *m* ⟨-(e)s; -e⟩ **1** (*Haartrockner*) secador *m* (de pelo); **2** *Wind* foehn *m*, viento *m* cálido del sur
'**föhnen** *v/t* secar (con el secador)
Föhre ['føːrə] *f* BOT pino *m* silvestre
Folge ['fɔlgə] *f* **1** (*Aufeinander*ℒ) sucesión *f*; ***in rascher ~*** sucesivamente; ***in der ~*** en lo sucesivo; **2** TV, RADIO capítulo *m*; **3** (*Resultat*) consecuencia *f*; *e-r Krankheit* secuela *f*; ***etw zur ~ haben*** tener como consecuencia a/c; ***die ~ davon ist, dass ...*** la consecuencia de ello es que ...; **4** ***e-r Sache** (dat) **~ leisten*** *e-r Aufforderung, Anordnung* corresponder a a/c; *e-r Vorladung* cumplir a/c; *e-r Einladung* aceptar a/c
'**Folge|bestellung** *f* pedido *m* consecutivo; **~kosten** *pl* gastos *m/pl* consecutivos
'**folgen** *v/i* **1** ⟨sn⟩ (*nach~*) ***j-m, e-r Sache ~*** seguir a alg, a/c; ***auf j-n, etw ~*** suceder a alg, a/c; ***wie folgt*** como sigue; **2** ⟨sn⟩ (*resultieren*) ***~ aus*** resultar de, derivarse de; ***daraus folgt*** (***, dass...***) de eso se deduce (que ...); **3** ⟨sn⟩ (*sich richten nach, verstehen*) seguir; ***können Sie ~?*** ¿me sigue?, ¿me entiende?; **4** ⟨h⟩ F (*gehorchen*) obedecer (***j-m*** a alg)
'**folgend** *adjt* siguiente; ***im ℒen*** a continuación; ***das ℒe*** lo siguiente
'**folgendermaßen** *adv* como sigue, de la siguiente manera *od* forma
'**folgenschwer** *adj* de graves consecuencias
'**folgerichtig** *adj* consecuente, lógico
folgern ['fɔlgərn] *v/t* concluir, deducir (***aus*** de)
'**Folgerung** *f* conclusión *f*, deducción *f* (***aus*** de)
'**Folgeschaden** *m mst pl* daño *m* indirecto
'**Folgezeit** *f* tiempo *m* futuro; ***in der ~*** (*künftig*) en adelante, en lo sucesivo
'**folglich** *cj u adv* por consiguiente, en consecuencia, por (lo) tanto
'**folgsam** *adj* obediente, dócil
Folie ['foːliə] *f* **1** (*Metall*ℒ) lámina *m* (de metal); **2** (*Plastik*ℒ) plástico *m*, film *m*; **3** (*Arbeits*ℒ) transparencia *f*
Folklo|re [fɔlk'loːrə] *f* ⟨-⟩ folclore *m*; **ℒ'ristisch** *adj* folclórico
Folter ['fɔltər] *f* ⟨-; -n⟩ tortura *f*, tormento *m* (*a* HIST, *fig*); *fig* ***j-n auf die ~ spannen*** tener en vilo *od* en suspense a alg
'**Folterkammer** *f* cámara *f* de tortura
'**foltern** *v/t* torturar; *geh fig a* atormentar
'**Folterung** *f* tortura *f*
Fon *n* → ***Phon***
Fön® → ***Föhn 1***
Fond [fõː] *m* ⟨-s; -s⟩ **1** (*Hintergrund*) fondo *m*; *e-s Autos* asientos *m/pl* traseros; **2** GASTR caldo *m* concentrado
Fonds [fõː] *m* ⟨-; -⟩ FIN fondo *m*
Fondue [fõ'dyː] *f* ⟨-; -s⟩ *od n* ⟨-s; -s⟩ fondue *f*
Font [fɔnt] *m* ⟨-s; -s⟩ INFORM (*Schriftart*) fuente *f*
Fontäne [fɔn'tɛːnə] *f* fuente *f*; (*Wasserstrahl*) surtidor *m*
foppen ['fɔpən] *v/t* tomar el pelo (a)
forcieren [fɔr'siːrən] *v/t* ⟨*sin* ge⟩ *Tempo* aumentar; *Anstrengungen*, *Arbeit*, *Entwicklung* forzar
Förderband ['fœrdər-] *n* ⟨-(e)s; ⸚er⟩ cinta *f od* correa *f* transportadora
'**Förder|er** *m*, **~in** *f* patrocinador, a *m,f*; (*Kunst*ℒ) mecenas *m*
'**förderlich** *adj* útil, provechoso (*+dat* para)
'**Fördermittel** *n/pl* FIN fondos *m/pl od* recursos *m/pl* de fomento
fordern ['fɔrdərn] *v/t* **1** (*verlangen*) pedir (***von j-m*** a alg); *stärker* exigir, reclamar (***von j-m*** de alg); *bsd Recht* reivindicar; ***~, dass*** exigir que (*+subj*); **2** (*Leistung abverlangen*) ***j-n ~*** exigir (mucho) de alg
fördern ['fœrdərn] *v/t* **1** *Bodenschätze* ex-

traer; **2** (*unterstützen*) promover, fomentar; *Künstler*, *Sport a* patrocinar; *finanziell*, *staatlich* subvencionar; *Schüler* animar, alentar; *Verdauung* favorecer

'Förderturm *m* TEC castillete *m* de extracción

'Forderung *f* **1** (*Verlangen*) petición *f*; *stärker* exigencia *f*; *rechtmäßige* reivindicación *f* (***nach*** de); **2** COM cobro *m* pendiente; ***fällige ~*** *Buchhaltung* obligación *f* exigible

'Förderung *f* **1** *von Bodenschätzen* extracción *f*; **2** (*Unterstützung*) fomento *m*, promoción *f*; *durch e-n Sponsor* patrocinio *m*; *staatliche* subvención *f*; (*Ermutigung*) estímulo *m*; **~sprogramm** *n* programa *m* de fomento

Forelle [fɔ'rɛlə] *f* trucha *f*; GASTR ***~ blau*** *trucha cocida con sal y vinagre*

Forfaitierung [fɔrfɛ'tiːruŋ] *f* forfaiting *m*, forfetización *f*

Form [fɔrm] *f* ⟨-; -en⟩ **1** (*Gestalt*, *Darstellungsweise*) forma *f* (*a* GRAM, JUR); ***~en*** *pl e-r Frau* formas *f/pl*, curvas *f/pl*; ***in ~ von*** *od* (+*gen*) en forma de; ***feste ~en annehmen*** tomar cuerpo; **2** (*Umgangs*♀) formas *f/pl*, modales *m/pl*; ***in aller ~*** formalmente, en toda forma; ***der ~ halber*** por las formas; ***die ~ wahren*** guardar las formas; **3** *bsd* SPORT ***in*** (***guter, schlechter***) ***~ sein*** estar en (buena, mala) forma; **4** (*Guss*♀, *Kuchen*♀) molde *m*

for'mal *adj* formal

Formaldehyd ['fɔrmʔaldehyːt] *m* formaldehído *m*

Formali'tät *f* formalidad *f*

Format [fɔr'maːt] *n* ⟨-(e)s; -e⟩ **1** *e-s Bilds usw* formato *m* (*a* INFORM); **2** *fig* talla *f*, nivel *m*; ***~ haben*** tener nivel

forma'tier|en *v/t* ⟨*sin* ge⟩ INFORM formatear; ♀**ung** *f* INFORM formateo *m*

Formati'on *f* formación *f*

'form|bar *adj* moldeable (*a fig*); ♀**blatt** *n* ADM formulario *m*

Formel ['fɔrməl] *f* ⟨-; -n⟩ fórmula *f*; *Motorsport* ***~ 1*** fórmula 1

for'mell *adj* formal, ceremonioso

'formen *v/t* formar, moldear (*a fig*)

'Formenlehre *f* morfología *f*

'Form|fehler *m* JUR defecto *m od* vicio *m* de forma; **~gebung** *f* modelado *m*

for'mieren *v/t*, *v/r* ⟨*sin* ge⟩ (***sich***) **~** formar (-se)

...förmig [-fœrmɪç] *in Zssgn mst* con forma de ...

förmlich ['fœrmlɪç] **I** *adj* (*formgerecht*) formal, ceremonioso (*a desp*); **II** *adv* **1** (*formgerecht*) formalmente, ceremoniosamente (*a desp*); **2** (*buchstäblich*) literalmente; ♀**keit** *f* ceremonia *f* (*a desp*); JUR formalidad *f*

'form|los *adj Gebilde*, *Körper* amorfo, informe; *Begrüßung* sin ceremonias; *Antrag* informal; ♀**sache** *f* formalidad *f*; **~schön** *adj* de forma elegante; ♀**tief** *n* baja forma *f*, bache *m*

Formular [fɔrmu'laːr] *n* ⟨-s; -e⟩ impreso *m*, formulario *m*; ***ein ~ ausfüllen*** rellenar un formulario

formu'lier|en *v/t* ⟨*sin* ge⟩ formular; ♀**ung** *f* formulación *f*

'formvollendet *adjt* de forma perfecta

forsch [fɔrʃ] *adj* enérgico, con arrojo

'forschen *v/i* **1** *wissenschaftlich* investigar (***nach etw*** a/c); **2** (*suchen*) ***nach etw, j-m ~*** buscar a/c, a alg

'forschend *adjt Blick* inquisitivo

'Forsch|er(in) *m*(*f*) investigador, a *m,f*; (*Entdecker*) explorador, a *m,f*; **~ung** *f* investigación *f*

'Forschungs|abteilung *f* departamento *m* de investigaciones; **~reaktor** *m* reactor *m* de investigación; **~reise** *f* expedición *f*, viaje *m* de investigación; **~satellit** *m* satélite *m* científico; **~team** *n* equipo *m* de investigación

Forst [fɔrst] *m* ⟨-(e)s; -en⟩ bosque *m*, monte *m*

Förster ['fœrstər] *m* guardabosque(s) *m*, guarda *m* forestal

'Forst|haus *n* casa *f* del guardabosque; **~revier** *n* distrito *m* forestal; **~wirtschaft** *f* silvicultura *f*

Forsythie [fɔr'zyːtsiə] *f* forsitia *f*

fort [fɔrt] *adv* **1** (*weg*) fuera; ***~ sein*** *Person* haberse ido *od* marchado; estar ausente; *Sache* haberse perdido; haber desaparecido; ***~ mit dir!*** ¡fuera de aquí!; **2** ***in e-m ~*** sin interrupción, continuamente; ***und so ~*** y así sucesivamente

Fort [foːr] *n* ⟨-s; -s⟩ MIL fuerte *m*

fort'an *geh adv* **1** (*von nun an*) (de aquí) en adelante, desde ahora; **2** (*seitdem*) de ahí en adelante

'Fortbestand *m* continuidad *f*; BIOL subsistencia *f*

'fort|bestehen *v/i* ⟨*irr*, *sep*, *sin* ge⟩ perdurar, subsistir; **~bewegen** ⟨*sep*, *sin* ge⟩ **I** *v/t* mover; **II** *v/r* ***sich ~*** moverse, desplazarse, avanzar

'Fortbewegung *f* locomoción *f*; **~smittel** *n* medio *m* de locomoción

'fortbilden *v/t*, *v/r* ⟨*sep*⟩ (***sich***) **~** perfeccionar(se)

'Fortbildung *f* perfeccionamiento *m*; **~skurs** *m* curso *m* de perfeccionamiento

'fortbleiben *v/i* ⟨*irr*, *sep*, sn⟩ faltar, no volver

'fortbringen *v/t* ⟨*irr*, *sep*⟩ llevar, trasladar

'Fortdauer *f* duración *f*, continuación *f*; *von Regen, Kälte, Fieber* persistencia *f*
'fortdauern *v/i* ⟨*sep*⟩ durar, continuar; *Kälte, Regen* persistir
'fortdauernd *adjt* continuo; *Kälte, Regen, Fieber* persistente
'fort|fahren *v/i* ⟨*irr, sep*, sn⟩ **1** (*wegfahren*) salir; **2** (*weitermachen*) continuar, seguir (***mit etw*** con a/c); **~fliegen** *v/i* ⟨*irr, sep*, sn⟩ **1** volar (***nach*** a); **2** (*fortgeblasen werden*) irse volando; **~führen** *v/t* ⟨*sep*⟩ **1** (*wegführen*) llevar, conducir; **2** (*weiterführen*) continuar
'Fort|führung *f* continuación *f*; **~gang** *m* **1** (*Weggang*) salida *f*, partida *f*; **2** (*Fortsetzung*) continuación *f*, avance *m*
'fortgehen *v/i* ⟨*irr, sep*, sn⟩ **1** (*weggehen*) partir, marcharse (***von*** de); **2** (*weitergehen*) continuar
fortgeschritten *adjt* avanzado, adelantado; **≗e(r)** *f(m)* ⟨→ A⟩ avanzado, -a *m,f*
'fortgesetzt *adjt* continuo, reiterado
'Fortkommen *n im Beruf* desarrollo *m*, ascenso *m*
'fortlaufen *v/i* ⟨*irr, sep*, sn⟩ irse corriendo; (***von zu Hause***) ~ escaparse (de casa)
'fortlaufend I *adjt* seguido, continuo; **II** *advl* continuamente
'fortpflanzen *v/r* ⟨*sep*⟩ ***sich*** **~ 1** BIOL reproducirse; **2** PHYS propagarse
'Fortpflanzung *f* **1** BIOL reproducción *f*; **2** PHYS propagación *f*
'fort|schaffen *v/t* ⟨*sep*⟩ transportar, trasladar; (*verschwinden lassen*) quitar de en medio; **~schicken** *v/t* ⟨*sep*⟩ *Person* echar; *Brief usw* enviar, mandar; **~schleichen** *v/i* ⟨*irr, sep*, sn⟩ (*u v/r* ⟨h⟩ ***sich*** **~**) marcharse disimuladamente; **~schreiben** *v/t* ⟨*irr, sep*⟩ actualizar, completar, poner al día; **~schreiten** *v/i* ⟨*irr, sep*, sn⟩ *Krankheit, Zeit* avanzar; *Arbeit a* progresar
'fortschreitend *adjt* progresivo
'Fortschritt *m* avance *m*, progreso *m*; ***technologischer*** **~** avance *m* tecnológico; **~*e machen*** progresar
'fortschrittlich *adj* progresista, avanzado
'fortsetzen *v/t, v/r* ⟨*sep*⟩ (***sich***) **~** continuar, (pro)seguir
Forts. *Abk* (*Fortsetzung*) cont. (*continuación*)
'Fortsetzung *f* continuación *f*; **~ *folgt*** continuará
'Fortsetzungsroman *m* novela *f* por entregas
'fort|stehlen *v/r* ⟨*irr, sep*⟩ ***sich*** **~** escabullirse, escaparse; **~tragen** *v/t* ⟨*irr, sep*⟩ llevarse (a otro lugar)
'fortwährend I *adjt* continuo, perpetuo; **II** *advl* continuamente, sin cesar
'fortwollen *v/i* ⟨*sep*⟩ querer marcharse *od* salir
Forum ['fo:rʊm] *n* ⟨-s; Foren⟩ foro *m* (*a fig*, INTERNET)
Fossil [fɔ'si:l] *n* ⟨-s; -ien⟩ fósil *m* (*a fig*)
Foto ['fo:to] *n* ⟨-s; -s⟩ foto *f*; ***auf dem*** **~** en la foto; ***ein*** **~ *machen*** (***von***) sacar una foto (de), hacer una foto (a)
'Foto|album *n* álbum *m* de fotos; **~apparat** *m* cámara *f od* máquina *f* de fotos; **~ausrüstung** *f* equipo *m* fotográfico
fotogen [foto'ge:n] *adj* fotogénico
'Fotogeschäft *n* tienda *f* de fotografía
Foto|'graf(in) *m* ⟨-en; -en⟩ (*f*) fotógrafo, -a *m,f*; **~gra'fie** *f* fotografía *f* (*a Verfahren*)
fotogra'fieren *v/t, v/i* ⟨*sin* ge⟩ fotografiar, hacer fotos
foto'grafisch *adj* fotográfico
Foto|ko'pie *f* fotocopia *f*; **≗ko'pieren** *v/t* ⟨*sin* ge⟩ fotocopiar; **~ko'pierer** F *m*, **~ko'piergerät** *n* (máquina *f*) fotocopiadora *f*
'Foto|labor *n* laboratorio *f* fotográfico; **~modell** *n* modelo *m,f* de fotos; **~montage** *f* fotomontaje *m*; **~reporter(in)** *m(f)* reportero, -a *m,f* (foto)gráfico, -a; **~safari** *f* safari *m* fotográfico; **~satz** *m* fotocomposición *f*
Fötus ['fø:tʊs] *m* → ***Fetus***
Fotze ['fɔtsə] V *f* (*Vulva*) coño *m*; *Schimpfwort* P cabrona *f*
Foul [faʊl] *n* ⟨-s; -s⟩ falta *f* (***an*** *+dat* a)
'foulen *v/t* hacer una falta (a)
Fox|terrier ['fɔks-] *m* ZO fox(terrier) *m*; **~trott** *m* ⟨-(e)s; -e *o* -s⟩ fox(trot) *m*
Foyer [foa'je:] *n* ⟨-s; -s⟩ sala *f* de descanso, foyer *m*
Fr. *Abk* (*Frau*) Sra. (*Señora*)
Fracht [fraxt] *f* ⟨-; -en⟩ **1** (*Ladung*) carga *f*; *e-s Flugzeugs, e-s Schiffs* flete *m*; **2** (*~kosten*) portes *m/pl*, gastos *m/pl* de transporte; *für Schiffs- u Luft≗* flete *m*; **~ *zahlt Empfänger*** a porte debido
'Fracht|brief *m* carta *f* de porte; MAR conocimiento *m*; **~enbahnhof** *m österr* estación *f* de mercancías; **~er** *m* buque *m* de carga, carguero *m*; **~flugzeug** *n* avión *m* de carga; **≗frei** *adj u adv* (a) porte pagado
'Frachtführer *m* transportista *m*; ***frei*** **~** franco transportista (FCA)
'Fracht|gebühren *f/pl* precio *m* del transporte, flete *m*; **~gut** *n* carga *f*, cargamento *m*; **~hafen** *m* puerto *m* de mercancía; **~kosten** *pl* gastos *m/pl* de transporte, portes *m/pl*; *für Schiffs- u Luft≗* flete *m*; **~papiere** *n/pl* documentos *m/pl* de porte; **~rate** *f* flete *m*; **~raum** *m* bodega *f* (de carga); **~schiff** *n* buque *m* de carga, carguero *m*; **~tarif** *m* tarifa *f* de transportes; **~versiche-**

rung *f* seguro *m* de fletes; **~vertrag** *m* contrato *m* de fletamento
Frack [frak] *m* ⟨-(e)s; ⸚e⟩ frac *m*
Frage ['fraːgə] *f* **1** pregunta *f*; GRAM interrogación *f*; ***ohne ~*** sin duda; (***j-m*** *od* ***an j-n***) ***e-e ~ stellen*** hacer *od* plantear una pregunta (a alg); **2** (*Angelegenheit*) cuestión *f*; ***in ~ kommen*** entrar en consideración; ***es kommt nicht in ~, dass …*** ni se cuestiona que …; (***das***) ***kommt nicht in ~!*** ¡ni hablar!; ***etw in ~ stellen*** poner a/c en duda
'Fragebogen *m* cuestionario *m*
'fragen I *v/t*, *v/i* preguntar; ***j-n etw*** *od* ***nach etw ~*** preguntar(le) a/c *od* por a/c a alg; ***j-n*** (***nach j-m, etw***) ***~*** (*aus~*) *a* interrogar(le) a alg (por alg, a/c); ***nach j-m ~*** preguntar por alg; **II** *v/r* ***sich ~*** preguntarse; **III** *v/imp* ***es fragt sich, ob …*** queda por saber si …
'fragend I *adjt* interrogador; *Blick* interrogante; **II** *advl* ***j-n ~ ansehen*** dirigir(le) a alg una mirada interrogante
'Frage|satz *m* frase *f* interrogativa; **~stellung** *f* planteamiento *m*; **~wort** *n* ⟨-(e)s; -wörter⟩ partícula *f* interrogativa; **~zeichen** *n* GRAM signo *m* de interrogación; *fig* interrogante *m*
'fraglich *adj* **1** (*unsicher*) incierto, dudoso; ***es ist ~, ob …*** no se sabe si …; **2** (*betreffend*) en cuestión
'fraglos *adv* sin duda alguna
Fragmen|t [fra'gmɛnt] *n* ⟨-(e)s; -e⟩ fragmento *m*; **♀'tarisch** *adj* fragmentario
'fragwürdig *adj* **1** (*problematisch*) problemático; (*zweifelhaft*) dudoso; **2** (*zwielichtig*) sospechoso
Fraktion [fraktsi'oːn] *f* **1** POL grupo *m* parlamentario; **2** (*Sondergruppe*) fracción *f*
Frakti'ons|sitzung *f* reunión *f* del grupo parlamentario; **~vorsitzende(r)** *f(m)* presidente, -a *m,f* del grupo parlamentario; **~zwang** *m* disciplina *f* de voto
Fraktur [frak'tuːr] *f* **1** MED fractura *f*; **2** TYPO letra *f* gótica; F ***mit j-m ~ reden*** decirle a alg cuatro verdades
Franc [frɑ̃ː] *m* ⟨-; -s, *pero* 5 -⟩ *Währung* franco *m*
Franchise ['frɛntʃaɪz] *n* ⟨-⟩ franquicia *f*; **~geber** *m* franquiciador *m*; **~nehmer** *m* franquiciado *m*; **~unternehmen** *n* empresa *f* de franquicia
Franchising ['frɛntʃaɪzɪŋ] *n* ⟨-s⟩ franquicia *f*; **~vertrag** *m* contrato *m* de franquicia
frank [fraŋk] *adv* ***~ und frei*** francamente
'Frank|e *m* ⟨-n; -n⟩, **~in** *f* (*Bewohner von Franken*), HIST franco, -a *m,f*
Franken[1] ['fraŋkən] *n* ⟨-s⟩ GEOGR Franconia *f*
'Franken[2] *m* ⟨-s; -⟩ *Währung* franco *m*
Frankfurt ['fraŋkfʊrt] *n* ⟨-s⟩ Fráncfort *m* (***am Main*** del Meno *od* del Main; ***an der Oder*** del Oder)
'Frankfurter I *adj* ⟨*inv*⟩ francfortés; **II** *f* ⟨-; -⟩ *Wurst* salchicha *f* de Fráncfort
'Frankfurter(in) *m(f)* francfortés, -esa *m,f*
frankier|en [fraŋ'kiːrən] *v/t* ⟨*sin* ge⟩ franquear; **♀maschine** *m* maquina *f* de franquear; **♀ung** *f* franqueo *m*
fränkisch ['frɛŋkɪʃ] franco, de Franconia
franko ['fraŋko] *adv* COM libre de porte
Frankreich ['fraŋkraɪç] *n* ⟨-s⟩ Francia *f*
Franse ['franzə] *f* MODE fleco *m*
Franz [frants] *m* ⟨von - *o* des - *o* -ens⟩ Francisco *m*
Franziska [fran'tsiska] *f* Francisca *f*
Franziskaner(in) [frantsɪs'kaːnər(ɪn)] *m(f)* franciscano, -a *m,f*
Franzose [fran'tsoːzə] *m* ⟨-n; -n⟩ francés *m*
Französin [fran'tsøːzɪn] *f* francesa *f*
fran'zösisch I *adj* francés; POL *in Zssgn* franco; **II** *adv* ***~ sprechen*** hablar (en) francés
Fran'zösisch *n* ⟨-(s)⟩ *Sprache, Unterrichtsfach* francés *m*
Fran'zösische *n* ⟨-n⟩ *Sprache* ***das ~*** el francés
frap|pant [fra'pant] *adj* sorprendente; **~'pieren** *v/t* ⟨*sin* ge⟩ sorprender
Fräse ['frɛːzə] *f* TEC fresa *f*
'fräsen *v/t*, *v/i* fresar
Fraß [fraːs] *m* ⟨-es⟩ **1** F *desp* (*Essen*) F bazofia *f*; **2** (*Tiernahrung*) comida *f*
Fratz [frats] F *m* ⟨-es; -e⟩ F granuja *m,f*; ***süßer ~*** monada *f*
'Fratze *f* **1** (*hässliches Gesicht*) cara *f* grotesca; **2** F (*Grimasse*) mueca *f*, gesto *m*; ***j-m ~n schneiden*** hacer(le) muecas a alg
Frau [fraʊ] *f* ⟨-; -en⟩ **1** mujer *f*; (*Ehe♀*) *a* esposa *f*; ***zur ~ nehmen*** tomar por esposa; **2** *vor Namen* señora *f*; *Anrede* ***~ X!*** ¡Señora X!; *in Briefen* ***Sehr geehrte ~ X, …*** Estimada Señora X: …; ***Liebe ~ X, …*** Querida Señora X: …
'Frauchen F *n* ⟨-s; -⟩ *e-s Hundes* ama *f*
'Frauen|arzt *m*, **~ärztin** *f* ginecólogo, -a *m,f*; **~beauftragte** *f* ⟨→ A⟩ representante *f* *od* delegada *f* de la mujer; **~beruf** *m* profesión *f* (propia) de mujer; **~bewegung** *f* feminismo *m*; **~chor** *m* coro *m* femenino; **♀feindlich** *adj* misógino; **~haus** *n* hogar *m* para mujeres maltratadas; **~heilkunde** *f* ginecología *f*; **~held** *m* F don Juan *m*; **~krankheit** *f*, **~leiden** *n* enfermedad *f* de la mujer; **~quote** *f* tanto *m* por ciento de mujeres; **~rechtlerin** *f* feminista *f*; **~stimme** *f* voz *f* de mujer; **~zeitschrift** *f* revista *f* femenina
Fräulein ['frɔʏlaɪn] *n* ⟨-s; -⟩ *veraltend* señorita *f*; *Anrede* ***~ X!*** ¡señorita X!; F *für Kell-*

F

nerinnen **~!** ¡camarera!; *in Briefen* ***Sehr geehrtes ~ X, …*** Estimada Señorita X: …; ***Liebes ~ X, …*** Querida Señorita X: …
'fraulich *adj* femenino
Freak [friːk] F *m* ⟨-s; -s⟩ fanático, -a *m,f*
frech [frɛç] **I** *adj* **1** (*unverschämt*) insolente, descarado; F fresco (***zu j-m*** con alg); ***ganz schön ~ sein*** F gastarse mucha cara; **2** *Kleidung*, *Frisur* atrevido; **II** *adv* descaradamente
F
'Frechdachs F *scherzh m* F frescales *m*
'Frechheit *f* insolencia *f*, desfachatez *f*; F frescura *f*; ***die ~ haben zu*** (*+inf*) tener la desfachatez (F la cara) de (*+inf*)
Fregatte [fre'gatə] *f* fragata *f*
frei [fraɪ] **I** *adj* **1** *allg* libre; **2** (*arbeits~*, *schul~*) ***ein ~er Nachmittag*** una tarde libre; ***sich*** (*dat*) ***e-n Tag ~ nehmen*** tomarse un día libre; *Schule* ***wir haben ~*** *a* no hay clase; **3** *Verbrecher*, *Tier* en libertad, suelto; **4** (*nicht angestellt*) liberal; ***~er Beruf*** profesión *f* liberal; ***~er Mitarbeiter, ~e Mitarbeiterin*** colaborador, -a *m,f* libre; **5** (*ohne Hindernisse*) *Straße usw* expedito, despejado; ***~er Blick*** vista *f* despejada; ***~es Gelände*** campo *m* libre; ***den Weg ~ machen*** despejar el camino; **6** (*unbesetzt*) *Platz* libre, desocupado; *Stelle* vacante; ***~ lassen*** dejar libre; *Seite* dejar en blanco; **7** (*unentgeltlich*) gratuito, libre; **8** (*~mütig*) sincero, franco; **9** (*nicht beeinträchtigt*) ***~ von*** (***Fehlern*** *usw*) sin (errores, *etc*); ***sich von etw ~ machen*** lib(e)rarse de a/c; **10** (*von Gebühren usw befreit*) exento (***von*** de); **11** COM ***~ Haus*** franco (a) domicilio; **12** *Gas*, *Wärme* ***~ werden*** desprenderse; **II** *adv* **1** *allg* ***~ herumlaufen*** *Tier*, *Verbrecher* andar suelto; ***~ erfunden*** completamente inventado; ***~ sprechen*** *ohne Konzept* hablar libremente; ***~ stehend*** (*allein stehend*) aislado; ***~ nach Goethe*** adaptado de Goethe **2** ECON ***~ an Bord*** franco a bordo (FOB); ***~ Frachtführer*** franco transportista (FCA); ***~ Längsseite Seeschiff*** franco al costado del buque (FAS)
'Freibad *n* piscina *f* descubierta *od* al aire libre
'freibekommen *v/t* ⟨*irr*, *sep*, *sin* ge⟩ ***j-n ~*** liberar a alg; ***e-n Tag ~*** tener un día libre
'Freiberufler(in) *m*(*f*) profesional *m,f* libre
'freiberuflich I *adj* de profesión liberal; ***~e Tätigkeit*** profesión *f* liberal; **II** *adv* ***~ tätig sein*** ejercer una profesión liberal
'Frei|betrag *m* importe *m* exento; **~bier** *n* cerveza *f* gratis; **~brief** *m* carta *f* blanca (***für*** para)
Freiburg ['fraiburk] *n* Friburgo *m*
'Freie(s) *n* ⟨→ A⟩ ***im ~n*** al aire libre; ***ins ~ gehen*** salir al aire libre
'Freier *m e-r Dirne* cliente *m* (de una prostituta)
'Freiexemplar *n* ejemplar *m* gratuito
'Freifrau *f* baronesa *f*
'freigeben *v/t* ⟨*irr*, *sep*⟩ **1** *Gefangene* poner en libertad; *Vertragspartner* liberar; *Preise* liberalizar; *Weg* abrir; *Presseartikel* autorizar; *Beschlagnahmtes* desembargar; *Konto* desbloquear; *Film* ***freigegeben ab 18 Jahren*** autorizado para mayores de 18 años; ***für den Verkehr ~*** abrir al tráfico; **2** ***j-m*** (***e-n Tag***) ***~*** dar (un día) libre a alg
'freigebig *adj* desprendido, generoso (***gegenüber*** con)
'Frei|gebigkeit *f* ⟨-⟩ generosidad *f*; **~gehege** *n* cercado *m* abierto; **~gepäck** *n* equipaje *m* libre, franquicia *f* de equipaje
'freihaben F *v/t*, *v/i* ⟨*irr*, *sep*⟩ tener libre; ***zwei Tage ~*** tener dos días libres
'Freihafen *m* COM puerto *m* franco
'freihalten *v/t* ⟨*irr*, *sep*⟩ **1** dejar libre; *Platz* reservar; **2** ***j-n ~*** pagar por alg
'Freihandel *m* comercio *m* libre; **~shafen** *m* puerto *m* de libre comercio; **~svertrag** *m* POL Tratado *m* de Libre Comercio; **~szone** *f* zona *f* de libre cambio
freihändig ['fraɪhɛndɪç] *adj u adv* a pulso; *Rad fahren* sin manos
'Freiheit *f* libertad *f*; (*Unabhängigkeit*) independencia *f*; ***dichterische ~*** licencia *f* poética; ***wieder in ~*** (*dat*) ***sein*** *Gefangener*, *Tier* encontrarse de nuevo en libertad; ***sich*** (*dat*) ***die ~ nehmen, etw zu tun*** tomarse la libertad de hacer a/c
'freiheitlich I *adj* liberal; **II** *adv* ***~ gesinnt sein*** ser liberal
'Freiheits|beraubung *f* privación *f* de libertad, detención *f* ilegal; **~kampf** *m* lucha *f* por la libertad; **~liebe** *f* amor *m* a la libertad
'Freiheitsstrafe *f* pena *f* de reclusión; ***j-n zu drei Jahren ~ verurteilen*** imponer(le) a alg una pena de tres años de cárcel
'freihe'raus *adv* con franqueza, sin tapujos
'Freiherr *m* barón *m*
'Freikarte *f* entrada *f* gratuita, pase *m*
'freikaufen ⟨*sep*⟩ **I** *v/t* pagar el rescate para; **II** *v/r* ***sich ~*** comprarse la libertad
'freikommen *v/i* ⟨*irr*, *sep*, sn⟩ *aus e-m Griff* liberarse (***aus*** de); *aus dem Gefängnis* ser puesto en libertad
'Frei|körperkultur *f* nudismo *m*; **~lager** *n* COM almacén *m* al aire libre; **~landgemüse** *n* verduras *f/pl* cultivadas al aire libre
'freilassen *v/t* ⟨*irr*, *sep*⟩ poner en libertad, soltar
'Frei|lassung *f* puesta *f* en libertad; **~lauf** *m* TEC rueda *f* libre; *am Fahrrad* piñón *m*

libre
'freilegen *v/t* ⟨*sep*⟩ descubrir, despejar
'freilich *adv* **1** (*allerdings*) sin embargo; **2** *bsd südd* (*selbstverständlich*) claro, desde luego
'Freilicht|bühne *f* teatro *m* al aire libre; **~museum** *n* museo *m* al aire libre
'Freilos *n* billete *m* (de lotería) gratuito
'freimachen ⟨*sep*⟩ **I** *v/t* **1** *Post* franquear; **II** F *v/r* ***sich ~*** **2** (*sich freie Zeit nehmen*) tomarse (un tiempo) libre; **3** *beim Arzt* (*sich entkleiden*) desnudarse
'Freimaurer *m* masón *m*
'frei|mütig I *adj* franco, sincero; **II** *adv* con franqueza; **~schaffend** *adjt* independiente
Freischärler(in) ['fraɪʃɛrlər(ɪn)] *m(f)* guerrillero, -a *m,f*
'frei|schwimmen *v/r* ⟨*irr, sep*⟩ *fig* ***sich ~*** independizarse; **~setzen** *v/t* ⟨*sep*⟩ liberar
'Freisprech|anlage *f*, **~einrichtung** *f* TEL dispositivo *m* de manos libres
'freisprechen *v/t* ⟨*irr, sep*⟩ JUR declarar inocente, absolver; *fig* ***j-n von e-m Verdacht ~*** librar a alg de una sospecha
'Frei|spruch *m* JUR sentencia *f* absolutoria; **~staat** *m* Estado *m* libre
'freistehen ⟨*irr, sep*⟩ **I** *v/i* (*leer stehen*) estar desocupado; **II** *v/imp* ***es steht Ihnen frei zu*** (*+inf*) es Ud. libre *od* muy dueño de (*+inf*)
'freistehend *adjt* (*leer stehend*) desocupado
'freistellen *v/t* ⟨*sep*⟩ **1** ***j-m ~, etw zu tun*** dejar a criterio de alg hacer a/c; **2** *von Verpflichtungen* dispensar (***von*** de); **3** (*entlassen*) dejar libre
'Frei|stellung *f* liberación *f*, dispensa *f*, FIN exoneración *f*; **~stellungsauftrag** *von Steuern* solicitud *f* de exoneración tributaria; **~stil** *m* SPORT estilo *m* libre; **~stoß** *m* SPORT lanzamiento *m* de falta, falta *f* libre; **~stunde** *f in der Schule* hora *f* libre
'Frei|tag *m* viernes *m*; → ***Montag***; **ˆtags** *adv* los viernes
'Frei|tod *m* suicidio *m*; **~ton** *m* TEL → ***Freizeichen 2***; **~übungen** *pl* ejercicios *m/pl* de gimnasia (sin aparatos); **~umschlag** *m* sobre *m* franqueado; **~wild** *n fig* presa *f* fácil
'freiwillig I *adj* voluntario; **II** *adv* voluntariamente; ***sich ~ melden*** (***zu***) presentarse voluntario (para)
'Frei|willige(r) *f(m)* ⟨→ A⟩ voluntario, -a *m,f* (*a* MIL); **~zeichen** *n* TEL **1** (*Wählton*) señal *f* para marcar; **2** (*Freiton*) señal *f* de libre
'Freizeit *f* **1** tiempo *m* libre *od* de ocio; ***in der ~*** en el tiempo libre; **2** (*Ferienˆ*) campamento *m* de vacaciones
'Freizeit|angebot *n* oferta *f* para el tiempo libre; **~beschäftigung** *f* actividades *f/pl* para el tiempo libre; **~gestaltung** *f* disposición *f* del tiempo libre; **~hemd** *n* camisa *f* para el tiempo libre; **~industrie** *f* industria *f* del ocio; **~kleidung** *f* ropa *f* para el tiempo libre; **~park** *m* parque *m* de ocio
'Freizeitwert *m* ***e-n hohen ~ haben*** ofrecer gran variedad de actividades de ocio
'freizügig *adj* **1** (*großzügig*) generoso; **2** *Einstellung* liberal; *moralisch* permisivo; **ˆkeit** *f* **1** (*Großzügigkeit*) generosidad *f*; **2** *moralische* permisividad *f*
fremd [frɛmt] **I** *adj* **1** (*ausländisch*) extranjero; (*orts~*) forastero; ***in e-r Stadt ~ sein*** ser forastero en una ciudad; ***ich bin hier ~*** no soy de aquí; **2** (*e-s anderen*) ajeno; ***~e Gelder*** dinero *m* ajeno; **3** (*unbekannt*) desconocido; ***er ist mir ~*** no lo conozco
'fremdartig *adj* extraño, raro
'Fremde *geh f* ⟨-⟩ ***die ~*** el extranjero; ***in der ~*** en el extranjero, en tierra extraña; ***in die ~*** al extranjero
'Fremde(r) *f(m)* ⟨→ A⟩ **1** (*Ausländer*[*in*]) extranjero, -a *m,f*; (*Auswärtige*[*r*]) forastero, -a *m,f*; (*Unbekannte*[*r*]) desconocido, -a *m,f*; **2** (*Besucher*[*in*]) extraño, -a *m,f*
'fremdenfeindlich *adj* xenófobo
'Fremden|führer *m Person* guía *m* turístico; *Buch* guía *f* turística; **~führerin** *f* guía *f* turística; **~hass** *m* xenofobia *f*; **~legion** *f* legión *f* extranjera; **~verkehr** *m* turismo *m*; **~verkehrsamt** *n* oficina *f* de turismo; **~verkehrssektor** *m* sector *m* turístico; **~zimmer** *n im Hotel* habitación *f*; *privat* habitación *f* para huéspedes
'fremdfinanzier|t *adj* FIN de financiación ajena; **ˆung** *f* financiación *f* ajena
'fremdgehen F *v/i* ⟨*irr, sep*⟩ ser infiel
'Fremd|herrschaft *f* dominación *f* extranjera; **~kapital** *n* FIN recursos *m/pl* ajenos, capital *m* ajeno; *Buchhaltung* pasivo *m* exigible; **~körper** *m* MED cuerpo *m* extraño (*a fig*); **ˆländisch** [-lɛndɪʃ] *adj* extranjero; exótico
'Fremdsprache *f* lengua *f* extranjera; **~nkenntnisse** *f/pl* conocimientos *m/pl* de idiomas; **~nkorrespondent(in)** *m(f)* secretario, -a *m,f* con idiomas *od* internacional
'fremdsprach|ig *adj Mensch* que habla un idioma extranjero; *Land* de lengua extranjera; *Text*, *Unterricht* en una lengua extranjera; **~lich** *adj Wort* extranjero; *Unterricht* de idiomas
'Fremd|währung *f* moneda *f* extranjera; **~währungskonto** *n* cuenta *f* en moneda extranjera; **~wort** *n* ⟨-(e)s; ¨er⟩ extranjerismo *m*
frenetisch [fre'neːtɪʃ] *adj* frenético

Frequenz [fre'kvɛnts] *f* frecuencia *f* (*a* MED, PHYS)

Fresko ['frɛsko] *n* ⟨-s; -ken⟩ MAL fresco *m*

Fressalien [frɛ'saːliən] F *pl* F condumio *m*

Fresse ['frɛsə] P *f* (*Mund, Gesicht*) F morros *m/pl*; ***j-m die ~ polieren*** F partir(le) la boca a alg; ***halt die ~!*** F ¡cierra el pico!

'fressen ⟨frisst, fraß, gefressen⟩ **I** *v/t, v/i* **1** *von Tieren* comer; (*verschlingen*) devorar; **2** P *von Menschen* F engullir, devorar; F *fig* ***j-n gefressen haben*** F no poder tragar a alg; F *scherzh* ***sie ist zum ♀*** está para comérsela; **3** F *fig* (*verbrauchen*) *Energie, Geld, Kraft* F chupar, tragar; **4** *Rost, Säure, a fig seelisch* corroer (***an etw*** *dat*, ***j-m*** a/c, a alg); **II** *v/r* ***sich durch, in etw*** (*acus*) ***~*** penetrar en a/c; *Rost* corroer a/c

'Fressen *n* ⟨-s⟩ **1** *der Tiere* alimento *m*, comida *f*; **2** P *desp* F bazofia *f*; F ***ein gefundenes ~ sein*** venir al pelo

Fresse'rei P *desp f* ⟨-⟩ F comilona *f*; *Art des Essens* glotonería *f*

'Fress|napf *m* comedero *m*; **~sack** *m desp* comilón, -ona *m,f*

Frettchen ['frɛtçən] *n* ⟨-s; -⟩ ZO hurón *m*

Freude ['frɔydə] *f* alegría *f* (***an*** *+dat*, ***über*** de); ***vor ~*** (*dat*) de alegría; ***zu meiner großen ~*** para gran satisfacción mía; ***an etw*** (*dat*) ***~ haben*** complacerse en a/c; ***er hat ~ am Singen, an s-r Arbeit*** le gusta cantar, su trabajo; ***j-m mit etw ~ machen*** *od* ***bereiten*** dar a alg una alegría con a/c

'Freuden|fest *n* fiesta *f* alegre (de celebración); **~haus** *n* prostíbulo *m*; **~mädchen** *n* prostituta *f*; **~schrei** *m* grito *m* de alegría *od* de júbilo; **~tag** *m* día *m* de júbilo

'Freudentanz *m* ***e-n ~ aufführen*** saltar de alegría

'Freudentaumel *m* alborozo *m*, transporte *m* de alegría; ***in e-n ~ verfallen*** ya no caber en sí de alegría, rebosar de alegría

'Freudentränen *pl* lágrimas *f/pl* de alegría

'freudestrahlend *adjt u advl* radiante de alegría

'freudig **I** *adj* alegre, contento; *Nachricht* bueno, feliz; **II** *adv* de buena gana

'freudlos *adj* triste, sin alegría

freuen ['frɔyən] **I** *v/t* ***es freut mich zu*** (*+inf*) me alegro de (*+inf*), me alegra (*+inf*); ***es freut mich, dass*** me alegra que (*+subj*); ***das freut mich*** lo celebro, me alegro; **II** *v/r* ***sich*** (***über etw*** *acus*, ***an etw*** *dat*) ***~*** alegrarse (de *od* por a/c); ***sich auf etw*** (*acus*) ***~*** estar ilusionado con *od* por a/c; ***ich freue mich darauf*** me hace mucha ilusión; ***sich*** (***darüber***) ***~, dass*** alegrarse de que (*+subj*)

Freund [frɔynt] *m* ⟨-(e)s; -e⟩ **1** amigo *m*; ***gute***, F ***dicke ~e sein*** ser amigos íntimos; **2** (*Geliebter*) novio *m*; **3** (*Anhänger*) partidario, -a *m,f*, aficionado, -a *m,f*; ***kein ~ von etw sein*** no ser amigo de a/c

'Freund|eskreis *m* amistades *f/pl*, amigos *m/pl*; **~in** *f* **1** amiga *f*; **2** (*Geliebte*) novia *f*

'freundlich *adj* **1** *Person* amable, afable, simpático, complaciente (***zu j-m*** con alg); ***so ~ sein zu*** (*+inf*) ser tan amable de (*+inf*); ***bitte recht ~!*** ¡sonría, por favor!; **2** *Ton* amable; *Atmosphäre, Wetter* agradable; *Wohnung* acogedor; *Miene* alegre

'freundlicher'weise *adv* amablemente

'Freundlichkeit *f* amabilidad *f*; ***die ~ haben zu*** (*+inf*) tener la amabilidad *od* la bondad de (*+inf*)

'Freundschaft *f* amistad *f*; ***mit j-m ~ schließen*** trabar amistad con alg

'freundschaftlich *adj* amistoso

'Freundschafts|dienst *m* favor *m* de amigo; **~spiel** *n* partido *m* amistoso

Frevel ['freːfəl] *geh m* ⟨-s; -⟩ (*Missetat*) delito *m*; *stärker* crimen *m*; REL sacrilegio *m*; **♀haft** *geh adj* criminal; REL sacrílego

'Frevler(in) *geh m* ⟨-s; -⟩ (*f*) malhechor, a *m,f*, criminal *m,f*; REL sacrílego, -a *m,f*

Friede ['friːdə] *m* ⟨-ns; -n⟩ → ***Frieden***

'Frieden *m* ⟨-s; -⟩ paz *f*; ***~ schließen*** concluir la paz; *fig* hacer las paces (***mit j-m*** con alg); ***um des lieben ~s willen*** para tener paz; F ***lass mich in ~!*** F ¡déjame en paz!

'Friedens|bemühungen *pl* esfuerzos *m/pl* por la paz; **~bewegung** *f* movimiento *m* pacifista; **~forschung** *f* investigación *f* para la paz; **~initiative** *f* **1** *Bemühungen* iniciativa *f* por la paz; **2** *Gruppe* movimiento *m* pacifista; **~konferenz** *f* conferencia *f* de paz; **~nobelpreis** *m* Premio *m* Nobel de la Paz; **~pfeife** *f* pipa *f* de la paz; **~pflicht** *f* deber *m* de paz; **~politik** *f* política *f* de paz; **~prozess** *m* proceso *m* de paz; **~schluss** *m* conclusión *f* de la paz; **~taube** *f* paloma *f* de la paz; **~truppe** *f* tropa *f* de pacificación; **~verhandlungen** *pl* negociaciones *f/pl* para la paz; **~vertrag** *m* tratado *m* de paz; **~zeit** *f* período *m* de paz

Friederike [friːdə'riːkə] *f* Federica *f*

'friedfertig *adj* pacífico; **♀keit** *f* ⟨-⟩ carácter *m* pacífico

'Friedhof *m* cementerio *m*

'friedlich *adj* pacífico, tranquilo; JUR *Vergleich* amigable; ***auf ~em Wege*** por la vía pacífica *od* amigable; ***sei doch ~!*** ¡haya paz!

'friedliebend *adjt* amante de la paz

Friedrich ['friːdrıç] *m* ⟨-s⟩ Federico *m*; HIST ***~ der Große*** Federico el Grande

frieren ['friːrən] ⟨fror, gefroren⟩ **I** *v/t* **1** ⟨h⟩ ***mich friert, es friert mich*** tengo frío; **II** *v/i* **2** ⟨h⟩ *Lebewesen* tener *od* pasar frío; ***ich friere an den Händen*** tengo las manos he-

ladas; **3** ⟨sn⟩ (*ge~*) *Boden, Wasser* helarse; **III** *v/imp* ⟨h⟩ **4** (*ge~*) ***es friert*** hiela
Fries [friːs] *m* ⟨-es; -e⟩ ARCH friso *m*; (*Stoff*) frisa *f*
Fries|e ['friːzə] *m* ⟨-n; -n⟩, **~in** *f* frisio, -a *m,f*; **≈isch** *adj* frisio; **~land** *n* ⟨-s⟩ Frisia *f*
frigid|(e) [fri'giːt (-də)] *adj* frígido; **≈i'tät** *f* ⟨-⟩ frigidez *f*
Frikadelle [frika'dɛlə] *f* hamburguesa *f*
Frikassee [frika'seː] *n* ⟨-s; -s⟩ fricasé *m*
Frisbee® ['frɪzbiː] *n* ⟨-; -s⟩ plato *m* (volador)
frisch [frɪʃ] **I** *adj* **1** fresco (*a Lebensmittel, Blume, Wunde*); *Farbe* vivo; *Wäsche* limpio; (*neu*) nuevo; (*kürzlich*) reciente; ***mit ~en Kräften*** con fuerzas renovadas; ***sich ~ machen*** arreglarse; ***~ und munter*** vivito y coleando; **2** (*kühl*) fresco; ***es ist ~*** hace fresco; **II** *adv* recién, recientemente; ***~ gebügelt*** recién planchado; ***~ gebacken*** *Brot* recién hecho; F *fig Ingenieur usw* recién terminado; ***das ~ gebackene Ehepaar*** los recién casados; ***~ gestrichen!*** ¡recién pintado!
'Frische *f* ⟨-⟩ frescura *f*, fresco *m*; ***geistige ~*** vigor *m*, juventud *f* de espíritu
'Frisch|fleisch *n* carne *f* fresca; **~gemüse** *n* verdura *f* fresca; **~haltebeutel** *m* bolsa *f* (de conservación) fresca; **~haltefolie** *f* film *m* transparente (para alimentos); **~haltepackung** *f* envase *m* para la conservación; **~käse** *m* queso *m* fresco; **~ling** *m* ⟨-s; -e⟩ jabato *m*; **~luft** *f* aire *m* fresco; **~milch** *f* leche *f* fresca
Friseur [fri'zøːr] *m* ⟨-s; -e⟩ peluquero *m*; **~salon** *m* (salón *m* de) peluquería *f*
Friseuse [fri'zøːzə] *f* peluquera *f*
fri'sieren **I** *v/t* **1** *Haare* peinar; **2** F *fig Zahlen, Bilanz* retocar, maquillar; *Motor* trucar; **II** *v/r* **3** ***sich ~*** peinarse
Fri'siersalon *m* (salón *m* de) peluquería *f*
Fri'sör *m* → ***Friseur***
Frist [frɪst] *f* ⟨-; -en⟩ plazo *m*; (*Termin*) fecha *f*; (*Aufschub*) prórroga *f*; ***innerhalb e-r bestimmten ~*** dentro de un plazo determinado; ***innerhalb e-r ~ von drei Tagen*** en un plazo de tres días; ***innerhalb der ~*** dentro de(l) plazo; ***in kürzester ~*** cuanto antes; ***nach Ablauf der ~*** después de la expiración del plazo; ***j-m e-e ~ einräumen, setzen*** conceder(le), fijar(le) un plazo (a alg); ***die ~ einhalten*** observar *od* cumplir el plazo; ***die ~ überschreiten*** exceder el plazo; ***die ~ verlängern*** prorrogar el plazo; ***die ~ läuft am 12. ab*** el plazo expira el día doce; ***die ~ ist abgelaufen*** el plazo ha expirado
'fristen *v/t* ***ein kümmerliches Dasein ~*** ir tirando malamente
'frist|gemäß, **~gerecht** *adj u adv* en su debido plazo; ***nicht ~*** fuera de plazo
'fristlos *adj u adv* sin (previo) aviso
Fri'sur *f* peinado *m*
Fritteuse [fri'tøːzə] *f* freidora *f*
frit'tieren *v/t* ⟨*sin* ge⟩ freír
frivol [fri'voːl] *adj* frívolo; (*anzüglich*) indecente; **≈i'tät** *f* frivolidad *f*
Frl. *Abk* (*Fräulein*) Srta. (*Señorita*)
froh [froː] *adj* **1** (*erfreut*) contento, satisfecho (***über*** *+acus* por); (*fröhlich*) alegre, feliz; ***~ sein zu*** (*+inf*) *bzw* ***dass ...*** estar contento de (*+inf*) *bzw* de que (*+subj*); **2** (*Freude bringend*) agradable
fröhlich ['frøːlɪç] *adj* alegre; *von Natur aus a* jovial; **≈keit** *f* ⟨-⟩ alegría *f*; *Charakterzug* buen humor *m*, jovialidad *f*
froh'locken *geh v/i* ⟨*sin* ge⟩ regocijarse (***über*** *+acus* de); echar las campanas al vuelo (***vor Freude*** *dat* de alegría)
'Froh|natur *f* persona *f* alegre; **~sinn** *m* buen humor *m*, jovialidad *f*
fromm [frɔm] *adj* ⟨-er *o* ¨er, -ste *o* ¨ste⟩ piadoso, devoto; *iron* ***~er Wunsch*** deseo *m* irrealizable
Frömm|elei [frœmə'laɪ] *f* ⟨-⟩ beatería *f*; **'~igkeit** *f* ⟨-⟩ piedad *f*, devoción *f*
Fron [froːn] *f* ⟨-⟩ HIST, *geh fig* servidumbre *f*
frönen ['frøːnən] *geh v/i* ***e-r Sache*** (*dat*) ***~*** entregarse a a/c; *e-m Laster* vivir a/c
Fron'leichnam ⟨*sin artículo*⟩ (día *m* del) Corpus *m*
Front [frɔnt] *f* ⟨-; -en⟩ frente *m* (*a* METEO, *fig*); BAU fachada *f*; ***an der ~*** en el frente; *fig* ***gegen j-n, etw ~ machen*** hacer frente a alg, a a/c
fron'tal *adj u adv* frontal, de frente
Fron'tal|angriff *m* MIL, *fig* ataque *m* frontal; **~zusammenstoß** *m* colisión *f od* choque *m* frontal
'Front|antrieb *m* tracción *f* delantera; **~wechsel** *m fig* cambio *m* de bando
Frosch [frɔʃ] *m* ⟨-(e)s; ¨e⟩ ZO rana *f*; F *fig* ***e-n ~ im Hals haben*** tener ronquera; F ***sei kein ~!*** ¡no seas gallina!
'Frosch|mann *m* ⟨-(e)s; -männer⟩ hombre *m* rana; **~perspektive** *f* **1** FOT vista *f* a ras de suelo; **2** *fig* visión *f* por un canuto; **~schenkel** *m* anca *f* de rana
Frost [frɔst] *m* ⟨-(e)s; ¨e⟩ helada *f*; ***es herrscht ~*** hay heladas
'frostbeständig *adj* resistente a las heladas
'Frostbeule *f* sabañón *m*
frösteln ['frœstəln] *v/t, v/i* ***ich fröst(e)le, mich fröstelt, es fröstelt mich*** estoy tiritando (de frío)
'Frostgefahr *f* riesgo *m* de heladas
'frostig *adj a fig* frío, glacial, helado
'Frost|schaden *m* daño *m* causado por las heladas; **~schutzmittel** *n* anticongelante *m*

F

Frottee [frɔ'teː] *n od m* ⟨-(s); -s⟩ (tejido *m* de) rizo *m*; **~(hand)tuch** *n* ⟨-(e)s; -tücher⟩ toalla *f* de rizo
frot'tieren *v/t, v/r* ⟨*sin* ge⟩ **(sich) ~** frotar(se), friccionar(se)
Frotze'lei F *f* burla *f*
frotzeln ['frɔtsəln] F *v/i* (**über j-n**) **~** burlarse (de alg), meterse (con alg); (**über etw**) **~** reírse (de a/c)
Frucht [frʊxt] *f* ⟨-; ⸚e⟩ fruto *m* (*a fig*); **Früchte tragen** fructificar, dar fruto (*a fig*)
'fruchtbar *adj* fértil, fecundo; *fig Idee, Autor, Arbeit a* productivo; **~ machen** fecundar, fertilizar
'Frucht|barkeit *f* ⟨-⟩ fertilidad *f*; fecundidad *f* (*a fig*); **~blase** *f* MED bolsa *f* amniótica; **ⓢbringend** *adjt* fructífero; *fig a* fructuoso
Früchtchen ['frʏçtçən] F *desp n* ⟨-s; -⟩ **ein sauberes ~** F una buena pieza
'Fruchteis *n* sorbete *m*
'fruchten *v/i* ser útil *od* provechoso; **etw ~** servir para a/c; (**bei j-m**) **nichts ~** no servir(le a alg) para nada, no encontrar respuesta (en alg)
'Fruchtfleisch *n* pulpa *f*
'frucht|ig *adj* afrutado; **~los** *adj* (*vergeblich*) inútil; (*unergiebig*) infructuoso
'Frucht|presse *f* exprimidor *m*; **~saft** *m* zumo *m* de fruta; **~wasser** *n* líquido *m* amniótico; **~zucker** *m* fructosa *f*
früh [fryː] **I** *adj* temprano; *Jahreszeit, Tod* prematuro; **das ~e Mittelalter** la alta Edad Media; **II** *adv* temprano, pronto; **heute ~** esta mañana; **von ~ bis spät** de la mañana a la noche; **zu ~ kommen** llegar antes de tiempo; **~ aufstehen** madrugar
'Frühaufsteher(in) *m(f)* madrugador, a *m,f*
'Frühe *f* madrugada *f*; **in aller ~** muy de madrugada; *österr* **heute in der Früh(e)** esta mañana
'früher I *adj* **1** (*vergangen*) pasado; **in ~en Zeiten** en tiempos pasados; **2** (*ehemalig*) antiguo, ex…; **ihr ~er Mann** su exmarido; **II** *adv* **3** (*eher*) antes, con anterioridad; *fig* **~ oder später** más tarde o más temprano; **4** (*einst*) antes, en otros tiempos
'Früherkennung *f* MED detección *f* precoz
frühestens ['fryːəstəns] *adv* como muy pronto
'Früh|geburt *f Entbindung* parto *m* prematuro; *Kind* prematuro *m*; **~geschichte** *f* protohistoria *f*
'Frühjahr *n* primavera *f*; **im ~** en primavera
'Frühjahrs|müdigkeit *f* cansancio *m* primaveral; **~putz** *m* limpieza *f* de primavera
'Frühkartoffel *f* patata *f* tempranera
'Frühling *m* ⟨-s; -e⟩ primavera *f* (*a fig*); **im ~** en primavera
'Frühlings|anfang *m* comienzo *m* de la primavera; **ⓢhaft** *adj* primaveral; **~rolle** *f* rollito *m* de primavera
'Früh|messe *f* misa *f* del alba; **ⓢ'morgens** *adv* de madrugada; **~nebel** *m* neblina *f* matinal; **ⓢreif** *adj* precoz (*a fig*); **~rente** *f wegen Krankheit* prejubilación *f*; *im Vorruhestand* jubilación *f* anticipada; **~rentner(in)** *m(f)* prejubilado, -a *m,f*; **~schicht** *f* turno *m* de mañana; **~sport** *m* deporte *m* matinal; **~stadium** *n* fase *f* inicial
'Frühstück *n* desayuno *m*; **ⓢen** *v/i* desayunar; **~sfernsehen** *n* programación *f* matinal; **~spause** *f* (pausa *f* para el) desayuno *m*
'frühzeitig I *adj* **1** (*rechtzeitig*) a tiempo; **2** (*vorzeitig*) temprano; **II** *adv* **3** (*rechtzeitig*) a tiempo; **4** (*vorzeitig*) antes de tiempo
Frust [frʊst] F *m* ⟨-(e)s⟩ F frustre *m*
Frust|ration [frʊstratsi'oːn] *f* frustración *f*; **ⓢ'rieren** *v/t* ⟨*sin* ge⟩ frustrar
Fuchs [fʊks] *m* ⟨-es; ⸚e⟩ **1** ZO zorro *m* (*a Pelz*), raposo *m*; F *fig* **alter ~**, F *fig* **schlauer ~** viejo zorro *m*; **2** *Pferd* alazán *m*
'Fuchsbau *m* ⟨-(e)s; -e⟩ zorrera *f*
'fuchsen F *v/t* dar rabia (a)
Fuchsie ['fʊksiə] *f* fucsia *f*
Füchsin ['fʏksɪn] *f* zorra *f*, raposa *f*
'Fuchs|jagd *f* caza *f* del zorro; **~pelz** *m* (piel *f* de) zorro *m*; **ⓢrot** *adj* rojo subido; **~schwanz** *m* **1** ZO cola *f* de zorro; **2** *Säge* serrucho *m*
'fuchs'teufels'wild F *adj* F hecho una fiera
Fuchtel ['fʊxtəl] F *f* **unter j-s ~** (*dat*) **stehen** estar a las órdenes de alg
'fuchteln F *v/i* agitar (**mit etw** a/c)
Fug [fuːk] **mit ~ und Recht** con perfecto derecho
Fuge ['fuːgə] *f* **1** BAU juntura *f*, unión *f*; *fig* **aus den ~n geraten** desencajarse, deshacerse; **2** MUS fuga *f*
fügen ['fyːgən] **I** *v/t* **1** (*setzen*) **etw auf etw** (*acus*) **~** poner a/c sobre a/c; **etw an etw** (*acus*) **~** juntar a/c con a/c; **2** *geh* (*zusammen~*) juntar, unir; *fig* **fest gefügte Ordnung** orden *m* estable; **3** *geh* **das Schicksal fügte es, dass** el destino hizo que (*+subj*); **II** *v/r* **sich ~ 4** (*passen*) encajar, adaptarse bien (**in** *+acus* en, a); **5** (*gehorchen*) someterse (**e-m Befehl** a una orden); **6 sich in sein Schicksal ~** conformarse con su sino; **III** *geh v/imp* **7 es fügt sich gut, dass** viene bien que (*+subj*)
'fügsam *adj* dócil, dúctil
'Fügung *f* (*Zusammentreffen*) coincidencia *f*; **~** (**des Schicksals**) providencia *f*, destino *m*; **durch Gottes ~** por providencia divina
'fühlbar I *adj* (*berührbar*) palpable; (*wahr-*

nehmbar) notable; *fig* sensible, tangible; **II** *adv fig* sensiblemente, notablemente
fühlen ['fy:lən] **I** *v/t* sentir; *lebhaft* experimentar; ***j-n etw ~ lassen*** hacer(le) sentir a/c a alg; ***j-m den Puls ~*** tomar(le) el pulso a alg; **II** *v/i* (*Gefühl haben*) sentir; ***nach etw ~*** palpar *od* tocar (buscando) a/c; ***mit j-m ~*** compartir los sentimientos de alg; **III** *v/r* ***sich wohl, geschmeichelt*** *usw* ~ sentirse bien, halagado, *etc*; ***sich als Held ~*** creerse un héroe
'Fühler *m* antena *f*; F *fig* ***s-e ~ ausstrecken*** tantear el terreno
'Fühlung *f* ⟨-⟩ contacto *m*
'Fuhre *f* **1** (*Wagenladung*) carretada *f*; **2** (*Transport*) acarreo *m*
führen ['fy:rən] **I** *v/t* **1** (*begleiten*) llevar, guiar (*a Touristen*); ***bei*** *od* ***an der Hand ~*** llevar de la mano; **2** (*hinbringen*) llevar; (*herbringen*) traer; ***was führt Sie zu mir?*** ¿qué le trae por aquí?; **3** (*leiten*) dirigir, guiar; MIL mandar; *Geschäft, Haushalt a* llevar; *Gruppe, Mannschaft* encabezar; **4** *Fahrzeug* conducir; AVIA pilotar; **5** *Gespräch* mantener; ***ein Telefongespräch ~*** (man)tener una conversación telefónica; ***Verhandlungen ~*** negociar; **6** (*tragen*) ***etw bei sich*** (*dat*) *od* ***mit sich*** (*dat*) ~ llevar consigo *od* encima a/c; **7** *Namen, Leben, Buch, Liste* llevar; *Pinsel, Kamera a* manejar; **8** COM *Artikel* tener, vender; ***wir ~ ...*** tenemos *od* vendemos ...; **II** *v/i* **9** *räumlich* ir, llevar (*a fig*) (***nach, zu*** a); *Tür* ***auf die*** *od* ***zur Straße ~*** dar a la calle; ***durch etw ~*** atravesar a/c; **10** SPORT ir a la cabeza; (***mit 1:0***) ~ ir ganando (1-0); **11** *fig* ***das führt zu nichts*** eso no conduce a nada; **III** *v/r* **12** ***sich gut, schlecht ~*** (com)portarse bien, mal
'führend *adjt Person* dirigente, primero; *im Sport* líder; *Unternehmen* ***~ sein in*** (+*dat*) ser líder en
'Führer *m* **1** *e-r Gruppe* jefe *m*, líder *m*; **2** *für Touristen Person* guía *m*; *Buch* guía *f*
'Führer|ausweis *m schweiz* → ***Führerschein***; **~haus** *n* cabina *f* del conductor; **~in** *f* **1** *e-r Gruppe* jefa *f*, líder *f*; **2** *für Touristen* guía *f*; **⌀los** *adj u adv Fahrzeug* sin conductor; *Flugzeug* sin piloto; *Land, Gruppe* sin líder, acéfalo
'Führerschein *m* carnet *m od* carné *m* de conducir; ***den ~ machen*** sacar(se) el carné de conducir
'Führerscheinentzug *m* retirada *f* del carné de conducir
'Fuhrpark *m* parque *m* móvil
'Führung *f* **1** *für Touristen* visita *f* (guiada); **2** *e-r Gruppe* liderato *m*; *e-s Betriebs, Staats* dirección *f*; MIL mando *m*; ***unter der ~ von*** bajo la dirección de; **3** SPORT ***in ~*** (*dat*) ***liegen*** *in e-m Rennen, in der Tabelle* ir a la cabeza; *im Spiel* ir ganando; ***in ~*** (*acus*) ***gehen*** ponerse en cabeza; **4** *von Verhandlungen, Geschäften* gestión *f*; **5** (*Verhalten*) conducta *f*
'Führungs|etage *f* grupo *m* dirigente, cuadros *m/pl* directivos; **~geschick** *n* dotes *f/pl* de mando; **~kraft** *f* directivo, -a *m,f*; **~position** *f* posición *f* de líder; **~spitze** *f* cúpula *f* (directiva); **~stil** *m* estilo *m* de dirección; **~strategie** *f* estrategia *f* de dirección; **~tor** *n* gol *m* de ventaja; **~zeugnis** *n* certificado *m* de buena conducta
'Fuhr|unternehmen *n* empresa *f* de transportes, agente *m,f* de transportes, transportista *m,f*; **~werk** *n* carruaje *m*
Fülle ['fʏlə] *f* ⟨-⟩ abundancia *f*, plenitud *f*; (*Körper⌀*) corpulencia *f*; (*Haar⌀, Klang⌀*) cuerpo *m*
'füllen I *v/t* llenar (***mit*** de); GASTR rellenar (***mit*** de, con); *Zahn* empastar; ***in etw*** (*acus*) ~ echar en a/c; **II** *v/r* ***sich ~*** llenarse (***mit*** de)
'Füll|er *m*, **~federhalter** *m* pluma *f* (estilográfica); **~gewicht** *n* peso *m* neto
'füllig *adj Figur* relleno; *Haar* con volumen
'Füllung *f* **1** *von Polstern*, GASTR relleno *m*; **2** *e-s Zahns* empaste *m*; **3** (*Tür⌀*) entrepaño *m*
Fummel ['fʊməl] F *m* ⟨-s; -⟩ F pingo *m*
'fummeln F *v/i* **1** ***an, in etw*** (*dat*) ~ manosear a/c; **2** *sexuell* F meter mano
Fund [fʊnt] *m* ⟨-(e)s; -e⟩ hallazgo *m*
Fundament [fʊnda'mɛnt] *n* ⟨-(e)s; -e⟩ BAU fundamento *m* (*a fig*); ***das ~ legen*** sentar los cimientos
fundamen'ta|l *adj* fundamental; **⌀'lismus** *m* ⟨-⟩ REL fundamentalismo *m*; **⌀'list(in)** *m(f)* REL fundamentalista *m,f*; **~'listisch** *adj* REL fundamentalista
'Fund|büro *n* oficina *f* de objetos perdidos; **~grube** *f fig* filón *m*
fun'diert [fʊn'di:rt] *adjt* sólido, fundado
fündig ['fʏndɪç] *adj* ***~ werden*** descubrir; *fig* encontrar (lo que se buscaba)
'Fund|ort *m* lugar *m* del hallazgo; **~sache** *f* objeto *m* hallado
Fundus ['fʊndʊs] *m* ⟨-; -⟩ fondo *m*
fünf [fʏnf] *núm/c* cinco; F *fig* ***~(e) gerade sein lassen*** hacer la vista gorda; → ***acht***
Fünf *f* ⟨-; -en⟩ **1** *Zahl* cinco *m*; **2** (*Schulnote*) *in Spanien etwa* tres *m*
fünf... → ***acht...***
'Fünfeck *n* pentágono *m*; **⌀ig** *adj* pentagonal
'Fünfer *m* **1** F moneda *f* de cinco pfennigs; *etc*; **2** (*Fünf*) cinco *m*; → ***Fünf 2***
'fünfer'lei *adj* ⟨*inv*⟩ de cinco clases (diferentes)

Fünf'euroschein *m* billete *m* de cinco euros
'fünf|fach I *adj* quíntuplo; → ***achtfach***; **II** *adv* cinco veces más; **℞fache(s)** *n* ⟨→ A⟩ quíntuplo *m*; **'~'hundert** *núm/c* quinientos; **~jährig** *adj* (*fünf Jahre alt*) de cinco años; (*fünf Jahre lang*) quinquenal
'Fünfkampf *m* pentatlón *m*
'Fünfling *m* ⟨-s; -e⟩ quintillizo, -a *m,f*
'fünf|mal *adv* cinco veces; **~stellig** *adj* de cinco cifras
fünft [fʏnft] *adv* ***zu*** **~** cinco; ***zu*** **~** ***sein*** ser cinco
Fünf'tagewoche *f* semana *f* laboral de cinco días
'fünf'tausend *núm/c* cinco mil
'fünfte(r, -s) *núm/o* quinto; → ***achte*(*r, -s*)**
'Fünftel *n* ⟨-s; -⟩ quinto *m*
'fünftens *adv* (en) quinto (lugar)
'fünfzehn *núm/c* quince; ***etwa, rund*** **~** (***Personen***) unas quince *od* una quincena (de personas); → ***acht***
fünfzig ['fʏnftsɪç] *núm/c* cincuenta; → ***achtzig***
'Fünfzig *f* ⟨-⟩ cincuenta *m*
'fünfziger *adj* ⟨*inv*⟩ ***die*** **~** ***Jahre*** los años cincuenta
'Fünfziger F *m* **1** *Geldschein* billete *m* de cincuenta euros, marcos *etc.*; **2** *Münze* moneda *f* de cincuenta pfennigs, *etc.*
Fünfzig'euroschein *m* billete *m* de cincuenta euros
'fünfzigjährig *adj* (*fünfzig Jahre alt*) de cincuenta años; (*fünfzig Jahre lang*) de cincuenta años de duración
Fünf'zimmerwohnung *f* piso *m* de cinco cuartos
fungieren [fʊŋ'giːrən] *v/i* ⟨*sin* ge⟩ **~** ***als*** hacer (las veces) de, actuar de
Funk [fʊŋk] *m* ⟨-s⟩ radio *f*; ***über*** **~** (*acus*) por radio; **'~amateur(in)** *m*(*f*) radioaficionado, -a *m,f*
Fünkchen ['fʏŋkçən] *n* ⟨-s; -⟩ → ***Funke 2***
Funke ['fʊŋkə] *m* ⟨-ns; -n⟩ **1** chispa *f* (*a fig*); **~*n sprühen*** echar chispas; **2** *fig* ***kein*** **~** ***Ehrgeiz*** *usw* ni pizca de ambición, *etc*; ***ein*** **~*n Hoffnung*** un rayo de esperanza
funkeln ['fʊŋkəln] *v/i* brillar, centellear; *Augen* ***vor Freude*** (*dat*) **~** brillar de felicidad
'funkel'nagel'neu F *adj* flamante
'funken I *v/t* transmitir por radio, radiotelegrafiar; **II** F *fig v/imp* ***es hat gefunkt*** ha saltado la chispa
'Funken *m* ⟨-s; -⟩ → ***Funke***
'Funker(in) *m*(*f*) radiotelegrafista *m,f*; F radio *m,f*
'Funk|gerät *n* aparato *m* de radio; **~haus** *n* estación *f* emisora; **~sprechgerät** *n* radiotransmisor *m*; **~spruch** *m* mensaje *m* de radio; **~stille** *f* silencio *m* de radio; **~streife** *f* radiopatrulla *f*; **~suche** *f* radiobúsqueda *f*; **~taxi** *n* radiotaxi *m*; **~telefon** *n* radioteléfono *m*
Funktion [fʊŋktsi'oːn] *f* función *f* (*a* MAT); ***in s-r*** **~** ***als*** … en su función de …
funktio'nal *adj* funcional
Funktionär(in) [fʊŋktsio'nɛːr(ɪn)] *m* ⟨-s; -e⟩ (*f*) funcionario, -a *m,f*
funktio'nell *adj* funcional
funktio'nieren *v/i* ⟨*sin* ge⟩ funcionar
funkti'ons|fähig *adj* que funciona; **℞taste** *f* tecla *f* de función
'Funk|turm *m* torre *f* de radio; **~uhr** *f* reloj *m* por radio; **~verbindung** *f* conexión *f* por radio; **~verkehr** *m* radiocomunicación *f*
Funzel ['fʊntsəl] F *f* ⟨-; -n⟩ F *lámpara que da poca luz*
für [fyːr] *prp* ⟨+*acus*⟩ **1** *Ziel, Bestimmung* para; ***das ist*** **~** ***dich*** eso es para ti; **2** F (*gegen*) **~** ***den Husten*** para *od* contra la tos; **3** *Preis* por; **~** ***zehn Euro*** por diez euros; **4** *Vergleich* para; ***er ist groß*** **~** ***sein Alter*** es muy alto para su edad; **5** (*zugunsten*) por, a *od* en favor de; **~** ***j-n, etw sein*** estar por alg, a/c; ***das*** **℞** ***und Wider*** el pro y el contra; **6** (*wegen*) por, a causa de; **7** (*anstelle von*) por, en lugar de; **8** *Zeitpunkt, Zeitspanne* por; **~** ***ein Jahr*** por un año; **~** ***immer*** para siempre; **9** ***Schritt*** **~** ***Schritt*** paso a paso; ***Seite*** **~** ***Seite*** página por página; ***Tag*** **~** ***Tag*** día tras día; **10** **~** ***sich*** (*allein*) (por sí) solo; ***das ist e-e Sache*** **~** ***sich*** eso es otra cosa
'Fürbitte *f* intercesión *f*, ruego *m* (*a* REL); ***bei j-m*** **~** ***einlegen*** (***für j-n***) interceder ante alg (por *od* a favor de alg)
Furche ['fʊrçə] *f* AGR surco *m*
Furcht [fʊrçt] *f* ⟨-⟩ temor *m*, miedo *m* (***vor*** +*dat* a, de); **~** ***haben*** (***vor j-m, etw***) tener miedo (a alg, a/c); ***j-m*** **~** ***einflößen*** infundir(le) miedo a alg; **~** ***einflößend***, **~** ***erregend*** que infunde miedo; ***aus*** **~** ***vor Strafe*** por temor al castigo
'furchtbar I *adj* **1** (*schrecklich, unangenehm*) terrible, atroz, horrible; ***das ist ja*** **~*!*** ¡qué horror!; **2** F (*groß, stark*) tremendo; **II** *adv* F muy, terriblemente; **~** ***schwierig*** dificilísimo; F **~** ***dumm*** más tonto que hecho de encargo
fürchten ['fʏrçtən] **I** *v/t* temer; ***ich fürchte, es ist zu spät*** *od* ***dass es zu spät ist*** me temo que es demasiado tarde; **II** *v/r* ***sich*** (***vor j-m, etw***) **~** tener miedo (a *od* de alg, a/c)
'fürchterlich → ***furchtbar***
'furcht|los *adj* sin temor, sin miedo, intrépido; **~sam** *adj* temeroso, miedoso

fürei'nander *adv* el uno para el otro; unos para otros
Furie ['fuːriə] *f* MYTH, *fig* furia *f*
Furnier [fʊr'niːr] *n* ⟨-s; -e⟩ enchapado *m*, chapa *f* de madera
fur'nieren *v/t* ⟨*sin* ge⟩ enchapar, contrachap(e)ar; ***Eiche furniert*** chapado en roble
Furore [fu'roːrə] **~ *machen*** hacer furor
fürs [fyːrs] **= *für das***
'Fürsorge *f* asistencia *f*, solicitud *f*; *staatliche* asistencia *f* pública; (*Sozialhilfe*) asistencia *f* social; *liebevolle* cuidados *m/pl*
'fürsorglich I *adj* cuidadoso, previsor; **II** *adv* con previsión
'Fürsprache *f* intercesión *f*; ***bei j-m für j-n ~ einlegen*** interceder ante alg por alg
'Fürsprecher(in) *m(f)* intercesor, a *m,f*
Fürst [fʏrst] *m* ⟨-en; -en⟩ príncipe *m*
'Fürstentum *n* ⟨-(e)s; ⸚er⟩ principado *m*
'Fürstin *f* princesa *f*
'fürstlich I *adj* principesco (*a fig*); *fig Pracht*, *Gehalt*, *Trinkgeld* de rey; **II** *adv* como un príncipe; *bewirten* como un rey
Furt [fʊrt] *f* ⟨-; -en⟩ vado *m*
Furunkel [fu'rʊŋkəl] *m od n* ⟨-s; -⟩ forúnculo *m*
'Fürwort *n* ⟨-(e)s; ⸚er⟩ pronombre *m*
Furz [fʊrts] P *m* ⟨-es; ⸚e⟩ F pedo *m*; ***e-n ~ lassen*** F soltar un pedo
'furzen F *v/i* F soltar un pedo
Fusel ['fuːzəl] F *m* ⟨-s; -⟩ F matarratas *m*
Fusion [fuzi'oːn] *f* PHYS, ECON fusión *f*; ***~ durch Integration*** fusión *f* por integración, fusión *f* por unión; ***~ durch Übernahme*** fusión *f* por absorción
fusio'nieren *v/i* ⟨*sin* ge⟩ fusionar
Fusi'ons|bilanz *f* balance *m* de fusión; **~kontrolle** *f* control *m* de fusiones
Fusi'onsprozess *m* proceso *m* de fusión; ***sich in e-m ~ befinden*** estar envuelto en un proceso de fusión
Fusi'ons|vereinbarung *f* acuerdo *m* de fusión; **~vertrag** *m* contrato *m* de fusión; **~vorhaben** *n* proyecto *m* de fusión
Fuß [fuːs] *m* ⟨-es; ⸚e⟩ **1** ANAT pie *m* (*a e-r Lampe*, *e-s Bergs*); *von Tieren*, *e-s Möbelstücks* pata *f*; ***am ~*** (+*gen*) al pie de; ***bei ~!*** *zu e-m Hund* ¡ven aquí!; ***mit bloßen Füßen*** descalzo; ***zu ~ gehen*** ir a pie; **2** *fig* ***stehenden ~es*** inmediatamente; *geh* ***j-m zu Füßen liegen*** estar a los pies de alg; ***auf eigenen Füßen stehen*** ser independiente; (***festen***) ***~ fassen*** echar raíces; *Unternehmen* consolidarse; ***j-n auf freien ~ setzen*** poner en libertad a alg (*a* JUR); ***auf großem ~ leben*** vivir a lo grande; **3** ⟨*pl* -⟩ *Längenmaß* pie *m*
'Fuß|angel *f* abrojo *m*; *fig* trampa *f*; **~bad** *n* baño *m* de pies
'Fußball *m* **1** *Ball* balón *m* de fútbol; **2** *Spiel* fútbol *m*; ***~ spielen*** jugar al fútbol
'Fußballer(in) F *m (f)* → ***Fußballspieler(in)***
'Fußball|mannschaft *f* equipo *m* de fútbol; **~platz** *m* campo *m* de fútbol; **~spiel** *n* partido *m* de fútbol; **~spieler(in)** *m(f)* futbolista *m,f*; **~tor** *n* portería *f*; **~toto** *n od m* quiniela *f* (de fútbol); **~verein** *m* club *m* de fútbol
'Fußboden *m* suelo *m*, piso *m*; **~belag** *m* revestimiento *m* del suelo
Fussel ['fʊsəl] *f* ⟨-; -n⟩ pelusa *f*, hilacha *f*
'fusselig *adj* deshilachado; F *fig* ***sich*** (*dat*) ***den Mund ~ reden*** F gastar saliva en balde
'fusseln *v/i* soltar pelusa
'fußen *v/i* ***~ auf*** (+*dat*) apoyarse en
'Fußende *n* pie(s) *m(pl)* de (la) cama
Fußgänger|(in) ['fuːsgɛŋər(ɪn)] *m(f)* peatón, -ona *m,f*; **~überweg** *m* paso *m* de peatones; **~zone** *f* zona *f* peatonal
'Fuß|gelenk *n* articulación *f* del pie; **~knöchel** *m* tobillo *m*; **~leiste** *f* rodapié *m*; **~marsch** *m* marcha *f* a pie; **~matte** *f* estera *f*, felpudo *m*; **~nagel** *m* uña *f* del pie; **~note** *f* nota *f* (a pie de página); **~pfad** *m* senda *f*, sendero *m*; **~pflege** *f* pedicura *f*; **~pfleger(-in)** *m(f)* pedicuro, -a *m,f*, callista *m,f*; **~pilz** *m* pie *m* de atleta; **~sohle** *f* planta *f* del pie; **~spur** *f* huella *f*, pisada *f*
'Fußstapfen *m* ⟨-s; -⟩ huella *f*, pisada *f*; *fig* ***in j-s ~*** (*acus*) ***treten*** seguir el ejemplo de alg
'Fuß|tritt *m* puntapié *f*, patada *f*; **~volk** *n* *desp* los del montón, la masa; **~weg** *m* camino *m* para peatones; **~zeile** *f bsd* INFORM (línea *f* a) pie *m* de página
futsch [fʊtʃ] F *adj* (*kaputt*) roto; P jodido; (*weg*) perdido, desaparecido
Futter[1] ['fʊtər] *n* ⟨-s⟩ *für Tiere* alimento *m*; (*Grün*℘) pasto *m*, forraje *m*; (*Trocken*℘) pienso *m*; ***~ geben*** dar de comer
'Futter[2] *n* ⟨-s; -⟩ MODE forro *m*
Futte'ral *n* ⟨-s; -e⟩ estuche *m*
'Futterkrippe *f* pesebre *m*
'futtern F *v/t*, *v/i* comer
füttern[1] ['fʏtərn] *v/t Tier*, *Person* dar de comer, alimentar (*a fig Computer*)
'füttern[2] *v/t* MODE forrar (***mit*** con, de)
'Futter|napf *m* comedero *m*; **~neid** *m* rivalidad *f* (por la comida); F *fig* envidia *f* profesional; **~trog** *m* comedero *m*
'Fütterung *f des Viehs* alimentación *f*
Futur [fu'tuːr] *n* ⟨-s; -e⟩ GRAM futuro *m*; ***zweites ~*** futuro *m* perfecto
futu'ristisch *adj* futurista

G

G, g [geː] *n* ⟨-; -⟩ **1** G, g *f*; **2** MUS sol *m*
g *Abk* (*Gramm*) gr (*gramo*)
Gabe ['gaːbə] *f* **1** *geh* (*Spende*) donativo *m*; ***milde*** **~** limosna *f*; **2** *geh* (*Geschenk*) regalo *m*; **3** (*Begabung*) don *m*, talento *m*; **4** MED toma *f*
Gabel ['gaːbəl] *f* ⟨-; -n⟩ **1** (*Ess*ᒿ) tenedor *m*; **2** (*Mist*ᒿ, *Fahrrad*ᒿ, *Ast*ᒿ) horquilla *f*; (*Telefon*ᒿ) soporte *m*
'gabeln *v/r* ***sich*** **~** bifurcarse
'Gabel|stapler *m* carretilla *f* elevadora (de horquilla); **~ung** *f* bifurcación *f*
'Gabentisch *m* mesa *f* de regalos
Gabun [ga'buːn] *n* ⟨-s⟩ Gabón *m*
gackern ['gakərn] *v/i* **1** *Huhn* cacarear; **2** F *fig* (*kichern*) hacer risitas
gaff|en ['gafən] *v/i* *desp* mirar boquiabierto; **ᒿer(in)** *m*(*f*) *desp* pasmarote *m*, mirón, -ona *m,f*
Gag [gɛk] *m* ⟨-s; -s⟩ gag *m*
Gage ['gaːʒə] *f* sueldo *m*
gähnen ['gɛːnən] *v/i* bostezar
Gala ['gaːla] *f* ⟨-; -s⟩ gala *f*; ***in*** **~** de gala; **~abend** *m* noche *f* de gala
galant [ga'lant] *adj* galante
'Galavorstellung *f* función *f* de gala
Galaxie [gala'ksiː] *f* galaxia *f*
Galeere [ga'leːrə] *f* galera *f*
Galerie [galə'riː] *f* ARCH, (*Kunst*ᒿ) galería *f*
Galgen ['galgən] *m* ⟨-s; -⟩ horca *f*, patíbulo *m*; **~frist** *f* plazo *m* de gracia; **~humor** *m* humor *m* negro
Galicien [ga'liːtsiən] *n* Galicia *f* (*en España*)
Galionsfigur [gali'oːns-] *f* mascarón *m* de proa; *fig* figurón *m*
Galizien [ga'liːtsiən] *n* Galicia *f* (*en Polonia*)
Galle ['galə] *f* **1** *Flüssigkeit* bilis *f*, hiel *f*; *fig* ***mir läuft die*** **~** ***über*** se me exalta la bilis; **2** (**~***nblase*) vesícula *f* biliar
'galle(n)'bitter *adj* amargo como la hiel
'Gallen|blase *f* vesícula *f* biliar; **~kolik** *f* cólico *m* hepático *od* biliar; **~stein** *m* cálculo *m* vesicular *od* biliar
Gallert ['galərt] *n* ⟨-(e)s; -e⟩ gelatina *f*; **ᒿartig** *adj* gelatinoso
Gall|ien ['galiən] *n* ⟨-s⟩ HIST la Galia; **~ier(in)** *m*(*f*) galo, -a *m,f*; **ᒿisch** *adj* galo
Galopp [ga'lɔp] *m* ⟨-s; -s *o* -e⟩ galope *m*; ***im*** **~** a(l) galope (*a fig*)
galop'pieren *v/i* ⟨*sin* ge, sn⟩ galopar
galop'pierend *adjt* *fig* galopante
Gamasche [ga'maʃə] *f* polaina *f*
Gambe ['gambə] *f* MUS (viola *f* de) gamba *f*
Gambia ['gambia] *n* ⟨-s⟩ Gambia *f*
gamm|elig ['gaməlɪç] F *adj* **1** *Person* desaliñado; **2** *Nahrungsmittel* podrido; **~eln** F *v/i* **1** *Person* F gandulear; **2** *Nahrungsmittel* estropearse; **ᒿler(in)** F *m* ⟨-s; -⟩ (*f*) F melenudo, -a *m,f*, vagabundo, -a *m,f*
Gämse ['gɛmzə] *f* gamuza *f*
gang [gaŋ] ***das ist*** **~** ***und gäbe*** es muy corriente
Gang *m* ⟨-(e)s; ⸚e⟩ **1** (*Gehen*) marcha *f*; ***in*** **~** ***bringen*** *Maschine* poner en marcha; *Gespräch* iniciar; ***in*** **~** ***kommen*** *Maschine* ponerse en marcha; *fig* iniciarse; **2** (*Verlauf*) curso *m*, marcha *f*; ***im*** **~*(e)*** ***sein*** estar en marcha; ***in vollem*** **~*e*** ***sein*** estar en plena marcha; ***s-n*** (***gewohnten***) **~** ***gehen*** seguir su curso; **3** (*Gehweise*) modo *m* de andar, andares *m/pl*; **4** (*Besorgung*) recado *m*; (*Rund*ᒿ) vuelta *f*; **5** (*Flur*) pasillo *m*; ***auf dem*** **~** en el pasillo; **6** *unterirdischer* galería *f*; MIN veta *f*; **7** GASTR plato *m*; **8** AUTO marcha *f*, velocidad *f*; ***den ersten*** **~** ***einlegen*** poner la primera (marcha)
'Gang|art *f* modo *m* de andar, andares *m/pl*; **ᒿbar** *adj* transitable, practicable; *fig* viable
Gängelband ['gɛŋəl-] *n* ***j-n am*** **~** ***führen*** tener a alg bajo tutela
'gängeln F *desp* *v/t* llevar a alg de la oreja
Ganges ['gaŋgəs] *m* Ganges *m*
'gängig *adj* **1** (*üblich*) corriente; **2** *Produkt, Artikel* de fácil salida
'Gangschaltung *f* *im Auto* cambio *m* de marchas; *am Fahrrad* marchas *f/pl*
Gangster ['gɛŋstər] *m* gán(g)ster *m*; **~bande** *f* banda *f* de gán(g)sters
Gangway ['gɛŋveː] *f* ⟨-; -s⟩ MAR pasarela *f*; AVIA escalerilla *f*
Ganove [ga'noːvə] F *m* ⟨-n; -n⟩ tunante *m*, golfo *m*
Gans [gans] *f* ⟨-; ⸚e⟩ ganso *m*, oca *f*; *fig* ***dumme*** **~** F pava *f*, idiota *f*
'Gänse|blümchen *n* margarita *f* silvestre, **~braten** *m* asado *m* de ganso; **~füßchen** F *fig pl* comillas *f/pl*

'Gänsehaut *f fig* carne *f* de gallina; ***e-e ~ bekommen*** ponérsele a alg la carne de gallina
'Gänseleberpastete *f* paté *m* (de hígado) de ganso
'Gänsemarsch *m* ***im ~*** en fila india
Gänserich ['gɛnzərɪç] *m* ⟨-s; -e⟩ ganso *m* macho
'Gänseschmalz *n* manteca *f* de ganso
ganz [gants] **I** *adj* **1** (*gesamt*) todo; ***das ~e Brot*** todo el pan; ***die ~e Welt*** el mundo entero; ***~ Madrid*** todo Madrid; ***in ~ Spanien*** en toda España; **2** (*vollständig*) entero; ***ein ~es Brot*** un pan entero; **3** F (*unversehrt*) intacto; ***etw wieder ~ machen*** reparar a/c; **4** F (*alle*) ***die ~en Leute*** todo el mundo; F todo quisqui; **II** *adv* **5** (*vollkommen*) enteramente, del todo; ***ein Buch ~ lesen*** leer un libro hasta el final; ***er ist ~ der Vater*** es el vivo retrato de su padre; **6** *verstärkend mst bei Verben* muy; ***sie ist ~ gerührt*** está muy conmovida; ***~ wie du willst*** *od* ***meinst*** (tal) como tú quieras *od* pienses; ***~ und gar*** absolutamente, totalmente; ***~ und gar nicht*** de ningún modo, en absoluto; **7** *einschränkend* bastante; ***die Bezahlung ist ~ gut*** la paga está bastante bien
'Ganze(s) *n* ⟨→ A⟩ conjunto *m*, todo *m*, total *m*; F ***aufs ~ gehen*** jugárselo todo; ***es geht ums ~*** está todo en juego
'ganzheitlich *adj* global
'Ganzheitsmedizin *f* medicina *f* integral *od* global
ganzjährig ['gantsjɛːrɪç] **I** *adj* de todo el año; **II** *adv* todo el año
gänzlich ['gɛntslɪç] *adv* entero, total
ganzseitig ['gantszaɪtɪç] *adj Annonce* de página entera
ganztägig ['gantstɛːgɪç] **I** *adj* de todo el día; **II** *adv* ***~ geöffnet*** abierto todo el día
'ganztags *adv* (que dura) todo el día; **≗arbeit** *f*, **≗beschäftigung** *f* trabajo *m* a tiempo completo
gar[1] [gaːr] *adj* GASTR en su punto
gar[2] *adv* **1** (*überhaupt*) ***~ nicht*** en absoluto, de ningún modo; ***~ niemand*** absolutamente nadie; ***~ nichts*** absolutamente nada; **2** *verstärkend* ***~ zu bescheiden*** modesto por demás; ***~ zu gern würde ich*** (*+inf*) me encantaría (*+inf*); ***oder ~*** o quizá
Garage [ga'raːʒə] *f* garaje *m*
Garant [ga'rant] *m* ⟨-en; -en⟩ fiador *m*, garante *m* (***für*** de)
Garan'tie *f* garantía *f* (*a fig*); ***ein Jahr ~ geben, haben*** conceder, tener un año de garantía; *fig* ***die ~ für etw übernehmen*** dar garantías de a/c; ***darauf habe ich noch ~*** lo tengo aún en garantía; ***die ~ ist abgelaufen*** se ha acabado la garantía
Garan'tiefrist *f* plazo *m* de garantía
garan'tieren ⟨*sin* ge⟩ **I** *v/t* (***j-m***) ***etw ~*** garantizar a/c (a alg); **II** *v/i* ***für j-n, etw ~*** dar garantías por a/c, alg
garan'tiert *adv* F *fig* ***das ist ~ gelogen*** seguro que es mentira
Garan'tieschein *m* (resguardo *m* de) garantía *f*, certificado *m* de garantía
Garaus ['gaːrʔaʊs] *m* ***j-m den ~ machen*** dar (-le) a alg el golpe de gracia
Garbe ['garbə] *f* **1** AGR gavilla *f*; **2** MIL ráfaga *f*
Garde ['gardə] *f* guardia *f* (*a fig*)
Gardenie [gar'deːniə] *f* gardenia *f*
Garderobe [gardə'roːbə] *f* **1** (*Kleider*) ropa *f*; **2** (*Kleiderablage*) guardarropa *m*; (*Flur≗*) percha *f*, perchero *m*; **3** (*Umkleideraum e-s Künstlers*) camerino *m*
Garde'roben|frau *f* encargada *f* del guardarropa; **~marke** *f* ficha *f* del guardarropa; **~ständer** *m* percha *f*, perchero *m*
Gardine [gar'diːnə] *f* cortina *f*; F *scherzh* ***hinter schwedischen ~n*** F a la sombra
Gar'dinenpredigt F *f* bronca *f od* sermón *m* conyugal; ***j-m e-e ~ halten*** F echarle un sermón a alg
Gar'dinenstange *f* barra *f* (para las cortinas); (*Leiste*) riel *m*
'garen *v/t* cocer a fuego lento
gären ['gɛːrən] ⟨gärte *o* gor, gegärt *o* gegoren⟩ **I** *v/i* ⟨h *o* sn⟩ fermentar; **II** *v/imp* ⟨h⟩ *fig* ***es gärt im Volk*** hay mucha agitación entre el pueblo
Garn [garn] *n* ⟨-(e)s; -e⟩ hilo *m*; *fig* ***j-m ins ~ gehen*** caer en la red de alg
Garnele [gar'neːlə] *f* camarón *m*; *größere* gamba *f*
garnier|en [gar'niːrən] *v/t* ⟨*sin* ge⟩ guarnecer, adornar (***mit*** con); **≗ung** *f* guarnición *f*
Garnison [garni'zoːn] *f* ⟨-; -en⟩ MIL guarnición *f*
Garnitur [garni'tuːr] *f* **1** juego *m*; **2** F *fig* ***die erste ~*** la flor y nata
garstig ['garstɪç] *adj* (*böse*) malo; (*abscheulich*) repugnante
Garten ['gartən] *m* ⟨-s; ⸚⟩ jardín *m*; (*Nutz≗*) huerto *m*
'Garten|arbeit *f* trabajo *m* en el jardín; **~bau** *m* horticultura *f*; **~center** [-sɛntər] *n* ⟨-s; -⟩ (centro *m* de) jardinería *f*; **~erde** *f* mantillo *m*; **~fest** *n* fiesta *f* en el jardín; **~gerät** *n* útil *m* de jardinería; **~laube** *f* cenador *m*, glorieta *f*; **~lokal** *n* restaurante *m* *od* café *m* con jardín, merendero *m*; **~möbel** *pl* muebles *m/pl* de jardín; **~schere** *f* tijera(s) *f(pl)* de jardinero; **~schlauch** *m* manguera *f*; **~zaun** *m* cerca *f*, seto *m*; **~zwerg** *m* enanito *m* de jardín
Gärtne|r(in) ['gɛrtnər(ɪn)] *m(f)* jardinero, -a

m,f; (*Gartenbautreibende*[*r*]) horticultor, a *m,f*; **~'rei** *f* jardinería *f*, horticultura *f*
'Gärung *f* fermentación *f*; *fig* efervescencia *f*
Gas [ga:s] *n* ⟨-es; -e⟩ **1** CHEM, *im Haushalt* gas *m*; **2** AUTO **~ *geben*** pisar el acelerador, dar gas (*a* F *fig*); ***das ~ wegnehmen*** quitar gas; **3** F (*~pedal*) acelerador *m*
'Gas|explosion *f* explosión *f* de gas; **~feuerzeug** *n* encendedor *m* de gas; **~flamme** *f* llama *f* de gas; **~flasche** *f* bombona *f* de gas; **≈förmig** *adj* gaseiforme, gaseoso; **~hahn** *m* llave *f* del gas; **~heizung** *f* calefacción *f* de gas; **~herd** *m* cocina *f* de gas; **~kammer** *f* cámara *f* de gas; **~kocher** *f* hornillo *m* de gas; **~leitung** *f* tubería *f* de gas; (*Überland≈*) conducción *f* del gas; **~maske** *f* máscara *f* antigás; **~pedal** *n* acelerador *m*; **~rohr** *n* tubo *m* del gas
Gässchen ['gɛsçən] *n* ⟨-s; -⟩ callejuela *f*
Gasse ['gasə] *f* calleja *f*, callejón *m*
Gassi ['gasi] F (***mit dem Hund***) **~ *gehen*** sacar (al perro)
Gast [gast] *m* ⟨-(e)s; ⸚e⟩ **1** huésped *m,f*; *eingeladener* invitado, -a *m,f*; *beim Essen a* comensal *m,f*; (*Besucher*) visita *f*; ***ein ungebetener ~*** un intruso; ***bei j-m zu ~ sein*** estar invitado en casa de alg; **2** *e-s Restaurants, e-s Hotels* cliente *m,f*
'Gastarbeiter(in) *neg!* *m*(*f*) trabajador, a *m,f* extranjero, -a
Gäste|buch ['gɛstə-] *n* libro *m* de invitados; **~haus** *n* casa *f* para *od* de huéspedes; **~zimmer** *n* habitación *f* para invitados
'Gast|familie *f* familia *f* anfitriona; **≈freundlich** *adj* hospitalario; **~freundschaft** *f* hospitalidad *f*; **~geber(in)** *m*(*f*) anfitrión, -ona *m,f*; **~haus** *n*, **~hof** *m* fonda *f*; hostería *f*; *österr* (*Kneipe*) tasca *f*; taberna *f*; **~hörer(in)** *m*(*f*) oyente *m,f*
gas'tieren *v/i* ⟨*sin* ge⟩ actuar (como compañía forastera)
'gastlich *adj* hospitalario; **≈keit** *f* ⟨-⟩ hospitalidad *f*
'Gastrecht *n* derecho *m* de hospitalidad
Gastritis [gas'tri:tɪs] *f* ⟨-; -'tiden⟩ gastritis *f*
Gastro|nom(in) [gastro'no:m(ɪn)] *m* ⟨-en; -en⟩ (*f*) gastrónomo, -a *m,f*; **~no'mie** *f* gastronomía *f*
'Gast|spiel *n* actuación *f* de una compañía forastera; **~stätte** *f* restaurante *m*; **~stättengewerbe** *n* gastronomía *f*; **~stube** *f* comedor *m*; **~wirt(in)** *m*(*f*) dueño, -a *m,f* (de un restaurante); (*~ u Hotelbesitzer*) hostelero, -a *m,f*; **~wirtschaft** *f* restaurante *m*; *einfache* casa *f* de comidas
'Gas|uhr *f* contador *m* del gas; **~vergiftung** *f* intoxicación *f* por gas; **~werk** *n* central *f* de gas; **~zähler** *m* contador *m* de gas

Gatte ['gatə] *geh m* ⟨-n; -n⟩ marido *m*, esposo *m*
Gatter ['gatər] *n* ⟨-s; -⟩ *e-r Einzäunung* verja *f*, cerca *f*
'Gattin *geh f* mujer *f*, esposa *f*
Gattung ['gatʊŋ] *f* BIOL, KUNST género *m*; **~sname** *m* BOT, ZO nombre *m* genérico; GRAM nombre *m* común
GAU [gaʊ] *m Abk* ⟨-s; -s⟩ (*größter anzunehmender Unfall*) máximo accidente *m* previsible
Gaudi ['gaʊdi] F *f* ⟨-⟩ *bsd südd, österr* alegría *f*, jolgorio *m*
Gaukler ['gaʊklər] *m* prestidigitador *m*
Gaul [gaʊl] *m* ⟨-(e)s; ⸚e⟩ *desp* F rocín *m*; *prov* ***e-m geschenkten ~ schaut man nicht ins Maul*** a caballo regalado no le mires el diente
Gaumen ['gaʊmən] *m* ⟨-s; -⟩ ANAT paladar *m*; **~kitzel** *geh m* manjar *m* exquisito
Gauner ['gaʊnər] *m* **1** *desp* estafador *m*, timador *m*; **2** F *fig* (*gerissener Mensch*) pillo *m*, pícaro *m*; **~ei** [-'raɪ] *f* estafa *f*; F *fig* pillería *f*; **~sprache** *f* jerga *f* del hampa, germanía *f*
Gaze ['ga:zə] *f Textilien* gasa *f*
Gazelle [ga'tsɛlə] *f* gacela *f*
'G-Dur [gə-] *n* sol *m* mayor
Ge'ächtete(r) *f*(*m*) ⟨→ A⟩ proscrito, -a *m,f*
ge'adert, **ge'ädert** *adjt* estriado; *Blatt* veteado
ge'artet *adjt* ***anders ~*** de otra naturaleza; ***so ~ sein, dass …*** ser de tal índole que …
Geäst [gə'ˀɛst] *n* ⟨-(e)s⟩ ramaje *m*
geb. *Abk* (*geborene*) nacida
Gebäck [gə'bɛk] *n* ⟨-(e)s; -e⟩ pastelería *f*; *ohne Füllung* pastas *f/pl*
Gebälk [gə'bɛlk] *n* ⟨-(e)s; -e⟩ maderamen *m*, viguería *f*; (*Dach≈*) armadura *f*
ge'ballt *adjt* concentrado (*a fig*)
Gebärde [gə'bɛ:rdə] *f* gesto *m*
ge'bärden *v/r* ***sich ~*** portarse (***wie toll*** como un loco)
Gebaren [gə'ba:rən] *n* ⟨-s⟩ conducta *f*
gebären [gə'bɛ:rən] *v/t* ⟨gebärt *o geh* gebiert, gebar, geboren⟩ alumbrar, dar a luz (*a fig*); ***geboren werden*** nacer; ***er ist am … geboren*** nació el …
Ge'bärmutter *f* ⟨-; ⸚er⟩ matriz *f*, útero *m*
Gebäude [gə'bɔydə] *n* ⟨-s; -⟩ edificio *m* (*a fig*); *großes* inmueble *m*; **~reinigung** *f* limpieza *f* de edificios; **~teil** *n* (parte *f* del) edificio *m*; **~verwaltung** *f* administración *f* de edificios; **~versicherung** *f* seguro *m* inmobiliario *od* de inmuebles
Ge'beine *geh pl* osamenta *f*, huesos *m/pl*
Ge'bell *n* ⟨-(e)s⟩ ladrido *m*
geben ['ge:bən] ⟨gibt, gab, gegeben⟩ **I** *v/t* **1** dar; (*reichen, weiter~*) *a* pasar; (*über~*) *a*

entregar; TEL **~ Sie mir bitte Herrn X!** ¡póngame por favor con don X!; F *fig* **es j-m ~** *mit Worten* decirle a alg cuatro verdades; *prov* **♀ ist seliger denn Nehmen** más vale dar que tomar; **2** *fig Antwort, Auskunft, Fest* dar; *Kredit, Rabatt a* conceder; *Versprechen* hacer; *Beispiel* poner; **3** (*er~*) dar (por resultado); **10 durch 2 gibt 5** 10 entre 2 son 5; **4** THEA representar; **5** (*hervorbringen*) dar, producir; **6** (*hinzu~*) añadir; **7 etw auf die Post, in die Wäscherei ~** llevar a/c a correos, a la lavandería; **8** (*äußern*) **etw von sich** (*dat*) **~** decir a/c; **9 viel auf etw** (*acus*) **~** hacer mucho caso a a/c, dar mucha importancia a a/c; **viel darum ~ zu** (*+inf*) dar cualquier cosa por (*+inf*); **II** *v/i* **10** *Kartenspiel* dar; **III** *v/r* **11 sich ungezwungen** *usw* **~** comportarse con desenvoltura, *etc*; **12 sich ~** (*nachlassen*) calmarse; **das wird sich schon ~** ya se arreglará; **IV** *v/imp* **13 es gibt ...** hay ...; **es gibt Regen** va a llover; **das gibt es nicht** no existe; F **das gibts doch nicht!** F ¡no puede ser!; **was gibt es?** ¿qué hay? ¿qué pasa?; **was gibt es zu essen?** ¿qué hay de comer?; **was gibt es im Fernsehen?** ¿qué echan por la tele?; F **was es nicht alles gibt!** ¡lo que hay que ver!

Gebet [gə'beːt] *n* ⟨-(e)s; -e⟩ oración *f*, rezo *m*; F *fig* **j-n ins ~ nehmen** F echar(le) un sermón a alg

Ge'betbuch *n* libro *m* de oraciones

Gebiet [gə'biːt] *n* ⟨-(e)s; -e⟩ **1** GEOGR región *f*, comarca *f*; (*Staats♀*) territorio *m*; COM (*Bezirk*) zona *f*; **2** *fig* terreno *m*, campo *m*; **auf diesem ~** en ese terreno

ge'bieten *geh v/t, v/i* ⟨*irr, p/p* geboten⟩ mandar, ordenar; **Schweigen ~** imponer silencio; **über etw, j-n ~** dominar a/c, a alg

Ge'bieter|(in) *geh m(f)* señor, a *m,f*, amo, -a *m,f*; (*Herrscher[in]*) soberano, -a *m,f* (**über** *+acus* de); **♀isch** *geh adj* imperioso, categórico

Ge'biets|anspruch *m* reivindicación *f* territorial; **~aufteilung** *f* distribución *f* de zonas; **~leiter(in)** *m(f)* jefe, --a *m,f* de zona; **~vertreter(in)** *m(f)* representante *m,f* regional *od* de zona

Ge'bilde *n* ⟨-s; -⟩ (*Gegenstand*) figura *f*, objeto *m*; (*Werk*) creación *f*, producto *m*; (*Gefüge*) formación *f*

ge'bildet *adjt* culto, instruido; **♀e(r)** *f(m)* ⟨→ A⟩ culto, -a *m,f*

Ge'binde *n* ⟨-s; -⟩ (*Blumen♀*) ramo *m*

Gebirge [gə'bɪrgə] *n* ⟨-s; -⟩ montaña *m*, sierra *f*

ge'birgig *adj* montañoso

Ge'birgs|bach *m* torrente *m*; **~kette** *f* cadena *f* montañosa; **~massiv** *n* macizo *m* montañoso; **~pass** *m* paso *m od* puerto *m* (de montaña); **~zug** *m* cordillera *f*

Ge'biss *n* ⟨-es; -e⟩ dentadura *f*; (**künstliches**) **~** dentadura *f* postiza

Gebläse [gə'blɛːzə] *n* ⟨-s; -⟩ AUTO ventilación *f*; TEC fuelle *m*

geblümt [gə'blyːmt] *adjt* floreado

Geblüt [gə'blyːt] *geh n* ⟨-(e)s⟩ sangre *f*, linaje *m*, estirpe *f*; **von edlem ~** (de familia) noble

ge'bogen [gə'boːgən] *adjt* curvo, encorvado

geboren [gə'boːrən] *adjt* nacido; *Mädchenname* **~e X** nacida *od* de soltera X; *fig* **er ist der ~e Redner** nació para ser orador

ge'borgen *adjt* a salvo, seguro; **♀heit** *f* ⟨-⟩ seguridad *f*

Gebot [gə'boːt] *n* ⟨-(e)s; -e⟩ **1** REL mandamiento *m*; **die Zehn ~e** el decálogo; **2** *bei Versteigerung* postura *f*; *höheres* puja *f*; **3** *fig* **es ist ein ~ der Vernunft zu** (*+inf*) es imperativo del sentido común (*+inf*)

ge'boten *adjt* indicado, necesario; **Vorsicht ist ~** conviene tener cuidado

Gebräu [gə'brɔʏ] *n* ⟨-(e)s; -e⟩ *desp* brebaje *m*

Ge'brauch *m* ⟨-(e)s; ⸚e⟩ **1** uso *m*, utilización *f*, empleo *m* (*a e-s Wortes, e-r List*); **von etw ~ machen** hacer uso de a/c; *von e-m Recht* hacer valer a/c; **etw in** *od* **im ~ haben** hacer uso de a/c; **vor ~ schütteln** agítese antes de usar; **2** (*Brauch*) uso *m*, costumbre *f*

ge'brauchen *v/t* ⟨*p/p* gebraucht⟩ **1** (*benutzen*) usar, utilizar, emplear, servirse de; *Person, Sache* **zu nichts zu ~ sein** no servir para nada; **2** F **das kann ich gut ~** eso me viene al pelo

gebräuchlich [gə'brɔʏçlɪç] *adj* usual, común, corriente; **nicht mehr ~ sein** estar fuera de uso

Ge'brauchs|anleitung *f*, **~anweisung** *f* instrucciones *f/pl* (de uso), modo *m* de empleo; **♀fertig** *adj* listo para el uso; **~gegenstand** *m* objeto *m od* artículo *m* de uso

ge'braucht I *adjt* usado; (*aus zweiter Hand*) de segunda mano; **II** *adv* **etw ~ kaufen** comprar a/c de segunda mano, de ocasión

Ge'brauchtwagen *m* coche *m* de segunda mano; **~händler** *m* vendedor *m* de coches de segunda mano

Ge'brauchtwaren *f/pl* mercancía *f* de segunda mano; **~handel** *m* venta *f* de ocasión

Ge'brechen *geh n* ⟨-s; -⟩ defecto *m* (físico); *des Alters* achaque *m*

ge'brechlich *adj* frágil; (*kränklich*) achacoso, débil; **♀keit** *f* ⟨-⟩ fragilidad *f*, debilidad *f*

G

gebrochen [gə'brɔxən] **I** *adjt* **1** *seelisch* afligido; **2** *Linie*, *fig* quebrado; *Lichtstrahl* refractado; *Stimme* entrecortado; **II** *advl* **3** ~ ***Englisch sprechen*** chapurrear el inglés

Gebrüder [gə'bry:dər] *pl* hermanos *m/pl*; COM ~ ***Meyer*** Hermanos Meyer

Ge'brüll *n* ⟨-(e)s⟩ **1** *e-s Rindes* bramido *m*; *e-s Löwen* rugido *m*; **2** (*Geschrei*) griterío *m*, vocerío *m*

Gebühr [gə'by:r] *f* ⟨-; -en⟩ **1** *oft pl* ***~en*** derechos *m/pl*, tasas *f/pl*; (*Tarif*) tarifa *f*; (*Fernseh*♀, *Rundfunk*♀) impuesto *m*; (*Straßenbenutzungs*♀) peaje *m*; (*Post*♀, *Porto*) porte *m*; ~ ***bezahlt Empfänger*** *Post* porte *m* pagado por el destinatario; **2** ***über*** ~ más de lo debido

ge'bühren *geh* ⟨*p/p* gebührt⟩ **I** *v/i* ***j-m*** ~ corresponder a alg; **II** *v/imp*, *v/r* ***es gebührt sich nicht*** (***für j-n***) ***zu*** (*+inf*) no (le) conviene (a alg) (*+inf*), no es apropiado (para alg) (*+inf*)

Ge'bührenanzeige *f beim Taxi etc* indicador *m* de tasa

ge'bührend **I** *adjt* (*zukommend*) debido; (*angemessen*) conveniente; **II** *advl* debidamente

Ge'bühren|einheit *f* TEL paso *m* (de contador); **♀frei** *adj u adv* exento de derechos *od* tasas; **~ordnung** *f* tarifa *f*; *Zoll a* arancel *m*; **♀pflichtig** *adj* sujeto a derechos; *Straße* de peaje

gebunden [gə'bʊndən] *adjt* **1** CHEM ligado, fijo; *Buch* encuadernado; *Preise* controlado; **2** *fig* unido, ligado; ***an*** (*+acus*) ~ *an Regeln* sujeto a; *an s-e Familie* atado a

Geburt [gə'bu:rt] *f* ⟨-; -en⟩ **1** nacimiento *m*; ***bei s-r*** ~ al nacer; ***von*** ~ ***an*** de nacimiento; ***er ist von*** ~ ***Spanier*** es español de nacimiento *od* de origen; **2** (*Entbindung*) parto *m*; F *fig* ***das war e-e schwere*** ~ F fue un parto difícil

Ge'burten|kontrolle *f* control *m* de natalidad; **~regelung** *f* regulación *f* de la natalidad; **~rückgang** *m* descenso *m* de la natalidad; **♀schwach** *adj* de baja natalidad; **♀stark** *adj* de alta natalidad; **~überschuss** *m* exceso *m* de natalidad; **~ziffer** *f* índice *m* de natalidad

gebürtig [gə'bʏrtɪç] *adj* natural (***aus*** de); (***ein***) ***~er Deutscher sein*** ser alemán de origen *od* de nacimiento

Ge'burts|datum *n* fecha *f* de nacimiento; **~fehler** *m* defecto *m* congénito; **~haus** *n* casa *f* natal; **~helfer(in)** *m(f)* comadrón, -ona *m,f*; *Arzt* obstreta *m,f*; **~jahr** *n* año *m* de nacimiento; **~ort** *m* lugar *m* de nacimiento

Ge'burtstag *m* cumpleaños *m* (*a Geburtsdatum*); ***sie hat heute*** ~ hoy es su cumpleaños; ***herzlichen Glückwunsch zum*** ~***!*** ¡feliz cumpleaños!

Ge'burtstags|feier *f* (fiesta *f* de) cumpleaños *m*; **~geschenk** *n* regalo *m* de cumpleaños; **~karte** *f* tarjeta *f* (de felicitación) de cumpleaños; **~kind** *n persona que celebra su cumpleaños*

Ge'burtsurkunde *f* partida *f* de nacimiento

Gebüsch [gə'bʏʃ] *n* ⟨-(e)s; -e⟩ matorral *m*

Gedächtnis [gə'dɛçtnɪs] *n* ⟨-ses; -se⟩ **1** memoria *f*; ***aus dem*** ~ de memoria; ***j-m etw ins*** ~ (***zurück***)***rufen*** recordarle a/c a alg; **2** (*Andenken*) recuerdo *m*; ***zum*** ~ ***an j-n, etw*** en recuerdo de alg, a/c

Ge'dächtnis|lücke *f* laguna *f* (en la memoria); **~schwund** *m* amnesia *f*; **~stütze** *f* regla *f* mnemotécnica

ge'dämpft *adjt Geräusch* atenuado; *Farbe*, *Stimmung* apagado; *Licht* suave; ***mit ~er Stimme*** en voz baja

Gedanke [gə'daŋkə] *m* ⟨-ns; -n⟩ (*Überlegung*) pensamiento *m*; (*Einfall*, *Idee*) idea *f*; ***der bloße*** ~ ***daran*** sólo de pensarlo; ***j-s ~n lesen*** leer(le) a alg el pensamiento; ***j-n auf andere ~n bringen*** hacer a alg pensar en otra cosa, distraer a alg; F ***auf dumme ~n kommen*** hacer tonterías; ***in ~n*** (*im Geiste*) mentalmente; ***in ~n versunken sein*** estar ensimismado; ***mit dem ~n spielen zu*** (*+inf*) estar dándole vueltas a la idea de (*+inf*); ***sich*** (*dat*) ***über etw*** (*acus*) ***~n machen*** pensar sobre a/c; ***sich*** (*dat*) ***um j-n, etw ~n machen*** (*sich sorgen*) estar preocupado por alg, a/c; ***kein ~!*** ¡ni hablar!; ***ich kam auf den ~n*** (*+inf*) se me ocurrió (*+inf*)

Ge'danken|austausch *m* intercambio *m* de ideas; **~freiheit** *f* libertad *f* de pensamiento; **~gang** *m* razonamiento *m*, orden *m* de las ideas; **~gut** *n* ideario *m*

ge'dankenlos *adj* distraído, descuidado; **♀igkeit** *f* ⟨-⟩ **1** (*Zerstreutheit*) distracción *f*, descuido *m*; **2** (*Unüberlegtheit*) irreflexión *f*

Ge'danken|strich *m* guión *m*; **~übertragung** *f* telepatía *f*; **♀verloren** *adjt u advl* ensimismado

ge'danklich *adj* mental, ideológico

Gedärm [gə'dɛrm] *n* ⟨-(e)s; -e⟩ *mst pl* ***~e*** intestinos *m/pl*

Gedeck [gə'dɛk] *n* ⟨-(e)s; -e⟩ **1** cubierto *m*; **2** (*Menü*) menú *m*

Gedeih [gə'daɪ] *m* ***auf*** ~ ***und Verderb*** pase lo que pase

ge'deihen *v/i* ⟨gedieh, gediehen, sn⟩ **1** *Pflanze* florecer; *Kind* criarse bien; *Wirtschaft* prosperar; **2** (*fortschreiten*) desarrollarse, progresar; ***so weit gediehen sein, dass ...*** haber llegado a tal punto que ...

ge'denken *geh v/i* ⟨*irr*, *p/p* gedacht⟩ **1** ***j-s, e-r Sache*** (*gen*) **~** recordar a/c, a alg, pensar en a/c, en alg; **2** ***etw zu tun*** **~** pensar hacer a/c, tener la intención de hacer a/c
Ge'denken *geh n* ⟨-s⟩ memoria *f*, recuerdo *m* (***an*** *+acus* de); ***zum*** **~** ***an j-n, etw*** en memoria de alg, a/c
Ge'denk|feier *f* acto *m* conmemorativo; **~minute** *f* minuto *m* de silencio; **~stätte** *f* lugar *m* conmemorativo; **~tag** *m* aniversario *m*
Gedicht [gə'dɪçt] *n* ⟨-(e)s; -e⟩ poesía *f*, poema *m*; F *fig* ***das war ein*** **~!** ¡fue una maravilla!
gediegen [gə'di:gən] *adj* **1** *Metall* puro; **2** *Möbel*, *Kleidung* bien hecho; **3** *Kenntnisse* sólido
Ge'dränge *n* ⟨-s⟩ apretura *f*, agolpamiento *m*; *von Menschen* gentío *m*; *fig zeitlich* ***ins*** **~** ***kommen*** estar apurado (de tiempo)
ge'drängt **I** *adjt* (*bündig*) conciso; *Stundenplan* apretado; **II** *advl* ***dicht*** **~** ***stehen*** estar apiñados *od* apretados
ge'drückt *adjt seelisch* deprimido, abatido; *Stimmung* desanimado
gedrungen [gə'drʊŋən] *adjt Gestalt* regordete, achaparrado
Ge'dudel F *desp n* ⟨-s⟩ F musiquilla *f*
Geduld [gə'dʊlt] *f* ⟨-⟩ paciencia *f*; **~** ***haben*** (***mit***) tener paciencia (con); ***die*** **~** ***verlieren*** perder la paciencia, impacientarse; ***ich bin mit meiner*** **~** ***am Ende*** estoy a punto de perder la paciencia, se me acaba la paciencia; ***nur*** **~!** ¡paciencia!
ge'duld|en *v/r* ⟨*p/p* geduldet⟩ ***sich*** **~** tener paciencia, aguardar; **~ig** *adj* paciente, sufrido
Ge'duldsprobe *f* ***j-n auf e-e*** **~** ***stellen*** poner la paciencia de alg a prueba
Ge'duld(s)spiel *n* rompecabezas *m*
ge'ehrt *adjt* estimado; *in Briefen* ***sehr ~e Frau ..., sehr ~er Herr ...*** estimada Sra. ..., estimado Sr. ...
ge'eignet *adjt Augenblick* oportuno; *Maßnahme* apropiado, adecuado; *Person* apto, idóneo (***für*** para)
Gefahr [gə'fa:r] *f* ⟨-; -en⟩ peligro *m*; (*Wagnis*) riesgo *m*; ***in*** **~** (*dat*) ***sein*** estar en peligro; ***außer*** **~** ***sein*** estar fuera de peligro; ***auf eigene*** **~** bajo propio riesgo; ***j-n, etw in*** **~** (*acus*) ***bringen*** poner a alg, a/c en peligro; ***auf die*** **~** ***hin, alles zu verlieren*** a riesgo de perderlo todo; **~** ***laufen zu*** (*+inf*) correr el riesgo de (*+inf*), arriesgar (*+inf*); ***sich in*** **~** (*acus*) ***begeben*** ponerse en peligro
gefährd|en [gə'fɛ:rdən] *v/t* ⟨*p/p* gefährdet⟩ poner en peligro; *Ruf*, *Stellung* comprometer; **2ung** *f* peligro *m*, amenaza *f* (*+gen* para)
Ge'fahren|herd *m* foco *m* de peligro; POL foco *m* de conflicto; **~quelle** *f* fuente *f* de peligro; **~zone** *f* zona *f* de peligro; **~zulage** *f* plus *m* de peligrosidad
Ge'fahrgut *n* carga *f* peligrosa; **~transport** *m* transporte *m* de carga peligrosa
gefährlich [gə'fɛ:rlɪç] *adj* peligroso, arriesgado
ge'fahrlos *adj* seguro, sin riesgo
Gefährt [gə'fɛ:rt] *geh n* ⟨-(e)s; -e⟩ vehículo *m*
Ge'fährt|e *geh m* ⟨-n; -n⟩, **~in** *geh f* compañero, -a *m,f*, camarada *m,f*
Gefälle [gə'fɛlə] *n* ⟨-s; -⟩ **1** *e-s Geländes*, *Gewässers* declive *m*, pendiente *f*; **2** *fig* (*Unterschied*) desnivel *m*
ge'fallen ⟨*irr*, *p/p* gefallen⟩ **I** *v/i* gustar, agradar (***j-m*** a alg); ***wie gefällt Ihnen ...?*** ¿qué le parece ...?; ***mir gefällt es in Leipzig*** me encuentro bien en Leipzig; F ***die Sache gefällt mir nicht*** F no me hace ninguna gracia; **II** *v/r* F ***sich*** (*dat*) ***alles*** **~** ***lassen*** aguantar *od* soportar todo; F ***sich*** (*dat*) ***nichts*** **~** ***lassen*** no pasar una; *desp* ***sich*** (*dat*) ***in e-r Rolle*** **~** complacerse en un papel
Ge'fallen[1] *m* ⟨-s; -⟩ favor *m*; ***j-m e-n*** **~** ***tun*** hacerle un favor a alg
Ge'fallen[2] *n* ⟨-s⟩ **~** ***an etw*** (*dat*) ***finden*** tomarle gusto a a/c; ***aneinander*** **~** ***finden*** gustarse (mutuamente)
Ge'fallene(r) *m* ⟨→ A⟩ caído *m* (en la guerra)
ge'fällig *adj* **1** (*ansprechend*) agradable; **2** (*hilfsbereit*) complaciente; **3** ***sonst noch etwas*** **~?** ¿se le ofrece algo más?
Ge'fälligkeit *f* **1** (*Hilfsbereitschaft*) complacencia *f*; **2** (*Gefallen*) favor *m*
ge'fälligst F *adv* ***machen Sie*** **~** ***die Tür zu!*** ¡haga el favor de cerrar la puerta!; ***halt*** **~** ***den Mund!*** ¡cállate ya!
ge'fangen *adjt* prisionero; (*in Haft*) preso; **~** ***halten*** *Häftling*, *Geisel* retener; *Tier* tener cautivo (*a geh fig begeistern*); **~** ***nehmen*** detener, capturar; *geh fig* (*begeistern*) cautivar
Ge'fangen|e(r) *f*(*m*) prisionero, -a *m,f* (*a Kriegs*2); (*Inhaftierte*[*r*]) detenido, -a *m,f*; **~enlager** *n* campo *m* de prisioneros
Gefangennahme [gə'faŋənna:mə] *f* ⟨-⟩ captura *f*; (*Festnahme*) detención *f*
Ge'fangenschaft *f* ⟨-⟩ cautividad *f*, cautiverio *m* (*a e-s Tiers*); ***in*** **~** ***geraten*** caer prisionero
Gefängnis [gə'fɛŋnɪs] *n* ⟨-ses; -se⟩ cárcel *f*, prisión *f*; ***ins*** **~** ***kommen*** ir a la cárcel; ***im*** **~** ***sein*** *od* ***sitzen*** estar en la cárcel; ***j-n zu zwei Jahren*** **~** ***verurteilen*** condenar a alg a dos años de cárcel; ***darauf steht*** **~** está penado

G

con la cárcel
Ge'fängnis|strafe *f* (pena *f* de) prisión *f*; **~wärter(in)** *m(f)* carcelero, -a *m,f*; **~zelle** *f* celda *f*
Ge'fasel F *desp n* ⟨-s⟩ desatinos *m/pl*
Gefäß [gə'fɛːs] *n* ⟨-es; -e⟩ **1** vasija *f*; (*Behälter*) recipiente *m*; **2** ANAT vaso *m*
gefasst [gə'fast] *adjt* **1** (*beherrscht*) sereno, tranquilo (***angesichts*** ante); **2** ***auf etw*** (*acus*) ***~ sein*** estar preparado para a/c
Gefecht [gə'fɛçt] *n* ⟨-(e)s; -e⟩ combate *m*; ***außer ~ setzen*** dejar fuera de combate (*a fig*)
gefeit [gə'faɪt] *adj* ***gegen etw ~ sein*** estar protegido contra a/c
ge'festigt *adjt Person, Charakter* estable
Gefied|er [gə'fiːdər] *n* ⟨-s; -⟩ plumaje *m*; **≈ert** *adj* **1** ZO con plumas; **2** BOT pin(n)ado
Gefilde [gə'fɪldə] *poet n* ⟨-s; -⟩ campiña *f*, campos *m/pl*
Geflecht [gə'flɛçt] *n* ⟨-(e)s; -e⟩ **1** *aus Bändern* trenzado *m*; *aus Draht* enrejado *m*; **2** *fig aus Linien, Adern* red *f*
ge'fleckt *adj* manchado, con manchas
geflissentlich [gə'flɪsəntlɪç] **I** *adj* intencionado; **II** *adv* a propósito, intencionadamente
Ge'flügel *n* ⟨-s⟩ aves *f/pl* (de corral); **~salat** *m* ensalada *f* de ave
Ge'flüster *n* ⟨-s⟩ cuchicheo *m*
Ge'folge *n* ⟨-s; -⟩ séquito *m*; *geh* ***im ~ haben*** tener como consecuencia, llevar consigo
Ge'folgschaft *f* seguidores *m/pl*; ***j-m die ~ verweigern*** negarse a seguir a alg; ***j-m ~ leisten*** ser partidario de alg
ge'fragt *adjt Ware, Person* solicitado
gefräßig [gə'frɛːsɪç] *adj Tier* voraz; *Mensch* glotón, comilón; **≈keit** *f* ⟨-⟩ glotonería *f*
Gefreite(r) [gə'fraɪtə(r)] *m* ⟨→ A⟩ MIL cabo *m*
ge'frieren *v/i* ⟨*irr, p/p* gefroren, sn⟩ helarse, congelarse
Ge'frier|fach *n* congelador *m*; **≈getrocknet** *adjt* liofilizado
Ge'frierpunkt *m* PHYS punto *m* de congelación; (*Nullpunkt*) cero *m*; ***unter dem ~*** bajo cero
Ge'frier|schrank *m* congelador *m*; **~truhe** *f* arcón *m* congelador
Ge'frorene(s) *n* ⟨→ A⟩ *österr* helado *m*
Ge'füge *n* ⟨-s; -⟩ estructura *f*
ge'fügig *adj* dócil, dúctil
Gefühl [gə'fyːl] *n* ⟨-s; -e⟩ **1** (*Sinneswahrnehmung*) sensación *f*; ***kein ~ mehr in den Füßen haben*** no sentir los pies; **2** *seelisch* sentimiento *m*; ***mit gemischten ~en*** con sentimientos encontrados *od* dispares; **3** (*Gespür*) sentido *m* (***für*** para); ***sich auf sein ~ verlassen*** dejarse llevar por el instinto; **4** (*Ahnung*) presentimiento *m*; ***ich habe das ~, dass*** tengo la impresión de que
ge'fühllos *adj* insensible (***gegenüber*** a); **≈igkeit** *f* ⟨-⟩ insensibilidad *f*
Ge'fühls|ausbruch *m* efusión *f* de sentimientos; **≈betont** *adjt* sentimental; **~duse'lei** F *desp f* sensiblería *f*, sentimentalismo *m*; **~leben** *n* vida *f* sentimental; **≈mäßig** *adv* intuitivo, instintivo; **~regung** *f* emoción *f*, sentimiento *m*
ge'fühlvoll **I** *adj* sensible, afectivo, sentimental; **II** *adv* con sensibilidad, con afecto
ge'füllt *adjt* relleno
ge'fürchtet *adjt Feind usw* temido
ge'füttert *adjt* forrado
ge'geben *adjt* dado; ***unter den ~en Umständen*** en estas circunstancias; ***etw als ~ voraussetzen*** dar por hecho a/c
ge'gebenen'falls *adv* dado el caso, eventualmente
Ge'gebenheit *f* hecho *m*, realidad *f*
gegen ['geːgən] **I** *prp* ⟨*+acus*⟩ **1** *räumlich, fig* contra; ***~ j-n, etw sein*** estar en contra de *od* contra alg, a/c; **2** (*im Austausch für*) a cambio de; ***~ Barzahlung*** al contado; **3** (*im Vergleich zu*) comparado con; **4** *Richtungsangabe* hacia; *zeitlich* ***a*** a eso de las; ***~ sieben Uhr*** hacia las siete; **II** *adv* **5** *vor Zahlen* cerca de, alrededor de
'Gegen|angebot *n* contraoferta *f*; **~angriff** *m* contraataque *m*; **~anzeige** *f* MED contraindicación *f*; **~argument** *n* contraargumento *m*; **~beispiel** *n* contraejemplo *m*
'Gegenbesuch *m* ***j-m e-n ~ machen*** devolverle a alg la visita
'Gegenbeweis *m* contraprueba *f*; ***den ~ antreten*** probar lo contrario
Gegend ['geːgənt] *f* ⟨-; -en⟩ región *f*, comarca *f*; (*Stadtviertel*) barrio *m*; (*Fleckchen*) sitio *m*; ***in der ~ von Madrid*** en los alrededores de Madrid
'Gegendarstellung *f* rectificación *f*
gegenei'nander *adv* uno(s) contra otro(s); ***~ halten*** *fig* (*vergleichen*) contraponer, confrontar; ***~ prallen*** chocar (uno contra otro)
'Gegenfahrbahn *f* carril *m* contrario
'Gegen|frage *f* ***eine ~ stellen*** contestar a una pregunta con otra
'Gegengewicht *n* contrapeso *m*; ***ein ~ zu etw bilden*** servir de contrapeso a a/c
'Gegen|gebot *n* contrapostura *f*; **~gift** *n* contraveneno *m*, antídoto *m*; **~kandidat(-in)** *m(f)* candidato, -a *m,f* contrincante
'Gegenleistung *f* contrapartida *f*, contraprestación *f*; ***als ~*** como contrapartida
'Gegenlicht *n* contraluz *f*; ***im ~*** a contraluz
'Gegenlichtaufnahme *f* (fotografía *f* a)

contraluz *m*

'Gegenliebe *f* ***wenig ~ finden, auf wenig ~ stoßen*** no ser del todo correspondido

'Gegen|maßnahme *f* contramedida *f*; **~mittel** *n* remedio *m*, antídoto *m*; **~partei** *f* JUR parte *f* contraria; POL partido *m* contrario; **~pol** *m fig* polo *m* opuesto; **~probe** *f* contraprueba *f*; **~richtung** *f* sentido *m* opuesto

'Gegensatz *m* **1** (*Kontrast*) contraste *m*; (*Gegenteil*) lo contrario; (*Widerspruch*) oposición *f*; ***im ~ zu*** al contrario de; **2** (*Meinungsverschiedenheit*) ***Gegensätze*** *pl* divergencias *f/pl*

gegensätzlich ['ge:gənzɛtslıç] *adj* opuesto, contrario

'Gegenschlag *m* MIL, *fig* contraataque *m*; ***zum ~ ausholen*** pasar al contraataque (*a fig*)

'Gegenseite *f* lado *m* opuesto; JUR parte *f* contraria

'gegenseitig *adj* **1** (*wechselseitig*) recíproco, mutuo; **2** (*beidseitig*) común

'Gegenseitigkeit *f* ⟨-⟩ reciprocidad *f*; ***auf ~ beruhen*** ser recíproco

'Gegen|spieler(in) *m(f)* adversario, -a *m,f*; **~sprechanlage** *f* intercomunicador *m*

'Gegenstand *m* **1** (*Ding*) objeto *m*; **2** *fig* (*Thema*) asunto *m*, tema *m*; *e-r Verhandlung*, *e-s Vertrags*, *der Kritik* objeto *m*; *e-s Unternehmens* objeto *m* social; ***zum ~ haben*** tener por objeto

gegenständlich ['ge:gənʃtɛntlıç] *adj* concreto, material; KUNST figurativo

'gegenstandslos *adj* **1** *Frage* superfluo; *Reklamation* sin razón de ser; **2** KUNST abstracto

'gegensteuern *v/i* ⟨*sep*⟩ **1** AUTO rectificar la dirección; **2** *fig* tomar medidas

'Gegenstimme *f* **1** *bei e-r Wahl* voto *m* en contra; ***ohne ~*** por unanimidad; **2** (*gegenteilige Meinung*) opinión *f* contraria

'Gegenstück *n* **1** (*Entsprechung*) pareja *f*; **2** (*Gegenteil*) contraste *m*

'Gegenteil *n* lo contrario; ***im ~*** al contrario; ***ganz im ~*** todo lo contrario; *Stimmung* ***ins ~ umschlagen*** cambiar por completo; ***das ~ ist der Fall*** es justo lo contrario

'gegenteilig *adj* opuesto, contrario

'Gegen|tor *n*, **~treffer** *m* gol *m* en contra

gegen'über I *prp* ⟨+*dat*⟩ **1** *örtlich* en frente de, frente a; **2** (*in Bezug auf*) (para) con; ***mir ~*** conmigo; **3** (*im Vergleich zu*) comparado con; **II** *adv* **4** enfrente; ***das Haus ~*** la casa de enfrente

Gegen'über *n* ⟨-s; -⟩ persona *f od* vecino, -a *m,f* de enfrente

gegen'überliegen *v/i* ⟨*irr, sep*⟩ ***e-r Sache*** (*dat*) ~ estar situado enfrente de a/c

gegen'überliegend *adjt* de enfrente, opuesto

gegen'übersitzen ⟨*irr, sep*⟩ **I** *v/i* ***j-m ~*** estar sentado frente a alg; **II** *v/r* ***sich ~*** estar sentado frente a frente

gegen'überstehen ⟨*irr, sep*⟩ **I** *v/i* **1** *räumlich* ***j-m ~*** estar enfrente de alg; **2** *fig* ***e-r Sache*** (*dat*) ***ablehnend, wohlwollend ~*** ver con malos, buenos ojos a/c; ***großen Problemen ~*** estar ante graves problemas; **II** *v/r* **3** ***sich ~*** estar frente a frente

gegen'über|stellen *v/t* ⟨*sep*⟩ poner enfrente (***j-m, e-r Sache*** de alg, de a/c); *fig* confrontar; JUR *a* carear; (*vergleichen*) comparar; **~stellung** *f* confrontación *f*; JUR *a* careo *m*; (*Vergleich*) comparación *f*

gegen'übertreten *v/i* ⟨*irr, sep*, sn⟩ (+*dat*) hacer frente a (*a fig*)

'Gegen|verkehr *m* circulación *f* en sentido contrario; **~vorschlag** *m* contrapropuesta *f*

Gegenwart ['ge:gənvart] *f* ⟨-⟩ **1** (*jetzige Zeit*) actualidad *f*, presente *m* (*a* GRAM); **2** (*Anwesenheit*) presencia *f*; ***in s-r ~*** en presencia de él

gegenwärtig ['ge:gənvɛrtıç] **I** *adj* **1** (*jetzig*) actual, presente; **2** *geh* (*erinnerlich*) ***das ist mir nicht ~*** no lo recuerdo; **II** *adv* **3** actualmente

'Gegenwarts|literatur *f* literatura *f* contemporánea; **~nah** *adj* actual, de actualidad

'Gegenwehr *f* defensa *f*, resistencia *f*; ***~ leisten*** ofrecer resistencia

'Gegen|wert *m* contravalor *m*, equivalente *m* (***in*** +*dat* en); **~wind** *m* viento *m* en contra; MAR viento *m* de proa

'gegenzeichnen *v/t* ⟨*sep*⟩ refrendar

'Gegenzug *m* **1** SCHACH *usw* contrajugada *f*; **2** *fig* reacción *f* en contra, respuesta *f*; *fig* ***im ~*** como compensación; **3** BAHN tren *m* en dirección contraria

Gegner(in) ['ge:gnər(ın)] *m(f)* adversario, -a *m,f* (*a* SPORT); (*Feind[in]*) enemigo, -a *m,f*; POL opositor, a *m,f*

'gegnerisch *adj* contrario, opuesto (*a* SPORT); (*feindlich*) enemigo

'Gegnerschaft *f* ⟨-⟩ **1** *Haltung* rivalidad *f*, antagonismo *m*; **2** (*die Gegner*) adversarios *m/pl*, oponentes *m/pl*

Ge'habe *n* ⟨-s⟩ *desp* afectación *f*, aspavientos *m/pl*

Ge'hackte(s) *n* ⟨→ A⟩ carne *f* picada

Ge'halt[1] *m* ⟨-(e)s; -e⟩ **1** CHEM contenido *m*, riqueza *f*, concentración *f* (***an*** +*dat* en); **2** *gedanklicher* sustancia *f*, fondo *m*

Ge'halt[2] *n* ⟨-(e)s; ⸚er⟩ sueldo *m*; ***festes ~*** sueldo *m* fijo; ***ein ~ beziehen*** cobrar un sueldo; ***vom ~ abziehen*** descontar del sueldo

ge'haltlos *adj* **1** *Nahrung* pobre; **2** *fig* insignificante, sin valor
Ge'halts|abrechnung *f* nómina *f*; **~aufbesserung** *f* mejora *f* salarial *od* de salarios; **~empfänger(in)** *m(f)* empleado, -a *m,f*, asalariado, -a *m,f*; **~erhöhung** *f* aumento *m* de sueldo; **~kürzung** *f* reducción *f* de sueldo; **~stufe** *f für Beamte* escalón *m*; **~vorschuss** *m* anticipio *m* de sueldo; **~vorstellung** *f*, **~wunsch** *m* pretensiones *f/pl* salariales; **~zahlung** *f* abono *m* del sueldo; **~zulage** *f* complemento *m* salarial, sobresueldo *m*; (*Gehaltserhöhung*) aumento *m* de sueldo
ge'haltvoll *adj Nahrung* rico, sustancioso; *fig a* valioso
ge'handikapt *adjt* en desventaja
ge'harnischt *adj Protest* enérgico; *Antwort, Brief* tajante
gehässig [gə'hɛsɪç] *adj* hostil, odioso; **≈keit** *f* hostilidad *f*; (*Äußerung*) grosería *f*
ge'häuft I *adjt* ***ein ~er Löffel ...*** una cucharada colmada de ...; **II** *advl* lleno; (*häufig*) con frecuencia
Gehäuse [gə'hɔʏzə] *n* ⟨-s; -⟩ **1** *e-s Geräts, e-r Uhr usw* caja *f*; TEC cuerpo *m*; **2** (*Schnecken≈*) concha *f*; **3** *von Obst* corazón *m*
'gehbehindert *adjt* con movilidad reducida
Gehege [gə'he:gə] *n* ⟨-s; -⟩ cercado *m*, cerca *f*; JAGD coto *m*; *fig* ***j-m ins ~ kommen*** entrar en el campo de alg
geheim [gə'haɪm] *adj* secreto; (*verborgen*) oculto; (*vertraulich*) confidencial; (*heimlich*) clandestino; ***streng ~*** alto secreto; ***im ≈en*** en secreto; ***~ halten*** guardar en secreto; ***etw vor j-m ~ halten*** ocultarle a/c a alg
Ge'heim|agent(in) *m(f)* agente *m,f* secreto, -a; **~dienst** *m* servicio *m* secreto
Ge'heimhaltung *f* ocultación *f*; ***strikte ~*** máxima discreción *f*
Ge'heimnis *n* ⟨-ses; -se⟩ **1** secreto *m*; ***vor j-m keine ~se haben*** no tener secretos para alg; ***ein ~ aus etw machen*** hacer de a/c un secreto, ocultar a/c; ***ein offenes ~*** un secreto a voces; ***darin liegt das ganze ~*** ahí está el secreto de la cuestión; **2** *unergründliches* misterio *m*; ***die ~se des Meeres*** los misterios del mar
Ge'heimnis|krämer(in) F *m(f)* F secretero, -a *m,f*, secretista *m,f*; **~krämer'ei** F *f* ⟨-⟩ F secreteo *m*; **≈umwittert** *adjt* rodeado de misterios
ge'heimnisvoll I *adj* misterioso; **II** *adv* ***~ tun*** andar con secretos
Ge'heim|nummer *f* número *m* secreto; **~polizei** *f* policía *f* secreta; **~ratsecken** F *scherzh pl* entradas *f/pl*; **~rezept** *n* secreto *m*; **~tipp** *m* F soplo *m*; **~waffe** *f* arma *f* secreta; **~zahl** *f* número *m* secreto, FIN clave *f* bancaria
ge'hemmt *adjt Person* cohibido, inhibido
gehen ['ge:ən] ⟨ging, gegangen, sn⟩ **I** *v/t* **1** *Weg* recorrer; **II** *v/i* **2** (*sich begeben*) ir (***zu j-m*** a casa de); (*nicht fahren usw*) ir a pie, caminar; ***in ein Gebäude ~*** entrar en un edificio; ***durch e-e Straße ~*** ir *od* pasar por una calle; ***auf die andere Seite ~*** cruzar al otro lado; ***nach rechts, links ~*** tomar la derecha, izquierda; ***über die Brücke ~*** atravesar el puente; **3** (*weg~*) irse, marcharse; (*abfahren*) *Bus, Zug* salir; *geh* ***von j-m ~*** (*sterben*) dejar a alg; **4** *fig* ***j-m bis an die Schulter ~*** llegarle a alg al hombro; *Schaden* ***in die Tausende ~*** ascender a varios miles; ***in sich*** (*acus*) ***~*** volver sobre sí, arrepentirse; F ***j-n ~ lassen*** (*in Ruhe lassen*) dejar en paz a alg; ***sich ~ lassen*** descuidarse, abandonarse; F ***mit j-m ~*** (*ein Liebespaar sein*) estar *od* salir con alg; *Fenster* ***nach Norden ~*** dar al Norte; ***vor sich ~*** ocurrir, suceder; F ***geh nicht an meine Sachen!*** ¡no toques mis cosas!; **5** (*hineinpassen*) ***in etw*** (*acus*) ***~*** caber en a/c; **6** (*funktionieren*) ir, marchar; **7** (*läuten*) *Telefon, Klingel* sonar; **8** *Geschäft* marchar bien; *Ware* venderse; **9** *Teig* fermentar, subir; **10** F (*so gerade an~*) F ser pasable; ***das Wetter geht ja noch, aber ...*** el tiempo no está del todo mal, pero ...; **III** *v/imp* **11** (*er~*) ***wie geht es Ihnen?*** ¿cómo está Ud.?; F ***wie gehts?*** ¿qué tal?; ***es geht*** así así, tirando; *wie hast du geschlafen?* ***- es geht*** (***so***) regular, así así; **12** (*möglich sein*) ***es geht*** (***nicht***) (no) puede ser; ***es wird schon ~!*** ¡ya se arreglará!; **13** ***es geht nichts über*** (*+acus*) no hay nada mejor que; **14** *Maßstab* ***nach j-m ~*** depender de alg; ***wenn es nach mir ginge*** si por mí fuera; **15** (*sich handeln*) ***~ um*** tratarse de; ***ihm geht es nur ums Geld*** sólo piensa en el dinero
'Gehen *n* ⟨-s⟩ marcha *f* (*a* SPORT)
'Geher(in) *m(f)* SPORT atleta *m,f* de marcha
geheuer [gə'hɔʏər] *adj* ***nicht*** (***ganz***) ***~*** (*verdächtig*) sospechoso; (*unheimlich*) inquietante, que da miedo; ***hier ist es nicht*** (***ganz***) ***~*** aquí no se siente uno muy seguro; (*hier spukt es*) aquí hay fantasmas *od* duendes; ***ihm ist nicht*** (***ganz***) ***~ zumute*** le da cierto miedo
Ge'heul *n* ⟨-(e)s⟩ **1** aullido *m*, alarido *m*; **2** F *desp* F lloriqueo *m*, gimoteo *m*
Gehilf|e [gə'hɪlfə] *m* ⟨-n; -n⟩, **~in** *f* ayudante *m,f*, asistente *m,f*; (*Laden≈*) dependiente, -a *m,f*
Gehirn [gə'hɪrn] *n* ⟨-(e)s; -e⟩ ANAT cerebro

m (*a fig*); **~blutung** *f* derrame *m* cerebral; **~erschütterung** *f* conmoción *f* cerebral; **~hautentzündung** *f* meningitis *f*; **~schlag** *m* apoplejía *f*; **~tumor** *m* tumor *m* cerebral; **~wäsche** *f* lavado *m* de cerebro

gehoben [gə'hoːbən] *adjt Stil*, *Stellung* elevado; *Stimmung* animado, alegre, festivo; *Güter* ***für den ~en Bedarf*** de lujo

Gehöft [gə'høːft] *n* ⟨-(e)s; -e⟩ granja *f*

Gehölz [gə'hœlts] *n* ⟨-es; -e⟩ soto *m*, bosquecillo *m*

Gehör [gə'høːr] *n* ⟨-(e)s⟩ **1** *Sinn*, MUS oído *m*; ***ein gutes ~ haben*** tener buen oído; **2** *geh* ***j-m, e-r Sache ~ schenken*** prestar oídos a alg, a/c; ***~ finden*** ser escuchado; ***kein ~ finden*** (***bei j-m***) ser desoído (por alg)

ge'horchen *v/i* ⟨*p/p* gehorcht⟩ obedecer (*a fig Beine*); ***aufs Wort ~*** obedecer inmediatamente

ge'hören ⟨*p/p* gehört⟩ **I** *v/i* **1** *als Besitz* ***j-m ~*** pertenecerle a alg, ser de alg; ***es gehört mir*** es mío; **2** *als Teil* ***zu etw, j-m ~*** formar parte de a/c, alg, pertenecer a a/c, alg; ***das gehört nicht hierher*** esto no tiene nada que ver aquí, esto no viene al caso; **3** (*erforderlich sein*) ***dazu gehört Mut*** para eso hace falta valor; **4** (*am Platze sein*) ir; ***wo gehört das hin?*** ¿dónde va esto?; ***du gehörst ins Bett*** deberías estar en la cama; **II** *v/imp*, *v/r* **5** ***es gehört sich zu*** (*+inf*) hay que (*+inf*); ***das gehört sich nicht*** eso no se hace; ***wie es sich gehört*** como debe ser

ge'hörig I *adj* **1** *als Besitz*, *als Teil* perteneciente (*+dat*, ***zu*** a); **2** (*gebührend*) debido, conveniente; **3** F (*tüchtig*, *kräftig*) bueno, enorme; **II** F *adv* **4** (*gebührend*, *kräftig*) debidamente; (*enorm*) enormemente; F de lo lindo

ge'hörlos *adj* sordo

gehörnt [gə'hœrnt] *adjt* ZO cornudo (*a fig scherzh Ehemann*)

gehorsam [gə'hoːrzaːm] *adj* obediente, dócil

Ge'horsam *m* ⟨-s⟩ obediencia *f*

Ge'hörsinn *m* (sentido *m* del) oído *m*

'Geh|steig *m* ⟨-(e)s; -e⟩, **~weg** *m* acera *f*

Geier ['gaɪər] *m* buitre *m*; F ***weiß der ~!*** ¡sabe Dios!

Geif|er ['gaɪfər] *m* ⟨-s⟩ (*Speichel*) baba *f*; *wutschäumender* espumarajo *m*; **ᘔern** *v/i* babear; *fig vor Wut* echar espumarajos

Geige ['gaɪgə] *f* violín *m*; *fig* ***die erste ~ spielen*** llevar la voz cantante

'geigen I *v/t* tocar; **II** *v/i* tocar el violín

'Geigen|bauer *m* luthier *m*, fabricante *m* de violines; **~kasten** *m* estuche *m od* funda *f* para violín

'Geiger(in) *m*(*f*) violinista *m,f*

'Geigerzähler *m* contador *m* Geiger

geil [gaɪl] *adj* **1** (*lüstern*) lascivo, cachondo; ***er ist ~ auf sie*** ella le excita; **2** *Jugendsprache* (*toll*) F genial, cachondo

Geisel ['gaɪzəl] *f* ⟨-; -n⟩ rehén *m*; **~nahme** [-naːmə] *f* toma *f* de rehenes; **~nehmer** *m* secuestrador *m*

Geiß [gaɪs] *f* ⟨-; -en⟩ *südd*, *österr*, *schweiz* (*Ziege*) cabra *f*; **'~blatt** *n* BOT madreselva *f*; **'~bock** *m südd*, *österr*, *schweiz* macho *m* cabrío

Geiß|el ['gaɪsəl] *f* ⟨-; -n⟩ *geh fig* azote *m*, plaga *f*; **ᘔeln** *v/t* **1** (*züchtigen*) azotar; **2** *geh fig* (*anprangern*) fustigar

Geist [gaɪst] *m* ⟨-(e)s; -er⟩ **1** *e-s Menschen* mente *f*; (*Verstand*) inteligencia *f*; *geh* ***s-n ~ aufgeben*** entregar el alma (a Dios); F *fig* romperse, estropearse; ***etw im ~(e) vor sich*** (*dat*) ***sehen*** imaginarse a/c; F ***j-m auf den ~ gehen*** poner a alg a cien; **2** *e-s Werkes*, *e-r Zeit* espíritu *m*; **3** *Mensch* espíritu *m*; *scherzh* ***ein unruhiger ~ sein*** ser un espíritu intranquilo; F ser un culo de mal asiento; ***hier scheiden sich die ~er*** aquí las opiniones difieren; **4** (*Hausᘔ*, *Naturᘔ*) espíritu *m*; (*Gespenst*) fantasma *m*; ***der Heilige ~*** el Espíritu Santo

'Geister|bahn *f* tren *m* fantasma; **~fahrer(-in)** *m*(*f*) conductor, a *m,f* que circula en sentido contrario; **ᘔhaft** *adj* fantasmal, misterioso

'Geisterhand *f* ***wie von ~*** como por arte de magia

geistern ['gaɪstərn] *v/i* ⟨sn⟩ errar (como un fantasma) (**durch** por); *fig Idee* ***j-m durch den Kopf ~*** dar(le) a alg vueltas en la cabeza

'Geister|stadt *f* ciudad *f* fantasma; **~stunde** hora *f* de los fantasmas

'geistesabwesen|d *adj* distraído; **ᘔheit** *f* distracción *f*

'Geistes|blitz F *m* salida *f*; **~gegenwart** *f* presencia *f* de ánimo; **ᘔgegenwärtig I** *adj* animoso; **II** *adv* con presencia de ánimo; **~geschichte** *f* historia *f* del pensamiento; **ᘔgestört** *adjt* perturbado, demente; **~gestörte(r)** *f*(*m*) ⟨→ A⟩ perturbado, -a *m,f*, demente *m,f*; **~haltung** *f* mentalidad *f*; **ᘔkrank** *adj* enfermo mental; **~kranke(r)** *f*(*m*) enfermo, -a *m,f* mental; **~krankheit** *f* enfermedad *f* mental; **~wissenschaften** *pl* humanidades *f/pl*, letras *f/pl*; **~wissenschaftler(in)** *m*(*f*) hombre *m*, mujer *f* de letras; **~zustand** *m* estado *m* mental

'geistig I *adj* **1** (*verstandesmäßig*) intelectual, mental (*a* PSYCH); (*spirituell*) espiritual; ***~e Arbeit*** trabajo *m* intelectual; **2** ***~e Getränke*** bebidas *f/pl* espirituosas; **II**

adv **3 ~ behindert** con deficiencia mental; **~ unbeweglich** inflexible

'geistlich *adj* espiritual; (*religiös*) clerical; (*kirchlich*) eclesiástico; *Musik* sacro, sagrado; **der ~e Stand** el sacerdocio

'Geist|liche(r) *m* ⟨→ A⟩ clérigo *m*, sacerdote *m*; **~lichkeit** *f* ⟨-⟩ clero *m*

'geist|los *adj* falto de ingenio, insípido; **~reich** *adj* (*klug-witzig*) ingenioso, agudo; (*tiefgründig*) profundo; **~tötend** *adjt* soporífero, aburrido

Geiz [gaɪts] *m* ⟨-es⟩ avaricia *f*

'geizen *v/i* **mit etw ~** tacañear con; **mit Komplimenten** *usw* **~** ser parco en cumplidos, *etc*

'Geiz|hals *m* avaro, -a *m,f*, tacaño, -a *m,f*; **2ig** *adj* avaro, tacaño; **~kragen** F *m* → **Geizhals**

Ge'jammer F *n* ⟨-s⟩ lamentaciones *f/pl*

Ge'johle F *n* ⟨-s⟩ griterío *m*

Ge'kicher F *desp n* ⟨-s⟩ risitas *f/pl*

Ge'kläff F *n* ⟨-s⟩ ladridos *m/pl*

Ge'klimper F *desp n* ⟨-s⟩ tecleo *m*

Ge'knatter F *desp n* ⟨-s⟩ *e-s Motorrads* petardeo *m*

ge'knickt F *fig adjt* abatido, desalentado

Ge'knister *n* ⟨-s⟩ *des Feuers* chisporroteo *m*; *des Papiers* crujido *m*

gekonnt [gə'kɔnt] *adjt* logrado, bien hecho

Ge'kreisch(e) *n* ⟨-s⟩ chillidos *m/pl*

Ge'kritzel F *desp n* ⟨-s⟩ garabatos *m/pl*

gekünstelt [gə'kʏnstəlt] *adj* artificial, afectado

Gel [geːl] *n* ⟨-s; -e⟩ gel *m*

Ge'laber F *desp n* ⟨-s⟩ palabrería *f*

Gelächter [gə'lɛçtər] *n* ⟨-s; -⟩ risa *f*; **schallendes ~** carcajada *f*; **in ~ ausbrechen** reír a carcajadas

ge'laden F *fig adjt* **~ sein** (**auf** *+acus*) estar furioso (contra)

Gelage [gə'laːgə] *n* ⟨-s; -⟩ banquete *m*, festín *m*; (*Trink2*) bacanal *m*

ge'lagert *adjt* **~ werden** almacenarse

ge'lähmt *adjt* paralítico; *a fig* paralizado, impedido

Gelände [gə'lɛndə] *n* ⟨-s; -⟩ terreno *m* (*a* MIL); (*Gegend*) región *f*, zona *f*; **~fahrzeug** *n* (vehículo *m*) todo terreno *m*; **2gängig** *adj Fahrzeug* (para) todo terreno

Ge'länder *n* ⟨-s; -⟩ barandilla *f*; *e-r Treppe a* pasamano *m*

Ge'ländewagen *n* (vehículo *m*) todo terreno *m*

gelangen [gə'laŋən] *v/i* ⟨*p/p* gelangt, sn⟩ llegar (**an** *+acus*, **zu, nach** a); *fig* conseguir, lograr (**zu** a/c); **zu Reichtum ~** hacer fortuna

ge'lassen *adjt* (*ruhig*) sereno, tranquilo; (*gleichmütig*) impasible; **2heit** *f* ⟨-⟩ (*Ruhe*) calma *f*, serenidad *f*, tranquilidad *f*; (*Gleichmut*) impasibilidad *f*

Gelatine [ʒela'tiːnə] *f* ⟨-⟩ gelatina *f*

geläufig [gə'lɔʏfɪç] *adj* corriente; (*vertraut*) familiar; **das ist mir** (**nicht**) **~** (no) lo conozco

gelaunt [gə'laʊnt] *adj* **gut, schlecht ~ sein** estar de buen, mal humor

Ge'läut(e) *n* ⟨-(e)s; -e⟩ *von Glocken* toque *m* (de campanas)

gelb [gɛlp] *adj* amarillo; *Verkehrsampel a* ámbar; **~ werden** amarillear; ponerse amarillo (*a Ampel*); **2es Meer** Mar *m* Amarillo; **die ~en Seiten** las paginas *f/pl* amarillas

Gelb *n* ⟨-s; -⟩ (color *m*) amarillo *m*; **die Ampel steht auf ~** el semáforo está amarillo

'Gelbe(s) *n* ⟨→ A⟩ amarillo *m*; F **das ist nicht das ~ vom Ei** no es lo mejor

'Gelb|fieber *n* fiebre *f* amarilla; **2lich** *adj* amarillento; **~sucht** *f* ictericia *f*

Geld [gɛlt] *n* ⟨-(e)s; -er⟩ **1** dinero *m*, *Am* plata *f*; **großes ~** billetes *m/pl*; **kleines ~** monedas *f/pl*; F *fig* **j-m das ~ aus der Tasche ziehen** timar(le) a alg; F *fig* **im ~ schwimmen**, F **~ wie Heu haben** F estar forrado; F **ins ~ gehen** costar un dineral; **zu ~ kommen** hacer fortuna; **etw zu ~ machen** vender a/c, liquidar a/c; **sein ~ wert sein** valer lo que cuesta; **2** *mst pl* **~er** (*Mittel*) fondos *m/pl*

'Geld|angelegenheit *f* asunto *m* de dinero; **~anlage** *f* inversión *f*; **~anweisung** *f* **telegrafische ~** giro *m* telegráfico; **~automat** *m* cajero *m* automático; **~betrag** *m* importe *m*, cantidad *f*, suma *f* (de dinero); **~beutel** *m*, **~börse** *f* monedero *m*; **~bote** *m* agente *m* del transporte de dinero; **~buße** *f* multa *f*; **~einlage** *f* aportación *f* dineraria; **~entwertung** *f* depreciación *f* de la moneda, depreciación *f* monetaria; **~geber** *m* socio *m* capitalista, inversor *m*; **~geschäft** *n* operación *f od* transacción *f* financiera; **~gier** *f* codicia *f*; **2gierig** *adj* codicioso; **~institut** *n* instituto *m* de crédito; **~karte** *f* tarjeta *f* monedero; **2lich** *adj* de dinero, pecuniario; **~mangel** *m* escasez *f* de dinero; **~markt** *m* mercado *m* monetario; **~menge** *f* masa *f* monetaria; **~mittel** *pl* recursos *m/pl*, fondos *m/pl*; **~politik** *f* política *f* monetaria; **~quelle** *f* recursos *m/pl*; (*Einkommensquelle*) fuente *m* de ingresos; **~schein** *m* billete *m*; **~schrank** *m* caja *f* fuerte, caja *f* de caudales; **~strafe** *f* multa *f*; **~stück** *n* moneda *f*; **~summe** *f* suma *f* (de dinero), importe *m*, cantidad *f*; **~transport** furgoneta *f* blindada (*para el transporte de dinero*); **~umtausch** *m* cambio *m* (de dinero); **~wäsche** F *fig f* blanqueo *m* de dinero; **~wechsel** *m* cambio *m* (de dinero); **~wechsler** *m Automat* máquina *f* para cambiar dinero; **~wert** *m* valor *m* monetario

Gelee [ʒe'leː] *n od m* ⟨-s; -s⟩ jalea *f*

ge'legen *adjt* **1** *örtlich* situado, ubicado; ***am Wald ~*** situado cerca del bosque; **2** (*passend*) a propósito, conveniente; *zeitlich a* oportuno; ***das kommt (mir) gerade ~*** me viene muy bien *od* a propósito; **3** ***mir ist daran ~, dass*** me importa que

Ge'legenheit *f* ocasión *f*, oportunidad *f*; ***bei ~*** cuando sea; ***bei dieser ~*** en esa ocasión; ***bei nächster ~*** en la próxima oportunidad; ***bei passender ~*** en la ocasión oportuna; ***~ haben zu*** (*+inf*) tener la posibilidad de (*+inf*); ***j-m ~ geben zu*** (*+inf*) darle a alguien la oportunidad de (*+inf*)

Ge'legenheits|arbeit *f*, **~job** *m* trabajo *m* eventual *od* ocasional; **~kauf** *m* ocasión *f*

gelegentlich [gə'leːgəntlɪç] **I** *adj* ocasional, eventual; **II** *adv* (*ab und zu*) en ocasiones; (*bei Gelegenheit*) cuando sea

gelehrig [gə'leːrɪç] *adj* espabilado

Ge'lehrsamkeit *geh f* ⟨-⟩ erudición *f*

ge'lehrt *adjt* sabio, erudito; **&e(r)** *f(m)* ⟨→ A⟩ sabio, -a *m,f*, erudito, -a *m,f*

Geleit [gə'laɪt] *geh n* ⟨-(e)s; -e⟩ séquito *m*; (*Eskorte*) escolta *f*; JUR ***j-m freies ~ zusichern*** garantizar a alg el salvoconducto; ***j-m das letzte ~ geben*** rendir(le) el último tributo a alg

ge'leiten *geh v/t* ⟨*p/p* geleitet⟩ acompañar; *offiziellen Gast*, MIL escoltar

Ge'leitschutz *m* escolta *f*

Gelenk [gə'lɛnk] *n* ⟨-(e)s; -e⟩ ANAT, TEC articulación *f*; TEC *a* juntura *f*

ge'lenkig *adj* ágil, flexible; **&keit** *f* ⟨⟩ agilidad *f*, soltura *f*

ge'lernt *adjt* (*von Beruf*) cualificado

Ge'liebte(r) *f(m)* ⟨→ A⟩ **1** *außerehelich* amante *m,f*; **2** *geh a Anrede* amado, -a *m,f*

ge'liefert *adjt* **1** COM ***~ ab Kai, Schiff*** entregado en muelle (DEQ), sobre buque (DES); ***~ verzollt*** entregado derechos pagados (DDP); **2** F ***~ sein*** estar apañado *od* listo

gelieren [ʒe'liːrən] *v/i* ⟨*sin* ge⟩ gelatinizar

ge'linde I *geh adj* (*mild*) suave (*a Klima*); **II** *adv* ***~ gesagt*** dicho suavemente

gelingen [gə'lɪŋən] *v/i* ⟨gelang, gelungen, sn⟩ salir bien, tener éxito; ***j-m (gut) ~*** salir(le) bien a alg; ***es gelingt mir, etw zu tun*** consigo hacer a/c

Ge'lingen *n* ⟨-s⟩ éxito *m*; ***gutes ~!*** ¡suerte!

gellen ['gɛlən] *v/i* resonar, chillar

'gellend *adjt* agudo, estridente

ge'loben *geh v/t* ⟨*p/p* gelobt⟩ prometer (solemnemente); ***ich habe mir gelobt zu*** (*+inf*) he hecho promesa de (*+inf*)

Gelöbnis [gə'løːpnɪs] *geh n* ⟨-ses; -se⟩ promesa *f* solemne

ge'lockt *adjt Haar* rizado

ge'löst *adjt fig* desenvuelto, relajado

gelt [gɛlt] *int südd, österr* ¿no?

gelten ['gɛltən] ⟨gilt, galt, gegolten⟩ **I** *v/t* **1** (*wert sein*) valer; ***s-e Ansicht gilt viel*** su punto de vista tiene mucho valor; **II** *v/i* **2** (*gültig sein*) ser válido; *Gesetz*, *Recht*, *Regelung*, *Preise* estar en vigor; ***das gilt nicht*** (*ist gegen die Spielregel*) eso no vale; (*zählt nicht*) eso no cuenta; ***etw ~ lassen*** dejar pasar a/c, admitir a/c; **3** (*gehalten werden*) ***~ als, für*** considerarse como, pasar por (*a Person*); **4** ***~ für*** (*sich beziehen auf*) ser válido para, ir por; **5** ***j-m ~*** (*j-n betreffen*) ir por alg; **III** *v/imp* **6** (*darauf ankommen*) ***es gilt zu*** (*+inf*) se trata de (*+inf*)

'geltend *adjt* **1** *Recht*, *Gesetz*, *Preise* vigente; **2** ***etw ~ machen*** *Einfluss* hacer valer a/c; *Bedenken*, *Argument* alegar a/c

'Geltung *f* ⟨-⟩ **1** (*Gültigkeit*) validez *f*, vigencia *f*; ***(keine) ~ (für etw, j-n) haben*** (no) ser válido (para a/c, alg); **2** (*Wirkung*) importancia *f*, influencia *f*; (*Ansehen*) prestigio *m*; ***etw zur ~ bringen*** hacer valer a/c; ***zur ~ kommen*** resaltar; ***sich*** (*dat*) ***~ verschaffen*** imponerse, hacerse valer

'Geltungs|bedürfnis *n* ansia *f* de notoriedad; **~bereich** *m* ámbito *m* de aplicación; **~dauer** *f* período *m* de vigencia; **~sucht** *f* afán *m* de prestigio

Gelübde [gə'lʏpdə] *geh n* ⟨-s; -⟩ voto *m*; ***ein ~ ablegen*** hacer un voto

gelungen [gə'lʊŋən] *adjt* (*ansprechend*) logrado

gelüsten [gə'lʏstən] *geh v/imp* ⟨*p/p* gelüstet⟩ ***es gelüstet mich nach*** se me antoja

GEMA ['geːma] *f Abk* ⟨-⟩ (*Gesellschaft für musikalische Aufführungs- und mechanische Vervielfältigungsrechte*) Sociedad para los derechos de representación musical y de reproducción mecánica

gemach [gə'maːx] *geh int* ¡despacio!

Ge'mach *geh n* ⟨-(e)s; ⸗er⟩ aposento *m*

gemächlich [gə'mɛːçlɪç] *adj* tranquilo; (*langsam*) lento; *Leben* acomodado

Gemahl(in) [gə'maːl(ɪn)] *geh m* ⟨-(e)s; -e⟩ (*f*) esposo, -a *m,f*

Gemälde [gə'mɛːldə] *n* ⟨-s; -⟩ cuadro *m*, pintura *f*; *auf Leinwand a* lienzo *m*; **~galerie** *f* galería *f* (de pintura), pinacoteca *f*

ge'masert *adjt Holz usw* veteado

gemäß [gə'mɛːs] **I** *adj* (*entsprechend*) adecuado (*+dat* a); **II** *prp* ⟨*+dat*⟩ según; *bsd* ADM, JUR conforme a

ge'mäßigt *adjt* moderado; *Klima*(*zone*) templado

Gemäuer [gəˈmɔʏər] *geh n* ⟨-s; -⟩ muros *m/pl*
Ge'mecker F *desp n* ⟨-s⟩ critiqueo *m*
gemein [gəˈmaɪn] *adj* **1** (*niederträchtig*) infame, vil; *Trick* bajo, sucio; **~er Kerl** canalla *m*; F **das ist ~!** F ¡qué mala idea!; ¡qué faena! **2** *geh* (*gewöhnlich*) común (*a* BOT, ZO), ordinario; **der ~e Mann** el hombre de la calle; **3** *geh* **etw mit j-m ~ haben** tener a/c en común con alg
Gemeinde [gəˈmaɪndə] *f* **1** ADM municipio *m*; *Bewohner* habitantes *m/pl*; **2** (*Kirchen*♀) parroquia *f*; *beim Gottesdienst* feligreses *m/pl*; **3** (*Gemeinschaft Gleichgesinnter*) comunidad *f*
Ge'meinde|mitglied *n* habitante *m,f*; *der Kirche* feligrés, -esa *m,f*; **~rat** *m* ⟨-(e)s; ⁼e⟩ **1** *Gremium* concejo *m* municipal; **2** *Person* concejal *m*; **~rätin** *f* concejala *f*; **~schwester** *f* diaconisa *f*; **~verwaltung** *f* administración *f* municipal; **~zentrum** *n* centro *m* municipal; *der Kirche* centro *m* parroquial
ge'meingefährlich *adj* que constituye un peligro público; *Verbrecher a* peligroso
Ge'meingut *geh n* bien *m* común; *fig* patrimonio *m* común; *Redensart* **(zum) ~ werden** hacerse del dominio público
Ge'meinheit *f* **1** bajeza *f*, infamia *f*; **2** (*Handlung*) F mala jugada *f*, cabronada *f*
ge'mein|hin *adv* normalmente, por regla general; **♀kosten** *pl* gastos *m/pl* generales, costes *m/pl* fijos; **~nützig** [-nʏtsɪç] *adj* de utilidad pública; **♀platz** *m* tópico *m*, lugar *m* común
ge'meinsam I *adj* **1** (*gemeinschaftlich*) común, conjunto; *Werk* colectivo; **2 sie hat mit mir ~, dass sie gern kocht** tiene conmigo en común que a ella también le gusta guisar; **II** *adv* **3** en común
Ge'meinsamkeit *f* **1** *Eigenschaft* punto *m* en común; **2** (*Verbundenheit*) comunidad *f*
Ge'meinschaft *f* **1** *Gruppe* comunidad *f*, colectividad *f*; **die Europäische ~** la Comunidad Europea; **2** (*Verbundensein*) unión *f*, relación *f*; **eheliche ~** comunidad *f* conyugal
ge'meinschaftlich I *adj* común, colectivo; **II** *adv* en común
Ge'meinschafts|antenne *f* antena *f* comunitaria; **~arbeit** *f* trabajo *m* en común; **~gefühl** *n* compañerismo *m*, (espíritu *m* de) solidaridad *f*; **~kunde** *f* formación *f* cívico-social; **~marke** *f* marca *f* colectiva, *EU* marca *f* comunitaria; **~produktion** *f* coproducción *f*; **~raum** *m* sala *f* común; **~unternehmen** *n* joint-venture *f*, empresa *f* común; **~währung** *f* moneda *f* única; **~werbung** *f* publicidad *f* colectiva
Ge'mein|sinn *m* civismo *m*; **♀verständlich** *adj u adv* fácil de entender, al alcance de todos
Ge'mein|wesen *n* comunidad *f*; **~wohl** *n* bien *m* común
Ge'menge *n* ⟨-s; -⟩ **1** (*Gemisch*) mezcla *f* (*a* CHEM); **2** (*Menschengewühl*) muchedumbre *f*, gentío *m*
ge'messen *adjt Haltung* mesurado; (*ernst*) grave; (*förmlich*) formal, solemne; *geh* **~en Schrittes** a paso lento; **in ~em Abstand** a una distancia adecuada
Ge'metzel *n* ⟨-s; -⟩ carnicería *f*, masacre *f*
Gemisch [gəˈmɪʃ] *n* ⟨-(e)s; -e⟩ mezcla *f* (*a* AUTO)
ge'mischt *adjt* mezclado; *Klasse*, *Chor*, SPORT *usw* mixto (*a Eis*, *Salat*)
'Gemse → **Gämse**
Ge'murmel *n* ⟨-s⟩ murmullo *m*, cuchicheo *m*
Gemüse [gəˈmyːzə] *n* ⟨-s; -⟩ verdura *f*, hortalizas *f/pl*; F *fig scherzh* **junges ~** jóvenes *m/pl*
Ge'müse|beet *n* bancal *m*; **~eintopf** *m* potaje *m* de verduras; **~garten** *m* huerto *m*; **~händler(in)** *m(f)* verdulero, -a *m,f*; **~suppe** *f* sopa *f* de verduras
ge'mustert *adjt* con dibujos; (*bedruckt*) estampado
Gemüt [gəˈmyːt] *n* ⟨-(e)s; -er⟩ alma *f*, ánimo *m*; **ein kindliches ~** un corazón de niño; **das ist etwas fürs ~** eso es algo para el corazón; **sich** (*dat*) **etw zu ~e führen** (*genießen*) regalarse con a/c; (*beherzigen*) tomar a/c en consideración; **die ~er haben sich erhitzt** se han calentado los ánimos
ge'mütlich I *adj* **1** *Wohnung* acogedor; *Essen*, *Beisammensein* íntimo; (*bequem*) confortable; *Stimmung*, *Abend* agradable; **2** (*umgänglich*) jovial; **3** *Tempo* tranquilo; **II** *adv* **4** (*bequem*) cómodamente; (*ruhig*, *gemächlich*) tranquilamente; **es sich** (*dat*) **~ machen** ponerse cómodo
Ge'mütlichkeit *f* ⟨-⟩ **1** *e-r Wohnung*, *e-s Lokals* carácter *m* acogedor; (*Bequemlichkeit*) confort *m*, comodidad *f*; (*Zwanglosigkeit*) naturalidad *f*; **2** (*Umgänglichkeit*) jovialidad *f*; **3** (*Gemächlichkeit*) **in aller ~** con toda tranquilidad
Ge'müts|bewegung *f* emoción *f*; **♀krank** *adj* melancólico, depresivo; enfermo mental; **~mensch** F *m* bonachón, -ona *m,f*
Ge'mütsruhe *f* serenidad *f*, tranquilidad *f*; **in aller ~** con toda tranquilidad
Ge'müts|verfassung *f*, **~zustand** *m* estado *m od* disposición *f* de ánimo
gen [gɛn] *poet prp* ⟨+*acus*⟩ (*gegen*) hacia
Gen [geːn] *n* ⟨-s; -e⟩ BIOL gen(e) *m*
genau [gəˈnaʊ] **I** *adj* **1** (*exakt*) exacto; *An-*

gaben preciso; *Übersetzung a* fiel; ***die ~e Zeit*** la hora exacta; **2** (*sorgfältig*) minucioso, meticuloso; (***peinlich***) ~ escrupuloso; **3** (*streng*) estricto; **4** (*ausführlich*) detallado; **II** *adv* **5** (*exakt*) exactamente; ***~ um fünf Uhr*** a las cinco en punto; ***~ gehen*** *Uhr* marcar la hora exacta; **6** (*sorgfältig*) minuciosamente; ***nicht so ~ hinsehen*** hacer la vista gorda; (*wörtlich*) ***etw ~ nehmen*** tomar a/c al pie de la letra; **7** (*streng*) estrictamente; ***~ genommen*** para ser exactos; **8** (*ausführlich*) detalladamente; ***etw ~ berichten*** contar a/c al detalle; **9** *verstärkend* precisamente; *als Ausruf* (***ja,***) ***~!*** ¡precisamente!; ***ganz ~!*** ¡exactamente!; **10** (*eben, gerade*) justamente

Ge'nauigkeit *f* ⟨-⟩ **1** (*Exaktheit*) exactitud *f*, precisión *f*; **2** (*Sorgfalt*) minuciosidad *f*

ge'nauso *adv* → ***ebenso 3***

'Genbank *f* ⟨-; -en⟩ banco *m* de genes

Gendarm [ʒan'darm] *m* ⟨-en; -en⟩ *österr, schweiz* guardia *m* civil; **~e'rie** *f österr, schweiz* guardia *f* civil

Genealogie [genealo'giː] *f* genealogía *f*

genehm [gə'neːm] *geh adj* ***j-m ~ sein*** agradar(le) a alg

ge'nehmigen *v/t* ⟨*p/p* genehmigt⟩ **I** *v/t* (*erlauben*) autorizar, permitir; *bsd* ADM, *Antrag* aprobar; **II** F *v/r* ***sich*** (*dat*) ***etw ~*** permitirse a/c; ***sich*** (*dat*) ***einen ~*** tomarse una copa

Ge'nehmigung *f* autorización *f*, permiso *m*; ADM aprobación *f*; **~sverfahren** *n* procedimiento *m* de aprobación

ge'neigt *adjt* **1** *Gelände, Fläche* inclinado; **2** ***~ sein, etw zu tun*** estar dispuesto a hacer a/c

Genera ['gɛnera] *pl* → ***Genus***

General [genə'raːl] *m* ⟨-s; -e *o* ⸚e⟩ general *m*

Gene'ral|bevollmächtigte(r) *f(m)* apoderado, -a *m,f* general; **~direktor(in)** *m(f)* director, a *m,f* general; **~konsulat** *n* consulado *m* general; **~probe** *f* ensayo *m* general; **~sekretär(in)** *m(f)* secretario, -a *m,f* general; **~stab** *m* MIL Estado *m* Mayor; **~streik** *m* huelga *f* general; **&überholen** *v/t* ⟨*sin* ge⟩ hacer una revisión general (de); **~versammlung** *f* junta *f* general; **~vertreter** *m* representante *m* general; **~vollmacht** *f* poder *m* general

Generation [genəratsi'oːn] *f* generación *f*; **~envertrag** *m* ECON contrato *m* generacional

Generati'ons|konflikt *m* conflicto *m* generacional; **~problem** *n* problema *m* generacional

Gene'rator *m* ⟨-s; -'toren⟩ EL generador *m*, alternador *m*

gene'rell *adj* general

genesen [gə'neːzən] *geh v/i* ⟨genas, genesen, sn⟩ convalecer (***von*** de); **&de(r)** *f(m)* ⟨→ A⟩ convaleciente *m,f*

Ge'nesung *geh f* convalecencia *f*; **~sprozess** *m* proceso *m* de convalecencia

Genet|ik [ge'neːtɪk] *f* ⟨-⟩ genética *f*; **&isch** *adj* genético

Genf [gɛnf] *n* ⟨-s⟩ Ginebra *f*

'Genfer *adj* ⟨*inv*⟩ ginebrino; ***der ~ See*** el Lago Lemán *od* de Ginebra

'Genforschung *f* investigación *f* genética

genial [geni'aːl] *adj* ingenioso; *Künstler, Idee a* genial; **&i'tät** *f* ⟨-⟩ genialidad *f*

Genick [gə'nɪk] *n* ⟨-(e)s; -e⟩ nuca *f*, cerviz *f*; ***sich*** (*dat*) ***das ~ brechen*** desnucarse; F romperse la crisma (*a fig*)

Ge'nickschuss *m* tiro *m* en la nuca

Genie [ʒe'niː] *n* ⟨-s; -s⟩ ingenio *m*; *Person* genio *m*

genieren [ʒe'niːrən] *v/r* ⟨*sin* ge⟩ ***sich ~*** (***vor j-m***) sentirse cohibido (ante alg); ***sich ~, etw zu tun*** tener reparos en hacer a/c

ge'nießbar *adj* (*essbar*) comestible; (*noch trinkbar*) potable; *fig* pasable

genießen [gə'niːsən] *v/t* ⟨genoss, genossen⟩ **1** *geh* (*essen*) comer; (*trinken*) beber; (*mit Genuss*) gustar, saborear; F *fig* ***er ist heute nicht zu ~*** hoy está insoportable; **2** *fig* gozar *od* disfrutar de (*a Vertrauen, Ruf*); *mit Behagen* saborear; ***sein Leben ~*** disfrutar de la vida

Ge'nießer(in) *m(f)* sibarita *m,f*; ***er ist ein richtiger ~*** es un auténtico sibarita

ge'nießerisch **I** *adj* gozoso; **II** *adv* con fruición *od* placer

Genitalien [geni'taːliən] *pl* genitales *m/pl*

Genitiv ['geːnitiːf] *m* ⟨-s; -e⟩ genitivo *m*

Genius ['geːnius] *m* ⟨-; -ien⟩ genio *m*

'Gen|mais *m* maíz *m* transgénico; **~manipulation** *f* manipulación *f* genética; **&manipuliert** *adjt* manipulado geneticamente

Genom [ge'noːm] *n* ⟨-s; -e⟩ BIOL genoma *m*

Genoss|e [gə'nɔsə] *m* ⟨-n; -n⟩, **~in** *f* camarada *m,f*; (*Mitglied e-r ~nschaft*) socio, -a *m,f*, cooperativista *m,f*

Ge'nossenschaft *f* cooperativa *f*; AGR ***landwirtschaftliche ~*** cooperativa *f* agrícola

Ge'nossenschaftsbank *f* cooperativa *f* de crédito, banco *m* cooperativo

Genre ['ʒɑ̃ːrə] *n* ⟨-s; -s⟩ género *m*

'Gentechnik *f* ingeniería *f* genética; **&frei** *adj* no transgénico, libre de manipulación genética

'gentechnisch **I** *adj* genético; **II** *adv* ***~ verändert*** genéticamente manipulado, transgénico

'Gen|technologie *f* → ***Gentechnik***; **~therapie** *f* terapia *f* genética

Genua ['geːnua] *n* ⟨-s⟩ Génova *f*

genug [gə'nu:k] *adv* bastante; (*ausreichend*) suficiente; ~ ***Geld haben*** tener suficiente dinero; ***es ist*** ~ basta; ***mehr als*** ~ (***sein***) (ser) más que suficiente; F *fig* ***von etw*** ~ ***haben*** F estar harto de a/c; ~ (***davon***)***!*** ¡basta ya!; *geh* ~ ***der Worte!*** ¡basta de palabras!
Genüge [gə'ny:gə] *geh f* ⟨-⟩ ***zur*** ~ (*ausreichend*) suficientemente, lo suficiente; (*reichlich*) bastante; *geh* ***e-r Sache*** ~ ***tun*** cumplir con a/c; *geh* ***j-m*** ~ ***tun*** satisfacer (las exigencias de) alg
ge'nügen *v/i* ⟨*p/p* genügt⟩ **1** (*ausreichen*) bastar, ser suficiente; ***das genügt mir*** con eso me basta; ***es genügt zu*** (+*inf*) basta con (+*inf*); **2** (*gerecht werden*) ***e-r Sache*** (*dat*) (***nicht***) ~ (no) satisfacer a/c
ge'nügend I *adjt* suficiente, bastante; ~ ***Geld*** el dinero necesario; **II** *advl* suficientemente
ge'nügsam I *adj* contentadizo, modesto; *im Essen a* frugal; **II** *adv* ~ ***leben*** vivir modestamente
Genugtuung [gə'nu:ktu:ʊŋ] *f* satisfacción *f*; ***es ist mir e-e*** ~ ***zu*** (+*inf*) es una satisfacción para mí (+*inf*)
Genus ['gɛnʊs] *n* ⟨-; Genera⟩ GRAM género *m*
Genuss [gə'nʊs] *n* ⟨-es; ⸚e⟩ **1** *von Ess-, Trinkbarem* consumo *m*; **2** (*Wohlbehagen*) placer *m*, gozo *m*; ***mit*** ~ con placer; **3** *fig* ***in den*** ~ ***e-r Sache*** (*gen*) ***kommen*** disfrutar de a/c
genüsslich [gə'nʏslɪç] **I** *adj* gozoso; **II** *adv* con fruición *od* placer
Ge'nuss|mittel *n* estimulante *m*; **~schein** *m* FIN bono *m* de disfrute; **~sucht** *f* hedonismo *m*; **♀süchtig** *adj* hedonista
Geo|graf(in), **~graph(in)** [geo'gra:f(ɪn)] *m* ⟨-en; -en⟩ (*f*) geógrafo, -a *m,f*; **~gra'fie**, **~gra'phie** *f* ⟨-⟩ geografía *f*; **♀'grafisch**, **♀'graphisch** *adj* geográfico
Geo|'loge *m* ⟨-n; -n⟩, **~login** *f* geólogo, -a *m,f*; **~lo'gie** *f* ⟨-⟩ geología *f*; **♀'logisch** *adj* geológico; **~me'trie** *f* ⟨-⟩ geometría *f*; **♀'metrisch** *adj* geométrico
ge'ordnet *adjt fig* ordenado, en orden; ***in ~en Verhältnissen leben*** llevar una vida ordenada
'Georg ['geɔrk] *m* Jorge *m*
Georgien [ge'ɔrgiən] *n* ⟨-s⟩ Georgía *f*
Gepäck [gə'pɛk] *n* ⟨-(e)s⟩ equipaje *f*; **~abfertigung** *f* facturación *f* de equipaje; **~ablage** *f* portaequipajes *m*; **~aufbewahrung** *f* consigna *f*; **~ausgabe** *f* entrega *f* de equipaje; **~kontrolle** *f* control *m* de equipaje; **~schein** *m* talón *m* de equipaje; **~schließfach** *n* consigna *f* automática; **~stück** *n* bulto *m*; **~träger** *m* **1** *Person* mozo *m* de equipajes; **2** *am Fahrrad usw* portaequipajes *m*; **~wagen** *m* furgón *m*
Gepard ['ge:part] *m* ⟨-s; -e⟩ guepardo *m*
ge'pfeffert *adjt* F *fig Rechnung, Preise* exorbitante, subido; *Witz* verde
ge'pflegt I *adjt* **1** (bien) cuidado; *Äußeres a* (bien) arreglado; *Kleidung* elegante; **2** *Unterhaltung* cultivado; *Essen, Getränke* fino; *Lokal, Hotel* elegante; **II** *advl* **3** ***sich*** ~ ***ausdrücken*** hablar con corrección; ~ ***essen gehen*** ir a comer a un restaurante de lujo
Ge'pflogenheit *geh f* costumbre *f*
Geplänkel [gə'plɛŋkəl] *n* ⟨-s; -⟩ MIL, *fig* escaramuza *f*
Ge'plapper F *n* ⟨-s⟩ *e-s Kindes* parloteo *m*; *desp* palabrería *f*
Ge'polter *n* ⟨-s⟩ (*Dröhnen*) estrépito *m*; (*Radau*) alboroto *m*
Ge'präge *geh n* ⟨-s; -⟩ sello *m*, cuño *m*; ***e-r Sache*** (*dat*) ***ihr*** ~ ***geben*** dar a a/c el toque personal *od* especial
ge'punktet *adj Stoff* con lunares
ge'quält *adjt Lächeln* forzado
gerade [gə'ra:də] **I** *adj* **1** *Linie, Straße, Nase usw* recto; ~ ***biegen*** enderezar; (***sich***) ~ ***halten*** mantener(se) derecho; ~ ***stehen*** tenerse derecho; **2** *Zahl* par; **II** *adv* **3** (*genau*) precisamente, justamente; ~ (***in dem Augenblick***)***, als ...*** precisamente cuando ...; **4** (*im Moment*) ahora mismo; ***ich bin*** ~ ***dabei, ihm zu schreiben*** estoy escribiéndole (en este momento); ***ich wollte*** ~ ***gehen*** estaba a punto de marcharme; ***er ist*** ~ ***angekommen*** acaba de llegar; **5** (*knapp*) justo, justamente; ~ ***so viel, dass ...*** justo lo suficiente para ...; **6** (*ausgerechnet*) justo, precisamente; ***warum*** ~ ***ich?*** ¿por qué justo yo?; **7** (*besonders*) especialmente; ***nicht*** ~ ***leicht*** *usw* no precisamente fácil, etc; **8** F (*erst recht*) ***nun, jetzt*** ~***!*** ¡ahora más que nunca!
Ge'rade *f* ⟨-n; -n⟩ **1** MAT, SPORT recta *f*; **2** *Boxen* directo *m*
gerade'aus *adv* (todo) derecho *od* seguido
ge'radebiegen *v/t* ⟨*irr, sep*⟩ F *fig* arreglar
geradehe'raus *adv* francamente, con franqueza
ge'radeso *adv* ~ ***groß wie*** tan grande como
ge'radestehen *v/i* ⟨*irr, sep*⟩ *fig* ***für j-n, etw*** ~ responder por alg, de a/c
ge'rade|wegs *adv* derecho, directamente; **~zu** *adv* realmente, verdaderamente
ge'radlinig I *adj* **1** recto, rectilíneo; **2** *fig* (*aufrichtig*) franco; **II** *adv* **3** *verlaufen* en línea recta
ge'rammelt F *advl* ~ ***voll*** abarrotado; F de bote en bote
Gerangel [gə'raŋəl] F *n* ⟨-s⟩ forcejeo *m* (***um***

por; *a fig*)

Geranie [ge'raːniə] *f* geranio *m*

Gerät [gə'rɛːt] *n* ⟨-(e)s; -e⟩ **1** utensilio *m*; (*Haushalts*≈) aparato *m*; (*Werkzeug*) herramienta *f*; (*Garten*≈) *a* apero *m*; ***elektrische ~e*** aparatos *m/pl* eléctricos; **2** *Sammelbez* equipo *m*; **3** (*Radio*≈, *Fernseh*≈) receptor *m*; **4** *pl* ***~e*** (*Turn*≈) aparatos *m/pl*

ge'raten[1] *v/i* ⟨gerät, geriet, geraten, sn⟩ **1** (*zufällig gelangen*) llegar (a), ir a parar (a); *fig a* caer (***in*** *+acus* en); ***an j-n ~*** encontrarse *od* dar con alg; ***außer sich*** (*acus od dat*) ***~*** *vor Zorn* perder los estribos; *vor Freude* no caber en sí; ***unter ein Auto ~*** ser atropellado; **2** (***gut***) ***~*** salir (bien); ***schlecht ~*** salir mal; ***ihm gerät alles*** todo le sale (bien); **3** ***nach dem Vater ~*** salir a su padre

ge'raten[2] *adjt* (*ratsam*) ***es für ~ halten zu*** (*+inf*) creer conveniente *od* aconsejable (*+inf*)

Ge'räte|schuppen *m* cobertizo *m*; **~turnen** *n* gimnasia *f* de aparatos

Gerate'wohl *n* ***aufs ~*** a lo que salga; F al tun tun

ge'raucht, **ge'räuchert** *adjt* ahumado

geraum [gə'raʊm] *geh adj* ***seit ~er Zeit*** desde hace un buen rato

geräumig [gə'rɔʏmɪç] *adj* espacioso, amplio

Geräusch [gə'rɔʏʃ] *n* ⟨-(e)s; -e⟩ ruido *m*; **≈arm** *adj* de poco ruido; **~emission** *f* emisión *f* de sonido; **≈empfindlich** *adj* sensible al ruido; **≈los** *adj* silencioso, sin ruido; **~pegel** *m* nivel *m* de ruido; **≈voll** *adj* ruidoso

gerben ['gɛrbən] *v/t* curtir

'Gerber *m* curtidor *m*

Gerbera ['gɛrbəra] *f* ⟨-; -(s)⟩ gerbera *f*

Gerbe'rei *f* tenería *f*, curtiduría *f*

gerecht [gə'rɛçt] **I** *adj* **1** *Richter usw*, *Urteil* justo; *Strafe*, *Note usw a* merecido; **2** (*gerechtfertigt*) justificado; *Zorn* legítimo; ***e-e ~e Sache*** una causa justa; **3** *Lohn*, *Entschädigung* justo; ***j-m ~ werden*** hacer justicia a alg; ***e-r Sache ~ werden*** hacer justicia a a/c; *e-r Aufgabe* cumplir a/c; *Wünschen* corresponder a a/c; **II** *adv* **4** justamente

ge'rechter'weise *adv* en justicia

ge'rechtfertigt *adjt* justificado

Ge'rechtigkeit *f* ⟨-⟩ justicia *f*; *geh* ***~ walten lassen*** proceder con justicia; *geh* ***j-m, e-r Sache ~ widerfahren lassen*** hacer justicia a alg, a/c

Ge'rechtigkeitssinn *m* sentido *m* de la justicia

Ge'rede F *desp n* ⟨-s⟩ *leeres* palabrería *f*; F chismes *m/pl*; (*Klatsch*) habladurías *f/pl*; ***ins ~ kommen*** andar en lenguas

ge'regelt *adjt* regulado, arreglado

ge'reichen *geh v/i* ⟨*p/p* gereicht⟩ ***zu etw ~*** redundar en; ***j-m zur Ehre ~*** honrar(le) a alg; ***j-m zum Schaden ~*** perjudicar(le) a alg

ge'reizt *adjt* irritado; **≈heit** *f* ⟨-⟩ irritación *f*

Geri|atrie [geria'triː] *f* ⟨-⟩ geriatría *f*; **≈'atrisch** *adj* geriátrico

Gericht[1] [gə'rɪçt] *n* ⟨-(e)s; -e⟩ JUR tribunal *m*, *Am* corte *f* (de justicia); *niederes* juzgado *m*; *höheres* audiencia *f*; REL ***das Jüngste ~*** el juicio final; ***vor ~*** (*acus*) ***gehen*** ir a juicio; ***vor ~*** (*dat*) ***stehen*** comparecer en juicio; ***vor ~*** (*dat*) ***erscheinen*** comparecer ante el juez; *geh* ***über j-n ~ halten*** *od* ***zu ~ sitzen*** juzgar a alg; *fig* ***mit j-m*** (***scharf*** *od* ***hart***) ***ins ~ gehen*** criticar duramente a alg

Ge'richt[2] *n* ⟨-(e)s; -e⟩ GASTR comida *f*, plato *m*

ge'richtlich **I** *adj* judicial; *Medizin* forense; **II** *adv* judicialmente; ***~ angeordnet*** dativo; ***auf ~em Wege*** por vía judicial; ***gegen j-n ~ vorgehen*** proceder judicialmente contra alg

Ge'richts|beschluss *m* decisión *f* judicial; **~gebäude** *n* Palacio *m* de Justicia; **~hof** *m* tribunal *m*, *Am* corte *f* (de justicia); **~kosten** *pl* costas *f/pl* judiciales; **~medizin** *f* medicina *f* legal *od* forense; **≈medizinisch** *adj* médico-legal; **~saal** *m* sala *f* de audiencia; **~stand** *m* jurisdicción *f*; **~termin** *m* día *f* de la vista; **~urteil** *n* resolución *f* judicial, sentencia *f*

Ge'richtsverfahren *n* procedimiento *m* judicial; ***das ~ abbrechen*** suspender el juicio

Ge'richts|verhandlung *f* vista *f* de una causa; **~vollzieher** *m* agente *m* ejecutivo; **~weg** *m* vía *f* judicial; ***auf dem ~*** por vía judicial

gering [gə'rɪŋ] **I** *adj* pequeño; *Menge*, *Einkommen*, *Kenntnisse*, *Unterschied usw* escaso, poco; *Summe*, *Preis* módico; ***von ~em Wert*** de escaso valor; **II** *adv* ***~ achten, ~ schätzen*** menospreciar

ge'ringer *adj* menor (***als*** que); *Stellung*, *Summe* inferior (***als*** a); ***~ werden*** disminuir; ***kein ≈er als …*** nadie menos que …

geringfügig [gə'rɪŋfyːgɪç] **I** *adj* insignificante, mínimo; **II** *adv* ligeramente

ge'ring|schätzig **I** *adj* desdeñoso; *Ton* despectivo; **II** *adv* con desdén, despectivamente; **≈schätzung** *f* menosprecio *m*, desdén *m*

ge'ringste(r, -s) *adj* mínimo; ***nicht das ≈*** ni lo más mínimo; ***nicht im ≈n*** de ninguna manera, lo más mínimo (*mit Verneinung vor dem Verb*)

gerinnen [gə'rɪnən] *v/i* ⟨gerann, geronnen,

sn⟩ *Blut* coagularse; *Milch* cuajarse
Gerinn|sel [gəˈrɪnzəl] *n* ⟨-s; -⟩ MED coágulo *m*; **~ung** *f* ⟨-⟩ MED coagulación *f*; *von Milch* cuajado *m*
Gerippe [gəˈrɪpə] *n* ⟨-s; -⟩ **1** ANAT esqueleto *m*; **2** *fig* TEC armazón *f*
geˈrippt *adj Stoff* acanalado, de canalé
gerissen [gəˈrɪsən] F *adjt* (*schlau*) astuto, ladino; F zorro
geˈritzt *adjt* F ***ist ~!*** F ¡hecho!
Germ [gɛrm] *m* ⟨-(e)s⟩ *od f* ⟨-⟩ *südd, österr* levadura *f*
German|e [gɛrˈmaːnə] *m* ⟨-n; -n⟩, **~in** *f* germano, -a *m,f*; **⁲isch** *adj* germano (*a* LING)
Germaˈnist|(in) *m(f)* germanista *m,f*; **~ik** *f* ⟨-⟩ filología *f* germánica, germánicas *f/pl*
ˈGermknödel *m südd, österr bollo de masa de levadura relleno de mermelada de ciruela y que se prepara al vapor*
gern(e) [ˈgɛrn(ə)] *adv* ⟨lieber, am liebsten⟩ **1** (*mit Vergnügen*) con mucho gusto, de buena gana; *Antwort* ***~!*** ¡encantado!; ***~ geschehen!*** ¡de nada!; ***etw ~ tun*** gustarle a alg hacer a/c; ***etw ~ essen*** gustarle a alg comer a/c; ***j-n ~ haben, mögen*** querer a alg; ***~ gesehen sein*** *Gast* ser bienvenido; **2** *Wunsch* ***ich hätte ~ ...*** me gustaría ...; ***ich möchte ~ ins Kino gehen*** quisiera ir al cine; **3** (*ohne weiteres*) ***das glaube ich ~*** ¡ya lo creo!; ***du kannst ~ dableiben!*** ¡puedes quedarte (sin problemas)!
ˈGernegroß F *m* ⟨-; -e⟩ fanfarrón *m*
Geröll [gəˈrœl] *n* ⟨-s; -e⟩ guijarros *m/pl*, cantos *m/pl* rodados
Gerontologie [gerɔntoloˈgiː] *f* ⟨-⟩ gerontología *f*
Gerste [ˈgɛrstə] *f* ⟨-⟩ cebada *f*; **~nkorn** *n* MED orzuelo *m*; **~nsaft** *scherzh m* cerveza *f*
Gerte [ˈgɛrtə] *f* varilla *f*
Geruch [gəˈrʊx] *m* ⟨-(e)s; ⸚e⟩ **1** olor *m*; **2** (*Geruchssinn*) olfato *m*; **⁲los** *adj* inodoro
Geˈruchs|organ *n* órgano *m* olfativo; **~sinn** *m* (sentido *m* del) olfato *m*
Gerücht [gəˈrʏçt] *n* ⟨-(e)s; -e⟩ rumor *m*; ***ein ~ verbreiten, in die Welt setzen*** hacer correr un rumor; ***es geht das ~, dass ...*** se rumorea que ...
geˈruhen *geh, iron v/i* ⟨*p/p* geruht⟩ ***~, etw zu tun*** dignarse a hacer a/c
geˈrührt *adjt seelisch* conmovido, emocionado
geˈruhsam *adj* sosegado, tranquilo
Gerümpel [gəˈrʏmpəl] *n* ⟨-s⟩ *desp* cachivaches *m/pl*, trastos *m/pl*
Gerundium [geˈrʊndiʊm] *n* ⟨-s; -ien⟩ gerundio *m*
Gerüst [gəˈrʏst] *n* ⟨-(e)s; -e⟩ **1** BAU andamio *m*, andamiaje *m*; **2** *fig e-s Aufsatzes* estructura *f*
Ges, ges [gɛs] *n* ⟨-; -⟩ MUS sol *m* bemol
Ges. *Abk* (*Gesellschaft*) sociedad *f*
ges. gesch. *Abk* (*gesetzlich geschützt*) registrado legalmente; patentado
geˈsalzen *adjt* F *fig Rechnung, Preise* exorbitante, subido
geˈsammelt *adjt innerlich* recogido
Gesamt|... [gəˈzamt-] *in Zssgn mst* total; **~auflage** *f* tirada *f* total; **~ausgabe** *f* obras *f/pl* completas; **~ausgaben** *f/pl* FIN gastos *m/pl* totales; **~betrag** *m* (importe *m*) total *m*
geˈsamte *adj* total, entero; ***der, die, das ~ ...*** el, la ... total, todo el, toda la ...
Geˈsamt|eindruck *m* impresión *f* general; **~gewicht** *n* peso *m* bruto *od* total
Geˈsamtheit *f* ⟨-⟩ totalidad *f*, conjunto *m*; ***... in ihrer ~ ...*** ... en conjunto ...
Geˈsamt|katalog *m* catálogo *m* completo; **~kosten** *pl* gastos *m/pl* totales; **~nachfrage** *f* demanda *f* agregada *od* global; **~note** *f* nota *f* global; **~preis** *m* precio *m* global; **~schule** *f* escuela *f* integrada; **~sieger(in)** *m(f)* campeón, -ona *m,f*; **~summe** *f* total *m*; **~verbrauch** *m* consumo *m* total; **~werk** *n e-s Künstlers* obra *f* completa; **~wert** *m* valor *m* total; **~wertung** *f* puntuación *f* final; **~wirtschaft** *f* macroeconomía *f*; **⁲wirtschaftlich** *adj* macroeconómico; **~zahl** *f* número *m* total, totalidad *f*
Geˈsandte(r) *f(m)* ⟨→ A⟩ *Diplomatie* ministro, -a *m,f* plenipotenciario, -a
Gesang [gəˈzaŋ] *m* ⟨-(e)s; ⸚e⟩ canto *m*; **~buch** *n* libro *m* de cantos; **~verein** *m* orfeón *m*, coral *f*
gesättigt *adjt* COM *Markt* saturado
Gesäß [gəˈzɛːs] *n* ⟨-es; -e⟩ trasero *m*, nalgas *f/pl*; **~tasche** *f* bolsillo *m* trasero
Geˈschädigte(r) *f(m)* JUR perjudicado, -a *m,f*
geˈschafft *adjt* F ***~ sein*** F estar hecho polvo
Geschäft [gəˈʃɛft] *n* ⟨-(e)s; -e⟩ **1** (*wirtschaftliche Tätigkeit*) negocio *m*; (*Handel*) operación *f*, transacción *f*; ***dunkle ~e*** negocios *m/pl* turbios; ***ein ~ abschließen*** cerrar un trato; ***die ~e führen*** asumir la dirección (***von*** de); ***mit j-m ein ~, ~e machen*** hacer un negocio, negocios con alg; **2** (*Profit, Absatz*) negocio *m* (*a i. weit. Sinn*); (***mit etw***) ***ein gutes ~ machen*** hacer un buen negocio (con a/c); ***die ~e gehen*** *od* ***laufen gut, schlecht*** los negocios marchan bien, mal; **3** (*Laden*) tienda *f*, comercio *m*; ***ein ~ eröffnen*** abrir un comercio; **4** *fig* (*Aufgabe*) trabajo *m*; ***sein ~ verstehen*** entender de lo suyo; **5** F, *Kinderspr* (*Notdurft*) ***kleines, großes ~*** aguas *f/pl* menores, mayores; ***sein ~ verrichten*** hacer sus

necesidades
Ge'schäfte|macher *desp m* negociante *m*; **~mache'rei** *desp f* afán *m* de hacer negocios
ge'schäftig *adj* activo, solícito
ge'schäftlich I *adj* **1** comercial, de negocios (*a Verabredung, Beziehungen*); *Erfolg usw* en los negocios; ***~e Beziehungen*** relaciones *f/pl* comerciales; **2** *fig* (*unpersönlich*) formal, impersonal; **II** *adv* **3** por negocios; ***~ unterwegs*** en viaje de negocios
Ge'schäfts|abschluss *m* cierre *m od* conclusión *f* de un negocio; **~abwicklung** *f* tramitación *f* de un negocio; **~adresse** *f* dirección *f* comercial; *Gesellschaft* domicilio *m* social; **~aufgabe** *f* liquidación *f od* cese *m* (de un negocio); **~bank** *f* banco *m* comercial
Ge'schäftsbedingungen *f/pl* condiciones *f/pl* comerciales; ***allgemeine ~*** condiciones *f/pl* generales de contrato
Ge'schäfts|bereich *m* campo *m* de actividades; **~bericht** *m* memoria *f*
Ge'schäftsbeziehungen *pl* relaciones *f/pl* comerciales; ***~ aufnehmen, unterhalten*** establecer, mantener relaciones comerciales (***zu*** con)
Ge'schäfts|brief *f* carta *f* comercial; **~eröffnung** *f* apertura *f* de un negocio *od* de una tienda; (*Einweihung*) inauguración *f* de un negocio; **♀fähig** *adj* capacitado para contratar; **~fähigkeit** *f* capacidad *f* contractual; **~feld** *n* campo *m* de actividades; **~frau** *f* mujer *f* de negocios; **~freund** *m* colega *m*; **♀führend** *adjt* ejecutivo; *Direktor* gerente; **~führer(in)** *m(f)* gerente *m,f*, administrador, a *m,f*; **~führung** *f* **1** gerencia *f*, gestión *f*; **2** *Personen* dirección *f*; **~gebaren** *n* gestión *f*, prácticas *f/pl* comerciales; **~grundlage** *f* base *f* comercial; **~inhaber(-in)** *m(f)* dueño, -a *m,f*; **~interessen** *n/pl* intereses *m/pl* comerciales; **~jahr** *n* ejercicio *m*; **~kontakte** *m/pl* contactos *m/pl* comerciales; **~korrespondenz** *f* correspondencia *f* comercial
Ge'schäftskosten *pl* ***auf ~*** a cuenta de la empresa
Ge'schäftsleitung *f* **1** gerencia *f*, gestión *f*; ***die ~ übernehmen*** asumir la dirección de la empresa; **2** *Personen* dirección
Ge'schäfts|lokal *n* establecimiento *m*, negocio *m*; **~mann** *m* ⟨-(e)s; -leute⟩ hombre *m* de negocios; **~ordnung** *f* reglamento *m*; **~partner(in)** *m(f)* colega *m,f*; (*Teilhaber [-in]*) socio, -a *m,f*; **~praktiken** *f/pl* prácticas *f/pl* comerciales; **~räume** *pl* locales *m/pl* (comerciales); oficinas *f/pl*; **~reise** *f* viaje *m* de negocios; **♀schädigend** *adjt* perjudicial para el negocio; **~schluss** *m* cierre *m* (de las tiendas); **~sinn** *m* sentido *m* para los negocios; **~stelle** *f* (*Büro*) oficina *f*; *e-s Gerichts* secretaría *f*; **~straße** *f* calle *f* comercial; **~tag** *m* día *m* hábil
Ge'schäftstätigkeit *f* actividad *f* comercial; ***s-e ~ beenden*** cesar su actividad comercial
ge'schäftstüchtig *adj* hábil para los negocios
Ge'schäftsverbindung *f* relación *f* comercial; ***mit j-dn in ~en stehen*** estar en relaciones comerciales con alg
Ge'schäfts|volumen *n* volumen *m* de negocios; **~vorgang** *m* operación *f* comercial; **~zeit** *f* horas *f/pl* de oficina; **~zweig** *m* ramo *m* (comercial)
geschehen [gə'ʃeːən] *v/i* ⟨geschieht, geschah, geschehen, sn⟩ suceder, ocurrir, pasar; ***als wäre nichts ~*** como si nada (hubiera pasado); ***was auch ~ mag*** pase lo que pase; ***was soll damit ~?*** ¿qué vamos a hacer con esto?; ***es muss etwas ~*** tiene que pasar algo; ***es geschieht dir nichts*** no te va a pasar nada; ***das geschieht ihm (ganz) recht*** se lo tiene merecido; ***es ist um ihn ~*** está perdido
Ge'schehen *geh n* ⟨-s⟩ suceso *m*, acontecimiento *m*
gescheit [gə'ʃaɪt] *adj* (*klug*) inteligente; (*vernünftig*) sensato; ***ich werde daraus nicht ~*** no lo entiendo
Geschenk [gə'ʃɛŋk] *n* ⟨-(e)s; -e⟩ regalo *m*, obsequio *m*; ***j-m ein ~ machen*** hacerle a alg un regalo
Ge'schenk|artikel *pl* artículos *m/pl* de regalo; **~gutschein** *m* cheque-regalo *m*; **~packung** *f* paquete-regalo *m*; **~papier** *n* papel *m* de regalo
Geschichte [gə'ʃɪçtə] *f* **1** (*Entwicklung*) historia *f* (*a Fach*); ***~ machen*** hacer historia; ***in die ~ eingehen*** pasar a la historia; **2** (*Erzählung*) historia *f*; (*Märchen*) cuento *m*; **3** F *fig* (*Angelegenheit*) asunto *m*, historia *f*; *iron* ***das ist ja e-e schöne ~!*** ¡vaya historia!; *iron* ***du machst ja schöne ~n!*** ¡pero qué cosas haces!
ge'schichtlich *adj* histórico
Ge'schichts|buch *n* libro *m* de historia; **~lehrer(in)** *m(f)* profesor, a *m,f* de historia; **~forscher(in)** *m(f)* historiador, a *m,f*; **~schreibung** *f* historiografía *f*
Geschick [gə'ʃɪk] *n* ⟨-(e)s⟩ (*Geschicklichkeit*) habilidad *f*, destreza *f*, maña *f*
Ge'schicke *geh pl* (*Schicksal*) destino *m*
Ge'schicklichkeit *f* ⟨-⟩ habilidad *f*, destreza *f*, maña *f*
ge'schickt *adj* (*gewandt*) hábil, diestro, mañoso (***im Nähen*** *usw* cosiendo, etc)

geschieden [gəˈʃiːdən] *adjt Eheleute* divorciado; ***ihr ~er Mann*** su ex-marido
Geˈschiedene(r) *f(m)* ⟨→ A⟩ divorciado, -a *m,f*
Geschirr [gəˈʃɪr] *n* ⟨-(e)s; -e⟩ **1** (*Tafel*≈) vajilla *f*; (***das***) ***~ spülen*** fregar los platos; **2** *von Zugtieren* arreos *m/pl*
Geˈschirr|spüler *m*, **~spülmaschine** *f* lavaplatos *m*, lavavajillas *m*; **~spülmittel** *n* lavavajillas *m*; **~tuch** *n* ⟨-(e)s; ⸚er⟩ paño *m* de cocina
geˈschlagen *adjt **e-e ~e Stunde*** una hora entera
geˈschlaucht *adjt* F ***~ sein*** F estar hecho polvo
Geschlecht [gəˈʃlɛçt] *n* ⟨-(e)s; -er⟩ **1** BIOL sexo *m*; *scherzh* ***das schwache, starke ~*** el sexo débil, fuerte; **2** GRAM género *m*; **3** (*Familie*) familia *f*; (*Herrscher*≈) linaje *m*; **4** (*~steil*) sexo *m*
geˈschlechtlich I *adj* sexual; **II** *adv* ***mit j-m ~ verkehren*** tener relaciones sexuales con alg
Geˈschlechts|akt *m* acto *m* sexual, coito *m*; **≈krank** *adj* que padece una enfermedad venérea; **~krankheit** *f* enfermedad *f* venérea; **~leben** *n* vida *f* sexual; **≈los** *adj* BIOL, *fig* asexual, asexuado; **~organ** *n* órgano *m* genital *od* sexual; **≈reif** *adj* púber; **~teile** *pl* genitales *m/pl*, partes *f/pl*; **~trieb** *m* instinto *m* sexual; **~umwandlung** *f* cambio *m* de sexo; **~verkehr** *m* relaciones *f/pl* sexuales; **~wort** *n* ⟨-(e)s; ⸚er⟩ artículo *m*
geschliffen [gəˈʃlɪfən] *adjt fig Stil, Manieren, Sprache* pulido, refinado
geschlossen [gəˈʃlɔsən] **I** *adjt* cerrado (*a Vokal*); *Abteilung* aislado; *Reihe, Front* unido, compacto; **II** *advl* (*alle, alles zusammen*) colectivamente, en bloque; (*einstimmig*) unánimemente; ***~ hinter j-m stehen*** cerrar filas con alg
Geschmack [gəˈʃmak] *m* ⟨-(e)s; ⸚e *o* F *scherzh* ⸚er⟩ gusto *m* (*a ~ssinn, fig*); *e-r Speise usw* sabor *m*; ***nach meinem ~*** a mi gusto; ***das ist nicht mein ~*** no es mi estilo, no me gusta; (***e-n guten***) ***~ haben*** *Person* tener buen gusto; *Essen* saber bien; ***an etw*** (*dat*) ***~ finden*** cogerle el gusto a a/c; ***auf den ~ kommen*** aficionarse (a); ***über ~ lässt sich nicht streiten*** sobre gustos no hay nada escrito
geˈschmacklich *adj u adv* GASTR del sabor, referido al sabor; *fig* de gusto, referido al gusto
geˈschmacklos *adj* **1** GASTR insípido, soso; **2** *fig Person* sin gusto; *Dinge, Handlung* de mal gusto; ***es wäre ~ zu*** (*+inf*) sería de mal gusto (*+inf*)
Geˈschmacklosigkeit *f* **1** (*Taktlosigkeit*) falta *f* de tacto; **2** *Bemerkung* observación *f* de mal gusto
Geˈschmacks|frage *f* cuestión *f* de gustos; **~richtung** *f* GASTR sabor *m*; *fig* gusto *m*
Geˈschmack(s)sache *f* ***das ist ~*** eso es cuestión de gustos
Geˈschmacks|sinn *m* gusto *m*; **~verirrung** *f* mal gusto *m*; **~verstärker** *m* intensificador *m* del sabor, agente *m* aromatizante
geˈschmackvoll I *adj* de buen gusto; **II** *adv* con buen gusto
Geschmeide [gəˈʃmaɪdə] *geh n* ⟨-s; -⟩ joyas *f/pl*, alhajas *f/pl*
geˈschmeidig *adj* flexible; *Körper, Bewegung* ágil; **≈keit** *f* ⟨-⟩ flexibilidad *f*; *des Körpers, e-r Bewegung* agilidad *f*
Geˈschmiere F *n* ⟨-s⟩ *geschriebenes* garabatos *m/pl*; *gemaltes* pintarrajos *m/pl*
Geˈschnetzelte(s) *n* ⟨→ A⟩ GASTR *tipo de ragú*
Geschöpf [gəˈʃœpf] *n* ⟨-(e)s; -e⟩ criatura *f*
Geschoss [gəˈʃɔs] *n* ⟨-es; -e⟩ **1** MIL, *fig* proyectil *m*; **2** BAU piso *m*, planta *f*
geˈschraubt *adjt Stil, Sprache* rebuscado, amanerado
Geˈschrei *n* ⟨-s⟩ gritos *m/pl*, voces *f/pl*, griterío *m*, vocerío *m*; *fig* alboroto *m*; ***mit lautem ~*** a gritos; *fig* ***ein großes ~ erheben*** poner el grito en el cielo
Geschütz [gəˈʃʏts] *n* ⟨-es; -e⟩ cañón *m*; *fig* ***schweres ~ auffahren*** soltar toda la artillería
Geˈschützfeuer *n* fuego *m* de artillería
Geschwader [gəˈʃvaːdər] *n* ⟨-s; -⟩ MAR escuadra *f*; AVIA escuadrón *m*
Geˈschwafel F *n* ⟨-s⟩ palabrería *f*
Geˈschwätz F *desp n* ⟨-es⟩ (*Schwätzen*) parloteo *m*, palique *m*; *leeres* cuentos *m/pl*; F chismes *m/pl*; (*Klatsch*) habladurías *f/pl*
geˈschwätzig *adj* hablador; F parlanchín; **≈keit** *f* ⟨-⟩ *desp* verborrea *f*
geˈschweige *cj* ***~*** (***denn***) por no hablar de
geschwind [gəˈʃvɪnt] *adv bsd südd* rápido, veloz
Geˈschwindigkeit *f* velocidad *f*, rapidez *f*; ***mit hoher ~*** a gran velocidad
Geˈschwindigkeits|begrenzung *f*, **~beschränkung** *f* límite *f* de velocidad; **~kontrolle** *f* control *m* de velocidad; **~rausch** *m* éxtasis *m* por la velocidad; **~überschreitung** *f* exceso *m* de velocidad
Geschwister [gəˈʃvɪstər] *pl* hermanos *m/pl*; **≈lich** *adj* fraternal; **~paar** *n* pareja *f* de hermanos
geschwollen [gəˈʃvɔlən] **I** *adjt* **1** MED hinchado; *durch Entzündung* inflamado; **2** *fig desp* ampuloso; **II** *advl* **3** *fig desp* ampulosamente, exageradamente

Geschworene(r) [gəˈʃvoːrənə(r)] *f(m)* ⟨→ A⟩ jurado, -a *m,f*
Geschwulst [gəˈʃvʊlst] *f* ⟨-; ⸚e⟩ tumor *m*
geschwungen [gəˈʃvʊŋən] *adjt* arqueado, curvo, torcido (*a Linie*)
Geschwür [gəˈʃvyːr] *n* ⟨-s; -e⟩ úlcera *f*
Ge'selchte(s) *n* ⟨→ A⟩ *südd, österr* carne *f* ahumada
Geselle [gəˈzɛlə] *m* ⟨-n; -n⟩ **1** (*Handwerks*≗) oficial *m*; **2** (*Kerl*) compañero *m*
ge'sellen *v/r* ⟨*p/p* gesellt⟩ ***sich zu j-m ~*** reunirse con alg
Ge'sellen|brief *m* título *m* de oficial; **~prüfung** *f* examen *m* de oficial; **~stück** *n* pieza *f* de examen de oficial
ge'sellig I *adj Person* sociable; ***~es Beisammensein*** velada *f*, tertulia *f*; **II** *adv* ***~ zusammensitzen*** pasar juntos un rato agradable
Ge'selligkeit *f* ⟨-⟩ sociabilidad *f*
Ge'sellin *f* oficiala *f*
Gesellschaft [gəˈzɛlʃaft] *f* **1** POL, HIST sociedad *f*; ***die vornehme ~*** la alta sociedad; **2** (*Vereinigung*) asociación *f*; COM sociedad *f*, compañía *f*; ***~ des bürgerlichen Rechts*** sociedad *f* civil; ***~ mit beschränkter Haftung*** sociedad *f* (de responsabilidad) limitada; ***Gegenstand der ~*** objeto *m* social; ***Löschung der ~*** cancelación *f* de la sociedad; ***absorbierende*** *od* ***kaufende*** *od* ***übernehmende ~*** sociedad *f* absorbente; ***in der Gründung befindliche ~*** sociedad *f* en formación; **3** (*geladener Kreis*) grupo *m*, círculo *m*; ***geschlossene ~*** círculo *m* privado; **4** (*Beisammensein*) reunión *f*, fiesta *f*; (*Abend*≗) recepción *f*; **5** (*Umgang*) compañía *f*; ***j-m ~ leisten*** hacer compañía a alg
Ge'sellschafter(in) *m(f)* **1** COM socio, -a *m,f*; ***stiller ~*** socio *m* tácito; ***geschäftsführender ~*** socio *m* gestor; ***persönlich haftender ~*** socio *m* colectivo; **2** ***ein glänzender ~ sein*** ser la perfecta compañía
Ge'sellschafterversammlung *f* COM junta *f* de socios
ge'sellschaftlich *adj* social
Ge'sellschafts|auflösung *f* disolución *f* de la sociedad; **~gründung** *f* fundación *f od* constitución *f* de una sociedad; **~kapital** *n* capital *m* social; **~name** *m* razón *f* social, denominación *f* social; **~ordnung** *f* POL orden *m* social; **~organe** *n/pl* órganos *m/pl* de la sociedad; **~satzung** *f* estatutos *m/pl* sociales
Ge'sellschaftssitz *m* sede *f* social, domicilio *m* social; ***den ~ verlegen*** trasladar el domicilio social *od* la sede social
Ge'sellschafts|schicht *f* estamento *m od* capa *f* social; **~spiel** *n* juego *m* de sociedad *od* de mesa; **~system** *n* sistema *m* social; **~tanz** *m* baile *m* de salón; **~vermögen** *n* COM patrimonio *m* social
Ge'sellschaftsvertrag *m* contrato *m* social; (*öffentliche Urkunde*) escritura *f* social, contrato *m* de sociedad; ***Auflösung des ~es*** rescisión *f* del contrato de sociedad *od* del contrato social
Gesetz [gəˈzɛts] *n* ⟨-es; -e⟩ ley *f*; ***nach dem ~*** de acuerdo con la ley; ***ein ~ verabschieden*** aprobar una ley; *fig* ***es ist ein ungeschriebenes ~, dass ...*** es una ley tácita que …
Ge'setzbuch *n* código *m*; ***Bürgerliches ~*** código *m* civil
Ge'setz|entwurf *m* proyecto *m* de ley; **~eslücke** *f* vacío *m* legal; **~esvorlage** *f* proyecto *m* de ley; **≗gebend** *adjt* legislativo; **~geber** *m* legislador *m*; **~gebung** *f* ⟨-⟩ legislación *f*
ge'setzlich I *adj* legal; *Erbe* legítimo; **II** *adv* legalmente; ***~ geschützt*** patentado
ge'setz|los *adj* anárquico; **~mäßig** *adj* **1** JUR (*rechtmäßig*) legítimo; **2** (*regelmäßig*) regular
ge'setzt *adjt* (*besonnen*) serio, sosegado; *Alter* maduro
ge'setzwidrig *adj* ilegal; (*unrechtmäßig*) ilegítimo; **≗keit** *f* **1** ilegalidad *f*; **2** (*Rechtsbruch*) infracción *f* de la ley
Gesicht [gəˈzɪçt] *n* ⟨-(e)s; -er⟩ **1** ANAT cara *f*, rostro *m*; ***ein langes, trauriges ~ machen*** poner cara larga, triste; ***~er schneiden*** hacer gestos; F ***übers ganze ~ strahlen*** sonreír de oreja a oreja; *fig* ***sein wahres ~ zeigen*** descubrirse, quitarse la máscara; ***j-m etw (glatt) ins ~ sagen*** decirle a alg a/c a la cara; ***etw zu ~ bekommen*** llegar a ver a/c; *fig* ***das ~ verlieren*** quedar mal; ***das ~ wahren*** salvar la cara; **2** *e-r Stadt, e-s Landes* aspecto *m*
Ge'sichts|ausdruck *m* ⟨-(e)s; -drücke⟩ fisonomía *f*; *momentaner* expresión *f* del rostro; **~creme** *f* crema *f* de la cara; **~farbe** *f* tez *f*; **~kontrolle** F *scherzh f* selección *f* de entrada; **~kreis** *m* horizonte *m* (*a fig*); **~maske** *f* mascarilla *f*; **~punkt** *m* punto *m* de vista, aspecto *m*; **~wasser** *n* loción *f* facial; **~züge** *pl* facciones *f/pl*
Gesindel [gəˈzɪndəl] *n* ⟨-s⟩ chusma *f*, gentuza *f*
ge'sinnt *adj* ***j-m gut ~ sein*** ser bien intencionado para con alg; ***j-m feindlich ~ sein*** tener(le) antipatía a alg; ***demokratisch ~ sein*** ser democrático
Ge'sinnung *f* opinión *f*, convicción *f*; ***niedrige ~*** bajeza *f* de espíritu
Ge'sinnungs|genosse *m* correligionario *m*; **~wandel** *m* cambio *m* de opinión
ge'sittet *adj* decente, civilizado

G

Gesöff [gəˈzœf] F *desp n* ⟨-(e)s; -e⟩ brebaje *m*
geˈsondert I *adjt* separado, aparte; **II** *advl* por separado, aparte
Gespann [gəˈʃpan] *n* ⟨-(e)s; -e⟩ **1** (*Pferde*≗) tiro *m*; **2** *fig* pareja *f*, tándem *m*
geˈspannt I *adjt* **1** *fig Situation, Verhältnis usw* tirante, tenso; **2** **~ sein** (**auf** *+acus*) estar ansioso (por), tener curiosidad (por); **ich bin ~, ob …** tengo curiosidad por saber si …; **II** *advl* **3** *zuhören, verfolgen* con atenta intriga, con viva atención
Gespenst [gəˈʃpɛnst] *n* ⟨-(e)s; -er⟩ fantasma *m* (*a geh fig*), espectro *m*; *fig* **~er sehen** ver fantasmas
geˈspenstisch *adj* (*geisterhaft*) fantasmal; *fig* (*beunruhigend*) inquietante, siniestro
Gespött [gəˈʃpœt] *n* ⟨-(e)s⟩ burla *f*, ironía *f*, sarcasmo *m*; **sich zum ~ machen** ponerse en ridículo
Gespräch [gəˈʃprɛːç] *n* ⟨-(e)s; -e⟩ **1** (*Unterhaltung*) conversación *f*; **persönliches ~** conversación privada; **etw ist im ~** se está hablando de a/c; **ein ~ mit j-m anmelden** pedir una conferencia con alg; **mit j-m ein ~** (**über etw, j-n**) **führen** tener una conversación con alg (sobre a/c, alg); **mit j-m im ~ sein** estar en conversaciones con alg; **das ~ auf etw** (*acus*) **bringen** llevar la conversación hacia a/c; **2** TEL llamada *f*, conferencia *f*; **ein ~ für Sie!** ¡tiene una llamada!
geˈsprächig *adj* hablador, locuaz, comunicativo; **≗keit** *f* ⟨-⟩ locuacidad *f*
geˈsprächsbereit *adj* dispuesto a la conversación; **≗schaft** *f* **~ zeigen** mostrarse dispuesto a conversar
Geˈsprächs|gegenstand *m* tema *m* de la conversación; **~notiz** *f* protocolo *m* de una conversación; **~partner(in)** *m(f)* interlocutor, a *m,f*; **~stoff** *m* materia *f* de conversación; **~teilnehmer(in)** *m(f)* participante *m,f* en la conversación; **~thema** *n* tema *m* de conversación
geˈspreizt *adjt fig desp* afectado
Geˈspür *n* ⟨-s⟩ *fig* olfato *m* (**für** para)
Gestalt [gəˈʃtalt] *f* ⟨-; -en⟩ **1** (*äußere Erscheinung*) forma *f*, figura *f*; **in** (**der**) **~ von** en forma de; (**feste**) **~ annehmen** tomar cuerpo; **2** (*Person*) personaje *m*; **3** (*Körperbau*) estatura *f*
geˈstalten ⟨*p/p* gestaltet⟩ **I** *v/t schöpferisch* crear, hacer; *Produkt a* diseñar; (*e-e Form geben*) dar forma (a); (*formen*) formar; *Leben, Freizeit* organizar; **II** *v/r* **sich ~** (*sich darbieten*) presentarse, resultar
geˈstalterisch *adj* creativo
Geˈstaltung *f des Lebens, der Freizeit, e-s Abends* organización *f*; *e-s Raumes* distribución *f*, decoración *f*; (*Konzeption*) concepto *m*; *schöpferische* creación *f*
Geˈstammel *n* ⟨-s⟩ balbuceo *m*
gestanden [gəˈʃtandən] *adjt* (*routiniert*) con experiencia; **ein ~er Mann** un hombre hecho y derecho
geständig [gəˈʃtɛndɪç] *adj* **~ sein** confesar
Geständnis [gəˈʃtɛntnɪs] *n* ⟨-ses; -se⟩ confesión *f* (*a* JUR); **ein ~ ablegen** confesar
Gestank [gəˈʃtaŋk] *m* ⟨-(e)s⟩ hedor *m*, mal olor *m*
gestatten [gəˈʃtatən] *v/t* ⟨*p/p* gestattet⟩ permitir, autorizar
Geste [ˈgeːstə] *f* gesto *m*, ademán *m*; *fig* detalle *m*
Gesteck [gəˈʃtɛk] *n* ⟨-(e)s; -e⟩ centro *m* de mesa, ramo *m*
geˈstehen *v/t, v/i* ⟨*irr, p/p* gestanden⟩ confesar, admitir; **offen gestanden, …** a decir verdad, …
Geˈstehungskosten *pl* COM gastos *m/pl* de producción
Geˈstein *n* ⟨-(e)s; -e⟩ roca *f*
Geˈsteins|brocken *m* roca *f*; **~schicht** *f* estrato *m* de roca
Gestell [gəˈʃtɛl] *n* ⟨-(e)s; -e⟩ **1** TEC soporte *m*, armazón *m od f*; **2** (*Brillen*≗) montura *f*; **3** (*Regal*) estante *m*, estantería *f*; (*Wäsche*≗) tendedero *m*; (*Bock*) caballete *m*
geˈstelzt *adjt fig Stil, Sprache* amanerado, afectado
gestern [ˈgɛstərn] *adv* ayer; **~ Abend** anoche; **~ vor e-r Woche** hace ocho días; F *fig* **ich bin nicht von ~** F no he nacido ayer
geˈstiefelt *adj* con botas; **der ≗e Kater** el gato con botas
Gestik [ˈgeːstɪk] *f* ⟨-⟩ gestos *m/pl*, ademanes *m/pl*
gestikulieren [gɛstikuˈliːrən] *v/i* ⟨*sin* ge⟩ gesticular, hacer gestos
Gestirn [gəˈʃtɪrn] *n* ⟨-(e)s; -e⟩ astro *m*
gestochen [gəˈʃtɔxən] **I** *adjt Handschrift* claro; **II** *advl* **~ scharf** muy nítido
geˈstört *adjt fig* **ein ~es Verhältnis zu etw, j-m haben** tener una relación difícil con a/c, alg; **geistig ~** perturbado
Geˈstotter F *n* ⟨-s⟩ tartamudeo *m*
Gesträuch [gəˈʃtrɔʏç] *n* ⟨-(e)s; -e⟩ matorral *m*, arbustos *m/pl*
geˈstreift *adj* a rayas, rayado, listado
geˈstresst *adj* estresado
gestrichen [gəˈʃtrɪçən] *adjt Löffel* raso
gestrig [ˈgɛstrɪç] *adj* de ayer; **am ~en Tage** el día de ayer
Gestrüpp [gəˈʃtrʏp] *n* ⟨-(e)s; -e⟩ **1** matorral *m*, maleza *f*; **2** *fig* maraña *f*
Gestüt [gəˈʃtyːt] *n* ⟨-(e)s; -e⟩ criadero *m* de caballos
Gesuch [gəˈzuːx] *n* ⟨-(e)s; -e⟩ instancia *f*,

solicitud *f*
ge'sucht *adjt* **1** (*gefragt*) solicitado; **2** (*geziert*) afectado, rebuscado
Ge'summ(e) *n* ⟨-(e)s⟩ *von Bienen* zumbido *m*; (*Singen*) tarareo *m*
gesund [gə'zʊnt] *adj* ⟨⸚er, ⸚este⟩ **1** sano; (*heilsam*) saludable; *Schlaf* profundo; *Appetit* bueno; ***wieder ~ werden*** restablecerse, sanar; ***bleib ~!*** ¡que sigas bien!; ***Salat ist sehr ~*** la lechuga es muy buena para la salud; **2** (*vernünftig*) con sentido común, razonable
ge'sunden *v/i* ⟨*p/p* gesundet, sn⟩ curarse, restablecerse (*a fig Wirtschaft*)
Ge'sundheit *f* ⟨-⟩ salud *f*; *des Klimas* salubridad *f*; ***~!*** *beim Niesen* ¡Jesús!, ¡salud!; *schweiz* (*Auf Ihr/dein Wohl*) ¡salud!, ¡chinchín!; ***bei bester ~ sein*** estar en plena forma; ***auf j-s ~*** (*acus*) ***trinken*** beber a la salud de alg
ge'sundheitlich I *adj* sanitario, de salud; **II** *adv* ***wie geht es ~?*** ¿cómo está de salud?
Ge'sundheits|amt *n* delegación *f* de sanidad; **≈bewusst I** *adj* con conciencia de lo que afecta a la salud; **II** *adv leben* sanamente; **~pflege** *f* higiene *f*; **~schaden** *m* perjuicio *m* para la salud; **≈schädlich** *adj* que perjudica la salud; *Klima* insalubre; **~wesen** *n* sanidad *f*; **~zeugnis** *n* certificado *m* médico; **~zustand** *m* estado *m* de salud
ge'sundschrumpfen F ⟨*sep*⟩ **I** *v/t* racionalizar, sanear; **II** *v/r* ***sich ~*** sanearse
Ge'sundung *geh f* ⟨-⟩ restablecimiento *m*, convalecencia *f*; *fig* saneamiento *m*
ge'tigert *adj Katze*, *Fell* atigrado
Getöse [gə'tøːzə] *n* ⟨-s⟩ estrépito *m*, estruendo *m*, fragor *m*
ge'tragen 1 *adjt Musik* lento, solemne; **2** *Kleidung* usado
Ge'trampel F *desp n* ⟨-s⟩ zapateo *m*; *vor Freude*, *Wut* pataleo *m*
Getränk [gə'trɛŋk] *n* ⟨-(e)s; -e⟩ bebida *f*
Ge'tränke|automat *m* expendedor *m od* máquina *f* de bebidas; **~karte** *f* carta *f* de bebidas; **~markt** *m* supermercado *m* de bebidas
ge'trauen *v/r* ⟨*p/p* getraut⟩ ***sich ~, etw zu tun*** atreverse a hacer a/c
Getreide [gə'traɪdə] *n* ⟨-s; -⟩ cereales *m/pl*; **~anbau** *m* cultivo *m* de cereales; **~art** *f* cereal *m*; **~ernte** *f* cosecha *f* de cereales; **~feld** *n* campo *m* de cereales; **~silo** *m od n*, **~speicher** *m* granero *m*, silo *m* de cereales
ge'trennt I *adjt* separado; **II** *advl* separado, de forma separada; ***~ leben*** *Eheleute* vivir separados
ge'treu I *adj Bericht* fiel; *geh Person a* leal; **II** *prp* ⟨+*dat*⟩ fiel a
Getriebe [gə'triːbə] *n* ⟨-s; -⟩ **1** AUTO caja *m* de cambios; **2** *fig der Großstadt usw* agitación *f*, animación *f*
Ge'triebeschaden *m* avería *f* en la caja de cambios
ge'trost *adv* tranquilamente, sin miedo
Getto ['gɛto] *n* ⟨-s; -s⟩ gueto *m*
Getue [gə'tuːə] F *desp n* ⟨-s⟩ afectación *f*, aspavientos *m/pl*
Getümmel [gə'tʏməl] *n* ⟨-s; -⟩ F barullo *m*, jaleo *m*; *im Kampf* tumulto *m*
ge'tupft *adj* moteado, punteado
Ge'tuschel F *desp n* ⟨-s⟩ F cuchicheos *m/pl*
ge'übt *adjt* diestro, hábil; *Auge*, *Ohr* ejercitado; ***in etw*** (*dat*) ***~ sein*** ser diestro en a/c, tener mucha práctica en a/c
Gewächs [gə'vɛks] *n* ⟨-es; -e⟩ **1** (*Pflanze*) planta *f*, vegetal *m*; **2** (*Weinsorte*) cosecha *f*; **3** MED tumor *m*
ge'wachsen *adjt* ***j-m, e-r Sache*** (*dat*) ***~ sein*** estar a la altura de alg, de a/c
Ge'wächshaus *n* invernadero *m*
ge'wagt *adjt* arriesgado; (*freizügig*) atrevido
ge'wählt I *adjt* escogido, selecto; **II** *advl* ***sich ~ ausdrücken*** hablar de manera distinguida
gewahr [gə'vaːr] *adj* ***j-n, etw*** *od geh* ***j-s, e-r Sache ~ werden*** percatarse *od* darse cuenta de alg, de a/c
Gewähr [gə'vɛːr] *f* ⟨-⟩ garantía *f*, seguridad *f*; ***für etw ~ leisten*** garantizar a/c; ***ohne ~*** sin compromiso, sin garantía
ge'währen ⟨*p/p* gewährt⟩ **I** *v/t* **1** (*zugestehen*) conceder, otorgar; *Bitte* acceder a; ***j-m Einlass ~*** permitir(le) a alg la entrada; **2** (*bieten*) ofrecer; **II** *v/i* **3** ***j-n ~ lassen*** dejar a alg hacer
ge'währleist|en *v/t* ⟨*p/p* gewährleistet⟩ garantizar; **≈ung** *f* garantía *f*
Gewahrsam [gə'vaːrzaːm] *m* ⟨-s⟩ **1** (*Polizei≈*) arresto *m*; **2** (*Obhut*) custodia *f*; ***etw in ~*** (*acus*) ***nehmen*** tomar a/c bajo custodia
Ge'währsmann *m* ⟨-(e)s; ⸚er *o* -leute⟩ garante *m*, avalador *m*
Gewalt [gə'valt] *f* ⟨-; -en⟩ **1** (*Kraftanwendung*, *Zwang*) fuerza *f*;; ***~ anwenden*** hacer uso de la fuerza; *geh* ***j-m ~ antun*** forzar a alg; *fig* ***mit aller ~*** con todas las fuerzas, a todo trance; ***mit ~ öffnen*** *Tür usw* abrir a la fuerza **2** (*Machtbefugnis*) autoridad *f*, poder *m*; ***etw in s-e ~ bringen*** apoderarse de a/c; ***j-n in s-e ~ bringen*** llevarse a alg por la fuerza; ***sich in der ~ haben*** dominarse, controlarse; ***die ~ über etw*** (*acus*) ***verlieren*** perder el dominio *od* el control de a/c; **3** *geh* (*elementare Kraft*) fuerza *f*, violencia

G

f; **4** JUR ***höhere ~*** fuerza *f* mayor; ***bei höherer ~*** en caso de fuerza mayor
Ge'walt|akt *m* acto *m* de violencia; **~anwendung** *f* empleo *m* de la violencia; **≈bereit** *adj* dispuesto a usar la violencia; **~enteilung** *f* división *f* de poderes; **≈frei** *adj* no violento; **~herrschaft** *f* despotismo *m*, tiranía *f*
ge'waltig I *adj* **1** (*riesig*) enorme; *Bauwerk a* inmenso; **2** (*eindrucksvoll*) impresionante, tremendo; **3** (*mächtig*) poderoso; **II** F *adv* **4** (*sehr*) muy, tremendamente
ge'walt|los *adj u adv* pacífico, sin violencia; **≈losigkeit** *f* ⟨-⟩ no violencia *f*; **≈marsch** *m* marcha *f* forzada
ge'waltsam I *adj Tod* violento; *Trennung, Vertreibung* brutal; **II** *adv* a la fuerza; *Tür* ***~ öffnen*** abrir a la fuerza
Ge'walt|tat *f* acto *m* violento *od* de violencia; **≈tätig** *adj* violento, brutal; **~verbrechen** *n* crimen *m* violento; **~verbrecher** *m* criminal *m* peligroso; **~verzicht** *m* renuncia *f* a la violencia
Gewand [gəˈvant] *geh n* ⟨-(e)s; ⸚er⟩ vestimenta *f*; *fig* ***im neuen ~*** con nueva presentación
gewandt [gəˈvant] *adj* (*geschickt*) diestro, hábil; *körperlich* ágil; *Umgangsformen* seguro; *Stil* fluido; **≈heit** *f* ⟨-⟩ habilidad *f*, destreza *f*; *körperliche* agilidad *f*; *der Umgangsformen* soltura *f*
Gewäsch [gəˈvɛʃ] F *desp n* ⟨-(e)s⟩ bobadas *f/pl*, chorradas *f/pl*
Gewässer [gəˈvɛsər] *n* ⟨-s; -⟩ aguas *f/pl*
Gewebe [gəˈveːbə] *n* ⟨-s; -⟩ tejido *m*; **~probe** *f* MED muestra *f* de tejido
Gewehr [gəˈveːr] *n* ⟨-(e)s; -e⟩ fusil *m*; (*Jagd≈*) escopeta *f*; **~kolben** *m* culata *f*; **~kugel** *f* bala *f* (de fusil); **~lauf** *m* cañón *m* (de fusil)
Geweih [gəˈvaɪ] *n* ⟨-(e)s; -e⟩ ZO cornamenta *f*
Gewerbe [gəˈvɛrbə] *n* ⟨-s; -⟩ **1** (*Tätigkeit*) oficio *m*, profesión *f*; ***ein ~ ausüben*** ejercer un oficio; ***ein ~ betreiben*** dedicarse a un oficio, explotar una industria; **2** (*gewerbliche Wirtschaft*) empresa *f*
Ge'werbe|aufsicht inspección *f* industrial; **~betrieb** *m* empresa *f* industrial; **~gebiet** *n* polígono *m* industrial; **~schein** *m* licencia *f* profesional; **~steuer** *f* impuesto *m* industrial; **~treibende(r)** *f(m)* ⟨→ A⟩ industrial *m,f*; **~zweig** *m* ramo *m od* sector *m* industrial
ge'werblich I *adj* comercial, industrial; *Räume* profesional; ***für ~e Zwecke*** con fines comerciales *od* industriales; **II** *adv* ***~ tätig sein*** ejercer una actividad comercial
ge'werbsmäßig *adj* profesional
Ge'werkschaft *f* sindicato *m*; ***in der ~ sein*** estar afiliado al sindicato
Ge'werkschaft(l)er(in) *m(f)* sindicalista *m,f*
ge'werkschaftlich I *adj* sindical(ista); **II** *adv* ***~ organisiert sein*** estar sindicado
Ge'werkschafts|bund *m* confederación *f* de sindicatos; **~führer(in)** *m(f)* dirigente *m,f od* líder *m,f* sindical; **~funktionär(in)** *m(f)* responsable *m,f* sindical; **~mitglied** *n* sindicalista *m,f*; **~verband** *m* federación *f* sindical
Gewicht [gəˈvɪçt] *n* ⟨-(e)s; -e⟩ **1** peso *m*; *fig a* importancia *f*; ***ein ~ von fünf Kilo haben*** tener cinco kilos de peso; *fig* (***großes***) ***~ haben*** tener (gran) peso *od* importancia; *fig* ***e-r Sache*** (*dat*) ***~ beimessen*** atribuir importancia a a/c; *fig* ***ins ~ fallen*** pesar, tener importancia; **2** SPORT, *e-r Waage, Uhr* pesa *f*
ge'wichten *v/t* ⟨*p/p* gewichtet⟩ ponderar
Ge'wicht|heben *n* ⟨-s⟩ levantamiento *m* de pesas, halterofilia *f*; **~heber** *m* levantador *m* de pesas
ge'wichtig *adj* **1** *scherzh* (*dick*) pesado; **2** *fig Frage, Gründe usw* importante, de peso
Ge'wichtsklasse *f* SPORT, COM categoría *f* (de peso)
Ge'wichtsverlust *m* pérdida *f* de peso, merma *f*; ***es treten ~e auf*** se producen mermas
gewieft [gəˈviːft] F *adj* F astuto, vivo, listo
gewillt [gəˈvɪlt] *adj* ***~ sein, etw zu tun*** estar dispuesto a hacer a/c
Ge'wimmel *n* ⟨-s⟩ hormigueo *m*, hervidero *m*
Ge'wimmer *n* ⟨-s⟩ gimoteo *m*, gemido *m*
Gewinde [gəˈvɪndə] *n* ⟨-s; -⟩ rosca *f*; **~bohrer** *m* terraja *f*; macho *m* de rosca
Gewinn [gəˈvɪn] *m* ⟨-(e)s; -e⟩ **1** COM ganancia *f*; *a fig* beneficio *m*; (***nicht***) ***ausgeschütteter ~*** beneficio *m* (no) distribuido; ***~ aus immateriellen Vermögensgegenständen*** beneficio *m* procedente del inmovilizado inmaterial; ***~ aus Sachanlagen*** *Buchhaltung* beneficio *m* procedente del inmovilizado material; ***~ vor Abzug von Steuern*** *Buchhaltung* beneficio *m* antes de impuestos; ***~e abwerfen, ~ bringen*** arrojar beneficios; ***~ bringend*** COM lucrativo, provechoso (*a fig*); ***~e erwirtschaften*** obtener beneficios, generar beneficios; ***~e erzielen*** realizar *od* obtener beneficios; ***~e reinvestieren*** reinvertir beneficios; ***die ~e steigen*** los beneficios *m/pl* crecen; ***aus etw ~ ziehen*** sacar provecho de a/c; **2** (*Preis*) premio *m*; **3** *fig* (*Nutzen*) provecho *m*, ventaja *f*; ***ein Buch mit ~ lesen*** sacar provecho de un libro

Ge'winn|ausschüttung *f* reparto *m* de beneficios; **~beteiligung** *f* participación *f* en los beneficios; **~chance** *f* oportunidad *f* de ganar

ge'winnen ⟨gewann, gewonnen⟩ **I** *v/t* **1** ganar (*a* SPORT, *fig*); *Preis a* conseguir, obtener; ***j-n für e-e Sache ~*** interesar a alg en a/c; **2** TEC extraer, obtener (***aus*** de); **II** *v/i* **3** *a fig* ganar (***bei, in*** *+dat* en; ***an Präzision*** *dat* en precisión)

ge'winnend *adjt Lächeln* cautivador; *Wesen* agradable, simpático

Ge'winner(in) *m(f)* ganador, a *m,f*; *bei Lotto, Preisausschreiben* acertante *m,f*

Ge'winn|erwartung *f* expectativa *f* de ganancia; **~marge** *f* margen *m* de beneficios; **~maximierung** *f* maximización *f* de los beneficios; **2orientiert** *adj* con fines lucrativos; **~schuldverschreibung** *f* bono *m* sobre beneficios, obligación *f* participativa; **~schwelle** *f* umbral *m* de rentabilidad; **~spanne** *f* COM margen *m* de beneficios; **~streben** *n* afán *m* de lucro; **~sucht** *f* codicia *f*; **2trächtig** *adj* lucrativo; **~- und Verlustrechnung** *f* cuenta *f* de pérdidas y ganancias; **~ung** *f* ⟨-⟩ TEC extracción *f*; (*Erzeugung*) obtención *f*; **~verteilung** *f* reparto *m* de beneficios; **~warnung** *f* FIN prevención *f* de beneficios; **~zahl** *f* número *m* ganador *od* premiado; **~zone** *f* zona *f* de beneficios

Gewirr [gəˈvɪr] *n* ⟨-(e)s; -e⟩ **1** *von Fäden usw* enredo *m*, maraña *f*; **2** *fig von Straßen, Vorschriften* laberinto *m*; *von Stimmen* confusión *f*

gewiss [gəˈvɪs] **I** *adj* **1** (*nicht näher bestimmt*) cierto, tal (*vorangestellt*); ***ein ~er Herr Bauer*** un tal señor Bauer; **2** (*sicher*) seguro; ***der Erfolg ist uns ~*** tenemos el éxito asegurado; **II** *adv* **3** con seguridad; (***aber***) ***~!*** ¡claro que sí!

Gewissen [gəˈvɪsən] *n* ⟨-s; -⟩ conciencia *f*; ***ein gutes, reines ~ haben*** tener la conciencia limpia; ***ein schlechtes ~ haben*** tener un cargo de conciencia; ***ruhigen ~s, mit gutem ~*** con la conciencia tranquila; ***j-m ins ~ reden*** apelar a la conciencia de alg; ***etw auf dem ~ haben*** ser culpable de a/c, tener a/c sobre la conciencia; ***j-n auf dem ~ haben*** sentirse responsable de la muerte *od* de la ruina de alg

ge'wissen|haft *adj* escrupuloso, concienzudo; **2haftigkeit** *f* ⟨-⟩ escrupulosidad *f*, esmero *m*; **~los** *adj u adv* sin escrúpulos, sin conciencia; **2losigkeit** *f* ⟨-⟩ falta *f* de escrúpulos *od* de conciencia

Ge'wissensbisse *pl* remordimientos *m/pl*; ***sich*** (*dat*) ***wegen etw ~ machen*** remorderle a alg la conciencia por a/c

Ge'wissens|frage *f* caso *m* de conciencia; **~freiheit** *f* libertad *f* de conciencia; **~gründe** *pl* razones *f* de conciencia; **~konflikt** *m* problema *m* de conciencia

ge'wisser'maßen *adv* en cierto modo

Ge'wissheit *f* ⟨-⟩ certeza *f*, seguridad *f*; ***sich*** (*dat*) ***über etw*** (*acus*) ***~ verschaffen*** cerciorarse de a/c

Gewitter [gəˈvɪtər] *n* ⟨-s; -⟩ tormenta *f*

ge'wittern *v/imp* ⟨*p/p* gewittert⟩ ***es gewittert*** hay tormenta

Ge'witter|neigung *f* amenaza *f* de tormenta; **~regen** *m* chubasco *m*, aguacero *m*; **~wolke** *f* nubarrón *m*, nube *f* tormentosa

gewittrig [gəˈvɪtrɪç] *adj* tormentoso

gewitzt [gəˈvɪtst] *adj* astuto, vivo, listo

gewogen [gəˈvoːgən] *adjt geh* ***j-m ~ sein*** tener(le) afecto a alg

gewöhnen [gəˈvøːnən] ⟨*p/p* gewöhnt⟩ **I** *v/t* ***j-n an j-n, etw ~*** acostumbrar alg a alg, a/c; **II** *v/r* ***sich an j-n, etw ~*** acostumbrarse a alg, a/c

Ge'wohnheit *f* costumbre *f*, hábito *m*; ***aus ~*** por costumbre; ***sich*** (*dat*) ***etw zur ~ machen*** acostumbrarse *od* habituarse a a/c

ge'wohnheits|mäßig *adj* habitual; **2recht** *n* derecho *m* consuetudinario; **2tier** *n* animal *m* de costumbres; **2trinker(in)** *m(f)* bebedor, a *m,f* habitual; **2verbrecher(in)** *m(f)* delincuente *m,f* habitual

ge'wöhnlich **I** *adj* **1** (*normal*) ordinario, corriente; (*gewohnt*) usual, habitual; **2** *desp* (*ordinär*) grosero, vulgar; **II** *adv* **3** (*meist*) (***für***) **~** normalmente; ***wie ~*** como de costumbre; **4** *desp* (*ordinär*) vulgarmente

gewohnt [gəˈvoːnt] *adj* habitual, acostumbrado; ***etw*** (*acus*) ***~ sein*** estar habituado *od* acostumbrado a; ***wie ~*** como de costumbre

Ge'wöhnung *f* ⟨-⟩ aclimatación *f*, habituación *f* (***an*** *+acus* a)

Gewölbe [gəˈvœlbə] *n* ⟨-s; -⟩ bóveda *f*

ge'wölbt *adjt Decke* abovedado; *Stirn usw* curvo

Gewühl [gəˈvyːl] *n* ⟨-(e)s⟩ (*Menschenmenge*) muchedumbre *f*, gentío *m*

gewunden [gəˈvʊndən] *adjt Fluss, Pfad* sinuoso, tortuoso; *Stil* retorcido

Gewürz [gəˈvʏrts] *n* ⟨-es; -e⟩ condimento *m*, especia *f*; **~gurke** *f* pepinillo *m* en vinagre; **~nelke** *f* clavo *m*

gez. *Abk* (*gezeichnet*) fdo. (*firmado*)

ge'zackt, ge'zahnt, gezähnt *adjt* dentado; *ungleichmäßig* dentelleado

Gezänk [gəˈtsɛŋk] *desp* *n* ⟨-(e)s⟩ riña *f*, bronca *f*

ge'zeichnet *adjt Aktie* suscrito

Gezeiten [gəˈtsaɪtən] *pl* marea *f*, **~kraftwerk**

n central *f* mareomotriz
Ge'zeter *desp n* ⟨-s⟩ vocerío *m*, griterío *f*
ge'zielt I *adjt* encauzado, preciso; **II** *advl* con una finalidad *od* intención determinada
geziemen [gə'tsiːmən] *geh v/r* ⟨*p/p* geziemt⟩ ***sich ~*** convenir; ***wie es sich geziemt*** como es debido
ge'ziemend *geh adjt* conveniente, debido
ge'ziert *adjt desp* afectado, amanerado
ge'zogen *adjt Wechsel* girado
Ge'zwitscher *n* ⟨-s⟩ gorjeo *m*
gezwungen [gə'tsvʊŋən] *adjt Lächeln usw* forzado
ge'zwungener'maßen *adv* forzosamente; ***etw ~ tun*** hacer a/c a la fuerza
ggf. *Abk* (*gegebenenfalls*) dado el caso
Ghana ['gaːna] *n* ⟨-s⟩ Ghana *f*
Ghetto ['gɛto] *n* ⟨-s; -s⟩ gueto *m*
Gi'braltar ['gipraltar] *m* Gibraltar *m*
Gicht [gɪçt] *f* ⟨-⟩ MED gota *f*
Giebel ['giːbəl] *m* ⟨-s; -⟩ ARCH frontón *m*; **~fenster** *n* tragaluz *m*
Gier [giːr] *f* ⟨-⟩ avidez *f* (***nach*** de); (*Geld*≈) codicia *f*; (*Fress*≈) voracidad *f*
'gierig I *adj* ávido (***nach*** de); (*geld~*) codicioso; *im Essen* voraz; **II** *adv* ávidamente; *essen* vorazmente
gießen ['giːsən] ⟨goss, gegossen⟩ **I** *v/t* **1** *Flüssigkeit* verter, echar; *Blumen* regar; ***etw über etw*** (*acus*) ***~*** (*verschütten*) derramar a/c sobre a/c; **2** TEC fundir; **II** *v/imp* **3** F ***es gießt*** llueve mucho
'Gießer *m* fundidor *m*
Gieße'rei *f* fundición *f*
'Gießkanne *f* regadera *f*
Gift [gɪft] *n* ⟨-(e)s; -e⟩ veneno *m*; (*~mischung*) ponzoña *f*; F *fig* ***du kannst ~ darauf nehmen, dass ...*** F puedes apostarte la cabeza a que ...; *fig* ***das ist ~ für ihn*** le perjudica mucho
'Gift|gas *n* gas *m* tóxico; **≈grün** *adj* verde cardenillo
'giftig *adj* **1** venenoso (*a Pflanze, Tier*); MED tóxico; **2** F *fig* mordaz
'Gift|mischer(in) F *m(f)* emponzoñador, a *m,f*; **~mord** *m* asesinato *m* por envenenamiento; **~müll** *m* desechos *m/pl* tóxicos; **~pilz** *m* seta *f* venenosa, hongo *m* venenoso; **~schlange** *f* serpiente *f* venenosa; **~stoff** *m* sustancia *f* tóxica, tóxico *m*; **~zahn** *m* diente *m* venenoso
Gigabyte ['giga-] *n* gigabyte *m*
Gigant [gi'gant] *m* ⟨-en; -en⟩ MYTH, *fig* gigante *m*; **≈isch** *adj* gigantesco
Gilde ['gɪldə] *f* gremio *m*, corporación *f*
Gin [dʒɪn] *m* ⟨-s; -s⟩ ginebra *f*
Ginster ['gɪnstər] *m* retama *f*, hiniesta *f*
Gipfel ['gɪpfəl] *m* ⟨-s; -⟩ **1** (*Berg*≈; *Höhepunkt*) cumbre *f* (*a* POL), cima *f*; **2** *fig desp* colmo *m*
'Gipfelkonferenz *f* (conferencia *f*) cumbre *f*
'gipfeln *v/i* ***in etw*** (*dat*) ***~*** culminar en a/c
'Gipfel|punkt *m* punto *m* culminante (*a fig*); **~treffen** *n* (reunión *f* de la) cumbre *f*
Gips [gɪps] *m* ⟨-es; -e⟩ MINER yeso *m*; TEC, MED *a* escayola *f*; ***den Arm in ~ haben*** tener el brazo escayolado
'Gips|abdruck *m* ⟨-(e)s; -drücke⟩ vaciado *m* en yeso; **~bein** F *n* pierna *f* escayolada
'gipsen *v/t* enyesar; MED *a* escayolar
'Gips|figur *f* escayola *f*, yeso *m*; **~verband** *m* escayola *f*
Giraffe [gi'rafə] *f* jirafa *f*
Girlande [gɪr'landə] *f* guirnalda *f*
Giro ['ʒiːro] *n* ⟨-s; -s⟩ giro *f*; **~konto** *n* cuenta *f* corriente
Gis, gis [gɪs] *n* ⟨-; -⟩ MUS sol *m* sostenido
Gischt [gɪʃt] *m* ⟨-(e)s; -e⟩ *od f* ⟨-; -en⟩ espuma *f* (de las olas)
Gitarre [gi'tarə] *f* guitarra *f*
Gitar'rist(in) *m(f)* guitarrista *m,f*
Gitter ['gɪtər] *n* ⟨-s; -⟩ (*Fenster*≈, *Absperr*≈) reja *f*, verja *f*; (*Draht*≈) enrejado *m*; *im Ofen* parrilla *f*; CHEM, PHYS red *f*; F *fig* ***hinter ~n sitzen*** estar entre rejas
'Gitterfenster *n* ventana *f* de reja
Glace ['glasə] *f schweiz* (*Speiseeis*) helado *m*
Glacéhandschuh [gla'seː-] *m* guante *m* de cabritilla; *fig* ***j-n mit ~en anfassen*** tratar a alg con guante de seda
Gladiole [gladi'oːlə] *f* gladiolo *m*
Glanz [glants] *m* ⟨-es⟩ **1** brillo *m*; (*Politur*) lustre *m*, resplandor *m*; **2** *geh fig* esplendor *m*
glänzen ['glɛntsən] *v/i* brillar, resplandecer (*a fig*); *fig* (***mit etw***) ***~*** lucirse (en, por) (*a iron*)
'glänzend I *adjt* resplandeciente, brillante (*a fig*); **II** *advl fig* magníficamente; ***mir geht es ~*** estoy estupendamente
'Glanz|leistung *f* actuación *f od* logro *m* brillante (*a iron*); **≈los** *adj* deslucido, sin brillo; **~papier** *f* papel *m* satinado; **~punkt** *m* punto *m* culminante; **~stück** *n* **1** (*Glanzleistung*) logro *m* brillante; **2** (*wertvolles Stück*) pieza *f* maestra; **≈voll** *adj* espléndido, magnífico; **~zeit** *f* época *f* dorada
Glas [glaːs] *n* ⟨-es; ¨er⟩ **1** *Material* cristal *m* (*a Brillen*≈), vidrio *m*; *Aufschrift* ***Vorsicht, ~!*** ¡frágil!; **2** ⟨*pl* ¨er, *pero* 2 - Bier⟩ (*Trink*≈) vaso *m*; *mit Fuß* copa *f*; (*Marmeladen*≈) tarro *m*, frasco *m*; *fig* ***zu tief ins ~ geguckt haben*** llevar una copa de más; **3** (*Fern*≈, *Opern*≈) prismáticos *m/pl*
'Glasbläser *m* soplador *m* (de vidrio)
Gläschen ['glɛːsçən] *n* ⟨-s; -⟩ vasito *m*

'Glaser *m* vidriero *m*
Glase'rei *f* vidriería *f*
gläsern ['glɛːzərn] *adj* de cristal, vítreo; *Blick* vidrioso
'Glasfaser *f* fibra *f* óptica; *zur Isolierung* fibra *f* de vidrio; **~kabel** *n* cable *m* fibroóptico
'Glashaus *n* invernadero *m*; *prov* ***wer im ~ sitzt, soll nicht mit Steinen werfen*** el que tiene tejado de vidrio, no tire piedras al de su vecino
glasieren [gla'ziːrən] *v/t* ⟨*sin* ge⟩ GASTR glasear; *Keramik* vitrificar, vidriar
'glasig *adj* vidrioso (*a fig*)
'glasklar *adj* claro, transparente
'glas'klar *adj fig* (*deutlich*) claro (como el agua)
Glas|male'rei *f* pintura *f* sobre cristal; **'~scheibe** *f* cristal *m*, vidrio *m*; **'~scherbe** *f* cristal *m*; *e-r Flasche* casco *m*; **'~schneider** *m Instrument* cortavidrios *m*; **'~splitter** *m* astilla *f* de vidrio; **'~tür** *f* puerta *f* de cristal
Glasur [gla'zuːr] *f* **1** *von Keramik* esmalte *m*; **2** GASTR baño *m*
glatt [glat] **I** *adj* **1** liso (*a Haar*); (*eben*) llano, plano; (*geglättet*) pulido; **2** *Straße usw* resbaladizo (*a fig*); **3** *Betrag, Rechnung* redondo; **4** *desp Person* escurridizo; **5** (*ohne Zwischenfall*) perfecto, sin dificultad; **6** F (*eindeutig*) claro, evidente; **II** *adv* **7** (*ohne Komplikationen*) sin dificultad; F ***~ gehen*** marchar bien; **8** F (*rückhaltlos*) directo; **9** F ***das habe ich ~ vergessen*** lo olvidé por completo
Glätte ['glɛtə] *f* ⟨-⟩ lisura *f*, tersura *f*; *der Fahrbahn* estado *m* resbaladizo
'Glatteis *n* superficie *f* helada, hielo *m*; *fig* ***j-n aufs ~ führen*** tender una trampa a alg
'glätten I *v/t* **1** alisar (*a Haar*); *Papier usw* desarrugar; **2** *schweiz* (*bügeln*) planchar; **II** *v/r* **3** ***sich ~*** *Meer, Wellen* calmarse
'glattweg F *adv* rotundamente
Glatze ['glatsə] *f* calva *f*, calvicie *f*; ***e-e ~ haben*** ser calvo; ***e-e ~ bekommen*** quedarse calvo
'Glatz|kopf *m* **1** *Kopf* calva *f*; **2** F *Mensch* calvo *m*; **\~köpfig** *adj* calvo
Glaube ['glaʊbə] *m* ⟨-ns⟩ **1** (*religiöse Überzeugung*) creencia *f*, fe *f* (**an** *+acus* en); ***der ~ an Gott*** la fe en Dios; **2** (*innere Gewissheit*) fe *f*, confianza *f* (**an** *+acus* en); ***in gutem ~n handeln*** actuar de buena fe; ***j-m ~n schenken*** dar(le) crédito a alg; ***j-n im ~n lassen, dass ...*** dejar a alg que crea que ...
'glauben I *v/t* creer; ***ich glaube es Ihnen*** se lo creo; ***ich kann es kaum ~!*** ¡casi no me lo puedo creer!; **II** *v/i* creer (**an** ***j-n, etw*** en alg, a/c); ***ich glaube, ja*** creo que sí; F *fig* ***dran ~ müssen*** *bei Unangenehmem* F tener que tragar; (*sterben*) F palmarla
'Glauben *m* ⟨-s⟩ → ***Glaube***
'Glaubens|bekenntnis *n* REL confesión *f* (de fe); credo *m* (*a fig*); **~freiheit** *f* libertad *f* de culto; **~gemeinschaft** *f* comunidad *f* de creyentes
'glaubhaft I *adj* digno de crédito, creíble; (*überzeugend*) convincente; **II** *adv* de forma creíble; (*überzeugend*) convincentemente
gläubig ['glɔʏbɪç] *adj* REL creyente; (*fromm*) piadoso
'Gläubige(r) *f*(*m*) ⟨→ A⟩ REL creyente *m,f*
'Gläubiger(in) *m*(*f*) COM acreedor, a *m,f*; ***bevorrechtigter ~*** acreedor *m* preferente
'Gläubiger|land *n* COM país *m* acreedor; **~versammlung** *f* junta *f* de acreedores
'glaubwürdig I *adj* digno de crédito, creíble; **II** *adv* de forma creíble; **\~keit** *f* ⟨-⟩ credibilidad *f*
gleich [glaɪç] **I** *adj* **1** igual (*a* MAT), mismo; (*ähnlich*) *a* semejante; (*identisch*) idéntico; (*~wertig*) equivalente; ***vier mal drei*** (***ist***) ***~ zwölf*** cuatro por tres son doce; ***das \~e gilt für ...*** lo mismo vale para ...; ***\~es mit \~em vergelten*** pagar con la misma moneda; **2** F (*~gültig*) igual; **II** *adv* **3** *zeitlich* (*sofort*) enseguida; ***bis ~!*** ¡hasta ahora!; (***ich komme***) ***~!*** ¡voy enseguida!; ***~ darauf, danach*** justo después, acto seguido; ***~ heute*** hoy mismo; **4** *räumlich* justo; ***~ daneben*** justo al lado; **5** (*genauso*) de la misma manera; *vergleichend* igual; ***~ schnell*** (***wie***) igual de rápido (que); ***~ bleiben*** seguir igual; *Temperatur, Preise* mantenerse; F ***das bleibt sich ~*** viene a ser lo mismo; ***~ bleibend*** constante; ***~ gesinnt sein*** ser de la misma opinión; **III** *Partikel in Fragesätzen* ***wie heißt er doch ~?*** ¿cómo se llamaba?
'gleich|alt(e)rig *adj* de la misma edad; **~artig** *adj* (*von gleicher Art*) de la misma naturaleza, del mismo tipo; (*ähnlich*) semejante, similar; *Fall* análogo; **~bedeutend** *adjt* sinónimo, equivalente; **~berechtigt** *adjt* con los mismos derechos; **\~berechtigung** *f* igualdad *f* de derechos
'gleichen ⟨glich, geglichen⟩ **I** *v/i* ***j-m, e-r Sache ~*** parecerse a alg, a a/c; **II** *v/r* ***sich*** (*dat*) ***~*** parecerse
'gleicher'maßen *adv* igualmente, de la misma manera
'gleichfalls *adv* igualmente; ***danke ~!*** ¡gracias, igualmente!
'gleich|förmig *adj* (*einheitlich*) uniforme (*a* PHYS); (*monoton*) monótono; **~geschlechtlich** *adj* del mismo sexo
'Gleichgewicht *n* equilibrio *m* (*a fig*); ***öko-***

G

logisches ~ equilibrio *m* ecológico; ***wirtschaftliches ~*** equilibrio *m* económico; ***aus dem ~ kommen*** perder el equilibrio; ***aus dem ~ bringen*** desequilibrar; ***im ~*** equilibrado

'Gleichgewichtsstörung *f* perturbación *f* del sentido del equilibrio

'gleichgültig I *adj* **1** (*teilnahmslos*) indiferente, indolente (***gegenüber*** a); **2** (*mitleidslos*) insensible; **3** (*egal*) igual; ***das ist mir ~*** me da igual; ***~, zu welcher Zeit*** cuando sea; ***~, was du machst*** hagas lo que hagas; **II** *adv* **4** con indiferencia, con indolencia

G

'Gleichgültigkeit *f* indiferencia *f*, indolencia *f* (***gegenüber*** frente a)

'Gleichheit *f* ⟨-⟩ igualdad *f*; **~szeichen** *n* signo *m* de igualdad

'gleichkommen *v/i* ⟨*irr*, *sep*, sn⟩ ***j-m, e-r Sache ~*** igualar a alg, a/c

'gleichmachen *v/t* ⟨*sep*⟩ igualar, nivelar

'gleich|mäßig *adj Bewegung* uniforme; (*regelmäßig*) regular; **~mäßigkeit** *f* regularidad *f*, simetría *f*; **~mut** *m* ecuanimidad *f*, serenidad *f*; *mst desp* impasibilidad *f*; **~mütig** [-myːtɪç] *adj* ecuánime, sereno; *mst desp* impasible; **~namig** *adj* del mismo nombre; *Brüche* de común denominador; **~nis** *n* ⟨-ses; -se⟩ símil *m*; REL parábola *f*; **~rangig** *adj* de la misma categoría; **~richter** *m* EL rectificador *m*; **~sam** *geh adv* en cierto modo

'gleichschalten *v/t* ⟨*sep*⟩ POL, *fig* coordinar

'Gleichschritt *m* paso *m* acompasado; ***im ~*** a compás

'gleich|seitig *adj* equilátero; **~setzen** *v/t* ⟨*sep*⟩ equiparar (***mit*** a, con)

'Gleichstand *m* empate *m*

'gleichstellen *v/t* ⟨*sep*⟩ ***j-n*** (***mit***) ***j-m ~*** equiparar a alg con alg (*a sozial*)

'Gleich|stellung *f* equiparación *f* (*a soziale*); **~strom** *m* corriente *f* continua

'gleichtun *v/t* ⟨*irr*, *sep*⟩ ***es j-m ~*** hacer lo mismo que alg, igualar a alg

'Gleichung *f* ecuación *f*

'gleichwertig *adj* equivalente; *Gegner* del mismo nivel

gleich'wohl *geh adv* no obstante, sin embargo

'gleichzeitig I *adj* simultáneo; **II** *adv* al mismo tiempo; **~keit** *f* ⟨-⟩ simultaneidad *f*

Gleis [glaɪs] *n* ⟨-es; -e⟩ **1** vía *f*; (*Bahnsteig*) andén *m*; *Zug* ***auf ~ acht einlaufen*** llegar por la vía ocho; **2** *fig* ***j-n aus dem ~ werfen*** descarriar a alg; ***sich in ausgefahrenen ~en bewegen*** recorrer caminos trillados

'Gleisanschluss *m* BAHN vía *f* de empalme

gleiten ['glaɪtən] *v/i* ⟨gleitet, glitt, geglitten, sn⟩ **1** resbalar, deslizarse; *fliegend* planear; ***über etw*** (*acus*) ~ *Hände*, *Blick* pasar por a/c; ***j-m aus den Händen ~*** escurrirse de las manos de alg; **2** F *Arbeitnehmer* tener horario flexible

'gleitend *adjt Preise*, *Lohnskala* flexible; ***~e Arbeitszeit*** horario *m* flexible

'Gleitflug *m* vuelo *m* de planeo; ***im ~*** planeando

'Gleit|mittel *n* lubricante *m*; **~schirm** *m*, **~schirmfliegen** *n* parapente *m*; **~schirmflieger(in)** *m(f)* persona *f* que practica el parapente; **~tag** *m día libre para ajustar las horas trabajadas*; **~zeit** *f* horario *m* flexible

Gletscher ['glɛtʃər] *m* glaciar *m*; **~spalte** *f* grieta *f* (de glaciar)

Glied [gliːt] *n* ⟨-(e)s; -er⟩ **1** ANAT miembro *m* (*a Mit~*); (*Finger~*, *Zehen~*) falange *f*; **2** (*Penis*) miembro *m* (viril); **3** MIL fila *f*; **4** *e-r Kette* eslabón *m*

gliedern ['gliːdərn] **I** *v/t* articular; (*unterteilen*) dividir, desglosar (***in*** *+acus* en); (*anordnen*) clasificar; (*strukturieren*) estructurar; **II** *v/r* ***sich ~*** (***in*** *+acus*) dividirse (en)

'Gliederschmerz *m* dolor *m* de huesos

'Gliederung *f* (*Unterteilung*) división *f*, desglose *m*; (*Anordnung*) clasificación *f*; (*Struktur*) estructura *f* (*a e-s Buches*, *Aufsatzes*)

'Gliedmaßen *pl* extremidades *f/pl*

glimmen ['glɪmən] *v/i* ⟨glomm *o* glimmte, geglommen *o* geglimmt⟩ arder sin llama

'Glimmer *m* MINER mica *f*

'Glimmstängel F *m* F pitillo *m*

glimpflich ['glɪmpflɪç] **I** *adj* **1** (*nicht schlimm*) suave, moderado; *Folgen* leve; **2** *Urteil* clemente; **II** *adv* **3** ***~ davonkommen*** salir bien parado, librarse de una (buena); ***~ ausgehen*** terminar bien

glitschig ['glɪtʃɪç] *adj* resbaladizo, escurridizo

glitzern ['glɪtsərn] *v/i* brillar, centellear

global [glo'baːl] *adj* **1** (*weltweit*) global, universal; **2** (*umfassend*) global, general

Globali'sierung *f* ⟨-⟩ globalización *f*; **~sgegner(in)** *m(f)* antiglobalista *m,f*

Globetrotter ['gloːbətrɔtər] *m* trotamundos *m*

Globus ['gloːbʊs] *m* ⟨- *o* -ses; -se⟩ globo *m* (terrestre)

Glöckchen ['glœkçən] *n* ⟨-s; -⟩ campanilla *f*

Glocke ['glɔkə] *f* **1** campana *f*; (*Klingel*) timbre *m*; (*Vieh~*) cencerro *m*; F *fig* ***etw an die große ~ hängen*** pregonar a/c a los cuatro vientos; **2** (*Käse~*) quesera *f*

'Glocken|blume *f* campanilla *f*; **~geläut** *n* toque *m od* repique *m* de campanas; **~rock** *m* falda *f* de campana

'Glockenschlag *m* F ***mit dem*** ~ a la hora en punto
'Glocken|spiel *n* carrillón *m*; **~turm** *m* campanario *m*
glorreich ['glo:r-] *adj* glorioso
Glos'sar *n* ⟨-s; -e⟩ glosario *m*
Glosse ['glɔsə] *f* glosa *f*; *in Presse, Rundfunk usw* comentario *m*
Glotze ['glɔtsə] F *f* F tele *f*, caja *f* tonta
'glotzen F *desp v/i* mirar boquiabierto
Glück [glʏk] *n* ⟨-(e)s⟩ (*Glücklichsein*) dicha *f*, felicidad *f*; (*Glücksfall*) suerte *f*; (*Schicksal*) fortuna *f*; ***viel ~!*** ¡suerte!; ***auf gut ~*** a la buena de Dios; ***zum ~*** por suerte; ***zu meinem ~*** para suerte mía; ***~ bringend*** que trae suerte; **(*es ist*) *ein ~, dass ...*** suerte que (+*subj*) ...; ***~ haben*** tener suerte; ***j-m viel ~ wünschen*** desearle mucha suerte a alg
Glucke ['glʊkə] *f* (*Bruthenne*) clueca *f*
'glucken *v/i Henne* cloquear
'glücken *v/i* ⟨sn⟩ salir bien; ***etw ist mir geglückt*** a/c me salió bien
gluckern ['glʊkərn] *v/i* hacer glogló
'glücklich I *adj* **1** feliz, dichoso, afortunado; *Lösung, Ende a* bueno; **II** *adv* **2** ***~ verheiratet*** felizmente casado; **3** (*erfolgreich, gut*) bien, afortunadamente, felizmente (*a schließlich*)
'glücklicher'weise *adv* por suerte, afortunadamente
'Glücksbringer *m* amuleto *m*
glück'selig *adj* muy dichoso; **♀keit** *f* felicidad *f*, dicha *f*
'Glücks|fall *m* suerte *f*; **~göttin** *f* Fortuna *f*; **~kind** *n* ***er ist ein ~*** ha nacido de pie; **~pfennig** *m pfennig de la suerte*; **~pilz** F *m* ***er ist ein ~*** ha nacido de pie; **~sache** *f* cuestión *f* de suerte; **~spiel** *n* juego *m* de azar; **~spieler(in)** *m(f)* jugador, a *m,f* (de azar)
'Glückssträhne *f* buena racha *f*; ***e-e ~ haben*** estar de buena racha
'Glückstag *m* día *f* de suerte
'glückstrahlend *adjt u advl* radiante de felicidad
'Glücks|treffer *m* golpe *m* de suerte; **~zahl** *f* número *m* de la suerte
'Glückwunsch *m* felicitación *f*, enhorabuena *f* (***zu*** por); ***herzlichen ~ zum Geburtstag!*** ¡feliz cumpleaños!
'Glückwunschkarte *f* tarjeta *f* de felicitación
Glühbirne ['gly:-] *f* bombilla *f*
'glühen *v/i* **1** *Metall, Kohlen* estar incandescente; (***rot***) **~** estar al rojo; **2** *fig Himmel usw* ponerse rojo; *Gesicht, Augen* arder; *geh* ***vor Begeisterung ~*** arder de entusiasmo
'glühend I *adjt* **1** *Metall, Kohlen* incandescente, candente; **2** *fig Sonne* ardiente (*a Gesicht*); **3** *fig* (*begeistert*) ferviente, ardiente (*a Liebe*); *Hass* mortal; **II** *advl* **4** ***~ heiß*** abrasador; *Wetter* tórrido; **5** *fig* ***j-n ~ verehren*** adorar a alg con pasión
'Glüh|lampe *f* bombilla *f*; **~wein** *m vino caliente con especias*; **~würmchen** F *n* luciérnaga *f*
Glukose [glu'ko:zə] *f* ⟨-⟩ glucosa *f*
Glut [glu:t] *f* ⟨-; -en⟩ **1** (*Holz♀, Kohlen♀*) brasa *f*, ascua *f*; (*Hitze*) calor *m* tórrido; **2** *geh fig* ardor *m*, fervor *m*; **'~hitze** *f* calor *m* tórrido *od* abrasador; **'♀rot** *adj* rojo vivo
Glyzerin [glytse'ri:n] *n* ⟨-s⟩ glicerina *f*
GmbH [ge:ʔɛmbe:'ha:] *f Abk* ⟨-; -s⟩ (*Gesellschaft mit beschränkter Haftung*) S.L. *f* (*Sociedad Limitada*)
'g-Moll *n* MUS sol *m* menor
Gnade ['gna:də] *f* gracia *f*; (*Gunst*) favor *m*, merced *f*; ***um ~ bitten*** pedir perdón *od* clemencia; ***keine ~ kennen*** no tener compasión alguna; ***~ vor Recht ergehen lassen*** ser clemente
'gnaden *v/i* **...** (***dann***) ***gnade mir*** *usw* ***Gott!*** ... que Dios me *etc* guarde
'Gnaden|frist *f* plazo *m* de gracia; **~gesuch** *n* petición *f* de gracia; **♀los** *adj* sin piedad; **~stoß** *m* golpe *m* de gracia (*a fig*)
gnädig ['gnɛ:dɪç] **I** *adj* (*milde*) clemente; (*nachsichtig*) indulgente; *desp* (*gönnerhaft*) condescendiente; *Anrede geh* ***~e Frau!*** ¡señora!; **II** *adv* con clemencia *od* indulgencia
Gnom [gno:m] *m* ⟨-en; -en⟩ (g)nomo *m*
Gnu [gnu:] *n* ⟨-s; -s⟩ ñu *m*
Gobelin [gobə'lɛ̃:] *m* ⟨-s; -s⟩ tapiz *m*
Gockel ['gɔkəl] *m* ⟨-s; -⟩ *südd* gallo *m*
Go-Kart ['go:kart] *m* ⟨-(s); -s⟩ kart *m*, cart *m*
Gold [gɔlt] *n* ⟨-(e)s⟩ oro *m*; *fig* ***~ wert sein*** valer su peso en oro
'Gold|ader *f* filón *m* de oro; **~barren** *m* lingote *m* (de oro) **~barsch** *m* gallineta *f* nórdica
'golden *adj* **1** (*aus Gold*) de oro; **2** (*goldfarben*) dorado
Golden Goal ['gɔldən 'go:l] *n* ⟨-; -s⟩ *Fußball* gol *m* de oro
'Gold|fisch *m* pez *m* rojo; **~füllung** *f* empaste *m* de oro; **♀gelb** *adj* dorado; **~gräber** *m* buscador *m* de oro; **~grube** *f* mina *f* de oro; *fig a* filón *m*; **~hamster** *m* hámster *m* dorado
'goldig *adj Kind, Tier* mono, encantador
'Gold|kette *f* cadena *f* de oro; **~krone** *f am Zahn* funda *f* de oro; **~lack** *m* BOT alhelí *m* amarillo; **~medaille** *f* medalla *f* de oro; **~mine** *f* mina *f* de oro; **~münze** *f* moneda *f* de oro; **'♀richtig** F **I** *adj* completamente cierto; **II** *int* F ¡estupendo!; **~schmied(in)**

m(f) orfebre *m,f*
'Goldstück *n* **1** (*Goldmünze*) moneda *f* de oro; **2** F *scherzh Person* tesoro *m*
'Goldwaage *f* balanza *f* para oro; ***jedes Wort auf die ~ legen*** *e-s anderen* tomar todo al pie de la letra; *s-e eigenen Worte* medir las palabras
'Goldzahn *m* diente *od* muela *f* de oro
Golf[1] [gɔlf] *m* ⟨-(e)s; -e⟩ GEOGR golfo *m*
Golf[2] *n* ⟨-s⟩ SPORT golf *m*
'Golf|ball *m* pelota *f* de golf; **~platz** *m* campo *m* de golf; **~schläger** *m* palo *m* de golf; **~spieler(in)** *m(f)* golfista *m,f*
'Golf|staat *m* Estado *m* del Golfo; **~strom** *m* Corriente *f* del Golfo
Gondel ['gɔndəl] *f* ⟨-; -n⟩ **1** MAR góndola *f*; **2** AVIA barquilla *f*; *e-r Seilbahn* cabina *f*
Gong [gɔŋ] *m* ⟨-s; -s⟩ gong *m*, batintín *m*
'gongen *v/i Person* tocar el gong; ***es gongt*** suena el gong
'Gongschlag *m* golpe *m* de gong
gönnen ['gœnən] **I** *v/t* ***j-m etw ~*** alegrarse por alg de a/c; ***j-m etw nicht ~*** envidiar (-le) a/c a alg; ***ich gönne ihm s-n Erfolg*** me alegro de su éxito; **II** *v/r* ***sich*** (*dat*) ***etw ~*** regalarse *od* permitirse a/c
'Gönner|(in) *m(f)* protector, a *m,f*; (*Wohltäter[in]*) bienhechor, a *m,f*, patrocinador, a *m,f*; **ǂhaft** *adj desp* displicente; **~miene** *f desp* aire *m* de superioridad
Goodwill ['gʊd'vɪl] *m* COM fondo *m* de comercio
Göre [gøːrə] *f nordd, mst desp* **1** *Kind mst pl* **~n** chiquillos *m/pl*; **2** *freches Mädchen* descarada *f*; F mocosa *f*
Gorilla [go'rɪla] *m* ⟨-s; -s⟩ gorila *m* (*a* F *fig*)
Gosche(n) ['gɔʃə(n)] F *südd, österr f* ⟨-; Goschen⟩ (*Mund*) F morro *m*, pico *m*
Gosse ['gɔsə] *f* arroyo *m*; *fig desp* ***in der ~ landen*** *od* ***enden*** acabar mal *od* en el pozo
Gotik ['goːtɪk] *f* ⟨-⟩ (estilo *m*) gótico *m*
'gotisch *adj* gótico
Gott [gɔt] *m* ⟨-es; ⸚er⟩ **1** REL Dios *m*; ***der liebe ~*** el buen Dios; ***an ~ glauben*** creer en Dios; ***ach*** (***du lieber***) ***~!, großer ~!, mein ~!*** ¡Dios mío!; F *fig* ***in ~es Namen!*** *nachgebend* ¡por Dios!; ***um ~es willen!*** *erschreckend* ¡por Dios!; ***~ behüte*** *od* ***bewahre!*** ¡Dios nos libre!; ***~ weiß wie, wo*** *usw* sabe Dios cómo, dónde, etc; **2** MYTH dios *m*; ***er singt wie ein junger ~*** canta como los propios dioses; F ***das wissen die Götter*** sólo Dios lo sabe
'Gotterbarmen *n* ***zum ~*** que causa compasión, que parte el corazón
Götterspeise ['gœtər-] *f* GASTR gelatina *f* de fruta
'Gottes|dienst *m* servicio *m* religioso; PROT servicio *m*; KATH misa *f*; **ǂfürchtig** *adj* devoto; **~haus** *geh n* templo *m*, iglesia *f*; **~lästerung** *f* blasfemia *f*; **~mutter** *f* madre *f* de Dios
'Gottheit *f* divinidad *f*, deidad *f*
Göttin ['gœtɪn] *f* diosa *f*
'Göttingen ['gœtɪŋən] *n* Gotinga *f*
'göttlich *adj* divino (*a fig*)
'gottlos *adj* impío; (*atheistisch*) ateo
Gott'vater *m* Dios *m* Padre
'gott|verdammt P *adjt* F maldito; **~verlassen** *adjt Ort* perdido de la mano de Dios; **ǂvertrauen** *n* confianza *f* en Dios
Götze ['gœtsə] *m* ⟨-n; -n⟩, **~nbild** *n* ídolo *m*
Gouverneur [guvɛr'nøːr] *m* ⟨-s; -e⟩ gobernador *m*
Grab [graːp] *n* ⟨-(e)s; ⸚er⟩ tumba *f*, sepultura *f*; *geh* ***zu ~e tragen*** sepultar, enterrar (*a fig*); *fig* (***sich*** *dat*) ***sein eigenes ~ schaufeln*** cavar su propia tumba; F *fig* ***sich im ~(e) herumdrehen*** revolverse en la tumba; F ***schweigen wie ein ~*** ser callado como una tumba; F *fig* ***das bringt mich noch ins ~*** eso me llevará a la tumba
'graben ⟨gräbt, grub, gegraben⟩ **I** *v/t*, *v/i* cavar; **II** *v/r* ***sich in etw*** (*acus*) ***~*** enterrarse en a/c, hundirse en a/c; *fig* ***sich j-m ins Gedächtnis ~*** grabarse a alg en la memoria
'Graben *m* ⟨-s; ⸚⟩ foso *m*, zanja *f*; (*Straßen*ǂ) cuneta *f*; MIL trinchera *f*
'Grabes|stille *f* silencio *m* sepulcral; **~stimme** *f* voz *m* de ultratumba
'Grab|inschrift *f* epitafio *m*; **~kammer** *f* cámara *f* mortuoria; **~mal** *n* ⟨-(e)s; -mäler *o geh* -e⟩ monumento *m* fúnebre; **~platte** *f* losa *f* (sepulcral); **~rede** *f* responso *m*; **~schändung** *f* profanación *f*; **~stätte** *f* sepulcro *m*, sepultura *f*; **~stein** *m* losa *f od* lápida *f* (sepulcral)
'Grabung *f* excavación *f*
Grad [graːt] *m* ⟨-(e)s; -e, *pero* 3 -⟩ **1** *Maßeinheit*, GEOGR, MIL, *fig* grado *m*; ***bei*** (***plus***) ***zehn ~, bei 10 ~ über Null*** con diez grados (sobre cero); ***bei minus zwanzig ~, bei 20 ~ unter Null*** con veinte grados bajo cero; *Verbrennungen, Gleichung* ***ersten, zweiten ~es*** de primer, segundo grado; ***im höchsten ~e*** sumamente, en grado sumo; ***bis zu e-m gewissen ~e*** hasta cierto punto; **2** ***akademischer ~*** título *m* académico
'Grad|einteilung *f* graduación *f*, escala *f*; **~messer** *m fig* indicador *m*, barómetro *m*
gradu|ell [gradu'ɛl] *adj* gradual; **~'iert** *adjt* graduado
Graf [graːf] *m* ⟨-en; -en⟩ conde *m*
Graffiti [gra'fiːti] *pl* grafito *m*, graffiti *m*, pintada *f*
Grafik ['graːfɪk] *f* **1** *Technik, Kunst* artes *f/pl* gráficas; **2** *Kunstwerk* dibujo *m*, grabado *m*; **3** *Schaubild* gráfico *m*; **~er(in)** *m(f)* di-

señador, a *m,f* gráfico, -a; **⁓fähig** *adj* INFORM *Bildschirm* capaz de representación gráfica; **⁓karte** *f* tarjeta *f* de gráficos; **⁓programm** *n* programa *m* de gráficos
Gräfin ['grɛːfɪn] *f* condesa *f*
'grafisch *adj* gráfico
Gra'fit → ***Graphit***
'gräflich *adj* condal
Grafo'loge *usw* → ***Graphologe*** *usw*
'Grafschaft *f* condado *m*
gram [graːm] *geh adj* ***j-m* ⁓ *sein*** guardar rencor a alg
Gram *geh m* ⟨-(e)s⟩ pena *f*, pesar *m*
grämen ['grɛːmən] *geh v/r* ***sich* ⁓ (*über* +*acus*)** afligirse (por)
Gramm [gram] *n* ⟨-s; -e, *pero* 2 -⟩ gramo *m*
Grammat|ik [gra'matɪk] *f* gramática *f*; **⁓i'kalisch**, **⁓isch** *adj* gramatical
Grammofon, **Grammophon**® [gramo'foːn] *n* ⟨-s; -e⟩ gramófono *m*
Granada [gra'naːda] *n* ⟨-s⟩ Granada *f*
Granat [gra'naːt] *m* ⟨-(e)s; -e⟩ MINER granate *m*; **⁓apfel** *m* BOT granada *f*
Granat|e [gra'naːtə] *f* MIL granada *f*; (*Hand⁓*) granada *f* (de mano); **⁓splitter** *m* casco *m* de granada; **⁓werfer** *m* lanzagranadas *m*
grandios [grandi'oːs] *adj* grandioso
Granit [gra'niːt] *m* ⟨-s; -e⟩ granito *m*
Granne ['granə] *f* BOT arista *f*, barba *f*
grantig ['grantɪç] F *südd, österr adj* gruñón, de mal humor
Granulat [granu'laːt] *n* ⟨-(e)s; -e⟩ granulado *m*
Grapefruit ['greːpfruːt] *f* ⟨-; -s⟩ pomelo *m*
'Graphik *usw* → ***Grafik*** *usw*
Graphit [gra'fiːt] *m* ⟨-s; -e⟩ MINER grafito *m*
Grapho|loge [grafo'loːgə] *m* ⟨-n; -n⟩, **⁓'login** *f* grafólogo, -a *m,f*; **⁓lo'gie** *f* ⟨-⟩ grafología *f*; **⁓'logisch** *adj* grafológico
Gras [graːs] *n* ⟨-es; ⁓er⟩ hierba *f* (*a Marihuana*); *wiss* gramínea *f*; F *fig* ***das* ⁓ *wachsen hören*** tener un sexto sentido; F *fig* ***über etw*** (*acus*) ***⁓ wachsen lassen*** echar tierra sobre a/c; F *fig* ***ins ⁓ beißen*** F morder el polvo
'grasen *v/i* pacer, pastar
'Gras|halm *m* brizna *f*, tallo *m* de hierba; **⁓hüpfer** F *m* saltamontes *m*
grassieren [gra'siːrən] *v/i* ⟨*sin* ge⟩ *Krankheit* hacer estragos; *Mode, Gerücht a* extenderse, propagarse
grässlich ['grɛslɪç] *adj* atroz, horrible
Grat [graːt] *m* ⟨-(e)s; -e⟩ **1** *e-s Bergs* cresta *f*; **2** TEC rebaba *f*
Gräte ['grɛːtə] *f* espina *f*; (*Mittel⁓*) raspa *f*
Gratifikation [gratifikatsi'oːn] *f* gratificación *f*
gratis ['graːtɪs] *adv* gratis; **⁓exemplar** *n* ejemplar *m* gratuito; **⁓probe** *f* muestra *f* gratuita
Grätsche ['grɛːtʃə] *f* salto *m* con las piernas abiertas
'grätschen I *v/t Beine* abrir, separar; **II** *v/i* ⟨sn⟩ abrir *od* separar las piernas
Gratula|nt(in) [gratu'lant(ɪn)] *m* ⟨-en; -en⟩ (*f*) congratulante *m,f*; **⁓ti'on** *f* congratulación *f*, felicitación *f*
gratu'lieren *v/i* ⟨*sin* ge⟩ ***j-m zu etw* ⁓** felicitar a alg por a/c; *zu e-m Erfolg a* dar a alg la enhorabuena por a/c; ***j-m zum Geburtstag* ⁓** felicitar a alg (por) el cumpleaños; (***ich***) ***gratuliere!*** ¡felicidades!
'Gratwanderung *f fig* ***sich auf e-r* ⁓ *befinden*** estar en la cuerda floja
grau [graʊ] *adj* gris (*a fig*); *Haar* cano(so); ***⁓e Haare*** canas *f/pl*; **⁓ *werden*** *Haare, Mensch* encanecer; ***der Himmel ist* ⁓ *in* ⁓** el cielo está lúgubre *od* gris
Grau *n* ⟨-s; -⟩ (color *m*) gris *m*; *fig* (*Trostlosigkeit*) monotonía *f*; **'⁓brot** *n* pan *m* moreno
Graubünden [graʊ'bʏndən] *n* ⟨-s⟩ (cantón *m* de) los Grisones
Gräuel ['grɔʏəl] *geh m* ⟨-s; -⟩ **1** (*⁓tat*) atrocidad *f*; **2** (*etw Abstoßendes*) horror *m*; ***er ist mir ein* ⁓** no lo puedo soportar, lo aborrezco; ***das ist mir ein* ⁓** me da horror
'Gräuel|märchen *n* historia *f* de horror; **⁓tat** *f* atrocidad *f*
grauen[1] ['graʊən] *v/i* ***der Morgen graut*** amanece
'grauen[2] *v/imp* ***es graut mir, mir graut vor*** (+*dat*) me horroriza
'Grauen *n* ⟨-s⟩ horror *m* (***vor*** +*dat* a); ***ein Bild des ⁓s*** una imagen del horror
'grauen|haft, **⁓voll** *adj* horripilante; F *fig a* horrible, horroroso
'grauhaarig *adj* cano(so)
gräulich ['grɔʏlɪç] *adj* **1** *Farbe* grisáceo; **2** (*grässlich*) atroz, horrible
'graumeliert *adjt* entrecano
Graupe ['graʊpə] *f mst pl* ***⁓n*** cebada *f* perlada *od* mondada
Graupel ['graʊpəl] *f* ⟨-; -n⟩ *mst pl* ***⁓n*** granizo *m* fino; **⁓schauer** *m* granizada *f*
Graus [graʊs] *m* ⟨-es⟩ ***es ist ein* ⁓ *mit ihr*** es terrible con ella; F *scherzh* ***o* ⁓!** ¡qué horror!
'grausam *adj* **1** (*brutal*) cruel; **2** (*schrecklich*), F *fig* terrible, atroz; **⁓keit** *f* crueldad *f*
grausen ['graʊzən] → ***grauen***[2]
'Grausen *n* ⟨-s⟩ horror *m*, espanto *m*
'grausig → ***grauenhaft***
Gra'veur *m* ⟨-s; -e⟩ grabador *m*
gravieren [gra'viːrən] *v/t* ⟨*sin* ge⟩ grabar (***in*** +*acus* en)

G

gra'vierend *adjt Irrtum, Fehler* grave; *Unterschied* grande; *Problem* serio; *Umstand* agravante
Gra'vierung *f* grabado *m*
Gravitation [gravitatsi'oːn] *f* ⟨-⟩ gravitación *f*
Gra'vur *f* → ***Gravierung***
Grazie ['graːtsiə] *f* **1** gracia *f*; **2** ***die drei ~n*** las tres gracias
grazil [gra'tsiːl] *adj* grácil
graziös [gratsi'øːs] *adj* garboso, gracioso, airoso
'Gregor ['greːgoːr] *m* Gregorio *m*
'greifbar *adj* **1** *Ware* disponible; ***etw ~ haben*** tener algo al alcance de la mano; ***in ~er Nähe*** al alcance de la mano, a mano; **2** *fig* (*konkret*) concreto, tangible, palpable
greifen ['graɪfən] ⟨griff, gegriffen⟩ **I** *v/t* **1** (*er~*) coger, asir, agarrar; *fig* ***zum ≗ nahe*** al alcance de la mano; **2** (*schätzen*) ***das ist mir zu hoch gegriffen*** me resulta exagerado; **II** *v/i* **3** ***in die Tasche ~*** echar mano al bolsillo; ***nach etw ~*** echar mano de a/c; *fig* ***um sich ~*** extenderse; *geh* ***zu etw ~*** recurrir a a/c; **4** *fig Maßnahme usw* tomar efecto; **5** TEC agarrar
'Greif|er *m* TEC cuchara *f*; **~vogel** *m* ave *f* rapaz; **~zange** *f* tenaza(s) *f(pl)*
greis [graɪs] *geh adj* anciano
Greis *m* ⟨-es; -e⟩ anciano *m*
'Greisen|alter *n* vejez *f*; **≗haft** *adj Aussehen* de anciano; *Verhalten* senil
'Greisin *f* anciana *f*
grell [grɛl] *adj* **1** *Licht* deslumbrante; *Farbe* llamativo, chillón; **2** *Ton, Stimme* penetrante, estridente; **'~rot** *adj* rojo chillón
Gremium ['greːmiʊm] *n* ⟨-s; -ien⟩ gremio *m*, comisión *f*
Grenada [gre'naːda] *n* ⟨-s⟩ Grenada *f*
'Grenz|beamte(r) *m* agente *m* de aduanas; **~bereich** *m* (*Grenzgebiet*) zona *f* fronteriza; *fig* límite *m*; **~bewohner(in)** *m(f)* habitante *m,f* de la frontera; **~bezirk** *m* distrito *m* fronterizo
Grenze ['grɛntsə] *f* **1** *e-s Landes* frontera *f*; ***die ~ zu Spanien*** la frontera con España; **2** *e-s Grundstücks, e-r Gemeinde* límite *m* (*a fig*); ***sich in ~n*** (*dat*) ***halten*** mantenerse dentro de los límites; *Leistungen a* ser limitado; ***alles hat s-e ~n*** todo tiene sus límites
'grenzen *v/i* ***an etw*** (*acus*) ***~*** limitar *od* lindar con a/c; *fig* rayar en a/c
'grenzenlos I *adj* (*uneingeschränkt*) ilimitado (*a Macht, Geduld, Vertrauen*); *Bewunderung* inmenso; *desp* (*maßlos*) desmesurado; **II** *adv* sin límites
'Grenz|ertrag *m* COM ingreso *m* marginal; **~fall** *m* caso *m* límite; **~gänger** *m* trabajador *m* fronterizo; **~gebiet** *m* zona *f* fronteriza; **~kosten** *pl* COM coste *m* marginal; **~konflikt** *m* conflicto *m* fronterizo; **~kontrolle** *f* control *m* de aduana; **~linie** *f* línea *f* de demarcación; **~nutzen** *m* COM utilidad *f* marginal; **~posten** *m* **1** *Person* guardia *m* fronterizo; **2** *Stelle* puesto *m* fronterizo; **~stein** *m* mojón *m* fronterizo; **~streitigkeit** *f* conflicto *m* fronterizo; **~übergang** *m* **1** *Stelle* paso *m* fronterizo; **2** *Aktion* paso *m* de la frontera; **≗überschreitend** *adjt* transfronterizo; **~verkehr** *m* tráfico *m* fronterizo; **~wert** *m* **1** (*äußerster Wert*) valor *m* máximo *bzw* mínimo; **2** MAT valor *m* límite; **~zwischenfall** *m* incidente *m* fronterizo
Greuel *usw* → ***Gräuel*** *usw*
Grieben ['griːbən] *pl* chicharro(ne)s *m/pl*; **~schmalz** *n manteca con chicharrones*
Grieche ['griːçə] *m* ⟨-n; -n⟩ griego *m*
'Griechenland ['griːçənlant] *n* ⟨-s⟩ Grecia *f*
Griechin *f* griega *f*
'griechisch *adj* griego; (***das***) ≗(***e***) el griego; **'~-ortho'dox** *adj* ortodoxo griego; **'~-'römisch** *adj* grecorromano
Gries|gram ['griːsgraːm] *m* ⟨-(e)s; -e⟩ gruñón *m*; **≗grämig** [-grɛːmɪç] *adj* gruñón, de mal humor
Grieß [griːs] *m* ⟨-es; -e⟩ sémola *f*; **'~brei** *m* papilla *f* de sémola
Griff [grɪf] *m* ⟨-(e)s; -e⟩ **1** *e-r Tür* picaporte *m*; *e-s Degens* puño *m*; *e-s Hebels, Koffers, Topfes usw* asa *f*; *e-r Pfanne, e-s Werkzeugs, Messers* mango *m*; **2** (*Hand≗*) maniobra *f*; SPORT presa *f*; ***mit e-m ~*** de un golpe de mano; **3** *fig* (***mit j-m, etw***) ***e-n guten ~ tun*** tener buena mano (con alg, a/c); ***etw im ~ haben*** (*gut können*) dominar a/c; (*unter Kontrolle haben*) tener a/c controlada; ***etw in den ~ bekommen*** controlar
'griffbereit *adj* al alcance de la mano
Griffel ['grɪfəl] *m* ⟨-s; -⟩ **1** (*Schreib≗*) pizarrín *m*; **2** BOT estilo *m*
'griffig *adj* **1** (*handlich*) manejable; **2** *Reifen* antideslizante; **3** *Stoff* fuerte
Grill [grɪl] *m* ⟨-s; -s⟩ parrilla *f*, barbacoa *f*; *im Ofen* grill *m*
Grille *f* **1** ZO grillo *m*; **2** *geh* (*wunderlicher Einfall*) capricho *m*
'grillen I *v/t* asar a la parrilla; **II** *v/i* hacer una barbacoa *od* parrillada
'Grillparty *f* barbacoa *f*, parrillada *f*
Grimasse [gri'masə] *f* mueca *f*, gesto *m*; ***~n schneiden*** hacer muecas
grimmig ['grɪmɪç] *adj* **1** (*zornig*) rabioso, furioso; **2** *fig Kälte* penetrante
Grind [grɪnt] *m* ⟨-(e)s; -e⟩ (*Wundschorf*) tiña *f*

grinsen ['grɪnzən] *v/i* sonreír irónicamente
'Grinsen *n* ⟨-s⟩ sonrisa *f* irónica
Grippe ['grɪpə] *f* gripe *f*; **♀krank** *adj* con gripe; **~welle** *f* epidemia *f* de gripe
Grips [grɪps] F *m* ⟨-es⟩ F sesos *m/pl*, mollera *f*; ***s-n ~ anstrengen*** F devanarse los sesos
Grislibär, **Grizzlybär** ['grɪsli-] *m* grizzly *m*
grob [groːp] **I** *adj* ⟨≃er; ≃ste⟩ **1** *Gewebe* basto, burdo; *Gesichtszüge* tosco; *Feile*, *Faser*, *Sand* grueso; **2** *Fehler*, *Irrtum* grave, garrafal, craso; *Lüge* tosco; **3** *Person* burdo, tosco (***zu*** con); (*roh*) bruto, brutal; **4** (*ungefähr*) *Skizze*, *Schätzung* aproximado; ***in ~en Umrissen*** *od* ***Zügen*** a grandes rasgos; **II** *adv* **5** *zerkleinern usw* grueso; **6** (*schwerwiegend*) gravemente; **7** *mit Worten* de manera grosera; *körperlich* con rudeza; **8** (*ungefähr*) aproximadamente
'Grobheit *f* grosería *f*, tosquedad *f*
Grobian ['groːbiaːn] *m* ⟨-(e)s; -e⟩ *desp* grosero *m*, palurdo *m*
'grob|körnig *adj* de grano grueso; **~schlächtig** [-ʃlɛçtɪç] *adj* *Gestalt*, *Gesichtszüge* tosco
Grog [grɔk] *m* ⟨-s; -s⟩ grog *m*
groggy ['grɔgi] F *adj* F grogui
grölen ['grøːlən] F *desp* *v/t*, *v/i* gritar, vocear; F bramar
Groll [grɔl] *geh* *m* ⟨-(e)s⟩ rencor *m*
'grollen *geh* *v/i* **1** ***j-m*** (***wegen etw***) **~** guardar (-le) rencor a alg (por a/c); **2** *Donner* retumbar
Grönland ['grøːnlant] *n* ⟨-s⟩ Groenlandia *f*
Gros [groː] *n* ⟨- [groː(s)]; - [groːs]⟩ grueso *m*, mayoría *f*
Groschen ['grɔʃən] *m* ⟨-s; -⟩ **1** *österr* HIST groschen *m* (*céntimo del chelín*); **2** F HIST (*Zehnpfennigstück*) *moneda de 10 pfennigs*; **3** F *fig* ***der ~ ist gefallen*** F ahora caigo (en la cuenta)
'Groschenroman *m* novela *f* folletinesca
groß [groːs] **I** *adj* ⟨≃er, größte⟩ **1** *Ausmaße*, *Menge*, *Bedeutung* gran(de) (*a fig*); (*weit*) *a* amplio; ***im ♀en und Ganzen*** en general, en conjunto; **2** (*hochgewachsen*) alto; ***wie ~ ist ...?*** ¿cuánto mide ...?; ***sie ist 1,70 m ~*** mide 1,7 m; **3** (*älter*) ***mein ~er Bruder*** mi hermano mayor; *von Kindern* ***das ist unser♀er*** este es el mayor (de nuestros hijos); **4** (*erwachsen*) adulto; ***♀ und Klein*** grandes y pequeños; ***die ♀en*** los mayores; ***~ werden*** hacerse mayor; **II** *adv* **5** ***~ angelegt*** *Plan usw* de gran envergadura; ***j-n ~ ansehen*** mirar a alg asombrado; F ***~ ausgehen*** F salir para una gran juerga; F ***etw ~ feiern*** celebrar a/c a lo grande
'Groß|abnehmer *m* COM comprador *m* al por mayor; **♀artig** **I** *adj* grandioso, magnífico; **II** *adv* de forma grandiosa *od* magnífica; **~aufnahme** *f* FOT primer plano *m*; **~auftrag** *m* COM gran pedido *m*; **~betrieb** *m* gran empresa *f*; **~bildschirm** *m* INFORM pantalla *f* grande
Großbritannien [groːsbri'taniən] *n* ⟨-s⟩ Gran Bretaña *f*
'Großbuchstabe *m* mayúscula *f*; TYPO (letra *f*) capital *f*
Größe ['grøːsə] *f* **1** tamaño *m*; (*Ausmaße*) dimensiones *f/pl*, extensión *f*; (*Körper♀*) estatura *f*; **2** *e-s Kleidungsstücks* talla *f*; (*Schuh♀*) número *m*; ***ich habe ~ 42*** uso *od* tengo la (talla) 42; *bei Schuhen* uso *od* tengo el (número) 42; **3** MAT, PHYS cantidad *f*, magnitud *f*; ***unbekannte ~*** magnitud *f* desconocida (*a fig*); **4** *Eigenschaft* grandeza *f* (*a fig*); **5** *fig Person* eminencia *f*, personalidad *f*; *im Sport usw* estrella *f*
'Groß|einkauf *m* compra *f* al por mayor; gran compra *f*; **~eltern** *pl* abuelos *m/pl*
'Größenordnung *f* magnitud *f*, dimensión *f*; ***in e-r ~ von 30%*** alrededor del 30%
'großen'teils *adv* en gran parte
'Größen|verhältnis *n* proporción *f*; **~wahn** *m* delirio *m* de grandeza, megalomanía *f*; **♀wahnsinnig** *adj* megalómano
größer ['grøːsər] *adj* **1** mayor; ***~ machen*** *Schrift*, *Loch usw* aumentar; ***~ werden*** (*wachsen*) crecer; *Menge* aumentar; **2** (*ziemlich groß*) bastante grande
'Groß|fahndung *f* redada *f* a gran escala; **~grundbesitzer(in)** *m(f)* terrateniente *m,f*, latifundista *m,f*
'Großhandel *m* comercio *m* al (por) mayor; **~spreis** *m* precio *m* al por mayor; **~srabatt** *m* descuento *m* al por mayor
'Groß|händler(in) *m(f)* mayorista *m,f*; **~handlung** *f* almacén *m* mayorista; **♀herzig** *geh* *adj* magnánimo, generoso; **~herzog(in)** *m(f)* Gran Duque, -sa *m,f*; **~hirn** *n* cerebro *m*; **~hirnrinde** *f* corteza *f* cerebral; **~industrielle(r)** *m* gran industrial *m*
Grossist(in) [grɔ'sɪst(ɪn)] *m(f)* COM mayorista *m,f*
'Groß|kapitalist *m* gran capitalista *m*; **♀kotzig** F *desp* *adj* F farolero, fanfarrón; **~kunde** *m* gran cliente *m*; **~macht** *f* POL gran potencia *f*; **~mama** F *f* F abuelita *f*; **~markt** *m* *e-r Stadt* mercado *m* central *od* de abastos; (*Verbrauchermarkt*) hipermercado *m*; **~maul** F *n* F fanfarrón *m*; **~mut** *f* ⟨-⟩ generosidad *f*; **♀mütig** *adj* generoso; **~mutter** *f* abuela *f*; **~neffe** *m* sobrino *m* nieto; **~nichte** *f* sobrina *f* nieta; **~onkel** *m* tío *m* abuelo; **~papa** F *m* F abuelito *m*; **~raum** *m* área *f*; ***der ~ Madrid*** el gran Madrid; **~raumbüro** *n* oficina *f* (para varias personas); **~raumflugzeug** *n* avión *m* de

G

gran capacidad
großräumig ['gro:srɔʏmɪç] **I** *adj* **1** (*viel Platz bietend*) espacioso, amplio; **2** (*große Gebiete betreffend*) grande, extenso; **II** *adv* **3** ***etw ~ umfahren*** dar una gran vuelta para evitar a/c
'Groß|raumlimousine *f* limusina *f* monoespacio; **~rechner** *m* ordenador *m* de gran capacidad; **~'reinemachen** *n* limpieza *f* general; **~schreibung** *f* empleo *m* de mayúsculas
'Großserie *f* gran serie *f*; ***etw in ~ herstellen*** fabricar a/c a gran escala *od* en gran serie

G

'groß|spurig *adj* arrogante; **≈stadt** *f* gran ciudad *f*, urbe *f*, metrópoli *f*; **~städtisch** *adj* de gran ciudad; **≈tante** *f* tía *f* abuela; **≈tat** *f* hazaña *f*
größte(r, -s) ['grø:stə(r, -s)] *adj* el mayor
'Großteil *m* gran *od* mayor parte *f*; ***zum ~*** en gran *od* su mayor parte
'größt|en'teils *adv* en su mayor parte; **'~'möglich** *adj* lo mayor posible
'Groß|unternehmen *n* gran empresa *f*; **~vater** *m* abuelo *m*; **~verdiener** *m* persona *f* de ingresos altos
'großziehen *v/t* ⟨*irr, sep*⟩ criar
'großzügig *adj* **1** (*freigebig*) generoso; (*tolerant*) tolerante; **2** (*weiträumig*) amplio, espacioso; **≈keit** *f* ⟨-⟩ **1** (*Freigebigkeit*) generosidad *f*; (*Toleranz*) tolerancia *f*; **2** (*Weiträumigkeit*) amplitud *f*
grotesk [gro'tɛsk] *adj* grotesco
Grotte ['grɔtə] *f* gruta *f*
Grübchen ['gry:pçən] *n* ⟨-s; -⟩ hoyuelo *m*
Grube ['gru:bə] *f* **1** hoyo *m*, fosa *f*; **2** MIN pozo *m*, mina *f*
Grübe'lei *f* cavilación *f*
grübeln ['gry:bəln] *v/i* cavilar (***über etw*** *+acus* sobre a/c)
'Gruben|arbeiter *m* minero *m*; **~unglück** *n* accidente *m* en la mina
'Grübler|(in) *m(f)* soñador, a *m,f*; **≈isch** *adj* caviloso, pensativo
grüezi ['gry:ɛtsi] *int schweiz* ¡hola!
Gruft [grʊft] *f* ⟨-; ⸚e⟩ sepultura *f*, tumba *f*; *in e-r Kirche* cripta *f*
Grufti ['grʊfti] *Jugendsprache* F *m* ⟨-s; -s⟩ F vejestorio *m*
grün [gry:n] *adj* **1** verde (*a Salat, Tee, Obst*); *fig* (*unerfahren*) inexperto, verde; *fig* ***~es Licht für etw geben*** dar luz verde a a/c; ***~ werden*** ponerse verde; *Natur* verdear; F *fig* ***sich ~ und blau ärgern*** reventar de rabia; F ***j-n ~ und blau schlagen*** F dar una fuerte paliza a alg; F *fig* ***j-m nicht ~ sein*** no poder soportar a alg; **2** ECOL, POL verde; ***der ~e Punkt*** el punto verde (*marca oficial de que un material es reciclable*)
Grün *n* ⟨-s; -⟩ **1** *Farbe* verde *m*; ***die Ampel steht auf ~*** el semáforo está verde; F ***das ist dasselbe in ~*** viene a ser lo mismo; **2** *Pflanzen* verdor *m*, verdura *f*
'Grünanlagen *pl* zonas *f* verdes
Grund [grʊnt] *m* ⟨-(e)s; ⸚e⟩ **1** (*Hinter≈*) fondo *m*; (*Untergrund*) *a* fundamento *m*; **2** *e-s Gewässers, Gefäßes* fondo *m*; MAR ***auf ~ laufen*** encallar; *fig* ***e-r Sache*** (*dat*) ***auf den ~ gehen*** examinar a/c a fondo; *fig* ***von ~ auf*** a fondo, radicalmente; *geh* ***im ~e s-s Herzens*** en el fondo de su corazón; ***im ~e (genommen)*** en el fondo, pensándolo bien; **3** (*Erdboden*) suelo *m*; ***~ und Boden*** bienes *m/pl* raíces; *fig* ***sich in ~ und Boden schämen*** morirse de la vergüenza; **4** (*Vernunft≈*) razón *f*, argumento *m*; (*Beweg≈*) motivo *m*; (*Ursache*) causa *f*; ***~ haben zu*** (*+inf*) tener motivos para (*+inf*); ***das ist kein ~ zur Aufregung*** no hay que alterarse por eso; ***aus gutem ~(e)*** con razón; ***ohne ~*** sin motivo; ***auf ~ von*** (*wegen*) a causa de; (*kraft*) en virtud de; ***aus welchem ~?*** ¿por qué motivo?
'Grund|ausbildung *f* MIL instrucción *f* básica; **~ausstattung** *f* equipamiento *m* básico; **~begriff** *m* concepto *m* básico; **~e** *pl* rudimentos *m/pl*; **~besitz** *m* bienes *m/pl* raíces; **~besitzer(in)** *m(f)* propietario, -a *m,f* (de tierras), terrateniente *m,f*
'Grundbuch *n* registro *m* de la propiedad; *Buchhaltung* libro *m* diario; **~amt** *n* (oficina *f* del) registro *m* de la propiedad; **~eintrag** *m* inscripción *f* en el registro de la propiedad
'grund'ehrlich *adj* muy honrado
gründen ['grʏndən] **I** *v/t* fundar, crear; ***etw auf etw*** (*acus*) ***~*** basar a/c en a/c; **II** *v/r* ***sich auf etw*** (*acus*) ***~*** basarse *od* fundarse en a/c
'Gründer(in) *m(f)* fundador, a *m,f*
'Grunderwerbssteuer *f* impuesto *m* sobre adquisición de bienes inmuebles
'grund'falsch *adj* absolutamente falso
Grundfesten ['grʊntfɛstən] *geh pl* ***etw in s-n ~ erschüttern*** hacer tambalear los fundamentos de a/c
'Grund|fläche *f e-r Wohnung* superficie *f*; MAT base *f*; **~gebühr** *f* tarifa *f* básica; **~gedanke** *m* idea *f* fundamental; **~gesetz** *n* ley *f* fundamental; (*Verfassung*) constitución *f*
grun'dier|en *v/t* ⟨*sin* ge⟩ dar la primera capa *od* mano a; **≈ung** *f* **1** *Tätigkeit* aplicación *f* de la primera capa; **2** *Ergebnis* primera capa *f*
'Grund|kapital *n* capital *m* social; **~kenntnisse** *pl* nociones *f/pl* básicas; **~kurs** *m* *in der Oberstufe etwa* asignatura *f* optativa; UNIV, *in der Weiterbildung* curso *m* pa-

ra principiantes
'Grundlage *f* base *f*; *e-r Theorie usw* fundamento *m*; ***auf der ~ von*** sobre la base de; ***jeder ~*** (*gen*) ***entbehren*** carecer completamente de fundamento
'grundlegend *adjt* básico, fundamental
gründlich ['grʏntlɪç] **I** *adj* **1** *Person, Arbeit* minucioso, escrupuloso; *Kenntnisse* sólido; *Untersuchung* profundo; **II** *adv* **2** a fondo, a conciencia; **3** F (*gehörig*) F del todo; **≈keit** *f* ⟨-⟩ (*Sorgfalt*) cuidado *m*, esmero *m*; *e-r Arbeit* minuciosidad *f*, exactitud *f*
'Grund|linie *f* **1** MAT base *f*; **2** SPORT línea *f* de fondo; **≈los I** *adj* (*tief*) sin fondo; *fig* infundado, inmotivado; **II** *adv* sin motivo; **~mauer** *f* cimientos *m/pl*; **~nahrungsmittel** *n* alimento *m* básico
Grün'donnerstag *m* Jueves *m* Santo
'Grund|pfeiler *m fig* pilar *m*; **~prinzip** *n* principio *m* fundamental; **~recht** *n* derecho *m* fundamental; **~regel** *f* regla *f* fundamental; **~riss** *m* **1** ARCH plano *m*, planta *f*; **2** *Lehrbuch* compendio *m*; **~satz** *m* principio *m*, máxima *f*, axioma *m*
grundsätzlich ['grʊntzɛtslɪç] **I** *adj* **1** (*grundlegend*) básico, fundamental; **2** (*prinzipiell*) de principio; **II** *adv* **3** básicamente; **4** (*aus Prinzip*) por principio; **5** (*im Prinzip*) en principio
'Grund|schule *f* (escuela *f*) primaria *f*; **~schüler(in)** *m(f)* alumno, -a *m,f* de primaria; **~schullehrer(in)** *m(f)* maestro, -a *m,f*, profesor, a *m,f* de primaria; **~stein** *m* primera piedra *f*, base *f*; **~steinlegung** *f* colocación *f* de la primera piedra; **~steuer** *f* impuesto *m* sobre bienes inmuebles; **~stock** *m* base *f*; **~stoff** *m* **1** CHEM elemento *m*; **2** (*Rohstoff*) materia *f* prima; **~stoffindustrie** *f* industria *f* básica; **~stück** *n* terreno *m*, solar *m*; *bebaut* inmueble *m*; **~stücksmakler(in)** *m(f)* corredor, a *m,f* de fincas, agente *m,f* de la propiedad inmobiliaria; **~studium** *n* primer ciclo *m* (de los estudios universitarios); **~stufe** *f Schule* primaria *f*; **~ton** *m* ⟨-(e)s; -töne⟩ **1** MUS tono *m* fundamental; **2** MAL fondo *m*; **3** *fig* tónica *f*; **~übel** *n* fuente *f* de todos los males
'Gründung *f* fundación *f*, creación *f*
'Gründungs|gesellschafter(in) *m(f)* socio, -a *m,f* fundador, -a *od* originario, -a; **~formalitäten** *f/pl* trámites *m/pl* de constitución; **~investitionen** *f/pl* inversiones *f/pl* iniciales; **~mitglied** *n* miembro *m* fundador
'Gründungsphase *f* fase *f* de constitución; ***in der ~*** (***sein***) (estar) en fase de constitución
'Gründungsurkunde *f* escritura *f* de constitución
'grund|ver'kehrt *adj* completamente falso; **'~ver'schieden** *adj* completamente distinto
'Grundwasser *n* aguas *f/pl* subterráneas; **~leiter** *m* acuífero *m*; **~spiegel** *m* nivel *m* de aguas subterráneas
'Grundzug *m* rasgo *m* esencial
'Grüne(r) *f(m)* ⟨→ A⟩ POL miembro *m,f* de los Verdes; ***die ~n*** los Verdes
'Grüne(s) *n* ⟨→ A⟩ **1** *Farbe* verde *m*; **2** (*Natur*) naturaleza *f*; ***im ~n*** en el campo
'grünen *geh v/i* (re)verdecer, verdear
'Grün|fink *m* verderón *m*; **~fläche** *f* zona *f* verde; **~gürtel** *m* cinturón *m* verde; **~kohl** *m* col *f* (común) *od* verde; **≈lich** *adj* verdoso; **~pflanze** *f* planta *f* verde (sin flores); **~schnabel** *m desp* mocoso, -a *m,f*; **~span** *m* cardenillo *m*, verdete *m*; **~specht** *m* pico *m* verde; **~streifen** *m e-r Straße* mediana *f*
grunzen ['grʊntsən] *v/i* gruñir
'Grün|zeug *n* F verde *m*; **~zone** *f* zona *f* verde
Gruppe ['grʊpə] *f* grupo *m*; (*Kategorie*) *a* categoría *f*
'Gruppen|arbeit *f* trabajo *m* en equipo; **~bild** *n* foto *f* de grupo; **~leiter(in)** *m(f)* jefe, -a *m,f* de grupo; **~reise** *f* viaje *m* en grupo; **~sex** *m* cama *f* redonda; **~therapie** *f* terapia *f* de grupo
grup'pier|en *v/t*, *v/r* ⟨*sin* ge⟩ (***sich***) **~** agrupar(se); **≈ung** *f* agrupamiento *m*; *in e-r Partei* agrupación *f*
Gruselfilm ['gru:zəl-] *m* película *f* de miedo
'grus(e)lig *adj* terrorífico, horripilante
'gruseln *v/t*, *v/i* ***mir*** *od* ***mich gruselt*** me da miedo
'Gruseln *n* ⟨-s⟩ miedo *m*
Gruß [gru:s] *m* ⟨-es; ≃e⟩ **1** *Wort, Geste* saludo *m*; **2** *Briefschluss* ***mit freundlichen Grüßen*** un cordial saludo; *förmlicher* atentamente; (***mit***) ***herzliche(n) Grüße(n)*** (con) un cordial saludo; ***viele Grüße*** (***aus Berlin***) muchos saludos (de(sde) Berlín); **3** *ausgerichteter* recuerdo *m*; ***j-m von j-m Grüße bestellen*** *od* ***ausrichten*** saludar a alg de parte de alg; ***e-n schönen ~ von mir!*** ¡recuerdos de mi parte!
grüßen ['gry:sən] **I** *v/t* saludar; *südd* ***grüß*** (***dich***) ***Gott!*** ¡buenas!; F ***grüß dich!*** ¡hola!; ***~ Sie ihn von mir!*** ¡salúdele de mi parte!; **II** *v/i* saludar
Grütze ['grʏtsə] *f* **1** sémola *f* gruesa; ***rote ~*** *especie de gelatina de frutas rojas*; **2** F *fig* (*Verstand*) F sesos *m/pl*
Guatemala [guate'ma:la] *n* ⟨-s⟩ Guatemala *f*
Guatemaltek|e [guatemal'te:kə] *m* ⟨-n; -n⟩,

G

~in *f* guatemalteco, -a *m,f*, **≈isch** *adj* guatemalteco
gucken ['gʊkən] F **I** *v/t* **1** *Fernsehen, Film* ver, mirar; **II** *v/i* **2** F mirar (***auf etw*** *acus*, ***nach etw*** a/c); ***guck mal!*** ¡mira!; **3** (*hervorsehen*) asomar (***aus*** por); *Person* asomarse; **4** ***böse, freundlich ~*** poner mala, buena cara
'Guckloch *n in e-r Tür usw* mirilla *f*
Guerilla [ge'rɪlja] *f* guerrilla *f*; **~kämpfer(in)** *m(f)* guerrillero, -a *m,f*; **~krieg** *m* (guerra *f* de) guerrilla *f*
Gugelhupf ['guːgəlhʊpf] *m* ⟨-(e)s; -e⟩ *südd, österr* pastel *m* de molde (redondo)
Guillotine [gijo'tiːnə] *f* guillotina *f*
Guinea [gi'neːa] *n* ⟨-s⟩ Guinea *f*
Guinea-Bissau [gi'neːabɪ'saʊ] *n* ⟨-s⟩ Guinea-Bissau *f*
Gulasch ['gʊlaʃ] *od* ['guːlaʃ] *n od m* ⟨-(e)s; -e *o* -s⟩ estofado *m* a la húngara, gulasch *m*; **~suppe** *f* sopa *f* a la húngara
Gulden ['gʊldən] *m* ⟨-s; -⟩ florín *m*
Gülle ['gʏlə] *f* ⟨-⟩ estiércol *m* líquido
Gully ['gʊli] *m od n* ⟨-s; -s⟩ sumidero *m*
gültig ['gʏltɪç] *adj* valedero; JUR *a* válido, en vigor; *Geld* de curso legal
'Gültigkeit *f* ⟨-⟩ validez *f*, vigencia *f*; ***~ haben*** tener validez, estar vigente
Gummi[1] ['gʊmi] *n od m* ⟨-s; -(s)⟩ *Material* goma *f*
'Gummi[2] *m* ⟨-s; -s⟩ (*Radier≈*) goma *f* (*a Präservativ* F)
'Gummi[3] F *n* ⟨-s; -s⟩ (*~band*) goma *f*
'Gummi|ball *m* pelota *f* (de goma); *großer* balón *m* (de goma); **~band** *n* goma *f*, cinta *f* elástica, elástico *m*; **~bärchen** *n* ⟨-s; -⟩ osito *m* de goma; **~baum** *m* árbol *m* del caucho; (*Zimmerpflanze*) ficus *m*
gum'mieren *v/t* ⟨*sin* ge⟩ engomar
'Gummi|handschuh *m* guante *m* de goma; **~knüppel** *m* porra *f*; **~paragraph** F *m* norma *f* flexible; **~ring** *m* goma *f*; **~sohle** *f* suela *f* de goma; **~stiefel** *m* bota *f* de agua
Gunst [gʊnst] *f* ⟨-⟩ favor *m*; ***die ~ der Stunde nutzen*** aprovechar la ocasión propicia; ***zu unseren ~en*** a nuestro favor; ***zu s-n ~en*** a su favor
günstig ['gʏnstɪç] **I** *adj* favorable (***für*** para); *Zeitpunkt* oportuno; *Wetter* propicio; *Angebot, Preis* buen(o); **II** *adv* favorablemente; *kaufen* a buen precio; ***sich ~ auswirken*** tener consecuencias positivas
Günstling ['gʏnstlɪŋ] *m* ⟨-s; -e⟩ *desp* favorito, -a *m,f*
Gurgel ['gʊrgəl] *f* ⟨-; -n⟩ garganta *f*
gurgeln *v/i* **1** (*spülen*) hacer gárgaras; **2** (*blubbern*) gargotear
Gurke ['gʊrkə] *f* pepino *m*; *kleine* pepinillo *m*; ***saure ~*** pepinillo *m* en vinagre
'Gurkensalat *m* ensalada *f* de pepino
gurren ['gʊrən] *v/i* arrullar
Gurt [gʊrt] *m* ⟨-(e)s; -e⟩ (*Riemen*) correa *f*; (*Sicherheits≈*) cinturón *m*
Gürtel ['gʏrtəl] *m* ⟨-s; -⟩ cinturón *m*; F *fig* ***den ~ enger schnallen*** F apretarse el cinturón
'Gürtellinie *f* cintura *f*; ***ein Schlag unter die ~*** un golpe bajo (*a* F *fig*)
'Gürtel|reifen *m* neumático *m* radial; **~rose** *f* MED (herpes *m*) zoster *m*; **~schnalle** *f* hebilla *f* (del cinturón); **~tasche** *f* bolsito *m* de cinturón
'Gurtstraffer *m* tensor *m* del cinturón de seguridad
Guru ['guːru] *m* ⟨-s; -s⟩ gurú *m*; *fig* líder *m*
GUS [geːˀuːˈˀɛs] *pl Abk* (*Gemeinschaft Unabhängiger Staaten*) CEI *f* (*Comunidad de Estados Independientes*)
Guss [gʊs] *m* ⟨-es; ⸚e⟩ **1** TEC fundición *f*; *fig* ***wie aus e-m ~*** como de una pieza; **2** F (*Regen≈*) chaparrón *m*; **3** GASTR baño *m*
'Guss|eisen *n* hierro *m* fundido; **≈eisern** *adj* de hierro fundido; **~form** *f* molde *m* (de fundición)
'Gustav ['gustaf] *m* Gustavo *m*
gut [guːt] **I** *adj* ⟨besser, beste⟩ **1** buen(o); ***~e zehn Minuten*** diez minutos largos; ***die ~e alte Zeit*** los buenos viejos tiempos; ***≈ und Böse*** el bien y el mal; ***zu j-m ~ sein*** ser bueno con alg, portarse bien con alg; ***seien Sie so ~ und ...*** haga el favor de ... (*+inf*); *Mittel* ***für*** *od* ***zu, gegen etw ~ sein*** ser bueno para, contra a/c, servir para, contra a/c; ***es wird noch alles ~ werden*** ¡todo se arreglará!; ***mir ist nicht ~*** no me encuentro bien; ***es ist ~*** *od* ***wie ~, dass du gekommen bist*** que bien que hayas venido; ***es wäre ~, wenn ...*** estaría bien si ... (*+subj*); F ***~ (so)!*** ¡bien!; ***(also*** *od* ***nun) ~!*** ¡bueno!; F ***lassen wir es ~ sein!*** ¡dejémoslo estar!; **2** *Schulnote* → ***Zwei 2***; ***sehr ~*** → ***Eins 2***; **II** *adv* **1** *allg* bien; **2** *mit Verben* ***~ gehen*** *Geschäft* prosperar; (*~ enden*) terminar bien; (*~ verlaufen*) ir *od* marchar bien; ***es geht ihm ~*** le va bien; ***es ~ haben*** pasarlo bien; ***du hast es ~!*** ¡qué suerte tienes!; ***etw ~ können*** saber bien a/c; F ***machs ~!*** F ¡que te vaya bien!; ***~ tun*** hacer bien, sentar bien; **3** *mit p/prs* ***~ aussehend*** de buen aspecto; ***~ gehend*** *Geschäft* próspero; **4** *mit p/p* ***~ bezahlt*** bien pagado; ***~ erhalten*** bien conservado; *Person* ***~ gebaut*** bien plantado; ***~ gelaunt*** de buen humor; ***~ gemeint*** bien intencionado; ***~ situiert*** acomodado; **5** *bei Zeitangaben* ***~ zehn Jahre*** diez años largos; ***vor ~ zehn Jahren*** hace más de diez años; **6** *mit adv* F ***~ und gern*** como poco; ***so ~ wie alles, nichts*** casi todo, nada

Gut *n* ⟨-(e)s; ⸚er⟩ **1** (*Besitz*) propiedad *f*, bien *m* (*a fig*); ***langlebiges ~*** bien *m* duradero; ***(un)bewegliches ~*** bien *m* (in)mueble; ***wirtschaftliches ~*** bien *m* económico; ***Güter des täglichen Bedarfs*** productos *m/pl* de primera necesidad; **2** (*Land*♀) terreno *m*; (*~shof*) finca *f*; **3** (*Transport*♀) mercancía *f*

'Gutacht|en *n* ⟨-s; -⟩ dictamen *m*, peritaje *m*; **~er(in)** *m(f)* perito, -a *m,f*

'gut|artig *adj* **1** *Tier* bueno; **2** MED *Tumor usw* benigno; **'~'bürgerlich** *adj* burgués

Gutdünken ['gu:tdʏŋkən] *n* ⟨-s⟩ ***nach (meinem** usw**) ~*** a (mi, *etc*) discreción, según (mi, *etc*) criterio

'Gute(s) *n* ⟨→ A⟩ **1** ***das ~*** (lo) bueno; ***(j-m) ~s tun*** hacerle bien a alg; ***des ~n zu viel tun*** exagerar; ***das ist des ~n zu viel*** es exagerado; ***sein ~s haben*** tener su lado bueno; ***j-m etw im ~n sagen*** decir(le) a/c a alg por las buenas; **2** ***alles ~!*** ¡que le, *etc* vaya bien!, ¡suerte!; ***alles ~ zum Geburtstag!*** ¡feliz cumpleaños!

Güte ['gy:tə] *f* ⟨-⟩ **1** *e-r Person* bondad *f*; F ***ach du meine ~!*** ¡Dios mío!; **2** *e-r Ware* calidad *f*; ***erster ~*** de primera calidad

'Güteklasse *f* clase *f*, calidad *f*, categoría *f* de calidad

Gute'nacht|geschichte *f* cuento *m* para dormir; **~kuss** *m* beso *m* de buenas noches

'Güter *n/pl* → ***Gut***

'Güter|bahnhof *m* estación *f* de mercancías; **~beförderung** *f* transporte *m* de mercancías; **~fernverkehr** *m* transporte *m* de mercancías a gran distancia; **~gemeinschaft** *f* JUR comunidad *f* de bienes; **~nahverkehr** *m* transporte *m* de mercancías a corta distancia; **~transportversicherung** *f* seguro *m* de transporte de mercancías; **~trennung** *f* JUR separación *f* de bienes; **~umschlag** *m* transbordo *m* de mercancías; **~verkehr** *m* transporte *m* de mercancías; **~wagen** *m* vagón *m* de mercancías; **~zug** *m* tren *m* de mercancías

'Güte|siegel *n*, **~zeichen** *n* sello *m* *od* marchamo *m* de calidad

'gutgläubig *adj u adv* de buena fe

'Guthaben *n* ⟨-s; -⟩ haber *m*, saldo *m* activo; ***ein verfügbares ~*** un haber *m* disponible; ***ein ~ sperren*** bloquear haberes

'gutheißen *v/t* ⟨*irr*, *sep*⟩ aprobar

gütig ['gy:tɪç] **I** *adj* bueno, bondadoso, benévolo; **II** *adv* benévolamente, bondadosamente

'gütlich I *adj* **1** amistoso, amigable; **II** *adv* **2** amistosamente; **3** ***sich an etw** (dat) **~ tun*** regalarse con a/c

'gutmachen *v/t* ⟨*sep*⟩ *Fehler* corregir; *Versäumtes*, *Verlust* reparar, resarcir

gutmütig ['gu:tmy:tɪç] *adj* bondadoso, bonachón; **♀keit** *f* ⟨-⟩ bondad *f*, carácter *m* bondadoso

'Gutsbesitzer(in) *m(f)* propietario, -a *m,f* de una finca

'Gutschein *m* vale *m* (**für, auf** +*acus* por)

'gutschreiben *v/t* ⟨*irr*, *sep*⟩ ***j-m e-n Betrag ~*** abonar a alg una cantidad en cuenta

'Gutschrift *f* abono *m* (en cuenta); ***zur ~ auf das Konto …*** para acreditar en cuenta …, para ser depositado en la cuenta …

'Gutsherr(in) *m(f)* propietario, -a *m,f* de una finca; hacendado, -a *m,f*

'gutwillig I *adj* dócil, complaciente; **II** *adv* de buen grado

Guyana [gu'ja:na] *n* ⟨-s⟩ Guayana *f*

Gymnasiallehrer(in) [gʏmnazi'a:l-] *m(f)* profesor, a *m,f* de bachillerato *od* enseñanza media

Gymnasi'ast(in) *m* ⟨-en; -en⟩ (*f*) alumno, -a *m,f* de bachillerato *od* enseñanza media

Gymnasium [gʏm'na:ziʊm] *n* ⟨-s; -ien⟩ instituto *m* (de bachillerato *od* de enseñanza media)

Gymnastik [gʏm'nastɪk] *f* ⟨-⟩ gimnasia *f*; **~anzug** *m* traje *m* de gimnasia

gym'nastisch *adj* gimnástico

Gynäko|loge [gynɛko'lo:gə] *m* ⟨-n; -n⟩, **~'login** *f* ginecólogo, -a *m,f*; **~lo'gie** *f* ⟨-⟩ ginecología *f*; **♀'logisch** *adj* ginecológico

H

H, h [haː] *n* ⟨-; -⟩ **1** H, h *f*; **2** MUS si *m*
h *Abk* (*hora*; *Stunde*, *Uhrzeit*: *Uhr*) h (*hora*)
ha[1] *Abk* (*Hektar*) hect. (*hectar*)
ha[2] [ha] *int Überraschung*, *Triumph* ¡ah!
Haar [haːr] *n* ⟨-(e)s; -e⟩ pelo *m* (*a* ZO, BOT, *e-s Pinsels*); (*Haupt*ℤ) *a* cabello *m*, cabellera *f*; (*Körper*ℤ) vello *m*; ***blonde ~e od blondes ~ haben*** tener el pelo rubio; ***sich*** (*dat*) ***die ~e schneiden lassen*** cortarse el pelo; ***sich*** (*dat*) ***aufs ~ gleichen*** ser como dos gotas de agua; ***um ein ~ wäre er gestürzt*** le faltó un pelo para caerse; F *fig* ***ein ~ in der Suppe finden*** poner pegas; ***j-m kein ~ krümmen*** no tocar (ni) un pelo a alg; F ***kein gutes ~ an j-m, etw lassen*** F poner a alg, a/c de vuelta y media; *scherzh* ***~e auf den Zähnen haben*** no tener pelos en la lengua; ***sich*** (*dat*) ***in die ~e geraten*** *od* F ***kriegen, sich*** (*dat*) ***in den ~en liegen*** tener una bronca; F tirarse de los pelos; F ***an den ~en herbeigezogen*** traído por los pelos; ***sich*** (*dat*) (***vor Verzweiflung***) ***die ~e raufen*** tirarse de los pelos (de desesperación); F ***dabei stehen einem die ~e zu Berge*** se le ponen a uno los pelos de punta
'Haar|ausfall *m* caída *f* del pelo; MED alopecia *f*; **~bürste** *f* cepillo *m* del pelo
'haaren *v/i Tier* perder pelo
'Haaresbreite *f* ***um ~*** por un pelo, por un tris
'Haar|farbe *f* color *m* de pelo; **~färbemittel** *n* tinte *m* (para el pelo); **~festiger** *m* fijador *m* (para el pelo); **'ℤge'nau** F *adv* exactamente; (*ausführlich*) F con pelos y señales
'haarig *adj* **1** *Körperteil* peludo, velloso; **2** F (*heikel*) peliagudo
'haar'klein *adv* con pelos y señales, con todo lujo de detalles
'Haar|klemme *f* horquilla *f* (del pelo); **~nadel** *f* horquilla *f* (de moño); **~nadelkurve** *f* curva *f* en herradura; **~netz** *n* redecilla *f*; **~riss** *m* TEC hendidura *f* capilar
'haar'scharf *adv* **1** (*klar*) muy claro; (*genau*) muy preciso; **2** (*ganz dicht*, *nah*) muy cerca, rozando
'Haar|schleife *f* cinta *f* (de pelo); **~schnitt** *m* corte *m* de pelo
Haarspalte'rei *f desp* sutileza *f*; ***das ist doch ~!*** ¡eso es rizar el rizo!
'Haar|spange *f* pasador *m*; **~spray** *n od m* laca *f*; **~strähne** *f* mechón *m*; **ℤsträubend** *adjt* **1** (*entsetzlich*) espeluznante, atroz; **2** (*unerhört*) inaudito; (*unglaublich*) increíble; **~teil** *n* postizo *m*; **~trockner** *m* secador *m* (de pelo); **~waschmittel** *n* champú *m*; **~wasser** *n* ⟨-s; -wässer⟩ loción *f* capilar; **~wuchs** *m* **1** *Vorgang* crecimiento *m* de pelo; **2** (*Haare*) melena *f*; *bei Tieren*, *am Körper* pelo *m*; **~wuchsmittel** *n* crecepelo *m*; **~wurzel** *f* raíz *f* (capilar)
Hab [haːp] *geh* ***~ und Gut*** *n* todos los bienes, todas las propiedades
Habe ['haːbə] *geh f* ⟨-⟩ bienes *m/pl*, fortuna *f*
'haben ⟨hast, hat; hatte; gehabt⟩ **I** *v/t* tener; (*besitzen*) *a* poseer; ***e-e Stunde hat sechzig Minuten*** una hora tiene sesenta minutos; ***wir ~ heute Montag, den 1. April*** hoy es lunes, uno de abril; ***wir ~ Sommer*** estamos en verano; ***da hast du Geld*** ahí tienes dinero; F ***was hast du*** (***denn***)***?*** ¿qué te pasa?; ***das kann ich nicht ~*** no lo soporto; F ***da ~ wirs!*** (*das war zu erwarten*) ¡ya lo decía yo!; (*so ist es also*) ¡ahí está!; ***ich habs*** (*gefunden*) ya lo tengo; ***es gut ~*** pasarlo bien, vivir bien; ***du hast es gut!*** ¡qué suerte tienes!; F ***das werden wir gleich ~*** ahora lo veremos; COM ***zu ~ sein*** estar a la venta; ***sie, er ist noch zu ~*** ella, él está libre; F ***man hat jetzt wieder kurze Röcke*** se lleva otra vez la falda corta; ***ich habe zu*** (*+inf*) tengo que (*+inf*); ***ich habe zu tun*** tengo que hacer; F ***es am Magen ~*** estar mal del estómago; *fig* ***es in sich*** (*dat*) ***~*** ser difícil; ***wir ~ nichts davon*** no nos sirve para nada; ***etw vor sich*** (*dat*) ***~*** tener a/c por delante; *weiter entfernt* tener a/c en perspectiva; **II** *v/aux* haber; **III** F *v/r* ***hab dich nicht so!*** ¡no te pongas así!; ***damit hat sichs*** y se acabó
'Haben *n* ⟨-s⟩ COM haber *m*; **~buchung** *f* asiento *m* en el haber
'Habenichts *m* ⟨-(es); -e⟩ F pobretón *m*, pobre diablo *m*
'Haben|saldo *m* COM saldo *m* acreedor, saldo *m* a su favor; **~zinsen** *m/pl* intereses

m/pl acreedores
'**Habgier** *f* codicia *f*; **&#x2;ig** *adj* codicioso
'**habhaft** *adj* ***j-s, e-r Sache ~ werden*** apoderarse de alg, a/c; F atrapar a alg, a/c
Habicht ['ha:bɪçt] *m* ⟨-s; -e⟩ azor *m*
Habili|tation [habilitatsi'o:n] *f suficiencia académica que habilita para presentarse a una cátedra*; **&#x2;'tieren** *v/i*, *v/r* ⟨*sin* ge⟩ (***sich***) **~** *ganar la suficiencia académica que habilita para presentarse a una cátedra*
'**Habseligkeiten** *pl* efectos *m/pl* personales; F trastos *m/pl*
Hachse ['haksə] *f* **1** GASTR pata *f*; (*Kalbs&#x2;*) pata *f* de ternera; (*Schweins&#x2;*) codillo *m*; **2** F *scherzh pl* **~n** F patas *f/pl*
Hack|beil ['hak-] *n* hachuelo *m*; **~braten** *m* asado *m* de carne picada; **~brett** *n* **1** GASTR tabla *f* de picar carne; **2** MUS salterío *m*
'**Hacke**[1] *f* AGR azadón *m*; (*Garten&#x2;*) azada *f*
'**Hacke**[2] *f nordd* (*Absatz*) tacón *m*; (*Ferse*) talón *m*
'**hacken I** *v/t* **1** GASTR picar; *Gartenbau* azadonar, mullir; ***Holz ~*** cortar madera; **II** *v/i* **2** *Gartenbau* azadonar; **3** *Vogel* ***nach j-m, etw ~*** picotear a alg, a/c
'**Hacker** *m* INFORM hacker *m*, pirata *m* informático
'**Hackfleisch** *n* carne *f* picada
Häcksel ['hɛksəl] *n od m* ⟨-s⟩ AGR paja *f* cortada
'**häckseln** *v/t Heu*, *Stroh* cortar
'**Hacksteak** *n* hamburguesa *f*, filete *m* de carne picada
Hader ['ha:dər] *geh m* ⟨-s⟩ (*Streit*) disputa *f*, pelea *f*; (*Zwietracht*) discordia *f*
'**hadern** *v/i* ***mit j-m ~*** reñir *od* disputar con alg; ***mit s-m Schicksal ~*** luchar contra el destino
Hafen ['ha:fən] *m* ⟨-s; ⸚⟩ puerto *m* (*a fig*); **~anlagen** *pl* instalaciones *f/pl* portuarias; **~arbeiter** *m* estibador *m*, trabajador *m* portuario; **~becken** *n* dársena *f*; **~rundfahrt** *f* paseo *m* por el puerto; **~stadt** *f* puerto *m*; **~viertel** *n* barrio *m* portuario *od* del puerto
Hafer ['ha:fər] *m* ⟨-s⟩ avena *f*; F *fig* ***ihn sticht der ~*** F tiene muchos humos
'**Hafer|brei** *m* papilla *f* de avena; **~flocken** *pl* copos *m/pl* de avena; **~schleim** *m* crema *f* de avena
Haft [haft] *f* ⟨-⟩ arresto *m*, detención *f*; ***in ~*** arrestado, detenido
'**Haftanstalt** *f* centro *m* penitenciario
'**haftbar** *adj* responsable; ***j-n für etw ~ machen*** hacer a alg responsable de a/c; ***~ gemacht werden*** incurrir en responsabilidad
'**Haftbefehl** *m* orden *f* de detención *od* de arresto; ***~ erlassen*** dictar auto de prisión
'**haften**[1] *v/i* (*fest~*) estar pegado (***an*** *+dat* a); (*kleben*) pegar; *fig* ***im Gedächtnis ~*** estar clavado en la memoria; ***an ihm haftet ein Makel*** tiene un defecto
'**haften**[2] *v/i* JUR ***für j-n, etw ~*** responder de *od* por alg, a/c
'**Haftentlassung** *f* excarcelación *f*
Häftling ['hɛftlɪŋ] *m* ⟨-s; -e⟩ detenido, -a *m,f*, preso, -a *m,f*, recluso, -a *m,f*
'**Haftnotiz** *f* nota *f* adhesiva
'**Haftpflicht** *f* responsabilidad *f* civil; **~versicherung** *f* seguro *m* de responsabilidad civil
'**Haftrichter(in)** *m(f)* juez, a *m,f* de instrucción
'**Haftschale** *f* OPTIK lente *f* de contacto, lentilla *f*
'**Haftstrafe** *f* condena *f* (de arresto)
'**Haftung**[1] *f* ⟨-⟩ TEC adherencia *f*
'**Haftung**[2] *f* ⟨-⟩ JUR responsabilidad *f* (***für*** de)
Hagebutte ['ha:gəbʊtə] *f* escaramujo *m*
Hagel ['ha:gəl] *m* ⟨-s; -⟩ granizo *m*; *fig* lluvia *f*; **~korn** *n* grano *m* de granizo
'**hageln** *v/imp* ***es hagelt*** graniza; *fig* ***es hagelte Schläge*** llovían bofetadas
'**Hagelschauer** *m* granizada *f*
hager ['ha:gər] *adj Gesicht* F chupado; *Gestalt* enjuto, flaco
haha [ha'ha(:)] *int* ¡ja ja!
Häher ['hɛ:ər] *m* ZO arrendajo *m*
Hahn [ha:n] *m* ⟨-(e)s; ⸚e⟩ **1** ZO gallo *m*; F ***danach kräht kein ~*** nadie hace caso; F ***~ im Korb sein*** F estar de gallito; **2** (*Wasser&#x2;*) grifo *m*; (*Gas&#x2;*) llave *f*; (*Fass&#x2;*) espita *f*; **3** *e-r Schußwaffe* gatillo *m*, disparador *m*
Hähnchen ['hɛ:nçən] *n* ⟨-s; -⟩ pollo *m*
'**Hahnen|fuß** *m* BOT ranúnculo *m*; **~kampf** *m* riña *f od* pelea *f* de gallos
Hai [haɪ] *m* ⟨-(e)s; -e⟩, '**~fisch** *m* tiburón *m*
Hain [haɪn] *poet m* ⟨-(e)s; -e⟩ bosquecillo *m*, '**~buche** *f* carpe *m*
Haiti [ha'i:ti] *n* ⟨-s⟩ Haití *m*
Häkchen ['hɛ:kçən] *n* ⟨-s; -⟩ **1** (*kleiner Haken*) gancho *m* pequeño; **2** *auf e-r Liste* señal *f*
Häkel|arbeit ['hɛ:kəl-] *f* (labor *m* de) ganchillo *m*; **~decke** *f* manta *f* de ganchillo
'**häkeln I** *v/t* hacer (de ganchillo); **II** *v/i* hacer ganchillo
'**Häkelnadel** *f* aguja *f* de ganchillo
haken ['ha:kən] **I** *v/t* ***etw an etw*** (*acus*) **~** enganchar a/c a a/c; **II** *v/i* (*klemmen*) atascarse
'**Haken** *m* ⟨-s; -⟩ **1** gancho *m* (*a zum Aufhängen*); *für Ösen* corchete *m*; *beim Schreiben* señal *f*; (*Kleider&#x2;*) percha *f*; (*Angel&#x2;*) anzuelo *m*; **2** *Boxen* ***linker, rechter ~*** gancho *m* izquierdo, derecho; **3** F *fig*

H

(*Schwierigkeit*) inconveniente *m*; F pega *f*; ***die Sache hat e-n ~*** F el asunto tiene una pega

'Haken|kreuz *n im Nationalsozialismus* cruz *f* gamada, esvástica *f*; **~nase** *f* nariz *f* aguileña

halb [halp] **I** *adj* medio; ***ein ~es Brot*** medio pan; ***e-e ~e Stunde*** media hora; ***es ist ~ vier*** son las tres y media; ***das ist nichts ~es und nichts Ganzes*** F eso no es ni fu ni fa *od* ni chicha ni limoná; **II** *adv* a medias; ***~ leer, voll*** medio vacío, lleno; ***~ nackt*** medio desnudo; ***~ offen*** entreabierto; ***~ verhungert*** medio muerto de hambre; ***~ so groß*** la mitad de grande; ***~ so viel*** (***wie***) la mitad (que); ***es ist ~ so schlimm*** *od* F ***wild*** no es para tanto; ***~ und ~*** *Mischung* medio medio; ***~ ..., ~ ...*** mitad ..., mitad ...

'halb|amtlich *adj* oficioso; **~bildung** *f* cultura *f* superficial; **~bitter** *adj Schokolade* semiamargo; **~blut** *n Pferd* media sangre *m*; *Mensch* mestizo, -a *m,f*; **~bruder** *m* hermanastro *m*, medio hermano *m*; **~dunkel** *n* penumbra *f*, claroscuro *m*; **~edelstein** *m* piedra *f* semipreciosa

'halbe-'halbe F *adv* ***mit j-m ~ machen*** F ir a medias con alg

'halber *prp* ⟨*+gen*⟩ a causa de, por razones de, por; ***der Genauigkeit ~*** para mayor exactitud

'Halb|fabrikat *n* producto *m* semielaborado, producto *m* semiacabado; **~fertig** *adj* a medio hacer; **~fertigprodukt** *n* → ***Halbfabrikat***; **~fett** *adj Käse* semigraso; *Druck* media negrilla; **~finale** *n* semifinal *f*; **~gott** *m* semidiós *m*; **~heit** *f* insuficiencia *f*, imperfección *f*; **~herzig I** *adj* poco decidido *od* entusiasmado; **II** *adv* sin mucho entusiasmo

halbieren [hal'bi:rən] *v/t* ⟨*sin* ge⟩ partir por la mitad, dividir en dos partes iguales

'Halb|insel *f* península *f*; **~jahr** *n* semestre *m*; **~jahreszeugnis** *n Schule* certificado *m* de la primera mitad del año escolar; **~jährig** *adj* de seis meses; **~jährlich I** *adj* semestral; **II** *adv* semestralmente; *bezahlen, erscheinen* cada seis meses; **~kreis** *m* semicírculo *m*, hemiciclo *m*; **~kugel** *f* hemisferio *m*

'halblang *adj* semilargo; ***~es Haar*** media melena *f*

'Halb|laut *adj u adv* a media voz; **~leiter** *m* semiconductor *m*; **~mast** *adv* (***auf***) ~ a media asta; **~messer** *m* MAT radio *m*; **~mond** *m* **1** ASTR cuarto *m* creciente *bzw* menguante; **2** *fig Form* media luna *f*; **~pension** *f* media pensión *f*; **~schatten** *m* penumbra *f*; **~schlaf** *m* duermevela *m*, somnolencia *f*; **~schuh** *m* zapato *m* (bajo); **~schwergewicht** *n Boxen* peso *m* semipesado; **~schwester** *f* hermanastra *f*, media hermana *f*; **~seiden** *adj* **1** de media seda; **2** *fig Methoden, Person* de medio pelo, del tres al cuarto; **~seitig I** *adj Anzeige* de media página; **II** *adv gesperrt* en una dirección; **~starke(r)** F *desp m* ⟨→ A⟩ F gamberro *m*; **~stiefel** *m* botín *m*; **~stündig** *adj* de media hora; **~tägig** *adj* de medio día; **~tags** *adv* de media jornada; ***~ arbeiten*** trabajar media jornada

'Halbtags|arbeit *f* empleo *m* de media jornada; **~kraft** *f* empleado, -a *m,f* de media jornada; **~stelle** *f* empleo *m* de media jornada

'Halb|ton *m* ⟨-(e)s; -töne⟩ MUS semitono *m*; **~trocken** *adj Wein* semiseco; **~vokal** *m* semivocal *f*; **~wahrheit** *f* verdad *f* a medias; **~waise** *f* huérfano, -a *m,f* de padre *bzw* de madre; **~wegs** *adv fig* casi, más o menos; **~welt** *f* bajos fondos *m/pl*; **~wertszeit** *f* NUCL vida *f* media (radiactiva); **~wüchsig** [-vy:ksıç] *adj* adolescente; **~wüchsige(r)** *f(m)* ⟨→ A⟩ adolescente *m,f*; **~zeit** *f* medio tiempo *m*; ***erste, zweite ~*** primer, segundo tiempo *m*

Halde ['haldə] *f* MIN escombrera *f*; *fig* ***auf ~ liegen*** estar en depósito; *fig* ***auf ~ produzieren*** producir en stock

Hälfte ['hɛlftə] *f* mitad *f*; ***zur ~ fertig*** *usw* hecho, *etc* a medias; ***um die ~ teurer*** la mitad más caro; ***Kinder zahlen die ~*** los niños pagan la mitad; F *scherzh* ***meine bessere ~*** mi media naranja; SPORT ***die gegnerische ~*** el (medio) campo contrario

Halfter[1] ['halftər] *n od m* ⟨-s; -⟩ *für Pferde* cabestro *m*

'Halfter[2] *f* ⟨-; -n⟩ *od n* ⟨-s; -⟩ *für Pistolen* pistolera *f*

Hall [hal] *m* ⟨-(e)s; -e⟩ sonido *m*; (*Wider~*) resonancia *f*, eco *m*

'Halle *f* (*Saal*) sala *f*; (*Empfangs~*) *a* vestíbulo *m*, hall *m*; (*Messe~, Sport~*) pabellón *m*; (*Werks~*) nave *f*

halleluja [hale'lu:ja] *int* REL ¡aleluya!

'hallen *v/i* resonar, retumbar

'Hallen|bad *n* piscina *f* cubierta; **~sport** *m* deporte *m* en pista cubierta

hallo [ha'lo:] *od* ['halo] *int* **1** *Zuruf* ¡hola!; *aus der Ferne* ¡oiga!; **2** F *Gruß* F ¡hola!; **3** TEL ¡diga!

Halluzination [halutsinatsi'o:n] *f* alucinación *f*

Halm [halm] *m* ⟨-(e)s; -e⟩ (*Getreide~*) tallo *m*; (*bsd Gras~*) paja *f*, brizna *f*

Halogen [halo'ge:n] *n* ⟨-s; -e⟩ halógeno *m*; **~lampe** *f* lámpara *f* halógena; **~scheinwerfer** *m* faro *m* halógeno; **~strahler** *m* proyector *m* halógeno

Hals [hals] *m* ⟨-(e)s; ⸚e⟩ **1** ANAT cuello *m*; (*Kehle*) garganta *f*; *von Tieren* pescuezo *m*; F ***etw in den falschen ~ kriegen*** (*sich verschlucken*) irse a/c por el otro lado; *fig* (*falsch verstehen*) tomar a/c a mal; ***j-m um den ~ fallen*** abrazar a alg; ***sich*** (*dat*) ***den ~ brechen*** partirse el cuello; F ***j-n, etw auf dem*** *od* ***am ~ haben*** tener a alg, a/c a cuestas; F ***sich*** (*dat*) ***j-n, etw vom ~(e) schaffen*** quitarse a alg, a/c de encima; F ***es hängt mir zum ~(e) heraus*** F estoy hasta la coronilla; ***aus vollem ~(e)*** a grito pelado, a voz en cuello; F ***~ über Kopf*** de golpe y porrazo; F ***er hat sich ~ über Kopf in sie verliebt*** se ha enamorado locamente de ella; F ***mir steht das Wasser bis zum ~*** F estoy hasta el cuello (*a finanziell*); **2** (*Flaschen*♀, *Knochen*♀) cuello *m*; *e-r Geige* mástil *m*

'Hals|abschneider F *desp m* usurero *m*; **~ausschnitt** *m* escote *m*; **~band** *n* gargantilla *f*, collar *m* (*a Hunde*♀); **♀brecherisch** *adj* arriesgado; **~entzündung** *f* inflamación *f* de garganta; **~kette** *f* collar *m*, cadena *f*

'Hals-'Nasen-'Ohren-|Arzt *m*, **~Ärztin** *f* otorrinolaringólogo, -a *m,f*

'Halsschlagader *f* carótida *f*

'Halsschmerzen *pl* dolor *m* de garganta; ***ich habe ~*** me duele la garganta

'halsstarrig I *adj* tozudo, obstinado; **II** *adv* obstinadamente; **♀keit** *f* ⟨-⟩ obstinación *f*, cabezonería *f*

'Halstuch *n* ⟨-(e)s; -tücher⟩ pañuelo *m* (de cuello), fular *m*

'Hals- und 'Beinbruch *int* ¡suerte!

'Hals|weh F *n* → ***Halsschmerzen***; **~wirbel** *m* vértebra *f* cervical

halt[1] [halt] *int* ¡basta!; MIL ¡alto!

halt[2] *adv südd, österr, schweiz* pues

Halt *m* ⟨-(e)s; -e⟩ **1** (*Stütze*) apoyo *m*, sostén *m*; *beim Bergsteigen* ***~ haben*** tener enganche; ***den ~ verlieren*** perder el equilibrio; **2** *fig* ***innerer ~*** equilibrio *m* (interior), fuerza *f* (moral); **3** (*Anhalten*) parada *f*; ***~ machen*** parar, detenerse; *fig* ***vor nichts ~ machen*** no detenerse ante nada

'haltbar *adj* **1** *Material*, *Kleidung* resistente; **2** *Lebensmittel* conservable; ***mindestens ~ bis ...*** consumir preferentemente antes de ...; **3** *fig These* sólido, sostenible

'Haltbarkeit *f* ⟨-⟩ **1** *von Material* resistencia *f*; **2** *von Lebensmitteln* caducidad *f*; **~sdatum** *n* fecha *f* de caducidad

'Halte|griff *m* asidero *m*, agarradero *m*; **~linie** *f auf der Straße* línea *m* de stop

'halten ⟨hält, hielt, gehalten⟩ **I** *v/t* **1** (*fest~*) sostener, sujetar; *in der Hand a* tener; *in e-r bestimmten Lage* mantener; ***den Kopf unter Wasser ~*** meter la cabeza bajo el agua; **2** *Schuss*, *Elfmeter* detener, parar; **3** *Tier*, *Fahrzeug* tener; **4** (*beibe~*) mantener; **5** *These usw* ***sich nicht ~ lassen*** no ser sostenible; **6** (*zurück~*) ***j-n ~*** retener a alg, sujetar a alg; ***er war nicht mehr zu ~*** no había quién le parara; **7** *Wort*, *Versprechen* cumplir; *Gebot* observar; ***sein Wort nicht ~*** faltar a su palabra; **8** *in e-m bestimmten Zustand* conservar, mantener; *Essen* ***warm ~*** mantener caliente; **9** (*verfahren*) ***ich halte es damit so*** yo lo hago así; **10** (*behandeln*) tratar; ***j-n streng ~*** tratar a alg con dureza; **11** (*ab~*) dar; *Rede*, *Ansprache*, *Predigt a* pronunciar; *Gottesdienst* celebrar; ***Unterricht ~*** impartir clase; **12** (*einschätzen*) ***etw, j-n für etw, j-n ~*** considerar a/c, a alg como a/c, alg, tener a/c, a alg por a/c, alg; ***ich halte sie für klug*** la tengo por lista; F ***wofür ~ Sie mich eigentlich?*** ¿por quién me toma?; ***es für gut ~ zu*** (*+inf*) *bzw* ***dass ...*** creer que es bueno que ... (*+subj*), juzgar bueno que ... (*+subj*); **13** (*urteilen*) ***viel von j-m, etw ~*** apreciar *od* valorar mucho a alg, a/c; ***nichts von etw ~*** no confiar en a/c, tener una opinión negativa de a/c; ***was ~ Sie davon?*** ¿qué opina de esto?; **II** *v/i* **14** (*Halt haben*) *Seil*, *Farbe*, *Brücke usw* ser resistente *od* estable; (*festsitzen*) estar fijo; (*aus~*) *Gewicht usw* aguantar; **15** (*haltbar sein*) conservarse, mantenerse; *Kleidung*, *Gerät*, *Freundschaft* ser sólido; *Kleidung* ***lange ~*** *a* ser resistente; **16** (*an~*) parar (-se), detenerse; **♀ *verboten!*** ¡prohibido aparcar!; **17 *an sich*** (*acus*) ***~*** contenerse, dominarse; **18 *zu j-m ~*** apoyar a alg, estar de parte de alg; **III** *v/r* ***sich ~*** **19** (*sich behaupten*, *bleiben*) mantenerse; **20** *Körperhaltung* ***sich aufrecht ~*** mantenerse erguido; *stehend* mantenerse de pie; **21** (*sich bewähren*) ***sich gut, tapfer ~*** (com)portarse bien, con valor; **22** (*bleiben*) ***sich rechts, links ~*** mantenerse a la derecha, izquierda; **23 *sich an etw ~*** atenerse a a/c; ***sich an j-n ~*** acogerse a alg; **24** *Lebensmittel* conservarse; F *fig* ***sie hat sich gut gehalten*** F se ha mantenido bien

'Halter *m* TEC apoyo *m*, soporte *m*

'Halter(in) *m*(*f*) (*Fahrzeug*♀) titular *m,f*; (*Tier*♀) dueño, -a *m,f*

'Halterung *f* soporte *m*

'Halte|signal *n* señal *f* de parada; **~stelle** *f* parada *f*

'Halteverbot *n* **1** *Schild* ***absolutes, eingeschränktes ~*** estacionamiento *m* prohibido, limitado; **2** *Zone* (zona *f* de) estacionamiento *m* prohibido

'Halteverbotsschild *n* señal *f* de prohibido aparcar

'haltlos *adj* **1** *Person* inconstante, desequilibrado, sin carácter; **2** *Verdacht*, *Behauptung* inconsistente; **2igkeit** *f* ⟨-⟩ **1** *e-r Person* inconstancia *f*, falta *f* de carácter; **2** *e-s Verdachts*, *e-r Behauptung* inconsistencia *f*

'haltmachen → ***Halt 3***

'Haltung *f* **1** (*Körper*2) postura *f*; *von Körperteilen a* posición *f*; (*Positur*) porte *m*; ***e-e aufrechte ~ haben*** mantenerse erguido; **2** (*Einstellung*) posición *f*, actitud *f*; **3** (*Fassung*) serenidad *f*; ***~ bewahren*** mantener la calma; **4** (*Tier*2) cría *f*

'Haltungsschaden *m* deformación *f* patológica

Halunke [ha'lʊŋkə] *m* ⟨-n; -n⟩ canalla *m*; *scherzh* pillo *m*

Hamburg ['hambʊrk] *n* ⟨-s⟩ Hamburgo *m*

'Hamburger ['hɛmbœrgər] *m* GASTR hamburguesa *f*

Häme ['hɛːmə] *geh f* ⟨-⟩ sorna *f*, malicia *f*

'hämisch *adj Ton*, *Worte* malicioso

Hammel ['haməl] *m* ⟨-s; -⟩ carnero *m*; **~fleisch** *n* (carne *f* de) carnero *m*; **~keule** *f* pierna *f* de carnero

Hammer ['hamər] *m* ⟨-s; ⸚⟩ **1** martillo *m* (*a* ANAT, SPORT); *fig* ***unter den ~ kommen*** subastarse; **2** F *fig* ***ein dicker ~*** (*Fehler*) burrada *f*; ***das war vielleicht ein ~!*** *Überraschung* ¡vaya sorpresa!; *Unverschämtheit* F ¡fue el colmo!

hämmern ['hɛmərn] **I** *v/t* **1** golpear con un martillo; **II** *v/i* **2** *mit dem Hammer* martillear; **3** *fig* (*schlagen*) golpear; *Herz* palpitar (fuerte); *gegen die Tür* dar golpes

'Hammer|werfen *n* ⟨-s⟩ lanzamiento *m* de martillo; **~werfer(in)** *m*(*f*) lanzador, a *m*,*f* de martillo

Hämorr(ho)iden [hɛmɔ'riːdən] *pl* hemorroides *f*/*pl*, almorranas *f*/*pl*

Hampelmann ['hampəl-] *m* ⟨-(e)s; -männer⟩ títere *m*; F *fig desp* fantoche *m*

'hampeln F *v/i* F no parar (quieto)

Hamster ['hamstər] *m* hámster *m*

'hamstern *v/t*, *v/i* acaparar

Hand [hant] *f* ⟨-; ⸚e⟩ **1** *allg* mano *f* (*a Fußball*); **2** *mit adj u núm/o* ***aus erster ~*** de primera mano; F ***in festen Händen sein*** estar comprometido; ***die flache ~*** la palma de la mano; ***die hohle ~*** el hueco de la mano; ***freie ~ haben*** tener mano libre; ***j-m freie ~ lassen*** dar a alg mano libre; ***e-e glückliche ~ haben*** tener buena mano; ***bei j-m in guten Händen sein*** estar en buenas manos (con alg); ***von langer ~ vorbereitet*** proyectado desde hace tiempo; ***linker, rechter ~*** a mano izquierda, derecha; F ***zwei linke Hände haben*** ser un manazas; ***die öffentliche ~*** el sector público; *fig* ***j-s rechte ~ sein*** ser el brazo derecho de alg; ***mit vollen Händen ausgeben*** gastar a manos llenas; ***mir sind die Hände gebunden*** tengo las manos atadas; ***eine ~ voll*** un puñado; ***alle Hände voll zu tun haben*** estar hasta el cuello de trabajo; **3** *mit su* ***~ und Fuß haben*** tener sentido; ***weder ~ noch Fuß haben*** no tener ni pies ni cabeza; F ***die Hände über dem Kopf zusammenschlagen*** llevarse las manos a la cabeza; ***die Hände in den Schoß legen*** cruzarse de brazos, estar mano sobre mano; (***bei etw***) ***die Hände im Spiel haben*** estar metido en el ajo (de a/c); **4** *mit Verben* ***j-m die ~ geben*** *od* ***drücken*** *od* ***schütteln*** estrechar(le) la mano a alg; *prov* ***e-e ~ wäscht die andere*** una mano lava la otra; **5** *mit prp* ***an ~ von*** por medio de, a base de; ***j-m an die*** *od* ***zur ~ gehen*** echar una mano a alg; ***j-n an die*** *od geh* ***bei der ~ nehmen*** coger a alg de la mano; (***klar***) ***auf der ~ liegen*** ser evidente; ***etw aus der ~ geben*** (*weggeben*) entregar a/c; (*aufgeben*) abandonar a/c; ***etw aus der ~ legen*** soltar a/c; ***etw bei der*** *od* ***zur ~ haben*** *Gegenstand*, *Mittel*, *Antwort* tener a/c a mano; ***j-m etw in die ~ drücken*** ponerle a alg a/c en las manos; ***~ in ~ gehen*** ir de la mano; *fig a* ir parejas; ***j-n in der ~ haben*** controlar a alg; ***etw in der ~ halten*** tener a/c en la mano; ***in die Hände klatschen*** dar palmas; *fig* ***etw in die ~ nehmen*** encargarse de a/c; ***mit der ~ schreiben*** escribir a mano; (***bei j-m***) ***um j-s ~ anhalten*** pedir (a alg) la mano de alg; ***unter der ~*** bajo mano, bajo cuerda; ***etw unter der ~ erfahren*** enterarse de a/c extraoficialmente; ***von ~ zu ~*** de mano en mano; ***etw von ~ bedienen*** manejar a/c manualmente; ***von der ~ in den Mund leben*** vivir al día; ***das ist nicht von der ~ zu weisen*** no se puede rechazar; *auf Briefen* ***zu Händen von …*** a la atención de …

'Handarbeit *f* **1** (*manuelle Arbeit*) trabajo *m* manual; ***das ist ~*** eso está hecho a mano; **2** *fertiges Werk* artesanía *f*; **3** (*Nadelarbeit*) labores *f*/*pl*; F *Schulfach* manualidades *f*/*pl*

'Handball *m* **1** *Sportart* balonmano *m*; **2** *Ball* balón *m* (de balonmano)

'Handballen *m* pulpejo *m*

'Handball|er(in) *m*(*f*), **~spieler(in)** *m*(*f*) jugador, a *m*,*f* de balonmano

'Hand|besen *m* escobilla *f*; **~betrieb** *m* accionamiento *m* a mano; **~bewegung** *f* movimiento *m* de la mano; **~breit** *f* ⟨-; -⟩ palmo *m*; **~bremse** *f* freno *m* de mano; **~buch** *n* manual *m*

Händchen ['hɛntçən] *n* ⟨-s; -⟩ F **~ halten** F hacer manitas

'Handcreme *f* crema *f* de manos

Hände|druck ['hɛndə-] *m* ⟨-(e)s; -drücke⟩ apretón *m* de manos; **~klatschen** *n* ⟨-s⟩ palm(ad)as *f/pl*, palmas *f/pl*

Handel ['handəl] *m* ⟨-s⟩ **1** ECON comercio *m* (**mit** de); *illegaler* tráfico *m*; **~ treiben** (**mit**) comerciar (con); **in den ~ bringen** sacar, poner a la venta; **im ~ sein** estar a la venta; **2** (*Geschäft*) negocio *m*; **3** (*Vereinbarung*) pacto *m*

Händel ['hɛndəl] *geh pl* querella *f*; **mit j-m ~ haben** estar querellado con alg

'handeln I *v/t* **1** *Aktie* **zu 50 Euro gehandelt werden** cotizarse a 50 euros; **II** *v/i* **2** (*sich verhalten, eingreifen*) obrar, actuar, proceder; **3** (*Handel treiben*) comerciar (**mit** con); **4** (*feilschen*) regatear (**um etw** a/c); *fig* **er lässt** (**nicht**) **mit sich** (*dat*) **~** (no) regatea; **5** *Buch usw* **von etw ~** tratar de; **III** *v/imp* **6 es handelt sich um ...** se trata de ...; **es handelt sich darum, dass** (*es ist wichtig, es geht um*) se trata de que

'Handeln *n* ⟨-s⟩ **1** (*Vorgehen*) acción *f*, procedimiento *m*; **zum ~ entschlossen** decidido a actuar; **2** (*Feilschen*) regateo *m*

'Handels|abkommen *n* acuerdo *m* comercial; **~bank** *f* ⟨-; -en⟩ banco *m* comercial; **~barriere** *f* barrera *f* comercial; **~beschränkungen** *f/pl* restricciones *f/pl* comerciales

'Handelsbeziehungen *pl* relaciones *f/pl* comerciales; **~ ausbauen, entwickeln** intensificar, desarrollar relaciones comerciales

'Handelsbilanz *f* **1** *e-s Landes* balanza *f* comercial; **passive, aktive ~** saldo *m* deficitario, excedentario; **2** *e-r Firma* balance *m*; **~defizit** *n* déficit *m* de la balanza comercial; **~überschuss** *m* superávit *m*, excedente *m* de la balanza comercial

'Handels|block *m* bloque *m* comercial; **~boykott** *m* boicot *m* comercial

'handelseinig *adj* (**mit j-m**) **~ sein, werden** estar, ponerse de acuerdo (con alg)

'Handels|embargo *n* embargo *m* comercial; **~factura** *f* factura *f* comercial; **~firma** *f* empresa *f* comercial; **~flotte** *f* flota *f* mercante; **~geschäfte** *n/pl* operaciones *f/pl* mercantiles

'Handelsgesellschaft *f* sociedad *f* mercantil; **offene ~** sociedad *f* colectiva

'Handels|gesetzbuch *n* código *m* de comercio; **~gewicht** *n* peso *m* de comercio; **~hafen** *m* puerto *m* comercial; **~hemmnis** *n* barrera *f* comercial

'Handelskammer *f* Cámara *f* de Comercio; **internationale ~** Cámara *f* de Comercio Internacional

'Handels|kette *f* cadena *f* comercial; **~klasse** *f* categoría *f*; **~konzern** *m* grupo *m* comercial; **~korrespondenz** *f* correspondencia *f* comercial; **~krieg** *m* guerra *f* comercial; **~makler(in)** *m(f)* corredor, a *m,f* de comercio; **~marine** *f* marina *f* mercante; **~marke** *f* marca *f* comercial; **~messe** *f* feria *f* comercial; **~ministerium** *n* Ministerio *m* de Comercio; **~name** *m* nombre *m* comercial; **~partner** *m* socio *m* comercial; **~platz** *m* plaza *f* comercial; **~politik** *f* política *f* comercial; **~rechnung** *f* factura *f* comercial; **~recht** *n* derecho *m* mercantil

'Handelsregister *n* registro *m* mercantil; *Unternehmen* **ins ~ eintragen** inscribir en el Registro Mercantil; **aus dem ~ streichen** tachar *od* borrar en el Registro Mercantil

'Handels|reisende(r) *f(m)* viajante *m,f*; **~schiff** *n* buque *m* mercante; **~schranken** *pl* barreras *f/pl* comerciales; **~schule** *f* escuela *f* de comercio

'Handelsspanne *f* margen *m* comercial; **hohe, niedrige ~** elevado, bajo margen *m* comercial

'Handels|sperre *f* embargo *m*; **~statistik** *f* estadística *f* comercial; **~straße** *f* ruta *f* comercial; **≈üblich** *adj* habitual (en el comercio); **~verkehr** *m* intercambio *m* comercial; **~vertrag** *m* tratado *m od* convenio *m* comercial

'Handelsvertreter(in) *m(f)* representante *m,f od* agente *m,f* comercial; **selbstständiger ~** agente *m* comercial independiente

'Handels|vertretung *f* agencia *f* comercial; POL misión *f* comercial; **~volumen** *n* volumen *m* de intercambio; **~ware** *f* mercancía *f*; **~zentrum** *n* centro *m* comercial

hände|ringend ['hɛndərɪŋənt] *advl fig* desesperadamente; **≈schütteln** *n* ⟨-s⟩ apretón *m* de manos; **≈trockner** *m* secamanos *m*

'Hand|feger *m* escobilla *f*; **≈fest** *adj Beweis usw* contundente; *Mahlzeit* fuerte; *Streit, Skandal, Prügelei* tremendo; *Lüge* grande; **~feuerwaffe** *f* arma *f* de fuego portátil; **~fläche** *f* palma *f* de la mano; **≈gearbeitet** *adjt* hecho a mano; **~geld** *n* COM arras *f/pl*, señal *f*

'Handgelenk *n* muñeca *f*; F *fig* **etw aus dem ~ schütteln** (**können**) hacer a/c con la mano izquierda

'handgemacht *adjt* hecho a mano

'Hand|gemenge *n* pelea *f* cuerpo a cuerpo; **~gepäck** *n* equipaje *m* de mano; **≈geschrieben** *adjt* manuscrito, escrito a mano; **≈gestrickt** *adjt* hecho a mano; **≈gewebt** *adjt* tejido a mano; **~granate** *f* granada *f* de mano

'handgreiflich *adj* **1** (*offensichtlich*) evidente; **2** (*tätlich*) **~ werden** llegar a las manos

'Handgreiflichkeit *f* ***es kam zu ~en*** se llegó a las manos

'Handgriff *m* **1** *Bewegung* maniobra *f*; ***mit wenigen ~en*** en pocas maniobras; **2** *an Geräten, Koffern* mango *m*, asa *f*

'Handhabe *f* ***e-e ~ gegen j-n haben*** tener un arma contra alg

'hand|haben *v/t* **1** *Werkzeug, Gerät* manejar, manipular; **2** *Vorschrift usw* aplicar; **≈habung** *f* **1** *e-s Werkzeugs, Geräts* manejo *m*, manipulación *f*; **2** *e-r Vorschrift usw* aplicación *f*

Handheld ['hɛnthɛlt] *m od n* ⟨-s; -s⟩ INFORM ordenador *m* (personal) de mano *od* de palma

Handicap, Handikap ['hɛndikɛp] *n* ⟨-s; -s⟩ SPORT, *fig* handicap *m*

'Hand|kante *f* canto *m* de la mano; **~koffer** *m* maleta *f*; **~kuss** *m* besamanos *m*; **~langer** *m* **1** (*Helfer*) peón *m*, ayuda *f*; **2** *fig desp* cómplice *m* (**für** para, en)

Händler|(in) ['hɛndlər(ɪn)] *m(f)* negociante *m,f*, comerciante *m,f*; *desp* traficante *m,f*; **~marke** *f* marca *f* del distribuidor; **~rabatt** *m* descuento *m od* rebaja *f* de comerciante

'handlich *adj Gegenstand, Format, Auto* manejable; *Buch* de formato práctico; (*leicht zu handhaben*) fácil de manejar

Handlung ['handlʊŋ] *f* **1** (*Tat*) acción *f*, acto *m*; ***strafbare ~*** acción *f* punible; **2** *e-s Romans usw* argumento *m*

'Handlungsbedarf *m* necesidad *f* de actuar; ***es besteht*** (***kein***) **~** (no) es necesario actuar

'handlungs|fähig *adj* capaz de obrar; JUR con capacidad de ejercicio; **≈freiheit** *f* libertad *f* de acción; **≈spielraum** *m* campo *m* de acción; **~unfähig** *adj* incapaz de obrar; JUR sin capacidad de ejercicio; **≈vollmacht** *f* poder *m* mercantil; **≈weise** *f* modo *m* de actuar; (*Vorgehen*) procedimiento *m*

'Hand|reichung *f* ayuda *f*, servicio *m*; **~rücken** *m* dorso *m* de la mano

'Handschellen *pl* esposas *f/pl*; ***j-m ~ anlegen*** esposar a alg

'Handschlag *m* apretón *m* de manos; ***etw durch ~ bekräftigen*** confirmar a/c con un apretón de manos; F *fig* ***keinen ~ tun*** F no mover un dedo

'Handschrift *f* **1** (*Schriftzüge*) letra *f*, escritura *f*; **2** *fig* sello *m*; **3** *Schriftwerk* manuscrito *m*

'handschriftlich I *adj* escrito a mano, manuscrito; **II** *adv* ***etw ~ hinzufügen*** añadir a/c a mano

'Handschuh *m* guante *m*; (*Faust≈*) manopla *f*; **~fach** *n* guantera *f*

'Hand|spiel *n* *Fußball* mano(s) *f(pl)*; **~stand** *m* pino *m*; **~streich** *m bsd* MIL golpe *m* de mano; **~tasche** *f* bolso *m*; **~teller** *m* palma *f* de la mano

'Handtuch *n* ⟨-(e)s; -tücher⟩ toalla *f*; *fig* ***das ~ werfen*** tirar la toalla

'Handtuchhalter *m* toallero *m*

'Handumdrehen *n* ***im ~*** en un santiamén

'hand|verlesen *adjt* seleccionado a mano; *fig* muy escogido; **≈wagen** *m* carro *m* de mano; **~warm** *adj* tibio; **≈wäsche** *f* lavado *m* a mano; *Wäschestücke* ropa *f* para lavar a mano

'Handwerk *n* artesanía *f*, oficio *m* (*a fig*); ***sein ~ verstehen*** saber su oficio (*a fig*); ***j-m ins ~ pfuschen*** hacer(le) la competencia a alg; ***j-m das ~ legen*** poner fin a las actividades *od* fechorías de alg

'Handwerk|er *m* artesano *m*; ***wir haben die ~ im Haus*** estamos de obra en casa; **~erin** *f* artesana *f*; **≈lich** *adj* artesanal

'Handwerks|betrieb *m* empresa *f* artesanal, taller *m* artesanal; **~kammer** *f* Gremio *m* de Artesanos; **~zeug** *n* herramientas *f/pl*, útiles *m/pl* (*a fig*)

'Handwurzel *f* ANAT carpo *m*

Handy ['hɛndi] *n* ⟨-(s); -s⟩ (teléfono *m*) móvil *m*, *Am* (teléfono *m*) celular *m*

'Hand|zeichen *n* señal *f* con la mano; **~zettel** *m* octavilla *f*

hanebüchen ['haːnəbyːçən] *geh adj* inaudito, increíble

Hanf [hanf] *m* ⟨-(e)s⟩ cáñamo *m*

Hang [haŋ] *m* ⟨-(e)s; ⸚e⟩ **1** (*Neigung*) inclinación *f*, propensión *f* (**zu** a); **2** (*Ab≈*) pendiente *f*, cuesta *f*

Hangar ['haŋgaːr] *m* ⟨-s; -s⟩ AVIA hangar *m*

'Hänge|backe *f* moflete *m*; **~bauch** *m* F vientre *m* caído; **~brücke** *f* puente *m* colgante; **~lampe** *f* lámpara *f* colgante *od* de suspensión

hangeln ['haŋəln] *v/i, v/r* ⟨h *o* sn⟩ (***sich***) **~** avanzar colgado de la mano

'Hänge|mappe *f* archivador *m* colgante; **~matte** *f* hamaca *f*

hängen ['hɛŋən] **I** *v/t* **1** (*auf~*) **~** (***an*** *+acus*) colgar (de, en), suspender (de); *mit Haken* enganchar (en); *mit Klebeband usw* pegar, fijar (a); *Kleider* ***in den Schrank ~*** colgar en el armario; *Wäsche* (***auf die Leine***) **~** tender; **2** (*~ lassen*) dejar caer (***ein Bein ins Wasser*** una pierna en el agua); **3** (*er~*) colgar, ahorcar; *fig* ***mit≈ und Würgen*** F a duras penas; **II** *v/i* ⟨hing, gehangen, h *o südd, österr, schweiz* sn⟩ **4** (*herunter~*)

colgar, pender; **~ bleiben** (**an** +*dat*) *an e-m Haken* quedar enganchado (en); (*haften bleiben*) quedar pegado (a); **~ lassen** (*vergessen*) dejar colgado; *Arme*, *Flügel* dejar caer; **5** (*befestigt sein*) estar colgado *od* suspendido (**an** +*dat* a); **das Bild hängt schief** el cuadro está torcido; **6** (*fest~*) estar fijado *od* pegado (**mit etw an etw** *dat* con a/c a a/c); *fig* **an j-m, etw ~** estar apegado a alg, a/c; *fig Verdacht* **an j-m ~ bleiben** recaer en alg; *fig* **davon ist nicht viel ~ geblieben** no ha quedado mucho de eso; **7** F *fig* (*sich aufhalten*) **am Telefon ~** F estar colgado al teléfono; **vor dem Fernseher ~** F estar pegado a la televisión; **8** (*ab~*) **an j-m, etw ~** depender de alg, a/c; **9** F *bei e-r schwierigen Sache* estar bloqueado; **~ bleiben** *beim Sprechen* quedarse mudo; F *fig* **j-n ~ lassen** F dejar plantado a alg; **sich ~ lassen** abandonarse, dejarse ir; **III** *v/r* **10 sich an j-n, etw ~** (*festhalten*) agarrarse a alg, a/c; *emotional* tomar cariño a alg, a/c, apegarse a alg, a/c

'Hänge|ordner *m* archivador *m* colgante; **~register** *n*, **~registratur** *f* archivo *m* colgante; **~schrank** *m* armario *m* colgante

Hannover [ha'no:fər] *n* ⟨-s⟩ Hannóver *m*

Hans [hans] *m* Juan *m*; **~ im Glück** F *fig* el niño de la suerte

Hansaplast® [hanza'plast] *n* ⟨(e)s⟩ esparadrapo *m*

Hans'dampf F *m* ⟨-(e)s; -e⟩ (**ein**) **~ in allen Gassen sein** ser un metomentodo

hänseln ['hɛnzəln] *v/t* tomar el pelo a, burlarse de

Hansestadt ['hanzə-] *f* ciudad *f* (h)anseática

Hans'wurst *m* ⟨-(e)s; -e⟩ (*Dummkopf*) payaso *m*, bufón *m*; (*Kasper*) arlequín *m*

Hantel ['hantəl] *f* ⟨-; -n⟩ pesa *f*

hantieren [han'ti:rən] *v/i* ⟨*sin* ge⟩ **mit etw ~** manejar *od* manipular a/c

hapern ['ha:pərn] *v/imp* **1** (*nicht klappen*) **es hapert mit etw** a/c no funciona; **2** (*mangeln*) **es hapert an etw** (*dat*) falta a/c

Häppchen ['hɛpçən] *n* ⟨-s; -⟩ (*Bissen*) bocadito *m*; (*Kanapee*) canapé *m*; (*Appetit*2) piscolabis *m*

Happen ['hapən] *m* ⟨-s; -⟩ bocado *m*; **e-n ~ essen** tomar un bocado

'happig F *adj* ávido; *fig* exagerado

happy ['hɛpi] F *adj* feliz

Happy-End ['hɛpi'ʔɛnt] *n* ⟨-(s); -s⟩ final *m* feliz

Happy Hour ['hɛpi'aʊər] *f* ⟨-⟩ hora *f* feliz

Harass ['haras] *m* ⟨-es; -e⟩ *schweiz* (*Kiste*) caja *f*

Härchen ['hɛ:rçən] *n* ⟨-s; -⟩ pelillo *m*

Hardliner ['hartlaɪnər] *m* intransigente *m*

Hardware ['hartvɛ:r] *f* ⟨-; -s⟩ hardware *m*

Harem ['ha:rɛm] *m* ⟨-s; -s⟩ harén *m* (*a fig scherzh*)

Harfe ['harfə] *f* arpa *f*

Harke ['harkə] *f* rastrillo *m*

'harken *v/t* rastrillar

Harlekin ['harleki:n] *m* ⟨-s; -e⟩ arlequín *m*

'harmlos I *adj* inofensivo; *Mensch a* cándido; *Tier a* manso; *Mittel* in(n)ocuo; *Bemerkung*, *Kritik*, *Vergnügen*, *Witz* inocente; *Verletzung*, *Unfall*, *Vorfall* sin importancia; *Krankheit* benigno; **II** *adv* **~ aussehen** tener aspecto inofensivo

'Harmlosigkeit *f* ⟨-⟩ inocencia *f*, candidez *f*; *e-s Medikaments* in(n)ocuidad *f*

Harmo|nie [harmo'ni:] *f* MUS, *fig* armonía *f*; **2'nieren** *v/i* ⟨*sin* ge⟩ estar en armonía; *Personen* congeniar (**mit** con); *Farben usw* armonizar

har'monisch *adj* MUS armónico; *fig a* armonioso

harmoni'sier|en *v/t* ⟨*sin* ge⟩ MUS, *fig* armonizar; **2ung** *f a* COM armonización *f*

Harn [harn] *m* ⟨-(e)s; -e⟩ orina *f*

'Harnblase *f* vejiga *f*

Harnisch ['harnɪʃ] *m* ⟨-s; -e⟩ HIST arnés *m*, armadura *f*; *fig* **j-n in ~ bringen** poner furioso *od* exasperar a alg

'Harn|leiter *m* uréter *m*; **~röhre** *f* uretra *f*; **2treibend** *adjt* diurético

Harpune [har'pu:nə] *f* arpón *m*

harren ['harən] *geh v/i* **j-s, e-r Sache ~** esperar *od* aguardar a alg, a/c

Harsch [harʃ] *m* ⟨-(e)s⟩ nieve *f* helada

hart [hart] **I** *adj* ⟨=er, =este⟩ **1** *Material* duro (*a fig*: *Arbeit*, *Droge*, *Kampf*, *Mensch*, *Wasser*, *Worte*, *Zeiten*); *Winter* riguroso; *Los*, *Schicksal* cruel; *Kritik*, *Maßnahmen*, *Strafe*, *Urteil* severo; *Währung* estable; *Aufprall* violento; **~ zu j-m sein** ser duro con alg; **~ werden** *Person* endurecerse; *Material a* solidificarse; **II** *adv* **2** duramente (*a fig schwer*, *streng*); *schlagen*, *aufprallen* violentamente; **~ gefroren** helado; **~ gekocht** *Ei* duro; **~ arbeiten** trabajar duro; *fig* **~ bleiben** no ceder; **~ durchgreifen** tomar medidas drásticas; *Unglück*, *Krankheit* **j-n ~ treffen** ser un golpe duro para alg; **wenn es ~ auf ~ geht** en el peor de los casos; **3 ~ an** (*dicht*) muy cerca de; **~ an der Grenze des Erlaubten** muy al borde de lo permitido

Härte ['hɛrtə] *f* **1** *des Materials* dureza *f* (*a fig*); *e-s Urteils*, *e-r Maßnahme* rigor *m*; *e-s Aufpralls* violencia *f*; **2** *e-r Person* dureza *f* (**gegenüber j-m** frente a alg); (*Zähigkeit*, *Ausdauer*) resistencia *f*, tenacidad *f*; **3** *unbillige*, *unsoziale* injusticia *f*; **4** *Jugendsprache* **das ist die ~!** *positiv* F ¡genial!; *ne-*

H

gativ F ¡qué horror!

'Härtefall *m* caso *m* extremo (*a* F *fig Person*); **sozialer ~** caso *m* social

'Härtegrad *m des Wassers* dureza *f*

'härten I *v/t* endurecer; *Metall* templar; **II** *v/i* endurecerse

'Härtetest *m* TEC, *fig* prueba *f* de resistencia

'Hart|geld *n* moneda *f* en metálico; **&gesotten** *adjt* (*unnachgiebig*) empedernido; (*abgebrüht*) insensible; F curado de espantos; **~gummi** *n* ebonita *f*

'hartherzig *adj Person* de corazón duro; *Verhalten* duro; **~ sein** ser duro

'Hart|käse *m* queso *m* duro; **~metall** *n* metal *m* duro

H

hartnäckig ['hartnɛkɪç] **I** *adj Person* terco, obstinado; (*beharrlich*) tenaz; *Vorurteil* arraigado; *Schnupfen*, *Kälte* persistente, pertinaz; **II** *adv* persistentemente, obstinadamente; *Kälte*, *Gerücht* **sich ~ halten** ser pertinaz

'Hartnäckigkeit *f* ⟨-⟩ (*Eigensinn*) obstinación *f*, terquedad *f*; (*Zähigkeit*) tesón *m*; (*Beharrlichkeit*) tenacidad *f*; *e-r Krankheit* persistencia *f*

'Hartwurst *f* salchichón *m*

Harz [ha:rts] *n* ⟨-es; -e⟩ resina *f*

'harzig *adj* resinoso

Hasch [haʃ] F *n* ⟨-s⟩ hachís *m*; F chocolate *m*

Haschee ['haʃe:] *n* ⟨-s; -s⟩ picadillo *m* (de carne)

haschen¹ ['haʃən] *geh* **I** *v/t* coger, agarrar; **II** *v/i* **nach etw ~** ambicionar a/c; **nach j-m ~** perseguir a alg, tratar de atrapar a alg

'haschen² F *v/i* (*Haschisch rauchen*) fumar porros

Häscher ['hɛʃər] *lit m* esbirro *m*

Haschisch ['haʃɪʃ] *m od n* ⟨-(s)⟩ hachís *m*; F chocolate *m*

Hase ['ha:zə] *m* ⟨-n; -n⟩ liebre *f*; F *fig* **ein alter ~** un viejo zorro; F **da liegt der ~ im Pfeffer** esa es la madre del cordero; F **wissen, wie der ~ läuft** F saber por dónde van los tiros; F *scherzh* **mein Name ist ~** no sé nada de nada

Hasel|nuss ['ha:zəl-] *f* avellana *f*; **~(nuss)strauch** *m* avellano *m*

'Hasen|braten *m* asado *m* de liebre; **~fuß** *m fig desp* cobarde *m*, gallina *m*; **~pfeffer** *m* GASTR lebrada *f*

'hasenrein *adj* **nicht (ganz) ~ sein** no ser trigo limpio

'Hasenscharte *f* labio *m* leporino

Hass [has] *m* ⟨-es⟩ odio *m* (**gegen, auf** +*acus* a)

'hassen *v/t* odiar

'hasserfüllt I *adjt* lleno de odio; **II** *advl* **j-n ~ anblicken** dirigir(le) a alg una mirada de odio

hässlich ['hɛslɪç] *adj* **1** (*nicht schön*) feo; **~ aussehen** ser feo; **2** *fig* (*gemein*) malo (*a Wort*); **3** *fig* (*unangenehm*) desagradable

'Hässlichkeit *f* ⟨-⟩ fealdad *f*; *fig* maldad *f*

'Hassliebe *f* amor-odio *m*

hast [hast] → **haben**

Hast *f* ⟨-⟩ (*Eile*) prisa *f*; (*Überstürzung*) precipitación *f*; **ohne ~** tranquilamente

'hasten *v/i* ⟨sn⟩ darse prisa, precipitarse

'hastig I *adj* precipitado; *Bewegung* brusco; **II** *adv* precipitadamente; **nicht so ~!** ¡no tan deprisa!

hat [hat] → **haben**

hätscheln ['hɛtʃəln] *v/t* (*liebkosen*) acariciar; (*verwöhnen*) mimar (*a fig Künstler*)

hatschi [ha'tʃi:] *int* ¡achís!

hatte ['hatə] → **haben**

Hatz [hats] *f* ⟨-; -en⟩ *fig* (*Hetzjagd*) caza *f*, persecución *f* (**auf** +*acus* a)

Haube ['haʊbə] *f* **1** cofia *f*; (*Schwestern&*) toca *f*; F *scherzh* **j-n unter die ~ bringen** casar a alg; **2** ZO copete *m*; **3** (*Motor&*) capó *m*; **4** (*Trocken&*) secador *m*

Hauch [haʊx] *m* ⟨-(e)s; -e⟩ (*Atem&*) aliento *m* (*a fig*); (*Luft&*) soplo *m*, aire *m*; *Zartes*, *Duftiges* **ein ~ von ...** un toque de ...

'hauch'dünn *adj Schicht*, *Scheibe usw* delgadísimo; *Gewebe* finísimo; *Vorsprung*, *Mehrheit* mínimo

'hauchen *v/t*, *v/i* soplar; *fig Worte* susurrar

'Haudegen *m* (**alter**) **~** viejo soldado *m*

'Haue *f* **1** F (*Prügel*) paliza *f*; **2** *südd*, *österr* (*Hacke*) azada *f*

hauen ['haʊən] ⟨haute *o* hieb, gehauen *o* F gehaut⟩ **I** *v/t* **1** *Bildhauerei* **in Stein** (*acus*) **~** tallar *od* labrar en piedra; **2** F (*hinein~*) **ein Loch in etw** (*acus*) **~** abrir un agujero en a/c; **3** F (*schlagen*) pegar, golpear; **4** F (*schleudern*) **etw irgendwohin ~** F mandar a/c a algún lugar; **II** F *v/i* **5** (*schlagen*) golpear; **6** (*stoßen*) (**mit etw**) **gegen etw ~** arremeter (con a/c) contra a/c; **III** *v/r* **7 sich ~** (*sich schlagen*) pegarse

'Hauer *m* **1** MIN picador *m*; **2** *des Keilers* colmillo *m*

Häufchen ['hɔʏfçən] *n* ⟨-s; -⟩ montoncillo *m*; **wie ein ~ Elend aussehen** estar hecho una lástima

Haufen ['haʊfən] *m* ⟨-s; -⟩ **1** montón *m*; *aufgeschichteter* pila *f*; F **j-n über den ~ rennen, fahren** tumbar *od* derribar a alg; F **j-n über den ~ schießen** matar a alg a tiros; F **über den ~ werfen** *Pläne* echar abajo; F echar por tierra; **2** F (*Kot&*) mierda *f*; **3** F (*große Menge*) **ein ~ ...** un montón de ...; **ein ~ Geld** un montón de dinero; **4** (*Menschen&*) multitud *f*

häufen ['hɔʏfən] **I** *v/t* **1** amontonar, apilar

(***auf*** *+acus* en); **II** *v/r* ***sich ~*** **2** (*sich an~*) acumularse; **3** *fig Fälle* aumentar, multiplicarse

'haufenweise F *adv* F a montones, en masa; ***~ Geld verdienen*** F ganar dinero a manta

'Haufenwolke *f* cúmulo *m*

häufig ['hɔʏfɪç] **I** *adj* frecuente; **II** *adv* con frecuencia

'Häufigkeit *f* frecuencia *f*

'Häufung *f von Fällen* aumento *m*

Haupt [haʊpt] *geh n* ⟨-(e)s; ⸗er⟩ **1** (*Kopf*) cabeza *f*; ***erhobenen ~es*** con la cabeza alta; **2** *fig* (*Führer*) jefe *m*, cabeza *m*

'Haupt|... *in Zssgn mst* principal; **~aktionär(-in)** *m(f)* accionista *m,f* principal; **~akzent** *m* **1** *Phonetik* acento *m* principal; **2** *fig* acento *m*; **~altar** *m* altar *m* mayor; **Samtlich I** *adj Tätigkeit* profesional; **II** *adv* profesionalmente; **~anschluss** *m* TEL línea *f* principal; **~arbeit** *f* grueso *m* del trabajo; **~bahnhof** *m* estación *f* central; **~beruf** *m* profesión *f* principal; **Sberuflich I** *adj* profesional; **II** *adv* profesionalmente; **~darsteller(in)** *m(f)* FILM, THEA protagonista *m,f*; **~eingang** *m* entrada *f* principal

Häuptelsalat *m südd, österr* lechuga *f*

'Haupt|fach *n Schule* asignatura *f* principal; *Studium* especialidad *f*; **~fehler** *m* defecto *m* principal; (*Irrtum*) error *m* principal; **~figur** *f* persona *f* principal (*a fig*); *fig a* protagonista *m,f*; **~gang** *m* GASTR plato *m* fuerte; **~gebäude** *n* edificio *m* principal; **~gericht** *n* GASTR plato *m* fuerte; **~geschäft** *n* **1** *Gebäude* casa *f* central *od* matriz; **2** (*Hauptumsatz*) mayores ventas *f/pl*; **~geschäftsstelle** *f* oficina *f* principal; **~gewinn** *m* primer premio *m*; F gordo *m*; **~grund** *m* causa *f* principal; **~kasse** *f* caja *f* central; **~last** *f* peso *m* principal (*a fig*)

Häuptling ['hɔʏptlɪŋ] *m* ⟨-s; -e⟩ jefe *m* de tribu, cacique *m*

'Haupt|mahlzeit *f* comida *f* principal; **~mann** *m* ⟨-(e)s; -leute⟩ MIL capitán *m*; **~motiv** *n* tema *m* principal; **~person** *f* personaje *m* principal, protagonista *m,f*; **~post** *f*, **~postamt** *n* Oficina *f* Central de Correos; **~problem** *n* problema *f* principal; **~quartier** *n* MIL cuartel *m* general; **~reisezeit** *f* temporada *f* alta

'Hauptrolle *f* papel *f* principal; ***die ~ spielen*** *Person, fig* ser el protagonista

'Hauptsache *f* lo esencial, lo principal; F ***~, du bist hier*** lo importante es que estás aquí

'hauptsächlich I *adj* principal, esencial; **II** *adv* sobre todo, principalmente

'Haupt|saison *f* temporada *f* alta; **~satz** *m* oración *f* principal; **~schalter** *m* EL interruptor *m* principal; **~schlagader** *f* aorta *f*; **~schlüssel** *m* llave *f* maestra; **~schulabschluss** *m* certificado *m* de estudios primarios

'Hauptschuld *f* culpa *f* principal; ***die ~ an etw*** (*dat*) ***tragen*** cargar con las culpas de a/c

'Haupt|schule *f segunda etapa de la enseñanza primaria*; **~schüler(in)** *m(f) alumno de la segunda etapa de la enseñanza primaria*; **~sitz** *m* sede *f* principal; **~speicher** *m* INFORM memoria *f* principal *od* central; **~stadt** *f* capital *f*; **~straße** *f* calle *f* principal *od* mayor; **~strecke** *f* BAHN línea *f* principal; **~studium** *n* segundo ciclo *m* (de los estudios universitarios); **~teil** *m* (*wichtigster Teil*) parte *f* principal; (*größter Teil*) mayor parte *f*; **~treffer** *m Lotterie* primer premio *m*; F gordo *m*; **~ursache** *f* motivo *m* principal; **~verhandlung** *f* JUR juicio *m* oral; **~verkehrsstraße** *f* carretera *f* general; arteria *f* principal; **~verkehrszeit** *f* hora *f* punta

'Hauptversammlung *f* junta *f* general, *Am* asamblea *f* general; ***(außer)ordentliche ~*** junta *f bzw* asamblea *f* general (extra)ordinaria; ***die ~ einberufen*** convocar la junta *bzw* asamblea general; ***an der ~ teilnehmen*** asistir a la junta *bzw* asamblea general

'Haupt|verwaltung *f* administración *f* central; **~wäsche** *f* fase *f* principal de lavado; **~wort** *n* ⟨-(e)s; -wörter⟩ sustantivo *m*, nombre *m*

hau ruck ['haʊ'rʊk] *int* ¡a la una, a las dos, a las tres ...!

Haus [haʊs] *n* ⟨-es; ⸗er⟩ **1** *Gebäude* casa *f* (*a* ASTR, *Firma, Hotel*); ***aus dem ~ gehen*** salir de casa; COM ***frei ~*** puesto a *od* franco domicilio; ***ins ~ liefern*** entregar a domicilio; ***nach ~e*** a casa; ***nach ~e gehen*** ir a casa; ***zu ~e*** en casa; ***zu ~e bleiben*** quedarse en casa; **2** *fig* F ***j-m das ~ einrennen*** asediar a alg en su casa; ***aus gutem ~e sein*** ser de buena familia; F ***j-m steht etw ins ~*** a alg le queda a/c por resolver; F a alg le está al caer a/c; ***von ~ aus Lehrer sein*** ser originalmente profesor; **3** (*Theater*) sala *f*; ***volles ~*** llenazo *m*; **4** (*Parlament*) Cámara *f*; **5** (*Schneckenϩ*) concha *f*

'Haus|angestellte(r) *f(m)* criado, -a *m,f*, empleado, -a *m,f*; **~apotheke** *f* botiquín *m*; **~arbeit** *f* **1** *im Haushalt* labores *f/pl od* tareas *f/pl* del hogar; **2** *für die Schule* deberes *m/pl*; **3** *im Studium* trabajo *m*; **~arrest** *m* **1** JUR arresto *m* domiciliario; **2** *für Kind* prohibición *f* de salir; **~arzt** *m*, **~ärztin** *f* médico, -a *m,f* de cabecera; **~aufgabe** *f mst pl* **~n** deberes *m/pl*; **ϩbacken** *adj desp* prosáico, trivial; *Frau a* F

H

casero; **~bar** *f* mueble *m* bar; **~bau** *m* construcción *f* de una casa; **~besetzer(in)** *m(f)* ocupante *m,f* (ilegal) de una vivienda; F ocupa *m,f*; **~besitzer(in)** *m(f)* propietario, -a *m,f* (de una casa); **~besuch** *m e-s Arztes* visita *f* a domicilio; **~bewohner(in)** *m(f)* habitante *m,f* (de una casa); (*Mieter[in]*) inquilino, -a *m,f*

Häuschen ['hɔʏsçən] *n* ⟨-s; -⟩ **1** (*kleines Haus*) casita *f*; F (***ganz***) ***aus dem ~ sein*** estar fuera de sus casillas; *vor Freude* estar fuera de sí; **2** F (*Toilette*) F retrete *m*

'Hauseigentümer(in) *m(f)* propietario, -a *m,f* (de una casa)

'hausen F *v/i* **1** (*wohnen*) (mal)vivir; **2** (*wüten*) ***übel, schlimm ~*** hacer estragos, devastar

Häuserblock ['hɔʏzər-] *m* ⟨-(e)s; -s⟩ manzana *f* de casas, *Am* cuadra *f*

'Haus|flur *m* vestíbulo *m*, zaguán *m*, pasillo *m*; **~frau** *f* ama *f* de casa; **~freund** *m* **1** amigo *m* de la casa; **2** *scherzh* (*Liebhaber*) amante *m*; **~friedensbruch** *m* allanamiento *m* de morada

'Hausgebrauch *m* ***für den ~*** para uso doméstico; *fig* para uso personal

'Haus|gehilfin *f* asistenta *f*; *Beruf* empleada *f* de hogar; **≈gemacht** *adjt Lebensmittel* de fabricación casera, casero (*a fig Probleme*)

'Haushalt *m* ⟨-(e)s; -e⟩ **1** *privater* casa *f*; ***ein ~ mit fünf Personen*** una familia de cinco personas; (***j-m***) ***den ~ führen*** llevar(le) la casa a alg; **2** POL *usw* presupuesto *m*; ***ausgeglichener ~*** presupuesto *m* equilibrado; ***negativer ~*** presupuesto *m* deficitario; ***öffentlicher ~*** presupuesto *m* público; ***privater ~*** economía *f* doméstica; ***den ~ aufstellen, verabschieden*** establecer, aprobar el presupuesto; ***etw im ~ vorsehen*** presupuestar a/c

'haushalten *v/i* ⟨*irr*⟩ economizar (***mit etw*** a/c; *a fig*)

Haushälterin ['haʊshɛltərɪn] *f* ama *f* de llaves, administradora *f*

'Haushalts|defizit *n* déficit *m* presupuestario; **~disziplin** *f* disciplina *f* presupuestaria; **~geld** *n* dinero *m* para los gastos domésticos; **~gerät** *n* aparato *m* doméstico; **~hilfe** *f* asistenta *f*; **~jahr** *n* ADM año *m* presupuestario, ejercicio *m*; **~kasse** *f* **1** caja *f* de la casa; **2** *Geld* dinero *m* para la casa; **~kontrolle** *f* control *m* presupuestario; **~loch** *n* agujero *m* presupuestario; **~plan** *m* presupuesto *m*, plan *m* presupuestario; **~waren** *pl* artículos *m/pl* para la casa

'Haus|herr *m* **1** (*Gastgeber*) señor *m* de la casa; **2** (*Besitzer*) amo *m* *od* dueño *m* de la casa; **~herrin** *f* **1** (*Gastgeberin*) señora *f* de la casa **2** (*Besitzerin*) dueña *f* de la casa

'haus'hoch I *adj* de la altura de una casa; *fig Überlegenheit* descomunal; *Niederlage, Sieg* enorme, como una casa; **II** *adv fig gewinnen* ampliamente; ***j-m ~ überlegen sein*** dar cien vueltas a alg

hau'sieren *v/i* ⟨*sin* ge⟩ ***mit etw ~ gehen*** vender a/c por las casas; *fig desp* contar a/c a todo el mundo

Hau'sier|er(in) *m(f)* vendedor, a *m,f* ambulante, buhonero, -a *m,f*; **~handel** *m* buhonería *f*, venta *f* ambulante

'Haus|mitteilung *f* COM mensaje *m* interno; **~katze** *f* gato *m* doméstico; **~kleid** *n* bata *f*, vestido *m* de estar en casa; **~lehrer(in)** *m(f)* profesor, a *m,f* particular

häuslich ['hɔʏslɪç] **I** *adj* **1** (*das Haus betreffend*) doméstico; *Arbeiten a* del hogar; *Angelegenheit* privado; **2** *Person* casero, hogareño; **II** *adv* **3** F ***sich ~ bei j-m niederlassen*** instalarse en casa de alg

'Hausmacherart *f* GASTR ***nach ~*** de la casa

'Haus|mann *m* amo *m* de casa; **~mannskost** *f* comida *f* casera; **~marke** *f* F (*bevorzugtes Getränk*) marca *f* favorita; *in e-m Lokal* marca *f* de la casa; **~meister(in)** *m(f)* conserje *m,f*, portero, -a *m,f*; **~mittel** *n* remedio *m* casero; **~müll** *m* basura *f* doméstica; **~musik** *f* música *f* privada *od* de casa; **~nummer** *f* número *m* de la casa; **~ordnung** *f* reglamento *m* interno (de una casa); **~post** *f* correo *m* interno; **~putz** *m* limpieza *f* general; **~rat** *m* enseres *m/pl* domésticos, menaje *m*; **~ratversicherung** *f* seguro *m* del hogar; **~schlüssel** *m* llave *m* de la casa; **~schuh** *m* zapatilla *f*

Hausse [os] *f* alza *f*; **'~spekulant** *m* alcista *m*; **'~tendenz** *f* tendencia *f* alcista

'Haus|stand *m* casa *f*; **~suchung** *f* JUR registro *m* domiciliario; **~suchungsbefehl** *m* JUR orden *f* de registro domiciliario; **~telefon** *n* teléfono *m* interno; **~tier** *n* animal *m* doméstico; **~tür** *f* puerta *f* de la casa *bzw* de la calle; **~türgeschäft** *n*, **~verkauf** *m* venta *f* a domicilio

'Hausverbot *n* prohibición *f* de entrar; ***j-m ~ erteilen*** prohibir a alg oficialmente la entrada

'Haus|verwalter(in) *m(f)* administrador, a *m,f* de fincas; **~verwaltung** *f* administración *f* de fincas; **~wart** *m* ⟨-(e)s; -e⟩ portero *m*; **~wirt(in)** *m(f)* casero, -a *m,f*; **~wirtschaft** *f* economía *f* doméstica (*a Lehrfach*); **≈wirtschaftlich** *adj* doméstico; **~-zu-'Haus-Lieferung** *f* transporte *m* puerta a puerta

Haut [haʊt] *f* ⟨-; ⸚e⟩ **1** *allg* piel *f* (*a von Obst*); (*bsd Gesichts≈*) cutis *m*; *Anat, Biol*

membrana *f*; (*auf der Milch*) telilla *f*; **2** *mit su* F *fig* ***mit ~ und Haar(en)*** completamente; F ***nur noch ~ und Knochen sein*** estar en los huesos; **3** *mit adj* F *fig* ***auf der faulen ~ liegen*** F tirarse a la bartola; ***mit heiler ~ davonkommen*** salir ileso, salvar el pellejo; **4** *mit prp* ***nass bis auf die ~*** empapado hasta los huesos; F ***aus der ~ fahren*** salirse de sus casillas; F ***niemand kann aus s-r ~ heraus*** la cabra siempre tira al monte; F ***sich in s-r ~ (nicht) wohl fühlen*** (no) sentirse a sus anchas; F ***ich möchte nicht in s-r ~ stecken*** no quisiera estar en su pellejo; ***unter die ~ gehen*** llegar al alma, calar hondo; **5** *mit Verb* ***sich s-r ~*** (*gen*) ***wehren*** defender el pellejo

'Haut|abschürfung *f* desolladura *f*, excoriación *f*; **~arzt** *m*, **~ärztin** *f* dermatólogo, -a *m,f*; **~ausschlag** *m* erupción *f* cutánea, exantema *m*; **~creme** *f* crema *f* para la piel

häuten ['hɔʏtən] **I** *v/t Tier* desollar, despellejar; **II** *v/r* ***sich ~*** mudar la piel

'hauteng *adj* muy ceñido, pegado al cuerpo

'Haut|farbe *f* color *m* de la piel, tez *f*; **♀freundlich** *adj* bueno para la piel; **~krankheit** *f* dermatosis *f*, enfermedad *f* de la piel; **♀nah I** *adj* **1** (*sehr nah*) muy cerca; **2** F *fig* (*anschaulich, packend*) muy realista, muy claro; **II** *adv* **3** (*sehr nah*) muy de cerca; **4** F *fig* de forma muy realista; **~pflege** *f* cuidado *m* de la piel; **~reizung** *f* irritación *f* de la piel; **♀schonend** *adjt* que no ataca la piel; **~transplantation** *f* injerto *m* cutáneo *od* de piel; **~unreinheit** *f* impureza *f* de la piel

Havanna[1] [ha'vana] *f* ⟨-; -s⟩ *Zigarre* habano *m*

Ha'vanna[2] *n* ⟨-s⟩ *Ort* La Habana *f*

Havarie [hava'ri:] *f bsd* MAR avería *f*; ***besondere ~*** avería *f* particular; ***große ~*** avería *f* gruesa, avería *f* común

Hava'riezertifikat *n bsd* MAR certificado *m* de avería

Hawaii [ha'vaɪ] *n* ⟨-s⟩ Hawai *m*

Haxe *f südd* → ***Hachse***

Hbf *Abk* (*Hauptbahnhof*) estación *f* central

h.c. [ha:'tse:] *Abk.* (*honoris causa*) h. c.

'H-Dur [ha-] *n* si *m* mayor

he [he:] F *int* **1** *Zuruf* ¡oiga!; **2** *bei Empörung, bei Verwunderung* ¡eh!

Headhunter(in) ['hedhantər(ɪn)] *m(f)* cazatalentos *m,f*

Hebamme ['he:bˀamə] *f* comadrona *f*, partera *f*

'Hebebühne *f* plataforma *f* elevadora

Hebel ['he:bəl] *m* ⟨-s; -⟩ palanca *f*; F *fig* ***alle ~ in Bewegung setzen*** mover todos los resortes; F *fig* ***am längeren ~ sitzen*** tener la sartén por el mango

heben ['he:bən] ⟨hob, gehoben⟩ **I** *v/t* **1** (*hoch~*) *Last, Person* subir, levantar; (*nach oben bewegen*) *Arm, Hand, Kopf usw* levantar, alzar; F ***einen ~*** empinar el codo; **2** *gesunkenes Schiff* sacar (a flote); *Schatz* desenterrar; **3** *fig Niveau, Ansehen* elevar, subir, mejorar; *Stimmung* animar; **II** *v/r* ***sich ~*** **4** *Vorhang usw* levantarse; **5** *fig Niveau* elevarse, mejorarse; *Stimmung* animarse

hebräisch [he'brɛ:ɪʃ] *adj* hebreo

He'briden [he'bri:dən] *pl* Islas *f/pl* Hébridas

'Hebung *f* **1** *e-s Schiffes* levantamiento *m*; *e-s Schatzes* desenterramiento *m*; **2** GEOL elevación *f*; **3** *fig des Niveaus, des Ansehens* mejora *f*; *der Stimmung* animación *f*

hecheln ['hɛçəln] *v/i Hund* jadear

Hecht [hɛçt] *m* ⟨-(e)s; -e⟩ lucio *m*; F *fig* ***ein toller ~*** F un tío genial

'hecht|en *v/i* ⟨sn⟩ hacer un salto de tigre *bzw* de carpa; **♀sprung** *m Turnen* salto *m* de tigre; *Schwimmen* salto *m* de carpa

Heck [hɛk] *n* ⟨-(e)s; -e *o* -s⟩ AUTO parte *f* trasera; MAR *a* popa *f*; **'~antrieb** *m* tracción *f* trasera

Hecke ['hɛkə] *f* seto *m* vivo

'Hecken|rose *f Strauch* escaramujo *m*; *Blüte* rosa *f* silvestre; **~schere** *f* tijeras *f/pl* de jardinero; **~schütze** *m* francotirador *m*

'Heck|fenster *n* ventana *f* trasera; **~motor** *m* motor *m* trasero; **~scheibe** *f* luneta *f* trasera

Heer [he:r] *n* ⟨-(e)s; -e⟩ ejército *m*; *fig a* multitud *f*, nube *f*

'Heeresleitung *f* Estado *m* Mayor

'Heerschar *f* REL ***die himmlischen ~en*** las legiones celestiales; F *fig* ***ganze ~en von ...*** toda una legión de ...

Hefe ['he:fə] *f* levadura *f*; **~kuchen** *m* bizcocho *m* (de levadura); **~teig** *m* masa *f* hecha con levadura; **~zopf** *m bizcocho con forma de trenza hecho de masa de levadura*

Heft[1] [hɛft] *n* ⟨-(e)s; -e⟩ **1** (*Schreib♀*) cuaderno *m*; **2** *e-r Zeitschrift* número *m*; (*Broschüre*) folleto *m*; **3** *bsd schweiz* (*Illustrierte, Zeitschrift*) revista *f*

Heft[2] *geh n* ⟨-(e)s; -e⟩ *e-s Messers* mango *m*; (*am Degen*) puño *m*; *fig* ***das ~ in der Hand haben*** tener la sartén por el mango

'Heftchen *n* ⟨-s; -⟩ *oft desp* (*Comic♀, Roman♀ usw*) folletín *f*

'heften I *v/t* **1** *mit Reißzwecken* sujetar, fijar (***an*** *+acus* en); *mit Heftklammern* grapar (***an*** *+acus* a); **2** *beim Nähen* hilvanar; **3** *Buch* ***geheftet*** encuadernado (en rústica); **4** *geh fig* ***den Blick auf j-n, etw ~*** clavar la mirada en alg, a/c; **II** *v/r* **5** ***sich auf j-n, etw ~*** *Blick, Augen* clavarse en alg, a/c

'Heft|er *m* **1** (*Heftmaschine*) grapadora *f*; **2** → ***Schnellhefter***; **~garn** *n* hilo *m* de hilvanar

heftig ['hɛftɪç] *adj Regen* intenso; *Gewitter* fuerte; *Kritik* violento; *Verlangen* vehemente; *Schmerz* agudo, intenso; *Person* ***~ werden*** encolerizarse, irritarse

'Heftigkeit *f* ⟨-⟩ violencia *f*, vehemencia *f*, fuerza *f*

'Heft|klammer *f* grapa *f*; (*Büroklammer*) clip *m*; **~maschine** *f Büro* grapadora *f*; **~pflaster** *n* esparadrapo *m*, tirita *f*

hegen ['heːgən] *v/t* **1** *Wild* proteger; *Pflanzen* cuidar; *geh Menschen* cuidar de; ***etw ~ und pflegen*** mimar a/c, cuidar a/c con todo el cariño; **2** *fig Zweifel*, *Verdacht*, *Hoffnung* albergar; *Plan* acariciar

Hehl [heːl] *n od m* ***kein(en) ~ aus etw machen*** no disimular a/c, decir a/c con franqueza

'Hehler(in) *m*(*f*) encubridor, a *m,f*

Hehle'rei *f* encubrimiento *m*

hehr [heːr] *geh adj* augusto, sublime

heia ['haɪa] *Kinderspr* ***~ machen*** mimir, dormir

Heide[1] ['haɪdə] *m* ⟨-n; -n⟩ REL pagano *m*

'Heide[2] *f* **1** GEOGR brezal *m*, landa *f*; **2** BOT brezo *m*

'Heidekraut *n* brezo *m*

Heidelbeere ['haɪdəl-] *f* arándano *m*

'Heiden|'angst F *f* miedo *m* cerval, pavor *m* (***vor*** *+dat* a); **'~'arbeit** F *f* trabajo *m* enorme; F trabajo *m* de negros; **'~'geld** F *n* F dineral *m*; ***ein ~ kosten*** costar un ojo de la cara *od* un riñón; **'~'lärm** F *m* F ruido *m* infernal; **'~'spaß** F *m* ***e-n ~ haben*** pasarlo bomba; **'~spek'takel** F *m* → ***Heidenlärm***

'Heidentum *n* ⟨-s⟩ paganismo *m*; *Personen* paganos *m/pl*

Heidin ['haɪdɪn] *f* REL pagana *f*

'heidnisch *adj* pagano

heikel ['haɪkəl] *adj* ⟨-kl-⟩ delicado, espinoso

heil [haɪl] *adj Person* sano (y salvo); *Sache* entero, intacto; *fig* ***die ~e Welt*** el paraíso terrenal; *verletzter Arm* ***wieder ~ sein*** estar curado; ***etw ~ überstehen*** salir ileso de a/c

Heil *n* ⟨-s⟩ REL, *fig* salvación *f*; ***sein ~ in der Flucht suchen*** darse a la fuga

Heiland ['haɪlant] *m* ⟨-(e)s⟩ REL Salvador *m*

'Heil|anstalt *f* sanatorio *m*; **~bad** *n* balneario *m*, estación *f* termal; **≈bar** *adj* curable

Heilbutt ['haɪlbʊt] *m* halibut *m*, fletán *m*

'heilen I *v/t* ⟨h⟩ curar (***von*** de); **II** *v/i* ⟨sn⟩ curarse (***von*** de)

'heil'froh F *adj* aliviado; F (contento) como unas castañuelas

heilig ['haɪlɪç] **I** *adj* **1** santo; ***der ~e Paulus*** san Pablo; ***der ≈e Abend*** la Nochebuena; ***die ≈en Drei Könige*** los Reyes Magos; **2** (*geweiht*, *geh fig unantastbar*) sagrado; ***mein Schlaf ist mir ~*** para mí el dormir es sagrado; ***ihm ist nichts ~*** no le tiene respeto a nada; **II** *adv* **3** *j-s Andenken usw* ***~ halten*** tener por sagrado; ***~ sprechen*** canonizar

Heilig'abend *m* Nochebuena *f*

'Heilige(r) *f*(*m*) ⟨→ A⟩ santo, -a *m,f*; F *iron* ***ein komischer ~r*** un tipo raro

'heiligen *v/t* santificar; (*weihen*) consagrar

'Heiligen|bild *n* imagen *f* de un santo; **~schein** *m* nimbo *m*, aureola *f* (*a fig*)

'Heiligkeit *f* ⟨-⟩ santidad *f*; ***Seine ~*** (*Papst*) Su Santidad

'Heiligtum *n* ⟨-s; ¨er⟩ santuario *m*; lugar *m bzw* objeto *m* sagrado

'Heil|kraft *f* fuerza *f* curativa; **~kraut** *n* hierba *f* medicinal; **~kunde** *f* ciencia *f* médica; terapeútica *f*

'heillos I *adj* infernal, terrible; ***ein ~es Durcheinander*** un desorden infernal; *fig* una confusión terrible; **II** *adv* terriblemente

'Heil|mittel *n* remedio *m*; (*Arznei*) medicina *f*, medicamento *m*; **~pflanze** *f* planta *f* medicinal; **~praktiker(in)** *m*(*f*) homeópata *m,f*, naturópata *m,f*; **~quelle** *f* (manantial *m* de) aguas *f/pl* medicinales

'heilsam *adj* saludable

'Heils|armee *f* Ejército *m* de Salvación; **~lehre** *f* doctrina *f* de la gracia

'Heilung *f* cura *f*, curación *f*; **~sprozess** *m* proceso *m* curativo

heim [haɪm] *adv* a casa

Heim *n* ⟨-(e)s; -e⟩ **1** (*Zuhause*) hogar *m*, casa *f*; **2** (*Kinder≈*) hogar *m* (para niños); (*Studenten≈*) residencia *f*; (*Alters≈*, *Obdachlosen≈*) asilo *m*

'Heimarbeit *f* trabajo *m* a domicilio; **~er(in)** *m*(*f*) trabajador, a *m,f* a domicilio; **~splatz** *m* puesto *m* de trabajo a domicilio

Heimat ['haɪmaːt] *f* ⟨-⟩ patria *f*; (*~land*) país *m* natal; *engere* patria *f* chica; *e-r Spezialität* país *m* de origen; ***in meiner ~*** en mi país

'Heimat|dichter(in) *m*(*f*) poeta *m,f* de la región; **~film** *m* película *f* regionalista; **~hafen** *m* puerto *m* de matrícula; **~kunde** *f Schulfach geografía e historia de la región*; **~land** *n* país *m* natal; **≈lich** *adj* del país; **≈los** *adj* apátrida, sin patria; **~ort** *m* lugar *m* de nacimiento *od* de origen; **~stadt** *f* ciudad *f* natal; **~vertriebene(r)** *f*(*m*) expulsado, -a *m,f*

'heimbringen *v/t* ⟨*irr*, *sep*⟩ **1** *Person* acompañar a casa; **2** *Sache* traer a casa

'Heimchen *n* ⟨-s; -⟩ **1** ZO grillo *m* doméstico; **2** F *desp* ***~ (am Herd)*** mujer *f* de sus ca-

charros
'Heimcomputer *m* ordenador *m* personal
'heimelig *adj* acogedor, íntimo
'heimfahren ⟨*irr, sep*⟩ **I** *v/t* ⟨h⟩ ***j-n*** **~** llevar a casa a alg; **II** *v/i* ⟨sn⟩ regresar *od* volver a casa
'Heimfahrt *f* vuelta *f od* regreso *m* a casa; ***auf der* ~** al volver a casa
'heimgehen *v/i* ⟨*irr, sep*, sn⟩ **1** regresar *od* volver a casa; **2** *geh fig* (*sterben*) fallecer
'heimisch *adj* **1** *Industrie, Produkte usw* del país, local (*a Flora, Fauna*); *Bevölkerung a* indígena; **2** (*vertraut*) familiar; ***sich ~ fühlen*** sentirse como en casa; **~ *werden*** aclimatarse
'Heimkehr *f* ⟨-⟩ vuelta *f od* regreso *m* a casa; ***bei s-r* ~** al volver a su casa
'heimkehren *v/i* ⟨*sep*, sn⟩ volver *od* regresar a casa
'Heimkehrer(in) *m(f)* **1** persona *f* que regresa; **2** (*Kriegs*♀) repatriado, -a *m,f*
'Heimkind *n* niño, -a *m,f* que vive en un orfanato *bzw* hogar de niños
'heim|kommen *v/i* ⟨*irr, sep*, sn⟩ volver a casa; **~laufen** *v/i* ⟨*irr, sep*, sn⟩ volver a casa a pie; *schnell* volver corriendo a casa
'Heimleiter(in) *m(f)* director, a *m,f* de residencia *bzw* de asilo
'heimlich I *adj* secreto, escondido, oculto; (*~ u illegal*) clandestino; **II** *adv* en secreto, a escondidas; **~ *tun*** andar con tapujos; F **~, *still und leise*** F a la chita callando
'Heimlichkeit *f* secreto *m*, disimulo *m*; ***in aller* ~** con un gran secreto
Heimlichtuerei [-tuːəˈraɪ] *f* secreteo *m*
'heimmüssen *v/i* ⟨*irr, sep*⟩ ***ich muss heim*** tengo que volver a casa
'Heimreise *f* viaje *m* de vuelta; ***auf der* ~** al volver
'Heim|service *m* servicio *m* a domicilio; **~spiel** *n* SPORT partido *m* en casa
'heimsuchen *v/t* ⟨*sep*⟩ *Krieg, Epidemie* azotar, plagar; *Katastrophe, Seuche usw* devastar; *Geister* invadir
'Heimsuchung *f* (*Schicksalsprüfung*) prueba *f*, tribulación *f*; (*Geißel*) plaga *f*, azote *m*
'Heim|trainer *m* bicicleta *f* estática; **~tücke** *f e-r Person* perfidia *f*; JUR alevosía *f*; **♀tückisch** *adj Person, Handlung* pérfido; JUR alevoso; *Krankheit* insidioso; **♀wärts** *adv* a casa
'Heimweg *m* camino *m* de vuelta; ***sich auf den* ~ *machen*** emprender el regreso a casa
'Heimweh *n* nostalgia *f*, añoranza *f*, morriña *f* (***nach*** de)
'Heimwerker|(in) *m(f)* aficionado, -a *m,f* al bricolaje; **~bereich** *m* sector *m* de bricolaje
'heimzahlen *v/t* ⟨*sep*⟩ ***es j-m* ~** pagar a alg con la misma moneda; ***das werde ich dir* ~*!*** ¡me las pagarás!
Heinrich [ˈhaɪnrɪç] *m* ⟨-s⟩ Enrique *m*
Heinzelmännchen [ˈhaɪntsəl-] *n* duende *m*
Heirat [ˈhaɪraːt] *f* ⟨-; -en⟩ matrimonio *m*, boda *f*
'heiraten I *v/t* casarse con; **II** *v/i* casarse
'Heiratsantrag *m* petición *f* de mano; ***j-m e-n* ~ *machen*** pedirle matrimonio *od* la mano a alg
'Heirats|anzeige *f* **1** (*Heiratsannonce*) anuncio *m* matrimonial; **2** (*Vermählungsanzeige*) participación *f* de boda; **♀fähig** *adj* casadero; ADM núbil; **~schwindler(in)** *m,f* estafador, a *m,f* matrimonial; **~urkunde** *f* acta *f od* partida *f* de matrimonio; **~vermittler(in)** *m(f)* casamentero, -a *m,f*; **~vermittlung** *f* agencia *f* matrimonial
heiser [ˈhaɪzər] *adj* ronco; **♀keit** *f* ⟨-⟩ ronquera *f*
heiß [haɪs] **I** *adj* **1** caliente; (*kochend* **~**) hirviendo; (*glühend* **~**) ardiente; *Klima* cálido; ***es ist* ~** hace calor; ***mir ist* ~** tengo calor; **~ *machen*** calentar; **2** *fig Wunsch, Liebe* ardiente; *Kampf* encarnizado, violento; *Diskussion a* caluroso; **3** (*aufreizend*) *Musik, Rhythmus* excitante; F caliente; F ***ein* ~*er Typ*** F un tío cañón; **4** F *fig heikel* difícil; *Thema* espinoso; **5** F *fig Tip usw* caliente; ***auf e-r* ~*en Spur sein*** tener una pista segura; **6** F *Person* (***ganz***) **~ *auf etw*** (*acus*) ***sein*** F morirse por a/c; **II** *adv* **7** ardientemente, con ardor, con excitación; **8** *fig* ***j-n* ~ *und innig lieben*** amar a alg apasionadamente; F ***es ging* ~ *her*** F la cosa se puso al rojo (vivo), **~ *ersehnt*** ardientemente deseado; **~ *geliebt*** adorado; **~ *umstritten*** calurosamente disputado
'heißblütig *adj* **1** (*leicht aufbrausend*) fogoso; **2** *Liebhaber* ardiente, apasionado
heißen [ˈhaɪsən] ⟨hieß, geheißen⟩ **I** *geh v/t* **1** (*nennen*) llamar; **2** ***j-n etw tun* ~** mandar (-le) a alg hacer a/c; **II** *v/i* **3** (*den Namen haben*) llamarse; ***wie* ~ *Sie?*** ¿cómo se llama (Ud.)?; **4** (*bedeuten*) querer decir; ***was soll das*** (***denn***) **~*?*** ¿qué quiere decir eso?; ***das will nichts* ~** no significa nada; ***was*** *od* ***wie heißt „Haus" auf Spanisch?*** ¿cómo se dice "Haus" en español?; *erklärend, berichtigend* ***das heißt*** es decir; **III** *v/imp* **5** ***es heißt,*** (***dass***) se dice (que); **6** ***da heißt es aufgepasst*** hay que tener cuidado; **7** (*geschrieben stehen*) ***es heißt an dieser Stelle …*** en ese punto dice …
'Heißhunger *m* F hambre *f* canina (***auf*** *+acus* de; *a fig*)
'heißlaufen *v/i* ⟨*irr, sep*, sn⟩ TEC calentarse
'Heißluft *f* aire *m* caliente; **~ballon** *m* globo

H

m de aire caliente; **~herd** *m* horno *m* de aire caliente
'Heiß|sporn *geh m* ⟨-(e)s; -e⟩ persona *f* impulsiva; **~'wasserbereiter** *m* calentador *m* de agua
heiter ['haɪtər] *adj* **1** *Wetter* sereno; *Himmel* despejado; **2** *Person*, *Wesen* sereno, alegre; **3** *Szene*, *Geschichte* alegre, divertido; F iron ***das kann ja ~ werden!*** F ¡lo que nos espera!
'Heiterkeit *f* ⟨-⟩ (*Fröhlichkeit*) serenidad *f*, alegría *f*; (*Belustigung*) risas *f/pl*, hilaridad *f*
heiz|bar ['haɪtsbaːr] *adj* calentable, con calefacción; **≈decke** *f* manta *f* eléctrica
H
'heizen I *v/t* calentar; *Kessel*, *Ofen* encender; **II** *v/i* poner la calefacción
'Heizer *m* fogonero *m*
'Heiz|kessel *m* caldera *f* (de calefacción); **~kissen** *n* almohad(ill)a *f* eléctrica; **~körper** *m* radiador *m*; **~kosten** *pl* gastos *m/pl* de calefacción; **~lüfter** *m* calefactor *m* de aire caliente; **~material** *n* combustible *m*; **~ofen** *m* estufa *f*, calefactor *m*; **~öl** *n* fuel(oil) *m*
'Heizung *f* calefacción *f*
'Heizungs|anlage *f* instalación *f* de calefacción; **~keller** *m* cuarto *m* de calderas; **~monteur(in)** *m(f)* calefactor, a *m,f*
Hektar *n od m* ⟨-s; -e, *pero* 3 -⟩ hectárea *f*
Hektik ['hɛktɪk] *f* ⟨-⟩ ajetreo *m*, agitación *f*
'hektisch *adj Person*, *Bewegung* nervioso; *Leben* agitado; *Betriebsamkeit* febril, trepidante
Hektoliter [hɛkto'-] *m od n* hectolitro *m*
helau [he'lau] *int im Karneval* ¡viva!
Held [hɛlt] *m* ⟨-en; -en⟩ héroe *m* (*a Roman≈*, *fig*)
'Helden|epos *n* cantar *m* de gesta, epopeya *f*; **≈haft** *adj* heroico; **~mut** *m* heroísmo *m*; **≈mütig** *adj* heroico; **~sage** *f* leyenda *f* heroica; **~tat** *f* heroicidad *f*, hazaña *f*, proeza *f* (*a iron*); **~tum** *n* ⟨-s⟩ heroísmo *m*
'Heldin *f* heroína *f*
Helene [he'leːnə] *f* Elena *f*
helfen ['hɛlfən] *v/i* ⟨hilft, half, geholfen⟩ **1** (*behilflich sein*) ***j-m ~*** ayudar a alg; (*beistehen*) echar una mano *od* asistir a alg (***bei der Arbeit*** en el trabajo); *in e-m Notfall* socorrer a alg; ***j-m in den, aus dem Mantel ~*** ayudar a alg a ponerse, quitarse el abrigo; ***sich*** (*dat*) ***zu ~ wissen*** arreglárselas, defenderse; ***sich*** (*dat*) ***nicht mehr zu ~ wissen*** ya no saber qué hacer; ***ich kann mir nicht ~, (aber) ich muss lachen*** no lo puedo remediar, tengo que reírme; ***dem Kranken ist nicht mehr zu ~*** no se puede hacer nada más por el enfermo; F *fig* ***ihm ist nicht zu ~*** no tiene remedio; *drohend* F ***dir werde ich ~!*** ¡ye te daré yo lo tuyo!; **2** (*nützen*) *Mittel*, *Maßnahme* servir, ser útil para; *Medikament* ***gegen*** *od* ***bei Zahnschmerzen ~*** ser bueno contra *od* para el dolor de muelas; ***das hilft nichts*** no sirve de nada; ***es hilft alles nichts***, *wir müssen gehen* ¿qué le vamos a hacer?, no hay remedio
'Helfer(in) *m(f)* ayudante *m,f*, asistente *m,f*; ***ein freiwilliger ~*** un voluntario
'Helfershelfer *m desp* cómplice *m*
Helgoland ['hɛlgoland] *n* Helgoland *f*
Helikopter [heli'kɔptər] *m* helicóptero *m*
Helium ['heːliʊm] *n* ⟨-s⟩ helio *m*
hell [hɛl] **I** *adj* **1** (*nicht dunkel*) claro (*a Farbe*, *Haar*, *Stimme*); *Klang a* agudo; *Bier*, *Tabak* rubio; (*leuchtend*) luminoso; (*erleuchtet*) iluminado; *Stern* brillante; ***es wird ~*** amanece; **2** *fig Person* listo, inteligente; ***ein ~er Kopf sein*** ser muy listo *od* lúcido; **3** F *fig Begeisterung*, *Freude* pleno; *Freude a* total; ***s-e ~e Freude an etw*** (*dat*) ***haben*** alegrarse locamente por algo; ***in ~er Verzweiflung*** completamente desesperado; **II** *adv* **~ *leuchten*** *Lampe* iluminar bien; **~ *klingen*** tener un sonido limpio
'hell'auf *adv* **~ *begeistert sein*** estar muy entusiasmado
'hell|blau *adj* azul claro; **~blond** *adj* rubio claro
'Helle(s) F *n* ⟨→ A⟩ (cerveza *f*) rubia *f*
Heller ['hɛlər] *m fig* ***auf ~ und Pfennig*** hasta el último céntimo
'hell|grün *adj* verde claro; **~häutig** [-hɔʏtɪç] *adj* de piel blanca; **~hörig** *adj* **1** *Wohnung* de paredes delgadas; **2** *Person* de oído fino
'Helligkeit *f* claridad *f*; *e-r Lichtquelle*, TV luminosidad *f*
helllicht ['hɛlɪçt] *adj* ***am ~en Tag(e)*** en pleno día
'hellrot *adj* rojo claro
'hellsehen *v/i* ⟨*solamente inf*⟩ **~ *können*** ser vidente
'Hell|seher(in) *m(f)* vidente *m,f*; **≈sichtig** *adj* (*scharf blickend*) lúcido; (*weit blikkend*) clarividente; **'≈'wach** *adj* **1** completamente despierto; **2** F *fig* (*aufgeweckt*) espabilado
Helm [hɛlm] *m* ⟨-(e)s; -e⟩ MIL, (*Schutz≈*) casco *m*; HIST yelmo *m*
Hemd [hɛmt] *n* ⟨-(e)s; -en⟩ (*Ober≈*) camisa *f*; (*Unter≈*) camiseta *f*
'Hemd|bluse *f* blusa *f* camisera; **~blusenkleid** *n* vestido *m* camisero
'Hemdsärmel *m* manga *f* de camisa; ***in ~n*** en mangas de camisa
'hemdsärmelig *adj* **1** en mangas de camisa; **2** F *fig* (*leger*) informal, desenvuelto
Hemisphäre [hɛmi'sfɛːrə] *f* hemisferio *m*
hemmen ['hɛmən] *v/t* **1** *Bewegung*, *fig* de-

tener, parar; TEC inhibir; *Entwicklung, Prozess* contrarrestar, frenar; *fig* (*behindern*) impedir; **2** PSYCH cohibir, inhibir
'Hemm|nis *n* ⟨-ses; -se⟩ obstáculo *m*, traba *f* (**für** para); **~schuh** *m* zapata *f*; *fig* traba *f* (**für** para)
'Hemmung *f* **1** (*Verlangsamung*) entorpecimiento *m*; **2** PSYCH inhibición *f*, cohibición *f*; **3** *pl* **~en** (*Gehemmtheit*) complejos *m/pl*; **~en haben** tener complejos; (*Bedenken haben*) tener escrúpulos
'hemmungslos I *adj* desenfrenado; (*skrupellos*) sin escrúpulos; **II** *adv* con desenfreno; (*skrupellos*) sin escrúpulos
Hendl ['hɛndəl] *n* ⟨-s; -⟩ *südd, österr* pollo *m*
Hengst [hɛŋst] *m* ⟨-es; -e⟩ semental *m*, caballo *m* padre
Henkel ['hɛŋkəl] *m* ⟨-s; -⟩ asa *f*; **~korb** *m* cesta *f* de asas
henken ['hɛŋkən] *geh v/t* ahorcar
'Henker *m* verdugo *m*; P **weiß der ~!** F ¡vete a saber!
Henna ['hɛna] *f* ⟨-⟩ *od n* ⟨-(s)⟩ hena *f*
Henne ['hɛnə] *f* gallina *f*
Hepatitis [hepa'tiːtɪs] *f* ⟨-; -i'tiden⟩ hepatitis *f* (**A, B** A, B)
her [heːr] *adv* **1** (*hier~*) aquí; **~ zu mir!** ¡ven aquí!; **~ damit!** ¡dámelo!; **von ... ~** desde ...; **von weit ~** desde lejos; **wo ist er ~?** ¿de dónde es?; **hinter j-m ~ sein** ir *od* andar tras alg (*a verliebt*); **hinter e-r Sache ~ sein** ir *od* andar tras a/c; **2** *Zeit* **von früher ~** de antes; **es ist** (**schon**) **lange ~** (**, dass ...**) hace ya tiempo (que ...); **das ist ein Jahr ~** hace un año; **3** *fig* **von der Form** *usw* **~** por la forma, *etc*; *fig* **damit ist es nicht weit ~** no es nada del otro mundo
herab [hɛ'rap] *geh adv* hacia abajo; **von oben ~** desde arriba; *fig* **sie sah ihn von oben ~ an** le miró con desprecio
he'rabblicken *geh v/i* ⟨*sep*⟩ mirar hacia abajo; **von etw ~** mirar (hacia abajo) desde a/c; **auf die Stadt ~** ver la ciudad desde arriba; *fig* **auf j-n ~** mirar a alg por encima del hombro
he'rabhängen *v/i* ⟨*irr, sep*⟩ pender, colgar
he'rablassen ⟨*irr, sep*⟩ **I** *geh v/t* descender; *Jalousien* bajar; **II** *v/r* **sich ~** descolgarse; *fig* **sich ~, etw zu tun** dignarse a hacer a/c; *auf e-e Bitte hin* condescender a hacer a/c
he'rablassend I *adjt* condescendiente, altanero; **II** *advl* con aire de superioridad, despectivamente
he'rab|mindern *v/t* ⟨*sep*⟩ (*herabsetzen*) bajar; *Gefahr* reducir; **~sehen** *v/i* ⟨*irr*⟩ → **herabblicken**
he'rabsetzen *v/t* ⟨*sep*⟩ **1** *Preis, Ware* bajar, reducir (*a Geschwindigkeit*); **zu herabgesetztem Preis** a precio reducido; **2** *fig Leistung, Person* desacreditar, denigrar
He'rabsetzung *f* **1** *der Preise usw* reducción *f*, rebaja *f*; **2** *fig* descrédito *m*, denigración *f*
he'rab|steigen *geh* ⟨*sep*⟩ → **hinuntersteigen**; **~stürzen** *geh* ⟨*sep*⟩ → **hinunterstürzen**; **~würdigen** *v/t* ⟨*sep*⟩ envilecer, degradar
Heraldik [he'raldɪk] *f* ⟨-⟩ heráldica *f*
heran [hɛ'ran] *adv* **nur ~!** ¡por aquí!; (**dicht**) **an etw** (*acus*) **~** (muy) cerca de a/c
he'ranbilden *v/t, v/r* ⟨*sep*⟩ (**sich**) **~** formar (-se)
he'ranfahren *v/i* ⟨*irr, sep*, sn⟩ **an etw, j-n ~** acercarse *od* aproximarse a a/c, alg; **rechts ~** apartarse *bzw* parar a la derecha
he'ranführen *v/t* ⟨*sep*⟩ **j-n an etw** (*acus*) **~** llevar a alg hasta a/c; *fig* iniciar a alg en a/c
he'rangehen *v/i* ⟨*irr, sep*, sn⟩ **1 an etw, j-n ~** acercarse *od* aproximarse a a/c, alg; **2** *fig* **an ein Problem** *usw* **~** abordar un problema, *etc*
he'rankommen *v/i* ⟨*irr, sep*, sn⟩ **1 an etw, j-n ~** acercarse a a/c, alg; **die Dinge an sich** (*acus*) **~ lassen** dejar que las cosas lleguen; **2 an etw** (*acus*) **~** (*heranreichen*) alcanzar a/c; *fig* (*bekommen*) tener acceso a a/c; **3** *fig* **an j-n ~** (*Kontakt aufnehmen*) acercarse a alg; (*j-m gleichkommen*) igualar a alg
he'ranmachen F *v/r* ⟨*sep*⟩ **sich an etw** (*acus*) **~** (*in Angriff nehmen*) ponerse a a/c, abordar a/c; **sich an j-n ~** abordar a alg; (*anmachen*) ligarse a alg
he'rannahen *geh v/i* ⟨*sep*, sn⟩ acercarse, aproximarse
he'ranreichen *v/i* ⟨*sep*⟩ **1 an etw** (*acus*) **~** alcanzar a/c; **2** *fig* **an j-n, etw ~** igualar a alg, a/c
he'ranreifen *v/i* ⟨*sep*, sn⟩ ir madurando; *Plan a* tomar forma, concretarse; **zur Künstlerin ~** llegar a ser una artista
he'ranrücken ⟨*sep*⟩ **I** *v/t* ⟨h⟩ **etw an etw, j-n ~** acercar a/c a a/c, alg; **II** *v/i* ⟨sn⟩ **an etw, j-n ~** acercarse a a/c, alg; **er rückte näher an sie heran** se acercó a ella
he'rantasten *v/r* ⟨*sep*⟩ **sich an** (*+acus*) **~** acercarse prudentemente a; *fig an ein Problem* tantear
he'rantreten *v/i* ⟨*irr, sep*, sn⟩ **1** (**an j-n, etw**) **~** acercarse (a alg, a/c); **2** *fig* **an j-n** (**mit e-r Bitte**) **~** dirigirse a alg (con una petición)
he'ranwachsen *v/i* ⟨*irr, sep*, sn⟩ ir creciendo; **2de(r)** *f(m)* ⟨→ A⟩ adolescente *m,f*; JUR *joven entre 18 y 21 años*
he'ranwagen *v/r* ⟨*sep*⟩ **sich an j-n, etw ~** atreverse a acercarse a alg, a/c; **sich an e-e Aufgabe ~** atreverse a acometer una tarea

H

he'ranziehen ⟨*irr, sep*⟩ **I** *v/t* ⟨h⟩ **1** *Gegenstand* acercar hacia sí; **2** *zu e-r Arbeit* llamar; *Fachmann* consultar; ***zu Zahlungen ~*** hacer contribuir; **3** *Tier, Kind* criar; *Pflanze* cultivar; **4** *Beleg, Material* recurrir a; **II** *v/i* ⟨sn⟩ **5** acercarse, aproximarse

herauf [hɛ'raʊf] *adv* hacia arriba; ***hier, da ~!*** ¡aquí arriba!; ***von unten ~*** desde abajo

he'rauf|beschwören *v/t* ⟨*irr, sep, sin* ge⟩ *Erinnerungen* evocar; *Gefahr* causar; **~kommen** *v/i* ⟨*irr, sep*, sn⟩ subir; **~setzen** *v/t* ⟨*sep*⟩ *Preis usw* aumentar, subir; **~ziehen** ⟨*irr, sep*⟩ **I** *v/t* ⟨h⟩ subir; **II** *v/i* ⟨sn⟩ *Gewitter, Unheil* amenazar, cernerse

heraus [hɛ'raʊs] *adv* fuera, afuera; ***von innen ~*** desde dentro; ***aus e-m Gefühl des Mitleids ~*** por compasión; F ***~ damit!*** ¡venga eso!; ***~ sein*** (*draußen, entfernt sein*) estar fuera; *Blüten* haber salido; *Buch* estar publicado; (*ausgesprochen sein*) estar dicho

H

he'rausarbeiten *v/t* ⟨*sep*⟩ **1** *aus Stein, Holz* esculpir; **2** *fig Gedanken* elaborar; *Unterschiede* poner de relieve

he'rausbekommen *v/t* ⟨*irr, sep, sin* ge⟩ **1** *Nagel, Fleck* lograr sacar; **2** *Geheimnis* descubrir, averiguar; ***etw aus j-m ~*** sacarle a/c a alg; **3** *Lösung* solucionar, resolver; **4** ***Sie bekommen drei Euro heraus*** aquí tiene tres euros de vuelta; **5** *Wort* poder decir

he'rausbringen *v/t* ⟨*irr, sep*⟩ **1** (*nach außen bringen*) sacar; **2** (*veröffentlichen*) publicar, sacar; *fig* ***etw, j-n*** (***groß***) ***~*** lanzar a/c, a alg (por lo grande); **3** *Wort* poder decir; **4** F → ***herausbekommen 1, 2***

he'rausfahren ⟨*irr, sep*⟩ **I** *v/t* ⟨h⟩ **1** *Auto, Person* sacar (***aus*** de); **2** SPORT *Sieg, Platz, Zeit* conseguir; **II** *v/i* ⟨sn⟩ **3** salir (***aus*** de); **4** F *Wort* escaparse

he'raus|fallen *v/i* ⟨*irr, sep*, sn⟩ caer(se) fuera (***aus*** de); **~filtern** *v/t* ⟨*sep*⟩ filtrar; *fig* entresacar; **~finden** ⟨*irr, sep*⟩ **I** *v/t* descubrir; **II** *v/i* saber salir (***aus*** de)

He'raus|forderer *m*, **~forderin** *f fig* provocador, a *m,f*; SPORT *a* aspirante *m,f*

he'rausfordern ⟨*sep*⟩ **I** *v/t* **1** ***j-n ~*** (*provozieren*) provocar a alg, desafiar a alg; SPORT *a* retar a alg; **2** *Kritik, Widerspruch* provocar; **II** *v/i* **3** ***zu etw ~*** *zum Protest* provocar a/c

he'rausforder|nd *adjt* provocador, provocativo; **≗ung** *f* reto *m*, desafío *m* (*a* SPORT); (*Provokation*) provocación *f*

He'rausgabe *f* **1** *e-s Besitzes* restitución *f*; *e-r Geisel* entrega *f*; **2** *e-r Zeitschrift* publicación *f*; *e-s Buches a* edición *f*

he'rausgeben ⟨*irr, sep*⟩ **I** *v/t* **1** (*herausreichen*) entregar; **2** *Besitz* restituir; *Gefangenen, Geisel* liberar; **3** *Zeitschrift* publicar; *Buch, Text a* editar; **4** *Wechselgeld* dar; **II** *v/i* **5** *als Wechselgeld* dar la vuelta

He'rausgeber(in) *m(f) e-s Buches, e-r Zeitschrift* editor, a *m,f*

he'rausgehen *v/i* ⟨*irr, sep*, sn⟩ **1** *nach außen* salir; *fig* ***aus sich*** (*dat*) ***~*** soltarse; **2** *Nagel, Korken* dejarse sacar; *Fleck* irse, quitarse

he'rausgreifen *v/t* ⟨*irr, sep*⟩ escoger, entresacar (***aus*** de)

he'raushaben F *v/t* ⟨*irr, sep*⟩ **1** *Nagel usw* haber sacado; **2** (*herausgefunden haben*) haber descubierto; *Lösung* haber encontrado; **3** (*beherrschen*) ***etw ~*** dominar a/c

he'raushalten ⟨*irr, sep*⟩ **I** *v/t* **1** (*nach außen halten*) sacar, mantener por fuera (***aus*** de); **2** F *fig* (*nicht verwickeln*) mantener al margen (***aus*** de); **II** *v/r* **3** F ***sich aus etw ~*** no meterse en a/c

he'raushängen ⟨*sep*⟩ **I** *v/t Schild usw* colgar (fuera); **II** *v/i* ⟨*irr*⟩ colgar

he'rausheben ⟨*irr, sep*⟩ **I** *v/t* **1** sacar; **2** *fig* destacar, poner de relieve; **II** *v/r* **3** ***sich ~*** destacarse; *Gegenstände a* resaltar

he'raushelfen *v/i* ⟨*irr, sep*⟩ ***j-m aus etw ~*** ayudar a alg a salir de a/c; *fig* ***j-m aus e-r Verlegenheit ~*** sacar a alg de un atolladero

he'rausholen *v/t* ⟨*sep*⟩ **1** *aus e-r Tasche usw* sacar; **2** F *fig Antwort* ***aus j-m ~*** sonsacar a alg; *Gewinn* ***aus etw ~*** sacar de a/c; ***das Letzte aus sich*** (*dat*) ***~*** dar el máximo

he'raushören *v/t* ⟨*sep*⟩ percibir

he'rauskehren *v/t* ⟨*sep*⟩ *Eigenschaft* presumir de; ***den Vorgesetzten ~*** dárselas de superior

he'rauskommen *v/i* ⟨*irr, sep*, sn⟩ **1** *aus e-m Raum, Land usw* salir (***aus*** de); *fig* ***aus dem Lachen nicht ~*** no poder parar de reír; **2** F *Resultat* ***bei etw ~*** resultar de a/c; ***was kommt*** (***bei der Aufgabe***) ***heraus?*** ¿cuál es el resultado?; *fig* ***auf dasselbe ~*** venir a ser lo mismo; ***dabei kommt nichts heraus*** eso no lleva a nada; **3** F *Verborgenes* descubrirse; **4** *Neuerscheinung usw* salir; ***mit e-m neuen Produkt ~*** lanzar un nuevo producto; F *fig Künstler, Produkt usw* ***groß ~*** tener éxito

he'raus|kriegen F *v/t* ⟨*sep*⟩ → ***herausbekommen***; **~kristallisieren** *v/r* ⟨*sep, sin* ge⟩ ***sich ~*** *fig* concretarse; **~laufen** *v/i* ⟨*irr, sep*, sn⟩ **1** salir corriendo (***aus*** de); **2** (*herausfließen*) derramarse (***aus*** de)

he'rauslesen *v/t* ⟨*irr, sep*⟩ ***etw aus etw ~*** *aus e-m Text* darse cuenta de a/c leyendo a/c, sacar a/c de la lectura de a/c; *aus e-m Blick* descubrir a/c en a/c

he'raus|locken *v/t* ⟨*sep*⟩ **1** atraer; *Person* hacer salir; **2** *Geheimnis* sonsacar, descubrir; *Geld* sacar; **~machen** F ⟨*sep*⟩ **I** *v/t* quitar (*a Fleck*); **II** *v/r* ***sich*** **~** desarrollarse bien, ponerse guapo

he'rausmüssen F *v/i* ⟨*irr*, *sep*⟩ **1** ***er muss heraus*** tiene que salir; (*aufstehen müssen*) ***sie muss früh heraus*** tiene que levantarse pronto; **2** ***der Zahn muss heraus*** hay que sacar la muela

he'rausnehmen ⟨*irr*, *sep*⟩ **I** *v/t* ***etw*** (***aus etw***) **~** sacar *od* retirar a/c (de a/c); F ***j-m den Blinddarm*** **~** extirparle a alg el apéndice; **II** F *v/r* ***sich*** (*dat*) ***etw*** **~** permitirse a/c

he'rausplatzen F *v/i* ⟨*sep*, sn⟩ ***vor Lachen*** **~** estallar de risa; ***mit e-r Neuigkeit*** **~** descolgarse con una novedad

he'rausputzen *v/t*, *v/r* ⟨*sep*⟩ (***sich***) **~** adornar(se); *Frau* acicalar(se)

he'rausragen *v/i* ⟨*sep*⟩ **1** ***aus etw*** **~** sobresalir de; *Gebäude a* elevarse sobre; **2** *fig* ***über etw, j-n*** **~** destacarse entre a/c, alg

he'rausragend *adjt fig* sobresaliente

he'rausreden *v/r* ⟨*sep*⟩ ***sich*** **~** poner excusas *od* pretextos

he'rausreißen *v/t* ⟨*irr*, *sep*⟩ *Haare*, *Pflanze* arrancar; *Fliesen usw* quitar; ***j-n aus s-r Arbeit, dem Schlaf*** **~** sacar a alg de su trabajo, del sueño

he'rausrücken ⟨*sep*⟩ **I** *v/t* F (*hergeben*) dar; ***wieder*** **~** devolver; **II** F *v/i* ***mit etw*** **~** soltar a/c; ***mit der Sprache*** **~** explicarse; (*gestehen*) F desembuchar

he'raus|rutschen *v/i* ⟨*sep*⟩ escaparse (***aus*** de; *a fig Wort usw*); **~schinden** F *v/t* ⟨*irr*, *sep*⟩ *Vorteil*, *Gewinn* sacar; *Geld*, *Zeit* ganar

he'rausschlagen ⟨*irr*, *sep*⟩ **I** *v/t* ⟨h⟩ **1** *Nagel usw* sacar (a golpes); **2** F *fig Geld*, *Zeit* ganar; *Vorteil* ***aus, bei etw*** **~** sacar de a/c; **II** *v/i* ⟨sn⟩ **3** *Flammen* salir (***aus*** por, de)

he'rausspringen *v/i* ⟨*irr*, *sep*, sn⟩ **1** (***aus etw, aus dem Fenster***) **~** saltar *od* tirarse (de a/c, por la ventana); **2** (*sich lösen*) *Sicherung* saltar; **3** F *fig als Gewinn usw* sacarse

he'rausstellen ⟨*sep*⟩ **I** *v/t* **1** *nach draußen* sacar, poner fuera; **2** *fig* (*hervorheben*) destacar, poner de relieve; **II** *v/r* **3** ***sich*** **~** resultar (***als wahr, falsch*** cierto, falso)

he'rausstrecken *v/t* ⟨*sep*⟩ sacar (***aus*** de; ***zu*** a); ***j-m die Zunge*** **~** sacarle a alg la lengua

he'rausstreichen *v/t* ⟨*irr*, *sep*⟩ **1** (*wegstreichen*) borrar, tachar; **2** (*hervorheben*) poner de relieve, destacar

he'rausstürzen *v/i* ⟨*sep*, sn⟩ (*herauseilen*) salir precipitadamente (***aus*** de)

he'raussuchen *v/t* ⟨*sep*⟩ buscar (***aus*** entre); (*auswählen*) escoger (***aus*** de)

he'rauswachsen *v/i* ⟨*irr*, *sep*, sn⟩ crecer (***aus*** de); ***er ist aus s-n Kleidern herausgewachsen*** la ropa se le ha quedado pequeña

he'rauswerfen ⟨*sep*⟩ → ***hinauswerfen***

he'rausziehen ⟨*irr*, *sep*⟩ **I** *v/t* ⟨h⟩ *aus dem Wasser usw* sacar (***aus*** de); *Schublade* abrir; *Nagel*, *Zahn* sacar; *Zahn a* extraer; **II** *v/i* ⟨sn⟩ ***aus der Stadt*** **~** retirarse de la ciudad

herb [hɛrp] *adj* **1** *im Geschmack* acerbo, acre; *Wein* seco; **2** *fig Enttäuschung* amargo; *Schönheit*, *Wesen* austero; *Kritik* áspero

herbei [hɛ'rbaɪ] *adv* ***~!*** ¡por aquí!

her'bei|eilen *v/i* ⟨*sep*, sn⟩ acudir (corriendo); **~führen** *v/t* ⟨*sep*⟩ *Ereignis*, *Niederlage*, *Tod* causar, provocar; *Entscheidung* conseguir; **~kommen** *v/i* ⟨*irr*, *sep*, sn⟩ acercarse; **~laufen** *v/i* ⟨*irr*, *sep*, sn⟩ acudir corriendo; **~schaffen** *v/t* ⟨*sep*⟩ *Gegenstände* traer, proporcionar; *Beweismaterial a* aportar; **~sehnen** *v/t* ⟨*sep*⟩ → ***herbeiwünschen***; **~strömen** *v/i* ⟨*sep*, sn⟩ acudir en masa, afluir; **~wünschen** *v/t* ⟨*sep*⟩ anhelar la llegada de

'herbemühen *geh* ⟨*sep*, *sin* ge⟩ **I** *v/t* ***j-n*** **~** invitar a alg a venir; **II** *v/r* ***sich*** **~** tomarse la molestia de venir

Herberge ['hɛrbɛrgə] *f* **1** (*Unterkunft*) hospedaje *m*; **2** (*Jugend*♀, *Gasthaus*) albergue *m*

'her|bestellen *v/t* ⟨*sep*, *sin* ge⟩ hacer venir, citar, llamar; **~bitten** *v/t* ⟨*irr*, *sep*⟩ ***j-n*** **~** rogar a alg que venga; **~bringen** *v/t* ⟨*irr*, *sep*⟩ traer

Herbst [hɛrpst] *m* ⟨-es; -e⟩ otoño *m*; ***im*** **~** en otoño

'Herbst|anfang *m* comienzo *m* del otoño; **~ferien** *pl* vacaciones *f/pl* de otoño; **♀lich** *adj bsd Wetter* otoñal; **~tag** *m* día *f* de otoño; **~zeitlose** *f* cólquico *m*

Herd [heːrt] *m* ⟨-(e)s; -e⟩ **1** (*Küchen*♀) cocina *f*; **2** *fig e-r Krankheit*, *e-s Erdbebens* foco *m*

Herde ['heːrdə] *f* rebaño *m*; *von wilden Tieren* manada *f*; *fig* tropel *m*

'Herden|tier *n* **1** animal *m* gregario; **2** *fig desp* persona *f* gregaria; **~trieb** *m* instinto *m* gregario

'Herdplatte *f* placa *f*

herein [hɛ'raɪn] *adv* ***~!*** ¡adelante!; ***hier ~!*** ¡por aquí!; ***von draußen*** **~** desde fuera; ***zum Fenster*** **~** por la ventana

he'reinbekommen F *v/t* ⟨*irr*, *sep*, *sin* ge⟩ *Ware*, *Sender* recibir; *Geld* cobrar

he'reinbitten *v/t* ⟨*irr*, *sep*⟩ ***j-n*** **~** rogar(le) a alg que entre

he'reinbrechen *v/i* ⟨*irr*, *sep*, sn⟩ *Wassermassen* irrumpir; *Nacht* caer; *Unwetter*,

H

Unheil sobrevenir (***über etw, j-n*** a a/c, alg)
he'reinbringen *v/t* ⟨*irr, sep*⟩ llevar adentro, recoger; *Person, Tier* ***mit~*** traer, hacer entrar
he'rein|fallen *v/i* ⟨*irr, sep*, sn⟩ **1** *Licht* entrar; **2** F *fig* → ***reinfallen***; **~führen** *v/t* ⟨*sep*⟩ hacer pasar; **~holen** *v/t* ⟨*sep*⟩ **1** *Person* hacer pasar; *Sache* recoger; **2** *fig Aufträge* coger; **~kommen** *v/i* ⟨*irr, sep*, sn⟩ **1** pasar, entrar; **2** F *fig Waren* entrar; *Geld* ser ingresado; **~kriegen** F *v/t* ⟨*sep*⟩ → ***hereinbekommen***; **~lassen** *v/t* ⟨*irr, sep*⟩ dejar entrar, hacer pasar
he'reinlegen *v/t* ⟨*sep*⟩ F *fig* ***j-n~*** F tomar el pelo a alg; (*betrügen*) timar a alg
he'reinplatzen F *v/i* ⟨*sep*, sn⟩ irrumpir
he'reinrufen *v/t* ⟨*irr, sep*⟩ ***j-n~*** llamar a alg
he'reinschneien *v/i* ⟨*sep*, sn⟩ F *fig* ***bei j-m~*** F aterrizar en casa de alg
he'reinsehen *v/i* ⟨*irr, sep*⟩ **1** ***zum Fenster~*** mirar al interior a través de la ventana; **2** F *fig* ***bei j-m~*** pasarse por casa de alg
he'reinspazieren F *v/i* ⟨*sep, sin* ge, sn⟩ entrar; ***hereinspaziert!*** ¡entra *bzw* entre(n)!
he'rein|strömen *v/i* ⟨*sep*, sn⟩ *Luft, Gas* penetrar; *Wasser* entrar (a chorros); *Menschen* acudir en masa, afluir; **~stürzen** *v/i* ⟨*sep*, sn⟩ *Person in e-n Raum* entrar precipitadamente; **~tragen** *v/t* ⟨*irr, sep*⟩ llevar, transportar (***in*** *+acus* a)
'herfahren ⟨*irr, sep*⟩ **I** *v/t* ⟨h⟩ **1** *Sache, Person* traer (en coche, *etc*); **II** *v/i* ⟨sn⟩ **2** *nach hier* venir (en coche, *etc*); **3** ***hinter j-m~*** seguir a alg (en coche, *etc*); ***vor j-m~*** ir delante de alg (en coche, *etc*)
'Herfahrt *f* ***auf der~*** a la venida
'herfallen *v/i* ⟨*irr, sep*, sn⟩ ***über j-n, etw*** (*acus*) **~** abalanzarse sobre alg, a/c; *fig desp* arremeter contra alg, a/c
'herfinden *v/i* ⟨*irr, sep*⟩ encontrar el camino (hacia aquí)
'herführen ⟨*sep*⟩ *v/t, v/i* traer (aquí); ***was führt dich her?*** ¿qué te trae por aquí?
'Hergang *m* ***der~*** lo ocurrido; (*Verlauf*) el desarrollo *m*
'hergeben *v/t* ⟨*irr, sep*⟩ **1** (*reichen*) dar; **2** (***wieder***) **~** devolver; **3** (*weggeben*) donar, dar; *fig* ***sich für etw~*** prestarse a a/c
'hergebracht *adjt* tradicional, usual
'hergehen ⟨*irr, sep*, sn⟩ **I** *v/i* ***vor j-m~*** ir delante de alg; (***dicht***) ***hinter j-m~*** seguir a alg (muy de cerca); **II** F *v/imp* ***gestern ging es hoch her*** *bei e-m Fest* F ayer hubo mucho jaleo; ***es geht heiß her*** F hay mucho follón
'hergestellt *adjt* fabricado (***in*** en)
'hergelaufen *adjt* cualquiera
'herhaben F *v/t* ⟨*irr, sep*⟩ ***wo hat sie das her?*** F *Idee, Ausdruck* ¿de dónde lo ha sacado?
'herhalten ⟨*irr, sep*⟩ **I** *v/t* ofrecer, presentar; **II** *v/i* ***als etw~müssen*** *Person, Gegenstand* tener que hacer de a/c
'herholen *v/t* ⟨*sep*⟩ ir a buscar; *fig* ***weit hergeholt*** rebuscado
'herhören *v/i* ⟨*sep*⟩ escuchar
Hering ['heːrɪŋ] *m* ⟨-s; -e⟩ **1** zo arenque *m*; F *scherzh* ***wie die~e*** F como sardinas en lata; **2** (*Zeltpflock*) piquete *m*
'herkommen *v/i* ⟨*irr, sep*, sn⟩ **1** (*herbeikommen*) venir, acercarse; **2** (*abstammen*) **~ *von*** provenir de, proceder de
herkömmlich ['heːrkœmlɪç] *adj* usual, tradicional, convencional
Herkunft ['heːrkʊnft] *f* ⟨-⟩ origen *m*, procedencia *f*; **~sbescheinigung** *f* certificado *m* de origen; **~sbezeichnung** *f* denominación *f* de origen; **~sland** *n* país *m* de origen, país *m* de procedencia; **~snachweis** *m* certificado *m* de origen
'herlaufen *v/i* ⟨*irr, sep*, sn⟩ **1** (*herbeilaufen*) venir; **2** ***vor j-m~*** correr ante alg; ***hinter j-m~*** correr tras alg; *fig* ir tras alg
'herleiten ⟨*sep*⟩ **I** *v/t logisch* deducir (***aus, von*** de); *Wort* derivar; **II** *v/r* ***sich aus, von etw~*** derivarse de a/c, deducirse de a/c
'hermachen F *v/r* ⟨*sep*⟩ ***sich über etw*** (*acus*) **~** precipitarse sobre a/c; *über e-e Arbeit* emprender a/c; ***sich über j-n~*** atacar a alg
Hermelin[1] [hɛrmə'liːn] *n* ⟨-s; -e⟩ *Tier* armiño *m*
Herme'lin[2] *m* ⟨-s; -e⟩ *Pelz* armiño *m*
hermetisch [hɛr'meːtɪʃ] *adj* hermético
her'nach *adv* después, luego
'hernehmen *v/t* ⟨*irr, sep*⟩ (*beschaffen*) tomar
Heroin [hero'iːn] *n* ⟨-s⟩ heroína *f*; F caballo *m*; **&süchtig** *adj* heroinómano
he'roisch *adj* heroico
Herpes ['hɛrpɛs] *m* ⟨-⟩ MED herpe(s) *m*
Herr [hɛr] *m* ⟨-(e)n; -en⟩ **1** señor *m* (*a vor Familiennamen, Titeln*); **~ *X*** el señor X; *Anrede* **~ *X!*** ¡señor X!; ***der~Direktor*** el señor director; **~ *Doktor!*** MED ¡doctor!; ***meine~en!*** ¡señores!; **2** (*Gebieter*) señor *m*; *e-s Tiers* amo *m*, dueño *m*; ***der~des Hauses*** el señor de la casa; **~ *im Hause sein*** ser el señor de la casa; ***sein eigener~sein*** no depender de nadie; *geh* ***aus aller~en Länder*** de todo el mundo; **~ *über etw, j-n sein*** ser el señor de a/c, alg; **~ *der Lage sein*** ser dueño de la situación; ***e-r Sache, j-s~werden*** dominar a/c, a alg; **3** (*Gott*) ***der~*** el Señor; **4** SPORT ***die Abfahrt der~en*** la bajada masculina; **5** (*Tanzpartner*) caballero *m*
'Herrchen F *n* ⟨-s; -⟩ *e-s Hundes* amo *m*, dueño *m*

'Herren|abend *m* velada *f* de hombres; **~ausstatter** *m* tienda *f* de ropa de caballero; **~bekleidung** *f* ropa *f* de caballero; **~friseur** *m* peluquero *m* de caballeros; **2los** *adj* sin dueño; *Tier a* abandonado; **~mode** *f* moda *f* de hombre; **~rad** *n* bicicleta *m* de hombre; **~toilette** *f* servicio *m* de caballeros

'Herrgott F *m* ***der*** **~** el Señor; P **~** ***(noch mal)!*** F ¡por Dios!

'Herrgottsfrühe *f* ***in aller*** **~** de madrugada

'herrichten *v/t* ⟨*sep*⟩ **1** (*bereitstellen*) preparar; **2** ***wieder*** **~** arreglar

'Herrin *f* señora *f*

'herrisch I *adj* imperioso, autoritario; **II** *adv* **~** ***auftreten*** comportarse de manera autoritaria

'herrlich *adj* magnífico, espléndido

'Herrlichkeit *f* **1** (*Herrlichsein*) magnificencia *f*, esplendor *m*; ***die*** **~** ***Gottes*** la gloria de Dios; **2** (*herrliche Sache*) maravilla *f*

'Herrschaft *f* **1** poder *m*, dominio *f* (***über*** *+acus* sobre); *im Staat* soberanía *f*; ***unter j-s*** **~** (*dat*) ***stehen*** estar bajo el dominio de alg; ***die*** **~** ***über sein Fahrzeug verlieren*** perder el control del automóvil; **2** *pl* ***meine ~en!*** ¡señores!; ***die ~en sind nicht zu Hause*** los señores no están en casa

'herrschaftlich *adj* señorial

herrschen ['hɛrʃən] *v/i* **1** *Herrscher, Person* dominar, reinar (***über*** *+acus* en, sobre); **2** *fig* existir, reinar; ***es herrscht ...*** *oft* hay ...; ***es herrscht starker Verkehr*** hay mucha circulación; ***es herrscht Frieden*** reina la paz

'herrschend *adjt* POL reinante; *fig Meinung a* predominante; *Ordnung* establecido; ***die augenblicklich ~e Stimmung*** el ambiente que se respira en este momento

'Herrscher(in) *m(f)* **1** POL gobernante *m,f*; (*Monarch*) soberano, -a *m,f*; **2** *fig* señor, a *m,f*, dueño, a *m,f*

'Herrsch|sucht *f* afán *m* de dominar; **2süchtig** *adj* autoritario, dominador, despótico; F mandón

'herrufen *v/t* ⟨*irr, sep*⟩ **1** ***j-n*** **~** llamar a alg (aquí); **2** ***etw hinter j-m*** **~** gritar a/c a alg (que se va)

'herrühren *v/i* ⟨*sep*⟩ ***von j-m, etw*** **~** provenir *od* proceder de alg, a/c

'hersagen *v/t* ⟨*sep*⟩ recitar

'hersehen *v/i* ⟨*irr, sep*⟩ **1** mirar (hacia aquí); **2** ***hinter j-m*** **~** seguir a alg con la mirada

'herstammen *v/i* ⟨*sep*⟩ ser oriundo, ser natural (***von*** de); ***wo stammt er her?*** ¿de dónde es?; ***wo stammt dieses Zitat her?*** de dónde procede esa cita?

'herstellen *v/t* ⟨*sep*⟩ **1** (*platzieren*) colocar (aquí); **2** (*produzieren*) fabricar, producir; **3** *Verbindung, Gleichgewicht* establecer; ***wieder*** **~** *Frieden, Gesundheit* restablecer

'Herstell|er(in) *m(f)* fabricante *m,f*; **~ermarke** *f* marca *f* del fabricante; **~erpreis** *m* precio *m* de fábrica

'Herstellung *f* **1** fabricación *f*, producción *f*; **2** *fig von Beziehungen usw* establecimiento *m*; **~skosten** *pl* costes *m/pl* de producción *od* fabricación; **~ungspreis** *m* precio *m* de fábrica; **~sverfahren** *n* proceso *m* de fabricación

Hertz [hɛrts] *n* ⟨-; -⟩ PHYS hercio *m*

herüber [hɛ'ryːbər] *adv* hacia aquí

he'rüberkommen *v/i* ⟨*irr, sep,* sn⟩ **1** *hierher* venir aquí; **2** ***über etw*** (*acus*) **~** atravesar a/c

he'rüberreichen ⟨*sep*⟩ **I** *v/t* ***j-m etw*** **~** pasar a/c a alg; **II** *v/i* (*sich erstrecken*) extenderse *od* llegar (hasta aquí)

herum [hɛ'rʊm] *adv* ***um ...*** **~** alrededor de ... (*a bei Zahlenangaben*); ***verkehrt*** **~** al revés; del revés; *Richtung* en sentido contrario; ***im Kreis*** **~** en círculo; **~** ***sein*** F (*vorbei sein*) haberse acabado; (***immer***) ***um j-n*** **~** ***sein*** rondar a alg

he'rumärgern F *v/r* ⟨*sep*⟩ ***sich mit etw, j-m*** **~** fastidiarse por a/c, alg

he'rumblättern *v/i* ⟨*sep*⟩ ***in etw*** (*dat*) **~** hojear a/c

he'rumbrüllen F *v/i* ⟨*sep*⟩ F vociferar

he'rumdrehen ⟨*sep*⟩ **I** *v/t* dar la vuelta a; *Kopf* volver; **II** ***sich*** (***zu j-m***) **~** volverse (hacia alg)

he'rumdrücken F *v/r* ⟨*sep*⟩ **1** ***sich um etw*** **~** *um e-e Aufgabe usw* escaquearse de a/c; **2** ***sich in Lokalen, auf der Straße*** **~** rondar por los bares, por las calles

he'rumfahren ⟨*irr, sep*⟩ **I** *v/t* ⟨h⟩ **1** pasear en coche, *etc*; **II** *v/i* ⟨sn⟩ **2** ***um etw*** **~** dar la vuelta a a/c; ***um die Straßenecke*** **~** doblar la esquina; **3** *ziellos* dar una vuelta, pasear (en coche, *etc*); **4** *Person vor Schreck usw* volverse

he'rumfuchteln F *v/i* ⟨*sep*⟩ ***mit etw*** **~** gesticular con a/c, agitar a/c (***vor j-s Nase*** *dat* delante de las narices de alg)

he'rumführen ⟨*sep*⟩ **I** *v/t* **1** ***j-n um etw*** **~** hacer a alg dar la vuelta a a/c; **2** ***j-n in e-r Stadt*** **~** acompañar *od* guiar a alg por una ciudad; **II** *v/i* **3** *Weg usw* ***um etw*** **~** dar una vuelta a a/c

he'rumfummeln F *v/i* ⟨*sep*⟩ ***an etw, j-m*** **~** manosear a/c, a alg

he'rumgehen *v/i* ⟨*irr, sep,* sn⟩ **1** ***um etw*** **~** dar la vuelta a a/c; **2** *ziellos* pasear; **3** (*die Runde machen*) hacer la ronda; **4** (*herumgereicht werden*) circular; **5** F *Zeit* pasar

he'rumhacken F *v/i* ⟨*sep*⟩ *fig* ***auf j-m*** **~** criticar a alg continuamente

H

he'rumhängen F *v/i* ⟨*irr, sep*⟩ *fig* (*herumlungern*) estar ocioso; F gandulear
he'rumhorchen F *v/i* ⟨*sep*⟩ (***überall***) ~ curiosear (por todas partes)
he'rumirren *v/i* ⟨*sep*, sn⟩ andar errante
he'rumkommandieren F *v/t* ⟨*sep*, *sin* ge⟩ ***j-n*** ~ mangonear a alg
he'rumkommen *v/i* ⟨*irr, sep*, sn⟩ **1** *um e-e Ecke* doblar; **2** F *in e-m Land, in der Welt* correr mundo; **3** F *fig* ***um etw*** ~ *um e-e Strafe, Aufgabe* poder evitar a/c; ***wir werden nicht darum ~ zu*** (*+inf*) no tendremos más remedio que (*+inf*)
he'rumkriegen F *v/t* ⟨*sep*⟩ **1** *Zeit* pasar; F matar; **2** (*überreden*) persuadir; F ganarse; *sexuell* F llevarse
he'rumlaufen *v/i* ⟨*irr, sep*, sn⟩ **1** *ziellos* correr de un lado a otro; (*gehen*) pasear; ***frei*** ~ andar suelto; **2** ***um etw*** ~ dar una vuelta alrededor de a/c; **3** F *fig* ***barfuß, im Bademantel*** ~ ir por ahí descalzo, en albornoz
he'rum|liegen *v/i* ⟨*irr, sep*⟩ F andar tirado por ahí, estar esparcido; **~lungern** F *v/i* ⟨*sep*⟩ holgazanear, gandulear
he'rum|plagen *v/r* ⟨*sep*⟩, **~quälen** *v/r* ⟨*sep*⟩ F ***sich mit etw*** ~ matarse por a/c; F ***sich mit j-m*** ~ pelearse continuamente con alg
he'rumreden F *v/i* ⟨*sep*⟩ ***um etw*** ~ dar rodeos a a/c
he'rumreichen *v/t* ⟨*sep*⟩ hacer circular, pasar
he'rumreiten *v/i* ⟨*irr, sep*, sn⟩ F *fig* (***immer***) ***auf etw*** (*dat*) ~ insistir en a/c; *auf Prinzipien* empecinarse en a/c
he'rumschlagen F *v/r* ⟨*irr, sep*⟩ ***sich mit j-m*** ~ pelearse con alg; ***sich mit Problemen*** ~ luchar contra problemas
he'rumschnüffeln *v/i* ⟨*sep*⟩ F *fig* F fisgonear, curiosear (***in*** *+dat* en)
he'rumsitzen *v/i* ⟨*irr, sep, sin* ge⟩ **1** ***um etw, j-n*** ~ estar sentado alrededor de a/c, alg; **2** F (***untätig***) ~ estar ocioso, estar haciendo el vago
he'rumsprechen *v/r* ⟨*irr, sep*⟩ ***sich*** ~ divulgarse
he'rumstehen *v/i* ⟨*irr, sep*⟩ **1** ***um etw, j-n*** ~ rodear a/c, a alg; **2** F (***untätig***) ~ estar ocioso, estar haciendo el vago
he'rumstöbern F *v/i* ⟨*sep*⟩ ***in etw*** (*dat*) ~ curiosear *od* fisgar en a/c
he'rumstochern F *v/i* ⟨*sep*⟩ *mit e-m Stock* escarbar (***in*** *+dat* en); ***im Essen*** ~ husmear en la comida; *fig* picar; ***in den Zähnen*** ~ escarbarse en los dientes
he'rumstreiten F *v/r* ⟨*irr, sep*⟩ ***sich mit j-m*** ~ pelearse con alg
he'rumtollen *v/i* ⟨*sep*, sn⟩ andar haciendo el loco
he'rumtrampeln *v/i* ⟨*sep*, h *o* sn⟩ **1** ***auf etw*** (*dat*) ~ pisotear a/c; **2** F *fig* ***auf j-s Gefühlen*** ~ pisotear a alg
he'rumtreiben F *v/r* ⟨*irr, sep*⟩ ***sich*** ~ vagabundear
He'rumtreiber(in) F *m* ⟨-s; -⟩ (*f*) **1** vagabundo, -a *m,f*; **2** *fig* merodeador, a *m,f*
he'rumwühlen *v/i* ⟨*sep*⟩ ***in etw*** (*dat*) ~ revolver en a/c
herunter [hɛ'rʊntər] *adv* hacia abajo; ~ (***da***)***!*** ¡abajo!; ~ ***sein*** F *fig wirtschaftlich* estar en la ruina; *gesundheitlich* tener la salud arruinada
he'runterbekommen *v/t* ⟨*irr, sep, sin* ge⟩ **1** *Essen* poder tragar; **2** *Gegenstand* poder quitar *bzw* bajar
he'runterbrennen *v/i* ⟨*irr, sep*⟩ **1** ⟨sn⟩ *Feuer* ~ ***lassen*** dejar arder (hasta que se extinga); **2** ⟨sn⟩ *Haus* quemarse; *Kerze* consumirse; **3** ⟨h⟩ *Sonne* caer de plano
he'runter|bringen *v/t* ⟨*irr, sep*⟩ **1** bajar; **2** *fig* arruinar; **~drücken** *v/t* **1** *Taste, Türklinke* oprimir, pulsar; **2** *Preise, Fieber* rebajar
he'runterfallen *v/i* ⟨*irr, sep*, sn⟩ caer(se) (***von*** de); ***mir ist die Gabel heruntergefallen*** se me ha caído el tenedor
he'runtergehen *v/i* ⟨*irr, sep*, sn⟩ **1** (*nach unten gehen*) bajar; **2** *Preise, Temperatur, Fieber* disminuir, bajar
he'runtergekommen *adjt moralisch* depravado; *beruflich* venido a menos; *Gebäude* deteriorado; *gesundheitlich a* debilitado
he'runterhandeln *v/t* ⟨*sep*⟩ ***den Preis*** ~ conseguir rebajar el precio (***um*** en)
he'runter|hängen *v/i* ⟨*irr, sep*⟩ colgar, pender; **~hauen** ⟨*sep*⟩ → ***runterhauen***; **~holen** *v/t* ⟨*sep*⟩ bajar (***von*** de); **~klappen** *v/t* ⟨*sep*⟩ bajar, abatir
he'runterkommen *v/i* ⟨*irr, sep*, sn⟩ **1** (*nach unten kommen*) bajar; **2** *fig* (*verkommen*) venir a menos; *moralisch* depravar; *beruflich, Unternehmen* ir a menos; *gesundheitlich, Gebäude* deteriorarse; **3** F *fig* ***vom Alkohol*** ~ F dejar el alcohol
he'runter|laden *v/t* ⟨*irr, sep*⟩ INFORM bajar, descargar; **~lassen** *v/t* ⟨*irr, sep*⟩ bajar; **~leiern** F *desp v/t* ⟨*sep*⟩ *Gedicht* salmodiar, soltar; **~putzen** F *v/t* ⟨*sep*⟩ F poner de vuelta y media; **~rutschen** *v/i* ⟨*sep*, sn⟩ deslizarse hacia abajo; *Hose* caerse; **~schalten** *v/i* ⟨*sep*⟩ *beim Fahrzeug* bajar (de marcha)
he'runterschrauben *v/t* ⟨*sep*⟩ *fig* ***s-e Ansprüche*** ~ rebajar sus aspiraciones
he'runter|sehen *v/i* ⟨*irr, sep*, sn⟩ → ***herabblicken***; **~spielen** F *v/t* ⟨*sep*⟩ **1** *Musikstück* tocar de un tirón; **2** *fig Angelegenheit* minimizar, desdramatizar; **~wirtschaften** F *v/t* ⟨*sep*⟩ arruinar; **~würgen** *v/t* ⟨*sep*⟩ tra-

gar penosamente

hervor [hɛrˈfoːr] *geh adv* adelante; **~ *mit euch!*** ¡adelante!

herˈvorbringen *v/t* ⟨*irr, sep*⟩ producir, crear; *Laut, Worte* proferir

herˈvorgehen *v/i* ⟨*irr, sep,* sn⟩ **~ *aus*** (*stammen von*) proceder de; *als Folge* resultar de; *Kinder aus e-r Ehe* nacer de; ***aus etw als Sieger ~*** salir vencedor de a/c; ***daraus geht hervor, dass ...*** de esto resulta que ...

herˈvor|heben *v/t* ⟨*irr, sep*⟩ resaltar, poner de relieve; TYPO subrayar; **~holen** *v/t* ⟨*sep*⟩ sacar (***aus*** de); **~kehren** *v/t* ⟨*sep*⟩ *Eigenschaft usw* presumir de; **~kommen** *v/i* ⟨*irr, sep,* sn⟩ salir (***aus*** de); **~locken** *v/t* ⟨*sep*⟩ hacer salir

herˈvorragen *v/i* ⟨*sep*⟩ **1** *aus dem Wasser usw,* BAU sobresalir (***aus*** de); *aus e-r Menge a* resaltar (***aus etw*** entre a/c); **2** *fig Person* distinguirse; *Leistung* ***aus etw ~*** destacar *od* sobresalir entre a/c

herˈvorragend I *adjt* saliente; *fig bsd Qualität* destacado, sobresaliente, excelente; **II** *advl* de manera destacada

herˈvor|rufen *v/t* ⟨*irr, sep*⟩ *fig Gefühl, Gelächter, Ärger* provocar; *bsd Bewunderung, Unruhe* causar; *Interesse* despertar; *Eindruck* dar; **~stechen** *v/i* ⟨*irr*⟩ destacar, llamar la atención

herˈvortreten *v/i* ⟨*irr, sep,* sn⟩ **1** ***hinter etw*** (*dat*) **~** salir detrás de a/c; **2** *Muskeln* marcarse; *Augen* salirse; **3** (*zum Vorschein kommen*) surgir

herˈvortun *v/r* ⟨*irr, sep*⟩ ***sich als etw ~*** distinguirse como a/c; ***sich mit etw ~*** lucirse con a/c

herˈvorwagen *v/r* ⟨*sep*⟩ ***sich ~*** atreverse a salir (***aus*** de)

ˈHerweg *m* ***auf dem ~*** al venir

Herz [hɛrts] *n* ⟨-ens; -en⟩ **1** *allg* corazón *m* (*a fig, Spielkarte*); **2** *mit adjt* ***von ganzem ~en*** de todo corazón; ***mit ganzem ~en bei der Sache sein*** estar metido en algo en cuerpo y alma; ***schweren ~ens*** sintiéndolo en el alma; **3** *mit su* ***das ~ auf dem rechten Fleck haben*** tener buen corazón; ***j-n, etw auf ~ und Nieren prüfen*** examinar a alg, a/c con detalle; ***ein ~ und e-e Seele sein*** ser uña y carne; ***s-m ~en e-n Stoß geben*** F hacer de tripas corazón; **4** *mit Verben* ***j-m sein ~ ausschütten*** abrir el corazón a alg; ***alles, was das ~ begehrt*** todo lo que uno pueda desear; *geh* ***j-m das ~ brechen*** romper *od* partir el corazón a alg; ***sich*** (*dat*) ***ein ~ fassen*** F hacer de tripas corazón; ***sie hat ein ~ für Tiere*** le gustan los animales; ***mein ~ hängt an*** (+*dat*) mi corazón está en; ***j-s ~ höher schlagen lassen*** entusiasmar a alg; **5** *mit prp* ***das liegt mir am ~en*** es muy importante para mí; ***etw, j-d ist mir ans ~ gewachsen*** llevar a/c, a alg en el corazón; ***j-m etw ans ~ legen*** dejar a/c al cuidado de alg; recomendar a/c encarecidamente a alg; ***etw auf dem ~en haben*** estar preocupado por a/c; ***Hand aufs ~!*** ¡con el corazón en la mano!; ***j-n in sein ~ geschlossen haben*** llevar a alg en el corazón; ***etw nicht übers ~ bringen*** no tener valor para a/c; ***das kommt von ~en*** eso sale del alma; ***sich*** (*dat*) ***etw zu ~en nehmen*** tomar a/c a pecho

ˈHerz|anfall *m* ataque *m* cardíaco; **~ass** *n* as *m* de corazones; **~beschwerden** *pl* trastornos *m/pl* cardíacos; **~bube** *m* sota *f* de corazones; **~dame** *f* reina *f* de corazones

ˈherzeigen F *v/t* ⟨*sep*⟩ mostrar, enseñar

ˈHerzens|brecher *m* rompecorazones *m*, castigador *m*; **ˈ2gut** *adj* bondadoso

ˈHerzenslust *f* ***nach ~*** a sus, *etc* anchas

ˈHerzenswunsch *m* vivo deseo *m*

ˈherz|erfrischend *adjt* fresco; *Art, Lachen* espontáneo; **2fehler** *m angeborener* malformación *f* cardíaca; *erworbener* lesión *f* cardíaca; **~förmig** *adj* en forma de corazón, acorazonado

ˈherzhaft I *adj* **1** (*kräftig*) *Lachen, Gähnen* fuerte; **2** (*nahrhaft*) consistente; *im Geschmack* sabroso; **II** *adv* **3** **~ *gähnen*** bostezar con ganas; **~ *schmecken*** ser sabroso

ˈherziehen ⟨*irr, sep*⟩ **I** *v/t* ⟨h⟩ **1** ***etw hinter sich*** (*dat*) **~** arrastrar a/c detrás de sí; **II** *v/i* **2** ⟨sn⟩ (*umziehen*) establecerse (aquí); **3** F *fig* ⟨h *o* sn⟩ ***über j-n ~*** hablar mal de alg

ˈherzig *adj* mono

ˈHerz|infarkt *m* infarto *m* (de miocardio); **~kammer** *f* ventrículo *m* (del corazón); **~klappe** *f* válvula *f* (cardíaca)

ˈHerzklopfen *n* latidos *m/pl*, palpitaciones *f/pl* (del corazón); ***mit ~*** con el corazón palpitante; ***ich habe ~*** se me sale el corazón

ˈHerz|könig *m* rey *m* de corazones; **2krank** *adj* (enfermo) cardíaco; **~kranke(r)** *f*(*m*) enfermo, -a *m,f* del corazón; **~kranzgefäße** *pl* vasos *m/pl* coronarios

ˈherzlich I *adj* **1** (*freundschaftlich*) cordial; (*warm*) cariñoso, afectuoso (*a Empfang, Worte, Ton, Beifall*); ***~en Dank!*** ¡muchas gracias!, ¡gracias de corazón! (***für*** por); **II** *adv* **2** de todo corazón; **~ *willkommen!*** ¡bienvenido!; ***j-m ~ danken*** agradecer a alg de todo corazón; **3** F (*sehr*) **~ *gern*** con mucho gusto; **~ *wenig*** muy poco

ˈHerz|lichkeit *f* ⟨-⟩ cordialidad *f*, cariño *m*, afectuosidad *f*; **2los** *adj* sin corazón, cruel; **~losigkeit** *f* ⟨-⟩ insensibilidad *f*, crueldad *f*; **~massage** *f* masaje *m* cardíaco; **~muskel** *m* miocardio *m*

H

Herzog(in) ['hɛrtsoːk (-oːgɪn)] *m* ⟨-s; ⸗e⟩ (*f*) duque, -sa *m,f*
'Herzogtum *n* ⟨-s; -tümer⟩ ducado *m*
'Herz|operation *f* operación *f* de corazón; **~rhythmusstörungen** *pl* arritmia *f* cardíaca; **~schlag** *m* **1** (*Puls*) pulso *m*; (*Herzklopfen*) palpitaciones *f/pl*; **2** (*Herzversagen*) apoplejía *f*; **~schrittmacher** *m* marcapasos *m*; **~schwäche** *f* insuficiencia *f* coronaria; **~spezialist(in)** *m(f)* cardiólogo, -a *m,f*; **~stillstand** *m* paro *m* cardíaco; **~stück** *n* corazón *m*, centro *m*; **~transplantation** *f*, **~verpflanzung** *f* trasplante *m* de corazón; **~versagen** *n* fallo *m* cardíaco; **⁀zerreißend I** *adjt* desgarrador; **II** *advl* que le parte a uno el corazón
'Hesse *m* ⟨-n; -n⟩ habitante *m* de Hesse
Hessen ['hɛsən] *n* Hesse *f*
'Hessin *f* habitante *f* de Hesse
'hessisch *adj* de Hesse
hetero|gen [hetero'geːn] *adj* heterogéneo; **~sexu'ell** *adj* heterosexual
Hetze ['hɛtsə] *f* **1** (*Eile*) prisa *f*, precipitación *f*; **2** (*Hetzreden*) difamación *f* (***gegen*** contra)
'hetzen I *v/t* ⟨h⟩ **1** ***die Hunde auf j-n ~*** azuzar a los perros contra alg; ***die Polizei auf j-n ~*** movilizar a la policía contra alg; **2** (*antreiben*) ***j-n ~*** meter prisa a alg; **II** *v/i* **3** ⟨h⟩ *desp* ***gegen j-n ~*** difamar a alg; **4** ⟨sn⟩ (*eilen*) darse prisa; **III** *v/r* ⟨h⟩ **5** ***sich ~*** (*sich beeilen*) darse prisa
'Hetz|jagd *f* **1** *auf Wild* cacería *f*; **2** *fig* (*Hast*) prisas *f/pl*; **~kampagne** *f* campaña *f* de difamación
Heu [hɔʏ] *n* ⟨-(e)s⟩ heno *m*
'Heuboden *m* henil *m*
Heuche'lei *f* hipocresía *f*
heucheln ['hɔʏçəln] *v/t, v/i* simular, fingir
'Heuchler|(in) *m(f)* hipócrita *m,f*; **⁀isch** *adj* hipócrita
heuer ['hɔʏər] *adv südd, österr, schweiz* este año
'Heuer *f* ⟨-; -n⟩ MAR paga *f*
'Heu|ernte *f* siega *f* del heno; **~haufen** *m* montón *m* de heno
heulen ['hɔʏlən] *v/i* **1** *Sirene, Tier, Wind* aullar; *Motor* rugir; **2** F (*weinen*) llorar; F ***es ist zum ⁀*** es (como) para echarse a llorar
'Heulsuse F *f* llorona *f*
Heurige(r) ['hɔʏrɪgə(r)] *m* ⟨→ A⟩ *österr* vino *m* joven
'Heu|schnupfen *m* fiebre *m* del heno; **~schrecke** *f* langosta *f*, saltamontes *m*
heute ['hɔʏtə] *adv* hoy; ***~ Morgen, Abend*** esta mañana, noche; ***~ in acht Tagen*** de hoy en ocho días; ***~ vor vierzehn Tagen*** hace quince días; ***bis ~*** hasta hoy; (*bis jetzt*) hasta ahora; ***von ~ auf morgen*** de la noche a la mañana
'heutig *adj* de hoy; (*gegenwärtig*) actual; ***der ~e Tag*** el día de hoy
'heutzutage *adv* hoy en día
Hexe ['hɛksə] *f* bruja *f* (*a fig desp*)
'hexen *v/i* hacer brujerías; F ***ich kann doch nicht ~!*** ¡no puedo hacer milagros!
'Hexen|jagd *f* caza *f* de brujas (*a fig* ***auf*** *+acus* contra); **~kessel** *m fig* infierno *m*; **~schuss** *m* lumbago *m*
Hexe'rei *f* brujería *f*; ***das ist doch keine ~*** no es cosa de brujas
Hickhack ['hɪkhak] F *n od m* ⟨-s; -s⟩ tira *m* y afloja (***um*** en, por)
hie [hiː] *adv* ***~ und da*** → ***hier***
Hieb [hiːp] *m* ⟨-(e)s; -e⟩ golpe *m*; F *pl* ***~e*** (*Schläge*) paliza *f*
'hieb- und 'stichfest *adj Alibi, Beweis* contundente, a toda prueba
hier [hiːr] *adv* aquí (*a fig in diesem Punkt*); ***~ (nimm)!*** ¡toma!; ***~ oben*** *usw* aquí arriba, *etc*; ***von ~ aus*** de(sde) aquí; ***von ~ an*** *räumlich* (des)de aquí; *zeitlich* a partir de ahora; ***hie(r) und da*** aquí y allá; *zeitlich* a veces, de vez en cuando; ***dies Buch ~*** este libro; F ***der, die, das ~*** este, esta; ***~ ist, sind …*** aquí está, están …; ***~ bin ich!*** aquí estoy; TEL ***~ ist Müller*** habla Müller; ***~ behalten*** retener, quedarse con; ***~ bleiben*** quedarse aquí; ***~ lassen*** dejar aquí; ***~ sein*** estar aquí
'hie'ran *adv* en esto; ***im Anschluss ~*** a continuación (de esto)
Hierarch|ie [hierar'çiː] *f* jerarquía *f*; **⁀isch** [-'rarçɪʃ] *adj* jerárquico
'hie'rauf *adv* **1** *räumlich* encima de *od* sobre esto; *zeitlich* después de esto, luego; (*infolgedessen*) por eso; **2** *fig mit Bezug auf das Gesagte* a *od* de esto
'hie'raus *adv* de aquí, de esto; ***~ folgt, dass …*** de aquí se desprende que …
'hier'bei *adv* **1** (*was das angeht*) en ese caso; **2** *zeitlich* en esto; (*bei dieser Gelegenheit*) con esto
'hier'durch *adv* **1** *räumlich* por aquí; **2** *ursächlich* así, por ello
'hier'für *adv* **1** (*zu diesem Zweck*) ***~ braucht man …*** para esto se necesita …; **2** *als Gegenleistung* ***was gibst du mir ~?*** ¿qué me das por esto?; **3** *im Hinblick auf das Gesagte* para esto; ***der Grund ~*** la razón para esto; ***~ habe ich kein Interesse, Verständnis*** no tengo interés en esto, comprensión para esto
'hier'her *adv* aquí; ***bis ~ und nicht weiter*** hasta aquí y basta; ***~ gehören*** *Gegenstand* tener aquí su lugar; *fig* ***das gehört nicht ~*** eso no viene al caso
'hier'hin *adv* aquí; ***bis ~*** hasta aquí
'hie'rin *adv* **1** *räumlich* aquí (dentro); **2** *fig*

en ese punto
'hier'mit *adv* **1** con esto; **2** ADM ~ ***teile ich Ihnen mit, dass …*** por la presente le comunico que …
'hier'nach *adv* **1** *zeitlich* después de esto, a continuación; **2** (*demgemäß, demzufolge*) según esto
Hieroglyphe [hiero'gly:fə] *f* jeroglífico *m*
'hie'rüber *adv* de *od* sobre esto (*a fig u geh zeitlich*); ~ ***ist nichts bekannt*** no se sabe nada de esto
'hie'rum *adv* **1** *räumlich* alrededor de esto; (*hierherum*) por aquí; **2** *fig* (*um diese Sache*) de esto
'hie'runter *adv* **1** *räumlich* debajo de esto; **2** *unter e-r Menge* entre estos; **3** *fig* ***was verstehen Sie ~?*** ¡qué entiende Ud. por eso?
'hier'von *adv* de eso; (*hierüber*) *a* sobre esto
'hier'vor *adv* **1** *räumlich* delante de esto; **2** *fig* antes de esto
'hier'zu *adv* **1** (*zu diesem Zweck*) para esto; **2** (*hinzu*) a esto, con esto; ~ ***kommt noch*** a esto hay que añadir; **3** (*diesbezüglich*) con respecto a esto
'hierzulande *adv* en este país
hiesig ['hi:zıç] *adj* de aquí, local, del país; ***die ~e Gegend*** esta región
hieven ['hi:fən] *v/t* MAR izar; *fig* alzar
Hi-Fi-Anlage ['haıfi-] *f* equipo *m* de alta fidelidad
high [haı] F *adj* F colocado
Highlife ['haılaıf] F *n* ⟨-(s)⟩ movida *f*; ~ ***machen*** armar una juerga
High|light ['haılaıt] *n* ⟨-(s); -s⟩ punto *m* fuerte; **~society** ['-sə'saıətı] *f* ⟨-⟩ alta sociedad *f*
Hightech|… ['haı'tɛk…] *in Zssgn* de alta tecnología; **~-Fertigung** *f* producción *f* de alta tecnología; **~-Firma** *f* empresa *f* de alta tecnología; **~-Industrie** *f* industrias *f/pl* de alta tecnología; **~-Lösung** *f* solución *f* de alta tecnología; **~-Unternehmen** *n* → ***Hightech-Firma***
Hilfe ['hılfə] *f* **1** (*~leistung*) ayuda *f*; ***erste ~*** primeros auxilios *m/pl*; ***j-m ~ leisten*** prestar auxilio a alg, socorrer a alg, auxiliar a alg; ***mit ~ von*** con la ayuda de, por medio de; ***um ~ bitten, um ~ rufen*** pedir auxilio; (***zu***) ***~!*** ¡socorro!; ***sich ~ suchend an j-n wenden*** acudir a alg en busca de ayuda; ***j-m zu ~ kommen, eilen*** acudir en auxilio de alg; ***etw zu ~ nehmen*** valerse de a/c; **2** FIN ayuda *f* (financiera), apoyo *m* (financiero); **3** (*Hilfskraft*) auxiliar *m,f*
'Hilfeleistung *f* prestación *f* de auxilio, asistencia *f*; ***unterlassene ~*** omisión *f* de la obligación de socorro
Hilferuf *m* grito *m* de socorro
Hilfestellung *f beim Turnen* ayuda *f*; ***j-m ~ geben*** ayudar a alg
'hilflos *adj* (*schutzlos*) desamparado; (*ratlos*) desorientado; (*ungeschickt*) torpe; (*in Not*) desvalido; **≈igkeit** *f* ⟨-⟩ (*Not*) desamparo *m*; (*Ratlosigkeit*) desorientación *f*
'hilfreich *geh adj* **1** (*hilfsbereit*) servicial, caritativo; **2** (*nützlich*) útil
'Hilfs|aktion *f* campaña *f* de socorro (***für*** para); **~arbeiter(in)** *m(f)* peón, -ona *m,f*; **≈bedürftig** *adj* necesitado, menesteroso, indigente; **≈bereit** *adj* servicial, dispuesto (a ayudar); **~bereitschaft** *f* solicitud *f*, buena disposición *f*; **~kraft** *f* auxiliar *m,f*, ayudante *m,f*; **~maßnahme** *f* medida *f* de socorro; **~mittel** *n* FIN ayuda *f* (financiera); *zur Arbeit* herramienta *f* (de ayuda); **~motor** *m* motor *m* auxiliar; **~organisation** *f* organización *f* de ayuda; *private a etwa* ONG *f*; **~verb** *n* verbo *m* auxiliar
Hima'laya [hıma'laja] *m* Himalaya *m*
Himbeere ['hım-] *f* frambuesa *f*
'Himbeer|geist *m* aguardiente *m* de frambuesa; **~strauch** *m* frambueso *m*
Himmel ['hıməl] *m* ⟨-s; -⟩ cielo *m* (*a* REL, *fig*); ***am ~*** en el cielo; REL ***im ~*** en el cielo; F ***aus heiterem ~*** de sopetón; ***unter freiem ~*** al aire libre; ***in den ~ kommen*** ir al cielo; ***um ~s willen!*** ¡por (el amor de) Dios!; F (***ach,***) ***du lieber ~!*** ¡cielos!; F (***das***) ***weiß der ~!*** ¡vete a saber!; F ***im siebten ~ sein*** F estar en el séptimo cielo; ***~ und Hölle in Bewegung setzen*** remover cielo y tierra, remover Roma con Santiago; ***das schreit zum ~*** esto clama al cielo; F ***das stinkt zum ~*** es un escándalo; ***in den ~ heben*** poner por las nubes
'himmel'angst F *adv* ***mir ist ~*** F me muero de miedo
'Himmel|bett *n* cama *f* con dosel; **≈blau** *adj* (azul) celeste
'Himmelfahrt *f* (***Christi***) ~ Ascensión *f*; ***Mariä ~*** Asunción *f*
'Himmel|reich *n* reino *m* de los cielos; **~schlüssel** *m* BOT primavera *f*; **≈schreiend** *adj Ungerechtigkeit* que clama al cielo; *Dummheit* inaudito
'Himmels|körper *m* cuerpo *m* celeste; **~kunde** *f* astronomía *f*
'Himmelsrichtung *f* punto *m* cardinal; *fig* ***aus allen ~en*** de todas partes
himmelweit *adj Unterschied* inmenso, enorme
'himmlisch *adj* **1** REL celestial, celeste; **2** F *fig* (*großartig*) magnífico, divino
hin [hın] *adv* **1** *räumlich* ***nach Süden ~*** hacia el sur; ***~ und zurück*** ida y vuelta; ***~ und her gehen*** ir de un lado a otro; F ***wo ist sie ~?***

H

¿adónde se ha ido?; ***dieses ewige ♀ und Her*** ese continuo tira y afloja; **2** *zeitlich* ***gegen Abend ~*** hacia la noche; ***~ und wieder*** a veces, de vez en cuando; F ***nach langem ♀ und Her*** tras muchas dificultades *od* discusiones; ***es ist noch einige Zeit ~, bis …*** todavía falta bastante hasta que … (*+subj*); **3** *fig* ***~ sein*** F (*unbrauchbar sein*) estar estropeado; P (*tot sein*) estar muerto; ***~ und her überlegen*** dar vueltas; ***~ und her gerissen werden*** (***zwischen*** *+dat*) no poder decidirse (entre); F ***von j-m, etw ganz ~ sein*** (*hingerissen sein*) F estar loco por a/c, alg; F ***dann ist unsere Ruhe ~*** se nos acabó la tranquilidad

hinab [hɪˈnap] → ***hinunter***

hinauf [hɪˈnaʊf] *adv* hacia arriba; ***dort ~!*** ¡por allí arriba!; ***~ haben wir drei Stunden gebraucht*** hemos tardado tres horas en subir

hiˈnauf|fahren ⟨*irr, sep*⟩ *v/t* ⟨h⟩, *v/i* ⟨sn⟩ subir (en coche, *etc*); **~gehen** *v/i* ⟨*irr, sep*, sn⟩ subir (*a fig*)

hiˈnaufklettern *v/t, v/i* ⟨*sep*, sn⟩ ***etw*** (*acus*) *od* ***auf etw*** (*acus*) **~** encaramarse en a/c, trepar a/c

hiˈnaufsteigen *v/i* ⟨*irr, sep*, sn⟩ subir, ascender (***auf etw*** *acus* a/c)

hinaus [hɪˈnaʊs] *adv* **1** *räumlich* (hacia) afuera; ***~!*** ¡fuera (de aquí)!; ***hier ~*** por aquí afuera; ***zum Fenster ~*** por la ventana; **2** *zeitlich* ***auf Monate ~*** durante meses; ***über den ersten April ~*** más allá del uno de abril

hiˈnaus|begleiten *v/t* ⟨*sep, sin* ge⟩ acompañar afuera; **~bringen** *v/t* ⟨*irr, sep*⟩ *Sache* llevar afuera; *zu j-n* llevar; *Person* acompañar afuera

hiˈnausekeln F *v/t* ⟨*sep*⟩ ***j-n ~*** amargar la vida a alg (hasta que se va)

hiˈnaus|fahren ⟨*irr, sep*⟩ **I** *v/t* ⟨h⟩ **1** *Auto usw* sacar; **II** *v/i* ⟨sn⟩ **2** (*nach draußen fahren*) salir (en coche, *etc*) (***aus*** de); **3** (*wegfahren*) irse (en coche, *etc*) (***nach*** a); **~fliegen** *v/i* ⟨*irr, sep*, sn⟩ **1** *Vogel usw* salir volando; **2** F *fig am Arbeitsplatz, aus e-m Lokal* F ser echado, ser puesto de patitas en la calle

hiˈnausgehen *v/i* ⟨*irr, sep*, sn⟩ **1** *Person* salir (***aus*** de); **2** *Fenster, Tür* ***auf den Hof ~*** dar al patio; **3** *fig* ***über etw*** (*acus*) **~** pasar de a/c, rebasar a/c

hiˈnausjagen *v/t* ⟨*sep*⟩ echar

hiˈnauslaufen *v/i* ⟨*irr, sep*, sn⟩ **1** *Person* salir corriendo; **2** *fig* ***auf etw*** (*acus*) **~** acabar en a/c, ir a parar a *od* en a/c; ***das läuft auf dasselbe hinaus*** viene a ser lo mismo

hiˈnauslehnen *v/r* ⟨*sep*⟩ ***sich ~*** asomarse

hiˈnausragen *v/i* ⟨*sep*⟩ ***über j-n, etw ~*** destacarse entre alg, a/c (*a fig*)

hiˈnaus|schieben *v/t* ⟨*irr, sep*⟩ **1** *aus e-m Raum* sacar (empujando) (***aus*** de); **2** *zeitlich* aplazar; **~schmeißen** F *v/t* ⟨*irr, sep*⟩ → ***hinauswerfen***; **~stehlen** *v/r* ⟨*irr, sep*⟩ ***sich ~*** salir a hurtadillas

hiˈnauswachsen *v/i* ⟨*irr, sep*, sn⟩ ***über j-n, etw ~*** superar a alg, a/c; ***über sich*** (*acus*) ***selbst ~*** superarse a sí mismo

hiˈnauswerfen *v/t* ⟨*irr, sep*⟩ **1** *Gegenstand* echar, tirar; **2** F *fig* ***j-n ~*** *bsd am Arbeitsplatz* despedir a alg; F echar a alg (a la calle), poner de patitas en la calle (*a aus e-m Lokal*)

hiˈnauswollen *v/i* ⟨*irr, sep*⟩ **1** F querer salir; **2** *fig* ***auf etw*** (*acus*) **~** pretender a/c; ***hoch ~*** tener grandes ambiciones; F picar alto

hiˈnausziehen ⟨*irr, sep*⟩ **I** *v/t* ⟨h⟩ **1** (*nach draußen ziehen*) sacar; **2** ***es zieht ihn in die Natur hinaus*** le atrae la naturaleza; **3** (*verzögern*) dar largas a, retardar; **II** *v/i* ⟨sn⟩ **4** salir (***aus*** de); **5** ***aufs Land ~*** irse (a vivir) al campo; **III** *v/r* ⟨h⟩ **6** ***sich ~*** (*sich verzögern*) atrasarse, retrasarse; (*lange dauern*) ir para largo

hiˈnauszögern ⟨*sep*⟩ **I** *v/t* aplazar, dilatar; **II** *v/r* ***sich ~*** atrasarse, retrasarse

ˈhinbekommen F *v/t* ⟨*irr, sep*⟩ **1** (*schaffen*) lograr, conseguir; **2** ***etw wieder ~*** arreglar a/c

ˈhinbiegen F *v/t* ⟨*irr, sep*⟩ amañar, arreglar

ˈHinblick *m* ***im*** *od* ***in ~ auf*** (*+acus*) (*in Anbetracht*) con vistas a; (*in Bezug auf*) en cuanto a

ˈhinbringen *v/t* ⟨*irr, sep*⟩ *Person* llevar a; *Sache* transportar; *Zeit* pasar

ˈhindenken *v/i* ⟨*irr, sep*⟩ ***wo denkst du hin!*** ¡en qué estás pensando!

hinderlich [ˈhɪndərlɪç] *adj* embarazoso, molesto; ***j-m, e-r Sache ~ sein*** ser un estorbo para alg, a/c

ˈhindern *v/t* **1** ***j-n*** (***daran***) **~*****, etw zu tun*** impedir a alg que haga a/c; **2** (*be~*) estorbar, molestar

ˈHindernis *n* ⟨-ses; -se⟩ obstáculo *m*; *fig a* molestia *f*, impedimento *m*, estorbo *m*; **~lauf** *m Leichtathletik* carrera *f* de obstáculos; **~rennen** *n Pferdesport* carrera *f* de saltos-valla

ˈhindeuten *v/i* ⟨*sep*⟩ ***auf etw*** (*acus*) **~** señalar a a/c; *fig* indicar a/c

Hindu [ˈhɪndu] *m* ⟨-(s); -(s)⟩ hindú *m*

Hinduˈismus *m* ⟨-⟩ hinduismo *m*

hinduˈistisch *adj* hinduista

hinˈdurch *adv* **1** *räumlich* ***durch etw ~*** a través de a/c; ***hier ~*** por aquí; **2** *zeitlich* durante; ***das ganze Jahr ~*** durante todo el año

hinˈdurchgehen *v/i* ⟨*irr, sep*, sn⟩ ***durch etw ~*** *Schuss, Person, Weg* atravesar a/c; F (*passen*) caber por a/c

hinein [hɪˈnaɪn] *adv* **1** *räumlich* (hacia) adentro; ***nur ~!*** ¡pase!; ***hier ~!*** ¡entre(n) por aquí!; ***in etw*** (*acus*) **~** en; **2** *zeitlich* ***bis in den Mai ~*** hasta bien entrado mayo

hi'neinbeißen *v/i* ⟨*irr, sep*⟩ ***in etw*** (*acus*) **~** morder a/c

hi'neindenken *v/r* ⟨*irr, sep*⟩ ***sich in j-n, in j-s Lage ~*** ponerse en el lugar de alg

hi'neinfahren ⟨*irr, sep*⟩ **I** *v/t* ⟨h⟩ *Fahrzeug, Dinge* entrar (***in*** *+acus* en); ***j-n in die Stadt ~*** llevar a alg a la ciudad; **II** *v/i* ⟨sn⟩ ***in etw*** (*acus*) **~** entrar en a/c

hi'neinfinden *v/r* ⟨*irr, sep*⟩ *fig* ***sich in etw*** (*acus*) **~** familiarizarse con a/c

hi'neingehen *v/i* ⟨*irr, sep*, sn⟩ **1** (*eintreten*) entrar (***in*** *+acus* en); **2** *fig* (*Platz finden*) caber, entrar

hi'neingeraten *v/i* ⟨*irr, sep, p/p* hineingeraten, sn⟩ ***in etw*** (*acus*) **~** ir a parar a a/c, caer en a/c

hi'neininterpretieren *v/t* ⟨*sep, sin* ge⟩ ***etw in e-n Text ~*** sobreinterpretar a/c en un texto

hi'neinknien *v/r* ⟨*sep*⟩ *fig* ***sich in e-e Arbeit ~*** meterse de lleno en un trabajo

hi'neinkommen *v/i* ⟨*irr, sep*, sn⟩ **1** (*hineingelangen*) entrar (***in*** *+acus* en); **2** F (*hineinsollen*) tener que meterse; (*hingehören*) ir; ***das kommt hier hinein*** eso va aquí

hi'neinlaufen *v/i* ⟨*irr, sep*, sn⟩ **1** *Person* entrar (***in*** *+acus* en); ***in ein Auto ~*** meterse debajo de un coche; **2** *Flüssigkeit* ***in etw*** (*acus*) **~** entrar en a/c

hi'neinlegen *v/t* ⟨*sep*⟩ ***etw in etw*** (*acus*) **~** meter a/c en a/c; *fig Gefühl* poner

hi'neinpassen *v/i* ⟨*sep*⟩ caber, entrar (***in*** *+acus* en)

hi'neinreden *v/i* ⟨*sep*⟩ *fig* ***j-m in s-e Angelegenheiten ~*** meterse en los asuntos de alg

hi'neinstecken *v/t* ⟨*sep*⟩ **1** ***etw in etw*** (*acus*) **~** meter, poner, introducir a/c en a/c; **2** F ***Geld in etw*** (*acus*) **~** invertir (F meter) dinero en a/c

hi'neinsteigern *v/r* ⟨*sep*⟩ ***sich in s-n Zorn ~*** dejarse llevar por la ira

hi'neinversetzen *v/r* ⟨*sep, sin* ge⟩ ***sich in j-n, in j-s Lage ~*** ponerse en el lugar de alg

hi'neinwachsen *v/i* ⟨*irr, sep*, sn⟩ *fig* ***in e-e Aufgabe ~*** hacerse a una tarea

hi'neinwerfen *v/t* ⟨*irr, sep*⟩ ***etw in etw*** (*acus*) **~** echar a/c en a/c; ***e-n Blick in etw*** (*acus*) **~** echarle a a/c un vistazo

hi'neinwollen F *v/i* ⟨*irr, sep*⟩ querer entrar

hi'neinziehen ⟨*irr, sep*⟩ **I** *v/t* ⟨h⟩ *fig* ***j-n in etw*** (*acus*) **~** implicar a alg en a/c; **II** *v/i* ⟨sn⟩ entrar (***in*** *+acus* en)

'hinfahren ⟨*irr, sep*⟩ **I** *v/t* ⟨h⟩ *Person* llevar; *Lasten* transportar; **II** *v/i* ⟨sn⟩ ir a

'Hinfahrt *f* viaje *m* de ida; ***auf der ~*** a la ida

'hinfallen *v/i* ⟨*irr, sep*, sn⟩ caer(se); *Gegenstand* caer al suelo

'hinfällig *adj* **1** (*ungültig*) caducado, nulo, sin validez; **2** (*gebrechlich*) caduco, frágil; *Greis* decrépito

'hin|finden *v/i* ⟨*irr, sep*⟩ encontrar el camino; **~fliegen** *v/i* ⟨*irr, sep*, sn⟩ **1** *mit dem Flugzeug* ir en avión; **2** F *fig* (*hinfallen*) F caerse de bruces

'Hinflug *m* vuelo *m* de ida; ***auf dem ~*** a la ida

'hinführen ⟨*sep*⟩ **I** *v/t* llevar; **II** *v/i Weg* **~** ***zu*** llevar a; *fig* ***wo soll das ~?*** ¿adónde irá a parar (esto)?

'Hingabe *f* **1** (*Aufopferung*) entrega *f*, abnegación *f*; **2** (*Leidenschaft*) devoción *f*

'hingeben ⟨*irr, sep*⟩ **I** *geh v/t* **1** dar, entregar; **II** *v/r* **2** ***sich e-r Sache*** (*dat*) **~** dedicarse a a/c, entregarse a a/c; ***sich der Hoffnung ~, dass …*** abrigar la esperanza de que …; **3** *sexuell* ***sich j-m ~*** entregarse a alg

'Hingebung *f* ⟨-⟩ devoción *f*

'hingebungsvoll **I** *adj* **1** (*aufopfernd*) abnegado, devoto; **2** (*leidenschaftlich*) apasionado; **II** *adv* **3** con abnegación, con devoción; **4** apasionadamente

hin'gegen *cj* en cambio

'hingehen *v/i* ⟨*irr, sep*, sn⟩ **1** *an e-n Ort* ir (***zu etw*** a a/c; ***zu j-m*** a casa de alg); ***wo gehst du hin?*** ¿adónde vas?; **2** *zeitlich* pasar, transcurrir; **3** (*durchgehen*) ***das mag diesmal noch ~*** por esta vez puede pasar

'hingehören *v/i* ⟨*sep, p/p* hingehört⟩ estar en su sitio; ***wo gehört das hin?*** ¿dónde va esto?

'hingeraten *v/i* ⟨*irr, sep, p/p* hingeraten, sn⟩ F ir a parar a; ***wo sind wir denn hier ~?*** F ¿dónde nos hemos metido?

'hingerissen *adjt* → ***hinreißen***

'hinhalten *v/t* ⟨*irr, sep*⟩ **1** ***j-m etw ~*** tenderle a/c a alg; **2** *fig* ***j-n ~*** hacer esperar a alg

'hinhauen F ⟨*irr, sep*⟩ **I** *v/t* **1** *Arbeit* chapucear; **2** (*hinschmeißen*) tirar; **II** *v/i* **3** *fig* (*klappen, richtig sein*) F cuajar; **III** *v/r* **4** ***sich ~*** tumbarse, echarse; (*schlafen gehen*) acostarse

'hinhören *v/i* ⟨*sep*⟩ prestar atención, escuchar atentamente

hinken [ˈhɪŋkən] *v/i* **1** ⟨h⟩ cojear (*a fig*); **2** ⟨sn⟩ ***über die Straße ~*** atravesar la calle cojeando

'hinknien *v/i* ⟨*sep*, sn⟩ (*u v/r* ***sich ~***) ponerse de rodillas

'hinkommen *v/i* ⟨*irr, sep*, sn⟩ **1** (*kommen*) llegar (***zu*** a); ***wie kommt man hin?*** ¿cómo se llega allí?; *fig* ***wo kämen wir hin, wenn …?*** ¿adónde iríamos a parar si …?; **2** ***wo ist meine Tasche hingekommen?*** F ¿dónde ha ido a parar mi bolso?; **3** F (*hingehö-*

ren) ir; ***wo kommt das hin?*** ¿dónde va esto?; **4** F (*auskommen*) ***mit etw ~*** tener bastante con a/c; **5** F (*stimmen*) ser correcto
'hinkriegen ⟨*sep*⟩ → ***hinbekommen***
'hinlänglich **I** *adj* suficiente; **II** *adv* bastante, suficientemente; ***~ bekannt*** suficientemente conocido
'hinlegen ⟨*sep*⟩ **I** *v/t* **1** poner, colocar; ***j-m etw ~*** ponerle a/c a alg; **2** F (*bezahlen*) poner; **3** F (*mustergültig ausführen*) bordar; **II** *v/r* **4** ***sich ~*** echarse; *zum Schlafen* acostarse
'hinlenken *v/t* ⟨*sep*⟩ **1** conducir, dirigir (***zu*** a); **2** *fig* ***das Gespräch auf etw*** (*acus*) ***~*** llevar la conversación a a/c
'hinnehmen *v/t* ⟨*irr, sep*⟩ (*dulden*) tolerar, soportar; (*akzeptieren*) aceptar
'hinpassen F *v/i* ⟨*sep*⟩ caber (*a Personen, Worte*); *fig* ir, pegar; ***das Bild passt hier nicht hin*** el cuadro no va aquí
'hinreichend *adjt* suficiente
'Hinreise *f* viaje *m* de ida; ***auf der ~*** a la ida
'hinreißen *v/t* ⟨*irr, sep*⟩ **1** (*begeistern*) arrebatar, entusiasmar; ***von etw, j-m hingerissen sein*** estar entusiasmado por a/c, alg; **2** ***sich zu e-r Bemerkung ~ lassen*** hacer una observación dejándose llevar
'hinreißend *adjt* arrebatador, irresistible
'hinrichten *v/t* ⟨*sep*⟩ ***j-n ~*** ejecutar a alg
'Hinrichtung *f* ejecución *f*
'hin|schauen *bsd südd* ⟨*sep*⟩ → ***hinsehen***; **~schicken** *v/t* ⟨*sep*⟩ enviar, mandar (***zu*** a); **~schlagen** *v/i* ⟨*irr, sep*⟩ **1** ⟨h⟩ (*schlagen*) golpear, pegar; **2** F ⟨sn⟩ (*hinfallen*) F caer(se); **~schleppen** ⟨*sep*⟩ **I** *v/t* arrastrar (***zu*** a); **II** *v/r* ***sich ~*** arrastrarse (***zu*** a); *fig* (*sich hinziehen*) prolongarse; **~schmeißen** F ⟨*irr, sep*⟩ → ***hinwerfen***; **~schreiben** ⟨*irr, sep*⟩ *v/t* escribir
'hinsehen *v/i* ⟨*irr, sep*⟩ mirar (***zu*** hacia), fijarse (***zu*** en); ***ich kann*** (***gar***) ***nicht ~*** no puedo mirarlo; ***bei genauerem*** ♀ bien mirado
'hin sein → ***hin***
'hinsetzen ⟨*sep*⟩ **I** *v/t* *Sache* poner, colocar; *Person* sentar; **II** *v/r* ***sich ~*** sentarse
'Hinsicht *f* ***in dieser ~*** a este respecto; ***in jeder ~*** a todas luces; ***in politischer ~*** desde el punto de vista político
'hinsichtlich *prp* ⟨*+gen*⟩ con respecto a, en cuanto a
'Hinspiel *n* SPORT partido *m* de ida
'hinstellen ⟨*sep*⟩ **I** *v/t* **1** poner, colocar; **2** *fig* ***etw, j-n als etw ~*** tildar *od* tachar a a/c, alg de a/c; **II** *v/r* **3** ***sich ~*** *an e-e Stelle* ponerse, colocarse; ***sich hinten ~*** ponerse detrás
hintanstellen [hɪnt'ʔan-] *geh* *v/t* ⟨*sep*⟩ (*zurückstellen*) postergar
hinten ['hɪntən] *adv* (por) detrás, atrás; (*am Ende*), *in e-r Reihe* al final; (*im Hintergrund*) en el fondo; ***~ im Saal*** al fondo de la sala; ***weiter ~*** más atrás; *in e-m Buch* más abajo; ***von ~*** por detrás; F ***j-n am liebsten von ~ sehen*** no poder soportar a alg; ***~ stehen*** *in e-m Raum* estar al fondo; *in e-r Reihe* estar al final
hinten'drauf F *adv* atrás; ***j-m ein paar ~ geben*** darle un par de azotes a alg
'hintenherum *adv* **1** *räumlich* por detrás; **2** F *fig* *bekommen* a escondidas, secretamente; *erfahren* extraoficialmente
hinten'über *adv* de espaldas, hacia atrás
hinter ['hɪntər] *prp* *Lage* ⟨*+dat*⟩, *Richtung* ⟨*+acus*⟩ detrás de, tras (*a Reihenfolge*); ***gleich ~ Köln*** poco después de Colonia; ***~ j-m, etw stehen*** estar detrás de alg, a/c, apoyar a alg, a/c (*a fig*); ***etw ~ sich*** (*acus*) ***bringen*** acabar con a/c; ***etw ~ sich*** (*dat*) ***haben*** *Arbeit usw* haber terminado; *Operation usw* haber pasado; F ***~ etw*** (*acus*) ***kommen*** (*entdecken*) descubrir a/c; (*verstehen*) captar *od* entender a/c
'Hinter|achse *f* *im Auto* eje *m* trasero; **~ausgang** *m* salida *f* trasera; **~bänkler** [-bɛŋklər] *m* POL diputado *m* de poca importancia
'Hinterbein *n* pata *f* trasera; F *fig* ***sich auf die ~e stellen*** F enseñar los dientes
Hinterbliebene(r) [-'bliːbənə(r)] *f*(*m*) ⟨→ A⟩ deudo *m,f*; ***die trauernden ~n*** la familia del difunto
Hinter'bliebenenrente *f* pensión *f* en favor de familias, pensión *f* del superviviente
'hintere(r, -s) *adj* de atrás; *bsd Körperteile* posterior, trasero; ***die ~n Reihen*** las últimas filas
hinterei'nander *adv* **1** *räumlich* uno tras otro; **2** *zeitlich* seguido; ***viermal ~*** cuatro veces seguidas
'Hinter|eingang *m* entrada *f* trasera, puerta *f* de atrás; **♀'fragen** *v/t* ⟨*sin* ge⟩ indagar; **~gedanke** *m* segunda intención *f*; **♀'gehen** *v/t* ⟨*irr, sin* ge⟩ engañar, embaucar
'Hintergrund *m* fondo *m* (*a* MAL); THEA foro *m*; FOT, *fig* segundo plano *m*; ***im ~*** en segundo plano; *fig* ***sich im ~ halten, im ~ bleiben*** mantenerse en un segundo plano; *pl* ***Hintergründe*** *fig* trasfondo *m*, telón *m* de fondo
hintergründig ['hɪntərgrʏndɪç] *adj* *Lächeln* enigmático; *Humor* soterrado
'Hintergrundinformation *f* información *f* de trasfondo (***über*** *+acus* sobre)
'Hinterhalt *m* ⟨-(e)s; -e⟩ emboscada *f*; ***j-n in e-n ~ locken*** hacer caer a alg en una trampa
hinterhältig ['hɪntərhɛltɪç] *adj* insidioso, traicionero
'Hinterhand *f* **1** zo cuarto *m* trasero; **2** *fig*

etw in der ~ haben tener a/c guardada
hinter'her *adv* **1** *zeitlich* después, posteriormente; *fig* ***mit, in etw*** (*dat*) ***~ sein*** ir con retraso en a/c; **2** *räumlich* detrás (*a Rangfolge*); **3** *fig* (***sehr***) ***~ sein, dass*** estar (muy) empeñado en que (+*subj*)
hinter'herhinken *v/i* ⟨*sep*, sn⟩ seguir (cojeando) (***hinter etw, j-m*** a/c, a alg); *fig* ir con retraso (***hinter*** + *dat* en)
hinter'herlaufen *v/i* ⟨*irr*, *sep*, sn⟩ ***j-m, e-r Sache ~*** ir detrás de alg, a/c (*a* F *fig*)
'Hinterhof *m* patio *m* trasero
'Hinterkopf *m* occipucio *m*; F ***etw im ~ haben*** tener a/c en mente
'Hinterland *n* interior *m* del país
hinter'lassen *v/t* ⟨*irr*, *sep*, *sin* ge⟩ dejar; *testamentarisch* legar; **≈schaft** *f* herencia *f*, legado *m*
hinter'legen *v/t* ⟨*sep*, *sin* ge⟩ depositar
Hinter'legung *f* depósito *m*; ***gegen ~ von*** contra depósito de
'Hinterlist *f* astucia *f*, perfidia *f*, alevosía *f*; **≈ig** astuto, pérfido, alevoso
hinterm ['hɪntərm] F ***= hinter dem***
'Hintermann *m* ⟨-(e)s; ⸚er⟩ **1** ***mein ~*** la persona que está detrás de mí; **2** *fig* (*Drahtzieher*) instigador *m*
'Hintermannschaft *f* SPORT defensa *f*
hintern ['hɪntərn] F ***= hinter den***
'Hintern F *m* ⟨-s; -⟩ F trasero *m*; ***j-m den ~ versohlen*** dar a alg unos azotes; F ***j-n*** *od* ***j-m in den ~ treten*** F dar a alg una patada en el culo; P *fig* ***j-m in den ~ kriechen*** P lamer a alg el culo
'Hinterrad *n* rueda *f* trasera; **~antrieb** *m* tracción *f* trasera
hinterrücks ['hɪntərrʏks] *adv* por detrás; *fig a* a traición, con alevosía
hinters ['hɪntərs] F ***= hinter das***
'Hinter|schinken *m* jamón *m* (de las patas traseras); **~sinn** *m* sentido *m* oculto, *bei Äußerungen* sobreentendido *m*; **≈sinnig** *adj* de doble sentido, ambiguo
'hinterste(r, -s) *adj* extremo, último; ***in der ~n Reihe*** en la última fila
'Hinterteil F *n* (*Gesäß*) F trasero *m*
'Hintertreffen *n* ***ins ~ geraten*** perder terreno, quedar relegado a un segundo plano
hinter'treiben *v/t* ⟨*irr*, *sep*, *sin* ge⟩ *Reform, Gesetz* hacer fracasar; *Pläne a* frustrar
'Hinter|treppe *f* escalera *f* de servicio; **~tür** *f* puerta *f* trasera
Hintertürchen ['-tyːrçən] *n* ⟨-s; -⟩ *fig* ***sich*** (*dat*) ***ein ~ offen halten*** prepararse una salida
Hinterwäldler(in) ['-vɛltlər(ɪn)] *m*(*f*) F provinciano, -a *m,f*
hinter'ziehen *v/t* ⟨*irr*, *sep*, *sin* ge⟩ defraudar; ***Steuern ~*** defraudar a Hacienda
'hintun F *v/t* ⟨*irr*, *sep*⟩ poner, meter
hinüber [hɪ'nyːbər] *adv* al otro lado; ***über*** (+*acus*) ***~*** por encima de; F ***~ sein*** (*kaputt*) F estar cascado; (*verdorben*) estar pasado; (*tot*) estar muerto; (*bewusstlos*) estar ido
hi'nüberfahren ⟨*irr*, *sep*⟩ **I** *v/t* ⟨h⟩ ***j-n, etw über den Fluss ~*** pasar a alg, a/c al otro lado del río; **II** *v/i* ⟨sn⟩ (***über e-n Fluss, e-e Brücke***) ***~*** atravesar (un río, un puente); ***~ zu, nach*** pasar a
hi'nübergehen *v/i* ⟨*irr*, *sep*, sn⟩ *über e-e Straße, Brücke usw* pasar al otro lado (***über etw*** *acus* de a/c), atravesar (***über etw*** *acus* a/c); ***auf die andere Seite ~*** pasar al otro lado
hi'nüberkommen *v/i* ⟨*irr*, *sep*, sn⟩ **1** *auf die andere Seite* pasar al otro lado; **2** *über ein Hindernis* poder pasar por encima (***über etw*** *acus* de a/c); **3** F (*besuchen*) ***zu j-m ~*** ir *bzw* venir a visitar a alg
hi'nüberreichen ⟨*sep*⟩ **I** *v/t* ***j-m etw ~*** pasarle a/c a alg; **II** *v/i* (*sich erstrecken*) extenderse, prolongarse (***bis*** hasta); (*lang genug sein*) alcanzar (***bis*** hasta)
hi'nübersteigen *v/i* ⟨*irr*, *sep*, sn⟩ ***über etw*** (*acus*) ***~*** pasar *od* subir por encima de a/c
hi'nüberwechseln *v/i* ⟨*sep*, h *o* sn⟩ pasar (***zu*** a); ***zu e-r anderen Partei ~*** cambiar a otro *od* de partido
'hin- und 'hergehen *v/i* ⟨*irr*, *sep*, sn⟩ ir de un lado a otro
'Hin- und 'Rück|fahrt *f* (viaje *m* de) ida *f* y vuelta; **~flug** *m* (vuelo *m* de) ida *f* y vuelta; **~weg** *m* (camino *m* de) ida *f* y vuelta
hinunter [hɪ'nʊntər] *adv* (hacia) abajo; ***dort ~!*** ¡ahí abajo!; ***~ ging die Fahrt sehr schnell*** el descenso fue muy rápido; ***bis ins Tal ~*** hasta el valle
hi'nunter|fahren ⟨*irr*, *sep*⟩ *v/t* ⟨h⟩, *v/i* ⟨sn⟩ bajar (en coche, *etc*); **~fallen** ⟨*sep*⟩ → ***herunterfallen***; **~gehen** *v/i* ⟨*irr*, *sep*, sn⟩ bajar (a pie); **~schlucken** *v/t* ⟨*sep*⟩ tragar (*a* F *fig Ärger, Kritik*); **~springen** *v/i* ⟨*irr*, *sep*, sn⟩ saltar (***von*** de); **~spülen** *v/t* ⟨*sep*⟩ **1** *im Ausguss*, WC verter; **2** F *Bissen usw* tragar; *fig Kummer, Ärger* ahogar
hi'nuntersteigen *v/t*, *v/i* ⟨*irr*, *sep*, sn⟩ bajar; ***den Berg ~*** bajar la montaña
hi'nunterstürzen ⟨*sep*⟩ **I** *v/t* ⟨h⟩ **1** *Person* arrojar (***von*** de); **2** F *fig Getränk* beber de un trago; **II** *v/i* ⟨sn⟩ **3** (*hinunterfallen*) precipitarse, caerse (***von*** de); **III** *v/r* ⟨h⟩ **4** ***sich ~*** arrojarse, tirarse; ***sich von e-m Turm ~*** tirarse desde una torre
hi'nunter|werfen *v/t* ⟨*irr*, *sep*⟩ tirar, arrojar; **~würgen** *v/t* ⟨*sep*⟩ tragar (a duras penas)
hinweg [hɪ'nvɛk] *adv* **1** *geh* ***~*** (***mit dir***)***!*** ¡fuera (contigo)!; **2** *räumlich* ***über etw*** (*acus*) ***~*** por encima de a/c; *fig* ***über unsere Köpfe***

od **uns ~** por encima de nuestras cabezas *od* de nosotros; **3** *zeitlich* ***über Jahre ~*** durante años
Hinweg ['hɪnveːk] *m* (camino *m* de) ida *f*; ***auf dem ~*** a la ida
hin'weggehen *v/i* ⟨*irr*, *sep*, sn⟩ (*nicht beachten*) ***über etw*** (*acus*) **~** pasar por encima de a/c, pasar a/c por alto
hin'weghelfen *v/i* ⟨*irr*, *sep*⟩ ***j-m über etw*** (*acus*) **~** animar *od* ayudar a alg a superar a/c
hin'wegkommen *v/i* ⟨*irr*, *sep*, sn⟩ ***über etw*** (*acus*) **~** superar a/c, consolarse de a/c; ***ich komme darüber nicht hinweg*** no puedo olvidarlo
hin'wegsehen *v/i* ⟨*irr*, *sep*⟩ (*unbeachtet lassen*) ***über etw*** (*acus*) **~** hacer la vista gorda a a/c
hin'wegsetzen *v/r* ⟨*sep*⟩ ***sich über etw*** (*acus*) **~** pasar por encima de a/c, no hacer caso de a/c
hin'wegtäuschen *v/t* ⟨*sep*⟩ ***j-n über etw*** (*acus*) **~** engañar a alg en a/c; ***das täuscht darüber hinweg, dass ...*** eso hace olvidar que ...
Hinweis ['hɪnvaɪs] *m* ⟨-es; -e⟩ **1** (*Mitteilung*) indicación *f*, advertencia *f*; **2** ADM ***unter ~ auf*** (*+acus*) con referencia a; **3** (*Anzeichen*) indicio *m*
'hinweisen ⟨*irr*, *sep*⟩ **I** *v/t* ***j-n auf etw*** (*acus*) **~** indicarle a/c a alg; **II** *v/i* ***auf etw*** (*acus*) **~** indicar a/c, señalar a/c; ***ich weise darauf hin, dass ...*** advierto que ..., señalo que ...
'hinweisend *adjt* GRAM demostrativo
'Hinweis|schild *n* letrero *m* indicador; **~tafel** *f* tablón *m* de anuncios
'hinwenden *v/r* ⟨*irr*, *sep*⟩ ***sich zu j-m ~*** volverse hacia alg; *fig* ***nicht wissen, wo man sich ~ soll*** no saber a quién dirigirse
'hinwerfen ⟨*irr*, *sep*⟩ **I** *v/t* **1** tirar, echar; **2** F *Arbeit usw* dejar, abandonar; **II** *v/r* **3** ***sich ~*** tirarse al suelo
'hinwirken *v/i* ⟨*sep*⟩ ***auf etw*** (*acus*) **~** intentar conseguir a/c
'hinwollen F *v/i* ⟨*irr*, *sep*⟩ querer ir (allí); ***wo willst du hin?*** ¿adónde quieres ir?
'hinziehen ⟨*irr*, *sep*⟩ **I** *v/t* ⟨h⟩ **1** ***etw zu sich*** (*dat*) **~** tirar a/c hacia sí; *fig* ***ich fühle mich zu ihm hingezogen*** me siento atraído por él; **2** (*in die Länge ziehen*) atrasar, demorar; **II** *v/i* ⟨sn⟩ **3** (*umziehen*) establecerse (allí), irse a vivir (allí); **III** *v/r* ⟨h⟩ ***sich ~*** **4** (*sich in die Länge ziehen*) prolongarse, demorarse; **5** *räumlich* extenderse (***bis nach*** hasta)
'hinzielen *v/i* ⟨*sep*⟩ ***auf etw*** (*acus*) **~** tender a a/c
hinzu [hɪn'tsuː] *adv* además, a eso
hin'zufügen *v/t* ⟨*sep*⟩ añadir, agregar (***zu*** a)
hin'zukommen *v/i* ⟨*irr*, *sep*, sn⟩ **1** (*sich anschließen*) juntarse (***zu*** a), reunirse (***zu*** con); **2** *überraschend* sobrevenir; **3** *Dinge* añadirse; ***es kommt noch hinzu, dass ...*** hay que añadir que ...
hin'zu|setzen *v/t* ⟨*sep*⟩ añadir, agregar; **~zählen** *v/t* ⟨*sep*⟩ añadir, incluir; **~ziehen** *v/t* ⟨*irr*, *sep*⟩ *Arzt usw* consultar
Hiobsbotschaft ['hiːɔps-] *f* mala noticia *f*
Hip-Hop ['hɪphɔp] *m* ⟨-s⟩ MUS hip-hop *m*
Hippie ['hɪpi] *m* ⟨-s; -s⟩ hippie *m,f*
Hirn [hɪrn] *n* ⟨-(e)s; -e⟩ **1** *Organ* cerebro *m* (*a fig Person*); **2** *Substanz*, GASTR, *fig* sesos *m/pl*
'Hirn|gespinst *n* quimera *f*; **~hautentzündung** *f* meningitis *f*; **♀rissig** F *adj* F disparatado, loco; *Idee a* F descabellado; **~tod** *m* muerte *f* cerebral; **♀verbrannt** F *adjt* → ***hirnrissig***
Hirsch [hɪrʃ] *m* ⟨-(e)s; -e⟩ ciervo *m*; **'~geweih** *n* cornamenta *f* de ciervo; **'~käfer** *m* ciervo *m* volante; **'~kalb** *n* cervato *m*; **'~kuh** *f* cierva *f*
Hirse ['hɪrzə] *f* mijo *m*
Hirt [hɪrt] *m* ⟨-en; -en⟩ pastor *m*
'Hirte *m* ⟨-n; -n⟩ **1** *geh* → ***Hirt***; **2** REL pastor *m*; ***der Gute ~*** el Buen Pastor
'Hirten|brief *m* pastoral *f*; **~hund** *m* perro *m* pastor
'Hirtin *f* pastora *f*
His, his [hɪs] *n* ⟨-; -⟩ MUS si *m* sostenido
Hispanoa'merika [hɪspaːnoa'meːrika] *n* Hispanoamérica *f*
hissen ['hɪsən] *v/t* izar, enarbolar
Histor|iker(in) [hɪs'toːrɪkər(ɪn)] *m(f)* historiador, a *m,f*; **♀isch** *adj* histórico
Hit [hɪt] F *m* ⟨-(s); -s⟩ **1** MUS éxito *m* (musical), hit *m*; **2** *fig* éxito *m* (de ventas)
'Hit|liste *f*, **~parade** *f* lista *f* de éxitos
Hitze ['hɪtsə] *f* ⟨-⟩ calor *m*; *fig a* ardor *m*, fogosidad *f*; MED ***fliegende ~*** sofoco *m*; ***bei dieser ~*** con este calor; ***etw bei schwacher ~ kochen*** cocinar a/c a fuego lento; ***in der ~ des Gefechts*** en el acaloramiento de la discusión
'hitzebeständig *adj* resistente al calor
'hitzefrei *adj Schule* ***~ haben*** tener libre (de clase) por el calor
'Hitze|periode *f* período *m* de calor; **~welle** *f* ola *f* de calor
'hitzig *adj Gemüt* fogoso, impetuoso; (*erregt*) excitado; *Debatte* acalorado
'Hitz|kopf *m* persona *f* colérica; **~schlag** *m* golpe *m* de calor
HIV [haːʔiː'faʊ] *n Abk* ⟨-(s); -(s)⟩ (*human immunodeficiency virus*) VIH *m*; **~-'negativ** *adj* seronegativo; **~-'positiv** *adj* seropositivo; **~-'Virus** *m od n* virus *m* del sida
hl *Abk* (*Hektoliter*) hl. (*hectolitro*)

Hl. *Abk* (*Heiliger*, *Heilige*) San, Sto., Sta. (*Santo*, *Santa*)
H-Milch ['haː-] *f* leche *f* UHT
h-Moll ['haː-] *n* MUS si *m* menor
HNO|-Arzt [haːʔɛn'ʔoːʔartst] *m*, **~-Ärztin** *f* F otorrino, -a *m,f*
Hobby ['hɔbi] *n* ⟨-s; -s⟩ hobby *m*; **~koch** *m*, **~köchin** *f* cocinero, -a *m,f* aficionado, -a; **~raum** *m* cuarto *m* de hobbies
Hobel ['hoːbəl] *m* ⟨-s; -⟩ cepillo *m* de carpintero; **~bank** *f* ⟨-; -bänke⟩ banco *m* de carpintero
'**hobeln** *v/t*, *v/i* cepillar
hoch [hoːx] **I** *adj* ⟨hohe, höher, höchste⟩ **1** (*von großer Höhe*) alto; ***zwei Meter ~ sein*** tener dos metros de alto; ***wie ~ ist der Montblanc?*** ¿qué altura tiene el Montblanc?; F *fig* ***das ist mir zu ~*** es demasiado para mí, no lo entiendo; **2** (*in großer Höhe*) alto, elevado; *fig* ***im hohen Norden*** en el extremo norte; **3** *wert- u mengenmäßig* alto, elevado; *Alter* avanzado; *Geschwindigkeit*, *Gewicht* grande; *Strafe* fuerte; ***hohe Ansprüche*** (***an j-n***) ***stellen*** ser muy exigente (con alg); ***wie ~ ist die Summe?*** ¿a cuánto asciende (el total)?; **4** *Rangfolge*: *Beamter*, *Würdenträger usw* alto; *Posten*, *Rang* a elevado; *Offizier* de alto rango; **5** MUS *Ton* agudo, alto; *Stimme* agudo; *Note* ***das hohe C*** el do de pecho; **6** MAT ***vier ~ fünf*** cuatro elevado a cinco; ***vier ~ zwei*** *mst* cuatro al cuadrado; ***vier ~ drei*** *mst* cuatro al cubo; **II** *adv* **7** (*in großer Höhe*) ***~*** (***oben***) en lo alto (***auf*** *+dat* de); ***~ fliegen*** volar alto; **8** (*nach oben*) ***Hände ~!*** ¡manos arriba!; ***etw ~ in die Luft werfen*** tirar *od* lanzar a/c por los aires; **9** *wert- u mengenmäßig* altamente, sumamente, muy; **10** *mit adj u p/p* ***~ angesehen*** muy bien visto, muy estimado; ***~ begabt*** superdotado; ***~ dotiert*** muy bien remunerado; ***~ empfindlich*** *Messinstrument* muy sensible; *Film* ultrasensible; ***~ entwickelt*** *Völker*, *Land* muy desarrollado; *Technik* muy sofisticado; ***~ erhobenen Hauptes*** *a fig* con la cabeza alta; ***~ geachtet*** muy respetado; ***~ gestellt*** *fig* en un lugar destacado; ***~ gewachsen*** muy alto; ***~ qualifiziert*** altamente cualificado; ***~ stehend*** *fig* de alto nivel; ***~ zivilisiert*** muy civilizado; **11** *mit Verben* ***~ gewinnen*** SPORT ganar con un amplio margen; ***~ verlieren*** SPORT sufrir una gran derrota; ***etw ~ und heilig versprechen*** prometer solemnemente; ***etw ~ und heilig versichern*** asegurar por lo más sagrado; F ***wenn es ~ kommt*** a lo sumo, como mucho; **2** *singen* alto
Hoch *n* ⟨-s; -s⟩ **1** METEO zona *f* de alta presión, anticiclón *m*; **2** (*~ruf*) viva *m*, brindis *m*; ***ein ~ der*** *od* ***auf die Köchin!*** ¡un hurra por la cocinera!
'**Hochachtung** *f* gran estima *f*, respeto *m* (***vor*** *+dat* por); *Briefschluss* ***mit vorzüglicher ~*** le saluda atentamente
'**hoch|achtungsvoll** *adv Briefschluss* le saluda (muy) atentamente; **≈adel** *m* alta nobleza *f*; **~aktuell** *adj* de máxima actualidad; **≈altar** *m* altar *m* mayor; **≈amt** *n* misa *f* mayor
'**hocharbeiten** *v/r* ⟨*sep*⟩ ***sich ~*** trabajarse un puesto (***zu*** de)
'**hochauflösend** *adjt* TV, *Bildschirm* de alta definición
'**Hochbau** *m Sektor* construcción *f* sobre tierra; ***Hoch- und Tiefbau*** construcción *f* sobre y bajo tierra
'**hochbetagt** *adj* de edad muy avanzada
'**Hochbetrieb** *m* actividad *f* intensa; ***es herrscht ~*** (*es sind viele Leute da*) hay mucha gente
'**Hoch|burg** *f fig* baluarte *m*, centro *m*; **≈deutsch** *adj* alto alemán
'**Hochdruck** *m* **1** METEO altas presiones *f/pl*; **2** F *fig* ***mit*** *od* ***unter ~ arbeiten*** trabajar a toda marcha; **3** MED presión *f* alta, hipertensión *f*; **4** TYPO impresión *f* en relieve
'**Hoch|druckgebiet** *n* → ***Hoch 1***; **~ebene** *f* meseta *f*, altiplano *m*
'**hocherfreut** *adjt* encantado (***über*** *+acus* de)
'**hochexplosiv** *adj* altamente explosivo (*a fig*)
'**hochfahren** *v/i* ⟨*irr*, *sep*, sn⟩ **1** subir (*a fig* ***nach Hamburg*** a Hamburgo); **2** *fig erschrocken* sobresaltarse; *aufbrausend* explotar
'**Hochform** *f* plena forma *f*; ***in ~ sein*** estar en plena forma
'**Hoch|format** *n* formato *m* vertical; **~frequenz** *f* alta frecuencia *f*; **~frisur** *f* peinado *m* alto; **~gebirge** *n* alta montaña *f*; **~gefühl** *n* entusiasmo *m*, emoción *f*
'**hochgehen** *v/i* ⟨*irr*, *sep*, sn⟩ **1** *Person*, *Ballon* subir; *Vorhang* levantarse; **2** F (*explodieren*) hacer explosión, explotar; ***etw ~ lassen*** hacer explotar a/c; **3** *fig Preise* subir; **4** F (*wütend werden*) F ponerse furioso; **5** *Spionagenetz usw* descubrirse
'**Hoch|genuss** *m* delicia *f*, gozada *f*; **≈geschlossen** *adjt Kleid* cerrado; **~geschwindigkeitszug** *m* tren *m* de alta velocidad; **≈gestellt** *adjt* **1** *Person* de alta posición (social) **2** TYPO *Zeichen* volado; INFORM *a* en superíndice; **≈gestochen** F *desp adjt* encopetado; *Rede* rebuscado
'**Hochglanz** *m* brillo *m* intenso; ***etw auf ~ bringen*** *Auto usw* dar lustre a a/c
'**hochgradig** **I** *adj* intenso; **II** *adv* en alto grado

'**hochhackig** *adj* de tacones altos
'**hochhalten** *v/t* ⟨*irr*, *sep*⟩ **1** alzar; *im Augenblick* mantener en alto; **2** *fig* ***j-s Andenken*** honrar la memoria de alg
'**Hoch|haus** *n* edificio *m* de varios pisos; **≈heben** *v/t* ⟨*irr*, *sep*⟩ alzar, levantar; **≈intelligent** *adj* muy inteligente; **≈interessant** *adj* muy interesante; **≈jubeln** F *v/t* ⟨*sep*⟩ ensalzar mucho
'**hochkant** *adv* de canto; F ***j-n ~ hinauswerfen*** F echar a alg con cajas destempladas
hochkarätig ['hoːxkarɛːtɪç] *adj* **1** *Diamant usw* de muchos quilates; **2** *fig Person, Politiker, Manager* de peso
'**hochkommen** F *v/i* ⟨*irr*, *sep*, sn⟩ **1** (*heraufkommen*) subir; **2** *aus dem Magen* devolver, vomitar; *fig* ***es kommt mir hoch, wenn ich das sehe*** me dan náuseas de verlo; **3** *fig wirtschaftlich usw* ***wieder ~*** *Land* prosperar; *Kranker* restablecerse; **4** *fig beruflich* ascender; ***wieder ~*** levantar cabeza
'**Hochkonjunktur** *f* coyuntura *f* favorable
'**hochkrempeln** *v/t* ⟨*sep*⟩ *Ärmel* arremangar
'**Hochland** *n* tierra *f* alta, altiplano *m*
'**hochleben** *v/i* ⟨*sep*⟩ ***j-n, etw ~ lassen*** brindar por alg, a/c; ***er lebe hoch!, hoch soll er leben!*** ¡viva!
'**Hoch|leistungssport** *m* deporte *m* de alta competición; **≈modern** *adj* ultramoderno, de última moda; **~mut** *m* orgullo *m*, altivez *f*, altanería *f*; **≈mütig** ['-myːtɪç] *adj* orgulloso, altivo, altanero; **≈näsig** ['-nɛːzɪç] *adj* engreído, arrogante; **~näsigkeit** *f* ⟨-⟩ engreimiento *m*, arrogancia *f*
'**hochnehmen** *v/t* ⟨*irr*, *sep*⟩ **1** (*anheben*) levantar; *Kind* coger en brazos; **2** F *fig* (*verspotten*) F tomar el pelo a
'**Hochofen** *m* alto horno *m*
'**hochprozentig** *adj Getränk* muy fuerte, de mucho alcohol, de alta graduación
'**hoch|ragen** *v/i* ⟨*sep*⟩ elevarse; **~rechnen** *v/t* ⟨*sep*⟩ calcular (aproximadamente)
'**Hoch|rechnung** *f* cálculo *m* (aproximado); **~regal** *n* estantería *f* alta; **~regallagerung** *f* almacenaje *m* en estanterías altas
'**hochreißen** *v/t* ⟨*irr*, *sep*⟩ *Arme*, *Gewicht* levantar bruscamente
'**hoch'rot** *adj* muy rojo; *Gesicht a* al rojo vivo; F como un tomate
'**Hochruf** *m* vítor *m*, viva *m*; **~e** *e-r Menge a* aclamaciones *f/pl*
'**Hochsaison** *f* temporada *f* alta
'**hochschaukeln** F ⟨*sep*⟩ **I** *v/t* exagerar; **II** *v/r* ***sich*** (***gegenseitig***) **~** acalorarse
'**hochschlagen** ⟨*irr*, *sep*⟩ **I** *v/t* ⟨h⟩ *Kragen* subir(se); **II** *v/i* ⟨sn⟩ *Flammen* alzarse; *Wellen* ser muy alto
'**hochschnellen** *v/i* ⟨*sep*, sn⟩ levantarse de golpe; ***die Preise schnellen hoch*** los precios se disparan
'**hochschrauben** *v/t* ⟨*sep*⟩ subir; *fig a* aumentar
'**Hoch|schulabschluss** *m* título *m* universitario; **~schule** *f* escuela *f* superior; (*Universität*) universidad *f*; **~schüler(in)** *m(f)* universitario, -a *m,f*; **~schullehrer(in)** *m(f)* profesor, a *m,f* universitario, -a; **~schulreife** *f* bachillerato *m*; **~schulstudium** *n* estudios *m/pl* superiores
'**hochschwanger** *adj* en avanzado estado de embarazo
'**Hochsee** *f* alta mar *f*; **~fischerei** *f* pesca *f* de altura; **~flotte** *f* flota *f* de altura; **~jacht** *f* yate *m* de altura
'**Hochseilakt** *m* funambulismo *m*
'**Hoch|sicherheitsgefängnis** *n* prisión *f* de alta seguridiad; **~sitz** *m* JAGD puesto *m* elevado; **~sommer** *m* pleno verano *m*, canícula *f*; **≈sommerlich** *adj* de pleno verano
'**Hochspannung** *f* EL, *fig* alta tensión *f*; **~sleitung** *f* línea *f* de alta tensión; **~smast** *m* poste *m* de alta tensión
'**hochspielen** *v/t* ⟨*sep*⟩ dramatizar
'**Hochsprache** *f* lenguaje *m* culto
'**hochspringen** *v/i* ⟨*irr*, *sep*, sn⟩ dar saltos (***vor Freude*** de alegría); ***an j-m ~*** saltar a alg
'**Hoch|springer(in)** *m(f)* saltador, a *m,f* de altura; **~sprung** *m* salto *m* de altura
höchst [høːçst] *adv* sumamente, altamente
'**Höchstalter** *n* edad *f* máxima
'**Hochstand** *m* JAGD puesto *m* elevado
Hochstape'lei *f* estafa *f*
'**hochstapeln** *v/i* ⟨*sep*⟩ estafar
'**Hochstapler(in)** *m(f)* estafador, a *m,f*
'**Höchstbetrag** *m* importe *m* máximo
'**höchste(r, -s)** *adj* el más alto; *Ausmaß, Rang a* superior; TEC, PHYS, COM, ADM máximo; ***das ~ Gut*** el bien más preciado; ***auf ~r Ebene*** al nivel más alto *od* máximo
'**höchstenfalls** *adv* a lo sumo, como mucho
'**höchstens** *adv* **1** a lo sumo; **2** (*bestenfalls*) como mucho; **3** (*außer*) salvo, excepto
'**Höchstfall** *m* ***im ~*** como máximo
'**Höchstgebot** *n* oferta *f* máxima; *auf Auktionen* puja *f* máxima, postura *f* mayor
'**Höchstgeschwindigkeit** *f* (***zulässige***) **~** velocidad *f* máxima (autorizada)
'**Hochstimmung** *f* entusiasmo *m*; ***in ~ sein*** *Person* estar muy entusiasmado; estar de muy buen humor
'**Höchst|last** *f* carga *f* máxima; **~leistung** *f* SPORT récord *m* (*a fig*); *e-s Motors* rendimiento *m* máximo; **~maß** *n* máximo *m* (***an*** *+dat* de); **≈möglich** *adj* lo máximo (posible); '**≈per'sönlich** *adv* en persona
'**Höchstpreis** *m* precio *m* máximo *od* tope;

zum ~ verkaufen vender al precio más alto

'**Höchst|satz** *m* tarifa *f* máxima; **~stand** *m* nivel *m* máximo; **~strafe** *f* pena *f* máxima; '**Ձwahr'scheinlich** *adv* muy probablemente; **~wert** *m* valor *m* máximo; **Ձzulässig** *adj* lo máximo permitido

'**Hochtechnologie** *f* alta tecnología *f*

'**Hochtour** *f* ***auf ~en laufen*** TEC ir a toda marcha (*a fig*)

'**hoch|tourig** *adj* con el motor a toda marcha; **~trabend** *adjt* altisonante; **~verdient** *adjt Person* benemérito; *Erfolg* meritísimo, muy merecido; **~verehrt** *adjt* muy estimado; **Ձverrat** *m* alta traición *f*; **~verschuldet** *adjt* muy endeudado

'**Hochwasser** *n* ⟨-s; -⟩ **1** *e-s Flusses* crecida *f*, riada *f*; (*Überschwemmung*) inundación *f*; ***~ führen*** sufrir una crecida; **2** (*höchster Flutstand*) marea *f* alta

'**hochwerfen** *v/t* ⟨*irr, sep*⟩ echar al aire; *Arme* levantar bruscamente

'**hoch|wertig** *adj* de gran valor; *Nahrungsmittel* de primera calidad; **Ձwild** *n* caza *f* mayor; **~wirksam** *adj* muy eficaz

'**Hochwürden** *Anrede* (***Euer*** *od* ***Eure***) ~ Reverendo *m* (Padre *m*)

'**Hochzahl** *f* exponente *m*

Hochzeit ['hɔx-] *f* boda *f*, nupcias *f/pl*, casamiento *m*; ***silberne, goldene, diamantene ~*** bodas *f/pl* de plata, de oro, de diamantes

'**Hochzeits|feier** *f* boda *f*; **~kleid** *n* vestido *f od* traje *m* de novia; **~nacht** *f* noche *f* de bodas; **~paar** *n* novios *m/pl*; **~reise** *f* luna *f* de miel; **~tag** *m* **1** (*Tag der Hochzeit*) día *m* de la boda; **2** *Jahrestag* aniversario *m* de boda

'**hochziehen** ⟨*irr, sep*⟩ **I** *v/t Jalousie, Vorhang* subir; *Last*, F *Wand usw a* levantar; *Fahne usw* izar; *Hose* subirse; *Schultern* encoger; *Augenbrauen* enarcar; **2** *Flugzeug* levantar; **II** *v/r* **3** ***sich an etw*** (*dat*) ~ subirse a a/c

'**Hochzinspolitik** *f* política *f* de intereses altos

Hocke ['hɔkə] *f* posición *f* en cuclillas; (*Hocksprung*) salto *m* con las piernas encogidas; ***in die ~ gehen*** ponerse en cuclillas

'**hocken I** *v/i* ⟨h *o südd* sn⟩ **1** (*kauern*) estar en cuclillas; **2** F (*sitzen*) estar sentado; **II** *v/r* **3** ***sich ~*** *südd* (*sich setzen*) sentarse

'**Hocker** *m* taburete *m*

Höcker ['hœkər] *m* ZO joroba *f*, giba *f*; (*Buckel*) *a* corcova *f*; *fig* elevación *f*

Hockey ['hɔki] *n* ⟨-s⟩ hockey *m* (sobre hierba); **~schläger** *m* palo *m od* stick *m* de hockey; **~spieler(in)** *m(f)* jugador, a *m,f* de hockey

Hoden ['hoːdən] *m* ⟨-s; -⟩ testículo *m*; **~sack** *m* escroto *m*

Hof [hoːf] *m* ⟨-(e)s; ⸚e⟩ **1** *e-s Hauses usw* patio *m*; ***auf dem ~*** en el patio; **2** (*Bauern*Ձ) granja *f*; **3** (*Fürsten*Ձ) corte *f*; ***bei*** *od* ***am ~e*** en la corte; **4** ***e-r Frau den ~ machen*** cortejar a una mujer; **5** ASTR halo *m*

'**Hofdame** *f* dama *f* de honor

hoffen ['hɔfən] *v/t, v/i* esperar (***dass*** que; ***zu gewinnen*** ganar); ***auf etw*** (*acus*) ~ esperar a/c; ***~ wir das Beste!*** ¡esperemos lo mejor!; ***das will ich ~*** eso espero

'**hoffentlich** *adv* ojalá (*+subj*); ***~ kommt er bald*** espero que venga pronto; *Antwort* ***~!*** ¡eso espero!; ***~ nicht!*** ¡espero que no!

'**Hoffnung** *f* esperanza *f* (***auf*** *+acus* de); ***die ~ haben zu*** (*+inf*) tener la esperanza de (*+inf*); ***sich*** (*dat*) ***~(en) machen*** tener esperanzas; ***mach dir keine ~en!*** ¡no te hagas ilusiones!; ***j-m ~en machen, dass …*** dar esperanzas a alg de que … (*+subj*); ***es besteht ~, dass er überlebt*** hay esperanzas de que sobreviva

'**hoffnungslos I** *adj* desesperado; *fig* ***ein ~er Fall*** un caso desesperado; **II** *adv* desesperadamente, con desesperación; F sin remedio; ***~ verliebt*** perdidamente enamorado

'**Hoffnungs|losigkeit** *f* ⟨-⟩ desesperación *f*; **~schimmer** *m* rayo *m* de esperanza; **~träger(in)** *m(f)* esperanza *f*; **Ձvoll** *adj* **1** (*zuversichtlich*) lleno de esperanza; **2** (*viel versprechend*) prometedor

ho'fieren *geh v/t* ⟨*sin* ge⟩ adular

höfisch ['høːfɪʃ] *adj* cortesano, palaciego

'**Hofknicks** *m* reverencia *f*

höflich ['høːflɪç] **I** *adj* cortés, educado; **II** *adv* cortésmente

'**Höflichkeit** *f* cortesía *f*; ***aus ~*** por cortesía

'**Höflichkeitsbesuch** *m* visita *f* de cortesía

'**Höfling** *m* ⟨-s; -e⟩ palaciego *m*, cortesano *m* (*a fig desp*)

'**Hof|narr** *m* bufón *m*; **~rat** *m österr* consejero *m* áulico; **~staat** *m* casa *f* real, corte *f*

hohe ['hoːə] → ***hoch***

Höhe ['høːə] *f* **1** *Ausdehnung, Lage*, MAT altura *f*; *über dem Meeresspiegel*, AVIA altitud *f*; ***auf gleicher ~*** (***mit***) a la misma altura, al mismo nivel (que); ***auf halber ~*** a media altura; *e-r Straße usw* a la mitad; MAR ***auf der ~ von*** a la altura de; ***in die ~ ragen*** elevarse; ***in die ~ werfen*** tirar al aire; **2** (*An*Ձ) elevación *f*, alto *m*; *fig* ***die ~n und Tiefen des Lebens*** los altibajos de la vida; **3** ASTR latitud *f*; MUS agudo *m*; *Akustik* ***~n und Bässe*** agudos y graves; **4** *e-r Summe usw* cuantía *f*, importe *m*; *Betrag* ***in ~ von*** por el importe de; ***in ~ von … anfallen*** ascender a(l valor de); **5** *fig* (*Gipfel*) cima *f*; ***auf der ~ s-s Ruhms*** en la cima de su gloria; F ***ich bin heute nicht ganz auf der ~*** hoy

H

no me encuentro en forma; F ***das ist*** (***doch***) ***die ~!*** F ¡esto es el colmo!
Hoheit ['ho:haɪt] *f* **1** (*Souveränität*) soberanía *f* (***über*** *+acus* sobre); **2** *Titel* Alteza *f*; (***Eure***) **~** (Su) Alteza
'hoheitlich *adj* soberano
'Hoheits|gebiet *n* territorio *m* (nacional); **~gewässer** *pl* aguas *f/pl* jurisdiccionales
'Höhen|angst *f* vértigo *m*; **~flug** *m fig* altos vuelos *m/pl*; **~lage** *f* altitud *f*, altura *f*; **~luft** *f* aire *m* de montaña; **~messer** *m* altímetro *m*; **~ruder** *n* AVIA timón *m* de profundidad; **~sonne®** *f* lámpara *f* de rayos ultravioleta; **&verstellbar** *adj* de altura regulable; **~zug** *m* cordillera *f*
Hohe'priester *m* REL sumo sacerdote *m*
'Höhepunkt *m e-r Karriere*, *der Macht*, *des Ruhms* punto *m* culminante, cima *f*; *e-r Krankheit*, *Krise* paroxismo *m*; *e-r Epoche* apogeo *m*; *e-s Festes* plato *m* fuerte; *e-s Dramas* clímax *m*; (*Orgasmus*) orgasmo *m*; ***auf dem ~ der Diskussion*** en el punto álgido de la discusión
'höher I *adj* más alto (***als*** que); *Stockwerk*, *Rang a* superior (***als*** a); *Temperatur*, *Geschwindigkeit a* mayor (***als*** que); ***fünf Meter ~ sein als*** ser cinco metros más alto que; **II** *adv* **~** ***bewerten*** valorar más; **~** ***gestellt*** en un lugar superior
hohl [ho:l] **I** *adj* (*leer*) vacío, hueco; (*konkav*) cóncavo; *Wange* hundido; *fig* huero, vano; **II** *adv* **~** ***klingen*** sonar hueco
Höhle ['hø:lə] *f* **1** GEOL cueva *f*, gruta *f*, caverna *f*; **2** *wilder Tiere* madriguera *f*; *größere* guarida *f*; *fig* ***sich in die ~ des Löwen wagen*** meterse en la boca del lobo; **3** *desp* (*Wohnung*) cueva *f*; **4** (*Augen&*) cuenca *f*
'Höhlen|forscher(in) *m(f)* espeleólogo, -a *m,f*; **~forschung** *f* espeleología *f*; **~malerei** *f* pintura *f* rupestre; **~mensch** *m* cavernícola *m*
'Hohl|kopf F *m* cabeza *m,f* hueca; **~körper** *m* cuerpo *m* hueco; **~kreuz** *n* MED lordosis *f*; **~maß** *n* medida *f* de capacidad; **~raum** *m* hueco *m*; **~spiegel** *m* espejo *m* cóncavo; **~weg** *m* desfiladero *m*
Hohn [ho:n] *m* ⟨-(e)s⟩ sarcasmo *m*, escarnio *m*, mofa *f*; ***e-r Sache*** (*dat*) ***zum ~*** por ironía de a/c; *fig* ***das ist der reinste ~*** es una verdadera ironía
höhnen ['hø:nən] *geh v/i* ***... höhnte er*** ... dijo con sarcasmo, ... ironizó
'Hohngelächter *n* risa *f* sarcástica
'höhnisch I *adj* irónico, sarcástico, burlón; **II** *adv* **~** ***lachen, grinsen*** reír irónicamente *od* sarcásticamente
Hokuspokus [ho:kʊs'po:kʊs] *m* ⟨-⟩ **1** (*Zauberei*) arte *m* de birlibirloque; **2** (*Zauberformel*) abracadabra *m*; **3** *desp* (*Drum und Dran*) charlatanería *f*, teatro *m*
hold [hɔlt] *adj* **1** *geh* ***das Glück ist ihm ~*** la suerte le sonríe; **2** *poet* (*lieblich*) gracioso
Holding ['ho:ldɪŋ] *f* ⟨-; -s⟩, **~gesellschaft** *f* holding *m*
holen ['ho:lən] **I** *v/t* **1** (*hingehen u herbringen*) ir a buscar, traer, ir (a) por; (*ab~*) recoger; *Arzt* llamar; ***etw aus der Tasche*** *usw* **~** sacar a/c del bolso, *etc*; **2** F *fig Preis*, *Medaille*, *Punkte usw* F sacarse; F *fig* ***bei ihm ist nichts zu ~*** no se consigue nada de él; **II** F *v/r* **3** ***sich*** (*dat*) ***etw ~*** F pillarse a/c, cogerse a/c (*a Krankheit*)
Holland ['hɔlant] *n* ⟨-s⟩ Holanda *f*
Holländer(in) ['hɔlɛndər(ɪn)] *m(f)* holandés, -esa *m,f*
'holländisch *adj* holandés; (***das***) **&**(***e***) el holandés
Hölle ['hœlə] *f* infierno *m*; ***in die ~ kommen*** ir al infierno; ***zur ~ damit!*** ¡al infierno (con eso)!; F ***j-m die ~ heiß machen*** atormentar a alg; ***j-m das Leben zur ~ machen*** amargar a alg, hacer(le) la vida imposible a alg; F ***da war die ~ los*** F era un infierno
'Höllen'lärm F *m* F ruido *m* infernal
'Höllen'qual F *f* tormento *m*, sufrimiento *m* atroz; **~*en ausstehen*** pasar un infierno
'Höllen'tempo F *n* ***in*** *od* ***mit e-m ~ fahren*** ir a una velocidad endiablada
'höllisch I *adj* **1** (*der Hölle*) infernal (*a fig Lärm*); **2** *fig Schmerzen usw* tremendo, atroz (*a* F *fig groß*); **II** F *adv* **3** F de mil demonios; ***man muss dabei ~ aufpassen*** ahí hay que andarse con muchísimo cuidado
Holm [hɔlm] *m* ⟨-(e)s; -e⟩ **1** *e-r Leiter* larguero *m*; **2** *am Barren* barra *f*
Holocaust ['ho:lokaʊst] *m* ⟨-(s); -s⟩ holocausto *m*
Holo|gramm [holo'gram] *n* ⟨-s; -e⟩ holograma *m*; **~gra'phie** *f* holografía *f*
holp(e)rig ['hɔlp(ə)rɪç] *adj* **1** *Weg* accidentado, fragoso; *Straßenpflaster* desigual; **2** *Verse*, *Stil* tosco
'holpern *v/i Wagen* dar sacudidas
holterdiepolter [hɔltərdi'pɔltər] F *adv* de golpe y porrazo
Holunder [ho'lʊndər] *m* saúco *m*; **~beere** *f* baya *f* de saúco
Holz [hɔlts] *n* ⟨-es; ⸚er⟩ madera *f*; (*Brenn&*) leña *f*; (*Gehölz*) bosque *m*; ***aus ~*** de madera; **~** ***verarbeitend*** de tratamientos de madera; *fig* ***aus dem gleichen, aus anderem ~ geschnitzt sein*** ser de la misma, de otra madera
'Holz|bein *n* pata *f* de palo; **~bläser** *m músico que toca instrumentos de viento de madera*; **~bock** *m* **1** ZO garrapata *f*; **2** *Gerät* burro *m*, caballete *m*
hölzern ['hœltsərn] *adj* **1** de madera; **2** *fig*

(*steif*) torpe, seco
'Holz|fäller *m* leñador *m*; **⁓frei** *adj Papier* sin celulosa; **⁓hacker** *m bsd österr* leñador *m*; **⁓hammer** *m* mazo *m* de madera; **⁓hammermethode** F *f* ***mit der ⁓*** a machamartillo; **⁓haus** *n* cabaña *f*
'holzig *adj Gemüse*, *Obst* leñoso
'Holz|kiste *f* caja *f* de madera; **⁓klotz** *m* **1** bloque *m* de madera, tarugo *m*; (*Hackklotz*) tajo *m*; **2** *Spielzeug* cubo *m* de madera; **⁓kohle** *f* carbón *m* vegetal; **⁓kopf** F *desp m* F tarugo *m*, cabeza *m,f* de chorlito; **⁓leim** *m* cola *f* para madera; **⁓leiste** *f* listón *m* de madera; **⁓scheit** *m* trozo *m* de madera, leño *m*; **⁓schnitt** *m* grabado *m* en madera; **⁓schnittartig** *adj fig* simplicista; **⁓schnitzer** *m* tallista *m*; **⁓schnitzerei** *f* talla *f*; **⁓schuh** *m* zueco *m*; **⁓schutzmittel** *n* impregnante *m* para madera; **⁓splitter** *m* astilla *f*; **⁓stoß** *m* pila *f* de leña *od* de madera
'Holzweg *m fig* ***auf dem ⁓ sein*** estar equivocado
'Holz|wolle *f* virutas *f/pl*; **⁓wurm** *m* carcoma *f*
Home|page ['ho:mpe:tʃ] *f* ⟨-; -s⟩ Home page *f*; **⁓trainer** *m* bicicleta *f* estática
Homo ['ho:mo] F *m* ⟨-s; -s⟩ F marica *m*
homogen [homo'ge:n] *adj* homogéneo
Homöo|path(in) [homøo'pa:t(ɪn)] *m* ⟨-en; -en⟩ (*f*) homeópata *m,f*; **⁓pa'thie** *f* ⟨-⟩ homeopatía *f*; **⁓'pathisch** *adj Mittel* homeopático; *Arzt* homeópata
Homo|sexuali'tät *f* homosexualidad *f*; **⁓sexu'ell** *adj* homosexual; **⁓sexu'elle(r)** *f*(*m*) ⟨→ A⟩ homosexual *m,f*
Honduran|or(in) [hɔndu'ra:nɔr(ɪn)] *m*(*f*) hondureño, -a *m,f*; **⁓isch** *adj* hondureño
Honduras [hɔn'du:ras] *n* Honduras *m*
Honig ['ho:nɪç] *m* ⟨-s; -e⟩ miel *f*; F ***j-m ⁓ ums Maul schmieren*** dar coba a alg
'Honigkuchen *m* pan *m* de especias
'Honiglecken F *n* ***das ist kein ⁓*** F esto no es plato de gusto
'Honig|melone *f* melón *m* (dulce); **⁓süß** *adj* **1** dulce como la miel; **2** *fig desp* meloso, empalagoso
Honorar [hono'ra:r] *n* ⟨-s; -e⟩ honorarios *m/pl*; **⁓frei** *adj* sin honorario; **⁓vorschuss** *m* anticipio *m* sobre los honorarios
Honoratioren [honoratsi'o:rən] *pl* notables *m/pl*
hono'rieren *v/t* ⟨*sin* ge⟩ **1** (*bezahlen*) ***etw ⁓*** pagar a/c, remunerar a/c; **2** *fig* (*würdigen*) apreciar
Hooligan ['hu:ligən] *m* ⟨-s; -s⟩ hincha *m*
Hopfen ['hɔpfən] *m* ⟨-s; -⟩ lúpulo *m*; F ***bei ihm ist ⁓ und Malz verloren*** es incorregible
hopp [hɔp] *int* ¡vamos!, ¡aúpa!; ***⁓, ⁓!*** ¡de prisa!
'hoppeln *v/i* ⟨sn⟩ *Kaninchen* brincar
hoppla ['hɔpla] *int* ¡ay!
hops [hɔps] **I** *int* ¡ay!; **II** F *adj* ***⁓ sein*** (*verloren sein*) estar perdido; (*kaputt sein*) F estar hecho cisco
hopsa(sa) ['hɔpsa(sa)] *Kinderspr int* ¡ahí va!
'hopsen F *v/i* ⟨sn⟩ brincar, dar saltitos
'Hopser F *m* ⟨-s; -⟩ brinco *m*, salto *m*
'hopsgehen F *v/i* ⟨*irr*, sn⟩ (*verloren gehen*) perderse, extraviarse; (*sterben*) P diñarla, palmar(la); (*kaputtgehen*) estropearse
'hör|bar *adj* oíble, audible, perceptible; **⁓behindert** *adjt* de mal oído; **⁓buch** *n* libro *m* sonoro, audiolibro *m*
horchen ['hɔrçən] *v/i* escuchar (***an der Wand*** con la oreja pegada a la pared)
Horde[1] ['hɔrdə] *f* (*Schar*) banda *f*, horda *f*; *von Kindern* pandilla *f*
'Horde[2] *f* (*Lattengestell*) rejilla *f*
hören ['hø:rən] **I** *v/t* **1** (*vernehmen*) oír; ***j-n kommen ⁓*** oír llegar a alg; ***ich habe ihn sagen ⁓, dass ...*** le he oído decir que …; **2** (*an⁓*) escuchar; ***die Zeugen ⁓*** escuchar a los testigos; ***das lässt sich ⁓*** suena bien; **3** (*erfahren*) enterarse; ***ich habe gehört, dass ...*** he oído decir que …; ***etwas von j-m ⁓*** saber a/c por alg; ***lass mal etwas von dir ⁓!*** ¡da noticias tuyas!; **II** *v/i* **4** (*verstehen*) oír; ***schlecht, schwer ⁓*** oír mal; F ***dabei vergeht einem ⁓ und Sehen*** eso me, te, *etc* deja pasmado; **5** (*zu⁓*) escuchar; ***ich höre*** dime *od* dígame; *vorwurfsvoll* F (***na***) ***hör mal!*** ¡oye!; **6** (*gehorchen*) ***auf j-n ⁓*** hacer caso a alg, obedecer a alg; F ***nicht ⁓ wollen*** no querer obedecer; **7** (*heißen*) ***auf den Namen Felix ⁓*** responder al nombre de Félix; **8** (*erfahren*) ***von j-m ⁓*** tener noticias de alg; ***Sie werden*** (***noch***) ***von mir ⁓!*** ¡esto no se queda así!
'Hörensagen *n* ***vom ⁓*** de oídas
'Hörer *m* **1** *Person* oyente *m*; **2** (*Telefon⁓*) auricular *m*
'Hörerin *f* oyente *f*
'Hör|fehler *m* **1** error *m* de audición; **2** MED defecto *m* de oído; **⁓funk** *m* radio *f*; **⁓gerät** *n* audífono *m*; **⁓geschädigt** *adjt* de mal oído
'hörig *adj fig* sometido, dependiente; ***er ist ihr ⁓*** (*sexuell*) es esclavo de su pasión por ella
'Hörigkeit *f* ⟨-⟩ *fig* servidumbre *f*, sujeción *f*
Horizont [hori'tsɔnt] *m* ⟨-(e)s; -e⟩ horizonte *m* (*a fig*); ***am ⁓*** en el horizonte; ***s-n ⁓ erweitern*** ampliar su horizonte; ***das geht über s-n ⁓*** está fuera de sus alcances
horizon'tal *adj* horizontal

H

Horizon'tale *f* horizontal *f*
Hormon [hɔr'mo:n] *n* ⟨-s; -e⟩ hormona *f*; **~behandlung** *f* tratamiento *m* hormonal, hormonoterapia *f*
'Hörmuschel *f am Telefon* auricular *m*
Horn [hɔrn] *n* ⟨-(e)s; ¨-er⟩ **1** zo cuerno *m*, asta *f*; F *fig* ***sich*** (*dat*) ***die Hörner abstoßen*** sentar cabeza; F *fig* ***s-m Ehemann Hörner aufsetzen*** F poner los cuernos a su marido; **2** ⟨*pl* -e⟩ *Material* concha *f*; **3** MUS trompa *f*; F *fig* ***in das gleiche ~ stoßen*** estar de acuerdo; F estar a partir un piñón
'Hornberger *adj* ⟨*inv*⟩ ***ausgehen wie das ~ Schießen*** acabar en agua de borrajas
'Hornbrille *f* gafas *f/pl* de concha
Hörnchen ['hœrnçən] *n* ⟨-s; -⟩ *Gebäck* croissant *m*, cruasán *m*
'Hornhaut *f* **1** (*verhärtete Haut*) callosidad *f*, callo *m*; **2** *am Auge* córnea *f*
Hornisse [hɔr'nɪsə] *f* avispón *m*
Hor'nist(in) *m(f)* MUS trompa *m,f*; MIL corneta *m,f*
'Hornochse F *m* F imbécil *m,f*
Horoskop [horo'sko:p] *n* ⟨-s; -e⟩ horóscopo *m*
horrend [hɔ'rɛnt] *adj* horrendo; *Preis* exorbitante
'Hörrohr *n* **1** *Hörgerät* trompetilla *f*; **2** (*Stethoskop*) estetoscopio *m*
Horror ['hɔrɔr] *m* ⟨-s⟩ horror *m*; ***e-n ~ vor etw*** (*dat*) ***haben*** tener(le) horror a a/c
'Horrorfilm *m* película *m* de terror
'Hör|saal *m* aula *f*; *großer* paraninfo *m*; **~spiel** *n* pieza *f* radiofónica
Horst [hɔrst] *m* ⟨-(e)s; -e⟩ **1** (*Vogel*≈) nido *m*; **2** (*Flieger*≈) base *f* aérea
'Hörsturz *m* MED pérdida *f* repentina del oído
Hort [hɔrt] *m* ⟨-(e)s; -e⟩ **1** *geh* (*sicherer Ort*) amparo *m*; **2** (*Kinder*≈) guardería *f*
'horten *v/t Waren* retener, acaparar; *Geld* atesorar
Hortensie [hɔr'tɛnziə] *f* hortensia *f*
'Hör|test *m* test *m* auditivo; **~vermögen** *n* capacidad *f* auditiva
'Hörweite *f* alcance *m* del oído; ***in, außer ~*** al, fuera del alcance del oído
Höschen ['hø:sçən] *n* ⟨-s; -⟩ *Damenslip* braga(s) *f(/pl)*
Hose ['ho:zə] *f* **1** pantalón *m*; ***kurze ~n*** bermudas *f/pl*; **2** F *fig* (***sich*** *dat*) (***vor Angst***) ***in die ~(n) machen*** F cagarse (de miedo); ***die ~n anhaben*** *Frau* llevar los pantalones; ***die ~n runterlassen*** poner las cartas sobre la mesa; ***in die ~(n) gehen*** salir mal; ***hier ist tote ~*** F aquí no hay marcha
'Hosen|anzug *m* traje *m* pantalón; **~bein** *n* pernera *f*
'Hosenboden *m* fondillos *m/pl*; F *fig* ***sich auf den ~ setzen*** ponerse a trabajar; F hincar los codos
'Hosen|bügel *m* percha *f* para pantalón; **~bund** *m* pretina *f*; **~rock** *m* falda *f* pantalón; **~schlitz** *m* bragueta *f*; **~tasche** *f* bolsillo *m* (del pantalón); **~träger** *pl* tirantes *m/pl*
Hospital [hɔspi'ta:l] *n* ⟨-s; -e *o* -täler⟩ hospital *m*
hospi'tieren *v/i* ⟨*sin* ge⟩ (***bei j-m***) **~** asistir como oyente (a clase de alg)
Hospiz [hɔs'pi:ts] *n* ⟨-es; -e⟩ hospicio *m*
Hostess [hɔs'tɛs] *f* ⟨-; -en⟩ azafata *f* de congreso
Hostie ['hɔstiə] *f* hostia *f*
Hotdog ['hɔt'dɔk] *m od n* ⟨-s; -s⟩ perrito *m* caliente
Hotel [ho'tɛl] *n* ⟨-s; -s⟩ hotel *m*; **~boy** *m* botones *m*; **~führer** *m* guía *f* de hoteles; **~gast** *m* huésped *m,f od* cliente *m,f* de un hotel; **~gewerbe** *n* sector *m* hotelero, hostelería *f*; **~halle** *f* vestíbulo *m od* hall *m* de un hotel
Hotelier [hotɛli'e:] *m* ⟨-s; -s⟩ hotelero *m*
Ho'tel|kette *f* cadena *f* de hoteles; **~page** *m* botones *m*; **~portier** *m* portero *m* de hotel; **~reservierung** *f* reservación *f* del hotel; **~unterbringung** *f* alojamiento *m* en un hotel; **~zimmer** *n* habitación *f* de hotel
Hotline ['hɔtlaɪn] *f* ⟨-; -s⟩ línea *f* caliente, hotline *f*
Hr., Hrn. *Abk* (*Herr, Herrn*) Sr. (*señor*)
hu [hu:] *int zum Erschrecken* ¡hu!; *bei Angst* ¡uf!
hü [hy:] *int* (*vorwärts*) ¡arre!
Hub [hu:p] *m* ⟨-(e)s; ¨-e⟩ *e-s Kolbens* carrera *f*
hüben ['hy:bən] *adv* ***~ und drüben*** aquí y allá
'Hubraum *m* cilindrada *f*
hübsch [hʏpʃ] **I** *adj* **1** *Frau usw* guapo, bonito, lindo; ***sich ~ machen*** arreglarse; **2** F (*ziemlich groß*) F bonito; **II** *adv* **3** F ***sei ~ artig!*** ¡pórtate bien!; ***das werde ich ~ bleiben lassen*** me guardaré bien de eso
'Hubschrauber *m* helicóptero *m*; **~landeplatz** *m* helipuerto *m*
huch [hʊx] *int Schrecken* ¡huy!
Hucke ['hʊkə] *f* F ***j-m die ~ voll hauen*** F moler a alg a palos
'huckepack F *adv* ***~ tragen, nehmen*** llevar a cuestas
hudeln ['hu:dəln] F *bsd südd, österr v/i* chapucear (***bei etw*** en a/c); ***nur nicht ~!*** ¡no te precipites!
Huf [hu:f] *m* ⟨-(e)s; -e⟩ (*Pferde*≈) casco *m*
'Huf|eisen *n* herradura *f*; **~lattich** *m* BOT tusílago *m*; **~schmied** *m* herrador *m*
Hüfte ['hʏftə] *f* cadera *f*

'Hüft|gelenk *n* articulación *f* de la cadera; **~gürtel** *m*, **~halter** *m* faja *f*
'Huftier *n* ungulado *m*
'Hüftweite *f* ancho *m* de cadera
Hügel ['hy:gəl] *m* ⟨-s; -⟩ colina *f*, loma *f*, cerro *m*
'hüg(e)lig *adj* con colinas
Hugenott|e [hugə'nɔtə] *m* ⟨-n; -n⟩, **~in** *f* hugonote, -a *m,f*
Huhn [hu:n] *n* ⟨-(e)s; ⸚er⟩ **1** zo gallina *f*; *junges*, GASTR pollo *m*; ***gebratenes ~*** pollo *m* asado; F ***da lachen ja die Hühner*** es ridículo; **2** F *fig* ***ein dummes ~*** F una gilipollas
Hühnchen ['hy:nçən] *n* ⟨-s; -⟩ pollo *m*; *fig* ***mit j-m ein ~ zu rupfen haben*** tener una cuenta pendiente con alg
Hühner|auge ['hy:nər-] *n* MED callo *m*; **~brühe** *f* caldo *m* de gallina; **~ei** *n* huevo *m* de gallina; **~farm** *f* granja *f* avícola; **~frikassee** *n* fricasé *f* de gallina; **~hof** *m* corral *m* de gallinas; **~klein** *n* ⟨-s⟩ menudillos *m/pl*; **~leiter** *f* escalera *f* del gallinero; **~stall** *m* gallinero *m*; **~suppe** *f* sopa *f* de pollo
huldigen ['hʊldɪgən] *geh v/i* **1** ***j-m ~*** tributar homenaje a alg; **2** ***e-r Sache*** (*dat*) **~** ser aficionado a a/c
'Huldigung *f* homenaje *m*
Hülle ['hʏlə] *f* **1** (*Schutz*≗) funda *f*; (*Umhüllung*) envoltura *f*; *geh* ***die sterbliche ~*** los restos *m/pl* mortales; **2** *fig* ***in ~ und Fülle*** a montones
'hüllen *v/t* ***j-n, etw in etw*** (*acus*) **~** envolver a alg, a/c en a/c; *fig* ***sich in Schweigen ~*** guardar silencio
'hüllenlos *adj scherzh* (*nackt*) F en cueros
Hülse ['hʏlzə] *f* **1** BOT vaina *f*; **2** *e-r Patrone* casquillo *m*
Hülsenfrüchte ['-frʏçtə] *pl* legumbres *f/pl* secas
human [hu'ma:n] *adj* humano
Huma'nismus *m* ⟨-⟩ humanismo *m*
Huma'nist(in) *m(f)* humanista *m,f* (*a fig*)
huma'nistisch I *adj* humanístico, clásico; *Gymnasium*, *Studium* de humanidades; **II** *adv* ***~ gebildet*** con educación clásica
humani|tär [humani'tɛ:r] *adj* humanitario; **≗'tät** *f* ⟨-⟩ humanidad *f*
Hu'man|kapital *n* recursos *m/pl* humanos, capital *m* humano; **~medizin** *f* medicina *f* (humana)
Humbug ['hʊmbʊk] F *desp m* ⟨-⟩ engaño *m*; (*Unsinn*) disparate *m*
Hummel ['hʊməl] *f* ⟨-; -n⟩ abejorro *m*
Hummer ['hʊmər] *m* bogavante *m*; **~krabbe** *f* gamba *f* rosa
Humor [hu'mo:r] *m* ⟨-s⟩ humor *m*; (***Sinn für***) ***~ haben*** tener (sentido del) humor; ***etw mit ~ nehmen*** *od* ***tragen*** tomar *od* llevar a/c con sentido del humor
Humo'rist(in) *m(f)* humorista *m,f*
humo'ristisch *adj* humorístico
hu'mor|los *adj* sin humor; **~voll** *adj* lleno de humor, humorístico
humpeln ['hʊmpəln] *v/i* ⟨+ *indicación de dirección* sn⟩ cojear; *mit Richtungsangabe* dirigirse cojeando a
Humpen ['hʊmpən] *m* ⟨-s; -⟩ jarro *m*
Humus ['hu:mʊs] *m* ⟨-⟩ mantillo *m*, humus *m*; **~boden** *m*, **~erde** *f* tierra *f* vegetal
Hund [hʊnt] *m* ⟨-(e)s; -e⟩ **1** zo perro *m*; ***Vorsicht, bissiger ~!*** ¡cuidado con el perro!; ***wie ~ und Katze leben*** vivir como el perro y el gato; F ***bekannt sein wie ein bunter ~*** estar más sabido que el tebeo; F *fig* ***da liegt der ~ begraben*** F ahí está la madre del cordero; F ***vor die ~e gehen*** arruinarse; F ***auf den ~ gekommen sein*** *moralisch* haber caído muy bajo; F ***das ist ein dicker ~!*** (*grober Fehler*) ¡esto sí que es fuerte!; (*Unverschämtheit*) P ¡es una cabronada!; F ***damit kann man keinen ~ hinter dem Ofen hervorlocken*** con eso no vendes ni una escoba; *prov* ***~e, die bellen, beißen nicht*** *prov* perro ladrador, poco mordedor; **2** F *desp Person* ***ein blöder ~*** un imbécil;; ***ein feiger ~*** F un gallina; ***ein gemeiner ~*** F un canalla; P un capullo, un cabrón
'hunde'elend F *adj u adv* ***mir ist ~, ich fühle mich ~*** me encuentro muy mal
'Hunde|futter *n* comida *f* para perros; **~gebell** *n* ladrido *m*; **~hütte** *f* caseta *f* del perro
'hunde'kalt F *adj* ***es ist ~*** hace un frío de perros
'Hunde|kot *m* caca *f* de perro; **~kuchen** *m* galleta *f* para perros; **~leben** F *fig n* F vida *f* de perros; **~leine** *f* correa *f* para el perro; **~marke** *f chapa de identificación del perro*; **≗'müde** F *adj* F muerto (de cansancio); **~rasse** *f* raza *f* canina
hundert ['hʊndərt] *núm/c* cien(to); ***etwa, rund ~*** (***Personen***) unas cien (personas)
'Hundert[1] *n* ⟨-s; -e⟩ **1** *Menge* cien *m*; **2** *Einheit* centena *f*; ***vier usw vom ~*** cuatro, *etc* por ciento; **3**; ***~e*** *od* ***≗e*** *pl* (*mehrere hundert*) cientos (de); ***zu ~en*** *od* ***zu ≗en*** a centenares; ***es geht in die ~e*** se cuenta por centenares
'Hundert[2] *f* ⟨-; -en⟩ *Zahl* cien *m*
hundert'eins *núm/c* ciento uno
'Hundert|er *m* **1** MAT centena *f*; **2** F *Geldschein* billete *m* de cien (euros, francos, *etc*); **~'euroschein** *m* billete *m* de cien euros
'hundert|jährig *adj Jubiläum* centenario; *Person, Dinge a* de cien años; (*hundert Jahre lang*) de cien años (de duración);

~mal *adv* cien veces
Hundert|'markschein *m* HIST billete *m* de cien marcos; **~'meterlauf** *m* cien metros *m/pl* lisos
'hundert|prozentig *adj u adv* al cien por cien (*a* F *fig*); **&schaft** *f* centuria *f*
'hundertste(r, -s) *núm/o* centésimo *m*; ***vom &n ins Tausendste kommen*** irse por las ramas
'hundertstel *adj* ⟨*inv*⟩ centésimo
'Hundertstel *n* ⟨-s; -⟩ centésima *f* (parte *f*)
'hundert'tausend *núm/c* cien mil
'Hunde|salon *m* peluquería *f* canina; **~schlitten** *m* trineo *m* de perros; **~steuer** *f* impuesto *m* sobre los perros; **~wetter** F *n* tiempo *m* de perros; **~zwinger** *m* perrera *f*
Hündin ['hʏndɪn] *f* perra *f*
'hunds|gemein F *adj* infame, canalla; **'~mise'rabel** F *adj* muy mal, pésimo; **&tage** *pl* canícula *f*
Hüne ['hyːnə] *m* ⟨-n; -n⟩ gigante *m*
'hünenhaft *adj* gigantesco
Hunger ['hʊŋər] *m* ⟨-s⟩ hambre *f* (***auf*** *+acus*, *fig* ***nach*** de); **(*keinen*) *~ haben*** (no) tener hambre; ***großen ~ haben, ~ haben wie ein Bär*** *od* ***Wolf*** F tener un hambre canina; ***ich bekomme ~*** me está entrando hambre; ***~ leiden*** pasar hambre; ***vor ~ sterben*** morir de hambre
'Hunger|kur *f* cura *f* de ayuno; **~leider** F *desp m* F muerto *m* de hambre; **~lohn** *m* sueldo *m* de hambre, miseria *f*
'hungern *v/i* **1** (*Hunger leiden*) pasar hambre; *freiwillig* ayunar; **2** *fig* ***nach etw ~*** estar sediento *od* ávido de a/c
'Hunger|snot *f* hambruna *f*; **~streik** *m* huelga *f* de hambre; **~tod** *m* muerte *m* por inanición
'Hungertuch *n* ***am ~ nagen*** morirse de hambre
'hungrig *adj* **1** hambriento; ***~ machen*** abrir el apetito; ***~ sein*** (***auf*** *+acus*) tener hambre, estar hambriento (de); **2** *geh fig* sediento, ávido (***nach*** de)
Hupe ['huːpə] *f* claxon *m*, bocina *f*
'hupen *v/i* tocar el claxon *od* la bocina
hupfen ['hʊpfən] *südd*, *österr* → ***hüpfen***; F ***das ist gehupft wie gesprungen*** es lo mismo, tanto monta
hüpfen ['hʏpfən] *v/i* ⟨sn⟩ brincar, dar brincos, saltar; *fig Herz* saltar (de alegría)
'Hupkonzert F *scherzh n* bocinazos *m/pl*
Hürde ['hʏrdə] *f* **1** SPORT valla *f*; **2** *fig* obstáculo *m*; ***e-e ~ nehmen*** superar un obstáculo
'Hürden|lauf *m* carrera *f* de vallas; **~läufer (-in)** *m(f)* corredor, a *m,f* de vallas
Hure ['huːrə] *desp f* P puta *f*; **~nsohn** *m* *Schimpfwort* P hijo *m* de puta

hurra [hʊ'raː] *int* ¡hurra!
Hur'raruf *m* hurra *m*
Hurrikan ['harikən] *m* ⟨-s; -e⟩ huracán *m*
hurtig ['hʊrtɪç] *adj* (*schnell*) rápido, ligero; (*flink u gewandt*) presto, ágil
husch [hʊʃ] *int* ***und ~ war sie weg*** y zas, se fue; ***~, ~(, ins Bett)!*** ¡venga, venga(, a la cama)!
'huschen *v/i* ⟨sn⟩ **1** pasar rápidamente (***über etw*** (*acus*) por a/c); **2** *fig Schatten, Licht* deslizarse rápidamente
hüsteln ['hyːstəln] *v/i* toser ligeramente
husten ['huːstən] **I** *v/t* **1** *Blut usw* escupir; F *fig* ***ich werde dir was ~*** F ¡ni hablar!; **II** *v/i* **2** toser; **3** F *fig* ***auf etw*** (*acus*) ***~*** F pasar de a/c
'Husten *m* ⟨-s; -⟩ tos *f*; ***~ haben*** tener tos
'Husten|anfall *m* ataque *m* de tos; **~bonbon** *n* caramelo *m* para la tos; **~reiz** *m* ganas *f/pl* de toser; **~saft** *m* jarabe *m* para la tos
Hut[1] [huːt] *m* ⟨-(e)s; ⸚e⟩ sombrero *m*; (***vor j-m***) ***den ~ ziehen*** quitarse el sombrero (ante alg; *a fig*); F *fig* ***s-n ~ nehmen*** (***müssen***) (tener que) dimitir; F *fig* ***~ ab!*** F ¡chapó!; F *fig* ***zwei Dinge unter e-n ~ bringen*** compaginar dos cosas; F *fig* ***das ist*** (***doch***) ***ein alter ~*** F es lo de siempre; F *fig* ***damit habe ich nichts am ~*** F no quiero tener nada que ver en eso; F *fig* ***das kannst du dir an den ~ stecken!*** F ¡eso puedes ir quitándotelo de la cabeza!; P ¡eso puedes metértelo donde te quepa!; F *fig* ***da geht einem*** (***ja***) ***der ~ hoch!*** ¡eso se pasa de la raya!
Hut[2] *geh f* ***auf der ~ sein*** (***vor*** *+dat*) andar con cuidado (con)
'Hutablage *f* percha *f* (para sombreros)
hüten ['hyːtən] **I** *v/t* guardar (*a fig Bett, Geheimnis*); **II** *v/r* ***sich vor j-m, etw ~*** guardarse de alg, a/c; ***sich ~, etw zu tun*** guardarse de hacer a/c; F ***ich werde mich ~!*** ¡ni hablar!; ¡ya me cuidaré yo!
'Hüter(in) *m(f)* guardia *m,f*, guardián, -ana *m,f*; *scherzh* ***die ~ des Gesetzes*** los guardianes de la ley
'Hut|geschäft *n* sombrerería *f*; **~krempe** *f* ala *f* (del sombrero); **~macher(in)** *m(f)* sombrerero, -a *m,f*
'Hutschnur F *fig f* ***das geht*** (***mir***) ***über die ~!*** ¡esto se pasa de la raya!
Hütte ['hʏtə] *f* **1** (*einfache Behausung*) cabaña *f*; *kleine, elende,* (*Eingeborenen&*) choza *f*; (*Berg&*) refugio *m*; **2** *fig desp* (*Haus*) F cueva *f*; **3** TEC planta *f* siderúrgica
'Hüttenkäse *m queso fresco granulado*
Hyäne [hy'ɛːnə] *f* hiena *f*; *fig* arpía *f*
Hyazinthe [hya'tsɪntə] *f* jacinto *m*
hybrid [hy'briːt] *adj* BIOL, *fig* híbrido
Hydrant [hy'drant] *m* ⟨-en; -en⟩ boca *f* de riego
Hydraul|ik [hy'draʊlɪk] *f* ⟨-⟩ hidráulica *f*;

H

≗isch *adj* hidráulico
Hydrokultur ['hy:dro-] *f* hidrocultivo *m*
Hydrolyse [hydro'ly:zə] *f* CHEM hidrólisis *f*
Hygien|e [hygi'e:nə] *f* ⟨-⟩ higiene *f*; **≗isch** *adj* higiénico
Hygrometer [hygro'-] *n* ⟨-s; -⟩ higrómetro *m*
Hymne ['hymnə] *f* himno *m*
Hyperbel [hy'pɛrbəl] *f* ⟨-; -n⟩ hipérbola *f*
'hyperkorrekt [hypərko'rɛkt] F *adj Person* ultracorrecto
Hyperlink ['haɪpərliŋk] *m* INFORM hipervínculo *m*; hiperenlace *m*
'hyper|mo'dern *adj* ultramoderno; **~sen'sibel** *adj* ⟨-bl-⟩ hipersensible
Hyperlink ['haɪpərtɛkst] *m* INFORM hipertexto *m*
Hypertonie [hypərto'ni:] *f* (*Bluthochdruck*) hipertensión *f*
Hypnose [hyp'no:zə] *f* hipnosis *f*; ***unter ~ stehen*** estar bajo hipnosis; ***j-n in ~*** (*acus*) ***versetzen*** hipnotizar a alg
hypnotisieren [hypnoti'zi:rən] *v/t* ⟨*sin* ge⟩ hipnotizar
Hypochonder [hypo'xɔndər] *m* hipocondríaco *m*
Hypotenuse [hypote'nu:zə] *f* MAT hipotenusa *f*
Hypothek [hypo'te:k] *f* ⟨-; -en⟩ hipoteca *f* (*a fig*); ***e-e ~*** (***auf etw*** *acus*) ***aufnehmen*** hipotecar (a/c); ***mit e-r ~ belasten*** hipotecar (*a fig*)
Hypo|the'karkredit *m* crédito *m* hipotecario; **~'thekendarlehen** *n* préstamo *m* hipotecario; **~'thekenzinsen** *pl* intereses *m/pl* hipotecarios
Hypo|these [hypo'te:zə] *f* hipótesis *f*; **≗'thetisch** *adj* hipotético
Hypotonie [hypoto'ni:] *f* (*niedriger Blutdruck*) hipotensión *f*
Hysterie [hyste'ri:] *f* histeria *f*, histerismo *m*
hysterisch *adj* histérico; ***~er Anfall*** ataque *m* de histeria *od* de nervios
Hz *Abk* (*Hertz*) hz (*hercio*)

I

I, i [iː] *n* ⟨-; -⟩ I, i *f*
i [iː] *int Abscheu* ¡qué asco!; F ***~ bewahre!***, F ***~ wo!*** F ¡bah!, ¡ni hablar!
i.A. *Abk* (*im Auftrag*) p.o. (*por orden*)
ib(d). (*ibidem*, *ebendort*) ibídem
i'berisch [i'beːrɪʃ] *adj* ibérico; ***2e Halbinsel*** Península *f* Ibérica
Iberoa'merika *n* Iberoamérica *f*
IBM-kompatibel [iːbeː'ˀɛm-] *adj* INFORM compatible con IBM
IC [iː'tseː] *m Abk* ⟨-(s); -(s)⟩ BAHN (*Intercity*) Intercity *m*
ICE [iːtseː'ˀeː] *m Abk* ⟨-(s); -(s)⟩ BAHN (*Intercity Express*) tren de alta velocidad alemán; *Span etwa* AVE *m*
ich [ɪç] *pr/pers* yo; ***~ bin es!*** ¡soy yo!; ***hier bin ~!*** ¡aquí estoy!
Ich *n* ⟨-(s); -(s)⟩ yo *m*
'ichbezogen *adj* egocéntrico
'Ichform *f* ***in der ~*** en primera persona
Icon ['aɪkɔn] *n* ⟨-s; -s⟩ INFORM icono *m*
ideal [ide'aːl] **I** *adj* ideal; **II** *adv* ***~ gelegen*** en un entorno ideal
Ide'al *n* ⟨-s; -e⟩ ideal *m*
ideali'sieren *v/t* ⟨*sin* ge⟩ idealizar
Idea'l|ismus *m* ⟨-⟩ idealismo *m*; **~ist(in)** *m(f)* idealista *m,f*; **2istisch** *adj* idealista
Idee [i'deː] *f* **1** idea *f*; (*Einfall*) *a* ocurrencia *f*; ***e-e fixe ~*** una idea fija; ***er kam auf die ~ zu*** (+*inf*) se le ocurrió (+*inf*); **2** (*Kleinigkeit*) pizca *f*; ***e-e ~ Zucker*** una pizca de azúcar
ideell [ide'ɛl] *adj* ideal, imaginario
i'deenreich *adj Person*, *Werk* lleno de ideas; *Person a* creativo
Identifikation [idɛntifikatsi'oːn] *f* identificación *f*
identifizieren [idɛntifi'tsiːrən] ⟨*sin* ge⟩ **I** *v/t* identificar; **II** *v/r* ***sich mit etw, j-m ~*** identificarse con a/c, alg
Identifi'zierung *f* identificación *f*
i'dentisch *adj* idéntico (***mit*** a)
Identi'tät *f* ⟨-⟩ identidad *f*
Ideo|logie [ideolo'giː] *f* ideología *f*; **2'logisch** *adj* ideológico
idiomatisch [idio'maːtɪʃ] *adj* idiomático
Idio|t(in) [idi'oːt(ɪn)] *m* ⟨-en; -en⟩ (*f*) F *desp*, MED idiota *m,f*; **2tensicher** F *scherzh adj* simple, que lo entiende hasta un tonto; **~'tie** *f* F *desp*, MED idiotez *f*; **2tisch** *adj* F *desp* idiota
Idol [i'doːl] *n* ⟨-s; -e⟩ ídolo *m*
Idyll [i'dʏl] *n* ⟨-s; -e⟩, **~e** *f* idilio *m*
i'dyllisch **I** *adj* idílico; **II** *adv* ***~ gelegen*** en un lugar idílico
Igel ['iːgəl] *m* ⟨-s; -⟩ erizo *m*
igitt(igitt) [i'gɪt(igɪt)] *int* F ¡qué asco!, ¡puf!
Iglu ['iːglu] *m od n* ⟨-s; -s⟩ iglú *m*
Igno|rant(in) [ɪgno'rant(ɪn)] *m* ⟨-en; -en⟩ (*f*) ignorante *m,f*; **~'ranz** *f* ⟨-⟩ ignorancia *f*
igno'rieren *v/t* ⟨*sin* ge⟩ ***etw ~*** no hacer caso de a/c; ***j-n ~*** no hacer caso de alg, fingir no conocer a alg
IHK ['iːhaːka] *f Abk* ⟨-⟩ (*Industrie- und Handelskammer*) Cámara *f* de Industria y Comercio
ihm [iːm] *pr/pers* (*dat de* er, es) *nach prp* él; *tonlos* le; ***viele Grüße von ~*** muchos recuerdos de su parte
ihn [iːn] *pr/pers* (*acus de* er) *nach prp* él; *tonlos* le, lo
ihnen ['iːnən] *pr/pers* (*dat pl de* er, sie, es) *nach prp* ellos, -as; *tonlos* les; ***viele Grüße von ~*** muchos recuerdos de su parte
'Ihnen *pr/pers* (*dat de* Sie) *nach prp* usted (-es); *tonlos* le(s)
ihr[1] [iːr] *pr/pers* (*dat de* sie) *nach prp* ella; *tonlos* le; ***viele Grüße von ~*** muchos recuerdos de su parte
ihr[2] *pr/pers* (*nom pl de* du) vosotros, -as; *in der Anrede mit folgendem su* vosotros los, vosotras las
ihr[3] *pr/pos* **I** *adjt* su; ***~e Tante*** su tía; ***~e Kinder*** sus hijos; **II** *su* ***der, die, das ~e*** el suyo, la suya, lo suyo
Ihr *pr/pos* **I** *adjt* **1** su; *pl* ***~e*** sus; **2** ***~e Majestät*** Su *od* Vuestra Majestad; *Briefschluss* ***~ Peter Kunz*** (su amigo) Peter Kunz; **II** *su* **3** ***der, die, das ~e*** el suyo, la suya, lo suyo
'ihrer *geh pr/pers* (*gen de* sie) de ella; *pl* de ellos, -as; ***ich gedenke ~*** pienso en ella *od* en ellos *od* en ellas
'Ihrer *geh pr/pers* (*gen de* Sie) de usted (-ustedes)
'ihrer'seits, **'Ihrer'seits** *adv* de *od* por su parte
'ihres'gleichen, **'Ihres'gleichen** *pron* ⟨*inv*⟩ su(s) igual(es)

'ihret'wegen *adv* **1** (*wegen ihr*) por (causa de) ella; (*wegen ihnen*) por (causa de) ellos, -as; **2** (*ihr zuliebe, von ihr aus*) por ella; (*ihnen zuliebe, von ihnen aus*) por ellos, -as
'Ihret'wegen *adv* por usted(es)
ihrige ['iːrɪgə] *geh pr/pos* → ***ihr³** II*
Ikone [i'koːnə] *f* icono *m*
illegal ['ɪlegaːl] *adj* ilegal
illegitim ['ɪlegitiːm] *adj* ilegítimo
Illusion [ɪluzi'oːn] *f* ilusión *f*
illusorisch [ɪlu'zoːrɪʃ] *adj* ilusorio
Illustration [ɪlʊstratsi'oːn] *f* ilustración *f*; ***zur ~*** para ilustrar
illust'rier|en *v/t* ⟨*sin* ge⟩ ilustrar (*a fig*); **&te** *f* ⟨→ A⟩ revista *f* (ilustrada)
Iltis ['ɪltɪs] *m* ⟨-ses; -se⟩ turón *m*
im [ɪm] ***= in dem***
Image ['ɪmɪtʃ] *n* ⟨-(s); -s⟩ imagen *f* (pública)
imaginär [imagi'nɛːr] *adj* imaginario
Imbiss ['ɪmbɪs] *m* ⟨-es; -e⟩ tentempié *m*, piscolabis *m*; *vornehmer* refrigerio *m*, colación *f*; **~bude** F *f*, **~stand** *m* chiringuito *m*; **~stube** *f* (snack-)bar *m*
Imi|tation [imitatsi'oːn] *f* imitación *f*; **&'tieren** *v/t* ⟨*sin* ge⟩ imitar
Imker(in) ['ɪmkər(ɪn)] *m(f)* apicultor, a *m,f*
immanent [ɪma'nɛnt] *adj* inmanente
Immatriku|lation [ɪmatrikulatsi'oːn] *f* UNIV matrícula *f*; **&'lieren** *v/r* ⟨*sin* ge⟩ UNIV ***sich ~*** matricularse
Imme ['ɪmə] *poet f* abeja *f*
immens [ɪ'mɛns] *adj* inmenso (*a Summe, Leistung*)
immer ['ɪmər] *adv* siempre; ***~ noch*** todavía; ***noch ~ nicht*** aún *od* todavía no; ***sie schläft ~ noch*** sigue durmiendo; ***~ wenn …*** siempre que …, cada vez que …; ***~ wieder*** continuamente; ***~ besser, schlimmer*** cada vez mejor, peor; ***~ mehr, weniger*** cada vez más, menos; ***wer, was, wo es auch ~ sein mag*** quienquiera, lo que quiera, dondequiera que sea
'immer'fort *adv* continuamente, sin parar
'immer'hin *adv* de todos modos, al menos, así y todo; ***das ist ~ etwas*** eso ya es algo; *einräumend* ***~!*** ¡algo es algo!
'immer'zu *adv* continuamente, sin parar
Immig|rant(in) [ɪmi'grant(ɪn)] *m* ⟨-en; -en⟩ (*f*) inmigrante *m,f*; **~rati'on** *f* inmigración *f*; **&'rieren** *v/i* ⟨*sin* ge, sn⟩ inmigrar
Immission [ɪmɪsi'oːn] *f* ECOL inmisión *f*
Immobilie [ɪmo'biːliə] *f* bien *m* inmueble; **~n** *pl* bienes inmuebles
Immo'bilien|fonds *m* fondo *m* inmobiliario; **~geschäft** *n* negocio *m* inmobiliario; **~handel** *m* comercio *m od* compraventa *f* de inmuebles; **~makler(in)** *m(f)* agente *m,f* inmobiliario, -a; **~markt** *m* mercado *m* inmobiliario
immun [ɪ'muːn] *adj* **1** POL inmune; **2** MED, *fig* ***gegen etw ~ sein*** ser inmune a a/c, estar inmunizado contra a/c
Immuni'tät *f* ⟨-⟩ MED, POL inmunidad *f* (***gegen*** contra)
Im'mun|schwäche *f* MED deficiencia *f* inmunitaria; **~system** *n* MED sistema *m* inmunitario
Imperativ ['ɪmperatiːf] *m* ⟨-s; -e⟩ GRAM imperativo *m*
Imperfekt ['ɪmpɛrfɛkt] *n* ⟨-s; -e⟩ GRAM imperfecto *m*
Imperia'l|ismus *m* ⟨-⟩ imperialismo *m*; **&istisch** *adj* imperialista
Imperium [ɪm'peːriʊm] *n* ⟨-s; -ien⟩ HIST, *fig* imperio *m*
impfen ['ɪmpfən] *v/t* vacunar (***gegen*** contra)
'Impf|pass *m*, **~schein** *m* certificado *m* de vacunación; **~stoff** *m* vacuna *f*
'Impfung *f* vacuna *f*, vacunación *f*
Implan|tat [ɪmplan'taːt] *n* ⟨-(e)s; -e⟩ MED injerto *m*; **~tati'on** *f* MED injerto *m*; **&'tieren** *v/t* ⟨*sin* ge⟩ MED injertar
imponieren [ɪmpo'niːrən] *v/i* ⟨*sin* ge⟩ ***j-m*** (***mit etw***) ***~*** infundir(le) respeto *od* imponerse a alg (con a/c)
impo'nierend *adj* imponente
Import [ɪm'pɔrt] *m* ⟨-(e)s; -e⟩ importación *f*; **~beschränkungen** *f/pl* restricciones *f/pl* a la importación
Importeur [ɪmpɔr'tøːr] *m* ⟨-s; -e⟩ importador *m*
Im'port|finanzierung *f* financiación *f* de las importaciones; **~genehmigung** *f* licencia *f* de importación; **~geschäft** *n* **1** operación *f* de importación; **2** (*Firma*) empresa *f* importadora
impor'tieren *v/t* ⟨*sin* ge⟩ importar (*a* INFORM)
Im'portzoll *m* derechos *m/pl* de importación
imposant [ɪmpo'zant] *adj* imponente
impot|ent ['ɪmpotɛnt] *adj* impotente (*a fig*); **&enz** *f* ⟨-⟩ impotencia *f* (*a fig*)
imprägnieren [ɪmprɛ'gniːrən] *v/t* ⟨*sin* ge⟩ *Stoff* impermeabilizar (***mit*** con); *Holz* impregnar (***mit*** de, con)
Impression|ismus [ɪmprɛsio'nɪsmʊs] *m* ⟨-⟩ impresionismo *m*; **&istisch** *adj* impresionista
Impressum [ɪm'prɛsʊm] *n* ⟨-s; -ssen⟩ TYPO pie *m* de imprenta; *Presse a* créditos *m/pl*
Improvi|sation [ɪmprovizatsi'oːn] *f* improvisación *f*; **&'sieren** *v/t*, *v/i* ⟨*sin* ge⟩ improvisar
Impuls [ɪm'pʊls] *m* ⟨-es; -e⟩ PHYS, PSYCH, *fig* impulso *m*

impul'siv *adj* impulsivo
imstande [ɪm'ʃtandə] *adj* **~ sein, etw zu tun** ser capaz de hacer a/c, estar en condiciones de hacer a/c; F **er ist ~ und ...** es capaz de ... (*+inf*)
in¹ [ɪn] *prp* **1** *Lage* ⟨*+dat*⟩ en; (*innerhalb*) dentro de; **~ Rom** en Roma; **~ Deutschland** en Alemania; **~ ganz Europa** en toda Europa; **der Beste ~ der Klasse** el mejor de la clase; **~ meinem Zimmer** en mi cuarto; **im Spanischen** en español; **er ist gut ~ Mathematik** es bueno en matemáticas; **2** *Richtung* ⟨*+acus*⟩ a; **~s Ausland** al extranjero; **~ die Stadt fahren** ir (en coche, *etc*) a la ciudad; **3** *auf die Frage wann?* ⟨*+dat*⟩, *auf die Frage bis wann?* ⟨*+acus*⟩ en, dentro de, durante; **~ drei Tagen** en tres días; **~ den Ferien** en *od* durante las vacaciones; **~ meinem ganzen Leben** en toda mi vida; **4** *Art u Weise* ⟨*+dat*⟩ *od* ⟨*+acus*⟩ en, de; **~ strengem Ton** en un tono duro; **~ dieser Farbe** de ese color
in² F *adj* **~ sein** estar de moda
in... *in Zssgn zur Bezeichnung des Gegenteils* in..., des...
'inaktiv *adj* inactivo
Inanspruchnahme [ɪn'ʔanʃprʊxnaːmə] *f* (*Nutzung*) utilización *f*, empleo *m*; (*Belastung*) exigencia *f*
'Inbegriff *m* esencia *f*, sustancia *f*
'inbegriffen *adj u adv* incluido, inclusive; **Bedienung ~** servicio incluido
Inbetriebnahme [ɪnbə'triːpnaːmə] *f* ADM puesta *f* en servicio
In|brunst ['ɪnbrʊnst] *geh f* ⟨-⟩ fervor *m*, ardor *m*; **≈brünstig** *geh adj* ferviente, ardiente
Incoterms ['ɪŋkotœrms] *pl* COM incoterms *m/pl*
in'dem *cj* **1** (*während*) mientras (que); *bei gleichem Subjekt* **~ er dies sagte, ging er aus dem Zimmer** dijo esto saliendo de la habitación; **2** (*dadurch, dass*) **man erreicht das, ~ man Folgendes tut** se consigue haciendo lo siguiente
'Inder(in) *m(f)* indio, -a *m,f* (de la India)
in'des(sen) **I** *adv* **1** *zeitlich* entre tanto, mientras tanto; **2** *einschränkend* sin embargo, no obstante; **II** *geh cj* **3** mientras
Index ['ɪndɛks] *m* ⟨-(es); -e *o* -dizes⟩ índice *m* (*a* ECON, MAT)
Indianer|(in) [ɪndi'aːnər(ɪn)] *m(f)* indio, -a *m,f* (de Norteamérica); **~häuptling** *m* jefe *m* indio
indi'anisch *adj* indiano
'Indien ['ɪndiən] *n* ⟨-s⟩ India *f*
Indigo ['ɪndigo] *m od n* ⟨-s; -s⟩ añil *m*, índigo *m*
Indikation [ɪndikatsi'oːn] *f* MED indicación *f*; JUR supuesto *m*
Indikativ ['ɪndikatiːf] *m* ⟨-s; -e⟩ GRAM indicativo *m*
Indi'kator *m* ⟨-s; -en⟩ indicador *m*; **wirtschaftlicher ~** indicador *m* económico
Indio ['ɪndjo] *m* ⟨-s; -s⟩ indio *m* (de Latinoamérica); **'~frau** *f* india *f* (de Latinoamérica)
'indirekt *adj* indirecto
'indisch *adj* indio; **≈er Ozean** Océano *m* Índico
'indiskret *adj* indiscreto; **≈i'on** *f* indiscreción *f*
'indiskutabel *adj* ⟨-bl-⟩ indiscutible
Indi|vidualist(in) [ɪndividua'lɪst(ɪn)] *m(f)* individualista *m,f*; **~vidualität** [-li'tɛːt] *f* individualidad *f*; **≈vidu'ell** *adj* individual; **~viduum** [-'viːduʊm] *n* ⟨-s; -duen⟩ individuo *m*
Indiz [ɪn'diːts] *n* ⟨-es; -ien⟩ indicio *m* (**für** de; *a* JUR)
Indo|china [ɪndo'çiːna] *n* Indochina *f*; **≈ger'manisch** *adj* indogermánico, indoeuropeo
Indo|'nesien [ɪndo'neːziən] *n* ⟨-s⟩ Indonesia *f*; **≈'nesisch** *adj* indonesio
Indossa|nt(in) [ɪndɔ'sant(ɪn)] *m* ⟨-en; -en⟩ (*f*) endosante *m,f*; **~'tar(in)** *m* ⟨-s; -e⟩ (*f*) endosatario, -a *m,f*
Induktion [ɪndʊktsi'oːn] *f* EL, BIOL, *Logik* inducción *f*
industriali'sier|en *v/t* ⟨*sin* ge⟩ industrializar; **≈ung** *f* ⟨-⟩ industrialización *f*
Industrie [ɪndʊs'triː] *f* industria *f*; **chemische ~** industria *f* química; **junge ~** industria *f* naciente; **petrochemische ~** industria *f* petroquímica; **pharmazeutische ~** industria *f* farmacéutica; **verarbeitende ~** industria *f* de transformación *od* transformadora; **Fleisch, Kunststoff, Metall, Öl verarbeitende ~** industria *f* cárnica, plástica, metallúrgica, petroquímica
Indust'rie|... *in Zssgn oft* industrial; **~anlage** *f* planta *f* industrial; **~anlagenbau** *m* ingeniería *f* de plantas industriales; **~ansiedlung** *f* núcleo *m* industrial; **~betrieb** *m* empresa *f* industrial; **~design** *n* diseño *m* industrial; **~gebiet** *n e-s Lands* zona *f* industrial; *e-r Stadt* polígono *m* industrial; **~gelände** *n* terreno *m* industrial; **~gesellschaft** *f* sociedad *f* industrial; **~kauffrau** *f* técnica *f* de gestíon empresarial - especialidad industria, **~kaufmann** *m* técnico *m* de gestión empresarial- especialidad industria; **~komplex** *m* complejo *m* industrial; **~konzern** *m* grupo *m* industrial; **~land** *n* país *m* industrializado
industri'ell *adj* industrial
Industri'elle(r) *m* ⟨→ A⟩ industrial *m,f*

Indust'rie|messe feria *f* industrial; **~müll** *m* desechos *m/pl od* desperdicios *m/pl* industriales; **~norm** *f* estándar *m* industrial; **~roboter** *m* robot *m* industrial; **~sektor** *m* sector *m* industrial; **~spionage** *f* espionaje *m* industrial; **~stadt** *f* ciudad *f* industrial; **~standort** *m* emplazamiento *m* industrial; **~- und Handelskammer** *f* Cámara *f* de Industria y Comercio; *in Spanien* Cámara *f* Oficial de Comercio, Industria y Navegación; **~unternehmen** *n* empresa *f* industrial; **~verband** *m* asociación *f* industrial; **~zweig** *m* ramo *m* de (la) industria, sector *m* industrial

'ineffektiv *adj* ineficaz

ineffizient *adj* ineficaz

inei'nander *adv* uno(s) en *od* dentro de otro (-s); **~ *fließen*** confundirse, unirse; *Flüssigkeiten, Farben* mezclarse; **~ *fügen*** unir, juntar; **~ *greifen*** *Zahnräder* engranar; *fig* encadenarse; **~ *schieben*** encajar, meter; ***sich* ~ *schieben*** encajarse

infam [ɪn'faːm] *adj* infame

Infante|rie [ɪnfantə'riː] *f* MIL infantería *f*; **~'rist** *m* MIL soldado *m* de infantería

infantil [ɪnfan'tiːl] *adj* infantil (*a fig*)

Infarkt [ɪn'farkt] *m* ⟨-(e)s; -e⟩ infarto *m*

Infekt [ɪn'fɛkt] *m* ⟨-(e)s; -e⟩ infección *f*; ***grippaler* ~** infección *f* gripal

Infekti'on *f* **1** (*Ansteckung*) contagio *m*; **2** F (*Entzündung*) infección *f*

Infekti'ons|herd *m* foco *m* infeccioso; **~krankheit** *f* enfermedad *f* infecciosa

Inferno [ɪn'fɛrno] *geh n* ⟨-s⟩ infierno *m* (*a fig*)

Infil|tration [ɪnfɪltratsi'oːn] *f* infiltración *f* (*a fig*); **≗'trieren** *v/t* ⟨*sin* ge⟩ POL infiltrar

Infinitiv ['ɪnfinitiːf] *m* ⟨-s; -e⟩ GRAM infinitivo *m*

infizieren [ɪnfi'tsiːrən] ⟨*sin* ge⟩ **I** *v/t* infectar, contagiar; **II** *v/r* ***sich* (*mit etw*) ~** infectarse *od* contagiarse (con a/c)

in flagranti [ɪnfla'granti] *geh adv* in fraganti

Inflatio|n [ɪnflatsi'oːn] *f* inflación *f*; **≗när** [-'nɛːr] *adj* inflacionista; **~nsrate** *f* tasa *f* de inflación

Info ['ɪnfo] F *n* ⟨-s; -s⟩ información *f*

in'folge *prp* ⟨+*gen*⟩ debido a, a consecuencia de; **~'dessen** *adv* por consiguiente, por lo tanto

'Infomaterial *n* material *m* informativo

Infor'mant(in) *m* ⟨-en; -en⟩ (*f*) informante *m,f*

Informatik [ɪnfɔr'maːtɪk] *f* ⟨-⟩ informática *f*; **~er(in)** *m*(*f*) informático, -a *m,f*

Informati'on *f* información *f* (***über*** +*acus* sobre; *a Stand*); ***genauere* ~*en*** informaciones *f/pl* detalladas; ***weitere* ~*en*** mayor información *f*, más información *f*; **~*en erteilen*** dar *od* facilitar informaciones; ***sich* ~*en verschaffen*** recoger información, recabar información; ***zu Ihrer* ~** para su información

Informati'ons|austausch *m* intercambio *m* de información; **~broschüre** *f* folleto *m* de información; **~fluss** *m* flujo *m* de información; **~gesellschaft** *f* sociedad *f* de la información; **~material** *n* material *m* informativo; **~stand** *m* **1** *Stelle* información *f*; **2** (*Kenntnisstand*) nivel *m* de información; **~technik** *f*, **~technologie** *f* tecnología *f* de la información; **~veranstaltung** *f* reunión *f* con finalidad informativa; **~zentrum** *n* centro *m* de información

Informatisierung [ɪnfɔrmati'ziːrʊŋ] *f* ⟨-⟩ informatización *f*

informativ [ɪnfɔrma'tiːf] *adj* informativo

informieren [ɪnfɔr'miːrən] *v/t, v/r* ⟨*sin* ge⟩ (***sich***) **~** (***über*** +*acus*) informar(se) (de)

'Info|stand F *m* información *f*; **~tainment** [-taɪnmɛnt] *n* ⟨-s⟩ infotainment *m*; **~tisch** *m* mesa *f* de información

in'frage *adv* **~ *kommen*** entrar en consideración; **(*das*) *kommt nicht* ~!** ¡ni hablar!; ***etw* ~ *stellen*** cuestionar a/c

infrarot ['ɪnfra-] *adj* infrarrojo; **≗strahler** *m* radiador *m* infrarrojo

'Infrastruktur *f* infraestructura *f*

Infusion [ɪnfuzi'oːn] *f* infusión *f*

Ing. *Abk* → ***Ingenieur***

Ingenieur|(in) [ɪnʒeni'øːr(ɪn)] *m* ⟨-s; -e⟩ (*f*) ingeniero, -a *m,f*; **~büro** *n* oficina *f* técnica

Ingwer ['ɪŋvər] *m* ⟨-s⟩ jengibre *m*

Inh. *Abk* → ***Inhaber***

Inhaber|(in) ['ɪnhaːbər(ɪn)] *m*(*f*) *e-s Geschäfts, e-r Wohnung* propietario, -a *m,f*, dueño, -a *m,f*; *e-s Amts, Passes, Konto* titular *m,f*; COM *e-s Wechsels, Schecks* portador, a *m,f*; *von Aktien* tenedor, a *m,f*; **~aktie** *f* acción *f* al portador; **~scheck** *m* cheque *m* al portador

inhaftier|en [ɪnhaf'tiːrən] *v/t* ⟨*sin* ge⟩ detener, encarcelar; **≗te(r)** *f*(*m*) ⟨→ A⟩ detenido, -a *m,f*; **≗ung** *f* detención *f*

inhalieren [ɪnha'liːrən] ⟨*sin* ge⟩ **I** *v/t* inhalar; **II** *v/i* hacer inhalaciones

Inhalt ['ɪnhalt] *m* ⟨-(e)s; -e⟩ **1** *e-s Gefäßes*, (*Gehalt*) contenido *m*; (*Wortlaut*) *a* tenor *m*; **2** *e-s Buches usw* argumento *m*; **3** (*Flächen≗*) superficie *f*, área *f*; (*Raum≗*) capacidad *f*, volumen *m*; **4** (*~sverzeichnis*) índice *m*

'inhaltlich **I** *adj* en cuanto al contenido; **II** *adv* por el contenido

'Inhalts|angabe *f e-r Erzählung* resumen *m*; **≗los** *adj* sin contenido; **~verzeichnis** *n* índice *m*

'inhuman *adj* inhumano

Initiale [initsi'a:lə] *f* inicial *f*
Initiativbewerbung *f* solicitud *f* (anticipada a una oferta de trabajo)
Initiative [initsia'ti:və] *f* **1** iniciativa *f*; ***die ~ ergreifen*** tomar la iniciativa; **2** (*Bürger*≗) iniciativa *f* ciudadana
Initiator(in) [initsi'a:tɔr(ɪn)] *m* ⟨-s; -'toren⟩ (*f*) iniciador, a *m,f*
Injektion [ɪnjɛktsi'o:n] *f* MED inyección *f*
Injekti'ons|nadel *f* aguja *f* hipodérmica; **~spritze** *f* jeringuilla *f*
injizieren [ɪnji'tsi:rən] *v/t* ⟨*sin* ge⟩ inyectar
Inka ['ɪŋka] *m* ⟨-(s); -(s)⟩ inca *m*
Inkasso [ɪn'kaso] *n* ⟨-s; -s *o* -kassi⟩ FIN cobro *m*; **~auftrag** *m* orden *f* de cobro; **~büro** *n*, **~firma** *f* agencia *f* de cobro; **~wechsel** *m* letra *f* de cobro
inkl. *Abk* → ***inklusive***
inklusive [ɪnklu'zi:və] *adv u prp* ⟨*+gen*⟩ inclusive, incluido
inkognito [ɪn'kɔgnito] *adv* de incógnito
'inkompati|bel *adj* ⟨-bl-⟩ incompatible (*a* INFORM); **≗bili'tät** *f* incompatibilidad *f* (*a* INFORM)
'inkompetent *adj* incompetente
'inkonsequ|ent *adj* inconsecuente; **≗enz** *f* inconsecuencia *f*
'inkorrekt *adj* incorrecto
In-'Kraft-Treten *n* ⟨-s⟩ entrada *f* en vigor
Inkubationszeit [ɪnkubatsi'o:ns-] *f* tiempo *m* de incubación
'Inland *n* interior *m* (del país); ***im ~*** dentro del *od* en el país
'Inlandflug *m* vuelo *m* nacional *od* interior
inländisch ['ɪnlɛndɪʃ] *adj* nacional, del país, interior
'Inlands|absatz *m* venta *f* (al) interior; **~flug** *m* vuelo *m* nacional *od* interior; **~gespräch** *n* TEL llamada *f* nacional; **~markt** *m* mercado *m* nacional *od* interior; **~nachfrage** *f* demanda *f* interna; **~porto** *n* franqueo *m* interior; **~umsatz** *m* facturación *f* interior, ventas *f/pl* en el mercado interior
Inlett ['ɪnlɛt] *n* ⟨-(e)s; -s *o* -e⟩ funda *f*
Inliner ['ɪnlaɪnər] *m*, **Inline-Skate** ['ɪnlaɪnske:t] *m* ⟨-s; -s⟩ patín *m* (en línea)
in'mitten *geh prp* ⟨*+gen*⟩ en medio de
inne|haben ['ɪnə-] *v/t* ⟨*irr, sep*⟩ *Amt* ocupar, ostentar (*a Titel*); *Rekord* poseer; **~halten** *v/i* ⟨*irr, sep*⟩ detenerse, parar
innen ['ɪnən] *adv* dentro, en el interior; ***nach ~*** adentro; *aufgehen* hacia dentro; ***von ~*** desde (a)dentro
'Innen|... *in Zssgn mst* interior, interno; **~architekt(in)** *m(f)* decorador, a *m,f od* arquitecto, -a *m,f* de interiores, interiorista *m,f*; **~aufnahme** *f* FOT, FILM interior *m*; **~dienst** *m* servicio *m* interno; **~einrichtung** *f* decoración *f* de interiores; **~finanzierung** *f* financiación *f* interior; **~leben** *n* vida *f* interior; **~minister(in)** *m(f)* ministro, -a *m,f* de Interior; **~ministerium** *n* Ministerio *m* de Interior; **~politik** *f* política *f* interior; **≗politisch** *adj* de política interior; **~raum** *m* interior *m*; *im Auto* habitáculo *m*; **~revision** *f* auditoría *f* interna; **~seite** *f* (cara *f*) interior *m*; *e-s Stoffs* revés *m*; **~spiegel** *m* (espejo *m*) retrovisor *m* (interior); **~stadt** *f* centro *m* (de la ciudad), casco *m* urbano; **~werbung** *f* publicidad *f* interior
'inner|betrieblich *adj* interno; **~deutsch** *adj* interalemán
innere(r, -s) ['ɪnərə(r, -s)] *adj* interior; MED interno
'Innere(s) *n* ⟨→ A⟩ interior *m*; *fig e-s Menschen a* fondo *m*
Inne'reien *pl* vísceras *f/pl*; *von Geflügel* menudillos *m/pl*
innerhalb ['ɪnərhalp] *prp* ⟨*+gen*⟩ *u adv* **1** *örtlich* dentro de; **2** *zeitlich a* en el plazo de; ***~ kurzer Zeit*** en poco tiempo
'inner|lich **I** *adj* (*innen befindlich*) interior, interno (*a* MED); *Gefühl* íntimo; **II** *adv fig* por dentro; **~städtisch** *adj* local
'innerste(r, -s) *adj* el más interior; *fig* el más íntimo
'Innerste(s) *n* ⟨→ A⟩ fondo *m*, interior *m*; ***im ~n des Landes*** en el fondo del país; ***in s-m ~n*** en el fondo de su corazón
'innewohnen *geh v/i* ***e-r Sache*** (*dat*) **~** ser inherente a a/c
innig ['ɪnɪç] **I** *adj* **1** (*tief empfunden*) profundo, entrañable; *Wunsch* íntimo; **2** (*sehr eng*) íntimo; ***ein ~es Verhältnis zu j-m haben*** tener una relación muy estrecha con alg; **II** *adv* **3** ***sich ~ lieben*** quererse en el alma
'inniglich *geh* → ***innig***
Innova|tion [ɪnovatsi'o:n] *f* innovación *f*; **~ti'onskraft** *f* fuerza *f* innovadora; **~ti'onsschub** *m* empuje *m* innovador; **≗'tiv** *adj* innovador
Innung ['ɪnʊŋ] *f* gremio *m*, corporación *f*
'inoffiziell *adj* extraoficial; (*halbamtlich*) oficioso
in petto [ɪn'pɛto] F ***etw ~ haben*** tener a/c en reserva; F tener a/c en la manga
in puncto [ɪn'pʊŋkto] *prp* ***~ Kleidung*** por lo que se refiere *od* en cuanto a la ropa
Input ['ɪnpʊt] *m od n* ⟨-s; -s⟩ INFORM input *m*
Inquisition [ɪnkvizitsi'o:n] *f* ⟨-⟩ HIST Inquisición *f*
ins [ɪns] ***= in das***
Insass|e ['ɪnzasə] *m* ⟨-n; -n⟩, **~in** *f e-s Autos* ocupante *m,f*; *e-s Zuges* viajero, -a *m,f*; *e-s Flugzeuges* pasajero, -a *m,f*; *e-s Heims* re-

sidente *m,f*; *e-s Gefängnisses* recluso, -a *m,f*
insbe'sond(e)re *adv* especialmente, particularmente, en particular
'Inschrift *f* inscripción *f*; *Grab* epitafio *m*; *Münze* leyenda *f*
Insekt [ɪn'zɛkt] *n* ⟨-s; -en⟩ insecto *m*
In'sekten|gift *n* insecticida *m*; **~kunde** *f* entomología *f*; **~spray** *n od m* spray *m* insecticida; **~stich** *m* picadura *f* de insecto
Insektizid [ɪnzɛkti'tsiːt] *n* ⟨-s; -e⟩ insecticida *m*
Insel ['ɪnzəl] *f* ⟨-; -n⟩ isla *f* (*a Sprach*≈); *kleine* islote *m*; (*Verkehrs*≈) refugio *m*, isleta *f*; *fig* remanso *m*; **~bewohner(in)** *m(f)* isleño, -a *m,f*; **~gruppe** *f* archipiélago *m*
Inse|rat [ɪnze'raːt] *n* ⟨-(e)s; -e⟩ anuncio *m*; **~'rent(in)** *m* ⟨-en; -en⟩ (*f*) anunciante *m,f*; **≈'rieren** *v/i* ⟨*sin* ge⟩ anunciar, poner un anuncio
insge'heim *adv* en secreto
insge'samt *adv* en total
Insider ['ɪnsaɪdər] *m* enterado *m*
in'sofern I *adv* en este sentido; **II** *cj* **~, *als ...*** en tanto que …
'insolvent *adj* insolvente
Insol'venz *f* insolvencia *f*; **~sicherung** *f* seguro *m* de insolvencia; **~verfahren** *n* procedimiento *m* de insolvencia; **~verwalter** *m* comisario *m* de insolvencia
in'soweit → ***insofern***
in spe [ɪn'speː] *adj* ⟨*inv*⟩ futuro; ***sein Schwiegersohn ~*** su futuro yerno
Inspekteur [ɪnspɛk'tøːr] *m* ⟨-s; -e⟩ inspector *m*
Inspekti'on *f* inspección *f* (*a Behörde*); TEC *u* control *m*, revisión *f*; ***das Auto muss zur ~*** hay que llevar el coche a la revisión
Inspektor(in) [ɪn'spɛktɔr (-'toːrɪn)] *m* ⟨-s; -'toren⟩ (*f*) inspector, a *m,f*
Inspiration [ɪnspiratsi'oːn] *f* inspiración *f*
inspi'rieren *v/t* ⟨*sin* ge⟩ ***j-n ~*** inspirar a alg; ***sich von etw, j-m ~ lassen*** dejarse inspirar por alg, a/c
Inspi|zient(in) [ɪnspitsi'ɛnt(ɪn)] *m* ⟨-en; -en⟩ (*f*) THEA, KINO regidor, a *m,f*; **≈'zieren** *v/t* ⟨*sin* ge⟩ inspeccionar
'instabil *adj* inestable; **≈i'tät** *f* inestabilidad *f*
Instal|lateur(in) [ɪnstala'tøːr(ɪn)] *m* ⟨-s; -e⟩ (*f*) **1** (*Klempner*[*in*]) fontanero, -a *m,f*; **2** (*Heizungs*≈) instalador, a *m,f*; **~lati'on** *f* instalación *f* (*a* INFORM); **≈'lieren** *v/t* ⟨*sin* ge⟩ instalar (*a* INFORM)
instand [ɪn'ʃtant] *adv* **~ *halten*** mantener, entretener; **~ *setzen*** arreglar, reparar
In'standhaltung *f* mantenimiento *m*, entretenimiento *m*; **~skosten** *pl* gastos *m/pl* de mantenimiento
inständig ['ɪnʃtɛndɪç] *adj* urgente; ***~e Bitte*** petición *f* urgente *od* encarecida
In'standsetzung *f* reparación *f*, arreglo *m*, compostura *f*
Instanz [ɪn'stants] *f* **1** (*Stelle für Entscheidungen*) autoridad *f*, instancia *f*; **2** JUR instancia *f*; ***in erster ~*** en primera instancia
Instink|t [ɪn'stɪŋkt] *m* ⟨-(e)s; -e⟩ instinto *m*; **≈'tiv** *adj* instintivo
in'stinktlos I *adj Verhalten* sin tacto; *Äußerung* grosero; **II** *adv sich verhalten* sin tacto; *sich äußern* groseramente
Institut [ɪnsti'tuːt] *n* ⟨-(e)s; -e⟩ (*Forschungs*≈) instituto *m* (***für*** de, para); (*Lehranstalt*) *a* escuela *f*; **~i'on** *f* institución *f* (*a fig*)
instruieren [ɪnstru'iːrən] *v/t*, *v/r* ⟨*sin* ge⟩ (***sich***) **~** (***über*** *+acus*) instruir(se), informar(se) (sobre)
Instruktion [ɪnstrʊktsi'oːn] *f* instrucción *f* (*a* MIL)
Instrument [ɪnstru'mɛnt] *n* ⟨-(e)s; -e⟩ instrumento *m* (*a fig*)
Instrumen'talmusik *f* música *f* instrumental
Instru'menten|brett *n* tablero *m* de mando; **~flug** *m* AVIA vuelo *m* por instrumentos
Insulin [ɪnzu'liːn] *n* ⟨-s⟩ insulina *f*
inszenier|en [ɪnstse'niːrən] *v/t* ⟨*sin* ge⟩ **1** THEA, FILM poner en escena, escenificar (*a fig*); **2** *desp* representar, armar; **≈ung** *f* **1** THEA, FILM, *fig* puesta *f* en escena, escenificación *f*; **2** *desp* montaje *m*
intakt [ɪn'takt] *adj* intacto; *Wirtschaft* sano
integer [ɪn'teːgər] *adj* ⟨-gr-⟩ íntegro
Integral [ɪnte'graːl] *n* ⟨-s; -e⟩ MAT integral *f*; **~helm** *m* casco *m* integral; **~rechnung** *f* cálculo *m* integral
Inte|gration [ɪntegratsi'oːn] *f* integración *f*; **≈'grieren** *v/t* ⟨*sin* ge⟩ integrar; ***sich ~*** integrarse; **≈'griert** *adjt* integrado; **~gri'tät** *f* ⟨-⟩ integridad *f*
Intellekt [ɪntɛ'lɛkt] *m* ⟨-(e)s⟩ intelecto *m*; **≈u'ell** *adj* intelectual; **~u'elle(r)** *f(m)* ⟨→ A⟩ intelectual *m,f*
intelligent [ɪntɛli'gɛnt] *adj* inteligente
Intelli'genz *f* ⟨-⟩ **1** inteligencia *f*; ***künstliche ~*** inteligencia *f* artificial; **2** (*geistig führende Schicht*) intelectuales *m/pl*
Intelli'genz|quotient *m* cociente *m* intelectual; **~test** *m* test *m* de inteligencia
Intendant(in) [ɪntɛn'dant(ɪn)] *m* ⟨-en; -en⟩ (*f*) RADIO, TV director, a *m,f* general; THEA director, a *m,f*; MIL intendente *m,f*
Intensität [ɪntɛnzi'tɛːt] *f* ⟨-⟩ intensidad *f*
intensiv [ɪntɛn'ziːf] **I** *adj* intensivo; *Schmerz*, *Farbe*, *Geruch* intenso; **II** *adv* con intensidad; **~ *nachdenken*** reflexionar profundamente

inten|si'vieren *v/t* ⟨*sin* ge⟩ intensificar; **ꝏsi'vierung** *f* intensificación *f*; **ꝏ'sivstation** *f* unidad *f* de cuidados intensivos *od* de vigilancia intensiva, UCI *f od* UVI *f*

inter|... [ɪntər...] *in Zssgn* inter...; **~ak'tiv** *adj* interactivo; **ꝏaktivi'tät** *f* interacción *f*; **~ameri'kanisch** *adj* interamericano; **ꝏ'bankrate** *f* FIN tipo *m* de interés interbancario; **ꝏ'city** *m* ⟨-s; -s⟩ BAHN Intercity *m*; **ꝏcityex'presszug** *m* BAHN tren de alta velocidad alemán; *Span* AVE *m*

interessant [ɪntərɛ'sant] **I** *adj* interesante; **II** *adv* de forma interesante

Inte'resse *n* ⟨-s; -n⟩ interés *m*; ***aus ~*** por interés; ***für*** *od* ***an etw*** (*dat*) ***~ haben*** tener interés por a/c; ***j-s ~n vertreten*** representar los intereses de alg; ***es liegt in deinem ~, die Wahrheit zu sagen*** debes decir la verdad por tu bien

Inte'ressen|gemeinschaft *f* **1** *von Personen* comunidad *f* de intereses; **2** ECON grupo *m* de intereses económicos; **~konflikt** *m* conflicto *m* de intereses

Interes'sent(in) *m* ⟨-en; -en⟩ (*f*) interesado, -a *m,f*; ***e-n ~en für etw finden*** encontrar a alguien interesado en a/c

interes'sieren ⟨*sin* ge⟩ **I** *v/t* interesar; ***es interessiert mich, ob ...*** me interesa saber si ...; **II** *v/r* ***sich für etw, j-n ~*** interesarse por a/c, alg

interes'siert I *adjt* interesado; ***an etw*** (*dat*) ***~ sein*** estar interesado en a/c; **II** *advl* ***~ zuschauen*** mirar con interés

Interface ['ɪntərfe:s] *n* ⟨-; -s⟩ INFORM interface *f*, interfaz *f*

Interferenz [ɪntərfe'rɛnts] *f* PHYS, OPTIK, LING interferencia *f*

Interimsregierung ['ɪntərɪms-] *f* gobierno *m* provisional

Interjektion [ɪntərjɛktsi'o:n] *f* GRAM interjección *f*

interkontinen'tal *adj* intercontinental; **ꝏrakete** *f* misil *m* intercontinental

Intermezzo [ɪntər'mɛtso] *n* ⟨-s; -s *o* -zzi⟩ THEA, MUS, *fig* intermedio *m*; MUS *a* intermezzo *m*

intern [ɪn'tɛrn] *adj* interno

Inter'nat *n* ⟨-(e)s; -e⟩ internado *m*

internatio'nal *adj* internacional; ***auf ~er Ebene*** a nivel internacional

Internatio|'nale *f* POL, *Lied* ***die ~*** la Internacional; **~nali'sierung** *f* internacionalización *f*

Internet ['ɪntərnɛt] *n* ⟨-s⟩ Internet *ohne art*; ***im ~ surfen*** navegar por Internet

'Internet|adresse *f* dirección *f* en Internet; **~anschluss** *m* acceso *m* a Internet; **~café** *n* cibercafé *m*; ciberbar *m*; **~handel** *m* comercio *m* en Internet; **~provider** *m* proveedor *m* de Internet; **~seite** *f* página *f* de Internet; **~surfer(in)** *m*(*f*) internauta *m,f*; **~zugang** *m*, **~zugriff** *m* acceso *m* a Internet

inter'nier|en *v/t* ⟨*sin* ge⟩ MIL internar; **ꝏte(r)** *f* (*m*) ⟨→ A⟩ internado, -a *m,f*; **ꝏung** *f* internamiento *m*; MED ingreso *m*; **ꝏungslager** *n* campo *m* de concentración

Inter'nist(in) *m*(*f*) internista *m,f*

Interpre|t(in) [ɪntər'pre:t(ɪn)] *m* ⟨-en; -en⟩ (*f*) intérprete *m,f*; **~tati'on** *f* interpretación *f*; **ꝏ'tieren** *v/t* ⟨*sin* ge⟩ interpretar (*a* THEA, MUS)

Interpunktion [ɪntərpʊnktsi'o:n] *f* ⟨-⟩ (*Zeichensetzung*) puntuación *f*

Interrailkarte ['ɪntərre:l-] *f* BAHN billete *m* de Interrail

Interregio [ɪntər're:gio] *m* ⟨-s; -s⟩ BAHN *in Deutschland* tren *m* rápido interregional

Interrogativpronomen [ɪntəroga'ti:f-] *n* pronombre *m* interrogativo; *adjektivisches* adjetivo *m* interrogativo

Intervall [ɪntər'val] *n* ⟨-s; -e⟩ intervalo *m*

inter|venieren [ɪntərve'ni:rən] *geh v/i* ⟨*sin* ge⟩ intervenir

Interventi'on *f* intervención *f*; **~spreis** *m* precio *m* de intervención

Interview [ɪntər'vju:] *n* ⟨-s; -s⟩ entrevista *f*, interviú *f*; **ꝏen** *v/t* ⟨*sin* ge⟩ entrevistar

intim [ɪn'ti:m] *adj* íntimo

Intimität [ɪntimi'tɛ:t] *f* **1** (*Innigkeit*) intimidad *f*; **2** (*Vertraulichkeit*) ***~en austauschen*** intercambiar confidencias; **3** *pl* ***~en*** (*sexuelle Handlungen*) intimidades *f/pl*

In'tim|sphäre *f* intimidad *f*; **~spray** *m od n* desodorante *m* íntimo

'intoler|ant *adj* intolerante (***gegenüber*** con, para con); **ꝏanz** *f* intolerancia *f*

Intranet ['ɪntranɛt] *n* ⟨-s⟩ Intranet *f* (*mst o art*)

'intransitiv *adj* GRAM intransitivo

Intri'gant(in) *m* ⟨-en; -en⟩ (*f*) intrigante *m,f*

In|trige [ɪn'tri:gə] *f* intriga *f*; **ꝏtri'gieren** *v/i* ⟨*sin* ge⟩ intrigar (***gegen*** contra)

introvertiert [ɪntrovɛr'ti:rt] *adj* introvertido; **ꝏheit** *f* ⟨-⟩ introversión *f*

Intui|tion [ɪntuitsi'o:n] *f* intuición *f*; **ꝏ'tiv** *adj* intuitivo

intus ['ɪntʊs] F *adv* ***etw ~ haben*** (*begriffen*) F haber captado a/c; (*im Gedächtnis*) haber memorizado a/c; (*verzehrt*) haber tomado a/c; ***e-n ~ haben*** F estar achispado

Inva|lide [ɪnva'li:də] *m,f* ⟨-n; -n⟩ inválido, -a *m,f*; **~lidi'tät** *f* ⟨-⟩ invalidez *f*

Invasion [ɪnvazi'o:n] *f* invasión *f* (*a fig*)

Inventar [ɪnvɛn'ta:r] *n* ⟨-s; -e⟩ **1** (*Einrichtungsgegenstände*) mobiliario *m*; **2** *Verzeichnis* inventario *m*

Inventur [ɪnvɛn'tu:r] *f* COM inventario *m*;

laufende **~** inventario *m* actualizado; **~ *machen*** hacer inventario
investieren [ɪnvɛs'tiːrən] *v/t* ⟨*sin* ge⟩ invertir (***in*** *+acus* en)
Investiti'on *f* inversión *f*; ***öffentliche* ~*en*** inversiones *f/pl* públicas; **~*en tätigen*** realizar inversiones; ***s-e* ~*en erhöhen*** incrementar sus inversiones
Investiti'ons|art *f* tipo *m* de inversión; **~bereitschaft** *f* propensión *f* a invertir; **~kapital** *n* capitales *m/pl* de inversión
Investiti'onsplan *m* plan *m* de inversiones; ***e-n* ~ *aufstellen*** elaborar un plan de inversiones
Investiti'ons|rückgang *m* recesión *f* de la inversión *od* de las inversiones; **~tätigkeit** *f* actividad *f* inversora; **~volumen** *n* volumen *m* de la inversión *od* de las inversiones
Investment|bank [ɪn'vɛstmənt-] *f* banco *m* de inversiones; **~fonds** *m* fondo *m* de inversión; **~papier** *n*, **~zertifikat** *n* certificado *m* de inversiones
In'vestor(in) *m* ⟨-s; -'toren⟩ (*f*) inversor, a *m,f*
In-'vitro-Fertilisation [ɪn'viːtro-] *f* MED fertilización *f* in vitro
inwendig ['ɪnvɛndɪç] **I** *adj* interior, interno; **II** *adv* por dentro; *fig* interiormente; F ***etw in- und auswendig kennen*** saberse a/c al dedillo
inwie|'fern, **~'weit** *adv fragend*, *cj* hasta qué punto, en qué medida
Inzest [ɪn'tsɛst] *m* ⟨-es; -e⟩ incesto *m*
'Inzucht *f* consanguinidad *f*; zo cruzamiento *m* consanguíneo
In'zwischen *adv* **1** (*seitdem*) desde entonces; **2** (*währenddessen*) entre tanto, mientras tanto; (*bis dahin*) hasta entonces
IOK [iːˀoː'kaː] *n Abk* ⟨-(s)⟩ (*Internationales Olympisches Komitee*) COI *m* (*Comité Olímpico Internacional*)
Ion [i'oːn] *n* ⟨-s; -en⟩ PHYS, CHEM ion *m*
'I-Punkt *m* punto *m* sobre la i
IQ [iː'kuː] *m Abk* ⟨-(s); -(s)⟩ (*Intelligenzquotient*) CI *m* (*coeficiente intelectual*)
Irak [i'raːk] *n* ⟨-s⟩ *od* ***der*** **~** Irak *m*; ***im*** **~** en Irak
I'raker(in) *m(f)* iraquí *m,f*
i'rakisch *adj* iraquí
Iran [i'raːn] *n* ⟨-s⟩ *od* ***der*** **~** Irán *m*; ***im*** **~** en Irán
I'ran|er(in) *m(f)* iraní *m,f*; **ℒisch** *adj* iraní
irden ['ɪrdən] *adj* de loza
irdisch ['ɪrdɪʃ] *adj* terrestre; REL terrenal; (*diesseitig*) de este mundo
Ire ['iːrə] *m* ⟨-n; -n⟩ irlandés *m*
irgend ['ɪrgənt] *adv* **1** F **~ *so ein Dummkopf*** algún tonto; **2** (*irgendwie*) ***wenn du*** **~ *kannst ...*** si de alguna forma puedes ...
'irgend'ein *pr/indef* **I** *adjt* algún; (*gleichgültig welches*) cualquier; **~ *Buch*** cualquier libro; ***ohne* ~ *Hilfsmittel*** sin ayuda alguna; **II** *su* algún, -una *m,f*; (*gleichgültig wer*) cualquier, a
'irgend|'etwas *pr/indef* algo; (*gleichgültig was*) cualquier cosa; **'~'jemand** *pr/indef* alguien; (*gleichgültig wer*) cualquiera; **'~'wann** *adv* en algún momento, algún día; (*gleichgültig wann*) en cualquier momento, cualquier día; **'~'was** F → ***irgendetwas***
'irgend'welche *pr/indef* cualquiera; *bei verneintem Sinn* alguno; ***ohne* ~ *Kosten*** sin coste alguno
'irgend|'wer → ***irgendjemand***; **'~'wie** de alguna forma; (*gleichgültig wie*) como sea; **'~'wo** *adv* en alguna parte; (*gleichgültig wo*) donde sea; **'~wo'her** *adv* de algún lugar; (*gleichgültig woher*) de donde sea; **'~wo'hin** *adv* a algún lugar; (*gleichgültig wohin*) a donde sea
'Irin *f* irlandesa *f*
Iris ['iːrɪs] *f* ⟨-; -⟩ ANAT, BOT iris *m*
'irisch *adj* irlandés
Irland ['ɪrlant] *n* ⟨-s⟩ Irlanda *f*
Ironie [iro'niː] *f* ironía *f*
ironisch [i'roːnɪʃ] *adj* irónico; **~ *werden*** ponerse irónico
irr → ***irre I***
irre ['ɪrə] **I** *adj* **1** loco; MED *a* enajenado, demente; (*verwirrt*) confuso; **2** F (*groß, toll*) F de locura, super; **II** F *adv* **3** F locamente; **~ *komisch*** F superdivertido
'Irre *f* ⟨-⟩ ***j-n in die* ~ *führen*** extraviar a alg
'Irre(r) *f(m)* ⟨→ A⟩ loco, -a *m,f*; MED *a* enajenado, -a *m,f*, demente *m,f*; F ***ein armer* ~*r*** un pobre loco
irreal ['ɪreaːl] *adj* irreal
'irreführen *v/t* ⟨*sep*⟩ desorientar, inducir al error, engañar; ***sich durch etw* ~ *lassen*** dejarse confundir por a/c
'irreführend *adjt* equívoco, engañoso
irregulär ['ɪreguleːr] *adj* irregular
irrelevant ['ɪrelevant] *adj* irrelevante (***für*** para)
'irremachen *v/t* ⟨*sep*⟩ desconcertar, confundir
irren ['ɪrən] **I** *v/i* **1** ⟨sn⟩ (*umher~*) errar; **2** ⟨h⟩ *geistig* equivocarse; *prov* **ℒ *ist menschlich*** *prov* errar es humano; **II** *v/r* ⟨h⟩ **3 *sich*** **~** equivocarse (***im Datum*** en la fecha; ***in j-m*** con alg); ***wenn ich mich nicht irre*** si no me equivoco
'Irren|anstalt *f desp*, **~haus** *n desp* manicomio *m*
irreparabel ['ɪreparaːbəl] *adj* ⟨-bl-⟩ irreparable; MED *Schäden* irreversible

'irrewerden *v/i* ⟨*irr*, *sep*, sn⟩ ***an j-m, etw*** ~ no poder comprender a alg, a/c

'Irr|fahrt *f* odisea *f*; **~garten** *m* laberinto *m*, dédalo *m*; **~glaube(n)** *m* concepto *m* erróneo; REL herejía *f*

'irrig *adj Ansicht* equivocado, erróneo

irritieren [ɪri'tiːrən] *v/t* ⟨*sin* ge⟩ **1** (*verwirren*) desconcertar, confundir; **2** (*ärgern*) irritar

'Irr|läufer *m* POST envío *m* equivocado; **~lehre** *f* doctrina *f* herética, herejía *f*; **~licht** *n* fuego *m* fatuo; **~sinn** *m* demencia *f*, locura *f*

'irrsinnig I *adj* **1** demente, loco; ***ein ~er Gedanke*** un pensamiento loco; **2** F *fig* tremendo; **II** F *adv* **3** terriblemente

'Irrsinnige(r) *f(m)* ⟨→ A⟩ loco, -a *m,f*, demente *m,f*

'Irrtum *m* ⟨-s; -tümer⟩ error *m*, equivocación *f*; ***im ~ sein*** estar equivocado *od* en el error; ***e-n ~ begehen*** cometer un error; COM **~ *vorbehalten*** salvo error

irrtümlich ['ɪrtyːmlɪç] **I** *adj* erróneo, equivocado; **II** *adv* por error

Ischias ['ɪʃias] *n od m* ⟨-⟩ ciática *f*

ISDN [iːˀɛsdeːˀɛn] *n Abk* ⟨-⟩ (*Integrated Services Digital Network*) RDSI *f* (*Red Digital de Servicios Integrados*); **~-Anschluss** *m* conexión *f* RDSI; **~-Karte** *f* tarjeta *f* de RDSI; **~-Nummer** *f* número *m* RDSI

Islam [ɪs'laːm] *m* ⟨-(s)⟩ islam *m*

is'lamisch *adj* islámico

Island ['iːslant] *n* ⟨-s⟩ Islandia *f*

Isländer(in) ['iːslɛndər(ɪn)] *m(f)* islandés, -esa *m,f*

'isländisch *adj* islandés

Isolati'on *f* aislamiento *m* (*a* EL, POL, *Wärme*2, *Schall*2); (*Isoliermaterial*) aislante *m*

Isolierband [izo'liːr-] *n* cinta *f* aislante

iso'lieren *v/t* ⟨*sin* ge⟩ aislar; *Gefangene* incomunicar

Iso'lier|kanne *f* termo *m*; **~material** *n* aislante *m*; **~station** *f* MED estación *f* de aislados; **~ung** *f* → ***Isolation***

Isomatte ['iːzomatə] *f* colchoneta *f* aislante

Isotop [izo'toːp] *n* ⟨-s; -e⟩ isótopo *m*

Israel ['ɪsraeːl] *n* ⟨-s⟩ Israel *m*

Israeli [ɪsra'eːli] *m* ⟨-(s); -(s)⟩, *f* ⟨-; -(s)⟩ israelí *m,f*

Israelit(in) [ɪsrae'liːt(ɪn)] *m* ⟨-en; -en⟩ (*f*) israelita *m,f*

isst [ɪst] → ***essen***

ist [ɪst] → ***sein***

Istanbul ['ɪstambuːl] *n* Estambul *m*

'Istbestand *m* efectivo *m*; *von Waren* existencias *f/pl*

Isthmus ['ɪstmʊs] *m* ⟨-; -men⟩ istmo *m*

Italien [i'taːliən] *n* ⟨-s⟩ Italia *f*

Itali'en|er(in) *m(f)* italiano, -a *m,f*; **2isch** *adj* italiano; (***das***) **2(*e*)** el italiano

'i-Tüpfel(chen) *n* punto *m* sobre la i (*a fig*); ***bis aufs ~*** (***genau***) hasta el último detalle

IWF [iːveːˀɛf] *m Abk* ⟨-⟩ (*Internationaler Währungsfonds*) FMI (*Fondo Monetario Internacional*)

J

J, j [jɔt] *n* ⟨-; -⟩ J, j *f*

ja [jaː] *adv u cj* **1** *als Antwort* sí; **~ gewiss!** ¡seguro!; **~ doch!, aber ~!** ¡claro que sí!; *widersprechend a* ¡pues sí!; **2** *feststellend* **das ist ~ furchtbar** pero eso es horrible; **du weißt ~** tú ya sabes; **3** *verstärkend* **~ sogar** incluso; **tu das ~ nicht!** ¡ni se te ocurra hacerlo!; **4** *einleitend* **~, wer kommt denn da!** ¡mira quien viene por ahí!; **5** *int* F **~ zum Donnerwetter!** ¡caray!

Ja *n* ⟨-(s); -(s)⟩ sí *m*; **mit ~ antworten** responder afirmativamente, contestar que sí; **zu etw ~ sagen** decir a a/c que sí, consentir en a/c; **mit ~ stimmen** votar sí

Jacht [jaxt] *f* ⟨-; -en⟩ yate *m*

Jacke ['jakə] *f* chaqueta *f*; (*Herren*≗) *a* americana *f*, *Am* saco *m*; *sportliche* cazadora *f*; F *fig* **das ist ~ wie Hose** da igual una cosa que otra

Jackett [ʒa'kɛt] *n* ⟨-s; -s⟩ chaqueta *f*, americana *f*

Jagd [jaːkt] *f* ⟨-; -en⟩ caza *f* (**auf** *+acus* de, a); **auf die ~ gehen** ir de caza; **~ machen auf** (*+acus*) dar caza a (*a fig*); *fig* perseguir; *fig* **die ~ nach dem Glück** la búsqueda de la suerte

'Jagd|bomber *m* MIL cazabombardero *m*; **~fieber** *n* fiebre *f* (del cazador); **~flugzeug** *n* avión *m* de caza; **~gewehr** *n* rifle *m*, escopeta *f* de caza; **~horn** *n* trompa *f* de caza; **~hund** *m* perro *m* de caza; **~hütte** *f* pabellón *m* de caza, cabaña *f*; **~revier** *n* coto *m* (de caza); **~schein** *m* licencia *f* de caza; **~wurst** *f especie de mortadela*; **~zeit** *f* temporada *f* de caza

jagen ['jaːgən] **I** *v/t* ⟨h⟩ **1** cazar; **2** (*weg~*) ahuyentar; (*hinaus~*) echar (a la calle) (**aus** de); **3** (*verfolgen*) perseguir; **II** *v/i* **4** ⟨h⟩ cazar; **5** ⟨h⟩ *fig* **nach dem Glück ~** buscar la suerte; **6** ⟨sn⟩ *fig* salir corriendo; **III** *v/r* ⟨h⟩ *fig* **sich ~** *Ereignisse* sucederse rápidamente; *Nachrichten* sobrevenir

Jäger ['jɛːgər] *m* cazador *m* (*a* MIL, AVIA); **~hut** *m* sombrero *m* tirolés; **~in** *f* cazadora *f*; **~latein** *n* fanfarronadas *f/pl* de cazador; **~schnitzel** *n* GASTR *escalope en salsa de champiñones*

Jaguar ['jaːguaːr] *m* ⟨-s; -e⟩ jaguar *m*

jäh [jɛː] *geh adj* **1** (*plötzlich*) repentino, súbito; (*hastig*) brusco; **2** (*steil*) escarpado, abrupto, empinado

'jählings *geh adv* de repente, bruscamente

Jahr [jaːr] *n* ⟨-(e)s; -e⟩ **1** año *m*; **ein halbes ~** medio año; **im ~, pro ~** al año; **~ für ~** año tras año; **seit ~en** hace años; **2** *kalendarisch* **das ~ 1945** el año 1945; **das neue ~** el año nuevo; **im ~(e) 2003** (en) el año 2003; **in diesem ~, dieses ~** ese año; **die 90er ~e** los años 90; **3** *Alter* **zwanzig ~e alt sein** tener veinte años; **in den besten ~en sein** estar en la flor de la vida; **mit fünfzig ~en** a los cincuenta años

jahr'aus *adv* **~, jahrein** todos los años, año tras año

'Jahrbuch *n* anuario *m*

'jahrelang I *adj* de muchos años; **~e Erfahrung** muchos años de experiencia; **II** *adv* (durante) muchos años; (*seit Jahren*) desde hace años

jähren ['jɛːrən] *v/r* **heute jährt sich der Tag, an dem …** hoy es el aniversario de …

'Jahres|abonnement *n* abono *m* anual; **~abrechnung** *f* liquidación *f* de fin de año; **~abschluss** *m* COM cuentas *f/pl* anuales, cierre *m* de cuentas, balance *m* anual; **~abschlussbuchung** *f* asiento *m* de cierre; **~bericht** *m* memoria *f* anual; **~bilanz** *f* balance *m* anual *od* de fin de año; **~budget** *n* presupuesto *m* anual; **~einkommen** *n* renta *f* anual; **~ende** *n* fin *m* de año; **~etat** *m* presupuesto *m* anual

'Jahresfrist *f* **binnen ~** en un plazo de un año; **nach ~** pasado el plazo de un año

'Jahres|gebühr *f* anualidad *f*; **~hälfte** *f* mitad *f* de año; **~hauptversammlung** *f* junta *f* general ordinaria; **~karte** *f* tarjeta *f od* entrada *f* con un año de validez; **~prämie** *f* prima *f* anual; **~ring** *m im Holz* anillo *m* (anual); **~tag** *m* aniversario *m*; **~tagung** *f* congreso *m* anual, jornadas *f/pl* anuales; **~umsatz** *m* facturación *f* anual, cifra *f* anual, ventas *f/pl* anuales; **~urlaub** *m* vacaciones *f/pl* del año

'Jahreswechsel *m* **mit den besten Wünschen zum ~!** ¡con los mejores deseos para el año nuevo!

'Jahreswende *f* **die ~** el fin de año; **zur ~** a fin de año

'Jahres|zahl *f* año *m*; **~zeit** *f* estación *f* (del año); **≈zeitlich** *adj* estacional, de temporada

'Jahreszins *m* interés *m* anual; ***effektiver ~*** interés *m* anual real *od* efectivo

'Jahrgang *m* **1** *von Personen* año *m*, generación *f*; MIL quinta *f*; (*Universität*) promoción *f*; ***er ist ~ 1950*** es de 1950; **2** *von Wein* cosecha *f*; **3** *e-r Zeitschrift* año *m*

Jahr'hundert *n* siglo *m*; ***im 17. ~*** en el siglo XVII

Jahr'hundertwende *f* ***die ~*** el fin de siglo; ***zur ~*** al fin de siglo

...jährig [...jɛːrɪç] *in Zssgn Alter, Dauer* de ... años

jährlich ['jɛːrlɪç] **I** *adj* anual; **II** *adv* anualmente, al año

'Jahr|markt *m* feria *f*; **~marktsbude** *f* stand *m* de feria

Jahr'tausend *n* milenio *m*; **~wende** *f* ***die ~*** el fin del milenio

Jahr'zehnt *n* ⟨-(e)s; -e⟩ década *f*

'Jähzorn *m* **1** *Anfall* arrebato *m* de cólera; **2** *als Eigenschaft* irascibilidad *f*, iracundia *f*; **≈ig** *adj* irascible, iracundo, colérico

Jakob ['jaːkɔp] *m* ⟨-s⟩ Santiago *m*, Jacobo *m*, Jaime *m*

Jakobiner [jako'biːnər] *m* HIST jacobino *m*

Jalousie [ʒalu'ziː] *f* persiana *f*

Jamaika [ja'maɪka] *n* ⟨-s⟩ Jamaica *m*

Jammer ['jamər] *m* ⟨-s⟩ **1** (*Elend*) miseria *f*, calamidad *f*; ***es ist ein ~*** es una lástima; **2** (*Wehklagen*) lamento *m*

jämmerlich ['jɛmərlɪç] **I** *adj* **1** (*ärmlich, bedauernswert*) lastimoso, lamentable (*a desp schlecht*); *Geschrei* lastimero; (*elend*) miserable; **II** *adv* **2** (*erbärmlich*) lastimosamente; **3** (*übermäßig*) ***~ frieren*** tener un frío terrible; **4** (*schlecht*) ***~ abschneiden*** salir muy malparado

'jammern *v/i* **1** (*laut klagen*) lamentarse; **2** (*sich beklagen*) quejarse (***über*** *+acus* de)

'jammer'schade *adj* F ***es ist ~*** es una verdadera lástima

Jänner ['jɛnər] *m österr* → ***Januar***

Januar ['januaːr] *m* ⟨-(s); -e⟩ enero *m*; ***im*** (***Monat***) ***~*** en (el mes de) enero; ***der 1. ~*** el primero *od* 1 de enero; ***heute ist der 5. ~*** estamos a 5 de enero; ***am 14. ~*** el 14 de enero; ***Berlin, den 11. ~ 1998*** Berlín, a 11 de enero de 1998

Japan ['jaːpan] *n* ⟨-s⟩ Japón *m*

Ja'pan|er(in) *m(f)* japonés, -esa; **≈isch** *adj* japonés; (***das***) **≈*(e)*** el japonés

Jargon [ʒar'gõː] *m* ⟨-s; -s⟩ jerga *f*; *desp a* jerigonza *f*

Jasmin [jas'miːn] *m* ⟨-s; -e⟩ jazmín *m*

'Jastimme *f* POL voto *m* a favor

jäten ['jɛːtən] *v/t, v/i* escardar, desherbar

Jauche ['jaʊxə] *f* estiércol *m* líquido; **~grube** *f* pozo *m* de estiércol

jauchzen ['jaʊxtsən] *v/i* dar gritos de júbilo *od* de alegría

jaulen ['jaʊlən] *v/i* aullar (*a fig*), gañir

Jause ['jaʊzə] *f österr* merienda *f*

'Java ['jaːva] *n* Java *m*; INFORM Java *m*

jawohl [ja'voːl] *adv* sí, ciertamente, claro

'Jawort *n* ⟨-(e)s; -e⟩ sí *m*, consentimiento *m*; *Hochzeit* ***j-m sein ~ geben*** dar el sí a alg, dar su consentimiento a alg

Jazz [dʒɛs *od* jats] *m* ⟨-⟩ MUS jazz *m*; **'~band** *f* conjunto *m* de jazz; **'~musik** *f* (música *f* de) jazz *m*

je [jeː] **I** *adv* **1** *zeitlich* nunca, jamás; ***haben Sie ~ so etwas gehört?*** ¿ha oído alguna vez cosa igual?; **2** *vor Mengenangaben* ***~ zwei und zwei*** de dos en dos; ***die kosten ~ e-n Euro*** valen un euro cada uno; ***in Schachteln zu ~ zwanzig Stück*** en cajas de veinte; **3** (*pro*) ***~ Einwohner*** por habitante; **4** ***~ nach*** *Größe, Alter usw* según; **II** *cj* **5** *mit comp* ***~ ..., desto od umso ...*** cuanto más ..., (tanto) ...; ***~ mehr, desto besser*** cuanto más, mejor; ***~ nachdem*** según; **III** *int* **6** ***ach ~!, o~!*** ¡oh!

Jeans [dʒiːns] *f(pl)* ⟨-; -⟩ vaqueros *m/pl*, tejanos *m/pl*

jede(r, -s) ['jeːdə(r, -s)] *pr/indef* **I** *adjt* **1** cada, todos los; **2** (*~r beliebige*) cualquier; **3** *mit Zeitangaben* todos los, cada; ***~n Augenblick*** en cualquier momento; ***~n Tag*** todos los días; ***mit ~m Tag*** (con) cada día; **4** *mit Zahlenangaben* ***~s dritte Haus*** una casa de cada tres; **5** *nach „ohne"* ningún, algún; ***ohne ~n Zweifel*** sin duda alguna, sin ninguna duda; **II** *su* **6** (*der einzelne*) cada uno, una; ***~r von uns*** cada uno de nosotros; **7** *generalisierend* ***~r, der*** (todo) el que; ***~r spricht davon*** todos hablan de ello

'jedenfalls *adv* en todo caso, de todas maneras

'jedermann *pr/indef* todo el mundo

'jeder'zeit *adv* en todo momento, siempre, en cualquier momento

'jedes'mal → ***Mal***[2]

je'doch *cj* sin embargo, no obstante

Jeep® [dʒiːp] *m* ⟨-s; -s⟩ jeep® *m*

jegliche(r, -s) ['jeːklɪçə(r, -s)] → ***jede(r, -s) I 1 u II 6***

jeher ['jeːheːr] *adv* ***von ~*** (des)de siempre

jein [jaɪn] *part* ni sí ni no

jemals ['jeːmaːls] *adv* nunca, jamás

jemand ['jeːmant] *pr/indef* ⟨*+gen* -(e)s, *+dat* -(em), *+acus* -(en)⟩ **1** *affirmativ u in Fragen* alguien, alguno; ***~ anders*** otro; **2** *bei verneintem Sinn* nadie, ninguno

Jemen ['jeːmən] *n* ⟨-s⟩ *od* ***der ~*** Yemén *m*

jene(r, -s) ['jeːnə(r, -s)] *pr/dem* **I** *adjt* aquel,

aquella, aquello; **~ Leute** *pl* aquella gente; **II** *su* aquel, aquella, aquello
jenseitig ['jeːnzaɪtɪç] *geh adj* del otro lado, opuesto
jenseits ['jeːnzaɪts] **I** *adv* en el otro lado, más allá; **II** *prp* ⟨+*gen*⟩ al otro lado de; **~ des Rheins** al otro lado del Rhin
'Jenseits *n* ⟨-⟩ REL **das ~** el más allá, el otro mundo; **im ~** en el otro mundo
Jerusalem [je'ruːzalɛm] *n* ⟨-s⟩ Jerusalén *m*
Jesuit [jezu'iːt] *m* ⟨-en; -en⟩ jesuita *m*; **~enorden** *m* Compañía *f* de Jesús
Jesus ['jeːzʊs] *m* ⟨Jesu⟩ Jesús *m*; **~ Christus** Jesucristo *m*
'Jesuskind *n* Niño *m* Jesús
Jet [dʒɛt] *m* ⟨-s; -s⟩ *Flugzeug* avión *m* a reacción
Jetlag ['dʒɛtlɛk] *m* ⟨-s; -s⟩ jet lag *m*
Jetset ['dʒɛtzɛt] *m* ⟨-s; -s⟩ jet-set *f*, alta sociedad *f*
jetten ['dʒɛtən] F *v/i* ⟨sn⟩ hacer una escapada en avión
jetzig ['jɛtsɪç] *adj* actual, presente
jetzt [jɛtst] *adv* ahora, actualmente; **eben ~** ahora mismo; **bis ~** hasta ahora; **von ~ an, ab** a partir de ahora
jeweilig ['jeːvaɪlɪç] *adj* **1** *zeitlich* del momento, de la época; **2** (*zugehörig, zugewiesen*) respectivo, correspondiente
jeweils ['jeːvaɪls] *adv* respectivamente
Jg. *Abk* (*Jahrgang*) año *m*
Jh. *Abk* (*Jahrhundert*) s. (*siglo*)
JH *f Abk* ⟨-; -s⟩ (*Jugendherberge*) albergue *m* juvenil
jiddisch ['jɪdɪʃ] *adj* judeoalemán, yiddish
'Joachim ['joːaxim] *m*, **'Jochen** ['joxən] *m* Joaquín *m*
Job [dʒɔp] *m* ⟨-s; -s⟩ **1** F (*Arbeit*) trabajo *m*, empleo *m*; F curro *m*; **2** INFORM tarea *f*
jobben ['dzɔbən] F *v/i* F tener un curro, currar
Job|börse ['dʒɔp-] *f* bolsa *f* de trabajo; **~sharing** [-ʃɛːrɪŋ] *n* ⟨-s⟩ jobsharing *m*; **~suche** F *f* búsqueda *f* de empleo
Joch [jɔx] *n* ⟨-(e)s; -e⟩ AGR, *fig* yugo *m*; **'~bein** *n* ANAT pómulo *m*
Jockei, Jockey ['dʒɔke] *m* ⟨-s; -s⟩ jockey *m*
Jod [joːt] *n* ⟨-(e)s⟩ yodo *m*
jodeln ['joːdəln] *v/t, v/i* cantar a la tirolesa
Jodler ['joːdlər] *m* **1** *Gesang* canción *f* tirolesa; **2** *Person* cantante *m* tirolés; **~in** *f* cantante *f* tirolesa
'Jodtinktur *f* tintura *f* de yodo
jogg|en ['dʒɔgən] *v/i* hacer footing; **2er(in)** *m(f)* persona *f* que hace footing
'Jogging *n* ⟨-s⟩ footing *m*; **~anzug** *m* chándal *m*
Jog(h)urt ['joːgʊrt] *m od n* ⟨-(s); -(s)⟩ yogurt *m*; **~becher** *m* tarrina *f* de yogurt

Johann ['johan] *m* Juan *m*
Jo'hannes *m* ⟨-⟩ Juan *m*; *Bibel* **~ der Täufer** Juan Bautista
Jo'hanna *f* ⟨-s⟩ Juana *f*; HIST **die heilige ~** Juana de Arco
Jo'hannisbeere *f* **rote ~** grosella *f*; **schwarze ~** casis *m*
johlen ['joːlən] *v/i* gritar a voces
Joint [dʒɔʏnt] F *m* ⟨-s; -s⟩ F porro *m*
Jointventure ['dʒɔʏnt'vɛntʃə] *n* ⟨-(s); -s⟩ ECON joint venture *f*
Joker ['joːkər] *od* ['dʒoːkər] *m* comodín *m*
Jolle ['jɔlə] *f Segelboot* yate *m* de vela; *Beiboot* yola *f*
Jong|leur(in) [ʒɔ̃ː'gløːr(ɪn)] *m* ⟨-s; -e⟩ (*f*) malabarista *m,f*; **2'lieren** *v/t, v/i* ⟨*sin* ge⟩ hacer juegos malabares
Joppe ['jɔpə] *f* chaqueta *f*, cazadora *f*
Jordan ['jɔrdan] *m* ⟨-s⟩ **der ~** el Jordán
Jordanien [jɔr'daːniən] *n* ⟨-s⟩ Jordania *f*
Josef *m*, **'Joseph** ['joːsɛf] *m* José *m*
Jot [jɔt] *n* ⟨-; -⟩ jota *f*
Joule [dʒuːl] *n* ⟨-(s); -⟩ PHYS julio *m*
Journa|l [ʒʊr'naːl] *n* ⟨-s; -e⟩ diario *m*; *Buchhaltung* libro *m* diario; **~'lismus** *m* periodismo *m*; **~'list(in)** *m(f)* periodista *m,f*
jovial [jovi'aːl] *adj* (*leutselig*) afable; (*wohlwollend*) benévolo, condescendiente
Joystick ['dʒɔʏstɪk] *m* ⟨-s; -s⟩ INFORM palanca *f* de mando
jr. *Abk* (*junior*) jr. (*júnior*), hijo *m*
Jubel ['juːbəl] *m* ⟨-s⟩ (gritos *m/pl* de) alegría *f*, júbilo *m*, regocijo *m*; **in ~** (*acus*) **ausbrechen** estallar de alegría
'Jubeljahr *n* año *m* jubilar; *fig* **alle ~e einmal** de Pascuas a Ramos
'jubeln *v/i* dar gritos de alegría
Jubi'lar(in) *m* ⟨-s; -e⟩ (*f*) homenajeado, -a *m,f*
Jubiläum [jubi'lɛːʊm] *n* ⟨-s; -äen⟩ aniversario *m*; **fünfzigjähriges ~** cincuenta aniversario *m*, cincuentenario *m*
jubilieren [jubi'liːrən] *geh v/i* ⟨*sin* ge⟩ dar gritos de alegría
juchzen ['jʊxtsən] F → **jauchzen**
jucken ['jʊkən] **I** *v/t, v/i, v/imp* **1** *physisch* picar, escocer; **es juckt** (**mich**) me pica; **ihm juckt der Kopf** le pica la cabeza; **2** **der Stoff juckt sie** la tela le pica; **3** F *fig* (*verlocken*) **es juckt mich, das zu probieren** me apetece probarlo; (*interessieren*) **denkst du, das juckt mich?** F ¿crees que me importa?; **II** F *v/r* **4** **sich ~** (*sich kratzen*) rascarse
'Juckreiz *m* picor *m*, comezón *m*
Jude ['juːdə] *m* ⟨-n; -n⟩ judío *m*
'Juden|stern *m* estrella *f* de David; **~tum** *n* ⟨-s⟩ REL judaísmo *m*; **~verfolgung** *f* persecución *f* de los judíos

Jüd|in ['jy:dɪn] *f* judía *f*; **2isch** *adj* judío; HIST, REL judaico
Judo ['ju:do] *n* ⟨-(s)⟩ judo *m*
Jugend ['ju:gənt] *f* ⟨-⟩ **1** *Lebensalter* adolescencia *f*, juventud *f*; ***von ~ an, auf*** desde la juventud; **2** *Sammelbez* ***die ~*** (*die Jugendlichen*) la juventud, los jóvenes
'Jugend|amt *n* oficina *f* (social) de la juventud; **~buch** *n* libro *m* juvenil; **~erinnerungen** *pl* recuerdos *m/pl* de la juventud; **2frei** *adj Film* tolerado, apto para menores; **~freund(in)** *m(f)* amigo, -a *m,f* de la infancia; **2gefährdend** *adjt* peligroso para la juventud, no apto para menores; **~gruppe** *f* grupo *m* de jóvenes; **~herberge** *f* albergue *m* juvenil; **~kriminalität** *f* delincuencia *f* juvenil
'jugendlich I *adj* juvenil; **II** *adv* ***~ aussehen*** tener (un) aspecto juvenil
'Jugendliche(r) *f(m)* ⟨→ A⟩ joven *m,f*, adolescente *m,f*; *Sammelbez* ***die ~n*** la juventud; ***~n ist der Zutritt verboten*** acceso prohibido a menores
'Jugend|liebe *f* amor *m* de juventud; **~schutz** *m* protección *f* al menor; **~schutzgesetz** *n* ley *f* de protección al menor; **~stil** *m* KUNST, ARCH Modernismo *m*; **~streich** *m* travesura *f*; **~sünde** *f* pecado *m* de juventud; **~zeit** *f* juventud *f*; **~zentrum** *n* centro *m* juvenil
Jugoslaw|e [jugo'sla:və] *m* ⟨-n; -n⟩ yugoslavo *m*; **~ien** *n* ⟨-s⟩ Yugoslavia *f*; **~in** *f* yugoslava *f*; **2isch** *adj* yugoslavo
Juli ['ju:li] *m* ⟨-(s); -s⟩ julio *m*; → ***Januar***
'Julia ['ju:lia] *f* Julia *f*
'Julius ['ju:lius] *m* Julio *m*
Jumbojet ['jʊmbodʒɛt] *m* ⟨-(s); -s⟩ (avión *m*) jumbo *m*
jun. *Abk* (*junior*) jr. (*júnior*), hijo *m*
jung [jʊŋ] **I** *adj* ⟨=er, =ste⟩ **1** *Lebensalter* joven; ***die ~en Leute***, *schweiz* ***die 2en*** los jóvenes; ***2 und Alt*** grandes y pequeños; **2** (*seit kurzem, neu*) ***die ~en Eheleute*** los recién casados; **3** GASTR *Gemüse* tierno; *Wein* nuevo; **II** *adv* **4** ***~ heiraten*** casarse joven; ***~ aussehen*** parecer joven; ***sich ~ fühlen*** sentirse joven
'Junge *m* ⟨-n; -n, F *a* Jungs⟩ muchacho *m*, chico *m*; ***kleiner ~*** chiquillo *m*, chaval *m*; ***dummer ~*** mocoso *m*; F ***schwerer ~*** F criminal *m* de cuidado
'Junge(s) *n* ⟨→ A⟩ *e-s Tieres* cría *f*; ***~ pl werfen*** parir
'jungenhaft *adj* de muchacho
jünger ['jʏŋər] *adj* **1** más joven, menor; ***mein ~er Bruder*** mi hermano menor; ***sie ist ein Jahr ~ als ich*** es un año menor que yo; **2** (*relativ jung*) bastante joven; **3** *zeitlich* ***~en Datums*** de fecha reciente
'Jünger *m* REL, *fig* discípulo *m*
Jungfer ['jʊŋfər] *f* ⟨-; -n⟩ *desp* ***alte ~*** solterona *f*
'Jungfern|fahrt *f* viaje *m* inaugural; **~häutchen** *n* ⟨-s; -⟩ himen *m*
'Jungfrau *f* **1** virgen *f*; REL ***die Heilige ~*** la Santísima Virgen; HIST ***die ~ von Orléans*** la Doncella de Orleáns; **2** ASTR Virgo *m*
'jung|fräulich *adj* virginal; *fig* virgen; **2geselle** *m* soltero *m*; **2gesellin** *f* soltera *f*
'Jüngling *geh m* ⟨-s; -e⟩ adolescente *m*, mozo *m*, joven *m*
jüngst [jʏŋst] *geh adv* (*neulich*) recientemente, hace poco
'jüngste(r, -s) *adj* **1** el más joven; ***unser2r*** el menor (de los nuestros); **2** (*letzte*) el último, el más reciente; → ***Gericht***
'Jung|unternehmer(in) *m(f)* joven empresario, -a *m,f*; **~verheiratete** *pl* ⟨→ A⟩ recién casados *m/pl*
Juni ['ju:ni] *m* ⟨-(s); -s⟩ junio *m*; → ***Januar***
junior ['ju:niɔr] *adj im Verhältnis zum Vater* júnior, hijo
'Junior *m* ⟨-s; -'oren⟩ (*Sohn*) júnior *m*, hijo *m*; **~chef** *m* COM hijo *m* del jefe
Junkie ['dʒaŋki] *m* F ⟨-s; -s⟩ F yonqui *m*
Junta ['xʊnta] *f* ⟨-; -ten⟩ junta *f*
Jupe ['ʒy:p] *m* ⟨-s; -s⟩ *schweiz* falda *f*
Jura[1] ['ju:ra] ⟨*sin artículo ni pl*⟩ derecho *m*; ***~ studieren*** estudiar derecho
'Jura[2] *m* ⟨-s⟩ **1** GEOL jurásico *m*; **2** *Gebirge* Jura *m*
Jurist(in) [ju'rɪst(ɪn)] *m(f)* jurista *m,f*; *Student* estudiante *m,f* de derecho
ju'ristisch *adj* jurídico; ***~e Fakultät*** facultad *f* de derecho; ***~e Person*** persona *f* jurídica
Jury [ʒy'ri:] *f* ⟨-; -s⟩ jurado *m*
Jus [ju:s] *n* ⟨-⟩ *bsd österr, schweiz* → ***Jura***[1]
Juso *m Abk* ⟨-s; -s⟩ (*Jungsozialist*) *miembro de las juventudes socialistas alemanas*
just [jʊst] *lit, scherzh adv* justamente
justieren [jʊs'ti:rən] *v/t* ⟨*sin* ge⟩ **1** *Werkstück* ajustar; **2** *Messgerät* calibrar
Just-in-time-Produktion [dʒastˀɪn'taɪm-] *f* producción *f* justo-a-tiempo
Justiz [jʊs'ti:ts] *f* ⟨-⟩ justicia *f*; **~beamte(r)** *m* funcionario *m* de Justicia; *höherer a* magistrado *m*; **~irrtum** *m* error *m* judicial; **~minister(in)** *m(f)* ministro, -a *m,f* de Justicia; **~ministerium** *n* Ministerio *m* de Justicia
Jute ['ju:tə] *f* ⟨-⟩ yute *m*
'Jütland ['jy:t-] *n* Jutlandia *f*
Juwel [ju've:l] *n* ⟨-s; -en, *fig* -e⟩ joya *f*, alhaja *f* (*beide a fig*); (*Edelstein*) piedra *f* preciosa; *von e-r Person* joya *f*, perla *f*
Juwelier(in) [juve'li:r(ɪn)] *m* ⟨-s; -e⟩ *(f)* joyero, -a *m,f*; **~geschäft** *n* joyería *f*
Jux [jʊks] F *m* ⟨-es; -e⟩ broma *f*

J

K

K, k [kaː] *n* ⟨-; -⟩ K, k *f*
Kabar|ett [kaba'rɛt] *n* ⟨-s; -s *o* -e⟩ teatro *m* satírico-cómico; **~et'tist(in)** *m(f)* artista *m,f* del teatro *m* satírico-cómico; **≈et'tistisch** *adj* satírico-cómico
kabbeln ['kabəln] F *v/r* ***sich ~*** (***mit j-m***) F pelearse (con alg)
Kabel ['kaːbəl] *n* ⟨-s; -⟩ cable *m*; **~anschluss** *m* conexión *f* (a la televisión) por cable; **~fernsehen** *n* televisión *f* por cable
Kabeljau ['kaːbəljaʊ] *m* ⟨-s; -e *o* -s⟩ bacalao *m* (fresco)
Kabine [ka'biːnə] *f* cabina *f* (*a Wahl≈*); AVIA *a* habitáculo *m*; MAR camarote *m*
Kabinett [kabi'nɛt] *n* ⟨-s; -e⟩ **1** *Raum* gabinete *m*; POL *a* consejo *m* de ministros; **2** *Wein vino seleccionado de primera*
Kabi'netts|beschluss *m* acuerdo *m* del consejo de ministros; **~sitzung** *f* (reunión *f* del) consejo *m* de ministros
Kabrio(lett) → ***Cabrio***
Kachel ['kaxəl] *f* ⟨-; -n⟩ azulejo *m*, baldosa *f*
'kachel|n *v/t* poner azulejos *od* baldosas en; **≈ofen** *m* estufa *f* de azulejos
Kacke ['kakə] P *f* ⟨-⟩ P mierda *f*
'kacken P *v/i* P cagar
Kadaver [ka'daːvər] *m* cadáver *m*
Kader ['kaːdər] *m* cuadro *m*; SPORT selección *f*
Kadi ['kaːdi] *m* ⟨-s; -s⟩ F *fig* (*Richter*) juez *m*; ***zum ~ laufen*** ir a los tribunales
Kadmium ['katmiʊm] *n* ⟨-s⟩ cadmio *m*
Käfer ['kɛːfər] *m* ZO escarabajo *m* (*a* F *VW*)
Kaff [kaf] F *desp n* ⟨-s; -e *o* -s⟩ F pueblucho *m*, pueblo *m* de mala muerte
Kaffee ['kafe] *od* [ka'feː] *m* ⟨-s; -s⟩ café *m*; ***~ mit Milch*** café *m* con leche; F *fig* ***das ist kalter ~*** eso no es nada nuevo; ***~ trinken*** tomar café
'Kaffee|bohne *f* grano *m* de café; **~filter** *m* filtro *m* para el café
Kaf'feehaus *n bsd österr Gaststätte* café *m*
'Kaffee|kanne *f* cafetera *f*; **~löffel** *m* cucharilla *f* de café; **~maschine** *f* cafetera *f* (eléctrica); **~mühle** *f* molinillo *m* de café; **~pause** *f* pausa *f* para tomar el café; **~satz** *m* poso *m* (de café); **~tasse** *f* taza *f* de café
Käfig ['kɛːfɪç] *m* ⟨-s; -e⟩ jaula *f*
kahl [kaːl] *adj Kopf* calvo; *Baum*, *Landschaft* pelado; *Wand a* desnudo
'Kahl|kopf *m* **1** *Kopf* calva *f*; **2** F *Person* calvo *m*; **≈köpfig** [-kœpfɪç] *adj* calvo; F pelón; **~schlag** *m* desmonte *m* completo; F calvicie *f*; *fig* destrucción *f*, derribo *m*
Kahn [kaːn] *m* ⟨-(e)s; ≈e⟩ **1** (*Boot*) bote *m*, barca *f*; (*Last≈*) chalana *f*; **2** F *desp* (*Schiff*) barcucho *m*
'Kahnfahrt *f* paseo *m* en barca *od* bote
Kai [kaɪ] *m* ⟨-s; -s⟩ muelle *m*; ***ab ~*** puesto en muelle; ***geliefert ab ~*** entregado en muelle (DEQ)
'Kai|gebühren *f/pl* derechos *m/pl* de muelle; **~mauer** *f* muro *m* del muelle
Kairo ['kaɪro] *n* ⟨-s⟩ El Cairo *m*
Kaiser ['kaɪzər] *m* emperador *m*
'Kaiserin *f* emperatriz *f*
'Kaiser|krone *f* corona *f* imperial; **≈lich** *adj* imperial; **~reich** *n* imperio *m*; **~schmarren** *m österr*, *südd*: *plato dulce consistente en una tortita en tropezones con azúcar y pasas*; **~schnitt** *m* MED cesárea *f*
Kajak ['kaːjak] *m* ⟨-s; -s⟩ kayac *m*
Kajal [ka'jaːl] *n* ⟨-(s)⟩ lápiz *m* de ojos
Kajüte [ka'jyːtə] *f* MAR camarote *m*
Kakadu ['kakadu] *m* ⟨-s; -s⟩ cacatúa *f*
Kakao [ka'kaʊ] *m* ⟨-s; -s⟩ cacao *m* (*a Getränk*); F *fig* ***j-n durch den ~ ziehen*** F tomar el pelo a alg
Ka'kaopulver *n* cacao *m* (en polvo)
Kakerlak ['kaːkərlak] *m* ⟨-s *o* -en; -en⟩ cucaracha *f*
Kaktee [kak'teːə] *f* cactus *m*, cacto *m*
Kaktus ['kaktʊs] *m* ⟨-; -'teen⟩ cactus *m*, cacto *m*; **~feige** *f* higo *m* chumbo
Kalauer ['kaːlaʊər] *m* retruécano *m*
Kalb [kalp] *n* ⟨-(e)s; ≈er⟩ ternero *m*, becerro *m*
'kalben *v/i* parir
'Kalbfleisch *n* (carne *f* de) ternera *f*
'Kalbs|braten *m* asado *m* (de ternera); **~frikassee** *n* fricasé *m* de ternera; **~hachse** *f*, *südd* **~haxe** *f* pierna *f* de ternera; **~leder** *n* piel *f* de ternera *od* becerro; **~schnitzel** *n* escalope *m* de ternera
Kaleidoskop [kalaɪdo'skoːp] *n* ⟨-s; -e⟩ calidoscopio *m*
Kalender [ka'lɛndər] *m* calendario *m*; *als*

Buch almanaque *m*; (*Taschen*≗) agenda *f*; ***etw in den ~ eintragen*** anotar a/c en el calendario; *fig* ***im ~ rot anstreichen*** marcar en rojo en el calendario
Ka'lenderjahr *n* año *m* natural
Kali ['ka:li] *n* ⟨-s; -s⟩ sal *f* potásica, potasa *f*
Kaliber [ka'li:bər] *n* ⟨-s; -⟩ calibre *m* (*a* F *fig*)
Kalif [ka'li:f] *m* ⟨-en; -en⟩ califa *m*
Kalifornien [kali'fɔrniən] *n* ⟨-s⟩ California *f*
Kalium ['ka:liʊm] *n* ⟨-s⟩ potasio *m*
Kalk [kalk] *m* ⟨-(e)s; -e⟩ cal *f*; (*~stein*) caliza *f*
'kalk|en *v/t Wand* encalar, blanquear; **~haltig** *adj* calcáreo, calizo; **≗mangel** *m* MED carencia *f* de calcio; **≗stein** *m* (piedra *f*) caliza *f*
Kalkül [kal'ky:l] *geh n od m* ⟨-s; -e⟩ cálculo *m*
Kalkulation [kalkulatsi'o:n] *f* COM, *fig* cálculo *m*; ***e-e ~ aufstellen*** hacer un cálculo; ***etwas in die ~ einbeziehen*** introducir a/c en el cálculo
Kalkulati'onsprogramm *n* programa de cálculo
kalku'lieren *v/t*, *v/i* ⟨*sin* ge⟩ calcular
Kal'kutta [kal'kuta] *n* Calcuta *m*
Kalorie [kalo'ri:] *f* caloría *f*
kalo'rien|arm *adj* bajo en calorías; **≗gehalt** *m* contenido *m* calórico; **~reich** *adj* rico en calorías
kalt [kalt] **I** *adj* ⟨¨er, ¨este⟩ frío (*a fig*); *Speisen usw* ***~ werden*** enfriarse; ***es ist ~*** hace frío; ***mir ist ~*** tengo frío; ***~e Füße haben*** tener los pies fríos; **II** *adv* ***~ duschen*** ducharse con agua fría; *Getränk* ***~ stellen*** poner a enfriar; ***~ lächelnd*** cínicamente, sin compasión; ***das lässt mich ~*** me deja frío
'Kalt|blüter *m* animal *m* de sangre fría; **≗blütig I** *adj* (*ruhig*) de sangre fría; *desp* insensible, impasible; **II** *adv* (*ruhig*) fríamente; *desp* a sangre fría; **~blütigkeit** *f* ⟨-⟩ sangre *f* fría (*a desp*)
Kälte ['kɛltə] *f* ⟨-⟩ frío *m*; (*Gefühls*≗) frialdad *f*; **≗beständig** *adj* resistente al frío; **~einbruch** *m* llegada *f* (repentina) de frío; **~welle** *f* ola *f* de frío
'Kalt|front *f* frente *m* frío; **≗herzig** *adj* frío, insensible
'Kaltluft *f* aire *m* frío
'kaltmachen F *v/t* ⟨*sep*⟩ ***j-n ~*** F cargarse a alg, dejar seco a alg
'Kalt|miete *f* alquiler *m* sin los gastos de calefacción; **~schale** *f* sopa *f* fría de frutas; **≗schnäuzig** F *adj* insensible, frío; **~schnäuzigkeit** F *f* ⟨-⟩ frialdad *f*, insensibilidad *f*
'kaltstellen F *v/t* ⟨*sep*⟩ ***j-n ~*** privar de toda influencia a alg; F eliminar a alg
Kalzium ['kaltsiʊm] *n* ⟨-s⟩ calcio *m*
kam [ka:m] → ***kommen***
Kambod|scha [kam'bɔdʒa] *n* ⟨-s⟩ Camboya *f*; **~'schaner(in)** *m*(*f*) camboyano, -a *m,f*; **≗'schanisch** *adj* camboyano
Kamel [ka'me:l] *n* ⟨-s; -e⟩ **1** ZO camello *m*; **2** F *desp* (*Dummkopf*) F burro, -a *m,f*; **~haar** *n* pelo *m* de camello
Kamelie [ka'me:liə] *f* camelia *f*
Kamera ['kamera] *f* ⟨-; -s⟩ cámara *f*
Kamerad|(in) [kamə'ra:t (-'ra:dɪn)] *m* ⟨-en; -en⟩ (*f*) camarada *m,f*, compañero, -a *m,f*; **~schaft** *f* ⟨-⟩ camaradería *f*, compañerismo *m*; **≗schaftlich I** *adj* de camaradería; **II** *adv* con camaradería
'Kameramann *m* ⟨-(e)s; -männer *o* -leute⟩ F cámara *m*
Kamerun ['kaməru:n] *n* ⟨-s⟩ Camerún *m*
Kamille [ka'mɪlə] *f* manzanilla *f*; **~ntee** *m* (infusión *f* de) manzanilla *f*
Kamin [ka'mi:n] *m* ⟨-s; -e⟩ (***offener***) **~** chimenea *f*
Ka'minfeger(in) *m*(*f*) *bsd südd* deshollinador, a *m,f*
Kamm [kam] *m* ⟨-(e)s; ¨e⟩ **1** (*Haar*≗) peine *m*; (*Zier*≗) peineta *f*; *fig* ***alles über e-n ~ scheren*** medirlo todo con el mismo rasero; **2** *des Hahns usw* cresta *f* (*a Gebirgs*≗, *Wellen*≗)
kämmen ['kɛmən] *v/t*, *v/r* (***sich***) **~** peinar(se)
Kammer ['kamər] *f* ⟨-; -n⟩ **1** *Raum* cuarto *m*; (*Schlaf*≗) alcoba *f*; (*Vorrats*≗) despensa *f*; **2** POL, TEC, (*Verband*) cámara *f*; JUR *a* sala *f*; (*Ärzte*≗, *Anwalts*≗ *usw*) colegio *m*; **3** ANAT ventrículo *m*
'Kammer|diener *m* ayuda *m* de cámara; **~jäger** *m* fumigador *m*; **~musik** *f* música *f* de cámara; **~orchester** *n* orquesta *f* de cámara; **~ton** *m* MUS diapasón *m* normal; **~zofe** *f* camarera *f*, doncella *f*
'Kammgarn *n Garn* hilo *m* de estambre; *Gewebe* tejido *m* de estambre
Kampagne [kam'panjə] *f* campaña *f*
Kampf [kampf] *m* ⟨-(e)s; ¨e⟩ MIL, SPORT combate *m*, contienda *f*; *fig mst* lucha *f* (***ums Dasein*** por la existencia); ***j-m, e-r Sache den ~ ansagen*** declarar la guerra a alg, a/c
'Kampf|ansage *f fig* reto *m*; **≗bereit** *adj* dispuesto para la lucha
kämpfen ['kɛmpfən] *v/i* **1** combatir, batirse (***gegen j-n*** contra *od* con alg); **2** *fig* luchar (***gegen*** con, contra; ***für, um*** por; ***mit sich*** consigo mismo); ***für e-e Idee ~*** luchar por unos ideales; ***mit dem Schlaf ~*** luchar *od* bregar contra el sueño; ***mit den Tränen ~*** intentar contener las lágrimas
Kampfer ['kampfər] *m* ⟨-s⟩ alcanfor *m*
'Kämpfer|(in) *m*(*f*) (*Kämpfende*[*r*]), MIL

combatiente *m,f*; *fig* (*~natur*) luchador, a *m,f*; **≗isch** *adj* combativo (*a fig*)
'kampferprobt *adjt* aguerrido
'Kampf|flugzeug *n* avión *m* de combate; **~geist** *m* espíritu *m* combativo; **~hahn** *m* gallo *m* de pelea (*a* F *fig*); **~handlung** *f* operación *f* militar; **~hund** *m* perro *m* de pelea; **~kraft** *f* fuerza *f* de combate; **≗los** *adj u adv* sin resistencia; **≗lustig** *adj* belicoso; **~maßnahme** *f* medida *f* de lucha; **~richter(in)** *m(f)* árbitro, -a *m,f*; **~sport** *m* deporte *m* de combate; **~stoffe** *pl Gase* gases *m/pl* de combate; **~truppen** *pl* tropas *f/pl* de combate; **≗unfähig** *adj* fuera de combate
kampieren [kam'piːrən] *v/i* ⟨*sin* ge⟩ acampar
Kanada ['kanada] *n* ⟨-s⟩ Canadá *m*
Kanadier(in) [ka'naːdiər(ɪn)] *m(f)* canadiense *m,f*
ka'nadisch *adj* canadiense
Kanal [ka'naːl] *m* ⟨-s; Kanäle⟩ **1** canal *m* (*a* ANAT, TV, *fig*); ANAT *a* conducto *m* (*a Rinne*, *fig*); F *fig* ***den ~ voll haben*** (*e-r Sache überdrüssig sein*) F estar hasta la coronilla; (*betrunken sein*) F estar borracho; **2** (*Abwasser≗*) alcantarilla *f*; (*Bewässerungs≗*) acequia *f*; **3** GEOGR ***der ~*** el Canal de la Mancha
Ka'nal|arbeiter *m* pocero *m* (de alcantarillas); **~deckel** *m* tapa *f* de alcantarilla
Ka'nalinseln *pl* ***die ~*** las Islas Anglo-Normandas
Kanali|sation [kanalizatsi'oːn] *f* alcantarillado *m*; **≗'sieren** *v/t* ⟨*sin* ge⟩ *Fluss*, *fig* canalizar; *Stadt* alcantarillar
Ka'naltunnel *m* túnel *m* del Canal de la Mancha
Kanaren [ka'naːrən] *pl* ⟨-⟩ ***die ~*** las (Islas) Canarias
Ka'narienvogel *m* canario *m*
ka'narisch *adj* canario; ***die ≗en Inseln*** las Islas Canarias
Kandare [kan'daːrə] *f Zaumzeug* bocado *m*; *fig* ***j-n an die ~ nehmen*** atar corto a alg
Kandidat(in) [kandi'daːt(ɪn)] *m* ⟨-en; -en⟩ (*f*) candidato, -a *m,f*
Kandi|datur [kandida'tuːr] *f* candidatura *f* (***auf*** *+acus* a); **≗'dieren** *v/i* ⟨*sin* ge⟩ presentarse como candidato (***für*** a)
kan'diert *adjt* escarchado
Kandis ['kandɪs] ⟨-⟩, **~zucker** *m* azúcar *m* cande
Känguru ['kɛŋguru] *n* ⟨-s; -s⟩ canguro *m*
Kaninchen [ka'niːnçən] *n* ⟨-s; -⟩ conejo *m*; **~bau** *m* ⟨-(e)s; -e⟩ conejera *f*; **~fell** *n* piel *m* de conejo; **~stall** *m* conejera *f*
Kanister [ka'nɪstər] *m* lata *f*, bidón *m*
Kännchen ['kɛnçən] *n* ⟨-s; -⟩ jarrita *f*; *im Café* ***ein ~ Kaffee*** *etwa* un café doble
Kanne ['kanə] *f* jarro *m*, jarra *f*
Kanniba|le [kani'baːlə] *m* ⟨-n; -n⟩, **~lin** *f* caníbal *m,f*; **~'lismus** *m* ⟨-⟩ canibalismo *m*
Kanon ['kaːnɔn] *m* ⟨-s; -s⟩ canon *m*
Kanone [ka'noːnə] *f* **1** MIL cañón *m*; **2** *fig* SPORT *usw* as *m*; **3** F (*Revolver*) pistola *f*; **4** F ***unter aller ~ sein*** no poder ser peor
Ka'nonen|boot *n* cañonero *m*; **~futter** F *n* F carne *f* de cañón; **~kugel** *f* bala *f* de cañón
Kantabrien [kan'taːbriən] *n* Cantabria *f*
kan'tabrisch *adj* cántabro, cantábrico
Kantate [kan'taːtə] *f* cantata *f*
Kante ['kantə] *f* canto *m*; (*Rand*) borde *m*; MAT arista *f*; F *fig* ***etwas auf die hohe ~ legen*** ahorrar a/c
'kantig *adj* esquinado, anguloso (*a Gesicht*)
Kantine [kan'tiːnə] *f* cantina *f*, comedor *m*
Kanton [kan'toːn] *m* ⟨-s; -e⟩ *bsd schweiz* cantón *m*
Kan'tons|parlament *n schweiz* parlamento *m* cantonal; **~rat** *m schweiz* **1** → ***Kantonsparlament***; **2** *Person* miembro *m* del parlamento cantonal; **~rätin** *f* miembro *m* del parlamento cantonal; **~regierung** *f* gobierno *m* del canton *od* cantonal
Kanu ['kaːnu] *n* ⟨-s; -s⟩ canoa *f*, piragua *f*
Kanüle [ka'nyːlə] *f* cánula *f*
Kanu|te [ka'nuːtə] *m* ⟨-n; -n⟩, **~tin** *f* piragüista *m,f*
Kanzel ['kantsəl] *f* ⟨-; -n⟩ **1** *Kirche* púlpito *m*; **2** (*Piloten≗*) carlinga *f*, cabina *f* del piloto
Kanzlei [kants'laɪ] *f* POL cancillería *f*; *e-s Anwalts* bufete *m*; *e-s Notars* notaría *f*
Kanzler ['kantslər] *m* POL canciller *m*; *e-r Hochschule a* presidente *m*; **~amt** *n Posten*, *Dienststelle* cancillería *f*; **~kandidat(-in)** *m(f)* candidato, -a *m,f* a canciller
Kap [kap] *n* ⟨-s; -s⟩ GEOGR cabo *m*, promontorio *m*; ***das ~ der Guten Hoffnung*** el Cabo de Buena Esperanza; ***~ Ho(o)rn*** el Cabo de Hornos
Kapazität [kapatsi'tɛːt] *f* **1** (*Fassungs-*, *Leistungsvermögen*) capacidad *f*; **2** (*Könner*) autoridad *f*
Kapazi'täts|sauslastung *f* aprovechamiento *m* de la capacidad; **~erweiterung** *f* aumento *m* de la capacidad (de producción)
Kapelle [ka'pɛlə] *f* **1** *Kirche* capilla *f*; **2** MUS orquesta *f*, banda *f*
Ka'pellmeister *m* director *m* de orquesta
Kaper ['kaːpər] *f* ⟨-; -n⟩ alcaparra *f*
'kapern *v/t Schiff* apresar, capturar
kapieren [ka'piːrən] F *v/t*, *v/i* ⟨*sin* ge⟩ F captar
Kapital [kapi'taːl] *n* ⟨-s; -ien *o* -e⟩ capital *m*; (*Vermögen*) *a* fondos *m/pl*; ***gezeichnetes ~***

K

capital *m* suscrito; ***das gezeichnete ~ einzahlen*** desembolsar el capital suscrito; ***das ~ erhöhen*** ampliar el capital; *fig* ***aus etw ~ schlagen*** sacar partido de a/c
Kapi'tal|anlage *f* inversión *f* de capital; **~bedarf** *m* necesidad *f* de capital, demanda *f* de capital; **~beschaffung** *f* obtención *f* de capital; **~bewegungen** *f/pl* movimientos *m/pl* de capital; **~bilanz** *f* balanza *f* de capitales; **~einlage** *f* aportación *f* de capital; **~erhöhung** *f* ampliación *f od* aumento *m* de capital; **~erträge** *m/pl* (*Buchhaltung*) rentas *f/pl* de capital; réditos *m/pl* de capital; **~ertrag(s)steuer** *f* impuesto *m* sobre la renta del capital; **~flucht** *f* fuga *f* de capitales; **≈i'sieren** *v/t* ⟨*sin* ge⟩ capitalizar; **~i'sierung** *f* capitalización *f*
Kapitalis|mus [kapita'lɪsmʊs] *m* ⟨-⟩ capitalismo *m*; **~t(in)** *m(f)* capitalista *m,f*; **≈tisch** *adj* capitalista
Kapi'tal|knappheit *f* escasez *f* de capital; **~markt** *m* mercado *m* de capitales
Kapi'talschnitt *m* reducción *f* de capital; ***e-n ~ vornehmen*** efectuar una reducción de capital
Kapi'tal|transfer *m* transferencia *f* de capitales; **~verbrechen** *n* JUR crimen *m* capital
Kapi'talverkehr *m* circulación *f* de capitales; ***freier ~*** libre circulación *f* de capitales
Kapitän [kapi'tɛːn] *m* ⟨-s; -e⟩ MAR, SPORT capitán *m*; (*Flug≈*) comandante *m*
Kapitel [ka'pɪtəl] *n* ⟨-s; -⟩ **1** capítulo *m*; *fig* ***das ist ein ~ für sich*** eso es otro cantar; **2** (*Dom≈*) cabildo *m*
Kapitell [kapi'tɛl] *n* ⟨-s; -e⟩ ARCH capitel *m*
Kapitu|lation [kapitulatsi'oːn] *f* capitulación *f* (*a fig*); **≈'lieren** *v/i* ⟨*sin* ge⟩ capitular (***vor*** *+dat* ante; *a fig*)
Kaplan [ka'plaːn] *m* ⟨-s; Kapläne⟩ capellán *m*; coadjutor *m*
Kappe ['kapə] *f* **1** (*Mütze*) gorra *f* (*a Narren≈*); F ***etw auf s-e ~ nehmen*** asumir la responsabilidad de a/c; **2** TEC tapa *f*; AUTO tapacubos *m*; (*Verschluss≈*) capucha *f*, capuchón *m* (*a e-s Füllers*); *am Schuh* contrafuerte *m*
'kappen *v/t* (*abschneiden*) cortar; *Baum* desmochar; *Hahn* capar; *fig Ausgaben* reducir
Käppi ['kɛpi] *n* ⟨-s; -s⟩ quepis *m*
Kapriole [kapri'oːlə] *f* cabriola *f*
kapriziös [kapritsi'øːs] *adj* caprichoso
Kapsel ['kapsəl] *f* ⟨-; -n⟩ cápsula *f*
'Kapstadt ['kapʃtat] *n* Ciudad *f* del Cabo
kaputt [ka'pʊt] F *adj* **1** (*entzwei*) F roto, estropeado; **2** (*erschöpft*) F hecho polvo, rendido
ka'putt|gehen F *v/i* ⟨*irr, sep, sn*⟩ **1** *Sachen* romperse (*a Beziehungen*); *feste Gegenstände* F cascarse; **2** *Tier* morir; *Pflanze* marchitarse; **3** *Menschen* arruinarse, quebrarse; **~lachen** F *v/r* ⟨*sep*⟩ ***sich ~*** F morirse de la risa
ka'puttmachen F *v/t* ⟨*sep*⟩ **1** *Sachen* romper, destrozar; **2** *fig* ***das macht einen (ganz) kaputt*** esto le deja a uno hecho polvo
Kapuze [ka'puːtsə] *f* capucha *f*
Kapuziner [kapu'tsiːnər] *m* REL capuchino *m*; **~kresse** *f* BOT capuchina *f*
Karabiner [kara'biːnər] *m* carabina *f*; **~haken** *m* mosquetón *m*
Karacho [ka'raxo] F *n* ⟨-s⟩ ***mit ~*** a toda velocidad; F a toda pastilla
Karaffe [ka'rafə] *f* garrafa *f*
Karambolage [karambo'laːʒə] F *f* (*Zusammenstoß*) choque *m*, colisión *f*; (*Massen≈*) colisión *f* en cadena
Karamell [kara'mɛl] *m* ⟨-s⟩ (*geschmolzener Zucker*) caramelo *m*; **~bonbon** *m od n* caramelo *m*
Karaoke [kara'oːkə] *n* ⟨-(s)⟩ karaoke *m*
Karat [ka'raːt] *n* ⟨-(e)s; -e, *pero* 24 -⟩ quilate *m*
Karate [ka'raːtə] *n* ⟨-(s)⟩ kárate *m*; **~schlag** *m* llave *f* de kárate
...karätig [...ka'rɛːtɪç] *adj in Zssgn* de ... quilates
Karawane [kara'vaːnə] *f* caravana *f*; **~nstraße** *f* ruta *f* de caravanas
Kardan|antrieb [kar'daːnʔ-] *m* transmisión *f* cardán; **~gelenk** *n* articulación *f* cardán; **~welle** *f* árbol *m* cardán
Kardinal [kardi'naːl] *m* ⟨-s; -näle⟩ cardenal *m*; **~fehler** *m* error *m* fundamental; **~zahl** *f* (número *m*) cardinal *m*
Kardiogramm [kardio'-] *n* ⟨-s; -e⟩ cardiograma *m*
Karenz|tag [ka'rɛnts-] *m* día *m* de carencia; **~zeit** *f* época *f* de carencia
Karfiol [karfi'oːl] *m* ⟨-s⟩ *österr* coliflor *f*
Karfreitag [kaːr'-] *m* Viernes *m* Santo
karg [kark] **I** *adj Lohn* escaso; *Boden* pobre, árido; *Mahl* frugal; **II** *adv* ***~ bemessen*** escatimado
kärglich ['kɛrklɪç] *adj* → ***karg I***
Kargo ['kargo] *m* ⟨-s; -s⟩ cargamento *m*; **~versicherung** *f* seguro *m* del cargamento
Karibik [ka'riːbɪk] ⟨-⟩ ***die ~*** el (Mar) Caribe
ka'ribisch *adj* caribeño
kariert [ka'riːrt] *adjt Papier* cuadriculado; *Stoff* a cuadros; ***blau-weiß ~*** a cuadros blancos y azules
Karies ['kaːriɛs] *f* ⟨-⟩ caries *f*
Kari|katur [karika'tuːr] *f* caricatura *f*; **~katu'rist(in)** *m(f)* caricaturista *m,f*; **≈'kieren** *v/t* ⟨*sin* ge⟩ caricaturizar
kariös [kari'øːs] *adj* cariado

karitativ [karita'tiːf] *adj* caritativo
Karl [karl] *m* ⟨-s⟩ Carlos *m*; ~ ***der Große*** Carlomagno *m*; ~ ***V.*** Carlos V
Kar'list *m* carlista *m*
Karmeliter(in) [karme'liːtər(ɪn)] *m(f)* carmelita *m,f*
Karneval ['karnəval] *m* ⟨-s; -e *o* -s⟩ carnaval *m*; ~ ***feiern*** celebrar el carnaval
Karnickel [kar'nɪkəl] *n* ⟨-s; -⟩ *reg* → ***Kaninchen***
Kärnten ['kɛrntən] *n* ⟨-s⟩ Carintia *f*
Karo ['kaːro] *n* ⟨-s; -s⟩ cuadro *m*, cuadrado *m*; **~ass** *n Spielkarte* as *m* de oros
Karosse [ka'rɔsə] *f* carroza *f*; **~rie** [-'riː] *f* carrocería *f*
Karotte [ka'rɔtə] *f* zanahoria *f*
Kar'paten [kar'paːtən] *pl* Cárpatos *m/pl*
Karpfen ['karpfən] *m* ⟨-s; -⟩ zo carpa *f*
Karre ['karə] *f* **1** (*Gefährt*) carro *m*; *kleine* carreta *f*; (*Gepäck*2) carrito *m*; (*Schub*2) carretilla *f*; F *fig* ***die ~, den Karren aus dem Dreck ziehen*** sacar las castañas del fuego; F *fig* ***j-m an die ~, den Karren fahren*** poner a alg de vuelta y media; **2** F (*Auto*) F cacharro *m*
'Karren *m* ⟨-s; -⟩ ***j-n vor s-n ~ spannen*** F aprovecharse de alg; → ***Karre 1***
Karriere [kari'eːrə] *f* carrera *f*; ~ ***machen*** hacer carrera
Karri'erefrau *f* mujer *f* que hace carrera; *desp* trepa *f*
Karri'ereleiter *f* trayectoría *f* profesional (a seguir); ***das Ende der ~*** la cima *f* de la carrera profesional; ***die ~ hinaufklettern*** escalar posiciones
Karri|'eremacher(in) *m(f)*, **~e'rist(in)** *m(f)* *desp* trepa *m,f*
Kar'samstag *m* Sábado *m* de Gloria
Karst [karst] *m* ⟨-(e)s; -e⟩ GEOL carst *m*
Karte ['kartə] *f* (*Post*2, *Visiten*2, *Kredit*2) tarjeta *f* (*a* INFORM); (*Speise*2) carta *f*, menú *m*; (*Fahr*2) billete *m*, *Am* boleto *m*; (*Eintritts*2) entrada *f*, *Am* boleto *m*; (*Land*2) mapa *m*; (*Spiel*2) carta *f*, naipe *m*; *für Fußball* ***die gelbe, rote ~*** la tarjeta roja, amarilla; ***nach der ~ essen*** comer a la carta; ***~n spielen*** jugar a las cartas; ***gute, schlechte ~n haben*** tener buenas, malas cartas; *fig* ***sich*** (*dat*) ***nicht in die ~n sehen lassen*** guardar las cartas; *fig* ***mit offenen ~n spielen*** enseñar las cartas; *fig* ***die ~n auf den Tisch legen*** poner las cartas sobre la mesa; ***alles auf e-e ~ setzen*** jugarse todo a una carta; ***j-m die ~n legen*** echar las cartas a alg
Kartei [kar'taɪ] *f* fichero *m*; **~karte** *f* ficha *f*; **~kasten** *m* fichero *m*; **~schrank** *m* archivador *m*, fichero *m*
Kartell [kar'tɛl] *n* ⟨-s; -e⟩ cártel *f*; **~amt** *n* *BRD* oficina *f* de cárteles; **~gesetz** *n* Ley *f* de Defensa de la Competencia; **~recht** *n* legislación *f* en materia de la defensa de la competencia, derecho *m* antimonopolio
'Kartenhaus *n* castillo *m* de naipes; ***einstürzen wie ein ~*** desmoronarse como un castillo de naipes
'Karten|legen *n* ⟨-s⟩ cartomancia *f*; **~leger(-in)** *m(f)* echador, a *m,f* de cartas, cartomántico, -a *m,f*; **~spiel** *n* juego *m* de cartas; *Einzelspiel* partida *f* de cartas; (*Karten*) baraja *f*; **~spieler(in)** *m,f* jugador, a *m,f* de cartas; **~telefon** *n* teléfono *m* de tarjetas; **~vorverkauf** *m* venta *f* anticipada de entradas
Kartoffel [kar'tɔfəl] *f* ⟨-; -n⟩ patata *f*, *Am* papa *f*; **~brei** *m* puré *m* de patatas; **~chips** *pl* chips *f/pl*, patatas *f/pl* fritas (tipo chip); **~käfer** *m* escarabajo *m* de la patata, dorífora *m*; **~kloß** *m*, *südd* **~knödel** *m* álbondiga *f* de patata; **~puffer** *m* tortita *f* de patata; **~püree** *n* → ***Kartoffelbrei***; **~salat** *m* ensalada *f* de patatas; **~schalen** *pl* mondaduras *f/pl* de patatas; **~schäler** *m* pelapatatas *m*; **~suppe** *f* sopa *f* de patatas
Kartograph(in) [karto'graːf(ɪn)] *m* ⟨-en; -en⟩ (*f*) cartógrafo, -a *m,f*
Karton [kar'tɔŋ] *m* ⟨-s; -s⟩ cartón *m*; (*Schachtel*) *a* caja *f* (de cartón)
Karto|nage [karto'naːʒə] *f* cartonaje *m*; **2'niert** *adjt Buch* encuadernado en cartoné
Kar'ton|verbundverpackung *f* envase *m* de cartón complejo; **~verpackung** *f* envase *m* de cartón
Karussell [karu'sɛl] *n* ⟨-s; -e *o* -s⟩ tiovivo *m*, caballitos *m/pl*; ~ ***fahren*** subir a los caballitos
Karwoche ['kaːr-] *f* Semana *f* Santa
Karzinom [kartsi'noːm] *n* ⟨-s; -e⟩ MED carcinoma *m*
Kasachstan ['kazaxstaːn] *n* ⟨-s⟩ Kazajstán *m*
kaschieren [ka'ʃiːrən] *v/t* ⟨*sin* ge⟩ ocultar, tapar
'Kaschmir ['kaʃmir] *n* Cachemira *m*
'Kaschmir *m* ⟨-s; -e⟩ *Textil* cachemir *m*
Käse ['kɛːzə] *m* ⟨-s; -⟩ **1** queso *m*; **2** F *desp* (*Unsinn*) pamplinas *f/pl*; **~blatt** F *desp n* F periodicucho *m*; **~brot** *n* bocadillo *m* de queso; **~gebäck** *n* pastas *f/pl* al queso; **~glocke** *f* quesera *f*; **~kuchen** *m* tarta *f* de queso
Kaserne [ka'zɛrnə] *f* cuartel *m*
kaser'nieren *v/t* ⟨*sin* ge⟩ acuartelar
'Käsestange *f tipo de pan alargado y cubierto de queso*
'käse'weiß, **'käsig** F *adj* (*blass*) F pálido co-

K

mo un muerto; (*nicht braun*) F blanco como la leche

Kasino [ka'zi:no] *n* ⟨-s; -s⟩ **1** (*Offiziers*♀) comedor *m* de oficiales; **2** (*Spiel*♀) casino *m*

Kaskoversicherung ['kasko-] *f* AUTO seguro *m* contra riesgos

Kasper ['kaspər] *m* **1** (*Puppe*) polichinela *m*, guiñol *m*; **2** F *fig* payaso *m*

'Kasper(le)theater *n* teatro *m* de títeres, guiñol *m*

Kaspisch ['kaspɪʃ] *adj* ***das ~e Meer*** el Mar Caspio

Kassa ['kasa] *f* ⟨-; -en⟩ *österr* → ***Kasse***

Kasse ['kasə] *f* caja *f*; *Theater usw* taquilla *f*; (*Kranken*♀) *etwa* mutua *f*; ***~ machen*** hacer caja; ***gemeinsame ~ machen*** hacer fondo *od* caja común; ***getrennte ~ machen*** hacer caja separada; **(*gut*) *bei ~ sein*** estar bien de fondos; ***knapp bei ~ sein*** estar mal de fondos; F ***j-n zur ~ bitten*** presentar factura a alg

'Kassen|arzt *m*, **~ärztin** *f* médico, -a *m,f* del seguro; **~beleg** *m* COM comprobante *m* de caja; **~bestand** *m der Banken* encaje *m* bancario; **~bon** *m* tíquet *m* (de compra); **~buch** *n* libro *m* de caja; **~erfolg** *m* éxito *m* de taquilla; **~patient(in)** *m*(*f*) paciente *m,f* del seguro; **~stunden** *pl* horario *m* de taquilla

'Kassensturz F *m* ***~ machen*** hacer balance de la caja

'Kassenzettel *m* tíquet *m* (de compra)

Kasserolle [kasə'rɔlə] *f* cacerola *f*

Kassette [ka'sɛtə] *f* **1** *Behälter* estuche *m* (*a für Bücher, Schallplatten*); **2** (*Tonband*♀, *Video*♀) casete *f od m*, cinta *f*

Kas'setten|deck *n* platina *f* de casete; **~rekorder** *m* casete *m*

kassieren [ka'si:rən] ⟨*sin* ge⟩ **I** *v/t* **1** *Geld* cobrar; **2** F *fig* (*einstecken müssen*) tener que tragar(se); **3** F *fig* (*wegnehmen*) quitar; **II** *v/i* **4** (*ab~*) cobrar, ganar

Kas'sierer(in) *m*(*f*) cajero, -a *m,f*

Kastagnette [kasta'njɛtə] *f* castañuela *f*

Kastanie [kas'ta:niə] *f* castaña *f*; *Baum* castaño *m*; F ***für j-n die ~n aus dem Feuer holen*** sacarle a alg las castañas del fuego

Ka'stanien|baum *m* → ***Kastanie***; **♀braun** *adj* castaño (*a Haare*)

Kästchen ['kɛstçən] *n* ⟨-s; -⟩ cajita *m*; *auf Formularen usw* casilla *f*; *im Text* recuadro *m*

Kaste ['kastə] *f* casta *f*

kasteien [kas'taɪən] *v/r* ⟨*sin* ge⟩ ***sich ~*** mortificarse

Kasten ['kastən] *m* ⟨-s; ⸚⟩ **1** *Behälter* caja *f* (*a Bier*♀); *größerer* cajón *m*; F (*Brief*♀) buzón *m*; **2** *österr, schweiz* (*Schrank*) armario *m*; **3** F *desp* (*Auto*) F lata *f*; (*Haus*) cajón *m*; (*Radio, Fernseher*) F caja *m* tonta; F ***etwas auf dem ~ haben*** ser listo

'Kasten|brot *n* pan *m* de molde; **~wagen** *m* furgón *m*

Kastil|ien [kas'ti:liən] *n* Castilla *f*; **~ier(in)** *m*(*f*) castellano, -a *m,f*; **♀isch** *adj* castellano

Kastrat [kas'tra:t] *m* ⟨-en; -en⟩ castrado *m*; **~i'on** *f* castración *f*

kast'rieren *v/t* ⟨*sin* ge⟩ castrar

Kasus ['ka:zʊs] *m* ⟨-; -⟩ GRAM caso *m*

Kat [kat] F *m Abk* ⟨-s; -s⟩ (*Katalysator*) catalizador *m*

Katakombe [kata'kɔmbə] *f* catacumba *f*

Kata'la|ne *m* ⟨-n; -n⟩, **~nin** *f* catalán, -ana *m,f*; **♀nisch** *adj* catalán

Katalog [kata'lo:k] *m* ⟨-(e)s; -e⟩ catálogo *m*; **♀i'sieren** *v/t* ⟨*sin* ge⟩ catalogar; **~i'sierung** *f* catalogación *f*; **~nummer** *f* número *m* de catálogo; **~preis** *m* precio *m* de catálogo; **~verkauf** *m* venta *f* por catálogo

Katalonien [kata'lo:niən] *n* Cataluña *f*

Katalysator [kataly'za:tɔr] *m* ⟨-s; -'toren⟩ catalizador *m*; ***geregelter ~*** catalizador *m* regulado

Kataly'satorwagen *m* coche *m* con catalizador

katapultieren [katapʊl'ti:rən] *v/t* ⟨*sin* ge⟩ catapultar

Katarr(h) [ka'tar] *m* ⟨-s; -e⟩ catarro *m*

Kataster [ka'tastər] *m od n* ⟨-s; -⟩ catastro *m*; **~amt** *n* oficina *f* del catastro

kata|strophal [katastro'fa:l] *adj* catastrófico; **♀'strophe** *f* catástrofe *f*

Kata'strophen|alarm *m* alerta *f* roja; **~gebiet** *n* zona *f* catastrófica

Katechismus [katɛ'çɪsmʊs] *m* ⟨-; -men⟩ catecismo *m*

Kate|gorie [katego'ri:] *f* categoría *f*; **♀'gorisch** *adj* categórico

Kater ['ka:tər] *m* **1** ZO gato *m*; **2** F *fig* ***e-n ~ haben*** F tener resaca

Katharina *f*, **Käthe** [kata'ri:na, 'kɛ:tə] *f* Catalina *f*

Katheder [ka'te:dər] *n od m* ⟨-s; -⟩ (*Lehrerpult*) cátedra *f*

Kathedrale [kate'dra:lə] *f* catedral *f*

Kathete [ka'te:tə] *f* MAT cateto *m*

Katheter [ka'te:tər] *m* MED catéter *m*

Kathode [ka'to:də] *f* cátodo *m*

Katholik(in) [kato'li:k(ɪn)] *m* ⟨-en; -en⟩ (*f*) católico, -a *m,f*

ka'tholisch *adj* católico

Katz [kats] *f* F ***~ und Maus mit j-m spielen*** jugar con alg al ratón y al gato; F ***für die ~*** inútil, en vano, en balde, para el gato

'katzbuckeln *v/i desp* dar coba (***vor*** *+dat* a)

Kätzchen ['kɛtsçən] *n* ⟨-s; -⟩ **1** gatito *m*, mi-

nino *m*; **2** BOT amento *m*
Katze ['katsə] *f* gato *m*; *weibliche* gata *f*; F ***die ~ im Sack kaufen*** comprar a ciegas; F ***die ~ aus dem Sack lassen*** F enseñar la oreja; F ***wie die ~ um den heißen Brei herumgehen*** F andarse por las ramas
'Katzen|auge *n* F (*Rückstrahler*) reflector *m*; **~jammer** F *m* F resaca *f*
'Katzensprung F *m* ***es ist nur ein ~ (von hier)*** está a dos pasos (de aquí)
'Katzenwäsche F *f* lavado *m* a lo gato; ***~ machen*** lavarse a lo gato
Kauderwelsch ['kaʊdərvɛlʃ] *n* ⟨-(s)⟩ galimatías *m*
kauen ['kaʊən] *v/t, v/i* mascar, masticar; ***an den Nägeln ~*** morderse las uñas
kauern ['kaʊərn] **I** *v/i* estar en cuclillas; **II** *v/r* ***sich ~*** acurrucarse
Kauf [kaʊf] *m* ⟨-(e)s; ⸚e⟩ compra *f*, adquisición *f*; ***~ auf Kredit*** compra *f* a crédito; ***~ auf Probe*** compra *f* a prueba; ***~ auf Raten*** compra *f* a plazos; ***e-n ~ rückgängig machen*** anular una compra; ***e-n ~ tätigen*** efectuar una compra; ***zum ~ anbieten*** ofrecer, poner a la venta; ***zum ~ anregen*** incitar a la compra; *fig* ***etw in ~ nehmen*** conformarse con a/c
'Kauf|anreiz *m* incitación *f* a la compra; **~beleg** *m* comprobante *m* de compra, justificante *m* de compra
'kauf|en *v/t* comprar (*a* F *bestechen*) (***bei od von j-m*** a alg; ***für j-n*** para alg); **2entscheidung** *f* decisión *f* de compra
Käufer|(in) ['kɔʏfər(ɪn)] *m(f)* comprador, a *m,f*; **~markt** *m* mercado *m* de compradores; **~schicht** *f* categoría *f* de clientes
'Kauf|frau *f* **1** (*Geschäftsfrau*) comerciante *f*; (*Großhändlerin*) negociante *f*; **2** (*kaufmännische Angestellte*) empleada *f* de comercio; **~geschäft** *n* JUR compraventa *f*; **~haus** *n* grandes almacenes *m/pl*; **~hauskette** *f* cadena *f* de grandes almacenes; **~kraft** *f* poder *m* adquisitivo; **~leute** *pl* comerciantes *m/pl*
käuflich ['kɔʏflɪç] **I** *adj* comprable (*a desp bestechlich*), en venta; ***~e Liebe*** amor *m* comprable; **II** *adv* ***etw ~ erwerben*** comprar a/c
'Kaufmann *m* ⟨-(e)s; -leute⟩ **1** (*Geschäftsmann*) comerciante *m*; (*Großhändler*) negociante *m*; **2** (*kaufmännischer Angestellter*) empleado *m* de comercio
kaufmännisch ['kaʊfmɛnɪʃ] *adj* comercial, mercantil; ***~er Angestellter*** empleado *m* de comercio; ***~er Direktor, Leiter*** director *m* comercial
'Kauf|option *f* opción *f* de compra; **~preis** *m* precio *m* de compra; **~vertrag** *m* contrato *m* de compraventa
'Kaufzwang *m* obligación *f* de comprar; *Schild* ***kein ~*** entrada *f* libre
'Kaugummi *m od n* ⟨-s; -s⟩ chicle *m*
Kaukasus ['kaʊkasʊs] *m* Cáucaso *m*
Kaulquappe ['kaʊlkvapə] *f* renacuajo *m*
kaum [kaʊm] *adv* apenas, casi; ***es ist ~ zu glauben*** casi no puede creerse; ***es besteht ~ Hoffnung*** casi no hay esperanza; *Antwort* ***wohl ~, ich glaube ~*** no creo; ***~ hatte er es gesagt, als …*** acababa de decirlo cuando …
kausal [kaʊ'za:l] *adj geh*, GRAM causal
Kau'salzusammenhang *m* relación *f* causa-efecto, causalidad *f*
'Kautabak *m* tabaco *m* de mascar
Kaution [kaʊtsi'o:n] *f* fianza *f*, caución *f*; ***e-e ~ hinterlegen*** consignar una fianza; ***e-e ~ stellen*** pagar una fianza
Kautschuk ['kaʊtʃʊk] *m* ⟨-s; -e⟩ caucho *m*
Kauz [kaʊts] *m* ⟨-es; ⸚e⟩ **1** ZO lechuza *f*; **2** F *fig* ***ein komischer ~*** un tipo raro
'kauzig *adj* extravagante
Kavalier [kava'li:r] *m* ⟨-s; -e⟩ caballero *m*; ***~ sein*** ser caballero
Kava'liersdelikt *n* peccata minuta
Kavallerie [kavalə'ri:] *f* caballería *f*
Kaviar ['ka:viar] *m* ⟨-s; -e⟩ caviar *m*
KB *Abk* (*Kilobyte*) KB *m*
keck [kɛk] *adj* **1** (*frech*) fresco, desenvuelto; **2** (*flott*) *Hut usw* coquetón
Kefir ['ke:fɪr] *m* ⟨-s⟩ kéfir *m*
Kegel ['ke:gəl] *m* ⟨-s; -⟩ **1** MAT, (*Licht2*) cono *m*; **2** *beim Kegelspiel* bolo *m*; **3** (*Berg2*) pico *m*; **4** F ***mit Kind und ~*** con todo el equipo
'Kegel|bahn *f* bolera *f*; **2förmig** *adj* cónico *m*; **~klub** *m* club *m* de jugadores de bolos
'kegeln *v/i* jugar a los bolos
'Kegeln *n* ⟨-s⟩ bolos *m/pl*
'Kegel|schnitt *m* sección *f* cónica; **~stumpf** *m* cono *m* truncado
Kegler(in) ['ke:glər(ɪn)] *m(f)* jugador, a *m,f* de bolos
Kehle ['ke:lə] *f* garganta *f*; *fig* ***es schnürt mir die ~ zu*** se me hace un nudo en la garganta; F *fig* ***etw in die falsche ~ bekommen*** entender algo mal; ***aus voller ~*** a voz en cuello
'Kehlkopf *m* laringe *f*; **~entzündung** *f* laringitis *f*
Kehraus ['ke:rˀaʊs] *m* ⟨-⟩ fin *m* de fiesta; *Tanz* último baile *m*
'Kehre *f* **1** (*Kurve*) curva *f*, viraje *m*; **2** *Turnen* vuelta *f*
'kehren[1] *v/t, v/i* (*fegen*) barrer; *Kamin* deshollinar
'kehren[2] **I** *v/t* (*wenden*) volver; ***das Oberste zuunterst ~*** revolverlo todo de arriba abajo; **II** *v/r* ***sich nicht an etw*** (*acus*) ***~*** no hacer

caso de a/c; *fig* ***in sich*** (*acus*) ***gekehrt*** ensimismado

Kehricht ['keːrɪçt] *m od n* ⟨-s⟩ **1** *geh* (*Zusammengekehrtes*) barreduras *f/pl*; **2** (*Müll*) basura *m*

'Kehrmaschine *f* barredora *f*

'Kehrreim *m* estribillo *m*

'Kehrschaufel *f* recogedor *m*

'Kehrseite *f* **1** (*Rückseite*) reverso *m*; *e-s Stoffes* revés *m*; *fig* (*Schattenseite*) lado *m* negativo; *fig* ***die ~ der Medaille*** la otra cara de la moneda; **2** *scherzh* (*Gesäß*) F trasero *m*

'kehrtmachen *v/i* ⟨*sep*⟩ volver atrás, volver sobre sus pasos; (*sich umdrehen*) dar media vuelta

'Kehrtwendung *f* media vuelta *f*

keifen ['kaɪfən] *v/i* regañar; F chillar

Keil [kaɪl] *m* ⟨-(e)s; -e⟩ cuña *f*

'Keile F *f* ⟨-⟩ F paliza *f*, zurra *f*

'keilen F *v/r* ***sich ~*** pegarse, pelearse

'Keiler *m* jabalí *m*

Keile'rei F *f* pelea *f*, camorra *f*

'keilförmig *adj* cuneiforme

'Keil|riemen *m* correa *f* trapezoidal; **~schrift** *f* escritura *f* cuneiforme

Keim [kaɪm] *m* ⟨-(e)s; -e⟩ BIOL, MED, *fig* germen *m*; ***etw im ~ ersticken*** sofocar a/c en sus orígenes

'Keimdrüse *f* glándula *f* genital, gónada *f*

'keimen *v/i* germinar; *fig a* brotar

'keimfrei *adj* aséptico, esterilizado (*a Nahrungsmittel*); ***~ machen*** esterilizar

'Keim|ling *m* ⟨-s; -e⟩ brote *m*, germen *m*; **~zelle** *f* **1** BIOL célula *f* germinal, gameto *m*; **2** *fig* foco *m*

kein [kaɪn] *pr/indef* **1** *adjt* ⟨*f* -e, *pl* -e⟩ no; *vor su* (no …) ningún; *bei „sein"* no; ***er ist ~ Spanier*** no es español; ***du bist ~ Kind mehr*** ya no eres un niño; ***ich habe ~e Zeit*** no tengo tiempo; ***~ anderer als X*** ni más ni menos que X; **2** *su* ⟨*m* -er, *f* -e, *n* -(e)s, *pl* -e⟩ (no …) ninguno, -a *m,f*; ***~e*** *auf Fragebogen* ninguno; ***ich habe ~en*** *als Antwort* no tengo ninguno; ***~er weiß es*** nadie lo sabe

'keinerlei *adj* ⟨*inv*⟩ ningún, de ningún tipo

'keines'falls *adv* en ningún caso

'keines'wegs *adv* de ninguna manera, de ningún modo

'keinmal *adv* ni una sola vez, nunca

Keks [keːks] *m* ⟨-(es); -e⟩ galleta *f*; F ***das, der geht mir auf den ~!*** F ¡esto, él me está poniendo negro!

Kelch [kɛlç] *m* ⟨-(e)s; -e⟩ BOT, (*Meß*≈) cáliz *m*; *geh* ***den ~ bis zur Neige leeren*** apurar el cáliz hasta las heces

'Kelchblatt *n* BOT sépalo *m*

Kelle ['kɛlə] *f* **1** (*Schöpf*≈) cucharón *m*; **2** (*Maurer*≈) paleta *f*; **3** *des Verkehrspolizisten* disco *m*

Keller ['kɛlər] *m* sótano *m*; (*Wein*≈) bodega *f*; **~assel** *f* zo cochinilla *f* (de humedad)

Kelle'rei *f* bodega *f*

'Keller|fenster *n* tragaluz *m*; **~geschoss** *n* (planta *f*) sótano *m*; **~wohnung** *f* (piso *m* en el) sótano *m*

Kellner(in) ['kɛlnər(ɪn)] *m*(*f*) camarero, -a *m,f*

Kelt|e ['kɛltə] *m* ⟨-n; -n⟩, **~in** *f* celta *m,f*

Kelter ['kɛltər] *f* ⟨-; -n⟩ lagar *m*

'keltern *v/t* prensar

'keltisch *adj* celta

Kenia ['keːnia] *n* ⟨-s⟩ Kenia *f*

Kenia|ner(in) [keni'aːnər(ɪn)] *m*(*f*) keniata *m,f*; **≈nisch** *adj* keniata

kennen ['kɛnən] ⟨kannte, gekannt⟩ **I** *v/t* conocer; (*wissen*) saber; ***j-n, etw ~ lernen*** conocer a alg, a/c; ***sich ~ lernen*** conocerse; *drohend* ***du wirst mich noch ~ lernen!*** ¡te vas a enterar de quién soy yo!; **II** *v/r* ***sich ~*** conocerse

'Kenner(in) *m*(*f*) conocedor, a *m,f* (***von*** de), entendido, -a *m,f*, experto, -a *m,f* (***von*** en)

'Kennerblick *m* mirada *f* de experto; ***mit ~*** con mirada de experto

kenntlich ['kɛntlɪç] *adj* reconocible (***an*** *+dat* en); ***~ machen*** marcar

Kenntnis ['kɛntnɪs] *f* ⟨-; -se⟩ **1** *mst pl* **~se** conocimientos *m/pl* (***in*** *+dat* de); ***einige ~se im Italienischen haben*** saber algo de italiano; ***umfassende ~se haben*** tener conocimientos amplios; ***s-e ~se vertiefen*** profundizar sus conocimientos; **2** ***~ von etw haben*** tener conocimiento *od* noticia de a/c; ***etw zur ~ nehmen*** tomar (buena) nota de a/c; ***j-n von etw in ~ setzen*** informar de a/c a alg; *geh* ***das entzieht sich meiner ~*** no estoy informado de esto

'Kenntnisnahme *f* ⟨-⟩ ADM ***mit der Bitte um ~*** para su información

'Kenn|ung *f* (*Passwort*) clave *f*; **~wort** *n* ⟨-(e)s; ⸚er⟩ contraseña *f*, clave *f*; *bei Inseraten usw* referencia *f*; **~zahl** *f* (número *m*) indicador *m*

'Kennzeichen *n* **1** (*Merkmal*) característica *f*; (*Erkennungsmerkmal*) distintivo *m*, marca *f* distintiva; *Pass* ***besondere ~*** señas *f/pl* particulares; **2** AUTO matrícula *f*

'kenn|zeichnen *v/t* marcar; *beschreibend* caracterizar; **~zeichnend** *adjt* característico (***für*** de); **≈zeichnung** *f* etiquetado *m*; **~zeichnungspflicht** *f* COM *von Waren* obligación *f* de etiquetar; **≈ziffer** *f* característica *f*; *bei Inseraten usw* referencia *f*

kentern ['kɛntərn] *v/i* ⟨sn⟩ zozobrar

Keramik [ke'raːmɪk] *f* cerámica *f*; **~industrie** *f* cerámica *f*

ke'ramisch *adj* cerámico, de cerámica
Kerbe ['kɛrbə] *f* muesca *f*; *in Holz* entalladura *f*; F *fig* ***in dieselbe ~ hauen*** F tirar de la misma cuerda
Kerbel ['kɛrbəl] *m* ⟨-s⟩ perifollo *m*
'kerben *v/t* hacer muescas en; *in Holz* entallar
'Kerbholz F *fig n* ***etw auf dem ~ haben*** tener a/c sobre la conciencia
Kerker ['kɛrkər] *m* cárcel *f*, calabozo *m*
Kerl [kɛrl] F *m* ⟨-s; -e, *nordd* -s⟩ F tío *m*, tipo *m*; *desp* individuo *m*, sujeto *m*; F ***blöder ~*** idiota *m*; ***kleiner ~*** F chiquillo *m*
Kern [kɛrn] *m* ⟨-(e)s; -e⟩ **1** *von Steinobst, Weintrauben* hueso *m*; *von Kernobst, Melonen* pepita *f*; *der Weintraube a* grano *m*; *von Nüssen* carne *f*; **2** *fig* esencia *f*, fondo *m*; F ***der harte ~*** el núcleo duro, la resistencia; ***zum ~ der Sache kommen*** ir al grano; ***in ihm steckt ein guter ~*** tiene buen fondo; **3** (*Atom*♀) núcleo *m*; (*Reaktor*♀) centro *m*
'Kern|... *in Zssgn mst* nuclear; *fig* esencial; **~brennstoff** *m* combustible *m* nuclear; **~energie** *f* energía *f* nuclear; **~explosion** *f* explosión *f* nuclear; **~forschung** *f* investigación *f* nuclear; **~frage** *f* cuestión *f* esencial; **~fusion** *f* fusión *f* nuclear; **~gehäuse** *n* BOT corazón *m*
'kerngesund *adj* muy sano, que rebosa salud; F más sano que una manzana
'kernig *adj fig Person* vigoroso, robusto; F *Spruch* crudo
'Kernkraft *f* energía *f* nuclear; **~gegner(in)** *m(f)* detractor, a *m,f* de la energía nuclear; **~werk** *n* central *f* nuclear
'kernlos *adj* sin pepitas
'Kern|obst *n* fruta *f* con pepitas; **~physik** *f* física *f* nuclear; **~physiker(in)** *m,f* físico, -a *m,f* nuclear; **~punkt** *m* punto *m* esencial; **~reaktion** *f* reacción *f* nuclear; **~reaktor** *m* reactor *m* nuclear; **~seife** *f* jabón *m* duro; **~sortiment** *n* COM surtido *m* básico; **~spaltung** *f* fisión *f* nuclear; **~stück** *n* parte *f* esencial; **~technik** *f* técnica *f* nuclear; **~waffe** *f* arma *f* nuclear; **~waffenversuch** *m* prueba *f* nuclear; **~zeit** *f Arbeitsrecht* franja *f* horaria fija
Kerosin [kero'ziːn] *n* ⟨-s⟩ queroseno *m*
Kerze ['kɛrtsə] *f* vela *f*, candela *f*; *grosse* cirio *m*; (*Zünd*♀) bujía *f*; SPORT clavo *m*
'kerzenge'rade *adj u adv* derecho como un cirio
'Kerzenhalter *m* portavelas *m*, candelero *m*
'Kerzenlicht *n* luz *f* de vela; ***bei ~ essen*** comer a la luz de las velas
'Kerzen|schein *m* luz *f* de vela; **~ständer** *m* candelero *m*
kess [kɛs] *adj* **1** (*frech*) fresco (*a unverfroren*); **2** (*flott*) ***ein ~es Mädchen*** una niña garbosa
Kessel ['kɛsəl] *m* ⟨-s; -⟩ **1** (*Wasser*♀) hervidor *m*; (*großer Topf*) olla *f*, marmita *f*; **2** (*Dampf*♀, *Heiz*♀) caldera *f*; **3** GEOGR valle *m* cerrado
'Kessel|stein *m* incrustación *f*; **~treiben** *n* ⟨-s; -⟩ *fig* batida *f*, campaña *f* (***gegen*** contra)
Ket(s)chup ['kɛtʃap] *m od n* ⟨-(s); -s⟩ ketchup *m*
Kette ['kɛtə] *f* **1** cadena *f* (*a* TEC, GEOGR, *fig Laden*♀, *Hotel*♀); (*Fessel*) **~n** *pl* cadenas *f/pl*; ***e-e ~ bilden*** formar cadena; **2** (*Hals*♀) cadena *f*; *aus Perlen, Edelsteinen* collar *m*; **3** *fig* ***e-e ~ von Ereignissen*** una serie de sucesos
'ketten I *v/t* encadenar, poner cadenas (***an*** *+acus* a); **II** *v/r fig* ***sich an j-n ~*** atarse a alg
'Ketten|glied *n* eslabón *m*; **~hund** *m* perro *m* de cadena; **~raucher(in)** *m(f)* fumador, a *m,f* empedernido, -a; **~reaktion** *f* reacción *f* en cadena (*a fig*)
Ketzer(in) ['kɛtsər(ɪn)] *m(f)* hereje *m,f* (*a fig*)
Ketze'rei *f* herejía *f* (*a fig*)
'ketzerisch *adj* herético (*a fig*)
keuchen ['kɔʏçən] *v/i* jadear (*a fig*)
'Keuchhusten *m* tos *f* ferina
Keule ['kɔʏlə] *f* **1** *Waffe* porra *f*; **2** *vom Hasen, Huhn* muslo *m*; *vom Hammel* pierna *f*; *vom Wild* pata *f*
keusch [kɔʏʃ] *adj* casto
'Keuschheit *f* ⟨-⟩ castidad *f*
Keyboard ['kiːbɔrt] *n* ⟨-s; -s⟩ MUS, INFORM teclado *m*
Kfz [kaːˀɛf'tsɛt] *n Abk* ⟨-(s); -(s)⟩ (*Kraftfahrzeug*) automóvil *m*
Kf'z|... *in Zssgn* → ***Kraftfahrzeug...***; **~-Werkstatt** *f* taller *m* (mecánico de automóviles)
kg *Abk* (*Kilogramm*) kg (*kilogramo*)
KG [kaː'geː] *f Abk* ⟨-; -s⟩ → ***Kommanditgesellschaft***
kgl. *Abk* (*königlich*) real
khakifarben ['kaːki-] *adj* caqui
KHz *Abk* (*Kilohertz*) khz (*kilohercio*)
Kibbuz [kɪ'buːts] *m* ⟨-; -'zim *o* -e⟩ kibutz *m*
Kichererbse ['kɪçər-] *f* garbanzo *m*
'kichern *v/i* hacer risitas; *verstohlen* reírse para sus adentros
kicken ['kɪkən] F **I** *v/t* ***den Ball ins Tor ~*** chutar el balón a puerta; **II** *v/i* jugar al fútbol
'Kicker F *m* ⟨-s; -(s)⟩ futbolista *m*
kidnapp|en ['kɪdnɛpən] *v/t* secuestrar; ♀**er(-in)** *m(f)* secuestrador, a *m,f*
Kiebitz ['kiːbɪts] *m* ⟨-es; -e⟩ **1** ZO avefría *f*; **2** F (*Zuschauer[in]*) mirón, -ona *m,f*

K

Kiefer[1] ['kiːfər] *m* ANAT mandíbula *f*, quijada *f*
'Kiefer[2] *f* ⟨-; -n⟩ BOT pino *m*
'Kieferhöhle *f* seno *m* maxilar
'Kiefernzapfen *m* piña *f* (de pino)
'Kieferorthopädie *f* ortodoncia *f*
Kiel[1] [kiːl] *m* ⟨-(e)s; -e⟩ MAR quilla *f*
Kiel[2] *m* ⟨-(e)s; -e⟩ (*Feder*∼) cañón *m*
'Kielwasser *n* estela *f*; *fig* ***in j-s ∼*** (*dat*) ***schwimmen, segeln*** seguir(le) la corriente a alg
Kiemen ['kiːmən] *pl* branquias *f/pl*
Kiepe ['kiːpə] *f* cuévano *m*, capacho *m*
Kies [kiːs] *m* ⟨-es; -e⟩ **1** gravilla *f*; *grober* grava *f*; **2** F *fig* (*Geld*) F pasta
Kiesel ['kiːzəl] *m* ⟨-s; -⟩ guijarro *m*, canto *m* rodado; **∼erde** *f* sílice *m*; **∼säure** *f* ácido *m* silícico; **∼stein** *m* guijarro *m*, canto *m*
'Kiesgrube *f* graverra *f*, guijarral *m*
kiffen ['kɪfən] *Jargon v/i* fumar porros
kikeriki [kikəri'kiː] *Kinderspr int* ¡quiquiriquí!
killen ['kɪlən] F *v/t* asesinar
'Killer F *m* ⟨-s; -⟩ asesino *m*; *bezahlter a* sicario *m*
Kilo ['kiːlo] *n* ⟨-s; -s, *pero 5* -⟩ quilo *m*, kilo *m*; **∼'byte** *n* kilobyte *m*; **∼'gramm** *n* kilogramo *m*; **∼'hertz** *n* kilohercio *m*
Kilometer [kilo'-] *m* kilómetro *m*; **∼geld** *n*, **∼pauschale** *f* kilometraje *m*; **∼stand** *m* kilometraje *m*
kilo'meterweit *adv* muchos kilómetros; ***∼ fahren*** recorrer muchos kilómetros
Kilo|'meterzähler *m* cuentakilómetros *m*; **∼'watt** *n* kilovatio *m*; **∼'wattstunde** *f* kilovatio *m* por hora
Kimme ['kɪmə] *f* muesca *f* de mira
Kimono ['kiːmono] *m* ⟨-s; -s⟩ kimono *m*
Kind [kɪnt] *n* ⟨-(e)s; -er⟩ niño, -a *m,f*, crío, -a *m,f*; *eigenes* hijo, -a *m,f*; ***kleines ∼*** nene, -a *m,f*, chiquillo, -a *m,f*; ***j-n an ∼es statt annehmen*** adoptar a alg; F ***kein ∼ von Traurigkeit sein*** ser alegre; ***von ∼ auf, an*** desde la niñez; F ***sich bei j-m lieb ∼ machen*** congraciarse con alg; ***das ∼ beim Namen nennen*** llamar a las cosas por su nombre; ***das ∼ mit dem Bade ausschütten*** condenar por igual a justos y a pecadores; *prov* ***gebranntes ∼ scheut das Feuer*** *prov* gato escaldado del agua fría huye
'Kindchen *n* ⟨-s; -⟩ chiquillo, -a *m,f*, pequeño, -a *m,f* (*a Anrede*)
'Kinder|arbeit *f* trabajo *m* infantil; **∼arzt** *m*, **∼ärztin** *f* pediatra *m,f*; **∼bett** *n* cama *f* para niños; **∼buch** *n* libro *m* infantil; **∼dorf** *n* aldea *f* infantil
Kinde'rei *f* niñería *f*
'Kinder|erziehung *f* educación *f* infantil; **∼feindlich** *adj* poco amigo de los niños; **∼fest** *n* fiesta *f* infantil; **∼film** *m* película *f* para niños; **∼freundlich** *adj Mensch* amable con los niños; *Möbel*, *Hotel* adaptado para niños; **∼garten** *m* guardería *f*, jardín *m* de infancia; **∼gärtnerin** *f* educadora *f* infantil; **∼geld** *n* prestación *f* familiar por hijo a carga, subsidio *m* (familiar) por hijos; **∼heim** *n* hogar *m* infantil; **∼hort** *m* guardería *f*
'Kinderkrankheit *f* enfermedad *f* infantil; *fig pl* ***∼en*** dificultades *f/pl* del comienzo
'Kinder|krippe *f* guardería *f* infantil; **∼lähmung** *f* parálisis *f* infantil, polio(mielitis) *f*
'kinder'leicht F *adj* ***das ist ∼*** es cosa de niños, es facilísimo
'kinder|lieb *adj* que quiere a los niños; **∼lied** *n* canción *f* infantil; **∼los** *adj* sin hijos; **∼mädchen** *n* niñera *f*; **∼reich** *adj* con muchos hijos; *Familie* numeroso; **∼schar** *f* prole *f*
'Kinderschuh *m* zapato *m* de niño; *fig* ***noch in den ∼en stecken*** estar aún en pañales
'Kinder|sendung *f* programa *f* infantil; **∼sicher** *adj* conforme a las normas de seguridad infantil; **∼sitz** *m* sillín *m* para niños; **∼spiel** *n* juego *m* de niños (*a fig*); **∼spielplatz** *m* parque *m* infantil; **∼spielzeug** *n* juguete *m*
'Kinderstube *f fig* ***e-e gute, schlechte ∼ haben*** tener buenos, malos modales
'Kinder|tagesstätte *f* guardería *f* infantil; **∼teller** *m Teller, Portion im Restaurant* plato *m* para niños; **∼wagen** *m* cochecito *m* para niños; **∼zimmer** *n* habitación *f* de niños
'Kindesalter *n* niñez *f*, infancia *f*
'Kindesbeine *pl* ***von ∼n an*** desde la más tierna infancia
'Kindes|missbrauch *m* abuso *m od* corrupción *f* de menores; **∼misshandlung** *f* malos tratos *m/pl* a los niños; **∼tötung** *f* infanticidio *m*
'kindgemäß *adj* adecuado a los niños
'Kindheit *f* ⟨-⟩ niñez *f*, infancia *f*; ***von ∼ an*** desde la niñez
'kindisch **I** *adj* infantil, pueril; *im Alter* chocho; ***sei nicht ∼!*** ¡no seas crío!; **II** *adv* ***sich ∼ benehmen*** *desp* portarse como un niño
'kindlich *adj* infantil, de niño; *fig* ingenuo; *Gesicht* aniñado; *Liebe* filial
'Kindskopf F *fig m* niño, -a *m,f*, tonto, -a *m,f*
'Kind(s)taufe *f* bautizo *m* de un niño
kinetisch [ki'neːtɪʃ] *adj* cinético
Kinkerlitzchen ['kɪŋkərlɪtsçən] F *pl* (*Nichtigkeiten*) bagatelas *f/pl*; (*Albernheiten*) tonterías *f/pl*
Kinn [kɪn] *n* ⟨-(e)s; -e⟩ barbilla *f*, mentón *m*;

'**~haken** *m* gancho *m* a la mandíbula; '**~lade** *f* mandíbula *f*
Kino ['ki:no] *n* ⟨-s; -s⟩ cine *m*; **~karte** *f* entrada *f* de cine; **~kasse** *f* taquilla *f* del cine; **~vorstellung** sesión *f* de cine
Kiosk ['ki:ɔsk] *m* ⟨-(e)s; -e⟩ kiosco *m*, quiosco *m*
Kipferl ['kɪpfərl] *n* ⟨-s; -n⟩ *österr especie de croissant*
Kippe ['kɪpə] *f* **1** (*Müll*≈) escombrera *f*, vertedero *m*; **2** F ***auf der ~ stehen*** *Unternehmen* estar a punto de quebrar; (*ungewiss sein*) no estar decidido, ser incierto, estar en el alero; **3** F (*Zigaretten*≈) F colilla *f*
'**kippen I** *v/t* ⟨h⟩ **1** (*neigen, stürzen*) volcar; **2** (*schütten*) verter; F ***einen ~*** F echar un trago; **3** F (*zurückziehen*) retirar; (*absetzen*) quitar; **II** *v/i* ⟨sn⟩ **4** perder el equilibrio; ECOL ***der See ist gekippt*** el equilibrio ecológico del lago se ha roto
'**Kipp|fenster** *n* ventana *f* basculante; **~schalter** *m* interruptor *m* basculante
Kirche ['kɪrçə] *f* **1** *Gebäude* iglesia *f*; *fig* ***die ~ im Dorf lassen*** dejar las cosas en su sitio; **2** *Institution* Iglesia *f*; **3** (*Gottesdienst*) misa *f*; ***in die ~ gehen*** ir a misa
'**Kirchen|chor** *m* coro *m* de iglesia; **~fenster** *n* vitral *m*; **~gemeinde** *f* parroquia *f*; **~glocke** *f* campana *f* de la iglesia; **~jahr** *n* año *m* eclesiástico; **~lied** *n* cántico *m*; **~musik** *f* música *f* sacra; **~schiff** *n* nave *f*; **~steuer** *f* impuesto *m* eclesiástico; **~vorstand** *f* junta *f* parroquial
Kirch|gänger(in) ['kɪrçgɛŋər(ɪn)] *m(f)* feligrés, -esa *m,f*; **~hof** *m* cementerio *m*
'**kirchlich I** *adj* eclesiástico; ***~e Trauung*** boda *f* eclesiástica; **II** *adv* ***sich ~ trauen lassen*** casarse por la iglesia
'**Kirch|turm** *m* campanario *m*; **~weih** *f* ⟨-; -en⟩ fiesta *f* patronal
Kirmes ['kɪrməs] *f* ⟨-; -sen⟩ feria *f*, verbena *f*
'**Kirsch|baum** *m* cerezo *m*; **~blüte** *f* flor *m* del cerezo; *Zeit* floración *f* de los cerezos
'**Kirsche** *f* cereza *f*; (*Sauer*≈) guinda *f*; *Baum* cerezo *m*; ***mit ihm ist nicht gut ~n essen*** tiene malas pulgas
'**Kirsch|kern** *m* hueso *m* de cereza; **~saft** *m* zumo *m* de cereza; **~torte** *f* tarta *f* de cerezas; **~wasser** *n* kirsch *m*
Kissen ['kɪsən] *n* ⟨-s; -⟩ (*Sofa*≈, *Polster*) cojín *m*; (*Kopf*≈) almohada *f*; **~bezug** *m* funda *f*; (*Kopf*≈) *a* almohadón *m*
Kiste ['kɪstə] *f* **1** *größere* cajón *m*; *kleinere* caja *f*; **2** F (*Auto*) F cacharro *m*, lata *f* (*a Flugzeug*); (*Fernseher*) F caja *f* tonta
Kitsch [kɪtʃ] *m* ⟨-(e)s⟩ cursilería *f*, horterada *f*; '**≈ig** *adj* cursi, hortera
Kitt [kɪt] *m* ⟨-(e)s; -e⟩ masilla *f*
Kittchen ['kɪtçən] F *n* ⟨-s; -⟩ F chirona *f*; ***ins ~ kommen*** F ir a chirona
Kittel ['kɪtəl] *m* ⟨-s; -⟩ **1** (*Arbeits*≈) mono *m*; **2** (*Bluse*) bata *f*
'**kitten** *v/t* enmasillar, pegar (*a fig*)
Kitz ['kɪts] *n* ⟨-es; -e⟩ (*Reh*≈) corcino *m*; (*Ziegen*≈) cabrito *m*
Kitzel ['kɪtsəl] *m* ⟨-s⟩ **1** (*Reiz*) comezón *f* (*a fig*); **2** (*Kitzeln*) cosquillas *f/pl*
'**kitz(e)lig** *adj* cosquilloso; *fig Frage, Angelegenheit* peliagudo, delicado
'**kitzeln** *v/t, v/i* hacer cosquillas (a)
'**Kitzler** *m* ANAT clítoris *m*
Kiwi ['ki:vi] *f* ⟨-; -s⟩ BOT kiwi *m*
KKW [ka:ka:'ve:] *n Abk* ⟨-(s); -s⟩ (*Kernkraftwerk*) central *f* nuclear
Kl. *Abk* (*Klasse*) cl. (*clase*)
Klacks [klaks] F *m* ⟨-es; -e⟩ **1** (*Klecks*) cucharadita *f*; ***ein ~ Sahne*** una cucharadita de nata; **2** *fig* pizca *f*; ***das ist nur ein ~*** F está chupado
Kladde ['kladə] *f* borrador *m*
klaffen ['klafən] *v/i* estar abierto; ***in der Wand klafft ein Riss*** se ha abierto una grieta en la pared
kläffen ['klɛfən] *v/i* dar ladridos agudos; *fig* chillar
'**Kläffer** *desp m* ⟨-s; -⟩ perro *m* ladrador; *fig* vocinglero *m*
Klage ['kla:gə] *f* **1** lamentación *f*, (*Beschwerde*) queja *f*; ***keinen Grund zur ~ haben*** no tener motivos de queja; **2** JUR querella *f*, demanda *f*; JUR ***~ erheben*** (***gegen j-n***) presentar una demanda (contra alg), poner un pleito (a alg); ***~ führen über*** (*+acus*) pleitear por
'**Klageantrag** *m* JUR demanda *f*, petitum *m* de la demanda
'**Klagelied** *n* canto *m* fúnebre, elegía *f*; *fig* ***ein ~ anstimmen*** entonar lamentaciones
'**klagen** *v/i* **1** quejarse (***über*** *+acus* de); (*weh*~) lamentarse; **2** JUR poner un pleito (***gegen*** a; ***wegen*** por); ***auf etw*** (*acus*) ~ poner un pleito por a/c, demandar a/c
Kläger(in) ['klɛ:gər(ɪn)] *m(f)* JUR querellante *m,f*, demandante *m,f*
'**Klageschrift** *f* JUR (escrito *m* de) demanda *f*
kläglich ['klɛ:klɪç] *adj* (*beklagenswert*) lamentable, deplorable; (*bemitleidenswert*) *a* lastimoso, triste
'**klaglos** *adv* sin quejarse
Klamauk [kla'maʊk] F *m* ⟨-s⟩ (*Lärm*) F alboroto *m*, jaleo *m*; *desp* THEA bufonada *f*
klamm [klam] *adj Wäsche* mojado; *Finger* rígido
Klammer ['klamər] *f* ⟨-; -n⟩ **1** (*Wäsche*≈) pinza *f*; (*Haar*≈) horquilla *f*; (*Zahn*≈) aparato *m* (de ortodoncia); (*Heft*≈) grapa *f*; (*Büro*≈) clip *m*; **2** TYPO *runde* paréntesis

K

m (*a* MAT); ***eckige ~*** corchete *m*; ***geschweifte ~*** llave *f*; **(*etw*) *in ~n* (*setzen*)** (poner a/c) entre paréntesis
'Klammeraffe F *m* INFORM arroba *f*
'klammern I *v/t mit Heftmaschine* grapar; *mit Büroklammer* poner un clip a; **II** *v/r* ***sich an j-n, etw ~*** agarrarse a alg, a/c (*a fig*)
'klamm'heimlich F *adj* a la chita callando
Klamotte [kla'mɔtə] F *f* **1** *pl* ***~n*** (*Kleider*) F trapos *m/pl*; **2** *desp* THEA bufonada *f*
klang [klaŋ] → ***klingen***
Klang *m* ⟨-(e)s; ⸚e⟩ sonido *m*; *e-r Stimme* timbre *m*; *harmonischer* son *m*
'Klang|farbe *f* timbre *m*; **~fülle** *f* sonoridad *f*; **≗voll** *adj* sonoro; *Titel, Name* prestigioso
'Klappbett *n* cama *f* plegable
Klappe ['klapə] *f* **1** TEC, ANAT, BIOL válvula *f*; *e-r Trompete usw* llave *f*, pistón *m*; *e-s Briefumschlages* solapa *f*; (*Taschen≗*) cartera *f*; **2** FILM claqueta *f*; **3** P (*Mund*) F pico *m*; ***halt die ~!*** F ¡cierra el pico!; F ***e-e große ~ haben*** F ser un bocazas
'klappen I *v/t* ***nach oben ~*** levantar; ***nach unten ~*** bajar; ***nach hinten*** *bzw* ***unten ~*** abatir; **II** F *v/i* (*gelingen*) funcionar; F marchar; ***es wird schon ~*** saldrá bien; ***das klappt prima*** F esto va que chuta
'Klappentext *m* solapa *f*
Klapper ['klapər] *f* ⟨-; -n⟩ carraca *f*, matraca *f*; *für Kinder* sonajero *m*
'klapperig *adj* desvencijado; *fig* achacoso
'Klapperkiste F *f* (*altes Fahrzeug*) cacharro *m*
'klappern *v/i Geschirr, Schreibmaschine* traquetear; *Storch, Zähne* castañetear; *Fensterladen* golpear; *Absätze* taconear
'Klapper|schlange *f* serpiente *m* cascabel; **~storch** F *Kinderspr m* cigüeña *f*
'Klapp|fenster *n* ventana *f* abatible; **~messer** *n* navaja *f*; **~rad** *n* bicicleta *f* plegable
'klapprig → ***klapperig***
'Klapp|sitz *m* asiento *m* plegable; **~stuhl** *m* silla *f* plegable; **~tisch** *m* mesa *f* plegable
Klaps [klaps] F *m* ⟨-es; -e⟩ **1** (*leichter Schlag*) cachete *m*, palmadita *f*; **2** ***e-n ~ haben*** F estar tocado
'Klapsmühle F *desp f* manicomio *m*
klar [kla:r] **I** *adj* **1** claro (*a Flüssigkeit, Stimme, Blick*); *Glas a* transparente; *Wasser, Luft a* limpio, puro; *Himmel* despejado; *Geist* lúcido; **2** (*deutlich*) nítido, claro; (*offenbar*) evidente, claro; ***das ist mir ~*** lo tengo claro; ***sich*** (*dat*) ***über etw*** (*acus*) ***im ≗en sein*** tener las ideas claras sobre a/c; F **(*na*) *~!*** ¡pues claro!; F ***alles ~?*** ¿está bien?; **II** *adv* **3** claramente; ***~ und deutlich*** con mucha claridad; ***~ sehen*** ver claro; ***sich*** (*dat*) ***über etw*** (*acus*) ***~ werden*** darse cuenta de a/c
'Kläranlage *f* estación *f od* planta *f* depuradora
'Klare(r) *m* ⟨→ A⟩ (vaso *m* de) aguardiente *m*
klären ['klɛ:rən] **I** *v/t* **1** *Flüssigkeiten* purificar, depurar; **2** *fig* aclarar, clarificar, esclarecer; **II** *v/r* **3** ***sich ~*** aclararse
'klargehen F *v/i* ⟨*irr, sep*, sn⟩ ir bien; F ***das geht klar*** está bien *od* arreglado
'Klarheit *f* ⟨-⟩ claridad *f*, transparencia *f* (*a fig*); *des Geistes* lucidez *f*; ***sich*** (*dat*) ***über etw*** (*acus*) ***~ verschaffen*** formarse una idea clara sobre a/c
Klari|nette [klari'nɛtə] *f* clarinete *m*; **~net'tist(in)** *m(f)* clarinetista *m,f*
'klarkommen *v/i* ⟨*irr, sep*, sn⟩ F ***mit j-m nicht ~*** no entenderse con alg; F ***kommst du klar?*** F ¿te las arreglas?
'klarmachen *v/t* ⟨*sep*⟩ **1** F ***j-m etw ~*** aclarar (-le) *od* explicar(le) a/c a alg; F ***sich*** (*dat*) ***etw ~*** F aclararse en a/c; **2** MAR preparar
'Klar|sichtfolie *f* celofán® *m*; **~sichtpackung** *f* embalaje *f od* empaquetado *m* transparente; **~spüler** *m*, **~spülmittel** *n* abrillantador *m*
'klarstellen *v/t* ⟨*sep*⟩ ***etw ~*** poner a/c en claro, aclarar a/c
'Klartext *m* texto *n* no codificado; *fig* ***im ~*** hablando claro
'Klärung *f* **1** *von Unklarheiten* esclarecimiento *m*; *e-s Problems* aclaración *f*; **2** *von Flüssigkeiten* purificación *f*, depuración *f*
'Klär|wasser *n* ⟨-s⟩ aguas *f/pl* depuradas; **~werk** *n* estación *m od* planta *f* depuradora
klasse ['klasə] F **I** *adj* ⟨*inv*⟩ F estupendo, fantástico; **II** *adv* F estupendamente
'Klasse *f* clase *f* (*a* AVIA, BAHN, BIOL, *Soziologie*); (*Güte≗*), SPORT *a* categoría *f*; *Schule* clase *f*, curso *m*; ***Fahrkarte erster, zweiter ~*** billete *m* de primera, segunda clase; *Schule* ***in der ersten ~ sein*** estar en primero *od* en primer curso; F ***das ist* (*ganz große*) *~!*** F ¡es estupendo!
'Klassen|arbeit *f* examen *m*; **~beste(r)** *f(m)* primero, -a *m,f* de la clase; **~bewusstsein** *n* conciencia *f* de clase; **~buch** *n* diario *m* de clase; **~fahrt** *f* excursión *f* (con la clase); **~gesellschaft** *f* sociedad *f* de clases; **~kamerad(in)** *m(f)* compañero, -a *m,f* de clase; **~kampf** *m* lucha *f* de clases; **~lehrer(in)** *m(f)* profesor, a *m,f* de la clase; **≗los** *adj* sin clases; **~sprecher(in)** *m(f)* delegado, -a *m,f* de curso; **~treffen** *n* reunión *f* de antiguos compañeros de clase
'Klassenziel *n* ***er hat das ~ nicht erreicht*** no ha conseguido pasar de clase
'Klassenzimmer *n* aula *f*, clase *f*

klassifizier|en [klasifi'tsiːrən] *v/t* ⟨*sin* ge⟩ clasificar; **2ung** *f* clasificación *f*
Klassik ['klasık] *f* ⟨-⟩ **1** clasicismo *m*; **2** F música *f* clásica; **~er** *m* clásico *m*
'klassisch *adj* clásico
Klassiz|ismus [klasi'tsısmʊs] *m* ⟨-⟩ clasicismo *m*; **2istisch** *adj* clasicista
Klatsch [klatʃ] F *m* ⟨-(e)s⟩ F chismes *m/pl*, chismorreo *m*; **'~base** F *f* chismosa *f*
'Klatsche *f* (*Fliegen2*) matamoscas *m*
'klatschen I *v/t* **1** *Takt* marcar; ***Beifall ~*** aplaudir, dar palmas; **2** ***etw an die Wand ~*** tirar a/c *od* dar con a/c contra la pared; **II** *v/i* **3** (*prallen*) golpear, dar (***gegen etw*** contra a/c); *Segel im Wind* azotar; **3** (*applaudieren*) aplaudir, dar palmas; **4** F (*reden*) F cotillear, chismorrear (***über j-n*** sobre alg)
'Klatsch|mohn *m* amapola *f*; **'2'nass** F *adj* hecho una sopa; **~spalte** F *f* (página *f* de) ecos *m/pl* de sociedad
Klaue ['klaʊə] *f* **1** (*Kralle*) uña *f*; *der Raubvögel* garra *f*; *der Huftiere* pezuña *f*; *fig* ***in j-s ~n*** (*acus*) ***geraten*** caer en las garras de alg; **2** F *desp Handschrift* mala letra *f*
'klauen F *v/t*, *v/i* F mangar, birlar
Klausel ['klaʊzəl] *f* ⟨-; -n⟩ claúsula *f*; ***e-e ~ einfügen*** (***in*** + *acus*) insertar una cláusula (en)
Klausur [klaʊ'zuːr] *f* **1** REL, *fig* clausura *f*; **2** (*Prüfungsarbeit*) examen *m*
Klaviatur [klavia'tuːr] *f* teclado *m*
Klavier [kla'viːr] *n* ⟨-s; -e⟩ piano *m*; **~hocker** *m* taburete *m* para piano; **~konzert** *n* *Komposition* concierto *m* para piano; *Veranstaltung* concierto *m* de piano; **~lehrer(-in)** *m(f)* profesor, a *m,f* de piano; **~spieler(in)** *m(f)* pianista *m,f*; **~stunde** *f* lección *f od* clase *f* de piano
Klebe|band ['kleːbə-] *n* cinta *f* (auto)adhesiva; **~bandabroller** *m* carrete *m* de cinta adhesiva; **~etikett** *n* etiqueta *f* adhesiva; **~folie** *f* plástico *m* adhesivo
'kleben I *v/t* pegar (***an*** +*acus*, ***auf*** +*acus* a, en); F ***j-m eine ~*** F pegar(le) (un tortazo) a alg; **II** *v/i* (*fest~*) estar pegado (***an*** +*dat* a)
'Kleber F *m* ⟨-s; -⟩ pegamento *m*
'Kleb(e)streifen *m* cinta *f* (auto)adhesiva
'klebrig *adj* pegajoso
'Klebstoff *m* pegamento *m*, adhesivo *m*
kleckern ['klɛkərn] F *v/i* hacer manchas (***auf etw*** *acus* en a/c), manchar (***auf etw*** *acus* a/c)
Klecks [klɛks] *m* ⟨-es; -e⟩ **1** mancha *f*; (*Tinten2*) borrón *m*; **2** (*kleine Portion*) pizca *f*, cucharadita *f*
'klecksen *v/i* hacer manchas; *Maler* pintarrajear; *Schreibfeder* hacer borrones
Klee [kleː] *m* ⟨-s⟩ trébol *m*; **'~blatt** *n* **1** BOT hoja *f* de trébol; **2** *fig* trío *m*
Kleid [klaɪt] *n* ⟨-(e)s; -er⟩ **1** (*Damen2*) vestido *m*, traje *m*; **2** *mst pl* **~er** ropa *f*
kleiden ['klaɪdən] **I** *v/t* **1** (*stehen*) vestir, ir, sentar; ***dieser Anzug kleidet ihn gut*** ese traje le va bien; **2** ***etw in Worte ~*** expresar a/c con palabras; **II** *v/r* **3** ***sich ~*** vestirse
'Kleider|bügel *m* percha *f*; **~haken** *m* colgador *m*; **~schrank** *m* armario *m* (para la ropa); **~ständer** *m* perchero *m*
'kleidsam *adj* que sienta bien, favorecedor
'Kleidung *f* ropa *f*, vestido *m*, indumentaria *f*
'Kleidungsstück *n* prenda *f* de vestir
Kleie ['klaɪə] *f* AGR salvado *m*
klein [klaɪn] **I** *adj* **1** *Ausmaße*, *Menge* pequeño; *Größe*, *Ausmaße a* F chico; *Buchstabe* minúsculo; *Bedeutung* insignificante; *Wuchs* bajo; ***verschwindend ~*** mínimo; *fig* ***der ~e Mann*** el hombre de la calle; F *beim Bezahlen* ***haben Sie es ~?*** ¿lo tiene suelto?; ***~, aber fein*** pequeño, pero de cuidado; **2** *Alter* pequeño; ***mein ~er Bruder*** mi hermano pequeño; ***von ~ auf*** desde pequeño; **II** *adv* **3** ***ein ~ wenig*** un poquito; *Muster* ***~ kariert*** a cuadritos; ***~ schneiden*** cortar fino; F ***~ anfangen*** empezar desde abajo
'Klein|aktionäre *m/pl*, **~anleger** *m/pl* pequeños accionistas *m/pl*; pequeños ahorradores *m/pl*; **~anzeige** *f* anuncio *m* (por palabras), anuncio *m* clasificado; **~arbeit** *f* trabajo *m* minucioso; **~'asien** *n* Asia *f* Menor; **~betrieb** *m* pequeña *f* empresa; **~bildkamera** *f* cámara *f* de formato pequeño; **~buchstabe** *m* (letra *f*) minúscula *f*; **2bürgerlich** *adj* pequeñoburgués; **~bus** *m* microbús *m*
'kleiner *adj* **1** más pequeño; (*geringer*) menor; ***~ werden*** disminuir; **2** (*ziemlich klein*) bastante pequeño
'Kleingedruckte(s) *n* ⟨→ A⟩ *fig* ***das ~*** la letra pequeña
'Kleingeld *n* suelto *m*, calderilla *f*; F *iron* ***das nötige ~ haben*** tener suficiente dinero
'Kleinholz *n* leña *f* menuda; F ***aus etw ~ machen*** hacer a/c astillas; F ***aus j-m ~ machen*** partir(le) a alg la cara
'Kleinigkeit *f* **1** (*Bagatelle*) bagatela *f*, pequeñez *f*; **2** (*ein wenig*) ***e-e ~*** un poco
'kleinkariert *adjt* F (*engstirnig*) corto de miras
'Klein|kind *n* niño, -a *m,f* de corta edad, crío, -a *m,f*; **~kram** F *m* nimiedades *f/pl*, menudencias *f/pl*; **~krieg** *m fig* guerrilla *f*
'kleinkriegen F *v/t* ⟨*sep*⟩ ***j-n, etw ~*** acabar con a/c, alg
'kleinlaut *adj* apocado; ***~ werden*** apocarse
'kleinlich *adj* (*übergenau*) meticuloso; (*engstirnig*) estrecho de miras; (*nicht*

K

großzügig) mezquino
Kleinod ['klaɪnˀoːt] *geh n* ⟨-(e)s; -e *o* -'odien⟩ joya *f*, alhaja *f* (*a fig*)
'kleinschreiben *v/t* ⟨*irr, sep*⟩ escribir en minúsculas
'Klein|schreibung *f* empleo *m* de minúsculas; **~staat** *m* pequeño estado *m*; **~stadt** *f* ciudad *f* pequeña
'kleinste(r, -s) *adj* el más pequeño; (*geringste*) el menor; ***bis ins*** ≗ hasta el último detalle
'Kleinvieh *n* ganado *m* menor; F ***~ macht auch Mist*** más vale poco que nada
'Kleinwagen *m* coche *m* pequeño
Kleister ['klaɪstər] *m* engrudo *m*
Klementine [klemɛn'tiːnə] *f* BOT clementina *f*
Klemme ['klɛmə] *f* **1** TEC pinza *f*; **2** EL borne *m*; **3** F *fig* ***in der ~ sein*** F estar en un aprieto *od* atolladero; ***j-m aus der ~ helfen*** sacar a alg de un aprieto
'klemmen I *v/t* apretar, sujetar; ***sich*** (*dat*) ***die Finger in der Tür ~*** pillarse los dedos con la puerta; **II** *v/i* estar atascado; ***die Schublade klemmt*** el cajón no encaja (bien); **III** *v/r* F *fig* ***sich hinter etw*** (*acus*) ***~*** poner mucho ahínco en a/c
Klempner(in) ['klɛmpnər(ɪn)] *m*(*f*) hojalatero, -a *m,f*; (*Installateur*[*in*]) fontanero, -a *m,f*; F lampista *m,f*; *Am* plomero, -a *m,f*
Kleptomanie [klɛptoma'niː] *f* ⟨-⟩ cleptomanía *f*
Klerus ['kleːrʊs] *m* ⟨-⟩ clero *m*
Klette ['klɛtə] *f* **1** BOT lampazo *m*; **2** F *fig Person* F lapa *f*; F ***wie e-e ~ an j-m hängen*** estar pegado a alg como una lapa
Klettergerüst ['klɛtər-] *n* escalera *f*
'klettern *v/i* ⟨sn⟩ trepar, encaramarse (***auf*** *+acus* a)
'Kletterpflanze *f* trepadora *f*
'Klettverschluss® *m* cierre *m* adhesivo
klicken ['klɪkən] *v/i* hacer clic (***auf*** *+acus* en; *a* INFORM)
Klien|t(in) [kli'ɛnt(ɪn)] *m* ⟨-en; -en⟩ (*f*) cliente, -a *m,f*; **~'tel** *f* clientela *f*
Klima ['kliːma] *n* ⟨-s; -s *o* -'mate⟩ clima *m*; *fig a* ambiente *m*
'Klimaanlage *f* aire *m* acondicionado; ***mit ~*** climatizado
kli'ma|tisch I *adj* climático; **II** *adv* por lo que se refiere al clima; **~ti'sieren** *v/t* ⟨*sin ge*⟩ climatizar
'Klima|veränderung *f*, **~wandel** *m* cambio *m* climático; **~wechsel** *m* cambio *m* de clima *od* de aires
Klimbim [klɪm'bɪm] F *m* ⟨-s⟩ F tinglado *m*
Klimmzug ['klɪm-] *m beim Turnen* tracción *f*
klimpern ['klɪmpərn] *v/i* **1** ***mit etw ~*** hacer que a/c tintinee; **2** F *desp auf dem Klavier* aporrear
Klinge ['klɪŋə] *f* hoja *f*, cuchilla *f*; (*Schwert*) espada *f*
Klingel ['klɪŋəl] *f* ⟨-; -n⟩ campanilla *f*; (*Tür*≗) timbre *m*; **~beutel** *m Kirche* limosnera *f*; **~knopf** *m* botón *m* del timbre
'klingeln I *v/i* tocar el timbre; *an der Tür* llamar; *Telefon* sonar; **II** *v/imp* ***es klingelt*** llaman (a la puerta)
'Klingeln *n* ⟨-s⟩ campanilleo *m*; *an der Tür* sonido *m* del timbre
klingen ['klɪŋən] *v/i* ⟨klang, geklungen⟩ *Metall, Glas* tintinear; *Glocke a* campanillear; *Stimme* sonar; ***das klingt schon besser*** eso suena mejor; ***das klingt, als ob ...*** parece que ...
Klinik ['kliːnɪk] *f* clínica *f*
'klinisch I *adj* clínico; **II** *adv* ***~ tot*** clínicamente muerto
Klinke ['klɪŋkə] *f* (*Tür*≗) picaporte *m*; (*Hebel*) gatillo *m*
Klinker ['klɪŋkər] *m* ladrillo *m* refractario
klipp [klɪp] *adv* F ***~ und klar*** sin rodeos, con franqueza
Klippe ['klɪpə] *f* peña *f*, roca *f*; MAR escollo *m* (*a fig*)
klirren ['klɪrən] *v/i Ketten, Waffen* sonar; *Fensterscheiben* vibrar; *Gläser* tintinear; ***~de Kälte*** frío *m* intenso
Klischee [kli'ʃeː] *n* ⟨-s; -s⟩ cliché *m*; *fig a* tópico *m*; **≗haft** *adj* estereotipado, tópico
Klitoris ['kliːtorɪs] *f* ⟨-; - *o* -'torides⟩ clítoris *m*
'klitsch'nass F *adj* calado hasta los huesos
klitzeklein ['klɪtsə'-] F *adj* diminuto, pequeñísimo
Klo [kloː] F *n* ⟨-s; -s⟩ retrete *m*, wáter *m*
Kloake [klo'aːkə] *f* cloaca *f*
klobig ['kloːbɪç] *adj Gegenstand* macizo; *fig Person* tosco, torpe
Klon [kloːn] *m* ⟨-s; -e⟩ clon *m*
'klonen *v/t* clonar
'Klopapier F *n* papel *m* higiénico
klopfen ['klɔpfən] **I** *v/t* golpear; *Teppich* sacudir; *Fleisch* macerar, ablandar; **II** *v/i an die Tür usw* llamar (***an*** *+acus* a); *Herz* palpitar; *Motor* picar; **III** *v/imp* ***es klopft*** llaman (a la puerta)
Klöppel ['klœpəl] *m* ⟨-s; -⟩ **1** *e-r Glocke* badajo *m*; **2** *Textilien* bolillo *m*
'klöppeln *v/i* hacer encaje de bolillos
Klops [klɔps] *m* ⟨-es; -e⟩ albóndiga *f*
Klosett [klo'zɛt] *n* ⟨-s; -e *o* -s⟩ wáter *m*, retrete *m*
Kloß [kloːs] *m* ⟨-es; ¨-e⟩ bola *f*; (*Fleisch*≗) albóndiga *f*
Kloster ['kloːstər] *n* ⟨-s; ¨-⟩ convento *m*, monasterio *m*

klösterlich ['kløːstərlɪç] *adj* monacal, monástico, conventual (*a fig*)
'Klosterschule *f* escuela *f* conventual
Klotz [klɔts] *m* ⟨-es; ⸚e⟩ **1** (*Holz*≈) bloque *m*; (*Hack*≈) tajo *m*; F ***j-m ein ~ am Bein sein*** molestar a alg; **2** *fig Person* zoquete *m*, tarugo *m*
'klotzig *adj* macizo; F *fig* enorme
Klub [klʊp] *m* ⟨-s; -s⟩ club *m*
Kluft[1] [klʊft] *f* ⟨-; ⸚e⟩ (*Spalte*) abismo *m* (***zwischen*** +*dat* entre; *a fig*)
Kluft[2] *f* ⟨-; -en⟩ **1** *uniformähnliche* traje *m*; **2** F (*Kleidung*) F atuendo *m*
klug [kluːk] ⟨⸚er, ⸚ste⟩ *adj* (*intelligent*) inteligente, listo; (*weise*) sabio; (*vernünftig*) sensato, juicioso; (*vorsichtig*) prudente; ***aus ihm werde ich nicht ~*** no saco nada en claro de él; ***ich kann daraus nicht ~ werden*** no acabo de entenderlo; *prov* ***der Klügere gibt nach*** ceder es de sabios
klumpen ['klʊmpən] *v/i Soße* agrumarse
'Klumpen *m* ⟨-s; -⟩ (*Erd*≈) terrón *m*; *in Soßen* grumo *m*
'Klumpfuß *m* pie *m* contrahecho
'klumpig *adj* grumoso
Klüngel ['klʏŋəl] *m* ⟨-s; -⟩ *desp* pandilla *f*, camarilla *f*
Klunker ['klʊŋkər] F *f* ⟨-; -n⟩ *od m* ⟨-s; -⟩ F pedrusco *m*
km *Abk* (*Kilometer*) km (*kilómetro*)
km/h ['kaːˀɛm'haː] *Abk* (*Kilometer pro Stunde*) km/h (*kilómetro por hora*)
knabbern ['knabərn] *v/t*, *v/i* mordisquear (***an etw*** *dat* a/c)
Knabe ['knaːbə] *geh m* ⟨-n; -n⟩ muchacho *m*, chico *m*; F ***alter ~!*** ¡tío!
'knabenhaft *adj* aniñado
Knäckebrot ['knɛkə-] *n* pan *m* crujiente
knacken ['knakən] **I** *v/t* **1** *Nuss* cascar; **2** F *Geldschrank*, *Auto* forzar; *Kode* descifrar; **II** *v/i* **3** crujir
'Knacker *m* F ***alter ~*** F vejestorio *m*
'knackig F *adj* **1** (*knusprig*) crujiente; *Apfel usw* duro pero jugoso; **2** *fig* (*attraktiv*) bueno
'Knack|laut *m Phonetik* recursiva *f*; **~punkt** F *m* punto *m* clave
Knacks [knaks] F *m* ⟨-es; -e⟩ (*Knacken*) crujido *m*; (*Riss*) grieta *f*; ***e-n ~ haben*** *Geschirr usw* tener una raya; *gesundheitlich* tener la salud quebrantada; *Ehe*, *Freundschaft* estar roto
Knall [knal] *m* ⟨-(e)s; -e⟩ **1** *e-s Sprengkörpers* estallido *m*; *e-s Schusses* detonación *f*; *e-r Peitsche* chasquido *m*; *e-r Tür* portazo *m*; *bei e-m Zusammenstoß* porrazo *m*; **2** F ***~ und Fall*** *od* ***~ auf Fall*** de golpe y porrazo; F ***e-n ~ haben*** F estar chiflado
'Knalleffekt F *m* golpe *m* de efecto
'knallen I *v/t* ***die Tür ~*** dar un portazo; F ***j-m eine ~*** F pegar(le) a alg un tortazo; **II** *v/i Schuss*, *Knallkörper* hacer detonación; *Tür* dar un portazo; *Peitsche* dar un chasquido; *Korken* saltar; F ***gegen etw*** (*acus*) ***~*** darse un golpe contra a/c; ***es knallte zweimal*** hubo dos detonaciones; F ***setz dich, oder es knallt!*** F ¡siéntate o te arreo una!
'Knall|er F *m* (*Knallkörper*) petardo *m*; **~erbse** *f* pepita *f* crepitante; **~frosch** *m* petardo *m*; **~gas** *n* gas *m* fulminante; **≈'hart** F *adj Bursche*, *Film* brutal; *Geschäft* duro; **~kopf** F *m* idiota *m,f*; F gilipollas *m,f*; **~körper** *m* petardo *m*; **'≈'rot** F *adj* rojo vivo; F rojo subido
knapp [knap] **I** *adj* **1** (*wenig*) escaso; *Vorräte* ***~ werden*** escasear; **2** (*kurz*) *Stil* conciso, sucinto; ***~ hinter der Linie*** justo tras la línea; **3** (*eng*) estrecho, justo; **4** (*gerade noch*) justo; F ***…, und nicht zu ~!*** F ¡y tanto!; **II** *adv* **5** apenas, escasamente; ***etw ~ kalkulieren*** calcular justo a/c; ***~ bemessen sein*** estar calculado justo
'Knappheit *f* ⟨-⟩ *der Vorräte*, *des Geldes*, *der Zeit* escasez *f* (***an*** +*dat* de); *des Stils* concisión *f*
Knarre ['knarə] F *f* (*Gewehr*) F chopo *m*
knarren *v/i Tür*, *Bett* chirriar; *Äste*, *Diele* crujir
Knast [knast] F *m* ⟨-(e)s; -e *o* ⸚e⟩ F chirona *f*; **'~bruder** F *m* chironero *m*
Knatsch [knaːtʃ] F *m* ⟨-(e)s⟩ F bronca *f*
knattern ['knatərn] *v/i Motorrad* petardear; *Gewehr* tabletear
Knäuel ['knɔʏəl] *m od n* ⟨-s; -⟩ **1** *Garn*, *Wolle* ovillo *m*; **2** *von Menschen* aglomeración *f*
Knauf [knaʊf] *m* ⟨-(e)s; ⸚e⟩ *e-s Schwerts*, *e-s Stocks* puño *m*; *e-r Tür* pomo *m*; ARCH capitel *m*
knauserig ['knaʊzərɪç] F *adj* tacaño, rácano
'knausern F *v/i* tacañear, racanear (***mit etw*** con a/c)
knautsch|en ['knaʊtʃən] **I** *v/t* chafar, arrugar; **II** *v/i* arrugarse; **≈zone** *f* zona *f* de absorción de impactos
Knebel ['kneːbəl] *m* ⟨-s; -⟩ mordaza *f*
'knebeln *v/t* amordazar (*a fig*)
Knecht [knɛçt] *m* ⟨-(e)s; -e⟩ mozo *m* de labranza, *Am* peón *m*
'knechten *geh v/t* esclavizar, avasallar
'Knechtschaft *geh f* ⟨-⟩ servidumbre *f*
kneifen ['knaɪfən] ⟨kniff, gekniffen⟩ **I** *v/t* pellizcar; ***j-n***, *a v/i* ***j-m in den Arm ~*** pellizcar a alg en el brazo; **II** *v/i Kleidung* apretar; F *fig* (*sich drücken*) F rajarse (***vor*** +*dat* en)
'Kneifzange *f* alicates *m/pl*, tenazas *f/pl*
Kneipe ['knaɪpə] F *f* F tasca *f*, bar *m*

K

Kneippkur ['knaɪp-] *f* tratamiento *m* hidroterápico de Kneipp
Knete ['kneːtə] F *f* ⟨-⟩ **1** (*Knetmasse*) pasta *f* de modelar; **2** F (*Geld*) F pasta *f*
'kneten *v/t Teig* amasar; *Ton* modelar
'Knetmasse *f* pasta *f* de modelar
Knick [knɪk] *m* ⟨-(e)s; -e⟩ *in Papier, Stoff* pliegue *m*, doblez *m*; *e-r Straße* recodo *m*; *im Metall* codo *m*
'knicken I *v/t* ⟨h⟩ *Papier* doblar, plegar; *Zweige* romper, tronchar; **II** *v/i* ⟨sn⟩ hacer pliegues; *Zweige* romperse, troncharse
'knick(e)rig F *adj* tacaño, mezquino
Knicks [knɪks] *m* ⟨-es; -e⟩ reverencia *f*
'knicksen *v/i* hacer una reverencia
Knie [kniː] *n* ⟨-s; - ['kniː(ə)]⟩ **1** rodilla *f*; ***auf die ~ fallen*** ponerse de rodillas (*a fig*); ***j-n auf ~n bitten*** pedir(le) a alg de rodillas; F ***er bekam weiche ~*** le temblaban las piernas; F *fig* ***etw übers ~ brechen*** hacer a/c apresuradamente; F ***j-n übers ~ legen*** pegar una paliza a alg; *geh* ***j-n in die ~ zwingen*** someter a alg; **2** *e-s Flusses* recodo *m*; *e-s Rohres* codo *m*
'Knie|beuge *f* flexión *f* (de rodillas); **~bundhose** *f* bombacho *m*
'Kniefall *m* genuflexión *f*; ***e-n ~ vor j-m machen*** postrarse ante alg
'Knie|gelenk *n* articulación *f* de la rodilla; **~kehle** *f* corva *f*; **≈lang** *adj u adv* hasta la rodilla
knien [kniː(ə)n] ⟨kniet, kniete, gekniet⟩ **I** *v/i* estar de rodillas; **II** *v/r* ***sich ~*** arrodillarse; F ***sich in die Arbeit ~*** meterse de lleno en el trabajo
'Knie|scheibe *f* rótula *f*; **~schützer** *m* rodillera *f*; **~strumpf** *m* media *f* corta; **≈tief** *adj u adv* hasta la rodilla
Kniff [knɪf] *m* ⟨-(e)s; -e⟩ **1** (*Kneifen*) pellizco *m*; **2** (*Trick*) truco *m*; **3** *im Stoff* pliegue *m*, doblez *m*
'kniffelig, knifflig *adj* delicado, espinoso
knipsen ['knɪpsən] F **I** *v/t* **1** *Fahrkarte* picar; **2** FOT fotografiar; **II** *v/i* **3** FOT sacar una foto
Knirps [knɪrps] *m* ⟨-es; -e⟩ F (*kleiner Junge*) F chiquillo *m*, enano *m*
knirschen ['knɪrʃən] *v/i Schnee, Sand* crujir; ***mit den Zähnen ~*** rechinar los dientes
knistern ['knɪstərn] *v/i Feuer* crepitar; *Seide, Papier* crujir
Knitterfalte ['knɪtər-] *f* arruga *f*, pliegue *m*
'knittern I *v/t* arrugar; **II** *v/i* arrugarse
knobeln ['knoːbəln] *v/i* **1** *mit Würfeln* jugar a los dados; (*losen*) echar a suertes; **2** F (*überlegen*) devanarse los sesos (***an*** *+dat* con)
Knoblauch ['knoːplaʊx] *m* ⟨-(e)s⟩ ajo *m*; **~presse** *f* picador *m* de ajos; **~zehe** *f* diente *m* de ajo
Knöchel ['knœçəl] *m* ⟨-s; -⟩ *am Fuß* tobillo *m*; *am Finger* nudillo *m*
Knochen ['knɔxən] *m* ⟨-s; -⟩ hueso *m*; F ***sich bis auf die ~ blamieren*** hacer el más absoluto de los ridículos
'Knochen|arbeit F *f* F trabajo *m* de negros; **~bau** *m* ⟨-(e)s⟩ estructura *f* ósea; **~bruch** *m* fractura *f*; **~gerüst** *n* osamenta *f*, esqueleto *m*; **'≈'hart** F *adj* muy duro; **~mark** *n* médula *f*, tuétano *m*; **~splitter** *m* esquirla *f*; **'≈'trocken** F *adj* muy seco
'knochig *adj* huesudo
Knock(-)out [nɔk'ʔaʊt] *m* ⟨-(s); -s⟩ knockout *m*
Knödel ['knøːdəl] *m* ⟨-s; -⟩ *bsd südd, österr* → ***Kloß***
Knolle [knɔlə] *f* BOT tubérculo *m*; (*Zwiebel*) bulbo *m*
'Knollen|blätterpilz *m* amanita *f*; **~nase** *f* nariz *f* de patata
Knopf [knɔpf] *m* ⟨-(e)s; ⸚e⟩ botón *m*
'Knopfdruck *m* ***auf ~*** apretando un botón
knöpfen ['knœpfən] *v/t* abotonar, abrochar
'Knopf|loch *n* ojal *m*; **~zelle** *f* pila *f* (de) botón
Knorpel ['knɔrpəl] *m* ⟨-s; -⟩ cartílago *m*
'knorp(e)lig *adj* cartilaginoso
'knorrig *adj* nudoso; *fig* basto, rudo
Knospe ['knɔspə] *f* (*Baum≈*) yema *f*; (*Blüten≈*) botón *m*, capullo *m*
'knospen *v/i Baum* echar yemas; *Blume* brotar
knoten ['knoːtən] *v/t* (*zusammen~*) anudar
'Knoten *m* ⟨-s; -⟩ **1** nudo *m* (*a* BOT, MAR, *fig*); **2** *Frisur* moño *m*; **3** MED nudosidad *f*; (*Lymph≈*) ganglio *m* linfático
'Knotenpunkt *m* (*Verkehrs≈*) empalme *m*; (*Eisenbahn≈*) nudo *m* ferroviario
Know-how [noː'haʊ] *n* ⟨-(s)⟩ conocimientos *m/pl*
knuffen ['knʊfən] *v/t* ***j-n ~*** dar empujones *od* codazos a alg
knüllen ['knʏlən] *v/t Papier* arrugar
'Knüller F *m* exitazo *m*
knüpfen ['knʏpfən] *v/t* anudar; *Knoten* hacer; (*binden*) atar (*a fig*); *fig Freundschaft, Beziehung* entablar, trabar; ***Bedingungen an etw*** (*acus*) ***~*** poner condiciones a a/c
Knüppel ['knʏpəl] *m* ⟨-s; -⟩ **1** garrote *m*, palo *m*; (*Polizei≈*) porra *f*; F ***j-m ~ zwischen die Beine werfen*** poner trabas a alg; **2** AVIA palanca *f* de mando; AUTO palanca *f* de marchas
'knüppel'dick F *adv* ***es kam ~*** sucedió lo peor
knurren ['knʊrən] *v/i* **1** *Hund, fig* gruñir; **2** *Magen* sonar
knusprig ['knʊsprɪç] *adj* crujiente
Knute ['knuːtə] *f* látigo *m*; ***unter j-s ~*** bajo el

dominio de alg
knutschen ['knuːtʃən] F *v/i* F besuquearse
'Knutschfleck F *m* chupetón *m*
k. o. [ka'ʔoː] *adj u adv Abk* (*knock-out*) k.o.; ***j-n ~ schlagen*** dejar k.o. *od* fuera de combate a alg; F *fig* ***~ sein*** estar k.o. *od* fuera de combate
K. o. *m Abk* (*Knock-out*) k.o. *m*
Koala [ko'aːla] *m* ⟨-s; -s⟩ koala *m*
Koalition [koʔalitsi'oːn] *f* coalición *f*
Kobalt ['koːbalt] *n* ⟨-s⟩ cobalto *m*
Koblenz [koːblɛnts] *n* Coblenza *f*
Kobold ['koːbɔlt] *m* ⟨-(e)s; -e⟩ duende *m*, gnomo *m*
Kobra ['koːbra] *f* ⟨-; -s⟩ cobra *f*
Koch [kɔx] *m* ⟨-(e)s; ⸚e⟩ cocinero *m*; *prov* ***viele Köche verderben den Brei*** *prov* muchas manos estropean el guiso
'Kochbuch *n* libro *m* de cocina
'kochen I *v/t* **1** *Speisen* guisar, cocinar; (*garen*) cocer; *Wäsche* hervir; *Tee, Kaffee, Essen* hacer; ***was kochst du heute?*** ¿qué vas a cocinar hoy?; **II** *v/i* **2** *Flüssigkeit, fig* hervir; *Speisen* guisar, cocinar; ***~d heiß*** en punto de ebullición; **3** *Person* estar furioso; ***er kochte vor Wut*** estaba furioso
'Kocher *m* hornillo *m* (eléctrico)
Köcher ['kœçər] *m für Pfeile* carcaj *m*, aljaba *f*; *für Fernglas usw* estuche *m*
'koch|fertig *adj* listo para cocinar; **~fest** *adj Textilien* lavable en agua hirviendo; **⁀geschirr** *n* batería *f* de cocina
Köchin ['kœçɪn] *f* cocinera *f*
'Koch|kunst *f* arte *f* culinario; **~kurs(us)** *m* curso *m* de cocina; **~löffel** *m* cucharón *m*; **~nische** *f* rincón *m* de cocina; **~platte** *f e-s Herdes* fuego *f*; (*Kocher*) hornillo *m*; **~salz** *n* sal *f* común; **~topf** *m* olla *f*, cazuela *f*, cacerola *f*; *größerer* marmita *f*; **~wäsche** *f* colada *f* que se lava en agua hirviendo
Kode [koːt] *m* ⟨-s; -s⟩ código *m*
Köd|er ['køːdər] *m* cebo *m* (*a fig*); **⁀ern** *v/t* echar el cebo a; *fig a* atraer (***mit*** con)
kodier|en [ko'diːrən] *v/t* ⟨*sin* ge⟩ codificar; **⁀ung** *f* codificación *f*
Koeffizient [koʔɛfitsi'ɛnt] *m* ⟨-en; -en⟩ coeficiente *m*
'Koexistenz *f* coexistencia *f*
Koffein [kɔfe'iːn] *n* ⟨-s⟩ cafeína *f*
koffe'infrei *adj* sin cafeína
Koffer ['kɔfər] *m* (*Hand⁀*) maletín *m*; (*großer Reise⁀*) maleta *f*, *Am* valija *f*; ***s-e ~ packen*** hacer las maletas (*a fig*)
'Koffer|kuli *m* carrito *m* (portaequipajes); **~radio** *n* radio *f* portátil; **~raum** *m* AUTO maletero *m*
Kognak ['kɔnjak] *m* ⟨-s; -s⟩ coñac *m*
Kohl [koːl] *m* ⟨-(e)s; -e⟩ **1** BOT col *f*, berza *f*; **2** F *desp* disparates *m/pl*, chorradas *f/pl*
'Kohldampf F *m* ***~ schieben*** pasar hambre
Kohle ['koːlə] *f* **1** carbón *m*; (***wie***) ***auf glühenden ~n sitzen*** estar en ascuas; **2** F (*Geld*) F pasta *f*
Kohlen|dioxid *n wiss*, **~dioxyd** [-'diːʔɔksyːt] *n* dióxido *m* de carbono; **~hydrat** ['-hydraːt] *n* hidrato *m* de carbono; **~monoxid** *n wiss*, **~monoxyd** [-'mɔnɔksyːt] *n* monóxido *m* de carbono
'Kohlensäure *f* CHEM ácido *m* carbónico; *in Getränken* gas *m*; *Mineralwasser* ***ohne ~*** sin gas
'Kohlen|stoff *m* carbono *m*; **~'wasserstoff** *m* hidrocarburo *m*
'Kohle|papier *n* papel *m* carbón; **~tablette** *f* pastilla *f* de carbón; **~vorkommen** *n* MIN yacimiento *m* de carbón; **~zeichnung** *f* (dibujo *m* al) carbón *m*
'Kohl|kopf *m* repollo *m*; **~meise** *f* carbonero *m* (común); **'⁀'raben'schwarz** F *adj* negro como el carbón *od* el azabache; **~rabi** [-'raːbi] *m* ⟨-(s); -(s)⟩ colinabo *m*; **~roulade** *f* GASTR *hoja de repollo rellena*; **~rübe** *f* naba *f*; **'⁀schwarz** *adj* negro como el carbón *od* el azabache; **~sprossen** *pl österr* col *f* de Bruselas; **~weißling** *m* ⟨-s; -e⟩ ZO mariposa *f* blanca de la col
Koitus ['koːitʊs] *m* ⟨-; -⟩ coito *m*
Koje ['koːjə] *f* **1** MAR camarote *m*; **2** F *scherzh* (*Bett*) F catre *m*
Kokain [koka'iːn] *n* ⟨-s⟩ cocaína *f*
kokett [ko'kɛt] *adj* coqueto
koket'tieren *v/i* ⟨*sin* ge⟩ ***mit j-m ~*** coquetear con alg; *fig* ***mit etw ~*** coquetear con a/c; ***mit s-m Alter ~*** jugar con la edad
Kokos|fett ['koːkɔs-] *n* grasa *f* de coco; **~flocken** *pl* coco *m* rallado; **~milch** *f* leche *f* de coco; **~nuss** *f* coco *m*; **~palme** *f* cocotero *m*
Koks [koːks] *m* ⟨-es; -e⟩ **1** (*Kohlen⁀*) coque *m*; **2** *Jargon* (*Kokain*) F coca *f*, perica *f*
Kolben ['kɔlbən] *m* ⟨-s; -⟩ **1** TEC émbolo *m*; AUTO pistón *m*; **2** (*Destillier⁀*) alambique *m*; **3** *am Gewehr* culata *f*; **4** (*Mais⁀*) mazorca *f*; **5** F (*dicke Nase*) F narizón *m*
Kolibri ['koːlibri] *m* ⟨-s; -s⟩ colibrí *m*
Kolik ['koːlɪk] *f* cólico *m*
Kollaborateur(in) [kɔlabora'tøːr(ɪn)] *m* ⟨-s; -e⟩ (*f*) *bsd* POL colaboracionista *m,f*
kollabo'rieren *v/i* ⟨*sin* ge⟩ *bsd* POL colaborar (***mit*** con)
Kollaps ['kɔlaps] *m* ⟨-es; -e⟩ colapso *m*
Kolleg [kɔ'leːk] *n* ⟨-s; -s⟩ *etwa* escuela *f* de graduado escolar
Kollege [kɔ'leːgə] *m* ⟨-n; -n⟩ (*Arbeits⁀*, *Fach⁀*) colega *m*; (*Amts⁀*) homólogo *m*
kollegial [kɔlegi'aːl] **I** *adj* de colegas, solidario; ***~es Verhältnis*** compañerismo *m*; **II** *adv* con solidaridad, con compañerismo

Kol'legin *f* (*Arbeits*≗, *Fach*≗) colega *f*; (*Amts*≗) homóloga *f*
Kollegium [kɔ'le:giʊm] *n* ⟨-s; -ien⟩ (*Lehrer*≗) claustro *m*
Kol'legmappe *f* cartera *f*
Kollek|te [kɔ'lɛktə] *f Kirche* colecta *f*, cuestación *f*; **~ti'on** *f* colección *f*
kollektiv [kɔlɛk'ti:f] *adj* colectivo
Kollek'tiv *n* ⟨-s; -e *o* -s⟩ (*Gemeinschaft*) colectividad *f*, comunidad *f*; (*Team*) grupo *m*, equipo *m*; **~eigentum** *n* propiedad *f* colectiva
Koller ['kɔlər] F *m* acceso *m* de rabia; ***e-n ~ kriegen*** F tener un ataque de rabia
kollidieren [kɔli'di:rən] *geh v/i* ⟨*sin* ge, h *o* sn⟩ chocar (***mit*** con); *zeitlich* coincidir (***mit*** con; *a fig*)
Kollier [kɔli'e:] *n* ⟨-s; -s⟩ collar *m*
Kollision [kɔlizi'o:n] *f* colisión *f*, choque *m* (*a fig*); *fig a* conflicto *m*
Kolloquium [kɔ'lo:kviʊm] *n* ⟨-s; -ien⟩ coloquio *m*
Köln [kœln] *n* ⟨-s⟩ Colonia *f*
'Kölner *adj* ⟨*inv*⟩ de Colonia
'kölnisch *adj* de Colonia; ***~ Wasser*** (agua *f* de) colonia *f*
kolonial [koloni'a:l] *adj* colonial
Kolonia'lismus *m* ⟨-⟩ colonialismo *m*
Koloni'al|macht *f* potencia *f* colonial; **~zeit** *f* época *f* colonial
Kolon|ie [kolo'ni:] *f* colonia *f*; **≗i'sieren** *v/t* ⟨*sin* ge⟩ colonizar
Kolonne [ko'lɔnə] *f* columna *f* (*a* MIL); (*Wagen*≗) caravana *f*; (*Arbeits*≗) brigada *f*; ***~ fahren*** ir en caravana
kolorieren [kolo'ri:rən] *v/t* ⟨*sin* ge⟩ colorar
Kolorit [kolo'ri:t] *n* ⟨-(e)s; -e *o* -s⟩ MAL, *fig* colorido *m*
Koloss [ko'lɔs] *m* ⟨-es; -e⟩ coloso *m* (*a fig*)
kolossal [kolɔ'sa:l] *adj* **1** colosal; **2** F *fig* F estupendo, fenomenal, enorme
kolportieren [kɔlpɔr'ti:rən] *geh v/t* ⟨*sin* ge⟩ *Gerücht* divulgar
Kolumbia|ner(in) [kolʊmbi'a:nər(ɪn)] *m*(*f*) colombiano, -a *m,f*; **≗nisch** *adj* colombiano
Ko'lumbien [ko'lʊmbien] *n* ⟨-s⟩ Colombia *f*
Ko'lumbus *m* [ko'lʊmbus] Colón *m*
Kolumne [ko'lʊmnə] *f* TYPO, *e-r Zeitung* columna *f*
Koma ['ko:ma] *n* ⟨-s; -s *o* -ta⟩ MED coma *m*; ***im ~ liegen*** estar en coma
Kombi ['kɔmbi] *m* ⟨-(s); -s⟩ combi *m*, monovolumen *m*
Kombinati'on *f* combinación *f*; *Herrenanzug* conjunto *m*; (*gedankliche Verknüpfung*) deducción *f*
kombi'nieren *v/t* ⟨*sin* ge⟩ combinar (***mit*** con); *fig gedanklich* deducir
'Kombiwagen *m* → ***Kombi***
Komet [ko'me:t] *m* ⟨-en; -en⟩ cometa *m*
ko'metenhaft *adj fig Aufstieg* vertical
Komfort [kɔm'fo:r] *m* ⟨-s⟩ comodidades *f/pl*, confort *m*; ***mit allem ~*** con todas las comodidades
komfortabel [kɔmfɔr'ta:bəl] *adj* ⟨-bl-⟩ confortable
Komik ['ko:mɪk] *f* ⟨-⟩ lo cómico, efecto *m* cómico
'Komiker(in) *m*(*f*) **1** *Schauspieler*(*in*) cómico, -a *m,f*; **2** (*Unterhalter*[*in*]) animador, a *m,f*
'komisch *adj* **1** (*lustig*) cómico, divertido; **2** (*seltsam*) raro, extraño, curioso; ***ein ~er Einfall*** ocurrencia *f*
Komitee [komi'te:] *n* ⟨-s; -s⟩ comité *m*
Komma ['kɔma] *n* ⟨-s; -s *o* -ta⟩ coma *f*; ***drei ~ fünf*** tres coma cinco
Komman|dant [kɔman'dant] *m* ⟨-en; -en⟩ comandante *m*; **~'deur** *m* ⟨-s; -e⟩ comandante *m*; **≗'dieren** *v/t*, *v/i* ⟨*sin* ge⟩ tener el mando (de), comandear
Kommanditgesellschaft [kɔman'di:t-] *f* sociedad *f* comanditaria *od* en comandita; ***~ auf Aktien*** sociedad *f* comanditaria por acciones
Kommandi'tist(in) *m*(*f*) socio, -a *m,f* comanditario, -a
Kommando [kɔ'mando] *n* ⟨-s; -s⟩ **1** (*Befehl*) orden *f*; (*Befehlsgewalt*) mando *m*; **2** *Abteilung* comando *m*, destacamento *m*; **~brücke** *f* puente *m* de mando; **~zentrale** *f* central *f* de mando
kommen ['kɔmən] ⟨kam, gekommen, sn⟩ **I** *v/i* **1** (*zum Sprechenden hin*) venir; (*vom Sprechenden weg*) ir; (*an~*) llegar; ***in e-n Laden ~*** entrar en una tienda; ***aus e-m Haus ~*** salir de una casa; ***ich komme ja schon!*** ¡ya voy!; ***da kommt er ja!*** ¡ahí viene!; **2** (*gelangen*) ***durch e-e Stadt ~*** pasar por una ciudad; ***wie komme ich zum Bahnhof?*** ¿como se va a la estación?; **3** *mit p/p*: ***gelaufen ~*** llegar *od* venir corriendo; **4** *fig* (*erreichen*) ***wie weit bist du mit deiner Arbeit gekommen?*** ¿hasta dónde has llegado en el trabajo?; **5** (*e-n Platz be~*) ***die Vase kommt auf den Tisch*** el jarrón va sobre la mesa; **6** (*eintreten*) ***ich habe es ~ sehen*** lo veía venir; ***was auch ~ mag*** pase lo que pase; F ***das musste ja so ~*** tenía que pasar; **7** (*den Einfall haben*) ***j-d kommt auf etw*** (*acus*) a alg se le ocurre a/c, a alg le viene a/c a la memoria; ***ich komme nicht auf s-n Namen*** no me acuerdo de *od* no me viene su nombre; ***wie ~ Sie darauf?*** ¿por qué lo dice?; ***hinter etw ~*** descubrir a/c; **8** ***j-n ~ lassen*** hacer venir a alg, mandar a por alg; ***sich*** (*dat*) ***etw ~ lassen*** encargar a/c; *fig*

auf j-n nichts ~ lassen no querer que se hable mal de alg; **9** ***auf j-n ~*** (*j-m zufallen*) recaer en alg, tocar a alg; **10** (*stammen*) ***aus Berlin ~*** ser de Berlín; **11** ***von etw ~*** (*herrühren*) venir de a/c, deberse a a/c; ***das kommt davon!*** ¡ahí lo ves!, ¡así aprenderás!; **12** (***wieder***) ***zu sich*** (*dat*) ~ volver en sí; **13** *Unheil usw* ***über j-n ~*** recaer sobre alg; **14** ***um etw ~*** (*etw verlieren*) perder a/c, quedar privado de a/c; **15** ***zu etw ~*** (*Zeit finden*) tener tiempo para a/c; **16** F ***komm, gib her!*** ¡venga, dámelo!; **17** F (*kosten*) costar; ***alles zusammen kommt auf 100 Euro*** en total asciende a *od* cuesta 100 euros; **II** *v/imp* **18** (*sich ergeben*) ***daher kommt es, dass …*** por eso …; ***wie kommt es, dass …?*** ¿cómo es que … (*+subj*)?; ***es kam zu e-r Schießerei*** se produjo un tiroteo

'Kommen *n* ⟨-s⟩ llegada *f*, venida *f*; ***das ~ und Gehen*** el vaivén, las idas y venidas

'kommend *adjt* (*nächste*) que viene, próximo; (*künftig*) venidero, futuro

Kommen|tar [kɔmɛn'taːr] *m* ⟨-s; -e⟩ comentario *m*; **♀'tieren** *v/t* ⟨*sin* ge⟩ comentar

kommer|ziali'sieren [kɔmɛrtsiali'ziːrən] *v/t* ⟨*sin* ge⟩ comercializar; **~'ziell** [-tsi'ɛl] *adj* comercial

Kommiliton|e [kɔmili'toːnə] *m* ⟨-n; -n⟩, **~in** *f* compañero, -a *m,f* de estudios

Kommiss [kɔ'mɪs] F *m* ⟨-es⟩ F mili *f*

Kommissar|(in) [kɔmɪ'saːr(ɪn)] *m* ⟨-s; -e⟩ (*f*) comisario, -a *m,f*; **♀isch** *adj* provisional, interino

Kommission [kɔmɪsi'oːn] *f* comisión *f*; ***etw in ~ nehmen*** tomar a/c en comisión; ***etw auf ~ verkaufen*** vender a/c a comisión

Kommissio'när(in) *m*(*f*) comisionista *m,f*

Kommissi'ons|basis *f* ***auf ~*** a comisión; **~geschäft** *n* negocio *m* de comisión; **~lager** *n* depósito *m* de consignación *od* de mercancías; **~ware** *f* mercancía *f* en comisión

Kommit'tent(in) *m*(*f*) comitente *m,f*

Kommode [kɔ'moːdə] *f* cómoda *f*

kommunal [kɔmu'naːl] *adj* municipal, comunal; **♀politik** *f* política *f* municipal; **♀wahl** *f* elecciones *f/pl* municipales

Kommune [kɔ'muːnə] *f* comuna *f*, municipio *m*

Kommunikati'on *f* ⟨-⟩ comunicación *f*; ***die ~ funktioniert nicht*** no funciona (bien) la comunicación (***zwischen*** entre)

Kommunikati'ons|mittel *n* medio *m* de comunicación; **~netz** *n* red *f* de comunicación; **~system** *n* sistema *m* de comunicación

Kommunion [kɔmuni'oːn] *f* KATH comunión *f*; ***zur ~ gehen*** ir a comulgar

Kommuniqué [kɔmyni'keː] *n* ⟨-s; -s⟩ comunicado *m*

Kommu'n|ismus *m* ⟨-⟩ comunismo *m*; **~ist (-in)** *m*(*f*) comunista *m,f*; **♀istisch** *adj* comunista

kommuni'zieren *v/i* ⟨*sin* ge⟩ **1** *geh*, PHYS comunicar; **2** KATH comulgar

Komödiant(in) [komødi'ant(ɪn)] *m* ⟨-en; -en⟩ (*f*) cómico, -a *m,f* (*a fig*), comediante *m,f* (*a desp Heuchler, -in*)

Komödie [ko'møːdiə] *f* comedia *f* (*a fig*); *fig* ***~ spielen*** hacer una comedia

Kompagnon ['kɔmpanjɔ̃ː] *m* ⟨-s; -s⟩ COM socio *m*

kompakt [kɔm'pakt] *adj* compacto

Kompanie [kɔmpa'niː] *f* MIL compañía *f*

Komparativ ['kɔmparatiːf] *m* ⟨-s; -e⟩ comparativo *m*

Kompar|se [kɔm'parzə] *m* ⟨-n; -n⟩, **~sin** *f* comparsa *m,f*

Kompass ['kɔmpas] *m* ⟨-es; -e⟩ brújula *f*; MAR compás *m*; **~nadel** *f* aguja *f* de la brújula *od* del compás

kompatib|el [kɔmpa'tiːbəl] *adj* ⟨-bl-⟩ compatible (***mit*** con; *a* INFORM); **♀ili'tät** *f a* INFORM compatibilidad *f*

Kompen|sation [kɔmpɛnzatsi'oːn] *f* compensación *f*; **~sati'onsgeschäfte** *n/pl* operaciones *f/pl* de compensación; **♀'sieren** *v/t* ⟨*sin* ge⟩ compensar (***durch, mit*** con)

kompetent [kɔmpe'tɛnt] *adj* competente

Kompe'tenz *f* competencia *f*

Komplementär [kɔmplemɛn'tɛːr] *m* ECON socio *m* colectivo; **~farbe** *f* color *m* complementario; **~in** *f* socia *f* colectiva

komplett [kɔm'plɛt] *adj* **1** completo; **2** F ***das ist ~er Wahnsinn*** F es una locura total

komplex [kɔm'plɛks] *adj* complejo

Kom'plex *m* ⟨-es; -e⟩ (*Industrie♀, Gebäude♀*) complejo *m* (*a* PSYCH); (*Fragen♀*) conjunto *m*

Komplikati'on [kɔmplikatsi'oːn] *f* complicación *f*

Kompliment [kɔmpli'mɛnt] *n* ⟨-(e)s; -e⟩ cumplido *m*, piropo *m*

Komplize [kɔm'pliːtsə] *m* ⟨-n; -n⟩ cómplice *m*

kompli'zieren *v/t* ⟨*sin* ge⟩ complicar

kompli'ziert *adjt* complicado

Kom'plizin *f* cómplice *f*

Komplott [kɔm'plɔt] *n* ⟨-(e)s; -e⟩ conspiración *f*, complot *m*; ***ein ~ schmieden*** tramar una conspiración

Kompo|nente [kɔmpo'nɛntə] *f* componente *m* (*a fig*); **♀'nieren** *v/t*, *v/i* ⟨*sin* ge⟩ componer; **~'nist(in)** *m*(*f*) compositor, a *m,f*; **~siti'on** *f* composición *f*

Kompost [kɔm'pɔst] *m* ⟨-(e)s; -e⟩ compost *m*; **~haufen** *m* montón *m* de compost

Kompos'tier|anlage *f* planta *f* de compostaje; **≈en** *v/t* ⟨*sin* ge⟩ compostar, convertir en compost; **~ung** *f* compostaje *m*
Kompott [kɔm'pɔt] *n* ⟨-(e)s; -e⟩ compota *f*
Kompress|e [kɔm'prɛsə] *f* compresa *f*; **~or** *m* ⟨-s; -s'soren⟩ compresor *m*
komprimieren [kɔmpri'miːrən] *v/t* ⟨*sin* ge⟩ comprimir (*a* INFORM)
Kompromiss [kɔmpro'mɪs] *m* ⟨-es; -e⟩ compromiso *m* (***zwischen*** *+dat* entre); ***e-n ~ schließen*** llegar a un acuerdo
kompro'miss|bereit *adj* dispuesto al acuerdo; **~los** *adj* intransigente, sin compromiso; **≈vorschlag** *m* propuesta *f* de acuerdo
kompromittieren [kɔmpromɪ'tiːrən] *v/t, v/r* ⟨*sin* ge⟩ (***sich***) ~ comprometer(se)
Konden|sation [kɔndɛnzati'oːn] *f* condensación *f*; **~'sator** *m* ⟨-s; -'toren⟩ condensador *m*; **≈'sieren** ⟨*sin* ge⟩ **I** *v/t* condensar; **II** *v/i* condensarse
Kon'dens|milch *f* leche *f* condensada; **~streifen** *m* estela *f*; **~wasser** *n* agua *m* de condensación
Kondition [kɔnditsi'oːn] *f* **1** SPORT forma *f* física, condición *f*; ***keine ~ haben*** no estar en forma; **2** COM *mst pl* **~en** condiciones *f/pl*
Konditional [kɔnditsio'naːl] *m* ⟨-s; -e⟩ GRAM condicional *m*
Konditi'onstraining *n* entrenamiento *m* (físico)
Kondi|tor [kɔn'diːtɔr] *m* ⟨-s; -'toren⟩ pastelero *m*; **~to'rei** *f* pastelería *f*; **~'torin** *f* pastelera *f*
kondolieren [kɔndo'liːrən] *v/i* ⟨*sin* ge⟩ ***j-m ~*** dar a alg el pésame (***zu*** por)
Kondom [kɔn'doːm] *n* ⟨-s; -e⟩ preservativo *m*, condón *m*
Konfekt [kɔn'fɛkt] *n* ⟨-(e)s; -e⟩ confites *m/pl*; (*Pralinen*) bombones *m/pl*
Konfektion [kɔnfɛktsi'oːn] *f* confección *f*; **~sgröße** *f* talla *f* (de confección)
Konferenz [kɔnfe'rɛnts] *f* conferencia *f*; (*Lehrer≈*) claustro *m*; **~dolmetscher(in)** *m(f)* intérprete *m,f* de conferencia; **~leitung** *f* presidencia *f* de la conferencia; **~linie** *f* MAR línea *f* de conferencia; **~raum** *m* sala *f* de conferencias; **~schaltung** *f* TEL conexión *f* múltiple; **~teilnehmer(in)** *m(f)* participante *m,f* de la conferencia; **~tisch** *m* mesa *f* de conferencia
konferieren [kɔnfe'riːrən] *v/i* ⟨*sin* ge⟩ conferenciar (***über*** *+acus* sobre)
Konfessio|n [kɔnfɛsi'oːn] *f* confesión *f*; **≈'nell** *adj* confesional
konfessi'onslos *adj* aconfesional
Konfetti [kɔn'fɛti] *n* ⟨-(s)⟩ confeti *m*
Konfigu|ration [kɔnfiguratsi'oːn] *f* configuración *f* (*a* INFORM); **≈'rieren** *v/t* ⟨*sin* ge⟩ configurar (*a* INFORM)
Konfir|mand(in) [kɔnfɪr'mant (-dɪn)] *m* ⟨-en; -en⟩ (*f*) PROT confirmando, -a *m,f*; **~mati'on** *f* PROT confirmación *f*; **≈'mieren** *v/t* ⟨*sin* ge⟩ PROT confirmar
konfiszieren [kɔnfɪs'tsiːrən] *v/t* ⟨*sin* ge⟩ confiscar
Konfitüre [kɔnfi'tyːrə] *f* confitura *f*
Konflikt [kɔn'flɪkt] *m* ⟨-(e)s; -e⟩ conflicto *m*; ***mit dem Gesetz in ~ geraten sein*** estar en conflicto con la ley
Kon'flikt|situation *f* situación *f* de conflicto; **~vermeidung** *f* prevención *f* de conflictos
konform [kɔn'fɔrm] **I** *adj* conforme (***mit*** con); **II** *adv* ***mit j-m, etw ~ gehen*** estar de acuerdo con alg, con a/c
Konfor'mismus *m* ⟨-⟩ conformismo *m*
Konfron|tation [kɔnfrɔntatsi'oːn] *f* confrontación *f* (*a* POL); **≈'tieren** *v/t* ⟨*sin* ge⟩ confrontar (***mit*** con)
konfus [kɔn'fuːs] *adj* (*verworren*) confuso; *Person a* desconcertado
Konglomerat [kɔnglome'raːt] *n* ⟨-(e)s; -e⟩ GEOL conglomerado *m*; *fig* mezcla *f*
Kongo ['kɔŋgo] ⟨-s⟩ ***der ~*** el Congo
Kongoles|e [kɔŋgo'leːzə] *m* ⟨-n; -n⟩, **~in** *f* congolés, -esa *m,f*, congoleño, -a *m,f*; **≈isch** *adj* congoleño, congolés
Kongress [kɔn'grɛs] *m* ⟨-es; -e⟩ congreso *m*; **~halle** *f* pabellón *m* de congresos
kongru|ent [kɔngru'ɛnt] *adj* MAT congruente; **≈'enz** *f* ⟨-⟩ MAT, *fig* congruencia *f*; GRAM concordancia *f*
Konifere [koni'feːrə] *f* conífera *f*
König ['køːnɪç] *m* ⟨-s; -e⟩ rey *m* (*a Spielkarte, Schachfigur, fig*)
'Königin *f* reina *f* (*a* ZO)
'königlich **I** *adj* real, regio; **II** *adv* F ***sich ~ amüsieren*** divertirse a lo grande
'Königreich *n* reino *m*
'Königshaus *n* casa *f* real
konisch ['koːnɪʃ] *adj* cónico
Konjugation [kɔnjugatsi'oːn] *f* conjugación *f*
konju'gieren *v/t* ⟨*sin* ge⟩ conjugar
Konjunktion [kɔnjʊŋktsi'oːn] *f* conjunción *f* (*a* ASTR)
Konjunktiv ['kɔnjʊŋktiːf] *m* ⟨-s; -e⟩ GRAM subjuntivo *m*
Konjunktur [kɔnjʊŋk'tuːr] *f* coyuntura *f*; ***(un)günstige ~*** coyuntura *f* (des)favorable
konjunk'tur|abhängig *adj* dependiente de la coyuntura; **≈aufschwung** *m* auge *m* coyuntural; **≈barometer** *n* barómetro *m od* índice *m* coyuntural; **≈einbruch** *m* caída *f* coyuntural, *zyklischer* depresión *f* cíclica
konjunktu'rell *adj* coyuntural
Konjunk'tur|entwicklung *f* desarrollo *m* de

la coyuntura; **~flaute** *f* estancamiento *m* de la coyuntura; **~krise** *f* crisis *f* de coyuntura *od* coyuntural; **~lage** *f* situación *f* económica; **~politik** *f* política *f* coyuntural *od* de la coyuntura; **~programm** *n* programa *m* coyuntural; **~rückgang** *m* receso *m* coyuntural; **~schwankungen** *f/pl* variaciones *f/pl* coyunturales; **~tief** *n* depresión *f* coyuntural; **~zyklus** *m* ciclo *m* coyuntural

konkav [kɔn'ka:f] *adj* cóncavo

konkret [kɔn'kre:t] *adj* concreto

konkreti'sieren *v/t* ⟨*sin* ge⟩ concretar; (*näher ausführen*) *a* precisar

Konkurrent(in) [kɔnkʊ'rɛnt(ɪn)] *m* ⟨-en; -en⟩ (*f*) competidor, a *m,f*; ***größter ~*** mayor competidor *m*

Konkur'renz *f* competencia *f*; ***starke, wachsende ~*** competencia *f* fuerte, creciente; ***außer ~*** sin competencia; ***j-m ~ machen*** hacerle la competencia a alg; ***das ist unsere ~*** es nuestra competencia

konkur'renz|fähig *adj* competitivo, capaz de competir; **Ձkampf** *m* rivalidad *f*, competición *f*; **~los** *adj* sin competencia; **Ձprodukt** *n* producto *m* de la competencia

konkur'rie|ren *v/i* ⟨*sin* ge⟩ ***mit j-m*** (***um etw***) **~** competir con alg (por a/c); **~rend** *adjt* competitivo

Konkurs [kɔn'kʊrs] *m* ⟨-es; -e⟩ ECON quiebra *f*; ***~ anmelden*** declararse en quiebra; ***den ~ eröffnen*** decretar la quiebra; ***in ~ gehen, ~ machen*** quebrar

Kon'kurs|antrag *m* solicitud *f* de quiebra; **~eröffnung** *f* apertura *f* de la quiebra; **~eröffnungsbeschluss** *m* declaración *f* de *od* en quiebra; **~masse** *f* activo *m* de la quiebra; **~verfahren** *n* procedimiento *m* de quiebra; **~verwalter** *m* síndico *m* de la quiebra

können ['kœnən] ⟨kann, konnte⟩ **I** *v/modal* ⟨*p/p* können⟩ **1** (*vermögen*) poder; ***man kann nie wissen*** nunca se sabe; **2** (*beherrschen*) saber; ***schwimmen ~*** saber nadar; **3** (*dürfen*) poder; P ***du kannst mich mal!*** P ¡que te den por culo!; **4** (*möglich sein*) ***es kann sein, dass …*** puede ser que … (+*subj*); ***das kann nicht sein*** no puede ser; **5** (*Grund haben*) ***das kann man wohl sagen!*** ¡ya lo creo!; F ***ich kann dir sagen!*** ¡te diré!; **II** *v/t, v/i* ⟨*p/p* gekonnt⟩ **6** (*vermögen*) poder; ***ich kann nicht mehr!*** ¡no puedo más!; ***ich kann nicht anders*** no puedo evitarlo, no puedo hacer otra cosa; ***so gut ich kann*** lo mejor que pueda; **7** (*beherrschen*) saber; ***er kann etwas*** sabe a/c; ***er kann Englisch*** sabe inglés; (*sprechen*) habla inglés; **8** ***ich kann nichts dafür*** no tengo la culpa

'Können *n* ⟨-s⟩ capacidad *f*, facultad *f*, habilidad *f*; (*Wissen*) saber *m*

'Könner(in) *m(f)* experto, -a *m,f*

Konnossement [konosə'mã:] *n* ⟨-s; -s⟩ COM conocimiento *m* de embarque; ***reines*** (***unreines***) **~** conocimiento *m* de embarque limpio (sucio *od* irregular)

Konrad ['kɔnra:t] *m* Conrad *m*

Konsens [kɔn'zɛns] *geh m* ⟨-es; -e⟩ consenso *m*

konsequent [kɔnze'kvɛnt] *adj* **1** (*folgerichtig*) consecuente; **2** (*beharrlich*) resoluto, perseverante

Konse'quenz *f* **1** (*Folgerichtigkeit*) lógica *f*; **2** (*Folge*) consecuencia *f*; ***die ~en aus etw ziehen*** asumir las consecuencias de a/c

konserva|tiv [kɔnzɛrva'ti:f] *adj* conservador; **Ձ'tive(r)** *f(m)* ⟨→ A⟩ conservador, a *m,f*; **Ձ'torium** *n* ⟨-s; -ien⟩ conservatorio *m*

Konserve [kɔn'zɛrvə] *f* conserva *f*; **~ndose** *f* lata *f* de conservas; **~nindustrie** *f* industria *f* conservera

konser|'vieren *v/t* ⟨*sin* ge⟩ conservar; **Ձ'vierung** *f* ⟨-⟩ conservación *f*; **Ձ'vierungsmittel** *n* conservante *m*

Konsigna|tar(in) [kɔnsigna'ta:r] *m* ⟨-s; -e⟩ (*f*) consignatario, -a *m,f*; **~'tion** *f* consignación *f*

Konsistenz [kɔnzɪs'tɛnts] *f* ⟨-⟩ consistencia *f*

Konsole [kɔn'zo:lə] *f* consola *f*

konsolidier|en [kɔnzoli'di:rən] *v/t* ⟨*sin* ge⟩ consolidar; **Ձung** *f* consolidación *f*; **Ձungsprogramm** *n* programa *m* de consolidación

Konsonant [kɔnzo'nant] *m* ⟨-en; -en⟩ consonante *m*; **Ձisch** *adj* consonántico

Konsortium [kɔn'zɔrtsiʊm] *n* ⟨-s; -ien⟩ consorcio *m*

Konspi|ration [kɔnspiratsi'o:n] *f* conspiración *f*; **Ձra'tiv** *adj* de conspiración; *Wohnung* franco; **Ձ'rieren** *v/i* ⟨*sin* ge⟩ conspirar (***gegen*** contra)

konstant [kɔn'stant] *adj* constante

Kon'stante *f* ⟨-n; -n⟩ constante *f* (*a fig*)

Konstanz ['kɔnstants] *n* Constanza *f*

konstatieren [kɔnsta'ti:rən] *geh v/t* ⟨*sin* ge⟩ constatar

Konstellation [kɔnstɛlatsi'o:n] *f* ASTR constelación *f* (*a fig*)

konsterniert [kɔnstɛr'ni:rt] *adjt* consternado (***über*** +*acus* por)

konstitu|ieren [kɔnstitu'i:rən] *v/t, v/r* ⟨*sin* ge⟩ (***sich***) **~** constituir(se); **Ձti'on** *f* constitución *f*; **~tio'nell** *adj* constitucional

konstruieren [kɔnstru'i:rən] *v/t* ⟨*sin* ge⟩ construir (*a fig*)

Konstrukti'on *f* construcción *f*; **~sfehler** *m* fallo *m* de construcción

konstruk'tiv *adj* constructivo
Konsul ['kɔnzʊl] *m* ⟨-s; -n⟩ cónsul *m*
Konsu'lat *n* ⟨-(e)s; -e⟩ consulado *m*; **~sfaktura** *f* factura *f* consular
'Konsulin *f* cónsul *f*
Konsul|tation [kɔnzʊltatsi'oːn] *geh f* consulta *f*; **2'tieren** *geh v/t* ⟨*sin* ge⟩ consultar
Konsu|m [kɔn'zuːm] *m* ⟨-s⟩ consumo *m*; ***den ~ einschränken*** restringir el consumo; ***der ~ sinkt, wächst*** el consumo decrece, crece
Kon'sumbereitschaft *f* propensión *f* al consumo
Konsu'ment(in) *m* ⟨-en; -en⟩ (*f*) consumidor, a *m,f*
Kon'sum|entwicklung *f* evolución *f* del consumo; **~genossenschaft** *f* cooperativa *f* de consumidores; **~gesellschaft** *f* sociedad *f* de consumo; **~gewohnheiten** *f/pl* hábitos *m/pl* de consumo; **~güter** *pl* bienes *m/pl* de consumo; **~güterindustrie** *f* industria *f* de bienes de consumo
konsu'mieren *v/t* ⟨*sin* ge⟩ consumir
Kon'sum|verhalten *n* comportamiento *m* de consumo; **~verzicht** *m* abstinencia *f* de consumo
Kontakt [kɔn'takt] *m* ⟨-(e)s; -e⟩ contacto *m* (***mit*** con; *a* EL); ***mit j-m ~ aufnehmen*** entrar en contacto con alg, contactar con alg
Kon'takt|anzeige *f* anuncio *m* (de contacto); **~aufnahme** *f* toma *f* de contacto; **2freudig** *adj* sociable; **~linse** *f* lentilla *f*, lente *f* de contacto; **~mann** *m* ⟨-(e)s; -männer *o* -leute⟩ contacto *m*
Kontami|nation [kɔntaminatsi'oːn] *f* contaminación *f*; **2'nieren** *v/t* ⟨*sin* ge⟩ contaminar
'Kontenbewegung *f* FIN movimiento *m* de cuentas
Konter ['kɔntər] *m* SPORT contraataque *m*
Konterfei ['kɔntərfaɪ] *n* ⟨-s; -s *o* -e⟩ *geh, scherzh* retrato *m*
'kontern *v/t, v/i* replicar (*a fig*); SPORT contraatacar
'Konterrevolution *f* contrarrevolución *f*
Kontext ['kɔntɛkst] *m* ⟨-(e)s; -e⟩ contexto *m*
Kontinen|t ['kɔntinɛnt] *m* ⟨-(e)s; -e⟩ continente *m*; **2'tal** *adj* continental
Kontingen|t [kɔntɪŋ'gɛnt] *n* ⟨-(e)s; -e⟩ contingente *m*, cupo *m* (***an*** *+dat* de); **~'tierung** *f* contingentación *f*
kontinu|ierlich [kɔntinu'iːrlɪç] *geh adj* continuado, continuo; **2ität** [-i'tɛːt] *geh f* ⟨-⟩ continuidad *f*
Konto ['kɔnto] *n* ⟨-s; -ten⟩ cuenta *f*; ***gebührenfreies ~*** cuenta *f* sin comisiones; ***das ~ auflösen*** cancelar la cuenta; ***ein ~ ausgleichen*** liquidar *od* saldar una cuenta; ***ein ~ eröffnen*** abrir una cuenta; *Betrag* ***e-m ~ gutschreiben*** abonar en una cuenta; ***ein ~ schließen*** *Buchführung* cerrar una cuenta; ***das ~ überziehen*** sobregirar una cuenta, tener la cuenta al descubierto; ***auf ein ~ einzahlen*** ingresar en una cuenta; ***auf dem ~ verbuchen*** sentar en cuenta; ***vom ~ abbuchen*** cargar en (la) cuenta
'Konto|auszug *m* extracto *m* de cuenta; **~bewegung** *f* movimiento *m* de cuenta; **~eröffnung** *f* apertura *f* de cuenta; **~führung** *f* mantenimiento *m od* administración *f* de una cuenta; **~führungsgebühr** *f* comisión *f* de mantenimiento (de una cuenta); **~inhaber(in)** *m(f)* titular *m,f* de una cuenta; **~kor'rentkonto** *n* cuenta *f* corriente; **~kor'rentkredit** *m* crédito *m* en cuenta corriente; **~nummer** *f* número *m* de cuenta
Kontor ['kɔntɔr] *n* COM oficina *f*, despacho *m*
'Kontostand *m* estado *m* de cuenta
kontra ['kɔntra] *prp* ⟨*+acus*⟩, *adv* contra
'Kontra *n* ⟨-s; -s⟩ contra *f*; ***j-m ~ geben*** *Kartenspiel* hacer la contra a alg; F *fig* llevar (-le) la contraria a alg
'Kontrabass *m* contrabajo *m*
Kontrahent(in) [kɔntra'hɛnt(ɪn)] *m* ⟨-en; -en⟩ (*f*) JUR parte *f* contratante; *fig* adversario, -a *m,f*
Kontrakt [kɔn'trakt] *m* ⟨-(e)s; -e⟩ contrato *m*, contrata *f*
'kontraproduktiv *adj* contraproducente
'Kontrapunkt *m* MUS contrapunto *m*
konträr [kɔn'trɛːr] *geh adj* contrario
Kontras|t [kɔn'trast] *m* ⟨-(e)s; -e⟩ contraste *m*; **2'tieren** *geh v/i* ⟨*sin* ge⟩ contrastar (***mit*** con)
Kon'trastmittel *n* MED producto *m* de contraste
Kon'trollabschnitt *m* talón *m* de control; (*Beleg*) comprobante *m*
Kontrolle [kɔn'trɔlə] *f* control *m*; (*Überprüfung*) comprobación *f*, inspección *f*; ***etw unter ~*** (*dat*) ***haben*** tener a/c bajo control; ***außer ~ geraten*** quedar fuera de control
Kontrolleur(in) [kɔntrɔ'løːr(ɪn)] *m* ⟨-s; -e⟩ (*f*) inspector, a *m,f*; *im Zug usw* revisor, a *m,f*
Kon'trollgang *m* ronda *f* de inspección
kontrol'lieren *v/t* ⟨*sin* ge⟩ controlar; (*überprüfen*) *a* comprobar, revisar
Kon'troll|lampe *f* piloto *m*; **~nummer** *f* número *m* de control, número *m* de registro; **~turm** *m* torre *f* de control; **~zentrum** *n* centro *m* de control
Kontroverse [kɔntro'vɛrzə] *geh f* controversia *f*
Kontur [kɔn'tuːr] *f* contorno *m*, perfil *m*
Konvention [kɔnvɛntsi'oːn] *f* convención *f*

Konventio'nalstrafe *f* JUR multa *f* convencional
konventio'nell *adj* convencional
Konvergenz [kɔnvɛr'gɛnts] *f* ⟨-; -en⟩ convergencia *f*; **~kriterien** *pl* POL criterios *m/pl* de convergencia
Konversation [kɔnvɛrzatsi'oːn] *f* conversación *f*; **~slexikon** *n* diccionario *m* enciclopédico
konver|tibel [kɔnvɛr'tiːbəl] *adj*, **~tierbar** [-'tiːrbaːr] *adj* FIN, INFORM convertible
Konver'tierbarkeit *f* FIN, INFORM convertibilidad *f*
konver'tier|en ⟨*sin* ge⟩ **I** *v/t* ⟨h⟩ FIN, INFORM convertir; **II** *v/i* ⟨h *o* sn⟩ REL convertirse (***zu*** a); **2ung** *f* FIN, INFORM, REL conversión *f*
konvex [kɔn'vɛks] *adj* convexo
Konvoi [kɔn'vɔʏ] *m* ⟨-s; -s⟩ convoy *m*; ***im ~ fahren*** ir en convoy
Konzentrat [kɔntsɛn'traːt] *n* ⟨-(e)s; -e⟩ concentrado *m*
Konzentrati'on *f* concentración *f*; **~slager** *n* campo *m* de concentración; **~sprozess** *m* proceso *m* de concentración
konzen'tr|ieren *v/t*, *v/r* ⟨*sin* ge⟩ (***sich***) ~ concentrar(se) (***auf*** +*acus* en); **~iert I** *adjt* concentrado; **II** *advl* con concentración
Konzept [kɔn'tsɛpt] *n* ⟨-(e)s; -e⟩ **1** (*Rohfassung*) borrador *m*; **2** (*Plan*) plan *m*; ***aus dem ~ kommen*** perder el hilo; ***j-n aus dem ~ bringen*** hacer a alg perder el hilo, desconcertar a alg
Konzepti'on *f* concepción *f*
Kon'zeptpapier *n* borrador *m*
Konzern [kɔn'tsɛrn] *m* ⟨-(e)s; -e⟩ consorcio *m*, grupo *m*; **~management** *n* dirección *f* del consorcio *bzw* grupo; **~spitze** *f* dirección *f* del consorcio *bzw.* del grupo
Konzert [kɔn'tsɛrt] *n* ⟨-(e)s; -e⟩ *Veranstaltung*, *Musikstück* concierto *m*; *e-s Solisten* recital *m*; **~flügel** *m* piano *m* de concierto; **~meister** *m* concertino *m*; **~reise** *f* gira *f* (de conciertos); **~saal** *m* sala *f* de conciertos
Konzession [kɔntsɛsi'oːn] *f* (*Zugeständnis*) concesión *f*; COM licencia *f*; ***e-e ~ erteilen*** conceder, otorgar una concesión
Konzess|io'när(in) *m(f)*, **~i'onsinhaber(in)** *m(f)* concesionario, -a *m,f*
konzes'siv *adj* GRAM concesivo
Konzil [kɔn'tsiːl] *n* ⟨-s; -e *o* -ien⟩ concilio *m*; **2i'ant** *geh adj* conciliador
konzipieren [kɔntsi'piːrən] *geh v/t* ⟨*sin* ge⟩ concebir
Koope|ration [koʔoperatsi'oːn] *f* cooperación *f*; **2ra'tiv** *adj* cooperativo; **~ra'tive** *f* cooperativa *f*; **2'rieren** *v/i* ⟨*sin* ge⟩ cooperar
Koordi|nate [koʔɔrdi'naːtə] *f* coordenada *f*; **~nati'on** *f* coordinación *f*; **2'nieren** *v/t* ⟨*sin* ge⟩ coordinar
Kopenhagen [koːpən'haːgən] *n* Copenhague *m*
Kopf [kɔpf] *m* ⟨-(e)s; ⸚e⟩ **1** ANAT, *fig* cabeza *f*; F coco *m*; **2** *mit adj u adv* (***um***) ***e-n ~ größer sein als j-d*** llevarle una *od* sacarle la cabeza a alg; ***~ hoch!*** ¡ánimo!; **3** *mit su* ***~ an ~*** pie con pie; ***von ~ bis Fuß*** de pies a cabeza; ***~ und Kragen riskieren*** jugarse el cuello; ***mit dem ~ durch die Wand wollen*** empeñarse en lo imposible; **4** *mit prp* ***nicht auf den ~ gefallen sein*** no tener un pelo de tonto; F ***sein ganzes Geld auf den ~ hauen*** F tirar su dinero por la ventana; ***auf dem ~ stehen*** *Bild usw* estar del revés; ***alles auf den ~ stellen*** poner todo patas arriba; ***das geht mir nicht aus dem ~*** no se me va de la cabeza; ***sich*** (*dat*) ***etw aus dem ~ schlagen*** quitarse a/c de la cabeza, renunciar a a/c; ***sich*** (*dat*) ***etw durch den ~ gehen lassen*** darle vueltas a a/c (en la cabeza); ***im ~ rechnen*** hacer cuentas de cabeza; F ***nicht*** (***ganz***) ***richtig im ~ sein*** F no estar bien de la cabeza; ***sich*** (*dat*) ***etw in den ~ setzen*** meterse a/c en la cabeza; ***das will mir nicht in den ~*** (***gehen***) F no me entra en la cabeza; ***die Arbeit wächst mir über den ~*** estoy desbordado de trabajo; ***j-n vor den ~ stoßen*** ofender a alg; **5** *mit Verb* ***den ~ hängen lassen*** andar cabizbajo; F ***den ~ hinhalten müssen*** (***für***) F tener que dar la cara (por); ***den ~ kosten*** costar la vida; ***den ~ schütteln*** sacudir la cabeza; ***~ stehen*** *Person* estar cabeza abajo; *fig Sache* estar al revés; F fig estar fuera de quicio, andar de cabeza; ***ich weiß nicht, wo mir der ~ steht*** no sé dónde tengo la cabeza; ***j-m den ~ verdrehen*** hacer(le) perder la cabeza a alg, enamorar a alg; ***den ~ verlieren*** perder la cabeza; ***j-m den ~ waschen*** F *fig* leer(le) la cartilla a alg; ***sich*** (*dat*) ***den ~*** (***über etw*** *acus*) ***zerbrechen*** devanarse los sesos (por a/c); **6** *fig* (*Person*) cabeza *f*; ***ein kluger ~*** una cabeza brillante; ***pro ~*** por cabeza; **7** *e-s Briefs* encabezamiento *m*; *e-s Nagels usw* cabeza *f*; *e-s Tisches* cabecera *f*; *e-r Münze* cara *f*; **8** (*Kohl2*) repollo *m*; (*Salat2*) cabeza *f*
'Kopf|arbeit *f* trabajo *m* intelectual; **~ball** *m* *Fußball* remate *m* de cabeza; **~bedeckung** *f* sombrero *m*
Köpfchen ['kœpfçən] *n* ⟨-s; -⟩ F ***~ haben*** ser listo
köpfen ['kœpfən] *v/t* **1** *j-n* decapitar, cortar la cabeza a; **2** (***den Ball***) ~ cabecear (el balón)
'Kopf|ende *n* cabecera *f*; **~geld** *n* recom-

K

pensa *f*; **~haar** *n* cabello *m*, cabellera *f*; **~haut** *f* cuero *m* cabelludo; **~hörer** *m* auricular *m*
...köpfig [...kœpfıç] *adj in Zssgn* de .... cabezas; ***e-e vierköpfige Familie*** una familia de cuatro miembros
'Kopf|kissen *n* almohada *f*; **ᵊlastig** *adj Fahrzeug* excesivamente cargado por delante; *fig desp* demasiado intelectual
'kopflos I *adj fig* (*unüberlegt*) irreflexivo; (*gedankenlos*) ido; (*in Panik*) aturdido, preso de pánico; **II** *adv* atolondradamente
'Kopf|nicken *n* ⟨-s⟩ señal *f* afirmativa (con la cabeza); **~rechnen** *n* cálculo *m* mental; **~salat** *m* lechuga *f*
'Kopfschmerzen *pl* dolores *m/pl* de cabeza; ***~ haben*** tener dolor de cabeza
'Kopf|schütteln *n* ⟨-s⟩ movimiento *m* negativo con la cabeza; **~sprung** *m* salto *m* de cabeza; **~stand** *m* apoyo *m* sobre la cabeza; **~steinpflaster** *n* adoquinado *m*, empedrado *m*; **~stütze** *f* reposacabezas *m*; **~tuch** *n* ⟨-(e)s; -tücher⟩ pañuelo *m* de cabeza; **ᵊ'über** *adv* de cabeza; **~weh** F *n* → ***Kopfschmerzen***; **~zeile** *f bsd* INFORM cabecera *f*
'Kopfzerbrechen *n* ⟨-s⟩ ***j-m*** (***großes***) ***~ machen*** producir a alg un (gran) quebradero de cabeza
Kopie [ko'piː] *f* copia *f* (*a Abschrift*, *Fotoᵊ*); (*Nachbildung*), *fig a* imitación *f*
ko'pieren *v/t* ⟨*sin* ge⟩ copiar (*a fig*); ***beidseitig ~*** fotocopiar por ambas caras
Ko'pier|er F *m*, **~gerät** *n* (foto)copiadora *f*; **ᵊgeschützt** *adj* protegido contra copias (ilegales); **~papier** *n* papel *m* de copia; **~raum** *m* cuarto *m* de copiar; **~schutz** *m e-r Diskette*, *e-s Videos* protección *f* anticopia
Kopilot(in) ['koːpiloːt(ın)] *m*(*f*) copiloto, -a *m,f*
Koppel[1] ['kɔpəl] *f* ⟨-; -n⟩ (*Weide*) dehesa *f*, cercado *m*
'Koppel[2] *n* ⟨-s; -⟩ MIL cinturón *m*
'koppeln *v/t* **1** TEC, EL acoplar (***an*** *+acus* a); **2** *fig* asociar (***an*** *+acus* a)
'Kopp(e)lung *f* **1** TEC, EL acoplamiento *m*; **2** *fig* asociación *f* (***an*** *+acus* a)
'Koproduktion *f* coproducción *f*
kopulieren [kopu'liːrən] *v/i* ⟨*sin* ge⟩ copular
Koralle [ko'ralə] *f* coral *m*; **~nriff** *n* arrecife *m* coralino
Koran [ko'raːn] *m* ⟨-s; -e⟩ Corán *m*
Korb [kɔrp] *m* ⟨-(e)s; ⸚e⟩ **1** (*Handᵊ*) cesta *f*; *hoher* cesto *m*, canasto *m*; *flacher* canasta *f* (*a Basketballᵊ*); **2** *fig* calabazas *f/pl*; ***j-m e-n ~ geben*** dar calabazas a alg; ***e-n ~ bekommen*** llevarse calabazas, recibir una negativa
'Korbball *m* SPORT baloncesto *m*
Körbchen ['kœrpçən] *n* ⟨-s; -⟩ *beim BH* copa *f*, cazuela *f*
'Korb|flasche *f* bombona *f*, damajuana *f*; **~möbel** *pl* muebles *m/pl* de mimbre
Kord → ***Cord***
Kordel ['kɔrdəl] *f* ⟨-; -n⟩ cordón *m*
Kordilleren [kɔrdi'jeːrən] *pl* (Cordillera *f* de) los Andes *m/pl*
Korea [ko'reːa] *n* ⟨-s⟩ Corea *f*
Kore'an|er(in) *m*(*f*) coreano, -a *m,f* **ᵊisch** *adj* coreano
Korfu ['kɔrfu] *n* ⟨-s⟩ Corfú *m*
Koriander [kori'andər] *m* cilantro *m*
Korinth [ko'rınt] *n* Corinto *m*
Ko'rinthe *f* pasa *f* de Corinto
Kork [kɔrk] *m* ⟨-(e)s; -e⟩ corcho *m*; **'~eiche** *f* alcornoque *m*
'Korken *m* ⟨-s; -⟩ corcho *m*; **~zieher** *m* sacacorchos *m*
Korn[1] [kɔrn] *n* ⟨-(e)s; ⸚er⟩ **1** (*Getreide*) cereales *m/pl*; *gedroschenes* grano *m*; **2** (*einzelnes Getreideᵊ*, *Sandᵊ*, *Salzᵊ usw*) grano *m*; (*Samenᵊ*) *a* semilla *f*; **3** *an Handfeuerwaffen* mira *f*; ***j-n, etw aufs ~ nehmen*** poner la mira en alg, a/c
Korn[2] F *m* ⟨-(e)s; -⟩ aguardiente *m* de trigo
'Kornblume *f* aciano *m*
Körnchen ['kœrnçən] *n* ⟨-s; -⟩ granito *m*; *fig* ***ein ~ Wahrheit*** un grano de verdad
'Kornfeld *n* trigal *m*
'körnig *adj* granulado, granular
'Kornkammer *f fig* granero *m*
Koronargefäß [koro'naːr-] *n* ANAT vaso *m* coronario
Körper ['kœrpər] *m* cuerpo *m* (*a fig*, *vom Wein*); *Geometrie a* sólido *m*; ***er zittert am ganzen ~*** le tiembla todo el cuerpo
'Körper|bau *m* ANAT constitución *f*, complexión *f*; **ᵊbehindert** *adjt* minusválido; **~behinderte(r)** *f*(*m*) minusválido, -a *m,f*; **~geruch** *m* olor *m* corporal; **~gewicht** *n* peso *m* corporal; **~größe** *f* estatura *f*, talla *f*; **~haltung** *f* porte *m*; **~kontakt** *m* contacto *m* físico; **ᵊlich** *adj* corporal, corpóreo, físico; **~pflege** *f* higiene *f*, aseo *m* personal; **~schaft** *f* corporación *f*, ente *f*; **~schaftssteuer** *f* impuesto *m* de corporaciones; impuesto *m* sobre la renta de las sociedades; **~sprache** *f* lenguaje *m* del cuerpo *od* de los gestos; **~teil** *m* parte *f* del cuerpo; **~verletzung** *f* JUR lesión *f* (corporal)
Korps [koːr] *n* ⟨-; -⟩ MIL, *Diplomatie* cuerpo *m*
korpulent [kɔrpu'lɛnt] *adj* corpulento
korrekt [kɔ'rɛkt] *adj Satz*, *Verhalten*, *Kleidung* correcto; *Auskunft usw* exacto; **ᵊheit** *f* ⟨-⟩ (*Genauigkeit*) exactitud *f*; (*korrektes Verhalten*) corrección *f*

Korrektor(in) [kɔ'rɛktɔr (-rɛk'toːrɪn)] *m* ⟨-s; -'toren⟩ (*f*) corrector, a *m,f*
Korrektur [kɔrɛk'tuːr] *f* corrección *f*; **~ *lesen*** corregir pruebas
Korrek'tur|band *n* cinta *f* correctora; **~fahne** *f* TYPO galerada *f*, prueba *f*; **~flüssigkeit** *f* líquido *m* corrector; **~leser(in)** *m(f)* corrector, a *m,f*; **~programm** *n* INFORM programa *m* de corrección; **~taste** *f* tecla *f* de corrección; **~zeichen** *n* signo *m* de corrección
Korrespondent(in) [kɔrɛspɔn'dɛnt(ɪn)] *m* ⟨-en; -en⟩ (*f*) **1** *e-r Zeitung* corresponsal *m,f*; **2** *e-r Firma* encargado, -a *m,f* de la correspondencia
Korrespon'denz *f* correspondencia *f*; ***die ~ erledigen** od **führen*** llevar la correspondencia (***j-m*** de alg)
Korrespon'denzbank *f* banco *m* corresponsal
korrespon'dieren *v/i* ⟨*sin* ge⟩ **1** mantener correspondencia (***mit*** con); **2** *geh* (*entsprechen*) corresponder
Korridor ['kɔridoːr] *m* ⟨-s; -e⟩ corredor *m* (*a fig*), pasillo *m*
korrigieren [kɔri'giːrən] *v/t* ⟨*sin* ge⟩ corregir, enmendar
Korrosion [kɔrosi'oːn] *f* corrosión *f*; **~sschutz** *m* anticorrosivo *m*
korrumpieren [kɔrʊm'piːrən] *v/t* ⟨*sin* ge⟩ corromper
korrupt [kɔ'rʊpt] *adj* corrupto
Korrupti'on *f* corrupción *f*
Korsett [kɔr'zɛt] *n* ⟨-s; -s *o* -e⟩ corsé *m*
Kors|ika ['kɔrzika] *n* ⟨-s⟩ Córcega *f*; **~in** *f* corsa *f*; **Չisch** *adj* corso
Kortison® [kɔrti'zoːn] *n* ⟨-s⟩ cortisona® *f*
Koryphäe [kory'fɛːə] *f* eminencia *f*
koscher ['koːʃər] *adj* GASTR *preparado según las normas de la religión judía*; F *fig* ***nicht ~*** sospechoso
Kose|form ['koːzə-] *f* diminutivo *m* cariñoso; **~name** *m* apodo *m* cariñoso
Kosinus ['koːzinʊs] *m* ⟨-; - *o* -se⟩ coseno *m*
Kosmetik [kɔs'meːtɪk] *f* ⟨-⟩ cosmética *f*; **~erin** *f* esteticista *f*; **~koffer** *m* neceser *m*; **~salon** *m* salón *m* de belleza
Kos'met|ikum *n* ⟨-s; -ka⟩ cosmético *m*; **Չisch** *adj* cosmético
kosmisch ['kɔsmɪʃ] *adj* cósmico
Kosmonaut(in) [kɔsmo'naʊt(ɪn)] *m* ⟨-en; -en⟩ (*f*) cosmonauta *m,f*
Kosmopolit [kɔsmopo'liːt] *m* ⟨-en; -en⟩ cosmopolita *m*; **Չisch** *adj* cósmico
Kosmos ['kɔsmɔs] *m* ⟨-⟩ cosmos *m*
Kosovo ['kosovo] *n* ⟨-⟩ Kósovo *m*
Kost [kɔst] *f* ⟨-⟩ alimentación *f*, comida *f*, dieta *f*; (***freie***) ***~ und Logis haben*** tener comida y alojamiento (gratuitos)
Kostarika [kɔsta'riːka] *n* Costa Rica *f*
'kostbar *adj* (*teuer*) caro, costoso; (*wertvoll*) valioso, precioso; **Չkeit** *f* tesoro *m*
kosten[1] ['kɔstən] **I** *v/t* (*probieren*) gustar, probar; **II** *v/i* ***von etw ~*** probar a/c
'kosten[2] *v/t* costar (*a fig*); ***viel*** (***Geld***) ***~*** costar mucho (dinero); ***wieviel, was kostet das?*** ¿cuánto cuesta (esto)?; ***das lasse ich mir etwas ~*** ahí no escatimo gastos; ***koste es, was es wolle*** cueste lo que cueste
'Kosten *pl* coste *m*, costos *m/pl*; (*~aufwand*) gastos *m/pl*, desembolso *m*; ***~, Versicherung und Fracht*** coste, seguro y flete (CIF); ***geschätzte ~*** costes *m/pl* estimados; ***hohe, niedrige ~*** costes *m/pl* elevados, bajos; ***variable ~*** costes *m/pl* variables; ***die ~ decken*** cubrir los costes; ***die ~ reduzieren, senken*** reducir, bajar los costes; ***die ~ übernehmen*** asumir los gastos; ***auf ~ von*** a cuenta de; *fig* a expensas de, a costa de; ***auf unsere ~*** con cargo a nosotros; (***bei etw***) ***auf s-e ~ kommen*** quedar satisfecho (con a/c)
'Kosten|aufstellung *f* estado *m* *od* nota *f* de gastos; **~center** *n* centro *m* contable; **Չdeckend** *adjt* que cubre los gastos; **~dekkungsbeitrag** *m* → ***Deckungsbeitrag***; **~ersparnis** *f* ahorro *m* (en los gastos); **~faktor** *m* tipo *m* de coste; **~frage** *f* cuestión *f* de gastos
'Kostengründe *m/pl* ***aus ~n*** por motivos de gastos *od* costes
'kosten|günstig *adj* económico, a coste bajo; **~intensiv** *adj* de elevados costos; **Չkalkulation** *f* estimación *f* de costes; **Չkonto** *n* *Buchhaltung* cuentas *f/pl* de gastos; **~los I** *adj* gratuito; **II** *adv* gratis; **Չminimierung** *f* minimización *f* de gastos *od* costes; **Չ-Nutzen-Analyse** *f* análisis *m* coste-beneficio
'kostenpflichtig I *adj* de pago, sujeto a pago; **II** *adv* *Fahrzeug* ***~ abschleppen*** remolcar a costa del titular del vehículo
'Kostenrechnung *f* *Buchhaltung* cálculo *m* de costes
'kostensenkend *adj* ***~e Maßnahme*** medida *f* que reduce los gastos
'Kosten|senkung *f* reducción *f* de gastos; **~stelle** *f* centro *m* contable
'Kostenvoranschlag *m* presupuesto *m*; ***e-n ~ einholen, machen, vorlegen*** pedir, hacer, presentar un presupuesto
'Kostenvorteil *m* ventaja *f* financiera
köstlich ['kœstlɪç] **I** *adj* *Speise* exquisito, delicioso; *Anekdote*, *Witz* divertido; **II** *adv* *sich amüsieren* en grande; ***das schmeckt ~*** está delicioso
'Köstlichkeit *f* *Sache* exquisitez *f*
'Kost|probe *f* **1** degustación *f*; **2** *fig* prueba *f*; **Չspielig** *adj* costoso

K

Kostüm [kɔsˈtyːm] *n* ⟨-s; -e⟩ MODE traje *m* (de chaqueta); THEA vestuario *m*; *Verkleidung* disfraz *m*; **~ball** *m* baile *m* de disfraces; **~fest** *n* fiesta *f* de disfraces

kostü'mieren *v/t, v/r* ⟨*sin* ge⟩ (***sich***) **~** disfrazar(se) (***als*** de)

Ko'stüm|probe *f* ensayo *m* con vestuario; **~verleih** *m* alquiler *m* de disfraces

Kot [koːt] *m* ⟨-(e)s; -e⟩ excrementos *m/pl*

Kotelett [kotˈlɛt] *n* ⟨-s; -s⟩ **1** GASTR chuleta *f*; **2 ~en** *pl* (*Backenbart*) patillas *f/pl*

Köter [ˈkøːtər] F *desp m* F chucho *m*

'Kotflügel *m* AUTO guardabarros *m*

kotzen [ˈkɔtsən] P *v/i* vomitar; F devolver; ***es ist zum ♀!*** F ¡es una mierda!

Krabbe [ˈkrabə] *f* (*Garnele*) gamba *f*; *kleine* camarón *m*

krabbeln [ˈkrabəln] *v/i* ⟨sn⟩ *Kind* gatear, andar a gatas; *Insekt* hormiguear

Krach [krax] *m* ⟨-(e)s; ⸚e⟩ **1** (*Lärm*) ruido *m*; *von Personen a* alboroto *m*; *plötzlicher, starker* estrépito *m*; ***~ machen*** hacer *od* meter ruido; **2** F (*Streit*) disputa *f*, bronca *f*; ***mit j-m ~ haben*** estar peleado con alg; ***mit j-m ~ anfangen*** pelearse con alg; ***~ schlagen*** armar escándalo; **3** FIN crac *m*

'krachen *v/i* **1** ⟨h⟩ (*a v/imp*) hacer ruido; *Eis, Balken, Zwieback, Holz* crujir; *Schuss* sonar; *Knallkörper* estallar; F ***auf der Autobahn hat es wieder gekracht*** ha vuelto a haber un choque en la autopista; F ***..., sonst krachts*** F ... si no, te vas a enterar; **2** ⟨sn⟩ (*zusammenstürzen*) *Eis, Balken* romperse; **3** ⟨sn⟩ F *Fahrzeug* ***gegen etw ~*** chocar contra a/c

'Kracher F *m* petardo *m*

'Kracherl *n* ⟨-s; -n⟩ *österr* gaseosa *f*

krächzen [ˈkrɛçtsən] *v/i Vogel* graznar; *Person* hablar con voz ronca

kraft [kraft] *prp* ⟨+*gen*⟩ en virtud de

Kraft *f* ⟨-; ⸚e⟩ **1** fuerza *f* (*a* PHYS); (*Lebens♀*) energía *f*, vigor *m*; *fig* fuerzas *f/pl*; *fig* ***treibende ~*** fuerza *f* motriz; ***aus eigener ~*** por propio esfuerzo, a pulso; ***mit letzter ~*** con las últimas fuerzas; ***mit vereinten Kräften*** todos juntos; ***wieder zu Kräften kommen*** recuperar las fuerzas; ***das geht über meine Kräfte*** está por encima de mis fuerzas; ***was in meinen Kräften steht*** lo que esté en mi mano; **2** JUR, POL ***in ~ treten, sein*** entrar, estar en vigor; ***außer ~ setzen*** dejar sin efecto; *Gesetz* derogar; **3** (*Arbeits♀*) colaborador, a *m,f*, asistente *m,f*

'Kraft|akt *m* esfuerzo *m* físico; *fig* demostración *f* de fuerza; **~aufwand** *m* esfuerzo *m*, despliegue *m* de fuerzas; **~ausdruck** *m* ⟨-(e)s; -drücke⟩ palabrota *f*, taco *m*; **~brühe** *f* caldo *m*, consomé *m*; **~fahrer(in)** *m(f)* automovilista *m,f*, conductor, a *m,f* (*a* ADM)

'Kraftfahrzeug *n* automóvil *m*; **~brief** *m* carta *f* del vehículo; **~kennzeichen** *n* matrícula *f* del vehículo; **~schein** *m* permiso *m* de circulación; **~steuer** *f* impuesto *m* sobre los vehículos de motor; **~versicherung** *f* seguro *m* de automóvil

'Kraftfeld *n* campo *m* de fuerzas

kräftig [ˈkrɛftɪç] **I** *adj Person* fuerte, vigoroso, robusto; *Nahrung* sustancioso; *Stimme* potente; *Mahlzeit* F fuerte; *Farbton* vivo, intenso; **II** *adv* (*stark*) fuertemente; (*sehr*) mucho; *Körper* ***~ gebaut sein*** ser robusto; *beim Essen* ***~ zulangen*** hacer honor a la comida

'kräftigen *v/t* fortalecer, robustecer, vigorizar

'kraftlos *adj* débil, flojo

'Kraft|probe *f* prueba *f* (de fuerza); **~protz** F *m* ⟨-es; -e⟩ bravucón *m*, perdonavidas *m*; **~rad** *n* ADM motocicleta *f*; **~stoff** *m* carburante *m*; **♀strotzend** *adjt* que rebosa salud, robusto; **♀voll** *adj* vigoroso, enérgico; **~wagen** *m* ADM automóvil *m*, coche *m*; **~werk** *n* central *f* eléctrica

Kragen [ˈkraːgən] *m* ⟨-s; -⟩ cuello *m*; ***j-n beim ~ packen*** agarrar del cuello a alg; ***es geht ihm an den ~*** puede costarle el cuello; F ***mir platzt gleich der ~*** se me acaba la paciencia; F es el acabóse

'Kragenweite *f* medida *f* del cuello; F *fig* ***das ist meine ~*** es mi tipo

Krähe [ˈkrɛːə] *f* corneja *f*; *prov* ***e-e ~ hackt der anderen kein Auge aus*** *prov* entre bueyes no hay cornadas

'krähen *v/i Hahn* cantar

'Krähenfüße F *pl an den Augen* patas *f/pl* de gallo

Krakau [ˈkraːkaʊ] *n* Cracovia *f*

Krake [ˈkraːkə] *m* ⟨-n; -n⟩ pulpo *m*

krakeelen [kraˈkeːlən] F *desp v/i* ⟨*sin* ge⟩ alborotar; (*streiten*) F armar bronca

krak(e)lig [ˈkraːk(ə)lɪç] F *desp adj* lleno de garabatos; *Schrift* temblorosa

'krakeln F *desp v/i* garabatear

Kralle [ˈkralə] *f* uña *f* (*a fig desp*); *der Raubvögel* garra *f*

'krallen I *v/t* **1** (*mit den Krallen packen*) echar la garra a; **2 *s-e Finger um etw ~*** agarrarse fuertemente a a/c; **II** *v/r* **3 *sich an j-n, etw ~*** agarrarse a alg, a/c; ***ihre Nägel krallten sich ins Kissen*** clavó las uñas en la almohada

Kram [kraːm] F *m* ⟨-(e)s⟩ **1** (*Zeug*) F trastos *m/pl*, chismes *m/pl*; **2** (*Angelegenheit*) asuntillos *m/pl*, historietas *f/pl*; ***das passt mir nicht in den ~*** no encaja en mis planes; ***mach doch deinen ~ alleine!*** ¡arreglátelas tú solito!

'kramen F *v/i* ***in etw*** *(dat)* ~ revolver en a/c
'Kramladen F *desp m* baratillo *m*
Krampe ['krampə] *f* grapa *f*
Krampf [krampf] *m* ⟨-(e)s; ⸚e⟩ **1** MED espasmo *m*, calambre *m*; **2** F *(Unsinn)* tonterías *f/pl*
'Krampfader *f* variz *f*
'krampfartig *adj* espasmódico, convulsivo
'krampfen *v/t*, *v/r* (***sich***) ~ contraer(se) convulsivamente; ***sich um, in etw*** *(acus)* ~ agarrarse a a/c
'krampfhaft I *adj* **1** MED convulsivo, espasmódico; **2** *fig Bemühungen usw* obstinado; **II** *adv* **3** *fig* con empeño; ***sich ~ bemühen*** (***zu*** *+inf*) empeñarse desesperadamente (en *+inf*)
Kran [kra:n] *m* ⟨-(e)s; ⸚e⟩ TEC grúa *f*; **'~führer** *m* conductor *m* de grúa
Kranich ['kra:nɪç] *m* ⟨-s; -e⟩ ZO grulla *f*
krank [kraŋk] *adj u adv* ⟨⸚er, ⸚ste⟩ enfermo (***vor Eifersucht*** de celos); F malo; ***~ werden*** ponerse enfermo
'Kranke(r) *f(m)* ⟨→ A⟩ enfermo, -a *m,f*
kränkeln ['krɛŋkəln] *v/i* estar enfermizo *od* delicado de salud
'kranken *v/i* ***an etw*** *(dat)* ~ padecer de a/c
kränken ['krɛŋkən] *v/t* ofender, herir
'Kranken|besuch *m* visita *f* a un enfermo; **~geld** *n* subsidio *m* de enfermedad; **~gymnast(in)** *m* ⟨-en; -en⟩ *(f)* fisioterapeuta *m,f*; **~gymnastik** *f* fisioterapia *f*
'Krankenhaus *n* hospital *m*; ***j-n in ein ~ einliefern*** ingresar a alg en un hospital; ***im ~ liegen*** estar hospitalizado
'Kranken|kasse *f*, *österr* **~kassa** *f* caja *f* *bzw* mutua *f* de enfermedad; **~pflege** *f* asistencia *f* a los enfermos; **~pfleger(in)** *m(f)* enfermero, -a *m,f*; **~schein** *m* volante *m* del seguro; **~schwester** *f* enfermera *f*
'Krankenversicherung *f* seguro *m* de enfermedad; ***private ~*** seguro *m* médico privado
'Krankenversicherungsbeitrag *m* cuota *f* de seguro médico
'Krankenwagen *m* ambulancia *f*; ***e-n ~ rufen*** llamar una ambulancia
'krankfeiern F *v/i* ⟨*sep*⟩ *faltar al trabajo por enfermedad fingida*
'krankhaft *adj* enfermizo, patológico (*a fig*)
'Krankheit *f* enfermedad *f*
'Krankheitserreger *m* agente *m* patógeno
'kranklachen F *v/r* ⟨*sep*⟩ ***sich ~*** morirse de risa (***über*** *+acus* por)
kränklich ['krɛŋklɪç] *adj* enfermizo, achacoso; F pachucho
'krankmelden *v/r* ⟨*sep*⟩ ***sich ~*** darse de baja (por enfermedad)
'Krankmeldung *f* baja *f* (por enfermedad)
'krankschreiben *v/t* ⟨*irr, sep*⟩ ***j-n ~*** dar de baja a alg (por enfermedad); ***krankgeschrieben sein*** estar de baja
'Krankschreibung *f* parte *m* de baja por enfermedad
'Kränkung *f* ofensa *f*, agravio *m*
Kranz [krants] *m* ⟨-es; ⸚e⟩ corona *f*
Kränzchen ['krɛntsçən] *n* ⟨-s; -⟩ *fig* tertulia *f* de señoras
Krapfen ['krapfən] *m* ⟨-s; -⟩ buñuelo *m*
krass [kras] **I** *adj* **1** *Unterschied* grande; *Gegensatz* extraordinario; *Fehler* craso; *Irrtum*, *Widerspruch* flagrante; **2** *Jugendsprache* fuerte, increíble; **II** *adv* ***sich ~ ausdrücken*** llamar a las cosas por su nombre
Krater ['kra:tər] *m* cráter *m*
Kratzbürste ['krats-] F *f Frau* erizo *m*
Krätze ['krɛtsə] *f* ⟨-⟩ MED sarna *f*
'kratzen I *v/t* **1** rascar; *(schaben, wegkratzen)* raspar; *mit Krallen*, *Fingernägeln* arañar, rasguñar; **2** *(hinein~)* grabar; **3** F *(stören)* importar, molestar; ***das kratzt mich nicht*** F me importa un bledo; **II** *v/i* **4** *(jucken)* picar; *(brennen)* quemar; **III** *v/r* **5** ***sich ~*** rascarse (***am Kopf*** la cabeza)
'Kratzer *m auf der Haut* arañazo *m*, rasguño *m*; *an Möbeln* raya *f*
'kratzig *adj Stimme* áspero; *Stoff* a que rasca
'Kratzwunde *f* arañazo *m*
Kraul [kraʊl] *n* ⟨-s⟩ *Schwimmen* crol *m*
'kraulen[1] *v/t* rascar suavemente
'kraulen[2] *v/i* ⟨h *o* sn⟩ *Schwimmsport* nadar a crol
kraus [kraʊs] *adj Haar* crespo, rizado (*a* BOT); *desp (wirr)* confuso; ***die Stirn ~ ziehen*** fruncir el ceño
'Krause *f* **1** *(Hals*♀*)* gola *f*, gorguera *f*; **2** *im Haar* rizo *m*
kräuseln ['krɔʏzəln] *v/t*, *v/r* (***sich***) ~ *Haar*, *Faser* rizar(se), encrespar(se); *Stoff* fruncir(se); *Wasserfläche* encrespar(se)
'Kraushaar *n* pelo *m* crespo
Kraut [kraʊt] *n* ⟨-(e)s; ⸚er⟩ **1** BOT hierba *f*; F ***dagegen ist kein ~ gewachsen*** para eso no hay remedio; **2** *von Kartoffeln usw* hojas *f/pl*; ***ins ~ schießen*** espigar; *fig* crecer rápidamente; *fig* ***hier sieht es aus wie ~ und Rüben*** aquí está todo manga por hombro; **3** *bsd südd*, *österr* col *f*, berza *f*; *(Sauer*♀*)* chucrut *m*
Kräuter|butter ['krɔʏtər-] *f* mantequilla *f* de hierbas; **~essig** *m* vinagre *m* de finas hierbas; **~tee** *m* infusión *f* de hierbas
'Krautsalat *m* ensalada *f* de repollo
Krawall [kra'val] *m* ⟨-s; -e⟩ **1** *(Aufruhr)* tumulto *m*, disturbio *m*; **2** F *(Lärm)* alboroto *m*
Krawatte [kra'vatə] *f* corbata *f*; **~nnadel** *f*

K

alfiler *m* de corbata
kraxeln ['kraksəln] F *bsd südd, österr v/i* ⟨sn⟩ trepar
Krea|tion [kreatsi'oːn] *f* MODE creación *f*; **≈'tiv** *adj* creativo; **~tivi'tät** *f* ⟨-⟩ creatividad *f*; **~'tur** *f* criatura *f*
Krebs [kreːps] *m* ⟨-es; -e⟩ **1** ZO cangrejo *m*; **2** MED cáncer *m*; ***~ erregend, ~ erzeugend*** cancerígeno, canceroso; **3** ASTR Cáncer *m*
'Krebs|forschung *f* cancerología *f*; **~früherkennung** *f* diagnóstico *m* precoz del cáncer; **~geschwulst** *f* tumor *m* canceroso; **~geschwür** *n* carcinoma *m*; *fig* cáncer *m*; **≈krank** *adj* canceroso; **~kranke(r)** *f(m)* enfermo, -a *m,f* de cáncer; **≈rot** *adj* rojo como un cangrejo; **~vorsorge** *f* prevención *f* del cáncer
Kredit [kre'diːt] *m* ⟨-(e)s; -e⟩ crédito *m* (*a fig*), préstamo *m*; ***fälliger, laufender ~*** crédito *m* vencido, no vencido; ***auf ~*** a crédito; ***(j-m) e-n ~ bewilligen, einräumen, gewähren*** otorgar, conceder un crédito (a alg); ***e-n ~ aufnehmen, beantragen*** tomar, solicitar un crédito
Kre'dit|abteilung *f* departamento *m* de créditos; **~antrag** *m* solicitud *f* de crédito; **≈fähig** *adj* solvente; **~finanzierung** *f* financiación *f* a crédito; **~geber** *m* dador, a *m,f* del crédito, prestamista *m,f*; **~geschäfte** *n/pl* operaciones *f/pl* de crédito; **~hai** F *desp m* usurero *m*; **~institut** *n* instituto *m* de crédito; **~karte** *f* tarjeta *f* de crédito; **~kauf** *m* compra *f* a crédito *od* a plazos; **~linie** *f* FIN línea *f* de crédito; **~nehmer(in)** *m(f)* tomador, a *m,f* de un crédito, prestatario, -a *m,f*
'Kredi|tor ['kreːditɔr] *m* ⟨-s; -en⟩ (cliente *m*) acreedor *m*; **~'torenbuchhaltung** *f* contabilidad *f* de acreedores
Kre'dit|rahmen *m* límite *m od* línea *f* de crédito; **~vertrag** *m* contrato *m* de crédito; **~wesen** *n* sistema *m* crediticio; **≈würdig** *adj* solvente
Kredo ['kreːdo] *n* ⟨-s; -s⟩ KATH Credo *m*; *geh fig* credo *m*
Kreide ['kraɪdə] *f* **1** tiza *f*; GEOL creta *f*; *fig* ***bei j-m in der ~ stehen*** adeudar dinero a alg; **2** (*~zeit*) cretáceo *m*
'kreide|'bleich *adj* blanco como una pared *od* como una sábana; **≈felsen** *m* roca *f* cretácea; **'~'weiß** *adj* → ***kreidebleich***; **≈zeit** *f* cretáceo *m*
kreieren [kre'iːrən] *v/i* ⟨*sin* ge⟩ crear
Kreis [kraɪs] *m* ⟨-es; -e⟩ **1** círculo *m* (*a* MAT, *fig*); EL circuito *m*; *fig* esfera *f*; ***im kleinen ~(-e)*** en la intimidad; ***im engsten ~e*** en la más estricta intimidad; ***in politischen ~en*** en los círculos políticos; ***weite ~e der Bevölkerung*** amplios sectores de la población; ***die Affäre zieht immer weitere ~e*** el caso va ganando en proporciones; ***sich im ~(e) drehen*** dar vueltas (*a fig*); **2** ADM distrito *m*
'Kreisbahn *f* órbita *f*
kreischen ['kraɪʃən] *v/i Mensch, Vogel* chillar; *Reifen* chirriar; *Säge a* rechinar
'Kreisdiagramm *n* diagrama *m* circular
Kreisel ['kraɪzəl] *m* ⟨-s; -⟩ **1** *Kinderspielzeug* peonza *f*; **2** F (*Kreisverkehr*) rotonda *f*, sentido *m* giratorio
'kreisen *v/i* girar (**um** alrededor de); *Raubvogel, Flugzeug* dar vueltas; *Blut* circular; *fig* ***um etw ~*** *Diskussion, Gedanken* girar en torno a a/c
'kreisförmig *adj* circular
'Kreislauf *m* **1** (*Blut≈*) circulación *f*; **2** *der Natur, des Wassers, der Wirtschaft* ciclo *m*; **~kollaps** *m* colapso *m*; **~störungen** *pl* trastornos *m/pl* circulatorios
'kreis|rund *adj* redondo; **≈säge** *f* sierra *f* circular
Kreißsaal ['kraɪs-] *m* sala *f* de partos
'Kreis|stadt *f* capital *f* de distrito; **~verkehr** *m* rotonda *f*, sentido *m* giratorio
Krematorium [krema'toːriʊm] *n* ⟨-s; -ien⟩ crematorio *m*
Kreml ['krɛməl] *m* ⟨-⟩ ***der ~*** el Kremlin
Krempe ['krɛmpə] *f* (*Hut≈*) ala *f*
Krempel ['krɛmpəl] F *desp m* ⟨-s⟩ F trastos *m/pl*, cachivaches *m/pl*
Kren [kreːn] *m* ⟨-(e)s⟩ *österr* rábano *m* picante
krepieren [kre'piːrən] *v/i* ⟨*sin* ge, sn⟩ **1** *Geschoss* estallar; **2** F *Tier* reventar (***an*** *+dat* de); P *Mensch* estirar la pata
Krepp [krɛp] *m* ⟨-s; -s *o* -e⟩ crespón *m*
'Krepp|papier *n* papel *m* crepé; **~sohle** *f* suela *f* de crepé
Kresse ['krɛsə] *f* berro *m*
Kreta ['kreːta] *n* ⟨-s⟩ Creta *f*
kreuz [krɔʏts] *adv* ***~ und quer*** en todas las direcciones
Kreuz *n* ⟨-es; -e⟩ **1** cruz *f*; ***das Rote ~*** la Cruz Roja; ***ans ~ schlagen*** crucificar; ***zu ~e kriechen*** darse por vencido; F ***es ist ein ~ mit ihm*** no da más que disgustos; **2** ANAT región *f* lumbar; F *fig* ***j-n aufs ~ legen*** F tumbar a alg; *Frau* P tirarse a alg; **3** *Spielkartenfarbe* bastos *m/pl*; **4** MUS sostenido *m*
'kreuzen I *v/t* ⟨h⟩ cruzar (**mit** con; *a Straße, Beine*, BIOL); **II** *v/i* ⟨h *o* sn⟩ MAR (***gegen den Wind***) ~ navegar en bolina; **III** *v/r* ⟨h⟩ ***sich ~*** cruzarse
'Kreuzer *m* MIL, MAR crucero *m*
'Kreuz|fahrer *m* HIST cruzado *m*; **~fahrt** *f* MAR crucero *m*
'Kreuzfeuer *n fig* ***ins ~ (der Kritik) geraten*** exponerse a violentas críticas; ***im ~ der Kri-***

tik stehen estar en el centro de las críticas

'Kreuzgang *m* claustro *m*

'kreuzig|en *v/t* crucificar; **²ung** *f* crucifixión *f*

'Kreuz|kümmel *m* BOT, GASTR comino *m*; **~otter** *f* víbora *f* (común); **~schlitzschraube** *f* tornillo *m* de estrella; **~schlitzschraubenzieher** *m* destornillador *m* de estrella; **~schlüssel** *m* llave *f* de cruz; **~spinne** *f* araña *f* crucera

'Kreuzung *f* **1** *von Linien, Straßen* intersección *f*; *von Straßen a* cruce *m*; **2** BIOL cruce *m*; *Ergebnis a* cruzamiento *m*

'Kreuzverhör *n* interrogatorio *m* cruzado; ***j-n ins ~ nehmen*** contrainterrogar a alg

'Kreuzweg *m* REL vía crucis *m*

'kreuzweise *adv* en cruz; F ***er kann mich (mal) ~!*** P ¡que se joda!

'Kreuz|worträtsel *n* crucigrama *m*; **~zug** *m* cruzada *f* (*a fig*)

kribb(e)lig ['krɪb(ə)lɪç] F *adj* nervioso

'kribbeln *v/i*, *v/imp* hormiguear; (*jucken*) picar; ***es kribbelt mir in der Nase*** me pica la nariz; *fig* ***es kribbelt mir in den Fingern*** (***zu*** *+inf*) tengo unas ganas enormes (de *+inf*)

kriechen ['kriːçən] *v/i* ⟨kroch, gekrochen, sn⟩ arrastrarse, deslizarse; *Tier* reptar; *fig* adular (***vor j-m*** a alg); F (*langsam fahren*) ir como una tortuga

'Kriecher F *desp m* ⟨-s; -⟩ F pelota *m*; **²isch** *adj desp* F pelota

'Kriech|spur *f* carril *m* para vehículos lentos; **~tier** *n* reptil *m*

Krieg [kriːk] *m* ⟨-(e)s; -e⟩ guerra *f* (***gegen*** contra); ***der Kalte ~*** la guerra fría; ***im ~*** en guerra; ***~ führen*** (***gegen***) hacer la guerra (a); ***~ führend*** en guerra; ***den ~ erklären*** declarar la guerra (*a fig*); ***in den ~ ziehen*** ir a la guerra

kriegen ['kriːgən] F *v/t* (*bekommen*) recibir, obtener; *Flüchtende* captar; *Krankheit* contraer; ***Hunger ~*** empezar a sentir hambre; ***er kriegt es mit mir zu tun*** tendrá que vérselas conmigo; ***du kriegst gleich eine!*** ¡vas a cobrar!; → ***bekommen I***; **II** *v/r* ***sich ~*** *Liebespaar* casarse

'Krieger|(in) *m(f)* guerrero, -a *m,f*; **²isch** *adj* guerrero

'Kriegsbeil *n scherzh* ***das ~ begraben*** enterrar el hacha de guerra

'Kriegs|beschädigte(r) *m* ⟨→ A⟩ mutilado *m* de guerra; **~dienst** *m* servicio *m* militar; **~dienstverweigerer** *m* objetor *m* de conciencia; **~erklärung** *f* declaración *f* de guerra (***an*** *+acus* a)

'Kriegsfuß *m scherzh* ***mit j-m, etw auf (dem) ~ stehen*** estar en pie de guerra con alg, a/c

'Kriegs|gefangene(r) *m* prisionero *m* de guerra; **~gefangenschaft** *f* cautividad *f*, cautiverio *m*; **~gegner** *m* **1** (*Feind*) adversario *m*; **2** (*Pazifist*) pacifista *m*; **~gericht** *n* consejo *m* de guerra; **~opfer** *n* víctima *f* de la guerra

'Kriegspfad *m scherzh* ***auf dem ~ sein*** estar en pie de guerra

'Kriegs|schauplatz *m* escenario *m* bélico; **~schiff** *n* buque *m* de guerra; **~verbrechen** *n* crimen *m* de guerra; **~verbrecher** *m* criminal *m* de guerra

'Kriegszustand *m* estado *m* de guerra; ***im ~*** en estado de guerra

Krim [krɪm] ⟨-⟩ ***die ~*** Crimea *f*

Krimi ['kriːmi] F *m* ⟨-(s); -(s)⟩ novela *f bzw* película *f* policíaca

Kriminal|... [krimi'naːl-] *in Zssgn mst* criminal, policíaco; **~beamte(r)** *m* agente *m* de la policía criminal; **~film** *m* película *f* policíaca

krimina'li|stisch *adj* criminalista; **²'tät** *f* ⟨-⟩ criminalidad *f*, delincuencia *f*

Krimi'nal|kommissar *m* comisario *m* de investigación criminal, policía *m* judicial; **~polizei** *f* brigada *f* de investigación criminal; **~roman** *m* novela *f* policíaca

krimi'nell [krimi'nɛl] *adj* criminal; **²e(r)** *f(m)* ⟨→ A⟩ criminal *m,f*, delincuente *m,f*

Krimskrams ['krɪmskrams] F *m* ⟨-es⟩ F chismes *m/pl*, cachivaches *m/pl*

Kringel ['krɪŋəl] *m* ⟨-s; -⟩ **1** (*Kreis*) *garabato en forma de círculo*; **2** *Gebäck* rosquilla *f*

'kringeln *v/r* ***sich ~*** *Haare* rizarse, enredarse; F ***sich ~ vor Lachen*** partirse de risa

Kripo ['kriːpo] *f Abk* ⟨-⟩ (*Kriminalpolizei*) policía *f* criminal

Krippe ['krɪpə] *f* **1** (*Futter²*) pesebre *m*, comedero *m*; **2** (*Weihnachts²*) belén *m*, nacimiento *m*; **3** (*Kinder²*) guardería *f*; **~nspiel** *n* auto *m* de Navidad

Krise ['kriːzə] *f* crisis *f*; ***sich in der ~ befinden*** estar en crisis; ***aus der ~ herauskommen*** salir de la crisis

'kriseln *v/imp* ***es kriselt*** hay una crisis latente

'Krisen|gebiet *n* región *f* en crisis; **~herd** *m* zona *f* conflictiva; **~management** *n* gestión *f* de crisis; **~stab** *m* estado *m* mayor de crisis

Kristall[1] [krɪs'tal] *m* ⟨-s; -e⟩ MINER cristal *m*

Kris'tall[2] *n* ⟨-s⟩ *Glas, Gegenstände* cristal *m*

kristalli'sieren *v/i* ⟨*sin* ge⟩ cristalizar

kri'stall|klar *adj* cristalino; **²zucker** *m* azúcar *m* granulado

Kriterium [kri'teːriʊm] *n* ⟨-s; -ien⟩ criterio *m* (***für*** de)

Kritik [kri'tiːk] *f* crítica *f* (***an*** *+dat* a); *von e-m Buch* reseña *f*; F ***unter aller ~*** malísimo, pésimo; ***an etw, j-m ~ üben*** criticar

od censurar a/c, a alg
Kritiker(in) ['kri:tikər(ın)] *m(f)* crítico, -a *m,f*
kri'tiklos *adj u adv* sin crítica, sin espíritu crítico
'kritisch I *adj* crítico; **II** *adv* ***etw ~ betrachten*** considerar a/c con espíritu crítico
kriti'sieren *v/t* ⟨*sin* ge⟩ criticar
kritteln ['krıtəln] *v/i desp* critiquear
Kritzelei [krıtsə'laı] F *f* garabatos *m/pl*
'kritzeln F *v/t*, *v/i* garabatear
Kro|ate [kro'a:tə] *m* ⟨-n; -n⟩ croata *m*; **~atien** [-'a:tsiən] *n* ⟨-s⟩ Croacia *f*; **~'atin** *f* croata *f*; **♀'atisch** *adj* croata
Krokant [kro'kant] *m* ⟨-s⟩ crocante *m*
Krokette [kro'kɛtə] *f* croqueta *f* (de patata)
Krokodil [kroko'di:l] *n* ⟨-s; -e⟩ cocodrilo *m*; **~stränen** F *pl* lágrimas *f/pl* de cocodrilo
Krokus ['kro:kʊs] *m* ⟨-; - *o* -se⟩ croco *m*
Krone ['kro:nə] *f* **1** corona *f* (*a Währung*, *fig*); ***die ~ der Schöpfung*** la coronación de la Creación; ***das setzt allem die ~ auf*** es el colmo; F ***einen in der ~ haben*** F estar achispado; **2** (*Wellen♀*) cresta *f*; (*Baum♀*) copa *f*; **3** (*Zahn♀*) funda *f*
krönen ['krø:nən] *v/t* coronar (*a fig*); ***j-n zum Kaiser ~*** coronar a alg como emperador
'Kron|juwelen *pl* joyas *f/pl* de la corona; **~korken** *m* chapa *f*; **~leuchter** *m* araña *f*; **~prinz** *m* príncipe *m* heredero; **~prinzessin** *f* princesa *f* real
'Krönung *f* coronación *f* (*a fig*)
'Kron|zeuge *m*, **~zeugin** *f* testigo *m,f* principal
Kropf [krɔpf] *m* ⟨-(e)s; ⸚e⟩ **1** MED bocio *m*; **2** *bei Vögeln* buche *m*
kross [krɔs] *adj nordd* crujiente
Krösus ['krø:zʊs] *m* ⟨- *o* -ses; -se⟩ *scherzh* ***ein ~ sein*** ser un ricachón
Kröte ['krø:tə] *f* **1** ZO sapo *m*; **2** F *fig pl* **~n** (*Geld*) F perras *f/pl*
Krücke ['krʏkə] *f* **1** *Gehhilfe* muleta *f*; ***an ~n*** (*dat*) ***gehen*** ir con *od* llevar muletas; **2** F *desp* (*Versager*) inútil *m*; F cero *m* a la izquierda
'Krückstock *m* muletilla *f*
Krug [kru:k] *m* ⟨-(e)s; ⸚e⟩ (*bsd Ton♀*) cántaro *m*, botija *f*; (*Bier♀*) jarra *f*
Krume ['kru:mə] *f* **1** (*Brot♀*) miga *f*; **2** AGR capa *f* arable
Krümel ['kry:məl] *m* ⟨-s; -⟩ miga(ja) *f*
'krümeln *v/i Brot* desmigajarse; *Person* hacer (muchas) migas
krumm [krʊm] **I** *adj* **1** (*gebogen*) curvo, corvo, arqueado; *mit Kurven* curvado; (*verbogen*) torcido (*a Nase*); (*alters~*), *Rücken* encorvado; *Wirbelsäule* desviado; ***~e Beine*** piernas *f/pl* arqueadas *od* torcidas; **2** F *fig* ***~e Touren*** enredos *m/pl*, chanchullos *m/pl*; F ***ein ~es Ding drehen*** hacer a/c fuera de la ley; **II** *adv* **3** *wachsen* torcido; ***~ biegen*** encorvar; F ***sich ~ legen*** F apretarse el cinturón; F ***etw ~ nehmen*** tomarse a/c a mal
krümmen ['krʏmən] **I** *v/t* encorvar, doblar, torcer; **II** *v/r* ***sich ~*** doblarse, torcerse; ***sich vor Schmerzen ~*** retorcerse de dolor
'Krümmung *f* curvatura *f*, encorvadura *f* (*a der Wirbelsäule*); *e-s Flusses* recodo *m*
Krüppel ['krʏpəl] *m* ⟨-s; -⟩ mutilado *m*, lisiado *m*, inválido *m*; ***j-n zum ~ schlagen*** lisiar a alg
Kruste ['krʊstə] *f* costra *f*; (*Brot♀*) corteza *f*; **~ntiere** *pl* crustáceos *m/pl*
Kruzifix ['kru:tsifıks] *n* ⟨-es; -e⟩ crucifijo *m*
Krypta ['krʏpta] *f* ⟨-; -ten⟩ cripta *f*
Kto. *Abk* → ***Konto***
Kuba ['ku:ba] *n* ⟨-s⟩ Cuba *f*
Ku'ba|ner(in) *m(f)* cubano, -a *m,f*; **♀nisch** *adj* cubano
Kübel ['ky:bəl] *m* ⟨-s; -⟩ (*Eimer*) cubo *m*; (*Bottich*) tina *f*, cuba *f*; *für Pflanzen* maceta *f*; F ***es gießt wie aus ~n*** llueve a cántaros
Kubik|... [ku'bi:k...] *in Zssgn* cúbico; **~meter** *m od n* metro *m* cúbico
kubisch ['ku:bıʃ] *adj* cúbico
Ku'bismus *m* ⟨-⟩ cubismo *m*
Küche ['kʏçə] *f* cocina *f* (*a Kochkunst*); ***kalte ~*** platos *m/pl* fríos
Kuchen ['ku:xən] *m* ⟨-s; -⟩ pastel *m*, bizcocho *m*; (*Torte*) tarta *f*; (*Obst♀*) *a* torta *f*
'Küchenchef(in) *m(f)* jefe, -a *m,f* de cocina
'Kuchen|form *f* molde *m* (para pasteles); **~gabel** *f* tenedor *m* de postre
'Küchen|hilfe *f* ayudante *m,f* de cocina; F pinche *m,f*; **~maschine** *f* robot *m*; **~messer** *n* cuchillo *m* de cocina; **~möbel** *n/pl* muebles *m/pl* de cocina; **~schabe** *f* cucaracha *f*; **~schrank** *m* armario *m* de cocina
'Kuchen|teig *m* masa *f* (pastelera); **~teller** *m* plato *m* para postres
'Küchen|tisch *m* mesa *f* de cocina; **~waage** *f* peso *m* de cocina
kuckuck ['kʊkʊk] *int* ¡cucú!
'Kuckuck *m* ⟨-s; -e⟩ **1** ZO cuco *m*, cuclillo *m*; F ***zum ~ (noch mal)!*** F ¡jolines!; (***das***) ***weiß der ~!*** ¡sabe Dios!; **2** F *fig* (*Pfandsiegel*) sello *m* de embargo
'Kuckucks|ei *n fig* huevo *m* de cuco; **~uhr** *f* (reloj *m* de) cucú *m*
Kufe ['ku:fə] *f* (*Schlitten♀*, *Flugzeug♀*) patín *m*; (*Schlittschuh♀*) cuchilla *f*
Kugel ['ku:gəl] *f* ⟨-; -n⟩ **1** (*runder Körper*) bola *f*; F ***e-e ruhige ~ schieben*** F no matarse trabajando; **2** MAT esfera *f*; **3** (*Gewehr♀*, *Pistolen♀*, *Kanonen♀*) bala *f*; **4** *beim Ku-*

gelstoßen peso *m*
'kugel|förmig *adj* esférico; **⁓hagel** *m* lluvia *f* de balas; **⁓lager** *n* rodamiento *m* de bolas
'kugeln I *v/i* ⟨sn⟩ rodar; **II** *v/r* ⟨h⟩ ***sich ⁓*** troncharse de risa
'kugel|'rund *adj* redondo como una bola; **⁓schreiber** *m* bolígrafo *m*; **⁓sicher** *adj Weste* antibalas; **⁓stoßen** *n* ⟨-⟩ lanzamiento *m* de peso; **⁓stoßer(in)** *m(f)* lanzador, a *m,f* de peso
Kuh [kuː] *f* ⟨-; ⁓e⟩ ZO vaca *f*; REL F *fig* ***heilige ⁓*** vaca *f* sagrada; F *desp* ***dumme ⁓*** F atontada *f*, pava *f*
'Kuhhandel F *desp m* chanchullo *m*, chalaneo *m*
'Kuhhaut *f* F ***das geht auf keine ⁓!*** F ¡eso pasa de castaño oscuro!
kühl [kyːl] **I** *adj* fresco; *fig* frío, reservado; ***⁓ werden*** enfriarse; *Wetter* refrescar; **II** *adv* (*abweisend*) fríamente; ***⁓ lagern*** almacenar en frío
'Kühl|anlage *f* instalación *f* de refrigeración; **⁓box** *f* nevera *f* portátil
'Kühle *f* ⟨-⟩ fresco *m*; *fig* frialdad *f*
'kühlen *v/t* enfriar, poner a refrescar
'Kühler *m* **1** AUTO radiador *m*; **2** (*Sekt⁓*) enfriadera *f*; **⁓haube** *f* cubrerradiador *m*, capó *m*
'Kühl|haus *n* (almacén *m*) frigorífico *m*; **⁓mittel** *n* AUTO refrigerante *m*; **⁓schiff** *n* buque *m* frigorífico; **⁓schrank** *m* nevera *f*, frigorífico *m*, *Am* heladera *f*; **⁓tasche** *f* bolsa *f* termo; (*Kühlbox*) nevera *f* portátil; **⁓transporter** *m* camión *m* frigorífico; **⁓truhe** *f* arcón *m* congelador; **⁓ung** *f* TEC, *von Lebensmitteln* refrigeración *f*; **⁓wasser** *n* agua *f* de refrigeración
'Kuhmilch *f* leche *f* de vaca
kühn [kyːn] *adj* atrevido, audaz; (*verwegen*) temerario
'Kühnheit *f* audacia *f*, intrepidez *f*; (*Verwegenheit*) temeridad *f*
'Kuhstall *m* establo *m* (para las vacas)
Küken ['kyːkən] *n* ⟨-s; -⟩ **1** ZO polluelo *m*; **2** F *fig* (*kleines Kind*) F pollito, -a *m,f*
Kukuruz ['kʊkurʊts] *m* ⟨-es⟩ *österr* maíz *m*
kulant [ku'lant] *adj Kaufmann* afable; *Haltung* favorable
Ku'lanz *f* ⟨-⟩ buena voluntad *f*; ***auf ⁓*** gratuito, como servicio de la casa
Kuli[1] ['kuːli] *m* ⟨-s; -s⟩ (*Arbeiter*) culí *m*; *fig desp* negro *m*
'Kuli[2] F *m* ⟨-s; -s⟩ (*Kugelschreiber*) F boli *m*
kulinarisch [kuli'naːrɪʃ] *adj* culinario
Kulisse [ku'lɪsə] *f* THEA bastidor *m*; *fig* ***hinter den ⁓n*** entre bastidores
kullern ['kʊlərn] F *v/i* ⟨sn⟩ rodar
Kult [kʊlt] *m* ⟨-(e)s; -e⟩ culto *m*; ***mit etw, j-m e-n ⁓ treiben*** rendir culto a a/c, alg
'Kult|figur *f* ídolo *m*; **⁓film** *m* película *f* de culto
kultivieren [kʊlti'viːrən] *v/t* ⟨*sin* ge⟩ cultivar (*a fig*)
kulti'viert I *adjt Person* cultivado; *Benehmen* elegante; (*gepflegt*) refinado; **II** *advl* ***⁓ speisen*** comer refinadamente; ***sich ⁓ benehmen*** comportarse con elegancia
Kultur [kʊl'tuːr] *f* **1** *e-r Gesellschaft* civilización *f*; (*persönliche Bildung, Lebensart*) cultura *f*; **2** AGR, BIOL cultivo *m*
Kul'tur|austausch *m* intercambio *m* cultural; **⁓beutel** *m* neceser *m*, bolsa *f* de aseo
kultu'rell *adj* cultural
Kul'tur|geschichte *f* historia *f* de la civilización; **⁓gut** *n* bien *m* cultural; **⁓kreis** *m* etnia *f*; **⁓politik** *f* política *f* cultural; **⁓revolution** *f* revolución *f* cultural; **⁓tasche** *f* bolsa *f* de aseo; **⁓zentrum** *n* centro *m* cultural
Kultus|minister(in) ['kʊltʊs-] *m(f)* ministro, -a *m,f* de Cultura; **⁓ministerium** *n* Ministerio *m* de Cultura
Kümmel ['kʏməl] *m* ⟨-s; -⟩ **1** *Pflanze, Gewürz* alcaravea *f*, comino *m* alemán; (*Kreuz⁓*) comino *m*; **2** *Branntwein* cúmel *m*
Kummer ['kʊmər] *m* ⟨-s⟩ pesar *m*, aflicción *f*, pena *f*; ***j-m ⁓ machen*** inquietar *od* preocupar a alg
kümmerlich ['kʏmərlɪç] *adj* **1** (*schwächlich*) débil; **2** (*arm*) pobre, miserable; **3** *desp* (*nicht ausreichend*) pobre
'kümmern I *v/t* ***das kümmert mich nicht*** me trae sin cuidado; ***was kümmert dich das?*** ¿a ti qué te importa?; **II** *v/r* ***sich um j-n, etw ⁓*** ocuparse *od* preocuparse de alg, a/c; ***sich darum ⁓, dass*** encargarse de que (*+subj*)
'kummervoll *adj* afligido
Kumpan [kʊm'paːn] F *desp m* ⟨-s; -e⟩ compañero *m*, compinche *m*
Kumpel ['kʊmpəl] *m* ⟨-s; - *o* F -s⟩ **1** MIN minero *m*; **2** F (*Kamerad*) compañero *m*; **⁓haft** *adj* de compañero
'kündbar *adj* revocable; *Vertrag* rescindible
Kunde[1] ['kʊndə] *m* ⟨-n; -n⟩ cliente *m*; ***potentieller ⁓*** cliente *m* potencial; ***neue ⁓n gewinnen, werben*** captar nuevos clientes
'Kunde[2] *f* (*Nachricht*) noticia *f*
'Kunden|adressen *f/pl* direcciones *f/pl* de clientes; **⁓akquisition** *f* adquisición *f* de clientes; **⁓betreuung** *f* atención *f* al cliente, servicio *m* al cliente; **⁓datei** *f* fichero *m* de clientes; **⁓dienst** *m* servicio *m* técnico *od* de pos(t)venta; **⁓freundlich** *adj* orientado al cliente; **⁓karte** *f e-s Geschäfts* tarjeta *f* de cliente; **⁓kartei** *f* cartera *f* de clientes; **⁓kennziffer** *f* código *m* cuenta cliente;

K

~konto *n* cuenta *f* cliente; **~kreis** *m* clientela *f*; **2orientiert** *adj* orientado al cliente; **~potential** *n* potencial *m* de clientes; **~service** *m* servicio *m* al cliente; **2spezifisch** *adj* especifico al cliente; **~stamm** *m* clientela; **~telefon** *n* teléfono *m* de atención al cliente

'Kundgebung *f* manifestación *f*

'kundig *adj* experto, conocedor; *geh* ***e-r Sache*** (*gen*) **~ *sein*** ser experto en a/c

kündigen ['kyndɪɡən] **I** *v/t* **1** *Vertrag* rescindir; **2** *Arbeitsstelle* pedir el despido en; **3** ***s-e Wohnung*** **~** anunciar que se rescinde el contrato (del piso); **II** *v/i* **4** *als Arbeitgeber* ***j-m*** **~** *e-m Arbeitnehmer* despedir a alg; *als Arbeitnehmer* ***er/sie kündigt*** presenta el cese, dimite; ***ihm/ihr wurde gekündigt*** fue despedido; **5** *e-m Mieter* ***j-m*** **~** desahuciar a alg

'Kündigung *f* **1** *e-s Vertrags* rescisión *f* (*a durch Mieter*); **2** *durch den Arbeitgeber* despido *m*; *durch den Arbeitnehmer* renuncia *f*; ***betriebsbedingte*** **~** denuncia *f* basada en necesidades de la empresa; ***fristlose*** **~** despido *m* sin preaviso; ***ungerechtfertigte*** **~** despido *m* improcedente *od* no justificado; **3** *durch den Vermieter* desahucio *m*; *durch den Mieter* aviso *m* de desalojamiento

'Kündigungsfrist *f* **1** *Arbeitsrecht* plazo *m* de despido *bzw* de renuncia; **2** *Mietrecht* plazo *m* de rescisión *bzw* de desahucio; **3** *Geldanlage* ***mit drei-, sechsmonatiger*** **~** con un plazo *m* de preaviso de tres, seis meses

'Kündigungs|grund *m* motivo *m* de despido *bzw* de renuncia; **~klausel** *e-s Vertrags f* cláusula *f* de denuncia; **~schreiben** *n Arbeitsrecht* carta *f* de despido; *Mietrecht* aviso *m* de rescisión de contrato; **~schutz** *m* protección *f* contra el despido *bzw* desahucio

'Kundin *f* clienta *f*

'Kundschaft *f* ⟨-⟩ clientela *f*

'kundtun *geh v/t* ⟨*irr, sep*⟩ dar a conocer; *Meinung* manifestar

künftig ['kynftɪç] **I** *adj* venidero, futuro; **II** *adv* de ahora en adelante

Kunst [kʊnst] *f* ⟨-; ⸚e⟩ arte *m*; ***die bildende*** **~** las artes plásticas; ***die schönen Künste*** las Bellas Artes; ***e-e brotlose*** **~ *sein*** ser una profesión sin futuro; F *fig* ***das ist keine*** **~** eso lo hace cualquiera; ***mit s-r*** **~ *am Ende sein*** no saber qué hacer

'Kunst|akademie *f* escuela *f* de Bellas Artes; **~ausstellung** *f* exposición *f* de arte; **~band** *m* libro *m* de arte; **~druck** *m* ⟨-(e)s; -e⟩ grabado *m*, reproducción *f*; **~dünger** *m* abono *m* químico; **~erziehung** *f Schulfach* arte *m*, formación *f* artística; **~faser** *f* fibra *f* sintética; **~fehler** *m* MED error *m* quirúrgico; **2fertig** *adj* hábil; **~fertigkeit** *f* habilidad *f*, destreza *f*; **~flug** *m* vuelo *m* acrobático; **~gegenstand** *m* objeto *m* de arte; **2gerecht** *adv* según las reglas del arte; **~geschichte** *f* historia *f* del arte; **~gewerbe** *n* artesanía *f*, Artes *f/pl* y Oficios *m/pl*; **~griff** *m* artificio *m*, truco *m*; **~handel** *m* comercio *m* de objetos de arte; **~händler(in)** *m(f)* marchante *m,f* de objetos de arte; **~handwerk** *n* artesanía *f*; **~historiker(in)** *m(f)* historiador, a *m,f* del arte; **~leder** *n* cuero *m* artificial

Künstler(in) ['kynstlər(ɪn)] *m(f)* artista *m,f*

'künstlerisch I *adj* artístico; **II** *adv* artísticamente; **~ *wertvoll sein*** tener mucho valor artístico

'künstlich *adj* artificial, sintético; (*unecht*) falso; *Gebiss* postizo

'Kunst|liebhaber(in) *m(f)* amante *m,f* del arte; **~maler(in)** *m(f)* pintor, a *m,f* (artista); **~pause** *f* pausa *f* intencionada; **~richtung** *f* estilo *m*; **~sammlung** *f* colección *f* de arte; **~schätze** *pl* tesoros *m/pl* artísticos; *e-s Landes* patrimonio *m* artístico; **~seide** *f* seda *f* artificial; **~stoff** *m* plástico *m*; **~stoffverpackung** *f* envase *m* de plástico

'Kunststück *n* (*Glanzleistung*) actuación *f* brillante; (*Geschicklichkeits2*) muestra *f* de habilidad; (*Zauber2*) malabares *m/pl*; F ***das ist kein*** **~*!*** F ¡así, cualquiera!

'Kunst|turnen *n* gimnasia *f* artística; **2voll** *adj* artístico, ingenioso; **~werk** *n* obra *f* de arte

kunterbunt ['kʊntər-] **I** *adj* **1** (*bunt*) variopinto, abigarrado; **2** (*abwechslungsreich*) variado; **II** *adv* **3** (*durcheinander*) revuelto, en desorden

Kupfer ['kʊpfər] *n* ⟨-s⟩ cobre *m*; **~kessel** *m* caldera *f* de cobre; **~münze** *f* moneda *f* de cobre; **2rot** *adj* cobrizo; **~stich** *m* grabado *m* en cobre

Kuppe ['kʊpə] *f* **1** (*Finger2*) yema *f*; **2** (*Berg2*) cima *f*, cumbre *f*

Kuppel ['kʊpəl] *f* ⟨-; -n⟩ cúpula *f*

Kuppe'lei *f* alcahuetería *f*; JUR proxenetismo *m*

'kuppeln I *v/t* ***etw an etw*** (*acus*) **~** *Anhänger usw* acoplar a/c a a/c; **II** *v/i* AUTO (*ein~*) embragar; (*aus~*) desembragar

'Kuppler(in) *m(f)* *desp* alcahuete, -a *m,f*; JUR proxeneta *m,f*

'Kupplung *f* **1** (*Anhänger2*) acoplamiento *m*; **2** AUTO embrague *m*; ***die*** **~ *treten*** desembragar; ***die*** **~ *kommen lassen*** embragar

'Kupplungspedal *n* embrague *m*

Kur [kuːr] *f* cura *f*, tratamiento *m*; ***e-e ~ machen*** hacer una cura
Kür [kyːr] *f* ⟨-; -en⟩ *Turnen* ejercicios *m/pl* libres; *Eiskunstlauf* figuras *f/pl* libres
Kuratorium [kura'toːrium] *n* ⟨-s; -ien⟩ consejo *m* de administración, patronato *m*
Kurbel ['kurbəl] *f* ⟨-; -n⟩ manivela *f*
'kurbeln *v/i* girar la manivela
'Kurbelwelle *f* cigüeñal *m*
Kürbis ['kyrbɪs] *m* ⟨-ses; -se⟩ **1** BOT calabaza *f*; **2** F *fig* (*Kopf*) F coco *m*
Kurd|e ['kurdə] *m* ⟨-n; -n⟩, **~in** *f* kurdo, -a *m,f*, curdo, -a *m,f*; **~isch** *adj* kurdo, curdo
'Kurfürst *m* HIST elector *m*
'Kur|gast *m* bañista *m,f*; **~haus** *n* casino *m* (del balneario)
Kurie ['kuːriə] *f* KATH curia *f*
Kurier [ku'riːr] *m* ⟨-s; -e⟩ correo *m*; **~dienst** *m* servicio *m* de correo
ku'rieren *v/t* ⟨*sin* ge⟩ curar (***von*** de; *a fig*)
kurios [kuri'oːs] *adj* raro, extraño, curioso; **~i'tät** *f* **1** *Eigenschaft* rareza *f*, curiosidad *f*; **2** *Gegenstand* objeto *m* raro; **~um** *geh n* ⟨-s; -sa⟩ *Gegenstand* curiosidad *f*; *Sachverhalt* cosa *f* curiosa
'Kur|konzert *n* concierto *m* para los bañistas; **~ort** *m mit Heilquellen* estación *f* termal, balneario *m*; (*Luft~*) estación *f* climática; **~park** *m* parque *m* de un balneario; **~pfuscher** *m desp* curandero *m*
Kurs [kurs] *m* ⟨-es; -e⟩ **1** MAR, AVIA rumbo *m* (*a fig*); *e-r Rennstrecke* recorrido *m*; POL orientación *f*; ***~ nehmen auf*** (*+acus*) poner rumbo a; ***den ~ halten*** mantener el rumbo; *fig* no perder el rumbo; ***den ~ ändern*** cambiar el rumbo (*a fig*); **2** *Börse* cotización *f*; *von Devisen* cambio *m*; ***zum besten ~*** al mejor cambio; ***zum ~ von*** al cambio de, al tipo de; ***hoch im ~ stehen*** cotizarse alto (***bei*** en; *a fig*); **3** (*Lehrgang*) curso *m*; ***an e-m ~ teilnehmen*** hacer un curso
'Kurs|änderung *f* MAR, AVIA, *fig* cambio *m* de rumbo; **~anstieg** *m* alza *f* (de cotizaciones); **~aussetzung** *f* suspensión *f* de la cotización; **~buch** *n* BAHN guía *f* de ferrocarriles
Kürschner ['kyrʃnər] *m* peletero *m*
'Kurs|differenz *f* diferencia *f* de cambio; **~gewinne** *m/pl bei Devisen* beneficios *m/pl* en el cambio
kur'sieren *v/i* ⟨*sin* ge, h *o* sn⟩ *Geld* circular; *Gerücht* correr
kur'siv TYPO **I** *adj* cursivo; **II** *adv* en cursiva; **~schrift** *f* TYPO cursiva *f*
'Kurs|korrektur *f* corrección *f* de la trayectoria (*a fig*); **~leiter(in)** *m(f)* profesor, a *m,f*; **~rückgang** *m* baja *f* en el cambio *bzw* la cotización; **~schwankung** *f* fluctuación *f* en el cambio *bzw* la cotización; **~teilnehmer(in)** *m(f)* alumno, -a *m,f*; **~verfall** *m* declive *m* de los cambios; **~verlust** *m* pérdida *f* de cambio; **~wagen** *m* BAHN vagón *m od* coche *m* directo
'Kurtaxe *f* tasa *f* (de balneario)
Kurve ['kurvə] *f* **1** *e-r Straße* curva *f* (*a* MAT, *Statistik*); ***hier macht die Straße e-e scharfe ~*** aquí hay una curva cerrada; ***in der ~*** en la curva; ***in die ~ gehen*** virar, hacer un viraje; F *fig* ***die ~ nicht kriegen*** fracasar; **2** F *pl* **~n** curvas *f/pl*, formas *f/pl*
'kurven *v/i* ⟨sn⟩ **1** *Fahrzeug* virar; ***um die Ecke ~*** tomar la esquina; **2** F ***durch etw ~*** andar por a/c
'Kurvenlage *f* AUTO estabilidad *f* en las curvas
'kurvenreich *adj* **1** *Straße* de muchas curvas; **2** F *Frau* de formas marcadas
'Kurverwaltung *f* administración *f* del balneario
kurz [kurts] **I** *adj* ⟨**~er**, **~este**⟩ *räumlich* corto; *zeitlich a* breve; *fig a* conciso, sucinto; ***in ~er Zeit*** dentro de poco; ***vor ~em*** hace poco; ***bis vor ~em*** hasta hace poco; **II** *adv* brevemente; ***~ vorher*** poco antes; ***~ darauf, danach*** poco después; ***es ist ~ vor drei*** (***Uhr***) falta poco para las tres; ***es ist ~ nach fünf*** (***Uhr***) son las cinco y pico; ***~ hinter Madrid*** poco después de Madrid; ***~ und bündig*** en pocas palabras; ***~*** (***und gut***) en suma; F ***~ und schmerzlos*** brevemente; *fig* ***~ angebunden sein*** ser parco en palabras; ***j-n ~ halten*** atar corto a alg; ***bei etw zu ~ kommen*** salir perdiendo en a/c; F ***machs ~!*** ¡abrevia!, ¡corta el rollo!; ***~ treten*** (*sparen*) ahorrar; (*sich schonen*) reservarse
'Kurzarbeit *f* jornada *f* reducida
'kurzarbeiten *v/i* ⟨*sep*⟩ hacer jornada reducida
'Kurz|arbeiter *m* trabajador, a *m,f* de jornada reducida; **~arbeitergeld** *n* subsidio *m* de jornada reducida; **~ärm(e)lig** *adj* de manga corta; **~atmig** *adj* asmático, corto de respiración; MED disneico
Kürze ['kyrtsə] *f* ⟨-⟩ **1** *zeitlich* brevedad *f*; *fig a* concisión *f*; ***in ~*** en breve, dentro de poco; ***in aller ~*** en pocas palabras; **2** *räumlich* corta distancia *f*
'Kürzel *n* ⟨-s; -⟩ *Stenografie* signo *m*; (*Abkürzung*) abreviatura *f*
'kürzen *v/t* **1** *Kleid*, *Textilien* acortar (***um*** en); *Text* abreviar; *Ausgaben*, *Löhne* reducir; **2** MAT simplificar
'kürzer *adj u adv* más corto; ***~ machen*** acortar; ***~ treten*** (*sparen*) ahorrar; (*sich schonen*) reservarse; ***den ~en ziehen*** salir perdiendo, llevar las de perder
'kurzer'hand *adv* sin más ni más

K

'kürzeste(r, -s) *adj* el más corto; ***in ~r Zeit*** a la mayor brevedad
'Kurz|fassung *f* versión *f* reducida; **~film** *m* corto(metraje) *m*
'kurzfristig *adj u adv* a corto plazo; ***etw ~ absagen*** renunciar a a/c con poca antelación
'Kurzgeschichte *f* relato *m* corto, narración *f* breve
'kurzlebig *adj* efímero (*a fig*)
'kürzlich *adv* recientemente, hace poco; ***erst ~*** hace muy poco
'Kurz|meldung *f*, **~nachrichten** *pl* noticias *f/pl* breves
'kurzschließen *v/t* ⟨*irr, sep*⟩ EL contactar, hacer contacto entre *od* con
'Kurzschluss *m* EL cortocircuito *m*; **~handlung** *f* acto *m* irreflexivo
'Kurzschrift *f* taquigrafía *f*
'kurzsichtig *adj* MED miope, corto de vista (*a fig*); **2keit** *f* ⟨-⟩ MED miopía *f* (*a fig*)
'Kurzstrecken|flug *m* vuelo *m* de corta distancia; **~lauf** *m* carrera *f* de corta distancia *od* de velocidad; **~rakete** *f* cohete *m* de corto alcance
'kurz'um *adv* en una palabra
'Kürzung *f* **1** *e-s Kleids*, *Texts* acortamiento *m*; *der Ausgaben* reducción *f*; **2** MAT simplificación *f*
'Kurzurlaub *m* vacaciones *f/pl* cortas
'Kurzwahl *f* TEL marcación *f* rápida; **~nummer** *f* TEL número *m* de marcación rápida; *intern a* código *m* interno; **~taste** *f* tecla *f* de marcación rápida
'Kurz|waren *pl* artículos *m/pl* de mercería; **2weilig** *adj* divertido; **~welle** *f* onda *f* corta; **~zeitgedächtnis** *n* memoria *f* corta
kusch(e)lig ['kʊʃ(ə)lɪç] *adj Stoff* suave; *Kissen*, *Wolle* mullido
'kuscheln I *v/i* estar acurrucado; **II** *v/r* ***sich ~*** acurrucarse (***an*** *+acus* contra; ***in*** *+acus* en)
'kuschen *v/i Hund* echarse; F *fig* (***vor j-m***) **~** F someterse (a alg)
Ku'sine *f* prima *f*
Kuss [kʊs] *m* ⟨-es; ⸚e⟩ beso *m*; ***j-m e-n ~ geben*** darle un beso a alg
'kussecht *adj Lippenstift* indeleble, que no mancha
küssen ['kʏsən] **I** *v/t* besar; ***j-m die Hand ~*** besarle a alg la mano; **II** *v/r* ***sich ~*** besarse
'Kusshand *f* ***j-m e-e ~ zuwerfen*** echarle un beso a alg; F *fig* ***mit ~*** con muchísimo gusto
Küste ['kʏstə] *f Ufer* costa *f*; *Gebiet* litoral *m*
'Küsten|bewohner(in) *f*(*m*) costeño, -a *m,f*; **~fischerei** *f* pesca *f* de bajura; **~gewässer** *pl* aguas *f/pl* costeras; **~schifffahrt** *f* cabotaje *m*; **~wacht** *f* vigilancia *f* de costas
Küster ['kʏstər] *m* sacristán *m*
Kutsche ['kʊtʃə] *f* **1** *offene* coche *m* de caballos; *prächtige* carroza *f*; HIST diligencia *f*; **2** F (*altes Auto*) F carroza *f*
'Kutscher *m* cochero *m*
kut'schieren ⟨*sin* ge⟩ **I** *v/t* ⟨h⟩ **1** ***j-n ~*** llevar a alg en coche de caballos; *im Auto* llevar a alg en coche; **II** *v/i* ⟨sn⟩ **2** *mit e-r Kutsche* ir en coche de caballos; **3** F ***durch Spanien ~*** dar vueltas (en coche) por España
Kutte ['kʊtə] *f* hábito *m*
Kutteln ['kʊtəln] *pl* GASTR callos *m/pl*
Kutter ['kʊtər] *m* MAR cúter *m*; (*Fisch2*) barca *f* de pesca
Kuvert [ku'veːr] *n* ⟨-s; -s⟩ sobre *m*
Kuwait [ku'vaɪt] *n* ⟨-s⟩ Kuwait *m*
kW [ka'veː] *Abk* (*Kilowatt*) kW (*kilovatio*)
kWh *Abk* (*Kilowattstunde*) kW/h (*kilovatio-hora*)
Kyberne|tik [kybɛr'neːtɪk] *f* ⟨-⟩ cibernética *f*; **2tisch** *adj* cibernético
kyrillisch [ky'rɪlɪʃ] *adj* cirílico
KZ [kaː'tsɛt] *n Abk* ⟨-(s); -(s)⟩ (*Konzentrationslager*) campo *m* de concentración

K

L

L, l [ɛl] *n* ⟨-; -⟩ L, l *f*

l *Abk* (*Liter*) l. (*litro*)

laben ['laːbən] *geh* **I** *v/t* refrescar; **II** *v/r* ***sich an etw*** (*dat*) **~** deleitarse con a/c, saborear a/c (*a fig*)

labern ['laːbərn] F *desp* **I** *v/t* ***dummes Zeug* ~** F soltar un rollo, decir tonterías; **II** *v/i* F enrollarse

labil [la'biːl] *adj Person, Charakter, Gleichgewicht* lábil, inestable; *Gesundheitszustand* precario; **2i'tät** *f* ⟨-⟩ labilidad *f*, inestabilidad *f*

Labor [la'boːr] *n* ⟨-s; -s *o* -e⟩ laboratorio *m*; **~ant(in)** [-bo'rant(ɪn)] *m* ⟨-en; -en⟩ (*f*) ayudante *m,f* de laboratorio; **~a'torium** *n* ⟨-s; -ien⟩ laboratorio *m*

labo'rieren *v/i* ⟨*sin* ge⟩ F ***an etw*** (*dat*) **~** esforzarse por *od* en a/c; F ***an e-r Krankheit* ~** padecer una enfermedad

Labrador [labra'doːr] *m* ⟨-s; -e⟩ *Hund* labrador *m*

Labyrinth [laby'rɪnt] *n* ⟨-(e)s; -e⟩ laberinto *m*, dédalo *m* (*beide a fig*)

'Lachanfall *m* ataque *m* de risa; ***er bekam e-n* ~** le dio un ataque de risa

Lache[1] ['laxə] F *f* (*Gelächter*) risa *f*

Lache[2] ['la(ː)xə] *f* (*Pfütze*) charco *m*

lächeln ['lɛçəln] *v/i* sonreír (***über*** *+acus* por)

'Lächeln *n* ⟨-s⟩ sonrisa *f*

lachen ['laxən] **I** *v/t* ***Tränen* ~** llorar de la risa; ***da gibt es nichts zu* ~** no tiene gracia; ***er hat nichts zu* ~** no tiene la vida nada fácil; F ***das wäre doch gelacht, wenn ...*** F estaría gracioso si ...; **II** *v/i* reírse (***über*** *+acus* de); ***schallend* ~** soltar una carcajada; F ***dass ich nicht lache!*** ¡no me hagas reír!; ***du hast gut* ~** tú, ríete; **III** *v/r* F ***sich krank, kaputt,*** (***krumm und***) ***schief* ~** F morirse de (la) risa

'Lachen *n* ⟨-s⟩ risa *f*; ***in lautes* ~ *ausbrechen*** reírse a carcajadas; ***sich vor* ~ *nicht halten können*** no poder contener la risa; ***sich vor* ~ *biegen*** partirse de la risa

'Lacher *m el que se ríe*; ***die* ~ *auf s-r Seite haben*** tener al público de su parte

lächerlich ['lɛçərlɪç] *adj* ridículo; ***sich* ~ *machen*** hacer el ridículo; ***j-n* ~ *machen*** dejar a alg en ridículo; ***etw ins* 2*e ziehen*** tomar a risa a/c, ridiculizar a/c

'Lächerlichkeit *f* ridículo *m*; (*Kleinigkeit*) ridiculez *f*; ***der* ~ *preisgeben*** poner en ridículo, ridiculizar

'Lach|gas *n* gas *m* hilarante *od* de la risa; **2haft** *adj* ridículo; **~krampf** *m* risa *f* convulsiva

Lachs [laks] *m* ⟨-es; -e⟩ salmón *m*

'lachs|farben *adj* asalmonado, de color salmón; **2schinken** *m* jamón *m* asalmonado

Lack [lak] *m* ⟨-(e)s; -e⟩ *farbloser* barniz *m*; *farbiger* laca *f*; (*Auto*2) pintura *f*

la'ckieren *v/t* ⟨*sin* ge⟩ *Holz* barnizar; *Auto* pintar; (***sich*** *dat*) ***die Nägel* ~** pintar(se) las uñas

La'ckier|er *m* barnizador *m*; **~e'rei** *f* taller *m* de pintura; **~ung** *f* (*Lack, Lackieren*) barnizado *m*; *des Autos* pintura *f*

Lackmuspapier ['lakmʊs-] *n* papel *m* (de) tornasol

'Lackschuhe *pl* zapatos *m/pl* de charol

Lade|fläche ['laːdə-] *f* superficie *f* de carga; **~gerät** *n* EL cargador *m*

'Ladehemmung *f* encasquillamiento *m*; *fig scherzh* **~ *haben*** atascarse

'laden[1] *v/t* ⟨lädt, lud, geladen⟩ **1** MIL, EL, INFORM cargar; **2** (*be*~), *Waren* cargar (***auf*** *+acus* en); *auf Schiff* embarcar (***auf*** *+acus* en); **3** *fig* ***e-e Schuld auf sich*** (*acus*) **~** cargar con una culpa

'laden[2] *v/t* ⟨lädt, lud, geladen⟩ **1** (*ein*~) invitar; ***geladene Gäste*** invitados *m/pl*; **2** ***vor Gericht* ~** citar ante el tribunal

Laden ['laːdən] *m* ⟨-s; ⸚⟩ **1** tienda *f*, comercio *m*; *größerer* almacén *m*; **2** *fig* F ***den* ~ *dichtmachen*** F tirar la toalla; F ***den* ~ *schmeißen*** F encargarse de todo; **3** (*Fenster*2) contraventana *f*, postigo *m*

'Laden|dieb(in) *m*(*f*) ladrón, -ona *m,f* (de tiendas); **~diebstahl** *m* robo *m* (en una tienda); **~hüter** F *m* artículo *m* invendible; **~kette** *f* cadena *f* de tiendas; **~lokal** *n* local *m* de negocio; **~öffnungszeiten** *f/pl* horario(s) *m*(*pl*) comercial(es); **~preis** *m* precio *m* de venta al público; **~schild** *n* rótulo *m* (de una tienda); **~schluss** *m* cierre *m* de los comercios; **~schlussgesetz** *n BRD* Ley *f* de Cierre de Comercios; **~straße** *f* calle *f* comercial; **~tisch** *m* mostrador *m*

'Lade|rampe *f* rampa *f od* muelle *m* de car-

ga; **~raum** *m* MAR, AVIA bodega *f*; **~termin** *m Waren* fecha *f* de carga
lädieren [lɛ'diːrən] *v/t* ⟨*sin* ge⟩ lesionar; *Haut* dañar (*a fig*)
Ladung ['laːdʊŋ] *f* **1** (*Fracht, Wagen*♀) carga *f* (*a e-r Feuerwaffe*, EL); *e-s Schiffes* cargamento *m*; ***die ~ löschen*** descargar; **2** JUR citación *f*; **3** F (*Menge*) montón *m*; ***e-e*** (***ganze***) ***~ Touristen*** *usw* un montón de turistas *etc*
Lage ['laːgə] *f* **1** *räumlich* situación *f* (*a fig*), posición *f*; *bsd Am* ubicación *f*; ***die wirtschaftliche ~*** la situación económica; F ***die ~ peilen*** sondear el terreno; ***versetzen Sie sich in meine ~*** póngase en mi lugar; ***in der ~ sein, zu*** (*+inf*) estar en condiciones de (*+inf*); ***nach ~ der Dinge*** en este estado de cosas, en estas condiciones; **2** *Schwimmsport* ***4x100 m ~n*** 4x100 m (a) estilos; **3** MUS registro *m*; **4** (*Schicht*) capa *f*; GEOL estrato *m*; **5** F ***e-e ~ Bier*** (*Runde*) una ronda de cerveza
'Lageplan *m* plano *m* (general)
Lager ['laːgər] *n* ⟨-s; -⟩ **1** *lit* (*Bett*) lecho *m*; **2** MIL campamento *m*; POL, *fig* campo *m*; POL *a* grupo *m*; **3** ⟨*pl a* ¨-⟩ (*Waren*♀) almacén *m*, depósito *m*; ***automatisiertes ~*** almacén *m* automático; ***ab ~*** franco en almacén; ***das ~ auffüllen, räumen*** reponer, liquidar existencias; ***etw auf ~ haben*** tener a/c en existencias, en almacén; F *fig* ***etw auf ~ haben*** tener a/c en reserva *od* en la manga; **4** GEOL yacimiento *m*; **5** TEC rodamiento *m*, cojinete *m*
'Lager|arbeiter(in) *m(f)* empleado, -a *m, f* de almacén; **~ausstattung** *f* equipo *m* del almacén
'Lagerbestand *m* existencias *f/pl* (en almacén); ***den ~ aufnehmen*** hacer inventario; ***den ~ überprüfen*** revisar las existencias
'Lager|buchhaltung *f* inventario *m* contable; **~dauer** *f* plazo *m* de almacenaje; **~feuer** *n* hoguera *f*; **~geld** *n* derechos *m/pl* de depósito; **~halle** *f* almacén *m*; **~halter(in)** *m(f)* almacenista *m,f*; **~haltung** *f* almacenaje *m*; **~haltungskosten** *pl* gastos *m/pl* de almacenamiento
Lage'rist(in) *m(f)* almacenista *m,f*
'Lager|kapazität *f* capacidad *f* de almacenamiento; **~kosten** *pl* gastos *m/pl* de almacenamiento; **~leiter** *m* jefe *m* de almacén
'lagern I *v/t* **1** (*hinlegen*) tender, echar; **2** *Waren* conservar, almacenar; **II** *v/i* **3** (*ruhen*) reposar; **4** *Waren* estar almacenado; *Wein* estar en bodega, reposar; **5** (*kampieren*) acampar; **6** *fig* ***dieser Fall ist anders gelagert*** es un caso diferente
'Lager|raum *m* → ***Lagerhalle***; **~schaden** *m* deterioro *m* debido al almacenamiento; **~schein** *m* resguardo *m* de almacén, certificado *m* de almacén; **~stätte** *f* GEOL yacimiento *m*; **~umschlag** *m* rotación *f* de existencias; **~ung** *f* ⟨-⟩ **1** (*Einlagern*) almacenamiento *m*, almacenaje *m*; **2** *e-s Körperteils* posición *f*; **~verkauf** *m* venta *f* en depósito; **~verwalter** *m* jefe *m* de almacén
Lagune [la'guːnə] *f* laguna *f*
lahm [laːm] *adj* **1** (*gelähmt*) paralítico; (*hinkend*) cojo; **2** F (*energielos*) sin fuerza, flojo; (*schleppend*) lento, pesado; (*langweilig*) aburrido, pesado; ***~ legen*** paralizar
'lahmen *v/i* cojear
lähmen ['lɛːmən] *v/t* MED paralizar (*a fig*); ***halbseitig gelähmt*** hemipléjico; ***vor Schreck wie gelähmt*** estupefacto
Lähmung ['lɛːmʊŋ] *f* MED, *fig* parálisis *f*; ***halbseitige ~*** hemiplejia *f*
Laib [laɪp] *m* ⟨-(e)s; -e⟩ ***~ Brot*** pan *m*; ***~ Käse*** queso *m*
Laich [laɪç] *m* ⟨-(e)s; -e⟩ freza *f*, desove *m*
'laichen *v/i* frezar, desovar
Laie ['laɪə] *m* ⟨-n; -n⟩ **1** REL laico *m*, lego *m*; **2** (*Uneingeweihter*) profano *m*, lego *m*; (*Nichtfachmann*) aficionado *m*; ***blutiger ~*** perfecto aficionado *m*
'laienhaft *adj* profano, de aficionado
'Laien|prediger *m* predicador *m* laico; **~schauspieler(in)** *m(f)* actor *m*, actriz *f* aficionado, -a
Lakai [la'kaɪ] *m* ⟨-en; -en⟩ lacayo *m* (*a fig*)
Lake ['laːkə] *f* salmuera *f*
Laken ['laːkən] *n* ⟨-s; -⟩ sábana *f*
lakonisch [la'koːnɪʃ] *adj* lacónico
Lakritze [la'krɪtsə] *f* regaliz *m*
lallen ['lalən] *v/t, v/i* balbucear, balbucir
Lama[1] ['laːma] *n* ⟨-s; -s⟩ ZO llama *f*
'Lama[2] *m* ⟨-(s); -s⟩ REL lama *m*
Lamelle [la'mɛlə] *f* EL, TEC lámina *f* (*a* BOT)
lamentieren [lamɛn'tiːrən] F *desp v/i* ⟨*sin* ge⟩ lamentar(se), poner el grito en el cielo
Lametta [la'mɛta] *n* ⟨-s⟩ cabello *m* de ángel (*hilos dorados o plateados con los que se adorna el árbol de Navidad*)
Laminat [lami'naːt] *n* ⟨-s; -e⟩, **~boden** *m* tarima *f* (flotante)
Lamm [lam] *n* ⟨-(e)s; ¨-er⟩ cordero *m*; **'~braten** *m* cordero *m* asado; **'~fell** *n* piel *m* de cordero; **'~keule** *f* pierna *f* de cordero; **'~kotelett** *n* chuleta *f* de cordero
Lampe ['lampə] *f* lámpara *f*
'Lampenfieber *n* F nervios *m/pl*; ***~ haben*** F estar de los nervios
'Lampenschirm *m* pantalla *f*
Lampion [lampi'ɔŋ] *m* ⟨-s; -s⟩ farolillo *m*
lancieren [lãː'siːrən] *geh v/t* ⟨*sin* ge⟩ lanzar (*a* COM)
Land [lant] *n* ⟨-(e)s⟩ **1** (*Fest*♀) tierra *f*; ***~ in***

Sicht! ¡tierra a la vista!; ***an ~ gehen*** ir a tierra; F *fig* (***sich*** *dat*) ***etw an ~ ziehen*** F pescar(se) a/c; (***wieder***) ***~ sehen*** ver el cielo abierto; **2** (*Boden*) tierra *f*; ***unbebautes ~*** tierra *f* inculta; **3** (*Grundstück*) terreno *m*; ***ein Stück ~*** un terreno; **4** ***flaches ~*** llanura *f*; **5** *Gegensatz zur Stadt* campo *m*; ***auf dem ~***, *österr* ***am ~ wohnen*** *od* ***leben*** vivir en el campo; ***aufs ~ ziehen*** irse a vivir al campo; **6** ⟨*pl* ¨er⟩ POL país *m*; (*Bundes*♀) estado *m* federal, land *m*; *fig Zeit* ***ins ~ gehen*** pasar; **7** *Bibel* ***das Heilige ~*** la Tierra Santa; ***das Gelobte ~*** la Tierra Prometida

'Land|ammann *m schweiz jefe de gobierno de algunos cantones suizos*; **~arbeiter(in)** *m(f)* trabajador, a *m,f* del campo; **~besitz** *m* fincas *f/pl* rústicas, tierras *f/pl*; **~bevölkerung** *f* población *f* rural

'Lande|anflug *m* vuelo *m* de aproximación; **~bahn** *f* pista *f* de aterrizaje

land'einwärts *adv* tierra adentro

'Landeklappe *f* AVIA alerón *m* de aterrizaje

landen ['landən] **I** *v/t* ⟨h⟩ **1** MIL *Truppen usw* poner a tierra, desembarcar, introducir; AVIA poner en tierra, aterrizar; **2** F ***e-n Treffer ~*** acertar (*a fig*); **II** *v/i* ⟨sn⟩ **3** MAR arribar, tomar tierra (***auf*** +*dat* en); **4** AVIA aterrizar, tomar tierra (***auf*** +*dat* en); **5** F *fig Person, Brief* F aterrizar; ***im Gefängnis ~*** F caer en la cárcel

'Landenge *f* istmo *m*

'Landeplatz *m* AVIA pista *f* de aterrizaje; MAR (des)embarcadero *m*

Länder ['lɛndər] → ***Land 6***

Ländereien [lɛndə'raɪən] *pl* tierras *f/pl*

'Länder|kampf *m* **1** SPORT encuentro *m* internacional; **2** → ***Länderspiel***; **~spiel** *n Fußball* partido *m* internacional

'Landes|grenze *f* frontera *f*; *innerhalb der BRD* límite *m* (de un estado federal); **~hauptmann** *m* ⟨*pl* -männer *o* -leute⟩, **~hauptfrau** *f österr* presidente *m*, presidenta *f* de un *bzw* del estado federal; **~hauptstadt** *f* capital *f*; **~innere(s)** *n* ⟨→ A⟩ interior *m* del país; **~kunde** *f* civilización *f*; **~regierung** *f BRD*, *österr* gobierno *m* de un *bzw* del estado federal; **~sprache** *f* lengua *f* vernácula; **~tracht** *f* traje *m* regional; **♀üblich** *adj* de las costumbres del país; **~verrat** *m* alta traición *f*

'Landeswährung *f* moneda *f* nacional; ***in ~*** en moneda nacional

'landesweit *adj* en todo el país

'Land|flucht *f* exódo *m* rural; **~friedensbruch** *m* perturbación *f* del orden público; **~gericht** *n* audiencia *f* provincial; **♀gestützt** *adj* MIL con base terrestre; **~gut** *n* finca *f*, *Am* hacienda *f*; **~haus** *n* casa *f* de campo; **~karte** *f* mapa *f*; **~kreis** *m* ADM *etwa* distrito *m*; **♀läufig** *adj* corriente

ländlich ['lɛntlɪç] *adj* rural; (*bäurisch*) campesino

'Land|luft *f* aire *m* del campo; **~maschinen** *f/pl* maquinaria *f* agrícola; **~mine** *f* MIL mina *f* terrestre; **~plage** *f* azote *m*, calamidad *f*; **~rat** *m* **1** *BRD etwa* jefe *m* de distrito; **2** *Schweiz parlamento de determinados cantones suizos*; **~rätin** *f BRD etwa* jefa *f* de distrito; **~ratte** F *f Person* F marinero *m* de agua dulce; **~regen** *m* lluvia *f* persistente; F calabobos *m*

'Landschaft *f* paisaje *m* (*a fig*)

'landschaftlich *adv* ***~ schön*** de belleza paisajística

'Landschaftsschutzgebiet *n* paisaje *m* protegido

'Landsitz *m* finca *f*; (*Herrensitz*) residencia *f od* mansión *f* rural

'Lands|mann *m* ⟨-(e)s; -leute⟩, **~männin** *f* compatriota *m,f*, paisano, -a *m, f*; ***was ist er für ein ~?*** ¿de dónde es?

'Land|straße *f* carretera *f*; **~streicher(in)** *m(f)* vagabundo, -a *m,f*; **~strich** *m* comarca *f*, región *f*; **~tag** *m BRD u österr* dieta *f*, parlamento *m* de un estado federal

Landung ['landʊŋ] *f* **1** AVIA aterrizaje *m*; **2** MAR arribada *f*; *von Truppen usw* desembarco *m*; **~sbrücke** *f* MAR desembarcadero *m*

'Landweg *m* vía *f* terrestre; ***auf dem ~(e)*** por vía terrestre

'Land|wein *m* vino *m* del país; **~wirt(in)** *m(f)* agricultor, a *m,f*

'Landwirtschaft *f* agricultura *f*; **♀lich** *adj* agrícola; **~sminister(in)** *m(f)* ministro, -a *m,f* de Agricultura; **~sministerium** *n* Ministerio *m* de Agricultura; **~ssektor** *m* sector *m* agrario

'Landzunge *f* lengua *f* de tierra

lang [laŋ] **I** *adj* ⟨¨er, ¨ste⟩ **1** *räumlich* largo; ***20 Meter ~*** de 20 metros de largo; ***gleich ~ sein*** tener la misma longitud; *fig* ***~ und breit*** con todos los pormenores; **2** *zeitlich* largo; ***~e Zeit*** mucho tiempo; **II** *adv* **3** durante; ***ein Jahr ~*** durante un año; → ***lange***

'lang|ärm(e)lig *adj* de manga larga; **~atmig** *adj* largo; *Buch, Vortrag usw* prolijo, muy detallado

'lange *adv* ⟨länger, am längsten⟩ **1** *zeitlich* mucho *od* largo tiempo; ***wie ~ (noch)?*** ¿cuánto tiempo?; ***wie ~ sind Sie schon hier?*** ¿cuánto lleva aquí?; ***er braucht ~ um zu*** (+*inf*) tarda mucho en (+*inf*); ***schon ~*** hace tiempo; ***so ~, wie …*** tanto tiempo como …; ***er ist noch ~ nicht fertig*** le falta mucho para terminar; **2** (*bei weitem*) ***das ist (noch) ~ nicht alles*** no es ni

L

mucho menos todo; ***er ist ~ nicht so klug wie sie*** no es ni mucho menos tan inteligente como ella

Länge ['lɛŋə] *f* **1** *räumlich* longitud *f*, largo *m*; ***e-e ~ von drei Metern haben*** tener tres metros de largo; ***der ~ nach*** a lo largo; **2** *zeitlich* duración *f*; ***sich in die ~ ziehen*** alargarse; **3** GEOGR longitud *f*; **4** SPORT largo *m*; **5** F (*Körper*≗) talla *f*, altura *f*

langen ['laŋən] F **I** *v/t* **1** (*darreichen*) dar, alcanzar; ***j-m e-e ~*** F pegar una a alg; **II** *v/i* **2** (*ausreichen*) bastar, ser suficiente (***für*** para); ***das langt bis morgen*** *Vorrat* llega hasta mañana; ***jetzt langt es mir aber!*** ¡ya basta!; **3** ***nach etw ~*** alargar la mano hacia a/c

'Längen|grad *m* grado *m* de longitud; **~kreis** *m* meridiano *m*; **~maß** *n* medida *f* de longitud

'länger *adj u adv* **1** *räumlich* más largo; ***~ machen*** alargar (*a* MODE); ***~ werden*** alargarse; **2** *zeitlich* más tiempo; (*ziemlich lang*) bastante largo; ***~e Zeit*** algún tiempo; ***ein Tag ~*** un día más

'Lang(e)weile *f* ⟨-⟩ aburrimiento *m*; ***~ haben*** estar aburrido

'Lang|finger *m scherzh* F ratero, -a *m,f*, caco *m*; **≗fristig** *adj u adv* a largo plazo

'langgehen F *v/i* ⟨*sep*⟩ → ***entlanggehen***; ***wissen, wos langgeht*** saber salir adelante; ***ich werd ihm*** (***schon***) ***zeigen, wos langgeht*** ya le enseñaré lo que es bueno

'lang|jährig *adj* de muchos años (*a Freundschaft*); *Erfahrung* largo; *Freund* viejo; **≗lauf** *m* esquí *m* de fondo; **≗läufer(in)** *m(f)* esquiador, a *m,f* de fondo; **≗laufski** *m* esquí *m* de fondo; **~lebig** *adj* BIOL de larga vida, longevo; COM duradero; **≗lebigkeit** *f* ⟨-⟩ BIOL longevidad *f*; COM durabilidad *f*

'länglich *adj* oblongo, alargado

'Lang|mut *geh f* ⟨-⟩ paciencia *f*; *geh* longanimidad *f*; **≗mütig** *geh adj* indulgente, paciente

längs [lɛŋs] **I** *prp* ⟨*+gen o +dat*⟩ a lo largo de; **II** *adv* a lo largo

'Längsachse *f* eje *m* longitudinal

'langsam I *adj* **1** lento; ***~er werden*** ralentizar, hacerse más lento; **2** (*allmählich*) paulatino; **II** *adv* **3** despacio; ***~ aber sicher*** lento pero seguro; ***immer ~!*** ¡sin prisas!; ***~er fahren*** aminorar la marcha; **4** (*allmählich*) paulatinamente

'Langsamkeit *f* ⟨-⟩ lentitud *f*

'Lang|schläfer(in) *m(f)* dormilón, -ona *m,f*; **~spielplatte** *f* elepé *m*

'Längsschnitt *m* corte *m bzw* sección *f* longitudinal

längst [lɛŋst] *adv* **1** (*schon lange*) desde hace mucho tiempo; **2** (*bei weitem*) ***das ist*** (***noch***) ***~ nicht alles*** no es ni mucho menos todo; ***er ist ~ nicht so klug wie sie*** no es ni mucho menos tan inteligente como ella

'längste(r, -s) *adj* el más largo

'längstens *adv* lo más tarde

'Langstrecken|flug *m* vuelo *m* de larga distancia; **~lauf** *m* carrera *f* de fondo; **~rakete** *f* misil *m* de largo alcance

Languste [laŋ'gʊstə] *f* langosta *f*

'langweilen *v/t, v/r* (***sich***) **~** aburrir(se)

'langweilig *adj* aburrido, pesado; ***mir ist es ~*** me aburro

'Lang|welle *f* onda *f* larga; **≗wierig** *adj* largo (*a Arbeit*); *Verhandlungen* lento

'Langzeit|arbeitslose(r) *f(m)* parado, -a *m,f* durante mucho tiempo; **~arbeitslosigkeit** *f* paro *m* de mucho tiempo; **~gedächtnis** *n* memoria *f* larga; **~wirkung** *f* efecto *m* prolongado

Lanze ['lantsə] *f* lanza *f*; *fig* ***e-e ~ für j-n brechen*** romper una lanza por alg

Laos ['laːɔs] *n* ⟨von -⟩ Laos *m*

La Paz [la'paːs, la'paθ] *n* La Paz *m*

lapidar [lapi'daːr] *geh adj geh* lapidario

Lappalie [la'paːliə] *f* bagatela *f*; F friolera *f*

Lappen ['lapən] *m* ⟨-s; -⟩ **1** (*Wisch*≗) trapo *m*; F *fig* ***das ist mir durch die ~ gegangen*** F se me ha escapado; **2** F (*Geldschein*) billete *m*; F sábana *f*

läppern ['lɛpərn] *v/r* F ***das läppert sich*** F se va amontonando

läppisch ['lɛpɪʃ] F *adj* ridículo, tonto; *Person a* infantil, bobo

Lappland ['laplant] *n* ⟨-s⟩ Laponia *f*

Laptop ['lɛptɔp] *m* ⟨-s; -s⟩ (ordenador *m*) portátil *m*

Lärche ['lɛrçə] *f* BOT alerce *m*

Lärm [lɛrm] *m* ⟨-s⟩ ruido *m*; *von Menschen a* jaleo *m*, barullo *m*; (*Gepolter*) estrépito *m*, estruendo *m*; *fig* ***viel ~ um nichts*** mucho ruido y pocas nueces

'Lärm|bekämpfung *f* lucha *f* contra el ruido; **~belästigung** *f* contaminación *f* sonora; **≗empfindlich** *adj* sensible al ruido

'lärm|en *v/i* hacer ruido, alborotar; **~end** *adjt* ruidoso, estrepitoso, bullicioso

'Lärm|pegel *m* nivel *m* de ruido; **~schutz** *m* protección *f* contra el ruido; **~schutzwand** *f* pantalla *f* antirruido

Larve ['larfə] *f* **1** ZO larva *f*; **2** (*Maske*) careta *f*, máscara *f*

lasch [laʃ] **I** *adj* **1** (*kraftlos*) flojo; **2** (*wirkungslos*) poco efectivo; **3** (*nicht streng*) laxo; **II** *adv* **4** *handhaben usw* laxamente

'Lasche *f an Schuhen* lengüeta *f*; MODE presilla *f*

Laser ['leːzər] *m* láser *m*; **~chirurgie** *f* cirugía *f* con rayos láser; **~drucker** *m* INFORM impresora *f* láser; **~medizin** *f* medicina *f* por láser; **~show** *f* espectáculo *m* de rayos láser; **~strahl** *m* rayo *m* láser; **~technik** *f* técnica *f* láser

lassen ['lasən] ⟨lässt, ließ, lasse *o* lass!⟩ **I** *v/modal* ⟨*p/p* lassen⟩ **1** (*zu~*) dejar, permitir; ***j-n etw tun ~*** dejar a alg que haga a/c; **2** (*veran~*) hacer, mandar; ***j-n etw tun ~*** hacer que alg haga a/c; ***den Arzt holen ~*** hacer venir al médico; ***sich*** (*dat*) ***ein Kleid machen ~*** hacerse un vestido; ***ich lasse ihn grüßen*** salúdele de mi parte; **3** ***lass, lasst uns gehen!*** ¡vámonos!; **II** *v/t* ⟨*p/p* gelassen⟩ **4** (*über~*) ***j-m etw ~*** confiar *od* dejar a/c a alg; **5** (*zubilligen*) *sie ist bescheiden* ***das muss man ihr ~*** hay que reconocerlo; **6** (*unter~*) abstenerse de, dejar de; ***lass das!*** ¡déjalo!; **7** (*zurück~*) dejar, abandonar; *fig* ***j-n weit hinter sich*** (*dat*) ***~*** dejar a alg muy atrás, distanciarse mucho de alg; **8** *an e-n Ort* dejar; ***j-n ins Haus ~*** dejar entrar a alg en casa; **III** *v/i* ⟨*p/p* gelassen⟩ **9** (*ab~*) ***von etw ~*** desistir de a/c, abandonar a/c; **IV** *v/r* ⟨*p/p* lassen⟩ **10** ***sich operieren ~*** operarse; *Stoff* ***sich gut waschen ~*** lavarse bien; ***das lässt sich nicht beschreiben*** es indescriptible

lässig ['lɛsɪç] **I** *adj* **1** F dejado; (*unbekümmert*) *a* indiferente; *Kleidung* desenfadado; *Haltung a* desenvuelto; **II** *adv* **2** con indiferencia, con dejadez; ***~ gekleidet*** vestido con desenfado; **3** F (*mühelos*) sin esfuerzo, con facilidad

'Lässigkeit *f* ⟨-⟩ (*Unbekümmertheit*) indiferencia *f*; *der Haltung* desenvoltura *f*

Lasso ['laso] *m od n* ⟨-s; -s⟩ (*Wurfschlinge*) lazo *m*

Last [last] *f* ⟨-; -en⟩ **1** (*Trag*≈) carga *f*; *fig a* peso *m*; ***j-m zur ~ fallen*** ser una carga para alg; ***j-m etw zur ~ legen*** imputar a/c a alg; ***zu j-s ~en gehen*** quedar a cuenta de alg; COM ***zu j-s ~en*** a cargo de alg; **2** *e-s Schiffes* carga *f*, cargamento *m*; **3** **~en** (*Abgaben*) cargas *f/pl*

'Lastauto *n* camión *m*

'lasten *v/i* pesar, ser una carga; ***auf etw*** (*dat*) ***schwer ~*** ser una pesada carga para a/c; ***auf dem Unternehmen ~ schwere Schulden*** la empresa está gravada con grandes deudas; *fig Verantwortung* ***auf j-s Schultern*** (*dat*) ***~*** pesar sobre los hombros de alg

'Lastenaufzug *m* montacargas *m*

Laster[1] ['lastər] *n* ⟨-s; -⟩ (*schlechte Neigung*) vicio *m*

'Laster[2] F *m* (*Lastwagen*) camión *m*

'lasterhaft *adj Leben* disipado; *Person* vicioso, depravado

Lästermaul ['lɛstər-] F *n* F cotilla *m,f*, víbora *f*

'lästern *v/i* ***über j-n ~*** poner verde a alg

lästig ['lɛstɪç] *adj* pesado, molesto, fastidioso; ***j-m ~ werden, fallen*** molestar *od* importunar a alg

'Last|kahn *m* gabarra *f*, chalana *f*; **~kraftwagen** *m* ADM → ***Lastwagen***

Last-Minute|... [la:st'mɪnɪt...] *in Zssgn* de última hora; **~-Flug** *m* vuelo *m* de última hora; **~-Urlaub** *m* vacaciones *f/pl* de última hora

'Last|schrift *f* FIN adeudo *m*, cargo *m* (en cuenta); **~schriftverfahren** *n Bank* domiciliación *f* bancaria *f* de recibos; **~tier** *n* animal *m* de carga; **~wagen** *m* camión *m*; **~wagenfahrer(in)** *m(f)* camionero, -a *m,f*; **~zug** *m* camión *m* con remolque

Lasur [la'zu:r] *f* barniz *m*

Latein [la'taɪn] *n* ⟨-s⟩ latín *m*; *fig* ***mit s-m ~ am Ende sein*** ya no saber qué decir

La'tein|amerika *n* Latinoamérica *f*; **≈amerikanisch** *adj* latinoamericano

la'teinisch *adj* latino; ***~e Schrift*** letra *f* latina *od* romana

latent [la'tɛnt] *adj* latente

Laterne [la'tɛrnə] *f* (*Straßen*≈) farol *m*, farola *f*; (*Hand*≈) linterna *f*; **~npfahl** *m* poste *m* de farola

Latex ['la:tɛks] *m* ⟨-; Latizes⟩ látex *m*

Latinum [la'ti:nʊm] *n* ⟨-s⟩ *diploma que acredita un determinado nivel de conocimientos de latín*

Latrine [la'tri:nə] *f* letrina *f*

latschen ['la:tʃən] F *v/i* ⟨sn⟩ arrastrar los pies; (*schlendern*) deambular

'Latschen F *m* ⟨-s; -⟩ (*alter Schuh*) zapato *m* viejo; (*Hausschuh*) zapatilla *f*

Latte ['latə] *f* (*Holzstange*) listón *m*; SPORT *beim Fußball* larguero *m*; F *fig* ***lange ~*** F larguirucho *m*

'Lattenzaun *m* estacada *f*, empalizada *f*

Latz [lats] *m* ⟨-es; ⸚e⟩ **1** *e-r Schürze* peto *m*; *für Kinder* babero *m*; P ***j-m e-e vor den ~ knallen*** F darle una a alg; **2** (*Hosen*≈) bragueta *f*

Lätzchen ['lɛtsçən] *n* ⟨-s; -⟩ babero *m*

'Latzhose *f* pantalón *m* de peto

lau [laʊ] *adj* tibio (*a fig*); *Luft, Wetter* templado

Laub [laʊp] *n* ⟨-(e)s⟩ follaje *m*, hojas *f/pl*; **'~baum** *m* árbol *m* de hoja caduca

Laube ['laʊbə] *f* (*Garten*≈) cenador *m*, glorieta *f*

'Laub|frosch *m* rana *f* verde *od* de zarzal; **~säge** *f* sierra *f* de marquetería; **~wald** *m* bosque *m* frondoso

Lauch [laʊx] *m* ⟨-(e)s; -e⟩ puerro *m*

Lauer ['laʊər] *f* ⟨-⟩ F ***auf der ~ sein, liegen*** estar al acecho

'lauern F *v/i* ***auf etw, j-n ~*** acechar *od* aguardar a/c, a alg

Lauf [laʊf] *m* ⟨-(e)s; ⸚e⟩ **1** (*Laufen*) carrera *f*

L

(*a* SPORT); **2** *fig* (*Fortgang*) marcha *f*; ***im ~e der Zeit*** con el (paso del) tiempo; ***den Dingen ihren ~ lassen*** dejar a las cosas seguir su rumbo; ***s-n Tränen freien ~ lassen*** desahogarse llorando; ***im ~e des Monats*** en el curso del mes; **3** (*Fluss*≈) curso *m*; **4** MUS escala *f*; **5** *e-s Gewehrs* cañón *m*; **6** *der Jagdtiere, Hunde* pata *f*

'Laufbahn *f* carrera *f*

'Laufbursche *m* mozo *m* de los recados; *im Hotel* botones *m*

'laufen ⟨läuft, lief, gelaufen, lauf(e)!⟩ **I** *v/t* ⟨sn⟩ **1** *Strecke* recorrer (***in e-r Stunde*** en una hora); SPORT correr; **II** *v/i* ⟨sn⟩ **2** (*rennen*) correr; (*gehen*) andar, ir a pie *od* caminando; ***in ein Auto ~*** meterse debajo de un coche; ***j-m in die Arme ~*** toparse con alg; ***das Kind lernt ~*** el niño está aprendiendo a andar; ***~ lassen*** *Täter absichtlich* soltar; *unabsichtlich* dejar escapar; **3** F ***die Sache ist gelaufen*** la cosa está hecha; **4** (*gültig sein*) estar vigente; **5** *Rad* correr; *Maschine, Motor* marchar, funcionar; F ***das Geschäft läuft gut, schlecht*** el negocio marcha, no marcha; **6** *Film* proyectarse; *Verhandlungen* estar en curso; **7** (*fließen*) correr; **8** (*ver~*) ***durch, über etw*** (*acus*) ***~*** correr por a/c; **III** *v/imp* ⟨h⟩ **9** ***es läuft sich hier gut*** esta es una buena pista

'laufend I *adjt Jahr, Monat, Geschäfte, Ausgaben* corriente; *Arbeiten, Untersuchung* en curso; ***~e Nummer*** número *m* de orden; ***auf dem ≈en sein*** estar al corriente; ***j-n*** (***über etw*** *acus*) ***auf dem ≈en halten*** tener a alg al corriente (de a/c); **II** *advl* continuamente

Läufer ['lɔʏfər] *m* **1** SPORT corredor *m*; *Fußball* medio *m*; **2** *Schach* alfil *m*; **3** (*schmaler Teppich*) alfombra *f* de pasillo; (*Tisch*≈) camino *m* de mesa

Lauferei [laʊfə'raɪ] F *f* ***viel ~ mit etw haben*** estar muy ajetreado con a/c

'Läuferin *f* SPORT corredora *f*

'Lauffeuer *n fig* ***wie ein ~*** como un reguero de pólvora

läufig ['lɔʏfɪç] *adj Hündin* en celo

'Laufkundschaft *f* clientela *f* de paso

'Laufmasche *f* carrera *f*; ***ihr Strumpf hat e-e ~*** tiene una carrera en las medias

'Laufpass *m* F ***j-m den ~ geben*** F mandar a alg a paseo

'Laufschritt *m* ***im ~*** a paso de carrera

'Lauf|stall *m für Kinder* parque *m*; **~steg** *m* pasarela *f*; **~werk** *n* TEC, *der Uhr* mecanismo *m* de rodadura; INFORM unidad *f* (de lectura)

'Laufzeit *f* FIN, JUR plazo *m* de vencimiento; ***ein Kredit mit dreimonatiger ~*** un crédito de tres meses

'Laufzettel *m* circular *m*

Lauge ['laʊgə] *f* **1** CHEM lejía *f*; **2** *für die Wäsche* colada *f*

'Laugenbrezel *f tipo de pan en forma de rosca*

Laune ['laʊnə] *f* (*Stimmung*) humor *m*; (*Einfall*) capricho *m*; (***bei***) ***guter, schlechter ~ sein, gute, schlechte ~ haben*** estar de buen, mal humor; ***bei ~*** de buen humor; ***~n haben*** tener caprichos

'laun|enhaft, ~isch *adj* veleidoso, caprichoso; *Wetter* inestable

Laus [laʊs] *f* ⟨-; ⸚e⟩ piojo *m*; F *fig* ***ihm ist e-e ~ über die Leber gelaufen*** F le ha picado una mosca

Lausanne [loː'zan] *n* Lausana *f* [laʊ'sana]

'Lausbube F *m* pillín *m*

'Lauschangriff *m* vigilancia *f* secreta

lauschen ['laʊʃən] *v/i* **1** (*zuhören*) escuchar (atentamente); **2** (*horchen*) aguzar el oído; ***an der Tür ~*** escuchar tras la puerta

'lauschig *adj Ort* acogedor, íntimo

lausen ['laʊzən] *v/t*, *v/r* (***sich***) **~** despiojar (-se); F *fig* ***ich denk, mich laust der Affe!*** ¡no me lo puedo creer!

'lausig F **I** *adj* (*schäbig*) miserable; (*widerwärtig*) desagradable, repugnante; *Kälte* que pela; **II** *adv* míseramente

laut[1] [laʊt] **I** *adj* ruidoso; *Stimme*, MUS alto, sonoro; *Geräusch* fuerte; ***~ werden*** *Stimmen* elevarse; *fig Nachricht* hacerse público, correrse la voz de; **II** *adv* en voz alta; (*geräuschvoll*) fuerte; ***~ lesen*** leer en alto

laut[2] *prp* ⟨+*gen o* +*dat*⟩ según, en virtud de

Laut *m* ⟨-(e)s; -e⟩ sonido *m*; ***keinen ~ von sich geben*** no decir ni pío

Laute ['laʊtə] *f* MUS laúd *m*

'lauten *v/i* decir, rezar; ***wie lautet die Antwort?*** ¿cómo es la respuesta?

läuten ['lɔʏtən] *v/t*, *v/i*, *v/imp* tocar; *Glokken* repicar; *Telefon* sonar; ***es, j-d läutet*** *an der Tür* llaman a la puerta; ***es läutet Mittag*** tocan las doce; *fig* ***ich habe ~ hören, dass ...*** he oído campanas de que ...

lauter[1] ['laʊtər] *geh adj Metalle* puro, limpio; *fig a* sincero

'lauter[2] *adv* (*nichts als, nur*) no ... más que; ***das sind ~ Lügen*** no son más que mentiras; ***vor ~ Angst*** de puro miedo

läutern ['lɔʏtərn] *geh v/t* purificar (*a fig*), depurar; *Metall* acrisolar

'lauthals *adv* a voz en cuello; *protestieren* a voz en grito

'Lautlehre *f* fonética *m*

'lautlos *adj* silencioso

'Lautschrift *f* transcripción *f* fonética

'Lautsprecher *m* altavoz *m*, *Am* altoparlante *m*; **~anlage** *f* equipo *m* acústico; **~box** *f* bafle *m*

'lautstark *adj* potente

'Lautstärke *f* intensidad *f* de sonido; *der Stimme* potencia *f*; ***mit voller ~*** *Radio* a todo volumen

'lauwarm *adj* → ***lau***

Lava ['la:va] *f* ⟨-; Laven⟩ lava *f*

Lavendel [la'vɛndəl] *m* ⟨-s; -⟩ espliego *m*, lavanda *f*

lavieren [la'vi:rən] *v/i* ⟨*sin* ge⟩ MAR bordear, barloventear; *fig* andar en la cuerda floja

Lawine [la'vi:nə] *f* alud *m*, avalancha *f*

La'winengefahr *f* peligro *m* de aludes

lax [laks] *adj* laxo, relajado

Layout ['le:ˀaʊt] *n* ⟨-s; -s⟩ maqueta *f*

Lazarett [latsa'rɛt] *n* ⟨-(e)s; -e⟩ hospital *m* militar

leasen ['li:zən] *v/t* alquilar con opción a compra

Leasing ['li:zɪŋ] *n* ⟨-s; -s⟩ alquiler *m* con opción a compra, leasing *m*; **~auto** *m* coche *m* en leasing; **~firma** *f* empresa *f* de leasing; **~geschäft** *n* operación *f* de leasing; **~gesellschaft** *f* sociedad *f* de leasing; **~nehmer(in)** *m(f)* arrendatario, -a *m,f*; **~rate** *f* cuota *f* de arrendamiento *od* de leasing

Lebe|dame ['le:bə-] *f* mujer *f* de la vida; **~mann** *m* ⟨-(e)s; ⸗er⟩ vividor *m*

'leben I *v/t* **1** vivir; ***sein eigenes Leben ~*** vivir su propia vida; **II** *v/i* **2** vivir, existir; (*am Leben sein*) estar con vida; ***von s-r Hände Arbeit ~*** vivir de su trabajo; ***leb(e) wohl!*** ¡adios!; ***es lebe die Freiheit!*** ¡viva la libertad!; **3** (*wohnen*) vivir; ***er lebt in Madrid*** (*dat*) vive en Madrid; **4** ***nur für j-n, etw ~*** desvivirse por alg, a/c; **III** *v/r* **5** ***hier lebt es sich gut*** se vive bien aquí

'Leben *n* ⟨-s; -⟩ **1** vida *f*, existencia *f*; ***sich*** (*dat*) ***das ~ nehmen*** quitarse la vida, suicidarse; ***j-n das ~ kosten*** costarle a alg la vida; ***j-m das ~ retten*** salvarle a alg la vida; ***am ~ sein*** estar con vida; ***keiner blieb am ~*** no sobrevivió nadie; ***aus dem ~ gegriffen*** tomado de la vida real; ***sie singt*** (***liest***) ***für ihr ~ gern*** (a ella) le gusta muchísimo cantar (leer); ***etw ins ~ rufen*** dar vida a a/c, crear a/c, fundar a/c; ***mit dem ~ davonkommen*** salir con vida; ***j-m nach dem ~ trachten*** atentar contra la vida de alg; (***bei e-m Unfall***) ***ums ~ kommen*** perder la vida (en un accidente); F ***nie im ~!*** ¡en la vida!, ¡ni soñarlo!; ***mein ganzes ~ lang*** toda mi vida; ***Kampf auf ~ und Tod*** lucha *f* a vida o muerte; ***es geht um ~ und Tod*** es cuestión de vida o muerte; **2** (*Lebhaftigkeit*) vida *f*; ***~ in etw*** (*acus*) ***bringen*** dar vida a a/c, animar a/c

'lebend *adjt* vivo

'Lebende(r) *f(m)* ⟨→ A⟩ viviente *m,f*

lebendig [le'bɛndɪç] *adj u adv* vivo, con vida; ***bei ~em Leibe begraben werden*** ser enterrado vivo; ***in j-m ~ werden*** *Gefühle* aflorar en alg; *Erinnerungen* cobrar vida en alg

Le'bendigkeit *f* ⟨-⟩ viveza *f*, vivacidad *f*

'Lebens|abend *m* vejez *f*; **~abschnitt** *m* período *m* de la vida; **~alter** *n* edad *f*; **~art** *f* **1** (*Lebensweise*) modo *m* de vivir; **2** (*Benehmen*) modales *m/pl*; **~bedingungen** *pl* condiciones *f/pl* de vida; **≈bedrohend** *adjt* que amenaza la vida; **≈bejahend** *adjt* optimista; **~bereich** *m* ámbito *m* de la vida; **~dauer** *f* duración *f* de la vida; *e-s Geräts* duración *f*

'Lebensende *n* término *m* de la vida; ***bis an mein ~*** hasta que me muera

'Lebens|erfahrung *f* experiencia *f* de la vida; **~erinnerungen** *pl* memorias *f/pl*; **~erwartung** *f* esperanza *f od* expectativas *f/pl* de vida; **≈fähig** *adj* viable; **~freude** *f* alegría *f* de vivir; **≈froh** *adj* alegre, optimista

'Lebensgefahr *f* peligro *m* de muerte; ***unter ~*** con peligro para la vida; ***für j-n besteht ~*** alg está en peligro de muerte

'lebensgefährlich *adj* muy peligroso

'Lebens|gefährte *m*, **~gefährtin** *f* compañero, -a *m,f* (de vida); **~gemeinschaft** *f* vida *f* en común; **~geschichte** *f* biografía *f*, historia *f* de la vida; **≈groß** *adj* de tamaño natural

'Lebensgröße *f* tamaño *f* natural; ***in voller ~*** en tamaño natural; *scherzh* en persona

'Lebens|haltungskosten *pl* coste *m* de la vida; **~inhalt** *m* sentido *m* de la vida; **~jahr** *n* año *m* de vida; **~kraft** *f* vitalidad *f*, fuerza *f* vital

'Lebenskünstler *m* ***ein ~ sein*** saber vivir

'Lebens|lage *f* situación *f* (de la vida); **≈lang I** *adj* de por vida; **II** *adv* para toda la vida; **≈länglich** *adj* JUR perpetuo; **~lauf** *m* curriculum *m* vitae; **≈lustig** *adj* lleno de vida, vivaracho

'Lebensmittel *pl* alimentos *m/pl*, víveres *m/pl*, comestibles *m/pl*; **~abteilung** *f* sección *f* de alimentos; **~einzelhandel** *m* comercio *m* al por menor de alimentos; **~geschäft** *n* tienda *f* de alimentación *od* de ultramarinos; **~großhandel** *m* comercio *m* al por mayor de alimentos; **~vergiftung** *f* intoxicación *f* alimentaria

'lebens|müde *adj* harto *od* cansado de vivir; **~notwendig** *adj* de primera necesidad, vital; **≈qualität** *f* calidad *f* de vida; **≈raum** *m* espacio *m* vital; **≈retter(in)** *m(f)* salvador, a *m,f* (de la vida)

'Lebensstandard *m* nivel *m* de vida; ***den ~ verbessern*** elevar el nivel de vida

'Lebensstil *m* estilo *m* de vida

'Lebensunterhalt *m* subsistencia *f*, sustento *m*; ***s-n ~ verdienen*** ganarse la vida *od* el sustento
'Lebensversicherung *f* seguro *m* de vida; ***dynamische ~*** seguro *m* de vida con primas reajustables
'Lebenswandel *m* conducta *f*, vida *f*
'Lebensweise *f* modo *m* de vida; ***gesunde ~*** vida *f* sana
'Lebens|werk *n* obra *f* (de la vida); **2wert** *adj* digno de ser vivido; **2wichtig** *adj* de vital importancia
'Lebenszeichen *n* señal *f* de vida; ***kein ~ von sich geben*** no dar señales de vida (*a fig*)
'Lebens|zeit *f* vida *f*; ***auf ~*** *Haft* perpetuo; *Amt* a perpetuidad, de por vida, vitalicio (*a Rente*); **~zyklus** *m* ciclo *m* de vida
Leber ['le:bər] *f* ⟨-; -n⟩ hígado *m* (*a* GASTR); F *fig* ***frei, frisch von der ~ weg reden*** hablar con toda franqueza *od* sin tapujos
'Leber|fleck *m* lunar *m*; MED mancha *f* hepática; **~käse** *m tipo de paté preparado al horno*; **~knödel** *m* albóndiga *f* de hígado; **~pastete** *f* paté *m* de hígado; **~tran** *m* aceite *m* de hígado de bacalao; **~wurst** *f* embutido *m* de hígado
'Lebewesen *n* ser *m* vivo; BIOL *a* organismo *m* (viviente)
Lebe'wohl *geh n* ⟨-(e)s; -e *o* -s⟩ adiós *m*; ***j-m ~ sagen*** despedirse de alg
'lebhaft I *adj* vivo (*a Beifall*, *Diskussion*, *Erinnerung*, *Fantasie*, *Farbe*, *Interesse*, *Streit*); *Kind* vivaz; *Unterhaltung* animado; *Verkehr*, *Handel* intenso; **II** *adv* vivamente; ***sich ~ an j-n erinnern*** guardar un vivo recuerdo de alg
'Lebhaftigkeit *f* ⟨-⟩ viveza *f*, vivacidad *f*, animación *f*
'Lebkuchen *m* pan *m* de especias
'leblos *adj* sin vida, inanimado, exánime
'Lebzeiten *pl* ***zu s-n ~*** en su vida
lechzen ['lɛçtsən] *geh v/i* ***nach Wasser ~*** estar sediento (de agua); *fig* ***nach etw ~*** anhelar a/c, estar sediento de a/c
leck [lɛk] *adj* ***~ sein*** *Behälter* tener agujeros; *Schiff* hacer aguas
Leck *n* ⟨-(e)s; -e⟩ vía *f* de agua
lecken[1] ['lɛkən] *v/i Behälter* perder agua; *Schiff* hacer aguas
'lecken[2] *v/t*, *v/i* lamer; ***an etw*** (*dat*) **~** chupar a/c; P ***leck mich!*** P ¡jódete!
lecker ['lɛkər] *adj* (*gut schmeckend*) sabroso; (*~ aussehend*) apetitoso; F *Person* bueno; **2bissen** *m* manjar *m* exquisito (*a fig*)
Lecke'rei *f* **1** → ***Leckerbissen***; **2** (*Süßigkeit*) golosina *f*
led. *Abk* (*ledig*) soltero
Leder ['le:dər] *n* ⟨-s; -⟩ **1** cuero *m*; *weiches* piel *f*; **2** F (*Fußball*) cuero *m*; **3** F ***gegen j-n, etw vom ~ ziehen*** arremeter contra alg, a/c
'Leder|hose *f* pantalón *m* de cuero; **~jacke** *f* chaqueta *f* de cuero
'ledern *adj* de cuero, de piel; *Haut*, *Fleisch* coriáceo, duro como el cuero
'Leder|schuh *m* zapato *m* de piel; **~sohle** *f* suela *f* de cuero; **~waren** *pl* marroquinería *f*, artículos *m/pl* de piel; **~warenindustrie** *f* industria *f* de marroquinería
ledig ['le:dıç] *adj* **1** (*unverheiratet*) soltero; **2** *geh* ***e-r Aufgabe*** (*gen*) ***~ sein*** estar libre de un trabajo
'Ledige(r) *f*(*m*) ⟨→ A⟩ soltero, -a *m,f*
'lediglich *adv* solamente, exclusivamente
Lee [le:] *f* ⟨-⟩ MAR sotavento *m*
leer [le:r] **I** *adj* **1** vacío; *Blatt*, *Seite* en blanco; F ***~ machen*** vaciar; **2** *fig Worte*, *Blick* vacío; *Versprechungen* vano; **II** *adv* **3** ***~ ausgehen*** quedarse con las ganas; ***~ stehen*** estar desocupado; ***~ stehend*** *Haus usw* vacío, desocupado
'Leere *f* ⟨-⟩ vacío *m*; *fig* vanidad *f*
'leeren I *v/t* vaciar; *Glas a* apurar; (*räumen*) evacuar; ***den Briefkasten ~*** recoger las cartas; **II** *v/r* ***sich ~*** vaciarse
'Leer|fahrt *f* viaje *m* en vacío; **~gewicht** *n* peso *m* en vacío, tara *f*; **~gut** *n* envases *m/pl* retornables; **~lauf** *m* **1** *Auto* punto *m* muerto; **2** *fig* marcha *f* en vacío; **~taste** *f* espaciador *m*; **~ung** *f* vaciamiento *m*, evacuación *f*; *des Briefkastens* recogida *f*; **~zeichen** *n* espacio *m* en blanco; **~zeile** *f* línea *f* vacia, línea *f* en blanco
Lefze ['lɛftsə] *f* belfo *m*
legal [le'ga:l] *adj* legal; **~i'sieren** *v/t* ⟨*sin* ge⟩ legalizar; **2i'tät** *f* ⟨-⟩ legalidad *f*
Leg|asthenie [legaste'ni:] *f* dislexia *f*; **~as'theniker(in)** *m*(*f*) disléxico, -a *m,f*
'Lege|batterie *f* jaulas *f/pl* de gallinas ponedoras; **~henne** *f* (gallina *f*) ponedora *f*
legen ['le:gən] **I** *v/t* poner (*a Eier*), depositar, meter; *Leitung*, *Rohre*, *Fußboden* colocar; ***etw an s-n Platz ~*** poner a/c en su sitio; **II** *v/r* ***sich ~*** *Person* echarse, tenderse; *Wind* amainar; *Zorn* calmarse; ***sich ins Bett, sich schlafen ~*** acostarse; ***das legt sich mir schwer auf die Seele*** me pesa en el alma
legendär [legɛn'dɛ:r] *adj* legendario
Legende [le'gɛndə] *f* leyenda *f*
leger [le'ʒɛ:r] *adj* desenvuelto
Leggings ['lɛgıŋs] *pl* leggings *m/pl*, mallas *f/pl*
legier|en [le'gi:rən] *v/t* ⟨*sin* ge⟩ **1** TEC alear; **2** *Suppe* espesar; **2ung** *f* aleación *f*
Legio|n [legi'o:n] *f* legión *f* (*a fig*); **~'när** *m* ⟨-s; -e⟩ legionario *m*
Legisla|tive [legısla'ti:və] *f* poder *m* legisla-

tivo; **~'turperiode** *f* (periodo *m* de) legislatura *f*
legiti|m [legi'tiːm] *adj* legítimo; **≈mati'on** *f* legitimación *f*; **~'mieren** ⟨*sin* ge⟩ **I** *v/t* legitimar; **II** *v/r* ***sich ~*** identificarse, probar la propia identidad
Leguan [legu'aːn] *m* ⟨-s; -e⟩ iguana *f*
Lehm [leːm] *m* ⟨-(e)s; -e⟩ barro *m*; **'~boden** *m* suelo *m* arcilloso; **'≈ig** *adj* barroso
Lehne ['leːnə] *f* (*Rücken≈*) respaldo *m*; (*Seiten≈*) brazo *m*
'lehnen I *v/t* apoyar (***an etw*** *acus*, ***gegen etw*** en, contra a/c); **II** *v/i*, *v/r* ***an etw*** (*dat*) ***~***, ***sich an etw*** (*acus*) ***~*** apoyarse en, contra a/c; ***sich aus dem Fenster ~*** asomarse a la ventana
'Lehnstuhl *m* butaca *f*
'Lehnwort *n* ⟨-(e)s; ⸚er⟩ LING préstamo *m*
Lehramt ['leːr-] *n* magisterio *m*, profesorado *m*
'Lehr|beauftragte(r) *m(f)* encargado, -a *m,f* de curso; **~buch** *n* libro *m* de texto
Lehre ['leːrə] *f* **1** (*Lehrmeinung*) doctrina *f*; **2** (*Belehrung*) lección *f*; ***lassen Sie sich das e-e ~ sein!*** ¡que le sirva de lección!; **3** (*Lehrzeit*) aprendizaje *m*; ***in die ~ gehen*** estar de aprendiz; **4** (*Unterricht*) enseñanza *f*, instrucción *f*
'lehren *v/t* enseñar; ***j-n etw ~*** enseñarle a/c a alg
'Lehrer|(in) *m(f)* (*Grundschul≈*) maestro, -a *m,f*; (*Gymnasial≈*) profesor, a *m,f*; **~kollegium** *n* profesorado *m*, cuerpo *m* docente; **~mangel** *m* escasez *f* de profesorado; **~seminar** *n schweiz etwa* escuela *f* normal de maestros; **~zimmer** *n* sala *f* de profesores
'Lehrgang *m* curso *m*; *kurzer* cursillo *m*
'Lehrgeld *n* ***~ zahlen*** escarmentar en cabeza propia
'Lehr|jahr *n* año *m* de aprendizaje; **~kraft** *f* → ***Lehrer(in)***; **~ling** *m* ⟨-s; -e⟩ aprendiz, a *m,f*; **~lingsausbildung** *f* formación *f* de aprendices; **~mädchen** *n* aprendiza *f*; **~meister(in)** *m(f)* maestro, -a *m,f* (*a fig*); **~mittel** *pl* material *m* didáctico; **~plan** *m* programa *m* de estudios; **≈reich** *adj* instructivo
'Lehrstelle *f* plaza *f od* puesto *m* de aprendizaje; ***e-e ~ bekommen, suchen*** encontrar, buscar un puesto de aprendizaje
'Lehr|stoff *m* materia *f* (de enseñanza); **~stuhl** *m* cátedra *f* (***für*** de); **~werkstatt** *f* escuela-taller *f*; **~zeit** *f* período *m* de aprendizaje
Leib [laɪp] *m* ⟨-(e)s; -er⟩ *geh* (*Körper*) cuerpo *m*; *geh* (*Bauch*) vientre *m*; ***etw am eigenen ~ erfahren, spüren*** sentir a/c en carne propia; ***er zitterte am ganzen ~e*** le tembló todo el cuerpo; F ***j-m zu ~e rücken*** arremeter contra alg; ***mit ~ und Seele*** con cuerpo y alma; F ***sich*** (*dat*) ***j-n vom ~e halten*** guardar las distancias con alg
'Leibeigen|e(r) *f(m)* ⟨→ A⟩ siervo, -a *m,f*; **~schaft** *f* ⟨-⟩ servidumbre *f*
'leiben *v/i* ***das ist er, wie er leibt und lebt*** tal cual es él
'Leibeserziehung *f* educación *f* física
'Leibeskräfte *pl* ***aus ~n*** a más no poder
'Leibgericht *n* plato *m* favorito
leib'haftig *adj* (*zu Fleisch geworden*) encarnado; (*selbst*) mismo, en persona; ***der ≈e*** el diablo
'leiblich *adj* **1** (*körperlich*) físico, corporal; ***~e Genüsse*** placeres *m/pl* carnales; **2** (*blutsverwandt*) ***~e Eltern*** padres *m/pl* biológicos; ***sein ~er Sohn*** su propio hijo
'Leibrente *f* renta *f* vitalicia
'Leib|wache *f* guardia *f* personal; **~wächter** *m* guardaespaldas *m*; **~wäsche** *f* ropa *f* interior
Leiche ['laɪçə] *f* cadáver *m*; *fig* ***über ~n gehen*** no tener escrúpulos; F ***nur über meine ~!*** F ¡sólo por encima de mi cadáver!
'Leichen|bestatter *m* encargado *m* de las pompas fúnebres; **≈blass** *adj* lívido, cadavérico, pálido como un muerto; **~halle** *f*, **~schauhaus** *n* depósito *m* de cadáveres; **~starre** *f* rigidez *f* cadavérica; **~wagen** *m* coche *m* fúnebre; **~zug** *geh m* cortejo *m* fúnebre
Leichnam ['laɪçnaːm] *geh m* ⟨-(e)s; -e⟩ cadáver *m*
leicht [laɪçt] **I** *adj* **1** *im Gewicht* ligero (*a fig*: *Speise*, *Schlag*, *Kleidung*, METEO); *geh* liviano; *Strafe*, *Fehler*, MED leve; ***~es Mädchen*** chica *f* de vida alegre; **2** (*einfach*) fácil, sencillo; ***~ zu*** (*+inf*) fácil de (*+inf*); ***es ist ganz ~*** es muy fácil; **II** *adv* **3** ligeramente; (*einfach*) fácilmente; (*schnell*) con facilidad; ***~ entzündlich*** fácilmente inflamable; ***~ gekleidet*** con ropa ligera; ***~ verdaulich*** de fácil digestión; ***~ verderblich*** perecedero; ***~ verletzt*** con heridas leves; ***~ verständlich*** fácil de comprender; ***~er machen*** facilitar (*a fig*); ***es ~ haben*** tenerlo fácil; ***das ist ~er gesagt als getan*** del dicho al hecho hay un buen trecho; ***er wird ~ böse*** se enfada con facilidad; ***es könnte ~ sein, dass …*** es fácil que …(*+subj*); ***~ fallen*** resultar fácil; ***es fällt mir ~ zu*** (*+inf*) no me cuesta nada (*+inf*); ***das fällt ihm ~*** no es difícil para él; ***j-m etw ~ machen*** facilitar a/c a alg; ***sich*** (*dat*) ***etw ~ machen*** tomarse a/c a la ligera; ***sich*** (*dat*) ***e-e Entscheidung nicht ~ machen*** tomarse en serio una decisión, sopesar bien una decisión; ***etw ~ nehmen*** tomarse a/c a la ligera; ***nehmen***

Sie es ~! F ¡no se agobie por eso!
'Leicht|athlet(in) *m(f)* atleta *m,f*; **~athletik** *f* atletismo *m* (ligero)
'leicht|fertig I *adj* (*unüberlegt*) irreflexivo, descuidado; (*leichtsinnig*) ligero; (*oberflächlich*) frívolo; **II** *adv* a la ligera; **&fertigkeit** *f* ligereza *f*, descuido *m*, frivolidad *f*; **~füßig** *adj* ágil, ligero; **&gewicht** *n*, **&gewichtler** *m* SPORT peso *m* ligero; **~gläubig** *adj* crédulo; **&gläubigkeit** *f* credulidad *f*; **'~'hin** *adv* a la ligera
'Leichtigkeit *f* ⟨-⟩ **1** facilidad *f*; ***mit ~*** con facilidad; **2** *e-r Bewegung* ligereza *f*, agilidad *f*
'leicht|lebig *adj* frívolo; **&lohngruppe** *f* grupo *m* de salario bajo; **&metall** *n* metal *f* ligero
'Leichtsinn *m* **1** → ***Leichtfertigkeit***; **2** (*Unvorsichtigkeit*) imprudencia *f*; **&ig** *adj* **1** (*leichtfertig*) ligero, frívolo; **2** (*unvorsichtig*) imprudente
leid [laɪt] *adj* ⟨*inv*⟩ ***etw ~ werden*** cansarse de a/c; ***ich bin es ~ zu*** (*+inf*) estoy harto de (*+inf*)
Leid *n* ⟨-(e)s⟩ (*Kummer*) pena *f*, aflicción *f*; (*Schmerz*) dolor *m*; (*Schaden*) mal *m*, daño *m*; ***j-m ein ~ zufügen*** hacer sufrir a alg; ***j-m sein ~ klagen*** confiar sus penas a alg; ***es tut mir ~, dass …*** *od* ***zu*** (*+inf*) siento *od* lamento (*+inf*), siento *od* lamento que (*+subj*); ***das tut mir (sehr) ~*** lo siento (mucho); ***er tut mir ~*** (él) me da pena
leiden ['laɪdən] ⟨litt, gelitten⟩ **I** *v/t* **1** (*ertragen*) sufrir, soportar; *Hunger, Not* pasar; **2** (*gern haben*) ***j-n, etw ~ können*** querer bien a alg, a/c; ***j-n, etw nicht ~ können*** no poder soportar *od* no tragar a alg, a/c; **II** *v/i* **3** sufrir (***an, unter*** *+dat* de); *an e-r Krankheit* padecer (***an, unter*** *+dat* de)
'Leiden *n* ⟨-s; -⟩ (*Qual*) sufrimiento *m*; MED dolencia *f*
'leidend *adjt* enfermo, achacoso
'Leidenschaft *f* pasión *f*; ***Spielen ist s-e ~*** tiene pasión por el juego
'leidenschaftlich I *adj* apasionado; **II** *adv* ***etw ~ gern tun*** hacer a/c apasionadamente
'Leidens|genosse *m*, **~genossin** *f* compañero, -a *m,f* de fatigas
'Leidensgeschichte *f* REL Pasión *f*; *fig* calvario *m*
'Leidensweg *m fig* vía crucis *m*, calvario *m*
leider ['laɪdər] *adv* lamentablemente, por desgracia; ***~ muss ich Sie verlassen*** siento tener que dejarle
'leid|geprüft *adjt* sufrido; **~ig** *adj* engorroso, desagradable; (*verwünscht*) maldito; **~lich I** *adj* tolerable, regular; **II** *adv* regular(mente); F tirando
'Leidtragende(r) *f(m)* ⟨→ A⟩ víctima *f*; (*Hinterbliebene[r]*) familiar *m* del difunto
'Leidwesen *n* ***zu meinem (großen) ~*** muy a pesar mío
Leier ['laɪər] *f* ⟨-; -n⟩ MUS lira *f*; F *desp* ***es ist immer die alte ~*** siempre es la misma canción
'Leierkasten *m* organillo *m*
leiern ['laɪərn] F *v/t, v/i* **1** ***nach oben, unten ~*** subir, bajar con la manivela; **2** (*aufsagen*) salmodiar, recitar mecánicamente
Leih|arbeit ['laɪˀarbaɪt] *f* trabajo *m* interino; **~bibliothek** *f*, **~bücherei** *f* biblioteca *f* de préstamo
leihen ['laɪən] *v/t* ⟨lieh, geliehen⟩ **1** (*ver~*) prestar; **2** (*ent~*) tomar prestado; (***sich*** *dat*) ***etw von j-m ~*** tomar prestado a/c de alg
'Leih|gebühr *f* (tasa *f* de) alquiler *m*; **~haus** *n* casa *f* de préstamos, monte *m* de piedad; **~mutter** *f* madre *f* de alquiler; **~wagen** *m* coche *m* de alquiler; **&weise** *adv* prestado
Leim [laɪm] *m* ⟨-(e)s; -e⟩ cola *f*, pegamento *m*; F ***aus dem ~ gehen*** romperse (*a fig*); F *fig* ***j-m auf den ~ gehen*** caer en la trampa de alg, dejarse engañar por alg
'leimen *v/t* pegar, encolar; F *fig* ***j-n ~*** engañar a alg
Leine ['laɪnə] *f* cordel *m*; *für Hunde, Wäsche a* cuerda *f*; *Hund* ***an der ~ führen*** llevar atado
Leinen ['laɪnən] *n* ⟨-s; -⟩ lienzo *m*; *Gewebe* lino *m*; *Buch* ***in ~*** en tela
'Lein|samen *m* linaza *f*; **~wand** *f* **1** *Gewebe* lienzo *m* (*a* MAL), tela *f*; **2** (*Kino&*) pantalla *f*
leise ['laɪzə] **I** *adj* (*kaum hörbar*) silencioso; *Musik* bajo; *Geräusch, fig Zweifel* ligero; ***mit ~r Stimme*** en voz baja; **II** *adv* sin hacer ruido; *sprechen* en voz baja, susurrando; ***~ machen*** *Radio usw* bajar
Leiste ['laɪstə] *f* **1** listón *m*; (*Sockel&*) filete *m*; (*Zier&*) moldura *f*; **2** ANAT ingle *f*
'leisten I *v/t* **1** (*vollbringen*) hacer, efectuar; **2** (*liefern*) producir, rendir; *Arbeit* ejecutar, cumplir; *Dienst, Eid, Hilfe* prestar; *Sicherheit* ofrecer; **II** F *v/r* **3** ***sich*** (*dat*) ***etw ~*** permitirse (el lujo de) a/c
'Leisten *m* ⟨-s; -⟩ horma *f*; F ***alles über e-n ~ schlagen*** medirlo todo con el mismo rasero
'Leistenbruch *m* hernia *f* inguinal
'Leistung *f* **1** (*Geleistetes*) rendimiento *m* (*a* SPORT); (*Arbeit*) trabajo *m*; (*Ergebnis*) resultado *m* (*a Schule*); **2** *e-s Unternehmens, Arbeiters, e-r Maschine* rendimiento *m*; TEC potencia *f*; **3** (*Zahlung*) prestación *f*; ***e-e ~ gewähren*** otorgar una prestación; ***Dauer, Höhe der ~*** duración *f*, cuantía *f* de la prestación
'Leistungs|anspruch *m* derecho *m* a pres-

tación; **~berechnungsgrundlage** *f* base *f* reguladora de la prestación
'leistungsbezogen *adj* ***~es Gehalt, ~e Bezahlung*** sueldo *m*, remuneración *f* según rendimiento
'Leistungs|bilanz *f* balanza *f* de bienes y servicios; **~druck** *m* presión *f*, estrés *m*; **2fähig** *adj* productivo, que rinde mucho; *Person a* eficiente; *Motor* potente; **~fähigkeit** *f e-r Person, e-s Unternehmens* (capacidad *f* de) rendimiento *m*; *e-s Arbeiters a* eficiencia *f*; *e-s Autos* potencia *f*; **2gerecht** *adj* proporcional al rendimiento; *Schule* según los resultados; *Bezahlung* adecuado; **~gesellschaft** *f* sociedad *f* competitiva; **~höhe** *f* cuantía *f* de la prestación; **~kurs** *m in der Kollegstufe* asignatura *f* principal; **2orientiert** *adj* orientado al rendimiento; **~prämie** *f* prima *f* de rendimiento, incentivo *m*; **~prinzip** *n* principio *m* de rendimiento; **2schwach** *adj* de bajo rendimiento; *Schüler* flojo; **~sport** *m* deporte *m* de competición; **2stark** *adj* potente, eficaz, de alto rendimiento; *Schüler* bueno; **~vermögen** *n* → ***Leistungsfähigkeit***; **~zulage** *f* prima *f* de rendimiento, incentivo *m*
'Leit|artikel *m* editorial *m*, artículo *m* de fondo; **~bild** *n* ideal *m*, modelo *m*, pauta *f*
leiten ['laɪtən] *v/t* **1** *Amt, Unternehmen, Schule, Orchester* dirigir; *Sitzung, Verhandlung* presidir; **2** (*hinführen*) conducir, guiar (***zu*** a); ***sich von etw ~ lassen*** dejarse llevar por a/c; **3** PHYS conducir
'leitend *adjt* **1** (*führend*) guía; *Gedanke* dominante (*a fig*); *bei Berufen* directivo; ***~e Stellung*** puesto *m* alto *bzw* alto cargo *m*; ***~er Angestellter*** alto empleado *m*; **2** PHYS (***nicht***) ~ (no) conductor
Leiter[1] ['laɪtər] *m* PHYS conductor *m*
'Leiter[2] *f* ⟨-; -n⟩ escalera *f* (de mano); *fig* escalera *f*, peldaños *m/pl*
Leiter(in) *m(f) e-s Unternehmens, e-r Schule, e-s Orchesters, e-r Filiale* director, a *m,f*; *e-r Abteilung* jefe, -a *m,f*; *e-r Versammlung* presidente, -a *m,f*; ***kaufmännische ~in*** directora *f* comercial; ***technischer ~*** director *m* técnico
'Leit|faden *m* manual *m*, compendio *m*; **~hammel** *m fig desp* guía *m*; **~linie** *f auf Straßen* línea *f*; *fig* pauta *f*; **~motiv** *n* leitmotiv *m*, motivo *m* decisivo (*a fig*); **~planke** *f* valla *f* metálica de protección
Leitung ['laɪtʊŋ] *f* **1** *e-s Betriebs* dirección *f*; *e-r Versammlung* presidencia *f*; *Orchester* ***unter der ~ von*** bajo la dirección de; ***die ~ von etw haben*** estar a cargo de a/c; **2** PHYS conducción *f*; **3** *für Wasser, Gas* tubería *f*; EL conducto *m*; (*Kabel*) cable *m*; **4** TEL línea *f*; ***die ~ wurde unterbrochen*** se ha cortado la línea; ***sie spricht auf der anderen ~*** está hablando por la otra línea; ***ein Gespräch auf der anderen ~ warten lassen*** dejar una llamada en espera; F *fig* ***e-e lange ~ haben*** F tener malas entendederas
'Leitungs|mast *m* poste *m* de conducción; **~netz** *n für Gas, Wasser* canalización *f*; EL (red *f* de) instalaciones *f/pl* eléctricas; TEL red *f* telefónica; **~wasser** *n* agua *f* corriente
'Leit|währung *f* moneda *f* de intervención, dinero *m* patrón; **~zins** *m* interés *m* básico
Lektion [lɛktsi'oːn] *f* lección *f*; *fig* ***j-m e-e ~ erteilen*** dar una lección a alg
Lektor(in) ['lɛktɔr (-'toːrɪn)] *m* ⟨-s; -'toren⟩ (*f*) lector, a *m,f*
Lektüre [lɛk'tyːrə] *f* lectura *f*
Lemming ['lɛmɪŋ] *m* ⟨-s; -e⟩ lemming *m*
Lende ['lɛndə] *f* **1** ANAT ***~n*** *pl* lomo *m*; **2** → ***Lendenstück***
'Lenden|schurz *m* taparrabo *m*; **~stück** *n* GASTR solomillo *m*; **~wirbel** *m* vértebra *f* lumbar
lenkbar ['lɛŋk-] *adj* TEC dirigible; *Person* dócil
'lenken *v/t Auto* conducir; *Flugzeug* pilotar; *Rakete* dirigir; *Staat* gobernar; *Menschen a* guiar; ***die Blicke auf sich*** (*acus*) ~ llamar la atención
'Lenk|er *m* **1** (*Fahrer*) conductor *m*; **2** *am Fahrrad* manillar *m*; **~rad** *n* volante *m*; **~radschloss** *n* cierre *m* antirrobo; **~stange** *f* manillar *m*; **~ung** *f e-s Autos* dirección *f* (*a fig*)
Lenz [lɛnts] *poet m* ⟨-es; -e⟩ primavera *f*
Leo ['leːo] *m* León *m*
Leopard [leo'part] *m* ⟨-en; -en⟩ leopardo *m*
Lepra ['leːpra] *f* ⟨-⟩ lepra *f*; **~kranke(r)** *f(m)* leproso, -a *m,f*
Lerche ['lɛrçə] *f* alondra *f*
lern|begierig ['lɛrn-] *adj* aplicado; **~behindert** *adj* con dificultades para aprender; **2eifer** *m* aplicación *f*
'lernen *v/t, v/i* aprender; (*einüben, studieren*) estudiar; ***lesen, Spanisch, e-n Beruf ~*** aprender a leer, español, una profesión; *fig* ***aus etw ~*** aprender de a/c
'lern|fähig *adj* capaz de aprender; **2mittel** *pl* material *m* didáctico; **2prozess** *m* proceso *m* de aprendizaje; **2software** *f* programa *m* didáctico; **2stoff** *m* materia *f*
'Les|art *f* versión *f*, variante *f*; **2bar** *adj* legible, leíble
Les|be ['lɛsbə] F *f*, **~bierin** [-biərɪn] *f* lesbiana *f*; **2bisch** *adj* lesbiano
Lese ['leːzə] *f* (*Wein2*) vendimia *f*; **~brille** *f* gafas *f/pl* de leer; **~buch** *n* libro *m* de lectura; **~gerät** *n* INFORM dispositivo *m* de lectura

L

'lesen¹ ⟨liest, las, gelesen⟩ **I** *v/t* leer (*a* INFORM); REL ***die Messe ~*** decir misa; **II** *v/r* ***sich leicht ~ lassen*** ser de fácil lectura
'lesen² *v/t* ⟨liest, las, gelesen⟩ (*ernten*) recoger; (*ver~*) escoger, limpiar; ***Trauben ~*** vendimiar; ***Ähren ~*** espigar
'lesenswert *adj* digno de leerse
'Leser(in) *m(f)* lector, a *m,f*
'Leseratte F *f* ratón *m* de biblioteca
'Leser|brief *m* carta *f* del lector; **Ձlich** *adj* legible, leíble; **~schaft** *f* ⟨-⟩ lectores *m/pl*
'Lese|saal *m* sala *f* de lectura; **~stoff** *m* lectura *f*; **~zeichen** *n* señal *f*, marcador *m* (de lectura); *Internet a* señalador *m*, bookmark *m*
'Lesung *f* lectura *f* (*a* POL)
Lethargie [letar'giː] *f* ⟨-⟩ letargo *m*
Lett|e ['lɛtə] *m* ⟨-n; -n⟩, **~in** *f* letón, -ona *m,f*; **Ձisch** *adj* letón; **~land** *n* ⟨-s⟩ Letonia *f*
Letzt [lɛtst] ***zu guter ~*** por último
letzte(r, -s) ['lɛtstə(r, -s)] **I** *adj* extremo; (*vorig*) último; **~n *Endes*** por último; ***in ~r Zeit*** últimamente; **II** *su* ***der, die, das*** Ձ el último, la última, lo último; ***der*** Ձ ***des Monats*** el último del mes; ***bis aufs*** Ձ hasta lo último, totalmente; ***bis zum*** Ձ***n*** hasta el final; F *desp* ***das ist doch das Ձ!*** ¡es lo último!
'letztens *adv* recientemente, últimamente
'letztere(r, -s) **I** *adj* (este) último; **II** *su* ***der, die, das*** Ձ este último, esta última
'letztgenannt *adjt* citado en último lugar; ***der*** Ձ***e*** el citado en último lugar
'letztlich *adv* al fin y al cabo
'Leuchtdiode *f* diodo *m* luminoso
Leuchte ['lɔʏçtə] *f* lámpara *f*; F *fig* ***er ist keine große ~*** F no es ninguna lumbrera
'leuchten *v/i* *Sonne* lucir, brillar (*a Licht*); *Augen, Gesicht* brillar (***vor Freude*** *dat* de alegría); ***j-m ~*** dar luz a alg
'leuchtend *adjt* radiante, luminoso (*a fig Farben*); *fig Beispiel* ilustrativo
'Leuchter *m* (*Kerzen*Ձ) candelabro *m*; (*Kron*Ձ) araña *f*
'Leucht|farbe *f* color *m* fosforescente; **~feuer** *n* MAR fanal *m* (*a* AVIA); **~käfer** *m* luciérnaga *f*; **~kraft** *f* ASTR luminosidad *f*; **~marker** *m* rotulador *m* fluorescente; **~pistole** *f* pistola *f* de señalización; **~rakete** *f* cohete *m* luminoso; **~reklame** *f* anuncio *m* luminoso; **~röhre** *f* tubo *m* fluorescente; **~schrift** *f* letra *f* luminosa; **~stift** *m* rotulador *m* fluorescente; **~stoffröhre** *f* tubo *m* fluorescente; **~turm** *m* faro *m*; **~turmwärter** *m* guardafaro *m*; **~zifferblatt** *n* esfera *f* luminosa
leugnen ['lɔʏgnən] *v/t* negar; ***es lässt sich nicht ~, dass …*** es innegable que … (+*ind*)
Leukämie [lɔʏkɛ'miː] *f* leucemia *f*
Leukoplast® [lɔʏko'plast] *n* ⟨-(e)s⟩ esparadrapo *m*
'Leumund *geh m* reputación *f*, fama *f*
Leute ['lɔʏtə] *pl* gente *f*; ***alle ~*** todo el mundo; ***es waren viele ~ da*** había mucha gente; ***20 ~*** 20 personas; ***die kleinen ~*** la gente humilde; ***die feinen ~*** *iron* la gente fina; F ***unter die ~ bringen*** divulgar; *Geld* gastar
Leutnant ['lɔʏtnant] *m* ⟨-s; -s *o* -e⟩ segundo teniente *m*, alférez *m*
leutselig *adj* afable, campechano
Leviten [le'viːtən] *pl* F ***j-m die ~ lesen*** sermonear a alg
Levkoje [lɛf'koːjə] *f* alhelí *m*
Lexikon ['lɛksikɔn] *n* ⟨-s; -ka⟩ diccionario *m* enciclopédico; (*Konversations*Ձ) enciclopedia *f*
Liane [li'aːnə] *f* liana *f*, bejuco *m*
Libanes|e [liba'neːzə] *m* ⟨-n; -n⟩, **~in** *f* libanés, -esa *m,f*; **Ձisch** *adj* libanés
Libanon ['liːbanɔn] *m* ⟨-s⟩ ***der ~*** (el) Líbano *m*
Libelle [li'bɛlə] *f* ZO libélula *f*
libera|l [libə'raːl] *adj* liberal; **~li'sieren** *v/t* ⟨*sin* ge⟩ liberalizar; **Ձli'tät** *f* ⟨-⟩ liberalismo *m*
Liberia [li'beːria] *n* ⟨-s⟩ Liberia *f*
Libero ['liːbəro] *m* ⟨-s; -s⟩ líbero *m*
Libido ['liːbido] *f* ⟨-⟩ libido *m*
Libretto [li'brɛto] *n* ⟨-s; -s *o* -tti⟩ MUS libreto *m*
Liby|en ['liːbyən] *n* ⟨-s⟩ Libia *f*; **~er(in)** *m(f)* libio, -a *m,f*; **Ձsch** *adj* libio
licht [lɪçt] *adj* **1** *geh* (*hell*) claro, luminoso; **2** *Haar* ralo; **3 *~e Höhe*** altura *f* interior; ***~e Weite*** *e-r Tür, e-s Fensters* vano *m*, anchura *f* interior
Licht *n* ⟨-(e)s; -er⟩ **1** luz *f*; (*Helle*) claridad *f*; (*Tages*Ձ) día *m*; ***~ machen, das ~ anmachen*** encender *od* dar la luz; ***das ~ ausmachen*** apagar la luz; ***etw gegen das ~ halten*** poner a/c a contraluz; *geh* ***das ~ der Welt erblicken*** *geh* ver la luz; **2** *fig* luz *f*, luminosidad *f*; F ***da ging mir ein ~ auf*** caí (en la cuenta); ***etw ans ~ bringen*** sacar a la luz; ***ans ~ kommen*** salir a la luz; ***j-n hinters ~ führen*** engañar *od* burlar a alg; **3** (*Kerze*) luz *f*, candela *f*; F *fig* ***er ist kein großes ~*** F no es ninguna lumbrera
'Licht|bild *n* foto(grafía) *f*; **~blick** *m* rayo *m* de esperanza; **Ձdurchlässig** *adj* tra(n)slúcido; **Ձempfindlich** *adj* sensible a la luz
'lichten¹ **I** *v/t* *Wald* aclarar; *Reihen* diezmar; **II** *v/r* ***sich ~*** aclararse (*a fig*)
'lichten² *v/t* ***den Anker ~*** levar anclas
lichterloh ['liçtər'loː] *adv* ***~ brennen*** arder en llamas
'Lichtgeschwindigkeit *f* velocidad *f* de la luz

'Lichthupe *f* bocina *f* luminosa; ***die ~ betätigen*** activar la bocina luminosa
'Licht|jahr *n* año *m* luz; **~maschine** *f* dinamo *f*
'Lichtpaus|e *f Lichtdruck* heliografía *f*, fotocalco *m*; **~gerät** *n* aparato *m* heliográfico; **~verfahren** *n* procedimiento *m* heliográfico
'Licht|quelle *f* fuente *f* luminosa, foco *m* luminoso; **~schacht** *m* patio *m* de luces; **~schalter** *m* interruptor *m*; **ℒscheu** *adj* que teme a la luz; **~schranke** *f* barrera *f* de luz; **~schutzfaktor** *m* factor *m* de protección solar; **~stärke** *f* intensidad *f* luminosa; **~strahl** *m* rayo *m* de luz; **ℒundurchlässig** *adj* opaco
'Lichtung *f* calvero *m*, claro *m*
Lid [liːt] *n* ⟨-(e)s; -er⟩ párpado *m*; **'~schatten** *m* sombra *f* de ojos
lieb [liːp] *adj* (*geliebt*) querido, amado; (*freundlich, artig*) agradable, amable; (*teuer*) caro; *Brief* ***ℒer Herr X, …*** Querido *od* Estimado Señor X: …; ***das ist ~ von dir!*** ¡muy amable de tu parte!; ***den ~en langen Tag*** todo el santo día; ***es wäre mir ~, wenn …*** me gustaría que … (*+subj*); ***~ gewinnen*** tomar cariño a; ***~ haben*** tener cariño a, querer
liebäugeln ['liːpʔɔʏgəln] *v/i* ***mit j-m ~*** coquetear con alg; ***mit e-r Reise ~*** acariciar la idea de hacer un viaje
Liebe ['liːbə] *f* ⟨-⟩ **1** amor *m* (***zu j-m, etw*** a alg, a/c); (*Zuneigung*) cariño *m*, afecto *m*; ***aus ~ zu s-r Mutter*** por amor a su madre; ***in ~*** afectuosamente; ***~ auf den ersten Blick*** amor *m* a primera vista; **2** (*geliebte Person*) amor *m*; ***meine große ~*** el amor de mi vida
Liebe'lei *f* amorío *m*, flirteo *m*
'lieben I *v/t* amar; (*mögen*) querer; ***j-n ~*** *sexuell* hacer el amor con alg; ***es ~, etw zu tun*** gustarle a alg hacer a/c; **II** *v/r* ***sich ~*** *sich selbst od einander* amarse, quererse; *sexuell* hacer el amor
'liebend I *adjt* amante; ***die ℒen*** los amantes; **II** *advl* ***ich möchte ~ gern …*** me gustaría muchísimo … (*+inf*)
'liebenswert *adj* encantador
'liebenswürdig *adj* amable; ***das ist sehr ~ von Ihnen*** es muy amable de su parte
lieber ['liːbər] *adv* preferiblemente; (*eher*) más bien; ***ich trinke ~ Wein als Bier*** prefiero el vino a la cerveza; ***das ist mir ~*** lo prefiero; ***bleiben wir ~ hier*** mejor, quedémonos aquí
'Liebe(r) *f(m)* ⟨→ A⟩ ***mein ~r!*** ¡querido mío!; ***meine ~!*** ¡querida mía!
'Liebes|brief *m* carta *f* de amor; **~dienst** *m* favor *m*, obra *f* de caridad; **~erklärung** *f* declaración *f* (de amor); **~geschichte** *f* historia *f* de amor; **~heirat** *f* boda *f* por amor; **~kummer** *m* mal *m* de amores; **~lied** *n* canción *m* de amor
'Liebesmüh(e) *f* ***verlorene ~*** *fig* tiempo *m* perdido
'Liebes|paar *n* pareja *f* de enamorados, amantes *m/pl*; **~roman** *m* novela *f* rosa
'liebevoll *adj* afectuoso, cariñoso
'Lieb|haber *m* **1** (*Geliebter*) amante *m*; **2** *e-r Sache* aficionado *m*; **~habe'rei** *f* afición *f*; **~haberin** *f e-r Sache* aficionada *f*
lieb'kos|en *geh v/t* ⟨*sin* ge⟩ acariciar; **ℒung** *geh f* caricia *f*
'lieblich *adj Duft* suave; *Wein, Geschmack a* dulce; *Gegend* ameno
'Liebling *m* ⟨-s; -e⟩ **1** favorito, -a *m,f*; **2** *Kosename* cariño *m*
'Lieblings… *in Zssgn* favorito, predilecto
'lieblos I *adj* sin cariño; (*hartherzig*) duro; (*gefühllos*) insensible; **II** *adv* duramente; ***etw, j-n ~ behandeln*** tratar a/c, a alg con dureza
'Liebreiz *geh m* encanto *m*, atractivo *m*
'Liebschaft *f* amoríos *m/pl*, ligue *m*
'liebste(r, -s) I *adj* preferido; **II** *adv* ***am ~n würde ich*** (*+inf*) preferiría (*+inf*), lo que más me gustaría es (*+inf*)
'Liebste(r) *f(m)* ⟨→ A⟩ → ***Geliebte(r)***
Liechtenstein ['lɪçtənʃtaɪn] *n* ⟨-s⟩ Liechtenstein *m*
Lied [liːt] *n* ⟨-(e)s; -er⟩ canción *f*; (*Kunstℒ*) lied *m*; (*Kirchenℒ*) cántico *m*; F ***es ist immer dasselbe*** *od* ***das alte ~*** es siempre la misma canción; ***davon kann ich ein ~ singen*** me lo sé de sobra
'Lieder|abend *m* recital *m*; **~buch** *n* cancionero *m*
'liederlich *adj* **1** (*unordentlich*) desordenado; (*nachlässig*) negligente, descuidado; *Kleidung* desaliñado; *Arbeit* chapucero; **2** *Leben*(*swandel*) licencioso
'Liedermacher(in) *m(f)* cantautor, a *m,f*
Lieferant(in) [lifə'rant(ɪn)] *m* ⟨-en; -en⟩ (*f*) proveedor, a *m,f*, abastecedor, a *m,f*, suministrador, a *m,f*
Liefe'ranten|datei *f*, **~kartei** *f* fichero *m* de suministradores; **~kredit** *m* crédito *m* comercial, crédito *m* de proveedores, crédito *m* de suministrador
liefer|bar ['liːfər-] *adj* disponible, listo para la entrega; **ℒbedingungen** *f/pl* condiciones *f/pl* de entrega *od* de suministro
'Lieferfrist *f* plazo *m* de entrega; ***kurze, lange ~*** corto, largo plazo *m* de entrega; ***die ~ einhalten, überschreiten*** observar, no observar el plazo de entrega; ***die ~ beträgt 3 Monate*** el plazo de suministro es de tres meses

'Liefer|land *n* país *m* suministrador; **~menge** *f* cantidad *f* a entregar *od* suministrar

'liefern *v/t* **1** entregar, proveer, suministrar; ***auf Bestellung ~*** enviar sobre pedido; ***wir ~ die Ware am Montag*** suministramos la mercancía el lunes; **2** ***j-m e-e Schlacht ~*** librar batalla a alg

'Liefer|ort *m* lugar *m* de entrega; **~preis** *m* precio *m* de entrega; **~schein** *m* nota *f od* talón *m* de entrega; **~termin** *m* fecha *f* de entrega

'Lieferung *f* suministro *m*; (*Ab*~) entrega *f*; ***sofortige ~*** entrega *f* inmediata, suministro *m* inmediato; ***~ auf Abruf*** entrega a demanda; ***~ vornehmen*** efectuar la entrega; ***~ wie gewünscht*** entrega según demanda; ***zahlbar bei ~*** pagadero a la entrega

'Liefer|ungsbedingungen *f/pl* → ***Lieferbedingungen***; **~vertrag** *m* contrato *m* de suministro

'Lieferverzug *m* demora *f* en el suministro *od* en la entrega; ***den ~ ankündigen*** avisar la demora en el suministro

'Liefer|wagen *m* camioneta *f* de reparto; **~zeit** *f* → ***Lieferfrist***

Liege ['liːgə] *f* (*Sofa*) diván *m*; (*Garten*~) tumbona *f*; **~geld** *n* COM derechos *m/pl* de estadía

liegen ⟨lag, gelegen, h *o südd* sn⟩ *v/i* **1** (*in der Horizontalen sein*) estar echado *od* tumbado *od* tendido; **2** (*sich befinden*) estar, encontrarse; ***es ~ viele Bücher auf dem Tisch*** hay muchos libros en(cima) *od* sobre la mesa; *Fahrzeug* ***gut auf der Straße ~*** agarrarse bien al terreno; *fig* ***die Entscheidung liegt bei ihm*** él debe tomar la decisión, depende de él; ***~ bleiben*** *am Boden, im Bett* quedarse acostado *od* echado; *Arbeit* quedar sin acabar; *Schnee* cuajar; (*nicht verkauft werden*) no venderse; (*nicht abgeholt werden*) quedar(se) sin recoger; (*vergessen werden*) ser olvidado; ***unterwegs ~ bleiben*** *Auto* tener una avería; ***~ lassen*** dejar; (*vergessen*) *a* olvidar; *Arbeit* dejar sin hacer; **3** (*gelegen sein*) ubicarse, situarse; *Stadt* ***am Fluss ~*** estar a la orilla del río; ***nach Süden ~*** estar orientado al sur; ***das Zimmer liegt zur Straße*** la habitación da a la calle; **4** (*vorhanden sein*) ***es liegt Schnee*** hay nieve; **5** (*wichtig sein*) ***mir liegt daran, dass …*** *od* ***zu*** (*+inf*) … me importa (*+inf*) *od* que (*+subj*); ***es ist ihr viel daran gelegen*** (*+inf*) le importa mucho que (*+subj*), tiene mucho interés en que (*+subj*); **6** (*zurückzuführen sein*) ***an j-m, etw ~*** ser debido a alg, a/c; ***daran soll es nicht ~!*** ¡por eso, que no sea!; **7** (*entsprechen*) ***er liegt mir*** me cae bien; ***das liegt mir*** se me da bien, es lo mío

'liegend *adjt* echado, acostado; (*gelegen*) situado; (*waagrecht*) horizontal

'Liegenschaften *pl* bienes *m/pl* raíces

'Liege|platz *m* MAR atracadero *m*; **~sitz** *m im Auto* asiento *m* reclinable *od* abatible; **~stuhl** *m* hamaca *f*, tumbona *f*; **~stütz** *m* ⟨-es; -e⟩ flexión *f*; **~tage** *m/pl Schiff, Fahrzeug* plazo *m* de estadía; **~wagen** *m* coche *m od* vagón *m* de literas; **~wagenplatz** *m* litera *f*

Lift [lɪft] *m* ⟨-(e)s; -e *o* -s⟩ **1** (*Fahrstuhl*) ascensor *m*; **2** (*Sessel*~) telesilla *m*; (*Schlepp*~) telearrastre *m*; **'~boy** *m* ascensorista *m*

'liften *v/t* hacer un lifting de

Liga ['liːga] *f* ⟨-; -gen⟩ liga *f* (*a* SPORT)

light [laɪt] *adj* ⟨*pospuesto*⟩ light, ligero; *Lebensmittel a* bajo en calorías

liieren [li'iːrən] *v/r* ⟨*sin* ge⟩ ***er ist mit ihr liiert*** está liado con ella

Likör [li'køːr] *m* ⟨-s; -e⟩ licor *m*

lila ['liːla] *adj* ⟨*inv*⟩ lila; (*dunkel*~) violeta; (*hell*~) malva

'Lila *n* ⟨-s; -⟩ (color *m*) lila *m*; (*Dunkel*~) (color *m*) violeta *m*; (*Hell*~) (color *m*) malva *m*

Lilie ['liːliə] *f* lirio *m*; *weiße* azucena *f*

Liliputaner(in) [lilipu'taːnər(ɪn)] *m*(*f*) liliputiense *m,f*

Lima ['liːma] *n* Lima *m*

Limette [li'mɛtə] *f* lima *f*

Limit ['lɪmɪt] *n* ⟨-s; -s⟩ límite *m*; **~ieren** [limi'tiːrən] *v/t* ⟨*sin* ge⟩ limitar (***auf*** *+acus* a)

Limo ['lɪmo] F *f* ⟨-; -s⟩, **~nade** [limo'naːdə] *f* limonada *f*, gaseosa *f*

Limousine [limu'ziːnə] *f* berlina *f*; *luxuriöse* limusina *f*

Linde ['lɪndə] *f* tilo *m*

'Lindenblütentee *m* tila *f*

lindern ['lɪndərn] *v/t* suavizar, mitigar; *Schmerz* aliviar, calmar, paliar

'Linderung *f* ⟨-⟩ alivio *m*

Lineal [line'aːl] *n* ⟨-s; -e⟩ regla *f*

linear [line'aːr] *adj* lineal

Lingu|ist(in) [lɪŋgu'ɪst(ɪn)] *m*(*f*) lingüista *m,f*; **~'istik** *f* ⟨-⟩ lingüística *f*; **~'istisch** *adj* lingüístico

Linie ['liːniə] *f* línea *f* (*a Bus*~ *usw*, MIL, *fig*); (*Familienzweig*) *a* rama *f*; F ***auf die (schlanke) ~ achten*** cuidar la línea; *fig* ***auf der ganzen ~*** en toda la línea; *fig* ***in erster, zweiter ~*** en primer, segundo lugar

'Linien|bus *m* autobús *m* de línea; **~flug** *m* vuelo *m* regular; **~richter** *m früher* juez *m* de línea; **~schiff** *n* barco *m* regular; **~schifffahrt** *f* servicio *m* regular marítimo; **~treu** *adj desp* ortodoxo

lin(i)ieren [li'niːrən, -ni'iː-] *v/t* ⟨*sin* ge⟩ rayar
link [lɪŋk] F *adj* engañoso, sucio, vil
Link *m* ⟨-s; -s⟩ INFORM enlace *m*; vínculo *m*; link *m*
'linke(r, -s) *adj* izquierdo (*a fig*, POL); **~r Hand** a la izquierda; **~ Seite** *e-s Stoffes* revés *m*
'Linke *f* ⟨→ A⟩ (*linke Seite*, *Hand*) izquierda *f* (*a Boxen*, POL); **zur ~n** a la izquierda
'Linke(r) *f(m)* ⟨→ A⟩ POL izquierdista *m,f*
'linken F *v/t* engañar
'linkisch *adj* torpe
links [lɪŋks] *adv* a la izquierda (**von** de); *von Stoffen* al revés; POL **~ stehen** ser de izquierdas; F **j-n ~ liegen lassen** hacer caso omiso de alg; F **das mache ich mit ~** eso es coser y cantar
'Links|abbieger *m* persona que dobla a la izquierda; **~'außen** *m* ⟨-; -⟩ SPORT extremo *m* izquierda; **꠸bündig** *adj* INFORM, TYPO justificado a la izquierda; **~extremismus** *m* extremismo *m* de izquierda; **~extremist(in)** *m(f)* extremista *m,f* de izquierda; **꠸extremistisch** *adj* de extrema izquierda; **~händer(in)** *m(f)* zurdo, -a *m,f*; **꠸händig I** *adj* zurdo; **II** *adv* con la izquierda; **꠸herum** *adv* por la izquierda; **~kurve** *f* curva *f* hacia la izquierda; **꠸radikal** *adj* extremista de izquierdas; **~ruck** *m* POL giro *m* hacia la izquierda
Linoleum [li'noːleʊm] *n* ⟨-s⟩ linóleo *m*
Linse ['lɪnzə] *f* **1** BOT lenteja *f*; **2** OPTIK lente *f*, lentilla *f*; *des Auges* cristalino *m*
'Linsensuppe *f* sopa *f* de lentejas
Lippe ['lɪpə] *f* labio *m*; F *fig* **e-e ~ riskieren** F soltar una fresca; **sie konnte kein Wort über die ~n bringen** no pudo pronunciar palabra
'Lippenstift *m* barra *f* de labios
liqui|d [li'kviːt], **~de** [-iːdə] *adj* FIN líquido; (*solvent*) solvente; **~es Barvermögen** disponibilidades *f/pl* líquidas
Liqui|dation [likvidatsi'oːn] *f* FIN, JUR liquidación *f*; (*Arztrechnung*) (nota *f* de) honorarios *m/pl*; **~dati'onsquote** *f* cuota *f* de liquidación; **~'dator(in)** *m(f)* liquidador, a *m,f*; **꠸'dieren** *v/t* ⟨*sin* ge⟩ COM liquidar (*a fig töten*); **~di'tät** *f* ⟨-⟩ liquidez *f*
Liquidi'tätsbedarf *m* necesidades *f/pl* de liquidez; **e-n vorübergehenden ~ decken** satisfacer, cubrir necesidades transitorias de liquidez
Liquidi'täts|grad *m* índice *m* de liquidez; **~mangel** *m* falta *f* de recursos; **~überschuss** *m* exceso *m* de liquidez
Lira ['liːra] *f* ⟨-; Lire⟩ lira *f*
lispeln ['lɪspəln] *v/i* cecear
Lissabon ['lɪsabɔn] *n* ⟨-s⟩ Lisboa *f*
List [lɪst] *f* ⟨-; -en⟩ astucia *f*, ardid *m*, artimaña *f*; F truco *m*
Liste ['lɪstə] *f* lista *f*; **auf die schwarze ~ setzen** poner en la lista negra
'Listenpreis *m* precio *m* de lista *od* de catálogo
listig ['lɪstɪç] *adj* astuto, ladino
Litanei [lita'naɪ] *f* letanía *f* (*a fig*)
Litau|en ['liːtaʊən] *n* ⟨-s⟩ Lituania *f*; **~er(in)** *m(f)* lituano, -a *m,f*; **꠸isch** *adj* lituano
Liter ['liːtər] *m od n* litro *m*; **ein ~ Wein** un litro de vino
literarisch [lɪtə'raːrɪʃ] *adj* literario
Lite'rat *m* ⟨-en; -en⟩ literato *m*
Litera'tur *f* literatura *f*; **schöne ~** bellas letras *f/pl*
Litera'tur|geschichte *f* historia *f* de la literatura; **~kritik** *f* crítica *f* literaria; **~kritiker** *m* crítico *m* literario; **~verzeichnis** *n* bibliografía *f*; **~wissenschaft** *f* literatura *f*
Litfaßsäule ['lɪtfas-] *f* columna *f* de anuncios
Lithographie [litogra'fiː] *f* litografía *f*
Litschi ['lɪtʃi] *f* ⟨-; -s⟩ BOT lichi *m*
Liturgie [litʊr'giː] *f* liturgia *f*
Litze ['lɪtsə] *f* (*Tresse*) galón *m*; (*Draht*) alambre *m od* cable *m* trenzado
live [laɪf] *adj u adv* TV, RADIO live, en directo
'Livesendung *f* (re)transmisión *f* en directo *od* live
Livree [li'vreː] *f* librea *f*
Lizenz [li'tsɛnts] *f* licencia *f* (*a* JUR); **e-e ~ erhalten, erteilen** obtener, conceder una licencia; **in ~** de licencia; **in ~ produzieren** fabricar bajo licencia
Li'zenz|abteilung *f* departamento *m* de licencias; **~erteilung** *f* concesión *f* de licencias; **~geber(in)** *m(f)* concesionista *m,f*, otorgante *m,f* de licencia; **~gebühr** *f* regalía *f*; **~nehmer(in)** *m(f)* concesionario, -a *m*, *f*; **~produkt** *n* producto *m* en licencia; **~vergabe** *f* concesión *f* de licencias; **~vertrag** *m* contrato *m* de licencia
Lkw, LKW [ɛlkaː'veː] *m Abk* ⟨-(s); -s⟩ → **Lastwagen**
Lob [loːp] *n* ⟨-(e)s⟩ elogio *m*, alabanza *f*; **j-m ~ spenden** alabar a alg; **für etw ~ ernten** cosechar alabanzas por a/c
Lobby ['lɔbi] *f* ⟨-; -s⟩ grupo *m* de presión, lobby *m*
loben ['loːbən] *v/t* alabar, elogiar (**für etw** por a/c)
'lobend *adjt* elogioso
'lobenswert *adj* digno de elogios, loable
Lobhude'lei *f* adulación *f* (**auf** *+acus* a)
löblich ['løːplɪç] → **lobenswert**
'Loblied *n* himno *m*; *fig* **ein ~ auf j-n, etw singen** hacer grandes elogios de alg, a/c
'Lobrede *f* panegírico *m*, elogio *m*
Loch [lɔx] *n* ⟨-(e)s; ¨er⟩ **1** agujero *m*; (*Öff-*

nung) abertura *f*, orificio *m*, (*Höhlung*) hoyo *m* (*a beim Golf*); F ***auf dem letzten ~ pfeifen*** estar en las últimas; **2** F (*Behausung*) cuchitril *m*; **3** F (*Gefängnis*) F chirona *f*, hoyo *m*

'lochen *v/t Fahrkarte* picar; *Schriftstück* perforar

'Locher *m* taladradora *f*, perforadora *f*

löch(e)rig ['lœç(ə)rɪç] *adj* agujereado

'löchern F *v/t **j-n*** (***mit Fragen***) ~ atosigar a alg (con preguntas)

'Loch|karte *f* tarjeta *f* perforada; **~streifen** *m* cinta *f* perforada

Locke ['lɔkə] *f* rizo *m*, bucle *m*

'locken I *v/t* (*an~*) atraer (*a fig*); (*ver~*) seducir, tentar; **II** *v/r* ***sich ~*** rizarse

'Locken|kopf *m* cabello *m od* pelo *m* rizado; *Person* ricitos *m*; **~wickler** *m* rulo *m*, bigudí *m*

locker ['lɔkər] **I** *adj* **1** *Seil*, *Gewebe*, *Knoten* flojo; *Schraube*, *Zahn a* suelto; *Boden* mullido; *Brot* esponjoso; ***~ machen*** → ***lockern I***; ***Seil ~ lassen*** aflojar; **2** *Person* libertino (*a fig Sitten*); *Moral*, *Disziplin* laxo; **II** *adv* **3** *Schraube* ***~ sitzen*** estar flojo; ***etw ~ handhaben*** no ser muy estricto con a/c

'lockerlassen F *v/i* ⟨*irr*, *sep*⟩ ***nicht ~*** insistir, no ceder

'lockermachen F *v/t* ⟨*sep*⟩ *Geld* F aflojar, soltar

'lockern I *v/t Zügel*, *Seil* aflojar; *Schraube*, *Knoten a* soltar; *Boden* mullir; *Muskeln*, *fig Bestimmungen* relajar; **II** *v/r* ***sich ~*** *Griff*, *Seil* aflojarse; *Schraube* soltarse; *Disziplin* relajarse

lockig ['lɔkɪç] *adj* rizado, ensortijado

'Lock|mittel *n* cebo *m*; *fig a* aliciente *m*, atractivo *m*; **~ruf** *m* (llamada *f* de) reclamo *m*; **~vogel** *m* **1** JAGD señuelo *m*; **2** *fig* reclamo *m*

Loden ['lo:dən] *m* ⟨-s; -⟩ loden *m*; **~mantel** *m* (abrigo *m*) loden *m*

lodern ['lo:dərn] *v/i* arder (*a fig*); *Flammen* llamear; *Feuer* echar llamas

Löffel ['lœfəl] *m* ⟨-s; -⟩ **1** cuchara *f*; *größerer* cucharón *m*; *Maßangabe* cucharada *f*; **2** *des Hasen*, F *des Menschen* oreja *f*; **~biskuit** *n od m etwa* bizcocho *m* de soletilla

'löffeln *v/t* comer con (la) cuchara

'löffelweise *adv* a cucharadas

Logarith|mentafel [loga'rɪtmən-] *f* tabla *f* de logaritmos; **~mus** *m* ⟨-; -men⟩ logaritmo *m*

'Logbuch *n* cuaderno *m* de bitácora

Loge ['lo:ʒə] *f* palco *m*

Loggia ['lɔdʒia] *f* ⟨-; -ien⟩ logia *f*

Logik ['lo:gɪk] *f* ⟨-⟩ lógica *f*

'logisch *adj* lógico

Lo'gist|ik *f* ⟨-⟩ logística *f*; **≈isch** *adj* logístico

logo ['lo:go] F *adj* ***~!*** ¡claro!

'Logo *m od n* ⟨-s; -s⟩ emblema *f*; (*Firmen≈*) logotipo *m*

Logo|päde [logo'pɛ:də] *m* ⟨-n; -n⟩, **~'pädin** *f* logopeda *m,f*; **~pä'die** *f* ⟨-⟩ logopedia *f*

Lohn [lo:n] *m* ⟨-(e)s; ⸚e⟩ **1** (*Arbeits≈*) salario *m*, sueldo *m*, paga *f*; ***Löhne einfrieren*** congelar salarios; ***vom ~ abziehen*** descontar del salario; **2** (*Belohnung*) recompensa *f*, premio *m*; ***zum ~ für*** en recompensa por

'lohn|abhängig *adj* asalariado; **≈abhängige(r)** *f*(*m*) asalariado, -a *m,f*; **≈abrechnung** *f* nómina *f*; **'Lohnausgleich** *m **bei vollem ~*** sin recorte salarial

'Lohn|buchhaltung *f* cálculo *m* de los salarios; **~büro** *n* oficina *f* de pagos; **~empfänger(in)** *m*(*f*) asalariado, -a *m,f*

'lohnen I *v/t* **1** ***j-m etw ~*** recompensar a alg por a/c (***mit etw*** con a/c); **2** ***es lohnt die Mühe*** vale la pena *od* el esfuerzo; **II** *v/r* **3** ***sich ~*** (*einträglich sein*) ser rentable; (*der Mühe wert sein*) valer la pena; F compensar

'lohnend *adjt* ventajoso; (*einträglich*) rentable, lucrativo

'Lohnerhöhung *f* aumento *m* de sueldo

'Lohnfortzahlung *f **~ im Krankheitsfall*** continuación *f* del pago de salario en caso de enfermedad

'Lohn|kosten *pl* coste *m* salarial, gastos *m/pl* de personal; **~nebenkosten** *pl* costes *m/pl* no salariales; costes *m/pl* sociales y parafiscales; **~niveau** *n* nivel *m* salarial; **~pfändung** *f* embargo *m* del salario; **~politik** *f* política *f* salarial; **~steuer** *f* impuesto *m* sobre el salario; **~steuerjahresausgleich** *m* ajuste *m* anual de impuestos sobre el salario; **~steuerkarte** *f* tarjeta *f* de impuestos; **~streifen** *m*, **~stückkosten** *pl* costes *m/pl* salariales unitarios; **~zettel** *m* nómina *f*

Loipe ['lɔypə] *f* pista *f* de fondo

Lok [lɔk] *f* ⟨-; -s⟩ → ***Lokomotive***

lokal [lo'ka:l] *adj* local

Lo'kal *n* ⟨-(e)s; -e⟩ local *m*; (*Gaststätte*) restaurante *m*

Lo'kal|blatt *n* periódico *m* local; **~fernsehen** *n* televisión *f* local

lokali'sieren *v/t* ⟨*sin* ge⟩ localizar

Lo'kal|kolorit *n* colorido *m* local; **~patriotismus** *m* patriotismo *m* de campanario; **~radio** *n* radio *f* local; **~sender** *m* RADIO radio *f* local; TV televisión *f* local; **~teil** *m* suplemento *m* local; **~termin** *m* JUR inspección *f* del lugar de los hechos

'Lokführer(in) *m*(*f*) maquinista *m,f*

Lokomotiv|e [lokomo'ti:və] *f* locomotora *f*; **~führer(in)** *m*(*f*) maquinista *m*(*f*)

Lokus ['loːkʊs] F *m* ⟨-; - *o* -se⟩ F excusado *m*
lombard|fähig [lɔm'bart-] *adj* FIN pignorable; **&kredit** *m* crédito *m* pignoraticio; **&satz** *m* tipo *m* de pignoración
London ['lɔndɔn] *n* Londres *m*; **~er(in)** *m(f)* londinense *m,f*
Lorbeer ['lɔrbeːr] *m* ⟨-s; -en⟩ laurel *m*; *fig* ***~en ernten*** cosechar laureles; F *fig* ***sich auf s-n ~en ausruhen*** dormirse en los laureles
'Lorbeerblatt *n* hoja *f* de laurel
los [loːs] **I** *adj u adv* **1** (*ab*) suelto; **2** ***etw, j-n ~ sein*** haberse librado de a/c, alg; **3** ***was ist ~?*** ¿qué pasa?; ***was ist denn mit dir ~?*** ¿qué te pasa?; ***hier ist viel ~*** aquí hay mucho movimiento; **II** *int* **4** ***~!*** (*ab*) ¡vamos!, ¡ya!; ***~, ~!*** (*schnell, schnell*) ¡vamos, deprisa!
Los *n* ⟨-es; -e⟩ **1** (*Lotterie&*) billete *m* (de lotería); ***etw durchs ~ entscheiden*** echar a/c a suertes; *fig* ***das große ~ ziehen*** sacar el gordo; **2** *geh* (*Schicksal*) suerte *f*, destino *m*; ***ein schweres ~ haben*** tener una vida difícil
lösbar ['løːsbaːr] *adj* soluble
'los|binden *v/t* ⟨*irr, sep*⟩ desatar, soltar; **~brechen** ⟨*irr, sep*⟩ **I** *v/t* ⟨h⟩ romper, quebrar, arrancar; **II** *v/i* ⟨sn⟩ quebrarse; *Gewitter* desencadenarse; *Sturm, Jubel* estallar
Löschblatt ['lœʃ-] *n* papel *m* secante
'löschen[1] *v/t* **1** *Licht, Feuer, Durst* apagar; *Brand* extinguir; **2** *Text, Tonband*, INFORM borrar; *Schuld, Konto* cancelar
'löschen[2] *v/t* MAR descargar; *Ladung* desembarcar
'Lösch|fahrzeug *n* coche *m* de bomberos; **~papier** *n* papel *m* secante; **~taste** *f* tecla *f* de borrar; **~ung** *f e-r Gesellschaft* extinción *f*, *e-s Vertrags* cancelación f; *der Ladung* descarga *f*
lose ['loːzə] **I** *adj* **1** flojo; *Blätter* suelto; *Ware* a granel; (*beweglich*) movible; ***~ verkaufen*** vender a granel; **2** F *Sitten* frívolo, libre; ***~ Reden*** frivolidades *f/pl*; **II** *adv* **3** ***~ binden*** atar flojo; **4** *fig* frívolamente
Lose'blattsammlung *f* libro *m* de hojas sueltas
Lösegeld ['løːzə-] *n* rescate *m*
'loseisen ⟨*sep*⟩ F **I** *v/t* **1** ***j-n von j-m ~*** liberar a alg de las garras de alg; ***j-n von etw ~*** librar a alg de a/c; **2** ***etw bei j-m ~*** sacarle a/c a alg; **II** *v/r* **3** ***sich ~*** liberarse
'Lösemittel *n* CHEM disolvente *m*; **&frei** *adj* libre *od* exento de disolventes
losen ['loːzən] *v/i* echar a suertes (***um etw*** a/c)
lösen ['løːzən] **I** *v/t* **1** (*los~*) desprender; **2** *Geschnürtes* desatar; *Bremse, Schraube* aflojar, soltar; **3** *Aufgabe* resolver, solucionar; *Rätsel* adivinar; **4** *Vertrag* anular; *Verlobung* romper; **5** CHEM disolver (***in*** *+dat* en); **6** *Husten, Krampf* soltar; **7** *Fahrkarte* sacar; **II** *v/r* ***sich ~*** **8** (*sich los~*) desprenderse, soltarse; *fig* librarse (***von j-m*** de alg); **9** (*sich lockern*) soltarse (*a Bremse*), aflojarse; **10** CHEM disolverse (***in*** *+dat* en); **11** *Husten, Krampf* soltarse
'losfahren *v/i* ⟨*irr, sep*, sn⟩ (*abfahren*) partir, ponerse en marcha; *fig* ***auf j-n ~*** abalanzarse sobre alg, arremeter contra alg
'losgehen *v/i* ⟨*irr, sep*, sn⟩ **1** F soltarse, desprenderse; **2** *Gewehr, Schuss* dispararse; **3** ***auf j-n ~*** (*angreifen*) abalanzarse sobre alg, arremeter contra alg; **4** F (*anfangen*) empezar; **5** (*weggehen*) ponerse en marcha, partir
'loskommen *v/i* ⟨*irr, sep*, sn⟩ **1** F (*wegkommen*) (poder) salir *od* partir; **2** ***von etw ~*** (*loswerden*) lograr desprenderse de a/c; ***von j-m ~*** lograr deshacerse de alg
'loslassen *v/t* ⟨*irr, sep*⟩ **1** *Gegenstand, Tier, Häftling* soltar; **3** F *desp* (*ansetzen*) ***j-n auf j-n, etw ~*** F soltar *od* lanzar a alg a alg, a/c
'loslegen F *v/i* ⟨*sep*⟩ empezar (con ímpetu); F embalarse
löslich ['løːslɪç] *adj* soluble (***in*** *+dat* en)
'loslösen ⟨*sep*⟩ **I** *v/t* desprender; **II** *v/r* ***sich ~*** desprenderse, soltarse
'losmachen ⟨*sep*⟩ **I** *v/t* soltar, desatar; **II** *v/r* ***sich ~*** soltarse, desatarse; *fig* ***sich ~ von*** desprenderse de
'losreißen ⟨*irr, sep*⟩ **I** *v/t* arrancar; **II** *v/r* ***sich ~*** soltarse; *Tier* desatarse; *fig* ***sich von etw nicht ~ können*** no lograr desprenderse *od* apartarse de a/c
lossagen *v/r* ⟨*sep*⟩ ***sich ~ von*** renegar de
'losschießen F *v/i* ⟨*irr, sep*⟩ **1** ⟨sn⟩ ***auf j-n ~*** (*losstürzen*) lanzarse sobre alg; **2** ⟨h⟩ *fig* ***na, schieß mal los!*** (*erzähle*) F ¡venga, desembucha!
'losschlagen *v/i* ⟨*irr, sep*⟩ MIL iniciar las hostilidades; ***auf j-n ~*** golpear a alg
Losung ['loːzʊŋ] *f* MIL santo *m* y seña; (*Parole*) consigna *f*
Lösung ['løːzʊŋ] *f* **1** CHEM, MAT, *fig, e-s Rätsels* solución *f* (***für*** de); **3** *e-s Vertrags* anulación *f*; *e-r Verlobung a* ruptura *f*
'Lösungsmittel *n* CHEM disolvente *m*; **&frei** *adj* libre *od* exento de disolventes
'loswerden *v/t* ⟨*irr, sep*, sn⟩ deshacerse de, desembarazarse de; *Geld* gastarse
'losziehen F *v/i* ⟨*irr, sep*, sn⟩ marcharse, partir; *fig* arremeter (***gegen*** contra)
Lot [loːt] *n* ⟨-(e)s; -e⟩ BAU plomada *f*; MAR sonda *f*; MAT perpendicular *f*; ***das ~ fällen*** abatir la perpendicular; *fig* ***wieder ins ~ bringen*** poner en orden, arreglar; ***nicht***

L

im ~ torcido (*a fig*)
löten ['løːtən] *v/t* soldar
Lotion [lotsi'oːn] *f* loción *f*
'Löt|kolben *m* soldador *m*; **~lampe** *f* soplete *m*, lámpara *f* de soldar
'lotrecht *adj* perpendicular, vertical
Lots|e ['loːtsə] *m* ⟨-n; -n⟩ MAR práctico *m* (*a fig*); **2en** *v/t* MAR pilotar; *fig a* guiar
Lotterie [lɔtə'riː] *f* lotería *f*; **~gewinn** *m* premio *m* de la lotería; **~los** *n* billete *m* de lotería
Lotto ['lɔto] *n* ⟨-s; -s⟩ *etwa* lotería *f* primitiva; ***~ spielen*** *etwa* jugar a la lotería primitiva
'Lottozahlen *pl etwa* números *m/pl* de la lotería primitiva
Löwe ['løːvə] *m* ⟨-n; -n⟩ león *m*; ASTR Leo *m*
'Löwen|anteil *m* parte *f* del león; **~mähne** *f* melena *f* (*a fig*); **~maul** *n* BOT boca *f* de dragón; **~zahn** *m* BOT diente *m* de león
Löwin ['løːvɪn] *f* leona *f*
loyal [loa'jaːl] *adj* leal; **2i'tät** *f* ⟨-⟩ lealtad *f*
LP [ɛl'peː] *f Abk* ⟨-; -s⟩ (*Langspielplatte*) LP *m*, elepé *m*
LSD [ɛlˀɛs'deː] *n Abk* ⟨-(s)⟩ *Droge* LSD *m*
lt. *Abk* (*laut*) según
Luchs [lʊks] *m* ⟨-es; -e⟩ lince *m*; ***er passt auf wie ein ~*** es como un lince
Lücke ['lʏkə] *f* vacío *m*, hueco *m*; *fig a* laguna *f*; *in e-r Mauer* grieta *f*; (*Park2*) plaza *f*
'Lücken|büßer F *m* F tapaagujeros *m*; **2haft** *adj* incompleto, defectuoso; *Gedächtnis* que tiene lagunas; **2los** *adj* completo
Luder ['luːdər] *n* ⟨-s; -⟩ F *Schimpfwort* F bestia *f*, mal bicho *m*; ***sie ist ein armes ~*** es una pobre diabla
Ludwig ['luːtvɪç] *m* ⟨-s⟩ Luis *m*
Luft [lʊft] *f* ⟨-; ⸚e⟩ **1** aire *m*; ***in die ~ fliegen*** volar por el aire; **2** (*Atem*) respiración *f*; (***tief***) ***~ holen*** respirar (hondo *od* profundamente); ***keine ~ bekommen*** no poder respirar; F (***frische***) ***~ schnappen*** respirar nuevos aires; **3** *fig* ***aus der ~ gegriffen*** sacado de la manga; ***es liegt etw in der ~*** hay algo en el ambiente; F ***s-m Ärger*** *usw* ***~ machen*** desahogarse; F ***die ~ ist rein*** no hay moros en la costa; F ***es ist dicke ~*** el ambiente está cargado; F ***er ist ~ für mich*** para mí no existe; F ***j-n an die*** (***frische***) ***~ setzen*** F mandar a alg a freír espárragos *od* a tomar vientos
'Luft|angriff *m* ataque *m* aéreo; **~aufnahme** *f* fotografía *f od* toma *f* aérea; **~ballon** *m* globo *m*; **~bild** *n* fotografía *f od* toma *f* aérea; **~blase** *f* burbuja *f* de aire; **~brücke** *f* puente *m* aéreo
Lüftchen ['lʏftçən] *n* ⟨-s; -⟩ vientecillo *m*, soplo *m*
'luft|dicht *adj* hermético; **2druck** *m* PHYS presión *f* atmosférica; *e-s Reifens* presión *f* (del aire); **~durchlässig** *adj* permeable al aire
lüften ['lʏftən] *v/t* **1** *Zimmer*, *Kleider* ventilar, airear; *Hut* quitarse; *Schleier* levantar; *fig Geheimnis* revelar, desvelar
'Lüfter *m* ventilador *m*
'Luftfahrt *f* aviación *f*; (*~technik*) aeronáutica *f*; **~gesellschaft** *f* compañía *f* aérea; **~industrie** *f* industria *f* aeronáutica
'Luft|feuchtigkeit *f* humedad *f* atmosférica; **~filter** *m od n* filtro *m* de aire
'Luftfracht *f* carga *f* aérea, flete *m* aéreo; **~brief** *m* carta *f* de porte aéreo, conocimiento *m* de embarque aéreo; **~verkehr** *m* transporte *m* de carga aérea
'luft|gekühlt *adjt* refrigerado por aire; **~getrocknet** *adjt* curado, secado al aire; **2gewehr** *n* escopeta *f* de aire comprimido; **2hoheit** *f* soberanía *f* aérea
luftig ['lʊftɪç] *adj Raum* bien ventilado; *Kleidung* ligero
'Luft|kissenfahrzeug *n* aerodeslizador *m*; **~kurort** *m* estación *f* climática
'luftleer *adj* vacío; ***~er Raum*** vacío *m*
'Luftlinie *f* ***500 km ~*** 500 km en línea recta
'Luft|loch *n* AVIA bache *m*; **~massen** *pl* masas *f/pl* de aire; **~matratze** *f* colchoneta *f*; **~pirat** *m* pirata *m* aéreo
'Luftpost *f* correo *m* aéreo; ***mit, per ~*** por avión
'Luft|postbrief *m* carta *f* por avión; **~pumpe** *f* inflador *m*, bomba *f* de aire; **~raum** *m* espacio *m* aéreo; **~reinhaltung** *f* conservación *f* de la pureza del aire; **~röhre** *f* tráquea *f*; **~schacht** *m* pozo *m* de ventilación; **~schicht** *f* capa *f* de aire; **~schiff** *n* aeronave *f*; **~schlange** *f* serpentina *f* (de papel)
'Luftschlösser *pl* ***~ bauen*** hacer castillos en el aire
'Luft|schutzkeller *m* refugio *m* antiaéreo; **~spieg(e)lung** *f* espejismo *m*; **~sprung** *m* voltereta *f*, cabriola *f*; **~streitkräfte** *pl* fuerzas *f/pl* aéreas; **~strom** *m*, **~strömung** *f* corriente *f* atmosférica
Lüftung ['lʏftʊŋ] *f* ventilación *f*, aireación *f*
'Luft|veränderung *f* cambio *m* de aires; **~verschmutzung** *f* contaminación *f* atmosférica; **~waffe** *f* fuerza *f* aérea
'Luftweg *m* **1** ***auf dem ~*** por vía aérea; **2** *pl* ANAT vías *f/pl* respiratorias
'Luft|widerstand *m* resistencia *f* del aire; **~zug** *m* corriente *f* de aire
Lug [luːk] ***~ und Trug*** patrañas *f/pl*, mentiras *f/pl* y engaños *m/pl*
Lüge ['lyːgə] *f* mentira *f*; ***j-n ~n strafen*** desmentir a alg

lugen ['lu:gən] *v/i* mirar, espiar; ***aus etw ~*** asomarse a a/c
'**lügen** *v/i* ⟨log, gelogen⟩ mentir; F ***er lügt wie gedruckt*** miente más que habla
'**Lügner(in)** *m(f)* mentiroso, -a *m,f*
Luise *f* Luisa *f*
Luke ['lu:kə] *f* (*Dach*≗) tragaluz *m*, claraboya *f*; MAR escotilla *f*
lukrativ [lukra'ti:f] *adj* lucrativo
lukullisch [lu'kʊlɪʃ] *geh adj* opíparo
Lulatsch ['lu:latʃ] *m* ⟨-(e)s; -e⟩ F ***langer ~*** F larguirucho *m*
Lümmel ['lʏməl] *m* ⟨-s; -⟩ **1** *desp* (*Flegel*) grosero *m*; **2** F (*Bengel*) granuja *m*
'**lümmeln** F *v/r* ***sich in e-n Sessel ~*** F repanchingarse en un sillón
Lump [lʊmp] *m* ⟨-en; -en⟩ sinvergüenza *m*, canalla *m*, bribón *m*
'**lumpen** F *v/r* ***sich nicht ~ lassen*** ser rumboso
'**Lumpen** *m* ⟨-s; -⟩ **1** (*Lappen*) trapo *m*, bayeta *f*; **2** *pl desp* (*zerlumpte Kleider*) harapos *m/pl*, andrajos *m/pl*; **~gesindel** *n*, **~pack** *n* chusma *f*; **~sammler** *m* trapero *m*
'**lumpig** *adj desp* miserable, vil
Lunch [lanʃ] *m* ⟨-(e)s; -(e)s⟩ almuerzo *m*; '**~paket** *n* bolsa *f* de comida
Lunge ['lʊŋə] *f* pulmón *m* (*oft pl*); *Fleischerei* bofes *m/pl*; ***eiserne ~*** pulmón *m* de acero; F *fig* ***sich*** (*dat*) ***die ~ aus dem Hals schreien*** desgañitarse
'**Lungen|...** *in Zssgn oft* pulmonar; **~entzündung** *f* pulmonía *f*, neumonía *f*; **~flügel** *m* lóbulo *m* pulmonar; **≗krank** *adj* tuberculoso
'**Lungenzug** *m* ***e-n ~ machen*** inhalar el humo
Lunte ['lʊntə] *f* mecha *f*; F *fig* ***~ riechen*** olerse la tostada
Lupe ['lu:pə] *f* lupa *f*; F *fig* ***unter die ~ nehmen*** examinar muy de cerca, escrutar
'**lupenrein** *adj Edelstein* puro; *fig* impecable
lupfen ['lʊpfən] *südd*, *schweiz*, *österr*, **lüpfen** ['lʏpfən] *v/t* levantar ligeramente
Lurch [lʊrç] *m* ⟨-(e)s; -e⟩ anfibio *m*, batracio *m*
Lust [lʊst] *f* ⟨-; ⸚e⟩ **1** (*Neigung*) ganas *f/pl*; ***~ haben zu*** (*+inf*) tener ganas de; ***hast du ~ auszugehen?*** ¿te apetece salir?; ***er hat zu nichts ~*** nada le gusta; ***~ auf etw*** (*acus*) ***haben*** tener ganas de a/c; **2** (*Freude*) placer *m*, gusto *m*; ***mit ~ und Liebe arbeiten*** poner toda el alma en el trabajo; **3** (*sinnliche Begierde*) deseo *m*
Lüster ['lʏstər] *m* araña *f*; **~klemme** *f* EL regleta *f*
lüstern ['lʏstərn] *adj* lascivo, voluptuoso
'**lustig** **I** *adj* **1** (*fröhlich*) alegre; **2** (*komisch*) divertido, gracioso; **3** ***sich über j-n, etw ~ machen*** burlarse de alg, a/c; **II** *adv* **4** con gracia
Lüstling ['lʏstlɪŋ] *m* ⟨-s; -e⟩ libertino *m*
'**lust|los** *adj* desanimado; *Börse*, *fig* sin animación; **≗spiel** *n* comedia *f*; **~voll** *adj* lleno de ganas, voluptuoso
Lutheraner(in) [lʊtə'ra:nər(ɪn)] *m(f)* luterano, -a *m,f*
'**lutherisch** *adj* luterano
lutschen ['lʊtʃən] *v/t*, *v/i* chupar, chupetear (***an etw*** *dat* a/c)
'**Lutscher** *m* piruleta *f*, pirulí *m*
Luv [lu:f] *f* ⟨-⟩ MAR barlovento *m*
Luxemburg ['lʊksəmbʊrk] *n* ⟨-s⟩ Luxemburgo *m*; **~er(in)** *m(f)* luxemburgués, -esa *m,f*; **≗isch** *adj* luxemburgués
luxuriös [lʊksuri'ø:s] **I** *adj* lujoso, suntuoso; **II** *adv* lujosamente, suntuosamente
Luxus ['lʊksʊs] *m* ⟨-⟩ lujo *m*, suntuosidad *f*; **~artikel** *m* artículo *m* de lujo; **~ausführung** *f* modelo *m* de lujo; **~dampfer** *m* vapor *m* de lujo; **~hotel** *n* hotel *m* de lujo
Luzern [lu'tsɛrn] *n* ⟨-s⟩ Lucerna *f*
Lymphdrüse ['lʏmf-] *f* → ***Lymphknoten***
'**Lymph|e** *f* linfa *f*; **~knoten** *m* ganglio *m* linfático
lynch|en ['lʏnçən] *v/t* linchar; **≗justiz** *f* linchamiento *m*
Lyr|ik ['ly:rɪk] *f* ⟨-⟩ lírica *f*; **~iker(in)** *m(f)* lírico, -a *m,f*; **≗isch** *adj* lírico

L

M

M, m [ɛm] *n* ⟨-; -⟩ M, m *f*
m *Abk* (*Meter*) m (*metro*)
Maas [maːs] *f* ⟨-⟩ Mosa *m*
Maat [maːt] *m* ⟨-(e)s; -e(n)⟩ MAR cabo *m*
'Mach|art *f* MODE hechura *f*, forma *f*; **≗bar** *adj* factible
'Mache F *f* ⟨-⟩ F apariencia *f*, comedia *f*; ***etw in der ~ haben*** tener a/c entre manos
machen ['maxən] **I** *v/t* **1** (*herstellen, erledigen, ausführen*) hacer; *Komma, Punkt usw* poner; ***noch einmal ~*** volver a (hacer); (***sich*** *dat*) ***etw ~ lassen*** hacerse a/c; ***was macht er?*** *beruflich* ¿a qué se dedica?; (*wie geht es ihm?*) ¿cómo le va?, ¿qué es de él?; ***er macht die Reparatur nicht unter 200 Euro*** (*dat*) no lo repara por menos de 200 euros; F ***~ wir!*** ¡de acuerdo!; F (***da ist***) ***nichts zu ~*** no hay nada que hacer; ***es so ~, dass ...*** hacerlo de manera que ... (+*subj*); ***er lässt alles mit sich ~*** con él se puede hacer lo que se quiera; **2** *mit adj* hacer, poner; ***j-n glücklich ~*** hacer feliz a alg; **3** (*ergeben*) ***was*** *od* ***wie viel macht das?*** ¿cuanto es (esto)?; ***zwei mal zwei macht vier*** dos por dos son cuatro; **4** (*verursachen*) causar, provocar, producir; ***Durst ~*** dar sed; **5** F (*in Ordnung bringen*) ***das Zimmer ~*** hacer *od* arreglar la habitación; **6** (*schaden*) ***das macht nichts!*** ¡no tiene importancia!; **7** *mit prp* ***etw aus*** *bzw* ***mit etw ~*** hacer a/c de *od* con a/c; ***das ist wie für Sie gemacht*** le viene como anillo al dedo; **II** *v/i* **8** F ***lass mich nur ~*** ya lo hago yo; **9** F (*sich beeilen*) ***ich muss ~, dass ich nach Hause komme*** tengo que irme deprisa a casa; (***nun***) ***mach schon!*** ¡venga!, ¡date prisa!; **10** F (*s-e Notdurft verrichten*) ***ins Bett ~*** F hacerse en la cama; **11** F ***auf vornehm ~*** hacerse el elegante; **III** *v/r* **12** *Person* ***sich ~*** F (*sich entwickeln*) hacerse, volverse; ***sich hübsch ~*** arreglarse; **13** *Sache* ***sich gut ~*** marchar, dar buen resultado; (*gut passen*) quedar bien; ***wenn es sich ~ lässt*** si puede ser; **14** *mit prp* ***ich mache mir nichts daraus*** (*mag nicht gern*) no me gusta; (*nehme es leicht*) no me importa, me da igual; F ***mach dir nichts draus!*** ¡no hagas caso!; **15** ***sich*** (*dat*) ***ein paar schöne Stunden ~*** pasar un rato bueno
'Machenschaften *pl* enredos *m/pl*, intrigas *f/pl*
'Macher *m* hombre *m* de acción
Machete [ma'xeːtə] *f* machete *m*
Macho ['matʃo] F *m* ⟨-(s); -s⟩ macho *m*
Macht [maxt] *f* ⟨-; ⸗e⟩ poder *m*; (*Staat*) potencia *f*; *gesetzmäßige* autoridad *f*; (*Kraft*) fuerza *f*; (*Einfluss*) influencia *f*; ***die ~ der Gewohnheit*** la fuerza de la costumbre; ***die ~ ergreifen*** asumir el poder; ***an die ~ kommen*** llegar al poder; ***an der ~ sein*** estar en el poder; ***mit aller ~*** con todas las fuerzas; ***es steht nicht in meiner ~*** no está en mi poder *od* en mi mano; ***sie tut alles, was in ihrer ~ steht*** hace todo lo que está en su mano
'Macht|befugnis *f* poder *m*, autoridad *f*; **~ergreifung** *f* toma *f* del poder; **~haber** *m* gobernante *m*, dirigente *m*
mächtig ['mɛçtɪç] **I** *adj* **1** *bsd* POL poderoso, potente; **2** (*sehr groß*) enorme; F ***~en Hunger haben*** F tener un hambre canina; **3** ***e-r Sprache*** (*gen*) ***~ sein*** dominar una lengua; ***s-r nicht mehr ~ sein*** no ser dueño de sí mismo; **II** *adv* **4** F (*sehr*) enormemente, fuertemente; ***~ schreien*** gritar con todas las fuerzas
'Machtkampf *m* lucha *f* por el poder
'machtlos *adj* sin poder, impotente; ***dagegen ist man ~*** contra eso no se puede hacer nada
'Macht|missbrauch *m* abuso *m* de(l) poder; **~politik** *f* política *f* imperialista; **~position** *f* posición *f* clave; **~probe** *f* prueba *f* de fuerza; **~übernahme** *f* toma *f* del poder; **~verhältnis** *n* relación *f* de poder; **≗voll** *adj* poderoso; **~wechsel** *m* cambio *m* de gobierno
'Machtwort *n* ⟨-(e)s; -e⟩ decisión *f* terminante; ***ein ~ sprechen*** hablar con autoridad
'Machwerk *n desp* chapucería *f*, chapuza *f*
Macke ['makə] F *f* **1** (*Tick*) manía *f*; **2** (*Fehler*) defecto *m*
Macker ['makər] *m desp* F ligue *m*
Mac-Welt *f* INFORM mundo *m* Mac
MAD [ɛma'de] *m Abk* ⟨-⟩ (*Militärischer Abschirmdienst*) Servicio *m* Militar de Con-

traespionaje
Madagaskar [mada'gaskar] *n* ⟨-s⟩ Madagascar *m*
Mädchen ['mɛːtçən] *n* ⟨-s; -⟩ **1** chica *f*, muchacha *f*; (*Kind*) niña *f*; **2** (*Dienst*♀) criada *f*; *fig* **~ *für alles*** chica *f* para todo; *fig a* comodín *m*, factótum *m*
'mädchen|haft *adj* juvenil, de niña; **♀name** *m* **1** *Vorname* nombre *m* de chica; **2** *von verheirateten Frauen* nombre *m* de soltera
made [meːd] *adj* **~ *in*** fabricado en
Made ['maːdə] *f* cresa *f*; (*Wurm*) gusano *m*; F ***wie die ~ im Speck leben*** vivir a sus anchas
Mädel ['mɛːdəl] F *n* ⟨-s; -, F -s⟩ muchacha *f*, chica *f*
'madig *adj* lleno de cresas; *Obst* agusanado; F ***etw, j-n ~ machen*** desacreditar a/c, a alg
Madonna [ma'dɔna] *f* ⟨-; -nnen⟩ Virgen *f*; *Bild*, *Statue a* madona *f*
Madrid [ma'drit] *n* Madrid *m*; **~er(in)** *m(f)* madrileño, -a *m,f*
Mafia ['mafia] *f* ⟨-; -s⟩ mafia *f*
Mafioso [mafi'oːzo] *m* ⟨-(s); -si⟩ mafioso *m*
Magazin [maga'tsiːn] *n* ⟨-s; -e⟩ **1** (*Lager*) almacén *m*, depósito *m*; **2** *Zeitschrift* revista *f* ilustrada; TV, RADIO revista *f*; **3** *e-r Waffe* cargador *m*; *für Dias* carro *m*
Magd [maːkt] *f* ⟨-; ⸚e⟩ criada *f*
Magen ['maːgən] *m* ⟨-s; ⸚ *o* -⟩ estómago *m*; ***(j-m) den ~ auspumpen*** hacer un lavado de estómago (a alg); ***auf nüchternen ~*** en ayunas; ***schwer im ~ liegen*** sentar como un tiro; *fig a* preocupar; F ***diese Geschichte liegt mir im ~*** esa historia me ha sentado como un tiro; F ***mir knurrt der ~*** me hace ruido el estómago (de hambre)
'Magen|beschwerden *pl* molestias *f/pl* de estómago; **~bitter** *m* estomacal *m*; **~geschwür** *n* úlcera *f* gástrica *od* estomacal; **~grube** *f* epigastrio *m*; **~krebs** *m* cáncer *m* de estómago; **~saft** *m* jugo *m* gástrico; **~säure** *f* ácido *m* gástrico; **~schleimhaut** *f* mucosa *f* del estómago; **~schleimhautentzündung** *f* gastroenteritis *f*
'Magenschmerzen *pl* dolor *m* de estómago; **~ *haben*** tener dolor de estómago
'Magenverstimmung *f* indigestión *f*
mager ['maːgər] *adj* flaco; TYPO fino; *Kost* escaso; *fig Ergebnis* pobre; ***~(er) werden*** enflaquecer; ***~es Fleisch*** magro *m*; ***~e Jahre*** años *m/pl* de vacas flacas
'Mager|milch *f* leche *f* desnatada *od* descremada; **~quark** *m* requesón *f* desnatado; **~sucht** *f* anorexia *f* (nerviosa)
Magie [ma'giː] *f* ⟨-⟩ magia *f*
Magier ['maːgiər] *m* mago *m*
'magisch *adj* mágico
Magister [ma'gɪstər] *m* **1** *Titel título de licenciatura de determinadas carreras*; **2** *Titelinhaber etwa* licenciado *m*
Magistrat [magɪs'traːt] *m* ⟨-(e)s; -e⟩ ayuntamiento *m*
Magma ['magma] *n* ⟨-s; -men⟩ magma *m*
Magnat [ma'gnaːt] *m* ⟨-en; -en⟩ magnate *m*
Magnesium [ma'gneːzium] *n* ⟨-s⟩ magnesio *m*
Magnet [ma'gneːt] *m* ⟨-(e)s *o* -en; -e⟩ imán *m* (*a fig*); **~band** *n* cinta *f* magnética; **~feld** *n* campo *m* magnético
ma'gnetisch *adj* magnético (*a fig*)
Magne'tismus *m* ⟨-⟩ magnetismo *m*
Ma'gnet|karte *f* tarjeta *f* magnética; **~nadel** *f* aguja *f* imantada; **~schwebebahn** *f* tren *m* de suspensión magnética; **~streifen** *m* banda *f* magnética
Magnolie [ma'gnoːliə] *f* magnolia *f*
Mahagoni [maha'goːni] *n* ⟨-s⟩ caoba *f*
'Mähdrescher *m* segadora-trilladora *f*
mähen ['mɛːən] *v/t Gras*, *Rasen* cortar; *Getreide* segar
Mahl [maːl] *geh n* ⟨-(e)s; ⸚er *o* -e⟩ comida *f*; *feierliches* banquete *m*
'mahlen *v/t* ⟨*p/p* gemahlen⟩ moler
'Mahlzeit *f* comida *f*; F ***~!*** *etwa* ¡que aproveche!
'Mähmaschine *f für Gras* cortacésped *m*; *für Getreide* segadora *f*
Mahn|bescheid ['maːn-] *m* orden *f* de pago; **~brief** *m* → ***Mahnung 2***
Mähne ['mɛːnə] *f* melena *f* (*a fig scherzh*); (*Pferde*♀) crines *f/pl*
'mahnen *v/t* **1 *j-n zu etw ~, j-n ~, etw zu tun*** exhortar *od* amonestar a alg para (que haga) a/c; **2 *j-n an etw*** (*acus*), ***wegen etw ~*** recordar(le) a/c a alg, advertir(le) a/c a alg; ***j-n wegen e-r Schuld ~*** exigir(le) a alg el pago de una deuda; **3** COM reclamar, mandar una reclamación (de pago), apremiar
'Mahn|frist *f* plazo *m* de reclamación; **~gebühr** *f* gastos *m/pl* de requerimiento; **~mal** *n* ⟨-(e)s; -e⟩ monumento *m* (conmemorativo); **~schreiben** *n* → ***Mahnung 2***
'Mahnung *f* **1** (*Er*♀) aviso *m*, exhortación *f*, amonestación *f*; (*Warnung*) advertencia *f*; **2** COM (*Erinnerung*) reclamación *f* (del pago); reclamación *f*, recordatorio *m* de pago; ***j-dm e-e ~ schicken*** enviar un recordatorio *od* una reclamación a alg
'Mahn|verfahren *n* procedimiento *m* monitorio; **~wache** *f* piquete *m*
Mähren ['mɛːhrən] *n* Moravia *f*
Mai [maɪ] *m* ⟨-(e)s *o* -; -e⟩ mayo *m*; ***der Erste ~*** el primero *od* uno de mayo; → ***Januar***
'Mai|baum *m* (árbol *m* de) mayo *m*; **~glöckchen** *n* BOT lirio *m* de los valles, muguete

m; **~käfer** *m* escarabajo *m* de san Juan
Mail ['meːl] *f* INFORM mail *m*; → ***E-Mail***
Mailand ['maɪlant] *n* ⟨-s⟩ Milán *m*
Mailbox ['meːlbɔks] *f* INFORM buzón *m* (electrónico), mail-box *m*; TEL buzón *m* de voz
'mailen ['meːlən] *v/t* INFORM ***j-m etw ~*** mandar a/c a alg por correo electrónico; ***j-m ~*** mandar un mail a alg
Mailing ['meːlɪŋ] *n* ⟨-s; -s⟩ mailing *m* **~liste** *f* lista *f* de mailing
Main [maɪn] *m* Meno *m*
Mainz [maɪnts] *n* ⟨-⟩ Maguncia *f*
Mais [maɪs] *m* ⟨-es; -e⟩ maíz *m*; **'~kolben** *m* mazorca *f* (de maíz); **'~mehl** *n* harina *f* de maíz
Maison(n)ette [mɛzɔ'nɛt] *f* ⟨-; -s⟩, **~wohnung** *f* ático *m*
Majestät [majɛs'tɛːt] *f* ⟨-; -en⟩ majestad *f*; *Anrede* (***Eure***) **~** Su Majestad
majes'tät|isch *adj* majestuoso; **≗sbeleidigung** *f* crimen *m* de lesa majestad
Majo'näse → ***Mayonnaise***
Major [ma'joːr] *m* ⟨-s; -e⟩ comandante *m*
Majoran ['maːjoran] *m* ⟨-s; -e⟩ mejorana *f*
makaber [ma'kaːbər] *adj* ⟨-br-⟩ macabro
Makel ['maːkəl] *geh m* ⟨-s; -⟩ mancha *f*, defecto *m*, marca *f*; **≗los** *adj* inmaculado; (*tadellos*) sin tacha
mäkeln ['mɛːkəln] *v/i desp* ***an etw*** (*dat*) **~** poner defectos a a/c
Make-up [meːk'ˀap] *n* ⟨-s; -s⟩ maquillaje *m*
Makkaroni [maka'roːni] *pl* macarrones *m/pl*
'Makler|(in) *m*(*f*) corredor, a *m,f*; (*Immobilien≗*) agente *m,f* (inmobiliario, -a); **~büro** *n* correduría *f*; **~gebühr** *f* corretaje *m*; **~geschäft** *n* corretaje *m*; **~provision** *f* corretaje *m*
Makrele [ma'kreːlə] *f* ZO caballa *f*
Makro ['maːkro] *n* ⟨-s; -s⟩ INFORM macro *f*
'makro..., **'Makro...** *in Zssgn* macro...
Makrone [ma'kroːnə] *f* GASTR macarrón *m*
Makroöko|no'mie *f* macroeconomía *f*; **≗'nomisch** *adj* macroeconómico
mal [maːl] *adv* **1** MAT por; ***zwei ~ fünf ist zehn*** dos por cinco son diez; *Fläche, Format* ***fünf ~ neun*** cinco por nueve; **2** F (*einmal*) ***denken Sie ~ ...*** imagínese que ...; ***nicht ~*** ni siquiera; **3** ***guck ~!*** ¡mira!; ***zeig ~!*** ¡enséñamelo!
Mal[1] *n* ⟨-(e)s; -e *o* ≐er⟩ *auf der Haut* marca *f*; (*Mutter≗*) lunar *m*
Mal[2] *n* ⟨-(e)s; -e⟩ vez *f*; ***jedes ~*** (***, wenn***) siempre (que), cada vez (que); ***zum ersten, letzten ~*** por primera, última vez; ***mit e-m ~*** de repente; ***von ~ zu ~*** cada vez
Malaga ['malaga] *n* Málaga *f*
Malaria [ma'laːria] *f* ⟨-⟩ malaria *f*
Malaysia [ma'laɪzia] *n* ⟨-s⟩ Malasia *f*
'Malbuch *n* libro *m* para colorear
Malediven [male'diːvən] *pl* ***die ~*** las Maldivas
malen ['maːlən] *v/t*, *v/i* pintar (***auf*** *+acus* en)
'Maler *m* (*Anstreicher*) pintor *m* (de brocha gorda); *Künstler* pintor *m*
Male'rei *f* pintura *f* (*a Gemälde*)
'Maler|in *f* pintora *f*; **≗isch** *adj* pintoresco
Mali ['maːli] *n* ⟨-s⟩ Malí *m*
'Malkasten *m* caja *f* de colores
Mallorca [ma'jɔrka] *n* ⟨-s⟩ Mallorca *f*
'malnehmen *v/t*, *v/i* ⟨*irr*, *sep*⟩ multiplicar (***mit*** por)
Malta ['malta] *n* ⟨-s⟩ Malta *f*
Malve ['malvə] *f* malva *f*
Malz [malts] *n* ⟨-es⟩ malta *f*; **'~bier** *n* cerveza *f* de malta; **'~kaffee** *m* café *m* de malta *od* de cebada
Mama F ['mama] *f* ⟨-; -s⟩ mamá *f*
Mami ['mami] F *f* ⟨-; -s⟩ mami *f*
Mammographie [mamogra'fiː] *f* mamografía *f*
Mammut ['mamʊt] *n* ⟨-s; -e *o* -s⟩ mamut *m*; **~unternehmen** *n* empresa *f* gigante
mampfen ['mampfən] F *v/t*, *v/i* F papear, comer a dos carrillos
man [man] *pr/indef* se, uno; ***~ kann nie wissen*** nunca se sabe; ***so etwas tut ~ nicht*** eso no se hace; GASTR ***~ nehme ...*** tómese ...
Management ['mɛnɪdʒmənt] *n* ⟨-s; -s⟩ management *m*, gestión *f*; (*leitende Personen*) equipo *m* gestor, dirección *f*, management *m*; ***mittleres ~*** mandos *m/pl* intermedios, mandos *m/pl* de nivel medio
'Managementfehler *m* error *m* de gestión
'managen *v/t* **1** *Sportler, Künstler* ser el manager *od* representante de; **2** F (*zustande bringen*) arreglar, organizar; (*bewältigen*) superar
'Manager(in) *m*(*f*) manager *m,f*, ejecutivo, -a *m,f*; *e-s Künstlers* representante *m,f*, agente *m,f*
manch [manç] *pr/indef* **I** *adjt* ⟨*a* -er, -e, -es⟩ algún, más de un; **~*e*** (***Leute***) algunos, varios; ***~ einer*** alguno que otro, ciertas personas; ***~es Mal*** algunas veces; ***~er reiche Mann*** más de un rico; **II** *su* ⟨-er, -e, -es⟩ alguno, más de uno; **~*es*** algunas cosas
'mancher'lei *pr/indef* ⟨*inv*⟩ **I** *adjt* varios, diversos, toda clase de; **II** *su* muchas cosas, diversas cosas
'manchmal *adv* a veces, algunas veces
Mandant(in) [man'dant(ɪn)] *m* ⟨-en; -en⟩ (*f*) JUR cliente *m,f*
Mandarine [manda'riːnə] *f* mandarina *f*
Mandat [man'daːt] *n* ⟨-(e)s; -e⟩ mandato *m*
Mandel ['mandəl] *f* ⟨-; -n⟩ **1** BOT almendra *f*; **2** ANAT amígdala *f*; **~entzündung** *f* amigdalitis *f*

Mandoline [mandoˈliːnə] *f* mandolina *f*
Mandschuˈrei [mandʃuˈraɪ] *f* Manchuria *f*
Manege [maˈneːʒə] *f* pista *f* de circo
Mangan [maŋˈgaːn] *n* ⟨-s⟩ manganeso *m*
Mangel[1] [ˈmaŋəl] *f* ⟨-; -n⟩ (*Wäsche*≈) calandria *f*; F *fig* ***j-n in die ~ nehmen*** F apretarle a alg las tuercas
Mangel[2] *m* ⟨-s; ¨-⟩ **1** (*Fehlen*) falta *f*, carencia *f* (***an*** *+dat* de); *an Lebensmitteln a* escasez *f*; ***aus ~ an*** por falta de; **2** (*Fehler*) defecto *m*, vicio *m*; ***technischer ~*** deficiencia *f* técnica; ***verborgener ~*** defecto *m od* vicio *m* oculto; ***den ~ beheben*** sanear el vicio
ˈMangel|beruf *m* profesión *f* en crisis de personal; **~erscheinung** *f* MED síntoma *m* carencial; **≈haft** *adj* **1** (*fehlerhaft*) defectuoso, imperfecto, deficiente; (*unzureichend*) insuficiente; **2** *Schulnote* → ***Fünf 2***
ˈMängelhaftung *f* responsabilidad *f od* garantía *f* por defectos
ˈmangeln[1] *v/t Wäsche* calandrar, prensar
ˈmangeln[2] *v/imp* faltar, hacer falta; ***es mangelt an Geld*** (*dat*) falta dinero; ***es mangelt mir an nichts*** no necesito nada; ***~de Sorgfalt, Sicherheit*** *usw* falta *f* de cuidado, de seguridad *usw*
ˈMängelrüge *f* reclamación *f* por defectos
ˈmangels *prp* ⟨*+gen*⟩ por falta de; FIN ***~ Masse*** por falta de capital
ˈMangelware *f* artículo *m* escaso; *fig* ***~ sein*** escasear
Mango [ˈmaŋgo] *f* ⟨-; -s⟩ mango *m*
Manie [maˈniː] *f* manía *f*
Manier [maˈniːr] *f* ⟨-; -en⟩ **1** (*Art u Weise*) manera *f*, modo *m*; **2** (*Benehmen*) ***~en*** *pl* modales *m/pl*; ***keine ~en haben*** no tener modales
maˈnierlich *adj* **1** formal, de buenos modales; **2** F *fig* decente
Manifest [maniˈfɛst] *n* ⟨-(e)s; -e⟩ manifiesto *m*; **≈ieren** [-ˈtiːrən] *v/r* ⟨*sin* ge⟩ ***sich ~*** manifestarse
Maniküre [maniˈkyːrə] *f* (*Pflege u Person*) manicura *f*
maniˈküren *v/t* ⟨*sin* ge⟩ hacer la manicura a
Manipu|lation [manipulatsiˈoːn] *f* manipulación *f*; **≈ˈlieren** *v/t* ⟨*sin* ge⟩ manipular
manisch [ˈmaːnɪʃ] *adj* maniaco; **ˈ~-depresˈsiv** *adj* maniacodepresivo
Manko [ˈmaŋko] *n* ⟨-s; -s⟩ **1** (*Mangel*) defecto *m*, déficit *m*; **2** (*Nachteil*) inconveniente *m*
Mann [man] *m* ⟨-(e)s; ¨-er⟩ **1** (*Person männlichen Geschlechts*) hombre *m*, varón *m*; ***alter ~*** anciano *m*; ***ein gemachter ~*** un hombre de éxito; ***der schwarze ~*** (*Kinderschreck*) el coco; ***s-n ~ stehen*** estar a la altura de las circunstancias; ***~ gegen ~ kämpfen*** luchar cuerpo a cuerpo; ***von ~ zu ~*** de hombre a hombre; *prov* ***ein ~, ein Wort*** *etwa prov* quien promete, cumple; F (***mein lieber***) ***~!*** F ¡madre mía!; **2** (*Ehe*≈) marido *m*; **3** (*Mensch*) hombre *m*; ***der ~ auf der Straße*** el hombre de la calle; F ***an den ~ bringen*** *Ware* deshacerse de, vender; *Frau* F colocar; **4** ⟨*pl* -⟩ *Zählgröße*, MAR hombres *m/pl*; ***pro ~*** por persona, por barba; ***alle ~ an Deck!*** ¡todo el mundo a cubierta!; ***~ über Bord!*** ¡hombre al agua!
Männchen [ˈmɛnçən] *n* ⟨-s; -⟩ **1** (*kleiner Mann*) hombrecillo *m*; *gezeichnetes* monigote *m*; **2** zo macho *m*; **3** *Hund* ***~ machen*** ponerse sobre las patas traseras
Mannequin [ˈmanəkɛ̃] *n* ⟨-s; -s⟩ maniquí *m,f*, modelo *m,f*
Männer|beruf [ˈmɛnər-] *m* profesión *m* de hombre; **~chor** *m* coro *m* de hombres; **~stimme** *f* voz *f* de hombre
ˈMannesalter *geh n* edad *f* adulta; ***im besten ~ stehen*** estar en los mejores años
ˈmannhaft *adj* varonil, viril; (*mutig*) *a* valiente
ˈmannig|fach, **~faltig** *adj* variado, diverso, vario; **≈faltigkeit** *f* ⟨-⟩ variedad *f*, diversidad *f*
ˈMannjahr *n* año-hombre *m*
Männlein [ˈmɛnlaɪn] *n* ⟨-s; -⟩ hombrecillo *m*
männlich [ˈmɛnlɪç] *adj* **1** BOT, ZO macho; **2** GRAM, *Vorname*, *Wesen usw* masculino; **3** (*zum Mann geworden*) viril, varonil; **≈keit** *f* ⟨-⟩ virilidad *f*, masculinidad *f* (*a fig*)
ˈMannmonat *m* mes-hombre *m*
ˈMannsbild F *n* hombre *m*
ˈMannschaft *f* **1** SPORT equipo *m* (*a Arbeits*≈); **2** AVIA, MAR tripulación *f*; **3** MIL tropa *m*
ˈMannschafts|geist *m* espíritu *m* de equipo; **~kapitän** *m* SPORT capitán *m* (del equipo); **~sport** *m* deporte *m* por equipos; **~wertung** *f* SPORT clasificación *f* por equipos
ˈmanns|hoch *adj* de la altura de un hombre; **~toll** F *adj* ninfómano
ˈMann|stunde *f* hora-hombre *f*; **~tag** *m* día-hombre *m*
ˈMannweib *n* marimacho *m*
Manöver [maˈnøːvər] *n* ⟨-s; -⟩ maniobra *f* (*a fig*); **~kritik** *f fig* balance *f* (crítico)
manöˈvrier|en *v/t*, *v/i* ⟨*sin* ge⟩ maniobrar, hacer maniobras; **~unfähig** *adj* que no se puede maniobrar
Mansarde [manˈzardə] *f* buhardilla *f*, mansarda *f*
Manschette [manˈʃɛtə] *f am Hemd* puño *m*; F *fig* ***~n haben*** F tener mieditis
Manˈschettenknopf *m* gemelo *m*
Mantel [ˈmantəl] *m* ⟨-s; ¨-⟩ **1** *Kleidung* abri-

M

go *m* (*a fig*), *Am* tapado *m*; **2** *e-s Kabels* revestimiento *m*; *e-s Reifens* cubierta *f*; *e-s Geschosses* camisa *f*
Mäntelchen ['mɛntəlçən] *n* ⟨-s; -⟩ abriguillo *m*; *fig* ***sein ~ nach dem Wind hängen*** cambiar de camisa
'Manteltarif(vertrag) *m* convenio *m* colectivo tipo
manu|ell [manu'ɛl] *adj* manual; **2faktur** [-fak'tu:r] *f* manufactura *f*; **2skript** [-'skrɪpt] *n* ⟨-(e)s; -e⟩ manuscrito *m*
Mappe ['mapə] *f* **1** (*Akten2, Schul2*) cartera *f*; **2** (*Sammel2, Zeichen2*) carpeta *f*
Maracuja [mara'ku:ja] *f* fruta *f* de la pasión, maracuyá *m*
Marathon|lauf ['ma(:)ratɔn-] *m* maratón *m*; **~läufer(in)** *m(f)* corredor, a *m,f* de maratón; **~sitzung** *f* sesión maratoniana
Märchen ['mɛ:rçən] *n* ⟨-s; -⟩ **1** cuento *m*; **2** *fig* (*Lüge*) cuento *m* (chino); **~buch** *n* libro *m* de cuentos; **2haft** *adj* fabuloso; (*zauberhaft*) maravilloso; (*erstaunlich*) asombroso; **~prinz** *m* príncipe *m* azul (*a fig*); **~welt** *f* mundo *m* fantástico (*a fig*)
Marder ['mardər] *m* marta *f*
Margarine [marga'ri:nə] *f* ⟨-⟩ margarina *f*
Margareta [marga're:ta] *f* Margarita *f*
Marge ['marʒə] *f* COM margen *m*
Margerite [margə'ri:tə] *f* BOT margarita *f*
Maria [ma'ri:a] *f* ⟨-s *o* REL Mariä⟩ María *f*; REL (***die Jungfrau***) **~** (la Virgen) María *f*
Ma'rien|bild *n* imagen *f* de la Virgen; **~käfer** *m* mariquita *f*
Marihuana [marihu'a:na] *n* ⟨-s⟩ marihuana *f*
Marille [ma'rɪlə] *f österr* albaricoque *m*
Marinade [mari'na:də] *f* escabeche *f*
Marine [ma'ri:nə] *f* marina *f*; **2blau** *adj* azul marino
mari'nieren *v/t* ⟨*sin* ge⟩ escabechar, poner en escabeche
Marionette [mario'nɛtə] *f* marioneta *f*, títere *m* (*a fig*); *fig* fantoche *m*
Mario'netten|regierung *f* gobierno *m* de títeres; **~theater** *n* teatro *m* de títeres
Mark[1] [mark] *f* ⟨-; -⟩ HIST *Währung* marco *m*; ***Deutsche ~*** Marco *m* alemán; F ***keine müde ~*** ni un duro
Mark[2] *n* ⟨-(e)s⟩ **1** ANAT, BOT médula *f*, tuétano *m*; *fig* ***bis ins ~*** hasta la médula; *Geräusch* ***j-m durch ~ und Bein gehen*** llegar (-le) a alg hasta los tuétanos; **2** (*Frucht2*) pulpa *f*; → ***Tomatenmark***
markant [mar'kant] *adj* destacado, relevante; *Gesicht(szug)* marcado
Marke ['markə] *f* **1** (*Markierung*), COM marca *f*; ***eingetragene ~*** marca *f* registrada; ***führende ~*** marca *f* líder; **2** (*Brief2*) sello *m*, *Am* estampilla *f*; (*Spiel2*) ficha *f*; (*Essens2*) cupón *m*; (*Gebühren2*) timbre *m*; **3** F ***das ist vielleicht e-e ~!*** F ¡vaya elemento!
'Marken|artikel *m* artículo *m* de marca; **~bewusstsein** *n* conocimiento *m*, conciencia *f* de marcas; **~butter** *f* mantequilla *f* de calidad; **~erzeugnis** *n* producto *m* de marca; **~fabrikat** *n* artículo *m* de marca
'Markenimage *n* imagen *f* de marca; ***fehlendes ~*** falta *f* de una imagen de marca
'Marken|lizenz *f* licencia *f* de marcas; **~name** *m* (nombre *m* de) marca *f*; **~piraterie** *f* piratería *f* de marcas; **~profil** *n* perfil *m* de (la) marca; **~schutz** *m* protección *f* de marcas; **~treue** *f* fidelidad *f* a una marca; **~ware** *f* mercancías *f/pl* de marca; **~zeichen** *n* **1** COM marca *f* (comercial); **2** *fig* marca *f*, característica *f*
'Marker *m* (*Leucht2*) rotulador *m* fluorescente
'markerschütternd *adjt Schrei* desgarrador
Marketing ['markətɪŋ] *n* ⟨-s⟩ marketing *m*; **~abteilung** *f* departamento *m* de marketing; **~agentur** *f* agencia *f* de marketing; **~chef(in)** *m(f)*, **~leiter(in)** *m(f)* jefe, -a *m,f* de marketing; **~strategie** *f* estrategia *f* de marketing
mar'kieren *v/t* ⟨*sin* ge⟩ **1** (*kennzeichnen*) marcar, señalar, rotular; ***rot, schwarz*** *etc* **~** marcar en rojo, negro, *etc*; **2** F (*vortäuschen*) simular; ***den starken Mann ~*** hacerse el fuerte
Mar'kierung *f* **1** (*Markieren*) señalización *f*, marcación *f*; **2** (*Kennzeichen*) marca *f*
'markig *adj fig* enérgico, vigoroso
Markise [mar'ki:zə] *f* toldo *m*, marquesina *f*
'Markknochen *m* hueso *m* con tuétano
'Markstück *n* ⟨-(e)s; -e⟩ HIST moneda *f* de un marco
Markt [markt] *m* ⟨-(e)s; ⸚e⟩ **1** *allg* mercado *m*; (*Jahr2, Vieh2*) feria *f*; **2** POL ***der Gemeinsame ~*** el Mercado Común; **3** ECON ***gesättigter, geschlossener ~*** mercado *m* saturado, cerrado; ***grauer, schwarzer ~*** mercado *m* gris, negro; ***heimischer, internationaler ~*** mercado *m* nacional, internacional; ***lebhafter, zurückhaltender ~*** mercado *m* animado, mercado *m* en calma *od* indeciso; ***den ~ (unter sich) aufteilen*** repartir(se) el mercado; ***den ~ beherrschen*** dominar el mercado; ***den ~ beliefern (mit)*** abastecer el mercado (con); ***neue Märkte erschließen*** abrirse nuevos mercados; ***(etw) auf den ~ bringen*** comercializar a/c, lanzar a/c al mercado; ***neu auf den ~ kommen*** entrar en el mercado; ***vom ~ nehmen*** retirar del mercado; ***vom ~ verdrängen*** desplazar del mercado
'Markt|analyse *f* análisis *m* del mercado; **~anteil** *m* participación *f* en el mercado,

cuota *f* de(l) mercado; **~e *gewinnen*** ganar cuota de mercado
'Markt|aufteilung *f* repartición *f* del mercado *bzw* de mercados; **≗beherrschend** *adjt* dominante en el mercado; **~beobachtung** *f* observación *f* del mercado; **~bericht** *m* informe *m* del mercado; **~chancen** *f/pl* posibilidades *f/pl* en el mercado, perspectivas *f/pl* del mercado; **~durchdringung** *f* penetración *f* del mercado; **~einführung** *f* introducción *f* en el mercado; **~entwicklung** *f* desarrollo *m* del mercado; **~erschließung** *f* apertura *f* del mercado; **≗fähig** *adj* negociable, comerciable; **~forscher(in)** *m(f)* mercadólogo, -a *m,f*; **~forschung** *f* estudio *m* de mercado; **~frau** *f* vendedora *f* del mercado; **~führer** *m* líder *m* de mercado; **≗gängig** *adj* negociable, comerciable, vendible; **~halle** *f* mercado *m* (cubierto); **~kräfte** *f/pl* ECON fuerzas *f/pl* en el *od* del mercado; **~lücke** *f* hueco *m* en el mercado; **~nachfrage** *f* demanda *f* en el mercado; **~nische** *f* nicho *m* de mercado; **~ordnung** *f* organización *f* del mercado; **~platz** *m* mercado *m*, plaza *f*
'Marktposition *f* posición *f* en el mercado; ***s-e ~ ausbauen, festigen*** mejorar, consolidar su posición en el mercado
'Markt|potential *n* potencial *m* en el mercado; **~präsenz** *f* presencia *f* en el mercado; **~preis** *m* precio *m* corriente, precio *m* de (del) mercado, precio *m* vigente; **~prognosen** *f/pl* pronósticos *m/pl* económicos; **~sättigung** *f* saturación *f* del mercado; **≗schreierisch** *adj* charlatán
'Marktsegment *n* segmento *m* del mercado, sector *m* del mercado; ***oberes, unteres ~*** segmento *m* alto, bajo del mercado
'Markt|stand *m* puesto *m* en el mercado; **~studie** *f* estudio *m* del mercado; **~tag** *m* día *m* de mercado; **~transparenz** *f* transparencia *f* del mercado; **~trend** *m* tendencia *f* del mercado; **~untersuchung** *f* estudio *m* del mercado; **~wert** *m* valor *m* mercantil
'Marktwirtschaft *f* economía *f* de mercado; ***freie ~*** economía *f* de mercado libre; ***soziale ~*** economía *f* social de mercado
Marmelade [marmə'la:də] *f* mermelada *f*; **~nglas** *n* tarro *m* de mermelada
Marmor ['marmɔr] *m* ⟨-s; -e⟩ mármol *m*; **~kuchen** *m bizcocho con la masa de dos colores, oscuro y claro*
marode [ma'ro:də] *adj* corrompido, pervertido
Marokkaner(in) [marɔ'ka:nər(ɪn)] *m(f)* marroquí *m,f*
marok'kanisch *adj* marroquí
Marokko [ma'rɔko] *n* ⟨-s⟩ Marruecos *m*
Marone [ma'ro:nə] *f* castaña *f*
Marotte [ma'rɔtə] *f* capricho *m*, manía *f*
Mars [mars] *m* ⟨-⟩ ASTR (***der***) ~ Marte *m*
marsch [marʃ] *int* **~!** ¡andando!; F ***~ ins Bett!*** ¡vamos, a la cama!
Marsch [marʃ] *m* ⟨-(e)s; ⸚e⟩ MUS, MIL, *fig* marcha *f*
Marschall ['marʃal] *m* ⟨-s; -schälle⟩ mariscal *m*
'Marsch|flugkörper *m* misil *m* de crucero; **~gepäck** *n* equipo *m* de marcha
mar'schieren *v/i* ⟨*sin* ge, sn⟩ marchar, desfilar
'Marsch|musik *f* música *f* militar; **~route** *f* itinerario *m*; *fig* línea *f* (de conducta); **~verpflegung** *f* ración *f* de marcha
'Marsmensch *m* marciano *m*
Marter ['martər] *geh f* ⟨-; -n⟩ martirio *m*
'marter|n *geh v/t* martirizar, torturar; *seelisch* atormentar; **≗pfahl** *m* poste *m* de tormento
martialisch [martsi'a:lɪʃ] *geh adj* marcial
Martinshorn ['marti:ns-] *n* sirena *f*
Märtyrer(in) ['mɛrtyrər(ɪn)] *m(f)* mártir *m,f*
Martyrium [mar'ty:riʊm] *n* ⟨-s; -ien⟩ martirio *m*
Marx|ismus [mar'ksɪsmʊs] *m* ⟨-⟩ marxismo *m*; **~ist(in)** *m(f)* marxista *m,f*; **≗istisch** *adj* marxista
März [mɛrts] *m* ⟨-(es); -e⟩ marzo *m*; → ***Januar***
Marzipan [martsi'pa:n] *n* ⟨-s; -e⟩ mazapán *m*
Masche ['maʃə] *f* **1** (*Schlinge*) malla *f*; *beim Stricken usw* punto *m*; **2** F (*Trick*) F truco *m*; **3 *die neueste ~*** la última moda, lo último
'Maschendraht *m* tela *f* metálica
Maschine [ma'ʃi:nə] *f* **1** máquina *f*; **2** (*Schreib≗*) máquina *f* (de escribir); ***etw mit der ~ schreiben*** escribir a/c a máquina; **3** F (*Motorrad*) F moto *f*; (*Motor*) F aparato *m*; (*Flugzeug*) avión *m*
maschi'nell I *adj* mecánico; **II** *adv* ***~ hergestellt*** hecho a máquina
Ma'schinen|bau *m* construcción *f* de máquinas; *Lehrfach* ingeniería *f* mecánica; **~bauindustrie** *f* sector *m* maquinaria, maquinaria *f*; **≗geschrieben** *adjt* escrito a máquina; **~gewehr** *n* ametralladora *f*; **~laufzeit** *f* tiempo *m* de funcionamiento de la maquinaria; **≗lesbar** *adj* legible por ordenador; **~park** *m* maquinaria *f*; **~pistole** *f* metralleta *f*; **~schaden** *m* avería *f* (de la máquina); **~schlosser** *m* mecánico *m*; **~schreiben** *n*, **~schrift** *f* mecanografía *f*
Maschinerie [maʃinə'ri:] *f* maquinaria *f*; THEA tramoya *f*; *fig* engranaje *m*
ma'schineschreiben ⟨*sep*⟩ → ***Maschine 2***

M

Masern ['maːzərn] *pl* sarampión *m*
'Maserung *f* vetas *f/pl*
Maske ['maskə] *f* **1** máscara *f* (*a* THEA); *fig a* careta *f*; MED mascarilla *f*; ***die ~ fallen lassen*** desenmascararse, quitarse la careta (*a fig*); **2** INFORM diálogo *m*, formulario *m*
'Masken|ball *m* baile *m* de disfraces; **~bildner(in)** *m(f)* maquillador, a *m,f*, caracterizador, a *m,f*
Maskerade [maskə'raːdə] *f* mascarada *f*
mas'kieren *v/t*, *v/r* ⟨*sin* ge⟩ (***sich***) **~** enmascarar(se) (*a fig*); (*verkleiden*) disfrazar(se) (***als*** de)
Mas'kierung *f* disfraz *m*
Maskottchen [mas'kɔtçən] *n* ⟨-s; -⟩ mascota *f*
maskulin [masku'liːn] *adj* masculino
'Maskulinum *n* ⟨-s; -na⟩ GRAM masculino *m*
Masoch|ismus [mazɔ'xɪsmus] *m* ⟨-⟩ masoquismo *m*; **~ist(in)** *m(f)* masoquista *m,f*; **≈istisch** *adj* masoquista
Maß[1] [maːs] *n* ⟨-es; -e⟩ **1** (*~einheit*, *Größe*) medida *f*; ***~ nehmen*** tomar medidas (***bei*** a); ***nach ~*** a medida; *fig* ***mit zweierlei ~ messen*** medir con distinto rasero; ***das ~ ist voll!*** ¡es el colmo!; **2** (*Verhältnis*) proporción *f*; **3** (*Aus≈*) dimensión *f*, grado *m*; ***in hohem ~(e)*** en alto grado; ***in höchstem ~(e)*** en sumo grado, sumamente; ***in dem ~(e) wie …*** a medida que …, conforme …; **4** *fig* (*Grenzen*) límite *m*; (*Mäßigung*) moderación *f*; ***~ halten*** ser moderado; ***im Essen ~ halten*** comer con moderación; ***alles mit, in ~en*** todo en su medida; *geh* ***über alle, die ~en*** sobremanera
Maß[2] *f* ⟨-; -(e), *pero* 2 -⟩ *südd*, *österr* litro *m* de cerveza
Massage [ma'saːʒə] *f* masaje *m*; **~salon** *m* salón *m* de masajes
Massa|ker [ma'saːkər] *n* ⟨-s; -⟩ matanza *f*, masacre *f*; **≈'krieren** *v/t* ⟨*sin* ge⟩ masacrar
'Maßanzug *m* traje *m* a medida
'Maßarbeit *f* trabajo *m* a medida *od* de precisión; F *fig*; *a iron* ***das war ~*** ¡un trabajo perfecto!
Masse ['masə] *f* **1** (*formloser Stoff*) masa *f* (*a* PHYS, EL, JUR); ***undefinierbare ~*** sustancia *f* indefinible; **2** (*Menge*) masa *f*, gran cantidad *f* (***an*** *+dat*, ***von*** de); F ***e-e*** (***ganze***) ***~ Bücher*** F un montón de libros; **3** (*Menschen≈*) multitud *f*; F masa *f*; ***die breite ~*** la gran masa
'Maßeinheit *f* unidad *f* de medida
'Massen|andrang *m* afluencia *f* masiva; **~arbeitslosigkeit** *f* desempleo *m* masivo; **~artikel** *m* artículo *m* de gran consumo; **~entlassung** *f* despido *m* masivo; **~fabrikation** *f* fabricación *f* a gran escala *od* en serie; **~flucht** *f* huida *f* en masa; **~grab** *n* fosa *f* común; **~güter** *n/pl* productos *m/pl* a granel; **≈haft I** *adj* enorme, inmenso; **II** F *adv* en grandes cantidades, en masa; **~karambolage** *f* colisión *f od* choque *m* múltiple *od* en cadena; **~konsumartikel** *m* artículo *m* de gran consumo; **~kundgebung** *f* manifestación *f* multitudinaria *od* masiva; **~medien** *pl* medios *m/pl* de comunicación *od* de masas; **~mord** *m* matanza *f*; **~produktion** *f* producción *f* masiva; **~sport** *m* deporte *m* de masas *od* popular; **~tierhaltung** *f* cría *f* de animales a gran escala; **~tourismus** *m* turismo *m* de masas; **~vernichtungswaffen** *pl* armas *f/pl* de destrucción en masa
'massenweise *adv* en masa
Mass|eur(in) [ma'søːr(ɪn)] *m* ⟨-s; -e⟩ (*f*) masajista *m,f*; **~euse** [-'søːzə] *f* **1** masajista *f*; **2** *verhüllend* prostituta *f*
'Maßgabe *f geh* ***nach ~*** (*+gen*) conforme a, según
'maßgebend, **'maßgeblich I** *adj Faktor* determinante; (*entscheidend*) decisivo; *Person*, *Buch* de autoridad, competente; **II** *adv* de manera decisiva; ***~ an etw*** (*dat*) ***beteiligt sein*** tener un papel decisivo en a/c
'maßgeschneidert *adjt* hecho a medida (*a fig*)
'maßhalten ⟨*sep*⟩ → ***Maß***[1] **4**
mas'sieren *v/t* ⟨*sin* ge⟩ **1** dar un masaje; **2** MIL concentrar
'massig I *adj* abultado, voluminoso; **II** F *adv* (*viel*) en masa; F a manta; ***er hat ~ Geld*** F tiene dinero a manta
mäßig ['mɛːsɪç] *adj* **1** *Wind*, *Geschwindigkeit* moderado; *im Essen a* frugal; *im Trinken* sobrio; *Einkommen* módico; **2** (*mittel~*) mediocre, regular
'mäßigen *geh v/t*, *v/r* (***sich***) **~** moderar(se), contener(se)
'Mäßigung *f* ⟨-⟩ moderación *f*
massiv [ma'siːf] **I** *adj* **1** *Metalle*, *Holz* macizo; **2** *Kritik*, *Drohung* masivo; *Forderung* extremo; *Druck* enorme; **II** *adv* **3** ***~ gebaut*** de construcción maciza
Mas'siv *n* ⟨-s; -e⟩ macizo *m*; **~bauweise** *f* construcción *f* maciza
'Maßkrug *m* jarro *m* de litro
'maßlos I *adj* extremo; *Übertreibung*, *Ansprüche* desmesurado, exagerado; *Ehrgeiz* sin límites; **II** *adv* exageradamente, sin límites; ***sie übertreibt ~*** exagera demasiado
'Maßlosigkeit *f* ⟨-⟩ desmesura *f*
Maßnahme ['-naːmə] *f* medida *f*; ***~n treffen, ergreifen*** tomar medidas
'maßregeln *v/t* ***j-n ~*** reprender a alg
'Maßstab *m* **1** (*Norm*) norma *f*, criterio *m*; ***e-n anderen ~ anlegen*** medir por otro rasero; ***j-n, etw zum ~ nehmen*** tomar a alg,

a/c como modelo; **2** *auf Landkarten*, *fig* escala *f*; ***im ~ 1:100*** a escala 1:100; ***im großen ~*** en gran escala
'maßstab(s)|gerecht, **~getreu** *adj u adv* a escala
'maßvoll *adj Mensch*, *Forderung* moderado, comedido; *Urteil* mesurado
Mast[1] [mast] *m* ⟨-(e)s; -e(n)⟩ (*Schiffs*≗) palo *m*; (*Telegrafen*≗, *Hochspannungs*≗) poste *m*
Mast[2] *f* ⟨-; -en⟩ AGR engorde *m*, ceba *f*
'Mastdarm *m* recto *m*
mästen ['mɛstən] *v/t* engordar, cebar
masturbieren [masturˈbiːrən] *v/i* ⟨*sin* ge⟩ masturbarse
Match [mɛtʃ] *n* ⟨-(e)s; -s *o* -e⟩ partido *m*, match *m*; **'~ball** *m* bola *f* de partido, matchball *m*
Mate ['maːte] *m* ⟨-s⟩, **~tee** *m* mate *m*; *Am a* yerba *f*
Material [materiˈaːl] *n* ⟨-s; -ien⟩ **1** (*Stoff*, *Bau-*, *Werkstoff*) material *m*; **2** (*Ausrüstung*) equipo *m*; **3** (*Unterlagen*) documentación *f*; ***statistisches ~*** datos *m/pl* estadísticos; **~disposition** *f* disposición *f* de materiales; **~fehler** *m* defecto *m* del material
Materia'lis|mus *m* ⟨-⟩ materialismo *m*; **~t (-in)** *m(f)* materialista *m,f*; **≗tisch** *adj* materialista
Materi'al|kosten *pl* gastos *m/pl* de material; **~wirtschaft** *f* compra *f* y administración *f* de materiales
Materie [maˈteːriə] *f* materia *f*
materi'ell I *adj Hilfe*, *Vorteil* material; **2** *desp Person* materialista; **II** *adv* **3** ***~ eingestellt sein*** ser materialista
Mathe ['matə] F *f* ⟨-⟩ F mates *f/pl*; **~ma'tik** *f* ⟨-⟩ matemáticas *f/pl*; **~'matiker(in)** *m(f)* matemático, -a *m,f*; **≗'matisch** *adj* matemático
Matjes ['matjəs] *m* ⟨-; -⟩, **~hering** *m* arenque *m* fresco
Matratze [maˈtratsə] *f* colchón *m*
Matriarchat [matriarˈçaːt] *n* ⟨-(e)s; -e⟩ matriarcado *m*
Matrix ['maːtrɪks] *f* ⟨-; -izes⟩ matriz *f*; **~drucker** *m* impresora *f* de matrices
Matrize [maˈtriːtsə] *f* matriz *f*
Matrone [maˈtroːnə] *f* matrona *f*
Matrose [maˈtroːzə] *m* ⟨-n; -n⟩ marinero *m*; MIL marino *m*
Matsch [matʃ] F *m* ⟨-(e)s⟩ **1** (*breiige Masse*) puré *m*, pasta *f*; **2** (*Schlamm*) barro *m*, lodo *m*; (*Schnee*≗) nieve *f* medio derretida; **'≗ig** F *adj* **1** *Frucht* pasado; **2** (*schlammig*) cenagoso; *Weg a* lleno de barro
matt [mat] *adj* **1** (*erschöpft*) fatigado; (*schwach*) flojo, débil (*a fig Lächeln usw*); **2** (*glanzlos*) mate; (*trübe*) turbio; *Farben a* apagado; *Glas* opaco; **3** *Schach* mate; ***j-n ~ setzen*** dar jaque mate a alg
Matte ['matə] *f* (*Fuß*≗) felpudo *m*; (*Stroh*≗) estera *f*; SPORT colchoneta *f*; F *fig* ***auf der ~ stehen*** estar a disposición
Matterhorn ['matərhɔrn] ⟨-(e)s⟩ ***das ~*** el Monte Cervino
'Mattigkeit *f* ⟨-⟩ lasitud *f*, abatimiento *m*, languidez *f*
'Mattscheibe *f* TV pequeña pantalla *f*; F *fig* ***e-e ~ haben*** estar atontado
Matura [maˈtuːra] *f* ⟨-⟩ *österr*, *schweiz etwa* bachillerato *m*
Mätzchen ['mɛtsçən] F *n* ⟨-s; -⟩ **1** (*Unsinn*) tonterías *f/pl*; **2** (*Tricks*) trucos *m/pl*; ***keine ~!*** ¡sin trucos!
Mauer ['maʊər] *f* ⟨-; -n⟩ muro *m* (*a geh fig*); (*Stadt*≗) muralla *f*; (*Wand*) pared *f*; ***die Chinesische ~*** la Muralla China
'Mauerblümchen *n* patito *m* feo
'mauern I *v/t* tapiar; **II** *v/i* SPORT formar barrera
'Mauer|segler *m* ZO vencejo *m*; **~werk** *n* mampostería *f*, albañilería *f*
Maul [maʊl] *n* ⟨-(e)s; ⸚er⟩ **1** *bei Tieren* boca *m*; **2** P (*Mund*) F morro *m*, jeta *f*; ***das ~ aufreißen, ein großes ~ haben*** F ser un bocazas; ***halts ~!*** F ¡calla la boca!, ¡cierra el pico!; ***j-m das ~ stopfen*** F tapar(le) la boca a alg
'maulen F *desp v/i* (*schmollen*) F estar de morros; (*schimpfen*) F refunfuñar
'Maul|esel *m* mulo *m*; **≗faul** F *adj* callado; **~held** F *m* F fanfarrón *m*, bravucón *m*
'Maulkorb *m* bozal *m*; *fig* ***j-m e-n ~ anlegen*** amordazar a alg
'Maul|tier *n* mulo *m*; **~-und-'Klauenseuche** *f* glosopeda *f*; fiebre *f* aftosa; **~wurf** *m* ZO, *fig* topo *m*; **~wurfshügel** *m* topera *f*
'Maure ['maʊrə] *m* ⟨-n; -n⟩ moro *m*
'Maurer(in) *m(f)* albañil *m,f*; **~kelle** *f* paleta *f* (de albañil)
Mauretanien [maʊreˈtaːniən] *n* ⟨-s⟩ Mauritania *f*
'Maur|in *f* mora *f*; **≗isch** *adj* moro
Mauritius [maʊˈriːtsiʊs] *n* ⟨von -⟩ Mauricio *m*
Maus [maʊs] *f* ⟨-; ⸚e⟩ **1** ZO ratón *m* (*a* INFORM), *Am* laucha *f*; F *fig* ***weiße Mäuse sehen*** tener alucinaciones; F ***e-e graue ~*** una mosquita muerta; **2** F *pl* ***Mäuse*** (*Geld*) F pelas *f/pl*
mauscheln ['maʊʃəln] F *v/i* F hacer chanchullos
Mäuschen ['mɔʏsçən] *n* ⟨-s; -⟩ **1** ratoncillo *m*; **2** F *fig Kosewort* F nena *f*
'mäuschen'still F *adj* ***es ist ~*** no se oye ni una mosca
'Mause|falle *f* ratonera *f*; **~loch** *n* ratonera *f*

M

Mauser ['maʊzər] *f* ⟨-⟩ ZO muda *f*
'mausern *v/r* ***sich*** **~ 1** ZO mudar; **2** F *fig* cambiar, convertirse en; ***sich zum Schriftsteller* ~** hacerse escritor
'mause'tot F *adj* muerto y bien muerto
'Mausklick *m* ⟨-s; -s⟩ INFORM click *m* en el ratón
Mausoleum [maʊzo'leːʊm] *n* ⟨-s; -leen⟩ mausoleo *m*
Maus|pad ['maʊspɛt] *n* ⟨-s; -s⟩ alfombrilla *f* del ratón; **~taste** *f* tecla *f* del ratón; **~zeiger** *m* INFORM puntero *m*
Maut [maʊt] *f* ⟨-; -en⟩, **'~gebühr** *f bsd österr* peaje *m*; **'~stelle** *f* estación *f* de peaje; **'~straße** *f* carretera *f* de peaje
m.a.W. *Abk* (*mit anderen Worten*) en otras palabras
Max [maks] *m* ***strammer*** **~** *plato de huevo frito sobre pan y jamón*
Maxi-CD [maksi-] *f* Maxi-CD *m*
maximal [maksi'maːl] **I** *adj* máximo; **II** *adv* como máximo, a lo sumo
Maxime [ma'ksiːmə] *f* máxima *f*
maxi'mieren *v/t* maximizar
Maximum ['maksimʊm] *n* ⟨-s; -ma⟩ máximum *m*, máximo *m* (***an*** *+dat* de)
Mayonnaise [majɔ'nɛːzə] *f* mayonesa *f*, mahonesa *f*
Mazedonien [matse'doːniən] *n* ⟨-s⟩ Macedonia *f*
Mäzen [mɛ'tseːn] *m* ⟨-s; -e⟩ mecenas *m*
MB [ɛm'beː] *Abk* (*Megabyte*) MB *m*
MdB [ɛmdeː'beː] *Abk* (*Mitglied des Bundestags*) diputado *m* del Parlamento
m.E. *Abk* (*meines Erachtens*) en mi opinión
Mechan|ik [me'çaːnɪk] *f* mecánica *f*; **~iker (-in)** *m*(*f*) mecánico, -a *m,f*; **ᴥisch** *adj* mecánico; *fig a* maquinal; **~ismus** [-'nɪsmʊs] *m* ⟨-; -men⟩ mecanismo *m*
meckern ['mɛkərn] *v/i* **1** *Ziege* balar; **2** F *fig* (*nörgeln*) F (***über etw*** *acus*) **~** poner reparos (a a/c), quejarse (de a/c)
Mecklenburg-Vorpommern ['mɛklənburk'foːrpɔmərn] *n* ⟨-s⟩ Mecklenburgo-Pomerania *m* occidental
Medaill|e [me'daljə] *f* medalla *f*; **~on** [-'jɔ̃ː] *n* ⟨-s; -s⟩ medallón *m* (*a* GASTR)
Mediaplanung ['meːdia-] *f* planificación *f* de medios
Medien ['meːdiən] *pl* → ***Medium***; **~industrie** *f* industria *f* de la comunicación; **~konzern** *m* grupo *m* de empresas de medios de comunicación; **~landschaft** *f* medios *m/pl* de comunicación; **~rummel** *m*, **~spektakel** *n* sensación *f* producida por los medios de comunicación; **ᴥwirksam** *adj* mediático
Medikament [medika'mɛnt] *n* ⟨-(e)s; -e⟩ medicamento *m*, fármaco *m* (***gegen*** contra)
Mediothek [medio'teːk] *f* ⟨-; -en⟩ medioteca *f*
Medita|ti'on *f* meditación *f*; **ᴥ'tiv** *adj* meditativo
meditieren [medi'tiːrən] *v/i* ⟨*sin* ge⟩ meditar (***über*** *+acus* sobre)
medium ['meːdiʊm] *adj* ⟨*inv*⟩ GASTR medio, en su punto
'Medium *n* ⟨-s; -ien⟩ **1** medio *m*; (*Träger*) *a* soporte *m*; ***die Medien*** los medios (informativos *od* de comunicación); ***elektronische Medien*** medios *m/pl* electrónicos; **2** *Esoterik* médium *m,f*
Medizin [medi'tsiːn] *f* ⟨-; -en⟩ medicina *f* (*a Arznei*; ***gegen*** contra); **~er(in)** *m*(*f*) **1** (*Arzt*) médico *m*; (*Ärztin*) médico *f*, médica *f*; **2** (*Medizinstudent*[*in*]) estudiante *m,f* de medicina; **ᴥisch** *adj* medicinal; (*ärztlich*) médico; **~mann** *m* ⟨-(e)s; ⸚er⟩ curandero *m*
Meer [meːr] *n* ⟨-(e)s; -e⟩ mar *m*; *fig a* océano *m*; ***am*** **~** en el mar
'Meerblick *m* ***mit*** **~** con vistas al mar
'Meer|busen *m* golfo *m*; **~enge** *f* estrecho *m*
'Meeres|boden *m* fondo *m* del mar; **~früchte** *pl* marisco *m*; **~grund** *m* fondo *m* del mar; **~höhe** *f*, **~spiegel** *m* nivel *m* del mar
'Meer|rettich *m* rábano *m* (picante); **~salz** *n* sal *f* marina; **~schweinchen** *n* ⟨-s; -⟩ conejillo *m* de Indias, cobaya *f*; **~wasser** *n* agua *f* de mar; **~wasserentsalzungsanlage** *f* planta *f* desalinizadora (de agua de mar)
Mega|... [mega...] *od* ['meːga] *in Zssgn* mega ...; **~byte** *n* megabyte *m*; **~fon** [mega'foːn] *n* ⟨-s; -e⟩ megáfono *m*; **~star** *m* ⟨-s; -s⟩ megastar *m*
Mehl [meːl] *n* ⟨-(e)s; -e⟩ **1** harina *f*; **2** (*pulverförmiger Stoff*) polvo *m*
'mehlig *adj* harinoso (*a Frucht*)
'Mehl|schwitze *f* GASTR *harina frita*; **~speise** *f plato hecho básicamente de harina, huevos, leche y mantequilla*; *österr* dulce *m*
mehr [meːr] **I** *pr/indef* **1** más (***als*** que; *vor Zahlen* de); ***etwas*** **~** algo más; ***fünf Euro*** **~** cinco euros más; ***noch*** **~** aún más; **~ *oder weniger*** más o menos; **~ *als zwanzig Dollar*** más de veinte dólares; **~ *als nötig*** más de lo necesario; ***umso*** **~, *als*** tanto más cuanto que; **II** *adv* **2** (*in größerem Maß, eher*) más; ***wenn Sie*** **~ *darüber wissen wollen*** si quiere saber algo más; **3 *nicht*** **~** ya no; ***nichts*** **~** nada más; ***nie*** **~** nunca más; ***etwas nicht*** **~ *tun*** no volver a hacer a/c
Mehr *n* ⟨-(s)⟩ excedente *m*, superávit *m* (***an*** *+dat* de)
'Mehr|arbeit *f* trabajo *m* adicional; **~auf-**

M

wand *m* trabajo *m* adicional *od* suplementario; **~aufwendungen** *f/pl* gastos *m/pl* adicionales; **~ausgaben** *pl* gastos *m/pl* adicionales; **2bändig** *adj* de varios tomos; **~bereichsöl** *n* aceite *m* multigrado; **2deutig** *adj* ambiguo; **~einnahme** *f* aumento *m* de ingresos; (*Überschuss*) excedente *m*

'mehren *geh v/t, v/r* (**sich**) **~** aumentar

'mehrere *pr/indef* algunos, varios (***von ihnen*** de ellos); (*verschiedene*) diversos

'mehrfach I *adj* múltiple, repetido; **II** *adv* repetidas veces; **2beschäftigung** *f* pluriempleo *m*; **2steckdose** *f* enchufe *m* múltiple

'Mehr|familienhaus *n* casa *f* de vecindad; **2farbig** *adj* de varios colores, polícromo; **~firmenvertreter(in)** *m(f)* agente *m,f* comercial multicartera; **2geschossig** *adj* de varios pisos

'Mehrheit *f* mayoría *f*; ***mit großer, knapper ~*** con amplia, estrecha mayoría; ***in der ~ sein*** tener mayoría

'mehrheitlich *adv* por mayoría

'Mehrheits|aktionär *m* accionista *m* mayoritario; **~beschluss** *m* acuerdo *m* mayoritario; **~beteiligung** *f* participación *f* mayoritaria; **~wahlrecht** *n* sistema *m* mayoritario

'mehr|jährig *adj* de varios años, plurianual; **2kosten** *pl* gastos *m/pl* adicionales *od* suplementarios; **~malig** *adj* repetido; (*häufig*) frecuente; **~mals** *adv* varias *od* repetidas veces; **2parteiensystem** *n* pluripartidismo *m*; **2platzrechner** *m* sistema *m* multiusuario; **2preis** *m* sobreprecio *m*, recargo *m*; **~seitig** *adj* de varias páginas; *fig* multilateral; **~silbig** *adj* polisílabo; **~sprachig** *adj Text* plurilingüe; *Person* políglota; **~stellig** *adj Zahl* de varias cifras; **~stimmig** *adj* MUS polifónico; **~stöckig** *adj* de varios pisos; **~stündig** *adj* de varias horas; **~tägig** *adj* de varios días; **~teilig** *adj* de varias partes; **2wegflasche** *f* botella *f* retornable; **2wegverpackung** *f* envase *m* retornable

'Mehrwertsteuer *f* impuesto *m* sobre el valor añadido; **~ *inbegriffen*** IVA incluído

'Mehrwertsteuer|befreiung *f* exención *f* del IVA; **2frei** *adj* exento del IVA

'Mehrwertsteuersatz *m* tipo *m* de IVA; ***ermäßigter ~*** tipo *m* reducido de IVA

'Mehrzahl *f* **1** (*Mehrheit*) mayoría *f*; **2** GRAM plural *m*

'Mehrzweck|... *in Zssgn* de múltiples usos; **~gebäude** *n* edificio *m* de múltiples usos; **~halle** *f* sala *f* de múltiples usos

meiden ['maɪdən] *v/t* ⟨meidet, mied, gemieden⟩ evitar, huir de

Meile ['maɪlə] *f* legua *f*; MAR milla *f*; **~nstein** *m* mojón *m*; *fig* hito *m*

'meilenweit *adv gehen* muchas leguas, muchos kilómetros; F *fig* ***~ davon entfernt sein zu*** (+*inf*) estar muy lejos de (+*inf*)

Meiler ['maɪlər] *m* (*Kohlen2*) carbonera *f*; (*Atom2*) reactor *m*

mein [maɪn] *pr/pos* **I** *adjt* mi; ***e-r ~er Freunde*** uno de mis amigos; **II** *su* ⟨*m* meiner, *f* meine, *n* mein(e)s⟩ (el) mío, (la) mía, (lo) mío; *geh* ***die 2en*** (*meine Familie*) los míos; ***das ist ~er*** (*bzw* ***~(e)s***) es(t)o es lo mío

'Meineid *m* perjurio *m*; ***e-n ~ leisten*** cometer perjurio, jurar en falso

meinen ['maɪnən] **I** *v/t* **1** (*denken*) pensar, creer; ***~, dass ...*** pienso *od* creo que ... (+*ind*); ***was meinst du dazu?*** ¿qué piensas tú?; **2** (*sagen wollen*) querer decir (***mit*** con); ***wie ~ Sie das?*** ¿qué quiere decir con eso?; **3** (*sich beziehen auf*) aludir a, referirse a; ***damit sind Sie gemeint*** esto va por Ud.; **4** (*gesinnt sein*) ***es gut mit j-m ~*** querer el bien de alg; ***ich habe es gut gemeint*** lo hice con buena intención; **5** (*sagen*) decir; **II** *v/i* **6** pensar; ***~ Sie?*** ¿cree Vd.?; ***wie du meinst*** como quieras

'meiner *geh pr/pers* ⟨*gen de* ich⟩ de mí; ***gedenke ~*** piensa en mí

'meiner'seits *adv* por mi parte; ***ganz ~*** el gusto es mío

'meines'gleichen *pron* ⟨*inv*⟩ mis semejantes

'meinet'wegen *adv* **1** (*wegen mir*) por mí, por mi causa; **2** (*mir zuliebe*) por mí; **3** (*von mir aus*) por *od* en cuanto a mí; ***~!*** ¡por mí!

'meinige *lit pr/pos* → ***mein II***

'Meinung *f* opinión *f*, parecer *m*; ***meiner ~ nach*** en mi opinión; ***ich bin der ~, dass ...*** en mi opinión ...; ***s-e ~ sagen*** decir su opinión; ***j-m s-e*** *od* ***die ~ sagen*** decirle a alg cuatro verdades; ***s-e ~ ändern*** cambiar de opinión; ***geteilter ~ sein*** tener distinta opinión, no estar de acuerdo; ***j-s ~ sein*** tener la misma opinión que alg; ***mit j-m einer ~ sein*** estar de acuerdo con alg

'Meinungs|äußerung *f* (manifestación *f* de una) opinión *f*; **~austausch** *m* intercambio *m* de opiniones; **~bildung** *f* toma *f* de postura; *von außen* formación *f* de opinión; **~forscher(in)** *m(f)* encuestador, a *m,f*; **~forschung** *f* sondeo *m* de opinión, demoscopia *f*; **~freiheit** *f* libertad *f* de expresión; **~führer** *m* líder *m* de opinión; **~umfrage** *f* encuesta *f* (demoscópica *od* de opinión); **~verschiedenheit** *f* divergencia *f* de opiniones

Meise ['maɪzə] *f* paro *m*; F *fig* ***e-e ~ haben*** F estar chiflado

Meißel ['maɪsəl] *m* ⟨-s; -⟩ escoplo *m*; *des*

Bildhauers cincel *m*
'meißeln *v/t* escoplear; *Statue* cincelar
meist [maɪst] *adv* la mayoría de las veces; (*gewöhnlich*) normalmente
'Meistbegünstigungsklausel *f* POL cláusula *f* de la nación más favorecida
'meistbieten|d *advl* **~ *verkaufen*** vender al mejor postor; **≈de(r)** *f(m)* mejor postor, a *m,f*
'meiste *adj u pr/indef* ***die ~n*** la mayoría, la mayor parte; ***das ~*** la mayor parte; ***die ~n Leute*** la mayoría de la gente; ***er hat das ~ Geld*** él es quien más dinero tiene; ***sie hat die ~ Erfahrung*** (ella) tiene la mayor experiencia, (ella) es la que más experiencia tiene; ***am ~n*** más; ***was mich am ~n ärgert, ist ....*** lo que más me enfada es…
'meistens *adv* → ***meist***
Meister ['maɪstər] *m* **1** *im Handwerk* maestro *m*, artesano *m*; *in e-r Fabrik* jefe *m*; F ***s-n ~ machen*** hacer el examen de maestría (*od de algunos tipos de formación profesional*); **2** SPORT campeón *m*; **3** *fig* (*Könner*) maestro *m*, artista *m*; **4** *Künstler* ***die alten ~*** los grandes maestros; **5** F *Anrede* F ¡maestro!
'Meister|brief *m* diploma *f* de maestría (*od de un tipo de formación profesional*); **≈haft I** *adj* magistral; **II** *adv* con maestría
'Meisterin *f* **1** *im Handwerk* maestra *f*, artesana *f*; **2** SPORT campeona *f*; **3** *fig* (*Könnerin*) F maestra *f*, artista *f*
'meistern *v/t* dominar; (*überwinden*) superar, vencer
'Meister|prüfung *f im Handwerk* examen *m* de maestría (*od de un tipo de formación profesional*); **~schaft** *f* **1** (*Können*) maestría *f*; **2** SPORT campeonato *m*; **~stück** *n* obra *f* maestra (*a fig*); **~werk** *n* obra *f* maestra (*a fig*)
Mekka ['mɛka] *n* ⟨-s⟩ La Meca (*a fig*; ***für*** de)
Melanchol|ie [melaŋko'liː] *f* melancolía *f*; **≈isch** [-'koːlɪʃ] *adj* melancólico
Melange [me'lɑ̃ːʒ(ə)] *f* ⟨-; -n, *pero* 2 -⟩ *österr* café *m* con leche
Melanzani [melan'tsaːni] *pl österr* berenjenas *f/pl*
melden ['mɛldən] **I** *v/t* declarar; (*ankündigen*) anunciar; (*anzeigen*) denunciar; (*mitteilen*) comunicar, informar de, dar parte de; ***j-m etw ~*** informar de a/c a alg; F ***du hast hier nichts zu ~*** aquí no se te ha perdido nada; **II** *v/r* ***sich ~*** presentarse (***bei*** a); TEL contestar; *Schule* levantar la mano; (*von sich hören lassen*) dar señales de vida; ***sich auf ein Inserat ~*** responder a un anuncio; ***meldet euch mal wieder!*** ¡llamad alguna vez!
'meldepflichtig *adj* sujeto a declaración, de declaración obligatoria
'Meldung *f* **1** (*Zeitungs≈*, *Radio≈*) noticia *f*; (*Nachricht*) mensaje *m* (*a* INFORM), aviso *m*; (*Bericht*) informe *m*; (*Anzeige*) denuncia *f*; **2** (*An≈*) inscripción *f*, registro *m*; **3** (*Wort≈*) petición *f* para intervenir; (*Beitrag*) contribución *f*, intervención *f*
meliert [me'liːrt] *adjt Stoff, Wolle* mezclado; *Haar* (***grau***) ~ entrecano
Melisse [me'lɪsə] *f* melisa *f*
melken ['mɛlkən] *v/t* ⟨*regular o* molk, gemolken⟩ ordeñar
Melodie [melo'diː] *f* melodía *f*
melodiös [melodi'øːs], **me'lodisch** *adj* (*klangvoll*) melodioso; (*e-e Melodie enthaltend*) melódico
Melo|dram(a) [melo'draːm(a)] *n* ⟨-s; -men⟩ melodrama *m*; **≈dra'matisch** *adj* melodramático
Melone [me'loːnə] *f* **1** BOT (*Honig≈ usw*) melón *m*; (*Wasser≈*) sandía *f*; **2** F *Hut* hongo *m*, bombín *m*
Membran [mɛm'braːn] *f* ⟨-; -en⟩ membrana *f*
Memoiren [memo'aːrən] *pl* memorias *f/pl*
Memorandum [memo'randʊm] *n* ⟨-s; -den *o* -da⟩ memorándum *m*
Menge ['mɛŋə] *f* **1** (*Anzahl*) cantidad *f*; ***angeforderte, gelieferte ~*** cantidad *f* demandada, suministrada; ***in großen ~n*** a granel; **2** (*Vielzahl*) multitud *f*, gran número *m*, masa *f*; ***e-e ganze ~ ...***, F ***jede ~ ...*** F un montón de …; **3** (*Menschen≈*) muchedumbre *f*, gentío *m*; **4** MAT conjunto *m*
'mengen *v/t Zutaten* mezclar
'Mengen|abweichung *f* diferencia *f* en cantidades; **~angaben** *f/pl* indicaciones *f* de cantidad; **~beschränkung** *f* restricción *f* cuantitativa; **~lehre** *f* MAT teoría *f* de conjuntos; **≈mäßig** *adj* cuantitativo; **~rabatt** *m Verkauf* descuento *m* por cantidad
Meniskus [me'nɪskʊs] *m* ⟨-; -ken⟩ menisco *m*
Menorca [me'nɔrka] *n* ⟨-s⟩ Menorca *f*
Mensa ['mɛnza] *f* ⟨-; -s *o* -sen⟩ comedor *m* universitario
Mensch [mɛnʃ] *m* ⟨-en; -en⟩ *Gattung* ser *m* humano; *einzelner a* hombre *m*, persona *f*; *pl* ***~en*** *a* gente *f*; ***die ~en*** (*Menschheit*) los humanos, la humanidad; ***jeder ~*** todo el mundo; ***kein ~*** nadie; F ***~, das gibts doch nicht!*** F ¡hombre, no puede ser!
'Menschen|affe *m* antropoide *m*; **~auflauf** *m* gentío *m*; **≈feindlich** *adj* misantrópico; **~fresser** *m* antropófago *m*, caníbal *m*; *im Märchen* ogro *m*; **~freundlichkeit** *f* filantropía *f*
'Menschenge'denken *n* ***seit ~*** desde tiempos inmemoriales

'Menschen|handel *m* trata *f* de seres humanos; **~kenntnis** *f* conocimiento *m* de la naturaleza humana; **~kette** *f* cadena *f* humana
'Menschenleben *n* vida *f* humana; ***viele ~ kosten*** costar muchas vidas
'menschen|leer *adj* desierto, despoblado; **2menge** *f* multitud *f*, muchedumbre *f*
'menschen'möglich *adj* ***ich werde alles 2e tun*** haré todo lo humanamente posible
'Menschen|rechte *pl* derechos *m/pl* humanos; **2scheu** *adj* huraño; **~schlag** *m* raza *f*, clase *f* de hombre
'Menschen'seele *f* alma *f* humana; ***es war keine ~ da*** no había ni un alma
'Menschens'kind F *int* ***~(er)!*** F ¡hombre!
'menschen|'unwürdig *adj* indigno, inhumano; **~verachtend** *adjt* inhumano
'Menschenverstand *m* ***der gesunde ~*** el sentido común
'Menschen|würde *f* dignidad *f* humana; **2würdig** *adj* humano, digno de un ser humano
'Menschheit *f* ⟨-⟩ género *m* humano, humanidad *f*
'menschlich *adj* **1** humano; **2** F *fig* (*annehmbar*) tolerable; **2keit** *f* ⟨-⟩ humanidad *f*
Menstru|ation [mɛnstruatsi'oːn] *f* MED menstruación *f*; **2'ieren** *v/i* ⟨*sin* ge⟩ MED menstruar
Mentalität [mɛntali'tɛːt] *f* mentalidad *f*
Menthol [mɛn'toːl] *n* ⟨-s⟩ mentol *m*
Menü [me'nyː] *n* ⟨-s; -s⟩ GASTR, INFORM menú *m*; *schweiz* (*Essen*) comida *f*; **~leiste** *f*, **~zeile** *f* INFORM barra *f* de menús
Merchandising ['mœrtʃɛndaɪzɪŋ] *n* ⟨-(s)⟩ merchandising *m*
Meridian [meridi'aːn] *m* ⟨-s; -e⟩ meridiano *m*
Merino [me'riːno] *m* ⟨-s; -s⟩, **~schaf** *n* oveja *f* merina; **~wolle** *f* lana *f* merina
Merkblatt ['mɛrk-] *n* hoja *f* informativa *od* explicativa
'merken I *v/t* ***etw ~*** darse cuenta de *od* notar a/c; ***der Fehler ist kaum zu ~*** el error casi no se nota; ***er ließ mich ~, dass ...*** me hizo ver que ...; F *iron* ***du merkst aber auch alles!*** F ¡no se te escapa una!; **II** *v/r* ***sich*** (*dat*) ***etw ~*** recordar a/c, tomar nota de a/c; ***das werde ich mir ~*** *um es heimzuzahlen* me acordaré de esto; ***~ Sie sich*** (*dat*), ***dass ...*** no se le olvide que ...
'merklich *adj* perceptible, sensible; (*sichtbar*) visible; (*deutlich*) evidente; (*beträchtlich*) considerable
'Merkmal *n* ⟨-s; -e⟩ (*Kennzeichen*) característica *f*, distintivo *m*; (*Anzeichen*) señal *f*, síntoma *f*; ***besondere ~e*** características *f/pl* especiales
Merkur [mɛr'kuːr] *m* ⟨-s⟩ ASTR (***der***) **~** Mercurio *m*
'merkwürdig *adj* curioso, raro, extraño
meschugge [me'ʃʊgə] F *adj* F chiflado, chalado
Mesner ['mɛsnər] *m* sacristán *m*
messbar ['mɛs-] *adj* mensurable
'Messbecher *m* vaso *m* graduado
'Messdiener *m* KATH monaguillo *m*, acólito *m*
Messe ['mɛsə] *f* **1** KATH, MUS misa *f*; **2** COM feria *f*; **3** (*Offiziers2*) comedor *m*
'Messe|besucher(in) *m(f)* visitante *m,f* de la feria; **~eröffnung** *f* inauguración *f* de la feria; **~gelände** *n* recinto *m* ferial; **~gesellschaft** *f* sociedad *f* ferial; **~halle** *f* pabellón *m* ferial; **~kalender** *m* calendario *m* de ferias
'messen ⟨du misst, er misst, maß, gemessen⟩ **I** *v/t* medir; *geh* ***j-n mit Blicken ~*** mirar a alg de arriba abajo; ***gemessen an*** (*+dat*) comparado con; **II** *v/i* (*groß sein*) medir; ***er misst 1,80 m*** (él) mide 1,80 m; **III** *v/r* ***sich mit j-m ~*** competir con alg
'Messeneuheit *f* novedad *f* ferial *od* en la feria
'Messer[1] *n* ⟨-s; -⟩ cuchillo *m*; (*Klapp2*) navaja *f*; TEC cuchilla *f*; MED bisturí *m*; ***ein Kampf bis aufs ~*** una lucha sin cuartel; *fig* ***j-n ans ~ liefern*** traicionar a alg, entregar a alg a sus enemigos; *fig* ***auf des ~s Schneide stehen*** estar pendiente de un hilo
'Messer[2] *m* ⟨-s; -⟩ → ***Messgerät***
'messer'scharf *adj* afilado; *fig Verstand* agudo; *Kritik* tajante
'Messerspitze *f* punta *f* de cuchillo; ***e-e ~ Zimt*** una pizca de canela
'Messerstich *m* cuchillada *f*, navajazo *m*
'Messe|stand *m* stand *m* de feria; **~standort** *m* plaza *f* ferial; **~teilnahme** *f* participación *f* en la feria; **~teilnehmer(in)** *m(f)* participante *m,f* en *od* de la feria
'Messgerät *n* instrumento *m* de medición, medidor *m*
Messias [mɛ'siːas] ⟨-⟩ REL ***der ~*** el Mesías
Messing ['mɛsɪŋ] *n* ⟨-s⟩ latón *m*; **~draht** *m* alambre *m* de latón
'Mess|instrument *n* → ***Messgerät***; **~latte** *f* mira *f*; *fig* criterio *m*; **~ung** *f* medición *f*, medida *f*; **~wert** *m* valor *m* de medición
Mestiz|e [mɛs'tiːtsə] *m* ⟨-n; -n⟩, **~in** *f* mestizo, -a *m,f*
Metall [me'tal] *n* ⟨-s; -e⟩ metal *m*; ***~ verarbeitend*** metalúrgico
Me'tallarbeiter(in) *m(f)* obrero, -a *m,f* metalúrgico, -a

me'tallen *adj* de metal; (*metallisch*) metálico
metallic [me'talɪk] *adj* ⟨*inv*⟩ metálico
Me'tallindustrie *f* industria *f* metalúrgica
me'tallisch *adj* metálico
Metallurgie [metalʊr'giː] *f* ⟨-⟩ metalurgia *f*
Metamorphose [metamɔr'foːzə] *f* metamorfosis *f*
Meta|pher [me'tafər] *f* ⟨-; -n⟩ metáfora *f*; **ꭥ'phorisch** *adj* metafórico
Meta|physik [metafy'ziːk] *f* metafísica *f*; **ꭥ'physisch** *adj* metafísico
Metastase [meta'staːzə] *f* metástasis *f*
Meteor [mete'oːr] *m* ⟨-s; -e⟩ meteoro *m*; **~it** [-'riːt] *m* ⟨-en *o* -s; -en⟩ meteorito *m*
Meteoro|loge [meteoro'loːgə] *m* ⟨-n; -n⟩ meteorólogo *m*; **~lo'gie** *f* ⟨-⟩ meteorología *f*; **ꭥ'logisch** *adj* meteorológico
Meter ['meːtər] *m od n* ⟨-s; -⟩ metro *m*; ***vier~ breit*** cuatro metros de ancho
'meter|lang *adj* de varios metros de longitud; **ꭥmaß** *n* cinta *f* métrica, metro *m*
Methadon [meta'doːn] *n* ⟨-s⟩ metadona *f*
Method|e [me'toːdə] *f* método *m*; **~ik** *f* metodología *f*; **ꭥisch** *adj* metódico
Metier [meti'eː] *n* ⟨-s; -s⟩ oficio *m*, ocupación *f*
Metr|ik ['meːtrɪk] *f* métrica *f*; **ꭥisch** *adj* métrico
Metropole [metro'poːlə] *f* metrópoli *f*
Mettwurst ['mɛt-] *f etwa* butifarra *f* ahumada
Metzger ['mɛtsgər] *m* carnicero *m*; (*Schweineꭥ*) charcutero *m*
Metzge'rei *f* carnicería *f*; (*Schweineꭥ*) charcutería *f*
Meut|e ['mɔʏtə] *f* jauría *f*; *fig a* turba *f*; **~e'rei** *f* motín *m*; **ꭥern** *v/i* **1** amotinarse (***gegen*** contra); **2** F *fig* protestar
Mexikan|er(in) [mɛksi'kaːnər(ɪn)] *m*(*f*) mejicano, -a *m,f*, mexicano, -a *m,f*; **ꭥisch** *adj* mejicano, mexicano
Mexiko ['mɛksiko] *n* ⟨-s⟩ **1** *Land* Méjico *m*, México *m*; **2 ~** (***Stadt***) México *m* (DC)
MEZ [ɛmˀeː'tsɛt] *Abk* (*Mitteleuropäische Zeit*) horario *m* de Europa Central
MG [ɛm'geː] *n Abk* ⟨-(s); -(s)⟩ (*Maschinengewehr*) ametralladora *f*
mg *Abk* (*Milligramm*) mg (*miligramo*)
MHz *Abk* (*Megahertz*) MHz (*megahercio*)
miau [mi'aʊ] *int* ¡miau!
mi'auen *v/i* ⟨*sin* ge⟩ maullar
mich [mɪç] *pr/pers* (*acus de* ich) me; *unverbunden* a mí
Michael ['mɪçael] *m* Miguel *m*
mick(e)rig ['mɪk(ə)rɪç] F *adj* (*kümmerlich*) débil, enfermizo; (*klein*) pequeño; *Person a* F canijo
Mieder ['miːdər] *n* ⟨-s; -⟩ *Unterbekleidung* corsé *m*; *Oberbekleidung* corpiño *m*; **~waren** *pl* corsetería *f*
Mief [miːf] F *m* ⟨-(e)s⟩ tufo *m*, peste *m*
Miene ['miːnə] *f* cara *f*; (*Ausdruck*) gesto *m*; ***ohne e-e ~ zu verziehen*** sin pestañear; ***gute ~ zum bösen Spiel machen*** poner al mal tiempo buena cara
mies [miːs] F *adj* feo, malo; *Mensch* F miserable; ***sich ~ fühlen*** sentirse mal; ***~ machen*** F (*schlecht machen*) criticar, pintar de negro; ***j-m etw ~ machen*** quitar(le) a alg las ganas de a/c
'Mies|macher F *m* derrotista *m*, pesimista *m*; **~muschel** *f* mejillón *m*
Miete ['miːtə] *f* (*Wohnungsꭥ*) alquiler *m*; ***zur ~*** (***bei j-m***) ***wohnen*** vivir en un piso de alquiler (de alg)
'Miet|einkünfte *f/pl* ingresos *m/pl* de alquileres; **ꭥen** *v/t* alquilar
'Miet|er(in) *m*(*f*) inquilino, -a *m,f*; **~erhöhung** *f* subida *f* de alquileres, aumento *m* de alquiler; **~erschutz** *m* protección *f* de inquilinos; **~kauf** *m etwa* alquiler-compra *m*, leasing *m*; **~kosten** *pl* gastos *m/pl* de alquiler; **~rückstand** *m* alquiler *m* retrasado, atraso *m* de alquileres
'Mietshaus *n* casa *f* de alquiler *od* de vecindad
'Miet|vertrag *m* contrato *m* de alquiler, contrato *m* de arrendamiento; **~wagen** *m* coche *m* de alquiler; **~wohnung** *f* piso *m* de alquiler; **~zeit** *f* período *m* de alquiler; **~zins** *m* arrendamiento *m*, alquiler *m*, renta *f*
Migräne [mi'grɛːnə] *f* jaqueca *f*, migraña *f*
Migrant(in) [mi'grant(ɪn)] *m* ⟨-en; -en⟩ (*f*) inmigrante *m,f*
Mikro ['miːkro] F *n* ⟨-s; -s⟩ micro *m*
mikro…, Mikro… [mikro…] *od* [miːkro…] *in Zssgn* micro…
Mikrobe [mi'kroːbə] *f* microbio *m*
Mikro|chip ['miːkro-] *m* INFORM microchip *m*; **~computer** *m* INFORM microordenador *m*; **~elektronik** *f* microelectrónica *f*; **~faser** *f* microfibra *f*; **~film** *m* microfilm *m*
Mikro|fon [mikro'foːn] *n* ⟨-s; -e⟩ micrófono *m*; **'~ökonomie** *f* microeconomía *f*; **'ꭥökonomisch** *adj* microeconómico; **~phon** *n* → ***Mikrofon***; **~pro'zessor** *m* microprocesador *m*
Mikroskop [mikro'skoːp] *n* ⟨-s; -e⟩ microscopio *m*; **ꭥisch** *adj* microscópico
'Mikrowelle(nherd) *f*(*m*) (horno *m*) microondas *m*
Milbe ['mɪlbə] *f* ácaro *m*
Milch [mɪlç] *f* ⟨-⟩ leche *f*; **'~drüse** *f* glándula *f* mamaria; **'~flasche** *f* botella *f* de leche; *für den Säugling* biberón *m*
'milchig *adj* lácteo, lechoso

'Milch|kaffee *m* café *m* con leche; **~kännchen** *n* jarrita *f* para leche; **~kanne** *f* jarro *m* de leche; **~kuh** *f* vaca *f* lechera; **~mädchenrechnung** F *f* cuento *m* de la lechera; **~mixgetränk** *n* batido *m*; **~produkt** *n* producto *m* lácteo; **~pulver** *n* leche *f* en polvo; **~reis** *m* arroz *m* con leche; **~schokolade** *f* chocolate *m* con leche; **~straße** *f* ASTR vía *f* láctea; **~tüte** *f* bolsa *f* de leche; **~zahn** *m* diente *m* de leche; **~zucker** *m* lactosa *f*

mild [mɪlt] **I** *adj* **1** *Licht, Luft, Seife* suave; *Klima a* templado, apacible; *Kaffee, Tabak, Essen* ligero; **2** *Worte, Kritik* suave; *Richter, Urteil* indulgente, clemente; *Strafe* leve; → ***Gabe***; **II** *adv* **3** ~ ***gewürzt*** poco aliñado

milde ['mɪldə] → ***mild***

'Milde *f* ⟨-⟩ suavidad *f*, dulzura *f*; (*Nachsicht*) indulgencia *f*, clemencia *f*; *des Klimas* benignidad *f*, templanza *f*

'mildern *v/t* suavizar; *Schmerz* mitigar, aliviar; *Worte, Kritik* templar; *Strafe* atenuar; JUR ***~de Umstände*** circunstancias *f/pl* atenuantes

'mildtätig *adj* caritativo; **≈keit** *f* caridad *f*

Milieu [mili'øː] *n* ⟨-s; -s⟩ ambiente *m*, medio *m* (*a* BIOL, *fig*)

militant [mili'tant] *adj* militante

Militär[1] [mili'tɛːr] *n* ⟨-s⟩ militares *m/pl*, ejército *m*; ***zum ~ gehen*** hacerse soldado

Mili'tär[2] *m* ⟨-s; -s⟩ militar *m*

Mili'tär|dienst *m* servicio *m* militar; **~diktatur** *f* dictadura *f* militar

mili'tärisch *adj* militar

Milita'ris|mus *m* ⟨-⟩ militarismo *m*; **≈tisch** *adj* militarista

Mili'tärpolizei *f* policía *f* militar

Military ['mɪlɪtərɪ] *f* ⟨-; -s⟩ *Reitsport* concurso *m* completo de hípica

Miliz [mi'liːts] *f* ⟨-; -en⟩ milicia *f*

Millennium [mɪ'lɛniʊm] *n* ⟨-s; -ien⟩ milenio *m*

Milliardär(in) [mɪliar'dɛːr(ɪn)] *m* ⟨-s; -e⟩ (*f*) multimillonario, -a *m,f*

Milliarde [mɪli'ardə] *f* mil millones *m/pl*, millardo *m*

Milli'gramm *n* miligramo *m*

Milli'meter *m od n* milímetro *m*; **~arbeit** F *f* trabajo *m* de precisión; **~papier** *n* papel *m* milimetrado

Million [mɪli'oːn] *f* millón *m*

Millionär(in) [mɪlio'nɛːr(ɪn)] *m* ⟨-s; -e⟩ (*f*) millonario, -a *m,f*

Milli'onenstadt *f* ciudad *f* de más de un millón de habitantes

milli'onste(r, -s) *adj* millonésimo

Milli'onstel *n* ⟨-s; -⟩ millonésimo *m*

Milz [mɪlts] *f* ⟨-; -en⟩ ANAT bazo *m*

mimen ['miːmən] *v/t Gefühl usw* fingir

'Mimik *f* ⟨-⟩ mímica *f*

Mimose [mi'moːzə] *f* BOT mimosa *f*, sensitiva *f* (*a fig*)

mi'mosenhaft *adj* hipersensible

Min. *Abk* (*Minute, Minuten*) m (*minuto, minutos*)

Minarett [mina'rɛt] *n* ⟨-s; -s *o* -e⟩ alminar *m*, minarete *m*

minder ['mɪndər] *geh adv* menos; ***nicht ~*** no menos

'minderbemittelt *adj* necesitado; F *desp* ***er ist geistig ~*** es (un) retrasado

'mindere(r, -s) *adj* menor; *Wert* inferior

'Minderheit *f* minoría *f*; **~saktionär(in)** *m(f)* accionista *m,f* minoritario, -a; **~sbeteiligung** *f* participación *f* minoritaria

'minderjährig *adj* menor (de edad); **≈e(r)** *f(m)* ⟨→ A⟩ menor *m,f* (de edad); **≈keit** *f* ⟨-⟩ minoría *f* de edad

'minder|n *v/t, v/r* (***sich***) ~ disminuir; *Preis* rebajar(se); *Wert* reducir(se); **≈ung** *f* disminución *f*; *der Preise* rebaja *f*; *des Wertes* reducción *f*

'minderwertig *adj* inferior; COM de mínima calidad; **≈keit** *f* inferioridad *f*; COM mínima calidad *f*; **≈keitskomplex** *m* complejo *m* de inferioridad

'Minderzahl *f* minoría *f*

Mindest|alter ['mɪndəst-] *n* edad *f* mínima; **~bestand** *m im Lager* existencias *f/pl* de seguridad; **~betrag** *m* cantidad *f* mínima; **~deckung** *f e-r Versicherung* cobertura *f* mínima

'mindeste(r, -s) **I** *adj* mínimo, menor; **II** *su* ***das ≈*** el mínimo; ***nicht im ≈n*** ni lo más mínimo, de ningún modo

'mindestens *adv* por lo menos

'Mindest|fracht *f* flete *m* mínimo; **~gebot** *n* oferta *f* mínima, *bei Versteigerungen* puja *f* mínima; **~gebühr** *f* tasa *f* mínima; **~haltbarkeitsdatum** *n* fecha *f* mínima de caducidad; **~kapital** *n* capital *m* mínimo; **~lohn** *m* salario *m* mínimo, salario *m* base

'Mindestmaß *n* mínimo *m*, mínimum *m* (**an** *+dat* de); ***auf ein ~ beschränken*** reducir al mínimo

'Mindest|preis *m* precio *m* mínimo; **~reserve** *f* FIN reserva *f* mínima

Mine ['miːnə] *f* MIN, MIL, (*Bleistift≈*) mina *f*; (*Kugelschreiber≈*) carga *f*

Minera|l [mine'raːl] *n* ⟨-s; -e *o* -ien⟩ *Gestein* mineral *m*; *österr a* agua *f* mineral; **~logie** [-ralo'giː] *f* ⟨-⟩ mineralogía *f*

Mine'ral|öl *n* aceite *m* mineral; **~ölsteuer** *f allg* impuesto *m* sobre la gasolina; *Spanien* impuesto *m* sobre el petróleo, sus derivados y similares; **~quelle** *f* fuente *f* de aguas minerales; **~wasser** *n* agua *f* mineral

'Mini F *m* ⟨-s; -s⟩ minifalda *f*

M

'mini..., 'Mini... *in Zssgn* mini...
Miniatur [minia'tuːr] *f* miniatura *f*
'Mini|bar *f* minibar *m*; **~bus** *m* minibús *m*; **~golf** *n* minigolf *m*
mini|'mal I *adj* mínimo, insignificante; **II** *adv* mínimamente; **~'mieren** *v/t* minimizar; **2'mierung** *f* minimización *f*
Minimum ['miːnimʊm] *n* ⟨-s; -ma⟩ mínimo *m*, mínimum *m* (**an** *+dat* de)
'Mini|rock *m* minifalda *f*; **~slip** *m* minislip *m*
Minister(in) [mi'nɪstər(ɪn)] *m(f)* ministro, -a *m,f* (**für** de); ***Frau ~(in)!*** ¡señora ministra!
ministeri'ell *adj* ministerial
Minis'terium *n* ⟨-s; -ien⟩ ministerio *m*
Mi'nisterpräsident(in) *m(f)* **1** presidente, -a *m,f* del gobierno; **2** *e-s deutschen Bundeslandes* presidente, -a *m,f* de un land
Ministrant(in) [minɪs'trant(ɪn)] *m* ⟨-en; -en⟩ *(f)* KATH acólito, -a *m,f*, monaguillo *m,f*
Minna ['mɪna] *f* ⟨-; -s⟩ F ***die grüne ~*** coche *m* celular; F ***j-n zur ~ machen*** poner a alg como un trapo
Minorität [minori'tɛːt] *f* minoría *f*
minus ['miːnʊs] *adv* menos; ***5 Grad ~*** cinco grados bajo cero
'Minus *n* ⟨-; -⟩ **1** COM déficit *m*; **2** MAT menos *m*; **3** *fig* (*Nachteil*) desventaja *f*
'Minus|betrag *m* déficit *m*; **~pol** *m* EL polo *m* negativo; **~punkt** *m* punto *m* negativo; **~zeichen** *n* (signo *m* de) menos *m*
Minute [mi'nuːtə] *f* minuto *m*; ***auf die ~*** en punto; F como un clavo; ***in letzter ~*** en el último minuto
mi'nutenlang I *adj* de varios minutos; **II** *adv* durante varios minutos
Mi'nutenzeiger *m* minutero *m*
minuziös [minutsi'øːs] *adj* minucioso
Minze ['mɪntsə] *f* menta *f*, hierbabuena *f*
Mio. *Abk* (*Million, Millionen*) millón *m* *bzw* millones *m/pl*
mir [miːr] *pr/pers* (*dat de* ich) me; *betont* a mí; ***mit ~*** conmigo; ***ein Freund von ~*** un amigo mío; F ***~ nichts, dir nichts*** sin más ni más
Mirabelle [mira'bɛlə] *f* ciruela *f* amarilla
Misch|brot ['mɪʃ-] *n* pan *m* de trigo y centeno; **~ehe** *f* pareja *f* mixta
'mischen I *v/t* **1** (*ver~*) mezclar (*a* RADIO, TV; ***mit*** con); **2** *Karten* barajar; **II** *v/r* **3** (*sich ver~*) ***sich ~*** mezclarse; **4** (*sich ein~*) ***sich in etw*** (*acus*) ***~*** entrometerse en a/c, inmiscuirse en a/c; **5** ***sich unters Volk ~*** (entre)mezclarse con la gente
'Misch|gemüse *n* verduras *f/pl* variadas; **~konzern** *m* conglomerado *m*, compañía *f* multiindustrial; **~ling** *m* ⟨-s; -e⟩ mestizo, -a *m,f*; BIOL híbrido *m*
Mischmasch ['mɪʃmaʃ] F *m* ⟨-(e)s; -e⟩ mezcolanza *f*; F ensalada *f*
'Mischpult *n* mesa *f* de mezclas
'Mischung *f* mezcla *f* (*a fig*), mixtura *f*; **~sverhältnis** *n* proporción *f* de mezcla
'Mischwald *m* bosque *m* mixto
miserabel [mizə'raːbəl] *adj* ⟨-bl-⟩ (*sehr schlecht*) malísimo, pésimo; (*jämmerlich*) miserable; ***ich fühle mich ~*** me encuentro muy mal
Misere [mi'zeːrə] *f* miseria *f*; *finanzielle a* situación *f* crítica
Mispel ['mɪspəl] *f* ⟨-; -n⟩ níspero *m*
missachten [mɪs'ʔ-] *v/t* ⟨*sin* ge⟩ **1** (*gering schätzen*) menospreciar, despreciar; **2** (*nicht beachten*) ignorar, no respetar
'Missachtung *f* **1** (*Geringschätzung*) menosprecio *m*, desprecio *m*; **2** (*Nichtbeachtung*) no respeto *m*, desacato *m*; ***unter ~*** (*+gen*) con menosprecio de
'Missbehagen *n* malestar *m*, desazón *f*
'Missbildung *f* deformación *f*, deformidad *f*
miss'billigen *v/t* ⟨*sin* ge⟩ desaprobar
'Miss|billigung *f* desaprobación *f*; **~brauch** *m* abuso *m*; *e-s Medikaments a* uso *m* abusivo
miss'brauchen *v/t* ⟨*sin* ge⟩ abusar de
miss'deuten *v/t* ⟨*sin* ge⟩ interpretar mal
missen ['mɪsən] *geh v/t* prescindir de
'Misserfolg *m* fracaso *m*
'Missernte *f* mala cosecha *f*
Misse|tat ['mɪsə-] *geh f* fechoría *f*, delito *m*; **~täter(in)** *geh m(f)* malhechor, a *m,f*
miss'fallen *geh v/i* ⟨*irr, sin* ge⟩ ***j-m ~*** desagradar *od* disgustar a alg
'Missfallen *n* ⟨-s⟩ desagrado *m*, disgusto *m* (***über*** *+acus* por); ***j-s ~ erregen*** disgustar a alg
'miss|gebildet *adjt* malformado; **2geburt** *f* criatura *f* deforme; F engendro *m*; **2geschick** *n* **1** (*Unglück*) mala suerte; **2** (*ärgerlicher Vorfall*) desgracia *f*, adversidad *f*
miss'glücken *v/i* ⟨*sin* ge, sn⟩ *Versuch* salir mal (*a Kuchen*), fracasar; *Plan a* frustrarse; ***es ist ihm missglückt*** le ha salido mal, ha fracasado
miss'gönnen *v/t* ⟨*sin* ge⟩ ***j-m etw ~*** envidiar a alg a/c
'Miss|griff *m* desacierto *m*, equivocación *f*; **~gunst** *f* envidia *f*; **2günstig** *adj* envidioso
miss'hand|eln *v/t* ⟨(e), *sin* ge⟩ maltratar; **2lung** *f* malos tratos *m/pl*
Mission [mɪsi'oːn] *f* misión *f*
Missio|'nar(in) *m* ⟨-s; -e⟩ *(f)* misionero, -a *m,f*; **2'nieren** *v/t* ⟨*sin* ge⟩ evangelizar
'Missklang *m* MUS cacofonía *f*, disonancia *f* (*a fig*)
'Misskredit *m* descrédito *m*; ***j-n in ~ bringen*** desacreditar a alg
'misslich *adj* (*unangenehm*) desagradable;

(*heikel*) delicado; *Lage* precario

misslingen [mɪsˈlɪŋən] *v/i* ⟨misslang, misslungen, sn⟩ → ***missglücken***

ˈMissmanagement *n* mala gestión *f*

ˈmissmutig *adj* malhumorado, de mal humor

missˈraten *v/i* ⟨*irr, sin* ge, sn⟩ → ***missglücken***

ˈMissstand *m* inconveniente *m*, situación *f* precaria

missˈtrauen *v/i* ⟨*sin* ge⟩ ***j-m, e-r Sache ~*** desconfiar de alg, a/c

ˈMisstrauen *n* ⟨-s⟩ desconfianza *f* (***gegen*** de)

ˈMisstrauens|antrag *m* moción *f* de censura; **~votum** *n* voto *m* de censura

ˈmisstrauisch *adj* desconfiado (***gegenüber*** frente a, de), receloso; F escamado

ˈMissverhältnis *n* desproporción *f*, desequilibrio *m*

ˈmiss|verständlich *adj* equívoco; **⁀verständnis** *n* ⟨-ses; -se⟩ **1** equivocación *f*, malentendido *m*; **2** (*Streitigkeit*) desencuentro *m*; **~verstehen** *v/t* ⟨*irr, sin* ge⟩ entender *od* interpretar mal

ˈMisswirtschaft *f* mala gestión *f*

Mist [mɪst] *m* ⟨-(e)s⟩ **1** AGR estiércol *m*; **2** F (*Unsinn*) F tonterías *f/pl*; F ***~ bauen*** F meter la pata; **3** F (*Schund*) F porquería *f*; *fig* ***so ein ~!*** F ¡semejante chorrada!

Mistel [ˈmɪstəl] *f* ⟨-; -n⟩ muérdago *m*

ˈMist|gabel *f* horquilla *f* de estiércol; **~haufen** *m* estercolero *m*; **~käfer** *m* geotrupo *m*; **~kerl** P *m* F canalla *m*; **~kübel** *m österr* cubo *m* de basura; **~stück** P *n* F canalla *m,f*; *Frau* F pájara *f*, mal bicho *m*

mit [mɪt] **I** *prp* ⟨*+dat*⟩ **1** (*zusammen ~, in Begleitung von*) con; ***komm ~ mir*** ven conmigo; ***~ j-m gehen*** ir con alguien; **2** *Inhalt* con, de; ***ein Teller ~ Obst*** un plato de fruta; **3** *Mittel* por (medio de); *Verkehrsmittel* en; ***~ Bleistift schreiben*** escribir a lápiz; ***~ e-m Tritt*** de una patada; ***~ der Post*** por correo; ***~ dem Zug*** en tren; **4** *begleitender Umstand* con; *Art und Weise* con, por; ***~ Tränen in den Augen*** con lágrimas en los ojos; ***~ lauter Stimme*** en voz alta; **5** *Eigenschaft* de; ***der Mann ~ den blauen Augen*** el hombre de los ojos azules; **6** *zeitlich, Alter* a, con; ***~ jedem Tag*** con cada día; **II** *adv* **7** (*neben anderen*) ***~ dabei sein*** estar (también) allí; ***~ dazugehören*** formar parte (también); F ***~ zu den besten Schülern zählen*** estar entre los mejores alumnos

ˈMitangeklagte(r) *f(m)* coacusado, -a *m,f*

ˈMitarbeit *f* colaboración *f*, cooperación *f*; ***unter ~*** (*dat*) ***von …*** con la colaboración de …

ˈmitarbeiten *v/i* ⟨*sep*⟩ **1** ***an etw*** (*dat*) ***~*** colaborar *od* cooperar en a/c; **2** *im Unterricht* participar

ˈMitarbeiter|(in) *m(f)* colaborador, a *m,f*; **~führung** *f* dirección *f* del personal; **~stamm** *m* equipo *m* de colaboradores

ˈmit|bekommen *v/t* ⟨*irr, sep, sin* ge⟩ **1** (*erhalten*) recibir; (*mitnehmen*) llevarse; **2** F (*verstehen*) entender; F captar; **~benutzen** *v/t* ⟨*sep, sin* ge⟩ compartir

ˈmitbestimmen ⟨*sep, sin* ge⟩ **I** *v/t* cogestionar; **II** *v/i bei e-r Entscheidung* contribuir (***bei*** a); *im Betrieb* participar en la gestión

ˈMit|bestimmung *f* decisión *f* compartida; *im Betrieb* cogestión *f*; **~bewerber(in)** *m(f)* competidor, a *m,f*, contrincante *m,f*; **~bewohner(in)** *m(f) in einer Wohnung* compañero, -a *m,f* de piso, coinquilino, -a *m,f*; *in einem Haus* vecino, -a *m,f*, convecino, -a *m,f*

ˈmitbringen *v/t* ⟨*irr, sep*⟩ **1** *Person, Sache* traer; (*beisteuern*) aportar; **2** *fig Fähigkeiten* reunir; *Voraussetzungen, Zeit* tener

Mit|bringsel [ˈmɪtbrɪŋzəl] *n* ⟨-s; -⟩ pequeño regalo *m*; *e-r Reise* recuerdo *m*; **~bürger(-in)** *m(f)* conciudadano, -a *m,f*

ˈmitdenken *v/i* ⟨*irr, sep*⟩ (***bei etw***) ***~*** estar atento (a a/c); *beim Zuhören a* seguir la argumentación (de a/c)

ˈMiteigentümer(in) *m(f)* copropietario, -a *m,f*

miteiˈnander *adv* uno(s) con otro(s); (*gemeinsam*) juntos

ˈMiteinander *n* ⟨-(s)⟩ comunidad *f*

ˈMiterb|e *m*, **~in** *f* coheredero, -a *m,f*

ˈmiterleben *v/t* ⟨*sep, sin* ge⟩ **1** (*mitmachen*) participar; **2** (*sehen*) presenciar

ˈMitesser *m* MED espinilla *f*, comedón *m*

ˈmitfahren *v/i* ⟨*irr, sep*, sn⟩ ***mit j-m ~*** ir con alg, acompañar a alg

ˈMitfahr|gelegenheit *f posibilidad de hacer un trayecto en coche compartido*; **~zentrale** *f organización que busca posibilidades de compartir coche para viajes*

ˈmitfühlen ⟨*sep*⟩ **I** *v/t* compartir; **II** *v/i* ***mit j-m ~*** simpatizar con alg, compartir los sentimientos de alg

ˈmitfühlend *adjt* compasivo

ˈmitführen *v/t* ⟨*sep*⟩ *Gepäck, Güter* llevar consigo; *von Flüssen* arrastrar, acarrear

ˈmitgeben *v/t* ⟨*irr, sep*⟩ ***j-m etw ~*** dar a/c a alg

ˈMit|gefangene(r) *f(m)* compañero, -a *m,f* de prisión; **~gefühl** *n* simpatía *f*; (*Mitleid*) compasión *f*; (*Beileid*) pésame *m*

ˈmitgehen *v/i* ⟨*irr, sep*, sn⟩ **1** ***mit j-m ~*** ir con alg, acompañar a alg; F ***etw ~ lassen*** F mangar a/c, birlar a/c; **2** *Zuhörer* ***begeistert ~*** seguir con entusiasmo

ˈmitgenommen F *adjt Möbel* estropeado;

Buch, Kleid usado, gastado; (*erschöpft*) agotado; F rendido

'Mitgift *f* ⟨-; -en⟩ dote *f*

'Mitglied *n* miembro *m*, socio, -a *m,f*

'Mitglieds|ausweis *m* carnet *m* de socio; **~beitrag** *m* cuota *f*

'Mitglied|schaft *f* ⟨-⟩ pertenencia *f*; **~sland** *n* país *m* miembro; **~(s)staat** *m* Estado *m* miembro

'mithalten *v/i* ⟨*irr, sep*⟩ *im Tempo* seguir el ritmo (***mit*** de); *bei e-m Wettbewerb* ***~ können*** poder competir

'mithelfen *v/i* ⟨*irr, sep*⟩ ayudar, echar una mano (***bei*** en, a)

'Mithilfe *f* ayuda *f*

'mithören *v/t* ⟨*sep*⟩ **1** *zufällig* oír; **2** (*auch anhören*) escuchar; (*abhören*) *a* interceptar

'Mitinhaber(in) *m(f)* copropietario, -a *m,f*

'mit|kommen *v/i* ⟨*irr, sep*, sn⟩ **1** (***mit j-m***) **~** ir (con alg); acompañar (a alg); **2** *fig geistig* (poder) seguir; **~kriegen** F *v/t* ⟨*sep*⟩ → ***mitbekommen***

'Mit|läufer(in) *m(f)* *desp* simpatizante *m,f*; **~laut** *m* consonante *f*

'Mitleid *n* compasión *f*, piedad *f*; ***mit j-m ~ haben*** tener compasión de alg; ***aus ~ mit*** por compasión (para) con; ***~ erregend*** que da lástima

'Mitleidenschaft *f* ***in ~ ziehen*** afectar a

'mitleidig **I** *adj* compasivo; **II** *adv* con compasión

'mitmachen ⟨*sep*⟩ **I** *v/t* **1** (*teilnehmen*) participar (***bei*** en); *Mode, Lehrgang* seguir; **2** F (*miterledigen*) hacer *od* resolver también; **3** F (*erleiden*) sufrir; F ***das mache ich nicht mit*** F no cuentes *bzw* cuente conmigo (para eso); **II** *v/i* **4** ***bei etw ~*** participar *od* tomar parte en a/c; **5** F (*funktionieren*) ***nicht mehr ~*** F no aguantar más; ***meine Beine machen nicht mehr mit*** ya no me responden la piernas

'Mitmensch *m* prójimo *m*

'mitmischen F *v/i* ⟨*sep*⟩ ***bei etw ~*** estar metido en a/c; *desp* meter baza en a/c

'mitnehmen *v/t* ⟨*irr, sep*⟩ **1** *Sache* llevar consigo, llevarse (*a Person*); *fig Gelegenheit* aprovechar; *Pizza usw* ***zum*** ♀ para llevar; **2** *Krankheit* debilitar; (*entkräften*) agotar; *Problem* afectar

'mitrechnen *v/t, v/i* ⟨*sep*⟩ (*hinzurechnen*) contar, incluir en la cuenta; ***mitgerechnet*** inclusive, incluido; ***nicht mitgerechnet*** sin incluir

'mitreden ⟨*sep*⟩ **I** *v/t fig* ***ein Wort mitzureden haben*** (***bei***) tener voz (en); **II** *v/i* tomar parte en la conversación

'Mitreisende(r) *f(m)* compañero, -a *m,f* de viaje

'mitreißen *v/t* ⟨*irr, sep*⟩ arrastrar; *fig* (*begeistern*) entusiasmar, apasionar

'mitreißend *adjt Redner* cautivador, arrebatador; *Spiel* apasionante; *Musik* animado

mit'samt *prp* ⟨*+dat*⟩ junto con

'mitschicken *v/t* ⟨*sep*⟩ ***etw*** (***mit etw***) **~** mandar a/c (con a/c), adjuntar a/c (a a/c)

'mit|schleppen F *v/t* ⟨*sep*⟩ *Schweres* arrastrar (consigo), cargar; (*mitnehmen*) llevar consigo, llevarse; **~schneiden** *v/t* ⟨*irr, sep*⟩ *Ton, Sendung* grabar

'mitschreiben ⟨*irr, sep*⟩ **I** *v/t* ***etw ~*** tomar nota de a/c; **II** *v/i* tomar apuntes

'Mit|schuld *f* complicidad *f* (***an*** *+dat* en); **♀schuldig** *adj* cómplice (***an*** *+dat* en, de); **~schüler(in)** *m(f)* compañero, -a *m,f*, condiscípulo, -a *m,f*

'mitspielen *v/i* ⟨*sep*⟩ **1** tomar parte (en el juego) (*a* SPORT); THEA actuar (***bei, in*** *+dat* en); MUS tocar (***bei, in*** *+dat* en); **2** *Gründe* estar en juego; **3** *fig* ***j-m übel ~*** jugar una mala pasada a alg

'Mit|spieler(in) *m(f)* compañero, -a *m,f* de juego; *e-r Mannschaft* compañero, -a *m,f* de equipo; **~spracherecht** *n* derecho *m* de intervención

'Mittag *m* mediodía *m*; ***am, über ~*** a mediodía; ***morgen ~*** mañana a mediodía; (***zu***) ***~ essen*** comer, almorzar

'Mittagessen *n* comida *f*, almuerzo *m*

'mittags *adv* a mediodía; ***es ist 12 Uhr ~*** son las 12 del mediodía

'Mittagspause *f* hora *f* de la comida

'Mittags|ruhe *f*, **~schlaf** *m* siesta *f*; ***~ halten*** dormir la siesta

'Mittagszeit *f* mediodía *m*; ***um die ~*** a mediodía

'Mittäter(in) *m(f)* cómplice *m,f*, coautor, -a *m,f*

Mitte ['mɪtə] *f* medio *m*; (*Mittelpunkt*) centro *m* (*a* POL); ***in der ~*** en el centro; ***~ Januar*** a mediados de enero; ***sie ist ~ dreißig*** ronda los treinta y cinco; ***in unserer ~*** entre nosotros; F *fig* ***ab durch die ~!*** F ¡largo!, ¡fuera!

'mitteilen *v/t* ⟨*sep*⟩ ***j-m etw ~*** comunicar a/c a alg

'Mitteilung *f* comunicación *f*, participación *f*; *amtliche* notificación *f*

'Mitteilungsblatt *n* boletín *m*; ***amtliches ~*** Boletín *m* Oficial

Mittel ['mɪtəl] *n* ⟨-s; -⟩ **1** (*Hilfs*♀) medio *m*; ***mit allen ~n*** por todos los medios; ***~ und Wege finden zu*** (*+inf*) encontrar los medios para (*+inf*); (***nur***) ***~ zum Zweck sein*** ser (sólo) medio para un fin; **2** *pl* (*Geld*♀) recursos *m/pl*; ***öffentliche ~*** fondos *m/pl* públicos; **3** *zur Reinigung, Pflege* produc-

to *m*; (*Heil*2) remedio *m* (***gegen*** contra); **4** MAT, METEO media *f*, promedio *m*; ***im*** ~ por término medio
'Mittelalter *n* Edad *f* Media; 2**lich** *adj* medieval
'Mittela'meri|ka *n* América *f* Central; 2**'kanisch** *adj* centroamericano
'mittelbar *adj* indirecto
'Mittel|betrieb *m* mediana empresa *f*; ~**ding** F *n* cosa *f* intermedia (***zwischen*** +*dat* entre); ~**eu'ropa** *n* Europa *f* Central
'mitteleuro'päisch *adj* centroeuropeo; ~***e Zeit*** → ***MEZ***
'Mittel|feld *n Fußball* centro *m* del campo, medio campo *m*; ~**finger** *m* dedo *m* corazón; 2**fristig** *adj* a medio plazo; ~**gebirge** *n* montaña *f* de media altura; 2**groß** *adj* de tamaño mediano; *Person a* de estatura mediana; ~**klasse** *f* clase *f* media; ~**linie** *f* línea *f* central (*a Fußball*); *auf der Straße* línea *f* mediana; 2**los** *adj* sin medios *od* recursos; ~**maß** *n* medianía *f*; *desp* mediocridad *f*; 2**mäßig** *adj* mediano, regular; *desp* mediocre; ~**mäßigkeit** *f* mediocridad *f*
'Mittelmeer *n* (Mar *m*) Mediterráneo *m*
'Mittelohrentzündung *f* otitis *f* media
'Mittelpunkt *m* centro *m*(*a fig*); ***im*** ~ ***stehen*** ser el centro de la atención
'mittels *prp* ⟨+*gen*⟩ por medio de, mediante
'Mittel|scheitel *m* raya *f* central; ~**schule** *f schweiz*, *österr etwa* instituto *m* de enseñanza media
'Mittelsmann *m* ⟨-(e)s; -leute *o* -männer⟩ mediador *m*, intermediario *m*
'Mittelstand *m* clase *f* media; ECON medianas empresas
'mittelständisch *adj* de la clase media; *Betrieb* mediano
'Mittelstrecken|lauf *m* carrera *f* de medio fondo; ~**rakete** *f* cohete *m od* misil *m* de medio alcance
'Mittel|streifen *m der Autobahn* (franja *f*) mediana *f*; ~**stufe** *f Schule* grado *m* medio; ~**stürmer** *m* delantero *m* centro
'Mittelweg *m fig* compromiso *m*, término *m* medio; ***der goldene*** ~ el justo medio
'Mittel|welle *f* onda *f* media; ~**wert** *m* promedio *m*, media *f*; ~**wort** *n* ⟨-(e)s; -wörter⟩ GRAM participio *m*
'mitten *adv* **1** *räumlich* ~ ***in, auf, unter*** (+*dat*, *movimiento* +*acus*) en medio de, en el centro de; ~ ***durch*** por en medio de; ~ ***unter ihnen*** entre ellos; **2** *zeitlich* ~ ***in der Nacht, im Winter*** en plena noche, en pleno invierno
mitten'drin *adv* justamente en el medio
mitten'durch *adv* por en medio de, a través de; (*in der Hälfte*) por la mitad
'Mitternacht *f* medianoche *f*
Mittler ['mɪtlər] *m* medianero *m*
'mittlere(r, -s) *adj* **1** (*in der Mitte befindlich*) medio, central (*a* TEC, GEOGR); **2** (*dazwischenliegend*) del medio; *fig* intermediario; **3** (*durchschnittlich*) de media, mediano; ~***n Alters*** de mediana edad
'mittler'weile *adv* mientras tanto, entretanto
Mitt|woch ['mɪtvɔx] *m* ⟨-(e)s; -e⟩ miércoles; → ***Montag***; 2**wochs** *adv* los miércoles
mit'unter *adv* de vez en cuando, a veces
'mitverantwort|lich *adj* igualmente responsable, corresponsable (***für*** de); 2**ung** *f* responsabilidad *f* compartida
'mitwirken *v/i* ⟨*sep*⟩ **1** ***bei, an etw*** (*dat*) ~ cooperar en a/c, participar en a/c; **2** THEA actuar (***bei, in*** +*dat* en)
'mitversicher|n *v/t* ⟨*sin* ge⟩ coasegurar; 2**te** **(-r)** *f*(*m*) coasegurado, -a *m,f*; 2**ung** *f* coaseguro *m*
'Mit|wirkende(r) *f*(*m*) ⟨→ A⟩ participante *m,f*; THEA actor, actriz *m,f*; ~**wirkung** *f* participación *f*, cooperación *f*, colaboración *f*; ~**wisser(in)** *m*(*f*) cómplice *m,f*; *e-s Geheimnisses* confidente *m,f*
'mitzählen *v/t*, *v/i* ⟨*sep*⟩ incluir, contar (también)
Mix [mɪks] F *m* ⟨-; -e⟩ mezcla *f*, mixtura *f*
'Mixbecher *m* coctelera *f*
'mixen *v/t* mezclar
'Mixer *m* **1** *Person* barman *m*; **2** *Gerät* batidora *f*
Mix'tur *f* mixtura *f*
mm *Abk* (*Millimeter*) mm (*milímetro*)
Mob [mɔp] *m* ⟨-s⟩ *desp* chusma *f*
mobben ['mɔbən] *v/t* ***j-n*** ~ hacer(le) a alg la vida imposible en el trabajo
Mobbing ['mɔbɪŋ] *n* ⟨-s⟩ acoso *m* moral, mobbing *m*
Möbel ['møːbəl] *n* ⟨-s; -⟩ mueble *m*; ~**geschäft** *n* tienda *f* de muebles; ~**hersteller(in)** *m*(*f*) fabricante *m,f* de muebles; ~**industrie** *f* industria *f* del mueble; ~**packer** *m* hombre *m* de la mudanza; ~**stück** *n* mueble *m*; ~**system** *n* sistema *m* de mobiliario; ~**wagen** *m* camión *m* de mudanzas
mobil [mo'biːl] *adj* **1** (*beweglich*) móvil, movible; **2** F (*rüstig*) activo; **3** MIL ~ ***machen*** movilizar (***gegen*** contra)
Mobile ['moːbilə] *n* ⟨-s; -s⟩ móvil *m*
Mo'bilfunk *m* telefonía *f* móvil; ~**benutzer(-in)** *m*(*f*) usuario, -a *m,f* de teléfonos móviles; ~**kunde** *m*, ~**kundin** *f* abonado, -a *m,f* a la radiotelefonía móvil; ~**netz** *n* red *f* de radiotelefonía móvil
Mobil|iar [mobili'aːr] *n* ⟨-s⟩ mobiliario *m*, mueblaje *m*; 2**i'sieren** *v/t* ⟨*sin* ge⟩ movili-

M

zar (*a fig*, MIL); **~i'tät** *f* movilidad *f*
Mo'bil|machung *f* movilización *f*; **~telefon** *n* teléfono *m* móvil, *Am* teléfono *m* celular
möbl|ieren [mø'bliːrən] *v/t* ⟨*sin* ge⟩ amueblar; **~iert** *adjt* amueblado
modal [mo'daːl] *adj* modal; **2i'tät** *f* modalidad *f*
Mode ['moːdə] *f* moda *f*; **(*in*) ~ *sein*** estar de moda; ***aus der ~ kommen*** pasarse de moda; ***mit der ~ gehen*** ir a la moda
'mode|bewusst *adj* que sigue la moda; **2farbe** *f* color *m* de moda
'Modehaus *n* tienda *f* de moda; ***die großen Modehäuser*** la alta costura
Model ['mɔdəl] *n* ⟨-s; -s⟩ modelo *m,f*
Modell [mo'dɛl] *n* ⟨-s; -e⟩ COM, TEC, MAL, *fig* modelo *m*; (*Bauart*) tipo *m*; (*verkleinerte Nachbildung*) maqueta *f*; **(*j-m*) ~ *stehen*** hacer de modelo (para alg)
Mo'dell|eisenbahn *f* tren *m* miniatura; **~flugzeug** *n* avión *m* miniatura, aeromodelo *m*
model'lieren *v/t* ⟨*sin* ge⟩ modelar
Modem ['moːdɛm] *m od n* ⟨-s; -s⟩ módem *m*; **~karte** *f* tarjeta *f* de modem
'Modenschau *f* desfile *m* de modelos
Moder ['moːdər] *m* ⟨-s⟩ moho *m*
Mode|rator(in) [mode'raːtɔr (-'toːrɪn)] *m* ⟨-s; -'toren⟩ (*f*) moderador, a *m,f*, presentador, a *m,f*; **2'rieren** *v/t* ⟨*sin* ge⟩ moderar, presentar
'mod(e)rig *adj* mohoso
modern[1] ['moːdərn] *v/i* ⟨h *o* sn⟩ descomponerse
modern[2] [mo'dɛrn] *adj* moderno
Mo'der|ne *f* ⟨-⟩ *Epoche* época *f* moderna; *Kunstrichtung* modernismo *f*; **2ni'sieren** *v/t* ⟨*sin* ge⟩ modernizar; **~i'sierung** *f* modernización *f*; **~i'sierungsinvestitionen** *f/pl* inversiones *f/pl* de modernización
'Mode|schmuck *m* bisutería *f*; **~schöpfer** *m* modisto *m*, diseñador *m* de moda; **~schöpferin** *f* diseñadora *f* de moda; **~tanz** *m* baile *m* de moda; **~zeichner(in)** *m(f)* diseñador, a *m,f* de modelos; **~zeitschrift** *f* revista *f* de moda
modifizieren [modifi'tsiːrən] *v/t* ⟨*sin* ge⟩ modificar
'modisch *adj* de moda
'modrig → ***moderig***
Modul [mo'duːl] *n* ⟨-s; -e⟩ INFORM, TEC módulo *m*
Modus ['moːdʊs] *m* ⟨-; -di⟩ GRAM, *fig* modo *m*
Mofa ['moːfa] *n* ⟨-s; -s⟩ ciclomotor *m*, velomotor *m*
Mogelei [moːgə'laɪ] F *f* trampa *f*, fullería *f*
'mogeln F *v/i* hacer trampa
'Mogelpackung *f* engaño *m*, fraude *m*

mögen ['møːgən] ⟨mag *o* möchte; mochte⟩ **I** *v/modal* ⟨*p/p* mögen⟩ **1** *Möglichkeit* poder; ***das mag sein*** puede ser; ***sie mochte zwölf sein*** tendrá doce años; ***mag sein, dass ...*** puede ser que … (+*subj*); ***wo er wohl sein mag?*** ¿dónde estará?; ***... und wie sie alle heißen ~*** … y como quiera que se llamen los demás; **2** *einräumend, verallgemeinernd* ***was man auch immer sagen mag*** se diga lo que se diga; ***wie sie auch sein ~ ...*** sean como sean …; ***mag er auch noch so reich sein ...*** por muy rico que sea …; **3** *geh Wunsch* ***möge dieser Tag ...*** ojalá ese día …; **4** (*gern ~, wünschen*) querer, desear; ***lieber ~*** preferir; ***ich möchte gern etwas essen*** quisiera comer algo; ***ich möchte so gern*** (+*inf*) me gustaría tanto (+*inf*); **II** *v/t* ⟨*p/p* gemocht⟩ **5** ***j-n, etw ~*** querer a alg, a/c; (*gefallen, schmecken*) gustar; ***sie mag keinen Spinat*** no le gustan las espinacas; ***lieber ~*** preferir; ***was möchten Sie?*** ¿qué desea?; **III** *v/i* ⟨*p/p* gemocht⟩ **6** ***ich mag nicht*** no quiero; ***ich möchte nach Hause*** quiero irme a casa
möglich ['møːklɪç] *adj* posible; (*etwaig*) potencial; ***er verkauft alles 2e*** vende de todo; ***alles 2e tun, um zu*** (+*inf*) hacer todo lo posible por (+*inf*); ***so schnell*** *usw* ***wie ~*** lo más rápido, *etc* posible; ***so gut wie ~*** lo mejor posible
'möglicher'weise *adv* posiblemente, probablemente
'Möglichkeit *f* posibilidad *f*; (*möglicher Fall*) contingencia *f*; (*Gelegenheit*) *a* oportunidad *f*, ocasión *f*; ***nach ~*** en lo posible; ***es besteht die ~, dass ...*** existe la posibilidad de que … (+*subj*)
'möglichst I *adv* **1** (*so … wie möglich*) lo más …. posible; (*so viel wie möglich*) lo más posible; ***~ bald*** lo antes posible; **2** (*wenn möglich*) si es posible; **II** *su* **3** ***ich werde mein 2es tun*** haré todo lo que esté en mi mano
Mohammedan|er(in) [mohame'daːnər(ɪn)] *neg! m* (*f*) *a* HIST mahometano, -a *m,f*; **2isch** *neg! adj* mahometano
Mohn [moːn] *m* ⟨-(e)s; -e⟩ **1** BOT adormidera *f*; (*Klatsch2*) amapola *f*; **2** *auf Gebäck* (granos *m/pl* de) adormidera *f*; **'~blume** *f* → ***Mohn 1***
Möhre ['møːrə] *f* zanahoria *f*
'Mohrenkopf *m* GASTR *tipo de pastel de merengue con chocolate*
'Mohrrübe *f nordd* zanahoria *f*
mokieren [mo'kiːrən] *v/r* ⟨*sin* ge⟩ ***sich über j-n, etw ~*** burlarse de alg, a/c
Mokka ['mɔka] *m* ⟨-s; -s⟩ moca *m*
Molch [mɔlç] *m* ⟨-(e)s; -e⟩ ZO salamandra *f*
Moldawien [mɔl'daːviən] *n* ⟨-s⟩ Moldavia *f*

Mole ['mo:lə] *f* muelle *m*
Mole|kül [mole'ky:l] *n* ⟨-s; -e⟩ molécula *f*; **ℒkular** [-ku'la:r] *adj* molecular
Molke ['mɔlkə] *f* suero *m* de la leche
Molke'rei *f* lechería *f*; **~produkt** *n* producto *m* lácteo
Moll [mɔl] *n* ⟨-⟩ modo *m* menor
mollig ['mɔlɪç] F **I** *adj* **1** (**~** *weich*) muelle, blando; (*angenehm warm*) calentito; **2** (*rundlich*) regordete, rollizo; **II** *adv* **3** **~** ***warm*** calentito
Moment[1] [mo'mɛnt] *m* ⟨-(e)s; -e⟩ (*Augenblick*) momento *m*, instante *m*; **im ~** de momento; F **~ *mal!*** ¡espera!
Mo'ment[2] *n* ⟨-(e)s; -e⟩ **1** (*Umstand*) factor *m*, motivo *m*; **2** PHYS momento *m*
momentan [momɛn'ta:n] *adj* (*vorübergehend*) momentáneo; (*gegenwärtig*) actual
Monaco [mo'nako] *n* ⟨-s⟩ Mónaco *m*
Monar|ch(in) [mo'narç(ɪn)] *m* ⟨-en; -en⟩ (*f*) monarca *m,f*; **~chie** [-'çi:] *f* monarquía *f*
Monat ['mo:nat] *m* ⟨-s; -e⟩ mes *m*; ***im ~ Mai*** en el mes de mayo; ***pro ~, im ~*** al mes; ***sie ist im fünften ~*** está embarazada de cinco meses
'monatelang I *adj* de muchos meses; ***~e Arbeit*** muchos meses de trabajo; **II** *adv* (durante) muchos meses; (*seit Monaten*) desde hace meses
'monatlich I *adj* mensual; ***~e Zahlung*** pago *m* mensual, mensualidad *f*; **II** *adv* (*jeden Monat*) todos los meses; (*im Monat*) al mes; *zahlen a* en mensualidades
'Monats|anfang *m* principios *m/pl* de mes; **~bericht** *m* informe *m* mensual; **~budget** *n* presupuesto *m* mensual; **~ende** *n* fin *m* de mes
'Monatsgehalt *n* salario *m* mensual; ***zusätzliches ~*** paga *f* extra (de un mes)
'Monats|karte *f* abono *m* mensual; **~rate** *f* mensualidad *f*
Mönch [mœnç] *m* ⟨-(e)s; -e⟩ monje *m*, religioso *m*, fraile *m*
'Mönchs|kutte *f* hábito *m* del monje; **~orden** *m* orden *f* monástica
Mond [mo:nt] *m* ⟨-(e)s; -e⟩ luna *f*; F *fig* ***hinter dem ~ leben*** vivir atrasado
mondän [mɔn'dɛ:n] *adj* elegante
'Mond|aufgang *m* salida *f* de la luna; **~finsternis** *f* eclipse *m* de luna; **~landefähre** *f* módulo *m* lunar; **~landung** *f* alunizaje *m*; **~licht** *n*, **~schein** *m* claro *m* de luna; **~sichel** *f* creciente *m*
Monegass|e [mone'gasə] *m* ⟨-n; -n⟩, **~in** *f* monegasco, -a *m,f*; **ℒisch** *adj* monegasco
Monetaris|mus [moneta'rɪsmʊs] *m* monetarismo *m*; **ℒtisch** *adj* monetarista
Moneten [mo'ne:tən] F *pl* F pelas *f/pl*
Mongol|e [mɔŋ'go:lə] *m* ⟨-n; -n⟩, **~in** *f* mongol, a *m,f*
Mongo'lei [mɔŋgo'lai] ⟨-⟩ ***die ~*** Mongolia *f*
mon'golisch *adj* mongol, mongólico
Mongo'l|ismus *m* ⟨-⟩ *neg!* MED mongolismo *m*; **ℒo'id** *neg! adj* mongoloide
monieren [mo'ni:rən] *v/t* ⟨*sin* ge⟩ criticar; (*mahnen*) reclamar
Monika ['mo:nika] *f* Mónica *f*
Monitor ['mo:nitɔr] *m* ⟨-s; -e *o* -'toren⟩ monitor *m*; INFORM *a* pantalla *f*
mono ['mo:no] *adv* mono
mono..., Mono... *in Zssgn* mono...
mono|gam [mono'ga:m] *adj* monogamo; **ℒga'mie** *f* ⟨-⟩ monogamia *f*
Mono|'gramm *n* ⟨-s; -e⟩ monograma *m*; **~gra'phie** *f* monografía *f*
Monokel [mo'nɔkəl] *n* ⟨-s; -⟩ monóculo *m*
'Monokultur *f* AGR monocultivo *m*
Monolog [mono'lo:k] *m* ⟨-(e)s; -e⟩ monólogo *m*
Monopol [mono'po:l] *n* ⟨-s; -e⟩ monopolio *m* (***auf*** *+acus* de); ***natürliches, staatliches ~*** monopolio *m* natural, nacional
mono'po|lartig *adj* monopolístico; **~li'sieren** *v/t* ⟨*sin* ge⟩ monopolizar; **ℒli'sierung** *f* monopolización *f*; **ℒ'list(in)** *m(f)* monopolista *m,f*
Mono'polstellung *f* posición *f* de monopolio
mono|'ton *adj* monótono; **ℒto'nie** *f* monotonía *f*
Monster ['mɔnstər] *n* ⟨-s; -⟩ monstruo *m*
Monstranz [mɔn'strants] *f* REL custodia *f*
monströs [mɔn'strø:s] *adj* monstruoso
'Monstrum *n* ⟨-s; -ren⟩ monstruo *m*
Monsun [mɔn'zu:n] *m* ⟨-s; -e⟩ monzón *m*
Montag ['mo:nta:k] *m* lunes *m*; ***am ~*** el lunes; ***jeden ~*** (todos) los lunes; ***letzten ~*** el lunes pasado; ***heute ist ~, der 5. Oktober*** estamos a lunes, 5 de octubre; F ***(e-n) blauen ~ machen*** F hacer fiesta el lunes
Montage [mɔn'ta:ʒə] *f* montaje *m* (*a* FOT, FILM), ensamblaje *m*
'Montagmittag *m* el lunes a mediodía
'montags *adv* los lunes
Montanindustrie [mɔn'ta:n-] *f* industria *f* del carbón y del acero
Mon|teur(in) [mɔn'tø:r(ɪn)] *m* ⟨-s; -e⟩ (*f*) montador, a *m,f*, mecánico, -a *m,f*; **ℒ'tieren** *v/t* ⟨*sin* ge⟩ (*zusammenbauen*) montar, ensamblar; (*anschließen*) instalar
Montur [mɔn'tu:r] F *f* atuendo *m*; ***in voller ~*** con todo el equipo
Monumen|t [monu'mɛnt] *n* ⟨-(e)s; -e⟩ monumento *m*; **ℒ'tal** *adj* monumental
Moor [mo:r] *n* ⟨-(e)s; -e⟩ pantano *m*
Moos [mo:s] *n* ⟨-es; -e⟩ **1** BOT musgo *m*; **2** F (*Geld*) F pasta *f*
'moosgrün *adj* verde musgo

M

Moped ['mo:pɛt] *n* ⟨-s; -s⟩ ciclomotor *m*, velomotor *m*
Mopp [mɔp] *m* ⟨-s; -s⟩ mopa *f*
Mops [mɔps] *m* ⟨-es; ⸗e⟩ **1** *Hund* doguillo *m*; **2** F *fig* F chaparro *m*
'mopsen F *v/t* F birlar, mangar
Moral [mo'ra:l] *f* ⟨-⟩ **1** (*Sittenlehre*; *seelische Verfassung*) moral *f*; (*Sittlichkeit*) moralidad *f*; ***doppelte ~*** doble moral *f*; **2** *e-r Geschichte* moraleja *f*
Mo'ralapostel *m desp* sermoneador *m*, moralizador *m*
mo'ra|lisch *adj* moral; **♀'list** *m* moralista *m*
Mo'ralpredigt *f* sermón *m*; ***j-m e-e ~ halten*** echar a alg un sermón
Morast [mo'rast] *m* ⟨-(e)s; -e *o* Moräste⟩ fango *m*, lodo *m*, cieno *m*; **♀ig** *adj* fangoso
Morchel ['mɔrçəl] *f* ⟨-; -n⟩ colmenilla *f*
Mord [mɔrt] *m* ⟨-(e)s; -e⟩ asesinato *m* (***an*** *+dat* a); ***e-n ~ begehen*** cometer un asesinato
'Mordanschlag *m* atentado *m* (***auf*** *+acus* contra la vida de)
'morden *v/t*, *v/i* asesinar, matar
Mörder|(in) ['mœrdər(ɪn)] *m*(*f*) asesino, -a *m,f*; **♀isch** F *adj* asesino, homicida; F *fig* terrible, mortal; *Hitze* infernal
'Mord|fall *m* asesinato *m*; **~kommission** *f* brigada *f* de homicidios
'Mords|... F *in Zssgn* tremendo; *desp* F mortal, infernal; **'~'angst** F *f* miedo *m* terrible; **'~'arbeit** F *f* trabajo *m* de esclavo; **'♀ge'fährlich** F *adj* terriblemente peligroso; **'~'hunger** F *m* F hambre *f* canina; **'♀mäßig** F *adj* tremendo
'Mordverdacht *m* ***unter ~*** (*dat*) ***stehen*** estar bajo sospecha de asesinato
'Mord|versuch *m* intento *m* de asesinato; **~waffe** *f* arma *f* asesina
morgen ['mɔrgən] *adv* (*am nächsten Tag*) mañana; ***~ früh*** mañana de madrugada; ***~ in acht Tagen*** mañana en ocho días; ***bis ~!*** ¡hasta mañana!
'Morgen *m* ⟨-s; -⟩ **1** mañana *f*; (*Osten*) oriente *m*, levante *m*; ***am ~*** por la mañana; ***am frühen ~*** de madrugada; ***e-s*** (***schönen***) ***~s*** una (buena) mañana; ***am nächsten ~*** a la mañana siguiente; ***heute ~*** hoy por la mañana; ***guten ~!*** ¡buenos días!; **2** (*Feldmaß*) yugada *f*
'Morgendämmerung *f* amanecer *m*, alba *f*, crepúsculo *m* matutino
'morgendlich *adj* matinal
'Morgenessen *n schweiz* desayuno *m*
'Morgengrauen *n* alba *f*; ***im ~*** al alba, al amanecer
'Morgenluft *f* aire *m* matinal; *fig* ***~ wittern*** oler la ocasión propicia
'Morgen|mantel *m* bata *f*; **~muffel** F *m persona que está de mal humor cuando se levanta*; **~rock** *m* bata *f*; **~rot** *n* aurora *f*
'morgens *adv* por la mañana; ***um acht Uhr ~*** a las ocho de la mañana; ***früh ~*** por la mañana temprano, de madrugada; ***von ~ bis abends*** de la mañana a la noche
'Morgenstunde *f* hora *f* de la mañana; *prov* ***Morgenstund hat Gold im Mund*** *prov* a quien madruga, Dios le ayuda
'morgig *adj* de mañana
Moritz ['mo:rits] *m* Mauricio *m*
Morphium ['mɔrfiʊm] *n* ⟨-s⟩ morfina *f*; **♀süchtig** *adj* morfinómano
morsch [mɔrʃ] *adj* podrido; *Brücke*, *Haus usw* desvencijado; *fig* caduco
Morsealphabet ['mɔrzəʔ-] *n* alfabeto *m* morse
'morsen *v/t* transmitir por morse
Mörser ['mœrzər] *m zum Zerkleinern* mortero *m* (*a* MIL)
'Morsezeichen *n* señal *f* (de) morse
Mörtel ['mœrtəl] *m* ⟨-s; -⟩ masa *f*, mortero *m*
Mosaik [moza'i:k] *n* ⟨-s; -e(n)⟩ mosaico *m* (*a fig*); **~stein** *m* pieza *f* de mosaico (*a fig*)
Mosambik [mozam'bi:k] *n* ⟨-s⟩ Mozambique *m*
Moschee [mɔ'ʃe:] *f* mezquita *f*
Moschus ['mɔʃʊs] *m* ⟨-⟩ almizcle *m*
Mosel ['mo:zəl] *f* ⟨-⟩ Mosela *m*
mosern ['mo:zərn] F *v/i* protestar
Mose(s) ['mo:zə(s)] *m* Moisés *m*
Moskau ['mɔskaʊ] *n* ⟨-s⟩ Moscú *m*
Moskito [mɔs'ki:to] *m* ⟨-s; -s⟩ mosquito *m*, *Am* zancudo *m*; **~netz** *n* mosquitera *f*
Mos|lem ['mɔslɛm] *m* ⟨-s; -s⟩ musulmán *m*; **♀'lemisch** *adj* musulmán; **~'lime** *f* musulmana *f*
Most [mɔst] *m* ⟨-(e)s; -e⟩ **1** (*Obstsaft*) mosto *m*; **2** *südd* (*Apfel♀*) sidra *f*
Mostrich ['mɔstrɪç] *m* ⟨-s⟩ *bsd nordostdeutsch* mostaza *f*
Motel [mo'tɛl] *n* ⟨-s; -s⟩ motel *m*
Motiv [mo'ti:f] *n* ⟨-s; -e⟩ motivo *m*; *Beweggrund a* móvil *m*
Motivati'on *f* motivación *m*; **~sförderung** *f* fomento *m* de la motivación
moti|'vieren *v/t* ⟨*sin* ge⟩ motivar; **~'viert** *adjt* motivado
Motocross, **Moto-Cross** [moto'krɔs] *n* ⟨-; -e⟩ moto-cross *m*
Motor ['mo:tɔr] *m* ⟨-s; -'toren⟩ motor *m* (*a fig*); **~boot** *n* lancha *f* motora; **~haube** *f* capó *m*
mo'torisch *adj* MED motor
motori'sieren *v/t* ⟨*sin* ge⟩ motorizar
'Motoröl *n* aceite *m* de motor
'Motorrad *n* motocicleta *f*, F moto *f*; **~fahrer(-in)** *m*(*f*) motorista *m,f*, motociclista *m,f*
'Motor|roller *m* escúter *m*; **~schaden** *m*

averíа *f* del motor; **~sport** *m* motorismo *m*
Motte ['mɔtə] *f* polilla *f*
'Mottenkugel *f* bola *f* antipolilla
Motto ['mɔto] *n* ⟨-s; -s⟩ lema *m*, divisa *f*
motzen ['mɔtsən] F *v/i* protestar; F rezongar, refunfuñar
Mountain|bike ['maʊntənbaɪk] *n* ⟨-s; -s⟩ bicicleta *f* de montaña; **~biker(in)** *m(f)* ciclista *m,f* de bicicleta de montaña
Mouse-Pad [maʊspɛt] *n* → ***Mauspad***
Möwe ['møːvə] *f* gaviota *f*
Mozam'bique → ***Mosambik***
MP [ɛm'piː] *f Abk* ⟨-; -s⟩ (*Maschinenpistole*) metralleta *f*
Mrd. *Abk* (*Milliarde*, *Milliarden*) mil millones *m/pl*, millardo *m bzw* millardos *m/pl*
Ms., **Mskr.** *Abk* (*Manuskript*) manuscrito *m*
mtl. *Abk* → ***monatlich***
Mücke ['mʏkə] *f* mosquito *m*; F ***aus e-r ~ e-n Elefanten machen*** hacer una montaña de un grano de arena
'Mückenstich *m* picadura *f* de mosquito
Mucks [mʊks] *m* ⟨-es; -e⟩ F ***keinen ~ sagen*** F no decir esta boca es mía
'mucksen F *v/r* ***sich nicht ~*** no rechistar
'mucks'mäuschen'still → ***mäuschenstill***
müde ['myːdə] *adj* **1** (*erschöpft*) cansado, fatigado; (*schläfrig*) somnoliento; ***~ sein*** tener sueño; ***~ werden*** cansarse, fatigarse; **2** (*überdrüssig*) ***e-r Sache*** (*gen*) ***~ sein*** estar harto de a/c; ***er wird nicht ~ zu*** (*+inf*) no se cansa de (*+inf*)
'Müdigkeit *f* ⟨-⟩ cansancio *m*
Muff [mʊf] *m* ⟨-(e)s; -e⟩ **1** manguito *m*; **2** *Geruch* olor *m* a moho
'Muffe *f* TEC manguito *m*
'Muffel F *m* ⟨-s; -⟩ gruñón *m*
'muffelig, **'mufflig** F *adj* gruñón
'muffig I *adj* **1** *Geruch* viciado; **2** F → ***muffelig***; **II** *adv* **3** ***~ riechen*** oler a cerrado *od* a moho
muh [muː] *int* ¡mu!
Mühe ['myːə] *f* esfuerzo *m*, trabajo *m*, fatiga *f*, molestia *f*; ***mit Müh und Not*** a duras penas; ***sich*** (*dat*) ***~ geben zu*** (*+inf*) esforzarse por (*+inf*); ***sich*** (*dat*) ***(mit etw) ~ geben*** esforzarse (en a/c); ***sich*** (*dat*) ***die ~ machen zu*** (*+inf*) tomarse la molestia de (*+inf*); ***keine ~ scheuen*** no ahorrar esfuerzos; ***die Sache ist der ~*** (*gen*) ***wert*** la cosa vale la pena
'mühelos *adv* sin esfuerzo
'mühen *v/r* ***sich ~*** (, ***etw zu tun***) afanarse (en hacer a/c)
'mühevoll I *adj* penoso, fatigoso; **II** *adv* con mucho esfuerzo
Mühle ['myːlə] *f* **1** molino *m*; (*Kaffee*♀) molinillo *m*; **2** *Brettspiel* tres *m* en raya; **3** F *fig Auto* F cafetera *f*, cacharro *m*
'Mühlrad *n* rueda *f* de molino
'Müh|sal *geh f* ⟨-; -e⟩ trabajo *m* penoso, pena *f*, agobio *m*; **♀sam** *adj*, **♀selig** *geh adj* penoso; (*ermüdend*) laborioso, trabajoso
Mulatt|e [mu'latə] *m* ⟨-n; -n⟩, **~in** *f* mulato, -a *m,f*
Mulde ['mʊldə] *f* artesa *f*; (*Erd*♀) depresión *f*, hondonada *f*
Mull [mʊl] *m* ⟨-(e)s⟩ gasa *f*
Müll [mʏl] *m* ⟨-s⟩ desechos *m/pl*; (*Haus*♀) basura *f*; ***den ~ trennen*** separar la basura; ***etw in den ~ werfen*** echar a/c a la basura
'Müll|abfuhr *f* recogida *f* de basuras; **~ablagerung** *f* depósito *m* de residuos; **~beseitigung** *f* eliminación *f* de residuos; **~beutel** *m* bolsa *f* de basura
'Mullbinde *f* venda *f* de gasa
'Müll|container *m* contenedor *m* de basuras
'Mülldeponie *f* vertedero *m* de basura, basurero *m*; ***wilde ~*** vertedero *m* incontrolado
'Müll|eimer *m* cubo *m* de basura; **~entsorgung** *f* tratamiento *m* de desechos, eliminación *f* de residuos
Müller(in) ['mʏlər(ɪn)] *m(f)* molinero, -a *m,f*
'Müll|kippe *f* vertedero *m* de basura, basurero *m*; **~mann** *m* ⟨-(e)s; -männer⟩ basurero *m*; **~sack** *m* bolsa *f* de basura; **~schlucker** *m* tragabasuras *m*; **~tonne** *f* cubo *m* de la basura; **~trennung** *f* recogida *f* selectiva de basuras; **~verbrennung** *f* incineración *f* de residuos; **~verbrennungsanlage** *f* planta *f* de incineración de basuras; **~vermeidung** *f* evitación *f* de residuos; **~wagen** *m* camión *m* de la basura
mulmig ['mʊlmɪç] F *adj Situation* crítico, ***mir ist ~*** me da cierto miedo
Multi ['mʊlti] F *m* ⟨-s; -s⟩ multinacional *f*
multi…, **Multi…** [mʊlti…] *in Zssgn* multi…
multi|funktio'nal *adj* multifuncional; **~kultu'rell** *adj* multicultural; **~late'ral** *adj* multilateral
Multimedia|… [mʊlti'meːdia…] *in Zssgn* multimedia; **~anwendung** *f* INFORM aplicación *f* multimedia
multimedi'al *adj* multimedia
Multi'media|-PC *m* ordenador *m*, computadora *f* multimedia; **~produkt** *n* producto *m* multimedia; **~show** *f* espectáculo *m* multimedia
'Multi|millionär(in) *m(f)* multimillonario, -a *m,f*; **♀natio'nal** *adj* multinacional
Multipli|kation [mʊltiplikatsi'oːn] *f* multiplicación *f*; **~'kator** *m* ⟨-s; -'toren⟩ multiplicador *m*; **♀'zieren** *v/t* ⟨*sin* ge⟩ multiplicar (***mit*** por)
Multi|tasking ['mʊltitaːskɪŋ] *n* ⟨-s⟩ INFORM multitarea *f*; **~vita'minsaft** *m* zumo *m* mul-

M

tivitamínico
Mumie ['mu:miə] *f* momia *f*
Mumm [mʊm] F *m* ⟨-s⟩ (*Mut*) valor *m*, coraje *m*; F agallas *f/pl*; (*Kraft*) fuerzas *f/pl*
Mumpitz ['mʊmpɪts] F *m* ⟨-es⟩ F disparate *m*, bobada *f*
Mumps [mʊmps] *m* ⟨-⟩ paperas *f/pl*
München ['mʏnçən] *n* ⟨-s⟩ Múnich *m*
Mund [mʊnt] *m* ⟨-(e)s; ⸚er⟩ boca *f*; F ***halt den ~!*** ¡cállate!; F ¡calla la boca!; F ***den ~ voll nehmen*** fanfarronear; F ***nicht auf den ~ gefallen sein*** F no tener pelos en la lengua; ***in aller ~e sein*** estar en boca de todos; F *fig Worte usw* ***in den ~ nehmen*** pronunciar, decir; ***j-m etw in den ~ legen*** poner a/c en boca de alg; ***j-m nach dem ~(e) reden*** llevarle la corriente a alg; ***von ~ zu ~*** de boca en boca
'**Mundart** *f* dialecto *m*
'**Munddusche** *f* ducha *f* bucal
Mündel ['mʏndəl] *n od m* ⟨-s; -⟩ pupilo, -a *m,f*
'**munden** *geh v/i* ***j-m ~*** saber(le) bien a alg
münden ['mʏndən] *v/i* ⟨sn⟩ ***in etw*** (*acus*) ~ *Fluss* desembocar en a/c (*a Weg*, *Gespräch*)
'**mund|faul** F *adj* perezoso para hablar; **⁓geruch** *m* mal aliento *m*; **⁓harmonika** *f* armónica *f*
'**mündig** *adj* **1** mayor de edad; ***~ werden*** alcanzar la mayoría de edad; **2** *fig* responsable
mündlich ['mʏntlɪç] *adj* oral (*a Examen*), verbal
'**Mund|propaganda** *f* publicidad *f* de boca en boca; **~schutz** *m* MED máscara *f*; *Boxen* protector *m* dental *od* bocal; **~stück** *n e-r Zigarette* boquilla *f*; *e-s Blasinstruments a* embocadura *f*
'**mundtot** *adj* ***j-n ~ machen*** tapar la boca a alg, amordazar a alg
'**Mündung** *f* **1** *e-s Flusses* desembocadura *f*; **2** *e-s Rohres*, *e-r Feuerwaffe* boca *f*
'**Mundwasser** *n* ⟨-s; -wässer⟩ elixir *m* bucal
'**Mundwerk** F *n* ***ein loses ~ haben*** F tener mucha labia
'**Mund|winkel** *m* comisura *f* de los labios; **'~-zu-'Mund-Beatmung** *f* (respiración *f*) boca a boca *m*
Munition [munitsi'o:n] *f* ⟨-⟩ munición *f*; **~slager** *n* depósito *m* de municiones
munkeln ['mʊŋkəln] F *v/t*, *v/i* ***man munkelt, dass …*** corre la voz de que …
Münster ['mʏnstər] *n* ⟨-s; -⟩ catedral *f*
munter ['mʊntər] *adj* **1** (*lebhaft*) vivo, vivaz; (*fröhlich*) alegre; (*mobil*) activo; **2** (*wach*) despierto; **⁓macher** F *m* estimulante *m*
'**Münzautomat** *m* expendedor *m* automático (que funciona con monedas)
Münze ['mʏntsə] *f* **1** moneda *f*; *pl* **~n** monedas *f/pl*; ***bare ~*** (dinero *m* en) metálico *m*; *fig* ***etw für bare ~ nehmen*** tomar en serio a/c; *fig* ***j-m etw mit gleicher ~ heimzahlen*** pagar a alg con la misma moneda; **2** (*Gedenk⁓*) medalla *f*
'**münzen** *v/t fig* ***das ist auf mich gemünzt*** eso va por mí
'**Münz|fernsprecher** *m* teléfono *m* público de monedas; **~sammlung** *f* colección *f* de monedas; **~tankstelle** *f* surtidor *m* de gasolina que funciona con monedas
Muräne [mu'rɛ:nə] *f* ZO murena *f*, morena *f*
mürbe ['mʏrbə] *adj* **1** *Fleisch* tierno; *Teig* desmoronadizo, quebradizo; *Apfel* harinoso; **2** *Gewebe* desgastado; **3** *fig* (*zermürbt*) agotado; ***j-n ~ machen*** F ablandar a alg
'**Mürb(e)teig** *m* pastaflora *f*
Mure ['mu:rə] *f avalancha de lodo y tierra*
Murks [mʊrks] F *m* ⟨-es⟩ chapucería *f*, chapuza *f*; ***~ machen*** hacer chapuzas
Murmel ['mʊrməl] *f* ⟨-; -n⟩ canica *f*
'**murmeln** *v/t*, *v/i* murmurar, susurrar
'**Murmeltier** *n* marmota *f*; F ***schlafen wie ein ~*** F dormir como un lirón
murren ['mʊrən] *v/i* murmurar, quejarse, rezongar, refunfuñar
mürrisch ['mʏrɪʃ] *adj* de mal humor; (*brummig*) gruñón; (*unfreundlich*) desabrido
Mus [mu:s] *n* ⟨-es; -e⟩ *aus Obst* compota *f*; (*Püree*) puré *m*
Muschel ['mʊʃəl] *f* ⟨-; -n⟩ **1** *essbare* marisco *m*; *Schale* concha *f*; **2** TEL (*Hör⁓*) auricular *m*; (*Sprech⁓*) micrófono *m*
Muschi ['mʊʃi] F *f* ⟨-; -s⟩ (*Vulva*) F chocho *m*
Muse ['mu:zə] *f* musa *f*; ***die leichte ~*** las variedades
Museum [mu'ze:ʊm] *n* ⟨-s; -een⟩ museo *m*; **⁓sreif** F *iron adj* anticuado
Musical ['mju:zɪkəl] *n* ⟨-s; -s⟩ (comedia *f*) musical *m*
Musik [mu'zi:k] *f* música *f*; ***~ machen*** tocar (música)
musi'kalisch *adj* **1** (*Musik betreffend*) musical; **2** (*begabt für Musik*) de talento para la música
Musikali'tät *f* ⟨-⟩ **1** *e-r Person* sentido *m* para la música; **2** *e-r Sache* musicalidad *f*
Musi'kant(in) *m* ⟨-en; -en⟩ (*f*) músico, -a *m,f*
Mu'sikbox *f* máquina *f* tocadiscos
'**Musiker(in)** *m(f)* músico, -a *m,f*
Mu'sik|hochschule *f* conservatorio *m* de música; **~instrument** *n* instrumento *m* de música; **~kassette** *f* cinta *f* de música; **~stück** *n* pieza *f* de música; **~unterricht**

m clase *f* de música
'musisch *adj Person* con sensibilidad artística; *Veranlagung* de arte; ***die ~en Fächer*** las materias artísticas
musizieren [muzi'tsiːrən] *v/i* ⟨*sin* ge⟩ tocar música
Muskat [mʊs'kaːt] *m* ⟨-(e)s; -e⟩, **~nuss** *f* nuez *f* moscada
Muskel ['mʊskəl] *m* ⟨-s; -n⟩ músculo *m*; **~faser** *f* fibra *f* muscular; **~kater** F *m* agujetas *f/pl*; **~krampf** *m* calambre *m*; **~protz** F *m* F forzudo *m*, cachas *m*; **~riss** *m* desgarro *m* muscular; **~schwund** *m* atrofia *f* muscular; **~zerrung** *f* distensión *f* muscular; F tirón *m*
Musku|latur [mʊskʊla'tuːr] *f* musculatura *f*; **♀'lös** *adj* musculoso
Müsli ['myːsli] *n* ⟨-s; -s⟩ musli *m*, muesli *m*
Muslim ['mʊslɪm] → ***Moslem***
Muss [mʊs] *n* ⟨-⟩ necesidad *f*
Muße ['muːsə] *geh f* ⟨-⟩ ocio *m*; ***mit ~*** con tranquilidad *od* calma
müssen ['mʏsən] ⟨muss, musste⟩ **I** *v/modal* ⟨*p/p* müssen⟩ **1** *Person* deber, haber de; (*gezwungen sein*) tener que, estar obligado a; ***man muss*** (*+inf*) hay que (*+inf*); ***sie muss schlafen*** necesita dormir; ***ich weiß schon, was ich tun muss*** ya sé lo que tengo que hacer; ***er muss es nicht wissen*** no hace falta que (él) se entere; ***wir ~ Ihnen leider mitteilen, dass ...*** nos vemos en la obligación de comunicarle que ...; ***er muss bald kommen*** no tardará en venir; ***sie müsste es ihm sagen*** tendría que decírselo; ***Urlaub müsste man haben!*** ¡ojalá tuviéramos vacaciones!; **2** *Sache* ***sein ~*** ser necesario; ***es muss sein*** tiene que ser; ***wenn es sein muss*** si no hay más remedio; **II** *v/i* ⟨*p/p* gemusst⟩ **3** (*gehen ~*) tener que irse; ***ich muss nach Hause*** tengo que irme a casa; **4** F *zur Toilette* ***ich muss mal*** tengo que ir al baño
'Mußestunde *f* rato *m* de ocio
müßig ['myːsɪç] *adj* **1** (*tatenlos*) ocioso, desocupado; **2** (*zwecklos*) inútil
'Müßig|gang *geh m* ociosidad *f*; **~gänger(-in)** [-gɛŋər(ɪn)] *m(f)* ocioso, -a *m,f*
Muster ['mʊstər] *n* ⟨-s; -⟩ **1** (*Vorlage*) modelo *m* (***für*** para); (*Schnitt♀*) patrón *m*; **2** *e-s Stoffs usw* dibujo *m*; **3** (*Waren♀*) muestra *f*; ***~ ohne Wert*** muestra *f* sin valor; ***kostenloses ~*** muestra *f* gratuita; **4** *fig* (*Vorbild*) modelo *m* (***an*** *+dat* de)
'Muster|ausstellung *f* COM exposición *f* de muestras; **~beispiel** *n* ejemplo *m* típico (***für*** de); **~buch** *n* COM muestrario *m*
'Musterexemplar *n* ejemplar *m* de muestra; modelo *m* (*a fig*); ***ein ~ von Ehemann*** un marido modelo
'muster|gültig, **~haft** *adj* ejemplar, modelo; **♀knabe** *m* niño *m* modelo; **♀koffer** *m* muestrario *m*; **♀kollektion** *f* colección *f* de muestras; **♀messe** *f* feria *f* de muestras
'mustern *v/t* **1** (*betrachten*) examinar; **2** *Rekrut* ***gemustert werden*** pasar el reconocimiento
'Muster|schüler(in) *m(f)* alumno, -a *m,f* modelo; **~ung** *f* **1** (*Prüfung*) examen *m*; **2** *von Rekruten* revisión *f* médica; **~wohnung** *f* piso *m* piloto
Mut [muːt] *m* ⟨-(e)s⟩ ánimo *m*, valor *m*, coraje *m*; ***j-m ~ machen, zusprechen*** alentar a alg; ***den ~ verlieren, sinken lassen*** desanimarse; ***s-n ganzen ~ zusammennehmen*** armarse de valor; ***nur ~!*** ¡ánimo!
Mutation [mutatsi'oːn] *f* BIOL mutación *f*
'mutig *adj* animoso, valiente
'mutlos *adj* desanimado, desalentado; **♀igkeit** *f* ⟨-⟩ desánimo *m*, desaliento *m*
mutmaß|en ['muːtmaːsən] *v/t* presumir, suponer; **~lich** *adj* presunto (*a Täter*), supuesto, probable; **♀ung** *f* conjetura *f* (***über*** *+acus* sobre), presunción *f*
'Mutprobe *f* prueba *f* de valor
Mutter[1] ['mʊtər] *f* ⟨-; ⸚⟩ madre *m*; ***sie wird ~*** va a ser madre; ***e-e werdende ~*** una futura madre
'Mutter[2] *f* ⟨-; -n⟩ TEC tuerca *f*
'Mutterboden *m* tierra *f* vegetal
Mütterchen ['mʏtərçən] *n* ⟨-s; -⟩ ***ein altes ~*** una viejecita *f*
'Mutter|erde *f* tierra *f* vegetal; **~gesellschaft** *f* COM sociedad *f* matriz *od* madre; **~'gottes** *f* Nuestra Señora *f*; **~kuchen** *m* placenta *f*
'Mutterland *n* **1** (*Kolonialstaat*) metrópoli *f*; ***das spanische ~*** la metrópoli española; **2** (*Heimat*) la madre patria
'Mutterleib *m* seno *m* materno
mütterlich ['mʏtərlɪç] *adj* maternal, materno
'mütterlicher'seits *adv Verwandte* por parte de la madre; *Großeltern* materno
'Mutter|liebe *f* amor *m* maternal; **~mal** *n* lunar *m*; **~milch** *f* leche *f* materna; **~schaft** *f* ⟨-⟩ maternidad *f*
'Mutterschafts|geld *n* paga *f* por maternidad; **~urlaub** *m* vacaciones *f/pl* por maternidad; **~vertretung** *f* suplencia *f* de maternidad
'Mutterschutz *m* protección *f* de la maternidad *od* de la madre
'mutter'seelenal'lein *adj* más solo que la una
'Mutter|söhnchen *n desp* hijo *m* de mamá; **~sprache** *f* lengua *f* materna; **~tag** *m* día *m* de la madre; **~tier** *n* (animal *m*) madre *f*; **~witz** *m* gracia *f*, salero *m*

Mutti ['mʊti] *f* ⟨-; -s⟩ mamá *f*, mami *f*
'mutwillig I *adj* malicioso, travieso; **II** *adv* maliciosamente; (*absichtlich*) con intención, a propósito, deliberadamente
Mütze ['mʏtsə] *f* gorro *m*; *mit Schirm* gorra *f*; (*Basken*♀) boina *f*
m.W. *Abk* (*meines Wissens*) a mi entender
MwSt. *Abk* (*Mehrwertsteuer*) IVA *m* (*Impuesto sobre el Valor Añadido*); **incl. ~** IVA incluido
Myanmar ['mijanmaːr] *n* ⟨-s⟩ Myanmar *m*
Myrrhe ['mʏrə] *f* mirra *f*
Myrte ['mʏrtə] *f* mirto *m*
mysteriös [mʏsteri'øːs] *adj* misterioso
Myst|ik ['mʏstɪk] *f* ⟨-⟩ mística *f*; **~iker(in)** *m(f)* místico, -a *m,f*; ♀**isch** *adj* místico
mythisch ['myːtɪʃ] *adj* mítico
Mytho|logie [mʏtolo'giː] *f* mitología *f*; ♀**'logisch** *adj* mitológico
Mythos ['myːtɔs] *m* ⟨-; -then⟩ mito *m*

M

N

N, n [ɛn] *n* ⟨-; -⟩ N, n *f*
N *Abk* (*Norden*) N (*Norte*)
na [na] F *int auffordernd, beschwichtigend* ¡vamos!; *neugierig* ¿y (bien)?; *nachgebend* **~ gut, ~ schön** bueno; *erstaunt* **~ so was!** ¡vaya!, ¡hombre!; *herausfordernd* **~ und?** ¿y qué?; *resignierend* **~, dann nicht!** ¡bueno, entonces, no!; **~, wie gehts?** bueno ¿qué tal?; **~ warte!** ¡ya verás!; **~ und ob!** ¡vaya que sí!; **~ endlich!** ¡por fin!
Nabe ['na:bə] *f* cubo *m*
Nabel ['na:bəl] *m* ⟨-s; -⟩ ombligo *m*; **~schnur** *f* cordón *m* umbilical
nach [na:x] **I** *prp* ⟨+*dat*⟩ **1** *Richtung* hacia, para; *bei näherer Bestimmung* a; **~ Osten (zu)** hacia el Este; **~ dieser Seite** hacia este lado; **~ Spanien** hacia *od* a España; *schweiz* **der Straße ~** siguiendo la calle *bzw* la carretera; **~ links, rechts** a la izquierda, derecha; **~ oben, unten** hacia arriba, abajo; **~ oben gehen** subir; **~ unten gehen** bajar; **~ vorn, hinten** hacia adelante, atrás; **2** *zeitlich, Reihenfolge, Ordnung* después de, tras; **~ e-r halben Stunde** al cabo de media hora; **es ist zwanzig (Minuten) ~ zehn** son las diez y veinte; **der Größe ~** según el tamaño; **bitte, ~ Ihnen!** ¡Ud. primero, por favor!; **3** (*gemäß*) según, conforme a (*a* JUR); **ihrem Aussehen ~** (a juzgar) por su aspecto; **s-r Form ~** (a juzgar) por su forma; **II** *adv* **4 ~ und ~** poco a poco; **~ wie vor** ahora como antes; **das ist ~ wie vor interessant** sigue siendo interesante; **mir ~!** ¡síga(n)me!
nach|äffen ['-ʔɛfən] *desp v/t* ⟨*sep*⟩ remedar; **~ahmen** ['-ʔa:mən] *v/t* ⟨*sep*⟩ imitar, remedar (*a* KUNST)
'Nachahmung *f* remedo *m*; *Produkt* imitación *f*; (*Fälschung*) falsificación *f*
Nachbar ['naxba:r] *m* ⟨-n; -n⟩ vecino *m*
'Nachbar|... *in Zssgn mst* vecino; **~in** *f* vecina *f*; **2lich** *adj* **1** (*benachbart*) vecino; **2** (*dem Nachbarn gehörend*) vecinal
'Nachbarschaft *f* ⟨-⟩ **1** (*Nähe*) vecindad *f*; **in der ~** cerca de aquí, en el barrio; **2** (*Nachbarn*) vecinos *m/pl*, vecindario *m*; **3** (*nachbarliche Beziehungen*) relaciones *f/pl* de vecindad
'Nachbehandlung *f* tratamiento *m* posterior; MED *a* postoperatorio *m*
'nach|bereiten *v/t* ⟨*sep, sin* ge⟩ *Lernstoff* repasar; **~bessern** *v/t* ⟨*sep*⟩ retocar; **2besserung** *f* retoque *m*
'nachbestell|en *v/t, v/i* ⟨*sep, sin* ge⟩ volver a pedir, hacer un pedido suplementario de; **2ung** *f* nuevo encargo *m*, pedido *m* suplementario, pedido *m* posterior
'nach|beten F *v/t* ⟨*sep*⟩ F repetir como un lorito; **2bildung** *f* copia *f*, reproducción *f*, imitación *f*
'nachblicken *v/i* ⟨*sep*⟩ **j-m ~** seguir a alg con la mirada
'Nach|börse *f* operaciones *f/pl* después del cierre de la bolsa; **2börslich I** *adj* extraoficial; **II** *adv* después del cierre (de la bolsa); **2datieren** *v/t* ⟨*sep, sin* ge⟩ postfechar, poner fecha posterior
nach'dem *cj* **1** *zeitlich* después (de) que (+*ind*); *bei gleichem Subjekt* después de (+*inf*); **2 je ~ (wie)** según (cómo) (+*subj*); **je ~!** ¡depende!
'nachdenken *v/i* ⟨*irr, sep*⟩ reflexionar, pensar (**über etw** *acus* sobre a/c)
'nachdenklich *adj* pensativo; **das machte mich sehr ~** me dejó muy pensativo
'Nachdruck¹ *m* (*Bestimmtheit*) ahínco *m*, insistencia *f*, énfasis *m*; **auf etw** (*acus*) **~ legen** insistir en a/c
'Nachdruck² *m* ⟨-(e)s; -e⟩ TYPO reproducción *f*; (*Abdruck*) reimpresión *f*
'nachdrucken *v/t* ⟨*sep*⟩ reproducir; (*abdrucken*) reimprimir
'nachdrücklich *adj* enérgico, insistente
'nacheifern *v/i* ⟨*sep*⟩ **j-m ~** emular a alg
nachei'nander *adv* **1** (*hintereinander*) uno tras otro; **zweimal ~** dos veces seguidas; **2** *reflexiv* **sich ~ sehnen** echarse de menos (mutuamente)
'nach|empfinden *v/t* ⟨*irr, sep, sin* ge⟩ **1** → **nachfühlen**; **2** KUNST *usw* inspirarse en; **~erzählen** *v/t* ⟨*sep, sin* ge⟩ contar
'Nacherzählung *f* narración *f*
Nachfahr(e) ['na:xfa:r(ə)] *m* ⟨-en (-n); -en (-n)⟩ descendiente *m*
'nachfeiern *v/t* ⟨*sep*⟩ celebrar a posteriori
'Nachfolge *f* sucesión *f*
'nachfolgend *adjt* siguiente, consecutivo; **das 2e** lo siguente

N

'Nach|folger(in) *m(f)* sucesor, a *m,f*; **~forderung** *f* reclamación *f*
'nachforschen *v/i* ⟨*sep*⟩ (***e-r Sache*** *dat*) **~** indagar, investigar (a/c)
'Nachforschung *f* investigación *f*, indagación *f*, pesquisa *f*; ***~en über j-n, etw anstellen*** hacer indagaciones sobre alg, a/c
'Nachfrage *f* COM demanda *f* (***nach*** de); ***sinkende, steigende*** *od* ***wachsende ~*** demanda *f* decreciente, creciente; ***~ auf dem Arbeitsmarkt*** demanda *f* de empleo; ***die ~ sinkt, steigt*** la demanda baja, crece; ***~ schaffen*** crear demanda; ***nach diesem Artikel herrscht e-e große ~*** hay mucha demanda de ese producto
'nachfragen *v/i* ⟨*sep*⟩ **1** (*sich erkundigen*) preguntar (***nach*** por); **2** (*wiederholt fragen*) insistir en una pregunta
'Nach|fragerückgang *m* caída *f od* baja *f* de la demanda; **~frist** *f* prolongación *f* del plazo, plazo *m* suplementario *od* de gracia
'nachfühlen *v/t* ⟨*sep*⟩ ***j-m etw ~ können*** comprender a alg en a/c
'nach|füllbar *adj* rellenable; **~füllen** *v/t* ⟨*sep*⟩ *Behälter* rellenar; *Wasser usw* reponer; **2füllpackung** *f* recambio *m*; carga *f*
'nachgeben *v/i* ⟨*irr, sep*⟩ **1** *Ast, Damm usw, fig* ceder (+*dat* a); **2** *Stoff* dar de sí; TEC ser elástico; **3** *Börse* bajar
'Nachgebühr *f* sobretasa *f*
'nachgehen *v/i* ⟨*irr, sep*, sn⟩ **1** ***j-m ~*** ir tras alg, (per)seguir a alg; **2** *e-r Tätigkeit, e-m Beruf* dedicarse a; *Vergnügungen* entregarse a; *e-m Vorfall, Problem* ocuparse de; **3** *Uhr* ir atrasado (***5 Minuten*** cinco minutos)
'nachgemacht *adjt* (*unecht*) imitado; (*künstlich*) artificial; (*gefälscht*) falsificado
'Nachgeschmack *m* gustillo *m*, resabio *m*; *fig* ***e-n bitteren ~ hinterlassen*** dejar mal sabor de boca
nachgiebig ['-gi:bɪç] *adj* **1** *Material* flexible, elástico; **2** *Person* indulgente, transigente; **2keit** *f* ⟨-⟩ **1** flexibilidad *f*, elasticidad *f*; **2** indulgencia *f*, transigencia *f*
'nachgießen ⟨*irr, sep*⟩ **I** *v/t Getränk* echar más; **II** *v/i* ***j-m ~*** servir más a alg
'nachgrübeln *v/i* ⟨*sep*⟩ cavilar (***über etw*** *acus* sobre a/c)
'nach|gucken F *v/i* → ***nachsehen***; **~haken** F *v/i* ⟨*sep*⟩ volver a preguntar, insistir
'nachhaltig *adj* duradero, persistente; (*wirkungsvoll*) eficaz; ECOL sostenible; **2keit** *f* sostenibilidad *f*
Nach'hauseweg *m* ***auf dem ~*** de camino a casa
'nachhelfen *v/i* ⟨*irr, sep*⟩ ***e-r Sache*** (*dat*) **~** acelerar *od* activar a/c; ***j-m ~*** echar una mano a alg
nach'her *adv* después, más tarde; ***bis ~!*** ¡hasta luego!
'Nachhilfe *f* ayuda *f*; **~lehrer(in)** *m(f)* profesor, a *m,f* particular; **~stunden** *pl*, **~unterricht** *m* clase *f* particular
'Nachhinein ***im ~*** después, posteriormente
'Nachholbedarf *m* necesidades *f/pl* de recuperación, atraso *m*; ***den ~ decken*** cubrir las necesidades
'nachholen *v/t* ⟨*sep*⟩ *Versäumtes, Zeit* recuperar
'Nachhut *f* ⟨-; -en⟩ retaguardia *f* (*a fig*)
'nachjagen *v/i* ⟨*sep*, sn⟩ *fig* ***e-r Sache*** (*dat*) **~** perseguir a/c, correr tras a/c
'Nach|kalkulation *f* COM calculación *f* posterior; **~komme** *m* ⟨-n; -n⟩ descendiente *m,f*
'nachkommen *v/i* ⟨*irr, sep*, sn⟩ **1** (*später kommen*) llegar más tarde; **2** (*folgen können*) (poder) seguir (*a fig*); **3** *geh e-m Befehl* acatar; *e-r Forderung* seguir; *e-m Wunsch* acceder a; *s-n Verpflichtungen* cumplir con
'Nach|kommenschaft *f* ⟨-⟩ descendencia *f*, prole *f*; **~kömmling** [-kœmlɪŋ] *m* ⟨-s; -e⟩ descendiente *m,f*; **~kriegs...** *in Zssgn* de la pos(t)guerra
Nachlass ['na:xlas] *m* ⟨-es; -e *o* -lässe⟩ **1** (*Hinterlassenschaft*) herencia *f*; *literarischer* obras *f/pl* póstumas; **2** (*Ermäßigung*) rebaja *f*, descuento *m*; ***e-n ~ von 3% gewähren*** conceder un descuento del 3 por ciento
'nachlassen ⟨*irr, sep*⟩ **I** *v/t* (***vom Preis***) ***etw ~*** rebajar (el precio en) a/c; **II** *v/i* disminuir; *Hitze, Regen, Kräfte, Begeisterung a* aflojar; *Lärm, Zorn, Sturm, Schmerz* calmarse; *Fieber* bajar; *Eifer, Aufmerksamkeit* relajarse
'nachlässig I *adj* negligente, descuidado; **II** *adv* con descuido; **2keit** *f* negligencia *f*, descuido *m*
'nachlaufen *v/i* ⟨*irr, sep*, sn⟩ ***j-m, e-r Sache ~*** correr tras alg, a/c, perseguir a alg, a/c
'Nach|lese *f* **1** (*Wein2*) rebusca *f*; **2** *fig* espigueo *m*; **2lesen** *v/t* ⟨*irr, sep*⟩ (volver a) leer, consultar; (*prüfen*) verificar; **~lieferfrist** *f* plazo *m* de entrega posterior; **2liefern** *v/t* ⟨*sep*⟩ entregar más tarde, enviar (*lo que falta*); **~lieferung** *f* entrega *f* posterior; **2lösen** *v/t, v/i* ⟨*sep*⟩ pagar un suplemento
'nachmachen *v/t* ⟨*sep*⟩ **1** (*nachahmen*) imitar, copiar (***j-m etw*** a/c de alg); F ***das soll mir*** (***erst mal***) ***einer ~!*** ¡a ver quien lo hace!; **2** (*fälschen*) falsificar; **3** (*später machen*) hacer más tarde

'Nachmittag *m* tarde *f*; ***am ~*** por la tarde; ***heute ~*** esta tarde; ***morgen, gestern ~*** mañana, ayer por la tarde
'nachmittags *adv* por la(s) tarde(s); *mit Uhrzeit* de la tarde; **℞vorstellung** *f* sesión *f* de tarde
Nachnahme ['-na:mə] *f* ***per ~*** contra re(e)m-bolso; **~sendung** *f* envío *m* contra re(e)m-bolso
'nachordern *v/t* ⟨*sep*⟩ COM hacer un pedido suplementario
'Nachname *m* apellido *m*
'nachplappern *v/t* ⟨*sep*⟩ ***etw ~*** F repetir a/c como un lorito
'Nachporto *n* sobretasa *f*, porte *m* adicional
'nach|prüfbar *adj* comprobable, verificable; **~prüfen** *v/t* ⟨*sep*⟩ comprobar, verificar; **~rechnen** *v/t* ⟨sep, h⟩ *Rechnung* repasar, verificar
'Nachrede *f* ***üble ~*** difamación *f*
'nachreichen *v/t* ⟨*sep*⟩ entregar posteriormente
'Nachricht *f* ⟨-; -en⟩ **1** noticia *f*; (*Mitteilung*) información *f*; (*Botschaft*) mensaje *m*, recado *m*; ***e-e ~ erhalten*** recibir una noticia *bzw* un mensaje; ***~ von etw erhalten*** tener noticia de a/c; ***j-m von etw ~ geben*** informar a alg de a/c; ***e-e ~ hinterlassen*** dejar un recado; *auf dem Anrufbeantworter* dejar un mensaje; **2** RADIO, TV *pl* ***~en*** noticias *f/pl*
'Nachrichten|agentur *f* agencia *f* de noticias; **~dienst** *m* **1** *Agentur* servicio *m* de información; **2** (*Geheimdienst*) servicio *m* secreto; **~sendung** *f* (espacio *m*) informativo *m*, noticiario *m*; **~sprecher(in)** *m(f)* locutor, a *m,f*; **~technik** *f* telecomunicaciones *f/pl*
'nachrücken *v/i* ⟨*sep*, sn⟩ avanzar (*a fig*); MIL ascender
'Nachruf *m* necrología *f*
'nachrüsten ⟨*sep*⟩ **I** *v/t* TEC equipar posteriormente (***mit*** con); **II** *v/i* MIL rearmarse
'Nachrüstung *f* **1** MIL rearme *m*; **2** TEC equipamiento *m* suplementario (***mit*** con)
'nachsagen *v/t* ⟨*sep*⟩ **1** (*wiederholen*) repetir; **2** ***j-m etw ~*** atribuir a/c a alg
'Nachsaison *f* temporada *f* baja; ***in der ~*** en la temporada baja
'nach|schauen *v/i* ⟨*sep*⟩ → ***nachsehen I 1, 2 u II***; **~schenken** *v/t* ⟨*sep*⟩ rellenar; **~schicken** *v/t* ⟨*sep*⟩ *Brief* reenviar, reexpedir
'Nachschlag *m* segunda ración *f*
'nachschlagen ⟨*irr*, *sep*⟩ **I** *v/t*, *v/i* ⟨h⟩ *Wort usw* (***in e-m Buch***) **~** buscar *od* consultar (en un libro); **II** *v/i* ⟨sn⟩ ***j-m ~*** salir a alg
'Nach|schlagewerk *n* obra *f* de consulta; **~schlüssel** *m* copia *f* de una llave; **~schub** *m* MIL abastecimiento *m*
'nachsehen ⟨*irr*, *sep*⟩ **I** *v/t* **1** (*prüfen*) revisar; *Aufgaben* corregir; **2** *a v/i* (***etw***) ***in e-m Buch ~*** consultar (a/c) en un libro; **3** ***j-m etw ~*** perdonar *od* dejar pasar a/c a alg; **II** *v/i* **4** ***j-m ~*** (*hinterhersehen*) seguir a alg con la mirada; **5** ***~, ob …*** (ir a) ver si …
'Nachsehen *n* ***das ~ haben*** quedarse con las ganas
'Nachsendeadresse *f* nueva dirección *f* del destinatario
'nachsenden *v/t* ⟨*irr o regular*, *sep*⟩ POST reenviar, reexpedir; ***bitte ~*** remítase al destinatario
'Nachsicht *f* indulgencia *f*, tolerancia *f*; ***~ haben, üben*** (***mit j-m***) ser indulgente (con alg)
'nachsichtig *adj* indulgente (***mit*** con)
'Nachsilbe *f* sufijo *m*
'nachsinnen *geh v/i* ⟨*irr*, *sep*⟩ meditar (***über etw*** *acus* sobre a/c)
'nachsitzen *v/i* ⟨*irr*, *sep*, *h o sn*⟩ *in der Schule* estar castigado
'Nach|sorge *f* atención *f* postoperatoria; **~speise** *f* postre *m*; **~spiel** *n* **1** THEA, *fig* epílogo *m*; **2** (*Konsequenzen*) consecuencias *f/pl*; ***ein ~ haben*** traer cola
'nachspielen ⟨*sep*⟩ **I** *v/t* MUS repetir; **II** *v/i* SPORT jugar la prórroga
'nachspionieren *v/i* ⟨*sep*, *sin* ge⟩ ***j-m ~*** espiar a alg
'nachsprechen *v/t*, *v/i* ⟨*irr*, *sep*⟩ ***j-m*** (***etw***) **~** repetir a alg (a/c)
'nächst'beste(r, -s) *adj* ***der ~*** *in der Qualität* el segundo; (*beliebig*) el primero que se presente
nächste(r, -s) ['nɛːçstə(r, -s)] **I** *adj Entfernung, Beziehung* el más cercano; *Weg* el más corto; *Zeit, Reihenfolge* el más próximo; ***aus ~r Nähe*** muy de cerca; ***das ~ Mal, ~s Mal*** la próxima vez; ***in ~r Zeit*** próximamente; ***die ~ Straße rechts*** la siguiente calle a la derecha; ***am ~n Tag*** al día siguiente; ***~ Woche*** la semana que viene; **II** *adv* ***am ~n*** lo más cerca; ***j-m, e-r Sache am ~n kommen*** aproximarse al máximo a alg, a/c
'Nächste(r) *geh m* ⟨→ A⟩ **1** prójimo *m*; **2** ***der ~, bitte!*** ¡el siguiente, por favor!
'nachstehen *v/i* ⟨*irr*, *sep*⟩ ***j-m in nichts ~*** no ser en nada inferior a alg
'nachstehend *adjt* siguiente; ***im ℞en*** a continuación; ***das ℞e*** lo que sigue
'nachstellen ⟨*sep*⟩ **I** *v/t* **1** GRAM posponer; **2** *Uhr* retrasar; **3** (*regulieren*) regular; **II** *v/i* **4** ***j-m ~*** perseguir a alg
'Nächstenliebe *f* amor *m* al prójimo
'nächstens *adv* próximamente, en breve, dentro de poco
'nächstliegend *adjt* **1** el más cercano; **2** *fig* el más indicado

N

'nächst'möglich *adj* ***der ~e Termin*** lo antes posible
'nachsuchen *v/i* ⟨*sep*⟩ *geh* ***um etw ~*** solicitar a/c
Nacht *f* ⟨-; ⸚e⟩ noche *f*; ***bei ~, in der ~***, *geh* ***des ~s*** de noche; ***bei ~ und Nebel*** (*heimlich*) clandestinamente; ***über ~*** por la noche; *fig* de la noche a la mañana; ***über ~ bleiben*** quedarse a dormir; ***gute ~!*** ¡buenas noches!; ***es ist ~*** es de noche; ***es wird ~*** anochece; ***heute ~*** esta noche; ***morgen ~*** mañana por la noche; ***gestern ~*** anoche, ayer por la noche
'Nacht|arbeit *f* trabajo *m* nocturno; **~arbeitszuschlag** *m* prima *f* por trabajo nocturno; **2blind** *adj wiss* hemerálope
'Nachtdienst *m* servicio *m* nocturno; ***~ haben*** tener turno de noche
'Nachteil *m* desventaja *f*, inconveniente *m*; (*Schaden*) perjuicio *m*, detrimento *m*; ***er ist im ~*** está en desventaja; ***die Sache hat e-n ~*** el asunto tiene un inconveniente; ***zum ~ von*** en perjuicio de
'nachteilig I *adj* desventajoso, perjudicial; **II** *adv* ***sich ~ auswirken für*** resultar perjudicial para
nächtelang ['nɛçtə-] *adj u adv* noches enteras
'Nacht|essen *n südd*, *schweiz* cena *f*; **~falter** *m* mariposa *f* nocturna; **~flug** *m* vuelo *m* nocturno; **~frost** *m* helada *f* nocturna; **~hemd** *n* camisón *m*
Nachtigall ['naxtɪgal] *f* ⟨-; -en⟩ ruiseñor *m*
'Nachtisch *m* postre *m*
'Nacht|klub *m* club *m* nocturno; **~leben** *n* vida *f* nocturna
nächtlich ['nɛçtlɪç] *adj* nocturno
'Nacht|lokal *n* club *m* nocturno; **~mahl** *n österr* cena *f*; **~portier** *m* portero *m* de noche
Nachtrag ['-traːk] *m* ⟨-(e)s; -träge⟩ *zu e-m Buch* apéndice *m*; *zum Staatshaushalt* adición *f*
'nachtragen *v/t* ⟨*irr*, *sep*⟩ **1** (*hinterhertragen*) ***j-m etw ~*** llevar a/c detrás de alg; **2** (*später eintragen*) añadir; **3** *fig* ***j-m etw ~*** guardar rencor a alg por a/c
'nachtragend *adjt* rencoroso
nachträglich ['-trɛːklɪç] **I** *adj* (*später*) posterior, ulterior; (*ergänzend*) suplementario; **II** *adv* posteriormente
'nachtrauern *v/i* ⟨*sep*⟩ ***e-r Sache, j-m ~*** añorar a/c, a alg
'Nachtruhe *f* descanso *m* nocturno
nachts [naxts] *adv* de noche, durante la noche; *mit Uhrzeit* de la noche
'Nachtschicht *f* turno *m* de noche; ***~ haben*** tener turno de noche
'Nacht|schwärmer(in) *m*(*f*) noctámbulo, -a *m,f*, trasnochador, a *m,f*; **~schwester** *f* enfermera *f* de noche; **~tarif** *m* tarifa *f* nocturna; **~tisch** *m* mesilla *f* de noche; **~tischlampe** *f* lámpara *f* de cabecera; **~topf** *m* orinal *m*; **~tresor** *m* caja *f* nocturna
'Nachtwache *f* **1** *Dienst* guardia *f* de noche; (*Rundgang*) ronda *f*, *bei e-m Kranken* vela *f*; ***bei j-m ~ halten*** velar a alg; **2** *Person* guardia *m,f* nocturno, -a
'Nacht|wächter *m* vigilante *m* nocturno; **~zug** *m* tren *m* de la noche; **~zuschlag** *m* → ***Nachtarbeitszuschlag***
'Nach|untersuchung *f* reconocimiento *m* posterior; **~versicherung** *f* seguro *m* suplementario; **2vollziehbar** *adj* lógico, comprensible; **2vollziehen** *v/t* ⟨*irr*, *sep*, *sin* ge⟩ *Gedanken usw* seguir, comprender
'nachwachsen *v/i* ⟨*irr*, *sep*, sn⟩ (***wieder***) **~** reproducirse, volver a crecer
'nachwachsend *adjt Rohstoff* renovable
'Nachwehen *pl* MED dolores *m/pl* de sobreparto; *fig* consecuencias *f/pl* (desagradables)
Nachweis ['naːxvaɪs] *m* ⟨-es; -e⟩ (*Beweis*) prueba *f* (***über*** *+acus* de); (*Beleg*) comprobante *m*; **2bar I** *adj* demostrable, comprobable; **II** *adv* como puede comprobarse
'nachweisen *v/t* ⟨*irr*, *sep*⟩ (*beweisen*) probar, demostrar; *Fehler* mostrar
'nachweislich I *adj* demostrable, comprobable; **II** *adv* como puede comprobarse
'Nachwelt *f* posteridad *f*
'nachwirken *v/i* ⟨*sep*⟩ (***lange***) **~** seguir produciendo efecto; *fig* repercutir en
'Nach|wirkung *f* consecuencia *f*, repercusión *f*; **~wort** *n* ⟨-(e)s; -e⟩ epílogo *m*
'Nachwuchs *m* **1** (*junge Generation*) nueva generación *f*; *in e-m Beruf* cantera *f*; **2** F (*Kinder*) prole *f*; ***~ bekommen*** tener un hijo
'Nachwuchs|förderung *f* fomento *m* de la generación siguiente; **~kräfte** *f/pl* personal *m* de renuevo
'nach|zahlen *v/t* ⟨*sep*⟩ **1** (*später zahlen*) pagar después; **2** *a absolut* (*zuzahlen*) pagar un suplemento (de); **~zählen** *v/t* (re)contar
'Nachzahlung *f* pago *m* suplementario
'nachziehen ⟨*irr*, *sep*⟩ **I** *v/t* ⟨h⟩ **1** (*hinterherziehen*) llevar tras de sí; *Fuß* arrastrar; **2** (*nachzeichnen*) repasar; *Augenbrauen* marcar; **3** *Schraube* apretar; **II** *v/i* **4** ⟨sn⟩ (*hinterherziehen*) ***j-m ~*** seguir a alg; **5** ⟨h⟩ F (*mithalten*) seguir
Nachzügler(in) ['-tsyːklər(ɪn)] *m*(*f*) rezagado, -a *m,f*; *Kind* benjamín, -ina *m,f*
Nackedei ['nakədaɪ] F *scherzh m* ⟨-s; -s⟩ *Kind* nene, -a *m,f* desnudo, -a
Nacken ['nakən] *m* ⟨-s; -⟩ nuca *f*, cerviz *f*,

N

pescuezo *m*; **~rolle** *f* reposacuellos *m*
nackt [nakt] *adj* desnudo; F en cueros; ***sich ~ ausziehen*** desnudarse; ***~ baden*** bañarse desnudo
'Nackt|badestrand *m* playa *f* nudista; **~foto** *n* desnudo *m*
Nadel ['naːdəl] *f* ⟨-; -n⟩ (*Näh≈*, *Kompass≈*, *Tonabnehmer≈*), BOT, MED aguja *f*; (*Steck≈*, *Schmuck≈*) alfiler *m*; (*Haar≈*) horquilla *f*
'Nadel|baum *m* conífera *f*; **~drucker** *m* INFORM impresora *f* de agujas; **~kissen** *n* alfiletero *m*, acerico *m*; **~öhr** *n* ojo *m* de la aguja; *Verkehr*, *fig* cuello *m* de botella; **~stich** *m* pinchazo *m* (de aguja) (*a fig*); *e-r Näharbeit* puntada *f*; **~streifenanzug** *m* traje *m* (de) mil rayas; **~wald** *m* bosque *m* de coníferas
Nagel ['naːgəl] *m* ⟨-s; ¨~⟩ **1** (*Finger≈*, *Zehen≈*) uña *f*; F ***sich*** (*dat*) ***etw unter den ~ reißen*** F mangar a/c; **2** (*Metall≈*) clavo *m*; F ***etw an den ~ hängen*** colgar a/c, abandonar a/c (*a Studium*, *Beruf*); F *fig* ***den ~ auf den Kopf treffen*** dar en el clavo; *fig* ***Nägel mit Köpfen machen*** hacer las cosas bien (hechas)
'Nagel|bürste *f* cepillo *m* de uñas; **~feile** *f* lima *f* de uñas; **~lack** *m* esmalte *m od* laca *f* de uñas; **~lackentferner** *m* quitaesmalte *m*
'nageln *v/t* clavar
'nagel'neu F *adj* flamante
'Nagelschere *f* tijera(s) *f*(/*pl*) de uñas
nagen ['naːgən] *v/i* roer (***an etw*** *dat* a/c; *a fig*)
'Nagetier *n* roedor *m*
nah → ***nahe***
'Nahaufnahme *f* primer plano *m*
nah(e) ['naː(ə)] **I** *adj* ⟨näher, nächste⟩ cercano (*a Verwandte*), próximo; ***~ am*** *od* ***beim Bahnhof*** cerca de *od* junto a la estación; **II** *adv* ⟨näher, am nächsten⟩ ***von ~em*** de cerca; ***von ~ und fern*** de todas partes; ***~ verwandt sein mit*** ser pariente cercano de; ***ich war ~(e) daran zu*** (+*inf*) estaba a punto de (+*inf*); ***j-m etw ~e bringen*** hacer comprender a/c a alg; ***j-m ~e gehen*** afectar a alg; ***der Wahrheit*** (*dat*) *usw* ***~e kommen*** acercarse a la verdad; ***sich ~e kommen*** acercarse; *fig* intimar; ***j-m etw ~e legen*** sugerir a/c a alg; ***~e liegen*** *Möglichkeit usw* presentarse, ofrecerse; ***das liegt ~e*** se comprende, es de suponer; ***~e liegend*** obvio; ***aus ~e liegenden Gründen*** por razones obvias; ***j-m ~e stehen*** ser muy amigo *od* íntimo de alg; ***~e stehend*** íntimo, próximo; ***j-m zu ~e treten*** ofender a alg, pasarse con alg
Nähe ['nɛːə] *f* ⟨-⟩ proximidad *f* (*a von Zeit*), cercanía *f* (*a von Beziehungen*); ***ganz in der ~*** muy cerca; ***in s-r ~*** cerca de él; ***aus der ~*** de cerca
'nahe'bei *adv* muy cerca
'nahen *geh v/i* ⟨sn⟩ acercarse, aproximarse
nähen ['nɛːən] *v/t* coser (***an*** +*acus* en); MED suturar
näher ['nɛːər] **I** *adj* más cercano, más próximo, más cerca; *Weg* más corto; ***~e Einzelheiten*** pormenores *m/pl*; **II** *adv* de cerca; ***etw ~ ausführen*** detallar a/c, puntualizar a/c; *fig Personen* ***einander ~ bringen*** acercar, aproximar, unir; ***j-m etw ~ bringen*** hacer a alg comprender mejor a/c; ***~ kommen*** acercarse; ***jetzt kommen wir der Sache*** (*dat*) ***schon ~*** ya nos vamos acercando al asunto; ***durch dieses Ereignis sind sie sich ~ gekommen*** los acontecimientos les han hecho acercarse más
'Nähere(s) *n* ⟨→ A⟩ detalles *m/pl* más pormenorizados, más detalles *m/pl*
'Naherholungsgebiet *n* zona *f* de recreo
'Näherin *f* costurera *f*
'nähern *v/r* ***sich*** (***j-m, e-r Sache***) ***~*** acercarse *od* aproximarse (a alg, a/c)
'nahe'zu *adv* casi
'Näh|faden *m*, **~garn** *n* hilo *m* (de coser)
'Nahkampf *m* lucha *f* cuerpo a cuerpo
'Nähkasten *m* costurero *m*
'Näh|maschine *f* máquina *f* de coser; **~nadel** *f* aguja *f* (de coser)
Nah'ost [naːˈʔɔst] ⟨*sin artículo*⟩ Oriente *m* Próximo
'Nährboden *m* medio *m* de cultivo; *fig* caldo *m* de cultivo
nähren ['nɛːrən] **I** *v/t* alimentar (*a fig*), nutrir; *Säugling* amamantar; *Hoffnung* abrigar; **II** *v/i* ser nutritivo
'nahrhaft *adj* nutritivo, sustancioso
'Nährstoff *m* sustancia *f* nutritiva
Nahrung ['naːrʊŋ] *f* ⟨-⟩ **1** alimento *m*; (*Kost*) comida *f*, dieta *f*; ***flüssige ~*** alimento *m* líquido; **2** *fig* ***e-r Sache*** (*dat*) ***neue ~ geben*** dar pasto a a/c
'Nahrungs|aufnahme *f* ingestión *f* de alimentos; **~kette** *f* cadena *f* alimentaria
'Nahrungsmittel *n* alimento *m*, producto *m* alimenticio; *pl* víveres *m/pl*; **~industrie** *f* industria *f* alimentaria, industria *f* de alimentación; **~produktion** *f* producción *f* de alimentos; **~sektor** *m* sector *m* alimenticio
'Nährwert *m* valor *m* nutritivo
'Nähseide *f* torzal *m*
Naht [naːt] *f* ⟨-; ¨~e⟩ (*Kleider≈*) costura *f*; (*Schweiß≈*) soldadura *f*; MED sutura *f*; F *fig* ***aus den*** *od* ***allen Nähten platzen*** *Person* estar como un tonel; *Raum* estar hasta los topes; *Institution* explotar

'nahtlos *adj u adv* sin costura; TEC sin soldadura; *fig* sin fisura; *zeitlich* sin interrupción
'Nahtstelle *f* **1** → ***Naht***; **2** *fig* punto *m* de encuentro
'Nahverkehr *m* tráfico *m* de cercanías; ***öffentlicher ~*** transporte *m* público de cercanías
Nahverkehrszug *m* tren *m* de cercanías
'Nähzeug *n* útiles *m/pl* de costura
naiv [na'iːf] *adj* ingenuo, candoroso, inocente; *Kunst* naif
Naivi'tät *f* ⟨-⟩ ingenuidad *f*, candor *m*, inocencia *f*
Name ['naːmə] *m* ⟨-ns; -n⟩ nombre *m*; (*Familien*2) apellido *m*; (*Ruf*) renombre *m*, reputación *f*; ***wie ist Ihr ~?*** ¿cómo se llama?; ***j-n bei*** *od* ***mit ~n nennen*** llamar a alg por su nombre; ***die Dinge beim ~en nennen*** llamar al pan, pan y al vino, vino, llamar a las cosas por su nombre; ***dem ~n nach kennen*** conocer de nombre; ***im ~n*** (*+gen*) en nombre de; ***im ~n von j-m handeln*** actuar en nombre de alg; ***in eigenem ~n und für eigene Rechnung*** en nombre y por cuenta propios; ***in fremdem ~n und für fremde Rechnung*** en nombre y por cuenta ajenos; ***unter falschem ~n*** bajo nombre falso
'Namen *m* ⟨-s; -⟩ → ***Name***; **~liste** *f* nómina *f*, lista *f* nominal; **2los** *adj* **1** sin nombre, anónimo; **2** (*unsagbar*) indecible
namens ['naːməns] **I** *adv* llamado, de nombre; **II** *prp* ⟨*+gen*⟩ ADM en nombre de
'Namens|aktie *f* acción *f* nominativa; **~scheck** *m* cheque *m* nominativo; **~schild** *n an Türen* placa *f* (con el nombre); *an Kleidung* insignia *f*; *auf Tischen* cartel *m*; **~schwester** *f* tocaya *f*; **~tag** *m* (día *m* del) santo *m*; **~vetter** *m* tocayo *m*
'namentlich I *adj* nominal; **II** *adv* (*mit Namen*) por el nombre; *fig* (*besonders*) particularmente
'namhaft *adj* (*bedeutend*) notable; (*berühmt*) renombrado
Namibia [na'miːbia] *n* ⟨-s⟩ Namibia *f*
nämlich ['nɛːmlıç] *adv* **1** (*und zwar*) o sea, es decir; **2** *begründend* es que …; ***er war ~ krank*** es que estaba enfermo
nanu [na'nuː] *int* ¡caramba!, ¡hombre!
Napalm ['naːpalm] *n* ⟨-s⟩ napalm *m*; **~bombe** *f* bomba *f* de napalm
Napf [napf] *m* ⟨-(e)s; ⸚e⟩ escudilla *f*; (*Fress*2) comedero *m*; **'~kuchen** *m* pastel *m* de molde (redondo)
Nappa ['napa] *n* ⟨-(s); -s⟩, **~leder** *n* napa *f*
Narbe ['narbə] *f* cicatriz *f* (*a fig*)
'narbig *adj* con cicatrices
Narkose [nar'koːzə] *f* anestesia *f*; ***in ~*** (*dat*) anestesiado; **~arzt** *m*, **~ärztin** *f* anestesista *m,f*; **~mittel** *n* anestésico *m*, narcótico *m*
Narkoti|kum [nar'koːtikʊm] *n* ⟨-s; -ka⟩ narcótico *m*, anestésico *m*; **2'sieren** *v/t* ⟨*sin ge*⟩ anestesiar, narcotizar
Narr [nar] *m* ⟨-en; -en⟩ (*Dummkopf*) tonto *m*, loco *m*; (*Hof*2) bufón *m*; ***j-n zum ~en halten*** tomar el pelo a alg
'narren *geh v/t* ***j-n ~*** burlarse de alg, tomar el pelo a alg; (*täuschen*) engañar a alg
'Narrenfreiheit *f* ***sie hat bei ihm ~*** con él, puede hacer las locuras que quiera
'narrensicher F *adj Handhabung* para tontos; *Gerät* a prueba de bomba
Närrin ['nɛrın] *f* tonta *f*, loca *f*
'närrisch *adj* **1** (*verrückt*) loco (***nach*** por); **2** (*karnevalistisch*) carnavalesco
Narzisse [nar'tsısə] *f* narciso *m*
Nar|'zissmus *m* ⟨-⟩ narcisismo *m*; **~'zisst** *m* ⟨-en; -en⟩ narcisista *m*
nasal [na'zaːl] *adj Phonetik* nasal
Na'sal *m* ⟨-s; -e⟩ *Phonetik* nasal *f*
naschen ['naʃən] *v/t, v/i* (***von***) ***etw ~*** golosear a/c, picar a/c; ***gern ~*** ser goloso
Nasche'rei *f* **1** (*Naschen*) picoteo *m*; **2** (*Süßigkeit*) *mst pl* **~en** golosinas *f/pl*
'naschhaft *adj* goloso
'Naschkatze *f* goloso, -a *m,f*
Nase ['naːzə] *f* **1** ANAT nariz *f* (*a fig Flugzeug*2 *usw*); F narices *f/pl*; ***in die ~ steigen*** subirse a las narices; ***aus der ~ bluten*** sangrar por la nariz; ***mir läuft die ~*** me gotea la nariz; ***sich*** (*dat*) ***die ~ putzen*** sonarse; **2** (*Geruchssinn*) olfato *m* (*a vom Hund, fig*); ***e-e feine ~ haben*** tener un fino olfato; **3** *fig* F ***immer der ~ nach*** todo recto; F ***auf die ~ fallen*** F caer de narices; F ***j-m etw auf die ~ binden*** (*glauben machen*) hacer a alg creer a/c; (*erzählen*) contar(le) a/c a alg; ***j-n an der ~ herumführen*** tomar el pelo a alg; F ***j-m auf der ~ herumtanzen*** traer a alg a mal traer; F ***j-m etw unter die ~ reiben*** refregar(le) a alg a/c por las narices; F *Bus* ***j-m vor der ~ wegfahren*** escapárse(le) a alg delante de las narices; F ***die ~ voll haben*** F estar hasta las narices; F ***s-e ~ in alles stecken*** F meter las narices en todo; F (*Person*) ***pro ~*** por barba
näseln ['nɛːzəln] *v/i* ganguear
'Nasenbein *n* hueso *m* nasal
'Nasenbluten *n* ⟨-s⟩ ***~ haben*** sangrar por la nariz
'Nasenflügel *m* ala *f* de la nariz
'Nasenlänge *f* ***um e-e ~ gewinnen*** ganar por media cabeza; *fig* ***sie ist mir immer um e-e ~ voraus*** siempre me lleva algo de ventaja
'Nasen|loch *n* ventana *f od* agujero *m* de la nariz; **~rücken** *m* dorso *m* de la nariz;

~spitze *f* punta *f* de la nariz; **~tropfen** *pl* gotas *f/pl* nasales
'naseweis *adj* resabido, sabihondo
'Nashorn *n* rinoceronte *m*
'naslang *adv* F ***alle ~*** a cada rato
nass [nas] *adj* ⟨=er *o* -er, =este *o* -este⟩ mojado; (*feucht*) húmedo; (*ganz durchnässt*) empapado; (*regenreich*) lluvioso; ***~ machen*** mojar; ***~ werden*** mojarse
Nässe ['nɛsə] *f* ⟨-⟩ humedad *f*
'nässen *v/i Wunde* exudar
'nasskalt *adj* frío y húmedo
'Nasszelle *f* cuarto *m* húmedo
Nation [natsi'oːn] *f* nación *f*
natio'nal *adj* nacional
Natio'nal|einkommen *n* renta *f* nacional; **~elf** *f Fußball* selección *f* (nacional); **~feiertag** *m* fiesta *f* nacional; **~flagge** *f* bandera *f* nacional; **~hymne** *f* himno *m* nacional
Nationa|'lismus *m* ⟨-⟩ nacionalismo *m*; **≈'listisch** *adj* nacionalista; **~li'tät** *f* nacionalidad *f*
Natio'nal|mannschaft *f* selección *f* (nacional); **~park** *m* parque *m* nacional; **~rat** *m schweiz, österr* **1** (*Parlament*) Consejo *m* Nacional; **2** *Mitglied* miembro *m* del Consejo Nacional; **~sozialismus** *m* nacionalsocialismo *m*; **~sozialist(in)** *m(f)* nacionalsocialista *m,f*; **≈sozialistisch** *adj* nacionalsocialista; **~spieler(in)** *m(f)* jugador, a *m,f* de la selección (nacional); **~versammlung** *f* asamblea *f* nacional
NATO, Nato ['naːto] *f Abk* ⟨-⟩ (*North Atlantic Treaty Organization*) OTAN *f* (*Organización del Tratado Atlántico Norte*)
Natrium ['naːtrium] *n* ⟨-s⟩ sodio *m*
Natron ['naːtrɔn] *n* ⟨-s⟩ sosa *f*; F bicarbonato *m*
Natter ['natər] *f* ⟨-; -n⟩ culebra *f*
Natur [na'tuːr] *f* naturaleza *f* (*a Wesen*), índole *f*; (*Charakter*) *a* carácter *m*; ***in der freien ~*** al aire libre; ***von ~*** (***aus***) por naturaleza; ***es liegt in der ~ der Sache*** radica en la naturaleza misma del asunto
Naturalien [natu'raːliən] *pl* productos *m/pl* del suelo *od* naturales; ***in ~*** (*dat*) (***be***)***zahlen*** pagar en especie
Natura'l|ismus *m* ⟨-⟩ naturalismo *m*; **≈istisch** *adj* naturalista
na'tur|belassen *adjt* natural, no tratado; **≈bursche** *m* joven *m* llano; **≈denkmal** *n* monumento *m* natural
Natu'rell *n* ⟨-s; -e⟩ natural *m*, índole *f*, naturaleza *f*
Na'tur|ereignis *n*, **~erscheinung** *f* fenómeno *m* natural; **~faser** *f* fibra *f* natural; **~forscher(in)** *m(f)* naturalista *m,f*; **~freund(-in)** *m(f)* amante *m,f* de la naturaleza; **≈gemäß** *adj* natural; **~gesetz** *n* ley *f* natural; **≈getreu I** *adj* natural; **II** *adv* al natural; **~gewalt** *f* fuerza *f* de la naturaleza; **~heilkunde** *f* medicina *f* naturista; **~heilmittel** *n* remedio *m* naturista; **~katastrophe** *f* catástrofe *f* natural, cataclismo *m*; **~kost** *f* dieta *f od* alimentación *f* natural; **~kostladen** *m* tienda *f* de productos naturales
natürlich [na'tyːrlɪç] **I** *adj* natural; (*einfach*) sencillo; **II** *adv* naturalmente; ***~!*** ¡claro que sí!, *Am* ¿cómo no?
Na'türlichkeit *f* ⟨-⟩ naturalidad *f*
Na'tur|park *m* parque *m* natural; **~produkt** *n* producto *m* natural; **≈rein** *adj* natural; *Saft, Honig usw* puro
Na'turschutz *m* protección *f* de la naturaleza; ***unter ~*** (*dat*) ***stehen*** estar protegido (oficialmente)
Na'tur|schützer(in) *m(f)* protector, a *m,f* de la naturaleza; **~schutzgebiet** *n* reserva *f* natural
Na'turtalent *n* talento *m* (natural); ***sie ist ein ~*** tiene grandes dotes (naturales)
na'tur|trüb *adj* sin filtrar; **~verbunden** *adjt* ligado a la naturaleza
Na'turwissenschaft|en *pl* ciencias *f/pl* naturales; **~ler(in)** *m(f)* científico, -a *m,f*; **≈lich** *adj* científico
Na'turwunder *n* milagro *m* de la naturaleza
nautisch ['nautɪʃ] *adj* náutico
Navigation [navigatsi'oːn] *f* ⟨-⟩ navegación *f*; **~ssystem** *n Internet* sistema *m* de navegación; AUTO sistema *m* de asistencia al conductor
Nazi ['naːtsi] *m* ⟨-s; -s⟩ nazi *m*
na'zistisch *adj* nazista
n. Chr. *Abk* (*nach Christus*) d. C. (*después de Cristo*)
NDR [ɛndeː'ɛr] *m Abk* ⟨-⟩ (*Norddeutscher Rundfunk*) *Radio de la Alemania del Norte*
Neandertaler [ne'andərtaːlər] *m* Neandertal *m*
Nebel ['neːbəl] *m* ⟨-s; -⟩ niebla *f*; (*Dunst*) bruma *f*; *leichter* neblina *f*; ASTR nebulosa *f*; ***bei ~*** con niebla
'Nebel|bank *f* ⟨-; =e⟩ banco *m* de niebla; **~horn** *n* sirena *f* de niebla
'nebelig → ***neblig***
'Nebel|scheinwerfer *m* faro *m* antiniebla; **~schlussleuchte** *f* luz *f* trasera antiniebla
neben ['neːbən] *prp* **1** *Lage* ⟨+*dat*⟩, *Richtung* ⟨+*acus*⟩ junto a, al lado de; **2** ⟨+*dat*⟩ (*verglichen mit*) al lado de; **3** ⟨+*dat*⟩ (*außer*) además de
neben'an *adv* al lado; ***das Haus ~*** la casa de al lado
'Neben|anschluss *m* TEL extensión *f*, supletorio *m*; **~arbeit** *f* trabajo *m* secundario

N

neben'bei *adv* **1** (*beiläufig*) de paso; (*zusätzlich*) además; **~ *gesagt*** dicho (sea) de paso; **2** (*außerdem*) además
'Neben|beruf *m* profesión *f* secundaria; **2beruflich** *adj u adv* de *od* como profesión secundaria; **~beschäftigung** *f* ocupación *f* secundaria *od* complementaria; **~buhler (-in)** [-bu:lər(ɪn)] *m(f)* rival *m,f*, competidor, a *m,f*
nebenei'nander *adv* **1** *örtlich* uno al lado del otro; **~ *bestehen*** coexistir; **~ *legen, setzen, stellen*** poner uno al lado del otro; *fig* cotejar; **2** *zeitlich* simultáneamente
'Neben|einkünfte *pl*, **~einnahmen** *pl* ingresos *m/pl* complementarios; **~fach** *n* asignatura *f od* rama *f* secundaria; **~fluss** *m* afluente *m*; **~gebäude** *n* edificio *m* anexo, dependencia *f*; **~geräusch** *n* RADIO ruido *m* de fondo (*a* TEL), (ruidos *m/pl*) parásitos *m/pl*; **2'her** *adv* al lado; (*außerdem*) además; **~höhle** *f* seno *m* nasal; **~höhlenentzündung** *f* sinusitis *f*; **~klage** *f* JUR acción *f od* demanda *f* accesoria; **~kläger(in)** *m(f)* JUR acusador *m* privado, acusadora *f* privada; **~kosten** *pl* gastos *m/pl* adicionales (*a bei Miete*); **~produkt** *n* subproducto *m*; **~raum** *m* habitación *f* contigua, apartado *m*; **~rechte** *n/pl* derechos *m/pl* accesorios; **~rolle** *f* papel *m* secundario
'Nebensache *f* cosa *f* de poca importancia; ***das ist völlig ~*** eso no tiene importancia
'nebensächlich *adj* secundario, irrelevante
'Neben|saison *f* temporada *f* baja; **~satz** *m* oración *f* subordinada; **~stelle** *f* **1** (*Filiale*) filial *f*, sucursal *f*; **2** TEL extensión *f*; **~straße** *f* carretera *f* secundaria; (*Seitenstraße*) calle *f* lateral; **~tätigkeit** *f* actividad *f* secundaria; **~tisch** *m* mesa *f* de al lado; **~verdienst** *m* ingresos *m/pl* complementarios; **~wirkung** *f* efecto *m* secundario; **~zimmer** *n* habitación *f* contigua
'neblig *adj* nebuloso, brumoso
nebst [ne:pst] *lit prp* ⟨+*dat*⟩ (junto) con, incluido
Necessaire [nesɛ'sɛ:r] *n* ⟨-s; -s⟩ neceser *m*
neck|en ['nɛkən] **I** *v/t* tomar el pelo a; **II** *v/r* ***sich ~*** bromear; **~isch** *adj* (*schelmisch*) guasón, pícaro; (*kokett*) coqueto
nee [ne:] F → ***nein***
Neffe ['nɛfə] *m* ⟨-n; -n⟩ sobrino *m*
Nega|tion [negatsi'o:n] *f* negación *f*; **2tiv** ['ne:gati:f] *adj* negativo
'Negativ *n* ⟨-s; -e⟩ FOT negativo *m*
Neger(in) ['ne:gər(ɪn)] *neg! m* (*f*) negro, -a *m,f* (*a desp*)
negieren [ne'gi:rən] *v/t* ⟨*sin* ge⟩ negar
Negligé [negli'ʒe:] *n* ⟨-s; -s⟩ salto *m* de cama, deshabillé *m*
nehmen ['ne:mən] ⟨nimmt, nahm, genommen⟩ **I** *v/t* tomar, coger (*a fig* ***von etw*** de a/c); *Arg nur* agarrar; (*an~*) aceptar; (*heraus~*) sacar (***aus etw*** de a/c); (*weg~*) quitar; *Hindernis* franquear; ***j-m die Hoffnung ~*** hacer perder la esperanza a alg; ***da, ~ Sie!*** ¡tome!; *Rezept* ***man nehme …*** se toma …; F ***wie mans nimmt*** depende; ***streng genommen*** en sentido exacto; ***etw an sich*** (*acus*) **~** guardar a/c; *Gefundenes* llevarse a/c; ***etw auf sich*** (*acus*) **~** tomar a su, *etc* cargo, encargarse de; ***etw zu sich*** (*dat*) **~** *Essen*, *Trinken* tomar a/c; ***er ist hart im 2*** *Boxen* las encaja bien (*a fig*); **II** *v/r* ***sich*** (*dat*) ***etw ~*** coger(se) a/c; ***das lasse ich mir nicht ~*** no me voy a privar de ello; ***er ließ es sich nicht ~ zu*** (+*inf*) insistió en (+*inf*)
Neid [naɪt] *m* ⟨-(e)s⟩ envidia *f*; F ***vor ~ platzen*** morirse de la envidia; F ***das muss ihm der ~ lassen*** hay que reconocerlo
'neiden *geh v/t* ***j-m etw ~*** envidiar a/c a alg
'Neider *m* envidioso *m*; ***viele ~ haben*** despertar mucha envidia
'Neidhammel F *m* envidioso, -a *m,f*
'neidisch *adj* envidioso
'neidlos *adv* sin envidia
Neige ['naɪgə] *geh f* resto *m*; (*letzte Tropfen*) última gota *f*; ***zur ~ gehen*** tocar a su fin, acabarse; *Tag* declinar
'neigen I *v/t* inclinar; *Kopf a* bajar; **II** *v/i* ***zu etw ~*** (*tendieren*) tender a; *zu Übergewicht, Übertreibungen a* tener la tendencia a; ***dazu ~ zu*** (+*inf*) ser propenso a; ***er neigt zu Erkältungen*** es propenso a los resfriados; **III** *v/r* ***sich ~*** *Zweige, Ebene* inclinarse; *Mauer, Baum* ladearse; *geh Tag* declinar; *Person* **sich** (**nach vorn**) **~** inclinarse (hacia delante)
'Neigung *f* **1** inclinación *f*, declive *m*; **2** *fig* propensión *f* (**zu** a); (*Tendenz*) tendencia *f*; ***die ~ haben zu*** (+*inf*) tener la tendencia a; **3** (*Zuneigung*) inclinación *f* (**für** a); (*Vorliebe*) afición *f* (**für** a)
nein [naɪn] *adv* no
Nein *n* ⟨-(s); -(s)⟩ no *m*; **~ *sagen*** decir (que) no (*a fig*); ***mit ~ stimmen*** votar no
'Neinstimme *f* voto *m* en contra *od* negativo
Nektar ['nɛktar] *m* ⟨-s; -e⟩ néctar *m*
Nektarine [nɛkta'ri:nə] *f* nectarina *f*
Nelke ['nɛlkə] *f* **1** BOT clavel *m*; **2** (*Gewürz2*) clavo *m*
nennen ['nɛnən] ⟨nannte, genannt⟩ **I** *v/t* **1** nombrar, llamar; (*be~*) denominar; (*bezeichnen als*) calificar de, tratar de; ***nach j-m genannt werden*** llevar el nombre de alg; ***das nenne ich e-n Helden!*** ¡eso es lo que yo llamo un héroe!; **2** *Namen*, *Grund* dar; *Grund*, *Preis* indicar; (*anführen*) mencionar; **II** *v/r* **3** ***sich ~*** llamarse; F

und so was nennt sich mein Freund! ¿eso es ser un amigo?
'nennenswert *adj* digno de mención, notable
'Nenner *m* denominador *m*; ***gemeinsamer ~*** denominador *m* común (*a fig*)
'Nennung *f* mención *f*
'Nennwert *m* valor *m* nominal
neo..., Neo... [neo...] *in Zssgn oft* neo ...
Neologismus [neolo'gɪsmʊs] *m* ⟨-; -men⟩ LING neologismo *m*
Neon ['neːɔn] *n* ⟨-s⟩ neón *m*
Neo'nazi *m* neonazi *m*
'Neon|licht *n* luz *f* de neón; **~reklame** *f* anuncio *m* luminoso *od* de neón; **~röhre** *f* tubo *m* de neón
Nepal ['neːpal] *n* ⟨-s⟩ Nepal *m*
Nepp [nɛp] F *m* ⟨-s⟩ F timo *m*
'neppen F *v/t* F timar, clavar
Nerv [nɛrf] *m* ⟨-s; -en⟩ nervio *m*; ***schwache, starke ~en haben*** tener nervios irritables, de acero; ***die ~en verlieren*** perder los nervios; ***mit den ~en am Ende***, F ***fertig sein*** tener los nervios destrozados; ***die ~en behalten*** mantener la calma; F ***sie geht mir auf die ~en, sie tötet mir den ~*** me saca de quicio; F me pone a cien; ***der hat*** (***vielleicht***) ***~en!*** F ¡qué valor tiene!
'nerven F *v/t* ***j-n ~*** dar la lata a alg; *absolut* poner nervioso, enervar; ***das nervt!*** F ¡qué lata!, ¡qué rollo!
'Nerven|arzt *m*, **~ärztin** *f* neurólogo , -a *m,f*; **≗aufreibend** *adjt* enervante; **~bündel** F *n Person* manojo *m* de nervios; **~entzündung** *f* neuritis *f*; **~heilanstalt** *f* clínica *f* psiquiátrica *od* mental; **~kitzel** F *m* suspense *m*, sensaciones *f/pl* fuertes; **≗krank** *adj* neurótico; **~krieg** F *m* guerra *f* de nervios; **~säge** F *f* F pelmazo, -a *m,f*
'Nervensystem *n* sistema *f* nervioso; ***vegetatives ~*** sistema *f* nervioso vegetativo
'Nervenzusammenbruch *m* crisis *f* nerviosa
'nervig *adj Hand, Arm* nervudo; F (*aufreibend*) enervante
nervlich ['nɛrflɪç] *adj* nervioso
nervös [nɛr'vøːs] *adj* nervioso; ***~ machen*** poner nervioso
Nervosität [nɛrvozi'tɛːt] *f* ⟨-⟩ nerviosismo *m*
'nervtötend *adjt* enervante, que quema la sangre
Nerz [nɛrts] *m* ⟨-es; -e⟩ ZO, *Pelz* visón *m*; **'~mantel** *m* abrigo *m* de visón
Nessel ['nɛsəl] *f* ⟨-; -n⟩ ortiga *f*; F *fig* ***sich in die ~n setzen*** F meterse en un berenjenal
'Nesselsucht *f* urticaria *f*
Nest [nɛst] *n* ⟨-(e)s; -er⟩ **1** (*Vogel≗, Diebes≗*) nido *m*; F ***sich ins gemachte ~ setzen*** hacer una buena boda; **2** F *desp* (*Dorf*) F poblacho *m*, pueblo *m* de mala muerte
nesteln ['nɛstəln] *v/i* ***an etw*** (*dat*) ***~*** manosear a/c
'Nest|häkchen *n* benjamín, -ina *m,f*; **~wärme** *f* calor *m* de hogar
nett [nɛt] *adj* **1** (*freundlich*) simpático, amable (***zu j-m*** con alg); ***sei so ~ und mach die Tür zu!*** ¡por favor, cierra la puerta!; **2** (*reizend*) gracioso; (*angenehm*) agradable; F *iron a* valiente; **3** (*hübsch*) bonito (*a* F *beträchtlich*)
netto ['nɛto] *adv* neto
'Netto|einkommen *n* ingresos *m/pl* netos; *Gehalt* salario *m* neto; **~einnahmen** *f/pl* ingresos *m/pl* netos; *Gewinn* ganancia *f* neta; **~ertrag** *m* producto *m* neto, rendimiento *m* neto; **~gehalt** *n* salario *m* neto; **~gewicht** *n* peso *m* neto; **~gewinn** *m* beneficio *m* neto, ganancia *f* neta; **~lohn** *m* sueldo *m* neto; **~preis** precio *m* neto; **~umsatz** *m* importe *m* neto de la cifra de negocios; **~verdienst** *m Gewinn* ganancia *f* neta; *Gehalt* salario *m* neto; **~vermögen** *n* patrimonio *m* neto, neto *m* patrimonial
Netz [nɛts] *n* ⟨-es; -e⟩ red *f* (*a fig*, INFORM); (*Haar≗*) redecilla *f*; (*Spinnen≗*) telaraña *f*; ***j-m ins ~ gehen*** caer en las redes de alg (*a fig*); *fig* ***soziales ~*** sistema *m* social
'Netz|anschluss *m* EL conexión *f* a la red; **~betreiber** *m* INFORM operador *m* de redes; **~gerät** *n* EL alimentador *m*, fuente *f* de alimentación; **~haut** *f* retina *f*; **~karte** *f* INFORM tarjeta *f* de red; BAHN (tarjeta *f* de) abono *m*; **~strümpfe** *pl* medias *f/pl* de rejilla; **~werk** *n bsd* INFORM red *f*; **~werk-Server** *m* INFORM servidor *m* de red
neu [nɔʏ] **I** *adj* nuevo; (*kürzlich geschehen*) reciente; (*~artig*) *a* moderno; ***~este Mode*** última moda *f*; ***~este Nachrichten*** últimas noticias *f/pl*; ***~eren Datums*** de fecha reciente; ***das ist mir ~*** no lo sabía; ***aufs ≗e, von ~em*** otra vez, de nuevo; F ***der, die ≗e*** el nuevo, la nueva; ***was gibt es ≗es?*** ¿qué hay de nuevo?; ***weißt du schon das ≗este?*** ¿sabes lo último?; **II** *adv* de nuevo; recientemente; ***etw ~ einrichten*** instalar nuevo a/c; *Wohnung usw* poner *od* amueblar nuevo a/c; ***ein Restaurant ~ eröffnen*** inaugurar un restaurante; ***~ ordnen*** reordenar
'Neu|ankömmling *m* ⟨-s; -e⟩ recién llegado, -a *m,f*; **~anschaffung** *f* nueva adquisición *f*; **≗artig** *adj* nuevo, moderno; **~auflage** *f* reedición *f* (*a fig*)
'Neubau *m* ⟨-(e)s; -ten⟩ nueva construcción *f*; *im Bau befindlicher* edificio *m* en construcción; *eben fertig gestellter* edificio *m*

de nueva construcción; **~gebiet** *n* barrio *m* nuevo; **~wohnung** *f* piso *m* nuevo
'Neu|bearbeitung *f* refundición *f*; *e-s Buches* edición *f* revisada; **~beginn** *m* nuevo comienzo *m*; **~bewertung** *f* FIN revalorización *f*; **~bildung** *f* **1** nueva formación *f*; BIOL regeneración *f*; **2** LING neologismo *m*; **~einstellung** *f* nueva contratación *f*; **~entwicklung** *f* desarrollo *m*
'neuer'dings *adv* recientemente, últimamente
'Neuerer *m* innovador *m*
'Neu|eröffnung *f* inauguración *f*; **~erscheinung** *f* novedad *f*; **~erung** *f* innovación *f*; **~erwerb** *m* nueva adquisición *f*; **~fassung** *f* nueva versión *f*
Neu'fundland *n* Terranova *f*
'neugeboren *adjt* recién nacido *m*; ***sich wie ~ fühlen*** sentirse como nuevo
'Neugeborene(s) *n* ⟨→ A⟩ recién nacido, -a *m,f*
'Neu|gier *f*, **~gierde** *f* ⟨-⟩ curiosidad *f*
'neugierig *adj* que tiene curiosidad, curioso (***auf*** *+acus* por); ***ich bin ~, ob …*** me intriga saber si …
Neugui'nea *n* ⟨-s⟩ Nueva Guinea *f*
'Neuheit *f* novedad *f* (*a Produkt*); ***~en auf der Messe präsentieren*** presentar novedades en la feria
'Neuigkeit *f* noticia *f*, novedad *f*
'Neujahr *n* año *m* nuevo
'Neujahrs|nacht *f* Nochevieja *f*; **~tag** *m* Año *m* Nuevo
'Neukonstruktion *f* nueva construcción *f*
'Neuland *n fig* tierra *f* virgen; ***~ betreten*** abrir nuevos horizontes
'neulich *adv* el otro día
'Neuling *m* ⟨-s; -e⟩ principiante *m,f*, novato, -a *m,f*, bisoño, -a *m,f*
'neumodisch *adj* de última moda, moderno
'Neumond *m* luna *f* nueva, novilunio *m*
neun [nɔʏn] *núm/c* nueve; *beim Kegeln* ***alle ~e!*** ¡pleno!; → ***acht***
Neun *f* ⟨-; -en⟩ nueve *m*; F ***ach, du grüne ~e!*** F ¡su madre!
'Neuner *m* nueve *m*
'neuner'lei *adj* ⟨*inv*⟩ de nueve clases diferentes
'neun|fach *adj u adv* nueve veces más; **≈fache(s)** *n* ⟨→ A⟩ nueve veces (la cantidad, *etc*); **'~'hundert** *núm/c* novecientos; **~jährig** *adj* de nueve años; **~mal** *adv* nueve veces; **~malklug** *adj* sabihondo
neunt [nɔʏnt] *adv* ***zu ~*** nueve; ***zu ~ sein*** ser nueve
'neun'tausend *núm/c* nueve mil
'neunte(r, -s) *núm/o* noveno; → ***achte(r, -s)***
'Neuntel *n* ⟨-s; -⟩ noveno *m*
'neuntens *adv* en noveno lugar
'neunzehn *núm/c* diecinueve; → ***acht***
neunzig ['nɔʏntsɪç] *núm/c* noventa; → ***achtzig***
'Neunzig *f* ⟨-⟩ noventa *m*
'neunziger *adj* ⟨*inv*⟩ ***die ~ Jahre*** los años *m/pl* noventa
'neunzigjährig *adj* nonagenario, de noventa años
'Neuordnung *f* reorganización *f*
Neuralg|ie [nɔʏral'giː] *f* neuralgia *f*; **≈isch** [-'ralgɪʃ] *adj* neurálgico (*a geh fig Punkt*)
'Neu|reg(e)lung *f* reorganización *f*; **≈reich** *adj* nuevo rico; **~reiche(r)** *f(m)* nuevo, -a rico, -a *m,f*
Neurodermitis [nɔʏrodɛr'miːtɪs] *f* ⟨-; -'tiden⟩ neurodermitis *f*
Neuro|loge [nɔʏro'loːgə] *m* ⟨-n; -n⟩, **~'login** *f* neurólogo, -a *m,f*
Neuro|se [nɔʏ'roːzə] *f* neurosis *f*; **~tiker(in)** *m(f)* neurótico, -a *m,f*; **≈tisch** *adj* neurótico
'Neuschnee *m* nieve *f* recién caída
Neu'see|land *n* ⟨-s⟩ Nueva Zelanda *f*; **~länder(in)** [-lɛndər(ɪn)] *m(f)* neozelandés, -esa *m,f*; **≈ländisch** *adj* neozelandés
'neusprachlich *adj* de lenguas modernas
neutral [nɔʏ'traːl] *adj* neutro (*a* CHEM); POL neutral; **~i'sieren** *v/t* ⟨*sin* ge⟩ neutralizar (*a* CHEM); **≈i'tät** *f* ⟨-⟩ neutralidad *f*
Neutron ['nɔʏtrɔn] *n* ⟨-s; -'tronen⟩ neutrón *m*
Neutrum ['nɔʏtrʊm] *n* ⟨-s; -tra *o* -tren⟩ GRAM neutro *m*
'Neu|verschuldung *f* nuevo endeudamiento *m*; **~wahl** *f* nueva elección *f*; **≈wertig** *adj* como nuevo; **~zeit** *f* época *f* moderna, tiempos *m/pl* modernos; **≈zeitlich** *adj* moderno; **~zugang** *m* **1** *im Krankenhaus* ingreso *m*; **2** *von Waren* novedad *f*; *e-r Bibliothek* nueva adquisición *f*
New Mexiko [nu'mɛksiko] *n* Nuevo Méjico *m*
New York [nu'jɔːk] *n* Nueva York *f*
Niagarafälle [nia'gara-] *pl* Cataratas *f/pl* del Niágara
Nicaragua *n* ⟨-s⟩ Nicaragua *f*
Nicaragu'a|ner(in) *m(f)* nicaragüense *m,f*; **≈nisch** *adj* nicaragüense
nicht [nɪçt] *adv* no; ***~ ein einziger*** ni uno; ***~, dass …*** no sea que … (*+subj*); ***~?, ~ wahr?*** ¿no?, ¿verdad?; ***~ so schön wie …*** no tan bonito como …; ***auch ~*** tampoco; ***~ rostend*** inoxidable
'Nicht|... *in Zssgn oft* no…; **~achtung** *f* irreverencia *f*; **~'angriffspakt** *m* pacto *m* de no agresión; **~beachtung** *f* inobservancia *f*
Nichte ['nɪçtə] *f* sobrina *f*
'nicht|ehelich *adj* extramatrimonial; **≈ein-**

haltung *f e-s Vertrages* incumplimiento *m*; **≈einmischung** *f* no intervención *f*, no injerencia *f*; **≈erfüllung** *f* JUR *e-s Vertrags* incumplimiento *m*
'nichtig *adj* **1** JUR nulo; **2** *fig* (*nichts sagend*) vano, fútil; **≈keit** *f* **1** JUR nulidad *f*; **2** *fig* (*Belanglosigkeit*) futilidad *f*; **3** (*Bagatelle*) bagatela *f*, nadería *f*
'Nichtmitglied *n* no socio, -a *m,f*
'nichtöffentlich *adj* privado; *Sitzung* cerrado
'Nichtraucher(in) *m(f)* no fumador, a *m,f*; ***ich bin ~*** no fumo
'Nichtraucher|abteil *n* vagón *m* para no fumadores; **~zone** *f* zona *f* para no fumadores
nichts [nɪçts] *pr/indef* (no …) nada; ***~ and(e)res*** ninguna otra cosa; ***~ mehr*** nada más; ***~ ahnend*** que no sospecha nada; ***~ sagend*** insignificante; *Worte* vacío, vano; F ***~ da!*** F ¡nada de eso!; F ***~ wie hin!*** F ¡vámonos allá!; F ***~ wie weg!*** F ¡larguémonos!; F ***für ~ und wieder ~*** en balde, por amor al arte; ***mir ~, dir ~*** sin más ni más; ***ich hatte ~ als Scherereien*** lo único que conseguí fue fastidiarme
Nichts *n* ⟨-⟩ **1** nada *f*; (***wie***) ***aus dem ~ auftauchen*** surgir de la nada; ***er steht vor dem ~*** está arruinado; **2** *desp* (*Mensch*) cero *m* a la izquierda
'Nichtschwimmer(in) *m(f)* no nadador, a *m,f*
nichtsdesto|'trotz F *scherzh adv*, **~'weniger** *adv* sin embargo, no obstante
'Nichtsesshafte(r) *f(m)* ⟨→ A⟩ persona *f* sin hogar
'Nichts|nutz *m* ⟨-es, -e⟩ inútil *m,f*; **≈nutzig** *adj* inútil; **~tuer(in)** [-tuːər(ɪn)] *m(f)* gandul, a *m,f*, vago, -a *m,f*; **~tun** *n* ocio *m*, holgazanería *f*
'Nicht|vorhandensein *n* ausencia *f*; **~wähler(in)** *m(f)* abstencionista *m,f*; **~wissen** *n* ignorancia *f*
'Nichtzutreffende(s) *n* ⟨→ A⟩ ***~s streichen*** tachése lo que no corresponda
Nickel ['nɪkəl] *n* ⟨-s⟩ níquel *m*; **~brille** *f* gafas *f/pl* de metal
nicken ['nɪkən] *v/i* inclinar la cabeza; *zustimmend* asentir (con la cabeza)
'Nickerchen F *n* ⟨-s; -⟩ siestecilla *f*; F cabezada *f*; ***ein ~ machen*** echarse una siestecilla; F dar una cabezada
Nicki ['nɪki] *m* ⟨-(s); -s⟩ niki *m*
nie [niː] *adv* (no …) nunca, (no …) jamás; ***~ und nimmer!*** nunca jamás; ***~ wieder, ~ mehr*** nunca más; ***noch ~ da gewesen*** sin precedente, inaudito
nieder ['niːdər] *adv* abajo; ***~ mit den Verrätern!*** ¡abajo los traidores!
'Niederbayern *n* Baja Baviera *f*
'nieder|brennen ⟨*irr, sep*⟩ **I** *v/t* ⟨h⟩ quemar, reducir a cenizas; **II** *v/i* ⟨sn⟩ arder, reducirse a cenizas; **~brüllen** *v/t* ⟨*sep*⟩ hacer callar (a gritos), abuchear; **~drücken** *v/t* ⟨*sep*⟩ **1** *Taste*, *Knopf* apretar; *Hebel* bajar; **2** *fig* deprimir
'niedere(r, -s) *adj* **1** bajo; *im Rang*, *Wert* menor, inferior; *Gesinnung* innoble; **2** BIOL inferior
'Nieder|gang *geh m* decadencia *f*, ocaso *m*; **≈gedrückt** *adjt* deprimido
'niedergehen *v/i* ⟨*irr, sep*, sn⟩ *Gewitter*, *Regenguss* abatirse (sobre); *Flugzeug* aterrizar
'niedergeschlagen *adjt* abatido, deprimido; **≈heit** *f* ⟨-⟩ abatimiento *m*, depresión *f*
'niederknien *v/i* ⟨*sep*, sn⟩ arrodillarse; ***vor j-m ~*** ponerse de hinojos ante alg, hacer una genuflexión ante alg
'niederkommen *geh v/i* ⟨*irr, sep*, sn⟩ dar a luz (***mit*** a)
Nieder|kunft ['-kʊnft] *geh f* ⟨-; ⸚e⟩ parto *m*, alumbramiento *m*; **~lage** *f* derrota *f*
'Nieder|lande *pl* ⟨-⟩ ***die ~*** los Países Bajos; **~länder(in)** ['-lɛndər(ɪn)] *m(f)* neerlandés, -esa *m,f*; **≈ländisch** *adj* neerlandés
'niederlassen *v/r* ⟨*irr, sep*⟩ ***sich ~*** **1** *geh* (*sich setzen*) asentarse; *Vögel* posarse; **2** (*ansässig werden*) instalarse, establecerse
'Niederlassung *f* **1** (*Sichniederlassen*) asentamiento *m*, instalación *f*; **2** COM sucursal *f*; *e-r Bank*, *Versicherung a* agencia *f*; ***e-e ~ eröffnen, gründen*** inaugurar, establecer una sucursal
'niederlegen ⟨*sep*⟩ **I** *v/t* **1** poner *od* depositar en el suelo; **2** *fig Waffen* rendir, deposítar; ***sein Amt ~*** dimitir de su cargo; ***die Arbeit ~*** ponerse en huelga; **3** ***etw schriftlich ~*** formular a/c por escrito, dejar a/c escrita; **II** *v/r* **4** ***sich ~*** acostarse
'Niederlegung *f e-s Kranzes* depósito *m*; *e-s Amts* dimisión *f*
'nieder|machen *v/t* ⟨*sep*⟩ **1** masacrar; **2** *fig mit Worten* ***j-n ~*** dejar como un trapo a alg; **~metzeln** *v/t* ⟨*sep*⟩ matar a cuchillo, masacrar
'niederprasseln *v/i* ⟨*sep*, sn⟩ *Regen* abatirse sobre; *fig Kritik usw* ***auf j-n ~*** desencadenarse sobre alg
'niederreißen *v/t* ⟨*irr, sep*⟩ *Gebäude* derribar, demoler
'Niedersachsen *n* Baja Sajonia *f*
'niederschießen *v/t* ⟨*irr, sep*⟩ matar a tiros
'Niederschlag *m* **1** METEO *mst pl* ***Niederschläge*** precipitaciones *f/pl*; ***radioaktiver ~*** lluvia *f* radiactiva; **2** *fig* ***s-n ~ finden in*** (+*dat*) reflejarse *od* traducirse en; **3** CHEM precipitado *m*

N

'niederschlagen ⟨*irr, sep*⟩ **I** *v/t* **1** (*zu Boden schlagen*) derribar; **2** *Aufstand* reprimir; JUR suspender; **3** *Augen* bajar; **II** *v/r* ***sich ~*** **4** CHEM precipitarse; **5** *fig* (*sichtbar werden*) traducirse (***in*** *+dat* en)
'niederschlags|arm *adj* de bajas precipitaciones; **~frei** *adj* sin precipitaciones; **~reich** *adj* de abundantes precipitaciones
'niederschmettern *v/t* ⟨*sep*⟩ aplastar; *fig a* anonadar, aniquilar
'niederschmetternd *adjt* aplastante, desolador, desesperante
'niederschreiben *v/t* ⟨*irr, sep*⟩ poner por escrito, redactar
'Niederschrift *f Vorgang* redacción *f*; (*Geschriebenes*) escrito *m*; JUR *a* acta *f*
'nieder|stechen *v/t* ⟨*irr, sep*⟩ matar a puñaladas; (*erstechen*) apuñalar; **~strecken** *geh v/t* ⟨*sep*⟩ derribar
'Nieder|tracht *f* bajeza *f*, vileza *f*, infamia *f*; **2trächtig** *adj* vil, infame, bajo
'Niederung *f* terreno *m* bajo, llanura *f*; *fig pl* ***~en*** bajos fondos *m/pl*
'niederwerfen *geh* ⟨*irr, sep*⟩ **I** *v/t Gegner* derribar; *fig* (*besiegen*) vencer; *Aufstand* reprimir; **II** *v/r* ***sich ~*** tirarse al suelo; ***sich vor j-m ~*** postrarse ante alg
niedlich ['ni:tlɪç] *adj* bonito, lindo; F mono
niedrig ['ni:drɪç] **I** *adj* bajo (*a rang-, wert-, zahlungsmäßig*); *fig a* vil; ***~er als etw*** inferior a a/c; **II** *adv räumlich, fig* inferior
'Niedrig|preis *m* bajo precio *m*; **~stpreis** *m* precio *m* mínimo
'niemals → ***nie***
niemand ['ni:mant] *pr/indef* (no ...) nadie, (no ...) ninguno; ***es war ~ da*** no había nadie; ***~ ander(e)s*** ningún otro; ***~ mehr*** nadie más
'Niemandsland *n* tierra *f* de nadie
Niere ['ni:rə] *f* riñón *m*; F *fig* ***das geht mir an die ~n*** me llega al alma
'Nieren|kolik *f* cólico *m* nefrítico *od* de riñón; **~leiden** *n* enfermedad *f* de los riñones, nefropatía *f*; **~stein** *m* cálculo *m* renal; F piedra *f* en el riñón
nieseln ['ni:zəln] *v/imp* lloviznar
'Nieselregen *m* llovizna *f*
niesen ['ni:zən] *v/i* estornudar
'Niespulver *n* polvos *m/pl* pica-pica
Nießbrauch ['ni:s-] *m* ⟨-s⟩ JUR usufructo *m*
Niete[1] ['ni:tə] *f* **1** *Lotterie* billete *m* de lotería no premiado; **2** F *fig* (*Versager*) F inútil *m,f*, cero *m* a la izquierda
'Niete[2] *f* TEC remache *m*
'nieten *v/t* remachar
Nigeria [ni'ge:ria] *n* ⟨-s⟩ Nigeria *f*
Nihi|lismus [nihi'lɪsmus] *m* ⟨-⟩ nihilismo *m*; **~'list(in)** *m(f)* nihilista *m,f*; **2'listisch** *adj* nihilista

N

Nikolaus ['nɪkolaʊs] *m* ⟨-; -e⟩ *Gestalt* san Nicolás *m*; **~tag** *m* día *m* de san Nicolás
Nikotin [niko'ti:n] *n* ⟨-s⟩ nicotina *f*; **2arm** *adj* bajo en nicotina; **~gehalt** *m* contenido *m* en nicotina
Nil [ni:l] *m* Nilo *m*
Nilpferd ['ni:l-] *n* hipopótamo *m*
Nimbus ['nɪmbʊs] *m* ⟨-; -se⟩ nimbo *m* (*a Wolke*) *fig a* aureola *f*
Nimmerwiedersehen [nɪmər'-] F *n* ***auf ~ verschwinden*** F desaparecer para siempre
Nippel ['nɪpəl] *m* ⟨-s; -⟩ TEC boquilla *f* (de rosca)
nippen ['nɪpən] *v/i* probar (***an etw*** *dat* de a/c); F dar un sorbo
Nippes ['nɪpəs] *pl* chucherías *f/pl*
nirgend|s ['nɪrgənts], **~wo** *adv* (no ...) en ninguna parte
Nische ['ni:ʃə] *f* nicho *m*, hornacina *f*; **~nmarkt** *m* COM mercado *m* de nicho
nist|en ['nɪstən] *v/i* anidar; **2kasten** *m* nidal *m*
Nitrat [ni'tra:t] *n* ⟨-(e)s; -e⟩ nitrato *m*
Nitroglyzerin [nitroglytse'ri:n] *n* nitroglicerina *f*
Niveau [ni'vo:] *n* ⟨-s; -s⟩ nivel *m*; ***~ haben*** tener nivel; ***kein ~ haben*** ser mediocre; ***das ist unter meinem ~*** estoy por encima de eso
ni'veaulos *adj* sin nivel
nivellieren [nivɛ'li:rən] *v/t* ⟨*sin* ge⟩ nivelar
nix [nɪks] F → ***nichts***
Nixe ['nɪksə] *f* ondina *f*
N.N. *Abk* (*nomen nescio*) pendiente
NO *Abk* (*Nordosten*) NE (*Nordeste*)
nobel ['no:bəl] *adj* ⟨-bl-⟩ **1** *geh* (*edel*) noble; **2** F (*freigebig*) generoso; **3** F (*luxuriös*) de lujo
'Nobel|herberge *f* hotel *m* de alto nivel; **~karosse** F *f* coche *m* de lujo; F cochazo *m*
Nobelpreis [no'bɛl-] *m* premio *m* Nobel, **~träger(in)** *m(f)* premio *m,f* Nobel
noch [nɔx] **I** *adv* **1** (*bisher*) todavía, aún; ***~ nicht*** todavía *od* aún no; ***~ nie*** nunca, jamás; ***kaum ~*** apenas, casi no; **2** (*nicht später als*) aún; ***~ heute*** hoy mismo; **3** (*später*) ***er kommt ~*** llegará; **4** (*zusätzlich*) aún, todavía; ***es sind nur ~ fünf Minuten*** sólo quedan cinco minutos; F ***~ und ~*** a manta; **5** *Vergleich* ***zwölf oder ~ mehr*** doce o más; ***man kann ~ so vorsichtig sein*** por muy precavido que se sea; ***wenn er auch ~ so reich wäre*** aunque fuese muy rico, por muy rico que fuese; **II** *cj* → ***weder***
'nochmalig *adj* repetido, reiterado
'nochmals *adv* otra vez, una vez más
Nockenwelle ['nɔkən-] *f* árbol *m* de levas
Nockerl ['nɔkərl] *n* ⟨-s; -n⟩ *bsd österr* albon-

diguilla *f*; ***Salzburger ~n*** soufflé *m* de vainilla

NOK [ɛno'ka] *n Abk* ⟨-; -s⟩ (*Nationales Olympisches Komitee*) CON *m* (*Comité Olímpico Nacional*)

Noma|de [no'maːdə] *m* ⟨-n; -n⟩ nómada *m*; **~denvolk** *n* pueblo *m* nómada; **~din** *f* nómada *f*

nominal [nomi'naːl] *adj* ECON, GRAM nominal; **Ձwert** *m* FIN valor *m* nominal

Nominativ ['noːminatiːf] *m* ⟨-s; -e⟩ GRAM nominativo *m*

nomi'nell *adj* nominal

nomi'nieren *v/t* ⟨*sin* ge⟩ nombrar; SPORT seleccionar

No-Name-Produkt [no'neːm-] *n* marca *f* blanca

Non-Food-Artikel ['non-fud-] *m* artículo *m* de non-food

Nonne ['nɔnə] *f* monja *f*, religiosa *f*; **~nkloster** *n* convento *m* de monjas

Nonsens ['nɔnzɛns] *m* sinsentido *m*, disparate *m*

nonstop [nɔn'stɔp] *adv* directo, sin paradas; **Ձflug** *m* vuelo *m* directo, vuelo *m* sin escalas

Nord [nɔrt] *m* ⟨*sin artículo ni pl*⟩ Norte *m*; **'~'afrika** *n* África *f* del Norte; **'~afri'kaner(-in)** *m*(*f*) norteafricano, -a *m,f*; **'Ձafri'kanisch** *adj* norteafricano; **'~a'merika** *n* América *f* del Norte, Norteamérica *f*; **'~ameri'kaner(in)** *m*(*f*) norteamericano, -a *m,f*; **'Ձameri'kanisch** *adj* norteamericano; **'Ձdeutsch** *adj* de Alemania del Norte, del norte de Alemania; **'~deutschland** *n* Alemania *f* del Norte

Norden ['nɔrdən] *m* ⟨-s⟩ Norte *m*, *e-s Lands*, *e-r Stadt* norte *m*; ***im ~*** (***von***) al norte de

'Nord|eu'ropa *n* Europa *f* del Norte; **'~'irland** *n* Irlanda *f* del Norte

'nordisch *adj* nórdico

'Nord|kap *n* cabo *m* Norte; **'~ko'rea** *n* Corea *f* del Norte; **~küste** *f* costa *f* septentrional

nördlich ['nœrtlɪç] **I** *adj* del Norte, septentrional; *Breite* norte, boreal; **II** *adv* al norte (***von*** de)

'Nord|licht *n* aurora *f* boreal; **~'ost(en)** *m* nordeste *m*; **Ձ'östlich I** *adj* del nordeste; **II** *adv* al nordeste (***von*** de); **~pol** *m* Polo *m* norte

Nordrhein-Westfalen ['nɔrtraɪnvɛst'faːlen] *n* ⟨-s⟩ Renania *f* de Norte-Westfalia

'Nord|see *f* Mar *m* del Norte; **~seite** *f* lado *m* norte; **~-'Süd-Dialog** *m* diálogo *m* Norte-Sur; **~-'Süd-Gefälle** *m* desequilibrio *m* Norte-Sur; **~-'Süd-Konflikt** *m* conflicto *m* Norte-Sur; **Ձwärts** *adv* hacia el norte; **~'west(en)** *m* noroeste *m*; **Ձ'westlich I** *adj* del noroeste; **II** *adv* al noroeste (***von*** de); **~wind** *m* viento *m* del norte, cierzo *m*

Nörgelei [nœrgə'laɪ] *f* afán *m* de criticar

'nörgeln *v/i* F criticarlo todo

'Nörgler(in) *m*(*f*) F criticón, -ona *m,f*

Norm [nɔrm] *f* ⟨-; -en⟩ norma *f*, regla *f* (*a* TEC)

nor'mal *adj* normal; F ***er ist nicht*** (***ganz***) **~** F no es muy normal

Nor'malbenzin *n* gasolina *f* normal

nor'maler'weise *adv* normalmente

Nor'malfall *m* caso *m* normal; ***im ~*** normalmente

Nor'malgewicht *n* peso *m* normal

normali'sier|en *v/t*, *v/r* ⟨*sin* ge⟩ (***sich***) **~** normalizar(se); **Ձung** *f* normalización *f*

Normali'tät *f* ⟨-⟩ normalidad *f*

Nor'mal|post *f* correo *m* ordinario; **~verbraucher** *m* ciudadano *m* de a pie; **~zustand** *m* situación *f* normal

'nor|men *v/t*, **~'mieren** *v/t* ⟨*sin* ge⟩ normalizar, estandarizar

Norweg|en ['nɔrveːgən] *n* ⟨-s⟩ Noruega *f*; **~er(in)** *m*(*f*) noruego, -a *m,f*; **Ձisch** *adj* noruego

Nostalgie [nɔstal'giː] *f* nostalgia *f*

nos'talgisch *adj* nostálgico (*a Mode*, *Musik*)

Not [noːt] *f* ⟨-; ⸚e⟩ **1** (*Notwendigkeit*) necesidad *f*; ***wenn ~ am Mann ist*** en caso de necesidad; ***aus der ~ e-e Tugend machen*** sacar de la necesidad virtud; ***zur ~*** en caso de apuro; *geh* ***~ tun*** ser preciso, hacer falta; ***es tut ~, dass …*** es necesario que … (*+subj*); **2** (*Notlage*) emergencia *f*, urgencia *f*; ***in ~*** (*dat*) ***sein*** estar en una emergencia; **3** (*Mühe*) pena *f*; ***mit knapper ~*** a duras penas; ***s-e liebe ~ mit etw, j-m haben*** pasar sus penas con a/c, alg; **4** (*Mangel*) escasez *f*, penuria *f*; (*Elend*) miseria *f*; ***in ~*** (*acus*) ***geraten*** caer en la miseria; ***~ leiden, in ~*** (*dat*) ***sein*** estar en la miseria; ***~ leidend*** necesitado, indigente

Notar|(in) [no'taːr(ɪn)] *m* ⟨-s; -e⟩ (*f*) notario, -a *m,f*; **~i'at** *n* ⟨-(e)s; -e⟩ *Amt*, *Büro* notaría *f*

notari'ell I *adj* notarial; ***~e Urkunde*** *a* escritura *f* pública; **II** *adv* ***~ beglaubigt*** certificado ante notario

'Not|arzt *m*, **~ärztin** *f* médico, -a *m,f* de urgencias *od* de guardia; **~arztwagen** *m coche médico de urgencias o de guardia*; **~aufnahme** *f* ingreso *m* por urgencias; *im Krankenhaus* urgencias *f/pl*; **~ausgang** *m* salida *f* de emergencia; **~behelf** *m* arreglo *m* provisional, recurso *m* de urgencias; **~bremse** *f* freno *m* de socorro

'Notdienst *m* servicio *m* de emergencia; ***~ haben*** estar de guardia

N

Notdurft ['no:tdʊrft] *geh f* ⟨-⟩ ***s-e ~ verrichten*** hacer sus necesidades

'notdürftig I *adj* (*knapp*) apenas suficiente; (*behelfsmäßig*) provisional; **II** *adv* provisionalmente; ***~ bekleidet*** a penas vestido

Note ['no:tə] *f* **1** *Diplomatie, Schule,* MUS nota *f*; ***ganze ~*** redonda *f*; ***halbe ~*** blanca *f*; ***nach ~n singen*** cantar con partitura; **2** SPORT punto *m*; **3** *schweiz* (*Geldschein*) billete *m*; **4** *fig* (*Eigenart*) nota *f*, toque *m*

Notebook ['no:tbʊk] *n* ⟨-s; -s⟩ (ordenador *m*) portátil *m*

'Noten|bank *f* banco *m* emisor; **~blatt** *n* hoja *f* de música; **~heft** *n* cuaderno *m* pautado; **~schlüssel** *m* MUS clave *f*; **~ständer** *m* atril *m*

'Notfall *m* urgencia *f*; ***im ~*** en caso de urgencia; (*wenn es nicht anders geht*) si no hay más remedio; ***für den ~*** por si es necesario

'not|falls *adv* (*wenn es nicht anders geht*) si no hay más remedio; (*schlimmstenfalls*) en último caso; **~gedrungen** *adv* por fuerza; **≈groschen** *m* dinero *m* de reserva

no'tieren ⟨*sin* ge⟩ **I** *v/t* **1** (***sich*** *dat*) ***etw ~*** apuntar(se) a/c, tomar nota de a/c; **2** *Börse* cotizar; **II** *v/i* **3** *Börse* cotizar

No'tierung *f Börse* cotización *f*; ***amtliche ~*** cotización *f* oficial

nötig ['nø:tɪç] *adj* preciso, necesario; ***es ist ~ zu*** (*+inf*) hay que …; ***es ist ~, dass …*** es necesario que … (*+subj*); ***wenn ~*** si es necesario; ***etw ~ haben*** necesitar *od* precisar a/c; *fig* ***das habe ich*** (***doch***) ***nicht ~*** no tengo ninguna necesidad de ello; F ***du hast es gerade ~*** F menuda falta te hace; ***das wäre doch nicht ~ gewesen!*** *Geschenke usw* ¡no tenía que haberse molestado!

'nötigen *v/t* **1** (*zwingen*) ***j-n ~, etw zu tun*** obligar *od* forzar a alg a hacer a/c; **2** *geh* (*dringend bitten*) instar a; ***sich*** (***nicht***) ***~ lassen*** (no) dejarse presionar

'Nötigung *f* coacción *f* (*a* JUR)

Notiz [no'ti:ts] *f* ⟨-; -en⟩ **1** (*schriftlicher Vermerk*) nota *f*, apunte *m*; ***sich*** (*dat*) ***~en machen*** tomar apuntes; **2** (*Zeitungs≈*) noticia *f*; **3** ***von etw ~ nehmen*** tomar nota de a/c; ***keine ~ von etw nehmen*** no hacer caso a a/c

No'tiz|block *m* ⟨-(e)s; -s *o* -blöcke⟩ bloc *m* (de apuntes); **~buch** *n* libreta *f*, agenda *f*; **~zettel** *m* nota *f*

'Not|lage *f* apuro *m*, emergencia *f*; **≈landen** *v/i* ⟨sn⟩ hacer un aterrizaje forzoso; **~landung** *f* aterrizaje *m* forzoso; **~lösung** *f* solución *f* de emergencia; **~lüge** *f* mentira *f* piadosa

notorisch [no'to:rɪʃ] *adj* notorio

'Not|ruf *m* llamada *f* de urgencia; **~rufnummer** *f* número *m* de urgencias; **~rufsäule** *f* poste *m* de socorro; **~rutsche** *f* AVIA tobogán *m*; **≈schlachten** *v/t krankes Tier* sacrificar; **~schlachtung** *f* sacrificio *m* (*de un animal enfermo*); **~sitz** *m* asiento *m* de reserva; **~stand** *m* estado *f* de emergencia; **~standsgebiet** *n* zona *f* catastrófica; **~unterkunft** *f* alojamiento *m* provisional

'Notwehr *f* legítima *f* defensa; ***aus ~*** en legítima defensa

'notwendig *adj* necesario, preciso; **≈keit** *f* necesidad *f*

'Notzeit *f* ***in ~en*** (*dat*) en tiempos de crisis

'Notzucht *f* JUR violación *f*, estupro *m*

Nougat ['nu:gat] *m od n* ⟨-s; -s⟩ praliné *m*

Novelle [no'vɛlə] *f* **1** (*Erzählung*) novela *f* corta; **2** POL, JUR ley *f* abrogatoria

November [no'vɛmbər] *m* ⟨-(s); -⟩ noviembre *m*; → ***Januar***

Novität [novi'tɛ:t] *f* novedad *f*

Noviz|e [no'vi:tsə] *m* ⟨-n; -n⟩, **~in** *f* KATH, *fig* novicio, -a *m,f*

Nr. *Abk* (*Nummer*) N°

Nu [nu:] *m* ⟨-⟩ ***im ~*** en un abrir y cerrar de ojos

Nuance [ny'ɑ̃:sə] *f* matiz *m* (*a fig*)

nüchtern ['nʏçtərn] *adj* **1** (*mit leerem Magen*) en ayunas; **2** (*nicht betrunken*) sobrio, que no ha bebido; ***~ werden*** desembriagarse; *fig* desengañarse; **3** *fig Mensch, Kritik* objetivo, sensato; *Stil* sobrio

nuckeln ['nʊkəln] F *v/i* ***an etw*** (*dat*) ***~*** chupar a/c

Nudel ['nu:dəl] *f* ⟨-; -n⟩ **1** *mst pl* **~n** GASTR pasta *f*; (*Faden≈*) fideos *m/pl*; **2** F *fig* ***e-e ulkige ~ sein*** F ser un caso

'Nudel|salat *m* ensalada *f* de pasta; **~suppe** *f* sopa *f* de fideos

Nudist(in) [nu'dɪst(ɪn)] *m*(*f*) nudista *m,f*

'Nugat → ***Nougat***

nuklear [nukle'a:r] *adj* nuclear

null [nʊl] **I** *núm/c* cero; ***~ Komma zwei*** cero coma dos; ***für ~ und nichtig erklären*** declarar nulo y sin valor; ***~ Grad*** cero grados; ***~ Fehler*** ningún error; **II** F *adj* ⟨*inv*⟩ ***~ Ahnung*** (***von***) ni idea (de)

Null *f* ⟨-; -en⟩ cero *m*; *fig* nulidad *f*; F *fig* ***Ergebnis gleich ~*** sin éxito; F ***in ~ Komma nichts*** F en un dos por tres; F ***er ist e-e ~*** F es un cero a la izquierda

Nullacht'fünfzehn-… F *desp in Zssgn* común y corriente

'Nullpunkt *m* (punto *m*) cero *m*; F *fig* ***auf dem ~ sein*** estar en el punto más bajo

'Nullrunde *f ronda de negociaciones en la que se acuerda no modificar nada*

'Nulltarif *m* tarifa *f* gratuita; ***zum ~*** gratis; F de balde

numerisch [nu'me:rɪʃ] *adj* numérico

Numerus clausus ['nʊmərʊs'klaʊzʊs] *m* ⟨-⟩

numerus clausus *m*
Nummer ['nʊmər] *f* ⟨-; -n⟩ número *m* (*a fig*); (*Auto*≈) matrícula *f*; TEL ***e-e ~ wählen*** marcar un número; ***Sie erreichen mich unter der ~ …*** me puede llamar al número …; F ***er ist e-e komische ~*** F es un numerito
nummerier|en [nume'riːrən] *v/t* ⟨*sin* ge⟩ numerar, *Seiten a* paginar; ≈**ung** *f* numeración *f*, *von Seiten* paginación *f*
'**Nummern|konto** *n* cuenta *f* anónima; **~schild** *n* matrícula *f*
nun [nuːn] *adv* **1** (*jetzt*) ahora; ***von ~ an*** desde ahora; **2** *unbetont* pues, bueno; **~** (***ja***) bueno, en fin; **~, *was sagen Sie dazu?*** bueno, ¿qué le parece?; *bei Folgerungen* **~** (***aber***) ahora bien; ***was ~?*** ¿y ahora qué?; ***~ denn!, ~ gut!*** ¡(pues) bien!
'**nun'mehr** *geh adv* ahora; (*von jetzt an*) desde ahora
nur [nuːr] *adv* **1** *ausschließend* sólo, solamente; ***~ noch*** tan sólo; ***~ aus Eitelkeit*** sólo por vanidad; ***nicht ~ …, sondern auch*** no sólo … sino también; ***~ gut, dass …*** bien que …; ***alle, ~ er nicht*** todos menos él; ***…, ~ dass …*** solo que …; **2** *in Wunschsätzen* ***alles, ~ das nicht!*** ¡todo menos eso!; ***dass er ~ nicht kommt!*** ¡qué no se le ocurra venir!; **3** *ermunternd* ***~ zu*** ¡adelante!; ***~ keine Angst!*** ¡no tengas miedo!; ***geh ~!*** ¡vete!; **4** *warnend* ***er soll ~ kommen!*** ¡que venga!; ***warte ~, …!*** ¡ya verás (ya) …!; **5** *fragend, zweifelnd* ***was soll ich ~ sagen?*** ¿y ahora qué digo?; **6** *verallgemeinernd* ***so viel ich ~ kann*** lo mejor que pueda; **7** *mit „zu", steigernd* ***ich weiß es ~ zu gut*** lo sé demasiado bien; ***~ zu sehr*** demasiado
Nürnberg ['nʏrnbɛrk] *n* ⟨-s⟩ Núremberg *m*
nuscheln ['nʊʃəln] F *v/i* mascullar, farfullar
Nuss [nʊs] *f* ⟨-; ⸗e⟩ (*Wal*≈) nuez *f*; (*Hasel*≈) avellana *f*; *fig* ***e-e harte ~*** un hueso duro de roer
'**Nuss|baum** *m* nogal *m* (*a Holz*); **~knacker** *m* cascanueces *m*; **~schale** *f* cáscara *f* de nuez (*a fig*); **~schokolade** *f* chocolate *m* con nueces
Nüster ['nʏstər] *f* ⟨-; -n⟩ *mst pl* ***~n*** ollares *m/pl*
Nut [nuːt] *f* ⟨-; -en⟩ ranura *f*
Nutte ['nʊtə] P *f* P fulana *f*, puta *f*
nutzbar ['nʊts-] *adj* (*brauchbar*) utilizable; *Boden, Wald, Ölvorkommen* aprovechable; ***etw ~ machen*** utilizar a/c, aprovechar a/c
'**nutzbringend** *adjt* útil; FIN productivo
nütze ['nʏtsə] *adj* ***zu etw ~ sein*** servir para a/c; ***zu nichts ~ sein*** no servir para nada
'**nutzen** → ***nützen***
'**Nutzen** *m* ⟨-s⟩ **1** (*Nützlichkeit*) utilidad *f*; ***von ~ sein*** ser de utilidad; **2** (*Gewinn*) beneficio *m*; ***~ aus etw ziehen*** sacar provecho de a/c; **3** (*Vorteil*) provecho *m*, ventaja *f*; ***zum ~ von*** a beneficio de
'**nützen I** *v/t* **1** AGR, TEC utilizar, explotar; **2** *Gelegenheit usw* aprovechar; **II** *v/i* **3** ***j-m*** (***zu etw***) **~** servir(le) a alg (para a/c); ***was nützt es, dass …?*** ¿de qué sirve …?; ***nichts ~*** no servir para nada
'**Nutzer** *m* ADM, INFORM usuario *m*
'**Nutzfahrzeug** *n* vehículo *m* utilitario *od* industrial
'**Nutzfläche** *f* superficie *f* útil; ***landwirtschaftliche ~*** superficie *f* cultivable
'**Nutzlast** *f* carga *f* útil
'**nützlich** *adj* útil, provechoso; ***sich ~ machen*** hacerse útil
'**Nützlichkeit** *f* ⟨-⟩ utilidad *f*
'**nutz|los** *adj* inútil, infructuoso; ≈**losigkeit** *f* ⟨-⟩ inutilidad *f*, infructuosidad *f*; ≈**nießer(-in)** [-niːsər(ɪn)] *m(f)* beneficiario, -a *m,f*; JUR usufructuario, -a *m,f*; ≈**pflanze** *f* planta *f* útil
'**Nutzung** *f* (*Benutzung*) utilización *f*, aprovechamiento *m* (*a des Bodens*)
NW *Abk* (*Nordwesten*) NO (*Noroeste*)
Nylon® ['naɪlɔn] *n* ⟨-s⟩ nilón *m*; **~strümpfe** *pl* medias *f/pl* de nilón
Nymphe ['nʏmfə] *f* MYTH, *fig* ninfa *f*
Nymphomanin [nʏmfo'maːnɪn] *f* ninfómana *f*

O

O, o [oː] *n* ⟨-; -⟩ O, o *f*
o [oː] *int* ¡oh!; **~ *ja!*** ¡claro que sí!; **~ *nein!*** ¡oh, no!; **~ *doch!*** ¡oh, claro!; **~ *Gott!*** ¡(oh,) Dios mío!
O *Abk* (*Osten*) E (*Este*)
o.a. *Abk* (*oben angeführt*) mencionado más arriba
o.Ä. *Abk* (*oder Ähnliches*) o algo parecido, o algo por el estilo
OAS *f Abk* ⟨-⟩ (*Organisation der amerikanischen Staaten*) OEA *f* (*Organización de los Estados Americanos*)
Oase [o'aːzə] *f* oasis *m* (*a fig*)
ob [ɔp] *cj* si; **~ *er noch da ist?*** ¿estará aún ahí?; ***als* ~** como si (+*subj*); **~ *... oder*** si ... o; ***und* ~!** ¡y tanto!, ¡y cómo!
OB [oː'beː] *m Abk* ⟨-(s); -s⟩ (*Oberbürgermeister,-in*) (primer, a) alcalde, alcaldesa *m,f*
o.B. *Abk* MED (*ohne Befund*) sin hallazgos
Obacht ['oːbaxt] *f* ⟨-⟩ **~!** ¡atención!; **~ *geben*** (***auf*** +*acus*) tener cuidado (de), prestar atención (a)
ÖBB *pl Abk* (*Österreichische Bundesbahnen*) Ferrocarriles *m/pl* Federales de Austria
Obdach ['ɔpdax] *geh n* abrigo *m*, refugio *m*, asilo *m*; **&los** *adj* sin techo, sin hogar; **~lose(r)** *f(m)* ⟨→ A⟩ persona *f* sin techo *od* sin hogar; **~losenasyl** *n* asilo *m od* albergue *m* para personas sin hogar
Obduktion [ɔpdʊktsi'oːn] *f* autopsia *f*
obduzieren [ɔpdu'tsiːrən] *v/t* ⟨*sin* ge⟩ hacer la autopsia a
O-Beine F *pl* piernas *f/pl* arqueadas
oben ['oːbən] *adv* (*hoch* ~) arriba (***auf*** +*acus od dat* de); (*auf der Oberfläche*) encima, en la superficie (***auf*** +*acus od dat* de); *auf Kisten* **~!** ¡(este lado) arriba!; **~ *auf dem Berg*** en lo alto de la montaña; **~ *erwähnt*** mencionado más arriba; **~ *genannt*** citado más arriba; ***links, rechts* ~** arriba a la izquierda, derecha; ***auf Seite 10* ~** en la página 10, arriba; F **~ *ohne*** en topless
'oben'an *adv* en primera posición; *auf e-r Liste* a la cabeza
'oben'auf *adv* **1** (por) encima; (*an der Oberfläche*) en la superficie; **2** *fig* **~ *sein*** F estar en plena forma
'oben'drein *adv* además, por añadidura
Ober ['oːbər] *m* camarero *m*; ***Herr* ~!** ¡camarero!
'Ober|... *in Zssgn räumlich* superior; GEOGR *a* alto; *Rang* jefe; **~arm** *m* brazo *m*; **~arzt** *m*, **~ärztin** *f* médico, -a *m,f* jefe, -a; **~befehlshaber** *m* comandante *m* en jefe; **~begriff** *m* (término *m*) genérico *m*; **~bekleidung** *f* ropa *f* exterior; **~bürgermeister(-in)** *m(f)* (primer, a) alcalde, sa *m,f*; **~deck** *n* MAR cubierta *f* (superior)
'obere(r, -s) *adj* superior, alto
'Oberfeldwebel *m* sargento *m* primero
'Oberfläche *f* (*Außenseite*) exterior *m*; (*Flächenausdehnung*) superficie *f*; *fig* ***an der* ~ *bleiben*** quedarse en la superficie
'oberflächlich I *adj* superficial; *fig a* somero, ligero; **II** *adv behandeln* superficialmente; *kennen* por encima, vagamente
'Ober|flächlichkeit *f* ⟨-⟩ **1** superficialidad *f*; **2** (*Leichtfertigkeit*) ligereza *f*; **~förster** *m* inspector *m* de montes; **~gefreite(r)** *m* cabo *m* primero; **~geschoss** *n* piso *m* alto *od* superior; **~grenze** *f* tope *m*, techo *m*, límite *m* superior
'oberhalb *prp* ⟨+*gen*⟩ por encima de, más arriba de
'Oberhand *f* ***die* ~ *haben*** prevalecer, predominar; ***die* ~ (*über j-n*) *gewinnen*** imponerse (a alg)
'Ober|haupt *n* jefe *m*; **~haut** *f* epidermis *f*; **~hemd** *n* camisa *f*; **~herrschaft** *f* (*bestimmende Gewalt*) soberanía *f*; (*Überlegenheit*) supremacía *f*; **~hoheit** *f* soberanía *f*
'Oberin *f* **1** → ***Oberschwester***; **2** KATH superiora *f*
'oberirdisch *adj* de superficie; EL aéreo
'Ober|kellner *m* jefe *m* de comedor; **~kiefer** *m* maxilar *m* superior; **~kommando** *n* alto mando *m*, mando *m* supremo (***über*** +*acus* sobre)
'Oberkörper *m* busto *m*; ***den* ~ *frei machen*** descubrir el torso
'Ober|leder *n* pala *f*; **~leitung** *f* **1** dirección *f* (general); **2** *für Straßenbahn, Bus* línea *f* aérea; **~leutnant** *m* teniente *m*; **~liga** *f* SPORT liga *f* local; **~lippe** *f* labio *m* superior
'Obers *n* ⟨-⟩ *österr* nata *f*

'Ober|schenkel *m* muslo *m*; **~schicht** *f* alta sociedad *f*, clases *f/pl* altas; **~schule** F *f* instituto *m* de enseñanza media *od* de bachillerato; **~schwester** *f* jefa *f* de enfermeras; **~seite** *f* cara *f* superior
'Oberst *m* ⟨-en *o* -s; -e(n)⟩ coronel *m*
Ober'staatsanwalt *m* primer fiscal *m*
'oberste(r, -s) *adj* el más alto; *Schublade usw* de arriba; *Stockwerk* último; *Rang* superior; *Ziel* más alto; *Gewalt* supremo
'Oberstleutnant *m* teniente *m* coronel
'Ober|stufe *f Schule las tres últimos años de la enseñanza media*; **~teil** *n od m* parte *f* superior; *von e-m Kleidungsstück* cuerpo *m*
'Oberwasser *n fig* **~ *bekommen*** sacar ventaja
'Oberweite *f* contorno *m* de pecho
ob'gleich *geh* → ***obwohl***
'Obhut *geh f* guardia *f*, protección *f*; ***j-n in s-e ~ nehmen*** proteger a alg
obig ['oːbɪç] *adj* susodicho, mencionado más arriba, antes citado
Objekt [ɔp'jɛkt] *n* ⟨-(e)s; -e⟩ **1** objeto *m*; **2** (*Immobilie*) bien *m* inmobiliario; **3** GRAM complemento *m*, objeto *m*
objektiv [ɔpjɛk'tiːf] *adj* objetivo
Objek'tiv *n* ⟨-s; -e⟩ OPTIK objetivo *m*
Objektivi'tät *f* ⟨-⟩ objetividad *f*
Oblate [o'blaːtə] *f* **1** *Kirche* hostia *f*, oblata *f*; **2** GASTR oblea *f*
ob'liegen *geh v/i* ⟨*irr, sin* ge⟩ ***j-m* ~** incumbir a alg
Obligation [obligatsi'oːn] *f* COM obligación *f*; ***~en ausgeben*** emitir obligaciones
obliga'torisch *adj* obligatorio
Obligo ['oːbligo] *n* ⟨-s; -s⟩ obligación *f*; ***ohne ~*** sin obligación
'Ob|mann *m* ⟨-(e)s; ¨-er *o* -leute⟩, **~männin** *f* **1** *e-s Vereins*, *Kampfgerichts* presidente, -a *m,f*; **2** (*Schiedsmann*) árbitro, -a *m,f*; **3** *in e-m Betrieb* portavoz *m,f*, representante *m,f* del personal
Oboe [o'boːə] *f* oboe *m*
Obrigkeit ['oːbrɪçkaɪt] *f* autoridad(es) *f(pl)*
ob'schon *geh* → ***obwohl***
Obser|vatorium [ɔpzɛrva'toːrium] *n* ⟨-s; -ien⟩ observatorio *m*; **≈'vieren** *v/t* ⟨*sin* ge⟩ observar
obskur [ɔps'kuːr] *adj* oscuro; *fig a* sospechoso
Obst [oːpst] *n* ⟨-(e)s⟩ fruta *f*; **'~baum** *m* (árbol *m*) frutal *m*; **'~garten** *m* huerto *m* (de frutas); **'~händler(in)** *m(f)* frutero, -a *m,f*; **'~kuchen** *m* tarta *f* de frutas
Obstler ['oːpstlər] *m* aguardiente *m* de frutas
Obstruktion [ɔpstrʊktsi'oːn] *f* obstrucción *f*
'Obst|saft *m* zumo *m* de frutas; **~salat** *m* macedonia *f*, ensalada *f* de frutas; **~torte** *f* tarta *f* de frutas
obszön [ɔps'tsøːn] *adj* obsceno; **≈i'tät** *f* obscenidad *f*
Obus ['oːbʊs] *m* ⟨-ses; -se⟩ trolebús *m*
ob'wohl *cj* aunque, aun cuando, a pesar de que
Ochse ['ɔksə] *m* ⟨-n; -n⟩ buey *m*; F *Person* imbécil *m*
'ochsen F *v/i* F empollar
'Ochsen|maulsalat *m* ensalada *f* de morro de buey; **~schwanzsuppe** *f* sopa *f* de rabo de buey; **~zunge** *f* lengua *f* de buey
Ocker ['ɔkər] *m od n* ⟨-s; -⟩ *Farbe* ocre *m*; **≈farben**, **≈gelb** *adj* ocre
od. *Abk* (*oder*) o
öde ['øːdə] *adj* **1** (*menschenleer*) desierto; **2** (*unbebaut*) yermo; **3** *fig* (*langweilig*) aburrido
'Öde *f* **1** desierto *m*, soledad *f*; **2** *fig* (*Eintönigkeit*) monotonía *f*; (*Leere*) vacío *m*
Ödem [ø'deːm] *n* ⟨-s; -e⟩ MED edema *m*
oder ['oːdər] *cj* o; *vor o od ho* u; (*sonst*) sino; ***~ aber*** o bien
Odyssee [odʏ'seː] *geh f* odisea *f*
OECD [oːʔeːtseː'deː] *f Abk* ⟨-⟩ (*Organisation für wirtschaftliche Zusammenarbeit und Entwicklung*) OCDE *f* (*Organización de Cooperación y Desarrollo Económico*)
OEZ [oːʔeːtsɛt] *Abk* (*Osteuropäische Zeit*) hora *f* de la Europa del Este
Ofen ['oːfən] *m* ⟨-s; ¨-⟩ (*Heiz≈*) estufa *f*; (*Back≈*) horno *m* (*a Herd*, *Fabrik≈*, *Schmelz≈*); F ***jetzt ist der ~ aus*** F ahora sí que se acabó
'Ofen|heizung *f* calefacción *f* por estufa; **~rohr** *n* cañón *f* (de la estufa)
offen ['ɔfən] **I** *adj* **1** (*geöffnet*) abierto (*a Hemd*, *Kragen*, *Wunde*, *Gelände*); *Schuhe* desatado; ***halb ~*** *Tür* entreabierto; ***auf ~er See*** en alta mar; ***auf ~er Straße*** en plena calle; ***mit ~em Mund*** (*erstaunt*) con la boca abierta; ***das Geschäft hat, ist ~*** la tienda está abierta; **2** COM (*unverpackt*) a granel; ***~er Wein*** vino *m* de garrafa; **3** *fig* (*freimütig*) franco, abierto; ***ein ~es Wesen haben*** ser de espíritu abierto; **4** *Stelle* vacante; **5** (*unentschieden*; *nicht bezahlt*) pendiente; *Rechnung usw* abierto; **II** *adv* **6** ***~ bleiben*** *Tür usw* quedar abierto; *fig Frage a* quedar pendiente; *Wunsch* quedar sin cumplir; ***~ lassen*** *Tür usw* dejar abierto; *fig Frage a* dejar pendiente; ***~ stehen*** *Tür usw*, *Rechnung* estar abierto; *Stelle* estar vacante; *fig* ***j-m ~ stehen*** ser accesible a alg; ***es steht ihr ~ zu*** (+*inf*) es libre de (+*inf*); **7** (*sichtbar*) abiertamente; **8** (*freimütig*) francamente; ***~ gesagt, gestanden***

a decir verdad, dicho con franqueza
'offenbar I *adj* **1** manifiesto, evidente; ~ ***werden*** hacerse manifiesto, manifestarse (***in*** *+dat*, ***durch*** en); **II** *adv* **2** (*anscheinend*) aparentemente, por lo visto; **3** (*offensichtlich*) manifiestamente, evidentemente
offen'baren *geh v/t, v/r* ⟨*sin* ge⟩ (***sich***) ~ manifestar(se); REL revelar(se); *Geheimnis* desvelar(se); ***sich j-m*** ~ abrir el corazón a alg
Offen'barung *f* REL revelación *f*; *fig a* manifestación *f*
Offen'barungseid *m* juramento *m* declarativo
'Offenheit *f* ⟨-⟩ franqueza *f*, sinceridad *f*
'offen|herzig *adj* **1** (*aufrichtig*) franco, sincero; (*mitteilsam*) abierto; **2** F *fig* despechugado; **~kundig** *adj* manifiesto, evidente; *Tatsache a* notorio; *Irrtum a* flagrante
'offensichtlich I *adj* manifiesto, evidente; **II** *adv* evidentemente
offensiv [ɔfɛn'ziːf] *adj* ofensivo, agresivo
Offen'sive *f* ofensiva *f*; ***in die*** ~ ***gehen*** pasar a la ofensiva (*a fig*)
öffentlich ['œfəntlɪç] **I** *adj* público; ***~e Ausgaben, Einnahmen*** gastos *m/pl*, ingresos *m/pl* públicos; ***~e Bekanntmachung*** aviso *m* al público; ***~e Gelder*** fondos *m/pl* públicos; ***~es Eigentum*** propiedad *f* pública; ***~es Unternehmen*** empresa *f* estatal *od* pública; **II** *adv* públicamente, en público; ~ ***bekannt machen*** hacer público, publicar
'Öffentlichkeit *f* ⟨-⟩ (*Publikum*) público *m*; (*Öffentlichsein*) publicidad *f*; ***an die*** ~ ***bringen*** divulgar; ***mit etw an die*** ~ ***gehen, treten*** publicar a/c, hacer público a/c; ***unter Ausschluss der*** ~ a puerta cerrada
'Öffentlichkeitsarbeit *f* relaciones *f/pl* públicas
'öffentlich-'rechtlich *adj* de derecho público
offerieren [ɔfə'riːrən] *v/t* ⟨*sin* ge⟩ ofrecer
Offerte [ɔ'fɛrtə] *f* COM oferta *f*
offiziell [ɔfitsi'ɛl] *adj* oficial
Offizier [ɔfi'tsiːr] *m* ⟨-s; -e⟩ oficial *m*; **~skasino** *n* casino *m* de oficiales
offline ['ɔflaɪn] INFORM desconectado
öffnen ['œfnən] **I** *v/t, v/i* abrir; *Zugekorktes* descorchar; ***ein wenig*** ~ entreabrir; **II** *v/r* ***sich*** ~ abrirse (***j-m, e-r Sache*** a alg, a/c)
'Öffner *m* (*Büchsen*2) abridor *m*; (*Flaschen*2) abrebotellas *m*
'Öffnung *f* **1** (*Öffnen*) apertura *f* (*a* POL); *e-r Flasche mit Korken* descorche *m*; **2** (*offene Stelle*) abertura *f*, orificio *m*
'Öffnungszeiten *pl* horario *m* de apertura
Off|roadfahrzeug ['ɔfrout-] *n* (vehículo *m*) todoterreno *m*; **~setdruck** ['ɔfsɛt-] *m* ⟨-(e)s; -e⟩ TYPO impresión *f* off-set
oft [ɔft] *adv* ⟨⸚er⟩ a menudo, con frecuencia; ***wie ~?*** ¿cuántas veces?; ***nicht*** ~ pocas veces
öfter ['œftər] *adv comp* **1** *absolut* ~ *od geh* ***des ~en*** con frecuencia; **2** ~ ***als*** con más frecuencia que, más a menudo que
'öfters *adv* muchas veces, a menudo
'oftmals *adv* a menudo, con frecuencia
OG [oː'geː] *n Abk* ⟨-(s)⟩ (*Obergeschoss*) piso *m* superior
oh [oː] *int* ¡oh!
OHG [oːhaːgeː] *f Abk* ⟨-; -s⟩ (*Offene Handelsgesellschaft*) sociedad *f* colectiva
Ohm [oːm] *n* ⟨-(s); -⟩ EL ohmio *m*
ohne ['oːnə] **I** *prp* ⟨*+acus*⟩ sin; F ***das ist nicht*** (***ganz***) ~ (*nicht schlecht*) no está mal; (*das hat es in sich*) F no es fácil; **II** *cj* ~ ***dass ...*** sin que ... (*+subj*); ~ ***etw zu nehmen*** sin llevarse nada
'ohne|'gleichen *adj* sin igual, sin par; **'~'hin** *adv* de todos modos
'Ohnmacht *f* ⟨-; -en⟩ **1** MED desmayo *m*, desvanecimiento *m*; ***in*** ~ (*acus*) ***fallen*** desmayarse, desvanecerse; **2** (*Machtlosigkeit*) impotencia *f*
'ohnmächtig I *adj* **1** MED desmayado; ~ ***werden*** desmayarse; **2** (*machtlos*) impotente; **II** *adv* **3** ***sie musste*** ~ ***zusehen, wie ...*** vio impotente como ...
oho [o'hoː] *int* ¡vaya!; F ***klein, aber*** ~ F pequeño pero matón
OHP-Folie [oːhaː'peː-] *f* transparencia *f*
Ohr [oːr] *n* ⟨-(e)s; -en⟩ **1** oreja *f*; (*Gehör*) oído *m*; ***gute, schlechte ~en haben*** tener buen, mal oído; ***j-m etw ins*** ~ ***flüstern*** susurrar a/c a alg al oído; ***es ist mir zu ~en gekommen, dass ...*** he oído que ....; **2** *fig* ***die ~en spitzen*** *Tier* levantar las orejas; F *Person* aguzar el oído; F ***sich aufs*** ~ ***legen*** acostarse; F planchar la oreja; F ***j-m ein paar hinter die ~en geben*** pegar una bofetada a alg; F ***schreib dir das hinter die ~en!*** ¡no lo olvides!; ***j-m*** (***mit etw***) ***in den ~en liegen*** pedir a alg (a/c) con insistencia; F ***j-n übers*** ~ ***hauen*** F dar gato por liebre a alg; F ***bis über beide ~en*** (***in j-n***) ***verliebt sein*** estar enamorado hasta las cejas (de alg); F ***viel um die ~en haben*** estar muy ocupado; F ***j-m etw um die ~en hauen*** tirar(le) a alg a/c a la cara; ***ich bin ganz*** ~ soy todo oídos; F ***halt die ~en steif!*** F ¡ánimo!
Öhr [øːr] *n* ⟨-(e)s; -e⟩ ojo *m* (de la aguja)
'Ohren|arzt *m*, **~ärztin** *f* F otólogo, -a *m,f*; **2betäubend** *adjt* ensordecedor; **~entzündung** *f* otitis *f*; **~sausen** *n* ⟨-s⟩ zumbido *m* de oídos; **~schmalz** *n* cerumen *m*; **~schmaus** *m* regalo *m* para el oído
'Ohrenschmerzen *pl* dolor *m* de oídos; ***ich***

O

habe **~** me duelen los oídos
'Ohren|schützer *pl* orejeras *f/pl*; **~zeuge** *m* testigo *m* auricular
'Ohrfeige *f* bofetada *f* (*a fig*), torta *f*
'ohrfeigen *v/t* abofetear
'Ohr|läppchen *n* ⟨-s; -⟩ lóbulo *m* de la oreja; **~muschel** *f* pabellón *m* de la oreja; **~ring** *m* pendiente *m*; **~wurm** *m* **1** zo tijereta *f*; **2** F *fig* melodía *f* pegadiza
oje(mine) [o'jeː(mine)] *int* ¡vaya!
o.k., **okay** [o'keː] F *int* ¡vale!, ¡okey!
okkult [ɔ'kʊlt] *adj* oculto
Okkul'tismus *m* ⟨-⟩ ocultismo *m*
okkupieren [ɔku'piːrən] *v/t* ⟨*sin* ge⟩ ocupar, invadir
Öko|... ['øːko...] *in Zssgn* eco...; *Nahrungsmittel* bio...; **~bauer** *m* ⟨-n; -n⟩ agricultor *m* ecologista; **~bilanz** *f* balance *m* ecológico; **~haus** *n* casa *f* ecológica; **~laden** *m* tienda *f* naturista
Öko|'loge *m* ⟨-n; -n⟩, **~'login** *f* ecologista *m,f*; **~lo'gie** *f* ⟨-⟩ ecología *f*; **♀'logisch** *adj* ecológico
Öko|nomie [økono'miː] *f* ⟨-⟩ economía *f*; **♀'nomisch** *adj* económico
'Öko|partei *f* partido *m* ecologista; **~produkt** *n* ecoproducto *m*; **~steuer** *f* ecotasa *f*; impuesto *m* ecológico; **~strom** *m* electricidad *f* ecológica; **~system** *n* ecosistema *m*
Oktave [ɔk'taːvə] *f* MUS octava *f*
Oktober [ɔk'toːbər] *m* ⟨-(s); -⟩ octubre *m*; → ***Januar***
ökumenisch [øku'meːnɪʃ] *adj* ecuménico
Öl [øːl] *n* ⟨-(e)s; -e⟩ **1** (*Speise♀*, *Motoren♀*) aceite *m*; AUTO ***das ~ wechseln*** cambiar el aceite; **2** (*Erd♀*) petróleo *m*; (*Heiz♀*) fuel (-oil) *m*; ***~ exportierendes Land*** país *m* exportador de petróleo; ***~ verarbeitende Industrie*** industria *f* petroquímica; **3** MAL óleo *m*; **4** *fig* ***~ ins Feuer gießen*** echar leña al fuego
'Öl|baum *m* olivo *m*; **~bild** *n* pintura *f* al óleo; **~druck** *m* ⟨-(e)s⟩ AUTO presión *f* de aceite
Oldtimer ['oʊldtaɪmər] *m* coche *m* antiguo *od* de época
Oleander [ole'andər] *m* adelfa *f*, oleandro *m*
'ölen *v/t* engrasar, lubri(fi)car
'Öl|farbe *f* pintura *f* al óleo; **~feld** *n* campo *m* petrolífero; **~filter** *m od n* filtro *m* del aceite; **~gemälde** *n* pintura *f* al óleo
'Ölgötze F *desp m* (***dastehen***) ***wie ein ~*** (estar) como un pasmarote
'Ölheizung *f* calefacción *f* de fuel-oil
'ölig *adj* **1** aceitoso, oleoso; **2** *fig desp* untuoso
Oligopol [oligo'poːl] *n* ⟨-s; -e⟩ oligopolio *m*
oliv [o'liːf] *adj* ⟨*inv*⟩ oliva
Olive [o'liːvə] *f* aceituna *f*
O'liven|baum *m* olivo *m*; **~hain** *m* olivar *m*; **~öl** *n* aceite *m* de oliva
o'livgrün *adj* verde oliva
'Öl|jacke *f* chaqueta *f* embreada; **~kännchen** *n*, **~kanne** *f* aceitera *f*; **~lampe** *f* lámpara *f* de aceite; **~leitung** *f* oleoducto *m*; **~malerei** *f* pintura *f* al óleo; **~messstab** *m* varilla *f* del nivel de aceite; **~ofen** *m* estufa *f* de fuel-oil; **~pest** *f* marea *f* negra; **~quelle** *f* pozo *m* de petróleo; **~sardine** *f* sardina *f* en aceite; **~scheich** F *m* F jeque *m* del petróleo; **~stand** *m* nivel *m* de aceite; **~tank** *m* depósito *m* de aceite; **~tanker** *m* petrolero *m*; **~teppich** *m* mancha *f* de petróleo (en el mar)
'Ölung *f* lubrificación *f*, engrase *m*; KATH ***Letzte ~*** extremaunción *f*
'Ölwanne *f* AUTO cárter *m*
'Ölwechsel *m* cambio *m* de aceite; ***e-n ~ machen*** (***lassen***) cambiar el aceite
Olympiade [olympi'aːdə] *f* Olimpiada(s) *f(pl)*
Olympia|mannschaft [o'lʏmpia-] *f* equipo *m* olímpico; **~sieg** *m* victoria *f* olímpica; **~sieger(in)** *m(f)* campeón, -ona *m,f* olímpico, -a
o'lympisch *adj* olímpico; ***♀e Spiele*** Juegos *m/pl* Olímpicos
Oma ['oːma] F *f* ⟨-; -s⟩ F abuelita *f* (*a alte Frau*)
Omelett [ɔm(ə)'lɛt] *n* ⟨-(e)s; -e *o* -s⟩ tortilla *f*
Omen ['oːmən] *n* ⟨-s; - *o* Omina⟩ presagio *m*, agüero *m*, augurio *m*
ominös [omi'nøːs] *adj* ominoso, de mal agüero; (*bedenklich*) sospechoso
Omnibus ['ɔmni-] *m* ⟨-ses; -se⟩ autobús *m*; (*Reisebus*) autocar *m*; (*Linienbus*) coche *m* de línea
'Omnibus... *in Zssgn* → ***Bus...***
Ona|nie [ona'niː] *f* ⟨-⟩ masturbación *f*, onanismo *m*; **♀'nieren** *v/i* ⟨*sin* ge⟩ masturbarse
Onkel ['ɔŋkəl] *m* ⟨-s; - *o* F -s⟩ tío *m*; *Kindersp*r ***der ~ Doktor*** el médico
Onkologie [ɔŋkolo'giː] *f* ⟨-⟩ oncología *f*
online ['ɔnlaɪn] INFORM en línea; **♀anbieter** *m* oferente *m* en línea; **♀-Banking** [-bɛŋkɪŋ] *n* (sistema *m* de) banca *f* online; **♀betrieb** *m* operación *f* en línea; **♀dienst** *m* servicio *m* en línea
OP [o'peː] *m Abk* ⟨-(s); -(s)⟩ → ***Operationssaal***
Opa ['oːpa] F *m* ⟨-s; -s⟩ F abuelito *m*
Opal [o'paːl] *m* ⟨-s; -e⟩ ópalo *m*
OPEC ['oːpɛk] *f Abk* ⟨-⟩ (*Organisation der Erdöl exportierenden Länder*) OPEP *f* (*Organización de países exportadores de petróleo*)
Open-Air-Festival ['oːpən'ʔɛːr-] *n* festival *m* al aire libre

Oper ['oːpər] *f* ⟨-; -n⟩ ópera *f* (*a Opernhaus*)
Operation [opəratsi'oːn] *f* operación *f* (*a* MIL, MAT)
Operati'ons|saal *m* quirófano *m*; **~tisch** *m* mesa *f* de operaciones
operativ [opəra'tiːf] **I** *adj* **1** MED operatorio; *Eingriff* quirúrgico; **2** MIL operativo; **II** *adv* **3** MED **~ *entfernen*** extirpar
Operator(in) [opə'raːtɔr (-'toːrɪn)] *m* ⟨-s; -'toren⟩ (*f*) INFORM operador, a *m,f*
Operette [opə'rɛtə] *f* opereta *f*
operieren [opə'riːrən] ⟨*sin* ge⟩ **I** *v/t* MED operar (***an*** *+dat* de); ***sich ~ lassen*** operarse; **II** *v/i* MED, MIL, *fig* operar
'Opern|arie *f* aria *f* (de ópera); **~glas** *n* gemelos *m/pl*; **~haus** *n* ópera *f*; **~sänger(in)** *m*(*f*) cantante *m,f* de ópera
Opfer ['ɔpfər] *n* ⟨-s; -⟩ **1** REL sacrificio *m* (*a fig*); (*~gabe*) ofrenda *f*; ***große ~ für etw bringen*** hacer grandes sacrificios por a/c; **2** (*Geschädigter*) víctima *f*; ***j-m, e-r Sache zum ~ fallen*** ser víctima de alg, a/c
'opferbereit *adj* sacrificado, abnegado; **≗schaft** *f* espíritu *m* de sacrificio, abnegación *f*
'Opfergabe *f* ofrenda *f*
'opfern I *v/t* REL sacrificar (*a fig*); **II** *v/r* ***sich*** (***für j-n, etw***) **~** sacrificarse (por alg, a/c; *a fig*)
'Opferstock *m* cepillo *m*
'Opferung *f* sacrificio *m*, inmolación *f*
Opiat [opi'aːt] *n* ⟨-(e)s; -e⟩ opiáceos *m/pl*
Opium ['oːpiʊm] *n* ⟨-s⟩ opio *m* (*a fig*); **≗süchtig** *adj* opiómano
opponieren [ɔpo'niːrən] *v/i* ⟨*sin* ge⟩ oponerse (***gegen*** a)
opportun [ɔpɔr'tuːn] *geh adj* oportuno
Opportu'nist|(in) *m*(*f*) oportunista *m,f*; **≗isch** *adj* oportunista
Opposition [ɔpozitsi'oːn] *f* oposición *f*; **~sführer** *m* líder *m* de la oposición; **~spartei** *f* partido *m* de la oposición
Optik ['ɔptɪk] *f* ⟨-⟩ **1** *Lehre* óptica *f*; **2** *e-s Geräts* sistema *m* óptico; **3** (*Eindruck*) punto *m* de vista; **~er(in)** *m*(*f*) óptico, -a *m,f*
opti|'mal [ɔpti'maːl] **I** *adj* óptimo; **II** *adv* de manera óptima; **~mieren** [-'miːrən] *v/t* ⟨*sin* ge⟩ optimizar, optimar; **≗'mierung** *f* optimización *f*
Optimis|mus [ɔpti'mɪsmʊs] *m* ⟨-⟩ optimismo *m*; **~t(in)** *m*(*f*) optimista *m,f*; **≗tisch I** *adj* optimista; **II** *adv* con optimismo
Optimum ['ɔptimʊm] *n* ⟨-s; -ma⟩ óptimo *m*
Opti'on *f* JUR, COM opción *f* (***für, auf*** *+acus* de, a)
'optisch *adj* óptico; ***~e Täuschung*** ilusión *f* óptica
Orakel [o'raːkəl] *n* ⟨-s; -⟩ oráculo *m* (*a fig*)
oral [o'raːl] *adj* oral
orange [o'rɑ̃ːʒ(ə)] *adj* ⟨*inv*⟩ naranja
O'range *f* naranja *f*
O'rangen|baum *m* naranjo *m*; **~saft** *m* zumo *m* de naranja
Orang-Utan ['oːraŋ'ʔuːtan] *m* ⟨-s; -s⟩ orangután *m*
Oratorium [ora'toːriʊm] *n* ⟨-s; -ien⟩ MUS oratorio *m*
Orbitalstation [ɔrbi'taːl-] *f* estación *f* en órbita
Orchester [ɔr'kɛstər] *n* ⟨-s; -⟩ orquesta *f*; **~musik** *f* música *f* orquestal
Orchidee [ɔrçi'deː(ə)] *f* orquídea *f*
Orden ['ɔrdən] *m* ⟨-s; -⟩ **1** (*Mönchs≗ usw*) orden *f*; ***in e-n ~ eintreten*** ingresar en una orden, tomar los hábitos; **2** (*Auszeichnung*) condecoración *f*; ***j-m e-n ~ verleihen*** conceder a alg una condecoración
'Ordens|band *n* ⟨-(e)s; ¨er⟩ banda *f* (de condecoración); **~bruder** *m* religioso *m*, fraile *m*; *weltlich* cofrade *m*; **~schwester** *f* religiosa *f*
ordentlich ['ɔrdəntlɪç] **I** *adj* **1** (*ordnungsliebend*) ordenado; **2** (*anständig*) formal, decente; ***~e Leute*** F gente *f* de bien; **3** *Mitglied*, *Professor* numerario, titular; **4** F (*ganz gut*) bueno; ***e-e ~e Leistung*** un buen trabajo; **5** F (*reichlich*) abundante; ***e-e ~e Tracht Prügel*** F una soberana paliza; **II** *adv* **6** (*geordnet*) ordenadamente; (*sorgfältig*) con cuidado; **7** (*anständig*) como es debido; **8** F (*ganz gut*) bien; **9** F (*reichlich*) de lo lindo
Order ['ɔrdər] *f* ⟨-; -n, COM -s⟩ MIL orden *f*; COM *a* pedido *m*; COM ***an ~*** a la orden de
'ordern *v/t*, *v/i* COM pedir, encargar
'Orderpapier *n* FIN título *m* a la orden
Ordinalzahl [ɔrdi'naːl-] *f* ordinal *m*
ordinär [ɔrdi'nɛːr] *adj desp* vulgar, grosero, ordinario
Ordinarius [ɔrdi'naːriʊs] *m* ⟨-; -ien⟩ catedrático *m* (***für*** de)
Ordination [ɔrdinatsi'oːn] *f österr* **1** (*Arztpraxis*) consulta *f* (del médico); **2** (*Sprechstunde*) hora *f* de consulta
ordnen ['ɔrdnən] *v/t* **1** ordenar, poner en orden; *nach Größe usw* clasificar (***nach*** por); **2** (*regeln*) arreglar
'Ordner *m* **1** *Person* empleado *m* del servicio del orden; **2** (*Akten≗*) clasificador *m*, archivador *m*; INFORM carpeta *f*, archivo *m*
'Ordnung *f* **1** orden *m* (*a Reihenfolge*); *vorgeschriebene* reglamento *m*; ***in ~ halten*** mantener en orden; ***in ~ bringen*** (*aufräumen*) poner en orden, recoger; *fig* (*regeln*) arreglar; *Papiere usw* ***in ~ sein*** estar en regla; ***es ist alles wieder in ~*** ya está todo arreglado; F (***das geht***) ***in ~!*** ¡de acuerdo!;

F ¡está bien!; F ***er ist in ~*** es una buena persona; ***der ~ halber*** para el buen orden, por las formalidades; **2** (*Grad*) categoría *f*

'ordnungs|gemäß I *adj* reglamentario; **II** *adv* debidamente; **~liebend** *adjt* ordenado; **Śruf** *m* llamamiento *m* al orden; **Śstrafe** *f* multa *f*, amonestación *f*; **~widrig** *adj* irregular, contrario al orden; **Świdrigkeit** *f* irregularidad *f*, ilegalidad *f*; **Śzahl** *f* ordinal *m*

Organ [ɔr'gaːn] *n* ⟨-s; -e⟩ **1** ANAT, (*Nachrichten*Ś), *fig* órgano *m*; **2** F (*Stimme*) voz *m*; ***sie hat ein lautes ~*** tiene una voz fuerte

Organigramm [ɔrgani'gram] *n* ⟨-s; -e⟩ organigrama *m*

Organisation [ɔrganizatsi'oːn] *f* organización *f*; ***~ Amerikanischer Staaten*** Organización *f* de Estados Americanos; ***~ Erdöl exportierender Länder*** Organización *f* de los Países Exportadores de Petróleo; ***~ für wirtschaftliche Zusammenarbeit und Entwicklung*** Organización *f* de Cooperación y Desarrollo Económico

Organisati'ons|frage *f* cuestión *f* de organización; **~plan** *m* organigrama *m*; **~problem** *n* problema *m* de organización; **~struktur** *f* estructura *f* de la organización

Organisati'onstalent *n* capacidad *f* organizativa, talento *m* organizador; ***sie ist ein ~*** tiene talento organizador

Organi|sator(in) [ɔrgani'zaːtɔr (-'toːrɪn)] *m* ⟨-s; -'toren⟩ (*f*) organizador, a *m,f*; **Śsa'torisch I** *adj* de organización, organizador; **II** *adv* en cuanto a la organización

or'ganisch *adj* orgánico

organi'sieren ⟨*sin* ge⟩ **I** *v/t* **1** organizar; **2** F (*beschaffen*) ***etw ~*** procurar a/c; F organizar(se) a/c; **II** *v/r* **3** ***sich ~*** organizarse

organi'siert I *adj* organizado; ***~es Verbrechen*** crimen *m* organizado; **II** *adv* ***gewerkschaftlich ~*** sindicado

Organismus [ɔrga'nɪsmʊs] *m* ⟨-; -men⟩ BIOL, *fig* organismo *m*

Organist(in) [ɔrga'nɪst(ɪn)] *m*(*f*) organista *m,f*

Or'gan|spende *f* donación *f* de órganos; **~spender(in)** *m*(*f*) donante *m,f* de órganos; **~transplantation** *f* trasplante *m* de órganos

Orgasmus [ɔr'gasmʊs] *m* ⟨-; -men⟩ orgasmo *m*

Orgel ['ɔrgəl] *f* ⟨-; -n⟩ órgano *m*

'Orgelpfeife *f* tubo *m* de órgano; *scherzh* ***wie die ~n*** por tamaño

Orgie ['ɔrgiə] *f* orgía *f*; ***e-e ~ feiern*** montar una orgía

Orient ['oːriɛnt] ⟨-s⟩ ***der ~*** el Oriente *m*; ***der Vordere ~*** el Oriente Próximo

Orien|'tale *m* ⟨-n; -n⟩, **~'talin** *f* oriental *m,f*; **Ś'talisch** *adj* oriental

orientieren [oriɛn'tiːrən] ⟨*sin* ge⟩ **I** *v/t* **1** (*ausrichten*) orientar (***nach Süden*** al sur); **2** (*in Kenntnis setzen*) orientar (***über*** *+acus* sobre), poner al corriente (***über*** *+acus* de); **II** *v/r* ***sich ~*** **3** *räumlich* orientarse; **4** (*sich informieren*) orientarse, ponerse al corriente; **5** ***sich an etw, j-m ~*** guiarse por a/c, alg

Orien'tierung *f* ⟨-⟩ **1** orientación *f*; ***die ~ verlieren*** perder la orientación; **2** (*Information*) ***zur ~*** a título informativo

Orien'tierungs|hilfe *f* punto *m* de referencia; **Ślos** *adj* desorientado; **~sinn** *m* sentido *m* de la orientación

original [origi'naːl] **I** *adj* original; (*ursprünglich*) *a* genuíno; **II** *adv* ***~ spanischer Sherry*** auténtico jerez español; ***etw ~ übertragen*** retransmitir a/c en directo

Origi'nal *n* ⟨-s; -e⟩ original *m* (*a Person*); (*~urkunde*) autógrafo *m*; **~ausgabe** *f* edición *f* original; **~beleg** *m* recibo *m* original; **~fassung** *f* versión *f* original; **Śgetreu** *adj* fiel *od* conforme al original

Originali'tät *f* ⟨-⟩ originalidad *f*

Origi'nalrechnung *f* factura *f* original

Origi'nalton *m* ⟨-(e)s⟩ ***die Reden von X im ~*** los discursos de X en voz original, grabaciones *f/pl* originales de los discursos de X

Origi'nal|übertragung *f* retransmisión *f* en directo; **~verpackung** *f* envase *f* original

origi'nell *adj* original

Orkan [ɔr'kaːn] *m* ⟨-(e)s; -e⟩ huracán *m*

or'kanartig *adj* *Sturm* huracanado, violento; ***~er Beifall*** aplausos *m/pl* atronadores

Ornamen|t [ɔrna'mɛnt] *n* ⟨-(e)s; -e⟩ ornamento *m*, adorno *m*; **Ś'tal** *adj* ornamental

Ornithologie [ɔrnitolo'giː] *f* ⟨-⟩ ornitología *f*

Ort [ɔrt] *m* ⟨-(e)s; -e⟩ lugar *m*, sitio *m*; (*Ortschaft*) localidad *f*, población *f*; ***an ~ und Stelle*** sobre el terreno, in situ, en el sitio; ***an ~ und Stelle sein*** estar en el lugar convenido; *fig* ***vor ~*** (*an ~ und Stelle*) en el lugar (de los hechos)

Örtchen ['œrtçən] F *n* ⟨-s; -⟩ (***stilles***) ***~*** (*WC*) F excusado *m*

'orten *v/t* localizar

orthodox [ɔrto'dɔks] *adj* ortodoxo

Orthogra|fie, ~phie [ɔrtogra'fiː] *f* ortografía *f*

ortho'gra|fisch, ~phisch *adj* ortográfico; ***~er Fehler*** falta *f* de ortografía

Orthopäd|e [ɔrto'pɛːdə] *m* ⟨-n; -n⟩, **~in** *f* ortopeda *m,f*, traumatólogo, -a *m,f*; **Śisch** *adj* ortopédico

örtlich ['œrtlɪç] **I** *adj* local (*a Betäubung, Niederschläge*); **II** *adv* ***~ begrenzen*** delimitar; MED ***~ betäuben*** poner una aneste-

O

sia local
'Örtlichkeit *f mst pl* **~en** localidades *f/pl*
'Orts|angabe *f* indicación *f* del lugar; **2ansässig** *adj* domiciliado en el lugar; **~ansässige(r)** *f(m)* ⟨→ A⟩ residente *m,f*
'Ortschaft *f* población *f*, localidad *f*
'orts|fremd *adj* forastero; **2gespräch** *n* TEL llamada *f* local; **2kenntnis** *f* conocimiento *m* del lugar; **~kundig** *adj* conocedor del lugar; **2name** *m* nombre *m* de la población; **2netz** *n* TEL red *f* urbana; **2schild** *n* señal *f* indicadora de población; **2tarif** *m* TEL tarifa *f* urbana; **~üblich** *adj* según el uso local; **2verkehr** *m* tráfico *m* urbano; **2zeit** *f* hora *f* local
öS *Abk hist* (*österreichischer Schilling*) chelín *m* austríaco
'O-Saft F *m* zumo *m* de naranja
Öse ['øːzə] *f* MODE ojete *m*
Ossi ['ɔsi] F *m* ⟨-s; -s⟩ *habitante de la antigua Alemania del Este*
Ost [ɔst] *m* ⟨*sin artículo ni pl*⟩ este *m*; **'~'asien** *n* Asia *f* Oriental; **'~block** *m* HIST, *neg!* bloque *m* oriental; **'2deutsch** *adj* del este de Alemania; **'~deutschland** *n* Alemania *f* del Este *od* Oriental
'Osten *m* ⟨-s⟩ este *m*, oriente *m*; *von Spanien* Levante *m*; POL ***der* ~** el Este; ***der Ferne* ~** el Lejano *od* Extremo Oriente *m*; ***der Mittlere* ~** el Oriente *m* Medio; ***der Nahe* ~** el Oriente *m* Próximo; ***im* ~ (*von*)** al este (de); ***von* ~** del este
ostentativ [ɔstɛnta'tiːf] *geh adj* ostentoso, ostensivo
Osteoporose [ɔsteopo'roːzə] *f* osteoporosis *f*
'Oster|ei *n* huevo *m* de Pascua; **~fest** *n* Pascua *f* (de Resurrección); **~glocke** *f* BOT narciso *m*; **~hase** *m conejo de Pascua*
österlich ['øːstərlɪç] *adj* pascual, de Pascua
'Oster'montag *m* lunes *m* de Pascua
Ostern ['oːstərn] *n* ⟨-; -⟩ Pascua *f* (de Resurrección); ***an* ~ *od zu* ~** por Pascua; ***frohe od fröhliche* ~!** ¡felices pascuas!
Österreich ['øːstəraɪç] *n* ⟨-s⟩ Austria *f*; **~er(-in)** *m(f)* austriaco, -a *m,f*; **2isch** *adj* austriaco; POL *in Zssgn* austro…
'Oster'sonntag *m* Domingo *m* de Resurrección
Osterweiterung *f* POL *Europa*, *NATO* ampliación *f* al *od* hacia el este
'Osterwoche *f* Semana *f* Santa
'Ost|eu'ropa *n* Europa *f* del Este *od* Oriental; **'2euro'päisch** *adj* de la Europa del Este; **~küste** *f* costa *f* oriental
östlich ['œstlɪç] **I** *adj* oriental, del este; **II** *adv* al este (***von*** de)
Östrogen [œstro'geːn] *n* ⟨-s; -e⟩ estrógeno *m*
'Ost|see *f* Mar *m* Báltico; **~seite** *f* lado *m* este; **2wärts** *adv* hacia el este; **~wind** *m* viento *m* del este; *in Spanien a* levante *m*
OSZE [oːˀɛstsɛt'ˀeː] *f Abk* ⟨-⟩ (*Organisation für Sicherheit und Zusammenarbeit in Europa*) OSCE *f* (*Organización para la Seguridad y Cooperación en Europa*)
'O-Ton F *m* cita *f* textual
Otter[1] ['ɔtər] *f* ⟨-; -n⟩ (*Viper*) víbora *f*
'Otter[2] *m* (*Fisch2*) nutria *f*
ÖTV ['øːteːvaʊ] *f Abk* ⟨-⟩ (*Öffentliche Dienste, Transport und Verkehr*) *sindicato alemán de los servicios públicos y transportes* (*hasta 2001*); → **ver.di**
out [aʊt] F *adj* **~ *sein*** estar pasado de moda
'outen I *v/t* revelar la homosexualidad de; **II** *v/r* ***sich* ~** revelar, reconocer (públicamente) su homosexualidad
Out|fit ['aʊtfɪt] *n* ⟨-(s); -s⟩ (*Kleidung*) imagen *f*; F look *m*; (*Ausrüstung*) equipamiento *m*; **~put** [-pʊt] *m od n* ⟨-s; -s⟩ **1** ECON producción *f* total; **2** INFORM salida *f*; **~sider** [-saɪdər] *m bsd* SPORT outsider *m*; **2sourcen** [-sɔːrsən] *v/t* ⟨*sep*⟩ externalizar, subcontratar servicios propios; **~sourcing** [-sɔːrsɪŋ] *m* ECON externalización *f*, subcontratación *f* de servicios propios
Ouvertüre [uvɛr'tyːrə] *f* MUS obertura *f*
oval [o'vaːl] *adj* oval
O'val *n* ⟨-s; -e⟩ óvalo
Ovation [ovatsi'oːn] *geh f* ovación *f*
Overall ['oːvərɔːl] *m* ⟨-s; -s⟩ (*Arbeits2*) mono *m*
Overhead|folie ['oːvərhɛt-] *f* transparencia *f*; **~projektor** *m* retroproyector *m*
Oxi|d [ɔ'ksiːt] *n wiss*, **Oxy|d** [ɔ'ksyːt] *n* ⟨-(e)s; -e⟩ óxido *m*; **~dati'on** *f* oxidación *f*; **2'dieren** *v/i* ⟨*sin* ge, h *o* sn⟩ oxidar(se)
Ozean ['oːtseaːn] *m* ⟨-s; -e⟩ océano *m*; **~dampfer** *m* transatlántico *m*
Ozeanien [otse'aːniən] *n* ⟨-s⟩ Oceanía *f*
Ozelot ['oːtselɔt] *m* ⟨-s; -e⟩ ZO, *Pelz* ocelote *m*
Ozon [o'tsoːn] *n* ⟨-s⟩ ozono *m*; **~alarm** *m* alarma *f* por ozono; **~loch** *n* agujero *m* (en la capa) de ozono; **~schicht** *f* capa *f* de ozono; **~werte** *pl* nivel *m* de ozono

P

P, p [peː] *n* ⟨-; -⟩ P, p *f*
paar [paːr] *pr/indef* ⟨*inv*⟩ ***ein ~*** (*einige*) un par (de); ***ein ~ verließen den Saal*** algunos abandonaron la sala; ***ein ~ Mal*** un par de veces
Paar *n* ⟨-(e)s; -e⟩ **1** *bei Sachen* par *m*; ***ein ~ Schuhe*** un par de zapatos; **2** *Personen, Tiere* pareja *f*
'paaren *v/r* ***sich ~*** aparearse (***mit*** con); *fig* unirse, asociarse
'Paarlauf *m* SPORT patinaje *m* por parejas
'Paarung *f* apareamiento *m* (*a* BIOL), acoplamiento *m* (*a fig*)
'paarweise *adj u adv* de dos en dos, a pares, por parejas
Pacht [paxt] *f* ⟨-; -en⟩ arrendamiento *m*, arriendo *m*; **'~dauer** *f* período *m* de arrendamiento
'pachten *v/t* arrendar
Pächter(in) ['pɛçtər(ɪn)] *m(f)* arrendatario, -a *m,f*
'Pacht|vertrag *m* contrato *m* de arrendamiento; **~zins** *m* arrendamiento *m*, arriendo *m*
Pack[1] [pak] *m* ⟨-(e)s; -e *o* ⸗e⟩ paquete *m*, bulto *m*; (*Bündel*) hato *m*
Pack[2] F *desp n* ⟨-(e)s⟩ gentuza *f*, chusma *f*
Päckchen ['pɛkçən] *n* ⟨-s; -⟩ paquete *m* pequeño; ***ein ~ Zigaretten*** un paquete *od* una cajetilla de cigarrillos
'Packeis *n* banquisa *f*, banco *m* de hielo
'packen I *v/t* **1** *Koffer, Paket* hacer; *Waren* empaquetar, embalar; *in Papier* envolver; (*hinein~*) meter (***in*** *+acus* en); **2** (*ergreifen*) coger, asir; **3** *fig* (*fesseln*) cautivar, emocionar; **4** F *fig* (*schaffen*) conseguir, ser capaz de; *Examen* superar; F pasar; **II** *v/i* **5** (*Koffer ~*) hacer las maletas
'Packen *m* ⟨-s; -⟩ paquete *m*, bulto *m*; (*Bündel*) hato *m*
'packend *adjt* impresionante, conmovedor
'Packe|r(in) *m(f)* embalador, a *m,f*, empaquetador, a *m,f*; **~'rei** *f* servicio *m* de embalaje
Packerl ['pakərl] *n* ⟨-s; -n⟩ *österr* paquete *m* pequeño
'Packpapier *n* papel *m* de embalar *od* de envolver
'Pack|ung *f* **1** COM paquete *m*; **2** MED fomentos *m/pl*; (*Gesichts*≗) mascarilla *f*; **~ungsbeilage** *f* hoja *f* informativa; **~zettel** *m* lista *f* de embalaje
Pädagog|e [pɛda'goːgə] *m* ⟨-n; -n⟩, **~in** *f* pedagogo, -a *m,f*; **~ik** *f* ⟨-⟩ pedagogía *f*; **≗isch** *adj* pedagógico
Paddel ['padəl] *n* ⟨-s; -⟩ pala *f*, canalete *m*; **~boot** *n* (*Kanu*) canoa *f*, piragua *f*; (*Kajak*) kayak *m*
'paddeln *v/i* ⟨h *o* sn⟩ remar; (*Paddelboot fahren*) ir en canoa *od* piragua
Paella [pa'ˀɛlja] *f* ⟨-; -s⟩ paella *f*
paffen ['pafən] F *v/t*, *v/i* fumar a bocanadas, fumar sin tragar el humo
Page ['paːʒə] *m* ⟨-n; -n⟩ paje *m*; *im Hotel* botones *m*
Pager ['peːdʒər] *m* ⟨-s; -⟩ buscapersonas *m*, mensáfono *m*
paginier|en [pagi'niːrən] *v/t* ⟨*sin* ge⟩ TYPO paginar; **≗ung** *f* paginación *f*
Paket [pa'keːt] *n* ⟨-(e)s; -e⟩ paquete *m*; **~annahme** *f* recepción *f* de paquetes; **~ausgabe** *f* entrega *f* de paquetes; **~karte** *f* tarjeta *f* de envío (de paquetes)
Pakistan ['paːkɪstaːn] *n* ⟨-s⟩ Paquistán *m*
Pakis'ta|ner(in) *m(f)*, **~ni** *m* ⟨-(s); -(s)⟩, *f* ⟨-; -(s)⟩ paquistaní *m,f*; **≗nisch** *adj* paquistaní
Pakt [pakt] *m* ⟨-(e)s; -e⟩ pacto *m*
pak'tieren *v/i* ⟨*sin* ge⟩ pactar (***mit*** con)
Palast [pa'last] *m* ⟨-(e)s; Paläste⟩ palacio *m* (*a fig*)
Palästina [palɛs'tiːna] *n* ⟨-s⟩ Palestina *f*
Palästinens|er(in) [palɛsti'nɛnzər(ɪn)] *m(f)* palestino, -a *m,f*; **≗isch** *adj* palestino
Palatschinke [pala'tʃɪŋkə] *f* *österr tipo de crepé dulce*
Pala|ver [pa'laːvər] F *n* ⟨-s; -⟩ cotorreo *m*, parloteo *m*; **≗vern** F *v/i* ⟨*sin* ge⟩ cotorrear, parlotear
Palette [pa'lɛtə] *f* paleta *f* (*a* TEC); *fig* (*Vielfalt*) *a* abanico *m*, gama *f*
Palisade [pali'zaːdə] *f* empalizada *f*
Palisander [pali'zandər] *m*, **~holz** *n* palisandro *m*
Palme ['palmə] *f* palma *f*, palmera *f*; F *fig* ***j-n auf die ~ bringen*** sacar a alg de quicio
Palm|'sonntag *m* Domingo *m* de Ramos; **'~wedel** *m*, **'~zweig** *m* palma *f*
Pampelmuse [pampəl'muːzə] *f* pomelo *m*,

toronja *f*
Pamphlet [pam'fle:t] *n* ⟨-(e)s; -e⟩ panfleto *m*
pampig ['pampɪç] F *adj* (*dreist*) insolente; F fresco; (*mürrisch*) desagradable
Pana|ma ['panama] *n* ⟨-s⟩ Panamá *m*; **~'maer(in)** *m(f)* panameño, -a *m,f*; **2'maisch** *adj* panameño
Panda ['panda] *m* ⟨-s; -s⟩ ZO panda *m*
Paneel [pa'ne:l] *n* ⟨-s; -e⟩ panel *m*
panier|en [pa'ni:rən] *v/t* ⟨*sin* ge⟩ *mit Semmelbröseln* empanar; *mit Mehl* rebozar; **2mehl** *n* pan *m* rallado
Panik ['pa:nɪk] *f* pánico *m*; ***in ~*** (*acus*) ***geraten*** sentir pánico; ***es brach e-e ~ aus*** cundió el pánico
'panisch *adj* de pánico; ***~e Angst*** pánico *m*
Panne ['panə] *f* avería *f*; *fig* contratiempo *m*; F plancha *f*; ***e-e ~ haben*** tener una avería
'Pannendienst *m* servicio *m* de auxilio en carretera
Panorama [pano'ra:ma] *n* ⟨-s; -men⟩ panorama *m*
panschen ['panʃən] F *desp v/t Wein* aguar; F bautizar
Pant(h)er ['pantər] *m* pantera *f*
Pantoffel [pan'tɔfəl] *m* ⟨-s; -n⟩ zapatilla *f*; F *fig* ***er steht unter dem ~*** es ella la que lleva los pantalones
Pan'toffelheld F *desp m* calzonazos *m*
Pantomime [panto'mi:mə] *f* pantomima *f*
Panzer ['pantsər] *m* **1** (*Rüstung*) coraza *f*; **2** ZO caparazón *m*; **3** MIL tanque *m*; **~faust** *f* bazuca *f*; **~glas** *n* cristal *m* antibala
'panzern *v/t* acorazar, blindar
'Panzer|schrank *m* caja *f* fuerte; **~ung** *f* blindaje *m*, coraza *f*; **~wagen** *m* carro *m* blindado, carro *m* de combate
Papa ['papa] F *m* ⟨-s; -s⟩ papá *m*
Papagei [papa'gaɪ] *m* ⟨-s *o* -en; -e(n)⟩ papagayo *m*
Paparazzo [papa'ratso] F *m* ⟨-s; -razzi⟩ paparazzo *m*
Papaya [pa'pa:ja] *f* ⟨-; -s⟩ papaya *f*
Papi ['papi] F *Kinderspr m* ⟨-s; -s⟩ papaíto *m*
Papier [pa'pi:r] *n* ⟨-s; -e⟩ **1** papel *m*; ***zu ~ bringen*** poner por escrito; **2** (*Urkunde*) documento *m*; *pl* ***~e*** (*Ausweise*) documentación *f*; **3** (*Wert2*) valores *m/pl*
Pa'pier|einzug *m* avance *m* de papel; **~fabrik** *f* fábrica *f* de papel; **~flut** *f* papeleo *m*; **~geld** *n* papel *m* moneda; **~korb** *m* papelera *f*; **~kram** *m* papeleo *m*; **~krieg** F *m* papeleo *m* (burocrático); **~schlange** *f* serpentina *f*; **~stau** *m am Faxgerät, Drucker* atasco *m* de papel; **~taschentuch** *n* pañuelo *m* de papel, clínex *m*, kleenex® *m*; **~verschwendung** *f* derroche *m od* despilfarro *m* de papel; **~zufuhr** *f* alimentación *f od* avance *m* de papel
Papp|becher ['pap-] *m* vaso *m* de cartón; **~deckel** *m* (tapa *f* de) cartón *m*
'Pappe *f* cartón *m*; *dünne* cartulina *f*; F ***das ist nicht von ~*** F no es moco de pavo
Pappel ['papəl] *f* ⟨-; -n⟩ álamo *m*, chopo *m*
'pappen F **I** *v/t* pegar (***an, auf*** +*acus* a); **II** *v/i* estar pegado (***an, auf*** +*dat* a)
'Pappenstiel *m* F ***das ist kein ~*** F no es moco de pavo
'pappig *adj* (*breiig*) pastoso; (*klebrig*) pegajoso
'Papp|karton *m* caja *f* de cartón; *Material* cartón *m*; **~schachtel** *f* caja *f* de cartón; **~teller** *m* plato *m* de cartón
Paprika ['paprika] *m* ⟨-s; -(s)⟩ *Schote* pimiento *m*; *Gewürz* pimentón *m*; **~schnitzel** *n* escalope *m* al pimentón; **~schote** *f* pimiento *m*
Papst [pa:pst] *m* ⟨-(e)s; ⸚e⟩ papa *m* (*a fig*)
päpstlich ['pɛ:pstlɪç] *adj* papal, pontificio
Parabel [pa'ra:bəl] *f* ⟨-; -n⟩ parábola *f*
Parabolantenne [para'bo:lʔantɛnə] *f* antena *f* parabólica
Parade [pa'ra:də] *f* **1** MIL desfile *m*; **2** SPORT parada *f*, quite *m*; **~beispiel** *n* ejemplo *m* clásico
Paradeiser [para'daɪzər] *m österr* tomate *m*
para'dieren *v/i* ⟨*sin* ge⟩ desfilar
Paradies [para'di:s] *n* ⟨-es; -e⟩ paraíso *m* (*a fig*); **2isch** *adj* paradisíaco (*a fig*)
paradox [para'dɔks] *adj* paradójico
Para'dox *n* ⟨-es; -e⟩ paradoja *f*
Paragraph [para'gra:f] *m* ⟨-en; -en⟩ párrafo *m*; JUR artículo *m*
Paraguay [paragu'a:i] *n* ⟨-s⟩ Paraguay *m*; **~er(in)** *m(f)* paraguayo, -a *m,f*; **2isch** *adj* paraguayo
parallel [para'le:l] **I** *adj* paralelo (***mit, zu*** a); **II** *adv* ***~ laufen*** ser paralelo a
Paral'lele *f* paralela *f*; *fig* paralelo *m*
Parallelogramm [paralelo'gram] *n* ⟨-s; -e⟩ paralelogramo *m*
paramilitärisch ['pa:ra-] *adj* paramilitar
Para|noia [para'nɔʏa] *f* ⟨-⟩ MED paranoia *f*; **2no'id** *adj* paranoico
Paranuss ['pa:ranʊs] *f* nuez *f* del Brasil
paraphieren [para'fi:rən] *v/t* ⟨*sin* ge⟩ POL, JUR rubricar
'Parapsycholo'gie *f* parasicología *f*
Parasit [para'zi:t] *m* ⟨-en; -en⟩ parásito *m* (*a fig desp*)
parat [pa'ra:t] *adj* preparado, listo; ***etw ~ haben*** tener a/c a punto
Pärchen ['pɛ:rçən] *n* ⟨-s; -⟩ parejita *f* (*a* F *desp*)
Parfum [par'fœ:], **Parfüm** [par'fy:m] *n* ⟨-s;

P

-s⟩ perfume *m*
Parfümerie [parfymə'riː] *f* perfumería *f*
parfü'mieren *v/t, v/r* ⟨*sin* ge⟩ (***sich***) **~** perfumar(se)
parieren [pa'riːrən] ⟨*sin* ge⟩ **I** *v/t* SPORT parar; **II** F *v/i* (*gehorchen*) obedecer
Paris [pa'riːs] *n* París *m*; **~er** F *m* ⟨-s; -⟩ (*Kondom*) condón *m*; **~er(in)** *m(f)* parisino, -a *m,f*
Parität [pari'tɛt] *f* (*Gleichheit*) paridad *f* (*a* ECON); **⁓isch** *adj* paritario
Park [park] *m* ⟨-s; -s⟩ parque *m*
Parka ['parka] *m* ⟨-s; -s⟩ parka *f*
'Park|anlagen *pl* zona *f* ajardinada; **~bank** *f* ⟨-; -bänke⟩ banco *m* de un parque
'parken *v/t, v/i* aparcar, estacionar; **⁓ *verboten!*** prohibido aparcar
'parkend *adjt* estacionado, aparcado
Parkett [par'kɛt] *n* ⟨-(e)s; -e⟩ **1** parquet *m*, parqué *m*, entarimado *m*; **2** THEA patio *m* de butacas, platea *f*
'Park|gebühr *f* tarifa *f* de aparcamiento; **~haus** *n* aparcamiento *m*, parking *m*; **~kralle** *f* cepo *m*; **~lücke** *f* hueco *m* para aparcar; **~platz** *m* **1** *für viele Autos* aparcamiento *m*, parking *m*; **2** (*Parkmöglichkeit*) aparcamiento *m*, plaza *f*; **~scheibe** *f* disco *m* de estacionamiento; **~schein** *m* tíquet *m* de aparcamiento; **~scheinautomat** *m* (expendedor *m*) automático *m* de tíquets de aparcamiento; **~uhr** *f* parquímetro *m*
'Parkverbot *n* prohibición *f* de estacionamiento; ***im ~ stehen*** estar en zona de estacionamiento prohibido
Parlament [parla'mɛnt] *n* ⟨-(e)s; -e⟩ parlamento *m*
Parlamentar|ier(in) [parlamɛn'taːriər (-ɪn)] *m(f)* parlamentario, -a *m,f*; **⁓isch** *adj* parlamentario
Parla'mentswahlen *pl* elecciones *f/pl* al parlamento
Parmesan [parme'zaːn] *m* ⟨-s⟩, **~käse** *m* queso *m* parmesano
Parodie [paro'diː] *f* parodia *f* (***auf*** *+acus* de); **⁓ren** *v/t* ⟨*sin* ge⟩ parodiar
Parodontose [parodɔn'toːzə] *f* MED paradontosis *f*
Parole [pa'roːlə] *f* **1** lema *m*, (e)slogan *m*; **2** MIL consigna *f*, santo *m* y seña
Partei [par'taɪ] *f* **1** POL, (*Gruppe*) partido *m*; ***für, gegen j-n ~ ergreifen*** tomar partido a favor, contra alg; **2** JUR parte *f*; ***die vertragschließenden ~en*** las partes contratantes
Par'tei|chef(in) *m(f)* jefe, -a *m,f od* dirigente *m,f* de partido; **⁓isch** *adj* parcial; **~lichkeit** *f* ⟨-⟩ parcialidad *f*; **⁓los** *adj* independiente, apartidista; **~mitglied** *n* militante *m,f*, miembro *m,f* del partido; **~nahme** *f* toma *f* de partido; **~tag** *m* congreso *m* de partido
Parterre [par'tɛr(ə)] *n* ⟨-s; -s⟩ planta *f* baja, piso *m* bajo; THEA platea *f*, patio *m* (de butacas)
Partie [par'tiː] *f* **1** *beim Spiel* partida *f*; *beim Tennis usw* partido *m*; ***mit von der ~ sein*** ser del grupo, tomar parte; **2** COM (*Mengeneinheit*) partida *f*, lote *m*; **3** (*Heiratsmöglichkeit*) partido *m*; ***e-e gute ~*** un buen partido
Partikel [par'tiːkəl] *n* ⟨-s; -⟩ *od f* ⟨-; -n⟩ partícula *f*
Partisan(in) [parti'zaːn(ɪn)] *m* ⟨-s *o* -en; -en⟩ (*f*) partisano, -a *m,f*, guerrillero, -a *m,f*
Partitur [parti'tuːr] *f* MUS partitura *f*
Partizip [parti'tsiːp] *n* ⟨-s; -ien⟩ GRAM participio *m*; ***~ Präsens, Perfekt*** participio *m* presente, perfecto
Partner(in) ['partnər(ɪn)] *m(f)* compañero, -a *m,f*; (*Lebensgefährte*) *a* pareja *f*; COM socio, -a *m,f*
'Partnerfirma *f* empresa *f* asociada
'Partnerschaft *f* colaboración *f*, asociación *f*; (*Beziehung*) relación *f* (de pareja); **⁓lich** *adj Beziehung* de igual a igual; *Zusammenarbeit* de compañero
'Partner|stadt *f* ciudad *f* hermanada (***von*** *od +gen* con); **~unternehmen** *n* empresa *f* asociada
Party ['paːrti] *f* ⟨-; -s⟩ fiesta *f*; **~service** *m* servicio *m* de fiestas
Parzelle [par'tsɛlə] *f* parcela *f*
Pascha ['paʃa] *m* ⟨-s; -s⟩ pachá *m* (*a fig desp*)
Pass [pas] *m* ⟨-es; ⸚e⟩ **1** (*Berg⁓*) puerto *m*; (*Eng⁓*) paso *m*, desfiladero *m*; **2** (*Reise⁓*) pasaporte *m*; **3** SPORT pase *m*
passabel [pa'saːbəl] *adj* ⟨-bl-⟩ aceptable, pasable
Passage [pa'saːʒə] *f* **1** (*Durchgang, -fahrt*) pasaje *m*; *überdachte a* galería *f*; **2** (*Abschnitt*) pasaje *m*, fragmento *m*
Passagier [pasa'ʒiːr] *m* ⟨-s; -e⟩ viajero *m*, pasajero *m*; *pl* **~e** *a* pasaje *m*; ***blinder ~*** polizón *m*
Passa'gier|flugzeug *n* avión *m* de pasajeros; **~liste** *f* lista *f* de pasajeros
Passant(in) [pa'sant(ɪn)] *m* ⟨-en; -en⟩ (*f*) transeúnte *m,f*
Passat [pa'saːt] *m* ⟨-(e)s; -e⟩ (viento *m*) alisio *m*
'Passbild *n* foto(grafía) *f* de pasaporte
passen ['pasən] **I** *v/t* **1** *Ball* ***zu j-m ~*** pasar (-le) a alg; **II** *v/i* **2** *Ersatzteil, Schlüssel* ***auf etw*** (*acus*), ***in etw*** (*acus*) **~** entrar bien en a/c, encajar bien en a/c; ***in etw*** (*acus*) **~** (*Platz haben*) caber en a/c; ***zu etw ~*** ir bien con a/c; **3** *Kleidung* sentar(le) *od* quedar

P

(-le) bien (***j-m*** a alg); **4** (*harmonieren*) **~ zu** hacer juego con, cuadrar con, encajar con; F pegar con; **5** (*genehm sein*) venir bien, convenir; ***dieser Termin passt mir nicht*** esa fecha no me viene bien; F ***das könnte dir so ~!*** F ¡qué más quisieras!, ¡que te crees tú eso!; **6** *Kartenspiel* pasar (*a fig*); *Fußball* ***zu j-m ~*** pasar(le) a alg

'passend *adjt* adecuado, conveniente; *Ersatzteil*, *Schlüssel* que encaja; *Kleidung* apropiado, que va bien; (*zusammen~*) correspondiente, a *od* que hace juego; *Zeitpunkt*, *Gelegenheit* oportuno; F ***haben Sie es ~?*** ¿lo tiene justo?

'Passfoto *n* foto(grafía) *f* de pasaporte

passierbar [pa'siːrbaːr] *adj Straße* transitable, practicable

pas'sieren ⟨*sin* ge⟩ **I** *v/t* ⟨h⟩ **1** *Fluss* atravesar; *Grenze a* pasar; *Ort* pasar por; **2** GASTR pasar; **II** *v/i* ⟨sn⟩ **3** (*geschehen*) pasar, suceder, ocurrir; ***bei dem Unfall ist mir nichts passiert*** salí indemne del accidente

Pas'sierschein *m* pase *m*

Passio|n [pasi'oːn] *f* pasión *f*; REL Pasión *f*; **♀'niert** *adj* apasionado; **~nszeit** *f* cuaresma *f*

passiv ['pasiːf] *adj* pasivo

'Passiv *n* ⟨-s; -e⟩ GRAM (VOZ *f*) pasiva *f*

Passiva [pa'siːva] *pl* COM pasivos *m/pl*

'Passivgeschäfte *n/pl* FIN operaciones *f/pl* passivas

Passivi'tät *f* ⟨-⟩ pasividad *f*

'Passivseite *f* FIN lado *m* del pasivo

'Pass|kontrolle *f* control *m* de pasaporte; **~straße** *f* puerto *m* de montaña; **~wort** *n* ⟨-(e)s; -wörter⟩ INFORM contraseña *f*, clave *f*; **♀wortgeschützt** *adj* INFORM protegido con *od* por contraseña

Paste ['pastə] *f* pasta *f*

Pastell [pas'tɛl] *n* ⟨-(e)s; -e⟩ MAL pastel *m*; **~farbe** *f* color *m* pastel; **~ton** *m* tono *m* pastel

Pastete [pas'teːtə] *f* (*Blätterteig♀*) pastel *m*; (*Leber♀*) paté *m*

pasteurisieren [pastøri'ziːrən] *v/t* ⟨*sin* ge⟩ pasteurizar

Pastille [pas'tɪlə] *f* pastilla *f*

Pastor ['pastɔr] *m* ⟨-s; -'toren⟩ PROT pastor *m*; KATH cura *m*

Pas'torin *f* pastora *f*

Pata'gonien *n* Patagonia *f*

Pate ['paːtə] *m* ⟨-n; -n⟩ padrino *m*

'Paten|kind *n* ahijado, -a *m,f*; **~onkel** *m* padrino *m*; **~schaft** *f* padrinazgo *m*, apadrinamiento *m*; *von Städten* hermanamiento *m*

patent [pa'tɛnt] F *adj* práctico; *Person a* ingenioso

Pa'tent *n* ⟨-(e)s; -e⟩ patente *f*; ***ein ~ anmelden*** (***auf*** *+acus*) solicitar una patente (de); ***ein ~ auf etw*** (*+acus*) ***eintragen*** registrar una patente de a/c; ***ein ~ verwerten*** explotar una patente

Pa'tent|amt *n* oficina *f* de patentes; *in Spanien* registro *m* de la propiedad industrial; **~anmeldung** *f* solicitud *f* de patente

'Patentante *f* madrina *f*

Pa'tent|anwalt *m*, **~anwältin** *f allg* abogado, -a *m,f* de patentes; *Span* agente *m,f* de la propiedad industrial; **~erteilung** *f* concesión *f* de (la) patente; **~gesetzgebung** *f* legislación *f* de patentes

paten|'tieren *v/t* ⟨*sin* ge⟩ patentar; **~'tiert** *adjt* patentado

Pa'tent|inhaber(in) *m(f)* titular *m,f* de patente; **~lösung** *f* solución *f* ideal; **~recht** *n* legislación *f* de patentes; **~rolle** *f* Registro *m* de la Propiedad Industrial; **~schutz** *m* protección *f* de patentes

Pater ['paːtər] *m* ⟨-s; - *o* Patres⟩ KATH padre *m*

pathetisch [pa'teːtɪʃ] *adj* patético

Patho|logie [patolo'giː] *f* ⟨-⟩ patología *f*; **♀'logisch** *adj* patológico

Pathos ['paːtɔs] *n* ⟨-⟩ patetismo *m*, afectación *f*, énfasis *m*

Patient(in) [patsi'ɛnt(ɪn)] *m* ⟨-en; -en⟩ (*f*) paciente *m,f*

Patin ['paːtɪn] *f* madrina *f*

Patina ['paːtina] *f* ⟨-⟩ pátina *f*

Patriar|ch [patri'arç] *m* ⟨-en; -en⟩ patriarca *m*; **♀'chalisch** *adj* patriarcal

Patrio|t(in) [patri'oːt(ɪn)] *m* ⟨-en; -en⟩ (*f*) patriota *m,f*; **♀tisch** *adj* patriótico; **~'tismus** *m* ⟨-⟩ patriotismo *m*

Patron [pa'troːn] *m* ⟨-s; -e⟩ **1** patrono *m*, patrón *m*; **2** F *fig* ***ein übler ~*** un mal tipo

Patrone [pa'troːnə] *f* cartucho *m*

Pa'tronin *f* patrona *f*

Patrouille [pa'trʊljə] *f* patrulla *f*

patrouil'lieren *v/i* ⟨*sin* ge, h *o* sn⟩ patrullar

Patsche ['patʃə] F *f* **1** (*Hand*) F manita *f*; **2** ***in der ~ sitzen*** F estar en apuros; ***j-m aus der ~ helfen*** sacar a alg de un apuro

'patsch(e)'nass F *adj* F calado hasta los huesos

Patt [pat] *n* ⟨-s; -s⟩ *Schach* tablas *f/pl* (*a fig*)

patz|en ['patsən] F *v/i* fallar; F meter la pata; **♀er** F *m* fallo *m*; F metedura *f* de pata; **~ig** F *adj* insolente, impertinente

Pauke ['paʊkə] *f* timbal *m*; F ***mit ~n und Trompeten durchfallen*** F suspender con todas las de la ley; F *fig* ***auf die ~ hauen*** (*angeben*) echarse un farol; (*feiern*) celebrar por todo lo alto

'pauken F *v/t*, *v/i* F empollar, chapar

'Pauker F *m* (*Lehrer*) F profe *m*

Paul *m* Pablo *m*

P

Paus|backen ['paʊsbakən] *pl* mofletes *m/pl*; **꠸bäckig** *adj* mofletudo
pauschal [paʊ'ʃaːl] **I** *adj* total, global (*a fig*); **II** *adv* globalmente (*a fig*); *fig* en total; **꠸betrag** *m* importe *m od* suma *f* global; *Zahlung* pago *m* único
Pau'schale *f* importe *m* global
Pau'schal|honorar *n* honorario *m* global, iguala *f*; **~police** *f* póliza *f* global; **~preis** *m* precio *m* global; **~reise** *f* viaje *m* organizado (con todo incluido); **~satz** *m* tarifa *f* global
Pause ['paʊzə] *f* **1** pausa *f*, descanso *m*; ***e-e ~ machen*** hacer una pausa *od* un descanso; ***~ haben*** tener descanso *od* pausa; **2** *Schule* recreo *m*; *kurze* descanso *m*; **3** THEA entreacto *m*; **4** MUS pausa *f*, silencio *m*
'pausenlos I *adj* ininterrumpido, incesante; **II** *adv* continuamente, sin cesar
pau'sieren *v/i* ⟨*sin* ge⟩ hacer un descanso *od* una pausa
Pavian ['paːviaːn] *m* ⟨-s; -e⟩ babuino *m*
Pavillon ['pavɪljɔŋ] *m* ⟨-s; -s⟩ pabellón *m*
Pay-TV ['peːtiːviː] *n* ⟨-⟩ televisión *f* de pago
Pazifik [pa'tsiːfɪk] ***der ~*** el Pacífico
pa'zifisch *adj* pacífico; ***der ꠸e Ozean*** el Océano Pacífico
Pazifis|mus [patsi'fɪsmʊs] *m* ⟨-⟩ pacifismo *m*; **~t(in)** *m(f)* pacifista *m,f*; **꠸tisch** *adj* pacifista
PC [peː'tseː] *m Abk* ⟨-(s); -(s)⟩ (*Personalcomputer*) PC *m*; ordenador *m*, *Am* computadora *f* personal; **~-Arbeitsplatz** *m* puesto *m* de trabajo con ordenador, *Am* con computadora; **~-Tisch** *m* mesa *f* de *od* para ordenador; *Am* mesa de *od* para computadora
PDS [peːdeː'ʔɛs] *f Abk* ⟨-⟩ (*Partei des Demokratischen Sozialismus*) PDS *m* (*partido de izquierda alemán*)
Pech [pɛç] *n* ⟨-(e)s; -e⟩ **1** pez *f*; (*Teer*) brea *f*; (*Erd꠸*) betún *m*; (*Schuster꠸*) cerote *m*; **2** (*Unglück*) mala suerte *f*; F mala pata *f*; **'꠸schwarz** F *adj* negro como el carbón *od* el azabache; **'~strähne** *f* mala racha *f*; **'~vogel** *m* cenizo *m*, gafe *m*
Pedal [pe'daːl] *n* ⟨-s; -e⟩ pedal *m*
Pedant|(in) [pe'dant(ɪn)] *m* ⟨-en; -en⟩ (*f*) meticuloso, -a *m,f*, pedante *m,f*; **꠸isch** *adj* meticuloso, pedante
Pediküre [pedi'kyːrə] *f* (*Fußpflege*, *Fußpflegerin*) pedicura *f*
Pegel ['peːgəl] *m* ⟨-s; -⟩ **1** *Gerät* fluviómetro *m*; **2** (*~stand*) nivel *m* del agua
peilen ['paɪlən] *v/t Wassertiefe* sondear; *Richtung* determinar
'Peilgerät *n* radiogoniómetro *m*
Pein [paɪn] *geh f* ⟨-⟩ pena *f*; (*Qual*) tormento *m*, tortura *f*
peinigen ['paɪnɪgən] *geh v/t* hacer sufrir, atormentar
'peinlich I *adj* penoso; *Lage* embarazoso, violento; F cortante; *Frage a* delicado; (*unangenehm*) desagradable, violento; ***dieses Versehen war ihm ~*** estaba avergonzado de su error; **II** *adv* ***~ genau*** meticuloso
'Peinlichkeit *f* **1** *Eigenschaft* lo vergonzoso, lo violento, lo desagradable; **2** *Sache* vergüenza *f*
Peitsche ['paɪtʃə] *f* látigo *m*; *lange* fusta *f*
'peitschen I *v/t* ⟨h⟩ golpear; *bsd als Strafe* azotar *od* fustigar (***j-n*** a alg); **II** *v/i* ⟨sn⟩ *Schüsse* sonar; *Regen* ***gegen die Fensterscheiben ~*** golpear contra las ventanas
'Peitschenhieb *m* latigazo *m*
Peking ['peːkɪŋ] *n* ⟨-s⟩ Pekín *m*
Pelikan ['peːlikaːn] *m* ⟨-s; -e⟩ pelícano *m*
Pelle ['pɛlə] *f regional* **1** *von Obst*, *Wurst* piel *f*, pellejo *m*; *von Kartoffeln* monda *f*; F ***j-m auf die ~ rücken*** F pegarse a alg; F ***j-m nicht von der ~ gehen*** no dejar a alg ni a sol ni a sombra
'pellen *v/t regional* pelar; *Kartoffeln a* mondar
'Pellkartoffel *f* patata *f* cocida sin pelar
Pelz [pɛlts] *m* ⟨-es; -e⟩ **1** *der Tiere*, *Bekleidungsstück* piel *f*; *am Tiere* pellejo *m*; **2** F ***sich*** (*dat*) ***die Sonne auf den ~ scheinen lassen*** estar tumbado al sol
'pelzig *adj Zunge* áspero
'Pelz|jacke *f* chaquetón *m* de piel; **~mantel** *m* abrigo *m* de piel
Pendel ['pɛndəl] *n* ⟨-s; -⟩ péndulo *m*
'pendeln *v/i* **1** ⟨h⟩ *Gegenstand* oscilar; **2** ⟨sn⟩ *Zug*, *Person* ir y venir
'Pendel|uhr *f* reloj *m* de péndulo; **~verkehr** *m* servicio *m* de lanzadera; *mit dem Zug* tráfico *m* de ida y vuelta
'Pendler *m trabajador que viaja diariamente a su lugar de trabajo*
penetrant [pene'trant] *adj Geruch* penetrante; *desp Person* pesado
peng [pɛŋ] *int* ¡zas!
penibel [pe'niːbəl] *adj* ⟨-bl-⟩ escrupuloso, minucioso, meticuloso
Penis ['peːnɪs] *m* ⟨-; -se⟩ pene *m*
Penizillin [penitsɪ'liːn] *n* ⟨-s; -e⟩ penicilina *f*
Pennäler [pɛ'nɛːlər] F *m* F colegial *m*, escolar *m*
Pennbruder ['pɛn-] F *m* vagabundo *m*
Penne ['pɛnə] F *f* F cole *m*
'pennen F *v/i* dormir; F sobar
'Penner(in) F *desp m* (*f*) (*Stadtstreicher*) vagabundo, -a *m,f*
Pension [pɑ̃zi'oːn] *f* **1** (*Ruhegehalt*) (pensión *f* de) jubilación *f*; **2** (*Ruhestand*) jubi-

P

lación *f*; ***in ~ gehen*** jubilarse; **3** (*Unterkunft u Verpflegung, Gästehaus*) pensión *f*

Pensionär(in) [pãzio'nɛːr(ɪn)] *m* ⟨-s; -e⟩ (*f*) pensionista *m,f*; (*Ruheständler*) *a* jubilado, -a *m,f*

pensio'nieren *v/t* ⟨*sin* ge⟩ jubilar; ***pensioniert*** jubilado; ***sich ~ lassen*** jubilarse

Pensio'nierung *f* jubilación *f*

Pensi'ons|alter *n* edad *f* de jubilación; **~anspruch** *m* derecho de pensión; **≈berechtigt** *adjt* con derecho a jubilación; **~fonds** *m* fondo *m* de pensiones; **~gast** *m* cliente *m* de una pensión; **~kasse** *f* caja *f* de pensiones

Pensum ['pɛnzʊm] *n* ⟨-s; -sen *o* -sa⟩ **1** tarea *f*; **2** (*Lehrstoff*) materia *f*

Peperoni [pepe'roːni] *f* ⟨-; -⟩ guindilla *f*, pimiento *m* picante

per [pɛr] *prp* ⟨+*acus sin artículo*⟩ por; ***~ Schiff*** por barco; ***mit j-m ~ du sein*** tutearse con alg; COM ***~ Stück*** por pieza

perfekt [pɛr'fɛkt] *adj* **1** perfecto; **2** (*abgemacht*) arreglado

Perfekt ['pɛrfɛkt] *n* ⟨-(e)s; -e⟩ GRAM (pretérito *m*) perfecto *m*

Perfekti'on *f* ⟨-⟩ perfección *f*

perforieren [pɛrfo'riːrən] *v/t* ⟨*sin* ge⟩ perforar

Pergament [pɛrga'mɛnt] *n* ⟨-(e)s; -e⟩ pergamino *m*; **~papier** *n* papel *m* pergamino

Periode [peri'oːdə] *f* **1** periodo *m*, período *m*; **2** BIOL regla *f*, menstruación *f*

peri'odisch *adj* periódico

Peripherie [perife'riː] *f* *e-r Stadt* periferia *f* (*a* INFORM); **~gerät** *n* INFORM unidad *f* periférica

Perle ['pɛrlə] *f* **1** perla *f*; *aus Glas, Holz usw* cuenta *f*; *aus Glas a* abalorio *m*; **2** (*Sekt≈*) burbuja *f*; (*Schweiß≈*) gota *f*

'perlen *v/i* **1** ⟨h⟩ *Sekt usw* burbujear; **2** ⟨h *o* sn⟩ *Tränen* caer; *Schweiß* gotear

'Perlenkette *f* collar *m* de perlas

'Perl|huhn *n* gallina *f* de Guinea; **~mutt** [-'mʊt] *n* ⟨-s⟩, **~mutter** *f* ⟨-⟩ *od n* ⟨-s⟩ madreperla *f*, nácar *m*

permanent [pɛrma'nɛnt] *adj* permanente

perplex [pɛr'plɛks] F *adj* (*verwirrt*) perplejo; (*verblüfft*) estupefacto

Perron [pɛ'rõ] *m* ⟨-s; -s⟩ *schweiz* (*Bahnsteig*) andén *m*

Perser ['pɛrzər] *m* **1** *Person* persa *m*; **2** → ***Perserteppich***; **~in** *f* persa *f*; **~teppich** *m* alfombra *f* persa

Persianer [pɛrzi'aːnər] *m*, **~mantel** *m* abrigo *m* de astracán

Persien ['pɛrziən] *n* ⟨-s⟩ Persia *f*

Persiflage [pɛrzi'flaːʒə] *f* parodia *f* (***auf*** +*acus* de)

'persisch *adj* persa; ***der ≈e Golf*** el Golfo Pérsico

Person [pɛr'zoːn] *f* ⟨-; -en⟩ **1** persona *f* (*a* GRAM); ***ich für meine ~*** en cuanto a mí; ***in ~*** en persona; ***er ist Gärtner und Chauffeur in e-r ~*** hace a la vez de jardinero y de chófer; **2** THEA, *in Romanen* personaje *m*; **3** *desp* (*Frau*) ***e-e freche ~*** una insolente

Perso'nal *n* ⟨-s⟩ personal *m*; (*Angestellte*) empleados *m/pl*, plantilla *f*; ***~ abbauen, einstellen*** reducir, contratar personal

Perso'nal|abbau *m* reducción *f* de personal; **~abteilung** *f* departamento *m* de personal; **~akte** *f* expediente *f* personal, hoja *f* de servicios; **~ausweis** *m* documento *m* nacional de identidad; **~bestand** *m* plantilla *f*; **~büro** *n* oficina *f* de personal; **~chef(-in)** *m*(*f*) jefe, -a *m,f* de personal *od* de recursos humanos; **~computer** *m* ordenador *m* personal; *Am* computadora *f* personal

Personalien [pɛrzo'naːliən] *pl* datos *m/pl* personales; ***j-s ~*** (*acus*) ***aufnehmen, feststellen*** registrar los datos personales de alg

Perso'nal|kosten *pl* gastos *m/pl* de personal *od* salariales; **~planung** *f* planificación *f* de personal; **~pronomen** *n* GRAM pronombre *m* personal; **~vertretung** *f* representación *f* del personal; **~wesen** *n* personal *m*, recursos *m/pl* humanos, *Verwaltung* administración *f* de personal

perso'nell I *adj* personal; **II** *adv* con respecto al personal; ***wir sind ~ unterbesetzt*** no estamos completos, nos falta personal

Per'sonen|beförderung *f* transporte *m* de pasajeros; **~beschreibung** *f* señas *f/pl* personales; **~gesellschaft** *f* COM sociedad *f* personalista; **~kraftwagen** *m* ADM turismo *m*; **~kreis** *m* ADM círculo *m* de personas; **~kult** *m* culto *m* a la persona; **~schaden** *m* daños *m/pl* personales; **~wagen** *m* turismo *m*; **~zug** *m* tren *m* de pasajeros

persönlich [pɛr'zøːnlɪç] **I** *adj* personal (*a* GRAM), individual; (***j-m gegenüber***) ***~ werden*** hacer alusiones personales (a alg); **II** *adv* en persona, personalmente; ***etw ~ nehmen*** sentirse aludido *od* darse por aludido por a/c

Per'sönlichkeit *f* personalidad *f*; *bedeutende* personaje *m*

Perspektiv|e [pɛrspɛk'tiːvə] *f* perspectiva *f* (*a fig*); **≈isch I** *adj* *Zeichnung* en perspectiva; *Wirkung* perspectivo, con perspectiva; **II** *adv* con perspectiva

Peru [pe'ruː] *n* ⟨-s⟩ Perú *m*; **~'aner(in)** *m*(*f*) peruano, -a *m,f*; **≈'anisch** *adj* peruano

Perücke [pe'rʏkə] *f* peluca *f*

pervers [pɛr'vɛrs] *adj* perverso

Peseta [pe'seːta] *f* ⟨-; -en⟩ HIST peseta *f*

Pessi|mismus [pɛsi'mɪsmʊs] *m* ⟨-⟩ pesimismo *m*; **~'mist(in)** *m(f)* pesimista *m,f*; **2'mistisch I** *adj* pesimista; **II** *adv* con pesimismo

Pest [pɛst] *f* ⟨-⟩ peste *f* (*a fig*); F ***j-n, etw wie die ~ hassen*** odiar a alg, a/c como la muerte; F ***wie die ~ stinken*** F oler a cuerno quemado

Pestizid [pɛsti'tsiːt] *n* ⟨-s; -e⟩ pesticida *m*

Peter ['peːtər] *m* ⟨-s⟩ Pedro *m*; *fig* ***j-m den schwarzen ~ zuschieben*** F colgarle el muerto a alg

Petersilie ['peːtər'ziːliə] *f* perejil *m*

Petition [petitsi'oːn] *f* petición *f*, solicitud *f*, súplica *f*

petrochemisch [peːtro-] *adj* petroquímico

Petroleum [pe'troːleum] *n* ⟨-s⟩ petróleo *m*; **~lampe** *f* lámpara *f* de petróleo

Petrus ['peːtrʊs] *m* ⟨- *o* Petri⟩ san Pedro *m*

'petzen F *desp v/i* F chivar

Pf *Abk* (*Pfennig*) pfennig *m*

Pfad [pfaːt] *m* ⟨-(e)s; -e⟩ sendero *m*, senda *f*; INFORM ruta *f*; via *f* de aceso

'Pfad|finder(in) *m(f)* explorador, a *m,f*, scout *m,f*; **~name** *m* INFORM nombre *m* de la ruta

Pfaffe ['pfafə] F *desp m* ⟨-n; -n⟩ cura *m*

Pfahl [pfaːl] *m* ⟨-(e)s; ⸗e⟩ estaca *f*, palo *m*; (*Pfosten*) poste *m*; (*Ramm2*) pilote *m*; **'~bau** *m* ⟨-(e)s; -ten⟩ palafito *m*

Pfalz [pfalts] *f* ⟨-⟩ Palatinado *m*

Pfand [pfant] *n* ⟨-(e)s; ⸗er⟩ prenda *f*; (*Flaschen2*) depósito *m*; ***als ~ geben*** dar en prenda; ***als ~ nehmen*** tomar en prenda; ***diese Flasche kostet (kein) ~*** esta botella (no) lleva depósito

'Pfandbrief *m* cédula *f* hipotecaria

pfänden ['pfɛndən] *v/t* embargar

'Pfand|flasche *f* botella *f* retornable; **~leiher** *m* prestamista *m*

'Pfändung *f* embargo *m*

Pfanne ['pfanə] *f* sartén *f*; F *fig* ***j-n in die ~ hauen*** F cargarse a alg, hacer polvo a alg

'Pfannkuchen *m* (*Eierkuchen*) tortilla *f*, crepe *m*, *Am* panqueque *m*; (*Krapfen*) buñuelo *m*

Pfarrei [pfa'raɪ] *f* parroquia *f*

'Pfarrer *m* KATH párroco *m*, cura *m*; PROT pastor *m*; **~in** *f* pastora *f*

'Pfarrhaus *n* casa *f* parroquial

Pfau [pfaʊ] *m* ⟨-(e)s; -en⟩ pavo *m* real

'Pfauenauge *n Schmetterling* pavón *m*

Pfeffer ['pfɛfər] *m* pimienta *f*; ***schwarzer, weißer ~*** pimienta *f* negra, blanca; F ***er soll hingehen od bleiben, wo der ~ wächst!*** F ¡que se vaya al cuerno *od* al diablo!

'Pfefferkuchen *m* pan *m* de especias

Pfefferminz ['pfɛfərmɪnts] ⟨*sin artículo, inv*⟩ menta *f*, hierbabuena *f*; **~bonbon** *m od n* caramelo *m* de menta

'Pfefferminz|e *f* ⟨-⟩ menta *f*; **~tee** *m* té *m* de menta *od* hierbabuena

'Pfeffermühle *f* molinillo *m* de pimienta

'pfeffern *v/t* **1** GASTR, *fig* sazonar con pimienta; **2** F (*werfen*) echar *od* tirar (violentamente)

'Pfeffer|steak *n* bistec *m* a la pimienta; **~streuer** *m* pimentero *m*

Pfeife ['pfaɪfə] *f* **1** (*Triller2*) pito *m*, silbato *m*; MUS pífano *m*; (*Orgel2*) tubo *m*; *fig* ***nach j-s ~ tanzen*** bailar al son de alg; **2** (*Tabaks2*) pipa *f*; ***~ rauchen*** fumar (en) pipa; **3** F *desp* inútil *m*; F caso *m*

'pfeifen ⟨pfiff, gepfiffen⟩ **I** *v/t Lied* silbar; *Foul* pitar; **II** *v/i Wind, Geschosse, Tiere* silbar; *Schiedsrichter* pitar; F ***auf etw*** (*acus*) ***~*** F pasar de a/c

'Pfeifton *m* silbido *m*

Pfeil [pfaɪl] *m* ⟨-(e)s; -e⟩ flecha *f*, saeta *f*; (*Wurf2*) dardo *m*

'Pfeiler *m* pilar *m* (*a fig*); (*Brücken2*) pila *f*; (*Wand2*) pilastra *f*

'pfeil'schnell *adj* como una flecha

Pfennig ['pfɛnɪç] *m* ⟨-s; -e, *pero frecuentemente* 5 -⟩ HIST pfennig *m*; F *fig* ***keinen ~ (Geld) haben*** no tener un duro; F *fig* ***auf den ~ sehen*** mirar la peseta

'Pfennigfuchser F *m* tacaño, -a *m,f*; F agarrado, -a *m,f*

pferchen ['pfɛrçən] *v/t* apriscar (***in*** *+acus* en); *fig* apretujar

Pferd [pfeːrt] *n* ⟨-(e)s; -e⟩ **1** caballo *m* (*a Schachfigur*); ***zu ~e*** a caballo; F *fig* ***mit ihm kann man ~e stehlen*** vale para todo; F *fig* ***das beste ~ im Stall*** lo mejor que tenemos; **2** *Turngerät* potro *m*

'Pferdeapfel *m* bosta *f* de caballo

'Pferdefuß *m fig* ***die Sache hat e-n ~*** la cosa tiene sus peros *od* inconvenientes

'Pferde|gebiss F *n* dentadura *f* de caballo; **~rasse** *f* raza *f* caballar; **~rennbahn** *f* hipódromo *m*; **~rennen** *n* carrera *f* de caballos; **~schwanz** *m* cola *f* de caballo (*a Frisur*); **~sport** *m* hípica *f*, equitación *f*; **~stall** *m* cuadra *f*, caballeriza *f*; **~stärke** *f* TEC caballo *m* de vapor

Pfiff [pfɪf] *m* ⟨-(e)s; -e⟩ **1** (*Pfeifen*) silbido *m*; *auf e-r Pfeife* pitido *m*; **2** F (*Reiz*) truco *m*, último toque *m*; ***mit ~*** con salero

Pfifferling ['pfɪfərlɪŋ] *m* ⟨-s; -e⟩ cantarela *f*; F ***das ist keinen ~ wert*** F no vale un comino

'pfiffig *adj* astuto, pillo

Pfingsten ['pfɪŋstən] *n* ⟨-; -⟩ *od pl* Pentecostés *m*; ***an od zu ~*** en Pentecostés

'Pfingst|'montag *m* lunes *m* de Pentecostés; **~rose** *f* peonía *f*; **'~'sonntag** *m* domingo *m* de Pentecostés

Pfirsich ['pfɪrzɪç] *m* ⟨-s; -e⟩ melocotón *m*,

P

Am durazno *m*; **~baum** *m* melocotonero *m*, *Am* duraznero *m*
Pflanze ['pflantsə] *f* planta *f*, vegetal *m*
'**pflanzen** *v/t* plantar (***in*** *+acus* en)
'**Pflanzen|fett** *n* grasa *f* vegetal; **~fresser** *m* herbívoro *m*; **~kunde** *f* botánica *f*; **~öl** *n* aceite *m* vegetal; **~schutzmittel** *n* pesticida *m*
'**pflanzlich** *adj* vegetal
'**Pflanzung** *f* plantación *f*
Pflaster ['pflastər] *n* ⟨-s; -⟩ **1** (*Heft*℘) esparadrapo *m*, tirita *f*; **2** (*Straßen*℘) pavimento *m*; (*Kopfstein*℘) empedrado *m*, adoquinado *m*; F *fig* ***Madrid ist ein teures ~*** la vida en Madrid es cara
'**pflastern** *v/t* empedrar, adoquinar
'**Pflasterstein** *m* adoquín *m*
Pflaume ['pflaʊmə] *f* **1** ciruela *f*; ***getrocknete ~*** ciruela *f* pasa; **2** F *desp* (*Versager*) F melón, -ona *m,f*
'**Pflaumen|baum** *m* ciruelo *m*; **~kuchen** *m* tarta *f* de ciruelas; **~mus** *n* mermelada *f* de ciruelas
Pflege ['pfleːgə] *f e-r Person* cuidados *m/pl*, asistencia *f*; *des Körpers* aseo *m*, higiene *m*; (*Unterhaltung*) mantenimiento *m*; *fig* cultivo *m*; ***in ~ nehmen*** hacerse cargo (de); *Kind a* tomar al cuidado
'**pflege|bedürftig** *adj* que necesita cuidados; *Person a* dependiente; ℘**eltern** *pl* padres *m/pl* tutelares; ℘**fall** *m* enfermo, -a *m,f* que necesita cuidados continuos; ℘**geld** *n* prestación *f* por necesidad de asistencia; ℘**heim** *n* (*Alten*℘) asilo *m*, residencia *f* asistida; ℘**kind** *n* niño, -a *m,f* bajo tutela; **~leicht** *adj* de fácil lavado
'**pflegen I** *v/t* **1** cuidar de, atender a; (*unterhalten*) mantener; **2** *Künste* fomentar; *Freundschaft a* cultivar; **3** ***etw zu tun ~*** tener la costumbre de *od* soler hacer a/c; **II** *v/r* **4** ***sich ~*** cuidarse
'**Pflegepersonal** *n* personal *m* sanitario
'**Pfleger(in)** *m(f)* cuidador, a *m,f*; (*Kranken*℘) enfermero, -a *m,f*
'**Pflegeversicherung** *f* seguro *m* de asistencia domiciliaria
'**pfleglich I** *adj* cuidadoso; **II** *adv* con cuidado
Pflicht [pflɪçt] *f* ⟨-; -en⟩ **1** deber *m*, obligación *f*; ***es ist meine ~, zu*** (*+inf*) es mi obligación (*+inf*); **2** SPORT ejercicio *m* obligatorio
'**pflicht|bewusst** *adj* cumplidor; ℘**bewusstsein** *n* sentido *m* del deber; ℘**erfüllung** *f* cumplimiento *m* del deber; ℘**fach** *n* asignatura *f* obligatoria; ℘**gefühl** *n* sentido *m* del deber; **~gemäß** *adj* debido; ℘**übung** *f* SPORT ejercicio *m* obligatorio; *fig* obligación *f*; ℘**versicherung** *f* seguro *m* obligatorio; ℘**verteidiger(in)** *m(f)* abogado, -a *m,f* de oficio
Pflock [pflɔk] *m* ⟨-(e)s; ⸚e⟩ estaquilla *f*, taco *m*
pflücken ['pflʏkən] *v/t* (re)coger
Pflug [pfluːk] *m* ⟨-(e)s; ⸚e⟩ arado *m*
pflügen ['pflyːgən] *v/t, v/i* arar
Pforte [pfortə] *f* puerta *f* (*a fig*)
Pförtner ['pfœrtnər] *m* portero *m*; **~haus** *n* portería *f*; **~in** *f* portera *f*; **~loge** *f* portería *f*
Pfosten ['pfɔstən] *m* ⟨-s; -⟩ poste *m* (*a* SPORT); (*Tür*℘) jamba *f*
Pfote ['pfoːtə] *f* pata *f*; F *fig* (*Hand*) zarpa *f*, manaza *f*
Pfropf [pfrɔpf] *m* ⟨-(e)s; -e⟩ tapón *m*; (*Blut*℘) coágulo *m*
'**pfropfen** *v/t* **1** F (*hineinstopfen*) meter a la fuerza (***in*** *+acus* en); ***gepfropft voll*** rebosante; *mit Personen* atestado; **2** *Baum* injertar
'**Pfropfen** *m* ⟨-s; -⟩ tapón *m*, corcho *m*
Pfründe ['pfrʏndə] *f* prebenda *f* (*a fig*)
pfui [pfʊi] *int* ~ (F ***Teufel*** *od* ***Spinne***)! ¡qué asco!
Pfund [pfʊnt] *n* ⟨-(e)s; -e, *pero* 3 -⟩ **1** *Gewicht* medio kilo *m*; (*englisches ~*) libra *f*; **2** *Währung* libra *f*
'**pfundweise** *adv* por libras
Pfusch [pfʊʃ] F *m* ⟨-(e)s⟩ **1** chapucería *f*, chapuza *f*; **2** *österr* (*Schwarzarbeit*) trabajo *m* clandestino *od* F negro
'**pfuschen** F *v/i* hacer chapuzas; (*mogeln*) hacer trampas
'**Pfusche|r** F *m* chapucero *m*; **~'rei** F *f* chapucería *f*
Pfütze ['pfʏtsə] *f* charco *m*; *größere* charca *f*
PH *f Abk* ⟨-; -s⟩ (*Pädagogische Hochschule*) *etwa* Escuela *f* Normal
Phäno|men [fɛno'meːn] *n* ⟨-s; -e⟩ fenómeno *m*; ℘**me'nal** *adj* fenomenal
Phantasie [fanta'ziː] *usw* → ***Fantasie usw***
Phantom [fan'toːm] *n* ⟨-s; -e⟩ (*Trugbild*) visión *f*; (*Gespenst*) fantasma *m*; **~bild** *n* retrato *m* robot
Pharisäer [fari'zɛːər] *m a fig* fariseo *m*
Pharma|industrie ['farmaʔ-] *f* industria *f* farmacéutica; **~kologie** [-kolo'giː] *f* ⟨-⟩ farmacología *f*; **~referent(in)** *m(f)* representante *m,f* farmacéutico, -a; ℘**zeutisch** [-'tsɔʏtɪʃ] *adj* farmacéutico; **~zie** [-'tsiː] *f* ⟨-⟩ farmacia *f*
Phase ['faːzə] *f* fase *f*; *fig a* etapa *f*
Philate|lie [filate'liː] *f* ⟨-⟩ filatelia *f*; **~'list(in)** *m(f)* filatélico, -a *m,f*, filatelista *m,f*
Philharmonie [filharmo'niː] *f* orquesta *f* filarmónica; *Gebäude* auditorio *m*
Philhar'moniker(in) *m(f)* filarmónico, -a *m,f*
Philipp ['fɪlɪp] *m* Felipe *m*

P

Philip'pinen *pl* (las) Filipinas *f/pl*
Philolo|ge [filo'lo:gə] *m* ⟨-n; -n⟩, **~gin** *f* filólogo, -a *m,f*; **~'gie** *f* ⟨-⟩ filología *f*; **ˆgisch** *adj* filológico
Philoso|ph(in) [filo'zo:f(ɪn)] *m* ⟨-en; -en⟩ (*f*) filósofo, -a *m,f*; **~'phie** *f* filosofía *f*
philoso'phieren *v/i* ⟨*sin* ge⟩ filosofar (***über*** *+acus* sobre)
philo'sophisch *adj* filosófico
phlegmatisch [flɛg'ma:tɪʃ] *adj* flemático
Phon [fo:n] *n* ⟨-s; -s, *pero* 50 -⟩ PHYS fon *m*, fonio *m*
Phone|tik [fo'ne:tɪk] *f* ⟨-⟩ fonética *f*; **ˆtisch** *adj* fonético
Phosphat [fɔs'fa:t] *n* ⟨-(e)s; -e⟩ fosfato *m*; **ˆfrei** *adj* que no contiene fosfato; **ˆhaltig** *adj* fosfatado
Phosphor ['fɔsfɔr] *m* ⟨-s⟩ fósforo *m*
Photo ['fo:to] → ***Foto***
Phrase ['fra:zə] *f* frase *f* (vacía), cliché *m*, tópico *m*; F ***~n dreschen*** hablar con tópicos
pH-Wert [pe:'ha:ve:rt] *m* CHEM PH *m*
Physik [fy'zi:k] *f* ⟨-⟩ física *f*
physi'kalisch *adj* físico
'Physiker(in) *m*(*f*) físico, -a *m,f*
Physio|logie [fyziolo'gi:] *f* ⟨-⟩ fisiología *f*; **ˆ'logisch** *adj* fisiológico
physisch ['fy:zɪʃ] *adj* físico
Pia'nist(in) *m*(*f*) pianista *m,f*
piano [pi'a:no] *adv* MUS piano
Pi'ano *n* ⟨-s; -s *o* -ni⟩ MUS piano *m*
picheln ['pɪçəln] F *v/i* F empinar el codo
Pickel ['pɪkəl] *m* ⟨-s; -⟩ **1** (*Spitzhacke*) pico *m*; (*Eis*ˆ) piolet *m*; **2** MED espinilla *f*, grano *m*
'pick(e)lig *adj* lleno de granos
'picken *v/t*, *v/i* **1** picar, picotear; (*heraussuchen*) escoger; **2** F *österr* pegar
Picknick ['pɪknɪk] *n* ⟨-s; -s *o* -e⟩ picnic *m*; **ˆen** *v/i* hacer picnic
piek|en ['pi:kən] F *v/t*, *v/i* picar; **'~fein** F *adj* F de punta en blanco
piep [pi:p] *int* ¡pío!
Piep *m* F ***keinen ~ sagen*** F no decir ni pío, no decir esta boca es mía
piepe ['pi:pə], **'piepe'gal** *adj* F ***das ist mir ~*** F me importa un pito, me importa un bledo
'piepen *v/i Küken* piar; F ***bei dir piepts wohl?*** F ¿estás loco?
piepsen ['pi:psən] *v/i Maus* chillar; *Küken* piar; *Person* hablar con voz aguda
'Piepser F *m* (*Empfänger*) F busca *m*
'piepsig F *adj* ***~e Stimme*** voz *f* aguda, vocecita *f*
Pier [pi:r] *m* ⟨-s; -e *o* -s⟩ *od f* ⟨-; -s⟩ MAR muelle *m*
Piercing ['pi:rsɪŋ] *n* ⟨-; -s⟩ piercing *m*
piesacken ['pi:zakən] F *v/t* fastidiar; F jorobar
Pietät [pie'tɛ:t] *f* ⟨-⟩ piedad *f*; (*Achtung*) respeto *m*; **ˆlos** *adj* irreverente, irrespetuoso
Pigment [pɪ'gmɛnt] *n* ⟨-(e)s; -e⟩ pigmento *m*
Pik[1] [pi:k] *n* ⟨-(s); -(s)⟩ *Spielkartenfarbe* espadas *f/pl*
Pik[2] *m* ⟨-(s); -(s)⟩ F ***e-n ~ auf j-n haben*** tener manía *od* tirria a alg
pikant [pi'kant] *adj* picante(*a fig*)
Pike ['pi:kə] *f* pica *f*; ***von der ~ auf lernen*** aprender desde cero
'piken F *v/t*, *v/i* picar, pinchar
pi'kiert *adjt* picado, mosqueado (***über etw*** *acus* por a/c)
Pikkolo ['pɪkolo] F *m* ⟨-s; -s⟩ *Sekt* benjamín *m*; **~flöte** *f* flautín *m*
Piktogramm [pɪkto'gram] *n* ⟨-s; -e⟩ pictograma *m*
Pilger|(in) ['pɪlgər(ɪn)] *m*(*f*) peregrino, -a *m,f*, romero, -a *m,f*; **~fahrt** *f* peregrinación *f*, romería *f*
'pilgern *v/i* ⟨sn⟩ **1** peregrinar, ir en romería (***nach*** a); **2** F *fig* caminar
Pille ['pɪlə] *f* píldora *f*; *fig* ***das war e-e bittere ~ für ihn*** fue un trago amargo para él
Pilot(in) [pi'lo:t(ɪn)] *m* ⟨-en; -en⟩ (*f*) piloto *m,f*
Pi'lotprojekt *n* proyecto *m* piloto
Pils [pɪls] *n* ⟨-; -⟩ (cerveza *f* tipo) pils *f*
Pilz [pɪlts] *m* ⟨-es; -e⟩ **1** BOT hongo *m*; *mit Hut* seta *f*; ***wie ~e aus der Erde schießen*** brotar como setas; **2** F (*~infektion*) micosis *f*
'Pilzvergiftung *f* envenenamiento *m* por setas
Pimmel ['pɪməl] P *m* ⟨-s; -⟩ F pito *m*; P picha *f*
pingelig ['pɪŋəlɪç] F *adj* meticuloso, pedante
Pingpong ['pɪŋpɔŋ] *n* ⟨-s⟩ ping-pong *m*, tenis *m* de mesa
Pinguin ['pɪŋgui:n] *m* ⟨-s; -e⟩ pingüino *m*, pájaro *m* bobo
Pinie ['pi:niə] *f* pino *m*
'pinkeln F *v/i* F hacer pis; P mear
'PIN-Nummer [pɪn-] *f* FIN número *m* de identificación personal
'Pinnwand *f* tablón *m* (de notas)
Pinscher ['pɪnʃər] *m* grifón *m*
Pinsel ['pɪnzəl] *m* ⟨-s; -⟩ pincel *m*; (*Anstreicher*ˆ) brocha *f*
'pinseln *v/t* pintar, pincelar
Pinzette [pɪn'tsɛtə] *f* pinzas *f/pl*
Pionier [pio'ni:r] *m* ⟨-s; -e⟩ MIL zapador *m*; *fig* pionero *m*; **~arbeit** *f* trabajo de pionero; **~ *leisten*** abrir nuevos caminos
Pipeline ['paɪplaɪn] *f* ⟨-; -s⟩ oleoducto *m*;

P

(*Gas*≗) gasoducto *m*
Pipi [pi'piː] *Kinderspr n* ⟨-s⟩ pipí *m*; *~ machen* hacer pipí
Pirat [pi'raːt] *m* ⟨-en; -en⟩ pirata *m*
Pi'ratensender *m* emisora *f* pirata
Pirate'rie *f* piratería *f* (*a* COM)
Pirsch [pɪrʃ] *f* ⟨-⟩ caza *f* al acecho; ***auf die ~ gehen*** ir a cazar
Pisse ['pɪsə] P *f* ⟨-⟩ P meada *f*
'pissen P *v/i* P mear
Pissoir [pɪs'vaːr] *n* ⟨-s; -e *o* -s⟩ urinario *m*
Pistazie [pɪs'taːtsiə] *f* pistacho *m*
Piste ['pɪstə] *f* pista *f*
Pistole [pɪs'toːlə] *f* pistola *f*; *fig* ***j-m die ~ auf die Brust setzen*** poner a alg entre la espada y la pared; ***wie aus der ~ geschossen*** como un rayo
pitschnass ['pɪtʃ'nas] F *adj* F empapado, calado
Pixel ['pɪksəl] *n* ⟨-(s); -⟩ (*Bildpunkt*) píxel *m*; punto *m* de imagen
Pizza ['pɪtsa] *f* ⟨-; -s *o* Pizzen⟩ pizza *f*
Pizzeria [pɪtse'riːa] *f* ⟨-; -s *o* -ien⟩ pizzería *f*
Pkw, PKW ['peːkaːveː] *m Abk* ⟨-(s); -(s)⟩ (*Personenkraftwagen*) turismo *m*
plä'dieren *v/i* ⟨*sin* ge⟩ JUR hacer un alegato, abogar (*a fig*; ***für*** por; ***gegen*** contra)
Plädoyer [plɛdva'jeː] *n* ⟨-s; -s⟩ JUR informe *m* (*a fig*); *des Staatsanwalts* alegato *m*
Plage ['plaːgə] *f* **1** molestia *f*, tormento *m*; **2** (*Land*≗) plaga *f*, calamidad *f*
'plagen I *v/t* molestar, fastidiar; **II** *v/r* ***sich ~*** afanarse (***mit etw*** con a/c); F matarse trabajando
Plagiat [plagi'aːt] *n* ⟨-(e)s; -e⟩ plagio *m*
Plakat [pla'kaːt] *n* ⟨-(e)s; -e⟩ cartel *m*; ***~e (an)kleben*** pegar carteles
plaka'tieren ⟨*sin* ge⟩ **I** *v/t* ***etw ~*** anunciar a/c por carteles; **II** *v/i* fijar carteles
Plaka'tieren *n* ⟨-s⟩ fijación *f* de carteles
plaka'tiv *adj* llamativo
Pla'kat|wand *f* valla *f* publicitaria; **~werbung** *f* publicidad *f* en vallas *od* mediante carteles
Plakette [pla'kɛtə] *f* placa *f*; (*Abzeichen*) distintivo *m*
Plan [plaːn] *m* ⟨-(e)s; ⸚e⟩ **1** plan *m*; (*Absicht*) *a* propósito *m*; (*Vorhaben*) *a* proyecto *m*; ***alles läuft nach ~*** todo marcha como estaba previsto; ***j-n auf den ~ rufen*** hacer aparecer a alg; **2** (*Fahr*≗) horario *m*; **3** (*Stadt*≗) plano *m*, mapa *m*
Plane ['plaːnə] *f* toldo *m*, lona *f*
'planen *v/t* proyectar, planear (*a Reise*); *Arbeit*, ECON planificar; (*vorsehen*) prever; *absolut* hacer planes; ***wie geplant*** según lo previsto
Plane|t [pla'neːt] *m* ⟨-en; -en⟩ planeta *m*; **~'tarium** *n* ⟨-s; -ien⟩ planetario *m*
pla'nier|en *v/t* ⟨*sin* ge⟩ aplanar, nivelar; **≗raupe** *f* niveladora *f*
Planke ['plankə] *f* tabla *f*, tablón *m*
Plänkelei [plɛŋkə'laɪ] *f* escaramuza *f* (*a fig*)
Plankton ['plaŋktɔn] *n* ⟨-s⟩ plancton *m*
'plan|los *adj u adv* sin método; (*aufs Geratewohl*) al azar; **~mäßig I** *adj* sistemático; *Abfahrt*, *Ankunft* previsto; *Zug* regular; **II** *adv* como estaba previsto, sistemáticamente; **≗quadrat** *n* cuadrícula *f*
Planschbecken ['planʃ-] *n* piscina *f* infantil
'planschen F *v/i* chapotear
Plantage [plan'taːʒə] *f* plantación *f*; **~nwirtschaft** *f* economía *f* de plantación
'Planung *f* planificación *f*; **~sabteilung** *f* departamento *m* de planificación
'Planungsstadium *n* período *m* de planificación, fase *f* de proyecto; ***sich im ~ befinden*** estar en planificación
'Planwirtschaft *f* economía *f* dirigida
plappern ['plapərn] F **I** *v/t* decir, contar; **II** *v/i* charlar, parlotear; *desp* cotorrear
plärren ['plɛrən] F *v/i* chillar; *Kind* berrear
Plasma ['plasma] *n* ⟨-s; -men⟩ plasma *m*
Plastik[1] ['plastɪk] *f* ⟨-; -en⟩ **1** *Kunst* artes *f/pl* plásticas; **2** *Werk* escultura *f*
'Plastik[2] *n* ⟨-s⟩ (*Kunststoff*) plástico *m*; **~beutel** *m* bolsa *f* de plástico; **~bombe** *f* bomba *f* de plástico; **~flasche** *f* botella *f* de plástico; **~geld** *n* dinero *m* de plástico; **~hülle** *f* funda *f* de plástico; **~müll** *m* basura *f* de plástico; desechos *m/pl* de plástico; **~tasche** *f*, **~tüte** *f* bolsa *f* de plástico; **~verpackung** *f* envase *m* de plástico
'plastisch *adj* plástico (*a fig*); (*modellierbar*) *a* moldeable
Platane [pla'taːnə] *f* plátano *m*
Platin ['plaːtiːn] *n* ⟨-s⟩ platino *m*
platonisch [pla'toːnɪʃ] *adj* **1** de Platón; **2** *fig Liebe* platónico
platsch [platʃ] *int* ¡zas!, ¡paf!
'platschen *v/i* **1** chapotear; **2** ⟨+*indicación de dirección* sn⟩ batir (***an, auf, gegen etw*** *acus* contra a/c)
plätschern ['plɛtʃərn] *v/i* murmurar; *kleine Wellen* chapalear; (*planschen*) chapotear
platt [plat] *adj* **1** (*flach*) llano, plano, aplastado; (*Nase*) chato; *Reifen* pinchado; F ***e-n ≗en haben*** tener un reventón *od* un pinchazo; **2** (*geistlos*) trivial, banal; **3** F *vor Staunen* perplejo; F pegado
Platt *n* ⟨-(s)⟩ bajo *m* alemán; **'≗deutsch** *adj* bajo alemán
'Platte *f* **1** *aus Metall*, *Glas* placa *f*; *aus Stein* losa *f*; *aus Blech* chapa *f*, plancha *f*; *aus Holz* tabla *f*; **2** *zum Servieren* bandeja *f*; ***kalte ~*** fuente *f* de fiambres; **3** (*Schall*≗) disco *m*; **4** (*Druck*≗) plancha *f*; **5** (*Tisch*≗) tablero *m*; (*Arbeits*≗) encimera *f*; **6**

P

(*Koch*&) fuego *m*, placa *f*; **7** F (*Glatze*) calva *f*
'**Plattenspieler** *m* tocadiscos *m*
'**Platt|form** *f* plataforma *f* (*a fig*); **~fuß** *m* **1** pie *m* plano; **2** F *fig am Reifen* pinchazo *m*
Platz [plats] *m* ⟨-es; ⸗e⟩ **1** *in e-r Stadt* plaza *f*; **2** (*Sport*&) campo *m*; (*Tennis*&) pista *f*; ***vom ~ stellen*** echar; **3** (*Raum*) espacio *m*, lugar *m*; ***j-m ~ machen*** hacer sitio a alg; ***~ raubend*** que ocupa mucho espacio; ***~ sparend*** que ahorra espacio; **4** (*Ort*) lugar *m*; (*Stelle*) sitio *m*; **(*nicht*) *an s-m ~ sein*** no estar en su sitio; *fig* ***fehl am ~e sein*** estar fuera de lugar; **5** (*Sitz*&) asiento *m*; ***~ nehmen*** tomar asiento; **6** (*Stellung*) puesto *m*; ***den zweiten ~ belegen*** ganar el segundo puesto
'**Platz|angst** *f* **1** F claustrofobia *f*; **2** PSYCH agorafobia *f*; **~anweiser(in)** *m*(*f*) acomodador, a *m,f*
Plätzchen ['plɛtsçən] *n* ⟨-s; -⟩ *Gebäck* pasta *f*
platzen ['platsən] *v/i* ⟨sn⟩ **1** estallar; *mit Getöse* explotar; *Reifen* reventar; **2** F *fig Vorhaben* fracasar, frustrarse; **3** ***vor Neugier ~*** morir de curiosidad; ***vor Wut ~*** estallar de ira
'**Platzhalter** *m* TYPO *etc* comodín *m*
platzieren [pla'tsiːrən] ⟨*sin* ge, h⟩ **I** *v/t* colocar, situar; **II** *v/r* SPORT ***sich ~ als …*** clasificarse como …
Plat'zierung *f* clasificación *f*; *von Aktien* colocación *f*
'**Platz|karte** *f* reserva *f* de asiento; **~konzert** *n* concierto *m* al aire libre; **~mangel** *m* falta *f* de espacio *od* sitio; **~patrone** *f* cartucho *m* de fogueo *od* sin bala; **~regen** *m* chaparrón *m*, aguacero *m*, chubasco *m*; **~reservierung** *f* reserva *f* de asiento; **~verweis** *m* SPORT expulsión *f*; **~wunde** *f* herida *f* abierta
Plauderei [plaudə'raɪ] *f* charla *f*; F palique *m*
'**plaudern** *v/i* charlar; F estar de palique *od* de cháchara
plausibel [plaʊ'ziːbəl] *adj* ⟨-bl-⟩ plausible; ***j-m etw ~ machen*** hacer a alg comprender a/c
Play-back ['pleːbɛk] *n* ⟨-s; -s⟩ play-back *m*
Playboy ['pleːbɔɪ] *m* play-boy *m*
pleite ['plaɪtə] F *adj* ***~ sein*** estar en quiebra; *fig* (*kein Geld haben*) F estar sin blanca
'**Pleite** F *f* FIN quiebra *f*; F *fig* fracaso *m*, chasco *m*; ***~ gehen, machen*** quebrar, declararse en quiebra (*a fig*)
plemplem [plɛm'plɛm] F *adj* F chalado, mal de la cabeza
Plenarsaal [ple'naːr-] *m* sala *f* de plenos
Plenum ['pleːnʊm] *n* ⟨-s⟩ pleno *m*
Pleuelstange ['plɔʏəl-] *f* biela *f*
Plissee [plɪ'seː] *n* ⟨-s; -s⟩ plisado *m*; **~rock** *m* falda *f* plisada
PLO [peːʔəl'ʔoː] *f Abk* ⟨-⟩ (*Palestine Liberation Organization*) OLP *f* (*Organización para la Liberación Palestina*)
Plom|be ['plɔmbə] *f* **1** (*Bleisiegel*) precinto *m*; **2** (*Zahnfüllung*) empaste *m*; **&'bieren** *v/t* ⟨*sin* ge⟩ **1** (*versiegeln*) precintar; **2** *Zahn* empastar
plötzlich ['plœtslɪç] **I** *adj* súbito; (*unerwartet*) repentino; **II** *adv* súbitamente, de repente
plump [plʊmp] *adj* **1** (*dick*) tosco (*a Lüge, Fälschung*); **2** (*schwerfällig*) pesado; **3** (*ungeschickt*) burdo; **'&heit** *f* (*plumpe Bemerkung*) grosería *f*, tosquedad *f*; (*Ungeschicklichkeit*) torpeza *f*
plumps [plʊmps] *int auf den Boden* ¡cataplúm!; *ins Wasser* ¡plof!
'**plumpsen** F *v/i* ⟨sn⟩ caer pesadamente
Plunder ['plʊndər] F *m* ⟨-s⟩ F trastos *m/pl*, cachivaches *m/pl*
Plünd(e)rer ['plʏnd(ə)rər] *m* saqueador *m*
'**Plundergebäck** *n tipo de bollo relleno*
'**plünder|n** *v/t* pillar, saquear; **&ung** *f* pillaje *m*, saqueo *m*
Plural ['pluːraːl] *m* ⟨-s; -e⟩ plural *m*
plus [plʊs] *adv* más; ***5 Grad ~*** cinco grados sobre cero
Plus *n* ⟨-⟩ **1** (*Überschuss*) excedente *m*, superávit *m*; **2** MAT más *m*; **3** *fig* (*Vorteil*) ventaja *f*, plus *m*
Plüsch [plyːʃ] *od* [plʏʃ] *m* ⟨-(e)s; -e⟩ felpa *f*; **'~tier** *n* (animal *m* de) peluche *m*
'**Plus|pol** *m* polo *m* positivo; **~punkt** *m* punto *m* positivo
Plusquamperfekt ['plʊskvampɛrfɛkt] *n* GRAM (pretérito *m*) pluscuamperfecto *m*
'**Pluszeichen** *n* (signo *m*) más *m*
Pluto ['pluːto] ⟨-⟩ ASTR (***der***) **~** Plutón *m*
Plutonium [plu'toːniʊm] *n* ⟨-s⟩ plutonio *m*
PLZ *f Abk* ⟨-⟩ (*Postleitzahl*) código *m* postal
Pneu [pnɔʏ] *m* ⟨-s; -s⟩ *bsd schweiz* neumático *m*
Po [poː] F *m* ⟨-s; -s⟩ trasero *m*; F pompis *m*
Pöbel ['pøːbəl] *m* ⟨-s⟩ *desp* populacho *m*, chusma *f*
pochen ['pɔxən] *geh v/i* **1** (*klopfen*) golpear (***an*** *+acus*, ***gegen etw*** a, contra a/c); *Herz* latir, palpitar; **2** *fig* ***auf etw*** (*acus*) **~** insistir en a/c, reclamar a/c
'**Pocken** *pl* viruela *f*; **~schutzimpfung** *f* vacunación *f* antivariólica
Podest [po'dɛst] *m od n* ⟨-(e)s; -e⟩ **1** (*Podium*) tarima *f*; **2** (*Treppenabsatz*) rellano *m*, descansillo *m*
Podium ['poːdiʊm] *n* ⟨-s; -ien⟩ estrado *m*,

P

entarimado *m*; (*Redner*≗) podio *m*; **~sdiskussion** *f* mesa *f* redonda
Poesie [poe'ziː] *f* poesía *f*; **~album** *n* álbum *m* de poesía
Poet|(in) [po'eːt(ɪn)] *geh, scherzh m* ⟨-en; -en⟩ (*f*) poeta *m,f* (*a* poetisa *f*); **≗isch** *adj* poético
Pointe [po'ɛ̃ːtə] *f* agudeza *f*, gracia *f*
Pokal [po'kaːl] *m* ⟨-s; -e⟩ copa *f*; **~finale** *n* final *f* de copa; **~spiel** *n* partido *m* de copa
Pökelfleisch ['pøːkəl-] *n* cecina *f*
'pökeln *v/t* salar
Poker ['poːkər] *n od m* ⟨-s⟩ póquer *m*, póker *m* (*a fig*)
'pokern *v/i* jugar al póquer
Pol [poːl] *m* ⟨-s; -e⟩ polo *m*; *fig* ***der ruhende ~*** el remanso de paz
po'lar *adj* polar
Po'larkreis *m* (***nördlicher, südlicher***) **~** círculo *m* polar (ártico, antártico)
Po'lar|licht *n* luz *f* polar; **~meer** *n* océano *m* glacial; **~stern** *m* estrella *f* polar
Pole ['poːlə] *m* ⟨-n; -n⟩ polaco *m*
Polem|ik [po'leːmɪk] *f* polémica *f*; **≗isch** *adj* polémico; **≗i'sieren** *v/i* ⟨*sin* ge⟩ levantar polémica (***gegen*** contra)
'Polen *n* ⟨-s⟩ Polonia *f*
Police [po'liːsə] *f* póliza *f*
Polier [po'liːr] *m* ⟨-s; -e⟩ capataz *m* (de albañiles)
po'lieren *v/t* ⟨*sin* ge⟩ *Möbel* lustrar, sacar brillo; *Metalle a* bruñir, pulimentar
Poliklinik ['poːlikliːnɪk] *f* policlínica *f*
'Polin *f* polaca *f*
Politesse [poli'tɛsə] *f* (mujer *f*) policía *f*
Politik [poli'tiːk] *f* política *f*
Po'litiker(in) *m*(*f*) político, -a *m,f*
po'litisch I *adj* político; **II** *adv* ***~ korrekt*** políticamente correcto
politi'sieren ⟨*sin* ge⟩ **I** *v/t* politizar; **II** *v/i* hablar de política, politiquear
Politur [poli'tuːr] *f* **1** (*Glanz*) brillo *m*, lustre *m*; (*Schutzschicht*) pulimento *m*; **2** *Mittel* abrillantador *m*
Polizei [poli'tsaɪ] *f* policía *f*; **~auto** *n* coche *m* policía; **~beamte(r)** *m*, **~beamtin** *f* agente *m,f* de policía; **~gewahrsam** *m* vigilancia *f* policial; **~hund** *m* perro *m* policía; **~kontrolle** *f* control *m* policial
poli'zeilich I *adj* policial, policíaco, de la policía; **II** *adv* por la policía, por orden policial
Poli'zei|präsident *m* jefe *m* de policía; **~präsidium** *n* jefatura *f* de policía; **~revier** *n* comisaría *f* (de policía); **~schutz** *m* protección *f* policial; **~streife** *f* patrulla *f* de policía; **~stunde** *f* hora *f* de cierre; **~wache** *f* comisaría *f* (de policía)
Polizist(in) [poli'tsɪst(ɪn)] *m*(*f*) policía *m,f*, guardia *m,f*
Pollen ['pɔlən] *m* ⟨-s; -⟩ BOT polen *f*
polnisch ['pɔlnɪʃ] *adj* polaco
Polo ['poːlo] *n* ⟨-s⟩ SPORT polo *m*; **~hemd** *n* (camisa *f*) polo *m*
Polster ['pɔlstər] *n* ⟨-s; -⟩ **1** (*~ung*) relleno *m*; **2** (*~auflage*) acolchado *m*, colchoneta *f*; (*Kissen*) cojín *m*, almohadilla *f*; **3** *fig* reserva *f*; **~möbel** *pl* muebles *m/pl* tapizados
'polstern *v/t* acolchar; (*beziehen*) tapizar
'Polstersessel *m* sillón *m* tapizado
'Polsterung *f* **1** tapizado *m*; **2** *Auflage* acolchado *m*
Polterabend ['pɔltər-] *m etwa* despedida *f* de soltero
'poltern *v/i Sache* caer con estrépito; *Person* hacer ruido; *fig* vociferar, tronar
Polyester [poly'ˀɛstər] *m* poliéster *m*
Polygamie [polyga'miː] *f* ⟨-⟩ poligamia *f*
Polynes|ien [poly'neːziən] *n* ⟨-s⟩ Polinesia *f*; **~ier(in)** *m*(*f*) polinesio, -a *m,f*; **≗isch** *adj* polinesio
Polyp [po'lyːp] *m* ⟨-en; -en⟩ **1** ZO, MED pólipo *m*; **2** F (*Polizist*) F polizonte *m*
Poma|de [po'maːdə] *f* pomada *f*; **≗dig** *adj* **1** *Haar* con gomina; **2** F *fig* (*träge*) flemático, remolón
'Pommern *n* Pomerania *f*
Pommes frites [pɔm'frɪt] *pl* patatas *f/pl* fritas
Pomp [pɔmp] *m* ⟨-(e)s⟩ pompa *f*
pompös [pɔm'pøːs] *adj* pomposo
Pony[1] ['pɔni] *n* ⟨-s; -s⟩ ZO poney *m*
'Pony[2] *m* ⟨-s; -s⟩ flequillo *m*
Pop [pɔp] *m* ⟨-(s)⟩ → ***Popmusik***
Popanz ['poːpants] *m* ⟨-es; -e⟩ *desp* coco *m*, espantajo *m*
Popcorn ['pɔpkɔrn] *n* ⟨-s⟩ palomitas *f/pl* (de maíz)
Popeline [popə'liːn(ə)] *m* popelín *m*
popeln ['poːpəln] F *v/i* (***in der Nase***) **~** hurgarse (la nariz)
'Pop|gruppe *f* grupo *m* pop; **~konzert** *n* concierto *m* pop; **~musik** *f* música *f* pop; **~star** *m* estrella *f* del pop
Popo [po'poː] F *m* ⟨-s; -s⟩ trasero *m*; F pompis *m*
populär [popu'lɛːr] *adj* popular
Populari'tät *f* ⟨-⟩ popularidad *f*
Pore ['poːrə] *f* poro *m*
Porno|film ['pɔrno-] *m* película *f* porno (-gráfica); **~gra'phie** *f* ⟨-⟩ pornografía *f*; **≗'graphisch** *adj* pornográfico
porös [po'røːs] *adj* poroso
Porree ['pɔre] *m* ⟨-s; -s⟩ puerro *m*
Portal [pɔr'taːl] *n* ⟨-s; -e⟩ portal *m*
Portefeuille [pɔrt'føːj] *n* ⟨-s; -s⟩ cartera *f*; (*Wertpapierbestand*) cartera *f* de valores
Portemonnaie [pɔrtmɔ'neː] *n* ⟨-s; -s⟩ mo-

P

nedero *m*
Portier [pɔrti'eː] *m* ⟨-s; -s⟩ portero *m*, conserje *m*; **~sfrau** *f* portera *f*, conserje *f*
Portion [pɔrtsi'oːn] *f* ración *f*
Porto ['pɔrto] *n* ⟨-s; -s *o* -ti⟩ franqueo *m*, porte *m*; **~ bezahlt** porte *m* pagado
'porto|frei *adj u adv* exento de franqueo; **2gebühr** *f* tarifa *f* postal; **2kasse** *f fig* caja *f* menor; **2kosten** *pl* gastos *m/pl* de franqueo
Porträt [pɔ'trɛː] *n* ⟨-s; -s⟩ retrato *m*
porträ'tieren *v/t* ⟨*sin* ge⟩ retratar
Portugal ['pɔrtugal] *n* ⟨-s⟩ Portugal *m*
Portugies|e [pɔrtu'giːzə] *m* ⟨-n; -n⟩, **~in** *f* portugués, -esa *m,f*
portu'giesisch *adj* portugués; (***das***) **2(*e*)** el portugués
Portwein ['pɔrtvaɪn] *m* oporto *m*
Porzellan [pɔrtsɛ'laːn] *n* ⟨-s; -e⟩ porcelana *f*
Posaun|e [po'zaʊnə] *f* trombón *m*; **2en** *v/i* ⟨*sin* ge⟩ tocar el trombón
Posau'nist *m* trombón *m,f*
Pose ['poːzə] *f* pose *f*, afectación *f*
posieren *v/i* ⟨*sin* ge⟩ posar
Position [pozitsi'oːn] *f* **1** situación *f*; *berufliche* puesto *m*, posición *f*; ***verantwortliche* ~** puesto *m* de responsablidad; ***s-e ~ sichern, stärken*** asegurarse, fortalecer su posición; **2** COM partida *f*
positio'nieren *v/t* ⟨*sin* ge⟩ colocar, posicionar (*a* ECON)
positiv ['poːzitiːf] *adj* positivo; (*bejahend*) *a* afirmativo
Positur [pozi'tuːr] *f* postura *f*, pose *f*; ***sich in ~ setzen***, F ***werfen*** adoptar una actitud afectada
Posse ['pɔsə] *f* THEA farsa *f*; ***~n reißen*** hacer bufonadas
Possessivpronomen [pɔsɛ'siːf-] *n* GRAM pronombre *m* posesivo
possierlich [pɔ'siːrlɪç] *adj* gracioso
Post [pɔst] *f* ⟨-⟩ **1** (*~amt*) (oficina *f* de) correos *m/pl*; **2** (*Postsendung*) correo *m*; ***elektronische ~*** correo *m* electrónico; ***mit getrennter ~*** por correo aparte *od* separado
'Post|amt *n* (oficina *f* de) correos *m/pl*; **~anweisung** *f* giro *m* postal; **~ausgang** *m* correspondencia *f* de salida, INFORM correo *m* saliente; **~ausgangskorb** *m* bandeja *f* de salida de correo; **~bank** *f* ⟨-⟩ Caja *f* Postal; **~beamte(r)** *m*, **~beamtin** *f* empleado, -a *m,f* de correos; **~bote** *m*, **~botin** *f* cartero, -a *m,f*; **~dienst** *m* servicio *m* postal; **~eingang** *m* correspondencia *f* de entrada, *bsd* INFORM correo *m* entrante; **~einlieferungsschein** *m* resguardo *m* de entrega
'Posten *m* ⟨-s; -⟩ **1** (*Stellung*) puesto *m*, empleo *m*; **2** (*Waren2*) partida *f*, lote *m*; (*Rechnungs2*) elemento *m*; **3** (*Wacht2*) centinela *m*; ***~ stehen*** montar guardia; *fig* ***auf verlorenem ~ kämpfen, stehen*** luchar por una causa perdida
Poster ['poːstər] *n od m* ⟨-s; -(s)⟩ póster *m*
'Post|fach *n* apartado *m* de correos, *Am* casilla *f* postal; **~gebühren** *f/pl* gastos *m/pl* de franqueo, tarifa *f* postal; **~giroamt** *n* Caja *f* Postal; **~girokonto** *n* cuenta *f* corriente postal
pos'tieren *v/t*, *v/r* ⟨*sin* ge⟩ (***sich***) ~ colocar (-se), apostar(se)
'Post|karte *f* (tarjeta *f*) postal *f*; **~kutsche** *f* diligencia *f*; **2lagernd** *adjt u advl* en lista de correos; **~leitzahl** *f* código *m* postal
Pöstler(in) ['pœstlər(ɪn)] *m(f) schweiz* cartero, -a *m,f*
'postmodern *adj* pos(t)moderno
'Post|paket *n* paquete *m* postal; **~scheck** *m* cheque *m* postal; **~sendung** *f* envío *m* postal; **~sparbuch** *n* cartilla *f* de ahorros postal; **~sparkasse** *f* Caja *f* Postal de Ahorros; **~stelle** *f* oficina *f* de correos; **~stempel** *m* matasellos *m*; **~verteilung** *f* reparto *m* del correo
'postwendend *advl* a vuelta de correo; *fig* inmediatamente
'Post|wertzeichen *n* ADM sello *m* (de correos), *Am* estampilla *f*; **~wurfsendung** *f* envío *m* colectivo; **~zustellung** *f* reparto *m* de correspondencia
potent [po'tɛnt] *adj* potente
Poten|z [po'tɛnts] *f* **1** MAT potencia *f*; **2** (*Manneskraft*) potencia *f*, virilidad *f*; **~zi'al** *n* ⟨-s; -e⟩ potencial *m* (***an*** *+dat* en); **2zi'ell** *adj* PHYS potencial; *fig a* en potencia; **2'zieren** *v/t* ⟨*sin* ge⟩ MAT elevar a la potencia; *fig* potenciar
Poulet [pu'leː] *n* ⟨-s; -s⟩ *schweiz* pollo *m*
pp., ppa. *Abk* (*per procura*) por poder
PR [peː'ˀɛr-] *pl Abk* (*Public Relations*) relaciones públicas; **~-Abteilung** *f* departamento *m* de relaciones públicas
Pracht [praxt] *f* ⟨-⟩ magnificencia *f*, esplendor *m*, suntuosidad *f*; **'~exemplar** F *n* ejemplar *m* estupendo, preciosidad *f*
prächtig ['prɛçtɪç] *adj* magnífico, espléndido; (*großartig*) F estupendo
'Pracht|kerl F *m* F buen mozo *m*; **2voll** → ***prächtig***
Prädikat [prɛdi'kaːt] *n* ⟨-(e)s; -e⟩ **1** GRAM predicado *m*; **2** (*Zensur*) nota *f*
prädika'tiv *adj* GRAM predicativo; ***~es Adjektiv*** adjetivo *m* predicativo
Präfix [prɛ'fɪks] *n* ⟨-es; -e⟩ LING prefijo *m*
Prag [praːk] *n* ⟨-s⟩ Praga *f*
prägen ['prɛːgən] *v/t* TEC imprimir; *Leder, Papier* estampar; *fig* marcar, grabar; *Münzen, Wort* acuñar

P

präg|nant [prɛ'gnant] *adj* (*treffend*) preciso; (*knapp*) conciso; **ᘓ'nanz** *f* ⟨-⟩ concisión *f*
'Prägung *f* TEC impresión *f*; *auf Leder* estampado *m*; *fig* cuño *m*, marchamo *m*; *e-s Worts* acuñación *f*
prähistorisch [prɛhɪs'to:rɪʃ] *adj* prehistórico
prahl|en ['pra:lən] *v/i* jactarse, vanagloriarse (***mit*** de); **ᘓe'rei** *f* presunción *f*, jactancia *f*; **ᘓhans** F *m* ⟨-es; -hänse⟩ valentón *m*, bravucón *m*; F perdonavidas *m*
'Praktik *f mst pl* **~en** prácticas *f/pl*; *desp* enredos *m/pl*, intrigas *f/pl*
prakti|kabel [prakti'ka:bəl] *adj* ⟨-bl-⟩ factible, practicable; **ᘓ'kant(in)** *m* ⟨-en; -en⟩ (*f*) persona *f* en período de prácticas
'Praktikum *n* ⟨-s; -ka⟩ (período *m* de) prácticas *f/pl*; ***ein ~ machen*** hacer unas prácticas
'praktisch I *adj* práctico; ***~er Arzt*** medico *m* (de medicina) general; **II** *adv* prácticamente; *fig* (*quasi*) *a* casi
prakti'zieren *v/t* ⟨*sin* ge⟩ practicar
Prälat [prɛ'la:t] *m* ⟨-en; -en⟩ KATH prelado *m*
Praline [pra'li:nə] *f* bombón *m*
prall [pral] *adj* tirante; (*gefüllt*) repleto, relleno, henchido; *Körperteile* gordo, relleno; ***in der ~en Sonne*** a pleno sol
'prallen *v/i* ⟨sn⟩ chocar (***gegen, auf, an etw*** *acus* contra a/c)
Prämie ['prɛ:miə] *f* premio *m*; (*Versicherungs*ᘓ), ECON prima *f*; (*Gehalts*ᘓ) gratificación *f*; ***e-e ~ bekommen*** recibir una prima *bzw* una gratificación
'Prämien|regelung *f* régimen *m* de primas; **~rückgewähr** *f* reembolso *m* de primas; **~staffelung** *f* clasificación *f* de primas; **~system** *n* sistema *m* de primas
prä'mieren, prämi'ieren *v/t* ⟨*sin* ge⟩ conceder un premio *bzw* una prima; *Aussteller a* premiar
prangen ['praŋən] *v/i* **1** (*auffallen*) llamar la atención; **2** *geh* (*glänzen*) brillar, lucir
'Pranger *m* picota *f*; ***j-n an den ~ stellen*** poner a alg en la picota (*a fig*)
Pranke ['praŋkə] *f* ZO garra *f*, zarpa *f* (*a* F *große Hand*)
Präpa|rat [prɛpa'ra:t] *n* ⟨-(e)s; -e⟩ preparado *m*; **ᘓ'rieren** *v/t* ⟨*sin* ge⟩ preparar; *Tier* disecar
Präposition [prɛpozitsi'o:n] *f* GRAM preposición *f*
P'R-Arbeit *f* trabajo *m* de relaciones públicas
Prärie [prɛ'ri:] *f* pradera *f*, llano *m*
Präsens ['prɛ:zəns] *n* ⟨-; -'sentia *o* -'senzien⟩ GRAM presente *m*
prä'sent *adj* presente; ***~ sein*** estar presente
Prä'sen|t *n* ⟨-(e)s; -e⟩ regalo *m*; **~tati'on** *f* presentación *f*; **ᘓ'tieren** *v/t*, *v/r* ⟨*sin* ge⟩ (***sich***) ~ presentar(se)
Prä'senz *f* ⟨-⟩ presencia *f*; ***schwache ~*** escasa presencia *f*; ***s-e ~ verstärken*** reforzar su presencia
Prä'senz|diener *m österr* recluta *m*; **~dienst** *m österr* servicio *m* militar
Präservativ [prɛzɛrva'ti:f] *n* ⟨-s; -e⟩ preservativo *m*
Präsident|(in) [prɛzi'dɛnt(ɪn)] *m* ⟨-en; -en⟩ (*f*) presidente, -a *m,f*; **~schaft** *f* presidencia *f*
präsi'dieren *v/i* ⟨*sin* ge⟩ presidir
Prä'sidium *n* ⟨-s; -ien⟩ **1** (*Vorsitz*) presidencia *f*; **2** (*Vorstand*) directiva *f*; **3** (*Polizei*ᘓ) presidio *m*
prasseln ['prasəln] *v/i* ⟨+*indicación de dirección* sn⟩ *Regen* caer con fuerza; *Feuer* crepitar
prassen ['prasən] *v/i* disfrutar de la vida; F pegarse la vida padre; (*schlemmen*) F ponerse morado
Präteritum [prɛ'te:ritum] *n* ⟨-s; -ta⟩ GRAM pretérito *m*
Praxis ['praksɪs] *f* ⟨-; -xen⟩ **1** (*nicht Theorie*) práctica *f*; (*Erfahrung*) *a* experiencia *f*; ***in die ~ umsetzen*** llevar a la práctica; **2** (*Arzt*ᘓ) consultorio *m*, consulta *f*; (*Anwalts*ᘓ) bufete *m*
'praxis|bezogen, ~nah *adj* práctico, unido a la práctica; **~fern** *adj* alejado de la práctica; **~orientiert** *adj* orientado a la práctica
Präzedenzfall [prɛtse'dɛntsfal] *m* precedente *m*
präzis(e) [prɛ'tsi:s (-'tsi:zə)] *adj* preciso
präzi'sieren *v/t* ⟨*sin* ge⟩ precisar
Präzisi'on *f* ⟨-⟩ precisión *f*
P'R-Chef(in) *m*(*f*) jefe *m*, jefa *f* del departamento de relaciones públicas
predig|en ['pre:dɪgən] *v/t*, *v/i* predicar; **ᘓer** *m* predicador *m*
Predigt ['pre:dɪçt] *f* ⟨-; -en⟩ sermón *m* (*a fig*); PROT *a* prédica *f*
Preis [praɪs] *m* ⟨-es; -e⟩ **1** COM precio *m*; ***berechneter ~*** precio *m* facturado; ***(zur Zeit) gültiger ~*** precio *m* vigente; ***wettbewerbsfähiger ~*** precio *m* competitivo; ***um jeden ~*** a cualquier precio; *fig* a toda costa; ***den ~ diktieren, festsetzen*** imponer, fijar el precio; ***den ~ erhöhen*** *od* ***heraufsetzen*** subir *od* aumentar *od* elevar el precio; ***die ~e einfrieren, freigeben*** congelar, liberar los precios; ***die ~e senken*** bajar los precios; ***mit dem ~ heruntergehen*** rebajar el precio; ***sich im ~ niederschlagen*** repercutir en el precio; ***zum halben ~*** a mitad de precio; **2** *Auszeichnung* premio *m*, galardón *m*;

(*Belohnung*) recompensa *f*; ***der Große ~ von ...*** el Gran Premio de ...; **3** *poet* (*Lob*) alabanza *f*

'Preis|abschlag *m* descuento *m* de precio; **~absprache** *f* acuerdo *m* sobre los precios; **~änderung** *f* cambio *m* de precio; **~angebot** *n* oferta *f* de precio; **~anpassung** *f* reajuste *m* de los precios; **~anstieg** *m* subida *f* de precios; **~ausschreiben** *n* concurso *m*; **⁓bewusst** *adj que toma conciencia de los precios*; **~bindung** *f* acuerdo *m* sobre los precios, fijación *f* de precios

Preiselbeere ['praɪzəl-] *f* arándano *m* rojo

'Preisempfehlung *f* (***unverbindliche***) ~ precio *m* recomendado (no obligatorio)

'preisen *geh v/t* ⟨pries, gepriesen⟩ alabar, celebrar; ***sich glücklich ~*** (***können***) (poder) considerarse dichoso

'Preis|erhöhung *f* aumento *m* de precio; **~festsetzung** *f* fijación *f* de precios; **~frage** *f* **1** (*Preisaufgabe*) cuestión *f*; F pregunta *f* del millón; **2** (*Geldfrage*) cuestión *m* de precio

'Preisgabe *geh f* renuncia *f*, abandono *m*; *von Geheimnissen* revelación *f*

'preisgeben *geh v/t* ⟨*irr, sep*⟩ **1** (*aufgeben*) renunciar, abandonar; **2** (*verraten*) revelar; **3** (*ausliefern*) entregar (+*dat* a)

'Preis|gefälle *n* disparidad *f* de precios; **~gefüge** *n* estructura *f* de los precios; **⁓gekrönt** *adjt* premiado; **~gestaltung** *f* formación *f* de precios; **⁓günstig** *adj* → ***preiswert***

'Preisklasse *f* categoría *f* de precios; ***gehobene ~*** categoría *f* de precios más altos; ***untere ~*** precios *m/pl* medio-bajos

'Preis|krieg *m* guerra *f* de precios; **~lage** *f* precio *m*; **'~-'Leistungs-Verhältnis** *n* relación *f* calidad-precio; **⁓lich** *adv* (con) respecto al precio

'Preisliste *f* lista *f* de precios; ***gültige ~*** lista *f* de precios vigentes

'Preis|nachlass *m* rebaja *f*, descuento *m*; **~politik** *f* política *f* de precios; **~rätsel** *n* concurso *m*; **~rückgang** *m* descenso *m* de los precios; **~schild** *n* etiqueta *f* (de precio); **~segment** *n* segmento *m* de precios; **~senkung** *f* disminución *f od* rebaja *f* de los precios; **~stabilität** *f* estabilidad *f* de precios; **~steigerung** *f* subida *f od* ascenso *m* de precios; **~träger(in)** *m(f)* premiado, -a *m,f*, galardonado, -a *m,f*; **~treibe'rei** *f* aumento *m* abusivo de los precios; **~unterschied** *m* diferencia *f* de precios; **~verfall** *m* caída *f* de los precios; **~vergleich** *m* comparación *f* de precios; **~verleihung** *f* entrega *f* de premios; **⁓wert** *adj* barato, a buen precio

prekär [pre'kɛːr] *geh adj* precario

Prellbock ['prɛl-] *m Eisenbahn* tope *m* fijo; *fig* tope *m*

'prellen *v/t* **1** *Ball* botar; **2** MED contusionar; **3** *fig* (*betrügen*) estafar, timar; ***j-n um etw ~*** estafar a alg a/c

'Prellung *f* MED contusión *f*

Premiere [prəmi'eːrə] *f* estreno *m*

Premierminister(in) [prəmi'eː-] *m(f)* primer, a ministro, -a *m,f*

Prepaid-Karte ['priːpeit-] *f* TEL tarjeta *f* prepago

preschen ['prɛʃən] *v/i* ⟨sn⟩ F ir corriendo, correr; ***nach vorne ~*** adelantarse

Presse ['prɛsə] *f* **1** (*Zeitungswesen*) prensa *f*; **2** TEC prensa *f*; (*Frucht⁓*) exprimidor *m*

'Presse|abteilung *f* departamento *m* de prensa; **~bericht** *m* informe *m* de prensa; **~dienst** *m* servicio *m* de prensa; **~erklärung** *f* declaración *f* de prensa; **~fotograf(-in)** *m(f)* fotógrafo, -a *m,f* de prensa, reportero, -a *m,f* gráfico, -a; **~freiheit** *f* libertad *f* de prensa; **~information** *f* información *f* de prensa; **~konferenz** *f* conferencia *f od* rueda *f* de prensa; **~meldung** *f* noticia *f* de prensa; **~mitteilung** *f* comunicado *m* de prensa

'pressen *v/t* **1** (*drücken*) apretar, prensar; **2** (*zusammen~*) comprimir; **3** *Frucht* exprimir; *Saft* extraer

'Presse|sprecher(in) *m(f)* portavoz *m,f* (de prensa); **~stelle** *f* oficina *f* de prensa

pressieren [prɛ'siːrən] **I** *v/imp* ⟨*sin* ge⟩ *bsd südd* correr prisa; **II** *v/i schweiz* (*sich beeilen*) darse prisa, apresurarse

'Pressluft *f* aire *m* comprimido; **~bohrer** *m* taladro *m* neumático; **~hammer** *m* martillo *m* neumático

Prestige [prɛs'tiːʒə] *n* ⟨-s⟩ prestigio *m*

Preuß|e ['prɔʏsə] *m* ⟨-n; -n⟩ prusiano *m*; **~en** *n* ⟨-s⟩ HIST Prusia *f*; **~in** *f* prusiana *f*; **⁓isch** *adj* prusiano

P'R-Frau F *f* encargada *f od* especialista *f* de relaciones públicas

prickeln ['prɪkəln] *v/i* (*kribbeln*) picar, hormiguear; *Getränk* burbujear

'prickelnd *adjt* picante; *fig* excitante

Priem [priːm] *m* ⟨-(e)s; -e⟩ tabaco *m* para mascar

'priemen *v/i* mascar tabaco

pries [priːs] → ***preisen***

Priester|(in) ['priːstər(ɪn)] *m(f)* sacerdote, -isa *m,f*; **⁓lich** *adj* sacerdotal; **~weihe** *f* ordenación *f* sacerdotal

prima ['priːma] F **I** *adj* ⟨*inv*⟩ de primera calidad; F formidable, estupendo; ***ein ~ Kerl*** F un tío estupendo; ***das ist ~!*** F ¡fantástico!, ¡estupendo!; **II** F *adv* muy bien; F estupendamente, de maravilla

primär [pri'mɛːr] **I** *adj* primario, elemental;

II *adv* en primera línea
Primar|arzt [pri'maːrʔ-] *m*, **~ärztin** *f österr* médico, -a *m,f* jefe, -a
Pri'märenergie *f* energía *f* primaria
Pri'marschule *f schweiz* → ***Grundschule, Hauptschule***
Primel ['priːməl] *f* ‹-; -n› primavera *f*
primitiv [primi'tiːf] *adj* primitivo (*a desp*); **Żi'tät** *f* ‹-› primitivismo *m*
Primzahl ['priːm-] *f* número *m* primo
Print|medium ['prɪnt-] *n* ‹-s; -medien› medio *m* impreso; **~produkt** *n* producto *m* de prensa; **~werbung** *f* publicidad *f* en prensa
Prinz [prɪnts] *m* ‹-en; -en› príncipe *m*
Prinzessin [prɪn'tsɛsɪn] *f* princesa *f*; *in Spanien a etwa* infanta *f*
Prinzip [prɪn'tsiːp] *n* ‹-s; -ien› principio *m*; ***im ~*** en principio
prinzipi'ell *adj u adv* por principio
Prin'zipienreiter *m* doctrinario *m*
Priorität [priori'tɛːt] *f* prioridad *f*; ***~en setzen*** establecer prioridades
Prise ['priːzə] *f* ***e-e ~ Salz*** una pizca de sal
Prisma ['prɪsma] *n* ‹-s; -men› prisma *m*
Pritsche ['prɪtʃə] *f* catre *m*
privat [pri'vaːt] **I** *adj* privado; (*persönlich*) particular; **II** *adv* en privado; ***j-n ~ sprechen*** hablar con alg en privado
Pri'vat|adresse *f* dirección *f* particular; **~angelegenheit** *f* asunto *m* personal; **~bank** *f* banco *m* privado; **~besitz** *m* propiedad *f* privada; **~detektiv** *m* detective *m* privado; **~eigentum** *n* propiedad *f* privada; **~fernsehen** *n* emisora *f* de televisión privada; **~gespräch** *n* conversación *f* privada; TEL llamada *f* privada; **~haushalt** *m* economía *f* domestica; **~initiative** *f* iniciativa *f* privada
privati'sier|en *v/t* ‹*sin* ge› privatizar; **Żung** *f* privatización *f*; **Żungspolitik** *f* política *f* de privatización
Pri'vat|klinik *f* clínica *f* privada; **~kunde** *m*, **~kundin** *f* cliente *m,f* particular; **~leben** *n* vida *f* privada; **~mann** *m* ‹-(e)s; ¨er *o* -leute› particular *m*; **~patient(in)** *m(f)* MED paciente *m,f* privado, -a; **~person** *f* particular *m,f*; **~sache** *f* asunto *m* particular; **~schule** *f* colegio *m* privado; **~sender** *m* **1** (cadena *f* de) televisión *f* privada; **2** (emisora *f* de) radio *f* privada; **~sphäre** *f* esfera *f* privada, privacidad *f*; **~unternehmen** *n* empresa *f* privada; **~unterricht** *m* clase *f* particular; **~vermögen** *n* patrimonio *m*, bienes *m/pl* particulares *od* privados; **~versicherung** *f* seguro *m* privado; **~wirtschaft** *f* economía *f* privada; **~wohnung** *f* domicilio *m* particular
Privile|g [privi'leːk] *n* ‹-(e)s; -ien› privilegio *m*; **Ż'giert** *adjt* privilegiado

P'R|-Kampagne *f* campaña *f* de relaciones públicas; **~-Mann** F *m* encargado *m od* especialista *m* de relaciones públicas
pro [proː] *prp* ‹+*acus sin artículo*› por; ***~ Person*** por persona; ***~ Tag*** por *od* al día; ***1000 Stück ~ Stunde*** 1.000 piezas por hora
Pro *n* ‹-› **(*das*) *~ und* (*das*) *Kontra*** (los) pros y (los) contras
pro... *in Zssgn* pro
Probe ['proːbə] *f* **1** (*Prüfung*) examen *m*, test *m*; *fig a* experimento *m*; (*Beweis*), MAT prueba *f*; ***zur*** *od* ***auf ~*** a prueba; ***j-n auf die ~ stellen*** poner a prueba a alg; ***die ~ aufs Exempel machen*** poner a prueba, probar; **2** THEA ensayo *m*; (*GesangsŻ*) audición *f*; **3** (*kleine Menge*) muestra *f*
'Probe|alarm *m* prueba *f* del sistema de alarma; **~auftrag** *m* pedido *m* de ensayo *od* de prueba; **~exemplar** *n* ejemplar *m* de muestra; **~fahrt** *f* viaje *m* de prueba
'proben *v/t*, *v/i* THEA ensayar
'probe|weise *adj u adv* a prueba; **Żzeit** *f* tiempo *m od* período *m* de prueba
pro'bieren *v/t*, *v/i* ‹*sin* ge› **1** (*versuchen*) probar; **2** *Speisen* probar, degustar; *Wein* catar
Proble|m [pro'bleːm] *n* ‹-s; -e› problema *m*; **~'matik** *f* ‹-› problemática *f*; **Ż'matisch** *adj* problemático
pro'blemlos I *adj* que no causa problemas; *Kind* fácil; **II** *adv verlaufen usw* sin problemas
Pro'blem|lösung *f* solución *f* del problema *od* de problemas; **~stellung** *f* planteamiento *m od* enfoque *m* del problema
Product Placement ['proːdaktpleːsmɛnt] *n* ‹-s› emplazamiento *m* de producto
Produkt [pro'dʊkt] *n* ‹-(e)s; -e› producto *m* (*a* MAT); (*Ergebnis*) resultado *m*; ***innovatives ~*** producto *m* innovador
Pro'dukt|design *n* diseño *m* del producto; **~diversifizierung** *f* diversificación *f* de los productos; **~einführung** *f* lanzamiento *m* del producto; **~entwicklung** *f* desarrollo *m* de productos; **~familie** *f* familia *f* de productos; **~gestaltung** *f* diseño *m* del producto; **~haftung** *f* responsabilidad *f* del *od* por el producto; **~information** *f* información *f* sobre los productos; **~innovation** *f* innovación *f* de productos
Produkti'on *f* producción *f*; ***durchschnittliche, jährliche ~*** producción *f* media, anual; ***landwirtschaftliche, industrielle ~*** producción *f* agrícola, industrial; ***nationale, weltweite ~*** producción *f* nacional, mundial; ***die ~ aufnehmen*** poner en marcha la producción; ***die ~ drosseln, einstellen, steigern*** bajar, suspender, aumentar la producción; ***die ~ verlagern*** trasladar la pro-

P

ducción; ***in der ~ arbeiten*** trabajar en producción

Produkti'ons|anlage *f* instalación *f* de producción; **~apparat** *m* aparato *m* de producción; *Personal* equipo *m* productivo; **~ausfall** *m* pérdida *f* de producción; **~beginn** *m* inicio *m* de la producción; **~einheit** *f* unidad *f* productiva

Produkti'onseinstellung *f* (***vorübergehende***) **~** suspensión *f* (temporal) de la producción

Produkti'onsfaktor *m* factor *m* de producción

Produkti'onskapazität *f* capacidad *f* productiva *od* de producción; ***die ~ erhöhen*** aumentar la capacidad productiva

Produkti'ons|kosten *pl* costes *m/pl* de producción; **~leiter(in)** *m(f)* jefe, -a *m,f* de producción; **~mittel** *pl* medios *m/pl* de producción; **~prozess** *m* proceso *m* productivo, proceso *m* de producción; **~rückgang** *m* disminución *f* de la producción; **~steigerung** *f* aumento *m* de la producción; **~technik** *f* técnica *f* de la producción; **~technologie** *f* tecnología *f* de la producción; **~überschuss** *m* exceso *m* de producción; **~verlagerung** *f* traslado *m od* desplazamiento *m* de la producción; **~volumen** *n* volumen *m* de producción; **~zentrum** *n* centro *m* productor; **~ziel** *n* objetivo *m* de la producción

produk'tiv *adj* productivo

Produktivi'tät *f* ⟨-⟩ productividad *f*; ***die ~ steigern*** aumentar la productividad

Pro'dukt|lebenszyklus *m* ciclo *m* de duración de un producto; **~linie** *f* línea *f* de productos; **~management** *n* gestión *f* de productos; **~manager(in)** *m(f)* jefe, -a *m,f* de producto

Pro'duktpalette *f* gama *f* de productos; ***breite ~*** amplia gama *f* de productos

Pro'dukt|planung *f* planificación *f* de productos; **~piraterie** *f* piratería *f* de productos; **~präsentation** *f* presentación *f* de productos; **~segment** *n* segmento *m* de productos, ramo *m* de productos; **~vielfalt** *f* variedad *f* de productos; **~werbung** *f* publicidad *f* de productos

Produ|zent(in) [produ'tsɛnt(ɪn)] *m* ⟨-en; -en⟩ *(f)* productor, a *m,f*; **≗'zieren** *v/t* ⟨*sin* ge⟩ producir

Prof. *Abk* (*Professor*) catedrático, -a *m,f*

profan [pro'faːn] *adj* profano

Professio|nalität [profɛsionali'tɛːt] *f* profesionalidad *f*; **≗nell** [-'nɛl] *adj* profesional

Professor(in) [prɔ'fɛsɔr (-fɛ'soːrɪn)] *m* ⟨-s; -s'soren⟩ *(f)* catedrático, -a *m,f*; *als Titel a* profesor, a *m,f*

Profes'sur *f* cátedra *f* (***für*** de)

Profi ['proːfi] F *m* ⟨-s; -s⟩ profesional *m,f*, experto, -a *m,f*

'Profi|... *in Zssgn* profesional; **~fußball** *m* fútbol *m* profesional

Profil [pro'fiːl] *n* ⟨-s; -e⟩ **1** perfil *m*; (*Reifen≗*) ranuras *f/pl*; **im ~** de perfil; **2** *fig* imagen *f*

profi'l|ieren *v/r* ⟨*sin* ge⟩ ***sich ~*** distinguirse, perfilarse; **~iert** *adjt* marcado, destacado

Profit [pro'fiːt] *m* ⟨-(e)s; -e⟩ provecho *m*, beneficio *m*; ***~ abwerfen, machen*** arrojar, sacar provecho

profitabel [profi'taːbəl] *adj* provechoso, lucrativo

Profit-Center ['prɔfitsɛntər] *n* ⟨-s; -⟩ centro *m* de beneficio

Pro'fit|gier *f* afán *m* de lucro

profi'tieren *v/i* ⟨*sin* ge⟩ ***~ bei, von*** ganar *od* salir ganando de, sacar provecho de

pro'fitorientiert *adj* con fines lucrativos

pro forma [proː 'fɔrma] *adv* por (pura) fórmula; ECON pro forma

Pro'formarechnung *f* factura *f* proforma

Prognose [prog'noːzə] *f* pronóstico *m* (*a* MED); ***kurz-, mittel-, langfristige ~n*** pronósticos *m/pl* a corto, medio, largo plazo; ***e-e ~ stellen*** pronosticar

prognostizieren [prognosti'tsiːrən] *v/t* ⟨*sin* ge⟩ pronosticar

Programm [pro'gram] *n* ⟨-s; -e⟩ programa *m*; TV, RADIO canal *m*; **≗gemäß** *adj u adv* según el programa, conforme al plan; **~heft** *n* programa *m*; **~hinweis** *m* información *f* sobre el programa

program'mierbar *adj* INFORM programable

program'mieren *v/t* ⟨*sin* ge⟩ programar

Program'mier|er(in) *m(f)* programador, a *m,f*; **~fehler** *m* INFORM defecto *m od* error *m* de programación; **~sprache** *f* INFORM lenguaje *m* de programación; **~ung** *f* programación *f*

Pro'gramm|paket *n* INFORM paquete *m* de programas, paquete *m* de rutinas; **~vorschau** avance *m* de programación; **~zeitschrift** *f* revista *f* de programación (de televisión y radio)

progressiv [progrɛ'siːf] *adj* progresivo; (*fortschrittlich*) progresista

'Progymnasium *n bsd schweiz* instituto *m* de enseñanza media (*hasta el décimo curso*)

Projekt [pro'jɛkt] *n* ⟨-(e)s; -e⟩ proyecto *m*; **~beschreibung** *f* descripción *f* del proyecto; **≗gebunden** *adjt Gelder, Arbeitsplätze* ligado al proyecto; **~gruppe** *f* grupo *m* de trabajo (del projecto)

Projekti'on *f* proyección *f*; **~swand** *f* pantalla *f* de proyección

Pro'jekt|leiter(in) *m(f)* director, a *m,f* de(l)

P

proyecto; **~management** *n* dirección *f* de proyecto(s), coordinación *f* de proyecto (-s); **~manager(in)** *m(f)* director, a *m,f* de(l) proyecto; jefe, -a *m,f* del proyecto
Pro'jektor *m* ⟨-s; -'toren⟩ proyector *m*
Pro'jekt|planung *f* planificación *f* del proyecto; **~präsentation** *f* presentación *f* del proyecto
projizieren [proji'tsiːrən] *v/t* proyectar (***auf*** *+acus* en)
Prokla|mation [proklamatsi'oːn] *f* proclamación *f*; **2'mieren** *v/t* ⟨*sin* ge⟩ proclamar
Pro-'Kopf-Einkommen *n* ⟨-s⟩ renta *f* per cápita, renta *f* por habitante
Prokura [pro'kuːra] *f* ⟨-; -ren⟩ poder *m* general, procuración *f*; ***per~*** por poder (p.P.); ***~ erteilen*** otorgar poder general
Proku'rist(in) *m(f)* apoderado, -a *m,f*
Prole|t [pro'leːt] *m* ⟨-en; -en⟩ *desp* plebeyo *m*, persona *f* vulgar; **~tari'at** *n* ⟨-(e)s; -e⟩ proletariado *m*; **~'tarier** *m* proletario *m*; **2'tarisch** *adj* proletario
Prolon|gation [prolɔŋgatsi'oːn] *f e-s Wechsels* prolongación *f*, prórroga *f*; **2'gieren** *v/t* ⟨*sin* ge⟩ prolongar, prorrogar
Promenade [promə'naːdə] *f* paseo *m*
Prome'naden|deck *n* cubierta *f* de paseo; **~mischung** *f scherzh* perro *m* mestizo, chucho *m*
Promille [pro'mɪlə] *n* ⟨-(s); -⟩ **1** (*Tausendstel*) (tanto *m*) por mil *m*; ***4 ~*** el 4 por mil; **2** F *pl* grado *m* de alcoholemia; ***2,5 ~*** alcoholemia del 2,5
Pro'millegrenze *f* grado *m* máximo de alcoholemia
promi|nent [promi'nɛnt] *adj* eminente, destacado, prominente; **2'nente(r)** *f(m)* ⟨→ A⟩ celebridad *f*, eminencia *f*; **2'nenz** *f* ⟨-⟩ *Sammelbez* notables *m/pl*, celebridades *f/pl*
Promotion [promotsi'oːn] *f* doctorado *m*
promovieren [promo'viːrən] *v/i* ⟨*sin* ge⟩ doctorarse (***in*** *+dat* en; ***über*** *+acus* sobre)
prompt [prɔmpt] **I** *adj* pronto, rápido, inmediato; **II** *adv* inmediatamente; F (*erwartungsgemäß*) al momento
Pronomen [pro'noːmən] *n* ⟨-s; - *o* -mina⟩ GRAM pronombre *m*
Propaganda [propa'ganda] *f* ⟨-⟩ propaganda *f*
propa'gieren *v/t* ⟨*sin* ge⟩ hacer propaganda; (*verbreiten*) propagar
Propangas [pro'paːn-] *n* (gas *m*) propano *m*
Propeller [pro'pɛlər] *m* hélice *f*, propulsor *m*
Prophet|(in) [pro'feːt(ɪn)] *m* ⟨-en; -en⟩ (*f*) profeta *m,f* (*a fig*); **2isch** *adj* profético
prophezei|en [profe'tsaɪən] *v/t* ⟨*sin* ge⟩ profetizar; (*voraussagen*) predecir, pronosticar; **2ung** *f* profecía *f*, vaticinio *m*
Proportio|n [propɔrtsi'oːn] *f* proporción *f*; **2'nal** *adj* proporcional (***zu*** a)
Proporz [pro'pɔrts] *m* ⟨-es; -e⟩ representación *f* proporcional
proppenvoll ['prɔpən'fɔl] F *adj* lleno a rebosar; F de bote en bote
Prosa ['proːza] *f* ⟨-⟩ prosa *f*
pro'saisch *adj geh fig* prosaico
prosit ['proːzɪt] *int* ¡salud!, ¡chinchín!; ***~ Neujahr!*** ¡feliz año nuevo!
Prospekt [pro'spɛkt] *m* ⟨-(e)s; -e⟩ prospecto *m*, folleto *m*; *gefalteter* tríptico *m*
prost [proːst] F → ***prosit***
Prostata ['prɔstata] *f* ⟨-; -tae⟩ próstata *f*
Prostitu|'ierte [prostitu'iːrtə] *f* ⟨→ A⟩ prostituta *f*; **~ti'on** *f* ⟨-⟩ prostitución *f*
Protektio|n [protɛktsi'oːn] *f* protección *f*; **~'nismus** *m* ⟨-⟩ proteccionismo *m*; **2'nistisch** *adj* proteccionista
Protest [pro'tɛst] *m* ⟨-(e)s; -e⟩ protesta *f*; ***aus ~*** (***gegen***) en protesta (por); (***gegen etw***) ***~ einlegen*** protestar *od* elevar una protesta (por *od* contra a/c)
Protes'tan|t(in) *m* ⟨-en; -en⟩ (*f*) protestante *m,f*; **2tisch** *adj* protestante
protes'tieren *v/i* ⟨*sin* ge⟩ protestar (***gegen*** por, contra)
Pro'test|kundgebung *f* manifestación *f* de protesta; **~marsch** *m* marcha *f od* manifestación *f* de protesta
Prothese [pro'teːzə] *f* prótesis *f*; (*Zahn2*) prótesis *f* dental
Protokoll [proto'kɔl] *n* ⟨-s; -e⟩ **1** acta *f*, protocolo *m*; ***ein ~ aufnehmen*** levantar acta; (***das***) ***~ führen*** redactar el acta; ***etw zu ~ geben*** hacer constar a/c en acta; **2** *Diplomatie* protocolo *m*
Protokol|'lant(in) *m(f)* → ***Protokollführer*** (***-in***); **2'larisch** *adj* protocolario *m*
Proto'kollführer(in) *m(f)* redactor, a *m,f* del acta
protokol'lieren *v/t* ⟨*sin* ge⟩ levantar acta de; hacer constar en acta
Prototyp ['proːtotyːp] *m* ⟨-s; -en⟩ prototipo *m*
protzen ['prɔtsən] F *v/i* hacer alarde *od* ostentación (***mit etw*** de a/c); F chulear
'protzig F *adj* jactancioso, presumido; (*luxuriös*) ostentoso
Proviant [provi'ant] *m* ⟨-s; -e⟩ provisiones *f/pl*, víveres *m/pl*
Provider [pro'vaɪdər] *m* INFORM operador *m*, proveedor *m*
Provinz [pro'vɪnts] *f* ⟨-; -en⟩ provincia *f*; **2i'ell** *adj* provincial; *desp* provinciano
Pro'vinz|ler F *desp m* ⟨-s; -⟩ provinciano, -a *m,f*; **~nest** F *desp n* F pueblucho *m*, nido *m*
Provision [provizi'oːn] *f* comisión *f*; ***auf ~***

arbeiten trabajar a comisión
Provisi'ons|abrechnung *f* liquidación *f* de las comisiones; **~basis** *f* ***auf ~*** a comisión; **~satz** *m* tipo *m* de comisión
provisorisch [provi'zoːrɪʃ] *adj* provisional
Provi'sorium *n* ⟨-s; -ien⟩ solución *f od* situación *f* provisional
Provo|kation [provokatsi'oːn] *f* provocación *f*; **≈ka'tiv** *adj* provocador, provocativo; **≈zieren** [-'tsiːrən] ⟨*sin* ge⟩ *v/t*, *v/i* provocar
Prozedur [protse'duːr] *f* procedimiento *m*
Prozent [pro'tsɛnt] *n* ⟨-(e)s; -e, *pero* 5 -⟩ **1** (*Hundertstel*) (tanto *m*) por ciento *m*; ***25 ~*** el 25 por ciento; ***um die 10 ~*** alrededor del 10 por ciento, cerca del 10 por ciento; ***um fünf ~ wachsen*** crecer un cinco por ciento; ***über, unter zwei ~*** por encima, por debajo del dos por ciento; **2** F *pl* ***~e*** (*Gewinnanteil*) porcentaje *m*; (*Rabatt*) rebaja *f*
Pro'zent|punkt *m* punto *m* porcentual; **~rechnung** *f* ⟨-⟩ cálculo *m* porcentual; **~satz** *m* porcentaje *m*
prozentu'al *adj* proporcional, porcentual
Prozess [pro'tsɛs] *m* ⟨-es; -e⟩ **1** JUR proceso *m*, pleito *m*; ***e-n ~ gegen j-n anstrengen*** poner un pleito a *od* contra alg; ***e-n ~ führen (gegen j-n)*** seguir una causa (contra alg); ***j-m den ~ machen*** procesar a alg; F ***mit j-m, etw kurzen ~ machen*** cortar por lo sano con alg, a/c; **2** (*Verfahren*) proceso *m*
Pro'zess|akte *f* JUR acta *m* de juicio; **≈fähig** *adj* capaz para litigar, con capacidad procesal; **~gegenstand** *m* objeto *m* del proceso; **~gegner(in)** *m(f)* parte *f* contraria
prozes'sieren *v/i* ⟨*sin* ge⟩ pleitear, litigar (***mit, gegen*** con, contra)
Prozessi'on *f* procesión *f*
Pro'zesskosten *pl* costas *f/pl* procesales
Pro'zessor *m* ⟨-s; -s'soren⟩ INFORM procesador *m*
Pro'zess|partei *f* JUR parte *f* en un proceso, parte *f* procesal; **~recht** *n* derecho *m* procesal; **~vollmacht** *f* poder *m* procesal
prüde ['pryːdə] *adj* pudibundo, mojigato; **≈'rie** *f* pudibundez *f*, mojigatería *f*
prüfen ['pryːfən] *v/t* examinar; TEC ensayar; (*nach~*) controlar, verificar, comprobar, revisar; ***j-n ~*** (***in*** *+dat*) examinar a alg (de); ***etw auf s-e Genauigkeit ~*** verificar la exactitud de a/c
'Prüf|er(in) *m(f)* examinador, a *m,f*; TEC, COM controlador, a *m,f*, inspector, a *m,f*; **~exemplar** *n* ejemplar *m* de muestra; **~ling** *m* ⟨-s; -e⟩ examinando, -a *m,f*
'Prüfstand *m* banco *m* de pruebas; *fig* ***auf dem ~ stehen*** tener que demostrar la eficacia
'Prüfstein *m fig* piedra *f* de toque (***für*** de)
'Prüfung *f* examen *m*, prueba *f*; TEC ensayo *m*; (*Nach≈*) revisión *f*, comprobación *f*, inspección *f*, control *m*; ***mündliche ~*** examen *m* oral; ***schriftliche ~*** examen *m* escrito
'Prüfungs|angst *f* miedo *m* a los exámenes; **~kommission** *f* comisión *f* examinadora; **~termin** *m* fecha *f* de examen
Prügel ['pryːgəl] *m* ⟨-s; -⟩ **1** (*Knüppel*) palo *m*; **2** *pl* F palos *m/pl*, paliza *f*; ***~ bekommen, beziehen*** recibir una paliza
Prüge'lei *f* riña *f*, pelea *f*
'Prügelknabe *m* cabeza *f* de turco
'prügeln **I** *v/t* ***j-n ~*** pegar a alg; F dar una paliza a alg; **II** *v/r* ***sich ~*** pegarse
Prunk [prʊŋk] *m* ⟨-(e)s⟩ fasto *m*, boato *m*, suntuosidad *f*
'prunken *v/i* resplandecer; ***mit etw ~*** hacer alarde de a/c, ostentar a/c
'Prunk|stück *n* obra *f* maestra (*a fig*); **≈voll** *adj* fastuoso, suntuoso
prusten ['pruːstən] F *v/i* resoplar; ***vor Lachen ~*** reventar de risa
PS [peː'ˀɛs] *n Abk* ⟨-; -⟩ **1** (*Pferdestärke*) CV *m* (*caballo de vapor*); **2** (*Postskriptum*) PD *f* (*posdata*)
Psalm [psalm] *m* ⟨-s; -en⟩ salmo *m*
Psalter ['psaltər] *m* salterio *m*
Pseudo... ['psɔʏdo...] *in Zssgn* (p)seudo...
Pseudonym [psɔʏdo'nyːm] *n* ⟨-s; -e⟩ (p)seudónimo *m*
pst [pst] *int* ¡pss!
Psyche ['psyːçə] *f* (p)sique *f*
Psychia|ter(in) [psyçi'aːtər(ɪn)] *m(f)* (p)siquiatra *m,f*; **~'trie** *f* ⟨-⟩ (p)siquiatría *f*; **≈trisch** *adj* (p)siquiátrico
'psychisch *adj* (p)síquico
Psycho|ana'lyse [psyço-] *f* (p)sicoanálisis *m*; **~ana'lytiker(in)** *m(f)* (p)sicoanalista *m,f*; **≈ana'lytisch** *adj* (p)sicoanalítico; **~'loge** *m* ⟨-n; -n⟩, **~'login** *f* (p)sicólogo, -a *m,f*; **~lo'gie** *f* ⟨-⟩ (p)sicología *f*; **≈'logisch** *adj* (p)sicológico; **~'path** *m* ⟨-en; -en⟩ (p)sicópata *m*; **≈'pathisch** *adj* (p)sicopático; **~'pharmakon** *n* ⟨-s; -ka⟩ (p)sicofármaco *m*
Psychose [psy'çoːzə] *f* (p)sicosis *f*
psycho|so'matisch *adj* (p)sicosomático; **≈thera'peut(in)** *m(f)* (p)sicoterapeuta *m,f*; **≈thera'pie** *f* (p)sicoterapia *f*
puber|tär [pubɛr'tɛːr] *adj* púber, adolescente; **≈'tät** *f* ⟨-⟩ pubertad *f*
Publicity [pab'lɪsiti] *f* ⟨-⟩ publicidad *f*
Public Relations ['pablɪkrɪ'leːʃəns] *pl* relaciones *f/pl* públicas
publik [pu'bliːk] *adj* público; ***~ machen*** hacer público
Publikati'on *f* publicación *f*

P

'Publikum *n* ⟨-s⟩ público *m*; **~sliebling** *m* favorito, -a *m,f* del público
'Publikumsverkehr *m* despacho *m* al público; ***für den ~ geöffnet*** abierto al público
publizieren [publi'tsiːrən] *v/t* ⟨*sin* ge⟩ publicar
Publi'zis|tik *f* ⟨-⟩ periodismo *m*; **℞tisch** *adj* periodístico
Puck [pʊk] *m* ⟨-s; -s⟩ disco *m*
Pudding ['pʊdɪŋ] *m* ⟨-s; -e *o* -s⟩ budín *m*, púdin *m*, pudding *m*; **~pulver** *n* polvos *m/pl* para hacer budín
Pudel ['puːdəl] *m* ⟨-s; -⟩ perro *m* de lanas, caniche *m*; **~mütze** *f* gorro *m* (de lana); **'℞'nackt** F *adj* F en cueros; **'℞'nass** F *adj* F hecho una sopa
'pudel'wohl *adj* F ***sich ~ fühlen*** estar como pez en el agua
Puder ['puːdər] *m* polvos *m/pl*; **~dose** *f* polvera *f*
'pudern *v/t* empolvar
'Puderzucker *m* azúcar *m* en polvo *od* glas
Puertorica|ner(in) [puɛrtori'kaːnər(ɪn)] *m(f)* puertorriqueño, -a *m,f*; **℞nisch** *adj* puertorriqueño
Pu'erto 'Rico *n* Puerto Rico *m*
Puff[1] [pʊf] F *m* ⟨-(e)s; ⸚e⟩ (*Stoß*) empujón *m*, empellón *m*
Puff[2] P *m od n* ⟨-s; -s⟩ (*Bordell*) P casa *f* de putas
'puffen F *v/t* empujar
'Puffer *m* TEC amortiguador *m*; BAHN tope *m*; **~zone** *f* zona *f* tope
puh [puː] *int* ¡puf!, ¡uf!
Pulldown-Menü [pʊl'daʊn-] *n* INFORM menú *m* desplegable
Pulle ['pʊlə] F *f* botella *f*; *fig* ***volle ~*** F a toda pastilla
Pulli ['pʊli] F *m* ⟨-s; -s⟩ jersey *m*
Pullover [pʊ'loːvər] *m* jersey *m*
Pullunder [pʊ'lʊndər] *m* chaleco *m* de lana
Puls [pʊls] *m* ⟨-es; -e⟩ pulso *m*; ***j-m den ~ fühlen*** tomar(le) el pulso a alg
'Pulsader *f* arteria *f*; ***sich*** (*dat*) ***die ~n aufschneiden*** cortarse las venas
pul'sieren *v/i* ⟨*sin* ge⟩ (*schlagen*) latir, palpitar; *Blut* circular; ***~des Leben*** vida *f* animada
'Pulsschlag *m* pulsación *f*
Pult [pʊlt] *n* ⟨-(e)s; -e⟩ **1** *Schule* pupitre *m*; **2** (*Lese℞*) atril *m*; **3** *schweiz* (*Schreibtisch*) escritorio *m*
Pulver ['pʊlfər] *n* ⟨-s; -⟩ polvo *m*; (*Schieß℞*) pólvora *f*
'Pulverfass *n* polvorín *m*; *fig* ***auf e-m ~ sitzen*** estar sobre el volcán
'pulverig *adj* pulverulento
pulveri'sieren *v/t* ⟨*sin* ge⟩ pulverizar
'Pulver|kaffee *m* café *m* en polvo; **~schnee** *m* nieve *m* polvo
'pulvrig *adj* → ***pulverig***
Puma ['puːma] *m* ⟨-s; -s⟩ puma *m*
pummelig ['pʊm(ə)lɪç] F *adj* rollizo, regordete
Pump [pʊmp] F *m* ⟨-s⟩ ***auf ~*** de fiado
Pumpe ['pʊmpə] *f* bomba *f*
'pumpen *v/t* **1** bombear; **2** F (*borgen*) ***j-m etw ~*** prestar a/c a alg; F dejar a/c a alg; ***etw von j-m ~*** tomar prestado a/c de alg
Pumpernickel ['pʊmpərnɪkəl] *m* ⟨-s; -⟩ *tipo de pan integral negro sin corteza*
Pumps [pœmps] *m* ⟨-; -⟩ zapato *m* de medio tacón
Punk [paŋk] *m* ⟨-(s); -s⟩ punk *m*; **'~er** *m* punk *m*; **'~rock** *m* ⟨-(e)s⟩ punk *m*
Punkt [pʊŋkt] *m* ⟨-(e)s; -e⟩ punto *m* (*a fig*); *e-s Vertrags* cláusula *f*; *auf Stoff* lunar *m*; ***~ für ~*** punto por punto; ***grüner ~***® *Abfallwirtschaft* punto *m* verde; ***der springende ~*** el punto decisivo; ***schwacher, wunder ~*** punto *m* débil; ***toter ~*** punto *m* muerto; ***etw auf den ~ bringen*** llegar al quid de a/c; ***~ ein Uhr, ~ zwölf*** a la una en punto, a las doce en punto
punk'tieren *v/t* ⟨*sin* ge⟩ **1** puntear; ***punktierte Linie*** línea *f* punteada; **2** MED puncionar
Punkti'on *f* MED punción *f*
pünktlich ['pʏŋktlɪç] **I** *adj* puntual; ***~ sein*** ser puntual; **II** *adv* puntualmente, con puntualidad; ***~ kommen*** llegar puntual
'Pünktlichkeit *f* ⟨-⟩ puntualidad *f*
'Punkt|richter(in) *m(f)* SPORT juez, a *m,f*; **~sieg** *m* SPORT victoria *f* por puntos; **~spiel** *n* SPORT partido *m* de campeonato por puntos
punktuell [pʊŋktu'ɛl] *adj* parcial, puntual
Punsch [pʊnʃ] *m* ⟨-(e)s; -e *o* ⸚e⟩ ponche *m*
Pupille [pu'pɪlə] *f* pupila *f*
Puppe ['pʊpə] *f* **1** *Spielzeug* muñeca *f* (*a* F *Mädchen*); **2** (*Marionette*) marioneta *f*, títere *m*; **3** (*Schaufenster℞*, *Schneider℞*) maniquí *m*; **4** ZO crisálida *f*
'Puppen|spiel *n* (teatro *m* de) guiñol *m*; **~spieler** *m* titiritero *m*; **~stube** *f* casa *f* de muñecas; **~theater** *n* (teatro *m* de) guiñol *m*; **~wagen** *m* cochecito *m* de muñecas
pur [puːr] *adj* puro (*a fig*)
Püree [py'reː] *n* ⟨-s; -s⟩ puré *m*
pü'rieren *v/t* ⟨*sin* ge⟩ hacer puré
puritanisch [puri'taːnɪʃ] *adj* puritano
Purpur ['pʊrpʊr] *m* ⟨-s⟩ *Farbstoff* púrpura *f* (*a Farbton*); **℞rot** *adj* purpúreo, púrpura
'Purzelbaum *m* voltereta *f*; ***e-n ~ schlagen*** dar una voltereta
purzeln ['pʊrtsəln] F *v/i* ⟨sn⟩ dar volteretas
Puste ['puːstə] F *f* ⟨-⟩ aliento *m*; ***außer ~***

P

sein estar sin aliento
Pustel ['pʊstəl] *f* ⟨-; -n⟩ MED pústula *f*, grano *m*
'pusten F *v/t, v/i* soplar
Pute ['puːtə] *f* **1** ZO pava *f*; **2** F *desp* ***dumme ~*** pava *f*
'Puten|brust *f* pechuga *f* de pavo; **~schinken** *m* jamón *m* de pavo; **~schnitzel** *n* escalope *m* de pavo
'Puter *m* pavo *m*; **'2'rot** *adj* F rojo como un tomate
Putsch [pʊtʃ] *m* ⟨-(e)s; -e⟩ golpe *m* de Estado
'putschen *v/i* dar un golpe de Estado
Put'schist *m* golpista *m*
Putte ['pʊtə] *f* angelote *m*
Putz [pʊts] *m* ⟨-es⟩ atavío *m*, adorno *m*; BAU revoque *m*, enlucido *m*; F *fig* ***auf den ~ hauen*** (*feiern*) ir de juerga; (*angeben*) F chulearse
'putzen *v/t* limpiar; *Boden a* fregar; ***sich*** (*dat*) ***die Nase ~*** sonarse (la nariz); ***~ gehen*** limpiar, trabajar como señora de la limpieza
'Putzfrau *f* señora *f* de la limpieza, asistenta *f*
'putzig F *adj* mono, gracioso
'Putz|kolonne *f* equipo *m* de la limpieza; **~lappen** *m* bayeta *f*, trapo *m*; **~mittel** *n* producto *m* de limpieza; **'2'munter** F *adj* en plena forma; F vivito y coleando
Puzzle ['pazəl] *n* ⟨-s; -s⟩ puzzle *m*, rompecabezas *m* (*a fig*)
PVC [peːfaʊ'tseː] *n Abk* ⟨-(s)⟩ (*Polyvinylchlorid*) PVC *m*
Pygmäe [pʏ'gmɛːə] *m* ⟨-n; -n⟩ pigmeo *m*
Pyjama [py'dʒaːma] *m* ⟨-s; -s⟩ pijama *m*
Pyramide [pyra'miːdə] *f* pirámide *f*
Pyrenäen [pyre'nɛːən] *pl* ***die ~*** los Pirineos
Pyromane [pyro'maːnə] *m* ⟨-n; -n⟩ pirómano *m*
Pythonschlange ['pyːtɔn-] *f* pitón *m*

P

Q

Q, q [kuː] *n* ⟨-; -⟩ Q, q *f*

Quacksalber(in) ['kvakzalbər(ɪn)] *m(f) desp* curandero, -a *m,f*, charlatán, -ana *m,f*

Quaddel ['kvadəl] *f* ⟨-; -n⟩ habón *m*

Quader ['kvaːdər] *m* **1** MAT paralelepípedo *m* rectangular; **2** BAU sillar *m*

Quadrat [kva'draːt] *n* ⟨-(e)s; -e⟩ cuadrado *m* (*a* MAT); ***drei im ~*** tres (elevado) al cuadrado

qua'dratisch *adj* cuadrado; ***~e Gleichung*** ecuación *f* de segundo grado

Qua'dratmeter *m od n* metro *m* cuadrado

Quadra'tur *f* cuadratura *f*; *geh fig* ***die ~ des Kreises*** la cuadratura del círculo

Qua'drat|wurzel *f* raíz *f* cuadrada (***aus*** de); **~zahl** *f* número *m* cuadrado

qua'drieren *v/t* ⟨*sin* ge⟩ elevar al cuadrado

quadro|phon [kvadro'foːn] *adj* cuadrofónico, tetrafónico; **♀pho'nie** *f* ⟨-⟩ cuadrofonía *f*, tetrafonía *f*

quaken ['kvaːkən] *v/i Frosch* croar; *Ente* graznar

quäken ['kvɛːkən] *v/i Stimme*, *Radio* chillar; *Kleinkind* berrear

Quäker(in) ['kvɛːkər(ɪn)] *m(f)* cuáquero, -a *m,f*

Qual [kvaːl] *f* ⟨-; -en⟩ pena *f*, tormento *m*, tortura *f*, martirio *m*; ***für j-n e-e ~ sein*** ser un tormento para alg

quälen ['kvɛːlən] **I** *v/t* atormentar; (*foltern*) torturar; (*belästigen*) molestar; **II** *v/r* ***sich ~*** sufrir martirio; (*sich abmühen*) empeñarse mucho (***mit*** en)

'quälend *adj* penoso; *Sorgen* angustioso; *Schmerz* atroz

Quäle'rei *f* tormento *m*, tortura *f*, vejación *f*

'Quälgeist F *m* tipo *m* importuno; F pelmazo *m*

Qualifikation [kvalifikatsi'oːn] *f* calificación *f*; (*Befähigung*) capacidad *f*, aptitud *f*

qualifizieren [kvalifi'tsiːrən] ⟨*sin* ge⟩ **I** *v/t* cualificar, capacitar (***für etw*** para a/c); **II** *v/r* ***sich ~*** *beruflich* cualificarse, capacitarse (***für etw*** para a/c); *bei e-m Wettbewerb* clasificarse (***für etw*** para a/c)

qualifi'ziert *adjt* cualificado

Qualität [kvali'tɛːt] *f* calidad *f*; (*Eigenschaft*) cualidad *f*; ***erstklassige ~*** primera calidad *f*, alta calidad *f*; ***handelsübliche ~*** calidad *f* usual en el comercio; ***mangelnde ~*** falta *f* de calidad; ***minderwertige, mittelmäßige ~*** calidad *f* inferior, mediana calidad *f*; ***die ~ steigern, verbessern*** mejorar la calidad

qualita'tiv *adj* cualitativo

Quali'täts|anforderung *f* exigencia *f* de calidad; **~arbeit** *f* trabajo *m* de alta calidad; **~erzeugnis** *n* producto *m* de alta calidad; **~kontrolle** *f* control *m* de calidad; **~management** *n* gestión *f* de calidad; **~produkt** *n* producto *m* de calidad; **~sicherung** *f* aseguramiento *m* de la calidad; **~standard** *m* estándard *m*, norma *f* de calidad; **~steigerung** *f* mejora *f* de la calidad; **~ware** *f* mercancía *f od* producto *m* de calidad; **~zeugnis** *n* certificado *m* de calidad

Qualle ['kvalə] *f* medusa *f*

Qualm [kvalm] *m* ⟨-(e)s⟩ humo *m* espeso, humareda *f*

'qualmen I F *v/t* **1** (*rauchen*) fumar; **II** *v/i* **2** echar humo, humear; **3** F (*rauchen*) F fumar (como un carretero)

'qualvoll *adj* angustioso, penoso; (*schmerzlich*) doloroso

Quant [kvant] *n* ⟨-s; -en⟩ PHYS cuanto *m*

Quäntchen ['kvɛntçən] *geh n* ⟨-s; -⟩ poquito *m*, pedacito *m*; ***ein ~ Hoffnung*** un rayo de esperanza

'Quanten F *pl* (*Füße*) F pezuñas *f/pl*; (*Schuhe*) barcas *f/pl*, zapatones *m/pl*

Quanti'tät *f* cantidad *f*

quantita'tiv I *adj* cuantitativo; **II** *adv* en cuanto a la cantidad

'Quantum *n* ⟨-s; -ten⟩ cantidad *f*, porción *f* (***an*** *+dat* de)

Quarantäne [karan'tɛːnə] *f* cuarentena *f*

Quark [kvark] *m* ⟨-s⟩ **1** requesón *m*; **2** F *fig* → ***Quatsch***; **'~speise** *f crema de requesón y fruta*

Quartal [kvar'taːl] *n* ⟨-s; -e⟩ trimestre *m*; **~sabrechnung** *f* liquidación *f* trimestral; **~sabschluss** *m* balance *m* trimestral; **~sbeginn** *m* principio *m* de trimestre; **~sende** *n* fin *m* de trimestre

'Quarte *f* MUS cuarta *f*

Quartett [kvar'tɛt] *n* ⟨-(e)s; -e⟩ **1** MUS cuarteto *m* (*a fig*); **3** *etwa* juego *m* (de cartas) de las familias

Quartier [kvar'tiːr] *n* ⟨-s; -e⟩ alojamiento *m*, habitación *f*; MIL cuartel *m*, acantonamiento *m*; (***bei j-m***) **~ *beziehen*** alojarse (en casa de alg)
Quarz [kvaːrts] *m* ⟨-es; -e⟩ cuarzo *m*; **'~uhr** *f* reloj *m* de cuarzo
quasi ['kvaːzi] *adv* por así decirlo; F casi
quasseln ['kvasəln] F **I** *v/t* contar; **II** *v/i* charlar, parlotear
Quaste ['kvastə] *f* borla *f*
Quatsch [kvatʃ] F *m* ⟨-(e)s⟩ tonterías *f/pl*; F chorradas *f/pl*; ***das ist ~!*** F ¡eso son bobadas!
'quatschen F **I** *v/t* **1** contar; **II** *v/i* **2** (*klatschen*) charlar, parlotear; **3** (*dumm reden*) decir tonterías
'Quatschkopf F *m* (*Schwätzer*) F charlatán, -ana *m,f*; (*Dummkopf*) idiota *m,f*
Quecksilber ['kvɛkzɪlbər] *n* mercurio *m*, azogue *m*
Quell *poet m* ⟨-(e)s; -e⟩ manantial *m*, fuente *f* (*a fig*)
Quelle ['kvɛlə] *f* manantial *m*, fuente *f* (*a fig*); (*Ursprung*) *a* origen *m*; F *fig* ***an der ~ sitzen*** beber en la fuente
'quellen[1] *v/i* ⟨quillt, quoll, gequollen, sn⟩ *Wasser usw* emanar, brotar
'quellen[2] **I** *v/t* ⟨quellt, quellte, gequellt, sn⟩ *Erbsen* poner a remojo; **II** *v/i* ⟨quillt, quoll, gequollen, sn⟩ *Erbsen*, *Holz* hincharse
'Quellen|angabe *f* indicación *f* de las fuentes; **~steuer** *f* FIN retención *f* en la fuente *od* en origen
'Quellwasser *n* ⟨-s; -⟩ agua *f* de manantial
quengeln ['kvɛŋəln] F *v/i* importunar (con ruegos); (*nörgeln*) quejarse; F refunfuñar
quer [kveːr] *adv* (*schräg*) (en sentido) transversal; ***~ durch, ~ über*** (*+acus*) a través de; ***~ über etw*** (*acus*) ***gehen*** atravesar *od* cruzar a/c; F ***sich ~ legen*** oponerse
'Quer|achse *f* eje *m* transversal; **~balken** *m* travesaño *m*; **~denker** *m* inconformista *m,f*
'Quere *f* ⟨-⟩ *fig* ***j-m in die ~ kommen*** cruzarse en el camino de alg, contrariar los planes de alg
querfeld'ein *adv* campo a través, a campo traviesa; **≈rennen** *n* carrera *f* campo a través
'Quer|flöte *f* flauta *f* travesera; **~format** *n* formato *m* oblongo *od* apaisado; **~kopf** F *m* F testarudo *m*
'Quer|pass *m* SPORT pase *m* cruzado; **~schiff** *n* ARCH nave *f* transversal; **~schläger** *m* MIL tiro *m* de rebote; **~schnitt** *m* **1** corte *m od* sección *f* transversal; **2** *Ansicht* (vista *f* de) perfil *m*; **3** *fig* (*Überblick*) muestra *f* representativa
'querschnitt(s)|gelähmt *adjt* parapléjico (por corte medular); **≈lähmung** *f* paraplejia *f*
'Quer|straße *f* calle *f* transversal, travesía *f*; **~summe** *f* suma *f* de las cifras de un número; **~treiber** F *m* intrigante *m*
Querulant(in) [kveru'lant(ɪn)] *m* ⟨-en; -en⟩ (*f*) *desp* F pleitista *m,f*
'Querverbindung *f* conexión *f* transversal; *fig* conexión *f*
'quetschen ['kvɛtʃən] *v/t* **1** (*pressen*) aplastar; *zu Brei* machacar; **2** (*hinein~*) apretujar, meter a la fuerza; **3** MED magullar; ***sich*** (*dat*) ***die Finger ~*** pillarse los dedos
'Quetschung *f* MED contusión *f*, magulladura *f*
quicklebendig ['kvɪkle'bɛndɪç] F *adj* F vivito y coleando
'quieken *v/i* chillar, dar gritos
quietsch|en ['kviːtʃən] *v/i* *Tür*, *Bremse* chirriar, rechinar; **'~ver'gnügt** F *adj* F alegre como unas castañuelas
Quinte ['kvɪntə] *f* MUS quinta *f*
'Quintessenz *geh f* quintaesencia *f*
Quintett [kvɪn'tɛt] *n* ⟨-(e)s; -e⟩ MUS quinteto *m*
Quirl [kvɪrl] *m* ⟨-(e)s; -e⟩ **1** GASTR molinillo *m*, batidor *m*; **2** F *fig* torbellino *m*
'quirlen *v/t* batir
'quirlig *adj* vivaracho
quitt [kvɪt] F *adj* libre; ***nun sind wir ~*** ya estamos en paz
Quitte ['kvɪtə] *f* membrillo *m*
quit'tieren *v/t* ⟨*sin* ge⟩ **1** *Rechnung* dar recibo de; **2 *den Dienst ~*** presentar la dimisión
'Quittung *f* recibo *m* (***über*** *+acus* de); *fig* merecido *m*; ***e-e ~ ausstellen*** (***über***) hacer, extender un recibo (de)
'Quittungs|block *m* ⟨-s; -s *o* -blöcke⟩ libreta *f* de recibos; **~formular** *n* formulario *m* de recibo
Quiz [kvɪs] *n* ⟨-; -⟩ concurso *m* (de preguntas y respuestas); **~master** ['-maːstər] *m* presentador *m* de un concurso (de preguntas y respuestas)
Quorum ['kvoːrʊm] *n* ⟨-s⟩ quórum *m*
Quote ['kvoːtə] *f* cuota *f*; (*Anteil*) contingente *m*, cupo *m*
Quoten|festsetzung *f* fijación *f* de cuotas; **~frau** *f bsd* POL mujer *f* cuota; **~regelung** *f* *für Frauen*, *Männer* reparto *m* por cuotas
Quotient [kvotsi'ɛnt] *m* ⟨-en; -en⟩ cociente *m*

Q

R

R, r [ɛr] *n* ⟨-; -⟩ R, r *f*
Rabatt [ra'bat] *m* ⟨-(e)s; -e⟩ descuento *m*, rebaja *f*; ***e-n ~ einräumen*** *od* ***gewähren*** conceder un descuento; ***e-n ~ bekommen*** gozar de una rebaja; ***~ geben*** hacer una rebaja *od* un descuento; ***mit e-m ~ von …*** con un descuento de …
Rabatte [ra'batə] *f* arriate *m*
Rabauke [ra'baʊkə] F *m* ⟨-n; -n⟩ gamberro *m*, bronquista *m*
Rabbiner [ra'biːnər] *m* rabino *m*
Rabe ['raːbə] *m* ⟨-n; -n⟩ cuervo *m*
'Raben|mutter *f* ⟨-; -mütter⟩ madre *f* desnaturalizada, mala madre *f*; **℞'schwarz** *adj* negro como el azabache
rabiat [rabi'aːt] *adj* **1** (*gewalttätig*) violento; (*roh*) bárbaro; **2** (*wütend*) furioso
Rache ['raxə] *f* ⟨-⟩ venganza *f*; ***aus ~ für etw*** para vengarse de a/c, en venganza por a/c; (***an j-m, für etw***) ***~ nehmen*** vengarse (de alg, de a/c)
Rachen ['raxən] *m* ⟨-s; -⟩ **1** ANAT garganta *f*; *wiss* faringe *f*; **2** zo fauces *f/pl* (*a fig*)
rächen ['rɛçən] **I** *v/t* **1** vengar; **II** *v/r* **2** ***sich ~*** vengarse (***an j-m*** de alg; ***für etw*** por *od* de a/c); ***sich für etw an j-m ~*** vengarse de a/c en *od* con alg; **3** *fig* ***das wird sich ~*** todo se paga
'Rächer(in) *m(f)* vengador, a *m,f*
Rachit|is [ra'xiːtɪs] *f* ⟨-; -'tiden⟩ raquitismo *m*; **℞isch** *adj* raquítico
'Rach|sucht *f* sed *f* de venganza; **℞süchtig** *adj* vengativo, rencoroso
rackern ['rakərn] F *v/i* F currar, bregar
Rad [raːt] *n* ⟨-(e)s; ⸗er⟩ **1** rueda *f*; ***unter die Räder kommen*** *e-s Autos* meterse debajo de las ruedas; F *fig* perderse, corromperse, arruinarse; **2** (*Fahrrad*) bicicleta *f*; (***mit dem***) ***~ fahren*** ir en bicicleta; F *fig desp* ***~ fahren*** F hacer la rosca; **3** ***ein ~ schlagen*** SPORT dar una voltereta; *Pfau* hacer la rueda
Radar [ra'daːr] *n od m* ⟨-s⟩ radar *m*; **~falle** F *f* control *m* de velocidad por radar; **~gerät** *n* equipo *m* de radar; **~kontrolle** *f* control *m* de velocidad por radar; **~schirm** *m* pantalla *f* de radar
Radau [ra'daʊ] F *m* ⟨-s⟩ alboroto *m*; F lío *m*, jaleo *m*
'Raddampfer *m* vapor *m* de ruedas
radebrechen ['raːdəbrɛçən] *v/t*, *v/i* ⟨radebrecht, radebrechte, geradebrecht⟩ (***e-e Sprache***) **~** chapurrear (una lengua)
'radeln F *v/i* ⟨sn⟩ ir en bicicleta
Rädelsführer(in) ['rɛːdəls-] *m(f)* cabecilla *m,f*
rädern ['rɛːdərn] *v/t* **1** HIST enrodar; **2** F *fig* ***wie gerädert sein*** F estar hecho polvo, estar molido
'radfahren ⟨*irr*, *sep*, sn⟩ ir en bicicleta; F *fig desp* F hacer la rosca
'Radfahrer(in) *m(f)* **1** ciclista *m,f*; **2** F *desp* F *persona que hace la rosca*
Radicchio [ra'dɪkio] *m* ⟨-s⟩ lechuga *f* roja
radier|en [ra'diːrən] *v/t* ⟨*sin* ge⟩ borrar; *mit Messer* raspar; *Kunst* grabar al aguafuerte; **℞gummi** *m* goma *f* (de borrar); **℞ung** *f* aguafuerte *m*
Radieschen [ra'diːsçən] *n* ⟨-s; -⟩ rabanito *m*
radikal [radi'kaːl] *adj* radical; POL *a* extremista
Radi'kale(r) *f(m)* ⟨→ A⟩ radical *m,f*, extremista *m,f*
radika|li'sieren *v/t* ⟨*sin* ge⟩ radicalizar; **℞'lismus** *m* ⟨-; -men⟩ extremismo *m*
Radio ['raːdio] *n* ⟨-s; -s⟩ radio *f*; ***im ~*** por la radio; ***~ hören*** escuchar la radio
radioaktiv [radioˀak'tiːf] *adj* radiactivo; **℞i'tät** *f* ⟨-⟩ radiactividad *f*
'Radio|apparat *m*, **~gerät** n (aparato *m* de) radio *f*
Radiolo'gie *f* ⟨-⟩ radiología *f*
'Radio|sender *m* emisora *f* de radio; **~sendung** *f* programa *m* de radio; **~wecker** *m* radiodespertador *m*
Radium ['raːdiʊm] *n* ⟨-s⟩ radio *m*
Radius ['raːdiʊs] *m* ⟨-; -ien⟩ MAT radio *m*
'Radkappe *f* tapacubos *m*
'Radler F *m* **1** ciclista *m*; **2** → ***Radlermaß***; **~hose** *f* pantalón *m* de ciclista; **~in** F *f* ciclista *f*; **~maß** *f Getränk litro de cerveza con una bebida gaseosa*
'Rad|rennbahn *f* velódromo *m*; **~rennen** *n* carrera *f* ciclista; **~sport** *m* ciclismo *m*; **~tour** *f* excursión *f* en bicicleta; **~wanderung** *f* excursión *f* de varios días en bicicleta; **~weg** *m* pista *f* para bicicletas; carril-bici *m*

R

raffen ['rafən] *v/t* **1** arrebatar; (*hamstern*) acaparar; (**an sich** *acus*) **~** apoderarse de; **2** *Stoff* plisar; *Kleid* recoger
'Raffgier *f* codicia *f*, avidez *f*
Raffinade [rafi'naːdə] *f* azúcar *m* refinado
Raffinerie [rafinə'riː] *f* refinería *f*
Raffinesse [rafi'nɛsə] *f* **1** astucia *f*; **2** *in der Ausstattung* refinamiento *m*, sofisticación *f*
raffi'nieren *v/t* ⟨*sin* ge⟩ refinar
raffi'niert *adjt* **1** *Plan* ingenioso; *Mensch a* astuto; **2** (*verfeinert*) refinado, sofisticado
Rafting ['raːftɪŋ] *n* ⟨-s⟩ rafting *m*, descenso *m* en balsa
Rage ['raːʒə] F *f* ⟨-⟩ rabia *f*, furia *f*; ***j-n in ~ bringen*** poner furioso a alg
ragen ['raːgən] *v/i* ***aus etw ~*** sobresalir de a/c, destacar entre a/c, elevarse sobre a/c; ***in etw*** (*acus*) **~** estar metido *od* entrando en a/c; *vertikal* alzarse en a/c
Ragout [ra'guː] *n* ⟨-s; -s⟩ ragú *m*
Rahm [raːm] *m* ⟨-(e)s⟩ *bsd südd, schweiz* nata *f*, crema *f*
rahmen ['raːmən] *v/t* enmarcar
Rahmen ['raːmən] *m* ⟨-s; -⟩ **1** (*Bilder*2, *Fenster*2) marco *m*; **2** (*Fahrrad*2) cuadro *m*; (*Auto*2) chásis *m*; TEC armazón *f*; **3** *fig* marco *m*, ámbito *m*; ***im ~ bleiben*** no pasarse de la raya; ***aus dem ~ fallen*** salirse de lo corriente
'Rahmen|abkommen *n* acuerdo *m* marco; **~bedingungen** *pl* condiciones *f/pl* previas; **~programm** *n* programa *m* marco
Rain [raɪn] *m* ⟨-(e)s; -e⟩ linde(ro) *m*
räkeln ['rɛːkəln] → ***rekeln***
Rakete [ra'keːtə] *f* cohete *m*; MIL misil *m*
Rallye ['rali] *od* ['rɛli] *f* ⟨-; -s⟩ rally(e) *m*
RAM [ram] *n Abk* ⟨-(s); -(s)⟩ INFORM (*random access memory*) RAM *f*
rammen *v/t* ['ramən] **1** ***etw in etw*** (*acus*) **~** clavar *od* hundir a/c en a/c; **2** *Fahrzeug* chocar con; *von hinten* embestir; (***seitlich***) **~** chocar (lateralmente) con
Rampe ['rampə] *f* rampa *f*; (*Lade*2) muelle *m* de carga; THEA proscenio *m*
'Rampenlicht *n* ***im ~*** (***der Öffentlichkeit***) ***stehen*** estar en el candelero
ramponieren [rampo'niːrən] F *v/t* ⟨*sin* ge⟩ deteriorar, estropear
Ramsch [ramʃ] *m* ⟨-(e)s; -e⟩ **1** *desp* (*Plunder*) F pacotilla *f*; **2** COM baratillos *m/pl*; **'~laden** F *desp m* baratillo *m*
ran [ran] F *adv* (***jetzt aber***) **~!** ¡ahora!, ¡vamos!; ***~ an die Arbeit!*** ¡a trabajar!; → ***heran***
Rand [rant] *m* ⟨-(e)s; ¨er⟩ **1** (*Grenze*) borde *m*; (*Wald*2) linde *m*; (*Stadt*2) periferia *f*; (*Wund*2) borde *m*, labio *m* (de la herida); ***bis an den*** *od* ***zum ~*** hasta el borde; ***am ~e erwähnen*** decir de paso *od* de pasada; ***am ~e der Verzweiflung sein*** estar al borde de la desesperación; **2** (*Einfassung*) borde *m*, cerca *f*; (*Saum*) orla *f*; (*Brillen*2) montura *f*; (*Buch*2, *Heft*2) margen *m*; ***dunkle Ränder*** *um die Augen* ojeras *f/pl*; F ***außer ~ und Band sein*** estar fuera de quicio; **3** *fig* ***mit etw zu ~e kommen*** → ***zurande***
Randa|le [ran'daːlə] F *f* ⟨-⟩ F jaleo *m*; *mit Sachbeschädigung* violencia *f* callejera; **2'lieren** *v/i* ⟨*sin* ge⟩ alborotar; F armar jaleo; **~'lierer** *m* F alborotador *m*, camorrista *m*
'Rand|bemerkung *f* anotación *f* al margen; *fig* comentario *m*; **~gebiet** *n* **1** *e-r Stadt* alrededores *m/pl*, periferia *f*; **2** *e-r Wissenschaft* campo *m* adyacente
'Randgruppe *f* grupo *m* marginal; (***soziale***) ***~n pl*** marginados *m/pl* (sociales)
'rand|los *adj Brille* sin montura; **2streifen** *m zur Verzierung* cenefa *f*; AUTO arcén *m*; **~voll** *adj* lleno hasta el borde; *fig* hasta los topes
Rang [raŋ] *m* ⟨-(e)s; ¨e⟩ **1** (*Stellung*) categoría *f*, clase *f*, posición *f*; (*Grad*) rango *m*; (*Stand*) condición *f*; MIL grado *m*; ***ersten ~es*** de primer orden, de primera categoría; ***alles, was ~ und Namen hat*** toda la prominencia; ***j-m den ~ ablaufen*** aventajar a alg; **2** THEA anfiteatro *m*; **3** *pl* ***Ränge*** *e-s Stadions* gradas *f/pl*
Range ['raŋə] *f* pilluelo, -a *m,f*
'rangehen F *v/i* ⟨*irr, sep*, sn⟩ abordar (***an etw*** *acus* a/c); *bei der Arbeit* arrimar el hombro, poner manos a la obra
Rangelei [raŋə'laɪ] F *f* forcejeo *m*, pelea *f*
'rangeln F *v/i* forcejear
'Rangfolge *f* jerarquía *f*
Rangierbahnhof [raŋ'ʒiːr-] *m* estación *f* de maniobras
ran'gieren ⟨*sin* ge⟩ **I** *v/t Fahrzeug* maniobrar; BAHN cambiar de vía; **II** *v/i fig* figurar (***vor*** +*dat* antes de; ***hinter*** +*dat* después de, tras)
Ran'giergleis *n* vía *f* de maniobras
'Rang|liste *f* clasificación *f* (*a* SPORT), escalafón *m*; **~ordnung** *f* jerarquía *f*; ECON ranking *m*; **~platz** *m* ECON puesto *m* del ranking
'ranhalten *v/r* ⟨*irr, sep*⟩ F ***sich ~*** darse prisa; F menearse, moverse; (*sich anstrengen*) F afanarse
rank [raŋk] *adj* ***~ und schlank*** delgado y esbelto
Ranke ['raŋkə] *f* BOT zarcillo *m*; *der Weinrebe* sarmiento *m*
Ränke ['rɛŋkə] *geh pl* intrigas *f/pl*, maquinaciones *f/pl*, enredos *m/pl*; ***~ schmieden*** intrigar, maquinar
'ranken I *v/i* ⟨h *o* sn⟩ trepar (*a Reben*); **II** *v/r*

R

⟨h⟩ ***sich um etw ~*** enredarse a a/c; *fig Legenden usw* haber alrededor de *od* sobre a/c

Ranking ['rɛŋkiŋ] *n* ⟨-s; -s⟩ ECON ranking *m*; ***den 2. Platz des ~s belegen*** ocupar el segundo puesto en el ranking

'ranmachen F *v/r* ⟨*sep*⟩ ***sich an j-n ~*** F rondar a alg, ligarse a alg

Ranzen ['rantsən] *m* ⟨-s; -⟩ mochila *f*, cartera *f*

ranzig ['rantsɪç] *adj* rancio; ***~ werden*** ponerse rancio

Rap [rɛp] *m* ⟨-(s); -s⟩ MUS rap *m*

'Raphael *m* Rafael *m*

rapid(e) [ra'piːt (ra'piːdə)] *adj* rápido

Rappe ['rapə] *m* ⟨-n; -n⟩ caballo *m* negro

Rappel ['rapəl] F *m* ⟨-s; -⟩ manía *f*; F neura *f*; ***sie hat den ~ gekriegt*** F le ha dado la neura

'rappeln F *v/i*, *v/imp* (*klappern*) matraquear, hacer ruido; *Wecker* sonar

Rappen ['rapən] *m* ⟨-s; -⟩ *schweiz* céntimo *m* suizo

Rapport [ra'pɔrt] *m* ⟨-s; -e⟩ informe *m*; MIL parte *m*

Raps [raps] *m* ⟨-es⟩ colza *f*; **'~öl** *n* aceite *m* de colza

rar [raːr] *adj* raro, escaso; **≈i'tät** *f* objeto *m* raro, curiosidad *f*

rasant [ra'zant] F **I** *adj Tempo* vertiginoso; F rapidísimo; *Wagen*, *Frau* tremendo; **II** *adv* vertiginosamente; ***~ fahren*** F conducir a la velocidad del rayo

rasch [raʃ] **I** *adj* veloz, rápido; *Bewegung* ágil; **II** *adv* con rapidez, deprisa

rascheln ['raʃəln] *v/i Papier*, *Stoff*, *Seide* crujir, hacer ruido

rasen ['raːzən] *v/i* **1** ⟨sn⟩ (*eilen*) darse mucha prisa; *Auto a* F ir a toda pastilla; ***das Auto raste gegen e-n Baum*** el coche se estrelló contra un árbol; **2** ⟨h⟩ ***vor Wut ~*** rabiar

Rasen ['raːzən] *m* ⟨-s; -⟩ césped *m* (*a* SPORT)

'rasend I *adjt* **1** *Geschwindigkeit* vertiginoso; **2** (*wütend*) rabioso; (*wahnsinnig*) frenético; ***~ werden*** enfurecerse; ***j-n ~ machen*** exasperar a alg, poner furioso a alg; F poner de los nervios a alg; **3** *Schmerz* atroz; *Beifall* frenético; **II** F *advl* **4** ***etw ~ gern tun*** estar loco por a/c

'Rasen|mäher *m* cortacésped *m*; **~sprenger** *m* aspersor *m* (para césped)

'Rase|r F *m* F loco *m* de la carretera *od* del volante; **~'rei** *f* **1** (*Wüten*) rabia *f*, frenesí *m*; **2** F (*schnelles Fahren*) velocidad *f* vertiginosa

Rasierapparat [ra'ziːr-] *m* maquinilla *f* de afeitar; ***elektrischer ~*** maquinilla *f* eléctrica (de afeitar)

Ra'siercreme *f* crema *f* de afeitar

ra'sieren *v/t*, *v/r* ⟨*sin* ge⟩ **(*sich*) ~** afeitar(se)

Ra'sier|er F *m* maquinilla *f* (eléctrica) de afeitar; **~klinge** *f* cuchilla *f* de afeitar; **~messer** *n* navaja *f* de afeitar; **~pinsel** *m* brocha *f* de afeitar; **~seife** *f* jabón *m* de afeitar; **~wasser** *n* loción *f* (para después) del afeitado; **~zeug** *n* utensilios *m/pl* de afeitar

Räson [rɛ'zɔŋ] *f* ⟨-⟩ ***j-n zur ~ bringen*** hacer a alg entrar en razón

Raspel ['raspəl] *f* ⟨-; -n⟩ lima *f* gruesa; (*Küchen≈*) rallador *m*

'raspeln *v/t* rallar

Rasse ['rasə] *f* raza *f*

Rassel ['rasəl] *f* ⟨-; -n⟩ (*Klapper*) carraca *f*, matraca *f*; *für Kinder* sonajero *m*

'rasseln *v/i* **1** ⟨h⟩ hacer ruido; (*klirren*) tintinear; *Wecker* sonar; **2** ⟨sn⟩ *Fahrzeug* moverse ruidosamente; **3** F ⟨sn⟩ ***durchs Examen ~*** suspender un examen; F catear

'Rassen|... *in Zssgn* racial, de razas; **~diskriminierung** *f* discriminación *f* racial; **~hass** *m* odio *m* racial

'Rassepferd *n* caballo *m* de raza

'rass|ig *adj Pferd* de raza, de casta; *Frau* de buen ver, de clase; **~isch** *adj* racial

Ras's|ismus *m* ⟨-⟩ racismo *m*; **~ist(in)** *m(f)* racista *m,f*; **≈istisch** *adj* racista

Rast [rast] *f* ⟨-; -en⟩ descanso *m*, pausa *f*; MIL alto *m*

Rasta ['rasta] *m* ⟨-s; -s⟩ *Musik* (música *f*) rasta *m*; (*Person*) rastafari *m*; **~locken** *pl* (rizos *m/pl*) rasta *m*; F churros *m/pl*

'rasten *v/i* descansar, hacer un alto

'Raster *n* ⟨-s; -⟩ OPTIK retículo *m*; TV trama *f*; *fig* esquema *m*

'Rast|haus *n* → ***Raststätte***; **≈los** *adj* infatigable, incansable; **~platz** *m an Autobahnen* área *f* de descanso; **~stätte** *f* restaurante *m* de carretera

Ra'sur *f* afeitado *m*

Rat [raːt] *m* ⟨-(e)s⟩ **1** (*Ratschlag*) consejo *m*; ***auf j-s ~*** (*acus*) (***hin***) por consejo de alg; ***j-m e-n ~ geben*** dar un consejo a alg, aconsejar a alg; ***j-n um ~ fragen*** pedir consejo a alg; (***sich*** *dat*) ***keinen ~ mehr wissen*** ya no saber qué hacer; ***j-n zu ~e ziehen*** consultar a alg, dejarse aconsejar por alg; **2** ⟨*pl* ≈e⟩ *Gremium* consejo *m*; *Mitglied* consejero *m*

Rate ['raːtə] *f* **1** (*Prozentsatz*) porcentaje *m*; (*Verhältnisanteil*) tasa *f*; **2** (*Teilzahlung*) plazo *m*, cuota *f*; (*Monats≈*) mensualidad *f*; ***etw auf ~n kaufen*** comprar a/c a plazos; ***in ~n*** (*dat*) ***zahlen*** pagar a plazos

'raten *v/t*, *v/i* ⟨rät, riet, geraten⟩ **1** (*empfehlen*) aconsejar; ***j-m etw od zu e-r Sache ~*** aconsejar a alg a/c; ***j-m ~, etw zu tun*** aconsejar a alg que haga a/c; **2** (*erraten*) adivi-

nar; ***richtig ~*** acertar
'Raten|kauf *m* compra *f* a plazos; **~kaufvertrag** *m* contrato *m* de venta a plazos; **~zahlung** *f* pago *m* a plazos
'Ratespiel *n* juego *m* de preguntas
'Ratgeber *m* **1** *Person* consejero *m*; **2** *Buch* guía *f* práctica; **~in** *f* consejera *f*
'Rathaus *n* ayuntamiento *m*
ratifizier|en [ratifi'tsi:rən] *v/t* ⟨*sin* ge⟩ ratificar; **Ꝝung** *f* ratificación *f*
'Rätin *f* consejera *f*
Ration [ratsi'o:n] *f* ración *f*, porción *f*; ***eiserne ~*** ración *f* de reserva
ratio'nal *adj* racional (*a* MAT)
rationali'sier|en *v/t* ⟨*sin* ge⟩ racionalizar; **Ꝝung** *f* racionalización *f*; **Ꝝungsmaßnahme** *f* medida *f* de racionalización
Rationa'lismus *m* ⟨-⟩ racionalismo *m*
ratio'nell *adj* racional, económico
ratio'nier|en *v/t* ⟨*sin* ge⟩ racionar; **Ꝝung** *f* racionamiento *m*
'ratlos *adj* perplejo; **Ꝝigkeit** *f* ⟨-⟩ perplejidad *f*
rätoromanisch [rɛtoro'ma:nɪʃ] *adj* ***die ~e Sprache*** el retorromano; *schweiz* el romance
'ratsam *adj* aconsejable, oportuno
'Ratschlag *m* consejo *m*
Rätsel ['rɛ:tsəl] *n* ⟨-s; -⟩ acertijo *m*, adivinanza *f*; *fig a* enigma *m*; (*~spiel*) rompecabezas *m*; **Ꝝhaft** *adj* enigmático, misterioso
'rätseln *v/i* especular (***über etw*** *acus* sobre a/c)
Ratte ['ratə] *f* rata *f*
'Ratten|fänger *m fig* engatusador *m*; **~gift** *n* matarratas *m*; **~schwanz** *m* F *fig* (*endlose Folge*) sarta *f* (***von*** de)
rattern ['ratərn] *v/i* **1** ⟨h⟩ *Maschinengewehr* tabletear; *Motor* traquetear; **2** *Wagen* ⟨sn⟩ traquetear
rau [raʊ] *adj* **1** (*uneben*) áspero (*a Wolle, Stoff, Haut*); *Fläche* rugoso; (*aufgesprungen*) agrietado; **2** *Klima* duro; **3** *Stimme* ronco; *Kehle* inflamado; **4** *Gegend* salvaje; **5** *fig Ton, Mensch* rudo; *Sitten* tosco; **6** F ***in ~en Mengen*** F en masas
Raub [raʊp] *m* ⟨-(e)s⟩ (*Rauben*) robo *m*; (*Straßen*Ꝝ) atraco *m*; (*Menschen*Ꝝ) secuestro *m*; *geh* ***ein ~ der Flammen werden*** ser pasto de las llamas
'Raubbau *m* ⟨(e)s⟩ ECOL explotación *f* abusiva; *geh* ***mit*** *od* ***an s-n Kräften ~ treiben*** agotar sus fuerzas
'Raubdruck *m* ⟨-(e)s; -e⟩ edición *f* pirata *od* clandestina
'raubeinig F *adj* brusco, adusto
'rauben *v/t* robar; *j-n* secuestrar; *fig* ***j-m etw ~*** *Schlaf, Hoffnung* quitar(le) a/c a alg
Räuber ['rɔʏbər] *m* ladrón *m*; (*Straßen*Ꝝ) atracador *m*; **~bande** *f* cuadrilla *f* de ladrones; **Ꝝisch** *adj* de ladrones; zo rapaz
'Raub|fisch *m* pez *m* depredador; **~katze** *f* felino *m*; **~kopie** *f* copia *f* pirata; **~mord** *m* robo *m* con homicidio; **~mörder** *m* ladrón *m* homicida; **~tier** *n* animal *m* de presa; **~überfall** *m* atraco *m* a mano armada; **~vogel** *m* ave *f* de rapiña, ave *f* rapaz; **~zug** *m* incursión *f* hostil
Rauch [raʊx] *m* ⟨-(e)s⟩ humo *m*; *fig* ***sich in ~ auflösen*** desvanecerse (como el humo)
'Rauchbombe *f* bomba *f* de humo
'rauchen I *v/t* **1** fumar; **II** *v/i* **2** *Person* fumar; Ꝝ ***verboten!*** ¡prohibido fumar!; **3** *Feuer, Kamin* humear, echar humo (*a v/imp*)
'Raucher(in) *m(f)* fumador, a *m,f*
Räucheraal ['rɔʏçər-] *m* anguila *f* ahumada
'Raucher|abteil *n* compartimento *m* de fumadores; **~husten** *m* tos *f* de fumador
'Räucherlachs *m* salmón *m* ahumado
'räucher|n *v/t Fisch, Fleisch* ahumar
'rauchig *adj* (*voller Rauch*) lleno de humo; *Stimme* ronco
'Rauch|verbot *n* prohibición *f* de fumar; **~vergiftung** *f* intoxicación *f* por humo; **~wolke** *f* humareda *f*
räudig ['rɔʏdɪç] *adj* sarnoso, roñoso
rauf [raʊf] F → ***herauf, hinauf***
'Raufasertapete *f* papel *m* de fibra gruesa
Raufbold ['raʊfbɔlt] *m* ⟨-(e)s; -e⟩ camorrista *m*, matón *m*
'raufen *v/i, v/r* (***sich***) **~** reñir, pelearse
Raufe'rei *f* riña *f*, pelea *f*
'rauflustig *adj* pendenciero
rauh [raʊ] → ***rau***
'Rauheit *f* ⟨-⟩ aspereza *f*, rudeza *f*
Raum [raʊm] *m* ⟨-(e)s; ⸚e⟩ **1** espacio *m*; *abgegrenzter* recinto *m*; (*Platz*) sitio *m*, lugar *m*; (*Ausdehnung*) extensión *f*; *fig* ***etw im ~ stehen lassen*** dejar a/c en suspenso; **2** (*Räumlichkeit*) local *m*; *e-r Wohnung* habitación *f*, cuarto *m*, *Am* pieza *f*; **3** (*Gebiet*) zona *f*, región *f*
'Raumausnutzung *f* aprovechamiento *m* del espacio
räumen ['rɔʏmən] *v/t* **1** (*wegschaffen*) quitar; COM *Lager* vaciar, liquidar; ***etw beiseite ~*** retirar a/c; **2** (*an e-n Ort schaffen*) llevar; **3** (*frei machen*) despejar; *Wohnung, Gebiet* desocupar, desalojar; *Polizei a* evacuar
'Raum|fähre *f* nave *f* espacial; **~fahrer** *m* astronauta *m*; **~fahrt** *f* astronáutica *f*; **~fahrtindustrie** *f* industria *f* espacial; **~flug** *m* vuelo *m* espacial; **~inhalt** *m* volumen *m*, capacidad *f*; **~kapsel** *f* cápsula *f* espacial; **~klima** *n* clima *m* interior
räumlich ['rɔʏmlɪç] *adj* espacial; OPTIK estereoscópico; (*dreidimensional*) tridimen-

R

sional
'Räumlichkeit *f* local *m*; **~en** *pl* (*Räume*) salas *f/pl*
'Raum|maß *n* medida *f* de capacidad; **~meter** *m od n* metro *m* cúbico; **~ordnung** *f* ordenación *f* territorial; **~pflegerin** *f* mujer *f* de la limpieza; **~schiff** *n* nave *f* espacial; **~sonde** *f* sonda *f* espacial; **~station** *f* estación *f* espacial; **~teiler** *m* tabique *m*; **~transporter** *m* nave *f* espacial
'Räumung *f* **1** (*Wegschaffen*) evacuación *f*, desalojamiento *m*; **2** COM *e-s Lagers* liquidación *f* (de existencias); **3** *e-s Raums, e-s Gebiets* desalojo *m*; *durch die Polizei* evacuación *f*; (*Zwangs*≈) *e-r Wohnung* desahucio *m*
'Räumungs|klage *f* JUR demanda *f* de desahucio; **~verkauf** *m* liquidación *f* de existencias, liquidación *f* total
raunen ['raʊnən] *v/t* murmurar; ***ein* ≈ *ging durch die Menge*** el murmullo se extendió entre la gente
Raupe ['raʊpə] *f* ZO, TEC oruga *f*; **~nfahrzeug** *n* vehículo *m* oruga
'Raureif *m* ⟨-(e)s⟩ escarcha *f*
raus [raʊs] F → ***heraus, hinaus***; **~ (*mit dir*)!** ¡fuera de aquí!; F ¡largo de aquí!
Rausch [raʊʃ] *m* ⟨-(e)s; ⸚e⟩ (*Betrunkenheit*) borrachera *f*, embriaguez *f* (*a fig*); ***e-n ~ haben*** estar borracho; ***sich*** (*dat*) ***e-n ~ antrinken*** emborracharse; ***s-n ~ ausschlafen*** F dormir la mona
'rauschen *v/i* **1** ⟨h⟩ *Blätter, Bach* murmurar; *Wind* susurrar; *Brandung* rugir; *Stoff* crujir; TEC haber interferencias; **2** ⟨sn⟩ (*sich schnell bewegen*) pasar como una exhalación
'Rausch|en *n* ⟨-s⟩ ruido *m*, murmullo *m*; *des Windes a* susurro *m*; *von Stoff* crujido *m*; **≈end** *adjt Beifall* atronador, estrepitoso; *Fest* por todo lo alto
'Rauschgift *n* estupefaciente *m*, droga *f*; **~ *nehmen*** drogarse
'Rauschgift|handel *m* tráfico *m* de drogas, narcotráfico *m*; **~händler** *m* traficante *m* de drogas, narcotraficante *m*; **≈süchtig** *adj* toxicómano, drogadicto; **~süchtige (-r)** *f(m)* toxicómano, -a *m,f*, drogadicto, -a *m,f*
'raus|fliegen F *v/i* ⟨*irr, sep*, sn⟩ ser despedido; F ser echado; **~kriegen** F *v/t* ⟨*sep*⟩ **1** (*erfahren*) (llegar a) saber; **2** *Rätsel* resolver
räuspern ['rɔʏspərn] *v/r* ***sich* ~** carraspear
'rausschmeißen F *v/t* ⟨*irr, sep*⟩ echar (*a j-n*), tirar
'Raus|schmeißer F *m* F matón *m*; **~schmiss** F *m* ⟨-es; -e⟩ despido *m*
Raute ['raʊtə] *f* **1** BOT ruda *f*; **2** MAT rombo *m*
Rave [reːv] *m* ⟨-(s); -s⟩ *Party* rave *f*

Ravioli [ravi'oːli] *pl* GASTR ravioli *m/pl*
Razzia ['ratsia] *f* ⟨-; -ien⟩ batida *f*, redada *f*
rd. *Abk* (*rund*) alrededor de
Reagenzglas [rea'gɛnts-] *n* tubo *m* de ensayo, probeta *f*
reagieren [rea'giːrən] *v/i* ⟨*sin* ge⟩ reaccionar (***auf*** *+acus* a)
Reaktion [reaktsi'oːn] *f* reacción *f* (*a* CHEM, POL; ***auf*** *+acus* a); *fig a* reflejo *m*
reaktio|när [reaktsio'nɛːr] *adj* reaccionario; **≈'när(in)** *m* ⟨-s; -e⟩ (*f*) reaccionario, -a *m,f*
reakti'ons|fähig *adj* capaz de reaccionar; **≈fähigkeit** *f* ⟨-⟩ CHEM reactividad *f*; *fig* capacidad *f* de reacción; **~schnell** *adj* de reacciones rápidas; **≈vermögen** *n* capacidad *f* de reacción
Reaktor [re'aktɔr] *m* ⟨-s; -'toren⟩ reactor *m*
real [re'aːl] *adj* real, efectivo; **≈einkommen** *n* renta *f* real
Reali|sati'on *f* realización *f*; **≈'sierbar** *adj* realizable, factible; **≈'sieren** *v/t* ⟨*sin* ge⟩ realizar, llevar a cabo
Rea'lis|mus *m* ⟨-⟩ realismo *m*; **~t(in)** *m(f)* realista *m,f*; **≈tisch** *adj* realista
Reali'tät *f* realidad *f*
Re'al|lohn *m* salario *m* real; **~schule** *f tipo de enseñanza secundaria, de nivel inferior al bachiller, que se cursa según el tipo durante 4 o 6 años*
Rebe ['reːbə] *f* vid *f*; (*Zweig*) sarmiento *m*
Rebell(in) [re'bɛl(ɪn)] *m* ⟨-en; -en⟩ (*f*) rebelde *m,f*
rebel'lieren *v/i* ⟨*sin* ge⟩ rebelarse, sublevarse (***gegen*** contra)
Rebelli'on *f* rebelión *f*, sublevación *f*
re'bellisch *adj* rebelde (***gegen*** contra)
Rebhuhn ['reːphuːn] *n* perdiz *f*
'Reb|sorte *f* tipo *m* de uva; **~stock** *m* cepa *f*
rechen ['rɛçən] *v/t* rastrillar
'Rechen *m* ⟨-s; -⟩ rastrillo *m*
Rechen|aufgabe ['rɛçənʔ-] *f* problema *m* de aritmética *od* de cálculo; **~fehler** *m* error *m* de cálculo; **~maschine** *f* calculadora *f*
Rechenschaft ['rɛçənʃaft] *f* ⟨-⟩ cuenta(s) *f(pl)*; ***j-m*** (***über etw*** *acus*) **~ *schuldig sein*** deber(le) a alg una explicación (de *od* sobre a/c); (***j-m***) **~ *über etw*** (*acus*) ***ablegen*** dar cuentas (a alg) de a/c; ***j-n*** (***für etw***) ***zur* ~ *ziehen*** pedir cuentas a alg (de a/c)
'Rechenschaftsbericht *m* informe *m*; resumen *m* de actividad; FIN informe *m* de cuentas
'Rechen|schieber *m* regla *f* de cálculo; **~zentrum** *n* centro *m* de cálculo
Recher|che [re'ʃɛrʃə] *f* pesquisa *f*; **~n** *pl a* investigación *f*; **≈'chieren** *v/t* ⟨*sin* ge⟩ investigar
rechnen ['rɛçnən] **I** *v/t, v/i* **1** MAT calcular;

R

(*zählen*) contar; *mit dem Computer* computar; ***von heute an gerechnet*** contando a partir de hoy; **2** (*veranschlagen*) ***er rechnet 25 Euro die Stunde*** calcula *od* cobra 25 euros la hora; ***alles in allem gerechnet*** en total; **3** (*einbeziehen*) contar; ***er rechnet mich zu seinen Freunden*** me cuenta entre sus amigos; **4** (*erwarten*) ***mit etw ~*** contar con a/c; **5** (*sich verlassen*) ***auf j-n ~*** contar con alg; **II** *v/r* **6** ***sich ~*** ser rentable

'Rechnen *n* ⟨-s⟩ cálculo *m*, aritmética *f* (*a Schule*)

'Rechner *m* calculadora *f*; (*Computer*) ordenador *m*, computadora *f*; **≈gestützt** *adj* asistido por ordenador; **≈isch** *adj u adv* aritmético

'Rechnung *f* **1** (*Rechnen*) cálculo *m*, operación *f* aritmética; **2** (*Abrechnung*) cuenta *f*; (*Waren≈*) factura *f*; ***fällige ~*** factura *f* a pagar *od* pendiente; ***offene, unbezahlte ~*** factura *f* pendiente; ***überfällige ~*** factura *f* vencida; ***auf eigene, fremde ~*** por cuenta propia, ajena; ***e-e ~ ausstellen*** extender una factura; ***e-e ~ begleichen*** liquidar *od* saldar *od* pagar una factura; ***etw in ~ stellen*** poner a/c en cuenta, facturar a/c; ***etw auf die ~ setzen*** cargar a/c en cuenta; ***das geht auf meine ~*** corre de mi cuenta; **3** *fig* ***Ihre ~ geht nicht auf*** no le salen las cuentas; ***e-r Sache*** (*dat*) ***~ tragen*** tener a/c en cuenta

'Rechnungs|abteilung *f* departamento *m* de facturación; **~ausstellung** *f* facturación *f*; **~betrag** *m* importe *m* de la factura; **~buch** *n* libro *m* de cuentas; **~datum** *n* fecha *f* de la factura; **~hof** *m* Tribunal *m* de Cuentas; **~jahr** *n* ejercicio *m* contable; año *m* económico; **~legung** *f* rendición *f* de cuentas; **~nummer** *f* número *m* de factura; **~posten** *m* asiento *m* contable; *im Etat* partida *f*; **~prüfer(in)** *m*(*f*) censor, a *m,f* de cuentas, auditor, a *m,f*; **~prüfung** *f* revisión *f* de cuentas; auditoría *f*; **~wert** *m* valor *m* contable; **~wesen** *n* contabilidad *f*

recht [rɛçt] **I** *adj* **1** (*richtig*) justo; (*geeignet*) conveniente; (*gelegen*) oportuno; ***zur ~en Zeit*** a tiempo, en el momento oportuno; ***alles, was ~ ist, aber …*** lo que quieras, pero …; ***~ so!*** ¡bien!; ***das ist mir ~*** me parece bien, me conviene; **2** (*wirklich*) verdadero, auténtico; **II** *adv* **3** (*richtig*) bien; (*angebracht*) adecuadamente; (*gelegen*) oportunamente; ***es j-m ~ machen*** contentar a alg; ***Sie kommen gerade ~*** llega Ud. muy oportunamente; ***das geschieht ihm ~*** lo tiene merecido, le está bien empleado; ***ganz ~!*** ¡exacto!, ¡exactamente!; ***nun erst ~*** ahora más que nunca; **4** (*sehr*) bien; *vor Verben* muy; ***~ herzliche Grüße*** (***an*** *+acus*)! ¡salúdele(s) muy cordialmente de mi parte (a)!

Recht *n* ⟨-(e)s; -e⟩ **1** (*Anspruch*) derecho *m* (***auf*** *+acus* a); (*Befugnis*) autorización *f*, atribución *f*; ***mit welchem ~?*** ¿con qué derecho?; ***mit, zu ~*** con razón; ***im ~ sein, ~ haben*** tener razón; ***~ behalten*** acabar teniendo razón; ***j-m ~ geben*** dar(le) a alg la razón; **2** (*Gerechtigkeit*) justicia *f*; ***er hat sein ~ bekommen*** le han hecho justicia; **3** (*Gesamtheit der Gesetze*) derecho *m*; ***~ sprechen*** hacer justicia; ***von ~s wegen*** en derecho

'rechte(r, -s) *adj* derecho (*a* POL); ***~ Seite*** lado *m* derecho, derecha *f*; *e-s Stoffes* derecho *m*; ***~r Winkel*** ángulo *m* recto

'Rechte *f* ⟨→ A⟩ **1** (*rechte Hand, Seite*) derecha *f* (*a* POL); ***zur ~n*** a la derecha; **2** *Boxen* derechazo *m*

'Rechte(r) *f*(*m*) ⟨→ A⟩ **1** → ***Richtige(r)***; **2** POL persona *f* de derechas, derechista *m,f*

'Rechte(s) *n* ⟨→ A⟩ ***nach dem ~n sehen*** vigilar (si todo está en orden); F ver cómo andan las cosas

'Rechteck *n* rectángulo *m*; **≈ig** *adj* rectangular

'rechtfertigen *v/t, v/r* (***sich***) **~** justificar(se) (***wegen*** por)

'Rechtfertigung *f* justificación *f*

'recht|gläubig *adj* ortodoxo; **~haberisch** *adj* ergotista, que cree tener siempre razón; **~lich** *adj* legal, jurídico; *Schritt, Maßnahme a* judicial; **~los** *adj* sin derecho(s)

'rechtmäßig *adj* legítimo, legal; **≈keit** *f* ⟨-⟩ legalidad *f*, legitimidad *f*

rechts [rɛçts] *adv* a la derecha (**von** de); *von Stoffen* por la derecha; POL ***~ stehen*** ser de derechas

'Rechtsabbieger *m* persona *f* que dobla a la derecha

'Rechts|abteilung *f* departamento *m* jurídico; **~anspruch** *m* derecho *m* (***auf*** *+acus* a); **~anwalt** *m*, **~anwältin** *f* abogado, -a *m,f*

Rechts'außen *m* ⟨-; -⟩ SPORT extremo *m* derecha

'Rechts|beistand *m* abogado *m*, letrado *m*; **~berater(in)** *m*(*f*) asesor, a *m,f* jurídico, -a; **~beugung** *f* prevaricación *f*; **~bruch** *m* violación *f* de la ley; **≈bündig** *adj* INFORM, TYPO justificado a la derecha

'rechtschaffen *adj* recto, íntegro, honrado; **≈heit** *f* ⟨-⟩ rectitud *f*, honradez *f*, integridad *f*

'Rechtschreib|fehler *m* falta *f* de ortografía; **~programm** *n* INFORM corrector *m* ortográfico; **~prüfung** *f* verificación *f* ortográfica; **~reform** *f* reforma *f* de la orto-

R

grafía; **~ung** *f* ortografía *f*
'Rechts|extremismus *m* extremismo *m* de derecha; **~extremist(in)** *m(f)* extremista *m,f* de derecha, ultraderechista *m,f*; **2extremistisch** *adj* ultraderechista, de extrema derecha
'Rechts|form *f* forma *f* jurídica; **~frage** *f* cuestión *f* jurídica; **~gelehrte(r)** *f(m)* jurisconsulto, -a *m,f*; **~grundlage** *f* base *f* jurídica; **2gültig** *adj* legal, válido
Rechts|händer(in) ['rɛçtshɛndər(ɪn)] *m(f)* diestro, -a *m,f*; **2händig I** *adj* diestro; **II** *adv* con la mano derecha; **~handlung** *f* acto *m* jurídico
'rechtsherum *adv* por la derecha
'rechtskräftig *adj* válido; *Urteil* firme; **~ *werden*** entrar en vigor
'rechtskundig *adj* versado en leyes
'Rechtskurve *f* curva *f* hacia la derecha
'Rechtsmittel *n* JUR recurso *m*; **~ *einlegen*** interponer recurso; tomar medidas judiciales
'Rechts|mittelbelehrung *f* JUR instrucción *f* sobre recursos; **~persönlichkeit** *f* personalidad *f* jurídica
'Rechtsprechung *f* jurisdicción *f*, jurisprudencia *f*
'rechts|radikal *adj* de extrema derecha, ultraderechista; **2ruck** *m* POL giro *m* hacia la derecha
'Rechtsschutz *m* garantía *f* legal, protección *f* jurídica; **~versicherung** *f* seguro *m* de protección jurídica
'Rechts|staat *m* Estado *m* de derecho; **~streit** *m* litigio *m*, pleito *m*; **~titel** *m* título *m* jurídico *od* legal; **~vertreter(in)** *m(f)* representante *m,f* legal
'Rechtsweg *m* vía *f* judicial; ***auf dem ~*** por vía judicial; ***den ~ beschreiten*** acudir a la vía judicial
'rechts|widrig *adj* ilegal; **2widrigkeit** *f* ilegalidad *f*; **2wissenschaft** *f* jurisprudencia *f*, ciencias *f/pl* jurídicas
'rechtwink(e)lig *adj* rectangular
'rechtzeitig I *adj* oportuno; (*pünktlich*) puntual; **II** *adv* a tiempo
Reck [rɛk] *n* ⟨-(e)s; -e *o* -s⟩ *Turnen* barra *f* fija
recken ['rɛkən] **I** *v/t Glieder* extender, estirar; *Hals* alargar; **II** *v/r* ***sich ~*** estirarse
Recorder [re'kɔrdər] *m* (*Kassetten2*) magnetofón *m*, grabadora *f*; (*Video2*) (grabadora *f* de) vídeo *m*
recyc|elbar [ri'saɪkəlbaːr] *adj* ECOL reciclable; **~eln** *v/t* ⟨*sin* ge⟩ ECOL reciclar
Re'cycling *n* ⟨-s⟩ ECOL reciclaje *m*; **~firma** *f* planta *f* de reciclaje; **~papier** *n* papel *m* reciclado
Redakteur(in) [redak'tøːr(ɪn)] *m* ⟨-s; -e⟩ *(f)* redactor, a *m,f*; *e-r Zeitung a* periodista *m,f*
Redakti'o|n *f* redacción *f*; **2'nell** *adj* de redacción; **~nsschluss** *m* cierre *m* de la edición; ***bei ~*** al cierre de la redacción
Rede ['reːdə] *f* **1** (*Reden*) conversación *f*; (*Sprechfähigkeit*) habla *m*; (*Ausdrucksweise*) lenguaje *m*; GRAM **(*in*)*direkte* ~** estilo *m* (in)directo; ***danach kam die ~ auf*** (+*acus*) después salió a colación; ***das ist nicht der ~ wert*** no tiene importancia; ***es ist die ~ davon, dass ...*** la cuestión es que ....; ***davon kann keine ~ sein*** eso no hay ni que pensarlo; ***j-m* (*für etw*) *~ und Antwort stehen*** dar cuenta a alg (por a/c); ***j-n* (*wegen etw*) *zur ~ stellen*** pedir a alg explicaciones (de a/c); ***langer*** *od* ***der langen ~ kurzer Sinn*** resumiendo; **2** (*Ansprache*) discurso *m*; *kürzere* alocución *f*, palabras *f/pl*; ***e-e ~ halten*** pronunciar un discurso
'Rede|freiheit *f* libertad *f* de expresión; **2gewandt** *adj* elocuente; **~gewandtheit** *f* elocuencia *f*
'reden I *v/t* (*sagen*) decir; **II** *v/i* (*sprechen*) hablar (***über*** +*acus* sobre; ***von*** de; ***mit*** con); (*e-e Rede halten*) pronunciar un discurso; ***mit sich*** (*dat*) ***~ lassen*** ser transigente; ***viel von sich*** (*dat*) ***~ machen*** dar mucho que hablar; ***du hast gut ~*** se dice fácil; ***sie ~ nicht mehr miteinander*** ya no se hablan; **III** *v/r* ***sich heiser ~*** quedarse ronco de tanto hablar
'Redensart *f* locución *f*, modismo *m*; ***sprichwörtliche ~*** refrán *m*
'Rede|schwall *m* verborrea *f*; **~wendung** *f* expresión *f*, giro *m*; LING *a* modismo *m*
redigieren [redi'giːrən] *v/t* ⟨*sin* ge⟩ redactar
redlich ['reːtlɪç] **I** *adj* honrado, recto, íntegro; **II** *adv* ***sich ~ bemühen*** esforzarse de buena fe
'Redlichkeit *f* ⟨-⟩ honradez *f*, rectitud *f*, integridad *f*
'Redner|(in) *m(f)* orador, a *m,f*; *e-s Vortrags a* conferenciante *m,f*; **~pult** *n* tribuna *f*
'redselig *adj* locuaz; **2keit** *f* locuacidad *f*
Reduktion [redʊktsi'oːn] *f* reducción *f*
redu|zieren [redu'tsiːrən] *v/t, v/r* ⟨*sin* ge⟩ (***sich***) **~** reducir(se) (***auf*** +*acus* a); **~'ziert** *adjt* rebajado
Reede ['reːdə] *f* MAR rada *f*
'Reeder *m* armador *m*, naviero *m*
Reede'rei *f* compañía *f* naviera
reell [re'ɛl] *adj* **1** *Preis* razonable; *Firma* sólido, serio; **2** (*wirklich*) real, efectivo
'Reexpor|t *m* reexportación *f*; **2'tieren** *v/t* ⟨*sin* ge⟩ reexportar
Referat [refe'raːt] *n* ⟨-(e)s; -e⟩ **1** (*Vortrag*)

R

ponencia *f*; ***ein ~ halten*** dar una ponencia; **2** (*Abteilung*) negociado *m*

Referendar(in) [referɛn'daːr(ɪn)] *m* ⟨-s; -e⟩ (*f*) (*Lehramts*≈) profesor, a *m,f* en prácticas; JUR pasante *m,f*

Referendum [refe'rɛndʊm] *n* ⟨-s; -den *o* -da⟩ referéndum *m*

Refe'rent(in) *m* ⟨-en; -en⟩ (*f*) **1** (*Vortragende*[*r*]) ponente *m,f*; **2** *e-r Abteilung* jefe, -a *m,f* de negociado

Refe'renz *f* referencia *f*, informe *m*; **~kurs** *m* FIN tipo *m* de referencia; **~liste** *f* lista *f* de referencias

refe'rieren *v/i* ⟨*sin* ge⟩ dar una ponencia, hacer un informe (***über*** *+acus* sobre)

refinan'zier|en *v/t* ⟨*sin* ge⟩ refinanciar; **≈ung** *f* refinanciación *f*

reflektieren [reflɛk'tiːrən] *v/t* ⟨*sin* ge⟩ *Licht* reflejar

Re'flektor *m* ⟨-s; -'toren⟩ reflector *m*

Reflex [re'flɛks] *m* ⟨-es; -e⟩ MED, PHYS, *fig* reflejo *m*; **~bewegung** *f* movimiento *m* reflejo

refle'xiv *adj* GRAM reflexivo; **≈pronomen** *n* GRAM pronombre *m* reflexivo

Reform [re'fɔrm] *f* ⟨-; -en⟩ reforma *f*

Reformati'on *f* ⟨-⟩ HIST REL Reforma *f*

re'form|bedürftig *adj* que necesita reforma; **≈er(in)** *m* reformista *m,f*, reformador, a *m,f*; **≈haus** *n* tienda *f* de productos dietéticos

refor'mieren *v/t* ⟨*sin* ge⟩ reformar

refor'miert I *p/p* → ***reformieren***; **II** *adjt bsd schweiz* REL protestante

Re'form|kost *f* alimentación *f* dietética; **~kurs** *m* POL rumbo *m* reformista; **~stau** *m* POL estancamiento *m* de las reformas pendientes

Refrain [rə'frɛ̃ː] *m* ⟨-s; -s⟩ estribillo *m*

Regal [re'gaːl] *n* ⟨-s; -e⟩ estante *m*; **~fläche** *f* espacio *m* de estanterías; **~wand** *f* estantería *f*

Regatta [re'gata] *f* ⟨-; -tten⟩ regata *f*

Reg.-Bez. *Abk* (*Regierungsbezirk*) distrito *m* administrativo

rege ['reːgə] *adj* (*rüstig*) activo; (*lebhaft*) vivo (*a Fantasie*); *Unterhaltung* animado; *geistig* despierto; *Verkehr* intenso; *Nachfrage* grande

Regel ['reːgəl] *f* ⟨-; -n⟩ **1** regla *f*; (*Vorschrift*) *a* reglamento *m*; (*Norm*) norma *f*; ***in der ~*** por lo general; ***es ist die ~, dass ...*** por norma ... (*+ind*), la norma es que ... (*+subj*); F ***nach allen ~n der Kunst*** como es debido, con todas las de la ley; **2** MED regla *f*, periodo *m*

'regel|bar *adj* regulable; **≈fall** *m* caso *m* normal; **~los** *adj* irregular; (*unordentlich*) desordenado, confuso

'regelmäßig *adj* regular; (*geregelt*) regulado; *zeitlich* periódico; **≈keit** *f* regularidad *f*; *zeitliche* periodicidad *f*

'regeln *v/t* regular; *durch Verordnungen* reglamentar; (*ordnen*) arreglar

'regelrecht I *adj* **1** correcto, normal; **2** *fig* (*wirklich*) verdadero; **II** *adv* **3** *fig* de verdad, verdaderamente

'Regelung *f* arreglo *m*; TEC, ECON regulación *f*; *gesetzliche a* reglamentación *f*

'regelwidrig *adj* contrario a las reglas, irregular; **≈keit** *f* irregularidad *f*

regen ['reːgən] *geh v/r* ***sich ~*** **1** (*sich bewegen*) moverse; **2** *Gefühle* despertarse, nacer; *Gewissen* removerse

Regen ['reːgən] *m* ⟨-s; -⟩ lluvia *f*; ***saurer ~*** lluvia *f* ácida; ***bei ~*** con lluvia; ***im ~*** bajo la lluvia

'regenarm *adj* de escasas lluvias

'Regenbogen *m* arco *m* iris; **~presse** *f* prensa *f* del corazón

Regene|ration [regeneratsi'oːn] *f* ⟨-⟩ regeneración *f*; **≈ra'tiv** *adj Energie* regenerativo; **≈'rieren** *v/t*, *v/r* ⟨*sin* ge⟩ **(*sich*) ~** regenerar(se)

'Regen|fälle *pl* lluvias *f/pl*; **~guss** *m* aguacero *m*, chaparrón *m*, chubasco *m*; **~mantel** *m* impermeable *m*, chubasquero *m*; **≈reich** *adj* lluvioso; **~rinne** *f* canalón *m*

Regensburg ['reːgənsbʊrk] *n* ⟨-s⟩ Ratisbona *f*

'Regen|schauer *m* chubasco *m*; **~schirm** *m* paraguas *m*

Re'gent(in) *m* ⟨-en; -en⟩ (*f*) (*Herrscher*[*-in*]) soberano, -a *m,f*; (*Stellvertreter*[*in*]) regente, -a *m,f*

'Regentropfen *m* gota *f* de lluvia

Re'gentschaft *f* regencia *f*

'Regenumhang *m* capa *f* de lluvia

'Regenwald *m* (***tropischer***) **~** bosque *m* de lluvia (tropical)

'Regen|wasser *n* agua *f* de lluvia *od* pluvial; **~wetter** *n* tiempo *m* lluvioso; **~wolke** *f* nube *f* (cargada) de lluvia; **~wurm** *m* lombriz *f* de tierra; **~zeit** *f* estación *f* de lluvias

Reggae ['rɛgeː] *m* ⟨-(s)⟩ MUS reggae *m*

Regie [re'ʒiː] *f* ⟨-⟩ **1** THEA, FILM dirección *f*; FILM, TV *a* realización *f*; **(*bei etw*) *~ führen*** dirigir (a/c); ***unter der ~ von ...*** bajo la dirección de ...; **2** (*Verwaltung*) administración *f*; ***in eigener ~*** por cuenta propia

Re'gie|anweisung *f* indicación *f od* orden *f* del director; **~assistent(in)** *m*(*f*) ayudante *m,f* de dirección

regieren [re'giːrən] ⟨*sin* ge⟩ **I** *v/t* **1** gobernar, dirigir; **2** GRAM regir; **II** *v/i* **3** *Minister* dirigir; *Regierung*, *Partei* gobernar; *König* reinar; ***über j-n, etw ~*** reinar sobre alg, a/c

Re'gierung *f* gobierno *m*; (*~szeit e-s Mon-*

R

archen) reinado *m*; ***an die ~ kommen*** subir al poder

Re'gierungs|bezirk *m tipo de división administrativa de un estado federal*; **~bildung** *f* formación *f* de gobierno; **~chef(-in)** *m(f)* jefe, -a *m,f* de gobierno; **~erklärung** *f* declaración *f* gubernamental; **~krise** *f* crisis *f* de gobierno; **~sitz** *m* sede *f* del gobierno; **~sprecher(in)** *m(f)* portavoz *m,f* del gobierno; **≈treu** *adj* leal al gobierno; **~umbildung** *f* reajuste *m* de gobierno; **~wechsel** *m* cambio *m* de gobierno

Regime [re'ʒiːm] *n* ⟨-s; - [-mə]⟩ régimen *m*; **~kritiker(in)** *m(f)* crítico, -a *m,f* al régimen, disidente *m,f*

Regiment [regi'mɛnt] *n* ⟨-(e)s; -e, MIL -er⟩ **1** (*Herrschaft*) mando *m*; **2** MIL regimiento *m*

Region [regi'oːn] *f* región *f*; ***dynamische ~*** región *f* dinámica; ***notleidende ~*** región *f* deprimida; ***unterentwickelte ~*** región *f* subdesarrollada

regio'nal *adj* regional

Regisseur(in) [reʒɪ'søːr(ɪn)] *m* ⟨-s; -e⟩ (*f*) THEA, FILM director, a *m,f*; FILM, TV *a* realizador, a *m,f*

Register [re'gɪstər] *n* ⟨-s; -⟩ **1** (*Verzeichnis*) índice *m*, registro *m* (*a* ADM, MUS); ***ins ~ eintragen*** registrar; ***sich in ein ~ eintragen lassen*** inscribirse en un registro; *fig* ***alle ~ ziehen*** mover todos los cables; **2** *e-s Buches* índice *m*, tabla *f* de materias

Registratur [regɪstra'tuːr] *f* archivo *m*

registrieren [regɪs'triːrən] *v/t* ⟨*sin* ge⟩ **1** (*eintragen*) registrar, inscribir; **2** *fig a* constatar

Regis|'trierkasse *f* caja *f* registradora; **≈'triert** *adjt* inscrito, registrado; **~'trierung** *f* registro *m*

Reglement [reglə'mɑ̃ː] *n* ⟨-s; -s⟩ reglamento *m*; **≈ieren** [-mɛn'tiːrən] *v/t* ⟨*sin* ge⟩ reglamentar

'Regler *m* TEC regulador *m*

'reglos *adj* inmóvil

'regnen *v/imp* llover; ***es regnet*** llueve

'regnerisch *adj* lluvioso

Regress [re'grɛs] *m* ⟨-es; -e⟩ JUR recurso *m*; **~anspruch** *m* derecho *m* a indemnización; **≈pflichtig** *adj* responsable, obligado a pagar indemnización

'regsam *geh adj* activo; *geistig* vivo

regulär [regu'lɛːr] *adj* (*vorschriftsmäßig*) regular; (*normal*) *a* normal

regulierbar [regu'liːrbaːr] *adj* regulable

regu'lier|en *v/t* ⟨*sin* ge⟩ TEC reglar; *Verkehr, Fluss* regular; (*einstellen*) ajustar; **≈ung** *f* TEC reglaje *m*; *des Verkehrs, e-s Flusses* regulación *f*; (*Einstellung*) ajuste *m*

'Regung *f* (*Bewegung*) movimiento *m*; (*Gefühls≈*) emoción *f*; (*Gemüts≈*) impulso *m*, arranque *m*

'regungslos *adj* inmóvil

Reh [reː] *n* ⟨-(e)s; -e⟩ corzo *m*

Rehabilitation [rehabilitatsi'oːn] *f* rehabilitación *f*; **~szentrum** *n* centro *m* de rehabilitación

rehabili'tieren *v/t* ⟨*sin* ge⟩ JUR, *fig* rehabilitar

'Reh|bock *m* corzo *m* macho; **~kitz** *n* corcino *m*

Reibach ['raɪbax] F *m* ⟨-s⟩ ***bei etw*** (***e-n***) ***~ machen*** F hacer el agosto con a/c

Reibe ['raɪbə] *f*, **'Reibeisen** *n* rallador *m*

'Reibekuchen *m* → ***Kartoffelpuffer***

'reiben ⟨rieb, gerieben⟩ **I** *v/t* frotar; *leicht* rozar; GASTR rallar; ***sich*** (*dat*) ***die Augen ~*** restregarse los ojos; ***sich*** (*dat*) ***die Hände ~*** frotarse las manos (*a fig*); **II** *v/r* ***sich wund ~*** excoriarse, desollarse; *fig* ***sich an j-m ~*** buscar pelea con alg, buscarle a alg las cosquillas

Reibe'reien *pl fig* roces *m/pl*, fricciones *f/pl* (***mit*** con)

'Reibung *f* **1** (*Reiben*) frote *m*, roce *m*; PHYS rozamiento *m*, fricción *f*; **2** *fig pl* **~en** roces *m/pl*, fricciones *f/pl*

'reibungslos *adj u adv* sin dificultades

reich [raɪç] **I** *adj* rico (***an*** *+dat* en); *Ernte a* abundante; (*wohlhabend*) adinerado; *fig Wissen* profundo; ***~ machen*** hacer rico, enriquecer; ***~ werden*** hacerse rico, enriquecerse; **II** *adv* (*sehr*) muy; ***~ geschmückt*** profusamente adornado

Reich [raɪç] *n* ⟨-(e)s; -e⟩ **1** POL, HIST imperio *m*; ***das Dritte ~*** el tercer Reich; **2** *fig* REL, *der Träume, Tiere, Pflanzen* reino *m*; ***das ~ Gottes*** el Reino de Dios

'Reiche(r) *f(m)* ⟨→ A⟩ rico, -a *m,f*

reichen ['raɪçən] **I** *v/t* **1** (*geben*) dar; (*herüber~*) pasar, tender; ***j-m die Hand ~*** dar(le) la mano a alg; **2** *geh* (*servieren*) servir; **II** *v/i* **3** (*sich erstrecken*) **~** (***bis***) llegar, alargarse (hasta); *in der Fläche* extenderse (hasta); ***er reicht mir nicht bis ans Kinn*** no me llega ni a la barbilla; **4** (*langen*) llegar, ser suficiente; ***das reicht*** ya basta; ***jetzt reichts*** (***mir***) ***aber!*** ¡estoy harto!; F estoy hasta las narices

'reichhaltig *adj* rico; *Mahlzeit* abundante; *Angebot usw* variado

'reichlich **I** *adj* **1** copioso, abundante; **II** *adv* **2** en abundancia; **3** F (*ziemlich*) bastante

'Reichsstadt *f* HIST ciudad *f* imperial

'Reichtum *m* ⟨-s; ≃er⟩ riqueza *f* (***an*** *+dat* en); (*Vermögen*) fortuna *f*; (*Fülle*) abundancia *f*; (*Vielfalt*) variedad *f*

'Reichweite *f* alcance *m* (*a fig*); ***etw in ~ ha-***

ben tener a/c al alcance (de la mano)

reif [raɪf] maduro (*a fig*); *Käse* curado; **~ *werden*** madurar; F ***e-e ~e Leistung*** un trabajo bien hecho; F ***er ist ~ für die Klapsmühle*** está para meterlo en el manicomio; ***die Zeit ist ~ für Investitionen*** ha llegado la hora de invertir

Reif[1] [raɪf] *poet m* ⟨-(e)s; -e⟩ (*Finger*♀) anillo *m*; (*Arm*♀) brazalete *m*, aro *m*; (*Haar*♀) diadema *f*

Reif[2] *m* ⟨-(e)s⟩ (*gefrorener Tau*) helada *f* blanca; (*Rau*♀) escarcha *f*

'Reife *f* ⟨-⟩ madurez *f* (*a fig*); ***mittlere ~*** *etwa* bachillerato *m* elemental

'reifen *v/i* ⟨sn⟩ madurar (*a fig*); *geh* ***zum Manne ~*** hacerse un hombre

'Reifen *m* ⟨-s; -⟩ **1** (*Auto*♀, *Fahrrad*♀) neumático *m*; **2** *Spielzeug, Sportgerät* aro *m*; **3** → ***Reif***[1]; **~druck** *m* ⟨-(e)s⟩ presión *f* del neumático; **~panne** *f* pinchazo *m*, reventón *m*; **~profil** *n* ranuras *f/pl*, dibujo *m* (del neumático); **~wechsel** *m* cambio *m* de neumáticos

'Reife|prüfung *f* examen *m* de bachillerato; **~zeugnis** *n* título *m* de bachiller

'Reifglätte *f* hielo *m* (que cubre la carretera)

'reiflich I *adj* detenido, largo; ***nach ~er Überlegung*** tras pensarlo bien; **II** *adv* a fondo

Reigen ['raɪgən] *m* ⟨-s; -⟩ ronda *f*; ***den ~ der Redner eröffnen*** tomar la palabra en primer lugar

Reihe ['raɪə] *f* **1** fila *f*; (*Bäume, Knöpfe usw*) *a* hilera *f*; (*Folge, Anzahl*) serie *f*; MAT *a* progresión *f*; ***e-e ~ von Jahren*** una serie de años; ***e-e ~ von Unfällen*** una serie de accidentes; ***sich in e-r ~ aufstellen*** ponerse en fila; *fig* ***aus der ~ tanzen*** hacer rancho aparte; ***in Reih und Glied*** en formación; **2** (*Reihenfolge*) orden *m*, turno *m*; ***wer ist an der ~?*** ¿a quién le toca?; ***außer der ~*** fuera de turno; ***der ~ nach*** por orden, por turno; ***der ~ nach erzählen*** contar punto por punto

'reihen I *v/t* **1** *Perlen* ensartar; **2** MODE hilvanar; **II** *v/r* **3** ***sich an etw*** (*acus*) **~** sucederse a a/c

'Reihen|folge *f* sucesión *f*; (*Ordnung*) orden *m*; **~haus** *n* chalet *m* adosado; **♀weise** *adv* en filas

Reiher ['raɪər] *m* garza *f*

reih'um *adv* pasando de uno a otro; ***etw ~ gehen lassen*** hacer pasar a/c de mano en mano

Reim [raɪm] *m* ⟨-(e)s; -e⟩ rima *f*; ***darauf kann ich mir keinen ~ machen*** no me lo explico

'reimen *v/t*, *v/r* (***sich***) **~** rimar (***auf*** *+acus* con)

'Reimpor|t *m* reimportación *f*; **♀'tieren** *v/t* ⟨*sin* ge⟩ reimportar

rein[1] [raɪn] **I** *adj* **1** (*unvermischt*) puro; *Wein, Saft a* natural; ***~e Seide, Wolle*** pura seda *f*, lana *f*; **2** (*sauber*) limpio; *Luft* fresco, puro; *Klang, Wasser* claro; ***~(e) machen*** limpiar; ***etw ins ♀e schreiben*** pasar a/c a limpio; **3** *fig* ***e-e Sache ins ♀e bringen*** aclarar a/c; ***mit j-m ins ♀e kommen*** sincerarse con alg; **4** F ***das ist der ~ste Wahnsinn*** eso es una verdadera locura; **II** *adv* **5** (*ausschließlich*) únicamente, solamente; **6** F (*ganz, völlig*) absolutamente, completamente; ***~ gar nichts*** nada de nada

rein[2] F → ***herein, hinein***

'Reine|machefrau *f* señora *f* de la limpieza; **~machen** *n* ⟨-s⟩ limpieza *f*

'Rein|erlös *m*, **~ertrag** *m* producto *m* neto

'Reinfall F *m* fracaso *m*; F chasco *m*; ***glatter ~*** completo fracaso *m*

'reinfallen F *fig v/i* ⟨*irr, sep*, sn⟩ F llevarse un chasco (***mit etw*** con a/c; ***auf j-n*** con alg)

'Rein|gewinn *m* beneficio *m* neto; **~haltung** *f* ⟨-⟩ *der Umwelt* protección *f*

'reinhauen F ⟨*sep*⟩ **I** *v/t* ***j-m e-e ~*** F partir (-le) la cara a alg; **II** *v/i beim Essen* F comer como una lima

'Reinheit *f* ⟨-⟩ pureza *f*; (*Sauberkeit*) limpieza *f*; (*Klarheit*) nitidez *f*

'reinigen *v/t* limpiar; *Luft*, REL purificar; *Wasser* depurar; ***chemisch ~*** limpiar en seco

'Reinigung *f* **1** limpieza *f*; *von Wasser* depuración *f* (*a fig*); *fig* purificación *f*; ***~ der Abluft, von Abwässern*** depuración *f* del aire de salida, de aguas residuales; **2** *Betrieb* tintorería *f*; ***chemische ~*** limpieza *f* en seco

'Reinigungs|milch *f* leche *f* limpiadora; **~mittel** *n* limpiador *m*, detergente *m*

'reinlegen F *v/t* ⟨*sep*⟩ F tomar el pelo; (*betrügen*) timar

'reinlich *adj* limpio, aseado; **♀keit** *f* ⟨-⟩ limpieza *f*

'reinrassig *adj* de pura raza, castizo

'rein|reißen, ~reiten F *v/t* ⟨*irr, sep*⟩ ***j-n ~*** meter a alg en un lío

'Reinschrift *f* copia *f* en limpio

reinves|'tieren *v/t* ⟨*sin* ge⟩ reinvertir; **♀ti'on** *f* reinversión *f*

'reinwaschen *v/t*, *v/r* ⟨*irr, sep*⟩ (***sich***) **~** librar(se) de sospechas, limpiar(se) de culpas

'reinwürgen F *fig v/t* ⟨*sep*⟩ ***j-m e-e*** *od* ***eins ~*** hacer(le) a alg una faena

Reis [raɪs] *m* ⟨-es⟩ arroz *m*

Reise ['raɪzə] *f* viaje *m*; ***e-e ~ machen*** hacer un viaje; ***auf ~n gehen, e-e ~ antreten*** ir *od*

salir de viaje; ***auf ~n sein*** estar de viaje
'Reise|andenken *n* recuerdo *m* (de un viaje), souvenir *m*; **~ausgaben** *f/pl* gastos *m/pl* de viaje; **~begleiter(in)** *m(f)* compañero, -a *m,f* de viaje; **~bekanntschaft** *f* *persona a la que se ha conocido en un viaje*; **~bericht** *m* informe *m* de viaje; **~büro** *n* agencia *f* de viajes; **~bus** *m* autocar *m*; **~charter** *m* fletamiento *m* por viaje; **2fertig** *adj* dispuesto para partir; **~fieber** *n* nerviosismo *m* ante un viaje; **~führer** *m Buch* guía *f* turística; *Mensch* guía *m* turístico; **~führerin** *f* guía *f* turística; **~gepäck** *n* equipaje *m*; **~gepäckversicherung** *f* seguro *m* de equipajes; **~gesellschaft** *f*, **~gruppe** *f* grupo *m* de turistas
'Reisekosten *pl* gastos *m/pl* de viaje; ***die ~ werden von uns erstattet*** los gastos de viaje corren a nuestra cuenta
'Reise|kostenabrechnung *f* liquidación *f* de los gastos de viaje; **~land** *n* país *m* turístico; **~leiter(in)** *m(f)* guía *m,f* turístico, -a; **~leitung** *f* **1** *Tätigkeit* organización *f* de un viaje; **2** → ***Reiseleiter(in)***; **2lustig** *adj* aficionado a viajar
'reisen *v/i* ⟨sn⟩ viajar, ir de viaje (***nach*** a); (*ab~*) salir (***nach*** a); ***durch ein Land ~*** recorrer un país
'Reisende(r) *f(m)* ⟨→ A⟩ **1** viajero, -a *m,f*; (*Fahrgast*) pasajero, -a *m,f*; (*Urlaubs2*) turista *m,f*; **2** (*Handlungs2*) viajante *m,f*
'Reise|pass *m* pasaporte *m*; **~route** *f* itinerario *m*, ruta *f*; **~rücktrittsversicherung** *f* seguro *m* de anulación de un viaje; **~ruf** *m Rundfunk* mensaje *m* personal (para un viajero); **~scheck** *m* cheque *m* de viaje; **~spesen** *pl* gastos *m/pl* de viaje; **~tasche** *f* bolso *m* de viaje; **~unternehmen** *n* agencia *f* de viajes; **~veranstalter** *m* operador *m* turístico, agente *m* de viajes, turoperador *m*; **~verkehr** *m* tráfico *m* de viajeros; *durch Urlaubsreisen* turismo *m*; **~wecker** *m* despertador *m* de viaje; **~welle** *f* ola *f* de viajeros
'Reisewetter *n* tiempo *m* para el viaje; **~bericht** *m* pronóstico *m* del tiempo para viajeros
'Reise|zeit *f* periodo *m* de viaje; (*Urlaubszeit*) (periodo *m* de) vacaciones *f/pl*; **~ziel** *n* destino *m* del viaje
'Reisfeld *n* arrozal *m*
'Reisig *n* ⟨-s⟩ leña *f* menuda, ramas *f/pl* secas
'Reiskorn *n* grano *m* de arroz
Reiß'aus *m* ***~ nehmen*** F tomar las de Villadiego, pirárselas
'Reißbrett *n* tablero *m* de dibujo
reißen ['raɪsən] ⟨riss, gerissen⟩ **I** *v/t* ⟨h⟩ **1** (*weg~*) arrancar; ***etw an sich*** (*acus*) ***~*** arrebatar a/c; *fig* apoderarse de a/c; ***j-n aus etw ~*** sacar a alg de a/c (*a fig*); ***mit sich ~*** arrastrar; ***j-n zu Boden ~*** derribar a alg, tirar a alg al suelo; ***sich*** (*dat*) ***die Kleider vom Leibe ~*** quitarse la ropa violentamente; ***in Stücke ~*** romper en pedazos; ***sie riss den Wagen, das Lenkrad nach rechts*** dio un volantazo hacia la derecha; **2** *Raubtiere* matar; **II** *v/i* **3** ⟨h⟩ ***an etw*** (*dat*) ***~*** tirar (violentamente) de a/c; **4** ⟨sn⟩ *Schnur* romperse; *Stoff, Papier* desgarrarse, rasgarse; (*Löcher bekommen*) agujerearse; **III** *v/r* ⟨h⟩ **5** *fig* ***sich um etw ~*** disputarse a/c; ***sich um j-n ~*** pelearse por alg; ***sich nicht um etw ~*** *Auftrag* no tener especial interés en a/c
'reißend *adjt Tier* feroz; *Strom* impetuoso; *Schmerz* lancinante, fuerte; *Ware* ***~en Absatz finden*** tener muy buena salida
'Reißer F *m* exitazo *m*; **2isch** *adj* sensacionalista
'reiß|fest *adj* resistente (a la rotura); **2leine** *f* cuerda *f* de desgarre; **2nagel** *m* chincheta *f*; **2verschluss** *m* cremallera *f*; **2wolf** *m* desfibradora *f*; **2zwecke** *f* chincheta *f*
Reitbahn ['raɪt-] *f* picadero *m*
'reiten ⟨reitet, ritt, geritten, sn⟩ **I** *v/t* ⟨h⟩ montar; **II** *v/i* ⟨sn⟩ montar a caballo, cabalgar; *als Sport a* practicar la equitación; *irgendwohin* ir a caballo; ***auf e-m Pferd ~*** ir a caballo
'Reiten *n* ⟨-s⟩ equitación *f*
'Reiter *m* jinete *m*; (*Kartei2*) indicador *m*
Reite'rei *f* MIL caballería *f*
'Reiterin *f* amazona *f*
'Reit|hose *f* pantalón *m* de montar; **~lehrer(-in)** *m(f)* profesor, a *m,f* de equitación; **~peitsche** *f* fusta *f*; **~pferd** *n* caballo *m* de silla; **~sport** *m* equitación *f*, deporte *m* hípico; **~stall** *m* caballeriza *f*; **~stiefel** *m* bota *f* de montar; **~turnier** *n* concurso *m od* torneo *m* hípico; **~unterricht** *m* clase *f* de equitación
Reiz [raɪts] *m* ⟨-es; -e⟩ **1** BIOL estímulo *m*, excitación *f*; **2** (*Anziehungskraft*) atractivo *m*, encanto *m*; ***weibliche ~e*** encantos *m/pl* femeninos; ***e-n (großen) ~ auf j-n ausüben*** fascinar a alg
'reizbar *adj* irritable; **2keit** *f* ⟨-⟩ irritabilidad *f*
'reizen *v/t* **1** (*erregen*) excitar; MED *a* irritar; (*ärgern*) *a* enojar; (*anregen*) estimular; (*herausfordern*) provocar; ***in gereiztem Ton*** en tono irritado; **2** (*anziehen*) seducir; (*locken*) *a* atraer; ***das kann mich nicht ~*** no me atrae; **3** *beim Skat* cantar
'reizend *adjt* (*anziehend*) atractivo; (*goldig*) encantador
'reiz|los *adj* sin atractivo; **2schwelle** *f* um-

R

bral *m* de estimulación; 2**ung** *f* MED excitación *f*; (*Haut*2) irritación *f*
'reiz|voll *adj* **1** atractivo, encantador; **2** (*interessant*) interesante, atrayente; 2**wäsche** *f* ⟨-⟩ ropa *f* interior sexy; 2**wort** *n* palabra *f* que despierta polémica
rekeln ['reːkəln] *v/r* ***sich ~*** estirarse, desperezarse; *behaglich* repanchingarse
Reklamation [reklamatsi'oːn] *f* reclamación *f*; **~sabteilung** *f* departamento *m* de reclamaciones
Reklame [re'klaːmə] *f* publicidad *f*, propaganda *f*; **~fläche** *f* espacio *m* publicitario; **~tafel** *f* cartel *m* publicitario
rekla'mieren *v/t*, *v/i* ⟨*sin* ge⟩ reclamar (***bei j-m*** a alg; *a* SPORT); *nur v/i* hacer una reclamación
rekonstruieren [rekɔnstru'iːrən] *v/t* ⟨*sin* ge⟩ reconstruir (*a fig*)
Rekonstruktion [rekɔnstrʊktsi'oːn] *f* reconstrucción *f* (*a fig*)
Rekonvaleszent(in) [rekɔnvalɛs'tsɛnt(ɪn)] *m* ⟨-en; -en⟩ (*f*) convaleciente *m,f*
Rekord [re'kɔrt] *m* ⟨-(e)s; -e⟩ (plus)marca *f*, récord *m* (***in*** +*dat* de; *a fig*); ***e-n ~ aufstellen, halten*** establecer, conservar el récord
Re'kord|besuch *m* (número *m*) récord *m* de visitantes; **~ernte** *f* cosecha *f* récord; **~gewinn** *m* beneficio(s) *m*(*pl*) récord; **~halter(in)** *m*(*f*) plusmarquista *m,f*; **~jahr** *n* año *m* récord; **~umsatz** *m* cifra *f* (de ventas) récord; **~verlust(e)** *m*(*pl*) pérdidas *f/pl* récord; **~zeit** *f* tiempo *m* récord
Rekrut [re'kruːt] *m* ⟨-en; -en⟩ MIL recluta *m*, quinto *m*
rekru'tieren ⟨*sin* ge⟩ **I** *v/t* MIL reclutar (*a fig*), *bsd Am* enrolar; **II** *v/r* ***sich ~*** *fig* componerse (***aus*** de)
Rektor(in) ['rɛktɔr (-'toːrɪn)] *m* ⟨-s; -'toren⟩ (*f*) *e-r Hochschule* rector, a *m,f*; *e-r Schule* director, a *m,f*
Rel. *Abk* (*Religion*) religión *f*
Relais [rə'lɛː] *n* ⟨-; - [rə'lɛːs]⟩ EL relé *m*
Relation [relatsi'oːn] *f* relación *f*
rela'ti|v *adj* relativo; **~'vieren** *v/t* ⟨*sin* ge⟩ relativizar
Relativi'tät *f* relatividad *f* (*a* PHYS); **~stheorie** *f* teoría *f* de la relatividad
Rela'tivpronomen *n* pronombre *m* relativo
relevant [rele'vant] *adj* importante; *Information* útil, relevante (***für*** para)
Relief [reli'ɛf] *n* ⟨-s; -s *o* -e⟩ relieve *m*
Religion [religi'oːn] *f* religión *f*
Religi'ons|freiheit *f* libertad *f* de culto; **~gemeinschaft** *f* comunidad *f* religiosa; **~unterricht** *m* clase *f* de religión; **~zugehörigkeit** *f* confesión *f*
religiös [religi'øːs] *adj* religioso; (*fromm*) piadoso; (*gläubig*) creyente
Religiosität [religiozi'tɛːt] *f* ⟨-⟩ religiosidad *f*
Relikt [re'lɪkt] *n* ⟨-(e)s; -e⟩ residuo *m*, vestigio *m*
Reling ['reːlɪŋ] *f* ⟨-; -s *o* -e⟩ borda *f*
Reliquie [re'liːkviə] *f* REL reliquia *f*; **~nschrein** *m* relicario *m*
Remake [ri'meːk] *n* ⟨-s; -s⟩ FILM remake *m*, versión *f* moderna
remis [rə'miː] *adv* ***~ spielen*** hacer tablas
Re'mis *n* ⟨-; - [rə'miːs] *o* -en⟩ tablas *f/pl*
Remoulade [remu'laːdə] *f*, **~nsoße** *f* salsa *f* tártara
rempeln ['rɛmpəln] F *v/t* empujar; *Fußball usw* F cargar contra
Ren [rɛn] *n* ⟨-s; -s⟩ reno *m*
Renaissance [rənɛ'sɑ̃ːs] *f Stil*, *Epoche* Renacimiento *m*; *fig* renacimiento *m*
Rendezvous [rɑ̃de'vuː] *n* ⟨-; - [-'vuːs]⟩ cita *f*
Rendite [rɛn'diːtə] *f* rédito *m*, rendimiento *m*; ***hohe ~*** alto rendimiento *m*
Reneklode [reːnə'kloːdə] *f* BOT ciruela *f* claudia
renitent [reni'tɛnt] *adj* recalcitrante, renitente
Renn|bahn ['rɛn-] *f* (*Pferde*2) hipódromo *m*; (*Rad*2) pista *f*, velódromo *m*; (*Auto*2) circuito *m* (de carreras); **~boot** *n* bote *m* de carreras
'rennen *v/i* ⟨rannte, gerannt, sn⟩ correr; (*vorwärts stürzen*) precipitarse; ***gegen etw ~*** chocar *od* dar contra a/c
'Rennen *n* ⟨-s; -⟩ carrera; ***das ~ machen*** ganar (la carrera); *fig* triunfar
'Renner F *m* éxito *m* de ventas
'Renn|fahrer *m* corredor *m*, piloto *m* de carreras; **~pferd** *n* caballo *m* de carreras; **~platz** *m* hipódromo *m*; **~rad** *n* bicicleta *f* de carreras; **~sport** *m* carreras *f/pl*; (*Pferde*2) carreras *f/pl* de hípica; **~strecke** *f* recorrido *m*, pista *f*; (*Rundstrecke*) circuito *m*; **~wagen** *m* coche *m* de carreras
Renommee [renɔ'meː] *n* ⟨-s; -s⟩ reputación *f*, (re)nombre *m*
renom'miert *adjt* afamado, famoso, célebre (***wegen*** por)
renovier|en [reno'viːrən] *v/t* ⟨*sin* ge⟩ renovar; 2**ung** *f* renovación *f*
rentabel [rɛn'taːbəl] *adj* ⟨-bl-⟩ rentable
Rentabili'tät *f* ⟨-⟩ rentabilidad *f*; **~sschwelle** *f* umbral *m* de rentabilidad; **~ssteigerung** *f* aumento *m* de rentabilidad; **~sverlust** *m* pérdida *f* de rentabilidad
Rente ['rɛntə] *f* (*gesetzliche Alters*2) pensión *f*; *Geldbetrag*, *Zustand a* jubilación *f*; (*Kapital*2) renta *f*; ***lebenslange ~*** pensión *f* vitalicia; ***~ beziehen*** cobrar una pensión; F ***in ~ gehen*** jubilarse; ***in ~ sein*** estar jubilado

R

'Renten|alter *n* edad *f* de retiro *od* de jubilación; **~anspruch** *m* derecho *m* de pensión; **~berechtigte(r)** *f(m)* beneficiario, -a *m,f* de la pensión; **~empfänger(in)** *m(f)* perceptor, a *m,f* de una pensión; **~fonds** *m* fondo *m* de bonos *od* de inversión; **~papiere** *n/pl* FIN valores *m/pl* de renta fija; **~versicherung** *f* seguro *m* de pensiones; **~versicherungsbeitrag** *m* cuota *f* al seguro de pensiones
Rentier ['rɛntiːr] *n* reno *m*
rentieren [rɛn'tiːrən] *v/r* ⟨*sin* ge⟩ ***sich ~*** ser rentable; *fig* (*sich lohnen*) valer la pena
'Rentner(in) *m(f)* pensionista *m,f*, jubilado, -a *m,f*
Reorgani|sati'on *f* reorganización *f*; **≗'sieren** *v/t* ⟨*sin* ge⟩ reorganizar
reparabel [repa'raːbəl] *adj* ⟨-bl-⟩ reparable
Repara'tur *f* reparación *f*, arreglo *m* (***an*** *+dat* de); **≗anfällig** *adj* delicado, frágil; **~arbeiten** *pl* trabajos *m/pl* de reparación; **≗bedürftig** *adj* que necesita reparación; **~werkstatt** *f* taller *m* de reparaciones; *für Autos a* taller *m*
repa'rieren *v/t* ⟨*sin* ge⟩ reparar, arreglar
Repertoire [repɛrto'aːr] *n* ⟨-s; -s⟩ repertorio *m* (*a fig*)
Repor|t [re'pɔrt] *m* ⟨-s; -e⟩ informe *m*; **~tage** [-'taːʒə] *f* reportaje *m*
Re'porter(in) *m(f)* reportero, -a *m,f*
Repräsen|tant(in) [reprɛzɛn'tant(ɪn)] *m* ⟨-en; -en⟩ (*f*) representante *m,f*; **~tati'on** *f* ⟨-⟩ representación *f*; **≗ta'tiv** *adj* representativo (***für*** de); **≗'tieren** ⟨*sin* ge⟩ *v/t, v/i* representar
Repressalie [reprɛ'saːliə] *f* represalia *f*
Repro|duktion [reprodʊktsi'oːn] *f* reproducción *f*; **≗du'zieren** *v/t* ⟨*sin* ge⟩ reproducir
Repro|graphie [reprogra'fiː] *f* reprografía *f*; **≗'graphisch** *adj* reprográfico
Reptil [rɛp'tiːl] *n* ⟨-s; -ien⟩ reptil *m*
Republik [repu'bliːk] *f* república *f*; ***die ~ Österreich*** la República de Austria
Republi'kaner(in) *m(f)* **1** (*Republikanhänger*) republicano, -a *m,f*; **2** *BRD miembro del partido republicano*
republi'kanisch *adj* republicano
Requiem ['reːkviɛm] *n* ⟨-s; -s⟩ réquiem *m*
Requisit [rekvi'ziːt] *n* ⟨-(e)s; -en⟩ **1** THEA accesorio *m*; **2** *fig* requisito *m*
resch [rɛʃ] *adj österr* **1** (*knusprig*) crujiente; **2** F (*lebhaft*) resuelto
Reser'vat *n* ⟨-(e)s; -e⟩ reserva *f*
Reserve [re'zɛrvə] *f* reserva *f* (*a* MIL, SPORT); F ***j-n aus der ~ locken*** F sacar a alg de la burbuja; ***stille ~*** FIN reserva *f* tácita *od* oculta
Re'serve|kanister *m für Benzin* bidón *m* de reserva; **~offizier** *m* oficial *m* de reserva; **~rad** *n* rueda *f* de repuesto; **~tank** *m* depósito *m* de reserva
reser'vieren *v/t* ⟨*sin* ge⟩ reservar
reser'viert *adjt* reservado (*a fig*)
Reser'vierung *f* reserva *f*
Reser'vist *m* reservista *m*; SPORT reserva *m*
Reservoir [rezɛrvo'aːr] *n* ⟨-s; -e⟩ depósito *m* (*a fig*)
Residenz [rezi'dɛnts] *f* residencia *f*
resi'dieren *v/i* ⟨*sin* ge⟩ residir
Resignati'on *f* resignación *f*
resignieren [rezɪ'gniːrən] *v/i* ⟨*sin* ge⟩ resignarse
resistent [rezɪs'tɛnt] *adj* resistente (***gegen*** a)
resolut [rezo'luːt] *adj* resuelto, resoluto
Resoluti'on *f* resolución *f*
Resonanz [rezo'nants] *f* PHYS, MUS resonancia *f*; *fig a* eco *m*, repercusión *f* (***auf*** *+acus* en); **~boden** *m* MUS caja *f* de resonancia
resoziali'sier|en *v/t* ⟨*sin* ge⟩ reinsertar (en la sociedad); **≗ung** *f* reinserción *f* social
resp. *Abk* (*respektive*) respectivamente
Respekt [re'spɛkt] *m* ⟨-(e)s⟩ respeto *m*; ***vor j-m, etw ~ haben*** tener(le) respeto a alg; ***sich*** (*dat*) ***~ verschaffen*** ganarse el respeto
respektabel [respɛk'taːbəl] *adj* ⟨-bl-⟩ respetable
respek'tieren *v/t* ⟨*sin* ge⟩ respetar
res'pektlos *adj* irrespetuoso, sin respeto; **≗igkeit** *f* ⟨-⟩ falta *f* de respeto
Res'pektsperson *f* persona *f* de respeto
res'pektvoll *adj* respetuoso
Ressort [rɛ'soːr] *n* ⟨-s; -s⟩ negociado *m*, sección *f*, departamento *m*
Ressource [rɛ'sʊrsə] *f* ECON, FIN recurso *m*; ***natürliche, knappe ~n*** recursos *m/pl* naturales, escasos
res'sourcenschonend *adj*, *adv* protegiendo los recursos (naturales)
Rest [rɛst] *m* ⟨-(e)s; -e⟩ **1** resto *m* (*a* MAT), residuos *m/pl*; *fig* (*Spur*) vestigio *m*; F *fig* ***j-m den ~ geben*** dar a alg el golpe de gracia; **2** *pl* ***~e*** (*Speise≗*) sobras *f/pl*, restos *m/pl*
Restaurant [rɛsto'rɑ̃ː] *n* ⟨-s; -s⟩ restaurante *m*
Restau|rator(in) [restaʊ'raːtɔr (-ra'toːrɪn)] *m* ⟨-s; -'toren⟩ (*f*) restaurador, a *m,f*; **≗'rieren** *v/t* ⟨*sin* ge⟩ restaurar; **~'rierung** *f* restauración *f*
'Rest|bestand *m an Waren* remanentes *m/pl*, existencias *f/pl* restantes; **~betrag** *m* saldo *m*, remanente *m*
'restlich *adj* restante
'restlos *adv* entero, total; F ***~ glücklich*** rebosante de alegría

'Rest|müll *m* residuos *m/pl* restantes; **~posten** *m* restante *m*
Restrik|tion [restrɪktsi'on] *f* restricción *f*; **⌒'tiv** *adj* restrictivo
'Rest|risiko *n* riesgo *m* (remanente); **~zahlung** *f* pago *m* restante
Resultat [rezʊl'taːt] *n* ⟨-(e)s; -e⟩ resultado *m*
resul'tieren *v/i* ⟨*sin* ge⟩ ***aus etw ~*** resultar de a/c; ***daraus resultiert, dass …*** de ello resulta que …
Resü|mee [rezy'meː] *n* ⟨-s; -s⟩ resumen *m*; **⌒'mieren** *v/t* ⟨*sin* ge⟩ resumir
Retorte [re'tɔrtə] *f* retorta *f*, alambique *m*; F *fig* ***aus der ~*** artificial
Re'tortenbaby F *n* bebé-probeta *m*
Retrospektive [retrospɛk'tiːvə] *f* retrospectiva *f*; (*Rückblick*) retrospección *f*
retten ['rɛtən] **I** *v/t* salvar (***aus, vor*** *+dat* de); (*bergen*) rescatar; (*befreien*) liberar; F ***bist du noch zu ~?*** F ¿estás loco?; **II** *v/r* ***sich ~*** salvarse, librarse (***aus, vor*** *+dat* de)
'Retter(in) *m(f)* (*Lebens⌒*) salvador, a *m,f* (*a fig*)
Rettich ['rɛtɪç] *m* ⟨-s; -e⟩ rábano *m*
'Rettung *f* **1** salvamento *m*, rescate *m*; *fig* salvación *f*; *fig* ***letzte ~*** última esperanza *f*; **2** *österr* (*Krankenwagen*) ambulancia *f*
'Rettungs|aktion *f* operación *f* (de) rescate; **~boot** *n* bote *m* salvavidas; **~dienst** *m* servicio *m* de salvamento; **~hubschrauber** *m* helicóptero *m* de salvamento; **~mannschaft** *f* equipo *m* de rescate; **~ring** *m* salvavidas *m*; **~schwimmer(in)** *m(f)* socorrista *m,f*; **~wagen** *m* ambulancia *f*
Returntaste [ri'tœrn-] *f* INFORM tecla *f* Return
retuschieren [retu'ʃiːrən] *v/t* ⟨*sin* ge⟩ retocar
Reue ['rɔʏə] *f* ⟨-⟩ arrepentimiento *m* (***über*** *+acus* por); *bsd* REL contricción *f*, penitencia *f*
'reuen *geh v/t, v/imp* ***es reut mich, das getan zu haben*** me arrepiento de haberlo hecho
'reuevoll *geh*, **'reuig** *geh*, **reumütig** ['rɔʏmyːtɪç] **I** *adj* arrepentido; REL penitente; **II** *adv* de corazón contrito
Reuse ['rɔʏzə] *f* nasa *f*
Revanche [re'vɑ̃ːʃ(ə)] *f* desquite *m*, revancha *f*
revan'chieren *v/r* ⟨*sin* ge⟩ ***sich (bei j-m) ~*** *positiv* devolver(le) un favor (a alg); *negativ* tomarse la revancha *od* desquitarse (con alg); ***sich bei j-m für etw ~*** *positiv* corresponder a alg por a/c; *negativ* tomarse la revancha *od* desquitarse con alg por a/c
Revers [rə'vɛːr] *n* ⟨-; - [-'vɛːrs]⟩ MODE solapa *f*
revidieren [revi'diːrən] *v/t* ⟨*sin* ge⟩ revisar
Revier [re'viːr] *n* ⟨-s; -e⟩ **1** (*Jagd⌒*) coto *m*; **2** (*Polizei⌒*) comisaría *f*; **3** zo territorio *m*; **4** *fig* (*Bereich*) dominio *m*
Revision [revizi'oːn] *f* revisión *f*; JUR recurso *m* de casación; ***interne ~*** auditoría *f* interna; ***~ einlegen, in die ~ gehen*** JUR interponer recurso (de casación)
Revisor(in) [re'viːzɔr (-'zoːrɪn)] *m* ⟨-s; -en⟩ (*f*) revisor, a *m,f*
Revolte [re'vɔltə] *f* revuelta *f*, motín *m*
revol'tieren *v/i* ⟨*sin* ge⟩ rebelarse, amotinarse (***gegen j-n, etw*** contra alg, a/c)
Revolution [revolutsi'oːn] *f* revolución *f*
revolutionär [revolutsio'nɛːr] *adj* revolucionario
Revolutio'när(in) *m* ⟨-s; -e⟩ (*f*) revolucionario, -a *m,f*
revolutio'nieren *v/t* ⟨*sin* ge⟩ revolucionar
Revolver [re'vɔlvər] *m* revólver *m*
Revue [re'vyː] *f* revista *f*; *fig* ***~ passieren lassen*** pasar revista a
Rezen|sent(in) [retsɛn'zɛnt(ɪn)] *m* ⟨-en; -en⟩ (*f*) reseñador, a *m,f*, crítico, -a *m,f*; **⌒'sieren** *v/t* ⟨*sin* ge⟩ reseñar, hacer una reseña de; **~si'on** *f* reseña *f*
Rezept [re'tsɛpt] *n* ⟨(e)s; -e⟩ GASTR, MED receta *f*; F *fig a* remedio *m* (***gegen*** contra)
re'zeptfrei *adj u adv* sin receta
Rezeption [retsɛptsi'oːn] *f* recepción *f*
re'zeptpflichtig *adj* con receta (médica)
Rezession [retsɛsi'oːn] *f* recesión *f*; ***leichte, starke ~*** ligera, fuerte recesión; ***weltweite ~*** recesión mundial
Re'zessionsgefahr *f* riesgo *m* de recesión
reziprok [retsi'proːk] *adj* recíproco
Rezi|tativ [retsita'tiːf] *n* ⟨-s; -e⟩ MUS recitativo *m*; **⌒'tieren** *v/t* ⟨*sin* ge⟩ recitar
'R-Gespräch *n* TEL conferencia *f* a cobro revertido
Rhabarber [ra'barbər] *m* ⟨-s⟩ ruibarbo *m*
Rhapsodie [rapso'diː] *f* MUS rapsodia *f*
Rhein [raɪn] *m* ⟨-s⟩ ***der ~*** el Rin
'rheinisch *adj* renano
'Rheinland *n* ⟨-s⟩ ***das ~*** Renania *f*
Rheinländer(in) ['raɪnlɛndər(ɪn)] *m(f)* renano, -a *m,f*
'Rheinland-'Pfalz *n* ⟨von -⟩ Renania-Palatinado *m*
Rhesusfaktor ['reːzʊs-] *m* MED factor *m* Rh
Rhetor|ik [re'toːrɪk] *f* retórica *f*; **⌒isch** *adj* retórico
Rheuma ['rɔʏma] *n* ⟨-s⟩ reuma(tismo) *m*; ***zu ~ neigen*** ser propenso a padecer reuma
Rheu'ma|tiker(in) *m(f)* reumático, -a *m,f*; **⌒tisch** *adj* reumático; **~'tismus** *m* ⟨-; -men⟩ reumatismo *m*
Rhinozeros [ri'noːtserɔs] *n* ⟨-(ses); -se⟩ rinoceronte *m*

R

Rhododendron [rodo'dɛndrɔn] *m od n* ⟨-s; -dren⟩ rododendro *m*
Rhombus ['rɔmbʊs] *m* ⟨-; -ben⟩ rombo *m*
Rhone ['ro:nə] *f* ⟨-⟩ ***die ~*** el Ródano
rhythmisch ['rʏtmɪʃ] *adj* rítmico
'Rhythmus *m* ⟨-; -men⟩ ritmo *m*
Ribisel ['ri:bi:zəl] *f* ⟨-; -(n)⟩ *österr rote* grosella *f*; *schwarze* casis *m*
'Richard *m* Ricardo *m*
richten ['rɪçtən] **I** *v/t* **1** (*in die richtige Stellung bringen*) colocar bien; (*gerade ~*) enderezar; TEC ajustar, arreglar; **2** (*lenken*) dirigir (***an*** *+acus*, ***auf*** *+acus* a; ***gegen*** contra); *Blick* fijar (***auf*** *+acus* en); *Fernrohr, Gewehr* apuntar (***auf*** *+acus* a); *Bitte, Brief, Frage* dirigir (***an*** *+acus* a); *Anklage* dirigir (***gegen*** contra); *Aufmerksamkeit, Bemühungen* centrar, fijar (***auf*** *+acus* en); *Wut* concentrar (***gegen*** contra); *Gedanken* dirigir, orientar (***auf*** *+acus* a); **3** (*in Ordnung bringen, ausbessern*) arreglar; **4** *Mahlzeit* preparar; **5** JUR ***j-n ~*** juzgar a alg, sentenciar a alg; **II** *v/r* **6** ***sich nach etw ~*** ajustarse a a/c, atenerse a a/c; (*abhängen von*) depender de a/c; ***ich werde mich danach ~*** lo tendré en cuenta; ***sich nach j-m ~*** adaptarse a (lo que le convenga a) alg; **7** ***sich auf etw*** (*acus*) ***~*** *Blicke, Aufmerksamkeit* fijarse *od* concentrarse en a/c; ***sich gegen j-n ~*** *Kritik, Worte* dirigirse en contra de alg; *Wut* concentrarse contra alg; **III** *v/i* **8** JUR ***über j-n ~*** juzgar a alg
'Richter(in) *m(f)* juez, a *m,f*
'richterlich *adj* judicial
'Richt|fest *n* fiesta *f* de cubrir aguas; **~geschwindigkeit** *f* velocidad *f* máxima aconsejable
richtig ['rɪçtɪç] **I** *adj* **1** (*nicht falsch*) correcto; (*genau*) exacto; ***~!*** ¡exacto!; ***der ~e Weg*** el camino correcto; **2** (*geeignet*) justo, adecuado; **3** (*echt, wirklich*) verdadero, auténtico; ***er ist ein ~er Idiot*** es un perfecto idiota; **II** *adv Uhr* ***~ gehen*** ir a la hora *od* bien; (***es***) ***für ~ halten zu*** (*+inf*) considerar correcto (*+inf*); ***~ rechnen*** calcular bien; ***~ stellen*** rectificar
'Richtige(r) *f(m)* ⟨→ A⟩ persona *f* ideal; *iron* ***an den ~n geraten*** dar con el mejor
'Richtige(s) *n* ⟨→ A⟩ ***das ~ für uns*** lo mejor para nosotros; ***nichts ~s gelernt haben*** no haber aprendido nada de provecho
'richtiggehend *adjt* verdadero
'Richtigkeit *f* ⟨-⟩ corrección *f*, autenticidad *f*; (*Genauigkeit*) exactitud *f*; ***damit hat es s-e ~*** así está en orden
'Richtigstellung *f* rectificación *f*
'Richtlinie *f* directiva *f*
'Richtpreis *m* precio *m* indicativo *od* recomendado; ***unverbindlicher ~*** precio *m* de orientación
'Richtschnur *f fig* pauta *f*
'Richtung *f* **1** dirección *f*; ***in ~ ...*** en dirección a …; ***nach allen ~en*** en todas (las) direcciones; ***in entgegengesetzter ~*** en sentido contrario; ***die Züge aus ~ ...*** los trenes procedentes de …; ***ein erster Schritt in ~*** (***auf den***) ***Frieden*** el primer paso hacia la paz; F *fig* ***die ~ stimmt*** por ahí va; **2** *fig* (*Tendenz*) tendencia *f*, sentido *m*
'Richtungsänderung *f* cambio *m* de dirección; *fig*, POL cambio *m* de sentido
'richtungweisend *adjt* orientador, orientativo
'Richtwert *m* valor *m* indicativo
Ricke ['rɪkə] *f* ZO corza *f*
riechen ['ri:çən] ⟨roch, gerochen⟩ **I** *v/t* oler; F *fig* ***etw nicht ~ können*** no poder ver a/c; F *fig* ***j-n nicht ~ können*** no soportar a alg; F no tragar a alg; **II** *v/i* oler (***an etw*** *dat* a/c; ***nach etw*** a a/c); ***gut, schlecht ~*** oler bien, mal; ***aus dem Mund ~*** tener mal aliento
'Riecher F *m* ***e-n guten ~*** (***für etw***) ***haben*** tener (buen) olfato (para a/c)
Ried [ri:t] *n* ⟨-(e)s; -e⟩ juncal *m*, cañaveral *m*
riefeln ['ri:fəln] *v/t* estriar, acanalar
Riege ['ri:gə] *f* SPORT sección *f*
Riegel ['ri:gəl] *m* ⟨-s; -⟩ **1** cerrojo *m*, pestillo *m*; *fig* ***e-r Sache*** (*dat*) ***e-n ~ vorschieben*** poner coto a a/c; **2** (*Schokoladen*~) barra *f*
Riemen ['ri:mən] *m* ⟨-s; -⟩ **1** correa *f* (*a Trag*~); (*Gürtel*) cinturón *m*; (*Gewehr*~) portafusil *m*; F *fig* ***sich am ~ reißen*** F hacer un esfuerzo, contenerse; **2** (*Ruder*) remo *m*
Riese ['ri:zə] *m* ⟨-n; -n⟩ gigante *m*
rieseln ['ri:zəln] *v/i* ⟨sn⟩ *Sand usw* pasar *od* caer (lentamente); *Tropfen* gotear; *Wasser* fluir
'Riesen|... *in Zssgn* gigantesco; **~'groß** → ***riesig***; **'~'hunger** F *m* F hambre *f* canina; **~rad** *n* noria *f*; **~schlange** *f* boa *f*
'Riesen'schritt *m* ***mit ~en*** a pasos agigantados
'Riesenslalom *m* slalom *m od* eslalon *m* gigante
'riesig **I** *adj* **1** gigantesco; **2** F (*hervorragend*) F fantástico, colosal; **II** F *adv* **3** enormemente; ***ich habe mich ~ gefreut*** me he alegrado un montón
Riff [rɪf] *n* ⟨-(e)s; -e⟩ arrecife *m*
rigoros [rigo'ro:s] *adj* riguroso; (*streng*) severo
Rikscha ['rɪkʃa] *f* ⟨-; -s⟩ riksha *m*
Rille ['rɪlə] *f* ranura *f*; *der Schallplatte* surco *m*
Rind [rɪnt] *n* ⟨-(e)s; -er⟩ **1** ZO bovino *m*, vacuno *m*; **2** (~*fleisch*) (carne *f* de) vaca *f*,

R

Am (carne *f* de) res *f*

Rinde ['rɪndə] *f* (*Baum*♀) corteza *f* (*a Brot*♀, *Käse*♀)

'Rinder|braten *m* asado *m* de vaca *od* de buey; **~filet** *m* filete *m* de vaca *od* de buey; **~leber** *f* hígado *m* de vaca *od* de buey; **~lende** *f* lomo *m* de vaca *od* de buey; **~schmorbraten** *m* estofado *m*; **~wahn**, **~wahnsinn** *m* enfermedad *f od* mal *m* de las vacas locas; **~zucht** *f* cría *f* de ganado bovino; **~zunge** *f* lengua *f* de vaca *od* de buey

'Rindfleisch *n* carne *f* de vaca *od* de buey, *Am* carne *f* de res

'Rindsleder *n* cuero *m* de vaca, vaqueta *f*

'Rindvieh *n* **1** ganado *m* bovino *od* vacuno; **2** F *fig* (*Dummkopf*) imbécil *m*; F animal *m*, bruto *m*

Ring [rɪŋ] *m* ⟨-(e)s; -e⟩ **1** aro *m*, anillo *m*; *Schmuck a* sortija *f*; TEC anilla *f*, argolla *f*; (*Trau*♀) alianza *f*; **2** *um die Augen* ojera *f*; **3** *Boxen* ring *m*; **4** *Turnen* **~e** *pl* anillas *f*/*pl*; **5** (*~straße*) cinturón *m*, circunvalación *f*

'Ringbuch *n* cuaderno *m* de anillas

ringeln ['rɪŋəln] *v/r* ***sich*** **~** enroscarse (***um etw*** a a/c); *Haare* ensortijarse

'Ringel|natter *f* culebra *f* (acuática) de collar; **~reihen** *m* ⟨-s; -⟩ danza *f* en corro; **~spiel** *n österr* → ***Karussell***; **~taube** *f* paloma *f* torcaz

'ringen ⟨rang, gerungen⟩ **I** *v/t* ***die Hände* ~** retorcerse las manos; **II** *v/i* (*kämpfen*) SPORT, *fig* luchar (***mit*** con; ***um*** por); ***nach Atem* ~** respirar con dificultad

'Ringen *n* ⟨-s⟩ SPORT, *fig* lucha (***um*** por)

'Ringer *m* luchador *m*

'Ring|finger *m* (dedo *m*) anular *m*; **♀förmig** *adj* anular; **~kampf** *m* lucha *f*; **~kämpfer** *m* luchador *m*; **~richter** *m Boxen* árbitro *m*

rings [rɪŋs] *adv* alrededor (***um*** de); **'~he'rum** *adv* alrededor (***um*** de); (*auf allen Seiten*) por todas partes

'Ringstraße *f* cinturón *m*, ronda *f*, circunvalación *f*

'rings'um, 'ringsum'her → ***ringsherum***

Rinne ['rɪnə] *f* surco *m*; (*Abfluss*♀) desaguadero *m*; *in der Straße* zanja *f*; (*Dach*♀) canalón *m*

'rinnen *v/i* ⟨rann, geronnen, sn⟩ **1** ⟨sn⟩ (*langsam fließen*) fluir; *Regen*, *Tränen*, *Blut a* correr; **2** ⟨h⟩ *südd* (*undicht sein*) gotear

'Rinn|sal *n* ⟨-(e)s; -e⟩ arroyuelo *m*; **~stein** *m* arroyo *m*

'Rippchen *n* ⟨-s; -⟩ GASTR costilla *f*

Rippe ['rɪpə] *f* **1** ANAT costilla *f*; **2** BAU nervadura *f*; BOT nervio *m*; **3** (*Schokoladen*♀) trozo *m*

'Rippenfell *n* ANAT pleura *f*; **~entzündung** *f* MED pleuresía *f*

Risiko ['riːziko] *n* ⟨-s; -ken⟩ riesgo *m*; ***versicherbares* ~** riesgo *m* asegurable; ***ein* ~ *decken*** cubrir un riesgo; ***ein* ~ *eingehen, übernehmen*** asumir un riesgo; ***kein* ~ *eingehen*** no asumir ningún riesgo; ***auf eigenes* ~** a propio riesgo; ***gegen alle Risiken*** a *od* contra todo riesgo

'Risiko|abschätzung *f* evaluación *f* de un riesgo *bzw* de los riesgos; **~bereitschaft** *f* disposición *f* a correr un riesgo; **~gruppe** *f* grupo *m* de riesgo; **~häufung** *f* acumulación *f* de riesgos; **~kapitalgesellschaft** *f* sociedad *f* de capital-riesgo; **~lebensversicherung** *f* seguro *m* de vida-riesgo; **~minderung** *f* disminución *f* del riesgo; **♀reich** *adj* muy arriesgado

riskant [rɪs'kant] *adj* arriesgado

ris'kieren *v/t* ⟨*sin* ge⟩ arriesgar(se a) (, ***dass*** que)

Riss [rɪs] *m* ⟨-es; -e⟩ rotura *f*, desgarro *m* (*a Muskel*♀); *feiner*, *tiefer* fisura *f*; *im Gewebe*, *Papier* rasgón *m*; *in der Haut*, *Erde*, *e-r Mauer* grieta *f*; *in der Haut a* rasguño *m*; *in Holz* raja *f*; *in Porzellan*, *Ton*, *Lack* resquebrajadura *f*; (*Spalt*) hendidura *f*, rendija *f*; ***~e bekommen*** rajarse, agrietarse; *fig Freundschaft* enfriarse

'rissig *adj* rajado; *Haut* agrietado

Rist [rɪst] *m* ⟨-es, -e⟩ (*Fußrücken*) empeine *m*; (*Handrücken*) dorso *m* de la mano

Ritt [rɪt] *m* ⟨-(e)s; -e⟩ paseo *m* a caballo

Ritter ['rɪtər] *m* caballero *m* (*a e-s Ordens*); ***j-n zum* ~ *schlagen*** armar caballero a alg

'ritterlich *adj* caballeresco; *fig a* caballeroso; **♀keit** *f* ⟨-⟩ *fig* caballerosidad *f*

'Ritter|orden *m* orden *f* de caballería; **~rüstung** *f* armadura *f*; **~schlag** *m* espaldarazo *m*; **~sporn** *m* ⟨-(e)s; -e⟩ BOT espuela *f* de caballero; **~tum** *n* ⟨-s⟩ caballería *f*

'rittlings *adv* a horcajadas

Ritu|al [ritu'aːl] *n* ⟨-s; -e⟩ ritual *m*; **♀'ell** *adj* ritual

Ritus ['riːtʊs] *m* ⟨-; -ten⟩ rito *m*

Ritz [rɪts] *m* ⟨-es; -e⟩ **1** (*Schramme*) rozadura *f*, arañazo *m*; **2** → ***Ritze***

'Ritze *f* hendidura *f*, hendija *f*

Ritzel ['rɪtsəl] *n* ⟨-s; -⟩ TEC piñón *m*

'ritzen I *v/t* **1** rajar, rayar; *Haut* arañar, rasguñar; **2** (*ein~*) grabar (***in*** +*acus* en); **II** *v/r* **3** ***sich*** **~** arañarse, rasguñarse

Rival|e [ri'vaːlə] *m* ⟨-n; -n⟩, **~in** *f* rival *m,f*, competidor, a *m,f*

rivali'sieren *v/i* ⟨*sin* ge⟩ rivalizar (***mit j-m*** con alg; ***um*** por)

Rivali'tät *f* rivalidad *f*

Rizinusöl ['riːtsinʊsʔøːl] *n* aceite *m* de ricino

R

Roastbeef ['ro:stbi:f] *n* ⟨-s; -s⟩ rosbif *m*
'Robert *m* Roberto *m*
Robbe ['rɔbə] *f* foca *f*
'robben *v/i* ⟨sn⟩ arrastrarse por el suelo
'Robbenfang *m* caza *f* de focas
Robe ['ro:bə] *f* (*festliches Kleid*) vestido *m* de gala; (*Richter*≗) toga *f*
Roboter ['rɔbɔtər] *m* robot *m*; **~technik** *f* robótica *f*
robust [ro'bʊst] *adj* robusto; **≗heit** *f* ⟨-⟩ robustez *f*
Rochade [rɔ'xa:də] *f Schach* enroque *m*
röcheln ['rœçəln] *v/i* respirar con dificultad
'Röcheln *n* ⟨-s⟩ estertor *m*
Rochen ['rɔxən] *m* ⟨-s; -⟩ ZO raya *f*
Rock[1] [rɔk] *m* ⟨-(e)s; ¨-e⟩ **1** falda *f*; **2** (*Jackett*) chaqueta *f*; **3** *schweiz* → ***Kleid***
Rock[2] *m* ⟨-(s)⟩ MUS rock *m*
'Rockband *f* grupo *m* de rock
'Rocker *m* F roquero *m*; **~bande** *f* F grupo *m* de roqueros
'Rock|musik *f* música *f* rock; **~sänger(in)** *m*(*f*) cantante *m,f* de rock
Rodelbahn ['ro:dəl-] *f* pista *f* de trineos; SPORT pista *f* de bob
'rodeln *v/i* ⟨sn *o* h⟩ ir en trineo
'Rodelschlitten *m* trineo *m*
roden ['ro:dən] *v/t Wald* desmontar
'Rodler(in) *m*(*f*) persona *f* que monta en trineo
'Rodung *f* desmonte *m*
Rogen ['ro:gən] *m* ⟨-s; -⟩ huevas *f*
Roggen ['rɔgən] *m* ⟨-s⟩ centeno *m*; **~brot** *n* pan *m* de centeno
roh [ro:] *adj* **1** (*ungekocht*) crudo; **2** (*nicht bearbeitet*) bruto; **3** *fig Person* rudo; *Verhalten* grosero; *Gewalt* brutal
'Rohbau *m* ⟨-(e)s; -ten⟩ obra *f* bruta
'Rohertrag *m* rendimiento *m* bruto
'Rohheit *f* **1** *Benehmen* grosería *f*; **2** (*Rücksichtslosigkeit*) rudeza *f*; *Handlung* brutalidad *f*
'Rohkost *f* régimen *m* crudo (*de verduras crudas y fruta*)
'Rohling *m* ⟨-s; -e⟩ *Person* bruto, -a *m,f*
'Roh|material *n* materia *f* prima; **~öl** *n* (petróleo *m*) crudo *m*
Rohr [ro:r] *n* ⟨-(e)s; -e⟩ **1** TEC tubo *m*; (*Leitungs*≗) cañería *f*; (*Geschütz*≗) cañón *m*; **2** (*Schilf*≗) caña *f*; **3** *südd, österr* (*Back*≗) horno *m*; **'~bruch** *m* rotura *f* de tubo *od* de cañería
'Röhrchen *n* ⟨-s; -⟩ *für Medikamente* tubito *m*; *beim Alkoholtest* F ***ins ~ blasen*** F soplar por el tubo
Rohrdommel ['ro:rdɔməl] *f* ⟨-; -n⟩ ZO avetoro *m*
Röhre ['rø:rə] *f* **1** (*Leitungs*≗) tubo *m*, caño *m*; EL lámpara *f*; **2** (*Back*≗) horno *m*; F *fig* ***in die ~ gucken*** F quedarse con las ganas; **3** RADIO válvula *f*; **4** F (*Fernseher*) F tele *f*, caja *f* tonta
röhren ['rø:rən] *v/i Hirsch, Motor* bramar
'röhren|förmig *adj* tubular; **≗pilz** *m* boleto *m*
'Rohr|leitung *f* cañería *f*, tubería *f*; **~post** *f* correo *m* tubular *od* neumático; **~postbrief** *m* carta *f* neumática; **~schelle** *f* TEC abrazadera *f*
'Rohrspatz *m* F ***schimpfen wie ein ~*** jurar como un carretero
'Rohr|stock *m* caña *f*; **~zange** *f* tenazas *f/pl* para tubos; **~zucker** *m* azúcar *m* de caña
'Rohstoff *m* materia *f* prima; **~ersparnis** *f* ahorro *m* en materias primas
Rokoko ['rɔkoko] *n* ⟨-(s)⟩ Rococó *m*
'Roland *m* Rolando *m*
'Roll|bahn *f* AVIA pista *f* de rodadura *od* de rodaje; **~braten** *m* asado *m* enrollado; **~container** *m Büromöbel* contenedor *m* con ruedas
Rolle ['rɔlə] *f* **1** (*Walze*) rodillo *m*, cilindro *m*; *beim Flaschenzug* polea *f*; *unter Möbeln* rueda *f*; **2** (*Zusammengerolltes, Schrift*≗) rollo *m*; (*Spule, Garn*≗) bobina *f*, carrete *m* (*a an der Angel*); **3** THEA, *fig* papel *m*; ***e-e ~ spielen*** desempeñar un papel (*a fig*); *fig Sache* tener importancia; *fig* ***aus der ~ fallen*** salirse de tono; F desentonar; **4** *Turnen* voltereta *f*
'rollen I *v/t* ⟨h⟩ girar, hacer rodar; (*wickeln*) enrollar; **II** *v/i* ⟨sn⟩ *Räder* rodar; *fig* circular, correr; ***etw ins ≗ bringen*** poner a/c en circulación *bzw* en funcionamiento
'Rollen|spiel *n* juego *m* de rol; **~tausch** *m* cambio *m* de papeles; **~verteilung** *f* THEA, *Soziologie* reparto *m* de papeles
'Roller *m für Kinder* patinete *m*; (*Motor*≗) scooter *m*
'Roll|feld *n* AVIA pista *f* de rodadura *od* de rodaje; **~kragen** *m* cuello *m* alto *od* de cisne; **~kragenpullover** *m* jersey *m* de cuello alto *od* de cisne; **~laden** *m* persiana *f* (enrollable); **~mops** *m* GASTR *arenque en escabeche y enrollado sobre pepinillo y cebolla*
'Rollo *n* ⟨-s; -s⟩ persiana *f* (enrollable)
'Roll|schinken *m* jamón *m* en rollo; **~schrank** *m* armario *m* persiana
'Rollschuh *m* patín *m* (de ruedas); ***~ laufen*** patinar (sobre ruedas)
'Rollschuhläufer(in) *m*(*f*) patinador, a *m,f*
'Roll|splitt *m* gravilla *f* suelta; **~stuhl** *m* silla *f* de ruedas; **~stuhlfahrer(in)** *m*(*f*) persona *f* que va en silla de ruedas; **~treppe** *f* escalera *f* mecánica
Rom [ro:m] *n* ⟨-s⟩ Roma *f*
ROM [rɔm] *n Abk* ⟨-(s); -(s)⟩ INFORM (*read-*

-only memory) ROM *f*
Roma ['roːma] *pl* romaníes *m/pl*
Roman [ro'maːn] *m* ⟨-s; -e⟩ novela *f*; **~figur** *f* personaje *m* novelesco
Ro'manik *f* ⟨-⟩ ARCH Románico *m*
ro'manisch *adj* ARCH románico; *Sprache a* romance; *Land, Volk, Kultur* latino
Roma'nist|(in) *m(f) Wissenschaftler(in)* romanista *m,f*; *Student(in)* estudiante *m,f* de románicas; **~ik** *f* ⟨-⟩ filología *f* románica
Ro'manschriftsteller(in) *m(f)* escritor, a *m,f* de novelas
Romant|ik [ro'mantɪk] *f* ⟨-⟩ romanticismo *m*; **~iker** *m* romántico *m* (*a fig*); **≗isch** *adj* romántico (*a fig*)
Romanze [ro'mantsə] *f* romance *m*
Römer ['røːmər] *m* **1** *Bewohner* romano *m*; **2** *Weinglas* copa *f* para vino blanco; **~in** *f* romana *f*
'römisch *adj* romano; **'~-ka'tholisch** *adj* católico-romano
röm.-kath. → ***römisch-katholisch***
Rommé ['rɔme] *n* ⟨-s; -s⟩ *Kartenspiel* rummy *m*
röntgen ['rœntgən] *v/t* hacer una radiografía a
'Röntgen|aufnahme *f*, **~bild** *n* radiografía *f*; **~gerät** *n* aparato *m* rayos X; **~olo'gie** *f* ⟨-⟩ radiología *f*; **~strahlen** *pl* rayos *m/pl* X; **~untersuchung** *f* examen *m* radiológico; F radiografía *f*
rosa ['roːza] *adj* ⟨*inv*⟩ rosa
'Rosa *n* ⟨-s; -⟩ (color *m*) rosa *m*
'rosa|farben, **~farbig**, **~rot** *adj* rosa
rösch [røːʃ] *od* [rœʃ] *adj südd* crujiente
Rose ['roːzə] *f* **1** BOT rosa *f*; **2** MED erisipela *f*
rosé [ro'zeː] *adj* ⟨*inv*⟩ rosado, clarete
Ro'sé *m* ⟨-s; -s⟩ *Wein* rosado *m*, clarete *m*
'Rosen|garten *m* jardín *m* de rosas; **~kohl** *m* col *f* de Bruselas; **~kranz** *m* REL rosario *m*; **~'montag** *m* lunes *m* de carnaval; **~'montagszug** *m* desfile *m* del lunes de carnaval; **~stock** *m* rosal *m*
Rosette [ro'zɛtə] *f* (*Bandschleife*), BOT roseta *f*; ARCH rosetón *m*
'rosig I *adj* **1** (*rosa*) rosa; *Haut* sonrosado; **2** *fig* risueño; *Zukunft, Lage* de color de rosa; **II** *adv* **3** ***uns geht es nicht gerade ~*** no estamos pasando un buen momento
Rosine [ro'ziːnə] *f* pasa *f*; F (***große***) ***~n im Kopf haben*** tener muchos humos
Rosmarin ['roːsmariːn] *m* ⟨-s⟩ romero *m*
Ross [rɔs] *geh n* ⟨-es; -e *o* ¨-er⟩ caballo *m*; ***hoch zu ~*** (montado) a caballo; *fig* ***auf dem hohen ~ sitzen*** tener muchos humos
'Ross|haar *n* crin *f* (de caballo); **~kastanie** *f Baum* castaño *m* de Indias; *Frucht* castaña *f* de las Indias; **~kur** F *f* cura *f* de caballo
Rost[1] [rɔst] *m* ⟨-(e)s⟩ **1** *auf Eisen* orín *m*, herrumbre *f*, óxido *m*; **2** BOT roya *f*
Rost[2] *m* ⟨-(e)s; -e⟩ **1** (*Brat≗*) parrilla *f*, grill *m*; **2** (*Gitter*) rejilla *f*
'rostbeständig *adj* inoxidable, anticorrosivo
'Rost|braten *m* asado *m* a la parrilla; **~bratwurst** *f* salchicha *f* a la parrilla
'rostbraun *adj* tostado, marrón rojizo
'rosten *v/i* oxidarse
rösten ['røːstən] *v/t Kaffee, Brot* tostar; *Kastanien, Kartoffeln* asar
'Rost|fleck *m* mancha *f* de herrumbre; **≗frei** *adj* (*nicht rostend*) inoxidable
Rösti ['røːsti] *pl* GASTR *tipo de patatas salteadas*
'rostig *adj* oxidado
'Röstkartoffeln *pl* patatas *f/pl* salteadas
'Rost|laube F *f Auto* F cacharro *m* oxidado; **~schutzmittel** *n* anticorrosivo *m*
rot [roːt] *adj* ⟨¨-er *o* -er, ¨-este *o* -este⟩ rojo (*a* POL), colorado, encarnado; *Bart, Haar* pelirrojo; *Lippen* carmín; *Wein* tinto; ***das ≗e Meer*** el Mar Rojo; ***~ werden*** enrojecer; *Person a* ponerse colorado *od* rojo, ruborizarse; ***~ glühend*** (puesto) al rojo, candente
Rot *n* ⟨-s; -⟩ rojo *m*; ***die Ampel steht auf, zeigt ~*** el semáforo está rojo; *Auto* ***bei ~ durchfahren*** F saltarse el semáforo
Rotation [rotatsi'oːn] *f* rotación *f*
'rot|bäckig *adj* de mejillas encarnadas; **≗barsch** *m* gallineta *f* nórdica; **~blond** *adj* rubicundo; **~braun** *adj* pardo rojizo; **≗buche** *f* haya *f* (común)
Röte ['røːtə] *f* ⟨-⟩ rojez *f*; (*Scham≗*) rubor *m*
Röteln ['røːtəln] *pl* rubéola *f*
'roten *v/r* ***sich ~*** enrojecer
'Rot|fuchs *m* **1** *Fuchs* zorro *m* rojo; **2** *Pferd* alazán *m* (claro); **≗haarig** *adj* pelirrojo; **~haut** F *f* F piel roja *m,f*; **~hirsch** *m* ciervo *m* común
rotieren [ro'tiːrən] *v/i* ⟨*sin* ge⟩ **1** girar; **2** F *fig* (*hektisch sein*) F estar a cien
Rot|käppchen ['roːtkɛpçən] *n* ⟨-s⟩ Caperucita *f* Roja; **~kehlchen** *n* ⟨-s; -⟩ zo petirrojo *m*; **~kohl** *m*, *südd, österr* **~kraut** *n* lombarda *f*
'rötlich *adj* rojizo
'Rotlicht *n* luz *f* roja (*a der Ampel*)
'rotsehen F *v/i* ⟨*irr, sep*⟩ perder los estribos
'Rotstift *m* lapiz *m* rojo; *fig* ***den ~ ansetzen*** economizar, ahorrar
Rotte ['rɔtə] *f desp* cuadrilla *f*, banda *f*
'Rötung *f* enrojecimiento *m*
'rotwangig *geh adj* de mejillas encarnadas
'Rot|wein *m* vino *m* tinto; **~wild** *n* venado *m*
Rotz [rɔts] P *m* ⟨-es⟩ moco *m*
'rotz'frech F, **'rotzig** P *adj* descarado, sinvergüenza

R

'Rotznase F *f* **1** nariz *f* llena de mocos; **2** *fig* F mocoso, -a *m,f*
Rouge [ruːʒ] *n* ⟨-s; -s⟩ colorete *m*
Roulade [ru'laːdə] *f* GASTR filete *m* relleno
Roulett *n* ⟨-(e)s; -e⟩, **Roulette** [ru'lɛt] *n* ⟨-s; -s⟩ ruleta *f*
Route ['ruːtə] *f* ruta *f*, itinerario *m*
Routine [ru'tiːnə] *f* ⟨-⟩ **1** (*Erfahrung*) práctica *f*, experiencia *f* (***in etw*** *dat* en a/c); **2** (*Gewohnheit*) rutina *f*; **~arbeit** *f* trabajo *m* de rutina *od* rutinario; **≈mäßig** *adj* rutinario
routi'niert *adjt* experto, versado
Rowdy ['raʊdi] *m* ⟨-s; -s⟩ camorrista *m*, gamberro *m*
Ruanda [ru'anda] *n* ⟨-s⟩ Ruanda *f*
rubbeln ['rʊbəln] *v/i*, *v/t* frotar, restregar; *beim Glücksspiel* rascar
Rübe ['ryːbə] *f* **1** BOT remolacha *f*; ***weiße ~*** nabo *m*; ***rote ~*** remolacha *f* colorada; *südd* ***gelbe ~*** zanahoria *f*; **2** F *fig* (*Kopf*) F chola *f*, coco *m*
Rubel ['ruːbəl] *m* ⟨-s; -⟩ rublo *m*
rüber ['ryːbər] F *adv* → ***herüber, hinüber***; **~bringen** F *v/t* ⟨*irr, sep*⟩ (*vermitteln können*) transmitir, pasar; **~faxen** F *v/t* ⟨*sep*⟩ ***etw ~*** mandar a/c por fax; **~kommen** F *v/i* ⟨*irr, sep, sn*⟩ (*verstanden werden*) entenderse, pasar
Rubin [ru'biːn] *m* ⟨-s; -e⟩ rubí *m*
Rubrik [ru'briːk] *f* (*Zeitungs≈*) sección *f*, columna *f*; (*Klasse*) categoría *f*
ruchbar ['ruːxbaːr] *geh adj* ***~ werden*** transcender, cundir
Ruck [rʊk] *m* ⟨-(e)s; -e⟩ arranque *m*; (*Zug*) tirón *m*; (*Stoß*) empujón *m*; (*Erschütterung*) sacudida *f*; F *fig* ***sich*** (*dat*) ***e-n ~ geben*** animarse, hacer un esfuerzo
'Rückantwortschein *m* cupón *m* de respuesta
'ruckartig I *adj* brusco; **II** *adv* a sacudidas; (*plötzlich*) de golpe
Rückbesinnung ['rʏk-] *f* regreso *m*, retorno *m* (***auf*** *+acus* a)
'rückbezüglich *adj* GRAM reflexivo
'Rück|blende *f* FILM flash-back *m*, retrospectiva *f*; **~blick** *m* (mirada *f*) retrospectiva *f* (***auf*** *+acus* a); **≈blickend** *advl* retrospectivamente; **≈datieren** *v/t* ⟨sep, *sin* ge⟩ antedatar, antefechar
'rucken *v/i* dar una sacudida
rücken ['rʏkən] **I** *v/t* ⟨h⟩ (*ver~*) cambiar de sitio, desplazar; (*bewegen*) mover; ***den Tisch ans Fenster ~*** correr la mesa hacia la ventana; **II** *v/i* ⟨sn⟩ *vorwärts* avanzar; *näher* acercarse; *zur Seite* correrse; *fig* ***an j-s Stelle*** (*acus*) ***~*** ponerse en el lugar de alg
Rücken ['rʏkən] *m* ⟨-s; -⟩ **1** *e-s Menschen, Tieres* espalda *f*; GASTR lomo *m*; ***es lief mir eiskalt über den ~*** *od* ***den ~ hinunter*** me dio un escalofrío; *fig* ***j-m den ~ stärken*** respaldar a alg; *fig* ***j-m, e-r Sache den ~ kehren*** dar la espalda a alg, a/c; *fig* ***hinter j-s ~*** (*dat*) a las espaldas de alg; *fig* ***j-m in den ~ fallen*** atacar a alg por la espalda; **2** (*Hand≈, Messer≈*) dorso *m*; (*Buch≈*) lomo *m*; (*Gebirgs≈*) loma *f*
'Rückendeckung *f* ⟨-⟩ MIL respaldo *m* (*a fig*); ***j-m ~ geben*** cubrir a alg las espaldas
'Rücken|lehne *f* respaldo *m*; **~mark** *n* médula *f* espinal; **~schmerzen** *pl* dolores *m/pl* de espalda; **~schwimmen** *n* natación *f* de espalda; **~stärkung** *f* apoyo *m* moral; **~wind** *m* viento *m* en popa *od* de atrás; **~wirbel** *m* vértebra *f* dorsal
'rückerstatt|en *v/t* ⟨*sin* ge⟩ devolver, restituir; **≈ung** *f* devolución *f*, restitución *f*
'Rück|fahrkarte *f*, **~fahrschein** *m* billete *m* de vuelta; *für Hin- u Rückfahrt* billete *m* de ida y vuelta; **~fahrt** *f* (viaje *m* de) vuelta *f*, regreso *m*; **~fall** *m* **1** MED recaída *f*; **2** (*Zurückfallen*) regreso *m* (***in*** *+acus* a); **3** JUR reincidencia *f*
'rückfällig *adj* *Straftäter* reincidente; *Suchtkranker* que recae; ***~ werden*** *Straftäter* reincidir; *Suchtkranker* recaer
'Rück|flug *m* vuelo *m* de regreso; **~fluss** *m* reflujo *m*; **~frage** *f* pregunta *f* (*para aclarar a/c*); **≈fragen** *v/i* preguntar otra vez (*para aclarar a/c*); **~führung** *f* *von Flüchtlingen* repatriación *f*
'Rückgabe *f* devolución *f* (*a von Leergut*), restitución *f*; *beim Fußball* pase *m* hacia atrás; **~frist** *f* plazo *m* de devolución; **~recht** *n* derecho *m* de devolución
'Rückgang *m* retroceso *m*, receso *m*; *der Geschäfte* recesión *f*; (*Abnahme*) disminución *f*, descenso *m*, baja *f*; ***~ der Exporte*** baja *f* de exportaciones;; ***saisonbedingter ~*** baja *f* estacional; ***starker ~*** recesión *f*; ***e-n starken ~ verzeichnen*** estar en pleno retroceso
'rückgängig *adj* ***~ machen*** *Entscheidung* anular; COM *Vertrag a* rescindir
'Rückgewinnung *f* TEC recuperación *f*
'Rückgrat *n* ⟨-(e)s; -e⟩ espina *f* dorsal, columna *f* vertebral; *fig* ***~ haben*** no dar el brazo a torcer
'Rückhalt *m* respaldo *m*, apoyo *m*; **≈los** *adv* sin reserva
'Rück|hand *f* SPORT revés *m*; **~kauf** *m* *e-r Lebensversicherung* rescate *m*; *von Aktien* re(e)mbolso *m*, amortización *f*; **~kehr** *f* ⟨-⟩ vuelta *f*, regreso *m*; **~kopp(e)lung** *f* EL retroacción *f*
'Rücklage *f* ECON (fondos *m/pl* de) reserva *f*; (*Ersparnisse*) ahorros *m/pl*; ***freie, sat-***

zungsgemäße **~n** *pl* reservas *f/pl* voluntarias, estatuarias; ***gesetzliche*** **~** reserva *f* legal; ***der gesetzlichen*** **~** ***zuführen*** destinar a la reserva legal

'Rücklagefonds *m* FIN fondo *m* de reserva

'Rücklauf *m* retroceso *m*; *von Flüssigkeiten* reflujo *m*; *beim Tonband* rebobinado *m*

'rückläufig *adj* (*rückwärts gewandt*) retrógrado, regresivo; (*sinkend*) descendente, bajista; **~*e Entwicklung*** regresión *f*

'Rücklicht *n e-s Autos* luz *f* trasera; *e-s Fahrrads* faro *m* trasero

'rücklings *adv* hacia atrás; (*von hinten*) por la espalda; *fallen* de espaldas

'Rück|meldung *f* **1** *an der Universität* (re)inscripción *f*; **2** (*Feedback*) feed-back *m*; **~nahme** *f* ⟨-⟩ **1** recogida *f*, retirada *f*; **2** *fig e-s Verbots* levantamiento *m*; *e-r Behauptung* retirada *f*; *e-r Beleidigung* retracción *f*; **~porto** *n* franqueo *m* de respuesta; **~reise** *f* vuelta *f*, viaje *m* de regreso; **~ruf** *m* **1** TEL llamada *f* de contestación; **2** COM revocación *f* de la propiedad

Rucksack ['rʊkzak] *m* mochila *f*; **~tourist (-in)** *m(f)* F mochilero, -a *m,f*

'Rück|schau *f* retrospección *f*, retrospectiva *f*; **~schlag** *m fig* revés *m*, contratiempo *m*; **~schluss** *m* conclusión *f*, deducción *f*; **~schritt** *m* retroceso *m*; **≈schrittlich** *adj* reaccionario; **~seite** *f e-s Blattes, e-r Seite* dorso *m*, vuelta *f*; *Münze* reverso *m*; (*hintere Seite*) parte *f* posterior *od* trasera; **~sendung** *f* devolución *f*

'Rücksicht *f* ⟨-⟩ consideración *f*; (***keine***) **~** ***auf j-n, etw nehmen*** (*beachten*) (no) tener a alg, a/c en consideración; (*schonen*) (no) tratar a alg, a/c con miramientos; ***mit*** **~** ***auf*** (*+acus*) teniendo presente *od* en cuenta; ***mit*** **~** ***darauf, dass*** teniendo en cuenta que; ***ohne*** **~** ***auf*** (*+acus*) sin tener en cuenta

'Rücksichtnahme *f* ⟨-⟩ consideración *f*, contemplaciones *f/pl*

'rücksichts|los I *adj* (*verantwortungslos*) despreocupado; *Verhalten* sin miramientos; (*schonungslos*) desconsiderado, brutal; **II** *adv* sin miramientos, desconsideradamente; **≈losigkeit** *f* falta *f* de consideración; **~voll** *adj* atento, considerado

'Rück|sitz *m beim Auto, Motorrad* asiento *m* trasero; **~spiegel** *m* retrovisor *m*; **~spiel** *n* SPORT partido *m* de vuelta

'Rücksprache *f* consulta *f*; ***mit j-m*** **~** ***halten, nehmen*** ponerse al habla con alg

'Rückstand *m* **1** resto *m*; **2** (*Rest*), CHEM residuo *m*; **3** (*Zurückbleiben*) atraso *m*; ***Rückstände*** (*nicht Gezahltes*) atrasos *m/pl*, pagos *m/pl* atrasados; ***im*** **~** ***sein*** *zeitlich* estar atrasado (***mit etw*** en a/c); SPORT ir por detrás en el marcador; ***er ist mit der Miete zwei Monate im*** **~** debe dos meses de alquiler

'rückständig *adj* **1** (*rückschrittlich*) retrógrado, anticuado; (*unterentwickelt*) subdesarrollado; *wirtschaftlich* atrasado, poco desarrollado; **2** *Gelder* pendiente

'Rückstau *m* TEC, *im Verkehr* retención *f*

'Rückstellungen *f/pl* provisiones *f/pl*; **~** ***für Risiken und Ausgaben*** provisiones *f/pl* para riesgos y gastos

'Rück|stoß *m* TEC repulsión *f*; *von Waffen* culatazo *m*; **~strahler** *m* reflector *m*; **~taste** *f* tecla *f* de retroceso

'Rücktritt *m* **1** *von e-m Amt* dimisión *f*; *von e-m Vertrag* renuncia *f*; ***s-n*** **~** ***erklären*** presentar la renuncia *od* dimisión; **2** *beim Fahrrad* freno *m* de pedal

'Rücktritt|bremse *f* freno *m* de pedal; **~sfrist** *f* JUR plazo *m* de renuncia *od* de rescisión; **~srecht** *n* JUR derecho *m* de resolución *od* rescisión

'rückvergüt|en *v/t* ⟨*sin* ge⟩ reembolsar; **≈ung** *f* reembolso *m*

'rückversich|ern *v/r* ⟨*sin* ge⟩ ***sich*** **~** (*sich vergewissern*) cerciorarse; **≈erer** *m* reasegurador, a *m,f*; **≈erung** *f* **1** *fig* verificación *f*; **2** JUR reaseguro *m*

'Rück|wand *f* pared *f* de fondo; **≈wärtig** *adj* posterior, trasero

rückwärts ['rʏkvɛrts] *adv* hacia atrás; **~** ***fahren*** conducir marcha atrás; **≈gang** *m* AUTO marcha *f* atrás

'Rückweg *m* vuelta *f*; ***auf dem*** **~** a la vuelta

'ruckweise *adv* a empujones

'rückwirkend I *adjt* (de efecto) retroactivo; **II** *advl* **~** ***vom ...*** con efecto retroactivo al ...

'Rückwirkung *f* **1** (*Auswirkung*) repercusión *f* (***auf*** *+acus* en); **2** *der Gültigkeit* efecto *m* retroactivo

'Rückzahlung *f* reembolso *m*

'Rückzieher *m* **1** *Fußball* tijereta *f*; **2** F *fig* ***e-n*** **~** ***machen*** echarse atrás

ruck, zuck [rʊk'tsʊk] F *adv* F en un abrir y cerrar de ojos

'Rückzug *m* retirada *f*, repliegue *m*; ***den*** **~** ***antreten*** emprender la retirada (*a fig*)

Rucola ['ruːkola] *m* ⟨-(s)⟩, **~salat** *m* rúcola *m*; ruqueta *m*

rüde ['ryːdə] *adj* rudo, grosero

Rüde ['ryːdə] *m* ⟨-n; -n⟩ macho *m* (de perro, de lobo, *etc*)

Rudel ['ruːdəl] *n* ⟨-s; -⟩ tropa *f*; *von Wild* manada *f*

Ruder ['ruːdər] *n* ⟨-s; -⟩ MAR remo *m*; (*Steuer*) timón *m* (*a fig*); *fig* ***am*** **~** ***sein*** llevar el timón; *fig* ***ans*** **~** ***kommen*** subir al poder;

R

fig ***aus dem ~ laufen*** volverse incontrolable

'Ruder|boot *n* bote *m* de remos; **~er** *m*, **~in** *f* remero, -a *m,f*

'rudern ⟨h *o* sn⟩ **I** *v/t* remar; **II** *v/i* remar; SPORT hacer remo; *fig* ***mit den Armen ~*** agitar los brazos; *beim Gehen* balancear los brazos

'Rudern *n* ⟨-s⟩ boga *f*; SPORT (deporte *m* de) remo *m*

'Ruder|regatta *f* regata *f* de remo; **~sport** *m* (deporte *m* de) remo *m*

'Rudolf *m* Rodolfo *m*

Ruf [ruːf] *m* ⟨-(e)s; -e⟩ **1** (*Schrei*) llamada *f*, grito *m* (*a e-s Tiers*); **2** (*Forderung*) petición *f* (***nach*** de); ***der ~ nach Freiheit*** la llamada de la libertad; **3** (*Ernennung*) nombramiento *m*; ***e-n ~ an die Universität ... erhalten*** recibir un nombramiento en la universidad de .....; **4** (*Leumund*) reputación *f*, renombre *m*; ***e-n guten, hervorragenden ~ genießen*** disfrutar de buena, excelente reputación; ***e-n schlechten ~ haben*** tener mala reputación; ***j-n, etw in schlechten ~ bringen*** desacreditar a alg, a/c

'rufen ⟨rief, gerufen⟩ **I** *v/t* **1** (*aus~*) gritar; **2** (*herbei~*) llamar; ***j-n ~ lassen*** llamar a alg, hacer venir a alg; ***wie gerufen kommen*** llegar que ni pintado; **II** *v/i* **3** gritar (*a Tiere*); ***nach j-m ~*** llamar a alg

Rüffel ['rʏfəl] F *m* ⟨-s; -⟩ reprimenda *f*, rapapolvo *m*; F bronca *f*

'Ruf|mord *m* asesinato *m* moral; **~name** *m* nombre *m* de pila; **~nummer** *f* número *m* de teléfono; **~säule** *f* poste *m* de socorro; **~umleitung** *f* TEL desvío *m* de llamadas

'Rufweite *f* ***in, außer ~*** al alcance, fuera del alcance de la voz

Rugby ['rakbi] *n* ⟨-(s)⟩ rugby *m*; **~spieler** *m* jugador *m* de rugby

Rüge ['ryːgə] *f* reprensión *f*, reprimenda *f*; ***j-m e-e ~ erteilen*** reprender a alg

'rügen *v/t* ***j-n ~*** reprender a alg

Ruhe ['ruːə] *f* ⟨-⟩ **1** *innere* sosiego *m*, quietud *f*; (*Stille*, *Gelassenheit*) silencio *m*, calma *f*, tranquilidad *f*; (*Friede*) paz *f*; ***lass mich in ~!*** ¡déjame en paz!; ***er lässt sich nicht aus der ~ bringen*** no se altera por nada; F ***die ~ weghaben*** tener calma (chicha); (***die***) ***~ bewahren*** mantener la calma; F ***immer mit der ~!*** ¡ante todo, calma!; **2** (*Schweigen*) silencio *m*; ***~!*** ¡silencio!; **3** (*Erholung*) descanso *m*, reposo *m*; ***wohlverdiente ~*** bien merecido descanso; *fig* ***die ewige ~*** el descanso eterno; **4** (*Ruhestand*) ***sich zur ~ setzen*** jubilarse, retirarse

'ruhe|bedürftig *adj* necesitado de descanso; **~los** *adj* agitado; (*unruhig*) *a* desasosegado, intranquilo; **&losigkeit** *f* ⟨-⟩ agitación *f*, inquietud *f*, desasosiego *m*

'ruhen *v/i* **1** (*aus~*) descansar, reposar; **2** *geh* (*schlafen*) dormir; **3** *geh von Toten* ***hier ruht ...*** aquí descansa ...; ***ruhe in Frieden!*** ¡descanse en paz!; **4** *fig Verhandlung*, *Arbeit* estar suspendido; *Verkehr* estar paralizado; **5** (*liegen*) ***~ auf*** (*+dat*) descansar sobre (*a fig*); *Blicke* fijarse en

'Ruhepause *f* descanso *m*

'Ruhestand *m* jubilación *f*, retiro *m*; ***im ~*** jubilado; ***in den ~ versetzen*** jubilar; ***in den ~ treten, gehen*** jubilarse, retirarse

'Ruhestätte *geh f fig* ***letzte ~*** última morada *f*

'Ruhestörer(in) *m*(*f*) perturbador, a *m,f* del orden público, alborotador, a *m,f*

'Ruhestörung *f* perturbación *f* del orden público; ***nächtliche ~*** escándalo *m* nocturno

'Ruhetag *m* día *m* de descanso

'ruhig I *adj* **1** tranquilo, calmado (*a See*, *Börse*); (*friedlich*) pacífico; *Atmung*, *See* sosegado; *Hand* seguro; **2** (*still*) quieto, silencioso; **II** *adv* **3** tranquilamente, silenciosamente; (*ohne Zwischenfälle*) sin incidencias; (*gelassen*) con calma; ***sich ~ verhalten*** actuar con calma; ***~ stellen*** *Arm*, *Bein* inmovilizar; **4** F (*getrost*) sin problemas; ***du könntest ~ (ein)mal*** (*+inf*) podrías de una vez (*+inf*)

Ruhm [ruːm] *m* ⟨-(e)s⟩ gloria *f*

rühmen ['ryːmən] **I** *v/t* elogiar, alabar, ensalzar; ***j-n wegen etw ~*** elogiar a alg por a/c; **II** *v/r* ***sich e-r Sache*** (*gen*) ***~*** jactarse de a/c, (vana)gloriarse de a/c

'Ruhmesblatt *n fig* ***es war kein ~ für ihn*** no se lució

'rühmlich *adj* glorioso, loable

'ruhm|reich, **~voll** *adj* glorioso

Ruhr [ruːr] *f* ⟨-⟩ MED disentería *f*

Rührei ['ryːrʔaɪ] *n* huevos *m/pl* revueltos

'rühren I *v/t* **1** (*bewegen*) mover; **2** (*um~*) revolver, remover; **3** (*in Rührung versetzen*) (con)mover, impresionar; **II** *v/i* **4** (*um~*) revolver, remover; **5** ***das rührt daher, dass ...*** eso viene de que ...; **III** *v/r* **6** ***sich ~*** moverse

'rührend *adjt* conmovedor, emocionante (*a iron*)

'Ruhrgebiet *n* Cuenca *f* del Ruhr

'rühr|ig *adj* activo; **~selig** *adj* sentimental; *desp a* sensiblero

'Rührung *f* ⟨-⟩ emoción *f*

Ruin [ru'iːn] *m* ⟨-s⟩ (*Untergang*) ruina *f*

Ru'ine *f* (*verfallenes Gebäude*) ruina *f*

rui'nieren *v/t*, *v/r* ⟨*sin* ge⟩ (***sich***) ***~*** arruinar (-se)

ruinös [rui'nøːs] *adj* ruinoso

R

rülps|en ['rʏlpsən] F *v/i* eructar; **≗er** F *m* ⟨-s; -⟩ eructo *m*
rum [rʊm] F → ***herum***
Rum [rʊm] *m* ⟨-s; -s⟩ ron *m*
Rumän|e [ru'mɛːnə] *m* ⟨-n; -n⟩, **~in** *f* rumano, -a *m,f*; **~ien** *n* ⟨-s⟩ Rumanía *f*; **≗isch** *adj* rumano
'rumkriegen F ⟨*sep*⟩ → ***herumkriegen***
'rummachen F *v/i* ⟨*sep*⟩ ***an etw ~*** F enredar con a/c; ***an j-m ~*** F manosear a alg
Rummel ['rʊməl] F *m* ⟨-s⟩ **1** (*Betrieb*) F ajetreo *m*; (*Lärm*) F jaleo *m*; ***e-n großen ~ um etw machen*** armar un escándalo por a/c; **2** (*Jahrmarkt*) feria *f*
'Rummelplatz *m* parque *m* de atracciones
rumoren [ru'moːrən] *v/i* ⟨*sin* ge⟩ hacer ruido
Rumpelkammer ['rʊmpəl-] F *f* trastero *m*
'rumpeln F *v/i* **1** ⟨h⟩ (*poltern*) caer con estrépito; **2** ⟨sn⟩ *Fahrzeug* traquetear
Rumpf [rʊmpf] *m* ⟨-(e)s; ⸚e⟩ ANAT tronco *m*; (*Schiffs≗*) casco *m*; (*Flugzeug≗*) fuselaje *m*
rümpfen ['rʏmpfən] *v/t* ***die Nase ~*** arrugar la nariz; (***über etw** acus*) ***die Nase ~*** mirar con desprecio (a a/c)
Rumpsteak ['rʊmpsteːk] *n* filete *m* de culata
rund [rʊnt] **I** *adj* **1** redondo (*a Zahl*); (*abgerundet*) redondeado; (*kreisförmig*) circular; (*kugelförmig*) esférico; **2** (*dicklich*) rollizo; *Gesicht* regordete; *Backen* relleno; **II** *adv* **3** ***~ um etw*** alrededor de a/c; **4** *fig* ***alles ~ ums Haus, Kochen*** todo lo concerniente a la casa, la cocina; **5** F (*etwa*) aproximadamente
'Rund|blick *m* panorama *m*; **~bogen** *m* ARCH arco *m* de medio punto; **~brief** *m* circular *f*
'Runde *f* **1** (*Rundgang*) ronda *f*; ***die ~ machen*** *Wächter*, *fig Gerücht* hacer la ronda; **2** (*Gesellschaft*) círculo *m*; (*Tisch≗*) tertulia *f*; ***in die ~ blicken*** mirar a su alrededor; **3** *bei Getränken* ronda *f*; **4** *beim Laufen, Rennen, Spielen* vuelta *f*; *Boxen* asalto *m*; F *fig* (***mit etw***) ***über die ~n kommen*** F salir adelante (con a/c), arreglárselas (con a/c)
'runden *v/t*, *v/r* (***sich***) **~** redondear(se)
'rund|erneuern *v/t* ⟨*sin* ge⟩ *Reifen* recauchutar; **≗fahrt** *f* vuelta *f* (en coche, *etc*); **≗flug** *m* vuelta *f* aérea; **≗frage** *f* encuesta *f*
'Rundfunk *m* radiodifusión *f*; (*Radio*) radio *f* (*a Einrichtung, Gebäude*); ***im ~*** por la radio
'Rundfunk|anstalt *f* estación *f* de radio; **~gebühr** *f* cuota *f* de radio; **~gerät** *n* radio *f*; **~programm** *n Sendung* programa *m* de radio; **~reporter(in)** *m(f)* reportero, -a *m,f* de radio; **~sender** *m* emisora *f* de radio; **~sendung** *f* emisión *f* de radio; **~sprecher(in)** *m(f)* locutor, a *m,f* de radio; **~station** *f* estación *f* de radio; **~übertragung** *f* (re)transmisión *f* (por radio)
'Rundgang *m* vuelta *f*; *e-s Wächters* ronda *f*
'rundgehen F *v/imp* ⟨*irr, sep*, sn⟩ ***es geht rund*** (*es ist viel los*) hay mucho jaleo; (*es geht hoch her*) hay mucho ambiente
'rundhe'raus *adv* rotundamente, francamente
'rundhe'rum *adv* **1** (*ringsum*) alrededor (**um** de), en torno (**um** a); **2** (*völlig*) completamente; ***~ glücklich*** completamente feliz
'rund|lich *adj Person* rollizo; *bsd Kind* regordete; **≗reise** *f* gira *f*; **≗ruf** *m* serie *f* de llamadas; **≗schreiben** *n* circular *f*
'rund'um → ***rundherum***
'Rundung *f* redondez *f*, curva *f*
'rund'weg F *adv* rotundamente; F de plano
'Rundweg *m* camino *m* circular
Rune ['ruːnə] *f* runa *f*
Runkelrübe ['rʊŋkəl-] *f* remolacha *f* forrajera
runter ['rʊntər] F → ***herunter, hinunter***
'runterhauen *v/t* ⟨*irr, sep*⟩ F ***j-m e-e ~*** F pegar(le) a alg una bofetada
Runzel ['rʊntsəl] *f* ⟨-; -n⟩ arruga *f*
'runz(e)lig *adj* arrugado; ***~ werden*** arrugarse
'runzeln I *v/t* arrugar; ***die Stirn ~*** fruncir el ceño; **II** *v/r* ***sich ~*** arrugarse
Rüpel ['ryːpəl] *m* ⟨-s; -⟩ mal educado *m*
Rüpe'lei *f* grosería *f*
'rüpelhaft *adj* mal educado, grosero
rupfen ['rʊpfən] *v/t Unkraut* arrancar; *Geflügel* desplumar (*a* F *fig j-n*)
Rupie ['ruːpiə] *f* rupia *f*
ruppig ['rʊpɪç] *adj Person, Benehmen* grosero; *Ton* brusco; **≗keit** *f* ⟨-⟩ grosería *f*
Rüsche ['ryːʃə] *f* MODE volante *m*
Ruß [ruːs] *m* ⟨-es⟩ hollín *m*, tizne *m*
Russe ['rʊsə] *m* ⟨-n; -n⟩ ruso *m*
Rüssel ['rʏsəl] *m* ⟨-s; -⟩ **1** (*Elefanten≗, Insekten≗*) trompa *f*; *des Schweins* hocico *m*; **2** F *fig* (*Nase*) F narizota *f*
'ruß|en *v/i* producir hollín; **~ig** *adj* lleno de hollín
'Russin *f* rusa *f*
'russisch *adj* ruso; GASTR ***~e Eier*** huevos *m/pl* rusos; (***das***) **≗(*e*)** el ruso
Russland ['rʊs-] *n* ⟨-s⟩ Rusia *f*
rüsten ['rʏstən] **I** *v/i* MIL armarse; ***zum Krieg ~*** prepararse para la guerra; **II** *v/r geh* ***sich ~*** prepararse (***zu*** para)
Rüster ['rʏstər] *f* ⟨-; -n⟩ BOT olmo *m*
'rüstig *adj* vigoroso, robusto
rustikal [rʊsti'kaːl] *adj Möbel* rústico

R

'Rüstung *f* **1** (*Auf*♀) armamento *m*; **2** (*Ritter*♀) armadura *f*

'Rüstungs|industrie *f* industria *f* de armamento *od* armamentística; **~kontrolle** *f* control *m* de armamento; **~wettlauf** *m* carrera *f* de armamentos *od* armamentística

Rute ['ruːtə] *f* **1** (*Gerte*) vara *f*, azote *m*; **2** (*Schwanz*) cola *f*; **3** (*Angel*♀) caña *f*

Rutsch [rʊtʃ] *m* ⟨-(e)s; -e⟩ **1** (*Erd*♀) desprendimiento *m*; F *fig* ***in e-m ~*** de un tirón; **2** F ***guten ~ (ins neue Jahr)!*** ¡feliz entrada (en el año nuevo)!

'Rutschbahn *f* deslizadero *m*, tobogán *m*

'Rutsche *f* plano *m* inclinado; (*Rutschbahn*) tobogán *m*

'rutschen *v/i* ⟨sn⟩ deslizarse, resbalarse; *Auto* patinar, derrapar; *Erdreich* desprenderse; (*herunter~*) *Person* resbalarse; *Sache a* caerse; F ***rutsch mal ein Stück!*** ¡córrete un poco!

'rutsch|fest *adj* antideslizante; **~ig** *adj* resbaladizo; **♀partie** F *f* resbalón *m*

rütteln ['rʏtəln] **I** *v/t* sacudir, agitar; **II** *v/i* ***an etw*** (*dat*) **~** sacudir a/c; *fig* ***daran ist nicht zu ~*** es un hecho

S

S, s [ɛs] *n* ⟨-; -⟩ S, s *f*

s *Abk* (*Sekunde*) s. (*segundo*)

S *Abk* **1** (*Süden*) S (*Sur*); **2** (*Schilling*) S (*chelín*)

s. *Abk* (*siehe*) véase

S. *Abk* (*Seite*) pág. (*página*)

Saal [zaːl] *m* ⟨-(e)s; Säle⟩ sala *f*, salón *m*

Saar [zaːr] *f* Sarre *m*

Saar'brücken [zaːrbrykən] *n* ⟨-s⟩ Sarrebruck *m*

'Saar|land *n* Sarre *m*; **~länder(in)** *m*(*f*) saarense *m,f*, habitante *m,f* del Saar; **2ländisch** *adj* saarense

Saat [zaːt] *f* ⟨-; -en⟩ **1** (*Säen*) siembra *f*; **2** (*~gut*) semillas *f/pl*, simientes *f/pl*

'Saat|gut *n* semillas *f/pl*, simientes *f/pl*; **~kartoffel** *f* patata *f* de siembra; **~krähe** *f* grajo *m*

Sabbat ['zabat] *m* ⟨-s; -e⟩ sabbath *m*, sábado *m* judío

sabbern ['zabərn] F *v/i* babosear

Säbel ['zɛːbəl] *m* ⟨-s; -⟩ sable *m*

'säbeln F *desp v/t fig* cortar (mal)

Sabotage [zabo'taːʒə] *f* sabotaje *m*; **~akt** *m* acto *m* de sabotaje

Sabo|teur [-'tøːr] *m* ⟨-s; -e⟩ saboteador *m*; **2'tieren** *v/t* ⟨*sin* ge⟩ sabotear

Saccharin [zaxa'riːn] *n* ⟨-s⟩ sacarina *f*

Sach|anlagen ['zax-] *f/pl Buchhaltung* inmovilizado *m* material; **~bearbeiter(in)** *m*(*f*) encargado, -a *m,f*; **~beschädigung** *f* daño *m* material; **2bezogen I** *adj* referido al asunto, pertinente; **II** *adv* a propósito; **~buch** *n* libro *m* de divulgación científica; **2dienlich** *adj* ADM pertinente; *Hinweis* útil

Sache ['zaxə] *f* **1** (*Ding*) cosa *f*; (*Gegenstand*) objeto *m*; *fig* **~n** *pl* (*Habseligkeiten*) efectos *m/pl*; F ***mach keine ~n!*** ¡déjate de historia!; **2** (*Angelegenheit*) asunto *m*, cuestión *f*; ***es ist beschlossene ~, dass ...*** está decidido que ... (*+ind*); ***das ist so e-e ~*** es difícil (de decir); ***ganz bei der ~ sein*** estar muy concentrado; ***nicht bei der ~ sein*** no prestar atención; ***zur ~ kommen*** ir al grano; ***das tut nichts zur ~*** (eso) no tiene importancia; ***mit j-m gemeinsame ~ machen*** hacer causa común con alg; **3** (*Anliegen*) causa *f*; ***in eigener ~*** por propio interés, en nombre propio; **4** JUR causa *f*; (*Fall*) caso *m*; *fig* ***in ~n ...*** en materia de ...; JUR en la causa ...; **5** F (*Stundenkilometer*) ***mit hundert ~n*** a cien por hora

'Sach|einlage *f* aportación *f* no dineraria *od* en especie; **~gebiet** *n* materia *f*, campo *m*; **2gemäß**, **2gerecht** *adj Verpackung, Behandlung* adecuado, apropiado; *Darstellung, Bericht* objetivo, conforme a los hechos; **~kenntnis** *f* conocimiento *m* de causa, pericia *f*

'sachkundig *adj* experto, competente; ***sich ~ machen*** hacerse experto en la materia

'Sach|lage *f* estado *m* de cosas, circunstancias *f/pl*, situación *f*; **~leistung** *f* prestación *f* en especie

'sachlich *adj* imparcial, objetivo

sächlich ['zɛçlɪç] *adj* GRAM neutro

'Sach|lichkeit *f* ⟨-⟩ objetividad *f*, imparcialidad *f*; **~register** *n* índice *m*, tabla *f* de materias; **~schaden** *m* daño *m* material

Sachse ['zaksə] *m* ⟨-n; -n⟩ sajón *m*

'Sachsen ['zaksən] *n* ⟨-s⟩ Sajonia *f*; **~-Anhalt** ['--'ʔanhalt] *n* ⟨-s⟩ Sajonia-Anhalt *f*

Sächsin ['zɛksɪn] *f* sajona *f*

'sächsisch *adj* sajón

sacht(e) ['zaxt(ə)] *adv* suavemente, lentamente; (*allmählich*) poco a poco

'Sachverhalt *m* ⟨-(e)s; -e⟩ estado *m* de cosas, hechos *m/pl*; ***den ~ darlegen*** exponer los hechos

'Sach|verstand *m* conocimiento *m* de causa, pericia *f*; **2verständig** *adj* experto, competente; **~verständige(r)** *f*(*m*) ⟨→ A⟩ experto, -a *m,f*, perito, -a *m,f*; **~verständigengutachten** *n*, juicio *m od* dictamen *m* pericial, peritaje *m*

'Sachwert *m* valor *m* real; **~e** *pl* bienes *m/pl* reales

'Sach|wissen *n* conocimientos *m/pl*; **~zwang** *m* circunstancias *f/pl*, necesidad *f*

Sack [zak] *m* ⟨-(e)s; ¨e⟩ **1** saco *m*; (*Post2, Geld2*) saca *f*; ***der gelbe ~*** *bolsa amarilla para envases reciclables*; F ***mit ~ und Pack*** con todo lo que tiene; F con todos los bártulos; **2** P (*Hoden2*) P pelotas *f/pl*

'sacken *v/i* ⟨sn⟩ hundirse

'Sack|gasse *f* callejón *m* sin salida (*a fig*);

~hüpfen *n* ⟨-s⟩ carrera *f* de sacos
Sa|dismus [za'dɪsmʊs] *m* ⟨-⟩ sadismo *m*; **~'dist(in)** *m(f)* sádico, -a *m,f*; **≈'distisch** *adj* sádico
säen ['zɛːən] *v/t* sembrar; *fig* ***dünn gesät*** escaso
Safari [za'faːri] *f* ⟨-; -s⟩ safari *m*
Safe [seːf] *m od n* ⟨-s; -s⟩ caja *f* fuerte *od* de caudales; *e-r Bank a* caja *f* de seguridad
Safran ['zafra(ː)n] *m* ⟨-s; -e⟩ azafrán *m*; **≈gelb** *adj* de color azafrán
Saft [zaft] *m* ⟨-(e)s; ⸚e⟩ **1** *Getränk, von Früchten* zumo *m*, jugo *m* (*bsd Am*); **2** BOT savia *f*; *fig* ***ohne ~ und Kraft sein*** estar sin fuerzas; **3** (*Fleisch≈*) jugo *m*; ***im eigenen ~*** (***schmoren***) (cocerse) en su propio jugo; **4** PHARM jarabe *m*; **5** F (*Strom*) corriente *f*
'saftig *adj* **1** jugoso; *Wiese* verde, fértil; **2** F *fig Preis, Rechnung* exorbitante
'Saftladen F *desp m* F tugurio *m*
'saftlos *adj* sin jugo; *fig* ***saft- und kraftlos*** sin fuerzas
'Saftpresse *f* exprimidor *m*
Sage ['zaːgə] *f* leyenda *f*
Säge ['zɛːgə] *f* sierra *f*; **~blatt** *n* hoja *f* de sierra; **~mehl** *n* serrín *m*
sagen ['zaːgən] **I** *v/t* **1** (*mitteilen*) decir (***zu*** a; ***über*** *+acus* sobre, de); ***so etwas sagt man nicht*** eso no se dice; ***was ich*** (***noch***) ***~ wollte*** lo que quería decir, a propósito; ***was Sie nicht ~!*** ¡no me diga!; F ¡no fastidie!; ***wie gesagt*** lo dicho; F ***na, wer sagts denn!*** ¡ya lo ves!; **2** (*befehlen*) decir, mandar; ***er hat hier nichts zu ~*** él no es quien para dar órdenes (aquí); ***sie hat das ≈*** la que manda es ella; ***lassen Sie sich*** (*dat*) ***das gesagt sein!*** ¡téngalo por dicho!; **3** (*bedeuten*) significar, querer decir; ***das hat nichts zu ~*** no quiere decir nada; ***sagt dir das etwas?*** ¿te suena?; **4** (*meinen*) parecer; ***was sagst du dazu?*** ¡qué te parece?; ***was wollen Sie damit ~?*** ¿qué quiere decir Ud. con eso?; **II** *v/i* **5** decir; ***wenn ich so ~ darf*** por así decir(lo); ***unter uns gesagt*** entre nosotros; ***sag mal, …*** dime, …; F ***sag bloß!*** F ¡no me digas!
'sägen **I** *v/t* serrar; **II** *v/i* F (*schnarchen*) roncar
'sagenhaft **I** *adj* legendario (*a fig*); F *fig* (*toll*) fabuloso; **II** F *adv* (*sehr*) terriblemente
'Säge|späne *pl* aserraduras *f/pl*, virutas *f/pl*; **~werk** *n* aserradero *m*
Sahara [za'haːra] *f* ⟨-⟩ ***die ~*** el Sahara
Sahne ['zaːnə] *f* ⟨-⟩ nata *f*, crema *f*; **~bonbon** *m od n* caramelo *m* de crema; **~quark** *m* requesón *m* de nata; **~torte** *f* tarta *f* de crema
'sahnig *adj* cremoso
Saison [zɛ'zɔ̃ː] *f* ⟨-; -s⟩ temporada *f*; (*Jahreszeit*) estación *f*
saiso'nal **I** *adj* estacional; **II** *adv* ***~ bedingt*** estacional; ***~ bereinigt*** → ***saisonbereinigt***
Sai'son|arbeit *f* trabajo *m* estacional; **~arbeiter(in)** *m(f)* temporero, -a *m,f*; **~ausverkauf** *m* liquidación *f* por fin de temporada; **≈bedingt** *adjt* estacional; **≈bereinigt** *adjt* corregido de las variaciones estacionales
Saite ['zaɪtə] *f* MUS cuerda *f*; *fig* ***andere ~n aufziehen*** cambiar de tono
'Saiteninstrument *n* instrumento *m* de cuerda
Sakko ['zako] *m od n* ⟨-s; -s⟩ chaqueta *f*, americana *f*, *Am* saco *m*
sakral [za'kraːl] *adj* sacro, sagrado
Sakrament [zakra'mɛnt] *n* ⟨-(e)s; -e⟩ sacramento *m*
Sakristei [zakrɪs'taɪ] *f* sacristía *f*
Salamander [zala'mandər] *m* salamandra *f*
Salami [za'laːmi] *f* ⟨-; -(s)⟩ *etwa* salchichón *m*
Salat [za'laːt] *m* ⟨-(e)s; -e⟩ GASTR ensalada *f*; (*Kopf≈*) lechuga *f*; ***ein Kopf ~*** una (cabeza de) lechuga; F *fig* ***da haben wir den ~!*** ¡buena la hemos hecho!, ¡estamos listos!
Sa'lat|gurke *f* pepino *m* (de ensalada); **~kopf** *m* cogollo *m* de lechuga; **~schüssel** *f* ensaladera *f*; **~soße** *f* aliño *m*
Salbe ['zalbə] *f* pomada *f*, ungüento *m*
Salbei ['zalbaɪ] *m* ⟨-s⟩ salvia *f*
'salb|en *v/t* untar; REL ungir; **~ungsvoll** *adj desp* patético
saldieren ['zaldiːrən] *v/t* ⟨*sin* ge⟩ saldar
Saldo ['zaldo] *m* ⟨-s; -s *o* -di⟩ COM saldo *m*; ***ein ~ aufweisen*** arrojar un saldo; ***den ~ vortragen*** pasar el saldo (a cuenta nueva); ***per ~*** por saldo
'Saldovortrag *m* saldo *m* a cuenta nueva
Säle ['zɛːlə] → ***Saal***
Saline [za'liːnə] *f* salina *f*
Salm [zalm] *m* ⟨-(e)s; -e⟩ ZO salmón *m*
Salmiak [zalmi'ak] *m od n* ⟨-s⟩ sal *f* amoníaca; **~geist** *m* amoniaco *m*
Salmonelle [zalmo'nɛlə] *f* salmonela *f*
Salon [za'lɔ̃ː] *m* ⟨-s; -s⟩ salón *m*; *für Schönheitspflege a* instituto *m*
sa'lonfähig *adj* presentable; *Witz* ***nicht ~*** verde
salopp [za'lɔp] *adj* **1** (*lässig*) desenvuelto, desenfadado; F dejado; *desp* descuidado; **2** *Ausdruck* familiar
Salpeter [zal'peːtər] *m* ⟨-s⟩ salitre *m*, nitro *m*; **~säure** *f* ácido *m* nítrico
Salto ['zalto] *m* ⟨-s; -s *o* -ti⟩ salto *m*; ***~ mortale*** salto *m* mortal
Salut [za'luːt] *m* ⟨-(e)s; -e⟩ salva *f*; ***~ schie-***

S

ßen disparar una salva
salu'tieren *v/i* ⟨*sin* ge⟩ saludar
Salvadoria|ner(in) [zalvadori'aːnər(ɪn)] *m(f)* salvadoreño, -a *m,f*; **≗nisch** *adj* salvadoreño
Salve ['zalvə] *f* descarga *f*, salva *f* (*a fig*)
Salz [zalts] *n* ⟨-es; -e⟩ sal *f* (*a* CHEM)
'salz|arm I *adj* pobre en sal; **II** *adv* con poca sal; **≗bergwerk** *n* mina *f* de sal
'Salzburg ['zaltsburk] *n* ⟨-s⟩ Salzburgo *m*
'salzen *v/t* ⟨*p/p* gesalzen⟩ salar
'Salz|gebäck *n* saladitos *m/pl*; **~gurke** *f* pepinillo *m* (en salmuera); **≗haltig** *adj* salino; **~hering** *m* arenque *m* salado *od* en salmuera
'salzig *adj* **1** (*gesalzen*) salado; **2** (*Salz enthaltend*) salino, salobre
'Salz|kartoffel *f* patata *f* hervida; **≗los** *adj u adv* sin sal; **~säure** *f* ácido *m* clorhídrico; **~stange** *f* palillo *m* salado; **~streuer** *m* salero *m*; **~wasser** *n* agua *f* salada
Samariter [zama'riːtər] *m* ***der Barmherzige ~*** el buen samaritano
Samba ['zamba] *m* ⟨-s; -s⟩ *od f* ⟨-; -s⟩ samba *f*
Sambia ['zambia] *n* ⟨-⟩ Zambia *f*
Samen ['zaːmən] *m* ⟨-s; -⟩ **1** BOT semilla *f*; AGR simiente *f*; **2** (*Sperma*) semen *m*, esperma *m*; **3** *fig* (*Keim*) germen *m*
'Samen|bank *f* ⟨-; -en⟩ banco *m* de esperma; **~erguss** *m* eyaculación *f*; **~korn** *n* grano *m*, semilla *f*; **~zelle** *f* célula *f* espermática
Sämereien [zɛːmə'raɪən] *pl* semillas *f/pl*
sämig ['zɛːmɪç] *adj* espeso, cremoso
Sammel|anschluss ['zaməl-] *m* TEL línea *f* colectiva; **~auftrag** *m* → ***Sammelbestellung***; **~band** *m* ⟨-(e)s; -bände⟩ colección *f* (en un tomo), antología *f*; **~becken** *n* receptáculo *m*; *fig a* depósito *m*; **~begriff** *m* concepto *m* genérico; **~behälter** *m* contenedor *m* de recogida; **~bestellung** *f* pedido *m* conjunto *od* colectivo; **~büchse** *f* hucha *f*, alcancía *f*; **~container** *m* contenedor *m* de recogida
sammeln ['zaməln] **I** *v/t* **1** *Pilze*, *Holz* recoger; **2** (*anhäufen*) acumular (*a Kräfte*), amontonar; **3** (*e-e Sammlung anlegen*) coleccionar; **4** *Geld*, *Spenden* recaudar, recolectar; (*vereinigen*) reunir; **II** *v/i* **5** recaudar dinero (***für*** para); **III** *v/r* ***sich ~*** **6** (*zusammenkommen*) reunirse; (*sich anhäufen*) acumularse; **7** *fig* (*sich konzentrieren*) (re)concentrarse
'Sammel|platz *m* lugar *m* de reunión; **~stelle** *f* punto *m* de recogida
Sammelsurium [zaməl'zuːriʊm] F *desp n* ⟨-s; -ien⟩ revoltijo *m*
'Sammel|system *n* sistema *m* de recogida; **~transport** *m* transporte *m* colectivo; **~überweisung** *f* transferencia *f* colectiva
'Sammler(in) *m(f)* coleccionista *m,f*
'Sammlung *f* **1** *wohltätige* colecta *f*, cuestación *f*; **2** *von Kunstwerken*, *Briefmarken* colección *f*; **3** (*Zusammenstellung*) colección *f*; (*Aufsatz≗*) antología *f*; **4** *fig* (*Konzentration*) concentración *f*, recogimiento *m*
Samstag ['zamstaːk] *m* sábado *m*; → ***Montag***
'samstags *adv* los sábados
samt [zamt] **I** *adv* ***~ und sonders*** todos sin excepción; **II** *prp* ⟨*+dat*⟩ con, en compañía de
Samt *m* ⟨-(e)s; -e⟩ terciopelo *m*
'samten *adj* **1** (*aus Samt*) de terciopelo; **2** (*wie Samt*) aterciopelado
'Samthandschuh *m fig* ***j-n mit ~en anfassen*** tratar a alg con guante de seda
sämtlich ['zɛmtlɪç] *pr/indef* todo, completo; ***~e*** *pl* todos; ***~e Werke von X*** las obras completas de X
'samtweich *adj* suave como la seda
Sanatorium [zana'toːriʊm] *n* ⟨-s; -ien⟩ sanatorio *m*
Sand [zant] *m* ⟨-(e)s⟩ arena *f*; *fig* ***j-m ~ in die Augen streuen*** poner a alg una venda en los ojos; *fig* ***im ~e verlaufen*** quedar en nada; F *fig* ***etw in den ~ setzen*** malograr a/c; F echar a perder a/c; F ***wie ~ am Meer*** a montones, a porrillo
Sandale [zan'daːlə] *f* sandalia *f*
Sandalette [zanda'lɛtə] *f* sandalia *f* (de tacón)
'Sand|bank *f* ⟨-; -bänke⟩ banco *m* de arena; **~burg** *f* castillo *m* de arena
'sandig *adj* arenoso
'Sand|kasten *m* cajón *m* de arena; **~korn** *n* grano *m* de arena; **~mann** *m*, **~männchen** *n hombre imaginario que arroja arena a los niños en los ojos para que se duerman*; **~papier** *n* papel *m* de lija; **~sack** *m* saco *m* de arena; **~stein** *m* gres *m*, piedra *f* arenisca; **~strand** *m* playa *f* de arena; **~sturm** *m* tormenta *f* de arena
'Sanduhr *f* reloj *m* de arena
Sandwich ['zɛntvɪtʃ] *m od n* ⟨-s; -(e)s⟩ sandwich *m*
'Sandwüste *f* desierto *m* de arena
sanft [zanft] *adj* **1** suave (*a fig*); ***~e Geburt*** parto *m* natural; **2** (*leicht*) ligero; **3** *Person* tierno; (*ruhig*) afable
Sänfte ['zɛnftə] *f* silla *f* de manos, litera *f*
'Sanft|heit *f* ⟨-⟩ suavidad *f*; **~mut** *f* ⟨-⟩ dulzura *f*; **≗mütig** *adj* dulce, manso
Sänger(in) ['zɛŋər(ɪn)] *m(f)* cantante *m,f*
'sanglos *adv* F ***sang- und klanglos*** sin pena ni gloria

sanier|en [za'niːrən] *v/t* ⟨*sin* ge⟩ sanear; *Altbau* rehabilitar; **2ung** *f* saneamiento *m*; *von Altbauten* rehabilitación *f*; **2ungskonzept** *n* plan *m* de saneamiento
sanitär [zani'tɛːr] *adj* sanitario
Sani'täter *m* sanitario *m* (*a* MIL)
Sani'tätsdienst *m* servicio *m* sanitario
Sankt [zaŋkt] *adj* ⟨*inv*⟩ santo
Sanktion [zaŋktsi'oːn] *f* sanción *f*; ***wirtschaftliche ~en*** sanciones *f/pl* económicas
sanktio'nieren *v/t* ⟨*sin* ge⟩ sancionar
San Marino [zanma'riːno] *n* ⟨-s⟩ San Marino *m*
Saphir ['zaːfɪr] *m* ⟨-s; -e⟩ zafiro *m*
Sara'gossa [zara'gɔsa] *n* Zaragoza *f*
Sardelle [zar'dɛlə] *f* anchoa *m*
Sardine [zar'diːnə] *f* sardina *f*
Sardinien [zar'diːniən] *n* ⟨-s⟩ Cerdeña *f*
Sarg [zark] *m* ⟨-(e)s; ⸚e⟩ ataúd *m*, féretro *m*
Sarkas|mus [zar'kasmʊs] *m* ⟨-; -men⟩ sarcasmo *m*; **2tisch** *adj* sarcástico
Sarkophag [zarko'faːk] *m* ⟨-s; -e⟩ sarcófago *m*
saß [zaːs] → ***sitzen***
Satan ['zaːtan] *m* ⟨-s; -e⟩ **1** Satanás *m*; **2** F *desp fig* satanás *m*, demonio *m*
sa'tanisch *adj* satánico
Satellit [zatɛ'liːt] *m* ⟨-en; -en⟩ satélite *m*
Satel'liten|fernsehen *n* televisión *f* por satélite; **~foto** *n* foto *f* satélite; **~schüssel** F *f* antena *f* parabólica; **~staat** *m* Estado *m* satélite
Satin [za'tɛ̃ː] *m* ⟨-s; -s⟩ satén *m*, raso *m*
Satir|e [za'tiːrə] *f* sátira *f*; **~iker(in)** *m(f)* satírico, -a *m,f*; **2isch** *adj* satírico
satt [zat] **I** *adj* **1** satisfecho, harto; *fig* ***ich bin es ~ zu*** (+*inf*) estoy harto de (+*inf*); ***danke, ich bin ~*** gracias, estoy lleno; **2** *fig Farben* intenso (*a Klang*); **II** *adv* **3** ***sich ~ essen*** comer hasta la saciedad; ***~ machen*** llenar, saciar; F *fig* ***etw, j-n ~ bekommen*** hartarse de a/c, alg; F *fig* ***etw, j-n ~ haben*** estar harto de a/c, alg; **4** F ***Kaviar, Sonne ~*** F caviar, sol para hartarse
Sattel ['zatəl] *m* ⟨-s; ⸚⟩ **1** silla *f*, sillín *m*; *fig* ***fest im ~ sitzen*** tener la posición asegurada; **2** MUS cejilla *f*
'sattelfest *adj* ***~ sein*** estar firme en la silla; *fig* ser versado (***in*** +*dat* en); F estar puesto (***in*** +*dat* en)
'satteln *v/t* ensillar
'Sattel|schlepper *m* camión *m* remolque *od* trailer; **~tasche** *f* alforjas *f/pl*
sättigen ['zɛtɪgən] **I** *v/t* **1** *geh* saciar, hartar (***mit*** de); *fig* contentar; **2** CHEM, PHYS saturar (***mit*** con); **II** *v/i* **3** *Nahrungsmittel* llenar, saciar
'sättig|end *adjt* sustancioso, nutritivo; **2ung** *f* CHEM, PHYS saturación *f*; *fig* saciedad *f* (***mit*** de)
'Sattler *m* guarnicionero *m*
'sattsam *geh adv* harto
Saturn [za'tʊrn] *m* ⟨-s⟩ ASTR (***der***) **~** Saturno *m*
Satz [zats] *m* ⟨-es; ⸚e⟩ **1** GRAM frase *f*, oración *f*; MAT teorema *m*; **2** *Teil e-s Musikstücks* movimiento *m*; **3** TYPO composición *f*; **4** (*zusammengehörige Gegenstände*) juego *m*; **5** *Tennis* set *m*; **6** (*Sprung*) brinco *m*, salto *m*; **7** (*Boden2*) sedimento *m*; (*Kaffee2*) poso(s) *m(pl)*; **8** (*Tarif*) tasa *f*, tarifa *f*
'Satz|aussage *f* GRAM predicado *m*; **~ball** *m Tennis* bola *f* de set; **~ergänzung** *f* GRAM complemento *m*; **~gefüge** *n* GRAM frase *f* compleja; **~gegenstand** *m* GRAM sujeto *m*; **~glied** *n* GRAM parte *f* de la oración; **~system** *n* TYPO sistema *m* de composición (de textos); **~teil** *m* → ***Satzglied***
'Satzung *f* estatuto *m*, reglamento *m*; **~sänderung** *f* modificación *f* de los estatutos; **2sgemäß** *adj* estatuario
'Satzzeichen *n* signo *m* de puntuación
Sau [zaʊ] *f* ⟨-; ⸚e⟩ **1** ZO cerda *f*, puerca *f*; (*Wild2*) jabalina *f*; *südd* (*Schwein*) cerdo *m*; P ***j-n zur ~ machen*** F poner a alg de vuelta y media; **2** P *fig* (*schmutziger Mensch, gemeiner Mensch*) F cerdo, -a *m,f*, cochino, -a *m,f*
sauber ['zaʊbər] **I** *adj* **1** limpio; *Person a* pulcro; *Umwelt* no contaminado; **2** *fig* (*anständig*) honrado, limpio; **3** *Schrift, Arbeit* esmerado, pulcro; *iron* ***~e Arbeit!*** F ¡bien hecho!; **II** *adv* **4** ***~ machen*** limpiar
'Sauberkeit *f* ⟨-⟩ limpieza *f*, aseo *m*, pulcritud *f* (*a fig*)
säuberlich ['zɔʏbərlɪç] *adv* (***fein***) **~** con esmero
'säuber|n *v/t* **1** limpiar, asear; **2** *fig* limpiar, depurar; **2ung** *f* limpieza *f*, aseo *m*; *fig* depuración *f*, purga *f*
'sau'blöd(e) P *adj* F tonto de remate
'Saubohne *f* haba *f*
'Sauce *f* → ***Soße***
Saudi ['zaʊdi] *m* ⟨-s; -s⟩ **~'araber(in)** *m(f)* saudí *m,f*, saudita *m,f*; **~-A'rabien** *n* ⟨-s⟩ Arabia *f* Saudí *od* Saudita; **2a'rabisch** *adj* saudí, saudita
'sau'dumm P *adj* F tonto de remate
sauer ['zaʊər] **I** *adj* ⟨saurer, sauerste⟩ **1** ácido (*a Frucht*, CHEM); *unangenehm* agrio (*a Milch*); ***saurer Regen*** lluvia *f* ácida; **2** F (*verärgert*) enfadado (***auf j-n*** con alg); **II** *adv* **3** GASTR **~ *einlegen*** poner en vinagre; ***~ werden*** agriarse; *Milch* cuajarse; F *fig* enfadarse; **4** F ***~ reagieren*** (***auf etw*** *acus*) F tomar a mal (a/c)
Sauer|ampfer ['zaʊərʔampfər] *m* acedera *f*;

S

~braten *m* asado *m* adobado
Saue'rei P *desp f* F porquería *f*, guarrería *f*
'Sauer|kirsche *f* guinda *f*; **~kraut** *n* chucrut *m*, col *f* fermentada
säuerlich ['zɔʏərlɪç] *adj* **1** acídulo; *Wein* avinagrado; *Obst* ácido; **2** *missmutig* de mal humor
'Sauermilch *f* cuajada *f*
'Sauerrahm *m* nata *f* agria
'Sauerstoff *m* oxígeno *m*; **~maske** *f* máscara *f* de oxígeno; **~zelt** *n* burbuja *f* de oxígeno
'Sauerteig *m* levadura *f*
saufen ['zaʊfən] ⟨säuft, soff, gesoffen⟩ *v/t*, *v/i* **1** *Tier* beber; **2** P *Mensch* beber en exceso; *Alkohol* F empinar el codo; ***~ wie ein Loch*** F beber como una cuba
Säufer ['zɔʏfər] P *desp m* bebedor *m*; F borracho *m*; P mamado *m*
Saufe'rei P *f* borrachera *f*; F curda *f*
'Säuferin P *desp f* bebedora *f*; F borracha *f*; P mamada *f*
'Saufgelage P *n* borrachera *f*; F curda *f*
saugen ['zaʊgən] ⟨sog *o regular*, gesogen *o regular*⟩ **I** *v/t*, *v/i* **1** ***an etw*** (*dat*) **~** chupar a/c; ***den Saft aus e-r Orange* ~** sorber el zumo de una naranja; **2** ⟨*regular*⟩ *Säuglinge*, *Tierjunge* mamar; **3** ⟨*regular*⟩ → ***staubsaugen***; **4** ⟨*regular*⟩ TEC aspirar, absorber; **II** *v/r* **5** ***sich voll Wasser* ~** empaparse de agua
säugen ['zɔʏgən] *v/t* amamantar, criar
'Säugetier *n* mamífero *m*
'saugfähig *adj* absorbente
'Säugling *m* ⟨-s; -e⟩ lactante *m*, niño *m* de pecho; **~spflege** *f* puericultura *f*; **~ssterblichkeit** *f* mortalidad *f* infantil
'Saug|napf *m* ventosa *f* (*a* ZO); **~rüssel** *m* trompa *f* (chupadora)
'Sauhaufen P *m* F panda *f* de caóticos
säuisch ['zɔʏɪʃ] P *desp adj* F guarro; *fig* obsceno
'sau'kalt P *adj **es ist*** **~** hace un frío que pela
'Sauklaue P *f* letra *f* muy mala
Säule ['zɔʏlə] *f* BAU columna *f*; (*Pfeiler*) pilar *m*; *fig a* puntal *m*
'Säulen|diagramm *n* diagrama *m* de barras; **~gang** *m* columnata *f*; **~halle** *f* pórtico *m*
Saum [zaʊm] *m* ⟨-(e)s; ⸗e⟩ **1** MODE dobladillo *m*; (*Rand*) ribete *m*, orla *f*; **2** *geh* (*Wald*♀) linde *m*
säumen ['zɔʏmən] *v/t* MODE hacer un dobladillo *bzw* un ribete *bzw* una orla en; *geh fig* bordear
'säum|ig *geh adj* lento; (*nachlässig*) negligente, descuidado; *Zahler* moroso; **♀igkeit** *f* morosidad *f*; **♀niszuschlag** *m* recargo *m* de demora

Sauna ['zaʊna] *f* ⟨-; -s *o* -en⟩ sauna *f*
Säure ['zɔʏrə] *f* **1** *Geschmack* acidez *f*; *unangenehme* agrio *m*; **2** CHEM ácido *m*
'säure|beständig *adj* resistente a los ácidos; **♀gehalt** *m* acidez *f*
Saure-'Gurken-Zeit F *f* época *f* de calma, temporada *f* baja
Saurier ['zaʊriər] *m* saurio *m*
Saus [zaʊs] *m **in ~ und Braus leben*** vivir a todo tren
säuseln ['zɔʏzəln] **I** *v/t fig* susurrar; **II** *v/i Blätter* susurrar; *Wind* murmurar
sausen ['zaʊzən] *v/i* ⟨sn⟩ **1** *Geschoss* silbar; **2** *Mensch* correr; *Auto*, *Zug* ir a toda velocidad
'Sau|stall *m* pocilga *f* (*a* F *desp fig*); **~wetter** P *n* F tiempo *m* de perros
Savanne [za'vanə] *f* sabana *f*
Saxo|fon, **~phon** [zakso'foːn] *n* ⟨-s; -e⟩ saxófono *m*, saxofón *m*
SB-... [ɛs'beː...] *Abk*, *in Zssgn* (*Selbstbedienung*) de autoservicio
S-Bahn ['ɛsbaːn] *f* tren *m* suburbano
SBB *Abk* (*Schweizerische Bundesbahnen*) Compañía *f* Suiza de Ferrocarriles
S'B-Laden *m* autoservicio *m*
scannen ['skɛnən] *v/t*, *v/i* escanear
'Scanner *m* escáner *m*; **~kasse** *f* caja *f* registradora con escáner
Schabe ['ʃaːbə] *f* cucaracha *f*
'schaben *v/t* raspar, rascar
'Schaber *m* raspador *m*, rascador *m*
Schabernack ['ʃaːbərnak] *m* ⟨-(e)s; -e⟩ travesura *f*; ***j-m e-n ~ spielen*** gastar una broma a alg
schäbig ['ʃɛːbɪç] *adj* **1** (*abgenutzt*) gastado, usado, deslucido; (*ärmlich*) miserable; **2** (*gemein*, *kleinlich*) mezquino, sórdido
Schablone [ʃa'bloːnə] *f* **1** patrón *m*; (*Mal*♀) modelo *m*; **2** *fig* patrón *m*, pauta *f*; **♀nhaft** *adj* rutinario, maquinal
Schach [ʃax] *m* ⟨-s; -s⟩ **1** *Spiel* ajedrez *m*; ***~ spielen*** jugar al ajedrez; **2** *Angriffszug beim Schach* jaque *m*; ***~!*** ¡jaque!; ***~ bieten*** hacer *od* dar jaque; F *fig **in ~ halten*** tener en jaque
'Schachbrett *n* tablero *m* de ajedrez
schachern ['ʃaxərn] *v/i desp* regatear (***um etw*** a/c)
'Schachfigur *f* pieza *f* de ajedrez
'schach'matt *adj* jaque mate
'Schachspiel *n* juego *m* de ajedrez; (*Schachpartie*) partida *f* de ajedrez
Schacht [ʃaxt] *m* ⟨-(e)s; ⸗e⟩ MIN pozo *m* (*a Luft*♀); (*Aufzugs*♀) caja *f*, hueco *m*
Schachtel ['ʃaxtəl] *f* ⟨-; -n⟩ **1** caja *f*, cartón *m*; ***e-e ~ Zigaretten*** una cajetilla (de cigarrillos); **2** F *desp **alte ~*** vieja *f*
'Schachzug *m* jugada *f* de ajedrez; *fig **ein***

S

geschickter ~ una buena jugada
schade ['ʃaːdə] *adj* **~!** ¡lástima!, ¡pena!; ***das ist*** (***sehr***) **~!** ¡es una (verdadera) lástima *od* pena!; ***wie ~*** (**, *dass***)**!** ¡qué lástima *od* pena (que)!; ***es ist ~ um ihn*** da pena; *Dinge* ***zu ~ für etw sein*** ser demasiado bueno para a/c
Schädel ['ʃɛːdəl] *m* ⟨-s; -⟩ **1** ANAT cráneo *m*; (*Toten*≗) calavera *f*; **2** F (*Kopf*) F chola *f*; **~bruch** *m* fractura *f* de cráneo
schaden ['ʃaːdən] *v/i* ***j-m, e-r Sache ~*** perjudicar *od* dañar a alg, a/c, causar daño a alg, a/c; F ***das schadet*** (***gar***) ***nichts*** le está bien empleado
'**Schaden** *m* ⟨-s; ≃⟩ daño *m*, perjuicio *m* (*a fig Nachteil*); *an Sachen* avería *f*; *großer, durch Unwetter, Feuer* siniestro *m*; ***fiktiver, ideeller ~*** daños *m/pl* ficticios, ideales; ***e-n ~ decken*** cubrir un daño; ***e-n ~ melden*** denunciar un daño; ***gegen ~ versichern*** asegurar contra daños y perjuicios; ***zu ~ kommen*** dañarse; *Person* hacerse daño
'**Schaden|abteilung** *f* departamento *m* de siniestros; **~aufstellung** *f* especificación *f* de daños
'**Schadenersatz** *m* indemnización *f* por daños y perjuicios; (***j-m für etw***) ***~ leisten*** pagar daños (por a/c a alg), indemnizar (a alg por a/c)
'**Schaden|ersatzanspruch** *m* derecho *m* a indemnización por daños y perjuicios; **~freiheitsrabatt** *m* bonificación *f* por no siniestralidad; **~freude** *f* alegría *f* por el mal ajeno; ≗**froh** *adj* regocijado por el mal ajeno
'**Schadens|fall** *m* siniestro *m*; ***im ~*** en caso de siniestro; **~formular** *n* formulario *m* de daños; **~festsetzung** *f* determinación *f* de los daños; **~meldung** *f* parte *m* de daños; aviso *m od* parte *m* de siniestro
'**schadhaft** *adj* deteriorado, defectuoso; *Zahn* cariado
schädigen ['ʃɛːdɪgən] *v/t* perjudicar, dañar
'**Schädigung** *f* (*Schädigen*) deterioro *m*; (*Schaden*) daño *m*, perjuicio *m*; MED lesión *f*
'**schädlich** *adj* perjudicial, dañino; *für die Gesundheit a* nocivo; ≗**keit** *f* ⟨-⟩ carácter *m* nocivo
'**Schädling** *m* ⟨-s; -e⟩ parásito *m*; **~bekämpfungsmittel** *n* pesticida *m*, plaguicida *m*
'**schadlos** *adj* ***sich*** (***für etw***) ***an j-m, etw ~ halten*** resarcirse (de a/c) con alg, a/c
'**Schadstoff** *m* sustancia *f* nociva *od* perjudicial; (*Giftstoff*) sustancia *f* tóxica; ≗**arm** *adj* poco contaminante; **~ausstoß** *m* emisión *f* contaminante; **~belastung** *f* contaminación *f*; ≗**frei** *adj* no contaminante
Schaf [ʃaːf] *n* ⟨-(e)s; -e⟩ **1** oveja *f* (*a fig*); *fig* ***das schwarze ~ sein*** ser la oveja negra *od* el garbanzo negro; **2** F *fig* (*Dummkopf*) F borrico *m*
'**Schafbock** *m* carnero *m*
Schäfchen ['ʃɛːfçən] *n* ⟨-s; -⟩ **1** (*kleines Schaf*) corderillo *m*; F ***sein***(***e***) ***~ ins Trockene bringen*** F hacer su agosto; **2** ⟨*pl*⟩ F (*Schutzbefohlene*) rebaño *m*
Schäfer ['ʃɛːfər] *m* pastor *m*
'**Schäferhund** *m* (***Deutscher***) **~** pastor *m* (alemán)
'**Schäferin** *f* pastora *f*
'**Schäferstündchen** *n* ⟨-s; -⟩ cita *f* amorosa
'**Schaffell** *n* piel *f* de oveja, vellón *m*
schaffen ['ʃafən] **I** *v/t* ⟨schuf, geschaffen *o regular*⟩ **1** *Werk, Arbeitsplatz, Bedürfnis,* REL crear; *Werk a* producir; ***Ordnung ~*** poner orden (***in*** *+dat* en); **2** ⟨*regular*⟩ (*befördern*) llevar, transportar; **3** ⟨*regular*⟩ ***es ~, etw zu tun*** lograr *od* conseguir hacer a/c; ***er hat es geschafft*** (*beendet*) lo ha terminado; (*erreicht*) lo ha conseguido; **4** ***damit habe ich nichts zu ~*** no tengo nada que ver con eso; **5** ⟨*regular*⟩ F (*erschöpfen*) agotar; F hacer polvo; **II** *v/i* ⟨*regular*⟩ **6** ***j-m zu ~ machen*** dar que hacer a alg; *seelisch* afectar a alg; ***sich*** (*dat*) (***unbefugt***) ***an etw*** (*dat*) ***zu ~ machen*** tocar *od* trastornar a/c (sin permiso); **7** *südd* (*arbeiten*) F currar
'**Schaffen** *n* ⟨-s⟩ creación *f*; ***das geistige ~*** el trabajo intelectual
'**Schaffenskraft** *f* fuerza *f* creadora
Schaff'hausen [ʃaf'haʊzən] *n* Escafusa *f*
Schaffner(in) ['ʃafnər(ɪn)] *m*(*f*) (*Zug*≗) revisor, a *m,f*
'**Schaffung** *f* ⟨-⟩ creación *f*; ***~ von Arbeitsplätzen*** creación *f* de empleo
'**Schaf|garbe** *f* BOT milenrama *f*; **~herde** *f* rebaño *m* de ovejas; **~hirt(in)** *m*(*f*) pastor, a *m,f*
Schafott [ʃa'fɔt] *n* ⟨-(e)s; -e⟩ patíbulo *m*, cadalso *m*
'**Schafpelz** *m* piel *f* de oveja
'**Schafskäse** *m* queso *m* de oveja
'**Schafstall** *m* redil *m*
Schaft [ʃaft] *m* ⟨-(e)s; ≃e⟩ mango *m*, cabo *m*; *e-r Lanze, Fahne* asta *f*; (*Stiefel*≗) caña *f*; (*Gewehr*≗) caja *f*; '**~stiefel** *m* bota *f* alta
'**Schafwolle** *f* lana *f* (de oveja)
Schakal [ʃa'kaːl] *m* ⟨-s; -e⟩ chacal *m*
schäkern ['ʃɛːkərn] *v/i* **1** (*scherzen*) bromear (***mit j-m*** con alg); **2** (*flirten*) flirtear
schal [ʃaːl] *adj* soso (*a fig*); (*abgestanden*) insípido, desabrido
Schal *m* ⟨-s; -s *o* -e⟩ bufanda *f*, chal *m*; (*Seiden*≗) fular *m*
Schale ['ʃaːlə] *f* **1** *von Früchten, Gemüse* piel *m*, pellejo *m*; *abgeschälte* peladura

S

f, mondadura *f* (*a Kartoffel*≈); *von Nüssen, Eiern* cáscara *f*; **2** *der Krebse* caparazón *m*; *der Muscheln* concha *f*; **3** *Gefäß* fuente *f*; *kleine* cuenco *m*; (*Waag*≈) platillo *m*; **4** F ***sich in ~ werfen*** ponerse de punta en blanco

schälen ['ʃɛːlən] **I** *v/t Obst, Kartoffeln* pelar, mondar; *Eier* quitar la cáscara a; *Hülsenfrüchte* quitar la vaina a; **II** *v/r* ***sich ~*** *Haut* pelarse

'Schalensitz *m im Auto* asiento *m* envolvente

Schalk [ʃalk] *m* ⟨-(e)s; -e *o* ⸚e⟩ pícaro *m*, travieso *m*; **'≈haft** *geh adj* pícaro, travieso

Schall [ʃal] *m* ⟨-(e)s; -e *o* ⸚e⟩ sonido *m*, son *m*; **'≈dämmend** *adjt* insonorizante; **'~dämpfer** *m* silenciador *m*; **'≈dicht** *adj* insonorizado

'schall|en *v/i* ⟨scholl *o regular*, geschallt⟩ (re)sonar; **~end** *adjt* sonoro (*a Ohrfeige*); ***~es Gelächter*** carcajadas *f/pl*

'Schallgeschwindigkeit *f* velocidad *f* del sonido

'Schallmauer *f* barrera *f* del sonido; ***die ~ durchbrechen*** romper la barrera del sonido

'Schallplatte *f* disco *m*

'Schallwelle *f* onda *f* sonora

Schalmei [ʃal'maɪ] *f* chirimía *f*

Schalotte [ʃa'lɔtə] *f* chalote *m*

schalten ['ʃaltən] **I** *v/t* **1** EL conectar, poner en circuito; **2** COM *Anzeige* insertar; **II** *v/i* **3** ***auf „aus" ~*** apagar; **4** AUTO cambiar de marcha *od* velocidad; ***in den ersten Gang ~*** poner la primera; **5** *geh* ***frei ~ und walten*** (***können***) (poder) mover las cuerdas a su antojo; **6** F *fig* (*begreifen*) reaccionar; F caer en la cuenta

'Schalter *m* **1** EL interruptor *m*, conmutador *m*; **2** (*Post*≈) ventanilla *f*; (*Fahrkarten*≈) taquilla *f*; **~beamte(r)** *m*, **~beamtin** *f* empleado, -a *m,f* de la ventanilla; *für Fahrkarten* taquillero, -a *m,f*; **~halle** *f* sala *f* de ventanillas; **~stunden** *f/pl* horas *f/pl* de despacho

'Schalt|getriebe *n* caja *f* de cambios; **~jahr** *n* año *m* bisiesto; **~knüppel** *m* palanca *f* de cambios; **~kreis** *m* EL circuito *m*; **~pult** *n* pupitre *m* de mando; **~tafel** *f* cuadro *m* de distribución; **~tag** *m* día *m* del año bisiesto

'Schaltung *f* **1** EL conexión *f*, circuito *m*; ***integrierte ~*** circuito *m* integrado; **2** (*Gang*≈) caja *f* de cambios

Scham [ʃaːm] *f* ⟨-⟩ **1** *Gefühl* vergüenza *f*, pudor *m*, *Am* pena *f*; **2** ANAT partes *f/pl*, vergüenzas *f/pl*

schämen ['ʃɛːmən] *v/r* ***sich*** (***für*** *od* ***wegen etw***) ***~*** avergonzarse (de, por a/c); ***schäm dich!*** ¿no te da vergüenza?

'Scham|gefühl *n* pudor *m*; **~haar(e)** *n*(*pl*) vello *m* pubiano; **≈haft** *adj* pudoroso, púdico; **≈los** *adj* **1** impúdico, indecente; **2** (*unverschämt*) sinvergüenza, desvergonzado; **~losigkeit** *f* **1** indecencia *f*; **2** (*Unverschämtheit*) desvergüenza *f*

schamponieren [ʃampo'niːrən] *v/t* ⟨*sin* ge⟩ lavar con champú

'schamrot *adj* ruboroso; ***~ werden*** ruborizarse, sonrojarse

Schande ['ʃandə] *f* ⟨-⟩ vergüenza *f*; *geh* deshonra *f*; ***j-m ~ machen*** deshonrar a alg; ***j-m keine ~ machen*** honrar a alg; ***es ist e-e*** (***wahre***) ***~*** es una (auténtica) vergüenza

schänden ['ʃɛndən] *v/t Ruf* deshonrar; *sexuell* violar; (*entweihen*) profanar

'Schandfleck *m* mancha *f*, mancilla *f*

'schändlich *adj* (*verwerflich*) *geh* ignominioso; *Verbrechen* infame; (*empörend*) vergonzoso; **≈keit** *f* infamia *f*

'Schandtat *f* infamia *f*

'Schändung *f* profanación *f*; *sexuelle* violación *f*

Schanktisch ['ʃaŋk-] *m* mostrador *m*

Schanze ['ʃantsə] *f* (*Sprung*≈) trampolín *m*

Schar [ʃaːr] *f* ⟨-; -en⟩ multitud *f*, grupo *m*; *von Vögeln* bandada *f*; ***in ~en*** (*dat*) en tropel, en masa

'scharen I *v/t* ***um sich ~*** reunir en torno a sí; **II** *v/r* ***sich um j-n ~*** arremolinarse en torno a alg

'scharenweise *adv* en tropel, en grupos

scharf [ʃarf] **I** *adj* ⟨⸚er, ⸚ste⟩ **1** (*schneidend*) cortante; *Zähne, Nägel, Krallen* afilado; *Kante* vivo; *Kurve* cerrado; **2** *Gegensätze* fuerte; *Umrisse, Foto* nítido; **3** *Brille, Fernglas* potente; **4** *Speisen* picante; *Senf* fuerte; *Geruch a* acre; **5** *Kontrolle* riguroso; *Protest* vivo; *Kritik* mordaz; *Worte* tajante; **6** *Verstand, Auge, Blick* agudo; *Gehör a* fino; *Ton* estridente; **7** *Wind* cortante; **8** *Munition* de verdad, real; *Bombe* activo; **9** ***das ~e S*** la S alemana, la eszeta; **10** F (*geil*) F cachondo; ***auf etw*** (*acus*) ***~ sein*** codiciar a/c; ***auf j-n ~ sein*** F estar loco por alg; **11** *Hund* mordedor; **II** *adv* **12** (*genau*) ***~ (ein)stellen*** enfocar (bien); ***~ bewachen*** vigilar de cerca; ***~ nachdenken*** reflexionar profundamente; **13** (*stark*) ***~ bremsen*** frenar en seco; ***~ würzen*** preparar con muchas especias

'Scharfblick *m* perspicacia *f*

Schärfe ['ʃɛrfə] *f* **1** *e-s Messers* agudeza *f* (*a fig des Verstandes, Gehörs, der Augen*); **2** *von Speisen* sabor *m* picante; **3** (*Deutlichkeit*) claridad *f*; **4** FOT nitidez *f*; **5** (*Strenge*) rigor *m*, severidad *f*; *e-r Diskussion* aspereza *f*; *von Kritik* mordacidad *f*; **6** (*Bissig-*

keit) acritud *f*
'schärfen *v/t* afilar; *fig a* aguzar
'Scharf|macher F *m* azuzador *m*; **~richter** *m* verdugo *m*; **~schütze** *m* tirador *m* de precisión; **2sichtig** *adj* de vista aguda; **~sinn** *m* sagacidad *f*, perspicacia *f*; **2sinnig** *adj* sagaz, perspicaz; **2züngig** *adj* cáustico
Scharlach ['ʃarlax] *m* ⟨-s⟩ escarlatina *f*
Scharlatan ['ʃarlatan] *m* ⟨-s; -e⟩ charlatán *m*
Scharnier [ʃar'niːr] *n* ⟨-s; -e⟩ bisagra *f*, charnela *f*
Schärpe ['ʃɛrpə] *f* banda *f*, faja *f*
scharren ['ʃarən] **I** *v/t* cavar; **II** *v/i* escarbar (***in der Erde*** en la tierra)
Scharte ['ʃartə] *f* mella *f*; *fig* ***e-e ~ auswetzen*** subsanar un error
Schaschlik ['ʃaʃlɪk] *m od n* ⟨-s; -s⟩ GASTR pincho *m* de carne
schassen ['ʃasən] F *v/t* echar
Schatten ['ʃatən] *m* ⟨-s; -⟩ sombra *f* (*a fig*); ***im ~*** a la sombra; ***e-n ~ werfen*** hacer sombra; *fig* ***j-n, etw in den ~ stellen*** hacer sombra a alg, a/c, eclipsar a alg, a/c
'Schattendasein *n* ***ein ~ führen*** vivir en la sombra
'Schatten|kabinett *n* gobierno *m* a la sombra; **~morelle** [-morɛlə] *f* guinda *f*; **~seite** *f* lado *m* de la sombra; *fig* reverso *m* de la medalla, inconveniente *m*; **~spiel** *n* sombras *f/pl* chinescas; **~wirtschaft** *f* economía *f* sumergida
schat'tieren *v/t* ⟨*sin* ge⟩ MAL sombrear; (*abtönen*) matizar
Schat'tierung *f* MAL sombreado *m*, matiz *m* (*a fig*); POL tendencia *f*
'schattig *adj* umbroso, sombrío
Schatulle [ʃa'tʊlə] *f* cofre *m*
Schatz [ʃats] *m* ⟨-es; ⸚e⟩ **1** tesoro *m* (*a fig*); **2** F *Kosewort* cariño *m*, tesoro *m*; **3** (*hilfsbereiter Mensch*) ángel *m*, cielo *m*
schätzen ['ʃɛtsən] *v/t* **1** (*ab~*) evaluar, tasar; (*ein~*) estimar; ***wie alt schätzt du ihn?*** ¿cuántos años le echas?; **2** (*achten*) estimar, apreciar; **3** F (*annehmen*) suponer
Schatz|gräber ['-grɛːbər] *m* buscador *m* de tesoros; **~kammer** *f* (cámara *f* del) tesoro *m*
'Schätzung *f* evaluación *f*, tasación *f*, estimación *f*; **2sweise** *adv* aproximadamente
'Schätzwert *m* valor *m* estimado *od* estimativo
Schau [ʃaʊ] *f* ⟨-; -en⟩ **1** (*Ausstellung*) exposición *f*, exhibición *f*; *fig* ***etw zur ~ stellen*** exhibir a/c; **2** (*Vorführung*) espectáculo *m*; ***j-m die ~ stehlen*** robarle la escena a alg
'Schaubild *n* gráfico *m*, diagrama *m*
Schauder ['ʃaʊdər] *geh m* escalofrío *m*; *fig* (*Entsetzen*) *a* estremecimiento *m*; **2haft** F *adj* estremecedor, escalofriante
'schaudern I *v/i* estremecerse (***vor*** *+dat* de); (*beben*) temblar; **II** *v/imp* ***mir*** *od* ***mich schaudert*** *od* ***es schaudert mich*** siento escalofríos
'schauen *v/i* **1** mirar, ver; ***schau, schau!*** ¡vaya, vaya!; **2** *fig* ***nach j-m, etw ~*** cuidar de alg, a/c; ***auf etw*** (*acus*) ***~*** fijarse en a/c
Schauer ['ʃaʊər] *m* **1** (*Schauder*) estremecimiento *m*, escalofrío *m*; **2** (*Regen2*) chubasco *m*, aguacero *m*
'Schauergeschichte *f* cuento *m* horripilante
'schauerlich *adj* horripilante; F *fig* (*fürchterlich*) *a* horrible, espantoso
'schauern → ***schaudern***
Schaufel ['ʃaʊfəl] *f* ⟨-; -n⟩ pala *f*
'schaufeln *v/t* mover con la pala; *Grab* abrir; *Schnee* quitar
'Schaufenster *n* escaparate *m*, *Am* vidriera *f*; **~auslage** *f* productos *m/pl* en exhibición (en el escaparate); **~bummel** *m* paseo *m* para ver escaparates; **~dekoration** *f* decoración *f* del escaparate; **~puppe** *f* maniquí *m*
'Schau|kampf *m Boxen* combate *m* de exhibición; **~kasten** *m* vitrina *f*
Schaukel ['ʃaʊkəl] *f* ⟨-; -n⟩ columpio *m*
'schaukeln I *v/t* (*schwingen*) columpiar, balancear; (*wiegen*) mecer; **II** *v/i* columpiarse, mecerse, balancearse (*a Schiff*)
'Schaukel|pferd *n* caballito *m* de balancín; **~stuhl** *m* mecedora *f*, balancín *m*
'Schaulust *f* curiosidad *f*; **2ig** *adj* curioso; **~ige(r)** *m* ⟨→ A⟩ curioso, -a *m,f*
Schaum [ʃaʊm] *m* ⟨-(e)s; ⸚e⟩ espuma *f*; *Eiweiß* ***zu ~ schlagen*** batir a punto de nieve
'Schaumbad *n* baño *m* de espuma
schäumen ['ʃɔʏmən] *v/i* hacer espuma; *fig* espumajear, echar chispas
'Schaumgummi *m* gomaespuma *f*
'schaumig *adj* espumoso
'Schaum|schläger *m* F *fig* F cuentista *m*, cantamañanas *m*; **~stoff** *m* espuma *f*; **~wein** *m* vino *m* espumoso
'Schauplatz *m* escenario *m*, teatro *m*
schaurig ['ʃaʊrɪç] *adj* **1** (*unheimlich*) espeluznante; **2** F (*grässlich*) horripilante
'Schauspiel *n* **1** (*Bühnenstück*) pieza *f* de teatro; *Gattung* drama *m*; **2** *geh fig* espectáculo *m*; **~er(in)** *m(f)* actor *m*, actriz *f*; *fig a* comediante, -a *m,f*; **~e'rei** *f* **1** *Beruf* oficio *m* de actor; **2** F *desp* comedia *f*; **2ern** *v/i fig desp* hacer comedia
'Schauspielhaus *n* teatro *m*
'Schau|steller(in) *m(f)* feriante *m,f*; **~tafel** *f* cuadro *m* explicativo; **~werber(in)** *m(f)* escaparatista *m,f*
Scheck [ʃɛk] *m* ⟨-s; -s⟩ cheque *m* (***über***

+*acus* de); F talón *m*; ***bestätigter ~*** cheque *m* confirmado; ***gedeckter ~*** cheque *m* cubierto; ***gesperrter ~*** cheque *m* bloqueado; ***ungedeckter ~*** cheque *m* sin fondo; ***e-n ~ (über 1000 Euro) ausstellen*** extender un cheque (de 1000 euros); ***e-n ~ einlösen*** cobrar un cheque; ***e-n ~ zur Gutschrift einreichen*** ingresar un cheque para abonar en cuenta; ***e-n ~ sperren*** bloquear un cheque; ***per ~ zahlen*** pagar con cheque
'Scheckheft *n* talonario *m* de cheques
'scheckig *adj* manchado; *Pferd* pío
'Scheck|inhaber(in) *m(f)* tenedor, a *m,f* de un cheque; **~karte** *f* tarjeta *f* (para extender cheques); **~nummer** *f* número *m* del cheque
scheel [ʃeːl] F *adj* bizco; ***j-n ~ ansehen*** *neidisch* mirar a alg con envidia; *misstrauisch* mirar a alg de reojo
scheffeln ['ʃɛfəln] F *desp v/t* ***Geld ~*** F forrarse de dinero
Scheibe ['ʃaɪbə] *f* **1** *runde* disco *m*; *kleine* arandela *f*; (*Schieß*≈) blanco *m*; **2** *von Wurst* rodaja *f*; *von Brot a* rebanada *f*; *von Schinken* lonja *f*; *von Obst* raja *f*; **3** (*Fenster*≈) cristal *m*; *vom Auto, Schaufenster* luna *f*
'Scheiben|bremse *f* freno *m* de disco; **~kleister** F *m* ***~!*** F ¡me cachis en la mar!; P ¡me cago en diez!; **~waschanlage** *f* lavaparabrisas *m*; **~wischer** *m* limpiaparabrisas *m*
Scheich [ʃaɪç] *m* ⟨-(e)s; -s *o* -e⟩ jeque *m*
Scheide ['ʃaɪdə] *f* **1** *e-s Schwerts* vaina *f*; **2** ANAT vagina *f*
'scheiden ⟨scheidet, schied, geschieden⟩ **I** *v/t* ⟨h⟩ ***e-e Ehe ~*** divorciar un matrimonio; ***geschieden werden*** divorciarse; ***sich (von j-m) ~ lassen*** divorciarse (de alg); **II** *v/i* ⟨sn⟩ *geh* separarse; (*weggehen*) irse, despedirse; ***aus dem Dienst ~*** jubilarse; ***aus dem Amt ~*** cesar en el cargo
'Scheidung *f* divorcio *m*; ***die ~ einreichen*** pedir el divorcio
Schein¹ [ʃaɪn] *m* ⟨-(e)s; -e⟩ **1** (*Bescheinigung*) certificado *m*; (*Beleg*) resguardo *m*; **2** (*Geld*≈) billete *m*; **3** *Hochschule* papeleta *f*
Schein² *m* ⟨-(e)s⟩ **1** (*Licht*≈) luz *f*, claridad *f*; (*Schimmer*) brillo *m*; **2** (*An*≈) apariencia *f*; ***den (äußeren) ~ wahren*** guardar las apariencias; ***(nur) zum ~*** (sólo) por apariencia *od* para aparentar; *sagen* (sólo) de boquilla; ***der ~ trügt*** las apariencias engañan
'scheinbar I *adj* aparente; **II** *adv* en apariencia
'scheinen *v/i* ⟨schien, geschienen⟩ **1** brillar, lucir; ***die Sonne scheint*** hace sol; ***der Mond scheint*** hay luna (clara); **2** (*den Anschein haben*) parecer; ***mir scheint, (dass)*** me parece (que +*ind*); ***wie es scheint*** según parece
'Schein|firma *f* empresa *f* fantasma; **≈heilig** *adj* hipócrita; **~heiligkeit** *f* hipocresía *f*; **~selbständigkeit** *f* independencia *f* laboral ficticia *od* aparente; **≈tot** *adj* muerto en apariencia
'Scheinwerfer *m* proyector *m*; THEA foco *m*; AUTO faro *m*; **~licht** *n* luz *f* de los focos *bzw* faros
Scheiß|... [ʃaɪs...] P *in Zssgn* P de mierda; **'~dreck** P *m* P mierda *f*
Scheiße ['ʃaɪsə] P *f* ⟨-⟩ P mierda *f*; ***~!*** P ¡joder!; ***~ bauen*** P joderla
'scheiße'gal P *adj* ***das ist mir ~*** P me la suda, me la trae floja
'scheißen P *v/i* ⟨schiss, geschissen⟩ P cagar; *fig* ***auf etw*** (*acus*) ***~*** P cagarse en a/c
'Scheiß|haus P *n* P cagadero *m*; **~kerl** P *m* P cabrón *m* de mierda, hijo *m* de puta
Scheit [ʃaɪt] *n* ⟨-(e)s; -e(r)⟩ leño *m*
Scheitel ['ʃaɪtəl] *m* ⟨-s; -⟩ **1** *der Frisur* raya *f*; **2** ANAT coronilla *f*; ***vom ~ bis zur Sohle*** de los pies a la cabeza
'scheiteln *v/t* ***das Haar ~*** hacer la raya
'Scheitelpunkt *m* vértice *m*; ASTR cénit *m*; *fig* punto *m* culminante
'Scheiterhaufen *m* hoguera *f*
scheitern ['ʃaɪtərn] *v/i* ⟨sn⟩ naufragar (*a fig*); *fig* fracasar
'Scheitern *n* ⟨-s⟩ naufragio *m*; *fig* fracaso *m*
Schelle ['ʃɛlə] *f* **1** (*Glöckchen*) cascabel *m*; **2** (*Klingel*) campanilla *f*; **3** TEC collar *m*, abrazadera *f*
'schellen I *v/i* sonar; **II** *v/imp* ***es schellt*** están llamando
'Schellenbaum *m* chinescos *m/pl*
'Schellfisch *m* eglefino *m*
Schelm [ʃɛlm] *m* ⟨-(e)s; -e⟩ pícaro, -a *m,f*, bribón, -ona *m,f*; ***kleiner ~*** pilluelo, -a *m,f*
'schelmisch *adj* pícaro
Schelte ['ʃɛltə] *geh f* reprimenda *f*; ***~ bekommen*** llevarse una reprimenda
'schelten ⟨schilt, schalt, gescholten⟩ **I** *v/t* **1** *geh od südd* ***j-n ~*** echar a alg una reprimenda; **2** *geh* ***j-n e-n Dummkopf ~*** llamar tonto a alg; **II** *v/i* **3** *geh od südd* ***mit j-m ~*** echar a alg una reprimenda
Schema ['ʃeːma] *n* ⟨-s; -s *o* -ta *o* -men⟩ **1** (*Muster*) esquema *m*; F *desp* ***nach ~ F*** siempre igual; **2** (*grafische Darstellung*) diagrama *m*
sche'matisch *adj* esquemático
Schemel ['ʃeːməl] *m* ⟨-s; -⟩ taburete *m*
Schemen ['ʃeːmən] *m* ⟨-s; -⟩ sombra *f*, silueta *f*; **≈haft** *adj* fantasmal
Schengener *adj* ***das ~ Abkommen*** POL el acuerdo de Schengen

Schenke ['ʃɛŋkə] *f* taberna *f*, tasca *f*
Schenkel ['ʃɛŋkəl] *m* ⟨-s; -⟩ **1** (*Ober*≈) muslo *m*; **2** *e-s Winkels* lado *m*
schenken ['ʃɛŋkən] *v/t* **1** ***j-m etw ~*** regalar a/c a alg; JUR donar a/c a alg; *fig* (*erlassen*) perdonar *od* dispensar a/c a alg; ***etw zu Weihnachten geschenkt bekommen*** recibir a/c de regalo de Navidad; *fig* ***mir ist im Leben nichts geschenkt worden*** a mi nadie me ha regalado nada en esta vida; *billige Ware* F ***das ist ja geschenkt!*** ¡está regalado!; **2** *geh* ***j-m, e-r Sache Aufmerksamkeit ~*** prestar atención a alg, a/c
'**Schenkung** *f* donación *f*; **~ssteuer** *f* impuesto *m* sobre donaciones
scheppern ['ʃɛpərn] F *v/i* traquetear
Scherbe ['ʃɛrbə] *f* pedazo *m*, casco *m*; **~n** *pl a* añicos *m/pl* (*a fig*)
Schere ['ʃeːrə] *f* **1** tijeras *f/pl*; (*Blech*≈) cizallas *f/pl*; **2** *der Krebse* pinza *f*, tenaza *f*
'**scheren**[1] *v/t* ⟨schor, geschoren⟩ *Schafe* esquilar; *Haare* cortar
'**scheren**[2] ⟨*regular*⟩ *v/r* **1** ***sich*** (***nicht***) ***um etw, j-n ~*** (no) hacer caso de a/c, alg; **2** F ***sich ~*** (*weg~*) irse; F largarse
'**Scherenschnitt** *m* silueta *f*
Scherereien [ʃeːrə'raɪən] F *pl* molestias *f/pl*
Scherflein ['ʃɛrflaɪn] *geh n* ⟨-s; -⟩ ***sein ~*** (***zu etw***) ***beitragen*** *od* ***beisteuern*** poner su grano de arena (para a/c)
Scherge ['ʃɛrgə] *geh m* ⟨-n; -n⟩ esbirro *m*
Scherz [ʃɛrts] *m* ⟨-es; -e⟩ broma *f*, burla *f*; ***schlechter ~*** broma *f* pesada; ***~ beiseite!*** ¡bromas aparte!; ***aus, im, zum ~*** en broma; ***s-n ~, s-e ~e mit j-m treiben*** tomar el pelo a alg
'**Scherzartikel** *m* artículo *m* de pega *od* de broma
'**scherzen** *v/i* bromear, hacer bromas; ***damit ist nicht zu ~*** no es cosa de broma
'**Scherz|frage** *f* adivinanza *f* divertida; **≈haft** *adj* chistoso, divertido
scheu [ʃɔʏ] *adj* tímido; (*menschen~*) huraño; *Pferd* espantadizo; *Pferd* ***~ machen*** espantar
Scheu *f* ⟨-⟩ **1** (*scheues Wesen*) timidez *f*; **2** (*Ehrfurcht*) temor *m*, respeto *m* (***vor*** *+dat* a)
'**scheuchen** *v/t* espantar, ahuyentar; F ***j-n aus dem Haus ~*** echar a alg de casa
'**scheuen I** *v/t* temer; ***keine Mühe ~*** no regatear *od* escatimar esfuerzos; ***keine Kosten ~*** no reparar en gastos; **II** *v/i Pferd* espantarse; **III** *v/r* ***sich ~, etw zu tun*** tener miedo *bzw* escrúpulos a hacer a/c
Scheuer|bürste ['ʃɔʏər-] *f* cepillo *m* de fregar; **~lappen** *m* bayeta *m* de fregar
'**scheuern I** *v/t* **1** fregar; **2** F ***j-m eine ~*** dar una bofetada a alg; **II** *v/i* **3** rozar; **III** *v/r* **4** ***sich wund ~*** excoriarse, desollarse
'**Scheuer|pulver** *n* polvos *m/pl* para fregar; **~tuch** *n* ⟨-(e)s; ≈er⟩ bayeta *f* de fregar
'**Scheuklappe** *f* anteojera *f* (*a fig*)
Scheune ['ʃɔʏnə] *f* granero *m*, pajar *m*
Scheusal ['ʃɔʏzaːl] *n* ⟨-s; -e⟩ monstruo *m*
scheußlich ['ʃɔʏslɪç] *adj* (*hässlich, schrecklich*) horrible; *Verbrechen a* atroz; *Wetter a* F de perros
Schi [ʃiː] → ***Ski***
Schicht [ʃɪçt] *f* ⟨-; -en⟩ **1** capa *f*; *dünne* película *f*; **2** GEOL estrato *m*; **3** (*Gesellschafts*≈) clase *f*; **4** *Arbeitszeit* turno *m*; *Arbeiter* equipo *m*; ***~ arbeiten*** trabajar por turnos
'**Schichtarbeit** *f* trabajo *m* por turnos; **~er(-in)** *m*(*f*) *persona que trabaja por turnos*
'**schichten** *v/t* apilar
'**Schicht|wechsel** *m* cambio *m* de turno; **~zulage** *f* suplemento *m* por turnos
schick [ʃɪk] **I** *adj* elegante, chic; **II** *adv* con elegancia, chic
Schick *m* ⟨-(e)s⟩ elegancia *f*
'**schicken I** *v/t* **1** mandar, enviar; ECON remitir; ***etw an j-n od j-m etw ~*** mandar *od* enviar a/c a alg; **II** *v/r* **2** (*geziemen*) ***sich ~*** convenir (***für*** a); *a v/imp* ***das schickt sich nicht*** eso no se hace; **3** ***sich in etw*** (*acus*) ***~*** resignarse a a/c, conformarse con a/c
Schickeria [ʃɪkə'riːa] F *f* ⟨-⟩ gente *f* chic
Schickimicki ['ʃɪki'mɪki] F *desp m* ⟨-s; -s⟩ pijo, -a *m,f*
'**schicklich** *geh adj* conveniente; (*anständig*) decente
Schicksal ['ʃɪkzaːl] *n* ⟨-s; -e⟩ destino *m*, suerte *f*; (*höhere Macht*) *a* fortuna *f*, sino *m*; ***j-n s-m ~ überlassen*** abandonar a alg a su suerte; F (***das ist***) ***~*** es la vida
'**schicksalhaft** *adj* fatal
'**Schicksalsschlag** *m* revés *m* de la fortuna, golpe *m* del destino
'**Schiebedach** *n* techo *m* corredizo
schieben ['ʃiːbən] ⟨schob, geschoben⟩ **I** *v/t* empujar, mover; *in den Mund, in die Tasche* meter; ***zur Seite ~*** apartar, correr; *fig* ***etw auf j-n ~*** echar(le) a/c a alg; **II** *v/i* F *mit Waren* traficar; **III** *v/r* ***sich vorwärts ~*** *Menschenmenge* avanzar empujando; ***sich zwischen etw*** (*acus*) ***~*** atravesar a/c, pasar entre a/c
'**Schieber** F *desp m* traficante *m*
'**Schiebetür** *f* puerta *f* corredera
'**Schiebung** F *f* **1** *mit Waren* tráfico *m*, negocio *m* sucio (***mit*** con); **2** (*Mogelei*) F tongo *m*; (***das ist***) ***~!*** F ¡tongo!
Schieds|gericht ['ʃiːts-] *n* JUR tribunal *m* de arbitraje; SPORT jurado *m*; **~klausel** *f* cláusula *f* arbitral; **~richter(in)** *m*(*f*) árbitro *m,f*; **~richterassistent(in)** *m*(*f*) árbitro

m,f asistente; **~richterball** *m* SPORT saque *m* neutral; **~spruch** *m* fallo *m* arbitral, arbitraje *m*; **~stelle** *f* centro *m* de arbitraje

schief [ʃiːf] **I** *adj* **1** (*schräg*) oblicuo; (*geneigt*) inclinado; *Bild* torcido; **2** *fig Vergleich, Argumentation* falso; **II** *adv* **3** oblicuamente, de través; ***~ hängen*** colgar torcido; ***~ stehen*** estar torcido; **4** *fig* F ***j-n ~ ansehen*** mirar a alg de reojo; F ***~ gehen, laufen*** salir mal, fracasar; F ***~ liegen***, F ***~ gewickelt sein*** estar equivocado

Schiefer ['ʃiːfər] *m* MINER esquisto *m*; *zum Dachdecken* pizarra *f*; **~dach** *n* tejado *m* de pizarra; **~tafel** *f* pizarra *f*

'schieflachen F *v/r* ⟨*sep*⟩ ***sich ~*** F troncharse de risa, partirse de risa

schielen ['ʃiːlən] *v/i* bizquear, ser bizco; F *fig* ***nach etw ~*** codiciar a/c

Schienbein ['ʃiːn-] *n* tibia *f*, espinilla *f*

Schiene ['ʃiːnə] *f* **1** BAHN raíl *m*, riel *m*, carril *m* (*a Lauf≈*); **2** MED tablilla *f*

'schienen *v/t* MED entablillar

'Schienen|bus *m* ferrobús *m*; **~fahrzeug** *n* vehículo *m* sobre carriles; **~netz** *n* red *f* ferroviaria

schier [ʃiːr] **I** *adj* puro; **II** *adv* (*fast*) casi; ***~ unmöglich*** casi imposible

Schierling ['ʃiːrlɪŋ] *m* ⟨-s; -e⟩ cicuta *f*

Schieß|befehl ['ʃiːs-] *m* orden *f* de tirar; **~bude** *f* caseta *f* de tiro

schießen ['ʃiːsən] ⟨schoss, geschossen⟩ **I** *v/t* ⟨h⟩ **1** *Kugel, Pfeil* disparar, tirar (*a Fußball*); JAGD *Tier* matar; ***das 1:0 ~*** meter el 1-0; **2** F ***ein paar Fotos ~*** tirar un par de fotos; **II** *v/i* **3** ⟨h⟩ *mit e-r Schusswaffe* tirar, disparar (***auf j-n, etw*** a *od* contra alg, a/c); ***scharf ~*** tirar a matar; F ***das ist zum ≈*** F ¡es para troncharse de risa!; **4** *Fußball* chutar; **5** ⟨sn⟩ *fig* (*sich schnell bewegen*) precipitarse; ***aus etw ~*** *Blut, Wasser* brotar de a/c; *Preise* ***in die Höhe ~*** dispararse; ***das Blut schoss ihm ins Gesicht*** se le subió la sangre a la cara; **6** ⟨sn⟩ *Pflanzen, Kinder* dar un estirón

Schieße'rei *f* tiroteo *m*

'Schießhund *m* F ***aufpassen wie ein ~*** estar muy atento

'Schieß|pulver *n* pólvora *f*; **~scharte** *f* aspillera *f*; **~scheibe** *f* blanco *m*; **~sport** *m* tiro *m*; **~stand** *m* campo *m* de tiro

Schiff [ʃɪf] *n* ⟨-(e)s; -e⟩ **1** barco *m*; *großes a* navío *m*, buque *m*; **2** ARCH nave *f*; ***geliefert ab ~*** puesto en buque (DES)

'schiffbar *adj* navegable

'Schiffbau *m* construcción *f* naval

'Schiffbruch *m* naufragio *m*; ***~ erleiden*** naufragar (*a fig*)

'schiff|brüchig *adj* náufrago; **≈brüchige(r)** *f(m)* ⟨→ A⟩ náufrago, -a *m,f*

'Schiffchen *n* ⟨-s; -⟩ **1** (*kleines Schiff*) barquito *m*; **2** *e-r Nähmaschine* lanzadera *f*

'schiffen P **I** *v/i* (*pinkeln*) P mear; **II** *v/imp* ***es schifft*** F llueve a cántaros

'Schiffer *m* navegante *m*; (*Binnen≈*) barquero *m*; **~klavier** *n* acordeón *m*

'Schifffahrt *f* navegación *f*

'Schifffahrts|gesellschaft *f* (compañía *f*) naviera *f*; **~linie** *f* línea *f* marítima; **~weg** *m* vía *f* navegable; (*Route*) ruta *f* marítima

'Schiffs|arzt *m* médico *m* de a bordo; **~bau** *m* → ***Schiffbau***; **~bauch** F *m* cala *f*; **~besatzung** *f* tripulación *f*, dotación *f*

'Schiffschaukel *f* columpio *m* de góndola

'Schiffs|eigner *m* armador *m*; **~fahrt** *f* travesía *f*; *Ausflug* viaje *m* por mar; **~junge** *m* grumete *m*; **~koch** *m* cocinero *m* de barco; **~ladung** *f* cargamento *m* (del barco), flete *m*; **~makler** *m* agente *m* naviero; **~manifest** *n* manifiesto *m* del buque; **~mieter(-in)** *m(f)* fletador, a *m,f*; **~reise** *f* viaje *m* marítimo; (*Kreuzfahrt*) crucero *m* (de placer); **~rumpf** *m* casco *m*; **~schraube** *f* hélice *f* (del barco); **~spediteur(in)** *m(f)* consignatario, -a *m,f* de buques; **~verkehr** *m* *auf Flüssen* tráfico *m* fluvial; *auf See* tráfico *m* marítimo; **~vermieter(in)** *m(f)* fletante *m,f*

Schiit(in) [ʃi'iːt(ɪn)] *m* ⟨-en; -en⟩ (*f*) chiita *m,f*; **≈isch** *adj* chiita

Schikane [ʃiː'kaːnə] *f* **1** (*Quälerei*) vejación *f*; (*Hindernis*) traba *f*; **2** F *fig* (*Raffinesse*) ***mit allen ~n*** por todo lo alto

schika'nieren *v/t* ⟨*sin* ge⟩ vejar, incordiar

schikanös [ʃika'nøːs] *adj* vejatorio

Schild[1] [ʃɪlt] *m* ⟨-(e)s; -e⟩ **1** (*Schutz≈*) escudo *m*; *fig* ***etw im ~e führen*** tramar a/c; **2** (*Wappen≈*) escudo *m* de armas

Schild[2] *n* ⟨-(e)s; -er⟩ letrero *m*; (*Verkehrs≈*) señal *f*; (*Plakat*) cartel *m*; (*Namens≈, Tür≈*) placa *f*; (*Preis≈*) etiqueta *f*

'Schild|bürgerstreich *m* tontería *f*; **~drüse** *f* (glándula *f*) tiroides *m*

schilder|n ['ʃɪldərn] *v/t* describir, explicar; **≈ung** *f* descripción *f*

'Schildkröte *f* tortuga *f*

Schilf [ʃɪlf] *n* ⟨-(e)s; -e⟩, **'~rohr** *n* caña *f*, junco *m*

schillern ['ʃɪlərn] *v/i* tornasolar, irisar

'schillernd *adjt* **1** tornasolado, irisado; *Farbe* con aguas; **2** *fig Begriff* opaco; *Person* ambiguo

Schilling ['ʃɪlɪŋ] *m* ⟨-s; -e⟩ chelín *m*

Schimmel[1] ['ʃɪməl] *m* ⟨-s⟩ *Belag* moho *m*

'Schimmel[2] *m* ⟨-s; -⟩ ZO caballo *m* blanco

'schimmelig *adj* mohoso, enmohecido

'schimmeln *v/i* ⟨h *o* sn⟩ enmohecerse

'Schimmelpilz *m* moho *m*

Schimmer ['ʃɪmər] *m* (*Schein*) vislumbre *f*;

S

(*Glanz*) brillo *m*, resplandor *m*; F *fig* ***keinen blassen ~ von etw haben*** no tener ni idea de a/c
'schimmern *v/i* brillar, relucir
'schimmlig → ***schimmelig***
Schimpanse [ʃɪm'panzə] *m* ⟨-n; -n⟩ chimpancé *m*
Schimpf [ʃɪmpf] *geh m* ***mit ~ und Schande*** *geh* ignominiosamente
'schimpfen I *v/t* **1** ***j-n ~*** reñir a alg, echar una bronca a alg; **2** ***j-n e-n Dummkopf ~*** tratar a alg de imbécil; **II** *v/i* **3** maldecir *od* echar pestes (***auf*** *od* ***über etw, j-n*** de a/c, alg); ***mit j-m ~*** reñir a alg
'schimpf|lich *geh adj* injurioso, vergonzoso; *geh* ignominioso; **2wort** *n* ⟨-(e)s; ⸚er⟩ palabrota *f*, taco *m*
Schindel ['ʃɪndəl] *f* ⟨-; -n⟩ ripia *f*; **~dach** *n* tejado *m* de ripia
schinden ['ʃɪndən] ⟨schindet, schindete, geschunden⟩ **I** *v/t* **1** (*quälen*) maltratar, vejar; **2** F ***Zeit ~*** ganar tiempo; **II** *v/r* **3** F ***sich ~*** F trabajar como un negro
Schinde'rei *f* maltrato *m*, paliza *f*
'Schindluder *n* F ***mit etw ~ treiben*** abusar de a/c; ***mit s-r Gesundheit ~ treiben*** jugar con su salud
Schinken ['ʃɪŋkən] *m* ⟨-s; -⟩ **1** jamón *m*; ***roher ~*** *etwa* jamón *m* serrano; ***gekochter ~*** *etwa* jamón *m* de York; **2** F *fig Buch* F ladrillo *m*; *Gemälde* F mamarracho *m*; **~speck** *m* jamón *m* con tocino
Schippe ['ʃɪpə] *f* (*Schaufel*) pala *f*
'schippen *v/t* palear; ***Schnee ~*** quitar la nieve con pala
Schirm [ʃɪrm] *m* ⟨-(e)s; -e⟩ **1** (*Regen*2) paraguas *m*; (*Sonnen*2) sombrilla *f*; **2** (*Lampen*2) pantalla *f*; (*Mützen*2) visera *f*
'Schirmherr(in) *m*(*f*) patrocinador, a *m,f*, protector, a *m,f*
'Schirmherrschaft *f* patrocinio *m*, protectorado *m*; ***die ~ für etw übernehmen*** patrocinar a/c
'Schirm|mütze *f* gorra *f* de visera; **~ständer** *m* paragüero *m*
Schiss [ʃɪs] *m* ⟨-es⟩ P ***~ haben*** P cagarse de miedo
schizo|phren [ʃɪtso'fre:n] *adj* esquizofrénico; **2phre'nie** *f* esquizofrenia *f*
schlabbern ['ʃlabərn] F **I** *v/t* **1** *Tier* beber a lengüetadas; **II** *v/i* **2** *beim Essen* sorber; **3** *Kleider* F colgar
Schlacht [ʃlaxt] *f* ⟨-; -en⟩ batalla *f*; ***die ~ bei, von ...*** la batalla de ...; ***sich*** (*dat*) ***e-e ~ liefern*** pelearse
'schlachten *v/t* sacrificar, matar
'Schlachtenbummler(in) *m*(*f*) SPORT hincha *m,f*
'Schlachter *m nordd* carnicero *m*
Schlächter ['ʃlɛçtər] *m fig* verdugo *m*
Schlachte'rei *f nordd* carnicería *f*
'Schlacht|feld *n* campo *m* de batalla; **~haus** *n*, **~hof** *m* matadero *m*; **~plan** *m* MIL, *fig* plan *m* de acción; **~platte** *f* fuente *f* de embutidos de matanza
'Schlachtung *f* matanza *f*
'Schlachtvieh *n* reses *f/pl* de matadero
Schlacke ['ʃlakə] *f* escoria *f*; (*Hochofen*2) cagafierro *m*
schlackern ['ʃlakərn] *v/i Kleider* colgar; ***mit den Armen, Beinen ~*** balancear los brazos, las piernas
Schlaf [ʃla:f] *m* ⟨-(e)s⟩ sueño *m*; ***aus dem ~ auffahren, hochfahren*** despertar sobresaltado; ***j-n aus dem ~ reißen*** despertar a alg (bruscamente); ***im ~*** en sueños; *fig* ***etw im ~ können*** saber a/c al dedillo
'Schlafanzug *m* pijama *m*
Schläfchen ['ʃlɛ:fçən] *n* ⟨-s; -⟩ siesta *f*
'Schlafcouch *f* sofá-cama *m*
Schläfe ['ʃlɛfə] *f* sien *f*
'schlafen *v/i* ⟨schläft, schlief, geschlafen⟩ **1** dormir; ***tief und fest ~*** dormir profundamente; ***mit j-m ~*** F acostarse con alg; ***~ gehen*** acostarse; **2** F *fig* (*nicht aufpassen*) estar durmiendo
'Schlafenszeit *f* ***es ist ~*** es hora de dormir
Schläfer(in) ['ʃlɛ:fər(ɪn)] *m*(*f*) durmiente *m,f*
schlaff [ʃlaf] **I** *adj* **1** *Seil* flojo; *Haut* flác(c)ido; (*weich*) blando; ***~ werden*** aflojarse; **2** *fig Person* lánguido, decaído; **II** *adv* **3** *fig* sin fuerza
'Schlaf|gelegenheit *f* alojamiento *m*; **~lied** *n* nana *f*, canción *f* de cuna
'schlaflos *adj* MED insomne; ***~e Nacht*** noche *f* en vela *od* en blanco; ***~e Nächte haben*** padecer insomnio
'Schlaf|losigkeit *f* ⟨-⟩ insomnio *m*; **~mittel** *n* somnífero *m*; **~mütze** F *f* **1** (*Langschläfer*) dormilón, -ona *m,f*; **2** (*Tranfunzel*) pasmarote *m,f*, pachorriento, -a *m,f*
schläfrig ['ʃlɛ:frɪç] *adj* soñoliento; ***~ sein*** tener sueño; ***~ werden*** adormilarse
'Schlaf|saal *m* dormitorio *m*; **~sack** *m* saco *m* de dormir; **~störungen** *pl* insomnio *m*
'Schlaf|tablette *f* pastilla *f* para dormir; **2trunken** *geh adj* soñoliento; **~wagen** *m* coche-cama *m*; **2wandeln** *v/i* ⟨h *o* sn⟩ ser sonámbulo; **~wandler(in)** *m*(*f*) sonámbulo, -a *m,f*; **~zimmer** *n* dormitorio *m*, cuarto *m*
Schlag [ʃla:k] *m* ⟨-(e)s; ⸚e⟩ **1** (*Hieb*) golpe *m* (*a Boxen, Tennis, fig*); (*Klaps*) cachete *m*, palmadita *f*; ***Schläge bekommen*** recibir una paliza; *fig* ***~ auf ~*** sin cesar, ininterrumpidamente; *fig* ***ein ~ ins Gesicht*** una bofetada; *fig* ***ein ~ ins Wasser*** un golpe fa-

S

llido; F *fig* **auf e-n ~** de golpe; **2** (*Schicksals*≗) golpe *m*, revés *m*; **3** *Geräusch* golpe *m*; **~ zehn Uhr** a las diez en punto; **4** (*Strom*≗) descarga *f*, calambre *m*; **e-n ~ bekommen** recibir una descarga *od* un calambre; **5** F (*~anfall*) ataque *m* (de apoplejía); **wie vom ~ gerührt** *od* **getroffen sein** F quedarse de piedra; **6** (*Herz*≗) latido *m*; (*Puls*≗) pulsación *f*; **7** (*Menschen*≗) raza *f*; **8** F (*Portion*) ración *f*; **9** *österr* (*~sahne*) nata *f*

'Schlag|abtausch *m Boxen* intercambio *m* de golpes; *fig* disputa *f*, enfrentamiento *m* verbal; **~ader** *f* arteria *f*; **~anfall** *m* ataque *m* de apoplejía; **≗artig I** *adj* repentino; *Bewegung* brusco; **II** *adv* bruscamente, de golpe; **~baum** *m* barrera *f*; **~bohrer** *m*, **~bohrmaschine** *f* taladradora *f* de percusión

Schlägel ['ʃlɛːgəl] *m* ⟨-s; -⟩ (*Trommel*≗) palillo *m*

'schlagen ⟨schlägt, schlug, geschlagen⟩ **I** *v/t* ⟨h⟩ **1** *einmal* golpear (**j-n ins Gesicht** a alg en la cara); *mehrmals* dar golpes; (*e-n Klaps geben*) dar una palmadita; **j-m etw aus der Hand ~** arrancar a alg a/c de la mano; **e-n Nagel in die Wand ~** clavar un clavo en la pared; **die Hände vors Gesicht ~** taparse la cara con las manos; **zu Boden ~** derribar; **2** *Holz* cortar; *Baum* talar; **3** *Sahne*, *Eier* batir; **4** *Falten*, *Rad* hacer; *Schlacht* librar; *Brücke* tender; **5 etw in Papier** (*acus*) **~** envolver a/c (en papel); **6 ein Bein übers andere ~** cruzar las piernas; **7** (*besiegen*) derrotar, batir; *Figur beim Schachspiel* comer; **8** *Uhr* dar; **es hat** (**gerade**) **zwölf Uhr geschlagen** acaban de dar las doce; **II** *v/i* **9** ⟨h⟩ (*hauen*) pegar; **nach j-m ~** dar un golpe a alg; **um sich ~** dar golpes a diestro y siniestro; **10** ⟨h⟩ *Herz*, *Puls* latir, palpitar; **11** ⟨h⟩ *Uhr*, *Glocke* tocar; **12** ⟨sn⟩ (*aufprallen*) **gegen** *od* **an etw** (*acus*) **~** darse contra a/c; *Regen* golpear contra a/c; **13** ⟨sn⟩ *Flammen* **aus etw ~** salir de a/c; *Blitz* ⟨*a* h⟩ **in etw** (*acus*) **~** caer en a/c; **14** ⟨sn⟩ **nach j-m ~** (*ähneln*) parecerse a alg, salir a alg; **15** ⟨sn⟩ **j-m auf den Magen ~** sentar(le) a alg como una patada en el estómago; **III** *v/r* ⟨h⟩ **16 sich mit j-m** (**um etw**) **~** pelearse con alg (por a/c); **sich tapfer ~** portarse bien

'schlagend *adjt Beweis* contundente; *Argument a* rotundo, irrefutable

'Schlager *m* **1** MUS canción *f* de moda; **2** (*Verkaufs*≗) éxito *m* de ventas

Schläger ['ʃlɛːgər] *m* **1** *desp* (*Raufbold*) matón *m*, pendenciero *m*; **2** *Federball*, (*Tisch*)*Tennis* raqueta *f*; (*Eis*)*Hockey* stick *m*; *Golf* palo *m*

Schläge'rei *f* riña *f*, pelea *f*

'Schlager|musik *f* música *f* de moda; **~sänger(in)** *m*(*f*) intérprete *m*,*f* de canciones de moda

'schlagfertig I *adj* que sabe replicar; *Antwort* agudo; **II** *adv* **~ antworten** replicar agudamente

'Schlag|fertigkeit *f* ⟨-⟩ prontitud *f* en la réplica; **~instrument** *n* instrumento *m* de percusión; **~kraft** *f* MIL combatividad *f*; *fig* energía *f*, vigor *m*; **≗kräftig** *adj* MIL combativo; *Argument* fuerte, contundente; **~loch** *n* bache *m*; **~obers** *n* ⟨-⟩ *österr*, **~rahm** *m südd* → **Schlagsahne**; **~ring** *m* llave *f* americana; **~sahne** *f* nata *f* para montar *bzw* montada

'Schlagseite *f* MAR escora *f*; **~ haben** MAR escorar; F *fig* dar bandazos, estar medio borracho

'Schlag|stock *m* porra *f*; **~wort** *n* ⟨-(e)s; -wörter *o* -e⟩ **1** (*Parole*) lema *m*, slogan *m*; (*Gemeinplatz*) tópico *m*; **2** ⟨*pl* -wörter⟩ *e-s Verzeichnisses* palabra *f* clave; **~zeile** *f* titular *m*; **~zeug** *n* batería *f*; **~zeuger(in)** *m*(*f*) batería *m*,*f*, baterista *m*,*f*

schlaksig ['ʃlaːksɪç] F *adj* F larguirucho

Schlamassel [ʃla'masəl] F *m od n* ⟨-s⟩ F lío *m*, follón *m*, cacao *m*

Schlamm [ʃlam] *m* ⟨-(e)s; -e *o* ¨-e⟩ *in Gewässern* lodo *m*; (*aufgeweichte Erde*) barro *m*, fango *m*

'schlammig *adj* (*Schlamm enthaltend*) embarrado; (*morastig*) pantanoso, fangoso

'Schlammlawine *f* avalancha *f* de lodo

Schlampe ['ʃlampə] F *desp f* (*ungepflegte Frau*) F (mujer *f*) dejada *f*; (*Flittchen*) F mujer *f* fácil

'schlamp|en F *v/i* (*unordentlich sein*) ser desordenado; *bei der Arbeit* ser chapucero; **≗e'rei** F *f* (*Nachlässigkeit*) negligencia *f*; (*Unordentlichkeit*) desorden *m*; (*schlampige Arbeit*) chapuza *f*; **~ig** F *adj* (*unordentlich*) desordenado; (*ungepflegt*) descuidado; *Arbeit* chapucero

Schlange ['ʃlaŋə] *f* **1** ZO culebra *f*; *große* serpiente *f*; *fig desp* víbora *f*; **2** *von Menschen* cola *f*; *von Autos* caravana *f*; **~ stehen** hacer cola

schlängeln ['ʃlɛŋəln] *v/r* **sich ~** serpentear (*a Weg*, *Fluss*); *Weg a* hacer curvas; *Tier a* arrastrarse

'Schlangen|biss *m* picadura *f* de serpiente; **~gift** *n* veneno *m* de serpiente

'Schlangenlinie *f* línea *f* sinuosa, serpentina *f*; **in ~n fahren, gehen** ir haciendo eses

schlank [ʃlaŋk] *adj* delgado; *Gestalt a* fino; *Wuchs* esbelto; *fig* ECON racionalizado; **~ machen** *Ernährung* adelgazar; *Kleidung* hacer delgado

S

'Schlankheit *f* ⟨-⟩ delgadez *f*, esbeltez *f*

schlapp [ʃlap] *adj* **1** (*abgespannt*) agotado, rendido; **2** F (*ohne Energie*) flojo

'Schlappe *f* derrota *f*, fracaso *m*

'Schlappen F *m* ⟨-s; -⟩ zapatilla *f*

'schlapp|machen F *v/i* ⟨*sep*⟩ F flaquear, flojear; **≗schwanz** F *m* F cobarde *m*, blandengue *m*

Schlaraffenland [ʃla'rafən-] *n* país *m* de las mil maravillas, jauja *f*

schlau [ʃlaʊ] *adj* **1** (*gewitzt*) vivo; (*listig*) *a* astuto, avispado; **2** F ***aus etw nicht ~ werden*** no aclararse con a/c; ***aus j-m nicht ~ werden*** no saber qué pensar de alg

Schlauberger ['ʃlaʊbɛrgər] F *m* vivo *m*, pillo *m*

Schlauch [ʃlaʊx] *m* ⟨-(e)s; Schläuche⟩ **1** tubo *m* (flexible); (*Garten≗*) manga *f*, manguera *f*; (*Fahrrad≗*, *Auto≗*) cámara *f* de aire; **2** F ***auf dem ~ stehen*** F estar desorientado

'Schlauchboot *n* bote *m* neumático

'schlauch|en F *v/t* fatigar; F agotar; **~los** *adj Reifen* sin cámara

Schläue ['ʃlɔʏə] *f* ⟨-⟩ (*Klugheit*) ingenio *m*; (*Gerissenheit*) astucia *f*

Schlaufe ['ʃlaʊfə] *f* lazo *m*; *am Gürtel* pasador *m*; *am Skistock*, *Schirm* tir(ill)a *f*

'Schlaumeier F *m* → ***Schlauberger***

schlecht [ʃlɛçt] **I** *adj* **1** mal(o); (***das ist***) ***nicht ~!*** ¡no está mal!; **2** *Ware* de mala calidad; **3** *Zeiten* duro, difícil; *Spaß* pesado, de mal gusto; **4** (*ungenießbar*) pasado, podrido; *Luft* viciado; ***~ werden*** echarse a perder; **5** (*böse*) malvado; **6** ***mir ist ~*** me encuentro mal; **II** *adv* **7** mal; ***~ bezahlt*** mal pagado; ***~ gelaunt*** de mal humor; ***~ verstehen*** entender mal; *fig* ***j-n, etw ~ machen*** hablar mal de alg, a/c; **8** (*schlimm*) ***es sieht ~ aus*** tiene mala pinta; ***es geht ihm ~*** *geschäftlich* le van mal los negocios; **9** (*kaum*) ***das kann ich ~ sagen*** no puedo decirlo a ciencia cierta; ***morgen geht es ~*** mañana no puede ser; **10** (*krank*) ***~ aussehen*** tener mala cara; ***es geht ihm ~*** se encuentra mal; **11** ***mehr ~ als recht*** con más pena que gloria

S

'schlechter *adj u adv* peor; ***~ werden*** empeorar; ***immer ~*** de mal en peor

'schlecht'hin *adv* **1** +*adj* sencillamente; **2** +*sust* por antonomasia

'Schlechtigkeit *f* maldad *f*, vileza *f*

schlecken ['ʃlɛkən] *südd*, *österr* **I** *v/t* **1** *Eis* chupar; *Milch* lamer; **II** *v/i* **2** ***an etw*** (*dat*) ***~*** lamer a/c; **3** (*naschen*) comer golosinas

Schlegel ['ʃleːgəl] *m* ⟨-s; -⟩ (*Hühner≗*) pata *f*, muslo *m*

Schlehe ['ʃleːə] *f* endrina *f*

schleichen ['ʃlaɪçən] ⟨schlich, geschlichen⟩ **I** *v/i* ⟨sn⟩ **1** *heimlich* andar furtivamente *od* a hurtadillas; *leise* ir de puntillas; ***heimlich aus etw ~*** salir a hurtadillas de a/c; ***heimlich in etw*** (*acus*) ***~*** entrar a hurtadillas en a/c; **2** (*langsam fahren*) ir a paso de tortuga; **II** *v/r* ⟨h⟩ **3** ***sich ~*** colarse, deslizarse (***in*** +*acus* en); ***sich heimlich aus etw ~*** salir a hurtadillas de a/c

'schleich|end *adjt* (*heimlich*) furtivo; *Gift* lento; *Krankheit* latente (*a Inflation*); **≗weg** *m* camino *m* secreto; (*Abkürzung*) atajo *m*; **≗werbung** *f* publicidad *f* encubierta

Schleie ['ʃlaɪə] *f* ZO tenca *f*

Schleier ['ʃlaɪər] *m* velo *m* (*a fig*), mantilla *f*; **~eule** *f* lechuza *f*

'schleierhaft F *adj* misterioso, enigmático; ***das ist mir ~*** no me lo explico

Schleife ['ʃlaɪfə] *f* **1** (*Band*) cinta *f*, (*Haar≗*) lazo *m*; (*Knoten*) nudo *m*; **2** *e-s Flusses* meandro *m*; AVIA rizo *m*; (*Kurve*) viraje *m*; **3** INFORM bucle *m*

'schleifen[1] *v/t* ⟨schliff, geschliffen⟩ **1** (*schärfen*) afilar, aguzar; **2** (*glätten*) alisar; *Edelsteine*, *Glas* pulir; *Diamant* tallar; **3** MIL (*drillen*) ***j-n ~*** hacer sudar a alg

'schleifen[2] ⟨*regular*⟩ **I** *v/t* **1** (*nachziehen*) arrastrar (*a* F *fig*); **2** MIL, *Festung usw* arrasar, desmantelar; **II** *v/i* **3** arrasar; F *fig* ***etw ~ lassen*** pasar de a/c

'Schleif|maschine *f* afiladora *f*; **~papier** *n* papel *m* de lija; **~stein** *m* piedra *f* de afilar; *drehbarer* muela *f*

Schleim [ʃlaɪm] *m* ⟨-(*e*)*s*; -*e*⟩ **1** MED pituita *f*; *der Nase a* mucosidad *f*, moco *m*; ***~ aushusten, auswerfen*** expectorar; **2** GASTR crema *f* (de cereales)

'Schleimhaut *f* mucosa *f*

'schleimig *adj* **1** mucoso; MED pituitario; *Fisch usw* viscoso; **2** *fig desp* adulador; F pelota

'schleimlösend *adjt* MED expectorante

schlemmen ['ʃlɛmən] *v/i* regalarse, comer opíparamente

'Schlemmer|(in) *m*(*f*) sibarita *m,f*, glotón, -ona *m,f*; **~lokal** *n* restaurante *m* de lujo

schlendern ['ʃlɛndərn] *v/i* ⟨sn⟩ andar despacio

Schlendrian ['ʃlɛndriaːn] F *desp m* ⟨-(*e*)*s*⟩ rutina *f*, desidia *f*

schlenkern ['ʃlɛŋkərn] *v/i* ***mit etw ~*** balancear a/c; ***mit den Armen ~*** balancear los brazos

Schleppe ['ʃlɛpə] *f* cola *f* (del vestido)

'schleppen **I** *v/t* (*hinterherziehen*, *mühsam tragen*) arrastrar (*a fig*); MAR, AUTO remolcar, llevar a remolque; **II** *v/r* ***sich ~*** (*mühsam gehen*) arrastrarse (*a fig*)

'schleppend *adjt* lento; *Tonfall*, *Unterhal-*

tung lánguido; *Nachfrage* escaso

'Schlepp|er *m* **1** AGR tractor *m*; MAR remolcador *m*; **2** F *desp* (*Kundenwerber*) gancho *m*; (*Fluchthelfer*) etwa paterero *m*, tiburón *m*; **~lift** *m* telearrastre *m*; **~netz** *n* red *f* de arrastre, barredera *f*

'Schlepptau *n* cable *m* de remolque; ***ins ~ nehmen*** llevar a remolque, arrastrar

Schlesien ['ʃleːziən] *n* ⟨-s⟩ Silesia *f*

Schleswig-Holstein ['ʃleːsvɪç'hɔlʃtaɪn] *n* ⟨-s⟩ Schleswig-Holstein *m*

Schleuder ['ʃlɔʏdər] *f* ⟨-; -n⟩ **1** *Wurfgerät* honda *f*; **2** (*Wäsche*≗) secadora *f* centrífuga; **~gefahr** *f Verkehrszeichen* piso *m* deslizante

'schleudern I *v/t* ⟨h⟩ **1** arrojar, lanzar; *Auto* ***aus e-r Kurve geschleudert werden*** salirse de una curva; **2** *Wäsche* centrifugar; **II** *v/i* ⟨sn⟩ **3** *Auto* patinar; ***ins ≗ kommen*** *Auto* dar un patinazo (*a* F *fig Person*)

'Schleuder|preis F *m* precio *m* regalado, precio *m* irrisorio; **~sitz** *m* asiento *m* eyectable

schleunigst ['ʃlɔʏnɪçst] *adv* **1** (*schnell*) cuanto antes, lo más pronto posible; **2** (*sofort*) inmediatamente

Schleuse ['ʃlɔʏzə] *f* esclusa *f*

'schleusen *v/t* **1** *Schiff* hacer pasar por la esclusa; **2** *fig* ***j-n durch die Stadt ~*** hacer pasar a alg por la ciudad; ***etw ins Ausland ~*** sacar a/c (ilegalmente) del país

Schliche ['ʃlɪçə] *pl* intrigas *f/pl*, manejos *m/pl*; ***hinter j-s ~*** (*acus*), ***j-m auf die ~ kommen*** descubrir las intrigas de alg

schlicht [ʃlɪçt] **I** *adj* sencillo, simple; *Wesen, Kleidung a* modesto; **II** *adv* simplemente

'schlicht|en *v/t Streit* mediar; *durch Schiedsspruch* arbitrar; **≗er(in)** *m(f)* mediador, a *m,f*; *durch Schiedsspruch* árbitro *m,f*; **≗heit** *f* ⟨-⟩ sencillez *f*; **≗ung** *f* conciliación *f*; *durch Schiedsspruch* arbitraje *m*; **≗ungsstelle** *f* comisión *f* de conciliación *od* de arbitraje

'schlicht'weg *adv* simplemente

Schlick [ʃlɪk] *m* ⟨-(e)s; -e⟩ cieno *m*, barro *m*, lodo *m*

schließen ['ʃliːsən] ⟨schloss, geschlossen⟩ **I** *v/t* **1** (*zumachen*) cerrar; ***mit geschlossenen Füßen*** con los pies juntos; **2** ***j-n in die Arme ~*** estrechar a alg en sus brazos; **3** (*beenden*) terminar, acabar; *Versammlung* clausurar; *Sitzung* levantar; **4** (*ab~*) *Vertrag* concluir; *Ehe* contraer; *Freundschaft* trabar; *Bündnis, Frieden* firmar; **5** (*folgern*) deducir, concluir (***aus*** de); **II** *v/i* **6** *Tür, Fenster, Dose* (***leicht, nicht richtig***) **~** cerrar (bien *od* fácilmente, mal); **7** *Geschäft, Unternehmen* cerrar; **8** (*enden*) terminar; **9** (*folgern*) deducir, concluir; ***auf etw*** (*acus*) ***~ lassen*** denotar a/c, sugerir a/c; ***von sich*** (*dat*) ***auf andere ~*** juzgar a otros por sí mismo; **III** *v/r* **10** ***sich ~*** cerrarse

'Schließfach *n der Post* apartado *m* (de correos), *Am* casilla *f*; *der Bank* caja *f* de seguridad; *am Bahnhof* consigna *f* (automática)

'schließlich *adv* **1** (*endlich*) finalmente, por fin; **2** (*immerhin*) al fin y al cabo, después de todo

'Schließmuskel *m* esfínter *m*

'Schließung *f* cierre *m*; *e-r Sitzung, Versammlung* clausura *f*

Schliff [ʃlɪf] *m* ⟨-(e)s; -e⟩ **1** *e-s Edelsteins* tallado *m*; **2** (*Politur*) pulido *m*; (*Schärfe*) afilado *m*; **3** *fig* (*Manieren*) buenos modales *m/pl*; ***e-r Sache*** (*dat*) ***den letzten ~ geben*** dar los últimos retoques a a/c

schlimm [ʃlɪm] **I** *adj* **1** (*schlecht*) mal(o); **2** (*böse*) malo, malvado; *Wort* desagradable; **3** *Lage, Fehler, Krankheit* grave; *Zeit* difícil; ***das ist nicht so ~*** no es tan grave; **4** F *Wunde* inflamado; **II** *adv* **5** mal; ***~ dran sein*** estar en una mala posición

'schlimmer *adj u adv* peor; ***und was*** (***noch***) ***~ ist*** y lo que es peor; ***~ werden*** empeorar; ***um so ~!*** ¡peor todavía!

'schlimmste(r, -s) *adj* el peor; ***das ≗ ist, dass …*** lo peor es que …

'schlimmsten'falls *adv* en el peor de los casos

Schlinge ['ʃlɪŋə] *f* **1** (*Schlaufe*) lazo *m* (*a zum Tierfang*), nudo *m* corredizo; **2** MED cabestrillo *m*

Schlingel ['ʃlɪŋəl] *m* ⟨-s; -⟩ pill(uel)o *m*

'schlingen ⟨schlang, geschlungen⟩ **I** *v/t* ***etw um etw ~*** enlazar a/c con a/c; ***zu e-m Knoten ~*** anudar; **II** *v/i* tragar; F zampar; **III** *v/r* ***sich um etw ~*** trepar por a/c, enroscarse en a/c

schlingern ['ʃlɪŋərn] *v/i* balancearse

'Schlingpflanze *f* (planta *f*) enredadera *f*

Schlips [ʃlɪps] F *m* ⟨-es; -e⟩ corbata *f*; F *fig* ***j-m auf den ~ treten*** ofender a alg

Schlitten ['ʃlɪtən] *m* ⟨-s; -⟩ **1** trineo *m*; (*Rodel*≗) *a* tobogán *m*; SPORT (*Renn*≗) luge *m*; ***~ fahren*** ir en trineo, trinear; F *fig* ***mit j-m ~ fahren*** F tratar a alg a patadas; **2** F (*Auto*) F cochazo *m*

'Schlitten|fahrt *f* paseo *m* en trineo; **~hund** *m* perro *m* de trineo

schlittern ['ʃlɪtərn] *v/i* ⟨sn⟩ (*gleiten, ausgleiten*) resbalar; *mit Anlauf* deslizarse

'Schlittschuh *m* patín *m*; ***~ laufen*** patinar (sobre hielo)

'Schlittschuh|laufen *n* patinaje *m* (sobre hielo); **~läufer(in)** *m(f)* patinador, a *m,f* (sobre hielo)

S

Schlitz [ʃlɪts] *m* ⟨-es; -e⟩ raja *f* (*a e-s Kleids, Rocks*); (*Spalt*) rendija *f*; (*Öffnung*) abertura *f*, ranura *f*; (*Hosen*℗) bragueta *f*; **'~auge** *n* ojo *m* rasgado; **'~ohr** F *n* F zorro *m*
Schloss [ʃlɔs] *n* ⟨-es; ⸚er⟩ **1** (*Tür*℗) cerradura *f*; (*Vorhänge*℗) candado *m*; F ***hinter ~ und Riegel*** F en el trullo; **2** *Gebäude* palacio *m*; (*Burg*) castillo *m*
'Schloss|er *m* cerrajero *m*; **~e'rei** *f* cerrajería *f*
'Schlossherr(in) *m(f)* señor, a *m,f* del castillo, castellano, -a *m,f*
Schlot [ʃloːt] *m* ⟨-(e)s; -e⟩ chimenea *f*; F ***rauchen wie ein ~*** fumar como un carretero
schlottern ['ʃlɔtərn] *v/i Knie, Körper* temblar (***vor*** *+dat* de); *Kleider* venir ancho
Schlucht [ʃlʊxt] *f* ⟨-; -en⟩ barranco *m*
schluchzen ['ʃlʊxtsən] *v/i* sollozar
Schluck [ʃlʊk] *m* ⟨-(e)s; -e⟩ trago *m*, sorbo *m*; ***ein ~ Wasser*** un sorbo *od* un poco de agua
'Schluckauf *m* ⟨-s⟩ hipo *m*
Schlückchen ['ʃlʏkçən] *n* ⟨-s; -⟩ traguito *m*
'schlucken I *v/t* **1** tragar (*a* F *fig glauben, einstecken*); F (*verbrauchen*) *a* gastar; **II** *v/i* tragar
'Schlucker *m* F ***armer ~*** pobre diablo *m*
'Schluckimpfung *f* vacuna *f* oral
'schlud(e)rig F **I** *adj Arbeit* chapucero; *Kleidung* descuidado; **II** *adv* ***~ arbeiten*** hacer chapuzas
schludern ['ʃluːdərn] F *v/i* chapucear (***bei etw*** en a/c)
Schlummer ['ʃlʊmər] *geh m* ⟨-s⟩ sueño *m* ligero, reposo *m*
'schlummern *geh v/i* dormitar, dormir (*a fig*)
Schlund [ʃlʊnt] *m* ⟨-(e)s; ⸚e⟩ **1** ANAT garganta *f*, gaznate *m*; **2** ZO fauces *f/pl* (*a geh fig*)
schlüpfen ['ʃlʏpfən] *v/i* ⟨sn⟩ deslizarse (***in*** *+ acus* en); (***aus dem Ei***) **~** salir (del huevo); ***in den, aus dem Mantel ~*** ponerse, quitarse el abrigo
'Schlüpfer *m* braga(s) *f(pl)*
Schlupfloch ['ʃlʊpflɔx] *n von Tieren* refugio *m*, guarida *f* (*a fig*); *von Räubern a* escondrijo *m*
schlüpfrig ['ʃlʏpfrɪç] *adj* **1** (*glatt*) resbaladizo; **2** *fig desp* escabroso
'Schlupfwinkel *m* guarida *f*, escondrijo *m*
schlurfen ['ʃlʊrfən] *v/i* ⟨sn⟩ arrastrar los pies
schlürfen ['ʃlʏrfən] *v/t geräuschvoll* sorber (haciendo ruido); *genussvoll* beber a sorbos
Schluss [ʃlʊs] *m* ⟨-es; ⸚e⟩ **1** (*Ende*) fin *m*, final *m*, término *m*; *e-r Debatte* conclusión *f*; ***zum ~*** para terminar; ***~ damit!*** ¡basta ya!; (***mit etw***) ***~ machen*** acabar (con a/c), poner fin (a a/c); F ***mit j-m ~ machen*** cortar con alg; **2** (*Folgerung*) conclusión *f*; ***Schlüsse aus etw ziehen*** sacar conclusiones de a/c; ***daraus ziehe ich den ~, dass ...*** de eso deduzco que ...
'Schluss|akkord *m* MUS acorde *m* final; **~bestand** *m* COM *im Lager* inventario *m* final; **~bilanz** *f* FIN balance *m* de cierre, balance *m* de fin de año
Schlüssel ['ʃlʏsəl] *m* ⟨-s; -⟩ **1** (*Tür*℗, TEC) llave *f* (***zu*** de); *fig*, MUS clave *f*; **2** (*Verteiler*℗) esquema *m*, cuadro *m*
'Schlüssel|anhänger *m* llavero *m*; **~bein** *n* clavícula *f*; **~blume** *f* primavera *f*; **~bund** *m od n* ⟨-(e)s; -e⟩ manojo *m* de llaves; **~dienst** *m* llaves *f/pl* al minuto; **℗fertig** *adj Gebäude* llave en mano; **~figur** *f* figura *f* clave; **~industrie** *f* industria *f* clave; **~loch** *n* ojo *m* de la cerradura; **~position** *f* posición *f* clave; **~stellung** *f* posición *f* clave
'schlussfolger|n *v/t* concluir (***aus*** de); **℗ung** *f* conclusión *f* (***aus*** de)
'Schlussformel *f in Briefen usw* fórmula *f* de cortesía
schlüssig ['ʃlʏsɪç] *adj* **1** *Argument* lógico; *Beweis* concluyente; **2** ***sich*** (*dat*) ***~ sein*** estar resuelto *od* decidido; ***sich*** (*dat*) ***~ werden***(***, etw zu tun***) tomar la resolución (de hacer a/c)
'Schluss|kurs *m Börse* cotización *f* de cierre *od* final; **~leuchte** *f* luz *f* trasera; **~licht** *n* **1** AUTO luz *f* trasera; **2** F *fig* farolillo *m* rojo; **~notierung** *f* → ***Schlusskurs***; **~pfiff** *m* pitada *f* final; **~punkt** *m* punto *m* final (*a fig*)
'Schlussstrich *m fig* ***e-n ~ unter etw*** (*acus*) ***ziehen*** poner punto final a a/c
'Schlussverkauf *m* rebajas *f/pl* de fin de temporada
Schmach [ʃmaːx] *geh f* ⟨-⟩ afrenta *f*; *geh* ignominia *f*, oprobio *m*
schmachten ['ʃmaxtən] *geh v/i* añorar (***nach etw*** a/c)
'schmachtend *adjt Blicke* nostálgico, lánguido
schmächtig ['ʃmɛçtɪç] *adj* delgado, flaco, débil, enjuto
'schmachvoll *adj* vergonzoso; *geh* ignominioso
schmackhaft ['ʃmakhaft] *adj* sabroso; F *fig* ***j-m etw ~ machen*** hacer a/c apetecible a alg
schmäh|en ['ʃmɛːən] *geh v/t* injuriar, insultar; **~lich** *geh adj* vergonzoso; *geh* ignominioso; **℗ung** *f* insulto *m*, injuria *f*, improperios *m/pl*

schmal [ʃmaːl] *adj* ⟨-er *o* ¨-er, -ste *o* ¨-ste⟩ **1** (*eng*) estrecho (*a Hüften*); **2** (*dünn*) delgado; *Gestalt a* esbelto; *Hände* fino; *Gesicht* afilado; **3** *fig* escaso, exiguo

schmälern [ˈʃmɛːlərn] *v/t* reducir, disminuir; *Ansehen* menoscabar

ˈSchmalfilm *m* película *f* estrecha; **~kamera** *f* cámara *f* de película estrecha

Schmalz[1] [ʃmalts] *n* ⟨-es; -e⟩ GASTR grasa *f* (derretida); (*Schweine*≈) manteca *f* de cerdo

Schmalz[2] F *desp m* ⟨-es⟩ sensiblería *f*

ˈschmalzig F *desp adj* empalagoso, sentimental

schmarotzen [ʃmaˈrɔtsən] *v/i* ⟨*sin* ge⟩ BOT, ZO, *Person* parasitar; *Person a* vivir del cuento

Schmaˈrotzer *m* BOT, ZO parásito *m*

Schmaˈrotzer(in) *m(f) fig desp* parásito *m,f*, gorrón, -ona *m,f*

Schmarren [ˈʃmarən] *m* ⟨-s; -⟩ **1** GASTR *etwa* tortilla *f* dulce; **2** F (*Unsinn*) *südd* F disparate *m*, chorrada *f*

schmatzen [ˈʃmatsən] *v/i* comer ruidosamente

Schmaus [ʃmaʊs] *m* ⟨-es; ¨-e⟩ comilona *f*, festín *m*, banquete *m*

ˈschmausen *v/i* regalarse, comer opíparamente

schmecken [ˈʃmɛkən] **I** *v/t* gustar, probar; **II** *v/i* **(*gut*) ~** saber bien; ***nach etw ~*** saber a a/c; ***mir schmeckt es*** me gusta; ***lasst es euch ~!*** ¡que aproveche!

Schmeichelei [ʃmaɪçəˈlaɪ] *f* halago *m*, adulación *f*, zalamería *f*

ˈschmeichelhaft *adj* halagüeño, lisonjero

ˈschmeicheln *v/i* ***j-m ~*** adular *od* lisonjear *od* halagar a alg

ˈSchmeichler|(in) *m(f)* adulador, a *m,f*, lisonjero, -a *m,f*; **≈isch** *adj* adulador, lisonjero

schmeißen [ˈʃmaɪsən] F ⟨schmiss, geschmissen⟩ **I** *v/t* **1** (*werfen*) arrojar, lanzar; **2** (*abbrechen*) F abandonar, dejar; **3** ***e-e Runde ~*** pagar una ronda; **II** *v/i* **4** ***mit Geld um sich ~*** F tirar el dinero por la ventana

ˈSchmeißfliege *f* moscarda *f*

Schmelze [ˈʃmɛltsə] *f* fundición *f*, fusión *f*

ˈschmelzen ⟨schmilzt, schmolz, geschmolzen⟩ **I** *v/t* ⟨h⟩ **1** fundir; **II** *v/i* ⟨sn⟩ **2** *Eis usw* derretirse, fundirse; **3** *fig Vermögen usw* gastarse; F fundirse

ˈSchmelz|käse *m* queso *m* fundido; **~ofen** *m* horno *m* de fundición; **~punkt** *m* punto *m* de fusión; **~tiegel** *m* crisol *m* (*a fig*)

Schmerbauch [ˈʃmeːr-] F *m* F panza *f*, barriga *f*

Schmerz [ʃmɛrts] *m* ⟨-es; -en⟩ **1** dolor *m*; ***~en im Kreuz haben*** tener dolor de riñones; **2** (*Kummer*) pena *f*, pesar *m*

ˈschmerzempfindlich *adj* sensible al dolor

ˈschmerzen *v/t*, *v/i* **1** *körperlich* doler; (*Schmerz verursachen*) *a* causar dolor; ***mir schmerzt der Kopf*** me duele la cabeza; **2** (*bekümmern*) afligir, apenar

ˈSchmerzens|geld *n* indemnización *f* (por daño personal); **~schrei** *m* grito *m* de dolor

ˈschmerzfrei *adj* sin dolores; *Person* ***~ sein*** no padecer dolores

ˈSchmerzgrenze *f fig* ***die ~ ist erreicht*** hemos llegado al límite

ˈschmerzhaft *adj* doloroso

ˈschmerzlich *adj Ereignis*, *Verzicht* doloroso; *Pflicht*, *Aufgabe* penoso; *Verlust* sensible

ˈschmerz|lindernd *adjt* analgésico, calmante, sedante; **~los** *adj Operation*, *Geburt* sin dolor; **≈mittel** *n* analgésico *m*, calmante *m*; **~stillend** *adjt* analgésico, calmante; **≈tablette** *f* analgésico *m*, calmante *m*; **~verzerrt** *adjt* retorcido del dolor

ˈSchmetterball *m* smash *m*

Schmetterling [ˈʃmɛtərlɪŋ] *m* ⟨-s; -e⟩ mariposa *f*; **~sstil** *m* estilo *m* mariposa

schmettern [ˈʃmɛtərn] **I** *v/t* ⟨h⟩ **1** (*schleudern*) lanzar *od* arrojar con violencia; **2** *Lied* cantar con brío; **II** *v/i* **3** ⟨sn⟩ ***gegen etw ~*** darse un golpe contra a/c; **4** ⟨h⟩ *Tennis usw* dar un smash; **5** ⟨h⟩ MUS resonar

Schmied [ʃmiːt] *m* ⟨-(e)s; -e⟩ herrero *m*

ˈSchmiede *f* herrería *f*, forja *f*; **≈eisern** *adj* forjado

ˈschmieden *v/t* **1** forjar; **2** *fig Komplott* tramar; ***Pläne ~*** hacer planes

schmiegen [ˈʃmiːgən] *v/r* ***sich an j-n ~*** estrecharse contra alg; *Kleid* ***sich an j-s Körper*** (*acus*) **~** ajustarse al cuerpo de alg

ˈschmiegsam *adj* flexible; *fig a* dócil, dúctil

Schmiere [ˈʃmiːrə] *f* **1** (*Fett*) grasa *f*; (*fettiger Schmutz*) mugre *f*; F pringue *m*; **2** F *desp* THEA teatrillo *m* de mala muerte; **3** F ***(bei etw) ~ stehen*** hacer la guardia (en a/c)

ˈschmieren *v/t* **1** (*verstreichen*) untar (***auf etw*** *acus* en a/c); ***Butter aufs Brot ~*** untar el pan con mantequilla; **2** TEC lubri(fi)car; *mit Fett* engrasar; F ***das läuft*** *od* ***geht wie geschmiert*** F va sobre ruedas; **3** F *fig* (*bestechen*) F untar, comprar; **4** F (*unsauber schreiben*) garabatear; **5** F ***j-m e-e ~*** F dar un bofetón a alg

Schmiereˈrei F *f* garabatos *m/pl*

ˈSchmier|fett *n* grasa *f* lubri(fi)cante; **~fink** F *m* **1** (*Schmutzfink*) F puerco, -a *m,f*, marrano, -a *m,f*; **2** *beim Schreiben* persona *f* que hace garabatos; **~geld** F *desp n* unto

m, soborno *m*
'schmierig *adj* **1** (*fettig*) grasoso; **2** (*klebrig*) pringoso; **3** *fig desp Person* adulador
'Schmier|mittel *n* lubri(fi)cante *m*; **~papier** *n* papel *m* (de) sucio, borrador *m*; **~seife** *f* jabón *m* verde
Schminke ['ʃmɪŋkə] *f* maquillaje *m*
'schminken *v/t*, *v/r* (**sich**) **~** maquillar(se), pintar(se)
schmirgeln ['ʃmɪrgəln] *v/t* lijar
'Schmirgelpapier *n* papel *m* de lija
schmissig ['ʃmɪsɪç] F *adj* brioso
Schmöker ['ʃmøːkər] F *m* novelón *m*; F ladrillo *m*
'schmökern F *v/i* (*lesen*) leer; (*durchblättern*) hojear
schmollen ['ʃmɔlən] *v/i* estar de morros
'Schmollmund *m* morro *m*, hocico *m*; ***e-n ~ machen*** poner(se) de morros
Schmorbraten ['ʃmoːr-] *m* estofado *m*
'schmoren *v/t*, *v/i* **1** GASTR estofar, guisar (-se); **2** F *fig* ***in der Sonne ~*** asarse al sol
Schmu [ʃmuː] F *m* ⟨-s⟩ ***~ machen*** F sisar, birlar; *beim Spiel* hacer trampas
schmuck [ʃmʊk] *adj* (*hübsch*) bonito, elegante; (*sauber*) limpio
Schmuck *m* ⟨-(e)s⟩ **1** (*~stücke*) joyas *f/pl*; (*Mode*2) bisutería *f*; **2** (*Zierde*) ornamento *m*, adorno *m*
schmücken ['ʃmʏkən] **I** *v/t* adornar (***mit*** con); (*verzieren*) *a* decorar; **II** *v/r* ***sich ~*** (***mit***) adornarse (con)
'Schmuck|geschäft *n* joyería *f*; *für Modeschmuck* bisutería *f*; **~kästchen** *n* joyero *m*; **2los** *adj* sin adorno; (*schlicht*) sencillo; **~stück** *n* joya *f* (*a fig*)
schmudd(e)lig ['ʃmʊd(ə)lɪç] F *desp adj* mugriento; *Person a* desaseado
Schmuggel ['ʃmʊgəl] *m* ⟨-s⟩ contrabando *m*
'schmuggeln I *v/t* ***etw ~*** pasar a/c de contrabando; **II** *v/i* hacer contrabando
'Schmuggelware *f* mercancías *f/pl* de contrabando; ***~ beschlagnahmen*** confiscar mercancías de contrabando
'Schmuggler(in) *m(f)* contrabandista *m,f*
schmunzeln ['ʃmʊntsəln] *v/i* mostrar satisfacción (***über*** *+acus* por)
Schmus [ʃmuːs] F *m* ⟨-es⟩ zalamería *f*
'schmusen F *v/i* acariciarse; ***mit j-m ~*** F hacer arrumacos con alg, besuquearse con alg
Schmutz [ʃmʊts] *m* ⟨-es⟩ suciedad *f* (*a fig*); (*Straßen*2) barro *m*; *bsd fettiger* mugre *f*; (*Staub*) polvo *m*; *fig* ***j-n, etw in den ~ ziehen*** arrastrar a alg, a/c por el fango
'schmutzen *v/i* manchar, ensuciar
'Schmutz|fink F *m* (*Dreckfink*, *obszöner Mensch*) F puerco, -a *m,f*, marrano, -a *m,f*, cerdo, -a *m,f*; **~fleck** *m* mancha *f*
'schmutzig *adj* **1** (*unsauber*) sucio (*a fig Geschäft*); (*voller Schmutz*) *a* mugriento; ***~ werden*** ensuciarse; **2** *fig Worte*, *Witz* verde, soez; (*unflätig*) obsceno
'Schmutzschicht *f* capa *f* de mugre
Schnabel ['ʃnaːbəl] *m* ⟨-s; ⸚⟩ pico *m* (*a fig e-r Kanne*, F *fig Mund*)
Schnake ['ʃnaːkə] *f* mosquito *m*
Schnalle ['ʃnalə] *f* hebilla *f*
'schnallen *v/t* **1** abrochar; ***etw enger, weiter ~*** apretar, aflojar a/c; **2** F *fig* (*begreifen*) F captar, coger
schnalzen ['ʃnaltsən] *v/i* ***mit der Zunge ~*** chasquear la lengua
Schnäppchen ['ʃnɛpçən] *n* ⟨-s; -⟩ F ganga *f*, chollo *m*
schnappen ['ʃnapən] **I** *v/t* ⟨h⟩ **1** *Tier* ***etw ~*** atrapar a/c; **2** F *Diebe* F trincar, pillar; **II** *v/i* **3** ⟨sn⟩ ***die Tür schnappt ins Schloss*** la puerta se cierra; **4** ⟨h⟩ *Tier* ***nach etw ~*** intentar atrapar a/c; ***nach j-m ~*** intentar morder a alg
'Schnapp|schloss *n* cerradura *f* de resorte; **~schuss** *m* instantánea *f*
Schnaps [ʃnaps] *m* ⟨-es; ⸚e⟩ aguardiente *m*; **~brenne'rei** *f* destilería *f* (de licor); **'~idee** F *f* idea *f* descabellada
schnarchen ['ʃnarçən] *v/i* roncar
schnarren ['ʃnarən] *v/i* rechinar, chirriar
schnattern ['ʃnatərn] *v/i* **1** *Gans*, *Ente* graznar; *fig vor Kälte* tiritar; **2** F *fig* (*schwatzen*) charlar, parlotear
schnauben ['ʃnaʊbən] *v/i* resoplar; *Pferd* bufar (*a fig vor Wut*)
schnaufen ['ʃnaʊfən] *v/i* jadear
Schnauzbart ['ʃnaʊts-] *m* bigote *m*, mostacho *m*
Schnauze ['ʃnaʊtsə] *f* **1** *von Tieren* hocico *m*; **2** F *e-s Autos*, *e-s Flugzeugs*, P (*Mund*) F morro *m*; (***halt die***) ***~!*** F ¡cierra el pico!; ***die ~ (von etw) voll haben*** F estar hasta las narices (de a/c)
schnäuzen ['ʃnɔʏtsən] *v/r* ***sich ~, sich*** (*dat*) ***die Nase ~*** sonarse (la nariz)
'Schnauzer *m* **1** *Hund* grifón *m*; **2** F (*Schnurrbart*) bigote *m*
Schnecke ['ʃnɛkə] *f* **1** *mit Haus* caracol *m* (*a* GASTR); (*Nackt*2) babosa *f*; F ***j-n zur ~ machen*** F poner verde a alg; **2** *Gebäck* caracola *f*
'Schnecken|haus *n* concha *f* de caracol; **~tempo** *n* F ***im ~*** a paso de tortuga
Schnee [ʃneː] *m* ⟨-s⟩ **1** nieve *f*; F *fig* ***das ist ~ von gestern*** ya ha pasado a la historia; **2** GASTR (*Ei*2) clara *f* a punto de nieve; ***zu ~ schlagen*** batir a punto de nieve; **3** *Jargon* (*Kokain*) P nieve *f*
'Schnee|ball *m* bola *f* de nieve; **2bedeckt**

S

adjt nevado, cubierto de nieve; **~besen** *m* GASTR batidor *m*, varillas *f/pl*; **2blind** *adj* cegado por la nieve; **~brille** *f* gafas *f* de nieve; **~fall** *m* nevada *f*; **~flocke** *f* copo *m* de nieve; **~gestöber** *n* ventisca *f*, tormenta *f* de nieve; **~glätte** *f* hielo-nieve *m* resbaladizo; **~glöckchen** *n* BOT campanilla *f* de las nieves; **~grenze** *f* **1** GEOGR límite *m* de las nieves perpetuas; **2** METEO límite *m* de nevadas; **~kette** *f* cadena *f* antideslizante; **~mann** *m* ⟨-(e)s; ⸗er⟩ muñeco *m* de nieve; **~matsch** *m* nieve *f* semiderretida; **~pflug** *m* quitanieves *m*; *Skisport* barrenieves *m*; **~regen** *m* aguanieve *f*; **~schmelze** *f* deshielo *m*; **2sicher** *adj Gebiet* esquiable; **~sturm** *m* temporal *m* de nieve; **~treiben** *n* ventisca *f*; **~verhältnisse** *pl* condiciones *f/pl* de la nieve; **~verwehung** *f* remolino *m* de nieve; **~wehe** *f* ventisquero *m*, nieve *f* acumulada; **'2'weiß** *adj* blanco como la nieve, níveo

Schneewittchen [ʃneːˈvɪtçən] *n* ⟨-s⟩ Blancanieves *f*

Schneid [ʃnaɪt] F *m* ⟨-(e)s⟩ arrojo *m*, agallas *f/pl*; F narices *f/pl*

'Schneidbrenner *m* TEC soplete *m* cortante

Schneide [ˈʃnaɪdə] *f* corte *m*, filo *m*

'schneiden ⟨schneidet, schnitt, geschnitten⟩ **I** *v/t, v/i* **1** cortar; (*ab~*) recortar; *Bäume, Hecken* podar; *Kleid* ***eng, weit geschnitten*** de talle estrecho, ancho; **2** *Film* montar; **3** *Kurve* tomar cerrada; *ein anderes Fahrzeug* meterse por delante; **4** F *fig* ***j-n ~*** hacer el vacío a alg; **II** *v/r* ***sich ~*** **5** (*sich verletzen*) cortarse; **6** *Linien* cruzarse; **7** F *fig* ***sich*** (***gewaltig***) **~** estar (muy) equivocado

'schneidend *adjt Kälte, Wind* cortante; *Stimme* penetrante, estridente

'Schneider *m* sastre *m*; *für Damen* modisto *m*; F *fig* ***wir sind aus dem ~*** hemos salido airosos

Schneide'rei *f* sastrería *f*

'Schneiderin *f* modista *f*, sastra *f*

'schneidern **I** *v/t* hacer, confeccionar; **II** *v/i* coser, hacer ropa

'Schneidezahn *m* (diente *m*) incisivo *m*

'schneidig *adj* F gallardo

schneien [ˈʃnaɪən] *v/imp* nevar; ***es schneit*** nieva

Schneise [ˈʃnaɪzə] *f* vereda *f*

schnell [ʃnɛl] **I** *adj* rápido, veloz; *Erwiderung a* pronto; *Bewegung a* ágil; **II** *adv* de prisa; **~ *arbeiten*** trabajar con rapidez; **~ *fahren*** ir de prisa; F **~ *machen*** darse prisa; ***nicht so ~!*** ¡más despacio!

'Schnellbahn *f* línea *f* de alta velocidad

'Schnelle *f* ⟨-⟩ **1** → ***Schnelligkeit***; **2** F ***auf die ~*** a toda prisa

'schnellen *v/i* ⟨sn⟩ ***aus dem Wasser ~*** *Fisch* saltar sobre el agua; ***in die Höhe ~*** *Person* sobresaltarse; *fig Preise* dispararse

'Schnell|feuergewehr *n* arma *f* de tiro rápido; **~hefter** *m* carpeta *f*

'Schnelligkeit *f* ⟨-⟩ rapidez *f*

'Schnell|imbiss *m* **1** (*Imbiss*) tentempié *m*; **2** *Gaststätte* (snack-)bar *m*; (*Imbissbude*) chiringuito *m*; **~kochtopf** *m* olla *f* a presión

'schnelllebig *adj Zeit* trepidante

'Schnellreinigung *f* limpieza *f* (en seco) rápida

'schnellstens *adv* lo más rápido posible

'Schnell|straße *f* autovía *f*; **~zug** *m* tren *m* expreso

Schnepfe [ˈʃnɛpfə] *f* becada *f*, chocha *f*

schneuzen [ˈʃnɔʏtsən] → ***schnäuzen***

Schnickschnack [ˈʃnɪkʃnak] F *m* ⟨-(e)s⟩ **1** *wertloser* chismes *m/pl*, cachivaches *m/pl*; **2** (*Geschwätz*) necedades *f/pl*, sandeces *f/pl*

schniefen [ˈʃniːfən] *v/i* sorberse los mocos

Schnippchen [ˈʃnɪpçən] *n* ⟨-s; -⟩ F ***j-m ein ~ schlagen*** chafar(le) los planes a alg

schnippeln [ˈʃnɪpəln] F *v/t* cortar (fino)

'schnippen **I** *v/t* lanzar (con un dedo); **II** *v/i* ***mit den Fingern ~*** chasquear los dedos

'schnippisch *adj* impertinente, arrogante

Schnipsel [ˈʃnɪpsəl] *m od n* ⟨-s; -⟩ recorte *m*

Schnitt [ʃnɪt] *m* ⟨-(e)s; -e⟩ **1** (*Haar2*) corte *m* (*a für Bäume*); F *fig* ***e-n od s-n ~ bei etw machen*** F hacer el agosto con a/c; **2** (*~wunde*) cortadura *f*; *tiefer* corte *m*; **3** (*Ein2*) incisión *f*; **4** MODE (*Machart*) corte *m*; (*~muster*) patrón *m*; **5** FILM montaje *m*; **6** F (*Durch2*) término *m* medio

'Schnitt|blume *f* flor *f* cortada; **~bohne** *f* judía *f* verde

Schnitte [ˈʃnɪtə] *f* **1** (*Scheibe*) rebanada *f*; **2** (*belegte Brot2*) *etwa* montad(it)o *m*, tosta *f*

'Schnittfläche *f* superficie *f* de corte

'schnittig *adj* de línea elegante; *Auto a* aerodinámico

'Schnitt|käse *m* queso *m* en lonchas; **~lauch** *m* cebollino *m*; **~muster** *n* MODE patrón *m*; **~punkt** *m* (punto *m* de) intersección *f*; **~stelle** *f* INFORM interface *f*, interfaz *f*; **~wunde** *f* corte *m*; *tiefe* herida *f* incisa

Schnitzel [ˈʃnɪtsəl] *n* ⟨-s; -⟩ **1** GASTR escalope *m*, escalopa *f*; **2** (*Schnipsel*) recorte *m*; **~jagd** *f etwa* gincana *f*

schnitzen [ˈʃnɪtsən] *v/t, v/i* tallar, esculpir (***aus Holz*** en madera)

'Schnitz|er *m* **1** (*Holz2*) tallista *m*; **2** F (*Fehler*) F gazapo *m*, pifia *f*; **~e'rei** *f* talla *f* de madera

schnodd(e)rig [ˈʃnɔd(ə)rɪç] F *adj* (*lässig*)

S

desenvuelto; F dejado; (*respektlos*) insolente
schnöde ['ʃnøːdə] *geh* **I** *adj* (*verachtenswert*) desdeñable; *Eifersucht* vil; **II** *adv geh* ignominiosamente
Schnorchel ['ʃnɔrçəl] *m* ⟨-s; -⟩ **1** *bei U-Booten* esnórquel *m*; **2** SPORT tubo *m* (de respiración)
'schnorcheln *v/i* bucear con tubo
Schnörkel ['ʃnœrkəl] *m* ⟨-s; -⟩ **1** *beim Schreiben* rúbrica *f*; **2** BAU voluta *f*
schnorren ['ʃnɔrən] F *v/t*, *v/i* gorronear; ***etw bei** od **von j-m ~*** gorronear a/c a alg
Schnösel ['ʃnøːzəl] F *m* ⟨-s; -⟩ chulo *m*, petimetre *m*
schnuck(e)lig ['ʃnʊk(ə)lɪç] F *adj* mono
schnüffeln ['ʃnʏfəln] **I** *v/t* **1** *Drogenjargon* esnifar; **II** *v/i* **2** olisquear; *Tier a* olfatear (***an etw** dat* a/c); **3** F *fig* (*spionieren*) husmear; F fisgonear
'Schnüffler F *m* **1** husmeador *m*, fisgón *m*; **2** *von Drogen* esnifador *m*
Schnuller ['ʃnʊlər] *m* chupete *m*
Schnulze ['ʃnʊltsə] F *desp f* canción *f bzw* película *f* sentimental *od* empalagosa
schnupfen ['ʃnʊpfən] *v/t Tabak* tomar rapé
'Schnupfen *m* ⟨-s; -⟩ resfriado *m*, constipado *m*; ***e-n ~ haben*** estar resfriado; ***e-n ~ bekommen*** coger un resfriado
schnuppe ['ʃnʊpə] *adj* F ***das ist mir*** (***total***) ***~*** F me importa un rábano *od* un bledo
schnuppern ['ʃnʊpərn] *v/t*, *v/i* ***etw ~** od **an etw*** (*dat*) ***~*** olisquear *od* olfatear a/c
Schnur [ʃnuːr] *f* ⟨-; ⸚e⟩ cordón *m*; (*Bindfaden*) cuerda *f*; (*Kordel*) cordel *m*; (*Kabel*) cable *m*
Schnürchen ['ʃnyːrçən] *n* ⟨-s; -⟩ F ***wie am ~ gehen*** ir a las mil maravillas
schnüren ['ʃnyːrən] *v/t* (*zusammenbinden*) atar (*a Schuhe*), liar
'schnurge'rade *adj u adv* a cordel, en línea recta
'schnurlos *adj Telefon* inalámbrico
'Schnurrbart *m* bigote *m*
schnurren ['ʃnʊrən] *v/i* ronronear
'Schnür|schuh *m* zapato *m* de cordones; **~senkel** [-zɛŋkəl] *m* cordón *m*
'schnur'stracks F *adv* **1** (*geradeaus*) derecho; **2** (*sofort*) inmediatamente
schnurz [ʃnʊrts] → ***schnuppe***
Schnute ['ʃnuːtə] F *f* (*Mund*) F morro *m*, hocico *m*; ***e-e ~ ziehen*** poner morros
Schock [ʃɔk] *m* ⟨-(e)s; -s⟩ shock *m*, choque *m*, conmoción *f*; ***e-n ~ erleiden*** sufrir un shock *od* una conmoción; ***unter ~ stehen*** estar bajo los efectos de un shock, estar conmocionado
'schocken F *v/t* chocar, causar un shock; *moralisch* escandalizar
scho'ckieren *v/t* ⟨*sin* ge⟩ chocar, escandalizar
schofel ['ʃoːfəl] ⟨-fl-⟩, **'schof(e)lig** F *adj* mezquino, infame
Schöffe ['ʃœfə] *m* ⟨-n; -n⟩ escabino *m*; **~ngericht** *n* escabinado *m*
Schokolade [ʃoko'laːdə] *f* chocolate *m* (*a Trink*ℒ)
schoko'lade(n)|braun *adj* marrón *od* color chocolate; **ℒeis** *n* helado *m* de chocolate
Schoko'ladenseite F *f* lado *m* agradable
'Schokoriegel *m* chocolatina *f*
Scholle[1] ['ʃɔlə] *f* **1** (*Erd*ℒ) terrón *m*, gleba *f* (*a fig*); **2** (*Eis*ℒ) témpano *m*
'Scholle[2] *f* ZO platija *f*
schon [ʃoːn] **I** *adv* **1** (*bereits*) ya; ***~ morgen*** mañana mismo; ***~ heute*** hoy mismo; ***~ wieder*** otra vez; ***~ lange*** desde hace tiempo; **2** (*allein*, *nur*) (***allein***) ***~ der Gedanke daran*** sólo de pensarlo; **3** (*sogar*) incluso; ***~ für drei Euro*** ya a partir de tres euros; **4** (*inzwischen*) ***~*** (***mal***) mientras tanto; **II** *Partikel* **5** *verstärkend* ***du wirst ~ sehen!*** ¡ya verás!; **6** (*ohnehin*) ***das ist ~ teuer genug*** ya es bastante caro; **7** *einräumend* ***das ist ~ wahr, aber …*** (claro que) es así, pero …; ***~ gut!*** ¡bueno!; **8** *beruhigend* ***er wird ~ kommen*** (ya) vendrá; F ***es wird ~ wieder*** (***werden***) ya se arreglará; **9** F (*endlich*) ***nun komm ~!*** ¡venga!; **10** *abwertend* ***was weißt du ~*** (***davon***)***!*** ¡y tú qué sabes!
schön [ʃøːn] **I** *adj* hermoso, bello; (*hübsch*) guapo, bonito, lindo; *Leben*, *Zeiten a* bueno; *Wetter* ***wieder ~ werden*** mejorar; ***das ℒe daran ist, dass …*** lo bueno es que …; ***in ~ster Ordnung*** perfectamente; *iron* ***das wäre ja noch ~er!*** ¡(no) faltaba más!; F (***alles***) ***gut und ~, aber …*** está bien, pero …; ***das ist ~ von Ihnen*** (es) muy amable de su parte; **II** *adv* bien; ***~ warm, weich*** calentito, suavecito; F ***er ist*** (***ganz***) ***~ dumm, dass er …*** mira qué tonto que es que …; F ***er hat uns ganz ~ angelogen*** nos ha mentido a base de bien; **III** F *Partikel verstärkend* ***sei ~ artig!*** ¡haz el favor de portarte bien!; ***bleib ~ sitzen!*** ¡quédate sentado!
'Schonbezug *m* funda *f* (protectora)
'Schöne *f* ⟨→ A⟩ guapa *f*
schonen ['ʃoːnən] **I** *v/t* tratar con cuidado; (*ver~*) respetar; **II** *v/r* ***sich ~*** cuidarse
'schonend I *adjt* considerado; **II** *advl* con cuidado; ***etw ~ behandeln*** tratar a/c con cuidado
'Schoner *m* MAR goleta *f*
Schönfärbe'rei *f* idealización *f*
'Schonfrist *f* plazo *m* de gracia
'Schöngeist *m* esteta *m*, erudito *m*
'schöngeistig *adj* erudito; ***~e Literatur*** bellas letras *f/pl*

S

'**Schönheit** *f* hermosura *f*, belleza *f* (*a schöne Person, Sache*)
'**Schönheits|chirurgie** *f* cirugía *f* estética; **~fehler** *m* defecto *m*, imperfección *f*; **~königin** *f* reina *f* de (la) belleza; **~operation** *f* operación *f* de cirugía estética; **~pflege** *f* cosmética *f*; **~wettbewerb** *m* concurso *m* de belleza
'**Schonkost** *f* dieta *f*, régimen *m*
'**schönmachen** ⟨*sep*⟩ F **I** *v/t* arreglar; **II** *v/r* ***sich ~*** arreglarse, acicalarse
'**schönreden** *v/i* ⟨*sep*⟩ *desp* ***j-m ~*** adular a alg; *geh* lisonjear a alg
'**Schonung** *f* **1** (*schonende Behandlung*) cuidado *m*; (*Rücksichtnahme*) miramientos *m/pl*; (*Nachsicht*) indulgencia *f*; **2** *im Wald* coto *m* de bosque nuevo
'**schonungslos** **I** *adj* (*rücksichtslos*) desconsiderado; (*erbarmungslos*) despiadado; **II** *adv* desconsideradamente; (*erbarmungslos*) sin miramientos
'**Schonzeit** *f* veda *f*; ***es ist ~*** es tiempo de veda
Schopf [ʃɔpf] *m* ⟨-(e)s; ⸚e⟩ (*Haar*℞) cabello *m*; *wirrer* pelambrera *f*; *der Vögel* penacho *m*, copete *m*; *fig* ***die Gelegenheit beim ~(e) packen*** coger la ocasión por los pelos
schöpfen ['ʃœpfən] *v/t* **1** sacar (***aus*** de); **2** *geh* (***frische***) ***Luft ~*** tomar el aire; *fig* ***neue Hoffnung ~*** concebir nuevas esperanzas
'**Schöpfer** *m* (*Erschaffer*) creador *m* (*a Gott*); **~in** *f* creadora *f*; ℞**isch** *adj* creador, creativo
'**Schöpf|kelle** *f*, **~löffel** *m* cazo *m*, cucharón *m*
'**Schöpfung** *f* *Bibel* creación *f* (*a geh Werk*); **~sgeschichte** *f* Génesis *m*
Schoppen ['ʃɔpən] *m* ⟨-s; -⟩ cuartillo *m*; ***ein ~ Wein*** una copa de vino
Schorf [ʃɔrf] *m* ⟨-(e)s; -e⟩ *e-r Wunde* costra *f*
Schorle ['ʃɔrlə] *f* *zumo od vino mezclado con agua con gas*
Schornstein ['ʃɔrnʃtaɪn] *m* chimenea *f*; **~feger** *m* deshollinador *m*
Schoß [ʃoːs] *m* ⟨-es; ⸚e⟩ **1** regazo *m*; *Kind* ***auf den ~ nehmen*** poner en el regazo; *fig* ***im ~e der Familie*** en el seno de la familia; *fig* ***j-m in den ~ fallen*** caer(le) a alg del cielo; **2** *geh* (*Mutterleib*) seno *m*; (*Rock*℞) faldón *m*
'**Schoß|hund** *m*, **~hündchen** *n* perro *m* faldero
Schössling ['ʃœslɪŋ] *m* ⟨-s; -e⟩ BOT vástago *m*, retoño *m*
Schote ['ʃoːtə] *f* vaina *f*
Schott [ʃɔt] *n* ⟨-(e)s; -en⟩ MAR mamparo *m*
Schotte ['ʃɔtə] *m* ⟨-n; -n⟩ escocés *m*
Schotter ['ʃɔtər] *m* **1** (*Geröll*) cantos *m/pl* rodados; **2** *Straßenbau* grava *f*, gravilla *f*; *Eisenbahn* balasto *m*
'**Schott|in** *f* escocesa *f*; ℞**isch** *adj* escocés; **~land** *n* ⟨-s⟩ Escocia *f*
schraffier|en [ʃraˈfiːrən] *v/t* ⟨*sin* ge⟩ rayar; ℞**ung** *f* rayado *m*, sombreado *m*
schräg [ʃrɛːk] **I** *adj* **1** oblicuo, sesgo; (*diagonal*) diagonal; (*querlaufend*) transversal; (*geneigt*) inclinado; **2** F *fig Musik, Vorstellungen* estrafalario, estrambótico; F ***ein ~er Vogel*** F un bicho; **II** *adv* **3** oblicuamente; (*quer*) de través; (*von der Seite*) de soslayo; ***~ über die Straße gehen*** atravesar la calle en diagonal; ***den Kopf ~ halten*** ladear la cabeza; ***~ gegenüber*** (***von***) casi enfrente (de)
'**Schräge** *f* inclinación *f*; (*schräge Fläche*) superficie *f* inclinada; (*schräge Wand*) pared *f* inclinada *bzw* techo *m* inclinado
'**Schrägstrich** *m* trazo *m* oblicuo; TYPO, INFORM barra *f* diagonal
Schramme ['ʃramə] *f* arañazo *m*, rasguño *m*, rozadura *f*; *auf Möbeln a* raya *f*
'**schrammen** *v/t* arañar; *Möbel* rayar, rozar; ***sich*** (*dat*) ***die Hand*** (***an etw*** *dat*) ***~*** hacerse (con a/c) un rasguño en la mano
Schrank [ʃraŋk] *m* ⟨-(e)s; ⸚e⟩ armario *m*
Schranke ['ʃraŋkə] *f* (*Eisenbahn*℞, *Zoll*℞) barrera *f* (*a fig*); *fig* (*Grenze*) límite *m*; ***j-n in s-e ~n*** (***ver***)***weisen*** poner a alg en su lugar, poner a alg a raya
'**schranken|los** *adj* (*unbeschränkt*) sin límites; (*zügellos*) desenfrenado; ℞**wärter** *m* guardabarrera *m*
'**Schrankwand** *f* mueble *m* pared
Schraubdeckel ['ʃraʊb-] *m* tapón *m* de rosca
'**Schraube** *f* **1** TEC tornillo *m*; F *fig* ***bei ihm ist e-e ~ locker*** F le falta un tornillo; **2** (*Schiffs*℞) hélice *f*; **3** SPORT giro *m*
'**schrauben** **I** *v/t* **1** (*an~, fest~*) atornillar (***an etw*** *acus* a a/c); *Deckel* poner (***auf*** *+acus* a); **2** (*ab~*) desatornillar (***von*** de); *Deckel* quitar (***von*** de); **3** *fig* ***in die Höhe ~*** hacer subir *od* aumentar; **II** *v/r* **4** ***sich in die Höhe ~*** *Flugzeug* elevarse
'**Schrauben|dreher** *m* destornillador *m*; **~schlüssel** *m* llave *f* de tuercas; **~zieher** *m* destornillador *m*
'**Schraub|stock** *m* torno *m*; **~verschluss** *m* cierre *m* roscado; **~zwinge** *f* prensa-tornillo *m*
Schrebergarten ['ʃreːbərgartən] *m* huerto *m* familiar
Schreck [ʃrɛk] *m* ⟨-(e)s; -e⟩ susto *m*, sobresalto *m*; ***e-n ~ bekommen*** llevarse un susto, asustarse; ***j-m e-n ~ einjagen*** dar a alg un susto; F ***ach du*** (***mein***) ***~!*** ¡Dios mío!
'**schrecken** **I** *geh v/t* asustar, espantar; **II** *v/i*

S

⟨*regular o* schrickt, schrak, geschrocken, sn⟩ (*auf~*) sobresaltarse

'Schrecken *m* ⟨-s; -⟩ **1** (*Schreck*) susto *m*; (*Entsetzen*) espanto *m*; (*Angst*) miedo *m*; ***mit dem ~ davonkommen*** no sufrir más que el susto; **2** *geh* (*Schrecklichkeit*) horror *m*; ***ein Bild des ~s*** una imagen del horror; **3** *fig* (*gefürchtete Person*) terror *m*

'Schreckensherrschaft *f* régimen *m* del terror

'Schreckgespenst *n* espectro *m*

'schreckhaft *adj* asustadizo

'schrecklich I *adj* **1** (*erschreckend, entsetzlich*) horroroso, espantoso; *Anblick, Unfall* terrible; ***wie ~!*** ¡qué horror!; **2** F ***ein ~er Mensch*** una persona terrible; **3** F *fig* (*sehr groß*) tremendo; **II** *adv* **4** F *fig* (*sehr*) muchísimo; ***~ viel Geld*** una barbaridad de dinero

'Schreck|schraube F *f Frau* F cardo *m*; **~schuss** *m* tiro *m* al aire; **~schusspistole** *f* pistola *f* de fogueo; **~sekunde** *f* momento *m* del susto; *Auto* segundo *m* de reacción

Schrei [ʃraɪ] *m* ⟨-(e)s; -e⟩ grito *m*; F *fig* ***der letzte ~*** el último grito

'Schreibblock *m* ⟨-(e)s; -s *o* ⸚e⟩ bloc *m*

schreiben ['ʃraɪbən] ⟨schrieb, geschrieben⟩ **I** *v/t, v/i* **1** escribir (***j-m*** *od* ***an j-n*** a alg; ***über etw*** *acus* sobre a/c); *Rechnung* extender; *Wort* ***groß, klein, mit ss ~*** escribir con mayúscula, minúscula, ss; ***richtig, falsch ~*** escribir correctamente *od* bien, incorrectamente *od* mal; ***die Zeitung schreibt ...*** el periódico dice ...; **2** *geh* ***man schrieb das Jahr 1918*** estamos en 1918; **II** *v/r* **3** ***sich ~*** escribirse, cartearse

'Schreiben *n* ⟨-s; -⟩ (*Brief*) carta *f*; (*Schriftstück*) escrito *m*; ***Ihr ~ vom ...*** su carta del ...

'Schreiber(in) *m(f)* autor, a *m,f*; *im Büro* escribiente *m,f*

'schreibfaul *adj* perezoso para escribir

'Schreib|fehler *m* falta *f* de ortografía; **~gerät** *n* utensilio *m* para escribir; **≗geschützt** *adjt* INFORM protegido contra escritura; **~heft** *n* cuaderno *m*; **~kraft** *f* mecanógrafo, -a *m,f*; **~mappe** *f* carpeta *f*

'Schreibmaschine *f* máquina *f* de escribir; ***mit der ~ schreiben*** escribir a máquina

'Schreib|maschinenpapier *n* papel *m* de máquina de escribir; **~schutz** *m* INFORM protección *f* antigrabado

'Schreibtisch *m* escritorio *m*; **~arbeit** *f* trabajo *m* de escritorio; **~arbeiter(in)** *m(f)* oficinista *m,f*; **~job** *m* trabajo *m* de escritorio *od* de oficina; **~lampe** *f* lámpara *f* de mesa; **~täter** *m* autor *m* moral (de un crimen); **~unterlage** *f* carpeta *f*

'Schreibung *f* grafía *f*; (*Recht≗*) ortografía *f*

'Schreib|unterlage *f* carpeta *f*; **~waren** *pl* artículos *m/pl* de escritorio *od* de papelería; **~warengeschäft** *n* papelería *f*; **~weise** *f* → ***Schreibung***; **~zeug** *n* utensilios *m/pl* para escribir

'schreien *v/t, v/i* ⟨schrie, geschrie(e)n⟩ gritar (*a ausrufen*), pegar gritos; *schrill* chillar (*a Tier*); *Kind a* berrear; *Esel* rebuznar; *Eule* ulular; ***nach etw ~*** pedir a/c a gritos; F ***das ist zum ≗!*** F ¡es para morirse de risa!

'schrei|end *adjt fig Farbe* chillón; *Ungerechtigkeit* manifiesto; **≗hals** F *m* F gritón, -ona *m,f*

Schrein [ʃraɪn] *geh m* ⟨-(e)s; -e⟩ *für Reliquien* relicario *m*

Schrein|er ['ʃraɪnər] *m* carpintero *m*; (*Kunst≗*) ebanista *m*; **~e'rei** *f* carpintería *f*; (*Kunst≗*) ebanistería *f*; **'~erin** *f* carpintera *f*; (*Kunst≗*) ebanistera *f*

schreiten ['ʃraɪtən] *geh v/i* ⟨schreitet, schritt, geschritten, sn⟩ **1** andar, caminar; ***im Zimmer auf und ab ~*** ir de un lado a otro de la habitación; **2** *fig* ***zu etw ~*** proceder a a/c

Schrift [ʃrɪft] *f* ⟨-; -en⟩ **1** (*Hand≗*) letra *f*; **2** (*Buchstabensystem*) alfabeto *m*; ***in arabischer ~*** en letras árabes; **3** TYPO caracteres *m/pl*, tipo *m* de letra; **4** (*~stück*) escrito *m*, documento *m*; (*Werk*) obra *f*; ***die Heilige ~*** la(s) Sagrada(s) Escritura(s)

'Schrift|art *f* tipo *m* de letra; *bsd* INFORM fuente *f*; **~bild** *n individuelles* letra *f*; TYPO ojo *m*; **~deutsch** *n* alemán *m* literario; **~feld** *n* recuadro *m*; **~führer(in)** *m(f)* secretario, -a *m,f*

'schriftlich I *adj* escrito; **II** *adv* por escrito

'Schrift|satz *m* **1** TYPO composición *f*; **2** JUR alegato *m*; **~setzer(in)** *m(f)* cajista *m,f*; **~sprache** *f* lengua *f* culta; **~steller(in)** *m(f)* escritor, a *m,f*; **~stelle'rei** *f* ⟨-⟩ profesión *f* de escritor; **≗stellerisch I** *adj* de escritor, literario; **II** *adv* con estilo literario; **~stück** *n* escrito *m*, documento *m*; **~tum** *n* ⟨-s⟩ literatura *f*; **~verkehr** *m*, **~wechsel** *m* correspondencia *f*; **~zeichen** *n* letra *f*, carácter *m*

schrill [ʃrɪl] *adj Stimme, Ton* agudo; *Schrei* estridente (*a Lachen*)

'schrillen *v/i* sonar agudo *od* estridente

Schritt [ʃrɪt] *m* ⟨-(e)s; -e⟩ **1** paso *m* (*a Tanz≗*); ***auf ~ und Tritt*** a cada paso; ***~ für ~*** paso a paso; *Auto* **(*im*) *~ fahren*** ir al paso; ***mit schnellen ~en*** a paso ligero; *fig* ***mit etw ~ halten*** ir al ritmo de a/c; *fig* ***mit der Entwicklung ~ halten*** estar al día; **2** ⟨*pl a* -⟩ *Entfernung* paso *m*; ***nur ein paar ~(e)***

von hier entfernt sólo a unos pasos de aquí; **3** *fig* (*Maßnahme*) medida *f*; **4** *e-r Hose* entrepierna *f*

'Schrittmacher *m* **1** MED marcapasos *m*; **2** *Radsport* guía *m*; **3** *fig* pionero *m*

'Schritttempo *n* (***im***) **~** ***fahren*** ir al paso

'schrittweise *adv* paso a paso, progresivamente

schroff [ʃrɔf] *adj* **1** *Felsen* escarpado; **2** *Wesen* rudo; *Ton* brusco; **3** (*unvermittelt*) seco

schröpfen ['ʃrœpfən] *v/t* sangrar; F *fig finanziell* desplumar

Schrot [ʃroːt] *m od n* ⟨-(e)s; -e⟩ **1** (*Blei*℞) perdigones *m/pl*; **2** (*Getreide*℞) grano *m* triturado; **3** *fig* ***ein Mann von echtem ~ und Korn*** un hombre de pura cepa

'schroten *v/t* triturar

'Schrot|flinte *f* escopeta *f* de perdigones; **~kugel** *f* perdigón *m*

Schrott [ʃrɔt] *m* ⟨-(e)s; -e⟩ **1** chatarra *f* (*a von Maschinen, Autos*); ***e-n Wagen zu ~ fahren*** destrozar un coche; **2** F (*wertloses Zeug*) F trastos *m/pl*

'Schrott|händler *m* chatarrero *m*; **~haufen** *m* montón *m* de chatarra; *fig Auto* F cacharro *m*; **~platz** *m* depósito *m* de chatarra; **℞reif** *adj* para el desguace; *fig* para el arrastre; **~wert** *m* valor *m* residual

schrubben ['ʃrʊbən] *v/t* fregar

'Schrubber *m* escobillón *m*

Schrulle ['ʃrʊlə] *f* extravagancia *f*; F chifladura *f*

'schrullig *adj* extravagante; F chiflado

'schrump(e)lig ['ʃrʊmp(ə)lɪç] F *adj* arrugado; F hecho un higo

'schrumpeln F *v/i* ⟨sn⟩ arrugarse, apergaminarse

schrumpfen ['ʃrʊmpfən] *v/i* ⟨sn⟩ **1** encogerse; TEC contraerse; MED atrofiarse; *Früchte* arrugarse; **2** *fig* (*abnehmen*) reducirse; *Einnahmen, Kapital a* disminuir

Schub [ʃuːp] *m* ⟨-(e)s; ⁼e⟩ **1** (*Stoß*) empujón *m*; (*~kraft*) empuje *m*; **2** *fig Personen usw* grupo *m*; **3** (*Krankheits*℞) ataque *m*

'Schub|fach *n* cajón *m*, gaveta *f*; **~karre(n)** *f(m)* carretilla *f*; **~kraft** *f* (fuerza *f* de) empuje *m*; **~lade** *f* cajón *m*, gaveta *f*

Schubs [ʃʊps] F *m* ⟨-es; -e⟩ empujón *m*

'schubsen F *v/t* empujar

schüchtern ['ʃʏçtərn] *adj* tímido; **℞heit** *f* ⟨-⟩ timidez *f*

Schuft [ʃʊft] *m* ⟨-(e)s; -e⟩ canalla *m*, infame *m*

'schuft|en F *v/i* F currar, trabajar como un negro; **℞e'rei** F *f* trabajo *m* pesado *od* F de negros

Schuh [ʃuː] *m* ⟨-(e)s; -e⟩ zapato *m*; ***hohe ~e*** zapatos *m/pl* de tacón alto; ***sich*** (*dat*) ***die ~e anziehen*** (***ausziehen***) calzarse (descalzarse); F *fig* ***j-m etw in die ~e schieben*** cargarle a alg el mochuelo de a/c; F *fig* ***sie weiß, wo ihn der ~ drückt*** sabe dónde le aprieta el zapato

'Schuh|bürste *f* cepillo *m* para los zapatos; **~creme** *f* crema *f* para el calzado, betún *m*; **~geschäft** *n* zapatería *f*

'Schuhgröße *f* número *m*; **~ *39 haben*** calzar el 39; ***welche ~ haben Sie?*** ¿qué número calza?

'Schuh|industrie *f* industria *f* del calzado; **~löffel** *m* calzador *m*; **~macher** *m* zapatero *m*; **~mache'rei** *f* taller *m* del zapatero; **~putzer** *m* limpiabotas *m*; **~schrank** *m* zapatero *m*; **~sohle** *f* suela *f*; **~werk** *n* calzado *m*

Schul|abgänger(in) ['ʃuːlʔapgɛŋər(ɪn)] *m(f) persona que acaba de terminar la etapa escolar*; **~abschluss** *m etwa* (fin *m* del) bachillerato *m*; diploma *m* final; **~anfang** *m nach den Ferien* comienzo *m* de curso; *am Morgen* comienzo *m* de las clases; **~anfänger(in)** *m(f) persona que empieza su etapa escolar*; **~arbeiten** *pl* deberes *m/pl*; **~ausflug** *m* excursión *f* escolar

'Schulbank *f* ⟨-; -bänke⟩ banco *m* de escuela; F ***die ~ drücken*** ir a la escuela

'Schul|beginn *m* → ***Schulanfang***; **~beispiel** *n* ejemplo *m* clásico (***für*** de, para); **~besuch** *m* asistencia *f* a clase; **~bildung** *f* formación *f* escolar; **~buch** *n* libro *m* de texto; **~bus** *m* autobús *m* escolar

schuld [ʃʊlt] *adj* ***an etw*** (*dat*) **~ *sein*** ser el culpable de a/c; ***ich bin ~ daran, dass …*** es culpa mía que …

Schuld *f* ⟨-; -en⟩ **1** (*Geld*℞) deuda *f* (*a fig*); ***~en begleichen*** cancelar las deudas; ***~en eintreiben*** cobrar deudas; ***~en haben*** tener deudas; ***bei j-m 500 Euro ~en haben*** deberle a alg 500 euros; ***~en machen*** contraer deudas; *geh* ***ich stehe*** *od* ***bin tief in Ihrer ~*** estoy en deuda con Ud.; **2** (*Verantwortlichkeit*) culpa *f*; JUR culpabilidad *f*; ***wer hat ~?, wessen ~ ist es?*** ¿de quién es la culpa?; ***an etw*** (*dat*) ***~ haben*** tener la culpa de a/c; ***es ist meine ~, ich habe ~*** es mi culpa; ***j-m die ~ für etw geben*** echar(le) a alg la culpa de a/c; ***die ~ auf j-n schieben, j-m die ~ zuschieben*** echar(le) la culpa a alg

'Schuld|bekenntnis *n* confesión *f* de culpa; **℞bewusst** *adj* consciente de su culpabilidad; *Miene* culpable

'schulden *v/t* ***j-m etw ~*** deber(le) a/c a alg (*a fig*)

'Schulden *f/pl* → ***Schuld 1***; **~berg** F *m* montón *m* de deudas; **℞frei** *adj* libre *od* exento de deudas (*a Haus*); **~krise** *f* POL crisis *f* de endeudamiento; **~last** *f* (carga *f* de) deudas *f/pl*

'Schuld|gefühl *n* sentimiento *m* de culpa; **ϩhaft** *adj* culpable

'Schuldienst *m* profesión *f* de maestro, docencia *f*; ***im ~ tätig sein*** ejercer de profesor *bzw* de maestro

'schuldig *adj* **1** culpable; (*verantwortlich*) responsable; ***für ~ erklären, ~ sprechen*** declarar culpable; ***sich e-s Verbrechens ~ machen*** ser culpable de un crimen; **2** ***j-m etw ~ sein*** deber(le) a/c a alg (*a fig*); ***j-m etw ~ bleiben*** dejarle a/c a deber a alg; **3** *geh* (*gebührend*) debido

'Schuldige(r) *f*(*m*) ⟨→ A⟩ culpable *m,f*

'Schuldigkeit *f* deber *m*, obligación *f*; ***nur s-e*** (***Pflicht und***) ***~ tun*** limitarse a cumplir con el deber

'schuldlos *adj* ***an etw*** (*dat*) ***~ sein*** ser inocente de a/c

'Schuldner(in) *m*(*f*) deudor, a *m,f*

'Schuldnerland *n* POL país *m* deudor

'Schuld|schein *m* pagaré *m*; **~spruch** *m* veredicto *m* de culpabilidad

'Schuldverschreibung *f* FIN obligación *f*; ***unkündbare ~*** obligación *f* perpetua

'Schuld|wechsel *m* FIN efecto *m* a pagar; **~zinsen** *m/pl* intereses *m/pl* de deuda; **~zuweisung** *f* acusación *f*

Schule ['ʃuːlə] *f* **1** colegio *m*; (*Unterricht*) clase *f*; ***höhere ~*** escuela *f* superior; ***in die*** *od* ***zur ~ gehen*** ir a la escuela; ***in die ~ kommen*** (*eingeschult werden*) ser escolarizado, empezar el colegio; **2** *fig* escuela *f*; ***aus der ~ plaudern*** irse de la lengua; ***~ machen*** hacer escuela

'schulen *v/t Person* instruir, formar; *Fähigkeit, Auge, Ohr a* entrenar

Schüler ['ʃyːlər] *m* **1** alumno *m*; **2** *fig* discípulo *m*; (*Anhänger*) seguidor *m*; **~austausch** *m* intercambio *m* de alumnos; **~ausweis** *m* carné *m* de estudiante

'Schülerin *f* **1** alumna *f*; **2** *fig* discípula *f*; (*Anhängerin*) seguidora *f*

'Schülerlotse *m* guía *m,f* escolar de tráfico

'Schul|fach *n* asignatura *f*; **~ferien** *pl* vacaciones *f/pl* (escolares)

'schulfrei *adj Tag* sin clase; ***heute ist ~*** hoy no hay clase

'Schul|freund(in) *m*(*f*) compañero, -a *m,f* de clase; **~funk** *m* emisión *f* escolar; **~geld** *n* (tasas *f/pl* de) matrícula *f*; **~heft** *n* cuaderno *m*, libreta *f*; **~hof** *m* patio *m* (de la escuela)

'schulisch *adj* escolar

'Schul|jahr *n Zeitraum* curso *m* (*a Klasse*); **~junge** *m* colegial *m*; **~kamerad(in)** *m*(*f*) compañero, -a *m,f* de clase; **~kind** *n* escolar *m,f*; **~klasse** *f* curso *m*, clase *f*; **~leiter(-in)** *m*(*f*) director, a *m,f* (de escuela); **~mädchen** *n* colegiala *f*; **~mappe** *f* cartera *f*; **~medizin** *f* medicina *f* convencional; **~meister** *m* **1** F *scherzh* maestro *m* de escuela; **2** *desp* pedante *m*; **ϩpflichtig** *adj Kind* en edad escolar; **~ranzen** *m* cartera *f* mochila; **~schiff** *n* buque *m* escuela; **~schluss** *m vor den Ferien* clausura *f* de curso; *bei Unterrichtsende* salida *f* de clase; **~spanisch** *n* español *m* (del colegio); **~sprecher(in)** *m*(*f*) delegado, -a *m,f*, representante *m,f* de los alumnos; **~stunde** *f* clase *f*; **~tag** *m* día *m* de clase; **~tasche** *f* cartera *f*

Schulter ['ʃʊltər] *f* ⟨-; -n⟩ hombro *m*; ***breite ~n haben*** ser ancho de espaldas; ***~ an ~*** hombro con hombro (*a fig*); ***mit den ~n zucken*** encogerse de hombros; ***j-m die kalte ~ zeigen*** volver la espalda a alg; ***etw auf die leichte ~ nehmen*** tomar a/c a la ligera

'Schulter|blatt *n* omóplato *m*, escápula *f*; **ϩfrei** *adj Kleid* que deja los hombros al descubierto; **~gurt** *m* tirante *m*, correa *f*; **ϩlang** *adj Haar* por los hombros

'schultern *v/t* echar al hombro

'Schulterschluss *m* acto *m* solidario (***zwischen*** *+dat* entre)

'Schulung *f* **1** *e-r Person* instrucción *f*, formación *f*; **2** → ***Lehrgang***; **~skurs** *m* curso *m* de entrenamiento *od* perfeccionamiento; **~spersonal** *n* personal *m* técnico-docente

'Schul|unterricht *m* enseñanza *f* escolar; **~weg** *m* camino *m* de la escuela; **~wesen** *n* enseñanza *f*; **~zeit** *f* años *m/pl* escolares, escolaridad *f*; **~zeugnis** *n* boletín *m* de notas

schummeln ['ʃʊməln] F *v/i* hacer trampa

schumm(e)rig ['ʃʊm(ə)rɪç] F *adj Licht* débil; *Raum* de poca luz

Schund [ʃʊnt] *m* ⟨-(e)s⟩ *desp* F baratija *f*, porquería *f*; *Roman, Film* pacotilla *f*

schunkeln ['ʃʊŋkəln] *v/i balancearse rítmicamente cogidos del brazo*

Schuppe ['ʃʊpə] *f* ZO, BOT escama *f*; *auf dem Kopf* caspa *f*

'schuppen I *v/t Fisch* escamar; **II** *v/r* ***sich ~*** *Haut* descamarse

Schuppen ['ʃʊpən] *m* ⟨-s; -⟩ **1** *für Wagen, Geräte* cobertizo *m*; **2** F (*Lokal*) tinglado *m*

'Schuppenflechte *f* psoriasis *f*

Schur [ʃuːr] *f* esquileo *m*

schüren ['ʃyːrən] *v/t* atizar (*a fig*)

schürfen ['ʃʏrfən] **I** *v/t* **1** *Gold usw* excavar; **2** ***sich*** (*dat*) ***die Haut ~*** excoriarse, arañarse; **II** *v/i* **3** MIN excavar; **III** *v/r* **4** ***sich ~*** excoriarse, arañarse

'Schürfwunde *f* excoriación *f*

'Schürhaken *m* hurgón *m*

S

Schurke ['ʃʊrkə] *m* ⟨-n; -n⟩ canalla *m*, infame *m*
'Schurwolle *f* lana *f* virgen
Schurz [ʃʊrts] *m* ⟨-es; -e⟩ mandil *m*, delantal *m*; (*Lenden*²) taparrabo *m*
Schürze ['ʃʏrtsə] *f* mandil *m*, delantal *m*
'schürzen *v/t Rock* arremangar
'Schürzenjäger F *m* hombre *m* mujeriego, tenorio *m*
Schuss [ʃʊs] *m* ⟨-es; ⸗e, *pero* 2 - Munition⟩ **1** tiro *m*, disparo *m* (***auf*** *+acus* a); ***e-n ~ abgeben*** disparar (un tiro); ***fünf ~ Munition*** cinco balas *bzw* proyectiles; F *fig* ***ein ~ in den Ofen*** F un fracaso; F *fig* ***der ~ ging nach hinten los*** le salió el tiro por la culata; F *fig* ***er ist keinen ~ Pulver wert*** no vale un pimiento; F *fig* ***weit(ab) vom ~ sein*** estar en el quinto pino; **2** *Menge* chorrito *m*; ***ein ~*** *Essig*, *Rum*, *Whisky usw* un chorrito de; ***ein(e) Cola mit ~*** una cola con algo de alcohol; **3** *Drogenjargon* pico *m*, chute *m*; **4** *Skisport* ***~ fahren*** descender en línea recta; **5** *Fußball* chute *m*, tiro *m* (***aufs Tor*** a puerta); **6** F ***gut in ~*** en forma; *Sache* en perfectas condiciones; F ***in ~ bringen*** poner a punto
Schussel ['ʃʊsəl] F *m* ⟨-s; -⟩ F cabeza *m* de chorlito
Schüssel ['ʃʏsəl] *f* ⟨-; -n⟩ *flache* plato *m*; *kleine* cuenco *m*; (*Salat*²) fuente *f*; (*Suppen*²) sopera *f*
'schusselig F *adj* atolondrado, despistado; **²keit** F *f* ⟨-⟩ atolondramiento *m*, despiste *m*
'Schussfahrt *f Skisport* descenso *m* en línea recta
'Schusslinie *f* línea *f* de tiro; *fig* ***in die ~ geraten*** estar en el punto de mira
'Schuss|verletzung *f* herida *f* de bala, balazo *m*; **~waffe** *f* arma *f* de fuego; **~wechsel** *m* tiroteo *m*
Schuster ['ʃuːstər] *m* zapatero *m*; *scherzh* ***auf ~s Rappen reisen*** ir andando; F ir en el coche de san Fernando
Schutt [ʃʊt] *m* ⟨-(e)s⟩ escombros *m/pl*; (*Bau*²) cascotes *m/pl*; ***~ abladen verboten!*** ¡prohibido depositar escombros!; *geh* ***in ~ und Asche legen*** reducir a cenizas
'Schuttabladeplatz *m* escombrera *f*, vertedero *m* de escombros
Schüttelfrost ['ʃʏtəl-] *m* escalofríos *m/pl*
'schütteln I *v/t* sacudir; *Gefäß* agitar; *Kopf* menear; *Hand* estrechar; ***der Ekel schüttelte mich*** me estremecí de asco; **II** *v/imp* ***es schüttelt mich vor Kälte*** estoy temblando de frío; **III** *v/r* ***sich ~*** sacudirse; ***sich vor Lachen ~*** desternillarse de risa
schütten ['ʃʏtən] **I** *v/t Flüssigkeit* echar, verter (***in*** *+acus* en); ***er hat sich*** (*dat*) ***Saft über die Hose geschüttet*** se le derramó el zumo sobre el pantalón; **II** *v/imp* F ***es schüttet*** está diluviando
schütter ['ʃʏtər] *adj* ralo
'Schuttplatz *m* escombrera *f*, vertedero *m* de escombros
Schutz [ʃʊts] *m* ⟨-es⟩ protección *f* (***vor*** *+dat* contra), amparo *m*; (*Zuflucht*) refugio *m*, abrigo *m*; ***zum ~e*** (*+gen*) como protección de; ***j-n*** (***vor j-m, etw***) ***in ~ nehmen*** salir en defensa de alg (contra alg, a/c); ***vor j-m, etw ~ suchen*** buscar protección contra alg, a/c; ***im ~(e) der Nacht*** al amparo de la noche
'schutz|bedürftig *adj* que necesita protección; **²blech** *n* guardabarros *m*; **²brief** *m* AUTO seguro *m* de viajes; **²brille** *f* gafas *f/pl* protectoras
Schütze ['ʃʏtsə] *m* ⟨-n; -n⟩ **1** tirador *m* (*a im Schützenverein*); (*Tor*²) goleador *m*; **2** ASTR Sagitario *m*
'schützen I *v/t* proteger (***vor etw, j-m*** de a/c, alg); (*bewahren*) guardar, preservar; *durch Vorsicht* prevenir; *Bürger*, *Leben* defender; ***vor Nässe, Licht ~!*** ¡presérvese de la humedad, la luz!; **II** *v/i* ***das schützt vor Kälte*** protege contra el frío; **III** *v/r* ***sich*** (***vor etw, j-m***) ***~*** protegerse (contra *od* de a/c, alg)
'Schutzengel *m* ángel *m* custodio *od* de la guarda
'Schützengraben *m* trinchera *f*
'Schützenhilfe F *f* respaldo *m*; ***j-m ~ geben*** respaldar a alg
'Schützen|panzer *m* carro *m* de combate; **~verein** *m* sociedad *f* de tiro
'Schutz|geld *n* cuota *f* de protección; **~gelderpressung** *f* extorsión *f* a cambio de protección; **~heilige(r)** *f*(*m*) patrón *m*, patrono, -a *m,f*; **~helm** *m* casco *m* protector; **~hülle** *f* funda *f*; **~hütte** *f* refugio *m*; **~impfung** *f* vacunación *f* preventiva; **~kleidung** *f* ropa *f* de protección
Schützling ['ʃʏtslɪŋ] *m* ⟨-s; -e⟩ protegido, -a *m,f*
'schutzlos *adj u adv* sin protección
'Schutz|mann F *m* ⟨-(e)s; -leute *o* -männer⟩ guardia *m*, agente *m* de policía; **~maßnahme** *f* medida *f* preventiva; **~patron(in)** *m*(*f*) patrón *m*, patrono, -a *m,f*; **~schicht** *f* capa *f* protectora; **~schirm** *m* pantalla *f* protectora; **~umschlag** *m* sobrecubierta *f*; **~zoll** *m* arancel *m* proteccionista
schwabb(e)lig ['ʃvab(ə)lɪç] F *adj Körperteil* flác(c)ido, fofo; *Pudding* blando
'schwabbeln F *v/i* tembl(eque)ar
Schwabe ['ʃvaːbə] *m* ⟨-n; -n⟩ suabo *m*
'Schwaben *n* ⟨-s⟩ Suabia *f*
Schwäb|in ['ʃvɛːbɪn] *f* suaba *f*; **²isch** *adj*

S

suabo

schwach [ʃvax] **I** *adj* ⟨¨er, ¨ste⟩ **1** flojo (*a Kaffee, Tee*); (*kraftlos*) débil; **~ werden** debilitarse; *fig* (*schwanken*) flaquear; F (*nachgeben*) caer en la tentación; **2** (*schlecht*) malo; *Gedächtnis* flaco; *Augen* cansado; *Herz* debilitado; *Motor, Brille* flojo (*a fig Film, Buch, Ergebnis, Schüler*); **3** (*gering*) pequeño, escaso (*a Puls, Atem*); **4** GRAM débil; **II** *adv* **5** ***sich nur ~ wehren*** prácticamente no resistirse; **6** (*schlecht*) mal; **7** (*gering*) escasamente; ***die Ausstellung war nur ~ besucht*** fue poco público a la exposición

Schwäche ['ʃvɛçə] *f* **1** debilidad *f* (*a fig*); (*Kraftlosigkeit*) falta *f* de vigor; **2** (*schwache Seite*) punto *m* flaco; **3** (*Vorliebe*) debilidad *f* (***für*** por)

'Schwächeanfall *m* desfallecimiento *m*

'schwächen *v/t* debilitar (*a fig*)

'schwächer *adj* **~ werden** *Stimme, Ton* apagarse; *Atem, Puls* debilitarse

'Schwachheit *f* debilidad *f*

'Schwachkopf F *m* F imbécil *m,f*

'schwäch|lich *adj* débil; *gesundheitlich* delicado; (*kränklich*) enfermizo; **≈ling** *m* ⟨-s; -e⟩ *desp* blandengue *m,f*

'Schwach|sinn *m* **1** MED debilidad *f* mental; **2** F (*Unsinn*) imbecilidad *f*; **≈sinnig** *adj* MED deficiente mental; F (*unsinnig*) imbécil; **~stelle** *f* punto *m* débil; **~strom** *m* corriente *f* de baja tensión

'Schwächung *f* ⟨-⟩ extenuación *f*

Schwaden ['ʃvaːdən] *m* ⟨-s; -⟩ (*Dampf≈*) vapores *m/pl*; (*Rauch≈*) nubes *f/pl*, humareda *f*

Schwadron [ʃva'droːn] *f* ⟨-; -en⟩ MIL escuadrón *m*

schwadro'nieren *v/i* ⟨*sin* ge⟩ *desp* fanfarronear

schwafeln ['ʃvaːfəln] F *v/t, v/i* desbarrar, desatinar

Schwager ['ʃvaːgər] *m* ⟨-s; ¨⟩ cuñado *m*, hermano *m* político

Schwägerin ['ʃvɛːgərɪn] *f* cuñada *f*, hermana *f* política

Schwalbe ['ʃvalbə] *f* golondrina *f*

Schwall [ʃval] *m* ⟨-(e)s; -e⟩ aluvión *m* (*a fig*)

Schwamm [ʃvam] *m* ⟨-(e)s; ¨e⟩ **1** ZO, (*Putz≈*) esponja *f*; F *fig* ***~ drüber!*** ¡borrón y cuenta nueva!; **2** *südd, österr* (*Pilz*) hongo *m*, seta *f*

'schwammig *adj* **1** esponjoso; **2** *fig* (*aufgedunsen*) fofo; **3** *fig desp* (*unklar*) borroso

Schwan [ʃvaːn] *m* ⟨-(e)s; ¨e⟩ cisne *m*

schwanen ['ʃvaːnən] F *v/i* ***mir schwant etwas*** tengo un presentimiento

schwanger ['ʃvaŋər] *adj* embarazada (***von j-m*** de alg); ***sie ist im sechsten Monat ~*** está embarazada de seis meses

'Schwangere *f* ⟨→ A⟩ embarazada *f*

schwängern ['ʃvɛŋərn] *v/t* dejar embarazada

'Schwangerschaft *f* embarazo *m*

'Schwangerschafts|abbruch *m* aborto *m*, interrupción *f* del embarazo; **~test** *m* prueba *f* del embarazo

Schwank [ʃvaŋk] *m* ⟨-(e)s; ¨e⟩ **1** THEA farsa *f*, sainete *m*; **2** (*lustige Geschichte*) bufonada *f*, cuento *m* divertido

schwanken ['ʃvaŋkən] *v/i* **1** *Boden* temblar; *Boot, Zweig* balancearse; **2** ⟨*+indicación de dirección* sn⟩ *Person* tambalearse, ir haciendo eses; **3** *Preise, Temperatur* oscilar, fluctuar; **4** *fig* (*zögern*) vacilar

'schwankend *adjt* **1** oscilante, fluctuante (*beide a fig*); **2** (*unentschlossen*) vacilante

'Schwankung *f* **1** vacilación *f* (*a fig*); **2** (*Veränderung*) oscilación *f*; *der Preise a* fluctuación *f*; ***jahreszeitliche*** *od* ***saisonale*** *od* ***saisonbedingte ~en*** variaciones *f/pl* estacionales; ***konjunkturelle ~en*** fluctuaciones *f/pl* coyunturales; ***~en unterliegen*** fluctuar

Schwanz [ʃvants] *m* ⟨-es; ¨e⟩ cola *f*, rabo *m*; P *fig* (*Penis*) P picha *f*, polla *f*; F *fig* ***den ~ einziehen*** irse con el rabo entre las piernas; F *fig* ***j-m auf den ~ treten*** ofender a alg; F *fig* ***kein ~*** ni un alma

schwänzen ['ʃvɛntsən] F *v/t* *Unterricht* F fumarse; (***die Schule***) **~** hacer novillos

'Schwanzflosse *f* **1** aleta *f* caudal; **2** AVIA estabilizador *m* de cola

schwappen ['ʃvapən] *v/i* **1** ⟨h⟩ (***hin und her***) **~** moverse, hacer olas; **2** ⟨sn⟩ ***aus etw ~*** salirse de a/c, derramarse de a/c

Schwarm [ʃvarm] *m* ⟨-(e)s; ¨e⟩ **1** *von Bienen* enjambre *m*; *von Personen a* nube *f*, tropel *m*; *von Insekten* nube *f*; *von Vögeln* bandada *f*; *von Fischen* banco *m*; **2** F *fig* (*Angebetete[r]*) F ídolo *m*, ideal *m*

schwärmen ['ʃvɛrmən] *v/i* **1** ⟨*+indicación de dirección* sn⟩ *Bienen* enjambrar; *Insekten* zumbar; *Vögel* vagar; MIL desplegarse; **2** ***für j-n, etw ~*** entusiasmarse por alg, a/c; ***von etw ~*** poner a/c por las nubes

Schwärme'rei *f* exaltación *f*, entusiasmo *m* (***für*** por)

'schwärmerisch *adj* **1** (*überschwänglich*) efusivo; (*zu gefühlsbetont*) exaltado; **2** (*begeistert*) entusiasmado

Schwarte ['ʃvartə] *f* **1** (*Speck≈*) corteza *f* (de tocino); F *fig* (*Haut*) piel *f* (dura); **2** F *Buch* F mamotreto *m*

schwarz [ʃvarts] *adj* ⟨¨er, ¨este⟩ **1** negro (*a Hautfarbe, fig*); ***~es Brett*** tablón *m* de anuncios; ***~e Liste*** lista *f* negra; ***das ≈e Meer*** el Mar Negro; F ***sich ~ ärgern*** F reventar de rabia; ~ ***werden*** ennegrecer; ***mir wurde ~ vor den Augen*** perdí el conocimiento; F ***da kann er warten, bis er ~ wird*** F puede esperar sentado; ~ ***auf weiß*** por escrito; **2** (*illegal*) clandestino; F negro; **3** F *fig* (*konservativ*) conservador; **4** (*pessimistisch*) ~ ***malen*** poner *od* pintar negro; ~ ***sehen*** ver negro

Schwarz *n* ⟨-(es); -⟩ negro *m*; **'~afrika** *n* África *f* Negra; **'~arbeit** *f* trabajo *m* clandestino (*od* F negro)

'schwarzarbeiten *v/i* ⟨*sep*⟩ trabajar clandestinamente (*od* F en negro)

'Schwarz|arbeiter(in) *m(f)* trabajador, a *m,f* clandestino, -a; **~brot** *n* pan *m* negro

'Schwarze(r) *f(m)* ⟨→ A⟩ (*Schwarzhäutige[r]*) negro, -a *m,f*

'Schwarze(s) *n* ⟨→ A⟩ **1** *Farbe* negro *m*; ***ins ~ treffen*** dar en el blanco (*a fig*); **2** ***das kleine ~*** *vestido negro de fiesta*

Schwärze ['ʃvɛrtsə] *f* ⟨-⟩ negrura *f*

'schwärzen *v/t* ennegrecer

'schwarzfahren *v/i* ⟨*irr*, sn⟩ viajar sin billete

'Schwarz|fahrer(in) *m(f)* viajero, -a *m,f* sin billete; **~geld** *n* dinero *m* negro; **2haarig** *adj* de pelo negro; **~handel** *m* comercio *m od* tráfico *m* clandestino (***mit*** con); **~händler** *m* traficante *m* clandestino; **~hörer(in)** *m(f)* *radioyente que no paga el impuesto correspondiente*

'schwärzlich *adj* negruzco

'Schwarzmarkt *m* mercado *m* negro

'schwarzsehen *v/i* ⟨*irr*, *sep*⟩ TV *ver la televisión sin pagar el impuesto correspondiente*

'Schwarzseher(in) *m(f)* **1** pesimista *m,f*; **2** TV *persona que ve la televisión sin pagar el impuesto correspondiente*

'Schwarzwald *m* ***der ~*** la Selva Negra

Schwarzwälder ['ʃvartsvɛldər] *adj* ~ ***Kirschtorte*** tarta *f* Selva Negra

'schwarz'weiß *adj* en blanco y negro

Schwarz'weiß|fernsehgerät *n* televisor *m* en blanco y negro; **~foto(grafie)** *n(f)* foto(grafía) *f* en blanco y negro

'Schwarzwurzel *f* escorzonera *f*, salsifí *m* negro

Schwatz [ʃvats] F *m* ⟨-es; -e⟩ F charla *f*, palique *m*

'schwatzen, schwätzen ['ʃvɛtsən] **I** *v/t* decir; **II** *v/i* charlar (***über*** *+acus* sobre), estar de palique

'Schwätzer(in) *m(f)* *desp* charlatán, -ana *m,f*, bocazas *m,f*

'schwatzhaft *adj desp* parlanchín, indiscreto

Schwebe ['ʃveːbə] *f* ⟨-⟩ ***in der ~ sein*** estar en suspenso

'Schwebe|bahn *f* (*Hängebahn*) ferrocarril *m* colgante; (*Seil2*) teleférico *m*; **~balken** *m* barra *f* de equilibrios

'schweben *v/i* **1** ⟨*+indicación de dirección* sn⟩ *im Wasser* flotar; *in der Luft a* estar suspendido; *im Raum* colgar; **2** *fig* ***in Gefahr*** (*dat*) ~ estar en peligro; JUR ***~des Verfahren*** asunto *m* pendiente

Schwed|e ['ʃveːdə] *m* ⟨-n; -n⟩, **~in** *f* sueco, -a *m,f*; **~en** *n* ⟨-s⟩ Suecia *f*; **2isch** *adj* sueco

Schwefel ['ʃveːfəl] *m* ⟨-s⟩ azufre *m*; **~dioxid** *n* dióxido *m* de azufre; **~dioxidausstoß** *m* emisión *f* de dióxido de azufre; **2haltig** *adj* sulfúreo, sulfuroso, azufroso

'schwef(e)lig *adj* sulfúreo, sulfuroso, azufroso

'schwefeln *v/t* azufrar, sulfatar

'Schwefelsäure *f* ácido *m* sulfúrico

Schweif [ʃvaɪf] *m* ⟨-(e)s; -e⟩ *geh* (*Schwanz*) cola *f*; *fig e-s Kometen a* cabellera *f*

'schweifen *geh v/i* ⟨sn⟩ *Blick* errar, vagar; ***s-e Gedanken ~ lassen*** dar rienda suelta a los pensamientos

Schweige|geld ['ʃvaɪgə-] *n* precio *m* del silencio; **~marsch** *m* marcha *f* silenciosa; **~minute** *f* minuto *m* de silencio

'schweigen *v/i* ⟨schwieg, geschwiegen⟩ callar(se), guardar silencio (***über etw*** *acus* sobre a/c); *fig* (*verstummen*) enmudecer; ***die ~de Mehrheit*** la silenciosa mayoría; ***ganz zu ~ von …*** sin mencionar …

'Schweigen *n* ⟨-s⟩ silencio *m*; (*Nichtredenwollen*) *a* mutismo *m*; ***zum ~ bringen*** acallar, hacer callar; ***sein ~ brechen*** romper el silencio

'Schweigepflicht *f* secreto *m* profesional

'schweigsam *adj* taciturno, callado

Schwein [ʃvaɪn] *n* ⟨-(e)s; -e⟩ **1** cerdo *m*, puerco *m*, *Am* chancho *m* (*alle a* GASTR); **2** F *fig desp* (*schmutziger, unanständiger, gemeiner Mensch*) cerdo, -a *m,f*, puerco, -a *m,f*, *Am* chancho, -a *m,f*; **3** F (*Mensch*) ***kein ~*** ni un alma; ***armes ~*** F pobre diablo *m*; **4** F (*Glück*) suerte *f*, P chorra *f*; ~ ***haben*** F tener suerte *od* P chorra

'Schweine|bauch *m* tripa *f* (de cerdo); **~braten** *m* asado *m* de cerdo; **~fleisch** *n* (carne *f* de) cerdo *m*

'Schweinehund P *m* cerdo *m*; P hijo *m* de puta; F *scherzh* ***ich kann meinen inneren ~ nicht überwinden*** no tengo autocontrol

'Schweinepest *f* peste *f* porcina

Schweine'rei F *f* **1** (*Schmutz*) F porquería *f*; **2** *fig* (*Gemeinheit*) F guarrada *f*, cochinada *f*; **3** (*Zote, unanständige Handlung*) F marranada *f*

'Schweine|schmalz *n* manteca *f* de cerdo; **~schnitzel** *n* escalope *m* de cerdo; **~stall** *m* pocilga *f* (*a fig*)

S

'schweinisch F *adj* F cochino, guarro
'Schweins|hachse, *südd* **~haxe** *f* pierna *f* de cerdo, codillo *m*; **~leder** *n* piel *f* de cerdo
Schweiß [ʃvaɪs] *m* ⟨-es⟩ transpiración *f*, sudor *m* (*a fig*); ***in ~ gebadet sein*** estar empapado en sudor; ***ihm steht der ~ auf der Stirn*** tiene la frente empapada de sudor
'Schweiß|ausbruch *m* sudoración *f*; **~brenner** *m* soplete *m* (para soldar)
'schweißen *v/t* soldar
'Schweißer *m* soldador *m*
'Schweißfuß *m* ***Schweißfüße haben*** tener pies sudorosos
'schweiß|gebadet *adjt* empapado en sudor; **˚perle** *f* gota *f* de sudor; **~treibend** *adjt Medikament* sudorífico
Schweiz [ʃvaɪts] *f* ⟨-⟩ ***die ~*** Suiza *f*; ***die deutsche, französische, italienische ~*** la Suiza alemana, francesa, italiana
'Schweizer[1] *m* suizo *m*
'Schweizer[2] *adj* ***~ Käse*** queso *m* emmental
'schweizerdeutsch *adj* suizo alemán
'Schweizer|in *f* suiza *f*; **˚isch** *adj* suizo
Schwelbrand ['ʃveːl-] *m* fuego *m* sin llama
'schwelen *v/i* arder (sin llama); *fig* arder
schwelgen ['ʃvɛlgən] *v/i* **1** *im Essen, Trinken* regalarse, darse la gran vida (***in*** *+dat* con *od +gerundio*); **2** *fig* ***in etw*** (*dat*) ***~*** disfrutar mucho con a/c
Schwelle ['ʃvɛlə] *f* umbral *m* (*a fig*); (*Bahn˚*) traviesa *f*, *Am* durmiente *m*
schwellen ['ʃvɛlən] **I** *geh v/t Segel usw* hinchar, inflar; **II** *v/i* ⟨schwillt, schwoll, geschwollen, sn⟩ → ***anschwellen 1,2***
'Schwellen|angst *f* miedo *m* ante situaciones nuevas; **~land** *n* ⟨-(e)s; ⸚er⟩ país *m* en vías de desarrollo
'Schwellung *f* hinchazón *f*
Schwemme ['ʃvɛmə] *f* COM oferta *f* excesiva (***an*** *+dat* de)
'schwemmen *v/t* (*an~*) acarrear; (*fort~*) arrastrar
Schwengel ['ʃvɛŋəl] *m* ⟨-s; -⟩ (*Pumpen˚*) mango *m*; (*Glocken˚*) badajo *m*
Schwenk [ʃvɛŋk] *m* ⟨-s; -s⟩ **1** (*Umschwung*) giro *m*; **2** FILM, TV toma *f* panorámica; **'~arm** *m* brazo *m* movible *od* giratorio; **'˚bar** *adj* orientable
'schwenken I *v/t* ⟨h⟩ **1** *Hut, Fahne* agitar; **2** TEC, *Kamera* girar, virar; **3** GASTR saltear; **4** (*spülen*) enjuagar; **II** *v/i* ⟨sn⟩ **5** ***nach links ~*** virar a la izquierda
schwer [ʃveːr] **I** *adj* **1** *im Gewicht* pesado (*a fig*); *Motorrad* potente; ***zwei Kilo ~ sein*** pesar dos kilos; **2** (*schwierig*) difícil, complicado; (*anstrengend*) penoso; (*hart*) duro (*a Arbeit*); **3** (*schlimm*) grave (*a Krankheit, Verbrechen*); *Strafe* severo; *Zeiten* duro, difícil; *Schicksal* cruel; *Enttäuschung, Gewitter, Schnupfen, Schock* fuerte; *fig Speise a* pesado; **II** *adv* **4** *im Gewicht* ***~ beladen*** muy cargado; ***~ tragen, heben*** cargar mucho; **5** (*schwierig*) con dificultad, difícilmente; ***j-m ~ fallen*** resultar difícil a alg; ***es fällt mir ~ zu*** (*+inf*) me cuesta (*+inf*); ***es ~*** (***mit j-m, etw***) ***haben*** tenerlo difícil (con alg, a/c); ***es j-m ~ machen*** ponerle a alg las cosas difíciles; ***es sich*** (*dat*) ***~ machen*** ponérselo difícil; ***~ nehmen*** tomar a pecho; ***~ verdaulich*** indigesto, pesado; **6** (*mühsam*) con dificultad; ***~ arbeiten*** trabajar duro; F ***sich*** (***mit etw***) ***~ tun*** tener dificultades (con a/c); **7** (*ernstlich*) de gravedad, gravemente; ***~ krank*** gravemente enfermo; ***~ beschädigt*** muy deteriorado; ***~ verletzt, verwundet*** gravemente herido; ***~ behindert sein*** estar gravemente impedido; **8** (*sehr*) muy; ***~ bewaffnet*** fuertemente armado; ***~ bestrafen*** castigar severamente; F ***~ aufpassen*** prestar mucha atención; F ***sie ist ~ in Ordnung*** F es muy maja
'Schwer|arbeit *f* trabajo *m* duro; **~arbeiter** *m* obrero *m* que hace trabajos duros; **~athletik** *f* atletismo *m* pesado; **~behinderte(r)** *f(m)* minusválido, -a *m,f* profundo, -a
'Schwere *f* ⟨-⟩ PHYS gravedad *f*; *fig der Verantwortung a* peso *m*; *e-r Krankheit, e-s Verbrechens a* seriedad *f*; **˚los** *adj* ingrávido; **~losigkeit** *f* ⟨-⟩ ingravidez *f*
Schwerenöter ['ʃveːrənøːtər] F *scherzh m* tenorio *m*
'schwerfällig *adj* pesado, torpe; **˚keit** *f* pesadez *f*, torpeza *f*
'Schwer|gewicht *n* **1** SPORT, *Person* peso *m* pesado; **2** *fig* acento *m*, énfasis *m*; **˚gewichtig** *adj* de peso; **~gewichtler** *m* peso *m* pesado; **~gut** *n* mercancías *f/pl* pesadas; **˚hörig** *adj* duro de oído, sordo; **~hörigkeit** *f* sordera *f*; **~industrie** *f* industria *f* pesada; **~kraft** *f* gravitación *f*, fuerza *f* de gravedad
'schwerlich *geh adv* difícilmente
'Schwer|metall *n* metal *m* pesado; **~mut** *f* ⟨-⟩ melancolía *f*; **˚mütig** *adj* melancólico; **~punkt** *m* **1** PHYS centro *m* de gravedad; **2** *fig* punto *m* esencial; **~punktstreik** *m* huelga *f* articulada, selectiva
Schwert [ʃveːrt] *n* ⟨-(e)s; -er⟩ espada *f*; **'~fisch** *m* pez *m* espada, emperador *m*; **'~lilie** *f* BOT lirio *m*
'Schwer|transport *m* transporte *m* pesado; **~verbrecher(in)** *m(f)* criminal *m,f* peligroso, -a; **~verletzte(r)** *f(m)*, **~verwundete(r)** *f(m)* herido, -a *m,f* grave; **˚wiegend** *adjt* muy serio, de mucho peso
Schwester ['ʃvɛstər] *f* ⟨-; -n⟩ **1** hermana *f*; **2** (*Kranken˚*) enfermera *f*; **3** (*Ordens˚*) religiosa *f*, hermana *f*; *Anrede* sor *f*

S

'Schwester|gesellschaft *f* compañía *f* asociada, sociedad *f* afiliada; **≈lich** *adj* de hermana; **~unternehmen** *n* empresa *f* asociada

Schwieger|eltern ['ʃviːgər-] *pl* suegros *m/pl*, padres *m/pl* políticos; **~mutter** *f* suegra *f*, madre *f* política; **~sohn** *m* yerno *m*, hijo *m* político; **~tochter** *f* nuera *f*, hija *f* política; **~vater** *m* suegro *m*, padre *m* político

Schwiel|e ['ʃviːlə] *f* callo *m*, callosidad *f*; **≈ig** *adj* calloso

schwierig ['ʃviːrɪç] *adj* difícil, dificultoso; *Problem a* complejo; (*heikel*) *a* complicado; (*verwickelt*) *a* intrincado

'Schwierigkeit *f* dificultad *f*; ***~en bekommen, in ~en*** (*acus*) ***geraten*** encontrar dificultades

'Schwierigkeitsgrad *m* grado *m* de dificultad

Schwimm|bad ['ʃvɪm-] *n* piscina *f*; **~becken** *n* piscina *f*

'schwimmen ⟨schwamm, geschwommen, *sin indicación de dirección* h *o* sn⟩ **I** *v/t* **1** nadar, recorrer a nado; **II** *v/i* **2** *Lebewesen* nadar; ***~ gehen*** ir a nadar; **3** *Dinge* flotar; **4** ⟨h⟩ F *fig* (*unsicher sein*) estar confundido

'Schwimmen *n* ⟨-s⟩ natación *f*

'Schwimmer *m* **1** *Mensch* nadador *m*; **2** TEC flotador *m*; *der Angel* veleta *f*; **~in** *f* nadadora *f*

'Schwimm|flosse *f* SPORT aleta *f*; **~lehrer(-in)** *m(f)* profesor, a *m,f od* monitor, a *m,f* de natación; **~sport** *m* natación *f*; **~weste** *f* chaleco *m* salvavidas

Schwindel ['ʃvɪndəl] *m* ⟨-s⟩ **1** MED vértigo *m*; (*~anfall*) mareo *m*, vahído *m*; ***~ erregend*** que da vértigo, vertiginoso (*a fig*); **2** F (*Betrug*) estafa *f*, engaño *m*, timo *m*

'Schwindelanfall *m* vahído *m*, mareo *m*

Schwinde'lei *f* **1** (*Unwahrheiten*) mentiras *f/pl*; F cuentos *m/pl*; **2** (*Betrug*) timo *m*

'schwindelfrei *adj* que no tiene vértigo

'schwindelig *adj* ***leicht ~ werden*** marearse fácilmente; ***mir ist*** *od* ***wird*** (***es***) ***~*** me mareo

'schwindeln I F *v/t*, *v/i* mentir; **II** *v/imp* ***mir*** *od* ***mich schwindelt*** me da vértigo; ***~de Höhe*** altura *f* vertiginosa

schwinden ['ʃvɪndən] *geh v/i* ⟨schwindet, schwand, geschwunden, sn⟩ desaparecer; (*abnehmen*) disminuir, decrecer; ***mir schwanden die Sinne*** me desmayé

'Schwindler(in) *m(f)* **1** (*Lügner[in]*) mentiroso, -a *m,f*; **2** (*Betrüger[in]*) estafador, a *m,f*

'schwindlig → ***schwindelig***

'Schwindsucht *f* tisis *f*

Schwinge ['ʃvɪŋə] *geh f* ala *f* (*a fig*)

'schwingen ⟨schwang, geschwungen⟩ **I** *v/t* ⟨h⟩ *hin u her* agitar; *Fahne a* hacer ondear; *Keule* blandir; **II** *v/i* ⟨h *o* sn⟩ *hin u her*, *Pendel* oscilar; *Saite* vibrar; **III** *v/r* ⟨h⟩ ***sich über die Mauer ~*** saltar el muro; ***sich auf sein Fahrrad ~*** montarse en la bicicleta; *Vogel* ***sich in die Luft ~*** remontar el vuelo

'Schwinger *m* *Boxen* swing *m*

'Schwingtür *f* puerta *f* oscilante

'Schwingung *f* PHYS vibración *f*, oscilación *f* (*a* EL)

Schwips [ʃvɪps] F *m* ⟨-es; -e⟩ ***e-n ~ haben*** F estar achispado

schwirren ['ʃvɪrən] *v/i* ⟨sn⟩ *Pfeil*, *Kugel* silbar; *Insekt* zumbar; ***mir schwirrt der Kopf*** me da vueltas la cabeza, tengo la cabeza como un bombo; ***mir schwirrte alles Mögliche durch den Kopf*** (se) me pasaban muchas cosas por la cabeza

schwitzen ['ʃvɪtsən] *v/i* **1** *Mensch* sudar, transpirar; **2** *Fenster*, *Wand* rezumar

schwören ['ʃvøːrən] *v/t*, *v/i* ⟨schwor, geschworen⟩ **1** JUR jurar (***bei*** por; *a fig*); **2** *fig* ***auf etw, j-n ~*** tener absoluta confianza en a/c, en alg, poner la mano en el fuego por a/c, alg

schwul [ʃvuːl] F *adj* homosexual; F marica

schwül [ʃvyːl] *adj* sofocante, bochornoso; ***es ist ~*** hace bochorno

'Schwule(r) F *m* ⟨→ A⟩ homosexual *m*; F *desp* maricón *m*

'Schwüle *f* ⟨-⟩ bochorno *m*

schwülstig ['ʃvʏlstɪç] *adj Stil* enfático; *Architektur* ampuloso, pomposo

Schwund [ʃvʊnt] *m* ⟨-(c)s⟩ disminución *f*, merma *f*; MED atrofia *f*; COM pérdida *f*

Schwung [ʃvʊŋ] *m* ⟨-(e)s; ⸚e⟩ **1** *Bewegung* impulso *m*, empuje *m*; ***~ holen*** coger impulso; **2** *fig* (*Elan*) brío *m*, ímpetu *m*; F ***etw in ~ bringen*** dar(le) impulso a a/c; F lanzar a/c; F ***in ~ kommen*** coger impulso; *fig* tomar vuelo; **3** F (*Menge*) *Papier*, *Bücher* montón *m*; *Leute a* grupo *m*

'schwung|haft *adj* floreciente, próspero; **~los** *adj Person* sin brío, sin entusiasmo; *Rede a* sin garra; **~voll** *adj* brioso, dinámico (*a Musik*); *Rede a* enfático

Schwur [ʃvuːr] *m* ⟨-(e)s; ⸚e⟩ juramento *m*; **'~gericht** *n* tribunal *m*, jurado *m*

scrollen ['skroːlən] *v/i*, *v/t* INFORM correr

sec *Abk* (*Sekunde*) s (*segundo*)

sechs [zɛks] *núm/c* seis; → ***acht***

Sechs *f* ⟨-; -en⟩ **1** *Zahl* seis *m*; **2** *Schulnote in Spanien etwa* suspenso *m*

'Sechseck *n* hexágono *m*; **≈ig** *adj* hexagonal

'Sechser *m* seis *m*; → ***Sechs 2***

S

'sechser'lei *adj* ⟨*inv*⟩ de seis clases diferentes
'sechs|fach *adj u adv* séxtuplo, seis veces más; **⁰fache(s)** *n* ⟨→ A⟩ séxtuplo *m*; **'~'hundert** *núm/c* seiscientos; **~jährig** *adj* de seis años; **~mal** *adv* seis veces; **~stellig** *adj* de seis cifras
sechst [zɛkst] *adv* ***zu ~*** seis; ***zu ~ sein*** ser seis
Sechs'tagerennen *n* carrera *f* (ciclista) de seis días
'sechs'tausend *núm/c* seis mil
'sechste(r, -s) *núm/o* sexto; → ***achte(r, -s)***
'Sechstel *n* ⟨-s; -⟩ sexto *m*
'sechstens *adv* en sexto lugar
sechzehn ['zɛçtseːn] *núm/c* dieciséis; → ***acht***
sechzig ['zɛçtsɪç] *núm/c* sesenta; ***etwa, rund ~ (Personen)*** unas sesenta personas; ***etwa, rund ~ (Jahre alt) sein*** tener unos sesenta años; → ***achtzig***
'Sechzig *f* ⟨-⟩ sesenta *f*
'sechziger *adj* ⟨*inv*⟩ ***die ~ Jahre*** los años sesenta
'sechzigjährig *adj* de sesenta años; (*sechzig Jahre alt*) *Person a* sexagenario
'sechzigste(r, -s) *núm/o* sexagésimo
Secondhand|kleidung ['sɛkənt'hɛntklaɪdʊŋ] *f* ropa *f* de segunda mano; **~laden** *m* tienda *f* de segunda mano
Sediment [zedi'mɛnt] *n* ⟨-(e)s; -e⟩ sedimento *m*
See[1] [zeː] *m* ⟨-s; -n⟩ (*Binnen⁰*) lago *m*
See[2] *f* ⟨-⟩ **1** (*Meer*) mar *m*; ***in ~ stechen*** hacerse a la mar; ***an die ~ fahren*** ir a la playa; ***an der ~*** a la orilla del mar; ***auf hoher ~*** en alta mar; **2** (*Seegang*) marejada *f*; ***schwere od raue ~*** mar *f* gruesa
'See|bad *n* playa *f*; **~bär** *m* F *fig* lobo *m* de mar; **~beben** *n* maremoto *m*; **~fahrt** *f* **1** navegación *f*; **2** (*Schiffsreise*) crucero *m*, travesía *f*; **~fisch** *m* pez *m* marino; GASTR pescado *m* de mar
'Seefracht *f* flete *m* marítimo; **~vertrag** *m* contrato *m* de fletamiento; **~verkehr** *m* transporte *m* de carga marítima
'Seegang *m* marejada *f*, oleaje *m*; ***schwerer od hoher ~*** mar *f* gruesa
'See|hafen *m* puerto *m* marítimo; **~hecht** *m* merluza *f*; **~hund** *m* foca *f*; **~igel** *m* erizo *m* de mar; **~karte** *f* carta *f* marina; **~klima** *n* clima *m* marítimo
'seekrank *adj* mareado; ***~ werden*** marearse
'See|krankheit *f* mal *m* del mar; **~lachs** *m* abadejo *m*, carbonero *m*
Seele ['zeːlə] *f* alma *f* (*a fig*); REL ánima *f*; ***e-e treue ~*** un alma de Dios; ***er ist e-e ~ von Mensch*** es un bendito; ***aus tiefster ~*** de corazón; ***Sie sprechen mir aus der ~*** es exactamente lo que yo pensaba; ***das tut mir in der ~ weh*** me duele en el alma
'Seelen|friede(n) *m* paz *f* interior; **~heil** *n* salvación *f*
'Seelenruhe *f* ***in aller ~*** con toda tranquilidad
'seelen|'ruhig *adv* con toda tranquilidad, con calma; **⁰wanderung** *f* reencarnación *f*
'Seeleute *pl* marineros *m/pl*
'seelisch **I** *adj* mental; (*psychisch*) (p)síquico; **II** *adv* ***~ bedingt*** por razones (p)síquicas
'Seelöwe *m* león *m* marino
'Seel|sorge *f* asistencia *f* espiritual; **~sorger** *m* padre *m* espiritual; PROT pastor *m*; *Schule*, MIL capellán *m*
'See|luft *f* aire *m* de mar; **~macht** *f* potencia *f* naval *od* marítima; **~mann** *m* ⟨-(e)s; -leute⟩ marinero *m*, marino *m*; **⁰männisch** *adj* marinero, marino
'Seemannsgarn *n* historia *m* de marinero; ***~ spinnen*** contar historias de marineros
'See|meile *f* milla *f* (marina); **~möwe** *f* gaviota *f*; **~not** *f* peligro *m* marítimo; **~pferd** *n*, **~pferdchen** *n* ⟨-s; -⟩ caballito *m* de mar; **~räuber** *m* pirata *m*; **~recht** *n* derecho *m* marítimo; **~reise** *f* viaje *m* por mar, crucero *m*; **~rose** *f* BOT nenúfar *m*; ZO actinia *f*; **~sack** *m* petate *m*
Seeschiff *n* buque *m* (de altura); ***frei Längsseite ~*** franco al costado del buque (FAS)
'See|schifffahrt *f* navegación *f* marítima; **~schlacht** *f* batalla *f* naval; **~stern** *m* ZO estrella *f* de mar; **~streitkräfte** *pl* fuerzas *f/pl* navales; **~tang** *m* algas *f/pl* marinas; **~transport** *m* transporte *m* marítimo; **~transportversicherung** *f* seguro *m* marítimo; **⁰tüchtig** *adj* en perfecto estado para navegar; **~ufer** *n* orilla *f* del lago; **~vogel** *m* ave *f* marina; **~weg** *m* vía *f* marítima; **~wind** *m* viento *m* del mar; **~zeichen** *n* señal *f* marítima; **~zunge** *f* lenguado *m*
Segel ['zeːgəl] *n* ⟨-s; -⟩ vela *f*; ***die ~ streichen*** recoger velas; *geh fig* darse por vencido (***vor*** *+dat* ante)
'Segel|boot *n* barco *m* de vela, velero *m*; **~fliegen** *n* vuelo *m* sin motor, planeo *m*; **~flieger(in)** *m(f)* piloto, -a *m,f* de vuelo sin motor, planeador, a *m,f*; **~flug(sport)** *m* vuelo *m* sin motor; **~flugzeug** *n* planeador *m*; **~jacht** *f* yate *m* de vela
'segeln *v/i* ⟨*+indicación de dirección sn*⟩ *Segelschiff* navegar a vela; SPORT practicar la vela; *Flugzeug* planear; ***~ nach*** hacer vela hacia
'Segel|regatta *f* regata *f* a vela; **~schiff** *n* buque *m* de vela, velero *m*; **~sport** *m* vela *f*; **~tuch** *n* ⟨-(e)s; -e⟩ lona *f*

Segen ['ze:gən] *m* ⟨-s; -⟩ **1** REL bendición *f*; ***den ~ über j-n, etw sprechen*** bendecir a alg, a/c; **2** *geh fig* prosperidad *f*; *des Himmels* bendición *f*, don *m*; **3** (*Glück*) felicidad *f*; (***j-m***) ***~ bringen*** traer suerte (a alg)

'segens|reich *adj* benéfico, bienhechor; *Erfindung* beneficioso; **℞wünsche** *pl* buenos deseos *m/pl*

'Segler *m* **1** *Person* deportista *m* de vela; **2** *Schiff* velero *m*; **~in** *f* deportista *f* de vela

Segment [zɛ'gmɛnt] *n* ⟨-(e)s; -e⟩ segmento *m*; ***mittleres, oberes, unteres ~*** segmento *m* intermedio, alto, bajo; ***~ der unteren Preisklasse*** segmento *m* de precios medio-bajos

segnen ['ze:gnən] *v/t* **1** REL bendecir; **2** *fig* ***mit etw gesegnet sein*** tener la suerte de tener a/c; *geh* ***im gesegneten Alter von ...*** a la venerable edad de ...

'Segnung *f* **1** REL bendición *f*; **2** *fig* **~en** *pl* bendiciones *f/pl*, frutos *m/pl*

sehen ['ze:ən] ⟨sieht, sah, gesehen⟩ **I** *v/t* **1** ver (*a treffen*); (*an~*) mirar; ***zu ~ sein*** estar a la vista; (*ausgestellt sein*) estar expuesto; ***er sieht es gern, wenn man ihn bedient*** le gusta que le sirvan; ***ich habe sie kommen*** (***ge***)***sehen*** la he visto venir; F *fig* ***ich kann ihn nicht mehr ~*** F no le aguanto más; F ***da sieht man*** (***es***) ***mal wieder!*** (*ich habe es doch gleich gesagt*) ¿no lo había dicho?; **2** *mit lassen* ***sich ~ lassen*** mostrarse, dejarse ver; ***sich ~ lassen können*** ser presentable, estar bien; F ***lass mal ~!*** ¡déjame ver!, ¡a ver!; **3** *mit p/p* ***gern bei j-m gesehen sein*** ser bienvenido en casa de alg; ***menschlich gesehen*** humanamente; **II** *v/i* **4** ***gut, schlecht ~*** ver bien, mal; ***sieh doch!*** ¡mira!; F ***sieh mal einer an!*** F ¡no me digas!; ***na, siehst du*** ¿ves?; (***und***) ***siehe da, ...*** y mira .....; *Verweis* ***siehe ...*** véase; **5** *mit prp* ***auf etw*** (*acus*) ***~*** mirar a/c; (*achten*) fijarse en a/c; ***aus dem Fenster ~*** mirar por la ventana; ***in den Spiegel ~*** mirar(se) en el espejo; ***nach etw, j-m ~*** *sorgend* mirar por a/c, alg, cuidar de a/c, alg; **III** *v/r* **6** ***sich ~*** verse; ***sie sah sich schon als Filmstar*** ya se la veía de estrella de cine

'Sehen *n* ⟨-s⟩ vista *f*, visión *f*; ***j-n vom ~ kennen*** conocer a alg de vista

'sehens|wert *adj* digno de verse, curioso; **℞würdigkeit** *f* lugar *m* de interés, monumento *m* artístico

'Seh|fehler *m* defecto *m* de visión; **~kraft** *f* facultad *f* visual

Sehne ['ze:nə] *f* **1** ANAT tendón *m*; **2** MAT, *e-s Bogens* cuerda *f*

sehnen ['ze:nən] *v/r* ***sich nach etw ~*** anhelar *od* ansiar a/c; ***sich nach j-m ~*** suspirar por alg, ansiar ver a alg

'Sehnerv *m* nervio *m* óptico

'sehnig *adj Fleisch* con filamentos; *Arm, Gestalt* nervudo

'sehn|lich *adj Wunsch* ardiente; *Erwartung a* vivo; **℞sucht** *f* anhelo *m* (***nach*** de), añoranza *f*, nostalgia *f*; **~süchtig** *adj* nostálgico, añorante; (*ungeduldig*) ansioso, anheloso

sehr [ze:r] *adv* mucho; *vor Adjektiv, Adverb* muy; ***~ viel*** muchísimo; ***so ~, dass ...*** tanto que ...; ***wie ~*** por más que; ***zu ~*** demasiado

'Seh|schwäche *f* debilidad *f* de la vista; **~störung** *f* trastorno *m* de la vista; **~test** *m* test *m* visual; **~vermögen** *n* vista *f*

seicht [zaɪçt] *adj Wasser* poco profundo; *fig a* insípido; *Unterhaltung a* superficial

Seide ['zaɪdə] *f* seda *f*

Seidel ['zaɪdəl] *n* ⟨-s; -⟩ *südd* jarro *m* (para cerveza)

'seiden *adj* **1** (*aus Seide*) de seda; **2** (*seidig*) sedoso

'Seiden|bluse *f* blusa *f* de seda; **~papier** *n* papel *m* de seda; **~raupe** *f* gusano *m* de seda; **~strumpf** *m* media *f* de seda

'seidig *adj* sedoso

Seife ['zaɪfə] *f* jabón *m*

'Seifen|blase *f* pompa *f* de jabón (*a fig*); **~lauge** *f* lejía *f* jabonosa; **~oper** *f desp* telenovela *f*; F culebrón *m*; **~pulver** *n* jabón *m* en polvo; **~schale** *f* jabonera *f*; **~schaum** *m* espuma *f* (de jabón)

seihen ['zaɪən] *v/t* colar, pasar

Seil [zaɪl] *n* ⟨-(e)s; -e⟩ cuerda *f*; *starkes* soga *f*

'Seil|bahn *f* (*Stand℞*) funicular *m*; (*Draht℞*) teleférico *m*; **~schaft** *f* **1** cordada *f*; **2** *fig desp* enchufistas *m/pl*; **~springen** *n* ⟨-s⟩ salto *m* a la comba *od* a la cuerda; **~tänzer(in)** *m(f)* funambulista *m,f*; **~winde** *f* torno *m* de cable

sein[1] [zaɪn] ⟨bin, bist, ist, sind, seid, sind; sei, seist, sei; war; wäre; gewesen; sei!, seid!; sn⟩ **I** *v/i* **1** *dauernd* ser; *vorübergehend* estar; (*vorhanden ~*) existir; ***ich bins!*** ¡soy yo!; ***sie ist Spanierin*** es española; ***er ist zu Hause*** está en casa; **2** (*bestehen*) estar, existir; ***wenn sie nicht gewesen wäre ...*** si no hubiera sido por ella ...; F ***ist was?*** ¿pasa algo?; **3** (*sich befinden*) estar, encontrarse; **4** (*stattfinden*) ser, tener lugar; ***es war an e-m Freitag*** fue un viernes; ***muss das ~?*** ¿es necesario?; **5** (*bedeuten*) ser, significar; ***was soll das ~?*** ¿qué es esto?; **6** (*ergeben*) ser; ***fünf und zwei sind sieben*** cinco y dos son siete; **7** (*stammen*) ***von, aus ... ~*** ser de ...; **II** *v/imp* **8** *bei Witterungsangaben* hacer, ser; ***es ist schön*** hace bueno; **9** *Zeitangabe*

S

ser; ***morgen ist Mittwoch*** mañana es miércoles; ***heute ist der 5. Mai*** hoy estamos a cinco de mayo; ***es ist drei Uhr*** son las tres; **10** *Alter* ***sie ist 24*** tiene 24 años; **11** ***wie dem auch sei*** como sea; ***das wärs!*** ¡se acabó!; *beim Einkaufen* eso es todo; ***was darf es ~?*** *im Geschäft* ¿qué le pongo?; ***~ lassen*** F dejar; ***lass das ~!*** ¡déjalo!; ***wie wäre es, wenn Sie die Arbeit machten?*** ¿qué tal si hiciera Ud. el trabajo?; F ***mir ist nicht nach Feiern*** no estoy para fiestas; **III** *v/modal* **12** *zur Bildung zusammengesetzter Zeiten* haber; ***wir sind gegangen*** nos hemos ido; ***sie ist gelaufen*** se ha ido; **13** *mit zu* (*+inf*) ***das Haus ist zu verkaufen*** la casa se vende; ***er ist nicht zu sprechen*** no se puede hablar con él

sein[2] *pr/pos* **I** *adjt* su; ***einer ~er Freunde*** uno de sus amigos; ***mein und ~ Bruder*** mi hermano y el suyo; **II** *subst* ⟨*m* seiner, *f* seine, *n* sein(e)s⟩ (el) suyo, (la) suya, (lo) suyo; ***die 2en*** (*seine Familie*) los suyos; ***das 2e dazu beitragen*** poner su parte

Sein *n* ⟨-s⟩ ser *m*; (*Dasein*) existencia *f*

'seiner *geh pr/pers* (*gen de* er) de él

'seiner|'seits *adv* por su parte; **~zeit** *adv* en su tiempo *od* día

'seines'gleichen *pron* ⟨*inv*⟩ su igual, sus semejantes; ***das sucht ~*** no tiene igual

'seinet'wegen *adv* **1** (*wegen ihm*) por él, por su culpa; **2** (*ihm zuliebe, von ihm aus*) por él

'seinige *pr/pos* → **sein**[2] *II*

Seismograph [zaɪsmo'gra:f] *m* ⟨-en; -en⟩ sismógrafo *m*

seit [zaɪt] **I** *prp* ⟨*+dat*⟩ desde; (*von … an*) a partir de; (*Zeitraum*) desde hace; ***~ langem, kurzem*** desde hace mucho (tiempo), poco (tiempo); ***~ zehn Tagen ist er verreist*** salió de viaje hace diez días; **II** *cj* desde que

seit'dem **I** *adv* desde entonces; **II** *cj* desde que

Seite ['zaɪtə] *f* **1** *Körperteil* costado *m* (*a e-s Tieres*); ***~ an ~*** codo con codo; ***j-m zur ~ stehen*** estar al lado de alg (*a fig*); **2** *e-s Gegenstandes* lado *m*; *von Stoff, e-r Münze, Schallplatte* cara *f*; ***zur ~ gehen*** *od* ***treten*** apartarse a un lado; ***auf*** *od* ***von beiden ~n*** por los dos lados; ***etw zur ~ legen*** apartar a/c, poner al lado a/c; F ***etw auf die ~ legen*** (*sparen*) ahorrar; **3** (*Aspekt*) lado *m*, aspecto *m*; *Angelegenheit* ***von allen ~n betrachten*** tener en cuenta todos los aspectos; ***auf der einen ~ …, auf der anderen*** (~) por un lado … por otro (lado); **4** (*Richtung*) lado *m*, parte *f*; ***nach allen ~n*** a todas partes; ***von allen ~n*** de todas partes; **5** (*Eigenschaft*) lado *m*, cara *f*; F ***schwache, starke ~*** punto *m* débil, fuerte *m*; ***sich von s-r besten ~ zeigen*** mostrar su mejor cara; **6** (*Partei*) parte *f*, partido *m*; ***auf j-s ~*** (*dat*) ***sein*** *od* ***stehen*** estar de la parte de alg; ***auf ~n*** (*+gen*) por la parte de; ***von ~n*** (*+gen*) de parte de; **7** (*Buch2, Zeitungs2*) página *f*; (*Blatt*) hoja *f*; ***auf ~ 102*** en la página 102; TEL ***die gelben ~n*** las páginas amarillas

'Seiten|airbag *m* airbag *m* lateral; **~anfang** *m* comienzo *m od* inicio *m* de la página; **~ansicht** *f* vista *f* lateral; INFORM vista *f* previa; **~anteil** *m der Werbung* módulo *m*; **~ausgang** *m* salida *f* lateral; **~blick** *m* mirada *f* de soslayo; **~einsteiger(in)** *m(f)* persona *f* que viene de otro ramo; **~ende** *n* fin *m* de página; **~flügel** *m e-s Gebäudes* ala *f* lateral; **~format** *n* formato *m* de página; **~hieb** *m fig* indirecta *f* (***auf*** *+acus* a); **~layout** *n* formateo *m* de página; **~linie** *f* **1** *Fußball* línea *f* de banda; *Tennis* línea *f* de lado; **2** *Genealogie* línea *f* colateral

'seitens *prp* ⟨*+gen*⟩ ADM de parte de

'Seiten|schiff *n e-r Kirche* nave *f* lateral; **~sprung** *m fig* escapada *f*; **~stechen** *n* dolores *m/pl* de costado; **~straße** *f* calle *f* lateral; **~streifen** *m* arcén *m*; **2verkehrt** *adj* invertido lateralmente; **~wechsel** *m* SPORT cambio *m* de campos; **~wind** *m* viento *m* de costado; **~zahl** *f* **1** *Anzahl* número *m* de páginas; **2** *einzelne* número *m* de la página

seit'her *adv* desde entonces

'seitlich **I** *adj* lateral, de lado; **II** *adv* al lado de; ***~ von etw gelegen*** situado al lado de a/c

'seitwärts *adv* **1** (*zur Seite*) de lado; **2** (*auf der Seite*) al lado de

sek., Sek. *Abk* (*Sekunde*) s (*segundo*)

Sekret [ze'kre:t] *n* ⟨-(e)s; -e⟩ secreción *f*

Sekretär [zekre'tɛ:r] *m* ⟨-s; -e⟩ *Möbel* secreter *m*

Sekre'tär(in) *m* ⟨-s; -e⟩ (*f*) secretario, -a *m,f*

Sekretariat [zekretari'a:t] *n* ⟨-(e)s; -e⟩ secretaría *f*

Sekt [zɛkt] *m* ⟨-(e)s; -e⟩ champán *m*, champaña *m*; *spanischer* cava *m*

Sekte ['zɛktə] *f* secta *f*

'Sektglas *n* copa *f* de champán

Sektion [zɛktsi'o:n] *f* **1** (*Abteilung*) sección *f*; **2** MED disección *f*, autopsia *f*

Sektor ['zɛktɔr] *m* ⟨-s; -'toren⟩ sector *m* (*a fig*); ***angeschlagener ~*** sector *m* deprimido; ***industrieller ~*** sector *m* industrial; ***primärer, sekundärer, tertiärer ~*** sector *m* primario, secundario, terciario

sekundär [zekʊn'dɛ:r] *adj* secundario; **2markt** *m* FIN mercado *m* secundario de

valores
Sekun'darschule [zeku̇n'daːrʃuːlə] *f schweiz* → ***Realschule***
Sekun'darstufe *f* ~ ***I*** *período de la enseñanza escolar que dura desde el quinto hasta el décimo curso*; ~ ***II*** *período de la enseñanza escolar que dura desde el décimo primero hasta el décimo tercer curso*
Sekunde [ze'ku̇ndə] *f* **1** segundo *m* (*a* MAT); *Uhr* ***auf die ~ genau gehen*** ir al segundo *od* perfectamente; **2** MUS segunda *f*
Se'kunden|kleber *m* pegamento *m* rápido; **~schnelle** *f* ***in ~*** en un segundo; **~zeiger** *m* segundero *m*
selbe ['zɛlbə] *pr/dem* mismo; ***zur ~n Zeit*** a la misma hora, al mismo tiempo
'selber F *pr/dem* ⟨*inv*⟩ → ***selbst I***
selbst [zɛlpst] **I** *pr/dem* ⟨*inv*⟩ (*persönlich*) mismo; (*in eigener Person*) en persona; (*ohne fremde Hilfe*) por sí (mismo); ***ich ~*** yo mismo; ***sie ist die Güte ~*** es la bondad en persona; ***von ~*** por sí mismo; ***~ gebacken*** *Kuchen, Brot* hecho en casa; ***~ gemacht*** que lo ha hecho él mismo, ella misma, *etc*; *Wurst, Marmelade* de la casa; **II** *adv* (*sogar*) incluso, hasta; ***~ wenn ...*** incluso *od* hasta si .... (+*subj*)
'Selbstachtung *f* autoestima *f*
selbständig ['zɛlpʃtɛndɪç] → ***selbstständig***
'Selbst|auslöser *m* autodisparador *m*; **~bedienung** *f* autoservicio *m*; **~bedienungsladen** *m* autoservicio *m*; **~befriedigung** *f* masturbación *f*; **~beherrschung** *f* dominio *m* de sí mismo, autodominio *m*; **~bestätigung** *f* autoafirmación *f*; **~bestimmung** *f* autodeterminación *f* (a POL); **~beteiligung** *f* cuota *f* del asegurado; franquicia *f*; **2bewusst** *adj* consciente de su propia valía; **~bewusstsein** *n* conciencia *f* de la valía propia; **~bildnis** *n* autorretrato *m*; **~disziplin** *f* autodisciplina *f*; **~erhaltungstrieb** *m* instinto *m* de conservación; **~erkenntnis** *f* conocimiento *m* de sí mismo; **2gefällig I** *adj* autocomplaciente, pagado de sí mismo, vanidoso; **II** *adv* vanidosamente; **~gefälligkeit** *f* autocomplacencia *f*, vanidad *f*; **2gerecht** *adjt geh* fariseo, ególatra
'Selbstgespräch *n* monólogo *m*, soliloquio *m*; ***~e führen*** mantener un monólogo
'selbstherrlich *adj* autoritario, arbitrario
'Selbsthilfe *f* ⟨-⟩ defensa *f* propia; **~gruppe** *f* grupo *m* de ayuda mutua
'Selbstjustiz *f* ***~ üben*** tomarse la justicia por su mano
'selbst|klebend *adjt* autoadhesivo; **2kosten** *pl* costes *m/pl* propios, costes *m/pl* directos
Selbstkostenpreis *m* precio *m* de coste; ***zum ~ verkaufen*** vender a precio de coste
'Selbst|kritik *f* autocrítica *f*; **2kritisch** *adj* autocrítico; **~läufer** *m Ware* producto *m* que se vende por si solo; **~laut** *m* vocal *f*; **2los** *adj* desinteresado, abnegado; **~mitleid** *n desp* autocompasión *f*
'Selbstmord *m* suicidio *m*; ***~ begehen*** cometer suicidio, suicidarse
'Selbst|mörder(in) *m(f)* suicida *m,f*; **2mörderisch** *adj* suicida; **2mordgefährdet** *adjt* suicida; **~mordversuch** *m* intento *m* de suicidio; **~porträt** *n* autorretrato *m*
'selbst|redend *advl* por supuesto; **~sicher I** *adj* seguro de sí mismo; **II** *adv* con seguridad; **2sicherheit** *f* seguridad *f* en sí mismo
selbstständig ['zɛlpstʃtɛndɪç] **I** *adj* (*eigenständig, unabhängig*) independiente; *beruflich* autónomo; ***sich ~ machen*** independizarse, establecerse por cuenta propia; **II** *adv* ***~ handeln*** tratar por propia iniciativa
'Selbst|ständige(r) *f(m)* ⟨→ A⟩ autónomo, -a *m,f*, independiente *m,f*; **~ständigkeit** *f* ⟨-⟩ autonomía *f*, independencia *f*; **~sucht** *f* egoísmo *m*; **2süchtig** *adj* egoísta; **2tätig** *adj* automático; **~täuschung** *f* autoengaño *m*; **~überwindung** *f* represión *f* de sí mismo
'Selbstverpflegung *f im Urlaub* ***mit ~*** sin servicio
'selbst|verschuldet *adjt* por propia culpa; **2versorger** *m* autoabastecedor *m*; **2versorgung** *f* autoabestecimiento *m*
'selbstverständlich I *adj* natural, evidente, lógico; ***das ist ~*** eso se sobreentiende; **II** *adv* por supuesto, desde luego; ***~!*** ¡claro que sí!, *Am* ¿cómo no?
'Selbstverständlichkeit *f* evidencia *f*; ***das ist e-e ~*** es evidente
'Selbst|verteidigung *f* autodefensa *f*; **~vertrauen** *n* confianza *f* en sí mismo, autoconfianza *f*; **~verwaltung** *f* autogestión *f*; **2zufrieden** *adj* contento de sí mismo; **~zweck** *m* fin *m* absoluto, finalidad *f* en sí
Selen [ze'leːn] *n* ⟨-s⟩ selenio *m*
selig ['zeːlɪç] *adj* **1** (*glücklich*) feliz; **2** REL bienaventurado; ***~ sprechen*** beatificar; **3** (*gestorben*) difunto, que en paz descanse
'Seligkeit *f* felicidad *f*; *bsd* REL bienaventuranza *f*
Sellerie ['zɛləri] *m* ⟨-s; -(s)⟩ *od f* ⟨-; -⟩ apio *m*
selten ['zɛltən] **I** *adj* **1** raro; *knapp* escaso; *außerordenlich* extraordinario; **II** *adv* **2** raras veces; ***höchst ~*** muy raramente; ***nicht ~*** con frecuencia; ***es kommt ~ vor, dass ...*** no es normal que .... (+*subj*); **3** (*sehr, besonders*) excepcionalmente; ***~ schön*** *Mädchen* de curiosa belleza
'Seltenheit *f* rareza *f*, escasez *f*

S

Selterswasser ['zɛltərs-] *n* agua *f* de sifón, soda *m*
seltsam ['zɛltza:m] *adj* raro, extraño, curioso
'seltsamer'weise *adv* curiosamente
Semantik [ze'mantɪk] *f* ⟨-⟩ semántica *f*
Semester [ze'mɛstər] *n* ⟨-s; -⟩ semestre *m*; **~ferien** *pl* vacaciones *f/pl* (de la universidad)
Semikolon [zemi'ko:lɔn] *n* ⟨-s; -s *o* -la⟩ punto *m* y coma
Seminar [zemi'na:r] *n* ⟨-s; -e⟩ seminario *m*
Semit|(in) [ze'mi:t(ɪn)] *m* ⟨-en; -en⟩ (*f*) semita *m,f*; **ꞩisch** *adj* semita; *Sprache* semítico
Semmel ['zɛməl] *f* ⟨-; -n⟩ bollo *m* de pan, panecillo *m*; F ***weggehen wie warme ~n*** desaparecer como churros
'Semmel|brösel *pl* pan *m* rallado; **~knödel** *m bola hecha a base de pan, que se sirve como guarnición*
sen. *Abk* (*senior*) padre
Senat [ze'na:t] *m* ⟨-(e)s; -e⟩ senado *m*
Senator(in) [ze'na:tɔr(ɪn)] *m* ⟨-s; -'toren⟩ (*f*) senador, a *m,f*
'Sendegebiet *n* zona *f* de emisión
senden ['zɛndən] *v/t* **1** *geh* ⟨sendet, sandte *o* sendete, gesandt *o* gesendet⟩ (*schicken*) enviar, mandar; ECON remitir; **2** ⟨*regular*⟩ RADIO, TV emitir; TEL *a* transmitir
'Sender *m* emisora *f*; *Gerät* emisor *m*
'Sende|reihe *f* serie *f* (de emisiones); **~schluss** *m* cierre *m* de las emisiones; **~zeichen** *n* sintonía *f*; **~zeit** *f* tiempo *m bzw* horario *m* de emisión; *e-r Sendung* franja *f* horaria
'Sendung *f* **1** (*Gesandtes*) envío *m*; **2** *geh* (*Auftrag*) misión *f*; **3** RADIO, TV emisión *f*
Senegal ['ze:negal] *n* ⟨-s⟩ *od* ***der ~*** (el) Senegal *m*
Senf [zɛnf] *m* ⟨-(e)s; -e⟩ mostaza *f*; F *fig* ***s-n ~ dazugeben*** F meter baza
'Senfgurke *f* pepinillo *m* en vinagre (con granos de mostaza)
sengen ['zɛŋən] **I** *v/t* quemar, chamuscar; **II** *v/i* chamuscarse; ***~de Hitze*** calor *m* tórrido
senil [ze'ni:l] *adj* senil; **ꞩi'tät** *f* ⟨-⟩ senilidad *f*
senior ['ze:nio:r] *adj* ***Herr L. ~*** el señor L., padre
'Senior *m* ⟨-s; -'oren⟩ **1** (*älterer Mensch*) anciano *m*; *pl* ***die ~en*** *a* la tercera edad; **2** COM padre *m*; **3** SPORT sénior *m*; **4** (*Ältester*) decano *m*
Seni'oren|heim *n* residencia *f* de ancianos; **~pass** *m in Spanien etwa* tarjeta *f* dorada
Seni'orin *f* **1** (*ältere Frau*) anciana *f*; **2** SPORT sénior *f*
Senkblei ['zɛŋk-] *n* plomada *f*, sonda *f*
'Senke *f* hondonada *f*
'senken I *v/t* **1** *Augen*, *Stimme* bajar; *Kopf a* inclinar; **2** *fig Preis*, *Niveau*, *Fieber* bajar; *Kosten* disminuir; *Steuern* reducir; **II** *v/r* **3** ***sich ~*** bajarse; *Boden*, *Gebäude* hundirse
'Senkfuß *m* pie *m* plano
'senkrecht *adj* vertical; MAT perpendicular (***zu*** a)
'Senkrechte *f* (*senkrechte Linie*) vertical *f*; MAT perpendicular *f*
'Senkrechtstarter *m* **1** AVIA avión *m* de despliegue vertical; **2** F *Person persona que ha tenido una carrera vertiginosa*
'Senkung *f* **1** (*Senken*) inclinación *f*; *des Bodens* hundimiento *m*; **2** *der Preise*, *Steuern* bajada *f*, reducción *f*
Senner(in) ['zɛnər(ɪn)] *m*(*f*) vaquero, -a *m,f* (alpino, -a)
'Sennhütte *f* cabaña *f* (alpina)
Sensation [zɛnzatsi'o:n] *f* sensación *f*
sensatio'nell *adj* sensacional
Sense ['zɛnzə] *f* guadaña *f*; F ***jetzt ist ~!*** ¡se acabó!
sensi|bel [zɛn'zi:bəl] *adj* ⟨-bl-⟩ sensible; **~bili'sieren** *v/t* ⟨*sin* ge⟩ sensibilizar (***für*** para); **ꞩbili'tät** *f* ⟨-⟩ sensibilidad *f*
Sensor ['zɛnzɔr] *m* ⟨-s; -'soren⟩ sensor *m*
sentimental [zɛntimɛn'ta:l] *adj* sentimental; **ꞩi'tät** *f* sentimentalismo *m*
separat [zepa'ra:t] **I** *adj* particular, independiente; **II** *adv* por separado
Separa'tist(in) *m*(*f*) separatista *m,f*; **ꞩisch** *adj* separatista
September [zɛp'tɛmbər] *m* ⟨-(s); -⟩ se(p)tiembre *m*; → ***Januar***
Serb|e ['zɛrbə] *m* ⟨-n; -n⟩, **~in** *f* serbio, -a *m,f*; **~ien** *n* ⟨-s⟩ Serbia *f*; **ꞩisch** *adj* serbio
Serenade [zere'na:də] *f* serenata *f*
Serie ['ze:riə] *f* serie *f* (*a fig*, TV); ***in ~ gehen*** fabricarse en serie
seri'ell *adj* INFORM en serie
'Serien|artikel *m* artículo *m* en serie; **~ausstattung** *f* equipamiento *m* de serie; **~brief** *m* circular *m*; INFORM carta *f* modelo; **~fertigung** *f* producción *f od* fabricación *f* en serie; **ꞩmäßig** *adj u adv* de serie; **~nummer** *f* número *m* de serie; **~produktion** *f* producción *f od* fabricación en serie; **ꞩreif** *adj* preparado para su fabricación en serie
seriös [zeri'ø:s] *adj* serio, formal
Seriosität [zeriozi'tɛ:t] *f* ⟨-⟩ seriedad *f*, formalidad *f*
Serpentine [zɛrpɛn'ti:nə] *f* **1** (*Windung*) curva *f* cerrada; **2** (*~nstraße*) camino *m* en serpentina
Serum ['ze:rum] *n* ⟨-s; -ren *o* -ra⟩ suero *m*
Server ['zø:rvər] *m* INFORM servidor *m*
Service¹ [zɛr'vi:s] *n* ⟨-; -⟩ (*Geschirr*) vajilla *f*
Service² ['zø:rvɪs] *m od n* ⟨-; -s [-vɪsɪs]⟩ *Be-*

S

dienung, Kundendienst servicio *m* (*a Tennis*); **~-Center** *n* centro *m* de servicio; **~-Management** *n* gestión *f* de servicios
servieren [zɛr'viːrən] *v/t* ⟨*sin* ge⟩ (*auftragen*) servir (***j-m etw*** a/c a alg; *a Tennis*)
Ser'viererin *f* camarera *f*
Ser'vierwagen *m* carrito *m* (de servir)
Serviette [zɛrvi'ɛtə] *f* servilleta *f*
Servolenkung ['zɛrvo-] *f* dirección *f* asistida
servus ['zɛrvʊs] *int südd, österr* ¡adiós!
Sesam ['zeːzam] *m* ⟨-s; -s⟩ sésamo *m*, ajonjolí *m*
Sessel ['zɛsəl] *m* ⟨-s; -⟩ sillón *m*, butaca *f*; **~lift** *m* telesilla *m*
sesshaft ['zɛshaft] *adj* sedentario; (*wohnhaft*) domiciliado; ***~ werden*** establecerse
Set [sɛt] *n od m* ⟨-(s); -s⟩ **1** (*Satz*) juego *m*; **2** (*Platzdeckchen*) mantel *m* individual
setzen ['zɛtsən] **I** *v/t* ⟨h⟩ **1** *Gegenstand* colocar, poner (***auf den Boden*** en el suelo); **2** *Kind, Kranken* sentar; *bei Tisch* ***j-n neben j-n ~*** colocar a alg junto a alg; **3** *Pflanze* plantar; **4** *Segel* izar; *Denkmal* colocar, erigir, levantar; **5** (*festlegen*) fijar; **6** TYPO componer; **7** (*schreiben*) *Punkt, Komma* poner; **8** *bei Wetten* apostar, poner (***auf*** *+acus* sobre); **II** *v/i* **9** ⟨h⟩ *beim Wetten* apostar (***auf*** *+acus* a); **10** ⟨h *o* sn⟩ ***über e-n Graben ~*** saltar una zanja; ***über e-n Fluss ~*** atravesar un río; **III** *v/r* ⟨h⟩ **11** ***sich ~*** ponerse, colocarse (***auf e-n Stuhl*** en una silla; ***in e-n Sessel*** en una butaca; ***zu j-m*** junto a alg); (*Platz nehmen*) sentarse, tomar asiento; *Vogel* posarse; ***sich ins Auto ~*** meterse en el coche; *Fahrer a* ponerse al volante; **12** *feste Bestandteile* depositarse
'Setzer(in) *m(f)* TYPO cajista *m,f*; (*Maschinen*♀) linotipista *m,f*
'Setzling *m* ⟨-s; -e⟩ *Pflanze* plantón *m*
Seuche ['zɔʏçə] *f* epidemia *f*; *fig a* plaga *f*; **~nbekämpfung** *f* lucha *f* contra las epidemias
seufzen ['zɔʏftsən] *v/t, v/i* suspirar (***nach*** por); *stärker* gemir
'Seufzer *m* suspiro *m*
Sex [zɛks] F *m* sexo *m*
'Sex|bombe F *f* mujer *f* muy sexy; **~film** *m* película *f* pornográfica
Sex|ismus [zɛ'ksɪsmʊs] *m* ⟨-⟩ sexismo *m*; **~ist(in)** *m(f)* sexista *m,f*; **♀istisch** *adj* sexista
Sextant [zɛks'tant] *m* ⟨-en; -en⟩ sextante *m*
Sextett [zɛks'tɛt] *n* ⟨-(e)s; -e⟩ sexteto *m*
Sexualerziehung [zɛksu'aːl-] *f* educación *f* sexual
Sexuali'tät *f* ⟨-⟩ sexualidad *f*
Sexu'al|kunde *f* educación *f* sexual; **~verbrechen** *n* delito *m* sexual; **~verbrecher** *m* delincuente *m* sexual
sexuell [zɛksu'ɛl] *adj* sexual
sexy ['zɛksi] F *adj* ⟨*inv*⟩ sexy
Seychellen [ze'ʃɛlən] *pl* ***die ~*** las (Islas) Seychelles
sezieren [ze'tsiːrən] *v/t* ⟨*sin* ge⟩ diseccionar, hacer la autopsia a
sfr., *schweiz* **sFr.** *Abk* (*Schweizer Franken*) franco *m* suizo
SGML-Dokument [ɛsgeːˀɛm'ˀɛl-] *n* INFORM documento *m* SGML
Shampoo [ʃam'puː], **Shampoon** [ʃam'poːn] *n* ⟨-s; -s⟩ champú *m*
Sheriff ['ʃɛrɪf] *m* ⟨-s; -s⟩ sheriff *m*
Sherry ['ʃɛrɪ] *m* ⟨-s; -s, *pero* 5 -⟩ jerez *m*
Shifttaste ['ʃɪft-] *f* tecla *f* (de) mayúsculas
Shorts [ʃɔrts] *pl* pantalones *m/pl* cortos
Show [ʃoː] *f* ⟨-; -s⟩ espectáculo *m*, show *m*; **'~geschäft** *n* mundo *m* del espectáculo; **'~master** [-maːstər] *m* presentador *m*, animador *m*
Shrimps [ʃrɪmps] *pl* gambas *f/pl*
Shuttle ['ʃatəl] *m* ⟨-s; -s⟩, **~bus** *m* lanzadera *f*
siamesisch [zia'meːzɪʃ] *adj* ***~e Zwillinge*** hermanos *m/pl* siameses
'Siamkatze *f* (gato *m*) siamés *m*
Sibir|ien [zi'biːriən] *n* ⟨-s⟩ Siberia *f*; **♀isch** *adj* siberiano
sich [zɪç] *pr/pers* **I** *3. Person sg, dat u acus* **1** se (*a unpersönlich*); *nach prp* sí; ***an*** (***und für***) ***~*** en sí, de por sí; ***bei ~*** consigo; ***neben ~*** a su lado; ***etw von ~*** (*dat*) ***aus tun*** hacer a/c por sí solo *od* espontáneamente; *passivisch* ***in diesem Bett schläft es ~ gut*** se duerme bien en esa cama; **II** *3. Person pl, dat u acus* **2** *reflexiv* se; *nach prp* sí; ***sie bleiben für ~*** se quedan aparte; **3** *reziprok* se; ***sie lieben ~*** se quieren
Sichel ['zɪçəl] *f* ⟨-; -n⟩ **1** *Werkzeug* hoz *f*; **2** (*Mond*♀) creciente *m*
sicher ['zɪçər] **I** *adj* **1** (*gewiss*) seguro, cierto; ***sich*** (*dat*) ***s-r Sache*** (*gen*) ***~ sein*** estar seguro de sí mismo; ***der Erfolg ist uns ~*** el éxito es nuestro; **2** (*nicht gefährdet*) seguro; *Erfolg* indudable; *Zukunft* asegurado; *Person* ***vor j-m, etw ~ sein*** estar seguro *od* al salvo de alg, a/c; **3** (*zuverlässig*) certero, seguro; ***aus ~er Quelle*** de fuente fidedigna; **4** (*nicht gefährlich*) seguro; **5** (*selbstbewusst*) seguro (de sí); ***ein ~es Auftreten haben*** tener aplomo; **II** *adv* **6** (*gewiss*) con toda seguridad; (***aber***) ***~!*** ¡claro (que sí)!, ¡seguro!, *Am* ¿cómo no?; ***er wird ~ kommen*** seguro que viene; **7** (*gefahrlos*) con seguridad; **8** ***~ Auto fahren*** ser seguro al volante; **9** ***~ auftreten*** mostrar aplomo
'sichergehen *v/i* ⟨*irr, sep,* sn⟩ ir sobre seguro; ***um sicherzugehen*** para ir sobre seguro

S

'Sicherheit *f* **1** (*Gewissheit*) certeza *f*, certidumbre *f*; ***mit*** (***einiger***) **~** con seguridad, con certidumbre; **2** (*Schutz*) seguridad *f*; ***in ~*** (*acus*) ***bringen*** poner a salvo; **3** (*Selbst*~) seguridad *f* (en sí mismo), aplomo *m*; **4** COM garantía *f*; (*Bürgschaft*) fianza *f*; (*Darlehen*) afianzamiento *m*
'Sicherheits|abstand *m* distancia *f* de seguridad; **~bindung** *f am Ski* fijación *f* de seguridad
'Sicherheitsdienst *m* ***privater ~*** servicio *m* privado de seguridad
'Sicherheits|glas *n* vidrio *m* de seguridad; **~gurt** *m im Auto*, *Flugzeug* cinturón *m* de seguridad; **~halber** *adv* para mayor seguridad; **~kopie** *f* copia *f* de seguridad; **~maßnahme** *f* medida *f* de seguridad; **~nadel** *f* imperdible *m*; **~rat** *m der* UNO Consejo *m* de Seguridad; **~schloss** *n* cierre *m* de seguridad; **~vorschriften** *pl* normas *f/pl* de seguridad
'sicherlich *adv* seguramente, ciertamente, sin duda
'sichern *v/t* **1** (*sicherstellen*) asegurar; (*gewährleisten*) garantizar; *Frieden*, *Position* consolidar; **2** *Schusswaffe* poner el seguro a; **3** (*schützen*) proteger (***vor*** *+dat*, ***gegen*** contra); **4** INFORM asegurar, guardar; **5** ***sich*** (*dat*) ***etw ~*** asegurarse a/c
'sicherstellen *v/t* ⟨*sep*⟩ **1** poner en seguro; (*gewährleisten*) asegurar, garantizar; **2** (*beschlagnahmen*) confiscar, incautarse de
'Sicherung *f* **1** (*Schutz*) protección *f* (***vor*** *+dat*, ***gegen*** contra); **2** EL fusible *m*; TEC cortacircuito *m*; *an Schusswaffen* seguro *m*; **3** INFORM almacenamiento *m*
'Sicherungs|... *in Zssgn mst* de seguridad; → *a* ***Sicherheits...***; **~diskette** *f* disquete *m* de seguridad; **~kasten** *m* caja *f* de fusibles; **~kopie** *f* copia *f* de seguridad
Sicht [zɪçt] *f* ⟨-⟩ **1** vista *f*; (*~verhältnisse*) visibilidad *f*; ***in ~*** a la vista; ***in ~ kommen*** aparecer; ***heute ist gute, klare ~*** hoy la visibilidad es buena; **2** (*Betrachtungsweise*) punto *m* de vista; ***auf kurze, lange ~*** a corto, largo plazo; ***aus meiner ~*** desde mi punto de vista
'sichtbar *adj* **1** visible; **2** (*offenkundig*) evidente, manifiesto
'sichten *v/t* **1** *Papiere*, *Beweismaterial* examinar, revisar, estudiar; **2** (*erblicken*) avistar, divisar
'Sicht|feld *n a* INFORM visor *m*; **~hülle** *f* funda *f* transparente
'sichtlich I *adj* evidente, visible; **II** *adv* visiblemente; ***~ erfreut*** visiblemente contento
'Sicht|verhältnisse *pl* (condiciones *f/pl* de) visibilidad *f*; **~vermerk** *m* visto *m* bueno; **~wechsel** *m* FIN letra *f* a la vista
'Sichtweite *f* alcance *m* de la vista *od* visual; ***außer, in ~*** fuera del, al alcance de la vista
sickern ['zɪkərn] *v/i* ⟨sn⟩ rezumar, filtrarse
sie [ziː] *pr/pers 3. Person* **I** *sg f* **1** *Nominativ* ella (*oft unübersetzt*); **2** *acus* la; *betont* a ella … la; *mit prp* ella; **II** *pl* **3** *Nominativ* ellos, ellas (*oft unübersetzt*); **4** *acus* los, las; *m für Personen a* les; *betont* a ellos … les *bzw* los, a ellas … las; *mit prp* ellos, ellas
Sie *pr/pers Anrede* **1** *Nominativ* usted(es *pl*); **2** *acus* le(s), la(s); *betont* a usted(es) … le(s) *bzw* la(s); *nach prp* usted(es); **3** ***j-n mit ~ anreden*** tratar a alg de usted
Sieb [ziːp] *n* ⟨-(e)s; -e⟩ GASTR colador *m*; *grobes* criba *f*; *feineres* tamiz *m*, cedazo *m*; *zum Abtropfen* escurridor *m*
sieben[1] ['ziːbən] *v/t* cribar (*a fig Personen*); *Mehl*, *Sand usw* tamizar
'sieben[2] *núm/c* siete; → ***acht***
'Sieben *f* ⟨-; -en⟩ siete *m*
'Siebener *m* siete *m*
'siebener'lei *adj* ⟨*inv*⟩ de siete clases diferentes
'sieben|fach *adj u adv* séptuplo, siete veces más; **~fache(s)** *n* ⟨→ A⟩ séptuplo *m*; **'~'hundert** *núm/c* setecientos; **~jährig** *adj* de siete años
'Sieben|kampf *m* heptatlón *m*; **~mal** *adv* siete veces; **~'meilenstiefel** *pl* botas *f/pl* de siete leguas; **'~'sachen** F *pl* F trastos *m/pl*, chismes *m/pl*; **~schläfer** *m* **1** zo lirón *m*; **2** *Tag* 27 de junio; **~stellig** *adj* de siete cifras
'sieben'tausend *núm/c* siete mil
'siebente(r, -s) → ***siebte(r, -s)***
siebt [ziːpt] *adv* ***zu ~*** siete; ***zu ~ sein*** ser siete
'siebte(r, -s) *núm/o* sé(p)timo; → ***achte(r, -s)***
'Siebtel *n* ⟨-s; -⟩ sé(p)timo *m*
'siebtens *adv* en sé(p)timo lugar
siebzehn ['ziːptseːn] *núm/c* diecisiete; → ***acht***
siebzig ['ziːptsɪç] *núm/c* setenta; → ***achtzig***
'Siebzig *f* ⟨-⟩ setenta *m*
'siebziger *adj* ⟨*inv*⟩ ***die ~ Jahre*** los años setenta
'siebzigjährig *adj* de setenta años; (*siebzig Jahre alt*) *Person a* septuagenario
'siebzigste(r, -s) *núm/o* septuagésimo
Siechtum ['ziːçtuːm] *geh n* ⟨-s⟩ enfermedad *f* larga
siedeln ['ziːdəln] *v/i* establecerse
sieden ['ziːdən] *v/i* ⟨siedet, sott *o* siedete, gesotten *o* gesiedet⟩ hervir; (*kochen*) cocer

S

'Siedepunkt *m* punto *m* de ebullición
'Siedler(in) *m(f)* asentado, -a; HIST colono *m*, poblador *m*
'Siedlung *f* **1** (*An2*) colonia *f*; **2** (*Wohngebiet*) urbanización *f*, colonia *f*; **~smüll** *m* residuos *m/pl* sólidos urbanos; basura *f* urbana
Sieg [ziːk] *m* ⟨-(e)s; -e⟩ victoria *f*, triunfo *m* (***über*** *+acus* sobre)
Siegel ['ziːgəl] *n* ⟨-s; -⟩ sello *m*; **~ring** *m* anillo *m* de sello
'siegen *v/i* ganar, vencer, triunfar; ***über j-n ~*** vencer a alg
'Sieger(in) *m(f)* ganador, a *m,f*, vencedor, a *m,f*
'Siegerehrung *f* ceremonia *f* de entrega de premios
'sieges|sicher *adj* seguro del triunfo; **2treffer** *m* golpe *m* del triunfo
'siegreich *adj* victorioso (*a* SPORT), triunfador
siehe ['ziːə] *adv* véase; ***~ oben, unten*** véase más arriba, más abajo
siezen ['ziːtsən] *v/t* tratar *od* hablar de usted (***j-n*** a alg)
Signal [zi'gnaːl] *n* ⟨-s; -e⟩ señal *f*
signali'sieren *v/t* ⟨*sin* ge⟩ **1** señalizar; **2** (*zu verstehen geben*) ***j-m etw ~*** señalar *od* dar a entender a/c a alg
Signatur [zɪgna'tuːr] *f* **1** *e-s Künstlers* signo *m*; **2** (*Bibliotheks2*) signatura *f*
signieren [zɪ'gniːrən] *v/t* ⟨*sin* ge⟩ firmar; *Autor a* dedicar
signifikant [zɪgnifi'kant] *adj* significativo
Silbe ['zɪlbə] *f* sílaba *f*; *fig* ***etw mit keiner ~ erwähnen*** no decir ni una palabra sobre a/c
'Silben|rätsel *n* crucigrama *m* silábico; **~trennung** *f* separación *f* silábica
Silber ['zɪlbər] *n* ⟨-s⟩ *Farbe*, *Metall* plata *f* (a *Tafel2*)
'Silber|besteck *n* cubiertos *m/pl* de plata; **~blick** F *m* estrabismo *m*; **2grau** *adj* gris plata; **~hochzeit** *f* bodas *f/pl* de plata; **~medaille** *f* medalla *f* de plata
'silbern *adj* **1** (*aus Silber*) de plata; **2** (*silberfarben*) plateado
'Silberstreif(en) *m fig* ***ein ~ am Horizont*** un rayo de esperanza
'silbrig *adj* plateado
Silhouette [zilu'ɛtə] *f* silueta *f*
Silicium [zi'liːtsiʊm] *n* ⟨-s⟩ silicio *m*
Silikon [zili'koːn] *n* ⟨-s; -e⟩ silicona *f*
Silo ['ziːlo] *m od n* ⟨-s; -s⟩ silo *m*
Silvester [zɪl'vɛstər] *m od n* ⟨-s; -⟩, **~nacht** *f* Nochevieja *f*
Simbabwe [zɪm'bapvə] *n* ⟨-s⟩ Zimbabwe *m*
simpel ['zɪmpəl] *adj* ⟨-pl-⟩ (*einfach, desp einfältig*) simple; *oft desp* (*schlicht*) *a* banal
Sims [zɪms] *m od n* ⟨-es; -e⟩ (*Fenster2*) moldura *f*, poyete *m*; (*Kamin2*) repisa *f*; BAU cornisa *f*
Simu|lant(in) [zimu'lant(ɪn)] *m* ⟨-en; -en⟩ (*f*) simulador, a *m,f*; **~lati'on** *f* simulación *f*; **~'lator** *m* ⟨-s; -'toren⟩ simulador *m*; **2'lieren** ⟨*sin* ge⟩ *v/t*, *v/i* simular (*a* TEC), fingir
simultan [zimʊl'taːn] *adj* simultáneo; **2dolmetscher** *m* intérprete *m,f* de simultánea; **2gründung** *f* fundación *f* simultánea, fundación *f* por convenio
Sinfonie [zɪnfo'niː] *f* sinfonía *f*; **~orchester** *n* orquesta *f* sinfónica
sin'fonisch *adj* sinfónico
Singapur ['zɪŋgapuːr] *n* ⟨-s⟩ Singapur *m*
singen ['zɪŋən] *v/t*, *v/i* ⟨sang, gesungen⟩ **1** cantar; ***j-n in den Schlaf ~*** arrullar a alg; ***vor sich hin ~*** canturrear; **2** F *vor der Polizei* hablar; F cantar
Single[1] ['zɪŋ(g)əl] *f* ⟨-; -s⟩ CD, *Schallplatte* sencillo *m*, single *m*
'Single[2] *m* ⟨-(s); -s⟩ (*Alleinstehende[r]*) soltero, -a *m,f*
'Singsang *m* ⟨-(e)s⟩ salmodia *f*
Singular ['zɪŋgulaːr] *m* ⟨-s; -e⟩ singular *m*
'Singvogel *m* pájaro *m* cantor, ave *f* cantora
sinken ['zɪŋkən] *v/i* ⟨sank, gesunken, sn⟩ **1** *Sonne* ponerse; *Schiff* hundirse, irse a pique; ***auf den od zu Boden ~*** caer al suelo, desplomarse; **2** *Thermometer* descender; *Temperatur* bajar; *Preise* disminuir, bajar; **3** *fig Hoffnung, Laune* decaer; *moralisch* ***tief gesunken sein*** haber caído muy bajo
Sinn [zɪn] *m* ⟨-(e)s; -e⟩ **1** (*Wahrnehmungsfähigkeit*) sentido *m*; ***der sechste ~*** el sexto sentido; ***die fünf ~e*** los cinco sentidos; F ***s-e fünf ~e beisammenhaben*** estar en su sano juicio; **2** *geh pl* (*Bewusstsein*) ***nicht bei ~en sein, von ~en sein*** no estar en su juicio, estar fuera de sí; **3** (*Verständnis*) sentido *m*; ***~ für etw haben*** interesarse por a/c; **4** (*Geist, Gesinnung*) espíritu *m*; ***in j-s ~e*** (*dat*) ***handeln*** obrar como alg lo hubiese querido; ***sich*** (*dat*) ***etw aus dem ~ schlagen*** quitarse a/c de la cabeza; ***etw im ~ (-e) haben*** tener la intención de a/c; ***es kam mir in den ~, dass ...*** se me ocurrió que ...; **5** (*Bedeutung*) significación *f*; *e-s Wortes, Satzes usw* significado *m*, sentido *m*; ***im eigentlichen, engeren, übertragenen ~(e)*** en sentido propio, más estricto, figurado; ***im weiteren ~(e)*** por extensión; **6** (*Zweck*) sentido *m*, objetivo *m*; ***der ~ des Lebens*** el sentido de la vida; ***ohne ~ und Verstand*** sin pies ni cabeza; ***keinen ~ haben***, F ***machen*** no tener sentido

S

'Sinnbild *n* símbolo *m*, alegoría *f*; **＆lich** *adj* simbólico, alegórico
'sinnen *geh v/i* ⟨sann, gesonnen, h⟩ meditar, reflexionar; ***auf etw*** (*acus*) ~ pensar en a/c, tramar a/c
'sinnentstellend *adjt* que desfigura el sentido
'Sinnes|eindruck *m* impresión *f* sensorial; **~organ** *n* órgano *m* sensorial; **~täuschung** *f* ilusión *f* de los sentidos, alucinación *f* (*a krankhafte*); **~wahrnehmung** *f* percepción *f* sensorial; **~wandel** *m* cambio *m* de opinión
'sinngemäß I *adj* conforme al sentido; **II** *adv* ***etw ~ wiedergeben*** repetir el sentido general de a/c
sin'nieren *v/i* ⟨*sin* ge⟩ cavilar, meditar (***über etw*** *acus* sobre a/c)
'sinnig *adj mst iron* agudo, sensato, ingenioso
'sinnlich *adj* **1** *Mund, Liebe, Mensch* sensual; **2** (*wahrnehmbar*) físico, material; **＆keit** *f* ⟨-⟩ sensualidad *f*
'sinnlos I *adj* **1** sin sentido; (*unsinnig*) insensato, absurdo; **2** (*zwecklos*) inútil; **3** (*maßlos*) extremo, desmesurado; **II** *adv* ***~ betrunken*** completamente borracho
'Sinnlosigkeit *f* **1** absurdo *m*; **2** (*sinnlose Handlung*) insensatez *f*, desatino *m*
'sinn|verwandt *adj* sinónimo; **~voll** *adj* (*vernünftig*) razonable, sensato; (*e-n Sinn ergebend, mit Sinn erfüllt*) con sentido; (*zweckmäßig*) útil, oportuno
Sintflut ['zɪntfluːt] *f Bibel* diluvio *m*; **＆artig** *adj Regenfälle* como un diluvio
Sinti ['zɪnti] *pl gitanos de origen alemán*
Sinus ['ziːnʊs] *m* ⟨-; - *o* -se⟩ MAT seno *m*
Siphon ['ziːfɔ̃] *od* [zi'foːn] *m* ⟨-s; -s⟩ sifón *m*
Sippe ['zɪpə] *f* estirpe *f*, clan *m* (*a desp*)
'Sippschaft *f desp* **1** (*Verwandte*) estirpe *f*; **2** (*Gesindel*) chusma *f*
Sirene [zi'reːnə] *f* sirena *f*
Sirup ['ziːrʊp] *m* ⟨-s; -e⟩ (*Frucht＆*) jarabe *m*; (*Zuckerrüben＆*) melaza *f*
Sitte ['zɪtə] *f* **1** (*Brauch*) uso *m*, usanza *f*, costumbre *m*; ***~n*** *pl* costumbres *f/pl*; ***~n und Gebräuche*** usos y costumbres; **2** (*Moral*) moral *f*; (***gute***) ***~n*** *pl* (buenas) costumbres *f/pl*; **3** (*Benehmen*) ***~n*** *pl* modales *m/pl*
'Sitten|lehre *f* moral *f*, ética *f*; **~polizei** *f* brigada *f* contra el vicio; **~richter** *m* censor *m*, moralista *m*; **＆streng** *adj* puritano; **~strolch** F *m* delincuente *m* sexual; **＆widrig** *adj* **1** (*ungesetzlich*) contra la costumbre; **2** (*unmoralisch*) inmoral, contra la moral
Sittich ['zɪtɪç] *m* ⟨-s; -e⟩ cotorra *f*
'sittlich *adj* moral; **＆keit** *f* ⟨-⟩ moralidad *f*
'Sittlichkeits|verbrechen *n* delito *m* sexual; **~verbrecher** *m* autor *m* de un delito sexual
Situation [zituatsi'oːn] *f* situación *f*; ***finanzielle, wirtschaftliche ~*** situación *f* financiera, económica
Sitz [zɪts] *m* ⟨-es; -e⟩ **1** (*~platz*) asiento *m*; *im Kino, Theater* butaca *f*; POL escaño *m*; **2** *der Regierung, e-r Firma* sede *f*; (*Gesellschafts＆*) domicilio *m*; **3** *Kleidung* ***e-n guten ~ haben*** sentar bien; **4** (*~haltung*) posición *f*
'Sitz|bank *f* ⟨-; ⸗e⟩ banco *m*; **~blockade** *f* sentada *f*; **~ecke** *f* tresillo *m*
'sitzen *v/i* ⟨saß, gesessen, h, *südd, österr, schweiz* sn⟩ **1** estar sentado (***auf e-m Stuhl*** en la silla; ***in e-m Sessel*** en una butaca); *Vögel* estar posado; **2** *fig* ***~ bleiben*** F *Schüler* suspender un curso; F ***auf e-r Ware ~ bleiben*** no poder vender una mercancía; F ***~ lassen*** (*im Stich lassen, nicht heiraten*) F dejar plantado; ***etw nicht auf sich*** (*dat*) ***~ lassen*** no tragarse a/c; F ***er hat e-n ~*** F tiene una cogorza; **3** (*sich befinden*) estar, hallarse; *Firma, Regierung, Behörden* tener sede; **4** *Kleidung* sentar bien; **5** F *Hieb* ser contundente; *Bemerkung* ser acertado; *Geübtes* ***das muss ~*** hay que saberlo al dedillo; **6** *Nagel, Brett* ***fest, locker ~*** estar fijo, suelto; **7** F (*eingesperrt sein*) F estar a la sombra
'Sitzfleisch *n* F *scherzh* ***kein ~ haben*** F ser culo de mal asiento
'Sitzgelegenheit *f* asiento *m*
'Sitz|gruppe *f* tresillo *m*; **~kissen** *n* puf *m*; **~ordnung** *f* distribución *f* de los asientos; **~platz** *m* asiento *m*; **~streik** *m* huelga *f* de brazos caídos, sentada *f*
'Sitzung *f* junta *f*, sesión *f*, reunión *f* (*a fig*); ***e-e ~ abhalten*** celebrar una reunión; ***e-e ~ einberufen*** convocar una reunión; ***die ~ eröffnen, leiten*** abrir, presidir la reunión; ***die ~ schließen, unterbrechen*** levantar, suspender la reunión; ***die ~ verschieben*** aplazar *od* posponer la reunión
'Sitzungs|bericht *m* protocolo *m*, acta *f* de la reunión; **~geld** *n* dietas *f/pl*; **~periode** *f* periodo *m* de sesiones; **~protokoll** *n* protocolo *m*, acta *f* de la reunión; **~saal** *m* sala *f* de sesiones, sala *f* de actos
Sizilien [zi'tsiːliən] *n* ⟨-s⟩ Sicilia *f*
Skala ['skaːla] *f* ⟨-; -len *o* -s⟩ escala *f* (*a* MUS); *fig*, (*Farb＆*) gama *f*
Skalp [skalp] *m* ⟨-s; -e⟩ cabellera *f*
Skalpell [skal'pɛl] *n* ⟨-s; -e⟩ escalpelo *m*
skal'pieren *v/t* ⟨*sin* ge⟩ arrancar la cabellera a
Skandal [skan'daːl] *m* ⟨-s; -e⟩ escándalo *m*
skandalös [skanda'løːs] *adj* escandaloso

S

skandieren [skan'diːrən] *v/t* ⟨*sin* ge⟩ escandir
Skandinav|ien [skandi'naːviən] *n* ⟨-s⟩ Escandinavia *f*; **~ier(in)** *m(f)* escandinavo, -a *m,f*; **&isch** *adj* escandinavo
Skat [skaːt] *m* ⟨-(e)s; -e *o* -s⟩ *juego de cartas parecido al tresillo*
Skateboard ['skeːtbɔrt] *n* ⟨-s; -s⟩ monopatín *m*
Skelett [ske'lɛt] *n* ⟨-(e)s; -e⟩ esqueleto *m* (*a fig*)
Skep|sis ['skɛpsɪs] *f* ⟨-⟩ escepticismo *m*; **~tiker(in)** *m(f)* escéptico, -a *m,f*; **&tisch** *adj* escéptico
Sketch [skɛtʃ] *m* ⟨- *o* -es; -e(s) *o* -s⟩ sketch *m*
Ski [ʃiː] *m* ⟨-s; - *o* -er⟩ esquí *m*; ***~ laufen*** *od* ***fahren*** esquiar; ***auf ~ern*** con esquíes
'Ski|anzug *m* traje *m* de esquí; **~bindung** *f* fijación *f* del esquí; **~fahrer(in)** *m(f)* esquiador, a *m,f*; **~gebiet** *n* zona *f* de esquí; **~gymnastik** *f* gimnasia *f* para esquiadores; **~hütte** *f* refugio *m* de esquí; **~kurs** *m* curso *m* de esquí; **~langlauf** *m* esquí *m* de fondo; **~lauf(en)** *m(n)* (deporte *m* de) esquí *m*; **~läufer(in)** *m(f)* esquiador, a *m,f*; **~lehrer(in)** *m(f)* profesor, a *m,f od* monitor, a *m,f* de esquí; **~lift** *m* telesquí *m*
Skinhead ['skɪnhɛt] *m* ⟨-s; -s⟩ cabeza *m* rapada
'Ski|sport *m* (deporte *m* de) esquí *m*; **~springen** *n* ⟨-s⟩ salto *m* de esquíes; **~stiefel** *m* bota *f* de esquí; **~stock** *m* bastón *m* de esquí; **~wachs** *n* cera *f* para esquíes
Skizze ['skɪtsə] *f* bosquejo *m*, boceto *m*; *Zeichnung a* croquis *m*; (*Entwurf*) esbozo *m*
skiz'zieren *v/t* ⟨*sin* ge⟩ bosquejar, esbozar (*a fig*)
Sklave ['sklaːvə] *m* ⟨-n; -n⟩ esclavo *m* (*a fig*)
'Sklaven|handel *m* tráfico *m* de esclavos; **~händler** *m* traficante *m* de esclavos
Sklave'rei *f* ⟨-⟩ esclavitud *f*
'Sklav|in *f* esclava *f* (*a fig*); **&isch** *adj* esclavo
Sklerose [skle'roːzə] *f* ***multiple ~*** esclerosis *f* múltiple
Skonto ['skɔnto] *m od n* ⟨-s; -s⟩ COM descuento *m*; ***3% ~*** 3% de descuento; ***2% ~ gewähren*** conceder un descuento del 2%
Skorbut [skɔr'buːt] *m* ⟨-(e)s⟩ escorbuto *m*
Skorpion [skɔrpi'oːn] *m* ⟨-s; -e⟩ **1** ZO alacrán *m*, escorpión *m*; **2** ASTR Escorpio *m*
Skrupel ['skruːpəl] *m* ⟨-s; -⟩ escrúpulo *m*; **&los** *adj u adv* sin escrúpulos; **~losigkeit** *f* ⟨-⟩ falta *f* de escrúpulos
Skulptur [skʊlp'tuːr] *f* escultura *f*
skurril [skʊ'riːl] *adj* grotesco
Slalom ['slaːlɔm] *m* ⟨-s; -s⟩ eslalon *m*, slalom *m*
Slaw|e ['slaːvə] *m* ⟨-n; -n⟩, **~in** *f* eslavo, -a *m,f*; **&isch** *adj* eslavo
Slip [slɪp] *m* ⟨-s; -s⟩ slip *m*, braga(s) *f(pl)*; **'~einlage** *f* salvaslips *m*
Slogan ['sloːgan] *m* ⟨-s; -s⟩ eslogan *m*
Slowak|e [slo'vaːkə] *m* ⟨-n; -n⟩, **~in** *f* eslovaco, -a *m,f*
Slowakei [slova'kaɪ] *f* ⟨-⟩ ***die ~*** Eslovaquia *f*
slo'wakisch *adj* eslovaco
Slowen|e [slo'veːnə] *m* ⟨-n; -n⟩, **~in** *f* esloveno, -a *m,f*; **~ien** *n* ⟨-s⟩ Eslovenia *f*; **&isch** *adj* esloveno
Slum [slam] *m* ⟨-s; -s⟩ barrio *m* bajo
Smaragd [sma'rakt] *m* ⟨-(e)s; -e⟩ esmeralda *f*
Smiley ['smaɪli] *n* ⟨-s; -s⟩ INFORM carita *f*
Smog [smɔk] *m* ⟨-(s); -s⟩ smog *m*; **'~alarm** *m* alerta *f* de smog
Smoking ['smoːkɪŋ] *m* ⟨-s; -s⟩ smoking *m*, esmoquin *m*
Snob [snɔp] *m* ⟨-s; -s⟩ (e)snob *m*
Sno'bismus *m* ⟨-⟩ (e)snobismo *m*
Snowboard ['snoːbɔrt] *n* ⟨-s; -s⟩ *Brett* tabla *f* de snowboard; SPORT snowboard *m*
so [zoː] **I** *adv* **1** (*in dieser Weise*) así, de este modo; ***~ ist es!*** F ¡así es!; ***~ oder ~*** de todos modos; ***~ genannt*** llamado; ***das kam ~: ...*** fue así: ...; **2** (*derartig*) tal, semejante; F ***~ e-r, e-e, eins*** *Gegenstand* F uno, una así; ***~ ein Dummkopf!*** ¡qué idiota!; **3** *vor adj und adv* tan; ***~ groß*** tan grande; ***~ sehr*** tanto; ***~ viel*** tanto, tal cantidad; ***doppelt ~ viel*** el doble; ***~ wenig*** tan poco; ***ich kann es ~ wenig wie du*** soy tan incapaz de hacerlo como tú; F ***~ weit sein*** estar preparado; ***es geht ihm ~ weit ganz gut*** le va bastante bien; ***ich bin nicht ~ dumm, das zu glauben*** no soy tan tonto como para creérmelo; **4** F (*ungefähr*) más o menos, como; **5** (*unverändert, in demselben Zustand*) así; ***die Dinge ~ lassen, wie sie sind*** dejar las cosas como son; **6** F ***das schaffe ich auch ~*** F aún así lo voy a conseguir; F (*umsonst*) ***das bekommen Sie ~*** se lo dan gratis; **7** *bei Zitaten* ***..., ~ der Minister*** ... en palabras del ministro; ***~ lauteten s-e Worte*** esas fueron sus palabras; **8** *heißt sie nicht Margret* ***oder ~ ähnlich?*** ¿o algo así?; **9** *erstaunt* ***~?*** ¿de veras?, ¿es posible?; *mst iron* ***~, ~!*** ¡ah, bueno!; **10** *Vergleich* ***~ wie ..., ~ ...*** como ..., así ...; ***~ weit wie möglich*** lo más lejos posible; → ***möglich***; **II** *cj* **11** *geh* (*wenn*) si; **12** → ***sodass***; **III** *Partikel* **13** ***~ ziemlich*** casi casi, más o menos; ***ich habe das nur ~ gesagt*** lo he dicho por decir; **14** *Aufforderung* ***~ hör doch!*** ¡haz el favor de escuchar!
SO *Abk* (*Südosten*) SE (Sudeste)

s.o. *Abk* (*siehe oben*) véase más arriba
so'bald *cj* tan pronto como, en cuanto (*+subj*)
Söckchen ['zœkçən] *n* ⟨-s; -⟩ calcetín *m* corto
Socke ['zɔkə] *f* calcetín *m*; F ***sich auf die ~n machen*** marcharse, ponerse en movimiento; F ***von den ~n sein*** F quedarse de piedra
Sockel ['zɔkəl] *m* ⟨-s; -⟩ zócalo *m*; *e-r Säule, e-s Gebäudes* base *f*; *e-r Statue* pedestal *m*
Soda[1] ['zoːda] *f* ⟨-⟩ *od n* ⟨-s⟩ CHEM sosa *f*
'Soda[2] *n* ⟨-s⟩ (*~wasser*) soda *f*
so'dann *geh adv* después, luego
so'dass *cj* ..., ~ ... de manera que (*konsekutiv*: *+ind*; *final*: *+subj*)
'Sodawasser *n* ⟨-s; -wässer⟩ → ***Soda***[2]
Sodbrennen ['zoːtbrɛnən] *n* ⟨-s⟩ ardor *m od* acidez *f* de estómago
so'eben *adv* en este momento, ahora mismo; ***~ etw getan haben*** acabar de hacer a/c
Sofa ['zoːfa] *n* ⟨-s; -s⟩ sofá *m*
so'fern *cj* (*falls*) si es que (*+ind*), en caso de que (*+subj*); (*insoweit*) en tanto que (*+subj*)
so'fort *adv* inmediatamente, en seguida, en el acto; ***ich bin ~ fertig*** en seguida termino
So'fort|bildkamera *f* cámara *f* de fotos al instante; **~hilfe** *f* ayuda *f* inmediata; **≗ig** *adj* inmediato; **~maßnahme** *f* medida *f* inmediata
Soft-Eis ['zɔftˀaɪs] *n* helado *m* cremoso
Softie ['zɔfti] F *m* ⟨-s; -s⟩ hombre *m* de carácter dulce
Software ['sɔftvɛːr] *f* ⟨-; -s⟩ software *m*; **~anbieter(in)** *m(f)* vendedor, a *m,f* de software; **~entwickler(in)** *m(f)* programador, a *m,f* de software; **~paket** *n* paquete *m* de software
sog. *Abk* (*so genannt*) llamado
Sog [zoːk] *m* ⟨-(e)s; -e⟩ **1** *e-s Flusses, Schiffs* resaca *f*; TEC succión *f*; **2** *fig* magnetismo *m*
so'gar *adv* incluso, hasta, aun
'sogenannt → ***so I 1***
so'gleich *geh* → ***sofort***
Sohle ['zoːlə] *f* **1** (*Fuß≗*) planta *f*; *fig* ***auf leisen ~n*** a la chita callando; **2** (*Schuh≗*) suela *f*; (*Einlege≗*) plantilla *f*; **3** (*Tal≗*) fondo *m*
Sohn [zoːn] *m* ⟨-(e)s; ⸚e⟩ hijo *m*
Soja ['zoːja] *f* BOT soja *f*; **~bohne** *f* soja *f*; **~soße** *f* salsa *f* de soja
so'lange *cj* mientras, en tanto que (*+subj*); ***~ bis*** hasta que (*+subj*)
solar [zo'laːr] *adj* solar; **≗batterie** *f* pila *f* solar; **≗energie** *f* energía *f* solar
Solarium [zo'laːriʊm] *n* ⟨-s; -ien⟩ solario *m*, solárium *m*
So'lar|strom *m* electricidad *f* solar; **~technik** *f* tecnología *f* solar; **~zelle** *f* célula *f* solar
Solawechsel ['zoːla-] *m* FIN letra *f* al propio cargo
solch [zɔlç] *pr/dem* **1** *adjt* tal, semejante; ***ein ~er*** *od* ***~ ein Mensch*** una persona así, una persona como esa; ***ich hätte ~e Lust, ihn zu sehen*** tendría tantas ganas de verlo; ***die Philosophie als ~e*** la filosofía en sí; **2** *su* ***er hat schon ~e*** *Briefmarken usw* ya tiene de ese tipo
Sold [zɔlt] *m* ⟨-(e)s; -e⟩ MIL paga *f*, soldada *f*
Soldat|(in) [zɔl'daːt(ɪn)] *m* ⟨-en; -en⟩ (*f*) soldado *m,f*, militar *m,f*; **~enfriedhof** *m* cementerio *m* militar
Söldner ['zœldnər] *m* mercenario *m*
Sole ['zoːlə] *f* agua *f* salina
'Solei *n huevo cocido en salmuera*
solid [zo'liːt] → ***solide***
soli'darisch *adj* solidario; ***sich mit j-m ~ erklären*** declararse solidario con alg
solidari'sieren *v/r* ⟨*sin* ge⟩ ***sich*** (***mit j-m***) ***~*** solidarizarse (con alg), declararse solidario (con alg)
Solidari'tät *f* ⟨-⟩ solidaridad *f*; **~szuschlag** *m* impuesto *m* de solidaridad
solide [zo'liːdə] *adj* **1** (*haltbar*) sólido (*a fig*); **2** *Unternehmen* serio, solvente; **3** *Lebenswandel* ordenado; *Mensch* serio
Solidi'tät *f* ⟨-⟩ solidez *f*, formalidad *f*, solvencia *f*
Solist(in) [zo'lɪst(ɪn)] *m(f)* solista *m,f*
Soll [zɔl] *n* ⟨-(s)⟩ **1** COM debe *m*, pasivo *m*; ***~ und Haben*** debe y haber; **2** (*Plan≗*) norma *f* de producción; ***sein ~ erfüllen*** cumplir los objetivos (de producción)
'Soll|ausgaben *f/pl* gastos *m/pl* estimativos; **~buchung** *f* débito *m*; **~einnahmen** *f/pl* ingresos *m/pl* estimativos
sollen ['zɔlən] ⟨soll, sollte⟩ **I** *v/modal* ⟨*p/p* sollen⟩ **1** *Auftrag, Aufforderung* deber, tener que; ***was soll ich tun?*** ¿qué debo hacer?, ¿qué quieres que haga?; ***du sollst arbeiten*** debes trabajar; ***er soll kommen*** quiero *bzw* quiere(n) que venga; **2** *Pflicht* deber; *Notwendigkeit* ser necesario (*+subj*); **3** *Gebot* ***du sollst nicht töten*** no matarás; **4** *Rat, Erwartung* ***das hätte er nicht tun ~*** no debería haberlo hecho; ***er soll lieber mehr lernen*** sería mejor que estudiara más; ***man sollte ihn bestrafen*** habría que castigarlo; **5** *Ratlosigkeit* ***was soll ich nur tun?*** ¿qué voy a hacer?; ***wie soll das*** (***nur*** *od* ***bloß***) ***weitergehen?*** ¿y ahora qué?; **6** *Absicht* ***soll das für mich sein?*** ¿es para mí?; ***was soll das heißen?*** ¿qué quiere decir eso?; **7** *Vermutung* ***man sollte doch meinen, dass ...*** se supone que ...; ***sollte es möglich sein?*** ¿sería posible?;

8 *Fall* ***wenn es regnen sollte …*** si lloviera …; ***sollte dies der Fall sein …*** en ese caso …; **9** *Gerücht* ***sie soll sehr krank sein*** dicen que está muy enferma; ***es soll bald regnen*** parece que va a llover pronto; **10** *Schicksal* ***es sollte ganz anders kommen, als er dachte*** fue todo lo contrario a lo que había pensado; *lit* ***es hat nicht ~ sein*** no ha podido ser; **II** *v/t, v/i* ⟨*p/p* gesollt⟩ **11** ***der Brief soll auf die Post*** hay que mandar la carta; ***was soll das?*** ¿qué significa esto?; ***soll ich?*** ¿puedo?; F ***was solls?*** ¡qué se le va a hacer!; F ¡y qué!

'Sollzinsen *pl* intereses *m/pl* en contra, intereses *m/pl* deudores

solo ['zoːlo] *adj u adv* **1** MUS en solitario; **2** F solo

'Solo *n* ⟨-s; -s *o* -li⟩ MUS solo *m*

solvent [zɔl'vɛnt] *adj* solvente

Sol'venz *f* solvencia *f*

Somalia [zo'maːlia] *n* ⟨-s⟩ Somalia *f*

so'mit *adv* así pues, por lo tanto, por consiguiente

Sommer ['zɔmər] *m* verano *m*; ***im ~*** en verano

'Sommer|anfang *m* comienzo *m* del verano; **~ferien** *pl* vacaciones *f/pl* de verano; **~frische** *f* veraneo *m*; **&lich** *adj* veraniego, de verano; **~loch** F *n* época *f* veraniega (*en la que hay poco que hacer*); **~reifen** *m* neumático *m* de verano; **~schlussverkauf** *m* rebajas *f/pl* de verano; **~smog** *m* smog *m* de verano

'Sommerspiele *pl* ***die Olympischen ~*** olimpiadas *f/pl* de verano

'Sommer|sprossen *pl* pecas *f/pl*; **~zeit** *f* **1** *Jahreszeit* verano *m*; **2** *Uhrzeit* horario *m* de verano

Sonate [zo'naːtə] *f* sonata *f*

Sonde ['zɔndə] *f* sonda *f*

Sonder|… ['zɔndər…] *in Zssgn mst* especial; **~anfertigung** *f* modelo *m* especial; **~angebot** *n* oferta *f* (especial); ***im ~*** de oferta; **~ausgabe** *f* edición *f* especial; *e-r Zeitung* número *m* especial; **~ausgaben** *f/pl* gastos *m/pl* extraordinarios; **~ausstattung** *f* extras *m/pl*

'sonderbar *adj* (*ungewöhnlich*) singular; (*befremdend*) extraño, raro; (*wunderlich*) curioso

'Sonder|fall *m* caso *m* excepcional; **~genehmigung** *f* permiso *m* especial

'sonder'gleichen *adv* sin igual, sin par, sin precedente

'Sonder|kommando *n* unidad *f* especial; **~konditionen** *f/pl* condiciones *f/pl* particulares

'sonderlich I *adj* **1** (*sonderbar*) extraño, raro; **2** *Verneinung* ***kein ~er Unterschied*** sin diferencia notable *od* particular; **II** *adv* **3** ***nicht ~*** no especialmente

'Sonder|ling *m* ⟨-s; -e⟩ original *m*; F tipo *m* raro; **~marke** *f* sello *m* especial; **~müll** *m* desechos *m/pl* peligrosos

sondern ['zɔndərn] *cj* sino

'Sonder|nummer *f* número *m* especial; **~posten** *m* COM artículo *m* de oferta; **~recht** *n* privilegio *m*; **~schicht** *f* turno *m* extra; **~schule** *f* centro *m* de educación especial; **~urlaub** *m* permiso *m* especial; **~vergütung** *f* gratificación *f*, bonificación *f*; **~verkauf** *m* venta *f* en promoción; **~wunsch** *m* deseo *m* especial; **~zeichen** *n* INFORM carácter *m* especial; **~ziehrechte** *n/pl* COM derechos *m/pl* especiales de giro (DEG); **~zubehör** *n* extras *m/pl*; **~zug** *m* tren *m* especial

sondieren [zɔn'diːrən] *v/t* ⟨*sin* ge⟩ sond(e)ar

Sonett [zo'nɛt] *n* ⟨-(e)s; -e⟩ soneto *m*

Song [zɔŋ] *m* ⟨-s; -s⟩ canción *f*

Sonnabend ['zɔnʔaːbɛnt] *m* *bsd nordd* sábado *m*; → ***Montag***

'sonnabends *adv* *bsd nordd* los sábados

Sonne ['zɔnə] *f* sol *m*; ASTR Sol *m*

'sonnen *v/r* ***sich ~*** tomar el sol

'Sonnen|aufgang *m* salida *f* del sol; **~bad** *n* baño *m* de sol; **&baden** *v/i* ⟨*p/p* sonnengebadet⟩ tomar un baño de sol; **~bank** *f* ⟨-; -bänke⟩ solárium *m*; **~blende** *f* FOT, *im Auto* parasol *m*; **~blume** *f* girasol *m*; **~brand** *m* quemadura *f* de sol; **~brille** *f* gafas *f/pl* de sol; **~creme** *f* crema *f* solar; **~dach** *n* toldo *m*; **~energie** *f* energía *f* solar; **~finsternis** *f* eclipse *m* solar; **~fleck** *m* mancha *f* solar; **&gebräunt** *adjt* bronceado, tostado por el sol

'sonnen'klar *adj* F *fig* claro como el agua

'Sonnen|kollektor *m* panel *m* solar; **~licht** *n* luz *f* solar; **~öl** *n* aceite *m* bronceador; **~schein** *m* (luz *f* del) sol *m*; **~schirm** *m* *zum Tragen* sombrilla *f*; *für Garten a* parasol *m*; **~seite** *f* lado *m* expuesto al sol; *fig* lado *m* bueno; **~stich** *m* insolación *f*; **~strahl** *m* rayo *m* de sol; **~system** *n* sistema *m* solar; **~uhr** *f* reloj *m* de sol; **~untergang** *m* puesta *f* de(l) sol

'sonnig *adj* **1** *Wetter, Tag* soleado; **2** *fig* (*heiter*) radiante; (*unbeschwert*) alegre

Sonntag ['zɔntaːk] *m* domingo *m*; ***Weißer ~*** día *m* de la primera comunión; → ***Montag***

'sonntags *adv* los domingos; **&fahrer** *m* *desp* conductor *m* dominguero

'Sonntagskind *n* *fig* persona *f* nacida con buena estrella; ***er ist ein ~*** tiene buena estrella

sonst [zɔnst] *adv* **1** (*außerdem*) además; (*im übrigen*) por lo demás; ***~ nichts*** nada más;

S

F **~ was** cualquier cosa; F **~ wie** de cualquier manera; F **~ wo** en cualquier sitio; ***haben Sie ~ noch Fragen?*** ¿tiene(n) alguna otra pregunta?; **2** (*gewöhnlich*) normalmente, por lo común; (*bei anderen Gelegenheiten*) en otros casos; ***wie ~*** como de costumbre; **3** (*andernfalls*) de lo contrario, si no; ***wer*** (***denn***) ***~?*** ¿quién si no?

'sonstig *adj* otro; ***„Sonstiges"*** "otros", "varios"

so'oft *cj* **1** (*jedesmal, wenn*) ***~ du kommst*** siempre que vienes, cada vez que vienes; **2** (*wie oft auch immer*) ***~ Sie wollen*** siempre que quiera

Sopra|n [zo'pra:n] *m* ⟨-s; -e⟩ soprano *m*; **~'nistin** *f* soprano *f*

Sorge ['zɔrgə] *f* **1** preocupación *f*; ***j-m ~n machen*** preocupar a alg; ***sich*** (*dat*) ***~n machen*** (***wegen*** *od* ***um***) preocuparse (por); **2** (*Unruhe*) inquietud *f*, alarma *f*; (***um etw, j-n***) ***in ~*** (*dat*) ***sein*** estar inquieto (por a/c, alg); **3** (*Für~*) cuidado *m*; ***dafür ~ tragen, dass ...*** encargarse *od* ocuparse de que ...(*+subj*)

'sorgen I *v/i* **1** ***für j-n ~*** cuidar de alg, atender a alg; ***für etw ~*** (*sich kümmern um*) ocuparse de a/c; (*vor~*) procurar a/c; ***dafür ~, dass ...*** cuidar de que ... (*+subj*), procurar que ... (*+subj*); **2** (*bewirken*) causar; **II** *v/r* **3** ***sich ~*** preocuparse, inquietarse (***um*** de, por)

'sorgen|frei *adj u adv* libre de preocupaciones; **~kind** *n* niño *m* que causa muchas preocupaciones; **~voll** *adj* muy inquieto, muy preocupado

'Sorgerecht *n* custodia *f*

Sorgfalt ['zɔrkfalt] *f* ⟨-⟩ cuidado *m*, esmero *m*; ***~ auf etw*** (*acus*) ***verwenden*** esmerarse en a/c

sorgfältig ['zɔrkfɛltɪç] *adj* cuidadoso, esmerado

'sorglos *adj* **1** (*unbekümmert*) despreocupado; **2** (*nicht sorgfältig*) descuidado; **~igkeit** *f* **1** (*Unbekümmertheit*) despreocupación *f*; **2** (*Unachtsamkeit*) negligencia *f*, incuria *f*

'sorgsam *adj* cuidadoso, esmerado

Sorte ['zɔrtə] *f* **1** (*Art*) variedad *f*, especie *f*, tipo *m* (*a desp von Personen*); (*Marke*) marca *f*; **2** FIN **~n** *pl* divisas *f/pl*

sortier|en [zɔr'ti:rən] *v/t* ⟨*sin* ge⟩ clasificar; (*auswählen*) seleccionar, escoger; **~maschine** *f* (máquina *f*) clasificadora *f*

Sortiment [zɔrti'mɛnt] *n* ⟨-(e)s; -e⟩ surtido *m*; ***breites, flaches ~*** amplio surtido *m*, surtido *m* básico; ***etw im ~ haben*** tener a/c en el surtido; ***etw ins ~ aufnehmen*** incorporar a/c en el surtido; ***etw aus dem ~ nehmen*** suprimir a/c del surtido

Sorti'ment|er *m* ⟨-s; -⟩ librero *m* comisionista; **~sbreite** *f* amplitud *f* del surtido; **~serweiterung** *f* ampliación *f* del surtido

SOS [ɛsʔo:'ʔɛs] *n* ⟨-⟩ SOS *m*

so'sehr *cj* **~ ...** (***auch***) por más *od* mucho que ... (*+subj*)

SO'S-Ruf *m* SOS *m*

Soße ['zo:sə] *f* salsa *f*

'Soßenschüssel *f* salsera *f*

Soufflé [zu'fle:] *n* ⟨-s; -s⟩ GASTR soufflé *m*

Souf|fleur [zu'flø:r] *m* ⟨-s; -e⟩, **~fleuse** [-'flø:zə] *f* apuntador, a *m,f*; **~'flieren** *v/t, v/i* ⟨*sin* ge⟩ apuntar

Sound [zaʊnt] *m* ⟨-s; -s⟩ sonido *m*; **'~karte** *f* INFORM tarjeta *f* de sonido; **'~track** [-trɛk] *m* ⟨-s; -s⟩ TV, KINO banda *f* sonora

'sound'so F **I** *adv* ***~ oft*** tantas y tantas veces; ***~ viel*** tantos, equis; **II** *adj* ⟨*inv*⟩ ***Herr, Frau ~*** fulano, -a *m,f* de tal

Soundtrack ['zaʊnttrɛk] *m* ⟨-s; -s⟩ banda *f* sonora

Souterrain ['zutɛrɛ̃] *n* ⟨-s; -s⟩ sótano *m*

Souvenir [zuvə'ni:r] *n* ⟨-s; -s⟩ recuerdo *m*, souvenir *m*

souverän [zuvə'rɛ:n] **I** *adj* **1** POL soberano; **2** *fig* superior; **II** *adv* **3** *siegen* con superioridad

Souve'rän *m* ⟨-s; -e⟩ soberano *m*; **~i'tät** *f* ⟨-⟩ soberanía *f*

so'viel *cj* **1** por lo que; ***~ ich weiß*** por lo que sé, que yo sepa; **2** (*sosehr*) por más *od* mucho que (*+subj*); **3** → ***so I 3***

so'weit *cj* **1** → ***soviel 1***; **2** en cuanto (*+subj*); ***~ nicht*** a menos que (*+subj*); **3** → ***so I 3***

so'wenig 1 *cj* por poco que (*+subj*); ***~ Erfahrung er auch hat, ...*** aunque tiene muy poca experiencia, ...; **2** → ***so I 3***

so'wie *cj* **1** (*als auch*) así como; **2** (*sobald*) tan pronto como (*+subj*), en cuanto (*+subj*)

sowie'so *adv* en todo caso, de todos modos; F ***das ~!*** ¡eso de todos modos!

sowjetisch [zɔ'vjɛtɪʃ] *adj* HIST soviético

So'wjetunion *f* ⟨-⟩ HIST ***die ~*** la Unión Soviética

so'wohl *cj* ***~ ... als auch ...*** tanto ... como ...

sozial [zotsi'a:l] **I** *adj* social; **II** *adv* ***~ denken*** tener conciencia social

Sozi'al|abbau *m* reducción *f* de las prestaciones sociales; **~abgaben** *pl* cargas *f/pl* sociales; **~amt** *n* oficina *f* de asistencia social; **~arbeiter(in)** *m(f)* trabajador, a *m,f* *od* asistente *m,f* social; **~hilfe** *f* asistencia *f* social

soziali'sier|en *v/t* ⟨*sin* ge⟩ socializar; **~ung** *f* socialización *f*

Sozia|'lismus *m* ⟨-⟩ socialismo *m*; **~'list(in)** *m(f)* socialista *m,f*; **~'listisch** *adj* socialista

S

sozi'al|kritisch *adj* que hace *od* de crítica social; **⁓kunde** *f* ⟨-⟩ ciencias *f/pl* sociales; **⁓leistungen** *pl* prestaciones *f/pl* sociales; **⁓partner** *m* ***die* ⁓** la patronal *f* y los sindicatos *m/pl*; **⁓plan** *m* plan *m* social; **⁓politik** *f* política *f* social; **⁓produkt** *n* producto *m* social *od* nacional; **⁓staat** *m* estado *m* social

Sozi'al|versicherung *f* seguro *m* social; ***Beiträge an die* ⁓ *entrichten*** cotizar a la Seguridad Social

Sozi'alversicherungs|beitrag *m* cotización *f* a la Seguridad Social; **⁓pflichtig** *adj* sujeto a la Seguridad Social

Sozi'alwohnung *f* vivienda *f* de protección oficial

Sozio|loge [zotsio'loːgə] *m* ⟨-n; -n⟩, **⁓'login** *f* sociólogo, -a *m,f*; **⁓lo'gie** *f* ⟨-⟩ sociología *f*; **⁓'logisch** *adj* sociológico

Sozius ['zoːtsiʊs] *m* ⟨-; -se⟩ **1** ⟨*pl a* -zii⟩ COM socio *m*, asociado *m*; **2** (*⁓sitz*) asiento *m* trasero

sozu'sagen *adv* por así decir(lo)

Spachtel ['ʃpaxtəl] *m* ⟨-s; -⟩ *od f* ⟨-; -n⟩ espátula *f*

'spachteln *v/t* **1** *Gips* alisar; *Farbe* emplastar; **2** F *a v/i* (*essen*) tragar, engullir (***etw*** a/c)

Spagat [ʃpa'gaːt] *m od n* ⟨-(e)s; -e⟩ SPORT spagat *m*

Spag(h)etti [ʃpa'gɛti] *pl* espaguetis *m/pl*

spähen ['ʃpɛːən] *v/i* acechar, espiar (***aus dem Fenster*** por la ventana; ***nach j-m, etw*** a alg, a/c)

Spalier [ʃpa'liːr] *n* ⟨-s; -e⟩ **1** AGR espaldar *m*; *Weinbau* emparrado *m*; **2** *fig von Menschen* calle *f*; **⁓ *stehen*** formar calle

Spalt [ʃpalt] *m* ⟨-(e)s; -e⟩ hendidura *f*, raja *f*, grieta *f*; *kleiner* fisura *f*; (*Tür⁓*) resquicio *m*

'spaltbar *adj* NUCL fisible

'Spaltbreit *m* ⟨-⟩ ***die Tür e-n* ⁓ *öffnen*** entreabrir la puerta

'Spalte *f* **1** → ***Spalt***; **2** TYPO columna *f*

'spalten ⟨*p/p* gespaltet *o* gespalten⟩ **I** *v/t* **1** *Holz* partir; **2** CHEM disociar; NUCL desintegrar; **3** *fig* dividir; *Partei a* escindir; **II** *v/r* ***sich* ⁓** **4** partirse; **5** *fig* dividirse; *Partei* escindirse

'Spaltung *f* **1** CHEM disociación *f*; NUCL fisión *f*; **2** *fig* división *f*; *e-r Partei* escisión *f*

Span [ʃpaːn] *m* ⟨-(e)s; ⁼e⟩ astilla *f*; (*Feil⁓*) viruta *f*

'Spanferkel *n* lechón *m*, cochinillo *m*

Spange ['ʃpaŋə] *f* (*Haar⁓*) pasador *m*, horquilla *f*; (*Zahn⁓*) aparato *m* (de ortodoncia); (*Arm⁓*) brazalete *m*

Spaniel ['ʃpaːniəl] *m* ⟨-s; -s⟩ (perro *m* de caza) español *m*

Span|ien ['ʃpaːniən] *n* ⟨-s⟩ España *f*; **⁓ier (-in)** *m*(*f*) español, a *m,f*

'spanisch *adj* español; *Sprache a* castellano; ***auf* ⁓** en español, en castellano; F ***das kommt mir* ⁓ *vor*** me suena a chino

Spann [ʃpan] *m* ⟨-(e)s; -e⟩ empeine *m*

'Spannbetttuch *n* sábana *f* ajustable

Spanne ['ʃpanə] *f* **1** (*Unterschied*) diferencia *f*, margen *m* (*a* COM); **2** (*Zeit⁓*) espacio *m*, lapso *m*

'spannen I *v/t* **1** (*dehnen*) tender, estirar; *Waffe* amartillar; **2** (*befestigen*) apretar; **3** TEC fijar, sujetar; ***in den Schraubstock* ⁓** poner en el torno; *e-n Bogen Papier* ***in die Schreibmaschine* ⁓** poner en la máquina de escribir; **4** F (*merken*) percibir; **II** *v/i* **5** *Kleidung* apretar, venir justo; **III** *v/r* ***sich* ⁓** **6** *Seil, Muskeln* estirarse; **7** (*sich wölben*) levantarse

'spannend *adjt* de interés, palpitante; (*fesselnd*) cautivador; *Film* de suspense

'Spanner *m* **1** TEC tensor *m*; (*Hosen⁓*) estirador *m*; (*Schuh⁓*) horma *f*; **2** F *fig* (*Voyeur*) mirón *m*

'Spannkraft *f* elasticidad *f*; *fig a* energía *f*

'Spannung *f* **1** TEC, EL tensión *f*; EL *a* voltaje *m*; ***unter* ⁓** (*dat*) ***stehen*** estar en tensión; **2** *fig* (*gespannte Aufmerksamkeit*) impaciencia *f*; ***mit* ⁓ *erwarten*** esperar impacientemente; **3** *in e-m Film usw* suspense *m*; **4** PSYCH, *fig* (*gespanntes Verhältnis*) tensión *f*; ***soziale* ⁓*en*** tensiones *f/pl* sociales

'Spannungs|gebiet *n* región *f* de tensiones; **⁓geladen** *adjt* cargado de tensión, emocionante; **⁓messer** *m* voltímetro *m*

'Spannweite *f* **1** *e-s Vogels, Flugzeugs* envergadura *f*; **2** BAU luz *f*

'Spanplatte *f* tablero *m* de virutas

'Spar|buch *n* libreta *f* de ahorros; **⁓büchse** *f* hucha *f*; **⁓einlage** *f* ahorros *m/pl*

sparen ['ʃpaːrən] **I** *v/t* (*zurücklegen*) ahorrar (*a fig Zeit, Kräfte*); (*ein⁓*) *a* economizar; *Kräfte a* reservar; **II** *v/i* (*zurücklegen*) ahorrar; (*ein⁓*) *a* economizar; ***an allem* ⁓** economizar en todo

'Sparer(in) *m*(*f*) ahorrador, a *m,f*

Spargel ['ʃpargəl] *m* ⟨-s; -⟩ espárrago *m*; **⁓cremesuppe** *f* crema *f* de espárragos

'Spar|groschen F *m* ahorrillos *m/pl*; **⁓guthaben** *n* ahorros *m/pl*; **⁓kasse** *f* caja *f* de ahorros; **⁓konto** *n* cuenta *f* de ahorros

spärlich ['ʃpɛːrlɪç] **I** *adj Vegetation, Mittel* escaso; *Ergebnis, Ernte a* exiguo; *Haar* claro; *Lohn* modesto; **II** *adv* poco

'Spar|maßnahme *f* medida *f* de ahorro; **⁓paket** *n bsd* POL paquete *m* de ahorro (-s); **⁓quote** *f* cuota *f* de ahorro

Sparren ['ʃparən] *m* ⟨-s; -⟩ BAU cabrio *m*

'sparsam I *adj* **1** *Person* ahorrador; **2** (*wirt-*

S

schaftlich) económico; **3** *fig Einrichtung* reducido; *Dekoration* escaso; *Beleuchtung* de consumo reducido; *Bewegung* limitado; **II** *adv* **4** económicamente; ***~ leben*** gastar poco; ***~ mit etw umgehen*** economizar a/c (*a fig*)

'Sparsamkeit *f* ⟨-⟩ economía *f*; ***aus ~*** por economía

'Spar|schwein *n* (hucha *f*) cerdito *m*; **~strumpf** *m scherzh* calcetín *m* de los ahorros

spar'tanisch [ʃpar'taniʃ] *adj* espartano (*a fig*)

Sparte ['ʃpartə] *f* **1** (*Abteilung*) sección *f*; (*Gebiet*) sector *m*; **2** (*Rubrik*) sección *f*, categoría *f*

Spaß [ʃpaːs] *m* ⟨-es; ¨e⟩ **1** (*Vergnügen*) diversión *f*; ***viel ~!*** ¡que te diviertas!; ***ein teurer ~*** un capricho caro; ***~ an etw*** (*dat*) ***haben*** divertirse con a/c; ***~ machen*** divertir; **2** (*Scherz*) broma *f*; (*Witz*) chiste *m*; ***~ machen*** gastar bromas; ***aus, zum ~*** en broma; ***keinen ~ verstehen*** no aguantar *od* consentir bromas

'spaßen *v/i* bromear; ***damit ist nicht zu ~*** no es para tomarlo a broma; ***nicht mit sich*** (*dat*) ***~ lassen*** no estar para bromas

'spaßig *adj* burlesco; (*drollig*) chistoso, gracioso

'Spaß|macher(in) *m*(*f*), **~vogel** *m* bromista *m,f*

Spastiker(in) ['ʃpastikər(ɪn)] *m*(*f*) espástico, -a *m,f*

'spastisch I *adj* espasmódico; *wiss* espástico; **II** *adv* ***~ gelähmt*** con parálisis espástica

spät [ʃpɛːt] **I** *adj* (*~ eintretend*) tardío; (*zeitlich fortgeschritten*) avanzado; ***das ~e Mittelalter*** el final de la Edad Media; ***es ist ~*** es tarde; ***es wird ~*** se hace tarde; ***wie ~ ist es?*** ¿qué hora es?; **II** *adv* tarde; ***zu ~ kommen*** llegar (demasiado) tarde

Spatel ['ʃpaːtəl] *m* ⟨-s; -⟩ espátula *f*

Spaten ['ʃpaːtən] *m* ⟨-s; -⟩ laya *f*

'später I *adj* **1** (*danach kommend*) posterior, ulterior; **2** (*zukünftig*) futuro, venidero; **II** *adv* **3** más tarde; ***bis ~!*** ¡hasta luego!

spätestens ['ʃpɛːtəstəns] *adv* como muy tarde, a más tardar

'Spät|folgen *pl* efectos *m/pl* tardíos; **~herbst** *m* fines *m/pl* de otoño; **~lese** *f* rebusca *f*; **~schicht** *f Arbeit* turno *m* de tarde *m bzw* de noche; ***~ haben*** trabajar en el turno de la tarde; **~sommer** *m* veranillo *m* de san Martín; **~vorstellung** *f* sesión *f* de noche

Spatz [ʃpats] *m* ⟨-en *o* -es; -en⟩ gorrión *m*; F ***das pfeifen die ~en von den Dächern*** es un secreto a voces

Spätzle ['ʃpɛtslə] *pl* GASTR *tipo de pasta de huevo fresca*

spazieren [ʃpa'tsiːrən] *v/i* ⟨*sin* ge, sn⟩ **1** (*herumgehen*) pasear(se); **2** ***~ fahren*** dar un paseo en coche, *etc*; ***j-n ~ fahren*** llevar a alg de paseo en coche, *etc*; ***~ führen*** sacar de paseo; ***~ gehen*** ir de paseo, pasear

Spa'zier|fahrt *f* paseo *m* en coche, *etc*; **~gang** *m* paseo *m*, vuelta *f*; **~gänger(in)** [-gɛŋər(ɪn)] *m*(*f*) paseante *m,f*; **~stock** *m* bastón *m*

SPD [ɛspeː'deː] *f Abk* ⟨-⟩ (*Sozialdemokratische Partei Deutschlands*) SPD *m* (*partido socialdemócrata alemán*)

Specht [ʃpɛçt] *m* ⟨-(e)s; -e⟩ ZO pájaro *m* carpintero, pico *m*

Speck [ʃpɛk] *m* ⟨-(e)s; -e⟩ tocino *m*; *geräucherter* bacon *m*; F *beim Menschen* carnes *f/pl*; F ***~ ansetzen*** echar carnes

'speckig *adj* grasiento, pringoso

'Speck|schwarte *f* corteza *f* de tocino; **~streifen** *m*, **~würfel** *m* taco *m* de tocino

Spediteur [ʃpedi'tøːr] *m* ⟨-s; -e⟩ agente *m* de transportes; (*Möbel*♀) transportista *m*; **~übernahmebescheinigung** *f* certificado *m* de recepción del transitorio

Spediti'on *f* agencia *f* de transportes; **~sbranche** *f* ramo *m* de transportes

Speer [ʃpeːr] *m* ⟨-(e)s; -e⟩ lanza *f*; (*Wurf*♀) jabalina *f*; **'~werfen** *n* ⟨-s⟩ lanzamiento *m* de jabalina

Speiche ['ʃpaɪçə] *f* **1** TEC rayo *m*; **2** ANAT radio *m*

Speichel ['ʃpaɪçəl] *m* ⟨-s⟩ saliva *f*; **~lecker** *m desp* cobista *m*; P lameculos *m*

Speicher ['ʃpaɪçər] *m* **1** (*Lagerhaus*) almacén *m*; **2** (*Dachboden*) desván *m*; (*Getreide*♀) granero *m*, silo *m*; **3** INFORM memoria *f*; **~kapazität** *f* capacidad *f* de almacenamiento; INFORM *a* capacidad *f* de memoria; **~medium** *n* INFORM medio *m* de almacenaje

'speicher|n *v/t Waren* almacenar; *Vorräte* acaparar, acumular; *Wärme*, *Strom* acumular; INFORM *Daten* almacenar, memorizar (***unter*** *dat* bajo); *Text* guardar; **♀platz** *m* INFORM espacio *m* de memoria; **♀ung** *f von Waren* almacenamiento *m*; *von Wärme*, *Strom* acumulación *f*; INFORM *von Daten* almacenamiento *m*; *von Texten* acción *f* de guardar

speien ['ʃpaɪən] *geh v/t*, *v/i* ⟨spie, gespie(e)n⟩ **1** (*spucken*) escupir; **2** (*sich übergeben*) vomitar

Speise ['ʃpaɪzə] *f* **1** *geh* (*Nahrung*) comida *f*, alimento *m*; **2** *bsd österr* (*Gericht*) plato *m*, manjar *m*; **~eis** *n* helado *m*; **~kammer** *f* despensa *f*; **~karte** *f* carta *f*, menú *m*

'speisen I *v/t* **1** *geh* (*essen*) comer; **2** TEC alimentar; **II** *geh v/i* **3** comer

S

'Speise|öl *n* aceite *m* alimenticio; **~röhre** *f* ANAT esófago *m*; **~saal** *m* comedor *m*; *in Klöstern a* refectorio *m*; **~wagen** *m im Zug* vagón *m* restaurante; **~zimmer** *n* comedor *m*
Spektakel[1] [ʃpɛk'ta:kəl] F *m* ⟨-s; -⟩ *Lärm, Streit* jaleo *m*
Spek'takel[2] *n* ⟨-s; -⟩ (*Schauspiel*) espectáculo *m*
spektakulär [ʃpɛktaku'lɛ:r] *adj* espectacular
Spektrum ['ʃpɛktrʊm] *n* ⟨-s; -tren⟩ PHYS espectro *m* (*a fig Vielfalt*)
Spekul|ant(in) [ʃpeku'lant(in)] *m* ⟨-en; -en⟩ (*f*) especulador, a *m,f*, **~ati'on** *f* especulación *f*
Spekulatius [ʃpeku'la:tsiʊs] *m* ⟨-; -⟩ *tipo de galleta de especias*
spekula'tiv *adj* especulativo
speku'lieren *v/i* ⟨*sin* ge⟩ **1** F *fig* ***auf etw*** (*acus*) **~** aspirar a a/c; **2** COM especular (***mit*** con); ***an der Börse*** **~** especular en bolsa; **3** (*mutmaßen*) conjeturar (***über*** *+acus* sobre)
Spelunke [ʃpe'lʊŋkə] *f desp* tabernucho *m*
spendabel [ʃpɛn'da:bəl] F *adj* ⟨-bl-⟩ generoso, rumboso
Spende ['ʃpɛndə] *f* donativo *m*
'spenden *v/t* **1** *als Spende* dar, donar (*a Blut, Organ*); **2** *Sakramente* administrar; **3** *geh fig Schatten* dar; *Wärme* dispensar; ***Beifall*** **~** aplaudir; (***j-m***) ***Trost*** **~** consolar (a alg)
'Spenden|aktion *f* colecta *f*; **~quittung** *f* certificado *m* de donación
'Spender(in) *m*(*f*) donador, a *m,f*; (*Organ*~, *Blut*~) donante *m,f*
spen'dieren F *v/t* ⟨*sin* ge⟩ ***j-m etw*** **~** regalar a/c a alg, pagar a/c a alg
Spengler ['ʃpɛŋlər] *m südd, österr, schweiz* → ***Klempner***
Sperber ['ʃpɛrbər] *m* ZO gavilán *m*
Sperling ['ʃpɛrlɪŋ] *m* ⟨-s; -e⟩ gorrión *m*
Sperma ['ʃpɛrma] *n* ⟨-s; -men *o* -ta⟩ esperma *m*
sperrangelweit ['ʃpɛr'ʔaŋəl'vaɪt] F *adv* ***die Tür stand*** **~** ***offen*** la puerta estaba abierta de par en par
'Sperrbezirk *m* zona *f* prohibida
'Sperre *f* **1** *auf e-r Straße* barrera *f*, bloqueo *m*; **2** (*Bahnsteig*~) barrera *f*; (*Kontrolle*) control *m*; **3** TEC bloqueo *m*; **4** (*Sperrfrist*), SPORT suspensión *f*; **5** COM embargo *m*
'sperren I *v/t* **1** *Zugang* cerrar; *Straße a* bloquear (*a* TEC, *Scheck*); *Gas, Strom* cerrar, cortar; *Urlaub* anular, suspender; *Konto* congelar; *Sportler, Zahlungen* suspender; ***das Telefon*** **~** cortar la línea; **2** ***in den Keller*** **~** encerrar en el sótano; **II** *v/r* **5** ***sich*** **~** (*sich sträuben*) oponerse, resistirse (***gegen*** a)
'Sperrholz *n* madera *f* contrachapada
'sperrig *adj* voluminoso, abultado
'Sperr|minorität *f Aktien* minoría *f* de bloqueo; **~müll** *m* basura *f* voluminosa (*generalmente muebles y enseres del hogar*); **~stunde** *f* → ***Polizeistunde***
'Sperrung *f e-r Straße* cierre *m*, bloqueo *m* (*a e-s Schecks*); *von Gas, Strom* corte *m*; *fig* FIN congelación *f*; *von Zahlungen* suspensión *f*
Spesen ['ʃpe:zən] *pl* gastos *m/pl*; ***die*** **~** ***erstatten*** re(e)mbolsar los gastos
'Spesen|abrechnung *f* liquidación *f* de gastos; **~aufstellung** *f* especificación *f* de gastos; **~konto** *n* cuenta *f* de gastos; **~vorschuss** *m* anticipo *m* de los gastos
'Speyer ['ʃpajər] *n* Espira *f*
Spezi ['ʃpe:tsi] F *n* ⟨-s; -(s)⟩ *refresco de cola y naranja*
Spezial|... [ʃpetsi'a:l...] *in Zssgn mst* especial; **~anfertigung** *f* fabricación *f* especial; **~fall** *m* caso *m* especial; **~gebiet** *n* especialidad *f*; **~geschäft** *n* comercio *m* especializado
speziali'sieren *v/r* ⟨*sin* ge⟩ ***sich*** (***auf etw*** *acus*) **~** especializarse (en a/c)
speziali'siert *adj* especializado
Speziali'sierung *f* especialización *f*; ***fehlende*** **~** falta *f* de especialización
Spezia|'list(in) *m*(*f*) especialista *m,f* (***für*** en); **~li'tät** *f* especialidad *f*
Spezi'al|slalom *m* slalom *m od* eslalon *m* especial; **~verpackung** *f* embalaje *m* especial
speziell [ʃpetsi'ɛl] *adj* especial
Spezifikation [ʃpɛtsifikatsi'o:n] *f* especificación *f*
spezifi|sch [ʃpe'tsi:fɪʃ] *adj* específico; **~'zieren** *v/t* ⟨*sin* ge⟩ especificar
Sphäre ['sfɛ:rə] *f* esfera *f*; *fig* ambiente *m*
'sphärisch *adj* esférico
Sphinx [sfɪŋks] *f* ⟨-; -e *o* -gen⟩ esfinge *f*
spicken ['ʃpɪkən] **I** *v/t* **1** GASTR mechar; **2** F *fig Rede* ***gespickt mit ...*** repleto de ...; **II** F *v/i* **3** (*abschreiben*) copiar (***bei j-m*** de alg)
'Spickzettel F *m* F chuleta *f*
Spiegel ['ʃpi:gəl] *m* ⟨-s; -⟩ **1** espejo *m* (*a fig*); (*Schrank*~) *a* luna *f*; *fig* ***im*** **~** ***der Presse*** en el espejo de la prensa; **2** (*Wasser*~) superficie *f* del agua; (*Wasserstand*) nivel *m* (*a Alkohol*~, *Blutzucker*~)
'Spiegel|bild *n* imagen *f* reflejada, reflejo *m* (*a fig*); **~bildlich** *adj* inverso; **~ei** *n* huevo *m* frito; **'~'glatt** *adj Wasseroberfläche* como un espejo; *Straße* muy resbaladizo
'spiegeln I *v/t* **1** reflejar; **II** *v/i* **2** (*glänzen*) brillar; **3** (*wie ein Spiegel wirken*) reflejar; **III** *v/r* **4** ***sich*** **~** reflejarse (*a fig*)

S

'Spiegel|reflexkamera *f* cámara *f* reflex; **~schrank** *m* armario *m* de espejo *od* de luna; **~schrift** *f* ⟨-⟩ escritura *f* en espejo

'Spiegelung *f Spiegelbild, von Licht* reflejo *m*; PHYS reflexión *f*

'spiegelverkehrt *adj* invertido lateralmente

Spiel [ʃpi:l] *n* ⟨-(e)s; -e⟩ **1** juego *m* (*a Spielweise*, TEC, *von Stricknadeln, fig der Farben, Muskeln*); *fig* ***mit j-m leichtes ~ haben*** tenerlo fácil con alg; *fig* ***sein ~ mit j-m treiben*** jugar con alg; **2** THEA interpretación *f*, representación *f*; MUS ejecución *f*; **3** (*Spielrunde*) partida *f*; SPORT partido *m*; **4** *von Karten* baraja *f*; **5** *fig, mit prp* ***aufs ~ setzen*** poner en juego; ***auf dem ~ stehen*** estar en juego; ***j-n aus dem ~ lassen*** dejar a alg de lado; ***etw aus dem ~ lassen*** no tener a/c en cuenta; ***mit im ~ sein*** estar en juego

'Spiel|art *f* variante *f* (*a fig*); BOT, ZO variedad *f*; **~automat** *m* F tragaperras *m*; **~ball** *m* **1** SPORT pelota *f*; *Tennis, Billard* bola *f* de juego; **2** *fig* juguete *m*; **~bank** *f* ⟨-; -en⟩ casino *m*, casa *f* de juego

'spielen I *v/t* **1** jugar (*a* SPORT); ***Karten, Tennis, Cowboy ~*** jugar a las cartas, al tenis, a los vaqueros; **2** MUS tocar; ***Geige, Klavier ~*** tocar el violín, el piano; **3** THEA interpretar; ***den Hamlet ~*** interpretar a Hamlet; **4** *Film, Schallplatte* poner; **5** F *fig* ***was wird hier gespielt?*** ¿qué pasa aquí?; **6** (*vorgeben*) simular, fingir; ***den Kranken ~*** hacerse el enfermo; ***mit gespieltem Ernst*** con seriedad fingida; **II** *v/i* **7** jugar (*a* SPORT); ***mit Puppen ~*** jugar con muñecas; ***um etw ~*** jugarse a/c; ***um Geld ~*** jugar con dinero;. **8** MUS tocar; ***auf der Gitarre, dem Klavier ~*** tocar a la guitarra, al piano; **9** THEA actuar; *Handlung* pasar, desarrollarse; **10** *fig* ***s-e Muskeln ~ lassen*** enseñar los puños; ***s-e Beziehungen ~ lassen*** tocar todos los resortes

'spielend *advl* fácilmente, sin dificultades

'Spieler(in) *m(f)* jugador, a *m,f*; MUS, THEA intérprete *m,f*

Spiele'rei *f* **1** (*Leichtigkeit*) juego *m* de niños; **2** (*Zeitvertreib*) pasatiempo *m*; ***e-e ~ mit Zahlen*** un pasatiempo numérico; **3** (*Herumspielen*) niñada *f*; **4** (*Schnickschnack*) sandeces *f/pl*

'spielerisch *adj* **1** (*leicht*) como jugando; (*ohne Ernst*) juguetón; ***mit ~er Leichtigkeit*** con gran facilidad; **2** SPORT (*spieltechnisch*) del juego

'Spiel|feld *n* SPORT terreno *m*, campo *m*; *Tennis* pista *f*; *Basketball* cancha *f*; **~film** *m* largometraje *m*; **~hälfte** *f* **1** *des Spielfelds* campo *m*; **2** (*Halbzeit*) primer *bzw* segundo tiempo *m*; **~halle** *f* salón *m* recreativo; **~hölle** F *desp f* garito *m*; **~kamerad(in)** *m(f)* compañero, -a *m,f* de juego; **~karte** *f* carta *f*, naipe *m*; **~kasino** *n* casino *m*; **~leiter** *m* **1** THEA director *m*; FILM realizador *m*; **2** TV presentador *m*; **~marke** *f* ficha *f*; **~plan** *m* THEA repertorio *m*, cartelera *f*; **~platz** *m* parque *m* infantil; **~raum** *m* **1** TEC juego *m*; **2** *fig* espacio *m*, margen *m* (*a* FIN); (*Bewegungsfreiheit*) libertad *f* de movimientos; **~regel** *f* regla *f* del juego; **~sachen** *pl* juguetes *m/pl*; **~stand** *m* tanteo *m*; **~tisch** *m* mesa *f* de juego; *im Kasino* tapete *m* verde; **~uhr** *f* reloj *m* de música; **~verderber(in)** *m(f)* aguafiestas *m,f*; **~waren** *pl* juguetes *m/pl*; **~warensektor** *m* sector *m* de juguetes; **~zeit** *f* **1** THEA temporada *f*; **2** SPORT duración *f* del partido; **~zeug** *n* juguete *m*

Spieß [ʃpi:s] *m* ⟨-es; -e⟩ **1** *Waffe* lanza *f*, jabalina *f*; F *fig* ***den ~ umdrehen*** volver la tortilla; **2** (*Brat*♀) brocheta *f*, asador *m*; *kleinerer* pincho *m*; ***am ~*** a la brocheta; **3** MIL sargento *m* primero

'Spießbürger *m desp* pequeñoburgués *m*; **♀lich** *adj desp* de pequeñoburgués

'spießen *v/t* ***etw auf etw ~*** clavar, espetar a/c en a/c; ***etw in etw*** (*acus*) **~** clavar a/c en a/c

'Spießer F *desp m* (pequeño)burgués *m*

'spießig *adj desp* (pequeño)burgués

'Spießrute *f* ***~n laufen*** HIST correr baquetas; *fig* sentir la mirada de los curiosos

Spikes [ʃpaɪks] *pl* **1** SPORT zapatillas *f/pl* de clavos; **2** *Autoreifen* neumáticos *m/pl* claveteados; **'~reifen** *m* neumáticos *m/pl* claveteados

Spinat [ʃpi'na:t] *m* ⟨-(e)s; -e⟩ BOT espinaca *f*; GASTR espinacas *f/pl*

Spind [ʃpɪnt] *m od n* ⟨-(e)s; -e⟩ armario *m* estrecho

Spindel ['ʃpɪndəl] *f* ⟨-; -n⟩ huso *m*; (*Welle*) árbol *m*

Spinne ['ʃpɪnə] *f* araña *f*

spinnen ['ʃpɪnən] ⟨spann, gesponnen⟩ **I** *v/t* **1** hilar; **2** *fig Intrigen* tramar; **II** *v/i* **3** hilar; **4** F *fig* (*verrückt sein*) estar chiflado; ***du spinnst wohl!*** F ¡tú deliras!

'Spinnennetz *n* tela *f* de araña, telaraña *f*

'Spinner(in) *m(f)* **1** *Beruf* hilandero, -a *m,f*; **2** F *desp* F chiflado, -a *m,f*

Spinne'rei *f* **1** (*Spinnen*), *Betrieb* hilandería *f*; **2** F *desp* locura *f*

'Spinn|rad *n* torno *m* de hilar; **~webe** *f* tela *f* de araña, telaraña *f*

Spion [ʃpi'o:n] *m* ⟨-s; -e⟩ **1** (*Agent*) espía *m*; **2** *in der Tür* mirilla *f*

Spionage [ʃpio'na:ʒə] *f* ⟨-⟩ espionaje *m*; **~abwehr** *f* contraespionaje *m*

spio'nieren *v/i* ⟨*sin* ge, h⟩ espiar (*a fig*)

Spi'onin *f* espía *f*

S

Spirale [ʃpiˈraːlə] *f* **1** espiral *f* (*a fig*); **2** (*Pessar*) diu *m*
Spiˈral|feder *f* resorte *m* espiral; **≈förmig** *adj* espiral
Spiri|tismus *m* [ʃpiriˈtɪsmʊs] *m* ⟨-⟩ espiritismo *m*; **~ˈtist(in)** *m(f)* espiritista *m,f*; **≈ˈtistisch** *adj* espiritista
Spirituosen [ʃpirituˈoːzən] *pl* bebidas *f/pl* espirituosas *od* alcohólicas
Spiritus [ˈʃpiːritʊs] *m* ⟨-; -se⟩ alcohol *m* (etílico); **~kocher** *m* infiernillo *m*, hornillo *m* (de alcohol)
Spital [ʃpiˈtaːl] *n* ⟨-s; ⸗er⟩ *bsd österr, schweiz* hospital *m*
spitz [ʃpɪts] **I** *adj* **1** puntiagudo; *Winkel* agudo; *Gesicht* afilado; **2** *fig Bemerkung* mordaz; *Schrei* agudo; **II** *adv* **3** en punta
Spitz *m* ⟨-es; -e⟩ *Hund* lulú *m*
ˈSpitz|bart *m* barba *f* en punta, perilla *f*; **~bube** *m scherzh Mann* pícaro *m*, bribón *m*; *Junge* pillín *m*; **≈bübisch** [-byːbɪʃ] *adj* pícaro
spitze [ˈʃpɪtsə] F → ***klasse***
ˈSpitze *f* **1** punta *f* (*a Haar≈, Finger≈, Nasen≈*), pico *m*; *e-s Turms* aguja *f*, flecha *f*; (*Schuh≈*) puntera *f*; *e-s Baums* copa *f*; *e-s Bergs* cima *f*; *e-s Dreiecks* vértice *m*; *fig* ***die Dinge auf die ~ treiben*** extremar las cosas; **2** (*Ende*) extremidad *f*, cabo *m*; (*Höchstwert*) tope *m*; **3** *fig e-s Zugs* punta *f*; *e-r Firma* cabeza *f*, dirección *f*; SPORT ***an der ~ liegen*** *od* ***stehen*** ir a la cabeza; **4** *fig* (*Bosheit*) indirecta *f*; **5** *Gewebe* encaje *m*, puntilla *f*; **6** (*Spitzengruppe*) cabecera *f*; **7** F (***einsame***) ***~ sein*** F ser el no-va-más
Spitzel [ˈʃpɪtsəl] *m* ⟨-s; -⟩ espía *m*, confidente *m*
ˈspitzen *v/t* afilar; *Bleistift* sacar punta
ˈSpitzenbluse *f* blusa *f* de encajes
ˈSpitzen|erzeugnis *n* producto *m* de primera calidad; **~geschwindigkeit** *f* velocidad *f* punta; **~gruppe** *f* cabecera *f*; SPORT pelotón *m* de cabeza; *e-r Tabelle* grupo *m* de cabeza; **~kandidat(in)** *m(f)* candidato, -a *m,f* principal
ˈSpitzenklasse *f* primera clase *f*; ***ein Hotel der ~*** un hotel de primera; F ***~ sein*** F ser genial
ˈSpitzen|kraft *f* persona *f* altamente cualificada; **~leistung** *f e-s Arbeiters* rendimiento *m* máximo; SPORT récord *m*; **~position** *f* posición *f* de cabeza; **~produkt** *n* → ***Spitzenerzeugnis***; **~qualität** *f* calidad *f* especial, primera calidad *f*; **~reiter** *m* líder *m*; *fig, in der Hitparade a* número *m* uno; **~sportler(in)** *m(f)* deportista *m,f* de gran clase; **~technologie** *f* tecnología *f* punta; **~verdiener(in)** *m(f)* persona *f* de ingresos elevados; **~wert** *m* valor *m* máximo
ˈSpitzer *m* sacapuntas *m*
ˈspitzfindig *adj* sutil; **≈keit** *f* sutileza *f*
ˈSpitzhacke *f* pico *m*
ˈspitzkriegen F *v/t* ⟨*sep*⟩ enterarse de, descubrir
ˈSpitz|name *m* apodo *m*; **≈wink(e)lig** *adj* acutángulo
Spleen [ʃpliːn] *m* ⟨-s; -e *o* -s⟩ manía *f*; ***e-n ~ haben*** ser un excéntrico
Splint [ʃplɪnt] *m* ⟨-(e)s; -e⟩ clavija *f*
Splitt [ʃplɪt] *m* ⟨-(e)s; -e⟩ gravilla *f*
splitten [ˈʃplɪtən] *v/t* ECON partir, dividir (*a* POL)
Splitter [ˈʃplɪtər] *m* (*Holz≈*) astilla *f*; (*Glas≈, Granat≈*) casco *m*; *in der Haut* espina *f*; (*Knochen≈*) esquirla *f*; (*Bruchstück*) fragmento *m*; *pl von Glas a* cristales *m/pl*, añicos *m/pl*; **~gruppe** *f* grupúsculo *m*
ˈsplittern *v/i* **1** ⟨sn⟩ (*zerbrechen*) saltar en pedazos; *Holz* astillarse; **2** ⟨h⟩ (*Splitter bilden*) astillarse
ˈsplitterˈnackt F *adj* F en cueros, en pelotas
Spoiler [ˈʃpɔylər] *m* alerón *m*
sponsern [ˈʃpɔnzərn] *v/t* patrocinar
Sponsor(in) [ˈʃpɔnzɔr (-ˈzoːrɪn)] *m* ⟨-s; -ˈsoren⟩ (*f*) patrocinador, a *m,f*
Sponsoring [ˈʃpɔnzorɪŋ] *n* ⟨-s⟩ patrocinamiento *m*
spontan [ʃpɔnˈtaːn] *adj* espontáneo; **≈iˈtät** *f* ⟨-⟩ espontaneidad *f*
Sponˈtankauf *m* compra *f* impulsiva
sporadisch [ʃpoˈraːdɪʃ] *adj* esporádico
Spore [ˈspoːrə] *f* BOT espora *f*
Sporn [ʃpɔrn] *m* ⟨-(e)s; Sporen⟩ espuela *f*; MAR, ZO espolón *m*; ***e-m Pferd die Sporen geben*** dar de espuelas al caballo
Sport [ʃpɔrt] *m* ⟨-(e)s⟩ deporte *m*; *Schulfach* educación *f* física; ***~ treiben*** practicar deporte
ˈSport|abzeichen *n* insignia *f* deportiva; **~art** *f* deporte *m*; **~artikel** *m* artículo *m* deportivo; **~fest** *n* fiesta *f* deportiva; **~flugzeug** *n* avión *m* deportivo, avioneta *f*; **~freund** *m* **1** (*Sportliebhaber*) amigo *m* del deporte; **2** (*Sportkamerad*) compañero *m* de deportes; **~geist** *m* espíritu *m* deportivo; **~gerät** *n* aparato *m* (de deportes); **~halle** *f* gimnasio *m*, pabellón *m* de deportes; **~hochschule** *f* escuela *f* superior de deportes; **~lehrer(in)** *m(f)* profesor, a *m,f* de educación física
ˈSportler(in) *m(f)* deportista *m,f*
ˈsportlich *adj* deportivo
ˈSport|medizin *f* medicina *f* deportiva; **~platz** *m* campo *m* de deportes; **~reportage** *f* reportaje *m* deportivo; **~reporter(in)** *m(f)* periodista *m,f* deportivo, -a; **~schuh**

S

m **1** (*Turnschuh*) zapatillas *f/pl* de deportes; **2** (*sportlicher Schuh*) zapatos *m/pl* deportivos; **~sendung** *f* programa *m* de deportes

'Sportsmann *m* ⟨-(e)s; -männer *o* -leute⟩ deportista *m*

'Sport|taucher(in) *m(f)* submarinista *m,f*; **~unterricht** *m* clase *f* de educación física; **~veranstaltung** *f* encuentro *m* deportivo; **~verein** *m* club *m* deportivo; **~wagen** *m* **1** *Auto* coche *m* deportivo; **2** *Kinderwagen* cochecito *m* (plegable)

Spott [ʃpɔt] *m* ⟨-(e)s⟩ burla *f*, mofa *f*, escarnio *m*; ***s-n ~ mit etw, j-m treiben*** burlarse de a/c, alg

'spott'billig F *adj u adv* tirado, baratísimo

spötteln ['ʃpœtəln] *v/i* burlarse (***über*** *+acus* de)

'spotten *v/i* burlarse, mofarse (***über*** *+acus* de)

'Spötter(in) *m(f)* burlón, -ona *m,f*

'spöttisch *adj* burlón, sarcástico

'Spottpreis *m* precio *m* irrisorio; ***für e-n ~*** a precio de ganga

Sprachbegabung ['ʃpraːx-] *f* don *m* de lenguas, talento *m* para las lenguas

Sprache ['ʃpraːxə] *f* lengua *f*, idioma *m*; (*Sprechfähigkeit*) habla *f*; (*Rede*) palabras *f/pl*; (*Ausdrucksweise*) lenguaje *m*; (*Redeweise*) dicción *f*, manera *f* de hablar; (*Sprachstil*) estilo *m*; ***in spanischer ~*** en lengua española; ***die ~ auf etw, j-n bringen*** sacar a/c, a alg a colación; ***etw zur ~ bringen*** someter a/c a dicusión; F ***heraus mit der ~!*** ¡habla!; F ¡desembucha!, ¡suéltalo!

'Sprach|fehler *m* defecto *m* del habla; **~führer** *m* guía *f* de conversación

'Sprachgebiet *n* ***das spanische, deutsche ~*** los países de habla hispana, alemana

'Sprachgebrauch *m* uso *m* del idioma

'Sprachkenntnisse *pl* conocimientos *m/pl* de lengua; ***ihre spanischen ~*** su(s conocimientos de) español

'Sprach|kurs *m* curso *m* de idiomas; **~labor** *n* laboratorio *m* de idiomas; **~lehre** *f* gramática *f*

'sprach|lich *adj* lingüístico; **~los** *adj* (*wortlos*) sin palabras, mudo; (*verblüfft*) *a* atónito; **♀rohr** *n fig* portavoz *m,f*

'Sprachunterricht *m* clase *f* de idiomas; ***spanischer ~*** clase *f* de español

'Sprachwissenschaft *f* lingüística *f*; **~ler (-in)** *m(f)* lingüista *m,f*; **♀lich** *adj* lingüístico

Spray [ʃpreː] *m od n* ⟨-s; -s⟩ spray *m*; **'~dose** *f* lata *f* de spray, aerosol *m*; **'♀en** *v/t* echar spray (a); *Graffiti* pintar con spray; **'~er** *m* grafitero *m*

Sprech|anlage ['ʃprɛç-] *f* intercomunicador *m*; **~blase** *f* globo *m*; **~chor** *m* THEA coro *m* hablado; *fig* coro *m*

'sprechen ⟨spricht, sprach, gesprochen⟩ **I** *v/t*, *v/i* **1** hablar (***zu j-m*** a alg; ***mit j-m*** con alg; ***von*** *od* ***über*** *+acus* de, sobre); *Urteil* dictar; *Wahrheit*, *Gebet*, *Gedicht* decir; ***sie kamen auf das Haus, ihren Bruder zu sprechen*** salió el tema de la casa, de su hermano; ***gut, schlecht von j-m ~*** hablar bien, mal de alg; ***sie ist schlecht*** *od* ***nicht gut auf mich zu ~*** está mal dispuesta para conmigo; **2** ***j-n ~*** hablar con alg; (***für j-n***) ***zu ~ sein*** estar (para alg); ***kann ich Sie ~?*** ¿podría hablar con usted?; ***ich möchte Herrn Mendoza ~*** quisiera hablar con el señor Mendoza; TEL ***spreche ich mit Frau Romano?*** ¿estoy hablando con la señora Romano?; TEL ***er/sie spricht gerade*** (en este momento) está hablando por otra línea; **3** *fig* ***das spricht für, gegen ihn*** dice mucho, poco (en favor) de él; ***was spricht*** (***denn***) ***dafür, dagegen?*** ¿qué argumentos hay a favor, en contra?; **II** *v/r* **4** ***sich ~*** hablarse; ***wir ~ uns noch!*** ¡nos veremos las caras!

'Sprecher(in) *m(f)* orador, a *m,f*; (*Wortführer*[*in*]) portavoz *m,f*; RADIO locutor, a *m,f*; TV presentador, a *m,f*; (*Erzähler*[*in*]) narrador, a *m,f*

'Sprechfunk *m* radiotelefonía *f*; **~gerät** *n* radioteléfono *m*

'Sprechstunde *f* hora *f* de despacho *bzw* de consulta; ***~ haben*** tener consulta

'Sprech|stundenhilfe *neg!* *f* auxiliar *f* (de médico); **~weise** *f* modo *m* de hablar; **~zimmer** *n* locutorio *m*; MED sala *f* de consulta

spreizen ['ʃpraɪtsən] *v/t Beine* separar; *Finger* estirar; *Flügel* abrir

'Spreizfuß *m* pie *m* con los dedos abiertos

sprengen ['ʃprɛŋən] *v/t* **1** (***in die Luft***) ***~*** hacer saltar (por los aires), volar; *mit Dynamit* dinamitar; **2** *Tür*, *Schloss* forzar; *Ketten* romper; **3** *fig Versammlung* dispersar; *Spielbank* saltar; **4** *Garten*, *Straße* regar; *Wäsche* humedecer

'Spreng|kopf *m* cabeza *f* (explosiva); **~kraft** *f* fuerza *f* explosiva; **~ladung** *f* carga *f* explosiva; **~satz** *m* carga *f* explosiva; **~stoff** *m* explosivo *m*; **~ung** *f* voladura *f*; *mit Dynamit* dinamitación *f*

sprenkeln ['ʃprɛŋkəln] *v/t* salpicar, manchar

Spreu [ʃprɔʏ] *f* ⟨-⟩ tamo *m*, granzas *f/pl*; *fig* ***die ~ vom Weizen trennen*** separar el grano de la paja

Sprich|wort ['ʃprɪçvɔrt] *n* ⟨-(e)s; ⸚er⟩ refrán *m*, proverbio *m*; **♀wörtlich** *adj* proverbial (*a fig*)

sprießen ['ʃpriːsən] *v/i* ⟨spross, gesprossen,

sn⟩ *Pflanze* brotar; *Bart* crecer
Springbrunnen ['ʃprɪŋ-] *m* surtidor *m*, fuente *f*
'springen ⟨sprang, gesprungen⟩ **I** *v/t* ⟨h *o* sn⟩ **1** *Sprung* hacer, ejecutar; *Entfernung, Höhe, Rekord* saltar; **II** *v/i* ⟨sn⟩ **2** saltar (***über etw*** *acus* a/c), dar un salto (***über etw*** *acus* sobre a/c; *a fig*, SPORT); (*hüpfen*) brincar; *Ampel* ***auf Rot ~*** cambiar a rojo; F *fig* ***200 Euro ~ lassen*** F aflojar 200 euros; **3** *Porzellan, Glas* rajarse; ***gesprungene Lippen*** labios *m/pl* cortados
'Springer *m* **1** SPORT saltador *m*; **2** *Schachfigur* caballo *m*
'Springerin *f* SPORT saltadora *f*
'Spring|flut *f* marea *f* viva; **~messer** *n* navaja *f* automática; **~pferd** *n* caballo *m* saltador; **~reiten** *n* concurso *m* de saltos; **~seil** *n* comba *f*
Sprinkleranlage ['ʃprɪŋklər-] *f* instalación *f* de aspersores
Sprint [ʃprɪnt] *m* ⟨-s; -s⟩ sprint *m*; **'2en** *v/i* ⟨sn⟩ hacer un sprint; **'~er(in)** *m(f)* sprinter *m,f*, velocista *m,f*
Sprit [ʃprɪt] F *m* ⟨-(e)s⟩ **1** (*Benzin*) gasolina *f*; **2** (*Schnaps*) aguardiente *m*
Spritze ['ʃprɪtsə] *f* **1** (*Injektions2*) jering(-uill)a *f*; **2** (*Injektion*) inyección *f*; ***j-m e-e ~ geben*** poner a alg una inyección
'spritzen I *v/t* **1** *Garten* rociar, regar (***mit*** con); *Obst* tratar; ***j-n nass ~*** mojar a alg; ***j-m Soße auf die Kleider ~*** manchar(le) a alg la ropa con salsa; **2** MED inyectar; **3** (*lackieren*) pintar con pistola; **II** *v/i* **4** ***mit Wasser ~*** asperjar *od* rociar con agua; **5** ⟨h, *+indicación de dirección* sn⟩ *Blut, Wasser, Fett* salpicar; *Fett a* saltar; **6** F (*Rauschgift ~*) F chutarse, inyectarse
'Spritzer *m* **1** (*Farb2*) salpicadura *f*; **2** (*kleine Menge*) chispa *f*
'spritzig *adj Person* alegre; (*geistreich*) chispeante; *Vorstellung* animado; *Auto* rápido; *Wein* burbujeante
'Spritz|lackierung *f* pintura *f bzw* barnizado *m* a pistola; **~pistole** *f* pistola *f* pulverizadora para barnizar *bzw* pintar; **~tour** F *f* F escapada *f*
spröde ['ʃprøːdə] *adj* **1** *Material* frágil, quebradizo; *Haut, Haar* seco, áspero; **2** *fig Person* esquivo; *Thema* difícil
Spross [ʃprɔs] *m* ⟨-es; -e⟩ BOT retoño *m*, vástago *m* (*a fig Nachkomme*)
Sprosse ['ʃprɔsə] *f* **1** *e-r Leiter* escalón *m*, peldaño *m*; **2** *e-s Fensters* travesaño *m*
'Sprossenwand *f* SPORT espaldera *f*
Sprössling ['ʃprœslɪŋ] F *scherzh m* ⟨-s; -e⟩ vástago *m*, retoño *m*
Sprotte ['ʃprɔtə] *f* ZO espadín *m*
Spruch [ʃprʊx] *m* ⟨-(e)s; ⸚e⟩ **1** (*Aus2*) dicho *m*; (*Wahl2*) lema *m*; (*Sinn2*) adagio *m*; (*Bibel2*) versículo *m*; **2** (*Schieds2*) sentencia *f*, fallo *m*; **3** F *desp* ***Sprüche klopfen*** *od* ***machen*** F fanfarronear, tener cuento; ***das sind doch nur Sprüche!*** ¡no son más que cuentos!
'Spruchband *n* ⟨-(e)s; -bänder⟩ pancarta *f*
'spruchreif *adj* (***noch nicht***) ***~ sein*** (no) estar (aún) maduro; JUR (no) estar listo para sentencia
Sprudel ['ʃpruːdəl] *m* ⟨-s; -⟩ agua *f* con gas; *süßer* gaseosa *f*
'sprudeln *v/i* **1** ⟨*+indicación de dirección* sn⟩ (*heraus~*) salir a borbotones, surtir (***aus*** de); **2** (*aufwallen*) hervir; **3** *Getränk* burbujear
Sprühdose ['ʃpryː-] *f* spray *m*, aerosol *m*
sprühen ['ʃpryːən] **I** *v/t Funken* echar; *Flüssigkeit* rociar, pulverizar; **II** *v/i* ⟨*+indicación de dirección* sn⟩ *Wasser, Regen* lloviznar; ***Funken ~*** chisporrear, saltar chispas; *fig* ***von od vor Geist, Witz*** (*dat*) ***~*** rebosar de genio, gracia
'Sprühregen *m* llovizna *f*
Sprung [ʃprʊŋ] *m* ⟨-(e)s; ⸚e⟩ **1** salto *m* (*a Schwimmsport*); (*Satz*) brinco *m*; ***zum ~ ansetzen*** tomar impulso; F *fig* ***keine großen Sprünge machen können*** no poder permitirse grandes gastos; F ***auf dem ~ sein*** estar a punto de salir; F ***nur auf e-n ~ bei j-m vorbeikommen*** pasar sólo un momento por casa de alg; F ***j-m auf die Sprünge helfen*** ayudar a alg, poner a alg en la pista; **2** *in Glas, Porzellan* raja *f*, grieta *f*; *im Lack* resquebrajadura *f*
'Sprung|brett *n* trampolín *m* (*a fig*); **~feder** *f* resorte *m*
'sprunghaft I *adj* **1** *Person* inconstante; **2** (*schnell*) repentino, inesperado; *Preisanstieg a* vertiginoso; **II** *adv* **3** ***~ ansteigen*** dispararse
'Sprung|schanze *f Skisport* trampolín *m* de saltos; **~tuch** *n* ⟨-(e)s; -tücher⟩ lona *f* de salvamento; **~turm** *m Schwimmsport* torre *f* de trampolines
Spucke ['ʃpʊkə] *f* F ⟨-⟩ saliva *f*; ***mir blieb die ~ weg*** F me quedé atónito
'spucken *v/t, v/i* escupir
Spuk [ʃpuːk] *m* ⟨-(e)s; -e⟩ fantasma *f*, aparición *f* (*a fig*)
'spuken I *v/imp* ***es spukt*** (***in diesem Haus***) en esta casa hay duendes; **II** *v/i Gedanke* ***in j-s Kopf*** (*dat*) ***~*** obsesionar a alg
'Spül|becken *n* fregadero *m*, pila *f*; **~bürste** *f* cepillo *m* de fregar
Spule ['ʃpuːlə] *f* bobina *f*; (*Rolle*) carrete *m*; *e-r Nähmaschine* canilla *f*
'Spüle *f* fregadero *m*, pila *f*
'spulen *v/t* bobinar

S

spülen ['ʃpy:lən] **I** *v/t* **1** lavar; MED irrigar; *Wäsche* aclarar; *Mund* enjuagar; **2** *Geschirr* fregar; **3** ***etw ans Ufer ~*** arrojar a/c a la orilla; **II** *v/i* **4** *Geschirr* fregar; **5** *am* WC tirar de la cadena
'Spül|maschine *f* lavaplatos *m*, lavavajillas *m*; **~mittel** *n* detergente *m* (para fregar); **~tuch** *n* ⟨-(e)s; ¨er⟩ bayeta *f* para fregar; **~ung** *f* **1** (*ScheidenƧ*, *MagenƧ*) irrigación *f*, lavado *m*; **2** *beim* WC cisterna *f*, descarga *f*; **~wasser** *n* lavaduras *f/pl*
Spund [ʃpʊnt] *m* **1** ⟨-(e)s; ¨e⟩ *e-s Fasses* tapón *m*, bitoque *m*; **2** ⟨-(e)s; -e⟩ F ***junger ~*** F mangante *m*, novato *m*
'Spund|loch *n* piqueta *f*, canillero *m*; **~wand** *f* tablestacado *m*
Spur [ʃpu:r] *f* **1** (*BlutƧ*, *BremsƧ*), JAGD huella *f* (*a fig*) (*Abdruck*) rastro *m*; (*Fährte*) pista *f*; (*FußƧ*) pisada *f*; (*ReifenƧ*) rodada *f*; ***j-m, e-r Sache auf die ~ kommen*** descubrir a alg, a/c; **2** *e-r Verletzung* señal *f*; *e-r alten Kultur* vestigio *m*; **3** (*kleine Menge*) ***e-e ~ Salz*** una pizca de sal; F ***keine*** *od* ***nicht die ~*** ni lo más mínimo; **4** AUTO carril *m*; **5** TEC → ***Spurweite***; **6** (*FahrƧ*) carril *m*; ***die ~ wechseln*** cambiar de carril; **7** *e-s Tonbands usw* pista *f*
spürbar ['ʃpy:r-] *adj* perceptible; (*beträchtlich*) sensible
'spuren I *v/t Loipe* trazar; **II** F *fig v/i* obedecer
'spüren *v/t* (*fühlen*) sentir; (*wahrnehmen*) notar, percibir; ***etw zu ~ bekommen*** tener que sufrir a/c; ***von Mitleid war nichts zu ~*** no había ni la más mínima compasión
'Spurenelement *n* oligoelemento *m*
'Spürhund *m* perro *m* rastrero; (*PolizeiƧ*) perro *m* policía; *fig* sabueso *m*
'spurlos *adv* sin dejar huella
'Spürsinn *m e-s Hundes* olfato *m*; *fig e-r Person a* intuición *f*
Spurt [ʃpʊrt] *m* ⟨-s; -e *o* -s⟩ sprint *m*
'spurten *v/i* ⟨*+indicación de dirección sn*⟩ hacer un sprint
'Spurweite *f* BAHN ancho *m* de vía; AUTO distancia *f* de las ruedas
sputen ['ʃpu:tən] *v/r* ***sich ~*** darse prisa
Squash [skvɔʃ] *n* ⟨-⟩ squash *m*
Sri Lanka ['sri:'laŋka] *n* ⟨-s⟩ Sri Lanka *m*
SS *Abk* (*Sommersemester*) semestre *m* de verano
St. *Abk* **1** (*Sankt*) S. (*santo*); **2** (*Stück*) pieza *f*
St., **Std.** *Abk* (*Stunde*) h. (*hora*)
Staat [ʃta:t] *m* ⟨-(e)s; -en⟩ **1** POL Estado *m*; ***die*** (***Vereinigten***) ***~en*** (*USA*) (los) Estados Unidos *m/pl*; ***von ~s wegen*** por razones de estado; **2** (*Prunk*) gala *f*, pompa *f*; ***damit kannst du keinen ~ machen*** no puedes hacer alarde de ello; ***in vollem ~*** de tiros largos
'Staaten|bund *m* Confederación *f* de Estados; **Ƨlos** *adj* apátrida
'staatlich I *adj* de Estado; *Schule*, *Einrichtung*, *Behörde* estatal, nacional; **II** *adv* por el Estado; ***~ geprüft*** con diploma oficial
'Staats|akt *m* ceremonia *f* oficial; **~angehörige(r)** *f(m)* ciudadano, -a *m,f*, súbdito, -a *m,f*
'Staatsangehörigkeit *f* ⟨-⟩ nacionalidad *f*; ***doppelte ~*** doble nacionalidad *f*
'Staats|anleihe *f* obligación *f* del Estado; **~anwalt** *m*, **~anwältin** *f* fiscal *m,f*; **~anwaltschaft** *f* fiscalía *f*; **~anzeiger** *m* Boletín *m* del Estado; *Spanien* Boletín *m* Oficial del Estado; **~ausgaben** *f/pl* gastos *m/pl* públicos; **~begräbnis** *n* sepelio *m* nacional
'Staatsbesitz *m* propiedad *f* del Estado; ***sich im ~ befinden*** ser propiedad del Estado
'Staatsbesuch *m* visita *f* oficial
'Staatsbürger(in) *m(f)* ciudadano, -a *m,f*; ***er ist deutscher ~*** es ciudadano alemán
'staats|bürgerlich *adj* cívico; **Ƨbürgerschaft** *f* ciudadanía *f*; **Ƨchef** *m* jefe *m* de Estado; **Ƨdienst** *m* servicio *m* público
'Staatsexamen *n* examen *m* de Estado; *in Spanien etwa* licenciatura *f*; ***zweites ~*** *für das höhere Lehramt examen de Estado para magisterio*
'Staats|form *f* forma *f* de Estado; **~gebiet** *n* territorio *m* nacional; **~geheimnis** *n* secreto *m* de Estado (*a* F *fig*); **~gewalt** *f* autoridad *f* pública; **~grenze** *f* frontera *f*; **~haushalt** *m* presupuesto *m* del Estado; **~kasse** *f* Tesoro *m* público, fisco *m*
'Staatskosten *pl* ***auf ~*** a expensas del Estado
'Staats|mann *m* ⟨-(e)s; -männer⟩ hombre *m* de Estado, estadista *m*; **Ƨmännisch** *adj* de hombre de Estado; **~monopol** *n* monopolio *m* del Estado; **~oberhaupt** *n* jefe *m* de Estado; **~präsident(in)** *m(f)* presidente, -a *m,f* del Estado; **~schuld(en)** *f(pl)* deuda *f* pública; **~sekretär(in)** *m(f)* secretario, -a *m,f* de Estado; *in Spanien* subsecretario, -a *m,f*; **~streich** *m* golpe *m* de Estado; **~trauer** *f* luto *m* oficial; **~unternehmen** *n* empresa *f* pública, compañia *f* pública; **~verschuldung** *f* endeudamiento *m* del Estado
Stab [ʃta:p] *m* ⟨-(e)s; ¨e⟩ **1** (*Stock*) bastón *m*; (*Stange*) vara *f*; (*EisenƧ*) barra *f*; (*GitterƧ*) barrote *m*; *Stabhochsprung* pértiga *f*; (*StaffelƧ*) testigo *m*; *geh* ***den ~ über j-n brechen*** condenar a alg; **2** MIL Estado *m* Mayor; **3** (*MitarbeiterƧ*) equipo *m*

S

Stäbchen ['ʃtɛːpçən] *n* ⟨-s; -⟩ barrita *f*, palito *m* (*a Ess*𝔖)
'Stabhoch|springer *m* saltador *m* de pértiga; **~sprung** *m* salto *m* con pértiga
stabil [ʃta'biːl] *adj* estable; (*fest*) *a* robusto
stabili|'sieren *v/t*, *v/r* ⟨*sin* ge⟩ (***sich***) **~** estabilizar(se)
Stabili'sierung *f* ⟨-⟩ estabilización *f*; **~splan** *m* plan *m* de estabilización
Stabili'tät *f* ⟨-⟩ estabilidad *f*; **~spolitik** *f* política *f* de estabilidad económica
'Stab|lampe *f* linterna *f*; **~reim** *m* aliteración *f*
'Stabs|arzt *m* capitán *m* médico; **~offizier** *m* oficial *m* del Estado Mayor
Stachel ['ʃtaxəl] *m* ⟨-s; -n⟩ **1** BOT espina *f*, pincho *m*; **2** *von Insekten* aguijón *m*; *vom Igel* pincho *m*; **~beere** *f* grosella *f* espinosa; **~draht** *m* alambre *m* de espino
'stach(e)lig *adj* BOT, ZO espinoso; *Igel*, *Bart* con pinchos, erizado (*a* ZO)
'Stachelschwein *n* puerco *m* espín
Stadion ['ʃtaːdiɔn] *n* ⟨-s; -ien⟩ estadio *m*
Stadium ['ʃtaːdium] *n* ⟨-s; -ien⟩ fase *f*, estadio *m*
Stadt [ʃtat] *f* ⟨-; ⸚e⟩ **1** ciudad *f*; ***die ~ Berlin*** la ciudad de Berlín; **2** (*~verwaltung*) municipio *m*
'Stadt|... *in Zssgn* → ***städtisch***; **𝔖'auswärts** *adv* hacia fuera de la ciudad; **~autobahn** *f* autopista *f* urbana; **~bahn** *f* ferrocarril *m* metropolitano; **~bezirk** *m* distrito *m*
'Stadtbummel *m* ***e-n ~ machen*** recorrer las calles, callejear
Städtchen ['ʃtɛ(ː)tçən] *n* ⟨-s; -⟩ población *f*, villa *f*
'Städtebau *m* urbanismo *m*
stadt'einwärts *adv* hacia el centro de la ciudad
'Städtepartnerschaft *f* hermanamiento *m* de ciudades
'Städter(in) *m*(*f*) hombre, mujer *m*,*f* de ciudad
'Stadtgebiet *n* término *m* municipal
'Stadtgespräch *n* **1** TEL llamada *f* urbana; **2** *fig* ***das ist ~*** es la comidilla
'Stadthalle *f* auditorio *m* municipal; *oft a* sala *f* de congresos
'städtisch *adj* ciudadano; *bsd* ADM municipal; (*urban*) urbano
'Stadt|kämmerer [-kɛmərər] *m* tesorero *m* municipal; **~kasse** *f* contaduría *f* municipal; **~kern** *m* casco *m* urbano; **~mauer** *f* muralla *f*; **~mitte** *f* centro *m* de la ciudad; **~plan** *m* plano *m* de la ciudad; **~planung** *f* ordenación *f od* planificación *f* urbana; urbanismo *m*; **~präsident(in)** *m*(*f*) *schweiz* → ***Bürgermeister***(***in***); **~rand** *m* periferia *f*, afueras *f*/*pl*; **~rat** *m* **1** *Gremium* concejo *m*, ayuntamiento *m*; **2** *Person* concejal *m*; **~rätin** *f* concejala *f*; **~rundfahrt** *f* visita *f* a la ciudad; **~staat** *m* ciudad-estado *f*; **~streicher(in)** *m*(*f*) vagabundo, -a *m*,*f*; **~teil** *m* barrio *m*; **~tor** *n* puerta *f* de la ciudad; **~verkehr** *m* tráfico *m* urbano, circulación *f* urbana; **~verordnete(r)** *f*(*m*) ⟨→ A⟩ concejal, a *m*,*f*; **~verwaltung** *f* administración *f* municipal, ayuntamiento *m*; **~viertel** *n* barrio *m*; **~werke** *pl compañía municipal de electricidad, agua, gas y transportes públicos*; **~zentrum** *n* centro *m* de la ciudad
Staffel ['ʃtafəl] *f* ⟨-; -n⟩ **1** AVIA escuadrilla *m*; **2** (*~lauf*) (carrera *f* de) relevos *m*/*pl*; *Team* equipo *m* de relevos
Staffe'lei *f* caballete *m*
'Staffel|lauf *m* carrera *f* de relevos; **~läufer(-in)** *m*(*f*) corredor, a *m*,*f* de relevos
'staffel|n *v/t*, *v/r* (***sich***) **~** escalonar(se), graduar(se); **𝔖tarif** *m* tarifa *f* escalonada; **𝔖ung** *f* escalonamiento *m*, graduación *f*
Stag|nation [ʃtagnatsi'oːn] *f* estancamiento *m*; **𝔖'nieren** *v/i* ⟨*sin* ge⟩ estancarse
Stahl [ʃtaːl] *m* ⟨-(e)s; ⸚e *o* -e⟩ acero *m*; ***aus~*** de acero; ***Nerven aus ~ haben*** tener nervios de acero
'Stahl|arbeiter *m* obrero *m* del acero; **~beton** *m* hormigón *m* armado; **𝔖blau** *adj* azul acerado; **~blech** *n* chapa *f* de acero
stähl|en ['ʃtɛːlən] *geh v/t* acerar; *Körper* fortalecer; **~ern** *adj* de acero (*a fig*)
'stahl|grau *adj* (gris) acerado; **'~'hart** *adj* duro como el acero (*a fig*); **𝔖helm** *m* casco *m* de acero; **𝔖industrie** *f* industria *f* del acero; **𝔖rohr** *n* tubo *m* de acero; **𝔖werk** *n* acería *f*, fábrica *f* de acero; **𝔖wolle** *f* virutas *f*/*pl* de acero
staks|en ['ʃtaːksən] F *v/i* ⟨sn⟩ andar con los pies tiesos; **~ig** F *adj* tieso
Stalagmit [ʃtala'gmiːt] *m* ⟨-s *o* -en; -e(n)⟩ estalagmita *f*
Stalaktit [ʃtalak'tiːt] *m* ⟨-s *o* -en; -e(n)⟩ estalactita *f*
Stall [ʃtal] *m* ⟨-(e)s; ⸚e⟩ **1** (*Kuh*𝔖) establo *m*; (*Pferde*𝔖) cuadra *f*; (*Schweine*𝔖) pocilga *f*; (*Hühner*𝔖) gallinero *m*; (*Kaninchen*𝔖) conejera *f*; (*Schaf*𝔖) aprisco *m*; **2** (*Renn*𝔖) cuadra *f*
'Stall|bursche *m* mozo *m* de cuadra; **~meister** *m* caballerizo *m*; **~ungen** *pl für Pferde* cuadras *f*/*pl*, caballerizas *f*/*pl*; *für Kühe* establos *m*/*pl*
Stamm [ʃtam] *m* ⟨-(e)s; ⸚e⟩ **1** (*Baum*𝔖) tronco *m*; **2** (*Personal*𝔖) núcleo *m*, plantilla *f*; **3** (*Volks*𝔖) tribu *f*; **4** (*Geschlecht*) linaje *m*, estirpe *m*; **5** LING radical *m*
'Stamm|aktie *f* acción *f* ordinaria; **~baum** *m* árbol *m* genealógico; *von Tieren* pedigrí

S

m; **~belegschaft** *f* plantilla *f* fija; **~buch** *n* libro *m* de familia
stammeln ['ʃtaməln] *v/t*, *v/i* balbucear, balbucir
'stammen *v/i* **~** (***aus, von***) (*kommen, hervorgehen*) venir (de); (*beheimatet sein*) ser natural (de); (*herkommen*) provenir (de), proceder (de) (*a Dinge*); (*datieren*) datar de; ***dieser Vorschlag stammt von Felix*** esa propuesta es de Félix
'Stamm|form *f* GRAM forma *f* radical *od* primitiva; **~gast** *m* cliente *m,f* fijo, -a; **~halter** *m scherzh* primogénito *m*
stämmig ['ʃtɛmɪç] *adj* robusto, vigoroso
'Stamm|kapital *n* capital *m* social; **~kneipe** F *f* bar *m* habitual; **~kunde** *m*, **~kundin** *f* cliente *m,f* habitual, parroquiano, -a *m,f*; **~kundschaft** *f* clientela *f* fija *od* habitual; **~lokal** *n* restaurante *m* habitual; **~personal** *n* personal *m* fijo; **~platz** *m* sitio *m* habitual; **~tisch** *m Tisch* mesa *f* para clientes habituales; (*~runde*), *Treffen* tertulia *f*, peña *f*; **~wähler(in)** *m(f)* votante *m,f* fiel
stampfen ['ʃtampfən] **I** *v/t* ⟨h⟩ **1** *Erde* apisonar; **2** *Kartoffeln*, *Kraut* machacar; **3** *Rhythmus* seguir con el pie (dando patadas); **4** *fig* ***etw aus dem Boden ~*** sacar a/c de debajo de las piedras; **II** *v/i* **5** ⟨h⟩ *mit den Füßen* patalear; *Pferd* piafar; ***mit dem Fuß auf die Erde ~*** dar una patada en el suelo; **6** ⟨sn⟩ (*sich ~d fortbewegen*) andar pesadamente
'Stampfer *m* GASTR machacadera *f*
Stand *m* ⟨-(e)s; ⸚e⟩ **1** (*Stehen*) posición *f* (de pie *od* erecta); ***Sprung aus dem ~*** salto *m* sin carrerilla; F *fig* ***aus dem ~*** (***heraus***) espontáneamente; *fig* ***e-n schweren ~ haben*** estar en una situación delicada; **2** (*~ort*) emplazamiento *m*, lugar *m*, sitio *m*; **3** (*Markt*♀) puesto *m*; (*Ausstellungs*♀, *Informations*♀) stand *m*; **4** (*Wasser*♀) nivel *m*; (*Barometer*♀) altura *f*; *der Papiere*, *Aktien* curso *m*; **5** SPORT (*Spiel*♀) tanteo *m*; **6** *fig* (*Zu*♀) estado *m*; (*Lage*) situación *f*, posición *f*; ***der ~ der Dinge*** el estado de las cosas; ***etw auf den neuesten ~ bringen*** poner a/c al día, actualizar a/c; **7** *gesellschaftlich* nivel *m*; (*Beruf*) rango *m*, categoría *f*; HIST ***der dritte ~*** el tercer estado, la burguesía; **8** (*Familien*♀) estado *m* (civil); **9** ***außer ~e*** → ***außerstande***; ***im ~e*** → ***imstande***; ***in ~*** → ***instand***; ***zu ~e*** → ***zustande***
Standard ['ʃtandart] *m* ⟨-s; -s⟩ estándar *m*, norma *f*; ***internationalen ~ erreichen*** alcanzar estándares internacionales
'Standard|ausführung *f* modelo *m* estándar; **~ausrüstung** *f*, **~ausstattung** *f* equipo *m* estándar; **~brief** *m* carta *f* estándar
standardi|'sieren *v/t* ⟨*sin* ge⟩ estandarizar, normalizar; **~'siert** *adjt* estandarizado, normalizado; **♀'sierung** *f* estandarización *f*, normalización *f*
'Standard|modell *n* modelo *m* estándar; **~umschlag** *m* sobre *m* normalizado; **~vertrag** *m* contrato *m* tipo
Standarte [ʃtan'dartə] *f* estandarte *m*
'Standbild *n* estatua *f*; *kleines* estatuilla *f*
Standby [stɛnt'baɪ] *n* ⟨-(s); -s⟩ stand-by *m*; **~-Modus** *m* TV, INFORM modo *m* (de) espera
Ständchen ['ʃtɛntçən] *n* ⟨-s; -⟩ *am Abend* serenata *f*; ***j-m ein ~ bringen*** dar a alg una serenata
Ständer ['ʃtɛndər] *m* **1** (*Gestell*) caballete *m*, soporte *m* (*a am Fahrrad*); (*Kleider*♀) perchero *m*; (*Noten*♀) atril *m*; **2** P ***e-n ~ haben, kriegen*** tener una erección; P empalmarse
Ständerat ['ʃtɛndəra:t] *m schweiz* Consejo *m* de los Estados
'Standes|amt *n* registro *m* civil; **♀amtlich I** *adj* civil; **II** *adv* por lo civil; **~beamte(r)** *m*, **~beamtin** *f* empleado, -a *m,f* del registro civil; **~dünkel** *m desp* orgullo *m* de casta; **♀gemäß** *adj* conforme a su rango *od* posición social; **~unterschied** *m* diferencia *f* de clases
'standfest *adj* **1** estable; **2** *fig* resuelto, firme; **♀igkeit** *f* estabilidad *f*; *fig* firmeza *f*
'Standgericht *n* consejo *m* de guerra, juicio *m* sumarísimo
'standhaft I *adj* constante; **II** *adv* ***~ bleiben*** mantenerse firme
'Standhaftigkeit *f* ⟨-⟩ constancia *f*, perseverancia *f*
'standhalten *v/i* ⟨*irr, sep*⟩ (***j-m, e-r Sache***) **~** resistir (a alg, a/c)
ständig ['ʃtɛndɪç] **I** *adj* permanente (*a Mitglied, Ausschuss, Wohnsitz*); *Lärm* constante, continuo; **II** *adv* permanentemente; (*immer*) siempre
'Stand|leitung *f* EL línea *f* dedicada; **~licht** *n* luz *f* de posición
'Standort *m* ⟨-(e)s; -e⟩ **1** lugar *m*, posición *f* (*a* MAR, *fig*), *bsd Am* ubicación *f*; *e-s Betriebs* sede *f*, emplazamiento *m*; **2** MIL guarnición *f*; **~vorteil** *m* ventaja *f* del emplazamiento; **~wahl** *f* elección *f* del emplazamiento
'Standpauke F *f* sermón *m*, filípica *f*; ***j-m e-e ~ halten*** F echarle un sermón a alg
'Standpunkt *m* punto *m* de vista; ***den ~ vertreten*** *od* ***auf dem ~ stehen, dass …*** opinar que … (*+ind*)
'Standrecht *n* ley *f* marcial
'standrechtlich I *adj* por aplicación de la ley marcial; **II** *adv* ***~ erschießen*** pasar

S

por las armas
'Stand|spur *f* carril *m* de emergencia; **~uhr** *f* reloj *m* de pie
Stange ['ʃtaŋə] *f* **1** (*Holz*≈) palo *m*; (*Eisen*≈) vara *f*; (*Metall*≈, *Gardinen*≈) barra *f*; (*Fahnen*≈) asta *f*; (*Vogel*≈) percha *f*; F ***Kleider von der ~*** ropa *f* de confección; F ***e-e (schöne) ~ Geld kosten*** costar un dineral *od* F un ojo de la cara; F *fig* ***j-m die ~ halten*** ponerse de parte de alg; F *fig* ***bei der ~ bleiben*** mantenerse firme, seguir en la brecha; **2** *von Lakritze* palo *m*; *von Zimt* rama *f*; (*~ Zigaretten*) cartón *m*
Stängel ['ʃtɛŋəl] *m* ⟨-s; -⟩ BOT tallo *m*
'Stangen|brot *n* pan *m* de barra; **~spargel** *m* espárrago *m* entero
stänkern ['ʃtɛŋkərn] F *v/i* intrigar; F buscar camorra
Stanniol [ʃtani'oːl] *n* ⟨-s; -e⟩ papel *m* de estaño
stanzen ['ʃtantsən] *v/t Blech* perforar; (*prägen*) estampar
Stapel ['ʃtaːpəl] *m* ⟨-s; -⟩ **1** pila *f*, montón *m*; **2** MAR ***vom ~ laufen*** botar
'Stapel|lagerung *f* almacenaje *m* en bloque; **~lauf** *m* botadura *f*
'stapeln *v/t*, *v/r* (***sich***) ~ amontonar(se), apilar(se)
stapfen ['ʃtapfən] *v/i* ⟨sn⟩ andar pesadamente *bzw* con dificultad
Star¹ [ʃtaːr] *m* ⟨-(e)s; -e⟩ ZO estornino *m*
Star² *m* ⟨-(e)s; -e⟩ MED (***grauer***) ~ catarata *f*; ***grüner ~*** glaucoma *m*
Star³ [ʃtaːr] *od* [staːr] *m* ⟨-s; -s⟩ FILM, THEA *usw* estrella *f*; **'~allüren** *pl* caprichos *m/pl* de diva; **'~anwalt** *m* abogado *m* estrella
stark [ʃtark] **I** *adj* ⟨=er, =ste⟩ **1** (*kraftvoll*, *fest*) fuerte (*a fig*); *körperlich* robusto; *Nerven*, *Herz* fuerte, de acero; *Motor*, TEC potente; F ***sich für j-n, etw ~ machen*** apoyar a alg, a/c; **2** *Kaffee*, *Tee* cargado; *Tabak* fuerte; **3** (*dick*) grueso, gordo; (*beleibt*) corpulento; **4** (*intensiv*) intenso (*a Verkehr*, *Kälte*), fuerte; *Interesse*, *Hunger*, *Durst*, *Trinker*, *Raucher* gran(de); **5** *Verb* fuerte; **6** (*zahlenmäßig groß*) ***1000 Mann ~*** con la fuerza de 1000 hombres; **7** *Jugendsprache* (***echt***) ~ F genial, alucinante; **II** *adv* **8** (*viel*) mucho; *vor adj* muy; ***~ rauchen*** fumar mucho; ***~ regnen*** llover intensamente
Stärke ['ʃtɛrkə] *f* **1** (*Kraft*) fuerza *f* (*a von Nerven*, *Herz*, *der Gefühle*, *des Willens*); (*Licht*≈), *e-s Motors*, *e-r Armee* potencia *f*; **2** (*Dicke*) grosor *m*, espesor *m*; **3** (*Intensität*) intensidad *f* (*a des Verkehrs*), fuerza *f* (*a des Windes*, *Regens usw*); **4** *zahlenmäßige* tamaño *m*, número *m*; **5** *fig* (*starke Seite*) fuerte *m*, especialidad *f*; **6** (*Wäsche*≈) almidón *m*; GASTR fécula *f*
'stärken I *v/t* **1** *Gesundheit usw* fortalecer, robustecer; **2** *fig* reforzar; **3** *Wäsche* almidonar; **II** *v/r* **4** ***sich ~*** fortalecerse
'stärk|er, **~ste** → ***stark***
'Starkstrom *m* corriente *f* de alta tensión
'Stärkung *f* **1** *der Gesundheit* fortalecimiento *m*; *der Position*, *Macht* consolidación *f*; **2** (*Imbiss*) refrigerio *m*
Starlet(t) ['ʃtaːrlɛt] *od* ['staːrlɛt] *n* ⟨-s; -s⟩ aspirante *f* a estrella
starr [ʃtar] *adj* (*unbeweglich*) fijo (*a Blick*), inmóvil; (*steif*) rígido (*a fig Gesetz*), tieso; ***~ vor Schreck*** (*dat*) perplejo
'Starre *f* ⟨-⟩ rigidez *f*, inmovilidad *f*
'starren *v/i* **1** ***auf, in etw*** (*acus*) ~ mirar fijamente a/c; **2** ***vor Schmutz*** (*dat*) ~ estar cubierto de suciedad
'Starr|heit *f* ⟨-⟩ rigidez *f* (*a fig von Gesetzen*); *des Blicks* fijeza *f*; **≈köpfig** *adj* terco, testarudo; **~sinn** *m* obstinación *f*; **≈sinnig** *adj* obstinado
Start [ʃtart] *m* ⟨-(e)s; -s⟩ salida *f* (*a* SPORT, *fig*); AVIA despegue *m*; *e-s Motors*, *fig* arranque *m*; *fig* ***an den ~ gehen*** tomar la salida, comenzar
'Start|auflage *f e-s Buchs*, *e-r Zeitschrift* tirada *f* inicial; **~bahn** *f* pista *f* de despegue; **≈bereit** *adj* listo para partir; *Flugzeug* listo para el despegue; **~block** *m* ⟨-(e)s; -blöcke⟩ *Leichtathletik* bloque *m* de salida
'starten I *v/t* ⟨h⟩ *Rakete*, *Offensive* lanzar; *Motor*, *Computer*, *Auto* arrancar, poner en marcha; *Reise* comenzar; **II** *v/i* ⟨sn⟩ salir; SPORT tomar la salida; *Flugzeug* despegar; *Motor* arrancar
'Start|er *m* AUTO arranque *m*; **~erlaubnis** *f* **1** AVIA autorización *f* para el despegue; **2** SPORT autorización *f* para participar
'Starthilfe *f* **1** (*Unterstützung*) ayuda *f* inicial; **2** *beim Auto* ***j-m ~ geben*** ayudar a alg a arrancar el coche
'Start|hilfekabel *n* cable *m* de empalme; **~kapital** *n* capital *m* inicial; **≈klar** → ***startbereit***; **~nummer** *f* SPORT dorsal *m*; **~rampe** *f* plataforma *f* de lanzamiento
'Startschuss *m* SPORT pistoletazo *m* (de salida); *fig* ***den ~ zu*** *od* ***für etw geben*** dar el pistoletazo de salida para a/c
'Start|verbot *n* **1** AVIA prohibición *f* de despegue; **2** SPORT suspensión *f*; **~zeichen** *n* señal *f* de salida
Statik ['ʃtaːtɪk] *f* ⟨-⟩ estática *f*
Station [ʃtatsi'oːn] *f* **1** (*Haltestelle*) estación *f* (*a Funk*≈, *Sende*≈, *Forschungs*≈); **2** *im Krankenhaus* unidad *f*, sección *f*; **3** (*Zwischen*≈) parada *f*; ***in Madrid ~ machen*** hacer una parada en Madrid

S

stationär [ʃtatsio'nɛːr] **I** *adj* **1** (*ortsfest*) estacionario; **2** *Behandlung* clínico; **II** *adv* **3** ***j-n ~ behandeln*** someter a alg a tratamiento clínico

statio'nier|en *v/t* ⟨*sin* ge⟩ estacionar; *Raketen* instalar, desplegar; *Truppen a* establecer; **2ung** *f* estacionamiento *m*, despliegue *m*

Stati'ons|arzt *m* (médico *m*) jefe *m* de sección; **~schwester** *f* enfermera *f* jefe (de sección); **~vorsteher** *m* jefe *m* de estación

'statisch *adj* estático

Statist(in) [ʃta'tɪst(ɪn)] *m(f)* comparsa *m,f*, figurante *m,f* (*a fig*); FILM extra *m,f*

Statist|ik [ʃta'tɪstɪk] *f* estadística *f*; **~iker(in)** *m(f)* estadístico, -a *m,f*; **2isch** *adj* estadístico

Stativ [ʃta'tiːf] *n* ⟨-s; -e⟩ FOT trípode *m*

statt [ʃtat] **I** *prp* ⟨+*gen*⟩ en lugar de, en vez de; *geh* ***an Kindes ~ annehmen*** adoptar; **II** *cj* → ***anstatt I***

statt'dessen *adv* en lugar de eso

Stätte ['ʃtɛtə] *geh f* lugar *m*, sitio *m*

'stattfinden *v/i* ⟨*irr, sep*⟩ celebrarse, tener lugar

'stattgeben *v/i* ⟨*irr, sep*⟩ ADM ***e-m Antrag ~*** dar curso a una solicitud

'statthaft *geh adj* lícito

'Statthalter *m* HIST gobernador *m*

'stattlich *adj Person* apuesto; *Gebäude usw* vistoso; *Summe, Vermögen* imponente, considerable

Statue ['ʃtaːtuə] *f* estatua *f*

Statur [ʃta'tuːr] *f* estatura *f*; ***von kleiner ~*** de baja estatura

Status ['ʃtaːtʊs] *m* ⟨-; - [-tuːs]⟩ estatus *m*; *rechtlicher* estado *m*

Statut [ʃta'tuːt] *n* ⟨-(e)s; -en⟩ estatuto *m*

Stau [ʃtaʊ] *m* ⟨-(e)s; -s *o* -e⟩ (*Verkehrs*2) retención *f* (*a von Flüssigkeiten*), atasco *m*, embotellamiento *m*

Staub [ʃtaʊp] *m* ⟨-(e)s; ¨e⟩ polvo *m*; ***~ saugen*** pasar la aspiradora (por); ***~ wischen*** quitar el polvo; F ***sich aus dem ~(e) machen*** desaparecer; F poner pies en polvorosa

'stauben *v/i* levantar *bzw* soltar polvo

'Staub|flocke *f* pelusa *f*; **~gefäß** *n* BOT estambre *m*

'staubig *adj* polvoriento

'Staub|lappen *m* trapo *m* del polvo; **2saugen** *v/t, v/i* pasar la aspiradora (por); **~sauger** *m* aspiradora *f*; **~tuch** *n* ⟨-(e)s; -tücher⟩ trapo *m* del polvo; **~wedel** *m* plumero *m*; **~wolke** *f* polvareda *f*

'Staudamm *m* presa *f*, dique *m* de contención

Staude ['ʃtaʊdə] *f* planta *f* vivaz

'stauen I *v/t Wasser* estancar; *Fluss* represar; *Blut* impedir que circule; **II** *v/r* ***sich ~*** *Wasser* estancarse; *Menschenmenge* agolparse; *Verkehr* congestionarse; *Blut* no circular

staunen ['ʃtaʊnən] *v/i* (***über etw, j-n***) **~** asombrarse (de a/c, alg); *stärker* estar atónito (por a/c, alg); F ***da staunst du, was?*** F ¿no alucinas?

'Staunen *n* ⟨-s⟩ asombro *m*, admiración *f*; ***j-n in ~*** (*acus*) ***versetzen*** asombrar a alg; ***ich komme aus dem ~ nicht*** (***mehr***) ***heraus*** no salgo de mi asombro

'staunend I *adjt* asombrado; **II** *advl* con asombro

'Stausee *m* embalse *m*; pantano *m*

'Stauung *f* **1** *von Wasser* estancamiento *m*; *e-s Flusses* represa *f*; (*Blut*2) congestión *f*; **2** → ***Stau***

Std. *Abk* (*Stunde*) h. (*hora*)

Steak [steːk] *n* ⟨-s; -s⟩ bistec *m*

stechen ['ʃtɛçən] ⟨sticht, stach, gestochen⟩ **I** *v/t* **1** *Dorn, mit Nadel* pinchar; *Insekt* picar; ***j-n mit e-m Messer ~*** clavar(le) a alg un cuchillo; **2** *Spargel* cortar; *Torf* extraer; **3** *Kartenspiel* matar; **II** *v/i* **4** *Dorn, Nadel* pinchar; *Sonne* picar; **5** ***mit etw in etw*** (*acus*) **~** clavar a/c en a/c; **6** SPORT desempatar; **7** (*die Stechuhr betätigen*) fichar; **8** *Kartenspiel* hacer baza; **III** *v/r* **9** ***sich*** (*dat od acus*) ***in den Finger ~*** pincharse un dedo

'Stechen *n* ⟨-s; -⟩ SPORT desempate *m*

'stechend *adjt Blick, Geruch* penetrante; *Schmerz* punzante

'Stech|karte *f* tarjeta *f* (para fichar); **~mücke** *f* mosquito *m*, *Am* zancudo *m*; **~uhr** *f* reloj *m* para fichar

Steck|brief ['ʃtɛk-] *m* carta *f* requisitoria, orden *f* de búsqueda; **2brieflich** *adv* por vía requisitoria; **~dose** *f* (caja *f* de) enchufe *m*

'stecken I *v/t* **1** ***etw durch etw ~*** meter a/c por a/c; ***etw in etw*** (*acus*) **~** meter a/c en a/c; (*hineinstopfen*) forzar a/c por a/c; *Arbeit, Geld* invertir a/c en a/c; F ***j-n ins Gefängnis ~*** encerrar a alg (en la cárcel); **2** (*befestigen*) ***etw an etw*** (*acus*) **~** fijar a/c en a/c; *mit e-r Nadel* prender a/c en a/c; **II** *v/i* ⟨*regular o geh* stak, gesteckt, h⟩ **3** ***an etw*** (*dat*) **~** estar prendido en a/c; ***in etw*** (*dat*) **~** *Pfahl, Stange* estar metido *od* puesto en a/c; ***~ bleiben*** quedar atascado (***in etw*** *dat* en a/c); *Fahrzeug a* quedar detenido; (*verbleiben*) quedar; F *fig beim Reden* perderse; ***den Schlüssel ~ lassen*** dejar la llave puesta; ***der Schlüssel steckt*** (***im Schloss***) la llave está puesta; F ***wo hast du nur gesteckt?*** F ¿dónde andabas (metido)?; F *fig* ***wer steckt dahinter?***

¿quién hay detrás de eso?
'Stecken *m* ⟨-s; -⟩ *bsd südd* palo *m*, bastón *m*
'Steckenpferd *n* caballito *m*; *fig* afición *f*, hobby *m*
'Stecker *m* EL clavija *f*, enchufe *m*
'Steckling *m* ⟨-s; -e⟩ plantón *m*
'Stecknadel *f* alfiler *m*; F *fig* ***e-e ~ im Heuhaufen suchen*** buscar una aguja en un pajar
Steg [ʃteːk] *m* ⟨-(e)s; -e⟩ **1** (*kleine Brücke, Boots*≈) pasarela *f*; **2** *an Saiteninstrumenten* puente *m* (*a Brillen*≈); (*Hosen*≈) trabilla *f*
Stegreif ['ʃteːkraɪf] *m* ***aus dem ~*** improvisando; *Rede* ***aus dem ~ halten*** improvisar
'Stehaufmännchen *n Spielzeug* tentetieso *m*; F *fig persona que no se da por vencida*
stehen ['ʃteːən] ⟨stand, gestanden, h, *südd, österr, schweiz* sn⟩ **I** *v/i* **1** (*aufrecht ~*) estar de *od* en pie; ***~ bleiben*** quedar de pie; *fig* ***das Geschäft steht und fällt mit ihm*** el negocio depende totalmente de él; **2** (*sich befinden*) estar, encontrarse (***am Fenster*** en la ventana); ***~ bleiben*** (*zurückgelassen werden*) quedar; (*unverändert bleiben*) conservarse; (*keine Fortschritte machen*) no progresar; ***wo sind wir ~ geblieben?*** ¿dónde nos habíamos quedado?; ***~ lassen*** dejar; F ***sich*** (*dat*) ***e-n Bart ~ lassen*** dejarse barba; ***alles ~ und liegen lassen*** dejarlo todo; **3** (*sein*) estar; ***so wie die Dinge ~*** tal como están las cosas; ***wie steht das Spiel?*** ¿cómo va el juego?; ***das Spiel steht 2 zu 3*** el partido va 2 a 3; **4** GRAM ***das Adverb steht hinter dem Verb*** el adverbio va siempre tras el verbo; **5** FIN ***wie steht der Dollar?*** ¿a cómo está el dólar?; ***die Aktien ~ auf …*** (*dat*) las acciones se cotizan a …; **6** *Kleider, Farben usw* ***j-m gut, schlecht ~*** sentarle bien, mal a alg; **7** (*geschrieben ~*) estar escrito, figurar; ***~ lassen*** *Fehler* dejar; ***was steht auf dem Plakat?*** ¿qué pone en el cartel?; **8** *Signal usw* ***auf „Halt" ~*** indicar parada; *Ampel* ***auf Rot ~*** estar rojo; *Zeiger* ***auf 3 Uhr ~*** marcar las 3; **9** ***darauf steht Gefängnis*** se castiga con prisión; **10** (*still~*) *Maschine, Uhr* estar parado; ***~ bleiben*** detenerse, pararse (*a Uhr*); **11** *fig* ***hinter j-m ~*** respaldar a alg; ***zu j-m ~*** apoyar a alg; ***wie stehst du dazu?*** ¿qué opinas de eso?; **12** ***für etw ~*** (*gewährleisten*) garantizar a/c; (*stellvertretend sein*) estar por a/c, sustituir a a/c; **13** F ***auf etw*** (*acus*) ***~*** F estar loco por a/c; ***auf j-n ~*** F estar loco *od* colado por alg; **II** *v/imp* **14** ***wie steht's um ihn?*** ¿cómo le va?; ***wie steht's mit Ihrer Gesundheit?*** ¿qué tal anda de salud?; **15** ***es steht zu befürchten, dass …*** es de temer que … (*+subj*); **III** *v/r* **16** ***sich gut, schlecht mit j-m ~*** llevarse bien, mal con alg
'Steh|kneipe *f* bar *m*; **~lampe** *f* lámpara *f* de pie; **~leiter** *f* escalera *f* de tijera
stehlen ['ʃteːlən] ⟨stiehlt, stahl, gestohlen⟩ **I** *v/t, v/i* (***j-m etw***) ***~*** hurtar *od* robar(le a/c a alg); F ***er kann mir gestohlen bleiben*** F ¡que se vaya al cuerno!; **II** *v/r* ***sich aus dem Haus ~*** salir de casa a hurtadillas
'Steh|platz *m* plaza *f* de pie; THEA localidad *f* de pie; **~vermögen** *n* (capacidad *f* de) aguante *m*
Steiermark ['ʃtaɪərmark] *f* ⟨-⟩ ***die ~*** Estiria *f*
steif [ʃtaɪf] **I** *adj* **1** tieso, rígido (*a Kragen*); *vor Kälte* aterido; *Gelenk* anquilosado; F *Penis* erecto; ***~ werden*** ponerse tieso; *Glieder* entumecerse; ***Sahne ~ schlagen*** batir la nata; **2** *fig im Benehmen* ceremonioso; (*gezwungen*) afectado; (*förmlich*) formal; **3** *Brise* fuerte; **II** *adv* **4** F ***~ und fest behaupten, dass*** afirmar categóricamente que (*+ind*)
Steigbügel ['ʃtaɪk-] *m* estribo *m*
'Steige *f südd für Obst* bandeja *f*
steigen ['ʃtaɪgən] *v/i* ⟨stieg, gestiegen, sn⟩ **1** (*hinauf~*) subir (***auf*** *+acus* a); *Flugzeug* tomar altura; *Nebel, Ballon* elevarse; (*klettern*) trepar; ***auf e-n Berg ~*** escalar una montaña; ***ins Auto, in den Zug, ins Flugzeug ~*** subirse al coche, al tren, al avión; ***aufs Fahrrad, Pferd ~*** montar en bicicleta, a caballo; ***aus dem Auto, Zug, Flugzeug, vom Fahrrad, Pferd ~*** bajarse del coche, tren, avión, de la bicicleta, del caballo; ***über die Mauer ~*** saltar la muralla; **2** (*an~*) ascender, subir (***auf*** *+acus* a; ***um*** en, por); *Temperatur* aumentar (***auf*** *+acus* a; ***um*** en, por); **3** F ***eine Party steigt*** hay una fiesta; **4** *österr* → ***treten II 5***
steigern ['ʃtaɪgərn] **I** *v/t* **1** *Preise* elevar, subir; *Ansprüche, Chancen, Leistung, Produktion, Tempo* aumentar; *Furcht, Spannung* intensificar; **2** GRAM formar grados de comparación; **II** *v/r* **3** ***sich ~*** *Preise* subir; *Ansprüche, Chancen, Leistung, Produktion, Tempo* aumentar; *Furcht, Spannung* intensificarse
'Steigerung *f* **1** aumento *m*, subida *f*; **2** GRAM comparación *f*
'Steigung *f* subida *f*, cuesta *f*, pendiente *f*
steil [ʃtaɪl] **I** *adj* escarpado, empinado; *Küste* acantilado; *Karriere* vertiginoso; **II** *adv* ***~ ansteigen*** empinarse
'Steil|hang *m* despeñadero *m*, tajo *m*; **~küste** *f* acantilado *m*; **~pass** *m Fußball* pase *m* en profundidad; **~wand** *f im Gebirge* pared *f*
Stein [ʃtaɪn] *m* ⟨-(e)s; -e⟩ piedra *f*; (*Kiesel*≈)

S

guijarro *m*, canto *m* (rodado); *im Steinobst* hueso *m*; (*Spielℒ*) ficha *f*, pieza *f*; MED cálculo *m*; *geh* ***der ~ der Weisen*** la piedra filosofal; ***mir fällt ein ~ vom Herzen*** se me quita un peso de encima; *fig* ***j-m ~e in den Weg legen*** poner(le) a alg obstáculos en el camino; *fig* ***den ~ ins Rollen bringen*** tomar la iniciativa, poner la cosa en marcha; F *fig* ***bei j-m e-n ~ im Brett haben*** gozar del favor de alg

'stein'alt F *adj* F más viejo que Matusalén

'Stein|bock *m* **1** zo cabra *f* montés; **2** ASTR Capricornio *m*; **~bruch** *m* cantera *f*; **~butt** [-bʊt] *m* rodaballo *m*

'steinern *adj* de piedra (*a fig Gesicht*)

'Steingut *n* ⟨-(e)s; -e⟩ loza *f*, gres *m*

'stein'hart *adj* duro como una piedra

'steinig *adj* pedregoso

'steinigen *v/t* apedrear, lapidar

'Stein|kohle *f* carbón *m* (de piedra), hulla *f*; **~kohlenbergwerk** *n* mina *f* de carbón; **~krug** *m* cántaro *m*; **~marder** *m* garduña *f*; **~metz** [-mɛts] *m* ⟨-en; -en⟩ cantero *m*, picapedrero *m*; **~obst** *n* fruta *f* de hueso; **~pilz** *m* boleto *m* (comestible); **'ℒ'reich** F *adj* inmensamente rico, riquísimo; **~schlag** *m* caída *f od* desprendimiento *m* de piedras; **~zeit** *f* Edad *f* de Piedra

Steiß [ʃtaɪs] *m* ⟨-es; -e⟩ **1** (*~bein*) coxis *m*; **2** (*Gesäß*) trasero *m*

'Steißbein *n* coxis *m*

'Stelldichein *n* ⟨-(s); -(s)⟩ cita *f*

Stelle ['ʃtɛlə] *f* **1** (*Ort*) sitio *m*, lugar *m*; (*bestimmter Bereich*) parte *f*; *fig* ***e-e schwache ~*** un punto débil; ***A an die ~ von B setzen*** poner A en lugar de B; ***an j-s ~*** (*acus*) ***treten*** hacer las veces de alg; ***auf der ~*** en el acto; *fig* ***auf der ~ treten, nicht von der ~ kommen*** no avanzar; ***zur ~ sein*** estar presente; **2** (*Arbeitsℒ*) puesto *m* (de trabajo); ***e-e freie ~*** un puesto libre; ***e-e ~ suchen*** buscar un empleo; ***neue ~n schaffen*** crear empleo; ***sich um e-e ~ bewerben*** solicitar un empleo; **3** (*Behörde*, *Dienstℒ*) autoridad *f*, servicio *m*; **4** *in e-m Schrift-*, *Musikstück* pasaje *m*; **5** *in e-r Reihenfolge* puesto *m*, lugar *m*; ***an erster ~ stehen*** estar en primer lugar; SPORT ***an vierter ~ liegen*** ser el cuarto; **6** (*Dezimalℒ*) decimal *m*; ***diese Zahl hat drei ~n*** es un número de tres cifras

'stellen I *v/t* **1** (*setzen*, *legen*) colocar, poner; (*aufrecht ~*) poner derecho; *in e-r bestimmten Ordnung* situar; **2** *Verbrecher*, *Wild* coger; **3** *Aufgabe*, *Bedingung* poner; *Frage* hacer; *Frist* fijar; **4** *Ersatzmann*, *Bürgen* presentar; ***j-m etw ~*** poner a/c a la disposición de alg; **5** (*ein~*) regular, ajustar; *Uhr* poner en hora; *Radio* ***leiser, lauter ~*** bajar, subir (el volumen); ***den Wecker auf sieben Uhr ~*** poner el despertador a las siete; **6** ***gut, schlecht gestellt sein*** estar bien, mal de dinero; ***ganz auf sich*** (*acus*) ***gestellt sein*** depender de sí mismo; **II** *v/r* **7** ***sich ~*** (*nicht setzen*) quedarse de pie; (*sich hin~*) levantarse; ***sich auf die Zehenspitzen ~*** ponerse de puntillas; *fig* ***sich vor j-n ~*** proteger a alg; *fig* ***sich hinter j-n ~*** ponerse de parte de alg; *fig* ***sich gegen j-n ~*** ponerse en contra de alg; **8** ***sich dumm, tot, taub ~*** hacerse el tonto, el muerto, el sordo; **9** ***sich*** (***der Polizei***) ***~*** entregarse (a la policía); ***sich zum Kampf, der Kritik ~*** plantar cara al enemigo, a la crítica; **10** ***sich mit j-m gut ~*** ponerse a bien con alg

'Stellen|abbau *m* recorte *m* de empleo; reducción *f* de puestos de trabajo; **~angebot** *n* oferta *f* de trabajo; **~anzeige** *f* anuncio *m* de trabajo; **~beschreibung** *f* descripción *f* del puesto; **~gesuch** *n* demanda *f od* solicitud *f* de empleo; **~suche** *f* búsqueda *f* de empleo; **~vermittlung** *f* agencia *f* de colocación; ***private ~*** agencia *f* privada de colocación; **ℒweise** *adv* esporádicamente; METEO localmente; **~wert** *m* **1** MAT valor *m*; **2** *fig* importancia *f* (relativa)

'Stell|platz *m* aparcamiento *m*; **~schraube** *f* tornillo *m* de ajuste

'Stellung *f* **1** (*Position*) posición *f* (*a* MIL, *fig*); (*Körperhaltung*) postura *f*; (*Haltung*) *a* actitud *f*; ***die ~ der Frau in der Gesellschaft*** el papel de la mujer en la sociedad; **2** (*Einℒ*) posición *f*, orientación *f*; ***~ nehmen*** tomar posición, opinar (***zu*** sobre); **3** (*Anℒ*) empleo *m*, puesto *m*, colocación *f*

Stellungnahme ['ʃtɛlʊŋnaːmə] *f* **1** (*Meinung*) opinión *f*, postura *f*; **2** *Äußerung* informe *m*

'stellvertretend *adjt* suplente, interino; ***~er Vorsitzender*** vicepresidente *m*

'Stell|vertreter(in) *m*(*f*) suplente *m*,*f*, representante *m*,*f*; **~vertretung** *f* sustitución *f*, representación *f*; **~werk** *n* *Eisenbahn* puesto *m* de enclavamiento

Stelze ['ʃtɛltsə] *f* zanco *m*

Stemmeisen ['ʃtɛm-] *n* cincel *m*, formón *m*

'stemmen I *v/t* **1** *Gewicht*, *Last* levantar; **2** (*drücken*) apoyar con fuerza (***gegen*** contra); **II** *v/r* **3** ***sich gegen etw ~*** apoyarse contra a/c; *fig* resistirse a a/c

Stempel ['ʃtɛmpəl] *m* ⟨-s; -⟩ **1** *Instrument*, *Abdruck* sello *m*; (*Postℒ*) matasellos *m*; *bei Edelmetallen* contraste *m*; **2** *fig* sello *m*, carácter *m*; ***e-r Sache, j-m s-n ~ aufdrücken*** imprimir su carácter en a/c, alg; **3** BOT pistilo *m*

'Stempel|farbe *f* tinta *f* de timbrar; **~halter** *m* portasellos *m*; **~karte** *f* → ***Stechkarte***; **~kissen** *n* tampón *m*, almohadilla *f*

'stempeln **I** *v/t* **1** sellar; *Briefmarke* matasellar; *Edelmetall* marcar; *Fahrkarte, Stechkarte* fichar (*a absolut*); **2** ***j-n zu etw ~*** tildar a alg de a/c; **II** *v/i* F ***~ gehen*** cobrar subsidio de paro

Stengel → ***Stängel***

Steno ['ʃteːno] F *f* ⟨-⟩ (*~grafie*) F taquí *f*; **~block** *m* bloc *m* para taquigramas; **~gra'fie** *f* taquigrafía *f*; **≈gra'fieren** ⟨*sin* ge⟩ *v/t, v/i* taquigrafiar; **~'gramm** *n* ⟨-s; -e⟩ taquigrama *m*; **~ty'pistin** *f* taquígrafa *f*

'Steppdecke *f* colcha *f* guateada, edredón *m*

Steppe ['ʃtɛpə] *f* estepa *f*

steppen¹ ['ʃtɛpən] *v/t* MODE pespuntear

'steppen² *v/i tanzen* bailar claqué

'Stepp|tanz *m* claqué *m*; **~tänzer(in)** *m(f)* bailador, a *m,f* de claqué

'Sterbe|bett *n* lecho *m* de muerte; **~fall** *m* fallecimiento *m*; **~hilfe** *f* eutanasia *f*

sterben ['ʃtɛrbən] *v/i* ⟨stirbt, starb, gestorben, sn⟩ morir, fallecer (***an***, F *fig* ***vor*** *+dat* de); F *fig* ***sie ist für mich gestorben*** para mí ya no existe; ***im ≈ liegen*** estar muriéndose

'Sterbens|'angst *f* angustia *f* mortal; **'≈'krank** *adj* **1** moribundo; **2** *fig* muy enfermo

'Sterbens|'wort *n*, **'~'wörtchen** *n* ***kein ~ sagen*** no decir ni mu

'Sterbe|sakramente *pl* últimos sacramentos *m/pl*, viático *m*; **~urkunde** *f* certificado *m* de defunción

'sterblich *adj* mortal

'Sterbliche(r) *f(m)* ⟨→ A⟩ mortal *m,f*; ***ein gewöhnlicher ~r*** cualquier mortal

'Sterblichkeit *f* ⟨-⟩ mortalidad *f*

stereo ['ʃteːreo] *adv* estéreo

'Stereo|anlage *f* equipo *m* (de música *od* estereofónico); **~aufnahme** *f* grabación *f* estereofónica; **~pho'nie** *f* ⟨-⟩ estereofonía *f*; **~ton** *m* ⟨-(e)s; ⸚e⟩ sonido *m* estereofónico; **≈'typ** *adj fig* estereotipado

steril [ʃte'riːl] *adj* estéril (*a fig*); **≈isati'on** *f* esterilización *f*; **~i'sieren** *v/t* ⟨*sin* ge⟩ esterilizar; **≈i'sierung** *f* esterilización *f*; **≈i'tät** *f* ⟨-⟩ esterilidad *f* (*a fig*)

Stern [ʃtɛrn] *m* ⟨-(e)s; -e⟩ estrella *f* (*a fig*); ASTR *a* astro *m*; *Hotel, Restaurant* ***mit drei ~en*** de tres estrellas; ***das steht noch in den ~en*** todavía está por verse; F *fig* ***~e sehen*** ver las estrellas; *Unternehmen* ***unter keinem guten ~ stehen*** tener mala estrella

'Stern|bild *n* constelación *f*; **~chen** *n* ⟨-s; -⟩ **1** TYPO asterisco *m*; **2** (*Film≈*) aspirante *f* a estrella; **~deuter(in)** *m(f)* astrólogo, -a *m,f*; **~enbanner** *n* bandera *f* estrellada; **≈enklar** *adj* estrellado; **~fahrt** *f* rally *m*; **'≈hagel'voll** F *adj* F pedo, borracho como una cuba; **≈klar** *adj* estrellado; **~kunde** *f* astronomía *f*; **~schnuppe** *f* estrella *f* fugaz; **~stunde** *geh f* momento *m* estelar; **~warte** *f* observatorio *m* (astronómico); **~zeichen** *n* signo *m* (del zodíaco)

stet [ʃteːt] *geh adj* (*andauernd*) continuo; (*gleich bleibend*) constante

Stethoskop [ʃteto'skoːp] *n* ⟨-s; -e⟩ estetoscopio *m*

'stetig *adj* (*kontinuierlich*) continuo (*a* MAT); (*beständig*) constante

stets [ʃteːts] *geh adv* siempre

Steuer¹ ['ʃtɔʏər] *n* ⟨-s; -⟩ MAR timón *m*; AUTO volante *m*; AUTO ***sich ans od hinters ~ setzen*** ponerse al volante; *fig* ***das ~ fest in der Hand haben*** llevar el timón con mano segura

'Steuer² *f* ⟨-; -n⟩ FIN impuesto *m* (*a auf Waren*); ADM contribución *f*; ***(in)direkte ~*** impuesto *m* (in)directo; ***~n hinterziehen*** defraudar impuestos; ***~n zahlen*** pagar impuestos; ***etw von der ~ absetzen*** deducir a/c de los impuestos

'Steuer|abzug *m* retención *f* fiscal, deducción *f* del impuesto; **~behörde** *f* Hacienda *f*; **~belastungen** *f/pl* cargas *f/pl* fiscales; **~berater(in)** *m(f)* asesor, a *m,f* de impuestos; **~bescheid** *m* notificación *f* de la liquidación de impuestos

'Steuerbord *n* estribor *m*

'Steuer|einnahmen *f/pl* ingresos *m/pl* fiscales; **~erhöhung** *f* aumento *m* de los impuestos

'Steuererklärung *f* declaración *f* de impuestos; ***die ~ abgeben*** presentar la declaración (a Hacienda)

'Steuer|ermäßigung *f* reducción *f* de impuestos; **~flucht** *f* evasión *f* fiscal; **≈frei** *adj* libre de impuestos; **~freibetrag** *m* importe *m* exento de impuestos; **~gelder** *pl* fondos *m/pl* recaudados; **~hinterziehung** *f* fraude *m* fiscal; **~jahr** *n* año *m* fiscal, ejercicio *m* fiscal; **~klasse** *f* categoría *f* fiscal

'Steuerknüppel *m* AVIA palanca *f* de mando

'steuerlich **I** *adj* fiscal; **II** *adv* ***~ absetzbar*** desgravable; ***~ begünstigt*** con privilegios fiscales

'Steuermann *m* ⟨-(e)s; -leute *o* ⸚er⟩ timonel *m*

'steuern **I** *v/t* ⟨h⟩ AUTO conducir; AVIA pilotar; MAR gobernar; TEC mandar; *fig Prozess, Meinung* manipular; *Gespräch* dirigir; **II** *v/i* ⟨sn⟩ MAR pilotar; (*fahren*) conducir (***nach*** hacia)

'Steuer|nummer *f von Personen* número *m* de identificación fiscal; *von Unternehmen* código *m* de identificación fiscal; **~oase** F *f* paraíso *m* fiscal; **≈pflichtig** *adj* sujeto a impuestos; ***nicht ~*** exento del impuesto; **~pflichtige(r)** *f(m)* ⟨→ A⟩ contribuyente

S

m,f; **~politik** *f* política *f* fiscal; **~prüfer(in)** *m(f)* inspector, a *m,f* de Hacienda; auditor, a *m,f*; **~prüfung** *f* inspección *f* fiscal; auditoría *f*
'Steuerrad *n* AUTO volante *m*; MAR timón *m*
'Steuer|recht *n* derecho *m* fiscal; **ˆrechtlich** *adj* jurídico-fiscal; **~rückerstattung** *f* devolución *f* fiscal; **~satz** *m* tasa *f* fiscal; **~schuld** *f* deuda *f* fiscal; **~senkung** *f* reducción *f* de impuestos
'Steuerung *f* **1** *Handlung* AUTO dirección *f*; AVIA pilotaje *m*; TEC mando *m*, control *m*; **2** *Mechanismus* TEC mando *m*; AUTO dirección *f*; **~staste** *f* INFORM tecla *f* de control
'Steuerzahler(in) *m(f)* contribuyente *m,f*
Steward ['stjuːərt] *m* ⟨-s; -s⟩ auxiliar *m* de vuelo
Stewardess ['stjuːərdɛs] *f* ⟨-; -en⟩ azafata *f*, *Am* aeromoza *f*
StGB [ɛsteːgeːˈbeː] *n Abk* ⟨-⟩ (*Strafgesetzbuch*) CP (*código penal*)
stibitzen [ʃtiˈbɪtsən] F *v/t* ⟨*sin* ge⟩ F mangar, birlar
Stich [ʃtɪç] *m* ⟨-(e)s; -e⟩ **1** (*Nadel*ˆ) pinchazo *m*; (*Insekten*ˆ) picadura *f*; **2** (*Messer*ˆ) cuchillada *f*; **3** ***j-n im ~ lassen*** (*ohne Hilfe lassen*) dejar a alg en la estacada; (*verlassen*) abandonar a alg; ***sein Gedächtnis ließ ihn im ~*** le falló la memoria; **4** MODE puntada *f*, punto *m*; **5** *Schmerz* dolor *m* punzante; *fig* ***es gab ihr einen ~*** (***ins Herz***) la hirió en lo más hondo (del corazón); **6** *fig* (*boshafte Bemerkung*) puñalada *f*; **7** (*Kupfer*ˆ, *Stahl*ˆ) grabado *m*; **8** *Kartenspiel* baza *f*; **9** F ***e-n ~ haben*** *Milch* estar agriado; *Wein a* estar picado; *Person* estar mal de la cabeza; *Farbe* ***e-n ~ ins Blaue haben*** tirar a azul
Stiche'lei F *desp f* pulla *f*, indirecta *f*
'sticheln F *desp v/i* lanzar indirectas *od* pullas (***gegen*** contra)
'Stichflamme *f* llamarada *f*
'stichhaltig *adj* concluyente, fundado; **ˆkeit** *f* ⟨-⟩ solidez *f*, fundamento *m*
'Stichling *m* ⟨-s; -e⟩ ZO espinoso *m*
'Stich|probe *f* prueba *f* al azar; *Statistik* muestra *f*; **~säge** *f* serrucho *m* de calar
'Stich|tag *m* día *m* fijado, fecha *f* tope; (*Fälligkeits*ˆ) fecha *f* de vencimiento; **~wahl** *f* votación *f* de desempate, balotaje *m*
'Stichwort *n* ⟨-(e)s; ¨er *o* -e⟩ **1** ⟨*pl* ¨er⟩ *im Wörterbuch* entrada *f*; **2** ⟨*pl* -e⟩ THEA entrada *f*, pie *m*; **3** ⟨*pl* -e⟩ (*Notiz*) apunte *m*; **4** ⟨*pl* -e⟩ (*Oberbegriff*) término *m* genérico, voz *f* guía; **~verzeichnis** *n* índice *m* (alfabético)
'Stichwunde *f* cuchillada *f*, navajazo *m*
sticken ['ʃtɪkən] *v/t*, *v/i* bordar
Sticker ['stɪkər] *m* pegatina *f*
Sticke'rei *f* bordado *m*
'stickig *adj* sofocante
'Stick|oxid, **~oxyd** *n* óxido *m* nítrico; **~stoff** *m* nitrógeno *m*
stieben ['ʃtiːbən] *geh v/i* ⟨*regular o* stob, gestoben, sn *o* h⟩ dispararse, volar
Stiefbruder ['ʃtiːf-] *m* hermanastro *m*
Stiefel ['ʃtiːfəl] *m* ⟨-s; -⟩ bota *f*; **~ette** [-ˈlɛtə] *f* botín *m*
'stiefeln F *v/i* ⟨sn⟩ andar a zancadas
'Stief|kind *n* **1** hijastro, -a *m,f*; **2** *fig* desgraciado, -a *m,f*; **~mutter** *f* madrastra *f*; **~mütterchen** *n* ⟨-s; -⟩ BOT pensamiento *m*
'stiefmütterlich *adv fig desp* ***j-n, etw ~ behandeln*** tratar a alg con negligencia
'Stief|schwester *f* hermanastra *f*; **~sohn** *m* hijastro *m*; **~tochter** *f* hijastra *f*; **~vater** *m* padrastro *m*
Stiege ['ʃtiːgə] *f bsd österr* escalera *f* (estrecha)
Stieglitz ['ʃtiːglɪts] *m* ⟨-es; -e⟩ jilguero *m*
Stiel [ʃtiːl] *m* ⟨-(e)s; -e⟩ **1** *an e-m Werkzeug*, *e-r Pfanne* mango *m*; (*Besen*ˆ), *von Eis* palo *m*; **2** (*Stängel*) palo *m*; *e-r Frucht*, *e-s Blattes a* tallo *m*
'Stielauge *n* F *fig* ***~n machen*** abrir los ojos como platos
stier [ʃtiːr] *adj Blick* fijo
Stier *m* ⟨-(e)s; -e⟩ **1** ZO toro *m*; **2** ASTR Tauro *m*
'stieren *v/i* ***auf etw*** (*acus*) **~** mirar fijamente a/c
'Stier|kampf *m* corrida *f* de toros; **~kampfarena** *f* plaza *f* de toros; **~kämpfer** *m* torero *m*
Stift[1] [ʃtɪft] *m* ⟨-(e)s; -e⟩ **1** (*Schreib*ˆ) lápiz *m*; **2** TEC (*Bolzen*) clavija *f*, espiga *f*; (*Draht*ˆ) tachuela *f*; **3** F *fig* (*Lehrling*) aprendiz *m*
Stift[2] *n* ⟨-(e)s; -e⟩ **1** REL capítulo *m*, cabildo *m*; (*Privatschule*) colegio *m* religioso; **2** *österr* (*Kloster*) convento *m*
'stiften *v/t* **1** *Kloster*, *Schule* crear; *Orden*, *Sekte* fundar; **2** *Geld* donar, regalar; *Preis* patrocinar; **3** (*schaffen*) suscitar; *Frieden* restablecer; *Zwietracht* sembrar
'Stifter(in) *m(f)* fundador, a *m,f*; (*Spender*) donador, a *m,f*
'Stiftskirche *f* colegiata *f*
'Stiftung *f Handlung* donación *f*; *Institution* fundación *f*
Stigma ['ʃtɪgma] *od* ['stɪgma] *n* ⟨-s; -men *o* -ta⟩ estigma *m*
Stil [ʃtiːl] *m* ⟨-(e)s; -e⟩ estilo *m*; **'~blüte** *f* desliz *m* estilístico
Stilett [ʃtiˈlɛt] *n* ⟨-s; -e⟩ estilete *m*
stili'sieren *v/t* ⟨*sin* ge⟩ estilizar
sti'listisch *adj* estilístico

still [ʃtɪl] *adj* (*ruhig*) tranquilo, quieto; (*unbeweglich*) *a* inmóvil; (*friedlich*) apacible; (*schweigsam*) silencioso, taciturno; (*heimlich*) secreto (*a Hoffnung*); ***der* ≈*e Ozean*** el Océano Pacífico; ***~es Wasser*** agua *f* sin gas; ***im* ≈*en*** para sí, en silencio, en secreto; ***seid ~!*** ¡silencio!; ***es wurde ~*** se hizo el silencio

'Stille *f* ⟨-⟩ (*Schweigen*) silencio *m*; (*Ruhe*) tranquilidad *f*, calma *f*; (*Friede*) paz *f*; ***in der ~ der Nacht*** en el silencio de la noche; ***in aller ~*** *Hochzeit, Beisetzung* en (la más estricta) intimidad

'stillen I *v/t* **1** *Baby* dar el pecho a, amamantar; **2** *Blutung* cortar; **3** *Schmerz* mitigar; *Durst, Hunger* calmar; *Neugier, Verlangen* satisfacer; **II** *v/i* **4** amamantar

'still|halten *v/i* ⟨*irr, sep*⟩ no moverse, quedarse quieto; **≈leben** *n* naturaleza *f* muerta, bodegón *m*; **~legen** *v/t* ⟨*sep*⟩ inmovilizar; *Betrieb, Eisenbahnstrecke* cerrar; **≈legung** *f* cierre *m*

'Stillschweigen *n* silencio *m*, mutismo *m*; ***(über etw, j-n) ~ bewahren*** guardar silencio (sobre a/c, alg)

'stillschweigend I *adjt* **1** (*wortlos*) callado; **2** *Abmachung* tácito; **II** *advl* **3** (*stumm*) en silencio; **4** ***etw ~ übergehen*** silenciar a/c

'stillsitzen *v/i* ⟨*irr, sep, h o sn*⟩ estarse quieto

'Stillstand *m* parada *f*, suspensión *f*; ***zum ~ bringen*** *Maschine, Blutung* detener; *Verkehr* retener, paralizar

'stillstehen *v/i* ⟨*irr, sep, h o sn*⟩ **1** (*anhalten*) quedarse parado; *Maschine* estar parado; *Verkehr* estar paralizado; **2** (*sich nicht rühren*) no moverse; MIL ***stillgestanden!*** ¡firmes!

'Stil|möbel *pl* muebles *m/pl* de estilo; **≈voll I** *adj* de buen gusto, de estilo refinado; **II** *adv* con gusto, con estilo

Stimmband ['ʃtɪm-] *n* ⟨-(e)s; ¨er⟩ *mst pl* ***Stimmbänder*** cuerdas *f/pl* vocales

'Stimmbruch *m* cambio *m* de voz; ***im ~ sein*** estar cambiando la voz

'Stimme *f* **1** voz *f* (*a* MUS, *fig*); ***mit lauter, leiser ~*** en voz alta, baja; **2** (*Wahl*≈) voto *m*; ***s-e ~ abgeben (für)*** votar (por); **3** (*Meinung*) voz *f*, opinión *f*; ***die kritischen ~n in der Öffentlichkeit*** la opinión crítica del público

'stimmen I *v/t* **1** *Instrument* afinar; ***höher, tiefer ~*** alzar, bajar de tono; **2** *fig* ***j-n traurig ~*** entristecer a alg; ***das stimmte mich nachdenklich*** eso me hizo reflexionar; ***j-n froh, heiter ~*** poner a alg de buen humor; **II** *v/i* **3** (*richtig sein*) estar bien, ser cierto; ***da stimmt etwas nicht*** ahí hay algo raro; F ***bei ihm stimmt etwas nicht*** le pasa algo; *beim Bezahlen* F ***stimmt so!*** ¡quédese con la vuelta!; **4** (*wahr sein*) ser correcto, ser cierto; **5** POL ***für, gegen j-n ~*** votar a, contra alg

'Stimmengewirr *n* vocerío *m*, griterío *m*

'Stimmengleichheit *f* empate *m*, igualdad *f* de votos; ***bei ~*** en caso de empate

'Stimm|enmehrheit *f* mayoría *f* de votos; **~enthaltung** *f* abstención *f*

'Stimmgabel *f* diapasón *m*

'stimmhaft *adj* sonoro

'stimmig *adj* armónico; *Argumentation* lógico, coherente

'Stimm|lage *f* MUS registro *m*; **≈los** *adj* afónico; *Laut* sordo; **~recht** *n* derecho *m* de voto

'Stimmung *f* **1** (*Gemütsverfassung, Laune*) humor *m*; (*seelische Verfassung*) estado *m* de ánimo; ***(in) guter, schlechter ~ sein*** estar de buen, mal humor; ***in ~ kommen*** animarse; **2** (*Atmosphäre*) *e-s Bildes* efecto *m*, impresión *f*; *e-r Gruppe, e-s Fests* ambiente *m*

'Stimmungs|kanone F *f* animador, a *m,f*; **~umschwung** *m* cambio *m* de humor; *in der Bevölkerung* cambio *m od* giro *m* de opinión; **≈voll** *adj* animado; MAL, *Gedicht* expresivo

'Stimmzettel *m* papeleta *f* de votación

Stimu|lans ['ʃtiːmulans] *od* ['stiː-] *geh n* ⟨-; -'lanzien *o* -'lantia⟩ MED, *fig* estimulante *m*; **≈'lieren** *v/t* ⟨*sin* ge⟩ estimular

'Stinkbombe *f* bomba *f* fétida

'Stinkefinger F *m etwa* corte *m* de mangas

stinken ['ʃtɪŋkən] *v/i* ⟨stank, gestunken⟩ **1** heder, oler mal; *desp* apestar (***nach etw*** a a/c); ***es stinkt*** huele mal; *desp* apesta; **2** F *fig* ***diese Arbeit stinkt mir*** F estoy hasta las narices de ese trabajo; F ***mir stinkts!*** F ¡estoy harto!

'stink|'faul F *adj* F vagoneta; ***~ sein*** F ser más vago que la chaqueta de un guarda; **'~'langweilig** F *adj* aburridísimo, soporífero; **'~nor'mal** F *adj* de lo más normal; **'~'reich** F *adj* F podrido en dinero

'Stinktier *n* mofeta *f*, *Am* chinga *f*

'Stink'wut F *f* ***e-e ~ haben*** tener una rabia tremenda (***auf j-n*** contra alg)

Sti|pendiat(in) [ʃtipɛndi'aːt(ɪn)] *m* ⟨-en; -en⟩ (*f*) becario, -a *m,f*; **~'pendium** *n* ⟨-s; -ien⟩ beca *f*

Stippvisite ['ʃtɪp-] F *f* visita *f* corta *od* de médico

Stirn [ʃtɪrn] *f* ⟨-; -en⟩ frente *f*; ***die ~ runzeln*** arrugar la frente, fruncir el ceño; *fig* ***j-m, e-r Sache die ~ bieten*** hacer frente a alg, a/c

'Stirn|band *n* ⟨-(e)s; ¨er⟩ cinta *f* (para la frente); **~höhle** *f* seno *m* frontal; **~höhlen-**

S

entzündung *f* sinusitis *f*; **~runzeln** *n* ⟨-s⟩ ceño *m*
stöbern ['ʃtøːbərn] F *v/i* ***in etw*** (*dat*) **~** revolver en a/c, hurgar en a/c
stochern ['ʃtɔxərn] *v/i* ***in etw*** (*dat*) **~** hurgar en a/c; ***im Feuer ~*** atizar el fuego; ***in den Zähnen ~*** mondar los dientes
Stock[1] [ʃtɔk] *m* ⟨-(e)s; ¨e⟩ **1** palo *m*, bastón *m* (*a Spazier*ℒ, *Ski*ℒ); (*Zeige*ℒ) puntero *m*; (*Takt*ℒ) batuta *f*; (*Eis*)*Hockey* stick *m*; (*Billard*ℒ) taco *m*; ***am ~ gehen*** andar con bastón; F *fig* F pasarlas canutas; **2** (*Rosen*ℒ) rosal *m*; (*Reb*ℒ) cepa *f*; **3** *fig* ***über ~ und Stein*** a campo traviesa
Stock[2] *m* ⟨-(e)s; -⟩ (*~werk*) piso *m*, planta *f*
'stockbe'soffen F *adjt* F hecho una cuba
'stock'dunkel F *adj* ***es ist ~*** no se ve ni gota
Stöckelschuh ['ʃtœkəl-] *m* zapato *m* de tacón alto; ***~e*** *pl* F tacones *m/pl*
stocken ['ʃtɔkən] *v/i* (*stillstehen*) pararse (*a Herz*); *Atem, beim Sprechen* cortarse; *Verkehr* congestionarse; *Gespräch, Verhandlungen* interrumpirse
'Stock|ente *f* ánade *m* real; **'ℒ'finster** → ***stockdunkel***; **~fisch** *m* bacalao *m* (seco)
'Stockholm *n* Estocolmo *m*
'stock|'konservativ F *adj* ultraconservador; F *desp* rancio; **'~'nüchtern** F *adj* muy sobrio; **'~'sauer** F *adj* furioso, muy enfadado (***auf j-n*** con alg); F cabreado (***auf j-n*** con alg); **'~'steif** F *adj* muy tenso, muy rígido
'Stockung *f* estancamiento *m*; *des Verkehrs* congestión *f*; *der Produktion* detención *f*; *der Verhandlungen* interrupción *f*
'Stockwerk *n* piso *m*, planta *f*
Stoff [ʃtɔf] *m* ⟨-(e)s; -e⟩ **1** (*Gewebe*) tela *f*, tejido *m*; **2** CHEM, PHYS materia *f*, sustancia *f*; **3** (*Werk*ℒ) material *m*; **4** (*Thema*) tema *m*, asunto *m* (*a Gesprächs*ℒ); (*Lehr*ℒ) materia *f*; **5** F (*Rauschgift*) P polvo *m*; (*Alkohol*) alcohol *m*
'Stofftier *n* animal *m* de trapo
'Stoffwechsel *m* metabolismo *m*; **~krankheit** *f* trastorno *m* metabólico
stöhnen ['ʃtøːnən] *v/i* **1** gemir (***vor Schmerz*** de dolor); **2** (*sich beklagen*) quejarse (***über*** +*acus* de)
'Stöhnen *n* ⟨-⟩ gemidos *m/pl*
stoisch ['ʃtoːɪʃ] *od* ['stoːɪʃ] *adj* PHIL estoico (*a fig*)
Stola ['ʃtoːla] *f* ⟨-; -len⟩ estola *f* (*a aus Pelz, e-s Priesters*)
Stollen ['ʃtɔlən] *m* ⟨-s; -⟩ **1** MIN galería *f* (*a unterirdischer Gang*); **2** *an Sportschuhen* taco *m*; **3** GASTR *etwa* bollo *m* de Navidad
stolpern ['ʃtɔlpərn] *v/i* ⟨sn⟩ tropezar (***über etw*** *acus* con a/c), dar un traspié; *fig* ***über ein Wort ~*** atascarse en una palabra; ***er ist über diese Affäre gestolpert*** F ese asunto le hizo estrellarse
stolz [ʃtɔlts] *adj* **1** orgulloso (***auf*** +*acus* de); *desp* soberbio, altanero; **2** *fig* (*stattlich*) imponente; **3** F *fig Summe, Preis* considerable
Stolz *m* ⟨-es⟩ orgullo *m*; *desp* soberbia *f*, altanería *f*; ***er ist der ~ s-s Vaters*** es el orgullo de su padre
stol'zieren *v/i* ⟨*sin* ge, sn⟩ pavonearse
stopfen ['ʃtɔpfən] **I** *v/t* **1** MODE zurcir; **2** (*hinein~*) ***etw in etw*** (*acus*) **~** meter (a la fuerza) a/c en a/c; **3** *Loch* tapar; **4** (*füllen*) llenar; *Pfeife* rellenar; F ***gestopft voll*** lleno hasta arriba, abarrotado; **II** *v/i* **5** MED estreñir; **6** F (*sättigen*) llenar; F empachar
'Stopf|garn *n* hilo *m* de zurcir; **~nadel** *f* aguja *f* de zurcir
stopp [ʃtɔp] *int* ¡alto!
Stopp *m* ⟨-s; -s⟩ **1** (*Anhalten*) parada *f*; **2** (*Unterbrechung*) interrupción *f*; **3** ECON congelación *f*
Stoppel ['ʃtɔpəl] *f* ⟨-; -n⟩ (*Feld*ℒ) rastrojo *m*; (*Bart*ℒ) cañón *m*; **~bart** F *m* barba *f* de varios días; **~feld** *n* rastrojo *m*
'stopp(e)lig *adj Feld* cubierto de rastrojo; *Kinn* sin afeitar
'stoppen **I** *v/t* **1** (*anhalten*) hacer parar, detener; **2** *mit der Stoppuhr* cronometrar; **II** *v/i* **3** pararse, detenerse
'Stopp|schild *n* señal *f* de stop; **~taste** *f CD-Player, Recorder* tecla *f* stop, botón *f* de parada; **~uhr** *f* cronómetro *m*
Stöpsel ['ʃtœpsəl] *m* ⟨-s; -⟩ **1** (*Verschluss*), *e-r Badewanne* tapón *m*; **2** EL clavija *f*; **3** F *fig* chiquillo *m*, enano *m*
Stör [ʃtøːr] *m* ⟨-(e)s; -e⟩ ZO esturión *m*
störanfällig ['ʃtøːr-] *adj* delicado
Storch [ʃtɔrç] *m* ⟨-(e)s; ¨e⟩ cigüeña *f*
Store [ʃtoːr] *m* ⟨-s; -s⟩ visillo *m*
'stören **I** *v/t* **1** *Person, Veranstaltung* estorbar, perturbar; (*belästigen*) molestar; ***lassen Sie sich nicht ~!*** ¡no se moleste!; **2** *Ruhe, Frieden, Beziehung* (per)turbar; *Unterricht* interrumpir; **3** RADIO, TEL interferir; **4** (*missfallen*) disgustar; **II** *v/i* **5** molestar; ***störe ich?*** ¿molesto?, ¿interrumpo?; ***bitte nicht ~!*** ¡no molestar!; **III** *v/r* **6** F ***sich an etw, j-m ~*** escandalizarse por a/c, alg
'störend *adjt u advl* molesto, perturbador; ***~ wirken*** resultar molesto
Störenfried ['ʃtøːrənfriːt] *m* ⟨-(e)s; -e⟩ entrometido, -a *m,f*, aguafiestas *m,f*
'Störfall *m* NUCL incidente *m*
stornier|en [ʃtɔr'niːrən] *v/t* ⟨*sin* ge⟩ *Auftrag, Reise* anular; FIN cancelar; **ℒung** *f* anulación *f*; FIN cancelación *f*
Storno ['ʃtɔrno] *m od n* ⟨-s; -ni⟩ FIN cance-

lación *f*; **~gebühr** *f* tasa *f* de cancelación
störrisch ['ʃtœrɪʃ] *adj Person* terco (*a Esel*), recalcitrante; *fig Haar* rebelde
'Störung *f* **1** molestia *f*, estorbo *m*; ***verzeihen Sie die ~*** perdone la molestia; **2** TEC avería *f*; (*Betriebs*≗) *a* incidencia *f*; METEO perturbación *f*; RADIO interferencia *f*; **3** MED *pl* ***~en*** trastornos *m/pl*
'Störungsdienst *m* TEL servicio *m* de reparaciones
Stoß [ʃtoːs] *m* ⟨-es; ⸚e⟩ **1** golpe *m*, empujón *m*; *mit dem Ellenbogen* codazo *m*; *beim Fechten* estocada *f*; ***j-m e-n ~ versetzen*** dar(le) un empujón a alg; → ***Herz***; **2** (*Erschütterung*) sacudida *f* (*a Erd*≗); (*Ruck*) tirón *m*; **3** (*Haufen*) pila *f*, montón *m*; (*Akten*≗) legajo *m*
'Stoßdämpfer *m* amortiguador *m*
Stößel ['ʃtøːsəl] *m* ⟨-s; -⟩ mano *f* (del mortero)
'stoßen ⟨stößt, stieß, gestoßen⟩ **I** *v/t* ⟨h⟩ **1** (*an~*) empujar; (*anrempeln*) atropellar; ***j-n in die Rippen ~*** dar(le) a alg un empujón; **2** SPORT *Kugel* lanzar; **3** ***j-m das Messer in die Brust ~*** clavar(le) *od* hundir(le) a alg el cuchillo en el pecho; **4** (*zer~*) machacar; **II** *v/i* **5** ⟨h⟩ (*grenzen*) ***an etw*** (*acus*) ~ lindar con a/c; **6** ⟨sn⟩ ***gegen od an etw*** (*acus*) ~ chocar *od* dar contra a/c, tropezar con a/c; ***mit dem Fuß gegen etw ~*** darse con el pie contra a/c; **7** ⟨sn⟩ ***auf j-n, etw ~*** dar *od* topar con alg, a/c; ***auf Schwierigkeiten*** (*acus*) ~ encontrar dificultades; **8** ⟨sn⟩ ***zu j-m ~*** reunirse con alg; **III** *v/r* ⟨h⟩ **9** ***sich ~*** darse un golpe, hacerse daño; ***sich an etw*** (*dat*) ~ *fig* escandalizarse de a/c
'stoßfest *adj* resistente a los choques
'Stoß|gebet *n* jaculatoria *f*; **~seufzer** *m* suspiro *m* hondo; ≗**sicher** *adj u adv* a prueba de choques; **~stange** *f* parachoques *m*
'Stoß|trupp *m* pelotón *m* de asalto; **~verkehr** *m* (tráfico *m* de las) horas *f/pl* punta; ≗**weise** *adv* **1** (*in Stapeln*) en pilas, a montones; **2** (*ruckweise*) a trompicones, a golpes; *atmen* de manera entrecortada; **~zahn** *m* ZO colmillo *m*; **~zeit** *f* horas *f/pl* punta (*am* pico)
stottern ['ʃtɔtərn] *v/t, v/i* tartamudear
Stövchen ['ʃtøːfçən] *n* ⟨-s; -⟩ *calientaplatos para teteras*
Str. *Abk* (*Straße*) c/ (*calle*)
Straf|anstalt ['ʃtraːf-] *f* ADM centro *m* penitenciario, penal *m*; **~antrag** *m* **1** *des Staatsanwalts* petición *f* del fiscal; **2** *des Klägers* querella *f* penal
'Strafanzeige *f* denuncia *f*; ***~ erstatten*** presentar una denuncia
'Straf|arbeit *f* (ejercicio *m* de) castigo *m*; **~bank** *f* ⟨-; -bänke⟩ SPORT banquillo *m*
'strafbar *adj* punible, criminal, delictivo; ***sich ~ machen*** incurrir en una pena, delinquir
'Strafbefehl *m* orden *f* penal
'Strafe *f* castigo *m* (*a Züchtigung*); JUR pena *f*; (*Geld*≗) multa *f*, sanción *f*; ***zur ~ (für …)*** como castigo (por …); ***etw unter ~*** (*acus*) ***stellen*** penar a/c
'strafen *v/t* castigar (*a züchtigen*), sancionar, penalizar; *mit e-r Geldstrafe* multar; ***ein ~der Blick*** una mirada reprensiva
'Straferlass *m* condonación *f* de la pena
straff [ʃtraf] **I** *adj* **1** *Seil* tirante; *Haut* terso; **2** *fig Organisation*, *Führungsstil* rígido, riguroso; **II** *adv* **3** ***~ spannen*** estirar, tensar
'straffällig *adj* ADM culpable, delincuente; ***~ werden*** delinquir
'straffen I *v/t* **1** estirar (*a Haut*), tensar; **2** *Text* condensar; **II** *v/r* **3** ***sich ~*** *Seil* ponerse tirante; *Körper* enderezarse
'straffrei I *adj* impune; **II** *adv* ***~ ausgehen*** quedar impune
'Straf|freiheit *f* impunidad *f*, despenalización *f*; **~gefangene(r)** *f(m)* preso, -a *m,f*; **~gesetz** *n* ley *f* penal; **~gesetzbuch** *n* código *m* penal
sträflich ['ʃtrɛːflɪç] **I** *adj* punible; *fig* imperdonable; **II** *adv* de manera reprensible
Sträfling ['ʃtrɛːflɪŋ] *m* ⟨-s; -e⟩ recluso, -a *m,f*, preso, -a *m,f*
'Straf|mandat *n* multa *f*; **~maß** *n* (cuantía *f* de la) pena *f*; **~porto** *n* sobretasa *f* de franqueo; **~predigt** F *f* sermón *m*; **~prozess** *m* proceso *m* penal; **~raum** *m* SPORT área *f* de castigo *od* de penalty; **~recht** *n* derecho *m* penal
'strafrechtlich I *adj* penal; **II** *adv* ***j-n ~ verfolgen*** perseguir a alg por la ley
'Straf|register *n* registro *m* de antecedentes penales; **~richter(in)** *m(f)* juez *m,f* de lo criminal; **~sache** *f* causa *f* penal, asunto *m* criminal; **~stoß** *m* SPORT penalty *m*; **~tat** *f* delito *m*, acción *f* punible, hecho *m* delictivo; **~täter(in)** *m(f)* delincuente *m,f*; **~verfahren** *n* procedimiento *m* penal; ≗**versetzen** *v/t* ⟨*p/p* strafversetzt⟩ trasladar disciplinariamente
'Strafvollzug *m* ejecución *f* de la pena; ***offener ~*** régimen *m* de prisión abierto
'Strafzettel F *m* multa *f*
Strahl [ʃtraːl] *m* ⟨-(e)s; -en⟩ **1** (*Licht*≗), OPTIK, PHYS rayo *m*; **2** *e-r Flüssigkeit* chorro *m*
'strahlen *v/i* **1** (*glänzen*) resplandecer, brillar (*a fig*); *Gestirn* relucir, brillar; ***~d weiß*** blanco radiante; ***~der Sonnenschein*** sol *m* radiante; **2** *fig* (*lächeln*) estar radiante (***vor Glück, Freude*** de felicidad, alegría); **3** PHYS irradiar; NUCL desprender radiaciones

S

(radiactivas)
'Strahlen|behandlung *f* radioterapia *f*; **~belastung** *f* exposición *f* a radiaciones; NUCL carga *f* radiactiva; **~dosis** *f* NUCL dosis *f* de radioactividad; **≈förmig I** *adj* radial, radiado; **II** *adv angeordnet* radial; **~schutz** *m* protección *f* contra las radiaciones; **~therapie** *f* radioterapia *f*; **≈verseucht** *adjt* contaminado por radiación
'Strahl|er *m* **1** (*Heiz≈*) radiador *m*; **2** (*Licht≈*) proyector *m*; **~triebwerk** *n* reactor *m*, propulsor *m* de reacción *f*; **~ung** *f* PHYS (ir)radiación *f*; NUCL radiación *f* (radiactiva); **≈ungsarm** *adj Bildschirm* de baja radiación
Strähn|e ['ʃtrɛːnə] *f Garn* madeja *f*; *Haar* mechón *m*; **≈ig** *adj Haar* lacio
stramm [ʃtram] **I** *adj* **1** (*straff*) tieso, tirante; *Kleider* justo; **2** (*kräftig*) fuerte; **3** *Haltung* derecho; **II** *adv* **4** *~ **sitzen*** *Kleidung* quedar justo; **5** F *~ **marschieren*** ir a paso marcial
'strammstehen *v/i* ⟨*irr, sep, h o sn*⟩ cuadrarse
Strampelhöschen ['ʃtrampəl-] *n* pelele *m*
'strampeln *v/i* **1** ⟨h⟩ *Baby* patalear; **2** F ⟨sn⟩ *beim Radfahren* pedalear; **3** F *fig* ⟨h⟩ (*sich anstrengen*) esforzarse; F deslomarse
Strand [ʃtrant] *m* ⟨-(e)s; ⸚e⟩ playa *f*; ***am~*** en la playa
'Strandbad *n* playa *f*
'stranden *v/i* ⟨sn⟩ MAR encallar, varar; *fig* naufragar, fracasar
'Strand|gut *n* restos *m/pl* arrojados por el mar; **~korb** *m* sillón *m* de mimbre para la playa; **~promenade** *f* paseo *m* marítimo
Strang [ʃtraŋ] *m* ⟨-(e)s; ⸚e⟩ **1** (*Seil*) cuerda *f*, soga *f*; F ***über die Stränge schlagen*** propasarse, pasarse de la raya; *fig **am selben ~ ziehen*** empujar el mismo carro; **2** *von Garn* madeja *f*
strangulieren [ʃtraŋgu'liːrən] *v/t* ⟨*sin* ge⟩ estrangular
Strapaze [ʃtra'paːtsə] *f* fatiga *f*
strapa'zier|en *v/t* ⟨*sin* ge⟩ *Haut* estropear; *Kleidung a* gastar; *Geduld, Nerven* poner a prueba; **~fähig** *adj* resistente
strapaziös [ʃtrapatsi'øːs] *adj* fatigoso, agotador
Straßburg ['ʃtraːsbʊrk] *n* ⟨-s⟩ Estrasburgo *m*
Straße ['ʃtraːsə] *f* **1** calle *f*; (*Land≈*, *Fahr≈*) carretera *f*, vía *f*; ***auf der ~*** en la calle *bzw* carretera; ***über die ~ gehen*** cruzar la calle; F ***j-n auf die ~ setzen*** *Arbeiter, Mieter* F poner en la calle; F ***auf der ~ sitzen*** *od* ***stehen*** (*arbeitslos sein, keine Wohnung haben*) estar en la calle; F ***auf die ~ gehen*** (*demonstrieren*) salir a la calle; **2** (*Meerenge*) estrecho *m*; ***die ~ von Gibraltar*** el estrecho de Gibraltar
'Straßenbahn *f* tranvía *m*; **~haltestelle** *f* parada *m* de tranvía; **~linie** *f* línea *f* (de tranvía)
'Straßen|bau *m* ⟨-(e)s⟩ construcción *f* de carreteras; **~benutzungsgebühr** *f* peaje *m*; **~café** *n* cafetería *f* de terraza; **~ecke** *f* esquina *f*; **~glätte** *f* piso *m* deslizante; **~graben** *m* cuneta *f*; **~händler** *m* vendedor *m* ambulante; **~kampf** *m* pelea *f* callejera; **~karte** *f* mapa *m* de carreteras; **~kehrer** *m* barrendero *m*; **~kreuzer** F *m* F cochazo *m*; **~kreuzung** *f* cruce *m*; **~laterne** *f* farola *f*; **~musikant** *m* músico *m* de la calle; **~rand** *m* borde *m* de la calle *bzw* carretera; **~reinigung** *f* limpieza *f* de las calles; **~schild** *n* letrero *m od* rótulo *m* (de la calle); **~schlacht** *f* lucha *f* callejera; **~seite** *f e-r Straße* lado *m* de la calle; *e-s Hauses* frente *m*, fachada *f*; **~sperre** *f* barrera *f*; **~überführung** *f* paso *m* superior; **~unterführung** *f* túnel *m*; **~verhältnisse** *pl* condiciones *f/pl* de las carreteras; **~verkauf** *m* venta *f* ambulante, venta *f* callejera; **~verkehr** *m* tráfico *m*, circulación *f*; **~zustand** *m* estado *m* de las carreteras
Stra|tege [ʃtra'teːgə] *m* ⟨-n; -n⟩ estratega *m*; **~te'gie** *f* estrategia *f*; **≈'tegisch** *adj* estratégico
Stratosphäre [ʃtrato'sfɛːrə] *f* estratosfera *f*
sträuben ['ʃtrɔʏbən] **I** *v/t* **1** *Federn, Fell* erizar; *Haare* poner de punta; **II** *v/r **sich ~*** **2** *Federn, Fell* erizarse; *Haare* ponerse de punta; **3** *fig* resistirse, oponerse (***gegen*** a)
Strauch [ʃtraʊx] *m* ⟨-(e)s; ⸚er⟩ mata *f*; *großer* arbusto *m*
straucheln ['ʃtraʊxəln] *geh v/i* ⟨sn⟩ **1** (*stolpern*) dar un traspié, tropezar; **2** *fig* (*auf die schiefe Bahn geraten*) ir por mal camino, tropezar
Strauß[1] [ʃtraʊs] *m* ⟨-es; -e⟩ ZO avestruz *m*
Strauß[2] *m* ⟨-es; ⸚e⟩ (*Blumen≈*) ramo *m*
Strebe ['ʃtreːbə] *f* puntal *m*
streben ['ʃtreːbən] *v/i* **1** ⟨h⟩ (*trachten*) ***nach etw ~*** aspirar a a/c, ambicionar a/c; **2** ⟨sn⟩ *räumlich* ***zu*** *od* ***nach etw ~*** dirigirse hacia a/c
'Streben *n* ⟨-s⟩ aspiración *f* (***nach*** a), afán *m* (***nach*** de)
'Strebepfeiler *m* contrafuerte *m*
'Streber(in) *m(f) desp* ambicioso, -a *m,f*; F trepa *m,f*; *in der Schule* F empollón, -ona *m,f*
'strebsam *adj* asiduo; (*eifrig*) ambicioso; (*fleißig*) aplicado; **≈keit** *f* ⟨-⟩ asiduidad *f*; (*Fleiß*) aplicación *f*
Strecke ['ʃtrɛkə] *f* **1** (*Entfernung*) distancia *f* (*a* SPORT); *zurückzulegende* recorrido *m*,

trayecto *m*; F *fig* ***auf der ~ bleiben*** *Person* quedarse en la estacada; *Plan* F ir al garete; **2** (*Eisenbahnlinie*) línea *f*; ***auf freier ~*** en plena vía; **3** ***zur ~ bringen*** *Wild* (re)matar; *fig Person* derrotar

'strecken I *v/t* **1** (*gerade machen*) extender, enderezar; (*dehnen*) estirar; **2** ***die Hände durch das Gitter ~*** alargar las manos a través de la reja; **3** *Vorräte* alargar, hacer que cunda (*a Sauce*); **II** *v/r* **3** ***sich ~*** extenderse, estirarse

'Strecken|netz *n Eisenbahn* red *f* de líneas; **≗weise** *adv* **1** *räumlich* a trechos; **2** *zeitlich* a ratos

Streich [ʃtraɪç] *m* ⟨-(e)s; -e⟩ **1** *geh* (*Schlag*) golpe *m*; *lit* ***auf e-n ~*** de un golpe; **2** (*Schabernack*) travesura *f*; ***ein dummer ~*** una tontería; ***j-m e-n ~ spielen*** hacer a alg una mala jugada

streicheln ['ʃtraɪçəln] *v/t*, *v/i* acariciar

'streichen ⟨strich, gestrichen⟩ **I** *v/t* **1** (*an~*) pintar; ***frisch gestrichen!*** ¡recién pintado!; **2** (*be~*) recubrir (***mit*** de); *Butter*, *Creme* untar (***auf*** *+acus* en); **3** (*aus~*) borrar, tachar (***von der Liste*** de la lista); (*tilgen*) suprimir; *Auftrag* anular; **II** *v/i* **4** (***mit der Hand***) ***über etw*** (*acus*) ***~*** pasar la mano por a/c; **5** (*an~*) pintar; **6** (*umher~*) merodear (***um etw herum*** por a/c)

'Streicher *m* instrumentista *m* de cuerda

'Streichholz *n* cerilla *f*, fósforo *m*; **~schachtel** *f* caja *f* de cerillas

'Streich|instrument *n* instrumento *m* de cuerda; **~käse** *m* queso *m* para untar; **~quartett** *n* cuarteto *m* de cuerda

'Streichung *f* **1** *im Text* tachadura *f*, supresión *f*; **2** (*Wegfall*) anulación *f*, cancelación *f*

Streife ['ʃtraɪfə] *f* patrulla *f*; (*Kontrollgang*) *a* ronda *f*

streifen ['ʃraɪfən] **I** *v/t* ⟨h⟩ **1** (*berühren*) rozar; ***sein Blick streifte mich*** su mirada me alcanzó por un momento; **2** *fig Thema* tocar, tratar someramente; **3** *Ärmel* ***in die Höhe ~*** remangar; **4** (*ab~*) quitarse; **II** *v/i* ⟨sn⟩ **5** (*umher~*) caminar, vagar

'Streifen *m* ⟨-s; -⟩ **1** (*Stoff≗*, *Papier≗*) tira *f* (*a Speck≗*); (*Metall≗*) lámina *f*; **2** *Muster*, *im Stoff* raya *f*; **3** F (*Film≗*) F peli *f*

'Streifen|dienst *m* patrulla *f*; **~karte** *f etwa* bonobús *m*; **~wagen** *m* coche *m* patrulla

'Streif|schuss *m* rozadura *f* (de bala); **~zug** *m* incursión *f* (*a fig*)

Streik [ʃtraɪk] *m* ⟨-(e)s; -s⟩ huelga *f*; ***wilder ~*** huelga *f* espontánea, huelga *f* salvaje; ***in den ~ treten*** declararse en huelga

'Streik|aufruf *m* convocatoria *f* de huelga, llamamiento *m* a la huelga; **~brecher** *m* esquirol *m*

'streiken *v/i* **1** estar en huelga; **2** F *fig Gerät* no funcionar; ***ich streike*** me niego

'Streik|ende(r) *f*(*m*) ⟨→ A⟩ huelguista *m,f*; **~geld** *n* subsidio *m* de huelga; **~kasse** *f* fondo *m* de huelga; **~posten** *m* piquete *m*

Streit [ʃtraɪt] *m* ⟨-(e)s; -e⟩ (*Wort≗*) disputa *f* (***über*** *+acus* sobre); (*Zank*) riña *f*, pelea *f* (***über*** *+acus* por); (*Meinungs≗*) diferencia *f*, desavenencia *f* (***über*** *+acus* sobre); JUR litigio *m*, querella *f*; ***mit j-m ~ anfangen*** buscar pelea con alg; ***mit j-m in ~ geraten*** reñir con alg

'streitbar *geh adj* belicoso; (*kampflustig*) agresivo

'streiten ⟨streitet, stritt, gestritten⟩ **I** *v/i* **1** disputarse (***mit j-m über etw*** *acus* con alg por a/c); (*zanken*) reñir, pelear (***mit j-m über etw*** *acus* con alg por a/c); **2** *poet* (*kämpfen*) luchar; **II** *v/r* **3** ***sich mit j-m*** (***über etw*** *acus*) ***~*** pelearse con alg (por a/c); ***sich um etw ~*** disputarse a/c

Streite'rei *f* disputas *f/pl*; F peleas *f/pl*

'Streit|fall *m* litigio *m*; **~frage** *f* objeto *m* de disputa; **~gespräch** *n* disputa *f*, discusión *f*

'streitig *adj* ***j-m etw ~ machen*** disputar a/c a alg

'Streit|igkeiten *pl* riñas *f/pl*, peleas *f/pl*; **~kräfte** *pl*, **~macht** *f* fuerzas *f/pl* armadas; **≗süchtig** *adj* pendenciero

streng [ʃtrɛŋ] **I** *adj* **1** (*hart*, *unbeugsam*) severo; *Untersuchung*, *Person a* riguroso; *Sitten* austero; *Blick* duro; **2** *Regeln*, *Prinzipien* estricto; *Diät a* severo; **3** *Kälte* intenso; *Winter* duro; **4** *Geruch* penetrante; *Geschmack* fuerte; **5** *Stil* austero; *Kleid* sobrio; **II** *adv* **6** ***~ genommen*** en rigor; ***~ verboten*** terminantemente prohibido; ***j-n ~ bestrafen*** castigar severamente a alg; ***j-n ~ bewachen*** vigilar a alg estrechamente; ***~ riechen*** oler fuerte

'Strenge *f* ⟨-⟩ **1** severidad *f*; *der Sitten* austeridad *f*; *des Blicks* dureza *f*; **2** *der Kälte* intensidad *f*, rigor *m*; **3** *des Geruchs* acritud *f*; *des Geschmacks* aspereza *f*; **4** *des Stils* austeridad *f*

'strenggläubig *adj* ortodoxo

Stress [ʃtrɛs] *m* ⟨-es; -e⟩ estrés *m*; ***unter ~*** (*dat*) ***stehen*** estar estresado, estar muy liado

'stressen F *v/t* producir estrés, agobiar

'stressig F *adj* estresante, agobiante

streuen ['ʃtrɔyən] *v/t Kies*, *Sand usw* echar, esparcir (***auf*** *+acus* por); ***Zucker auf den Kuchen ~*** espolvorear la tarta con azúcar; ***Blumen auf den Weg ~*** cubrir de flores el camino; *bei Glatteis* (***die Straße***) ***~*** *echar chinarros o sal en la calle para que no se resbale en el hielo*

'Streuer *m* (*Salz≗*) salero *m*; (*Pfeffer≗*) pi-

S

mentero *m*; (*Streudose*) espolvoreador *m*
'Streumedien *pl Werbung* medios *m/pl* de difusión
streunen ['ʃtrɔʏnən] *v/i* ⟨*frecuentemente* sn⟩ *Person*, *Tier* vagar, vagabundear; *Hund* **~d** vagabundo
'Streusalz *n* sal *f* para la nieve
Streuselkuchen ['ʃtrɔʏzəl-] *m tarta cubierta de bolitas de mantequilla, azúcar y harina*
'Streu|ung *f Werbung* dispersión *f*, difusión *f*; **~verluste** *m/pl Werbung* pérdidas *f/pl* de dispersión
Strich [ʃtrɪç] *m* ⟨-(e)s; -e⟩ **1** (*Linie*) raya *f*, línea *f*; (*Quer*♀) barra *f*; *auf e-r Skala* grado *m*; F *fig* ***j-m e-n ~ durch die Rechnung machen*** contrariar los proyectos de alg; *fig* ***unter dem ~*** a fin de cuentas; **2** (*Bürsten*♀, *Pinsel*♀) pincelada *f*; **3** *e-s Fells*, *Gewebes* sentido *m*; ***gegen den ~*** *Fell* a contrapelo; *fig* al contrario; F ***das geht mir gegen den ~*** esto no me gusta nada; F ***nach ~ und Faden*** con todas las de la ley; **4** F ***der ~*** (*Prostitution*) F la prostitución callejera; F la carrera; F ***auf den ~ gehen*** F hacer la calle *od* la carrera
stricheln ['ʃtrɪçəln] *v/t* rayar; ***gestrichelt*** *Linie* discontinuo
'Strich|junge F *m* F chapero *m*; **~kode** *m* código *m* de barras; **~mädchen** F *n* P puta *f* callejera; **~punkt** *m* punto *m* y coma; **♀weise** *adv* en algunos puntos, por zonas (*bsd* METEO)
Strick [ʃtrɪk] *m* ⟨-(e)s; -e⟩ cuerda *f*, soga *f*; *fig* ***j-m e-n ~ aus etw drehen*** cargarle el muerto de a/c a alg; F *fig* ***wenn alle ~e reißen*** en el peor de los casos
'stricken *v/t*, *v/i* hacer punto
'Strick|jacke *f* chaqueta *f* de punto; **~leiter** *f* escal(er)a *f* de cuerda; **~muster** *n Vorlage* patrón *m* (de punto); *fig scherzh* fórmula *f*; **~nadel** *f* aguja *f* de punto; **~waren** *pl* géneros *m/pl* de punto; **~zeug** *n* labor *f* de punto
striegeln ['ʃtriːgəln] *v/t* almohazar
Strieme ['ʃtriːmə] *f*, **'Striemen** *m* ⟨-s; -⟩ cardenal *m*
strikt [ʃtrɪkt] **I** *adj* estricto; **II** *adv* ***~ gegen etw sein*** estar absolutamente en contra de a/c; **(*das ist*) *~ verboten*** (es) terminantemente prohibido
Strippe ['ʃtrɪpə] F *f* cuerda *f*; ***j-n an der ~ haben*** tener a alg al teléfono
strippen ['ʃtrɪpən] F *v/i* hacer un strip-tease
Striptease ['ʃtrɪptiːs] *m od n* ⟨-⟩ strip-tease *m*, destape *m*; **~tänzer(in)** *m*(*f*) artista *m,f* de strip-tease
strittig ['ʃtrɪtɪç] *adj* (*umstritten*) discutido; (*bestreitbar*) cuestionable

Stroh [ʃtroː] *n* ⟨-(e)s⟩ paja *f*; **'~dach** *n* tejado *m* de paja; **'♀'dumm** F *adj* F tonto de remate; **'~feuer** *n fig* humo *m* de paja
'Strohhalm *m* brizna *f* de paja; *zum Trinken* paja *f*; *fig* ***sich an e-n ~ klammern*** agarrarse a un clavo ardiendo
'Stroh|hut *m* sombrero *m* de paja; **~mann** *m* ⟨-(e)s; -männer⟩ testaferro *m*, hombre *m* de paja; **~witwe** *f*, **~witwer** *m* F *scherzh* Rodríguez *m,f*
Strolch [ʃtrɔlç] *m* ⟨-(e)s; -e⟩ **1** *desp* (*Lump*) canalla *m*; **2** F *scherzh* (*Schlingel*) F pillo *m*
Strom [ʃtroːm] *m* ⟨-(e)s; ⸚e⟩ **1** (*Fluss*) río *m*; *fig a* mar *m*; *von Tränen* raudal *m*; ***es regnet in Strömen*** llueve a cántaros; ***der Wein, das Blut floss in Strömen*** corrió el vino, la sangre a raudales; **2** (*Strömung*) corriente *f*; *fig* ***mit dem ~ schwimmen*** seguir la corriente; *fig* ***gegen den ~ schwimmen*** ir a contracorriente; **3** EL corriente *f*; ***unter ~ (dat) stehen*** tener corriente; *fig* F estar a cien, tener las pilas puestas
strom|'abwärts *adv* río abajo, con la corriente; **~'aufwärts** *adv* río arriba, contracorriente
'Stromausfall *m* apagón *m*
strömen ['ʃtrøːmən] *v/i* ⟨sn⟩ **1** *Regen* caer a chorros; *Wasser a* correr; ***~der Regen*** lluvia *f* torrencial; **2** *Menschenmenge* acudir en masa (***in*** *+acus*, ***nach*** a)
'Strom|erzeugung *f* generación *f* eléctrica *od* de electricidad; producción *f* eléctrica *od* de electricidad; **~kreis** *m* circuito *m*; **~leitung** *f* línea *f* eléctrica
'stromlinienförmig *adj* aerodinámico
'Strom|netz *n* red *f* de corriente; **~schlag** *m* descarga *f* eléctrica, calambre *m*; **~schnelle** *f* rápido *m*; **~stärke** *f* intensidad *f* de la corriente; **~stoß** *m* impulso *m*
'Strömung *f* corriente *f* (*a* METEO, *fig*)
'Strom|verbrauch *m* consumo *m* de corriente; **~versorgung** *f* suministro *m* de electricidad; **~zähler** *m* contador *m* (de corriente)
Strophe ['ʃtroːfə] *f* estrofa *f*
strotzen ['ʃtrɔtsən] *v/i* ***von od vor etw*** (*dat*) ~ rebosar de a/c
strubb(e)lig ['ʃtrʊb(ə)lɪç] *adj* desgreñado
Strudel ['ʃtruːdəl] *m* ⟨-s; -⟩ **1** (*Wasser*♀) remolino *m*, torbellino *m* (*a fig*); **2** GASTR *etwa* pastel *m* de hojaldre
Struktu|r [ʃtrʊk'tuːr] *f* estructura *f*; **♀'rell** *adj* estructural; **♀'rieren** *v/t* ⟨*sin* ge⟩ estructurar
Struk'tur|krise *f* crisis *f* estructural; **♀schwach** *adj Region* poco desarrollado; **~wandel** *m* cambio *m* de estructura
Strumpf [ʃtrʊmpf] *m* ⟨-(e)s; ⸚e⟩ (*Damen*♀)

S

media *f*; (*Socke*) calcetín *m*; '**~band** *n* ⟨-(e)s; -bänder⟩ liga *f*; '**~halter** *m* portaligas *m*, liguero *m*; '**~hose** *f* panty *m*
Strunk [ʃtrʊŋk] *m* ⟨-(e)s; ⸚e⟩ (*Gemüse*♀) troncho *m*; (*Baum*♀) tocón *m*
struppig ['ʃtrʊpɪç] *adj* desgreñado
Strychnin [ʃtrʏç'niːn] *n* ⟨-s⟩ estricnina *f*
Stube ['ʃtuːbə] *f bsd südd* cuarto *m*, habitación *f*, *bsd Am* pieza *f*; ***die gute*** **~** el salón
'**Stubenarrest** *m* arresto *m* domiciliario; **~** ***haben*** estar castigado sin salir
'**Stuben|hocker** F *desp m* persona *f* muy casera; ♀**rein** *adj* **1** *Tier* limpio, educado; **2** *fig scherzh Witz* para todos los públicos
Stuck [ʃtʊk] *m* ⟨-(e)s⟩ estuco *m*
Stück [ʃtʏk] *n* ⟨-(e)s; -e, *pero* 5 -⟩ **1** pieza *f* (*a* THEA, MUS); (*Teil*) trozo *m* (*a Fleisch*, *Kuchen*, *Papier*, *Schnur*), pedazo *m*; ECON unidad *f*; F cacho *m*; (*Bruch*♀) fragmento *m*; *von Land* lote *m*, terreno *m*; *e-s Wegs* trecho *m*; ***ein ~ Seife*** una pastilla de jabón; ***ein ~ Zucker*** un terrón de azúcar; ***in ~e gehen*** hacerse pedazos, despedazarse; ***in ~e reißen, schneiden, schlagen*** hacer pedazos, despedazar; ***am*** *od* ***im ~*** en un trozo; F fig ***in e-m ~*** (*ununterbrochen*) de un tirón; ***ein hartes ~ Arbeit*** una tarea dura; ***zwei Euro das ~*** dos euros la pieza; *fig* ***aus freien ~en*** voluntariamente; F *fig* ***große ~e auf j-n halten*** apreciar mucho a alg; **2** F ***das ist*** (***ja***) ***ein starkes ~!*** ¡esto es demasiado!; F ¡qué fuerte!; **3** *Vieh* res *f*; **4** F (*Person*) ***ein freches ~*** F un, una sinvergüenza
'**Stückchen** *n* ⟨-s; -⟩ pedacito *m*, trozo *m*; *von Schokolade* onza *f*
'**Stück|gut** *n* mercancía *f* en fardos; **~kosten** *pl* costes *m/pl* medios, coste *m* por unidad; **~lohn** *m* salario *m* a destajo; **~preis** *m* precio *m* por unidad; ♀**weise** *adv* (*einzeln*) suelto; COM por piezas; **~werk** *n* chapuza *f* (*a fig*); **~zahl** *f* número *m* de piezas *od* de unidades
Student [ʃtu'dɛnt] *m* ⟨-en; -en⟩ estudiante *m* (***der Medizin*** de medicina), universitario *m*
Stu'denten|ausweis *m* carné *m* de estudiante; **~futter** *n frutos secos y pasas*; **~verbindung** *f* asociación *f* de estudiantes; **~wohnheim** *n* colegio *m* mayor, residencia *f* de estudiantes
Stu'den|tin *f* estudiante *f*, universitaria *f*; ♀**tisch** *adj* estudiante, estudiantil
Studie ['ʃtuːdiə] *f* estudio *m*
'**Studien|aufenthalt** *m* estancia *f* de estudios; **~direktor** *m* jefe *m* de estudios; **~fach** *n* asignatura *f*; **~gang** *m* carrera *f*; **~gebühren** *pl* tasas *f/pl* académicas, matrícula *f*; **~platz** *m* plaza *f* en la universidad; **~rat** *m*, **~rätin** *f etwa* catedrático, -a *m,f* de instituto; **~referendar(in)** *m*(*f*) *etwa* aspirante *m,f* a profesor de secundaria; **~reise** *f* viaje *m* de estudios; **~zeit** *f* años *m/pl* de universidad
studieren [ʃtu'diːrən] ⟨*sin* ge⟩ *v/t*, *v/i* (*untersuchen*) estudiar; *an der Hochschule a* cursar (estudios universitarios)
Stu'dierende(r) *f*(*m*) ⟨→ A⟩ estudiante *m,f*, universitario, -a *m,f*
Studio ['ʃtuːdio] *n* ⟨-s; -s⟩ estudio *m*
Studium ['ʃtuːdiʊm] *n* ⟨-s; -ien⟩ **1** (*Hochschul*♀) carrera *f*, estudios *m/pl*; **2** (*Forschung*) estudio *m*, investigación *f*; ***Studien*** (***über etw*** *acus*) ***betreiben*** investigar (sobre a/c)
Stufe ['ʃtuːfə] *f* **1** *e-r Treppe* escalón *m*, peldaño *m*; **2** *fig* (*Rang*) categoría *f*; (*Niveau*) nivel *m*; ***j-n mit j-m auf e-e*** *od* ***auf die gleiche ~ stellen*** poner a alg al mismo nivel que alg; **3** *bei Pumpen*, *Turbinen*, *Raketen* piso *m*; **4** GEOL, *im Gelände* terraza *f*
'**stufenlos** *adv* TEC continuo; **~** ***verstellbar*** regulable en progresión continua
'**stufenweise** *adj* gradual
Stuhl [ʃtuːl] *m* ⟨-(e)s; ⸚e⟩ **1** silla *f*; ***der Heilige ~*** la Santa Sede; ***der elektrische ~*** la silla eléctrica; *fig* ***zwischen zwei Stühlen sitzen*** nadar entre dos aguas; *fig* ***j-m den ~ vor die Tür setzen*** F poner a alg de patitas en la calle; F ***das hat mich fast vom ~ gehauen*** (eso) me dejó de piedra; **2** (*~gang*) deposiciones *f/pl*
'**Stuhlbein** *n* pata *f* de la silla
'**Stuhlgang** *m* defecación *f*; (*Exkremente*) deposiciones *f/pl*; **~** ***haben*** defecar, evacuar el vientre
'**Stuhllehne** *f* respaldo *m*
Stulle ['ʃtʊlə] *f nordd* bocadillo *m*
stülpen ['ʃtʏlpən] *v/t* **1** ***etw auf etw*** (*acus*) **~** poner a/c a a/c (para taparlo); **2** ***nach außen ~*** volver (del revés)
stumm [ʃtʊm] *adj* mudo (*a fig*, LING); (*schweigsam*) *a* silencioso
Stummel ['ʃtʊməl] *m* ⟨-s; -⟩ (*Kerzen*♀) cabo *m*; (*Zigarren*♀, *Zigaretten*♀) F colilla *f*
'**Stummfilm** *m* película *f* muda; *Genre* cine *m* mudo
Stümper ['ʃtʏmpər] *m* chapucero *m*
Stümpe'rei *f* chapucería *f*
'**stümperhaft** **I** *adj* chapucero; **II** *adv* **~** ***ausgeführt*** hecho chapuceramente
'**stümpern** *v/i* chapucear
stumpf [ʃtʊmpf] *adj* **1** *Messer*, *Schere* sin filo, romo; **2** *Nadel*, *Degen* sin punta; *Winkel* obtuso; *Kegel* truncado; *Nase* chato; **3** *Haar*, *Metall*, *Farbe* opaco; **4** *fig Sinne* embotado; *Mensch* apático; *Blick* inexpresivo
Stumpf *m* ⟨-(e)s; ⸚e⟩ (*Baum*♀) tocón *m*;

(*Kerzen*≗) cabo *m*; (*Arm*≗, *Bein*≗) muñón *m*; (*Zahn*≗) raigón *m*; ***mit ~ und Stiel ausrotten*** arrancar de cuajo

'Stumpf|sinn *m* **1** *e-s Menschen* apatía *f*; **2** *e-r Arbeit usw* tedio *m*; **≗sinnig** *adj* **1** *Mensch, Blick* apático; **2** *Arbeit* tedioso; **≗wink(e)lig** *adj* obtusángulo

Stunde ['ʃtʊndə] *f* **1** hora *f*; ***e-e halbe ~*** media hora; ***e-e ~ lang*** durante una hora; ***zur ~*** por el momento; ***in e-r schwachen, stillen ~*** en un momento de flaqueza, de tranquilidad; ***ihre letzte ~ ist gekommen, hat geschlagen*** le ha llegado la hora; **2** (*Unterrichts*≗) clase *f*, lección *f*

'stunden *v/t* ***j-m e-e Summe ~*** aplazar a alg el pago de una suma

'Stundengeschwindigkeit *f* velocidad *f* por hora

'Stundenkilometer *m* kilómetro *m* por hora; ***zehn ~*** diez kilómetros por hora

'stunden|lang I *adj* de horas enteras; *fig* interminable; **II** *adv* horas y horas; **≗lohn** *m* salario *m* por hora; **≗plan** *m* horario *m*; **≗satz** *m* tarifa *f* de salario por hora, tarifa *f* horaria; **~weise** *adv* por horas; **≗zeiger** *m* horario *m*

stündlich ['ʃtʏntlɪç] *adv* **1** (*jede Stunde*) cada hora; **2** (*in der Stunde*) ***dreimal ~*** tres veces por hora; **3** (*jeden Augenblick*) de un momento a otro

'Stundung *f* aplazamiento *m* de pago, prórroga *f*, moratoria *f*

Stunk [ʃtʊŋk] F *m* ⟨-s⟩ bronca *f*, camorra *f*; ***~ machen*** armar bronca

Stuntman ['stantmɛn] *m* ⟨-s; -men⟩ *Film* cascador *m*, especialista *m*

stupide [ʃtu'piːdə] *adj Arbeit* tedioso, monótono; *Person* estúpido, corto

Stups [ʃtʊps] F *m* ⟨-es; -e⟩ empujón *m* ligero

'stupsen F *v/t* empujar ligeramente

'Stupsnase *f* nariz *f* respingona

stur [ʃtuːr] **I** *adj* (*eigensinnig*) terco, tozudo; (*unbeirrbar*) obstinado; **II** *adv* obstinadamente

'Sturheit *f* ⟨-⟩ tozudez *f*, terquedad *f*; (*Hartnäckigkeit*) obstinación *f*

Sturm [ʃtʊrm] *m* ⟨-(e)s; ⸚e⟩ **1** tempestad *f* (*a fig*), temporal *m*; (*Gewitter*≗) tormenta *f* (*a fig*); **2** *fig der Gefühle* tumulto *m*, ímpetu *m*; ***ein ~ der Entrüstung*** una ola de indignación; **3** SPORT delantera *f*; **4** MIL asalto (***auf*** *+acus* a); ***~ läuten*** *od* ***klingeln*** tocar a rebato; ***etw im ~ nehmen*** tomar a/c por asalto; ***gegen etw ~ laufen*** protestar violentamente contra a/c, rebelarse contra a/c

'Sturm|angriff *m* asalto *m*; **~bö** *f* ráfaga *f*

stürmen ['ʃtʏrmən] **I** *v/t* ⟨h⟩ **1** (*im Sturm nehmen*) tomar por asalto; **2** *fig Geschäfte* asaltar; **II** *v/i* **3** ⟨h⟩ SPORT atacar; **4** ⟨sn⟩ *fig* (*rennen*) precipitarse, lanzarse; **III** *v/imp* ⟨h⟩ **5** ***es stürmt*** hay tempestad *od* temporal

'Stürmer(in) *m(f)* delantero, -a *m,f*

'Sturmflut *f* marea *f* viva *od* muy alta

stürmisch ['ʃtʏrmɪʃ] **I** *adj* **1** *Wetter* tempestuoso, tormentoso; **2** *fig* (*ungestüm*) impetuoso; *Auseinandersetzung* turbulento; *Protest* violento; *Beifall* frenético; **3** *fig* (*rasant*) rápido; **II** *adv* **4** *begrüßen* impetuosamente

'Sturm|lauf *m* asalto *m*; **~spitze** *f* SPORT delantero *m* centro; **~tief** *n* borrasca *f*

Sturz [ʃtʊrts] *m* ⟨-es; ⸚e⟩ **1** (*Fall*) caída *f* (*a fig*, *Preis*≗, *Temperatur*≗); **2** *e-r Regierung* derrocamiento *m*; **3** ⟨*pl* ⸚e *o* -e⟩ BAU dintel *m*

'Sturzbach *m* torrente *m*

stürzen ['ʃtʏrtsən] **I** *v/t* ⟨h⟩ **1** derribar, hacer caer; ***j-n in e-n Abgrund ~*** arrojar a alg en un precipicio; **2** *Regierung, Minister* derrocar; **3** *Gefäß usw* volcar; **II** *v/i* ⟨sn⟩ **4** (*fallen*) *auf den Boden* caer(se) (***vom Fahrrad*** de la bicicleta); *in die Tiefe* precipitarse, estrellarse; ***schwer, unglücklich ~*** tener una mala caída, hacerse daño al caer; **5** (*rennen*) precipitarse (***auf die Straße, nach draußen*** hacia la calle, hacia afuera); **III** *v/r* ⟨h⟩ **6** ***sich auf etw, j-n ~*** lanzarse sobre a/c, alg, tirarse a a/c, alg; ***sich auf etw ~*** *a* abalanzarse sobre a/c; ***sich aus dem Fenster ~*** arrojarse por la ventana

'Sturz|flug *m* vuelo *m* en picado; **~helm** *m* casco *m* protector

Stuss [ʃtʊs] F *m* ⟨-es⟩ F chorradas *f/pl*, tonterías *f/pl*

Stute ['ʃtuːtə] *f* yegua *f*

Stütze ['ʃtʏtsə] *f* (*Halt*) apoyo *m* (*a fig*); (*Ständer*) soporte *m* (*a fig*); *fig* pilar *m*, puntal *m*

stutzen[1] ['ʃtʊtsən] *v/t Hecke, Bart, Flügel, Schwanz* (re)cortar; *Baum* podar

'stutzen[2] *v/i erstaunt* quedarse perplejo; *misstrauisch* F mosquearse

'Stutzen *m* ⟨-s; -⟩ (*Rohransatz*) empalme *m*; (*Einfüll*≗) tubo *m*

'stützen I *v/t* (*ab~, unter~*) apoyar, sostener (*a fig*); *mit Balken* apuntalar (*a fig*); **II *sich auf etw*** (*acus*) ***~*** basarse *od* fundarse en a/c (*a fig*)

'stutzig *adj* ***~ werden*** quedarse perplejo; ***~ machen*** escamar

'Stütz|pfeiler *m* pilar *m* de sostén; **~punkt** *m* punto *m* de apoyo, base *f* (*beide a fig*)

StVO *Abk* (*Straßenverkehrsordnung*) código *m* de la circulación

Styling ['staɪlɪŋ] *n* ⟨-s; -s⟩ estilo *m*; *e-r Person a* look *m*

S

Styropor® [ʃtyro'poːr] *n* ⟨-s⟩ poliestireno *m*
s.u. *Abk* (*siehe unten*) véase más abajo
subaltern [zʊpʔal'tɛrn] *adj* subalterno
Subjekt [zʊp'jɛkt] *n* ⟨-(e)s; -e⟩ **1** GRAM sujeto *m*; **2** *desp a* tipo *m*, individuo *m*
subjek|'tiv *adj* subjetivo; **≈tivi'tät** *f* ⟨-⟩ subjetividad *f*
Sub|kontinent ['zʊp-] *m* subcontinente *m*; **~kultur** *f* subcultura *f*
sublimieren [zʊbli'miːrən] *v/t* ⟨*sin* ge⟩ CHEM, PSYCH sublimar
Subsidiarität [zʊpzidiari'tɛːt] *f* subsidiariedad *f*; **~sprinzip** *n* ⟨-s⟩ principio *m* de subsidiariedad
Subskription [zʊpskrɪptsi'oːn] *f* suscripción *f* (*+gen* a); **~spreis** *m* precio *m* de suscripción
Substantiv ['zʊpstantiːf] *n* ⟨-s; -e⟩ sustantivo *m*; **≈isch** *adj* sustantivo
Substanz [zʊp'stants] *f* sustancia *f*; F *fig* ***j-m an die ~ gehen*** F llegar(le) a alg al alma
substanziell [zʊpstantsi'ɛl] *adj* sustancial
subtil [zʊp'tiːl] *adj* sutil
sub|trahieren [zʊptra'hiːrən] *v/t* ⟨*sin* ge⟩ restar, sustraer (***von*** de); **≈trakti'on** *f* sustracción *f*
Subtrop|en ['zʊp-] *pl* regiones *f/pl* subtropicales; **≈isch** *adj* subtropical
Subunternehmer(in) ['zʊp-] *m(f)* subempresario, -a *m,f*, subcontratante *m,f*; ***e-n ~ beauftragen*** encargar a un subcontratante
'Subunternehmertum *n* subcontratación *f*
Subven|tion [zʊpvɛntsi'oːn] *f* subvención *f*; **≈tio'nieren** *v/t* ⟨*sin* ge⟩ subvencionar; **~tio'nierung** *f* subvención *f*; **~ti'onsabbau** *m* reducción *f* de subvenciones
subversiv [zʊpvɛr'ziːf] *adj* subversivo
'Suchabfrage *f* INFORM búsqueda *f*
Suche ['zuːxə] *f* busca *f*, búsqueda *f*; ***auf der ~ nach*** en busca de; ***auf die ~ nach j-m, etw gehen, sich auf die ~ nach j-m, etw machen*** ir en busca de alg, a/c
'suchen I *v/t* **1** buscar; (*erforschen*) investigar; (*nachforschen*) indagar; F *fig* ***du hast da nichts zu ~*** ahí no se te ha perdido nada; **2** (*sich bemühen um*) buscar; ***Rat bei j-m ~*** pedir consejo a alg; **3** *geh* (*ver~*) ***~ zu*** (*+inf*) tratar de; **II** *v/i* **4** ***nach etw, j-m ~*** buscar a/c, a alg
'Sucher *m* FOT visor *m*
'Such|hund *m* → ***Spürhund***; **~lauf** *m* INFORM operación *f* de búsqueda; **~maschine** *f* INFORM motor *m* de búsqueda; buscador *m*
Sucht [zʊxt] *f* ⟨-; ⸗e⟩ **1** (*Arzneimittel≈*, *Drogen≈*) adicción *f*; **2** afán *m* (***nach*** de); (*exzessives Verlangen*) pasión *f*
süchtig ['zʏçtɪç] *adj* **1** adicto, toxicómano; ***~ machen*** crear adicción; **2** *fig* (*versessen*) ávido (***nach*** de)
'Süchtige(r) *f(m)* ⟨→ A⟩ adicto, -a *m,f*, toxicómano, -a *m,f*
'sucht|krank *adj* adicto, toxicómano; **≈kranke(r)** *f(m)* adicto, -a *m,f*, toxicómano, -a *m,f*; **≈mittel** *n* droga *f*, estupefaciente *m*
'Such|trupp *m* equipo *m* de salvamento; **~wort** *n* INFORM palabra *f* a buscar
Sud [zuːt] *m* ⟨-(e)s; -e⟩ **1** GASTR caldo *m*; **2** (*Extrakt*) decocción *f*
Süd [zyːt] *m* ⟨*sin artículo ni pl*⟩ Sur *m*; **'~'afrika** *n* África *f* del Sur, Sudáfrica *f*; **'~afri'kaner(in)** *m(f)* sudafricano, -a *m,f*; **'≈afri'kanisch** *adj* sudafricano; **'~a'merika** *n* América *f* del Sur *od* Meridional, Sudamérica *f*; **'~ameri'kaner(in)** *m(f)* sudamericano, -a *m,f*; **'≈ameri'kanisch** *adj* sudamericano
Sudan [zu'daːn] *m* ⟨-s⟩ ***der ~*** Sudán *m*
'süddeutsch *adj* de la Alemania del Sur, del sur de Alemania; **≈land** *n* Alemania *f* del Sur
sudeln ['zuːdəln] F *v/i* embadurnar, ensuciar
Süden ['zyːdən] *m* ⟨-s⟩ Sur *m*; *e-s Lands, e-r Stadt* sur *m*; **im ~** (***von***) al sur (de)
'Süd|eu'ropa *n* Europa *f* del Sur *od* Meridional; **~früchte** *pl* frutos *m/pl* meridionales; **'~ko'rea** *n* Corea *f* del Sur; **~küste** *f* costa *f* meridional; **~länder(in)** *m(f)* meridional *m,f*; **≈ländisch** *adj* meridional, del sur
'südlich I *adj* meridional, del sur; *Breite* austral; **II** *adv* al sur (***von*** de)
Süd|'osten *m* sudeste *m*; **≈'östlich I** *adj* del sudeste; **II** *adv* al sudeste (***von*** de)
'Süd|pol *m* polo *m* sur *od* antártico; **~see** *f* Mares *m/pl* del Sur, Pacífico *m* meridional; **~seite** *f* lado *m* sur; **~spanien** *n* España *f* meridional, sur *m* de España; **~spanier(in)** *m(f)* persona *f* del sur de España; **≈spanisch** *adj* del sur de España, de la España meridional; **~tirol** *n* Trentino *m*; **≈wärts** *adv* hacia el sur; **~'westen** *m* sudoeste *m*
süd'westlich I *adj* en el sudoeste; **II** *adv* al sudoeste (***von*** de)
'Südwind *m* viento *m* del sur
'Suezkanal ['zuɛs-] *m* canal *m* de Suez
Suff [zʊf] P *m* ⟨-(e)s⟩ F borrachera *f*, cogorza *f*
süffig ['zʏfɪç] F *adj Getränk* suave al paladar
süffisant [zʏfi'zant] *adj desp* que tiene aire de suficiencia
Suffix [zʊ'fɪks] *n* ⟨-es; -e⟩ LING sufijo *m*
sugge|rieren [zʊge'riːrən] *v/t* ⟨*sin* ge⟩ suge-

S

rir, insinuar; **ˆsti'on** *f* sugestión *f*
suggestiv [zʊgɛs'tiːf] *adj* sugestivo, sugerente; **ˆfrage** *f* pregunta *f* sugerente
suhlen ['zuːlən] *v/r* ***sich*** ~ revolcarse (***in*** *+dat* en)
Sühne ['zyːnə] *geh f* expiación *f*
'sühnen *geh* **I** *v/t* (*büßen*) expiar, reparar; **II** *v/i* **2** ***für etw*** ~ pagar por a/c
Suite ['sviːt(ə)] *f* suite *f*
sukzessiv [zuktsɛ'siːf] *adj* sucesivo, consecutivo
Sulfat [zʊl'faːt] *n* ⟨-(e)s; -e⟩ sulfato *m*
Sulfid [zʊl'fiːt] *n* ⟨-(e)s; -e⟩ sulfuro *m*
Sulfonamid [zʊlfona'miːt] *n* ⟨-(e)s; -e⟩ sulfamida *f*
Sulta|n ['zʊltan] *m* ⟨-s; -e⟩ sultán *m*; **~'nat** *n* ⟨-(e)s; -e⟩ sultanato *m*
Sultanine [zʊlta'niːnə] *f* (pasa *f*) sultana *f*
Sülze ['zʏltsə] *f* GASTR **1** *Speise* carne *f* en gelatina; **2** (*Aspik*) gelatina *f*
summarisch [zʊ'maːrɪʃ] *adj* sumario
Summe ['zʊmə] *f* suma *f*, total *m*
summen ['zʊmən] **I** *v/t Melodie* tararear; **II** *v/i Biene* zumbar (*a Motor*)
'Summer *m* zumbador *m*
sum'mieren ⟨*sin* ge⟩ **I** *v/t* sumar; **II** *v/r* ***sich*** ~ acumularse
Sumpf [zʊmpf] *m* ⟨-(e)s; ⸚e⟩ pantano *m*, ciénaga *f* (*a fig*)
'sumpfig *adj* pantanoso
Sund [zʊnt] *m* ⟨-(e)s; -e⟩ estrecho *m*
Sünde ['zʏndə] *f* pecado *m*
'Sünden|bekenntnis *n* confesión *f* de los pecados; **~bock** F *m* cabeza *f* de turco, chivo *m* expiatorio; **~fall** *m* REL pecado *m* original
'Sünder(in) *m(f)* pecador, a *m,f*
'sündhaft **I** *adj* **1** *geh* culpable; REL pecaminoso; **2** F *fig Preis* exagerado; **II** F *adv* **3** ~ ***teuer*** carísimo
'sündig *adj* **1** REL pecador; **2** (*lasterhaft*) inmoral
'sündigen *v/i* pecar
Sunnit(in) [zʊ'niːt(ɪn)] *m* ⟨-en; -en⟩ (*f*) sun(n)ita *m,f*; **ˆisch** *adj* sun(n)ita
super ['zuːpər] F *adj* ⟨*inv*⟩ F estupendo, bárbaro
'Super F *n* ⟨-s⟩ *Benzin* (gasolina *f*) super *f*
'super... F *in Zssgn* super
'Superbenzin *n* (gasolina *f*) super *f*
'superklug *adj iron* ~ ***sein*** pasarse de listo
Superlativ ['zuːpərlatiːf] *m* ⟨-s; -e⟩ superlativo *m*
'Super|macht *f* superpotencia *f*; **~mann** F *m* ⟨-(e)s; -männer⟩ F supermán *m*; **~markt** *m* supermercado *m*; **ˆmodern** F *adj* ultramoderno; **~star** F *m* F superestrella *f*
Suppe ['zʊpə] *f* **1** GASTR sopa *f*; *klare* consomé *m*; F *fig* ***die ~ auslöffeln müssen*** tener que pagar el pato; **2** F *fig* (*starker Nebel*) niebla *f* cerrada
'Suppen|fleisch *n* carne *f* para caldo; **~grün** *n* verdura *f* para caldo; **~huhn** *n* gallina *f* para caldo; *Gericht* gallina *f* en caldo; **~kelle** *f* cazo *m*; **~löffel** *m* cuchara *f* sopera; **~schüssel** *f* sopera *f*; **~tasse** *f* taza *f* para sopa; **~teller** *m* plato *m* hondo *od* para sopa; **~terrine** *f* sopera *f*; **~topf** *m* olla *f*; **~würfel** *m* cubito *m* de caldo, avecrem® *m*
Surfbrett ['zœrf-] *n* tabla *f* de surf
surfen ['zœrfən] *v/i* ⟨h *o* sn, *+indicación de dirección* sn⟩ hacer surf; ***im Internet*** ~ navegar por Internet
'Surfer(in) *m(f)* surfista *m,f*; *im Internet* navegante *m,f*, cibernauta *m,f*
Surinam [zuri'nam] *n* ⟨-s⟩ Surinam *m*
Surrea|lismus [zʊrea'lɪsmʊs] *m* ⟨-⟩ surrealismo *m*; **ˆ'listisch** *adj* surrealista
surren ['zʊrən] *v/i* **1** ⟨h⟩ (*summen*) *Insekt, Motor* zumbar; **2** ⟨sn⟩ (*schwirren*) silbar, zumbar
Surrogat [zʊro'gaːt] *geh n* ⟨-(e)s; -e⟩ sucedáneo *m*
suspekt [zʊs'pɛkt] *adj* sospechoso
suspendier|en [zʊspɛn'diːrən] *v/t* ⟨*sin* ge⟩ suspender (***vom Dienst*** del servicio *od* de sus funciones); **ˆung** *f* suspensión *f*
süß [zyːs] **I** *adj* **1** dulce; (*gezuckert*) dulcificado, azucarado; *Duft* fragante; **2** *fig Lächeln, Worte* dulce, tierno; *Kind* mono; (*lieblich*) dulce, suave; **II** *adv* **3** ~ ***schmecken, riechen*** tener un sabor, un olor dulce; **4** *fig* dulcemente
'Süße *f* ⟨-⟩ dulzura *f*, dulzor *m*
'süßen *v/t* endulzar, edulcorar
'Süßholz *n* regaliz *m*; F *fig* ~ ***raspeln*** F echar flores
'Süßigkeit *f mst pl* **~en** dulces *m/pl*, golosinas *f/pl*
'süßlich *adj* dulzón (*a fig desp*); *fig desp* empalagoso
'süß-'sauer **I** *adj* agridulce (*a fig*); **II** *adv* ~ ***lächeln*** sonreír con amargura
'Süß|speise *f* dulce *m*; **~stoff** *m* edulcorante *m*, sacarina *f*; **~waren** *pl* dulces *m/pl*; **~warengeschäft** *n* confitería *f*; **~wasser** *n* ⟨-s; -⟩ agua *f* dulce
SW *Abk* (*Südwesten*) SO (Sudoeste)
Sweatshirt ['svɛtʃœrt] *n* ⟨-s; -s⟩ sudadera *f*
Swimmingpool ['svɪmɪŋpuːl] *m* ⟨-s; -s⟩ piscina *f*
Symbiose [zʏmbi'oːzə] *f* simbiosis *f*
Symbol [zʏm'boːl] *n* ⟨-s; -e⟩ símbolo *m*; INFORM *a* icono *m*; **ˆhaft** *adj* simbólico, representativo (***für*** de); **~ik** *f* ⟨-⟩ simbolismo *m*; **ˆisch** *adj* simbólico; **ˆi'sieren** *v/t* ⟨*sin* ge⟩ simbolizar; **~leiste** *f* INFORM barra *f* de herramientas *od* de símbolos

Symmetrie [zyme'triː] *f* simetría *f*
sym'metrisch *adj* simétrico
Sympathie [zympa'tiː] *f* simpatía *f*; ***für j-n ~ empfinden*** sentir simpatía por alg
Sympathi'sant(in) *m* ⟨-en; -en⟩ (*f*) simpatizante *m,f*
sym'pathisch *adj* simpático; ***sie ist mir ~*** me cae bien
sympathi'sieren *v/i* ⟨*sin* ge⟩ simpatizar (***mit*** con)
Symphonie [zymfo'niː] *f* → ***Sinfonie***
Symposion [zym'poːziɔn] *n* ⟨-s; -ien⟩, **Symposium** [zym'poːziʊm] *n* ⟨-s; -ien⟩ simposio *m*
Sympto|m [zymp'toːm] *n* ⟨-s; -e⟩ MED, *fig* síntoma *m*; **2'matisch** *adj* sintomático (***für*** de)
Synagoge [zyna'goːgə] *f* sinagoga *f*
synchron [zyn'kroːn] *adj* sincrónico; **2isati'on** *f* TEC sincronización *f*; *e-s Films* doblaje *f*; **~i'sieren** *v/t* ⟨*sin* ge⟩ TEC sincronizar; *Film* doblar
Syndrom [zyn'droːm] *n* ⟨-s; -e⟩ síndrome *m*
Synergie [zynɛr'giː] *f* ⟨-⟩ sinergia *f* (*a* ECON); **~effekt** *m* efecto *m* sinérgico
Synkope [zyn'koːpə] *f* MUS síncopa *f*
Synode [zy'noːdə] *f* sínodo *m*
synonym [zyno'nyːm] *adj* sinónimo
Syno'nym *n* ⟨-s; -e⟩ sinónimo *m*
syntaktisch [zyn'taktɪʃ] *adj* sintáctico
Syntax ['zyntaks] *f* ⟨-; -en⟩ sintaxis *f*
Synthese [zyn'teːzə] *f* síntesis *f* (***aus, von, zwischen*** +*dat* de)
synthetisch [zyn'teːtɪʃ] *adj* sintético
Syphilis ['zyːfilɪs] *f* ⟨-⟩ sífilis *f*
Syr|er(in) ['zyːrər(ɪn)] *m*(*f*) sirio, -a *m,f*; **~ien** *n* ⟨-s⟩ Siria *f*; **2isch** *adj* sirio
System [zys'teːm] *n* ⟨-s; -e⟩ sistema *m* (*a* POL, PHYS, BIOL, INFORM); POL *a* régimen *m*; ***~ haben*** ser sistemático
Sys'temanalytiker(in) *m*(*f*) INFORM analista *m,f* de sistemas
Syste'mat|ik *f* sistemática *f*; **2isch** *adj* sistemático; **2i'sieren** *v/t* ⟨*sin* ge⟩ sistematizar
Sys'tem|fehler *m* INFORM error *m* de sistema; **~komponente** *f* TEC componente *m* del sistema; **~kritiker(in)** *m*(*f*) crítico, -a *m,f* del sistema *od* del régimen; **~steuerung** *f* INFORM panel *m* de control; **~zwang** *m* restricción *f* del sistema
Szenario [stse'naːrio] *n* ⟨-s; -s⟩ THEA, FILM, *a fig* POL escenario *m*
Szene ['stseːnə] *f* **1** THEA escena *f*; FILM secuencia *f*; *fig* ***sich in ~ setzen*** darse importancia, darse aires; **2** *fig* (*Auseinandersetzung*) escena *f*, numerito *m*; ***j-m e-e ~ machen*** hacer una escena a alg, montar(le) un numerito a alg; **3** F *fig Gesellschaftsgruppe* ambiente *m*; ***die ~*** la movida; ***die politische ~*** las esferas políticas
'Szene|lokal *n* bar *m* de moda; **~nwechsel** *m* cambio *m* de escena
Szene'rie *f* THEA escenario *m* (*a fig*), decorado *m*

S

T

T, t [teː] ⟨-; -⟩ T, t *f*
t *Abk* (*Tonne*) t (*tonelada*)
Tabak ['ta(ː)bak] *m* ⟨-s; -e⟩ tabaco *m*; **≈braun** *adj* (color) tabaco; **~laden** *m* estanco *m*, *Am* tabaquería *f*
'Tabaks|beutel *m* petaca *f*; **~dose** *f* tabaquera *f*; **~pfeife** *f* pipa *f*
'Tabakwaren *pl* tabacos *m/pl*
tabel'larisch *adj u adv* en forma de tabla *od* de cuadro
Tabelle [ta'bɛlə] *f* **1** (*Übersicht*) cuadro *m*, tabla *f*; **2** SPORT clasificación *f*
Ta'bellen|form *f* ***in ~*** en forma de tabla; **~führer** *m* líder *m od* cabeza *f* (de la clasificación); **~kalkulation** *f* hoja *f* de cálculo; **~(kalkulations)programm** *n* INFORM hoja *f* de cálculo
tabel'lieren *v/t* ⟨*sin* ge⟩ presentar en forma de tabla *od* de cuadro
Tabernakel [tabɛr'naːkəl] *n od m* ⟨-s; -⟩ tabernáculo *m*
Tablett [ta'blɛt] *n* ⟨-(e)s; -e *o* -s⟩ bandeja *f*
Tablette [ta'blɛtə] *f* pastilla *f*, comprimido *m*, tableta *f*
tabu [ta'buː] *adj* tabú
Ta'bu *n* ⟨-s; -s⟩ tabú *m*
Tabulator [tabu'laːtɔr] *m* ⟨-s; -'toren⟩ tabulador *m*; **~taste** *f* (tecla *f* del) tabulador *m*
Tacho ['taxo] F *m* ⟨-s; -s⟩, **~'meter** *m od n* tacómetro *m*
Tadel ['taːdəl] *m* ⟨-s; -⟩ **1** censura *f*, reprensión *f* (*a Schule*); (*Rüge*) reprimenda *f*; **2** *geh* ***ohne ~*** sin tacha
'tadellos I *adj* **1** (*ohne Fehler*) sin tacha, impecable, irreprochable, intachable; **2** F (*großartig*) perfecto; **II** *adv* **3** *Kleidung* ***~ sitzen*** sentar perfectamente; **4** F (*großartig*) perfectamente
'tadeln *v/t* **1** (*missbilligen*) censurar; **2** (*rügen*) reprender; ***j-n wegen etw ~*** reprochar a alg a/c
'tadelnswert *adj* reprochable, censurable
Tafel ['taːfəl] *f* ⟨-; -n⟩ **1** tablón *m*, tablero *m*; (*Hinweis≈*) letrero *m*; (*Gedenk≈*) placa *f*; **2** *Schule* pizarra *f*; **3** (*Illustration*) lámina *f*; **4** ***e-e ~ Schokolade*** una tableta de chocolate; **5** *geh* (*Tisch*) mesa *f*
'tafel|fertig *adj* listo para la mesa; **≈geschirr** *n* servicio *m* de mesa
'tafeln *geh v/i* celebrar un banquete
täfeln ['tɛːfəln] *v/t Wand* revestir de madera; *Decke* artesonar
'Tafel|obst *n* fruta *f* de mesa; **~silber** *n* cubertería *f* de plata
'Täfelung *f* (*Wand≈*) revestimiento *m* de madera; (*Decken≈*) artesonado *m*
'Tafelwasser *n* agua *f* mineral
Taft [taft] *m* ⟨-(e)s; -e⟩ tafetán *m*
Tag[1] [taːk] *m* ⟨-(e)s; -e⟩ **1** día *m*; *als Dauer a* jornada *f*; ***~ für ~*** día por *od* tras día; ***am folgenden ~, am ~ darauf*** al día siguiente; ***am ~ davor*** *od* ***zuvor*** el día anterior, la víspera; ***e-s (schönen) ~es*** un (buen) día; ***den ganzen ~ (über)*** (durante) todo el día; ***den lieben langen ~*** todo el santo día; ***in 14 ~en*** dentro de quince días; ***was ist heute für ein ~?*** ¿a qué día estamos hoy?; ***guten ~!*** ¡buenos días!; *nachmittags* ¡buenas tardes!; *fig* ***schwarzer ~*** día *m* negro; *fig* ***e-n schlechten ~ haben*** tener un mal día; *fig* ***in den ~ hinein leben*** vivir al día; **2** *Gegensatz: Nacht* ***am, bei ~(e*** *geh*) de día; ***es ist ~*** es de día; ***es wird ~*** está amaneciendo; ***~ und Nacht*** día y noche; **4** *fig* ***an den ~ bringen*** revelar; ***an den ~ kommen*** salir a la luz; **5** ***~ der offenen Tür*** día *m* de puertas abiertas; ***der Jüngste ~*** el día del Juicio; **6** MIN ***über ~e*** a cielo abierto; ***unter ~e*** en la mina; **7** *pl* (*Lebenszeit*) ***auf s-e alten ~e*** a su edad; ***in unseren ~en*** hoy en día; **8** F *pl* (*Menstruation*) ***sie hat ihre ~e*** tiene la regla
Tag[2] [tɛk] *n* ⟨-s; -s⟩ INFORM marca *f*
tag'aus *adv* ***~, tagein*** todos los días
'Tage|bau *m* ⟨-(e)s; -e⟩ explotación *f* a cielo abierto; **~buch** *n* diario *m*; **~geld** *n bei Dienstreisen* dieta(s) *f*(*pl*)
'tagelang I *adj* de varios días; **II** *adv* durante varios días
'Tage|lohn *m* jornal *m*; **~löhner** *m* jornalero *m*
'tagen I *v/i Versammlung* reunirse, celebrar una sesión; **II** *geh v/imp* (*dämmern*) ***es tagt*** está amaneciendo
'Tagesanbruch *m* amanecer *m*; ***bei ~*** al amanecer, al alba
'Tages|bericht *m* boletín *m* del día, informe *m* diario; **~decke** *f* colcha *f*; **~einnahmen**

f/pl recaudación *f* diaria, ingreso *m* diario; **~fahrt** *f* viaje *m* de un día; **~gericht** *n* plato *m* del día; **~geschäft** *n* operación *f* al contado; **~geschehen** *n* acontecimientos *m/pl* del día; **~gespräch** *n* tema *m* (de conversación) del día; **~karte** *f* billete *m* para un día; *im Restaurant* menú *m* del día; **~kasse** *f* taquilla *f*; **~kurs** *m Börse* cotización *f* del día

'Tageslicht *n* luz *f* del día; ***bei ~*** a la luz del día; *fig* ***ans ~ bringen*** revelar; ***ans ~ kommen*** salir a la luz

'Tageslichtprojektor *m* retroproyector *m*

'Tages|menü *n* menú *m* del día; **~mutter** *f* ⟨-; -mütter⟩ niñera *f* (*que cuida a los niños en su propia casa*)

'Tagesordnung *f* orden *m* del día; ***auf die ~ setzen*** incluir en el orden del día; ***auf der ~ stehen*** figurar en el orden del día; *fig* ***an der ~ sein*** ser el pan de cada día

'Tagesordnungspunkt *m* punto *m* del orden del día; ***zum nächsten ~ übergehen*** pasar al siguiente punto del orden del día

'Tages|pauschale *f* dieta *f* por día; **~preis** *m* precio *m* corriente *od* del día; **~presse** *f* prensa *f* diaria; **~rückfahrkarte** *f* billete *m* de ida y vuelta (*en el día*); **~satz** *m* jornada *f*; JUR tasa *f* diaria

'Tageszeit *f* hora *f* del día; ***zu jeder ~*** a cualquier hora del día

'Tageszeitung *f* diario *m*, periódico *m*

'tageweise *adv* por días

taggen ['tɛgən] *v/t* INFORM marcar

Tagging ['tɛgɪŋ] *n* ⟨-s; -s⟩ marcaje *m*

'tag'hell *adj* claro como el día; ***es ist ~*** es de día

täglich ['tɛːklɪç] **I** *adj* **1** diario, cotidiano; **II** *adv* **2** (*jeden Tag*) todos los días; **3** (*pro Tag*) al día, por día

tags [taːks] *adv* ***~ zuvor*** el día antes; ***~ darauf*** al día siguiente

'Tagschicht *f* turno *m* de día; ***~ haben*** tener turno de día

'tagsüber *adv* durante el día

'tag'täglich I *adj* diario, cotidiano; **II** *adv* todos los días

'Tagung *f* congreso *m*, conferencia *f*; *in Namen oft* jornadas *f/pl*; ***e-e ~ abhalten, organisieren*** celebrar, organizar un congreso; ***an e-r ~ teilnehmen*** participar en un congreso

'Tagungs|ort *m* lugar *m* de reunión; **~raum** *m* sala *f* de conferencia; **~teilnehmer(in)** *m(f)* congresista *m,f*

Taifun [taɪ'fuːn] *m* ⟨-s; -e⟩ tifón *m*

Taille ['taljə] *f* talle *m*, cintura *f*

tailliert [ta'jiːrt] *adjt* entallado

Taiwan ['taɪvan] *n* ⟨-s⟩ Taiwan *m*

Takelage [takə'laːʒə] *f* jarcias *f/pl*, aparejo *m*

Takt [takt] *m* ⟨-(e)s; -e⟩ **1** MUS compás *m*; (*rhythmischer Bewegungsablauf*) ritmo *m*; ***im ~*** al compás; *fig* a ritmo; ***den ~ schlagen*** marcar *od* llevar el compás; ***aus dem ~ kommen*** perder el compás; **2** → ***Taktgefühl***

'Taktgefühl *n* tacto *m*, discreción *f*

tak'tieren *v/i* ⟨*sin* ge⟩ seguir una táctica

'Takt|ik *f* táctica *f*; **~iker(in)** *m(f)* táctico, -a *m,f*; **˜isch** *adj* táctico

'taktlos I *adj* indiscreto; **II** *adv* sin tacto; **˜igkeit** *f* **1** (*taktlose Art*) falta *f* de tacto; **2** *Handlung* indiscreción *f*

'Taktstock *m* batuta *f*

'taktvoll I *adj* delicado, discreto; **II** *adv* con tacto, delicadamente

Tal [taːl] *n* ⟨-(e)s; ¨er⟩ valle *m*

Talar [ta'laːr] *m* ⟨-s; -e⟩ hábito *m* talar; *der Professoren, Richter* toga *f*

'Talbrücke *f* viaducto *m*

Talent [ta'lɛnt] *n* ⟨-(e)s; -e⟩ talento *m* (*a Person*); *Eigenschaft a* don *m* (***zu*** para)

talen'tiert *adj* dotado, de talento

Ta'lentsucher(in) *m(f)* cazatalentos *m,f*

'Talfahrt *f* **1** bajada *f*, descenso *m*; **2** ECON caída *f*

Talg [talk] *m* ⟨-(e)s; -e⟩ sebo *m*; **'~drüse** *f* glándula *f* sebácea

Talisman ['taːlɪsman] *m* ⟨-s; -e⟩ talismán *m*

'Talkessel *m* circo *m*, depresión *f*

Talk|master ['tɔːkmaːstər] *m* presentador *m*; **~-Show** ['-ʃoː] *f* programa *m* de entrevistas

Talmi ['talmi] *n* ⟨-s⟩ baratija *f*

'Tal|sohle *f* **1** GEOGR vaguada *f*, fondo *m* del valle; **2** *fig* ECON nivel *m* más bajo; **~sperre** *f* presa *f*

Tamburin [tambu'riːn] *n* ⟨-s; -e⟩ pandereta *f*

Tampon ['tampɔn] *m* ⟨-s; -s⟩ tampón *m*

Tamtam [tam'tam] F *desp n* ⟨-s⟩ ***~ machen*** (***um***) dar mucho bombo (a)

Tand [tant] *m* ⟨-(e)s⟩ baratijas *f/pl*, chucherías *f/pl*

Tandem ['tandɛm] *n* ⟨-s; -s⟩ tándem *m*

Tang [taŋ] *m* ⟨-(e)s; -e⟩ algas *f/pl* marinas

Tanga ['taŋga] *m* ⟨-s; -s⟩ tanga *m*

Tan|gente [taŋ'gɛntə] *f* tangente *f*; **˜'gieren** *v/t* ⟨*sin* ge⟩ **1** tocar tangencialmente; **2** *geh fig* afectar

Tango ['taŋgo] *m* ⟨-s; -s⟩ tango *m*

Tank [taŋk] *m* ⟨-(e)s; -s⟩ cisterna *f*, depósito *m* (*a* AUTO)

'tanken *v/t*, *v/i* (***Benzin***) **~** echar (gasolina), repostar (gasolina); *fig* ***neue Kräfte ~*** cargar fuerzas

'Tank|er *m* petrolero *m*, buque *m* cisterna; **~fahrzeug** *n* camión *m* cisterna; **~stelle** *f* gasolinera *f*, estación *f* de servicio; **~wagen** *m* camión *m* cisterna; **~wart** *m*

T

⟨-(e)s; -e⟩ empleado *m* de gasolinera
Tanne ['tanə] *f* abeto *m*
'Tannen|baum *m* abeto *m*; (*Weihnachtsbaum*) árbol *m* de Navidad; **~nadel** *f* aguja *f* de abeto; **~zapfen** *m* piña *f* (de abeto)
Tansania [tanza'niːa] *n* ⟨-s⟩ Tanzania *f*
Tante ['tantə] *f* tía *f*
Tantieme [tɑ̃ti'eːmə] *f* tanto *m* por ciento; *pl* **~n** *e-s Autors* derechos *m/pl* de autor
Tanz [tants] *m* ⟨-es; ⸚e⟩ baile *m* (*a Veranstaltung*), danza *f* (*a Musikstück*)
'Tanzabend *m* (velada *f* de) baile *m*
'Tanzbein F *n* ***das ~ schwingen*** F mover el esqueleto
tänzeln ['tɛntsəln] *v/i Person* contonearse, andar con paso ligero; *Pferd* escarcear
'tanzen *v/t*, *v/i* ⟨*+indicación de dirección* sn⟩ bailar, danzar
'Tänzer(in) *m(f)* **1** bailador, a *m,f*; (*Berufs*♀) bailarín, -ina *m,f*; **2** (*Tanzpartner*[*in*]) pareja *f* de baile
'Tanz|fläche *f* pista *f* de baile; **~kapelle** *f* orquesta *f* de baile; **~lehrer(in)** *m(f)* profesor, a *m,f* de baile; **~lokal** *n* salón *m* de baile; **~musik** *f* música *f* de baile; **~orchester** *n* orquesta *f* de baile; **~partner(in)** *m(f)* pareja *f* de baile; **~saal** *m* sala *f* de baile; **~schule** *f* escuela *f* de baile; **~stunde** *f Kurs* hora *f od* clase *f* de baile; **~tee** *m* té *m* baile
Tapet [ta'peːt] F *n* ***etw aufs ~ bringen*** F poner a/c sobre el tapete
Tapete [ta'peːtə] *f* papel *m* pintado
Ta'petenwechsel F *m* cambio *m* de ambiente
tapezier|en [tape'tsiːrən] empapelar; **♀er** *m* empapelador *m*
tapfer ['tapfər] *adj* valiente, intrépido; **♀keit** *f* ⟨-⟩ valentía *f*
tappen ['tapən] *v/i* **1** ⟨*+indicación de dirección* sn⟩ (*stapfen*) andar a ciegas *od* a tientas; ***durchs Zimmer ~*** recorrer la habitación a tientas; *fig* ***in die Falle ~*** caer en la trampa; **2** (*tastend greifen*) buscar a ciegas *od* a tientas; ***nach dem Schalter ~*** buscar a ciegas el interruptor
tapsig ['tapsɪç] F *adj* torpe
Tara ['taːra] *f* ⟨-; Taren⟩ tara *f*
Tarantel [ta'rantəl] *f* ⟨-; -n⟩ tarántula *f*; *fig* ***wie von der ~ gestochen*** impetuoso, como si le hubiera picado un chico
Tarif [ta'riːf] *m* ⟨-s; -e⟩ (*Lohn*♀, *Gehalts*♀) tarifa *f* (*a Gebühr*); **~gruppe** *f* categoría *f* salarial
ta'riflich *adj* de *od* según la tarifa
Ta'rif|konflikt *m* conflicto *m* tarifario; **~lohn** *m* salario *m* según tarifa; **~partner** *pl* partes *f/pl* contratantes en un convenio colectivo, agentes *m/pl* sociales; **~struktur** *f* estructura *f* de tarifas; **~verhandlungen** *pl* negociaciones *f/pl* del convenio; **~vertrag** *m* convenio *m* colectivo
tarnen ['tarnən] *v/t*, *v/r* (***sich***) **~** camuflar(se) (***als*** como)
'Tarn|farbe *f* pintura *f* de camuflaje; **~ung** *f* camuflaje *m*
Tasche ['taʃə] *f* **1** *zum Tragen* bolsa *f*; (*Hand*♀) bolso *m*; (*Akten*♀) cartera *f*; **2** *an Kleidungsstücken* bolsillo *m*; ***etw aus eigener ~ bezahlen*** pagar a/c del propio bolsillo; F *fig* ***j-n in die ~ stecken*** meterse a alg en el bolsillo; *fig* ***j-m auf der ~ liegen*** vivir a costa de alg; F *fig* ***sich*** (*dat*) ***in die eigene ~ lügen*** engañarse a uno mismo
'Taschen|buch *n* libro *m* de bolsillo; **~dieb** *m* ratero *m*, carterista *m*; **~geld** *n* dinero *m* para gastos personales; **~lampe** *f* linterna *f*; **~messer** *n* navaja *f*; **~rechner** *m* calculadora *f*; **~tuch** *n* pañuelo *m*; **~uhr** *f* reloj *m* de bolsillo
Tasse ['tasə] *f* taza *f*; *große* tazón *m*; ***e-e ~ Kaffee*** una taza de café; F *fig* ***nicht alle ~n im Schrank haben*** F estar mal de la cabeza
Tastatur [tasta'tuːr] *f* teclado *m*
Taste ['tastə] *f* tecla *f*
'tasten I *v/i* palpar, tentar; ***nach etw ~*** buscar a/c a tientas; **II** *v/r* ***sich vorwärts ~*** andar a tientas
'Tasten|instrument *n* instrumento *m* de teclado; **~kombination** *f* INFORM combinación *f* de teclas; **~telefon** *n* teléfono *m* de teclado
'Tastsinn *m* sentido *m* del tacto
tat [taːt] → ***tun***
Tat [taːt] *f* ⟨-; -en⟩ **1** hecho *m*, acción *f*, acto *m*; ***gute ~*** buena acción *f*; *geh* ***zur ~ schreiten*** pasar a los hechos *od* a la acción; **2** (*Straf*♀) crimen *m*; ***auf frischer ~ ertappen*** F coger a alg con las manos en la masa; **3** (*Helden*♀) hazaña *f*, proeza *f*; **4** ***in der ~*** en efecto, efectivamente
Tatar [ta'taːr] *n* ⟨-s; -(s)⟩ GASTR tártaro *m*
'Tatbestand *m* hechos *m/pl* (*a* JUR)
'Taten|drang *m* espíritu *m* emprendedor; **♀los** *adv* de brazos cruzados
Täter(in) ['tɛːtər(ɪn)] *m(f)* autor, a *m,f*
tätig ['tɛːtɪç] *adj* activo (*a Vulkan*); (*berufs~*) **~ *sein*** (***als***) trabajar (de), ejercer (de); **~ *sein in*** (*+dat*) operar en, trabajar en, dedicarse a; **~ *werden*** intervenir
'tätigen *v/t Einkäufe*, *Geschäfte* realizar; *Geschäft a* efectuar; *Abschluss* concluir
'Tätigkeit *f* **1** (*Aktivität*, *Aufgabe*) actividad *f*; ***berufliche ~*** actividad *f* profesional; ***gewerbliche ~*** actividad *f* comercial *od* industrial; ***handwerkliche ~*** actividad *f* artesanal; ***künstlerische ~*** actividad *f/pl* artística; ***selbständige ~en*** *Steuerrecht* activi-

dades *f/pl* profesionales; **2** (*Beschäftigung*) ocupación *f*; (*Beruf*) trabajo *m*; ***anspruchsvolle ~*** trabajo *m* exigente; **3** (*In-Betrieb-Sein*) funcionamiento *m*

'Tätigkeits|bereich *m* campo *m* de actividades; **~bericht** *m* informe *m* de actividades; **~beschreibung** *f* descripción *f* del puesto (de trabajo); **~feld** *n* campo *m* de actividades

'Tat|kraft *f* energía *f*; **⁓kräftig** *adj* activo; (*schwungvoll*) dinámico

'tätlich *adj **~ werden*** pasar a los hechos, llegar a las manos (***gegen j-n*** contra alg)

'Tätlichkeiten *pl* actos *m/pl* de violencia

'Tatort *m* lugar *m* del suceso *od* de los hechos

tätowier|en [tɛto'viːrən] *v/t* ⟨*sin* ge⟩ tatuar; **⁓ung** *f* tatuaje *m*

'Tatsache *f* hecho *m*; ***~ ist, dass …*** es un hecho que …; F ***~?*** ¿de veras?; ***j-n vor vollendete ~n stellen*** enfrentar a alg a los hechos (consumados)

'tatsächlich I *adj* (*wirklich*) real, efectivo; (*wahr*) verdadero; **II** *adv* (*in Wirklichkeit*) de hecho, realmente; (*wirklich*) verdaderamente; ***~?*** ¿de verdad?

tätscheln ['tɛtʃəln] *v/t* dar palmaditas a

tatt(e)rig ['tat(ə)rɪç] *adj* temblón, tembloroso

Tatze ['tatsə] *f* zarpa *f*; F (*Hand*) pata *f*

Tau[1] [taʊ] *m* ⟨-(e)s⟩ rocío *m*

Tau[2] *n* ⟨-(e)s; -e⟩ MAR cabo *m*

taub [taʊp] *adj* **1** (*ohne Gehör*) sordo; ***auf e-m Ohr ~ sein*** ser sordo de un oído; **2** *Gliedmaßen* entumecido; **3** *Blüte*, *Gestein* estéril; *Ähre* hueco; *Nuss* vacío

Taube ['taʊbə] *f* paloma *f*; ***junge ~*** pichón *m*

'Taube(r) *f(m)* ⟨→ A⟩ sordo, -a *m,f*

'Taubenschlag *m* palomar *m*

'Taub|heit *f* ⟨-⟩ **1** (*Gehörlosigkeit*) sordera *f*; **2** *der Gliedmaßen* entumecimiento *m*; **⁓stumm** *adj* sordomudo; **~stumme(r)** *f(m)* ⟨→ A⟩ sordomudo, -a *m,f*

tauchen ['taʊxən] **I** *v/t* ⟨h⟩ sumergir (***in*** *+acus* en); **II** *v/i* ⟨sn *o* h⟩ sumergirse; *Mensch a* bucear; ***nach Perlen ~*** buscar perlas (debajo del agua)

'Tauchen *n* ⟨-s⟩ buceo *m*

'Taucher *m* buceador *m*; *mit Taucheranzug* buzo *m*; **~anzug** *m* traje *m* de buzo; **~brille** *f* gafas *f/pl* de buzo; **~in** *f* buceadora *f*

'Tauch|sieder *m* calentador *m* por inmersión; **~sport** *m* submarinismo *m*

tauen ['taʊən] **I** *v/t* ⟨h⟩ (*zum ⁓ bringen*) derretir; **II** *v/i* ⟨sn⟩ (*auf~*) deshelarse; *Schnee* derretirse; **III** *v/imp* ⟨h⟩ ***es taut*** hay deshielo; (*es fällt Tau*) cae rocío

Taufbecken ['taʊf-] *n* pila *f* bautismal

'Taufe *f* bautizo *m*; *Sakrament* bautismo *m*; *fig* ***aus der ~ heben*** fundar

'taufen *v/t* bautizar; ***katholisch getauft sein*** ser católico bautizado; ***er ist auf den Namen … getauft*** está bautizado con el nombre de …

Täufling ['tɔʏflɪŋ] *m* ⟨-s; -e⟩ bautizando, -a *m,f*

'Tauf|pate *m* padrino *m* (de bautismo); **~patin** *f* madrina *f* (de bautismo)

'tau'frisch *adj* **1** húmedo de rocío; **2** *fig* muy fresco

'Taufschein *m* partida *f* de bautismo

taugen ['taʊgən] *v/i* **1** (*geeignet sein*) servir (***zu*** para); **2** (*wert sein*) valer

'Taugenichts *m* ⟨-(es); -e⟩ inútil *m,f*

'tauglich *adj* (*brauchbar*) útil, apto (a MIL), idóneo (***zu*** para)

Taumel ['taʊməl] *m* ⟨-s⟩ **1** (*Schwindel*) vértigo *m*, mareo *m*; **2** (*Überschwang*) delirio *m*

'taumeln *v/i* **1** vacilar; **2** ⟨*+indicación de dirección* sn⟩ ir dando tumbos (***zum Bett*** hacia la cama)

Tausch [taʊʃ] *m* ⟨-(e)s; -e⟩ cambio *m* (*a* COM); (*Aus⁓*) trueque *m*; (*Um⁓*) canje *m*; (*Ämter⁓*, *Wohnungs⁓*) permuta *f*; ***im ~ gegen …*** a cambio de …

'tauschen I *v/t* cambiar, trocar, canjear (***gegen*** por; *a* COM); *Ämter*, *Wohnung* permutar; **II** *v/i* ***mit j-m ~*** cambiar con alg

täuschen ['tɔʏʃən] **I** *v/i* (*hintergehen*, *irreführen*) engañar; *geh* embaucar; ***wenn mich nicht alles täuscht …*** si no me equivoco ….; **II** *v/i* (*trügerisch sein*) engañar; **III** *v/r* ***sich ~*** equivocarse (***in*** *+dat* en)

'täuschend I *adjt* engañoso; **II** *advl **j-m ~ ähnlich sehen*** parecerse mucho a alg

'Tausch|geschäft *n*, **~handel** *m* trueque *m*

'Täuschung *f* **1** (*Irreführung*) engaño *m*; JUR fraude *m*; *des Gegners* finta *f*; **2** (*falscher Eindruck*) ilusión *f*; **3** (*Selbst⁓*) error *m*, equivocación *f*

tausend ['taʊzənt] *núm/c* mil; ***~ Dank*** un millón de gracias; ***~ und aber ~*** miles y miles

'Tausend[1] *n* **1** ⟨-s; -⟩ *Einheit* millar *m*; ***(fünf) vom ~*** (cinco) por mil; **2** ***~e*** *od* ***⁓e*** *pl* (*Unmengen*) millares *m/pl* (de); ***zu ~en*** *od* ***zu ⁓en*** a miles; → *a* ***Hundert[1]***

'Tausend[2] *f* ⟨-; -en⟩ *Zahl* mil *m*

'Tausender *m* **1** MAT millar *m*; **2** F *Geldschein* billete *m* de mil

'Tausend|füß(l)er *m* ZO ciempiés *m*, miriápodo *m*; **⁓jährig** *adj* milenario; **⁓mal** *adv* mil veces; **~'markschein** *m* HIST billete *m* de mil marcos; **~sas(s)a** [-sasa] *m* ⟨-s; -(s)⟩ F demonio *m* de hombre; **~'schillingschein** *m* HIST billete *m* de mil chelines

'tausend|ste(r, -s) *núm/o* milésimo; **~stel**

T

adj ⟨*inv*⟩ milésimo; **ᴤstel** *n* ⟨-s; -⟩ milésima parte *f*

'Tauwetter *n* deshielo *m* (*a fig*, POL)

'Tauziehen *n* ⟨-s⟩ **1** SPORT prueba *f* de la cuerda; **2** *fig* tira *m* y afloja

Taxcard ['takskart] *f* ⟨-; -s⟩ *schweiz* (*Telefonkarte*) tarjeta *f* telefónica

Taxe ['taksə] *f* **1** (*Gebühr*) tasa *f*, impuesto *m*; **2** (*geschätzter Preis*) tasación *f*; **3** → ***Taxi***

Taxi ['taksi] *n* ⟨-s; -s⟩ taxi *m*

ta'xieren *v/t* ⟨*sin* ge⟩ **1** *Wert* tasar, evaluar, estimar; **2** F (*kritisch prüfen*) dar un repaso a

'Taxi|fahrer *m* taxista *m*; **~stand** *m* parada *f* de taxis

Tb [teː'beː], **Tbc** [teːbeː'tseː] *f Abk* ⟨-⟩ (*Tuberkulose*) tuberculosis *f*

Teakholz ['tiːk-] *n* teca *f*

Team [tiːm] *n* ⟨-s; -s⟩ equipo *m*; ***im ~ arbeiten*** trabajar en equipo

'Team|arbeit *f*, **~work** ['-vœrk] *n* ⟨-s⟩ trabajo *m* en equipo

Technik ['tɛçnɪk] *f* **1** tecnología *f*; ***auf dem neuesten Stand der ~ sein*** ser lo último en tecnología; **2** (*Ausrüstung*) instalaciones *f/pl* técnicas; **3** (*Funktionsweise*) técnica *f*

'Techniker(in) *m(f)* técnico, -a *m,f*

'technisch I *adj* técnico; **II** *adv* ***~ begabt*** técnicamente capacitado; ***~ unmöglich*** técnicamente imposible

Techno ['tɛkno] *n od m* ⟨-(s)⟩ MUS tecno *m*; *Span* bakalao *m*

Technokrat [tɛçno'kraːt] *m* ⟨-en; -en⟩ tecnócrata *m*

Technolo'gie *f* tecnología *f*; **~park** *m* parque *m* tecnológico; **~transfer** *m* transferencia *f* de tecnología; **~zentrum** *n* centro *m* de tecnología

techno'logisch *adj* tecnológico

Teddy ['tɛdi] *m* ⟨-s; -s⟩, **~bär** *m* os(it)o *m* de peluche

Tee [teː] *m* ⟨-s; -s⟩ té *m*; (*Kräuter*ᴤ) infusión *f*; ***~ trinken*** tomar té

'Tee|beutel *m* bolsita *f* de té; **~gebäck** *n* pastas *f/pl* de té; **~glas** *n* vaso *m* de té; **~kanne** *f* tetera *f*; **~kessel** *m* tetera *f*; **~löffel** *m* cucharita *f* de té

Teenager ['tiːneːdʒər] *m* adolescente *m,f*

Teer [teːr] *m* ⟨-(e)s; -e⟩ alquitrán *m*

'teeren *v/t* asfaltar

'Tee|sieb *n* colador *m* de té; **~strauch** *m* (planta *f* de) té *m*; **~stube** *f* salón *m* de té; **~tasse** *f* taza *f* de té; **~wagen** *m* carrito *m* (de servir)

Teflon® ['tɛfloːn] *n* ⟨-s⟩ teflón® *m*

Teich [taɪç] *m* ⟨-(e)s; -e⟩ estanque *m*

Teig [taɪk] *m* ⟨-(e)s; -e⟩ masa *f*, pasta *f*

'teigig *adj* pastoso (*a fig Gesicht*)

'Teigwaren *pl* pastas *f/pl*

Teil [taɪl] ⟨-(e)s; -e⟩ **I** *m* **1** *e-s Ganzen* parte *f*; *aus e-r Teilung hervorgehend* porción *f*; ***der größte ~ der Menschen*** la mayoría de las personas; ***zum ~*** en parte; ***zum großen ~*** en gran parte; ***zum größten ~*** en la mayoría; **II** *n* **2** (*Einzel*ᴤ, *Stück*) pieza *f*, trozo *m*; COM ***jedes ~ 5 Euro*** a cinco euros la pieza; **III** *m od n* **3** (*An*ᴤ) parte *f*; ***zu gleichen ~en*** a partes iguales; ***ich für mein(en) ~*** (yo) por mi parte; **4** (*Beitrag*) parte *f*, contribución *f*

'teil|bar *adj* divisible (*a* MAT); **ᴤbetrag** *m* suma *f* parcial; **ᴤcharter** *m* flete *m* parcial; **ᴤchen** *n* ⟨-s; -⟩ **1** (*kleines Stück*) partícula *f* (*a* NUCL); **2** *Gebäck* bollo *m*

'teilen I *v/t* **1** (*zer~*) partir, dividir; MAT ***durch 2 ~*** dividir por dos; **2** (*auf~*) repartir; ***etw unter sich*** (*dat*) ***~*** repartirse a/c; ***sich*** (*dat*) ***etw mit j-m ~*** compartir a/c con alg; **3** *fig j-s Ansicht*, *Schicksal*, *Leid*, *Freude* compartir; **II** *v/r* **4** ***sich ~*** (*auseinander gehen*) dividirse; *Weg* separarse

'Teiler *m* MAT divisor *m*

'Teilerfolg *m* éxito *m* parcial

'teilhaben *v/i* ⟨*irr*, *sep*⟩ tener parte, participar (***an*** *+dat* en)

'Teil|haber(in) *m(f)* socio, -a *m,f*; ***geschäftsführender ~*** socio *m* gerente; ***persönlich haftender ~*** socio *m* personalmente responsable; ***beschränkt haftender ~*** socio *m* de responsabilidad limitada; ***stiller ~*** socio *m* tácito *od* pasivo

'Teil|haberschaft *f* participación *f*; **~kaskoversicherung** *f seguro del coche que cubre diversos riesgos*; **~lieferung** *f* entrega *m* parcial

Teilnahme ['taɪlnaːmə] *f* ⟨-⟩ **1** *aktive*, *passive* participación *f* (***an etw*** *dat* en a/c); **2** (*Anwesenheit*) presencia *f*; **3** *fig* (*An*ᴤ) simpatía *f*, compasión *f*

'teilnahms|los *adj* indiferente, apático; **~voll** *adj* compasivo

'teilnehmen *v/i* ⟨*irr*, *sep*⟩ **1** (*beiwohnen*) tomar parte, participar (***an*** *+dat* en); ***an etw*** (*dat*) ***~*** (*anwesend sein*) asistir a a/c, estar presente en a/c; **2** *fig* ***an j-s Freude, Leid ~*** compartir la alegría, pena de alg

'Teilnehmer(in) *m(f)* **1** participante *m,f*; *an e-m Wettkampf* concursante *m,f*; **2** → ***Fernsprechteilnehmer***

teils [taɪls] *adv* en parte; *wie fühlst du dich?* F **~, ~** F medio, medio

'Teil|strecke *f* recorrido *m* parcial; AUTO sección *f*; **~stück** *n* parte *f*

'Teilung *f* **1** división *f* (*a* MAT, BIOL); **2** (*Auf*ᴤ) partición *f*, separación *f*; **~sartikel** *m* GRAM artículo *m* partitivo

'Teilverlust *m* pérdida *f* parcial

'teilweise I *adj* parcial; **II** *adv* en parte
'Teilzahlung *f* pago *m* parcial *od* fraccionado; (*Ratenzahlung*) pago *m* a plazos; (*Rate*) plazo *m*
'Teilzeit *f* tiempo *m* parcial; **~ *arbeiten*** trabajar a tiempo parcial
'Teilzeit|arbeit *f* trabajo *m* a tiempo parcial; **~arbeitsplatz** *m* puesto *m* de trabajo a tiempo parcial; **≗beschäftigt** *adjt* empleado a tiempo parcial; **~beschäftigte(r)** *f*(*m*) empleado, -a *m,f* a tiempo parcial; **~beschäftigung** *f* empleo *m* a tiempo parcial; **~job** *m* trabajo *m* a tiempo parcial; **~kraft** *f* empleado, -a *m,f* a tiempo parcial
Teint [tɛ̃ː] *m* ⟨-s; -s⟩ (color *m* del) cutis *m*
Tel. *Abk* (*Telefon*) tel., tfno. (*teléfono*)
Telearbeit ['teːlə?arbaɪt] *f* teletrabajo *m*; **~er(-in)** *m*(*f*) teletrabajador, a *m,f*; **~splatz** *m* puesto *m* de teletrabajo
Tele|banking ['teːləbɛŋkɪŋ] *n* ⟨-s⟩ → ***Telefonbanking***; **~brief** *m* telecarta *f*
'Telefax *n* (tele)fax *m*; **~gerät** *n* (tele)fax *m*; **~nummer** *f* número *m* de fax
Telefon [tele'foːn] *od* ['teːlefoːn] *n* ⟨-s; -e⟩ teléfono *m*; ***schnurloses* ~** teléfono *m* inalámbrico; **~ *haben*** tener teléfono; ***ans* ~ *gehen*** coger el teléfono; ***nicht ans* ~ *kommen können*** no poder ponerse; ***Sie werden am* ~ *verlangt*** le llaman al teléfono
Tele'fon|anlage *f* equipo *m* telefónico, instalación *f* telefónica; **~anruf** *m* llamada *f* (de teléfono); **~anschluss** *m* conexión *f* a la red telefónica; **~apparat** *m* → ***Telefon***
Telefo'nat *n* ⟨-(e)s; -e⟩ → ***Telefongespräch***
Tele'fon|auskunft *f* servicio *m* de información telefónica; **~banking** [--'-bɛnkɪŋ] *n* ⟨-s⟩ telebanca *f*; **~buch** *n* guía *f* de teléfonos; **~gebühr(en)** *f*(*pl*) tarifa *f* telefónica; **~gesellschaft** *f* (compañía *f*) telefónica *f*; **~gespräch** *n* conversación *f* telefónica; **~hörer** *m* auricular *m*
telefo'nieren *v/i* ⟨*sin* ge⟩ (*anrufen*) llamar por teléfono, telefonear; (*am Telefon sprechen*) hablar por teléfono (***mit j-m*** con alg); ***nach Madrid* ~** llamar a Madrid
tele'fonisch I *adj* del teléfono, telefónico; **II** *adv* por teléfono; **~ *bestellen*** pedir por teléfono; ***wie bereits* ~ *besprochen*** con referencia a nuestra conversación telefónica
Telefo'nist(in) *m*(*f*) telefonista *m,f*
Tele'fon|kabine *f schweiz* → ***Telefonzelle***; **~karte** *f* tarjeta *f* telefónica; **~konferenz** *f* conferencia *f* telefónica; **~leitung** *f* línea *f* telefónica; **~netz** *n* red *f* telefónica; **~nummer** *f* número *m* de teléfono; **~rechnung** *f* factura *f* de teléfono; **~register** *n* directorio *m* telefónico; **~verbindung** *f* conexión *f* telefónica; **~werbung** *f* publicidad *f* por teléfono; **~wertkarte** *f österr* tarjeta *f* telefónica; **~zelle** *f* cabina *f* telefónica *od* de teléfonos; **~zentrale** *f* central *f* telefónica
Telegraf [tele'graːf] *m* ⟨-en; -en⟩ telégrafo *m*
Telegra'fie *f* ⟨-⟩ telegrafía *f*; **≗ren** *v/t, v/i* ⟨*sin* ge⟩ telegrafiar (***j-m*** a alg; ***nach*** a)
tele'grafisch I *adj* telegráfico; **II** *adv* por telégrafo; *Geld* **~ *anweisen*** enviar dinero por telégrafo
Tele'gramm *n* ⟨-s; -e⟩ telegrama *m*; **~stil** *m* estilo *m* telegráfico
Telekom ['telekɔm] *f* ⟨-⟩ servicio *m* alemán de telecomunicaciones
'Telekommunikation *f* telecomunicación *f*; **~snetz** *n* red *f* de telecomunicaciones; **~ssystem** *n* sistema *m* de telecomunicaciones; **~stechnik** *f* técnología *f*, ingeniería *f* de telecomunicación; **~sunternehmen** *n* empresa *f* de telecomunicaciones
'Teleobjektiv *n* teleobjetivo *m*
Telepathie [telepa'tiː] *f* ⟨-⟩ telepatía *f*
'Telephon... → ***Telefon...***
Teleshopping ['teləʃɔpɪŋ] *n* ⟨-s⟩ teletienda *f*
Teleskop [tele'skoːp] *n* ⟨-s; -e⟩ telescopio *m*
Telex ['teːlɛks] *n* ⟨-; -(e)⟩ télex *m*
Teller ['tɛlər] *m* plato *m*; ***flacher, tiefer* ~** plato *m* llano, hondo
'Teller|gericht *n* plato *m* (combinado); **~wäscher** *m* lavaplatos *m*
Tempel ['tɛmpəl] *m* ⟨-s; -⟩ templo *m*
Temperament [tɛmpera'mɛnt] *n* ⟨-(e)s; -e⟩ **1** (*Wesensart*) temperamento *m*; **2** (*Schwung*) brío *m*; **~ *haben*** tener brío; F ***sein* ~ *ist mit ihm durchgegangen*** se dejó llevar por su temperamento
tempera'ment|los *adj* sin temperamento; **~voll** *adj* brioso, vivo
Temperatur [tɛmpera'tuːr] *f* temperatura *f*; *Person* (***erhöhte***) **~ *haben*** tener unas décimas
Tempera'tur|anstieg *m* subida *f* de temperaturas; **~rückgang** *m* bajada *f* de temperaturas; **~sturz** *m* descenso *m* brusco de las temperaturas
tempe'rieren *v/t* ⟨*sin* ge⟩ atemperar, templar
Tempo ['tɛmpo] *n* ⟨-s; -s, MUS -pi⟩ **1** (*Geschwindigkeit*) velocidad *f*; (*Rhythmus*) ritmo *m* (*alle a* SPORT); ***mit hohem* ~ *fahren*** a gran velocidad; F (***nun aber***) **~*!*** ¡deprisa!; **2** MUS tiempo *m*
'Tempolimit *n* límite *m* de velocidad
temporär [tɛmpo'rɛːr] *adj* temporal
'Tempotaschentuch® F *n* pañuelo *m* de papel
Tendenz [tɛn'dɛnts] *f* tendencia *f* (***zu etw*** a a/c); *Börse* ***steigende, fallende*** *od* ***rückläu-***

fige ~ tendencia *f* a la alta *od* alcista, a la baja
tendenzi'ös *adj desp* tendencioso
ten'dieren *v/i* ⟨*sin* ge⟩ tender (***zu*** a)
Tene'riffa [tɛne'rɪfa] *n* Tenerife *m*
Tennis ['tɛnɪs] *n* ⟨-⟩ tenis *m*; **~ball** *m* pelota *f* de tenis; **~platz** *m* pista *f* de tenis; **~schläger** *m* raqueta *f* (de tenis); **~spieler(in)** *m(f)* jugador, a *m,f* de tenis, tenista *m,f*
Tenor[1] [te'noːr] *m* ⟨-s; -'nöre⟩ MUS tenor *m*
Tenor[2] ['teːnɔr] *m* ⟨-s⟩ (*Inhalt*) tenor *m*
Tensid [tɛn'siːt] *n* ⟨-(e)s; -e⟩ agente *m* tensioactivo
Teppich ['tɛpɪç] *m* ⟨-s; -e⟩ alfombra *f* (*a fig*); (*Wand*ᐝ) tapiz *m*; F *fig* ***auf dem ~ bleiben*** mantener los pies en la tierra; F *fig* ***etw unter den ~ kehren*** disimular a/c
'Teppich|boden *m* moqueta *f*; **~klopfer** *m* sacudidor *m*
Termin [tɛr'miːn] *m* ⟨-s; -e⟩ **1** (*vereinbarte Zeit*) cita *f*, hora *f*; ***e-n ~ absagen*** anular una cita; ***e-n ~ vereinbaren*** concertar *od* fijar una cita; ***den ~ verschieben*** aplazar la cita; ***sich*** (*dat*) ***e-n ~ geben lassen*** pedir cita *od* hora; **2** (*vereinbarter Tag*) día *m*, fecha *f*; (*Abgabe*ᐝ) día *m*, fecha *f* de entrega; ***den ~ überschreiten*** dejar pasar la fecha; **3** JUR (*Verhandlungs*ᐝ) vista *f*, juicio *m* oral
Terminal ['tœrmɪnəl] *n od m* ⟨-s; -s⟩ **1** ⟨*solamente n*⟩ INFORM terminal *m*; **2** AVIA terminal *f*
Ter'mindruck *m* ***~ haben*** tener poco tiempo, estar presionado por la fecha de entrega
Ter'min|einlage *f* FIN depósito *m* a plazo; ᐝ**gemäß** *adv* en el plazo previsto; ᐝ**gerecht** *adv* en el plazo previsto *bzw* fijado, en la fecha fijada; **~geschäft** *n* operación *f* a plazo fijo; **~kalender** *m* agenda *f*; **~markt** *m* mercado *m* de futuros; *a* mercado a plazo
Terminolo'gie *f* terminología *f*
Ter'min|plan *m* agenda *f*, calendario *m*; **~planer** *m* agenda *f*
Termite [tɛr'miːtə] *f* termita *f*, comején *m*; **~nhügel** *m* termitero *m*
Terpentin [tɛrpɛn'tiːn] *n* ⟨-s; -e⟩ trementina *f*
Terrain [tɛ'rɛ̃ː] *n* ⟨-s; -s⟩ terreno *m* (*a fig*), solar *m*
Terrakotta [tɛra'kɔta] *f* ⟨-; -tten⟩ terracota *f*
Terrarium [tɛ'raːriʊm] *n* ⟨-s; -ien⟩ terrario *m*
Terrasse [tɛ'rasə] *f* terraza *f*; ᐝ**nförmig** *adj u adv* en terraza
Terrier ['tɛriər] *m* zo terrier *m*
Terrine [tɛ'riːnə] *f* sopera *f*
territorial [tɛritori'aːl] *adj* territorial
Terri'torium *n* ⟨-s; -ien⟩ territorio *m*
Terror ['tɛrɔr] *m* ⟨-s⟩ **1** (*Entsetzen, Schreckensherrschaft*) terror *m*; (*Ausübung von ~*) terrorismo *m*; **2** F *fig* drama *m*; ***~ machen*** F montar un drama
'Terroranschlag *m* atentado *m* terrorista
terrori'sieren *v/t* ⟨*sin* ge⟩ aterrorizar
Terro'ris|mus *m* ⟨-⟩ terrorismo *m*; **~t(in)** *m(f)* terrorista *m,f*; ᐝ**tisch** *adj* terrorista
tertiär [tɛrtsi'ɛːr] *adj* terciario
Terti'är *n* ⟨-s⟩ GEOL era *f* terciaria
Terz [tɛrts] *f* ⟨-; -en⟩ MUS tercera *f*
Terzett [tɛr'tsɛt] *n* ⟨-(e)s; -e⟩ terceto *m*
Tesafilm® ['teːza-] *m* (papel *m*) celo *m*
Test [tɛst] *m* ⟨-(e)s; -s⟩ prueba *f*, test *m*; ***den ~ bestehen*** superar la prueba *od* el test
Testament [tɛsta'mɛnt] *n* ⟨-(e)s; -e⟩ **1** JUR testamento *m*; **2** REL ***Altes, Neues ~*** Antiguo, Nuevo Testamento
testamen'tarisch **I** *adj* testamentario; **II** *adv* por testamento
Testa'mentsvollstrecker *m* albacea *m*, testamentario *m*
'Testbild *n* carta *f* de ajuste
'testen *v/t* examinar; (*ausprobieren*) probar, ensayar
'Test|ergebnis *n* resultado *m* de la prueba *od* del test; **~flug** *m* vuelo *m* de prueba; **~person** *f* persona *f* objeto de pruebas; **~pilot** *m* piloto *m* de pruebas
Tetanus ['te(ː)tanʊs] *m* ⟨-⟩ tétano *m*; **~schutzimpfung** *f* vacuna *f* antitetánica
teuer ['tɔʏər] **I** *adj* ⟨teurer, teuerste⟩ **1** (*kostspielig*) caro; ***furchtbar ~*** terriblemente caro; ***wie ~ ist das?*** ¿cuánto vale *od* cuesta?; ***teurer werden*** subir de precio; **2** *geh* (*geschätzt*) querido; ***teure Freunde!*** ¡queridos (amigos)!; *scherzh* ***meine ᐝste!*** ¡querida mía!; **II** *adv* **3** caro (*a fig*); ***~ bezahlen*** pagar caro; *fig* ***das wird ihn ~ zu stehen kommen*** lo pagará caro; *fig* ***~ erkauft*** *Sieg* pagado caro
'Teuerung *f* carestía *f*, inflación *f*; **~srate** *f* tasa *f* de inflación
Teufel ['tɔʏfəl] *m* ⟨-s; -⟩ diablo *m*, demonio *m*; F ***armer ~*** *bedauernswerter, mittelloser* pobre diablo *m*; F ***wie der ~*** como un diablo; ***der ~ ist los*** F hay un jaleo de miedo; F ***bist du des ~s?*** ¿has perdido la cabeza?; F ***hol dich der ~, der ~ soll dich holen!*** ¡vete al diablo!; F ***weiß der ~*** ¡quién sabe!; F ***auf ~ komm raus*** cueste lo que cueste; F ***in ~s Küche kommen*** F pasarlas moradas; F ***j-n zum ~ jagen*** mandar a alg al diablo; F ***scher dich zum ~!*** F ¡vete al cuerno!; ***wo zum ~ …?*** ¿dónde diablos …?
'Teufels|kerl F *m* diablo *m* de hombre; **~kreis** *m* círculo *m* vicioso
'teuflisch **I** *adj* **1** (*bösartig*) diabólico, infernal; **2** (*groß*) inmenso; **II** F *adv* **3** diabóli-

camente, terriblemente; ***es ist ~ kalt*** hace un frío de mil demonios

Text [tɛkst] *m* ⟨-(e)s; -e⟩ **1** (*Geschriebenes*) texto *m*; F *fig* ***weiter im ~!*** ¡continúe!; **2** (*Lied*≈) letra *f*

'Text|baustein *m* INFORM componente *m*; **~buch** *n* THEA libreto *m*

'texten *v/t*, *v/i* redactar

'Texter *m* **1** MUS letrista *m*; **2** → ***Werbetexter***

Textil|hersteller [tɛks'ti:l-] *m* confeccionista *m,f*; **~ien** *pl* textiles *m/pl*, tejidos *m/pl*; **~industrie** *f* industria *f* textil

'Text|marker *m* rotulador *m* fluorescente; **~stelle** *f* pasaje *m* (de un texto); **~verarbeitung** *f* tratamiento *m* de textos; **~verarbeitungsprogramm** *n* programa *m* de tratamiento de textos, editor *m* de textos

TH *f Abk* ⟨-; -s⟩ (*Technische Hochschule*) Universidad *f* Técnica

Thai|land ['taɪlant] *n* ⟨-s⟩ Tailandia *f*; **~länder(in)** *m(f)* tailandés, -esa *m,f*; **≈ländisch** *adj* tailandés

Theater [te'a:tər] *n* ⟨-s; -⟩ teatro *m* (*a Gebäude*); *Vorstellung a* representación *f*, función *f*; ***ins ~ gehen*** ir al teatro; F *fig* ***so ein ~!*** ¡vaya teatro!

The'ater|besuch *m* visita *f* al teatro; **~besucher(in)** *m(f)* espectador, a *m,f* (de teatro); **~karte** *f* entrada *f* (para el teatro); **~stück** *n* pieza *f od* obra *f* de teatro

thea'tralisch *adj* teatral

Theke ['te:kə] *f* mostrador *m*; (*Bar*) barra *f*

Thema ['te:ma] *n* ⟨-s; -men⟩ tema *m* (*a* MUS), asunto *m*

The'matik *f* temática *f*

the'matisch *adj* temático

Themse ['tɛmzə] *f* ⟨-⟩ ***die ~*** el Támesis

Theolo|ge [teo'lo:gə] *m* ⟨-n; -n⟩, **~gin** *f* teólogo, -a *m,f*; **~'gie** *f* teología *f*; **≈gisch** *adj* teológico

Theo|retiker(in) [teo're:tikər(ɪn)] *m(f)* teórico, -a *m,f*; **≈'retisch** *adj* teórico; **~'rie** *f* teoría *f*

Thera|peut(in) [tera'pɔʏt(ɪn)] *m* ⟨-en; -en⟩ (*f*) terapeuta *m,f*; **≈'peutisch** *adj* terapeútico; **~'pie** *f* terapia *f*

Thermal|bad [tɛr'ma:lba:t] *n Ort* estación *f* termal; (*Kuranstalt*) baño *m* termal; **~quelle** *f* aguas *f/pl* termales

'Therm|ik *f* ⟨-⟩ térmica *f*; **≈isch** *adj* térmico

Thermo'meter *n* termómetro *m*

Thermos|flasche® ['tɛrmɔsflaʃə] *f*, **~kanne®** *f* termo *m*

Thermostat [tɛrmo'sta:t] *m* ⟨-(e)s *o* -en; -e(n)⟩ termostato *m*

These ['te:zə] *f* tesis *f*

Thriller ['θrɪlər] *m* película *f bzw* novela *f* de suspense

Thrombose [trɔm'bo:zə] *f* trombosis *f*

Thron [tro:n] *m* ⟨-(e)s; -e⟩ trono *m*

'thron|en *v/i* dominar (*a iron*); **≈folger(in)** *m(f)* heredero, -a *m,f* (al trono)

Thunfisch ['tu:nfɪʃ] *m* atún *m*

Thurgau ['tu:rgaʊ] *m* ⟨-s⟩ ***der ~*** Turgovia *f*

Thüring|en ['ty:rɪŋən] *n* ⟨-s⟩ Turingia *f*; **~er(-in)** *m(f)* turingio, -a *m,f*; **≈isch** *adj* turingio

Thymian ['ty:mia:n] *m* ⟨-s; -e⟩ tomillo *m*

Tibet ['ti:bɛt] *n* ⟨-s⟩ Tíbet *m*

Tic(k) [tɪk] *m* ⟨-(e)s; -s⟩ MED tic *m*

Tick [tɪk] F *m* ⟨-(e)s; -s⟩ **1** (*Eigenart*) manía *f*; ***e-n ~ haben*** estar tocado; **2** ***e-n ~ höher*** una pizca más alto

'ticken *v/i* **1** *Uhr* hacer tic tac; **2** F *fig* ***du tickst wohl nicht richtig*** F no estás bien de la cabeza

'Ticker *m* F (*Fernschreiber*) teletipo *m*

Ticket ['tɪkət] *n* ⟨-s; -s⟩ billete *m*

ticktack ['tɪk'tak] *int* tic-tac

Tie-Break ['taɪbre:k] *m od n* ⟨-s; -s⟩ tie break *m*

tief I *adj* **1** *Ausdehnung* hondo, profundo; ***der Teich ist 6 m ~*** el estanque tiene 6 metros de profundidad; **2** *Wölbung* profundo; ***~es Tal*** valle *m* profundo; **3** *auf e-r Skala, Temperatur, Ton, Niveau* bajo; ***~e Stimme*** voz *f* grave; **4** (*weit im Innern*) hondo, profundo; ***im ~sten Winter, Afrika*** en pleno invierno, África; **5** (*intensiv*) profundo; *Farbe* intenso, oscuro; *fig* ***~er Schlaf*** sueño *m* profundo; **II** *adv* **6** *nach unten* ***~ graben*** cavar profundamente; ***sich ~ verbeugen*** hacer una profunda reverencia; ***~ hinunterreichen*** descender profundamente; *nach innen* ***~ eindringen*** penetrar profundamente; *Augen* ***~ liegend*** profundo, hundido; **7** (*weit unten*) ***~ unten*** muy abajo; (*weit innen*) ***~ im Wald*** en lo más profundo del bosque; ***bis ~ in den Winter*** hasta pleno invierno; **8** (*nicht hoch*) *Ort* ***~ liegen*** estar situado a baja altura; ***~ liegend*** bajo; ***sehr ~ fliegen*** volar muy bajo *od* a ras de suelo; **9** *Glocke* ***~ klingen*** tener un sonido grave; ***etwas ~er singen*** cantar en un tono un poco más bajo; **10** (*sehr*) ***~ atmen*** respirar profundamente; ***~ beeindrucken*** impresionar profundamente; ***~ betrübt*** profundamente afligido; ***~ greifend, ~ schürfend*** profundo; ***~ verschneit*** con mucha nieve

Tief *n* ⟨-s; -s⟩ METEO zona *f* de bajas presiones, depresión *f* (*a fig*)

'Tief|bau *m* obras *f/pl* públicas; **~druck** *m* ⟨-(e)s; -e⟩ **1** METEO baja presión *f*; **2** TYPO huecograbado *m*; **~druckgebiet** *n* → ***Tief***

'Tiefe *f* **1** *nach unten, innen* profundidad *f* (*a fig*); **2** (*Innerstes, Hintergrund*) fondo *m*; **3** *e-s Tons* gravedad *f*

'Tiefebene *f* llanura *f*

'Tiefen|psychologie *f* (p)sicología *f* profunda; **~schärfe** *f* FOT profundidad *f* de campo

'Tief|flug *m* vuelo *m* rasante; **~gang** *m* MAR calado *m*; *fig* fondo *m*; **~garage** *f* aparcamiento *m* subterráneo; **Ձgekühlt** *adjt* congelado; **Ձgestellt** *adjt* TYPO *Zeichen* en subíndice; **Ձgründig** *adj* profundo; **~kühlfach** *n* congelador *m*; **~kühlkost** *f* alimentos *m/pl* congelados; **~kühltruhe** *f* arcón *m* congelador; **~land** *n* tierras *f/pl* bajas

'Tiefpunkt *m fig* bache *m*, punto *m* más bajo; ***den ~ erreichen*** tocar fondo

'Tief|schlag *m Boxen* golpe *m* bajo; **~see** *f* aguas *f/pl* abisales; **Ձsinnig** *adj* profundo, pensativo

'Tiefstand *m* nivel *m* más bajo; ***den ~ erreichen, auf dem ~ sein*** tocar fondo

'tiefstapeln *v/i* ⟨*sep*⟩ ser demasiado modesto

'Tiefstwert *m* valor *m* mínimo; METEO temperatura *f* mínima

Tiegel ['ti:gəl] *m* ⟨-s; -⟩ **1** GASTR cacerola *f*; **2** (*Schmelz*Ձ) crisol *m*

Tier [ti:r] *n* ⟨-(e)s; -e⟩ **1** animal *m*; *Gegensatz*: *Mensch* bestia *f*; **2** F *fig* ***hohes ~*** F pez *m* gordo

'Tier|art *f* especie *f* animal; **~arzt** *m*, **~ärztin** *f* veterinario, -a *m,f*; **~freund** *m* amigo *m* de los animales; **~handlung** *f* tienda *f* de animales; **~heim** *n* hogar *m* de animales; *für Hunde* perrera *f*

'tierisch I *adj* **1** (*vom Tier*) animal; **2** *fig* (*tierhaft*) bestial, brutal; **3** F (*sehr groß*) bestial, monstruoso; **II** F *adv* **4** (*sehr*) F bestialmente; ***es tut ~ weh*** F duele una bestialidad

'Tier|kreiszeichen *n* signo *m* del zodíaco; **Ձlieb** *adj* que ama a los animales; **~medizin** *f* veterinaria *f*; **~mehl** *n* harina *f* animal *od* cárnica; **~park** *m* parque *m* zoológico; **~pfleger** *m* cuidador, a *m,f* de animales; **~quäle'rei** *f* maltrato *m* de animales; **~reich** *n* reino *m* animal; **~schutz** *m* protección *f* de los animales; **~schutzverein** *m* sociedad *f* protectora de animales; **~versuch** *m* experimento *m* con animales; **~wärter** *m* → ***Tierpfleger***; **~welt** *f* fauna *f*, mundo *m* animal

Tiger(in) ['ti:gər(ɪn)] *m(f)* tigre, -esa *m,f*

Tilde ['tɪldə] *f* tilde *f*

tilgen ['tɪlgən] *v/t* **1** *geh* (*auslöschen*) borrar; (*streichen*) tachar, suprimir; **2** *Schuld* liquidar; *Hypothek* cancelar; *Kredit* amortizar

'Tilgung *f* **1** supresión *f*; **2** FIN liquidación *f*, cancelación *f*, amortización *f*

'Tilgungs|darlehen *n* préstamo *m* amortizable *od* de amortización; **~fonds** *m* fondo *m* de amortización; **~rate** *f* cuota *f* de amortización; **~zeitraum** *m* período *m* de amortización

timen ['taɪmən] *v/t* calcular (el tiempo para)

Timing ['taɪmɪŋ] *n* ⟨-s; -s⟩ cálculo *m* del tiempo

Tinktur [tɪŋk'tu:r] *f* tintura *f*

Tinnef ['tɪnɛf] F *m* ⟨-s⟩ baratijas *f/pl*; (*leeres Gerede*) F chorradas *f/pl*

Tinte ['tɪntə] *f* tinta *f*; F *fig* ***in der ~ sitzen*** F estar en un apuro

'Tinten|fass *n* tintero *m*; **~fisch** *m* calamar *m*; *großer* sepia *f*; **~klecks** *m* borrón *m*; **~patrone** *f Drucker* cartucho *m* de tinta; **~strahldrucker** *m* impresora *f* de chorro (de tinta)

Tipp [tɪp] *m* ⟨-s; -s⟩ **1** F (*Rat*) consejo *m*; (*Hinweis*) F soplo *m*, pista *f*; ***j-m e-n ~ geben*** F darle un soplo a alg; **2** *beim Wetten* pronóstico *m*

tippen ['tɪpən] **I** *v/t* **1** F *am Computer usw* teclear, escribir; **2** *Zahl* apostar por; **II** *v/i* **3** (*leicht berühren*) ***an etw*** (*acus*), ***gegen etw ~*** tocar a/c ligeramente; **4** *Lotto usw* jugar; (*setzen auf*) apostar (***auf*** +*acus* por); **5** (*vermuten*) apostar (***auf*** +*acus* por)

'Tipp|fehler F *m* errata *f* (de máquina); **~schein** *m* boleto *m* (de apuestas)

tipptopp ['tɪp'tɔp] F **I** *adj* (*sauber*) impecable; *fig* perfecto; **II** *adv* perfectamente

Tirol [ti'ro:l] *n* ⟨-s⟩ Tirol *m*; **~er** *adj* ⟨*inv*⟩ tirolés; **~er(in)** *m(f)* tirolés, -esa *m,f*

Tisch [tɪʃ] *m* ⟨-(e)s; -e⟩ **1** mesa *f*; *fig* POL ***runder ~*** mesa *f* redonda; ***den ~ decken*** poner la mesa; ***den ~ abdecken*** quitar la mesa; *fig* ***reinen ~ machen*** hacer tabla rasa; F *fig* ***etw unter den ~ fallen lassen*** pasar a/c por alto; F *fig Problem* ***vom ~ sein*** estar resuelto; F ***j-n über den ~ ziehen*** engañar a alg; *fig* ***am grünen ~, vom grünen ~ aus*** burocráticamente, teóricamente; **2** *geh* (*Mahlzeit*) ***bei ~ sitzen*** estar sentados a la mesa; ***vor*** (***nach***) ***~*** antes (después) de comer; ***bitte zu ~!*** ¡a la mesa!; ***zu ~ gehen*** ir a comer

'Tisch|dame *f* compañera *f* de mesa; **~decke** *f* mantel *m*; **~fußball** *m* futbolín *m*; **~gebet** *n* bendición *f* de la mesa; **~herr** *m* compañero *m* de mesa; **~kalender** *m* calendario *m bzw* agenda *f* de mesa; **~lampe** *f* lámpara *f* de mesa

'Tischler *m* carpintero *m*

Tischle'rei *f* carpintería *f*

'tischlern I *v/t* hacer; **II** *v/i* carpintear

'Tisch|nachbar(in) *m(f)* vecino, -a *m,f* de mesa; **~rede** *f* discurso *m* de sobremesa

'Tischtennis *n* ping-pong® *m*, tenis *m* de mesa; **~platte** *f* mesa *f* de ping-pong

'Tisch|tuch *n* ⟨-(e)s; -tücher⟩ mantel *m*, ta-

pete *m*; **~wein** *m* vino *m* de mesa
Titan[1] [ti'ta:n] *n* ⟨-s⟩ CHEM titanio *m*
Ti'tan[2] *m* ⟨-en; -en⟩ MYTH titán *m*
Titel ['ti:təl] *m* ⟨-s; -⟩ título *m*; ***akademischer ~*** título *m* universitario
'Titel|bild *n* portada *f*; **~blatt** *n* portada *f*; **~kampf** *m* SPORT lucha *f* por el título; **~rolle** *f* papel *m* principal *od* de protagonista; **~seite** *f e-r Zeitschrift* portada *f*; *e-r Zeitung a* primera plana *f*; **~verteidiger(in)** *m(f)* defensor, a *m,f* del título
Titte ['tɪtə] P *f* F teta *f*
titu'lieren *v/t* ⟨*sin* ge⟩ *mst iron* otorgar el título de (***j-n*** a alg); (*bezeichnen*) tratar, tildar (***als*** de)
tja [tja] *int* ¡bueno!
Toast [to:st] *m* ⟨-(e)s; -e *o* -s⟩ **1** GASTR tostada *f*; **2** (*Trinkspruch*) brindis *m*
'Toastbrot *n* pan *m* de tostadas *od* de molde; *Scheibe* tostada *f*
'toasten *v/t* GASTR tostar
'Toaster *m* tostador *m*
toben ['to:bən] *v/i* **1** *vor Wut* rabiar, estar furioso; **2** (*lärmen*) alborotar; **3** ⟨*+indicación de dirección* sn⟩ ***die Kinder sind durch den Garten getobt*** los niños retozaban en el jardín; **4** *Wind* bramar; *Meer a* encresparse
'Tob|sucht *f* frenesí *m*, furia *f*; **♀süchtig** *adj* frenético, furioso
Tochter ['tɔxtər] *f* ⟨-; ⸚⟩ **1** hija *f*; **2** ECON filial *f*; **~firma** *f* (empresa *f*) filial *f*; **~gesellschaft** *f* (sociedad *f*) filial *f*; **~unternehmen** *n* (empresa *f*) filial *f*
Tod [to:t] *m* ⟨-(e)s; -e⟩ **1** (*Lebensende*) muerte *f*; (*~esfall*) *a* fallecimiento *m*, defunción *f*; ***e-s gewaltsamen, natürlichen ~es sterben*** morir de muerte violenta, natural; ***mit dem ~(e) ringen*** agonizar; **2** *verstärkend* F ***auf den ~ nicht leiden können*** odiar a muerte; ***zu ~e betrübt*** muerto de tristeza; F ***sich zu ~e langweilen, schämen*** morirse de aburrimiento, de vergüenza
'tod'ernst F *adj* muy serio
'Todesangst *f* **1** angustia *f* mortal; **2** *fig* (*große Angst*) miedo *m* de muerte; ***Todesängste ausstehen*** estar con el alma en vilo
'Todes|anzeige *f* esquela *f* (de defunción); **~fall** *m* fallecimiento *m*; **~fallversicherung** *f* seguro *m* en caso de muerte; **~gefahr** *f* peligro *m* de muerte; **~kampf** *m* agonía *f*; **♀mutig** *adj* desafiando la muerte; **~opfer** *n* víctima *f* (mortal); **~stoß** *m* golpe *m* mortal; **~strafe** *f* pena *f* de muerte *od* capital; **~tag** *m* **1** día *m* de la muerte; **2** *Jahrestag* aniversario *m* de la muerte; **~ursache** *f* causa *f* de la muerte; **~urteil** *n* sentencia *f* de muerte; **~verachtung** *f* desprecio *m* a la muerte; *fig* ***mit ~*** haciendo de tripas corazón
'Tod|feind(in) *m(f)* enemigo, -a *m,f* mortal; **'♀'krank** *adj* moribundo
tödlich ['tø:tlɪç] **I** *adj Krankheit, Gefahr* mortal; *Ausgang, Irrtum geh* fatal; **II** *adv* ***~ verunglücken*** morir en un accidente
'tod|'müde *adj* muerto de cansancio; **'~'schick** F *adj* muy elegante; **'~'sicher** F **I** *adj* segurísimo; **II** *adv* con toda seguridad; **♀sünde** *f* pecado *m* mortal; **'~'unglücklich** F *adj* muy triste
Tofu ['to:fu] *m* ⟨-(s)⟩ tofu *m*, queso *m* de soja
Togo ['to:go] *n* ⟨-s⟩ Togo *m*
Tohuwabohu [tohuva'bo:hu] *n* ⟨-(s); -s⟩ caos *m*; F cacao *m*
Toilette [toa'lɛtə] *f* **1** (WC) servicio *m*, baño *m*; ***auf die ~ gehen*** ir al servicio; **2** (*Körperpflege*) aseo *m*
Toi'letten|artikel *pl* artículos *m/pl* de tocador; **~frau** *f* señora *f* de los lavabos; **~papier** *n* papel *m* higiénico
toi, toi, toi ['tɔʏ'tɔʏ'tɔʏ] *int* **1** (*alles Gute*) ¡suerte!; **2** (***unberufen***) ***~!*** ¡hay que tocar madera!
tole|rant [tole'rant] *adj* tolerante; **♀'ranz** *f* tolerancia *f*; **~'rieren** *v/t* ⟨*sin* ge⟩ tolerar
toll [tɔl] **I** *adj* **1** F (*großartig*) F fantástico, estupendo, genial; **2** F (*stark*) F terrible; ***es herrschte ein ~es Gedränge*** había muchísima gente; **3** F (*unerhört*) increíble, alucinante; ***e-e ~e Geschichte*** una historia increíble; **II** *adv* **4** F (*großartig*) muy bien, genial; ***das hat er ~ gemacht*** lo ha hecho estupendamente; **5** F (*heftig*) terriblemente; ***es zu ~ treiben*** pasarse, exagerar
tollen ['tɔlən] *v/i* ⟨*+indicación de dirección* sn⟩ retozar, alborotar; ***die Kinder sind durch den Garten getollt*** los niños retozaban en el jardín
'tollkühn *adj* temerario
Tollpatsch ['tɔlpatʃ] *m* ⟨-(e)s; -e⟩ torpe *m*; **♀ig** *adj* torpe
'Toll|wut *f* MED rabia *f*; **♀wütig** *adj* MED rabioso
Tölpel ['tœlpəl] *m* ⟨-s; -⟩ F zoquete *m*, cateto *m*; **♀haft** → ***tollpatschig***
Tomate [to'ma:tə] *f* tomate *m*
To'maten|cremesuppe *f* sopa *f* de (crema de) tomate; **~mark** *n* concentrado *m* de tomate; **~saft** *m* zumo *m od* jugo *m* de tomate; **~salat** *m* ensalada *f* de tomate; **~soße** *f* salsa *f* de tomate
Tombola ['tɔmbola] *f* ⟨-; -s⟩ tómbola *f*
Tomo|gramm [tomo'gram] *n* ⟨-s; -e⟩ tomograma *m*; **~'graph** *m* ⟨-en; -en⟩ tomógrafo *m*; **~gra'phie** *f* ⟨-⟩ tomografía *f*
Ton[1] [to:n] *m* ⟨-(e)s; -e⟩ **1** GEOL arcilla *f*; **2** *Töpferei* barro *m*
Ton[2] *m* ⟨-(e)s; ⸚e⟩ **1** MUS tono *m*; *fig* ***den ~***

T

angeben llevar la voz cantante; **2** FILM, TV, TEC sonido *m*; **3** (*Benehmen, Umgangs*≈) tono *m*, formas *f/pl*; ***es gehört zum guten ~*** (*+inf*) es de buen tono (*+inf*); ***ich verbitte mir diesen ~!*** ¡no le admito ese tono!; **4** F (*Äußerung*) palabra *f*; F ***große Töne spucken*** darse importancia; ***keinen ~ herausbringen*** no soltar palabra, quedarse atónito; ***hast du Töne?*** ¡habrase visto!; **5** (*Farb*≈) matiz *m*; **6** (*Betonung*) acento *m*

'Ton|abnehmer *m* fonocaptor *m*; **≈angebend** *adjt* que da el tono; **~arm** *m* brazo *m* del fonocaptor; **~art** *f* tonalidad *f*; *fig* tono *m*; **~band** *n* ⟨-(e)s; -bänder⟩ **1** *Band* cinta *f* (magnetofónica); **2** F *Gerät* magnetofón *m*; **~bandgerät** *n* magnetofón *m*

tönen ['tø:nən] **I** *v/t* **1** colorear, matizar; ***das Haar ~*** dar reflejos al pelo; **II** *v/i* **2** (*klingen*) (re)sonar; **3** F (*prahlen*) fanfarronear

Toner ['to:nər] *m* tóner *m*

'Tonerde *f* ***essigsaure ~*** acetato *m* de alúmina

'Toner|kartusche *f*, **~kassette** *f* cartucho *m* del tóner

tönern ['tø:nərn] *adj* de barro

'Ton|fall *m* entonación *f*; (*Akzent*) acento *m*; **~gefäß** *n* vasija *f* de barro; **~höhe** *f* altura *f* del tono; **~ingenieur** *m* ingeniero *m* de sonido; **~kopf** *m* cabeza *f* fonocaptadora; **~lage** *f* registro *m*; **~leiter** *f* MUS escala *f* musical; **≈los** *adj* átono

Tonnage [tɔ'na:ʒə] *f* tonelaje *m*

Tonne ['tɔnə] *f* **1** *Gefäß* tonel *m*; (*Müll*≈) cubo *m*; **2** *Maß* tonelada *f*; **3** F *fig* (*dicke Person*) F tonel *m*

'Tonstörung *f* interferencias *f/pl*

Tonsur [tɔn'zu:r] *f* tonsura *f*

'Ton|taubenschießen *n* tiro *m* al plato; **~techniker** *m* técnico *m* de sonido

'Tönung *f* matiz *m*, colorido *m*; *der Haare* tinte *m*

Top [tɔp] *n* ⟨-s; -s⟩ MODE top *m*

Topas [to'pa:s] *m* ⟨-es; -e⟩ topacio *m*

Topf [tɔpf] *m* ⟨-(e)s; ⸚e⟩ **1** (*tiefes Gefäß*) pote *m*, tarro *m*; (*Blumen*≈) maceta *f*; **2** (*Koch*≈) olla *f*, cacerola *f*; *größerer* marmita *f*; *fig* ***alles in e-n ~ werfen*** meter todo en el mismo saco; **3** (*Nacht*≈) orinal *m*; F *scherzh* (*Toilette*) lavabo *m*

Topfen ['tɔpfən] *m* ⟨-s⟩ *österr* requesón *m*

'Töpfer(in) *m(f)* alfarero, -a *m,f*

Töpfe'rei *f* alfarería *f*

'töpfern **I** *v/t* hacer; **II** *v/i* hacer cerámica

'Töpfer|scheibe *f* torno *m* de alfarero; **~ware** *f* objeto *m* de alfarería, cacharrería *f*

'top'fit *adj* en plena forma, en perfectas condiciones físicas

'Topflappen *m* agarrador *m*

'Topform *f* plena forma *f*

'Topfpflanze *f* planta *f* de maceta

Topographie [topogra'fi:] *f* topografía *f*

Tor[1] [to:r] *n* ⟨-(e)s; -e⟩ **1** portal *m*, puerta *f* (*a Stadt*≈); **2** SPORT portería *f*; (*Treffer*) gol *m*

Tor[2] *geh m* ⟨-en; -en⟩ tonto *m*, necio *m*, loco *m*

'Tor|bogen *m* arco *m* (de un portal); **~einfahrt** *f* puerta *f* cochera

Torf [tɔrf] *m* ⟨-(e)s⟩ turba *f*; **'~moor** *n* turbera *f*

Torheit *geh f* tontería *f*, necedad *f*, disparate *m*

'Torhüter *m* → ***Torwart***

töricht ['tø:rɪçt] *geh adj* tonto, necio, estúpido

'Torjäger *m* goleador *m*

torkeln ['tɔrkəln] F *v/i* ⟨*+indicación de dirección* sn⟩ tambalearse

'Tor|linie *f* línea *f* de meta *od* de gol; **≈los** *adj* sin goles; **~mann** *m* → ***Torwart***

Tornado [tɔr'na:do] *m* ⟨-s; -s⟩ tornado *m*

torpedieren [tɔrpe'di:rən] *v/t* ⟨*sin* ge⟩ MIL, *fig* torpedear

Torpedo [tɔr'pe:do] *m* ⟨-s; -s⟩ MIL torpedo *m*; **~boot** *n* torpedero *m*

'Tor|pfosten *m* poste *m* (de la portería); **~schütze** *m* autor *m* del gol

Torso ['tɔrzo] *m* ⟨-s; -s *o* -si⟩ torso *m*

Törtchen ['tœrtçən] *n* ⟨-s; -⟩ tartaleta *f*

Torte ['tɔrtə] *f* tarta *f*; (*Obst*≈) *a* torta *f*

'Torten|boden *m* base *f* de tarta; **~heber** *m* paleta *f* para tartas

Tortur [tɔr'tu:r] *f* tortura *f*

'Torwart *m* ⟨-(e)s; -e⟩ portero *m*, guardameta *m*

tosen ['to:zən] *v/i* ⟨*+indicación de dirección* sn⟩ *Meer, Wildbach* bramar, rugir; ***das ≈ der Brandung*** el rugido del mar; ***~der Beifall*** aplauso *m* atronador

tot [to:t] *adj* **1** *Lebewesen* muerto (*a fig*, ECOL); (*verstorben*) *a* fallecido, difunto; ***das ≈e Meer*** el Mar Muerto; ***~ geboren*** nacido muerto; ***sich ~ stellen*** hacerse el muerto; **2** (*menschenleer*) desierto; **3** *Kapital* inactivo; *Sprache* muerto

total [to'ta:l] **I** *adj* total; **II** F *adv* por completo; **≈ausverkauf** *m* (venta *f* por) liquidación *f* total

totalitär [totali'tɛ:r] *adj* totalitario

To'tal|operation *f* MED extracción *f*; **~schaden** *m* siniestro *m* total; **~verlust** *m* pérdida *f* total

'tot|arbeiten F *v/r* ⟨*sep*⟩ ***sich ~*** matarse trabajando; **~ärgern** F *v/r* ⟨*sep*⟩ ***sich ~*** reventar de la rabia

'Tote(r) *f(m)* ⟨→ A⟩ muerto, -a *m,f*, difunto, -a *m,f*

töten ['tø:tən] *v/t* matar (*a fig Gefühl*), dar muerte a; ***getötet werden*** morir

'toten|'blass, **'~'bleich** *adj* pálido como un muerto, lívido, cadavérico; **≗glocke** *f* toque *m* de difuntos; **≗gräber** *m* sepulturero *m*, enterrador *m*; **≗hemd** *n* mortaja *f*; **≗kopf** *m* calavera *f*; **≗messe** *f* misa *f* de réquiem *od* de difuntos; **≗schein** *m* partida *f* *od* certificado *m* de defunción; **≗sonntag** *m* PROT día *m* de difuntos

'toten'still *adj* ***es war ~*** había un silencio sepulcral

'Toten|stille *f* silencio *m* sepulcral; **~wache** *f* velatorio *m*

'totfahren *v/t* ⟨*irr, sep*⟩ matar en un atropello

'Tot|geburt *f* nacimiento *m* de un niño muerto; *Kind* mortinato, -a *m,f*; **~geglaubte(r)** *f(m)* ⟨→ A⟩ presunto, -a *m,f* muerto, -a; **~gesagte(r)** *f(m)* ⟨→ A⟩ supuesto, -a *m,f* muerto, -a

'totlachen F *v/r* ⟨*sep*⟩ ***sich ~*** partirse de la risa; F morirse de la risa

Toto ['to:to] *n od m* ⟨-s; -s⟩ quiniela *f*

'tot|schießen *v/t* ⟨*irr, sep*⟩ matar a tiros; **≗schlag** *m* homicidio *m*; **~schlagen** *v/t* ⟨*irr, sep*⟩ matar (*a fig*); **≗schläger** *m* **1** *Person* homicida *m*; **2** *Waffe* rompecabezas *m*; **~schweigen** *v/t* ⟨*irr, sep*⟩ silenciar, callar, echar tierra a; **~treten** *v/t* ⟨*irr, sep*⟩ aplastar con los pies

'Tötung *f* ⟨-⟩ *e-s Menschen* homicidio *m*; *e-s Tiers* sacrificio *m*

Touchscreen ['tatʃskri:n] *m* ⟨-s; -s⟩ INFORM pantalla *f* táctil

Toupet [tu'pe:] *n* ⟨-s; -s⟩ bisoñé *m*, peluquín *m*

tou'pieren *v/t* ⟨*sin* ge⟩ *Haar* cardar

Tour [tu:r] *f* **1** (*Ausflug*) excursión *f*, gira *f*; SPORT vuelta *f*; **2** TEC revolución *f*; ***auf ~en kommen*** tomar velocidad; *fig* (*angeregt werden*) embalarse; *fig* ***auf vollen ~en laufen*** ir a toda máquina (*a fig*); F *fig* ***j-n auf ~en bringen*** animar a alg, poner en marcha a alg; F ***in e-r ~*** sin parar; **3** F *fig* ***auf die feine, vornehme ~*** finamente; ***er hat mir die ~ vermasselt*** F me ha desbaratado los planes

'Tourenwagen *m* turismo *m* de carreras

Tou'rismus *m* ⟨-⟩ turismo *m*; **~industrie** *f* industria *f* turística

Tou'rist|(in) *m(f)* turista *m,f*; **~enklasse** *f* clase *f* turista

Tou'ristik *f* ⟨-⟩ turismo *m*; **~unternehmen** *n* agencia *f* de turismo

tou'ristisch *adj* turístico

Tournee [tʊr'ne:] *f* ⟨-; -n *o* -s⟩ gira *f*, tournée *f*; ***auf ~ gehen*** ir de gira

Trab [tra:p] *m* ⟨-s⟩ trote *m*; ***im ~ (reiten)*** (cabalgar) al trote; F ***j-n auf ~ bringen*** meter prisa a alg

Trabant [tra'bant] *m* satélite *m*; **~enstadt** *f* ciudad *f* satélite

'traben *v/i* ⟨sn⟩ trotar, ir al trote

'Trabrennen *n* carrera *f* al trote

Tracht [traxt] *f* ⟨-; -en⟩ **1** (*Volks≗*) traje *m* regional; (*Schwestern≗*) uniforme *m*; **2** F ***~ Prügel*** paliza *f*

'trachten *geh v/i* ***nach etw ~*** aspirar a a/c, pretender a/c, anhelar a/c; ***j-m nach dem Leben ~*** atentar contra la vida de alg

trächtig ['trɛçtɪç] *adj* ZO preñada

Tradition [traditsi'o:n] *f* tradición *f*

traditio'nell *adj* tradicional

Trafik [tra'fɪk] *f österr* estanco *m*

Trafo ['tra:fo] *m* ⟨-(s); -s⟩ (*Transformator*) tra(n)sformador *m*

'Tragbahre *f* camilla *f*

'tragbar *adj* **1** (*transportabel*) portátil; **2** *Kleidung* que se puede llevar; **3** *fig* (*erträglich*) soportable, llevadero

'Trage *f* → ***Tragbahre***

träge ['trɛ:gə] *adj* **1** (*lustlos*) apático, indolente; (*langsam*) lento; (*faul*) perezoso; **2** PHYS inerte

tragen ['tra:gən] ⟨trägt, trug, getragen⟩ **I** *v/t* **1** (*transportieren*) llevar; ***bei sich*** (*dat*) **~** llevar consigo; **2** (*stützen, belastbar sein*) sostener; BAU ***~de Wand*** muro *m* soporte; *fig* ***~de Rolle*** papel *m* principal; **3** (*ertragen*) soportar; **4** *Kosten, Risiko* cargar con; *Folgen* sufrir; **5** *Kleidung, Schmuck, Brille, Frisur* llevar; ***getragene Kleidung*** ropa *f* usada; **6** *Titel, Namen, Datum, Unterschrift* llevar; **7** (*Frucht bringen*) dar; **8** *mit Abstrakta* ***die Schuld an etw*** (*dat*) **~** ser el culpable de a/c; (***voll***) ***zum ≗ kommen*** surtir efecto; **II** *v/i* **9** *Eis* resistir; **10** *Stimme* ***weit ~*** llegar lejos; **11** (*trächtig sein*) estar preñada; **12** *fig* ***schwer an etw*** (*dat*) ***~ od zu ~ haben*** soportar una pesada carga con a/c; **III** *v/r* **13** *Kleidung* ***sich gut ~*** llevarse bien, ser cómodo de llevar; **14** ***sich mit der Absicht ~, zu*** (*+inf*) proponerse, tener pensado (*+inf*)

Träger ['trɛ:gər] *m* **1** *an Kleidung* tirante *m*; **2** BAU soporte *m*; **3** ADM organismo *m* responsable

'Träger(in) *m(f)* (*Lasten≗*) portador, a *m,f*; *e-s Titels* titular *m,f*

'Träger|kleid *n* vestido *m* de tirantes; **~rakete** *f* cohete *m* portador

'Tragetasche *f* bolsa *f* (de plástico)

'trag|fähig *adj* firme, sólido (*a fig, Mehrheit*); **≗fläche** *f* AVIA ala *f*; **≗flügelboot** *n* hidroala *m*

'Trägheit *f* **1** (*Lustlosigkeit*) apatía *f*, indolencia *f*; (*Faulheit*) *a* pereza *f*; **2** PHYS inercia *f*

T

Tragik ['tra:gɪk] *f* ⟨-⟩ lo trágico, fatalidad *f*
tragi'komisch *adj* tragicómico
Tragiko'mödie *f* tragicomedia *f*
'tragisch I *adj* trágico; F ***das ist (doch) nicht so ~*** no es para tanto; **II** *adv* F ***etw ~ nehmen*** tomar a/c a la tremenda
'Traglast *f* carga *f*
Tragödie [tra'gø:diə] *f* tragedia *f*
'Tragweite *f* alcance *m*; *fig a* trascendencia *f*, envergadura *f*
Trainer(in) ['trɛ:nər(ɪn)] *m(f)* SPORT entrenador, a *m,f*
trai'nieren ⟨*sin* ge⟩ **I** *v/t* ***j-n ~*** entrenar a alg; ***Fußball ~*** entrenar fútbol; **II** *v/i* entrenarse
'Training *n* ⟨-s; -s⟩ entrenamiento *m*; **~sanzug** *m* chándal *m*
Trakt [trakt] *m* ⟨-(e)s; -e⟩ ARCH ala *f*
trak'tieren *v/t* ⟨*sin* ge⟩ molestar, maltratar; ***j-n mit Fußtritten ~*** tratar a alg a patadas
Traktor ['traktɔr] *m* ⟨-s; -'toren⟩ tractor *m*
trällern ['trɛlərn] *v/t, v/i* tararear
Tram [tram] *südd f* ⟨-; -s⟩, *schweiz n* ⟨-s; -s⟩ tranvía *m*
Trampel ['trampəl] F *m* ⟨-s; -⟩ patán, -ana *m,f*
'trampeln F **I** *v/t* **1** ***j-n zu Tode ~*** matar a alg a patadas; **II** *v/i* **2** (*mit den Füßen treten*) patalear; **3** ⟨*+indicación de dirección* sn⟩ (*schwer auftreten*) andar pesadamente
'Trampel|pfad *m* sendero *m* trillado; **~tier** *n* **1** ZO camello *m*; **2** F *fig* → ***Trampel***
tramp|en ['trɛmpən] *v/i* ⟨sn⟩ hacer auto(e) stop; F hacer dedo; **≗er(in)** *m(f)* auto(e)stopista *m,f*
Trampolin ['trampoli:n] *n* ⟨-s; -e⟩ trampolín *m*
Trampschifffahrt ['trɛmp-] *f* navegación *f* sin ruta fija
Tran [tra:n] *m* ⟨-(e)s; -e⟩ **1** aceite *m* de pescado; **2** F *fig* ***im ~ sein*** F estar atontado
Trance [trɑ̃:s] *f* trance *m*
tranchier|en [trɑ̃'ʃi:rən] *v/t* ⟨*sin* ge⟩ trinchar; **≗messer** *n* cuchillo *m* de trinchar
Träne ['trɛ:nə] *f* lágrima *f*; ***ihr kommen die ~n*** se le saltan las lágrimas; ***j-m keine ~ nachweinen*** no soltar una lágrima por alg; ***zu ~n gerührt*** estar muy conmovido
'tränen *v/i* ***meine Augen ~, mir ~ die Augen*** me lloran los ojos
'Tränen|drüse *f* glándula *f* lacrimal; **~gas** *n* gas *m* lacrimógeno
'Tranfunzel F *f* **1** (*trübes Licht*) lucecilla *f*; **2** *fig Mensch* F soseras *m,f*, aburrido, -a *m,f*
'tranig *adj* **1** *Geschmack* aceitoso; **2** F *fig* (*träge*) F atontado
Trank [traŋk] *geh m* ⟨-(e)s; ⸚e⟩ poción *f*, brebaje *m*
Tränke ['trɛŋkə] *f* abrevadero *m*
'tränken *v/t* **1** *Tier* abrevar; **2** (*sich voll saugen lassen*) empapar, impregnar (***mit*** de)
trans..., **Trans...** [trans...] *in Zssgn* tra(n)s...
Trans|akti'on *f* transacción *f*; **≗at'lantisch** *adj* tra(n)satlántico
Trans|fer [trans'fɛr] *m* ⟨-s; -s⟩ tra(n)sferencia *f*; **≗fe'rieren** *v/t* ⟨*sin* ge⟩ tra(n)sferir
Trans|for'mator *m* ⟨-s; -'toren⟩ tra(n)sformador *m*; **≗for'mieren** *v/t* ⟨*sin* ge⟩ tra(n)sformar; **~fusi'on** *f* transfusión *f*
Transistor [tran'zɪstɔr] *m* ⟨-s; -'toren⟩ transistor *m*; **~radio** *n* transistor *m*
Transit [tran'zɪt] *od* ['tran-] *m* ⟨-s; -e⟩ tránsito *m*; **~abkommen** *n* acuerdo *m* de tránsito
'transitiv *adj* transitivo
Tran'sit|land *n* país *m* de tránsito; **~verkehr** *m* tráfico *m* de tránsito
transparent [transpa'rɛnt] *adj* tra(n)sparente
Transpa'rent *n* ⟨-(e)s; -e⟩ tra(n)sparente *m*; (*Spruchband*) pancarta *f*
Transpa'renz *f* ⟨-⟩ transparencia *f* (*a fig*)
transpirieren [transpi'ri:rən] *v/i* ⟨*sin* ge⟩ transpirar
Trans|plantat [-plan'ta:t] *n* ⟨-(e)s; -e⟩ injerto *m*; **~plantati'on** *f* tra(n)splante *m*; **≗plan'tieren** *v/t* ⟨*sin* ge⟩ tra(n)splantar
Transport [trans'pɔrt] *m* ⟨-(e)s; -e⟩ tra(n)sporte *m*; ***~ und Versicherung bezahlt bis ...*** transporte y seguro pagado hasta ...
transpor'tabel *adj* ⟨-bl-⟩ transportable
Trans'portbescheinigung *f* certificado *m* de transporte
Trans'porter *m* vehículo *m* de transporte
Transporteur [--'tø:r] *m* ⟨-s; -e⟩ transportista *m*
trans'port|fähig *adj* trasladable; **≗genehmigung** *f* autorización *f* de transporte
transpor|'tierbar *adj* transportable; **~'tieren** *v/t* ⟨*sin* ge⟩ transportar
Trans'port|kosten *pl* costes *m/pl* de transporte; **~mittel** *n* medio *m* de transporte; **~risiko** *n* riesgo *m* de transporte; **~schaden** *m* daño *m* de transporte; **~unternehmer** *m* transportista *m*; **~verpackung** *f* embalaje *m* de transporte; **~versicherung** *f* seguro *m* de transporte; **~vertrag** *m* contrato *m* de transporte; **~wesen** *n* transportes *m/pl*
Transvestit [transvɛs'ti:t] *m* ⟨-en; -en⟩ travestí *m*, travesti *m*
Trapez [tra'pe:ts] *n* ⟨-es; -e⟩ SPORT, MAT trapecio *m*; **~künstler(in)** *m(f)* trapecista *m,f*
trappeln ['trapəln] *v/i* ⟨sn⟩ trotar
Trara [tra'ra:] F *n* ⟨-s⟩ ***viel ~ (um etw) machen*** armar mucho jaleo (por a/c)
Trasse ['trasə] *f* trazado *m*
Tratsch [tra:tʃ] F *m* ⟨-es⟩ F chismorreo *m*, cotilleo *m*

T

'tratschen F *v/i* F chismorrear, cotillear
Traube ['traʊbə] *f* **1** (*Wein*≈) uva *f*; **2** BOT racimo *m*; *fig* puñado *m*
'Trauben|saft *m* zumo *m* de uva; **~zucker** *m* glucosa *f*
trauen[1] ['traʊən] *v/t Brautpaar* casar; ***sich ~ lassen*** casarse
'trauen[2] **I** *v/i **j-m, e-r Sache ~*** confiar en alg, a/c; ***s-n Augen, Ohren nicht ~*** no dar crédito a sus ojos, oídos; **II** *v/r **sich** (acus) **~ zu*** (*+inf*) atreverse a (*+inf*)
Trauer ['traʊər] *f* ⟨-⟩ **1** *Gefühl* tristeza *f*; *um Tote* duelo *m*, luto *m*; **2** (*~kleidung*) luto *m*; ***~ tragen*** estar de luto
'Trauer|fall *m* defunción *f*; **~feier** *f* funeral (-es) *m*(*pl*), exequias *f*/*pl*; **~flor** *m* crespón *m* (de luto); **~gottesdienst** *m* funeral(es) *m*(*pl*); **~kleidung** *f* luto *m*; **~marsch** *m* marcha *f* fúnebre
'trauern *v/i* estar de luto; ***um j-n ~*** llorar la muerte de alg; ***um** od **über etw ~*** estar afligido por a/c
'trauernd *adjt* de luto, afligido
'Trauerrand *m **mit ~*** con orla negra
'Trauerspiel *n* tragedia *f*; F *fig **das ist ja ein ~!*** ¡qué tragedia!
'Trauer|weide *f* sauce *m* llorón; **~zug** *m* cortejo *m* fúnebre
Traufe ['traʊfə] *f* gotera *f*; F *fig **vom Regen in die ~ kommen*** ir de mal en peor
träufeln ['trɔʏfəln] *v/t* echar gota a gota; MED instilar
Traum [traʊm] *m* ⟨-(e)s; ⸚e⟩ sueño *m* (*a fig*); *geh* ensueño *m*; ***e-n ~ haben*** tener un sueño; F ***das fällt mir nicht im ~(e) ein*** (no se me ocurre) ni en sueños; ***ein ~ von e-m Haus*** una casa de ensueño
Trauma ['traʊma] *n* ⟨-s; -men *o* -ta⟩ trauma *m*
'Traumberuf F *m* trabajo *m* ideal
träumen ['trɔʏmən] **I** *v/t* **1** soñar (***dass*** que); ***etw Schönes ~*** soñar con a/c bonita; **II** *v/i* **2** *im Schlaf, fig* (*Wünsche haben*) soñar (***von*** con); **3** (*vor sich hin ~*) soñar, imaginar; ***mit offenen Augen ~*** soñar despierto; **III** *v/r* **4** ***das hätte ich mir nie ~ lassen!*** ¡nunca me lo habría imaginado!
'Träumer(in) *m*(*f*) soñador, a *m,f*; *fig a* visionario, -a *m,f*; *desp* iluso, -a *m,f*
Träume'rei *f* sueño *m*, fantasía *f*
'träumerisch *adj* soñador
'Traum|frau F *f* mujer *f* de ensueño *od* ideal; **≈haft** *adj* **1** (*wie im Traum*) como un sueño; **2** F (*sehr schön*) de ensueño, de película; **~mann** F *m* hombre *m* de ensueño *od* ideal; **~tänzer(in)** *desp* *m*(*f*) iluso, -a *m,f*; **~welt** *f* mundo *m* fantástico *od* imaginario
traurig ['traʊrɪç] **I** *adj* **1** (*betrübt*) triste (***über*** *+acus* por); *geh* afligido (***über*** *+acus* por); ***~ werden*** afligirse, entristecerse; ***~ machen*** afligir, entristecer; **2** (*betrüblich*) desolador, triste; **3** (*kläglich*) lamentable, triste
'Traurigkeit *f* ⟨-⟩ tristeza *f*; *geh* aflicción *f*
'Trau|ring *m* alianza *f*; **~schein** *m* acta *f* de matrimonio; **~ung** *f* boda *f*, matrimonio *m*; **~zeuge** *m* padrino *m* (de boda); **~zeugin** *f* madrina *f* (de boda)
Travellerscheck ['trɛvələrʃɛk] *m* cheque *m* de viaje
Travestie [travɛs'tiː] *f* travestismo *m*
Treck [trɛk] *m* ⟨-s; -s⟩ caravana *f*
'Trecker *m* tractor *m*
Treff F *m* ⟨-s; -s⟩ **1** (*Begegnung*) encuentro *m*; (*Verabredung*) cita *f*; **2** → ***Treffpunkt***
treffen ['trɛfən] ⟨trifft, traf, getroffen⟩ **I** *v/t* ⟨h⟩ **1** *Ziel* alcanzar; ***nicht ~*** no acertar; ***j-n am Bein ~*** dar a alg en la pierna; **2** (*begegnen*) encontrar; *zufällig* tropezar con; **3** (*herausfinden*) ***den richtigen Ton ~*** dar con *od* encontrar el tono adecuado; ***es gut ~, getroffen haben*** tener, haber tenido suerte; ***er ist gut getroffen*** *auf e-m Foto* ha salido bien; **4** (*erschüttern*) afectar; ***das hat mich tief getroffen*** me ha llegado al alma; **5** (*ereilen*) ***j-n ~*** *Fluch, Schicksal, Unglück* tocar a alg; ***dich trifft keine Schuld*** no tienes la culpa; **6** *Entscheidung, Maßnahmen, Vereinbarung* tomar; *Vorbereitungen* hacer; ***e-e Wahl ~*** elegir; **II** *v/i* **7** ⟨h⟩ *Schuss* dar, acertar el blanco; *Schütze* ***er hat getroffen!*** ¡le ha dado!; **8** ⟨sn⟩ ***auf j-n, etw** (acus) **~*** dar con *od* tropezar con alg, a/c; **III** *v/r* ⟨h⟩ **9** (*begegnen*) ***sich ~*** encontrarse; ***sich mit j-m ~*** encontrarse *od* reunirse con alg; **10** ***das trifft sich gut*** (eso) viene al pelo
'Treffen *n* ⟨-s; -⟩ (*Begegnung*) encuentro *m* (*a* POL, SPORT); (*Verabredung*) cita *f*; (*Zusammenkunft*) reunión *f*
'treffend *adjt Antwort, Ausdruck usw* acertado, exacto, justo
'Treffer *m* **1** *beim Schießen* tiro *m* certero, impacto *m* (*a fig*); *fig a* gran éxito *m*; **2** *Ballspiele* gol *m*; **3** *Los* billete *m* premiado
'trefflich *geh adj* excelente
'Treffpunkt *m* punto *m* de reunión *od* de encuentro
'treffsicher *adj im Schießen* certero, exacto; *fig Bemerkung a* acertado
'Treibeis *n* hielos *m*/*pl* flotantes
treiben ['traɪbən] ⟨trieb, getrieben⟩ **I** *v/t* ⟨*h o sn*⟩ **1** *in e-e Richtung* empujar, llevar; *Vieh* conducir; *Preis* ***in die Höhe ~*** hacer subir; **2** (*drängen*) ***j-n zu etw ~*** apremiar a alg para a/c; ***j-n in den Tod ~*** llevar a alg a la muerte; ***j-n zum Äußersten ~*** poner

T

al límite a alg; **3** *Pfahl* ***in die Erde ~*** enterrar; *Tunnel* ***in den Berg ~*** abrir un túnel en la montaña; **4** BOT echar; ***Blüten ~*** florecer; **5** *Gewerbe* dedicarse a; *Sport*, *Hobby* practicar; ***was treibst du?*** ¿qué haces?; **6** *mit ‚es'* ***treib es nicht zu weit!*** no te pases; F ***es mit j-m ~*** F tener relaciones sexuales con alg; **II** *v/i* ⟨sn⟩ **7** ***im Wind ~*** ir a la deriva; ***auf dem Wasser ~*** flotar; *fig* ***die Dinge ~ lassen*** dejar correr las cosas; **8** *Pflanze* brotar

'Treiben *n* ⟨-s⟩ **1** (*Geschäftigkeit*) actividad *f*, animación *f*; **2** *desp* enredos *m/pl*, intrigas *f/pl*

'Treiber *m* **1** JAGD ojeador *m*; **2** INFORM controlador *m*, driver *m*

'Treib|gas *n in Spraydosen* gas *m* propelente; **~haus** *n* invernadero *m*; **~hauseffekt** *m* efecto *m* invernadero; **~jagd** *f* batida *f*, caza *f* en ojeo; **~sand** *m* arena *f* movediza; **~stoff** *m* carburante *m*

Trema ['tre:ma] *n* ⟨-s; -s *o* -ta⟩ diéresis *f*

Trend [trɛnt] *m* ⟨-s; -s⟩ (*Tendenz*) tendencia *f* (***zu*** a); (*Mode*) *a* moda *f*

trenn|bar ['trɛn-] *adj* separable; **≈blatt** *n* separador *m*

'trennen I *v/t* **1** (*ab~*) separar; (*loslösen*) *a* desunir; CHEM disociar; ***Müll ~*** separar la basura; **2** *Naht* deshacer, descoser; *Angenähtes* descoser; **3** *Ehe* disolver; **4** (*unterscheiden*) distinguir; **5** (*dazwischenliegen*) separar; *fig* ***uns ~ Welten*** nos separa un mundo; **6** TEL cortar; **7** *Wort in Silben* dividir; **II** *v/r* **8** ***sich ~*** separarse (***von j-m, etw*** de alg, a/c); ***sie ~ sich als Freunde*** quedan como amigos; SPORT ***sich unentschieden ~*** quedar empatados

'Trennung *f* **1** (*Trennen*, *Getrenntsein*) separación *f*; **2** (*Unterscheidung*) distinción *f*; **3** *von Silben*, *e-s Wortes* división *f*

'Trennungs|linie *f* línea *f* divisoria; **~strich** *m* TYPO guión *m*

'Trennwand *f* tabique *m*

trepp|'ab *adv* escaleras abajo; **~'auf** *adv* escaleras arriba

Treppe ['trɛpə] *f* escalera *f*; ***auf der ~*** en la escalera

'Treppen|absatz *m* descansillo *m*, rellano *m*; **~geländer** *n* pasamano(s) *m*; **~haus** *n* hueco *m* de la escalera

Tresen ['tre:zən] *m* ⟨-s; -⟩ mostrador *m*, barra *f*

Tresor [tre'zo:r] *m* ⟨-s; -e⟩ caja *f* fuerte; (*~raum*) cámara *f* acorazada

Tresse ['trɛsə] *f* galón *m*

'Tretboot *n* patín *m* acuático

treten ['tre:tən] ⟨tritt, trat, getreten⟩ **I** *v/t* ⟨h⟩ **1** (*e-n Tritt geben*) dar un patada a; ***j-n auf den Fuß ~*** dar a alg un pisotón; **2** (*betätigen*) pisar; **II** *v/i* ⟨sn⟩ **3** (*sich begeben*) caminar, andar; (*radeln*) ⟨h⟩ pedalear; ***~ Sie näher!*** ¡acérquese!; *ins Zimmer* ¡pase!; ***aus etw ~*** salir de a/c; ***ins Zimmer ~*** entrar en la habitación; **4** (*sich stellen*) ***vor, hinter, neben j-n, etw ~*** ponerse *od* colocarse delante de, detrás de, al lado de alg, a/c; ***ans Fenster ~*** asomarse a la ventana; **5** ***auf etw*** (*acus*) **~** pisar a/c; ***j-m auf den Fuß ~*** ⟨h⟩ pisar a alg; ***in e-e Pfütze ~*** pisar un charco; **6** *Tränen* ***in die Augen ~*** saltar a los ojos; ***mit j-m in Briefwechsel ~*** entablar correspondencia con alg

'Tret|mine *f* mina *f* antipersona; **~mühle** F *desp f* rutina *f* (diaria)

treu [trɔʏ] *adj* leal, fiel; ***sich, e-r Sache*** (*dat*) ***~ bleiben*** ser fiel a sí mismo, a a/c; ***zu ~en Händen übergeben*** poner en manos seguras

'Treue *f* ⟨-⟩ (*Verlässlichkeit*, *Genauigkeit*) fidelidad *f*; (*Pflicht≈*) lealtad *f*; ***eheliche ~*** fidelidad *f* conyugal; ***j-m die ~ halten*** ser(le) fiel a alg

'Treuhand *f* ⟨-⟩ depósito *m* fiduciario; **~anstalt** *f BRD* HIST agencia *f* privatizadora (del gobierno federal alemán)

Treuhänder ['trɔʏhɛndər] *m* (agente *m*) fiduciario *m*; **≈isch** fiduciario

'Treuhandfonds *m* fondo *m* fiduciario

'treuherzig *adj* ingenuo, cándido

'treulos *adj* desleal, infiel, pérfido

Triangel ['tri:aŋəl] *m* ⟨-s; -⟩ MUS triángulo *m*

Triathlon ['tri:atlɔn] *n* ⟨-s; -s⟩ triatlón *m*

Tribu'nal *n* ⟨-s; -e⟩ tribunal *m*

Tribüne [tri'by:nə] *f* tribuna *f*

Tribut [tri'bu:t] *m* ⟨-(e)s; -e⟩ HIST, *fig* tributo *m*; *fig* ***e-r Sache*** (*dat*) ***~ zollen*** rendir tributo a a/c

Trichine [trɪ'çi:nə] *f* triquina *f*

Trichter ['trɪçtər] *m* embudo *m*; (*Füll≈*) tolva *f*; (*Bomben≈*), GEOGR cráter *m*

Trick [trɪk] *m* ⟨-s; -s⟩ truco *m*; **'~film** *m* dibujos *m/pl* animados

'tricksen F *v/t* hacer trucos, engañar

Trieb [tri:p] *m* ⟨-(e)s; -e⟩ **1** *innerer* impulsión *f*; PSYCH pulsión *f*; *angeborener* instinto *m*; **2** BOT brote *m*, retoño *m*

'Trieb|feder *f fig* móvil *m*, resorte *m*; **≈haft** *adj* instintivo (*a* PSYCH); **~täter** *m*, **~verbrecher** *m* delincuente *m* sexual; **~wagen** *m* automotor *m*; **~werk** *n* AVIA propulsor *m*, motor *m*

triefen ['tri:fən] *v/i* chorrear (***von*** de); *Nase* moquear; *Auge* lagrimear; F *fig desp* ***von od vor etw*** (*dat*) **~** rebosar de a/c; ***~d nass*** calado, empapado

Trier ['tri:ər] *n* ⟨-s⟩ Tréveris *m*

triftig ['trɪftɪç] *adj* convincente

Trigonometrie [trigonome'tri:] *f* ⟨-⟩ trigo-

nometría *f*
Trikot[1] [tri'ko:] *m od n* ⟨-s; -s⟩ *Gewebe* tricot *m*
Tri'kot[2] *n* ⟨-s; -s⟩ *Kleidungsstück* camiseta *f*; *im Radsport* maillot *m*
Triller ['trɪlər] *m* trino *m*; *Vogel a* gorjeo *m*
'trillern *v/i* tararear; *Vogel* gorjear, trinar
'Trillerpfeife *f* silbato *m*, pito *m*
Trillion [trɪli'o:n] *f* trillón *m*
Tri|logie [trilo'gi:] *f* trilogía *f*; **~mester** [tri'mɛstər] *n* ⟨-s; -⟩ trimestre *m*
Trimm-dich-Pfad ['trɪm--] *m* circuito *m* natural de gimnasia
'trimmen I *v/t* **1** SPORT entrenar; **2** F ***etw auf alt ~*** envejecer a/c; **3** *Hund* asear; **II** *v/r* **4** ***sich ~*** hacer ejercicio, ejercitarse
trinkbar ['trɪŋk-] *adj* potable
'trinken ⟨trank, getrunken⟩ **I** *v/t* **1** beber, tomar; ***was möchten Sie ~?*** ¿qué va a tomar (de bebida)?; ***e-n ~*** tomar una copa; **II** *v/i* **2** ***aus der Flasche ~*** beber (a pico) de botella; ***aus e-m Glas ~*** beber del vaso; ***auf etw, j-n ~*** brindar por a/c, alg; **3** (*alkoholsüchtig sein*) beber
'Trinken *n* ⟨-s⟩ bebida *f* (*a Trunksucht*)
'Trinker(in) *m(f)* bebedor, a *m,f*, alcohólico, -a *m,f*
'trinkfest *adj* ***~ sein*** resistir bien la bebida
'Trink|gelage *n* bacanal *f*; **~geld** *n* propina *f*; **~halle** *f* chiringuito *m*, quiosco *m* (de refrescos); *im Kurort* galería *f*; **~halm** *m* pajita *f*; **~spruch** *m* brindis *m*; **~wasser** *n* agua *f* potable; **~wasser(aufbereitungs)anlage** *f* planta *f* potabilizadora
Trio ['tri:o] *n* ⟨-s; -s⟩ MUS, *fig* trío *m*
Trip [trɪp] *m* ⟨-s; -s⟩ **1** F (*Reise*) excursión *f*, escapada *f*; **2** *Jargon* (*Drogenrausch*) F viaje *m*; P pedal *m*; **3** F ***auf dem religiösen usw ~ sein*** estar con la movida de la religión, *etc*
trippeln ['trɪpəln] *v/i* ⟨sn⟩ andar a pasos cortos y rápidos
Tripper ['trɪpər] *m* gonorrea *f*; F purgaciones *f/pl*
trist [trɪst] *adj* triste
Tritt [trɪt] *m* ⟨-(e)s; -e⟩ **1** (*Aufsetzen des Fußes*) paso *m* (*a Gleichschritt*); ***~ fassen*** encontrar el rumbo; ***aus dem ~ kommen*** perder el ritmo; **2** (*Spur*) huella *f*, pisada *f*; **3** (*Stufe*) escalón *m*; **4** (*Fuß*≗) puntapié *m*; ***j-m e-n ~ versetzen*** dar una patada a alg; **5** → ***Trittleiter***
'Tritt|brett *n* estribo *m*; **~leiter** *f* escalerilla *f*
Triumph [tri'ʊmf] *m* ⟨-(e)s; -e⟩ triunfo *m* (***über*** *+acus* sobre)
trium'phal *adj* triunfal
Tri'umphbogen *m* arco *m* de triunfo
trium'phieren *v/i* ⟨*sin* ge⟩ triunfar (***über*** *+acus* sobre)
Tri'umphzug *m* marcha *f* triunfal (*a fig*)
trivial [trivi'a:l] *adj* trivial; **≗i'tät** *f* trivialidad *f*
trocken ['trɔkən] **I** *adj* **1** (*nicht nass*) seco (*a Haut, Haar*); ***im ≗en*** en seco; F *fig* ***auf dem ≗en sitzen*** F estar sin un duro; **2** *Wetter, Klima* seco; *Boden* árido; **3** ***~es Brot*** *ohne Beilage* pan *m* a secas; **4** *Wein, Sekt, Champagner* seco; **5** *fig Stil* seco, aburrido; *Thema a* árido; ***er hat e-n ~en Humor*** tiene un humor inglés; **II** *adv* **6** ***~ aufbewahren*** guardar en sitio seco; ***sich ~ rasieren*** afeitarse en seco *od* con maquinilla
'Trocken|dock *n* dique *m* seco; **~haube** *f* (casco *m*) secador *m*; **~heit** *f* ⟨-⟩ sequedad *f*; (*Dürreperiode*) sequía *f*; *e-r Landschaft* aridez *f* (*alle a fig*)
'trockenlegen *v/t* ⟨*sep*⟩ **1** *Sumpf* drenar; **2** *Baby* cambiar los pañales a
'Trocken|milch *f* leche *f* en polvo; **~raum** *m* secador *m*; **~zeit** *f* temporada *f* seca
trocknen ['trɔknən] **I** *v/t* secar; **II** *v/i* ⟨sn⟩ secar(se)
'Trockner *m* → ***Händetrockner, Wäschetrockner 1, 2***
Troddel ['trɔdəl] *f* ⟨-; -n⟩ borla *f*
Trödel ['trø:dəl] F *m* ⟨-s⟩ trastos *m/pl*, cachivaches *m/pl*
Tröde'lei F *f* lentitud *f*; F pachorra *f*
'Trödelmarkt *m* mercadillo *m*
'trödeln F *v/i* rezagarse (***bei der Arbeit*** en el trabajo), perder el tiempo
Trog [tro:k] *m* ⟨-(e)s; ⸚e⟩ artesa *f*; (*Futter*≗) comedero *m*
trollen ['trɔlən] *v/r* F ***sich ~*** F largarse, irse
Trommel ['trɔməl] *f* ⟨-; -n⟩ MUS tambor *m* (*a Waschmaschinen*≗); (*Kabel*≗) bobina *f*; (*Revolver*≗) barrilete *m*; **~bremse** *f* freno *m* de tambor; **~fell** *n* tímpano *m*; **~feuer** *n* fuego *m* nutrido (*a fig*)
'trommeln I *v/t* tocar; **II** *v/i* tocar el tambor; *fig* tamborear
'Trommel|schlägel *m*, **~stock** *m* palillo *m* del tambor; **~wirbel** *m* redoble *m*
'Trommler(in) *m(f)* tambor *m,f*, tamborilero, -a *m,f*
Trompete [trɔm'pe:tə] *f* trompeta *f*
trom'peten ⟨*sin* ge⟩ **I** *v/t* tocar; **II** *v/i* tocar la trompeta; *Elefant* berrear
Trom'peter(in) *m(f)* trompeta *m,f*, trompetista *m,f*
Tropen ['tro:pən] *pl* trópicos *m/pl*; **~helm** *m* salacot *m*; **~klima** *n* clima *m* tropical; **≗tauglich** *adj* apto para las zonas tropicales
Tropf[1] [trɔpf] F *m* ⟨-(e)s; ⸚e⟩ *Person* necio *m*, bobo *m*, tonto *m*; ***armer ~*** pobre diablo *m*
Tropf[2] *m* ⟨-(e)s; -e⟩ MED gotero *m*; F gota a

T

gota *m*; **am ~ hängen** tener puesto el gotero
Tröpfchen ['trœpfçən] *n* ⟨-s; -⟩ gotita *f*; **≈weise** *adv* a gotitas
tröpfeln ['trœpfəln] *v/t*, *v/i*, *v/imp* gotear
tropfen ['trɔpfən] *v/t*, *v/i* ⟨*+indicación de dirección* sn⟩ gotear (**in** *+acus* en; **aus, von** de)
'**Tropfen** *m* ⟨-s; -⟩ **1** gota *f*; ***es regnet dicke ~*** llueve fuerte; ***das ist ein ~ auf den heißen Stein*** es una gota de agua en el mar; **2** *pl* PHARM gotas *f/pl*; **3** F (*Alkohol*) ***ein guter, edler ~*** un buen vino
'**tropfenweise** *adv* gota a gota
'**tropf'nass** *adj* chorreando, empapado
'**Tropfsteinhöhle** *f* cueva *f* de estalactitas
Trophäe [tro'fɛːə] *f* trofeo *m*
'**tropisch** *adj* trópico, tropical
Trosse ['trɔsə] *f* cable *m*, amarra *f*
Trost [troːst] *m* ⟨-es⟩ consuelo *m*; ***j-m ~ zusprechen*** consolar a alg; F ***du bist wohl nicht*** (***ganz, recht***) ***bei ~!*** F ¡estas chiflado!, ¡te has vuelto loco!
trösten ['trøːstən] **I** *v/t* consolar (***mit etw*** con a/c); ***~de Worte*** palabras *f/pl* de consuelo; **II** *v/r* ***sich ~*** consolarse (***mit dem Gedanken, dass …*** pensando que …)
'**tröstlich** *adj* consolador
'**trost|los** *adj Anblick*, *Zustand*, *Wetter* desolador, desesperante; (*öde*) monótono, aburrido; *Kindheit* desgraciado; **≈losigkeit** *f* ⟨-⟩ *e-r Gegend* desolación *f*; *e-s Zustandes* desconsuelo *m*, desesperación *f*; **≈pflaster** *n scherzh* pequeño consuelo *m*; **≈preis** *m* premio *m* de consolación; **~reich** *adj* consolador
Trott [trɔt] *m* ⟨-(e)s; -e⟩ **1** *Gangart* trote *m*; **2** F *desp* (*Routine*) rutina *f*; ***in den alten ~ verfallen*** caer (de nuevo) en la rutina
'**Trottel** F *m* ⟨-s; -⟩ F imbécil *m*, idiota *m*; **≈ig** F *adj* F estúpido, idiota
'**trotten** F *v/i* ⟨sn⟩ trotar
Trottoir [trɔto'aːr] *n* ⟨-s; -s *o* -e⟩ *südd*, *schweiz* acera *f*
trotz [trɔts] *prp* ⟨*+gen*, *raramente +dat*⟩ a pesar de, pese a; ***~ alle(de)m*** pese a todo, con todo
Trotz *m* ⟨-es⟩ obstinación *f*, terquedad *f*; ***j-m, e-r Sache zum ~*** a pesar de alg, a/c; *geh* a despecho de alg, a/c
'**trotzdem** *adv* sin embargo, no obstante
'**trotzen** *v/i* **1** *geh* (*widerstehen*) ***j-m, e-r Sache ~*** resistirse a alg, a/c; **2** (*schmollen*) ponerse de morros
'**trotzig** *adj* obstinado, terco
'**Trotzkopf** *m* obstinado, -a *m,f*; F cabezota *m,f*
trüb(e) [tryːp ('tryːbə)] *adj* **1** *Flüssigkeit* turbio; **2** *Glas*, *Spiegel* empañado; *Licht* mortecino; *Augen* triste, sombrío; **3** *Wetter* nuboso; ***es ist ~*** hace un día gris; **4** *fig Stimmung*, *Zeiten* gris, triste; *Gedanken*, *Aussichten* negro, sombrío
Trubel ['truːbəl] *m* ⟨-s⟩ jaleo *m*, barullo *m*
trüben ['tryːbən] **I** *v/t* **1** enturbiar (*a fig*); (*verdunkeln*) oscurecer; *Glas* empañar; **2** *Gemüt*, *Verstand* turbar; *Freude*, *Glück* nublar, empañar; **II** *v/r* **3** ***sich ~*** *Flüssigkeit* enturbiarse; *Glas*, *Spiegel* empañarse; *Blick* nublarse
'**Trübsal** *geh f* ⟨-⟩ aflicción *f*; F ***~ blasen*** F estar alicaído
'**trüb|selig** *adj Stimmung* triste, melancólico; *Gegend* tétrico; *Wetter* triste, gris; **≈sinn** *m* melancolía *f*; **~sinnig** *adj* melancólico
trudeln ['truːdəln] *v/i* ⟨sn⟩ AVIA entrar *bzw* caer en barrena; ***ins ≈ kommen*** caer en barrena
Trüffel ['trʏfəl] *f* ⟨-; -n⟩ trufa *f*
Trugbild ['truːk-] *n* espejismo *m*, fantasía *f*
trügen ['tryːgən] *v/t*, *v/i* ⟨trog, getrogen⟩ engañar; ***wenn mich nicht alles trügt*** si no me equivoco
'**trügerisch** *adj* engañoso, falaz
'**Trugschluss** *m* conclusión *f* errónea
Truhe ['truːə] *f* arca *f*, cofre *m*
Trümmer ['trʏmər] *pl* escombros *m/pl*; *von Bauwerken* ruinas *f/pl*; ***in ~n liegen*** estar en ruinas
'**Trümmerhaufen** *m* montón *m* de escombros; *fig* montón *m* de basura
Trumpf [trʊmpf] *m* ⟨-(e)s; ⸚e⟩ triunfo *m*; *fig a* baza *f*; ***~ (aus)spielen*** jugar un triunfo; *fig* ***alle Trümpfe in der Hand haben*** tener todas las cartas (en la mano); *fig* ***~ sein*** (*gefragt sein*) ser demandado; (*Mode sein*) estar de moda
'**Trumpfkarte** *f* as *m* (*a fig*)
Trunk [trʊŋk] *geh m* ⟨-(e)s; ⸚e⟩ bebida *f*; ***dem ~ ergeben sein*** haber caído en la bebida
Trunkenbold ['--bɔlt] *m* ⟨-(e)s; -e⟩ borracho *m*
'**Trunkenheit** *f* ⟨-⟩ embriaguez *f*; F borrachera *f*; ***~ am Steuer*** ADM conducción *f* en estado de embriaguez
'**Trunk|sucht** *f* alcoholismo *m*; **≈süchtig** *adj* alcohólico
Trupp [trʊp] *m* ⟨-s; -s⟩ grupo *m*; (*Arbeits≈*) equipo *m*; MIL pelotón *m*, destacamento *m*
'**Truppe** *f* **1** (*militärischer Verband*) tropa *f*; **2** MIL (*Streitkräfte*) tropas *f/pl*; **3** THEA, *Zirkus* compañía *f*
'**Truppen|gattung** *f* arma *f*; **~übungsplatz** *m* campo *m* de maniobras
Trut|hahn ['truːt-] *m* pavo *m*; **~henne** *f* pava *f*

Tschad [tʃat] *m* ⟨-s⟩ ***der ~*** el Chad
Tschech|e [ˈtʃɛçə] *m* ⟨-n; -n⟩, **~in** *f* checo, -a *m,f*; **~ien** *n* ⟨-s⟩ Chequia *f*; **ˆisch** *adj* checo; **~oslowaˈkei** *f* HIST Checoslovaquia *f*
Tschetschenien [tʃeˈtʃeːniən] *n* ⟨-s⟩ Chechenia *f*
tschüs(s) [tʃʏs] F *int* F ¡hasta luego!, ¡adiós!
Tsd. *Abk* (*Tausend*) mil
T-Shirt [ˈtiːʃœrt] *n* ⟨-s; -s⟩ camiseta *f*
TU *f Abk* ⟨-; -s⟩ (*Technische Universität*) Universidad *f* Técnica
Tuba [ˈtuːba] *f* ⟨-; -ben⟩ MUS tuba *f*
Tube [ˈtuːbə] *f* **1** tubo *m*; F *fig* ***auf die ~ drücken*** F acelerar; **2** ANAT trompa *f*
Tuberkulose [tubɛrkuˈloːzə] *f* tuberculosis *f*
ˈTübingen *n* Tubinga *f*
Tuch [tuːx] *n* ⟨-(e)s; ¨er⟩ **1** ⟨*pl* -e⟩ *Textilien* paño *m*; **2** (*Kopf*ˆ, *Hals*ˆ) pañuelo *m*; (*Umschlag*ˆ) chal *m*; (*Schulter*ˆ) toquilla *f*; **3** (*Staub*ˆ) trapo *m*; **4** F *fig* ***das ist ein rotes ~ für mich*** no puedo verlo ni de lejos
ˈTuchfühlung *f* ⟨-⟩ ***auf ~*** codo con codo; (***mit j-m***) ***auf ~ bleiben*** seguir en estrecho contacto (con alg)
tüchtig [ˈtʏçtɪç] **I** *adj* **1** (*gut*, *leistungsfähig*) bueno, eficaz; (*fähig*) capaz, hábil; (*fleißig*) eficiente, trabajador; **2** F (*gehörig*) *Portion*, *Tracht Prügel* considerable, fuerte; **II** F *adv* **3** (*viel*) de lo lindo; ***~ essen*** comer mucho
ˈTüchtigkeit *f* ⟨-⟩ habilidad *f*, capacidad *f*, eficiencia *f*
Tücke [ˈtʏkə] *f* **1** (*Hinterhältigkeit*) perfidia *f*, malicia *f*, insidia *f*; ***die ~ des Objekts*** lo malo del asunto; **2** ⟨*frecuentemente pl*⟩ (*verborgene Gefahr*) defecto *m*
tuckern [ˈtʊkərn] *v/i Motor* hacer ruido
ˈtückisch *adj Sache* insidioso; *Person a* pérfido, malicioso
Tuffstein [ˈtʊf-] *m* toba *f*
tüfteln [ˈtʏftəln] F *v/i* romperse la cabeza (***an etw*** *dat* con a/c); ***an e-m Problem ~*** darle vueltas a un problema
ˈTüftler F *m* (*Denker*) F cerebro *m*; (*Bastler*) bricolero *m* (meticuloso); F manitas *m*
Tugend [ˈtuːgənt] *f* ⟨-; -en⟩ virtud *f*
ˈtugendhaft *adj* virtuoso
Tüll [tʏl] *m* ⟨-s; -e⟩ tul *m*
Tülle [ˈtʏlə] *f e-r Kanne* pico *m*, pitorro *m*
Tulpe [ˈtʊlpə] *f* tulipán *m*
ˈTulpenzwiebel *f* bulbo *m* de tulipán
tummeln [ˈtʊməln] *v/r* ***sich ~*** **1** (*herumtollen*) corretear; **2** (*sich beeilen*) correr
ˈTummelplatz *m* **1** (*beliebter Aufenthaltsort*) sitio *m* preferido; *für Kinder* zona *f* de juegos; **2** *fig* campo *m* de acción, palestra *f*
Tümmler [ˈtʏmlər] *m* marsopa *f*
Tumor [ˈtuːmɔr] *m* ⟨-s; -ˈmoren⟩ tumor *m*
Tümpel [ˈtʏmpəl] *m* ⟨-s; -⟩ charco *m*
Tumult [tuˈmʊlt] *m* ⟨-(e)s; -e⟩ **1** (*Lärm*) tumulto *m*, barullo *m*; **2** (*Aufruhr*) agitación *f*
tuˈmultartig *adj* tumultuoso
tun [tuːn] ⟨tue, tust, tut; tat (du tat[e]st, ihr tatet); getan; tu(e)!⟩ **I** *v/t* **1** (*machen*) hacer; ***das tut man nicht*** eso no se hace; ***was*** (***ist zu***) ***~?*** ¿qué hacer?; ***damit ist es nicht getan*** con eso no basta; ***du tust*** *bzw* ***tätest gut daran, zu*** (+*inf*) harías bien si (+*subj*) *od* en (+*inf*); F ***es ~*** (*koitieren*) F hacerlo; **2** (*arbeiten*) trabajar, hacer; (***etw***) ***zu ~ haben*** tener mucho que hacer, estar muy ocupado; **3** (*an~*) hacer; ***der Hund tut*** (***dir***) ***nichts*** el perro no (te) hace nada; **4** ***zu ~ haben*** (*zu schaffen haben*) tener que hacer; ***etw zu ~ haben*** (***mit j-m, etw***) (*Bezug haben*) tener que ver (con alg, a/c); ***damit habe ich nichts zu ~*** no tengo nada que ver en eso; **5** F (*bringen*) meter; **6** F (*ausreichen*) bastar; ***das tut es auch*** eso también sirve; **7** F ***es*** (***nicht mehr***) ***~*** (*funktionieren*) (ya no) ir *od* funcionar; **8** ***er bekommt es mit mir zu ~!*** ¡tendrá que vérselas conmigo!; ***es mit der Angst zu ~ bekommen*** coger miedo; **II** *v/i* **9** ***so ~, als ob …*** hacer como si ….(+*subj*), fingir que … (+*ind*); ***er tut nur so*** sólo lo aparenta; ***~ Sie doch nicht so!*** ¡no (se) lo tome así!; **III** F *v/r* **10** ***es tut sich etwas*** algo pasa, hay movimiento
Tun *n* ⟨-s⟩ actividades *f/pl*, ocupaciones *f/pl*
Tünche [ˈtʏnçə] *f* **1** *Farbe* blanqueo *m*, lechada *f* de cal; **2** *fig desp Oberfläche* barniz *m*, tapadera *f*
ˈtünchen *v/t* blanquear
Tundra [ˈtʊndra] *f* ⟨-; -dren⟩ tundra *f*
tunen [ˈtjuːnən] *v/t* AUTO trucar
Tuner [ˈtjuːnər] *m* sintonizador *m*
Tunes|ien [tuˈneːziən] *n* ⟨-s⟩ Túnez *m*, Tunicia *f*; **~ier(in)** *m*(*f*) tunecino, -a *m,f*; **ˆisch** *adj* tunecino
Tunfisch [ˈtuːnfɪʃ] *m* atún *m*
Tunichtgut [ˈtuːnɪçtguːt] *m* ⟨- *o* -(e)s; -e⟩ tunante *m*, bribón *m*
ˈTunis *n* Túnez *m*
Tunke [ˈtʊŋkə] *f* salsa *f*
ˈtunken *v/t* mojar (***in*** +*acus* en)
tunlichst [ˈtuːnlɪçst] *adv* **1** (*möglichst*) a ser posible; **2** (*unbedingt*) absolutamente
Tunnel [ˈtʊnəl] *m* ⟨-s; -(s)⟩ túnel *m*
Tunte [ˈtʊntə] F *f* F marica *m*
Tüpfelchen [ˈtʏpfəlçən] *n* ⟨-s; -⟩ puntito *m*; *fig* ***das ~ auf dem i*** los puntos sobre las íes
ˈtüpfeln *v/t* salpicar, motear
tupfen [ˈtʊpfən] *v/t* **1** (*be~*) tocar ligeramente; **2** (*tüpfeln*) salpicar
ˈTupfen *m* ⟨-s; -⟩ punto *m*; *im Stoff* lunar *m*

T

Tupfer ['tʊpfər] *m* **1** MED apósito *m*, torunda *f*; **2** F → ***Tupfen***

Tür [tyːr] *f* ⟨-; -en⟩ **1** puerta *f*; (*Auto*≈) *a* portezuela *f*; ***~ an ~ wohnen*** vivir puerta con puerta; ***von ~ zu ~ gehen*** ir de puerta en puerta; **2** *fig* ***e-r Sache*** (*dat*) ***~ und Tor öffnen*** favorecer a/c; ***hinter verschlossenen ~en*** a puerta cerrada; F ***offene ~en einrennen*** empujar una puerta abierta; F ***mit der ~ ins Haus fallen*** entrar de rondón, ir al grano; F ***j-n vor die ~ setzen*** despedir a alg; F poner a alg de patitas en la calle; ***Weihnachten steht vor der ~*** las Navidades están al caer; F ***zwischen ~ und Angel*** a todo correr

'Türangel *f* gozne *m*

Turban ['tʊrbaːn] *m* ⟨-s; -e⟩ turbante *m*

Turbine [tʊr'biːnə] *f* turbina *f*; **≈ngetrieben** *adjt* con turbopropulsor

Turbo ['tʊrbo] *m* ⟨-s; -s⟩ (*~lader*) turboalimentador *m*; AUTO turbo *m*; **~lader** *m* turboalimentador *m*; **~motor** *m* motor *m* turbo

turbulent [tʊrbu'lɛnt] *adj* turbulento; *Versammlung, Leben a* agitado

Turbu'lenz *f* PHYS turbulencia *f*

'Türgriff *m* tirador *m*; (*Türklinke*) picaporte *m*

Türke ['tʏrkə] *m* ⟨-n; -n⟩ turco *m*

Tür'kei ⟨-⟩ ***die ~*** Turquía *f*

'türken F *v/t* falsificar

'Türkin *f* turca *f*

türkis [tʏr'kiːs] *adj* turquesa

Tür'kis *m* ⟨-es; -e⟩ turquesa *f*

türkisch ['tʏrkɪʃ] *adj* turco; (***das***) ≈(***e***) el turco

'Tür|klinke *f* picaporte *m*; **~knauf** *m* pomo *m* (de la puerta)

Turm [tʊrm] *m* ⟨-(e)s; ⸚e⟩ **1** ARCH, *a Schach* torre *f*; (*Kirch*≈) *a* campanario *m*; (*Wacht*≈) atalaya *f*; **2** (*Sprung*≈) palanca *f*

Türmchen ['tʏrmçən] *n* ⟨-s; -⟩ torreta *f*

'türmen[1] *v/t*, *v/r* (*stapeln*) (***sich***) **~** elevar(se), apilar(se)

'türmen[2] F *v/i* ⟨sn⟩ (*weglaufen*) F largarse, pirarse

'Turm|falke *m* cernícalo *m*; **≈hoch** *adj* gigantesco; **~springen** *n* saltos *m/pl* de palanca; **~uhr** *f* reloj *m* de torre

turnen ['tʊrnən] **I** *v/t* **1** *Übung* hacer; **II** *v/i* **2** hacer ejercicios (de gimnasia); ***am Barren ~*** hacer paralelas; **3** F (*klettern*) trepar (***über*** *+acus* por)

'Turnen *n* ⟨-s⟩ gimnasia *f*; (*Turnunterricht*) (clase *f* de) gimnasia *f*

'Turner(in) *m(f)* gimnasta *m,f*

'Turn|geräte *pl* aparatos *m/pl* (de gimnasia); **~halle** *f* gimnasio *m*; **~hose** *f* pantalón *m* de gimnasia

Turnier [tʊr'niːr] *n* ⟨-s; -e⟩ competición *f*; (*Reit*≈) torneo *m*

'Turn|lehrer(in) *m(f)* profesor, a *m,f* de gimnasia; **~schuh** *m* zapatilla *f* de deporte, tenis *m*; **~übung** *f* ejercicio *m* de gimnasia; **~unterricht** *m* clase *f* de gimnasia

Turnus ['tʊrnʊs] *m* ⟨-; -se⟩ turno *m*; **≈mäßig** *adj u adv* por turno

'Turn|verein *m* club *m* de gimnasia; **~zeug** *n* ropa *f* deportiva

'Tür|öffner *m* portero *m* automático; **~rahmen** *m* marco *m* de la puerta; **~schild** *n* placa *f*; **~schloss** *n* cerradura *f*; **~schnalle** *f österr* (*Türklinke*) picaporte *m*; **~schwelle** *f* umbral *m*

turteln ['tʊrtəln] *v/i Verliebte* amartelarse, acaramelarse

'Turteltaube *f* tórtola *f*

Tusch [tʊʃ] *m* ⟨-(e)s; -e⟩ toque *m* (de clarines)

Tusche ['tʊʃə] *f* tinta *f* china

'tuscheln *v/t*, *v/i* cuchichear

'tuschen **I** *v/i* MAL pintar con tinta china; **II** *v/t* ***sich*** (*dat*) ***die Wimpern ~*** ponerse rímel

'Tuschzeichnung *f* dibujo *m* a pluma

Tussi ['tʊsi] F *f* ⟨-; -s⟩ F *desp* tía *f*

Tüte ['tyːtə] *f* bolsa *f*; (*spitze Papier*≈) cucurucho *m*

tuten ['tuːtən] *v/i* tocar la sirena *bzw* la bocina; *Signalhorn* sonar

TÜV [tʏf] *m Abk* ⟨-⟩ (*Technischer Überwachungsverein*) *entidad certificadora alemana; in Spanien* ITV *f* (*Inspección Técnica de Vehículos*)

TÜV-geprüft *adjt* certificado por TÜV (-CERT)

TV [tevau] *Abk* **1** (*Television*) TV *f* (televisión); **2** (*Turnverein*) club *m* deportivo

Tweed [tviːt] *m* ⟨-s; -s *o* -e⟩ tweed *m*

Twen [tvɛn] *m* ⟨-s; -s⟩ joven *m*

Typ [tyːp] *m* ⟨-s; -en⟩ **1** (*Menschen*≈) tipo *m*; F ***sie ist nicht mein ~*** no es mi tipo; **2** F ⟨*gen a* -en⟩ (*Mann*) F tío *m*, tipo *m*; **3** TEC modelo *m*, tipo *m*

'Type *f* **1** TYPO letra *f* de molde; **2** F *fig* F tipo *m*

Typhus ['tyːfʊs] *m* ⟨-⟩ tifus *m*; (*Fleck*≈) tifus *m* exantemático

'typisch **I** *adj* típico (**für** de); **II** *adv* ***~ deutsch, Mann*** típico alemán, de hombre

Typographie [typogra'fiː] *f* tipografía *f*

Tyrann [ty'ran] *m* ⟨-en; -en⟩ tirano *m*

Tyran'nei *f* ⟨-⟩ tiranía *f*

ty'rann|isch *adj* tirano, tiránico; **~i'sieren** *v/t* ⟨*sin* ge⟩ tiranizar

tyrrhenisch [ty'reniʃ] *adj* ***≈es Meer*** Mar *m* Tirreno

U

U, u [uː] *n* ⟨-; -⟩ U, u *f*
u. *Abk* (*und*) y
u. a. *Abk* (*unter anderem*) entre otras cosas
u.Ä. *Abk* (*und Ähnliches*) y cosas semejantes
'U-Bahn *f* metro *m*; **~hof** *m*, **~-Station** *f* estación *f* de metro
übel ['yːbəl] **I** *adj* ⟨übler, übelste⟩ **1** (*schlecht*) mal(o); **2** (*verwerflich*) ***e-e üble Geschichte*** F un buen lío; ***ein übler Bursche*** F un tipo de cuidado; **3** ***mir ist, wird ~*** no me encuentro bien; **II** *adv* **4** (*schlecht*) mal; ***~ riechen*** oler mal; ***~ riechend*** maloliente; F ***nicht ~!*** ¡no está (nada) mal!; **5** ***j-n ~ zurichten*** maltratar a alg; F hacer papilla a alg; ***etw ~ nehmen*** tomarse a/c a mal; ***j-m etw ~ nehmen*** tomar(le) a/c a alg a mal
'Übel *n* ⟨-s; -⟩ mal *m*; ***zu allem ~*** para colmo de males; ***das kleinere ~*** el mal menor; ***von ~ sein*** ser perjudicial
'Übelkeit *f* ⟨-⟩ náuseas *f/pl*
'Übeltäter(in) *m*(*f*) malhechor, a *m,f*
üben ['yːbən] **I** *v/t* **1** ejercitar, practicar; *Musikstück*, *Szene* ensayar; ***mit geübter Hand*** con mano experta; **2** *geh Gewalt* emplear; ***Geduld ~*** ser paciente; **II** *v/i* **3** hacer ejercicios, entrenarse
über ['yːbər] **I** *prp* **1** *räumlich Lage* ⟨+*dat*⟩ (*auf*) sobre, en, encima de; (*oberhalb*) por encima de; (*auf der anderen Seite*) al otro lado de; ***Nebel liegt ~ dem Tal*** niebla cubre el valle; **2** *räumlich Richtung* ⟨+*acus*⟩ (*oberhalb von*) encima de; (*auf*) sobre, en; ***~ …*** (***hinaus***) más allá de …; ***~ etw*** (***hinweg***) por encima de a/c; ***~ die Straße gehen*** atravesar la calle; **3** (*via*) ⟨+*acus*⟩ por; **4** *Rangfolge* ⟨+*dat*⟩ por encima de; ***~ j-m stehen*** estar por encima de alg, ser superior a alg; **5** *Ausdehnung* ⟨+*acus*⟩ a lo largo de; **6** *mit Abstrakta* ⟨+*acus*⟩ ***~ alles*** por encima de todo; ***es geht nichts ~ …*** no hay nada como …; **7** *zeitlich* ⟨+*acus*⟩ durante; ***den ganzen Tag ~*** (durante) todo el día; **8** (*bei*, *während*) ⟨+*dat*⟩ ***~ der Arbeit einschlafen*** dormirse en *od* durante el trabajo; **9** (*betreffs*) ⟨+*acus*⟩ ***ein Buch ~ …*** un libro sobre …; ***ein Scheck ~ …*** un cheque de …; **10** (*mittels*) ⟨+*acus*⟩ por, a través de; ***~ e-n Bekannten*** *von etw erfahren* por un conocido; **11** *Häufung* ⟨+*acus*⟩ ***Fehler ~ Fehler*** error tras error; **II** *adv* **12** (*mehr als*) más de; ***~ dreißig Jahre alt sein*** tener más de treinta años; **13** (*völlig*) ***~ und ~*** por completo, del todo
'überall *adv* (*an allen Orten*) en todas partes; (*bei jeder Gelegenheit*) siempre; (*auf allen Gebieten*) en todos los campos; ***~ in Madrid*** en todo Madrid
überall|'her *adv* de todas partes; **~'hin** *adv* a todas partes
Über'alterung *f* ⟨-⟩ envejecimiento *m*
'Über|angebot *n* exceso *m* de oferta (***an*** +*dat* de); **2ängstlich** *adj* demasiado preocupado
über'anstreng|en *v/t*, *v/r* ⟨*sin* ge⟩ (***sich***) ~ fatigar(se) excesivamente; **2ung** *f* sobreesfuerzo *m*, fatiga *f* excesiva
über'arbeit|en ⟨*sin* ge⟩ **I** *v/t Text* revisar, retocar; **II** *v/r* ***sich ~*** trabajar demasiado; **2ung** *f* **1** *e-s Textes* revisión *f*; **2** (*Überanstrengung*) sobreesfuerzo *m*, exceso *m* de trabajo
'überaus *geh adv* sumamente, extremadamente, sobremanera
über'backen *v/t* ⟨*irr*, *sin* ge⟩ gratinar
'überbeanspruch|en *v/t* ⟨*sin* ge⟩ TEC *Material* someter a un esfuerzo excesivo, sobrecargar (*a fig Mensch*); **2ung** *f* sobrecarga *f*
'über|belegt *adjt Raum*, *Haus* ocupado en exceso; **2belegung** *f* contratacion *f* excesiva, overbooking *m*; **~belichten** *v/t* ⟨*sin* ge⟩ sobreexponer; **~betonen** *v/t* ⟨*sin* ge⟩ exagerar la importancia de; **~betrieblich** *adj* supraempresarial; **~bewerten** *v/t* ⟨*sin* ge⟩ sobrevalorar, supervalorar; **~bezahlen** *v/t* ⟨*sin* ge⟩ pagar de más
über'bieten *v/t* ⟨*irr*, *sin* ge⟩ **1** *bei e-r Auktion* ***etw ~*** sobrepujar a/c; ***j-n ~*** hacer una oferta mayor que alg; ***j-n um hundert Euro ~*** ofrecer cien euros más que alg; **2** *fig* superar; *Rekord* batir; ***diese Frechheit ist nicht zu ~*** no se puede ser más descarado
Überbleibsel ['yːbərblaɪpsəl] F *n* ⟨-s; -⟩ **1** resto *m*, residuos *m/pl*; *e-r Mahlzeit* sobras *f/pl*; **2** *e-r Kultur* vestigios *m/pl*
'Überblick *m* **1** (*Aussicht*) vista *f* general *od* de conjunto (***über*** +*acus* de; *a fig*); *fig* ***sich*** (*dat*) ***e-n ~ verschaffen*** adquirir una idea

general; *fig* **den ~ verlieren** perder el rumbo; **2** (*Kurzdarstellung*) resumen *m*, sumario *m*
über'blicken *v/t* ⟨*sin* ge⟩ *Gegend* abarcar con la vista; *fig* comprender, darse cuenta de; *Lage* dominar
über'bringen *v/t* ⟨*irr*, *sin* ge⟩ **j-m etw ~** entregar *od* transmitir a/c a alg
Über'bringer(in) *m(f)* *e-s Schecks* portador, a *m,f*; **zahlbar an den ~** pagadero al portador
über'brück|en *v/t* ⟨*sin* ge⟩ tender un puente sobre; *fig* superar, franquear; *Gegensätze a* conciliar; *Zeit* pasar; **2ung** *f* ⟨-⟩ solución *f* de continuidad; *von Gegensätzen* conciliación *f*, superación *f*; *e-s Zeitraums* paso *m*; **2ungskredit** *m* crédito *m* puente
über'buch|en *v/t* ⟨*sin* ge⟩ *Hotel*, *Flug* sobrereservar; **2ung** *f* sobrereserva *f*
über'dachen *v/t* ⟨*sin* ge⟩ cubrir con un techo, techar; **überdacht** cubierto (con techo)
über'dauern *v/t* ⟨*sin* ge⟩ **etw ~** sobrevivir a a/c
über|'decken *v/t* ⟨*sin* ge⟩ cubrir; *fig* ocultar; **~'dehnen** *v/t* ⟨*sin* ge⟩ extender en exceso; MED distender
über'denken *v/t* ⟨*irr*, *sin* ge⟩ reflexionar sobre; *Probleme* (**nochmals**) **~** reconsiderar
über'dies *adv* además, aparte (de eso)
'überdimensional *adj* gigantesco
'Überdosis *f* sobredosis *f* (*a an Drogen*)
über|'drehen *v/t* ⟨*sin* ge⟩ *Gewinde* pasar de rosca; **~'dreht** F *fig adjt* sobreexcitado
'Überdruck *m* ⟨-(e)s; -drücke⟩ sobrepresión *f*; **~ventil** *n* válvula *f* de seguridad *od* de alivio
Überdruss ['y:bərdrʊs] *m* ⟨-es⟩ hastío *m*, tedio *m*; **bis zum ~** hasta la saciedad
überdrüssig ['y:bərdrʏsɪç] *adj* **e-r Sache** (*gen*) **~ sein** estar harto de a/c
'überdurchschnittlich I *adj* superior al promedio, extraordinario; **II** *adv* extraordinariamente
'Über|eifer *m* exceso *m* de celo; **2eifrig** *adj* muy celoso, fanático
über'eignen *v/t* ⟨*sin* ge⟩ **j-m etw ~** transferir *od* tra(n)spasar a/c a alg
Über'eignung *f* transferencia *f*; traspaso *m*; **~svertrag** *m* contrato *m* de transferencia
über'eilen *v/t* ⟨*sin* ge⟩ **etw ~** precipitar a/c
über'eilt I *adjt* prematuro; (*unbedacht*) precipitado; **II** *advl* **~ handeln** obrar irreflexivamente
überei'nander *adv* uno sobre otro; **~ legen** poner uno encima de otro; **~ schlagen** *Beine* cruzar
über'einkommen *v/i* ⟨*irr*, *sep*, sn⟩ ponerse de acuerdo (**mit j-m** con alg); **wir sind darin übereingekommen, dass ...** hemos acordado que ...
Über'einkommen *n* ⟨-s; -⟩ convenio *m*, acuerdo *m*, arreglo *m* (**über** sobre); **beidseitiges ~** acuerdo *m* común; **ein ~ treffen** hacer *od* concluir un convenio; **zu e-m ~ gelangen** llegar a un acuerdo
Über'einkunft [-kʊnft] *f* ⟨-; -künfte⟩ → **Übereinkommen**
über'einstimmen *v/i* ⟨*sep*⟩ **1** (*sich gleichen*) coincidir, concordar (**mit etw** con a/c); **2** (*e-r Meinung sein*) **mit j-m** (**in etw** *dat*) **~** estar de acuerdo con alg (en a/c)
über'einstimmend I *adjt* concordante; (*gleich*) igual; **nach ~er Meinung** por acuerdo unánime; **II** *advl* unánimemente
Über'einstimmung *f* concordancia *f*, armonía *f*, conformidad *f* (**mit** con); **etw in ~** (*acus*) **mit etw bringen** poner de acuerdo a/c con a/c; **in ~ mit** de acuerdo con
'überempfindlich *adj* hipersensible (**gegen** a); **2keit** *f* hipersensibilidad *f*
über'fahren *v/t* ⟨*irr*, *sin* ge⟩ **1** *Mensch*, *Tier* atropellar, arrollar; **2** *Signal* pasar
'Überfahrt *f* travesía *f*, pasaje *m* (**über** +*acus* por); *über e-n Fluss* paso *m* (**über** +*acus* por)
'Überfall *m* **1** ataque *m* (por sorpresa), asalto *m*; (*Raub2*) atraco *m*; **bewaffneter ~** agresión *f* a mano armada; **2** F *fig scherzh* asalto *m*
über'fallen *v/t* ⟨*irr*, *sin* ge⟩ **1** atacar por sorpresa, asaltar (*a auf der Straße*); *Bank* atracar; **2** *fig* **j-n mit** (**s-n**) **Fragen ~** acosar a alg con preguntas
'überfällig *adj* retrasado; ECON vencido
'Überfallkommando F *n* brigada *f* volante
über'fliegen *v/t* ⟨*irr*, *sin* ge⟩ sobrevolar, recorrer; *Text* echar una ojeada a
'überfließen *v/i* ⟨*irr*, *sep*, sn⟩ desbordarse; *fig* rebosar (**von** de)
über'flügeln *v/t* ⟨*sin* ge⟩ **j-n ~** aventajar a alg
'Überfluss *m* abundancia *f*; (*Fülle*) profusión *f* (**an** +*dat* de); **im ~** en abundancia; **im ~ vorhanden sein** abundar
'überflüssig *adj* superfluo; **~ sein** estar de sobra *od* de más, sobrar; **ich komme mir hier ~ vor** creo que aquí sobro
über'fluten *v/t* ⟨*sin* ge⟩ inundar
über'fordern *v/t* ⟨*sin* ge⟩ **j-n, etw ~** exigir demasiado de alg, a/c; **er ist überfordert** es superior a sus fuerzas
über'fragt *adjt* **da bin ich ~** no se lo puedo decir
Über'fremdung *neg!* *f* ⟨-⟩ extranjerización *f*
über'frieren *v/i* ⟨*irr*, *sin* ge, sn⟩ helarse; **~de Nässe** heladas *f/pl*
über'führen *v/t* ⟨*sin* ge⟩ **1** trasladar; *Leiche*

U

conducir; **2 *j-n e-s Verbrechens* ~** probar la culpabilidad de alg
Über'führung *f* **1** (*Transport*) transporte *m*, traslado *m*; *e-r Leiche* conducción *f*; **2** *e-s Verbrechers* convicción *f*; **3** (*Brücke*) paso *m* superior; (*Fußgänger*≗) paso *m* elevado
über'füllt *adj* repleto, atestado
über'füttern *v/t* ⟨*sin* ge⟩ sobrealimentar
'Übergabe *f* **1** entrega *f* (***an*** *+acus* a); (*Amts*≗) transmisión *f*; **2** MIL rendición *f*
'Übergang *m* **1** paso *m* (***über*** *+acus* de); **2** (*Wechsel*) transición *f* (***von ... zu ...*** de ... a ...)
'Übergangs|bestimmungen *pl* disposiciones *f/pl* transitorias; **≗los** *adj* sin transición; **~lösung** *f* solución *f* provisional; **~phase** *f* (período *m* de) transición *f*; **~regelung** *f* reglamentación *f* transitoria; **~stadium** *n* estado *m* transitorio; **~zeit** *f* **1** período *m* transitorio; **2** (*Herbst bzw Frühling*) entretiempo *m*
über'geben ⟨*irr*, *sin* ge⟩ **I** *v/t* **1** *Gegenstand* entregar; *Amt* transferir; *Angelegenheit* transmitir, dejar a cargo; **2** MIL rendir; **II** *v/r* **3** ***sich*** **~** vomitar
'übergehen *v/i* ⟨*irr*, *sep*, sn⟩ **1** **~ *zu*** pasar a, proceder a; ***dazu ~, etw zu tun*** ponerse a hacer a/c; **2** *Besitz* ***auf j-n*** **~** transmitirse a alg; ***in Privatbesitz*** **~** pasar a ser propiedad privada; **3** (*sich verwandeln*) **~ *in*** (*+acus*) transformarse en, convertirse en; ***in Fäulnis, Verwesung*** **~** pudrirse; ***die Augen gingen ihm über*** se le llenaron los ojos de lágrimas
über'gehen *v/t* ⟨*irr*, *sin* ge⟩ **1** *Dinge* pasar por alto; (*auslassen*) omitir; ***etw mit Stillschweigen*** **~** pasar en silencio a/c; **2** *Person* ignorar, no tener en cuenta a; *in e-r Hierarchie a* F puentear
'über|geordnet *adjt* superior; GRAM *Satz* principal; **≗gepäck** *n* exceso *m* de equipaje; **~geschnappt** F *adjt* F chiflado, majara
'Übergewicht *n* **1** *bei Dingen*, *bei Personen* exceso *m* de peso, sobrepeso *m*; **2** *fig* preponderancia *f*; **3** F **~ *bekommen, kriegen*** perder el equilibrio
über'gießen *v/t* ⟨*irr*, *sin* ge⟩ rociar (***mit*** con)
'überglücklich *adj* muy feliz, loco de contento
'übergreifen *v/i* ⟨*irr*, *sep*⟩ *Feuer* **~ *auf etw*** (*acus*) extenderse a a/c, propagarse por a/c (*a fig*)
'Übergriff *m* abuso *m* (***auf*** *+acus* de), acto *m* de violencia (***auf*** *+acus* contra)
'über|groß *adj* demasiado grande; (*gewaltig*) enorme; **≗größe** *f* talla *f* grande
'überhaben F *v/t* ⟨*irr*, *sep*⟩ ***etw*** **~** *Mantel usw* llevar puesto a/c; (*übrig haben*) tener a/c de sobra; F (*satt haben*) estar harto de a/c
über'hand *adv* **~ *nehmen*** aumentar *bzw* crecer excesivamente; *Unkraut*, *Ungeziefer* proliferar
'Überhang *m* **1** *von Felsen* saledizo *m*; **2** (*Waren*≗) excedente *m*, exceso *m*
'überhängen[1] *v/t* ⟨*sep*⟩ (***j-m***) ***etw*** **~** poner (a alg) a/c sobre los hombros
'überhängen[2] *v/i* ⟨*irr*, *sep*⟩ *Felsen* sobresalir
über'häufen *v/t* ⟨*sin* ge⟩ **~** (***mit***) cubrir (de); *mit Geschenken* colmar (de); *mit Vorwürfen*, *Fragen*, *Arbeit* agobiar (con), abrumar (con)
über'haupt *adv* **1** (*im Allgemeinen*) generalmente, en suma; **2** (*schließlich*) después de todo; **3** (*außerdem*) además; **4** **~ *nicht*** en absoluto; **5** (*eigentlich*) en realidad; ***was willst du ~?*** ¿qué es lo que quieres?
über'heblich *adj* presuntuoso, arrogante; **≗keit** *f* ⟨-⟩ arrogancia *f*
über'hitzen *v/t* ⟨*sin* ge⟩ recalentar (*a fig*)
über'höht *adjt Preis*, *Geschwindigkeit* abusivo
über'holen *v/t* ⟨*sin* ge⟩ **1** *im Straßenverkehr* adelantar; **2** *fig* aventajar; **3** TEC revisar, repasar
Über'hol|manöver *n* maniobra *f* de adelantamiento; **~spur** *f* carril *m* de adelantamiento
über'holt *adjt* anticuado
Über'holverbot *n* prohibición *f* de adelantar
über'hören *v/t* ⟨*sin* ge⟩ no oír; *absichtlich* hacerse el desentendido de
'überirdisch *adj* celestial, sobrenatural
'Über|kapazität *f* exceso *m* de capacidad; **≗kapitalisiert** *adj* sobrecapitalizado
über'kleben *v/t* ⟨*sin* ge⟩ ***etw mit etw*** **~** tapar a/c pegando encima a/c
'überkochen *v/i* ⟨*sep*, sn⟩ rebosar al hervir; *Milch* salirse; F *fig* echar chispas
über'kommen *v/t* ⟨*sin* ge⟩ *Gefühl* ***j-n*** **~** sobrecoger a alg
über'laden *v/t* ⟨*irr*, *sin* ge⟩ sobrecargar; *fig* recargar
über'lagern ⟨*sin* ge⟩ **I** *v/t* superponer; PHYS interferir con; **II** *v/r* ***sich*** **~** superponerse; *fig* sobreponerse
'Überlandleitung *f* EL línea *f* de transmisión de larga distancia
'Überlänge *f Film* ***mit*** **~** de duración extraordinaria
über'lappen *v/t*, *v/r* ⟨*sin* ge⟩ (***sich***) **~** solapar (-se)
über'lassen *v/t* ⟨*irr*, *sin* ge⟩ **1** (*geben*, *verkaufen*) dejar, ceder; **2 *ich überlasse es Ihnen zu entscheiden*** puede Ud. mismo de-

U

cidir; ***ich überlasse es Ihnen, ob …*** puede Ud. mismo decidir si …; ***das überlasse ich Ihnen*** (eso) lo dejo a su criterio; ***sich*** (*dat*) ***selbst ~ sein*** estar abandonado a si mismo
über'las|ten *v/t* ⟨*sin* ge⟩ sobrecargar; *fig* agobiar, abrumar (***mit*** con); **~tet** *adj* TEC, *a Person* sobrecargado; **≗tung** *f bsd* TEC sobrecarga *f* (*a* TEL); *fig* agobio *m*
'Überlauf *m* TEC rebosadero *m*
'überlaufen *v/i* ⟨*irr*, *sep*, sn⟩ **1** *Gefäß*, *Flüssigkeit* rebosar; **2** MIL ***zum Feind ~*** pasarse al enemigo, desertar
über'laufen[1] *v/imp* ⟨*irr*, *sin* ge⟩ ***es überlief mich*** (***heiß und***) ***kalt*** me dieron escalofríos
über'laufen[2] *adjt* muy frecuentado (***von j-m*** por alg); *Gegend* muy concurrido; *Arztpraxis*, *Beruf* preferido por muchos
'Überläufer *m* POL tránsfuga *m*; MIL desertor *m* (*a fig*)
über'leben ⟨*sin* ge⟩ **I** *v/t* ***j-n, etw ~*** sobrevivir a alg, a/c; ***sie überlebt uns noch alle*** nos sobrevivirá a todos; *fig* ***du wirst es ~*** lo superarás; **II** *v/r* ***sich überlebt haben*** haber pasado de moda
Über|'leben *n* supervivencia *f*; **~'lebende(r)** *f(m)* ⟨→ A⟩ superviviente *m,f*; **'≗lebensgroß** *adj* de tamaño sobrenatural
über'legen[1] ⟨*sin* ge⟩ **I** *v/t* ***etw ~*** pensar a/c, reflexionar sobre a/c, considerar a/c; ***es sich*** (*dat*) ***anders ~*** pensárselo mejor; ***ich werde es mir ~*** me lo pensaré; **II** *v/i* pensar
über'legen[2] *adj* superior; ***j-m ~ sein*** ser superior a alg; **≗heit** *f* ⟨-⟩ superioridad *f*
über'legt I *adjt* considerado, prudente; **II** *advl* prudentemente
Über'legung *f* **1** reflexión *f*; ***ohne ~*** sin pensar; **2** (*Gedankengang*) *mst pl* **~en** razonamientos *m/pl*
'überleiten *v/i* ⟨*sep*⟩ pasar (***zu*** a)
'Überleitung *f* transición *f*, paso *m*
über'lesen *v/t* ⟨*irr*, *sin* ge⟩ **1** (*flüchtig durchlesen*) leer por encima, recorrer; **2** (*übersehen*) omitir, saltarse
über'liefer|n *v/t* ⟨*sin* ge⟩ transmitir; **≗ung** *f* transmisión *f*; (*Tradition*) tradición *f*
'Überliquidität *f* FIN exceso *m* de liquidez
über'listen *v/t* ⟨*sin* ge⟩ engañar
überm ['y:bərm] F = ***über dem***
'Über|macht *f* ⟨-⟩ superioridad *f*; **≗mächtig** *adj* **1** *Gegner* prepotente, demasiado poderoso; **2** *Gefühl* demasiado fuerte, violento
über'malen *v/t* ⟨*sin* ge⟩ repintar
über'mannen *v/t* ⟨*sin* ge⟩ *Gefühle*, *Schlaf* vencer
'Übermaß *n* ⟨-es⟩ exceso *m* (***an*** +*dat* de); ***im ~*** en exceso
'übermäßig I *adj* excesivo, desmesurado; **II** *adv* demasiado
'Über|mensch *m* superhombre *m*; **≗menschlich** *adj* sobrehumano
über|'mitteln *v/t* ⟨*sin* ge⟩ transmitir; *Meldung* comunicar; **≗'mittlung** *f* ⟨-⟩ transmisión *f*
'übermorgen *adv* pasado mañana
über|'müdet *adj* agotado; **≗'müdung** *f* ⟨-⟩ agotamiento *m*
'Über|mut *m* (*Mutwille*) travesura *f*; (*Ausgelassenheit*) alegría *f* desbordante; **≗mütig** [-my:tɪç] *adj* travieso; (*ausgelassen*) loco de alegría
übern ['y:bərn] F = ***über den***
'übernächste(r, -s) *adj* ***an der ~n Haltestelle*** dos paradas después; ***~s Jahr*** dentro de dos años; ***am ~n Tag*** en dos días
über'nachten *v/i* ⟨*sin* ge⟩ dormir, pernoctar, pasar la noche (***in*** +*dat* en; ***bei*** en casa de)
übernächtigt [y:bər'nɛçtɪçt] *adj* trasnochado; ***~ sein*** no haber dormido
Über'nachtung *f* noche *f*, pernoctación *f*; ***~ und Frühstück*** habitación *f* y desayuno *m*
Über'nachtungskosten *pl* gastos *m/pl* de pernoctación
Übernahme ['y:bərna:mə] *f von Kosten*, *e-s Falls* aceptación *f*; *von Verantwortung a* asunción *f*; *e-r Idee* adopción *f*; (*Amts≗*) toma *f* de posesión; *e-r Firma* absorción *f*, adquisición *f*; *von Waren* recepción *f*; ***feindliche*** *od* ***unfreundliche ~*** adquisición *f* hostil
'Übernahmeangebot *n* ***öffentliches ~*** oferta *f* pública de adquisición (de acciones); OPA *f*; ***freundliches, unfreundliches ~*** oferta *f* pública de adquisición amistosa, hostil
'Übernahmekosten *pl* gastos *m/pl* de adquisición
'übernatürlich *adj* sobrenatural
über'nehmen ⟨*irr*, *sin* ge⟩ **I** *v/t* **1** *Lieferung* tomar, recibir, aceptar; **2** FIN ***die Kosten ~*** correr con los gastos; **3** (*in die Hand nehmen*) encargarse de; *verantwortlich* hacerse cargo de (*a* JUR *Fall*); ***e-n Auftrag ~*** encargarse de un pedido, aceptar un pedido; **4** *Amt*, *Leitung*, *Verpflichtung*, *Verantwortung* asumir; *Macht*, *Kommando a* tomar; **5**; *Firma* adquirir; *Belegschaft* quedarse con; **6** *Standpunkt* adoptar; **II** *v/r* **7** ***sich ~*** abusar de sus fuerzas, excederse (***bei*** en)
'überordnen *v/t* ⟨*sep*⟩ anteponer
'über|parteilich *adj* imparcial; **≗produktion** *f* sobreproducción *f*
über|'prüfen *v/t* ⟨*sin* ge⟩ examinar; (*nachprüfen*) revisar, comprobar; **≗'prüfung** *f* examen *m*, revisión *f*

U

'überqualifiziert *adj* sobrecualificado
'überquellen *v/i* ⟨*irr, sep,* sn⟩ rebosar (**von** de; *a fig*)
über'queren *v/t* ⟨*sin* ge⟩ atravesar, cruzar
über'ragen *v/t* ⟨*sin* ge⟩ *an Größe* ser más alto que; (*sich erheben über*) sobresalir entre; *fig* ser superior a, sobrepasar (**an** *+dat* en)
über'ragend *adjt* sobresaliente, predominante, eminente
überraschen [y:bər'raʃən] *v/t* ⟨*sin* ge⟩ sorprender (**bei etw** en a/c); (*unvorbereitet treffen*) *a* pillar de improviso; ***vom Regen überrascht werden*** verse sorprendido por la lluvia
über|'raschend I *adjt* sorprendente, inesperado; **II** *advl* inesperadamente; **♀'raschung** *f* sorpresa *f*
über'reden *v/t* ⟨*sin* ge⟩ ***j-n zu etw ~*** convencer a alg de a/c, persuadir a alg a a/c
Über'redung *f* ⟨-⟩ persuasión *f*; **~skunst** *f* dotes *f/pl* persuasivas
'überregional *adj Zentrum* suprarregional; ***die ~e Presse*** la prensa nacional
'überreich *adj* abundante
über'reichen *v/t* ⟨*sin* ge⟩ ***j-m etw ~*** entregar a/c a alg; *feierlich* hacer entrega de a/c a alg
'überreichlich *adj* sobreabundante
Über'reichung *f* entrega *f*, presentación *f*
'überreif *adj* demasiado maduro; *Obst* pasado
über|'reizen *v/t* ⟨*sin* ge⟩ sobreexcitar; **~'rennen** *v/t* ⟨*irr, sin* ge⟩ *Feind* arrollar, dejar fuera de combate (*a fig*)
'Überrest *m mst pl* **~e** restos *m/pl*, residuos *m/pl*; *geh* ***die sterblichen ~e*** los restos mortales
über|'rollen *v/t* ⟨*sin* ge⟩ arrollar (*a fig*); **~'rumpeln** *v/t* ⟨*sin* ge⟩ coger desprevenido, sorprender; **~'runden** *v/t* ⟨*sin* ge⟩ SPORT sacar una vuelta de ventaja a; *fig* tomar la delantera a
übers ['y:bərs] F = ***über das***
übersät [y:bər'zɛ:t] *adj* repleto (**mit** de)
über'sättig|en *v/t* ⟨*sin* ge⟩ hartar (**mit** de; *a fig*); CHEM, *den Markt usw* sobresaturar; **♀ung** *f* hartura *f*; CHEM, *des Marktes* sobresaturación *f*
'Überschall|flugzeug *n* avión *f* supersónico; **~geschwindigkeit** *f* velocidad *f* supersónica
über'schatten *v/t* ⟨*sin* ge⟩ ensombrecer (*a fig*)
über|'schätzen *v/t, v/r* ⟨*sin* ge⟩ (**sich**) **~** sobrevalorar(se), sobreestimar(se); **♀'schätzung** *f* sobrevaloración *f*
über|'schaubar *adj* → ***übersehbar***; **~'schauen** *v/t* ⟨*sin* ge⟩ → ***übersehen 1, 2***
'überschäumen *v/i* ⟨*sep,* sn⟩ rebosar (**vor** *+dat* de; *a fig*)
über'schlafen *v/t* ⟨*irr, sin* ge⟩ ***etw ~*** consultar a/c con la almohada
'Überschlag *m* **1** cálculo *m* aproximativo; **2** *Turnen* voltereta *f*
über'schlagen ⟨*irr, sin* ge⟩ **I** *v/t* **1** (*grob abschätzen*) calcular aproximadamente; **2** *Seiten* pasar por alto, omitir; **II** *v/r* ***sich ~*** **3** *Fahrzeug* capotar; *Auto* dar una vuelta de campana; **4** *Ereignisse* precipitarse; **5** ***s-e Stimme überschlug sich*** soltó un gallo
'überschnappen F *v/i* ⟨*sep,* sn⟩ F volverse loco
über'schneid|en *v/r* ⟨*irr, sin* ge⟩ ***sich ~*** **1** *räumlich* cruzarse; **2** *zeitlich* coincidir; **3** *inhaltlich* interferir; **♀ung** *f* **1** entrecruzamiento *m*; **2** *zeitliche* coincidencia *f*; **3** *inhaltliche* interferencia *f*
über'schreib|en *v/t* ⟨*irr, sin* ge⟩ **1** COM, JUR transferir; **2** *Text* titular; **3** INFORM sobreescribir; **♀ung** *f von Besitz* transferencia *f*
über'schreiten *v/t* ⟨*irr, sin* ge⟩ **1** *Grenze* atravesar, cruzar, pasar; *Frist, Geschwindigkeit* sobrepasar; *Anzahl, Maß* exceder; **2** *Befugnisse* abusar de; *Gesetz* infringir, violar
'Überschrift *f* título *m*
über'schuld|et *adj* cargado de deudas; **♀ung** *f* exceso *m* de deudas
'Überschuss *m* excedente *m*, sobrante *m*; (*Kassen♀*) superávit *m*; ***e-n ~ ausweisen*** arrojar superávit; ***Überschüsse erzielen*** lograr *od* obtener excedentes
'Über|schussbeteiligung *f* FIN participación *f* en el beneficio; **♀schüssig** [-ʃysɪç] *adj* excedente, sobrante
über'schütten *v/t* ⟨*sin* ge⟩ *mit Geschenken* colmar de; *mit Vorwürfen* llenar de
'Über|schwang *m* ⟨-(e)s⟩ exuberancia *f*, efusión *f*; **♀schwänglich** ['-ʃvɛŋlɪç] *adj* excesivo, exaltado, desbordante
über'schwemm|en *v/t* ⟨*sin* ge⟩ inundar (*a fig*); **♀ung** *f* inundación *f* (*a fig*)
überschwenglich → ***überschwänglich***
'Übersee ⟨*sin artículo*⟩ ***in, nach ~*** en ultramar; ***aus, von ~*** de ultramar
'Übersee|hafen *m* puerto *m* de tra(n)satlánticos; **~handel** *m* comercio *m* de ultramar; **♀isch** *adj* de ultramar, ultramarino
über'sehbar *adj Zeitraum* delimitable; (*abschätzbar*) previsible; *Lage* calculable
über'sehen *v/t* ⟨*irr, sin* ge⟩ **1** *Gelände* abarcar con la vista; **2** *Sachlage* comprender; *Ausmaß* calcular; **3** (*nicht bemerken*) no ver; *mit Absicht* pasar por alto; ***das habe ich ~*** no lo he visto
über'send|en *v/t* ⟨*irr, sin* ge⟩ enviar, man-

U

dar, remitir; **2ung** *f* envío *m*, remesa *f*
'übersetzen ⟨*sep*⟩ **I** *v/t* ⟨h⟩ llevar a la otra orilla; **II** *v/i* ⟨h *o* sn⟩ cruzar, atravesar
über'setzen *v/t* ⟨*insep*, *sin* ge⟩ traducir (***aus*** de; ***in*** *+acus* a)
Über'setzer(in) *m(f)* traductor, a *m,f*
Über'setzung *f* **1** traducción *f* (***aus*** de; ***in*** *+acus* a); ***beglaubigte ~*** traducción *f* certificada *od* jurada; **2** TEC transmisión *f*; *beim Fahrrad* multiplicación *f*
Über'setzungs|büro *n* agencia *f* de traducción od de traductores; **~dienst** *m* servicio *m* de traducción; **~programm** *n* INFORM programa *m* de traducción
'Übersicht *f* ⟨-; -en⟩ **1** ⟨*sin pl*⟩ visión *f* general *od* de conjunto (***über*** *+acus* sobre; *a fig*); ***die ~ verlieren*** perder la orientación; **2** (*Darstellung*) cuadro *m* sinóptico; (*Zusammenfassung*) resumen *m*
'übersichtlich *adj* **1** *Darstellung usw* claro; **2** *Gelände* abierto
'übersiedeln ⟨*sep*, sn⟩, **über'siedeln** ⟨*sin* ge, sn⟩ *v/i* trasladarse (***nach*** a)
'übersinnlich *adj* sobrenatural, transcedente, metafísico
über'spannt *adjt* **1** *Person* excéntrico, extravagante; **2** *Idee* exagerado
über'spielen *v/t* ⟨*sin* ge⟩ **1** *Schwächen* disimular; **2** *Kassette* regrabar
über'spitzen *v/t* ⟨*sin* ge⟩ extremar, exagerar; ***überspitzt dargestellt*** presentado de forma exagerada
'überspringen *v/i* ⟨*irr*, *sep*, sn⟩ **1** *Funke* saltar; **2** *fig* ***~ auf*** (*+acus*) extenderse a, pasar a
über'springen *v/t* ⟨*irr*, *insep*, *sin* ge⟩ pasar por encima de (*a fig*)
'überstaatlich *adj* supranacional
'überstehen *v/i* ⟨*irr*, *sep*⟩ sobresalir, resaltar
über|'stehen *v/t* ⟨*irr*, *sin* ge⟩ *Gefahr*, *Krise* superar; *Krankheit* vencer; (*überleben*) sobrevivir; **~'steigen** *v/t* ⟨*irr*, *sin* ge⟩ **1** *Mauer* pasar por encima de; *Hindernis* superar; **2** *fig Erwartungen*, *Kräfte* exceder, desbordar; **~'steuern** ⟨*sin* ge⟩ **I** *v/t* EL sobremodular; **II** *v/i* AUTO sobreexcitar; **~'stimmen** *v/t* ⟨*sin* ge⟩ vencer por mayoría de votos; **~'strahlen** *v/t* ⟨*sin* ge⟩ eclipsar; **~'streichen** *v/t* ⟨*irr*, *sin* ge⟩ pintar (***mit*** con)
'über|streifen *v/t* ⟨*sep*⟩ ponerse; **~strömen** *v/i* ⟨*sep*, sn⟩ desbordarse, rebosar (***vor*** *+dat* de); **~stülpen** *v/t* poner (por encima)
'Überstunde *f* hora *f* extraordinaria; ***~n machen*** trabajar *od* hacer horas extra (-ordinaria)s; ***~n abbauen*** reducir horas extra(ordinaria)s; ***~n bezahlen*** remunerar horas extra(ordinaria)s
'Überstundenvergütung *f* remuneración *f* de las horas extra(ordinaria)s
über'stürzen ⟨*sin* ge⟩ **I** *v/t* precipitar, hacer muy deprisa; ***überstürzt abreisen*** salir precipitadamente; **II** *v/r* ***sich ~*** *Ereignisse* precipitarse
'übertariflich *adj* extratarifario
über|'teuert *adj* excesivamente caro; **~'tönen** *v/t* ⟨*sin* ge⟩ *Lärm usw* ahogar, acallar
'Übertopf *m* portamacetas *m*
Übertrag ['y:bərtra:k] *m* ⟨-(e)s; ⸚e⟩ *Buchführung* suma *f*; *als Überschrift* , *bsd Buchhaltung* suma y sigue
über'tragbar *adj* **1** *Besitz*, *Recht* transferible; JUR *a* cesible (***auf*** *+acus* a); ***nicht ~*** intransferible; **2** MED contagioso, transmisible; **3** (*anwendbar*) aplicable; **2keit** *f* **1** *e-s Besitzes*, *Rechts* transferibilidad *f*; **2** *e-r Krankheit* contagiosidad *f*; transmisibilidad *f*; **3** (*Anwendbarkeit*) aplicabilidad *f*
über'tragen[1] ⟨*irr*, *sin* ge⟩ **I** *v/t* **1** *Besitz*, *Recht* transmitir, transferir (***j-m, auf j-n*** a alg); JUR *a* ceder (***j-m, auf j-n*** a alg); *Befugnisse*, *Vollmacht* conferir (***j-m, auf j-n*** a alg); *Buchhaltung* pasar (a cuenta nueva), transportar; **2** (*übersetzen*) traducir (***in*** *+acus* a); **3** (*eintragen*) registrar; **4** MED *Krankheit* transmitir, contagiar (***auf*** *+acus* a); *Blut* transfundir; **5** RADIO, TV (re)transmitir; **II** *v/r* **6** ***sich ~*** *Krankheit* transmitirse (***auf*** *+acus* a); *fig Erregung* propagarse (***auf*** *+acus* entre, por)
über'tragen[2] *adjt Wort* ***in ~er Bedeutung*** en sentido figurado
Über'tragung *f* **1** *e-s Besitzes*, *Rechtes* transferencia *f*, transmisión *f*; JUR *a* cesión *f*; *von Befugnissen*, *der Vollmacht* delegación *f*; **2** (*Übersetzung*) traducción *f*; **3** MED, *e-r Krankheit* transmisión *f*, contagio *m*; *von Blut* transfusión *f*; **4** RADIO, TV (re)transmisión *f*; **~sfehler** *m beim Fax* error *m* de transmisión; *beim Abschreiben*, *Kopieren* error *m* de copia
über'treffen *v/t* ⟨*irr*, *sin* ge⟩ **1** *Personen* aventajar, ser superior (***in*** *od* ***an*** *+dat* en); **2** *Hoffnungen* exceder, superar
über'treib|en *v/t* ⟨*irr*, *sin* ge⟩ exagerar; *in e-m Bericht* recargar las tintas; **2ung** *f* exageración *f*
'übertreten *v/i* ⟨*irr*, *sep*, sn⟩ **1** SPORT pisar la línea; **2** (*wechseln*) ***zu j-m ~*** ponerse del lado de alg; ***zum Islam ~*** convertirse al islamismo
über'tret|en *v/t* ⟨*irr*, *insep*, *sin* ge⟩ *Gesetz*, *Vorschrift* infringir, violar, contravenir a; **2ung** *f* infracción *f*, violación *f*, contravención *f*
über'trieben *adjt* exagerado
'Übertritt *m* paso *m* (***zu*** a); REL conversión *f*
über|'trumpfen *v/t* ⟨*sin* ge⟩ *fig* aventajar,

sobrepujar; **~'tünchen** *v/t* ⟨*sin* ge⟩ blanquear; *fig* encubrir
'überversicher|t *adjt* sobreasegurado; **ᒿung** *f* sobreseguro *m*
über'völker|n *v/t* ⟨*sin* ge⟩ superpoblar; **ᒿung** *f* ⟨-⟩ superpoblación *f*
über|'vorteilen *v/t* ⟨*sin* ge⟩ engañar; F dar gato por liebre a; **~'wachen** *v/t* ⟨*sin* ge⟩ vigilar, inspeccionar, controlar; **ᒿ'wachung** *f* ⟨-⟩ vigilancia *f*, inspección *f*, control *m*
überwältigen [yːbər'vɛltɪgən] *v/t* ⟨*sin* ge⟩ **1** *Gegner* vencer, someter; **2** *fig* (*beeindrucken*) imponer; **3** *Gefühl* sobrecoger
über'wältigend *adjt* **1** *Anblick* imponente; *Erfolg* grandioso; *iron* ***nicht*** (***gerade***) **~** F nada del otro mundo; **2** *Mehrheit* aplastante
'überwechseln *v/i* ⟨*sep*, sn⟩ pasarse (***von … zu …*** de… a …)
über'weisen *v/t* ⟨*irr*, *sin* ge⟩ **1** *Geld* transferir; **2** MED ***j-n zu e-m Facharzt*** **~** mandar a alg a un especialista
Über'weisung *f* **1** *von Geld* transferencia *f* (***auf ein Konto*** a una cuenta), giro *m*; ***e-e ~ vornehmen*** efectuar una transferencia *od* un giro; **2** MED *e-s Patienten* paso *m* (***zu*** a)
Über'weisungs|auftrag *m* orden *f* de transferencia *od* de giro; **~formular**, **~vordruck** *m* impreso *m* para giro
'überwerfen *v/t* ⟨*irr*, *sep*, *sin* ge⟩ (***j-m***) ***etw*** **~** poner(le a alg) a/c sobre los hombros
über'werfen *v/r* ⟨*irr*, *sin* ge⟩ ***sich mit j-m ~*** enemistarse con alg
über'wiegen ⟨*irr*, *sin* ge⟩ *v/i* preponderar, predominar, prevalecer
'überwiegend **I** *adjt* preponderante; ***~e Mehrheit*** inmensa mayoría *f*; **II** *advl* en su mayoría
über'winden ⟨*irr*, *sin* ge⟩ **I** *v/t* *Bedenken*, *Misstrauen* vencer; *Hindernis*, *Schwierigkeit* superar; *Angst*, *Ekel* dominar; **II** *v/r* ***sich ~*** hacer de tripas corazón (***etw zu tun*** para hacer a/c)
Über'windung *f* superación *f*, vencimiento *m*; ***nach ~*** *vieler Schwierigkeiten* tras vencer, tras superar; ***das hat mich viel ~ gekostet*** me ha costado un gran esfuerzo
über|'wintern *v/i* ⟨*sin* ge⟩ (*Winterschlaf halten*) invernar; *Vieh*, *Truppen* pasar el invierno (***in*** *+dat* en); **~'wuchern** *v/t* ⟨*sin* ge⟩ invadir, cubrir enteramente
'Überzahl *f* superioridad *f* numérica; ***in der ~ sein*** ser mayoría
'überzählig *adj* sobrante; *Personal a* excedente
über'zeichnen *v/t* ⟨*sin* ge⟩ *Porträt* exagerar, caricaturizar
über'zeugen ⟨*sin* ge⟩ **I** *v/t* ***j-n von etw ~*** convencer a alg de a/c; **II** *v/i* convencer; **III** *v/r* ***sich von etw ~*** convencerse de a/c
über'zeugend *adjt* convincente
über'zeugt *adjt* convencido; (***sehr***) ***von sich ~ sein*** estar (muy) seguro de sí mismo
Über'zeugung *f* (*Überzeugtsein*) convencimiento *m*, convicción *f*; (*Ansicht*) ***der ~ sein, dass …*** estar convencido de que …
Über'zeugungskraft *f* capacidad *f* de persuasión
'überziehen *v/t* ⟨*irr*, *sep*⟩ **1** *Mantel* ponerse; **2** F ***j-m eins ~*** F pegar un golpe a alg
über'ziehen ⟨*irr*, *insep*, *sin* ge⟩ **I** *v/t* **1** revestir, recubrir, forrar (***mit*** de); *Bett* ***frisch ~*** mudar; **2** FIN *Konto* dejar al descubierto; ***sein Konto um 800 Euro ~*** tener la cuenta en menos 800 euros; **3** *zeitlich* pasarse de; **II** *v/i* **4** (***um 5 Minuten***) **~** pasarse (5 minutos) de la hora
Über'ziehung *f e-s Kontos* descubierto *m*; **~skredit** *m* crédito *m* en descubierto
über'züchtet *adjt* **1** BIOL hipertrófico; **2** *fig Motor* desarrollado en exceso
'Überzug *m* (*Hülle*) funda *f*; (*Schicht*) capa *f*; TEC revestimiento *m*
üblich ['yːplɪç] *adj* usual; (*gewöhnlich*) acostumbrado, habitual; ***das ist so ~*** es costumbre; ***wie ~*** como siempre
'U-Boot *n* submarino *m*
übrig ['yːbrɪç] *adj* sobrante, restante; ***das, alles ᒿe*** el resto, lo demás; ***die, alle ᒿen*** los demás; ***im ᒿen*** por lo demás; ***~ sein*** sobrar; ***ich habe Geld ~*** me queda dinero; *fig* ***etw ~ haben für*** *e-e Person* tenerle simpatía (a); *e-e Sache* tener interés (en); ***~ bleiben*** sobrar; *fig* ***es blieb mir nichts anderes ~, als zu*** (*+inf*) no tenía más remedio que (*+inf*); ***~ lassen*** dejar
übrigens ['yːbrɪgəns] *adv* por lo demás, además
'Übung *f* ejercicio *m* (*a Schule*, SPORT); (*Praxis*) práctica *f*; (*Training*) entrenamiento *m*; MIL maniobras *f/pl*; ***aus der ~ kommen*** perder la práctica
'Übungs|buch *n* libro *m* de ejercicios; **~hang** *m für Skifahrer* pendiente *f* de entrenamiento
u.d.M. *Abk* (*unter dem Meeresspiegel*) bajo el nivel del mar
UdSSR *Abk* HIST (*Union der Sozialistischen Sowjetrepubliken*) URSS *f* (*Unión de Repúblicas Socialistas Soviéticas*)
u.E. *Abk* (*unseres Erachtens*) a nuestro parecer
Ufer ['uːfər] *n* ⟨-s; -⟩ orilla *f*, borde *m*; *e-s Flusses*, *Sees a* ribera *f*; ***über die ~ treten*** desbordarse
'Ufer|böschung *f* terraplén *m* (a la orilla); **~straße** *f* carretera *f* del litoral
Ufo ['uːfo] *n Abk* ⟨-s; -s⟩ (*unbekanntes*

Flugobjekt) OVNI *m* (*objeto volador no identificado*)
UG [u'geː] *n Abk* ⟨-(s)⟩ (*Untergeschoss*) piso *m* bajo
Ugand|a [u'ganda] *n* ⟨-s⟩ Uganda *f*
'U-Haft *f* arresto *m* provisional, prisión *f* preventiva
Uhr [uːr] *f* **1** ⟨-; -en⟩ reloj *m*; ***meine ~ geht richtig*** mi reloj va bien; F ***rund um die ~*** F todo el santo día; **2** ⟨*inv*⟩ *bei Zeitangaben* hora *f*; ***wie viel ~ ist es?*** ¿qué hora es?; ***um wie viel ~?*** ¿a qué hora?; ***es ist ein, vier ~*** es la una, son las cuatro; ***acht ~ dreißig*** las ocho y media
'Uhr|armband *n* correa *f od* pulsera *f* (de reloj); **~macher** *m* relojero *m*; **~werk** *n* mecanismo *m* de(l) reloj; **~zeiger** *m* aguja *f*, manecilla *f*
'Uhrzeigersinn *m* ***im ~*** en el sentido de las agujas del reloj; ***entgegen dem ~*** en sentido contrario a las agujas del reloj
'Uhrzeit *f* hora *f*
Uhu ['uːhu] *m* ⟨-s; -s⟩ ZO búho *m*
Ukraine [ukra'iːnə] *od* [u'kraɪnə] *f* ⟨-⟩ ***die ~*** Ucrania *f*
U'krain|er(in) *m*(*f*) ucraniano, -a *m,f*; **ꝏisch** *adj* ucranio
UKW [uːkaː'veː] *Abk* ⟨*sin artículo*⟩ → ***Ultrakurzwelle***
Ulk [ʊlk] *m* ⟨-(e)s; -e⟩ broma *f*; **'ꝏig** F *adj* divertido, cómico
Ulme ['ʊlmə] *f* BOT olmo *m*
Ulti'matum *n* ⟨-s; -ten⟩ ultimátum *m*; (***j-m***) ***ein ~ stellen*** dar un ultimátum (a alg)
Ultra'kurzwelle *f* **1** PHYS, RADIO *Welle* onda *f* ultracorta; **2** RADIO *Bereich* frecuencia *f* modulada
'Ultraschall *m* ultrasonido *m*; **~untersuchung** *f* MED ecografía *f*
'ultraviolett *adj* ultravioleta
um [ʊm] **I** *prp* ⟨*+acus*⟩ **1** *örtlich* ~ ... (***herum***) alrededor de; ***ein Graben läuft ~ die Stadt*** un foso rodea la ciudad; ***~ sich schauen*** mirar a su alrededor; **2** *zeitlich bestimmt* a; *ungefähr* a eso de; ***~ elf*** (***Uhr***) a las once; ***~ die Mittagszeit*** (***herum***) alrededor del mediodía; **3** (*für*) *Preis* por; ***nicht ~ alles in der Welt*** por nada del mundo; **4** *Unterschied, Abstand* en; ***~ die Hälfte größer*** la mitad mayor; ***~ sechs Euro billiger*** por seis euros menos; **5** (*wegen*) por, a causa de; **II** *cj* **6** *Zweck* ***~ zu*** (*+inf*) para (*+inf*); **7** *Folge* (como) para; ***es ist zu spät, ~ zu*** (*+inf*) es demasiado tarde para (*+inf*); **8** → ***umso***; **III** *adv* **9** (*etwa*) alrededor de; **10** (*vorüber*) ***~ sein*** *Zeit* haber terminado
'um|ändern *v/t* ⟨*sep*⟩ transformar, modificar; **~arbeiten** *v/t* ⟨*sep*⟩ *Garderobe* arreglar, reformar (***zu*** en); *Buch* refundir; *gänzlich* rehacer
um|'armen *v/t* ⟨*sin* ge⟩ abrazar, dar un abrazo a; **ꝏ'armung** *f* abrazo *m*
'Umbau *m* ⟨-(e)s; -ten⟩ reformas *f/pl*, transformación *f*; *fig* reorganización *f*
'umbauen ⟨*sep*⟩ **I** *v/t* transformar (***zu*** en), reformar; *fig* reorganizar; **II** *v/i* hacer reformas
um'bauen *v/t* ⟨*insep*, *sin* ge⟩ rodear, cercar
'umbenennen *v/t* ⟨*irr*, *sep*, *sin* ge⟩ cambiar el nombre de
'um|betten *v/t* ⟨*sep*⟩ *Kranken* trasladar a otra cama; **~biegen** *v/t* ⟨*irr*, *sep*⟩ doblar; **~bilden** *v/t* ⟨*sep*⟩ transformar, reorganizar; *Regierung* remodelar
'Umbildung *f* transformación *f*, reorganización *f*; *Regierung* remodelación *f*, reajuste *m*
'um|binden *v/t* ⟨*irr*, *sep*⟩ *Krawatte*, *Schürze* ponerse; **~blättern** *v/t*, *v/i* volver (la hoja); **~blicken** *v/r* → ***umsehen***
um'brechen *v/t* ⟨*irr*, *sin* ge⟩ TYPO compaginar
'umbringen ⟨*irr*, *sep*⟩ **I** *v/t* matar, asesinar; **II** *v/r* ***sich ~*** suicidarse
'Umbruch *m* **1** (*Umwälzung*) revolución *f*, cambio *m* radical; **2** TYPO compaginación *f*
'umbuch|en *v/t* ⟨*sep*⟩ **1** *Reise*, *Flug* cambiar la reserva de; **2** FIN pasar a otra cuenta; **ꝏung** *f* **1** *e-s Flugs*, *e-r Reise* cambio *m* de reserva, *Flug a* de asiento; **2** FIN traslado *m* a otra cuenta
'um|denken *v/i* ⟨*irr*, *sep*⟩ orientar el pensamiento en otro sentido; **~disponieren** *v/i* ⟨*sep*, *sin* ge⟩ disponer de otro modo
'umdrehen ⟨*sep*⟩ **I** *v/t* ⟨h⟩ volver, dar la vuelta a; *Schlüssel a* pasar; **II** *v/i* ⟨h *o* sn⟩ → ***umkehren II***; **III** *v/r* ⟨h⟩ ***sich ~*** volverse, volver la cabeza
Um'drehung *f um e-e Achse* rotación *f*; *e-s Motors* revolución *f*
umei'nander *adv räumlich* uno en torno a otro; (*gegenseitig*) mutuamente; ***sich ~ kümmern*** preocuparse el uno del otro
'umfahren *v/t* ⟨*irr*, *sep*⟩ derribar; *j-n* atropellar
um'fahren *v/t* ⟨*irr*, *insep*, *sin* ge⟩ dar la vuelta a; MAR *Kap* doblar
'umfallen *v/i* ⟨*irr*, *sep*, sn⟩ **1** caerse; *Sache a* volcar; ***tot ~*** caer muerto; **2** F *desp* (*s-e Meinung ändern*) cambiar de opinión; F rajarse
'Umfang *m* **1** (*äußerer Kreis*ꝏ) circunferencia *f*; MAT *a* perímetro *m*; **2** (*Ausdehnung*, *Größe*) extensión *f*; (*Volumen*) volumen *m* (*a Stimm*ꝏ); *e-s Buches* tamaño *m*; **3** *fig* (*Ausmaß*) dimensiones *f/pl*; ***in großem ~*** en gran escala; ***in vollem ~*** en su totalidad

'umfangreich *adj* voluminoso, extenso; *Wissen*, *Studien* amplio

um|'fassen *v/t* ⟨*sin* ge⟩ *fig* abarcar, contener, comprender; **~'fassend** *adjt Kenntnisse* amplio, extenso

'Umfeld *n* entorno *m*

'umformen *v/t* ⟨*sep*⟩ **1** transformar (**in** *+acus*, **zu** en); **2** EL convertir (**in** *+acus* en)

'Umformer *m* EL convertidor *m*

'Umfrage *f* encuesta *f*; ***e-e ~ durchführen*** hacer *od* realizar una encuesta

'um|füllen *v/t* ⟨*sep*⟩ tra(n)svasar, trasegar (**in** *+acus* a); **~funktionieren** *v/t* ⟨sep, *sin* ge⟩ transformar, convertir (**in** *+acus*, **zu** en)

'Umgang *m* **1** *mit Menschen* trato *m*, relaciones *f/pl*; ***mit j-m ~ haben, pflegen*** tener trato con alg; **2** *mit Werkzeug*, *Geld* manejo *m* (**mit** de)

umgänglich ['ʊmgɛŋlɪç] *adj* tratable, sociable

'Umgangsformen *pl* ***gute ~ haben*** tener buenos modales

'Umgangs|sprache *f* lenguaje *m* familiar *od* coloquial; **~sprachlich** *adj* familiar, coloquial

um'garnen *v/t* ⟨*sin* ge⟩ ***j-n ~*** enredar a alg

um'geben *v/t*, *v/r* ⟨*irr*, *insep*, *sin* ge⟩ (***sich***) **~** rodear(se) (**mit** de)

Um'gebung *f* **1** entorno *m*, medio *m*; ***unmittelbare ~*** inmediaciones *f/pl*; **2** (*Milieu*) ambiente *m*

'umgehen *v/i* ⟨*irr*, *sep*, sn⟩ **1** *Gerücht* circular; *Krankheit*, *Angst* rondar; **2** *Gespenst* ***in e-m Haus ~*** andar en una casa; **3** ***mit etw ~*** *Gegenstand* manipular a/c; ***er kann nicht mit Geld ~*** no sabe manejar dinero; **4** (*behandeln*) ***mit j-m umzugehen verstehen*** saber tratar a alg

um'gehen *v/t* ⟨*irr*, *insep*, *sin* ge⟩ dar la vuelta alrededor de; *fig Gesetz* eludir; *Schwierigkeit* esquivar

'umgehend **I** *adj* inmediato; **II** *adv* sin demora

Um'gehung *f* **1** → ***Umgehungsstraße***; **2** *fig* evitación *f*, elusión *f*; **~sstraße** *f* (carretera *f* de) circunvalación *f*

'umgekehrt **I** *adjt* invertido; (*entgegengesetzt*) contrario, opuesto; ***im ~en Fall(e)*** en caso contrario; **II** *advl* al revés, por el contrario; **...** ***und ~*** ... y viceversa

'umgestalten *v/t* ⟨*sep*, *p/p* umgestaltet⟩ *Raum*, *Park* remodelar, transformar, reorganizar (*a fig*)

'Umgestaltung *f* remodelación *f*, transformación *f*, reorganización *f* (*a fig*)

'um|graben *v/t* ⟨*irr*, *sep*⟩ remover (la tierra de); **~gruppieren** *v/t* ⟨*sep*, *sin* ge⟩ reagrupar; **~haben** F *v/t* ⟨*irr*, *sep*⟩ *Tuch*, *Uhr* tener puesto, llevar

'Umhang *m* mantón *m*, capa *f*

'umhängen *v/t* ⟨*sep*⟩ **1** *Mantel* ponerse sobre los hombros; *über die Schulter* poner en bandolera; **2** *Bild* colgar en otro sitio *bzw* de otro modo

'Umhängetasche *f* bolso *m* de bandolera

'umhauen *v/t* ⟨*irr*, *sep*⟩ **1** derribar; *Baum* cortar (a hachazos); **2** F *fig* (*verblüffen*) dejar atontado; (*fertig machen*) *Hitze* F dejar fuera de combate

um'her *adv* por aquí, por allá; (*nach allen Seiten*) por todas partes

um'her... *in Zssgn* → ***herum...***

um'her|gehen *v/i* ⟨*irr*, *sep*, sn⟩ pasear(se); **~irren** *v/i* ⟨*sep*, sn⟩, **~streifen** *v/i* ⟨*sep*, sn⟩, **~ziehen** *v/i* ⟨*irr*, *sep*, sn⟩ vagar, errar

um'hinkönnen *v/i* ⟨*irr*, *sep*⟩ ***ich kann nicht umhin zu*** (*+inf*) no puedo menos de (*+inf*; *a fig*)

'umhören *v/r* ⟨*sep*⟩ ***sich ~*** informarse (***nach etw*** sobre a/c)

um'hüllen *v/t* ⟨*sin* ge⟩ envolver (***mit etw*** en, con a/c); (*verkleiden*) revestir (***mit etw*** de a/c)

U/min *Abk* (*Umdrehungen in der Minute*) revoluciones *f/pl* por minuto

'Umkehr *f* ⟨-⟩ vuelta *f*, regreso *m* (*a fig*)

'umkehrbar *adj* reversible

'umkehren ⟨*sep*⟩ **I** *v/t* ⟨h⟩ **1** (*umstülpen*, *wenden*) dar la vuelta a, volver; **2** (*ins Gegenteil verkehren*) invertir; **II** *v/i* ⟨sn⟩ **3** regresar, volver

'umkippen ⟨*sep*⟩ **I** *v/t* ⟨h⟩ **1** tumbar, derribar; **II** *v/i* ⟨sn⟩ **2** volcar; **3** F *fig Stimmung* cambiar bruscamente; **4** F *fig* (*ohnmächtig werden*) F desmayarse; **5** ECOL ***der See ist umgekippt*** se ha roto el equilibrio ecológico del lago

um'klammer|n *v/t* ⟨*sin* ge⟩ abrazar; *fest* agarrar; **~ung** *f* abrazo *m*

'umklappen *v/t* ⟨*sep*⟩ doblar, abatir

'Umkleidekabine *f* cabina *f*

'umkleiden *geh v/r* ⟨*sep*⟩ ***sich ~*** cambiarse

'Umkleideraum *m* vestuario *m*

'umknicken *v/i* ⟨*sep*, sn⟩ (***mit dem Fuß***) **~** torcerse el pie

'umkommen *v/i* ⟨*irr*, *sep*, sn⟩ **1** (***bei etw***) **~** perecer, morir (en a/c); **2** F *fig* ***vor Hitze*** (*dat*) **~** F morir(se) de calor

'Umkreis *m* periferia *f*, circunferencia *f*; (*Bereich*) ámbito *m*; ***im ~ von zehn Metern*** en diez metros a la redonda

um'kreisen *v/t* ⟨*sin* ge⟩ girar alrededor de, rodear (*a fig*)

'umkrempeln *v/t* ⟨*sep*⟩ volver al revés; *Ärmel* arremangar; F *fig* cambiar completamente

'umlad|en *v/t* ⟨*irr*, *sep*⟩ transbordar; **~ung** *f*

transbordo *m*
'Umlage *f* contribución *f*, cuota *f*
um'lagern *v/t* ⟨*sin* ge⟩ sitiar, cercar (*a fig*)
'Umland *n* alrededores *m/pl*
'Umlauf *m* **1** ASTR rotación *f*; **2** ADM (*Rundschreiben*) circular *f*; **3** (*Kreislauf, Zirkulation*) circulación *f*; ***im ~ sein*** circular, estar en circulación; *nur Geld* estar en curso; ***in ~ bringen*** poner en circulación; *nur Geld* poner en curso; *Gerücht* hacer circular *od* correr; ***aus dem ~ ziehen*** retirar de la circulación;
'Umlauf|bahn *f* ASTR órbita *f*; **~vermögen** *n Buchhaltung* activo *m* circulante
'Umlaut *m* LING vocal *f* modificada
'umlegen *v/t* ⟨*sep*⟩ **1** *Kette, Schal* poner(se) ; **2** *Kragen* doblar; **3** *Hebel* cambiar de posición; **4** (*zum Liegen bringen*) derribar; (*fällen*) cortar, talar; **5** F *fig* (*ermorden*) matar; F dejar tieso *od* seco; **6** *Termin* cambiar (***auf*** *+acus* a); **7** *Kosten* repartir (***auf*** *+acus* entre)
'umleiten *v/t* ⟨*sep*⟩ *Fluss, Verkehr* desviar
'Umleitung *f* desviación *f*
'umlernen *v/i* ⟨*sep*⟩ **1** (*sich umstellen*) cambiar de método; (*umdenken*) cambiar de forma de pensar; **2** (*umschulen*) reciclarse
'umliegend *adj* vecino, inmediato
um'mauern *v/t* ⟨*sin* ge⟩ cercar con un muro, amurallar
Um'nachtung *geh f* ***geistige ~*** enajenación *f* mental
'Umorgani|sation *f* reorganización *f*; **≈sieren** *v/t* ⟨*sep, sin* ge⟩ reorganizar
'um|packen *v/t* ⟨*sep*⟩ *Koffer* rehacer; **~pflanzen** *v/t* ⟨*sep*⟩ tra(n)splantar; **~pflügen** *v/t* ⟨*sep*⟩ labrar, arar; **~polen** *v/t* ⟨*sep*⟩ EL invertir la polaridad de; **~quartieren** *v/t* ⟨*sep, sin* ge⟩ cambiar de alojamiento
um'rahmen *v/t* ⟨*sin* ge⟩ encuadrar; *fig* ***e-e Feier musikalisch ~*** acompañar con música una celebración
um'rand|en *v/t* ⟨*sin* ge⟩ perfilar, contornear; **≈ung** *f* borde *m*
'umräumen *v/t* ⟨*sep*⟩ disponer de otro modo
'umrechnen *v/t* ⟨*sep*⟩ *Währung, Maße* convertir (***in*** *+acus* en); ***in Euro ~*** convertir en euros
'Umrechnung *f* conversión *f*; **~skurs** *m* tipo *m* de cambio; **~stabelle** *f* tabla *f* de conversión
'umreißen *v/t* ⟨*irr, sep*⟩ derribar
um'reißen *v/t* ⟨*irr, insep, sin* ge⟩ perfilar, esbozar
'umrennen *v/t* ⟨*irr, sep*⟩ atropellar, derribar
um'ringen *v/t* ⟨*sin* ge⟩ rodear, cercar
'Umriss *m* contorno *m*, silueta *f*; ***etw in groben ~en schildern*** mostrar a/c a grandes rasgos
'umrühren *v/t* ⟨*sep*⟩ (re)mover
'umrüsten *v/t* ⟨*sep*⟩ TEC transformar (***auf*** *+acus* en)
ums [ʊms] = ***um das***
'umsatteln F *fig v/i* ⟨*sep*⟩ cambiar (de profesión *bzw* de carrera) (***auf*** *+acus* a)
'Umsatz *m* COM volumen *m od* cifra *f* de negocio(s); facturación *f*; (*Absatz*) (volumen *m od* cifra *f* de) ventas *f/pl*; ***den ~ steigern*** aumentar el volumen de ventas; ***zwei Millionen Euro ~ machen*** facturar dos millones de euros
'Umsatz|beteiligung *f* participación *f* en el volumen de ventas; **~einbußen** *f/pl* disminución *f* del volumen de ventas; **~entwicklung** *f* desarrollo *m* del volumen de negocios *od* de ventas; **~plus** *n* aumento *m* del volumen de ventas; **~prämie** *f* prima *f* sobre la cifra de ventas; **~provision** *f* comisión *f* sobre la cifra de ventas; **~steuer** *f* impuesto *m* sobre el tráfico de empresas; **~volumen** *n* volumen *m* de ventas
um'säumen *geh v/t* ⟨*sin* ge⟩ hacer el dobladillo a
'umschalten ⟨*sep*⟩ **I** *v/t* **1** EL conmutar; **II** *v/i* **2** *Ampel* cambiar; RADIO cambiar de emisora; TV cambiar de canal; RADIO, TV ***wir schalten um nach Berlin*** pasamos la conexión a Berlín; **3** *fig* readaptarse
'Umschalttaste *f* tecla *f* de mayúsculas; tecla *f* Shift
'umschauen ⟨*sep*⟩ → ***umsehen***
'umschichten *v/t* ⟨*sep*⟩ **1** *Gegenstände* cambiar de disposición; **2** *Finanzmittel* reajustar
um'schiffen *v/t* ⟨*sin* ge⟩ *Klippe, Insel* navegar alrededor de, dar la vuelta a; *Kap* doblar
'Umschlag *m* **1** (*Brief≈*) sobre *m*; (*Buch≈*) cubierta *f*; **2** MED compresa *f*; ***feuchter ~*** cataplasma *m*; **3** (*Güter≈*) tra(n)sbordo *m*; **4** MODE vuelta *f*; **5** *fig* cambio *m* brusco
'umschlagen ⟨*irr, sep*⟩ **I** *v/t* ⟨h⟩ **1** *Kragen* doblar; *Ärmel* arremangar; **2** *Buchseite* pasar; **3** COM tra(n)sbordar; **II** *v/i* ⟨sn⟩ **4** *Wetter, Meinung, Glück usw* cambiar bruscamente; ***in Gewalt*** (*acus*) **~** derivar en violencia
'Umschlagplatz *m* lugar *m* de tra(n)sbordo
um'schließen *v/t* ⟨*irr, sin* ge⟩ **1** (*umgeben*) rodear; **2** (*beinhalten*) encerrar
um'schlingen *v/t* ⟨*irr, sin* ge⟩ trepar por, enroscarse en; (*umarmen*) abrazar; ***eng umschlungen*** abrazados estrechamente
'um|schmeißen F *v/t* ⟨*irr, sep*⟩ → ***umwerfen***; **~schreiben** *v/t* ⟨*irr, sep*⟩ **1** *Text* rees-

U

cribir; **2** *Besitz* transferir (***auf*** *+acus* a)
um'schreib|en *v/t* ⟨*irr, insep, sin* ge⟩ parafrasear; **2ung** *f* paráfrasis *f*
'Umschrift *f* LING ***phonetische ~*** transcripción *f* fonética
'Umschuldung *f* conversión *f* de una deuda
'umschulen ⟨*sep*⟩ **I** *v/t* **1** *Schulkind* cambiar de escuela; **2** *Berufstätige* reciclar, readaptar profesionalmente; **II** *v/i* **3** reciclarse (***auf*** *+acus* a)
'Umschulung *f* **1** cambio *m* de escuela; **2** *berufliche* reciclaje *m*, readaptación *f* profesional
'umschütten *v/t* ⟨*sep*⟩ *Glas* derramar, volcar
um'schwärmen *v/t* ⟨*sin* ge⟩ **1** *Insekten* revolotear alrededor de; **2** *fig* ***j-n ~*** cortejar a alg
'Umschweife *pl* ***ohne ~*** sin rodeos, sin tapujos
'umschwenken *v/i* ⟨*sep*, sn⟩ *fig* cambiar de opinión
'Umschwung *m fig* cambio *m* brusco *od* repentino
um'segeln *v/t* ⟨*sin* ge⟩ circunnavegar; *Kap* doblar
'umsehen *v/r* ⟨*irr, sep*⟩ **1** ***sich ~*** mirar alrededor; ***sich an e-m Ort ~*** dar una vuelta por un sitio; **2** ***sich ~*** (*zurücksehen*) mirar hacia atrás, volver la cabeza (***nach j-m*** hacia *od* buscando a alg); **3** ***sich nach Arbeit ~*** buscar trabajo
'umseitig *adj u adv* a la vuelta, al dorso
'umsetzen ⟨*sep*⟩ **I** *v/t* **1** *an e-e andere Stelle* cambiar de sitio; *Pflanzen* tra(n)splantar; *auf e-n anderen Arbeitsplatz* cambiar (de puesto de trabajo), **2** (*anders setzen*) colocar de otra manera; **3** (***in die Tat***) **~** convertir en realidad, llevar a la práctica; **4** *Waren* vender; **II** *v/r* **5** ***sich ~*** (*den Platz wechseln*) cambiarse de sitio
'Umsicht *f* ⟨-⟩ cautela *f*, precaución *f*; **2ig I** *adj* cauteloso; **II** *adv* con cautela
'umsiedeln ⟨*sep*⟩ **I** *v/t* ⟨h⟩ *Personen* reasentar, trasladar; **II** *v/i* ⟨sn⟩ reasentarse (***nach Spanien*** en España), trasladarse (***nach Spanien*** a España)
'Um|siedler *m* persona *f* reasentada; **~siedlung** *f* reasentamiento *m*
'umso *cj* ***~ größer*** tanto mayor; ***~ mehr*** (***als***) tanto más (cuanto que)
um'sonst *adv* **1** (*kostenlos*) gratis; **2** (*vergebens*) en vano
um'sorgen *v/t* ⟨*sin* ge⟩ ***j-n ~*** cuidar solícitamente a alg
'Umspannwerk *n* EL central *f* de transformación
um'spielen *v/t* ⟨*sin* ge⟩ *Fußball* regatear
'umspringen *v/i* ⟨*irr, sep*, sn⟩ **1** *Ampel* ***von … auf*** (*+acus*) **~** cambiar de … a; **2** F *desp* ***mit j-m grob ~*** tratar mal a alg
'umspulen *v/t* ⟨*sep*⟩ rebobinar
'Umstand *m* **1** (*Gegebenheit*) circunstancia *f*; (*Tatsache*) hecho *m*; ***die näheren Umstände*** los detalles; ***unter Umständen*** tal vez, eventualmente; ***unter allen Umständen*** sea como fuere, a toda costa; ***in anderen Umständen sein*** estar embarazada; **2** *mst pl* ***Umstände*** (*Förmlichkeiten*) ceremonias *f/pl*; ***ohne Umstände*** sin ceremonias, sin cumplidos; ***j-m Umstände machen*** causar(le) molestias a alg; ***das macht keine Umstände*** no es molestia
'umständehalber *adv* debido a las circunstancias
umständlich ['ʊmʃtɛntlɪç] *adj* **1** *Person* ceremonioso, formalista; **2** (*unpraktisch*) complicado, engorroso; **3** (*übergenau*) prolijo, minucioso
'Umstands|kleid *n* vestido *m* de futura mamá; **~wort** *n* ⟨-(e)s; -wörter⟩ GRAM adverbio *m*
'umstehend → ***umseitig***
'umsteigen *v/i* ⟨*irr, sep*, sn⟩ **1** hacer tra(n)sbordo, cambiar (de tren, *etc*); **2** F *fig* ***~ auf*** (*+acus*) *Studium* pasarse a; ***~ von … auf*** (*+acus*) cambiar de … a
'umstellen ⟨*sep*⟩ **I** *v/t* **1** *Möbel* cambiar de lugar; **2** (*anders ordnen*) cambiar de orden, (*umorganisieren*) reorganizar; **3** *Hebel* cambiar de posición; ***die Uhr ~*** cambiar la hora; **4** ***etw ~ auf*** (*+acus*) adaptar a/c a; **II** *v/i* **5** (*übergehen zu*) ***~ auf*** (*+acus*) pasar a, cambiar a (*a* ECON); **III** *v/r* **6** ***sich ~*** readaptarse (***auf*** *+acus* a)
um'stellen *v/t* ⟨*sin* ge⟩ *Verbrecher, Haus* rodear
'Umstellung *f* **1** (*das Sichumstellen*) cambio *m*; **2** *von Möbeln* cambio *m* de lugar; **3** ECON cambio *m*, reconversión *f* (***auf*** *+acus* a); *in e-r Firma a* reorganización *f*; **4** (*Anpassung*) adaptación *f* (***auf*** *+acus* a); (*Einführung*) adopción *f*
'umstimmen *v/t* ⟨*sep*⟩ ***j-n ~*** hacer cambiar de opinión a alg
'umstoßen *v/t* ⟨*irr, sep*⟩ **1** derribar, volcar; **2** *fig Plan* anular, invalidar
um'stritten *adjt* controvertido, discutido
'umstrukturier|en *v/t* ⟨*sin* ge⟩ reestructurar; **2ung** *f* reestructuración *f*; reorganización *f*
'umstülpen *v/t* ⟨*sep*⟩ **1** *Eimer* volver boca abajo; **2** *Taschen* volver al revés
'Umsturz *m* subversión *f*, revolución *f*
'umstürzen ⟨*sep*⟩ **I** *v/t* ⟨h⟩ volcar, derribar; **II** *v/i* ⟨sn⟩ volcar, derrumbarse; *Baum* caerse
'Umstürzler *m* elemento *m* subversivo

'umtaufen *v/t* ⟨*sep*⟩ F *fig* cambiar el nombre de

'Umtausch *m* cambio *m* (*a Geld*2), trueque *m*, canje *m*; *von Waren a* devolución *f*; ***... sind vom ∼ ausgeschlossen*** ... no pueden cambiarse

'umtausch|en *v/t* ⟨*sep*⟩ canjear (***gegen*** por), cambiar (***in*** *+acus* en; *a Geld*); *Waren a* devolver; **2frist** *f von Waren* plazo *m* de devolución; **2recht** *n von Waren* derecho *m* de devolución

'umtopfen *v/t* ⟨*sep*⟩ *Gartenbau* cambiar de maceta

'Umtriebe *geh desp pl* maquinaciones *f/pl*, intrigas *f/pl*

'Umtrunk *m* F juerga *f*; ***zu einem Umtrunk einladen*** invitar a una copa

'umtun F *v/r* ⟨*irr, sep*⟩ ***sich nach etw, j-m ∼*** ir en busca de a/c, alg

'Umverpackung *f* embalaje *m*

'umverteil|en *v/t* redistribuir; **2ung** *f* redistribución *f*

'umwälzen *v/t* ⟨*sep*⟩ TEC revolver; *fig* revolucionar

'umwälz|end *adjt fig* revolucionario; **2ung** *f fig* revolución *f*

'umwandeln *v/t* ⟨*sep*⟩ cambiar, transformar (***in*** *+acus* en; *a* CHEM, PHYS, *fig*); *Strafe* conmutar (***in*** *+acus* por); ***sie war wie umgewandelt*** parecía otra

'Umwandlung *f* cambio *m*, transformación *f* (***in*** *+acus* en; *a* CHEM, PHYS, *fig*); *e-r Strafe* conmutación *f* (***in*** *+acus* por)

'umwechseln *v/t* ⟨*sep*⟩ *Geld* cambiar

'Umweg *m* rodeo *m* (*a fig*); ***auf ∼en*** indirectamente; ***auf dem ∼ über*** (*+acus*) por (vía de)

'Umwelt *f* medio *m* ambiente, entorno *m*

'Umwelt|... *in Zssgn* ambiental; **∼belastung** *f* contaminación *f* ambiental; **∼berater(in)** *m(f)* asesor, a *m,f* de medio ambiente; **2bewusst** *adj* con conciencia ecológica; **∼bewusstsein** *n* conciencia *f* ecológica; **∼einflüsse** *m/pl* influencias *f/pl* del medio ambiente; impacto *m* ambiental; **∼forschung** *f* investigación *f* sobre el medio ambiente; **2freundlich** *adj Auto, Verpackung* no contaminante; *Produkt, Vorrichtung, Maßnahme* ecológico; **∼katastrophe** *f* desastre *m* ecológico; **∼kriminalität** *f* criminalidad *f* contra el medio ambiente, criminalidad *f* ecológica; **∼ministerium** *n* Ministerio *m* del Medio Ambiente; **∼papier** *n* papel *m* ecológico; **∼politik** *f* política *f* del medio ambiente; **∼schäden** *pl* daños *m/pl* ecológicos; **2schädlich** *adj* que contamina el medio ambiente; **∼schutz** *m* protección *f* del medio ambiente; **∼schützer(in)** *m(f)* ecologista *m,f*; F verde *m,f*; **∼schutzorganisation** *f* organización *f* ecologista; **∼skandal** *m* escándalo *m* ecológico *od* ambiental; **∼sünder** F *m* persona *f* que atenta contra el medio ambiente; **∼technik** *f* técnica *f* anticontaminante; **∼verschmutzung** *f* contaminación *f* del medio ambiente; **2verträglich** *adj* no contaminante; **∼verträglichkeitsprüfung** *f* evaluación *f* del impacto ambiental; **∼zeichen** *n* COM ecoetiqueta *f*; **∼zerstörung** *f* destrucción *f* del medio ambiente

'umwenden ⟨*irr o regular, sep*⟩ **I** *v/t* volver; **II** *v/r* ***sich ∼*** volverse, volver la cabeza

um'werben *v/t* ⟨*irr, sin* ge⟩ cortejar, galantear (*a fig*)

'umwerfen *v/t* ⟨*irr, sep*⟩ **1** derribar, volcar; *fig* echar por tierra; **2** *Mantel* echarse sobre los hombros

'umwerfend F *fig adjt* arrollador, impresionante

um'wickeln *v/t* ⟨*sin* ge⟩ envolver (***mit*** en), recubrir (***mit*** de)

umzäunen [ʊm'tsɔʏnən] *v/t* ⟨*sin* ge⟩ cercar

'umziehen ⟨*irr, sep*⟩ **I** *v/t* ⟨h⟩ ***j-n ∼*** cambiar a alg (de ropa); **II** *v/r* ***sich ∼*** mudarse *od* cambiarse (de ropa); **III** *v/i* ⟨sn⟩ mudarse, trasladarse (de casa) (***in*** *+acus*, ***nach*** a)

umzingeln [ʊm'tsɪŋəln] *v/t* ⟨*sin* ge⟩ envolver, rodear, cercar

'Umzug *m* **1** mudanza *f* (de casa), traslado *m*; **2** (*Festzug*) desfile *m*, cabalgata *f*; **∼skosten** *pl* gastos *m/pl* de traslado *od* mudanza

UN [uː'ʔɛn] *f(pl) Abk* ⟨-⟩ (*United Nations, Vereinte Nationen*) *pl* ***die ∼*** las NU (*Las Naciones Unidas*)

unab'änderlich *adj Gesetz* invariable, inalterable; *Entschluss* irrevocable; *Schicksal* inevitable

unab'dingbar *adj* indispensable

'unabhängig **I** *adj* independiente (***von*** de); ***von j-m ∼ sein*** no depender de alg; **II** *adv* ***∼ von ...*** independientemente de ...

'Unabhängigkeit *f* independencia *f*

unab'kömmlich *adj* insustituible, indispensable; ***ich bin ∼*** no puedo ausentarme

unablässig ['ʊnʔaplɛsɪç] **I** *adj* incesante, continuo; **II** *adv* sin cesar, sin parar

unab'sehbar *adj fig* inmenso, imprevisible, incalculable

'unabsichtlich **I** *adj* involuntario; **II** *adv* sin querer, sin intención

unab'wendbar *adj* inevitable, ineludible, fatal

'unachtsam *adj* (*unaufmerksam*) desatento, inadvertido; (*zerstreut*) distraído; **2keit** *f* distracción *f*, inadvertencia *f*, descuido *m*

'unähnlich *adj* poco parecido (a)

unan'fechtbar *adj* indiscutible, incontes-

table
'unan|gebracht *adj* inoportuno, inconveniente; **~gefochten** *adj* incontestado, indiscutido; **~gemeldet** *adj Gast* sin anunciarse; *Demonstration* no anunciado; **~gemessen** *adj* inadecuado; *Ausdruck a* inconveniente
'unangenehm *adj* desagradable, molesto; (*peinlich*) embarazoso; ***es ist mir sehr ~, dass*** me sabe mal que; ***~ werden*** volverse desagradable
'unangetastet *adj* intacto; ***etw ~ lassen*** dejar a/c intacto
unan|'greifbar *adj* inatacable; *fig a* intangible; **~'nehmbar** *adj* inaceptable
'Unannehmlichkeit *f* disgusto *m*, molestia *f*, inconveniente *m*; ***~en bekommen*** tener contrariedades
'unansehnlich *adj* **1** (*unschön*) poco vistoso; (*hässlich*) feo; **2** *durch Abnutzung* desgastado; ***~ werden*** desgastarse
'unanständig *adj Witz* verde; *Personen, Verhalten* indecente; **℞keit** *f* indecencia *f*
unan'tastbar *adj* intangible, inviolable
'unappetitlich *adj* poco apetitoso, repugnante; (*unsauber*) asqueroso
'Unart *f* ⟨-; -en⟩ mala costumbre *f*, vicio *m*; (*ungehöriges Betragen*) travesura *f*; **℞ig** *adj Kind* travieso
'un|ästhetisch *adj* antiestético; **~auffällig** *adj* discreto; *Äußeres* poco llamativo
unauf'findbar *adj* ilocalizable
'unaufgefordert *adv* espontáneo
unauf|'haltsam *adj* incontenible, irresistible; **~'hörlich I** *adj* incesante, continuo; **II** *adv* sin cesar
'unaufmerksam *adj* desatento; (*zerstreut*) distraído; **℞keit** *f* falta *f* de atención; (*Zerstreutheit*) distracción *f*
'unaufrichtig *adj* insincero
unaus'bleiblich *adj* inevitable, indefectible
'unausgefüllt *adj Leben* vacío
'unausgeglichen *adj* desequilibrado
unaus|'sprechlich *adj fig Glück, Elend* inefable, indecible; **~'stehlich** *adj* insoportable; **~'weichlich** *adj* inevitable, fatal
unbändig ['ʊnbɛndɪç] *adj* **1** *Temperament* indómito; **2** *Freude, Zorn, Gelächter* incontenible
'unbar *adj* FIN sin efectivo
'unbarmherzig *adj* despiadado, cruel
'unbeabsichtigt I *adj* involuntario; **II** *adv* sin querer
'unbeachtet I *adj* inadvertido; **II** *adv* ***~ lassen*** no hacer caso de
'unbeanstandet *adj u adv* sin reparo, sin objeción, sin reclamación
'unbeantwortet *adj* ***~ bleiben*** quedar sin respuesta
'unbe|arbeitet *adj* bruto, crudo; **~baut** *adj* **1** AGR sin cultivar, inculto; **2** *Baugelände* sin edificar; **~dacht** *adj* inconsiderado; (*unüberlegt*) irreflexivo; **~darft** *adj* ingenuo; **~denklich I** *adj* inofensivo; **II** *adv* sin vacilar, sin reparo; **~deutend** *adj* insignificante, de poca monta; *Einzelheit* mínimo
'unbedingt I *adj Vertrauen, Zuverlässigkeit* incondicional, absoluto; **II** *adv* (*auf jeden Fall*) a toda costa
unbe'fahrbar *adj Straße* intransitable
'unbefangen I *adj* **1** (*unparteiisch*) imparcial; **2** (*natürlich*) natural; (*ungehemmt*) F sin complejos; **II** *adv* **3** (*unvoreingenommen*) sin prejuicios; **4** (*natürlich*) natural; F sin complejos; **℞heit** *f* **1** imparcialidad *f*; **2** (*Natürlichkeit*) ingenuidad *f*
'unbefrie|digend *adj* insuficiente, poco satisfactorio; **~digt** *adj* descontento, insatisfecho (*a sexuell*)
'unbefristet *adj* ilimitado, sin plazo fijo; ***~e Arbeitserlaubnis*** permiso *m* de trabajo por tiempo indefinido; ***~er Arbeitsvertrag*** contrato *m* de trabajo indefinido
'unbefugt I *adj* no autorizado, ilícito; ***Zutritt für ℞e verboten!*** prohibida la entrada a personas no autorizadas; **II** *adv* sin autorización
'unbegabt *adj* poco dotado, sin talento
unbe'greiflich *adj* incomprensible, inconcebible
'unbe|grenzt I *adj* ilimitado; **II** *adv* sin límites; **~gründet** *adj* infundado
'Unbehagen *n* malestar *m*
'unbehaglich I *adj* desagradable, incómodo (*a fig*); **II** *adv* ***sich ~ fühlen*** no estar a gusto, estar violento
'unbe|helligt *adj u adv* sin ser molestado; **~herrscht I** *adj* **1** *Person* que no sabe dominarse; **2** *Reaktion* incontrolado; **II** *adv* **3** de manera incontrolada
unbeholfen ['ʊnbəhɔlfən] *adj* torpe, poco hábil
unbe|'irrbar *adj* imperturbable; **~'irrt** *adv* sin turbarse
'unbekannt I *adj* desconocido (***j-m*** para alg); ***das ist mir ~*** lo ignoro; JUR ***Anzeige gegen ℞*** (***erstatten***) (poner una) denuncia *f* contra persona desconocida; **II** *adv* ***~ verzogen*** *auf Briefen* domicilio desconocido
'Unbekannte *f* MAT incógnita *f*
'Unbekannte(r) *f(m)* desconocido, -a *m,f*
'unbe|kleidet *adj* sin vestir, desnudo; **~kümmert** *adj* despreocupado, descuidado, indiferente; **~lastet** *adj* **1** *fig* (*sorgenfrei*) sin preocupaciones; *von Gewissensbissen usw* libre (***von*** de); **2** FIN *Grundstück* sin cargas hipotecarias

U

unbe'lehrbar *adj* incorregible
'unbeleuchtet *adj* **1** no iluminado; **2** *Fahrzeug* con los faros apagados
'unbeliebt *adj* poco popular, impopular (***bei*** entre); *Person a* que goza de pocas simpatías; **Σheit** *f* impopularidad *f*
'unbemannt *adj* no tripulado, sin tripulación
'unbemerkt *adv* inadvertido, sin ser visto; **~ *bleiben*** pasar inadvertido
'unbenommen *adj* ***es ist, bleibt Ihnen ~ zu*** (*+inf*) es Ud. muy dueño de (*+inf*)
'unbenutzt *adj* sin usar, sin estrenar; (*neu*) nuevo
'unbequem *adj* **1** *Sessel*, *Haltung* incómodo; **2** *fig* (*lästig*) molesto; *Mensch a* difícil; *Frage a* embarazoso, engorroso; ***ein ~er Autor*** un autor inconformista
'Unbequemlichkeit *f* incomodidad *f*, molestia *f*
unbe'rechenbar *adj* **1** incalculable; **2** (*sprunghaft*) caprichoso, veleidoso
'unberechtigt I *adj* **1** *Person* no autorizado; **2** *Forderung* injustificado, infundado; **II** *adv* **3** sin autorización
'unberücksichtigt *adj* ***etw ~ lassen*** no tener a/c en cuenta, desatender a/c
unbe'rufen *int* ¡hay que tocar madera!
'unberührt *adj* intacto; *Mädchen*, *Natur* virgen; ***von etw ~ bleiben*** no ser afectado por a/c
'unbe|schadet *prp* ⟨*+gen*⟩ sin perjuicio de; (*trotz*) a pesar de; **~schädigt** *adj* indemne, en buenas condiciones; **~schäftigt** *adj* desocupado; **~scheiden** *adj* inmodesto; *Forderung* impertinente; **~scholten** *adj* irreprochable, íntegro; JUR sin antecedentes penales; **~schrankt** *adj Bahnübergang* sin barrera; **~schränkt** *adj* ilimitado, absoluto
unbe'schreiblich I *adj* indescriptible; (*außerordentlich*) extraordinario; **II** *adv* (*sehr*) extremadamente
'unbe|schrieben *adj Blatt*, *Seite* en blanco; **~schwert** *adj* despreocupado; *Gewissen* limpio
unbe'sehen *adv* sin haberlo visto, sin reparo
'unbesetzt *adj Stelle*, *Posten* vacante; *Schalter* cerrado
unbe'siegbar *adj* invencible
'unbe|siegt *adj* invicto, imbatido; **~sonnen** *adj* irreflexivo, atolondrado; (*leichtsinnig*) imprudente
'unbesorgt *adj* tranquilo; ***seien Sie ~!*** ¡descuide (Ud.)!
'unbe|spielt *adj Kassette* virgen; **~ständig** *adj Mensch* inconstante; (*labil*) inestable, variable (*a Wetter*); *in der Leistung* irregular; **~stätigt** *adj Nachricht* sin confirmar, no confirmado; **~stechlich** *adj* incorruptible; *fig* íntegro; **~stimmt** *adj* **1** (*nicht festgelegt*) indeterminado (*a* MAT), indefinido (*a* GRAM); **2** (*unsicher*) incierto, vago; **~stritten** *adj* indiscutido, incontestado
'unbeteiligt I *adj* **1** (*passiv*) ajeno (***an*** *+dat* a), desinteresado; ***ein Σer*** una persona ajena; **2** (*gleichgültig*) indiferente; **II** *adv* **3** con indiferencia
'unbe|tont *adj* átono; **~trächtlich** *adj* insignificante, de poca importancia
'unbeugsam *adj Wille*, *Stolz* inflexible, rígido
'unbe|wacht *adj* no vigilado; **~waffnet** *adj* desarmado; **~wältigt** *adj Vergangenheit* no asumido
'unbeweglich I *adj* **1** (*nicht zu bewegen*) inmóvil; *Feiertag* fijo; **2** (*steif*) rígido; *Gesicht* impasible; *geistig* inflexible; **II** *adv* **3 ~ *dastehen*** estar inmóvil
'unbewegt *adj Gesicht* impasible
'unbewiesen *adj* sin demostrar
unbe'wohnbar *adj* inhabitable
'unbe|wohnt *adj* inhabitado; (*leer stehend*) deshabitado; **~wusst I** *adj* inconsciente; **II** *adv* sin darse cuenta
unbe'zahlbar *adj* **1** (*unerschwinglich*) impagable (*a Preis*); **2** *fig* (*unersetzlich*) **~ *sein*** no tener precio; *fig scherzh* ***du bist einfach ~!*** ¡eres de lo que no hay!
'unbezahlt *adj Rechnung* impagado; *Arbeit* no remunerado
unbe|'zähmbar *adj* indomable; **~'zwingbar** *adj* invencible
Unbilden ['ʊnbɪldən] *geh pl* ***die ~ des Wetters*** las inclemencias del tiempo
'unblutig I *adj* no sangriento; MED *Eingriff* incruento; **II** *adv* sin derramar sangre
'un|brauchbar *adj* inutilizable, inservible; *Person* inútil, incapaz; **~bürokratisch** *adj u adv* sin burocracia
und [ʊnt] *cj* y; (*vor* i *u* hi) e; *bei negativer Verbindung* ni; ***Vater ~ Sohn*** padre e hijo; ***kein Brot ~ kein Geld haben*** no tener ni pan ni dinero; **~ *so weiter*** etcétera; (***immer***) ***größer ~ größer*** cada vez más grande; ***lauf hin ~ sag es ihm!*** ¡vete a decírselo!; F ***der ~ Angst haben!*** ¿miedo ese?
'Undank *m* ingratitud *f*, desagradecimiento *m*; **Σbar** *adj* ingrato (*a Aufgabe usw*), desagradecido (***gegenüber j-m*** (para) con alg); **~barkeit** *f* ingratitud *f*, desagradecimiento *m*
'undatiert *adj* sin fecha
un|defi'nierbar *adj* indefinible; **~'denkbar** *adj* impensable
'undeutlich *adj* **1** poco claro; *Aussprache* poco articulado; *Schrift* ilegible; **2** *fig* (*un-*

genau) vago

'undicht *adj Dach* que tiene goteras; *Fenster* que no cierra bien; *Gefäß* que tiene un agujero; ***der Eimer ist ~*** se sale el agua, *etc* del cubo; ***e-e ~e Stelle*** una fuga (*a fig*)

'Unding *n* ***das ist ein ~*** vaya un absurdo

'un|diszipliniert *adj* indisciplinado; **~duldsam** *adj* intolerante

undurch|'dringlich *adj* impenetrable (*a fig*), impermeable; **~'führbar** *adj* irrealizable, impracticable

'undurch|lässig *adj für Wasser* impermeable; *für Luft a* hermético; **~sichtig** *adj* **1** opaco; **2** *fig Charakter* impenetrable; *Geschäfte* oscuro

'un|eben *adj* desigual; *Fläche a* irregular; *Gelände a* accidentado, escabroso; **~echt** *adj* **1** *Schmuck* falso; *Haar* postizo; **2** (*vorgetäuscht*) simulado, falso; **~ehelich** *adj* ilegítimo, natural; **~ehrenhaft** *geh adj* indigno, deshonroso

'unehrlich *adj* falso, desleal; (*unaufrichtig*) insincero; **≈keit** *f* deslealtad *f*, falsedad *f*

'un|eigennützig *adj* desinteresado; **~eingeschränkt I** *adj* ilimitado; *Macht* absoluto; **II** *adv* sin restricciones; **~einheitlich** *adj* desigual, heterogéneo

'uneinig *adj* desunido, desavenido (***mit j-m*** con alg; ***in*** *+dat*, ***über*** *+acus* en); **≈keit** *f* discordia *f*, desacuerdo *m*, desaveniencia *f*

unein'nehmbar *adj Festung* inexpugnable, inconquistable

'un|eins *adj* → ***uneinig***; **~empfänglich** *adj* insensible (***für*** a); MED inmune (***für*** a)

'unempfindlich *adj* **1** insensible (***gegenüber*** a); **2** *fig* (*gleichgültig*) impasible; *Stoff* resistente; **≈keit** *f* resistencia *f* (*a fig*)

un'endlich I *adj* infinito (*a fig*, MAT); (*unermesslich*) inmenso; **II** *adv* ***~ klein*** infinitamente pequeño; MAT infinitesimal

Un'endlichkeit *f* **1** infinidad *f*, inmensidad *f*; **2** *fig* F, *geh* (*Ewigkeit*) eternidad *f*

unent'behrlich *adj* indispensable, imprescindible (***für j-n, etw*** para alg, a/c)

'unentgeltlich I *adj* gratuito; **II** *adv* gratis

'unentschieden I *adj* **1** indeciso; *Frage a* en suspenso; (*noch schwebend*) pendiente; **2** SPORT empatado; **II** *adv* **3** SPORT ***~ spielen*** empatar

'Unentschieden *n* ⟨-s; -⟩ SPORT empate *m*

'unentschlossen *adj* indeciso, irresoluto

unent'schuldbar *adj* inexcusable

'unentschuldigt I *adj Fehlen* injustificado; **II** *adv* ***~ fehlen*** faltar sin justificación

unentwegt [ʊnˀɛnt'veːkt] *adj* **1** (*beharrlich*) firme, imperturbable; **2** (*ständig*) constante

uner'bittlich *adj* inexorable; (*erbarmungslos*) implacable

'unerfahren *adj* inexperto, sin experiencia; **≈heit** *f* falta *f* de experiencia

uner'findlich *geh adj* incomprensible

'uner|forscht *adj* inexplorado; **~freulich I** *adj* desagradable; **II** *adv* de forma desagradable

uner'füllbar *adj Wunsch* irrealizable

'unerfüllt *adj Leben* no realizado; *Wunsch* no cumplido

'unergiebig *adj* improductivo (*a fig*)

uner'gründlich *adj* insondable

'unerheblich *adj* insignificante

uner'hört *adj* **1** (*unglaublich*) inaudito, increíble; **2** (*sehr groß*) inmenso

'unerkannt *adv* sin ser reconocido, de incógnito; ***~ bleiben*** no ser reconocido

uner|'klärlich *adj* inexplicable; **~'lässlich** [-'lɛslɪç] *adj* indispensable, imprescindible

'uner|laubt I *adj* no autorizado, ilícito; (*illegal*) ilegal; **II** *adv* ilegalmente; **~ledigt** *adj Arbeit, Rechnung* pendiente; *Post a* sin despachar

uner|'messlich *adj* inmenso; **~'müdlich** *adj* infatigable; **~'reichbar** *adj* inalcanzable, inasequible (***für*** para)

'unerreicht *adj* sin igual, sin par, inigualado

uner'sättlich *adj* insaciable (*a fig*)

'unerschlossen *adj Rohstoffe* no explorado; *Gebiet* no urbanizado

uner'schöpflich *adj* inagotable

'unerschrocken *adj* intrépido, denodado

uner|'schütterlich *adj* imperturbable, impávido; *Wille* inquebrantable; **~'schwinglich** *adj Waren* inasequible; *Preise* exorbitante; **~'setzlich** *adj* insustituible; *Verlust* irreparable; **~'träglich** *adj* insoportable

'unerwähnt *adj* no mencionado; ***etw ~ lassen*** pasar a/c por alto

'unerwartet I *adj* imprevisto; (*unverhofft*) inesperado; **II** *adv* de improviso; ***das kommt für mich ~*** me pilla de sorpresa

'unerwünscht *adj* no deseado

UNESCO [u'nɛsko] *f Abk* (*United Nations Educational, Scientific and Cultural Organization, Organisation der Vereinten Nationen für Erziehung, Wissenschaft und Kultur*) UNESCO *f*

'unfähig *adj* **1** incapaz (***zu*** de); **2** *desp* inepto; **≈keit** *f* ⟨-⟩ **1** incapacidad *f* (***zu*** para); **2** *desp* ineptitud *f*

'unfair *adj* injusto, desleal (***gegenüber*** con); *Sport* sucio

'Unfall *m* accidente *m*; **~flucht** *f* fuga *f* en un caso de accidente; **≈frei** *adj u adv* libre de accidentes; **~meldung** *f* aviso *m od* declaración *f* de accidente; **~opfer** *n* víctima *f* de un accidente; **~ort** *m* lugar *m* del accidente; **~station** *f* servicio *m* de urgencias;

U

~stelle *f* lugar *m* del accidente; **~tod** *m* muerte *m* en un accidente; **~ursache** *f* causa *f* del accidente; **~verhütung** *f* prevención *f* de accidentes; **~versicherung** *f* seguro *m* de accidentes

un|'fassbar *adj* **1** incomprensible, inconcebible; **2** (*unglaublich*) increíble; **~'fehlbar** *adj* infalible; **'~fein** *adj Benehmen* poco delicado, grosero; **'~fertig** *adj* **1** incompleto, inacabado; **2** *fig* (*unreif*) inmaduro

unflätig ['ʊnflɛːtɪç] *geh desp adj* sucio, obsceno

'un|förmig *adj* (*formlos*) informe; (*missgestaltet*) deforme; **~frankiert** *adj* sin franquear; **~frei** *adj* **1** *Volk, Person* que no es libre; **2** (*gehemmt*) inhibido, acomplejado; **3** (*unfrankiert*) (a) porte debido; **~freiwillig** *adj* **1** (*unbeabsichtigt*) involuntario; **2** (*erzwungen*) forzado

'unfreundlich I *adj* poco amable; (*unhöflich*) desatento; (*abweisend*) frío; (*grob*) grosero; *Wetter* desapacible, desagradable; *Haus, Stadt* poco acogedor; ECON *Übernahme* hostil; **II** *adv* de forma poco amable; **≗keit** *f* falta *f* de amabilidad, desatención *f*

'Unfriede(n) *m* discordia *f*

'unfruchtbar *adj* estéril (*a fig*); *Boden a* árido; **≗keit** *f* esterilidad *f*

Unfug ['ʊnfuːk] *m* ⟨-(e)s⟩ travesura *f*; JUR ***grober ~*** desorden *m* público; ***~ treiben*** hacer travesuras

Ungar|(in) ['ʊŋgar(ɪn)] *m* ⟨-n; -n⟩ (*f*) húngaro, -a *m,f*; **≗isch** *adj* húngaro

'Ungarn *n* ⟨-s⟩ Hungría *f*

'ungastlich *adj* inhospitalario (*a fig*)

'unge|achtet *geh prp* ⟨+*gen*⟩ no obstante, a pesar de; **~ahnt** *adj* insospechado

'ungebeten *adj* no invitado; ***~er Gast*** intruso *m*

'unge|bildet *adj* inculto; **~boren** *adj* no nato; **~bräuchlich** *adj* poco usual; **~braucht** *adj* no usado, (completamente) nuevo; **~brochen** *adj fig* inquebrantado; *Willen* firme; **~bührlich** *geh adj* inconveniente, impertinente, indecente; **~bunden** *adj* **1** *Buch* sin encuadernar; **2** *Person* independiente, libre; (*ledig*) sin compromiso; **~deckt** *adj* **1** FIN descubierto; *Scheck* sin fondos; **2** MIL sin cubrir; SPORT sin marcar

'Ungeduld *f* impaciencia *f*

'ungeduldig *adj* impaciente; ***~ werden*** perder la paciencia

'ungeeignet *adj Sachen* inadecuado (***zu, für*** para); *Person* impropio; *Augenblick* inoportuno

ungefähr ['ʊngəfɛːr] **I** *adj* aproximado; **II** *adv* aproximadamente; ***~ 10 Euro*** unos 10 euros; ***von ~*** por casualidad; ***so ~*** más o menos

'ungefährlich *adj* no peligroso (***für*** para); (*harmlos*) inofensivo

'ungehalten *geh adj* ***~ sein*** estar disgustado *od* enfadado (***über j-n*** con alg; ***über etw*** por a/c)

'unge|heizt *adj* sin calefacción; **~hemmt I** *adj* **1** (*ungehindert*) libre; **2** (*ohne Hemmungen*) desenvuelto, sin complejos; **II** *adv* **3** (*ungehindert*) sin trabas; **4** (*ohne Hemmungen*) sin complejos

'ungeheuer I *adj* monstruoso, enorme; **II** *adv* enormemente

'Ungeheuer *n* ⟨-s; -⟩ monstruo *m* (*a fig*)

unge'heuerlich *adj* escandaloso, terrible

'unge|hindert *adj u adv* sin ser molestado; **~hobelt** *adj fig* grosero, rústico; **~hörig** *adj Betragen* inconveniente; *Bemerkung* inoportuno; **~horsam** *adj* desobediente

'Ungehorsam *m* desobediencia *f*

'ungeklärt *adj* **1** no aclarado; *Ursache* inexplicable; **2** *Abwässer* sin filtrar

'ungekündigt *adj* ***in ~er Stellung sein*** seguir en un puesto de trabajo

'unge|künstelt *adj* sin afectación, natural; **~kürzt I** *adj Text* completo, íntegro (*a Ausgabe*); *Film* en versión íntegra; **II** *adv* íntegramente; **~laden** *adj* **1** *Waffe* descargado; **2** *Gast* no invitado

'ungelegen I *adj Zeitpunkt* intempestivo; *Besuch* inoportuno; **II** *adv* a deshora, a destiempo; ***j-m ~ kommen*** venirle a alg mal

'Ungelegenheit *f* ***j-m ~en bereiten*** causar molestias a alg

'unge|lernt *adj Arbeiter* no cualificado; **~logen** F *adv* de verdad, sin exagerar

'ungemein I *adj* extraordinario; **II** *adv* extremadamente, sobremanera

'ungemütlich *adj Ort* poco confortable, desagradable; *Wetter a* desapacible; F ***~ werden*** *Person* ponerse desagradable

'ungenannt *adj* anónimo, sin nombrar; ***~ bleiben*** quedar en el anonimato

'ungenau I *adj* **1** impreciso, inexacto; **2** *Erinnerung, Vorstellung* vago; **II** *adv* **3** sin precisión; **≗igkeit** *f* imprecisión *f*, inexactitud *f*

'ungeniert *adj* desenvuelto, desenfadado

'un|genießbar *adj* **1** *Speise* incomible; *Getränk* imbebible; *Pilz* no comestible; **2** F *fig* insoportable; **~genügend** *adj* **1** insatisfactorio; *Leistung* insuficiente; **2** *Schulnote* → ***Sechs 2***

'unge|nutzt, **~nützt I** *adj* no utilizado; **II** *adv Gelegenheit* ***~ lassen*** desaprovechar

'un|gepflegt *adj* descuidado; *Person a* desaseado; **~gerade** *adj Zahl* impar

'ungerecht *adj* injusto; **~fertigt** *adj* injustificado; **≗igkeit** *f* injusticia *f*

U

'unge|regelt *adj* no arreglado; *Leben* desordenado; **~reimt** *adj fig desp* absurdo, disparatado

'ungern *adv* de mala gana, a disgusto, con desgana; ***er sieht es ~*** no lo ve con buenos ojos; ***ich tue das ~*** no me gusta hacerlo

'unge|rührt I *adj* insensible, impasible; **II** *adv* sin sensibilidad; **~salzen** *adj* no salado, sin sal; **~sättigt** *adj* CHEM insaturado

'ungeschehen *adj* ***etw ~ machen*** deshacer a/c; ***das lässt sich nicht (mehr) ~ machen*** lo hecho, hecho está

'Unge|schicklichkeit *f* torpeza *f*; **żschickt** *adj* poco hábil; (*linkisch*) torpe; **żschliffen** *adj* **1** TEC en bruto; *Messer* no afilado; **2** *fig desp* zafio, grosero; **żschminkt** *adj* sin maquillar; *fig* auténtico, sincero; *Wahrheit* puro

'ungeschoren *adj u adv fig **j-n ~ lassen*** dejar en paz a alg; ***~ davonkommen*** salir indemne

'unge|schützt *adj* **1** indefenso, no protegido; **2** *gegen Wind u Wetter* desabrigado; **~sellig** *adj* insociable; **~setzlich** *adj* ilegal, ilegítimo; **żsetzlichkeit** *f* ilegalidad *f*, ilegitimidad *f*; **~sittet** *adj* inculto; **~stört I** *adj* tranquilo; **II** *adv* sin ser molestado; **~straft** *adj* impune

ungestüm ['ʊngəʃtyːm] *geh adj* impetuoso, fogoso; (*heftig*) vehemente

'ungesund *adj* **1** perjudicial (para la salud) (*a fig*); *Luft, Wohnung* malsano; ***Rauchen ist ~*** fumar es perjudicial para la salud; **2** *Aussehen* enfermizo

'unge|teilt *adj* **1** indiviso, entero; **2** *fig Zustimmung* unánime; **~trübt** *adj* inalterable; *Glück* puro

Ungetüm ['ʊngətyːm] *n* ⟨-(e)s; -e⟩ monstruo *m*

'ungeübt *adj* sin práctica, sin experiencia, inexperto

'ungewiss *adj* incierto, dudoso; ***j-n (über etw** acus**) im żen lassen*** dejar a alg en la incertidumbre (de *od* sobre a/c)

'Ungewissheit *f* incertidumbre *f*

'ungewöhnlich I *adj* poco común, insólito, extraordinario; (*seltsam*) raro, extraño; **II** *adv **~ schön*** de una belleza extraordinaria

'unge|wohnt *adj* desacostumbrado, extraordinario; **~wollt** *adj* sin querer; **~zählt** *adj* innumerable

Ungeziefer ['ʊngətsiːfər] *n* ⟨-s⟩ bichos *m/pl*

'unge|zogen *adj* maleducado; *Kind* travieso, malo; (*frech*) impertinente; **~zügelt** *adj* desenfrenado

'ungezwungen I *adj Benehmen, Unterhaltung* desenvuelto, natural; **II** *adv* sin afectación, con naturalidad; **żheit** *f* ⟨-⟩ desenvoltura *f*, naturalidad *f*

'ungläub|ig *adj* **1** incrédulo, descreído; **2** REL infiel, no creyente; **żige(r)** *f(m)* REL infiel *m,f*

un'glaublich *adj* increíble

'unglaubwürdig *adj Geschichte* inverosímil; *Zeuge* de poco crédito

'ungleich I *adj Kampf, Bedingungen* desigual; (*verschieden*) diferente; **II** *adv vor comp* muy, infinitamente

'Ungleichgewicht *n* desequilibrio *m*; ***wirtschaftliches ~*** desequilibrio *m* económico

'ungleichmäßig *adj* desigual

'Unglück *n* ⟨-(e)s; -e⟩ desgracia *f*, calamidad *f*; (*Pech*) mala suerte *f*; (*Unfall*) accidente *m*; (*Zugż, Flugzeugż*) *a* catástrofe *f*; ***j-n ins ~ stürzen*** arruinar a alg; ***(j-m) ~ bringen*** traer mala suerte a alg; ***zu allem ~*** para colmo de males

'unglücklich I *adj* **1** desgraciado, infeliz (*a Person*); ***(sich) ~ machen*** hacer(se) desgraciado; **2** (*ungünstig*) infeliz; (*verhängnisvoll*) funesto, fatal; **II** *adv* **3** (*ungünstig*) mal; ***~ verliebt sein*** no ser correspondido (al amor)

'unglück|licher'weise *adv* por desgracia, desgraciadamente; **~selig** *adj* (*verhängnisvoll*) desastroso, funesto

'Unglücks|fall *m* accidente *m*, siniestro *m*; **~rabe** F *m* desgraciado, -a *m,f*; **~tag** *m* día *m* de mala suerte

'Ungnade *f* ***(bei j-m) in ~*** (*acus*) ***fallen*** caer en desgracia (de alg)

'ungnädig *adj* de mal humor, poco amable

'ungültig *adj* nulo (*a Stimme*, JUR), inválido; *Pass* caducado; *Geld* que ya no está en curso; ***für ~ erklären*** anular; JUR *a* invalidar

'Ungunsten *pl* ***zu j-s ~*** en perjuicio de alg

'ungünstig *adj Wetter, Bescheid, Urteil* desfavorable; *Lage* poco prometedor; ***im ~sten Falle*** en el peor de los casos

'ungut *adj* ***ich habe ein ~es Gefühl dabei*** me da mala espina; ***nichts für ~!*** ¡no lo tome Ud. a mal!

un'haltbar *adj* **1** *Zustand* insoportable; **2** *Argument* insostenible; **3** SPORT *Ball* imparable

'unhandlich *adj* poco manejable

'Unheil *n* mal *m*, desgracia *f*, desastre *m*; ***~ anrichten*** causar una desgracia

'unheil|bar *adj* MED incurable; **~voll** *adj* funesto; *Entwicklung* nefasto

'unheimlich I *adj* **1** siniestro; (*Angst einflößend*) inquietante, angustiante; ***das ist mir ~*** me resulta inquietante; **2** F (*außerordentlich*) enorme; **II** *adv* **3** F (*sehr*) muy, enormemente

'unhöflich *adj* descortés; **żkeit** *f* descortesía *f*

Unhold ['ʊnhɔlt] *m* ⟨-(e)s; -e⟩ *im Märchen*

ogro *m*, monstruo *m* (*a fig Mensch*)
un'hörbar *adj* imperceptible, inaudible
'unhygienisch *adj* antihigiénico
uni ['ʏni] *adj* ⟨*inv*⟩ (*einfarbig*) liso
Uni ['ʊni] F *f* ⟨-; -s⟩ universidad *f*
'Uniform *f* ⟨-; -en⟩ uniforme *m*
unifor'miert *adjt* uniformado
Unikum ['uːnikʊm] *n* ⟨-s; -s⟩ ejemplar *m* único; F *Mensch* F tipo *m* raro
'uninteres|sant *adj* poco interesante; **~siert** *adj* desinteresado, indiferente
Union [uni'oːn] *f* unión *f*; ***Europäische ~*** Unión *f* Europea
univer'sell *adj* universal
Universi'tät *f* universidad *f*
Universi'täts|... *in Zssgn* universitario; **~klinik** *f* clínica *f* universitaria
Uni'versum *n* ⟨-s⟩ universo *m*
Unke ['ʊŋkə] *f zo* sapo *m*
'unken *v/i* agorar
'unkenntlich *adj* irreconocible
'Unkenntlichkeit *f* ⟨-⟩ ***bis zur ~ entstellt*** completamente desfigurado
'Unkenntnis *f* ⟨-⟩ ignorancia *f*; ***in ~ der Gefahr*** ignorando el peligro
'unklar *adj* **1** *Angaben* impreciso, vago; *Geräusch* poco claro; *Umrisse* borroso; **2** (*ungewiss*) poco claro, incierto; ***j-n*** (***über etw*** *acus*) ***im ≗en lassen*** dejar a alg en la incertidumbre (sobre a/c); **3** (*unerklärlich*) inexplicable
'Unklarheit *f* imprecisión *f*, falta *f* de precisión; (*Unverständlichkeit*) falta *f* de claridad; (*Ungewissheit*) incertidumbre *f*; ***~en beseitigen*** esclarecer
'un|klug *adj* imprudente, poco inteligente; **~kollegial** *adj* falto de compañerismo; **~kompliziert** *adj* sin complicaciones; (*einfach*) simple; **~kontrollierbar** *adj* incontrolable; **~kontrolliert** *adj* descontrolado; **~konzentriert** *adj* desconcentrado; **~korrekt** *adj* incorrecto
'Unkosten *pl* gastos *m/pl*; ***abzugsfähige ~*** gastos *m/pl* deducibles; ***laufende ~*** gastos *m/pl* corrientes; ***die ~ decken*** cubrir los gastos; F ***sich in ~*** (*acus*) ***stürzen*** meterse en gastos
'Unkraut *n* mala hierba *f*; **~vertilgungsmittel** *n* herbicida *f*
'un|kritisch *adj Bericht* poco crítico; **~kündbar** *adj Vertrag* irrevocable, irrescindible; *Person* que no puede ser despedido; *Stellung* permanente
'unlängst *adv* hace poco, recientemente
'unlauter *adj Geschäft*, *Mittel* sucio, turbio; JUR ***~er Wettbewerb*** competencia *f* desleal
'un|lesbar *adj*, **~leserlich** *adj* ilegible; **~liebsam** *adj* desagradable; **~logisch** *adj* ilógico
un'lösbar *adj Problem* irresoluble
'Unlust *f* desgana *f*, malestar *m*; (*Abneigung*) aversión *f*
'unmaßgeblich *adj* insignificante, irrelevante; *Meinung* humilde; *Urteil* incompetente
'unmäßig *adj* inmoderado; *im Genuss* intemperante; (*übertrieben*) desmesurado
'Unmenge *f* cantidad *f* enorme (**von, an** +*dat* de)
'Unmensch *m* monstruo *m*; (*Rohling*) bruto *m*; **≗lich** *adj* **1** *Bedingungen*, *Tat* inhumano; **2** F *Anstrengung* extremo; **~lichkeit** *f* inhumanidad *f*
un'merklich *adj* imperceptible
'unmissverständlich I *adj* inequívoco, categórico; **II** *adv* categóricamente
'unmittelbar I *adj* **1** *Nachfolger*, *Nähe* inmediato; *Kontakt*, *Vorgesetzter* directo; **II** *adv* **2** ***~ vor*** (+*dat bzw acus*) *räumlich* justo delante de; ***~ bevorstehen*** ser inminente; **3** (*direkt*) directamente; ***~ zum Ziel führen*** llevar directamente a la meta
'unmodern *adj* anticuado, pasado de moda
un'möglich I *adj* imposible (*a* F *fig Person*, *Benehmen*, *Kleidung*); ***sich ~ machen*** hacerse inaceptable; **II** F *adv* ***ich kann es ~ tun*** me es imposible hacerlo; *desp* ***sich ~ benehmen*** comportarse de forma inaceptable
Un'mögliche(s) *n* ⟨→ A⟩ lo imposible; ***~s leisten*** hacer lo imposible
Un'möglichkeit *f* imposibilidad *f*; ***ein Ding der ~*** algo imposible
'un|moralisch *adj* inmoral; **~motiviert** *adj* desmotivado; **~mündig** *adj* **1** JUR menor de edad; **2** *fig* (*unreif*) inmaduro
'unmusikalisch *adj* ***~ sein*** no tener oído (musical)
'Unmut *geh m* disgusto *m*, mal humor *m*
'unnach|ahmlich *adj* inimitable; **~giebig** *adj* inflexible, intransigente; **~sichtig** *adj* severo
un'nahbar *adj* inaccesible, intratable
'unnatürlich I *adj* **1** (*künstlich*) artificial; **2** (*gekünstelt*) afectado, poco natural; **II** *adv* **3** (*gekünstelt*) con afectación
'un|nötig *adj* inútil, superfluo; **~nütz** *adj* inútil, superfluo; *Kind* travieso
UNO ['uːno] *f Abk* ⟨-⟩ (*United Nations Organization*, *Organisation der Vereinten Nationen*) ***die ~*** la ONU (*la Organización de las Naciones Unidas*)
'unordentlich *adj Zimmer* en desorden, desordenado (*a Person*); (*nachlässig*) descuidado
'Unordnung *f* desorden *m*; (*Durcheinander*) desbarajuste *m*; ***in ~*** (*acus*) ***bringen*** desordenar (*a fig*); ***in ~*** (*acus*) ***geraten***

U

desordenarse

'un|parteiisch *adj* imparcial; **2parteiische (-r)** *f(m)* ⟨→ A⟩ SPORT árbitro *m,f*; **~passend** *adj Zeitpunkt* inoportuno; *Bemerkung a* inconveniente; **~passierbar** *adj Straße* intransitable

unpässlich ['ʊnpɛslɪç] *adj* indispuesto

'un|persönlich *adj* impersonal (*a* GRAM); **~populär** *adj* impopular; **~praktisch** *adj* poco práctico; *Person a* poco hábil; **~produktiv** *adj* improductivo

'unpünktlich *adj* **1** (*verspätet*) impuntual; **2** (*nie pünktlich*) *Person* poco puntual; **2keit** *f* impuntualidad *f*

'un|qualifiziert *adj Arbeit*, *Arbeitskraft* no cualificado; **~rasiert** *adj* sin afeitar

'Unrat *geh m* ⟨-(e)s⟩ basura *f*, inmundicia *f*

'unrealistisch *adj* poco realista

'unrecht *geh* **I** *adj* injusto; (*nicht richtig*) equivocado; *Zeitpunkt* inoportuno; ***zur ~en Zeit*** a deshora; **II** *adv* ***~ handeln*** obrar mal; → ***Unrecht 2***

'Unrecht *n* **1** injusticia *f*; *angetanes* agravio *m*; ***im ~ sein*** no tener razón; ***zu ~*** injustamente; ***nicht zu ~*** no sin razón; **2** ***~ haben*** estar equivocado; ***j-m ~ geben*** descalificar a alg; ***j-m ~ tun*** tratar a alg injustamente

'unrechtmäßig *adj* ilegítimo, ilegal

'unredlich *geh adj* desleal, fraudulento

'unregelmäßig *adj* irregular; *Leben* desordenado; **2keit** *f* irregularidad *f*

'unreif *adj* no maduro (*a fig*); *Frucht a* verde; *Person a* inmaduro

'unrein *adj* **1** (*schmutzig*) sucio; *Haut* con impurezas; *Wasser* impuro (*a fig*, REL); **2** ***ins 2e schreiben*** escribir en borrador

'unrentabel *adj* ⟨-bl-⟩ no rentable

un'rettbar *adv* ***~ verloren sein*** estar perdido sin remedio

'unrichtig *adj* (*falsch*) falso, incorrecto; (*ungenau*) inexacto

'Unruhe *f* **1** (*Besorgnis*) preocupación *f*, inquietud *f*; (*Nervosität*) desasosiego *m*, intranquilidad *f*; **2** (*Trubel*) agitación *f*; (*Lärm*) alboroto *m*; **3** (*Unfrieden*) ***~n*** *pl* disturbios *m/pl*; ***~ stiften*** provocar disturbios

'Unruheherd *m* foco *m* de agitación

'unruhig *adj* **1** (*besorgt*) preocupado; ***~ werden*** preocuparse; **2** (*ruhelos*) intranquilo; *Meer*, *Leben*, *Zeit* agitado; (*nervös*) inquieto; **3** (*laut*) bullicioso

'unrühmlich *adj* deslucido, sin gloria

uns [ʊns] *pr/pers* (*dat u acus de* wir) nos; *betont* a nosotros, -as; *mit prp* nosotros, -as; ***ein Freund von ~*** un amigo nuestro

'unsach|gemäß **I** *adj* inadecuado, no apropiado; **II** *adv* de forma inapropiada; **~lich** *adj* subjetivo, parcial, que no viene al caso

un|'sagbar, **~säglich** [ʊn'zɛːklɪç] *geh adj Leid*, *Freude geh* indecible

'un|sanft *adv* rudamente, duramente; **~sauber** *adj* **1** (*schmutzig*) sucio; **2** (*nachlässig*) mal hecho; **3** (*nicht präzise*) impreciso; *Klang* poco nítido; **4** (*unlauter*) *Geschäft* turbio

'unschädlich *adj Mittel* inofensivo, inocuo; ***~ machen*** *Gift* neutralizar; *Mine usw* desactivar; *Person* eliminar

'unscharf *adj Bild* borroso, poco nítido

un'schätzbar *adj* inestimable, incalculable

'unscheinbar *adj* poco vistoso, de poca apariencia, insignificante; (*zurückhaltend*) discreto

'unschicklich *geh adj* indecente, indecoroso

un'schlagbar *adj* imbatible

'unschlüssig *adj* irresoluto, indeciso; (***sich*** *dat*) ***~ sein*** vacilar

'Unschuld *f* ⟨-⟩ **1** inocencia *f* (*a* JUR); **2** (*Jungfräulichkeit*) virginidad *f*

'unschuldig **I** *adj* **1** (*schuldlos*) inocente (***an etw*** *dat* de a/c); **2** (*sexuell unberührt*) virgen; **II** *adv* **3** ***~ verurteilt werden*** ser condenado siendo inocente

'Unschuldsmiene *f* cara *f* de inocente

'unschwer *adv* fácilmente, sin dificultad

'unselb(st)ständig *adj* **1** *Mensch in s-m Tun* dependiente; **2** ADM ***~e Arbeit*** trabajo *m* por cuenta ajena

'unselig *geh adj* nefasto, funesto, fatal

unser[1] ['ʊnzər] *pr/pos* **I** *adjt* nuestro, -a; **II** *subst* ⟨*m* unserer, *f* unsere, *n* unser(e)s⟩ (el) nuestro, (la) nuestra, (lo) nuestro; *geh* ***die 2(e)n, Unsren*** *pl* (*unsere Familie*) los nuestros

'unser[2] *geh pr/pers* (*gen de* wir) de nosotros, -as; ***in ~ aller Namen*** en nombre de todos nosotros

'unser|einer, **~eins** F *pr/indef* uno (como nosotros); **'~er'seits** *adv* por nuestra parte; **'~es'gleichen** *pron* ⟨*inv*⟩ gente como nosotros, nuestros semejantes

'unseriös *adj* poco serio

'unsert'wegen *adv* **1** (*wegen uns*) por nosotros, por nuestra culpa; **2** (*uns zuliebe*, *von uns aus*) por nosotros

'unsicher **I** *adj* **1** (*gefahrvoll*) peligroso; F *fig scherzh* ***Madrid ~ machen*** hacer Madrid; **2** (*nicht selbstsicher*) inseguro; ***j-n ~ machen*** confundir a alg; **3** (*ungewiss*) dudoso (*a Quelle*); **4** (*unzuverlässig*) *Methode*, *Gedächtnis* no fiable; **II** *adv* **5** ***~ fahren*** conducir inseguro

'Unsicherheit *f* **1** (*Gefährlichkeit*) peligro *m*; **2** (*Unsichersein*) inseguridad *f*; **3** (*Ungewissheit*) dudas *f/pl*; *der Existenz*, *Lage*

incertidumbre *f*; **4** (*Unklarheit*) confusión *f*
'unsichtbar *adj* invisible (***für*** a)
'Unsinn *m* **1** absurdo *m*; ***das ist blanker ~*** es completamente absurdo; **2** (*Unfug*) tonterías *f/pl*, disparates *m/pl*; ***~ machen, reden*** desatinar
'unsinnig *adj* absurdo, insensato
'Unsitte *f* mala costumbre *f*, vicio *m*
'un|sittlich *adj* inmoral; **~solide** *adj* poco serio, informal, de poca confianza; **~sozial** *adj* a(nti)social; **~sportlich** *adj* **1** antideportivo; **2** → ***unfair***
unsre ['ʊnzrə] → ***unser***[1]
'unsrer'seits → ***unsererseits***
'unsres'gleichen → ***unseresgleichen***
unsrige ['ʊnzrɪgə] *geh pr/pos* ***der, die, das ~, die ℒn*** → ***unser***[1] ***II***
un'sterblich **I** *adj* inmortal; **II** F *adv* ***~ verliebt*** locamente enamorado
Un'sterblichkeit *f* inmortalidad *f*
'unstet *geh adj Mensch* inestable, inconstante; *Character* voluble, versátil; *Leben, Blick* errante
un'stillbar *adj Verlangen* insaciable
'Un|stimmigkeit *f* (*Uneinigkeit*) desacuerdo *m*, divergencia *f*, discrepancia *f*; (*Fehler*) error *m*; **ℒstreitig** **I** *adj* indiscutible, incontestable; **II** *adv* sin duda; **~summe** *f* suma *f od* cantidad *f* enorme; **ℒsympathisch** *adj* antipático; **ℒtad(e)lig** *adj* impecable, irreprochable; **~tat** *geh f* crimen *m*, fechoría *f*
'untätig *adj* inactivo; (*müßig*) ocioso; **ℒkeit** *f augenblickliche* ociosidad *f*; *dauernde* inactividad *f*
'untauglich *adj* no apto, inútil (***zu, für*** para)
un'teilbar *adj* indivisible
unten ['ʊntən] *adv* abajo; ***da ~*** ahí abajo; ***rechts ~*** abajo a la derecha; ***nach ~*** hacia abajo; ***von ~*** de abajo; ***weiter ~*** más abajo; ***auf Seite 10 ~*** en la página 10, abajo; ***~ erwähnt*** citado más abajo
unter ['ʊntər] **I** *prp* **1** *räumlich Lage* ⟨+*dat*⟩ debajo de, bajo; (*~halb*) por debajo de; ***~ dem Schrank hervorkommen*** salir de debajo del armario; **2** *räumlich Richtung* ⟨+*acus*⟩ debajo de, bajo; **3** (*~halb e-r Grenze*) ⟨+*dat o* +*acus*⟩ por debajo de; ***~ 2%*** por debajo del 2%; ***Kinder ~ acht Jahren*** niños menores de ocho años; **4** *Unterordnung* ⟨+*dat o* +*acus*⟩ ***~ j-m stehen*** estar por debajo de alg; ***etw ~ sich*** (*dat*) ***haben*** *Betrieb usw* tener a/c a su cargo; ***~ Karl dem Großen*** bajo *od* durante el reinado de Carlomagno; **5** *Art u Weise* ⟨+*dat*⟩ con; ***~ großen Schmerzen*** con grandes dolores; **6** *mit Verbalsubstantiv* (*durch*) ⟨+*dat*⟩ ***~ Verwendung von etw*** usando a/c; **7** (*zwischen*) *Lage* ⟨+*dat*⟩ entre; ***~ Freunden*** entre amigos; ***~ uns*** (***gesagt***) (dicho sea) entre nosotros; ***~ anderem*** entre otras cosas; ***~ den Zuschauern*** entre el público; **II** *adv* **8** (*weniger als*) menos de
'Unter|abteilung *f* sección *f*, subdivisión *f*; **~arm** *m* antebrazo *m*; **~ausschuss** *m* subcomisión *f*; **ℒbelichtet** *adjt* FOT subexpuesto; **ℒbeschäftigt** *adj* subempleado
'unterbesetzt *adj* ***~ sein*** no estar completo
'unterbewerten *v/t* ⟨*sin* ge⟩ subvalorar, infravalorar
'unterbewusst *adj* subconsciente; **ℒsein** *n* subconsciente *m*
'unterbezahlt *adj* ***~ sein*** estar mal pagado
unter'bieten *v/t* ⟨*irr, sin* ge⟩ **1** ***j-n, die Konkurrenz ~*** ofrecer mejor precio que alg, que la competencia; **2** *bsd* SPORT *Rekord* mejorar
unter|'binden *v/t* ⟨*irr, sin* ge⟩ (*verhindern*) prohibir, impedir; (*beenden*) terminar; **~'bleiben** *v/i* ⟨*irr, sin* ge, sn⟩ (*nicht geschehen*) no realizarse; (*nicht wieder eintreten*) no repetirse
'Unterbodenschutz *m* AUTO protección *f* del chásis
unter|'brechen *v/t* ⟨*irr, sin* ge⟩ **1** interrumpir; *Arbeit, Diskussion a* suspender; **2** *Leitung, Strom* cortar; **ℒ'brechung** *f* interrupción *f*; *zeitweilige* suspensión *f*; EL corte *m*; **~'breiten** *geh v/t* ⟨*sin* ge⟩ *Plan, Vorschlag* presentar, someter
'unterbring|en *v/t* ⟨*irr, sep*⟩ **1** (*verstauen*) meter, colocar (*a* F *e-e Stellung verschaffen*); **2** (*beherbergen*) alojar, hospedar; **ℒung** *f* colocación *f*; (*Unterkunft*) alojamiento *m*
'unterbuttern F *v/t* ⟨*sep*⟩ ***sich nicht ~ lassen*** no dejarse mangonear
'Unterdeck *n* MAR cubierta *f* baja; **~ladung** *f* carga *f* bajo cubierta
unterder'hand → ***Hand 5***
unter'dessen *adv* entretanto, mientras tanto
'Unterdruck *m* ⟨-(e)s; -drücke⟩ TEC depresión *f*
unter'drück|en *v/t* ⟨*sin* ge⟩ **1** *Gefühl usw* reprimir, disimular; *Lachen* contener; **2** *Aufstand* reprimir; *Personengruppe* oprimir; *Nachricht* suprimir; **ℒer** *m* opresor *m*; **ℒung** *f* **1** *e-s Gefühls* represión *f*; **2** *e-s Volkes* opresión *f*; *e-s Aufstands* represión *f*
'untere(r, -s) *adj* inferior, bajo; (*darunter liegend*) de abajo; ***der ~ Teil*** la parte inferior; ***die ~n Klassen*** *e-r Schule* las primeras clases
unterei'nander *adv* **1** (*räumlich*) uno debajo de otro; **2** (*miteinander*) unos con otros, entre ellos, nosotros, *etc*; (*gegenseitig*)

U

mutuamente, recíprocamente
'unter|entwickelt *adj* **1** *wirtschaftlich* subdesarrollado; **2** *körperlich, geistig* atrasado; **~ernährt** *adj* desnutrido; **⁀ernährung** *f* desnutrición *f*
Unter|'fangen *geh n* ⟨-s⟩ empresa *f* (audaz); **~'führung** *f* paso *m* inferior *od* subterráneo
'Untergang *m* **1** (*Sonnen⁀, Mond⁀*) puesta *f*; **2** *e-s Schiffs* hundimiento *m*; **3** *fig* (*Zugrundegehen*) ruina *f*; *e-s Reichs* decadencia *f*, ocaso *m*
Unter'gebene(r) *f(m)* ⟨→ A⟩ subordinado, -a *m,f*
'untergehen *v/i* ⟨*irr, sep,* sn⟩ **1** *Sonne, Mond* ponerse; **2** *im Wasser* sumergirse; *Schiff* irse a pique, hundirse (*a Mensch*); **3** *fig* (*zugrunde gehen*) perderse
'untergeordnet *adj* **1** subordinado (*a* GRAM); **2** (*zweitrangig*) secundario
'Unter|geschoss *n* piso *m* bajo; **~gewicht** *n* falta *f* de peso
unter|'gliedern *v/t* ⟨*sin* ge⟩ subdividir (***in*** *+acus* en); **~'graben** *v/t* ⟨*irr, sin* ge⟩ *Autorität* minar
'Untergrund *m* **1** MAL fondo *m*; **2** BAU subsuelo *m*; **3** *fig*, POL clandestinidad *f*; **~bahn** *f* metro *m*
'Untergymnasium *n* → ***Progymnasium***
'unterhaken F *v/t* ⟨*sep*⟩ ***j-n ~*** coger a alg del brazo; ***untergehakt*** cogido del brazo
'unterhalb *prp* ⟨*+gen*⟩ (por) debajo de
'Unterhalt *m* **1** (*Instandhaltung, Instandhaltungskosten*) mantenimiento *m*; **2** (*Lebens⁀*) subsistencia *f*, sustento *m*; ***für j-s ~ aufkommen*** mantener a alg; **3** (*~szahlung*) pensión *f* alimenticia
unter'halten ⟨*irr, sin* ge⟩ **I** *v/t* **1** *Person* (*versorgen*) mantener (*a Beziehungen*), sustentar, sostener; **2** (*instand halten*) mantener, conservar; **3** *Gäste* divertir, distraer; **II** *v/r* **4** ***sich mit j-m*** (***über etw*** *acus*) **~** charlar con alg (sobre a/c); **5** (*amüsieren*) ***sich ~*** divertirse; ***wir haben uns gut ~*** lo hemos pasado muy bien
unter'haltsam *adj* entretenido, divertido
'Unterhalts|kosten *pl* gastos *m/pl* de manutención; **~pflicht** *f* deber *m* de manutención; **⁀pflichtig** *adj* ***~ sein*** tener el deber de manutención
Unter'haltung *f* **1** (*Pflege, Erhaltung*) mantenimiento *m*, conservación *f*; **2** (*Gespräch*) conversación *f*; **3** (*Vergnügen*) diversión *f*, entretenimiento *m*
Unter'haltungs|elektronik *f* electrónica *f* de entretenimiento; **~musik** *f* música *f* ligera
'Unter|händler *m* negociador *m*; POL mediador *m*; **~hemd** *n* camiseta *f*; **~holz** *n* monte *m* bajo; **~hose** *f* (*Herren⁀*) calzoncillo(s) *m(pl)*; (*Damen⁀*) braga(s) *f(pl)*; (*Slip*) slip *m*; **⁀irdisch I** *adj* subterráneo; **II** *adv* bajo tierra
unter'jochen *v/t* ⟨*sin* ge⟩ subyugar
'unterjubeln F *v/t* ⟨*sep*⟩ ***j-m etw ~*** encajar (-le) a alg a/c
'unterkapitalisiert *adj* subcapitalizado
unter'kellert *adjt* con sótano
'Unterkiefer *m* maxilar *m* inferior
'unterkommen *v/i* ⟨*irr, sep,* sn⟩ **1** (*Unterkunft finden*) hallar alojamiento, alojarse; **2** F (*Stellung finden*) colocarse
'unterkriegen F *v/t* ⟨*sep*⟩ ***sich nicht ~ lassen*** no doblegarse; ***lass dich nicht ~!*** ¡mantente firme!
unter|'kühlt *adjt* **1** MED hipotérmico; **2** *fig desp* frío, reservado; **⁀'kühlung** *f* MED hipotermia *f*
Unterkunft ['ʊntərkʊnft] *f* ⟨-; -künfte⟩ alojamiento *m*; ***~ und Verpflegung*** alojamiento y pensión
'Unterlage *f* **1** base *f*, soporte *m*; (*untere Schicht*) sustrato *m*; **2** (*Schreib⁀*) carpeta *f*; **3** *pl* **~n** (*Belege, Papiere*) documentación *f*
'Unterlass *m* ***ohne ~*** sin cesar
unter'lass|en *v/t* ⟨*irr, sin* ge⟩ (*nicht tun*) dejar, abstenerse de; (*versäumen*) omitir; **⁀ung** *f* abstención *f*; (*Versäumnis*) omisión *f* (*a* JUR)
'Unterlauf *m e-s Flusses* curso *m* inferior
unter'laufen ⟨*irr, sin* ge⟩ **I** *v/t* ⟨h⟩ *fig Bestimmungen* eludir; **II** *v/i* ⟨sn⟩ ***mir ist ein Fehler ~*** he cometido un error, se me ha deslizado una falta
'unterlegen *v/t* ⟨*sep*⟩ colocar *od* poner debajo
unter'legen[1] *v/t* ⟨*insep, sin* ge⟩ *fig* ***etw mit Musik ~*** poner música a a/c
unter'legen[2] *adjt* inferior; ***j-m*** (***zahlenmäßig***) ***~ sein*** ser inferior numéricamente a alg
Unter'legene(r) *f(m)* ⟨→ A⟩ derrotado, -a *m,f*
'Unterleib *m* abdomen *m*
unter'liegen *v/i* ⟨*irr, sin* ge⟩ **1** ⟨sn⟩ (*besiegt werden*) ser derrotado; ***j-m ~*** ser superado por alg; **2** ⟨h⟩ *e-r Bestimmung, Steuer* estar sujeto a; *e-r Schwankung* sufrir
'Unterlippe *f* labio *m* inferior
unterm ['ʊntərm] F **= *unter dem***
unter'malen *v/t* ⟨*sin* ge⟩ ***mit Musik ~*** acompañar con música
unter'mauern *v/t* ⟨*sin* ge⟩ *fig* cimentar, fundamentar (***mit*** con)
'Untermenü *n* INFORM submenú *m*
'Untermiete *f* subarriendo *m*; ***bei j-m zur ~ wohnen*** ser subinquilino de alg

U

'Untermieter(in) *m(f)* subinquilino, -a *m,f*, realquilado, -a *m,f*
'untermischen *v/t* ⟨*sep*⟩ entremezclar
untern ['ʊntərn] F = ***unter den***
unter'nehmen *v/t* ⟨*irr, sin* ge⟩ emprender, hacer; (*eingreifen*) ***etwas*** ~ tomar medidas
Unter'nehmen *n* ⟨-s; -⟩ (*Vorhaben, Firma*) empresa *f*; ***führendes*** ~ empresa *f* líder; ***kleinere und mittlere*** ~ pequeñas y medianas empresas *f/pl*; pymes *f/pl*; ***landwirtschaftliches*** ~ explotación *f* agrícola; ***mittelständisches*** ~ mediana empresa *f*; ***multinationales*** ~ empresa *f* multinacional; ***ein*** ~ ***führen, gründen*** dirigir, fundar una empresa; ***an e-m*** ~ ***beteiligt sein*** tener participación en una empresa
Unter'nehmens|berater(in) *m(f)* asesor, a *m,f* de empresa; **~beratung** *f* asesoramiento *m* de empresas; **~besteuerung** *f* tributación *f* empresarial; **~form** *f* forma *f* de organización empresarial; **~führung** *f* gestión *f* empresarial; **~gründung** *f* constitución *f od* fundación *f* de la *bzw* de una empresa; **~leitung** *f* dirección *f* de la *bzw* de una empresa; **~schließung** *f* cierre *f* de empresa; **~steuer** *f* impuesto *m* a las empresas; **~strategie** *f* estrategia *f* de la empresa; **~struktur** *f* estructura *f* de la empresa, estructura *f* empresarial
Unter'nehmer(in) *m(f)* empresario, -a *m,f*; *pl* ***die*** ~ *Gesamtheit* el empresariado
unter'nehmer|isch *adj* empresarial; emprendedor; **≗tätigkeit** *f* actividad *f* empresarial; **≗verband** *m* organización *f* empresarial
Unter'nehmung *f* (*Vorhaben*) empresa *f*, proyecto *m*
Unter'nehmungs|geist *m* espíritu *m* emprendedor; **≗lustig** *adj* emprendedor
'Unteroffizier *m* suboficial *m*
'unterordnen ⟨*sep*⟩ **I** *v/t* subordinar, someter (*+dat* a); **II** *v/r* ***sich*** ~ someterse (***e-r Sache, j-m*** a a/c, a alg)
'Unterordnung *f* subordinación *f*
'unterprivilegiert *adjt* desvalido
Unter'redung *f* conversación *f*, entrevista *f*
Unterricht ['ʊntərrɪçt] *m* ⟨-(e)s; -e⟩ clase *f*, lección *f*; *Tätigkeit* enseñanza *f*; ~ ***geben*** dar *od* impartir clases; ~ ***nehmen*** dar *od* tener clases; ***im*** ~ en clase
unter'richten ⟨*sin* ge⟩ **I** *v/t* **1** (*lehren*) ***etw*** ~ enseñar a/c, dar clase de a/c; ***j-n in etw*** (*dat*) ~ *a* instruir a alg en a/c; **2** (*informieren*) ***j-n über etw*** (*acus*), ***von etw*** ~ informar a alg de a/c; **II** *v/i* **3** enseñar (***an*** *+dat* en); **III** *v/r* **4** ***sich über etw*** (*acus*) ~ informarse de a/c
'Unterrichts|fach *n* asignatura *f*; **~stoff** *m* materia *f*; **~stunde** *f* clase *f*
Unter'richtung *f* información *f*, instrucción *f*
'Unterrock *m* combinación *f*, enaguas *f/pl*
unters ['ʊntərs] F = ***unter das***
unter'sagen *v/t* ⟨*sin* ge⟩ → ***verbieten 1***
'Untersatz *m* **1** *allg* soporte *m*; *für Computer a* pedestal *m*; → *a* ***Untersetzer***; **2** F *scherzh* ***fahrbarer*** ~ coche *m*
unter'schätzen *v/t* ⟨*sin* ge⟩ infravalorar, subestimar
unter'scheid|en ⟨*irr, sin* ge⟩ **I** *v/t* diferenciar, distinguir; **II** *v/i* diferenciar, discernir (***zwischen*** *+dat* entre); **III** *v/r* ***sich*** ~ distinguirse, diferenciarse (***durch*** por; ***von*** de); **≗ung** *f* distinción *f*, diferenciación *f*; **≗ungsmerkmal** *n* rasgo *m* distintivo
'Unterschenkel *m* pierna *f*
'unterschieben *v/t* ⟨*irr, sep*⟩ *Kissen, Stuhl* meter debajo
Unterschied ['ʊntərʃiːt] *m* ⟨-(e)s; -e⟩ **1** (*das Unterscheidende*) diferencia *f*; ***feiner*** ~ matiz *m*; ***im*** ~ ***zu*** a diferencia de; **2** (*Unterscheidung*) distinción *f*; ***ohne*** ~ sin distinción
'unterschiedlich *adj* (*verschiedenartig*) distinto, diferente; (*uneinheitlich*) variable
'unterschiedslos *adv* indistintamente, sin distinción
unter'schlag|en *v/t* ⟨*irr, sin* ge⟩ **1** (*veruntreuen*) desfalcar, malversar; **2** *Nachricht* ocultar; *Brief* interceptar; **≗ung** *f* **1** *von Geldern* desfalco *m*, malversación *f*; **2** *von Briefen* interceptación *f*; *e-r Nachricht* ocultación *f*
Unterschlupf ['ʊntərʃlʊpf] *m* ⟨-(e)s; -e⟩ (*Zufluchtsort*) refugio *m*, abrigo *m*; (*Versteck*) guarida *f*
'unterschlüpfen F *v/i* ⟨*sep*, sn⟩ refugiarse, cobijarse (***bei j-m*** en casa de alg)
unter|'schreiben *v/t* ⟨*irr, sin* ge⟩ firmar; *fig a* suscribir; **~'schreiten** *v/t* ⟨*irr, sin* ge⟩ quedar debajo de
'Unterschrift *f* firma *f*; ***elektronische*** ~ firma electrónica
'Unterschrift|ensammlung *f* recogida *f* de firmas; **≗sberechtigt** *adj* autorizado a firmar; **~smappe** *f* portafirmas *m*
unterschwellig ['ʊntərʃvɛlɪç] *adj* subliminal
'Unter|seeboot *n* → ***U-Boot***; **~seite** *f* lado *m* inferior; **~setzer** *m für Schüsseln, Töpfe* salvamanteles *m*; *für Gläser* posavasos *m*
unter'setzt *adj Gestalt* rechoncho, regordete
unter'spülen *v/t* ⟨*sin* ge⟩ socavar
'Unterstand *m* abrigo *m*, refugio *m* (*a* MIL)
'unterste(r, -s) *adj* el más bajo, el último; ***das*** ~ ***Fach*** el último cajón

unter'stehen ⟨*irr*, *sin* ge⟩ **I** *v/i* ***j-m*** ~ estar subordinado a alg, depender de alg; **II** *v/r* ***sich*** ~, ***etw zu tun*** atreverse a hacer a/c

'unterstellen ⟨*sep*⟩ **I** *v/t* **1** poner *od* colocar debajo (***unter*** +*acus* de); **2** *zum Schutz* poner al abrigo; *Wagen* guardar (en el garaje); **II** *v/r* **3** ***sich*** ~ ponerse al abrigo

unter'stellen *v/t* ⟨*insep*, *sin* ge⟩ **1** (*unterordnen*) subordinar; **2** *fig* ***j-m böse Absichten*** ~ atribuirle a alg malas intenciones; **3** (*annehmen*) suponer

Unter'stellung *f* (*falsche Behauptung*) insinuación *f*

unter'streich|en *v/t* ⟨*irr*, *sin* ge⟩ subrayar (*a fig*); **&ung** *f* subrayado *m*; *fig* énfasis *m*

'Unterstufe *f Schule*: *tres primeros años de la enseñanza media*

unter'stütz|en *v/t* ⟨*sin* ge⟩ *Antrag* apoyar; *Person a* respaldar; (*fördern*) fomentar; (*helfen*) socorrer, ayudar (*a finanziell*); *finanziell* subvencionar; **&ung** *f* (*das Unterstützen*) apoyo *m*; *von Personen* respaldo *m*; (*Förderung*) fomento *m*; (*Hilfe*) ayuda *f* (*a finanzielle*); *finanzielle* subvención *f*; *soziale* subsidio *m*

unter'such|en *v/t* ⟨*sin* ge⟩ **1** *Beschaffenheit*, *Funktion*, MED reconocer, examinar; *wissenschaftlich* investigar; CHEM analizar; **2** *Ursachen*, *Fall* examinar, investigar; **3** (*überprüfen*) registrar; **&ung** *f* **1** reconocimiento *m*, examen *m*; *wissenschaftliche* investigación *f*; CHEM análisis *m*; **2** *von Ursachen* investigación *f*; **3** (*Überprüfung*) registro *m*

Unter'suchungs|ausschuss *m* comisión *f* investigadora; **~gefangene(r)** *f*(*m*) preso, -a *m,f* preventivo, -a; **~haft** *f* prisión *f* preventiva; **~richter** *m* juez *m* instructor

'Untertan *m* ⟨-s *o* -en; -en⟩ súbdito *m*

'Untertasse *f* platillo *m*; ***fliegende*** ~ platillo *m* volante

'untertauchen ⟨*sep*⟩ **I** *v/t* ⟨h⟩ **1** sumergir; **II** *v/i* ⟨sn⟩ **2** sumergirse, zambullirse; **3** *fig in der Menge* desaparecer; ***untergetaucht sein*** haber desaparecido

'Unterteil *n od m* parte *f* inferior

unter'teil|en *v/t* ⟨*sin* ge⟩ subdividir (***in*** +*acus* en); **&ung** *f* subdivisión *f*

'Unter|titel *m* subtítulo *m*; **~ton** *m* ⟨-(e)s; -töne⟩ *fig* matiz *m*

unter|'treiben *v/i* ⟨*irr*, *sin* ge⟩ quitar importancia a; **~'tunneln** *v/t* ⟨*sin* ge⟩ construir un túnel debajo de

'untervermie|ten *v/t* ⟨*sin* ge⟩ subarrendar, realquilar; **&ter(in)** *m*(*f*) subarrendador, a *m,f*; **&tung** *f* subarriendo *m*; **&tungsvertrag** *m* contrato *m* de subarriendo

'unterversicher|t *adjt* insuficientemente asegurado, infrasegurado; **&ung** *f* infraseguro *m*

'Unterverzeichnis *n* INFORM subdirectorio *m*

unter'wander|n *v/t* ⟨*sin* ge⟩ infiltrar (*a* POL); **&ung** *f* infiltración *f*

'Unterwäsche *f* ⟨-⟩ ropa *f* interior

Unter'wasser|aufnahme *f* toma *f* submarina; **~massage** *f* masaje *m* subacuático

unter'wegs *adv* **1** (*sich auf dem Wege befindend*) en el camino; **2** (*während der Reise*) durante el viaje; **3** (*außer Haus*) fuera; ***vier Tage*** ~ ***sein*** estar fuera cuatro días

unter'weis|en *geh v/t* ⟨*irr*, *sin* ge⟩ instruir (***in*** +*dat* en); **&ung** *f* instrucción *f*

'Unterwelt *f* **1** MYTH infiernos *m/pl*; **2** (*Verbrecherwelt*) bajos fondos *m/pl*, mundo *m* del hampa

unter'werfen *v/t*, *v/r* ⟨*irr*, *sin* ge⟩ (***sich***) ~ someter(se), sujetar(se)

unterwürfig ['ʊntərvʏrfɪç] *adj desp* sumiso, servil

unter'zeichn|en *v/t* ⟨*sin* ge⟩ firmar; **&er(in)** *m*(*f*) firmante *m,f*; firmador, a *m,f*; **&ung** *f* firma *f*

'unterziehen *v/t* ⟨*irr*, *sep*⟩ *Kleidung* poner debajo

unter'ziehen ⟨*irr*, *insep*, *sin* ge⟩ **I** *v/t* ***j-n***, ***etw e-r Sache*** (*dat*) ~ someter a alg, a/c a a/c; **II** *v/r* ***sich e-r Sache*** (*dat*) ~ someterse a a/c

'Untiefe *f* bajo fondo *m*, bajío *m*

'Untier *n* monstruo *m*

un|'tragbar *adj* insoportable, insostenible (*a finanziell*); **~'trennbar** *adj* inseparable

'untreu *adj* desleal, infiel (*a fig*); ***j-m*** ~ ***werden*** serle infiel a alg; ***s-n Prinzipien*** ~ ***werden*** renegar de sus principios

'Untreue *f* infidelidad *f*

un'tröstlich *adj* inconsolable

un'trüglich *adj* infalible

'Untugend *f* vicio *m*, mala costumbre *f*

unüber|'brückbar *adj Gegensätze* inconciliable; **~'hörbar** *adj* alto, claro; *fig Warnung* inequívoco

'unüberlegt *adj* irreflexivo

unüber'sehbar *adj* **1** (*offenkundig*) manifiesto, patente; **2** (*sehr groß*) inmenso

'unübersichtlich *adj* **1** *Darstellung* poco claro, complejo; **2** *Kurve* con poca visibilidad, peligroso

unüber|'trefflich *adj* insuperable; **~'troffen** *adj* inigualado, sin par; **~'windlich** *adj* invencible, insuperable

'unüblich *adj* inusitado

unum'gänglich *adj* indispensable, imprescindible

unum|schränkt [ʊnʔʊm'ʃrɛŋkt] *adj Herrscher* absoluto, ilimitado; **~stößlich** [-'ʃtøːslɪç] *adj Entschluss* irrefutable, irre-

U

vocable, incontestable; **~'stritten** *adj* indiscutido
'unumwunden *adv* francamente, sin rodeos
'ununterbrochen I *adj* ininterrumpido, continuo; **II** *adv* sin interrupción
unver|'änderlich *adj* invariable, inalterable; (*beständig*) constante, fijo; **~'ändert I** *adj* inalterado; **II** *adv* sin cambiar, como siempre; **~'antwortlich** *adj Person* irresponsable; *Verhalten a* imperdonable; **~'äußerlich** *geh adj Recht* inalienable, inajenable; **~'besserlich** *adj* incorregible
'unverbindlich I *adj* **1** (*nicht verpflichtend*) no obligatorio; **2** (*zurückhaltend*) reservado; **II** *adv* **3** (*ohne Verpflichtung*) sin compromiso; **4** (*zurückhaltend*) con reservas
'unverbleit *adj Benzin* sin plomo
unverblümt [unfɛr'bly:mt] **I** *adj* crudo, seco; **II** *adv* a secas
'unver|dächtig *adj* nada sospechoso; **~daulich** *adj* indigesto (*a fig*); **~dient** *adj Lob* inmerecido; *Strafe* injusto; **~dorben** *adj fig* incorrupto; (*rein*) puro, inocente; **~drossen** *adv* infatigablemente; **~dünnt** *adj Flüssigkeit* sin diluir; *Getränk* puro; **~'einbar** *adj* incompatible (***mit*** con)
'unver|fälscht *adj* **1** (*ursprünglich*) auténtico; **2** *Wein* puro; **~fänglich** *adj* inocente, inofensivo; **~froren** *adj* descarado, fresco; **&frorenheit** *f* descaro *m*, frescura *f*; **~gänglich** *adj* imperecedero, inmortal; **~gesslich** *adj* inolvidable
unver'gleichlich *adj* incomparable, inigualable
'unver|hältnismäßig *adv* desproporcionadamente, excesivamente; **~heiratet** *adj* soltero; **~hofft I** *adj* inesperado; (*unvorhergesehen*) imprevisto; **II** *adv* de improviso; **~hohlen** *adj* sincero; (*offen*) franco; **~käuflich** *adj* **1** (*nicht absetzbar*) invendible; **2** (*nicht zum Verkauf bestimmt*) fuera de venta
unver'kennbar *adj* inequívoco, evidente
'unverletzt *adj* ileso, sano y salvo
unver'meidlich *adj* inevitable
'unver|mindert *adj u adv* sin disminuir; **~mittelt I** *adj* brusco, súbito; **II** *adv* de repente; **&mögen** *n* incapacidad *f*, impotencia *f*; **~mutet I** *adj* imprevisto; **II** *adv* de improviso; **&nunft** *f* imprudencia *f*, insensatez *f*; **~nünftig** *adj* imprudente, insensato; **~öffentlicht** *adj* inédito
'unverrichtet *adjt* **~er Dinge** *zurückkehren usw* sin haber logrado nada; con las manos vacías
'unverschämt I *adj* **1** *Person, Benehmen* desvergonzado, descarado, insolente; **~er Kerl** sinvergüenza *m*; **2** F (*sehr groß*) inmenso, desmesurado; *bsd Preis* exorbitante; **II** *adv* **3** con descaro, descaradamente; **4** F (*sehr*) inmensamente; **&heit** *f* descaro *m*, insolencia *f*
'unver|schuldet *adv* sin tener la culpa; **~sehens** *adv* de improviso; **~sehrt** *adj* **1** (*unbeschädigt*) intacto; **2** (*unverletzt*) ileso; (*wohlbehalten*) sano y salvo; **~söhnlich** *adj* irreconciliable (*a fig*)
'unverständlich *adj* incomprensible, ininteligible; ***es ist mir ~, wie …*** no puedo entender cómo …
'Unverständnis *n* falta *f* de comprensión
'unversucht *adj* ***nichts ~ lassen*** poner todos los medios, hacer todo lo que está en su mano
'unverträglich *adj* **1** (*nicht vereinbar*), MED, PHARM incompatible; **2** (*nicht bekömmlich*) indigesto; **3** *Person* intratable
unver|'wechselbar *adj* inconfundible; **~'wundbar** *adj* invulnerable; **~'wüstlich** *adj* **1** *Material* indestructible; *Maschine a* muy robusto; **2** *fig Humor* imperturbable; *Gesundheit* inalterable; *Mensch* duro; **~'zeihlich** *adj* imperdonable, inexcusable; **~'zichtbar** *adj* indispensable
unver'züglich I *adj* inmediato; **II** *adv* en el acto, sin demora
'unvoll|endet *adj* inacabado, incompleto; **~kommen** *adj Mensch* imperfecto; *Arbeit a* defectuoso; **~ständig** *adj* incompleto
'unvor|bereitet I *adj* **1** no preparado; (*ahnungslos*) desprevenido; **II** *adv* **2** (*ohne Vorbereitung*) improvisadamente; **3** (*unversehens*) de improviso; **~eingenommen** *adj* sin prejuicios, imparcial; **~hergesehen** *adj* imprevisto
'unvorsichtig *adj* imprudente, incauto; **&keit** *f* imprudencia *f*
unvor'stellbar I *adj* inimaginable; **II** *adv* (*sehr*) enormemente
'unvorteilhaft *adj* desventajoso; (*ungünstig*) desfavorable
'unwahr *adj* falso, inexacto
'Unwahrheit *f* falsedad *f*, mentira *f*; ***die ~ sagen*** mentir
'unwahrscheinlich *adj* **1** improbable, inverosímil; **2** F (*unerhört*) increíble
un'weigerlich I *adj* inevitable; **II** *adv* sin falta
'unweit I *prp* ⟨+*gen*⟩ cerca de; **II** *adv* ***~ von*** cerca de
'Unwesen *n* ***an e-m Ort sein ~ treiben*** hacer de las suyas en un lugar, infestar un lugar
'un|wesentlich I *adj* insignificante, irrelevante; (*nebensächlich*) secundario; **II** *adv vor comp* (*wenig*) poco; **&wetter** *n* (*Gewitter*) tormenta *f*; (*Sturm*) temporal *m*, tempestad *f*; **~wichtig** *adj* de poca im-

U

portancia; (*belanglos*) insignificante
unwider|'ruflich *adj* irrevocable; **~'stehlich** *adj* irresistible
unwieder'bringlich *geh* **I** *adj* irrecuperable; *Verlust* irreparable; **II** *adv* **~ *verloren*** perdido para siempre
'Unwill|e *geh m* enojo *m*; (*Entrüstung*) indignación *f*; **♀ig I** *adj* enojado; (*entrüstet*) indignado; **II** *adv* de mala gana
'unwill|kommen *adj* (*ungelegen*) inoportuno; (*unerwünscht*) indeseable; **~kürlich I** *adj* maquinal, automático; (*ungewollt*) involuntario; **II** *adv* sin querer
'unwirk|lich *adj* irreal; **~sam** *adj* ineficaz, inoperante; **♀samkeit** *f* ineficacia *f*, inoperatividad *f*
unwirsch ['ʊnvɪrʃ] *adj* de mal humor, desabrido
'unwirtlich *adj* inhospitalario, inhóspito
'unwirtschaftlich *adj* antieconómico, poco económico, no rentable
'unwissen|d *adj* ignorante; **♀heit** *f* ⟨-⟩ ignorancia *f*; **~schaftlich** *adj* poco científico; **~tlich** *adv* inconscientemente, sin saberlo
'unwohl *adv* ***mir ist ~, ich fühle mich ~*** no me siento bien; (*unbehaglich*) *a* no estoy a gusto
'Unwohlsein *n* indisposición *f*
'unwürdig *adj* indigno
'Unzahl *f* ***e-e ~ von*** una infinidad de
un'zähl|bar, ~ig *adj* innumerable, incontable
Unze ['ʊntsə] *f* onza *f*
'Unzeit *geh f* ***zur ~*** a deshora
'unzeitgemäß *adj* pasado de moda, anacrónico
'unzerbrechlich *adj* irrompible
unzer'trennlich *adj* inseparable
'unzivilisiert *adj desp* no civilizado, bárbaro
'Un|zucht *f* deshonestidad *f*; JUR abusos *m/pl* deshonestos; **♀züchtig** *adj* impúdico, lascivo, obsceno
'unzufrieden *adj* descontento (***mit*** con); **♀heit** *f* descontento *m*
'unzu|gänglich *adj* **1** *Ort* inaccesible (***für*** a); **2** *fig Person* reservado; **~länglich** *geh adj* insuficiente, deficiente; **~lässig** *adj* inadmisible; (*verboten*) ilícito; JUR improcedente; **~mutbar** *adj* intolerable; *Forderung* irrazonable; **~rechnungsfähig** *adj* JUR inimputable, irresponsable de sus acciones; **♀rechnungsfähigkeit** *f* JUR irresponsabilidad *f*; **~reichend** *adj* insuficiente; **~stellbar** *adj Postvermerk* de destinatario desconocido
'unzutreffend *adj* inexacto, erróneo; ***♀es bitte streichen!*** tache lo que no proceda
'unzuverlässig *adj Mensch* de poca confianza; *Gedächtnis* malo; *Nachrichtenquelle* dudoso
'un|zweckmäßig *adj* (*ungeeignet*) inadecuado, poco conveniente; (*unpraktisch*) poco práctico; (*unpassend*) inoportuno; **~zweideutig** *adj* inequívoco, claro; **~zweifelhaft** *adj* indudable
Update ['apdeːt] *n* ⟨-s; -s⟩, **Upgrade** ['apgreːt] *n* ⟨-s; -s⟩ INFORM versión *f* actualizada
üppig ['ʏpɪç] *adj Vegetation* exuberante; *Haarwuchs* abundante; *Mahl* opíparo; *Körperformen* voluptuoso
'Urabstimmung *f bei Streik* referéndum *m*
'Urahn(e) *m*(*f*) ancestro *m*, antepasado, -a *m,f*
U'ral *m* ***der ~*** los Montes Urales
'uralt *adj* **1** (*sehr alt*) muy viejo; **2** (*e-r alten Zeit angehörend*) inmemorial; *Brauch* ancestral
Uran [u'raːn] *n* ⟨-s⟩ uranio *m*
'uraufführ|en *v/t* THEA estrenar; **♀ung** *f* estreno *m* (absoluto)
urbar ['uːrbaːr] *adj* **~ *machen*** roturar
'Urbarmachung *f* roturación *f*, roza *f*
'Ur|bevölkerung *f* aborígenes *m/pl*, habitantes *m/pl* primitivos; **~bild** *n* original *m*, prototipo *m*
'ur'eigen *adj* muy personal; ***unsere ~sten Interessen*** nuestro propio interés
'Ureinwohner *m* indígena *m*, aborigen *m*
'Ur|enkel(in) *m*(*f*) bisnieto, -a *m,f*; **'♀ge'mütlich** F *adj Ort* muy acogedor; *Stimmung* muy agradable; **~geschichte** *f* prehistoria *f*; **~gestein** *n* roca *f* primitiva; **~großeltern** *pl* bisabuelos *m/pl*; **~großmutter** *f* bisabuela *f*; **~großvater** *m* bisabuelo *m*
'Urheber|(in) *m*(*f*) autor, a *m,f*; **~recht** *n* derechos *m/pl* de autor *bzw* de propiedad intelectual; **~schaft** *f* ⟨-⟩ autoría *f*; **~schutz** *m* protección *f* de la propiedad intelectual, protección *f* del derecho de autor
urig ['uːrɪç] *adj Mensch* natural, castizo; *Lokal a* auténtico
Urin [u'riːn] *m* ⟨-s; -e⟩ orina *f*
uri'nieren *v/i* ⟨*sin* ge⟩ orinar
'ur'komisch *adj* muy divertido
'Urkunde *f* documento *m*; ***notarielle ~*** escritura *f* pública
'Urkundenfälschung *f* JUR falsificación *f* de documentos
'urkundlich I *adj* documental; **II** *adv* **~ *belegen*** documentar
Urlaub ['uːrlaʊp] *m* ⟨-(e)s; -e⟩ vacaciones *f/pl*; MIL permiso *m*; **(un)*bezahlter ~*** vacaciones *f/pl* (no) pagadas; ***~ beantragen*** pedir vacaciones; ***in ~ fahren, gehen*** ir de vacaciones; ***~ haben, auf*** *od* ***in*** *od* ***im ~ sein***

U

estar de vacaciones
'Urlauber(in) *m(f)* turista *m,f*
'Urlaubs|anspruch *m* derecho *m* a vacaciones; **~dauer** *f* duración *f* de las vacaciones; **~geld** *n* paga *f* de vacaciones, suplemento *m* por vacaciones; **~ort** *m* lugar *m* de vacaciones; **~plan** *m* calendario *m* *od* plan *m* de vacaciones; **~reise** *f* viaje *m* de vacaciones; **~sperre** *f* bloqueo *m* de permiso; **~tag** *m* día *f* de vacaciones; **~vertretung** *f* sustitución *f* durante las vacaciones; **~zeit** *f* (tiempo *m* de) vacaciones *f/pl*
Urne ['ʊrnə] *f* urna *f*
Uro|loge [uro'loːgə] *m* ⟨-n; -n⟩ urólogo *m*; **~lo'gie** *f* ⟨-⟩ urología *f*
'Ur|oma F *f* bisabuela *f*; **~opa** F *m* bisabuelo *m*
'ur'plötzlich **I** *adj* súbito, repentino; **II** *adv* de repente
'Ursache *f* causa *f*; (*Grund*) motivo *m*; ***keine ~!*** ¡de nada!, ¡no hay de qué!
'ursächlich *adj* causal; ***~er Zusammenhang*** relación *f* de causalidad
'Urschrift *f* autógrafo *m*; *e-r Urkunde* original *m*
urspr. *Abk* (*ursprünglich*) originalmente
'Ursprung *m* origen *m*; (*Herkunft*) *a* procedencia *f*; ***s-n ~ in etw*** (*dat*) ***haben*** originarse en a/c
ursprünglich ['uːrʃprʏŋlɪç] **I** *adj* **1** (*anfänglich*) primitivo, original (*a Bedeutung*); **2** (*echt, natürlich*) natural; **II** *adv* **3** (*anfangs*) originalmente; (*zuerst*) al principio
'Ursprungs|land *n* país *m* de origen; **~nachweis** *m*, **~zeugnis** *n* certificado *m* de origen
Urteil ['ʊrtaɪl] *n* ⟨-s; -e⟩ **1** (*Bewertung, Meinung*) juicio *m*, opinión *f*; ***sich*** (*dat*) ***ein ~*** (***über etw, j-n***) ***bilden*** formarse una idea (de a/c, alg); **2** JUR (*~sspruch*) fallo *m*, sentencia *f*; *der Geschworenen* veredicto *m*; ***das ~ ausführen*** ejecutar la sentencia; ***das ~ sprechen*** dictar sentencia; ***ein ~ fällen*** emitir un juicio; ***das ~ lautet auf*** (*+acus*) … sentenciado como …
'urteilen *v/i* juzgar (***über etw, j-n*** sobre a/c, alg); ***nach ihrer Miene zu ~, …*** (a juzgar) por la cara …; ***~ Sie selbst*** juzgue Ud. mismo
'Urteils|begründung *f* considerandos *m/pl*; **⁀fähig** *adj* competente para juzgar; **~spruch** *m* → ***Urteil 2***
'Urtext *m* (texto *m*) original *m*
'urtümlich *adj* **1** (*ursprünglich*) natural; **2** (*urweltlich*) primitivo, prehistórico
Uruguay [urugu'aːi] *n* ⟨-s⟩ Uruguay *m*; **~er(-in)** *m(f)* uruguayo, -a *m,f*; **⁀isch** *adj* uruguayo
'Urur|enkel *m* tataranieto *m*; **~großmutter** *f* tatarabuela *f*; **~großvater** *m* tatarabuelo *m*
'Urwald *m* selva *f* virgen
urwüchsig ['uːrvyːksɪç] *adj* **1** (*ursprünglich*) primitivo, original; **2** (*natürlich*) natural
'Urzeit *f* tiempos *m/pl* primitivos; *fig* ***seit ~en*** desde tiempos inmemoriales
'Urzustand *m* estado *m* primitivo
USA [uːˀɛsˈˀaː] *Abk* (*United States of America*) ***die ~*** *pl* EE.UU. *m/pl* (*Estados Unidos*)
Usbekistan [ʊs'beːkistaːn] *n* ⟨-s⟩ Uzbekistán *m*
User(in) ['juːzər(ɪn)] *m(f)* INFORM usuario, -a *m,f*
usf. *Abk* (*und so fort*) y así sucesivamente, etc.
Usus ['uːzʊs] F *m* ⟨-⟩ ***das ist hier so ~*** es la costumbre aquí
usw. *Abk* (*und so weiter*) etc. (*etcétera*)
Utensilien [utɛn'ziːliən] *pl* utensilios *m/pl*, enseres *m/pl*
Utopie [uto'piː] *f* utopía *f*
utopisch [u'toːpɪʃ] *adj* utópico
u.U. *Abk* (*unter Umständen*) tal vez, eventualmente
UV [uː'faʊ] *Abk* (*ultraviolett*) ultravioleta; **~-Strahlen** *pl* rayos *m/pl* ultravioletas; **~-Strahlung** *f* radiación *f* ultravioleta
UVP [uːfaʊ'peː] *f Abk* (*Umweltverträglichkeitsprüfung*) evaluación *f* del impacto ambiental

V

V, v [faʊ] *n* ⟨-; -⟩ V, v *f*
V *Abk* (*Volt*) V (*voltio*)
v. *Abk* (*von*) de
Vagabun|d [vaga'bʊnt] *m* ⟨-en; -en⟩ vagabundo *m*; **≗'dieren** *v/i* ⟨*sin* ge, sn⟩ vagabundear
vage ['vaːgə] *adj* vago, impreciso
Vagina ['vaːgina] *od* [va'giːna] *f* ⟨-; -nen⟩ ANAT vagina *f*
vakant [va'kant] *adj* vacante
Vakanz [va'kants] *f* ⟨-; -en⟩ (*freie Stelle*) vacante *f*
Vakuum ['vaːkuʊm] *n* ⟨-s; -kua *o* -kuen⟩ PHYS, *fig* vacío *m*; **≗verpackt** *adjt* envasado al vacío
Valuta [va'luːta] *f* ⟨-; -ten⟩ FIN moneda *f* extranjera
Vampir [vam'piːr] *m* ⟨-s; -e⟩ vampiro *m*
Vandale [van'daːlə] → ***Wandale***
Vanille [va'nɪl(j)ə] *f* ⟨-⟩ vainilla *f*; **~eis** *n* helado *m* de vainilla; **~zucker** *m* azúcar *m* de vainilla
variabel [vari'aːbəl] ⟨-bl-⟩ *adj* variable
Variabili'tät *f* variabilidad *f*
Vari'able *f* ⟨→ A⟩ MAT variable *f*
Variante [vari'antə] *f* variante *f*
Variati'on *f* MUS, MAT, *fig* variación *f* (***über*** de; ***zu*** a)
Varie|té, ~tee [varie'teː] *n* ⟨-s; -s⟩ teatro *m* de variedades; *Aufführung* variedades *f/pl*
vari'ieren *v/t, v/i* ⟨*sin* ge⟩ variar
Vasall [va'zal] *m* ⟨-en; -en⟩ HIST vasallo *m*
Vase ['vaːzə] *f* florero *m*; *große* jarrón *m*
Vater ['faːtər] *m* ⟨-s; ⸚⟩ **1** padre *m*; *scherzh* **~ *Staat*** el Estado; **2** REL ***der Heilige* ~** el Santo Padre
'Vater|haus *n* casa *f* paterna; **~land** *n* ⟨-(e)s; -länder⟩ patria *f*; **~landsliebe** *f* patriotismo *m*, amor *m* a la patria
'väterlich I *adj* paternal, paterno; **II** *adv* como un padre; **~erseits** *adv Verwandte* por parte de(l) padre; *Großeltern a* paterno
'vaterlos *adj* huérfano (de padre)
'Vater|schaft *f* ⟨-⟩ *bsd* JUR paternidad *f*; **~schaftsklage** *f* JUR acción *f* de filiación; **~stadt** *geh f* ciudad *f* natal; **~tag** *m* día *m* del padre
Vater'unser *n* ⟨-s; -⟩ REL Padrenuestro *m*
'Vati *Kinderspr m* ⟨-s; -s⟩ papá *m*
Vatikan [vati'kaːn] ⟨-s⟩ ***der* ~** el Vaticano; **≗isch** *adj* vaticano, del Vaticano
V-Ausschnitt ['faʊ-] *m* escote *m* en pico
VB [faʊ'beː] *Abk* (*Verhandlungsbasis*) base *f* de negociación; **~ *1500 Euro*** 1500 euros negociables
v. Chr. *Abk* (*vor Christus*) a. (de) C. (*antes de Cristo*)
Veganer(in) [ve'gaːnər(ɪn)] *m(f)* vegetariano, -a *m,f* (*estricto, que no come ningún tipo de producto animal*)
Vegetar|ier(in) [vege'taːriər(ɪn)] *m(f)* vegetariano, -a *m,f*; **≗isch** *adj* vegetariano
Vege|tati'on *f* vegetación *f*; **≗'tieren** *v/i* ⟨*sin* ge⟩ *desp* vegetar
vehement [vehe'mɛnt] *adj* vehemente
Vehikel [ve'hiːkəl] *n* ⟨-s; -⟩ *Auto* vehículo *m*; F cacharro *m*
Veilchen ['faɪlçən] *n* ⟨-s; -⟩ **1** BOT violeta *f*; **2** F (*blaues Auge*) ojo *m* morado; **≗blau** *adj* violado, (de color) violeta
Vektor ['vɛktɔr] *m* ⟨-s; -'toren⟩ PHYS, MAT vector *m*
Velo ['veːlo] *n* ⟨-s; -s⟩ *schweiz* bicicleta *f*
Velours [və'luːr, ve-] *m* ⟨-; -⟩ *Textilien* terciopelo *m*; **~leder** *n* velours *m*
Vene ['veːnə] *f* ANAT vena *f*
Venedig [ve'neːdɪç] *n* ⟨-s⟩ Venecia *f*
Venezolan|er(in) [venetso'laːnər(ɪn)] *m(f)* venezolano, -a *m,f*; **≗isch** *adj* venezolano
Venezuela [venetsu'eːla] *n* ⟨-s⟩ Venezuela *f*
Ventil [vɛn'tiːl] *n* ⟨-s; -e⟩ **1** TEC válvula *f*; **2** MUS pistón *m*; **3** *fig* válvula *f* de escape
Venti|lati'on *f* ⟨-⟩ ventilación *f*; **~'lator** *m* ⟨-s; -'toren⟩ ventilador *m*
Venus ['veːnʊs] *f* ⟨-⟩ **1** ASTR Venus *m*; **2** MYTH Venus *f*
ver'abreden ⟨*sin* ge⟩ **I** *v/t* concertar, convenir; **~, *dass* ...** quedar en que ...; **II** *v/r* ***sich* ~** citarse, quedar (***mit*** con); ***mit j-m verabredet sein*** tener una cita con alg, haber quedado con alg
Ver'abredung *f* **1** (*Treffen*) cita *f*; **2** → ***Vereinbarung***
ver'ab|reichen *v/t* ⟨*sin* ge⟩ dar; *Medizin* administrar; **~scheuen** *v/t* ⟨*sin* ge⟩ detestar, aborrecer, abominar
ver'abschied|en ⟨*sin* ge⟩ **I** *v/t* **1** despedir (*a entlassen*); MIL licenciar; **2** *Gesetz* aprobar;

V

II *v/r* **3** ***sich ~*** despedirse (***von*** *od* ***bei j-m*** de alg); **≈ung** *f* **1** despedida *f* (*a Entlassung*); MIL licenciamiento *m*; **2** *Gesetz* aprobación *f*

ver|'achten *v/t* ⟨*sin* ge⟩ menospreciar, despreciar; **~'ächtlich I** *adj* **1** (*geringschätzig*) despectivo, desdeñoso; **2** (*Verachtung verdienend*) menospreciable, despreciable; **II** *adv* **3** despectivamente; **≈'achtung** *f* ⟨-⟩ desprecio *m*, menosprecio *m*, desdén *m*

ver'albern *v/t* ⟨*sin* ge⟩ tomar el pelo a

verallge'meiner|n *v/t* ⟨*sin* ge⟩ generalizar; **≈ung** *f* generalización *f*

ver'alt|en *v/i* ⟨*sin* ge, sn⟩ envejecer, pasar de moda; **~et** *adjt* anticuado; (*überholt*) pasado (de moda)

Veranda [ve'randa] *f* ⟨-; -den⟩ terraza *f* cerrada *od* acristalada

ver'änderlich *adj* variable (*a Wetter*); *Charakter a* versátil; **≈keit** *f* ⟨-⟩ variabilidad *f*

ver'änder|n ⟨*sin* ge⟩ **I** *v/t* **1** cambiar, modificar; **II** *v/r* ***sich ~*** **2** cambiar, modificarse, transformarse; **3** *beruflich* cambiar(se); **≈ung** *f* cambio *m* (*a berufliche*), transformación *f*; *teilweise* modificación *f*

ver'ängstigt *adjt* asustado, azorado

ver'anker|n *v/t* ⟨*sin* ge⟩ anclar; *fig* cimentar; **≈ung** *f* anclaje *m*; (*Halterung*) fijación *f*; *fig* cimientos *m/pl*

ver'anlagen *v/t* ⟨*sin* ge⟩ FIN ***j-n ~*** imponer a alg

ver'anlagt *adjt* ***~ sein*** (***für***) tener dotes *od* talento (para); ***praktisch ~ sein*** ser práctico

Ver'anlagung *f* **1** (*Talent, Neigung*) talento *m*, dotes *f/pl* (***für*** para); (*Neigung*) (pre)disposición *f* (***für*** para; *a* MED); **2** FIN tasación *f*, estimación *f*; *Steuer* ***gemeinsame, getrennte ~*** tributación *f* conjunta, individual

Ver'anlagungsart *f Steuer* forma *f* de tributación

ver'anlassen *v/t* ⟨*sin* ge⟩ **1** ***j-n zu etw ~*** inducir a alg a a/c; **2** ***etw ~*** ocasionar a/c, motivar a/c; (*anordnen*) disponer a/c; ***wir werden alles Weitere ~*** (nosotros) nos ocuparemos del resto

Ver'anlassung *f* **1** (*Grund*) razón *f*, causa *f* (***zu etw*** de, para a/c); (*Anlass*) motivo *m*; ***wir haben keinerlei ~ zu*** (+*inf*) no tenemos ningún motivo para (+*inf*) *od* de (+*Subst*); **2** (*Initiative*) iniciativa *f*; ***auf j-s ~*** (*acus*) (***hin***) por iniciativa de alg

ver'an|schaulichen *v/t* ⟨*sin* ge⟩ ilustrar; **~schlagen** *v/t* ⟨*sin* ge⟩ estimar, evaluar (***mit*** en)

ver'anstalt|en *v/t* ⟨*sin* ge⟩ *Fest, Ausstellung* organizar; *Umfrage* hacer; **≈er(in)** *m(f)* organizador, a *m,f*; **≈ung** *f* **1** (*das Veranstalten*) organización *f*; **2** (*Kultur≈*) espectáculo *m*; *feierliche* acto *m*; SPORT *a* encuentro *m*

ver'antworten ⟨*sin* ge⟩ **I** *v/t* ***etw ~*** responder de a/c; **II** *v/r* ***sich für etw*** (***vor j-m***) ***~*** justificarse por a/c (ante alg)

ver'antwortlich *adj* responsable (***für*** de); ***j-n für etw ~ machen*** hacer a alg responsable de a/c

Ver'antwortliche(r) *f(m)* responsable *m,f*

Ver'antwortung *f* responsabilidad *f*; ***die ~ tragen*** cargar con la responsabilidad (***für*** de); ***etw auf eigene ~ tun*** hacer a/c por su cuenta y riesgo; ***die ~ für etw übernehmen*** asumir la responsabilidad de a/c

ver'antwortungs|bewusst *adj* consciente de su responsabilidad; **~los** *adj* irresponsable; **≈losigkeit** *f* ⟨-⟩ falta *f* de responsabilidad; **~voll** *adj* **1** *Aufgabe* de gran responsabilidad; **2** *Person* muy responsable

ver'äppeln F *v/t* ⟨*sin* ge⟩ ***j-n ~*** F tomar el pelo a alg

ver'arbeiten *v/t* ⟨*sin* ge⟩ **1** (*als Material verwenden*) emplear, utilizar; (*bearbeiten*) elaborar, transformar (***zu etw*** en a/c); INFORM tratar, procesar; ***gut, schlecht verarbeitet sein*** estar bien, mal acabado *od* elaborado; ***~de Industrie*** industria *f* transformadora; **2** *psychisch, geistig* asimilar; *Nahrung a* digerir

Ver'arbeitung *f* **1** (*Verwendung*) empleo *m*, utilización *f*; (*Bearbeitung*) elaboración *f*, transformación *f*; **2** (*geistige Bewältigung*) asimilación *f*; *der Nahrung a* digestión *f*; **3** (*~squalität*) acabado *m*

ver'ärger|n *v/t* ⟨*sin* ge⟩ disgustar, irritar; **≈ung** *f* disgusto *m*, irritación *f*

ver'arm|en *v/i* ⟨*sin* ge, sn⟩ empobrecer (*a fig*); **≈ung** *f* ⟨-⟩ empobrecimiento *m* (*a fig*)

ver|'arzten F *v/t* ⟨*sin* ge⟩ tratar; **~ästeln** [-'ʔɛstəln] *v/r* ⟨*sin* ge⟩ ***sich ~*** ramificarse (*a fig*); **~'ätzen** *v/t* ⟨*sin* ge⟩ causticar; **~'ausgaben** *v/r* ⟨*sin* ge⟩ ***sich ~*** *physisch* agotar sus fuerzas; *finanziell* agotar sus recursos

ver'äußer|n *v/t* ⟨*sin* ge⟩ *bsd* JUR ceder, enajenar; (*verkaufen*) vender; **~lich** *adj* enajenable; **≈ung** *f* enajenación *f*

Verb [vɛrp] *n* ⟨-s; -en⟩ GRAM verbo *m*

ver'bal *adj geh*, GRAM verbal

Ver'band *m* ⟨-(e)s; ⸚e⟩ **1** MED venda *f*, vendaje *m*; **2** (*Zusammenschluss*) asociación *f*, (con)federación *f*, unión *f*; **3** MIL unidad *f*

Ver'band(s)|kasten *m* botiquín *m*; **~päckchen** *n* compresa *f* aséptica; **~zeug** *n* apósitos *m/pl*

ver'bann|en *v/t* ⟨*sin* ge⟩ desterrar (*a fig*); **≈te(r)** *f(m)* ⟨→ A⟩ desterrado, -a *m,f*;

V

℘ung *f* destierro *m*
verbarrika'dieren *v/t, v/r* ⟨*sin* ge⟩ (**sich**) **~** levantar barricadas (en)
ver'bauen *v/t* ⟨*sin* ge⟩ **1** obstruir; ***j-m die Aussicht* ~** quitarle la vista a alg; *fig* ***sich*** (*dat*) ***die Zukunft* ~** arruinarse el futuro; **2** *Material* construir con
ver'beißen ⟨*irr, sin* ge⟩ **I** *v/t* ***sich*** (*dat*) ***das Lachen nicht* ~ *können*** no poder contener la risa; **II** *v/r* ***sich in etw*** (*acus*) **~** *bsd Hund* encarnizarse en a/c; *fig* obstinarse en a/c
ver'bergen *v/t* ⟨*irr, sin* ge⟩ **1** esconder, ocultar (***j-n, etw vor j-m*** a alg, a/c de alg); **2 *j-m etw* ~** (*verheimlichen*) disimular *od* encubrir a/c ante alg
ver'besser|n ⟨*sin* ge⟩ **I** *v/t* **1** *qualitativ* mejorar; (*vervollkommnen*) perfeccionar; **2** (*berichtigen*) corregir, enmendar; **II** *v/r* ***sich* ~ 3** *qualitativ* mejorar; *bsd beruflich* mejorar (de posición); **4** (*sich korrigieren*) corregirse; **℘ung** *f* **1** mejora *f*; (*Vervollkommnung*) perfeccionamiento *m*; **2** (*Korrektur*) corrección *f*
ver'beugen *v/r* ⟨*sin* ge⟩ ***sich* ~** hacer una reverencia, inclinarse (***vor j-m*** ante alg)
Ver'beugung *f* inclinación *f*, reverencia *f*
ver|'beulen *v/t* ⟨*sin* ge⟩ abollar; **~'biegen** *v/t, v/r* ⟨*irr, sin* ge⟩ (**sich**) **~** torcer(se), doblar(se), deformar(se)
ver'bieten *v/t* ⟨*irr, sin* ge⟩ (*untersagen*) prohibir (***j-m etw*** a/c a alg); ***Rauchen verboten*** se prohibe fumar
ver'bill|igen *v/t* ⟨*sin* ge⟩ rebajar, abaratar; **~igt** *adjt* rebajado
ver'binden ⟨*irr, sin* ge⟩ **I** *v/t* **1** *Wunde* vendar; ***j-m die Augen* ~** tapar los ojos a alg; **2** (*zusammenfugen*) unir, juntar, ligar; EL conectar; TEC ensamblar, acoplar; ***Drähte miteinander* ~** empalmar alambres; **3** *Verkehrswege, Städte* unir; **4** TEL poner (en comunicación) (***mit j-m*** con alg); ***ich verbinde*** (***Sie***) le pongo; ***Sie sind falsch verbunden*** se ha equivocado; **5** (*verknüpfen*) combinar, vincular (***mit*** con); **6 *mit Kosten verbunden sein*** acarrear gastos, suponer gastos; **7** (*e-e Beziehung herstellen*) unir; **8 *was* ~ *Sie mit diesem Wort?*** ¿qué asociaciones tiene para Ud. esa palabra?; **9** *geh* ***ich bin Ihnen dafür sehr verbunden*** le estoy muy agradecido por ello; **II** *v/r* ***sich* ~ 10** (*sich vermengen*) unirse, mezclarse (***mit*** con); CHEM combinarse (***mit*** con); **11** (*ein Bündnis schließen*) aliarse; **12** (*erinnern an*) ***damit verbindet sich die Vorstellung ...*** (eso) recuerda a ..., (eso) evoca ....
ver'bindlich I *adj* **1** (*bindend*) obligatorio; **2** (*liebenswürdig*) complaciente, amable; **II** *adv* **3 *etw* ~ *zusagen*** comprometerse a a/c
Ver'bindlichkeit *f* **1** *von Gesetzen* obligación *f*; **2** (*Höflichkeit*) complacencia *f*; **3** COM **~en** *pl* deudas *f/pl*, obligaciones *f/pl*; ***kurzfristige, langfristige* ~en** pasivo *m* exigible a corto, largo plazo; **~*en gegenüber Kreditinstituten*** deudas *f/pl* con entidades de crédito
Ver'bindung *f* **1** *zwischen Personen* contacto *m*; (*Beziehung*) relación *f* (*a* COM); ***in* ~** (*dat*) ***bleiben mit ...*** mantener el contacto con ...; ***sich in* ~** (*acus*) ***setzen*** (***mit***) ponerse en contacto (con); ***mit j-m in* ~** (*dat*) ***stehen*** estar en contacto con alg; ***mit j-m* ~ *aufnehmen*** contactar con alg; **2** *zwischen Dingen* unión *f*, conexión *f*; ***etw in* ~ *bringen*** (***mit***) relacionar a/c (con); **3** (*Verkehrs℘*) comunicación *f*, enlace *f*; ***e-e direkte* ~ *nach ...*** un enlace directo con ...; **4** TEL comunicación *f*; ***die* ~ *ist unterbrochen*** no hay comunicación; **5** *studentische* corporación *f*, asociación *f*; **6** TEC empalme *m* (*a* **~*stück***); **7** CHEM combinación *f*; *Ergebnis a* compuesto *m*
Ver'bindungs|linie *f* línea *f* (de comunicación); **~mann** *m* ⟨-(e)s; -männer *o* -leute⟩ enlace *m*; **~straße** *f* carretera *f* de enlace; **~stück** *n* empalme *m*, pieza *f* de unión
ver'bissen *adjt* **1** *Widerstand* encarnizado, obstinado; **2 *ein* ~*es Gesicht machen*** poner cara seria
Ver'bissenheit *f* ⟨-⟩ obstinación, encarnizamiento *m*
ver'bitten *v/t* ⟨*irr, sin* ge⟩ ***sich*** (*dat*) ***etw* ~** no admitir a/c, no consentir a/c; ***ich verbitte mir diesen Ton!*** ¡no le consiento que me hable en ese tono!
ver'bitt|ert *adjt* amargado; **℘erung** *f* ⟨-⟩ amargura *f*
ver'blassen *v/i* ⟨*sin* ge, sn⟩ *Tinte, Schrift* perder color; *Stoff* desteñir; **2** *fig Erinnerung* borrarse
Ver'bleib *geh m* ⟨-(e)s⟩ (*Aufenthaltsort*) paradero *m*; *e-r Sache* lugar *m* (donde se encuentra)
ver'bleiben *v/i* ⟨*irr, sin* ge, sn⟩ **1 *sie waren so verblieben, dass*** habían quedado en que; **2** *geh od* ADM (*bleiben*) quedar, restar; **3** *Briefschluss* ***mit besten Grüßen verbleibe ich Ihr ...*** un atento saludo ...
ver'bleichen *v/i* ⟨verblich, verblichen, sn⟩ palidecer, apagarse
ver'bleit *adjt Benzin* con plomo
ver'blend|en *v/t* ⟨*sin* ge⟩ (*irreführen*) cegar, deslumbrar; **℘ung** *f* deslumbramiento *m*
ver'blöden F *v/i* ⟨*sin* ge, sn⟩ atontarse
verblüffen [fɛr'blʏfən] *v/t, v/i* ⟨*sin* ge⟩ desconcertar; F alucinar; ***verblüfft*** perplejo; ***sie verblüffte mit ihrer Leistung*** sorprendió con sus logros

V

ver'blüff|end *adjt* sorprendente; **ℒung** *f* ⟨-⟩ sorpresa *f*
ver'blühen *v/i* ⟨*sin* ge, sn⟩ marchitarse
ver'bluten *v/i* ⟨*sin* ge, sn⟩ desangrarse (*a fig*)
ver'bocken F *v/t* ⟨*sin* ge⟩ ***etw*** ~ echar a perder a/c
ver'bohren *v/r* ⟨*sin* ge⟩ F *fig* ***sich in etw*** (*acus*) ~ aferrarse a a/c
ver'bohrt F *desp adjt* obstinado
ver'borgen *adjt* escondido, oculto, secreto; ***im ℒen*** oculto, en secreto; ***es ist Ihnen sicher nicht ~ geblieben, dass*** seguramente no se le oculta que
Verbot [fɛr'bo:t] *n* ⟨-(e)s; -e⟩ prohibición *f* (+*gen*, ***von, zu*** de)
ver'boten *advl* F ~ ***aussehen*** F tener una pinta fatal
Ver'botsschild *n* señal *f* de prohibido
Ver'brauch *m* ⟨-(e)s⟩ consumo *m* (***an*** +*dat* de); ***weltweiter*** ~ consumo *m* mundial; ***zum alsbaldigen ~ bestimmt*** para el consumo inmediato
ver'brauchen *v/t* ⟨*sin* ge⟩ consumir, gastar; (*aufbrauchen*) *a* agotar
Ver'braucher(in) *m*(*f*) consumidor, a *m,f*; ***bewusste*** ~ *pl* consumidores *m/pl* conscientes; ***potentielle*** ~ *pl* posibles consumidores *m/pl*
Ver'braucher|forschung *f* investigación *f* del comportamiento del consumidor; **~genossenschaft** *f* cooperativa *f* de consumidores; **~markt** *m* hipermercado *m*; **~preis** *m* precio *m* al consumo; **~preisindex** *m* índice *m* de precios al consumo (IPC); **~schutz** *m* protección *f* al consumidor; **~schutzverband** *m* Unión *f* de Consumidores, *allg* asociación *f* de consumidores; **~verhalten** *n* comportamiento *m* del consumidor
Ver'brauchsgüter *n/pl* bienes *m/pl* de consumo; ***langlebige*** (***kurzlebige***) ~ bienes *m/pl* de consumo (no) duraderos
Ver'brauchssteuer *f* impuesto *m* sobre el *od* al consumo
ver'braucht *adjt* gastado; *fig*, *Kräfte* agotado (*a Mensch*); *Luft* viciado
ver'brechen *v/t* ⟨*irr, sin* ge⟩ **1** F *scherzh* ***was hat er denn schon wieder verbrochen?*** F ¿y ahora qué ha hecho?; **2** F *scherzh Kunstwerk* hacer, fabricar; *Gedicht* escribir
Ver'brechen *n* ⟨-s; -⟩ crimen *m* (***an*** +*dat*, ***gegen*** contra)
Ver'brecher *m* criminal *m*, delincuente *m*; **~bande** *f* banda *f* de criminales *od* de delincuentes; **~in** *f* criminal *f*, delincuente *f*; **ℒisch** *adj* criminal, delictivo
ver'breit|en ⟨*sin* ge⟩ **I** *v/t* divulgar; *Nachricht a* difundir; *Krankheit* propagar; *Geruch* despedir; **II** *v/r* ***sich*** ~ difundirse, extenderse (***über*** +*acus* sobre); **~ern** *v/t*, *v/r* ⟨*sin* ge⟩ (***sich***) ~ ampliar(se), extender(se); **~et** *adjt* extendido, corriente, popular; **ℒung** *f* difusión *f*, divulgación *f*
ver'brennen ⟨*irr, sin* ge⟩ **I** *v/t* ⟨h⟩ quemar; *Abfälle, Leichen* incinerar; ***er hat sich die Hand verbrannt*** se ha quemado la mano; **II** *v/i* ⟨sn⟩ quemarse; ***es riecht verbrannt*** huele a quemado; **III** *v/r* ⟨h⟩ ***sich*** ~ quemarse (***mit*** con)
Ver'brennung *f* **1** (*Verbrennen*) combustión *f*; (*Müllℒ, Leichenℒ*) incineración *f*; **2** *Verletzung* quemadura *f*
Ver'brennungs|motor *m* motor *m* de combustión; **~ofen** *m für Leichen* horno *m* crematorio; *für Abfälle* incineradora *f*
ver'bringen *v/t* ⟨*irr, sin* ge⟩ *Zeit, Ferien* pasar; ***s-e Zeit mit etw*** ~ entretenerse con a/c
ver'brüder|n *v/r* ⟨*sin* ge⟩ ***sich*** ~ fraternizar (***mit j-m*** con alg); **ℒung** *f* (con)fraternización *f*
ver'brühen *v/t*, *v/r* ⟨*sin* ge⟩ (***sich***) ~ escaldar (-se)
ver'buchen *v/t* ⟨*sin* ge⟩ FIN, COM contabilizar, sentar; ***etw auf e-m Konto*** ~ hacer un asiento de a/c en una cuenta; *fig* ***e-n Erfolg*** (***für sich***) ~ apuntar(se) un tanto
ver'bummeln F *desp v/t* ⟨*sin* ge⟩ olvidar; *Zeit* desperdiciar
verbünden [fɛr'bʏndən] *v/r* ⟨*sin* ge⟩ ***sich*** ~ aliarse, unirse (***mit*** con)
Ver|'bundenheit *f* ⟨-⟩ *freundschaftliche* lazos *m/pl* (***mit*** con); (*Solidarität*) solidaridad *f*; **~'bündete(r)** *f*(*m*) ⟨→ A⟩ aliado, -a *m,f*; **~'bundglas** *n* vidrio *m* laminado
ver'bürgen *v/r* ⟨*sin* ge⟩ ***sich für j-n, etw*** ~ responder de alg, a/c
ver'bürgt *adjt* **1** *Nachricht* seguro; **2** *Rechte* garantizado
ver'büßen *v/t* ⟨*sin* ge⟩ *Strafe* cumplir
ver'chromen *v/t* ⟨*sin* ge⟩ cromar
Verdacht [fɛr'daxt] *m* ⟨-(e)s; -e⟩ sospecha *f*; ~ ***schöpfen*** entrar en sospechas, recelar; F mosquearse; ***in ~ geraten*** hacerse sospechoso; ***j-n wegen etw in*** *od* ***im ~ haben*** sospechar de alg por a/c; MED ***es besteht ~ auf Meningitis*** (*acus*) parece una meningitis
verdächtig [fɛr'dɛçtɪç] *adj* sospechoso; ***sich ~ machen*** levantar sospechas; ***das kommt mir ~ vor*** me resulta sospechoso; F me da mala espina
Ver'dächtige(r) *f*(*m*) ⟨→ A⟩ sospechoso, -a *m,f*
ver'dächtigen *v/t* ⟨*sin* ge⟩ ***j-n*** ~ sospechar de alg
Ver'dächtigung *f* sospecha *f*
verdammen [fɛr'damən] *v/t* ⟨*sin* ge⟩ conde-

nar; REL anatemizar
ver'dammt F **I** *int* **1** **~** **(*noch mal*), ~ *und zugenäht!*** F ¡maldita sea!; **II** *adjt* **2** F maldito, dichoso; ***~er Mist*** P ¡me cago en la mierda!; **3** (*groß*) inmenso; F del copón; **(*ein*) *~es Glück*** P una suerte cojonuda; **III** *advl* **4** (*sehr*) de verdad; ***das schmeckt ~ gut*** P sabe cojonudo
ver|'dampfen *v/t* (*u v/i* ⟨sn⟩) ⟨*sin* ge⟩ evaporar(se); PHYS vaporizar(se); **~'danken** *v/t* ⟨*sin* ge⟩ ***j-m etw ~*** deber *od* tener que agradecer a/c a alg; **~dattert** [-'datərt] F *adj* perplejo; **~dauen** [-'daʊən] *v/t, v/i* ⟨*sin* ge⟩ digerir (*a fig*)
ver'daulich *adj* digestible, digerible; ***schwer ~ sein*** ser indigesto
Ver'dauung *f* ⟨-⟩ digestión *f*
Ver'dauungs|beschwerden *pl*, **~störungen** *pl* trastornos *m/pl* digestivos
Ver'deck *n* ⟨-(e)s; -e⟩ AUTO capota *f*; **2en** *v/t* ⟨*sin* ge⟩ cubrir, tapar; (*verbergen*) ocultar
ver'denken *v/t* ⟨*irr, sin* ge⟩ ***j-m etw nicht ~*** **(*können*)** no (poder) censurar a alg por a/c
ver'derben ⟨verdirbt, verdarb, verdorben⟩ **I** *v/t* ⟨h⟩ **1** echar a perder, estropear; *moralisch* pervertir; ***sich*** (*dat*) ***die Augen ~*** estropearse la vista; ***sich*** (*dat*) ***den Magen ~*** coger una indigestión; **2** ***j-m die Freude ~*** aguarle la fiesta a alg; **3** ***es mit niemandem ~ wollen*** querer estar a bien con todo el mundo; **II** *v/i* ⟨sn⟩ **4** *Lebensmittel* echarse a perder
Ver'derben *n* ⟨-s⟩ perdición *f*, ruina *f*; ***ins ~ rennen*** ir a su, *etc* perdición
ver'derblich *adj* **1** *Ware* perecedero; **2** *Einfluss* pernicioso
ver'deutlichen *v/t* ⟨*sin* ge⟩ explicitar; (*erklären*) aclarar
ver.di ['vɛrdi] *Abk* (*Vereinte Dienstleistungsgewerkschaft*) *sindicato alemán del sector de servicios*
ver'dichten ⟨*sin* ge⟩ **I** *v/t* **1** PHYS concentrar, condensar; **II** *v/r* ***sich ~*** **2** PHYS concentrarse (*a fig*); **3** *Nebel* condensarse; **4** *fig Verdacht* aumentar
Ver'dickung *f* espesamiento *m*; (*verdickte Stelle*) nudo *m*, bulto *m*
ver'dienen *v/t* ⟨*sin* ge⟩ **1** *Geld* ganar; *absolut* ***gut ~*** tener un buen sueldo; **2** *Lob, Strafe* merecer
Ver'diener *m* persona *f* que gana dinero
Ver'dienst[1] *m* ⟨-(e)s; -e⟩ (*Einkommen*) sueldo *m*, salario *m*
Ver'dienst[2] *n* ⟨-(e)s; -e⟩ mérito *m*; ***es ist sein ~, dass ...*** gracias a él ...
Ver'dienst|ausfall *m* pérdida *f* de ingresos; **~orden** *m* orden *f* de mérito; **2voll** *adj* **1** *Tat* meritorio; **2** *Person* benemérito
ver'dient *adjt* **1** (*verdienstvoll*) meritorio; ***sich um j-n, etw ~ machen*** hacer mucho por alg, a/c, prestar grandes servicios a alg, a/c; **2** (*gerechtfertigt*) merecido
ver'dientermaßen *adv* merecidamente
ver'donnern F *v/t* ⟨*sin* ge⟩ condenar (***zu*** a)
ver'doppeln ⟨*sin* ge⟩ **I** *v/t* doblar, duplicar; *fig Bemühungen a* redoblar; **II** *v/r* ***sich ~*** doblarse, duplicarse
ver'doppelt *adjt* duplicado
Ver'dopp(e)lung *f* (re)duplicación *f*
verdorren [fɛr'dɔrən] *v/i* ⟨*sin* ge, sn⟩ secarse
ver'dräng|en *v/t* ⟨*sin* ge⟩ **1** *Wasser* desplazar; **2** *aus e-r Stellung* desbancar; **3** (*ersetzen*) sustituir; **4** PSYCH reprimir; **2ung** *f* **1** *von Wasser* desplazamiento *m*; **2** *aus e-r Stellung* desbancamiento *m*; **3** (*Ersatz*) sustitución *f*; **4** PSYCH represión *f*; **2ungswettbewerb** *m* COM competencia *f* salvaje
ver'drehen *v/t* ⟨*sin* ge⟩ **1** torcer (*a Augen*); → ***Kopf 5***; **2** F *desp Tatsachen* tergiversar, falsear
ver'dreht F *desp adjt* **1** *Ansichten* loco; **2** *Person* excéntrico, chiflado
ver'dreifachen *v/t, v/r* ⟨*sin* ge⟩ **(*sich*) ~** triplicar(se), multiplicar(se) por tres
ver'dreschen F *v/t* ⟨*irr, sin* ge⟩ F dar una paliza a
verdrieß|en [fɛr'driːsən] *geh v/t* ⟨verdross, verdrossen⟩ disgustar, enfadar; **~lich** *adj* malhumorado, enfadado; *Sache* molesto
verdrossen [fɛr'drɔsən] **I** *adjt* (*mürrisch*) malhumorado; **II** *advl* con malos humos; **2heit** *f* ⟨-⟩ mal humor *m*
ver'drücken F ⟨*sin* ge⟩ **I** *v/t* **1** *Kleid* arrugar; **2** F (*essen*) tragar; F zamparse; **II** *v/r* **3** ***sich ~*** F largarse, escabullirse
Verdruss [fɛr'drʊs] *m* ⟨-es; -e⟩ disgusto *m*
ver'duften *v/i* ⟨*sin* ge, sn⟩ F (*sich entfernen*) F esfumarse
Ver'dummung *f* ⟨-⟩ atontamiento *m*
ver'dunkeln ⟨*sin* ge⟩ **I** *v/t* oscurecer; *Glanz* deslucir; **II** *v/r* ***sich ~*** oscurecerse (*a fig Gesichtsausdruck*)
Ver'dunk(e)lung *f* **1** oscurecimiento *m*; **2** JUR *von Tatbeständen* encubrimiento *m*
ver'dünn|en *v/t* ⟨*sin* ge⟩ diluir; **2er** *m* CHEM diluyente *m*; **2ung** *f* dilución *f*
ver'dunst|en *v/i* ⟨*sin* ge, sn⟩ evaporarse; **2ung** *f* ⟨-⟩ evaporación *f*
ver'dursten *v/i* ⟨*sin* ge, sn⟩ morir(se) de sed
ver'düstern *v/t, v/r* ⟨*sin* ge⟩ **(*sich*) ~** oscurecer(se) (*a fig*)
verdutzt [fɛr'dʊtst] *adj* perplejo
ver'edeln *v/t* ⟨*sin* ge⟩ AGR, *Gartenbau* injertar; TEC refinar; *Rohstoffe* elaborar
Ver'ed(e)lung *f* AGR, *Gartenbau* injerto *m*; TEC refinación *f*

V

ver'ehren *v/t* ⟨*sin* ge⟩ **1** *geh* (*bewundern*) venerar, respetar; ***verehrte Anwesende!*** ¡respetado público!; **2** REL (*anbeten*) adorar; **3** *scherzh* ***j-m etw ~*** obsequiar a alg con a/c
Ver'ehrer(in) *m(f)* admirador, a *m,f*
Ver'ehrung *f* ⟨-⟩ **1** (*Bewunderung*) veneración *f*, respeto *m*; **2** (*Anbetung*) culto *m*, veneración *f*
ver'eidigen *v/t* ⟨*sin* ge⟩ ***j-n ~*** tomar juramento a alg; ***j-n auf etw*** (*acus*) **~** jurar alg a/c
ver'eidig|t *adjt* jurado; **≗ung** *f* prestación *f* *bzw* toma *f* de juramento
Ver'ein *m* ⟨-(e)s; -e⟩ unión *f*, asociación *f*; *kleinerer* círculo *m*, club *m*; ***eingetragener ~*** asociación *f* registrada; ***~ auf Gegenseitigkeit*** asociación *f* mutua
ver'einbar *adj* compatible (***mit*** con)
ver'einbaren *v/t* ⟨*sin* ge⟩ **1** ***etw*** (***mit j-m***) **~** ponerse de acuerdo (con alg) sobre a/c, acordar a/c (con alg); *Termin* concertar a/c (con alg); ECON ***etw ~*** fijar, convenir a/c; *im Vertrag* estipular a/c; **2** ***sich nicht mit etw ~ lassen*** no ser compatible con a/c, no dejarse conciliar con a/c
Ver'einbarung *f* acuerdo *m*, convenio *m*; ***e-e ~*** (***über etw*** *acus*) ***treffen*** ponerse de acuerdo (sobre a/c), acordar *od* convenir (a/c); ***nach ~*** *beim Arzt* previa cita
ver'einen *geh v/t, v/r* ⟨*sin* ge⟩ → ***vereinigen***
ver'einfach|en *v/t* ⟨*sin* ge⟩ simplificar; **≗ung** *f* simplificación *f*
ver'einheitlichen *v/t* ⟨*sin* ge⟩ unificar, estandarizar
ver'einigen ⟨*sin* ge⟩ **I** *v/t* (re)unir (***mit*** a), juntar, asociar (***mit*** con); **II** *v/r* ***sich ~*** unirse (***mit*** a), asociarse (***mit*** con); *Flüsse* confluir
ver'einigt *adjt* unido; (***die***) ***≗e(n) Arabische(n) Emirate*** los Emiratos Árabes Unidos; ***das ≗e Königreich*** (***von Großbritannien und Nordirland***) el Reino Unido (de Gran Bretaña e Irlanda de Norte); (***die***) ***≗e(n) Staaten*** (***von Amerika***) los Estados Unidos (de América)
Ver'einigung *f* reunión *f*, unión *f*, asociación *f*
ver'einsam|en *v/i* ⟨*sin* ge, sn⟩ quedar aislado; **≗ung** *f* ⟨-⟩ aislamiento *m*
ver'eint *adjt* unido; ***die ≗en Nationen*** las Naciones Unidas
ver|'einzelt *adjt* aislado; (*~ auftretend*) esporádico; **~'eisen** ⟨*sin* ge⟩ **I** *v/t* ⟨h⟩ MED insensibilizar (con frío); **II** *v/i* ⟨sn⟩ helarse; *Straßen* cubrirse de hielo; **~'eist** *adjt Straßen* helado; **~'eiteln** *v/t* ⟨*sin* ge⟩ *Plan* hacer fracasar; **~'eitert** *adj* purulento
ver'ekeln *v/t* ⟨*sin* ge⟩ ***j-m etw ~*** quitarle a alg las ganas de a/c
ver'enden *v/i* ⟨*sin* ge, sn⟩ *bsd Tiere* morir; F reventar
ver'eng|en *v/t, v/r* ⟨*sin* ge⟩ (***sich***) **~** estrechar(se); **≗ung** *f* estrechamiento *m*
ver'erb|en ⟨*sin* ge⟩ **I** *v/t* **1** *Besitz* dejar en herencia, legar (***j-m etw*** a/c a alg); **2** BIOL tra(n)smitir; **II** *v/r* **3** ***sich ~*** BIOL tra(n)smitirse (***auf j-n*** a alg); **≗ung** *f* BIOL transmisión *f* (hereditaria); *fig* herencia *f*
ver'ewigen *v/r* ⟨*sin* ge⟩ F ***sich ~*** eternizarse, inmortalizarse
ver'fahren[1] ⟨*irr, sin* ge⟩ **I** *v/t* ⟨h⟩ *Benzin* gastar; **II** *v/i* ⟨sn⟩ (*vorgehen*) proceder, obrar; ***mit j-m ~*** tratar a alg; **III** *v/r* ⟨h⟩ ***sich ~*** perderse, extraviarse
ver'fahren[2] F *adj* ***~e Situation*** callejón *m* sin salida; ***völlig ~ sein*** estar completamente embrollado
Ver'fahren *n* ⟨-s; -⟩ **1** (*Vorgehen*) manera *f* de obrar; **2** (*Arbeitsweise*) método *m*; TEC, CHEM proceso *m*; **3** JUR procedimiento *m*; ***anhängiges ~*** procedimiento *m* pendiente; ***das ~ aussetzen*** suspender el proceso; ***das ~ einstellen*** declarar terminado el procedimiento; ***das ~ eröffnen*** abrir el juicio; ***ein ~ gegen j-n anstrengen*** proceder judicialmente contra alg
Ver'fahrens|kosten *pl* JUR costas *f/pl* (procesales); **~technik** *f* TEC ingeniería *f* de procesos
Ver'fall *m* **1** *baulich* desmoronamiento *m* (*a fig*), ruina *f*; *körperlich* decaimiento *m*; **2** *wirtschaftlich* declive *m*, hundimiento *m*; **3** *fig e-s Reiches, e-r Kultur* decadencia *f*; ***sittlicher ~*** corrupción *f* moral
ver'fallen *v/i* ⟨*irr, sin* ge, sn⟩ **1** *baulich* desmoronarse; *körperlich* decaer; **2** *fig Reich, Kultur* decaer; *Sitten* corromperse; **3** *Fahrkarten* expirar; *Pass* caducar; **4** ***j-m, e-r Sache ~*** entregarse a alg, a a/c; ***dem Alkohol ~*** darse al alcohol; **5** ***auf etw*** (*acus*) **~** dar en a/c; ***er verfiel darauf, zu*** (*+inf*) se le ocurrió (la idea de) (*+inf*); **6** ***in etw*** (*acus*) **~** caer en a/c
Ver'fallsdatum *n* fecha *f* de caducidad
ver'fälschen *v/t* ⟨*sin* ge⟩ **1** *Wahrheit* falsear; *Text* falsificar; **2** *Nahrungsmittel* adulterar
ver'fangen *v/r* ⟨*irr, sin* ge⟩ ***sich ~*** enredarse (***in*** *+dat* en; *a fig*)
verfänglich [fɛr'fɛŋlɪç] *adj Frage* capcioso; *Situation* embarazoso; *Brief* comprometido
ver'färben *v/r* ⟨*sin* ge⟩ ***sich ~*** cambiar de color; *Stoff* desteñir(se)
ver'fassen *v/t* ⟨*sin* ge⟩ redactar, componer; *Gedicht a* escribir
Ver'fasser(in) *m(f)* autor, a *m,f*

V

Ver'fassung *f* **1** POL constitución *f*; **2** (*Zustand*) estado *m*; *körperliche* condición *f*; *seelische* disposición *f*; ***in guter ~ sein*** estar en forma
Ver'fassungs|änderung *f* enmienda *f* a la Constitución; **≗feindlich** *adj* anticonstitucional; **≗mäßig** *adj* constitucional
Ver'fassungsschutz *m* ***Bundesamt für ~*** BRD Oficina *f* Federal de Protección de la Constitución
ver|'faulen *v/i* ⟨*sin* ge, sn⟩ pudrirse; **~'fechten** *v/t* ⟨*irr, sin* ge⟩ *Ansicht, Meinung* sostener; *Recht* defender
ver|'fehlen *v/t* ⟨*sin* ge⟩ **1** *Person* no encontrar; *Zug* perder; *Weg, Ziel* errar; **2** *fig Zweck* no conseguir; *Thema* no acertar; **~'fehlt** *adjt* falso, equivocado; **≗'fehlung** *f* falta *f*, delito *m*
ver'feinden *v/r* ⟨*sin* ge⟩ ***sich ~*** enemistarse (***mit j-m*** con alg)
ver'feindet *adjt* enemigo, hostil; ***sie sind miteinander ~*** son enemigos
ver'feinern ⟨*sin* ge⟩ **I** *v/t* refinar, pulir; (*verbessern*) *a* mejorar; ***verfeinert*** refinado; **II** *v/r* ***sich ~*** refinarse; (*sich verbessern*) *a* mejorar
ver'festigen *v/t, v/r* ⟨*sin* ge⟩ (***sich***) **~** solidificar(se)
ver'feuern *v/t* ⟨*sin* ge⟩ **1** *Holz* quemar; **2** *Munition* gastar
ver'film|en *v/t* ⟨*sin* ge⟩ *Roman* llevar a la pantalla, filmar; **≗ung** *f* versión *f* cinematográfica, filmación *f*
ver'filzen *v/i* ⟨*sin* ge, sn⟩ *Haare* enmarañarse, enredarse; *Wolle* apelmazarse
ver'finstern *v/t, v/r* ⟨*sin* ge⟩ (***sich***) **~** oscurecer(se) (*a fig Gesicht*); ASTR eclipsar(se)
ver'flachen *v/i* ⟨*sin* ge, sn⟩ *fig Gespräch* perderse en trivialidades
ver'flechten *v/t* ⟨*irr, sin* ge⟩ **1** *Bänder* entrelazar (*a fig*); **2** (***eng***) ***verflochten sein*** estar muy relacionado entre sí
Ver'flechtung *f* entrelazamiento *m*; ECON interdependencia *f*
ver'fliegen ⟨*irr, sin* ge⟩ **I** *v/i* ⟨sn⟩ **1** (*vorbeigehen*) pasar(se) volando; **2** (*sich verflüchtigen*) evaporarse; **II** *v/r* ⟨h⟩ **3** ***sich ~*** AVIA desorientarse, perder el rumbo
ver'fließen *v/t* ⟨*irr, sin* ge, sn⟩ *Farben* correrse; *fig Zeit* pasar, transcurrir; *Frist a* vencer; *Begriffe* (***ineinander***) **~** fundirse, mezclarse
verflixt [fɛr'flɪkst] F → ***verdammt***
verflossen [fɛr'flɔsən] *adjt* antiguo; F ***ihr ~er Freund*** F su ex novio
ver'fluchen *v/t* ⟨*sin* ge⟩ maldecir (*a fig*)
ver'flucht F → ***verdammt***
ver'flüchtigen *v/r* ⟨*sin* ge⟩ ***sich ~*** **1** CHEM volatilizarse; **2** *Geruch usw* evaporarse
ver'flüssigen *v/t, v/r* ⟨*sin* ge⟩ (***sich***) **~** *Dampf* licuar(se)
ver'folgen *v/t* ⟨*sin* ge⟩ **1** (*einzuholen versuchen*) perseguir (*a fig Absicht, politische Gegner*); JAGD dar caza a; ***j-n auf Schritt und Tritt ~*** no dejar a alg a sol ni a sombra; **2** (*bedrängen*) asediar, acosar; ***dieser Gedanke verfolgt mich*** me persigue esa idea; **3** *Spur, Weg* seguir (*a fig Gedankengang, Ziel*); **4** ***e-e Sache weiter ~*** (pro)seguir a/c; **5** (*aufmerksam beobachten*) seguir de cerca
Ver'folg|er *m e-s Flüchtenden* perseguidor *m*; **~te(r)** *f(m)* ⟨→ A⟩ POL perseguido, -a *m,f*
Ver'folgung *f* persecución *f*; ***die ~ aufnehmen*** emprender la persecución
Ver'folgungs|jagd *f* persecución *f*; *mit Autos* F carrera *f*; **~wahn** *m* PSYCH manía *f* persecutoria
ver|'formen *v/t, v/r* ⟨*sin* ge⟩ (***sich***) **~** deformar(se); **~'frachten** *v/t* ⟨*sin* ge⟩ **1** *Waren* despachar, expedir; **2** F *Gepäck, scherzh Person* meter; **~'fremden** *v/t* ⟨*sin* ge⟩ *in der Kunst* distanciar
Ver'frach|ten *n* ECON fletamiento *m*; **~ter** *m* fletante *m*; **~tung** *f* expedición *f*
ver|'fressen F *desp adjt* F tragón; **~'froren** *adj* friolero; **~'früht** *adj* prematuro
ver'fügbar *adj* disponible; **≗keit** *f* ⟨-⟩ disponibilidad *f*
ver'fügen ⟨*sin* ge⟩ **I** *v/t* ADM (*anordnen*) disponer, decretar, ordenar; **II** *v/i* ***über j-n, etw*** (*acus*) **~** disponer de alg, a/c, contar con alg, a/c
Ver'fügung *f* **1** ADM (*Anordnung*) orden *f*, decreto *m*, disposición *f* (*a* JUR); ***gerichtliche ~*** disposición *f* judicial; ***testamentarische ~*** disposición *f* testamentaria; **2** JUR ***einstweilige ~*** resolución *f* provisional (de seguridad); (*Verbot*) interdicto *m* provisorio; ***e-e einstweilige ~ erlassen*** dictar una resolución provisional, notificar un interdicto; ***e-e einstweilige ~ erwirken*** obtener una providencia precautoria *od* interina; **3** (*Disposition*) ***j-m etw zur ~ stellen*** poner a/c a la disposición de alg; ***j-m zur ~ stehen*** estar a la disposición de alg; ***zur freien ~*** de libre disposición
ver'führen *v/t* ⟨*sin* ge⟩ ***j-n ~*** seducir a alg; (*verleiten*) ***j-n zu etw ~*** incitar a alg a a/c
Ver'führer|(in) *m(f)* seductor, a *m,f*; **≗isch** *adj* **1** (*verlockend*) tentador; **2** (*sehr reizvoll*) seductor
Ver'führung *f* seducción *f*; JUR ***~ Minderjähriger*** corrupción *f* de menores
ver|'füttern *v/t* ⟨*sin* ge⟩ dar de comer (***an*** *+acus* a); **≗'gabe** *f e-s Auftrags* adjudicación *f*; **~gällen** [-'gɛlən] *v/t* ⟨*sin* ge⟩ **1** CHEM

desnaturalizar; **2** *fig Freude, Leben* amargar; **~'gammeln** F *v/i* ⟨*sin* ge, sn⟩ *Lebensmittel* pudrirse; *Person* degradarse

vergangen [fɛr'gaŋən] *adjt* pasado; ***~e Woche*** la semana pasada

Ver'gangenheit *f* pasado *m*; GRAM *a* pretérito *m*

vergänglich [fɛr'gɛŋlɪç] *adj* efímero, pasajero; **ˆkeit** *f* ⟨-⟩ carácter *m* efímero *od* pasajero

ver'gas|en *v/t* ⟨*sin* ge⟩ *Menschen* asfixiar con gas; *Ungeziefer* gasear, fumigar; **ˆer** *m* AUTO carburador *m*

ver'geben *v/t* ⟨*irr, sin* ge⟩ **1** *geh* (*verzeihen*) perdonar (***j-m etw*** a/c a alg); **2** (*geben*) (***an j-n***) **~** otorgar *od* dar (a alg); *Preis, Stelle a* conceder (a alg); *Auftrag a* adjudicar (a alg); **3** *bsd* SPORT *Chance* desperdiciar; **4** ***sich*** (*dat*) ***etwas, nichts ~*** perder, no perder la cara

ver'gebens I *adj* ***es war ~*** fue inútil *od* en vano; **II** *adv* inútilmente, en vano

ver'geblich I *adj* inútil, en vano; **II** *adv* → ***vergebens II***

Ver'gebung *geh f* ⟨-⟩ perdón *m*; *der Sünden a* remisión *f*

ver'gegenwärtigen *v/t* ⟨*sin* ge⟩ ***sich*** (*dat*) ***etw ~*** tener presente a/c, figurarse a/c

ver'gehen ⟨*irr, sin* ge⟩ **I** *v/i* ⟨sn⟩ **1** *Zeit* pasar, transcurrir; **2** *Schmerz, Schönheit usw* desaparecer; ***davon ist mir der Appetit vergangen*** (eso) me ha quitado el apetito; **3** *fig* ***vor*** (+*dat*) **~** morirse de; **II** *v/r* ⟨h⟩ **4** ***sich gegen das Gesetz ~*** violar la ley; **5** *sexuell* ***sich an j-m ~*** violar a alg

Ver'gehen *n* ⟨-s; -⟩ falta *f*; JUR delito *m*; *geringfügiges* infracción *f*

ver'gelten *v/t* ⟨*irr, sin* ge⟩ devolver, pagar; ***Gleiches mit Gleichem ~*** pagar con la misma moneda

Ver'geltung *f* desquite *m*, revancha *f*; ***~ üben*** desquitarse, tomar la revancha

vergessen [fɛr'gɛsən] ⟨vergisst, vergaß, vergessen⟩ **I** *v/t* olvidar, olvidarse de; ***ich habe es ~*** se me ha olvidado; *fig* ***j-m etw nie ~*** (*dankbar sein*) estar(le) a alg siempre agradecido por a/c; (*böse sein*) no perdonar(le) a/c a alg; F ***vergiss es!*** F ¡olvídate!; **II** *v/r* ***sich ~*** descomedirse

Ver'gessenheit *f* ⟨-⟩ olvido *m*; ***in ~ geraten*** caer en el olvido

ver'gesslich *adj* olvidadizo; **ˆkeit** *f* ⟨-⟩ falta *f* de memoria

vergeud|en [fɛr'gɔʏdən] *v/t* ⟨*sin* ge⟩ despilfarrar, derrochar; **ˆung** *f* despilfarro *m*, derroche *m*

verge'waltig|en *v/t* ⟨*sin* ge⟩ violar; *fig a* violentar; **ˆung** *f* violación *f*; *fig* abuso *m* (+*gen* de, contra)

vergewissern [fɛrgə'vɪsərn] *v/r* ⟨*sin* ge⟩ ***sich e-r Sache*** (*gen*) **~** asegurarse *od* cerciorarse de a/c

ver'gießen *v/t* ⟨*irr, sin* ge⟩ verter, derramar (*a Blut, Tränen*)

ver'gift|en *v/t, v/r* ⟨*sin* ge⟩ (***sich***) **~** envenenar(se) (*a fig*); MED intoxicar(se); **ˆung** *f* **1** (*das Vergiften*) envenenamiento *m*; **2** *Erkrankung* intoxicación *f*

vergilben [fɛr'gɪlbən] *v/i* ⟨*sin* ge, sn⟩ *Papier* amarillear

Ver'gissmeinnicht *n* ⟨-(e)s; -e⟩ BOT miosota *f*, nomeolvides *m*

ver'gittert *adjt* enrejado

ver'glasen *v/t* ⟨*sin* ge⟩ acristalar, poner cristales a

Ver'gleich *m* ⟨-(e)s; -e⟩ **1** comparación *f*; ***e-n ~ ziehen*** establecer un paralelismo; ***im ~ mit, zu*** en comparación con; **2** JUR arreglo *m*, acuerdo *m*; (***außer***)***gerichtlicher ~*** arreglo *m* (extra)judicial; ***gütlicher ~*** arreglo *m* amistoso; ***e-n ~ aushandeln*** negociar un arreglo *od* acuerdo; ***e-n ~ schließen*** llegar a un arreglo

ver'gleichbar *adj* comparable (***mit*** con)

ver'gleichen ⟨*irr, sin* ge⟩ **I** *v/t* comparar (***mit*** con); *Schriftstücke* cotejar (***mit*** con); ***das ist*** (***doch gar***) ***nicht zu ~*** no tiene comparación; **II** *v/r* JUR ***sich mit j-m ~*** llegar a un acuerdo con alg

ver'gleichend *adjt* comparativo

Ver'gleichs|jahr *n* año *m* de referencia; **~möglichkeit** *f* elemento *m* de comparación; **~verfahren** *n* JUR procedimiento *m* conciliatorio; **ˆweise** *adv* comparativamente, en comparación; **~zeitraum** *m* período *m* de referencia

ver'glühen *v/i* ⟨*sin* ge, sn⟩ irse extinguiendo; *Satellit* fundirse

vergnügen [fɛr'gny:gən] *v/r* ⟨*sin* ge⟩ ***sich mit etw ~*** divertirse *od* distraerse con a/c

Ver'gnügen *n* ⟨-s; -⟩ diversión *f*; (*Zerstreuung*) distracción *f*; ***mit*** (***dem größten***) **~** con (muchísimo) gusto; ***viel ~!*** ¡que te (se, *etc*) diviertas (divierta, *etc*)! (*a iron*); ***mit wem habe ich das ~*** (***zu sprechen***)***?*** ¿con quién tengo el placer (de hablar)?; ***es ist mir ein ~*** es para mí un placer; F ***ein teures ~*** un capricho caro

ver'gnüglich *adj* divertido

ver'gnügt *adjt* alegre, contento

Ver'gnügung *f* diversión *f*

Ver'gnügungs|park *m* parque *m* de atracciones; **~reise** *f* viaje *m* de placer; **ˆsüchtig** *adj* ávido de placeres; **~viertel** *n* barrio *m* de salir

ver'gold|en *v/t* ⟨*sin* ge⟩ dorar (*a fig*); **ˆung** *f* dorado *m*

V

ver'gönnt *adjt* **es war mir nicht ~ zu** (+*inf*) no tuve la posibilidad de (+*inf*)

ver'göttern *v/t* ⟨*sin* ge⟩ idolatrar, adorar (*a desp*)

ver'graben ⟨*irr*, *sin* ge⟩ **I** *v/t* enterrar, soterrar; **II** *v/r* **sich ~** *Tiere* enterrarse (**in** +*dat od acus* en), esconderse bajo tierra; F *fig* **sich in s-e Bücher ~** encerrarse *od* engolfarse en sus libros

ver|'grämen *v/t* ⟨*sin* ge⟩ afligir, apenar; **~'grämt** *adjt Gesicht* acongojado, apenado

ver'graulen F *v/t* ⟨*sin* ge⟩ **j-n ~** espantar a alg

ver'greifen *v/r* ⟨*irr*, *sin* ge⟩ **1 sich im Ton ~** equivocarse de tono; **2 sich an etw ~** robar a/c; **sich an fremdem Eigentum ~** atentar contra la propiedad ajena; **3 sich an j-m ~** abusar de alg

vergriffen [fɛr'grɪfən] *adjt Buch* agotado

ver'größer|n ⟨*sin* ge⟩ **I** *v/t* **1** (*erweitern*) agrandar, ensanchar; *Geschäft* ampliar; **2** (*vermehren*) aumentar; **3** FOT, OPTIK ampliar, amplificar; **(von DIN-A4) auf DIN-A3 ~** hacer ampliaciones (de DIN-A4) a DIN-A3; **II** *v/r* **4 sich ~** agrandarse; *Geschäft* ampliarse; *Familie*, *Kapital* aumentar; **℞ung** *f* **1** (*Erweiterung*) ensanche *m*; *e-s Geschäfts* ampliación *f*; **2** *mengenmäßige* aumento *m*; **3** FOT, OPTIK ampliación *f*; **℞ungsglas** *n* lente *f* de aumento

Ver'günstigung *f* ventaja *f*, facilidades *f/pl* (*a steuerliche*), preferencia *f*; *soziale* concesión *f*

ver'güten *v/t* ⟨*sin* ge⟩ **1** *Arbeit* remunerar; **2 j-m etw ~** *Auslagen* reembolsar a/c a alg; *Verlust(e)* compensar a/c a alg

Ver'gütung *f* **1** (*Bezahlung*) remuneración *f*; **2** (*Erstattung*) reembolso *m*; **3** (*Entschädigung*) compensación *f*

verh. *Abk* (*verheiratet*) casado

ver'haft|en *v/t* ⟨*sin* ge⟩ detener; **℞ung** *f* detención *f*, arresto *m*

ver'hallen *v/i* ⟨*sin* ge, sn⟩ *Ton* ir extinguiéndose

ver'halten¹ *v/r* ⟨*irr*, *sin* ge⟩ **sich ~ 1** (*sich benehmen*) (com)portarse (**gegen j-n, j-m gegenüber** frente a *od* con alg); **sich ruhig ~** estar tranquilo; **2** (*beschaffen sein*) ser; **wie verhält sich die Sache?** ¿cómo es la cosa?

ver'halten² *adjt* **1** *Freude* contenido; *Groll* guardado; **2 mit ~er Stimme** con voz queda; **3** *Fahrweise*, *Kritik* moderado

Ver'halten *n* ⟨-s⟩ conducta *f*, comportamiento *m*; (*Vorgehen*) forma *f* de actuar

Ver'haltens|forschung *f* etología *f*; **℞gestört** *adj* que presenta problemas de comportamiento; **~maßregeln** *pl* normas *f/pl* de conducta; **~weise** *f* comportamiento *m*

Verhältnis [fɛr'hɛltnɪs] *n* ⟨-ses; -se⟩ **1** relación *f*; (*Größen℞*) proporción *f*; **im ~ zu** en relación a, en comparación con; **im ~ 1 zu 3** en una relación de 1 a 3; **in keinem ~ stehen** (**zu**) ser desproporcionado a; **2** (*Beziehung*) relación *f*; **ein gutes ~ zu j-m haben** tener buenas relaciones con alg; **3** F (*Liebes℞*) lío *m*; **4 ~se** *pl* situación *f*; (*Umstände*) circunstancias *f/pl*; **über s-e ~se leben** vivir por encima de sus posibilidades

ver'hältnis|mäßig *adv* representativamente, proporcionalmente; **℞wahl** *f* voto *m* proporcional

ver'handeln ⟨*sin* ge⟩ **I** *v/t* JUR **e-n Fall ~** *strafrechtlich* juzgar una causa; *zivilrechtlich* ver una causa; **II** *v/i* **über etw** (*acus*) **~** negociar a/c; (*beraten*) deliberar *od* discutir sobre a/c

Ver'handlung *f* **1** *bsd* POL, COM negociación *f*; **~en führen** negociar; **die ~en abbrechen, abschließen** romper, concluir las negociaciones; **die ~en wieder aufnehmen** reanudar las negociaciones; **in ~en eintreten** entablar negociaciones; **sich in ~en befinden** estar en conversaciones; **2** JUR *strafrechtliche* juicio *m*; *zivilrechtliche* vista *f*; **mündliche ~** juicio *m* oral; **die ~ findet am 12. Mai statt** el juicio tendrá lugar el 12 de mayo

Ver'handlungsbasis *f* base *f* de negociación; **~ 1500 Euro** 1500 euros negociables

Ver'handlungs|geschick *n* capacidad *f od* habilidad *f* negociadora; **~partner(in)** *m(f)* parte *f* negociadora; **~runde** *f* ronda *f* de negociaciones; **~spielraum** *m* margen *m* de negociación

Ver'handlungsweg *m* **auf dem ~(e)** por vía de negociación

ver'hangen *adj Himmel* cubierto, encapotado

ver'hängen *v/t* ⟨*sin* ge⟩ **1** *Fenster* cubrir (**mit** con); **2** *Strafe* imponer, infligir (**über j-n** a alg); *Ausnahmezustand* declarar

Ver'hängnis *n* ⟨-ses; -se⟩ fatalidad *f*; **j-m zum ~ werden** ser la perdición de alg

ver'hängnisvoll *adj* fatal, funesto

ver'harmlosen *v/t* ⟨*sin* ge⟩ minimizar, quitar importancia a

verhärmt [fɛr'hɛrmt] *adj* acongojado, apenado

ver'harren *v/i* ⟨*sin* ge, h *o* sn⟩ **1** (*innehalten*) detenerse, parar; **2** (*beibehalten*) **in etw** (*dat*) **~** permanecer *od* persistir en a/c

ver'härt|en *v/r* ⟨*sin* ge⟩ **sich ~** endurecerse (*a fig*, MED); **℞ung** *f* **1** endurecimiento *m* (*a fig*); **2** MED callosidad *f*

ver'hasst *adj* odiado, detestado; **sich bei j-m ~ machen** hacerse odiar por alg

ver'hätscheln *v/t* ⟨*sin* ge⟩ *Kind* mimar

(demasiado), malcriar
ver'hauen F ⟨*p/p* verhauen⟩ **I** *v/t* **1** ***j-n*** **~** F pegar a alg, dar una paliza a alg; **2** *Aufsatz* hacer muy mal; **II** *v/r* **3** ***sich*** **~** (*sich irren*) F meter la pata
ver'heben *v/r* ⟨*irr, sin* ge⟩ ***sich*** **~** hacerse daño (al levantar peso)
verheddern [fɛr'hɛdərn] F *v/r* ⟨*sin* ge⟩ ***sich*** **~** *Fäden* enredarse; *fig beim Sprechen* atascarse, trabucarse; ***sich in etw*** (*dat*) **~** enredarse en a/c
ver'heerend *adjt* **1** asolador; *Folgen* desastroso; **2** F (*scheußlich*) horrible
ver'hehlen *geh v/t* ⟨*sin* ge⟩ ocultar, encubrir; ***man kann nicht*** **~**, ***dass ...*** no se puede ocultar que ...
ver'heilen *v/i* ⟨*sin* ge, sn⟩ *Wunde* curarse, cicatrizar
ver'heimlichen *v/t* ⟨*sin* ge⟩ disimular, ocultar (***j-m etw, etw vor j-m*** a/c a alg)
ver'heiraten *v/t, v/r* ⟨*sin* ge⟩ (***sich***) **~** casar (-se) (***mit*** con)
ver'heiratet *adjt* casado
ver'heiß|en *geh v/t* ⟨*irr, sin* ge⟩ prometer; **2ung** *f* promesa *f*; **~ungsvoll** *adj* prometedor
ver'helfen *v/i* ⟨*irr, sin* ge⟩ ***j-m zu etw*** **~** ayudar a alg a conseguir a/c, proporcionar a/c a alg
ver'herrlich|en *v/t* ⟨*sin* ge⟩ enaltecer, glorificar, ensalzar; **2ung** *f* glorificación *f*, ensalzamiento *m*
ver'heult F *adj* lloroso
ver'hexen *v/t* ⟨*sin* ge⟩ embrujar; F *fig* ***es ist wie verhext!*** F ¡es cosa de brujas!
ver'hinder|n *v/t* ⟨*sin* ge⟩ impedir; *Unglück* evitar; **2ung** *f* impedimento *m*
ver|'höhnen *v/t* ⟨*sin* ge⟩ mofarse de; **~hökern** [-'hø:kərn] F *v/t* ⟨*sin* ge⟩ vender barato
Ver'hör *n* ⟨-(e)s; -e⟩ interrogatorio *m*
ver'hören ⟨*sin* ge⟩ **I** *v/t* ***j-n*** **~** interrogar a alg; **II** *v/r* ***sich*** **~** entender *od* oír mal
ver|'hüllen *v/t* ⟨*sin* ge⟩ cubrir, tapar (*a fig*); **~'hundertfachen** *v/t, v/r* ⟨*sin* ge⟩ (***sich***) **~** multiplicar(se) por cien, centuplicar(se)
ver'hungern *v/i* ⟨*sin* ge, sn⟩ morir(se) de hambre; ***ganz verhungert aussehen*** tener cara de muerto de hambre
ver|'hüten *v/t* ⟨*sin* ge⟩ (*verhindern*) impedir; *Unglück* prevenir; **~'hütten** *v/t* ⟨*sin* ge⟩ *Erz* fundir; **2'hütung** *f* ⟨-⟩ **1** profilaxis *f*; (*Vorbeugung*) prevención *f*; **2** (*Empfängnis2*) contracepción *f*; **2'hütungsmittel** *n* anticonceptivo *m*
verhutzelt [fɛr'hʊtsəlt] F *adj* arrugado
ver'innerlichen *v/t* ⟨*sin* ge⟩ interiorizar
ver'irr|en *v/r* ⟨*sin* ge⟩ ***sich*** **~** perder el camino, extraviarse; **2ung** *f* extravío *m*, error *m*
ver'jagen *v/t* ⟨*sin* ge⟩ ahuyentar
verjähr|en [fɛr'jɛ:rən] *v/i* ⟨*sin* ge, sn⟩ JUR prescribir; **2ung** *f* JUR prescripción *f*; **2ungsfrist** *f* JUR plazo *m* de prescripción
ver'jubeln F *v/t* ⟨*sin* ge⟩ F despilfarrar
ver'jüng|en ⟨*sin* ge⟩ **I** *v/t* rejuvenecer; *Personal* renovar; **II** *v/r* ***sich*** **~** *Säule* estrecharse; **2ung** *f* **1** rejuvenecimiento *m*, renovación *f*; **2** ARCH estrechamiento *m*
ver'kabeln *v/t* ⟨*sin* ge⟩ cablear; ***verkabelt sein*** tener conexión por cable
Ver'kabelung *f* cableado *m* (*a* TV)
ver'kalken *v/i* ⟨*sin* ge, sn⟩ **1** MED esclerosarse, calcificarse; **2** F *fig* (*geistig altern*) F chochear; **3** *Waschmaschine usw* cubrirse de cal
verkalku'lieren *v/r* ⟨*sin* ge⟩ ***sich*** **~** (*falsch beurteilen*) equivocarse en el cálculo, calcular mal
Ver'kalkung *f* **1** calcificación *f*; MED *a* esclerosis *f*; **2** F *fig desp* senilidad *f*
ver|kannt [fɛr'kant] *adjt* no apreciado, despreciado; **~'kappt** *adj* encubierto
ver'katert F *adj* **~** ***sein*** F tener resaca
Ver'kauf *m* **1** venta *f*; (*Absatz*) *a* ventas *f/pl*; **~ *auf Raten*** venta *f* a plazos; **~ *gegen Nachnahme*** venta *f* contra re(e)mbolso; ***den*** **~** ***fördern, steigern*** promocionar, incrementar las ventas; ***etw zum*** **~** ***anbieten*** poner *od* oferecer a/c a la venta; ***zum*** **~** ***stehen*** estar en venta; **2** *Abteilung* departamento *m* de ventas
ver'kaufen ⟨*sin* ge⟩ **I** *v/t* vender; (*absetzen*) *a* dar salida a; ***billig, teuer*** **~** vender barato, caro; ***lose*** **~** vender a granel; *auf Schildern* ***zu*** **~** se vende; ***j-m etw*** **~**, ***etw an j-n*** **~** vender (-le) a/c a alg; **II** *v/r* ***sich*** (***gut, schlecht***) **~** *Ware* venderse (bien, mal)
Ver'käufer|(in) *m(f)* vendedor, a *m,f*; *in e-m Geschäft a* dependiente, -a *m,f*; **~markt** *m* mercado *m* del vendedor
ver'käuflich *adj* (*zum Verkauf geeignet*) vendible; (*zum Verkauf bestimmt*) en venta; ***leicht*** **~** de fácil venta
Ver'kaufs|abteilung *f* departamento *m* de ventas; **~bedingungen** *f/pl* condiciones *f/pl* de venta; **~erfolg** *m* éxito *m* de ventas; **~erlös** *m* producto *m* de la venta; **~fläche** *f* superficie *f* de venta
ver'kaufsfördernd *adj* **~*e Maßnahme*** acción *f* promotora de ventas
Ver'kaufs|förderung *f* promoción *f* de ventas; **~leiter(in)** *m(f)* jefe, -a *m,f* de ventas
ver'kaufsoffen *adj* **~*er Sonntag*** *domingo en el que se abren las tiendas*
Ver'kaufs|option *f* opción *f* de venta; **~politik** *f* política *f* de ventas; **~preis** *m* precio *m* de venta; **~prognose** *f* previsión *f* de ventas; **~rückgang** *m* baja *f* de ventas, caí-

V

da *f* de ventas; **~schlager** *m* éxito *m* de ventas; **~stelle** *f* punto *m* de ventas; **~technik** *f* técnica *f* de venta; **~tisch** *m* mostrador *m*; **~urkunde** *f* escritura *f* de compraventa; **~verpackung** *f* envase *m* para la venta; **~volumen** *n* volumen *m* de ventas; **~zahlen** *f/pl* cifras *f/pl* de venta

Verkehr [fɛr'keːr] *m* ⟨-(e)s⟩ **1** (*Straßen*2) circulación *f*, tráfico *m*, tránsito *m*; ***stockender ~*** atasco *m*; ***dem ~ übergeben*** abrir al tráfico; ***öffentlicher ~*** transportes *m/pl* públicos; **2** (*Geld*2, *Güter*2) movimiento *m*; (*Handels*2) operaciones *f/pl*; ***freier ~*** libre circulación *f*; ***kombinierter ~*** transporte *m* combinado; ***aus dem ~ ziehen*** retirar de la circulación; F *fig* ***j-n aus dem ~ ziehen*** quitar a alg de en medio; **3** (*Kontakt*) contacto *m*; (*Umgang*) trato *m*, relaciones *f/pl*; **4** (*Geschlechts*2) relaciones *f/pl*

ver'kehren ⟨*sin* ge⟩ **I** *v/i* **1** ⟨h *o* sn⟩ *Bahn*, *Bus* circular (***zwischen*** *+dat* entre); **2** ***in e-m Haus ~*** frecuentar una casa; **3** ***mit j-m ~*** tener relación *od* trato con alg; **4** *sexuell* ***mit j-m ~*** tener relaciones con alg; **II** *v/r* **5** ***sich ins Gegenteil ~*** convertirse en lo contrario

Ver'kehrs|ampel *f* semáforo *m*; **~amt** *n* oficina *f* de turismo

ver'kehrsberuhigt *adjt* ***~e Zone*** zona *f* de tráfico limitado

Ver'kehrs|chaos *n* caos *m* circulatorio; **~dichte** *f* densidad *f* del tráfico; **~funk** *m* servicio *m* radiofónico de información sobre el tráfico; **2günstig** *adj Lage* bien situado en cuanto a circulación y medios de transporte; **~hindernis** *n* obstáculo *m* para la circulación; **~insel** *f* refugio *m*, isleta *f*; **~kontrolle** *f* control *m* de circulación; **~ministerium** *n* Ministerio *m* de Transportes

Ver'kehrsmittel *n* medio *m* de transporte; ***öffentliche ~*** (medios *m/pl* de) transporte *m* público

Ver'kehrs|netz *n* red *f* de comunicaciones; **~opfer** *n* víctima *f* de la circulación; **~polizei** *f* policía *f* de tráfico; **~regel** *f* norma *f* de circulación; **2reich** *adj Straße* muy transitado; **~schild** *n* señal *f* de circulación; **~sicherheit** *f* seguridad *f* vial; **~sünder** *m* infractor *m* de las normas de la circulación; **~teilnehmer** *m* usuario *m* de la vía pública; **~unfall** *m* accidente *m* de tráfico; **~verbindung** *f* comunicación *f*; **2widrig** *adj* antirreglamentario; **~zeichen** *n* señal *f* de circulación

verkehrt [fɛr'keːrt] **I** *adj* **1** (*umgekehrt*) invertido; **2** (*falsch*) falso, equivocado; ***der ~e Weg*** el camino equivocado; **II** *adv* **3** al revés; **4** ***es ~ anfangen*** empezar mal

ver'keilen ⟨*sin* ge⟩ **I** *v/t* poner cuñas a; **II** *v/r* ***sich ~*** atrancarse (***in*** *+acus* en)

ver'kennen *v/t* ⟨*irr*, *sin* ge⟩ *Person* menospreciar; *Situation* no comprender

Ver'kettung *f fig* concatenación *f*

ver'klagen *v/t* ⟨*sin* ge⟩ ***j-n ~*** demandar a alg, poner un pleito a alg (***wegen etw*** por a/c); ***j-n auf Schadenersatz ~*** reclamar(le) a alg una indemnización

ver'klappen *v/t* ⟨*sin* ge⟩ verter al mar

ver'klären *v/t*, *v/r* ⟨*sin* ge⟩ *fig* (***sich***) **~** transfigurar(se); *Gesicht* iluminar(se)

verklausulieren [fɛrklaʊzʊ'liːrən] *v/t* ⟨*sin* ge⟩ JUR restringir con claúsulas; *fig* expresar de manera incomprensible

ver'kleben ⟨*sin* ge⟩ **I** *v/t* ⟨h⟩ **1** tapar; **2** (*zukleben*) pegar; **II** *v/i* ⟨sn⟩ **3** (*aneinander kleben*) pegarse

ver'kleid|en ⟨*sin* ge⟩ **I** *v/t* **1** disfrazar, vestir (***als*** de); **2** TEC, BAU revestir (***mit*** de); ***mit Holz ~*** *a* enmaderar; **II** *v/r* **3** ***sich ~*** disfrazarse, vestirse (***als*** de); **2ung** *f* **1** (*Kostüm*) disfraz *m*; **2** TEC, BAU revestimiento *m*

ver'kleiner|n *v/t*, *v/r* ⟨*sin* ge⟩ (***sich***) **~** **1** (*kleiner machen*) reducir(se), empequeñecer(se); (*verringern*) disminuir; (***von DIN-A4***) ***auf DIN-A5 ~*** reducir (de DIN-A4) a DIN-A5; **2** *fig Bedeutung* minimizar(se); **2ung** *f* reducción *f*, diminución *f* (*a fig*)

Ver'kleinerungsform *f* GRAM diminutivo *m*

ver|'klemmt *adjt* PSYCH inhibido; F reprimido; **~'klingen** *v/i* ⟨*irr*, *sin* ge, sn⟩ *Ton* ir extinguiéndose

ver'knallen F *v/r* ⟨*sin* ge⟩ ***sich in j-n ~*** F enamorarse locamente de alg; F ***in j-n verknallt sein*** estar loco por alg

Ver'knappung *f* escasez *f* (*+gen* de)

ver'kneifen F *v/t* ⟨*irr*, *sin* ge⟩ ***sich*** (*dat*) ***etw ~*** *Lachen* contener a/c; *Bemerkung* callarse a/c; ***sich*** (*dat*) ***~, etw zu tun*** renunciar a hacer a/c

verkniffen [fɛr'knɪfən] *adjt desp Gesicht*, *Miene* amargado

ver|'knöchert *adjt* F *fig Mensch* anquilosado; **~'knoten** *v/t*, *v/r* ⟨*sin* ge⟩ (***sich***) **~** anudar(se); **~'knüpfen** *v/t* ⟨*sin* ge⟩ **1** *Fäden* atar, enlazar (***mit*** con); **2** *fig* (*verbinden*) combinar, vincular (***mit*** con); *Idee* asociar (***mit*** con); **2'knüpfung** *f bsd* INFORM enlace *m*; vinculación *f*

ver'kohlen ⟨*sin* ge⟩ **I** F *v/t* ⟨h⟩ ***j-n ~*** F tomar el pelo a alg, reírse de alg; **II** *v/i* ⟨sn⟩ carbonizarse

ver'kommen[1] *v/i* ⟨*irr*, *sin* ge, sn⟩ **1** *Besitz* echarse a perder; *Gebäude* venirse abajo; **2** *Mensch* depravarse

ver'kommen[2] *adjt* **1** *Besitz* echado a perder; *Gebäude* desmoronado; **2** *Mensch* degenerado, depravado

ver'korken *v/t* ⟨*sin* ge⟩ *Flasche* encorchar, taponar
verkorksen [fɛr'kɔrksən] F *v/t* ⟨*sin* ge⟩ estropear; ***sich*** (*dat*) ***den Magen*** **~** F fastidiarse el estómago
ver|'körpern *v/t* ⟨*sin* ge⟩ personificar; THEA encarnar; **~köstigen** [-'kœstɪgən] *v/t* ⟨*sin* ge⟩ alimentar
ver'krachen F *v/r* ⟨*sin* ge⟩ ***sich mit j-m*** **~** pelearse con alg, reñir con alg
ver|'kraften *v/t* ⟨*sin* ge⟩ poder con, resistir; **~'krampfen** *v/r* ⟨*sin* ge⟩ ***sich*** **~** crisparse; **~'kriechen** *v/r* ⟨*irr, sin* ge⟩ ***sich*** **~** *Tiere, fig Mensch* esconderse (***in*** *+dat od acus* en); **~'krümeln** F *v/r* ⟨*sin* ge⟩ ***sich*** **~** F largarse, pirarse
ver'krümm|t *adjt* deforme; *Wirbelsäule* desviado; **2ung** *f* deformidad *f*; *der Wirbelsäule* desviación *f*
ver'krüppelt *adj Mensch* lisiado, tullido; *Bäume* achaparrado
ver'krusten *v/i* ⟨*sin* ge, sn⟩ formar costra
ver'krustet *adjt* ***~e Strukturen*** estructuras *f/pl* anquilosadas
ver'kühlen *v/r* ⟨*sin* ge⟩ *bsd österr* ***sich*** **~** resfriarse
ver'kümmern *v/i* ⟨*sin* ge, sn⟩ *Pflanzen* marchitarse; *Menschen* ir a menos (*a fig*); *Glieder, Organe* atrofiarse; *fig Talent* ***~ lassen*** desaprovechar
ver'künd|en *v/t* ⟨*sin* ge⟩ (*ankündigen*) anunciar (*a fig*); *öffentlich* publicar; *Gesetz* promulgar; *Urteil* pronunciar; **~igen** *geh v/t* ⟨*sin* ge⟩ **1** → ***verkünden***; **2** *Evangelium* predicar; **2ung** *f* **1** *des Urteils* pronunciación *f*; **2** (*Bekanntgabe*) comunicación *f*; *öffentliche* publicación *f*; *e-s Gesetzes* promulgación *f*
ver'kuppeln *v/t* ⟨*sin* ge⟩ *fig desp* ***zwei Personen miteinander*** **~** emparejar a dos personas
ver'kürzen ⟨*sin* ge⟩ **I** *v/t Länge* acortar (***um*** en); *Zeitdauer a* reducir (***um*** en); **II** *v/i* SPORT ***auf 2:3*** **~** acercarse a 2:3; **III** *v/r* ***sich*** **~** *Länge, Zeit* reducirse (***um*** en)
Ver'lade|bahnhof *m* estación *f* de carga; **~hafen** *m* puerto *m* de embarque; **~kosten** *pl* gastos *m/pl* de carga; MAR gastos *m/pl* de embarque
ver'laden *v/t* ⟨*irr, sin* ge⟩ **1** cargar (***auf*** *+acus* en); *bsd* MAR embarcar (***auf*** *+acus* en); **2** F ***j-n*** **~** F embaucar a alg
Ver'lad|en *n* carga *f*; **~erampe** *f* rampa *f* de carga; MAR rampa *f* de embarque; **~ung** *f* carga *f*; MAR embarque *m*
Verlag [fɛr'laːk] *m* ⟨-(e)s; -e⟩ editorial *f*; ***dieses Buch erscheint im*** **~ ...** este libro lo publica la editorial ...
ver'lagern ⟨*sin* ge⟩ **I** *v/t* cambiar, desplazar (*a fig*); *Aktivitäten, Produktion* trasladar; **II** *v/r* ***sich*** **~** desplazarse (*a fig*)
Ver'lagerung *f* desplazamiento *m*; *von Aktivitäten, der Produktion usw* traslado *m*; ***die ~ der Produktion ins Ausland*** el traslado de la producción al extranjero
Ver'lags|branche *f* sector *m* editorial; **~buchhandlung** *f* librería *f* editorial; **~haus** *n* casa *f* editora; **~leiter(in)** *m(f)* jefe, -a *m,f* de la editorial; **~programm** *n* programa *m* editorial; **~recht** *n* derecho *m* editorial; **~vertreter(in)** *m(f)* representante *m,f* editorial; **~wesen** *n* industria *f* editorial
ver'langen ⟨*sin* ge⟩ **I** *v/t* pedir; *Recht* reclamar, exigir; ***das ist zu viel verlangt*** eso es pedir demasiado; **II** *geh v/i* ***nach etw*** **~** anhelar a/c; ***nach j-m*** **~** desear ver a alg
Ver'langen *n* ⟨-s; -⟩ **1** (*Forderung*) petición *f*; ***auf*** **~** a petición, a requerimiento; **2** (*Sehnsucht*) deseo *m* (***nach*** de)
ver'längern ⟨*sin* ge⟩ **I** *v/t* **1** alargar; *Strecke, Zeitraum a* prolongar (***um etw*** a/c); ***verlängertes Wochenende*** fin *m* de semana largo; **2** *Pass, Vertrag* prorrogar, renovar (***um*** por); **3** *Sauce* alargar, hacer que cunda; **II** *v/r* ***sich*** **~** **4** (*länger werden*) alargarse; *Gültigkeit, Zeit a* prolongarse (***um*** por)
Ver'längerung *f* **1** alargamiento *m*, prolongación *f*; **2** (*~stück*) pieza *f* para alargar; **3** SPORT (*nachgespielte Zeit*) prórroga *f*
Ver'längerungsschnur *f* EL cable *m* de empalme
ver'langsamen *v/t, v/r* ⟨*sin* ge⟩ (***sich***) **~** retardar(se); *Geschwindigkeit* reducir(se)
Ver'lass *m* ⟨-es⟩ ***es ist*** (***kein***) **~ *auf ihn*** (no) puede uno fiarse de él
ver'lassen[1] ⟨*irr, sin* ge⟩ **I** *v/t* **1** *Ort* dejar; *für immer* abandonar; **2** (*im Stich lassen*) dejar (plantado); **II** *v/r* **3** ***sich auf j-n, etw*** **~** confiar en alg, a/c; ***ich verlasse mich darauf*** cuento con ello
ver'lassen[2] *adjt* abandonado; *Haus a* deshabitado; *Gegend a* desierto; *bsd Personen* desamparado
verlässlich [fɛr'lɛslɪç] *adj* seguro, fiable
Ver'lauf *m* **1** (*Hergang*) (trans)curso *m*; (*Entwicklung*) desarrollo *m*; ***im weiteren*** **~** a continuación; ***glücklicher*** **~** buen curso; ***e-n guten ~ nehmen*** tomar un rumbo favorable; **2** *e-r Straße, Grenze* trazado *m*
ver'laufen ⟨*irr, sin* ge⟩ **I** *v/i* **1** (*vor sich gehen*) transcurrir, pasar; **2** (*sich entwickeln*) desarrollarse; **3** *Grenze* pasar; **4** *Farben* (***ineinander***) **~** correrse; **II** *v/r* ***sich*** **~** **5** *Menschenmenge* dispersarse; **6** (*sich verirren*) perderse
ver'laust *adj* piojoso
ver'lautbaren *v/t* ⟨*sin* ge⟩ ADM (*bekannt ge-*

ben) publicar
Ver'lautbarung *f* ***amtliche ~*** comunicado *m* oficial
ver'lauten *v/i* ⟨*sin* ge, sn⟩ decirse; ***etw ~ lassen*** manifestar a/c; ***wie verlautet*** según se dice
ver'leben *v/t* ⟨*sin* ge⟩ **1** *Ferien* pasar; **2** F *Geld* gastar
ver'lebt *adj Aussehen*, *Gesicht* ajado, desgastado
ver'legen[1] *v/t* ⟨*sin* ge⟩ **1** *an einen anderen Ort* trasladar (*a Patienten*, *Wohnsitz*); **2** *Termin* aplazar (***auf*** *+acus* a); **3** *Gleise*, *Leitungen* colocar; *Kabel* tender; *Fliesen*, *Teppich* poner; **4** (*veröffentlichen*) publicar; **5** (*an die falsche Stelle legen*) extraviar; *Papier* traspapelar; **II** *v/r* **6** ***sich ~ auf*** (*+acus*) *Malerei*, *Musik* dedicarse a
ver'legen[2] *adj* **1** (*befangen*) cohibido, turbado; F cortado; ***~ machen*** turbar; F cortar; **2** ***nie um e-e Antwort ~ sein*** tener respuesta para todo
Ver'legenheit *f* ⟨-⟩ **1** confusión *f*, turbación *f*; F corte *m*; **2** (*Schwierigkeit*) apuro *m*, aprieto *m*; ***j-n in ~*** (*acus*) ***bringen*** poner a alg en un aprieto; ***j-m aus der ~ helfen*** sacar a alg de un aprieto
Ver'leger(in) *m(f)* editor, a *m,f*
Ver'legung *f* **1** *an e-n anderen Ort* traslado *m*; **2** *e-s Termins* aplazamiento *m*; **3** *von Gleisen*, *Fliesen* colocación *f*; EL tendido *m*
ver'leiden *v/t* ⟨*sin* ge⟩ ***j-m etw ~*** quitar(le) a alg las ganas de a/c
Ver'leih *m* ⟨-(e)s; -e⟩ **1** alquiler *m*; *von Filmen a* distribución *f*; **2** (*~firma*) distribuidora *f*
ver'leihen *v/t* ⟨*irr*, *sin* ge⟩ **1** prestar (***j-m, an j-n*** a alg); *für Geld* alquilar (***j-m, an j-n*** a alg); **2** *fig Kraft*, *Nachdruck*, *Würde* dar; **3** *Rechte* otorgar; *Amt*, *Titel a* conferir; *Preis*, *Orden* conceder
Ver'leihung *f* **1** préstamo *m*; *für Geld* alquiler *m*; **2** *e-s Rechts* otorgamiento *m*; *e-s Amts*, *Titels*, *Preises a* concesión *f*
ver'leiten *v/t* ⟨*sin* ge⟩ ***j-n zu etw ~*** inducir a alg a a/c
ver'lernen *v/t* ⟨*sin* ge⟩ ***etw ~*** olvidar a/c (*que se había aprendido*)
ver'lesen ⟨*irr*, *sin* ge⟩ **I** *v/t* **1** *Text* leer, dar lectura a; **2** *Früchte* escoger; *Gemüse* limpiar; **II** *v/r* ***sich ~*** equivocarse (al leer)
ver'letz|bar *adj* vulnerable; **~en** ⟨*sin* ge⟩ **I** *v/t* **1** (*Verletzung zufügen*) herir, lesionar; **2** (*kränken*) ofender; **3** (*verstoßen gegen*) *Anstand* ofender; *Pflicht* faltar a; *Grenze* violar; *Gesetz a* infringir; **II** *v/r* **4** ***sich ~*** herirse (***an*** *+dat* con); **~end** *adjt* hiriente, ofensivo; **⁀te(r)** *f* (*m*) ⟨→ A⟩ herido, -a *m,f*; **⁀ung** *f* **1** (*Wunde*) herida *f*, lesión *f*; **2** (*Kränkung*) ofensa *f*; **3** *der Grenzen* violación *f*; *e-s Gesetzes* infracción *f*
ver'leugnen *v/t* ⟨*sin* ge⟩ negar, desmentir; ***das lässt sich nicht ~*** no puede negarse; ***sich ~ lassen*** hacer decir que no se está
verleumd|en [fɛr'lɔʏmdən] *v/t* ⟨*sin* ge⟩ calumniar, difamar; **⁀er(in)** *m(f)* calumniador, a *m,f*, difamador, a *m,f*; **~erisch** *adj* calumnioso, difamatorio; **⁀ung** *f* calumnia *f*, difamación *f*
ver'lieben *v/r* ⟨*sin* ge⟩ ***sich in j-n ~*** enamorarse de alg
ver'liebt *adjt* enamorado (***in*** *+acus* de)
Ver'liebt|e(r) *f(m)* ⟨→ A⟩ enamorado, -a *m,f*; **~heit** *f* ⟨-⟩ enamoramiento *m*
verlieren [fɛr'liːrən] ⟨verlor, verloren⟩ **I** *v/t* perder; *Reifen* ***Luft ~*** perder aire; F ***er hat hier nichts verloren*** no se le ha perdido nada aquí; **II** *v/i* perder; ***an Boden ~*** perder terreno; ***an Wert ~*** perder valor; **III** *v/r* ***sich ~*** perderse; ***sich aus den Augen ~*** perderse de vista; ***sich in Einzelheiten*** (*dat*) ***~*** perderse en detalles
Ver'lierer(in) *m(f)* perdedor, a *m,f*
Verlies [fɛr'liːs] *n* ⟨-es; -e⟩ calabozo *m*, mazmorra *f*
ver|'loben *v/r* ⟨*sin* ge⟩ ***sich ~*** (com)prometerse (***mit*** con); **~'lobt** *adjt* prometido; **⁀'lobte(r)** *f(m)* ⟨→ A⟩ prometido, -a *m,f*; **⁀'lobung** *f* compromiso *m* (matrimonial)
ver'lock|en *v/t* ⟨*sin* ge⟩ seducir, tentar (***zu etw*** a a/c); **~end** *adjt* tentador, seductor; **⁀ung** *f* tentación *f*, seducción *f*
ver'logen *adj desp Person*, *Moral* mentiroso, falso; **⁀heit** *f* ⟨-⟩ mendacidad *f*, falsedad *f*
verloren [fɛr'loːrən] *adjt* **1** ***etw ~ geben*** dar a/c por perdido; ***~ gehen*** perderse a/c, extraviarse a/c; ***meine Brieftasche ist ~ gegangen*** se me ha perdido la cartera; **2** *Bibel* ***der ~e Sohn*** el hijo pródigo; **3** GASTR ***~e Eier*** huevos *m/pl* escalfados
ver'löschen *v/i* ⟨verlischt, verlosch, verloschen, sn⟩ irse extinguiendo (*a fig*)
ver'los|en *v/t* ⟨*sin* ge⟩ sortear; **⁀ung** *f* sorteo *m*; *Veranstaltung a* tómbola *f*
verlottern [fɛr'lɔtərn] F *desp v/i* ⟨*sin* ge, sn⟩ *Mensch* degradarse; *Sachen* echarse a perder
Verlust [fɛr'lʊst] *m* ⟨-(e)s; -e⟩ pérdida *f*; (*Schwund*) merma *f*; ECON déficit *m*; ***außerordentliche ~e*** pérdidas *f/pl* extraordinarias; ***mögliche ~e*** eventuales pérdidas *f/pl*; ***e-n ~ erleiden*** sufrir una pérdida; ***~e machen*** producir pérdidas; ***mit ~ verkaufen*** vender con pérdidas; ***hohe ~e verzeichnen*** cosechar fuertes pérdidas; ***die ~e***

V

belaufen sich auf … las pérdidas se cifran en …

Ver'lust|geschäft *n* COM negocio *m* deficitario; **~meldung** *f* aviso *m* de pérdidas; **≈reich** *adj* **1** COM deficitario; **2** *Schlacht, Angriff* sangriento; **~zone** *f* zona *f* de pérdidas

ver'machen *v/t* ⟨*sin* ge⟩ ***j-m etw ~*** legar a/c a alg

Vermächtnis [fɛr'mɛçtnɪs] *n* ⟨-ses; -se⟩ JUR legado *m* (*a fig*)

vermählen [fɛr'mɛːlən] *geh v/r* ⟨*sin* ge⟩ ***sich mit j-m ~*** casarse con alg

Ver'mählung *geh f* enlace *m*

ver'markt|en *v/t* ⟨*sin* ge⟩ comercializar; **≈ung** *f* comercialización *f*; **~ungsfähig** *adj* comercializable

vermasseln [fɛr'masəln] F *v/t* ⟨*sin* ge⟩ **1** ***j-m etw ~*** estropearle a/c a alg; **2** *Prüfung* hacer muy mal

ver'mehr|en ⟨*sin* ge⟩ **I** *v/t* **1** aumentar, incrementar; **II** *v/r* ***sich ~*** **3** aumentar, acrecentarse; **4** BIOL reproducirse, propagarse; **≈ung** *f* ⟨-⟩ **1** aumento *m*, incremento *m*; **2** BIOL reproducción *f*

ver'meidbar *adjt* evitable

ver'meiden *v/t* ⟨*irr, sin* ge⟩ evitar; ***das ist nicht zu ~*** es inevitable

vermeintlich [fɛr'maɪntlɪç] *adj* presunto, supuesto

ver'mengen *v/t* ⟨*sin* ge⟩ mezclar (***mit*** con)

Ver'merk *m* ⟨-(e)s; -e⟩ *bsd* ADM anotación *f*; mención *f*, nota *f*

ver'merken *v/t* ⟨*sin* ge⟩ anotar; ***im Protokoll ~*** hacer constar en acta

ver'messen[1] *v/t* ⟨*irr, sin* ge⟩ medir; *Land* hacer el catastro de

ver'mess|en[2] *geh adj* temerario; **≈enheit** *f* ⟨-⟩ temeridad *f*

Ver'messung *f* medición *f*; (*Land≈*) agrimensura *f*

ver'miesen F *v/t* ⟨*sin* ge⟩ ***j-m etw ~*** estropearle a/c a alg

ver'mieten *v/t* ⟨*sin* ge⟩ alquilar (***j-m*** *od* ***an j-n*** a alg); ***Zimmer zu ~*** se alquilan habitaciones

Ver'miet|er(in) *m(f)* alquilador, a *m,f*; *e-r Wohnung* casero, -a *m,f*, dueño, -a *m,f*; **~ung** *f* alquiler *m*

ver'minder|n ⟨*sin* ge⟩ **I** *v/t* disminuir, reducir; **II** *v/r* ***sich ~*** reducirse; **≈ung** *f* disminución *f*, reducción *f*

ver'minen *v/t* ⟨*sin* ge⟩ minar

ver'misch|en *v/t, v/r* ⟨*sin* ge⟩ (***sich***) ~ mezclar(se) (***mit*** con); **≈ung** *f* mezcla *f*

ver'missen *v/t* ⟨*sin* ge⟩ **1** (*das Fehlen bemerken*) no encontrar, echar en falta; *von Personen* sentir la falta de; **2** (*schmerzlich entbehren*) echar de menos, *Am* extrañar; ***wir ~ dich sehr*** te echamos mucho de menos

vermiss|t [fɛr'mɪst] *adjt* desaparecido; **≈te(r)** *f(m)* ⟨→ A⟩ desaparecido, -a *m,f*; **≈tenanzeige** *f* parte *m* de desaparición

ver'mitteln ⟨*sin* ge⟩ **I** *v/t* **1** *Stelle, Geschäft* procurar, facilitar, proporcionar (***j-m*** a alg); *Treffen* arreglar; **2** *Person* colocar; ***schwer zu ~ sein*** estar difícil de colocar; **3** *Bild, Eindruck* dar; *Kenntnisse* transmitir; **4** TEL ***ein Gespräch ~*** establecer la comunicación; **II** *v/i* **5** mediar, intervenir (***bei, in*** *+dat* en; ***zwischen*** *+dat* entre)

Ver'mittl|er(in) *m(f)* **1** *zwischen Parteien* mediador, a *m,f*; (*Schlichter*) árbitro *m,f*; **2** *e-s Geschäfts* intermediario, -a *m,f*

Ver'mittlung *f* **1** (*helfendes Eingreifen*) mediación *f*; ***durch ~ von*** por mediación de; **2** (*Schlichtung*) arbitraje *m*; **3** *von Wissen* transmisión *f*; **4** TEL central *f*

Ver'mittlungs|gebühr *f* COM comisión *f*; **~provision** *f* corretaje *m*, comisión *f*

ver'möbeln F *v/t* ⟨*sin* ge⟩ (*verhauen*) F apalear

ver'modern *v/i* ⟨*sin* ge, sn⟩ pudrirse, corromperse

ver'mögen *geh v/t* ⟨*irr, sin* ge⟩ ***etw zu tun ~*** ser capaz *od* estar en condiciones de hacer a/c

Ver'mögen *n* ⟨-s; -⟩ **1** *geh* (*Fähigkeit*) poder *m*, capacidad *f*; **2** (*Besitz*) fortuna *f*, bienes *m/pl*; (***un***)***bewegliches ~*** bienes *m/pl* (in)muebles

ver'mögend *adj* adinerado, acaudalado

Ver'mögens|bildung *f* formación *f* de capital; **~steuer** *f* impuesto *m* sobre el patrimonio; **~verhältnisse** *pl* situación *f* financiera; **~verwaltung** *f* administración *f* patrimonial; **~werte** *m/pl* bienes *m/pl* (patrimoniales), valores *m/pl* patrimoniales

ver'mögenswirksam *adj* FIN ***~e Leistungen*** *contribución salarial a un fondo de capital*

ver'mumm|en *v/t, v/r* ⟨*sin* ge⟩ (***sich***) ~ (*verkleiden*) disfrazar(se); (*warm anziehen*) abrigar(se); **≈ung** *f bei Demonstrationen* capucha *f*; **≈ungsverbot** *n prohibición de llevar capucha*

vermurksen [fɛr'mʊrksən] F *v/t* ⟨*sin* ge⟩ echar a perder

vermut|en [fɛr'muːtən] *v/t* ⟨*sin* ge⟩ suponer, presumir, barruntar; **~lich** **I** *adj* presunto, probable; **II** *adv* supuestamente, presuntamente; **≈ung** *f* suposición *f*, sospecha *f* (***über*** *+acus* de)

ver'nachlässig|en *v/t* ⟨*sin* ge⟩ descuidar, desatender; **≈ung** *f* descuido *m*

ver|'nageln *v/t* ⟨*sin* ge⟩ cerrar, tapar (***mit***

V

con); **~'narben** *v/i* ⟨*sin* ge, sn⟩ cicatrizarse
ver'narrt *adjt* ***in j-n, etw ~ sein*** estar loco por alg, a/c
ver'naschen *v/t* ⟨*sin* ge⟩ **1** gastar en golosinas; **2** F *sexuell* ***j-n ~*** F tirarse a alg
ver'nebeln *v/t* ⟨*sin* ge⟩ *fig* ofuscar; *Tatsachen* encubrir
ver'nehm|bar *geh adj* perceptible; **~en** *v/t* ⟨*irr, sin* ge⟩ **1** *geh* (*hören*) percibir, oír; (*erfahren*) oír, enterarse; **2** JUR *e-n Zeugen* interrogar
Ver'nehmen *n* ⟨-s⟩ ***dem ~ nach*** por lo que dicen
ver'nehm|lich I *adj Stimme* perceptible; **II** *adv* en voz alta; **2ung** *f* JUR *von Zeugen* interrogatorio *m*; **~ungsfähig** *adj Angeklagter* que puede ser interrogado; *Zeuge* que puede declarar
ver'neig|en *geh v/r* ⟨*sin* ge⟩ ***sich ~*** inclinarse; **2ung** *f* inclinación *f*
ver'nein|en *v/t* ⟨*sin* ge⟩ **1** *Frage* responder negativamente; **2** (*negieren, ablehnen*) negar; **2ung** *f e-r Frage* respuesta *f* negativa; GRAM negación *f*
ver'netzen *v/t* ⟨*sin* ge⟩ *wiss* interconectar; INFORM integrar a la red; *untereinander* conectar en red
ver'netz|t *adjt* interconectado; **2ung** *f* interconexión *f*
ver'nichten *v/t* ⟨*sin* ge⟩ *Feind* aniquilar; (*zerstören*) destruir; (*ausrotten*) exterminar
ver'nichtend I *adjt* **1** destructivo; *Niederlage* aplastante; **2** *fig Kritik* destructivo; *Blick* fulminante; **II** *advt* **3** MIL, SPORT ***~ schlagen*** derrotar de forma aplastante
Ver'nichtung *f* (*Zerstörung*) destrucción *f*, aniquilamiento *m*; (*Ausrottung*) exterminio *m* (*a fig*)
ver'niedlichen *v/t* ⟨*sin* ge⟩ minimizar
Vernunft [fɛr'nʊnft] *f* ⟨-⟩ razón *f*, sentido *m*; ***~ annehmen*** entrar en razón; ***j-n (wieder) zur ~ bringen*** hacer entrar en razón a alg
vernünftig [fɛr'nʏnftɪç] **I** *adj* **1** razonable; (*überlegt*) sensato, juicioso; **2** F (*ordentlich*) aceptable; **II** *adv* **3** ***~ argumentieren*** razonar; **4** F (*ordentlich*) como es debido
ver'öden ⟨*sin* ge⟩ **I** *v/t* ⟨h⟩ MED *Krampfadern* obliterar; **II** *v/i* ⟨sn⟩ *Landschaft* quedar desierto; *Städte, Häuser* despoblarse
ver'öffentlich|en *v/t* ⟨*sin* ge⟩ publicar; **2ung** *f* publicación *f*
ver'ord|nen *v/t* ⟨*sin* ge⟩ **1** MED recetar, prescibir; **2** ADM ordenar, decretar; **2nung** *f* MED prescripción *f*, receta *f*; ADM orden (-anza) *f*, decreto *m*
ver|'pachten *v/t* ⟨*sin* ge⟩ arrendar; **2'pächter(in)** *m(f)* arrendador, a *m,f*; **2'pachtung** *f* arrendamiento *m*; **~'packen** *v/t* ⟨*sin* ge⟩ empaquetar; *in Papier usw* embalar, envolver; *in Gefäße* envasar; **~'packt** *adjt* empaquetado, envuelto; *in Papier usw* embalado
Ver'packung *f* embalaje *m*; (*Gefäß*) envase *m*; ***bruchfeste ~*** embalaje *m* resistente a roturas; ***handelsübliche ~*** embalaje *m* usual; ***mangelhafte ~*** embalaje *m* defectuoso; ***einschließlich ~*** embalaje incluido
Ver'packungs|art *f* tipo *m* de embalaje *bzw* envase **~industrie** *f* industria *f* del envase y embalaje; **~kosten** *pl* coste *m od* gastos *m/pl* de embalaje; **~maschine** *f* empaquetadora *f*; **~material** *n* material *m* de embalaje; **~sektor** *m* sector *m* del envase y embalaje; **~unternehmen** *n* empresa *f* envasadora *od* de embalaje
ver'passen *v/t* ⟨*sin* ge⟩ **1** *Zug, Gelegenheit* perder; *Person* no encontrar; **2** F (*geben*) dar; F atizar; F ***j-m eins ~*** F pegar (una) a alg
ver|'patzen F *v/t* ⟨*sin* ge⟩ estropear; **~'pennen** F ⟨*sin* ge⟩ **I** *v/t Tag* F perder; **II** *v/i* quedarse dormido; **~'pesten** *v/t* ⟨*sin* ge⟩ *desp, Luft* infestar, apestar (*a fig*); **~'petzen** F *v/t* ⟨*sin* ge⟩ chivarse de; **~'pfändbar** *adj Wertpapier* pignorable
ver'pfänden *v/t* ⟨*sin* ge⟩ empeñar; *fig* ***sein Wort ~*** empeñar su palabra
ver'pfeifen F *desp v/t* ⟨*irr, sin* ge⟩ delatar (***bei*** a)
ver'pflanz|en *v/t* ⟨*sin* ge⟩ trasplantar; **2ung** *f* trasplante *m*
ver'pfleg|en *v/t* ⟨*sin* ge⟩ abastecer; *mit Nahrung* alimentar; **2ung** *f* ⟨-⟩ abastecimiento *m*; (*Nahrung*) alimentación *f*; **2ungskosten** *pl* gastos *m/pl* de manutención
ver'pflichten ⟨*sin* ge⟩ **I** *v/t* **1** ***j-n zu etw ~*** obligar a alg a a/c; ***j-m (zu Dank) verpflichtet sein*** deberle agradecimiento a alg; **2** *Schauspieler* contratar; *Sportler* fichar; **II** *v/r* **3** ***sich zu etw ~*** comprometerse a a/c
Ver'pflichtung *f* **1** (*Pflicht*) deber *m*, obligación *f*; *moralische* compromiso *m*; ***e-e ~ eingehen*** contraer un compromiso, una obligación; **2** *mst pl* **~en** (*Schulden*) deudas *f/pl*; ***finanzielle ~en*** obligaciones *f/pl* financieras
ver|'pfuschen F *v/t* ⟨*sin* ge⟩ echar a perder; *fig Leben, Karriere a* destrozar; **~'planen** *v/t* ⟨*sin* ge⟩ *Zeit* programar; *Gelder* asignar (***für*** a); **~'plappern** F *desp v/r* ⟨*sin* ge⟩ ***sich ~*** irse de la lengua; **~plempern** [-'plɛmpərn] F *v/t* ⟨*sin* ge⟩ *Geld* malgastar, desperdiciar; *Zeit* perder; **~'plomben** *v/t* ⟨*sin* ge⟩ precintar; **~'plombt** *adjt* precintado

verpönt [fɛr'pøːnt] *adjt* mal visto
ver|'prassen *v/t* ⟨*sin* ge⟩ *Geld* derrochar; **~'prügeln** *v/t* ⟨*sin* ge⟩ dar una paliza a; **~'puffen** *v/i* ⟨*sin* ge, sn⟩ **1** TEC detonar, deflagrar; **2** *fig*, *Wirkung* perderse; **~'pulvern** F *v/t* ⟨*sin* ge⟩ *Geld* tirar por la ventana; **~'puppen** *v/r* ⟨*sin* ge⟩ ZO ***sich ~*** transformarse en crisálida
Ver'putz *m* enlucido *m*, revoque *m*; **2en** *v/t* ⟨*sin* ge⟩ **1** *Fassade* enlucir, revocar; **2** F (*aufessen*) tragar; F zampar(se)
ver|'qualmt F *adjt* lleno de humo; **~'quirlen** *v/t* ⟨*sin* ge⟩ GASTR batir; **~quollen** [-'kvɔlən] *adj* hinchado; **~'rammeln** F *v/t* ⟨*sin* ge⟩ *Tür* atrancar; **~'ramschen** F *desp v/t* ⟨*sin* ge⟩ *Waren* vender muy barato
Verrat [fɛr'raːt] *m* ⟨-(e)s⟩ traición *f*; (*Niedertracht*) infamia *f*; ***~ an j-m, etw begehen*** traicionar a alg, a/c
ver'raten ⟨*irr*, *sin* ge⟩ **I** *v/t* **1** *Geheimnis* descubrir, revelar; *Komplizen* delatar; F *scherzh* ***kannst du mir den Grund ~?*** ¿puedes decirme por qué?; **2** (*im Stich lassen*) traicionar (*a Ideale*); **3** (*erkennen lassen*) delatar, acusar; **II** *v/r* **4** ***sich*** (***durch einen Blick***) **~** delatarse (por la mirada)
Verräter|(in) [fɛr'rɛːtər(ɪn)] *m*(*f*) traidor, a *m,f*; **2isch** *adj* traidor, traicionero
ver'rauchen *v/i* ⟨*sin* ge, sn⟩ *fig Zorn* disiparse
ver'rechnen ⟨*sin* ge⟩ **I** *v/t* **1** (*ausgleichen*) compensar; *Summe* liquidar (***mit etw*** con a/c); **2** (*gutschreiben*) poner en cuenta; **II** *v/r* **3** ***sich ~*** equivocarse en una cuenta; *fig* equivocarse
Ver'rechnung *f* (*Ausgleich*) compensación *f*; *Scheck* ***nur zur ~*** sólo para ingresar en cuenta
Ver'rechnungsscheck *m* cheque *m* cruzado
ver|'recken P *v/i* ⟨*sin* ge, sn⟩ F reventar; **~'regnet** *adjt* lluvioso; *Fest* deslucido por la lluvia; **~'reiben** *v/t* ⟨*irr*, *sin* ge⟩ *Salbe* extender (frotando); **~'reisen** *v/i* ⟨*sin* ge, sn⟩ salir de viaje; **~'reißen** *v/t* ⟨*irr*, *sin* ge⟩ THEA criticar duramente
ver'renk|en ⟨*sin* ge⟩ **I** *v/t* dislocar; ***sich*** (*dat*) ***den Arm ~*** dislocarse el brazo; **II** *v/r* F ***sich ~*** contorsionarse; **2ung** *f* **1** MED luxación *f*; **2** (*Verbiegen des Körpers*) contorsión *f*
ver|'rennen *v/r* ⟨*irr*, *sin* ge⟩ ***sich ~*** **1** *in s-n Gedanken*, *Handlungen* obsesionarse (***in*** +*acus* con); **2** (*starr festhalten*) aferrarse (***in*** +*acus* a); **~'richten** *v/t* ⟨*sin* ge⟩ *Arbeit*, *Aufgabe* hacer, ejecutar; **~'riegeln** *v/t* ⟨*sin* ge⟩ echar el cerrojo a
verringer|n [fɛr'rɪŋərn] ⟨*sin* ge⟩ **I** *v/t* disminuir, reducir; **II** *v/r* ***sich ~*** disminuir; **2ung** *f* disminución *f*, reducción *f*

ver'rinnen *v/i* ⟨*irr*, *sin* ge, sn⟩ *geh Zeit* transcurrir, pasar
Ver'riss *m* crítica *f* dura
ver|'rohen *v/i* ⟨*sin* ge, sn⟩ embrutecerse; **~'rosten** *v/i* ⟨*sin* ge, sn⟩ corroerse, oxidarse (*a fig*); **~'rotten** *v/i* ⟨*sin* ge, sn⟩ **1** (*verfaulen*) pudrirse; **2** (*verfallen*) descomponerse; **~'rücken** *v/t* ⟨*sin* ge⟩ cambiar de sitio
ver'rückt F *adj* **1** (*geistesgestört*, *übergeschnappt*) loco; F chiflado; ***~ spielen*** estar loco; ***du bist wohl ~!*** ¡estás loco!; F ¡estás como una cabra!; ***ich werd ~!*** ¡qué locura!; **2** (*überspannt*, *ungewöhnlich*) loco, disparatado; *Einfall a* absurdo; **3** (*begierig*) ***nach j-m, etw, auf etw*** (*acus*) ***ganz ~ sein*** F estar completamente loco por alg, a/c
Ver'rückt|e(r) F *f*(*m*) ⟨→ A⟩ loco, -a *m,f* (*a fig*); F chiflado, -a *m,f*; **~heit** *f* locura *f* (*a fig*)
Ver'ruf *m* ⟨-(e)s⟩ ***in ~ bringen*** desacreditar; ***in ~ kommen*** quedar en descrédito
ver'rufen *adjt* de mala fama; *Ort*, *Lokal a* de mala reputación
ver'rußt *adjt* tiznado
ver'rutschen *v/i* ⟨*sin* ge, sn⟩ correrse
Vers [fɛrs] *m* ⟨-es; -e⟩ **1** *Metrik* verso *m*; *scherzh* ***~e schmieden*** hacer versos; **2** (*Strophe*) estrofa *f*; (*Bibel2*) versículo *m*
ver'sagen ⟨*sin* ge⟩ **I** *geh v/t* (*nicht gewähren*) ***j-m etw ~*** negar a/c a alg; ***die Beine versagten ihr*** (***den Dienst***) le flaquearon las piernas; **II** *v/i* fallar, no funcionar; *Stimme*, *Kräfte a* faltar (***j-m*** a alg); *Person* fracasar
Ver'sagen *n* ⟨-s⟩ ***menschliches, technisches ~*** fallo *m* humano, técnico
Ver'sager(in) *m*(*f*) *Person* fracasado, -a *m,f*
ver'salz|en I *v/t* ⟨*p/p* versalzen⟩ **1** GASTR salar demasiado; **2** F *fig* (*verderben*) estropear, aguar; **II** *v/i* salinizarse; **2ung** *f* salinización *f*
ver'samm|eln *v/t*, *v/r* ⟨*sin* ge⟩ (***sich***) **~** reunir(se), juntar(se); **2lung** *f* reunión *f*, asamblea *f*; *politische a* mitin *m*
Versand [fɛr'zant] *m* ⟨-(e)s⟩ **1** (*das Versenden*) expedición *f*, envío *m*; **2** *Abteilung* servicio *m* de expedición
Ver'sand|abteilung *f* departamento *m od* servicio *m* de expedición; **~anzeige** *f* aviso *m* de expedición; **~art** *f* tipo *m* de envío; **~auftrag** *m* orden *f* de envío; **~avis** [-a'viː] *n od m* aviso *m* de expedición; **~buchhandel** *m* venta *f* de libros por catálogo
ver'sanden *v/i* ⟨*sin* ge, sn⟩ cubrirse de arena; *fig* quedar en nada
ver'sand|fertig *adj* listo para el envío; **2gebühren** *f/pl* gastos *m/pl* de expedición *od* de envío; **2handel** *m* ventas *f/pl* a distan-

cia, ventas *f/pl* por correo; **≈haus** *n* empresa *f* de venta por correspondencia; **≈hauskatalog** *m* catálogo *m* de venta por correspondencia; **≈kosten** *pl* gastos *m/pl* de envío *od* de expedición; **≈papiere** *n/pl* documentos *m/pl* de envío

ver'sauen P *v/t* ⟨*sin* ge⟩ **1** ensuciar; **2** *fig* estropear; ***sie hat uns den ganzen Abend versaut*** nos ha fastidiado toda la tarde

ver'sauern *v/i* ⟨*sin* ge, sn⟩ F *fig* llevar una vida aburrida

ver'saufen P *v/t* ⟨*irr, sin* ge⟩ ***sein Geld ~*** gastar el dinero en bebida

ver'säumen *v/t* ⟨*sin* ge⟩ **1** *Zug* perder; *Gelegenheit a* desaprovechar; **2** *Pflicht* faltar a (*a Unterricht*); ***~, etw zu tun*** dejar *od* omitir de hacer a/c

Ver'säumnis *n* ⟨-ses; -se⟩ omisión *f*, descuido *m*, negligencia *f*

ver'schachern *desp v/t* ⟨*sin* ge, h⟩ vender (caro)

ver'schaffen *v/t* ⟨*sin* ge⟩ ***j-m etw ~*** proporcionar *od* procurar *od* facilitar a/c a alg; ***sich*** (*dat*) ***etw ~*** conseguir a/c; *iron* ***was verschafft mir die Ehre?*** ¿a qué se debe el honor?

ver'schal|en *v/t* ⟨*sin* ge⟩ BAU encofrar; **≈ung** *f* encofrado *m*

ver|'schämt *adj* avergonzado, vergonzoso; **~'schandeln** F *v/t* ⟨*sin* ge⟩ afear, degradar; **~'schanzen** *v/r* ⟨*sin* ge⟩ MIL ***sich*** (***hinter etw*** *dat*) **~** atrincherarse (tras a/c); *fig* escudarse (en a/c)

ver'schärf|en ⟨*sin* ge⟩ **I** *v/t Strafe, Lage* agravar, agudizar; *Bestimmungen, Gegensätze, Kontrolle* intensificar; ***das Tempo ~*** acelerar; **II** *v/r* ***sich ~*** *Lage* agravarse, agudizarse; *Gegensätze, Kontrolle* intensificarse; **≈ung** *f* intensificación *f*; *der Lage, e-r Strafe* agravación *f*

ver|'scharren *v/t* ⟨*sin* ge⟩ soterrar, enterrar; **~'schätzen** *v/r* ⟨*sin* ge⟩ ***sich ~*** equivocarse (*en la estimación*) (***in etw*** *dat* en a/c)

ver'schaukeln F *v/t* ⟨*sin* ge⟩ ***j-n ~*** engañar a alg, timar a alg

ver'schenken *v/t* ⟨*sin* ge⟩ regalar, dar

ver'scherzen *v/t* ⟨*sin* ge⟩ ***sich*** (*dat*) ***etw ~*** perder a/c (por ligereza)

ver'scheuchen *v/t* ⟨*sin* ge⟩ *Tiere* ahuyentar (*a fig*), espantar

ver'schick|en *v/t* ⟨*sin* ge⟩ **1** → ***versenden***; **2** *zur Kur* mandar; **≈ung** *f* expedición *f*, envío *m*

ver'schieb|en ⟨*irr, sin* ge⟩ **I** *v/t* **1** *räumlich* cambiar de sitio, desplazar (***um*** de); **2** *zeitlich* aplazar, posponer (***auf*** *+acus* hasta; ***um e-e Woche*** una semana); **3** F *Waren, Waffen* traficar con; **II** *v/r* ***sich ~*** **4** *räumlich* cambiarse de sitio, desplazarse; (*verrutschen*) correrse; **5** *zeitlich* aplazarse (***um e-e Woche*** una semana); **≈ung** *f* **1** *räumliche* desplazamiento *m*; **2** *zeitliche* aplazamiento *m*

verschieden [fɛrˈʃiːdən] **I** *adj* **1** diferente, distinto; *Meinungen a* contrario; ***~ sein*** *a* diferir; **2** *nur im pl* ***~e*** diversos, varios; **II** *adv* **3** de forma diferente; ***~ groß*** de diferentes tamaños

ver'schieden|artig *adj* (*unterschiedlich*) distinto, heterogéneo; (*vielfältig*) variado; **≈e(s)** *n* ⟨→ A⟩ varias cosas *f/pl*; *Zeitungsrubrik* varios *m/pl*; **≈heit** *f* diferencia *f*; (*Vielfältigkeit*) variedad *f*, diversidad *f*; *der Meinungen* divergencia *f*; **~tlich** *adv* repetidas veces, más de una vez

ver'schießen *v/t* ⟨*irr, sin* ge⟩ **1** (*verbrauchen*) gastar, agotar; **2** *Fußball* ***den Elfmeter ~*** fallar el penalti

ver'schiff|en *v/t* ⟨*sin* ge⟩ embarcar (***nach*** para); **≈ung** *f* embarque *m*

Ver'schiffungs|anzeige *f* aviso *m* de embarque; **~dokument** *n* documento *m* de embarque; **~hafen** *m* puerto *m* de embarque; **~konnossement** *n* conocimiento *m* de embarque

ver'schimmeln *v/i* ⟨*sin* ge, sn⟩ enmohecerse

ver'schlafen[1] ⟨*irr, sin* ge⟩ **I** *v/t* **1** *Tag* pasar durmiendo; **2** *Termin* dejar pasar; F *fig* (*vergessen*) olvidar; **II** *v/i* **3** despertarse tarde; ***ich habe ~*** F se me han pegado las sábanas

ver'schlafen[2] *adjt* (*schlaftrunken*) dormido, soñoliento

Ver'schlag *m* apartadizo *m*, cobertizo *m*

ver'schlagen[1] *v/t* ⟨*irr, sin* ge⟩ **1** *Seite im Buch, Ball* perder; **2** ***j-m den Atem ~*** dejar a alg sin respiración; ***j-m die Sprache ~*** dejar a alg de una pieza; **4** ***es hat ihn nach London ~*** ha ido a parar a Londres

ver'schlagen[2] *adjt desp* astuto; **≈heit** *f* ⟨-⟩ *desp* astucia *f*

ver'schlampen F *desp v/t* ⟨*sin* ge⟩ ***etw ~*** perder *od* extraviar a/c

ver'schlechter|n ⟨*sin* ge⟩ **I** *v/t* **1** deteriorar; (*verschlimmern*) empeorar; *Lage a* agravar; **II** *v/r* ***sich ~*** **2** deteriorarse; (*sich verschlimmern*) empeorar; *Lage a* agravarse; **3** *finanziell* ir a peor; **≈ung** *f* empeoramiento *m*

ver'schleiern *v/t* ⟨*sin* ge⟩ velar; *fig a* encubrir

ver'schleimt *adjt* MED con flema

Verschleiß [fɛrˈʃlaɪs] *m* ⟨-es⟩ desgaste *m*; **≈en** ⟨verschliss, verschlissen⟩ **I** *v/t* ⟨h⟩ desgastar; **II** *v/i* ⟨sn⟩, *v/r* ⟨h⟩ (***sich***) **~** desgastarse

ver'schlepp|en *v/t* ⟨*sin* ge⟩ **1** *Menschen* deportar; (*entführen*) secuestrar; **2** *Seuche* trasmitir; **3** *Krankheit* curar mal; **4** *Prozess* obstruir; **2ung** *f* **1** *von Menschen* deportación *f*; (*Entführung*) secuestro *m*; **2** (*Verzögerung*) obstrucción *f*

ver'schleudern *v/t* ⟨*sin* ge⟩ **1** (*billig verkaufen*) malvender; **2** *desp* (*verschwenden*) dilapidar

ver'schließbar *adj* con cerradura

ver'schließen I *v/t* ⟨*irr, sin* ge⟩ **1** (*abschließen*) cerrar con llave; **2** (*zumachen*) cerrar; *Öffnung* tapar; *fig* ***die Augen vor etw*** (*dat*) **~** cerrar los ojos a a/c; **3** (*wegschließen*) encerrar; **II** *v/r* **4** ***sich j-m, e-r Sache* ~** cerrarse a alg, a/c, no querer saber nada de alg, a/c

ver'schlimmer|n *v/t, v/r* ⟨*sin* ge⟩ (***sich***) **~** empeorar, agravar(se); **2ung** *f* empeoramiento *m*

ver'schlingen ⟨*irr, sin* ge⟩ **I** *v/t* **1** entrelazar; **2** (*essen*) devorar (*a fig, Buch*); *Geld* costar; **II** *v/r* ***sich ineinander* ~** entrelazarse, enredarse

ver'schlossen *adjt* **1** *Person* reservado; **2** *Tür, Brief* cerrado; *fig* ***hinter ~en Türen*** a puerta cerrada

Ver'schlossenheit *f* ⟨-⟩ *e-s Menschen* reserva *f*

ver'schlucken ⟨*sin* ge⟩ **I** *v/t* tragar(se); *fig Silben, Wörter* comerse; **II** *v/r* ***sich* ~** atragantarse

verschlungen [fɛr'ʃlʊŋən] *adjt Ornamente* enredado; *Wege* sinuoso (*beide a fig*)

Ver'schluss *m* **1** cierre *m*; *e-r Flasche* tapón *m*; ***unter* ~** bajo llave; **2** FOT obturador *m*

ver'schlüssel|n *v/t* ⟨*sin* ge⟩ cifrar, codificar; INFORM *a* encriptar; **2ung** *f* cifrado *m*, codificación *f*; INFORM *a* encriptación *f*

Ver'schlusssache *f* documento *m* confidencial

ver|'schmähen *geh v/t* ⟨*sin* ge⟩ despreciar, desdeñar; **~'schmelzen** ⟨*irr, sin* ge⟩ **I** *v/t* ⟨h⟩ TEC, *fig* amalgamar, fundir (***mit*** con); **II** *v/i* ⟨sn⟩ *fig* fundirse

ver'schmerzen *v/t* ⟨*sin* ge⟩ ***etw* ~** consolarse de a/c, olvidar a/c

ver'schmieren *v/t* ⟨*sin* ge⟩ **1** *Öffnung* tapar; *Fugen* rellenar; **2** (*schmutzig machen*) embadurnar; *Papier* emborronar; *Wand* pintar; **3** (*verwischen*) *Farbe* correrse

verschmitzt [fɛr'ʃmɪtst] **I** *adj* pícaro, socarrón; **II** *adv* **~ *lächeln*** sonreír con picardía

ver'schmutz|en ⟨*sin* ge⟩ **I** *v/t* ⟨h⟩ ensuciar; *Umwelt* contaminar; **II** *v/i* ⟨sn⟩ ensuciarse; **2ung** *f* ensuciamiento *m*; *der Umwelt* contaminación *f*; *der Luft a* polución *f*

ver'schnauf|en *v/i, v/r* ⟨*sin* ge⟩ (***sich***) **~** tomar aliento; **2pause** *f* respiro *m*

ver|'schneit *adjt* nevado; **2'schnitt** *m* ⟨-(e)s; -e⟩ mezcla *f*; **~'schnörkelt** *adjt* florido; **~'schnupft** *adjt* acatarrado, constipado; F *fig* picado, amoscado; **~'schnüren** *v/t* ⟨*sin* ge⟩ *Paket* atar (con una cuerda); **~schollen** [fɛr'ʃɔlən] *adj* desaparecido

ver'schonen *v/t* ⟨*sin* ge⟩ respetar, dejar en paz; ***j-n mit etw* ~** ahorrar(le) a alg a/c

verschöner|n [fɛr'ʃøːnərn] *v/t* ⟨*sin* ge⟩ embellecer, hermosear; **2ung** *f* embellecimiento *m*

ver|schränken [fɛr'ʃrɛŋkən] *v/t* ⟨*sin* ge⟩ *Arme* cruzar; **~'schrauben** *v/t* ⟨*sin* ge⟩ atornillar

ver'schreiben ⟨*irr, sin* ge⟩ **I** *v/t* **1** *Medikament* recetar, prescribir (***j-m*** a alg); **2** *Papier, Tinte* gastar; **II** *v/r* **3 *sich* ~** (*falsch schreiben*) equivocarse al escribir; **4 *sich e-r Sache*** (*dat*) **~** entregarse a a/c

ver'schreibungspflichtig *adj* PHARM que se vende sólo con receta

verschrie(e)n [fɛr'ʃriː(ə)n] *adj* conocido, de mala fama (***wegen*** por); ***als Geizhals* ~ *sein*** tener fama de tacaño

ver|schroben [fɛr'ʃroːbən] *adj* excéntrico; **~'schrotten** *v/t* ⟨*sin* ge⟩ desguazar; **~'schrumpeln** F *v/i* ⟨sin ge, sn⟩ arrugarse; **~'schüchtern** *v/t* ⟨*sin* ge⟩ intimidar

ver'schulden ⟨*sin* ge⟩ **I** *v/t* ***etw* ~** causar a/c, tener la culpa de a/c; **II** *v/r* ***sich* ~** endeudarse

Ver'schuld|en *n* ⟨-s⟩ culpa *f*, falta *f*; **2et** *adjt* endeudado; **~ung** *f* endeudamiento *m*; **~ungsgrad** *m* grado *m* de endeudamiento

ver'schütten *v/t* ⟨*sin* ge⟩ **1** *Flüssigkeit* derramar; **2** *Menschen, Häuser* enterrar, sepultar

verschwägert [fɛr'ʃvɛːgərt] *adjt* **~ *sein*** (***mit***) estar emparentado (con)

ver'schweigen *v/t* ⟨*irr, sin* ge⟩ ***etw* ~** silenciar *od* callar a/c; ***j-m etw* ~** ocultarle a/c a alg

verschwend|en [fɛr'ʃvɛndən] *v/t* ⟨*sin* ge⟩ malgastar, derrochar (*a fig Kräfte*); *Geld a* dilapidar, despilfarrar; *Zeit* desperdiciar; **2er(in)** *m(f)* derrochador, a *m,f*

ver'schwenderisch I *adj* **1** pródigo (***mit*** con), derrochador; **2** (*üppig*) ***in ~er Fülle*** con profusión; **II** *adv* **3** profusamente, pródigamente

Ver'schwend|ung *f* despilfarro *m*, derroche *m*; **~ungssucht** *f* ⟨-⟩ prodigalidad *f*

verschwiegen [fɛr'ʃviːgən] *adjt* reservado, discreto; *Person a* callado; *Ort* retirado, solitario; **2heit** *f* ⟨-⟩ reserva *f*, discreción *f*

ver'schwimmen *v/i* ⟨*irr, sin* ge, sn⟩ *Umrisse* desdibujarse; *vor den Augen* nublarse

ver'schwinden *v/i* ⟨*irr, sin* ge, sn⟩ **1** desaparecer; ***etw* ~ *lassen*** hacer desaparecer a/c; **2** F (*sich davonmachen*) F esfumarse; ***verschwinde!*** F ¡largo!; **3** F ***ich muss mal ~*** tengo que ir a un sitio

ver'schwindend *advl* ***~ klein*** diminuto, microscópico

ver|'schwitzen *v/t* ⟨*sin* ge⟩ **1** *Kleidung* sudar; **2** F *fig* (*vergessen*) olvidarse de; **~schwollen** [fɛr'ʃvɔlən] *adjt* hinchado; **~schwommen** [fɛr'ʃvɔmən] *adjt* **1** *Umrisse*, FOT borroso; **2** *fig Vorstellungen* vago

ver'schwören *v/r* ⟨*irr, sin* ge⟩ ***sich gegen j-n, etw ~*** conjurarse *od* confabularse contra alg, a/c

Ver'schwör|er(in) *m*(*f*) conjurado, -a *m,f*, conspirador, a *m,f*; **~ung** *f* conspiración *f*

ver'sehen ⟨*irr, sin* ge⟩ **I** *v/t* **1** ***j-n, etw mit etw ~*** dotar *od* proveer a alg, a/c de a/c; **2** *Amt* ocupar; *Dienst a* desempeñar; **II** *v/r* **3** (*versorgen*) ***sich mit etw ~*** aprovisionarse de; **4** ***sich ~*** (*sich irren*) equivocarse; **5** ***ehe man sich's versieht*** cuando menos se piensa

Ver'seh|en *n* ⟨-s; -⟩ equivocación *f*, error *m*, descuido *m*; ***aus ~*** → ***versehentlich***; **2entlich** *adv* por equivocación, por descuido

Versehrte(r) [fɛr'zeːrtə(r)] *f*(*m*) ⟨→ A⟩ mutilado, -a *m,f*, inválido *m,f*

ver'send|en *v/t* ⟨*irr, sin* ge⟩ expedir, enviar, despachar; **2ung** *f* ⟨-⟩ expedición *f*, envío *m*

ver'sengen *v/t* ⟨*sin* ge⟩ *Sonnenhitze* quemar; *beim Bügeln a* chamuscar

ver'senken *v/t* ⟨*sin* ge⟩ **1** *im Wasser* sumergir; *Schiff* hundir, echar a pique; **2** *in e-e Grube, in die Erde* hundir

Ver'senkung *f* **1** *in Wasser* sumersión *f*; *in e-e Vertiefung* hundimiento *m*; **2** F *fig* ***in der ~ verschwinden*** desaparecer

versessen [fɛr'zɛsən] *adjt* ***auf etw ~ sein*** estar empeñado en a/c; ***auf j-n ~ sein*** estar loco por alg; ***ganz darauf ~ sein, etw zu tun*** estar obsesionado por hacer a/c

ver'setzen ⟨*sin* ge⟩ **I** *v/t* **1** *räumlich* desplazar, trasladar (*a Beamte*); ***in e-e andere Abteilung versetzt werden*** ser trasladado a otro departamento; **2** *Schüler* ***versetzt werden*** hacer pasar al curso siguiente; ***nicht versetzt werden*** tener que repetir el curso; **4** (*in e-n anderen Zustand*) poner; ***j-n in Angst*** (***und Schrecken***) ***~*** dar miedo a alg; **5** ***j-m e-n Schlag ~*** asestar *od* propinar un golpe a alg; **6** ***etw ~*** (*verpfänden*) empeñar a/c; F (*verkaufen*) vender a/c; **7** F ***j-n ~*** (*vergeblich warten lassen*) dar un plantón a alg; **II** *v/r* **8** ***sich in j-n*** (*od* ***j-s Lage***) ***~*** ponerse en el lugar de alg

Ver'setzung *f* **1** desplazamiento *m*, traslado *m* (*a berufliche*); **2** (*Verpfändung*) empeño *m*

ver'seuch|en *v/t* ⟨*sin* ge⟩ infestar, contaminar (*a radioaktiv*); **2ung** *f* ⟨-⟩ contaminación *f*

Ver'sicherer *m* asegurador *m*

ver'sichern ⟨*sin* ge⟩ **I** *v/t* **1** (*vertraglich absichern*) asegurar (***gegen*** contra; ***bei*** en); ***sein Leben ~*** asegurarse la vida; **2** (*beteuern*) afirmar, asegurar (***j-m etw*** a/c a alg); ***eidesstattlich ~*** asegurar bajo juramento; **II** *v/r* **3** ***sich ~*** asegurarse (***gegen*** contra); **4** *geh* ***sich e-r Sache*** (*gen*) ***~*** cerciorarse de a/c

ver'sichert *adjt* asegurado; ***gegen alle Gefahren ~ sein*** ser asegurado a todo riesgo

Ver'sicherte(r) *f*(*m*) ⟨→ A⟩ asegurado, -a *m,f*

Ver'sichertenkarte *f* tarjeta *f* de seguro (de enfermedad)

Ver'sicherung *f* **1** seguro *m* (***gegen*** contra); ***~ auf Gegenseitigkeit*** seguro *m* mutuo; ***~ gegen jede Gefahr*** seguro *m* a todo riesgo; ***~ mit Prämienrückgewähr*** seguro *m* con bonificación; ***e-e ~ abschließen*** contratar un seguro; **2** (*Beteuerung*) aseveración *f*, afirmación *f*; **3** (*~sgesellschaft*) aseguradora *f*

Ver'sicherungsabschluss *m* contratación *f* de un seguro

Ver'sicherungsbedingungen *f/pl* condiciones *f/pl* del seguro; ***allgemeine ~*** condiciones *f/pl* generales de seguro

Ver'sicherungs|beitrag *m* cuota *f* (del seguro); **~betrug** *m* estafa *f* al seguro, seguro *m* fraudulento; **~branche** *f* ramo *m* asegurador; **~dauer** *f* duración *f* del seguro; **2fähig** *adj* asegurable; **~fall** *m* siniestro *m*; ***im ~*** en caso de siniestro; **~formular** *n* formulario *m* de aseguramiento; **~gegenstand** *m* objeto *m* del seguro, objeto *m* asegurado; **~gesellschaft** *f* empresa *f* de seguros; **~jahr** *n* anualidad *f* del seguro; **~karte** *f* AUTO tarjeta *f* del seguro; ***grüne ~*** carta *f* verde; **~kauffrau** *f* técnica *f* de gestión empresarial - especialidad seguros; **~kaufmann** *m* técnico *m* de gestión empresarial - especialidad seguros; **~leistung** *f* prestación *f* del seguro; **~makler(in)** *m*(*f*) corredor, a *m,f* de seguros; **~markt** *m* mercado *m* de seguros; **~nehmer(in)** *m*(*f*) asegurado, -a *m,f*; **2pflichtig** *adj* de seguro obligatorio

Ver'sicherungspolice *f* póliza *f* de seguros; ***e-e ~ ausstellen*** extender una póliza de seguro

Ver'sicherungs|prämie *f* prima *f* del seguro; **~schein** *m* póliza *f* de seguro; **~schutz** *m* protección *f* del seguro, cobertura *f* (del seguro); **~summe** *f* suma *f* asegurada; **~träger(in)** *m*(*f*) asegurador, a *m,f*

Ver'sicherungsverein *m* ~ ***auf Gegenseitigkeit*** mutualidad *f* de seguros
Ver'sicherungs|vertrag *m* contrato *m* de seguro; **~vertreter(in)** *m(f)* agente *m,f* de seguros, corredor, a *m,f* de seguros; **~wesen** *n* seguro *m*, seguros *m/pl*; **~zertifikat** *n* certificado *m* de seguros
ver'sickern *v/i* ⟨*sin* ge, sn⟩ rezumar (***in etw*** *dat* en a/c)
ver'siegeln *v/t* ⟨*sin* ge⟩ **1** *Brief, Paket* sellar; *mit Lack* lacrar; **2** *gerichtlich* precintar
ver'siegen *geh v/i* ⟨*sin* ge, sn⟩ secarse; *fig* agotarse
versiert [vɛr'ziːrt] *adj* versado (***in etw*** *dat* en a/c)
ver'silbern *v/t* ⟨*sin* ge⟩ **1** platear; **2** F *fig* (*zu Geld machen*) hacer dinero de
ver'sinken *v/i* ⟨*irr, sin* ge, sn⟩ **1** hundirse (*a in e-m Sessel*); *Schiff a* irse a pique; **2** *fig* ensimismarse; *fig vor Verlegenheit* ***in den Boden ~ mögen*** desear que me, *etc* tragase la tierra
ver'sinnbildlichen *v/t* ⟨*sin* ge⟩ simbolizar
Version [vɛrzi'oːn] *f* versión *f*
ver'sklaven *v/t* ⟨*sin* ge⟩ esclavizar
'Versmaß *n* metro *m*
ver'snobt *adj desp* (e)snob
versoffen [fɛr'zɔfən] P *adjt desp Person* F borrachín; ***~e Stimme*** F voz *f* de borracho
ver'sohlen F *v/t* ⟨*sin* ge⟩ ***j-n ~*** apalear a alg; F moler a alg a palos
versöhn|en [fɛr'zøːnən] ⟨*sin* ge⟩ **I** *v/t* reconciliar (***mit*** con); **II** *v/r* ***sich ~*** reconciliarse, hacer las paces (***mit*** con); **~lich** *adj* **1** (*zur Versöhnung bereit*) conciliador; **2** (*tröstlich*) conciliante; **⁓ung** *f* conciliación *f*
versonnen [fɛr'zɔnən] *adj* meditabundo, ensimismado
ver'sorgen I *v/t* ⟨*sin* ge⟩ **1** ***j-n mit etw ~*** proveer a alg de a/c; *mit Vorräten* abastecer *od* aprovisionar a alg de a/c; (*beliefern*) suministrar a/c a alg; **2** TEC, *Körper, Organe* alimentar (***mit*** con); ***mit Strom ~*** alimentar con electricidad; **3** *Familie* mantener; **4** *Haushalt, Kranke* cuidar de; **II** *v/r* ***sich selbst ~*** autoabastecerse
Ver'sorgung *f* ⟨-⟩ **1** provisión *f* (***mit*** de); *mit Vorräten a* abastecimiento *m*; (*Belieferung*) suministro *m*; **2** *mit Strom, Gas* alimentación *f*; **3** *e-r Familie* mantenimiento *m*; **4** *von Kranken, Kindern usw* cuidado *m* (+*gen* de)
Ver'sorgungs|anspruch *m* derecho *m* a manutención; **~lage** *f* situación *f* del abastecimiento; **~netz** *n* red *f* de abastecimiento; EL red *f* de suministro
ver'spann|en *v/r* ⟨*sin* ge⟩ ***sich ~*** MED contraerse; **⁓ung** *f* contractura *f*
ver'späten *v/r* ⟨*sin* ge⟩ ***sich ~*** retrasarse, llegar tarde
ver'spätet I *adjt* tardío, retrasado; **II** *advl* con retraso
Ver'spätung *f* retraso *m*; ***e-e Stunde ~*** una hora de retraso; ***~ haben*** llevar retraso
ver|'speisen *geh v/t* ⟨*sin* ge⟩ comer, consumir; **~'sperren** *v/t* ⟨*sin* ge⟩ *Straße, Weg* cerrar, obstruir; *Aussicht* quitar
ver'spielen ⟨*sin* ge⟩ **I** *v/t* perder en el juego; *fig Chance, Recht* perder; **II** *v/i fig* perder; F ***bei j-m verspielt haben*** F haber perdido todas las posibilidades con alg
ver'spielt *adjt Kind, Hund* juguetón
ver'spotten *v/t* ⟨*sin* ge⟩ burlarse de, mofarse de
ver'sprechen ⟨*irr, sin* ge⟩ **I** *v/t* prometer (***j-m etw*** a/c a alg; *a fig*); ***j-m ~, etw zu tun*** prometer(le) a alg hacer a/c; ***sich*** (*dat*) ***viel von etw ~*** esperar mucho de a/c; ***das Wetter verspricht gut zu werden*** el tiempo es prometedor; **II** *v/r* ***sich ~*** equivocarse al hablar
Ver'sprechen *n* ⟨-s; -⟩ promesa *f*; ***sein ~ nicht halten*** no cumplir una promesa
Ver'sprech|er *m* lapsus *m*; **~ung** *f* promesa *f*
ver|'spritzen *v/t* ⟨*sin* ge⟩ *Wasser* salpicar; *Gift* esparcir; **~'sprühen** *v/t* ⟨*sin* ge⟩ pulverizar, atomizar; **~'spüren** *v/t* ⟨*sin* ge⟩ sentir, experimentar; *Folgen* resentirse de
ver'staatlich|en *v/t* ⟨*sin* ge⟩ nacionalizar; **⁓ung** *f* nacionalización *f*
Verstädterung [fɛr'ʃtɛtərʊŋ] *f* urbanización *f*
Verstand [fɛr'ʃtant] *m* ⟨-(e)s⟩ **1** (*Denkvermögen*) inteligencia *f*; (*Begriffsvermögen*) entendimiento *m*; PHIL intelecto *m*; ***scharfer ~*** inteligencia *f* aguda; **2** (*Vernunft*) juicio *m*, sentido *m* común; ***den ~ verlieren*** perder el juicio; ***er ist nicht recht bei ~*** no está en su sano juicio; ***das geht über meinen ~*** (eso) no lo entiendo; F (eso) no me entra
ver'standes|mäßig *adj* intelectual; **⁓mensch** *m* hombre *m* cerebral, intelectual *m*
ver'ständig *adj* **1** (*vernünftig*) razonable, sensato; **2** (*gescheit*) inteligente, juicioso
ver'ständigen ⟨*sin* ge⟩ **I** *v/t* **1** ***j-n von etw*** (*acus*) **~** informar a alg de a/c; **II** *v/r* **2** ***sich mit j-m*** (***über etw*** *acus*) **~** ponerse de acuerdo con alg (sobre a/c); **3** ***sich ~*** *in e-r Sprache* entenderse
Ver'ständigung *f* **1** (*Benachrichtigung*) información *f*; **2** (*Übereinkunft*) acuerdo *m*; **3** *sprachliche* comprensión *f*
Ver'ständigungsschwierigkeiten *pl* problemas *m/pl* de comprensión
verständlich [fɛr'ʃtɛntlɪç] *adj* **1** (*deutlich*)

claro; ***sich ~ machen*** hacerse entender; **2** (*begreiflich*) inteligible, comprensible, claro; ***schwer ~*** difícil de entender; ***j-m etw ~ machen*** hacer entender a/c a alg

ver'ständlicher'weise *adv* con razón

Verständnis [fɛr'ʃtɛntnɪs] *n* ⟨-ses⟩ comprensión *f*, entendimiento *m*; (***kein***) ***~ für j-n, etw haben*** (no) entender a alg, a/c; ***wir bitten um Ihr ~*** le rogamos que nos disculpe; ***zum besseren ~*** para mejor comprensión

ver'ständnis|los *adj* incomprensivo; **~losigkeit** *f* ⟨-⟩ falta *f* de comprensión; **~voll** *adj* comprensivo

ver'stärk|en ⟨*sin* ge⟩ **I** *v/t* **1** *Mauer* reforzar; **2** *zahlenmäßig* aumentar, incrementar; **3** *Druck* intensificar; **4** *fig Eindruck* confirmar; *Zweifel a* acentuar; **II** *v/r* **5** ***sich ~*** *Druck*, *Schmerzen* aumentar, intensificarse; **6** *fig Zweifel* confirmarse, acentuarse; **~er** *m* RADIO amplificador *m*; **~ung** *f* **1** (*Stabilisierung*) reforzamiento *m*; **2** *zahlenmäßige* aumento *m*, incremento *m*; (*hinzukommende Personen*) refuerzo *m*; **3** (*Intensivierung*) aumento *m*

ver|'stauben *v/i* ⟨*sin* ge, sn⟩ cubrirse de polvo; **~'staubt** *adjt* cubierto de polvo, polvoriento (*a fig*); *fig desp* anticuado

verstauchen [fɛr'ʃtaʊxən] *v/t* ⟨*sin* ge⟩ ***sich*** (*dat*) ***den Fuß ~*** torcerse el pie

Ver'stauchung *f* torcedura *f*

ver'stauen *v/t* ⟨*sin* ge⟩ poner, guardar (***in*** *+dat od acus* en)

Ver'steck *n* ⟨-(e)s; -e⟩ escondite *m*, escondrijo *m*; ***~ spielen*** jugar al escondite (*a fig*)

ver'stecken ⟨*sin* ge⟩ **I** *v/t* esconder, ocultar (***vor j-m*** de alg); **II** *v/r* ***sich ~*** esconderse, ocultarse (***vor j-m*** de alg); *fig* ***sich hinter etw*** (*dat*) ***~*** escudarse en a/c

ver'steckt *adjt* **1** escondido; **2** *fig* (*geheim*) oculto, velado

ver'stehen ⟨*irr*, *sin* ge⟩ **I** *v/t* **1** *akustisch* entender; ***schlecht zu ~ sein*** entenderse mal; **2** (*begreifen*) entender, comprender (*a Verständnis haben*); (*deuten*) interpretar; ***Spanisch ~*** entender *od* comprender español; ***~ Sie mich nicht falsch!*** ¡no me malinterprete!; ***j-m etw zu ~ geben*** dar a entender a alg a/c; **3** (*gut können*) saber; ***ich verstehe nichts davon*** no entiendo nada de eso; **II** *v/r* **4** ***sich mit j-m gut ~*** llevarse bien con alg; **5** ***das versteht sich von selbst*** se sobreentiende; **6** ***sich auf etw*** (*acus*) ***~*** entender de a/c

ver'steifen ⟨*sin* ge⟩ **I** *v/t* ⟨h⟩ **1** MODE reforzar; *Glieder* poner rígido; **II** *v/i* ⟨sn⟩ **2** *Gelenke* ponerse rígido; **III** *v/r* ⟨h⟩ **3** ***sich ~*** *Gelenke* ponerse rígido; **4** *fig* ***sich auf etw*** (*acus*) ***~*** obstinarse en a/c

ver'steigen *v/r* ⟨*irr*, *sin* ge⟩ *geh fig* ***sich zu etw ~*** atreverse a a/c, llegar (incluso) a a/c

ver'steigern *v/t* ⟨*sin* ge⟩ subastar, *Am* rematar; sacar a subasta *bzw* a remate

Ver'steigerung *f* subasta *f*, *Am* remate *m*; ***öffentliche ~*** subasta *f* pública; *Am* remate *m* público; ***zur ~ bringen*** sacar a subasta *bzw* a remate

ver'steinern *v/i* ⟨*sin* ge, sn⟩ *Holz usw* petrificarse; *Pflanzen*, *Tiere* fosilizarse; *fig* ***wie versteinert dastehen*** quedarse de piedra

Ver'steinerung *f* **1** (*das Versteinern*) petrificación *f*, fosilización *f*; **2** (*zu Stein Gewordenes*) fósil *m*

ver'stellbar *adj* ajustable, regulable, graduable, orientable

ver'stellen ⟨*sin* ge⟩ **I** *v/t* **1** (*anders einstellen*) regular, ajustar; **2** (*falsch stellen*) *Uhr* cambiar, poner mal; **3** (*von der Stelle rücken*) cambiar de sitio; **4** ***j-m den Weg ~*** cerrar(le) a alg el paso; **5** *Stimme* desfigurar; **II** *v/r* **6** ***sich ~*** disimular, fingir

ver'steuern *v/t* ⟨*sin* ge⟩ ***etw ~*** pagar impuestos por a/c

ver'stimmen *v/t* ⟨*sin* ge⟩ **1** *Instrument* desafinar; **2** *fig* ***j-n ~*** poner de mal humor a alg, disgustar a alg

ver'stimmt *adjt* **1** ***das Klavier ist ~*** el piano está desafinado; **2** *fig* ***~ sein*** estar disgustado

Ver'stimmung *f fig* mal humor *m*, desavenencia *f*

ver'stockt *adj desp* obstinado

verstohlen [fɛr'ʃtoːlən] **I** *adj Blick* furtivo; **II** *adv* con disimulo

ver'stopfen ⟨*sin* ge⟩ **I** *v/t* ⟨h⟩ obstruir, atascar (*a Straße*); (*verschließen*) cegar, taponar; **II** *v/i* ⟨sn⟩ *Rohr* obstruirse

Ver'stopfung *f* MED estreñimiento *m*; ***an ~ leiden*** tener estreñimiento

ver|storben [fɛr'ʃtɔrbən] *geh adjt geh* difunto; ADM fallecido; **~'storbene(r)** *geh f(m)* ⟨→ A⟩ *geh* difunto, -a *m,f*

ver'stört *adj* alterado, trastornado; *Miene* turbado

Ver'stoß *m* falta *f* (***gegen*** contra); *gegen ein Gesetz* contravención *f*, infracción *f*

ver'stoßen ⟨*irr*, *sin* ge⟩ **I** *v/t* expulsar; *Frau* repudiar; **II** *v/i* ***gegen etw ~*** faltar a a/c, contravenir a a/c; ***gegen die guten Sitten ~*** atentar contra las buenas costumbres

ver'strahlen *v/t* ⟨*sin* ge⟩ *radioaktiv* contaminar por radiación

Ver'strebung *f* apuntalamiento *m*

ver'streichen ⟨*irr*, *sin* ge⟩ **I** *v/t* ⟨h⟩ (*verteilen*) extender; *Butter* untar; **2** (*zustreichen*) tapar; **II** *geh v/i* ⟨sn⟩ **3** *Zeit* transcurrir, pasar; *Frist* vencer

V

ver'streuen *v/t* ⟨*sin* ge⟩ dispersar, esparcir
ver'stricken *geh fig* ⟨*sin* ge⟩ **I** *v/t* ***j-n in etw*** (*acus*) **~** implicar *od* enredar a alg en a/c; **II** *v/r* ***sich in etw*** (*acus*) **~** enredarse en a/c
verstümmel|n [fɛr'ʃtʏməln] *v/t* ⟨*sin* ge⟩ mutilar (*a fig*); **⁀ung** *f* mutilación *f* (*a fig*)
ver'stummen *v/i* ⟨*sin* ge, sn⟩ **1** *geh Person* enmudecer, callarse; **2** *geh Geräusch, fig Protest* cesar
Versuch [fɛr'zu:x] *m* ⟨-(e)s; -e⟩ **1** intento *m*, tentativa *f*; ***das kommt auf e-n ~ an*** hay que intentarlo; **2** (*Experiment*) experimento *m* (***mit, an*** *+dat* con)
ver'suchen *v/t* ⟨*sin* ge⟩ **1** probar, ensayar; ***sein Glück ~*** probar suerte; ***es mit j-m ~*** hacer una prueba con alg; ***versuchs doch!*** ¡inténtalo!; **2** (*sich bemühen*) tratar de, intentar; **3** *a v/i* (***von***) ***etw ~*** (*kosten*) probar a/c
Ver'suchs|gelände *n* terreno *m* de experimentación; **~kaninchen** *n fig* conejillo *m* de Indias; **~reihe** *f* serie *f* de experimentos; **~tier** *n* animal *m* de laboratorio; **⁀weise** *adv* a modo de prueba
Ver'suchung *f* tentación *f*; ***in ~*** (*acus*) ***führen*** tentar; ***in ~ kommen zu*** (*+inf*) caer en la tentación de (*+inf*)
ver'sündigen *geh v/r* ⟨*sin* ge⟩ ***sich an j-m, etw ~*** pecar contra alg, a/c
versunken [fɛr'zʊŋkən] *adjt fig* **~ *in*** (*+acus*) *Anblick, Gedanken* absorto en
ver'süßen *v/t* ⟨*sin* ge⟩ *fig* endulzar, dulcificar; ***sich*** (*dat*) ***das Leben ~*** endulzarse la vida
ver|'tagen ⟨*sin* ge⟩ **I** *v/t* aplazar (***auf*** *+acus* hasta); **II** *v/r* ***sich ~*** aplazar la reunión; **~täuen** [fɛr'tɔʏən] *v/t* ⟨*sin* ge⟩ amarrar; **~'tauschen** *v/t* ⟨*sin* ge⟩ **1** (*austauschen*) cambiar (***mit*** por); **2** (*verwechseln*) confundir (***mit*** con)
verteidig|en [fɛr'taɪdɪgən] ⟨*sin* ge⟩ *v/t, v/r* (***sich***) **~** defender(se) (*a* JUR, SPORT); **⁀er** **(-in)** *m(f)* defensor, a *m,f*; JUR *a* abogado, -a *m,f* defensor, a; *Fußball* defensa *m,f*
Ver'teidigung *f* defensa *f* (*a* JUR, SPORT); JUR ***die ~ übernehmen*** asumir la defensa; ***die ~ niederlegen*** renunciar a la defensa
Ver'teidigungs|ministerium *n* Ministerio *m* de Defensa; **~rede** *f* JUR informe *m* de la defensa; *fig* apología *f*
ver'teilen ⟨*sin* ge⟩ **I** *v/t* **1** (*austeilen*) distribuir (***an*** *+acus* entre); **2** (*aufteilen, zuweisen*) repartir (***auf*** *+acus*, ***unter*** *+acus* entre); **II** *v/r* ***sich ~*** **3** (*sich aufteilen*) repartirse (***auf*** *+acus*, ***unter*** *+acus* entre); **4** (*sich verstreuen*) esparcirse; *Personen* dispersarse
Ver'teiler *m* **1** EL, COM distribuidor *m*; **2** ADM lista *f* de destinatarios; **~netz** *n* red *f* de distribución; **~schlüssel** *m* ADM cuadro *m* de distribución, clave *f* de distribución
Ver'teilung *f* **1** (*Ausgabe*) distribución *f* (***an*** *+acus* a); **2** (*Aufteilung*) reparto *m* (***auf*** *+acus*, ***unter*** *+acus* entre)
ver'teuer|n *v/t, v/r* ⟨*sin* ge⟩ (***sich***) **~** encarecer(se); **⁀ung** *f* encarecimiento *m*
ver|'teufeln *v/t* ⟨*sin* ge⟩ satanizar; **~'teufelt** F **I** *adjt* endiablado, endemoniado; **II** *advl* (*sehr*) de verdad
ver'tiefen ⟨*sin* ge⟩ **I** *v/t* ahondar, profundizar (***um etw*** a/c; *a fig*); **II** *v/r fig* ***sich in etw*** (*acus*) **~** absorberse en a/c
Ver'tiefung *f* **1** *Handlung* ahondamiento *m*; **2** (*tiefere Stelle*) hoyo *m*; *im Gelände* depresión *f*; (*Hohlraum*) hueco *m*
vertikal [vɛrti'ka:l] *adj* vertical
ver|'tilgen *v/t* ⟨*sin* ge⟩ **1** (*vernichten*) exterminar; **2** F (*verzehren*) comerse; F tragarse; **~'tippen** F *v/r* ⟨*sin* ge⟩ ***sich ~*** equivocarse (escribiendo a máquina)
ver'ton|en *v/t* ⟨*sin* ge⟩ poner música a; **⁀ung** *f* versión *f* musical
vertrackt [fɛr'trakt] F *adj* complicado
Vertrag [fɛr'tra:k] *m* ⟨-(e)s; ⸚e⟩ contrato *m*; (*Abkommen*) convenio *m*; *zwischen Staaten* tratado *m*; ***befristeter, unbefristeter ~*** contrato *m* de duración determinada, indefinida; ***mündlicher, schriftlicher ~*** contrato *m* verbal, por escrito; ***wirksamer, unwirksamer ~*** contrato *m* válido, nulo; ***e-n ~ aufheben, auflösen*** disolver, anular un contrato; ***e-n ~ aushandeln*** negociar un contrato; ***den ~ brechen, nicht einhalten*** romper, incumplir el contrato; ***den ~ kündigen*** rescindir el contrato; ***e-n ~ schließen, unterschreiben*** concluir, firmar un contrato; ***den ~ verlängern*** prorrogar un contrato; ***etw in den ~ aufnehmen*** incluir a/c en el contrato; ***j-n unter ~ nehmen*** contratar a alg; ***bei j-m unter ~ stehen*** estar contratado por alg
ver'tragen ⟨*irr, sin* ge⟩ **I** *v/t* **1** (*aushalten*) aguantar, resistir; ***sie verträgt keinen Fisch*** le sienta mal el pescado; F ***ich könnte e-n Schluck ~*** no me vendría mal un trago; **II** *v/r* ***sich ~*** **2** *Personen* entenderse, llevarse bien (***mit j-m*** con alg); **3** *Sachen, Farben* ser compatible (***mit*** con); F pegar (***mit*** con)
ver'traglich **I** *adj* contractual; **II** *adv* por contrato; ***sich ~ verpflichten*** (*+inf*) obligarse contractualmente (*+inf*)
verträglich [fɛr'trɛ:klɪç] *adj* **1** *Person* tratable, sociable, complaciente; **2** *Speisen* (***leicht***) **~** digestible; *Medikament* ***gut ~*** que se tolera bien
Ver'trags|abschluss *m* cierre *m* de un contrato; POL firma *f* de un tratado; **~ände-**

rung *f* modificación *f* del contrato; **~aufhebung** *f* disolución *f* de un contrato; **~auflösung** *f* extinción *f* de un contrato, rescisión *f* de un contrato; **~aussetzung** *f* suspensión *f* del contrato; **~bedingungen** *f/pl* condiciones *f/pl* del contrato *od* contractuales; **~bestimmungen** *f/pl* estipulaciones *f/pl od* disposiciones *f/pl* del *bzw* de un contrato; **~bruch** *m* ruptura *m* de contrato; POL violación *f* de tratado

ver'tragsbrüchig *adj* **~ *werden*** romper un contrato; POL violar un tratado

ver'tragschließ|end *adjt* contratante; **˜ung** *f* cierre *m od* conclusión *f* de un contrato

Ver'trags|dauer *f* duración *f* del contrato; **~entwurf** *m* esbozo *m* de contrato; **~form** *f* forma *f* del contrato; ***in* ~** en forma de contrato; **~gegenstand** *m* objeto *m* del contrato; **~haftung** *f* responsabilidad *f* contractual; **~händler** *m* concesionario *m*; **˜gemäß** *adj* según contrato, conforme al contrato; **~hotel** *n* hotel *m* contratado; **~inhalt** *m* contenido *m* del contrato; **~partner(in)** *m(f)* (parte *f*) contratante *m,f*; **~strafe** *f* pena *f* contractual; **~verlängerung** *f* prórroga *f* del contrato; **~verpflichtung** *f* obligación *f* contractual; **~werkstatt** *f* AUTO taller *m* concertado

ver'trauen *v/i* ⟨*sin* ge⟩ ***j-m* ~** confiar en alg; ***auf j-n, etw* ~** confiar en alg, a/c

Ver'trauen *n* ⟨-s⟩ confianza *f*; ***im* ~ *auf*** (*+acus*) confiando en; ***im* ~ (*gesagt*)** (dicho) en confianza; **~ *erweckend*** que inspira confianza; **~ *haben* (*in* +*acus*, *zu*)** tener confianza (en); ***j-n ins* ~ *ziehen*** confiar a alg un secreto

Ver'trauens|arzt *m* inspector *m* médico; **~bruch** *m* abuso *m* de confianza; **~frau** *f* mujer *f* de confianza; *der Gewerkschaft* enlace *m* sindical; **~mann** *m* ⟨-(e)s; -männer *od* -leute⟩ hombre *m* de confianza; *der Gewerkschaft* enlace *m* sindical; **~person** *f* persona *f* de confianza; **~sache** *f* asunto *m* confidencial; **˜selig** *adj* crédulo; **~stellung** *f* puesto *m* de confianza; **˜voll I** *adj* confiado; **II** *adv* con confianza; **˜würdig** *adj* (digno) de confianza

ver'traulich *adj* **1** confidencial; ***streng* ~** estrictamente confidencial; **2** (*vertraut*) íntimo, familiar

Ver'traulichkeit *f* **1** *e-r Mitteilung* confidencialidad *f*; **2** *im Verhalten* intimidad *f*, familiaridad *f*; *gegenüber Frauen* **~en** *pl* intimidades *f/pl*

ver'träumt *adjt* **1** *Person* soñador; **2** *Ort* idílico

ver'traut *adj* **1** *Beziehung* íntimo, familiar; ***mit j-m* ~ *sein*** tener confianza con alg; **2** (*bekannt*) conocido; ***mit etw* ~ *sein*** estar familiarizado con a/c; ***sich mit etw* ~ *machen*** familiarizarse con a/c

Ver'traut|e(r) *f(m)* ⟨→ A⟩ confidente *m,f*; **~heit** *f* ⟨-⟩ intimidad *f*, familiaridad *f*

ver'treiben *v/t* ⟨*irr*, *sin* ge⟩ **1** *aus e-m Land* expulsar; *aus e-r Wohnung a* desalojar; *Tiere*, *fig Sorgen*, *Kummer* ahuyentar; ***j-n aus s-r Heimat* ~** expulsar a alg de su tierra; **2** COM vender; **3 *sich*** (*dat*) ***die Zeit mit etw* ~** pasar el tiempo con a/c, entretenerse con a/c

Ver'treibung *f* desalojamiento *m*, expulsión *f* (***aus*** de)

ver'tretbar *adj* **1** *Standpunkt* justificable; **2** *Kosten*, *Risiko* razonable

ver'treten *v/t* ⟨*irr*, *sin* ge⟩ **1** (*vorübergehend ersetzen*) reemplazar; ADM sustituir; **2** (*repräsentieren*) representar (*a* COM); **3** (*eintreten für*) sostener, defender; JUR defender la causa de; **4 *die Ansicht* ~, *dass* …** sostener que …, opinar que …. (*+ind*); **5** *bsd* JUR ***etw zu* ~ *haben*** ser responsable de a/c; **6** F ***sich*** (*dat*) ***die Beine* ~** estirar las piernas

Ver'treter(in) *m(f)* **1** (*Interessen˜*) representante *m,f*; POL *gewählte(r)* delegado, -a *m,f*; JUR ***gesetzlicher* ~** representante *m* legal; **2** (*Handels˜*) representante *m,f* (***für*** *Firma*, *Produkt* de, *Gebiet* para), agente *m,f* comercial; **3** (*Stell˜*), ADM sustituto, -a *m,f*, suplente *m,f*; **4** (*Verfechter*) defensor, a *m,f*

Ver'treter|bericht *m* informe *m* del representante; **~besuch** *m* visita *f* del representante; **~provision** *f* comisión *f* del representante

Ver'tretung *f* **1** (*Stell˜*) sustitución *f*; ***in* ~** por delegación; **2** *Person* sustituto, -a *m,f*, suplente *m,f*; **3** *e-s Landes*, *e-r Firma* representación *f*; ***die* ~ *übernehmen für* …** *e-e Firma*, *ein Produkt* aceptar la representación de …, *ein Gebiet* para …; ***ich möchte die* ~ *für Ihre Firma in … übernehmen*** me gustaría *od* quisiera representar su empresa en …; **4** COM (*Niederlassung*, *vertretende Firma*) agencia *f*

Ver'tretungs|angebot *n* oferta *f* de representación; **~gebiet** *n* zona *f* de representación; **~vertrag** *m* contrato *m* de representación; **~vollmacht** *f* poder *m* de representación; **˜weise** *adv* en representación (***für*** de)

Ver'trieb *m* ⟨-(e)s⟩ COM venta *f*; *von Büchern a* distribución *f*

Ver'triebene(r) *f(m)* ⟨→ A⟩ expulsado, -a *m,f*

Ver'triebs|abteilung *f* sección *f od* departamento *m* de ventas; **~apparat** *m* organización *f* de ventas; **~gesellschaft** *f* sociedad *f*

V

distribuidora; **~kanal** *m* canal *m* de distribución; **~konzept** *n* concepto *m* de distribución; **~kosten** *pl* gastos *m/pl* de distribución *od* venta; **~leiter(in)** *m(f)* jefe, -a *m,f* de ventas; **~leitung** *f* dirección *f* de ventas; **~netz** *n* red *f* de distribución, red *f* comercial; **~struktur** *f* estructura *f* de distribución; **~system** *n* sistema *m* de distribución; **~unternehmen** *n* casa *f* distribuidora; **~vertrag** *m* contrato *m* de distribución; **~wege** *m/pl* vías *f/pl* de distribución

ver'trinken *v/t* ⟨*irr, sin* ge⟩ ***sein Geld ~*** gastarse el dinero en bebidas

ver'trocknen *v/i* ⟨*sin* ge, sn⟩ secarse

ver'trödeln F *desp v/t* ⟨*sin* ge⟩ ***die Zeit ~*** perder el tiempo

ver'trösten *v/t* ⟨*sin* ge⟩ ***j-n ~*** consolar a alg (***auf*** *+acus* con)

ver'tun ⟨*irr, sin* ge⟩ **I** *v/t* malgastar, desperdiciar; **II** F *v/r* ***sich ~*** equivocarse

ver'tuschen *v/t* ⟨*sin* ge⟩ *Fehler* disimular; *Skandal* encubrir

ver'übeln *v/t* ⟨*sin* ge⟩ ***j-m etw ~*** tomar(le) a/c a mal a alg

ver|'üben *v/t* ⟨*sin* ge⟩ *Verbrechen* cometer; JUR *a* perpetrar; **~'ulken** *v/t* ⟨*sin* ge⟩ burlarse de, mofarse de; **~unglimpfen** [fɛr'ʔʊnglɪmpfən] *geh v/t* ⟨*sin* ge⟩ denigrar, difamar

ver'unglücken *v/i* ⟨*sin* ge, sn⟩ **1** (***tödlich***) **~** tener *od* sufrir un accidente (mortal); **2** F *fig* (*missglücken*) salir mal, fracasar

Ver'unglückte(r) *f(m)* ⟨→ A⟩ accidentado, -a *m,f*, víctima *m,f* (de un accidente)

ver'unreinig|en *v/t* ⟨*sin* ge⟩ *Wasser, Luft* contaminar; **2ung** *f des Wassers, der Luft* contaminación *f*; *der Luft a* polución *f*

ver'un|sichern *v/t* ⟨*sin* ge⟩ confundir; (*verwirren*) desconcertar; **~stalten** *v/t* ⟨*sin* ge⟩ desfigurar; (*hässlich machen*) afear

ver'untreu|en *v/t* ⟨*sin* ge⟩ *Gelder* desfalcar, defraudar, malversar; **2ung** *f* desfalco *m*, fraude *m*, malversación *f*

ver'ursach|en *v/t* ⟨*sin* ge⟩ causar; *Schmerzen, Aufregung* producir, provocar; *Kosten* entrañar; **2er(in)** *m(f)* causante *m,f*

ver'urteil|en *v/t* ⟨*sin* ge⟩ JUR condenar (*a missbilligen*), sentenciar (***zu*** a); **2te(r)** *f(m)* ⟨→ A⟩ condenado, -a *m,f*; **2ung** *f* condena *f*, sentencia *f* (*a* JUR)

ver'vielfachen *v/t, v/r* ⟨*sin* ge⟩ (***sich***) **~** multiplicar(se) (*a fig*)

ver'vielfältig|en *v/t* ⟨*sin* ge⟩ FOT, TYPO reproducir; **2ung** *f* multiplicación *f*, reproducción *f*

ver'vierfachen *v/t, v/r* ⟨*sin* ge⟩ (***sich***) **~** cuadruplicar(se)

ver'vollkommn|en *v/t, v/r* ⟨*sin* ge⟩ (***sich***) **~** perfeccionar(se); **2ung** *f* perfección *f*

ver'vollständig|en *v/t* ⟨*sin* ge⟩ completar; **2ung** *f* complemento *m*; *i. weit. Sinn* enriquecimiento *m*

verw. *Abk* (*verwitwet*) viudo

ver'wachsen[1] *v/i* ⟨*irr, sin* ge, sn⟩ *Wunde* cicatrizarse; *fig* ***miteinander ~*** compenetrarse

ver'wachsen[2] *adjt* **1** *fig* ***mit j-m, etw ~ sein*** estar íntimamente unido a alg, a/c; **2** (*missgestaltet*) deforme

ver'wackelt *adjt Bild* movido

ver'wählen *v/r* ⟨*sin* ge⟩ ***sich ~*** marcar mal

ver'wahren ⟨*sin* ge⟩ **I** *v/t* guardar, custodiar; (*wegschließen*) poner bajo llave; **II** *v/r* ***sich gegen etw ~*** protestar contra alg

ver'wahr|losen *v/i* ⟨*sin* ge, sn⟩ quedar desatendido, venir a menos; *bsd Kinder* quedar abandonado; **~lost** *adjt* abandonado; **2losung** *f* ⟨-⟩ deterioro *m*; *von Kindern* abandono *m*

Ver'wahrung *f* ⟨-⟩ custodia *f*; ***etw in ~*** (*acus*) ***geben*** dar a/c en custodia

ver'waist *adjt* **1** huérfano; **2** *geh fig Haus, Platz* abandonado

ver'walt|en *v/t* ⟨*sin* ge⟩ administrar; *Amt* desempeñar; **2er(in)** *m(f)* administrador, a *m,f* (*a Haus2*); (*Guts2*) gerente *m,f*; **2ung** *f* administración *f*, gerencia *f*

Ver'waltungs|akt *m* acto *m* administrativo; **~angestellte(r)** *f(m)* administrativo, -a *m,f*, empleado, -a *m,f* público, -a; **~apparat** *m* aparato *m* administrativo; **~aufgaben** *f/pl* tareas *f/pl* administrativas; **~aufwand** *m* gastos *m/pl* administrativos; **~beamte(r)** *m*, **~beamtin** *f* funcionario, -a *m,f* de la Administración; **~bezirk** *m* distrito *m*; **~gebäude** *n* (edificio *m* de la) administración *f*; **~gericht** *n* tribunal *m* administrativo; **~kosten** *pl* gastos *m/pl* administrativos; **~rat** *m* Consejo *m* de Administración; **~ratsmitglied** *n* miembro *m* del Consejo de Administración; **~ratsvorsitzende(r)** *f(m)* presidente *m,f* del Consejo de Administración

ver'wandeln ⟨*sin* ge⟩ **I** *v/t* **1** cambiar, transformar, convertir (***in*** *+acus* en); *fig* ***sie ist wie verwandelt*** parece otra; **2** SPORT ***e-n Strafstoß ~*** transformar un penalti; **II** *v/i* **3** SPORT ***zum 2:0 ~*** cambiar el marcador a 2:0; **III** *v/r* **4** ***sich ~*** transformarse

Ver'wandlung *f* cambio *m*, transformación *f*; MYTH, ZO, *fig* metamorfosis *f*

verwandt [fɛr'vant] *adj* **1** pariente (***mit*** de); ***er ist mit mir ~*** somos parientes; **2** *fig Anschauungen usw* semejante

Ver'wandte(r) *f(m)* ⟨→ A⟩ pariente, -a *m,f*, familiar *m,f*

Ver'wandtschaft *f* **1** (*Verwandtsein*) parentesco *m* (*a fig*); **2 *die ~*** (*die Verwandten*) los

V

parientes
ver'wandtschaft|lich *adj* de pariente; **2sgrad** *m* grado *m* de parentesco
ver'warnen *v/t* ⟨*sin* ge⟩ amonestar, advertir
Ver'warnung *f* amonestación *f*, advertencia *f*; ***gebührenpflichtige ~*** multa *f*
ver'waschen *adj* **1** (*ausgewaschen*) deslavado; **2** *Farben* descolorido
ver'wässern *v/t* ⟨*sin* ge⟩ aguar; *fig* diluir
ver'wechseln *v/t* ⟨*sin* ge⟩ confundir (***mit*** con); ***er hat sie miteinander verwechselt*** los ha confundido; ***sie sehen sich zum 2 ähnlich*** son como dos gotas de agua
Ver'wechs(e)lung *f* confusión *f*; (*Irrtum*) equivocación *f*
ver'wegen *adj* temerario, osado, audaz
ver'wehen *v/t*, *v/i* ⟨*sin* ge⟩ dispersar(se), disipar(se); *Spur* borrar(se)
ver'wehren *v/t* ⟨*sin* ge⟩ ***j-m etw ~*** impedir *od* prohibir a/c a alg
ver'weichlich|t *adjt* blando; *Männer a* afeminado; **2ung** *f* ⟨-⟩ debilitamiento *m*; *von Männern a* afeminamiento *m*
ver'weigern ⟨*sin* ge⟩ **I** *v/t* rehusar, denegar (***j-m etw*** a/c a alg); ***den Wehrdienst ~*** ser objetor de conciencia; **II** *v/i Pferd* rehusar
Ver'weigerung *f* rehuso *m*, negación *f*
ver'weilen *geh v/i* ⟨*sin* ge⟩ **1** (*stehen bleiben*) detenerse; **2** (*sich aufhalten*) permanecer (***bei j-m*** con alg)
ver'weint *adj* ***~e Augen haben, ~ aussehen*** tener los ojos llorosos
Verweis [fɛr'vaɪs] *m* ⟨-es; -e⟩ **1** (*Rüge*) reprimenda *f*; ADM amonestación *f*; ***j-m e-n ~ erteilen*** reprender a alg; **2** (*Hinweis*) referencia *f*, remisión *f*
ver'weisen ⟨*irr*, *sin* ge⟩ **I** *v/t* **1** ***j-n ~ an*** (*+acus*), ***auf*** (*+acus*) remitir a alg a; **2** ***j-n*** (***von***) ***der Schule ~*** expulsar a alg del colegio; ***j-n des Landes ~*** expulsar a alg del país; SPORT ***s-e Gegner auf die Plätze ~*** ganar ampliamente a sus adversarios; **II** *v/i* **3** ***~ auf*** (*+acus*) remitir a, indicar
ver'welken *v/i* ⟨*sin* ge, sn⟩ marchitarse
ver'wendbar *adj* utilizable, aprovechable; **2keit** *f* ⟨-⟩ utilidad *f* (práctica)
ver'wenden ⟨*irr*, *sin* ge⟩ **I** *v/t* **1** (*benutzen*) utilizar, emplear (***für, zu*** para; ***als*** de); *Methode*, *Technik a* aplicar; **2** *Zeit*, *Mühe* gastar (***auf*** *+acus* en); **II** *geh v/r* **3** ***sich*** (***bei j-m***) ***für j-n ~*** interceder (ante alg) en favor de alg
Ver'wendung *f* empleo *m*, uso *m*, utilización *f*; ***keine ~ für etw haben*** no saber qué hacer con a/c
Ver'wendungs|möglichkeit *f* posibilidad *f* de uso; **~zweck** *m* uso *m* previsto; *auf Schecks usw* destino *m*
ver'werf|en ⟨*irr*, *sin* ge⟩ **I** *v/t* rechazar, desechar; JUR *Klage* desestimar; **II** *v/r* ***sich ~*** *Holz* alabearse; **~lich** *geh adj* reprobable, condenable
ver'wert|bar *adj* utilizable, aprovechable; **~en** *v/t* ⟨*sin* ge⟩ utilizar, aprovechar; *Erfindung* explotar; **2ung** *f* utilización *f*, aprovechamiento *m*; *e-r Erfindung* explotación *f*; **2ungsrechte** *n/pl* derechos *m/pl* de explotación (económica)
ver'wes|en *v/i* ⟨*sin* ge, sn⟩ pudrirse, descomponerse; **2ung** *f* ⟨-⟩ putrefacción *f*, descomposición *f*
ver'wetten *v/t* ⟨*sin* ge⟩ ***Geld ~*** perder dinero en apuestas
ver'wickeln ⟨*sin* ge⟩ **I** *v/t* **1** ***j-n in etw*** (*acus*) ***~*** implicar a alg en a/c; **II** *v/r* **2** *Garn usw* ***sich ~*** enredarse; **3** *fig* ***sich in Widersprüche ~*** incurrir en contradicciones
ver'wick|elt *adjt Angelegenheit* complicado, enredado; **2lung** *f* complicación *f*, enredo *m*
ver'wild|ern *v/i* ⟨*sin* ge, sn⟩ **1** *Haustier* volverse salvaje; **2** *Garten* cubrirse de maleza; **~ert** *adjt* **1** *Haustier* salvaje; **2** *Garten* abandonado, descuidado
ver|'winden *geh v/t* ⟨*irr*, *sin* ge⟩ *Kummer* olvidar, consolarse de; **~'wirken** *geh v/t* ⟨*sin* ge⟩ *Recht* perder
ver'wirklichen ⟨*sin* ge⟩ **I** *v/t* **1** realizar; **II** *v/r* **2** ***sich ~*** cumplirse, realizarse; **3** ***sich*** (***selbst***) ***~*** realizarse
Ver'wirklichung *f* realización *f*, cumplimiento *m*
ver'wirren ⟨*sin* ge⟩ **I** *v/t* **1** *Fäden*, *Haare* enmarañar, enredar; **2** *fig* ***j-n ~*** desconcertar *od* confundir a alg; **II** *v/r* **3** ***sich ~*** *Fäden*, *Haar* enmarañarse, enredarse
ver'wirrt *adjt* confuso; *Person a* desconcertado
Ver'wirrung *f* embrollo *m*, confusión *f*, desconcierto *m*; ***~ stiften*** provocar confusión; ***in ~ geraten*** desconcertarse
ver|'wischen *v/t*, *v/r* ⟨*sin* ge⟩ (***sich***) ***~*** borrar(-se) (*a fig*); *Unterschiede* difuminar(se); **~'wittern** *v/i* ⟨*sin* ge, sn⟩ corroerse, descomponerse
ver'witwet *adj* viudo
ver|wöhnen [fɛr'vøːnən] *v/t* ⟨*sin* ge⟩ mimar; **~'wöhnt** *adjt* **1** mimado; **2** (*anspruchsvoll*) exigente
ver'worren [fɛr'vɔrən] *adj* confuso, intrincado
ver'wundbar *adj* vulnerable (*a fig*); **2keit** *f* ⟨-⟩ vulnerabilidad *f* (*a fig*)
ver'wunden *v/t* ⟨*sin* ge⟩ herir (*a fig*); ***schwer verwundet*** herido grave
ver'wunderlich *adj* extraño, sorprendente
ver'wundern *v/t* ⟨*sin* ge⟩ extrañar, sorprender; ***es verwundert mich, dass ...*** me ex-

traña que … (*+subj*)
Ver'wunderung *f* ⟨-⟩ admiración *f*, asombro *m*
Ver'wund|ete(r) *f(m)* ⟨→ A⟩ herido, -a *m,f*; **~ung** *f* herida *f*
verwunschen [fɛr'vʊnʃən] *adj* encantado
ver'wünsch|en *v/t* ⟨*sin* ge⟩ maldecir, imprecar; **2ung** *f* maldición *f*, imprecación *f*
ver'wurzelt *adjt fig* ***tief ~ sein in*** (*+dat*) estar muy arraigado en
ver'wüst|en *v/t* ⟨*sin* ge⟩ devastar, asolar; **2ung** *f* devastación *f*
ver|'zagen *geh v/i* ⟨*sin* ge⟩ desanimarse; **~'zählen** *v/r* ⟨*sin* ge⟩ ***sich ~*** equivocarse (al contar); **~'zahnt** *adjt* TEC engranado (***mit etw*** con a/c)
ver'zapfen *v/t* ⟨*sin* ge⟩ F *fig* ***Unsinn ~*** decir tonterías
verzärteln [fɛr'tsɛːrtəln] *v/t* ⟨*sin* ge⟩ mimar
ver'zaubern *v/t* ⟨*sin* ge⟩ encantar, hechizar (*a fig*); **~ *in*** (*+acus*) transformar en
Ver'zauberung *f* hechizo *m*; (*Verwandlung*) transformación *f* (*a fig*)
ver'zehnfachen *v/t, v/r* ⟨*sin* ge⟩ (***sich***) **~** decuplicar(se), multiplicar(se) por diez
Verzehr [fɛr'tseːr] *m* ⟨-(e)s⟩ consumo *m*; **2en** *geh* ⟨*sin* ge⟩ **I** *v/t* consumir, comer; **II** *v/r fig* ***sich ~*** consumirse (***vor*** *+dat* de)
ver'zeichnen *v/t* ⟨*sin* ge⟩ **1** (*falsch zeichnen*) dibujar mal; **2** (*festhalten*) apuntar, anotar; ADM registrar; ***verzeichnet sein*** (***auf*** *+dat*, ***in*** *+dat*) figurar (en); **3** *fig Erfolg* ***zu ~ haben*** obtener
Ver'zeichnis *n* ⟨-ses; -se⟩ (*Liste*) lista *f*; (*Register*) registro *m*, relación *f*; INFORM directorio *m*
verzeihen [fɛr'tsaɪən] *v/t* ⟨*irr, sin* ge⟩ perdonar, disculpar (***j-m etw*** a/c a alg); ***~ Sie!*** ¡perdone!
ver'zeihlich *adj* perdonable, excusable
Ver'zeihung *f* ⟨-⟩ perdón *m*; ***~!*** ¡perdón!; ***j-n um ~ bitten*** pedir perdón a alg
ver'zerren ⟨*sin* ge⟩ **I** *v/t* **1** *Bild, Ton* deformar, desfigurar (*a fig Tatsachen*); **2** *Gesichtszüge* demudar, desfigurar; **II** *v/r* **3** ***sich ~*** *Gesichtszüge* desfigurarse
ver'zetteln *v/r* ⟨*sin* ge⟩ ***sich ~*** dispersar sus fuerzas
Verzicht [fɛr'tsɪçt] *m* ⟨-(e)s; -e⟩ renuncia *f* (***auf*** *+acus* a); JUR *a* desistimiento *m* (***auf*** *+acus* de)
ver'zichten *v/i* ⟨*sin* ge⟩ renunciar (***auf etw*** *acus* a a/c), desistir (***auf etw*** *acus* de a/c; *a* JUR)
ver'ziehen ⟨*irr, sin* ge⟩ **I** *v/t* ⟨h⟩ **1** ***das Gesicht ~*** hacer una mueca; **2** (*schlecht erziehen*) mimar, malcriar; **II** *v/i* ⟨sn⟩ **3** mudarse (de casa), cambiar (de domicilio) (***nach*** a); **III** *v/r* ⟨h⟩ ***sich ~*** **4** *Holz* alabearse; **5** *Gewitter, Rauch* pasar, disiparse; **6** F (*sich davonmachen*) desaparecer; F esfumarse
ver'zier|en *v/t* ⟨*sin* ge⟩ decorar, adornar; **2ung** *f* **1** (*das Verzieren*) decoración *f*, ornamentación *f*; **2** (*Schmuck*) adorno *m*; BAU, *Rhetorik* ornamento *m*
ver'zinsen ⟨*sin* ge⟩ **I** *v/t* pagar intereses por; **II** *v/r* ***sich ~*** producir *od* devengar intereses; ***sich mit 6% ~*** devengar intereses del 6%
ver'zinslich *adj* a interés; ***~ mit 3%*** con un interés del tres por ciento
Ver'zinsung *f* interés *m*, rédito *m*
ver'zöger|n ⟨*sin* ge⟩ **I** *v/t* **1** (*aufschieben*) retrasar, demorar; **2** (*verlangsamen*) retardar (*a* TEC); **II** *v/r* **3** ***sich ~*** retrasarse (***um e-e Woche*** una semana); **2ung** *f* **1** (*Aufschub*) aplazamiento *m*; **2** (*Verlangsamung*) retraso *m*; PHYS deceleración *f*
ver'zollen *v/t* ⟨*sin* ge⟩ pagar aduana por; ***geliefert verzollt*** entregado, derechos pagados (DDP); ***haben Sie etwas zu ~?*** ¿tiene Ud. algo que declarar?
verzückt [fɛr'tsʏkt] *adjt* extasiado
Ver'zückung *f* éxtasis *m*; ***in ~ geraten*** extasiarse
Ver'zug *m* ⟨-(e)s⟩ demora *f*, retraso *m*; ***in*** *od* ***im ~ sein*** llevar retraso, encontrarse en mora (***mit*** con, en); ***in ~ geraten*** retrasarse, incurrir en mora (***mit*** con, en); ***ohne weiteren ~*** sin más dilaciones, sin más demora
Ver'zugszinsen *m/pl* intereses *m/pl* de demora; ***~ zahlen*** pagar intereses de demora
ver'zweifeln *v/i* ⟨*sin* ge, sn⟩ desesperar(se) (***an j-m*** con alg; ***an etw*** de *od* con a/c)
ver'zweifelt *adjt* desesperado
Ver'zweiflung *f* ⟨-⟩ desesperación *f*; ***j-n zur ~ bringen*** desesperar a alg
ver'zweigen *v/r* ⟨*sin* ge⟩ ***sich ~*** ramificarse (*a fig*)
ver'zwickt F *adj* complicado, intrincado
Vesper ['fɛspər] *f* ⟨-; -n⟩ **1** KATH vísperas *f/pl*; **2** *a n* ⟨-s; -⟩ *südd* (*Imbiss*) tentempié *m*; *für Kinder* merienda *f*
Veteran [vete'raːn] *m* ⟨-en; -en⟩ veterano *m* (*a fig*)
Veterinär [veteri'nɛːr] *m* ⟨-s; -e⟩ veterinario *m*
Veto ['veːto] *n* ⟨-s; -s⟩ veto *m*; (***s***)***ein ~ einlegen*** (***gegen***) poner veto (a)
'Vetorecht *n* derecho *m* de veto
Vetter ['fɛtər] *m* ⟨-s; -n⟩ primo *m*
'Vetternwirtschaft *f desp* nepotismo *m*
vgl. *Abk* (*vergleiche*) cf. (*confer*), compárese
v.H. *Abk* (*vom Hundert*) por ciento
via ['viːa] *prp* ⟨*+acus*⟩ ***~ Madrid*** por Madrid
Viadukt [via'dʊkt] *m od n* ⟨-(e)s; -e⟩ viaducto *m*

Vibration [vibratsi'oːn] *f* vibración *f*
vi'brieren *v/i* ⟨*sin* ge⟩ vibrar (*a Stimme*)
Video ['viːdeo] *n* ⟨-s; -s⟩ vídeo *m*, *Am* video *m*
'Video|... *in Zssgn* vídeo..., de vídeo; **~aufnahme** *f* grabación *f* en vídeo; **~band** *n* ⟨-(e)s; -bänder⟩ cinta *f* de vídeo; **~clip** *m* vídeoclip *m*; **~film** *m* película *f* de vídeo; **~gerät** *n* (aparato *m* de) vídeo *m*; **~kamera** *f* cámara *f* de vídeo; **~kassette** *f* cinta *f* de vídeo; **~konferenz** *f* videoconferencia *f*; **~recorder** *m* (grabadora *f* de) vídeo *m*; **~spiel** *n* videojuego *m*; **~text** *m* vídeotexto *m*
Videothek [video'teːk] *f* ⟨-; -en⟩ videoteca *f*
Vieh [fiː] *n* ⟨-(e)s⟩ **1** *Sammelbez* ganado *m*; ***Stück~*** res *f*; **2** F (*Tier*) bicho *m*; **'~bestand** *m* número *m* de reses, ganadería *f*; **'~futter** *n* forraje *m*, pasto *m*
'viehisch *adj desp* bestial
'Vieh|markt *m* mercado *m* de ganado; **~stall** *m* establo *m*; **~transporter** *m* transporte *m* de ganado; **~zucht** *f* cría *f* de ganado, ganadería *f*; **~zuchtbetrieb** *m* explotación *f* ganadera; **~züchter(in)** *m(f)* ganadero, -a *m,f*
viel [fiːl] **I** *pr/indef* ⟨mehr, meiste⟩ **1** *adjt* mucho; ***das ~e Geld*** todo el dinero; ***sehr ~e ...*** muchísimos ...; ***~e hundert*** (***Menschen***) cientos de personas; ***ziemlich ~*** bastante; **2** *su* ***~es*** mucho, muchas cosas *f/pl*; ***~e sind gekommen*** han venido muchos; ***in ~em*** en muchos aspectos; ***um ~es größer*** mucho mayor; **II** *adv* **3** ⟨*seguido de un comp*⟩ (*bei weitem*) mucho; ***nicht ~ anders als*** no muy distinto a; **4** *mit zu* ***~ zu ~*** demasiado; ***~ zu groß, wenig*** demasiado grande, poco; **5** (*oft, häufig*) mucho, a menudo; ***~ beschäftigt*** muy ocupado; ***~ sagend*** significativo; ***~ versprechend*** (muy) prometedor
'viel|deutig *adj* equívoco, ambiguo; **ꝏeck** *n* polígono *m*; **ꝏehe** *f* poligamia *f*
'vieler'lei *adj* ⟨*inv*⟩ **1** diversos, varios, toda clase de; **2** *su* muchas *od* varias cosas
'vielfach I *adj* múltiple; (*wiederholt*) reiterado, repetido; **II** *adv* con frecuencia, a menudo
'Vielfache(s) *n* ⟨→ A⟩ múltiplo *m*
Vielfalt ['fiːlfalt] *f* ⟨-⟩ multiplicidad *f*; (*Mannigfaltigkeit*) diversidad *f*, variedad *f*
vielfältig ['fiːlfɛltɪç] *adj* múltiple; (*mannigfaltig*) variado
Vielfraß *m* zo glotón *m*; F *fig Mensch a* comilón, -ona *m,f*
vielleicht [fi'laɪçt] **I** *adv* **1** quizá(s), tal vez, a lo mejor; **2** (*ungefähr*) aproximadamente, unos; **II** *Partikel* **3** (*etwa, eventuell*) acaso, por casualidad; ***glauben Sie ~ ...?*** ¿es que piensa ...?; ***kannst du mir ~ einmal helfen?*** ¿podrías ayudarme?; **4** (*wirklich*) ***sie waren ~ überrascht!*** ¡vaya sorpresa que se llevaron!
vielmals ['fiːlmaːls] *adv* muchas veces; ***ich bitte ~ um Entschuldigung*** le ruego que me disculpe; ***danke ~!*** ¡muchísimas gracias!
vielmehr [fiːl'meːr] *od* ['fiːlmeːr] *adv u cj* **1** (*genauer gesagt*) más bien, mejor dicho; **2** (*im Gegenteil*) por el contrario
'viel|schichtig *adj fig* complejo; **~seitig** *adj* **1** (*auf vielen Gebieten einsetzbar*) polivalente; *Person a* polifacético; **2** (*umfassend*) amplio, extenso, variado
Viel|'völkerstaat *m* estado *m* multiétnico; **'~zahl** *f* multitud *f*, gran número *m* (***an*** *+dat*, ***von*** de)
vier [fiːr] *núm/c* cuatro; F ***auf allen ~en*** a gatas; → ***acht***
Vier *f* ⟨-; -en⟩ **1** *Zahl* cuatro *m*; **2** *Schulnote in Spanien etwa* suficiente *m*
'Vier|beiner *m* cuadrúpedo *m*; **ꝏbeinig** *adj* de cuatro patas; *Tier a* cuadrúpedo; **~eck** *n* cuadrilátero *m*; (*Quadrat*) cuadrado *m*; **ꝏeckig** *adj* cuadrangular; (*quadratisch*) cuadrado
'Vierer *m* **1** *Rudern* bote *m* de cuatro remos; **2** *südd, österr, schweiz* (*Vier*) cuatro *m*; → ***Vier 2***; **~bob** *m* bobsleigh *m* de cuatro (asientos); **ꝏlei** *adj* ⟨*inv*⟩ de cuatro clases (diferentes)
'vier|fach I *adj* cuádruplo; → ***achtfach I***; **II** *adv* cuatro veces más; **ꝏ'farbendruck** *m* ⟨-(e)s; -e⟩ TYPO impresión *f* a cuatro colores, cuatricromía *f*; **~händig** ['fiːrhɛndɪç] *adj u adv* MUS a cuatro manos; **'~'hundert** *núm/c* cuatrocientos; **~jährig** *adj* (*vier Jahre alt*) de cuatro años; (*vier Jahre lang, alle vier Jahre*) *a* cuatrienal
Vierkantschlüssel ['fiːrkant-] *m* llave *f* para cerraduras cuadradas
'Vierling *m* ⟨-s; -e⟩ cuatrillizo, -a *m,f*
'viermal *adv* cuatro veces
'Vierradantrieb *m* tracción *f* de cuatro ruedas
vier|schrötig ['fiːrʃrøːtɪç] *adj* rechoncho; **~spurig** *adj Straße* de cuatro carriles; **~stellig** *adj Zahl* de cuatro cifras
viert [fiːrt] *adv* ***zu ~*** cuatro; ***zu ~ sein*** ser cuatro
'Vier|takter *m*, **~taktmotor** *m* motor *m* de cuatro tiempos
'vier'tausend *núm/c* cuatro mil
'vierte(r, -s) *núm/o* cuarto; → ***achte(r, -s)***
'vierteilen *v/t* partir en cuartos; HIST descuartizar
viertel ['fɪrtəl] *adj* ⟨*inv*⟩ ***ein ~ Meter*** un cuarto (de metro)

V

'Viertel *n* ⟨-s; -⟩ **1** cuarto *m*; ***ein ~ Wein*** un cuart(ill)o de vino; ***(ein) ~ vor eins*** la una menos cuarto; ***(ein) ~ nach eins*** la una y cuarto; **2** (*Stadt*♀) barrio *m*
'Viertel|finale *n* cuartos *m/pl* de final; **~'jahr** *n* trimestre *m*; **♀jährlich I** *adj* trimestral; **II** *adv* cada tres meses; **~liter** *m od n* cuarto *m* de litro; **~note** *f* MUS negra *f*; **~'stunde** *f* cuarto *m* de hora
'viertens *adv* en cuarto lugar
Vierwaldstätter *adj* [fiːr'valtʃtɛtər] ***der ~ See*** el Lago de los Cuatro Cantones
'vierzehn *núm/c* catorce; ***~ Tage*** quince días; → ***acht***
vierzehntägig ['fɪrtseːntɛːgɪç] *adj* cada quince días
'Vierzeiler *m* cuarteta *f*, redondilla *f*
vierzig ['fɪrtsɪç] *núm/c* cuarenta; → ***achtzig***
'Vierzig *f* ⟨-⟩ cuarenta *m*
'vierziger *adj* ⟨*inv*⟩ ***die ~ Jahre*** los años cuarenta
'vierzig|jährig *adj* de cuarenta años; **♀'stundenwoche** *f* semana *f* laboral de cuarenta horas
'Vierzylinder F *m* motor *m* de cuatro cilindros
Vietnam [viɛt'nam] *n* ⟨-s⟩ Vietnam *m*
Vietnames|e [viɛtna'meːzə] *m* ⟨-n; -n⟩, **~in** *f* vietnamita *m,f*; **♀isch** *adj* vietnamita
Vignette [vɪn'jɛtə] *f* (*Autobahn*♀) pegatina *f* del peaje
Vikar [vi'kaːr] *m* ⟨-s; -e⟩ *Kirche* vicario *m*
Villa ['vɪla] *f* ⟨-; Villen⟩ villa *f*, mansión *f*
'Villenviertel *n* barrio *m* residencial (*de la alta sociedad*)
violett [vio'lɛt] *adj* violeta
Violine [vio'liːnə] *f* violín *m*
Vio'lin|konzert *n* **1** *Musikstück* concierto *m* para violín; **2** *Veranstaltung* concierto *m* de violines; **~schlüssel** *m* clave *f* de sol
Violoncello [violɔn'tʃɛlo] *n* ⟨-s; -celli⟩ MUS violonchelo *m*
Viper ['viːpər] *f* ⟨-; -n⟩ víbora *f*
'Viren → ***Virus***, **~'suchprogramm** *n* (programa *m*) antivirus *m*
Virtualität [vɪrtuali'tɛːt] *f* virtualidad *f*
virtuell [vɪrtu'ɛl] *adj* virtual
virtuos [vɪrtu'oːs] *adj* virtuoso
Virtu'os|e *m* ⟨-n; -n⟩, **~in** *f* virtuoso, -a *m,f*; **~i'tät** *f* ⟨-⟩ virtuosismo *m*
Virus ['viːrʊs] *m od n* ⟨-; Viren⟩ virus *m* (*a* INFORM); **~infektion** *f* infección *f* vírica
'Visa → ***Visum***
Visage [vi'zaːʒə] F *desp f* F facha *f*, pinta *f*
vis-a-vis, vis-à-vis [viza'vi] *bsd österr, schweiz* **I** *prp* ⟨*dat*⟩ en frente de, frente a; **II** *adv* enfrente; ***das Haus ~*** la casa de enfrente
Visier [vi'ziːr] *n* ⟨-s; -e⟩ **1** *am Gewehr* mira *f*, alza *f*; **2** *am Helm* visera *f*
Vision [vizi'oːn] *f* visión *f*
visionär [vizio'nɛːr] *adj* visionario
Visite [vi'ziːtə] *f* visita *f*
Vi'sitenkarte *f* tarjeta *f* de visita
visuell [vizu'ɛl] *adj* visual
Visum ['viːzʊm] *n* ⟨-s; Visa *o* Visen⟩ visado *m*, *Am* visa *f*
vital [vi'taːl] *adj* vital; **♀i'tät** *f* ⟨-⟩ vitalidad *f*
Vitamin [vita'miːn] *n* ⟨-s; -e⟩ vitamina *f*; **♀arm** *adj* pobre en vitaminas; **~gehalt** *m* ⟨-(e)s; -e⟩ contenido *m* en vitaminas; **~mangel** *m* ⟨-s⟩ carencia *f* de vitaminas, avitaminosis *f*; **♀reich** *adj* rico en vitaminas
Vitrine [vi'triːnə] *f* vitrina *f*
Vize|kanzler ['fiːtsə-] *m* vicecanciller *m*; **~präsident(in)** *m(f)* vicepresidente, -a *m,f*
Vlies [fliːs] *n* ⟨-es; -e⟩ vellón *m*
V-Mann ['faʊman] *m* → ***Verbindungsmann***
Vogel ['foːgəl] *m* ⟨-s; ⸚⟩ **1** ave *f*; *kleiner* pájaro *m*; **2** F *fig* ***komischer ~*** un tipo extraño; **3** F *fig iron* ***den ~ abschießen*** F llevarse la palma; ***e-n ~ haben*** F estar como una cabra; ***j-m den ~ zeigen*** *etwa* darle a alg un corte de mangas
'Vogel|bauer *n od m* jaula *f*; **~beere** *f* serba *f*; **~futter** *n* alpiste *m*; **~käfig** *m* jaula *f*; **~kunde** *f* ⟨-⟩ ornitología *f*
vögeln ['føːgəln] V *v/t, v/i* P joder, follar (***j-n od mit j-m*** a alg)
'Vogelnest *n* nido *m* de pájaro
'Vogelperspektive *f* ⟨-⟩ ***aus der ~*** a vista de pájaro
Vogel|scheuche ['foːgəlʃɔʏçə] *f* espantajo *m* (*a fig*), espantapájaros *m*; **~spinne** *f* araña *f* (avicular); **~warte** *f* estación *f* ornitológica
Vogerlsalat ['foːgərl-] *m österr* ruiponce *m*
Vogesen [vo'geːzən] *pl* ***die ~*** Vosgos *m/pl*
Vokabel [vo'kaːbəl] *f* ⟨-; -n⟩ vocablo *m*, voz *f*; **~heft** *n* cuaderno *m* de vocabulario
Vokabular [vokabu'laːr] *n* ⟨-s; -e⟩ vocabulario *m*
Vokal [vo'kaːl] *m* ⟨-s; -e⟩ vocal *f*; **~musik** *f* música *f* vocal
Voicebox ['vɔɪsbɔks] *f* ⟨-; -en⟩ TEL buzón *m* de voz
Volk [fɔlk] *n* ⟨-(e)s; ⸚er⟩ **1** (*Volksstamm*) pueblo *m*; *e-s Landes a* nación *f*; ***das ~ der Kurden*** el pueblo curdo; **2** (*Bevölkerung*) población *f*; ***ein Mann aus dem ~*** un hombre de la calle; **3** F (*Gruppe von Menschen*) mundo *m*, gente *f*; ***viel ~*** mucha gente *f*; **4** (*Bienen*♀) colmena *f*
Völker|kunde ['fœlkər-] *f* ⟨-⟩ etnología *f*; **~mord** *m* genocidio *m*; **~recht** *n* derecho *m* internacional; **♀rechtlich** *adj* de derecho internacional; **~verständigung** *f* en-

V

tendimiento *m* entre los pueblos; **~wanderung** *f* **1** migración *f* de pueblos; **2** HIST Invasión *f* de los Bárbaros

'Volks|abstimmung *f* referéndum *m*, plebiscito *m*; **~aufstand** *m* insurrección *f* popular; **~befragung** *f* POL encuesta *f* de la población; **~begehren** *n* ⟨-s; -⟩ POL petición *f* de plebiscito

'volkseigen *adj* HIST DDR nacionalizado, del Estado; ***~er Betrieb*** empresa *f* del Estado

'Volks|einkommen *n* renta *f* nacional; **~entscheid** *m* → ***Volksabstimmung***; **~fest** *n* fiesta *f* popular; **~gruppe** *f* grupo *m* étnico, etnia *f*; **~held** *m* héroe *m* nacional; **~hochschule** *f* universidad *f* popular; **~kammer** *f* ⟨-⟩ HIST DDR Cámara *f* del Pueblo; **~kunde** *f* ⟨-⟩ folklore *m*; **~lied** *n* canción *f* popular

'Volksmund *m* ⟨-(e)s⟩ ***im ~*** en el lenguaje popular

'Volks|musik *f* música *f* tradicional *od* folklórica; **~polizei** *f* ⟨-⟩ HIST DDR policía *f* popular; **~republik** *f* república *f* popular; **~schule** *f österr*, HIST BRD → ***Grundschule, Hauptschule***; **~sport** *m* deporte *m* popular; **~stamm** *m* tribu *f*; **~tanz** *m* baile *f* folclórico *od* popular; **~tracht** *f* traje *m* regional; **~trauertag** *m* BRD día *m* de luto nacional; **₂tümlich** [-tyːmlɪç] *adj* popular; *Brauch, Lied, Tanz a* folklórico

'Volks|vertreter(in) *m(f)* representante *m,f* del pueblo, diputado, -a *m,f*; **~vertretung** *f* representación *f* popular, parlamento *m*; **~wirt(in)** *m(f)* economista *m,f*; **~wirtschaft** *f* **1** (*Wirtschaft e-s Landes*) economía *f* nacional; **2** → ***~wirtschaftslehre***

'volkswirtschaftlich *adj* macroeconómico; ***~e Gesamtrechnung*** contabilidad *f* nacional

'Volks|wirtschaftslehre *f* economía *f* política; **~zählung** *f* censo *m* de población

voll [fɔl] **I** *adj* **1** (*gefüllt*) lleno (**von** de); ***war es sehr ~?*** ¿estaba muy lleno?; **~(*er*)** ***Wasser*** lleno de agua; ***aus dem ₂en schöpfen*** tener amplios recursos, F ***~ sein*** (*satt*) estar lleno; (*betrunken*) estar borracho; **2** (*bedeckt mit*) **~(*er*)** ***Flecken*** lleno de manchas; **3** *von Körperformen* regordete; *Backen, Brüste* lleno; **4** *Stimme* sonoro; *Aroma* intenso; *Haar* abundante; **5** (*~ständig*) pleno, completo; ***den ~en Fahrpreis bezahlen*** pagar el billete completo; ***der Mond ist ~*** hay luna llena; ***in ~er Fahrt*** en plena marcha; ***in ~er Blüte*** en plena flor; ***mit ~em Recht*** con todo el derecho; **6** ***~e zwei Wochen*** dos semanas enteras; ***~e acht Tage*** ocho días con sus ocho noches; ***zur ~en Stunde*** a la hora en punto; **II** *adv* **7** ~ (***und ganz***) completamente, plenamente; ***~ verantwortlich*** plenamente responsable; ***~ gießen*** llenar (hasta el borde); ***etw ~ laufen lassen*** llenar a/c; F *fig* ***sich ~ laufen lassen*** F emborracharse; ***~ machen*** (***mit***) *Gefäß* llenar (de); *Summe* completar; F (*beschmutzen*) ensuciar; *fig* ***um das Maß ~ zu machen*** para rematar; F *fig* ***j-n nicht für ~ nehmen*** no tomar a alg en serio; ***~ packen*** (***mit***) *Wagen* cargar hasta los topes (de); *Koffer* llenar hasta los topes (de); F *fig* ***j-n mit etw ~ pumpen*** atiborrar a alg de a/c; ***sich ~ saugen*** (***mit***) empaparse (de); ***~ schmieren*** F embadurnar; (*beschmutzen*) poner perdido; ***~ schreiben*** *Seite* llenar; ***~ spritzen*** salpicar entero; ***~ stopfen*** (***mit***) F llenar hasta los topes (de; *a fig*); ***sich ~ stopfen*** (***mit***) atiborrarse (de; *a fig*); ***das Auto ~ tanken*** llenar el tanque de gasolina; ***bitte ~ tanken!*** ¡lleno, por favor!

vollauf ['fɔlʔaʊf] *od* [fɔl'ʔaʊf] *adv* completamente

'voll|automatisch *adj* completamente automático; **₂bad** *n* baño *m* entero; **₂bart** *m* barba *f* cerrada; **₂beschäftigung** *f* pleno empleo *m*

'Vollbesitz *m* ***im ~ s-r geistigen Kräfte*** en plena posesión de sus facultades mentales

'Vollblut *n*, **~pferd** *n* pura sangre *m*

'Vollbremsung *f* frenazo *m* (en seco); ***e-e ~ machen*** frenar en seco

voll'bringen *geh v/t* ⟨*irr, sin* ge⟩ llevar a cabo, realizar

'vollbusig *adj* tetuda

'Volldampf F *m* ***mit ~*** a toda marcha

Völlegefühl ['fœlə-] *n* sensación *f* de pesadez

voll'enden *v/t* ⟨*sin* ge⟩ acabar, concluir

voll'endet *adjt* acabado, completo; (*vollkommen*) perfecto

'vollends *adv* por completo, completamente

Voll'endung *f* **1** acabamiento *m*; ***mit, nach ~ des 60. Lebensjahres*** al cumplir los 60 anos; **2** (*Vollkommenheit*) perfección *f*

'voller → ***voll I 1, 2***

Volleyball ['vɔlibal] *m* voleibol *m*

voll'führen *v/t* ⟨*sin* ge⟩ realizar; *Kunststück* ejecutar

'Vollgas *n* ***mit ~*** a todo gas, a toda marcha (*a fig*); ***~ geben*** pisar a fondo

'Vollidiot F *desp m* perfecto idiota *m*

völlig ['fœlɪç] **I** *adj* (*gänzlich*) entero; (*vollständig*) completo; **II** *adv* (*gänzlich*) enteramente; (*vollständig*) completamente; (*ganz u gar*) del todo

'volljährig *adj* mayor de edad; ***~ werden*** alcanzar la mayoría de edad

V

'Volljährigkeit *f* ⟨-⟩ mayoría *f* de edad
'Vollkaskoversicherung *f* AUTO seguro *m* a todo riesgo
vollkommen *adj* **1** [-'--] *od* ['---] (*perfekt*) perfecto; (*vollendet*) completo; **2** ['---] (*vollständig*) → ***völlig***
Voll'kommenheit *f* ⟨-⟩ perfección *f*
'Vollkornbrot *n* pan *m* integral
'Vollmacht *f* ⟨-; -en⟩ poder *m* (*a Urkunde*); JUR plenos poderes *m/pl*; ***j-m ~ erteilen*** otorgar a alg plenos poderes
'Vollmachtgeber(in) *m*(*f*) JUR poderdante *m,f*, otorgante *m,f*
'Vollmilch *f* leche *f* entera; **~schokolade** *f* chocolate *m* con leche
'Vollmitglied *n* miembro *m* de pleno derecho
'Vollmond *m* luna *f* llena; ***es ist ~, wir haben ~*** hay luna llena
'Vollnarkose *f* anestesia *f* total *od* general
'Vollpension *f* ⟨-⟩ pensión *f* completa
'vollschlank *adj* metido en carnes, regordete
'vollständig I *adj* completo; (*ganz*) entero, total; (*ungekürzt*) íntegro; **II** *adv* completamente; (*ganz u gar*) del todo
'Vollständigkeit *f* ⟨-⟩ integridad *f*, totalidad *f*
voll'streck|en *v/t* ⟨*sin* ge⟩ JUR ejecutar; **2ung** *f* ejecución *f* (*a* JUR); **2ungsbefehl** *m* ejecutoria *f*; **2ungsbescheid** *m* providencia *f* de ejecución
'Voll|text *m* INFORM texto *m* completo; **~textsuche** *f* búsqueda *f* en el texto completo; **~treffer** *m* impacto *m* total (*a fig*); **2trunken** *adj* totalmente bebido; **~versammlung** *f* asamblea *f* general; **~waise** *f* huérfano, -a *m,f* de padre y madre; **~waschmittel** *n* detergente *m* (universal)
'vollwertig *adj* de valor integral
'Vollwertkost *f* alimento *m* completo
'vollzählig I *adj* completo; ***~ sein*** estar al completo; **II** *adv* ***sie sind ~ erschienen*** han venido todos
voll'ziehen ⟨*irr, sin* ge⟩ **I** *v/t* (*verwirklichen*) ejecutar, efectuar; (*ausführen*) consumar; **II** *v/r* ***sich ~*** efectuarse, consumarse
Voll'zug *m* **1** ejecución *f*; **2** → ***Strafvollzug***
Voll'zugs|anstalt *f* centro *m* penitenciario; **~beamte(r)** *m*, **~beamtin** *f* funcionario, -a *m,f* ejecutivo
Volontär(in) [volɔn'tɛr(ɪn)] *m* ⟨-s; -e⟩ (*f*) practicante *m,f*
Volt [vɔlt] *n* ⟨- *o* -(e)s; -⟩ voltio *m*
Volumen [vo'luːmən] *n* ⟨-s; - *o* -mina⟩ volumen *m*
vom [fɔm] = ***von dem***
von [fɔn] *prp* ⟨+*dat*⟩ **1** *örtlich* de; ***vom Land*** del campo; ***ich komme ~ meiner Mutter*** vengo de casa de mi madre; ***~ Leipzig ab, an ...*** de(sde) Leipzig ...; ***~ ... bis ...*** de .... a ..., desde ... hasta ...; *Sie fahren nach Madrid?* ***ich komme ~ da*** vengo de allí; ***~ Osten nach Westen*** del Este al Oeste; ***~ oben*** de arriba; ***~ oben nach unten*** de arriba abajo; ***~ links nach rechts*** de izquierda a derecha; **2** *zeitlich* de(sde); ***~ ... an***, F ***~ ... ab*** desde ...., a partir de ...; ***~ jetzt an*** de ahora en adelante; ***~ morgen an*** a partir de mañana; ***~ ... bis ...*** desde ... hasta ..., de ... a ...; **3** *Herkunft* de; ***ein Gedicht ~ ...*** un poema de...; **4** *Ursache, beim Passiv* por; ***vom langen Warten*** de tanto esperar; **5** *instrumental* ***~ Hand*** (***gefertigt***) hecho a mano; **6** *Eigenschaft, Maß* de; *Kind* ***~ zehn Jahren*** de diez años; **7** *statt gen* de; **8** *Teil e-s Ganzen* de; ***e-r ~ uns*** uno de nosotros; ***acht ~ zehn Kindern*** ocho niños de diez; **9** (*vonseiten*) de parte de; ***das ist sehr freundlich ~ Ihnen*** es muy amable de su parte; ***~ mir aus*** por mí; **10** *Adelsbezeichnung* de
vonei'nander *adv* uno(s) de otro(s)
vonnöten [fɔn'nøːtən] *adj* ***~ sein*** ser necesario
vonstatten [fɔn'ʃtatən] *adv* ***~ gehen*** tener lugar, efectuarse
vor [foːr] **I** *prp* **1** *Lage* ⟨+*dat*⟩, *Richtung* ⟨+*acus*⟩ delante de; ***~ dem Haus*** delante de la casa; ***das letzte Haus ~ dem Wald*** la última casa antes del bosque; **2** *zeitlich* ⟨+*dat*⟩ antes de; *mit Angabe vergangener Zeit* hace; ***~ Sonnenaufgang*** antes del amanecer; ***fünf*** (***Minuten***) ***~ vier*** (***Uhr***) las cuatro menos cinco; ***~ acht Tagen*** hace ocho días; **3** *Rang* ⟨+*dat*⟩ sobre; ***~ allem*** sobre todo; **4** (*in Gegenwart von*) ⟨+*dat*⟩ ante; ***~ j-s Augen*** ante sus ojos; **5** *Ursache* ⟨+*dat*⟩ de; ***~ Freude*** de alegría; **II** *adv* **6** ***~ und zurück*** adelante y atrás
vor'ab *adv* (*zuerst*) ante todo; (*im Voraus*) de antemano
'Vorabend *m* víspera *f* (*a fig*)
Vor'abinformation *f* información *f* de antemano
'Vorahnung *f* presentimiento *m*
'Voralpen *pl* ***die ~*** los Prealpes
vo'ran *adv* delante, adelante
vo'rangehen *v/i* ⟨*irr, sep,* sn⟩ **1** *räumlich* ir delante (***j-m*** de alg), tomar la delantera (***j-m*** a alg); **2** *Arbeit* avanzar, progresar; **3** *zeitlich* ***e-r Sache*** (*dat*) ***~*** preceder a a/c
vo'rankommen *v/t* ⟨*irr, sep,* sn⟩ avanzar, adelantar
'Vorankündigung *f* preaviso *m*, aviso *m* previo; ***ohne ~*** sin previo aviso
'Voranmeldung *f* cita *f* previa

V

'Voranschlag *m* (*Kosten*≈) presupuesto *m*, cálculo *m* estimativo
vo'ran|stellen *v/t* ⟨*sep*⟩ anteponer; (*vorweg bemerken*) anticipar (+*dat* a); **~treiben** *v/t* ⟨*irr, sep*⟩ llevar adelante, activar
'Vorarbeit *f* trabajo *m* preparatorio (**zu** para)
'vorarbeiten ⟨*sep*⟩ **I** *v/t* **e-n (freien) Tag ~** trabajar por adelantado (para tener un día libre); **II** *v/i* hacer los trabajos preparatorios; *fig* preparar el terreno; **III** *v/r* **sich ~** *fig* abrirse camino
'Vorarbeiten *f/pl* trabajos *m/pl* preparatorios
'Vorarbeiter(in) *m(f)* capataz *m,f*
Vorarlberg ['foːrˀarlbɛrk] *n* ⟨-s⟩ GEOGR Voralberg *m*
voraus I *prp* ⟨+*dat*⟩ [-'-] **j-m, s-r Zeit (weit) ~ sein** ir (muy) por delante de alg, de su tiempo; **II** *adv* ['--] **im** ≈ por adelantado
vo'raus|ahnen *v/t* ⟨*sep*⟩ presentir; **~berechnen** *v/t* ⟨sep, *sin* ge⟩ hacer un cálculo previo de; **~bezahlen** *v/t* ⟨sep, *sin* ge⟩ pagar por anticipado; **~fahren** *v/i* ⟨*irr, sep*, sn⟩ ir por delante (en coche, *etc*)
vo'rausgehen *v/i* ⟨*irr, sep*, sn⟩ **1** ir delante (**j-m** de alg), preceder (**j-m** a alg); **2 e-r Sache** (*dat*) **~** preceder a a/c
vo'raushaben *v/t* ⟨*irr, sep*⟩ **j-m etw ~** aventajar a alg en a/c
vo'raus|planen *v/t* ⟨*sep*⟩ planificar; **≈sage** *f* pronóstico *m*, predicción *f*; **~sagen** *v/t* ⟨*sep*⟩ predecir, pronosticar; **~schauend** *advl* previsor
vo'rausschicken *v/t* ⟨*sep*⟩ **1** enviar por delante; **2** *fig* **e-e Bemerkung ~** anticipar una observación
vo'raussehen *v/t* ⟨*irr, sep*⟩ prever; **das war vorauszusehen** se veía venir
vo'raussetzen *v/t* ⟨*sep*⟩ **1** (*erfordern*) (pre)suponer, requerir; **vorausgesetzt, dass …** suponiendo que … (+*subj*), a condición de que …. (+*subj*); **2** (*annehmen*) suponer
Vo'raussetzung *f* **1** (*Vorbedingung*) condición *f* (previa); **unter der ~, dass …** con la condición de que … (+*subj*); **die ~en erfüllen** cumplir con las condiciones; **2** (*Annahme*) suposición *f*
Vo'raussicht *f* ⟨-⟩ **aller ~ nach** según las previsiones; *scherzh* **in weiser ~** por prudencia
vo'raussichtlich I *adj* previsto; **II** *adv* probablemente
'Vorauswahl *f* selección *f* previa, preselección *f*
Vo'rauszahlung *f* pago *m* por adelantado
'Vorbau *m* ⟨-(e)s; -ten⟩ saliente *m*, saledizo *m*
'vorbauen *v/i* ⟨*sep*⟩ **e-r Sache** (*dat*) **~** tomar precauciones sobre a/c
'Vorbedingung *f* condición *f* previa
'Vorbehalt *m* ⟨-(e)s; -e⟩ reserva *f*; **nur unter ~** con reservas; **unter dem ~, dass** con la salvedad de que (+*subj*)
'vorbehalten[1] *v/t* ⟨*irr, sep, sin* ge⟩ **sich** (*dat*) **(das Recht) ~ zu** (+*inf*) reservarse el derecho a (+*inf*)
'vorbehalten[2] *adjt* **Änderungen ~** salvo posibles modificaciones
'vorbehaltlich *prp* ⟨+*gen*⟩ ADM salvo; **~ anderslautender Mitteilungen** salvo aviso en contrario
'vorbehaltlos *adj u adv* sin reserva
vorbei *adv* **1** *zeitlich* pasado, acabado; **alles war ~** todo se había acabado; **es ist 8 Uhr ~** son las ocho pasadas; **2** *räumlich* **~!** (*daneben*) ¡fuera!; **an etw** (*dat*) **~** (por) delante de a/c, cerca de a/c, junto a a/c
vor'beifahren *v/i* ⟨*irr, sep*, sn⟩ pasar por delante (en coche, *etc*) (**an** +*dat* de); (*weiterfahren*) pasar de largo
vor'beigehen *v/i* ⟨*irr, sep*, sn⟩ **1** (*vorbeilaufen*) pasar por delante (andando) (**an** +*dat* de); **im** ≈ de pasada (*a fig*); **2** *Schuss* errar el blanco; **3** F (*besuchen*) **kurz bei j-m ~** pasar por casa de alg; **4** (*vergehen*) pasar
vor'beikommen *v/i* ⟨*irr, sep*, sn⟩ **1** pasar por delante (**an etw, j-m** de a/c, alg); **2** F (*besuchen*) **bei j-m ~** pasar por casa de alg; **3** (*vorbeigehen können*) (poder) pasar
vor'beilassen F *v/t* ⟨*irr, sep*⟩ **j-n, etw ~** dejar pasar a alg, a/c
vor'beimarschieren *v/i* ⟨*sep, sin* ge, sn⟩ desfilar (**an** +*dat* ante)
vor'beireden *v/i* ⟨*sep*⟩ **sie reden aneinander vorbei** hablan sin entenderse
vor'beischießen ⟨*irr, sep*⟩ *v/i* errar el tiro
vor'beiziehen *v/i* ⟨*irr, sep*, sn⟩ desfilar (**an** +*dat* ante)
'vorbelastet *adj* **erblich ~ sein** tener una tara hereditaria
'Vorbemerkung *f* advertencia *f* preliminar
'vorbereiten *v/t*, *v/r* ⟨*sep, sin* ge⟩ **(sich) ~** preparar(se) (**auf** +*acus* para); **auf alles vorbereitet sein** estar preparado para todo
'Vorbereitung *f* preparación *f*, preparativos *m/pl* (**auf etw** *acus* para a/c); **~en treffen (zu, für etw)** hacer preparativos (para a/c)
'vorbestellen *v/t* ⟨sep, *sin* ge⟩ encargar; *Plätze, Zimmer* reservar
'Vorbestellung *f* encargo *m*; *von Plätzen, e-s Zimmers* reserva *f*
'vorbestraft *adj* JUR con antecedentes penales; **nicht ~** sin antecedentes penales
'vorbeugen ⟨*sep*⟩ **I** *v/i* **e-r Sache** (*dat*) **~** prevenir a/c (*a* MED); **II** *v/r* **sich ~** inclinarse hacia delante

'vorbeug|end *adjt* preventivo; MED *a* profiláctico; **Ꙩung** *f* prevención *f*; MED *a* profilaxis *f*

'Vorbild *n* modelo *m*, ejemplo *m*, ideal *m*; (***sich*** *dat*) ***j-n, etw zum ~ nehmen*** tomar ejemplo de alg, a/c

'vorbildlich *adj* ejemplar, modélico

'Vorbildung *f* ⟨-⟩ formación *f* (previa), conocimientos *m/pl* (previos)

'Vorbörse *f* bolsín *m* de la mañana

'vorbörslich *adj* ***~er Handel*** operaciones *f/pl* antes de la apertura de la bolsa

'Vorbote *m* precursor *m*; *fig* presagio *m*, indicio *m*

'vorbringen *v/t* ⟨*irr, sep*⟩ *Anliegen* presentar, decir; *Argumente a* formular; *Gründe* alegar, aducir

'Vordach *n* marquesina *f*

'vordatieren *v/t* ⟨*sep, sin* ge⟩ poner fecha posterior a

'Vorder|achse *f* eje *m* delantero; **~ansicht** *f* vista *f* frontal *od* de frente; **~asien** *n* Oriente *m* Próximo; **~bein** *n* pata *f* delantera

vordere(r, -s) ['fɔrdərə(r, -s)] *adj* de delante; *bsd Körperteile* anterior, delantero; ***die ~n Reihen*** las primeras filas; ***~ Seite*** parte *f* anterior

'Vordergrund *m* primer plano *m*; *fig* ***im ~ stehen*** estar en primer plano

vordergründig ['-grʏndɪç] *adj* superficial

'Vorderlicht *n des Fahrrads* faro *m* delantero

'Vordermann *m* ⟨-(e)s; -männer⟩ ***mein ~*** la persona que está delante de mí; F *fig* ***j-n auf ~ bringen*** meter a alg en cintura

'Vorder|pfote *f* pata *f* delantera; **~rad** *n* rueda *f* delantera; **~radantrieb** *m* tracción *f* delantera; **~schinken** *m* jamón *m* de paletilla; **~seite** *f* parte *f* anterior *od* delantera; *e-r Münze* cara *f*; **~sitz** *m* asiento *m* delantero

'vorderste(r, -s) *adj* primero, más adelantado *od* avanzado; ***in der ~n Reihe*** en primera fila

'Vorder|teil *n od m* parte *f* delantera; **~tür** *f* puerta *f* de entrada

'vordrängen *v/r* ⟨*sep*⟩ ***sich ~*** **1** abrirse paso a codazos; F colarse; **2** *fig* darse importancia

'vordringen *v/i* ⟨*irr, sep,* sn⟩ avanzar; *in ein Gebiet* penetrar (***in*** +*acus* en); ***zu j-m ~*** llegar hasta alg

'vor|dringlich **I** *adj* urgente; **II** *adv* con apremio; **Ꙩdruck** *m* ⟨-(e)s; -e⟩ formulario *m*, impreso *m*; **~ehelich** *adj* prematrimonial

'voreilig **I** *adj* precipitado; (*verfrüht*) prematuro; **II** *adv* precipitadamente, prematuramente; ***~ (über j-n, etw) urteilen*** juzgar (a alg, a/c) a la ligera

vorei'nander *adv* ***sich ~ fürchten*** tenerse miedo mutuo; ***Geheimnisse ~ haben*** tener secretos entre sí

'voreingenommen *adj* parcial, prevenido (***gegen*** contra; ***gegenüber*** frente a); **Ꙩheit** *f* ⟨-⟩ parcialidad *f*, prevención *f*

'vorenthalten *v/t* ⟨*irr, sep, sin* ge⟩ ***j-m etw ~*** ocultar a/c a alg

'Vor|entscheidung *f* decisión *f* previa; **Ꙩerst** *adv* de momento, por lo pronto; **~fahr** *m* ⟨-en; -en⟩ antepasado *m*

'vorfahren *v/i* ⟨*irr, sep,* sn⟩ **1** ***bei j-m ~*** parar delante de la casa de alg; **2** (*vorausfahren*) ir por delante; **3** (*nach vorn fahren*) avanzar

'Vorfahrt *f* prioridad *f od* preferencia *f* de paso; ***~ haben*** (***vor*** +*dat*) tener preferencia (sobre)

'Vorfahrts|schild *n* señal *f* de prioridad de paso; **~straße** *f* calle *f* con prioridad

'Vor|fall *m* suceso *m*, acontecimiento *m*, incidente *m*; **Ꙩfallen** *v/i* ⟨*irr, sep,* sn⟩ suceder, pasar; **~finanzierung** *f* prefinanciación *f*; **Ꙩfinden** *v/t* ⟨*irr, sep*⟩ encontrar; **~freude** *f* ilusión *f*, alegría *f* (anticipada); **~frühling** *m* comienzo *m* de la primavera

'vorfühlen *v/i* ⟨*sep*⟩ tantear el terreno; ***bei j-m ~*** tantear a alg

'vorführen *v/t* ⟨*sep*⟩ **1** (*zeigen*) presentar; **2** (*demonstrieren*) hacer una demostración (***j-m*** a alg); *Versuch* demostrar; **3** *Film* exhibir, proyectar; **4** ***j-n dem Richter ~*** llevar a alg ante el juez

'Vorführung *f* **1** (*Vorstellung*) presentación *f*; **2** *e-s Versuchs, e-s Gerätes* demostración *f*; **3** *e-s Films* exhibición *f*, proyección *f*

'Vorgabe *f* **1** (*Richtlinie*) directriz *f*; **2** SPORT ventaja *f*

'Vorgang *m* **1** (*Prozess*) proceso *m*; (*Ereignis*) suceso *m*, acontecimiento *m*; **2** (*Angelegenheit*) asunto *m*; operación *f*; **3** ADM (*Akten*) expediente *m*

Vor|gänger(in) ['foːrgɛŋər(ɪn)] *m*(*f*) antecesor, a *m,f*, predecesor, a *m,f*; **~garten** *m* jardín *m* delantero

'vorgaukeln *v/t* ⟨*sep*⟩ ***j-m etw ~*** fingir *od* simular a/c frente a alg

'vorgeben *v/t* ⟨*irr, sep*⟩ **1** (*im Voraus festlegen*) fijar, determinar; **2** SPORT *Punkte, Meter* dar una ventaja de; **3** (*behaupten*) pretender; (*vortäuschen*) fingir

'Vorgebirge *n* cordillera *f* secundaria

'vorgefasst *adjt* ***~e Meinung*** idea *f* preconcebida

'vorgefertigt *adjt* prefabricado

'Vorgefühl *n* presentimiento *m*, corazonada *f*

'vorgehen *v/i* ⟨*irr, sep*, sn⟩ **1** F (*nach vorn gehen*) avanzar; **2** (*vorausgehen*) ir por delante; *Uhr* ir adelantado; **3** (*Vorrang haben*) tener preferencia, pasar primero; **4** (*geschehen*) pasar, ocurrir; **5** (*handeln*) proceder; ***wie können wir hier ~?*** ¿cómo debemos proceder en este caso?; ***gegen j-n, etw ~*** adoptar medidas contra alg, a/c
'Vor|gehen *n* ⟨-s⟩ (manera *f* de) proceder *m*; **~geschichte** *f* **1** (*Urgeschichte*) prehistoria *f*; **2** (*vorausgehende Ereignisse*) antecedentes *m/pl*; **⁀geschichtlich** *adj* prehistórico; **~geschmack** *m* prueba *f*, anticipo *m*, idea *f*; **⁀gesehen** *adj* previsto; **~gesetzte(r)** *f(m)* ⟨→ A⟩ superior *m,f*
'vor|gestern *adv* anteayer; **~gestrig** *adj* de anteayer
'vorgreifen *v/i* ⟨*irr, sep*⟩ **1** *beim Erzählen* anticiparse (***auf*** *+acus* a); **2** ***j-m ~*** anticiparse a alg; ***e-r Sache*** (*dat*) **~** adelantarse a a/c
'Vorgriff *m* anticipación *f* (***auf*** *+acus* a)
'vorhaben *v/t* ⟨*irr, sep*⟩ tener previsto; ***was haben Sie heute Abend vor?*** ¿qué planes tiene para esta noche?; ***heute Abend habe ich schon etwas vor*** esta noche tengo (ya) un compromiso
'Vor|haben *n* ⟨-s; -⟩ proyecto *m*; (*Absicht*) intención *f*; **~halle** *f* vestíbulo *m*, hall *m*; (*Säulen⁀*) pórtico *m*
'vorhalten ⟨*irr, sep*⟩ **I** *v/t* **1** ***j-m etw ~*** *Gegenstand* poner a/c ante alg; ***hinter vorgehaltener Hand*** inoficialmente, en secreto; **2** *fig* ***j-m etw ~*** reprochar(le) a/c a alg; **II** F *v/i Essen* llenar por mucho tiempo; *Vorsätze* (***nicht***) ***lange ~*** (no) durar mucho
'Vorhaltung *f* ***j-m ~en machen*** hacer(le) reproches a alg
'Vorhand *f* ⟨-⟩ *Tennis* derecho *m*
vor'handen *adj* (*existent*) existente; (*verfügbar*) disponible; **~ *sein*** existir; (*verfügbar sein*) estar a disposición
Vor'handensein *n* ⟨-s⟩ existencia *f*, presencia *f*
'Vor|hang *m* cortina *f*; THEA telón *m*; **~hängeschloss** *n* candado *m*; **~haut** *f* prepucio *m*
'vorher *adv* antes; (*im Voraus*) con anticipación; ***am Tag ~*** el día anterior
vor'herbestimmen *v/t* ⟨*sep*, *sin* ge⟩ predeterminar; REL predestinar
vor'her|gehend *adjt*, **~ig** *adj* precedente, anterior
'Vorherrschaft *f fig* predominio *m*, supremacía *f*, hegemonía *f* (*a* POL)
'vorherrschen *v/i* ⟨*sep*⟩ (pre)dominar, prevalecer; ***die ~de Meinung*** la opinión dominante
Vor'hersage *f* previsión *f*, pronóstico *m*
vor'her|sagen *v/t* ⟨*sep*⟩ predecir, pronosticar; **~sehbar** *adj* previsible; **~sehen** *v/t* ⟨*irr, sep*⟩ prever
vorhin ['foːrhɪn] *od* [foːr'hɪn] *adv* hace un momento
'Vor|hof *m* antepatio *m*; **~hut** *f* ⟨-; -en⟩ MIL, *fig* vanguardia *f*
'vorig *adj* precedente, anterior; *Jahr, Monat* pasado
'Vor|jahr *n* año *m* pasado; **⁀jährig** *adj* del año pasado; **~kalkulation** *f* cálculo *m* provisional; **~kämpfer(in)** *m(f)* pionero, -a *m,f* (***für e-e Sache*** en a/c); **~kasse** *f* pago *m* adelantado *od* anticipado; **~kaufsrecht** *n* derecho *m* de retracto, derecho *m* de preferencia
'Vorkehrung *f* precaución *f*, medida *f*; ***~en treffen*** tomar medidas *od* precauciones
'Vorkenntnisse *pl* conocimientos *m/pl* (previos)
'vorknöpfen F *v/t* ⟨*sep*⟩ ***sich*** (*dat*) ***j-n ~*** F llamar a alg a capítulo
'vorkommen *v/i* ⟨*irr, sep*, sn⟩ **1** (*sich ereignen*) ocurrir, pasar, suceder; ***so etwas ist mir noch nicht vorgekommen*** no había visto cosa igual; ***dass mir so etwas nicht wieder vorkommt!*** ¡que no vuelva a repetirse!; **2** *Pflanzen, Tiere* darse, encontrarse; **3** (*scheinen*) parecer (***j-m*** a alg); ***es kommt mir vor, als ob*** me da la impresión de que (*+ind*); **4** F (*nach vorn kommen*) avanzar; **5** (*hervorkommen*) salir (***hinter etw*** *dat* tras a/c); **6** ***sich*** (*dat*) **~ *wie …*** sentirse como …
'Vorkomm|en *n* ⟨-s; -⟩ **1** presencia *f*, existencia *f*; **2** GEOL yacimientos *m/pl*; **~nis** *n* ⟨-ses; -se⟩ incidente *m*, suceso *m*, acontecimiento *m*
'Vorkriegszeit *f* anteguerra *f*
'vorladen *v/t* ⟨*irr, sep*⟩ convocar, emplazar; *vor Gericht* citar
'Vorladung *f* JUR citación *f*, *Schriftstück* cédula *f* de citación
'Vorlage *f* **1** (*das Vorlegen*) *a e-s Schecks, Wechsels* presentación *f*; **2** (*Entwurf, Gesetzes⁀*) proyecto *m*; **3** (*Muster*) muestra *f*, modelo *m*; (*Schablone*) patrón *m*; **4** SPORT pase *m*
'vorlassen *v/t* ⟨*irr, sep*⟩ ***j-n ~*** *beim Anstehen* dejar pasar; (*empfangen*) hacer pasar
'Vor|lauf *m* **1** *beim Rekorder* marcha *f* hacia delante; **2** SPORT carrera *f* previa; **3** → ***Vorlaufzeit***; **~läufer** *m* precursor *m*; **⁀läufig I** *adj* provisional; *Person* interino; **II** *adv* por ahora, por de pronto; **~laufzeit** *f* fase *f* preliminar *od* preparatoria; **⁀laut** *adj* indiscreto; F fresco; **~leben** *n* antecedentes *m/pl*
'vorlegen *v/t* ⟨*sep*⟩ **1** *Klotz* colocar (delante); *Kette* poner; *Riegel a* correr,

echar; **2** *geh Speisen* servir; **3** *Urkunde* presentar; ***zur Zahlung ~*** presentar al cobro; ***etw zur Unterschrift ~*** presentar a/c para que sea firmado; **4** *bsd Fußball* pasar; **5** *Geld* prestar; **6** F ***ein tolles Tempo ~*** ir a toda marcha
'Vorleger *m* alfombrilla *f*
'vorlesen ⟨*irr, sep*⟩ **I** *v/t* ***j-m etw ~*** leer(le) a/c a alg; **II** *v/i* ***j-m ~*** leer(le) a alg
'Vorlesung *f* clase *f* (en la universidad); (*Vortrag*) conferencia *f*; ***~en hören, besuchen*** asistir a clase; ***e-e ~ belegen*** hacer un curso
'Vorlesungsverzeichnis *n* guía *f* de la carrera (universitaria)
'vorletzte(r, -s) *adj* penúltimo
vor'lieb ***mit j-m, etw ~ nehmen*** contentarse con alg, a/c
'Vorliebe *f* predilección *f*, preferencia *f* (***für*** por); ***mit ~*** preferentemente
'vorliegen *v/i* ⟨*irr, sep*⟩ (*vorhanden sein, bestehen*) existir, haber; ***sein Schreiben liegt mir vor*** me ha llegado su carta; ***es liegt nichts gegen ihn vor*** no se le acusa de nada; ***hier liegt ein Irrtum vor*** aquí hay una equivocación; ***im ~den Fall(e)*** en este caso
'vorlügen F *v/t* ⟨*irr, sep*⟩ ***j-m etw ~*** mentir a alg en a/c
vorm [foːrm] F ***= vor dem***
vorm. *Abk* **1** (*vormals*) antes; **2** (*vormittags*) por la mañana
'vormachen F *v/t* ⟨*sep*⟩ **1** ***j-m ~, wie es gemacht wird*** enseñarle a alg a hacerlo; **2** (*täuschen*) ***j-m etw ~*** engañar a alg en a/c; ***wir wollen uns nichts ~!*** ¡no nos engañemos!
'Vormacht(stellung) *f* ⟨-⟩ hegemonía *f*, supremacía *f*
'Vormarsch *m* MIL, *fig* marcha *f* (hacia delante), avance *m*; ***auf dem ~ sein*** avanzar
'vormerken *v/t* ⟨*sep*⟩ apuntar, anotar, tomar nota de
'Vormittag *m* mañana *f*; ***am ~*** por la mañana; ***heute, morgen ~*** hoy, mañana por la mañana
'vormittags *adv* por la(s) mañana(s)
'Vormonat *m* mes *m* anterior
'Vormund *m* ⟨-(e)s; -e *o* -münder⟩ tutor, a *m,f*; ***~schaft*** *f* tutela *f*
vorn [fɔrn] *adv* **1** (*an der Vorderseite*) (por) delante; F ***nach ~ gehen, liegen*** *Zimmer* dar a la calle; ***von ~*** por delante, de frente; **2** *auf e-r Liste, in e-r Reihe* al principio, a la cabeza; ***nach ~ kommen*** ir adelante, avanzar; ***von ~*** de nuevo; ***von ~ anfangen*** volver a empezar; F ***von ~ bis hinten*** de cabo a rabo; **3** (*im Vordergrund*) ***~ im Bild*** en el primer plano de la foto
'Vorname *m* nombre *m* (de pila)
vorne ['fɔrnə] → ***vorn***
vornehm ['foːrneːm] **I** *adj* **1** (*zur besseren Gesellschaft gehörig*) distinguido, elegante; ***die ~en Leute*** la gente fina; **2** (*edelmütig*) noble; **II** *adv* **3** ***~ tun*** darse aires (de nobleza)
'vornehmen *v/t* ⟨*irr, sep*⟩ **1** (*durchführen*) efectuar, proceder a; **2** ***sich*** (*dat*) ***e-e Arbeit ~*** proponerse un trabajo; F ***sich*** (*dat*) ***j-n ~*** llamar a alg a capítulo; **3** (*planen*) ***sich*** (*dat*) ***etw ~*** planear a/c
'vornehmlich *geh adv* ante *od* sobre todo
vornherein ['---] *od* [--'-] *adv* ***von ~*** desde el principio
vorn'über *adv* hacia adelante
'Vor|ort *m* suburbio *m*; ***~platz*** *m* entrada *f*, explanada *f*; ***~posten*** *m* MIL puesto *m* avanzado (*a fig*); ***~programm*** *n* KINO programa *m* previo
'vorprogrammieren *v/t* ⟨*sin* ge⟩ INFORM preprogramar; *fig* ***vorprogrammiert sein*** ser previsible, estar claro
'Vorrang *m* ⟨-(e)s⟩ **1** prioridad *f*, preferencia *f*; ***den ~ vor j-m haben*** tener prioridad sobre alg; ***den ~ vor etw*** (*dat*) ***haben*** tener preferencia sobre a/c; **2** *österr* (*Vorfahrt*) preferencia *f*
'vorrangig **I** *adj* prioritario; **II** *adv* preferentemente, prioritariamente
Vorrat ['foːrraːt] *m* ⟨-(e)s; -räte⟩ provisión *f* (***an*** *+dat* de); COM existencias *f/pl*, stock *m*; ***auf ~*** en reserva; ***solange der ~ reicht*** hasta que se agoten las existencias
vorrätig ['foːrrɛːtɪç] *adj* disponible; COM en almacén
'Vorratskammer *f* despensa *f*
'Vorraum *m e-r Wohnung* vestíbulo *m*
'vorrechnen *v/t* ⟨*sep*⟩ ***j-m etw ~*** hacerle a alg un cálculo de a/c
'Vorrecht *n* privilegio *m*; *ausschließliches* prerrogativa *f*
'Vorrede *f* introducción *f*; *fig* ***sich nicht lange bei der ~ aufhalten*** ir al grano
'Vor|redner *m* orador *m* precedente; ***~reiter*** *m fig* pionero *m*; ***~richtung*** *f* dispositivo *m*, mecanismo *m*
'vorrücken ⟨*sep*⟩ **I** *v/t* ⟨h⟩ avanzar; **II** *v/i* ⟨sn⟩ progresar, avanzar (*a* MIL); ***auf den zweiten Platz ~*** ascender a segunda posición
'Vor|ruhestand *m* prejubilación *f*; ***~runde*** *f* SPORT eliminatoria *f*
vors [foːrs] F ***= vor das***
'vorsagen *v/t* ⟨*sep*⟩ ***j-m etw ~*** *bsd Schule* soplarle a/c a alg
'Vor|saison *f* pretemporada *f*; ***~satz*** *m* propósito *m*, intención *f*; JUR dolo *m*; **⁓sätzlich** ['foːrzɛtslɪç] **I** *adj* premeditado (*a*

V

JUR); **II** *adv* a *od* de propósito; JUR con premeditación; **~schau** *f* avance *m* (de programación); *bsd* TV, KINO avance *m* de programa; INFORM vista *f* previa

'Vorschein *m* ***zum ~ kommen*** salir a la luz, aparecer, surgir; ***zum ~ bringen*** sacar a la luz, poner de manifiesto

'vor|schieben *v/t* ⟨*irr, sep*⟩ **1** *Riegel* echar; **2** (*nach vorn schieben*) empujar hacia delante; **3** pretextar; **~schießen** F *v/t* ⟨*irr, sep*⟩ *Geld* adelantar, anticipar (***j-m*** a alg)

'Vorschlag *m* proposición *f*, propuesta *f*

'vorschlagen *v/t* ⟨*irr, sep*⟩ proponer (***j-m etw*** a/c a alg)

'Vorschlaghammer *m* martillo *m* a dos manos

'vorschnell *adj u adv* → ***voreilig***

'vorschreiben *v/t* ⟨*irr, sep*⟩ (*anordnen, festlegen*) prescribir, ordenar; *Preise* fijar; *Bedingungen* imponer; ***ich lasse mir von dir nichts ~!*** ¡yo no acepto órdenes de nadie!

'Vorschrift *f* prescripción *f*; (*Anweisung*) instrucción *f*, orden *f*; (*Bestimmung*) directiva *f*; ***die ~en*** *Sammelbez* el reglamento; ***~ sein*** *fig* ser de rigor

'vorschrifts|mäßig *adj* reglamentario; **~widrig** *adj* antirreglamentario

'Vorschub *m* ***j-m, e-r Sache ~ leisten*** favorecer a alg, a/c

'Vor|schulalter *n* edad *f* preescolar; **~schule** *f etwa* preescolar *m*

'Vorschuss *m* anticipo *m*, adelanto *m* (***auf*** *+acus* a); **~lorbeeren** *pl* alabanzas *f/pl* anticipadas

'vorschützen *v/t* ⟨*sep*⟩ pretextar

'vorschweben *v/i* ⟨*sep*⟩ ***mir schwebt etwas ganz anderes vor*** (yo) tengo una idea completamente distinta; ***mir schwebt vor zu*** (*+inf*) tengo la idea de (*+inf*), me imagino (*+inf*)

'vorsehen ⟨*irr, sep*⟩ **I** *v/t* prever; ***dieser Fall ist im Gesetz nicht vorgesehen*** este caso no está contemplado por la ley; **II** *v/r* ***sich ~*** tener cuidado, guardarse (***vor*** *+dat* de)

'Vorsehung *f* ⟨-⟩ Providencia *f*

'vorsetzen *v/t* ⟨*sep*⟩ **1** *Fuß, Stuhl* poner delante; **2** (*anbieten*) ofrecer; *Speisen* servir

'Vorsicht *f* ⟨-⟩ prudencia *f*, cuidado *m*; (*Umsicht*) precaución *f*; ***~!*** ¡cuidado!; F ¡ojo!; ***~, Stufe!*** ¡atención al escalón!

'vorsichtig I *adj* prudente, cauto; ***sei ~!*** ¡ten cuidado!; **II** *adv* con cuidado

'vorsichts|halber *adv* por si acaso, por precaución; **&maßnahme** *f* medida *f* de precaución

'Vorsilbe *f* prefijo *m*

'vorsingen *v/t* ⟨*irr, sep*⟩ ***j-m etw ~*** cantar a/c a *bzw* ante alg

'vorsintflutlich F *fig adj* antediluviano

'Vorsitz *m* presidencia *f*; ***den ~ haben*** (***bei, über*** *+acus*) presidir (a/c); ***den ~ bei etw führen*** presidir a/c; ***unter dem ~ von*** bajo la presidencia de

'Vorsitzende(r) *f(m)* ⟨→ A⟩ presidente, -a *m,f*; ***der, die stellvertretende ~*** el vicepresidente, la vicepresidenta

'Vorsorge *f* ⟨-⟩ previsión *f*; ***~ treffen*** (***für etw***) tomar precauciones (para a/c)

'vorsorge|n *v/i* ⟨*sep*⟩ → ***Vorsorge treffen***; **&untersuchung** *f* chequeo *m* preventivo

'vorsorglich I *adj* previsor; **II** *adv* por precaución

'Vorspann *m* ⟨-(e)s; -e⟩ FILM títulos *m/pl* de crédito; (*Einleitung*) introducción *f*

'Vorspeise *f* entrada *f*

'Vorspiegelung *f* simulación *f*; JUR ***~ falscher Tatsachen*** impostura *f*, falsedad *f*

'Vorspiel *n* **1** MUS preludio *m* (*a fig*); **2** THEA prólogo *m*; **3** *sexuelles* juegos *m/pl* previos

'vorspielen *v/t* ⟨*sep*⟩ **1** MUS, THEA ***j-m etw ~*** tocar a/c para alg; **2** (*vortäuschen*) fingir, simular

'vorsprechen ⟨*irr, sep*⟩ **I** *v/t* **1** ***e-n Satz ~*** decir una frase (para que la repita otro); **2** THEA recitar; **II** *v/i* **3** ***~ bei*** ir a hablar con; **4** THEA participar en una audición

'vorspringen *v/i* ⟨*irr, sep*, sn⟩ **1** ***hinter e-m Busch ~*** saltar de detrás de un arbusto; **2** (*herausragen*) sobresalir

'Vor|sprung *m* **1** *bei Mauern, Felsen* saliente *m*, saledizo *m*; **2** *fig* ventaja *f* (***vor*** *+dat* ante); **~stadt** *f* arrabal *m*

'Vorstand *m* **1** (junta *f*) directiva *f*; *i. weit. Sinn a* dirección *f* (*a e-r Partei*); **2** (*Leiter*) director *m*; **~sbeschluss** *m* decisión *f* de la junta directiva

'Vorstandsmitglied *n* ECON miembro *m* de la dirección, consejero, -a *m,f* directivo, -a; ***geschäftsführendes ~*** consejero, -a *m,f* delegado, -a *m,f*

'Vorstands|sitzung *f* sesión *f* de la junta directiva; **~vorsitzende(r)** *f(m)* presidente, -a *m,f* de la junta directiva

'vorstehen *v/i* ⟨*irr, sep*⟩ **1** (*herausstehen*) resaltar, sobresalir; **2** *geh e-m Unternehmen* dirigir

'vorstehend *adjt* **1** *in e-m Text* susodicho, precedente; ***im &en*** dicho más arriba; **2** (*vorspringend*) saliente

'Vorsteher(in) *m(f)* director, a *m,f*

'vorstellbar *adj* imaginable

'vorstellen ⟨*sep*⟩ **I** *v/t* **1** *Gegenstand* poner *od* colocar delante; **2** *Uhr* adelantar; **3** (*bekannt machen*) presentar (***j-m*** a alg); **4** F *fig* ***er stellt etwas vor*** (*sieht gut aus*) F tiene buena pinta; (*gilt als Persönlichkeit*) es una personalidad; **5** (*bedeuten*) significar;

V

6 ***sich*** (*dat*) ***etw ~*** figurarse a/c, imaginarse a/c; ***stell dir vor, ...*** imagínate que ...; ***ich kann mir nicht ~, dass*** no me puedo creer que (+*ind od subj*); **II** *v/r* **7** ***sich j-m ~*** presentarse a alg
'vorstellig *geh adj* ***bei j-m ~ werden*** dirigirse a alg
'Vorstellung *f* **1** (*Vorstellen*) presentación *f*; **2** THEA función *f*; KINO sesión *f*; **3** (*Begriff*) idea *f*, concepto *m*; **4** (*~svermögen*) imaginación *f*
'Vorstellungs|gespräch *n* entrevista *f* (de presentación); **~kraft** *f*, **~vermögen** *n* imaginación *f*
'Vorsteuerabzug *m* deducción *f* de impuestos pagados
'Vorstopper *m Fußball* defensa *m* central
'Vorstoß *m* **1** (*Versuch*) intento *m*; ***e-n ~ bei j-m unternehmen*** emprender un intento con alg; **2** MIL avance *m*
'vorstoßen *v/i* ⟨*irr*, *sep*, sn⟩ (*vorwärts rücken*) avanzar (***in*** +*acus* hacia)
'Vorstrafe *f* JUR **~n** *pl* antecedentes *m/pl* penales
'vorstrecken *v/t* ⟨*sep*⟩ **1** *Arm* tender (hacia adelante), alargar; **2** *Geld* adelantar (***j-m*** a alg)
'Vorstudie *f* estudio *m* preliminar
'Vorstufe *f* primer grado *m* (***zu*** de)
'Vortag *m* víspera *f*, día *m* anterior; ***am ~*** el día anterior
'vortäusch|en *v/t* ⟨*sep*⟩ fingir, simular; **℗ung** *f* fingimiento *m*, simulación *f* (***von*** de)
'Vorteil *m* **1** ventaja *f* (*a* SPORT); ***~ aus etw ziehen*** sacar provecho de a/c; ***im ~ sein*** tener ventaja; ***zum ~ von*** en beneficio de; ***er hat sich zu s-m ~ verändert*** ha mejorado
'vorteilhaft I *adj* ventajoso (***für*** para); **II** *adv* ***sie ist ~ gekleidet*** le favorece la ropa que lleva
Vortrag ['fo:rtra:k] *m* ⟨-(e)s; -träge⟩ **1** (*Rede*) conferencia *f*; (*Referat*) exposición *f*; **2** (*Darbietung*) *e-s Textes* declamación *f*, recitación *f*; *e-s Musikstücks* interpretación *f*
'vortragen *v/t* ⟨*irr*, *sep*⟩ **1** (*darlegen*) exponer; **2** *Text* declamar, recitar; *Musikstück*, *Lied* interpretar
'Vortragende(r) *f*(*m*) ⟨→ A⟩ conferenciante *m,f*
'Vortragsreihe *f* ciclo *m* de conferencias
vor'trefflich I *adj* excelente, exquisito; **II** *adv* perfectamente, maravillosamente
'vortreten *v/i* ⟨*irr*, *sep*, sn⟩ adelantarse; MIL salir de la fila
'Vortritt *m* **1** precedencia *f*; ***den ~ vor j-m haben*** tener precedencia sobre alg; ***j-m den ~ lassen*** ceder el paso a alg **2** *schweiz* → ***Vorfahrt***
vo'rüber *adv* **1** *zeitlich* pasado; **2** *räumlich* ***an j-m, etw ~*** (por) delante de alg, a/c, cerca *od* junto a alg, a/c
vo'rübergehen *v/i* ⟨*irr*, *sep*, sn⟩ pasar; ***an j-m, etw ~*** pasar por delante de alg, a/c; ***im ℗*** al pasar
vo'rübergehend *adjt* (*von kurzer Dauer*) pasajero, momentáneo; (*zeitweilig*) interino, temporario; (*für e-e Übergangszeit*) transitorio
'Vorurteil *n* prejuicio *m*
'vorurteils|frei, **~los** *adj u adv* sin prejuicios
'Vor|väter *geh pl* antepasados *m/pl*; *geh* ancestros *m/pl*; **~vergangenheit** *f* pluscuamperfecto *m*; **~verkauf** *m* venta *f* anticipada
'vorverlegen *v/t* ⟨*sep*, *sin* ge⟩ anticipar, adelantar (***auf*** +*acus* a; ***um e-e Woche*** una semana)
'Vorvertrag *m* precontrato *m*
'vorwagen *v/r* ⟨*sep*⟩ ***sich zu weit ~*** avanzar *od* aventurarse demasiado (*beide a fig*)
'Vorwahl *f* **1** TEL prefijo *m*; **2** POL elección *f* preliminar; **~nummer** *f* TEL prefijo *m*
'Vorwand *m* ⟨-(e)s; -wände⟩ pretexto *m*; ***etw zum ~ nehmen*** tomar a/c como pretexto
'vor|wärmen *v/t* ⟨*sep*⟩ precalentar; **~warnen** *v/t* ⟨*sep*⟩ prevenir
'vorwärts *adv* (hacia) adelante; ***~!*** ¡adelante!; F ***~ gehen*** salir adelante, avanzar; ***~ kommen*** salir adelante, avanzar; *im Leben a* hacer carrera
'Vorwärtsgang *m* AUTO marcha *f* adelante
'Vorwäsche *f* prelavado *m*
vor'weg *adv* **1** (*zuvor*) antes; **2** (*voraus*) de antemano; **℗nahme** *f* ⟨-⟩ anticipación *f*
vor'wegnehmen *v/t* ⟨*irr*, *sep*, sn⟩ anticipar
'Vorweihnachtszeit *f* tiempo *m* que precede a la Navidad
'vorweisen *v/t* ⟨*irr*, *sep*⟩ presentar
'vorwerfen *v/t* ⟨*irr*, *sep*⟩ **1** ***j-m etw ~*** echar en cara a/c a alg, reprochar a/c a alg; **2** ***e-m Tier etw ~*** echar a/c a un animal; **3** ***sich*** (*dat*) ***etw ~*** echarse la culpa de a/c
'vorwiegend *adv* preponderante; (*in der Mehrheit*) predominante
'Vorwort *n* ⟨-(e)s; -e⟩ prólogo *m*, prefacio *m*
'Vorwurf *m* reproche *m*; ***j-m etw zum ~ machen*** reprochar a/c a alg
'vorwurfsvoll I *adj* lleno de reproches; **II** *adv* con aire de reproche
'Vorzeichen *n* **1** MAT signo *m*; **2** (*Omen*) presagio *m*, augurio *m*; **3** MUS accidente *m*
'vorzeigbar F *adj* presentable
'vorzeige|n *v/t* ⟨*sep*⟩ presentar, enseñar, mostrar; **℗produkt** *n* producto *m* emblemático
'Vorzeit *f* ***in grauer ~*** en la noche de los

tiempos

'vorzeitig **I** *adj* prematuro, anticipado; **II** *adv* antes de tiempo, con antelación

'vorziehen *v/t* ⟨*irr, sep*⟩ **1** (*bevorzugen*) preferir; **2** *Vorhang* correr; **3** *zeitlich* adelantar; **4** *Möbel* acercar

'Vorzimmer *n* antesala *f*; *i. weit. Sinn a* secretaría *f*

'Vorzug *m* **1** (*gute Eigenschaft*) mérito *m*; (*Vorteil*) ventaja *f*; **2** (*Vorrang*) preferencia *f*

vorzüglich [foːr'tsyːklıç] *adj* excelente, superior; *Speisen a* exquisito

'Vorzugs|aktie *f* acción *f* preferente; **~kunde** *m* cliente *m* preferente; **~preis** *m* precio *m* de favor, precio *m* de preferencia; **2weise** *adv* preferentemente

Votum ['voːtʊm] *n* ⟨-s; Voten *o* Vota⟩ voto *m*

Voyeur [voa'jøːr] *m* ⟨-s; -e⟩ mirón *m*

v.T. *Abk* (*von Tausend*) por mil

vulgär [vʊl'gɛːr] *adj* vulgar

Vulkan [vʊl'kaːn] *m* ⟨-s; -e⟩ volcán *m*; **~ausbruch** *m* erupción *f* volcánica; **2isch** *adj* volcánico; **2i'sieren** *v/t* ⟨*sin* ge⟩ vulcanizar

VW [fau've:] *Abk* (*Volkswagen*) Volkswagen *m*

V

W

W, w [veː] *n* ⟨-; -⟩ W, w *f*

W *Abk* **1** EL (*Watt*) W (vatio); **2** (*Westen*) O (Oeste)

Waadt [vaːt] *f* ⟨-⟩ ***die ~, der Kanton ~*** Vaud *m*, el cantón de Vaud

Waage ['vaːgə] *f* **1** TEC balanza *f*, báscula *f*; *fig* ***sich die ~ halten*** mantenerse en equilibrio; **2** ASTR Libra *f*

'waagerecht *adj* horizontal

'Waagschale *f* platillo *m*; *fig* ***etw in die ~ werfen*** hacer valer a/c

wabb(e)lig ['vab(ə)lɪç] F *adj* fofo

Wabe ['vaːbə] *f* panal *m*

wach [vax] *adj* despierto; *fig* espabilado, vivo; ***~ halten*** *Interesse* mantener vivo; ***~ werden*** despertarse; *fig a* espabilarse

'Wachablösung *f* MIL relevo *m* de la guardia

Wache ['vaxə] *f* **1** *Tätigkeit* guardia *f*; ***~ stehen, haben*** estar de guardia; **2** *Person* guardia *m*; MAR vigía *m*; **3** *Gebäude* puesto *m* de guardia; (*Polizei*2) comisaría *f*; **4** *bei e-m Kranken* vela *f*

'wachen *v/i* vigilar (***über etw, j-n*** a/c, a alg); ***bei j-m ~*** velar a alg

'Wach|hund *m* perro *m* guardián; **~mann** *m* ⟨-(e)s; -männer *o* -leute⟩ **1** (*Aufseher*) vigilante *m*; **2** *österr* agente *m* de policía; **~mannschaft** *f* MIL cuerpo *m* de guardia

Wacholder [va'xɔldər] *m* *Strauch* enebro *m*; *Schnaps* ginebra *f*

'Wachposten *m* centinela *m*

'wach|rufen *v/t* ⟨*irr, sep*⟩ *Vergangenes* evocar; *Interesse, Gefühle* despertar; **~rütteln** *v/t* ⟨*sep*⟩ *Gewissen* despertar

Wachs [vaks] *n* ⟨-es; -e⟩ cera *f*

'wachsam *adj* alerta, vigilante; **2keit** *f* ⟨-⟩ vigilancia *f*

wachsen[1] ['vaksən] *v/i* ⟨wächst, wuchs, gewachsen, sn⟩ **1** crecer; *Mensch* ***gut gewachsen sein*** tener buen tipo; *fig* ***e-r Sache*** (*dat*) ***gewachsen sein*** estar a la altura de a/c; **2** (*zunehmen*) aumentar

'wachsen[2] *v/t* (*mit Wachs einreiben*) encerar

'wachsend *adj* *Interesse, Nachfrage, Umsatz* creciente, *Branche* en expansión

wächsern ['vɛksərn] *adj* de cera, céreo

'Wachs|figur *f* figura *f* de cera; **~figurenkabinett** *n* museo *m* de cera; **~tuch** *n* ⟨-(e)s; -tücher⟩ hule *m*

'Wachstum *n* ⟨-s⟩ crecimiento *m*; *fig a* aumento *m*, desarrollo *m*; ***geringes, hohes ~*** pequeño, alto crecimiento *m*; ***jährliches ~*** crecimiento *m* anual; ***negatives ~*** crecimiento *m* negativo; ***reales ~*** crecimiento *m* real; ***das ~ fördern*** fomentar *od* estimular el crecimiento

'Wachstums|branche *f* sector *m* en expansión; **2fördernd** *adjt* que estimula el crecimiento; **~industrie** *f* industria *f* en expansión; **~markt** *m* mercado *m* creciente; **~phase** *f* (***starke***) **~** fase *f* de (fuerte) crecimiento; **~potential** *n* potencial *m* de crecimiento; **~rate** *f* tasa *f* de crecimiento; **~sektor** *m* sector *m* en expansión; **~störung** *f* MED trastornos *m/pl* de(l) crecimiento

Wachtel ['vaxtəl] *f* ⟨-; -n⟩ codorniz *f*

Wächter(in) ['vɛçtər(ɪn)] *m(f)* vigilante *m,f*, guardián, -ana *m,f*

'Wachtmeister *m* guardia *m*

'Wachtposten *m* → ***Wachposten***

'Wach(t)turm *m* MIL atayala *f*

wackel|ig ['vakəlɪç] *adj* **1** (*nicht stabil*) que se tambalea; *Zahn* flojo; *Möbel* cojo; **2** F *Person* débil, flojo; **3** F *fig Arbeitsplätze* inseguro; *Kompromiss, Frieden* poco seguro; **2kontakt** *m* contacto *m* intermitente *od* flojo

'wackeln *v/i* **1** ⟨h⟩ *Dinge* tambalearse; *Zahn* moverse; *Tisch, Stuhl* cojear; **2** ⟨h⟩ ***mit dem Kopf ~*** cabecear; **3** F ⟨sn⟩ (*wanken*) vacilar, titubear; **4** ⟨h⟩ F *fig Stellung usw* F estar inseguro, temblarse

wacker ['vakər] *geh, oft iron* bueno, honrado; (*mutig*) valiente

'wacklig → ***wackelig***

Wade ['vaːdə] *f* ANAT pantorrilla *f*

'Wadenkrampf *m* calambre *m* (en la pierna)

Waffe ['vafə] *f* arma *f* (*a fig*); *geh* ***die ~n strecken*** rendir las armas (*a fig*)

Waffel ['vafəl] *f* ⟨-; -n⟩ gofre *m*; *kleine* barquillo *m*; **~eisen** *n* barquillero *m*

'Waffenbesitz *m* (***unerlaubter***) **~** tenencia *f* (ilícita) de armas

'Waffengewalt *f* ⟨-⟩ ***mit ~*** a mano armada

'Waffen|händler *m* armero *m*; *illegaler* traficante *m* de armas; **~ruhe** *f* tregua *f*; **~schein** *m* licencia *f* de armas; **~stillstand** *m* armisticio *m*

wagemutig ['va:gə-] *adj* atrevido, temerario, audaz

'wagen I *v/t* **1** atreverse (***etw zu tun*** a hacer a/c), osar (***etw zu tun*** hacer a/c); **2** (*aufs Spiel setzen*) arriesgar, aventurar; **II** *v/r* **3** ***sich an etw*** (*acus*) **~** (atreverse a) emprender a/c

Wagen ['va:gən] *m* ⟨-s; -⟩ **1** (*Auto*, *Pferde*2) coche *m*; (*Eisenbahn*2) *a* vagón *m*; (*Hand*2, *Einkaufs*2) carrito *m*; (*Kinder*2) cochecito *m*; **2** ASTR ***der Große ~*** la Osa Mayor

'Wagen|heber *m* gato *m*; **~ladung** *f* carretada *f*, carga *f*; **~park** *m* parque *m* móvil

Wag(g)on [va'gɔ̃:] *od* [-'gɔŋ] *od* [-'go:n] *m* ⟨-s; -s, *österr a* -e⟩ vagón *m*

'wag|halsig *adj* temerario; *Unternehmen* atrevido; **2nis** *n* ⟨-ses; -se⟩ riesgo *m*; *Unternehmung* empresa *f* arriesgada

Wahl [va:l] *f* ⟨-; -en⟩ **1** (*Aus*2) elección *f*; *zwischen zwei Möglichkeiten* alternativa *f*, opción *f*; ***die*** (***freie***) ***~ haben*** poder elegir (libremente); ***s-e ~ treffen*** elegir; ***etw steht zur ~*** a/c puede elegirse; ***in die engere ~ kommen*** pasar la primera selección; ***in der engeren ~ sein*** estar en la última selección; ***mir bleibt keine andere ~*** *fig* no me queda otro remedio; *prov* ***wer die ~ hat, hat die Qual*** el que elige, sufre; **2** POL elecciones *f/pl*, comicios *m/pl*; (*Art der ~*) votación *f*; ***geheime ~*** voto *m* secreto; ***sich zur ~ stellen*** proponerse como candidato; **3** COM ***erster, zweiter ~*** de primera, segunda calidad

wählbar ['vɛ:l-] *adj* elegible

'wahlberechtigt *adj* ***~ sein*** tener voto

'Wahl|berechtigte(r) *f(m)* votante *m,f*; **~beteiligung** *f* participación *f* electoral; **~bezirk** *m* distrito *m* electoral

'wählen I *v/t* **1** (*aus~*) escoger, seleccionar; **2** TEL marcar; **3** *durch Abstimmung* elegir; ***j-n in den Bundestag ~*** elegir a alg para el Parlamento; **4** (*stimmen für*) votar a *od* por; **II** *v/i* **5** elegir (***zwischen*** +*dat* entre); **6** TEL marcar; **7** POL votar

'Wähler(in) *m(f)* POL votante *m,f*

'Wahlergebnis *n* resultado *m* de las elecciones

'wählerisch *adj* difícil de contentar (***in*** +*dat* en)

'Wähler|liste *f* censo *m* electoral; **~schaft** *f* ⟨-⟩ electorado *m*

'Wahl|fach *n Schule* asignatura *f* optativa; **~gang** *m* escrutinio *m*; **~geheimnis** *n* secreto *m* de voto; **~heimat** *f* patria *f* adoptiva; **~kabine** *f* cabina *f* de voto; **~kampf** *m* campaña *f* electoral; **~kreis** *m* distrito *m* electoral; **~lokal** *n* colegio *m* electoral; **2los** *adv* al azar, sin orden (ni concierto); **~periode** *f* periodo *m* electoral; **~pflicht** *f* obligación *f* de votar; **~plakat** *n* cartel *m* electoral; **~programm** *n* programa *m* electoral

'Wahlrecht *n aktives* derecho *m* de voto; ***passives ~*** derecho *m* a ser elegido; ***allgemeines ~*** sufragio *m* universal

'Wahlrede *f* discurso *m* electoral

'Wählscheibe *f* TEL dial *m*

'Wahl|sieg *m* victoria *f* electoral; **~spruch** *m* lema *m*, divisa *f*

'Wählton *m* TEL señal *f* de llamada, tono *m* de marcar

'Wahl|urne *f* urna *f* (electoral); **~versammlung** *f* mitin *m* electoral; **2weise** *adv* opcionalmente, a elección; **~wiederholung** *f* TEL rellamada *f*, repetición *f* de marcación

Wahn [va:n] *m* ⟨-(e)s⟩ *geh* ilusión *f*; (*Verblendung*) obcecación *f*

wähnen ['vɛ:nən] *geh v/t* ***sich in Sicherheit ~*** creerse seguro

'Wahnsinn *m* **1** MED demencia *f*; F locura *f*; **2** F ***das ist heller ~*** es una locura

'wahnsinnig I *adj* **1** MED demente; F loco; **2** F *fig* loco, terrible, tremendo; *Schmerz a* atroz; *Hunger a* F de lobo; **II** F *adv* **3** ***~ viel zu tun haben*** F tener una barbaridad que hacer

'Wahn|sinnige(r) *f(m)* ⟨→ A⟩ demente *m,f*; F loco, -a *m,f*; **~vorstellung** *f* alucinación *f*, idea *f* fija

wahr [va:r] *adj* **1** verdadero, verídico; F *fig* ***das kann doch nicht ~ sein!*** F ¡no irá en serio!; ***~ werden*** realizarse; ***nicht ~?*** ¿verdad?, ¿no?; ***etwas 2es wird schon daran sein*** algo habrá de verdad en ello; **2** (*tatsächlich*) real, auténtico; ***ein ~er Freund*** un verdadero amigo; F *fig* ***das ist auch nicht das 2e*** eso tampoco es ideal

wahren ['va:rən] *geh v/t Interessen*, *Rechte* defender, salvaguardar, mirar por

währen ['vɛ:rən] *geh v/i* durar, continuar

'während I *prp* ⟨+*gen*⟩ **1** durante; **II** *cj* **2** *zeitlich* mientras (+*ind*); **3** (*wohingegen*) mientras que (+*ind*); **~'dessen** *adv* entre tanto, mientras tanto

'wahrhaben *v/t* ⟨*solamente inf*⟩ ***etw nicht ~ wollen*** no querer admitir a/c

'wahr|haft *geh* **I** *adj* verdadero, real, auténtico; **II** *adv* → **~'haftig** *geh adv* verdaderamente

'Wahrheit *f* verdad *f*; ***die ~ sagen*** decir la verdad; ***bei der ~ bleiben*** no alterar la verdad

'wahrheits|gemäß, **~getreu I** *adj* verídico,

W

veraz; **II** *adv* conforme a la verdad; **2liebe** *f* amor *m* a la verdad, veracidad *f*
'wahrnehmbar *adj* perceptible
'wahrnehmen *v/t* ⟨*irr, sep*⟩ **1** *sinnlich* percibir, sentir; (*bemerken*) notar, observar; **2** *Gelegenheit* aprovechar; *Rechte* salvaguardar, defender
'Wahrnehmung *f* **1** *sinnliche* percepción *f*; **2** *von Interessen* salvaguardia *f*; **~svermögen** *n* facultad *f* perceptiva
'wahrsagen ⟨*insep o sep*⟩ **I** *v/t* ***j-m etw ~*** profetizar a/c a alg; **II** *v/i* decir la buenaventura
'Wahrsager(in) *m(f)* adivino, -a *m,f*
wahr'scheinlich *adj* probable
Wahr'scheinlichkeit *f* probabilidad *f*; ***aller ~ nach*** con toda probabilidad
'Wahrung *f* ⟨-⟩ salvaguardia *f*, defensa *f*
'Währung *f* moneda *f*; ***schwache, starke, stabile ~*** moneda *f* débil, fuerte, estable; ***in ausländischer ~*** en moneda extranjera; ***die ~ stützen*** apoyar la moneda
'Währungseinheit *f* unidad *f* monetaria
'Währungsfonds *m* fondo *m* monetario; ***Internationaler ~*** Fondo *m* Monetario Internacional (FMI)
'Währungs|parität *f* paridad *f* de monedas, paridad *f* monetaria; **~politik** *f* política *f* monetaria; **~reform** *f* reforma *f* monetaria; **~reserven** *f/pl* reservas *f* de divisas; **~risiko** *n* riesgo *m* monetario; **~schwankungen** *f/pl* fluctuaciones *f/pl* monetarias, oscilaciones *f/pl* de divisas; **~stabilität** *f* estabilidad *f* monetaria; **~system** *n* sistema *m* monetario; **~union** *f* unión *f* monetaria
'Wahrzeichen *n* símbolo *m*; *Gebäude* edificio *m* emblemático
Waise ['vaɪzə] *f* huérfano, -a *m,f*
'Waisen|haus *n* orfanato *m*; **~kind** *n* → ***Waise***
'Waisenknabe *m* F *fig* ***er ist ein ~ gegen ihn*** no le llega a la suela del zapato
'Waisenrente *f* pensión *f* de orfandad
Wal [vaːl] *m* ⟨-(e)s; -e⟩ ballena *f*
Wald [valt] *m* ⟨-(e)s; ⸗er⟩ bosque *m*; *kleinerer* monte *m*; ***tief im ~*** en medio del bosque
'Wald|arbeiter *m* obrero *m* forestal; **~brand** *m* incendio *m* forestal
Wäldchen ['vɛltçən] *n* ⟨-s; -⟩ bosquecillo *m*
'Wald|horn *n* trompa *f*; **2ig** *adj* boscoso; **~lauf** *m* carrera *f* por el bosque; **~meister** *m* ⟨-s⟩ BOT asperilla *f*, aspérula *f*
Waldorfschule ['valdɔrf-] *f* escuela *f* Waldorf
'Wald|rand *m* linde *f* del bosque; **2reich** *adj* poblado de bosques, boscoso; **~sterben** *n* ⟨-s⟩ muerte *f* lenta de los bosques; **~weg** *m* camino *m* forestal
Wales [veːls] *n* Gales *m*

'Wal|fang *m* pesca *f* de la ballena; **~fänger** *m Person, Schiff* ballenero *m*; **~fisch** F *m* ballena *f*
Walis|er(in) [va'liːzər(ɪn)] *m(f)* galés, -esa *m,f*; **2isch** *adj* galés
Walkie-Talkie ['wɔːkɪ'tɔːkɪ] *n* ⟨-(s); -s⟩ walkie-talkie *m*
Walkman® ['wɔːkmən] *m* ⟨-s; -men⟩ walkman® *m*
Wall [val] *m* ⟨-(e)s; ⸗e⟩ (*Erd2*) terraplén *m*; (*Mauer*) muralla *f* (*a fig*)
Wallach ['valax] *m* ⟨-(e)s; -e⟩ caballo *m* castrado
'wallend *geh adjt Kleider, Haare* ondulante
'Wall|fahrer(in) *m(f)* peregrino, -a *m,f*; **~fahrt** *f* peregrinación *f*, romería *f*
'Wallfahrts|kirche *f* iglesia *f* de peregrinación; **~ort** *m* lugar *m* de peregrinación
Wallis ['valɪs] ⟨-⟩ ***das ~*** Valais *m*
Wallon|e [va'loːnə] *m* ⟨-n; -n⟩, **~in** *f* valón, -ona *m,f*; **~ien** *n* ⟨-s⟩ Valonia *f*; **2isch** *adj* valón
'Wallung *geh f* ***in ~*** (*acus*) ***geraten*** acalorarse
Walnuss ['valnʊs] *f* nuez *f*; **~baum** *m* nogal *m*
Walross ['valrɔs] *n* ⟨-es; -e⟩ ZO morsa *f*
walten ['valtən] *geh v/i* ***s-s Amtes ~*** cumplir con su deber; ***Gnade ~ lassen*** ser clemente
Walze ['valtsə] *f* rodillo *m*, rollo *m*; TEC cilindro *m*; (*Straßen2*) apisonadora *f*
'walzen *v/t* TEC cilindrar; *Metall* laminar; *Straße* apisonar
wälzen ['vɛltsən] **I** *v/t* **1** hacer rodar, arrollar; GASTR ***in Mehl ~*** cubrir de harina; **2** F *fig Akten* manejar; **3** F *fig Probleme* dar vueltas a; **II** *v/r* **4** ***sich am Boden, im Schmutz ~*** revolcarse por el suelo, en porquería
'walzenförmig *adj* cilíndrico
'Walzer *m* vals *m*
'Wälzer F *m* F mamotreto *m*
'Walz|straße *f*, **~werk** *n* tren *m* de laminación
Wampe ['vampə] F *desp f* F panza *f*, barriga *f*
Wand [vant] *f* ⟨-; ⸗e⟩ **1** *von Gebäuden* pared *f* (*a Fels2*); (*Mauer*) muro *m*; F ***in meinen vier Wänden*** entre mis cuatro paredes; *fig* ***j-n an die ~ stellen*** (*erschießen*) pasar a alg por las armas; **2** (*Trenn2*) tabique *m* (*a e-s Gefäßes*, ANAT); ***spanische ~*** biombo *m*
Wandale [van'daːlə] *m* ⟨-n; -n⟩ HIST vándalo *m* (*a fig*)
Wanda'lismus *m* ⟨-⟩ vandalismo *m*
'Wandbehang *m* tapiz *m*
Wandel ['vandəl] *m* ⟨-s⟩ cambio *m*, transformación *f*; ***tiefgreifender ~*** cambio *m* pro-

fundo; ***im ~ der Zeiten*** con el paso del tiempo

'wandeln *v/t, v/r* (***sich***) ~ cambiar, transformar(se) (***in*** *+acus* en)

'Wandelschuldverschreibung *f* FIN obligación *f* convertible

Wander|ausstellung ['vandər-] *f* exposición *f* ambulante; **~bewegung** *f der Bevölkerung* movimiento *m* migratorio; **~bühne** *f* teatro *m* ambulante; **~düne** *f* duna *f* movediza

'Wanderer *m* excursionista *m*

'Wanderfalke *m* halcón *m* peregrino

'Wanderin *f* excursionista *f*

'Wander|karte *f* mapa *m* para excursiones; **~lied** *n* marcha *f*

'wandern *v/i* ⟨sn⟩ **1** caminar, hacer una marcha *od* una excursión; **2** *Vögel* migrar; *Düne* desplazarse; *Sonne* moverse; **3** F *fig* (*kommen*) F ir a parar (***in den Papierkorb*** a la papelera)

'Wanderpokal *m* SPORT copa *f* ambulante

'Wanderschaft *f* ⟨-⟩ peregrinación *f*; ***auf ~ gehen*** ir a correr el mundo

'Wander|schuh *m* bota *f* de excursionista; **~ung** *f* **1** (*Ausflug*) excursión *f*, caminata *f*; **2** *von Völkern, Tieren* migración *f*; **~weg** *m* camino *m* para excursiones

'Wand|kalender *m* calendario *m* de pared; **~lampe** *f*, **~leuchter** *m* aplique *m*

'Wandlung *f* cambio *m*; *grundlegende* transformación *f*

'Wand|malerei *f* pintura *f* al fresco, mural *m*; **~schrank** *m* armario *m* empotrado; **~spiegel** *m* espejo *m* de pared; **~tafel** *f* pizarra *f*

'Wandteppich *m* tapiz *m*

Wange ['vaŋə] *geh f* mejilla *f*

Wankelmotor ['vaŋkəlmotoːr] *m* motor *m* Wankel

'Wankel|mut *geh m* versatilidad *f*; (*Unbeständigkeit*) inconstancia *f*; **≈mütig** *geh adj* versátil; (*unbeständig*) inconstante

wanken ['vaŋkən] *v/i* vacilar, titubear (*beide a fig*); *Knie* flaquear; ***ins ≈ geraten*** empezar a tambalearse

wann [van] *adv* cuando; ***~?*** ¿cuándo?; ***seit ~?*** ¿desde cuándo?; ***bis ~?*** ¿hasta cuándo?; ***von ~ an?*** ¿a partir de cuándo?; ***von ~ bis ~?*** ¿desde cuándo hasta cuándo?

Wanne ['vanə] *f* **1** (*Bade≈*) bañera *f*; **2** TEC tina *f*

Wanst [vanst] F *desp m* ⟨-(e)s; ⸚e⟩ F panza *f*, barriga *f*

Wanze ['vantsə] *f* **1** ZO chinche *m*; **2** F (*Abhörgerät*) micrófono *m* oculto

Wappen ['vapən] *n* ⟨-s; -⟩ escudo *m* de armas, blasón *m*; **~kunde** *f* heráldica *f*; **~tier** *n* animal *m* heráldico

wappnen ['vapnən] *geh v/r* ***sich gegen etw ~*** armarse contra a/c

ward [vart] → ***werden***

Ware ['vaːrə] *f* **1** mercancía *f*; (*Artikel*) artículo *m*; ***beschädigte ~*** mercancía *f* dañada; ***erstklassige ~*** mercancía *f* de primera calidad; ***fehlerhafte ~*** mercancía *f* defectuosa; ***frische ~*** mercancía *f* nueva; ***hochwertige, minderwertige ~*** mercancía *f* de gran calidad, de calidad inferior; ***lieferbare ~*** mercancía *f* suministrable; ***unverkäufliche ~*** mercancía *f* invendible; ***verderbliche ~*** producto *m* perecedero, mercancía *f* perecedera; **2** *pl* ***~n*** *Buchhaltung* mercaderías *f/pl*; (*Güter*) mercancías *f/pl*; ***~n ausliefern*** entregar mercancías; ***~n bestellen*** pedir mercancías; ***~n liefern*** suministrar mercancías

'Waren|angebot *n* oferta *f* de mercancías; **~annahme** *f* recepción *f* de mercancías; **~aufzug** *m* montacargas *m*; **~ausgabe** *f* entrega *f* de mercancías; **~ausgang** *m* salida *f* de mercancías; **~austausch** *m* intercambio *m* de mercancías; **~bestand** *m* existencias *f/pl*, stock *m*; **~bezeichnung** *f* especificación *f* de la mercancía; **~börse** *f* bolsa *f* de mercancías; **~eingang** *m* entrada *f* de mercancías; **~eingangsbuch** *n* registro *m* de entradas; **~gruppe** *f* clase *f* de productos, categoría *f* de productos; **~haus** *n* grandes almacenes *m/pl*; **~kennzeichnung** *f* etiquetado *m*; **~korb** *m* cesta *f* de la compra; **~lager** *n* almacén *m*, depósito *m*; **~lieferung** *f* suministro *m* de mercancía; **~muster** *n*, **~posten** *m* lote *m* de mercancías; **~präsentation** *f* presentación *f* de mercancías; **~probe** *f* muestra *f*; **~sendung** *f* envío *m* de mercancías; **~terminmarkt** *m* mercado *m* de futuro(s); **~umschlag** *m Lager* rotación *f* de existencias

'Waren- und 'Dienstleistungsbilanz *f* balanza *f* de mercancías y servicios

'Warenverkehr *m* circulación *f* de mercancías; *Transport* tráfico *m* de mercancías; *Austausch* intercambio *m* de mercancías; ***freier ~*** libre circulación *f* de mercancías

'Waren|verkehrsbescheinigung *f* certificado *m* de circulación de mercancías; **~versandanzeige** *f* aviso *m* de envío de la mercancía; **~wechsel** *m* FIN letra *f* comercial

'Warenzeichen *n* marca *f* de fábrica; ***eingetragenes ~*** marca *f* registrada

'Warenzeichenschutz *m* JUR protección *f* de marcas (de fábrica)

warm [varm] **I** *adj* ⟨⸚er, ⸚ste⟩ **1** caliente; *Klima* cálido; *Kleidung* de abrigo; ***etw ≈es trinken*** tomar a/c caliente; ***~ werden*** calentarse; ***es ist ~*** hace calor; ***mir ist ~*** tengo calor; **2** (*herzlich*) cálido, caluroso; **~er Empfang** recibimiento *m* caluroso; **mit j-m nicht ~ werden** no congeniar con alg; **II** *adv* **3 ~ machen** *Speisen* calentar; **~ essen** comer caliente; **~ stellen** *Speisen* poner a calentar; F **sich** (*dat*) **j-n ~ halten** cultivar la relación con alg; **den Motor ~ laufen lassen** calentar el motor; SPORT **sich ~ laufen** calentarse

'Warm|blüter *m* animal *m* de sangre caliente; **2blütig** *adj* de sangre caliente

Wärme ['vɛrmə] *f* ⟨-⟩ calor *m* (*a* PHYS, TEC, *fig*); **~dämmung** *f* aislamiento *m* térmico; **~gewitter** *n* tormenta *f* de calor; **~isolierung** *f* aislamiento *m* térmico; **~kraftwerk** *n* central *f* térmica; **~lehre** *f* termología *f*

'wärmen I *v/t Essen* calentar; (*auf~*) recalentar; **II** *v/i Sonne, Feuer* calentar; *Kleidung* abrigar; **III** *v/r* **sich ~** calentarse

'Wärme|pumpe *f* bomba *f* de calor; **~technik** *f* termotecnia *f*

'Wärmflasche *f* bolsa *f* de agua caliente

'Warm|front *f* METEO frente *m* cálido; **2herzig** *adj* caluroso; **~luft** *f* aire *m* caliente; **~miete** F *f alquiler con gastos de calefacción y agua caliente incluidos*; **~'wasserheizung** *f* calefacción *f* de agua caliente

Warn|blinkanlage ['varn-] *f* AUTO luces *f/pl* de emergencia; **~dreieck** *n* AUTO triángulo *m* de emergencia

'warnen *v/t* **j-n** (**vor e-r Gefahr**) **~** advertir *od* prevenir a alg (de un peligro); **vor Taschendieben wird gewarnt!** ¡cuidado con los rateros!

'Warn|licht *n* luz *f* de advertencia; **~schild** *n* señal *f* de advertencia; **~schuss** *m* tiro *m* (de aviso) al aire; **~signal** *n* señal *f* de advertencia; **~streik** *m* huelga *f* de advertencia

'Warnung *f* advertencia *f*, aviso *m*

Warschau ['varʃaʊ] *n* ⟨-s⟩ Varsovia *f*

Warte ['vartə] *geh fig f* **von s-r ~ aus** (**gesehen**) (visto) desde su punto de vista

'Warte|halle *f Eisenbahn* sala *f* de espera; AVIA sala *f* de embarque; **~häuschen** *n* marquesina *f*; **~liste** *f* lista *f* de espera

'warten I *v/t Maschine* inspeccionar, mantener; **II** *v/i* esperar (**auf j-n, etw** a alg, a/c); F **da können sie lange ~!** ¡pueden esperar sentado!; *Drohung* **warte nur!** ¡ya verás!

Wärter(in) ['vɛrtər(ɪn)] *m(f)* guarda *m,f*, guardián, -ana *m,f*

'Warte|saal *m* sala *f* de espera; **~schlange** *f* cola *f* (de espera); **~schleife** *f* AVIA círculo *m*; **~stellung** *f* TEL **in ~** en posición de espera; **~zeit** *f* tiempo *m* de espera; **~zimmer** *n* sala *f* de espera

'Wartung *f von Maschinen* mantenimiento *m*

'Wartungs|arbeiten *f/pl* trabajos *m/pl* de mantenimiento; **~dienst** *m* servicio *m* de mantenimiento; **~kosten** *pl* gastos *m/pl* de mantenimiento; **~personal** *n* personal *m* de mantenimiento; **~vertrag** *m* contrato *m* de mantenimiento

warum [va'rʊm] *adv* por qué; **~ nicht?** ¿por qué no?

Warze ['vartsə] *f* verruga *f*

was [vas] **I** *interr* **1** qué; F *unhöflich* **~?** F ¿qué?; **~ ist** (**denn**)**?** ¿qué pasa?; **~ ist das?** ¿qué es esto?; **2 ~ für ein**(**e**) qué tipo de; **~ für ein Auto fährt er?** ¿qué coche tiene?; **3 ~ kostet ...?** ¿cuánto cuesta ....?; **II** *pron/rel* **4** *Nominativ* que, lo que, lo cual; **ich weiß, ~ du willst** sé lo que quieres; **~ auch immer es ist** sea lo que sea; **5** *weiterführend* **..., ~ ich bereue** ... lo que siento; **~ noch schlimmer ist** lo peor es; **III** F *pr/indef* **6** algo; **das ist ~ anderes** eso es otra cosa; **IV** F *adv* **7** (*wie sehr*) **~ haben wir gelacht!** ¡lo que nos reímos!

Wasch|anlage ['vaʃ-] *f* tren *m* de lavado; **2bar** *adj* lavable; **~bär** *m* mapache *m*; **~becken** *n* lavabo *m*

Wäsche ['vɛʃə] *f* **1** (*~stücke*) ropa *f*; **~ waschen** lavar la ropa; **2** (*Unter2*) ropa *f* interior; F *fig* **dumm aus der ~ gucken** F mirar con cara de tonto; **3** (*das Waschen*) lavado *m* (*a* TEC); (**große**) **~** colada *f*; **in der ~ sein** estar a lavar

'waschecht *adj* **1** resistente al lavado; (*farbecht*) sólido; **2** *fig* **ein ~er Berliner** un berlinés de pura cepa

'Wäsche|klammer *f* pinza *f* de (la) ropa; **~korb** *m* cesta *f od* cesto *m* de (la) ropa; **~leine** *f* cuerda *f* de (la) ropa

'waschen ⟨wäscht, wusch, gewaschen⟩ **I** *v/t* lavar (*a* TEC); **II** *v/i* (*Wäsche ~*) lavar; **III** *v/r* **sich ~** lavarse

Wäsche'rei *f* lavandería *f*

'Wäsche|schleuder *f* secadora *f* centrífuga; **~ständer** *m* tendedero *m*; **~trockner** *m* **1** *Gestell* tendedero *m*; **2** *Maschine* secadora *f*

'Wasch|gelegenheit *f* lavabo *m*; **~küche** *f* **1** lavadero *m*; **2** F *fig* (*Nebel*) niebla *f* densa; **~lappen** *m* **1** manopla *f* para baño; **2** F *fig* (*Feigling*) F calzonazos *m*, cobardica *m*; **~maschine** *f* lavadora *f*; **~mittel** *n* detergente *m*; **~programm** *n* programa *m* de lavado; **~pulver** *n* detergente *m* (en polvo); **~raum** *m* lavabo *m*, aseo *m*; **~salon** *m* lavandería *f*; **~schüssel** *f* palangana *f*; **~straße** *f* tren *m* de lavado

'Wasch|wasser *n* agua *f* de lavar; **~zeug** *n* útiles *m/pl* de aseo

Wasser ['vasər] *n* ⟨-s; -⟩ **1** agua *f*; **~ abweisend** hidrófugo; **ins ~ gehen** ir al agua; *fig*

W

j-m das ~ abgraben quitar(le) a alg el pan; *fig Fest, Unternehmen* ***ins ~ fallen*** no tener lugar; **2** (*~oberfläche*) (superficie *f* del) agua *f*; ***unter ~*** bajo el agua; ***unter ~ setzen*** inundar; *fig* ***sich über ~ halten*** mantenerse a flote; **3** (*Gewässer*) aguas *f/pl*; ***stehendes ~*** agua *f* estancada; *fig* ***mit allen ~n gewaschen sein*** sabérselas todas; **4** *Körperflüssigkeit* agua *f*; ***da läuft e-m das ~ im Munde zusammen*** se me hace la boca agua; *verhüllend* ***~ lassen*** orinar; MED ***~ in den Beinen haben*** tener edemas en las piernas

'wasserarm *adj* árido

'Wasser|aufbereitung *f* tratamiento *m* de aguas; **~bad** *n* GASTR baño *m* (de) María; **~ball** *m* **1** (*Strandball*) balón *m* inflable; **2** *Spiel* waterpolo *m*; **~becken** *n* pila *f*, pilón *m*; **~bett** *n* cama *f* de agua

Wässerchen ['vɛsərçən] *n* ⟨-s; -⟩ *fig* ***er sieht aus, als könne er kein ~ trüben*** parece que nunca ha roto un plato

'Wasser|dampf *m* vapor *m* de agua; **♀dicht** *adj* **1** *Kleidung* impermeable; **2** MAR, TEC resistente al agua; **3** F *fig Alibi, Vertrag* F perfecto; **~fall** *m* cascada *f*; *großer* catarata *f*; **~farbe** *f* acuarela *f*; **~floh** *m* pulga *f* de agua; **~flugzeug** *n* hidroavión *m*; **♀gekühlt** *adjt* refrigerado por agua; **~glas** *n* *Gefäß* vaso *m* para agua; **~graben** *m* acequia *f*; *Befestigungswesen* foso *m*; SPORT ría *f*; **~hahn** *m* grifo *m*

'wässerig → ***wässrig***

'Wasser|kessel *m* hervidor *m*; **~kocher** *m* termo *m*, hervidor *m* de agua; **~kraft** *f* fuerza *f* hidráulica; **~kraftwerk** *n* central *f* hidroeléctrica; **~lauf** *m* corriente *f* de agua; **~leiche** *f* cadáver *m* de un ahogado; **~leitung** *f* tubería *f* de agua; **♀löslich** *adj* hidrosoluble; **~mangel** *m* falta *f od* escasez *f* de agua; **~mann** *m* ⟨-(e)s; -männer⟩ ASTR Acuario *m*; **~melone** *f* sandía *f*

'wassern *v/i* ⟨h *o* sn⟩ *Flugzeug* amerizar, amarar

wässern ['vɛsərn] *v/t* **1** (*in Wasser legen*) poner a remojo; *Hering* desalar; **2** *Pflanze* regar

'Wasser|pfeife *f* narguile *m*; **~pflanze** *f* planta *f* acuática; **~pumpe** *f* bomba *f* de agua; **~rad** *n* rueda *f* hidráulica, rodezno *m*; **~ratte** *f* **1** zo rata *f* de agua; **2** F *fig scherzh* pez *m*; **~rohr** *n* tubería *f* de agua; **~scheide** *f* GEOGR divisoria *f* de aguas

'wasserscheu *adj* ***~ sein*** tener miedo al agua

'Wasser|schloss *n* castillo *m* en el agua; **~ski**[1] *n* ⟨-⟩ *Sportart* esquí *m* acuático; **~ski**[2] *m* *Sportgerät* esquí *m* acuático; **~spiegel** *m* → ***Wasserstand***; **~sport** *m* deporte *m* acuático; **~spülung** *f* cisterna *f*; **~stand** *m* nivel *m* de agua; **~stelle** *f* aguada *f*; **~stoff** *m* hidrógeno *m*; **~stoffbombe** *f* bomba *f* de hidrógeno; **~strahl** *m* chorro *m* de agua; **~straße** *f* vía *f* de navegación; **~tropfen** *m* gota *f* de agua; **~turm** *m* torre *f* de agua; **~uhr** *f* contador *m* de agua; **~verbrauch** *m* consumo *m* de água; **~verschmutzung** *f* contaminación *f* del agua; **~versorgung** *f* abastecimiento *m* de agua; **~vogel** *m* ave *f* acuática; **~vorräte** *m/pl* recursos *m/pl* hídricos; **~waage** *f* nivel *m* de agua

'Wasserweg *m* vía *f* navegable; ***auf dem ~(e)*** por vía fluvial *od* marítima

'Wasser|werfer *m* **1** *Gerät* cañón *m* de agua; **2** *Fahrzeug* camión *m* cisterna; **~werk** *n* central *f* de abastecimiento de agua; **~zeichen** *n* marca *f* de agua, filigrana *f*

wässrig ['vɛsrɪç] *adj* **1** acuoso; **2** *Geschmack* insípido

waten ['va:tən] *v/i* ⟨sn⟩ vadear, caminar

watscheln ['va(:)tʃəln] F *v/i* ⟨sn⟩ anadear, andar patosamente

Watt[1] [vat] *n* ⟨-(e)s; -en⟩ GEOGR marisma *f*

Watt[2] *n* ⟨-(e)s; -⟩ EL vatio *m*

Watte ['vatə] *f* algodón *m*; **~bausch** *m* tapón *m* de algodón

'Wattenmeer *n* → ***Watt***[1]

'Wattestäbchen *n* bastoncillo *m*

WC [ve:'tse:] *n* *Abk* ⟨-(s); -(s)⟩ (*Wasserklosett*) WC *m*

Web [vɛp] *n* ⟨-(s)⟩ INFORM Web *f*, telaraña *f*

weben ['ve:bən] *v/t* ⟨*regular o geh* wob, gewoben⟩ tejer

'Weber(in) *m*(*f*) tejedor, a *m,f*

Webe'rei *f* *Betrieb* fábrica *f* de tejidos

'Web|master ['vɛpma:stər] *m* INFORM administrador *m* de web; **~seite** *f* INFORM (página *f*) web *f*; **~site** [-saɪt] *f* ⟨-; -s⟩ INFORM sitio *m* web

'Webstuhl *m* telar *m*

Wechsel ['vɛksəl] *m* ⟨-s; -⟩ **1** (*Veränderung, Auswechseln*) cambio *m*; (*Schwankung*) variación *f*; **2** (*Sichabwechseln*) alternación *f*; **3** (*Überwechseln*) paso *m*; **4** (*Geld♀*) cambio *m*; **5** COM letra *f* de cambio; ***bankfähiger, fälliger ~*** letra *f* descontable, vencida; ***~ an eigene Order*** letra *f* girada a la propia orden; ***e-n ~ akzeptieren, mit Akzept versehen*** aceptar una letra (de cambio); ***e-n ~ ausstellen*** librar *od* girar una letra (de cambio); ***e-n ~ diskontieren, domizilieren*** descontar, domiciliar una letra (de cambio); ***e-n ~ einlösen, indossieren*** honrar, endosar una letra (de cambio); ***e-n ~ prolongieren*** prolongar *od* prorrogar una letra (de cambio); ***e-n ~ ziehen*** girar una letra (de cambio); ***e-n ~ zu Protest gehen lassen*** protestar una letra (de cambio); ***e-n ~ zur Einlösung vorlegen*** presentar una letra al cobro; **6** SPORT (*Spieler*≗) relevo *m*; (*Seiten*≗) cambio *m* (de campos)

'**Wechselbeziehung** *f* relación *f* recíproca, correlación *f*; ***in ~ (zueinander) stehen*** estar correlacionado

'**Wechsel|bezogene(r)** *f(m)* FIN librador, a *m,f*; **~bürgschaft** *f* aval *m*; **~diskontierung** *f* descuento *m* de letras

'**Wechselfälle** *pl* ***die ~ des Lebens*** los avatares de la vida

'**Wechsel|fälligkeit** *f* FIN vencimiento *m* de la letra; **~geld** *n* cambio *m*, vuelta *f*; **~gesang** *m* canto *m* antifonal; **~gläubiger(in)** *m(f)* FIN acreedor, a *m,f* cambiario, -a; **≗haft** *adj* variable; *Wetter* inestable; **~indossament** *n* ⟨-(e)s; -e⟩ FIN endoso *m* de la letra (de cambio); **~jahre** *pl* menopausia *f*

'**Wechselkurs** *m Börse* tipo *m* de cambio; ***fester, flexibler ~*** tipo *m* de cambio fijo, flexible; ***offizieller ~*** tipo *m* de cambio oficial; ***stabiler, schwankender ~*** tipo *m* de cambio estable, fluctuante; ***den ~ freigeben*** liberalizar el tipo de cambio

'**Wechselkurs|parität** *f* FIN paridad *f* del tipo de cambio; **~schwankungen** *pl* variaciones *f/pl* del tipo de cambio

'**wechseln I** *v/t* **1** cambiar; *Kleidung, Wohnung a* mudarse de; **2** (*austauschen*) *Worte, Blicke* intercambiar; **3** ***Geld ~*** cambiar dinero; *in Kleingeld* cambiar; ***können Sie mir hundert Euro ~?*** ¿puede cambiarme cien euros?; **II** *v/i* **4** cambiar; ***zu e-m anderen Verein ~*** cambiar de club

'**wechselnd** *adjt* cambiante, variable; ***mit ~em Erfolg*** con altibajos

'**Wechsel|nehmer(in)** *m(f)* FIN tenedor, a *m,f od* tomador, a *m,f* de una *bzw* de la letra; **~objektiv** *n* FOT objetivo *m* intercambiable; **~prolongation** *f* FIN prórroga *f* de la letra (de cambio); renovación *f* de la letra; **~protest** *m* FIN protesto *m* de la letra (de cambio); **~schuld** *f* FIN deuda *f* cambial; **~schuldner(in)** *m(f)* FIN deudor, a *m,f* cambiario, -a; **≗seitig** *adj* mutuo, recíproco; **~strom** *m* EL corriente *f* alterna; **~stube** *f* casa *f* de cambio; **≗voll** *adj Leben* lleno de visicitudes; (*bewegt*) cambiante; **≗weise** *adv* (*abwechselnd*) por turno, alternando; **~wirkung** *f* interacción *f*, acción *f* recíproca

'**Weckdienst** *m* servicio *m* de despertador

wecken ['vɛkən] *v/t* despertar (*a fig Interesse*); *Erinnerungen* evocar

'**Wecken** *m* ⟨-s; -⟩ *südd, österr* bollito *m* de pan

'**Wecker** *m* despertador *m*; F ***j-m auf den ~ gehen, fallen*** F dar(le) la lata a alg

'**Weckruf** *m* toque *m* de diana

Wedel ['veːdəl] *m* ⟨-s; -⟩ **1** (*Staub*≗) plumero *m*; **2** (*Farn*≗, *Palm*≗) fronda *f*

'**wedeln** *v/i* ***mit dem Schwanz ~*** menear la cola

weder ['veːdər] *cj* ***~ ... noch ...*** ni ... ni ...

weg [vɛk] F *adv* **1** (*abwesend*) fuera, ausente; (*verloren*) perdido; (*verschwunden*) desaparecido; ***er ist ~*** ha salido, se ha ido; ***~ da!*** F ¡fuera de aquí!; ***Kopf ~!*** ¡cuidado con la cabeza!; ***Hände ~!*** F ¡quita las manos!; ***~ damit!*** ¡fuera con eso!; **2** F *fig geistig* ido; ***ich war sofort ~*** (*eingeschlafen*) me dormí enseguida; ***sie war auf einmal ~*** (*bewusstlos*) F de repente perdió el sentido; ***ganz ~ sein (von)*** (*begeistert sein*) estar completamente entusiasmado (con); **3** (*entfernt*) ***weit ~ (von)*** lejos (de)

Weg [veːk] *m* ⟨-(e)s; -e⟩ **1** *im Gelände* camino *m* (*a fig*); (*Pfad*) sendero *m*; ***am ~(e)*** al lado *od* borde del camino; **2** (*einzuschlagende Richtung*) ruta *f*, camino *m*; *fig* vía *f*; ***der ~ nach ...*** el camino de ...; ***auf gesetzlichem ~(e)*** por vía legal; ***auf dem kürzesten ~*** por el camino más corto; ***auf dem richtigen ~*** por el buen camino (*a fig*); *fig* ***auf schnellstem ~e*** lo más rápido posible; ***etw in die ~e leiten*** tramitar a/c, encarrilar a/c; ***sich auf dem ~ befinden*** encontrarse en camino; **3** (*Unterwegssein, Reise*) camino *m*; (*Route*) itinerario *m*; (*Strecke*) trayecto *m*, recorrido *m*; ***auf dem ~(e)*** de camino; ***sich auf den ~ machen*** ponerse en camino; ***auf dem besten ~(e) sein zu*** (*+inf*) estar a punto de (*+inf*); ***auf dem ~ nach ...*** camino de ...; ***auf dem ~ von ...*** de camino desde ...; **4** (*eingeschlagener ~*) camino *m*; ***j-m aus dem ~ gehen*** dejar paso a alg; *fig* evitar a alg; *fig* ***e-r Frage aus dem ~(e) gehen*** eludir una pregunta; ***aus dem ~!*** ¡fuera de mi camino!; *fig* ***j-m im ~(e) stehen, sein*** ser un obstáculo para alg, estorbar a alg; ***j-n aus dem ~ räumen*** (*loswerden*) quitar a alg del medio; (*töten*) eliminar a alg; ***etw aus dem ~ räumen*** quitar a/c del medio (*a fig*); F ***j-m über den ~ laufen*** tropezar con alg; ***j-m nicht über den ~ trauen*** no fiarse en absoluto de alg; *fig* ***j-m Hindernisse in den ~ legen*** poner obstáculos a alg; ***auf halbem ~(e)*** a medio camino (*a fig*); *fig* ***s-n ~ gehen*** seguir su camino; **5** *fig* (*Methode, Lösungs*≗) manera *f*; ***ich sehe keinen anderen ~ zu*** (*+inf*) no veo otra manera de (*+inf*), no veo otro remedio que (*+inf*)

'Wegbereiter(in) *m(f)* pionero, -a *m,f*, precursor, a *m,f*
'wegblasen *v/t* ⟨*irr*, *sep*⟩ F ***wie weggeblasen sein*** haber desaparecido como por arte de magia
'weg|bleiben F *v/i* ⟨*irr*, *sep*, sn⟩ **1** faltar, no venir; **2** *Strom* cortarse; **~bringen** *v/t* ⟨*irr*, *sep*⟩ **1** (*fortbringen*) llevar, trasladar; **2** *Fleck* poder quitar
'wegdenken *v/t* ⟨*irr*, *sep*⟩ (***sich*** *dat*) ***etw ~*** hacer abstracción de a/c; ***er ist aus meinem Leben nicht mehr wegzudenken*** ya no podría vivir sin él
'Wegelagerer *m* salteador *m*
wegen ['ve:gən] *prp* ⟨*+gen*, F *+dat*⟩ **1** *Ursache* por; (*infolge*) a consecuencia de, debido a; ***~ schlechten Wetters*** por el mal tiempo; **2** *Bezug* respecto a; F ***von ~!*** ¡ni hablar!; **3** *Zweck* por
'wegfahren ⟨*irr*, *sep*⟩ **I** *v/t* ⟨h⟩ llevar; **II** *v/i* ⟨sn⟩ marcharse, salir (en coche, *etc*); ***sie fahren oft weg*** salen a menudo (de viaje)
'Wegfahrsperre *f* (***elektronische***) **~** inmovilizador *m* antirrobo
'weg|fallen *v/i* ⟨*irr*, *sep*, sn⟩ suspenderse, quedar suprimido; *Hindernisse*, *Vorteile a* eliminarse; **~fegen** *v/t* barrer (*a fig*); **~fliegen** *v/i* ⟨*irr*, *sep*, sn⟩ *Vogel* irse volando; *Sache* ser llevado por el viento, volar; *Person* partir en avión (***nach*** a, hacia)
'Weggang *m* salida *f*, partida *f*
'weggeben *v/t* ⟨*irr*, *sep*⟩ dar, deshacerse de
'weggehen *v/i* ⟨*irr*, *sep*, sn⟩ **1** irse, marcharse; F ***geh mir weg damit!*** ¡ahórrame eso!; **2** F *Ware* venderse; **3** F (*verschwinden*) desaparecer; *Fleck*, *Schmutz usw a* irse
'weggießen *v/t* ⟨*irr*, *sep*⟩ tirar
'weghaben F *v/t* ⟨*irr*, *sep*⟩ **1** *auf e-m bestimmten Gebiet* ***etwas ~*** F estar muy puesto en a/c; **2** ***seine Strafe ~*** haber recibido su merecido
'wegjagen *v/t* ⟨*sep*⟩ echar, ahuyentar
'wegkommen F *v/i* ⟨*irr*, *sep*⟩ **1** (*sich entfernen können*) lograr salir; ***machen Sie, dass Sie ~!*** F ¡piérdase!; **2** (*abhanden kommen*) perderse; **3** ***bei etw gut*** (***schlecht***) **~** salir bien (mal) parado de a/c; **4** ***über etw*** (*acus*) **~** superar a/c
'weg|können F *v/i* ⟨*irr*, *sep*⟩ poder salir; **~kriegen** F *v/t* ⟨*sep*⟩ *Fleck* poder quitar
'weglassen *v/t* ⟨*irr*, *sep*⟩ **1** ***j-n ~*** dejar salir; **2** (*wegfallen lassen*) F suprimir, omitir
'weg|laufen *v/i* ⟨*irr*, *sep*, sn⟩ → ***fortlaufen***; **~legen** *v/t* ⟨*sep*⟩ (*beiseite legen*) poner aparte; (*aus der Hand legen*) dejar; **~machen** F *v/t* ⟨*sep*⟩ quitar; **~müssen** F *v/i* ⟨*irr*, *sep*⟩ **1** (*gehen müssen*), *Post* tener que salir; **2** (*verbraucht werden müssen*) tener que gastarse; (*entfernt werden müssen*) tener que desaparecer
'wegnehmen *v/t* ⟨*irr*, *sep*⟩ **1** *störenden Gegenstand* quitar; **2** (***j-m***) ***etw ~*** quitar(le) a/c (-a alg); **3** ***viel Platz ~*** ocupar mucho sitio
'wegrationalisieren *v/t* ⟨*sep*, *sin* ge⟩ ***Arbeitsplätze ~*** suprimir puestos de trabajo (en un proceso de racionalización)
'weg|räumen *v/t* ⟨*sep*⟩ **1** (*aufräumen*) recoger; **2** *Schutt*, *Hindernisse*, *fig* quitar; **~rennen** F *v/i* ⟨*irr*, *sep*, sn⟩ salir corriendo, huir (***vor*** *+dat* de); **~schaffen** *v/t* ⟨*sep*⟩ → ***fortschaffen***; **~scheren** F *v/r* ⟨*sep*⟩ ***sich ~*** F largarse; **~schicken** *v/t* ⟨*sep*⟩ *Person* despedir; F echar; *Brief*, *Paket* enviar, mandar; **~schieben** *v/t* ⟨*irr*, *sep*⟩ empujar; **~schleichen** *v/i*, *v/r* ⟨*irr*, *sep*, sn⟩ (***sich***) **~** marchar(se) a hurtadillas, escabullirse; **~schleppen** *v/t* ⟨*sep*⟩ llevarse, arrastrar (consigo); **~schließen** *v/t* ⟨*irr*, *sep*⟩ encerrar; **~schmeißen** F *v/t* ⟨*irr*, *sep*⟩ tirar
'wegschnappen F *v/t* ⟨*sep*⟩ quitar; ***j-m etw vor der Nase ~*** F quitarle a/c a alg delante de sus narices
'wegschütten *v/t* ⟨*sep*⟩ tirar
'wegsehen *v/i* ⟨*irr*, *sep*⟩ **1** apartar la vista; **2** F *fig* ***über etw*** (*acus*) **~** hacer la vista gorda a a/c
'weg|setzen *v/r* ⟨*sep*⟩ ***sich ~*** ponerse en otro sitio; **~stecken** *v/t* ⟨*sep*⟩ esconder; F *fig Schlag*, *Beleidigung* F tragarse; **~stehlen** *v/r* ⟨*irr*, *sep*⟩ ***sich ~*** escabullirse; **~stellen** *v/t* ⟨*sep*⟩ poner a un lado; **~stoßen** *v/t* ⟨*irr*, *sep*⟩ apartar de un empujón; **~streichen** *v/t* ⟨*irr*, *sep*⟩ *Geschriebenes* borrar, tachar; **~tragen** *v/t* ⟨*irr*, *sep*⟩ llevarse
'wegtreten ⟨*irr*, *sep*⟩ **I** *v/t* ⟨h⟩ dar una patada a; **II** *v/i* ⟨sn⟩ retirarse; MIL romper filas; F *fig* (***geistig***) ***weggetreten sein*** estar ido, estar en la luna
'wegtun F *v/t* ⟨*irr*, *sep*⟩ **1** *an andere Stelle* apartar, quitar; **2** (*wegwerfen*) echar
'Wegweiser *m* poste *m* indicador
'Wegwerf… *in Zssgn* desechable, de usar y tirar
'wegwerfen *v/t* ⟨*irr*, *sep*⟩ tirar
'wegwerf|end I *adjt* desdeñoso; **II** *advl* con desdén; **♀flasche** *f* botella *f* no recuperable; **♀gesellschaft** *f desp* sociedad *f* consumista
'weg|wischen *v/t* ⟨*sep*⟩ quitar con un trapo; *Schrift usw* borrar; **~wollen** *v/i* ⟨*sep*⟩ querer irse; **~ziehen** ⟨*irr*, *sep*⟩ **I** *v/t* ⟨h⟩ *Hand*, *Gegenstand* retirar; *Person* apartar; **II** *v/i* ⟨sn⟩ (*umziehen*) mudarse (***von, aus*** de)
weh [ve:] *int* ***o ~!*** ¡vaya!
wehe ['ve:ə] *int geh* **~** (***dir***), ***wenn du …!*** ¡pobre de ti como …!
'Wehe *f einzelne* contracción *f*; *pl* **~n** dolo-

W

res *m/pl* de parto

wehen ['veːən] **I** *v/t* **1** hacer volar; **II** *v/i* **2** *Wind* soplar; **3** *Fahnen*, *Haare* ondear

'Weh|klage *geh f* lamento *m*, lamentaciones *f/pl*; **2leidig** *adj desp* F quejica; *Stimme*, *Miene* quejumbroso; **~mut** *geh f* ⟨-⟩ (*Sehnsucht*) nostalgia *f*; (*Schwermut*) melancolía *f*; **2mütig** *adj* melancólico

Wehr[1] [veːr] *f* ⟨-⟩ ***sich zur ~ setzen*** defenderse

Wehr[2] *n* ⟨-(e)s; -e⟩ presa *f*

'Wehrdienst *m* servicio *m* militar; **~verweigerer** *m* objetor *m* de conciencia; **~verweigerung** *f* objeción *f* de conciencia

'wehren *v/r* **1** ***sich ~*** *körperlich*, *fig* defenderse (***gegen*** contra); (*Widerstand leisten*) resistirse (***gegen*** a); **2** (*sich weigern*) ***sich*** (***dagegen***) **~**, ***etw zu tun*** negarse a hacer a/c

'wehrlos *adj* indefenso, inerme (*a Tiere*); ***j-m, e-r Sache ~ ausgeliefert sein*** no poderse defender contra alg, a/c

'Wehr|losigkeit *f* ⟨-⟩ indefensión *f*; **~pass** *m* cartilla *f* militar; **~pflicht** *f* servicio *m* militar obligatorio

'wehrpflichtig *adj* ***in ~em Alter*** en edad de ser reclutado

'Wehr|pflichtige(r) *m* ⟨→ A⟩ recluta *m*, quinto *m*; **~sold** *m* soldada *f*

'wehtun *v/i* ⟨*irr*, *sep*⟩ ***j-m ~*** hacer daño a alg (*a fig*); ***der Kopf tut mir weh*** me duele la cabeza; ***wo tut es dir weh?*** ¿qué te duele?

Weh'wehchen *n* ⟨-s; -⟩ F pupa *f*

Weib [vaɪp] *n* ⟨-(e)s; -er⟩ *poet*, *Bibel* mujer *f* (*a* F *Ehe2*); ***ein tolles ~*** F una tía buena; F *desp* ***ein böses ~*** F una arpía; *pl* ***die ~er*** F las tías

'Weibchen *n* ⟨-s; -⟩ ZO hembra *f*

'Weiberheld *m desp* → ***Frauenheld***

'weibisch *adj desp* afeminado, mujeril

'weiblich *adj* femenino; **2keit** *f* ⟨-⟩ feminidad *f*

'Weibs|bild, **~stück** F *desp n* F tía *f*

weich [vaɪç] **I** *adj* **1** blando (*a Droge*, *Wasser*); *Fleisch a* tierno; *Polster*, *Kissen* mullido; ***ein ~es, ~ gekochtes Ei*** un huevo pasado por agua; **2** (*formbar*) flexible; ***~ machen*** ablandar; **3** (*schmiegsam*) flexible; *Stoff*, *Wolle*, *Haut*, *Fell* suave; **4** *fig* sensible, impresionable; *Herz* blando; F ***~ werden*** ablandarse; **II** *adv* **5** ***~ landen*** aterrizar suavemente

Weiche[1] ['vaɪçə] *f* BAHN aguja *f*; ***e-e ~ stellen*** cambiar una aguja

'Weiche[2] *f* (*Flanke*) *mst pl* **~n** ijadas *f/pl*, flancos *m/pl*

'weichen[1] *v/i* ⟨sn⟩ *in Flüssigkeit* remojar; ***~ lassen*** poner a remojo

'weichen[2] *v/i* ⟨wich, gewichen, sn⟩ **1** (*Platz machen*) hacer sitio (***vor*** *+dat* a); *fig* ceder (***vor*** *+dat* a); ***nicht von der Stelle ~*** no moverse del sitio; ***j-m nicht von der Seite ~*** pegarse a alg; **2** *Angst* disiparse

'weich|herzig *adj* blando (de corazón); **2käse** *m* queso *m* blando; **~lich** *adj desp* **1** (*etwas weich*) flojo, blando; **2** *fig* débil; (*zimperlich*) blandengue; (*weibisch*) afeminado; **2ling** *m* ⟨-s; -e⟩ *desp* blando *m*; (*weibischer Mann*) afeminado *m*; (*Schwächling*) blandengue *m*

Weichsel ['vaɪksəl] *f* ⟨-⟩ ***die ~*** el Vístula

'Weich|spüler *m* suavizante *m*; **~teile** *pl* **1** ANAT partes *f/pl* blandas; **2** F (*Genitalien*) F partes *f/pl*; **~tiere** *pl* moluscos *m/pl*

Weide[1] ['vaɪdə] *f Baum* sauce *m*; (*Korb2*) mimbrera *f*

'Weide[2] *f* (*Vieh2*) dehesa *f*, pasto *m*; **~fläche** *f*, **~land** *n* pastos *m/pl*

'weiden I *v/i* pacer, pastar; **II** *geh v/r* ***sich an etw*** (*dat*) **~** deleitarse en a/c (*a desp*)

'Weidenkätzchen *n* flor *f* de sauce

'weidlich *adv* mucho; F de lo lindo

weidmännisch ['vaɪtmɛnɪʃ] **I** *adj* de cazador; **II** *adv* como un cazador

'Weidmanns'heil *int* **~!** ¡buena caza!

weigern ['vaɪgərn] *v/r* ***sich ~*** negarse (***etw zu tun*** a hacer a/c)

'Weigerung *f* negativa *f*

Weihe ['vaɪə] *f* REL bendición *f*; *e-s Priesters* ordenación *f*

'weihen *v/t* **1** REL bendecir; *bsd* KATH *Brot* consagrar; ***j-n zum Priester ~*** ordenar a alg sacerdote; **2** *geh* ***dem Tode geweiht sein*** estar destinado a morir

Weiher ['vaɪər] *m bsd südd* estanque *m*; (*Fisch2*) vivero *m*

'Weihnachten *n* ⟨-; -⟩ Navidad *f*; ***zu*** *od südd* ***an ~*** en Navidad(es); ***frohe*** *od* ***fröhliche ~!*** ¡feliz Navidad!, ¡felices Pascuas!

'weihnachtlich I *adj* navideño; **II** *adv* ***~ geschmückt*** con adornos navideños

'Weihnachts|abend *m* Nochebuena *f*; **~baum** *m* árbol *m* de Navidad

'Weihnachtsfeiertag *m* ***der erste ~*** el día de Navidad; ***der zweite ~*** el día de San Esteban; *pl* ***die ~e*** las Navidades

'Weihnachts|ferien *pl* vacaciones *f/pl* de Navidad; **~fest** *n* fiesta *f* de Navidad; **~geld** *n* paga *f* de Navidad, gratificación *f* de Navidad; **~geschenk** *n* regalo *m* de Navidad; **~lied** *n* villancico *m*; **~mann** *m* ⟨-(e)s; -männer⟩ Papá *m* Noel; **~markt** *m* mercadillo *m* de Navidad; **~tag** *m* → ***Weihnachtsfeiertag***; **~zeit** *f* (época *f* de) Navidades *f/pl*

'Weih|rauch *m* incienso *m*; **~wasser** *n* agua *f* bendita; **~wasserbecken** *n* pila *f* de agua bendita

weil [vaɪl] *cj* porque; *bei gleichem Subjekt a*

por (*+inf*)
'Weilchen *n* ⟨-s⟩ ***ein ~*** un ratito
Weile ['vaɪlə] *f* ⟨-⟩ rato *m*; ***e-e ganze ~*** un buen rato; *prov* ***eile mit ~!*** *prov* ¡tiempo al tiempo!
'weilen *geh v/i* permanecer, estar
Wein [vaɪn] *m* ⟨-(e)s; -e⟩ **1** *Getränk* vino *m*; *fig* ***j-m reinen ~ einschenken*** decir a alg la cruda verdad; **2** (*Weinreben*) vid *f*
'Wein|(an)bau *m* ⟨-(e)s⟩ viticultura *f*; **~bauer** *m* ⟨-n; -n⟩ viñador *m*, viticultor *m*; **~beere** *f* uva *f*; **~berg** *m* viña *f*, viñedo *m*; **~bergschnecke** *f* caracol *m* (de Borgoña); **~brand** *m* brandy *m*
weinen ['vaɪnən] *v/i* llorar (***über*** *+acus* por; ***vor*** *+dat* de); ***um j-n ~*** llorar por alg; ***j-n zum ≈ bringen*** hacer llorar a alg; ***es ist zum ≈!*** ¡es para echarse a llorar!
'weinerlich *adj* llorón; *Stimme a* lloroso
'Wein|essig *m* vinagre *m* de vino; **~flasche** *f* botella *f* de vino; **~geist** *m* alcohol *m*; **~glas** *n* vaso *m bzw* copa *f* de vino; **~gut** *n* explotación *f* vinícola; **~händler(in)** *m* vinatero, -a *m,f*, comerciante *m,f* de vinos; **~handlung** *f* bodega *f*, vinatería *f*; **~karte** *f* carta *f* de vinos; **~keller** *m* bodega *f*; **~kenner(in)** *m*(*f*) conocedor, a *m,f* de vinos
'Weinkrampf *m* llanto *m* convulsivo
'Wein|lese *f* vendimia *f*; **~probe** *f* degustación *f od* cata *f* de vinos; **~rebe** *f* vid *f*; **≈rot** *adj* rojo vino, burdeos; **~stein** *m* tártaro *m*; **~stock** *m* cepa *f*; **~stube** *f* taberna *f*; **~traube** *f* racimo *m* de uvas; *einzelne* uva *f*
weise ['vaɪzə] *adj* sabio
Weise ['vaɪzə] *f* **1** (*Art*) manera *f*, modo *m*; ***auf diese ~*** de esa forma; ***auf meine ~*** a mi manera; ***in gewohnter ~*** como de costumbre; **2** MUS melodía *f*, aire *m*
'weisen ⟨wies, gewiesen⟩ **I** *v/t geh fig* ***j-m die Tür ~*** mostrar a alg la puerta; *fig* ***etw von sich*** (*dat*) **~** rechazar a/c; **II** *v/i* ***auf etw*** (*acus*) **~** señalar a/c
'Weisheit *f* **1** sabiduría *f*; F ***mit s-r ~ am Ende sein*** ya no saber qué hacer; **2** (*weiser Rat*, *Spruch*) sentencia *f*
'Weisheitszahn *m* muela *f* del juicio
'weismachen F *v/t* ⟨*sep*⟩ ***j-m etw ~*** hacer creer a/c a alg
weiß[1] [vaɪs] → ***wissen***
weiß[2] *adj* blanco; (*bleich*) pálido; ***~e Weihnachten*** Navidades *f/pl* blancas; ***~e Haare*** canas *f/pl*
Weiß *n* ⟨-(es); -⟩ blanco *m*, blancura *f*
'weissag|en *v/t* profetizar, vaticinar; **≈ung** *f* profecía *f*, vaticinio *m*
'Weiß|bier *n* cerveza *f* de trigo; **~blech** *n* hojalata *f*; **≈blond** *adj* rubio blanco; **~brot** *n* pan *m* blanco; **~dorn** *m* ⟨-(e)s; -e⟩ BOT espino *m* blanco
'Weiße(r) *f*(*m*) ⟨→ A⟩ blanco, -a *m,f*
'weißen *v/t Wände* encalar; (*tünchen*) blanquear
'Weißglut *f* incandescencia *f*; F *fig* ***j-n zur ~ bringen*** sacar a alg de quicio
'Weiß|gold *n* oro *m* blanco; **≈haarig** *adj* cano(so); **~kohl** *m*, *bsd südd*, *österr* **~kraut** *n* repollo *m*; **≈lich** *adj* blanquecino; **~macher** *m im Waschmittel* blanqueante *m*
'Weiß|russe *m*, **~russin** *f* bielorruso, -a *m,f*; **≈russisch** *adj* bielorruso; **~russland** *n* ⟨-s⟩ Bielorrusia *f*
'Weiß|wein *m* vino *m* blanco; **~wurst** *f* salchicha *f* blanca
'Weisung *geh od* ADM *f* orden *f*, instrucción *f*; **~sbefugnis** *f* poder *m* directivo; **≈sbefugt** *adj* con poder directivo; **≈sgebunden** *adj* sujeto a las instrucciones
weit [vaɪt] **I** *adj* **1** (*ausgedehnt*) extenso, vasto; (*geräumig*) espacioso, amplio; ***~e Teile des Landes*** una gran parte del país; ***im ~esten Sinne des Wortes*** en el sentido más amplio (de la palabra); **2** *Reise*, *Weg* largo; *Ziel* lejano; ***das ≈e suchen*** esfumarse; **3** *Kleidung* ancho; MODE (*~ geschnitten*) amplio; **II** *adv* **4** (*ausgedehnt*) ***~ verbreitet*** muy extendido; ***~ gereist sein*** haber recorrido mundo; ***~ reichend*** *räumlich*, *Vollmacht* amplio; *Einfluss a* grande; ***die Augen ~ aufmachen*** poner los ojos como platos; ***~ und breit*** a la redonda; **5** (*entfernt*) lejos; ***~ entfernt von …*** lejos de …; ***~ weg*** lejos; ***von ~em*** de lejos; ***wie ~ ist es nach …?*** ¿a qué distancia está …?; **6** *zeitlich* largo; ***~ zurückliegend*** de hace mucho tiempo; ***er ist ~ über fünfzig*** ha cumplido ampliamente los cincuenta; **7** *in der Entwicklung* ***wie ~ bist du*** (***mit deiner Arbeit***)***?*** ¿a dónde has llegado (en el trabajo)?; ***es ~ bringen*** llegar lejos; ***das geht zu ~*** F eso pasa de la raya; **8** (*weitaus*) mucho; ***~ mehr*** mucho más; ***j-m ~ überlegen sein*** superar con mucho a alg; ***bei ~em nicht vollständig sein*** estar ni mucho menos completo
weit'ab *adv* muy lejos (***von*** de)
weit'aus *adv* con mucho
'Weitblick *m* perspicacia *f*, visión *f* de futuro
'Weite *f* **1** (*Weitsein*) extensión *f*; **2** (*Größe*) amplitud *f* (*a e-s Kleidungsstücks*); (*Breite*) anchura *f*; **3** (*weiter Raum*) espacio *m*; (*Ferne*) lejanía *f*; **4** (*Länge*) *e-s Weges*, SPORT longitud *f*
'weiten *v/t*, *v/r* (***sich***) **~** dilatar(se); *Öffnung*, *Kleidung* ensanchar(se)
'weiter *adv* **1** (***nur***) ***~!***, ***~ so!*** ¡continua! *bzw* ¡continue!; ***~ auf Seite drei*** sigue en la página tres; **2** (*anschließend*) a continuación, después; ***was geschah ~?*** ¿qué pasó des-

W

pués?; ~ ***bestehen*** continuar habiendo, seguir existiendo; ***bis auf ~es*** sin otro particular; ***das ~e Vorgehen besprechen*** hablar sobre los siguientes pasos; **3** (*außerdem*) además; ~ ***nichts?*** ¿nada más?; F ***wenn es ~ nichts ist!*** F ¡si eso es todo!; **4** *zur Steigerung* más; ~ ***unten, vorn*** más abajo, adelante; ~ ***oben erwähnt*** anteriormente mencionado

'weiter|arbeiten *v/i* ⟨*sep*⟩ continuar trabajando; **~befördern** *v/t* ⟨*sep, sin* ge⟩ reexpedir; **2beförderung** *f* reexpedición *f*; **~beschäftigen** *v/t* ⟨*sep, sin* ge⟩ continuar empleando

'weiterbilden *v/t, v/r* ⟨*sep*⟩ **(*sich*)** ~ perfeccionar(se)

'Weiterbildung *f* formación *f* (continua), perfeccionamiento *m*; ***berufliche*** ~ perfeccionamiento profesional; **~skurs** *m* curso *m* de perfeccionamiento *od* de formación continua

'weiter|bringen *v/t* ⟨*irr, sep*⟩ hacer avanzar; **~denken** *v/i* ⟨*irr, sep*⟩ pensar en las consecuencias

'weitere *adj* **1** (*zusätzlich*) otro, adicional; ***ohne ~s*** sin más; ***haben sie noch ~ Fragen?*** ¿tienen más preguntas?; **2** (*anschließend*) ***die ~ Entwicklung*** el desarrollo posterior; ***zur ~n Behandlung*** para continuar el tratamiento; ***bis auf ~s*** por ahora, hasta nuevo aviso

'Weitere(s) *n* ⟨→ A⟩ ***das*** ~ el resto; ***des ~n*** por lo demás

'weiter|entwickeln ⟨*sep, sin* ge⟩ **I** *v/t* desarrollar; *Erfindung a* perfeccionar; **II** *v/r* ***sich*** ~ desarrollarse; *Wissenschaft, Vorstellung usw* evolucionar; **~erzählen** *v/t* ⟨*sep, sin* ge⟩ **1** (*ausplaudern*) propagar, divulgar; **2** (*fortfahren zu erzählen*) seguir contando; **~fahren** *v/i* ⟨*irr, sep,* sn⟩ continuar el camino

'weiterführen *v/t, v/i* ⟨*sep*⟩ continuar; ***~de Schulen*** escuelas *f/pl* secundarias

'weitergeben *v/t* ⟨*irr, sep*⟩ transmitir; (*herumreichen*) pasar

'weitergehen *v/i* ⟨*irr, sep,* sn⟩ **1** (*weiterlaufen*) seguir el camino; ***~!*** ¡siga!; **2** (*sich fortsetzen*) continuar, proseguir; ***so kann es nicht ~*** esto no puede seguir así

'weiterhelfen *v/i* ⟨*irr, sep*⟩ ***j-m*** (***mit etw***) ~ ayudar a alg (en a/c)

'weiterhin *adv* **1** (*außerdem*) además; **2** (*in Zukunft*) de aquí en adelante; **3** (*noch immer*) aún

'weiterkommen *v/i* ⟨*irr, sep,* sn⟩ **1** *auf s-m Weg* continuar; F ***mach, dass du weiterkommst!*** F ¡lárgate!; **2** *bei der Arbeit* adelantar (***in*** *+dat*, ***mit*** en); *im Beruf a* progresar

'weiter|leiten *v/t* ⟨*sep*⟩ transmitir; *Brief* cursar; **~machen** F *v/t, v/i* ⟨*sep*⟩ seguir, continuar (***mit etw*** con a/c)

'weitersagen *v/t* ⟨*sep*⟩ divulgar, hacer correr la voz; ***nicht ~!*** ¡no lo cuentes!

'weiter|spielen *v/t, v/i* ⟨*sep*⟩ seguir jugando; **2transport** *m* reexpedición *f*; **~verarbeiten** *v/t* ⟨*sep, sin* ge⟩ transformar, manufacturar; **2verkauf** *m* reventa *f*; **~verkaufen** *v/t* ⟨*sep, sin* ge⟩ revender

'weiterwissen *v/i* ⟨*irr, sep*⟩ ***nicht*** (***mehr***) ~ (ya) no saber cómo seguir

'weitgehend **I** *adjt* amplio; (*beträchtlich*) considerable; **II** *advl* en gran parte

'weit'her *geh adv* de lejos

'weitherzig *adj* generoso

'weithin *adv* a lo lejos; *fig* en gran medida

'weitläufig **I** *adj* **1** *Gebäude* extenso; **2** *Verwandter* lejano; **3** *Schilderung* detallado; **II** *adv* **4** ***sie sind ~ verwandt*** son parientes lejanos; **5** *schildern* detalladamente

'weiträumig *adv* ***etw ~ umfahren*** dar un gran rodeo a a/c

'weit|schweifig *adj Schilderung* prolijo; **~sichtig** *adj* **1** MED hipermétrope; *im Alter* présbita; **2** *fig* perspicaz; **2sprung** *m* salto *m* de longitud; **2winkelobjektiv** *n* objetivo *m* granangular

Weizen ['vaɪtsən] *m* ⟨-s⟩ trigo *m*; **~bier** *n* cerveza *f* de trigo; **~mehl** *n* harina *f* de trigo

welch [vɛlç] *geh interr* ⟨*inv*⟩ *in Ausrufen* ¡qué!; ~ ***ein Glück!*** ¡qué suerte!

welche(r, -s) ['vɛlçə(r, -s)] **I** *interr* **1** *adjt* ¿qué?; ~ ***Farbe hat ...?*** ¿de qué color es ...?; ***um ~ Zeit?*** ¿a qué hora?; **2** *su* ¿cuál?; ***~r von beiden?*** ¿cuál de los dos?; **II** *pr/rel* **3** el, la, lo cual; *Person a* quien; *pl* los, las cuales; **III** *pr/indef* **4** unos, algunos; ***es gibt ~, die ...*** hay algunos que ....; **5** ***~ ... auch*** (***immer***) *vor su* el, la ... que sea; ***~ Fehler er auch haben mag*** tenga los defectos que tenga; **6** *unbestimmte Menge haben Sie Brot?* ***ich habe ~s*** tengo algo; *haben Sie Zigaretten?* ***ich habe ~*** tengo algunos

welk [vɛlk] *adj* marchito, ajado (*beide a fig*); **'~en** *v/i* ⟨sn⟩ marchitarse

Wellblech ['vɛl-] *n* chapa *f* ondulada

Welle ['vɛlə] *f* **1** (*Woge*) ola *f* (*a fig*); *hohe* oleada *f*; *fig* ***hohe ~n schlagen*** causar sensación; **2** *im Haar* ***~n*** *pl* rizos *m/pl*; **3** TEC eje *m*; **4** (*Licht2, Schall2, Radio2*) onda *f*; **5** *im Verkehr* ***grüne ~*** semáforo *m* programado

'wellen *v/r* ***sich ~*** ondularse

'Wellen|bad *n* piscina *f* de olas; **~bereich** *m* RADIO banda *f* de frecuencias; **~brecher** *m* rompeolas *m*; **~gang** *m* MAR oleaje *m*;

W

~länge *f* longitud *f* de onda (*a* F *fig*); **~linie** *f* línea *f* ondulada; **~reiten** *n* surf *m*; **~sittich** *m* periquito *m*
'wellig *adj Haare* ondulado; *Oberfläche* accidentado
'Wellpappe *f* cartón *m* ondulado
Welpe ['vɛlpə] *m* ⟨-n; -n⟩ cachorro *m*
Wels [vɛls] *m* ⟨-es; -e⟩ zo siluro *m*
welsch [vɛlʃ] *adj schweiz* suizo francófono; **'2land** *n schweiz* Suiza *f* francófona
Welt [vɛlt] *f* ⟨-; -en⟩ **1** mundo *m*; ***alle ~*** todo el mundo; ***die Alte, Neue ~*** el Viejo, Nuevo Mundo; ***die Dritte ~*** el Tercer Mundo; ***die ganze ~*** todo el mundo; ***die ~ des Theaters*** el mundo del teatro; ***ein Mann von ~*** un hombre de mundo; ***nicht um alles in der ~*** por nada del mundo; ***was in aller ~ …?*** ¿qué diablos …?; ***zur ~ bringen*** traer al mundo; ***auf die ~ kommen*** venir al mundo; ***etw aus der ~ schaffen*** quitar a/c de la circulación; F *desp* ***in die ~ setzen*** *Gerücht* divulgar; ***e-e Reise um die ~ machen*** dar una vuelta al mundo; **2** (*~all*) universo *m*; ***zwischen uns liegen ~en*** vivimos en mundos diferentes
'Welt|… *in Zssgn* mundial; **~all** *n* universo *m*; **~anschauung** *f* visión *f* del mundo; (*Ideologie*) ideología *f*; **~atlas** *m* atlas *m* del mundo; **~ausstellung** *f* exposición *f* mundial; **~bank** *f* ECON Banco *m* Mundial; **2bekannt** *adj*, **2berühmt** *adj* de fama mundial; **~bevölkerung** *f* población *f* mundial; **2bewegend** *adjt* revolucionario; **~bild** *n* concepto *m od* visión *f* del mundo
'Weltenbummler *m* trotamundos *m*
'Welterfolg *m* éxito *m* mundial
Weltergewicht ['vɛltər-] *n* peso *m* wélter
'weltfremd *adj* ajeno al mundo, poco realista
'Welt|friede(n) *m* paz *f* mundial; **~geltung** *f* prestigio *m* internacional; **~geschichte** *f* historia *f* universal; **~handel** *m* comercio *m* internacional
'Welthandelskonferenz *f* ***~ der Vereinten Nationen*** Conferencia *f* de las Naciones Unidas sobre el Comercio y el Desarrollo
'Welt|herrschaft *f* dominio *m* del mundo; **~karte** *f* mapamundi *m*; **~klasse** *f bsd* SPORT élite *f* mundial
'Weltkrieg *m* guerra *f* mundial; ***der Zweite ~*** la Segunda Guerra Mundial
'weltlich *adj* mundano; *geh* mundanal; (*nicht kirchlich*) profano, seglar, laico
'Welt|literatur *f* literatura *f* universal; **~macht** *f* potencia *f* mundial; **2männisch** *adj* de hombre de mundo; **~markt** *m* mercado *m* mundial; **~meer** *n* océano *m*; **~meister(in)** *m(f)* campeón, -ona *m,f* del mundo; **~meisterschaft** *f* campeonato *m* mundial; **~niveau** *n* nivel *m* mundial; ***auf ~*** de nivel mundial; **~politik** *f* política *f* mundial; **~produktion** *f* producción *f* mundial; **~rang** *m* categoría *f* internacional; ***von ~*** de categoría mundial; **~raum** *m* espacio *m* sideral
'Weltraum… *in Zssgn* → ***Raum…***
'Welt|reich *n* imperio *m* (universal); **~reise** *f* vuelta *f* alrededor del mundo; **~rekord** *m* marca *f od* récord *m* mundial; **~religion** *f* religión *f* mundial; **~ruf** *m* fama *f* mundial; **~stadt** *f* metrópoli *f*; **~star** *m* ⟨-s; -s⟩ estrella *f* mundial; **~untergang** *m* fin *m* del mundo; **~währungsfonds** *m* Fondo *m* Monetario Internacional (FMI); **2weit** *adj* universal; **~wirtschaft** *f* economía *f* mundial; **~wirtschaftsgipfel** *m* cumbre *f* de la economía mundial; **~wirtschaftskrise** *f* crisis *f* económica mundial; **~wunder** *n* maravilla *f* del mundo
wem [veːm] (*dat de* wer) **I** *interr* ¿a quién?; *nach prp* quién; ***~ gehört das?*** ¿de quién es esto?; **II** *pr/rel* a quien
wen [veːn] (*acus de* wer) **I** *interr* ¿a quién?; *nach prp* quién; ***an ~ denkst du?*** ¿en quién piensas?; **II** *pr/rel* a quien; ***~ man auch immer wählt, …*** se vote a quien se vote …
Wende ['vɛndə] *f* **1** (*Wenden*, *~punkt*) vuelta *f* (*a* SPORT); **2** *zeitliche* fin *m*; BRD ***die ~*** los acontecimientos del 1989 en la antigua RDA; ***um die ~ des 19. Jahrhunderts*** alrededor del fin del siglo XIX; **3** (*Änderung*) cambio *m*
'Wende|hals *m* **1** zo torcecuello *m*; **2** F *desp* POL chaquetero *m*; veleta *f od m*; **~kreis** *m* **1** ASTR, GEOGR trópico *m*; **2** AUTO radio *m* de giro
Wendeltreppe ['vɛndəl-] *f* escalera *f* de caracol
'wenden ⟨wendet, wendete *o* wandte, gewendet *o* gewandt⟩ **I** *v/t* **1** (*umdrehen*) volver; *Braten*, *Heu* dar la vuelta a; *Fahrzeug* girar; **II** *v/i* **2** (*umkehren*) dar la vuelta; (*umblättern*) ***bitte ~!*** ¡véase al dorso!; **III** *v/r* ***sich ~*** **3** (*sich ändern*) volverse; ***sich zum Guten, Bösen ~*** cambiar para bien, mal; **4** (*sich hin~*, *zu~*) dirigirse; ***sich zur Tür ~*** dirigirse a la puerta; **5** ***sich*** (***mit, in e-r Sache***) ***an j-n ~*** dirigirse a alg (con a/c)
'Wendepunkt *m fig* momento *m* crucial
'wendig *adj* **1** *Fahrzeug* de fácil manejo, maniobrable; **2** (*geistig beweglich*) ágil
'Wendung *f* **1** (*Veränderung*) cambio *m*; (*Umschwung*) viraje *m*; ***e-e unerwartete ~ nehmen*** tomar un giro inesperado; ***e-e ~ zum Besseren nehmen*** cambiar para bien; **2** (*Rede2*) giro *m*, locución *f*
wenig ['veːnɪç] **I** *pr/indef* **1** *adjt* poco; *mit*

zählbaren Mengen pl **~e ...** pocos ...; **~ Wasser** poca agua *f*; **~e Dinge** pocas cosas *f/pl*; **in ~en Minuten** en pocos minutos; **die ~en Menschen, die ...** las pocas personas que ...; **2** *su* poco; *pl* **~e** pocos; *Personen a* poca gente; **einige ~e** algunos, unos pocos; **e-e, e-r der ~en** (**, die ...**) una, uno de los pocos que ...; **das wissen nur ~e** eso lo saben sólo pocos; **II** *adv* **3** (*nicht sehr*) poco, no mucho; **sich ~ um etw kümmern** ocuparse poco de a/c; **4** (*unwesentlich*) poco; **nur ~ besser** sólo algo mejor; **5 ein ~** (*etwas*) un poco; **ein** (**ganz**) **klein ~** un poquitillo; **ein ~ schneller** algo más rápido

'weniger I *pr/indef* menos; **~ als ...** menos que ...; *vor Zahlen* menos de ...; **eins ~** uno menos; **viel ~** mucho menos; **nicht ~ als ...** no menos de ...; **nicht mehr und nicht ~** ni más ni menos; **~ werden** disminuir; **II** *adv* (*minus*) **10 ~ 4** diez menos cuatro

'Wenigkeit *f* ⟨-⟩ *scherzh* **meine ~** un servidor

'wenigste *pr/indef* **das ~, am ~n** lo (de) menos; **die ~n wissen das** la mayoría no lo sabe

'wenigstens *adv* por lo menos

wenn [vɛn] *cj* **1** *temporal* cuando; **sagen Sie es ihm, ~ er kommt** dígaselo cuando venga; **jedes Mal ~** cada vez que; **2** *konditional* si; (*falls*) en caso de que (*+subj*); **~ Sie wollen** si quiere; **~ ich ehrlich sein soll** si le soy sincero; **außer ~** excepto si; **~ ich bloß wüßte ...!** ¡si yo supiera ...!; **3** *konzessiv* **~ auch, auch ~** si bien, aunque (*+subj*); **auch ~ es noch so weit ist** por muy lejos que esté; **selbst ~** aun si (*+ind*)

'wennschon F *adv* **na, ~!** ¡y qué!

wer [veːr] **I** *interr* ¿quién?; **~ von beiden?** ¿cuál de los dos?; **II** *pr/rel* quien; **~ es auch sei** sea quien sea

Werbe|abteilung ['vɛrbə-] *f* departamento *m* de publicidad; **~agentur** *f* agencia *f* de publicidad; **~antwortkarte** *f* cupón-respuesta *m* comercial

'Werbeanzeige *f* anuncio *m* publicitario; **e-e ~ schalten** insertar un anuncio publicitario

'Werbe|aufwendungen *f/pl* gastos *m/pl* de publicidad; **~aussage** *f* mensaje *m* publicitario; **~beilage** *f* encarte *m*, suplemento *m* publicitario; **~brief** *m* carta *f* publicitaria; **~broschüre** *f* folleto *m* publicitario *od* de propaganda; **~drucksache** *f* impreso *m* publicitario; **~einblendung** *f* mensaje *m* publicitario; **~etat** *m* presupuesto *m* de publicidad, presupuesto *m* publicitario; **~feldzug** *m* campaña *f* publicitaria; **~fernsehen** *n* publicidad *f* televisiva; **~film** *m* película *f* publicitaria

'Werbefläche *f* espacio *m* publicitario; **wie viel kostet die ~?** ¿cuánto cuesta el espacio publicitario?

'Werbe|funk *m* emisiones *f/pl* publicitarias; **~geschenk** *n* regalo *m* de promoción; **~insel** *f* TV interrupción *f* para publicidad; **~investitionen** *f/pl* inversiones *f/pl* publicitarias

'Werbekampagne *f* campaña *f* publicitaria; **e-e ~ entwerfen** idearse una campaña publicitaria

'Werbe|kosten *pl* gastos *m/pl* de publicidad; **~leiter(in)** *m(f)* jefe, -a *m,f* de publicidad; **~maßnahme** *f* medida *f* publicitaria; **~mittel** *n* medio *m* publicitario

'werben ⟨wirbt, warb, geworben⟩ **I** *v/t* **1** *Mitglieder* reclutar; *Kunden* atraer; **II** *v/i* **2 für etw ~** hacer publicidad para a/c; **3** *geh* **um j-s Gunst ~** tratar de ganarse el favor de alg

'Werbe|pause *f* TV, RADIO pausa *f* comercial, interrupción *f* publicitaria; **~plakat** *n* cartel *m* publicitario

'Werbeprospekt *m* folleto *m* publicitario *od* de propaganda; **e-n ~ einlegen** intercalar un folleto publicitario

'Werbe|r(in) *m(f)* publicista *m,f*; **~reportage** *f* publirreportaje *m*; **~slogan** *m* eslogan *m* publicitario; **~spot** *m* spot *m* publicitario; **~strategie** *f* estrategia *f* publicitaria; **~texter(in)** *m* redactor, a *m,f* publicitario, -a; **~träger** *m* soporte *m* publicitario

'Werbetrommel *f* F **die ~ rühren** hacer propaganda

'Werbe|unterbrechung *f* TV, RADIO interrupción *f* publicitaria; **≈wirksam** *adj* de eficacia publicitaria; **~wirksamkeit** *f* eficacia *f* publicitaria; **~wirtschaft** *f* sector *m* de la publicidad

'Werbung *f* **1** (*Reklame*) publicidad *f*, propaganda *f* (*a* POL); **gezielte ~** publicidad *f* selectiva; **irreführende ~** publicidad *f* engañosa *od* desleal; **vergleichende ~** publicidad *f* comparativa; **2** *von Mitgliedern* reclutamiento *m*

'Werbungskosten *pl Steuer* gastos *m/pl* deducibles

'Werdegang *m* **1** *e-s Menschen* evolución *f*; **beruflicher ~** carrera *f*, historial *m* profesional; **2** *e-r Sache* desarrollo *m*

werden ['veːrdən] ⟨wirst, wird, wurde *o poet* ward, sn⟩ **I** *v/i* ⟨*p/p* geworden⟩ hacerse; *mit adj* ponerse, volverse; **Arzt ~** hacerse médico; **Abteilungsleiter ~** llegar a ser director de departamento; **er wird morgen fünf** (**Jahre alt**) mañana cumplirá cinco años; **was soll aus ihm ~?** ¿qué será de él?; **was soll daraus ~?** ¿en qué acabará?;

was willst du (einmal) ~? ¿qué quieres ser de mayor?; F ***ist das Bild etwas geworden?*** ¿ha salido bien la foto?; **II** *v/imp* ⟨*p/p* geworden⟩ ***es wird kalt*** empieza a hacer frío, está enfriando; ***mir wird kalt*** me está entrando frío; ***mir wird schlecht*** me estoy poniendo malo; ***es wird Sommer*** llega el verano; F ***es wird schon ~*** todo se andará; **III** *v/aux* ⟨*p/p* worden⟩ **1** *zur Bildung des Futurs* ***ich werde es ihm sagen*** se lo diré; *sofort* se lo voy a decir; **2** *zur Bildung des Passivs* ser; ***geliebt ~*** ser amado; ***er wurde verwundet*** resultó herido; *unpersönlich* ***es wurde gelacht*** hubo risas; ***das wird kalt getrunken*** se bebe frío; **3** *zur Umschreibung des Konjunktivs* ***er würde kommen, wenn ...*** vendría si ...; ***würden Sie bitte*** (+*inf*) podría Ud. por favor (+*inf*); **4** *Vermutung* ***er wird es nicht gehört haben*** no lo habrá oído; ***es wird ihm doch nichts passiert sein?*** ¿le habrá pasado algo?

werfen ['vɛrfən] ⟨wirft, warf, geworfen⟩ **I** *v/t* **1** *Stein, Ball usw* tirar, lanzar; **2** ***ein Tor ~*** marcar un gol; *beim Würfeln* ***e-e Sechs ~*** tirar un seis; **3** ***etw ins Wasser, aus dem Fenster ~*** tirar a/c al agua, por la ventana; ***die Tür ins Schloss ~*** dar un portazo; ***j-n aus dem Haus ~*** echar a alg de casa; **II** *v/i* **4** ***mit etw ~*** lanzar a/c; ***mit etw nach j-m, etw ~*** tirar(le) a/c a alg, a/c; *fig* ***mit Geld um sich ~*** tirar el dinero por la ventana; **5** zo parir; **III** *v/r* **6** ***sich auf den Boden ~*** tirarse al suelo; *fig* ***sich auf etw*** (*acus*) ***~*** (aba)lanzarse sobre a/c; ***sich vor e-n Zug ~*** tirarse al tren; **7** *Holz* ***sich ~*** combarse

Werft [vɛrft] *f* ⟨-; -en⟩ astillero *m*; **'~arbeiter** *m* obrero *m* de un astillero

Werk [vɛrk] *n* ⟨-(e)s; -e⟩ **1** (*Arbeit*) trabajo *m*; ***am ~ sein*** estar trabajando; ***ans ~ gehen*** ponerse a trabajar; **2** (*Tat, Resultat*) obra *f* (*a e-s Künstlers, Autors*); ***gesammelte ~e*** obras *f/pl* completas; **3** (*Fabrik*) fábrica *f*, talleres *m/pl*; ***ab ~*** en fábrica; **4** (*Getriebe*) mecanismo *m*

'Werkbank *f* ⟨-; ⸗e⟩ banco *m* de trabajo

'werkeln *v/i* trapichear, trajinar

'Werken *n* ⟨-s⟩ *Schulfach* manualidades *f/pl*

'Werk(s)|angehörige(r) *f(m)* empleado, -a *m,f* de la empresa; **~arzt** *m* médico *m* de empresa

'Werkschutz *m* servicio *m* de seguridad (de la empresa)

'Werk(s)|gelände *n* terreno *m* de la empresa; **~halle** *f* nave *f* industrial; **~leiter(in)** *m(f)* director, a *m,f* de fábrica; **~spionage** *f* espionaje *m* industrial

'Werk|statt *f* ⟨-; -stätten⟩, **~stätte** *f* taller *m*; **~stoff** *m* material *m*, materia *f* prima; **~stück** *n* pieza *f*; **~student(in)** *m(f)* estudiante *m,f* obrero; **~tag** *m* día *f* laborable; **⁀tags** *adv* en los días de la semana; **⁀tätig** *adj* trabajador; *Bevölkerung* activo; **~tätige(r)** *f(m)* ⟨→ A⟩ trabajador, a *m,f*; **~vertrag** *m* contrato *m* de obra

'Werkzeug *n* herramienta *f*; *Sammelbez* herramientas *f/pl*; **~kasten** *m* caja *f* de herramientas; **~macher** *m* obrero *m* que fabrica herramientas

Wermut ['veːrmuːt] *m* ⟨-(e)s⟩ **1** *Getränk* vermut *m*; **2** BOT ajenjo *m*

'Wermutstropfen *geh fig m* amargura *f*

wert [veːrt] *adj* **1** ***~ sein*** valer; ***das ist nicht viel ~*** no vale mucho; *fig* ***das ist schon viel ~*** eso ya es mucho; **2** *geh* (*geehrt*) estimado, apreciado; ***~er Herr*** estimado señor

Wert *m* ⟨-(e)s; -e⟩ **1** (*Markt⁀*) valor *m*; ***im ~ steigen, sinken*** aumentar, disminuir de valor; **2** *pl* ***~e*** (*~sachen*) objetos *m/pl* de valor; **3** (*Bedeutung*) importancia *f*, valor *m*; ***großen ~ auf etw*** (*acus*) ***legen*** dar mucha importancia a a/c; **4** (*Mess⁀, Zahlen⁀*) valor *m*; *Ergebnis* resultado *m*

'Wert|arbeit *f* trabajo *m* de calidad; **⁀beständig** *adj* **1** *Ware* de valor estable; **2** *Währung* estable; **~brief** *m* POST carta *f* con valor(es) declarado(s)

'werten *v/t* **1** valorar, estimar; ***etw als Erfolg ~*** considerar a/c como un éxito; **2** SPORT calificar; ***gewertet werden*** contar

'wertfrei I *adj* imparcial, neutral; **II** *adv* de manera neutral

'Wertgegenstand *m* objeto *m* de valor

'Wertigkeit *f* CHEM valencia *f*

'wertlos *adj* sin valor

'Wert|maßstab *m* criterio *m*; **~minderung** *f* disminución *f* de valor, depreciación *f*; **~paket** *n* envío *m* con valor declarado

'Wertpapier *n* título *m* (valor), valor *m*; ***börsenfähiges ~*** título *m* cotizable; ***börsennotiertes ~*** título *m* cotizado en bolsa; ***festverzinsliches ~*** título *m* de renta fija; ***marktfähiges ~*** título *m* negociable

'Wertpapier|bestand *m* cartera *f* de valores; **~börse** *f* bolsa *f* de valores; **~emission** *f* emisión *f* de (títulos) valores; **~handel** *m* comercio *f* de valores; **~markt** *m* mercado *m* de valores

'Wert|sache *f* objeto *m* de valor; **~schätzung** *geh f* aprecio *m*, estimación *f*; **~steigerung** *f* aumento *m* de valor; **~stellung** *f* FIN (***Tag der***) ***~*** fecha *f* (de) valor; **~stoff** *m* desecho *m* reciclable

'Wertung *f* **1** (*Einschätzung*) valoración *f*; **2** SPORT clasificación *f*, puntuación *f*

'Wert|urteil *n* juicio *m* de valor; **⁀voll** *adj*

W

precioso, valioso, de mucho valor; **~zuwachs** *m* plusvalía *f*
Wesen ['veːzən] *n* ⟨-s; -⟩ **1** (*~sart, Charakter*) carácter *m*, naturaleza *f*; ***ein freundliches ~ haben*** ser de carácter amable; **2** (*Lebe*≗) ser *m*
'Wesens|art *f* → ***Wesen 1***; **≗fremd** *adj* ajeno a su carácter; **~zug** *m* rasgo *m*
'wesentlich I *adj* esencial, sustancial; *Bestandteil* constitutivo; (*grundlegend*) fundamental; ***im ≗en*** en esencia; ***~er Unterschied*** diferencia *f* considerable; **II** *adv* ***~ größer*** considerablemente mayor
wes'halb → ***warum***
Wespe ['vɛspə] *f* avispa *f*
'Wespennest *n* avispero *m*; F *fig* ***in ein ~ stechen*** meterse en un avispero
wessen ['vɛsən] *interr* **1** (*gen de* wer) ¿de quién?; ***~ Sohn ist er?*** ¿de quién es hijo?; ***~ Mantel ist das?*** ¿de quién es ese abrigo?; **2** (*gen de* was) ¿de qué?; ***~ klagt man dich an?*** ¿de qué se te acusa?
Wessi ['vɛsi] F *m* ⟨-s; -s⟩ *persona del Oeste de Alemania*
West [vɛst] *m* ⟨*sin artículo ni pl*⟩ Oeste *m*; **'≗deutsch** *adj* POL, GEOGR del Oeste de Alemania; **'~deutschland** *n* POL, GEOGR Alemania *f* del Oeste
'Weste *f* chaleco *m*; F *fig* ***e-e weiße ~ haben*** tener las manos limpias
'Westen *m* ⟨-s⟩ oeste *m*, occidente *m*; POL ***der ~*** el Oeste; ***der Wilde ~*** el Lejano Oeste; ***im ~*** (***von***) al oeste (de); ***von ~*** del oeste
'Westentasche *f* bolsillo *m* del chaleco; F *fig* ***etw wie s-e ~ kennen*** conocer a/c como la palma de la mano
'Western *m* ⟨-(s); -⟩ película *f* del Oeste *od* de vaqueros
'West|eu'ropa *n* Europa *f* Occidental; **'≗euro'päisch** *adj* de la Europa Occidental
West|falen [vɛst'faːlən] *n* ⟨-s⟩ Westfalia *f*; **≗fälisch** [-'fɛːlɪʃ] *adj* westfaliano
West'indien *n* India *f* Occidental
'Westküste *f* costa *f* occidental
'westlich I *adj* occidental, del oeste; **II** *adv* al oeste (***von*** de)
'West|seite *f* lado *m* oeste; **≗wärts** *adv* hacia el oeste; **~wind** *m* viento *m* del oeste
wes'wegen → ***warum***
Wettbewerb ['vɛt-] *m* ⟨-(e)s; -e⟩ **1** *Veranstaltung*, SPORT concurso *m*, competición *f*; **2** COM competencia *f*; ***freier ~*** libre competencia *f*; ***harter ~*** dura competición *f*; ***unlauterer ~*** competencia *f* desleal; ***wachsender ~*** competencia *f* creciente; ***den ~ beschränken*** limitar la competencia; ***mit j-m in ~ stehen*** competir con alg; **3** (*Ausschreibung*) concurso *m*; ***e-n ~ ausschreiben*** convocar un concurso
'Wettbewerber(in) *m(f)* concursante *m,f*, competidor, a *m,f*
'wettbewerbs|beschränkend *adj* restrictivo a la competencia; **≗beschränkung** *f* restricción *f* competitiva, restricciones *f/pl* a la competencia; **≗druck** *m* presión *f* competitiva; **~fähig** *adj* competitivo
'Wettbewerbsfähigkeit *f* competitividad *f*; ***die ~ steigern, verbessern*** ganar competitividad
'Wettbewerbs|verbot *n* prohibición *f* de competencia; **~verzerrung** *f* distorsión *f* de competencia; **~vorteil** *m* ventaja *f* competitiva *od* en la competencia; **≗widrig** *adj* anticompetitivo
'Wettbüro *n* despacho *m* de apuestas mútuas
'Wette *f* apuesta *f*; ***e-e ~ eingehen, abschließen*** hacer una apuesta; ***die ~ gilt!*** ¡apostado!
'wetteifern *v/i* ***mit j-m um etw ~*** rivalizar con alg por a/c, competir con alg por a/c
'Wetteinsatz *m* apuesta *f*
'wetten *v/t*, *v/i* apostar (***dass*** que); ***mit j-m um etw ~*** apostarse a/c con alg; (***wollen wir***) ***~?*** ¿apostamos?
Wetter ['vɛtər] *n* ⟨-s; -⟩ tiempo *m*; ***es ist schönes ~*** hace buen tiempo; ***bei schönem ~*** con buen tiempo
'Wetter|aussichten *pl* previsiones *f/pl* meteorológicas; **~bericht** *m* parte *m* meteorológico; **~dienst** *m* servicio *m* meteorológico; **~fahne** *f* veleta *f*; **≗fest** *adj* resistente a la intemperie, impermeable; **~frosch** *m fig scherzh* hombre *m* del tiempo; **≗fühlig** *adj* sensible a los cambios de tiempo; **~hahn** *m* veleta *f*; **~karte** *f* mapa *m* meteorológico; **~lage** *f* estado *m* del tiempo; **~leuchten** *n* ⟨-s⟩ relampagueo *m*
'wettern F *v/i* F echar pestes (***gegen etw, j-n*** contra alg, a/c)
'Wetter|satellit *m* satélite *m* meteorológico; **~seite** *f* lado *m* del viento; **~station** *f* estación *f* meteorológica; **~umschwung** *m* cambio *m* del tiempo; **~vorhersage** *f* pronóstico *m* del tiempo
'Wett|fahrt *f* carrera *f*; **~kampf** *m* concurso *m*, competición *f*; **~kämpfer(in)** *m(f)* participante *m,f* en una competición, competidor, a *m,f*
'Wettlauf *m* carrera *f* (*a fig*); ***~ mit der Zeit*** contrarreloj *f* (*a fig*)
'wettmachen F *v/t* ⟨*sep*⟩ reparar, compensar; *Mangel* suplir a
'Wett|rennen *n* carrera *f* (*a fig*); **~rüsten** *n* ⟨-s⟩ carrera *f* de armamentos *od* armamentística; **~streit** *m* rivalidad *f*, competición *f* (*a fig*)
wetzen ['vɛtsən] **I** *v/t Messer, Schnabel* afi-

W

lar; **II** F *v/i* ⟨sn⟩ (*rennen*) F correr
WEU [veːˀeːˈˀuː] *f Abk* ⟨-⟩ (*Westeuropäische Union*) Unión *f* Europea Occidental
WEZ [veːˀeːˈtsɛt] *f Abk* ⟨-⟩ (*westeuropäische Zeit*) horario *m* de Europa Occidental
WG [veːˈgeː] F *f Abk* ⟨-; -s⟩ (*Wohngemeinschaft*) piso *m* compartido
Whirlpool [ˈvœrlpuːl] *m* ⟨-s; -s⟩ bañera *f* de hidromasaje
Whisky [ˈvɪski] *m* ⟨-s; -s⟩ whisky *m*
Wichse [ˈvɪksə] F *f* **1** (*Schuh*≈) betún *m* (para calzado); **2** (*Prügel*) F paliza *f*
ˈ**wichsen I** F *v/t Schuhe* lustrar, embetunar; **II** P *v/i* (*onanieren*) P hacerse la paja
Wicht [vɪçt] *m* ⟨-(e)s; -e⟩ **1** *desp* (*Mensch*) sujeto *m*; ***armer ~*** infeliz *m*, pobre diablo *m*; **2** F (*Kind*) mocoso *m*
ˈ**Wichtel** *m* ⟨-s; -⟩, **~männchen** *n* duende *m*, gnomo *m*
wichtig [ˈvɪçtɪç] *adj* importante; ***höchst ~*** muy importante; ***~ nehmen*** dar importancia a; *desp* ***~ tun, sich ~ machen*** hacerse el importante; ***≈eres zu tun haben*** tener algo más importante que hacer
ˈ**Wichtigkeit** *f* ⟨-⟩ importancia *f*; ***von großer ~*** de gran importancia
ˈ**Wichtig|tuer** *m desp* farolero *m*, presuntuoso *m*; **≈tuerisch** *adj desp* farolero
Wicke [ˈvɪkə] *f* (*Garten*≈) arveja *f*, veza *f*
Wickel [ˈvɪkəl] *m* ⟨-s; -⟩ MED compresa *f*; F *fig* ***j-n beim ~ kriegen*** F agarrar a alg por el cogote
ˈ**Wickel|kind** *n* nene *m*; **~kommode** *f* vestidor *m*
ˈ**wickeln** *v/t* **1** (*auf~*) arrollar (***um, auf etw*** *acus* en a/c); *Wolle* hacer ovillos; **2** (*ein~*) envolver (***in*** *+acus* en); ***etw in Papier*** (*acus*) ~ envolver a/c (con un papel); **3** *Säugling* poner el pañal a; ***frisch ~*** cambiar los pañales a; **4** *Gliedmaßen* poner una venda a
ˈ**Wickeltisch** *m* vestidor *m*
Widder [ˈvɪdər] *m* **1** ZO carnero *m*; **2** ASTR Aries *m*
wider [ˈviːdər] *geh prp* ⟨+*acus*⟩ contra
wider'fahren *geh v/i* ⟨*irr, sin* ge, sn⟩ ***j-m ~*** ocurrirle a alg, sucederle a alg
ˈ**Wider|haken** *m* gancho *m*, garfio *m*; **~hall** *m* eco *m*, resonancia *f*; *fig a* repercusión *f*
ˈ**widerhallen** *v/i* ⟨*sep*⟩ resonar; *dumpf* retumbar
wider'legen *v/t* ⟨*sin* ge⟩ refutar
ˈ**wider|lich** *adj* repugnante, asqueroso; **~natürlich** *adj* contra natura, perverso; **~rechtlich** *adj* contrario a la ley; (*ungesetzlich*) ilegal
ˈ**Widerrede** *f* contradicción *f*, réplica *f*; ***keine ~!*** ¡no proteste(s)!; ***ohne ~*** sin protestar, sin rechistar
ˈ**Widerruf** *m e-r Verfügung* revocación *f*; *e-r Behauptung* retractación *f*; COM *e-s Auftrags* cancelación *f*; ***bis auf ~*** hasta nueva orden
wider'ruf|en ⟨*irr, sin* ge⟩ **I** *v/t Verfügung* revocar; *Behauptung* retractarse de; *Befehl* anular; **II** *v/i* retractarse de; **~lich** *adj* revocable; **≈sklausel** *f* cláusula *f* de revocación
ˈ**Widersacher(in)** *geh m* (*f*) adversario, -a *m,f*
ˈ**Widerschein** *geh m* reflejo *m*
wider'setzen *v/r* ⟨*sin* ge⟩ ***sich*** (***j-m, e-r Sache***) ~ oponerse (a alg, a a/c)
ˈ**widersinnig** *adj* absurdo, paradójico
widerspenstig [ˈ-ʃpɛnstɪç] *adj* reacio, terco, obstinado; (*aufsässig*) rebelde (*a Haar*); **≈keit** *f* obstinación *f*, terquedad *f*; (*Aufsässigkeit*) rebeldía *f*
ˈ**widerspiegeln** *v/t*, *v/r* ⟨*sep*⟩ (***sich***) ~ OPTIK, *fig* reflejar(se)
wider'sprechen *v/i* ⟨*irr, sin* ge⟩ **1** ***j-m ~*** llevar la contraria a alg; ***e-r Behauptung ~*** contradecir una afirmación, refutar una afirmación; **2** *fig* ~ (+*dat*) estar en contradicción con, ir en contra de; ***einander, sich*** (*dat*) ~ contradecirse; *Aussagen* ***einander ~d*** contradictorio
ˈ**Widerspruch** *m* **1** (*Einspruch*) oposición *f*, protesta *f* (*a* JUR); **2** (*innerer Gegensatz*) contradicción *f*; ***zu etw im ~ stehen → widersprechen 2***
wider|sprüchlich [ˈ-ʃːprʏçlɪç] *adj* contradictorio; **~spruchslos** *adv* sin protestar
ˈ**Widerstand** *m* resistencia *f* (*a* PHYS, TEC, POL), oposición *f* (***gegen*** a); ***~ leisten*** (***gegen***) oponer resistencia (a); ***auf ~*** (*acus*) ***stoßen*** encontrar resistencia
ˈ**Widerstands|bewegung** *f* (movimiento *m* de) resistencia *f*; **≈fähig** *adj* resistente (***gegen*** a); **~fähigkeit** *f* resistencia *f* (***gegen*** a); **~kämpfer** *m* guerrillero *m* de la resistencia; **~kraft** *f* resistencia *f*; **≈los** *adv* sin resistencia
wider'stehen *v/i* ⟨*irr, sin* ge⟩ (***e-r Sache, j-m***) ~ resistir (a a/c, a alg)
wider'streben *v/i* ⟨*sin* ge⟩ ***es widerstrebt mir zu*** (+*inf*) me repugna (+*inf*)
wider'strebend *advl* de mala gana, a disgusto
ˈ**Widerstreit** *m* conflicto *m*, antagonismo *m*
widerwärtig [ˈviːdərvɛrtɪç] *adj* **1** (*unangenehm*) desagradable; *Person a* antipático; **2** (*abstoßend*) repugnante; **≈keit** *f* contrariedad *f*, adversidad *f*
ˈ**Wider|wille** *m* repugnancia *f* (***gegen*** a); (*Abneigung*) aversión *f*, antipatía *f* (***gegen*** a); **≈willig** *adv* con repugnancia, de mala gana, a disgusto
widmen [ˈvɪtmən] **I** *v/t* **1** *Zeit, Leben* ***j-m,***

W

e-r Sache etw ~ dedicar *od* consagrar a/c a alg, a a/c; **2** *Buch* dedicar; **II** *v/r* **3** ***sich e-r Sache, j-m*** ~ dedicarse *od* consagrarse a a/c, a alg

'Widmung *f* dedicatoria *f*; *Buch* ***mit e-r*** ~ ***versehen*** escribir una dedicatoria en

widrig ['viːdrɪç] *adj Umstand* contrario; *Geschick* adverso; **~keit** *f*(*Unannehmlichkeit*) contrariedad *f*; (*Missgeschick*) adversidad *f*

wie [viː] **I** *adv* **1** *fragend* ¿cómo?; *vor adj* ¿qué ...?; ~ ***bitte?*** ¿cómo dice?; ~ ***war das Wetter?*** ¿cómo hacía?; ~ ***geht es dir?*** ¿qué tal estás?; ~ ***breit ist ...?*** ¿qué anchura tiene ...?; ***für*** ~ ***lange?*** ¿por cuánto tiempo?; ~ ***viel(e) ...?*** ¿cuánto(s) ...?; **2** *in Ausrufen* qué; ~ ***schön!*** ¡qué bonito!; ~ ***freue ich mich*** ¡cuánto me alegro!; F ***und*** ~***!*** F ¡y cómo!, ¡y tanto!; **3** *relativisch* ~ ***man es auch macht, ...*** se haga como se haga ...; **II** *cj* **4** *Vergleich* como; ***schnell*** ~ ***der Blitz*** rápido como un rayo; ***ein Mann*** ~ ***er*** un hombre como él; **5** (*zum Beispiel*) como; ***Städte*** ~ ***Madrid oder Sevilla*** ciudades como Madrid o Sevilla; **6** *erklärend* ~ ***ich glaube*** según creo; ~ ***du siehst*** como ves; ***schlau*** ~ ***er ist*** con lo listo que es; **7** *zeitlich* (*als*) cuando; **8** *mit Verb der Wahrnehmung* ***ich sah,*** ~ ***er aufstand*** le vi levantarse

Wiedehopf ['viːdəhɔpf] *m* ⟨-(e)s; -e⟩ ZO abubilla *f*

wieder ['viːdər] *adv* **1** (*noch einmal*) de nuevo, nuevamente, otra vez; *mit Verben oft* volver a; ~ ***einmal*** otra vez; ***immer*** ~ una y otra vez; ***nie*** ~ nunca más; ~ ***aufbauen*** *Haus, Stadt* reconstruir; *Wirtschaft a* renovar; ~ ***aufbereiten*** TEC, NUCL reciclar, reprocesar; ~ ***aufnehmen*** reanudar; JUR *Verfahren* revisar; ~ ***auftauchen*** *Gerücht, Mensch* reaparecer; ~ ***beleben*** reanimar; *fig Tradition* recuperar; *Wirtschaft* reactivar; ~ ***entdecken*** redescubrir; ~ ***erkennen*** reconocer; ***nicht*** ~ ***zu erkennen*** irreconocible; ~ ***eröffnen*** reabrir; ~ ***finden*** reencontrar; *fig* recobrar; ~ ***gutmachen*** reparar; *finanziell* indemnizar; ***nicht*** ~ ***gutzumachen(d)*** irreparable; ***(sich)*** ~ ***sehen*** volver a ver(se); ~ ***verwenden*** reutilizar; ~ ***verwendbar*** reutilizable; ~ ***verwerten*** reciclar; ~ ***verwertbar*** reciclable; ~ ***wählen*** reelegir; **2** *Rückkehr in den vorherigen Zustand* ***ich bin gleich*** ~ ***da*** vuelvo enseguida; ***er ist*** ~ ***gesund*** se ha recuperado; **3** (*andererseits*) ***das ist auch*** ~ ***wahr*** eso también es cierto

wieder... *in Zssgn oft* otra vez

Wieder'aufbau *m* reconstrucción *f*

Wieder'aufbereitung *f* NUCL reprocesamiento *m*; **~sanlage** *f* NUCL planta *f* de reprocesamiento

Wieder'aufnahme *f von Verhandlungen* reanudación *f*; JUR *e-s Verfahrens* revisión *f*

Wieder'aufforstung *f* repoblación *f* forestal

Wieder'aufrüstung *f* rearmamento *m*

'Wiederbeginn *m* nuevo comienzo *m*

'wiederbekommen *v/t* ⟨*irr, sin* ge⟩ recobrar, recuperar

'Wiederbelebung *f* **1** reanimación *f*; **2** *fig von Traditionen* recuperación *f*; *der Wirtschaft* relanzamiento *m*, reactivación *f*; **~sversuch** *m* intento *m* de reanimación

'wiederbringen *v/t* ⟨*irr, sep*⟩ devolver

Wieder'einführung *f* restablecimiento *m*, renovación *f*

'wiedererlangen *v/t* ⟨sep, *sin* ge⟩ recobrar; *Freiheit, Bewusstsein* recuperar

'Wiedergabe *f* **1** (*Bericht*) relación *f*; **2** (*Bild~, Ton~*) reproducción *f*

'wiedergeben *v/t* ⟨*irr, sep*⟩ **1** (*zurückgeben*) devolver, restituir; **2** (*berichten*) reproducir, relatar; **3** (*reproduzieren*) reproducir

'Wiedergeburt *f* **1** *geh fig* renacimiento *m*; **2** REL reencarnación *f*

'wiedergewinnen *v/t* ⟨*irr, sep*⟩ recuperar

Wieder'gutmachung *f* reparación *f*; *finanzielle* indemnización *f*

wieder'herstell|en *v/t* ⟨*sep, p/p* wiederhergestellt⟩ reparar; *Kontakt, Ordnung, Gesundheit* restablecer; *Gebäude* restaurar; **~ung** *f* reparación *f*; *e-s Kontakts, der Ordnung, Gesundheit* restablecimiento *m*; *e-s Gebäudes* restauración *f*

'wiederholen *v/t* ⟨*sep*⟩ **(*sich*** *dat*) ***etw*** ~ ir a recoger a/c, recuperar a/c

wieder'holen ⟨*sin* ge⟩ **I** *v/t* **1** (*nochmals sagen*) repetir; *Forderung* reiterar; **2** *Lernstoff* repasar; **3** SPORT *Spiel* volver a jugar; RADIO, TV repetir; ***e-e Klasse*** ~ repetir curso; **II** *v/r* **4** ***sich*** ~ repetirse

wieder'hol|t **I** *adjt* repetido, reiterado; **II** *adv* repetidas veces; **~ung** *f* **1** *von Gesagtem, von Vorgängen* repetición *f*; *e-r Forderung* reiteración *f*; **2** *von Lernstoff* repaso *m*; **3** THEA, MUS, TV, RADIO repetición *f*

'Wiederhören *n* ***auf*** ~***!*** TEL ¡adiós!, ¡hasta luego!

'wiederkäu|en *v/t* ⟨*sep*⟩ **1** ZO rumiar; **2** *desp fig* repetir; **~er** *m* rumiante *m*

'Wiederkehr *f* ⟨-⟩ vuelta *f*, regreso *m*

'wiederkehren *geh v/i* ⟨*sep*, sn⟩ → ***wiederkommen***

'wiederkommen *v/i* ⟨*irr, sep*, sn⟩ **1** (*zurückkommen*) volver, regresar; **2** (*sich wiederholen*) repetirse

'Wiederschauen *n südd, österr* ***auf ~!*** ¡adiós!, ¡hasta luego!
'Wiedersehen *n* ⟨-s; -⟩ reencuentro *m*; ***auf ~!*** ¡adiós!, ¡hasta luego!
wiederum ['vi:dərʊm] *adv* **1** (*erneut*) de nuevo; **2** (*hingegen*) por otra parte
'Wiedervereinigung *f* reunión *f*; POL reunificación *f*
'Wiederver|kauf *m* reventa *f*; **~käufer(in)** *m(f)* revendedor, a *m,f*; **~käuferrabatt** *m* descuento *m* de reventa; **~kaufspreis** *m* precio *m* de reventa
'Wiederverwendung *f* reutilización *f*
'Wiederverwertung *f* reutilización *f*, reciclaje *m*; ***der ~ zuführen*** llevar a reciclaje
'Wiedervorlage *f* nueva presentación *f*
'Wiederwahl *f* reelección *f*
Wiege ['vi:gə] *f* cuna *f* (*a fig*)
wiegen[1] ['vi:gən] *v/t, v/i* ⟨wog, gewogen⟩ (*ab~*) pesar; ***ich wiege 60 Kilo*** peso 60 kilos; *fig* ***schwer ~*** ser de mucho peso
'wiegen[2] **I** *v/t Kind* mecer; **II** *v/r* ***sich ~*** balancearse (***im Wind*** con el viento); ***sich in Sicherheit ~*** creerse seguro
'Wiegen|fest *geh n* cumpleaños *m*; **~lied** *n* canción *f* de cuna, nana *f*
wiehern ['vi:ərn] *v/i* relinchar; F *fig* (*laut lachen*) carcajearse
Wien [vi:n] *n* ⟨-s⟩ Viena *f*
'Wiener I *adj* ⟨*inv*⟩ **1** vienés; ***~ Schnitzel*** escalope *m* a la milanesa; **II** *m* vienés *m*; **III** *f* ⟨-; -⟩ *Wurst etwa* salchicha *f* de Fránkfurt
'Wienerin *f* vienesa *f*
wienern ['vi:nərn] F *v/t* sacar brillo a
Wiese ['vi:zə] *f* pradera *f*, prado *m*
Wiesel ['vi:zəl] *n* ⟨-s; -⟩ comadreja *f*
wie'so *adv* ¿por qué?
wieviel [vi:'fi:l] *od* ['vi:fi:l] → ***wie I 1***; **~mal** *adv* cuántas veces
wie'vielte *adj* ***den ≗n haben wir heute?*** ¿a qué día estamos hoy?
Wikinger ['vi:kɪŋər] *m* HIST *pl* ***die ~*** los vikingos
wild [vɪlt] **I** *adj* **1** (*im Naturzustand*), *bsd* ZO, BOT salvaje; BOT *a* silvestre; *Volk a* primitivo; ***~e Tiere*** (*Raubtiere*) animales *m/pl* feroces; **2** (*ungeordnet*) *Haar* revuelto; *Leben* agitado; **3** *Parken, Zelten* incontrolado; ***~e Ehe*** concubinato *m*; **4** (*ungestüm*) violento, impetuoso; *Kinder* revoltoso; F ***ganz ~ auf etw*** (*acus*) ***sein*** estar loco por a/c; **5** (*wütend*) furioso; ***~ werden*** ponerse furioso; **6** *Spekulationen, Gerüchte* fantástico, increíble; **II** *adv* **7** ***~ leben*** vivir en libertad; ***~ wachsen*** crecer de manera silvestre *od* espontáneamente; ***~ lebend*** salvaje; ***~ wachsend*** silvestre; **8** ***~ um sich schlagen*** dar golpes a diestro y siniestro; F ***~ entschlossen sein*** estar completamente decidido
Wild *n* caza *f*, venado *m*
'Wildbach *m* torrente *m*
'Wildbahn *f* ***in freier ~*** en libertad
'Wild|bret *n* ⟨-s⟩ carne *f* de venado; **~dieb** *m* cazador *m* furtivo
'Wilde(r) *f(m)* ⟨→ A⟩ salvaje *m,f*
'Wildente *f* pato *m* salvaje
'Wilderer *m* cazador *m* furtivo
'wildern *v/i* hacer caza furtiva
'wild'fremd F *adj* completamente desconocido
'Wild|gans *f* ánsar *m* común; **~gehege** *n* coto *m* de caza; **~heit** *f* ⟨-⟩ **1** *der Natur* carácter *m* salvaje, braveza *f*; **2** (*Heftigkeit*) violencia *f*; (*Ungestüm*) fogosidad *f*; **~katze** *f* gato *m* montés; **~leder** *n* ante *m*, gamuza *f*; **~nis** *f* ⟨-; -se⟩ naturaleza *f* virgen; **~sau** *f* jabalina *f*; **~schwein** *n* jabalí *m*; **~'westfilm** *m* película *f* del Oeste
Wilhelm ['vɪlhɛlm] *m* ⟨-s⟩ Guillermo *m*
Wille ['vɪlə] *m* ⟨-ns⟩ voluntad *f*; (*Absicht*) intención *f*; ***letzter ~*** última voluntad *f*; ***freier ~*** libre albedrío *m*; ***aus freiem ~n*** de buena gana, de buena voluntad; ***beim besten ~n*** con la mejor de las intenciones; ***j-m s-n ~n lassen*** dejar hacer a alg; ***gegen s-n ~n*** a pesar suyo; ***wider~n*** de mala gana, sin querer(lo)
'willen *prp* ⟨*+gen*⟩ ***um j-s, e-r Sache ~*** por alg, a/c
'Willen *m* ⟨-s⟩ → ***Wille***
'willenlos *adj* abúlico, sin voluntad
'Willens|äußerung *f* manifestación *f* de la voluntad; **~erklärung** *f* JUR declaración *f* de voluntades; **~freiheit** *f* libre albedrío *m*; **~kraft** *f* fuerza *f* de voluntad; **≗schwach** *adj* abúlico; **≗stark** *adj* enérgico; **~stärke** *f* fuerza *f* de voluntad
'willentlich *adv* a propósito, con intención
'willig I *adj* obediente, servicial; **II** *adv* de buena voluntad
will'kommen *adj* bienvenido; *Abwechslung* oportuno; ***seien Sie*** (***mir***) ***~!*** ¡bienvenido!; ***j-n ~ heißen*** dar a alg la bienvenida
Will'kommen *n* ⟨-s; -⟩ bienvenida *f*
Willkür ['vɪlky:r] *f* ⟨-⟩ arbitrariedad *f*; **~akt** *m* acto *m* arbitrario; **~herrschaft** *f* despotismo *m*, tiranía *f*; **≗lich** *adj* arbitrario
wimmeln ['vɪməln] **I** *v/i* hormiguear, pulular; *Sache, Ort* ***~ von …*** rebosar de …, estar plagado de …; **II** *v/imp* ***es wimmelt von …*** F hay …. a rebosar; ***in diesem Text wimmelt es von Fehlern*** este texto está plagado de errores
wimmern ['vɪmərn] *v/i* gemir, gimotear
Wimpel ['vɪmpəl] *m* ⟨-s; -⟩ banderín *m*
Wimper ['vɪmpər] *f* ⟨-; -n⟩ pestaña *f*; ***ohne mit der ~ zu zucken*** sin pestañear

'Wimperntusche *f* rímel *m*
Wind [vɪnt] *m* ⟨-(e)s; -e⟩ viento *m*; ***bei ~ und Wetter*** por mal tiempo que haga; ***es geht ein starker ~*** hay mucho viento; ***in alle (vier) ~e zerstreut*** dispersado a los cuatro vientos; F ***viel ~ um etw machen*** F armar mucho escándalo por a/c; F *fig* ***wissen, woher der ~ weht*** saber por dónde van los tiros; F *fig* ***j-m den ~ aus den Segeln nehmen*** parar(le) los pies a alg; ***etw in den ~ schlagen*** no hacer caso de a/c; F *fig* ***von etw ~ bekommen*** oír campanas de a/c
'Wind|beutel *m Gebäck* buñuelo *m* de viento; **~bö(e)** *f* ráfaga *f* (de viento)
Winde ['vɪndə] *f* **1** BOT enredadera *f*; **2** TEC (*Seil*≈) cabria *f*; (*Anker*≈) cabestrante *m*
Windel ['vɪndəl] *f* ⟨-; -n⟩ pañal *m*; **~höschen** *n* braga *f* pañal
'windel'weich F *adj* ***j-n ~ schlagen*** moler a palos a alg
'winden ⟨windet, wand, gewunden⟩ **I** *v/t geh* ***Blumen zu e-m Kranz ~*** tejer una corona de flores; **II** *v/r* ***sich ~*** *Weg* serpentear; *Person* retorcerse (***vor Schmerzen*** de dolor); ***sich um etw ~*** enredarse *od* deslizarse por a/c
'Windenergie *f* energía *f* eólica
'Windeseile *f* ***mit, in ~*** como un rayo
'Wind|fang *m* cancel *m*; **≈geschützt** *adjt* al abrigo del viento; **~hose** *f* METEO manga *f* de viento; **~hund** *m* **1** ZO galgo *m*; **2** F *desp* F calavera *m*
'windig *adj* **1** ventoso, expuesto al viento; ***es ist ~*** hace viento; **2** F *desp* dudoso; *Ausrede* fútil
'Wind|jacke *f* cazadora *f*, anorak *m*; **~jammer** *m* velero *m*; **~kraftanlage** *f* planta *f* eólica, aerogenerador *m*; **~mühle** *f* molino *m* de viento; **~pocken** *pl* varicela *f*; **~rad** *n* aerogenerador *m*; **~richtung** *f* dirección *f* del viento; **~rose** *f* rosa *f* de los vientos; **≈schief** *adj desp* inclinado; **≈schlüpfig, ≈schnittig** *adj* aerodinámico; **~schutzscheibe** *f* parabrisas *m*; **~stärke** *f* fuerza *f* del viento
'windstill *adj* tranquilo; ***es ist ~*** no corre viento
'Wind|stille *f* calma *f*, tranquilidad *f*; **~stoß** *m* ráfaga *f* de viento; **≈surfen** *v/i* ⟨*solamente inf*⟩ practicar el windsurf; **~surfen** *n* ⟨-s⟩ windsurf *m*; **~surfer(in)** *m(f)* surfista *m,f*
'Windung *f* (*Krümmung*) curva *f*; *e-s Flusses a* meandro *m*; ANAT circunvolución *f*; *e-r Schraube usw* espira *f*
Wink [vɪŋk] *m* ⟨-(e)s; -e⟩ seña *f*, señal *f*; *fig* aviso *m*, advertencia *f*; ***j-m e-n ~ geben*** F darle un soplo a alg
Winkel ['vɪŋkəl] *m* ⟨-s; -⟩ **1** MAT ángulo *m*; ***rechter ~*** ángulo *m* recto; ***toter ~*** ángulo *m* muerto; **2** (*Ecke*) rincón *m* (*a fig Ort*); **3** *Werkzeug* escuadra *f*
'Winkel|advokat *m desp* picapleitos *m*; **≈ig** *adj Gasse* torcido; **~messer** *m* MAT transportador *m*, goniómetro *m*; **~züge** *pl desp* rodeos *m/pl*
'winken I *v/t* **1** ***j-n zu sich ~*** llamar a alg por señas; **II** *v/i* **2** hacer señas; ***mit etw ~*** agitar a/c; **3** ***j-m ~*** *zum Näherkommen* llamar a alg por señas; ***j-m zum Abschied ~*** despedirse de alg con un gesto de la mano; **3** ***den Gewinnern ~ tolle Preise*** a los ganadores les esperan premios estupendos
'winklig → ***winkelig***
winseln ['vɪnzəln] *v/i Hund* gimotear, lloriquear (*beide a fig*)
Winter ['vɪntər] *m* invierno *m*; ***im ~*** en invierno
'Winter|anfang *m* comienzo *m* del invierno; **≈fest** *adj Pflanze* resistente al frío; *Kleidung* de invierno; **~garten** *m* terraza-invernadero *f*; **≈lich** *adj* invernal; **~mantel** *m* abrigo *m* de invierno; **~reifen** *m* neumático *m* de invierno
'Winterschlaf *m* ZO hibernación *f*; ***~ halten*** hibernar
'Winterschlussverkauf *m* rebajas *f/pl* de enero
'Winterspiele *pl* ***die Olympischen ~*** Olimpiadas *f/pl* de invierno
'Winter|sport *m* deporte *m* de invierno; **~zeit** *f* **1** *Jahreszeit* estación *f* invernal; **2** *Uhrzeit* hora *f* de invierno
Winzer|(in) ['vɪntsər(ɪn)] *m(f)* viñador, a *m,f*, viticultor, a *m,f*; **~genossenschaft** *f* cooperativa *f* de viticultores
winzig ['vɪntsɪç] *adj* diminuto, minúsculo
Wipfel ['vɪpfəl] *m* ⟨-s; -⟩ cima *f*
Wippe ['vɪpə] *f* báscula *f*
'wippen *v/i* balancearse; ***mit dem Fuß ~*** balancear el pie
wir [viːr] *pr/pers* (*nom pl de* ich) nosotros, -as; ***~ sind es*** somos nosotros; ***~ Deutschen*** nosotros los alemanes
Wirbel ['vɪrbəl] *m* ⟨-s; -⟩ **1** PHYS torbellino *m*, remolino *m*; **2** *fig* (*Trubel*) jaleo *m*; ***viel ~ um etw, j-n machen*** armar mucho jaleo por a/c; **3** ANAT vértebra *f*; **4** (*Haar*≈) remolino *m*
'wirbeln I *v/t* agitar, hacer revolotear; **II** *v/i* revolotear (*a Person*); *Wasser* remolinear
'Wirbel|säule *f* columna *f* vertebral; **~sturm** *m* ciclón *m*, tornado *m*; **~tiere** *pl* vertebrados *m/pl*; **~wind** *m* torbellino *m*
wirken ['vɪrkən] **I** *v/t* **1** *Textilien* tejer; **II** *v/i* **2** (*e-e bestimmte Wirkung haben*) actuar, obrar (***auf*** *+acus* sobre); (*wirksam sein*)

ser eficaz; (*Wirkung ausüben*) surtir efecto (*a Arznei*); ***beruhigend*** ~ tener efectos tranquilizantes; **3** (*scheinen*) ***auf j-n ~ wie ...*** ser para alg como ...; ***größer*** ~ parecer más grande; **4** *geh* (*tätig sein*) obrar, actuar (***als*** de)

'wirklich I *adj* (*tatsächlich*) real; (*echt*) verdadero; **II** *adv* (*tatsächlich*) realmente; (*wahrhaftig*) verdaderamente; **~?** ¿de veras?

'Wirklichkeit *f* realidad *f*; ***in*** ~ (*dat*) en realidad; ~ ***werden*** realizarse

'wirklichkeitsfremd *adj* poco realista

'wirksam *adj* **1** eficaz, efectivo; **2** ADM, JUR en vigor, vigente; **ℒkeit** *f* ⟨-⟩ eficacia *f*, eficiencia *f*; (*Gültigkeit*) vigencia *f*

'Wirkstoff *m* sustancia *f* activa, principio *m* activo

'Wirkung *f* **1** efecto *m*, acción *f*; (*Ergebnis*) resultado *m*; (*Eindruck*) impresión *f*; ***s-e ~ verfehlen*** no surtir el efecto deseado; **2** JUR, ADM ***mit sofortiger*** ~ con efecto inmediato

'Wirkungs|bereich *m* esfera *f od* radio *m* de acción; **ℒlos** *adj* ineficaz, inoperante; **ℒvoll** *adj* eficaz; *fig* impresionante; **~weise** *f e-s Wirkstoffs* modo *m* de acción; TEC modo *m* de funcionamiento

wirr [vɪr] *adj* **1** (*verwirrt*) confuso; **2** (*unordentlich*) enredado, desordenado, revuelto; *Haar a* desgreñado

'Wirren *pl* desórdenes *m/pl*, confusión *f*

'Wirrkopf *m* cabeza *f* de chorlito

Wirrwarr ['vɪrvar] *m* ⟨-s⟩ caos *m*, barullo *m*; F cacao *m*

Wirsing ['vɪrzɪŋ] *m* ⟨-s⟩, **~kohl** *m* col *f* rizada

'Wirt(in) *m* ⟨-(e)s; -e⟩ (*f*) (*Gastℒ*) dueño, -a *m,f*

'Wirtschaft *f* **1** ECON economía *f*; ***freie*** ~ economía *f* libre *od* liberal; ***gemischte*** ~ economía *f* mixta; ***geschlossene*** ~ economía *f* cerrada; ***kapitalistische, sozialistische*** ~ economía *f* capitalista, socialista; ***die ~ wieder ankurbeln*** relanzar la economía; **2** (*Haushalt*) gobierno *m* de la casa; **3** (*Gastℒ*) restaurante *m*; *einfache* taberna *f*; **4** F *desp* (*Unordnung*) desorden *m*; F cacao *m*

'wirtschaften *v/i* **1** ***gut*** (***mit etw***) ~ administrar bien (a/c); ***sparsam*** ~ economizar; **2** (*sich betätigen*) trabajar

'Wirtschafterin *f* ama *f* de casa *od* de llaves

'wirtschaftlich *adj* **1** *Wachstum usw* económico; **2** (*finanziell*) rentable; **3** (*sparsam*) económico; **ℒkeit** *f* ⟨-⟩ rentabilidad *f*

'Wirtschafts|... *in Zssgn* económico; **~abkommen** *n* acuerdo *m* económico; **~aufschwung** *m* auge *m* de la economía, despliegue *m* económico; **~beziehungen** *pl* relaciones *f/pl* económicas; **~block** *m* bloque *m* económico

'Wirtschaftsfach|frau *f*, **~mann** *m* economista *m,f*

'Wirtschafts|flaute *f* estancamiento *m* económico, estagnación *f* económica; **~flüchtling** *neg!* *m* refugiado, -a *m,f* económico, -a; **~gebäude** *pl* dependencias *f/pl*; **~geld** *n* dinero *m* para gastos de la casa; **~hilfe** *f* ayuda *f* económica; **~indikator** *m* indicador *m* económico; **~kraft** *f* fuerza *f* económica; **~kriminalität** *f* delincuencia *f* económica; **~krise** *f* crisis *f* económica; **~lage** *f* situación *f* económica; **~leistung** *f e-s Landes usw* productividad *f*; **~metropole** *f* centro *m* financiero; **~minister(in)** *m*(*f*) ministro, -a *m,f* de Economía; **~ministerium** *n* Ministerio *m* de Economía; **~ordnung** *f* orden *m* económico; **~plan** *m* plan *m* económico; **~planung** *f* planificación *f* económica; **~politik** *f* política *f* económica; **ℒpolitisch** *adj* de la política económica; **~prüfer** *m* censor *m* (jurado) de cuentas; **~prüfung** *f* auditoría *f* de cuentas, revisoría *f*

'Wirtschaftsraum *m* espacio *m* económico; ***Europäischer*** ~ Espacio *m* Económico Europeo

'Wirtschafts|sanktionen *f/pl* sanciones *f/pl* económicas; **~system** *n* sistema *m* económico

'Wirtschafts- und Sozi'alausschuss *m* ***Europäischer*** ~ Comité *m* Económico y Social Europeo

'Wirtschafts|wachstum *n* crecimiento *m* económico; **~wissenschaft(en)** *f*(*pl*) (ciencias *f/pl*) económicas *f/pl*; **~wissenschaftler(in)** *m*(*f*) economista *m,f*; **~wunder** F *n* milagro *m* económico; **~zweig** *m* sector *m* económico

'Wirts|haus *n* restaurante *m*; *einfaches* taberna *f*; **~leute** *pl von* ***Wirt(in)***

Wisch [vɪʃ] F *desp m* ⟨-(e)s; -e⟩ papelucho *m*

'wischen *v/t* **1** (*weg~*) quitar; ***Staub*** ~ quitar el polvo; **2** (*säubern*) limpiar, fregar

'Wischer *m* AUTO limpiaparabrisas *m*; **~blatt** *n* AUTO escobilla *f*

'Wisch|lappen *m*, **~tuch** *n* ⟨-(e)s; ¨er⟩ (*Aufℒ*) trapo *m*; *zum Abwischen a* bayeta *f*

Wisent ['vi:zɛnt] *m* ⟨-s; -e⟩ bisonte *m* europeo

Wismut ['vɪsmu:t] *n* ⟨-(e)s⟩ bismuto *m*

wispern ['vɪspərn] *v/t*, *v/i* cuchichear, murmurar

Wissbegier|(de) ['vɪs-] *f* ⟨-⟩ deseo *m od* afán *m* por saber, curiosidad *f*; **ℒig** *adj* de-

W

seoso de aprender, curioso

wissen ['vɪsən] ⟨weiß, wusste, gewusst⟩ **I** *v/t* **1** saber; ***nicht ~*** ignorar; ***etw von j-m*** *od* ***durch j-n ~*** enterarse de a/c por alg; ***ich weiß (es) nicht*** no (lo) sé; ***j-n ~, der ...*** conocer a alg que ...; F ***was weiß ich!*** ¡qué sé yo!; ***nicht, dass ich wüsste*** no, que yo sepa; ***soviel ich weiß*** según tengo entendido; F ***man kann nie ~*** nunca se sabe; ***weißt du noch, als ...*** ¿te acuerdas cuando ...?; **2** ***sich zu benehmen ~*** saber comportarse; **3** F *intensivierend* ***wer weiß wo*** quién sabe dónde; **II** *v/i* **4** ***von etw ~*** tener conocimiento de a/c

'Wissen *n* ⟨-s⟩ saber *m*; (*Kenntnisse*) conocimientos *m/pl*; ***ohne mein ~*** sin saberlo yo; ***meines ~s*** que yo sepa; ***wider besseres ~*** contra su propia convicción; ***nach bestem ~ und Gewissen*** de buena fe

'Wissenschaft *f* ciencia *f*; **~ler(in)** *m(f)* científico, -a *m,f*; **≗lich** *adj* científico

'Wissens|drang *m*, **~durst** *m* afán *m* por saber; **~gebiet** *n* disciplina *f*, campo *m* del saber; **≗wert** *adj* interesante, digno de saberse

'wissentlich I *adj* premeditado; **II** *adv* a sabiendas, a propósito

witter|n ['vɪtərn] *v/t* JAGD olfatear, husmear; *fig* oler(se); **≗ung** *f* **1** (*Wetter*) tiempo *m*; **2** JAGD (*Geruchssinn*) olfato *m*; (*Geruch*) olor *m*, viento *m*; **≗ungseinflüsse** *pl* influencias *f/pl* atmosféricas

Witwe ['vɪtvə] *f* viuda *f*; **~nrente** *f* pensión *f* de viudedad

'Witwer *m* viudo *m*; **~rente** *f* pensión *f* de viudedad

Witz [vɪts] *m* ⟨-es; -e⟩ **1** (*lustige Geschichte*) historia *f* divertida; (*Scherz*) chiste *m*, broma *f*; ***~e reißen*** F contar chistes; *fig* ***mach keine ~e!*** F ¡no hagas bromas!; **2** (*Geist*) gracia *f*

'Witzbold F *m* ⟨-(e)s; -e⟩ bromista *m*; F guasón *m*

'witz|eln *v/i* bromear, burlarse (***über j-n, etw*** de alg, a/c); **~ig** *adj* chistoso, gracioso; **~los** *adj* **1** (*geistlos*) sin gracia; **2** F *fig* (*zwecklos*) inútil

wo [voː] **I** *adv* **1** *interrogativ* ¿dónde?; **2** *relativisch* donde; ***~ auch immer*** dondequiera que (+*subj*); ***jetzt, ~ ...*** ahora que ...; **II** *cj* **3** (*da*) ***~ ...*** (***einmal***) ***...*** ya que ...; **4** (*obwohl*) ***~ ... doch ...*** mientras que ...

w.o. *Abk* (*wie oben*) como arriba

wo'anders *adv* en otro sitio

wo'bei *adv* **1** *interrogativ* ***~ hast du dich verletzt?*** ¿con qué te has hecho daño?; **2** *relativisch* ***..., ~ mir einfällt ...*** lo que me sugiere ...

Woche ['vɔxə] *f* semana *f*; ***diese ~*** esta semana; ***zweimal die, in der ~*** dos veces a la semana

'Wochen|arbeitszeit *f* jornada *f* semanal; **~bericht** *m* informe *m* semanal; **~bett** *n* MED sobreparto *m*, puerperio *m*; **~blatt** *n* semanario *m*, revista *f* semanal

'Wochenendbeilage *f* suplemento *m* de fin de semana

'Wochenende *n* fin *m* de semana; ***am ~*** el fin de semana; ***schönes ~!*** ¡buen fin de semana!

'Wochenend|haus *n* casa *f* para el fin de semana; **~seminar** *n* seminario *m* de fin de semana

'Wochen|karte *f* abono *m* semanal; **≗lang I** *adj* de muchas semanas; **II** *adv* (durante) muchas semanas; (*seit Wochen*) desde hace semanas; **~lohn** *m* salario *m* semanal; **~markt** *m* mercadillo *m*; **~stunden** *f/pl* horas *f/pl* a la semana; **~tag** *m* día de la semana; (*Werktag*) día *m* laborable; **≗tags** *adv* los días laborables

wöchentlich ['vœçəntlɪç] **I** *adj* semanal; **II** *adv* semanalmente; ***zweimal ~*** dos veces por semana

'Wochenzeitung *f* semanario *m*

Wodka ['vɔtka] *m* ⟨-s; -s⟩ vodka *m*

wo'durch *adv* **1** *interrogativ* ¿cómo?, ¿por qué medio?; **2** *relativisch* por donde, por lo que

wo'für *adv* **1** *interrogativ Zweck* ¿para qué?; *Gegenleistung* ¿por qué?; ***~ halten Sie mich?*** ¿por quién me toma?; **2** *relativisch Zweck* para lo cual; *Gegenleistung* por lo cual

Woge ['voːgə] *geh f* ola *f* (*a fig*)

wo'gegen I *adv* **1** *interrogativ* ¿contra qué?; ***~ ist sie allergisch?*** ¿a qué le tiene alergia?; **2** *relativisch* contra lo cual, a cambio de lo cual; **II** *cj* **3** mientras que

'wogen *geh v/i Meer, Kornfeld* ondear; *fig Menge* agitarse

wo|'her *adv* **1** *interrogativ* ¿de dónde?; *fig* ¿cómo?; **2** *relativisch* de donde; **~'hin** *adv interrogativ* ¿adónde?, ¿dónde?; *relativisch* adonde, donde

wohin'gegen *cj* mientras que

wohl [voːl] *adv* **1** (*gesund*) bien; ***ich fühle mich nicht ~*** no me encuentro bien; **2** (*behaglich*) a gusto; ***mir ist nicht ganz ~ dabei*** eso me inquieta; ***~ oder übel*** por las buenas o por las malas; **3** (*durchaus*) perfectamente; ***ich weiß ~, dass ...*** sé perfectamente que ...; **4** (*ungefähr*) cerca de, más o menos; ***~ (an die) tausend Zuschauer*** unos mil espectadores; **5** (*vermutlich*) probablemente; ***das ist ~ möglich*** es muy posible; ***ob er ~ krank ist?*** ¿estará enfermo?; ***~ kaum!*** ¡no creo!; **6** *verstärkend* bien; ***das***

W

kann man ~ sagen puede bien decirse; **7** (*gut*) ***~ bekannt*** muy conocido; ***~ gemeint*** bienintencionado, con buena intención; *Rat* de amigo; ***~ überlegt*** bien pensado

Wohl *n* ⟨-(e)s⟩ bien *m*, bienestar *m*; ***auf j-s ~*** (*acus*) ***trinken*** beber a la salud de alg; ***auf Ihr, dein ~!, zum ~!*** ¡salud!

wohl'auf *geh adj **er ist ~*** está bien de salud

'Wohl|befinden *n* bienestar *m*, buena salud *f*; **~behagen** *n* bienestar *m*, comodidad *f*; **2behalten** *adj* sano y salvo; **~ergehen** *n* ⟨-s⟩ → ***Wohlbefinden***; **2erzogen** *geh adjt* bien educado; **~fahrt** *f* **1** *geh* (*Wohlergehen*) prosperidad *f*; **2** *früher* (*öffentliche Fürsorge*) beneficencia *f* (pública); **~fahrtsstaat** *m* estado *m* del bienestar

'wohl|geformt *geh adjt Körper* bien proporcionado; *Beine* bien formado; **2gefühl** *n* sensación *f* de bienestar; **~gemerkt** *advl* bien entendido; **~genährt** *geh adjt* bien alimentado; **2geruch** *geh m* fragancia *f*, aroma *m*

'wohlgesinnt *adjt **j-m ~ sein*** estar bien dispuesto hacia alg

'wohlhabend *adj* acomodado, pudiente, adinerado

'wohlig *adj Gefühl, Wärme* agradable

'Wohlklang *geh m* armonía *f*

'wohl|meinend *geh adjt* bienintencionado; **~proportioniert** *geh adjt* bien proporcionado; **~riechend** *geh adjt* fragante, aromático; **~schmeckend** *geh adjt* sabroso

'Wohlsein *geh n* (***zum***) ***~!*** ¡salud!

'Wohlstand *m* bienestar *m*, prosperidad *f*; **~sgesellschaft** *f* sociedad *f* del bienestar

'Wohltat *f **das ist e-e wahre ~*** ¡qué alivio!

'Wohl|täter(in) *m(f)* bienhechor, a *m,f*; **2tätig** *adj* caritativo, benéfico; **~tätigkeit** *f* caridad *f*, beneficencia *f*; **~tätigkeits...** *in Zssgn* benéfico, de beneficencia

'wohl|tuend *adjt* agradable, benéfico; (*lindernd*) que alivia; **~verdient** *adjt* bien merecido; **~weislich** *adv* con buen motivo

'Wohlwollen *n* ⟨-s⟩ simpatía *f*, benevolencia *f*

'wohlwollend I *adjt* amistoso, benévolo; **II** *advl* con buenos ojos

Wohn|anhänger ['vo:n-] *m* caravana *f*; **~anlage** *f* centro *m* residencial, complejo *m* residencial; **~block** *m* ⟨-(e)s; -s⟩ bloque *m* de viviendas

'wohnen *v/i* vivir, habitar, residir (***in*** *+dat* en); *vorübergehend* hospedarse (***bei j-m*** en casa de alg)

'Wohn|fläche *f* superficie *f* habitable; **~gebiet** *n* zona *f* residencial; **~geld** *n* subsidio *m* de vivienda; **~gemeinschaft** *f* piso *m* compartido (por varias personas); **2haft** *adj* ADM domiciliado, residente (***in*** *+dat* en); **~haus** *n* casa *f* de pisos, finca *f* urbana; **~heim** *n* residencia *f*

'wohnlich *adj* cómodo, acogedor

'Wohn|mobil *n* ⟨-s; -e⟩ coche *m* caravana; **~ort** *m* (lugar *m* de) residencia *f*; **~raum** *m* **1** (*Zimmer*) cuarto *m*, habitación *f*; **2** (*Wohnungen*) viviendas *f/pl*; **~siedlung** *f* urbanización *f*

'Wohnsitz *m* domicilio *m*; ***fester, ständiger ~*** domicilio *m* fijo, permanente

'Wohnung *f* vivienda *f*, casa *f*; (*Etagen2*) piso *m*

'Wohnungs|bau *m* ⟨-(e)s⟩ construcción *f* de viviendas; **~baugesellschaft** *f* constructora *f* de viviendas; **~einrichtung** *f* mobiliario *m*; **~not** *f* escasez *f* de viviendas; **~suche** *f* búsqueda *f* de vivienda; **~tür** *f* puerta *f* de la vivienda

'Wohn|verhältnisse *pl* condiciones *f/pl* de vivienda; **~viertel** *n* barrio *m* residencial; **~wagen** *m* caravana *f*; **~zimmer** *n* cuarto *m* de estar, salón *m*

wölb|en ['vœlbən] *v/r **sich ~*** abombarse, arquearse; *Rücken* doblarse, encorvarse; *Brücke* levantarse; **2ung** *f* abombamiento *m*; BAU bóveda *f*

Wolf [vɔlf] *m* ⟨-(e)s; ⸚e⟩ **1** ZO lobo *m*; *fig **ein ~ im Schafspelz*** un demonio vestido de ángel; **2** F (*Fleisch2*) picadora *f*

Wölfin ['vœlfɪn] *f* loba *f*

'Wolfram *n* ⟨-s⟩ CHEM wolframio *m*, tungsteno *m*

'Wolfsmilch *f* BOT lechetrezna *f*

Wolga ['vɔlga] *f **die ~*** Volga *m*

Wolke ['vɔlkə] *f* nube *f*; F *fig **aus allen ~n fallen*** caer del guindo

'Wolken|bruch *m* lluvia *f* torrencial, aguacero *m*; **~decke** *f* capa *f* de nubes; **~kratzer** *m* rascacielos *m*; **2los** *adj* despejado

'wolkig *adj* nublado, nuboso

Wolldecke ['vol-] *f* manta *f* de lana

'Wolle *f* **1** lana *f*; **2** F (*Haare*) pelambrera *f*; F *fig **sich in die ~ kriegen*** tirarse de los pelos

wollen[1] ['vɔlən] ⟨will, wollte⟩ **I** *v/modal* ⟨*p/p* wollen⟩ **1** (*wünschen*) querer; ***etw tun ~*** querer hacer a/c; **2** (*im Begriff sein*) estar a punto de; ***ich wollte gerade abreisen*** estaba a punto de partir; **3** *in Aufforderungen* querer; ***~ Sie mir bitte folgen!*** ¡sígame, por favor!; F ***wollt ihr*** (***wohl***) ***endlich Ruhe geben!*** ¿queréis hacer el favor de estaros quietos?; **4** (*behaupten*) pretender; ***er will es gesehen haben*** dice que lo ha visto; **5** *umschreibend **das will nichts sagen*** eso no quiere decir nada; **6** (*müssen*) tener que; ***das will überlegt sein*** eso hay que pensarlo; **II** *v/t* ⟨*p/p* gewollt⟩ **7** (*wünschen*) querer, desear; ***ich wollte, es wäre schon Sonntag*** ¡cómo me gustaría que fuera do-

W

mingo!; ***das habe ich nicht gewollt*** eso no era mi intención; **8** (*haben* ~) querer; ***willst du Tee oder Kaffee?*** ¿quieres té o café?; ***etw lieber*** ~ preferir; **III** *v/i* ⟨*p/p* gewollt⟩ **9** (*den Willen haben*) querer; ***man mag*** ~ ***oder nicht*** si se quiere como si no; ***ganz wie Sie*** ~ como Ud. quiera; **10** *mit weggelassenem inf* ***wo willst du hin?*** ¿adónde vas?; ***zu wem*** ~ ***Sie?*** ¿por quién pregunta?; ***meine Beine*** ~ ***nicht mehr*** ya no me responden las piernas

'wollen² *adj* (*aus Wolle*) de lana

'wollig *adj* lanoso, lanudo

'Woll|knäuel *n* ovillo *m* de lana; **~sachen** *pl* ropa *f* de lana; **~socken** *pl* calcetines *m/pl* de lana; **~strumpf** *m* medias *f/pl* de lana

Wollust ['vɔlʊst] *geh f* ⟨-⟩ lujuria *f*, voluptuosidad *f*

wollüstig ['vɔlʏstɪç] *geh adj* lujurioso, voluptuoso

wo'mit *adv* **1** *interrogativ* ¿con qué?; ~ ***beschäftigt ihr euch?*** ¿en qué os ocupáis?; **2** *relativisch* con lo cual, con lo que

wo'möglich *adv* si es posible; F (*vielleicht sogar*) a lo mejor

wo'nach *adv* **1** *interrogativ* ¿qué (es lo que)?; ~ ***fragt er?*** ¿qué (es lo que) pregunta?; ~ ***schmeckt das?*** ¿a qué sabe esto?; **2** *relativisch* lo cual; *gemäß* según lo cual; *zeitlich* después de lo cual

Wonn|e ['vɔnə] *f* delicia *f*, deleite *m*; **≗ig** F *adj* rico, precioso

wo'ran *adv* **1** *interrogativ* ¿a qué?, ¿de qué?, ¿en qué?; ~ ***liegt das?*** ¿a qué se debe?; ~ ***ist er gestorben?*** ¿de qué murió?; ~ ***denkst du?*** ¿en qué piensas?; **2** *relativisch* a lo que, de lo que, en lo que

wo'rauf *adv* **1** *interrogativ* ¿sobre qué?, ¿a qué?; ~ ***wartest du?*** ¿a qué esperas?; **2** *relativisch* sobre lo que, a lo que; *zeitlich* después de lo cual; ***das einzige,*** ~ ***es ankommt*** lo único que importa

wo'raus *adv* **1** *interrogativ Material* ¿de qué?; *Herkunft* ¿de dónde?; **2** *relativisch* de lo que; *Herkunft* de donde

Word®-Dokument [vœrt-] *n* INFORM documento *m* Word®

wo'rin *adv* **1** *interrogativ* ¿en qué?, ¿dónde?; ~ ***besteht der Unterschied?*** ¿dónde está la diferencia?; **2** *relativisch* en el que, en lo cual, donde

Work|aholic ['vœːrkahɔlik] *m* ⟨-s; -s⟩ adicto, -a *m,f* al trabajo; **~shop** [-ʃɔp] *m* ⟨-s; -s⟩ taller *m*

Wort [vɔrt] *n* ⟨-(e)s; ⸚er *o* -e⟩ **1** ⟨*pl* ⸚er; *a veces* -e⟩ *einzelnes* palabra *m*; (*Ausdruck*) término *m*, voz *f*; (*Ausspruch*) frase *f*, dicho *m*; ***davon ist kein*** ~ ***wahr*** ahí no hay ni una palabra de verdad; ***das*** ~ ***hat ...*** ... tiene la palabra ...; *fig* ***das letzte*** ~ ***haben*** tener la última palabra; ***ein gutes*** ~ ***für j-n einlegen*** interceder en favor de alg; ***ein ernstes*** ~ ***mit j-m reden*** hablar seriamente con alg; ***glaube ihm kein*** ~***!*** ¡no le creas ni una palabra!; ***kein*** ~ ***mehr!*** ¡no se hable más!; ***ein*** ~ ***gab das andere*** se desencadenó una discusión; ***ich verstehe kein*** ~ ***davon*** no entiendo ni palabra de esto; ***man kann sein eigenes*** ~ ***nicht verstehen*** no se entiende ni palabra; ***kein*** ~ ***über etw*** (*acus*) ***verlieren*** no nombrar a/c; ***sich zu*** ~ ***melden, ums*** ~ ***bitten*** pedir la palabra; ***das*** ~ ***ergreifen*** tomar la palabra; ***nicht zu*** ~***(e) kommen*** no llegar a hablar; ***ohne ein*** ~ ***zu sagen*** sin decir palabra *od* ni pío; ***mir fehlen die*** ~***e!*** F ¡me he quedado sin palabras!; ***j-m aufs*** ~ ***glauben*** creer a alg a pies juntillas; ~ ***für*** ~ (*nacheinander, wörtlich*) palabra por palabra; (*wortgetreu*) literalmente; ***j-m ins*** ~ ***fallen*** interrumpir a alg; ***mit e-m*** ~ en una palabra; ***mit anderen*** ~***en*** en otras palabras; **2** (*Versprechen*) palabra *f*; ***sein*** ~ ***brechen*** no cumplir su palabra; (***sein***) ~ ***halten*** cumplir su palabra; ***j-s*** ~ ***haben*** tener la palabra de alg; ***j-n beim*** ~ ***nehmen*** coger la palabra a alg; **3** ***geflügelte*** ~***e*** frases *f/pl* célebres

'Wort|art *f* parte *f* de la oración; **~bildung** *f* formación *f* de palabras

'wortbrüchig *adj* ~ ***werden*** faltar a su palabra

Wörtchen ['vœrtçən] *n* ⟨-s; -⟩ F ***hier habe ich auch noch ein*** ~ ***mitzureden*** eso será si a mí me parece también

'Wörter|buch *n* diccionario *m*; **~verzeichnis** *n* índice *m* de palabras, glosario *m*

'Wort|führer(in) *m(f)* portavoz *m,f*; **~gefecht** *n* disputa *f*; **≗getreu** *adj* literal; **≗gewandt** *adj* de palabra fácil, elocuente; **≗karg** *adj Mensch* parco en palabras; *Antwort* lacónico; **~klaube'rei** *f desp* verbalismo *m*

'Wortlaut *m* tenor *m*, texto *m*; ***im*** (***vollen***) ~ textualmente

wörtlich ['vœrtlɪç] **I** *adj* literal, textual; **II** *adv* ***etw*** ~ ***nehmen*** tomar a/c al pie de la letra

'wortlos I *adj Einverständnis* silencioso; **II** *adv* sin decir nada

'Wortmeldung *f* ***gibt es noch*** (***weitere***) ~***en?*** ¿alguien más quiere tomar la palabra?

'Wort|schatz *m* vocabulario *m*; **~spiel** *n* juego *m* de palabras; **~stellung** *f* GRAM orden *m* de palabras; **~wahl** *f* selección *f* de palabras; **~wechsel** *m* disputa *f*; **'≗'wörtlich** *adv* al pie de la letra

wo'rüber *adv* **1** *interrogativ* ¿de qué?, ¿so-

W

bre qué?; ~ ***lachst du?*** ¿de qué te ríes?; **2** *relativisch* de lo que, de lo cual, sobre lo que, sobre lo cual

wo'rum *adv* **1** *interrogativ* ¿de qué?, ¿sobre qué? ~ ***handelt es sich?*** ¿de qué se trata?; **2** *relativisch* de lo que, sobre lo que; ***alles, ~ es sich handelt*** todo de lo que se trata

wo'runter *adv* **1** *interrogativ* ¿de qué?; *Thema* ¿bajo qué?; *Auswahl* ¿entre qué?; ~ ***leidet er?*** ¿qué le pasa?; **2** *relativisch* de lo que, de lo cual; *Thema* bajo lo que; *Auswahl* entre los que

wo'von *adv* **1** *interrogativ* ¿de qué?; **2** *relativisch* de lo que

wo'vor *adv* **1** *interrogativ* ¿de qué?; *örtlich* ¿delante de qué?; ~ ***fürchtest du dich?*** ¿de qué tienes miedo?; **2** *relativisch* de lo que, de lo cual; *räumlich* delante del cual; ***das Einzige, ~ er Angst hat*** lo único de lo que tiene miedo

wo'zu *adv* **1** *interrogativ* ¿para qué?, ¿a qué?; (*warum*) ¿por qué?; **2** *relativisch* para lo que, para lo cual, a lo que, a lo cual

Wrack [vrak] *n* ⟨-(e)s; -s *o* -e⟩ buque *m* naufragado; *fig Mensch* piltrafa *f*

wringen ['vrɪŋən] *v/t* ⟨wrang, gewrungen⟩ *Wäsche* retorcer

WS *Abk* (*Wintersemester*) semestre *m* de invierno

Wucher ['vu:xər] *m* ⟨-s⟩ usura *f*; **~er** *m* usurero *m*

'wuchern *v/i Pflanzen* crecer *bzw* multiplicarse rápidamente; MED proliferar (*a fig*)

'Wucher|preis *m* precio *m* abusivo; **~ung** *f* **1** MED, BOT proliferación *f*; **2** (*Geschwulst*) excrecencia *f*; **~zinsen** *m/pl* intereses *m/pl* de usura

Wuchs [vu:ks] *m* ⟨-es⟩ **1** (*Wachstum*) crecimiento *m*; **2** (*Gestalt*) estatura *f*, talla *f*

Wucht [vʊxt] *f* ⟨-; -en⟩ **1** empuje *m*, pujanza *f*; (*Heftigkeit*) ímpetu *m*; ***mit voller ~*** con toda fuerza; **2** F ***das ist e-e ~!*** F ¡es fenomenal!

'wucht|en *v/t* levantar con mucho esfuerzo; **~ig** *adj* **1** (*massig*) pesado, macizo; **2** (*kraftvoll*) fuerte; *Schlag* violento

wühlen ['vy:lən] **I** *v/i Person* hurgar, revolver (***in*** *+dat* en); *Tier* hozar; **II** *v/r* ***sich in etw*** (*acus*) ~ enterrarse en a/c

'Wühlmaus *f* campañol *m*

Wulst [vʊlst] *m* ⟨-(e)s; ⸚e⟩ abombamiento *m*, bulbo *m*

'wulstig *adj* hinchado, abultado; *Lippen* grueso

wund [vʊnt] *adj* excoriado, desollado; ***sich*** (*dat*) ***die Füße ~ laufen*** desollarse los pies; ***sich ~ liegen*** llagarse; (***sich***) ***~ reiben*** excoriar(se); *fig* ***~er Punkt*** punto *m* flaco

Wunde ['vʊndə] *f* herida *f*, llaga *f* (*beide a fig*)

Wunder ['vʊndər] *n* ⟨-s; -⟩ milagro *m* (*a* REL); *der Natur, Technik a* maravilla *f*, prodigio *m*; ***das grenzt an ein ~*** parece un milagro; ***wie durch ein ~*** como por arte de magia; F ***sein blaues ~ erleben*** llevarse una gran sorpresa; ***~ wirken*** obrar milagros; ***das ist kein ~*** no tiene nada de particular; F ***sich*** (*dat*) ***~ was einbilden*** (***auf etw*** *acus*) estar muy orgulloso (de a/c)

'wunderbar *adj* **1** (*übernatürlich*) milagroso, prodigioso; **2** (*herrlich*) maravilloso; (*großartig*) F fenomenal, estupendo

'Wunderding *n* (***wahre***) ***~e von j-m, etw erzählen*** decir (verdaderas) maravillas de alg, a/c

'Wunder|glaube *m* creencia *f* en milagros; **~heiler(in)** *m(f)* curandero, -a *m,f* milagroso, -a; **'~'hübsch** *adj* precioso; **~kerze** *f* bengala *f*; **~kind** *n* niño, -a *m,f* prodigio; **~lich** *adj* extravagante, raro, extraño; **~mittel** *n* remedio *m* milagroso

'wundern I *v/t Sache* ***j-n ~*** asombrar a alg, extrañar a alg; **II** *v/r* ***sich über etw, j-n ~*** extrañarse de a/c, alg; F ***du wirst dich*** (***noch mal***) ***~!*** ¡ya verás qué sorpresa te espera!; **III** *v/imp* ***es wundert mich*** *od* ***mich wundert, dass ...*** me extraña que ... (*+subj*)

'wunder|'schön *adj* maravilloso, hermosísimo; **~tätig** *adj* milagroso; **~voll** *adj* magnífico, maravilloso

'Wunderwerk *n* maravilla *f*

'Wundfieber *n* fiebre *f* traumática

'Wund|salbe *f* ungüento *m*; **~starrkrampf** *m* tétanos *m*

Wunsch [vʊnʃ] *m* ⟨-(e)s; ⸚e⟩ **1** (*Begehren*) deseo *m*; (*Hoffnung*) *a* esperanza *f*; *sehnsüchtiger* anhelo *m*; ***j-m e-n ~ erfüllen*** cumplir(le) un deseo a alg; ***haben Sie sonst noch e-n ~?*** ¿desea algo más?; ***auf ~*** (*acus*) a petición; ***alles geht nach ~*** todo va a pedir de boca; **2** (*Glück~*) felicitación *f*; ***beste Wünsche*** mejores deseos

'Wunschdenken *n* ***das ist ~*** (***bei ihm***) es su sueño (que cree realidad)

Wünschelrute ['vʏnʃəl-] *f* varilla *f* de zahorí; **~ngänger** *m* zahorí *m*

wünschen ['vʏnʃən] *v/t* **1** (*begehren*) desear; *sehnsüchtig* anhelar; (*wollen*) querer; ***ich wünsche mir ein Fahrrad*** quiero una bicicleta; (***viel***) ***zu ~ übrig lassen*** dejar (mucho) que desear; ***Sie ~?*** ¿qué desea?; **2** (*herbei~*) desear; ***ich wünsche euch e-e gute Reise*** os deseo buen viaje; ***j-m frohe Ostern ~*** desear felices pascuas a alg

'wünschenswert *adj* deseable

'wunsch|gemäß *adv* conforme a mis, sus, *etc* deseos; **~kind** *n* hijo *m* deseado; **~kon-**

zert *n* RADIO concierto *m* a petición de los radioyentes
'wunschlos *adv* **~ *glücklich*** completamente feliz
'Wunsch|traum *m* ideal *f*, ilusión *f*; **~zettel** *m* lista *f* de regalos deseados
Würde ['vʏrdə] *f* dignidad *f*; ***das ist unter meiner ~*** eso es indigno de mí; ***zu höchsten ~n gelangen*** llegar a las dignidades más altas
'würdelos *adj* sin dignidad, indigno
'Würdenträger *m* dignatario *m*
'würdevoll *adj* grave, solemne, majestuoso
'würdig I *adj* **1** (*wert*) digno; ***j-s, e-r Sache ~ sein*** ser digno de alg, a/c; **2** (*würdevoll*) digno; (*ehrwürdig*) respetable, venerable; **II** *adv* **3** (*angemessen*) como es debido; **4** (*würdevoll*) dignamente
'würdigen *v/t* **1** ***j-n keines Blickes ~*** no dignarse a mirar a la cara a alg; **2** (*anerkennen*) valorar; (*schätzen*) apreciar
'Würdigung *f* apreciación *f*
Wurf [vʊrf] *m* ⟨-(e)s; ⸚e⟩ **1** (*Werfen*) tiro *m*; SPORT lanzamiento *m*; *beim Würfeln* jugada *f*; **2** ZO camada *f*
Würfel ['vʏrfəl] *m* ⟨-s; -⟩ **1** MAT cubo *m*; **2** (*Spiel*♀) dado *m*; *fig* ***die ~ sind gefallen*** la suerte está echada; **3** (*Zucker*♀) terrón *m*
'Würfelbecher *m* cubilete *m*
'würfeln I *v/t* **1** ***e-e Sechs ~*** tirar un seis; **2** (*in Würfel schneiden*) cortar en cuadritos; **II** *v/i* **3** jugar a los dados; ***um etw ~*** jugar (a los dados) por a/c
'Würfel|spiel *n* juego *m* de dados; **~zucker** *m* azúcar *m* en terrones
'Wurf|geschoss *n* proyectil *m*; **~sendung** *f* propaganda *f* por correo, envío *m* colectivo
würgen ['vʏrgən] **I** *v/t* **1** ***j-n ~*** ahogar *od* sofocar *od* estrangular a alg; **II** *v/i* **2** ***an etw*** (*dat*) **~** tragar a/c con dificultad; **3** *vor dem Erbrechen* tener arcadas *od* náuseas
Wurm[1] [vʊrm] *m* ⟨-(e)s; ⸚er⟩ ZO gusano *m*; F *fig* ***da ist der ~ drin*** F ahí hay gato encerrado; F *fig* ***j-m die Würmer aus der Nase ziehen*** tirar a alg de la lengua
Wurm[2] F *n* ⟨-(e)s; ⸚er⟩ (*hilfloses Kind*) ***das arme ~*** la pobre criatura
'wurmen F *v/t* ***j-n ~*** dar rabia a alg, saberle mal a alg
'Wurm|fortsatz *m* ANAT apéndice *m* vermiforme; **♀stichig** *adj Holz* carcomido; *Obst* agusanado
Wurst [vʊrst] *f* ⟨-; ⸚e⟩ salchicha *f*; (*Hart*♀) salchichón *m*; (*Aufschnitt*) embutido *m*, fiambre *m*; F *fig* ***jetzt geht es um die ~*** es el momento crucial; F *fig* ***das ist mir ♀*** F me importa un pito *od* un rábano
Würstchen ['vʏrstçən] *n* ⟨-s; -⟩ **1** GASTR salchicha *f*; **2** F *desp* F don nadie *m*
'wursteln F *v/r* ***sich durchs Leben ~*** ir tirando por la vida, arreglárselas en la vida
'Wurst|finger F *desp pl* dedos *m/pl* gordos; **~haut** *f* pellejo *m*, piel *f*; **~salat** *m etwa* ensalada *f* de fiambre; **~waren** *pl* embutidos *m/pl*, fiambres *m/pl*; **~zipfel** *m* punta *f* de salchicha
Württemberg ['vʏrtəmbɛrk] *n* ⟨-s⟩ Wurtemberg *m*
Würze ['vʏrtsə] *f* **1** *Substanz* condimento *m*; (*Gewürz*) especia *f*; **2** (*würziger Geschmack*) sabor *m* (*a fig*); *fig a* sal *f*
Wurzel ['vʊrtsəl] *f* ⟨-; -n⟩ raíz *f* (*a fig*, MAT); ***~n schlagen*** *Pflanze* arraigar, echar raíces (*a fig*); MAT ***die ~ ziehen aus*** extraer la raíz de
'Wurzelbürste *f* cepillo *m* duro
'wurzeln *v/i* **1** BOT, *fig* arraigar (***in*** *+dat* en); **2** *fig* (*s-n Ursprung haben*) ***in etw*** (*dat*) **~** radicar en a/c
'Wurzelwerk *n* raigambre *f*, raíces *f/pl*
'würzen *v/t* **1** *Speisen* condimentar, sazonar, aromatizar (***mit*** con); **2** *fig* sazonar, dar interés a
'würzig *adj* sabroso; *dem Geruch nach* aromático
Wuschelkopf ['vuʃəl-] F *m* pelambrera *f*
Wust [vuːst] *m* ⟨-(e)s⟩ *desp* fárrago *m*, mezcolanza *f*
wüst [vyːst] *adj* **1** (*öde*) desierto, desolado; **2** (*unordentlich*) desordenado; ***ein ~es Durcheinander*** F un completo caos; **3** (*ausschweifend*) disipado, libertino; **4** (*grob, derb*) grosero
'Wüste *f* desierto *m* (*a fig*); F *fig* ***j-n in die ~ schicken*** poner a alg en la calle
'Wüsten|fuchs *m* fenec *m*, zorro *m* del desierto; **~sand** *m* arena *f* del desierto
'Wüstling *m* ⟨-s; -e⟩ libertino *m*
Wut [vuːt] *f* ⟨-⟩ rabia *f*; (*Zorn*) furia *f*; ***vor ~ schäumen*** rabiar; ***in ~*** (*acus*) ***geraten*** ponerse furioso, enfurecerse; ***j-n in ~*** (*acus*) ***bringen*** poner furioso a alg, enfurecer a alg
'Wutanfall *m* ataque *m* de rabia
wüten ['vyːtən] *v/i Feuer, Krieg, Randalierer, Seuche* causar estragos; ***der Sturm wütet über der Insel*** el temporal está asolando la isla
'wütend *adj* furioso, enfurecido, rabioso; ***~ werden*** enfurecerse; ***j-n ~ machen*** enfurecer a alg; ***auf j-n ~ sein*** estar furioso con alg
'wut|entbrannt *adjt* furibundo; **~schnaubend** *adjt u advl* echando pestes
Wz. *Abk* (*Warenzeichen*) marca *f* registrada

X

X, x [ɪks] *n* ⟨-; -⟩ X, x *f*; *fig* ***j-m ein X für ein U vormachen*** dar(le) a alg gato por liebre
'x-Achse *f* MAT eje *m* de abscisas
'X-Beine *pl* piernas *f/pl* en X
'x-beinig *adj* (pati)zambo
'x-be'liebig F *adj* cualquiera; ***e-e ~e Zahl, Taste*** *usw* un número, una tecla, *etc* cualquiera; ***jeder x-Beliebige*** cualquiera
'x-fach *adj* múltiple
'x-'mal F *adv* F mil veces; ***ich habe es ihm ~ gesagt*** se lo he dicho mil veces
XML-Doku'ment [ɪksˀɛm'ˀɛl-] *n* INFORM documento *m* XML
'x-te(r, -s) F *adj* enésimo
Xylophon [ksylo'foːn] *n* ⟨-s; -e⟩ xilófono *m*, xilofón *m*

Y

Y, y ['ʏpsilɔn] *n* ⟨-; -⟩ Y, y *f*
'y-Achse *f* MAT eje *m* de ordenadas
Yacht → ***Jacht***
Yen [jɛn] *m* ⟨-(s); -(s)⟩ *Währung* yen *m*
Yoga ['joga] *n od m* ⟨-(s)⟩ yoga *m*
Ypsilon ['ʏpsilɔn] *n* ⟨-(s); -s⟩ i *f* griega
Yucca ['jʊka] *f* ⟨-; -s⟩ BOT yuca *f*
Yuppie ['jʊpi] *m* ⟨-s; -s⟩ yuppie *m*

Z

Z, **z** [tsɛt] *n* ⟨-; -⟩ Z, z *f*
zack [tsak] F *int* **~, ~!** F ¡vamos, rápido!
Zack F *m* ***j-n auf ~ bringen*** poner a alg a trabajar; ***auf ~ sein*** ser muy eficiente
Zacke ['tsakə] *f* púa *f*; *e-s Sterns* punta *f*; TEC diente *m*
'Zacken *m* ⟨-s; -⟩ → ***Zacke***; F ***deswegen fällt dir kein ~ aus der Krone*** (por eso) no se te van a caer los anillos
'zackig *adj* **1** dentado, con púas; **2** *fig* (*schneidig*) arrojado, gallardo
'zaghaft *adj* (*ängstlich*) temeroso, tímido; (*zögernd*) vacilante
zäh [tsɛː] *adj* **1** resistente (*a fig*); *Flüssigkeit* espeso; *Fleisch* duro, correoso; **2** (*hartnäckig*) pertinaz; **3** *Unterhaltung* largo, pesado; **4** *Gesundheit* fuerte, resistente
'zähflüssig *adj* espeso, viscoso; ***~er Verkehr*** circulación *f* densa
'Zähigkeit *f* ⟨-⟩ tenacidad *f*; (*Widerstandsfähigkeit*) resistencia *f*, dureza *f*
Zahl [tsaːl] *f* ⟨-; -en⟩ número *m*; (*Ziffer*) cifra *f*; ***arabische, römische ~*** número arábigo, romano; ***rote ~en*** números *m/pl* rojos; ***zehn an der ~*** (en número de) diez; ***in großer ~*** en gran número; ***in den roten ~en sein*** estar en números rojos; ***schwarze ~en schreiben*** lograr beneficios
'zahlbar *adj* pagadero; (***in***) ***bar ~*** pagadero en efectivo; ***~ bei Lieferung*** pagadero a la entrega; ***~ innerhalb von 14 Tagen*** pagadero dentro de 15 días
zählbar ['tsɛːl-] *adj* contable
'zählebig *adj Tiere, Pflanzen* resistente; *Vorurteil* duradero, arraigado
'zahlen *v/t*, *v/i* pagar; *Rechnung*, *Schulden a* liquidar; ***bar ~*** pagar al contado; ***in Raten ~*** pagar a plazos; ***per Scheck ~*** pagar con cheque; ***im Voraus ~*** pagar por adelantado; *im Restaurant* ***bitte ~!*** ¡la cuenta, por favor!
'zählen I *v/t* contar; *Bevölkerung* hacer un censo de; *Stimmen* escrutar; ***j-n zu s-n Freunden ~*** contar a alg entre sus amigos; **II** *v/i* contar; ***auf j-n ~*** contar con alg; ***~ zu*** figurar entre; ***das zählt nicht*** eso no cuenta
'Zahlen|angaben *pl* datos *m/pl* numéricos; **~lotto** *n* lotería *f*; **2mäßig** *adj* numérico; **~schloss** *n* candado *m* de combinación
'Zähler *m* **1** (*Strom2*, *Gas2*) contador *m*; **2** MAT numerador *m*
'Zahl|karte *f* impreso *m od* formulario *m* para giro postal; **2los** *adj* incontable, innumerable; **2reich I** *adj* numeroso; **II** *adv* en gran número; **~stelle** *f* oficina *f* de pagos; (*Mautstelle*) estación *f* de peaje; **~tag** *m* día *m* de pago
'Zahlung *f* pago *m*; ***in ~ nehmen*** aceptar en pago; ***~ bei Auftragserteilung*** pago *m* al hacer el pedido; ***~ bei Erhalt der Rechnung*** pago *m* al recibir la factura; ***~ bei Lieferung*** *bzw* ***bei Erhalt*** pago *m* contra entrega (***der Ware*** de la mercancía); pago al recibir (la mercancía); ***~ per Nachnahme*** pago *m* contra re(e)mbolso; (***die***) ***~ erfolgt per, bei …*** el pago se efectúará por, a …; ***die ~en einstellen*** suspender los pagos; ***~en leisten*** efectuar pagos; ***die ~ stunden*** aplazar el pago; ***die ~ verweigern*** negarse a pagar; ***zur ~ auffordern*** requerir el pago; ***zur ~ vorlegen*** presentar al cobro
'Zählung *f* numeración *f*; *der Bevölkerung* censo *m*; *der Stimmen* recuento *m*
'Zahlungs|anweisung *f* orden *f* de pago; **~art** *f* modo *m* de pago; **~aufforderung** *f* requerimiento *m* de pago
'Zahlungsaufschub *m* prórroga *f*, moratoria *f*; ***e-n ~ gewähren*** conceder una moratoria
'Zahlungs|bedingungen *f/pl* condiciones *f/pl* de pago; **~beleg** *m* comprobante *m* de pago; **~bilanz** *f* balanza *f* de pagos; **~bilanzdefizit** *n* déficit *m* en *od* de la balanza de pagos; **~bilanzüberschuss** *m* superávit *m* en *od* de la balanza de pagos
'Zahlungseinstellung *f* suspensión *f* de pagos; ***die ~ erklären*** declararse en suspensión de pagos
'Zahlungs|empfänger *m* destinatario *m od* beneficiario *m* del pago; **~erinnerung** *f* recordatorio *m* de pago; **~erleichterung** *f* facilidad *f* de pago; **2fähig** *adj* solvente; **~fähigkeit** *f* solvencia *f*; **~frist** *f* plazo *m* de pago
'zahlungskräftig F *adj* adinerado, pudiente
'Zahlungsmittel *n* medio *m* de pago; ***gesetzliches ~*** moneda *f* (de curso) legal
'Zahlungs|modus *m* modo *m* de pago;

~moral *f* moral *f od* disposición *f* de pago; **~ort** *m* lugar *m* de pago; *e-s Wechsels* domicilio *m*; **~rückstand** *m* retraso *m* en el pago

'Zahlungsschwierigkeiten *pl* dificultades *f/pl* de pago; ***in ~ sein*** tener dificultades de pago

'Zahlungstermin *m* fecha *f* de pago

'zahlungsunfähig *adj* insolvente; ***für ~ erklären*** declararse insolvente

'Zahlungsunfähigkeit *f* insolvencia *f*

'Zahlungsverkehr *m* servicio *m* de pagos, operaciones *f/pl* de pago; ***elektronischer ~*** movimiento *m* electrónico de pagos

'Zahlungsverzug *m* retraso *m od* demora *f* en el pago

'Zahlungsverpflichtungen *f/pl* obligaciones *f/pl od* compromisos *m/pl* de pago; ***den ~ nicht nachkommen*** incumplir las obligaciones de pago

'Zahlungs|weise *f* modo *m* de pago; **~ziel** *n* plazo *m* de pago

'Zählwerk *n* contador *m*

'Zahlwort *n* ⟨-(e)s; -wörter⟩ numeral *m*

zahm [tsaːm] *adj* **1** *Tier* manso; *Haustier* doméstico, domesticado; **2** F *fig Person* dócil; *Kritik* suave

zähmen ['tsɛːmən] *v/t Tier amansar*; (*bändigen*) domar; (*zu e-m Haustier machen*) domesticar

'Zähmung *f von Tieren* amansamiento *m*; (*Bändigung*) doma *f*; *zum Haustier* domesticación *f*

Zahn [tsaːn] *m* ⟨-(e)s; ⸚e⟩ **1** diente *m*; (*Backen*♀) muela *f*; ***die dritten Zähne*** dentadura *f* postiza; ***sich*** (*dat*) ***die Zähne putzen*** lavarse los dientes; ***Zähne bekommen*** salir (-le) los dientes; ***die Zähne zusammenbeißen*** apretar los dientes (*a fig*); ***mit den Zähnen klappern*** castañetear (los dientes); ***mit den Zähnen knirschen*** rechinar los dientes; **2** *fig* F ***der ~ der Zeit*** los estragos del tiempo; F ***bis an die Zähne bewaffnet*** armado hasta los dientes; ***j-m auf den ~ fühlen*** tomar(le) el pulso a alg; F ***sich*** (*dat*) ***die Zähne an etw, j-m ausbeißen*** dejarse la piel por a/c, alg; **3** F ***e-n*** (***ganz schönen***) ***~ draufhaben*** F ir a toda pastilla

'Zahn|arzt *m*, **~ärztin** *f* dentista *m,f*, odontólogo, -a *m,f*; **♀ärztlich** *adj* odontológico, dental; **~belag** *m* sarro *m*, tártaro *m*; **~bürste** *f* cepillo *m* de dientes; **~creme** *f* → ***Zahnpasta***

'zähne|klappernd *advl* castañeteando; **~knirschend** *advl fig* a regañadientes

'zahnen *v/i* echar los dientes

'Zahn|ersatz *m* prótesis *f* (dental); **~fleisch** *n* encía(s) *f(pl)*; **~füllung** *f* empaste *m*; **♀los** *adj* desdentado, sin dientes; **~lücke** *f* mella *f*; **~medizin** *f* odontología *f*; **~pasta** *f* ⟨-; -sten⟩ pasta *f* de dientes, dentífrico *m*; **~pflege** *f* higiene *f* dental; **~prothese** *f* prótesis *f* (dental)

'Zahnrad *n* rueda *f* dentada; *kleines* piñón *m*; **~bahn** *f* ferrocarril *m* de cremallera

'Zahnschmelz *m* esmalte *m* dental

'Zahnschmerz *m* dolor *m* de muelas; ***~en haben*** tener dolor de muelas

'Zahn|seide *f* seda *f* dental; **~spange** *f* aparato *m* ortodóncico; **~stein** *m* sarro *m*; **~stocher** *m* palillo *m*, mondadientes *m*; **~stummel**, **~stumpf** *m* raíz *f*; **~techniker (-in)** *m(f)* protésico, -a *m,f* dental, mecánico, -a *m,f* dentista

Zaire [za'iːr] *n* ⟨-s⟩ HIST Zaire *m*

Zander ['tsandər] *m* lucioperca *m*

Zange ['tsaŋə] *f* **1** (*Kneif*♀) tenazas *f/pl*; (*Flach*♀) alicates *m/pl*; (*Geburts*♀) fórceps *m*; F *fig* ***j-n in die ~ nehmen*** apretar(le) las clavijas a alg; **2** ZO pinzas *f/pl*

Zank [tsaŋk] *m* ⟨-(e)s⟩ riña *f*; **'~apfel** *m* manzana *f* de la discordia

'zanken *v/r* ***sich*** (***mit j-m, um etw***) ***~*** reñir *od* pelearse (con alg, por a/c)

zänkisch ['tsɛŋkɪʃ] *adj* pendenciero, camorrista

Zäpfchen ['tsɛpfçən] *n* ⟨-s; -⟩ **1** ANAT campanilla *f*; *wiss* úvula *f*; **2** MED supositorio *m*

zapfen ['tsapfən] *v/t Wein, Bier* sacar

'Zapfen *m* ⟨-s; -⟩ **1** BOT piña *f*; **2** (*Eis*♀) témpano *m*; **3** *e-s Fasses* espita *f*, canilla *f*; **~streich** *m* MIL retreta *f*

'Zapf|hahn *m* espita *f*, canilla *f*; **~säule** *f* surtidor *m* de gasolina

zappelig ['tsapəlɪç] F *adj* inquieto; (*nervös*) nervioso

'zappeln *v/i* F agitarse; F *fig* ***j-n ~ lassen*** tener a alg en vilo

zappen ['tsapən] *v/i* TV hacer zapping

'zapplig → ***zappelig***

Zar [tsaːr] *m* ⟨-en; -en⟩ zar *m*

'Zarin *f* zarina *f*

zart [tsaːrt] *adj* **1** tierno (*a Fleisch*, *Gemüse*); *Gesundheit* delicado; *Stimme*, *Klang* fino, suave; *Gewebe* fino; *Farbe* suave, pálido; **2** (*zärtlich*) tierno; ***~ besaitet*** sensible; ***~ fühlend*** delicado

'zart|bitter *adj Schokolade* extrafino; **♀gefühl** *n* delicadeza *f*, tacto *m*

'Zartheit *f* ⟨-⟩ ternura *f*; *der Haut* finura *f*, suavidad *f*; *der Stimme* dulzura *f*; *e-s Gewebes* finura *f*

zärtlich ['tsɛːrtlɪç] *adj* tierno, afectuoso, cariñoso

'Zärtlichkeit *f* ternura *f*, cariño *m*; ***~en*** *pl* (*Liebkosungen*) caricias *f/pl*

'zartrosa *adj* rosa pálido

Zaster ['tsastər] F *m* ⟨-s⟩ F pasta *f*

Zäsur [tsɛ'zuːr] *f* **1** *Metrik* cesura *f*; **2** *fig* (*Einschnitt*) inciso *m*, paréntesis *m*
Zauber ['tsaʊbər] *m* **1** (*~handlung*) hechizo *m*, magia *f*; (*~kraft*) magia *f*; (*böser ~*) embrujo *m*; F *desp* ***fauler ~*** embuste *m*; **2** *fig* (*Reiz*) encanto *m*; (*Getue*) F pose *f*
Zaube'rei *f* **1** (*Zaubern*) magia *f*; **2** (*Zaubertrick*) truco *m*
'Zauber|er *m* mago *m* (*a im Zirkus*), hechicero *m*, brujo *m*; **~formel** *f* fórmula *f* mágica; **&haft** *adj* encantador; **~in** *f* maga *f*, hechicera *f*, bruja *f*; **~kraft** *f* poder *m* mágico, magia *f*; **~künstler** *m* prestidigitador *m*
'zaubern I *v/t* ***etw aus der Tasche ~*** sacarse a/c del bolsillo como por arte de magia; **II** *v/i* practicar la magia; *mit Zaubertricks* hacer juegos de manos
'Zauber|spruch *m* conjuro *m*, fórmula *f* mágica; **~stab** *m* varilla *f* mágica; **~trank** *m* filtro *m*; **~trick** *m* (obra *f* de) magia *f*, juego *m* de manos
zaudern ['tsaʊdərn] *geh v/i* vacilar, titubear (***etw zu tun*** sobre si hacer a/c)
Zaum [tsaʊm] *m* ⟨-(e)s; ⸚e⟩ brida *f*, freno *m*; *geh fig* ***im ~ halten*** refrenar
zäumen ['tsɔʏmən] *v/t* enfrenar, embridar
'Zaumzeug *n* brida *f*
Zaun [tsaʊn] *m* ⟨-(e)s; ⸚e⟩ cerca *f*, cercado *m*; *aus Pfählen* vallado *m*; ***e-n Streit vom ~ brechen*** buscar camorra
'Zaun|gast *m* espectador *m* de gorra, mirón *m*; **~könig** *m* ZO reyezuelo *m*
'Zaunpfahl *m* estaca *f*; F *fig* ***ein Wink mit dem ~*** una indirecta
z.B. *Abk* (*zum Beispiel*) p. ej. (*por ejemplo*)
ZDF [tsɛtdeː'ʔɛf] *n Abk* ⟨-⟩ (*Zweites Deutsches Fernsehen*) ZDF *f* (*segundo canal de la televisión alemana*)
Zebra ['tseːbra] *n* ⟨-s; -s⟩ cebra *f*; **~streifen** *m* paso *m* de cebra
Zeche ['tsɛçə] *f* **1** (*Rechnung*) cuenta *f*; F ***die ~ prellen*** irse sin pagar; F *fig* ***die ~ bezahlen müssen*** F tener que pagar el pato; **2** MIN mina *f*
'zech|en *v/i* beber; F empinar el codo; **&er** *m* bebedor *m*; **&preller** *m* cliente *m* que se va sin pagar; **&prelle'rei** *f* estafa *f* de consumición; F gorronería *f*
Zecke ['tsɛkə] *f* garrapata *f*
Zeder ['tseːdər] *f* ⟨-; -n⟩ cedro *m*
Zeh [tseː] *m* ⟨-s; -en⟩ → ***Zehe 1***
Zehe ['tseːə] *f* **1** dedo *m* del pie; ***große ~*** dedo *m* gordo; **2** (*Knoblauch&*) diente *m*
'Zehennagel *m* uña *f* del dedo del pie
'Zehenspitze *f* punta *f* del pie; ***auf ~n*** *gehen, stehen* de puntillas
zehn [tseːn] *núm/c* diez
Zehn *f* ⟨-; -en⟩ diez *m*
Zehn'centstück *n* moneda *f* de diez céntimos
'Zehner *m* **1** MAT decena *f*; **2** F → ***Zehncentstück, Zehneuroschein*** *usw*; **3** *regional* (*Zehn*) diez *m*; **~stelle** *f* decena *f*
Zehn'euroschein *m* billete *m* de diez euros
'zehn|fach I *adj* décuplo; *Vergrößerung, Betrag* diez veces más; **II** *adv* diez veces más; **~jährig** *adj* (*zehn Jahre alt*) de diez años; (*zehn Jahre lang*) durante diez años
'Zehn|jährige(r) *f(m)* ⟨→ A⟩ niño, -a *m,f* de diez años; **~kampf** *m* SPORT decatlón *m*; **~kämpfer** *m* décatleta *m*; **&mal** *adv* diez veces
Zehn'markschein *m* HIST billete *m* de diez marcos
zehnt [tseːnt] *adv* ***zu ~*** diez; ***zu ~ sein*** ser diez
'zehn'tausend *núm/c* diez mil
'zehnt|e(r, -s) *núm/o* décimo; **&el** *n* ⟨-s; -⟩ décimo *m*, décima parte *f*; **~ens** *adv* (en) décimo (lugar)
zehren ['tseːrən] *v/i* **1** ***von etw ~*** alimentarse de a/c; *fig* vivir de a/c; **2** *Sorge* ***an j-m ~*** consumir a alg
Zeichen ['tsaɪçən] *n* ⟨-s; -⟩ **1** signo *m* (*a Stern&*); *verabredetes* señal *f*; (*Kenn&*) marca *f*; (*Merkmal*) rasgo *m*; ***die ~ der Zeit*** los signos del tiempo; ***j-m ein ~ geben*** hacer una seña a alg; ***das ist ein gutes ~*** es buena señal; **2** (*Namens&*) sigla *f*; CHEM, MAT símbolo *m*; ADM *im Geschäftsbrief* ***Ihr ~*** su referencia; *Abk* s/ref.; ***unser ~*** nuestra referencia; *Abk* n/ref.; **3** MED síntoma *m*; *fig* (*An&*) *a* indicio *m*; **4** (*Beweis*) prueba *f*; ***zum ~, dass ...*** como muestra de ...
'Zeichen|bedarf *m* materiales *m/pl* de dibujo; **~block** *m* ⟨-(e)s; ⸚e *o* -s⟩ bloc *m* de dibujo; **~brett** *n* tablero *m* de dibujo; **~erklärung** *f* leyenda *f*; **~kohle** *f* carboncillo *m*; **~mappe** *f* carpeta *f* de dibujos; **~papier** *n* papel *m* de dibujo; **~satz** *m* INFORM conjunto *m* de caracteres; **~setzung** *f* ⟨-⟩ puntuación *f*; **~sprache** *f* lenguaje *m* por señas; **~stift** *m* lapicero *m*; **~tabelle** *f* INFORM tabla *f*, mapa *m* de caracteres; **~tisch** *m* mesa *f* de dibujo; **~trickfilm** *m* (película *f* de) dibujos *m/pl* animados; **~unterricht** *m* clase *f* de dibujo
zeichnen ['tsaɪçnən] **I** *v/t* **1** (*malen*) dibujar; *Linie* trazar; **2** (*kenn~*), *fig Sorge, Krankheit* marcar; **3** *bsd* COM (*unter~*) firmar; *e-e Anleihe* suscribir; **II** *v/i* **4** (*malen*) dibujar; **5** *bsd* COM firmar; *fig* ***für etw verantwortlich ~*** asumir la responsabilidad de a/c
'Zeichner(in) *m(f)* dibujante *m,f*; ***technischer ~*** delineante *m*
'zeichnerisch *adj* gráfico; ***~es Talent*** dotes

Z

f/pl para el dibujo

'Zeichnung *f* **1** (*Bild*, *Muster*) dibujo *m*; **2** *von Aktien usw* suscripción *f*; **2sberechtigt** *adj* autorizado para firmar *od* para suscribir

Zeigefinger ['tsaɪgə-] *m* índice *m*

'zeigen I *v/t* **1** enseñar, mostrar; (*zur Schau stellen*) exhibir; *Film* poner; **2** (*angeben*) indicar, marcar; **3** *Mut*, *Geduld* (de)mostrar; **4** F ***es j-m ~*** enseñarle a alg lo que es bueno; **II** *v/i* **5** ***auf j-n, etw ~*** señalar a alg, a/c; ***nach Norden ~*** indicar el Norte; *Uhrzeiger* ***auf 12 Uhr ~*** marcar las 12; **III** *v/r* ***sich ~*** **6** (*sich sehen lassen*) mostrarse, dejarse ver; (*erscheinen*) aparecer; ***sich von s-r besten Seite ~*** mostrar su mejor lado; **7** ***sich mutig*** *usw* ***~*** demostrar coraje, *etc*; **8** (*zutage treten*) manifestarse (***in*** *+dat* en); ***das wird sich bald ~*** ya se verá pronto

'Zeig|er *m* aguja *f*; TEC *a* manecilla *f*; **~estock** *m* puntero *m*

Zeile ['tsaɪlə] *f* **1** renglón *m*, línea *f* (*a* TV); ***neue ~*** punto y aparte; ***j-m ein paar ~n hinterlassen*** dejar una nota a alg; *fig* ***zwischen den ~n*** entre líneas; **2** *von Häusern* hilera *f*

'Zeilen|abstand *m* separación *f* entre líneas; TYPO interlínea *f*; **~anfang** *m* principio *m* de línea; **~breite** *f* anchura *f* de línea; **~ende** *n* fin *m* de línea; **~honorar** *n* remuneración *f* por línea; **~länge** *f* longitud *f* de línea; **~umbruch** *m* salto *m* de línea

Zeisig ['tsaɪzɪç] *m* ⟨-s; -e⟩ lugano *m*

zeit [tsaɪt] *prp* ⟨*+gen*⟩ ***~ s-s Lebens*** durante toda su vida

Zeit [tsaɪt] *f* ⟨-; -en⟩ **1** tiempo *m* (*a* GRAM); ***die ~ totschlagen*** matar el tiempo; ***das hat noch ~*** no corre prisa; ***j-m ~ lassen*** dar(le) tiempo a alg; ***sich*** (*dat*) ***~ lassen*** tomarse tiempo; ***viel ~ kosten*** costar mucho tiempo; SPORT (***von etw***) ***die ~ nehmen*** cronometrar (a/c); SPORT ***e-e gute ~ laufen*** correr una buena marca; ***du liebe ~!*** ¡Dios mío!; ***die ganze ~*** (***über***) todo el tiempo; ***e-e ~ lang*** durante algún tiempo; F SPORT ***auf ~ spielen*** intentar ganar tiempo; ***mit der ~*** con el (paso del) tiempo; ***nach einiger ~*** después de un tiempo; ***seit langer ~*** desde hace mucho tiempo; ***von ~ zu ~*** de vez en cuando; ***vor einiger ~*** hace algún tiempo; ***vor langer ~*** hace mucho tiempo; **2** (*~abschnitt*) tiempo *m*, período *m*; (*~alter*) *a* época *f*; ***schlechte ~en*** malos tiempos; ***die vorgeschichtliche ~*** la edad prehistórica; ***mit der ~ gehen*** ir con los tiempos; ***für alle ~en*** para siempre; ***in der heutigen ~*** hoy en día; ***in alten ~en*** en los viejos tiempos; ***zu keiner ~*** jamás; ***zu e-r ~, da ...*** en un tiempo en el que ….; ***zur ~*** (*+gen*) en tiempos de, en la época de; **3** (*~punkt*) momento *m*; (*Datum*) fecha *f*; (*Uhrzeit*) hora *f*; ***es ist*** (***an der***) ***~ zu*** (*+inf*) es hora de (*+inf*); ***es war höchste ~*** ya era hora; ***seit der ~, von der ~ an*** desde entonces; ***um welche ~?*** (*um wie viel Uhr*) ¿a qué hora?; ***nächstes Jahr um diese ~*** de hoy en un año; ***zur ~*** (*gegenwärtig*) → ***zurzeit***; ***zu gegebener ~*** en el momento oportuno; ***zu jeder ~*** en cualquier momento; ***zur rechten ~*** en el momento oportuno; ***zur gleichen ~*** a la misma hora; ***alles zu s-r ~*** cada cosa a su tiempo; **4** (*Jahres2*) estación *f*; **5** (*Frist*) plazo *m*; ***es sind zwei Tage über die ~*** se han pasado dos días del plazo

'Zeit|abschnitt *m* período *m*, época *f*; **~alter** *n* era *f*, edad *f*, época *f*, siglo *m*; **~angabe** *f* (*Datum*) fecha *f*; (*Uhrzeit*) hora *f*; **~ansage** *f im Radio* hora *f* exacta; *am Telefon* información *f* horaria

'Zeitarbeit *f* trabajo *m* temporal

'Zeitarbeits|firma *f* empresa *f* de trabajo temporal; **~kraft** *f* empleado, -a *m,f* temporal; ***Zeitarbeitskräfte*** *pl a* personal *m* temporal; **~unternehmen** *n* → ***Zeitarbeitsfirma***; **~vertrag** *m* contrato *m* de trabajo temporal

'Zeit|aufwand *m* tiempo *m* invertido; **~bombe** *f* bomba *f* de relojería; **~charter** *m* fletamiento *m* a plazo

'Zeitdruck *m* ***unter ~*** (***stehen***) (estar) bajo presión de tiempo

'Zeit|einteilung *f* distribución *f* de tiempo; **~erfassungsgerät** *n* reloj *m* para fichar; **~ersparnis** *f* ahorro *m* de tiempo; **~gefühl** *n* sentido *m* del tiempo; **~geist** *m* espíritu *m* de la época; **2gemäß** *adj* moderno, de actualidad; **~genosse** *m*, **~genossin** *f* contemporáneo, -a *m,f*; **2genössisch** *adj* contemporáneo; **~geschehen** *n* actualidad *f*; **~geschichte** *f* historia *f* contemporánea; **~gewinn** *m* ganancia *f* de tiempo, ahorro *m* de tiempo; **2gleich** *adv* SPORT simultáneamente (***mit*** a); **2ig I** *adj* temprano; **II** *adv* a tiempo, con tiempo; **2intensiv** *adj Arbeit*, *Verfahren* que exige mucho tiempo; **~karte** *f* abono *m*

zeit'lebens *adv* durante toda la vida

'zeitlich I *adj* **1** PHIL, GRAM, REL temporal; *geh* ***das 2e segnen*** entregar el alma; **2** ***~e Reihenfolge*** orden *m* cronológico; **II** *adv* **3** ***~ begrenzt*** de tiempo limitado, temporal

'Zeit|lohn *m* salario *m* por tiempo; **2los** *adj* independiente de la moda; **~lupe** *f* FILM cámara *f* lenta

'Zeitlupentempo *n* ***im ~*** a cámara lenta

'Zeitmangel *m* falta *f* de tiempo; ***aus ~*** por

falta de tiempo
'Zeitmessung *f* medición *f* de tiempo
'zeitnah *adj* actual, de actualidad
'Zeitnehmer *m* cronometrador *m*
'Zeitnot *f* ***in ~*** (*dat*) ***sein*** estar escaso de tiempo
'Zeit|plan *m* calendario *m* de trabajo, horario *m*; **~punkt** *m* momento *m*; (*Datum*) fecha *f*; **~raffer** *m* FILM cámara *f* rápida; **≈raubend** *adjt* largo, que exige mucho tiempo; **~raum** *m* espacio *m* de tiempo, período *m*
'Zeitrechnung *f* cronología *f*; ***vor unserer ~*** antes de Cristo
'Zeit|schaltuhr *f* minutero *m* automático; **~schrift** *f* revista *f*; **~schriftenverlag** *m* editorial *f* de revistas; **~spanne** *f* lapso *m* de tiempo; **≈sparend** *adjt* que ahorra tiempo; ***~ sein*** ahorrar tiempo
Zeitung ['tsaɪtʊŋ] *f* periódico *m*; (*Tages≈*) diario *m*; ***in der ~ stehen*** salir en el periódico
'Zeitungs|anzeige *f* anuncio *m* del periódico; **~artikel** *m* artículo *m* de periódico; **~austräger(in)** *m(f)* repartidor, a *m,f* de periódico; **~leser** *m* lector *m* de periódico; **~meldung** *f* nota *f* de prensa; **~papier** *n* papel *m* de periódico; **~ständer** *m* revistero *m*
'Zeit|unterschied *m in der Uhrzeit* diferencia *f* horaria; **~verlust** *m* pérdida *f* de tiempo; **~verschiebung** *f* diferencia *f* horaria; **~verschwendung** *f* pérdida *f* de tiempo; **≈versetzt** *adjt* retrasado; RADIO, TV diferido; **~vertrag** *m* contrato *m* temporal
'Zeitvertreib *m* ⟨-(e)s; -e⟩ pasatiempo *m*; ***zum ~*** para pasar el tiempo
'zeit|weilig *adj* temporal, provisional; **~weise** *adv* por momentos; (*zeitweilig*) temporalmente; **≈zone** *f* huso *m* horario; **≈zünder** *m* espoleta *f* retardada
zelebrieren [tsele'briːrən] *v/t* ⟨*sin* ge⟩ *Messe* celebrar
Zelle ['tsɛlə] *f* célula *f*; (*Raum*) celda *f*; (*Telefon≈*) cabina *f*
'Zell|stoff *m* celulosa *f*; **~teilung** *f* división *f* celular
Zellu|litis [tsɛlu'liːtɪs] *f* ⟨-; -'tiden⟩ celulitis *f*; **~loid** [-'lɔyt] *n* ⟨-(e)s⟩ celuloide *m*; **~lose** [-'loːzə] *f* celulosa *f*
Zelt [tsɛlt] *n* ⟨-(e)s; -e⟩ tienda *f* de campaña; *großes* entoldado *m*; (*Zirkus≈*) carpa *f*; *fig* ***s-e ~e abbrechen*** marcharse
'zelten *v/i* hacer camping, acampar
'Zelt|lager *n* campamento *m*; **~plane** *f* toldo *m*; **~platz** *m* campamento *m*, (terreno *m* de) camping *m*
Zement [tse'mɛnt] *m* ⟨-(e)s; -e⟩ cemento *m*; **~fabrik** *f* cementera *f*
zemen'tieren *v/t* ⟨*sin* ge⟩ cementar
Zenit [tse'niːt] *m* ⟨-(e)s⟩ cenit *m* (*a fig*)
zensieren [tsɛn'ziːrən] *v/t* ⟨*sin* ge⟩ **1** *Presse, Film* someter a censura; *durch Streichungen* censurar; **2** *Schule* calificar
Zen'sur *f* **1** (*Kontrolle*) censura *f*; **2** (*Note*) calificación *f*
Zentimeter *m od n* centímetro *m*
Zentner ['tsɛntnər] *m* **1** (*50 kg*) quintal *m*; **2** *österr, schweiz* (*100 kg*) quintal *m* métrico; **~last** *f fig* peso *m* abrumador; **≈schwer** *adj fig* abrumador
zen'tral *adj* central; (*~ gelegen*) céntrico
Zen'tralafrika *n* África *f* Central
zen'tralafrikanisch *adj* ***die ≈e Repu'blik*** la República Centroafricana
Zen'tralameri|ka *n* Centroamérica *f*; América *f* Central; **≈'kanisch** *adj* centroamericano
Zen'tralbank *f* ***Europäische ~*** Banco *m* Central Europeo; ***Spanische ~*** Banco *m* de España
Zen'tralcomputer *m* INFORM ordenador *m* central
Zen'trale *f* central *f* (*a* TEL)
Zen'tral|einheit *f* INFORM unidad *f* central; **~heizung** *f* calefacción *f* central
zentrali'sieren *v/t* ⟨*sin* ge⟩ centralizar
Zen'tral|komitee *n* POL comité *m* central; **~lager** *n* depósito *m* central; **~nervensystem** *n* sistema *m* nervioso central; **~rechner** *m* INFORM ordenador *m* central; **~verriegelung** *f im Auto* cierre *m* centralizado
zen'trieren *v/t* ⟨*sin* ge⟩ TEC centrar
Zentri|fugalkraft [tsɛntrifu'gaːl-] *f* fuerza *f* centrífuga; **~'fuge** *f* centrifugadora *f*
Zentrum ['tsɛntrʊm] *n* ⟨-s; -tren⟩ centro *m*
Zeppelin ['tsɛpəliːn] *m* ⟨-s; -e⟩ dirigible *m*, zepelín *m*
Zepter ['tsɛptər] *n od m* ⟨-s; -⟩ cetro *m*
zer|beißen [tsɛr'baɪsən] ⟨*irr, sin* ge⟩ romper con los dientes; **~'bersten** *v/i* ⟨*irr, sin* ge, sn⟩ reventar, estallar; **~'bomben** *v/t* ⟨*sin* ge⟩ bombardear; **~'brechen** ⟨*irr, sin* ge⟩ **I** *v/t* ⟨h⟩ romper, quebrar; **II** *v/i* ⟨sn⟩ quebrarse, romperse (*a fig Ehe*); **~'brechlich** *adj* frágil, quebradizo; **~'bröckeln** ⟨*sin* ge⟩ **I** *v/t* ⟨h⟩ desmenuzar; *Brot* desmigajar; **II** *v/i* ⟨sn⟩ desmenuzarse; *Brot* desmigajarse; *Mauer* desmoronarse; **~'drücken** *v/t* ⟨*sin* ge⟩ aplastar, chafar; *Kleid usw* arrugar
Zeremon|ie [tseremo'niː] *od* [-'moːniə] *f* ceremonia *f*; **~i'ell** *n* ⟨-s; -e⟩ ceremonial *m*; **≈i'ell** *adj* ceremonioso
Zer'fall *m* ⟨-(e)s; ⸚e⟩ **1** descomposición *f*; *e-s Gebäudes* desmoronamiento *m*; *e-s Reiches* ruina *f*; **2** NUCL desintegración *f*
zer'fallen *v/i* ⟨*irr, sin* ge, sn⟩ **1** descompo-

Z

nerse; *Gebäude* desmoronarse; **2** NUCL desintegrarse; *Reich a* dividirse
Zer'falls|erscheinung *f* síntoma *m* de decadencia; **~produkt** *n* NUCL producto *m* de desintegración
zer|'fetzen *v/t* ⟨*sin* ge⟩ desgarrar; **~'fleddert** *adjt Buch* destrozado; **~'fleischen** *v/t* ⟨*sin* ge⟩ despedazar; **~'fließen** *v/i* ⟨*irr, sin* ge, sn⟩ **1** (*schmelzen*) derretirse, fundirse; **2** *Konturen usw* deshacerse; **~'fressen** *v/t* ⟨*irr, sin* ge⟩ roer; CHEM corroer; **~'furcht** *adjt Stirn* arrugado, surcado de arrugas; **~'gehen** *v/i* ⟨*irr, sin* ge, sn⟩ derretirse, fundirse; **~'hacken** *v/t* ⟨*sin* ge⟩, **~'hauen** *v/t* ⟨*irr, sin* ge⟩ despedazar, partir; **~'kauen** *v/t* ⟨*sin* ge⟩ masticar (bien); **~'kleinern** *v/t* ⟨*sin* ge⟩ desmenuzar, partir; (*zermahlen*) triturar; **~klüftet** [-'klʏftət] *adjt* quebrado, escabroso; **~'knautschen** F *v/t* ⟨*sin* ge⟩ chafar, arrugar; **~'knirscht** *adjt* compungido; **~'knittern** *v/t* ⟨*sin* ge⟩ arrugar; **~'knüllen** *v/t* ⟨*sin* ge⟩ chafar, arrugar; **~'kocht** *adjt* pasado; **~'kratzen** *v/t* ⟨*sin* ge⟩ rasgar; *mit Krallen* arañar, rayar; **~'krümeln** *v/t* ⟨*sin* ge⟩ desmigajar; **~'lassen** *v/t* ⟨*irr, sin* ge⟩ *Fett* derretir
zer'legen *v/t* ⟨*sin* ge⟩ descomponer; *Maschine* desarmar, desmontar; *Fleisch* trinchar; ***etw in s-e Bestandteile ~*** desarmar a/c (por completo)
zer|'lumpt *adjt* harapiento, andrajoso; **~'mahlen** *v/t* ⟨*irr, sin* ge⟩ moler, triturar; **~malmen** [-'malmən] *v/t* ⟨*sin* ge⟩ aplastar; *fig* aniquilar
zer'martern *v/t* ⟨*sin* ge⟩ ***sich*** (*dat*) ***das Hirn, den Kopf ~*** devanarse los sesos
zer|'mürben *v/t* ⟨*sin* ge⟩ cansar, agotar, desmoralizar; **~'pflücken** *v/t* ⟨*sin* ge⟩ *Blume usw* deshojar; *fig* desmenuzar; **~'platzen** *v/i* ⟨*sin* ge, sn⟩ reventar, estallar; **~'quetschen** *v/t* ⟨*sin* ge⟩ machacar, aplastar
'Zerrbild *n* caricatura *f*
zer'reden *v/t* ⟨*sin* ge⟩ ***etw ~*** hablar demasiado de a/c
zer'reiben *v/t* ⟨*irr, sin* ge⟩ triturar; *zu Pulver* pulverizar
zer'reißen ⟨*irr, sin* ge⟩ **I** *v/t* ⟨h⟩ romper, desgarrar (*beide a fig*); (*zerfleischen*) despedazar; F *scherzh* ***ich kann mich doch nicht ~*** no puedo partirme; **II** *v/i* ⟨sn⟩ romperse, desgarrarse
Zer'reißprobe *f fig* dura prueba *f*
zerren ['tsɛrən] **I** *v/i* tirar (***an etw*** *dat* de a/c); (*schleppen*) arrastrar; **II** *v/t* MED ***sich*** (*dat*) ***e-n Muskel ~*** distenderse un músculo
zer'rinnen *v/i* ⟨*irr, sin* ge, sn⟩ deshacerse, derretirse; *fig a* quedarse en nada; ***das Geld zerrinnt ihm unter den Fingern*** se le va el dinero de las manos
zerrissen [tsɛr'rɪsən] *adjt* roto, desgarrado; *fig a* descontento
'Zerrung *f* MED distensión *f*
zerrütt|en [tsɛr'rʏtən] *v/t* ⟨*sin* ge⟩ *Finanzen, Gesundheit* arruinar; *Ehe a* desunir; **2ung** *f* ⟨-⟩ *der Finanzen, Gesundheit* ruina *f*; *e-r Ehe a* desunión *f*
zer|'sägen *v/t* ⟨*sin* ge⟩ serrar, cortar con la sierra; **~schellen** [-'ʃɛlən] *v/i* ⟨*sin* ge, sn⟩ *Schiff, Flugzeug* estrellarse (***an*** *+dat* contra)
zer'schlagen[1] ⟨*irr, sin* ge⟩ **I** *v/t* destruir, romper; *Geschirr* hacer pedazos; *Organisation* desarticular; **II** *v/r* ***sich ~*** *Pläne* romperse; *Hoffnungen* perderse
zer'schlagen[2] *adjt* ***ich fühle mich wie ~*** estoy hecho polvo
zer|'schmettern *v/t* ⟨*sin* ge⟩ romper (con violencia), destrozar; **~'schneiden** *v/t* ⟨*irr, sin* ge⟩ partir, cortar (en pedazos); **~schunden** [-'ʃʊndən] *adjt* arañado; **~'setzen** ⟨*sin* ge⟩ **I** *v/t* **1** CHEM descomponer, disolver; **2** *fig* desmoralizar; **II** *v/r* **3** ***sich ~*** CHEM descomponerse, disolverse; **2'setzung** *f* CHEM descomposición *f*, disolución *f*; *fig* desmoralización *f*; **~'splittern** *v/i* ⟨*sin* ge, sn⟩ hacerse astillas, astillarse; *Glas* hacerse añicos; **~'sprengen** *v/t* ⟨*sin* ge⟩ disipar, dispersar; **~'springen** *v/i* ⟨*irr, sin* ge, sn⟩ romperse; (*zerplatzen*) estallar, reventar; **~'stampfen** *v/t* ⟨*sin* ge⟩ triturar, machacar; **~stäuben** [-'ʃtɔʏbən] *v/t* ⟨*sin* ge⟩ pulverizar; *Parfüm a* vaporizar; *Flüssigkeit* atomizar; **2'stäuber** *m* pulverizador *m*; *für Parfüm* atomizador *m*
zer'stechen *v/t* ⟨*irr, sin* ge⟩ *Autoreifen* pinchar; ***von Mücken zerstochen*** picado por los mosquitos
zer'stör|en *v/t* ⟨*sin* ge⟩ destruir, destrozar (*a fig Glück*); **2er** *m Mensch*, MAR destructor *m*; **~erisch** *adj* destructor; **2ung** *f* destrucción *f*; **2ungswut** *f* vandalismo *m*
zer|'stoßen *v/t* ⟨*irr, sin* ge⟩ triturar; *im Mörser* machacar; **~'streuen** *v/t, v/r* ⟨*sin* ge⟩ (***sich***) **~ 1** *Menschenmenge* dispersar (-se); *Bedenken* disipar(se); **2** (*ablenken*) distraer(se); **~'streut** *adjt fig* distraido, despistado; **2'streutheit** *f* ⟨-⟩ distracción *f*; **2'streuung** *f* (*Ablenkung*) distracción *f*; (*Belustigung*) diversión *f*
zerstritten [tsɛr'ʃtrɪtən] *adjt* ***mit j-m ~ sein*** estar peleado con alg
zer|'stückeln *v/t* ⟨*sin* ge⟩ desmenuzar, despedazar; **~'teilen** *v/t, v/r* ⟨*sin* ge⟩ (***sich***) **~** dividir(se), partir(se)
Zertifi|kat [tsɛrtifi'kaːt] *n* ⟨-(e)s; -e⟩ certificado *m*; **2'zieren** *v/t* ⟨*sin* ge⟩ certificar; **~'zierung** *f* certificación *f*
Zertifi'zierungs|gemeinschaft *f* entidad *f*

Z

certificadora; **~programm** *n* programa *m* de certificación

zer|'trampeln *v/t* ⟨*sin* ge⟩ pisotear; **~'treten** *v/t* ⟨*irr, sin* ge⟩ aplastar, pisar; **~'trümmern** *v/t* ⟨*sin* ge⟩ destruir, destrozar, demoler

Zervelatwurst [tsɛrvə'laːt-] *f etwa* salchichón *m* fino, longaniza *f*

zer'wühlen *v/t* ⟨*sin* ge⟩ revolver (*a Haare*); *Bett* deshacer

Zerwürfnis [tsɛr'vʏrfnɪs] *geh n* ⟨-ses; -se⟩ desavenencia *f*

zer'zausen *v/t* ⟨*sin* ge⟩ ***j-m die Haare ~*** desmelenar a alg

zetern ['tseːtərn] F *v/i* poner el grito en el cielo

Zettel ['tsɛtəl] *m* ⟨-s; -⟩ hoja *f*, papelillo *m*; (*Notiz*♀) nota *f*; (*Anschlag*♀) cartel *m*; **~kasten** *m* fichero *m*

Zeug [tsɔʏk] *n* ⟨-(e)s; -e⟩ **1** F (*Sachen*) F cosas *f/pl*; *desp* (*Plunder*) F chismes *m/pl*; (*Geräte*) F útiles *m/pl*; *fig* ***was das ~ hält*** a más no poder; ***er hat das ~ zum Chef*** tiene madera de jefe; **2** F ***dummes ~!*** F ¡tonterías!; **3** (*Kleider*) ropa *f*, vestidos *m/pl*

Zeuge ['tsɔʏgə] *m* ⟨-n; -n⟩ testigo *m* (***der Anklage*** de la acusación); ***vor ~n*** (*dat*) ante testigos

'zeugen[1] *v/t* BIOL engendrar, procrear

'zeugen[2] *v/i fig* ***von etw ~*** demostrar a/c, evidenciar a/c

'Zeugenaussage *f* declaración *f* testimonial; ***e-e falsche ~ machen*** cometer falso testimonio

'Zeugen|stand *m* estrado *m* de testigos; **~vernehmung** *f* interrogatorio *m od* audición *f* de testigos

'Zeugin *f* testigo *f*

Zeugnis ['tsɔʏknɪs] *n* ⟨-ses; -se⟩ **1** *Bescheinigung*, (*Arbeits*♀) certificado *m*; *Schule* boletín *m* de notas; (*Diplom*) diploma *m*; ***j-m ein ~ ausstellen***, F ***schreiben*** dar un certificado a alg; **2** *geh* (*Aussage*) testimonio *m*; ***von etw ~ ablegen*** dar testimonio de a/c

'Zeugniskopie *f* copia *f* del certificado *bzw* diploma

'Zeugung *f* BIOL procreación *f*

'zeugungs|fähig *adj* capaz de engendrar, potente; **♀fähigkeit** *f* potencia *f* (procreadora); **~unfähig** *adj* estéril

z. H., z. Hd. *Abk* (*zu Händen*) a la atención de

Zicke ['tsɪkə] *f* **1** → ***Ziege***; **2** ***mach keine ~n!*** ¡déjate de tonterías!

'zickig F *desp adj* caprichoso

'Zicklein *n* ⟨-s; -⟩ cabrito *m*, chivo *m*

Zickzack ['tsɪktsak] *m* ⟨-(e)s; -e⟩ zigzag *m*, eses *f/pl*; ***im ~ laufen*** andar haciendo eses

Ziege ['tsiːgə] *f* **1** zo cabra *f*; **2** F *desp* ***alte ~*** F bruja *f*; ***dumme ~*** F tía *f* idiota

Ziegel ['tsiːgəl] *m* ⟨-s; -⟩ ladrillo *m*; (*Dach*♀) teja *f*; **~dach** *n* tejado *m*

Ziege'lei *f* fábrica *f* de ladrillos; *für Dachziegel* tejar *m*

'Ziegelstein *m* ladrillo *m*

'Ziegen|bart *m* barba *f* de macho cabrío; F (*Spitzbart*) barba *f* de chivo, perilla *f*; **~bock** *m* macho *m* cabrío; **~käse** *m* queso *m* de cabra; **~leder** *n* cabritilla *f*; **~peter** F *m* ⟨-s⟩ MED paperas *f/pl*

ziehen ['tsiːən] ⟨zog, gezogen⟩ **I** *v/t* **1** tirar; (*schleppen*) arrastrar; *Anhänger* remolcar; ***j-n am Ohr ~*** tirar a alg de la oreja; ***j-n an sich*** (*acus*) **~** estrechar a alg entre los brazos; *fig* ***die Blicke auf sich*** (*acus*) **~** atraer las miradas; ***etw durch etw ~*** pasar a/c por a/c; *fig* ***nach sich*** (*dat*) **~** acarrear, tener como consecuencia; **2** (*heraus~*) sacar (*a Zahn*), extraer (*a Wurzel*); ***etw aus der Tasche ~*** sacar a/c del bolso *bzw* del bolsillo; ***Zigaretten*** (***am Automaten***) **~** sacar cigarrillos (de la máquina); **3** *Linie* trazar; *Scheitel* hacer; *Graben* abrir; *Mauer* levantar; **4** *Pflanzen* cultivar; **5** *bei Brettspielen* mover; **6** ***ein Gesicht ~*** hacer muecas, poner la cara larga; **7** *fig* ***e-e Lehre aus etw ~*** sacar enseñanza de a/c; **II** *v/i* **8** tirar; ***an etw*** (*dat*) **~** tirar de a/c; **9** *Ofen*, *Pfeife*, *Auto* tirar; **10** F ***das zieht bei mir nicht*** eso no vale conmigo; **11** GASTR *Tee usw* ***~ lassen*** dejar reposar; **12** ⟨sn⟩ *Zugvögel* migrar (***nach*** a); *Personen* caminar, marchar; **13** ⟨sn⟩ (*um~*) mudarse; ***in die Stadt ~*** mudarse a la ciudad; ***aufs Land ~*** mudarse al campo; ***zu j-m ~*** irse a vivir con alg; **III** *v/r* **14** ***sich ~*** (*sich erstrecken*) extenderse; **IV** *v/imp* **15** ***es zieht hier*** hay corriente

'Ziehharmonika *f* acordeón *m*

'Ziehung *f* sorteo *m*

Ziel [tsiːl] *n* ⟨-(e)s; -e⟩ **1** *e-r Person*, *Handlung* meta *f* (*a* MIL); *fig a* fin *m*, objetivo *m*; (*Bestimmungsort*) destino *m*; ***sich*** (*dat*) ***ein ~ setzen*** ponerse una meta; ***sein ~ erreichen*** conseguir su objetivo; ***am ~ s-r Wünsche sein*** ver sus deseos cumplidos; ***über das ~ hinausschießen*** pasarse; **2** SPORT meta *f*; ***durchs ~ gehen*** atravesar la meta; **3** (*~scheibe*) diana *f*, blanco *m*

'zielbewusst *adj* consecuente, que sabe lo que quiere

'zielen *v/i* apuntar; ***auf den Kopf ~*** apuntar a la cabeza; *fig* ***auf j-n, etw ~*** aludir *od* referirse a alg, a a/c; ***das zielt auf dich*** eso va por ti

'Ziel|fernrohr *n* mira *f* telescópica; **~foto** *n* foto-finish *f*; **~gerade** *f* SPORT recta *f* final; **~gruppe** *f Werbung* grupo *m* de destino; **♀gruppenorientiert** *adj* orientado hacia el grupo de destino; **~hafen** *m* puerto *m* de destino; **~linie** *f* SPORT línea *f* de llegada *od* de meta; **&los** *adj u adv* sin rumbo fijo; **~scheibe** *f* blanco *m* (*a fig*); **~setzung** *f* finalidad *f*, objetivo *m*; **&sicher** *adj* **1** *Schütze* seguro; **2** *fig* firme; **&strebig** *adj* → ***zielbewusst***

ziemlich ['tsi:mlıç] **I** F *adj* **1** bastante grande, considerable; **II** *adv* **2** bastante, considerablemente; ***~ gut*** bastante bueno; ***~ viele Leute*** bastante gente; **3** F (*ungefähr*) más o menos, casi

Zier [tsi:r] *geh, poet f* ⟨-⟩, **'~de** *f* adorno *m*; *fig* honor *m*, gloria *f*; ***zur ~ dienen*** servir de adorno

'zieren I *geh v/t* adornar, decorar (***mit*** con); **II** *v/r **sich ~*** hacer remilgos *od* melindres

'Zier|fisch *m* pez *m* de acuario; **~leiste** *f* AUTO moldura *f*; **&lich** *adj* delicado; (*anmutig*) grácil; **~pflanze** *f* planta *f* ornamental *od* de adorno; **~stich** *m* MODE punto *m* fantasía

Ziffer ['tsıfər] *f* ⟨-; -n⟩ cifra *f*; ***in ~n*** en cifras

'Zifferblatt *n* esfera *f*

zig [tsıç] F *adj* ⟨*inv*⟩ infinidad de; ***es waren ~ Leute da*** había la mar de gente

Zigarette [tsiga'rɛtə] *f* cigarrillo *m*; F pitillo *m*

Ziga'retten|automat *m* máquina *f* expendedora de cigarrillos; **~etui** *n* pitillera *f*, petaca *f*; **~papier** *n* papel *m* de fumar; **~pause** F *f* pequeña pausa *f* (para fumar un cigarrillo); **~schachtel** *f* cajetilla *f* (de cigarrillos); **~spitze** *f* boquilla *f*; **~stummel** *m* F colilla *f*

Zigarillo [tsiga'rılo] *m od n* ⟨-s; -s⟩ purito *m*

Zigarre [tsi'garə] *f* puro *m*

Zi'garren|abschneider *m* cortapuros *m*; **~kiste** *f* caja *f* de puros

Zigeuner|(in) [tsi'gɔʏnər(ın)] *neg! m*(*f*) gitano, -a *m,f* (*a desp*); **~schnitzel** *n escalope en una salsa de pimiento, tomate y cebolla*

'zig|mal F *adv* F mil veces; **~tausend** F *núm/c* miles *m/pl*

Zikade [tsi'ka:də] *f* cigarra *f*

Zimmer ['tsımər] *n* ⟨-s; -⟩ cuarto *m*, habitación *f*; *großes* sala *f*; ***~ frei*** habitación *f* libre; ***ein ~ reservieren*** reservar una habitación; ***sein ~ abbestellen*** cancelar su reserva(ción); ***haben Sie ein ~ frei?*** ¿tienen una habitación libre?

'Zimmer|antenne *f* antena *f* interior; **~flucht** *f* ⟨-; -en⟩ serie *f* de habitaciones, suite *f*

'Zimmerlautstärke *f Radio* ***auf ~ stellen*** bajar la radio

'Zimmer|mädchen *n* camarera *f*; **~mann** *m* ⟨-(e)s; -leute⟩ carpintero *m*

'zimmern *v/t* hacer, construir

'Zimmer|pflanze *f* planta *f* de interior; **~reservierung** *f* reserva *f* de habitación; **~service** *m im Hotel* servicio *m* de habitaciones; **~temperatur** *f* temperatura *f* ambiente; **~vermittlung** *f* servicio *m* de alquiler de habitaciones

zimperlich ['tsımpərlıç] *adj* melindroso, delicado

Zimt [tsımt] *m* ⟨-(e)s; -e⟩ canela *f*

Zink [tsıŋk] *n* ⟨-(e)s⟩ cinc *m*, zinc *m*

Zinke ['tsıŋkə] *f* diente *m*, púa *f*

'zinken *v/t Spielkarten* marcar

Zinn [tsın] *n* estaño *m*

Zinne ['tsınə] *f* almena *f*

Zinnober [tsı'no:bər] *m* MINER cinabrio *m*; MAL bermellón *m*; **&rot** *adj* bermejo

'Zinnsoldat *m* soldado *m* de plomo

Zins [tsıns] *m* **1** ⟨-es; -en⟩ *auf Kapital mst pl* ***~en*** intereses *m/pl*; ***fester, variabler ~*** interés *m* fijo, variable; ***fällige ~en*** intereses *m/pl* vencidos, intereses *m/pl* debidos; **(*j-m*) *~en berechnen*** cargar intereses a alg; ***~en bringen*** dar *od* producir intereses; ***die ~en dem Kapital zuschlagen*** capitalizar los intereses; **2** ⟨-es; -e⟩ *südd, österr, schweiz* (*Miet&*) alquiler *m*

'Zins|abrechnung *f* liquidación *f* de intereses; **~abschlagssteuer** *f* retención *f* tributaria sobre los intereses; **~belastung** *f* carga *f* de los intereses; **~berechnung** *f* cálculo *m* de intereses; **~ertrag** *m* intereses *m/pl*; **~eszins** *m* ⟨-es; -en⟩ interés *m* compuesto; **~fuß** *m* tipo *m* de interés

'zinslos I *adj* libre de intereses; **II** *adv* sin intereses; ***~es Darlehen*** préstamo sin intereses

'Zinsrechnung *f* cálculo *m* de intereses

'Zinssatz *m* tipo *m* de interés; ***effektiver ~*** tipo *m* de interés efectivo; ***fester, variabler ~*** tipo *m* de interés fijo, variable

'Zinsverlust *m* pérdida *f* de intereses

Zio|nismus [tsio'nısmʊs] *m* ⟨-⟩ sionismo *m*; **~'nist(in)** *m*(*f*) sionista *m,f*; **&'nistisch** *adj* sionista

Zipfel ['tsıpfəl] *m* ⟨-s; -⟩ *e-s Tuches, der Wurst* punta *f* (*a fig e-s Landes*); *e-s Rocks* caída *f*; **~mütze** *f* gorro *m* de punta

Zipp® [tsıp] *m* ⟨-s; -s⟩, **~verschluss** *m österr* cremallera *f*

zippen ['tsıpən] *v/t* INFORM *Datei* zipear, comprimir

zirka ['tsırka] *adv* aproximadamente, cerca de

Zirkel ['tsırkəl] *m* ⟨-s; -⟩ **1** *Instrument* compás *m*; **2** *von Personen* círculo *m*

'zirkeln *v/t* medir con precisión

Zirku|lation [tsırkulatsi'o:n] *f* circulación *f*; **&'lieren** *v/i* ⟨*sin* ge, h *o* sn⟩ circular

Z

Zirkumflex [tsɪrkʊm'flɛks] *m* ⟨-es; -e⟩ LING circunflexo *m*
Zirkus ['tsɪrkʊs] *m* ⟨-; -se⟩ circo *m* (*a* F *fig*); **~zelt** *n* carpa *f* (de circo)
zirpen ['tsɪrpən] *v/i Zikaden* cantar; *Grillen* chirriar
zischen ['tsɪʃən] **I** *v/i Dampf, Tier, Person* silbar, sisear; *Fett* chisporrotear; **II** *v/t* F *fig* ***einen ~*** F irse de copas
ziselieren [tsizə'liːrən] *v/t* ⟨*sin* ge⟩ cincelar
Zisterne [tsɪs'tɛrnə] *f* cisterna *f*
Zitadelle [tsita'dɛlə] *f* ciudadela *f*
Zitat [tsi'taːt] *n* ⟨-(e)s; -e⟩ cita *f* (**aus** de)
Zither ['tsɪtər] *f* ⟨-; -n⟩ cítara *f*
zi'tieren *v/t* ⟨*sin* ge⟩ **1** *Autor, Worte* citar; **2** ***j-n zu sich ~*** llamar a alg
Zitronat [tsitro'naːt] *n* ⟨-(e)s; -e⟩ acitrón *m*
Zitrone [tsi'troːnə] *f* limón *m*; ***mit ~*** con limón
Zi'tronen|falter *m* zo cleopatra *f*; **~gelb** *adj* amarillo limón; **~limonade** *f* limonada *f*; **~presse** *f* exprimidor *m* (de limones); **~saft** *m* zumo *m* de limón; **~schale** *f* corteza *f od* cáscara de limón
Zitrusfrucht ['tsiːtrʊs-] *f* cítrico *m*
zitterig ['tsɪtərɪç] *adj* temblón; *Schrift* tembloroso
'zittern *v/i* temblar (**vor** +*dat* de); *vor Kälte a* tiritar; *stark* trepidar; ***vor j-m ~*** tener(le) miedo a alg
'Zitterpappel *f* álamo *m* temblón
'zittrig → ***zitterig***
Zitze ['tsɪtsə] *f* pezón *m*, teta *f*
Zivi ['tsiːvi] F *m* ⟨-s; -s⟩ objetor *m*
zivil [tsi'viːl] *adj* civil; *Preise* módico
Zi'vil *n* ⟨-s⟩ (*Kleidung*) ***in ~*** de paisano, de civil
Zi'vil|bevölkerung *f* población *f* civil; **~courage** *f* valor *m* cívico; **~dienst** *m* prestación *f* social sustitutoria
Zivilisati'on *f* civilización *f*
Zivilisati'onskrankheit *f* enfermedad *f* de la civilización
zivili'sieren *v/t* ⟨*sin* ge⟩ civilizar
Zivi'list(in) *m(f)* paisano, -a *m,f*, civil *m,f*
Zi'vil|klage *f* JUR acción *f* civil; **~kleidung** *f* traje *m* de paisano *od* civil; **~person** *f* paisano, -a *m,f*, civil *m,f*; **~prozess** *m* causa *f* civil, pleito *m*; **~schutz** *m* POL protección *f* civil
Zobel ['tsoːbəl] *m* ⟨-s; -⟩ zo, *Pelz* cebellina *f*
zocken ['tsɔkən] F *v/i* jugar (**um** por)
'Zocker F *m* jugador *m*
Zofe ['tsoːfə] *f* doncella *f*
Zoff [tsɔf] F *m* ⟨-s⟩ pelea *f*; ***~ machen*** armar pelea
zögerlich ['tsøːgərlɪç] *adj* titubeante, vacilante
'zögern *v/i* titubear, dudar (***etw zu tun*** en hacer a/c)
'Zögern *n* ⟨-s⟩ titubeo *m*, vacilación *f*; ***nach anfänglichem ~*** tras las dudas iniciales
Zögling ['tsøːklɪŋ] *m* ⟨-s; -e⟩ alumno, -a *m,f*
Zölibat [tsøli'baːt] *n od m* ⟨-(e)s⟩ celibato *m*
Zoll[1] [tsɔl] *m* ⟨-(e)s; ⸚e⟩ **1** *Behörde* aduana *f*; **2** *Abgabe* (derechos *m/pl* de) aduana *f*; (*~tarif*) aranceles *m/pl*; ***~ auf etw bezahlen, entrichten*** pagar aduana sobre a/c; ***Zölle festlegen, aufheben*** fijar, suprimir los aranceles aduaneros
Zoll[2] *m* ⟨-(e)s; -⟩ *Maßeinheit* pulgada *f*
'Zoll|abbau *m* desarme *m od* desmantelamiento *m* arancelario; **~abfertigung** *f* despacho *m* aduanero; **~abkommen** *n* acuerdo *m* aduanero; **~amt** *n* aduana *f*; **~anmeldung** *f* declaración *f* de aduana; **~aufsicht** *f* vigilancia *f* aduanera; **~beamte(r)** *m* funcionario *m* de aduanas; **~befreiung** *f* exención *f* arancelaria; **~bestimmungen** *f/pl* disposiciones *f/pl* aduaneras; **~deklaration** *f* declaración *f* de aduanas
'zollen *geh v/t* ***j-m Bewunderung ~*** tributar admiración a alg
'Zoll|erklärung *f* declaración *f* de aduana; **~fahnder** *m* policía *m* de aduanas; **~formalitäten** *f/pl* formalidades *f/pl* aduaneras; **~frei** *adj u adv* exento de aduana, exento de aranceles; **~freiheit** *f* franquicia *f od* exención *f* arancelaria; **~gebühr** *f* derecho *m* arancelario, derecho *m* aduanero, arancel *m* aduanero; **~grenze** *f* frontera *f* aduanera; **~grenzbezirk** *m* zona *f* aduanera fronteriza; **~gebiet** *n* territorio *m* aduanero; **~kontrolle** *f* control *m* de aduana; **~lager** *n* almacén *m* aduanero
Zöllner ['tsœlnər] *m* **1** aduanero *m*; **2** *Bibel* publicano *m*
'zoll|pflichtig *adj u adv* sujeto a aduana; **~präferenzen** *f/pl* preferencias *f/pl* aduaneras; **~schranken** *pl* barreras *f/pl* arancelarias; **~stelle** *f* aduana *f*
'Zollstock *m* metro *m* plegable
'Zoll|tarif *m* arancel *m*; tarifa *f* arancelaria; **~überwachung** *f* vigilancia *f* aduanera
'Zoll- und 'Handelsabkommen *n* ***Allgemeines ~*** Acuerdo *m* General sobre Aranceles y Comercio
'Zollunion *f* unión *f* aduanera
'Zollverschluss *m* precinto *m* aduanero; ***unter ~*** bajo precinto aduanero
Zombie ['tsɔmbi] *m* ⟨-(s); -s⟩ zombi *m*
Zone ['tsoːnə] *f* zona *f*
Zoo [tsoː] *m* ⟨-s; -s⟩ zoo *m*; **'~handlung** *f* tienda *f* de animales
Zoo|loge [tsoo'loːgə] *m* ⟨-n; -n⟩, **~'login** *f* zoólogo, -a *m,f*; **~lo'gie** *f* ⟨-⟩ zoología *f*
zoo'logisch *adj* zoológico; ***~er Garten*** jardín *m* zoológico

Zoom [zu:m] *n* ⟨-s; -s⟩ zoom *m*
Zopf [tsɔpf] *m* ⟨-(e)s; ⸚e⟩ trenza *f*; *fig* ***die alten Zöpfe abschneiden*** romper con las viejas costumbres
Zorn [tsɔrn] *m* ⟨-(e)s⟩ cólera *f*, ira *f*; **'~ausbruch** *m* ataque *m* de ira
'zornig *adj* airado, colérico; ***~ werden*** montar en cólera
Zote ['tso:tə] *f* obscenidad *f*
Zott|eln ['tsɔtəln] F *pl* mechones *m/pl*, greñas *f/pl*; **2(el)ig** *adj Haar* desgreñado; *Bart, Fell* hirsuto
z.T. *Abk* (*zum Teil*) en parte
zu [tsu:] **I** *prp* ⟨*+dat*⟩ **1** *örtlich* a; (*in Richtung nach*) *a* hacia; (*in j-s Wohnung*) a casa de; (*in j-s Nähe*) junto a, al lado de; ***~ Hause*** en casa; ***der Weg zum Bahnhof*** el camino a la estación; ***die Tür zum Garten*** la puerta al jardín; *geh* ***der Dom ~ Köln*** la catedral de Colonia; **2** *zeitlich* a, en, por; ***~ Mittag*** a mediodía; ***~ gleicher Zeit*** a la misma hora, al mismo tiempo; ***~ jener Zeit*** en aquella época; ***zum ersten Mal*** por primera vez; ***von Tag ~ Tag*** de día en día; **3** *Art u Weise* a; ***~ Fuß*** a pie; ***mir ist nicht zum Lachen*** no estoy para bromas; ***~ dritt sein*** ser tres; ***~ Hunderten*** a centenares; **4** *Preis* a; **5** *Verhältnis* a; SPORT ***fünf ~ drei gewinnen*** ganar cinco a tres; **6** *Ziel, Zweck* para; ***heißes Wasser zum Waschen*** agua caliente para lavar; **7** *Ergebnis* a; ***~ Eis werden*** convertirse en hielo, helarse; ***~ Pulver zerstoßen*** pulverizar; **8** *Verbindung* con; ***Weißwein zum Fisch trinken*** beber vino blanco con el pescado; **II** *adv* **9** (*allzu*) demasiado; ***~ sehr, ~ viel*** demasiado; ***das ist ~ viel*** eso es demasiado; ***einer ~ viel*** uno de más; ***~ wenig*** demasiado poco; ***einer ~ wenig*** uno de menos; **10** *Richtung* a; ***auf mich ~*** a mí, hacia mí; **11** F (*geschlossen*) cerrado; ***der Laden ist ~*** la tienda está cerrada; ***Augen ~!*** ¡cierra los ojos!; **III** *cj* **12** ***Haus ~ verkaufen*** se vende casa; ***ich habe ~ arbeiten*** tengo que trabajar, tengo trabajo; **13** *mit p/prs* ***ein kaum ~ erfüllender Wunsch*** un deseo difícil de cumplir
zu'aller|'erst *adv* en primer lugar, antes que nada; **~'letzt** *adv* en último lugar
'zubauen *v/t* ⟨*sep*⟩ cerrar con un edificio; *Aussicht* quitar
Zubehör ['tsu:bəhø:r] *n* ⟨-(e)s; -e⟩ *a* INFORM accesorios *m/pl*; **~teil** *n* accesorio *m*
'zu|beißen *v/i* ⟨*irr, sep*⟩ morder; **~bekommen** F *v/t* ⟨*irr, sep, sin* ge⟩ *Koffer, Tür* lograr cerrar; **~bereiten** *v/t* ⟨*sep, sin* ge⟩ preparar
'Zubereitung *f* preparación *f*
Zu'bettgehen *n* ⟨-s⟩ acostarse *m*; ***beim ~*** al acostarse
'zubilligen *v/t* ⟨*sep*⟩ ***j-m etw ~*** conceder a/c a alg
'zu|binden *v/t* ⟨*irr, sep*⟩ ligar, atar; **~bleiben** *v/i* ⟨*irr, sep*, sn⟩ quedar cerrado
'zublinzeln *v/i* ⟨*sep*⟩ ***j-m ~*** guiñar un ojo a alg
'zubringen *v/t* ⟨*irr, sep*⟩ *Zeit* pasar
'Zubringer *m* **1** (*Autobahn2*) acceso *m*; **2** *Verkehrsmittel* servicio *m* de enlace; **~bus** *m* autobús *m* para el servicio de enlace
Zucchini [tsu'ki:ni] *f* calabacín *m*
Zucht [tsuxt] *f* ⟨-; -en⟩ **1** *von Tieren* cría *f*; *von Pflanzen* cultivo *m*; **2** *Tiere* raza *f*; *Pflanzen* clase *f*; **3** *geh* ***~ und Ordnung*** disciplina *f*
'Zuchtbulle *m* toro *m* semental
züchten ['tsʏçtən] *v/t Tiere* criar; *Pflanzen* cultivar
'Züchter *m von Tieren* criador *m*; *von Pflanzen* cultivador *m*
'Zuchthaus *n früher* **1** presidio *m*; **2** (*~strafe*) pena *f* de presidio
'Zuchthengst *m* caballo *m* padre *od* semental
züchtig ['tsʏçtɪç] *geh adj* casto, púdico; **~en** *geh v/t* azotar, castigar
'Zuchtperle *f* perla *f* de cultivo
'Züchtung *f* → ***Zucht 1, 2***
zuckeln ['tsukəln] F *v/i* ⟨sn⟩ trotar
zucken ['tsukən] *v/i* **1** hacer un movimiento brusco; *Person*: *krampfhaft* tener convulsiones; (*zusammen~*) sobresaltarse; **2** *Blitz* caer; *Flammen* centellear
zücken ['tsʏkən] *v/t geh Degen* desenvainar; *Messer, scherzh Brieftasche* sacar
Zucker ['tsukər] *m* **1** azúcar *m od f*; **2** F MED ***~ haben*** tener diabetes
'Zuckerbrot *n* ***mit ~ und Peitsche*** con una de cal y otra de arena
'Zucker|dose *f* azucarero *m*; **~fabrik** *f* azucarera *f*; **~guss** *m* baño *m* de azúcar; **~hut** *m* pan *m* de azúcar; **2krank** *adj* diabético; **~krankheit** *f* diabetes *f*
Zuckerl ['tsukərl] *n* ⟨-s; -n⟩ *österr* **1** (*Bonbon*) caramelo *m*; **2** *fig* algo muy especial
'Zuckerlecken *n* F ***das ist kein ~*** F no es precisamente plato de buen gusto
'zuckern *v/t* azucarar
'Zucker|rohr *n* caña *f* de azúcar; **~rübe** *f* remolacha *f* azucarera; **'2'süß** *adj* **1** muy dulce; **2** *fig desp* meloso, empalagoso; **~watte** *f* algodón *m* dulce; **~zange** *f* tenacillas *f/pl* para el azúcar
'Zuckung *f* contracción *f*, convulsión *f*, palpitación *f*
'zudecken *v/t, v/r* ⟨*sep*⟩ (***sich***) ~ cubrir(se), tapar(se) (***mit*** con)
zu'dem *adv* además

'zudrehen *v/t* ⟨*sep*⟩ **1** *Ventil, Hahn* cerrar; **2** → ***zuwenden I***

'zudringlich *adj* impertinente, pesado; **~ *werden*** *Frauen gegenüber* propasarse

'Zudringlichkeit *f* impertinencia *f*, pesadez *f*

'zudrücken *v/t* ⟨*sep*⟩ cerrar

zuei'nander *adv* **~ *finden*** encontrarse; **~ *halten*** ayudarse; **~ *passen*** pegar; ***seid nett ~!*** ¡sed amables (el uno con el otro)!

'zuerkennen *v/t* ⟨*irr*, *sep*, *sin* ge⟩ atribuir; *Preis* conceder

zu'erst *adv* **1** (*als erster*) el primero; **2** (*an erster Stelle*) en primer lugar, primero; **~ *etw tun*** hacer primero a/c; **3** (*anfangs*) al principio

'zufahren *v/i* ⟨*irr*, *sep*, sn⟩ ***auf j-n, etw ~*** dirigirse hacia alg, a/c

'Zufahrt *f* acceso *m*

'Zufahrtsstraße *f* vía *f* de acceso

'Zufall *m* azar *m*, casualidad *f*; (*Zusammentreffen*) coincidencia *f*; ***glücklicher ~*** coincidencia *f* afortunada; ***reiner ~*** pura casualidad *f*; ***durch ~*** por casualidad

'zufallen *v/i* ⟨*irr*, *sep*, sn⟩ **1** *Tür, Deckel* cerrarse de golpe; **2 *j-m ~*** *Erbe* recaer en alg; *Aufgabe* corresponderle a alg

'zufällig I *adj* casual, accidental, fortuito; **II** *adv* casualmente, fortuitamente; ***rein ~*** por pura casualidad; **~ *j-n treffen*** encontrarse con alg por casualidad, tropezar con alg

'Zufalls|bekanntschaft *f* conocido *m* por casualidad; **~treffer** *m* acierto *m* fortuito

'zufassen *v/i* ⟨*sep*⟩ → ***zugreifen***

'zufliegen *v/i* ⟨*irr*, *sep*, sn⟩ **1** F *Tür* cerrarse de golpe; **2 *auf j-n, etw ~*** volar en dirección a alg, a/c; **3 *j-m ~*** *Vogel* meterse en casa a alg; *fig* ***alle Herzen flogen ihm zu*** se ganó todas las simpatías

'zufließen *v/i* ⟨*irr*, *sep*, sn⟩ ***e-r Sache ~*** *Fluss* correr hacia a/c; *fig Gelder* ser destinado a a/c

'Zuflucht *f* asilo *m*, refugio *m*; *vor Unwetter a* abrigo *m*; *fig* recurso *m*; ***zu etw s-e ~ nehmen*** recurrir a a/c, acogerse a a/c

'Zufluchtsort *m* refugio *m*

'Zufluss *m* (*Nebenfluss*) afluente *m*

'zuflüstern *v/t* ⟨*sep*⟩ ***j-m etw ~*** decir(le) a alg a/c al oído

zu'folge *prp* ⟨*detrás de un sustantivo en dativo*⟩ según, conforme a

zufrieden [tsu'friːdən] *adj* contento (***mit*** con, de); (**~** *gestellt*) satisfecho; ***sich mit etw ~ geben*** darse por satisfecho con a/c; ***j-n ~ lassen*** dejar en paz a alg; **~ *stellen*** satisfacer, complacer; **~ *stellend*** satisfactorio

Zu'friedenheit *f* ⟨-⟩ contento *m*; (*Befriedigung*) satisfacción *f*

'zufrieren *v/i* ⟨*irr*, *sep*, sn⟩ helarse

'zufügen *v/t* ⟨*sep*⟩ **1 *j-m etw ~*** *Schaden, Verluste* causar a/c a alg; *Niederlage* inflingir a/c a alg; **2** (*hin~*) añadir, agregar

Zufuhr ['tsuːfuːr] *f* ⟨-⟩ (*Versorgung*) abastecimiento *m*, suministro *m*; TEC alimentación *f*; *von Waren* entrada *f*

'zuführen ⟨*sep*⟩ **I** *v/t Luft usw* llevar, conducir; (*beschicken*) alimentar (***etw e-r Sache*** *dat* a/c con a/c); ***s-r Bestimmung*** (*dat*) **~** conducir a su destino; **II** *v/i* ***auf etw*** (*acus*) **~** llevar a a/c, conducir a a/c

Zug[1] [tsuːk] *m* ⟨-(e)s; ⸚e⟩ **1** *Bahn* tren *m*; **2** *von Personen* fila *f*; (*Umzug*) desfile *m*; *feierlicher* cortejo *m*; MIL pelotón *m*; **3** (*Marsch*) marcha *f*; (*Feld*≈) expedición *f*; (*Streif*≈, *Beute*≈) *a* campaña *f*; (*Durch*≈, *Vorbei*≈) pasaje *m*; *von Vögeln in den Süden* migración *f*; **4** (*Zugluft*) corriente *f* de aire; **5** *bei Öfen* tiro *m*; **6** (*Gesichts*≈, *Wesens*≈) rasgo *m*; ***das war kein schöner ~ von ihm*** no fue muy amable de su parte; **7** *fig* ***in groben*** *od* ***großen Zügen*** a grandes rasgos; **8** *advl* ***im ~e*** (+*gen*) en el curso de; **9** *beim Brettspiel* jugada *f*; *fig* ***nicht zum ~e kommen*** no tener ocasión de intervenir; *fig* **~ *um ~*** sin interrupción; **10** *beim Trinken* trago *m*; *beim Rauchen* calada *f*; ***in einem ~ leeren*** terminar de un trago; ***etw in vollen Zügen genießen*** disfrutar a fondo de a/c; F ***in den letzten Zügen liegen*** F estar en las últimas

Zug[2] *n* ⟨-s⟩ GEOGR Zug *m*

'Zugabe *f* **1** COM prima *f*, regalo *m*; **2** *e-s Künstlers* bis *m*; **~!** ¡otra!; **3** (*das Hinzufügen*) añadidura *f*

'Zugang *m* **1** (*Eingang, Eingangsweg, Zutritt*) acceso *m*, entrada *f*; ***freier ~ zum Markt*** libre acceso *m* al mercado; **~ *zu j-m haben*** tener acceso a alg; **2** → ***Neuzugang 1, 2***

zugänglich ['tsuːgɛŋlɪç] *adj* accesible (***für*** a); *fig a* abierto; ***leicht ~*** de fácil acceso

'Zugbrücke *f* puente *m* levadizo

'zugeben *v/t* ⟨*irr*, *sep*⟩ **1** (*hinzufügen*) añadir, agregar; **2** COM dar de añadidura; **3** *fig* (*einräumen*) conceder, admitir

zu'gegen *geh adv* ***bei etw ~ sein*** estar presente en a/c, asistir a a/c

'zugehen ⟨*irr*, *sep*, sn⟩ **I** *v/i* **1** F *Tür, Koffer, Knopf* cerrarse; **2 *auf j-n, etw ~*** acercarse a alg, a/c, dirigirse a alg, a/c; *v/imp* ***es geht auf den Winter zu*** llega el invierno; **3** ADM ***j-m ~*** (***lassen***) (hacer) llegar a alg; **II** *v/i*, *v/imp* **4** (*geschehen*) ocurrir, suceder; **5** ***es ging sehr lustig zu*** fue muy divertido

'zugehörig *adj* **~ *zu*** *od* (+*dat*) perteneciente a; POL afiliado a

Z

'Zugehörigkeit *f* ⟨-⟩ pertenencia *f* (***zu*** a)
'zugeknöpft F *fig adjt* reservado, poco comunicativo
Zügel ['tsy:gəl] *m* ⟨-s; -⟩ rienda *f*, brida *f*; *fig* ***die ~ fest in der Hand haben*** tener la sartén por el mango
'zügellos *adj Leidenschaft*, *Leben* desenfrenado; **2igkeit** *f Zustand* libertinaje *m*; *Verhalten* desenfreno *m*
'zügeln *v/t Pferd* tirar de las riendas, refrenar; *fig a* contener, frenar
'Zugereiste(r) *f(m)* ⟨→ A⟩ advenedizo, -a *m,f*
'zugesellen *v/r* ***sich j-m ~*** unirse a alg
'Zugeständnis *n* concesión *f* (***an*** *+acus* a)
'zugestehen *v/t* ⟨*irr*, *sep*, *p/p* zugestanden⟩ ***j-m etw ~*** conceder a/c a alg
'zugetan *geh adj* ***j-m ~ sein*** sentir simpatía por alg
'Zugewinn *m* ganancia *f* (***an*** *+dat* en); JUR bienes *m/pl* gananciales
'Zugführer *m* **1** *Eisenbahn* jefe *m* de tren; **2** MIL cabo *m* de sección
'zugießen *v/t* ⟨*irr*, *sep*⟩ añadir, echar más
'zugig *adj* expuesto a la corriente de aire
zügig ['tsy:gɪç] **I** *adj* fluido; **II** *adv* a buen paso
'Zug|kraft *f* **1** PHYS fuerza *f* de tracción; **2** *fig* atractivo *m*; **2kräftig** *adj fig* atractivo
zu'gleich *adv* a la vez, al mismo tiempo
'Zug|luft *f* corriente *f* de aire; **~maschine** *f* tractor *m*; **~pferd** *n* **1** caballo *m* de tiro; **2** *fig* atracción *f*
'zugreifen *v/i* ⟨*irr*, *sep*⟩ **1** (*ergreifen*) agarrar, coger, asir; INFORM ***auf Daten ~*** (***können***) (poder) acceder a datos; **2** *bei Tisch* servirse; **3** *fig* aprovechar la oportunidad; **4** *fig* (*helfen*) echar una mano
'Zugriff *m* **1** (*Ergreifen*) toma *f*; ***sich j-s ~ entziehen*** escapar a alg; **2** (*Zugang*), INFORM acceso *m* (***auf*** *+acus* a)
'zugriffs|berechtigt *adj* INFORM con autorización *od* con derecho de acceso; **2berechtigung** *f* autorización *f* de acceso; **2geschwindigkeit** *f* velocidad *f* de acceso; **2möglichkeit** *f* posibilidad *f* de acceso; **2zeit** *f* tiempo *m* de acceso
zu'grunde *adv* **1** ***~ gehen*** *Mensch* perecer (***an*** *+dat* de), arruinarse; *Kultur* perderse; ***~ richten*** echar a perder, arruinar; **2** ***etw*** (***e-r Sache*** *dat*) ***~ legen*** tomar a/c como base (de a/c)
'Zugschaffner *m* revisor *m*
'Zugtier *n* animal *m od* bestia *f* de tiro
'zugucken F *v/i* ⟨*sep*⟩ → ***zusehen***
'Zugunglück *n* accidente *m* ferroviario
zu'gunsten *prp* ⟨*+gen*⟩ *u adv* ***~ von*** en favor de
zu'gute *adv geh* ***j-m etw ~ halten*** tener(le) en cuenta a/c a alg; ***j-m ~ kommen*** servir a alg, beneficiar a alg
'Zug|verbindung *f* enlace *m*; **~verkehr** *m* tráfico *m* ferroviario, servicio *m* de trenes
'Zugvogel *m* ave *f* de paso
'zuhaben F *v/i* ⟨*irr*, *sep*⟩ tener cerrado
'zuhalten *v/t* ⟨*irr*, *sep*⟩ *Tür* mantener cerrado; ***j-m den Mund ~*** tapar(le) a alg la boca; ***sich*** (*dat*) ***die Ohren, die Nase ~*** taparse los oídos, la nariz
Zuhälter ['tsu:hɛltər] *m* JUR proxeneta *m*; F chulo *m*
'zuhängen *v/t* ⟨*sep*⟩ cubrir (con una cortina, *etc*)
Zu'hause *n* ⟨-(s)⟩ hogar *m*, casa *f*
Zuhilfenahme [tsu'hɪlfəna:mə] *f* ⟨-⟩ ***unter ~ von ...*** con ayuda de ..., valiéndose de ...
'zuhören *v/i* ⟨*sep*⟩ escuchar (***j-m*** a alg)
'Zuhörer|(in) *m(f)* oyente *m,f*; **~schaft** *f* ⟨-⟩ audiencia *f*
'zujubeln *v/i* ⟨*sep*⟩ ***j-m ~*** aclamar a alg, vitorear a alg
'zukehren *v/t* ⟨*sep*⟩ ***j-m den Rücken ~*** volver a alg la espalda
'zu|klappen ⟨*sep*⟩ **I** *v/t* ⟨*h*⟩ *Deckel*, *Wagentür cerrar de golpe*; **II** *v/i* ⟨sn⟩ *Deckel*, *Wagentür* cerrarse de golpe; **~kleben** *v/t* ⟨*sep*⟩ pegar; *Briefumschlag* cerrar; **~knallen** ⟨*sep*⟩ F **I** *v/t* ⟨h⟩ cerrar de golpe; **II** *v/i* ⟨sn⟩ cerrarse de golpe; *Tür* dar un portazo; **~knöpfen** *v/t* ⟨*sep*⟩ abotonar
'zukommen *v/i* ⟨*irr*, *sep*, sn⟩ **1** ***auf j-n ~*** dirigirse a alg, acercarse a alg; (*j-m bevorstehen*) esperarle a alg; *fig* ***die Dinge auf sich*** (*acus*) ***~ lassen*** dejar venir las cosas; **2** *geh* ***j-m etw ~ lassen*** hacer llegar a/c a alg; **3** ***j-m ~*** (*gebühren*) corresponder a alg
'zukriegen F *v/t* ⟨*sep*⟩ → ***zubekommen***
Zukunft ['tsu:kʊnft] *f* ⟨-⟩ porvenir *m*, futuro *m* (*a* GRAM); ***in ~*** en el futuro; (*von jetzt ab*) de ahora en adelante; ***in naher ~*** en un futuro próximo; *Beruf* ***mit ~*** con futuro
zukünftig ['tsu:kʏnftɪç] **I** *adj* futuro, venidero; **II** *adv* en el futuro
'Zukünftige(r) F *f(m)* ⟨→ A⟩ (*künftiger Ehepartner*) futuro, -a *m,f*
'Zukunfts|branche *f* ramo *m* con futuro; **~forschung** *f* ⟨-⟩ futurología *f*; **~markt** *m* mercado *m* del futuro; **~musik** F *f* ⟨-⟩ música *f* celestial *od* del futuro; **~pläne** *pl* planes *m/pl* para el futuro; **~roman** *m* novela *f* de ciencia ficción; **2trächtig** *adj* ***~ sein*** tener un buen futuro
'zulächeln *v/i* ⟨*sep*⟩ ***j-m ~*** sonreír a alg
'Zulage *f* (*Erhöhung*) aumento *m*, mejora *f*; (*Gefahren2*, *Schmutz2*) suplemento *m*, plus *m* (***für*** por)
'zulangen F *v/i* ⟨*sep*⟩ *bei Tisch* servirse
'zulassen[1] F *v/t* ⟨*irr*, *sep*⟩ *Tür usw* dejar

cerrado

'zulassen[2] *v/t* ⟨*irr, sep*⟩ **1** (*den Zutritt erlauben*) admitir, permitir la entrada (***zu*** a); **2** (*erlauben*) permitir, admitir; ***e-e Ausnahme ~*** permitir una excepción; **3** ***zu e-r Prüfung ~*** admitir a examen; **4** ***als Anwalt ~*** autorizar a ejercer como abogado; **5** ADM *Fahrzeug* matricular; ***auf j-s Namen*** (*acus*) ***zugelassen sein*** estar matriculado a nombre de alg

zulässig ['tsuːlɛsɪç] *adj* admisible; (*erlaubt*) autorizado; JUR lícito

'Zulassung *f* **1** admisión *f* (***zum Studium*** a la universidad); **2** ***~ als Anwalt*** permiso *m* para ejercer como abogado; **3** ADM *e-s Fahrzeugs* permiso *m* de circulación

'Zulassungsstelle *f* matriculación *f*

zu'lasten *prp* ⟨+*gen*⟩ *u adv* ***~ von*** a cargo de; FIN *a* a cuenta de; ***~ j-s gehen*** ir a cargo *bzw* a cuenta de alg

'Zulauf *m* ***großen ~ haben*** *Veranstaltung* estar muy concurrido, atraer mucho público; *Geschäft, Arzt* tener mucha clientela

'zulaufen *v/i* ⟨*irr, sep*, sn⟩ **1** *Wasser in ein Becken* afluir, correr; **2** ***spitz ~*** terminar en punta; **3** ***auf j-n ~*** correr hacia alg; **4** ***uns ist ein Hund zugelaufen*** se nos metió un perro en casa

'zulegen ⟨*sep*⟩ **I** *v/t* **1** F (*hinzufügen*) añadir; **2** ***sich*** (*dat*) ***etw ~*** comprarse a/c; ***sich*** (*dat*) ***e-n Bart ~*** dejarse barba; **III** F *v/i* **3** *an Gewicht* engordar; (***an Tempo***) ***~*** pisar el acelerador, meter caña

zu'leide *adv* ***j-m etwas ~ tun*** hacer daño a alg

'zuleiten *v/t* ⟨*sep*⟩ **1** *Wasser, Strom* llevar, conducir; **2** (*weitergeben*) ***j-m etw ~*** transmitir a/c a alg

'Zuleitung *f* TEC alimentación *f*; *von Wasser a* conducción *f*; (*Rohr*) tubería *f*

zu'letzt *adv* **1** (*als Letzter*) el último; ***~ kommen*** llegar el último; **2** (*an letzter Stelle*) en último lugar, último; **3** (*zum Schluss*) finalmente, por fin; ***bis ~*** hasta el final; ***immer an sich*** (*acus*) ***selbst ~ denken*** pensar siempre en los demás antes que en uno mismo; **4** F (*zum letzten Mal*) por última vez; **5** → ***letztlich***

zu'liebe *adv* ***j-m, e-r Sache ~*** por amor a alg, a/c

'Zuliefer|betrieb *m* proveedor *m*, suministrador *m*; **~er** *m* suministrador *m*; **~industrie** *f* industria *f* suministradora

zum [tsʊm] ***= zu dem***

'zumachen ⟨*sep*⟩ **I** *v/t* cerrar; *Jacke usw* abrochar; ***kein Auge ~*** no pegar ojo; **II** *v/i* F *Geschäfte* cerrar

zu'mal I *adv* (*besonders*) sobre todo; **II** *cj* (*vor allem weil*) especialmente porque

'zumauern *v/t* ⟨*sep*⟩ tapiar, condenar

zu'meist *adv* en general, la mayoría de las veces

zu'mindest *adv* al menos, por lo menos

'zumutbar *adj* razonable

zu'mute *adv* ***ihr könnt euch denken, wie mir ~ war*** os podéis imaginar cómo me sentía; ***mir ist nicht nach Lachen ~*** no estoy para bromas

'zumuten *v/t* ⟨*sep*⟩ ***j-m etw ~*** exigir(le) a/c a alg; ***sich*** (*dat*) ***zu viel ~*** excederse

'Zumutung *f* exigencia *f* exagerada; ***dieses Essen ist e-e ~*** esta comida es imposible

zu'nächst *adv* (*vorerst*) por de pronto, de momento; (*zuerst*) en primer lugar, ante todo

'zu|nageln *v/t* ⟨*sep*⟩ clavar; **~nähen** *v/t* ⟨*sep*⟩ coser

Zunahme ['tsuːnaːmə] *f* incremento *m*, crecimiento *m*, aumento *m* (*a des Gewichts*)

'Zuname *m* apellido *m*

zündeln ['tsʏndəln] *v/i* jugar con fuego

zünden ['tsʏndən] **I** *v/t* encender, prender; *Rakete, Bombe* hacer explotar; **II** *v/i* encenderse, prenderse; *Bombe* explotar

'zündend *adjt Rede, Worte, Idee* brillante; *Rhythmus* excitante

Zunder ['tsʊndər] *m* ⟨-s⟩ yesca *f*; ***brennen wie ~*** arder como la paja; F *fig* ***j-m ~ geben*** (*j-n verprügeln*) dar una paliza a alg; (*j-n antreiben*) F meter prisa a alg

'Zünder *m* **1** *e-r Bombe* detonador *m*, espoleta *f*; **2** *österr a* → ***Zündholz***

'Zünd|holz *n* ⟨-es; ⸚er⟩ *bsd südd, österr, schweiz* cerilla *f*, fósforo *m*; **~kabel** *n* cable *m* de encendido; **~kerze** *f* bujía *f*; **~schloss** *n* contacto *m*; **~schlüssel** *m* llave *f* de contacto; **~schnur** *f* mecha *f*; **~stoff** *m* materia *f* inflamable; *fig* causa *f* de la discordia

'Zündung *f* encendido *m*

'zunehmen ⟨*irr, sep*⟩ **I** *v/t* **1** *an Gewicht* ***drei Kilo ~*** engordar tres kilos; **II** *v/i* **2** aumentar (***an*** +*dat* de); (*anwachsen*) crecer (*a Mond*); *Tag* alargarse; *Übel* agravarse; *Verkehr* intensificarse; **3** *Person* (*dicker werden*) engordar, aumentar de peso

'zunehmend I *adjt* ***~er Mond*** luna *f* creciente; ***in ~em Maße*** cada vez más; **II** *advl* ***es wird ~ kälter*** hace cada vez más frío

'zuneigen *v/r* ⟨*sep*⟩ ***sich j-m ~*** inclinarse hacia alg; ***sich dem Ende ~*** tocar a su fin

'Zuneigung *f* ⟨-⟩ inclinación *f*, afecto *m*, simpatía *f* (***zu*** a, hacia)

Zunft [tsʊnft] *f* ⟨-; ⸚e⟩ HIST gremio *m*, corporación *f*

zünftig ['tsʏnftɪç] *adj Lokal* bueno, auténtico; *Kleidung* adecuado

Zunge ['tsʊŋə] *f* **1** lengua *f*; ***e-e scharfe, spitze ~ haben*** tener la lengua afilada; ***sich***

Z

(*dat*) ***auf die ~ beißen*** morderse la lengua (*a fig*); ***auf der ~ zergehen*** deshacerse en la boca; ***das Wort liegt mir auf der ~*** tengo la palabra en la punta de la lengua; **2** MUS, *am Schuh* lengüeta *f*

züngeln ['tsʏŋəln] *v/i Schlange* mover la lengua; *Flammen* llamear

'Zungen|brecher F *m* trabalenguas *m*; **~kuss** *m* beso *m* de tornillo; **~spitze** *f* punta *f* de la lengua

Zünglein ['tsʏŋlaɪn] *n* ⟨-s; -⟩ *fig* ***das ~ an der Waage sein*** ser el fiel de la balanza

zu'nichte *adv* ***~ machen*** *Pläne* desbaratar; *Hoffnungen* frustrar

'zunicken *v/i* ⟨*sep*⟩ ***j-m ~*** hacer una seña *od* saludar con la cabeza a alg

zu'nutze *adv* ***sich*** (*dat*) ***etw ~ machen*** aprovecharse de a/c

zu'oberst *adv* en lo más alto, encima de todo; ***das Unterste ~ kehren*** volverlo todo patas arriba

'zu|ordnen *v/t* ⟨*sep*⟩ clasificar, coordinar; **~packen** *v/i* ⟨*sep*⟩ → ***zugreifen 1, 3, 4***

zupfen ['tsʊpfən] **I** *v/t* tirar; *Saite* puntear; *Unkraut* arrancar; ***j-n am Ärmel ~*** tirar de la manga a alg; **II** *v/i* ***an etw*** (*dat*) ***~*** tirar de a/c

'Zupfinstrument *n* instrumento *m* punteado

'zuprosten *v/i* ⟨*sep*⟩ ***j-m ~*** brindar por alg

zur [tsuːr] *od* [tsʊr] ***= zu der***

zu'rande *adv* ***mit etw ~ kommen*** poder con a/c

zu'rate *adv* ***j-n, etw ~ ziehen*** consultar a alg, a/c

'zuraten *v/i* ⟨*irr, sep*⟩ ***j-m ~, etw zu tun*** aconsejar a alg hacer a/c

'zurechnen *v/t* ⟨*sep*⟩ incluir en; (*zuschreiben*) atribuir; *Künstler* ***den Modernen zugerechnet werden*** formar parte de, incluirse entre los modernos

'zurechnungsfähig *adj* responsable de sus actos; **≈keit** *f* responsabilidad *f* sobre los actos, imputabilidad *f*

zu'recht|biegen F *v/t* ⟨*irr, sep*⟩ *fig Angelegenheit* arreglar; **~finden** *v/r* ⟨*irr, sep*⟩ ***sich ~*** orientarse

zu'rechtkommen *v/i* ⟨*irr, sep*, sn⟩ arreglárselas (***mit etw*** con a/c); ***mit j-m ~*** entenderse con alg

zu'rechtlegen *v/t* ⟨*sep*⟩ preparar, arreglar, disponer; *fig* ***sich*** (*dat*) ***etw ~*** *Antwort* prepararse a/c

zu'recht|machen ⟨*sep*⟩ **I** *v/t* arreglar, preparar; **II** *v/r* ***sich ~*** arreglarse; **~rücken** *v/t* ⟨*sep*⟩ poner bien; **~weisen** *v/t* ⟨*irr, sep*⟩ reprender

'zureden *v/i* ⟨*sep*⟩ ***j-m ~*** (***, etw zu tun***) tratar de persuadir a alg (de hacer a/c); ***j-m gut ~*** animar a alg

'zureiten ⟨*irr, sep*⟩ **I** *v/t* ⟨h⟩ *Pferd* domar; **II** *v/i* ⟨sn⟩ ***auf j-n, etw ~*** cabalgar hacia alg, a/c

Zürich ['tsyːrɪç] *n* ⟨-s⟩ Zurich *m*

'zurichten *v/t* ⟨*sep*⟩ **1** TEC (*einrichten*) ajustar; *Holz* labrar; *Leder* curtir; *Stoff* aprestar; **2** (*beschädigen*) estropear, echar a perder; F ***j-n schlimm, übel ~*** maltratar a alg, dejar maltrecho a alg

zürnen ['tsʏrnən] *geh v/i* ***j-m ~*** guardar rencor a alg

Zur'schaustellung *f* exhibición *f*; *desp* ostentación *f*

zurück [tsu'rʏk] *adv* **1** (*hinten*) atrás; ***~!*** ¡atrás!; **2** (*~geblieben*) retrasado, atrasado; **3** F ***mit etw ~ sein*** *im Rückstand* estar atrasado en a/c; **4** (*~gekehrt*) de vuelta; ***ich bin gleich wieder ~*** vuelvo enseguida; ***es gibt kein ≈*** (***mehr***) (ya) no hay vuelta atrás

zu'rückbehalten *v/t* ⟨*irr, sep, sin* ge⟩ **1** retener; *zu Unrecht* detentar; **2** *Schaden* guardar

zu'rückbekommen *v/t* ⟨*irr, sep, sin* ge⟩ recuperar; ***ich habe das Buch ~*** me han devuelto el libro

zu'rückbesinnen *v/r* ⟨*irr, sep, sin* ge⟩ ***sich auf etw*** (*acus*) ***~*** acordarse de a/c

zu'rück|beugen *v/t* ⟨*sep*⟩ doblar hacia atrás; *Kopf* reclinar; **~bilden** *v/r* ⟨*sep*⟩ ***sich ~*** atrofiarse

zu'rückbleiben *v/i* ⟨*irr, sep*, sn⟩ **1** (*nicht Schritt halten*) quedarse atrás, rezagarse; *Schüler in s-n Leistungen* quedarse retrasado; ***hinter j-s Erwartungen*** (*dat*) ***~*** no corresponder a las expectativas de alg; **2** (*übrig bleiben*) quedar

zu'rückblicken *v/i* ⟨*sep*⟩ mirar atrás; *fig* ***auf etw*** (*acus*) ***~*** pasar revista a a/c

zu'rück|bringen *v/t* ⟨*irr, sep*⟩ devolver (*a fig*); *Person* llevar a casa; **~datieren** *v/t* ⟨*sep, sin* ge⟩ antedatar

zu'rückdenken *v/i* ⟨*irr, sep*⟩ ***an etw, j-n ~*** recordar a/c, a alg

zu'rück|drängen *v/t* ⟨*sep*⟩ hacer retroceder; *fig* contener, reprimir; **~drehen** *v/t* ⟨*sep*⟩ volver hacia atrás; *Regler* bajar; **~dürfen** F *v/i* ⟨*irr, sep*⟩ poder volver; **~eilen** *v/i* ⟨*sep*, sn⟩ volver rápidamente; **~erhalten** *v/t* ⟨*irr, sep, sin* ge⟩ → ***zurückbekommen***

zu'rückerinnern *v/r* ⟨*sep, sin* ge⟩ ***sich an etw, j-n ~*** recordar a/c, a alg

zu'rück|erobern *v/t* ⟨*sep, sin* ge⟩ reconquistar (*a fig*); **~erstatten** *v/t* ⟨*sep, sin* ge⟩ devolver; *Auslagen* restituir; **~fahren** ⟨*irr, sep*⟩ **I** *v/t* ⟨h⟩ **1** llevar a casa; **II** *v/i* ⟨sn⟩ **2** regresar, volver; **3** *fig vor Schreck* retroceder (asustado)

Z

zu'rückfallen *v/i* ⟨*irr*, *sep*, sn⟩ **1** (*zurückbleiben*) quedarse atrás, rezagarse; SPORT ***auf den dritten Platz ~*** descender al tercer puesto; **2** *fig Vorwurf* ***auf j-n ~*** recaer sobre alg; **3** *fig* ***in etw*** (*acus*) **~** recaer en a/c; **4** (*nach hinten fallen*) caer hacia atrás

zu'rück|finden *v/i* ⟨*irr*, *sep*⟩ encontrar el camino de vuelta; **~fliegen** *v/i* ⟨*irr*, *sep*, sn⟩ volver en avión (***nach*** a); **~fordern** *v/t* ⟨*sep*⟩ reclamar, reivindicar

zu'rückführen ⟨*sep*⟩ **I** *v/t* **1** (*zurückbegleiten*) acompañar *od* llevar de vuelta; **2** *fig* ***auf etw*** (*acus*) **~** llevar a a/c; *Grund* atribuir a a/c; **II** *v/i* **3** *Weg* ***~ zu, auf*** (+*acus*) volver a

zu'rückgeben *v/t* ⟨*irr*, *sep*⟩ devolver, restituir

zu'rückgeblieben *adjt fig geistig* atrasado, retrasado, subnormal

zu'rückgehen *v/i* ⟨*irr*, *sep*, sn⟩ **1** volver; (*zurückweichen*) retroceder; (*rückwärts gehen*) ir hacia atrás; **2** ***~ lassen*** *Waren* devolver; **3** *Handel*, *Geschäfte* disminuir; *Hochwasser* bajar; *Fieber a* remitir; **4** ***auf etw*** (*acus*) **~** basarse en a/c, fundarse en a/c; ***auf j-n ~*** atribuirse a alg

zu'rückgewinnen *v/t* ⟨*irr*, *sep*, *sin* ge⟩ recuperar

zu'rückgezogen *adjt* ***ein ~es Leben führen*** llevar una vida retirada

zu'rückgreifen *v/i* ⟨*irr*, *sep*⟩ ***auf etw, j-n ~*** recurrir a a/c, alg

zu'rückhaben F *v/t* ⟨*irr*, *sep*⟩ volver a tener

zu'rückhalten ⟨*irr*, *sep*⟩ **I** *v/t* detener, retener; *zu Unrecht* detentar; *Gefühle* contener; **II** *v/i* ***mit etw ~*** abstenerse de a/c, disimular a/c; ***mit s-r Meinung nicht ~*** F no morderse la lengua; **III** *v/r* ***sich ~*** contenerse; (*sich zügeln*) reprimirse

zu'rückhaltend *adjt* reservado; ***~ sein***, *advl* ***sich ~ äußern*** mostrar reticencia

Zu'rückhaltung *f* ⟨-⟩ reserva *f*, recato *m*

zu'rück|holen *v/t* ⟨*sep*⟩ ir a buscar; **~kämmen** *v/t* ⟨*sep*⟩ *Haar* peinar hacia atrás; **~kaufen** *v/t* ⟨*sep*⟩ volver a comprar; **~kehren** *v/i* ⟨*sep*⟩ volver, regresar

zu'rückkommen *v/i* ⟨*irr*, *sep*, sn⟩ volver, regresar; *fig* ***auf etw*** (*acus*) **~** volver sobre a/c

zu'rückkönnen F *v/i* ⟨*irr*, *sep*⟩ (*zurückkehren können*) poder volver; (*zurückweichen können*) poder echarse atrás; *fig* ***nicht mehr ~*** ya no poder volver

zu'rück|kriegen F *v/t* ⟨*sep*⟩ → ***zurückbekommen***; **~lassen** *v/t* ⟨*sep*, *irr*⟩ dejar atrás, abandonar; **~laufen** *v/i* ⟨*irr*, *sep*, sn⟩ volver corriendo

zu'rücklegen ⟨*sep*⟩ **I** *v/t* **1** *Kopf* reclinar; **2** (*beiseite legen*, *reservieren*) reservar; ***Geld ~*** ahorrar dinero; **3** *Weg* recorrer; **4** (***auf s-n Platz***) **~** volver a poner en su sitio; **II** *v/r* **5** ***sich ~*** recostarse

zu'rücklehnen *v/r* ⟨*sep*⟩ ***sich ~*** recostarse

zu'rückliegen *v/i* ⟨*irr*, *sep*⟩ **1** ***einige Jahre ~*** haber sucedido hace algunos años; **2** SPORT estar atrás

zu'rück|melden *v/r* ⟨*sep*⟩ ***sich ~*** avisar de su regreso; **~müssen** F *v/i* ⟨*irr*, *sep*⟩ tener que volver *od* regresar; **~nehmen** *v/t* ⟨*irr*, *sep*⟩ **1** *Gegenstand*, *Ware* aceptar la devolución de; **2** *Beleidigung*, *Versprechen* retirar; *Geständnis* revocar; **~prallen** *v/i* ⟨*sep*, sn⟩ rebotar, resaltar; *fig* retroceder (asustado) (***von*** desde)

zu'rückreichen *v/i* ⟨*sep*⟩ ***weit ~*** remontarse muy lejos

zu'rück|rufen ⟨*irr*, *sep*⟩ **I** *v/t* **1** (*auffordern zurückzukommen*) hacer volver; **2** *als Antwort* contestar; **3** TEL devolver la llamada a, llamar (de vuelta); **II** *v/i* **4** TEL devolver la llamada, llamar (de vuelta); **~schalten** *v/i* ⟨*sep*⟩ *im Auto* reducir marchas; **~schauen** *v/i* ⟨*sep*⟩ *bsd südd*, *österr*, *schweiz* → ***zurückblicken***; **~schicken** *v/t* ⟨*sep*⟩ devolver, mandar de vuelta; *Person* hacer volver; **~schieben** *v/t* ⟨*irr*, *sep*⟩ empujar hacia atrás, apartar; **~schlagen** ⟨*irr*, *sep*⟩ **I** *v/t* **1** *Feind* rechazar, repeler; **2** *Bettdecke* apartar; *Kragen* doblar; **3** *Ball* devolver; **II** *v/i* **4** contraatacar (*a fig*); **~schrauben** *v/t* ⟨*sep*⟩ *Ansprüche* reducir; **~schrecken** *v/i* ⟨*sep*, sn⟩ asustarse (***vor etw*** *dat* de a/c), arredrarse (***vor etw*** *dat* ante a/c); **~schreiben** *v/t*, *v/i* ⟨*irr*, *sep*⟩ contestar por escrito

zu'rücksehnen *v/r* ***sich zu j-m, nach Madrid ~*** extrañar *od* añorar a alg, Madrid

zu'rücksenden *geh v/t* ⟨*irr*, *sep*⟩ → ***zurückschicken***

zu'rücksetzen ⟨*sep*⟩ **I** *v/t* **1** *Gegenstand* colocar hacia atrás; *Auto* mover para atrás; **2** *fig* ***j-n ~*** postergar a alg; **II** *v/i* **3** AUTO ir hacia atrás

Zu'rücksetzung *f* (*Ungerechtigkeiten*) injusticia *f*; *durch Bevorzugung e-s anderen* postergación *f*

zu'rück|spielen *v/t* ⟨*sep*⟩ *Ball* hacer un pase atrás; **~springen** *v/i* ⟨*irr*, *sep*, sn⟩ **1** dar un salto atrás; **2** *Ball* rebotar; **~spulen** *v/t* ⟨*sep*⟩ rebobinar; **~stecken** ⟨*sep*⟩ **I** *v/t* reponer; **II** *v/i* F *fig* moderarse

zu'rückstehen *v/i* ⟨*irr*, *sep*⟩ *Haus* estar detrás, quedar atrás; *fig* ***hinter j-m ~*** ser inferior a alg; ***~ müssen*** tener que ceder *bzw* renunciar

zu'rück|stellen *v/t* ⟨*sep*⟩ **1** (*nach hinten stellen*) poner atrás; **2** *an s-n Platz* poner en su sitio; **3** *Uhr* atrasar (***um e-e Stunde*** una hora); *Heizung* bajar; **4** → ***zurücklegen 2***; ***Wehrpflichtigen*** dar prórroga; **5**

(*verschieben*) aplazar; **6** (*hintanstellen*) postergar, poner en segundo plano; **~stoßen** *v/t* ⟨*irr, sep*⟩ repeler, rechazar; **~stufen** *v/t* ⟨*sep*⟩ degradar (**in** *+acus* a)

zu'rücktreten *v/i* ⟨*irr, sep*, sn⟩ **1** dar un paso atrás, retroceder; **~!** ¡atrás!; **2** (*verzichten*) renunciar (**von** a; *a* JUR), desistir (**von** de); ***von e-m Vertrag ~*** rescindir un contrato; **3** *fig* (*in den Hintergrund treten*) ser postergado, pasar a segundo plano; **4** *Regierung* dimitir; ***von s-m Amt ~*** dimitir de un cargo

zu'rückverfolgen *v/t* ⟨*sep, sin* ge⟩ remontar a sus orígenes

zu'rückversetzen ⟨*sep, sin* ge⟩ **I** *v/t in die Vergangenheit* trasladar, retrotraer; **II** *v/r* ***sich ~ in*** (*+acus*) retrotraerse a

zu'rück|weichen *v/i* ⟨*irr, sep*, sn⟩ retroceder, retirarse (***vor etw, j-m*** de a/c, alg); (*nachgeben*) ceder; **~weisen** *v/t* ⟨*irr, sep*⟩ *Bitte* denegar; *Vorwurf* rechazar; **~werfen** *v/t* ⟨*irr, sep*⟩ **1** echar atrás; *Ball* devolver; **2** (*reflektieren*) reflejar; *Schall* repercutir; **3** *Feind* rechazar, repeler; **4** *in e-r Entwicklung, e-e Arbeit* atrasar, poner en retraso; **~wollen** *v/i* ⟨*irr, sep*⟩ querer regresar

zu'rückzahlen *v/t* **1** devolver, reembolsar; **2** F *fig* ***es j-m ~*** devolvérsela a alg

zu'rückziehen ⟨*irr, sep*⟩ **I** *v/t* retirar (*a fig Bewerbung, Beschwerde*); *Kündigung* revocar; *Auftrag* anular; **II** *v/r* ***sich ~*** retirarse (*a* MIL); *fig* ***sich aus der Politik ~*** retirarse de la política

'Zuruf *m* grito *m*, llamada *f*; ***durch ~*** por aclamación

'zurufen *v/t* ⟨*irr, sep*⟩ ***j-m etw ~*** gritar a/c a alg

zur'zeit *adv* por el *od* de momento, actualmente

zus. *Abk* (*zusammen*) juntos

'Zusage *f auf e-e Einladung* aceptación *f*; (*Einwilligung*) consentimiento *m*; (*Versprechen*) promesa *f*

'zusagen ⟨*sep*⟩ **I** *v/t* **1** ***j-m etw ~*** prometer a/c a alg; **II** *v/i* **2** *auf e-e Einladung, ein Angebot* aceptar; **3** (*gefallen*) ***j-m ~*** gustar a alg

zusammen [tsu'zamən] *adv* juntos; (*gemeinsam*) *a* en común; (*im Ganzen*) en total; ***alle ~*** todos juntos; ***~ sein*** estar juntos; ***er besitzt mehr als alle anderen ~*** tiene más que todos los demás juntos

Zu'sammenarbeit *f* cooperación *f*, colaboración *f*

zu'sammen|arbeiten *v/i* ⟨*sep*⟩ cooperar, colaborar (***mit j-m*** con alg); **~ballen** **I** *v/t* aglomerar, concentrar; **II** *v/r* ***sich ~*** aglomerarse, concentrarse (*beide a fig*); **&bau** *m* montaje *m*, ensamblaje *m*; **~bauen** *v/t* ⟨*sep*⟩ montar, ensamblar; **~beißen** *v/t* ⟨*irr, sep*⟩ *Zähne* apretar; **~bekommen** *v/t* ⟨*irr, sep, sin* ge⟩ **1** (*ansammeln*), *Geld, Summe* (lograr) reunir; **2** F *fig im Gedächtnis* (lograr) recordar; **~binden** *v/t* ⟨*irr, sep*⟩ atar, juntar; *Haar* recoger; *zu e-m Bündel* liar; **~bleiben** *v/i* ⟨*irr, sep*, sn⟩ permanecer juntos

zu'sammenbrauen ⟨*sep*⟩ **I** *v/t* F *Getränk* mezclar; **II** *v/r* ***sich ~*** *Gewitter, Unangenehmes* cernerse; *fig* ***da braut sich was zusammen*** aquí se está tramando algo

zu'sammenbrechen *v/i* ⟨*irr, sep*, sn⟩ derrumbarse, desplomarse, hundirse (*a fig, seelisch*); *Versorgung(snetz)* sufrir un colapso; *Verkehr* paralizarse; *fig* ***für sie brach e-e Welt zusammen*** se le hundió el mundo

zu'sammenbringen *v/t* ⟨*irr, sep*⟩ reunir, juntar; *Personen* poner en contacto; (*näher bringen*) acercar

Zu'sammenbruch *m* derrumbamiento *m*, hundimiento *m* (*a fig*); *vor Erschöpfung* colapso *m*; FIN quiebra *f*; ***~ der Nachfrage*** derrumbamiento *m* de la demanda

zu'sammen|drängen *v/t, v/r* ⟨*sep*⟩ (***sich***) **~** apretar(se), aglomerar(se); **~drücken** *v/t* ⟨*sep*⟩ comprimir, aplastar; **~fahren** *v/i* ⟨*irr, sep*, sn⟩ **1** *Autos, Züge* chocar; **2** *fig vor Schreck* sobresaltarse

zu'sammenfallen *v/i* ⟨*irr, sep*, sn⟩ **1** (*einstürzen*) hundirse (*a fig*); **2** *zeitlich* coincidir; **3** *Behauptung* ***in sich*** (*acus*) **~** caerse por sí mismo

zu'sammen|falten *v/t* ⟨*sep*⟩ plegar, doblar; **~fassen** *v/t* ⟨*sep*⟩ **1** (*vereinigen*) reunir, centralizar (***zu*** en); **2** *Gesagtes* resumir

zu'sammenfass|end *advl* resumiendo; **&ung** *f* (*Bericht*) resumen *m*

zu'sammen|fegen *v/t* ⟨*sep*⟩ barrer; **~fließen** *v/i* ⟨*irr, sep*, sn⟩ *Flüsse* confluir; **~fügen** *v/t* ⟨*sep*⟩ juntar, unir; *einzelne Teile* ensamblar; **~führen** *v/t* ⟨*sep*⟩ reunir, reagrupar; **~gehören** *v/i* ⟨*sep, p/p* zusammengehört⟩ pertenecer al mismo grupo, ir juntos; (*ein Paar bilden*) hacer pareja, hacer juego

zu'sammengehörig *adj* correspondiente; **&keit** *f* ⟨-⟩ correspondencia *f*, unión *f*; **&keitsgefühl** *n* solidaridad *f*

zu'sammen|gewürfelt *adjt Gruppe* heterogéneo, abigarrado; **&halt** *m* consistencia *f*, cohesión *f*

zu'sammenhalten ⟨*irr, sep*⟩ **I** *v/t* mantener unido; ***sein Geld ~*** ahorrar, evitar gastos; **II** *v/i fig* ser solidarios

Zu'sammenhang *m* conexión *f*, cohesión *f*; (*Beziehung*) relación *f*; *e-s Textes* contexto *m*; *zwischen zwei abstrakten Dingen*

correlación *f*; ***innerer ~*** *von Ideen* coherencia *f*; ***etw mit etw in ~ bringen*** relacionar a/c con a/c; ***in welchem ~?*** ¿en qué contexto?; ***in diesem ~*** a este respecto; ***im ~ mit*** en relación a; ***aus dem ~ gerissen*** fuera de contexto

zu'sammenhängen *v/i* ⟨*irr, sep*⟩ **1** (***mit etw***) ~ estar unido (a a/c); **2** *fig* ***mit etw ~*** estar relacionado con a/c

zu'sammen|hängend *adjt fig* coherente, continuo, seguido; **~hang(s)los** *adj* incoherente

zu'sammen|hauen F *v/t* ⟨*irr, sep*⟩ **1** hacer pedazos, destrozar; **2** *Arbeit* chapucear; *Artikel usw* escribir apresuradamente; **~heften** *v/t* ⟨*sep*⟩ unir; *Blätter* grapar; MODE hilvanar; **~kehren** *v/t* ⟨*sep*⟩ barrer

zu'sammenklappbar *adj* plegable

zu'sammen|klappen ⟨*sep*⟩ **I** *v/t* ⟨h⟩ *Stuhl* plegar; *Messer* cerrar; **II** *v/i* ⟨sn⟩ F *Person* desmayarse, desmoronarse; **~kleben** *v/t, v/i* ⟨*sep*⟩ pegar; **~kneifen** *v/t* ⟨*irr, sep*⟩ *Lippen, Mund* apretar; *Augen* cerrar

zu'sammenkommen *v/i* ⟨*irr, sep*, sn⟩ **1** *Personen* reunirse; (*sich treffen*) encontrarse; ***mit j-m ~*** reunirse con alg; **2** *Dinge* acumularse, juntarse; **3** *zeitlich* coincidir

zu'sammenkratzen *v/t* ⟨*sep*⟩ F ***sein letztes Geld ~*** F sacar los últimos ahorros

Zusammenkunft [tsu'zamənkunft] *f* ⟨-; -künfte⟩ *vieler Personen* reunión *f*; *von zwei Personen* encuentro *m*, entrevista *f*

zu'sammen|laufen *v/i* ⟨*irr, sep*, sn⟩ **1** *Personen* acudir en masa, apiñarse; **2** *Linien* converger; *Farben* confundirse; **~leben** *v/i* vivir juntos, convivir

Zu'sammenleben *n* convivencia *f*

zu'sammenlegen ⟨*sep*⟩ **I** *v/t* **1** poner juntos; **2** (*falten*) plegar; **3** (*verbinden*) reunir; **4** *Kranke* poner en una misma habitación; **II** *v/i* **5** (*Geld* ~) juntar dinero, hacer caja común

zu'sammennehmen ⟨*irr, sep*⟩ **I** *v/t* juntar, reunir; *Kräfte, Gedanken* concentrar; *Mut* hacer acopio de; ***alles zusammengenommen*** en total; **II** *v/r* ***sich ~*** (*aufpassen*) concentrarse; (*sich beherrschen*) contenerse, dominarse; (*sich fassen*) calmarse

zu'sammenpacken ⟨*sep*⟩ **I** *v/t* empaquetar, recoger; **II** *v/i* recoger (sus cosas); (*Koffer packen*) hacer las maletas

zu'sammenpassen *v/i* ⟨*sep*⟩ armonizar, ir bien (***mit*** con); F pegar (***mit*** con); *Personen* congeniar; *zwei Teile* hacer pareja *od* juego

zu'sammenpferchen *v/t* ⟨*sep*⟩ *Vieh* acorralar; *Menschen* apelotonar

Zu'sammenprall *m* ⟨-(e)s; -e⟩ colisión *f*, choque *m* (*beide a fig*)

zu'sammen|prallen *v/i* ⟨*sep*, sn⟩ chocar, colisionar (***mit*** con; *a fig*); **~pressen** *v/t* ⟨*sep*⟩ apretar, prensar, comprimir; **~raffen** *v/t* ⟨*sep*⟩ *Papiere usw* juntar a toda prisa; *desp Vermögen* amasar; **~rechnen** *v/t* ⟨*sep*⟩ sumar

zu'sammenreimen F ⟨*sep*⟩ **I** *v/t* ***sich*** (*dat*) ***etw ~*** explicarse a/c, deducir a/c, sacar(le) el sentido a a/c; **II** *v/r* ***wie reimt sich das zusammen?*** ¿cómo se explica esto?

zu'sammen|reißen F *v/r* ⟨*irr, sep*⟩ ***sich ~*** hacer un esfuerzo, dominarse; **~rollen** *v/t, v/r* ⟨*sep*⟩ (***sich***) ~ enrollar(se); **~rotten** [-rɔtən] *v/r* ⟨*sep*⟩ ***sich ~*** agruparse; *Aufrührer* amotinarse

zu'sammen|rücken ⟨*sep*⟩ **I** *v/t* ⟨h⟩ aproximar, juntar; **II** *v/i* ⟨sn⟩ aproximarse; *fig* cerrar filas; **~rufen** *v/t* ⟨*irr, sep*⟩ convocar, reunir; **~sacken** *v/i* ⟨*sep*, sn⟩ (***in sich*** *acus*) ~ *Mensch* desplomarse; *Gegenstand a* derrumbarse; **~schieben** *v/t* ⟨*irr, sep*⟩ aproximar, juntar

zu'sammenschlagen ⟨*irr, sep*⟩ **I** *v/t* ⟨h⟩ **1** (*falten*) doblar; **2** *Hacken* chocar; ***die Hände über dem Kopf ~*** llevarse las manos a la cabeza; **3** F demoler, hacer pedazos; ***j-n ~*** F apalear a alg; **II** *v/i* ⟨sn⟩ **4** ***über j-m ~*** *Wellen* cubrir a alg, tragarse a alg; *fig Verhängnis* abatirse sobre alg

zu'sammenschließen *v/r* ⟨*irr, sep*⟩ ***sich ~*** unirse, juntarse; *Unternehmen* asociarse, fusionarse

Zu'sammenschluss *m* unión *f*; *von Unternehmen* fusión *f*, asociación *f*

zu'sammen|schrauben *v/t* ⟨*sep*⟩ juntar con tornillos; **~schreiben** *v/t* ⟨*irr, sep*⟩ **1** *in e-m Wort* escribir en una palabra; **2** *desp Text* F borronear; **~schrumpfen** *v/i* ⟨*sep*, sn⟩ **1** encogerse, contraerse; **2** *fig* disminuir; **~schustern** F *desp v/t* ⟨*sep*⟩ chapucear; **~schweißen** *v/t* ⟨*sep*⟩ soldar; *fig* aglutinar

Zu'sammensein *n* ⟨-s⟩ (*Treffen*) reunión *f*, encuentro *m*

zu'sammensetzen ⟨*sep*⟩ **I** *v/t* **1** juntar; *aus mehreren Bestandteilen* componer (***aus*** de); TEC montar, ensamblar; **2** *Personen* sentar juntos; **II** *v/r* **3** ***sich ~*** sentarse juntos; (*zusammenkommen*) reunirse, juntarse; **4** ***sich aus etw ~*** componerse de a/c

Zu'sammensetzung *f* composición *f*; TEC montaje *m*; LING palabra *f* compuesta

zu'sammen|sinken *v/i* ⟨*irr, sep*, sn⟩ → ***zusammensacken***; **~sitzen** *v/i* ⟨*irr, sep*⟩ estar sentados juntos

Zu'sammenspiel *n* SPORT juego *m* de equipo; (*Kombinieren*) combinación *f*; *fig* interacción *f*

zu'sammen|stehen *v/i* ⟨*irr, sep*, h *o* sn⟩ **1**

estar juntos; **2** *fig* ayudarse mutuamente; **~stellen** *v/t* ⟨*sep*⟩ **1** *räumlich*: *Sachen* colocar juntos; **2** *Liste* hacer, elaborar; *Menü* combinar, componer; *Programm* organizar; *Team* seleccionar; *Unterlagen* reunir, juntar

Zu'sammen|stellung *f* **1** *e-r Liste* elaboración *f*; *e-s Menüs* composición *f*; *e-s Programms* organización *f*; *e-s Teams* selección *f*; *von Farben* combinación *f*; **2** (*Liste*) lista *f*; (*Tabelle*) tabla *f*, cuadro *m* sinóptico; **~stoß** *m* choque *m*, colisión *f* (***mit*** con)

zu'sammen|stoßen *v/i* ⟨*irr*, *sep*, sn⟩ chocar, colisionar (***mit*** con); (*sich berühren*) tocarse; *fig* pelearse, enfrentarse; **~strömen** *v/i* ⟨*sep*, sn⟩ *Menschen* afluir; **~suchen** *v/t* ⟨*sep*⟩ reunir, recoger de todas partes; **~tragen** *v/t* ⟨*irr*, *sep*⟩**1** reunir; **2** *fig Material* recopilar, compilar

zu'sammentreffen *v/i* ⟨*irr*, *sep*, sn⟩ **1** *Personen* encontrarse; ***mit j-m ~*** reunirse con alg; **2** *zeitlich* coincidir

Zu'sammentreffen *n* **1** encuentro *m*, entrevista *f*; **2** *zeitliches* coincidencia *f*

zu'sammen|treten *v/i* ⟨*irr*, *sep*, sn⟩ *Ausschuss* reunirse; **~wachsen** *v/i* ⟨*irr*, *sep*, sn⟩ BIOL juntarse; *Wunde* cerrarse; *fig* (*ineinander aufgehen*) fusionarse; **~wirken** *v/i* ⟨*sep*⟩ cooperar; **~zählen** *v/t* ⟨*sep*⟩ sumar; **~ziehen** ⟨*irr*, *sep*⟩ **I** *v/t* ⟨h⟩ *Muskel* contraer; *Truppen* concentrar; **II** *v/i* ⟨sn⟩ *in e-e Wohnung* ir a vivir juntos; **III** *v/r* ⟨h⟩ ***sich ~*** contraerse; (*kleiner werden*) encogerse; **~zucken** *v/i* ⟨*sep*, sn⟩ sobresaltarse

'Zusatz *m Vorgang*, *Ergebnis* adición *f*, añadidura *f*; *zu e-m Schriftstück* suplemento *m*; (*Lebensmittel*≗) aditivo *m*; **~gerät** *n* dispositivo *m* complementario; **~klausel** *f* cláusula *f* adicional

zusätzlich ['tsuːzɛtslɪç] **I** *adj* adicional, suplementario; **II** *adv* además

'Zusatz|qualifikation *f* calificación *f* adicional; **~stoff** *m* aditivo *m*; **~verpflichtung** *f* obligación *f* accesoria; **~versicherung** *f* seguro *m* complementario

zu'schanden *adv* ***~ machen*** *Pläne* desbaratar; *Hoffnungen* frustrar

'zuschauen *v/i* ⟨*sep*⟩ *südd*, *österr*, *schweiz* → ***zusehen***

'Zuschauer|(in) *m*(*f*) espectador, a *m*,*f*; *pl* ***die ~*** *a* el público; **~raum** *m* sala *f* de espectadores

'zuschicken *v/t* ⟨*sep*⟩ ***j-m etw ~*** enviar a/c a alg, mandar a/c a alg

'zuschieben *v/t* ⟨*irr*, *sep*⟩ **1** *Schublade* cerrar; **2** *fig* ***j-m etw ~*** atribuir a/c a alg; *Unangenehmes* imputar a/c a alg

'zuschießen ⟨*irr*, *sep*⟩ **I** *v/t* F ⟨h⟩ *Geld* contribuir con; **II** *v/i* ⟨sn⟩ ***auf j-n ~*** abalanzarse sobre alg

'Zuschlag *m* **1** (*Preis*≗) suplemento *m*; *bei Lohn*, *Gehalt a* plus *m*; **2** *auf Auktionen* adjudicación *f*; ***j-m den ~ für etw erteilen*** adjudicar a/c a alg

'zuschlagen ⟨*irr*, *sep*⟩ **I** *v/t* **1** *Tür*, *Buch* cerrar de golpe; **2** *bei Auktionen* ***j-m etw ~*** adjudicar a/c a alg; **II** *v/i* **3** (*drauflosschlagen*) pegar, dar golpes; **4** *Tür* cerrarse de golpe

'zuschlagpflichtig *adj* BAHN sujeto a suplemento

'zu|schließen *v/t*, *v/i* ⟨*irr*, *sep*⟩ cerrar con llave; **~schnappen** *v/i* ⟨*sep*⟩ **1** ⟨sn⟩ *Tür* cerrarse de golpe; **2** ⟨h⟩ (*zubeißen*) dar un mordisco

'zuschneiden *v/t* ⟨*irr*, *sep*⟩ **1** MODE, *Holz* cortar; **2** *fig* ***zugeschnitten auf*** (+*acus*) hecho a la medida de

'zuschneien *v/i* ⟨*sep*, sn⟩ cubrirse de nieve

'Zuschnitt *m* MODE corte *m*, hechura *f* (*a fig*)

'zu|schnüren *v/t* ⟨*sep*⟩ atar; → ***Kehle***; **~schrauben** *v/t* ⟨*sep*⟩ atornillar

'zuschreiben *v/t* ⟨*irr*, *sep*⟩ ***j-m etw ~*** atribuir a/c a alg; *Negatives* imputar a/c a alg; ***er hat es sich*** (*dat*) ***selbst zuzuschreiben*** es culpa suya

'Zuschrift *f* carta *f*, comunicación *f*; *auf e-e Annonce* respuesta *f*

zu'schulden *adv* ***sich*** (*dat*) ***etw ~ kommen lassen*** hacerse culpable de a/c

'Zuschuss *m* (*finanzielle Hilfe*) ayuda *f*, subvención *f* (***zu*** para); *staatlicher* subsidio *m* (***zu*** para); **~betrieb** *m* empresa *f* subvencionada

'zuschütten *v/t* ⟨*sep*⟩ *Graben* rellenar

'zusehen *v/i* ⟨*irr*, *sep*⟩ **1** mirar (***bei etw*** a/c); ***j-m bei der Arbeit ~*** mirar cómo trabaja alg; **2** ***~, dass …*** procurar que … (+*subj*); ***sieh zu, wo du bleibst!*** ¡a ver dónde te quedas!

'zusehends *adv* a ojos vista, visiblemente

'zusein → ***zu II*** *3*

'zusenden *v/t* ⟨*irr*, *sep*⟩ → ***zuschicken***

'zusetzen ⟨*sep*⟩ **I** *v/t* ***e-r Sache*** (*dat*) ***etw ~*** añadir a/c a a/c; **II** *v/i* ***j-m ~*** *mit Fragen* acosar a alg (***mit*** con); *Hitze*, *Rauch* molestar *od* afectar a alg

'zusichern *v/t* ⟨*sep*⟩ ***j-m etw ~*** asegurar *od* garantizar *od* prometer a/c a alg

'Zusicherung *f* seguridad *f*, promesa *f*

'zusperren *v/t*, *v/i* ⟨*sep*⟩ *bsd südd*, *österr* cerrar (con llave)

'Zuspiel *n* SPORT pase *m*

'zuspielen *v/t* ⟨*sep*⟩ ***j-m etw ~*** *Ball* pasar a/c a alg (*a fig Informationen*)

'zuspitz|en *v/r* ⟨*sep*⟩ ***sich ~*** agravarse, agudizarse; **≗ung** *f* agravamiento *m*, agudización *f*

'zusprechen *v/t* ⟨*irr, sep*⟩ ***j-m etw ~*** (*zuerkennen*) adjudicar a/c a alg, conceder a/c a alg; → ***Mut, Trost***

'Zuspruch *geh m* **1** (*Trost*) consuelo *m*; (*Ermunterung*) ánimo *m*; **2** → ***Zulauf***

'Zustand *m* **1** (*Beschaffenheit, Verfassung*) estado *m*, condición *f*; ***in flüssigem ~*** en estado líquido; ***in gutem ~*** en buen estado; ***in betrunkenem ~*** en estado de ebriedad; F ***Zustände kriegen*** F ponerse histérico; **2** (*Lage*) situación *f*; ***das sind unhaltbare Zustände*** es una situación insostenible

zu'stande *adv* ***etw ~ bringen*** llevar a cabo a/c; ***~ kommen*** realizarse, efectuarse

zuständig ['tsu:ʃtɛndɪç] *adj* competente (***für*** para); ***dafür ist er ~*** él es el responsable de esto

'Zuständigkeit *f* competencia *f*, incumbencia *f*; ***es liegt in meiner ~*** es de mi competencia

'Zuständigkeitsbereich *m* ámbito *m* de competencias

zustatten [tsu'ʃtatən] *adv* ***j-m ~ kommen*** beneficiar a alg, venir(le) bien a alg

'zustechen *v/i* ⟨*irr, sep*⟩ dar una puñalada

'zustecken *v/t* ***j-m etw ~*** pasar a/c a alg disimuladamente

'zustehen *v/i* ⟨*irr, sep*, h *o* sn⟩ ***j-m ~*** corresponder, incumbir a alg; ***das steht ihm nicht zu*** eso no es de su incumbencia

'zusteigen *v/i* ⟨*irr, sep*, sn⟩ montar(se)

'zustell|en *v/t* ⟨*sep*⟩ entregar, repartir; *per Post a* enviar; **2er(in)** *m(f)* repartidor, -a *m,f*; **2gebühren** *f/pl* gastos *m/pl* de entrega; **2ung** *f der Post* entrega *f*, envío *m*, reparto *m*

'zusteuern *v/i* ⟨*sep*, sn⟩ ***auf etw, j-n ~*** dirigirse hacia a/c, alg

'zustimmen *v/i* ⟨*sep*⟩ ***j-m ~*** estar de acuerdo con alg, dar la razón a alg; ***e-r Sache ~*** consentir en a/c, aprobar a/c

'Zustimmung *f* consentimiento *m*, aprobación *f* (***zu*** para)

'zustopfen *v/t* ⟨*sep*⟩ tapar

'zustoßen ⟨*irr, sep*⟩ **I** *v/t* ⟨h⟩ **1** *Tür* empujar, cerrar; **II** *v/i* **2** ⟨sn⟩ ***j-m ~*** sucederle a alg, ocurrir a alg; **3** ⟨h⟩ → ***zustechen***

'zustreben *v/i* ⟨*sep*, sn⟩ ***dem Ausgang ~*** dirigirse a la salida

'Zustrom *m* afluencia *f*

'zustürzen *v/i* ⟨*sep*, sn⟩ ***auf j-n ~*** precipitarse sobre alg

zu'tage *adv* ***~ bringen, fördern*** sacar a la luz; ***~ treten*** salir a la luz

'Zutat *f* GASTR ingrediente *m*

zu'teil *geh adv* ***j-m ~ werden*** tocarle en suerte a alg

'zuteilen *v/t* ⟨*sep*⟩ ***j-m etw ~*** asignar(le) a/c a alg, adjudicar(le) a/c a alg

'Zuteilung *f* **1** asignación *f*, atribución *f*; **2** (*Kontingent*) contingente *m*; (*Ration*) cuota *f*

zu'tiefst *adv* profundamente; *Vorwurf* ***j-n ~ treffen*** llegarle a alg al alma

'zutragen ⟨*irr, sep*⟩ **I** *v/t fig desp* contar, delatar; **II** *geh v/r* ***sich ~*** suceder, ocurrir, pasar

zuträglich ['tsu:trɛ:klɪç] *adj* provechoso, beneficioso; (*gesund*) saludable

'zutrauen *v/t* ⟨*sep*⟩ ***j-m etw ~*** creer a alg capaz de a/c; ***ihr ist alles zuzutrauen*** de ella puede esperarse cualquier cosa

'Zutrau|en *n* ⟨-s⟩ confianza *f* (***zu*** en); **2lich** *adj* confiado; *Kind* cariñoso; *Tier* manso

'zutreffen *v/i* ⟨*irr, sep*⟩ (*stimmen*) ser exacto, ser verdad; (*gelten*) valer (***auf*** *+acus*, ***für*** para)

'zutreffend *adjt* justo, cierto; ***2es bitte ankreuzen*** por favor, márquese lo que corresponda

'Zutritt *m* entrada *f*, acceso *m*, admisión *f*; ***~ verboten!*** ¡prohibido el paso!

'zutun F *v/t* ⟨*irr, sep*⟩ ***kein Auge ~*** no pegar ojo

'Zutun *n* ⟨-s⟩ ***ohne j-s ~*** sin la intervención de alg

zu'ungunsten *prp* ⟨*+gen*⟩ *u adv* ***~ von*** en perjuicio de

zu'unterst *adv* debajo de todo

zuverlässig ['tsu:fɛrlɛsɪç] *adj Person, Maschine* fiable; *Freund* seguro; *Nachricht* fidedigno; **2keit** *f* ⟨-⟩ fiabilidad *f*

Zuversicht ['tsu:fɛrzɪçt] *f* ⟨-⟩ confianza *f*, esperanza *f*; **2lich I** *adj* confiado, lleno de confianza; **II** *adv* con confianza

zu'viel → ***zu II1***

zu'vor *adv* antes, primero; ***kurz ~*** poco antes

zu'vorderst *adv* delante de todo, al principio del todo

zu'vorkommen *v/i* ⟨*irr, sep*, sn⟩ ***j-m, e-r Sache ~*** adelantarse a alg, a/c, anticiparse a alg, a/c

zu'vorkommend *adjt* atento, solícito

Zuwachs ['tsu:vaks] *m* ⟨-es; -wächse⟩ aumento *m*, incremento *m* (***an*** *+dat* de); *scherzh* ***die Familie Molter hat ~ bekommen*** los Molter han tenido un niño

'zuwachsen *v/i* ⟨*irr, sep*, sn⟩ **1** *Wunde* cerrarse; **2** *Beet* cubrirse de vegetación

'Zuwachsrate *f* tasa *f* de crecimiento

'Zuwanderer *m* inmigrante *m*

'zuwandern *v/i* ⟨*sep*, sn⟩ inmigrar

zu'wege *adv* ***etw ~ bringen*** llevar a cabo a/c, lograr a/c

zu'weilen *geh adv* a veces, de vez en cuando

'zuweisen *v/t* ⟨*irr, sep*⟩ ***j-m etw ~*** asignar (-le) a/c a alg

'zuwenden ⟨*irr o regular, sep*⟩ **I** *v/t* ***j-m, e-r Sache etw ~*** (*zudrehen*) volver a/c hacia alg, a/c; *fig Geld usw* proporcionar a/c a alg, a/c; ***j-m den Rücken ~*** volver la espalda a alg; **II** *v/r* ***sich j-m ~*** volverse hacia alg; *fig* ***sich e-r Sache*** (*dat*) **~** dedicarse a a/c
'Zuwendung *f* **1** (*Beihilfe*) ayuda *f*, subvención *f*; (*Schenkung*) donación *f*; **2** *fig* (*Zuneigung*) afecto *m*, cariño *m*
zu'wenig → ***zu III***
'zuwerfen *v/t* ⟨*irr, sep*⟩ **1** ***j-m etw ~*** tirar *od* lanzar a/c a alg; **2** *Tür* cerrar de golpe
zu'wider *adj* ***es ist mir ~, das zu tun*** detesto hacer esto, me repugna hacer esto; ***diese Speise ist ihm ~*** esa comida le da naúseas
zu'widerhandeln *v/i* ⟨*sep*⟩ *bsd* ADM ***e-r Sache*** (*dat*) **~** infringir a/c, contravenir a a/c
Zu'widerhandlung *f* ADM contravención *f*, infracción *f*, transgresión *f*
zu'widerlaufen *v/i* ⟨*irr, sep*, sn⟩ ***e-r Sache*** (*dat*) **~** ser contrario a a/c
'zuwinken *v/i* ⟨*sep*⟩ ***j-m ~*** hacer señas a alg
'zu|zahlen *v/t* ⟨*sep*⟩ pagar un suplemento de; **~zählen** *v/t* ⟨*sep*⟩ agregar, añadir
'zuziehen ⟨*irr, sep*⟩ **I** *v/t* ⟨h⟩ **1** *Vorhang* correr; *Knoten* cerrar; **2** *Arzt usw* consultar; **3** ***sich*** (*dat*) ***etw ~*** *Zorn* atraerse a/c; *Krankheit* contagiarse de a/c; F cogerse a/c; **II** *v/i* ⟨sn⟩ **4** establecerse
'Zuzug *m* afluencia *f*, llegada *f*; (*Einwanderung*) inmigración *f*
zuzüglich ['tsuːtsyːklɪç] *prp* ⟨*+gen*⟩ más; *50 Euro* **~ *Porto*** más gastos de envío
'zuzwinkern *v/i* ⟨*sep*⟩ ***j-m ~*** hacer un guiño a alg
zw. *Abk* (*zwischen*) entre
Zwang [tsvaŋ] *m* ⟨-(e)s; ⸚e⟩ fuerza *f*, violencia *f*; (*Druck*) presión *f*; ***unter ~ handeln*** actuar bajo presión; ***~ auf j-n ausüben, j-m ~ antun*** presionar a alg; *iron* ***tun Sie sich*** (*dat*) ***keinen ~ an!*** ¡siéntase como en su casa!
zwängen ['tsvɛŋən] **I** *v/t* ***etw in etw*** (*acus*) **~** meter a/c en a/c por la fuerza; **II** *v/r* ***sich durch e-e Öffnung ~*** pasar a la fuerza a través de un hueco
'zwanghaft *adj* forzoso, obligatorio
'zwanglos *adj* sin cumplidos, informal (*a Party, Ton, Kleidung*); **ꝛigkeit** *f* ⟨-⟩ informalidad *f*, desenvoltura *f*
'Zwangs|arbeit *f* HIST JUR trabajos *m/pl* forzados *od* forzosos; **~ernährung** *f* alimentación *f* forzosa; **~jacke** *f* camisa *f* de fuerza; **~lage** *f* (*Notlage*) aprieto *m*, situación *f* embarazosa; **ꝛläufig** *adj* forzoso; (*unvermeidlich*) inevitable; **~liquidation** *f* liquidación *f* forzada; **~maßnahme** *f* medida *f* coercitiva; **~räumung** *f e-r Wohnung* desahucio *m*; **~verkauf** *m* venta *f* forzada; **~versteigerung** *f* JUR subasta *f* forzosa; **~vollstreckung** *f* JUR ejecución *f* forzosa; **~vorstellung** *f* obsesión *f*, idea *f* fija *od* obsesiva; **ꝛweise** *adv* por la fuerza
zwanzig ['tsvantsɪç] *núm/c* veinte; → ***achtzig***
'Zwanzig *f* ⟨-⟩ veinte *m*
'zwanziger *adj* ⟨*inv*⟩ ***die ~ Jahre*** los años veinte
'Zwanzig|er F *m* billete *m* de veinte euros, francos *etc.*; **~'euroschein** *m* billete *m* de veinte euros; **~'frankenschein** *m* billete *m* de veinte francos; **ꝛjährig** *adj* (*zwanzig Jahre alt*) de veinte años; (*zwanzig Jahre lang*) durante veinte años; **~'markschein** *m* HIST billete *m* de veinte marcos
zwar [tsvaːr] *adv* **1** *einräumend* si bien, aunque; **2** ***und ~*** es decir, a saber; ***und ~ so*** es decir, así
Zweck [tsvɛk] *m* ⟨-(e)s; -e⟩ (*Ziel*) objetivo *m*, objeto *m*; (*End*ꝛ) finalidad *f*, fin *m*; (*Verwendungs*ꝛ) uso *m*, función *f*, (*Sinn*) sentido *m*; *Geld* ***für e-n guten ~*** para un buen fin; ***s-n ~ erfüllen*** cumplir su cometido; ***das hat keinen ~*** no tiene sentido; ***zu welchem ~?*** ¿para qué?; ***zu diesem ~*** con esta función
'Zweck|bau *m* ⟨-(e)s; -ten⟩ edificio *m* funcional; **ꝛdienlich** *adj* ADM pertinente; **ꝛentfremden** *v/t* ⟨*sin* ge⟩ hacer uso indebido *od* impropio de; **ꝛentfremdet** *adjt* usado para fines impropios, usado *od* utilizado para fines distintos a los indicados; **ꝛgebunden** *adjt* para un determinado uso; **ꝛlos** *adj* inútil; **~losigkeit** *f* ⟨-⟩ inutilidad *f*; **ꝛmäßig** *adj* (*zweckentsprechend*) funcional, (*praktisch*) práctico; (*nützlich*) útil; (*angebracht*) adecuado; **~mäßigkeit** *f* ⟨-⟩ conveniencia *f*, utilidad *f*, oportunidad *f*
zwecks [tsvɛks] ADM *prp* ⟨*+gen*⟩ con el fin de, para
zwei [tsvaɪ] *núm/c* dos; ***für ~ essen*** comer por dos; → ***acht***
Zwei [tsvaɪ] *f* **1** *Zahl* dos *m*; → ***Acht***[1]; **2** *Schulnote in Spanien etwa* notable *m*
'Zwei|beiner *m* bípedo *m*; **~bettzimmer** *n* habitación *f* doble; **~'centstück** *n* moneda *f* de dos céntimos (de euro)
'zweideutig *adj* ambiguo (*a desp*); **ꝛkeit** *f* ambigüedad *f*
Zwei'drittelmehrheit *f* mayoría *f* de dos tercios
'Zweier *m* **1** *Rudern* bote *m* de dos; **2** → ***Zwei***; **~beziehung** *f* relación *f* de pareja; **~bob** *m* bobsleigh *m* de dos
'zweier'lei *adj* ⟨*inv*⟩ de dos clases; ***das ist ~*** son dos cosas distintas
Zwei'eurostück *n* moneda *f* de dos euros
'zweifach **I** *adj* doble; ***in ~er Ausfertigung***

por duplicado; → ***achtfach***; **II** *adv* dos veces más

'Zwei|fache(s) *n* ⟨→ A⟩ doble *m*; **~familienhaus** *n* casa *f* de dos viviendas, chalet *m* pareado

Zweifel ['tsvaɪfəl] *m* ⟨-s; -⟩ duda *f* (***an*** *+dat* de); ***ohne (jeden) ~*** sin duda (alguna); ***außer ~ stehen*** estar fuera de duda; ***über etw*** (*acus*) ***im ~ sein*** tener dudas sobre a/c; ***mir kommen ~*** me entra la duda

'zweifel|haft *adj* (*ungewiss*) dudoso, incierto; (*verdächtig*) sospechoso; **~los** *adv* indudablemente, sin duda

'zweifeln *v/i* ***an etw, j-m ~*** dudar de a/c, alg; ***daran ist nicht zu ~*** no hay duda (de ello)

'Zweifelsfall *m* ***im ~(e)*** en caso de duda

'Zweifler(in) *m(f)* escéptico, -a *m,f*

Zweig [tsvaɪk] *m* ⟨-(e)s; -e⟩ rama *f*; *dicker, fig* ramo *m*; F ***auf keinen grünen ~ kommen*** no salir adelante

'zweigeteilt *adjt* dividido en dos

'zweigleisig **I** *adj Eisenbahn* de vía doble; *fig* de dos bandas; **II** *adv fig* ***~ fahren*** jugar a dos bandas

'Zweig|niederlassung *f*, **~stelle** *f* sucursal *f*, agencia *f*

zwei|händig ['tsvaɪhɛndɪç] *adj u adv* a dos manos; **'~'hundert** *núm/c* doscientos; **~jährig** *adj* (*zwei Jahre alt*) de dos años; (*zwei Jahre lang*) bienal, durante dos años

'Zweikampf *m* duelo *m* (*a fig*)

'zweimal *adv* dos veces

Zwei|'markstück *n* HIST moneda *f* de dos marcos; **'~rad** *n* bicicleta *f*

'zwei|reihig *adj Anzug* cruzado; **~schneidig** *adj* de dos filos; **~seitig** *adj* **1** POL bilateral; **2** *Schriftstück* de dos páginas; **≈sitzer** *m* coche *m* de dos asientos, biplaza *m*; **~sprachig** *adj* bilingüe; *Text a* en dos lenguas; **≈sprachigkeit** *f* ⟨-⟩ bilingüismo *m*; **~spurig** *adj Straße* de dos carriles; **~stellig** *adj* de dos cifras; **~stimmig** *adj* a dos voces; **~stöckig** [-ʃtœkɪç] *adj* de dos pisos

zweit [tsvaɪt] *adv* ***zu ~*** dos; ***zu ~ sein*** ser dos

'Zwei|takter *m*, **~taktmotor** *m* motor *m* de dos tiempos

'zweit'älteste(r, -s) *adj* segundo en edad

'zwei'tausend *núm/c* dos mil

'zweit'beste(r, -s) *adj* segundo mejor

'zweite(r, -s) *núm/o* segundo; ***jeden ~n Tag*** cada dos días, un día sí y otro no; *fig* ***ein ~r Napoleon*** un segundo Napoleón; ***zum ~n!*** *bei Versteigerungen* ¡a las dos!; F ***im ≈n*** *Programm* F en la dos; → ***achte(r, -s)***

'zweiteilig *adj* de dos partes; ***~er Badeanzug*** bañador *m* de dos piezas

'zweitens *adv* en segundo lugar

'zweit|'größte(r, -s) *adj* segundo mayor *od* más grande; **'~'höchste(r, -s)** *adj* segundo más alto; **~klassig** *adj desp* de segunda categoría; **'~'letzte(r, -s)** *adj* penúltimo; **~rangig** *adj* secundario

'zweitürig *adj* de dos puertas

'Zweit|wagen *m* segundo coche *m*; **~wohnung** *f* segundo domicilio *m*

'zweizeilig *adj u adv* de dos líneas

Zwei'zimmerwohnung *f* apartamento *m* de un dormitorio

Zwerchfell ['tsvɛrçfɛl] *n* diafragma *m*; **≈erschütternd** *adjt fig* hilarante; P descojonante

Zwerg [tsvɛrk] *m* ⟨-(e)s; -e⟩ enano *m* (*a fig*)

'zwerg|enhaft *adj* enano, minúsculo; **≈in** *f* enana *f* (*a fig*); **≈wuchs** *m* enanismo *m*

Zwetsch(g)e ['tsvɛtʃ(g)ə] *f* ciruela *f*

'Zwetsch(g)en|baum *m* ciruelo *m*; **~kuchen** *m* tarta *f* de ciruela; **~wasser** *n* ⟨-s; -wässer⟩ aguardiente *m* de ciruela

Zwetschke ['tsvɛtʃkə] *f österr* ciruela *f*; **~nknödel** *m österr* GASTR *albóndiga de patata rellena de ciruela*

Zwickel ['tsvɪkəl] *m* ⟨-s; -⟩ MODE entrepierna *f*

zwicken ['tsvɪkən] **I** *v/t* pellizcar (***ins Bein*** en la pierna); **II** *v/i* apretar

'Zwickmühle F *f* dilema *m*, apuro *m*; *fig* ***in der ~ sein*** F estar entre la espada y la pared

Zwieback ['tsviːbak] *m* ⟨-(e)s; ¨e *o* -e⟩ bizcocho *m* seco

Zwiebel ['tsviːbəl] *f* ⟨-; -n⟩ cebolla *f*; (*Blumen≈*) bulbo *m*; **~kuchen** *m* tarta *f* de cebolla; **~suppe** *f* sopa *f* de cebolla; **~turm** *m* torre *f* bulbiforme

Zwiegespräch ['tsviː-] *geh n* diálogo *m*

'Zwielicht *n* media luz *f*; *fig* ***ins ~ geraten*** hacerse sospechoso

'zwie|lichtig *adj* sospechoso, poco claro; **≈spalt** *m* ⟨-(e)s; -e *o* -spälte⟩ dilema *m*, conflicto *m*; **~spältig** [-ʃpɛltɪç] *adj Gefühl, Eindruck* contradictorio

'Zwietracht *geh f* ⟨-⟩ discordia *f*

Zwilling ['tsvɪlɪŋ] *m* ⟨-s; -e⟩ **1** gemelo *m*; ***eineiige ~e*** *wiss* gemelos *m/pl* univitelinos; ***zweieiige ~e*** mellizos *m/pl*; **2** ASTR ***~e*** Géminis *m*

'Zwillings|bruder *m* hermano *m* gemelo; **~paar** *n* hermanos *m/pl* gemelos, mellizos *m/pl*; **~schwester** *f* hermana *f* gemela

Zwinge ['tsvɪŋə] *f* abrazadera *f*

'zwingen *v/t, v/r* ⟨zwang, gezwungen⟩ (***sich***) **~** obligar(se), forzar(se) (***zu etw*** a a/c; ***etw zu tun*** a hacer a/c); ***sich gezwungen sehen, etw zu tun*** verse obligado a hacer a/c

'zwingend *adjt* obligatorio; *Notwendigkeit* absoluto; *Beweis* irrefutable; *Grund* concluyente

'Zwinger *m für Hunde* perrera *f*

zwinkern ['tsvɪŋkərn] *v/i* parpadear; (***mit den Augen***) **~** guiñar (los ojos)

zwirbeln ['tsvɪrbəln] *v/t* retorcer

Zwirn [tsvɪrn] *m* ⟨-(e)s; -e⟩ hilo *m*; (*Seiden*Ձ) torzal *m*

zwischen ['tsvɪʃən] *prp Lage* ⟨*+dat*⟩, *Richtung* ⟨*+acus*⟩ entre; (*mitten unter*) en medio de

'Zwischen|ablage *f* INFORM portapapeles *m*; **~aufenthalt** *m* parada *f*; AVIA escala *f*; **~bemerkung** *f* observación *f* hecha de paso, paréntesis *m*; **~bericht** *m* informe *m* provisional; **~bilanz** *f* balance *m* provisional; **~deck** *n* MAR entrepuente *m*; **~ding** *n* ⟨-(e)s; -er⟩ cosa *f* intermedia (***zwischen*** *+dat* entre)

zwischen'durch *adv* **1** *räumlich* (*zwischen etw hindurch*) (por) en medio, al través; (*hier und da*) aquí y allá; **2** (*inzwischen*) entretanto, entremedias; (*ab und zu*) de vez en cuando

'Zwischen|ergebnis *n* resultado *m* provisional; **~fall** *m* incidente *m*; **~finanzierung** *f* financiación *f* interina; **~frage** *f* pregunta *f*; **~größe** *f* talla *f* intermedia; **~handel** *m* comercio *m* intermed(iar)io; **~händler (-in)** *m(f)* intermediario, -a *m,f*; **~lager** *n* NUCL almacén *m* provisional; **Ձlagern** *v/t* ⟨*p/p* zwischengelagert⟩ almacenar provisionalmente; **~lagerung** *f* almacenamiento *m* provisional; **Ձlanden** *v/i* ⟨*p/p* zwischengelandet⟩ hacer escala; **~landung** *f* escala *f*; **~lösung** *f* solución *f* provisional; **~mahlzeit** *f* comida *f* entre horas; *am Nachmittag* merienda *f*

'zwischenmenschlich *adj* interpersonal; ***~e Beziehungen*** relaciones *f/pl* interpersonales

'Zwischen|prüfung *f* examen *m* parcial; **~raum** *m* espacio *m*; *zeitlich a* intervalo *m*; **~ruf** *m* grito *m* espontáneo, interrupción *f*; **~runde** *f* SPORT semifinal *f*; **~speicher** *m* caché *m*, memoria *f* intermedia; **~spurt** *m* sprint *m*; **Ձstaatlich** *adj* internacional, interestatal; **~stadium** *n* fase *f* intermedia; **~stück** *n* pieza *f* intermedia; **~summe** *f* subtotal *m*; **~ton** *m* ⟨-(e)s; ⁓e⟩ *fig* matiz *m*; **~tür** *f* puerta *f* intermedia; **~wand** *f* tabique *m*

'Zwischenzeit *f* intervalo *m*, entretanto *m*; ***in der ~*** entretanto

'Zwischenzeugnis *n* **1** *Arbeitszeugnis* certificado *m* transitorio; **2** *Schule* → ***Halbjahreszeugnis***

Zwist [tsvɪst] *geh m* ⟨-(e)s; -e⟩ discordia *f*, controversia *f*, desavenencia *f*

zwitschern ['tsvɪtʃərn] **I** *v/t* **1** *Vögel* gorjear, trinar; **2** F *fig* ***einen ~*** F echar un trago; **II** *v/i* **3** *Vögel* gorjear, trinar

Zwitter ['tsvɪtər] *m* hermafrodita *m,f*; *fig* híbrido *m*

zwo [tsvoː] → ***zwei***

zwölf [tsvœlf] *núm/c* doce; ***um ~ Uhr*** a las doce; F *fig* ***es ist fünf Minuten vor ~!*** ¡ha llegado el momento!; → ***acht***

Zwölf *f* ⟨-; -en⟩ doce *m*; → ***Acht***[1]

Zwölf'fingerdarm *m* duodeno *m*

'zwölfte(r, -s) *núm/o* duodécimo

Zyankali [tsyaːn'kaːli] *n* ⟨-s⟩ cianuro *m* potásico

'zyklisch *adj* cíclico

Zyklon [tsy'kloːn] *m* ⟨-s; -e⟩ METEO ciclón *m*

Zyklus ['tsyːklʊs] *m* ⟨-; -klen⟩ ciclo *m*; ***konjunktureller ~*** ciclo *m* coyuntural

Zylinder [tsi'lɪndər] *m* **1** cilindro *m*; **2** *e-r Petroleumlampe* tubo *m*; **3** (*~hut*) sombrero *f* de copa, chistera *f*; **~kopf** *m* AUTO culata *f*

zy'lindrisch *adj* cilíndrico

Zyn|iker(in) ['tsyːnikər(ɪn)] *m(f)* cínico, -a *m,f*; **Ձisch** *adj* cínico

Zy'nismus *m* ⟨-; -men⟩ cinismo *m*

Zyp|ern ['tsyːpərn] *n* ⟨-s⟩ Chipre *m*; **~rer(in)** *m(f)* chipriota *m,f*

Zypresse [tsy'prɛsə] *f* ciprés *m*

Zypriot(in) [tsypri'oːt(ɪn)] *m* ⟨-en; -en⟩ (*f*) chipriota *m,f*

zypri'otisch *adj* chipriota

'zyprisch *adj* chipriota

Zyste ['tsʏstə] *f* quiste *m*

zz., **zzt.** *Abk* (*zurzeit*) por el momento, actualmente

Anhang

Inhaltsverzeichnis
Índice

Im Büro – En la oficina

	Spanisch	Deutsch
1	**la impresora**	Drucker
2	**la pantalla**	Bildschirm
3	**el teclado**	Tastatur
4	**el ratón**	Maus
5	**la perforadora**	Locher
6	**el rotulador**	Filzstift
7	**el bolígrafo**	Kugelschreiber
8	**las tijeras**	Schere
9	**la bandeja (apilable) porta-documentos**	Ablagekörbchen
10	**el calendario**	(Tisch)Kalender
11	**la grapadora**	Hefter
12	**el celo**	Tesafilm®
13	**la regla**	Lineal
14	**el archivador**	(Akten)Ordner
15	**el rotulador fluorescente**	Leuchtstift, Textmarker
16	**la calculadora**	Taschenrechner
17	**los clips**	Büroklammern
18	**el lápiz**	Bleistift
19	**la goma (de borrar)**	Radiergummi
20	**los post-it**	Haftnotizen

Bürokommunikation
Comunicación en la oficina

Kurzmitteilung

Schuster & Co. KG
Schusterstr. 10
80469 München
Tel. (0 89) 65 43 21
Fax (0 89) 65 43 22

Datum: 9. Januar 2004
Betreff: Rechnung Nr. 17755

Beiliegend erhalten Sie …

Mit der Bitte um

- ☐ Kenntnisnahme
- ☐ Rückgabe nach Kenntnisnahme
- ☐ schriftliche Stellungnahme
- ☐ Erledigung/Zahlung
- ☐ Rückruf
- ☐ Unterzeichnung und Rückgabe

Herrn/Frau Gröne
Goldstr. 17

80460 München

Mensaje breve

Schuster & Co. KG
Schusterstr. 10
80469 München
Tel. (0 89) 65 43 21
Fax (0 89) 65 43 22

Fecha: 9 de enero 2004
Referencia: Factura N° 17755

Anexos:

Se ruega:

- ☐ toma de nota
- ☐ devolución
- ☐ informa por escrito
- ☐ tramitación/pago
- ☐ llamada telefónica
- ☐ firma y devolución

Sr./Sra. Gröne
Goldstr. 17

80460 München

Telefonnotiz

Notiz während Ihrer Abwesenheit ☐ Eilig

für: Datum:

Name: Firma:

Tel.-Nr.: Fax-Nr.:

Persönlich	☐	Bitte um Rückruf	☐
Bitte um Termin	☐	Wird zurückrufen	☐

Nachricht:

Unterschrift Datum

Nota telefónica

Mensajes tomados durante su ausencia ☐ Urgente

Para: Fecha:

Ha llamado: Empresa:

N° Tel.: N° Fax:

Personalmente	☐	Usted debe llamar	☐
Quería una cita	☐	Volverá a llamar	☐

Mensaje:

Firma Fecha

Geschäftskorrespondenz
Correspondencia comercial

Briefbestandteile — Partes de una carta

1. Der Briefkopf – El membrete
Dieser Teil ist meistens gedruckt und enthält das Firmenzeichen, die eingetragene Firmenbezeichnung nebst Sitz und Anschrift, die Telefonnummer, E-Mail und Telefaxnummer sowie die Namen der Direktoren.

2. Das Datum – La fecha
Hier verwenden die Spanier im Allgemeinen die Grundzahlen. Das Komma hinter dem Ortsnamen ist wie im Deutschen üblich, jedoch weniger gebräuchlich. Der Monatsname kann in Ziffern angegeben oder ausgeschrieben werden.
Beispiele: Madrid, 5 de enero de 20 . .
Madrid, 5-1-20 . .

3. Name und Anschrift des Empfängers – Nombre y señas del destinatario
Bei Einzelpersonen, schreibt man z. B.:
Sr. D. Miguel Rodríguez
Sra. D.ª María Pilar Núñez
Srta. Gabriela Santos

Besteht die Anschrift aus mehreren Personennamen, steht z. B.:
Sres. Rodríguez & Núñez

Bei Kapitalgesellschaften steht die Firmenbezeichnung ohne Zusatz, z. B.:
Talleres de Lugo, S.A.

Ist der Brief an eine bestimmte Person gerichtet, steht: A la atención de ... Diese Anmerkung kann auch unter der Anschrift erfolgen.

In der Adresse steht zuerst die Straße mit der Hausnummer und eventuell der Etage, anschließend ohne Leerzeile die Postleitzahl mit dem Ortsnamen in Versalien, z. B.:
Comercial de Estriados y Laminados
Astilleros, 14, 1°
E-36200 VIGO

Das „E" für Spanien schreibt man im internationalen Briefverkehr. Bei Adressen in Lateinamerika wird das Land in Versalien unter die Stadt gesetzt.

Die spanischen Postleitzahlen bestehen aus einer 5-stelligen Zahl. Die ersten 2 Ziffern bezeichnen in alphabetischer Reihenfolge die Provinz. Die 3. Ziffer steht für die Stadt; die Provinzhauptstadt wird durch eine „Null" gekennzeichnet. Die letzten beiden Ziffern bezeichnen den Distrikt der Hauptstadt oder Stadt.

Briefe, die in Spanien an ein Postfach geschickt werden, unterliegen besonderen Bestimmungen. Die an private Postfächer gerichteten Schreiben enden in der Postleitzahl auf 080, die Postfächer offizieller Stellen enden auf 071 und diejenigen, die offizielle oder postalische Nachrichten entgegennehmen, enden auf 070.

4. Betreff oder Stichwortzeile – Asunto o referencia

Diese Zeile steht nach der Anschrift und vor der Anrede. Es kann sich um Referenznummern, Initialbuchstaben oder um eine kurze Bezugsangabe handeln.

5. Die Anrede – La salutación

Sie lautet: Señor, Señora, Señores. Danach folgt ein Doppelpunkt, der aber bei der offenen Zeichensetzung weggelassen wird. Gebräuchlich sind auch die Anreden: Estimado señor, Distinguido señor, Apreciado señor, entsprechend in der weiblichen Form und im Plural. Man findet auch: Amigo y señor, wenn man sich recht gut kennt. Die Form: Muy señor mío, muy señor nuestro findet man heute seltener. De mi consideración, de nuestra consideración schreibt man gelegentlich in Lateinamerika.

6. Der Brieftext – El texto de la carta

Im Gegensatz zum Deutschen beginnt der spanische Brief mit einem Großbuchstaben. Der übliche Aufbau ist wie im Deutschen: Einleitung, Hauptteil, Schlussformel.

7. Die Schlussformel – La despedida

Die früher zum Teil sehr weit ausholenden Höflichkeitsformeln haben kürzeren Formeln Platz gemacht, z. B.:

Quedo/quedamos de Vd./Vds. muy atentamente,
Atentos saludos,
Atentamente le/les saluda/n,
Cordialmente.

Oft wird die Höflichkeitsformel auch in den Schlusssatz mit eingebaut, z. B.:

En espera de sus noticias, les saludamos atentamente.
Sin otro particular, quedamos de Vd. muy atentamente.

8. Die Unterschrift – La firma

Diese steht unter dem Firmennamen. Vor oder hinter ihr erfolgt oft auch die offizielle Bezeichnung der Stellung des Schreibers im Unternehmen, z. B.:

Gerente, Apoderado, Director, Administrador usw.

Der Prokurist zeichnet in Prokura, z. B.:

Núñez & Santos
p.p. (oder P.P.) Javier García
Gerente

Angestellte können auch „im Auftrag“ por orden oder „in Vertretung“ por delegación unterzeichnen, z. B.:

Núñez & Santos
p.o. (oder P.O.) María Carmen Hermosa
p.d. (oder P.D.) Juan Sánchez

9. Die Initialen – Las iniciales

Sofern auf dem Briefpapier keine eigene Spalte hierfür vorgesehen ist, schreibt der Diktierende seine Initialen in Großbuchstaben links unten an den Rand, gefolgt von den Initialen der Schreibkraft in Kleinbuchstaben.

10. Anlage- und Verteilervermerk – Anexos y circulación
Meistens steht die Angabe:

Anexo oder anexos. Es kann auch eine nähere Spezifizierung erfolgen, z. B.: Anexos: 2 fotocopias.

Eine Nachschrift sollte man möglichst vermeiden. Wenn man sie unbedingt benötigt, leitet man sie mit P.S. ein.

11. Formales und Stil – Forma y estilo
In Spanien wird als Brief-Format meist der Blocksatz gewählt oder aber die erste Zeile eines jeden Absatzes eingerückt.
Es empfiehlt sich – wie im Deutschen – Geldbeträge zusätzlich in Worten auszuschreiben.
Im Spanischen werden Ausrufe- und Fragesätze mit einem auf dem Kopf stehenden Ausrufe- bzw. Fragezeichen begonnen und mit dem entsprechenden Zeichen (richtig herum!) beendet.
Bitte verzichten Sie aber niemals auf Sonderzeichen wie ñ oder beispielsweise ú, da ein Verzicht manchmal vollkommen veränderte, möglicherweise sinnentstellende Wörter hervorbringen könnte.

Das Duzen auch unter Geschäftspartnern ist wesentlich verbreiteter als bei uns; wundern Sie sich also nicht, wenn Sie in der zweiten oder dritten Korrespondenz bereits geduzt werden. Um Missverständnisse zu vermeiden, versuchen Sie bitte immer, sich klar auszudrücken, aber dennoch kurz zu fassen. Um Ihren Brief übersichtlich zu gestalten, verwenden Sie für jeden weiteren thematischen Bereich einen Absatz.

Die E-Mail — El correo electrónico

Die äußere Form einer E-Mail ist keinen festen Normen unterworfen. Sie enthält die E-Mail-Adresse des Absenders und des Empfängers und in der Regel die Vermerke, ob und an wen Kopien und/oder Anlagen versandt werden.

Correo electrónico

De: Mercantil Pescatera S.A.
Enviado: Lunes, 18 de Diciembre de 20 . ., 13.20 horas
Para: Juán Carlos Senra Martinez
Copia: Felipe Naderas
Asunto: Notificación de pago

Según solicitud en su carta de 13 de Diciembre indicamos haber realizado el pago de los honorarios convenidos por importe de 3.500,– dólares a su cuenta del Banco Exterior de España en la localidad de Zúrich por la modalidad de IBAN y BIC. Ruego confirmación urgente del ingreso efectivo.

Atentamente
D. Canales
Dirección Financiera

Postalische Vermerke und Ausdrücke
Indicaciones y expresiones postales

Absender	**remitente** *m*
Adresse	**dirección** *f*
Per Adresse, Bei	**c/o.** (*englisch* ***care of***)
Annahme verweigert	**Envío rehusado**
Dringend!	**¡Urgente!**
Drucksache	**Impresos**
Eilbrief/Eilpäckchen	**carta** *f* / **paquete** *m* **urgente**
Einschreiben	**carta** *f* **certificada**
Empfänger (unbekannt)	**destinatario** *m* **(desconocido)**
Falls unzustellbar, zurück an Absender	**En caso de destinatario desconocido, devolver al remitente**
Frachtbrief	**carta** *f* **de porte**
Frei von Entgelt und Abgaben	**Libre de tasas y derechos**
Internationaler Antwortschein	**cupón-respuesta** *m* **internacional**
(Per) Kurier / Luftpost	**Por correo / avión**
Luftpostleichtbrief	**aerograma** *m*
Muster ohne Wert	**Muestra sin valor**
Nachgebühr	**sobretasa** *f*
(Por) Nachnahme	**(Contra) Reembolso**
Nicht knicken!	**¡No doblar!**
Oben!	**¡(Este lado) Arriba!**
Persönlich	**Personal**
Persönlich zu übergeben	**En propia mano**
Porto	**porte** *m*
Portofrei	**Franco de porte (Libre de franqueo)**
Postamt	**(oficina** *f* **de) Correos** *m*
Postfach	**Apartado de Correos**
Postlagernd	**Lista de Correos**
Rückporto	**franqueo** *m* **de respuesta**
Vertraulich	**Confidencial**
Wertangabe	**declaración** *f* **de valor**

Die spanischen Postleitzahlen
Los códigos postales en España

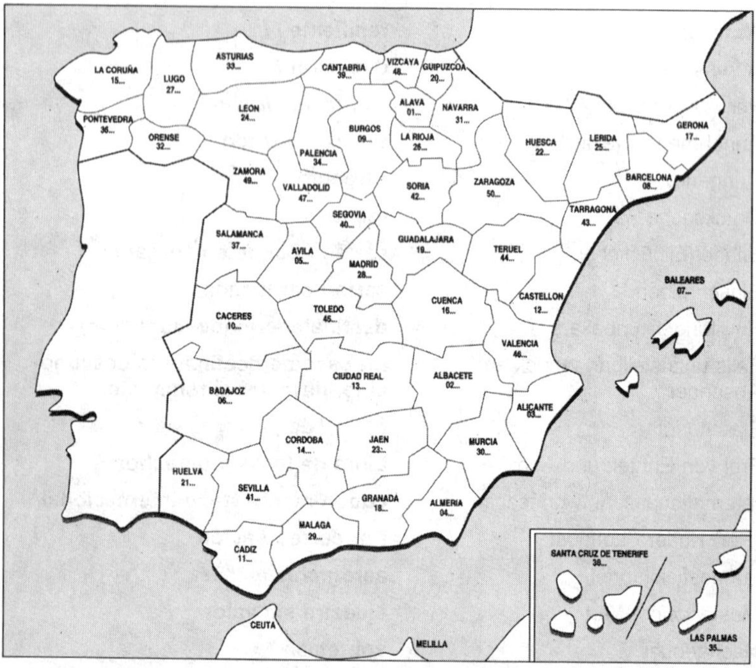

Die spanischen Postleitzahlen bestehen aus einer fünfstelligen Zahl.

Die ersten beiden Ziffern bezeichnen in alphabetischer Reigenfolge die Provinz. Die Provinzhauptstadt erhält als dritte Ziffer immer eine Null. Andere Orte der entsprechenden Provinz erhalten als dritte Ziffer ihre eigene Kennzahl.

Die letzten zwei Ziffern bezeichnen einen Postbezirk der Hauptstadt oder des jeweiligen Ortes.

Beispiel:

28... Provinz Madrid

28003 Provinzhauptstadt Madrid
Postbezirk 03

28770 Colmenar Viejo in der Provinz Madrid
Ortskennzahl 7
Postbezirk 70

Länder, Hauptstädte und Länderkürzel
Países, capitales y signos internacionales de los países

Länder (auf Deutsch)	International	Länder (auf Spanisch)	Hauptstädte (auf Spanisch)	Internationale Länderkürzel
Algerien	Algeria	Argelia	Argel	DZ
Argentinien	Argentinia	Argentinia	Buenos Aires	RA
Australien	Australia	Australia	Canberra	AUS
Belgien	Belgium	Bélgica	Bruselas	B
Belize	Belize	Belice	Belmopan	BZ
Bolivien	Bolivia	Bolivia	La Paz	BO
Brasilien	Brazil	Brasil	Brasilia	BR
Chile	Chile	Chile	Santiago	CL
China	China	China	Pequín	VR
Costa Rica	Costa Rica	Costa Rica	San José	CR
Dänemark	Denmark	Dinamarca	Copenhague	DK
Deutschland	Germany	Alemania	Berlin	D
Dominikanische Republik	Dominican Republic	República Dominicana	Santo Domingo	DO
Ecuador	Ecuador	Ecuador	Quito	EC
El Salvador	El Salvador	El Salvador	San Salvador	SV
Finnland	Finland	Finlandia	Helsinki	FIN
Frankreich	France	Francia	París	F
Griechenland	Greece	Grecia	Atenas	GR
Großbritannien	Great Britain	Reino Unido	Londres	GB
Guatemala	Guatemala	Guatemala	Guatemala	GT
Honduras	Honduras	Honduras	Tegucicalpa	HN
Indien	India	Índia	Nueva Deli	IND
Irland	Ireland	Irlanda	Dublin	IRL
Italien	Italy	Italia	Roma	I
Kanada	Canada	Canadá	Ottawa	CDN
Kolumbien	Colombia	Colombia	Santa Fe de Bogotá	CO
Kuba	Cuba	Cuba	La Habana	CU

Länder (auf Deutsch)	**International**	**Länder (auf Spanisch)**	**Hauptstädte (auf Spanisch)**	**Internationale Länderkürzel**
Luxemburg	Luxemburg	Luxemburgo	Luxemburgo	L
Mexiko	Mexico	Méjico	Méjico D. F.	MEX
Nicaragua	Nicaragua	Nicaragua	Managua	NI
Niederlande	Netherlands	Países Bajos	Amsterdam	NL
Norwegen	Norway	Noruega	Oslo	N
Österreich	Austria	Austria	Viena	A
Panama	Panama	Panamá	Panamá	PA
Paraguay	Paraguay	Paraguay	Asunción	PY
Peru	Peru	Perú	Lima	PE
Polen	Poland	Polonia	Varsovia	PL
Portugal	Portugal	Portugal	Lisboa	P
Puerto Rico	Puerto Rico	Puerto Rico	San Juan	PR
Schweiz	Switzerland	Suiza	Berna	CH
Spanien	Spain	España	Madrid	E
Südafrika	South Africa	África del Sur	Pretoria	ZA
Tunesien	Tunisia	Tunicia	Túnez	TN
Türkei	Turkey	Turquía	Ankara	TR
Ungarn	Hungary	Hungría	Budapest	H
Uruguay	Uruguay	Uruguay	Montevideo	UY
Venezuela	Venezuela	Venezuela	Caracas	VE
Vereinigte Staaten von Amerika	United States of America	Estados Unidos	Washington	USA

Spanische Musterbriefe
Modelos de cartas en español

Bitte um Übersendung eines Katalogs und Preisangabe
Petición de catálogo y precios

Karl Neumann
Optische Geräte GmbH
Eschersheimer Landstr. 102

D-60322 Frankfurt/M.

Señores:

Por el anuario alemán «Quién suministra qué», donde ustedes figuran como suministradores, nos hemos enterado de que su empresa fabrica aparatos ópticos para fines industriales.

Dado que nuestra empresa, en su afán de innovación, quisiera modernizar por completo sus instalaciones, desearíamos nos hicieran llegar un catálogo ilustrado de sus productos, cotizándonos sus precios más reducidos especificando al mismo tiempo sus condiciones de pago y plazos de entrega.

Agradeciéndoles por anticipado su atención, les saludamos muy atentamente,

Industrias Metálicas, S.A.

anuario *m* Adressbuch
«Quién suministra qué» „Wer liefert was“
suministrador *m* Lieferant
aparato *m* **óptico** optisches Gerät
para fines industriales für Industriezwecke
afán *m* Streben
hacer llegar zukommen lassen
catálogo *m* **ilustrado** bebilderter Katalog
especificar spezifizieren, einzeln aufführen
plazo *m* **de entrega** Liefertermin

Anfrage nach Industrieausrüstungen
Demanda de equipos industriales

Correo electrónico a industrie.anlagen@com.de

De: Comercial Argentina, Julio Hernandes
Enviado: Jueves, 3 de Noviembre de ...,
11.45 horas
Para: Director de Ventas
Asunto: Su gama de productos

Señor:

En nuestro deseo de importar equipos industriales de reconocida calidad, nos hemos dirigido a la Cámara de Industria y Comercio Argentino-Alemana, la cual nos informó que su empresa exporta desde hace muchos años tales productos a diversos países latinoamericanos.

Nos interesaría conocer a fondo la gama de productos que ustedes producen, así como sus condiciones de entrega y pago.

Les rogamos nos envíen catálogos ilustrados, listas de precios y demás material informativo de que dispongan, a fin de estudiar las posibilidades de una relación comercial con su empresa.

Atentamente,

Comercial Argentina, S.A.

reconocido anerkannt
dirigirse a sich wenden an
Cámara *f* **de Industria y Comercio** Industrie- und Handelskammer
conocer a fondo hier: genau kennen lernen
gama *f* Palette
condición *f* **de entrega** Lieferbedingung
condición *f* **de pago** Zahlungsbedingung
lista *f* **de precios** Preisliste
demás material informativo weiteres Informationsmaterial
relación *f* **comercial** Handelsbeziehung

Auftragsbestätigung per Fax
Confirmación del pedido por fax

Fecha: 31 de enero del ...
Páginas: 1
De: Pedro Maldonado, Maldonado & Cía.

A: Langer & Koch, Frankfurt/M.
Su Fax: 25 del corriente

Confirmamos muy agradecidos recepción de su pedido con fecha 25 del corriente.

Envío efectuado hoy con Cervantes & Cía. a su dirección.

Envío carta porte y factura triplicado a Banco de Bilbao Vizcaya, Frankfurt. Rogamos retiren allí documentos contra aceptación 30 días.

Esperamos reciban mercancía en perfecto estado.

Atentamente,

Pedro Maldonado
Gerente

confirmar bestätigen
envío *m* Lieferung
efectuar erfolgen
carta *f* **porte** Frachtbrief
factura *f* Rechnung
triplicado dreifach
retirar hier: abholen
aceptación *f* hier: (Wechsel-)Akzept
estado *m* Zustand

Eröffnung einer Niederlassung
Apertura de una sucursal

Rafael Delgado & Cía.
Príncipe de Vergara, 57
E-28001 MADRID

Estimados señores:

Tenemos el gusto de informarles que nuestra casa, siguiendo su política expansiva, inaugurará a principios del próximo mes de julio una sucursal en Madrid. De este modo, nos será posible atender directamente, con más rapidez y menos costes, a la clientela española.

Nuestra sucursal ha sido constituida como sociedad de responsabilidad limitada de derecho español bajo la razón social

EQUIPOS INDUSTRIALES, S. R. L.

con domicilio en Calle Bolivia, 150, 28016 Madrid, y se dedicará, como la casa matriz, a la venta de componentes y equipos industriales de alta tecnología. Como ustedes habrán comprobado a lo largo de nuestras relaciones comerciales, nuestra organización, con más de un siglo de experiencia y prestigio en el mercado alemán, cuenta con los productos más innovadores del sector.

Les invitamos a visitar personalmente nuestra nueva sucursal de Madrid, donde nuestro equipo de expertos les ofrecerá la misma gama de productos que hasta la fecha les hemos suministrado desde Alemania.

Esperando que hagan extensiva a nuestra sucursal la confianza que siempre nos dispensaron a nosotros, les saludamos muy atentamente,

HANS WERNER
Apparate- und Maschinenfabrik
Aktiengesellschaft

tener el gusto die Freude haben
política *f* **expansiva** Erweiterungspolitik
inaugurar eröffnen
sucursal *f* Filiale
atender a versorgen
coste *m* Kosten
sociedad *f* **de responsabilidad limitada** Gesellschaft mit beschränkter Haftung
domicilio *m* Sitz
casa *f* **matriz** Mutterhaus
equipo *m* **industrial** Industrieausrüstung
comprobar feststellen
prestigio *m* Ansehen
producto *m* **innovador** innovatives Produkt
experto *m* Fachmann
gama *f* Palette
hacer extensivo a ausdehnen auf
confianza *f* Vertrauen
dispensar zuteil werden lassen

Bewerbung um eine Stelle als Verkaufsleiter
Solicitud para el cargo de jefe de ventas

MULTINFORMATICA
Departamento de Personal
Pradillo, 37
E-28002 MADRID

Señores:

En relación con su anuncio en la sección «Ofertas de Empleo» en el diario EL PAIS, me permito por la presente ofrecer mis servicios a su acreditada empresa, creyendo cumplir plenamente, en virtud de mi formación tanto universitaria como profesional, los requisitos que ustedes exigen para el cargo de jefe de ventas.

Como podrán constatar en el currículum vitae que se adjunta, dispongo de una formación a nivel universitario, habiendo obtenido titulación superior en Ciencias Empresariales, y una experiencia profesional en el sector de informática de casi cuatro años, últimamente desempeñando un puesto de responsabilidad con un equipo de 45 colaboradores.

Mediante los certificados que acompaño en fotocopia, ustedes podrán formarse una idea de mis conocimientos, carácter y aptitudes.

De necesitar referencias sobre mi persona, les ruego se dirijan a las instituciones y empresas mencionadas en mi currículum.
En espera de que tomen en consideración mi candidatura y asegurándoles que me empeñaré en satisfacerles en todos los conceptos, les saludo muy atentamente,

Jose Luis Peñarroya

Anexos

en relación con hier: in Bezug auf
ofrecer servicios Dienste anbieten
acreditado angesehen, geachtet
cumplir los requisitos die Voraussetzungen erfüllen
formación *f* (Aus-)Bildung
exigir verlangen
a nivel universitario auf Universitätsebene
titulación *f* akademischer Grad
Ciencias *f/pl* **Empresariales** Betriebswirtschaft
experiencia *f* **profesional** Berufserfahrung
desempeñar un puesto eine Stelle (inne)haben
puesto *m* **de responsabilidad** verantwortliche Position
certificado *m* Zeugnis
aptitud *f* Fähigkeit
candidatura *f* Bewerbung
empeñarse a sich bemühen
en todos los conceptos in jeder Hinsicht

Tabellarischer Lebenslauf

Persönliche Daten	
Name:	Katja Schwarz
Anschrift:	Uferweg 15 20 536 Hamburg Tel.: (Privat) 040 - 50 62 17 (Büro) 040 - 56 78 49 E-Mail: katja.schwarz@coldmail.com
Geburtstag und Geburtsort:	23.01.1968 in Hamburg
Nationalität:	deutsch
Familienstand:	ledig
Schulbildung	
1974–1978	Grundschule Eimsbüttel (Hamburg)
1978–1987	Ulrichsgymnasium (Hamburg)
Abschluss:	Abitur
Studium	
1988–1990/1991–1995	Romanistik an der Universität Heidelberg
1990–1991	Romanistik an der Universität von Sevilla (Spanien)
Abschluss:	Magister (Universität Heidelberg)
Berufserfahrung	
1987–1988	Au-pair-Stelle in Brüssel (Belgien)
April 1993	Messehostess auf der Internationalen Frankfurter Messe „Ambiente“
1995–1996	Freiberufliche Übersetzerin
1996–2001	Sekretärin und Übersetzerin Comux, Bremen
2001–	Direktionsassistentin bei der Geschäftsleitung, Filex GmbH, Hamburg
Sprachen	Spanisch: sehr gute Kenntnisse Englisch: sehr gute Kenntnisse (Zertifikat des Spracheninstituts der Universität Heidelberg) Französisch: gute Kenntnisse Italienisch: Grundkenntnisse
Weitere Kenntnisse	
Computerkenntnisse:	Microsoft Office XP, Excel, Powerpoint
Hobbys und Interessen:	Schwimmen, klassische Musik, Lesen, Reisen
Referenzen	1. Prof. Dr. Stefan von Wissensburg Institut für Romanistik Universität Heidelberg D-69115 Heidelberg 2. Dr. Michael Müller, Geschäftsführer Filex GmbH Alsterweg 2/12 D-21129 Hamburg

Currículum vitae

Datos personales	
Nombre y apellidos:	Katja Schwarz
Dirección:	Uferweg 15, 20536 Hamburg Tel.: (Particular) 040 - 50 62 17 (Trabajo) 040 - 56 78 49 Correo electrónico: katja.schwarz@coldmail.com
Lugar y fecha de nacimiento:	23 de enero 1968 en Hamburgo
Nacionalidad:	alemana
Estado civil:	soltera
Formación escolar	
1974–1978	Estudios primarios, Grundschule Eimsbüttel (Hamburgo)
1978–1987	Estudios secundarios, Ulrichsgymnasium (Hamburgo)
Título:	Bachillerato
Formación académica	
1988–1990/ 1991–1995	Filología Hispánica, Universidad de Heidelberg
1990–1991	Filología Hispánica, Universidad de Sevilla
Título:	Licenciado en Filología Hispánica (Universidad de Heidelberg)
Experiencia profesional	
1987–1988	Au-pair en Bruselas (Bélgica)
April 1993	Azafata en la feria internacional „Ambiente“ en Fráncfort
1995–1996	Traductora como profesional liberal
1996–2001	Secretaria y traductora Comux, Bremen
2001–	Asistente de dirección, Filex GmbH, Hamburgo
Idiomas	Español: Nivel superior Inglés: Nivel superior (Certificado del Intituto de Idiomas, Universidad Heidelberg) Francés: Nivel alto Italiano: Nivel medio
Otros conocimientos	
Informática:	Microsoft Office XP, Excel, Powerpoint
Aficiones e intereses:	Natación, música clásica, leer, viajar
Referencias	1. Prof. Dr. Stefan von Wissensburg Institut für Romanistik Universität Heidelberg D-69115 Heidelberg 2. Dr. Michael Müller, Geschäftsführer Filex GmbH Alsterweg 2/12, D-21129 Hamburg

Glückwunschschreiben
Cartas de felicitación

Sehr geehrter Herr Zacher,

zu Ihrem 50. Geburtstag herzlichen Glückwunsch. Auf dass Sie weiterhin so gesund und munter bleiben.

Wir wünschen Ihnen alles, alles Gute

— Der Betriebsrat —

Distinguido Sr. Zacher,

Nuestras más sinceras felicitaciones en el día de su 50° cumpleaños y aprovechamos para desearle lo mejor.

Nuestros deseos más cordiales de salud y bienestar

— El comité de la empresa —

Liebe Frau Eichhorn, lieber Herr Eichhorn,
zur Geburt Ihrer Tochter die allerbesten Glückwünsche.

Wir wünschen dem kleinen Erdenbürger eine gesunde und glückliche Zukunft. Für das erste Sparschwein erhalten Sie einen Scheck in Höhe von 200,– €.

Mit den besten Grüßen

— Personalabteilung —

Estimados Sra. Eichhorn y Sr. Eichhorn:

Nuestra sincera enhorabuena por el nacimiento de su hija.

Les deseamos toda suerte de felicidades en el futuro y mucha salud para la recién nacida. Reciban un cheque en el monto de 200 euros para su primera hucha.

Con nuestros mejores deseos

— El Depto. de personal —

Deutsche Musterbriefe
Modelos de cartas en alemán

Spediteur fordert Versanddokumente an
Agente de transporte exige documentos

Bastos & Cía
Casilla postal 3028 · Barranquilla Colombia

Reichswald & Gotthardt AG
Hagebuttenweg 12
01169 Dresden
ALEMANIA

Barranquilla, 4. März 20. .

Zollabfertigung Ihrer Sendung für Escobar & Santamaría

Sehr geehrte Damen und Herren,

wir beziehen uns auf folgenden Versandauftrag:

Empfänger: Escobar & Santamaría
Calle 13, n° 153
Bogotá 1, D.E.
Kolumbien
Sendung: 50 Metallschränke für Werkzeuge
100 Metallkästen für Werkzeuge
50 Elektrobohrer CSB-550-RET
100 kabellose Schraubendreher
Auftrag: Nr. 45083
Lieferung: 4. April 20. . per SS „Bremen"

Ihr Kunde, die Firma Escobar & Santamaría, hat uns gebeten, die oben beschriebene Sendung am Hafen abzuholen, sie zu verzollen und den Weitertransport zu übernehmen. Wir bitten Sie daher um möglichst baldige Zusendung der Verschiffungsdokumente und einer Konsulatsfaktura in 4facher Ausfertigung sowie um die Ausfertigung einer Spediteurübernahmebescheinigung.

Mit freundlichen Grüßen

Bastos & Cía.
...
Juan Andrade

Zollabfertigung *f* despacho aduanero
Versandauftrag *m* pedido de expedición
kabelloser Schraubendreher atornillador sin cables
Verschiffungsdokumente *n/pl* documentos de embarque
Konsulatsfaktura *f* factura consular
Spediteurübernahmebescheinigung *f* certificado de recepción del agente de transportes

Bewerbung um eine Stelle
Solicitud de empleo

Juan Miguel Pellegrina
Calle Orense, 6–11
28020 Madrid

Transport und Verkehr AG
Postfach 40 90 21

31137 Hildesheim
DEUTSCHLAND

Madrid, 30. Juni 20..

Bewerbung als Berater im Bereich Verkehr

Sehr geehrte Damen und Herren,

in der Frankfurter Allgemeinen Zeitung habe ich Ihre Anzeige vom 25. Juni gelesen, mit der Sie einen Berater für den Bereich Verkehr suchen.

Ich bin 27 Jahre alt, spanischer Staatsbürger, habe mein Abitur in Madrid gemacht und bin dann nach Deutschland gezogen, um an der Universität Hannover mein Studium als Diplomkaufmann mit Prädikat abzuschließen.

Mit dem Studienschwerpunkt Transportwirtschaft und Logistik, in dessen Rahmen auch der OPNV-Sektor intensiv behandelt wurde, verfüge ich über die erforderlichen Kenntnisse, die ich in Ihrer Abteilung Verkehrswirtschaft konstruktiv einbringen kann.

Als Anlage füge ich meine vollständigen Bewerbungsunterlagen bei.

Ich würde mich freuen, wenn Sie mir die Gelegenheit zu einem persönlichen Gespräch geben würden.

Mit freundlichen Grüßen
...
Juan Miguel Pellegrina

Anlagen: Lebenslauf, Praktika-Bescheinigung, Schul- und Universitätszeugnisse

Berater *m* consultor
Anzeige *f* anuncio
Abitur *n* **machen** hacer el bachillerato (alemán)
Diplomkaufmann *m* **mit Prädikat** comerciante diplomado con calificación
Studienschwerpunkt *m* asignatura principal de estudios
Transportwirtschaft *f* **und Logistik** industria de transportes y logística
persönliches Gespräch entrevista personal
Lebenslauf *m* currículum vitae
Zeugnisse *n/pl* diplomas/certificados de estudios

Telefonieren
Hablar por teléfono

Telefonat erledigen – Hacer una llamada telefónica

Ich muss noch kurz telefonieren.	**Tengo que hacer una breve llamada.**
Sind Sie telefonisch erreichbar?	**¿Se *le/la* puede llamar por teléfono?**
Sie werden am Telefon verlangt.	***Le/La* llaman a usted.**
Ich spreche gerade mit Barcelona.	**Estoy hablando con Barcelona.**

Sich vorstellen – Presentarse

Ich bin (Heinz Müller).	**Soy (Heinz Müller).**
Hier ist (Eva Schmidt) von der Firma ...	**Soy (Eva Schmidt) de la empresa ...**
Ich rufe aus … an.	**Llamo desde … .**
Könnte ich bitte (Herrn Sánchez) sprechen?	**Quisiera hablar con (el señor Sánchez).**
Am Apparat.	**Sí, soy yo.**

Sich verbinden lassen – Pedir comunicación con alguien

Ich möchte … sprechen.	**Quisiera hablar con ...**
Könnten Sie mich mit … verbinden?	**¿Podría ponerme con ...?**
Würden Sie bitte … ans Telefon holen?	**¿Podría decirle a … que se ponga?**
Ich möchte jemanden von der …abteilung sprechen.	**Quisiera hablar con alguien del departamento de … .**
Wer ist am Apparat?	**¿Con quién hablo?**

Weiterverbinden – Pasar una llamada telefónica

Einen Moment. / Warten Sie bitte.	**(Espere) un momento, por favor.**
Bleiben Sie bitte in der Leitung.	**Espere un momento.**

Einen Augenblick, ich bin gleich wieder für Sie da.	**Espere un momento, en seguida me vuelvo a poner.**
... spricht gerade auf der anderen Leitung.	**... está hablando por la otra línea.**
Wollen Sie warten?	**¿Quiere esperar?**
... kommt sofort ans Telefon.	**... ahora mismo se pone.**
Ich verbinde Sie.	**Le pongo.**
..., Sie werden am Telefon verlangt.	**..., una llamada para usted.**

Telefonauskunft – Información telefónica

Wie lautet die Vorwahl von Valladolid?	**¿Cuál es el prefijo de Valladolid?**
Muss ich die Null wählen, wenn ich außer Haus telefonieren möchte?	**¿Tengo que marcar el cero si quiero hacer una llamada al exterior?**
Ich hätte gerne die Nummer von (Pedro Quilmes) in (Gijón).	**¿Podría darme el (número de) teléfono de (Pedro Quilmes) en (Gijón)?**
Kann ich nach Peru durchwählen?	**¿Hay línea directa a Perú?**
Wenn Sie von Spanien nach Deutschland anrufen, lassen Sie die Null weg.	**Si hace una llamada desde España a Alemania, omita el cero.**

Nachricht hinterlassen – Dejar un recado

Möchten Sie eine Nachricht hinterlassen?	**¿Quiere dejar algún recado?**
Kann ich eine Nachricht für ... hinterlassen?	**¿Puedo dejar un recado para ...?**

Um Rückruf bitten – Pedir llamada de contestación

Könnten Sie ... bitten, mich zurückzurufen?	**¿Puede decirle a ... que me llame?**
Könnten Sie mich in dieser Angelegenheit auf dem Laufenden halten / weiterhin informieren?	**¿Puede mantenerme ♂ *informado* / ♀ *informada* sobre este asunto?**

Ich wäre Ihnen dankbar, wenn Sie mich im Laufe des Vormittags zurückrufen könnten.	**Le agradecería que me llamara antes del mediodía.**

Rückruf anbieten – Ofrecer llamada de contestación

Ich rufe Sie gerne ... zurück.	***Le/La* vuelvo a llamar ...**
in 15 Minuten	**dentro de quince minutos.**
in einer halben Stunde	**dentro de media hora.**
heute Nachmittag	**esta tarde.**
morgen	**mañana.**
nächste Woche	**la próxima semana.**
Meine Kollegin/Mein Kollege ruft Sie so bald wie möglich zurück.	**Mi colega *le/la* llamará tan pronto como le sea posible.**
... meldet sich so schnell wie möglich bei Ihnen.	**... se pondrá en contacto con usted lo antes posible.**
... meldet sich bei Ihnen, wenn *er/sie* wieder da ist.	**... se pondrá en contacto con usted en cuanto vuelva.**

Grund des Anrufs schildern – Explicar el motivo de la llamada

Ich rufe an wegen ...	**Llamo por ...**
Ich habe folgendes Anliegen:	**Quisiera hablar de lo siguiente:**
... bat mich, Sie anzurufen.	**... me ha pedido que *le/la* llame.**
Sie wurden mir als Ansprechpartner genannt.	**Me han dicho que hable con usted.**
Ich möchte ... besprechen.	**Quisiera hablar de ... .**
Ich würde gern einen Termin mit *Ihnen/mit Frau* ... vereinbaren.	**Quisiera concertar una cita con *usted/ con la señora* ...**
Ich möchte gerne eine telefonische Bestellung aufgeben.	**Quisiera hacer un pedido por teléfono.**

Gespräch beenden – Terminar la conversación

Vielen Dank für Ihre Mühe.	**Muchas gracias por su interés.**
Ich werde Ihnen den Inhalt unseres Gesprächs *per Fax/schriftlich* bestätigen.	**Le voy a confirmar el contenido de nuestra conversación por *fax/escrito.***

Vielen Dank für Ihren Anruf.	**Muchas gracias por su llamada.**
Auf Wiederhören.	**Adiós.**
Bis bald.	**Hasta pronto.**
Bis zum nächsten Mal.	**Hasta la próxima.**
Ich verbinde Sie jetzt mit … .	**Ahora le pongo con … .**

Anrufbeantworter – El contestador automático

Ich bin im Augenblick nicht erreichbar.	**En estos momentos no me puedo poner.**
Bitte hinterlassen Sie nach dem Signalton eine Nachricht.	**Por favor, deje un mensaje después de la señal.**
Bitte hinterlassen Sie Ihren Namen und Ihre Telefonnummer.	**Por favor, indique su nombre y número de teléfono.**
Ich rufe Sie so schnell wie möglich zurück.	**Llamaré tan pronto como sea posible.**
In dringenden Fällen können Sie mich unter (meiner Handy-Nummer) … erreichen.	**Si es urgente, llámeme al … (de mi teléfono móvil).**
Hier spricht … von der Firma … .	**Soy … de la empresa … .**
Dies ist eine Nachricht für … .	**Es un mensaje para …**
Bitte rufen Sie mich so bald wie möglich (unter der Nr. …) zurück.	**Por favor, llámeme lo antes posible (al número …).**
Es ist (sehr) dringend.	**Es (muy) urgente.**

Pannen und Probleme – Averías y problemas

Es ist belegt – Está(n) comunicando

Es ist belegt.	**Está** (*Sg.*) / **Están** (*Pl.*) **comunicando.**
… spricht gerade.	**… está hablando.**
Alle Leitungen sind belegt.	**Todas las líneas están ocupadas.**

Falsch verbunden – Equivocado

Es tut mir Leid, Sie sind falsch verbunden.	**Lo siento, pero se ha equivocado.**
Hier gibt es *keinen Herrn* / *keine Frau* … .	**Aquí no hay ♂ *ningún señor* / ♀ *ninguna señora* …**

Kein Anschluss unter dieser Nummer.	**Este número está fuera de servicio.**

Verwählt – Equivocado

Ich glaube, Sie haben sich verwählt.	**Creo que se ha equivocado al marcar.**
Mit wem bin ich verbunden?	**¿Con quién estoy hablando?**
Entschuldigung, ich habe mich verwählt.	**Perdón, me he equivocado.**
Kein Problem.	**No importa. / No se preocupe.**

Es antwortet niemand – Nadie contesta

… geht nicht ans Telefon.	**... no contesta.**
… ist heute nicht im Haus.	**... no está hoy aquí.**
… ist gerade nicht im Büro.	**... no está ahora en la oficina.**
… ist gerade zu Tisch.	**... ha salido a comer.**
… ist im Urlaub.	**... está de vacaciones.**

Technische Probleme und Verständigungsschwierigkeiten – Problemas técnicas y dificultades de comprensión

Wie bitte?	**¿Cómo dice?**
Können Sie bitte ein wenig lauter reden?	**¿Podría hablar un poco más alto?**
Würden Sie bitte etwas langsamer sprechen?	**¿Podría hablar un poco más despacio?**
Könnten Sie das noch einmal wiederholen?	**¿Puede repetirlo?**
Die Verbindung ist sehr schlecht.	**La conexión es muy mala.**
Ich verstehe Sie sehr schlecht.	***Le/La* entiendo muy mal.**
Wir wurden unterbrochen.	**Se ha cortado la comunicación.**

Vertrösten – Hacer esperar a alguien

Bitte versuchen Sie es später noch einmal.	**Vuelva a intentarlo más tarde.**
Bitte rufen Sie in 15 Minuten noch einmal an.	**Por favor, vuelva a llamar dentro de quince minutos.**

Übersicht: Länder, Vorwahlen, Währung, Zeitunterschied wichtiger Länder

Tabla: Países, prefijos, monedas, diferencia horaria

Für ein internationales Ferngespräch von Deutschland aus muss vor der Landeskennzahl grundsätzlich 00 gewählt werden.
Para llamadas internacionales desde España se marca 07 delante del prefijo del país deseado.

Land	Vorwahl	Währung	±MEZ
Ägypten	0020	Ägyptisches Pfund	+1
Algerien	00213	Algerischer Dinar	±0
Argentinien	0054	Peso	–4
Armenien	007	Dram	+2
Aserbaidschan	00994	Manat	+2
Äthiopien	00251	Birr	+2
Australien	0061	Australischer Dollar	+7 bis +9
Bahamas	001809	Bahama-Dollar	–6
Bangladesch	00880	Taka	+5
Belarus (Weißrussland)	007	Weißrussischer Rubel	+1
Belgien	0032	Euro	±0
Antwerpen	(0)3		
Brüssel	(0)2		
Bolivien	00591	Boliviano	–5
Bosnien-Herzegowina	00387	Konvertible Mark/Euro	±0
Brasilien	0055	Cruzeiro Real	–3 bis –6
Bulgarien	00359	Lew	+1
Chile	0056	Chilenischer Peso	–5
China	0086	Renminbi Yuan	+7
Costa Rica	00506	Costa-Rica-Colón	–7
Dänemark	0045	Dänische Krone	±0
Deutschland	0049	Euro	±0
Berlin	(0)30		
Hamburg	(0)40		
Düsseldorf	(0)211		
Bonn	(0)228		
Frankfurt/M.	(0)69		
München	(0)89		
Dominikanische Republik	001809	Dominikanischer Peso	–5
Ecuador	00593	Sucre	–6

Land	Vorwahl	Währung	±MEZ
El Salvador	00503	El-Salvador-Colón	–7
Elfenbeinküste	00225	CFA-Franc, Euro	–1
England	0044	Pfund Sterling	–1
Estland	00372	Estnische Krone	+1
Finnland	00358	Euro	+1
Frankreich	0033	Euro	±0
Georgien	00995	Kupon	+2
Griechenland Athen	0030 (0)1	Euro	+1
Großbritannien London (innen) London (außen)	0044 (0)207 (0)208	Pfund Sterling	–1
Guatemala	00502	Quetzal	–7
Haiti	00509	Gourde	–6
Honduras	00504	Lempira	–7
Indien	0091	Indische Rupie	+4,5
Irak	00964	Irak-Dinar	+2
Iran	0098	Rial	+2,5
Irland Dublin	00353 (0)1	Euro	–1
Island	00354	Isländische Krone	–1
Israel	00972	Neuer Israel Schekel	+1
Italien Rom	00390 (0)06	Euro	±0
Jamaika	001809	Jamaika-Dollar	–6
Japan	0081	Yen	+8
Jordanien	00962	Jordan-Dinar	+1
Jugoslawien (Serbien und Montenegro)	00381	Neuer Jugoslawischer Dinar	±0
Kanada	001	Kanadischer Dollar	–6 bis –9
Kasachstan	007	Tenge	+4
Kenia	00254	Kenia-Schilling	+2
Kolumbien	0057	Kolumbianischer Peso	–6
Kongo	00242	CFA-Franc	±0
Kroatien	00385	Kuna	±0
Kuba	0053	Kubanischer Peso	–6

Land	Vorwahl	Währung	±MEZ
Kuwait	00965	Kuwait-Dinar	+2
Lettland	00371	Lat	+1
Libanon	00961	Libanesisches Pfund	+1
Liberia	00231	Liberianischer Dollar	–1
Libyen	00218	Libyscher Dinar	±0
Liechtenstein	0041	Schweizer Franken	±0
Litauen	00370	Litas	+1
Luxemburg	00352	Euro	±0
Madagaskar	00261	Madagaskar-Franc	+2
Marokko	00212	Dirham	–1
Mazedonien	00389	Denar	±0
Mexiko Mexiko-Stadt	0052	Neuer Mexikanischer Peso	–7 bis –9 –7
Monaco	0033	Euro	±0
Mongolei	00976	Tugrik	+7
Neuseeland	0064	Neuseeland-Dollar	+11
Nicaragua	00505	Córdoba	–7
Niederlande Amsterdam Den Haag	0031 (0)20 (0)70	Euro	±0
Nigeria	00234	Naira	±0
Nordirland	0044	Pfund Sterling	–1
Norwegen	0047	Norwegische Krone	±0
Österreich Wien	0043 (0)1	Euro	±0
Pakistan	0092	Pakistanische Rupie	±4
Panama	00507	Balboa	–6
Paraguay	00595	Guaraní	–4
Peru	0051	Nuevo Sol	–6
Philippinen	0063	Philippinischer Peso	+7
Polen	0048	Zloty	±0
Portugal Lissabon	00351 (0)1	Euro	–1
Rumänien	0040	Lei	+1
Russland	007	Rubel	+1 bis +7
Saudi-Arabien	00966	Saudi-Riyal	+2

Land	Vorwahl	Währung	±MEZ
Schottland	0044	Pfund Sterling	–1
Schweden	0046	Schwedische Krone	±0
Stockholm	(0)8		
Schweiz	0041	Schweizer Franken	±0
Bern	(0)31		
Zürich	(0)1		
Senegal	00221	CFA-Franc, Euro	–1
Singapur	0065	Singapur-Dollar	+7
Slowakei	0042	Slowakische Krone	±0
Slowenien	00386	Tolar	±0
Spanien	0034	Euro	±0
Alicante	(0)96		
Almería	(0)950		
Avila	(0)920		
Barcelona	(0)93		
Bilbao	(0)94		
Cádiz	(0)956		
Gerona	(0)972		
Granada	(0)958		
Huesca	(0)974		
Lérida	(0)973		
Madrid	(0)91		
Málaga	(0)95		
Oviedo	(0)98		
Salamanca	(0)923		
Santander	(0)942		
Sevilla	(0)95		
Toledo	(0)925		
Valencia	(0)96		
Zaragoza	(0)976		
Südafrika	0027	Rand	+1
Sudan	00249	Sudanesisches Pfund	+1
Syrien	00963	Syrisches Pfund	+1
Tansania	00255	Tanzania-Shilling	+2
Thailand	0066	Baht	+6
Tschechische Republik	0042	Tschechische Krone	±0
Tunesien	00216	Tunesischer Dinar	±0
Türkei	0090	Türkische Lira	+1
Turkmenistan	007	Manat	+4
Uganda	00256	Uganda-Shilling	+2
Ukraine	007	Griwna	+1

Land	Vorwahl	Währung	±MEZ
Ungarn	0036	Forint	±0
Uruguay	00598	Peso Uruguayo	–4
USA	001	US-Dollar	–6 bis –10
New York (innen)	(0)212		
Washington DC	(0)202		
Usbekistan	007	Usbekistan-Sum	+4
Venezuela	0058	Bolivar	–5
Vereinigte Staaten von Amerika	001	US-Dollar	–6 bis –10
Vietnam	0084	Dong	+6
Weißrussland	007	Weißrussischer Rubel	+1
Zaire	00242	Neuer Zaire	±0
Zimbabwe	00263	Zimbabwe-Dollar	+1

Die Zeitunterschiede in der Spalte ±MEZ beziehen sich auf Mitteleuropäische (Winter)Zeit. Sie können je nach Umstellung auf Sommer- und Winterzeit geringfügig voneinander abweichen.
Trotz sorgfältiger Prüfung kann für die Richtigkeit der Zahlenangaben des Anhangs keine Garantie übernommen werden.
Las diferencias horarias de la columna ±MEZ se refieren al horario centroeuropeo (de invierno). Pueden variar ligeramente dependiendo del cambio de hora de verano e invierno. No se garantiza la exactitud de esta indicación numérica, a pesar de haber sido controlada detalladamente.

Währungen der spanischsprachigen Länder
Cuadro de las monedas de los países de lengua española

Argentina	el peso	100 centavos
Bolivia	el peso	100 centavos
Colombia	el peso	100 centavos
Costa Rica	el colón	100 céntimos
Cuba	el peso	100 centavos
Chile	el peso	100 centavos
República Dominicana	el peso	100 centavos
Ecuador	el sucre	100 centavos
España	el euro	100 céntimos
Guatemala	el quetzal	100 centavos
Honduras	el lempira	100 centavos
México	el peso	100 centavos
Nicaragua	el córdoba	100 centavos
Panamá	el balboa	100 centésimos
Paraguay	el guaraní	100 céntimos
Perú	el Gran Sol	100 céntimos
Puerto Rico	el dólar	100 cents
El Salvador	el colón	100 oontavos
Uruguay	el peso	100 centésimos
Venezuela	el bolívar	100 céntimos

Zeitzonen (MEZ)
Los husos horarios (horario centroeuropeo)

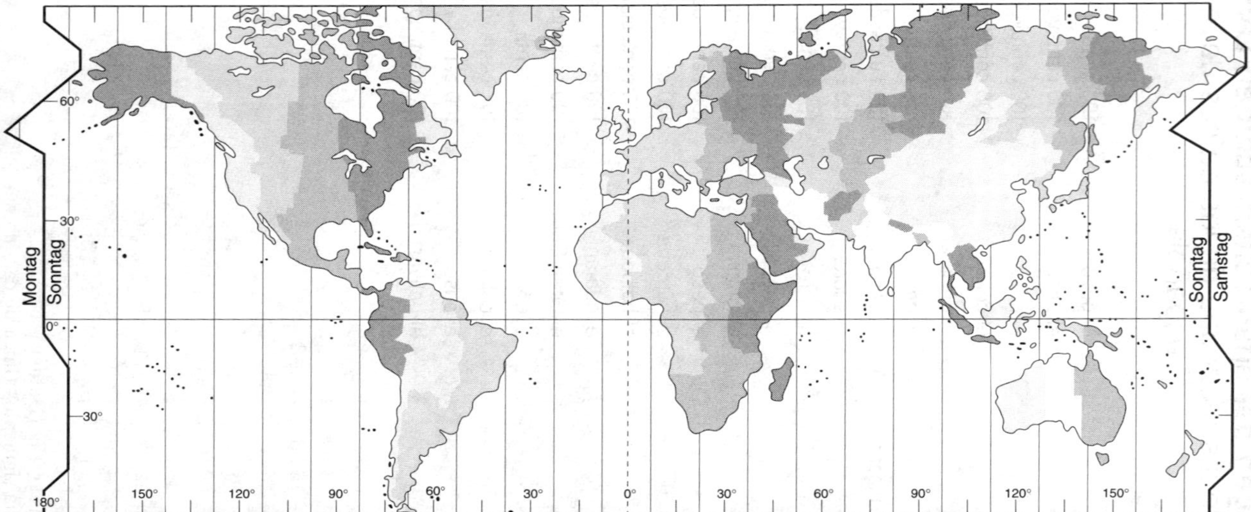

+ 11	- 13	-12	-11	-10	-9	-8	-7	-6	-5	-4	-3	-2	-1	0	+1	+2	+3	+4	+5	+6	+7	+8	+9	+10	+11
23:00		0:00	1:00	2:00	3:00	4:00	5:00	6:00	7:00	8:00	9:00	10:00	11:00	12:00	13:00	14:00	15:00	16:00	17:00	18:00	19:00	20:00	21:00	22:00	23:00
11 pm			1 am	2 am	3 am	4 am	5 am	6 am	7 am	8 am	9 am	10 am	11 am	12 pm	1 pm	2 pm	3 pm	4 pm	5 pm	6 pm	7 pm	8 pm	9 pm	10 pm	11 pm

Die Weltzeituhr auf einen Blick
Cuadro del reloj universal

Die Angaben beziehen sich auf Deutschland 15.00 Uhr Mitteleuropäische (Winter)Zeit, 14.00 Uhr Greenwich Meantime (GMT). Entsprechend der Umstellung auf Sommer- und Winterzeit kann es zu Abweichungen kommen.

Estas indicaciones se refieren al horario de Alemania a las 15 horas (horario centroeuropeo de invierno), son las 14 horas Greenwich Mean Time (GMT). Pueden variar ligeramente dependiendo del cambio de hora de verano e invierno.

Ort	Zeit	Ort	Zeit	Ort	Zeit
Algier	15.00	Jerusalem	16.00	Quebec	09.00
Amsterdam	15.00	Johannesburg	16.00	Quito	09.00
Ankara	16.00	Kabul	18.30	Riad	17.00
Athen	16.00	Kairo	16.00	Rio de Janeiro	11.00
Atlanta	09.00	Kalkutta	19.30	Rom	15.00
Bangkok	21.00	Kopenhagen	15.00	Salzburg	15.00
Barcelona	15.00	Kuala Lumpur	22.00	San Francisco	06.00
Beirut	16.00	Kuwait-Stadt	17.00	Santiago	10.00
Belgrad	15.00	Lima	09.00	Santo Domingo	10.00
Berlin	15.00	Lissabon	14.00	São Paulo	11.00
Bogota	09.00	London	14.00	Schanghai	22.00
Bombay	19.30	Los Angeles	06.00	Seattle	06.00
Brüssel	15.00	Madrid	15.00	Seoul	23.00
Budapest	15.00	Mailand	15.00	Singapur	22.00
Buenos Aires	11.00	Melbourne	+00.00	Sofia	16.00
Bukarest	16.00	Mexiko-Stadt	08.00	Stockholm	15.00
Caracas	10.00	Montreal	09.00	Sydney	+00.00
Chicago	08.00	Moskau	17.00	Taipeh	22.00
Dallas	08.00	München	15.00	Tanger	14.00
Detroit	09.00	Nairobi	17.00	Teheran	17.30
Dublin	14.00	Nassau	09.00	Tokio	23.00
Genf	15.00	Neu-Delhi	19.30	Toronto	09.00
Glasgow	14.00	New York	09.00	Vancouver	06.00
GMT	14.00	Nizza	15.00	Venedig	15.00
Havanna	09.00	Oslo	15.00	Warschau	15.00
Helsinki	16.00	Paris	15.00	Washington	09.00
Hongkong	22.00	Peking	22.00	Wien	15.00
Honolulu	04.00	Perth	22.00	Wladiwostok	+00.00
Istanbul	16.00	Prag	15.00	Zürich	15.00

\+ bedeutet nächster Tag (Datumsgrenze)
\+ significa „el día siguiente“ (línea de cambio de fecha)

Zeitangaben
Indicaciones temporales

Die Uhrzeit – La hora

Im schriftlichen Gebrauch wird die 24-stündige Uhrzeitangabe verwendet. In der Umgangssprache werden die Stunden – ähnlich dem Deutschen – von 1–12 sowohl für die Tages- als auch für die Nachtzeit gezählt.

Meist geht aus dem Zusammenhang hervor, ob es sich um 3 Uhr nachmittags oder nachts handelt, falls nicht, können Sie die Tageszeit mit angeben, also:

Von 01.00 Uhr bis 4.00 Uhr frühmorgens = (de la) madrugada
Von 05.00 Uhr bis 11.00 Uhr morgens = (de la) mañana
Von 12.00 Uhr bis 15.00 Uhr mittags = (del) mediodía
Von 16.00 Uhr bis 19.00 Uhr nachmittags = (de la) tarde
Von 20.00 Uhr bis 24.00 Uhr abends= (de la) noche

Es ist ...	**Son las ...**
15.00 Uhr	**tres del mediodía/quince horas**
09.00 Uhr	**nueve de la mañana**
23.00 Uhr	**once de la noche/veintitrés horas**

Besonderheiten:

Es ist ...	**Es ...**
12.00 Uhr (mittags)	**mediodía**
24.00 Uhr	**medianoche**

Wie spät ist es?	**¿Qué hora es?**
Es ist ...	**Son las ...**
10.05 Uhr	**diez y cinco**
08.15 Uhr (Viertel nach acht)	**ocho y cuarto**
10.45 Uhr (Viertel vor elf)	**once menos cuarto (de la mañana)**
17.10 Uhr	**cinco y diez (de la tarde)**
11.30 Uhr (halb zwölf)	**once y media**
09.05 Uhr	**nueve y cinco**
14.50 Uhr (zehn vor drei)	**tres menos diez**

Das Datum – La fecha

erster Mai	**el uno de mayo**
zweiter Mai	**el dos de mayo**
fünfter August	**el cinco de agosto**
zwölfter Dezember	**el doce de diciembre**

Im Brief kann man eine numerische Schreibweise verwenden, besser ist aber – wie in jedem fremdsprachlichen schriftlichen Gebrauch – die Verwendung der ausgeschriebenen Monatsangabe.

Zahlwörter
Numerales

Die spanischen **Ordnungszahlen** sowie die Grundzahlen *uno* und die Hunderte von *doscientos* ab haben für das weibliche Geschlecht eine besondere Form, die durch Verwandlung des auslautenden *-o* in *-a* (Mehrzahl *-as*) gebildet wird. Wir geben im Folgenden nur die männliche Form ohne Artikel.
Die spanischen Ordnungszahlen 13te bis 19te werden mit Hilfe von *décimo* und der Ordnungszahl des betreffenden Einers gebildet. Von 20ste ab haben alle Ordnungszahlen die Endung *-ésimo*.

Grundzahlen – Números cardinales

0 ***cero*** null
1 ***uno*** (*Kurzform*: ***un***), ***una*** eins
2 ***dos*** zwei
3 ***tres*** drei
4 ***cuatro*** vier
5 ***cinco*** fünf
6 ***seis*** sechs
7 ***siete*** sieben
8 ***ocho*** acht
9 ***nueve*** neun
10 ***diez*** zehn
11 ***once*** elf
12 ***doce*** zwölf
13 ***trece*** dreizehn
14 ***catorce*** vierzehn
15 ***quince*** fünfzehn
16 ***dieciséis*** sechzehn
17 ***diecisiete*** siebzehn
18 ***dieciocho*** achtzehn
19 ***diecinueve*** neunzehn
20 ***veinte*** zwanzig
21 ***veintiuno,*** *Kurzform*: ***veintiún*** einundzwanzig
22 ***veintidós*** zweiundzwanzig
30 ***treinta*** dreißig
31 ***treinta y un(o)*** einunddreißig
40 ***cuarenta*** vierzig
50 ***cincuenta*** fünfzig
60 ***sesenta*** sechzig
70 ***setenta*** siebzig
80 ***ochenta*** achtzig
90 ***noventa*** neunzig
100 ***ciento,*** *Kurzform*: ***cien*** hundert
101 ***ciento un(o)*** (ein)hunderteins
102 ***ciento dos*** hundertzwei
200 ***doscientos, -as*** zweihundert
300 ***trescientos*** dreihundert
400 ***cuatrocientos*** vierhundert
500 ***quinientos*** fünfhundert
600 ***seiscientos*** sechshundert
700 ***setecientos*** siebenhundert
800 ***ochocientos*** achthundert
900 ***novecientos*** neunhundert
1000 ***mil*** tausend
1875 ***mil ochocientos setenta y cinco*** eintausendachthundert-fünfundsiebzig
2011 ***dos mil once*** zweitausendelf
3000 ***tres mil*** dreitausend
5000 ***cinco mil*** fünftausend
10 000 ***diez mil*** zehntausend
100 000 ***cien mil*** hunderttausend
500 000 ***quinientos mil*** fünfhunderttausend
1 000 000 ***un millón (de)*** eine Million
2 000 000 ***dos millones (de)*** zwei Millionen

Ordnungszahlen – Números ordinales

Die spanischen Ordnungszahlen werden **1.°**, **2.°**, **3.°** usw. geschrieben, die Kurzform **1.er**, **3.er**, die weiblichen Formen **1.ª**, **2.ª** usw.

1. ***primero*** *Kurzform*: ***primer*** erste
2. ***segundo*** zweite
3. ***tercero*** *Kurzform*: ***tercer*** *dritte*
4. ***cuarto*** vierte
5. ***quinto*** fünfte
6. ***sexto*** sechste
7. ***sé(p)timo*** siebte, siebente
8. ***octavo*** achte
9. ***noveno, nono*** neunte
10. ***décimo*** zehnte
11. ***undécimo*** elfte
12. ***duodécimo*** zwölfte
13. ***decimotercero, decimotercio*** dreizehnte
14. ***decimocuarto*** vierzehnte
15. ***decimoquinto*** fünfzehnte
16. ***decimosexto*** sechzehnte
17. ***decimosé(p)timo*** siebzehnte
18. ***decimoctavo*** achtzehnte
19. ***decimonono*** neunzehnte
20. ***vigésimo*** zwanzigste
21. ***vigésimo primero, vigésimo primo*** einundzwanzigste
22. ***vigésimo segundo*** zweiundzwanzigste
30. ***trigésimo*** dreißigste
31. ***trigésimo prim(er)o*** einunddreißigste
40. ***cuadragésimo*** vierzigste
50. ***quincuagésimo*** fünfzigste
60. ***sexagésimo*** sechzigste
70. ***septuagésimo*** siebzigste
80. ***octogésimo*** achtzigste
90. ***nonagésimo*** neunzigste
100. ***centésimo*** hundertste
101. ***centésimo primero*** hunderterste
200. ***ducentésimo*** zweihundertste
300. ***trecentésimo*** dreihundertste
400. ***cuadringentésimo*** vierhundertste
500. ***quingentésimo*** fünfhundertste
600. ***sexcentésimo*** sechshundertste
700. ***septingentésimo*** siebenhundertste
800. ***octingentésimo*** achthundertste
900. ***noningentésimo*** neunhundertste
1000. ***milésimo*** tausendste
1875. ***milésimo octingentésimo septuagésimo quinto*** eintausendachthundertfünfundsiebzigste
3000. ***tres milésimo*** dreitausendste
100 000. ***cien milésimo*** hunderttausendste
500 000 ***quinientos milésimo*** fünfhunderttausendste
1 000 000. ***millonésimo*** millionste
2 000 000. ***dos millonésimo*** zweimillionste

Bruchzahlen – Números quebrados

$^1/_2$ ein halb ***medio, media***; $1^1/_2$ eineinhalb *od.* anderthalb ***uno y medio***; $^1/_2$ Liter, ***medio litro***; $1^1/_2$ Liter ***litro y medio***; $2^1/_2$ Liter ***dos litros y medio***

$^1/_3$ ein Drittel ***un tercio***; $^2/_3$ ***dos tercios***

$^1/_4$ ein Viertel ***un cuarto***; $^3/_4$ drei Viertel ***tres cuartos***; $^1/_4$ Stunde ***un cuarto de hora***; $1^1/_4$ Stunden ***una hora y un cuarto***

$^1/_5$ ein Fünftel ***un quinto***; $3^4/_5$ ***tres y cuatro quintos***

$^1/_{11}$ ein Elftel ***un onzavo***; $^5/_{12}$ ***cinco dozavos***; $^7/_{13}$ ***siete trezavos*** usw.

Egal wo Sie auftauchen

mit Langenscheidt "Der Kurs" sind Sie immer gut vorbereitet.

Für alle, die eine Sprache von Grund auf und mit viel Spaß lernen möchten:

- In kleinen Schritten die zeitgemäße Alltagssprache lernen
- Aktuelle Texte, umfangreiches Tonmaterial und abwechslungsreiche Übungen
- Modernste didaktische Aufbereitung
- Viele Lerntipps und Hilfestellungen
- Abschlusstest mit Langenscheidt-Zertifikat

Lehrbuch, Begleitbuch, Wortschatzheft, 6 Audio-CDs

Den Langenscheidt Kurs gibt es in 5 Sprachen.

Infos & mehr
www.langenscheidt.de

L Langenscheidt
...weil Sprachen verbinden

Sprachen verbinden

Langenscheidt e-Taschenwörterbücher

Ideal für alle, die ein Standard-wörterbuch mit besonders leistungsstarker Software suchen.

- völlig neu entwickelte Software mit aktuellen Inhalten
- vielfältige Suchmöglichkeiten mit Schnellsuche, erweiterter Profisuche preisgekrönter Pop-up-Funktion
- Zugriff auf hunderttausende von gebeugten Wortformen
- insgesamt bis zu rund 120.000 Stichwörter und Wendungen

Langenscheidt e-Taschenwörterbücher gibt es für Englisch, Französisch, Italienisch und Spanisch.

Infos & mehr
www.langenscheidt.de

Langenscheidt
...weil Sprachen verbinden

Buchstabieralphabete
Alfabetos para deletrear

	Deutsch	Spanisch *	International	Zivil-Luftfahrt (ICAO)
A	Anton	Alemania	Amsterdam	Alfa
Ä	Ärger	–	–	–
B	Berta	Barcelona	Baltimore	Bravo
C	Cäsar	Canadá	Casablanca	Charlie
CH	Charlotte	–	–	–
D	Dora	Dinamarca	Danemark	Delta
E	Emil	España	Edison	Echo
F	Friedrich	Francia	Florida	Foxtrott
G	Gustav	Grecia	Gallipoli	Golf
H	Heinrich	hache	Havana	Hotel
I	Ida	Italia	Italia	India
J	Julius	jota	Jérusalem	Juliett
K	Kaufmann	kilómetro	Kilogramme	Kilo
L	Ludwig	Londres	Liverpool	Lima
Ll	–	llave	–	–
M	Martha	Madrid	Madagaskar	Mike
N	Nordpol	Noruega	New York	November
Ñ	–	eñe	–	–
O	Otto	Oslo	Oslo	Oscar
Ö	Ökonom	–	–	–
P	Paula	Portugal	Paris	Papa
Q	Quelle	queso	Québec	Quebec
R	Richard	Roma	Roma	Romeo
S	Samuel	Sevilla	Santiago	Sierra
Sch	Schule	–	–	–
T	Theodor	Toledo	Tripoli	Tango
U	Ulrich	universidad	Upsala	Uniform
Ü	Übermut	–	–	–
V	Viktor	Valencia	Valencia	Victor
W	Wilhelm	uve doble	Washington	Whiskey
X	Xanthippe	equis	Xanthippe	X-Ray
Y	Ypsilon	i griega	Yokohama	Yankee
Z	Zacharias	zeta	Zürich	Zulu

* Es gibt in spanischsprachigen Ländern zwar kein amtliches Buchstabieralphabet, folgende spanische Begriffe werden aber häufig zum Buchstabieren schwieriger Namen verwendet.

* En los países de lengua española no existe un alfabeto oficial para deletrear. Normalmente se usan las siguientes palabras españolas para deletrear nombres difíciles.

Dritte Konjugation

recibir. Der Stamm bleibt in Schrift und Aussprache unverändert.

	Indicativo			
	Presente	*Imperfecto*	*Pretérito indefinido*	*Futuro*
sg	recib***o***	recib***ía***	recib***í***	recib***iré***
	recib***es***	recib***ías***	recib***iste***	recib***irás***
	recib***e***	recib***ía***	recib***ió***	recib***irá***
pl	recib***imos***	recib***íamos***	recib***imos***	recib***iremos***
	recib***ís***	recib***íais***	recib***isteis***	recib***iréis***
	recib***en***	recib***ían***	recib***ieron***	recib***irán***

	Subjuntivo			
	Presente	*Imperfecto I*	*Imperfecto II*	*Futuro*
sg	recib***a***	recib***iera***	recib***iese***	recib***iere***
	recib***as***	recib***ieras***	recib***ieses***	recib***ieres***
	recib***a***	recib***iera***	recib***iese***	recib***iere***
pl	recib***amos***	recib***iéramos***	recib***iésemos***	recib***iéremos***
	recib***áis***	recib***ierais***	recib***ieseis***	recib***iereis***
	recib***an***	recib***ieran***	recib***iesen***	recib***ieren***

	Condicional	**Imperativo**	
sg	recib***iría***	-	**Gerundio**:
	recib***irías***	recib***e*** (***no*** recib***as***)	recib***iendo***
	recib***iría***	recib***a Ud.***	
pl	recib***iríamos***	recib***amos***	**Participio**:
	recib***iríais***	recib***id*** (***no*** recib***áis***)	recib***ido***
	recib***irían***	recib***an Uds.***	

Zusammengesetzte Zeiten

Vom Partizip mithilfe von ***haber*** und ***ser***; siehe **mandar.**

zu **2. Passiv** (***ser*** + veränderliches Partizip)

		Subjuntivo	
Presente:	***sea*** mandado	*Pretérito perf.*:	***haya sido*** mandado
Imperfecto	***fuera/fuese*** mandado	*Pluscuamperf.*:	***hubiera/hubiese sido*** mandado
Futuro:	***fuere*** mandado	*Futuro perfecto*:	***hubiere sido*** mandado
		Condicional	
	sería mandado	*Cond. perfecto*	***habría sido*** mandado

Zweite Konjugation

vender. Der Stamm bleibt in Schrift und Aussprache unverändert.

	Indicativo			
	Presente	*Imperfecto*	*Pretérito indef.*	*Futuro*
sg	vend***o***	vend***ía***	vend***í***	vend***eré***
	vend***es***	vend***ías***	vend***iste***	vend***erás***
	vend***e***	vend***ía***	vend***ió***	vend***erá***
pl	vend***emos***	vend***íamos***	vend***imos***	vend***eremos***
	vend***éis***	vend***íais***	vend***isteis***	vend***eréis***
	vend***en***	vend***ían***	vend***ieron***	vend***erán***

	Subjuntivo			
	Presente	*Imperfecto I*	*Imperfecto II*	*Futuro*
sg	vend***a***	vend***iera***	vend***iese***	vend***iere***
	vend***as***	vend***ieras***	vend***ieses***	vend***ieres***
	vend***a***	vend***iera***	vend***iese***	vend***iere***
pl	vend***amos***	vend***iéramos***	vend***iésemos***	vend***iéremos***
	vend***áis***	vend***ierais***	vend***ieseis***	vend***iereis***
	vend***an***	vend***ieran***	vend***iesen***	vend***ieren***

	Condicional	**Imperativo**	
sg	vend***ería***		
	vend***erías***	vend***e*** (***no*** vend***as***)	**Gerundio**
	vend***ería***	vend***a Ud.***	vend***iendo***
pl	vend***eríamos***	vend***amos***	
	vend***eríais***	vend***ed*** (***no*** vend***áis***)	**Participio**
	vend***erían***	vend***an Uds.***	vend***ido***

Zusammengesetzte Zeiten

Vom Partizip mithilfe von ***haber*** und ***ser***; siehe **mandar.**

Erste Konjugation

mandar. Der Stamm bleibt in Schrift und Aussprache unverändert.

	Indicativo			
	Presente	*Imperfecto*	*Pretérito indefinido*	*Futuro*
sg	mand***o***	mand***aba***	mand***é***	mand***aré***
	mand***as***	mand***abas***	mand***aste***	mand***arás***
	mand***a***	mand***aba***	mand***ó***	mand***ará***
pl	mand***amos***	mand***ábamos***	mand***amos***	mand***aremos***
	mand***áis***	mand***abais***	mand***asteis***	mand***aréis***
	mand***an***	mand***aban***	mand***aron***	mand***arán***

	Subjuntivo			
	Presente	*Imperfecto I*	*Imperfecto II*	*Futuro*
sg	mand***e***	mand***ara***	mand***ase***	mand***are***
	mand***es***	mand***aras***	mand***ases***	mand***ares***
	mand***e***	mand***ara***	mand***ase***	mand***are***
pl	mand***emos***	mand***áramos***	mand***ásemos***	mand***áremos***
	mand***éis***	mand***arais***	mand***aseis***	mand***areis***
	mand***en***	mand***aran***	mand***asen***	mand***aren***

	Condicional	**Imperativo**	
sg	mand***aría***	–	**Gerundio**
	mand***arías***	mand***a*** (***no*** mand***es***)	mand***ando***
	mand***aría***	mand***e Ud.***	
pl	mand***aríamos***	mand***emos***	**Participio**
	mand***aríais***	mand***ad*** (***no*** mand***éis***)	mand***ado***
	mand***arían***	mand***en Uds.***	

Zusammengesetzte Zeiten

1. Aktiv (***haber*** + unveränderliches Partizip)

	Indicativo	**Subjuntivo**
Pretérito perfecto:	***he*** mandado	***haya*** mandado
Pluscuamperfecto:	***había*** mandado	***hubiera/hubiese*** mandado
Pretérito anterior:	***hube*** mandado	
Futuro perfecto:	***habré*** mandado	***hubiere*** mandado
Condicional perfecto:	***habría*** mandado	

2. Passiv (***ser*** + veränderliches Partizip)

Indicativo

Presente:	***soy*** mandado	*Pluscuamperf.*:	***había sido*** mandado
Imperfecto:	***era*** mandado	*Pretérito ant.*:	***hube sido*** mandado
Pretérito indef.:	***fui*** mandado	*Futuro*:	***seré*** mandado
Pretérito perf.:	***he sido*** mandado	*Futuro perf.*:	***habré sido*** mandado

Konjugation der spanischen Verben

In den Tabellen sind die Stämme mit normaler, die Endungen mit ***fett-kursiver*** Schrift gedruckt. Unregelmäßigkeiten des Stamms sind unterstrichen, Unregelmäßigkeiten der Endung sind fett kursiv ***unterstrichen***.

Die Bildung der Zeiten

Aus den aufgeführten Grundformen lassen sich folgende Ableitungen bilden.

1. Aus dem *Indikativ Präsens*, und zwar der 3. Person Singular **manda, vende, recibe**:
der *Imperativ* 2. Pers. Sg.: ***¡manda!***, ***¡vende!***, ***¡recibe!***

2. Aus dem *Präsens des Subjuntivo* und zwar der 2. und 3. Person Singular sowie aus dem Plural **mandes, mande, mandemos** usw.; **vendas, venda, vendamos** usw.; **recibas, reciba, recibamos** usw.:
der *Imperativ* 1. Pers. Pl., 3. Pers. Sg. und Pl. sowie die *verneinte* 2. Pers. Sg. und Pl.:
no mandes, mande Ud., mandemos, no mandéis, manden Uds.;
no vendas, venda Ud., vendamos, no vendáis, vendan Uds.;
no recibas, reciba Ud., recibamos, no recibáis, reciban Uds.

3. Aus dem *Pretérito indefinido*, und zwar der 3. Person Plural: **mandaron, vendieron, recibieron**:

3.1. der *Imperfecto de subjuntivo I* durch Wechsel von **-ron** zu **-ra**: ***mandara, vendiera, recibiera*** usw.

3.2. der *Imperfecto de subjuntivo II* durch Wechsel von **-ron** zu **-se**: ***mandase, vendiese, recibiese*** usw.

3.3. das *Futur des Subjuntivo* durch Wechsel von **-ron** zu **-re**: ***mandare, vendiere, recibiere*** usw.

4. Aus dem *Infinitiv* **mandar, vender, recibir**:

4.1. der *Imperativ* 2. Person Plural durch Wechsel von **-r** zu **-d**: ***mandad, vended, recibid***

4.2. das *Gerundio* durch Wechsel von **-ar** zu **-ando**, von **-er** und **-ir** zu **-iendo** (bzw. nach Vokal **-yendo**): ***mandando, vendiendo, recibiendo, oyendo***

4.3. das *Futur* durch Anhängen der Präsensendungen von **haber**: ***mandaré, mandarás, venderé, venderás, recibiré, recibirás*** usw.

4.4. der *Konditional* durch Anhängen der Imperfecto-Endungen von **haber**: ***mandaría, vendería, recibiría*** usw.

5. Aus dem *Partizip* **mandado, vendido, recibido**:
alle zusammengesetzten Zeiten mit den Formen der Hilfsverben **haber** und **ser**: ***he mandado, había vendido, fue recibido*** usw.

Feiertage in Spanien
Los días festivos en España

1.1.: **Día de Año Nuevo**	Neujahrstag
6.1.: **Día de Reyes**, *auch*: **Epifanía**	Dreikönigstag
19.3.: **Día de San José**	Feiertag des hl. Joseph
Pascua	Ostern
Jueves Santo	Gründonnerstag
Viernes Santo	Karfreitag
Domingo de Resurrección, *auch*: **Domingo de Pascua**	Ostersonntag
1.5.: **Día del Trabajo**	Tag der Arbeit
Pentecostés	Pfingsten
25.7.: **Día del Apóstol Santiago**	Feiertag des hl. Jakob
15.8.: **Fiesta de la Asunción**	Mariä Himmelfahrt
12.10.: **Día de la Hispanidad**	Feiertag zum Gedenken an die Entdeckung Amerikas
1.11.: **Día de Todos los Santos**	Allerheiligen
6.12.: **Día de la Constitución**	Tag der Verfassung
8.12.: **Inmaculada Concepción**	Mariä Empfängnis
24.12.: **La Nochebuena**	Heiligabend
25.12.: **Navidad**	Weihnachten
31.12.: **Nochevieja**	Silvester

Nicht in allen Regionen Spaniens sind alle Tage arbeitsfrei. Heiligabend und Silvester sind generell nicht arbeitsfrei. Es gibt aber auch sehr viele lokale und regionale Feiertage.

Die Regionen Spaniens
Las Comunidades Autónomas

Spanien gliedert sich in 17 autonome Regionen (**Comunidades Autónomas**, abgekürzt: **CC.AA.**; im Singular **CA**) mit eigenen Regierungen und Parlamenten:

Andalucía	Andalusien	**Galicia**	Galicien
Aragón	Aragonien	**Islas Canarias**	Kanarische Inseln
Asturias	Asturien	**Madrid**	Madrid
Baleares	Balearen	**Murcia**	Murcia
Cantabria	Kantabrien	**Navarra**	Navarra
Castilla-La Mancha	Kastilien-La Mancha	**País Vasco/Euskadi**	Baskenland
Castilla y León	Kastilien-Leon	**La Rioja**	Rioja
Cataluña	Katalonien	**Valencia**	Valencia
Extremadura	Estremadura		

Hinzu kommen noch die zu Spanien gehörenden Territorien in Nordafrika **Ceuta** und **Melilla**.